D1665753

Beck'scher Vergaberechtskommentar
Band 2
VgV – SektVO – KonzVgV – VOB/A-EU – VS-VgV – VS-VOB/A

Herausgegeben von
Burgi/Dreher

Beck'scher Vergaberechtskommentar Band 2

VgV – SektVO – KonzVgV – VOB/A-EU
VS-VgV – VS-VOB/A

Herausgegeben von

Prof. Dr. Martin Burgi
Universität München

Prof. Dr. Meinrad Dreher
Universität Mainz

3. Auflage 2019

C.H.BECK

www.beck.de

ISBN 978 3 406 69952 8

© 2019 Verlag C.H. Beck oHG
Wilhelmstraße 9, 80801 München

Satz, Druck und Bindung: Druckerei C.H. Beck Nördlingen
(Adresse wie Verlag)
Umschlaggestaltung: Druckerei C.H. Beck Nördlingen

Gedruckt auf säurefreiem, alterungsbeständigem Papier
(hergestellt aus chlorfrei gebleichtem Zellstoff)

Autorenverzeichnis

Dr. Tina Bergmann
Dolde Mayen & Partner Rechtsanwälte, Stuttgart

Dr. Jens Biemann
Haak+Partner, Rechtsanwälte, Stuttgart

Prof. Dr. Marc Bungenberg, LL.M.
Universität des Saarlandes

Prof. Dr. Martin Burgi
Universität München

Alik Dörn, LL.M.
Friedrich Graf von Westphalen & Partner Rechtsanwälte, Frankfurt am Main

Prof. Dr. Meinrad Dreher, LL.M.
Universität Mainz

Dr. Pascal Friton, LL.M.
Blomstein Rechtsanwälte, Berlin

Dr. Sandra Haak
Anwaltskanzlei Haak + Partner, Krefeld

Dr. Jens Hoffmann
Rechtsanwalt, Mainz

Dr. Heiko Hofmann
GÖRG Rechtsanwälte, Frankfurt am Main

Dr. Michaela Hogeweg
Anwaltskanzlei Haak + Partner, Krefeld

Dr. Lutz Horn
GÖRG Rechtsanwälte, Frankfurt am Main

Dr. Alexander Hübner
Haver & Mailänder Rechtsanwälte, Stuttgart

Dr. Stefan Hüttinger
Koeble Fuhrmann Locher Zahn Hüttinger Rechtsanwälte, Reutlingen

Reinhard Janssen
Ministerialrat, Bundesministerium des Innern,
für Bau und Heimat, Berlin

Dr. Ute Jasper
Heuking Kühn Lüer Wojtek
Rechtsanwälte und Steuerberater, Düsseldorf

Prof. Dr. Marcel Kau, LL. M.
Universität Konstanz

Prof. Dr. Matthias Knauff, LL. M. Eur.
Universität Jena

Dr. Frauke Koch
Taylor Wessing Rechtsanwälte, Düsseldorf

Dr. Wolfram Krohn, MPA
Dentons Europe LLP, Berlin

Dr. Christoph Krönke
Universität München

Dr. Stephen Lampert
Beiten Burkhardt Rechtsanwälte, München

Dr. Isabel Langenbach, Mag. rer. publ.
Heuking Kühn Lüer Wojtek
Rechtsanwälte und Steuerberater, Köln

Dr. Irene Lausen
Ministerialrätin, Hessisches Ministerium für Wirtschaft, Energie,
Verkehr und Landesentwicklung, Wiesbaden

Dr. Pascale Liebschwager
RWP Rechtsanwälte, Düsseldorf

Dr. Alexandra Losch
HLP Heinemann Losch Rechtsanwälte, Hannover

Dr. Stefan Mager
Aullinger Rechtsanwälte, Essen

Dr. Jenny Mehlitz
GSK STOCKMANN Rechtsanwälte und Steuerberater, Berlin

Dr. Marc Opitz
Kapellmann und Partner Rechtsanwälte, Frankfurt am Main

Tobias Osseforth, Mag. rer. publ.
Lutz Abel Rechtsanwälte, München

Dr. Olaf Otting
Allen & Overy LLP, Frankfurt am Main

Florian Rast
Universität München

Stephan Rechten
Beiten Burkhardt Rechtsanwälte, Berlin

Dr. Robin Ricken
Rechtsanwalt, Stadtwerke Essen AG

Prof. Dr. Stephan Rixen
Universität Bayreuth

Stefan Schelhaas, LL. M.
Universität des Saarlandes

Dr. Tobias Schneider
Kapellmann und Partner Rechtsanwälte, München

Dr. Jan Seidel
Rechtsanwalt, Siemens Healthcare GmbH, Erlangen

Dr. Maximilian Wanderwitz
Direktorium-Rechtsabteilung, Landeshauptstadt München

Prof. Dr. Mark von Wietersheim
Rechtsanwalt, forum vergabe e. V., Berlin

Dr. Florian Wolf
Blomstein Rechtsanwälte, Berlin

Daniel Wolff
Universität München

Dr. Christopher Wolters
Blomstein Rechtsanwälte, Berlin

Prof. Dr. Ferdinand Wollenschläger
Universität Augsburg

Vorwort

Mit dem vorliegenden Band 2 ist die 3. Auflage des Beck'schen Vergaberechtskommentars komplett. Während Band 1, der eine überaus erfreuliche Aufnahme gefunden hat, ausschließlich den Vergabevorschriften des GWB (4. Teil) gewidmet war, geht es im Band 2 um die Verordnungen und um die VOB/A-EU. Kernaufgabe beider Bände ist die umfassende Aufbereitung der Rechtsprechung, die aber zugleich systematisch eingeordnet werden soll. Alle Autoren waren dazu aufgefordert, die Rechtsprechung nicht nur zu referieren, sondern (soweit erforderlich) auch kritisch und mit Mut zu eigenen Meinungen zu würdigen. Dabei spielen auch die jeweiligen politischen und ökonomischen Kontexte, teilweise auch internationale Entwicklungen, eine wichtige Rolle.

Da sich in den Verordnungen und in der VOB/A-EU teilweise inhaltsgleiche Bestimmungen oder Regelungsbestandteile (auch gegenüber dem GWB) befinden, wurde auf die Kohärenz der Kommentierungen besonderer Wert gelegt. Dabei erfolgt jeweils zu der Regelung, in der das betreffende Thema erstmals erscheint, die ausführlichste Kommentierung, während zu den jeweils entsprechenden Vorschriften der anderen (insofern nachgeordneten) Regelwerke hierauf in dem Umfang verwiesen wird, wie dort nicht Besonderheiten bestehen. In Situationen dieser Art gibt es also eine Leitkommentierung und eine Kommentierung, die daran anschließt.

Auch Band 2 konnte nur dank der schnellen wie intensiven Mitarbeit aller Autoren erscheinen. Viele davon haben bereits in Band 1 mitgewirkt, einige waren bereits in der Vorauflage zu den inhaltlich entsprechenden Bestimmungen aktiv, wieder andere sind gänzlich neu zum Beck'schen Vergaberechtskommentar gestoßen.

Trotz aller Bemühungen um einen einheitlichen Aufbau und die Wahrung der für einen Kommentar selbstverständlichen Standards seitens der Herausgeber, liegt die wissenschaftliche Verantwortung für die einzelnen Kommentierungen bei den jeweiligen Autoren. Für seine tatkräftige und umsichtige Begleitung der herausgeberischen Arbeiten ist wiederum Herrn Akad. Rat Dr. Christoph Krönke, München, der auch selbst als Autor mitwirkt, sehr zu danken.

Auch Band 2 des Kommentares wendet sich gleichermaßen an die Wissenschaft wie an die Praxis.

München und Mainz, November 2018
Martin Burgi
Meinrad Dreher

Inhaltsübersicht

Vorwort zur 3. Auflage IX

Abkürzungs- und Literaturverzeichnis XXI

1. VgV

Abschnitt 1: Allgemeine Bestimmungen und Kommunikation

Unterabschnitt 1: Allgemeine Bestimmungen

§ 1 Gegenstand und Anwendungsbereich *(Bungenberg/Schelhaas)* 1

§ 2 Vergabe von Bauaufträgen *(Bungenberg/Schelhaas)* 10

§ 3 Schätzung des Auftragswerts *(Kau)* 17

§ 4 Gelegentliche gemeinsame Auftragsvergabe; zentrale Beschaffung *(Wanderwitz)* 38

§ 5 Wahrung der Vertraulichkeit *(Krohn)* 49

§ 6 Vermeidung von Interessenkonflikten *(Dreher/Hoffmann)* 61

§ 7 Mitwirkung an der Vorbereitung des Vergabeverfahrens *(Mager)* 84

§ 8 Dokumentation und Vergabevermerk *(Langenbach)* 88

Unterabschnitt 2: Kommunikation

§ 9 Grundsätze der Kommunikation *(Wanderwitz)* 96

§ 10 Anforderungen an die verwendeten elektronischen Mittel *(Wanderwitz)* 112

§ 11 Anforderungen an den Einsatz elektronischer Mittel im Vergabeverfahren *(Wanderwitz)* 123

§ 12 Einsatz alternativer elektronischer Mittel bei der Kommunikation *(Wanderwitz)* 140

§ 13 Allgemeine Verwaltungsvorschriften *(Wanderwitz)* 147

Abschnitt 2: Vergabeverfahren

Unterabschnitt 1: Verfahrensarten

§ 14 Wahl der Verfahrensart *(Dörn)* 149

§ 15 Offenes Verfahren *(Dörn)* 170

§ 16 Nicht offenes Verfahren *(Dörn)* 179

§ 17 Verhandlungsverfahren *(Dörn)* 187

§ 18 Wettbewerblicher Dialog *(Dörn)* 199

§ 19 Innovationspartnerschaft *(Krönke)* 210

§ 20 Angemessene Fristsetzung; Pflicht zur Fristverlängerung *(Dörn)* 215

Unterabschnitt 2: Besondere Methoden und Instrumente in Vergabeverfahren

§ 21 Rahmenvereinbarungen *(Biemann)* 224

§ 22 Grundsätze für den Betrieb dynamischer Beschaffungssysteme *(Wanderwitz)* .. 242

§ 23 Betrieb eines dynamischen Beschaffungssystems *(Wanderwitz)* 251

§ 24 Fristen beim Betrieb dynamischer Beschaffungssysteme *(Wanderwitz)* 263

§ 25 Grundsätze für die Durchführung elektronischer Auktionen *(Wanderwitz)* ... 271

§ 26 Durchführung elektronischer Auktionen *(Wanderwitz)* 288

§ 27 Elektronische Kataloge *(Wanderwitz)* 303

Inhaltsübersicht

Unterabschnitt 3: Vorbereitung des Vergabeverfahrens

§ 28 Markterkundung *(Mehlitz)* 316
§ 29 Vergabeunterlagen *(Mehlitz)* 325
§ 30 Aufteilung nach Losen *(Mehlitz)* 337
§ 31 Leistungsbeschreibung *(Lampert)* 344
    Anlage 1: Technische Anforderungen, Begriffsbestimmungen *(Lampert)* 413
§ 32 Technische Anforderungen *(Lampert)* 427
§ 33 Nachweisführung durch Bescheinigungen von Konformitätsbewertungsstellen *(Lampert)* 435
§ 34 Nachweisführung durch Gütezeichen *(Lampert)* 443
§ 35 Nebenangebote *(Liebschwager)* 455
§ 36 Unteraufträge *(Liebschwager)* 467

Unterabschnitt 4: Veröffentlichungen, Transparenz

§ 37 Auftragsbekanntmachung; Beschafferprofil *(Krohn)* 475
§ 38 Vorinformation *(Krohn)* 496
§ 39 Vergabebekanntmachung; Bekanntmachung über Auftragsänderungen *(Krohn)* 510
§ 40 Veröffentlichung von Bekanntmachungen *(Krohn)* 523
§ 41 Bereitstellung der Vergabeunterlagen *(Krohn)* 531

Unterabschnitt 5: Anforderungen an Unternehmen; Eignung

§ 42 Auswahl geeigneter Unternehmen; Ausschluss von Bewerbern und Bietern *(Mager)* 551
§ 43 Rechtsform von Unternehmen und Bietergemeinschaften *(Mager)* 557
§ 44 Befähigung und Erlaubnis zur Berufsausübung *(Mager)* 567
§ 45 Wirtschaftliche und finanzielle Leistungsfähigkeit *(Mager)* 572
§ 46 Technische und berufliche Leistungsfähigkeit *(Mager)* 581
§ 47 Eignungsleihe *(Mager)* 592
§ 48 Beleg der Eignung und des Nichtvorliegens von Ausschlussgründen *(Mager)* 602
§ 49 Beleg der Einhaltung von Normen der Qualitätssicherung und des Umweltmanagements *(Mager)* 617
§ 50 Einheitliche Europäische Eigenerklärung *(Mager)* 623
§ 51 Begrenzung der Anzahl der Bewerber *(Mager)* 636

Unterabschnitt 6: Einreichung, Form und Umgang mit Interessensbekundungen, Interessensbestätigungen, Teilnahmeanträgen und Angeboten

§ 52 Aufforderung zur Interessensbestätigung, zur Angebotsabgabe, zur Verhandlung oder zur Teilnahme am Dialog *(Koch)* 644
§ 53 Form und Übermittlung der Interessensbekundung, Interessensbestätigung, Teilnahmeanträge und Angebote *(Koch)* 649
§ 54 Aufbewahrung ungeöffneter Interessensbekundungen, Interessensbestätigungen, Teilnahmeanträge und Angebote *(Koch)* 667
§ 55 Öffnung der Interessensbestätigungen, Teilnahmeanträge und Angebote *(Koch)* 671

Unterabschnitt 7: Prüfung und Wertung der Interessensbestätigungen, Teilnahmeanträge und Angebote; Zuschlag

§ 56 Prüfung der Interessensbestätigungen, Teilnahmeanträge und Angebote; Nachforderung von Unterlagen *(Haak/Hogeweg)* 677

Inhaltsübersicht

§ 57 Ausschluss von Interessensbekundungen, Interessensbestätigungen, Teilnahmeanträge und Angeboten *(Haak/Hogeweg)* 693
§ 58 Zuschlag und Zuschlagskriterien *(Lausen)* 706
§ 59 Berechnung von Lebenszykluskosten *(Lausen)* 738
§ 60 Ungewöhnlich niedrige Angebote *(Lausen)* 746
§ 61 Ausführungsbedingungen *(Opitz)* 759
§ 62 Unterrichtung der Bewerber und Bieter *(Mehlitz)* 762
§ 63 Aufhebung von Vergabeverfahren *(Mehlitz)* 775

Abschnitt 3: Besondere Vorschriften für die Vergabe von sozialen und anderen besonderen Dienstleistungen

§ 64 Vergabe von Aufträgen für soziale und andere besondere Dienstleistungen *(Rixen)* 792
§ 65 Ergänzende Verfahrensregeln *(Rixen)* 794
§ 66 Veröffentlichungen, Transparenz *(Rixen)* 799

Abschnitt 4: Besondere Vorschriften für die Beschaffung energieverbrauchsrelevanter Leistungen und von Straßenfahrzeugen

§ 67 Beschaffung energieverbrauchsrelevanter Liefer- oder Dienstleistungen *(Knauff)* 802
§ 68 Beschaffung von Straßenfahrzeugen *(Knauff)* 812

Abschnitt 5: Planungswettbewerbe

§ 69 Anwendungsbereich *(Hüttinger)* 825
§ 70 Veröffentlichung, Transparenz *(Hüttinger)* 831
§ 71 Ausrichtung *(Hüttinger)* 834
§ 72 Preisgericht *(Hüttinger)* 838

Abschnitt 6: Besondere Vorschriften für die Vergabe von Architekten- und Ingenieurleistungen

Unterabschnitt 1: Allgemeines

§ 73 Anwendungsbereich und Grundsätze *(Schneider)* 843
§ 74 Verfahrensart *(Schneider)* 860
§ 75 Eignung *(Schneider)* 871
§ 76 Zuschlag *(Schneider)* 902
§ 77 Kosten und Vergütung *(Schneider)* 919

Unterabschnitt 2: Planungswettbewerbe für Architekten- und Ingenieurleistungen

§ 78 Grundsätze und Anwendungsbereich für Planungswettbewerbe *(Schneider)* ... 946
§ 79 Durchführung von Planungswettbewerben *(Schneider)* 989
§ 80 Aufforderung zur Verhandlung; Nutzung der Ergebnisse des Planungswettbewerbs *(Schneider)* 1033

Abschnitt 7: Übergangs- und Schlussbestimmungen

§ 81 Übergangsbestimmungen *(Schneider)* 1058
§ 82 Fristenberechnung *(Schneider)* 1062

Inhaltsübersicht

2. SektVO

Abschnitt 1: Allgemeine Bestimmungen und Kommunikation

Unterabschnitt 1: Allgemeine Bestimmungen

§ 1	Anwendungsbereich *(Seidel)*	1065
§ 2	Schätzung des Auftragswerts *(Seidel)*	1070
§ 3	Antragsverfahren für Tätigkeiten, die unmittelbar dem Wettbewerb ausgesetzt sind *(Burgi/Rast)*	1079
§ 4	Gelegentliche gemeinsame Auftragsvergabe *(Wanderwitz)*	1087
§ 5	Wahrung der Vertraulichkeit *(Krohn)*	1088
§ 6	Vermeidung von Interessenkonflikten *(Dreher)*	1090
§ 7	Mitwirkung an der Vorbereitung des Vergabeverfahrens *(Mager)*	1092
§ 8	Dokumentation *(Langenbach)*	1094

Unterabschnitt 2: Kommunikation

§ 9	Grundsätze der Kommunikation *(Wanderwitz)*	1098
§ 10	Anforderungen an die verwendeten elektronischen Mittel *(Wanderwitz)*	1099
§ 11	Anforderungen an den Einsatz elektronischer Mittel im Vergabeverfahren *(Wanderwitz)*	1100
§ 12	Einsatz alternativer elektronischer Mittel bei der Kommunikation *(Wanderwitz)*	1101

Abschnitt 2: Vergabeverfahren

Unterabschnitt 1: Verfahrensarten, Fristen

§ 13	Wahl der Verfahrensart *(Dörn)*	1102
§ 14	Offenes Verfahren; Fristen *(Dörn)*	1111
§ 15	Nicht offenes Verfahren und Verhandlungsverfahren mit vorherigem Teilnahmewettbewerb; Fristen *(Dörn)*	1115
§ 16	Fristsetzung; Pflicht zur Fristverlängerung *(Dörn)*	1119
§ 17	Wettbewerblicher Dialog *(Dörn)*	1122
§ 18	Innovationspartnerschaft *(Krönke)*	1125

Unterabschnitt 2: Besondere Methoden und Instrumente im Vergabeverfahren

§ 19	Rahmenvereinbarungen *(Biemann)*	1127
§ 20	Grundsätze für den Betrieb dynamischer Beschaffungssysteme *(Wanderwitz)*	1136
§ 21	Betrieb eines dynamischen Beschaffungssystems *(Wanderwitz)*	1137
§ 22	Fristen beim Betrieb eines dynamischen Beschaffungssystems *(Wanderwitz)*	1139
§ 23	Grundsätze für die Durchführung elektronischer Auktionen *(Wanderwitz)*	1141
§ 24	Durchführung elektronischer Auktionen *(Wanderwitz)*	1143
§ 25	Elektronische Kataloge *(Wanderwitz)*	1145

Unterabschnitt 3: Vorbereitung des Vergabeverfahrens

§ 26	Markterkundung *(Mehlitz)*	1147
§ 27	Aufteilung nach Losen *(Mehlitz)*	1149
§ 28	Leistungsbeschreibung *(Lampert)*	1151
§ 29	Technische Anforderungen *(Lampert)*	1159
§ 30	Bekanntmachung technischer Anforderungen *(Lampert)*	1162
§ 31	Nachweisführung durch Bescheinigung von Konformitätsbewertungsstellen *(Lampert)*	1165

§ 32 Nachweisführung durch Gütezeichen *(Lampert)* 1167
§ 33 Nebenangebote *(Liebschwager)* 1169
§ 34 Unteraufträge *(Liebschwager)* 1174

Unterabschnitt 4: Veröffentlichung, Transparenz

§ 35 Auftragsbekanntmachungen, Beschafferprofil *(Jasper)* 1178
§ 36 Regelmäßige nicht verbindliche Bekanntmachung *(Jasper)* 1181
§ 37 Bekanntmachung über das Bestehen eines Qualifizierungssystems *(Jasper)* 1185
§ 38 Vergabebekanntmachungen; Bekanntmachung über Auftragsänderungen *(Ricken)* 1187
§ 39 Bekanntmachungen über die Vergabe sozialer und anderer besonderer Dienstleistungen *(Ricken)* 1195
§ 40 Veröffentlichung von Bekanntmachungen *(Ricken)* 1202
§ 41 Bereitstellung der Vergabeunterlagen *(Ricken)* 1208
§ 42 Aufforderungen zur Interessensbestätigung, zur Angebotsabgabe, zur Verhandlung oder zur Teilnahme am Dialog *(Ricken)* 1219
§ 43 Form und Übermittlung der Angebote, Teilnahmeanträge, Interessensbekundungen und Interessensbestätigungen *(Ricken)* 1229
§ 44 Erhöhte Sicherheitsanforderungen bei der Übermittlung der Angebote, Teilnahmeanträge, Interessensbekundungen und Interessensbestätigungen *(Ricken)* 1238

Unterabschnitt 5: Anforderungen an die Unternehmen

§ 45 Grundsätze *(Mager)* 1243
§ 46 Objektive und nichtdiskriminierende Kriterien *(Mager)* 1248
§ 47 Eignungsleihe *(Mager)* 1252
§ 48 Qualifizierungssysteme *(Mager)* 1255
§ 49 Beleg der Einhaltung von Normen der Qualitätssicherung und des Umweltmanagements *(Mager)* 1266
§ 50 Rechtsform von Unternehmen und Bietergemeinschaften *(Mager)* 1268

Unterabschnitt 6: Prüfung und Wertung der Angebote

§ 51 Prüfung und Wertung der Angebote; Nachforderung von Unterlagen *(Haak/Hogeweg)* 1270
§ 52 Zuschlag und Zuschlagskriterien *(Lausen)* 1278
§ 53 Berechnung von Lebenszykluskosten *(Lausen)* 1280
§ 54 Ungewöhnlich niedrige Angebote *(Lausen)* 1282
§ 55 Angebote, die Erzeugnisse aus Drittländern umfassen *(Langenbach)* 1284
§ 56 Unterrichtung der Bewerber oder Bieter *(Mehlitz)* 1288
§ 57 Aufhebung oder Einstellung des Verfahrens *(Mehlitz)* 1291

Abschnitt 3: Besondere Vorschriften für die Beschaffung energieverbrauchsrelevanter Leistungen und von Straßenfahrzeugen

§ 58 Beschaffung energieverbrauchsrelevanter Leistungen *(Knauff)* 1294
§ 59 Beschaffung von Straßenfahrzeugen *(Knauff)* 1300

Abschnitt 4: Planungswettbewerbe

§ 60 Anwendungsbereich *(Schneider)* 1304
§ 61 Veröffentlichung, Transparenz *(Schneider)* 1313
§ 62 Ausrichtung *(Schneider)* 1324
§ 63 Preisgericht *(Schneider)* 1334

Inhaltsübersicht

Abschnitt 5: Übergangs- und Schlussbestimmungen

§ 64 Übergangsbestimmungen *(Liebschwager)* 1347
§ 65 Fristenberechnung *(Liebschwager)* 1349

3. KonzVgV

Abschnitt 1: Allgemeine Bestimmungen und Kommunikation

Unterabschnitt 1: Allgemeine Bestimmungen

§ 1 Gegenstand und Anwendungsbereich *(Wollenschläger)* 1351
§ 2 Berechnung des geschätzten Vertragswerts *(Wollenschläger)* 1354
§ 3 Laufzeit von Konzessionen *(Wollenschläger)* 1366
§ 4 Wahrung der Vertraulichkeit *(Krohn)* 1378
§ 5 Vermeidung von Interessenkonflikten *(Dreher)* 1381
§ 6 Dokumentation und Vergabevermerk *(Langenbach)* 1383

Unterabschnitt 2: Kommunikation

§ 7 Grundsätze der Kommunikation *(Hübner)* 1386
§ 8 Anforderungen an die verwendeten elektronischen Mittel *(Hübner)* 1389
§ 9 Anforderungen an den Einsatz elektronischer Mittel im Vergabeverfahren *(Hübner)* 1392
§ 10 Einsatz alternativer elektronischer Mittel bei der Kommunikation *(Hübner)* ... 1396
§ 11 Allgemeine Verwaltungsvorschriften *(Hübner)* 1399

Abschnitt 2: Vergabeverfahren

Unterabschnitt 1: Allgemeine Verfahrensvorschriften

§ 12 Allgemeine Grundsätze *(Burgi/Wolff)* 1402
§ 13 Verfahrensgarantien *(Burgi/Wolff)* 1408
§ 14 Umgehungsverbot *(Burgi/Wolff)* 1413

Unterabschnitt 2: Vorbereitung des Vergabeverfahrens

§ 15 Leistungsbeschreibung *(Burgi/Wolff)* 1415
§ 16 Vergabeunterlagen *(Bergmann)* 1421
§ 17 Bereitstellung der Vergabeunterlagen *(Bergmann)* 1428
§ 18 Zusätzliche Auskünfte zu den Vergabeunterlagen *(Bergmann)* 1433

Unterabschnitt 3: Bekanntmachungen

§ 19 Konzessionsbekanntmachung *(Krohn)* 1440
§ 20 Ausnahmen von der Konzessionsbekanntmachung *(Krohn)* 1446
§ 21 Vergabebekanntmachung, Bekanntmachung über Änderung einer Konzession *(Krohn)* 1452
§ 22 Konzessionen, die soziale und andere besondere Dienstleistungen betreffen *(Krohn)* 1456
§ 23 Form und Modalitäten der Veröffentlichung von Bekanntmachungen *(Krohn)* 1459

Unterabschnitt 4: Auswahlverfahren und Zuschlag

§ 24 Rechtsform von Unternehmen und Bietergemeinschaften *(Hübner)* 1462
§ 25 Anforderungen an die Auswahl geeigneter Unternehmen; Eignungsleihe *(Hübner)* 1468

Inhaltsübersicht

§ 26 Beleg für die Eignung und das Nichtvorliegen von Ausschlussgründen (Hübner) 1476
§ 27 Fristen für den Eingang von Teilnahmeanträgen und Angeboten (Koch) 1483
§ 28 Form und Übermittlung der Teilnahmeanträge und Angebote (Koch) 1487
§ 29 Prüfung und Aufbewahrung der ungeöffneten Teilnahmeanträge und Angebote (Koch) 1492
§ 30 Unterrichtung der Bewerber oder Bieter (Koch) 1495
§ 31 Zuschlagskriterien (Burgi / Wolff) 1499
§ 32 Aufhebung von Vergabeverfahren (Mehlitz) 1504

Abschnitt 3: Ausführung der Konzession

§ 33 Vergabe von Unteraufträgen (Liebschwager) 1506

Abschnitt 4: Übergangs- und Schlussbestimmungen

§ 34 Übergangsbestimmungen für die elektronische Kommunikation und elektronische Übermittlung von Teilnahmeanträgen und Angeboten (Hübner) ... 1511
§ 35 Elektronische Kommunikation durch Auslandsdienststellen (Hübner) 1513
§ 36 Fristberechnung (Hübner) 1516

4. VOB/A-EU

Abschnitt 2: Vergabebestimmungen im Anwendungsbereich der Richtlinie 2014/24/EU (VOB/A-EU)

§ 1 EU   Anwendungsbereich (Langenbach) 1519
§ 2 EU   Grundsätze (Osseforth) 1522
§ 3 EU   Arten der Vergabe (Osseforth) 1533
§ 3a EU Zulässigkeitsvoraussetzungen (Osseforth) 1538
§ 3b EU Ablauf der Verfahren (Osseforth) 1554
§ 4 EU   Vertragsarten (Janssen) 1581
§ 4a EU Rahmenvereinbarungen (Biemann) 1660
§ 4b EU Besondere Instrumente und Methoden (Krönke) 1663
§ 5 EU   Einheitliche Vergabe, Vergabe nach Losen (Mehlitz) 1664
§ 6 EU   Teilnehmer am Wettbewerb (Mager) 1667
§ 6a EU Eignungsnachweise (Mager) 1674
§ 6b EU Mittel der Nachweisführung, Verfahren (Mager) 1684
§ 6c EU Qualitätssicherung und Umweltmanagement (Mager) 1691
§ 6d EU Kapazitäten anderer Unternehmen (Mager) 1693
§ 6e EU Ausschlussgründe (Mager) 1695
§ 6f EU Selbstreinigung (Opitz) 1698
§ 7 EU   Leistungsbeschreibung (Lampert) 1701
§ 7a EU Technische Spezifikationen, Testberichte, Zertifizierungen, Gütezeichen (Lampert) 1742
§ 7b EU Leistungsbeschreibung mit Leistungsverzeichnis (Lampert) 1759
§ 7c EU Leistungsbeschreibung mit Leistungsprogramm (Lampert) 1771
§ 8 EU   Vergabeunterlagen (Mehlitz) 1785
§ 8a EU Allgemeine, Besondere und Zusätzliche Vertragsbedingungen (Rechten) 1790
§ 8b EU Kosten- und Vetrauensregelung, Schiedsverfahren (Rechten) 1801
§ 8c EU Anforderungen an energieverbrauchsrelevante Waren, technische Geräte oder Ausrüstungen (Rechten) 1809
§ 9 EU   Einzelne Vertragsbedingungen, Ausführungsfristen (Rechten) 1818

Inhaltsübersicht

§ 9a EU   Vertragsstrafen; Beschleunigungsvergütung *(Rechten)* 1832
§ 9b EU   Verjährung der Mängelansprüche *(Rechten)* 1833
§ 9c EU   Sicherheitsleistung *(Rechten)* 1838
§ 9d EU   Änderung der Vergütung *(Rechten)* 1843
§ 10 EU   Fristen *(Lampert)* 1851
§ 10a EU   Fristen im offenen Verfahren *(Osseforth)* 1857
§ 10b EU   Fristen im nichtoffenen Verfahren *(Osseforth)* 1868
§ 10c EU   Fristen im Verhandlungsverfahren *(Osseforth)* 1883
§ 10d EU   Fristen im wettbewerblichen Dialog bei der Innovationspartnerschaft
           (Osseforth) 1915
§ 11 EU   Grundsätze der Informationsübermittlung *(Wanderwitz)* 1925
§ 11a EU   Anforderungen an elektronische Mittel *(Wanderwitz)* 1930
§ 11b EU   Ausnahmen von der Verwendung elektronscher Mittel *(Wanderwitz)* 1933
§ 12 EU   Vorinformationen, Auftragsbekanntmachungen *(Krohn)* 1937
§ 12a EU   Versand der Vergabeunterlagen *(Krohn)* 1944
§ 13 EU   Form und Inhalt der Angebote *(Lausen)* 1953
§ 14 EU   Öffnung der Angebote, Öffnungstermin *(Lausen)* 1977
§ 15 EU   Aufklärung des Angebotsinhalts *(Lausen)* 1993
§ 16 EU   Ausschluss von Angeboten *(Opitz)* 2011
§ 16a EU   Nachforderung von Unterlagen *(Opitz)* 2073
§ 16b EU   Eignung *(Opitz)* 2094
§ 16c EU   Prüfung *(Opitz)* 2102
§ 16d EU   Wertung *(Opitz)* 2110
§ 17 EU   Aufhebung der Ausschreibung *(Mehlitz)* 2148
§ 18 EU   Zuschlag *(Lausen)* 2151
§ 19 EU   Nicht berücksichtigte Bewerbungen und Angebote *(Mehlitz)* 2157
§ 20 EU   Dokumentation *(Langenbach)* 2161
§ 21 EU   Nachprüfungsbehörden *(Ricken)* 2162
§ 22 EU   Auftragsänderungen während der Vertragslaufzeit *(Hüttinger)* 2168
§ 23 EU   Übergangsregelung *(Rast)* 2183

Anlagen

Anlage TS Technische Spezifikationen *(Lampert)* 2184

5. VS–VgV

Teil 1: Allgemeine Bestimmungen

§ 1   Anwendungsbereich *(Otting)* 2189
§ 2   Anzuwendende Vorschriften für Liefer-, Dienstleistungs- und Bauaufträge
       (Otting) 2193
§ 3   Schätzung des Auftragswertes *(Otting)* 2195
§ 4   Begriffsbestimmungen *(Otting)* 2199
§ 5   Dienstleistungsaufträge *(Otting)* 2202
§ 6   Wahrung der Vertraulichkeit *(Otting)* 2205
§ 7   Anforderungen an den Schutz von Verschlusssachen durch Unternehmen
       (Otting) 2208
§ 8   Versorgungssicherheit *(Otting)* 2215
§ 9   Unteraufträge *(Otting)* 2219

Teil 2: Vergabeverfahren

§ 10   Grundsätze des Vergabeverfahrens *(Losch)* 2226

Inhaltsübersicht

§ 11	Arten der Vergabe von Liefer- und Dienstleistungsaufträgen *(Losch)*	2237
§ 12	Verhandlungsverfahren ohne Teilnahmewettbewerb *(Otting)*	2241
§ 13	Wettbewerblicher Dialog *(Otting)*	2251
§ 14	Rahmenvereinbarungen *(Otting)*	2257
§ 15	Leistungsbeschreibung und technische Anforderungen *(Otting)*	2265
§ 16	Vergabeunterlagen *(Otting)*	2271
§ 17	Vorinformation *(Krohn)*	2275
§ 18	Bekanntmachung von Vergabeverfahren *(Krohn)*	2280
§ 19	Informationsübermittlung *(Friton/Wolters)*	2286
§ 20	Fristen für den Eingang von Anträgen auf Teilnahme und Eingang der Angebote *(Friton/Wolters)*	2294
§ 21	Eignung und Auswahl der Bewerber *(v. Wietersheim)*	2301
§ 22	Allgemeine Vorgaben zum Nachweis der Eignung und des Nichtvorliegens von Ausschlussgründen *(v. Wietersheim)*	2307
§ 23	Zwingender Ausschluss *(v. Wietersheim)*	2312
§ 24	Fakultativer Ausschluss *(v. Wietersheim)*	2316
§ 25	Nachweis der Erlaubnis zur Berufsausübung *(Otting)*	2319
§ 26	Nachweis der wirtschaftlichen und finanziellen Leistungsfähigkeit *(Otting)* ...	2322
§ 27	Nachweis der technischen und beruflichen Leistungsfähigkeit *(Otting)*	2326
§ 28	Nachweis für die Einhaltung von Normen des Qualitäts- und Umweltmangements *(Otting)*	2332
§ 29	Aufforderung zur Abgabe eines Angebots *(Otting)*	2334
§ 30	Öffnung der Angebote *(Friton/Wolters)*	2339
§ 31	Prüfung der Angebote *(Hofmann/Horn)*	2343
§ 32	Nebenangebote *(Hofmann/Horn)*	2350
§ 33	Ungewöhnlich niedrige Angebote *(Hofmann/Horn)*	2353
§ 34	Zuschlag *(Hofmann/Horn)*	2357
§ 35	Bekanntmachung über die Auftragserteilung *(Hofmann/Horn)*	2366
§ 36	Unterrichtung der Bewerber oder Bieter *(Hofmann/Horn)*	2370
§ 37	Aufhebung und Einstellung des Vergabeverfahrens *(Hofmann/Horn)*	2374

Teil 3: Unterauftragsvergabe

§ 38	Allgemeine Vorgaben zur Unterauftragsvergabe *(Otting)*	2378
§ 39	Bekanntmachung *(Otting)*	2381
§ 40	Kriterien zur Auswahl der Unterauftragsnehmer *(Otting)*	2383
§ 41	Unteraufträge aufgrund einer Rahmenvereinbarung *(Otting)*	2386

Teil 4: Besondere Bestimmungen

§ 42	Ausgeschlossene Personen *(Otting)*	2388
§ 43	Dokumentations- und Aufbewahrungspflichten *(Otting)*	2391

Teil 5: Übergangs- und Schlussbestimmungen

§ 44	Übergangsbestimmungen *(Otting)*	2396
§ 45	Inkrafttreten *(Otting)*	2398

6. VS-VOB/A

§ 1	Anwendungsbereich *(Otting)*	2399
§ 2	Grundsätze *(Losch)*	2405
§ 3	Arten der Vergabe *(Losch)*	2409
§ 3a	Zulässigkeitsvoraussetzungen *(Losch)*	2411
§ 3b	Ablauf der Verfahren *(Losch)*	2419

Inhaltsübersicht

§ 4   Vertragsarten *(Otting)* 2423
§ 5   Einheitliche Vergabe, Vergabe nach Losen *(Losch)* 2425
§ 6   Teilnehmer am Wettbewerb *(v. Wietersheim)* 2427
§ 6a   Eignungsnachweise *(v. Wietersheim)* 2431
§ 6b   Mittel der Nachweisführung, Verfahren *(v. Wietersheim)* 2434
§ 6c   Qualitätssicherung und Umweltmanagement *(v. Wietersheim)* 2437
§ 6d   Kapazitäten anderer Unternehmen *(v. Wietersheim)* 2439
§ 6e   Ausschlussgründe *(v. Wietersheim)* 2440
§ 6f   Selbstreinigung *(v. Wietersheim)* 2444
§ 7   Leistungsbeschreibung *(Otting)* 2446
§ 7a   Technische Spezifikationen *(Otting)* 2448
§ 7b   Leistungsbeschreibung mit Leistungsverzeichnis *(Otting)* 2452
§ 7c   Leistungsbeschreibung mit Leistungsprogramm *(Otting)* 2454
§ 8   Vergabeunterlagen *(Otting)* 2458
§ 8a   Allgemeine, Besondere und Zusätzliche Vertragsbedingungen *(Otting)* 2461
§ 8b   Kosten- und Vertrauensregelung, Schiedsverfahren *(Otting)* 2464
§ 9   Einzelne Vertragsbedingungen, Ausführungsfristen *(Otting)* 2466
§ 9a   Vertragsstrafen, Beschleunigungsvergütung *(Otting)* 2468
§ 9b   Verjährung der Mängelansprüche *(Otting)* 2469
§ 9c   Sicherheitsleistung *(Otting)* 2470
§ 9d   Änderung der Vergütung *(Otting)* 2472
§ 10   Fristen *(Friton/Wolf)* 2473
§ 10a   frei *(Friton/Wolf)* 2475
§ 10b   Fristen im nicht offenen Verfahren *(Friton/Wolf)* 2476
§ 10c   Fristen im Verhandlungsverfahren *(Friton/Wolf)* 2481
§ 10d   Fristen im wettbewerblichen Dialog *(Friton/Wolf)* 2483
§ 11   Grundsätze der Informationsübermittlung *(Friton)* 2485
§ 11a   Anforderungen an elektronische Mittel *(Friton/Wolters)* 2490
§ 12   Vorinformation, Auftragsbekanntmachung *(Krohn)* 2493
§ 12a   Versand der Vergabeunterlagen *(Krohn)* 2498
§ 13   Form und Inhalt der Angebote *(Lausen)* 2503
§ 14   Öffnung der Angebote, Öffnungstermin *(Lausen)* 2507
§ 15   Aufklärung des Angebotsinhalts *(Hofmann)* 2510
§ 16   Ausschluss von Angeboten *(Hofmann/Horn)* 2513
§ 16a   Nachforderung von Unterlagen *(Hofmann/Horn)* 2516
§ 16b   Eignung *(Hofmann/Horn)* 2519
§ 16c   Prüfung *(Hofmann/Horn)* 2522
§ 16d   Wertung *(Hofmann/Horn)* 2525
§ 17   Aufhebung der Ausschreibung *(Hofmann/Horn)* 2533
§ 18   Zuschlag *(Hofmann/Horn)* 2536
§ 19   Nicht berücksichtigte Bewerbungen und Angebote *(Hofmann/Horn)* 2541
§ 20   Dokumentation *(Otting)* 2548
§ 21   Nachprüfungsbehörden *(Otting)* 2551
§ 22   Auftragsänderungen während der Vertragslaufzeit *(Hüttinger)* 2553

Sachverzeichnis 2555

Verzeichnis der Abkürzungen
und der abgekürzt zitierten Literatur

aA	anderer Ansicht
aaO	am angegebenen Ort
Abb.	Abbildung
abgedr.	abgedruckt
Abh.	Abhandlung
Abk.	Abkommen
abl.	ablehnend
ABl.	Amtsblatt der Europäischen Union (bis 31.12.2002 Amtsblatt der Europäischen Gemeinschaften)
ABl. BNetzA	Amtsblatt der Bundesnetzagentur
ABl. EGKS	Amtsblatt der Europäischen Gemeinschaft für Kohle und Stahl
Abs.	Absatz
Abschn.	Abschnitt
Abt.	Abteilung
abw.	abweichend
AcP	Archiv für die civilistische Praxis
AdR	Ausschuss der Regionen
aE	am Ende
AEUV	Vertrag über die Arbeitsweise der Europäischen Union (ABl. 2016 Nr. C 202/47 = konsolidierte Fassung)
aF	alte(r) Fassung
AFDI	Annuaire Français de Droit International
AfP	Archiv für Presserecht (Jahr und Seite)
AG	Aktiengesellschaft; Die Aktiengesellschaft (Jahr und Seite)
AGB	Allgemeine Geschäftsbedingungen
AgrarR	Agrarrecht (Zeitschrift)
AGVO	Verordnung (EU) Nr. 651/2014 der Kommission vom 17.6.2014 (Allgemeine Gruppenfreistellungsverordnung, ABl. 2004 Nr. L 187/1)
AHK	Alliierte Hohe Kommission
AJCL	American Journal of Comparative Law (Zeitschrift)
AktG	Aktiengesetz vom 6.9.1965 (BGBl. I 1089), zuletzt geändert durch Gesetz vom 17.7.2017 (BGBl. I 2446)
allg.	allgemein
allgA	allgemeine Ansicht
allgM	allgemeine Meinung
Alt.	Alternative
aM	andere(r) Meinung
AmstV	Amsterdamer Vertrag
Amtl. Begr.	Amtliche Begründung
ÄndG	Änderungsgesetz
Anh.	Anhang
Anl.	Anlage
Anm.	Anmerkung
Ann. eur.	Annuaire européen (= EuYB)
AO	Abgabenordnung
AöR	Archiv des öffentlichen Rechts (Zeitschrift)

Abkürzungs- und Literaturverzeichnis

Arch. .... Archiv
ARE .... Arbeitsgemeinschaft Regionaler Energieversorgungs-
                unternehmen
arg. .... argumentum
Arg. .... Argumentation
Arrowsmith/Anderson   Arrowsmith/Anderson (Hrsg.), The WTO Regime on Govern-
                ment Procurement: Challenge and Reform, 2011
Arrowsmith .... Arrowsmith, The Law of Public and Utilities Procurement,
                3. Aufl., vol. 1, 2014
Art. .... Artikel
AStV .... Ausschuss der Ständigen Vertreter
AT .... Allgemeiner Teil
Auff. .... Auffassung
aufgeh. .... aufgehoben
Aufl. .... Auflage
Aufs. .... Aufsatz
ausdr. .... ausdrücklich
ausf. .... ausführlich
AusfVO .... Ausführungsverordnung
ausschl. .... ausschließlich
AWD .... Außenwirtschaftsdienst des Betriebs-Beraters (Zeitschrift), ab
                1975: Recht der Internationalen Wirtschaft
AWG .... Außenwirtschaftsgesetz vom 6.6.2013 (BGBl. I 1482), zuletzt
                geändert durch Gesetz vom 20.7.2017 (BGBl. I 2789)
AWR .... Archiv für Wettbewerbsrecht (Zeitschrift)
AWVO .... Außenwirtschaftsverordnung
Az. .... Aktenzeichen
AZO .... Allgemeine Zollordnung

B .... Bundes-
BAFA .... Bundesamt für Wirtschaft und Ausfuhrkontrolle
BAG .... Bundesarbeitsgericht
BAnz. .... Bundesanzeiger
Bartosch .... Bartosch, EU-Beihilfenrecht, 2. Aufl. 2016
Baumbach/
Hefermehl, WZG .... Baumbach/Hefermehl, Warenzeichenrecht, 12. Aufl. 1985
BauR .... Zeitschrift für das gesamte öffentliche und private Baurecht
BaWü .... Baden-Württemberg
BayObLG .... Bayerisches Oberstes Landesgericht
BayVBl .... Bayerische Verwaltungsblätter
BB .... Betriebs-Berater (Zeitschrift)
BBauG .... Bundesbaugesetz
Bd., Bde. .... Band, Bände
BDI .... Bundesverband der Deutschen Industrie
Bearb., bearb. .... Bearbeiter; bearbeitet
Bechtold/Bosch .... Bechtold/Bosch, Kartellgesetz, Gesetz gegen Wettbewerbsbe-
                schränkungen, Kommentar, 8. Aufl. 2015
Bechtold/Bosch/
Brinker .... Bechtold/Bosch/Brinker, EG-Kartellrecht, 3. Aufl. 2014
BeckVOB/A .... Dreher/Motzke, Beck'scher Vergaberechtskommentar online,
                2. Aufl. 2013
Begr. .... Begründung
Bek. .... Bekanntmachung

Abkürzungs- und Literaturverzeichnis

Bekl.	Beklagte(r)
Bellamy/Child	Bellamy/Child, European Community law of competition, 7. Aufl. 2013
ber.	berichtigt
BerlKommTKG	Säcker, Berliner Kommentar zum TKG, 3. Aufl. 2013
bes.	besonders
Beschl.	Beschluss
bestr.	bestritten
Betr.	Betreff
betr.	betreffend
Bez.	Bezeichnung
BGB	Bürgerliches Gesetzbuch idF. vom 2.1.2002 (BGBl. I 42), zuletzt geändert durch Gesetz vom 20.7.2017 (BGBl. I 2787)
BGBl.	Bundesgesetzblatt
BGH	Bundesgerichtshof
BGHZ	Entscheidungen des Bundesgerichtshofs in Zivilsachen
BGW	Bundesverband der deutschen Gas- und Wasserwirtschaft
BIP	Bruttoinlandsprodukt
Birnstiel/Bungenberg/ Heinrich	Europäisches Beihilfenrecht, 2013
BKartA	Bundeskartellamt
BKR	Richtlinie des Rates über die Koordinierung der Verfahren zur Vergabe öffentlicher Bauaufträge (93/37/EWG)
Bl.	Blatt
BMJ	Bundesminister(ium) der Justiz und für Verbraucherschutz
BMAS	Bundesministerium für Arbeit und Soziales
BMWi	Bundesministerium für Wirtschaft und Technologie
BNetzA	Bundesnetzagentur für Elektrizität, Gas, Telekommunikation, Post und Eisenbahnen
Boesen	Boesen, Kommentar zum Vergaberecht, 2002
Bovis	Bovis, Public Procurement in the EU: Jurisprudence and Conceptual Directions, CMLRev 49 (2012)
br.	britisch
BR	Bundesrat
BRD	Bundesrepublik Deutschland
BR-Drs.	Drucksachen des Deutschen Bundesrates
BReg	Bundesregierung
BR-Prot.	Protokolle des Deutschen Bundesrates
BSG	Bundessozialgericht
Bsp.	Beispiel
Bspr.	Besprechung
bspw.	beispielsweise
BT	Bundestag
BT-Drucks.	Drucksache des Deutschen Bundestages
BT-Prot.	Protokolle des Deutschen Bundestages
Buchholz	Buchholz, Sammel- und Nachschlagewerk der Rechtsprechung des Bundesverwaltungsgerichts
Buchst.	Buchstabe
Bull.	Bulletin der Europäischen Gemeinschaften
Burgi	Burgi, Vergaberecht, Systematische Darstellung, 2. Aufl. 2018
BVerfG	Bundesverfassungsgericht
BVerfGE	Entscheidungen des Bundesverfassungsgerichts
BVerwG	Bundesverwaltungsgericht

Abkürzungs- und Literaturverzeichnis

BVerwGE .... Entscheidungen des Bundesverwaltungsgerichts
BYIL .... British Yearbook of International Law
Byok/Jaeger .... Byok/Jaeger, Kommentar zum Vergaberecht, 4. Aufl. 2018
bzgl. .... bezüglich
bzw. .... beziehungsweise

ca. .... circa
Calliess/Ruffert .... Calliess/Ruffert, Kommentar zum EUV/AEUV, 5. Aufl.
                             2016
CC .... Code Civil
cic. .... culpa in contrahendo
CMLR .... Common Market Law Reports (Zeitschrift)
CMLRev .... Common Market Law Review (Zeitschrift)
CPA .... Classification of Products According to Activities (Statistische
                             Güterklassifikation in Verbindung mit den Wirtschaftszweigen
                             in der Europäischen Wirtschaftsgemeinschaft)
CPC .... Central Product Classification (Zentrale Güterklassifikation der
                             Vereinten Nationen)
CPN .... Competition Policy Newsletter (Zeitschrift)
CPV .... Common Procurement Vocabulary (Gemeinsames Vokabular
                             für öffentliche Aufträge)

d. .... der, des, durch
Darst. .... Darstellung
dass. .... dasselbe
Daub/Eberstein .... Daub/Eberstein, Kommentar zur VOL/A, 5. Aufl. 2000
Dauses .... Dauses, Handbuch des EU-Wirtschaftsrechts, Loseblatt,
                             43. Aufl. 2017
DB .... Der Betrieb (Zeitschrift)
ders. .... derselbe
dgl. .... dergleichen, desgleichen
dh .... das heißt
Die BKK .... Zeitschrift der betrieblichen Krankenversicherung
dies. .... dieselbe(n)
diesbzgl. .... diesbezüglich
diff. .... differenziert, differenzierend
Dig. .... Digesten
DIHT .... Deutscher Industrie- und Handelskammertag
DIN .... Deutsche Industrienorm
Dippel/Sterner/Zeiss .... Praxiskommentar Beschaffung im Verteidigungs- und Sicher-
                             heitsbereich, 2. Aufl. 2018
DiskE .... Diskussionsentwurf
Diss. .... Dissertation (Universitätsort)
div. .... diverse
dJ. .... des Jahres
DKR .... Richtlinie des Rates über die Koordinierung der Verfahren zur
                             Vergabe öffentlicher Dienstleistungsaufträge (92/50/EWG)
Dok. .... Dokument
DÖV .... Die öffentliche Verwaltung (Zeitschrift)
Dreher/Kulka .... Dreher/Kulka, Wettbewerbs- und Kartellrecht, 9. Aufl. 2016
Dreher/Stockmann .... Dreher/Stockmann, Kartellvergaberecht, 4. Aufl. 2008
Immenga/Mestmäcker .. Immenga/Mestmäcker, Wettbewerbsrecht 5. Aufl.
DRiZ .... Deutsche Richterzeitung

Abkürzungs- und Literaturverzeichnis

Drs. .... Drucksache
DRZ .... Deutsche Rechtszeitschrift
DStZ .... Deutsche Steuerzeitung
DVA .... Deutscher Verdingungsausschuss für Bauleistungen/Deutscher
                                 Vergabe- und Vertragsausschuss für Bauleistungen
DVAL .... Deutscher Verdingungsausschuss für Leistungen ausgenommen
                                 Bauleistungen/Deutscher Vergabe- und Vertragsausschuss für
                                 Lieferungen und Dienstleistungen
DVBl. .... Deutsches Verwaltungsblatt (Zeitschrift)
DVG .... Deutsche Verbundgesellschaft
DVO .... Durchführungsverordnung
DW .... Der Wettbewerb (Zeitschrift)
DZWir .... Deutsche Zeitschrift für Wirtschaftsrecht

E .... Entwurf
EAG .... Europäische Atomgemeinschaft
EAGFE .... Europäische Agentur für Forschung und Entwicklung
EAGV .... Vertrag zur Gründung der Europäischen Atomgemeinschaft
ebd. .... ebenda
Ebenroth/Boujong/
Joost .... Ebenroth/Boujong/Joost, HGB, Kommentar, 3. Aufl. 2014
ECLR .... European Competition Law Review (Zeitschrift)
Ed. .... Edition
EEA .... Einheitliche Europäische Akte
EEG .... Erneuerbare Energien Gesetz vom 21.7.2014 (BGBl. I 1066),
                                 zuletzt geändert durch Gesetz vom 17.7.2017 (BGBl. I S. 2532)
EFTA .... European Free Trade Association
EG .... Vertrag zur Gründung der Europäischen Gemeinschaften
EGKS .... EGKS-Vertrag in der nach dem 1.5.1999 geltenden Fassung
EGKS .... Europäische Gemeinschaft für Kohle und Stahl
EGKS V .... Vertrag über die Gründung der Europäischen Gemeinschaft für
                                 Kohle und Stahl vom 18.4.1951 (BGBl 1952 II 445)
EGMR .... Europäischer Gerichtshof für Menschenrechte
EGV .... Vertrag zur Gründung der Europäischen Gemeinschaft vom
                                 25.3.1957(BGBl II 766) idF. des Vertrages über die Europäische
                                 Union vom 7.2.1992 (BGBl. II 1253/1256) zuletzt geändert
                                 durch Art. 2 Vertrag von Lissabon vom 13.12.2007 (ABl.
                                 Nr. L 306 S. 1)
ehem. .... ehemalig
Ehlers/Wolffgang/
Schröder .... Ehlers/Wolffgang/Schröder, Subventionen im WTO- und
                                 EG-Recht, 2007
Einf. .... Einführung
einf. .... einführend
eing. .... eingehend
Einl. .... Einleitung
einschl. .... einschließlich
einstw. .... einstweilig
EJIL .... European Journal of International Law
EKMR .... Europäische Kommission für Menschenrechte
EL .... Ergänzungslieferung
ELJ .... European Law Journal (Zeitschrift)
ELRev .... European Law Review (Zeitschrift)

Abkürzungs- und Literaturverzeichnis

Emmerich .... Emmerich/Lange, Kartellrecht, 14. Aufl. 2018
Empf. .... Empfehlung
EMRK .... Europäische Konvention für Menschenrechte
endg. .... endgültig
Entsch. .... Entscheidung
entspr. .... entspricht, entsprechend
Entw. .... Entwurf
EnWG .... Gesetz über die Elektrizitäts- und Gasversorgung (Energiewirt-
                            schaftsgesetz) vom 7.7.2005 (BGBl. I 1970, ber. 3621), zuletzt
                            geändert durch Gesetz vom 20.7.2017 (BGBl. I S. 2808, ber.
                            20185, 472)
EP .... Europäisches Parlament
EPL .... European Public Law
Erichsen/Ehlers .... Erichsen/Ehlers, Allgemeines Verwaltungsrecht, 14. Aufl. 2010
                            (Ehlers/Pünder (Hrsg.), Allgemeines Verwaltungsrecht, 15. neu
                            bearbeitete Auflage 2015)
ER .... Europäischer Rat
Erg. .... Ergebnis, Ergänzung
Erkl. .... Erklärung
Erl. .... Erlass, Erläuterung
Erman .... Erman, BGB, Kommentar, 15. Aufl. 2017
Eschenbruch/Opitz ...... Eschenbruch/Opitz, Sektorenverordnung, Kommentar, 2. Aufl.
                            2018
EStAL .... European State Aid Law Quarterly (Zeitschrift)
EStG .... Einkommensteuergesetz
etc. .... et cetera
EU .... Europäische Union
EuG .... Europäisches Gericht
EuGH .... Gerichtshof der Europäischen Union/Europäischer
                            Gerichtshof
EuGHE .... Entscheidungssammlung des EuGH
EuGHMR .... Europäischer Gerichtshof für Menschenrechte
EUK .... Europa kompakt (Zeitschrift)
EU-Komm. .... Europäische Kommission
EuR .... Europarecht (Zeitschrift)
EUR .... Euro
Euratom .... Europäische Atomgemeinschaft
EUV .... Vertrag über die Europäischen Union (ABl. 2016 Nr. C 202/13
                            = konsolidierte Fassung, zuletzt geändert Art. 13, 14 Abs. 1
                            EU-Beitrittsakte vom 9.12.2011 (ABl. 2012 Nr. L 112 S. 21))
EuVR .... Europäisches Vergaberecht (Zeitschrift), ab 2001: Zeitschrift für
                            das gesamte Vergaberecht
EuYB .... European Yearbook
EuZW .... Europäische Zeitschrift für Wirtschaftsrecht
eV .... eingetragener Verein
evtl. .... eventuell
EVU .... Elektrizitätsversorgungsunternehmen
EW .... Elektrizitätswirtschaft (Zeitschrift)
EWG .... Europäische Wirtschaftsgemeinschaft
EWGV .... Vertrag zur Gründung der Europäischen Wirtschaftsgemeinschaft
                            vom 25.3.1957 (BGBl. II 753)
EWiR .... Entscheidungen zum Wirtschaftsrecht (Zeitschrift)
EWR .... Europäischer Wirtschaftsraum

Abkürzungs- und Literaturverzeichnis

EWS .... Europäisches Wirtschafts- und Steuerrecht (Zeitschrift)

Eyermann .... VwGO Kommentar, 15. Aufl. 2018

EZB .... Europäische Zentralbank

EzEG-VergabeR .... Entscheidungssammlung zum Europäischen Vergaberecht (Herausgeber: Fischer/Noch)

f., ff. .... folgende Seite bzw. Seiten

FAO .... Ernährungs- und Landwirtschaftsorganisation der Vereinten Nationen

FAZ .... Frankfurter Allgemeine Zeitung

ff. .... folgende

FG .... Festgabe, Finanzgericht

FGO .... Finanzgerichtsordnung

FIW .... Forschungsinstitut für Wirtschaftsverfassung und Wettbewerb e. V., Köln

FK .... Frankfurter Kommentar zum Kartellrecht, hrsg. von Helmut Glassen, Loseblatt seit 1958, Stand: 90. Aktualisierung 2018

Fn. .... Fußnote

Franke/Kemper/
Zanner/Grünhagen ...... Franke/Kemper/Zanner/Grünhagen; VOB-Kommentar, 6. Aufl. 2017

Franz. .... französisch

FS .... Festschrift

Fruhmann/Liebmann BVergVS 2012 – Bundesvergabegesetz Verteidigung und Sicherheit 2012, Sonderausgabe, 2012

G .... Gesetz

Gabriel/Krohn/Neun ... Gabriel/Krohn/Neun, Handbuch des Vergaberechts, 2. Aufl. 2017

Ganten/Jansen/Voit ...... Beck'scher VOB Kommentar, 3. Aufl. 2013

GAP .... Gemeinsame Agrarpolitik

GASP .... Gemeinsame Außen- und Sicherheitspolitik

GATS .... General Agreement on Trade in Services (Allgemeines Übereinkommen über den Handel mit Dienstleistungen)

GATT .... Allgemeines Zoll- und Handelsabkommen

GBl. .... Gesetzblatt

GbR .... Gesellschaft bürgerlichen Rechts

GD .... Generaldirektion

GE .... Gesetzesentwurf

geänd. .... geändert

geb. .... geboren

Geiger/Khan/Kotzur .... Geiger/Khan/Kotzur, EUV/AEUV, 6. Aufl. 2017

gem. .... gemäß

GemHVO .... Gemeindehaushaltsverordnung

GemS .... Gemeinsamer Senat

ges. .... gesetzlich

GesR .... Zeitschrift für Arztrecht, Krankenhausrecht, Apotheken- und Arzneimittelrecht

GewA .... Gewerbearchiv (Zeitschrift)

GewO .... Gewerbeordnung idF. der Bekanntmachung vom 22.2.1999 (BGBl. I 202), zuletzt geändert durch Gesetz vom 17.10.2017 (BGBl. I S. 3562)

gewöhnl. .... gewöhnlich

Abkürzungs- und Literaturverzeichnis

GG .... Grundgesetz für die Bundesrepublik Deutschland vom 23.5.1949 (BGBl. I 1), zuletzt geändert Art. 1 ÄndG vom 13.7.2017 (BGBl. I S. 2347)

ggf. .... gegebenenfalls

ggü. .... gegenüber

glA .... gleicher Ansicht

GK .... Gemeinschaftskommentar, Müller-Henneberg/Hootz (Hrsg.), Gesetz gegen Wettbewerbsbeschränkungen und Europäisches Kartellrecht, 5. Aufl. 2006

GmbHG .... Gesetz betreffend die Gesellschaften mit beschränkter Haftung vom 20.4.1892, zuletzt geändert durch Gesetz vom 17.7.2017 (BGBl. I S. 2446)

GMBl. .... Gemeinsames Ministerialblatt

GmS-OGB .... Gemeinsamer Senat der obersten Gerichtshöfe des Bundes

GO .... Geschäftsordnung

Göhler .... Göhler, Gesetz über Ordnungswidrigkeiten, 17. Aufl. 2017

GP .... Gesetzgebungsperiode

GPA .... Agreement on Government Procurement

GPC .... Government Procurement Code

Grabitz/Hilf/
Nettesheim .... Das Recht der europäischen Union (EUV/AEUV), 63. Auflage, 2018

Graf-Schlicker .... Graf-Schlicker, InsO, Kommentar, 5. Aufl. 2018

Greb/Müller .... Greb/Müller, Kommentar zum Sektorenvergaberecht, 2. Aufl. 2017

Grdl. .... Grundlage

grdl. .... grundlegend

grds. .... grundsätzlich

von der Groeben/
Thiesing/Ehlermann .... von der Groeben/Thiesing/Ehlermann, Kommentar zum EU-/EG-Vertrag, I und II: 6. Aufl. 2003 f., III bis V: 5. Aufl. 1997

Gruber/Gruber/Sachs .. Gruber/Gruber/Sachs, Europäisches Vergaberecht, 2005

GrS .... Großer Senat

GRUR .... Gewerblicher Rechtsschutz und Urheberrecht (Zeitschrift)

GU .... Gemeinschaftsunternehmen

GVBl. .... Gesetz- und Verordnungsblatt

GVO .... Gruppenfreistellungsverordnung

GWB .... Gesetz gegen Wettbewerbsbeschränkungen idF. der Bekanntmachung vom 26.6.2013, zuletzt geändert durch Gesetz vom 30.10.2017 (BGBl. I S. 3618)

GYIL .... German Yearbook of International Law

hA .... herrschende Ansicht/Auffassung

Hailbronner/Klein/
Magiera/Müller-Graff   Hailbronner/Klein/Magiera/Müller-Graff, Handkommentar zum Vertrag über die Europäische Union (EUV/EGV), Loseblatt seit 1991, Stand: 1998 (Erscheinen eingestellt mit EL 7)

Halbbd. .... Halbband

Hancher/
Ottervanger/Slot .... Hancher/Ottervanger/Slot, EU State Aids, 4. Aufl. 2012

Abkürzungs- und Literaturverzeichnis

Haratsch/Koenig/Pechstein	Haratsch/Koenig/Pechstein, Europarecht, 11. Aufl. 2018
Harte-Bavendamm/Harte-Bavendamm/Henning-Bodewig	Gesetz gegen den unlauteren Wettbewerb (UWG), 4. Aufl. 2016
Hattig/Maibaum	Praxiskommentar Kartellvergaberecht, 2. Aufl. 2014
Hdb.	Handbuch
HdbStR III	Isensee/Kirchhof, Handbuch des Staatsrechts der Bundesrepublik Deutschland, Band 3, Demokratie – Bundesorgane, 3. Aufl. 2005
Heidenhain	Heidenhain, Handbuch des Europäischen Beihilfenrechts, 2003
Heidenhain, EC Aid Law	Heidenhain, European State Aid Law, 2010
Heiermann/Riedl/Rusam	Heiermann/Riedl/Rusam, Handkommentar zur VOB, 13. Aufl. 2013
Heiermann/Zeiss/Summa	Heiermann/Zeiss/Summa, juris Praxiskommentar Vergaberecht, 5. Aufl. 2016
Herig	Herig, Praxiskommentar VOB, 5. Aufl. 2013
Hertwig	Hertwig, Praxis der öffentlichen Auftragsvergabe, 6. Aufl. 2016
Heuvels/Höß/Kuß/Wagner	Heuvels/Höß/Kuß/Wagner, Gesamtkommentar zum Recht der öffentlichen Auftragsvergabe, 2. Aufl. 2018
HGB	Handelsgesetzbuch vom 10.5.1897 (RGBl. 219), zuletzt geändert durch Gesetz vom 18.7.2017 (BGBl. I S. 2745)
HGrG	Haushaltsgrundsätzegesetz vom 19.8.1969 (BGBl. I 1273), zuletzt geändert durch Gesetz vom 14.8.2017 (BGBl. I S. 3122)
hL.	herrschende Lehre
hM.	herrschende Meinung
HOAI	Verordnung über die Honorare für Architekten- und Ingenieurleistungen vom 10.7.2013 (BGBl. I 2276)
Höfler/Bayer	Höfler/Bayer, Praxishandbuch Bauvergaberecht, 3. Aufl. 2012
Hrsg., hrsg.	Herausgeber; herausgegeben
Hs.	Halbsatz
ic	in concreto/in casu
ICLQ	International Comparative Law Quarterly (Zeitschrift)
idF.	in der Fassung
idR	in der Regel
idS	in diesem Sinne
iE	im Einzelnen
ieS	im engeren Sinne
iHd	in Höhe des/der
IHK	Industrie- und Handelskammer
ILA	International Law Association
Immenga/Mestmäcker, WettbR	Immenga/Mestmäcker, Wettbewerbsrecht Band 2, 2. Teil GWB §§ 97–129b, 5. Aufl. 2014
Inf.	Information
Ingenstau/Korbion	Ingenstau/Korbion, VOB Teile A und B, 20. Aufl. 2017
insbes.	insbesondere
int.	international

Abkürzungs- und Literaturverzeichnis

IP .... Pressemitteilung der EU
IPR .... Internationales Privatrecht
iRd .... im Rahmen des/der
iS .... im Sinne
iSd .... im Sinne des/der
iSv .... im Sinne von
iÜ .... im Übrigen
iVm .... in Verbindung mit
iW .... im Wesentlichen
IWF .... Internationaler Währungsfond
iwS .... im weiteren Sinne
iZw .... im Zweifel

JA .... Juristische Arbeitsblätter (Zeitschrift)
Jarass/Pieroth .... Jarass/Pieroth, Grundgesetz für die Bundesrepublik Deutschland,
                            Kommentar, 15. Aufl. 2018
Jb. .... Jahrbuch
Jbl .... Juristische Blätter (Zeitschrift)
Jg. .... Jahrgang
JMBl. .... Justizministerialblatt
JR .... Juristische Rundschau (Zeitschrift)
jur. .... juristisch
Jura .... Juristische Ausbildung (Zeitschrift)
Juris-PK .... Juris Praxiskommentar Vergaberecht, 5. Aufl. 2016
JuS .... Juristische Schulung (Zeitschrift)
JW .... Juristische Wochenschrift (Zeitschrift)
JZ .... Juristenzeitung (Zeitschrift)

Kap. .... Kapitel
Kapellmann/
Messerschmidt .... Kapellmann/Messerschmidt, VOB Teile A und B, 6. Aufl.
                            2018
KartR .... Kartellrecht
KG .... Kammergericht (Berlin), Kommanditgesellschaft
KGaA .... Kommanditgesellschaft auf Aktien
Kl. .... Kläger
kl. .... klagend
KMU .... Kleine und mittlere Unternehmen
Knack/Henneke .... Knack/Henneke, VwVfG, Kommentar, 10. Aufl. 2014
Köhler/Bornkamm .... Köhler/Bornkamm/Feddersen, Gesetz gegen den unlauteren
                            Wettbewerb, 36. Aufl. 2018
Komm. .... Kommentar
Koenig/Kühling/
Ritter .... Koenig/Kühling/Ritter, EG-Beihilfenrecht, 2. Aufl. 2005
Koenig/Roth/
Schön .... Koenig/Roth/Schön, Aktuelle Fragen des EG-Beihilfenrechts,
                            2001
Koller/Kindler/Roth/
Morck .... Koller/Kindler/Roth/Morck, Handelsgesetzbuch – HGB,
                            Kommentar, 8. Aufl. 2015
KOM DOK .... Kommissionsdokument
Kom. .... Kommission
Komm. .... Kommentar

KostRMoG	Kostenrechtsmodernisierungsgesetz vom 5.5.2004 (BGBl. I 718)
krit.	kritisch
KritJ	Kritische Justiz (Zeitschrift)
KrV	Die Krankenversicherung
KSZE	Konferenz über Sicherheit und Zusammenarbeit in Europa
Kulartz/Kus/ Portz/Prieß	Kulartz/Kus/Portz/Prieß, Kommentar zum GWB-Vergaberecht, 4. Aufl. 2016
Kulartz/Marx/ Portz/Prieß	Kulartz/Marx/Portz/Prieß, Kommentar zur VOL/A, 3. Aufl. 2014
KVR	Richtlinie 2014/23/EU des europäischen Parlaments und des Rates vom 26. Februar 2014 über die Konzessionsvergabe (ABl. 2014 Nr. L 94/1)
L	Landes-
LAG	Landesarbeitsgericht
Langen/Bunte	Langen/Bunte, Kommentar zum deutschen und europäischen Kartellrecht, 13. Aufl. 2018 (Bd. 1: Deutsches Kartellrecht; Bd. 2: Europäisches Kartellrecht)
Leinemann	Leinemann, Die Vergabe öffentlicher Aufträge, 6. Aufl. 2016
Leinemann/Kirch	Leinemann/Kirch, VSVgV Vergabeverordnung Verteidigung und Sicherheit, 2013
Lenz	Lenz, EG-Handbuch Recht im Binnenmarkt, 2. Aufl. 1994
Lenz/Borchardt	Lenz/Borchardt, EU-Verträge, Kommentar, 6. Aufl. 2012
lfd.	laufend
Lfg.	Lieferung
LG	Landgericht (mit Ortsnamen)
LHO	Landeshaushaltsordnung
LIEI	Legal Issues of Economic Integration (Zeitschrift)
LiSp	Linke Spalte
Lit.	Literatur
lit.	litera
LKartB	Landeskartellbehörde/n
LKR	Richtlinie des Rates zur Koordinierung der Verfahren zur Vergabe öffentlicher Lieferaufträge (93/36/EWG)
LKV	Landes- und Kommunalrecht (Zeitschrift)
LM	Nachschlagewerk des Bundesberichtshofs, herausgegeben von Lindenmaier, Möhring u. a.
Losebl.	Loseblattausgabe
Loewenheim/Meessen/ Riesenkampff/Kersting/ Meyer-Lindemann	Loewenheim/Meessen/Riesenkampff/Kersting/Meyer-Lindemann, Europäisches und Deutsches Kartellrecht, 3. Aufl. 2016
Lübbig/Martin-Ehlers	Lübbig/Martin-Ehlers, Beihilfenrecht der EU, 2. Aufl. 2009
LPG	Landespressegesetz
Ls	Leitsatz
lt.	laut
mÄnd	mit Änderungen
mAnm	mit Anmerkungen
Mat.	Materialien

Abkürzungs- und Literaturverzeichnis

Maunz/Dürig .... Maunz/Dürig, Grundgesetz, Loseblatt-Kommentar, 82. Aufl. 2018

Maurer .... Maurer/Waldhoff, Allgemeines Verwaltungsrecht, 19. Aufl. 2017

maW. .... mit anderen Worten

Marx .... Marx, Vergaberecht für die Versorgungsbetriebe, 2011

Mayer .... Mayer/Stöger, Kommentar zu EUV und AEUV, Loseblatt, Stand: 2014

MBl. .... Ministerialblatt

MDR .... Monatsschrift für Deutsches Recht (Zeitschrift)

mE .... meines Erachtens

MedR .... Medizinrecht

Mestmäcker/
Schweitzer .... Mestmäcker/Schweitzer, Europäisches Wettbewerbsrecht, 3. Aufl. 2014

MinBl. .... Ministerialblatt

mind. .... mindestens

Mio. .... Million(en)

Mitt. .... Mitteilung(en)

MJ .... Maastricht Journal of European and Comparative Law (Zeitschrift)

MK .... Monopolkommission

mN .... mit Nachweisen

Möschel .... Möschel, Recht der Wettbewerbsbeschränkungen, 1983

MOG .... Gesetz zur Durchführung der gemeinsamen Marktorganisationen und der Direktzahlungen idF. der Bekanntmachung vom 7.11.2017 (BGBl. I S. 3746), zuletzt geändert durch Gesetz vom 28.11.2017 (BGBl. I S. 3824)

Montag/Säcker .... Montag/Säcker, Münchener Kommentar zum Europäischen und Deutschen Wettbewerbsrecht Band 3 Vergaberecht I/Band 4 Vergaberecht II, 2018

Mrd. .... Milliarde

MSR-2002 .... Multisekteraler Begionalbeihilferahmen 2002

mspätÄnd .... mit späteren Änderungen

mtl. .... monatlich

Müller/Giessler/
Scholz .... Müller/Giessler/Scholz, Wirtschaftskommentar: Kommentar zum Gesetz gegen Wettbewerbsbeschränkungen (Kartellgesetz), 4. Aufl. 1981

Müller-Wrede, GWB ... Müller-Wrede, GWB Vergaberecht, Kommentar, 2016

Müller-Wrede, VOF .... Müller-Wrede, Kommentar zur VOF, 5. Aufl. 2014

Müller-Wrede, VOL .... Müller-Wrede, Verdingungsordnung für Leistungen VOL, Kommentar, 4. Aufl. 2014

Müller-Wrede,
Kompendium .... Müller-Wrede, Kompendium des Vergaberechts, 2. Aufl. 2013

MüKoZPO .... Münchener Kommentar zur Zivilprozessordnung, herausgegeben von Lüke/Wax, 5. Aufl. 2016

Musielak/Voit .... Musielak/Voit, ZPO, 15. Aufl. 2018

mwN .... mit weiteren Nachweisen

MWSt. .... Mehrwertsteuer

mWv .... mit Wirkung von

N&R .... Netzwirtschaften und Recht (Zeitschrift)

nachf. .... nachfolgend

Abkürzungs- und Literaturverzeichnis

Nachw.	Nachweise
NdsRpfl.	Niedersächsische Rechtspflege (Zeitschrift)
NDV	Nachrichtendienst des Deutschen Vereins für öffentliche und private Fürsorge
nF	neue Fassung
NIMEXE	Warenverzeichnis für die Statistik des Außenhandels der Gemeinschaft und des Handels zwischen ihren Mitgliedstaaten
NJW	Neue Juristische Wochenschrift (Zeitschrift)
NJW-RR	NJW-Rechtsprechungs-Report, Zivilrecht (Zeitschrift)
NJW-WettbR	NJW-Entscheidungsdienst Wettbewerbsrecht (Zeitschrift)
Noch	Noch, Vergaberecht kompakt, 7. Aufl. 2016
NpV	Nachprüfungsverordnung
Nr.	Nummer(n)
nrkr	nicht rechtskräftig
NRW	Nordrhein-Westfalen
nv	nicht veröffentlicht
NVersZ	Neue Zeitschrift für Versicherungsrecht
NVwZ	Neue Zeitschrift für Verwaltungsrecht
NVwZ-RR	NVwZ-Rechtsprechungs-Report (Zeitschrift)
NZA	Neue Zeitung für Arbeits- und Sozialrecht
NZBau	Neue Zeitschrift für Bau- und Vergaberecht
NZS	Neue Zeitschrift für Sozialrecht
o.	oben
oÄ	oder Ähnliche/s
ObG	Obergericht
OECD	OECD Journal of Competition Law and Policy (Zeitschrift)
ÖffBauR	Öffentliches Baurecht
öffentl.	öffentlich
ÖffR	Öffentliches Recht
og	oben genannt
OGH	Oberster Gerichtshof (Österreich)
OHG	Offene Handelsgesellschaft
OLG	Oberlandesgericht
OLG-Rp.	OLG-Report (Zeitschrift)
OLGZ	Rechtsprechung der Oberlandesgerichte in Zivilsachen (Amtliche Entscheidungssammlung)
ORDO	ORDO, Jahrbuch für die Ordnung von Wirtschaft und Gesellschaft (zitiert nach Band und Seite, Jahreszahl in eckigen Klammern)
oV	ohne Verfasser
OVG	Oberverwaltungsgericht
Palandt	Palandt, Bürgerliches Gesetzbuch, 77. Aufl. 2018
PatentR	Patentrecht
PersGesR	Personengesellschaftsrecht
PharmR	Pharma Recht
PPLR	Public Procurement Law Review (Zeitschrift)
Prieß	Prieß, Handbuch des europäischen Vergaberechts, 3. Aufl. 2005
Prieß/Hausmann/Kulartz	Prieß/Hausmann/Kulartz (Hrsg.), Beck'sches Formularbuch Vergaberecht, 3. Aufl. 2018

Abkürzungs- und Literaturverzeichnis

Prieß/Lau/Kratzenberg   Prieß/Lau/Kratzenberg (Hrsg.), Wettbewerb-Transparenz-Gleichbehandlung, FS f. Fridhelm Marx, 2013
Prieß/Niestedt .... Prieß/Niestedt, Rechtsschutz im Vergaberecht, ebook 2018
PrivBauR .... Privates Baurecht
Prot. .... Protokoll
PrOVG .... Preußisches Oberverwaltungsgericht
Pünder/Prieß .... Pünder/Prieß (Hrsg.), Vergaberecht im Umbruch II – Die neuen EU-Vergaberichtlinien und ihre Umsetzung ebook 2018
Pünder/Schellenberg .... Pünder/Schellenberg, Vergaberecht, Handkommentar, 3. Aufl. 2018

Quigley .... Quigley, European State Aid Law and Policy, 3. Aufl. 2014

RA .... Rechtsausschuss; Rechtsanwalt
RAnz. .... Reichsanzeiger
RabelsZ .... Zeitschrift für ausländisches und internationales Privatrecht, begründet von Rabel
RAE .... Revue des affaires européennes
Rahmenbest.
Schiffbau .... Rahmenbestimmungen für Beihilfen an den Schiffbau (2003/C 317/06)
rd. .... rund
RdE .... Recht der Energiewirtschaft, Recht der Elektrizitätswirtschaft (Zeitschrift)
RdErl. .... Runderlass
RdSchr. .... Rundschreiben
RdL .... Recht der Landwirtschaft
Recht .... Das Recht (Zeitschrift)
RegE .... Regierungsentwurf
Reidt/Stickler/Glahs .... Reidt/Stickler/Glahs, Vergaberecht Kommentar, 4. Aufl. 2017
RefE .... Referentenentwurf
RegBegr. .... Regierungsbegründung
RegE .... Regierungsentwurf
RegLL 1998 .... Regionalleitlinien 1998
ReSp. .... rechte Spalte
Rev. crit. dr. int. Privé   Revue critique de droit international privé (Zeitschrift)
Rev. MC .... Revue de Marché Commun (Zeitschrift)
RG .... Reichsgericht
RGRK .... Reichsgerichtsräte-Kommentar BGB, herausgegeben von Mitgliedern des Bundesgerichtshofes, 12. Aufl. 1974ff.
RGZ .... Amtliche Sammlung von Entscheidungen des Reichsgerichts in Zivilsachen
RIE .... Revista de instituciones europeos (Zeitschrift)
Rittner/Dreher .... Rittner/Dreher, Europäisches und deutsches Wirtschaftsrecht, 3. Aufl. 2007
Riv. dir. int. .... Rivista di diritto internazionale
RIW .... Recht der internationalen Wirtschaft (Zeitschrift)
rkr. .... rechtskräftig
RL .... Richtlinie(n)
RMC .... Revue du Marché commun (Zeitschrift)
Rn. .... Randnummer
Rs. .... Rechtssache

Abkürzungs- und Literaturverzeichnis

RsDE .... Beiträge zum Recht der sozialen Dienste und Einrichtungen
Rspr. .... Rechtsprechung
RTD eur .... Revue trimestrielle de droit européen (Zeitschrift)
RTW .... Recht-Technik-Wirtschaft, Jahrbuch (zitiert nach Bd.,
                                 Jahreszahl, Seite)
RuW .... Recht und Wirtschaft (Zeitschrift)
RVO .... Rechtsverordnung; Reichsversicherungsordnung (SozR)
RWP .... Rechts- und Wirtschaftspraxis (Zeitschrift)
S. .... Seite; Satz
s. .... siehe
SaBl. .... Sammelblatt für Rechtsvorschriften des Bundes und der Länder
Sanchez Rydelski .... Sanchez Rydelski, The EC State Aid Regime, 2006
Sandrock .... Sandrock, Grundbegriffe des Gesetzes gegen Wettbewerbs-
                                 beschränkungen, 1968
SDSRV .... Schriftenreihe des Deutschen Sozialrechtsverbandes
Scheurle/Mayen .... Scheurle/Mayen, TKG-Kommentar, 3. Aufl. 2018
Schmidt/Haucap .... Schmidt/Haucap, Wettbewerbspolitik und Kartellrecht, 10. Aufl.
                                 2013
Schoch/Schneider/
Bier .... Schoch/Schneider/Bier, VwGO, Kommentar, 33. Aufl. 2017
Schr. .... Schrifttum, Schreiben
Schröter/Jakob/
Mederer .... Schröter/Jakob/Klotz/Mederer, Europäisches Wettbewerbsrecht,
                                 Kommentar, 2. Aufl. 2014
Schulte/Just .... Kartellrecht, Kommentar, 2. Aufl. 2016
SchuldR .... Schuldrecht
Schwarze/Becher/
Hatje/Schoo .... Schwarze/Becher/Hatje/Schoo, EU-Kommentar, 4. Aufl. 2018
schweiz. .... schweizerisch
Sen. .... Senat
SeuffA .... Seufferts Archiv für Entscheidungen der obersten Gerichte in
                                 den deutschen Staaten (Zeitschrift, zitiert nach Band u. Nr. 1.
                                 1847 – 98. 1944)
SGb .... Die Sozialgerichtsbarkeit
SKR .... Richtlinie 2004/17/EG des Europäischen Parlaments und des
                                 Rates vom 31. März 2004 zur Koordinierung der Zuschlagser-
                                 teilung durch Auftraggeber im Bereich der Wasser-, Energie-
                                 und Verkehrsversorgung sowie der Postdienste (ABl. 2004 Nr. L
                                 134/1)
Slg. .... Amtliche Sammlung der Entscheidungen des Europäischen
                                 Gerichtshofes
Sodan/Ziekow .... Sodan/Ziekow, VwGO-Großkommentar, 5. Aufl. 2018
sog .... sogenannt, sogenannte(r)
Soudry/Hettich .... Soudry/Hettich, Das neue Vergaberecht – Eine systematische
                                 Darstellung der neuen EU-Vergaberichtlinien 2014
SozR .... Sozialrecht
Sp. .... Spalte
SpStr. .... Spiegelstrich
SRL .... Richtlinie 2014/25/EU des europäischen Parlaments und des
                                 Rates vom 26. Februar 2014 über die Vergabe von Aufträgen
                                 durch Auftraggeber im Bereich der Wasser-, Energie- und Ver-
                                 kehrsversorgung sowie der Postdienste und zur Aufhebung der
                                 Richtlinie 2004/17/EG (ABl. 2014 Nr. L 94/243)

Abkürzungs- und Literaturverzeichnis

st. .... ständig
st. Rspr. .... ständige Rechtsprechung
St.Anz .... Staatsanzeiger
Stellungn. .... Stellungnahme
Stichw. .... Stichwort
StPO .... Strafprozessordnung idF. vom 7.4.1987 (BGBl. I 1074, ber. 1319), zuletzt geändert durch Gesetz vom 30.10.2017 (BGBl. I 3618)
stPrax .... ständige Praxis
str. .... streitig, strittig
stRspr .... ständige Rechtsprechung
Streinz .... Streinz, EUV/AEUV, 3. Aufl. 2018
Streinz, EuR .... Streinz, Europarecht, 10. Aufl. 2016
su .... siehe unten
SÜWR .... Sektorenüberwachungsrichtlinie, Richtlinie 92/13/EWG

teilw. .... teilweise
TKG .... Telekommunikationsgesetz vom 22.6.2004 (BGBl. I 1190), zuletzt geändert durch Gesetz vom 30.10.2017 (BGBl. I 3618)
Terhechte .... Terhechte (Hrsg.), Verwaltungsrecht der Europäischen Union, 2011
Trepte .... Trepte, Public Procurement in the EU, 2. Aufl. 2007
Trybus .... Trybus, Buying Defence and Security in Europe, 2014
Tz. .... Teilziffer

u. .... und
ua .... unter anderem; und andere
uÄ .... und Ähnliche(s)
uÄm .... und Ähnliches mehr
UAbs. .... Unterabsatz
uam .... und anderes mehr
überarb. .... überarbeitet
Überbl. .... Überblick
überw. .... überwiegend
uE .... unseres Erachtens
Umf. .... Umfang
umfangr. .... umfangreich
umstr. .... umstritten
unstr. .... unstreitig
unv. .... unverändert, unveränderte Auflage
unveröff. .... unveröffentlicht
unzutr. .... unzutreffend
UAbs. .... Unterabsatz
Übk. .... Übereinkommen
umstr. .... umstritten
UNCTAD .... United Nations Conference on Trade and Development
UNICITRAL .... United Nations Commission on International Trade Law
unstr. .... unstreitig
unveröff. .... unveröffentlicht
UPR .... Umwelt- und Planungsrecht (Zeitschrift)
UrhG .... Gesetz über Urheberrecht und verwandte Schutzrechte v. 9.9.1965 (BGBl. I 1273), zuletzt geändert durch Gesetz vom 1.9.2017 (BGBl. I 3346)

Abkürzungs- und Literaturverzeichnis

Urt.	Urteil
Util. Law. Rev.	Utilities Law Review (Zeitschrift)
uU.	unter Umständen
uvam	und vieles anderes mehr
uvm	und viele mehr
UWG	Gesetz gegen den unlauteren Wettbewerb, idF der Bekanntmachung v. 3.3.2010 (BGBl. I 254), zuletzt geändert durch Gesetz vom 17.2.2016 (BGBl. I 233)
ÜWR	Überwachungsrichtlinie, Richtlinie 89/665/EWG
v.	vom; von
va	vor allem
VA	Verwaltungsakt
Var.	Variante
vAw	von Amts wegen
Var.	Variante
VBlBW	Verwaltungsblätter für Baden-Württemberg
verb.	verbunden
Verf.	Verfasser, Verfassung
VerfassungsR	Verfassungsrecht
VerfO	Verfahrensordnung
VergabeK	Vergabekammer
VergR	Vergaberecht
Verh.	Verhandlung
Veröff.	Veröffentlichung
Vers.	Versicherung
VersR	Versicherungsrecht (Zeitschrift)
Verw.	Verwaltung
VerwA	Verwaltungsarchiv (Zeitschrift)
VerwGH	Verwaltungsgerichtshof
VerwRspr.	Verwaltungsrechtsprechung in Deutschland (zitiert nach Band u. Seite)
Vesterdorf/Nielsen	Vesterdorf/Nielsen, State Aid Law of the European Union, 2008
Vfg.	Verfügung
VG	Verwaltungsgericht
VgE	Vergaberechtliche Entscheidungssammlung (Herausgeber: Boesen)
VGH	Verwaltungsgerichtshof
vgl.	vergleiche
VgRÄG	Vergaberechtsänderungsgesetz
VgV	Vergabeverordnung idF. der Bekanntmachung vom 12.4.2016 (BGBl. I 624), zuletzt geändert durch Gesetz v. 18.7.2017 (BGBl. I S. 2745)
vH	vom Hundert
VIZ	Zeitschrift für Vermögens- und Investitionsrecht
VKR	Richtlinie 2004/18/EG des Europäischen Parlaments und des Rates vom 31. März 2004 über die Koordinierung der Verfahren zur Vergabe öffentlicher Bauaufträge, Lieferaufträge und Dienstleistungsaufträge (ABl. 2004 Nr. L 134/114)
VKU	Verband kommunaler Unternehmen e. V.
VO	Verordnung

Abkürzungs- und Literaturverzeichnis

VO PÖA	Verordnung PR Nr. 30/53 über die Preise bei öffentlichen Aufträgen idF. vom 21.11.1953 (BAnz. Nr. 244), zuletzt geändert durch Gesetz vom 8.12.2010 (BGBl. I 1864)
VOB	Vergabe- und Vertragsordnung für Bauleistungen
VOB/A	Vergabe- und Vertragsordnung für Bauleistungen Teil A vom 7. Januar 2016 (BAnz. AT 19.01.2016 B3), zuletzt geändert durch ÄndBek vom 22.6.2016 (BAnz AT 1.7.2016 B4)
VOBl.	Verordnungsblatt
VOF	Vergabeordnung für freiberufliche Leistungen idF. der Bekanntmachung vom 18.11.2009 (BAnz. Nr.185a)
VOL/A	Vergabe- und Vertragsordnung für Leistungen ausgenommen Bauleistungen Teil A vom 20.11.2009 (BAnz. Nr. 196a, ber. BAnz. Nr. 32vom 26.2.2010 zuletzt geändert durch UVgO v. 2.2.2017 (BAnz AT 7.2.2017 B1))
Vol., vol.	volume (Band)
von der Groeben/ Schwarze/Hatje	von der Groeben/Schwarze/Hatje, Europäisches Unionsrecht, Kommentar, 7. Aufl. 2015
von Wieterheim	Praxis Wissen Vergaberecht 2017
Vorauf.	Vorauflage
Vorb.	Vorbemerkung
vorl.	vorläufig
VRL	Richtlinie 2014/24/EU des europäischen Parlaments und des Rates vom 26. Februar 2014 über die öffentliche Auftragsvergabe und zur Aufhebung der Richtlinie 2004/18/EG (ABl. 2014 Nr. L 94/65)
vs.	versus
VSVgV	Vergabeverordnung für die Bereiche Verteidigung und Sicherheit zur Umsetzung der Richtlinie 2009/81/EG des Europäischen Parlaments und des Rates vom 13. Juli 2009 über die Koordinierung der Verfahren zur Vergabe bestimmter Bau-, Liefer- und Dienstleistungsaufträge in den Bereichen Verteidigung und Sicherheit und zur Änderung der Richtlinien 2004/17/EG und 2004/18/EG vom 12.7.2012 (BGBl. I 1509), zuletzt geändert durch Gesetz v. 18.7.2017 (BGBl. I S. 2745)
VU	Versorgungsunternehmen
VÜA	Vergabeüberwachungsausschuss
VuR	Verbraucher und Recht (Zeitschrift)
VVDStRL	Veröffentlichungen der Vereinigung der deutschen Staatsrechtslehrer
VVG	Gesetz über den Versicherungsvertrag vom 23.11.2007 (BGBl. I 2631), zuletzt geändert durch Gesetz vom 17.8.2017 (BGBl. I 3214)
VwGO	Verwaltungsgerichtsordnung idF. vom 19.3.1991 (BGBl. I 686), zuletzt geändert durch Gesetz vom 8.10.2017 (BGBl. I 3546)
VwVfG	Verwaltungsverfahrensgesetz idF. der Bekanntmachung vom 23.1.2003 (BGBl. I 102), zuletzt geändert durch Gesetz vom 18.7.2017 (BGBl. I 2745)
VwVG	Verwaltungs-Vollstreckungsgesetz vom 27.4.1953 (BGBl. I 157), zuletzt geändert durch Gesetz vom 30.6.2017 (BGBl. I 2094)
VwZG	Verwaltungszustellungsgesetz idF. vom 12.8.2005 (BGBl. I 2354), zuletzt geändert durch Gesetz vom 18.7.2017 (BGBl. I S. 2745)

Abkürzungs- und Literaturverzeichnis

WB .... Wettbewerbsbericht

WeigR .... Wohnungseigentumsrecht

WettbR .... Wettbewerbsrecht

Weyand .... Weyand, Vergaberecht: Praxiskommentar zu GWB, VgV, VOB/A, VOL/A, VOF, 4. Aufl. 2013

WiB .... Wirtschaftsrechtliche Beratung (Zeitschrift)

Wiedemann .... Wiedemann, Handbuch des Kartellrechts, 3. Aufl. 2016

Willenbruch/
Wieddekind .... Willenbruch/Wieddekind, Kompaktkommentar Vergaberecht, 4. Aufl. 2017

WIR .... Wirtschaftsrecht (Zeitschrift)

WirtschaftsR .... Wirtschaftsrecht

Wiss. .... Wissenschaft

wiss. .... wissenschaftlich

WiStrG .... Wirtschaftsstrafgesetz 1954 idF. der Bekanntmachung vom 3.6.1975 (BGBl. I 1313), zuletzt geändert durch Gesetz vom 13.4.2017 (BGBl. I S. 872)

Wistra .... Zeitschrift für Wirtschaft, Steuer, Strafrecht (Jahr und Seite)

Wj. .... Wirtschaftsjahr

WM .... Wertpapiermitteilungen, Zeitschrift für Wirtschaft und Bankrecht

World Competition ...... World Competition (Zeitschrift)

WPg .... Die Wirtschaftsprüfung (Zeitschrift)

WRP .... Wettbewerb in Recht und Praxis (Zeitschrift)

WRV .... Weimarer Reichsverfassung vom 11.8.1919 (RGBl. 1383)

WSA .... Wirtschafts- und Sozialausschuss

WTO .... World Trade Organisation (Welthandelsorganisation)

WuB .... Wirtschafts- und Bankrecht (Zeitschrift)

WuW .... Wirtschaft und Wettbewerb (Zeitschrift)

WuW/E .... Wirtschaft und Wettbewerb – Entscheidungssammlung

WuW/E BGH .... Wirtschaft und Wettbewerb – Entscheidungen des Bundesgerichtshofs

WuW/E BKartA .... Wirtschaft und Wettbewerb – Entscheidungen des Bundeskartellamtes

WuW/E DE-R .... Wirtschaft und Wettbewerb – Entscheidungssammlung – Deutschland Rechtsprechung

WuW/E DE-V .... Wirtschaft und Wettbewerb – Entscheidungssammlung – Deutschland Verwaltung

WuW/E EU-R .... Wirtschaft und Wettbewerb – Entscheidungssammlung – Europäische Union Rechtsprechung

WuW/E EU-V .... Wirtschaft und Wettbewerb – Entscheidungssammlung – Europäische Union Verwaltung

WuW/E OLG .... Wirtschaft und Wettbewerb – Entscheidungen der Oberlandesgerichte

WuW/E Verg .... Wirtschaft und Wettbewerb – Entscheidungssammlung – Vergabe und Verwaltung

YEL .... Yearbook of European Law (Zeitschrift)

zahlr. .... zahlreich

zB .... zum Beispiel

ZBB .... Zeitschrift für Bankrecht und Bankwirtschaft

Abkürzungs- und Literaturverzeichnis

ZESAR	Zeitschrift für europäisches Sozial- und Arbeitsrecht
ZEuP	Zeitschrift für Europäisches Privatrecht
ZfBR	Zeitschrift für deutsches und internationales Bau- und Vergaberecht
ZfE	Zeitschrift für Energiewirtschaft
ZfF	Zeitschrift für das Fürsorgewesen
ZfK	Zeitung für kommunale Wirtschaft
ZGR	Zeitschrift für Unternehmens- und Gesellschaftsrecht
ZgS	Zeitschrift für die gesamte Staatswissenschaft
ZHR	Zeitschrift für das gesamte Handelsrecht und Wirtschaftsrecht
Ziekow/Völlink	Ziekow/Völlink, Vergaberecht, Kommentar, 3. Aufl. 2018
Ziff.	Ziffer(n)
ZIP	Zeitschrift für Wirtschaftsrecht
zit.	zitiert
ZivilProzR	Zivilprozessrecht
ZivilR	Zivilrecht
ZK	Zollkodex
ZKJ	Zeitschrift für Kindschaftsrecht und Jugendhilfe
ZK-DVO	Durchführungsverordnung zum Zollkodex
ZNER	Zeitschrift für neues Energierecht
ZögU	Zeitschrift für öffentliche und gemeinwirtschaftliche Unternehmen
Zöller	Zöller, ZPO, Kommentar, 31. Aufl. 2016
ZPO	Zivilprozessordnung idF. der Bekanntmachung vom 5.12.2005 (BGBl. I 3202; ber. 2006 I 431; ber. 2007 I 1781), zuletzt geändert durch Gesetz vom 18.7.2017 (BGBl. I 2745)
ZRP	Zeitschrift für Rechtspolitik
zT	zum Teil
zul.	zuletzt
zust.	zustimmend
zutr.	zutreffend
zVb	zur Veröffentlichung bestimmt
ZVgR	Zeitschrift für deutsches und internationales Vergaberecht
ZWeR	Zeitschrift für Wettbewerbsrecht
zzgl.	zuzüglich
zzt.	zurzeit

1. Verordnung über die Vergabe öffentlicher Aufträge (Vergabeverordnung – VgV)

Vom 12. April 2016

(BGBl. I S. 624)

Abschnitt 1. Allgemeine Bestimmungen und Kommunikation

Unterabschnitt 1. Allgemeine Bestimmungen

§ 1 Gegenstand und Anwendungsbereich

(1) Diese Verordnung trifft nähere Bestimmungen über das einzuhaltende Verfahren bei der dem Teil 4 des Gesetzes gegen Wettbewerbsbeschränkungen unterliegenden Vergabe von öffentlichen Aufträgen und bei der Ausrichtung von Wettbewerben durch den öffentlichen Auftraggeber.

(2) Diese Verordnung ist nicht anzuwenden auf
1. die Vergabe von öffentlichen Aufträgen und die Ausrichtung von Wettbewerben durch Sektorenauftraggeber zum Zweck der Ausübung einer Sektorentätigkeit,
2. die Vergabe von verteidigungs- oder sicherheitsspezifischen öffentlichen Aufträgen und
3. die Vergabe von Konzessionen durch Konzessionsgeber.

Übersicht

	Rn.		Rn.
A. Einführung	1	II. Von der VgV erfasste Beschaffungs-maßnahmen	13
I. Literatur	1		
II. Entstehungsgeschichte	2	III. Von der VgV nicht erfasste Beschaffungsmaßnahmen	18
III. Rechtliche Vorgaben im EU-Recht	6		
B. Allgemeines	9	IV. Vergabe von gemischten Aufträgen	21
C. Zweck der VgV	11	V. Zeitlicher Anwendungsbereich	27
D. Anwendungsbereich der VgV	12		
I. Historie der Regelung	12		

A. Einführung

I. Literatur

Baumann, Diethelm, Die Vergaberechtsnovelle 2016, GWR 2016, 159; *Beckmann-Oehmen, Katrin*, Erste Erfahrungen mit der neuen VgV, Vergabe-Navigator 5/2016, 13; *Bungenberg, Marc/Schelhaas, Stefan*, Die Modernisierung des deutschen Vergaberechts, WuW 2017, 72; *Burgi, Martin*, Vergaberecht, München 2016; *Dobmann, Volker*, Das neue Vergaberecht, 2. Aufl., Baden-Baden 2018; *Gabriel, Marc/Mertens, Susanne/Prieß, Hans-Joachim/Stein, Roland M.* (Hg.), Beck'scher Online-Kommentar Vergaberecht, 6. Edition, München 2018; *Goldbrunner, Loni*, Das neue Recht der Konzessionsvergabe, VergabeR 2016, 365; *Gröning, Jochem*, Die neue Richtlinie für die öffentliche Auftragsvergabe – ein Überblick, VergabeR 2014, 339; *Heiermann, Wolfgang/Summa, Hermann/Zeiss, Christopher* (Hg.), Juris PraxisKommentar Vergaberecht, 5. Aufl., Saarbrücken 2016; *Höfler, Heiko/Bert, Birgit*, Die neue Vergabeverordnung, NJW 2000, 3310; *Horn, Lutz*, Die neue Vergabeverordnung, LKV 2001, 241; *Jaeger, Wolfgang*, Die neue Basisvergaberichtlinie der EU vom 26.2.2014 – ein Überblick, NZBau 2014, 259; *Just, Cristoph/Sailer, Daniel*, Die neue Vergabeverordnung 2010, NVwZ 2010, 937; *Kapellmann, Klaus D./Messerschmidt, Burkhard* (Hg.), VOB, Teile A und B, 6. Aufl., München 2018; *Kirch, Thomas/Haverland, Bastian/Mieruszewski, Jörg*, Die Vergabe von Lieferungen, Leistungen und

1

Dienstleistungen nach VgV, in: Leinemann, Ralf (Hg.), Die Vergabe öffentlicher Aufträge, 6. Aufl., Köln 2016, S. 109–301; *Knauff, Matthias*, Strukturfragen des neuen Vergaberechts, NZBau 2016, 195; *Kratzenberg, Rüdiger*, Die Neufassung der Vergabeverordnung, NZBau 2001, 119; *Krönke, Christoph*, Das neue Vergaberecht aus verwaltungsrechtlicher Perspektive, NVwZ 2016, 568; *Kulartz, Hans-Peter/Kus, Alexander/Portz, Norbert/Prieß, Hans-Joachim* (Hg.), Kommentar zum GWB-Vergaberecht, 4. Aufl., Köln 2016; *Müller-Wrede, Malte* (Hg.), GWB, VgV und VOB/A 2016, 3. Aufl., Köln 2016; *Opitz, Marc*, Die Zukunft der Dienstleistungskonzessionen, NVwZ 2014, 753; *Ders.*, Was bringt die neue Sektorenvergaberichtlinie?, VergabeR 2014, 369; *Otting, Olaf*, Die neue Vergabeverordnung, NVwZ 2001, 775; *Prieß, Hans-Joachim/Stein, Roland M.*, Die neue EU-Konzessionsvergaberichtlinie, VergabeR 2014, 499; *Dies.*, Die neue EU-Sektorenrichtlinie, NZBau 2014, 323; *Rechten, Stephan/Junker, Maike*, Das Gesetz zur Modernisierung des Vergaberechts – oder: Nach der Reform ist vor der Reform, NZBau 2009, 490; *Rogmans, Jan*, Vergabeverordnung und Nachprüfungsverordnung – Neuerungen im öffentlichen Auftragswesen, NJW 1994, 3134; *Solbach, Thomas*, Die Vergaberechtsreform 2016, NZBau 2016, 193; *Stein, Roland M.*, Mehr Regeln (und Ausnahmen): Die neue Konzessionsvergaberichtlinie, in: Pünder, Hermann/Prieß, Hans-Joachim (Hg.), Vergaberecht im Umbruch II – Die neuen EU-Vergaberichtlinien und ihre Umsetzung, Hamburg 2015, S. 101–126; *Stolz, Bernhard*, Die Vergabe von Architekten- und Ingenieurleistungen nach der Vergaberechtsreform 2016, VergabeR 2016, 351; *von Wietersheim, Mark*, Aufbau und Struktur des neuen Vergaberechts, VergabeR 2016, 269.

II. Entstehungsgeschichte

2   § 1 VgV bestimmt **Zweck und Anwendungsbereich der Vergabeverordnung**[1] (VgV) entsprechend ihrer in § 113 GWB festgeschriebenen Rechtsgrundlage.[2] Mit dem Erlass der Vergaberechtsmodernisierungsverordnung vom 12.4.2016,[3] die als Mantelverordnung u. a. auch die neue VgV enthält, hat die Bundesregierung am 20.1.2016 von dieser Rechtsgrundlage Gebrauch gemacht. Der Bundestag hat dieser Verordnung am 25.2.2016 zugestimmt.[4] Die Zustimmung des Bundesrates erfolgte am 18.3.2016, wobei dieser Bedenken sowie Änderungsbedarfe hinsichtlich einzelner Regelungen zugunsten einer fristgerechten Umsetzung zurückgestellt hat.[5] Die VgV konnte daher am 18.4.2016 in Kraft treten.[6] Gleichzeitig wurde die bis dahin mehrfach abgeänderte Vergabeverordnung vom 9.1.2001[7] in der Fassung der Bekanntmachung vom 11.2.2003[8] außer Kraft gesetzt.[9] Als **materiellem Gesetz** kommt der Vergabe(rechts-)verordnung eine unmittelbare Außenwirkung zu.[10]

3   Die neue VgV war ein Bestandteil des **Vergaberechtsmodernisierungspakets 2016**, womit die komplexe Struktur des Oberschwellenvergaberechts umfassend reformiert worden ist.[11] Hierbei sollte die bisherige Struktur vereinfacht und möglichst anwenderfreundlich gestaltet werden,[12] um dem Rechtsanwender so ein möglichst übersichtliches und leicht handhabbares Regelwerk zur öffentlichen Auftrags- und Konzessionsvergabe zur Verfügung zu stellen.[13] Die angestrebte Zweistufigkeit der Vergaberechtskaskade konnte

---

[1] Verordnung über die Vergabe öffentlicher Aufträge (VgV) vom 12.4.2016, BGBl. 2016, I-624, zuletzt geändert durch Art. 8 des Gesetzes vom 18. Juli 2017, BGBl. 2017, I-2745.

[2] *Burgi* Vergaberecht, § 4 Rn. 22; *v. Wietersheim* VergabeR 2016, 269 (272).

[3] Verordnung zur Modernisierung des Vergaberechts (VergRModVO) vom 12.4.2016, BGBl. 2016, I-624.

[4] S. BR-Drucks. 87/16 v. 29.2.2016.

[5] BR-Drucks. 87/16 (Beschluss) v. 18.3.2016.

[6] Art. 7 Abs. 1 VergRModVO.

[7] Verordnung über die Vergabe öffentlicher Aufträge vom 9.1.2001, BGBl. 2001, I-110.

[8] Bekanntmachung der Neufassung der Vergabeverordnung vom 11.2.2003, BGBl. 2003, I-169, zuletzt geändert durch Art. 259 der Zehnten Zuständigkeitsanpassungsverordnung vom 31.8.2015, BGBl. 2015, I-1474.

[9] Art. 7 Abs. 2 VergRModVO.

[10] So auch *Alexander* in HK-VergabeR VgV § 1 Rn. 4.

[11] Ausf. hierzu *Bungenberg/Schelhaas* WuW 2017, 72 (73 ff.).

[12] BMWi, Eckpunkte zur Reform des Vergaberechts, Beschluss des Bundeskabinetts vom 7.1.2015, S. 2, abrufbar unter https://www.bmwi.de/Redaktion/DE/Downloads/E/eckpunkte-zur-reform-des-vergaberechts.pdf?__blob=publicationFile&v=3 (letzter Abruf am 26.2.2018).

[13] BT-Drucks. 18/6281 v. 8.10.2015, S. 55 f.; BT-Drucks. 18/7318 v. 20.1.2016, S. 140.

zwar nicht erreicht werden.[14] Dennoch wurde diese komprimiert und deutlich kopflastiger ausgestaltet.[15] So existiert die dreistufige Kaskade nunmehr lediglich bei der Vergabe von Bauaufträgen durch öffentliche Auftraggeber i. S. d. § 99 GWB.[16] In allen anderen Fällen wurde die **Vergaberechtskaskade** auf zwei Stufen verschlankt.[17]

Die Neustrukturierung des Oberschwellenvergaberechts zeigt sich auch in der neuen **4** VgV, deren Ausgestaltung sich erheblich von derjenigen der bisherigen VgV unterscheidet, die im Wesentlichen als **„Scharnier" zwischen Gesetzes- und Vergabeordnungsebene** fungiert hat.[18] So greift die neue VgV die grundlegenden Vorgaben des Kartellvergaberechts auf und konkretisiert bzw. vervollständigt diese.[19] Dabei orientiert sich deren Struktur, ebenso wie die des Kartellvergaberechts, am Ablauf eines Vergabeverfahrens und enthält in nun 82 Paragraphen detaillierte Regelungen über dessen Ablauf,[20] wobei die bisherigen Vorschriften des 2. Abschnitts der VOL/A (VOL/A EG) sowie der VOF in die VgV integriert worden sind.[21] Die VgV enthält nun neben allgemeinen Bestimmungen (§§ 1–13) insbesondere detaillierte Vorschriften über das Vergabeverfahren (§§ 14–63),[22] die in ihrer Anordnung den Verlauf eines Vergabeverfahrens widerspiegeln.[23] Die Vergabe von Architekten- und Ingenieursleistungen ist in den §§ 73–80 geregelt.[24]

Eine Scharnierfunktion existiert nur noch bei der Vergabe von Bauaufträgen: Aufgrund **5** deren Besonderheiten erklärt § 2 VgV neben einigen Regelungen der VgV selbst den ebenfalls modernisierten 2. Abschnitt der VOB/A 2016[25] (VOB/A-EU) für anwendbar.[26] Ansonsten enthält die VgV nun erstmals selbst **abschließende Regelungen** über die Anforderungen an ein Vergabeverfahren sowie dessen Ablauf. So lassen sich nun alle wesentlichen Bestimmungen hinsichtlich des Anwendungsbereiches, des Verfahrens sowie der Beschaffungskriterien innerhalb der ersten zwei Stufen der Kaskade finden.[27] In der Praxis dürfte die das Kartellvergaberecht konkretisierende VgV daher einen hohen Stellenwert einnehmen.[28] Inwieweit jedoch das Ziel der Nutzerfreundlichkeit erreicht worden ist, wird sich erst in der Zukunft zeigen.

III. Rechtliche Vorgaben im EU-Recht

Der Ausgangspunkt für die Modernisierung der VgV liegt, wie zumeist, im Unions- **6** recht. So wurde bereits die auf Grundlage des § 57a Haushaltsgrundsätzegesetz (HGrG) erlassene **Vergabeverordnung vom 22.2.1994**[29] im Jahre 2001 aufgehoben, da diese im

---

[14] *Dobmann* Vergaberecht, Rn. 23.

[15] *Krönke* NVwZ 2016, 568 (569).

[16] S. BT-Drucks. 18/7318 v. 20.1.2016, S. 140; *Dobmann* Vergaberecht, Rn. 23; *Baumann* GWR 2016, 159 (160); *Knauff* NZBau 2016, 195 (195); *Krönke* NVwZ 2016, 568 (569).

[17] S. *Knauff* NZBau 2016, 195 (195), der von einer „künstlichen Ruine" spricht; s. a. *Baumann* GWR 2016, 159 (160); *v. Wietersheim* VergabeR 2016, 269 (270).

[18] BT-Drucks. 18/7318 v. 20.1.2016, S. 141; *Burgi* Vergaberecht, § 4 Rn. 22; *Müller-Wrede* GWB, VgV und VOB/A 2016, S. 10; *Just/Sailer* NVwZ 2010, 937 (937); *Kratzenberg* NZBau 2001, 119 (119).

[19] BT-Drucks. 18/7318 v. 20.1.2016, S. 139; *Dobmann* Vergaberecht, Rn. 20; *Baumann* GWR 2016, 159 (161); *Solbach* NZBau 2016, 193 (193).

[20] BT-Drucks. 18/7318 v. 20.1.2016, S. 140 f.; *Krönke* NvWZ 2016, 568 (569); *v. Wietersheim* VergabeR 2016, 269 (272 f.).

[21] BT-Drucks. 18/7318 v. 20.1.2016, S. 140; *Krönke* NVwZ 2016, 568 (569); *v. Wietersheim* VergabeR 2016, 269 (272 f.).

[22] *Krönke* NVwZ 2016, 568 (569).

[23] BT-Drucks. 18/7318 v. 20.1.2016, S. 140.

[24] *v. Wietersheim* VergabeR 2016, 269 (273); ausf. hierzu *Stolz* VergabeR 2016, 351 (351 ff.).

[25] Vergabe- und Vertragsordnung für Bauleistungen (VOB/A) vom 7.1.2016, BAnz AT 19.1.2016 B3.

[26] BT-Drucks. 18/7318 v. 20.1.2016, S. 140; *Dobmann* Vergaberecht, Rn. 23; *Krönke* NVwZ 2016, 568 (569); *Solbach* NZBau 2016, 193 (194).

[27] *Burgi* Vergaberecht, § 4 Rn. 23.

[28] *Burgi* Vergaberecht, § 4 Rn. 23.

[29] Verordnung über die Vergabebestimmungen für öffentliche Aufträge vom 22.2.1994, BGBl. 1994, I-321, aufgehoben durch § 24 der Verordnung über die Vergabe öffentlicher Aufträge vom 9.1.2001, BGBl. 2001, I-110; s. hierzu *Rogmans* NJW 1994, 3134 (3134 ff.).

Anschluss an die rechtsschutzbezogene Auslegung des deutschen Vergaberechts durch den EuGH[30] keinen Bestand mehr haben konnte und durch das am 1.1.1999[31] in Kraft getretene Vergaberechtsänderungsgesetz[32] hinfällig geworden war.[33]

7 Deren **Nachfolgerin**[34] wurde ebenfalls mehrfach aufgrund unionsrechtlicher Vorgaben geändert. So wurde mit der am 26.10.2006 veröffentlichten Dritten Verordnung zur Änderung der Vergabeverordnung[35] die verpflichtende Anwendung der Abschnitte 2–4 von VOB/A[36] und VOL/A[37] sowie der VOF[38] (jeweils Ausgabe 2006) in Kraft gesetzt und somit die erste Stufe der damaligen Vergaberechtsreform abgeschlossen. Diese Änderung diente der Umsetzung der damaligen im Jahr 2004 erlassenen EU-Vergaberichtlinien 2004/17/EG[39] (Sektorenkoordinierungsrichtlinie) und 2004/18/EG[40] (Vergabekoordinierungsrichtlinie). Des Weiteren wurden die Schwellenwerte erhöht, die Verfahren zur Schätzung der Auftragswerte angepasst sowie die nunmehr verpflichtende Anwendung des „Common Procurement Vocabulary" (CPV) inkorporiert. Zudem wurden die Regelungen zur elektronischen Angebotsabgabe aufgehoben, da die einschlägigen Regelungen nunmehr in den damaligen VOB/A, VOL/A und VOF verortet waren. Die letzte wesentliche Änderung erfolgte mit der Vergaberechtsreform 2009, womit weitere Regelungen der o.g. Vergaberichtlinien umgesetzt wurden:[41] Mit dem am 24.4.2009 in Kraft getretenen Gesetz zur Modernisierung des Vergaberechts[42] wurden die §§ 6 Abs. 1 S. 2, 8 bis 11, 13, 18, 19, 20, 21 und 22 der damaligen VgV aufgehoben[43] und in das Kartellvergaberecht verschoben.[44] Mit der Verabschiedung der Sektorenverordnung[45] am 23.9.2009 wurden zudem Vergaben in den entsprechenden Sektoren vom Anwendungsbereich der VgV herausgenommen,[46] so dass diese nur noch für die klassischen öffentlichen Auftraggeber galt. Die seit 2001 geltende VgV wurde mit der Vergaberechtsmodernisierung 2016 zum 18.4.2016 aufgehoben.[47]

---

[30] EuGH vom 11.8.1995 – C-433/93, ECLI:EU:C:1995:263 „Kommission/Deutschland".
[31] Art. 4 des Gesetzes zur Änderung der Rechtsgrundlagen für die Vergabe öffentlicher Aufträge (VgRÄG) vom 26.8.1998, BGBl. 1998, I-2512.
[32] Gesetz zur Änderung der Rechtsgrundlagen für die Vergabe öffentlicher Aufträge (VgRÄG) vom 26.8.1998, BGBl. 1998, I-2512.
[33] *Schneider* in Kapellmann/Messerschmidt VgV § 1 Rn. 6.
[34] Verordnung über die Vergabe öffentlicher Aufträge vom 9.1.2001, BGBl. 2001, I-110; ausf. zu der damaligen VgV (Fassung 2001) *Horn* LKV 2001, 241 (241 ff.); *Otting* NVwZ 2001, 775 (775 ff.); *Höfler/Bert* NJW 2000, 3310 (3310 ff.).
[35] Dritte Verordnung zur Änderung der Vergabeverordnung vom 23.10.2006, BGBl. 2006, I-2334.
[36] Vergabe- und Vertragsordnung für Bauleistungen (VOB) Teil A vom 20.3.2006, BAnz 94a vom 18.5.2006.
[37] Verdingungsordnung für Leistungen (VOL) Teil A vom 6.4.2006, BAnz 100a vom 30.5.2006.
[38] Verdingungsordnung für freiberufliche Leistungen – VOF – vom 16.3.2006, BAnz 91a vom 13.5.2006.
[39] Richtlinie 2004/17/EG des Europäischen Parlaments und des Rates vom 31. März 2004 zur Koordinierung der Zuschlagserteilung durch Auftraggeber im Bereich der Wasser-, Energie- und Verkehrsversorgung sowie der Postdienste, ABl. 2004/L 134/1, aufgehoben durch Richtlinie 2014/25/EU des Europäischen Parlaments und des Rates vom 26. Februar 2014 über die Vergabe von Aufträgen durch Auftraggeber im Bereich der Wasser-, Energie- und Verkehrsversorgung sowie der Postdienste und zur Aufhebung der Richtlinie 2004/17/EG, ABl. 2014/L 94/243.
[40] Richtlinie 2004/18/EG des Europäischen Parlaments und des Rates vom 31. März 2004 über die Koordinierung der Verfahren zur Vergabe öffentlicher Bauaufträge, Lieferaufträge und Dienstleistungsaufträge, ABl. 2004/L 134/114, aufgehoben durch Richtlinie 2014/24/EU des Europäischen Parlaments und des Rates vom 26. Februar 2014 über die öffentliche Auftragsvergabe und zur Aufhebung der Richtlinie 2004/18/EG, ABl. 2014/L 94/65.
[41] *Schneider* in Kapellmann/Messerschmidt VgV § 1 Rn. 7.
[42] Gesetz zur Modernisierung des Vergaberechts vom 20.4.2009, BGBl. 2009, I-790.
[43] Art. 2 Gesetz zur Modernisierung des Vergaberechts vom 20.4.2009, BGBl. 2009, I-790.
[44] *Schneider* in Kapellmann/Messerschmidt VgV § 1 Rn. 7; s.a. *Rechten/Junker* NZBau 2009, 490 (491).
[45] Verordnung zur Neuregelung der für die Vergabe von Aufträgen im Bereich des Verkehrs, der Trinkwasserversorgung und der Energieversorgung anzuwendenden Regeln vom 23.9.2009, BGBl. 2009, I-3110.
[46] Art. 2 Verordnung zur Neuregelung der für die Vergabe von Aufträgen im Bereich des Verkehrs, der Trinkwasserversorgung und der Energieversorgung anzuwendenden Regeln vom 23.9.2009, BGBl. 2009, I-3110.
[47] Art. 7 Abs. 2 VergRModVO.

Am 18.4.2016 ist die nun gültige VgV in Kraft getreten.[48] Diese setzt die Vorgaben der **8** aus der EU-Vergaberechtsreform 2014 resultierenden **RL 2014/24/EU**[49] im Wesentlichen 1:1 ins deutsche Vergaberecht um,[50] wobei der VgV insbesondere die Funktion zukommt, die grundlegenden Regelungen der nationalen Gesetzesebene zu konkretisieren und zu vervollständigen.[51] Die weiteren EU-Vergaberichtlinien 2014/23/EU[52] und 2014/25/EU[53] stellen keine Anforderungen an die VgV, da diese nicht die klassische öffentliche Auftragsvergabe adressieren. Deren Regelungen wurden daher in der ebenfalls modernisierten Sektorenverordnung[54] (SektVO) bzw. in der neu geschaffenen Konzessionsvergabeverordnung[55] (KonzVgV) umgesetzt.

B. Allgemeines

Die im Jahr 2016 erfolgte Neustrukturierung des deutschen Vergaberechts führte dazu, **9** dass die wesentlichen Vorgaben zur öffentlichen Auftrags- und Konzessionsvergabe erstmals auf Gesetzesebene kodifiziert wurden.[56] Diese Vorgaben werden in den einzelnen Vergabeverordnungen konkretisiert und vervollständigt (→ Rn. 4f.). Die VgV präzisiert dabei auf Grundlage der **Ermächtigungsnorm des § 113 GWB** die Regelungen der öffentlichen Auftragsvergabe durch öffentliche Auftraggeber.[57] So werden bspw. die in § 119 GWB aufgelisteten Verfahrensarten in den §§ 14ff. VgV näher ausgestaltet.

Die neue VgV wurde aufgrund ihres neuen Ansatzes in **sieben Abschnitte** aufgeteilt.[58] **10** Abschnitt 1 enthält dabei allgemeine Bestimmungen sowie Querschnittsregeln zur (elektronischen) Kommunikation.[59] Abschnitt 2 regelt in größtenteils chronologischer Reihenfolge den Ablauf eines Vergabeverfahrens und ist nochmals in sieben Unterabschnitte aufgeteilt, die die zulässigen Verfahrensarten (Unterabschnitt 1), besondere Methoden und Instrumente in Vergabeverfahren (Unterabschnitt 2), die Vorbereitung eines Vergabeverfahrens (Unterabschnitt 3), Informations- und Transparenzpflichten des öffentlichen Auftraggebers (Unterabschnitt 4), die Anforderungen an Unternehmen (Unterabschnitt 5), die Einreichung, Form und den Umgang mit Interessensbekundungen und -bestätigungen sowie Teilnahmeanträgen und Angeboten (Unterabschnitt 6) sowie deren Prüfung und Wertung (Unterabschnitt 7) regeln.[60] Abschnitt 3 sieht sodann Sonderregelungen für die Vergabe von sozialen und anderen besonderen Dienstleistungen vor, während Abschnitt 4

---

[48] Art. 7 Abs. 1 VergRModVO.

[49] Richtlinie 2014/24/EU des Europäischen Parlaments und des Rates vom 26. Februar 2014 über die öffentliche Auftragsvergabe und zur Aufhebung der Richtlinie 2004/18/EG, ABl. 2014/L 94/65; ausf. hierzu *Gröning* VergabeR 2014, 339 (339ff.); *Jaeger* NZBau 2014, 259 (259ff.).

[50] BT-Drucks. 18/7318 v. 20.1.2016, S. 140.

[51] BT-Drucks. 18/7318 v. 20.1.2016, S. 139; *Dobmann* Vergaberecht, Rn. 20; *Baumann* GWR 2016, 159 (161); *Solbach* NZBau 2016, 193 (193).

[52] Richtlinie 2014/23/EU des Europäischen Parlaments und des Rates vom 26. Februar 2014 über die Konzessionsvergabe, ABl. 2014/L 94/1; vgl. hierzu *Stein* in Pünder/Prieß Vergaberecht im Umbruch II, S. 101 (101ff.); *Opitz* NVwZ 2014, 754 (754ff.); *Prieß/Stein* VergabeR 2014, 499 (499ff.).

[53] Richtlinie 2014/25/EU des Europäischen Parlaments und des Rates vom 26. Februar 2014 über die Vergabe von Aufträgen durch Auftraggeber im Bereich der Wasser-, Energie- und Verkehrsversorgung sowie der Postdienste und zur Aufhebung der Richtlinie 2004/17/EG, ABl. 2014/L 94/243; weiter hierzu *Opitz* VergabeR 2014, 369 (369ff.); *Prieß/Stein* NZBau 2014, 323 (323ff.).

[54] Verordnung über die Vergabe von öffentlichen Aufträgen im Bereich des Verkehrs, der Trinkwasserversorgung und der Energieversorgung (SektVO) vom 12.4.2016, BGBl. 2016, I-624 (657), zuletzt geändert durch Art. 9 des Gesetzes vom 18. Juli 2017, BGBl. 2017, I-2745.

[55] Verordnung über die Vergabe von Konzessionen (KonzVgV) vom 12.4.2016, BGBl. 2016, I-624 (683), zuletzt geändert durch Art. 10 des Gesetzes vom 18. Juli 2017, BGBl. 2017, I-2745; ausf. hierzu *Goldbrunner* VergabeR 2016, 365 (365ff.).

[56] BT-Drucks. 18/7318 v. 20.1.2016, S. 139.

[57] BT-Drucks. 18/7318 v. 20.1.2016, S. 146.

[58] BT-Drucks. 18/7318 v. 20.1.2016, S. 141.

[59] BT-Drucks. 18/7318 v. 20.1.2016, S. 141.

[60] S. a. *v. Wietersheim* VergabeR 2016, 269 (273).

auf die bereits in der bisherigen VgV enthaltenen Vorschriften zur Beschaffung von energieverbrauchsrelevanten Leistungen und Straßenfahrzeugen eingeht.[61] Abschnitt 5 regelt
die Durchführung von Planungswettbewerben. Die bereits angesprochenen Vorschriften für
die Vergabe von Architekten- und Ingenieursleistungen sind in Abschnitt 6 niedergelegt.
Der siebte Abschnitt trifft schließlich Übergangs- und Schlussbestimmungen.

C. Zweck der VgV

11   Zweck der Verordnung ist gemäß § 1 Abs. 1 VgV das **Treffen näherer Bestimmungen bei der Vergabe von öffentlichen Aufträgen und bei der Ausrichtung von
Wettbewerben,** die in den Anwendungsbereich der Verordnung fallen. Gegenüber § 1
VgV a. F. wurde die Ausrichtung von Wettbewerben neu aufgenommen, wobei der in
§ 103 Abs. 6 GWB definierte Begriff des „Wettbewerbs" dem bisherigen in § 99 Abs. 5
GWB a. F. niedergelegten Auslobungsverfahren entspricht und nur aufgrund der Richtlinienvorgaben geändert wurde.[62] Bisher unterfielen Auslobungsverfahren dem Begriff des
öffentlichen Auftrags in § 99 GWB a. F. und waren dementsprechend auch grundsätzlich
von der bisherigen VgV erfasst. Nach der erfolgten Vergaberechtsreform stellen diese aber
nun ein eigenes Verfahren dar,[63] welches neu in § 1 Abs. 1 VgV aufzunehmen war. Inhaltlich hat sich somit am Zweck der Vergabeverordnung nichts geändert.

D. Anwendungsbereich der VgV

I. Historie der Regelung

12   Mit § 1 VgV a. F. wurde lediglich der Zweck der Vergabeverordnung festgelegt. Der
Anwendungsbereich der Verordnung wurde in § 2 VgV a. F. definiert. Hintergrund dieser
mit der siebten Änderungsverordnung[64] durchgeführten Aufteilung war die Etablierung
eines **dynamischen Verweises** auf die in Art. 7 RL 2004/18/EG regelmäßig angepassten
Schwellenwerte in § 2 VgV a. F.[65] Bis dahin war alle zwei Jahre eine Anpassung der
VgV an die aktuellen Schwellenwerte notwendig.[66] § 1 der neuen Vergabeverordnung
führt beide Regelungen wieder zusammen. Eine Aufteilung ist aber auch nicht mehr notwendig:[67] § 1 VgV betrifft gemäß seinem Abs. 1 nur Vergaben, die dem Vierten Teil des
GWB unterfallen und somit auch die in § 106 GWB mittels einer ebenfalls dynamischen
Verweisung[68] festgelegten Schwellenwerte erreichen.[69] Eine entsprechende Regelung in
der VgV konnte aufgrund dieser erstmaligen Regelung der Schwellenwerte auf Gesetzesebene mit der Folge entfallen, dass Anwendungsbereich und Zweck der Verordnung gemeinsam in § 1 VgV geregelt werden konnten.

II. Von der VgV erfasste Beschaffungsmaßnahmen

13   Der VgV unterliegen alle Beschaffungsmaßnahmen, die den persönlichen und sachlichen
Anwendungsbereich des § 1 VgV erfüllen. Es muss sich folglich gemäß § 1 Abs. 1 VgV um

---

[61] BT-Drucks. 18/7318 v. 20.1.2016, S. 141.
[62] S. BT-Drucks. 18/6281 v. 8.10.2015, S. 74.
[63] BT-Drucks. 18/6281 v. 8.10.2015, S. 73.
[64] Siebte Verordnung zur Änderung der Verordnung über die Vergabe öffentlicher Aufträge vom
15.10.2013, BGBl. 2013, I-3854.
[65] BR-Drucks. 610/13 v. 31.7.2013 Begründung zur VgV, S. 9.
[66] BR-Drucks. 610/13 v. 31.7.2013 Begründung zur VgV, S. 9.
[67] Vgl. *Eichler* in BeckOK VergabeR GWB § 106 Rn. 9.
[68] *Eichler* in BeckOK VergabeR GWB § 106 Rn. 2.
[69] BT-Drucks. 18/7318 v. 20.1.2016, S. 146.

einen **öffentlichen Auftrag** i. S. d. § 103 Abs. 1 GWB (ausf. hierzu → GWB § 103 Abs. 1–4 Rn. 41 ff.) oder um einen **Wettbewerb gemäß § 103 Abs. 6 GWB** (ausf. hierzu → GWB § 103 Abs. 5 u. 6 Rn. 23 f.) handeln, der von einem **öffentlichen Auftraggeber** i. S. d. § 99 GWB (ausf. hierzu → GWB § 99 Rn. 6 ff.) vergeben bzw. ausgerichtet wird.

Vom Wortlaut des § 1 Abs. 1 VgV nicht erfasst sind die in § 103 Abs. 5 S. 1 GWB definierten **Rahmenvereinbarungen.** Jedoch sind diese gemäß § 103 Abs. 5 S. 2 GWB wie entsprechende öffentliche Aufträge zu behandeln, sofern nichts anderes bestimmt ist. Mangels einer solchen Bestimmungen sind Rahmenvereinbarungen daher auch von § 1 Abs. 1 VgV erfasst und unterfallen somit den Regelungen der VgV.[70] **14**

Des Weiteren müssen die Aufträge, Rahmenvereinbarungen oder Wettbewerbe gemäß § 1 Abs. 1 VgV dem Kartellvergaberecht unterliegen und dürfen daher nicht unter die **allgemeinen Ausnahmen** der §§ 107 ff. GWB sowie die **besonderen Ausnahmen** der §§ 116 f. GWB fallen. Zudem müssen die in § 106 GWB festgelegten Schwellenwerte zumindest erreicht werden.[71] **15**

Die für die VgV maßgeblichen **Schwellenwerte** finden sich in Art. 4 RL 2014/24/EU, auf die § 106 Abs. 2 Nr. 1 GWB dynamisch verweist. Diese Schwellenwerte sind gemäß Art. 6 Abs. 1 RL 2014/24/EU alle zwei Jahre auf Übereinstimmung mit dem WTO-Übereinkommen für das öffentliche Beschaffungswesen zu überprüfen und ggf. neu festzusetzen. Zuletzt erfolgte eine Anpassung mit Wirkung zum 1.1.2018.[72] Hiernach betragen die Schwellenwerte: **16**
- 5.548.000 EUR bei öffentlichen Bauaufträgen,
- 144.000 EUR bei öffentlichen Liefer- und Dienstleistungsaufträgen sowie Wettbewerben, die von einer zentralen Regierungsbehörde vergeben bzw. ausgerichtet werden,
- 221.000 EUR bei öffentlichen Liefer- und Dienstleistungsaufträgen sowie Wettbewerben, die von subzentralen Behörden vergeben werden sowie bei öffentlichen Warenlieferaufträgen, die von einer zentralen Regierungsbehörde im Verteidigungsbereich vergeben werden, sowie
- 750.000 EUR für öffentliche Dienstleistungsaufträge betreffend soziale und andere besondere Dienstleistungen i. S. v. Anhang XIV RL 2014/24/EU.

Die **Schätzung** des entsprechenden Wertes erfolgt dabei nach Maßgabe des § 3 VgV (ausf. hierzu → VgV § 3 Rn. 11 ff.). **17**

III. Von der VgV nicht erfasste Beschaffungsmaßnahmen

Von vorneherein nicht erfasst ist die Vergabe von öffentlichen Aufträgen bzw die Ausrichtung von Wettbewerben durch **Sektorenauftraggeber i. S. d. § 100 GWB,** da diese nun nicht mehr unter die Definition des öffentlichen Auftraggebers fallen. Dies wird durch § 1 Abs. 2 Nr. 1 VgV klargestellt. Entsprechende Beschaffungsmaßnahmen sind, wie bereits nach § 2 Abs. 2 VgV a. F., auf Grundlage der Regelungen der SektVO[73] durchzuführen.[74] **18**

Eine weitere Ausnahme besteht zudem für die **Vergabe von verteidigungs- oder sicherheitsspezifischen öffentlichen Aufträgen i. S. d. § 104 GWB,** welche gemäß § 1 Abs. 2 Nr. 2 VgV nicht in den Anwendungsbereich der Vergabeverordnung fallen. Diese **19**

---

[70] *Lausen* in Heiermann/Summa/Zeiss VgV § 1 Rn. 22.
[71] Kirch/Haverland/Mieruszewski in *Leinemann* Vergabe öffentlicher Aufträge, S. 109 (121).
[72] S. Delegierte Verordnung (EU) 2017/2365 der Kommission vom 18. Dezember 2017 zur Änderung der Richtlinie 2014/24/EU des Europäischen Parlaments und des Rates im Hinblick auf die Schwellenwerte für Auftragsvergabeverfahren, ABl. 2017/L 337/19.
[73] Verordnung über die Vergabe von öffentlichen Aufträgen im Bereich des Verkehrs, der Trinkwasserversorgung und der Energieversorgung (SektVO) vom 12.4.2016, BGBl. 2016, I-624 (657), zuletzt geändert durch Art. 9 des Gesetzes vom 18. Juli 2017, BGBl. 2017, I-2745.
[74] S. § 1 Abs. 1 SektVO; s. a. BT-Drucks. 18/7318 v. 20.1.2016, S. 147.

sind vielmehr nach den Regelungen der VSVgV[75] zu vergeben.[76] Eine entsprechende Regelung sah bereits § 2 Abs. 3 VgV a. F. vor.

20   Zuletzt ist auch die **Vergabe von Konzessionen i. S. d. § 105 GWB**[77] (ausf. hierzu
→ GWB § 105 Rn. 19 ff.) durch Konzessionsgeber nach § 101 GWB[78] (ausf. hierzu
→ GWB § 101 Rn. 11 ff.) gemäß § 1 Abs. 2 Nr. 3 VgV vom Anwendungsbereich der
VgV ausgeschlossen.[79] Dieser Ausschluss gilt auch für die bisher von der VgV a. F. erfassten
Baukonzessionen. Bau- und Dienstleistungskonzessionen werden nunmehr im Rahmen der
neuen Konzessionsvergabeverordnung[80] (KonzVgV) vergeben.[81]

IV. Vergabe von gemischten Aufträgen

21   Bei gemischten öffentlichen Aufträgen/Konzessionen[82] ist auf die **Abgrenzungsregeln
der §§ 110–112 GWB** zurückzugreifen, um die Anwendbarkeit der VgV zu bestimmen.
Dabei unterscheidet das GWB zwischen drei verschiedenen Arten von gemischten öffentlichen Aufträgen: Aufträge, die verschiedene Leistungen zum Gegenstand haben (§ 110
GWB), Aufträge, deren Teile unterschiedlichen rechtlichen Regelungen unterliegen (§ 111
GWB), sowie Aufträge, die verschiedene Tätigkeiten umfassen (§ 112 GWB).[83]

22   Unter gemischten öffentlichen Aufträgen, die verschiedene Leistungen zum Gegenstand
haben, sind solche Aufträge zu verstehen, die aufgrund ihrer Kombination von Liefer-,
Bau- oder Dienstleistungen unterschiedlichen Vorschriften im Anwendungsbereich ein und
derselben EU-Vergaberichtlinie unterfallen.[84] In diesem Fall sind gemäß § 110 Abs. 1 S. 1
GWB die Vorschriften anzuwenden, denen der **Hauptgegenstand des Auftrags,** welcher
sich nach § 110 Abs. 2 GWB bestimmt, zuzuordnen ist (ausf. hierzu → GWB § 110
Rn. 26 ff.). Diese Regelung ist für die Anwendbarkeit der VgV zum einen im Hinblick auf
die unterschiedlich hohen Schwellenwerte von Dienst- und Lieferaufträgen auf der einen
sowie Bauaufträgen auf der anderen Seite von Bedeutung.[85] Zum anderen hält die VgV
unterschiedliche Vorschriften bereit, je nachdem, ob ein Bauauftrag oder ein Dienstleistungs- bzw. Lieferauftrag vorliegt: So unterliegen Letztere komplett der VgV. Bei Bauaufträgen ist die VgV gemäß ihrem § 2 jedoch nur eingeschränkt neben der VOB/A EU
2016 anwendbar (s. hierzu → VgV § 2 Rn. 18 ff.).

23   Liegt ein gemischter öffentlicher Auftrag vor, deren kombinierte Teile unterschiedlichen
Regelungen und somit unterschiedlichen EU-Vergaberichtlinien unterliegen,[86] so ist zu
differenzieren:

24   Sind die verschiedenen Teile **objektiv trennbar,** so dürfen gemäß § 111 Abs. 1 GWB
entweder getrennte Aufträge oder ein Gesamtauftrag vergeben werden. Werden **getrennte
Aufträge** vergeben, so ist die VgV gemäß § 111 Abs. 2 GWB auf diejenigen Teile anzuwenden, die in ihren Anwendungsbereich fallen. Wird jedoch ein **Gesamtauftrag** verge-

---

[75] Vergabeverordnung für die Bereiche Verteidigung und Sicherheit zur Umsetzung der Richtlinie
2009/81/EG des Europäischen Parlaments und des Rates vom 13. Juli 2009 über die Koordinierung der
Verfahren zur Vergabe bestimmter Bau-, Liefer- und Dienstleistungsaufträge in den Bereichen Verteidigung
und Sicherheit und zur Änderung der Richtlinien 2004/17/EG und 2004/18/EG v. 12.7.2012, BGBl.
2012, I-1509, zuletzt geändert durch Art. 7 des Gesetzes vom 18. Juli 2017, BGBl. 2017, I-2745.
[76] BT-Drucks. 18/7318 v. 20.1.2016, S. 147.
[77] S. a. *Bungenberg/Schelhaas* in BeckOK VergabeR GWB § 105 Rn. 1 ff.
[78] S. a. *Bungenberg/Schelhaas* in BeckOK VergabeR GWB § 101 Rn. 1 ff.
[79] S. a. BT-Drucks. 18/7318 v. 20.1.2016, S. 147.
[80] Verordnung über die Vergabe von Konzessionen (KonzVgV) vom 12.4.2016, BGBl. 2016, I-624 (683),
zuletzt geändert durch Art. 10 des Gesetzes vom 18. Juli 2017, BGBl. 2017, I-2745.
[81] S. BT-Drucks. 18/7318 v. 20.1.2016, S. 147 u. 249.
[82] Im Folgenden wird der Begriff des Auftrags synonym für „Auftrag/Konzession" verwendet.
[83] *Dobmann* Vergaberecht, Rn. 246.
[84] BT-Drucks. 18/6281 v. 8.10.2015, S. 83.
[85] *Röwekamp* in KKPP GWB § 110 Rn. 1.
[86] *Dobmann* Vergaberecht, Rn. 252.

ben, bestimmen sich die anzuwendenden Regeln nach § 111 Abs. 3 GWB (ausf. hierzu → GWB § 111 Rn. 22ff.). Hiernach ist die VgV bspw. gemäß § 111 Abs. 3 Nr. 1 GWB dann nicht anzuwenden, wenn ein Teil des Auftrags unter die allgemeine Ausnahmeregelung des § 107 Abs. 2 Nr. 1 oder 2 GWB fällt und die Vergabe eines Gesamtauftrags objektiv gerechtfertigt ist.[87] Ebenso ist die VgV gemäß § 111 Abs. 3 Nr. 3 GWB nicht anzuwenden, wenn ein Teil des Gesamtauftrags dem Sektorenvergaberecht unterliegt.[88] Unterliegt der betreffende Gesamtauftrag jedoch sowohl der KonzVgV als auch der VgV, so ist die VgV nach § 111 Abs. 3 Nr. 4 GWB anzuwenden.

Können die verschiedenen Teile hingegen **nicht objektiv getrennt werden,** so ist der **25** Auftrag gemäß § 111 Abs. 4 Nr. 1 GWB grundsätzlich nach denjenigen Vorschriften zu vergeben, denen der **Hauptgegenstand des Auftrags** unterliegt (ausf. hierzu → GWB § 111 Rn. 44ff.).[89] § 111 Abs. 4 Nr. 2 GWB sieht jedoch gewisse Sonderregelungen vor (ausf. hierzu → GWB § 111 Rn. 52ff.).

Aufträge, die verschiedene Tätigkeiten umfassen, sind solche Aufträge, die neben einer **26** Sektorentätigkeit i. S. d. § 102 GWB zumindest noch eine weitere Tätigkeit umfassen, die in den Anwendungsbereich einer anderen EU-Vergaberichtlinie fällt oder außerhalb des Anwendungsbereichs dieser Richtlinien liegt, wobei im Unterschied zu § 111 GWB nur solche Konstellationen betroffen sind, dass ein und dieselbe Beschaffung für die Ausübung unterschiedlicher Tätigkeiten des Auftraggebers bestimmt ist.[90] Liegt ein solcher Auftrag vor, so können gemäß § 112 Abs. 1 GWB ein **Gesamtauftrag oder mehrere getrennte Aufträge** vergeben werden (ausf. zu dieser Regelung → GWB § 112 Rn. 16ff.). Werden getrennte Aufträge vergeben, so richtet sich das anzuwendende Recht nach den Merkmalen der jeweiligen Tätigkeit. Im Falle eines Gesamtauftrags richtet sich das einschlägige Vergaberecht gem. § 112 Abs. 3 GWB grundsätzlich nach dem Hauptgegenstand des Auftrags (ausf. hierzu → GWB § 112 Rn. 22ff.). Kann der Hauptgegenstand jedoch nicht objektiv bestimmt werden, so ist die VgV nach § 112 Abs. 5 Nr. 1 GWB in den Fällen auf den Gesamtauftrag anzuwenden, in denen eine der Tätigkeiten, für die der Auftrag bestimmt ist, in den Anwendungsbereich der VgV fällt.

V. Zeitlicher Anwendungsbereich

Die neue VgV ist auf alle einschlägigen Vergabeverfahren anzuwenden, die **seit dem** **27** **18. April 2016** initiiert wurden. Vergabeverfahren, die vor diesem Zeitpunkt begonnen haben, sind einschließlich der sich an diese anschließenden Nachprüfungsverfahren gemäß § 186 Abs. 2 GWB nach dem zum **Zeitpunkt der Verfahrenseinleitung geltenden Recht** zu Ende zu führen.[91]

---

[87] *Kirch/Haverland/Mieruszewski* in Leinemann Vergabe öffentlicher Aufträge, S. 109 (124); *Röwekamp* in KKPP GWB § 111 Rn. 3.

[88] *Kirch/Haverland/Mieruszewski* in Leinemann Vergabe öffentlicher Aufträge, S. 109 (125); *Röwekamp* in KKPP GWB § 111 Rn. 4.

[89] *Röwekamp* in KKPP GWB § 111 Rn. 7.

[90] BT-Drucks. 18/6281 v. 8.10.2015, S. 86.

[91] S. a. *Beckmann-Oehmen,* Vergabe-Navigator 5/2016, 13 (13).

§ 2 Vergabe von Bauaufträgen

Für die Vergabe von Bauaufträgen sind Abschnitt 1 und Abschnitt 2, Unterabschnitt 2 anzuwenden. Im Übrigen ist Teil A Abschnitt 2 der Vergabe- und Vertragsordnung für Bauleistungen in der Fassung der Bekanntmachung vom 19. Januar 2016 (BAnz AT 19.1.2016 B3) anzuwenden.

Übersicht

	Rn.		Rn.
A. Einführung	1	II. Sachlicher Anwendungsbereich	9
I. Literatur	1	III. Zeitlicher Anwendungsbereich	10
II. Entstehungsgeschichte	2	IV. Anwendbarkeit bei gemischten Aufträgen/Konzessionen	11
III. Rechtliche Vorgaben im EU-Recht	5	V. Anzuwendende Regelungen	18
B. Regelungsgehalt des § 2 VgV	7	VI. Bestimmungen zur Energieeffizienz	22
I. Persönlicher Anwendungsbereich	8		

A. Einführung

I. Literatur

1 *Baumann, Diethelm,* Die Vergaberechtsnovelle 2016, GWR 2016, 159; *Bungenberg, Marc/Schelhaas, Stefan,* Die Modernisierung des deutschen Vergaberechts, WuW 2017, 72; *Burgi, Martin,* Vergaberecht, München 2016; *Dobmann, Volker,* Das neue Vergaberecht, 2. Aufl., Baden-Baden 2018; *Goldbrunner, Loni,* Das neue Recht der Konzessionsvergabe, VergabeR 2016, 365; *Gröning, Jochem,* Die neue Richtlinie für die öffentliche Auftragsvergabe – ein Überblick, VergabeR 2014, 339; *Jaeger, Wolfgang,* Die neue Basisvergaberichtlinie der EU vom 26.2.2014 – ein Überblick, NZBau 2014, 259; *Just, Cristoph/Sailer, Daniel,* Die neue Vergabeverordnung 2010, NVwZ 2010, 937; *Kirch, Thomas/Haverland, Bastian/Mieruszewski, Jörg,* Die Vergabe von Lieferungen, Leistungen und Dienstleistungen nach VgV, in: Leinemann, Ralf (Hg.), Die Vergabe öffentlicher Aufträge, 6. Aufl., Köln 2016, S. 109–301; *Knauff, Matthias,* Strukturfragen des neuen Vergaberechts, NZBau 2016, 195; *Kratzenberg, Rüdiger,* Die Neufassung der Vergabeverordnung, NZBau 2001, 119; *Krönke, Christoph,* Das neue Vergaberecht aus verwaltungsrechtlicher Perspektive, NVwZ 2016, 568; *Kulartz, Hans-Peter/Kus, Alexander/Portz, Norbert/Prieß, Hans-Joachim* (Hg.), Kommentar zum GWB-Vergaberecht, 4. Aufl., Köln 2016; *Müller-Wrede, Malte,* GWB, VgV und VOB/A 2016, 3. Aufl., Köln 2016; *Opitz, Marc,* Die Zukunft der Dienstleistungskonzessionen, NVwZ 2014, 753; *Ders.,* Was bringt die neue Sektorenvergaberichtlinie?, VergabeR 2014, 369; *Prieß, Hans-Joachim/Stein, Roland M.,* Die neue EU-Konzessionsvergaberichtlinie, VergabeR 2014, 499; *Dies.,* Die neue EU-Sektorenrichtlinie, NZBau 2014, 323; *Reuber, Norbert,* Die neue VOB/A, VergabeR 2016, 339; *Solbach, Thomas,* Die Vergaberechtsreform 2016, NZBau 2016, 193; *Stein, Roland M.,* Mehr Regeln (und Ausnahmen): Die neue Konzessionsvergaberichtlinie, in: Pünder, Hermann/Prieß, Hans-Joachim (Hg.), Vergaberecht im Umbruch II – Die neuen EU-Vergaberichtlinien und ihre Umsetzung, Hamburg 2015, S. 101–126; *Sturmberg, Georg,* 2016 – Das Jahr des Vergaberechts, BauR 2016, 899; *von Wietersheim, Mark,* Aufbau und Struktur des neuen Vergaberechts, VergabeR 2016, 269.

II. Entstehungsgeschichte

2 Die mit der Vergaberechtsreform 2016 erfolgte **Neustrukturierung des Vergaberechts** zeigt sich deutlich in der Ausgestaltung der neuen VgV. Diese fungiert nun nicht mehr lediglich als „Scharnier" zwischen Gesetzes- und Vergabeordnungsebene,[1] sondern greift vielmehr die grundlegenden Vorgaben des Kartellvergaberechts auf und konkretisiert bzw. vervollständigt diese.[2] Ebenso wurden die Sektorenverordnung[3] (SektVO) und die

---

[1] BT-Drucks. 18/7318 v. 20.1.2016, S. 141; *Burgi* Vergaberecht § 4 Rn. 22; s. a. *Just/Sailer* NVwZ 2010, 937 (937); *Kratzenberg* NZBau 2001, 119 (119).

[2] BT-Drucks. 18/7318 v. 20.1.2016, S. 139; *Dobmann* Vergaberecht, Rn. 20; *Baumann* GWR 2016, 159 (161); *Solbach* NZBau 2016, 193 (193).

[3] Verordnung über die Vergabe von öffentlichen Aufträgen im Bereich des Verkehrs, der Trinkwasserversorgung und der Energieversorgung (SektVO) vom 12.4.2016, BGBl. 2016, I-624 (657), zuletzt geändert durch Art. 9 des Gesetzes vom 18. Juli 2017, BGBl. 2017, I-2745.

VSVgV[4] umstrukturiert bzw. angepasst sowie die Gesetzesebene umfassend reformiert.[5] Zudem wurden mit der Konzessionsvergabeverordnung[6] (KonzVgV) und der Vergabestatistikverordnung[7] (VergStatVO) zwei neue Verordnungen geschaffen.

Hintergrund dieser tiefgehenden Reform des Oberschwellenvergaberechts war neben **3** der Umsetzung der neuen EU-Vergaberechtsrichtlinien[8] das Ziel des Gesetzgebers, dessen bisherige komplexe Struktur zu vereinfachen und möglichst anwenderfreundlich zu gestalten,[9] um so dem Rechtsanwender ein möglichst übersichtliches und leicht handhabbares Regelwerk zur öffentlichen Auftrags- und Konzessionsvergabe zur Verfügung zu stellen.[10] So wurde die **Vergaberechtskaskade** komprimiert und deutlich kopflastiger ausgestaltet,[11] so dass diese nun im Regelfall aus lediglich zwei Stufen (Gesetzes- und Verordnungsebene) besteht.[12] Gleichwohl wurde die dreistufige Kaskade nicht komplett aufgegeben. Vielmehr sollte die Vergabe von öffentlichen Bauaufträgen auch zukünftig auf der dritten Ebene geregelt werden, um so deren Besonderheiten weiterhin Rechnung tragen zu können.[13]

Diesem Ansinnen kommt § 2 VgV nach, der die **anzuwendenden Regeln bei der** **4** **Vergabe von Bauaufträgen** durch öffentliche Auftraggeber festlegt (→ Rn. 18 ff.). Eine entsprechende Regelung fand sich auch in § 6 VgV a. F.,[14] der jedoch im Zuge der Vergaberechtsreform 2016 mehrfach abgeändert wurde. So wurde dieser zunächst aufgrund der Systematik der neuen Vergabeverordnung an deren Beginn verschoben. Des Weiteren wurde der Anwendungsbereich der Norm aufgrund unionsrechtlicher Vorgaben geändert (→ Rn. 8 ff.). Zuletzt sind auch die Bestimmungen zur Energieeffizienz entfallen (→ Rn. 22 f.).

---

[4] Vergabeverordnung für die Bereiche Verteidigung und Sicherheit zur Umsetzung der Richtlinie 2009/81/EG des Europäischen Parlaments und des Rates vom 13. Juli 2009 über die Koordinierung der Verfahren zur Vergabe bestimmter Bau-, Liefer- und Dienstleistungsaufträge in den Bereichen Verteidigung und Sicherheit und zur Änderung der Richtlinien 2004/17/EG und 2004/18/EG (VSVgV) vom 12.7.2012, BGBl. 2012, I-1509, zuletzt geändert durch Art. 7 des Gesetzes vom 18. Juli 2017, BGBl. 2017, I-2745.

[5] Ausf. hierzu *Bungenberg/Schelhaas* WuW 2017, 72 (73 ff.).

[6] Verordnung über die Vergabe von Konzessionen (KonzVgV) vom 12.4.2016, BGBl. 2016, I-624 (683), zuletzt geändert durch Art. 10 des Gesetzes vom 18. Juli 2017, BGBl. 2017, I-2745; ausf. hierzu *Goldbrunner* VergabeR 2016, 365 (365 ff.).

[7] Verordnung zur Statistik über die Vergabe öffentlicher Aufträge und Konzessionen (VergStatVO) vom 12.4.2016, BGBl. 2016, I-624 (691).

[8] Richtlinie 2014/23/EU des Europäischen Parlaments und des Rates vom 26. Februar 2014 über die Konzessionsvergabe, ABl. 2014/L 94/1; vgl. hierzu *Stein* in Pünder/Prieß Vergaberecht im Umbruch II, S. 101 (101 ff.); *Opitz* NVwZ 2014, 754 (754 ff.); *Prieß/Stein* VergabeR 2014, 499 (499 ff.); Richtlinie 2014/24/EU des Europäischen Parlaments und des Rates vom 26. Februar 2014 über die öffentliche Auftragsvergabe und zur Aufhebung der Richtlinie 2004/18/EG, ABl. 2014/L 94/65; ausf. hierzu *Gröning* VergabeR 2014, 339 (339 ff.); *Jaeger* NZBau 2014, 259 (259 ff.); Richtlinie 2014/25/EU des Europäischen Parlaments und des Rates vom 26. Februar 2014 über die Vergabe von Aufträgen durch Auftraggeber im Bereich der Wasser-, Energie- und Verkehrsversorgung sowie der Postdienste und zur Aufhebung der Richtlinie 2004/17/EG, ABl. 2014/L 94/243; weiter hierzu *Opitz* VergabeR 2014, 369 (369 ff.); *Prieß/Stein* NZBau 2014, 323 (323 ff.).

[9] BMWi, Eckpunkte zur Reform des Vergaberechts, Beschluss des Bundeskabinetts v. 7.1.2015, S. 2, abrufbar unter https://www.bmwi.de/Redaktion/DE/Downloads/E/eckpunkte-zur-reform-des-vergaberechts.pdf?__bl ob=publicationFile&v=3 (letzter Abruf am 26.2.2018).

[10] BT-Drucks. 18/6281 v. 8.10.2015, S. 55 f.; BT-Drucks. 18/7318 v. 20.1.2016, S. 140.

[11] *Krönke* NVwZ 2016, 568 (569).

[12] S. *Knauff* NZBau 2016, 195 (195); s. a. *Baumann* GWR 2016, 159 (160); *v. Wietersheim* VergabeR 2016, 269 (270).

[13] BMWi, Eckpunkte zur Reform des Vergaberechts, Beschluss des Bundeskabinetts v. 7.1.2015, S. 2; s. a. BT-Drucks. 18/7318 v. 20.1.2016, S. 147.

[14] Vergabeverordnung in der Fassung der Bekanntmachung vom 11.2.2003, BGBl. 2003, I-169, zuletzt geändert durch Art. 259 der Zehnten Zuständigkeitsanpassungsverordnung vom 31.8.2015, BGBl. 2015, I-1474.

III. Rechtliche Vorgaben im EU-Recht

5   Die Vergabe von Bauaufträgen fällt aus unionsrechtlicher Sicht unter die Regelungen **der Richtlinie 2014/24/EU.**[15] Dementsprechend hat zunächst § 2 VgV deren Regelungen zu beachten. Da § 2 VgV jedoch selbst nur eine Verweisnorm ist, sind überdies alle Vorschriften, auf die § 2 VgV verweist, **richtlinienkonform auszugestalten.** Dies betrifft zum einen die bei Bauaufträgen anwendbaren (Unter-)Abschnitte der VgV, die jedoch generell unter die Regelungen der Richtlinie fallen (→ VgV § 1 Rn. 8). Zum anderen gilt dies aber auch für den modernisierten 2. Abschnitt der VOB/A[16] (VOB/A-EU). Den weiteren EU-Vergaberichtlinien 2014/23/EU und 2014/25/EU sind hingegen keine Anforderungen zu entnehmen, da diese nicht die klassische öffentliche (Bau-)Auftragsvergabe adressieren.

6   Aufgrund der Streichung der in § 2 Abs. 2 bis 6 VgV a. F. enthaltenen **Bestimmungen zur Energieeffizienz** unterliegt § 2 VgV zudem nicht mehr den Vorgaben der RL 2012/27/EU[17] sowie der VO (EU) 2017/1369,[18] die bisher geltende RL 2010/30/EU[19] zum 1.8.2017 ersetzt hat. Diese Bestimmungen sind nun in § 8c VOB/A EU in Übereinstimmung mit den unionalen Vergaben umgesetzt (→ Rn. 23).

B. Regelungsgehalt des § 2 VgV

7   § 2 VgV baut auf dem den Anwendungsbereich der Vergabeverordnung bestimmenden § 1 VgV auf (zum Anwendungsbereich der VgV → VgV § 1 Rn. 12 ff.). Fällt ein Bauauftrag in diesen Anwendungsbereich, so ordnet § 2 VgV die Anwendung besonderer Regelungen an. Hier weist die VgV somit noch eine **eingeschränkte „Scharnierfunktion"** auf.[20]

I. Persönlicher Anwendungsbereich

8   § 2 VgV nennt im Unterschied zu § 6 Abs. 1 VgV a. F. keine der Regelung unterfallenden Auftraggeber mehr. Vielmehr greift § 2 VgV auf den persönlichen Anwendungsbereich des § 1 VgV zurück und erfasst somit auf persönlicher Ebene alle **öffentlichen Auftraggeber i. S. d. § 99 GWB** (→ VgV § 1 Rn. 13). Nicht mehr erfasst sind die in § 6 Abs. 1 VgV a. F. genannten Baukonzessionäre i. S. d. § 105 Abs. 1 Nr. 1 GWB, da diese nunmehr den Vorschriften der KonzVgV unterliegen (→ VgV § 1 Rn. 20).[21] Ebenfalls vom Geltungsbereich des § 2 VgV ausgenommen sind, wie nach dem bisherigen § 6 Abs. 1

---

[15] S. Art. 1 Abs. 1 u. 2 RL 2014/24/EU.

[16] Vergabe- und Vertragsordnung für Bauleistungen (VOB/A) v. 7.1.2016, BAnz AT 19.1.2016 B3.

[17] Richtlinie 2012/27/EU des Europäischen Parlaments und des Rates vom 25. Oktober 2012 zur Energieeffizienz, zur Änderung der Richtlinien 2009/125/EG und 2010/30/EU und zur Aufhebung der Richtlinien 2004/8/EG und 2006/32/EG, ABl. 2012/L 315/1, zuletzt geändert durch Richtlinie 2013/12/EU des Rates vom 13. Mai 2013 zur Anpassung der Richtlinie 2012/27/EU des Europäischen Parlaments und des Rates zur Energieeffizienz aufgrund des Beitritts der Republik Kroatien, ABl. 2013/L 141/28.

[18] Aufgehoben durch Verordnung (EU) 2017/1369 des Europäischen Parlaments und des Rates vom 4. Juli 2017 zur Festlegung eines Rahmens für die Energieverbrauchskennzeichnung und zur Aufhebung der Richtlinie 2010/30/EU, ABl. 2017/L 198/1.

[19] Richtlinie 2010/30/EU des Europäischen Parlaments und des Rates vom 19. Mai 2010 über die Angabe des Verbrauchs an Energie und anderen Ressourcen durch energieverbrauchsrelevante Produkte mittels einheitlicher Etiketten und Produktinformationen, ABl. 2010/L 153/1, aufgehoben durch Verordnung (EU) 2017/1369 des Europäischen Parlaments und des Rates vom 4. Juli 2017 zur Festlegung eines Rahmens für die Energieverbrauchskennzeichnung und zur Aufhebung der Richtlinie 2010/30/EU, ABl. 2017/L 198/1.

[20] BT-Drucks. 18/7318 v. 20.1.2016, S. 140; *Dobmann* Vergaberecht, Rn. 23; *Krönke* NVwZ 2016, 568 (569); *Solbach* NZBau 2016, 193 (194).

[21] S. a. § 1 KonzVgV.

VgV a. F., die Sektorenauftraggeber gemäß § 100 GWB; deren Tätigkeit ist abschließend in der SektVO geregelt (→ VgV § 1 Rn. 18).[22]

II. Sachlicher Anwendungsbereich

§ 2 VgV trifft lediglich Regelungen für **Bauaufträge i. S. d. § 103 Abs. 3 GWB.** Lie- **9** fer- oder Dienstleistungsaufträge sind daher von dieser Regelung nicht betroffen, ebenso wie Rahmenvereinbarungen oder die Ausrichtung von Wettbewerben. Zuletzt fallen auch verteidigungs- oder sicherheitsspezifische Bauaufträge i. S. d. § 104 Abs. 1 GWB nicht un- ter § 2 VgV, da diese vielmehr gemäß § 1 Abs. 2 Nr. 2 VgV vom Anwendungsbereich der gesamten Vergabeverordnung ausgenommen sind. Entsprechende Bauaufträge sind nach den Regelungen der VSVgV zu vergeben,[23] wobei deren § 2 Abs. 2 neben einigen Rege- lungen der VSVgV selbst den modernisierten 3. Abschnitt der VOB/A 2016 (VOB/A-VS) für anwendbar erklärt.

III. Zeitlicher Anwendungsbereich

§ 2 VgV ist auf alle einschlägigen Vergabeverfahren anwendbar, die **seit dem 18.4.2016** **10** eingeleitet worden sind. Vergabeverfahren, die bereits vor diesem Zeitpunkt initiiert wur- den, sind gemäß § 186 Abs. 2 GWB einschließlich der sich an diese anschließenden Nach- prüfungsverfahren nach dem Recht zu Ende zu führen, welches zum Zeitpunkt der Ver- fahrenseinleitung galt.

IV. Anwendbarkeit bei gemischten Aufträgen/Konzessionen

Bei gemischten öffentlichen Aufträgen bzw. Konzessionen ist auf die **Abgrenzungsre-** **11** **geln der §§ 110–112 GWB** zurückzugreifen, um die Anwendbarkeit des § 2 VgV zu bestimmen. Notwendig ist dabei im Ergebnis ein in den Anwendungsbereich der VgV fallender Bauauftrag.

Das GWB unterscheidet zwischen **drei verschiedenen Arten von gemischten öf-** **12** **fentlichen Aufträgen bzw. Konzessionen:** Aufträge/Konzessionen, die verschiedene Leistungen zum Gegenstand haben (§ 110 GWB), Aufträge/Konzessionen, deren Teile unterschiedlichen rechtlichen Regelungen unterliegen (§ 111 GWB), sowie Aufträge/ Konzessionen, die verschiedene Tätigkeiten umfassen (§ 112 GWB).[24]

Unter gemischten öffentlichen Aufträgen, die verschiedene Leistungen zum Gegenstand **13** haben, sind solche Aufträge zu verstehen, die aufgrund ihrer Kombination von Liefer-, Bau- oder Dienstleistungen unterschiedlichen Vorschriften im Anwendungsbereich ein und derselben EU-Vergaberichtlinie unterfallen.[25] In diesem Fall sind gemäß § 110 Abs. 1 S. 1 GWB die Vorschriften anzuwenden, denen der **Hauptgegenstand des Auftrags,** welcher sich nach § 110 Abs. 2 GWB bestimmt, zuzuordnen ist (ausf. hierzu → GWB § 110 Rn. 26ff.). Ist der Hauptgegenstand ein Bauauftrag, so ist § 2 VgV anwendbar.

Liegt ein gemischter öffentlicher Auftrag/Konzession vor, deren kombinierte Teile un- **14** terschiedlichen Regelungen und somit unterschiedlichen EU-Vergaberichtlinien unterlie- gen,[26] so ist zu differenzieren:

[22] S. a. § 1 Abs. 1 SektVO.
[23] S. § 1 VSVgV.
[24] *Dobmann* Vergaberecht, Rn. 246.
[25] BT-Drucks. 18/6281 v. 8.10.2015, S. 83.
[26] *Dobmann* Vergaberecht, Rn. 252.

15   Sind die verschiedenen Teile **objektiv trennbar,** so dürfen gemäß § 111 Abs. 1 GWB
entweder getrennte Aufträge/Konzessionen oder ein Gesamtauftrag vergeben werden.
Werden **getrennte Aufträge/Konzessionen** vergeben, so ist § 2 VgV auf die jeweiligen
einzelnen Bauaufträge anwendbar. Wird jedoch ein **Gesamtauftrag** vergeben, bestimmen
sich die anzuwendenden Regeln nach § 111 Abs. 3 GWB (ausf. hierzu → GWB § 111
Rn. 22 ff.). Hiernach ist die VgV und somit auch deren § 2 bspw. gemäß § 111 Abs. 3
Nr. 1 GWB dann nicht anzuwenden, wenn ein Teil des Auftrags unter die allgemeine Ausnahmeregelung des § 107 Abs. 2 Nr. 1 oder 2 GWB fällt und die Vergabe eines Gesamtauftrags objektiv gerechtfertigt ist.[27] Ebenso scheidet eine Anwendbarkeit gemäß § 111
Abs. 3 Nr. 3 GWB aus, wenn ein Teil des Gesamtauftrags dem Sektorenvergaberecht unterliegt.[28] Unterliegt der betreffende Gesamtauftrag jedoch sowohl der KonzVgV als auch
der VgV, so ist die VgV nach § 111 Abs. 3 Nr. 4 GWB anzuwenden. Handelt es sich bei
dem der VgV unterfallenden Teil um einen Bauauftrag, so ist der Anwendungsbereich des
§ 2 VgV eröffnet.

16   Können die verschiedenen Teile hingegen **nicht objektiv getrennt werden,** so ist der
Gesamtauftrag gemäß § 111 Abs. 4 Nr. 1 GWB grundsätzlich nach denjenigen Vorschrif-
ten zu vergeben, denen der **Hauptgegenstand des Auftrags** unterliegt (ausf. hierzu
→ GWB § 111 Rn. 44 ff.).[29] In diesem Falle ist § 2 VgV dann anzuwenden, wenn der
Hauptgegenstand einen Bauauftrag darstellt. § 111 Abs. 4 Nr. 2 GWB sieht jedoch gewisse
Sonderregelungen vor (ausf. hierzu → GWB § 111 Rn. 52 ff.).

17   Aufträge/Konzessionen, die verschiedene Tätigkeiten umfassen, sind solche Aufträge, die
neben einer Sektorentätigkeit i.S.d § 102 GWB zumindest noch eine weitere Tätigkeit
umfassen, die in den Anwendungsbereich einer anderen EU-Vergaberichtlinie fällt oder
außerhalb des Anwendungsbereichs dieser Richtlinien liegt, wobei im Unterschied zu
§ 111 GWB nur solche Konstellationen betroffen sind, dass ein und dieselbe Beschaffung
für die Ausübung unterschiedlicher Tätigkeiten des Auftraggebers bestimmt ist.[30] Liegt ein
solcher Auftrag vor, so können gemäß § 112 Abs. 1 GWB **mehrere getrennte Aufträge/
Konzessionen oder ein Gesamtauftrag** vergeben werden (ausf. zu dieser Regelung →
GWB § 112 Rn. 16 ff.). Werden getrennte Aufträge/Konzessionen vergeben, so ist § 2
VgV auf die jeweiligen einzelnen Bauaufträge anzuwenden. Im Falle eines Gesamtauftrags
richtet sich das einschlägige Vergaberecht gem. § 112 Abs. 3 GWB grundsätzlich nach dem
Hauptgegenstand des Auftrags (ausf. hierzu → GWB § 112 Rn. 22 ff.). Kann der Hauptge-
genstand jedoch nicht objektiv bestimmt werden, so ist § 2 VgV nach § 112 Abs. 5 Nr. 1
GWB in den Fällen auf den Gesamtauftrag anzuwenden, in denen eine der Tätigkeiten, für
die der Auftrag bestimmt ist, ein Bauauftrag i.S.d. § 103 Abs. 3 GWB ist.

V. Anzuwendende Regelungen

18   Zunächst erklärt § 2 VgV, wie der bisherige § 6 Abs. 1 VgV a. F., den **2. Abschnitt der
neuen VOB/A 2016** (VOB/A EU) in der im Bundesanzeiger am 19.1.2016 veröffentlichen Fassung mittels eines statischen Verweises für anwendbar.[31] Die VOB/A 2016 wurde
vom Deutschen Vergabe- und Vertragsausschuss für Bauleistungen (DVA) erarbeitet[32] und
ist am 18.4.2016 in Kraft gesetzt worden.[33]

---

[27] *Kirch/Haverland/Mieruszewski* in Leinemann Vergabe öffentlicher Aufträge, S. 109 (124); *Röwekamp* in
KKPP GWB § 111 Rn. 3.
[28] *Kirch/Haverland/Mieruszewski* in Leinemann Vergabe öffentlicher Aufträge, S. 109 (125); *Röwekamp* in
KKPP GWB § 111 Rn. 4.
[29] S.a. *Röwekamp* in KKPP GWB § 111 Rn. 7.
[30] BT-Drucks. 18/6281 v. 8.10.2015, S. 86.
[31] BT-Drucks. 18/7318 v. 20.1.2016, S. 147.
[32] S. BAnz AT 19.1.2016 B3.
[33] S. BMUB, Einführungserlass zur Vergabe- und Vertragsordnung für Bauleistungen (VOB) 2016 vom
7.4.2016.

Der 2. Abschnitt der VOB/A 2016 ist aufgrund des hohen Detaillierungsgrades der uni- 19
onsrechtlichen Vorgaben angewachsen, woraus sich eine **moderate Umstrukturierung**
ergeben hat:[34] So wurden die bisherigen Zwischenüberschriften der Übersichtlichkeit wegen als eigenständige Paragraphen ausgestaltet.[35] Um dem Anwender jedoch möglichst viel
Bekanntes zu erhalten, wurde dabei auf eine neue, durchgehende Nummerierung verzichtet.[36] Vielmehr wurde das Paragraphengerüst in der Grundform erhalten und neue Paragraphen mit dem Zusatz a, b usw. eingefügt.[37] So finden sich bspw. die Regelungen zur
Leistungsbeschreibung auch im 2. Abschnitt der VOB/A 2016 weiterhin in § 7 EU. Die in
§ 7 EG VOB/A 2012 unter der Zwischenüberschrift „Technische Spezifikationen" niedergelegten Bestimmungen wurden jedoch in § 7a EU VOB/A 2016 übertragen.

Zudem sollte mit der VOB/A-EU ein größtenteils **abgeschlossenes Regelwerk** zur 20
Vergabe von oberhalb der Schwellenwerte liegenden Bauaufträgen geschaffen werden,[38]
weswegen einige Regelungen der übergeordneten Kaskadenebenen in die VOB/A-EU
integriert oder zumindest in der Vertragsordnung zitiert wurden.[39] Dabei setzt die VOB/A-
EU die Regelungen der RL 2014/24/EU um.[40]

Gleichwohl sieht § 2 VgV nicht die alleinige Geltung der VOB/A-EU für die Vergabe 21
von öffentlichen Bauaufträgen vor. Vielmehr wird ebenfalls die **vorrangige Geltung des
Abschnitts 1 sowie des Unterabschnitts 2 des Abschnitts 2** der VgV angeordnet.[41]
Bei der Vergabe von Bauaufträgen sind daher insbesondere die Vorschriften der VgV zur
Schätzung des Auftragswerts (§ 3 VgV), zur gelegentlichen gemeinsamen Auftragsvergabe
(§ 4 VgV), zur Wahrung der Vertraulichkeit (§ 5 VgV), zur Vermeidung von Interessenskonflikten (§ 6 VgV) zur vorherigen Mitwirkung an der Vorbereitung eines Vergabeverfahrens (§ 7 VgV) sowie zur Dokumentation und Erstellung des Vergabevermerks (§ 8 VgV)
uneingeschränkt anwendbar.[42] Gleiches gilt für grundlegende Vorschriften, die die elektronische Auftragsvergabe sowie besondere Methoden und Instrumente in Vergabeverfahren
betreffen.[43]

VI. Bestimmungen zur Energieeffizienz

Die Bestimmungen zur Energieeffizienz bei der Vergabe von Bauaufträgen wurden im 22
Jahre 2010 in den damaligen § 6 Abs. 2 VgV aufgenommen,[44] um den vergaberechtlich
relevanten Teil der damaligen **Energieeffizienzrichtlinie**[45] umzusetzen sowie die Vorbildfunktion der öffentlichen Hand auf dem Gebiet der Energieeffizienz sicherzustellen.[46] Die-

---

[34] BAnz AT 19.1.2016 B3, S. 3.
[35] BAnz AT 19.1.2016 B3, S. 3; *Reuber* VergabeR 2016, 339 (340); *v. Wietersheim* VergabeR 2016, 269 (276).
[36] BAnz AT 19.1.2016 B3, S. 3; *Müller-Wrede* GWB, VgV und VOB/A 2016, S. 10; *Reuber* VergabeR 2016, 339 (340); *v. Wietersheim* VergabeR 2016, 269 (276).
[37] BAnz AT 19.1.2016 B3, S. 3; *Müller-Wrede* GWB, VgV und VOB/A 2016, S. 10.
[38] *Reuber* VergabeR 2016, 339 (340).
[39] *Reuber* VergabeR 2016, 339 (340); *Sturmberg* BauR 2016, 899 (907).
[40] *Sturmberg* BauR 2016, 899 (907).
[41] BT-Drucks. 18/7318 v. 20.1.2016, S. 147.
[42] BT-Drucks. 18/7318 v. 20.1.2016, S. 147.
[43] BT-Drucks. 18/7318 v. 20.1.2016, S. 147.
[44] S. Verordnung zur Anpassung der Verordnung über die Vergabe öffentlicher Aufträge (Vergabeverordnung – VgV) sowie der Verordnung über die Vergabe von Aufträgen im Bereich des Verkehrs, der Trinkwasserversorgung und der Energieversorgung (Sektorenverordnung – SektVO) v. 7.6.2010, BGBl. 2010, I-
724.
[45] Richtlinie 2006/32/EG des Europäischen Parlaments und des Rates vom 5. April 2006 über Endener-
gieeffizienz und Energiedienstleistungen und zur Aufhebung der Richtlinie 93/76/EWG des Rates, ABl.
2006/L 114/64, aufgehoben durch Richtlinie 2012/27/EU des Europäischen Parlaments und des Rates
vom 25. Oktober 2012 zur Energieeffizienz, zur Änderung der Richtlinien 2009/125/EG und 2010/
30/EU und zur Aufhebung der Richtlinien 2004/8/EG und 2006/32/EG, ABl. 2012/L 315/1.
[46] BR-Drucks. 40/10 v. 27.1.2010, Begründung, S. 18.

se Vorgaben wurden mit der Vierten Änderungsverordnung vom 18.8.2011[47] in den dann geltenden Absätzen 2 bis 6 neu gefasst, um die Vorgaben des Art. 9 Abs. 1 der RL 2010/30/EU zu erfüllen.[48] Hiermit wurde das Kriterium der Energieeffizienz als **wichtigstes Kriterium** bei der Beschaffung von wesentlichen Waren, technischen Geräten und Ausrüstungen im Rahmen eines Bauauftrags rechtlich verankert.[49]

23   Der neue § 2 VgV enthält keine Bestimmungen zur Energieeffizienz mehr; diese wurden im Zuge der Vergaberechtsmodernisierung aus der VgV herausgenommen und in **§ 8c EU VOB/A 2016** verschoben (ausf. hierzu → VOB/A § 8c EU Rn. 2 ff.), der inhaltlich weitgehend mit dem bisherigen § 6 Abs. 2–6 VgV a. F. übereinstimmt. Gleichwohl wurde der bisherige § 6 Abs. 6 VgV a. F. in § 8c EU VOB/A 2016 neu gefasst. Zudem wurde der damalige § 6 Abs. 5 VgV a. F. nicht übernommen.

---

[47] Vierte Verordnung zur Änderung der Verordnung über die Vergabe öffentlicher Aufträge vom 16.6. 2011, BGBl. 2011, I-1724.
[48] BR-Drucks. 345/11 v. 6.6.2011, Begründung, S. 5.
[49] BR-Drucks. 345/11 v. 6.6.2011, Begründung, S. 10.

§ 3 Schätzung des Auftragswerts

(1) Bei der Schätzung des Auftragswerts ist vom voraussichtlichen Gesamtwert der vorgesehenen Leistung ohne Umsatzsteuer auszugehen. Zudem sind etwaige Optionen oder Vertragsverlängerungen zu berücksichtigen. Sieht der öffentliche Auftraggeber Prämien oder Zahlungen an den Bewerber oder Bieter vor, sind auch diese zu berücksichtigen.

(2) Die Wahl der Methode zur Berechnung des geschätzten Auftragswerts darf nicht in der Absicht erfolgen, die Anwendung der Bestimmungen des Teils 4 des Gesetzes gegen Wettbewerbsbeschränkungen oder dieser Verordnung zu umgehen. Eine Auftragsvergabe darf nicht so unterteilt werden, dass sie nicht in den Anwendungsbereich der Bestimmungen des Gesetzes gegen Wettbewerbsbeschränkungen oder dieser Verordnung fällt, es sei denn, es liegen objektive Gründe dafür vor, etwa wenn eine eigenständige Organisationseinheit selbstständig für ihre Auftragsvergabe oder bestimmte Kategorien der Auftragsvergabe zuständig ist.

(3) Maßgeblicher Zeitpunkt für die Schätzung des Auftragswerts ist der Tag, an dem die Auftragsbekanntmachung abgesendet wird oder das Vergabeverfahren auf sonstige Weise eingeleitet wird.

(4) Der Wert einer Rahmenvereinbarung oder eines dynamischen Beschaffungssystems wird auf der Grundlage des geschätzten Gesamtwertes aller Einzelaufträge berechnet, die während der gesamten Laufzeit einer Rahmenvereinbarung oder eines dynamischen Beschaffungssystems geplant sind.

(5) Der zu berücksichtigende Wert im Falle einer Innovationspartnerschaft entspricht dem geschätzten Gesamtwert der Forschungs- und Entwicklungstätigkeiten, die während sämtlicher Phasen der geplanten Partnerschaft stattfinden sollen, sowie der Bau-, Liefer- oder Dienstleistungen, die zu entwickeln und am Ende der geplanten Partnerschaft zu beschaffen sind.

(6) Bei der Schätzung des Auftragswerts von Bauleistungen ist neben dem Auftragswert der Bauaufträge der geschätzte Gesamtwert aller Liefer- und Dienstleistungen zu berücksichtigen, die für die Ausführung der Bauleistungen erforderlich sind und vom öffentlichen Auftraggeber zur Verfügung gestellt werden. Die Möglichkeit des öffentlichen Auftraggebers, Aufträge für die Planung und die Ausführung von Bauleistungen entweder getrennt oder gemeinsam zu vergeben, bleibt unberührt.

(7) Kann das beabsichtigte Bauvorhaben oder die vorgesehene Erbringung einer Dienstleistung zu einem Auftrag führen, der in mehreren Losen vergeben wird, ist der geschätzte Gesamtwert aller Lose zugrunde zu legen. Bei Planungsleistungen gilt dies nur für Lose über gleichartige Leistungen. 3Erreicht oder überschreitet der geschätzte Gesamtwert den maßgeblichen Schwellenwert, gilt diese Verordnung für die Vergabe jedes Loses.

(8) Kann ein Vorhaben zum Zweck des Erwerbs gleichartiger Lieferungen zu einem Auftrag führen, der in mehreren Losen vergeben wird, ist der geschätzte Gesamtwert aller Lose zugrunde zu legen.

(9) Der öffentliche Auftraggeber kann bei der Vergabe einzelner Lose von Absatz 7 Satz 3 sowie Absatz 8 abweichen, wenn der geschätzte Nettowert des betreffenden Loses bei Liefer- und Dienstleistungen unter 80 000 Euro und bei Bauleistungen unter 1 Million Euro liegt und die Summe der Nettowerte dieser Lose 20 Prozent des Gesamtwertes aller Lose nicht übersteigt.

(10) Bei regelmäßig wiederkehrenden Aufträgen oder Daueraufträgen über Liefer- oder Dienstleistungen sowie bei Liefer- oder Dienstleistungsaufträgen, die innerhalb eines bestimmten Zeitraums verlängert werden sollen, ist der Auftragswert zu schätzen

1. auf der Grundlage des tatsächlichen Gesamtwerts entsprechender aufeinanderfolgender Aufträge aus dem vorangegangenen Haushaltsjahr oder Geschäftsjahr; dabei sind voraussichtliche Änderungen bei Mengen oder Kosten möglichst zu be-

rücksichtigen, die während der zwölf Monate zu erwarten sind, die auf den ursprünglichen Auftrag folgen, oder

2. auf der Grundlage des geschätzten Gesamtwerts aufeinanderfolgender Aufträge, die während der auf die erste Lieferung folgenden zwölf Monate oder während des auf die erste Lieferung folgenden Haushaltsjahres oder Geschäftsjahres, wenn dieses länger als zwölf Monate ist, vergeben werden.

(11) Bei Aufträgen über Liefer- oder Dienstleistungen, für die kein Gesamtpreis angegeben wird, ist Berechnungsgrundlage für den geschätzten Auftragswert

1. bei zeitlich begrenzten Aufträgen mit einer Laufzeit von bis zu 48 Monaten der Gesamtwert für die Laufzeit dieser Aufträge, und

2. bei Aufträgen mit unbestimmter Laufzeit oder mit einer Laufzeit von mehr als 48 Monaten der 48-fache Monatswert.

(12) Bei einem Planungswettbewerb nach § 69, der zu einem Dienstleistungsauftrag führen soll, ist der Wert des Dienstleistungsauftrags zu schätzen zuzüglich etwaiger Preisgelder und Zahlungen an die Teilnehmer. Bei allen übrigen Planungswettbewerben entspricht der Auftragswert der Summe der Preisgelder und Zahlungen an die Teilnehmer einschließlich des Werts des Dienstleistungsauftrags, der vergeben werden könnte, soweit der öffentliche Auftraggeber diese Vergabe in der Wettbewerbsbekanntmachung des Planungswettbewerbs nicht ausschließt.

Übersicht

	Rn.		Rn.
A. Einführung	1	VI. Bauleistungen (Abs. 6)	51
I. Literatur	1	VII. Losweise Vergabe bei Bau- und Dienstleistungen (Abs. 7)	55
II. Entstehungsgeschichte	2	VIII. Losweise Vergabe bei Lieferungen (Abs. 8)	59
III. Rechtliche Vorgaben im EU-Recht	6	IX. Losvergabe und 80/20-Regel (Abs. 9)	60
B. Verhältnis GWB und VgV	9	X. Regelmäßig wiederkehrende Aufträge und Daueraufträge (Abs. 10)	63
C. Einzelkommentierung	11	XI. Liefer- und Dienstleistungsaufträge ohne Gesamtpreis (Abs. 11)	66
I. Gesamtwert der vorgesehenen Leistung (Abs. 1)	22	XII. Dienstleistungsauftrag nach Planungswettbewerb (Abs. 12)	70
II. Umgehungsverbot (Abs. 2)	31	D. Verhältnis zu anderen Vorschriften	73
III. Zeitpunkt der Schätzung (Abs. 3)	41		
IV. Rahmenvereinbarung und dynamische Beschaffungssysteme (Abs. 4)	46		
V. Innovationspartnerschaften (Abs. 5)	48		

A. Einführung

I. Literatur

1   *Conrad*, Die Schätzung des Auftragswerts nach § 3 VgV n. F., AnwZert BauR 15/2017 Anm. 1; *Fritz*, Die Vergabe von Architekten- und Ingenieurleistungen nach der VgV 2016, VergabeR 2017, 267; *Matuschak*, Auftragswertermittlung bei Architekten- und Ingenieurleistungen nach neuem Vergaberecht, NZBau 2016, 613; *Portz*, Addition verschiedener Planungsentscheidungen zur Wertermittlung, NZBau 2017, 408; *Stolz*, Die Vergabe von Architekten- und Ingenieurleistungen nach der Vergaberechtsreform 2016, VergabeR 2016, 351; *Übelacker*, Berechnung des Auftragswertes, BWGZ 2017, 475.

II. Entstehungsgeschichte

2   Der gegenwärtige § 3 VgV[1] stimmt im Wesentlichen mit der bis 2016 geltenden Fassung dieser Vorschrift überein,[2] enthält nun jedoch einige **zusätzliche Absätze** (z. B. Abs. 5,

---

[1] In der Fassung der Vergaberechtsmodernisierungsverordnung (VergRModVO) v. 12.4.2016, BGBl. I 2016, 624.

[2] Vgl. BGBl. I 2013, 3584 (7. Änderungsverordnung zur VgV), vgl. *Müller* in KKMPP VgV, § 1, Rn. 1.

Abs. 8 und Abs. 9), um die zwischenzeitlich in die EU-Vergaberichtlinien aufgenommenen Einzelregelungen sowie die Vorgaben aus der Rspr. des EuGH umzusetzen. Insgesamt sind nachdrückliche Bemühungen des Verordnungsgebers erkennbar, die für die Anwendung des Kartellvergaberechts so wichtige Frage der Bestimmung des Auftragswerts möglichst präzise zu regeln, selbst wenn dies nur auf der Grundlage einer Schätzung möglich ist.

Das Ziel der Regelung besteht ausweislich der Begründung des Verordnungsgebers darin, eine möglichst **„umfassende Berücksichtigung aller Kosten"** zu gewährleisten.[3] Dadurch wird tendenziell ein hoher Auftragswert erreicht, was wiederum die Anwendung des 4. Teils des GWB begünstigt. Wie noch im Zusammenhang mit den Regelungen der einzelnen Absätzen näher auszuführen sein wird, will der Verordnungsgeber ebenso wie der europäische Gesetzgeber sicherstellen, dass im Zweifel alle oberhalb der Schwellenwerte liegenden Aufträge zutreffend eingeordnet werden und in der Folge dem Kartellvergaberecht unterfallen. Letztlich geht es vor allem darum, den Vorgang der Schätzung des Auftragswerts möglichst präzise ablaufen zu lassen, damit die Vorschriften des Kartellvergaberechts zu Anwendung kommen, wo dies tatsächlich und rechtlich geboten ist.

§3 VgV steht in engem **systematischen Zusammenhang mit § 106 GWB**, der mehrere Verweisungen auf die sekundärrechtlich festgelegten Schwellenwerte des Vergaberechts enthält. Korrespondenzvorschriften finden sich in den anderen Vergabeverordnungen (z.B. § 3 VSVgV u. jeweils § 2 SektVO u. KonzVgV). Soweit § 106 GWB vom „geschätzten Auftrags- oder Vertragswert" ausgeht, um eine Feststellung darüber zu treffen, ob er die in den Vergaberichtlinien „jeweils festgelegten Schwellenwerte erreicht oder überschreitet" wird ersichtlich, dass die Anwendung des Kartellvergaberechts wesentlich davon abhängt, wie der Auftragswert geschätzt wird. Denn wird der Auftragswert zu gering angesetzt, kommt das Kartellvergaberecht fälschlicherweise nicht zur Anwendung, so dass entscheidende Elemente des modernen Vergaberechts – z.B. das Nachprüfungsverfahren (§§ 155 ff. GWB) – ausgeschlossen bleiben. In dieser Situation bietet § 3 VgV in zwölf Absätzen Vorgaben, die nach Möglichkeit alle denkbaren Gegebenheiten und Konstellationen abdecken und zu einer umfassenden Geltung des Kartellvergaberechts führen sollen.[4]

An den novellierten Bestimmungen über die „Schätzung des Auftragswerts" gemäß § 3 VgV lässt sich außerdem das enge **rechtliche Kooperationsverhältnis** zwischen dem europäischen Gesetzgeber und dem EuGH ablesen. Wie der Entwurfs-Begründung der Bundesregierung zu entnehmen ist, wurde beispielsweise die Abfassung von Abs. 1 und Abs. 2 stark von den Vorgaben des EuGH in den Urteilen vom 5.10.2000 in der **Rs. Kommission/Frankreich**[5] sowie vom 15.3.2012 in der **Rs. Autalhalle Niederhausen**[6] beeinflusst. Hierauf aufbauend wurde den Bestimmungen über den Auftragswert eine „funktionelle Betrachtungsweise" zugrunde gelegt, was u.a. Auswirkungen auf die Ermittlung der Gesamtvergütung hat.[7]

III. Rechtliche Vorgaben im EU-Recht

Die einzelnen „Methoden zur Berechnung des geschätzten Auftragswertes" sollen sicherstellen, dass das Erreichen bzw. Überschreiten von Schwellenwerten in der gesamten EU nach **einheitlichen Parametern** beurteilt wird. Zusammen mit der europaweiten Ausschreibung und dem einheitlichen Vergabeverfahren werden hiervon positive Auswir-

---

[3] BT-Drs. 18/7317 v. 20.1.2016, 147.
[4] Z.B. Abs. 4 (Rahmenvereinbarungen und dynamische Beschaffungssysteme), Abs. 5 (Innovationspartnerschaften), Abs. 6 (Bauleistungen) oder Abs. 7 (Losweise Vergabe von Bau- und Lieferleistungen).
[5] EuGH 5.10.2000 – C-16/98, NZBau 2001, 275 = NVwZ 2001, Beil. Nr. V 7, 5 – Kommission/Frankreich.
[6] EuGH 15.3.2012 – C-574/10, NZBau 2012, 311 = VergabeR 2012, 593 – Autalhalle Niederhausen.
[7] BT-Drs. 18/7317 v. 20.1.2016, 147 f.; siehe auch unten Rn. 23.

kungen auf das **Funktionieren des Binnenmarkts** erwartet.[8] Da das Erreichen bzw. Überschreiten des Schwellenwerts – neben der Erfüllung anderer Voraussetzung – für die Anwendung des europäischen Vergaberechts konstitutiv sind, spielt in der Praxis die möglichst gleichlaufende Anwendung der einschlägigen Vorschriften eine wichtige Rolle.

7   § 3 VgV beruht zentral auf **Art. 5 der Richtlinie 2014/24/EU,**[9] dessen insgesamt sogar 14 Absätze detaillierte Regelungen über „Methoden zur Berechnung des geschätzten Auftragswerts" enthalten. Zwar hat der deutsche Verordnungsgeber diese nicht alle in der gleichen Reihenfolge und auch nicht alle wortgleich übernommen. Dennoch zeigen sich zahlreiche Übereinstimmungen, zum Teil bis in den Wortlaut hinein.[10] Dies kann in einem Regelungsgebiet wie dem Vergaberecht, das weitgehend auf unionsrechtlichen Vorgaben beruht, kaum überraschen. Ähnliches konnte zudem auch schon im Hinblick auf die Vorgaben der mittlerweile abgelösten Richtlinie 2004/18/EG[11] festgestellt werden.[12]

8   Im Weiteren bestehen im Hinblick auf die unionsrechtlichen Grundlagen große Übereinstimmungen zwischen Art. 5 der RL 2014/24/EU und den für **Sektorenaufträge** geltenden **Art. 16 der RL 2014/25/EU.** Demgegenüber weicht Art. 8 der RL 2014/23/EU für die Konzessionsvergabe hiervon substanziell ab, wenn es auch im Einzelnen Ähnlichkeiten und Überschneidungen gibt.

B. Verhältnis von GWB und VgV

9   Die Bestimmung des Auftragswerts ist für das Erreichen bzw. Überschreiten der europäischen Schwellenwerte maßgeblich. Da aufgrund der Komplexität eines Auftrags oder den Besonderheiten eines Beschaffungsvorgangs die für eine Leistung aufzubringenden Kosten im Voraus nur schwer festzustellen sind, müssen Auftraggeber und Bieter in der Regel auf Schätzungen zurückgreifen, um den **Wert einer Leistung** ermessen zu können. Erst dann lassen sich Aussagen darüber treffen, ob die in § 106 GWB vorgesehenen Schwellenwerte erreicht bzw. überschritten sind. Wenn dies der Fall ist, schließen sich Prüfungen zum Auftraggeber (§§ 98 ff. GWB) und zum öffentlichen Auftrag (§§ 103 ff. GWB) an. Erst wenn **alle drei Merkmale kumulativ erfüllt** sind, ist der sachliche Geltungsbereich des Kartellvergaberechts (§§ 97 ff. GWB – 4. Teil „Vergabe von öffentlichen Aufträgen und Konzessionen") eröffnet[13] und es besteht die Pflicht zu einer europaweiten Durchführung des Vergabeverfahrens.[14] Führt die Schätzung des Auftragswerts dazu, dass der Schwellenwert nicht erreicht wird, kommen die detaillierten Vorgaben des deutschen Kartellvergaberechts einschließlich der darin vorgesehenen Rechtsschutzmöglichkeiten (§§ 155 ff. GWB) nicht zur Anwendung.[15]

10   Wegen der herausragenden Bedeutung der Schätzung des Auftragswerts kann die zutreffende Bestimmung von Auftrags- und Schwellenwerten unabhängig davon, ob im konkre-

---

[8] Vgl. → GWB § 106 Rn. 3.

[9] ABl. EU Nr. L 94 vom 28.3.2014, S. 65.

[10] Z.B. Art. 5 Abs. 1 RL 2014/24/EU und § 3 Abs. 1 VgV, vgl. unten Rn. 30.

[11] ABl. EG Nr. L 134 vom 30.4.2004, S. 114.

[12] Vgl. *Masing* in Dreher/Motzke, Beck'scher Vergaberechtskommentar, 2. Aufl. 2013, § 3 VgV Rn. 4.

[13] BT-Drs. 18/6281, S. 77 (Erreichen oder Überschreiten des jeweils geltenden Schwellenwertes als „*eine wesentliche Voraussetzung für die Anwendung des Teils 4 des GWB*"); *Hailbronner* in Byok/Jaeger Vergaberecht, 3. Aufl. 2011, § 100 GWB Rn. 1; *Dreher* in Immenga/Mestmäcker GWB § 100 Rn. 6; *Diehr* in Reidt/Stickler/Glahs VergabeR § 100 GWB Rn. 1; *Greb* in Ziekow/Völlink VergabeR 3. Aufl. 2018, § 106 GWB Rn. 6.

[14] Vgl. *Dreher* in Immenga/Mestmäcker GWB § 100 Rn. 12; *Dietlein/Fandrey* in Gabriel/Krohn/Neun Hdb des VergabeR 2. Aufl. 2017 § 8 Rn. 1; *Widdekind* in Willenbruch/Widdekind Vergaberecht Kompaktkommentar § 2 VgV Rn. 1; *Schwab* in HHKW VergabeR § 2 VgV Rn. 1.

[15] Vgl. *Höß* in HHKW VergabeR § 100 GWB Rn. 1; *Diehr* in Reidt/Stickler/Glahs VergabeR § 100 GWB Rn. 4 u. 11; *Willenbruch* in Willenbruch/Widdekind Vergaberecht Kompaktkommentar § 100 GWB Rn. 1; *Schellenberg* in Pünder/Schellenberg VergabeR § 100 GWB Rn. 1 f.; *Hausmann* GewArch 2012, 107 f.

ten Fall davon ausgegangen wird, dass der einschlägige Schwellenwert erreicht oder überstiegen wurde, Gegenstand des Vergaberechtsschutzes sein und von Vergabekammern und -senaten überprüft werden.[16] Wegen der herausragenden Bedeutung des in § 97 Abs. 6 GWB niedergelegten subjektiven Rechts[17] kann eine Überprüfung daher unabhängig davon erfolgen, ob der Auftraggeber bei der ursprünglichen Schätzung des Auftragswerts zu dem Ergebnis gelangt ist, der jeweilige Schwellenwert des § 106 GWB sei erreicht bzw. überschritten worden oder er sei unterschritten worden.[18]

C. Einzelkommentierung

Für die Schätzung des Auftragswerts sieht § 3 VgV in insgesamt 12 Absätzen detaillierte **11** Regelungen vor, um verschiedene Gegebenheiten und Kombinationen unterschiedlicher Auftragsarten angemessen einordnen zu können. Wenn generelle Aussagen angesichts der differenzierten Herangehensweise auch schwer fallen, lässt sich aus einer Gesamtschau der verschiedenen Regelungen sowie der Entstehungsgeschichte doch die Feststellung treffen, dass § 3 VgV im Grundsatz darauf hinwirkt, dass alle relevanten Posten bei der Ermittlung des Auftragswerts zusammengefasst und im Hinblick auf den jeweils einschlägigen Schwellenwert berücksichtigt werden.[19] Dies führt in der Tendenz dazu, dass die einzelnen Schwellenwerte leichter erreicht bzw. überstiegen werden und Maßnahmen zur ungerechtfertigten Aufteilung eines Auftrags in mehrere Einzelaufträge, für die die Schwellenwerte jeweils separat gelten würden, begrenzt werden. Allerdings ist § 3 VgV auch **keine Verpflichtung zur pauschalen und sachlich nicht gerechtfertigten Zusammenfassung** verschiedener Aufträge zu entnehmen. Wäre dies beabsichtigt gewesen, hätten der europäische Gesetzgeber und in seiner Folge der Verordnungsgeber auf ein derart differenziertes Regelwerk verzichten können.

Die Schätzung des Auftragswerts ist vor allem deshalb von herausragender Bedeutung, **12** weil für die Anwendung des Kartellvergaberechts letztlich **nicht der tatsächliche Wert** eines Auftrags entscheidend ist, sondern der im Rahmen von § 3 VgV sowie seiner Korrespondenzvorschriften (§ 3 VSVgV, § 2 SektVO u. § 2 KonzVgV) ordnungsgemäß geschätzte Wert.[20] Dies liegt zunächst daran, dass der tatsächliche Wert eines Auftrags am Anfang des Vergabeverfahrens in aller Regel noch unbekannt ist. Außerdem hätte eine erst rückwirkend erfolgende Festsetzung des verbindlichen Auftragswerts zur Folge, dass viele Vergabeverfahren – ober- und unterhalb der Schwellenwerte – nachträglich rechtwidrig würden und korrigiert werden müssten. Dies hätte jedoch nicht nur untragbare Verwerfungen zur Folge, sondern würde vor allem auch die **Rechts- und Planungssicherheit** im Beschaffungswesen nachhaltig erschüttern. Ungeachtet späterer Abweichungen des realen Auftragswerts ist daher aus Gründen der Rechts- und Planungssicherheit allein der ordnungsgemäß geschätzte Wert nach § 3 VgV für das Vergabeverfahren und die späteren Rechtsschutzmöglichkeiten maßgeblich.[21]

---

[16] EuGH 19.6.2003 – Rs. C-249/01, ECLI:EU:C:2003:359, Rn. 22 ff. – Hackermüller; vgl. auch OLG Düsseldorf 10.2.2014 – VII-Verg 24/14, juris Rn. 23; *Dreher* in Immenga/Mestmäcker GWB § 100 Rn. 21.

[17] Eingehend *Kau* in Byok/Jaeger, Vergaberecht § 97 GWB Rn. 182 ff.

[18] OLG Düsseldorf 10.2.2014 – VII-Verg 24/14, juris Rn. 23; OLG München 28.4.2006 – Verg 6/06, NZBau 2007, 59; OLG Düsseldorf 8.5.2002 – VII-Verg 5/02, VergabeR 2002, 665=NZBau 2002, 697; *Masing* in Dreher/Motzke, Beck'scher Vergaberechtskommenar, 2. Aufl. 2013, § 3 VgV Rn. 2; *Greb* in Ziekow/Völlink VergabeR 3. Aufl. 2018, § 3 VgV Rn. 3.

[19] Ähnlich zur früheren Rechtslage: *Masing* in Dreher/Motzke, Beck'scher Vergaberechtskommentar, 2. Aufl. 2013, § 3 VgV Rn. 4 („größtmögliche Auftragssumme").

[20] *Marx* in KKMPP, VgV § 3, Rn. 3 („Allein der vom Auftraggeber fehlerfrei geschätzte Wert ist maßgeblich."); *Alexander* in Pünder/Schellenberg, Vergaberecht, § 3 VgV Rn. 4; *Masing* in Dreher/Motzke, Beck'scher Vergaberechtskommentar, 2. Aufl. 2013, § 3 VgV Rn. 1.

[21] So auch *Glahs* in Reidt/Stickler/Glahs, Vergaberecht, § 3 VgV Rn. 5; *Marx* in KKMPP, VgV § 3, Rn. 27.

13   Dass der Schätzung des Auftragswerts im Vergabeverfahren eine **Schlüsselrolle** zukommt, mag angesichts der ansonsten im deutschen und europäischen Recht üblicherweise angestrebten größtmöglichen Präzision ungewöhnlich erscheinen. Letztlich kann das Vergaberecht sein Ziel eines rechtsgeleiteten Verfahrens mit zeitlich und instanziell eng begrenzten Rechtsschutzmöglichkeiten (§§ 155 ff. GWB) jedoch nur auf der Grundlage einer **Ex-ante-Prognose** verfolgen, die auf weitreichenden gesetzlichen Vorgaben beruht.[22] Diese Prognose obliegt nach den Bestimmungen der § 106 GWB und § 3 VgV dem öffentlichen Auftraggeber, weil es sein Beschaffungsvorgang ist und von ihm die wesentlichen Parameter der Ausschreibung stammen. Auf eine nachträglich festgestellte, tatsächliche Höhe des Auftragswerts kommt es daher ebenso wenig an wie auf einen von den Bietern aufgrund eigener Kalkulation ermittelten abweichenden Betrag.[23]

14   Da § 3 VgV über die Grundlagen und Umstände der Schätzung selbst keine Aussagen trifft, hat die Rspr. die hierfür erforderlichen Konkretisierungen beigesteuert. Danach ist die Schätzung vom Auftraggeber **nach objektiven Kriterien** durchzuführen, ausgehend von der zu beschaffenen Leistung und aktuellen Marktlage aufgrund einer sorgfältigen betriebswirtschaftlichen Finanzplanung.[24] Es muss sich also um eine **„ernsthafte Prognose"**[25] handeln, die auf der Grundlage der Vernunft sowie unter Heranziehung aller wesentlicher Erkenntnisquellen erfolgt ist und nicht mit dem Ziel verbunden sein darf, einen Auftrag der Anwendung der Vergabebestimmungen zu entziehen bzw. ihn trotz Unterschreitung des Schwellenwerts den Vergabebestimmungen zu unterwerfen.[26] In ähnlicher Weise hat das OLG Koblenz auf den **„Realitätsbezug"** einer Schätzung des Auftragswerts abgestellt, der indiziell durch die den eingegangenen Angeboten zugrunde liegenden Kalkulationen bestätigt wurde.[27]

15   Im Hinblick auf den Maßstab, der an einen Auftraggeber anzulegen ist, der die Schätzung des Auftragswerts vornimmt, hat u.a. das OLG Brandenburg ausgeführt, dass der pflichtgemäß geschätzte Auftragswert von einem **umsichtigen und sachkundigen Auftraggeber** nach sorgfältiger Prüfung des relevanten Marktsegments und im Einklang mit den Erfordernissen betriebswirtschaftlicher Finanzplanung bei der Anschaffung der vergabegegenständlichen Sachen bzw. Leistungen veranschlagt würde.[28] Ob diese Anforderungen im Einzelfall erfüllt sind, kann – ggf. im Wege der Zeugeneinvernahme – vollständig überprüft werden.

16   In einer Entscheidung des OLG Düsseldorf wurde etwa die Vorgehensweise des zuständigen Sachbearbeiters, der den Vergabevermerk über den Auftragswert verfasst hatte, als **„gewissenhaft, konsequent und engagiert"** beschrieben. Im Weiteren wurde festgestellt, das von ihm entwickelte „Maßnahmenkonzept [sei] plausibel und in sich schlüssig" gewesen und das „Einsparpotenzial … [sei] zurückhaltend und realistisch, mithin vertretbar, bewertet worden".[29] An der Erfüllung dieser Anforderungen zweifelt das OLG auch deshalb nicht, als der so positiv beschriebene Sachbearbeiter für die Schätzung des Auftragswerts ohne Gesamtpreis (§ 3 Abs. 11 VgV) „die Vertragsdauer mittels unzutreffenden Multiplikators" abbildete (6-fach anstelle von 5-fach).[30]

---

[22] Vgl. *Marx* in KKMPP, VgV § 3, Rn. 2.

[23] OLG Koblenz 24.3.2015 – Verg 1/15, juris Rn. 16; *Alexander* in Pünder/Schellenberg VergabeR § 3 VgV Rn. 4; *Dietlein/Fandrey* in Gabriel/Krohn/Neun Hdb des VergabeR 2. Aufl. 2017, § 8 Rn. 23.

[24] Z.B. OLG Celle 29.6.2017 – 13 Verg 1/17, juris Rn. 43 f.; OLG Celle 12.7.2007 – 13 Verg 6/07, VergabeR 2007, 808; OLG München 28.9.2005 – Verg 19/05, juris; OLG Koblenz 6.7.2000 – 1 Verg 1/99, juris.

[25] Vgl. OLG Celle 29.6.2017 – 13 Verg 1/17, juris Rn. 42; ähnlich *Marx* in KKMPP, VgV § 3, Rn. 2 f. („nüchtern und seriöse Prognose aufgrund objektiver Anhaltspunkte").

[26] Vgl. *Alexander* in Pünder/Schellenberg VergabeR § 3 VgV Rn. 4 f.

[27] OLG Koblenz 24.3.2015 – Verg 1/15, juris Rn. 16.

[28] OLG Brandenburg 29.1.2013 – Verg W 9/12, juris Rn. 59; im Anschluss hieran: OLG Celle 29.6.2017 – 13 Verg 1/17, juris Rn. 49; so auch z.B. *Alexander* in Pünder/Schellenberg VergabeR § 3 VgV Rn. 17 ff.

[29] Zu allem OLG Düsseldorf 2.11.2016 – VII-Verg 21/16, juris Rn. 20.

[30] OLG Düsseldorf 2.11.2016 – VII-Verg 21/16, juris Rn. 21.

Wie die Praxis der Nachprüfung zeigt, geht es vor allem darum, dass **nachvollziehbare** 17 **und plausible Schätzungen** vorgenommen werden, die auf der Grundlage der gesetzlichen Regelungen einerseits auf den bisherigen Erfahrungen der Auftraggeber aufbauen können, andererseits aber auch die zwischenzeitliche Entwicklung mitberücksichtigen sollen. So hat beispielsweise das OLG Celle positiv hervorgehoben, dass die Kosten für eine Sanierungsplanung gegenüber der letzten vergleichbaren Planungsleistung „inflationsbedingt" um 25,5 % höher geschätzt wurden, was der Senat als realistisch erachtete.

Umgekehrt hat das OLG München darauf hingewiesen, dass bei einer Kostenschätzung 18 zwar auf die für die gleiche Leistung gezahlten Beträge der vorangegangenen Jahre zurückgegriffen werden kann. Dabei sei jedoch „stets zu prüfen, ob auf Grund der allgemeinen **Kostensteigerung** sich der Auftragswert erhöht" habe.[31] Insofern war das OLG München angesichts einer vollständig auf den Nettobeträgen des vergangenen Zeitraums beruhenden Aufstellung skeptisch, da sie keinerlei Hinweise auf „etwaige Kostensteigerungen oder sonstige zu berücksichtigende Änderungen" gegenüber früheren Jahren enthielt. Im Ergebnis schloss es sich anstelle der ursprünglich vom Auftraggeber vorgenommenen Schätzung der Schätzung der Vergabekammer an.[32]

Im Grundsatz gilt bei der Nachprüfung des geschätzten Auftragswerts, dass die Vergabe- 19 kammern und -senate die Schätzungen der öffentlichen Auftraggeber vollständig auf **Nachvollziehbarkeit und Plausibilität überprüfen.** Hierbei liegt das Ziel jedoch nicht darin, dass sie ihre eigenen Schätzungen an die Stelle der von einem öffentlichen Auftraggeber vorgenommenen setzen, sondern dass sie zunächst überprüfen, ob sich der jeweilige Auftraggeber innerhalb des gesetzlich vorgesehenen Rahmens gehalten hat. Ist dies der Fall, wird ihm regelmäßig ein **„Beurteilungsspielraum"** zugestanden, der von den Nachprüfungsinstanzen (Vergabekammern u. -senate) beachtet werden muss.[33] Obwohl hieran keine übertriebenen Anforderungen gestellt werden sollen, muss der geschätzte Auftragswert auf einer pflichtgemäßen und sorgfältigen Prüfung der Marktlage beruhen.[34] Erst wenn es an einer ordnungsgemäßen Schätzung durch den Auftraggeber fehlt oder das Ergebnis seiner Schätzung nicht hinreichend plausibel ist, sind die Nachprüfungsinstanzen verpflichtet und berechtigt, eine eigenständige Wertermittlung im Wege der Schätzung vorzunehmen.[35]

So wie nach § 8 VgV und nach dem Transparenzgebot (§ 97 Abs. 1 S. 1 GWB) inner- 20 halb des Vergabeverfahrens eine generelle **Dokumentationspflicht** besteht,[36] hat die Rspr. diese insbesondere im Hinblick auf die Schätzung des Auftragswerts konkretisiert. Danach ist es wegen der Bedeutung des Schwellenwerts erforderlich, dass die Vergabestelle die ordnungsgemäße Ermittlung des geschätzten Auftragswerts in einem Aktenvermerk festhält.[37] Als **Faustformel** gilt, dass die Anforderungen an die Genauigkeit der Wertermittlung und der Dokumentation steigen, je mehr sich der Auftragswert dem in § 106 GWB jeweils vorgesehenen Schwellenwert annähert.[38] In diesem Zusammenhang hat das OLG Celle etwa einen undatierten Vermerk, auf dem lediglich festgehalten war, dass der geschätzte Auftragswert „nicht genau bestimmbar sei" als ersichtlich mit den Anforderun-

---

[31] OLG München 2.6.2016 – Verg 15/15, juris Rn. 37 u. 39.

[32] OLG München 2.6.2016 – Verg 15/15, juris Rn. 38.

[33] Z.B. OLG Celle 12.7.2007 – 13 Verg 6/07, VergabeR 2007, 808; OLG Celle 29.6.2017 – 13 Verg 1/17, juris Rn. 44; hierzu auch *Glahs* in Reidt/Stickler/Glahs, Vergaberecht § 3 VgV Rn. 5; *Masing* in Dreher/Motzke, Beck'scher Vergaberechtskommentar, 2. Aufl. 2013, § 3 VgV Rn. 9.

[34] BayObLG, Beschl. v. 18.6.2002, VergabeR 2002, 657 f.; so auch *Boesen*, GWB § 100 Rn. 19; *Müller-Wrede* in Ingenstau/Korbion u. a., VOB § 1a VOB/A Rn. 45; *Marx* in Motzke/Pietzcker/Prieß, VOB, § 100 Rn. 7 („ernsthafte Prognose über den zu erwartenden Auftragswert").

[35] OLG Brandenburg 29.1.2013 – Verg W 9/12, juris Rn. 59; OLG Celle 12.7.2007 – 13 Verg 6/07, VergabeR 2007, 808; OLG Celle 19.8.2009 – 13 Verg 4/09, juris Rn. 27; *Alexander* in Pünder/Schellenberg VergabeR § 3 VgV Rn. 6.

[36] Vgl. → GWB § 97 Abs. 4 Rn. 56 ff.; *Kau* in Byok/Jaeger Vergaberecht § 97 GWB Rn. 43 f.

[37] *Masing* in Dreher/Motzke, Beck'scher Vergaberechtskommentar, 2. Aufl. 2013, § 3 VgV Rn. 1.

[38] OLG Celle 29.6.2017 – 13 Verg 1/17, juris Rn. 45; OLG Celle 12.7.2007 – 13 Verg 6/07, VergabeR 2007, 808; OLG Rostock 20.9.2006 – 17 Verg 8/06, juris; OLG Schleswig 30.3.2004 – 6 Verg 1/03, juris.

gen nicht im Einklang stehend betrachtet.[39] Andererseits hat das OLG Düsseldorf festgehalten, dass „Zweifel an der Erreichung des Schwellenwerts" zulasten desjenigen Bieters gehen, der ein Nachprüfungsverfahren eingeleitet hat.[40]

21   Allerdings können **Mängel in der Dokumentation** im Hinblick auf die Schätzung des Auftragswerts auch **geheilt** werden. Wie der BGH bereits im Jahr 2011 entschieden hat, besteht die Möglichkeit, dass die erforderliche Dokumentation durch Schriftsatz oder in der mündlichen Verhandlung durch Vorlage einer den Anforderungen entsprechende Aufstellung nachgeholt wird.[41] Hierin tritt eine generelle Tendenz zutage, die für den verfahrensrechtlichen Umgang mit förmlichen Anforderungen vielfach kennzeichnend ist (z. B. § 45 VwVfG). Nachträgliche Heilungsmöglichkeiten führen im deutschen Recht tendenziell dazu, dass Förmlichkeiten und Fragen der formellen Rechtmäßigkeit gering geschätzt und nicht selten vernachlässigt werden. Da der in Fragen des Vergaberechts vorrangige EuGH dies Geringschätzung formeller Verfahrensanforderungen im Hinblick auf die zu gewährleistende gesamteuropäische Vergaberechtsordnung grundsätzlich strenger ahndet,[42] bleibt abzuwarten, inwieweit die vom BGH vorgegebene Linie vor dem Gerichtshof Bestand haben wird.

I. Gesamtwert der vorgesehenen Leistung (Abs. 1)

22   Nach § 3 Abs. 1 Satz 1 VgV ist bei der Schätzung des Auftragswerts vom voraussichtlichen Gesamtwert der vorgesehenen Leistung auszugehen. Dieser allgemeine Grundsatz der **schätzweisen Gesamtwertermittlung** steht am Anfang der Regelungen des § 3 VgV und ist darauf gerichtet, den Auftragswert eines umfassenden Auftrags möglichst zusammen zu ermitteln.[43] Mit seiner Stellung im Gesetz ist eine Priorisierung von Abs. 1 verbunden. Wie sich auch aus dem Kontext des allgemeinen Umgehungsverbots (§ 3 Abs. 2 Satz 1 VgV) und der objektiven Begründetheit für eine Unterteilung des Auftrags (§ 3 Abs. 2 Satz 2 VgV) ergibt, geht der Verordnungsgeber davon aus, dass ein Auftrag grundsätzlich einer einheitlichen Schätzung seines Werts unterzogen werden soll. Soweit dies die Regel ist, sind Ausnahmen hiervon begründungsbedürftig und unterliegen den detaillierten Anforderungen der Absätze 2 bis 12.

23   Maßgeblicher Grundsatz für die schätzweise Gesamtwertermittlung ist eine „**funktionelle Betrachtungsweise**". Der Verordnungsgeber knüpft hierbei ausweislich seiner Begründung an die EuGH-Entscheidungen in der Rs. Kommission/Frankreich[44] sowie in der Rs. Autalhalle Niedernhausen[45] an. In diesen Entscheidungen hat der Gerichtshof darauf abgestellt, dass im Hinblick auf die Schätzung eines Auftragswerts eine Aufteilung nicht gerechtfertigt ist, wenn die aufgeteilte Leistung im Hinblick auf ihre technische und wirtschaftliche Funktion einen einheitlichen Charakter aufweist.[46] Daher sind – bevor eine Aufteilung erfolgen darf – **organisatorische, inhaltliche, wirtschaftliche und technische Zusammenhänge** zu berücksichtigen.

---

[39] Celle 29.6.2017 – 13 Verg 1/17, juris Rn. 46.

[40] OLG Düsseldorf 10.2.2014 – VII-Verg 24/14, juris Rn. 20.

[41] BGH 8.2.2011 – X ZB 4/10, juris Rn. 73; im Anschluss hieran: OLG Celle 10.11.2016 – 13 Verg 7/16, juris Rn. 35; OLG Celle 13.5.2013 – 13 Verg 13/12, juris Rn. 31; OLG OLG Celle 29.6.2017 – 13 Verg 1/17, juris Rn. 46; vgl. auch *Zeise* in KKMPP, VgV, § 8 Rn. 21.

[42] EuGH 28.10.1999 – C-81/98, Slg. 1999, I-7671 – Alcatel Austria; hierzu auch → GWB § 97 Abs. 1 Rn. 45 f.; *Kau* in Byok/Jaeger, Vergaberecht, § 97 GWB Rn. 40 f.; → GWB § 134 Rn. 4 f.

[43] Mit anderem Begriff, aber in der Sache gleich: OLG München 2.6.2016 – Verg 15/15, juris Rn. 39 („geschätzte Gesamtvergütung"); so auch *Marx* in KKMPP, VgV § 3, Rn. 5; *Masing* in Dreher/Motzke, Beck'scher Vergaberechtskommentar, 2. Aufl. 2013, § 3 VgV Rn. 6; *Greb* in Ziekow/Völlink VergabR 3. Aufl. 2018, § 3 VgV Rn. 6 („Maximalschätzungsprinzip").

[44] EuGH 5.10.2000 – C-16/98, NZBau 2001, 275 = NVwZ 2001, Beil. Nr. V 7, 5 – Kommission/Frankreich.

[45] EuGH 15.3.2012 – C-574/10, NZBau 2012, 311 = VergabeR 2012, 593 – Autalhalle Niedernhausen.

[46] BT-Drs. 18/7317 v. 20.1.2016, 147.

Wie das Kammergericht ausführte liegt ein solcher Zusammenhang aufgrund einer 24 „funktionellen Betrachtungsweise" beispielsweise vor, wenn Baumaßnahmen ohne jeweils andere Bauabschnitte **keine sinnvolle Funktion** erfüllen können, so dass eine Aufteilung nicht durch objektive Gründe gerechtfertigt werden kann.[47] So wurde im konkreten Fall darauf verwiesen, dass der Einbau von Akustikplatten keine sinnvolle Funktion erfülle, wenn die historische Stuckdecke eines Zuschauersaals nicht angehoben würde. In dieser Konstellation stand eine Baumaßnahme (Anbringung von Akustikplatten) in **technisch-inhaltlichen Zusammenhang** mit einer anderen Baumaßnahme (Anhebung einer historischen Stuckdecke). Hätte der Auftraggeber von letzterer Maßnahme Abstand genommen, wäre erstere nicht mehr sinnvoll gewesen und daher auch unterblieben.

Ebenso wie § 106 Abs. 1 Satz 1 GWB sieht auch § 3 Abs. 1 Satz 1 VgV zugunsten gleicher 25 Wettbewerbsbedingungen auf den europäischen Beschaffungsmärkten vor, dass die Umsatzsteuer bei der Schätzung des Auftragswerts unberücksichtigt bleibt. Es wird insofern der reine „**Netto-Auftragswert**" durch Schätzung ermittelt.[48] Obwohl zwischenzeitliche Erfolge bei der Umsatzsteuerharmonisierung in der EU[49] erreicht werden konnten, sollen durch die Nichtberücksichtigung der Umsatzsteuer **wettbewerbliche Verzerrungen vermieden** werden. Aufgrund unterschiedlich hoher Steuersätze der einzelnen EU-Mitgliedstaaten würde eine Berücksichtigung der Umsatzsteuer dazu führen, dass Aufträge in Mitgliedstaaten mit hoher Umsatzsteuer leichter höhere Auftrags- oder Vertragswerte erreichen, was mit größerer Wahrscheinlichkeit das Erreichen oder Übersteigen der Schwellenwerte zur Folge hätte. Der gegenteilige Effekt würde bei Mitgliedstaaten mit niedriger Umsatzsteuer eintreten. In beiden Fällen soll die Abhängigkeit vergaberechtlicher Konsequenzen von den steuerlichen Gegebenheiten einzelner Mitgliedstaaten ausgeschlossen werden.

Soweit nach § 3 Abs. 1 Satz 2 VgV bei der Schätzung des Auftragswerts auch „**etwaige** 26 **Optionen**" und „**Vertragsverlängerungen**" zu berücksichtigen sind, soll damit sichergestellt werden, dass das tatsächliche Volumen von Aufträgen, deren Fortdauer von Bietern oder Auftraggebern zum Teil einseitig herbeigeführt werden kann oder die bereits die Vergabe zukünftiger Aufträge verbindlich vorsehen, bei der Schätzung des gesamten Auftragswerts berücksichtigt werden.[50] Mit dieser Regelung soll einer häufig anzutreffenden Vergabepraxis begegnet werden, bei der die konkrete Vergabe unterhalb der Schwellenwerte lediglich auf begrenzte Zeit erfolgt, während gleichzeitig eine nicht ohne Weiteres auffallende, ggf. auch von der Erfüllung weiterer Voraussetzung abhängige Regelung über Verlängerungsmöglichkeiten getroffen wird. Würde das Auftragsvolumen dieser Optionen und Verlängerungen jedoch bei der anfänglichen Bestimmung des Auftragswerts berücksichtigt, käme es vielfach gleich bei der ersten Auftragserteilung zum Erreichen oder Übersteigen des betreffenden Schwellenwerts.

Da die Ausübung von Optionen und Vertragsverlängerungen mit Ungewissheit belastet ist, 27 hat der BGH sich für einen Wertabschlag ausgesprochen. Da die Ungewissheit der Ausübung jedoch unterschiedlich stark ausgeprägt ist, wird man – den Gegebenheiten des Einzelfalls entsprechend – grundsätzlich von einem „**angemessenen Wertabschlag**" ausgehen, der nach Aussage des OLG Düsseldorf „unterschiedlich hoch einzuschätzen sein" wird.[51] In Einklang mit dem BGH kam das OLG Düsseldorf „bei der gebotenen verallgemeinernden Betrachtung" zu dem Ergebnis, dass „**im Regelfall**" ein Abschlag von **50 %** angezeigt sei.[52]

---

[47] KG 27.1.2015 – Verg 9/14, juris Rn. 9; KG 28.9.2012 – Verg 10/12, juris Rn. 11; OLG Brandenburg 20.8.2002 – Verg W 4/02, juris Rn. 66 f.

[48] OLG Düsseldorf 2.11.2016 – VII-Verg 21/16, juris Rn. 18.

[49] Z. B. *Fehling* in Schaumburg/Englisch, Europäisches Steuerrecht, 2015, Rn. 10.12 ff.; *Weber-Grellet,* Europäisches Steuerrecht, 2016, § 10 Rn. 1 ff. u. § 11 Rn. 6 ff.; *Schaumburg,* Internationales Steuerrecht 4. Aufl. 2017, Rn. 3.83, insbes. 3.86 ff.; vgl. auch *Europäische Kommission,* Grünbuch über die Zukunft der Mehrwertsteuer, KOM (2010) 695 endg.

[50] *Marx* in KKMPP, VgV § 3, Rn. 7 ff.

[51] OLG Düsseldorf 16.6.2016 – VII-Verg 43/13, juris Rn. 4.

[52] BGH 18.3.2014 – X ZB 12/13, juris Rn. 13; im Anschluss OLG Düsseldorf 16.6.2016 – VII-Verg 43/13, juris Rn. 4.

28   Um das mit § 3 Abs. 1 Satz 2 VgV verfolgte Ziel der Vollständigkeit zu gewährleisten, müssen nach einer Entscheidung des BayObLG bei der Schätzung des Auftragswerts auch sog. **Bedarfspositionen** in die Berechnung mit einbezogen werden.[53] Ähnlich wie bei der Optionen sind unter Bedarfspositionen solche Leistungen zu verstehen, von denen bei Fertigstellung der Ausschreibungsunterlagen noch nicht feststeht, ob für diese Positionen ein Auftrag erteilt wird oder nicht.[54] Da ein solcher Auftrag jedoch das Potenzial eines höheren Auftragswerts in sich trägt, muss er unter Berücksichtigung des in § 3 Abs. 1 Satz 2 VgV niedergelegten Rechtsgedankens auch im geschätzten Auftragswert abgebildet werden, da der Bieter auch hinsichtlich dieser Positionen bereits ein bindendes Angebot abgegeben hat.[55] Ähnlich wie bei Optionen ist ein „angemessener Wertabschlag" vorzunehmen, der regelmäßig bei 50 % liegt.

29   Nach § 3 Abs. 1 Satz 3 VgV gilt die Verpflichtung zur vollständigen Berücksichtigung auch für die Fälle, in denen der öffentlicher Auftraggeber **„Prämien"** oder sonstige **„Zahlungen"** an den Bewerber oder Bieter leistet. Denn auch hiermit kann – ohne dass diese Leistungen unmittelbar in den Auftragswert einbezogen werden – eine Verzerrung oder Umgehung von § 106 GWB i.V.m. § 3 VgV verbunden sein. Es fällt einem Bieter grundsätzlich leicht, ein günstiges Angebot abzugeben, wenn er später von Seiten des Auftraggebers eine – wie auch immer begründete oder bezeichnete – Prämie oder Zahlung erhält oder in Aussicht gestellt bekommt. Wie der fast schon lakonische und weitgehend unspezifische Hinweis auf „Zahlungen" in § 3 Abs. 1 Satz 3 VgV nahelegt, soll hiermit **jede denkbare finanzielle oder finanzäquivalente Zuwendung** zwischen Auftraggeber und Bieter erfasst werden, die auch nur im Entferntesten in Zusammenhang mit einem konkreten Beschaffungsvorgang stehen kann.[56] Nicht nachvollziehbare oder konkret zuzuordnende Zuwendungen an frühere oder mögliche Bieter und Bewerber bei zukünftigen Beschaffungsvorgängen begründen damit die Vermutung eines Verstoßes gegen § 3 Abs. 1 VgV.

30   Beide Regelungen des § 3 Abs. 1 Satz 2 und Satz 3 VgV sind systematisch als konkrete Ausprägungen des **allgemeinen Umgehungsverbots** nach § 3 Abs. 2 VgV zu betrachten.[57] Dass sich der Verordnungsgeber bereits im unmittelbaren Anschluss an die Formulierung des Grundsatzes der schätzweisen Gesamtwertermittlung in § 3 Abs. 1 Satz 1 VgV dazu veranlasst sieht, diese Sonderfälle zu regeln, zeigt deutlich, wie groß nach seiner Einschätzung die hierbei bestehende **Missbrauchs- und Umgehungsgefahr** ist. Er folgt damit unmittelbar dem europäischen Gesetzgeber, der in Art. 5 Abs. 1 UAbs. 1 und UAbs. 2 der RL 2014/24/EU in weitgehend identischer Formulierung ebenfalls auf „Optionen", „Verlängerungen der Aufträge", „Prämien" und „Zahlungen" verweist. Für den Rechtsanwender ist spätestens hierdurch klar, dass die Wahrung des Grundsatzes der schätzweisen Gesamtwertermittlung in der Praxis nicht leicht fällt und vielfältigen Anfechtungen und Umgehungsversuchen ausgesetzt ist. Die genannten Sonderfälle sind – auch wenn die Formulierung dies nicht unmittelbar nahe legt – als beispielhaft zu betrachten,[58] so dass eine grundsätzlich extensive Auslegung erfolgt, um Missbrauch und Umgehungen zu verhindern. Dieser Interpretationsansatz wird u.a. auch durch den

---

[53] BayObLG 18.6.2002 – Verg 8/02, VergabeR 2002, 657 (658).

[54] Vgl. BayObLG 18.6.2002 – Verg 8/02, VergabeR 2002, 657 (658); eingehend zum Begriff der Bedarfspositionen und ihrem Verhältnis zu den Optionsrechten, *Goede,* Anm. zu BayObLG, Beschl. v. 18.6.2002, VergabeR 2002, 660 f.

[55] Im Ergebnis zustimmend, grundsätzlich aber einen anderen Ansatz vorziehend, *Goede,* Anm. zu BayObLG, Beschl. v. 18.6.2002, VergabeR 2002, 660.

[56] Vgl. OLG Düsseldorf 10.12.2014 – VII-Verg 24/14, juris Rn. 18 („bei jedem geldwerten Vorteil ... auch andere Formen der Leistungserbringung"); *Hailbronner* in Byok/Jaeger, Vergaberecht, 2011, § 99 GWB Rn. 47 f.

[57] Vgl. unten Rn. 30 ff.

[58] Dies legt auch die in Art. 5 Abs. 1 UAbs. 1 RL 2014/24/EU enthaltene Formulierung „einschließlich *aller* Optionen und *etwaigen* Verlängerungen der Aufträge" nahe (Hervorhebung v. Verf.); vgl. so auch schon zur früheren Rechtslage *Masing* in Dreher/Motzke, Beck'scher Vergaberechtskommentar, 2. Aufl. 2013, § 3 VgV Rn. 6.

19. Erwägungsgrund zur RL 2014/24/EU bestätigt, in dem ausdrücklich darauf hingewiesen wird, dass bei der Schätzung des Werts eines Auftrags „sämtliche Einnahmen" bei Bietern oder Bewerbern berücksichtigt werden, die entweder „vom öffentlichen Auftraggeber *oder von Dritten* stammen".[59] Der europäische Gesetzgeber war damit bemüht, möglichst umfassende Regelungen im Hinblick auf finanzielle oder finanzadäquate Zuwendungen zu treffen.

II. Umgehungsverbot (Abs. 2)

In § 3 Abs. 2 Satz 1 VgV ist das **allgemeine Umgehungsverbot** im Hinblick auf den 31 Grundsatz der schätzweisen Gesamtwertermittlung geregelt. Anerkannt ist, dass nach § 3 Abs. 2 VgV der Wert eines beabsichtigten Auftrags nicht in der Absicht geschätzt oder aufgeteilt werden darf, ihn der Anwendung des Kartellvergaberechts zu entziehen.[60] In § 3 Abs. 2 VgV sieht die Rechtsprechung damit ein weitreichendes Umgehungs- und Vereitelungsverbot. Bereits aufgrund dieser Bestimmung unterliegt die Aufteilung eines Gesamtauftrags in mehrere (Teil-)Aufträge der kritischen Beurteilung. Denn es steht grundsätzlich zu befürchten, dass Auftraggeber gegebenenfalls ihre Gesamtaufträge in mehrere kleinere (Teil-)Aufträge untergliedern, um damit die Schwellenwerte des § 106 GWB zu unterlaufen. Ist dies der Fall, kommen die Vorschriften des Kartellvergaberechts vielfach nicht zur Anwendung, was insbesondere negative Folgen für den Bieterschutz hat.

Wie schon die konkretisierten Umgehungsverbote nach § 3 Absatz 1 Satz 2 und Satz 3 32 VgV gezeigt haben, ist auch dem **allgemeinen Umgehungsverbot** des § 3 Abs. 2 VgV zu entnehmen, für wie groß der Verordnungsgeber die **Missbrauchs- und Umgehungsgefahr** einschätzt, die dazu führt, dass ein Auftraggeber die vergaberechtlichen Bestimmungen unterläuft, um sich der Geltung des Kartellvergaberechts zu entziehen.

Damit jedoch nicht ein einzelner Bieter willkürlich den Fortgang des Vergabeverfahrens 33 mit der bloßen Behauptung unterbrechen kann, es liege ein Verstoß gegen das Umgehungsverbot nach § 3 Abs. 2 VgV vor, sind grundsätzlich alle Bieter und Bewerber, die eine Nachprüfung einleiten wollen, im Hinblick auf die Umstände und den konkreten Umfang eines Verstoßes gegen das Umgehungsverbot **darlegungs- und beweispflichtig.**[61] Hierfür reicht es im Übrigen allein nicht aus, darauf hinzuweisen, ein bestimmter Auftraggeber habe bereits in der Vergangenheit gegen das Umgehungsverbot verstoßen und möchte das nun möglicherweise erneut tun.[62]

Im Schrifttum ist darauf hingewiesen worden, dass das Umgehungsverbot nach § 3 34 Abs. 2 VgV in einem Spannungsverhältnis zum allgemeinen vergaberechtlichen Gebot der **Mittelstandsförderung nach § 97 Abs. 4 GWB** stehe.[63] Letztere sieht eine Verpflichtung der öffentlichen Auftraggeber vor, Aufträge zugunsten vor allem kleinerer und mittlerer Unternehmen (KMU's) in möglichst viele Teil- und Fachlose zu unterteilen.[64] Soweit der EuGH die Grundsätze der strategischen Beschaffung dem Grunde nach anerkannt hat,[65] ist davon auszugehen, dass ein Auftraggeber, der seinen Verpflichtungen aus § 97 Abs. 4 GWB nachkommt, bei entsprechenden Hinweisen und nachvollziehbaren Darle-

---

[59] Hervorhebung v. Verf.
[60] *Marx* in KKMPP, VgV § 3, Rn. 10 („zwei Fälle verbotener Manipulation ...: missbräuchliche Aufteilung ... missbräuchliche Manipulation des Wertes ...").
[61] Z.B. OLG Koblenz 24.3.2015 – Verg 1/15, juris Rn. 20; OLG Düsseldorf 13.8.2014 – VII-Verg 15/14, VergabeR 2014, 827.
[62] OLG Koblenz 24.3.2015 – Verg 1/15, juris Rn. 19.
[63] Eingehend etwa *Marx* in KKMPP, VgV § 3, Rn. 11.
[64] Vgl. *Kau* in Byok/Jaeger, Vergaberecht § 97 GWB Rn. 141 ff.
[65] Z.B. EuGH 11.12.2014 – C-113/13, ECLI:EU:C:2014:2440 = NZBau 2015, 377 – San Lorenzo u. a.; EuGH 1.7.2014 – C-573/12, ECLI:EU:C:2014:2037 = EuZW 2014, 620 – Alands Vindkraft; EuGH 10.5.2012 – C-368/10, ECLI:EU:C:2012:284 = NZBau 2012, 445 – EKO/Max Havelaar; hierzu auch → GWB § 97 Abs. 3 Rn. 5.

gungen nicht gegen das Umgehungsverbot des § 3 Abs. 2 VgV verstößt.[66] Dies gilt vor allem auch deshalb, weil das GWB der VgV grundsätzlich vorgeht.

35   Nach Auffassung des OLG Düsseldorf ist beispielsweise von einem Verstoß gegen § 3 Abs. 2 VgV auszugehen, wenn ein Auftrag zunächst für eine Vertragsdauer von fünf Jahren ausgeschrieben wurde, nach Aufhebung der Ausschreibung die gleiche Leistung jedoch ohne erkennbaren objektiven Grund mit einer Laufzeit von zwei Jahren freihändig vergeben wird.[67] Allerdings darf diese Schlussfolgerung nicht pauschal auf alle ähnlich gelagerten Fälle angewendet werden, da es im Einzelfall objektive Gründe geben kann, die dieses Vorgehen einer Vergabestelle rechtfertigen.[68]

36   Aus den **Vorgaben des EuGH** zur funktionellen Betrachtungsweise und ihrer Umsetzung in § 3 Abs. 2 VgV lässt sich das nachdrückliche Bemühen des Verordnungsgebers entnehmen, die mit der Schätzung des Auftragswerts verbundenen Spielräume möglichst restriktiv auszugestalten. Hierzu dient auch die in § 3 Abs. 2 Satz 2 VgV vorgesehene Bestimmung, wonach **„objektive Gründe"** zugunsten einer Unterteilung des Gesamtauftrags angeführt werden können. Solche objektiven Gründe liegen beispielsweise vor, wenn eine **„eigenständige Organisationseinheit"** selbständig für ihre Auftragsvergabe oder für „bestimmte Kategorien der Auftragsvergabe" zuständig ist.

37   Durch diese erstmalig in die VgV eingefügte Regelung[69] soll sichergestellt werden, dass nicht nur der von § 3 Abs. 2 VgV unmittelbar erfasste Sachbereich geregelt wird. Durch die genaue Normierung einer „objektiven – und somit sachlich gerechtfertigten" – Ausnahme wird zusätzlich der von § 3 VgV eigentlich nicht erfasste Bereich, der tendenziell zur Nichtanwendung des Kartellvergaberechts führt, genauer ausgestaltet. Damit bleibt auch die Berufung auf diese Ausnahme nicht allein der Einschätzung des jeweiligen Auftraggebers überlassen, sondern wird bereits in § 3 Abs. 2 Satz 2 VgV vorstrukturiert.

38   Wie schon den früheren Bezügen auf die vom EuGH vorgegebene funktionelle Betrachtungsweise entnommen werden kann, kommt es auf **organisatorische, inhaltliche, wirtschaftliche oder technische Zusammenhänge** an. Danach bemisst sich, ob Teilaufträge untereinander „auf solch eine Weise verbunden sind, dass sie als ein einheitlicher Auftrag anzusehen sind."[70]

39   Auch im Hinblick auf die eine Unterteilung rechtfertigenden **„objektiven Gründe"** ist der Verordnungsgeber auf möglichst präzise Vorgaben bedacht. Soweit im Normtext von **„eigenständigen Organisationseinheiten"** die Rede ist, die „selbständig" für ihre Auftragsvergabe zuständig sind, lässt sich der Entwurfsbegründung entnehmen, dass von „selbständigen Einheiten" beispielsweise dann ausgegangen werden kann, wenn es sich um eine Einrichtung handelt, die mit „eigenem Budget zur Mittelbewirtschaft" ausgestattet ist und die damit über ein „Recht zur Beschaffung von Leistungen" verfügt.[71] Als Beispiel für „eigenständige Einrichtungen" i. S. von § 3 Abs. 2 Satz 2 VgV nennt die Entwurfsbegründung „Schulen" oder „Kindergärten".

40   Auf der Grundlage dieser Festlegungen können objektive Gründe angenommen werden, wenn kumulativ **(1) organisatorische Eigenständigkeit** und **(2) hinreichende Selbständigkeit** bei der Aufgabenwahrnehmung vorliegen. Gegebenenfalls können graduelle Defizite bei einer der beiden Voraussetzungen durch stärkere Erfüllung der anderen ausgeglichen werden. Außerdem zeigen die in § 3 Abs. 2 Satz 2 VgV vorgenommenen Ein-

---

[66] Mittelstandsförderung als vergabefremdes Kriterium bzw. strategisches Beschaffungsziel: BGH, Urt. v. 17.2.1999, X ZR 101/97, NJW 2000, 137; *Dreher* in Immenga/Mestmäcker, GWB § 97 Rn. 102; *Stickler* in Reidt/Stickler/Glahs, Vergaberecht § 97 Rn. 11; Kau in Byok/Jaeger, Vergaberecht, § 97 GWB Rn. 148; a. A. → GWB § 97 Abs. 4 Rn. 2 („heute kein vergabefremdes Kriterium").

[67] OLG Düsseldorf 8.5.2002 – VII-Verg 5/02, VergabeR 2002, 665 (666 f.) = NZBau 2002, 697; vorher bereits in derselben Sache OLG Düsseldorf 25.3.2002 – VII-Verg 5/02, ZfBR 2002, 514.

[68] Kritisch hierzu *Kuß* VergabeR 2002, 667 (668).

[69] BT-Drs. 18/7317 v. 20.1.2016, 147 f.

[70] BT-Drs. 18/7317 v. 20.1.2016, 148.

[71] BT-Drs. 18/7317 v. 20.1.2016, 148; *Greb* in Ziekow/Völlink, VergabeR 3. Aufl. 2018, § 3 VgV Rn. 19.

schränkungen des allgemeinen Umgehungsverbots, dass von der Gesamtvergabe von Aufträgen durch organisatorische Verselbstständigung bei gleichzeitiger budgetmäßiger Eigenverantwortlichkeit abgewichen werden kann und in der Folge Teilaufträge rechtmäßig ausgeschrieben werden können, die ansonsten einem Gesamtauftrag unterfallen würden.

III. Zeitpunkt der Schätzung (Abs. 3)

Da mit der Schätzung des Auftragswerts ohnehin erhebliche Unsicherheiten verbunden **41** sind, war der Verordnungsgeber mit der Vorschrift des § 3 Abs. 3 VgV bemüht, zumindest im Hinblick auf den **maßgeblichen Zeitpunkt** eine möglichst präzise Ausgangslage zu schaffen. Nach § 3 Abs. 3 VgV ist der für die Schätzung des Auftragswerts maßgebliche Zeitpunkt der Tag, an dem die Auftragsbekanntmachung abgesendet oder das Vergabeverfahren auf sonstige Weise eingeleitet wird.[72]

Insbesondere bei **stark schwankenden Marktpreisen** für Dienstleistungen oder Liefe **42** rungen, die Gegenstand von Beschaffungsvorgängen sein sollen, würde eine freie Festlegung des Zeitpunkts nach Belieben des Auftraggebers ansonsten erhebliche Einflussmöglichkeiten auf das Erreichen bzw. Nichterreichen der Schwellenwerte eröffnen. Wenn der Auftraggeber zu einem ihm gerade als passend erscheinenden Zeitpunkt – beispielsweise am Anfang der Zusammenstellung der Vergabeunterlagen – die Schätzung im Sinne von § 3 VgV vornehmen dürfte, bestünde die Gefahr, dass er zunächst einen besonders niedrigen Marktpreis zugrunde legt und erst einige Monate später die Ausschreibungsunterlagen bekannt macht.

Durch § 3 Abs. 3 VgV ist insofern sichergestellt, dass die Schätzung des Auftragswerts **43** grundsätzlich mit der Absendung der Auftragsbekanntmachung erfolgt, so dass es üblicherweise derjenige Zeitpunkt ist, zu dem der Auftraggeber die Ausschreibung **„aus den Händen"** gibt. Die zweite Variante des § 3 Abs. 3 VgV, bei dem das Vergabeverfahren auf sonstige Weise eingeleitet wird, unterstreicht das Abstellen auf diesen in der Ausschreibung tendenziell spät liegenden Zeitpunkt, sofern das Verfahren nicht ausnahmsweise durch die Absendung der Auftragsbekanntmachung beginnt.

Wie sich aus einer Entscheidung des OLG Düsseldorf ergibt, muss die ordnungsge **44** mäße Schätzung des Auftragswerts zu einem Zeitpunkt erfolgen, der es ausschließt, dass bereits das Angebot irgendeines Bieters vorliegt. Vor diesem Hintergrund liegt die Funktion des § 3 Abs. 3 VgV in erster Linie darin, **wettbewerbswidrige Einflüsse** auszuschließen.[73]

Wie das OLG Celle ausführte, bleibt die Absendung der Auftragsbekanntmachung im **45** Sinne von § 3 Abs. 3 VgV auch dann der für die Schätzung verbindliche Zeitpunkt, wenn zu diesem Zeitpunkt **noch kein Gesamtpreis** genannt werden kann.[74] Insofern führt die strikte Anordnung des § 3 Abs. 3 VgV zur Anwendung von § 3 Abs. 11 VgV, wenn eine Schätzung des Auftragswerts – aus welchen Gründen auch immer – nicht möglich ist.[75]

IV. Rahmenvereinbarung und dynamische Beschaffungssysteme (Abs. 4)

Nach § 3 Abs. 4 VgV erfolgt die Schätzung des Auftragswerts bei Rahmenverein **46** barungen oder bei dynamischen Beschaffungssystemen auf der Grundlage des **Gesamt-**

---

[72] Z. B. OLG Düsseldorf 2.11.2016 – VII-Verg 21/16, juris Rn. 18; OLG Celle 29.6.2017 – 13 Verg 1/17, juris Rn. 49 u Rn. 68; mit restriktiven Ansatz: *Alexander* in Pünder/Schellenberg VergabeR § 3 VgV Rn. 21.

[73] OLG Düsseldorf 8.5.2002 – VII-Verg 5/02, VergabeR 2002, 665 (666); vgl. auch *Dreher* in Immenga/ Mestmäcker, GWB, § 100 Rn. 17; *Marx* in KKMPP, VgV § 3, Rn. 13.

[74] OLG Celle 29.6.2017 – 13 Verg 1/17, juris Rn. 68.

[75] Vgl. unten Rn. 66 ff.

werts aller Einzelaufträge, die während einer spezifischen Vertraglaufzeit vorgesehen sind. Ähnlich wie bei § 3 Abs. 1 Satz 2 VgV, bei dem im Zeitverlauf denkbare „Optionen" bzw. „Vertragsverlängerungen" zu berücksichtigen waren, ergeben sich auch bei der Schätzung des Auftragswerts im Zusammenhang mit Rahmenvereinbarung oder sonstigen dynamische Beschaffungssystemen **Probleme in zeitlicher Hinsicht.** So mag es auf den ersten Blick so erscheinen, dass die innerhalb einer Rahmenvereinbarung vorgesehenen Einzelaufträge – jeder für sich – unterhalb der Schwellenwerte des § 106 GWB bleiben. Betrachtet man jedoch die Gesamtlaufzeit einer Rahmenvereinbarung oder eines anderen dynamischen Beschaffungssystems, innerhalb derer auf der Grundlage einer allgemein gehaltenen Vereinbarung dem Bieter bedarfsgerechte Einzelaufträge erteilt werden können, so führt die **Summe der Einzelaufträge** zu einem vielfach wesentlich höheren Auftragswert.

47   Ähnlich wie bei anderen vertraglichen Gestaltungen, soll durch § 3 Abs. 4 VgV verhindert werden, dass durch den Abschluss einer Rahmenvereinbarung oder der Begründung eines dynamischen Beschaffungssystems verschleiert wird, dass eine Schätzung der darin zusammengefassten Einzelaufträge in der Summe einen wesentlich höheren Auftragswert ergibt als bei isolierter Betrachtung ihrer Einzelpositionen. Naheliegender Weise führt die **Summe der Einzelaufträge** zu einer substanziell höheren Wahrscheinlichkeit, dass auch der jeweils einschlägige Schwellenwert erreicht oder überstiegen wird und somit das Kartellvergaberecht zur Anwendung gelangt.[76]

V. Innovationspartnerschaften (Abs. 5)

48   Mit der neu geschaffenen Vorschrift des § 3 Abs. 5 VgV sollen auch die durch § 119 Abs. 7 GWB ermöglichten **Innovationspartnerschaften** im Hinblick auf die Schätzung des Auftragswerts erfasst werden. Unter „Innovationspartnerschaften" wird eine Verfahrensart verstanden, durch die die Beschaffung **anfänglich noch nicht auf dem Markt verfügbarer Lösungen** im Wege der Entwicklungszusammenarbeit zwischen Auftraggeber und Bieter ermöglicht werden soll.[77] Unter den Begriff der „Innovation" können Entwicklung und Erwerb von innovativen, d. h. neuen oder deutlich verbesserten Produkten, Dienstleistungen oder Verfahren fallen.[78] Diese können auch neue oder verbesserte Produktions-, Bau- oder Konstruktionsverfahren sein, eine neue Vermarktungsmethode oder ein neues Organisationsverfahren in Bezug auf Geschäftspraxis, Abläufe am Arbeitsplatz oder externe Beziehungen.[79] Zentraler Bestandteil von Innovationspartnerschaften sind **Forschungs- und Entwicklungstätigkeiten,** bei denen zu Beginn noch nicht klar ist, ob es zu einem konkreten Ergebnis kommen wird und ob überhaupt eine abstrakte Realisierungschance besteht. Insgesamt sind Innovationspartnerschaften Bestandteile der „EU-Strategie 2020",[80] die außerdem ein Instrument der strategischen Beschaffung im Sinne von § 97 Abs. 3 GWB darstellen.[81] Für die Innovationspartnerschaft ist damit eine grundsätzlich enge Kooperation zwischen Auftraggeber und Bieter erforderlich, die durch § 119 Abs. 7 GWB einen normativ besonders geschützten Freiraum erhält. Allerdings ist ähnlich wie beim Wettbewerblichen Dialog fraglich, welche Relevanz Innovationspartnerschaften in der vergaberechtlichen Praxis haben werden.

49   In jedem Fall soll § 3 Abs. 5 VgV sicherstellen, dass die vergaberechtlichen Schwellenwerte nicht durch die Gründung von Innovationspartnerschaften unterlaufen werden. Da-

---

[76] *Marx* in KKMPP, VgV § 3, Rn. 22 („gebündelter Bedarf").
[77] Vgl. eingehend → GWB § 119 Abs. 7 Rn. 4; *Röwekamp* in KKPP, GWB § 119 Rn. 58; *Badenhaus-Fähnle,* VergabeR 2015, 743 (745).
[78] Vgl. *Knauff* in Müller-Wrede, GWB § 119, Rn. 73 ff.; *Röwekamp* in KKPP, § 119 GWB Rn. 54 ff.; → GWB § 119 Abs. 7 Rn. 9 ff. u. 16 ff.
[79] Vgl. § 2 Nr. 22 der RL 2014/24/EU, § 2 Nr. 18 der RL 2014/25/EU.
[80] „Strategie 2020" der EU-Kommission, KOM (2010) 2020 endg.
[81] Vgl. eingehend *Kau* in Byok/Jaeger, Vergaberecht § 97 GWB Rn. 97 ff. u. 131 ff.

her ist vorgesehen, dass jeweils der **„geschätzte Gesamtwert derjenigen Forschungs- und Entwicklungstätigkeiten"** zugrunde gelegt wird, die während „sämtlicher Phasen der geplanten Partnerschaft" stattfinden, einschließlich der Bau-, Liefer- oder Dienstleistung, die zu entwickeln und am Ende der geplanten Partnerschaft zu beschaffen sind.[82] Wie schon bei anderen Einzelregelung richtet sich auch § 3 Abs. 5 VgV auf eine möglichst umfassende Schätzung aller im Zusammenhang mit einer Innovationspartnerschaft relevanten Forschungs- und Entwicklungstätigkeiten bis hin zur letztlichen Beschaffung der auf diese Weise erst ermöglichten Leistung. Hierin tritt wiederum der Grundsatz der schätzweisen Gesamtwertermittlung zutage, der nach der Auffassung des Verordnungsgebers eine möglichst „umfassende Berücksichtigung aller Kosten" eines Auftrags vorsieht.[83]

Zwar möchte der Verordnungsgeber durch § 3 Abs. 5 VgV die durch die Innovations- **50** partnerschaften ermöglichte **„Verknüpfung von Forschungs-/Entwicklungsdienstleistungen und Erwerbselementen"** erleichtern und fördern. Dies soll jedoch aus vergaberechtlicher Perspektive nicht dazu führen, dass eine dem innovativen Gesamtzusammenhang zuwiderlaufende Aufteilung in mehrere Einzelaufträge erfolgt, die jeweils separat die Schwellenwerte erreichen oder übersteigen müssen. Wie der Entwurfsbegründung zu entnehmen ist, zielt § 3 Abs. 5 VgV auf eine „umfassende Berücksichtigung der Vergütung aller Forschungs- und Entwicklungsleistungen, einschließt des Werts der durch die öffentlichen Auftraggeber nach Abschluss der Innovationspartnerschaft zu beschaffenden innovativen Leistung" ab.[84] Dadurch dürfte die Gefahr des Unterlaufens vergaberechtlicher Schwellenwerte im Windschatten von Innovationspartnerschaften weitgehend gebannt sein.

VI. Bauleistungen (Abs. 6)

Bei § 3 Abs. 6 VgV steht die Schätzung des **Auftragswert von Bauleistung** sowie die **51** in Verbindung dazu erbrachten **Liefer- und Dienstleistung** im Mittelpunkt der Regelung. Die Vorschrift hat ihre Ursache darin, dass Bauleistungen selten isoliert von Liefer- und Dienstleistungen erbracht werden können. Nach § 3 Abs. 6 Satz 1 VgV werden zunächst bestimmte Liefer- und Dienstleistungen, die „für die Ausführung der Bauleistung erforderlich sind", bei der Schätzung des Auftragswert der Bauleistungen berücksichtigt, selbst wenn sie vom öffentlichen Auftraggeber zur Verfügung gestellt werden.

Wovon es abhängt, dass eine Liefer- oder Dienstleistung für die Erbringung einer Bau- **52** leistung **„erforderlich"** ist, wird nach dem Wortlaut und dem systematischen Zusammenhang der Vorschrift bestimmt. Nach der Begründung des Verordnungsgebers geht es dabei vor allem um solche Dienstleistung, „die unmittelbar für die Errichtung des Bauwerks erforderlich sind".[85] Dies kann in **sachlich-funktionaler**, in **zeitlicher** oder in **räumlicher Hinsicht** der Fall sein.[86] Davon erfasst werden insbesondere etwa die Anlieferung von Baumaterial oder die in unmittelbarem Zusammenhang mit der Errichtung des Bauwerks erforderlichen Dienstleistungen im Hinblick auf Bauflächen (z.B. Baustelleneinrichtung[87]), später zu verwendende Werkzeuge und Maschinen oder die einzusetzenden Materialien. Im Ganzen geht es also um mit den Bauleistungen in unmittelbarem und kaum trennbarem Zusammenhang stehende Liefer- oder Dienstleistungen. Vor allem die im Vorfeld eines

---

[82] *Marx* in KKMPP, VgV § 3, Rn. 23.

[83] Vgl. oben Rn. 22.

[84] BT-Drs. 18/7317 v. 20.1.2016, 148.

[85] BT-Drs. 18/7317 v. 20.1.2016, 148; hierzu auch *Marx* in KKMPP, VgV § 3, Rn. 25.

[86] *Greb* in Ziekow/Völlink VergabeR 3. Aufl. 2018, § 3 VgV Rn. 24 f.; *Marx* in KKMPP, VgV § 3, Rn. 25 („Hochbau ... wirtschaftlicher Zusammenhang ... Tiefbau ... technische Einheit ..."); *Masing* in Dreher/Motzke, Beck'scher Vergaberechtskommentar, 2. Aufl. 2013, § 3 VgV Rn. 15 („wirtschaftlich-funktionaler Zusammenhang").

[87] *Marx* in KKMPP, VgV § 3, Rn. 26; *Dietlein/Fandrey* in Gabriel/Krohn/Neun Hdb des VergabeR 2. Aufl. 2017, § 8 Rn. 27.

Bauvorhabens zu erbringenden Liefer- und Dienstleistungen stehen jedoch regelmäßig nicht mehr in diesem Zusammenhang.[88] Der Gesamtwert der „erforderlichen Liefer- und Dienstleistungen" ist bei der Schätzung des Auftragswerts von Bauleistungen nach § 3 Abs. 6 Satz 1 VgV stets mit zu berücksichtigen.

53   Dass der Begriff der **erforderlichen** Liefer- und Dienstleistungen *nicht alle* in der Vor- oder Nachbereitung eines Bauvorhabens zu erbringenden sonstigen Leistungen erfasst, lässt sich im Weiteren § 3 Abs. 6 Satz 2 VgV entnehmen. Darin wird ausdrücklich bestätigt, was bereits in § 103 Abs. 3 GWB festgehalten ist,[89] dass Planung und Ausführung von Bauleistungen auch weiterhin getrennt vergeben werden können. Wie der Verordnungsgeber in der Entwurfsbegründung hervorhebt, bezweckt die Vorschrift des § 3 Abs. 6 VgV „nämlich nicht, eine gemeinsame Vergabe von Bau- und Planungsleistungen vorzuschreiben".[90] Sofern also in § 3 Abs. 6 Satz 2 VgV die Möglichkeit des Auftraggebers als „unberührt" bezeichnet wird, Aufträge entweder getrennt oder gemeinsam zu vergeben, hat dies insbesondere Auswirkungen auf die **getrennte Vergabe von Bau- und Planungsleistungen.**

54   Im Ergebnis lassen sich somit der Vorschrift des § 3 Abs. 6 VgV vor allem **Abgrenzungskriterien** entnehmen, anhand derer im Hinblick auf die Schätzung des Auftragswerts zwischen den unmittelbar für die Erbringung von Bauaufträgen erforderlichen Liefer- und Dienstleistungen einerseits und den andererseits im Vorfeld der eigentlichen Ausführung von Bauleistungen, namentlich vor allem Planungsleistungen, oder auch danach zu erbringenden Leistungen zu unterscheiden ist. Planungsleistungen können, müssen aber nicht bei der Schätzung von Bauleistungen mitberücksichtigt werden. Eine getrennte Vergabe von Bauausführungs- und Planungsleistungen ist nach den Bedürfnissen der Praxis damit auch weiterhin möglich.

VII. Losweise Vergabe bei Bau- und Dienstleistungen (Abs. 7)

55   Nach § 3 Abs. 7 VgV ist bei der losweisen Vergabe von Bauvorhaben oder Dienstleistungen, die zu einem Auftrag gehören, grundsätzlich der **geschätzte Gesamtwert aller Lose** bei der Ermittlung des Auftragswerts zugrundezulegen. Hierin tritt wiederum der Grundsatz der schätzweisen Gesamtwertermittlung zutage (Abs. 1), so dass selbst die Aufteilung in unterschiedliche Lose nichts an der Notwendigkeit ändert, die Einzelposten zu addieren und so einen geschätzten Gesamtwert zu ermitteln.

56   Konkretisiert wird der in § 3 Abs. 7 Satz 1 VgV vorgesehene Grundsatz durch die in § 3 Abs. 7 Satz 2 VgV getroffene Feststellung, wonach bei Planungsleistungen der Grundsatz der Summierung nur für **„Lose über gleichartige Leistungen"** gilt. Hiermit knüpft § 3 Abs. 7 Satz 2 VgV an die bereits in § 3 Abs. 6 Satz 2 VgV im Grundsatz bestätigte Trennung von Bau- und Bauplanungsleistungen an. So kommt der Verordnungsgeber den Erfordernissen der Praxis nach, in der Bauplanungs- und Bauausführungsleistungen vielfach getrennt voneinander vergeben werden. Eine Summierung aller Leistungen jenseits dieser Differenzierung hat der Verordnungsgeber nicht vorgesehen. Ähnlich wie bei § 3 Abs. 6 Satz 2 VgV sieht auch § 3 Abs. 7 Satz 2 VgV eine grundsätzlich unterschiedliche Behandlung von Bauplanungs- und Bauausführungsleistungen vor.

57   Was unter „gleichartigen Leistungen" zu verstehen ist, muss **autonom aus dem Unionsrecht** abgeleitet werden. Hierbei kann im Rahmen der EuGH-Rspr. zur „funktionellen Betrachtungsweise" von Schätzungen des Auftragswerts[91] bei der Frage der Gleichartigkeit beispielsweise **technische oder inhaltliche Äquivalenz** eine Rolle spielen. Dass

---

[88] Z.B. Grundstückskosten, öffentliche Erschließungskosten oder Vermessungskosten, vgl. *Marx* in KKMPP, VgV § 3, Rn. 26.
[89] Mit diesem Hinweis auch: *Marx* in KKMPP, VgV § 3, Rn. 28.
[90] BT-Drs. 18/7317 v. 20.1.2016, 148; früher bereits *Masing* in Dreher/Motzke, Beck'scher Vergaberechtskommentar, 2. Aufl. 2013, § 3 VgV Rn. 16.
[91] Vgl. oben Rn. 23.

die EU-Kommission und ggf. auch der EuGH eine weitreichende Anknüpfung an die Kategorien der deutschen HOAI ablehnen,[92] kann angesichts der EU-weiten Orientierung der europäischen Institutionen nicht überraschen. Bei der Schaffung einer „gesamteuropäischen Wettbewerbsordnung" kann kein Raum für liebgewonnene nationale Regeln bleiben, die bei anderen Mitgliedstaaten bestenfalls Irritationen hervorrufen würden.

In § 3 Abs. 7 Satz 3 VgV zieht der Verordnungsgeber die Konsequenz aus der in § 3 **58** Abs. 7 Satz 1 VgV enthaltenen Regelung, indem er festschreibt, dass wenn der **geschätzte Gesamtwert aller Lose** den maßgeblichen Schwellenwert erreicht oder übersteigt, die VgV („diese Verordnung") und damit das gesamte Kartellvergaberecht für die Vergabe jedes einzelnen Loses gilt.[93] Ungeachtet der Aufteilung in Lose hat dies bei der schätzweisen Ermittlung eines Gesamtwerts von Bauvorhaben bzw. Dienstleistungen zur Folge, dass jedes einzelne Los – unabhängig vom jeweils separat erreichten Auftragswert – dem Kartellvergaberecht untersteht. Auch hierin tritt das Bemühen des europäischen Gesetzgebers und des Verordnungsgebers zugunsten einer „umfassenden Berücksichtigung aller Kosten" hervor.

VIII. Losweise Vergabe bei Lieferungen (Abs. 8)

In § 3 Abs. 8 VgV findet sich eine Korrespondenzvorschrift zu § 3 Abs. 7 VgV im Hin- **59** blick auf die losweise Vergabe „**gleichartiger Lieferungen**", die zu einem einzelnen Auftrag führen können. Während jedoch bei § 3 Abs. 7 VgV keine näheren qualitativen Voraussetzungen für die Ermittlung eines geschätzten Gesamtwerts aller Lose der betroffenen Bau- und Dienstleistungen vorgesehen sind, bezieht sich Abs. 8 lediglich auf gleichartige Lieferungen. Darunter sind nach Ausführung des Verordnungsgebers insbesondere solche Lieferungen zu verstehen, „**die für gleichartiger Verwendungszwecke vorgesehen sind**".[94] Damit ist nach § 3 Abs. 8 VgV eine weitgehende **Bestimmungshomogenität** bei den erfassten Lieferungen erforderlich, um ungeachtet der Aufteilung in einzelne Lose einen geschätzten Gesamtwert zu ermitteln.

IX. Losvergabe und 80/20-Regel (Abs. 9)

Nach § 3 Abs. 9 VgV kann der Auftraggeber von den Vorschriften der § 3 Abs. 7 Satz 3 **60** sowie von Abs. 8 VgV abweichen, wenn der geschätzte Nettowert eines Loses bei Liefer- und Dienstleistungen **unter 80.000 €** und bei Bauleistungen **unter 1 Million €** liegt sowie in beiden Fällen die Summe der Nettowerte der betreffenden Lose **20 % des Gesamtwerts aller Lose** nicht übersteigt. Diese auch „80/20-Regel"[95] genannte Bestimmung soll dem Auftraggeber bei – im Verhältnis zum Gesamtauftrag – untergeordneten Losen mehr Vergabe-Flexibilität ermöglichen.

Neben der Abweichung von den in der Vorschrift ausdrücklich genannten Vorschriften **61** sieht § 3 Abs. 9 VgV außerdem vom Grundsatz der schätzweisen Gesamtwertermittlung (Abs. 1) sowie von der aus der EuGH-Rechtsprechung hervorgegangenen „funktionellen Betrachtungsweise" im Hinblick auf den Teil eines Gesamtauftrags ab. Klarstellend ist jedoch darauf hinzuweisen, dass wenn der Gesamtwert der einzelnen Lose den jeweiligen Schwellenwert übersteigt, die „80/20-Regel" zwar zur Folge hat, dass ein nicht mehr als 20 % umfassender Teil, der zudem unterhalb von 80.000 € bzw. 1 Mio. € liegt, auch „au-

---

[92] So aber mit Unverständnis *Marx* in KKMPP, VgV § 3, Rn. 16.
[93] *Greb* in Ziekow/Völlink VergabeR 3. Aufl. 2018, § 3 VgV Rn. 27; *Marx* in KKMPP, VgV § 3, Rn. 16.
[94] BT-Drs. 18/7317 v. 20.1.2016, 148.
[95] BT-Drs. 18/7317 v. 20.1.2016, 148.

ßerhalb der Bestimmungen für den Oberschwellenbereich" vergeben werden darf.[96] Dies
hat für die restlichen Lose – selbst für den Fall, dass ihr verbliebener geschätzter Gesamtwert dann unterhalb des jeweiligen Schwellenwerts liegen sollte – zur Folge, dass sie unverändert nach den Bestimmungen des Kartellvergaberechts vergeben werden müssen.[97] Auf
diese Weise kann die „80/20-Regel" nicht dazu führen, dass eine ursprünglich den maßgeblichen Schwellenwert erreichender bzw. übersteigender Vergabeauftrag durch den
Abzug von bis zu 20 % seines Gesamtwerts – sofern dieser bei Liefer- und Dienstleistung
unter 80.000 € bzw. bei Bauleistung unter 1 Million € liegt – *insgesamt* außerhalb der Bestimmungen für den Oberschwellenbereich vergeben werden kann.

62   Obwohl § 3 Abs. 9 VgV von mehreren Vorschriften und Grundprinzipien des Kartellvergaberechts („funktionelle Betrachtungsweise") Abweichungen vorsieht, steht eine Beanstandung durch den EuGH nicht unmittelbar zu befürchten. Denn die Vorschrift führt sich
auf die weitgehend wortgleiche Bestimmung des Art. 5 Abs. 10 der Richtlinie 2014/24/
EU zurück.[98] Die Gefahr der Unionsrechtswidrigkeit könnte mithin nur unter dem Gesichtspunkt entstehen, dass diese sekundärrechtliche Vorschrift ihrerseits im Widerspruch
zum geltenden Primärrecht steht, indem sie beispielsweise mit den Grundfreiheiten des
AEUV unvereinbar ist. Soweit es sich jedoch bei der Regelung des § 3 Abs. 9 VgV auf der
Grundlage des Art. 5 Abs. 10 der Richtlinie 2014/24/EU um eine der Flexibilisierung
dienende Vorschrift mit letztlich überschaubarem Anwendungsbereich handelt, ist ein gravierender Konflikt mit dem primären Unionsrecht nicht erkennbar.

X. Regelmäßig wiederkehrende Aufträge und Daueraufträge (Abs. 10)

63   § 3 Abs. 10 VgV sieht bei regelmäßig wiederkehrenden Aufträgen und bei Daueraufträgen über Liefer- oder Dienstleistungen sowie bei Liefer- oder Dienstleistungsaufträgen, die
innerhalb eines bestimmten Zeitraums verlängert werden sollen, gesonderte Bestimmung
zur Schätzung des Auftragswerts vor. Während der wiederkehrende Charakter bei den von
der Vorschrift des § 3 Abs. 1 Satz 2 VgV erfassten Gegebenheiten (Optionen/Verlänge-
rungsmöglichkeiten) noch regelmäßig verschleiert wurde, werden von Abs. 10 solche Aufträge erfasst, deren **Verlängerungspotenzial** offen zutage tritt.

64   Um der **Dynamik der Preis- und Wertentwicklung** angemessen zu begegnen, ist
nach § 3 Abs. 10 Nr. 1 VgV der Auftragswert regelmäßig wiederkehrender Aufträge und
von Daueraufträgen auf der Grundlage des tatsächlichen Gesamtwerts entsprechend der
sich aus dem vorangegangenen Haushalts- oder Geschäftsjahr ergebenden Aufträge zu
schätzen („vergangenheitsbasiert"[99]). Hierbei sind „voraussichtliche Änderung bei Mengen
oder Kosten" insoweit zu berücksichtigen, wie sie während der zwölf Monate, die auf den
ursprünglichen Auftrag folgen, zu erwarten sind. Es sollen damit im Hinblick auf regelmäßig wiederkehrende Aufträge bzw. Daueraufträge Prognosen auf der Grundlage des tatsächlichen ursprünglichen Auftrags im Hinblick auf voraussichtliche Änderungen der Schätzung des Auftragswerts angestellt werden.

65   Nach § 3 Abs. 10 Nr. 2 VgV kann der Auftragswert alternativ zu den unter Nr. 1 genannten Verfahren auch auf der Grundlage des geschätzten Gesamtwerts aufeinanderfolgender
Aufträge geschätzt werden, die entweder während der auf die erste Lieferung folgenden
zwölf Monate oder – wenn das Haushalts bzw. Geschäftsjahr länger als zwölf Monate dauert
– während diesem vergeben werden („zukunftsorientiert"[100]). Damit beruht die eine

---

[96] Vgl. *Dietlein/Fandrey* in Gabriel/Krohn/Neun Hdb des VergabeR 2. Aufl. 2017, § 8 Rn. 32; *Marx* in
KKMPP, VgV § 3, Rn. 19.
[97] *Marx* in KKMPP, VgV § 3, Rn. 18 („..., gilt für jeden Einzelauftrag über 1 Mio. € und mehr dennoch
das GWB, die VgV und der zweite Abschnitt der VOB/A.").
[98] BT-Drs. 18/7317 v. 20.1.2016, 148.
[99] *Greb* in Ziekow/Völlink, VergabeR 3. Aufl. 2018, § 3 VgV Rn. 32; *Marx* in KKMPP, VgV § 3,
Rn. 30.
[100] *Marx* in KKMPP, VgV § 3, Rn. 30.

Schätzmethode auf der Grundlage des **tatsächlichen Gesamtwerts** (Nr. 1), während die andere auf der Grundlage des **geschätzten Gesamtwerts** basiert (Nr. 2). Beide Varianten können gleichermaßen bei Dienstleistungen und Lieferungen angewendet werden.[101]

XI. Liefer- und Dienstleistungsaufträge ohne Gesamtpreis (Abs. 11)

Die Vorschrift des § 3 Abs. 11 VgV regelt die Schätzung von Aufträgen über Liefer- oder Dienstleistungen, für die kein Gesamtpreis angegeben wird.[102] Bei dieser Sachlage erfolgt die Berechnung für den geschätzten Auftragswert nach dem **Gesamtwert für die Laufzeit** dieser Aufträge von bis zu 48 Monaten unter entsprechender Multiplikation des Monatswertes. Bei Aufträgen mit unbestimmter Laufzeit oder einer Laufzeit von mehr als 48 Monaten wird hingegen das **48-fache eines konkreten Monatswerts** zugrundegelegt. **66**

Die Vorschrift des § 3 Abs. 11 Nr. 1 und Nr. 2 VgV ist Ausdruck der Bemühung des **67** Verordnungsgebers, auch für die Fälle, in denen für Liefer- oder Dienstleistungen kein Gesamtpreis angegeben wird, eine Schätzung des Auftragswerts zu ermöglichen. Dies kommt in der Praxis vergleichsweise häufig vor. So hatte das OLG Celle beispielsweise einen Fall zu entscheiden, in dem kein Gesamtpreis angegeben wurde, da im Zeitpunkt der Ausschreibung von Sanierungsleistungen nicht abzuschätzen war, welchen Umfang und welche Dauer die an einen Treuhandträger zu vergebende Leistung haben würde. Dies zeigte sich u. a. auch daran, dass von den Bietern bei der Ausschreibung lediglich Stundensätze abgefragt wurden, zu denen es jedoch noch keine abschließende Festlegung über eine – nur pauschal beschriebene – Aufgabenstellung gab.[103] Grundlage der Schätzung nach § 3 Abs. 11 VgV war in diesem Fall das 48-fache desjenigen Monatsbetrags, der bei früher durchgeführten und im Grundsatz vergleichbaren Sanierungsmaßnahmen angefallen war. Der Vergabesenat überprüfte hierbei die Plausibilität und bestätigte, dass er zum „gleichen Ergebnis" wie der öffentliche Auftraggeber gekommen wäre.[104]

Die Regelung des § 3 Abs. 11 VgV kommt damit immer dann zur Anwendung, wenn **68** der Auftragsumfang nicht abschließend festgelegt ist und vor allem auch bei der Ausführung eines Auftrags noch Änderungen möglich sind. Wie das OLG Celle ausführte spricht für die Anwendung von § 3 Abs. 11 VgV beispielsweise auch die ungewisse Dauer eines Auftrags. Hiervon ist selbst dann auszugehen, wenn zwar ein Zeitraum genannt wird, dieser aber verlängert werden kann.[105] Indiziell kann bei einem Auftrag, dessen Gesamtwert nicht bestimmbar ist, auch auf frühere, vergleichbare Maßnahmen abgestellt werden, wenn deren Dauer über die für den konkret zu beurteilenden Auftrag veranschlagte Zeit weit hinausging.[106]

Das 48-fache des Monatswertes ist nach Auffassung des OLG Düsseldorf auch dann **69** zugrunde zu legen, wenn der ursprüngliche Vertrag eine **Laufzeit von fünf Jahren** hat. Denn solange kein Gesamtpreis angegeben wird, bleibt es nach § 3 Abs. 11 Nr. 2 VgV bei Vertragslaufzeiten von mehr als 48 Monaten beim 48-fachen des Monatswerts.[107] Sollte zudem noch eine einjährige Vertragsverlängerung vorgesehen sein, wird nach § 3 Abs. 1 Satz 2 VgV zum 48-fachen des Monatswerts der hierfür ermittelte Wert hinzugefügt. Keinesfalls wird der Schätzung des Auftragswerts nach § 3 VgV bei fünfjähriger Vertragslaufzeit ohne Gesamtpreis und der Möglichkeit einer einjährigen Vertragsverlängerung eine sechsjährige Vertragslaufzeit zugrunde gelegt.[108]

---

[101] Mit Hinweis auf eine leichte redaktionelle Unsicherheit: *Marx* in KKMPP, VgV § 3, Rn. 31.
[102] BT-Drs. 18/7317 v. 20.1.2016, 149.
[103] OLG Celle 29.6.2017 – 13 Verg 1/17, juris Rn. 53.
[104] OLG Celle 29.6.2017 – 13 Verg 1/17, juris Rn. 71.
[105] OLG Celle 29.6.2017 – 13 Verg 1/17, juris Rn. 53.
[106] OLG Celle 29.6.2017 – 13 Verg 1/17, juris Rn. 59
[107] OLG Düsseldorf 2.11.2016 – VII-Verg 21/16, juris Rn. 21.
[108] OLG Düsseldorf 2.11.2016 – VII-Verg 21/16, juris Rn. 21.

XII. Dienstleistungsauftrag nach Planungswettbewerb (Abs. 12)

70   § 3 Absatz 12 Satz 1 VgV findet auf Dienstleistungsaufträge Anwendung, die infolge eines **Planungswettbewerbs (§ 69 VgV)** vergeben werden sollen. Die Vorschrift besagt, dass bei der Schätzung des Auftragswerts etwaige **Preisgelder** und **Zahlungen** an die übrigen, nicht erfolgreichen Teilnehmer, mit zu berücksichtigen sind.[109] Ähnlich wie bei der Regelung des § 3 Abs. 1 Satz 3 VgV, bei dem ebenfalls „Prämien" und sonstige „Zahlungen" in die Schätzung des Auftragswerts mit einzustellen waren, gilt auch für Planungswettbewerbe im Sinne der VgV, dass zusätzlich zum wertmäßigem Volumen eines Auftrags von Seiten des Auftraggebers auch erhöhenden Posten wie Preisgelder und Zahlungen an die nicht erfolgreichen sonstigen Teilnehmer, sich ebenfalls im geschätzten Auftragswert niederschlagen müssen.

71   Während beim Planungswettbewerb nach § 69 VgV der Auftragswert des Dienstleistungsauftrags noch nicht feststeht, verhält es sich bei den übrigen Planungswettbewerben, auf die sich § 3 Abs. 12 Satz 2 VgV bezieht, insoweit anders, als sein **Wert bereits fixiert** ist. Ähnlich wie bei § 3 Abs. 12 Satz 1 VgV sind auch nach Abs. 12 Satz 2 zum Wert des Dienstleistungsauftrags infolge eines Planungswettbewerbs „Preisgelder" und „Zahlungen" an die letztlich nicht erfolgreichen Teilnehmer mit zu berücksichtigen. Etwas anderes ergibt sich lediglich dann, wenn der öffentliche Auftraggeber eine Vergabe unter Berücksichtigung von „Preisgeldern" und „Zahlungen" an die nicht erfolgreichen Teilnehmer bereits in der Wettbewerbsbekanntmachung des Planungswettbewerbs ausdrücklich ausgeschlossen hat.[110] Hierbei nehmen die Teilnehmer gleichsam „auf eigenes Risiko" an einem Planungswettbewerb teil, ohne dass sie eine Aussicht auf Ausgleich der ihnen entstehenden Kosten haben und ohne dass sie zusätzlich zum Zuschlag noch ein Preisgeld erhalten.

72   Auch die Vorschriften des § 3 Abs. 12 Satz 1 und Satz 2 VgV sind wiederum Ausdruck der vom Verordnungsgeber angestrebten umfassenden Regelung aller denkbaren Vergabekonstellationen, bei denen der Auftragswert geschätzt werden muss. In diesem Fall werden die spezifischen Planungswettbewerbe nach § 69 VgV sowie sonstige Planungswettbewerbe von den Regelungen über die Schätzung des Auftragswerts erfasst.

D. Verhältnis zu anderen Normen

73   § 3 VgV GWB steht in Bezug zu verschiedenen Normen unterschiedlicher Herkunft. Am wichtigsten ist sicherlich der **Zusammenhang mit § 106 GWB.** Die Schätzung des Auftragswerts hat ihre Funktion vorrangig im Hinblick auf die Frage, ob ein bestimmter Schwellenwert des Kartellvergaberechts erreicht bzw. überschritten wird.[111]

74   Durch den Zusammenhang mit § 106 GWB steht § 3 VgV ebenfalls in engem Verhältnis zu den **sekundärrechtlichen Vorschriften** verschiedener EU-Vergaberichtlinien, auf die im Hinblick auf die Höhe der einschlägigen Schwellenwerte dynamisch verwiesen wird[112] (z. B. Art. 4 Richtlinie 2014/24/EU,[113] Art. 15 Richtlinie 2014/25/EU,[114] Art. 8 Richtlinie 2009/81/EG[115] und Art. 8 Richtlinie 2014/23/EU[116]).

---

[109] Vgl. *Geitel* in KKMPP, VgV § 69–72 Rn. 2 ff.

[110] *Greb* in Ziekow/Völlink, VergabeR 3. Aufl. 2018, § 3 VgV Rn. 34; *Marx* in KKMPP, VgV § 3, Rn. 34.

[111] Vgl. oben Rn. 4 u. 9.

[112] Vgl. oben Rn. 4 u. 9 f.

[113] ABl.EU Nr. 94 vom 28.3.2014, S. 65 ff.

[114] ABl.EU Nr. 94 vom 28.3.2014, S. 243 ff.

[115] ABl.EU Nr. L 216 vom 20.8.2009, S. 76 ff.

[116] ABl.EU Nr. L 94 vom 28.3.2014, S. 1 ff.

Schließlich gibt es inhaltliche Bezüge zu den **Korrespondenzvorschriften** in den an- 75
deren Vergabeverordnungen, in denen es ebenfalls um die Schätzung des jeweiligen Auftragswerts geht (z.B. § 3 VSVgV u. jeweils § 2 SektVO u. KonzVgV).[117]

---

[117] Vgl. oben Rn. 4 u. 12.

§ 4 Gelegentliche gemeinsame Auftragsvergabe; zentrale Beschaffung

(1) Mehrere öffentliche Auftraggeber können vereinbaren, bestimmte öffentliche Aufträge gemeinsam zu vergeben. Dies gilt auch für die Auftragsvergabe gemeinsam mit öffentlichen Auftraggebern aus anderen Mitgliedstaaten der Europäischen Union. Die Möglichkeiten zur Nutzung von zentralen Beschaffungsstellen bleiben unberührt.

(2) Soweit das Vergabeverfahren im Namen und im Auftrag aller öffentlichen Auftraggeber insgesamt gemeinsam durchgeführt wird, sind diese für die Einhaltung der Bestimmungen über das Vergabeverfahren gemeinsam verantwortlich. Das gilt auch, wenn ein öffentlicher Auftraggeber das Verfahren in seinem Namen und im Auftrag der anderen öffentlichen Auftraggeber allein ausführt. Bei nur teilweise gemeinsamer Durchführung sind die öffentlichen Auftraggeber nur für jene Teile gemeinsam verantwortlich, die gemeinsam durchgeführt wurden. Wird ein Auftrag durch öffentliche Auftraggeber aus verschiedenen Mitgliedstaaten der Europäischen Union gemeinsam vergeben, legen diese die Zuständigkeiten und die anwendbaren Bestimmungen des nationalen Rechts durch Vereinbarung fest und geben das in den Vergabeunterlagen an.

(3) Die Bundesregierung kann für Dienststellen des Bundes in geeigneten Bereichen allgemeine Verwaltungsvorschriften über die Einrichtung und die Nutzung zentraler Beschaffungsstellen sowie die durch die zentralen Beschaffungsstellen bereitzustellenden Beschaffungsdienstleistungen erlassen.

Übersicht

	Rn.		Rn.
A. Einführung	1	2. Verantwortlichkeiten bei gelegentlicher gemeinsamer Auftragsvergabe	14
I. Literatur	1	a) Grundsätzliches	14
II. Entstehungsgeschichte	2	b) Szenarien	16
1. Zentrale Beschaffungsstellen	3	c) Umfang der Verantwortlichkeit, Abgrenzungsfragen	17
2. Gelegentliche gemeinsame Auftragsvergabe	4	III. Gemeinsame Auftragsvergabe durch öffentliche Auftraggeber aus verschiedenen Mitgliedstaaten der Europäischen Union (§ 4 Abs. 1 S. 2, Abs. 2 S. 4 VgV)	20
III. Rechtliche Vorgaben im EU-Recht	5		
B. Kommentierung	6		
I. Allgemeines	6		
1. Gemeinsame Auftragsvergabe und zentrale Beschaffung	6	IV. Möglichkeit der Nutzung zentraler Beschaffungsstellen (§ 4 Abs. 1 S. 3 VgV)	22
2. Kartellrechtliche Grenzen gemeinsamer Beschaffung	8		
II. Gelegentliche gemeinsame Auftragsvergabe (§ 4 Abs. 1 S. 1, Abs. 2 S. 1 bis 3 VgV)	11	V. Allgemeine Verwaltungsvorschriften für Dienststellen des Bundes (§ 4 Abs. 3 VgV)	24
1. Begriffsbestimmung	11		

A. Einführung

I. Literatur

1 *Kulartz/Kus/Marx/Portz/Prieß,* Kommentar zur VgV, 2017; *Immenga/Mestmäcker,* Wettbewerbsrecht, Band 2 GWB/Teil 1, 5. Aufl. 2014; *Immenga/Mestmäcker,* Wettbewerbsrecht, Band 1 EU/Teil 1, 5. Aufl. 2012.

II. Entstehungsgeschichte

2 Die Vorschrift enthält Bestimmungen zur gelegentlichen gemeinsamen Auftragsvergabe. Dabei nimmt sie Bezug auf die in § 120 Abs. 4 GWB geregelten zentralen Beschaffungs-

stellen.[1] Zentrale Beschaffungsstellen und gelegentliche gemeinsame Auftragsvergabe bilden zwei Varianten von Kooperationen öffentlicher Auftraggeber bei der Beschaffung. Zum besseren Verständnis wird deshalb bei der Entstehungsgeschichte auch auf die zentralen Beschaffungsstellen eingegangen.

1. Zentrale Beschaffungsstellen

Bereits die Richtlinie 2004/18/EG des Europäischen Parlaments und des Rates über die **3** Koordinierung der Verfahren zur Vergabe öffentlicher Bauaufträge, Lieferaufträge und Dienstleistungsaufträge vom 31. März 2004 (VKR) enthielt in Art. 1 Abs. 10 VKR Definitionen des Begriffs „zentrale Beschaffungsstelle" und in Art. 11 VKR Regelungen für die Vergabe von öffentlichen Aufträgen und den Abschluss von Rahmenvereinbarungen durch zentrale Beschaffungsstellen; flankiert wurden die Regelungen durch Ausführungen in Erwägungsgrund 15 VKR. Die Einführung zentraler Beschaffungsstellen wurde dabei jedoch den einzelnen Mitgliedstaaten selbst überlassen und war nicht verpflichtend. Eine Einführung zentraler Beschaffungsstellen in das deutsche Vergaberecht auf Grundlage der VKR erfolgte nicht. Der Vorschlag für eine Richtlinie des Europäischen Parlaments und des Rates über die öffentliche Auftragsvergabe der Europäischen Kommission vom 20.12.2011, Kom(2011)896, der die Grundlage für die aktuellen Vergaberichtlinien bildet, greift das Instrument der zentralen Beschaffungsstellen, neben anderen, in dem Kapitel zur *„Vereinfachung und Flexibilisierung der Vergabeverfahren"* auf und erklärt, dass gegenüber der damals bestehenden Richtlinie eine Optimierung und Präzisierung erfolgen solle.[2] In Erwägungsgrund 24 Kom(2011)896 wird dies konkretisiert und durch die Definitionen in Art. 2 Abs. 16 und 18 Kom(2011)896 sowie die Regelungen in Art. 35 Kom(2011)896 realisiert. Die RL 2014/24/EU hat sowohl die Erwägungsgründe als auch die Regelungen in Kom(2011)896 übernommen, verändert und ausgeweitet und in den Erwägungsgründen 59, 69 und 70 RL 2014/24/EU sowie in Art. 37 RL 2014/24/EU niedergelegt. Der deutsche Gesetzgeber hat die Regelungen der RL 2014/24/EU durch § 120 Abs. 4 GWB umgesetzt.[3]

2. Gelegentliche gemeinsame Auftragsvergabe

Demgegenüber enthielt die VKR keinerlei Regelungen zur gelegentlichen gemeinsamen **4** Auftragsvergabe. Die Kom(2011)896 erwähnt erstmals die gemeinsame Beschaffung als eine von sechs spezifischen Vergabemethoden für Sammelbeschaffungen und elektronische Beschaffung; die anderen sind Rahmenvereinbarungen, dynamische Beschaffungssysteme, elektronische Auktionen, elektronische Kataloge und zentrale Beschaffungsstellen.[4] Daneben wird die grenzüberschreitende gemeinsame Beschaffung als ein wichtiges Instrument innovativer Beschaffung charakterisiert.[5] In Abgrenzung zu zentralisierten Beschaffungsverfahren und zentralen Beschaffungsstellen wird klargestellt, dass die Fortführung weniger institutionalisierter und systematischer gemeinsamer Beschaffungen oder die eingeführte Praxis des Rückgriffs auf Dienstleister, die Vergabeverfahren im Namen und für Rechnung eines öffentlichen Auftraggebers vorbereiten und durchführen, nicht in Frage gestellt werden sollte.[6] In Hinblick auf die gemeinsame Vergabe öffentlicher Aufträge durch öffentliche Auftraggeber aus verschiedenen Mitgliedstaaten wird auf gewisse rechtliche Schwierigkeiten hingewiesen, die ihren Grund vor allem in konfligierenden nationalen Rechtsvorschriften hätten; deshalb sollten neue Vorschriften zur Bestimmung des anwendbaren Rechts bei grenzüberschreitenden gemeinsamen Beschaffungen festgelegt werden, um die Zusammenarbeit zwi-

---

[1] Vgl. zum Themenkomplex „zentrale Beschaffungsstelle" → GWB § 120 Rn. 21 ff. Hier wird auf die gelegentliche gemeinsame Auftragsvergabe eingegangen.
[2] Kom(2011)896, S. 9.
[3] So ausdrücklich in BT-Drucks. 18/6281, S. 99 f. und BT-Drucks. 18/7318, S. 149.
[4] Kom(2011)896, S. 9.
[5] Kom(2011)896, S. 12.
[6] Erwägungsgrund 24 Kom(2011)896.

schen öffentlichen Auftraggebern im Binnenmarkt zu erleichtern.[7] Der konkrete Regelungsvorschlag ist in Art. 37 Kom(2011)896 enthalten. Die RL 2014/24/EU hat diese Vorschläge in zwei umfangreiche Artikel, Art. 38 und 39 RL 2014/24/EU, überführt und dabei die Vorschläge in Kom(2011)896 erheblich ausgeweitet. Das gilt ebenfalls für die dazu gehörigen Erwägungsgründe 71 und 73 RL 2014/24/EU. Der deutsche Verordnungsgeber hat Art. 38 und 39 RL 2014/24/EU in § 4 VgV überführt.

III. Rechtliche Vorgaben im EU-Recht

5   Die Regelungen im EU-Recht zur gemeinsamen Auftragsvergabe sind in Art. 38 RL 2014/24/EU sowie in Art. 39 RL 2014/24/EU niedergelegt. Art. 38 RL 2014/24/EU betrifft die gemeinsame Auftragsvergabe allgemein und Art. 39 RL 2014/24/EU die gemeinsame Auftragsvergabe durch öffentliche Auftraggeber aus verschiedenen Mitgliedstaaten. Flankiert werden die Regelungen durch die Erwägungsgründe 71 und 73 RL 2014/24/EU. Die Regelungen im EU-Recht zu den zentralen Beschaffungsstellen sind in Art. 37 RL 2014/24/EU niedergelegt und ergänzende Ausführungen hierzu finden sich in den Erwägungsgründen 69 und 70 RL 2014/24/EU.

B. Kommentierung

I. Allgemeines

1. Gemeinsame Auftragsvergabe und zentrale Beschaffung

6   § 4 VgV dient der Umsetzung der Art. 38 und 39 RL 2014/24/EU, wohingegen die in Art. 37 RL 2014/24/EU enthaltenen Regelungen zu zentralen Beschaffungstätigkeiten und zentralen Beschaffungsstellen bereits durch § 120 Abs. 4 GWB umgesetzt sind und durch § 4 Abs. 3 VgV im Hinblick auf Dienststellen des Bundes ergänzt werden. Richtliniengeber und Verordnungsgeber weisen gleichermaßen darauf hin, dass durch die Stärkung der Bestimmungen zu zentralen Beschaffungsstellen die derzeitige Praxis einer gelegentlichen gemeinsamen Beschaffung – also die weniger institutionalisierte und systematische gemeinsame Beschaffung oder die bewährte Praxis des Rückgriffs auf Dienstleister, die Vergabeverfahren im Namen und für Rechnung eines öffentlichen Auftraggebers und nach dessen Anweisungen vorbereiten und durchführen – nicht verhindert werden soll.[8] Vielmehr sollen wegen der wichtigen Rolle, die gemeinsame Beschaffungen nicht zuletzt im Zusammenhang mit innovativen Projekten spielen können, bestimmte Merkmale gemeinsamer Beschaffung eindeutiger gefasst werden.[9]

7   Es gibt damit **Abstufungen der Formen koordinierter Beschaffung,** nämlich die zentralen Beschaffungstätigkeiten zentraler Beschaffungsstellen nach § 120 Abs. 4 GWB, sodann die gelegentliche gemeinsame Auftragsvergabe nach § 4 VgV und schließlich die isolierten Einzelbeschaffungen der jeweiligen öffentlichen Auftraggeber selbst. Die jeweilige Beschaffungshandlung ist damit einer dieser drei Formen zuzuordnen, wobei die Herausforderung in der Abgrenzung zwischen zentraler Beschaffungstätigkeit und gelegentlicher gemeinsamer Auftragsvergabe liegt.

2. Kartellrechtliche Grenzen gemeinsamer Beschaffung

8   Der Verordnungsgeber weist in der Verordnungsbegründung ausdrücklich darauf hin, dass die kartellrechtlichen Grenzen der Zusammenarbeit durch die Regelungen zur ge-

---

[7] Erwägungsgrund 26 Kom(2011)896.
[8] Erwägungsgrund 71 Abs. 1 RL 2014/24/EU; BT-Drucks. 18/7318, S. 149.
[9] Erwägungsgrund 71 Abs. 1 RL 2014/24/EU.

meinsamen Beschaffung unberührt bleiben.[10] Auch der Richtliniengeber sieht die Gefahr der Entstehung wettbewerbsverzerrender Nachfragemacht: *„Unionsweit zeichnet sich auf den öffentlichen Beschaffungsmärkten ein starker Trend zur Zusammenführung der Nachfrage der öffentlichen Beschaffer ab, wobei das Ziel darin besteht, Größenvorteile, unter anderem eine Senkung der Preise und der Transaktionskosten, zu erzielen und das Beschaffungsmanagement zu verbessern und zu professionalisieren. Dies kann erreicht werden durch Sammelbeschaffungen einer größeren Zahl öffentlicher Auftraggeber oder durch Sammelbeschaffungen, bei denen über einen längeren Zeitraum hinweg ein bestimmtes Auftragsvolumen oder ein bestimmter Auftragswert erreicht wird. Die Zusammenführung und Zentralisierung von Beschaffungen sollte jedoch sorgfältig überwacht werden, um eine übermäßige Konzentration der Kaufkraft und geheime Absprachen zu verhindern und Transparenz und Wettbewerb sowie die Möglichkeiten des Marktzugangs für KMU aufrechtzuerhalten.“*[11]

Damit ist die durchaus umstrittene Problematik der **kartellrechtlichen Relevanz der** 9 **gemeinsamen Beschaffungstätigkeit der öffentlichen Hand** angeschnitten. Dabei liegt das Problem nicht so sehr darin, einen Verstoß gegen das Kartellverbot in § 1 GWB bzw. Art. 101 AEUV durch eine gemeinsame Beschaffung im Einzelfall festzustellen; hierzu existiert ein ausgefeiltes kartellrechtliches Instrumentarium, das hier nicht erörtert werden soll. Die entscheidende Frage ist vielmehr vorgelagert und betrifft die Anwendbarkeit des Kartellrechts auf die Beschaffungstätigkeit der öffentlichen Hand an sich. In der Sache „**FENIN**" hat der EuGH nämlich entschieden, dass bei der Beurteilung des Wesens der Einkaufstätigkeit der Kauf eines Erzeugnisses nicht von dessen späterer Verwendung zu trennen sei und dass der wirtschaftliche oder nichtwirtschaftliche Charakter der späteren Verwendung des erworbenen Erzeugnisses zwangläufig den Charakter der Einkaufstätigkeit bestimme.[12] Der Begriff des Unternehmens im Sinne des Wettbewerbsrechts der Gemeinschaft umfasse wiederum jede eine wirtschaftliche Tätigkeit ausübende Einrichtung unabhängig von ihrer Rechtsform und der Art ihrer Finanzierung.[13] Die öffentliche Hand ist damit nur in den Fällen Adressatin des europäischen Kartellrechts, in denen ihre beschafften Erzeugnisse einer späteren wirtschaftlichen Verwendung zugeführt werden sollen, denn erst dann ist die Einkaufstätigkeit selbst eine wirtschaftliche Tätigkeit und die öffentliche Hand somit Unternehmen im Sinne des europäischen Kartellrechts; womit der überwiegende Teil öffentlicher Beschaffungstätigkeit de facto einer Kontrolle durch das europäische Kartellrecht entzogen wird.[14]

Gleichwohl folgt hieraus nicht die schrankenlose Zulässigkeit gemeinsamer Beschaffun- 10 gen auch nach dem deutschen Kartellrecht. Der **BGH** hat bislang, auch nicht in einem *obiter dictum*, keine Aussage dazu getroffen, ob der kartellrechtliche Unternehmensbegriff der FENIN-Entscheidung auf das deutsche Kartellrecht Anwendung findet, obwohl er hierzu bereits mehrmals Gelegenheit hatte.[15] In der Literatur gehen die Meinungen weit auseinander, wenngleich der Grundton überwiegend kritisch ist.[16] Solange diese Frage nicht höchstrichterlich oder durch eine entsprechende Gesetzesänderung geklärt ist, sollten öffentliche Auftraggeber deshalb bei der Organisation einer gelegentlichen gemeinsamen Auftragsvergabe **kartellrechtlich sensibilisiert bleiben.** Insbesondere durch den expliziten Hinweis in der Verordnungsbegründung zu § 4 VgV, dass die kartellrechtlichen Grenzen der Zusammenarbeit unberührt bleiben, signalisiert der Verordnungsgeber, dass er wei-

---

[10] BT-Drucks. 18/7318, S. 149.

[11] RL 2014/24/EU, Erwägungsgrund 59.

[12] EuGH Urt. v. 11.7.2006 – C-205/03, NZBau 2007, 190, 191 – FENIN.

[13] EuGH Urt. v. 11.7.2006 – C-205/03, NZBau 2007, 190, 191 – FENIN.

[14] Vgl. hierzu auch *Emmerich* in Immenga/Mestmäcker, EU-Wettbewersbrecht, 5. Aufl. 2012, Art. 101 Abs. 1 AEUV Rn. 17 f., der trotz der eindeutigen Entscheidung des EuGH die Anwendung des § 101 AEUV auf Einkaufszusammenschlüsse der öffentlichen Hand bejaht.

[15] Zuletzt: BGH Urt. v. 16.6.2015 – KZR 83/13, NZKart 2015, 353, 354 – Einspeiseentgelt; BGH Urt. v. 24.1.2017 – KZR 63/14, NZKart 2017, 202 – Informationsaustausch zwischen gesetzlichen Krankenkassen.

[16] Vgl. hierzu die Ausführungen bei *Zimmer* in Immenga/Mestmäcker, Wettbewerbsrecht, 5. Aufl. 2014, § 1 GWB Rn. 28.

terhin von der Anwendbarkeit des deutschen Kartellrechts auch und gerade für Beschaffungstätigkeiten der öffentlichen Hand und dementsprechende Einkaufskooperationen ausgeht.

II. Gelegentliche gemeinsame Auftragsvergabe
(§ 4 Abs. 1 S. 1, Abs. 2 S. 1 bis 3 VgV)

1. Begriffsbestimmung

11   Nach § 4 Abs. 1 VgV können mehrere öffentliche Auftraggeber vereinbaren, bestimmte öffentliche Aufträge gemeinsam zu vergeben. Die Regelung geht zurück auf Art. 38 Abs. 1 RL 2014/24/EU, wonach zwei oder mehr öffentliche Auftraggeber sich darauf verständigen können, eine bestimmte Auftragsvergabe gemeinsam durchzuführen. Mit den Formulierungen „bestimmte öffentliche Aufträge" und „bestimmte Auftragsvergabe" wird der wesentliche Unterschied zur zentralen Beschaffungstätigkeit zentraler Beschaffungsstellen verdeutlicht. Denn **zentrale Beschaffungsstellen** sind nach § 120 Abs. 4 S. 1 GWB nur diejenigen öffentlichen Auftraggeber, die **für andere öffentliche Auftraggeber dauerhaft** Liefer- und Dienstleistungen beschaffen, öffentliche Aufträge vergeben oder Rahmenvereinbarungen abschließen. Eine gelegentliche gemeinsame Auftragsvergabe nach § 4 VgV hat demgegenüber eher den Charakter einer „ad-hoc-Zusammenarbeit", betrifft die **gemeinsame Auftragsvergabe in einzelnen Fällen** und stellt eine punktuelle Zusammenarbeit bei der Vergabe einzelner öffentlicher Aufträge dar.[17] Da einer gemeinsamen gelegentlichen Auftragsvergabe der institutionelle Charakter einer zentralen Beschaffungsstelle fehlt, ist es unschädlich, wenn ein öffentlicher Auftraggeber das Verfahren in seinem Namen und im Auftrag der anderen öffentlichen Auftraggeber alleine ausführt; er wird dadurch nicht selbst zu einer zentralen Beschaffungsstelle, vielmehr sieht § 4 Abs. 2 S. 2 VgV diese Möglichkeit ausdrücklich vor.

12   Gemeinsame Beschaffungen können **viele verschiedene Formen** annehmen; diese reichen von einer koordinierten Beschaffung durch die Erstellung gemeinsamer technischer Spezifikationen für Bauleistungen, Lieferungen oder Dienstleistungen, die durch mehrere öffentliche Auftraggeber beschafft werden, von denen jeder ein getrenntes Vergabeverfahren durchführt, bis hin zu Fällen, in denen die betreffenden öffentlichen Auftraggeber gemeinsam ein Vergabeverfahren durchführen und dabei entweder gemeinsam handeln oder einen öffentlichen Auftraggeber mit der Verwaltung des Vergabeverfahrens im Namen aller öffentlichen Auftraggeber beauftragen.[18] Für die Begründung einer gelegentlichen gemeinsamen Auftragsvergabe ist eine diesbezügliche Vereinbarung der teilnehmenden öffentlichen Auftraggeber ausreichend.[19]

13   Der Begriff des **„bestimmten öffentlichen Auftrags"** ist also nicht zu eng zu verstehen, sondern gemäß seiner üblichen vergaberechtlichen Verwendung. Bestimmte öffentliche Aufträge i.S.v. § 4 Abs. 1 S. 1 VgV sind mithin sämtliche Beschaffungsvorhaben, die im Rahmen eines einzelnen formellen Vergabeverfahrens durchgeführt werden. Mitumfasst sind damit auch **Rahmenvereinbarungen und dynamische Beschaffungssysteme,** selbst wenn innerhalb dieser beiden Beschaffungsinstrumente mehrere einzelne „Aufträge" vergeben werden können. Denn die Einrichtung einer Rahmenvereinbarung und eines dynamischen Beschaffungssystems erfolgt selbst im Zuge eines formellen Vergabeverfahrens, die einzelnen hierin erfolgenden Abrufe und Auftragserteilungen stellen demgegenüber keine bestimmten öffentlichen Aufträge i.S.v. § 4 Abs. 1 S. 1 VgV dar. Dies folgt zum einen aus Erwägungsgrund 71 Abs. 3 RL 2014/24/EU, wo im Zusammenhang mit der Verantwortlichkeit öffentlicher Auftraggeber bei einer gemeinsamen Auftragsvergabe auch

---

[17] BT-Drucks. 18/7318, S. 149.
[18] RL 2014/24/EU, Erwägungsgrund 71 Abs. 2.
[19] BT-Drucks. 18/7318, S. 149.

der Abschluss einer Rahmenvereinbarung und der Betrieb eines dynamischen Beschaffungssystems als ein Verfahren im Sinne der Regelungen zur gemeinsamen Beschaffung genannt werden. Zum anderen erwähnt Art. 39 Abs. 4 UA 1 S. 1 RL 2014/24/EU ausdrücklich, dass mehrere öffentliche Auftraggeber aus verschiedenen Mitgliedstaaten gemeinsam einen öffentlichen Auftrag vergeben, eine Rahmenvereinbarung schließen oder ein dynamisches Beschaffungssystem betreiben können.

2. Verantwortlichkeiten bei gelegentlicher gemeinsamer Auftragsvergabe

a) Grundsätzliches. § 4 Abs. 2 S. 1 bis 3 VgV regelt die Verantwortlichkeiten für die **14** Einhaltung der Bestimmungen über das Vergabeverfahren bei einer gelegentlichen gemeinsamen Auftragsvergabe. Nach § 4 Abs. 2 S. 1 VgV sind öffentliche Auftraggeber gemeinsam für die Einhaltung der Bestimmungen über das Vergabeverfahren verantwortlich, soweit das Vergabeverfahren im Namen und im Auftrag aller öffentlichen Auftraggeber insgesamt gemeinsam durchgeführt wird. Dies gilt nach § 4 Abs. 2 S. 2 VgV auch, wenn ein öffentlicher Auftraggeber das Verfahren in seinem Namen und im Auftrag der anderen öffentlichen Auftraggeber allein ausführt. Diese Regelungen gehen auf Art. 38 Abs. 2 UA 1 S. 1 und S. 2 RL 2014/24/EU zurück. Wird ein Vergabeverfahren im Namen und im Auftrag aller betreffenden öffentlichen Auftraggeber zur Gänze gemeinsam durchgeführt, sind sie nach Art. 38 Abs. 2 UA 1 S. 1 RL 2014/24/EU für die Erfüllung ihrer Verpflichtungen gemäß der RL 2014/24/EU gemeinsam verantwortlich. Nach Art. 38 Abs. 2 UA 1 S. 2 RL 2014/24/EU gilt dies auch, wenn ein öffentlicher Auftraggeber das Verfahren in seinem eigenen Namen und im Auftrag der anderen betreffenden öffentlichen Auftraggeber allein ausführt. Der Grundsatz der gemeinsamen Verantwortlichkeit bei gemeinsamer Beschaffung wird vom Richtliniengeber auch in den Erwägungsgründen betont, indem er in Erwägungsgrund 71 Abs. 3 RL 2014/24/EU programmatisch festlegt: *„Führen mehrere öffentliche Auftraggeber gemeinsam ein Vergabeverfahren durch, so sollten sie gemeinsam für die Erfüllung ihrer Verpflichtungen nach dieser Richtlinie [= RL 2014/24/EU] verantwortlich sein."*

§ 4 Abs. 2 S. 1 und S. 2 VgV regelt den **Idealfall** einer gelegentlichen gemeinsamen **15** Auftragsvergabe, bei dem entweder sämtliche teilnehmenden öffentlichen Auftraggeber die gesamte Vergabe gemeinsam durchführen, so bei § 4 Abs. 2 S. 1 VgV, oder zumindest hinsichtlich der gesamten Vergabe zusammenwirken, so bei § 4 Abs. 2 S. 2 VgV. Daneben sind allerdings Fälle denkbar, bei denen öffentliche Auftraggeber nur **teilweise gemeinsam beschaffen.** Folglich können in diesen Fällen auch die Verantwortlichkeiten nur insoweit „vergemeinschaftet" werden, als das gemeinschaftliche Handeln reicht. Dementsprechend regelt § 4 Abs. 2 S. 3 VgV, dass bei nur teilweise gemeinsamer Durchführung des Vergabeverfahrens die öffentlichen Auftraggeber nur für jene Teile gemeinsam verantwortlich sind, die gemeinsam durchgeführt wurden. Diese Bestimmung geht auf Art. 38 Abs. 2 UA 2 RL 2014/24/EU zurück. Wird ein Vergabeverfahren nicht zur Gänze im Namen und im Auftrag aller betreffenden öffentlichen Auftraggeber gemeinsam durchgeführt, so sind sie nach Art. 38 Abs. 2 UA 2 S. 1 RL 2014/24/EU nur für jene Teile gemeinsam verantwortlich, die gemeinsam durchgeführt wurden. Nach Art. 38 Abs. 2 UA 2 S. 2 RL 2014/24/EU ist jeder öffentliche Auftraggeber allein für die Erfüllung der Pflichten gemäß RL 2014/24/EU verantwortlich, die er in eigenem Namen und Auftrag durchführt. In Erwägungsgrund 71 Abs. 3 RL 2014/24/EU hat der Richtliniengeber hierzu ebenfalls ausgeführt und dargelegt, dass die gemeinsame Verantwortung der öffentlichen Auftraggeber nur für die gemeinsam ausgeführten Teile des Verfahrens gelten, wenn nur Teile des Vergabeverfahrens von den öffentlichen Auftraggebern gemeinsam durchgeführt werden. Jeder öffentliche Auftraggeber, so der Richtliniengeber weiter, sollte lediglich für Verfahren oder Teile von Verfahren verantwortlich sein, die er selbst durchführt, wie die Vergabe eines Auftrags, den Abschluss einer Rahmenvereinbarung, den Betrieb eines dynamischen Beschaffungssystems, den erneuten Aufruf zum Wettbewerb auf der Grundlage einer Rahmenvereinbarung oder die Festlegung, welche der Wirtschaftsteilnehmer, die Partei einer Rahmenvereinbarung sind, eine bestimmte Aufgabe erfüllen sollen.

16   **b) Szenarien.** Im Zusammenhang mit der Durchführung einer gelegentlichen gemeinsamen Auftragsvergabe lassen sich damit **unterschiedliche Szenarien** bilden. Das erste Szenario betrifft den Fall einer **vollständigen gelegentlichen gemeinsamen Auftragsvergabe** und ist in § 4 Abs. 2 S. 1 VgV beschrieben. Sämtliche öffentlichen Auftraggeber führen das komplette Vergabeverfahren gemeinsam durch. In Abgrenzung zu den anderen Szenarien wird hier das gesamte Vergabeverfahren im Namen und im Auftrag aller teilnehmenden öffentlichen Auftraggeber durchgeführt. Das zweite Szenario betrifft den Fall einer **unvollständigen gelegentlichen gemeinsamen Auftragsvergabe** und ist in § 4 Abs. 2 S. 2 VgV niedergelegt. Zwar wirken hier sämtliche öffentlichen Auftraggeber hinsichtlich des kompletten Vergabeverfahrens zusammen, die Durchführung jedoch obliegt einem dieser öffentlichen Auftraggeber und er wird in seinem Namen und im Auftrag der anderen öffentlichen Auftraggeber tätig. Das dritte Szenario betrifft den Fall einer **teilweisen gelegentlichen gemeinsamen Auftragsvergabe** und ist in § 4 Abs. 2 S. 3 VgV geregelt. Bei diesem Szenario beschränkt sich die gemeinsame Durchführung auf einen Teil des Vergabeverfahrens. In Hinblick auf die ersten beiden Szenarien sind hier **zwei Unterszenarien** zu bilden, nämlich zum einen die gemeinsame Durchführung des betreffenden Teils des Vergabeverfahrens durch sämtliche öffentlichen Auftraggeber, zum anderen die Durchführung des betreffenden Teils durch einen der öffentlichen Auftraggeber im eigenen Namen und im Auftrag der anderen bei diesem Teil des Vergabeverfahrens mitwirkenden öffentlichen Auftraggeber. Das vierte Szenario schließlich betrifft den Fall einer **teilweisen alleinigen gelegentlichen gemeinsamen Auftragsvergabe,** bei dem ein öffentlicher Auftraggeber einen Teil einer an sich gemeinsamen gelegentlichen Auftragsvergabe im eigenen Namen und Auftrag ausführt. Dieses vierte Szenario meint Art. 38 Abs. 2 UA 2 S. 2 RL 2014/24/EU. In dieser Deutlichkeit taucht dieses Szenario zwar nicht in § 4 Abs. 2 VgV auf, es lässt sich jedoch indirekt aus den darin enthaltenen Regelungen ableiten.

17   **c) Umfang der Verantwortlichkeit, Abgrenzungsfragen.** Für die Bestimmung der Verantwortlichkeit eines öffentlichen Auftraggebers, der an einer gelegentlichen gemeinsamen Auftragsvergabe teilnimmt, sind neben der Frage, in welchem der gerade genannten Szenarien er sich befindet, zwei weitere Aspekte von Bedeutung, nämlich zum einen **der grundsätzliche Umfang der Verantwortlichkeit für die Einhaltung der Bestimmungen über das Vergabeverfahren** gem. § 4 Abs. 2 S. 1 VgV, und zum anderen **die eindeutige Abgrenzung des Teils seiner Mitwirkung,** sollte das dritte oder vierte Szenario vorliegen. Aufschlussreich ist hierzu der Regelungsvorschlag zur gelegentlichen gemeinsamen Auftragsvergabe in Art. 37 Kom(2011)896. In Art. 37 Nr. 1 Kom(2011)896 wird festgelegt, dass ein oder mehrere öffentliche Auftraggeber sich darauf verständigen können, eine bestimmte Auftragsvergabe gemeinsam durchzuführen. Nun erscheint es sicher etwas seltsam, will man sich vorstellen, wie ein öffentlicher Auftraggeber sich (wohl mit sich selbst) darauf verständigt, eine bestimmte Auftragsvergabe gemeinsam (wohl ebenfalls mit sich selbst) durchzuführen, weshalb die Entscheidung des Richtliniengebers, in Art. 38 Abs. 1 RL 2014/24/EU von zwei oder mehreren öffentlichen Auftraggebern zu sprechen, nachvollziehbar ist. Das ist hier jedoch nicht das Entscheidende. Interessant für die Bestimmung des Umfangs der Verantwortlichkeit ist Art. 37 Nr. 2 Kom(2011)896. So lautet Art. 37 Nr. 2 UA 1 Kom(2011)896: *„Führt ein öffentlicher Auftraggeber die betreffenden Vergabeverfahren in allen Phasen. d.h. ab der Veröffentlichung eines Aufrufs zur Angebotsabgabe bis zur Beendigung des Auftrags bzw. der Aufträge allein aus, ist dieser öffentliche Auftraggeber allein für die Erfüllung der Pflichten im Sinne dieser Richtlinie verantwortlich."* Auch hier mag man sich fragen, warum dieser Regelungsvorschlag, der im Grunde nur eine vergaberechtliche Plattitüde wiedergibt, überhaupt formuliert wurde. Von Bedeutung ist jedoch der darin beschriebene Umfang des „Vergabeverfahrens", zu dem die vergaberechtlichen Pflichten erfüllt werden müssen. Hiernach umfasst das „Vergabeverfahren" die Phasen ab der Veröffentlichung eines Aufrufs zur Angebotsabgabe bis zur Beendigung des Auftrags bzw. der Aufträge – und geht damit weit über die Zuschlagserteilung hinaus. In Art. 37 Nr. 2 UA 2 Kom(2011)896 ist ebenfalls von diesem Umfang die Rede: *„Wenn die Durchführung der Vergabeverfahren und die Ausführung der Aufträge von mehr als einem der teilnehmenden öffentlichen Auftraggeber realisiert werden, bleibt jeder öffentliche Auftraggeber für die Erfüllung der Pflichten im Sinne dieser Richtlinie für die von ihm durchgeführten Phasen verantwortlich. "* Dieser Umfang der Verantwortlichkeit wurde zwar nicht explizit in die RL 2014/24/EU oder ihre Erwägungsgründe bzw. in die VgV oder ihre Begründung aufgenommen, der in Art. 37 Kom(2011)896 gemachte Vorschlag lässt es jedoch als zumindest plausibel erscheinen, dass die Verantwortlichkeit für die Einhaltung der Bestimmungen über das Vergabeverfahren nach § 4 Abs. 2 S. 1 VgV über die Zuschlagserteilung und damit die formelle Beendigung des Vergabeverfahrens hinausreicht. Und tatsächlich gibt es vergaberechtliche Pflichten, die über das formelle Ende eines Vergabeverfahrens hinausreichen, bspw. das in § 5 Abs. 2 S. 2 VgV enthaltene Gebot, die Interessensbekundungen, Interessensbestätigungen, Teilnahmeanträge und Angebote einschließlich ihrer Anlagen sowie die Dokumentation über Öffnung und Wertung der Teilnahmeanträge und Angebote auch nach Abschluss des Vergabeverfahrens vertraulich zu behandeln. Ganz allgemein lässt sich deshalb feststellen, **dass aufgrund von § 4 Abs. 2 S. 1 VgV bei einer gelegentlichen gemeinsamen Auftragsvergabe sämtliche Bestimmungen über das Vergabeverfahren einzuhalten sind, unabhängig davon, ob die Pflichten schon während eines laufenden Vergabeverfahrens oder erst nach seinem formellen Abschluss bestehen.**

Liegt das dritte oder vierte Szenario vor, so ist jeweils der Teil des Vergabeverfahrens zu bestimmen, bei dem der jeweilige öffentliche Auftraggeber mitgewirkt hat; sei es gemeinsam mit anderen öffentlichen Auftraggebern im Fall von Szenario drei; sei es alleine und ohne andere öffentliche Auftraggeber im Fall von Szenario vier. Auch hier sind die Formulierungen in Art. 37 Abs. 2 Kom(2011)896 hilfreich, denn es ist von **Phasen des Vergabeverfahrens** die Rede sowie davon, dass jeder öffentliche Auftraggeber für die Erfüllung der Pflichten für die von ihm durchgeführten Phasen verantwortlich ist. Die Verantwortlichkeiten der öffentlichen Auftraggeber im dritten oder vierten Szenario können sich folglich nur auf bestimmte, **abgrenzbare Phasen des Vergabeverfahrens** beziehen. Soweit § 4 Abs. 2 S. 3 VgV von Teilen spricht, die gemeinsam durchgeführt wurden und für die eine gemeinsame Verantwortung besteht, sind damit **abgrenzbare Verfahrensteile in einem Vergabeverfahren** gemeint. Die Abgrenzbarkeit wiederum ergibt sich aus dem Vergaberecht selbst. Organisieren bspw. mehrere öffentliche Auftraggeber einen **Rahmenvertrag,** beteiligen sich bei den folgenden **Einzelabrufen** jedoch nicht immer sämtliche öffentlichen Auftraggeber, dann besteht eine Verantwortung i. S. v. § 4 Abs. 2 S. 3 VgV nur insoweit, als ein öffentlicher Auftraggeber bei einem Einzelabruf mitgewirkt hat. Ähnliches ist für dynamische Beschaffungssysteme denkbar. Hat ein öffentlicher Auftraggeber im eigenen Namen und im Auftrag der anderen sich beteiligenden öffentlichen Auftraggeber ein **dynamisches Beschaffungssystem** eingerichtet und beteiligen sich bei den jeweiligen Aufrufen zur Angebotsabgabe nach § 23 Abs. 6 S. 1 VgV nicht immer sämtliche öffentlichen Auftraggeber, dann besteht auch hier die Verantwortung i. S. v. § 4 Abs. 2 S. 3 VgV nur insoweit, als ein öffentlicher Auftraggeber bei der **jeweiligen Aufforderung zur Angebotsabgabe** mitgewirkt hat. Dasselbe gilt für die Fälle, in denen bei einem dynamischen Beschaffungssystem eine **Kategorienbildung nach § 23 Abs. 5 VgV** stattgefunden hat und sich bei den kategorienbezogenen Aufrufen zur Angebotsabgabe nach § 23 Abs. 6 S. 2 VgV jeweils unterschiedliche öffentliche Auftraggeber beteiligen. Denkbar ist auch an **Auftragsvergaben mit Losbildung,** bei denen konkrete Lose unterschiedlichen öffentlichen Auftraggebern zugeordnet sind.[20] Stets muss die Abgrenzbarkeit also anhand des Vergaberechts vorgenommen und geprüft werden, ob sich hieraus eine eigenständige „Phase" im Vergabeverfahren definieren lässt.

18

---

[20] *Fandrey* in KKMPP, Kommentar zur VgV, 2017, § 4 Rn. 3.

19   Der Verordnungsgeber hat in der Begründung zu § 4 Abs. 2 VgV darauf hingewiesen, dass datenschutzrechtliche Vorgaben dabei unberührt bleiben.[21] Öffentliche Auftraggeber, die sich an einer gelegentlichen gemeinsamen Auftragsvergabe beteiligen, sind somit im Rahmen ihrer Beteiligung den datenschutzrechtlichen Vorschriften unterworfen.

III. Gemeinsame Auftragsvergabe durch öffentliche Auftraggeber aus verschiedenen Mitgliedstaaten der Europäischen Union (§ 4 Abs. 1 S. 2, Abs. 2 S. 4 VgV)

20   Nach § 4 Abs. 1 S. 2 VgV gilt die in § 4 Abs. 1 S. 1 VgV vorgesehene Möglichkeit der gemeinsamen Auftragsvergabe für bestimmte öffentliche Aufträge auch für die **Auftragsvergabe gemeinsam mit öffentlichen Auftraggebern aus anderen Mitgliedstaaten der Europäischen Union**. Wird ein Auftrag durch öffentliche Auftraggeber aus verschiedenen Mitgliedstaaten der Europäischen Union gemeinsam vergeben, so legen diese nach § 4 Abs. 2 S. 4 VgV die **Zuständigkeit und die anwendbaren Bestimmungen des nationalen Rechts durch Vereinbarung** fest und geben das in den Vergabeunterlagen an. § 4 Abs. 1 S. 2 und Abs. 2 S. 4 VgV setzt die Vorgaben des Art. 39 Abs. 4 RL 2014/24/EU um. Konkretisiert wird das hierbei zu beachtende Prozedere durch ausführliche Anweisungen in der Verordnungsbegründung zu § 4 Abs. 2 S. 4 VgV.[22] Da der Verordnungsgeber dabei lediglich die Inhalte des Art. 39 Abs. 4 RL 2014/24/EU in die Verordnungsbegründung übertragen hat, wird nachfolgend der komplette Art. 39 Abs. 4 RL 2014/24/EU zitiert:

„(4) Mehrere öffentliche Auftraggeber aus verschiedenen Mitgliedstaaten können gemeinsam einen öffentlichen Auftrag vergeben, eine Rahmenvereinbarung schließen oder ein dynamisches Beschaffungssystem betreiben. Ebenfalls können sie Aufträge auf der Basis der Rahmenvereinbarung oder des dynamischen Beschaffungssystems in dem in Artikel 33 Absatz 2 Unterabsatz 2 geregelten Umfang vergeben. Sofern die notwendigen Einzelheiten nicht in einem internationalen Übereinkommen geregelt sind, das zwischen den betreffenden Mitgliedstaaten geschlossen wurde, schließen die teilnehmenden öffentlichen Auftraggeber eine Vereinbarung, worin Folgendes festgelegt ist:
a) die Zuständigkeiten der Parteien und die einschlägigen anwendbaren nationalen Bestimmungen;
b) die interne Organisation des Vergabeverfahrens, einschließlich der Handhabung des Verfahrens, der Verteilung der zu beschaffenden Bauleistungen, Lieferungen oder Dienstleistungen und des Abschlusses der Verträge.
Ein teilnehmender öffentlicher Auftraggeber erfüllt seine Verpflichtungen nach dieser Richtlinie [= RL 2014/24/EU], wenn er Bauleistungen, Lieferungen oder Dienstleistungen von einem öffentlichen Auftraggeber erwirbt, der für das Vergabeverfahren zuständig ist. Bei der Festlegung der Zuständigkeiten und des anwendbaren nationalen Rechts gemäß Buchstabe a können die teilnehmenden öffentlichen Auftraggeber bestimmte Zuständigkeiten untereinander aufteilen und die anwendbaren Bestimmungen der nationalen Gesetze ihres jeweiligen Mitgliedstaats festlegen. Die Verteilung der Zuständigkeiten und die anwendbaren nationalen Rechtsvorschriften müssen in den Auftragsunterlagen für die gemeinsam vergebenen öffentlichen Aufträge angegeben werden. "

21   Hierdurch soll das bereits im Rahmen der Entstehungsgeschichte angesprochene Problem der rechtlichen Schwierigkeiten hinsichtlich der **Kollision nationaler Rechtsvorschriften beseitigt** werden, das einer gemeinsamen Vergabe öffentlicher Aufträge durch öffentliche Auftraggeber aus verschiedenen Mitgliedstaaten bisher im Wege stand.[23] Der Richtliniengeber hat allerdings in Art. 39 Abs. 1 UA 2 RL 2014/24/EU klargestellt, dass die öffentlichen Auftraggeber aus den verschiedenen Mitgliedstaaten die in Art. 39 RL 2014/24/EU vorgesehenen Mittel zur gemeinsamen Vergabe öffentlicher Aufträge nicht

---

21 BT-Drucks. 18/7318, S. 149.
22 Vgl. BT-Drucks. 18/7318, S. 149 f.
23 Erwägungsgrund 73 Abs. 1 RL 2014/24/EU.

dazu verwenden dürfen, die Anwendung von im Einklang mit dem Unionsrecht stehenden verbindlichen Bestimmungen des öffentlichen Rechts zu umgehen, denen sie in ihren Mitgliedstaaten unterliegen. Hierzu zählt der Richtliniengeber in Erwägungsgrund 73 Abs. 2 RL 2014/24/EU Bestimmungen über Transparenz und Zugang zu Dokumenten oder spezifische Anforderungen bezüglich der Rückverfolgbarkeit sensibler Lieferungen.

IV. Möglichkeit der Nutzung zentraler Beschaffungsstellen (§ 4 Abs. 1 S. 3 VgV)

Nach § 4 Abs. 1 S. 3 VgV bleiben die **Möglichkeiten zur Nutzung von zentralen** 22 **Beschaffungsstellen unberührt.** Hierdurch wird klargestellt, dass die Möglichkeit zur gelegentlichen gemeinsamen Auftragsvergabe nicht die Nutzung von zentralen Beschaffungsstellen beschränkt.[24] Der Hintergrund dieser Regelung ist nicht nur, dass neben einer gelegentlichen gemeinsamen Auftragsvergabe die Nutzung zentraler Beschaffungsstellen innerhalb des deutschen Rechtsraums und des Anwendungsbereichs der VgV möglich sein soll. Vielmehr steht § 4 Abs. 1 S. 3 VgV in engem Zusammenhang mit Art. 39 Abs. 2 und Abs. 3 RL 2014/24/EU. So weist der Verordnungsgeber darauf hin, dass insbesondere für die Inanspruchnahme zentraler Beschaffungstätigkeiten von zentralen Beschaffungsstellen mit Sitz in einem anderen Mitgliedstaat der EU gelte, dass **die Möglichkeit zur gelegentlichen gemeinsamen Auftragsvergabe nicht die Nutzung von zentralen Beschaffungsstellen beschränkt.** Dies entspricht Art. 39 Abs. 2 UA 1 RL 2014/24/EU, wonach ein Mitgliedstaat seinen öffentlichen Auftraggebern nicht untersagen darf, zentrale Beschaffungstätigkeiten in Anspruch zu nehmen, die von zentralen Beschaffungsstellen mit Sitz in einem anderen Mitgliedstaat angeboten werden. Des Weiteren stellt der Verordnungsgeber klar, dass die zentrale Beschaffung durch eine zentrale Beschaffungsstelle mit Sitz in einem anderen Mitgliedstaat dabei gemäß den nationalen Bestimmungen des Mitgliedstaats erfolgt, in dem die zentrale Beschaffungsstelle ihren Sitz hat. Dies entspricht wortgleich den Vorgaben in Art. 39 Abs. 3 UA 1 RL 2014/24/EU.

Art. 39 Abs. 3 UA 2 lit. a) bis c) RL 2014/24/EU stellt darüber hinaus noch klar, dass 23 die nationalen Bestimmungen des Mitgliedstaates, in dem sich die zentrale Beschaffungsstelle befindet, auch für die Vergabe eines Auftrags im Rahmen eines dynamischen Beschaffungssystems, die Durchführung eines erneuten Aufrufs zum Wettbewerb gemäß einer Rahmenvereinbarung und die Festlegung gemäß Art. 33 Abs. 4 lit. a) oder b) RL 2014/24/EU, welcher der Wirtschaftsteilnehmer, die Partei der Rahmenvereinbarung sind, eine bestimmte Aufgabe ausführen soll, gelten.

V. Allgemeine Verwaltungsvorschriften für Dienststellen des Bundes (§ 4 Abs. 3 VgV)

§ 4 Abs. 3 VgV legt fest, dass die Bundesregierung für Dienststellen des Bundes in 24 geeigneten Bereichen allgemeine Verwaltungsvorschriften über die Einrichtung und die Nutzung zentraler Beschaffungsstellen sowie die durch die zentralen Beschaffungsstellen bereitzustellenden Beschaffungsdienstleistungen erlassen kann. Die Begriffe „zentrale Beschaffungsstelle" und „zentrale Beschaffungstätigkeit" sind in § 120 Abs. 4 GWB definiert. Nach § 120 Abs. 4 S. 1 GWB ist eine zentrale Beschaffungsstelle ein öffentlicher Auftraggeber, der für andere öffentliche Auftraggeber dauerhaft Liefer- und Dienstleistungen beschafft, öffentliche Aufträge vergibt oder Rahmenvereinbarungen abschließt (zentrale Beschaffungstätigkeit). Eine solche Konstellation, dass nämlich ein öffentlicher Auftraggeber für einen anderen öffentlichen Auftraggeber etwas beschafft, unterfällt jedoch nicht § 4

---

[24] Vgl. hierzu und zu den folgenden Zitaten: BT-Drucks. 18/7318, S. 149.

Abs. 3 VgV. Denn hier ist die Rede von „Dienststellen des Bundes", zu denen gem. der Verordnungsbegründung die obersten Bundesbehörden, die Behörden der unmittelbaren und mittelbaren Bundesverwaltung, die Gerichte des Bundes und die Streitkräfte zu rechnen sind.[25] Diese sind jedoch allesamt nicht öffentliche Auftraggeber gem. §§ 98 ff. GWB, weil sie einem einzigen öffentlichen Auftraggeber zuzuordnen sind, nämlich der Bundesrepublik Deutschland. Folglich sind die Begriffe der zentralen Beschaffungsstelle sowie der zentralen Beschaffungstätigkeit, wie sie in § 4 Abs. 3 VgV Verwendung finden, nicht von den Definitionen in § 120 Abs. 4 S. 1 GWB erfasst.

25   Die Bundesregierung ist gemäß § 113 S. 2 Nr. 3 GWB ermächtigt, Regelungen zu besonderen Methoden und Instrumenten in Vergabeverfahren und für Sammelbeschaffungen einschließlich der zentralen Beschaffung auf Verordnungsebene zu erlassen. § 4 Abs. 3 VgV ergänzt diese Ermächtigung um die Möglichkeit, allgemeine Verwaltungsvorschriften für den innerdienstlichen Bereich der Bundesrepublik Deutschland zu erlassen. Dass hier nicht eine zentralisierte Beschaffung zwischen öffentlichen Auftraggebern im Sinne des Vergaberechts, sondern nur der innere Bereich zwischen den Dienststellen des Bundes betroffen sein soll, ergibt sich auch aus folgender Ausführung in der Verordnungsbegründung: *„Um die Ziele einer hochwertigen und effektiven Beschaffung, insbesondere im Hinblick auf Beschaffungen im IT-Bereich, für alle Ressorts zu erreichen, ist die Verankerung von ressortabgestimmten Vereinbarungen in einer allgemeinen Verwaltungsvorschrift zur Einrichtung und zur Nutzung zentraler Beschaffungsstellen sowie der dort bereitgestellten Beschaffungsdienstleistungen und -verfahren zweckmäßig und geboten."*[26]

---

[25] BT-Drucks. 18/7318, S. 150.
[26] BT-Drucks. 18/7318, S. 150.

§ 5 Wahrung der Vertraulichkeit

(1) **Sofern in dieser Verordnung oder anderen Rechtsvorschriften nichts anderes bestimmt ist, darf der öffentliche Auftraggeber keine von den Unternehmen übermittelten und von diesen als vertraulich gekennzeichneten Informationen weitergeben. Dazu gehören insbesondere Betriebs- und Geschäftsgeheimnisse und die vertraulichen Aspekte der Angebote einschließlich ihrer Anlagen.**

(2) **Bei der gesamten Kommunikation sowie beim Austausch und der Speicherung von Informationen muss der öffentliche Auftraggeber die Integrität der Daten und die Vertraulichkeit der Interessensbekundungen, Interessensbestätigungen, Teilnahmeanträge und Angebote einschließlich ihrer Anlagen gewährleisten. Die Interessensbekundungen, Interessensbestätigungen, Teilnahmeanträge und Angebote einschließlich ihrer Anlagen sowie die Dokumentation über Öffnung und Wertung der Teilnahmeanträge und Angebote sind auch nach Abschluss des Vergabeverfahrens vertraulich zu behandeln.**

(3) **Der öffentliche Auftraggeber kann Unternehmen Anforderungen vorschreiben, die auf den Schutz der Vertraulichkeit der Informationen im Rahmen des Vergabeverfahrens abzielen. Hierzu gehört insbesondere die Abgabe einer Verschwiegenheitserklärung.**

Übersicht

	Rn.		Rn.
A. Einführung	1	II. Schutz der Vertraulichkeit bei Kommunikation und Datenspeicherung (Abs. 2 Satz 1)	30
I. Literatur	1	1. Gewährleistung der Vertraulichkeit	31
II. Entstehungsgeschichte	2	2. Gewährleistung der Datenintegrität	36
III. Unionsrechtliche Vorgaben	3		
B. Normzweck	6	III. Vertraulichkeit der Öffnungs- und Wertungsdokumentation	39
C. Vertraulichkeit von Informationen der Unternehmen (Abs. 1 und 2)	10	IV. Schutz der Vertraulichkeit nach Abschluss des Verfahrens	40
I. Grundsatz der Vertraulichkeit (Abs. 1)	11	**D. Schutz vertraulicher Informationen des Auftraggebers**	42
1. Geschützte Informationen	12	1. Geschützte Informationen	43
2. Inhalt der Vertraulichkeitspflicht	18	2. Schutzanforderungen des Auftraggebers	45
a) Grundsatz	18	3. Verhältnismäßigkeit der Anforderungen	48
b) Insbesondere in Bieterverhandlungen	22		
3. Grenzen der Vertraulichkeitspflicht	23		
4. Bieterschützender Charakter	29		

A. Einführung

I. Literatur

Glahs, Akteneinsichts- und Informationsfreiheitsansprüche im Vergabe- und Nachprüfungsverfahren NZBau **1** 2014, 75; *Krohn*, Informationssicherheit, in Gabriel/Krohn/Neun (Hrsg.), Handbuch Vergaberecht (2. Aufl. 2017), § 59; *Krohn*, Informationssicherheit bei Verteidigungs- und Sicherheitsvergaben, in von Wietersheim (Hrsg.), Vergaben im Bereich Verteidigung und Sicherheit (2013), 137 ff.

II. Entstehungsgeschichte

Die Regelungen zur Wahrung der Vertraulichkeit in Abs. 1 und 3 wurden mit der Ver- **2** gaberechtsmodernisierung 2016 neu eingeführt. Sie basieren auf den Vorgaben der VRL, teilweise aber auch schon der VKR, die nunmehr erstmals ausdrücklich umgesetzt wurden

(→ Rn. 3 ff.). Für den Verteidigungs- und Sicherheitsbereich enthält § 6 VSVgV schon seit 2012 eine Abs. 1 ähnliche Regelung, die im Wesentlichen auf Art. 6 RL 2009/81/EG beruht. Die Unversehrtheit und Vertraulichkeit der Angebote im Sinne von Abs. 2 war bereits durch § 16 EG Abs. 2 VOL/A 2009 und § 13 EG Abs. 1 Nr. 2 VOB/A 2012 geschützt, insbesondere bei elektronischer Angebotsabgabe. § 5 Abs. 2 Satz 2 führt den früheren § 17 EG Abs. 3 VOL/A 2009 fort.

III. Unionsrechtliche Vorgaben

3   Abs. 1 dient der Umsetzung von Art. 21 Abs. 1 VRL.[1] Die weitestgehend gleichlautende Vorgängerregelung in Art. 6 VKR wurde bis zur Vergaberechtsmodernisierung 2016 nie ins deutsche Recht übernommen. Abs. 1 entspricht inhaltlich dem Grundsatz der „Eins-zu-Eins-Umsetzung"[2] der VRL. Das gilt auch für die Einschränkung, dass der Vertraulichkeitsgrundsatz nur gilt, soweit sich aus anderen Rechtsvorschriften nichts anderes ergibt. Die Klarstellung in Art. 21 Abs. 1 VRL, dass der Vertraulichkeitsgrundsatz nur unbeschadet der Bekanntmachungs- und Unterrichtungspflichten des Auftraggebers gemäß Art. 50 VRL (Vergabebekanntmachung) und Art. 55 VRL (Unterrichtung nicht berücksichtigter Bieter) gilt, wird in § 5 Abs. 1 allerdings nicht erwähnt. Erwägungsgrund 51 VRL stellt ergänzend klar, dass die Bestimmungen zum Schutz vertraulicher Informationen in keiner Weise der Offenlegung nicht vertraulicher Teile abgeschlossener Verträge und späterer Änderungen entgegenstehen.

4   Abs. 2 Satz 1 basiert auf Art. 22 Abs. 3 Satz 1 VRL.[3] Diese Richtlinienbestimmung gehört zu den Vorschriften über die Kommunikation im Vergabeverfahren und fand sich in ähnlicher Form bereits in Art. 42 Abs. 3 VKR. Sie betrifft – ebenso wie die Umsetzung in § 5 Abs. 2 Satz 1 – nicht nur die Wahrung der Vertraulichkeit, sondern auch den Schutz der Datenintegrität bei der Kommunikation und dem Austausch und der Speicherung von Daten. § 5 Abs. 2 Satz 2 hat keine EU-rechtliche Grundlage, sondern führt die bisherige Regelung des § 17 EG Abs. 3 VOL/A 2009 fort.[4]

5   Abs. 3 Satz 1 dient der Umsetzung von Art. 21 Abs. 2 VRL.[5] Die Vorschrift gestattet dem Auftraggeber, den Unternehmen Vorgaben zum Schutz der Vertraulichkeit von Informationen zu machen, die er im Rahmen des Vergabeverfahrens zur Verfügung stellt. Satz 2, der die Abgabe einer Verschwiegenheitserklärung als mögliche Schutzmaßnahme hervorhebt, hat keine direkte EU-rechtliche Grundlage, sondern dient der praktischen Klarstellung.

B. Normzweck

6   Der **Vertraulichkeitsgrundsatz** des § 5 dient verschiedenen Zwecken. Der von Abs. 1 und 2 angeordnete Schutz von Betriebs- und Geschäftsgeheimnissen der Unternehmen dient sowohl dem **Schutz der Unternehmen** als auch dem **Schutz des Wettbewerbs.** Die Wahrung der Geschäftsgeheimnisse der Unternehmen liegt zunächst im kommerziellen Interesse der Bieter und Bewerber. Diese sollen vor wettbewerblichen Nachteilen geschützt werden, die mit einer Offenlegung oder Weitergabe verbunden wären. Der Schutz der Unternehmensgeheimnisse liegt aber auch im **Eigeninteresse der Auftraggeber** an einem funktionierenden Wettbewerb. Das gilt zunächst innerhalb des konkreten Vergabe-

---

[1] Begründung zu § 5 Abs. 1, BR-Drs. 87/16, 160.
[2] Begründung zur VgV, BR-Drs. 87/16, 149.
[3] Begründung zu § 5 Abs. 2, BR-Drs. 87/16, 160.
[4] Begründung zu § 5 Abs. 2, BR-Drs. 87/16, 160.
[5] Begründung zu § 5 Abs. 3, BR-Drs. 87/16, 161.

verfahrens. Das Vergaberecht wird vom Grundsatz des **Geheimwettbewerbs** beherrscht.[6] Danach dürfen Informationen, die das Wettbewerbsverhalten einzelner Anbieter betreffen, nicht den Mitbewerbern zur Kenntnis gelangen. Eine Weitergabe solcher Informationen würde den Vergabewettbewerb unterlaufen. Die Bedeutung des Vertraulichkeitsgrundsatzes reicht jedoch darüber hinaus. Müssten Unternehmen befürchten, dass der Auftraggeber ihre Geschäftsgeheimnisse weitergibt, könnte sie das von vornherein von einer Teilnahme am Vergabeverfahren abhalten. Das läuft dem Auftraggeberinteresse an einem möglichst breiten Vergabewettbewerb zuwider. Die Regelung dient auf diese Weise zugleich dem allgemeinen **öffentlichen Interesse** an einem **funktionierenden Wettbewerb**.

Die Verpflichtung in Abs. 2 Satz 1 zur Gewährleistung der **Datenintegrität** bei der **7** Kommunikation und Datenspeicherung hat mit der Vertraulichkeit als solcher nichts zu tun. Sie dient der praktischen Absicherung eines ordnungsgemäßen Vergabewettbewerbs im Einzelfall. Systematisch betrifft die Regelung die Grundsätze der elektronischen Kommunikation, weshalb eine Einordnung bei den §§ 9 ff. konsistenter gewesen wäre.

Die Regelung in Abs. 3, die dem Auftraggeber gestattet, den Unternehmen Vorgaben **8** zum Schutz von vertraulichen Informationen zu machen, die er seinerseits den Unternehmen zur Verfügung stellt, schützt allein **öffentliche Interessen**. Die Vorschrift bezweckt sowohl den Schutz öffentlicher **Sicherheitsinteressen** als auch ein ordnungsgemäßes **Funktionieren der Verwaltung.** Sie schützt im Einzelfall auch Geschäftsinteressen des Auftraggebers. Die Regelung ist ein **Korrektiv** zur vergaberechtlichen **Transparenzpflicht.** Sie ermöglicht dem Auftraggeber, konkrete Maßnahmen dagegen zu treffen, dass vertrauliche Informationen, deren Weitergabe oder Bekanntwerden öffentlichen Interessen schaden könnte, in unbefugte Hände gelangen. Die Regelung ist ua vor dem Hintergrund der **Ausnahmen** vom GWB-Vergaberecht gem. § 117 Nr. 1 und 3 GWB für bestimmte sicherheitsrelevante Aufträge außerhalb des Sonderregimes für verteidigungs- und sicherheitsspezifische Aufträge iSv § 104 GWB bedeutsam. Diese Ausnahmen setzen voraus, dass die im Einzelfall berührten Sicherheits- und Geheimschutzinteressen nicht auf anderem Wege, insbesondere durch Maßnahmen zum Schutz der Vertraulichkeit von Informationen, gewahrt werden können. Abs. 3 eröffnet Auftraggebern solche Maßnahmen.

In praktischer Hinsicht ist die Regelung auch für die Bereitstellung der Vergabeunterlagen **9** nach § 41 von Bedeutung. Denn soweit der Auftraggeber besondere Anordnungen zum Schutz der Vertraulichkeit von Informationen trifft, die in den Vergabeunterlagen enthalten sind, scheidet eine direkte uneingeschränkte elektronische Bereitstellung der Unterlagen im Sinne von § 41 Abs. 1 aus. Näheres dazu regelt § 41 Abs. 3 (→ § 41 Rn. 58 ff.).

C. Vertraulichkeit von Informationen der Unternehmen (Abs. 1 und 2)

§ 5 regelt unterschiedliche Aspekte der Vertraulichkeit im Vergabeverfahren. Abs. 1 **10** schützt die Bieter allgemein vor einer Weitergabe oder Offenlegung ihrer vertraulichen Informationen durch den Auftraggeber. Abs. 2 Satz 1 enthält spezielle Vorgaben zum Schutz der Vertraulichkeit im Rahmen der Kommunikation und Datenspeicherung. Abs. 1 Satz 2 trifft konkrete Regelungen zum Umgang mit geöffneten Angeboten und Anträgen im und nach dem Verfahren.

I. Grundsatz der Vertraulichkeit (Abs. 1)

§ 5 Abs. 1 verpflichtet den Auftraggeber zum Schutz vertraulicher Informationen der **11** Anbieter. Die Regelung betrifft insbesondere vertrauliche Angebotsinhalte und sonstige Betriebs- und Geschäftsgeheimnisse der Unternehmen.

---

[6] OLG Düsseldorf 11.5.2011 – VII-Verg 1/11, Rn. 29 (juris).

1. Geschützte Informationen

12   Abs. 1 Satz 1 schützt **alle Informationen** der Unternehmen, die diese im Rahmen des Vergabeverfahrens dem Auftraggeber übermittelt und als **vertraulich** gekennzeichnet haben. Was darunter im Einzelfall zu verstehen ist, erschließt sich aus Abs. 1 Satz 2, der beispielhaft Betriebs- und Geschäftsgeheimnisse sowie die vertraulichen Aspekte der Angebote nennt.

13   **Betriebs- und Geschäftsgeheimnisse** umfassen alle auf ein Unternehmen bezogenen Tatsachen, Umstände und Vorgänge, die nicht offenkundig, sondern nur einem begrenzten Personenkreis zugänglich sind und an deren Nichtverbreitung der Rechtsträger ein berechtigtes Interesse hat.[7] Unter Betriebsgeheimnissen versteht man dabei im Wesentlichen technisches Wissen im weitesten Sinne, während Geschäftsgeheimnisse vornehmlich kaufmännisches Wissen betreffen.[8] Geschäftsgeheimnisse in diesem Sinne sind etwa Umsätze, Ertragslagen, Geschäftsbücher, Kundenlisten, Bezugsquellen, Konditionen, Marktstrategien, Unterlagen zur Kreditwürdigkeit, Kalkulationsunterlagen, Patentanmeldungen, Entwicklungs- und Forschungsprojekte und andere Informationen, durch welche die wirtschaftlichen Verhältnisse eines Betriebs maßgeblich bestimmt werden können.[9] Die Unterscheidung zwischen Betriebs- und Geschäftsgeheimnissen ist allerdings unergiebig. Die Begriffe greifen ineinander und ergänzen sich. In der Sache geht es um alle Arten von unternehmensbezogenen Informationen, an deren Geheimhaltung das Unternehmen ein berechtigtes Interesse hat. Das betrifft insbesondere Informationen, deren Bekanntwerden für das Unternehmen wettbewerblich nachteilig sein könnte.

14   In einem Vergabeverfahren betrifft das insbesondere alle für die Eignungsprüfung übermittelten nicht-öffentlichen **Angaben über das Unternehmen,** wie etwa Geschäftszahlen, Umsätze, Personal- und Technikausstattung, Geschäftsstrategie und Referenzaufträge, sowie sämtliche wettbewerblich relevanten **Angebotsinhalte,** vor allem der Preis und seine Kalkulation, aber auch technische Lösungen und Konzepte des Bieters, Bezugsquellen, Personaleinsatzkonzepte und sonstige im Einzelfall maßgeblichen Angebotsaspekte.

15   Die ausdrückliche Erwähnung der **vertraulichen Teile der Angebote** im Normtext ist vor diesem Hintergrund nur deklaratorisch; gleiches gilt für die **Anlagen** zum Angebot. Diese Informationen fallen ohne weiteres unter den Begriff des Betriebs- und Geschäftsgeheimnisses. Die besondere Hervorhebung in Abs. 1 Satz 2 unterstreicht jedoch den hohen Stellenwert gerade des Schutzes der Angebotsinhalte. Auch die in Abs. 2 Satz 2 und 3 genannten Teilnahmeanträge, Interessenbekundungen und Interessensbestätigungen sowie die in Abs. 2 Satz 3 eigens erwähnten vertraulichen Bieterinformationen in der internen Dokumentation des Auftraggebers zur Angebotsöffnung und -wertung fallen ohne weiteres unter den Begriff des Betriebs- und Geschäftsgeheimnisses.

16   Der Vertraulichkeitsschutz **setzt nicht** zwingend **voraus,** dass das Unternehmen die Informationen als **vertraulich gekennzeichnet** hat.[10] Der Wortlaut des Abs. 1 Satz 1 ist insoweit missverständlich. Es genügt, dass der Geheimhaltungswille des Unternehmens erkennbar ist.[11] Bei nicht-öffentlichen Informationen über das Unternehmen, deren Offenlegung oder Weitergabe für das Unternehmen nachteilig sein könnte, und insbesondere bei Angebotsinhalten, die den Preis, die Kalkulation oder die beabsichtigte Auftragsausführung betreffen, ist ein Geheimhaltungswille regelmäßig offenkundig. Insbesondere liegt es auf

---

[7] BVerfG 14.3.2006 – 1 BvR 2087/03, BVerfGE 115, 205 Rn. 87; BGH 31.1.2017 – X ZB 10/16 Rn. 39; m. w. N.; der BGH verweist auch auf Art. 2 Nr. 1 der EU-Geschäftsgeheimnis-Richtlinie (RL (EU) 2016/943 über den Schutz vertraulichen Know-hows und vertraulicher Geschäftsinformationen (Geschäftsgeheimnisse) vor rechtswidrigem Erwerb sowie rechtswidriger Nutzung und Offenlegung, ABl. Nr. L 157 vom 15.6.2016, 1).
[8] BVerfG 14.3.2006 – 1 BvR 2087/03, BVerfGE 115, 205 Rn. 87.
[9] BVerfG 14.3.2006 – 1 BvR 2087/03, BVerfGE 115, 205 Rn. 87.
[10] AA *Mußgnug* in Müller-Wrede, VgV/UVgO, § 5 VgV, Rn. 14.
[11] BGH 31.1.2017 – X ZB 10/16 Rn. 39; BGH 16.11.2009 – X ZB 37/08 Rn. 17.

der Hand, dass sämtliche technischen und kaufmännischen Angebotsinhalte eines Bieters geheimzuhalten sind, sofern sich nicht aus den Umständen etwas anderes ergibt. Das Kennzeichnungserfordernis hat jedoch für **Zweifelsfälle** erhebliche Bedeutung. Sollte der vertrauliche Charakter einer Information im Einzelfall nicht offenkundig sein, kann ein Bieter die Geheimhaltung nur verlangen, wenn er die Information als vertraulich gekennzeichnet hat.[12]

Die Vertraulichkeitspflicht gilt dem Wortlaut der Vorschrift nach nur für Informationen, **17** die das **Unternehmen dem Auftraggeber übermittelt** hat. Das ist in einem weiten, funktionalen Sinn zu verstehen. Geschützt sind alle vertraulichen unternehmensbezogenen Informationen, die der **Auftraggeber im Rahmen des Vergabeverfahrens erlangt** hat. Das betrifft neben den Informationen, die das Unternehmen dem Auftraggeber selbst übermittelt hat, auch Auskünfte, die der Auftraggeber im Rahmen des Verfahrens von Dritten eingeholt hat, wie etwa Auskünfte aus dem Gewerbezentralregister gem. § 150a GewO oder von Referenzauftraggebern. Die Vorschrift erfasst dagegen nicht Informationen, die der Auftraggeber außerhalb des Vergabeverfahrens erlangt hat.

2. Inhalt der Vertraulichkeitspflicht

a) Grundsatz. Dem Auftraggeber ist **jede Weitergabe** vertraulicher Informationen **18** untersagt. Das betrifft nicht nur die gezielte Weitergabe an Dritte, sondern auch eine Veröffentlichung oder anderweitige Verbreitung.

Den Auftraggeber trifft darüber hinaus eine Pflicht, die Informationen angemessen vor **19** **unbefugter Kenntnisnahme durch Dritte zu schützen.** Welche Schutzmaßnahmen in diesem Zusammenhang – über die Anforderungen des Abs. 2 hinaus – notwendig sind, hängt vom Einzelfall ab. Jedenfalls sind die Grundsätze ordnungsgemäßer Verwaltung und Geschäftsführung zu beachten. Dazu gehört, dass die vertraulichen Informationen **unter Verschluss zu halten** sind, so dass auch eine zufällige Kenntnisnahme durch Dritte ausgeschlossen ist.

Die Vertraulichkeitspflicht gilt auch **innerhalb der Verwaltung.** Ein effektiver Schutz **20** setzt voraus, dass der Auftraggeber vertrauliche Informationen der Unternehmen auch intern nur Personen zugänglich macht, die die Informationen für das Vergabeverfahren benötigen. Gleiches gilt bei Einschaltung externer Berater oder Sachverständiger. Zumindest bei besonders sensiblen Informationen ist in derartigen Fällen ferner zu prüfen, ob der Zugang z.B. auf einen elektronischen Lesezugriff beschränkt werden kann.[13]

Die Verpflichtung zur Vertraulichkeit umfasst auch eine Beschränkung der Nutzungs- **21** möglichkeiten des öffentlichen Auftraggebers. Dieser darf ihm übermittelte Informationen der Unternehmen nur für Zwecke des Vergabeverfahrens und des konkreten Beschaffungsvorhabens verwenden. Eine anderweitige Nutzung, auch für weitere Ausschreibungen, ist unzulässig.[14]

b) Insbesondere in Bieterverhandlungen. Eine spezielle Ausprägung des Vertrau- **22** lichkeitsgrundsatzes enthält § 17 Abs. 13 Satz 5 VgV. Danach darf der Auftraggeber **vertrauliche Informationen** eines am **Verhandlungsverfahren teilnehmenden Bieters nicht** ohne dessen Zustimmung an die **anderen Teilnehmer weitergeben.** Für den wettbewerblichen Dialog und die Innovationspartnerschaft enthalten § 18 Abs. 5 Satz 3 und § 19 Abs. 6 Satz 5 analoge Regelungen. Die Pflicht, vertrauliche Informationen der Bieter nicht an andere Verfahrensteilnehmer weiterzugeben, folgt im Grunde bereits aus § 5 Abs. 1 und Abs. 2 Satz 1.[15] § 17 Abs. 13 stellt das für Bieterverhandlungen lediglich

---

[12] Hierauf weist auch *Mußgnug* in Müller-Wrede, VgV/UVgO, § 5 VgV, Rn. 18 hin.
[13] *Mußgnug* in Müller-Wrede, VgV/UVgO, § 5 VgV, Rn. 40.
[14] *Mußgnug*, a. a. O.
[15] Das bestätigt auch Art. 29 Abs. 5 Unterabs. 2 VRL, der § 17 Abs. 13 Satz 5 zugrunde liegt, und der ausdrücklich auf den § 5 Abs. 1 zugrunde liegenden Art. 21 VRL verweist. Ebenso Art. 30 Abs. 3 Unterabs. 3 und Art. 31 Abs. 4 Unterabs. 2 VRL für den wettbewerblichen Dialog und die Informationspartnerschaft.

noch einmal klar.[16] Das Verbot betrifft insbesondere individuelle Lösungsvorschläge einzelner Bieter, die kein Allgemeingut sind, sondern in denen sich die Kreativität oder speziellen Stärken des Bieters niederschlagen. Der damit verbundene Wettbewerbsvorteil darf dem Bieter, der den Vorschlag entwickelt hat, nicht dadurch genommen werden, dass der Auftraggeber die Ideen ohne Zustimmung des Bieters an die Wettbewerber weitergibt.

3. Grenzen der Vertraulichkeitspflicht

23 Die Vertraulichkeitspflicht gilt nur, soweit nicht **in der VgV** oder **anderen Rechtsvorschriften etwas anderes bestimmt** ist. Art. 21 VRL hebt insoweit insbesondere die Verpflichtung des Auftraggebers zur Bekanntmachung vergebener Aufträge gem. § 39 VgV (Art. 50 VRL) und zur nachträglichen Unterrichtung nicht berücksichtigter Bieter und Bewerber gem. § 62 (Art. 55 VRL) hervor. Diese Regelung ist in der VgV nicht umgesetzt. Sie stellt klar, dass der Grundsatz der Vertraulichkeit der Offenlegung der von §§ 39 und 62 umfassten Informationen als solcher nicht entgegensteht. Der Auftraggeber kann die Offenlegung dieser Informationen somit nicht einfach unter Berufung auf den Vertraulichkeitsgrundsatz verweigern.

24 Allerdings sind die Offenlegungs- bzw. Mitteilungspflichten §§ 39 und 62 ihrerseits nicht schrankenlos. So besteht im Rahmen der **Bekanntmachung vergebener Aufträge** gem. § 39 Abs. 6 unter anderem keine Pflicht zur Offenlegung einzelner Angaben, wenn das den berechtigten geschäftlichen Interessen eines Unternehmens schaden oder den lauteren Wettbewerb zwischen Unternehmen beeinträchtigen würde. Das kann insbesondere bei einer Veröffentlichung von Betriebs- oder Geschäftsgeheimnissen des erfolgreichen Bieters der Fall sein. Dabei ist jedoch zu berücksichtigen, dass gemäß Anhang V Teil D Nr. 13 VRL (wie auch nach § 39 Abs. 2 iVm dem einschlägigen Standardformular) der Preis des erfolgreichen Angebots oder die Spanne der in die engere Wahl genommen Angebote grundsätzlich zu veröffentlichen ist (→ § 39 Rn. 58). Mit dieser Entscheidung des Gesetzgebers ist es unvereinbar, von einer Veröffentlichung sowohl der einen als auch der anderen Angabe unter Berufung darauf abzusehen, dass der Zuschlagspreis ein stets zu schützendes Geschäftsgeheimnis sei und die Bekanntgabe der Angebotsspanne Rückschlüsse auf den Zuschlagspreis zulasse. Auch im Rahmen der **Unterrichtung nicht berücksichtigter Bieter und Bewerber** nach § 62 sind Betriebs- und Geschäftsgeheimnisse der Unternehmen grundsätzlich zu schützen. Ist eine Offenlegung im Einzelfall erforderlich, um nicht berücksichtigte Bieter substantiiert über die Gründe der Ablehnung ihrer Angebote und die „Merkmale und Vorteile" des erfolgreichen Angebots gem. § 62 Abs. 2 Nr. 2 und 3 zu unterrichten, ist eine Weitergabe jedoch insoweit, wie es für den Informationszweck unabdingbar ist, hinzunehmen.

25 Gleiches gilt für die Weitergabe vertraulicher Informationen im Rahmen der **Vorinformation nach § 134 GWB**. Auch bei der Vorinformation ist grundsätzlich die Vertraulichkeit zu wahren. Soweit eine aussagekräftige Unterrichtung der Bieter über die Gründe der Nichtberücksichtigung im Einzelfall aber nicht ohne Offenlegung vertraulicher Inhalte des erfolgreichen Angebots möglich ist, muss der Vertraulichkeitsschutz zurücktreten. Das gilt jedoch nur, *soweit* es für die Unterrichtung der nicht berücksichtigten Bieter tatsächlich unabdingbar ist. In der Regel wird es für den Informationszweck ausreichen, Eckpunkte mitzuteilen (etwa dass das erfolgreiche Angebot preislich niedriger lag, ohne dass der Preisabstand offen gelegt wird, oder dass es bei bestimmten Leistungskriterien besser abgeschnitten hat, ohne dass Einzelheiten des erfolgreichen Angebots mitgeteilt werden).

26 In **Baubereich** ist der Auftraggeber gem. § 14 EU Abs. 6 VOB/A darüber hinaus verpflichtet, den Bietern im offenen und nicht offenen Verfahren die **Submissionsergebnisse** gem. § 14 EU Abs. 3 Nr. 1 VOB/A mitzuteilen und ihnen Einblick in das Protokoll

---

[16] Ebenso in Bezug auf § 6 VSVgV *Krohn* in Gabriel/Krohn/Neun, Handbuch Vergaberecht, 2. Aufl., § 59 Rn. 60.

über die Angebotsöffnung samt Nachträgen zu gewähren. Auch diese Regelung schränkt den Vertraulichkeitsschutz in einem wesentlichen Punkt ein.

Der Vertraulichkeitsschutz gilt ferner nicht gegenüber der Vergabekammer **im Nach-** 27 **prüfungsverfahren.** Der Auftraggeber ist vielmehr gemäß § 163 Abs. 2 Satz 4 GWB verpflichtet, der Vergabekammer im Nachprüfungsverfahren die Vergabeunterlagen vollständig, d. h. mit sämtlichen vertraulichen Bieterinformationen, zur Verfügung zu stellen. Der Auftraggeber hat dabei jedoch sicherzustellen, dass vertrauliche Informationen als solche gekennzeichnet werden. Die **Vergabekammer** hat sodann ihrerseits gemäß § 164 Abs. 2 GWB im Rahmen der Akteneinsicht den Schutz von Betriebs- und Geschäftsgeheimnissen gegenüber anderen Verfahrensbeteiligten im gesetzlich gebotenen Rahmen sicherzustellen (→ GWB § 164 Rn. 18 ff.).

Die Auskunftspflichten der öffentlichen Hand nach den **Informationsfreiheitsgeset-** 28 **zen** des Bundes und der Länder schränken den Vertraulichkeitsgrundsatz jedenfalls im Ergebnis nicht ein.[17] Nach § 6 Satz 2 IFG besteht ein Anspruch auf Zugang zu Betriebs- oder Geschäftsgeheimnissen nur bei Einwilligung des Betroffenen. Auch die Landesgesetze enthalten Regelungen zum Schutz von Betriebs- und Geschäftsgeheimnissen. Soweit danach eine Abwägung erforderlich ist,[18] dürfte diese bei Betriebs- und Geschäftsgeheimnissen, die Bieter einem öffentlichen Auftraggeber in einem Vergabeverfahren zur Verfügung gestellt haben, in aller Regel zugunsten des Schutzes der Vertraulichkeit ausfallen.

4. Bieterschützender Charakter

Die Regelungen über den Schutz der Vertraulichkeit von Informationen der Unter- 29 nehmen in Abs. 1 sind – ebenso wie die näheren Ausprägungen dieses Schutzes gem. Abs. 2 – **bieterschützend.** Unternehmen können sich daher gegenüber dem Auftraggeber auf die Vorschriften berufen und die Einhaltung im Rahmen des vergaberechtlichen Rechtsschutzes einfordern. Gegen rein faktische Verletzungen der Vertraulichkeit, wie etwa die unbefugte Weitergabe von Angebotsinhalten, ist ein wirksamer Primärrechtsschutz zwar typischerweise nur eingeschränkt möglich. In derartigen Fällen kommt meist nur die Feststellung einer Rechtsverletzung durch die Vergabekammer und eine Anweisung an den Auftraggeber, künftige Verletzungen zu unterlassen, in Betracht. Ein wirksamer Bieterschutz ist aber dann möglich, wenn der Auftraggeber **Verfahrensregeln** aufstellt, die mit dem **Grundsatz der Vertraulichkeit unvereinbar** sind, etwa wenn der Auftraggeber sich in den Bewerbungsbedingungen vorbehält, die Angebote der Bieter zu veröffentlichen oder für die Vorbereitung anderer Vergabeverfahren zu nutzen. Auch der erwähnte – freilich in § 17 Abs. 13 Satz 5 spezialgesetzlich geregelte – Fall, dass der Auftraggeber sich die Weitergabe individueller Angebotsinhalte an die Mitbieter im Verhandlungsverfahren vorbehält (→ Rn. 22), fällt darunter.

II. Schutz der Vertraulichkeit bei Kommunikation und Datenspeicherung (Abs. 2 Satz 1)

Abs. 2 Satz 1 verpflichtet den Auftraggeber, bei der gesamten Kommunikation sowie 30 beim Austausch und der Speicherung von Informationen die Integrität der Daten und die Vertraulichkeit der Angebote, Teilnahmeanträge, Interessenbekundungen und Interessenbestätigungen zu gewährleisten.

1. Gewährleistung der Vertraulichkeit

Die Pflicht des Auftraggebers, bei der Kommunikation und Datenspeicherung die Ver- 31 traulichkeit zu gewährleisten, steht in direktem Zusammenhang mit dem Grundsatz der

---

[17] Im Ergebnis auch *Glahs* NZBau 2014, 75 (77).
[18] Siehe zB § 8 Satz 1 und 3 IFG NRW.

elektronischen Kommunikation gemäß §§ 9 ff.[19] Die Vorschrift ist in erster Linie eine **Konkretisierung** des allgemeinen Vertraulichkeitsgrundsatzes des Abs. 1. Sie verdeutlicht jedoch die besondere Bedeutung des Vertraulichkeitsschutzes im Rahmen des Informationsaustauschs und der Datenspeicherung. Die Gewährleistungspflicht geht über den allgemeinen Grundsatz des Abs. 1 auch hinaus, da sie dem Auftraggeber eine Art Erfolgspflicht auferlegt, die ihn zwingt, **aktiv alle notwendigen Schutzvorkehrungen** zu treffen, um Verletzungen der Vertraulichkeit bei der Kommunikation und Datenspeicherung zu verhindern.

32   Die Regelung gilt zunächst für die **Kommunikation** sowie den **Austausch von Daten.** Diese beide Begriffe lassen sich im Rahmen der elektronischen Kommunikation nicht sinnvoll unterscheiden. Die Formulierung macht freilich deutlich, dass Art und Inhalt der Kommunikation nicht entscheidend sind. Die Regelung betrifft darüber hinaus die **Speicherung von Daten.** Die einzelnen Teile der Regelung greifen ineinander und stellen im Rahmen der elektronischen Kommunikation einen **nahtlosen Schutz** während des gesamten Verfahrens sicher. Stellt der Auftraggeber den Bietern beispielsweise ein elektronisches Portal zum Hochladen der Angebote zur Verfügung, muss er dafür Sorge tragen, dass die Angebote sowohl während des Upload auf das Portal als auch anschließend auf dem Datenspeicher ausreichend geschützt sind.

33   Nach Eingang der Angebote bzw. Teilnahmeanträge beim Auftraggeber gilt die Schutzpflicht zunächst für die ungeöffneten Unterlagen. Zur Vertraulichkeitspflicht gehört insbesondere, dass der Auftraggeber die Angebote und Anträge bis zum Ablauf der Angebots- bzw. Bewerbungsfrist verschlossen halten muss und erst nach Ablauf der Frist von ihrem Inhalt Kenntnis nehmen darf. Art. 22 Abs. 3 Satz 2 VRL, der dies klarstellt, wurde allerdings nicht in § 5 umgesetzt, sondern in den Regelungen über die Aufbewahrung und Öffnung der Angebote und Teilnahmeanträge in §§ 54, 55 Abs. 1. Nach Öffnung der Angebote bzw. Teilnahmeanträge gilt die Vertraulichkeitspflicht für die geöffneten Unterlagen und ihre Inhalte.

34   Die Regelung verpflichtet den Auftraggeber nicht nur, geschützte Daten und Informationen bei der Kommunikation und Speicherung nicht an Dritte weiterzugeben, sondern auch, **ausreichende Schutzvorkehrungen** zur Sicherung vor unbefugtem Zugriff und unbefugter Kenntnisnahme treffen.[20] Das bedeutet insbesondere, dass die eingesetzten Kommunikationsmittel bzw. Datenspeicher über adäquate **technische Sicherungen,** wie etwa elektronische Zugangsschranken, personalisierte Zugriffsrechte mit Passwortschutz, Log-Funktionen, Verschlüsselung und ähnliches verfügen müssen. Welche Vorkehrungen genau getroffen werden müssen, ist eine Frage des Einzelfalls. Je sensibler die Informationen sind und je größer der Kreis derjenigen ist, die sich potentiell Zugang zu den Informationen verschaffen könnten, desto strengere Schutzmaßnahmen sind nötig.

35   Abs. 2 Satz 1 gilt dem Wortlaut nach für **Angebote, Teilnahmeanträge, Interessenbekundungen, Interessenbestätigungen und alle Anlagen.** Art. 22 Abs. 3 Satz 1 VRL, der der Vorschrift zugrunde liegt, erwähnt dagegen nur Angebote und Teilnahmeanträge. Die Erstreckung auch auf Interessenbekundungen und Interessenbestätigungen bei der Umsetzung ist sachgerecht, allerdings auch etwas halbherzig. Denn nach Sinn und Zweck gilt die Regelung auch für **alle sonstigen vertraulichen Bieterunterlagen und Informationen,** die Gegenstand der Kommunikation und Speicherung im Verfahren sind.[21] Das betrifft zB Bieterfragen, soweit sie vertrauliche Inhalte haben, ergänzende Auskünfte der Bieter sowie interne Dokumente des Auftraggebers, die vertrauliche Informationen aus den Angeboten und sonstigen Unterlagen der Bieter und Bewerber enthalten.

---

[19] Das bestätigt auch der Umstand, dass auch der zugrunde liegende Art. 22 Abs. 3 VRL zu den Regelungen über die (elektronische) Kommunikation gehört.
[20] *Dittmann* in KMPP, § 16 EG Rn. 39 (zum insoweit ähnlichen § 16 EG Abs. 2 Satz 1 VOL/A).
[21] AA *Mußgnug* in Müller-Wrede, VgV/UVgO, § 5 VgV, Rn. 25.

2. Gewährleistung der Datenintegrität

Abs. 2 Satz 1 verpflichtet den Auftraggeber bei der Kommunikation und Datenspeiche- **36** rung auch – und sogar primär – zum Schutz der **Integrität der Daten.** Dabei geht es um den **Schutz der Daten vor Verlust und Veränderung.**[22] Die Bieter und Bewerber, die Angebote, Teilnahmeanträge und andere Unterlagen einreichen, sollen sich darauf verlassen können, dass diese beim Auftraggeber in der Form eingehen und aufbewahrt werden, in der sie vom Unternehmen versandt wurden.

Die Regelung steht ebenfalls in direktem Zusammenhang mit dem **Grundsatz der** **37** **elektronischen Kommunikation.** Sie betrifft **grundlegende Fragen der IT-Sicher-** **heit.**[23] Innerhalb des § 5 ist die Regelung allerdings ein Fremdkörper, da sie keinen un- mittelbarem Bezug zum Schutz der Vertraulichkeit hat. Sie betrifft – ebenso wie der zugrunde liegende Art. 22 Abs. 3 VRL – die Grundsätze der Kommunikation im Verfah- ren. Systematisch wäre die Regelung daher in den §§ 9 ff. besser platziert gewesen. Aller- dings besteht ein praktischer Zusammenhang insofern, als die technischen und organisa- torischen Maßnahmen zum Schutz der Datenintegrität bei der Kommunikation und Datenspeicherung weitgehend Hand in Hand mit denen zur Gewährleistung der Vertrau- lichkeit gehen.

Die Vorschrift verpflichtet den Auftraggeber zunächst, die Daten sowohl im Rahmen der **38** Kommunikation und des Datenaustauschs als auch nach der Abspeicherung vor gezielter **unbefugter Manipulation** schützen. Das gilt sowohl für externe Eingriffe als auch für Manipulationen innerhalb der Verwaltung. Typische **Schutzvorkehrungen** sind die Nut- zung sicherer Kommunikationswege, Verschlüsselungen, elektronische Zugangskontrollen und Zugriffs-Logs, Passwortschutz, Vier-Augen-Prinzip und ähnliche Maßnahmen, die unbefugte Zugriffe verhindern. Der Auftraggeber muss die Daten aber auch vor **Verände-** **rungen und Verlust durch unbeabsichtigte technische Prozesse** schützen. Das kann ebenfalls durch entsprechend ausgelegte Kommunikations- und Speichertechnologien so- wie Prüf- und Back-up-Prozesse sichergestellt werden.

III. Vertraulichkeit der Öffnungs- und Wertungsdokumentation

Abs. 2 Satz 2 erstreckt die Pflicht zur vertraulichen Behandlung der von den Bietern **39** eingereichten Unterlagen auch auf die Dokumentation des Auftraggebers über die Öffnung und Wertung der Angebote und Teilnahmeanträge. Das ist folgerichtig, weil diese interne Dokumentation typischerweise Angebotsinhalte und/oder andere vertrauliche Informatio- nen der Unternehmen enthält oder zumindest Rückschlüsse darauf zulässt. Sie verdient daher den gleichen Schutz wie die Angebote bzw. Teilnahmeanträge selbst. Die Regelung fand sich in ähnlicher Form bereits in § 17 EG Abs. 3 VOL/A (allerdings nur bezogen auf die Dokumentation der Angebotsöffnung). Auch wenn sie somit historisch in keinem spe- zifischen Zusammenhang mit der elektronischen Kommunikation steht, ist sie gerade auch bei der elektronischen Abwicklung des Verfahrens zu beachten.

IV. Schutz der Vertraulichkeit nach Abschluss des Verfahrens

Abs. 2 Satz 2 erstreckt die Pflicht zur Wahrung der Vertraulichkeit der Angebote, Teil- **40** nahmeanträge und weiterer Unterlagen in zeitlicher Hinsicht auf die Zeit **nach Ende des**

---

[22] Vgl. Glossar des Bundesamt für Sicherheit in der Informationstechnik (BSI), IT-Grundschutzkataloge, Abschnitt IV, zum Stichwort „Integrität" (abrufbar unter www.bsi.bund.de); ähnlich *Röwekamp* in KKMPP, VgV, § 5 Rn. 8.
[23] Vgl. zu diesem Begriff das Glossar des BSI, aaO, Stichwort „Datensicherheit".

Vergabeverfahrens. Das ist wichtig, weil die Vergabevorschriften grundsätzlich nur Regeln über das Vergabeverfahren selbst enthalten und daher nicht die Zeit nach dessen Abschluss betreffen. Die Vertraulichkeitsinteressen der Bieter und Bewerber sind jedoch nicht auf die Verfahrensphase beschränkt. Ein nachträgliches Bekanntwerden von Angebotsinhalten oder anderen Betriebs- oder Geschäftsgeheimnissen kann die Position des betroffenen Unternehmens im künftigen Wettbewerb ebenso beeinträchtigen wie ein Bekanntwerden im Verfahren. Bieter und Bewerber sind daher in Bezug auf die Vertraulichkeit ihrer Angebote und sonstigen Unterlagen und Informationen nach Abschluss des Vergabeverfahrens nicht weniger schutzbedürftig als während des Verfahrens.

41   Die Vertraulichkeitspflicht gilt grundsätzlich **zeitlich unbegrenzt.** Sie endet erst mit der Vernichtung bzw. Löschung der Unterlagen und Informationen. Diese ist gemäß § 8 Abs. 4 frühestens nach Ablauf von drei Jahren nach dem Zuschlag zulässig; bei länger laufenden Verträgen erst nach Ende der Vertragslaufzeit. Bewahrt der Auftraggeber die Unterlagen nach Ablauf der Mindestaufbewahrungsfrist weiter auf, bleibt er auch zur vertraulichen Behandlung verpflichtet (solange die Unterlagen ihren vertraulichen Charakter nicht durch Zeitablauf verloren haben).[24]

D. Schutz vertraulicher Informationen des Auftraggebers

42   Abs. 3 bezweckt den Schutz von vertraulichen Informationen des Auftraggebers.[25] Die Regelung ermöglicht dem Auftraggeber, Schutzmaßnahmen dagegen zu treffen, dass vertrauliche Informationen, die er den Unternehmen im Vergabeverfahren zur Verfügung stellt, in unbefugte Hände gelangen.

1. Geschützte Informationen

43   Die Struktur des Vergabeverfahrens und insbesondere der Transparenzgrundsatz machen es in vielen Fällen notwendig, den beteiligten Unternehmen Informationen zur Verfügung zu stellen, an deren Vertraulichkeit ein öffentliches Interesse besteht. Das gilt zunächst für Unterlagen, die als Verschlusssachen der amtlichen Geheimhaltung unterliegen. Bei Verschlusssachen kommen zwar oftmals die besonderen Vergaberegeln für verteidigungs- oder sicherheitsspezifische Aufträge iSv §§ 104, 144 ff. GWB iVm der VSVgV zur Anwendung. Das ist jedoch nicht immer so. Denn ein verteidigungs- oder sicherheitsspezifischer Auftrag setzt gem. § 104 Abs. 3 GWB auch im zivilen Bereich neben dem Einsatz von Verschlusssachen auch voraus, dass er im „speziellen Bereich der nicht-militärischen Sicherheit" vergeben wird und ähnlich schutzbedürftig ist wie ein Militärauftrag. Diese Voraussetzung ist insbesondere bei zivilen Aufträgen, die nur Verschlusssachen der untersten Stufe „VS – Nur für den Dienstgebrauch" umfassen, oftmals nicht erfüllt.[26]

44   Auch außerhalb des VS-Bereichs können Vergabeunterlagen sensible Informationen enthalten, die besonderen Schutz erfordern. Das gilt etwa bei Aufträgen im Bereich kritischer Infrastruktur, bei IT-Leistungen oder Telekommunikationsdiensten oder bei Bewachungs- und Sicherheitsdienstleistungen.[27] Im Einzelfall, zB bei Outsourcing- oder Privatisierungsvorhaben können auch persönliche Daten von Beschäftigten eine Rolle spielen. Ist der Auftraggeber auch am Markt tätig, können auch auf seiner Seite Betriebs- und Geschäftsgeheimnisse berührt sein. Ob Informationen schutzbedürftig sind, ist vom Auftraggeber zu beurteilen. Die Gründe müssen jedoch objektiver Art sein. Der Auftraggeber muss die Gründe ggf. nachweisen.

---

[24] Ähnlich *Röwekamp* in KKMPP, VgV, § 5 Rn. 9.
[25] AA *Mußgnug* in Müller-Wrede, VgV/UVgO, § 5 VgV Rn. 9, der zufolge auch Abs. 3 den Schutz vertraulicher Bieterinformationen betrifft.
[26] Vgl. dazu *Krohn* in Gabriel/Krohn/Neun (Hrsg.), Handbuch Vergaberecht 2. Aufl., § 57 Rn. 28 f.
[27] *Röwekamp* in KKMPP § 41 Rn. 48.

2. Schutzanforderungen des Auftraggebers

Gemäß Abs. 3 kann der **Auftraggeber** den Unternehmen **Vorgaben zum Schutz der** 45
Vertraulichkeit sensibler Informationen machen. Welche Anforderungen der Auftraggeber stellt, steht in seinem Ermessen. Abs. 3 Satz 2 nennt insbesondere die Einholung einer
Verschwiegenheitserklärung. Dabei handelt es sich um eine einseitig verpflichtende
Erklärung des Bieters oder Bewerbers, dass er die ihm zur Verfügung gestellten Unterlagen
und Informationen vertraulich behandeln wird. In der Praxis bedeutet dass zumeist, dass
der Bieter oder Bewerber die Informationen nicht an Dritte weitergeben wird, sie vor unbefugtem Zugriff Dritter schützen wird und sie nach Abschluss des Vergabeverfahrens ver-
nichten bzw. löschen wird.[28]

Eine solche Erklärung ist jedoch nur eine Möglichkeit. Der Auftraggeber kann auch 46
technische Vorgaben zum Schutz der Vertraulichkeit machen, wie etwa eine Kommunikation über sichere Netzwerke (zB VPN), die Nutzung von Verschlüsselungen oder einen
Passwortschutz. Auch organisatorische Maßnahmen sind denkbar, wie etwa die Beschränkung des Zugangs zu sensiblen Informationen auf Mitarbeiter, die den Zugang für die
Zwecke des Verfahrens benötigen. Im zweistufigen Verfahren kommt auch die Möglichkeit
in Betracht, sensible Vergabeunterlagen nur den Bewerbern zugänglich zu machen, die im
Teilnahmewettbewerb für das weitere Verfahren ausgewählt wurden.[29] Der Auftraggeber
kann schließlich auch dem Auftragnehmer spezielle Schutzanforderungen als **besondere**
Ausführungsbedingung für den Auftrag im Sinne von § 128 Abs. 2 GWB auferlegen;
diese Vorschrift erwähnt ausdrücklich Maßnahmen zum Schutz der Vertraulichkeit.[30] Derartige Bedingungen entfalten ihre Wirkung allerdings erst in der Ausführungsphase, so dass
sie zum Schutz vertraulicher Informationen im Vergabeverfahren nicht geeignet sind.

Falls schon die **Vergabeunterlagen** vertrauliche Informationen enthalten, die besondere 47
Schutzmaßnahmen erfordern, **scheidet eine direkte uneingeschränkte elektronische**
Bereitstellung der Vergabeunterlagen iSv § 41 Abs. 1 aus. Der Auftraggeber kann in
diesem Fall gem. § 41 Abs. 3 von einer direkten elektronischen Bereitstellung der Unterla-
gen absehen (→ § 41 Rn. 63). Der Auftraggeber hat die Anforderungen zum Schutz der
Vertraulichkeit in diesem Fall bereits in der Bekanntmachung zu veröffentlichen (§ 41
Abs. 3 Satz 1 VgV).

3. Verhältnismäßigkeit der Anforderungen

Der Auftraggeber muss bei der Auswahl der Maßnahmen den Grundsatz der **Verhält-** 48
nismäßigkeit wahren. Das bedeutet, dass die Maßnahmen für den angestrebten Zweck
geeignet, erforderlich und angemessen sein müssen. Die Regelung entfaltet insoweit auch
bieterschützende Wirkung.

Bei der Abwägung sind nicht nur die Sicherheitsbedürfnisse des Auftraggebers zu be- 49
rücksichtigen, sondern auch die Belastungen, die mit den Anforderungen für die Unternehmen verbunden sind. Betreffen die Schutzanforderungen bereits die Vergabeunterlagen,
muss der Auftraggeber auch die Einschränkung an Transparenz berücksichtigen, die daraus
resultieren, dass die Unterlagen nicht gem. § 41 Abs. 1 direkt elektronisch zum Abruf bereit gestellt werden können.

Die vorstehenden Grundsätze gelten auch, wenn der Auftraggeber lediglich eine Ver- 50
schwiegenheitserklärung einholt. Eine solche Erklärung kann ihren Zweck nur erreichen,
wenn der Auftraggeber die Vergabeunterlagen erst im Anschluss zur Verfügung stellt. Eine
uneingeschränkte direkte elektronische Bereitstellung der Unterlagen iSv. § 41 Abs. 1
scheidet damit aus. Auch eine Verschwiegenheitserklärung darf daher nur dann gefordert

---

[28] *Horn* in Müller-Wrede VgV/UVgO, § 41 Rn. 36.
[29] So auch *Röwekamp* in KKMPP, VgV, § 6 Rn. 11.
[30] Siehe dazu *Mußgnug* in Müller-Wrede VgV/UVgO, § 5 Rn. 44.

werden, wenn die Vergabeunterlagen objektiv schutzbedürftig sind, die Maßnahme geeignet ist, die Vertraulichkeit der Informationen tatsächlich zu schützen und der objektive Schutzzweck den mit dem Vorgehen verbundenen Verlust an Transparenz aufwiegt.

51   Bei Einholung einer Verschwiegenheitserklärung ist im Übrigen darauf zu achten, dass sie nicht zu eng gefasst ist. Auftraggeber sollten – um Missverständnissen vorzubeugen – klarstellen, dass zB eine Weitergabe vertraulicher Informationen an Nachunternehmer insoweit, wie es für die Angebotserstellung oder den Teilnahmewettbewerb oder auch die Abwicklung des anschließenden Auftrags erforderlich ist, nicht ausgeschlossen ist, zumindest wenn der Bieter oder Bewerber den Nachunternehmer gleichermaßen zur Verschwiegenheit verpflichtet. Eine Verschwiegenheitserklärung steht richtigerweise auch nicht der Weitergabe von Informationen an gesetzlich oder vertraglich zur Verschwiegenheit verpflichtete Berater entgegen, soweit dies für die Angebotsbearbeitung, die Auftragsausführung oder die Wahrnehmung rechtlicher Interessen erforderlich ist.[31]

---

[31] Vgl. insoweit zu § 6 Abs. 3 VSVgV, *Krohn* in Gabriel/Krohn/Neun, Handbuch Vergaberecht, 2. Aufl., § 59 Rn. 61; ders. in *von Wietersheim*, Vergaben im Bereich Verteidigung und Sicherheit, 137, 163.

§ 6 Vermeidung von Interessenkonflikten

(1) Organmitglieder oder Mitarbeiter des öffentlichen Auftraggebers oder eines im Namen des öffentlichen Auftraggebers handelnden Beschaffungsdienstleisters, bei denen ein Interessenkonflikt besteht, dürfen in einem Vergabeverfahren nicht mitwirken.

(2) Ein Interessenkonflikt besteht für Personen, die an der Durchführung des Vergabeverfahrens beteiligt sind oder Einfluss auf den Ausgang eines Vergabeverfahrens nehmen können und die ein direktes oder indirektes finanzielles, wirtschaftliches oder persönliches Interesse haben, das ihre Unparteilichkeit und Unabhängigkeit im Rahmen des Vergabeverfahrens beeinträchtigen könnte.

(3) Es wird vermutet, dass ein Interessenkonflikt besteht, wenn die in Absatz 1 genannten Personen

1. Bewerber oder Bieter sind,
2. einen Bewerber oder Bieter beraten oder sonst unterstützen oder als gesetzliche Vertreter oder nur in dem Vergabeverfahren vertreten,
3. beschäftigt oder tätig sind
   a) bei einem Bewerber oder Bieter gegen Entgelt oder bei ihm als Mitglied des Vorstandes, Aufsichtsrates oder gleichartigen Organs oder
   b) für ein in das Vergabeverfahren eingeschaltetes Unternehmen, wenn dieses Unternehmen zugleich geschäftliche Beziehungen zum öffentlichen Auftraggeber und zum Bewerber oder Bieter hat.

(4) Die Vermutung des Absatzes 3 gilt auch für Personen, deren Angehörige die Voraussetzungen nach Absatz 3 Nummer 1 bis 3 erfüllen. Angehörige sind der Verlobte, der Ehegatte, Lebenspartner, Verwandte und Verschwägerte gerader Linie, Geschwister, Kinder der Geschwister, Ehegatten und Lebenspartner der Geschwister und Geschwister der Ehegatten und Lebenspartner, Geschwister der Eltern sowie Pflegeeltern und Pflegekinder.

Übersicht

	Rn.		Rn.
A. Einführung	1	II. Bestehen eines Interessenkonflikts	29
I. Literatur	1	1. Die Generalklausel (Abs. 2)	29
II. Entstehungsgeschichte	2	a) Die beiden Voraussetzungen	29
III. Rechtliche Vorgaben im EU-Recht	6	b) Tätigkeit in der Sphäre des öffentlichen Auftraggebers	30
B. Allgemeines	8	c) Persönliches Interesse	32
I. Die ratio legis des § 6 VgV	8	2. Die Vermutung eines Interessenkonflikts (Abs. 3)	34
II. Der Anwendungsbereich	12	a) Grundsatz	34
1. Der Normadressat	12	b) Identität im Sinne von Absatz 3 Nr. 1	36
2. Persönlicher Anwendungsbereich	13	c) Beratung, Unterstützung oder Vertretung im Sinne von Absatz 3 Nr. 2	38
3. Zeitlicher Anwendungsbereich	14	d) Entgeltliche Beschäftigung oder organschaftliche Stellung im Sinne von Absatz 3 Nr. 3 lit. a)	42
C. Die Tatbestandsvoraussetzungen des § 6 VgV	17	e) Tätigkeit für ein Unternehmen mit beiderseitigen Geschäftsbeziehungen im Sinne von Absatz 3 Nr. 3 lit. b)	45
I. Der erfasste Personenkreis	17	f) Widerlegbarkeit der Vermutung	49
1. Überblick	17	3. Die Erstreckung der Vermutung auf Angehörige (Abs. 4)	53
2. Personen aus der Sphäre des öffentlichen Auftraggebers (Abs. 1) .	19		
a) Grundsatz	19		
b) Mitglieder eines Organs des öffentlichen Auftraggebers	21		
c) Mitarbeiter eines Auftraggebers	23		
d) Organmitglieder oder Mitarbeiter eines Beschaffungsdienstleisters	25		

	Rn.		Rn.
4. § 6 VgV und die Mitwirkung von Projektanten	55	II. Die Sekundärrechtsfolgen	65
III. Die erfassten Mitwirkungshandlungen	58	**E. Das Verhältnis zu anderen Regelungen**	70
D. Die Rechtsfolgen des § 6 VgV	63		
I. Das Mitwirkungsverbot als primäre Rechtsfolge	63		

A. Einführung

I. Literatur

1   *Neßler,* Der Neutralitätsgrundsatz im Vergaberecht, NVwZ 1999, 1081 ff.; *Dreher,* Doppelmandatierung und Doppelmandate im Kartellvergaberecht, NZBau 2000, 280 ff.; *Berrisch/Nehl,* Doppelmandate, Neutralitätsgebot und „böser Schein" – Die Rechtsprechung der Vergabesenate und § 16 VgV, WuW 2001, 944 ff.; *Quilisch/Fietz,* Die Voreingenommenheit bei der Vergabe öffentlicher Aufträge, NZBau 2001, 540 ff.; *Maurer,* Das Mitwirkungsverbot gemäß § 16 Vergabeverordnung (VgV) – zugleich eine Abhandlung über den Begriff des öffentlichen Auftraggebers nach § 98 GWB, 2003; *Opitz,* Marktmacht und Bieterwettbewerb, 2003; *Kirch,* Interessenkonflikte und deren Vermeidung bei externen Beratern, VergabeNews 2017, 34 ff.; *Derselbe,* Mitwirkungsverbote bei Vergabeverfahren, 2004; *Schröder,* Der Ausschluss voreingenommener Personen im Vergabeverfahren nach § 16 VgV, NVwZ 2004, 168 ff.; *Winnes,* Verbietet § 16 VgV die „umgekehrte Befangenheit"?, NZBau 2004, 423 ff.; *Greb,* Zwingender Ausschluss? § 16 VgV und Gesellschaftsorganmitglieder kommunaler Unternehmen, VergabeR 2004, 769 ff.; *Drömann/Finke,* PPP-Vergaben und Kompetenzzentren – Zur Tatbestandsmäßigkeit von § 16 Abs. 1 Nr. 2 Alt. 2 VgV im Falle von Doppelfunktionen, NZBau 2006, 79 ff.; *Lange,* Der Begriff des „eingeschalteten Unternehmens" i. S. d. § 16 Abs. 1 Nr. 3 lit. b) VgV, NZBau 2008, 422 ff.; *Greb,* Ausschluss von Personen in Wettbewerben wegen Verwandtschaftsverhältnis, NZBau 2014, 28 ff.; *E.-D. Leinemann/Kirch,* Umgang mit möglichen Interessenkonflikten, VergabeNews 2015, 54 ff.; *Greb,* Die vergaberechtliche Behandlung von Interessenkonflikten, NZBau 2016, 262 ff.; *Fritz,* Dritte als Unterstützer des Auftraggebers, ZfBR 2016, 659 ff.

II. Entstehungsgeschichte

2   Mit der **Vergaberechtsmodernisierungsverordnung** (VergRModVO) vom 12. April 2016[1] normierte der deutsche Verordnungsgeber die Vorschrift des § 6 VgV. Damit setzte er einerseits **Art. 24 RL 2014/24/EU** (VRL) um[2] und griff andererseits den vorhergehenden Tatbestand des § 16 VgV a. F.[3] auf.[4] Auch wenn die vergaberechtliche Behandlung von Interessenkonflikten mit der VergRModVO Änderungen erfahren hat, kann stellenweise zur Auslegung der Vorschrift auf die Judikatur zur Vorgängernorm zurückgegriffen werden. Das gebieten zum einen der teilweise identische Wortlaut und zum anderen die Verweisung der Verordnungsbegründung auf § 16 VgV a. F.[5]

3   Im Zuge der VergRModVO hat der Verordnungsgeber außerdem **§ 6 SektVO** und **§ 5 KonzVgV** normiert, die mit § 6 VgV inhaltsgleich und weitestgehend wortlautidentisch sind. Unverständlich ist, dass der Verordnungsgeber der Vergabeverordnung Verteidigung und Sicherheit (VSVgV) nicht im Rahmen der VergRModVO den Tatbestand des **§ 42 VSVgV** an den der § 6 VgV, § 6 SektVO und § 5 KonzVgV angepasst hat, sondern den Wortlaut des § 16 VgV a. F. beibehalten hat. Im Sinne einer vereinfachten Rechtsanwendung wäre dies wünschenswert gewesen.

---

[1] BGBl. 2016 I S. 624.
[2] Siehe dazu unten Rn. 6.
[3] Vergabeverordnung vom 11.2.2003 (BGBl. 2003 I S. 169), aufgehoben durch Art. 7 Abs. 2 Vergaberechtsmodernisierungsverordnung vom 12.4.2016 (BGBl. 2016 I S. 624).
[4] Vgl. BT-Drs. 18/7318, 151 zu § 6 VgV.
[5] Siehe BT-Drs. 18/7318, 151 zu § 6 VgV.

Der zum großen Teil in die Neuregelung übernommene Tatbestand des **§ 16 VgV a. F.**   **4**
verfolgte den Ansatz, Personen, die in einem Näheverhältnis zu einem Bieter oder Bewerber stehen und eine Tätigkeit mit Bezug zu dem konkreten Vergabeverfahren ausüben,[6] ein
Mitwirken bei Entscheidungen in einem Vergabeverfahren auf Auftraggeberseite zu untersagen. Dieses Näheverhältnis konnte sich aus einer Bieter- bzw. Bewerbertätigkeit oder aus
beruflichen, wirtschaftlichen sowie familiären Gründen ergeben. Teilweise wurde die Voreingenommenheit unwiderlegbar vermutet, so dass die Person ohne Einzelfallbetrachtung
auszuschließen war. In anderen Fällen konnte die Vermutung durch den Nachweis des öffentlichen Auftraggebers widerlegt werden, dass für die Person kein Interessenkonflikt bestand oder sich die Tätigkeit nicht auf die Entscheidungen in dem Vergabeverfahren ausgewirkt hat.

Anders als § 6 VgV n. F. diente § 16 VgV a. F. nicht unmittelbar der Umsetzung der eu-   **5**
ropäischen Vergaberichtlinien. Stattdessen lag der Norm eine Initiative des deutschen Verordnungsgebers zugrunde. Er bezweckte, dem **Gleichbehandlungsgrundsatz** des § 97
Abs. 2 GWB und dem **Neutralitätsgebot** gerecht zu werden.[7] Vor Inkrafttreten des § 16
VgV a. F. in seiner ersten Fassung,[8] hatte insbesondere das OLG Brandenburg[9] in analoger
Anwendung des Rechtsgedankens aus § 20 VwVfG ein Mitwirkungsverbot bereits dann
für notwendig erachtet, wenn die Mitwirkung den „bösen Schein der Parteilichkeit" er-
weckt, ohne dass es auf einen konkreten Verstoß gegen die allgemeinen vergaberechtlichen
Grundsätze, insbesondere den Gleichbehandlungsgrundsatz des § 97 Abs. 2 GWB, und die
Kausalität des Verstoßes für die Vergabeentscheidung ankommen sollte. Zunächst war vorgesehen, diese sehr weitgehende Konzeption eines Mitwirkungsverbotes per se bei Interes-
senkollisionen in § 16 VgV a. F. zu kodifizieren.[10] Nach erheblicher Kritik aus Praxis und
Literatur[11] sowie im Hinblick auf abweichende oberlandesgerichtliche Rechtsprechung[12]
entschied sich der Gesetzgeber jedoch letztlich für ein praktikables Modell, das im Grundsatz bei Vorliegen der tatbestandlichen Voraussetzungen des § 16 VgV a. F. von der Voreingenommenheit ausgeht, für den Auftraggeber jedoch in bestimmten Fällen die **Widerlegbarkeit** dieser Vermutung vorsieht und damit die Möglichkeit des Entlastungsbeweises
eröffnet.[13]

III. Rechtliche Vorgaben im EU-Recht

§ 6 VgV dient unmittelbar der **Umsetzung des Artikel 24 der Richtlinie 2014/24/**   **6**
EU (VRL).[14] Hierin wird dem nationalen Gesetzgeber aufgetragen, sicherzustellen, „dass
die öffentlichen Auftraggeber geeignete Maßnahmen zur wirksamen Verhinderung, Aufdeckung und Behebung von Interessenkonflikten treffen, die sich bei der Durchführung von

---

[6] Das Erfordernis des Bezugs zu einem konkreten Vergabeverfahren war umstritten. Siehe hierzu *Dreher* in
Dreher/Motzke Beck'scher Vergaberechtskommentar 2. Aufl. 2013 § 16 VgV Rn. 20.

[7] Begründung zum Regierungsentwurf der Vergabeverordnung, BR-Drs. 455/00, 19 f.

[8] § 16 VgV a. F. wurde erstmals in der Vergabeverordnung vom 1.2.2001 (BGBl. 2001 I S. 110) normiert.

[9] Vgl. OLG Brandenburg vom 3.8.1999 – 6 Verg. 1/99, NZBau 2000, 39 = WuW/E Verg 231 = NVwZ
1999, 1142 – Berlin Schönefeld und hierzu etwa *Kulartz/Niebuhr* NZBau 2000, 6; *Malmendier* DVBl. 2000,
963; *Otting* NVwZ 2001, 775; *Danckwerts* NZBau 2001, 242; *Winnes* NZBau 2002, 371.

[10] Vgl. hierzu den Regierungsentwurf vom 26.7.2000 BR-Drs. 455/00 und dazu *Höfler/Bert* NJW 2000,
3310 sowie zu dem vorherigen Referentenentwurf vom 1.12.1999 *Dreher* NZBau 2000, 178.

[11] Vgl. nur *Neßler* NVwZ 1999, 1081; *Dreher* NZBau 2000, 280; *Höfler/Bert* NJW 2000, 3310; *Quilisch/
Fietz* NZBau 2001, 540.

[12] Vgl. vor allem OLG Stuttgart vom 24.3.2000 – 2 Verg 2/99, NZBau 2000, 301 und dazu *Dreher*
NZBau 2000, 280.

[13] Zu dieser Entwicklung ausführlich *Dreher* in Immenga/Mestmäcker GWB § 97 Rn. 88 ff.; zur Entstehungsgeschichte des § 16 VgV a. F. vgl. auch *H.-M. Müller* in Byok/Jaeger VgV § 16 Rn. 4 ff.

[14] Vgl. dazu auch Erwägungsgrund 16 der VRL: „Öffentliche Auftraggeber haben alle ihnen nach natio-
nalem Recht zur Verfügung stehenden Möglichkeiten zu nutzen, um aus Interessenkonflikten resultierende
Verzerrungen bei den Verfahren zur Vergabe öffentlicher Aufträge zu verhindern. Dies könnte Verfahren zur
Aufdeckung, Verhinderung und Behebung von Interessenkonflikten beinhalten."

Vergabeverfahren ergeben, um Wettbewerbsverzerrungen zu vermeiden und eine Gleichbehandlung aller Wirtschaftsteilnehmer zu gewährleisten".[15] Des Weiteren bestimmt der Richtliniengeber, in welchen Fällen jedenfalls ein Interessenkonflikt vorliegt. Dem hat der deutsche Gesetzgeber Rechnung getragen, indem er mit § 6 Abs. 2 VgV die Mindestvorgaben zum Bestehen eines Interessenkonflikts weitestgehend übernommen hat.

7   § 6 VgV ist nicht nur im Lichte der VRL, sondern auch im Sinne des **europäischen Primärrechts** auszulegen und anzuwenden. Denn die Vorschrift konkretisiert die kartellvergaberechtlichen Grundprinzipien Gleichbehandlung, Wettbewerb und Transparenz,[16] die wiederum ihrerseits auf europäischen Vorgaben beruhen.[17] Nach dem Grundsatz des **effet utile** ist die Norm folglich so auszulegen, dass die ihr von Seiten des europäischen Rechts zugrundeliegenden Wertungen, also vor allem das Ziel der Sicherung des Vergabewettbewerbs, möglichst weitgehend in die konkrete Rechtsanwendung einfließen.

B. Allgemeines

I. Die ratio legis des § 6 VgV

8   § 6 VgV normiert für bestimmte natürliche Personen das Verbot, auf Seiten des öffentlichen Auftraggebers an einem Vergabeverfahren mitzuwirken. Das Mitwirkungsverbot des § 6 VgV soll eine Verzerrung des Vergabewettbewerbs durch die Beteiligung einem Interessenkonflikt unterliegender Personen an dem Vergabeverfahren verhindern, damit die Neutralität des öffentlichen Auftraggebers sicherstellen und so letztlich die Gleichbehandlung aller Bieter gewährleisten. Die Vorschrift dient somit der Konkretisierung des vergaberechtlichen **Gleichbehandlungsgebots** (§ 97 Abs. 2 GWB) sowie des **Wettbewerbs-** und des **Transparenzprinzips** (§ 97 Abs. 1 GWB). Das Verbot der Mitwirkung an einem Vergabeverfahren unter Verweis auf die präventive Wirkung des § 6 VgV allein als Ausfluss des Wettbewerbsprinzips zur Sicherstellung der Chancengleichheit zu betrachten,[18] greift daher zu kurz.

9   Vielmehr verhindert § 6 VgV als dem Vergabewettbewerb **vorgelagertes konkretisiertes Diskriminierungsverbot,** dass die Mitwirkung von Personen, die ein besonderes Näheverhältnis sowohl zu dem öffentlichen Auftraggeber als auch zu einem Bieter aufweisen oder aus sonstigen Gründen einem **Interessenkonflikt** unterliegen, zu einer sachlich nicht gerechtfertigten Bevorzugung oder Benachteiligung[19] einzelner Bieter und damit auch zu einer eigenständigen Verletzung des Gleichbehandlungsgebots des § 97 Abs. 2 GWB führt.

10   Von verwaltungsrechtlicher Seite wurde § 16 VgV a. F. zuweilen nicht als Konkretisierung der allgemeinen vergaberechtlichen Grundsätze Wettbewerb, Transparenz und Gleichbehandlung, sondern als Ausformung eines allgemeinen Rechtsgedankens bzw. als selbstverständliche Konsequenz des Rechtsstaatsprinzips angesehen.[20] Ein solcher **Rückgriff auf „allgemeine Rechtsgedanken"** war jedoch bereits infolge der insoweit abschließenden Kodifikation der – auf europäische Vorgaben zurückgehenden – vergaberechtlichen Grundsätze, auf denen die untergesetzliche Regelung des § 16 VgV a. F. beruhte und die sie konkretisierte, in § 97 GWB **nicht erforderlich.** Dies gilt erst Recht für § 6 VgV, der Artikel 24 der VRL unmittelbar umsetzt.[21] Insbesondere können, jeden-

---

[15] Art. 24 UA 1 VRL.
[16] Zu den allgemeinen vergaberechtlichen Grundsätzen Wettbewerb, Transparenz und Gleichbehandlung vgl. ausführlich *Dreher* in Immenga/Mestmäcker GWB § 97 Rn. 5 ff.
[17] Siehe hierzu unten Rn. 8 ff.
[18] So aber zu § 16 VgV a. F. *Kirch* Mitwirkungsverbote bei Vergabeverfahren S. 102 ff., 226.
[19] Vgl. speziell zu diesem Problem der „negativen Befangenheit" *Winnes* NZBau 2004, 423 f.
[20] Vgl. *Berrisch/Nehl* WuW 2001, 944 (950 ff.).
[21] Siehe dazu oben Rn. 6.

falls seit Inkrafttreten des § 16 VgV a. F.,[22] Vorschriften des allgemeinen Verwaltungsrechts rechtssystematisch nicht zur Auslegung kartellvergaberechtlicher Bestimmungen herangezogen werden.[23]

§ 6 VgV konkretisiert zwar das allgemeine Gleichbehandlungs-, Wettbewerbs- und **11** Transparenzprinzip, wirkt jedoch nicht insofern als lex specialis, als es die **Anwendbarkeit des § 97 Abs. 1 bzw. Abs. 2 GWB** auf solche Sachverhalte ausschließen würde, die nicht von § 6 VgV erfasst werden.[24] Vielmehr ist ein Verstoß gegen die höherrangige Norm des § 97 GWB wegen Voreingenommenheit eines Beteiligten auch dann denkbar, wenn der Sachverhalt nicht durch § 6 VgV ausdrücklich geregelt wird. Ein Rückgriff auf die allgemeinen vergaberechtlichen Grundsätze neben der Anwendung des § 6 VgV ist mithin möglich und geboten,[25] wenn auch aufgrund der weiten Generalklausel in § 6 Abs. 2 VgV nur selten zu erwarten.

II. Der Anwendungsbereich

1. Der Normadressat

§ 6 VgV verpflichtet den **öffentlichen Auftraggeber,** dafür Sorge zu tragen, dass vor- **12** eingenommene Personen nicht an einem Vergabeverfahren beteiligt werden. Die Vermeidung eines solchen Vergabeverstoßes obliegt allein dem öffentlichen Auftraggeber, nicht den Bietern und insbesondere auch nicht den einem Interessenkonflikt unterliegenden Personen selbst. Dies folgt aus dem allgemeinen Grundsatz, wonach es Aufgabe des öffentlichen Auftraggebers ist, den rechtmäßigen Ablauf des Vergabeverfahrens zu gewährleisten.[26] Auch Erwägungsgrund 16 VRL bestätigt dieses Verständnis.[27]

2. Persönlicher Anwendungsbereich

Das Mitwirkungsverbot des § 6 VgV gilt kraft ausdrücklicher gesetzlicher Anordnung **13** ausschließlich für **natürliche Personen.**[28] Nicht erfasst sind somit juristische Personen und andere rechtsfähige Personenvereinigungen, insbesondere Personenhandelsgesellschaften und die Gesellschaft bürgerlichen Rechts. Folglich sind nach § 6 VgV niemals juristische Personen und Personengesamtheiten von der Mitwirkung an einem Vergabeverfahren ausgeschlossen, sondern stets nur einzelne natürliche Personen. Die Frage, ob im Einzelfall auch ein Ausschluss anderer Rechtspersonen in Betracht kommt, ist nach § 97 GWB, insbesondere dessen Absatz 2 zu beurteilen.

3. Zeitlicher Anwendungsbereich

§ 6 VgV statuiert ein Mitwirkungsverbot für Personen in einem Vergabeverfahren, die **14** einem Interessenkonflikt unterliegen. Das Verständnis des Begriffs „Vergabeverfahren", das

---

[22] In Bezug auf § 20 VwVfG nach richtiger Auffassung aber auch bereits zuvor, vgl. hierzu *Dreher* VersR 1999, 1513; *ders.* NZBau 2000, 178 (179); *ders.* NZBau 2000, 280 (281).

[23] Vgl. *Dreher* in Immenga/Mestmäcker GWB Vor §§ 97 ff. Rn. 159; ebenso *Burgi* Vergaberecht § 13 Rn. 7; anders noch zu § 16 VgV a. F. *Ganske* in Reidt/Stickler/Glahs VgV § 16 Rn. 3, der § 20 VwVfG als „Auslegungshilfe" berücksichtigen will; so auch OLG Brandenburg vom 3.8.1999 – 6 Verg. 1/99, NZBau 2000, 39 = WuW/E Verg 231 = NVwZ 1999, 1142 – Berlin Schönefeld.

[24] Für eine Sperrwirkung der Vorgängernorm § 16 VgV a. F. jedoch *Kirch* Mitwirkungsverbote bei Vergabeverfahren S. 176 f.

[25] Zu § 16 VgV a. F. ebenso *H.-M. Müller* in Byok/Jaeger VgV § 16 Rn. 14; *Ganske* in Reidt/Stickler/Glahs VgV § 16 Rn. 5, beide allerdings nur im Hinblick auf das Gleichbehandlungsgebot des § 97 Abs. 2 GWB; vgl. auch *Opitz* Marktmacht und Bieterwettbewerb S. 78.

[26] Zur Vorgängernorm ebenso *Ganske* in Reidt/Stickler/Glahs VgV § 16 Rn. 4; einschränkend *Quilisch/Fietz* NZBau 2001, 540 (542), die den Auftraggeber lediglich „in erster Linie" als Adressaten ansehen; ähnlich *H.-M. Müller* in Byok/Jaeger VgV § 16 Rn. 16, wonach sich die Norm nur „vorrangig" an den öffentlichen Auftraggeber richten soll.

[27] Vgl. Fn. 14.

[28] Vgl. auch BT-Drs. 18/7318, 151 zu § 6 VgV.

man bei Auslegung der Norm zugrunde legt, entscheidet folglich über den zeitlichen Anwendungsbereich der Vorschrift. Grob lassen sich **ein formelles und ein materielles Begriffsverständnis** – jeweils mit divergierenden Ansichten im Einzelnen – unterscheiden. Die Frage nach dem treffenden Begriffsverständnis war bereits Gegenstand der Vorgängernorm § 16 VgV a. F., die voreingenommene Personen von „Entscheidungen in einem Vergabeverfahren" ausschloss.[29] Mit der Novellierung der Vorschrift ist der Begriff des Vergabeverfahrens jedoch unverändert von entscheidender Bedeutung.

15   Teile der obergerichtlichen Rechtsprechung und der Literatur hielten die Vorschrift des § 16 VgV a. F. lediglich nach Einleitung eines **förmlichen Vergabeverfahrens** für anwendbar.[30] Mit dem Wortlaut der Norm argumentierend gingen die Vertreter des formellen Ansatzes davon aus, dass ein Mitwirkungsverbot stets die Einleitung eines förmlichen Vergabeverfahrens und die Möglichkeit der Existenz von Bietern, also zumindest eine Ausschreibungsbekanntmachung, voraussetzt. Teilweise wurde sogar über die Bekanntmachung hinaus im offenen Verfahren die Einreichung von Angeboten[31] bzw. im nichtoffenen Verfahren die Anforderung von Vergabeunterlagen oder der Eingang eines Teilnahmeantrags verlangt.[32]

16   Ein derart formalisiertes Verständnis des Begriffs des Vergabeverfahrens i. S. d. § 6 VgV führt jedoch zu einer erheblichen Einschränkung des Anwendungsbereichs der Vorschrift. Der Schutz der Verfahrensbeteiligten vor unsachgemäßer Einflussnahme durch einem Interessenkonflikt unterliegende Personen auf das Vergabeverfahren und damit letztlich der Schutz der vergaberechtlichen Grundprinzipien Wettbewerb, Gleichbehandlung und Transparenz gebieten daher, bei der Anwendung des § 6 VgV – ebenso wie bei §§ 97 ff. GWB – einen **materiellen Begriff des Vergabeverfahrens** zugrunde zu legen und den Anwendungsbereich des Mitwirkungsverbots auch auf Handlungen im Vorfeld des förmlichen Vergabeverfahrens zu erstrecken.[33] Von dem Beginn des Vergabeverfahrens ist nach materiellen Kriterien bereits auszugehen, wenn der öffentliche Auftraggeber von der reinen Markterkundung übergeht zu der **Konkretisierung eines spezifischen Beschaffungsvorhabens**.[34] Erfasst sind damit auch alle Handlungen, die der Vorbereitung und Einleitung des förmlichen Vergabeverfahrens dienen, d. h. insbesondere solche, die die Konzeption und Durchführung der Ausschreibung betreffen, wie etwa die Wahl der Verfahrensart oder die Erstellung der Leistungsbeschreibung.[35] Dieses materielle Begriffsverständnis entspricht zum einen dem zugrundeliegenden – dahingehend eindeutigen – Richtlinienvorschlag[36] sowie

---

[29] Vgl. *Dreher* in Dreher/Motzke Beck'scher Vergaberechtskommentar 2. Aufl. 2013 § 16 VgV Rn. 8 ff.
[30] Ausführlich OLG Celle vom 14.4.2016 – 13 Verg 11/15, IBRRS 2016, 997; OLG Koblenz vom 5.9.2002 – 1 Verg 2/02, NZBau 2002, 699; OLG Jena vom 4.8.2003 – 6 Verg 9/03, NZBau 2003, 624; vgl. aus der Literatur etwa PK-VergabeR/*Weyand* VgV § 16 Rn. 29; *H.-M. Müller* in Byok/Jaeger VgV § 16 Rn. 28 f.; *Ganske* in Reidt/Stickler/Glahs VgV § 16 Rn. 9 f.; zu § 6 VgV n. F. *Röwekamp* in KKMPP VgV § 6 Rn. 11.
[31] Diese Ansicht ist weder i. R. d. der Vorgängernorm noch zur aktuellen Fassung haltbar, weil eine Verletzung von § 6 VgV dann als Gegenstand einer Rüge nach § 160 GWB vor Abgabe eines Angebots ausscheiden müsste.
[32] Vgl. etwa *H.-M. Müller* in Byok/Jaeger VgV § 16 Rn. 29, der als Beleg für seine Ansicht die Entscheidung des OLG Koblenz anführt, in der das Gericht allerdings – insofern als Beleg untauglich – für das offene Verfahren den Zeitpunkt der Bekanntmachung für den Beginn des förmlichen Vergabeverfahrens als maßgeblich erachtet, vgl. OLG Koblenz vom 5.9.2002 – 1 Verg 2/02, NZBau 2002, 700 unter Gliederungspunkt B. II.; differenzierend *Ganske* in Reidt/Stickler/Glahs VgV § 16 Rn. 11.
[33] So auch BayObLG vom 22.1.2002 – Verg 18/01, NZBau 2002, 397; OLG Düsseldorf vom 11.3.2002 – Verg 43/01, NZBau 2003, 55; OLG Hamburg vom 4.11.2002 – 1 Verg 3/02, NZBau 2003, 172; *Schneider* in Kapellmann/Messerschmidt VgV § 16 Rn. 3; wohl auch *R. Leinemann*, Die Vergabe öffentlicher Aufträge, 6. Aufl. 2016, Rn. 30; *Erdl* VergabeR 2002, 629; *Greb* NZBau 2016, 262 (264); *Schröder* NVwZ 2004, 168 (171); *Hoffmann* NZBau 2008, 749; ebenso VK Bund vom 24.4.2012 – VK 2 – 169/11, die zwar einem formellen Verständnis folgt, § 16 VgV a. F. trotzdem bereits bei der Ausarbeitung der Leistungsbeschreibung anwendet; ausführlich vom materiellen Begriff des Vergabeverfahrens *Dreher* in Immenga/Mestmäcker GWB § 97 Rn. 16; a. A. zu § 6 VgV Juris PK-VergabeR/*Dippel* VgV § 6 Rn. 41 f.
[34] *Dreher* in Immenga/Mestmäcker GWB § 97 Rn. 16.
[35] Speziell zu der sog. „Projektanten-Problematik" vgl. unten Rn. 55 ff.
[36] Vgl. Art. 21 Abs. 1 des Vorschlags für die Richtlinie des Europäischen Parlaments und des Rates über die öffentliche Auftragsvergabe, KOM (2011) 896 endg. v. 20.12.2011.

der zur alten Fassung dokumentierten Intention des Verordnungsgebers.[37] Zum anderen macht es § 6 VgV zu einem effektiven Mittel der Verhinderung unsachgemäßer Einflussnahme voreingenommener Personen auf sämtliche Entscheidungen, die den Vergabewettbewerb betreffen, was letztlich dem Schutz des Vergabewettbewerbs als Institution dient und damit die praktische Wirksamkeit (effet utile) der zugrundeliegenden europarechtlichen Vorgaben gewährleistet.

C. Die Tatbestandsvoraussetzungen des § 6 VgV

I. Der erfasste Personenkreis

1. Überblick

Das Mitwirkungsverbot des § 6 VgV soll verhindern, dass sich Personen an einem **17** Vergabeverfahren auf Seiten des öffentlichen Auftraggebers beteiligen, bei denen ein Interessenkonflikt besteht. Dies ist der Fall, wenn die betreffende Person der **Sphäre des öffentlichen Auftraggebers** zuzurechnen ist[38] und ein **Interessenkonflikt** durch ein besonderes Näheverhältnis zu einem Bieter oder Bewerber entweder nach Absatz 2 positiv festgestellt[39] oder nach den Absätzen 3 oder 4 vermutet[40] wird.

In der Sphäre des öffentlichen Auftraggebers ist nach § 6 VgV nicht allein die **formale 18 Stellung** der Person relevant. Sie ist Gegenstand von § 6 Abs. 1 VgV. Darüber hinaus kommt es nach § 6 Abs. 2 VgV bei der Prüfung eines Interessenkonflikts zudem darauf an, ob die Person **tätigkeitsbedingt** „an der Durchführung des Vergabeverfahrens beteiligt" ist oder „Einfluss auf den Ausgang eines Vergabeverfahrens nehmen" kann.[41] Das entspricht der Vorgabe aus Art. 24 UA 2 VRL, erscheint allerdings redundant. Denn einer Person, die weder am Vergabeverfahren beteiligt ist, noch Einfluss auf dessen Ausgang nehmen kann, fehlt es bereits an der Möglichkeit, am Vergabeverfahren mitzuwirken. Deshalb wäre – auch ohne die tatbestandliche Einschränkung – das „Verbot" der Mitwirkung für diesen Personenkreis irrelevant.

2. Personen aus der Sphäre des öffentlichen Auftraggebers (Abs. 1)

a) Grundsatz. § 6 Abs. 1 VgV statuiert ein Mitwirkungsverbot für **Mitglieder der 19 Organe** des **öffentlichen Auftraggebers,** für dessen **Mitarbeiter** sowie für die Mitarbeiter und Organmitglieder eines im Namen des öffentlichen Auftraggebers handelnden **Beschaffungsdienstleisters,** wenn bei diesen Personen ein Interessenkonflikt besteht.

Während bereits § 16 VgV a. F. Organmitglieder miterfasste,[42] bezieht sich Art. 24 UA 2 **20** VRL, dessen Umsetzung § 6 VgV dient,[43] allein auf „Mitarbeiter" des öffentlichen Auftraggebers oder eines in dessen Namen handelnden Beschaffungsdienstleisters.[44] Nach dem Zweck der Regelung ist der Begriff jedoch nicht im Sinne eines formalen Angestelltenverhältnisses zu verstehen. Schließlich geht es darum, Wettbewerbsverzerrungen zu verhindern, die aus Interessenkonflikten resultieren.[45] Um die praktische Wirksamkeit von **Art. 24 UA 2 VRL** sicherzustellen, ist der **Begriff des Mitarbeiters weit** zu verstehen

---

[37] Vgl. nur die Begründung zu dem zumindest insoweit auch für die endgültige Fassung der Vergabeverordnung maßgeblichen Regierungsentwurf BR-Drs. 455/00, 20.
[38] Hierzu Rn. 19 ff.
[39] Hierzu Rn. 29 ff.
[40] Hierzu Rn. 34 ff.
[41] Hierzu Rn. 30 ff.
[42] Zum damals unklaren Wortlaut siehe unten Rn. 28.
[43] Siehe oben Rn. 6.
[44] Dem entsprechen auch die anderen Sprachfassungen der VRL. So verwendet die englische „staff members", die französische „membres du personnel" und die niederländische „personeelsleden".
[45] Vgl. Erwägungsgrund 16 VRL (Fn. 14).

und funktional auszulegen. Umfasst sind alle Personen, die auf Seiten des öffentlichen Auftraggebers am Vergabeverfahren beteiligt sind oder Einfluss auf dessen Ausgang nehmen können.[46] Darunter fallen Organmitglieder grundsätzlich ebenso wie Beamte, freie Mitarbeiter oder andere mitarbeiterähnliche Verhältnisse.[47] Im Rahmen der gebotenen richtlinienkonformen Auslegung des Mitarbeiterbegriffs i. S. d. § 6 Abs. 1 VgV kommt der Tatbestandsvariante des Organmitgliedes infolgedessen keine eigenständige Bedeutung zu, da sie keinen weitergehenden Anwendungsbereich hat.

21   **b) Mitglieder eines Organs des öffentlichen Auftraggebers.** Ist der öffentliche Auftraggeber als juristische Person des öffentlichen oder privaten Rechts organisiert, handelt er rechtlich durch seine Organe. Der Sphäre des öffentlichen Auftraggebers sind daher jedenfalls nach § 6 Abs. 1 Hs. 1 VgV diejenigen natürlichen Personen zuzurechnen, die **kraft Gesetzes oder Bestellung Mitglieder dieser Organe** sind. Erfasst sind damit die Mitglieder der Leitungs-, Kontroll- und Willensbildungsorgane des öffentlichen Auftraggebers. Ist dieser in der Rechtsform einer privatrechtlichen juristischen Person organisiert, sind dies die Mitglieder des Vorstands bzw. die Geschäftsführer, die Aufsichtsratsmitglieder sowie sämtliche Gesellschafter. Bei juristischen Personen des öffentlichen Rechts sind es die Mitglieder der Organe mit entsprechender Funktion, also etwa Mitglieder der obersten Staatsorgane des Bundes oder eines Landes, kommunale Spitzenbeamte und Mitglieder der kommunalen Vertretungsorgane[48] sowie der Leitungs- und Kontrollorgane und der Trägerversammlung einer öffentlich-rechtlichen Anstalt oder Stiftung.

22   Darüber hinausgehend ist der **Begriff des Organs** i. S. d. § 6 VgV **richtlinienkonform** im Hinblick auf Art. 24 UA 2 VRL **weit** auszulegen. Sein Gehalt erschöpft sich nicht in einem streng akzessorischen Verständnis zum deutschen Recht.[49] Entscheidend ist vielmehr, dass eine organtypische Funktion wahrgenommen wird und die Mitglieder an der Durchführung des Vergabeverfahrens beteiligt sind oder Einfluss auf den Ausgang nehmen können. Das ist insbesondere dann der Fall, wenn das Organ die abschließende Vergabeentscheidung auf ein anderes Gremium delegiert hat. Jedoch können auch Mitglieder rein beratender oder vorbereitender Gremien bei entsprechender Einflussnahmemöglichkeit als Organmitglieder i. S. d. § 6 VgV anzusehen sein. Das gilt beispielsweise für Mitglieder eines vorbereitenden Bauausschusses, die zwar keine Gemeinderatsmitglieder sind, aber nach umfassender Prüfung dem Gemeinderat eine Beschlussempfehlung unterbreiten, welche sodann regelmäßig befolgt wird.

23   **c) Mitarbeiter eines Auftraggebers.** Der Begriff des Mitarbeiters i. S. d. § 6 VgV hat **singulären Charakter** im deutschen Recht. Er ist daher einerseits normimmanent, d. h. vor allem mit Rücksicht auf die Systematik und das Telos der Vorschrift, aber andererseits auch richtlinienkonform im Hinblick auf Art. 24 UA 2 VRL, auszulegen. Mit dem Begriff des Mitarbeiters soll § 6 VgV Personen erfassen, die im Unterschied zu den Mitgliedern der Organe nicht kraft ihrer organschaftlichen oder organtypischen[50] Stellung mit dem öffentlichen Auftraggeber verbunden sind, sondern auf der Grundlage eines obligatorischen Rechtsverhältnisses eine **unselbständige Tätigkeit** für den öffentlichen Auftraggeber ausüben.

24   Im Hinblick auf den Schutzzweck des § 6 VgV ist der Begriff des Mitarbeiters grundsätzlich **weit auszulegen,**[51] so dass durch ihn alle Personen erfasst sind, deren Dienst- und

---

[46] Vgl. zum Verhältnis dieser Auslegung zum Wortlaut des § 6 Abs. 2 VgV Rn. 18.

[47] Umfasst sind daher bspw. auch sog. Arbeitsgelegenheiten mit Mehraufwandsentschädigung nach § 16d Satz 1 SGB II.

[48] Siehe z. B. § 28 Abs. 1 Satz 1 GemO RLP, wonach der Gemeinderat und der Bürgermeister Organe der Gemeinde sind.

[49] So aber im Ergebnis *Röwekamp* in KKMPP VgV § 6 Rn. 14; ebenso noch zur Vorgängernorm *Dreher* in Dreher/Motzke Beck'scher Vergaberechtskommentar 2. Aufl. 2013 § 16 VgV Rn. 15; die Abkehr von diesem Verständnis hat ihren Grund in der richtlinienkonformen Auslegung, die i. R. d. § 16 VgV a. F. nicht geboten war, vgl. oben Rn. 5 und 20.

[50] Vgl. dazu oben Rn. 22.

[51] So auch *Ganske* in Reidt/Stickler/Glahs VgV § 16 Rn. 16; *H.-M. Müller* in Byok/Jaeger VgV § 16 Rn. 22; *Schröder* NVwZ 2004, 168 (169).

Loyalitätspflicht gegenüber dem öffentlichen Auftraggeber die Gefahr der Voreingenommenheit begründet.[52] Zugrundeliegende Rechtsverhältnisse sind typischerweise Beamten- oder Anstellungsverhältnisse. Auf den sachlichen und zeitlichen Umfang der Tätigkeit kommt es für die Qualifikation als Mitarbeiter i. S. d. § 6 VgV grundsätzlich nicht an.[53] Ebenso wenig kommt es aufgrund der gebotenen richtlinienkonformen Auslegung auf ein Verständnis im Sinne des deutschen Rechts an. Umfasst sind vielmehr alle Personen, die auf Auftraggeberseite am Vergabeverfahren beteiligt sind oder Einfluss auf dessen Ausgang nehmen können.[54] Eine Abgrenzung zum Organmitglied ist nicht trennscharf möglich,[55] aber aufgrund derselben Rechtsfolge auch nicht nötig. Die Abgrenzung zu den Mitarbeitern eines im Namen des öffentlichen Auftraggebers handelnden Beschaffungsdienstleisters[56] erfolgt über das Kriterium der Unselbständigkeit der Tätigkeit des Mitarbeiters. Als unselbständig ist die Tätigkeit dann anzusehen, wenn die betreffende Person fest **in die Organisationsstruktur des öffentlichen Auftraggebers eingebunden** ist, also insbesondere einem unmittelbaren Weisungs- bzw. Direktionsrecht des öffentlichen Auftraggebers unterliegt.

d) Organmitglieder oder Mitarbeiter eines Beschaffungsdienstleisters. Auch die 25 Organmitglieder und die Mitarbeiter eines im Namen des öffentlichen Auftraggebers handelnden Beschaffungsdienstleisters werden der Sphäre des öffentlichen Auftraggebers zugerechnet. Das GWB und die VgV definieren den Begriff nicht. Stattdessen wird er in Art. 2 Abs. 1 Nr. 17 VRL bestimmt. Hiernach ist ein Beschaffungsdienstleister „eine öffentliche oder privatrechtliche Stelle, die auf dem Markt **Nebenbeschaffungstätigkeiten** anbietet". Nebenbeschaffungstätigkeiten sind gemäß Art. 2 Abs. 1 Nr. 15 VRL „Tätigkeiten zur Unterstützung von Beschaffungstätigkeiten, insbesondere in einer der folgenden Formen:

a) Bereitstellung technischer Infrastruktur, die es öffentlichen Auftraggebern ermöglicht, öffentliche Aufträge zu vergeben oder Rahmenvereinbarungen über Bauleistungen, Lieferungen oder Dienstleistungen abzuschließen;

b) Beratung zur Ausführung oder Planung von Verfahren zur Vergabe öffentlicher Aufträge;

c) Vorbereitung und Verwaltung von Verfahren zur Vergabe öffentlicher Aufträge im Namen und für Rechnung des betreffenden öffentlichen Auftraggebers".

In richtlinienkonformer Auslegung ist dem Begriff des Beschaffungsdienstleisters i. S. d. 26 § 6 Abs. 1 VgV die Definition in Art. 2 Abs. 1 Nr. 17 i. V. m. Nr. 15 VRL zugrunde zu legen. Die vom europäischen Gesetzgeber benannten Regelbeispiele zeigen, dass der Begriff des Beschaffungsdienstleisters – wie bereits der des Beauftragten i. R. d. Vorgängernorm –[57] **weit auszulegen** ist.[58] Auch wenn § 16 VgV a. F. anders formuliert war, werden sich materiell im Rahmen des § 6 VgV keine Änderungen ergeben.[59] Dies gilt insbesondere im Hinblick auf den Schutzzweck der Vorschrift. Erfasst wird damit jedes Tätigwerden für den öffentlichen Auftraggeber auf rechtlicher Grundlage im Zusammenhang mit dem Vergabeverfahren.

Gegenüber dem Mitarbeiter des öffentlichen Auftraggebers zeichnet sich der Beschaf- 27 fungsdienstleister i. S. d. § 6 VgV durch die **Selbständigkeit** seiner Tätigkeit, d. h. die fehlende Einbindung in die Organisationsstruktur des öffentlichen Auftraggebers aus. Ein Be-

---

[52] Vgl. auch Juris PK-VergabeR/*Dippel* VgV § 6 Rn. 15.

[53] Ebenso *H.-M. Müller* in Byok/Jaeger VgV § 16 Rn. 22; Juris PK-VergabeR/*Dippel* VgV § 6 Rn. 15; *Ganske* in Reidt/Stickler/Glahs VgV § 16 Rn. 16; *Quilisch/Fietz* NZBau 2001, 540 (542).

[54] Vgl. auch Rn. 20.

[55] Dies hat seinen Grund darin, dass Art. 24 UA 2 VRL den Begriff des Organmitgliedes nicht kennt, der Verordnungsgeber ihn aber aus § 16 VgV a. F. übernommen hat, vgl. auch Rn. 2, ohne dass es ein rechtliches Bedürfnis hierfür gäbe.

[56] Zu diesem sogleich unter Rn. 25 ff.

[57] Ganz herrschende Auffassung, vgl. *Sturhahn* in Pünder/Schellenberg Vergaberecht § 16 Rn. 11; *H.-M. Müller* in Byok/Jaeger VgV § 16 Rn. 23; *Ganske* in Reidt/Stickler/Glahs VgV § 16 Rn. 18.

[58] Ebenso Juris PK-VergabeR/*Dippel* VgV § 6 Rn. 19.

[59] Ebenso *Greb* NZBau 2016, 262 (264).

schaffungsdienstleister erbringt auf der Grundlage eines schuldrechtlichen Verhältnisses, das nicht notwendig Auftrag i. S. d. §§ 662 ff. BGB sein muss,[60] entgeltlich oder unentgeltlich Leistungen für den Auftraggeber im Zusammenhang mit einem Vergabeverfahren. Typischerweise sind dies entgeltliche Dienstleistungen von Rechtsanwälten, Unternehmensberatern, Architekten, Steuerberatern, Maklern, Ingenieuren oder sonstigen **freiberuflich tätigen Personen**. Umfasst kann auch ein Preisgericht sein, das vom öffentlichen Auftraggeber ausgewählt und eingesetzt wurde.[61]

28   Der Wortlaut des § 16 Abs. 1 VgV a. F. erfasste Organmitglieder des Beauftragten nicht ausdrücklich. Es bestand indessen wohl Einigkeit, dass unter die Vorschrift nach deren Sinn und Zweck auch die Organmitglieder fielen.[62] Gemäß § 6 Abs. 1 VgV sind nunmehr ausdrücklich sowohl **Mitarbeiter** des Beschaffungsdienstleisters als auch, falls dieser als juristische Person organisiert ist, dessen **Organmitglieder** der Sphäre des öffentlichen Auftraggebers zuzurechnen.[63] Der veränderte Wortlaut führt jedoch zu einer neuen Unschärfe. Denn aus § 6 Abs. 1 VgV folgt – anders als aus § 16 Abs. 1 VgV a. F. für die Beauftragten – nicht, dass ein im Namen des öffentlichen Auftraggebers handelnder **Beschaffungsdienstleister selbst** unter das Mitwirkungsverbot fällt.[64] Problematisch ist dies im Hinblick auf die Beauftragung von natürlichen Personen. Bei funktionaler Auslegung kann im Ergebnis kein Zweifel daran bestehen, dass auch der Auftragnehmer selbst von dem Mitwirkungsverbot erfasst wird.

II. Bestehen eines Interessenkonflikts

1. Die Generalklausel (Abs. 2)

29   **a) Die beiden Voraussetzungen.** Eine Person aus der Sphäre des öffentlichen Auftraggebers darf in einem Vergabeverfahren nicht mitwirken, wenn bei ihr ein Interessenkonflikt besteht. § 6 Abs. 2 VgV stellt diesbezüglich eine **Generalklausel** dar,[65] die Art. 24 UA 2 VRL fast wortgleich umsetzt. Hiernach unterliegt eine Person einem Interessenkonflikt, wenn sie **zwei Voraussetzungen** erfüllt: **Erstens** muss sie entweder an der Durchführung des Vergabeverfahrens beteiligt sein (Abs. 2 Hs. 1 Var. 1) oder Einfluss auf ihren Ausgang nehmen können (Abs. 2 Hs. 1 Var. 2). **Zweitens** muss sie ein direktes oder indirektes Interesse haben, das die Unparteilichkeit und Unabhängigkeit beeinträchtigen könnte. Dieses Interesse kann finanzieller, wirtschaftlicher oder persönlicher Natur sein (Abs. 2 Hs. 2). Zu beachten ist, einen Interessenkonflikt nicht bereits bei dem „bösen Schein" einer Wettbewerbsbeeinträchtigung anzunehmen.[66] Eine Voreingenommenheit muss positiv bei der betreffenden Person festgestellt werden. Gleichwohl wird die Generalklausel aufgrund ihrer sehr weiten Formulierung eine praktische Relevanz erlangen.[67] So kön-

---

[60] So auch zur Vorgängernorm etwa *H.-M. Müller* in Byok/Jaeger VgV § 16 Rn. 23.

[61] OLG München vom 11.4.2013 – Verg 2/13, NZBau 2013, 661 und dazu *Greb* NZBau 2014, 28; zustimmend *Schneider* in Kapellmann/Messerschmidt VgV § 16 Rn. 14.

[62] Vgl. dazu die Nachweise bei *Dreher* in Dreher/Motzke Beck'scher Vergaberechtskommentar 2. Aufl. 2013 § 16 VgV Rn. 19 (dort Fn. 33).

[63] Für den Begriff des Organmitglieds und des Mitarbeiters gelten die Ausführungen oben Rn. 21 ff. und Rn. 23 f. entsprechend.

[64] Entsprechendes gilt für Art. 24 UA 2 VRL, der nur Mitarbeiter des Beschaffungsdienstleisters benennt; vgl. dazu schon Rn. 20.

[65] Vgl. auch Juris PK-VergabeR/*Dippel* VgV § 6 Rn. 3; *Greb* NZBau 2016, 262 (264); *Sturhahn* in Pünder/Schellenberg Vergaberecht § 16 Rn. 6, der von einer „generalklauselartigen Beschreibung" des § 6 Abs. 2 VgV zugrundeliegenden Art. 24 UA 2 VRL spricht.

[66] Vgl. VK Sachsen vom 15.2.2011 – 1/SVK/052-10, ZfBR 2011, 718 (725) und *Dreher* in Immenga/Mestmäcker GWB § 97 Rn. 89 ff.

[67] Ebenso *Sturhahn* in Pünder/Schellenberg Vergaberecht § 16 Rn. 6, nach dem die Generalklausel „deutlich" über den Tatbestand des § 16 VgV a. F. hinausgeht; *R. Leinemann*, Die Vergabe öffentlicher Aufträge, 6. Aufl. 2016, Rn. 29 spricht von „uferlos"; a. A. Vergaberecht kompakt/*Noch* Kap. A Rn. 616, der generell § 6 VgV n. F. zu § 16 VgV a. F. als „unverändert" sieht.

nen nach § 6 VgV im Gegensatz zu § 16 VgV a.F., der sich mit den Vermutungstatbeständen des § 6 Abs. 3 VgV deckt und keine Generalklausel kannte, Personen aus der Sphäre des öffentlichen Auftraggebers an der Mitwirkung an einem Vergabeverfahren auszuschließen sein, die bedeutende Anteilsrechte an einem Bieter oder Bewerber halten und damit ein wirtschaftliches Interesse an einem Zuschlag zugunsten des Unternehmens haben.[68]

b) Tätigkeit in der Sphäre des öffentlichen Auftraggebers. Folgt man zutreffend **30** einem materiellen Verständnis des Vergabeverfahrens, ist eine Person nicht erst **an der Durchführung des Vergabeverfahrens beteiligt,** wenn ein förmliches Vergabeverfahren eingeleitet wurde und eine Ausschreibungsbekanntmachung existiert.[69] Vielmehr ist es ausreichend, wenn der öffentliche Auftraggeber von der reinen Markterkundung übergeht zu der Konkretisierung eines spezifischen Beschaffungsvorhabens.[70] Folglich ist eine Person bereits an der Durchführung des Vergabeverfahrens beteiligt, wenn es zum Beispiel um die Wahl der Verfahrensart oder die Erstellung der Leistungsbeschreibung geht. Eine Beteiligung bedarf in Abgrenzung zur zweiten Variante des § 6 Abs. 2 Hs. 1 VgV einer **aktiven verfahrensbezogenen Tätigkeit** der Person. In Betracht kommen zum Beispiel Aufgaben im Rahmen der Erstellung der Bekanntmachung und der Vergabeunterlagen, der Korrespondenzphase, der Eignungs- und Wirtschaftlichkeitsprüfung oder eine Beratungstätigkeit für den öffentlichen Auftraggeber.

Ist eine Person nicht an der Durchführung des Vergabeverfahrens aktiv beteiligt, kann sie **31** trotzdem – soweit die weitere Voraussetzung des Absatzes 2 gegeben ist – einem Interessenkonflikt unterliegen, wenn sie **Einfluss auf den Ausgang des Vergabeverfahrens** nehmen kann. Diese Variante soll der Konstellation Rechnung tragen, in der die Person nicht aktiv am Vergabeverfahren beteiligt ist, sondern eine passive Stellung einnimmt. In Betracht kommt zum Beispiel die Stellung eines Ratsmitglieds. Auch wenn nicht erforderlich ist, dass die Person einen kausalen Beitrag zum Ausgang des Verfahrens leistet,[71] muss sie doch eine **tatsächliche Möglichkeit** haben, auf die konkrete Auswahlentscheidung Einfluss zu nehmen.[72]

c) Persönliches Interesse. Als zweite Voraussetzung muss die Person ein direktes oder **32** indirektes **finanzielles, wirtschaftliches oder persönliches Interesse** haben, das ihre Unparteilichkeit und Unabhängigkeit im Rahmen des Vergabeverfahrens beeinträchtigt. Das persönliche Interesse ist hierbei der Auffangtatbestand, das finanzielle und wirtschaftliche Interesse sind lediglich Beispiele.[73] Ob ein solches Interesse bei der Person vorliegt, kann nur durch eine Einzelfallbetrachtung festgestellt werden. In Frage kommen „sämtliche aus familiären, gefühlsmäßigen, wirtschaftlichen, politischen oder anderen Gründen mit den Bietern geteilten Interessen, einschließlich kollidierender beruflicher Interessen".[74] Auch um die Effektivität des Vergabewettbewerbs zu gewährleisten, ist grundsätzlich eine **weite Auslegung** geboten.

Unter § 6 Abs. 2 VgV fällt indessen nicht jedes persönliche Interesse, sei es auch noch so **33** klein. Vielmehr fordert die Norm, dass das Interesse geeignet sein muss, die Unparteilichkeit und Unabhängigkeit im Rahmen des Vergabeverfahrens zu beeinträchtigen. Die **Interessen** einer Person müssen mithin so **erheblich berührt** sein, dass die Gefahr einer un-

---

[68] Vgl. dazu ausführlicher Rn. 33.
[69] Die doppelte Relevanz des Vergabeverfahrens auf Tatbestands- und Rechtsfolgenseite ergibt sich aus der Beteiligung am Vergabeverfahren auf der einen und der Mitwirkung bzw. ihrem Verbot auf der anderen Seite; zu der unglücklichen Ausgestaltung siehe oben Rn. 18.
[70] Siehe oben ausführlich Rn. 16.
[71] OLG Schleswig vom 28.6.2016 – 54 Verg 2/16, NZBau 2016, 593 (600).
[72] Ebenso Juris PK-VergabeR/*Dippel* VgV § 6 Rn. 45.
[73] Die zugrundeliegende Richtlinienbestimmung spricht davon, dass die Person ein „finanzielles, wirtschaftliches oder sonstiges persönliches Interesse" vorweisen muss, vgl. Art. 24 UA 2 VRL.
[74] So die Formulierung in Art. 21 des Vorschlags für die Richtlinie des Europäischen Parlaments und des Rates über die öffentliche Auftragsvergabe, KOM (2011) 896 endg. v. 20.12.2011.

sachgemäßen Einflussnahme besteht. Die Erheblichkeit ist unter Berücksichtigung der Umstände des Einzelfalls zu prüfen. Dabei spielen die Intensität der persönlichen Bindung an den Bieter und die Bedeutung des konkreten Auftrags eine wichtige Rolle.[75] Unterhalb der Erheblichkeitsschwelle liegt es grundsätzlich, wenn ein Mitarbeiter des öffentlichen Auftraggebers in geringem Umfang Aktien eines Bieters hält und sich die Auftragserteilung positiv, aber im Verhältnis unwesentlich auf den Aktienkurs auswirkt.[76] Bei der Beurteilung von Beteiligungen und ihren Auswirkungen auf das persönliche Interesse verbietet sich jedoch eine generelle Regel. Denn ein wirtschaftliches Interesse kann beispielsweise anzunehmen sein, wenn die Person auf Seiten des öffentlichen Auftraggebers Aktionär eines Start-up-Unternehmens ist, das an einem Vergabeverfahren von großem Umfang teilnimmt. Im Falle der Anteilseignerschaft einer Person auf Auftraggeberseite an einem Bewerber oder Bieter ist daher zu betrachten, wie stark sich ein hypothetischer Zuschlag auf den Aktienkurs auswirkt und in welchem Umfang die Person am Unternehmen beteiligt ist. Wäre der gewonnene Auftrag einer unter zahlreichen, der sich kaum auf den Aktienkurs des Bewerbers oder Bieters auswirkt, und hält die betroffene Person nur einzelne Aktien, ist ein Interessenkonflikt regelmäßig zu verneinen.

2. Die Vermutung eines Interessenkonflikts (Abs. 3)

34   **a) Grundsatz.** Dass eine Person einem Interessenkonflikt unterliegt, wird in den Fällen des § 6 Abs. 3 Nr. 1–3 VgV **vermutet,** wenn sie ein besonderes Näheverhältnis zu einem Bieter oder Bewerber im dort genannten Sinne aufweist. § 6 Abs. 4 VgV erstreckt den Anwendungsbereich der Vorschrift auf Angehörige der Personen, die von § 6 Abs. 3 VgV erfasst sind. Die Voreingenommenheitsvermutungen der Absätze 3 und 4 sind – im Gegensatz zur Vorgängernorm – sämtlich **widerlegbar.**

35   Die **Vermutungstatbestände** werden **in der Praxis eine große Bedeutung** erlangen. Denn die Vorgängernorm beinhaltete keine Generalklausel, sondern bestand lediglich aus Voreingenommenheitsvermutungen, die denselben Inhalt und fast denselben Wortlaut wie § 6 Abs. 3 und 4 VgV hatten. Durch die zur Vorgängernorm ergangenen Entscheidungen von Gerichten und Vergabekammern wurden die Tatbestände konkretisiert, so dass sie die Rechtsanwendung erleichtern. Weil der Verordnungsgeber den Regelungsgehalt der Vorgängernorm überführen wollte, können die Entscheidungen zu § 16 VgV a. F. zur Auslegung des § 6 VgV grundsätzlich herangezogen werden.[77] Zu berücksichtigen ist allerdings die nunmehr mit Art. 24 VRL bestehende, ausdrückliche europarechtliche Vorgabe, in deren Lichte § 6 VgV zu interpretieren ist.

36   **b) Identität im Sinne von Absatz 3 Nr. 1.** Ist die natürliche Person aus der Sphäre des öffentlichen Auftraggebers **identisch mit einem Bieter oder Bewerber,** so wird ein Interessenkonflikt nach § 6 Abs. 3 Nr. 1 VgV vermutet. Die Mitwirkung eines Bieters oder Bewerbers in dem Vergabeverfahren auf Seiten des öffentlichen Auftraggebers stellt gleichsam den schwerwiegendsten Verstoß gegen die Neutralitätspflicht des öffentlichen Auftraggebers dar.

37   Im Rahmen der Vermutungsregel sind die Begriffe des Bieters und Bewerbers mangels europarechtlicher Vorgaben normimmanent zu bestimmen. Denn der § 6 VgV zugrundeliegende Art. 24 VRL nennt die Begrifflichkeiten nicht. Indem der Verordnungsgeber die Nennung von Bieter und Bewerber in § 16 Abs. 1 Nr. 1 VgV a. F. unverändert in die neue Fassung übernommen hat, verdeutlicht er, dass an formale Kriterien anzuknüpfen ist. Da-

---

[75] Ebenso *Röwekamp* in KKMPP VgV § 6 Rn. 18

[76] So wohl *E.-D. Leinemann/Kirch* VergabeNews 2015, 54 (56) zur Widerlegungsmöglichkeit i. R. v. § 16 Abs. 1 Nr. 3 VgV a. F.

[77] In der Kommentierung werden daher Entscheidungen, die zu § 16 VgV a. F. ergangen sind, sowie Literaturnachweise grundsätzlich auch für § 6 VgV n. F. ohne gesonderte Hervorhebung des Bezugs auf die Vorgängernorm angeführt.

mit liegt § 6 Abs. 3 Nr. 1 VgV ein **formelles Begriffsverständnis** zugrunde,[78] das sich aus Art. 2 Abs. 1 Nr. 11 und 12 VRL ergibt. Bieter ist hiernach, wer ein Angebot abgegeben hat. Bewerber ist, wer sich um eine Aufforderung zur Teilnahme an einem Vergabeverfahren beworben oder eine solche Aufforderung erhalten hat.[79]

c) Beratung, Unterstützung oder Vertretung im Sinne von Absatz 3 Nr. 2. 38
Vermutet wird ein Interessenkonflikt zudem bei natürlichen Personen, die der Sphäre des öffentlichen Auftraggebers zuzurechnen sind und **gleichzeitig**[80] einen Bieter **beraten, sonst unterstützen** oder als **gesetzlicher** bzw. **bevollmächtigter Vertreter** für den Bieter in diesem Vergabeverfahren fungieren.

Die **beratende Tätigkeit** für einen Bieter ist, wie schon aus dem Wortlaut von § 6 Abs. 3 39
Nr. 2 VgV folgt, ein **Sonderfall der Unterstützung.**[81] Beratungsleistungen werden typischerweise von freiberuflich tätigen Personen wie Rechtsanwälten, Steuerberatern, Unternehmensberatern, Wirtschaftsprüfern und Ingenieuren auf der Grundlage eines vertraglichen Verhältnisses gegen Entgelt erbracht. Nicht unter § 6 Abs. 3 Nr. 2 VgV fallen hingegen die dauerhafte abhängige Beschäftigung in der Form eines Arbeits- oder Dienstverhältnisses mit einem Bieter sowie eine organschaftliche Stellung bei diesem, da insofern § 6 Abs. 3 **Nr. 3** VgV als **lex specialis** vorgeht.[82] Über die Variante der sonstigen Unterstützung sind darüber hinaus auch all diejenigen Näheverhältnisse zwischen der natürlichen Person und dem Bieter erfasst, die nicht auf einer vertraglichen Grundlage basieren und in deren Rahmen – auch unentgeltlich – Unterstützungshandlungen im Hinblick auf das Vergabeverfahren vorgenommen werden. Welche Handlungen konkret als sonstige Unterstützungshandlungen i.S.d. § 6 Abs. 3 Nr. 2 VgV anzusehen sind, bleibt nach dem Wortlaut unklar. Es ist jedoch eine unmittelbar fördernde Tätigkeit notwendig, die in ihrer Intensität mit der Alternative des „Beratens" gleichgesetzt werden kann, um eine unkontrollierbare Ausweitung des Anwendungsbereichs der Interessenkonfliktsvermutung zu verhindern.[83] Diese Voraussetzung ist beispielsweise nicht erfüllt, wenn sich ein Gemeinderatsmitglied positiv über einen Bieter in einem Zeitungsinterview äußert.[84] Nicht erforderlich ist, dass die Beratungs- und Unterstützungsleistung zugunsten des Bieters oder Bewerbers auf dasselbe Vergabeverfahren bezogen ist, bei dem die betroffene Person auch auf Auftraggeberseite tätig ist.[85] Denn auf-

---

[78] Vgl. zum materiellen Begriffsverständnis, das i.R.d. § 16 VgV a.F. mangels einer Generalklausel noch zugrunde zu legen war, *Dreher* in Dreher/Motzke Beck'scher Vergaberechtskommentar 2. Aufl. 2013 § 16 VgV Rn. 24 f.

[79] Vgl. *Schneider* in Kapellmann/Messerschmidt VgV § 16 Rn. 23; herrschende Meinung, vgl. *H.-M. Müller* in Byok/Jaeger VgV § 16 Rn. 31; *Schröder* NVwZ 2004, 168 (169); *Sturhahn* in Pünder/Schellenberg Vergaberecht § 16 Rn. 16 zu § 16 VgV a.F.; zu § 6 VgV im Ergebnis ebenso *Röwekamp* in KKMPP VgV § 6 Rn. 20.

[80] Sofern die Vergabestelle in dem Vergabeverfahren durch einen Rechtsanwalt vertreten wird, der für einen Bieter Mandate in anderen Vergabeverfahren wahrgenommen hat, soll kein Verstoß gegen § 6 VgV vorliegen, wenn die Wahrnehmung dieser Mandate keinen Einfluss auf die jetzige Tätigkeit auf Seiten der Vergabestelle hat, VK Lüneburg vom 6.9.2004 – 203 – VgK – 39/2004 IBRRS 2004, 3024; weiter die VK Lüneburg vom 12.7.2011 – VgK – 19/2011, BeckRS 2011, 21799, wonach es ausreicht, wenn ein von der Vergabestelle beauftragtes Architekturbüro in der Vergangenheit häufig und umfangreich für den Bieter tätig wurde, da folglich „dauerhafte geschäftliche Beziehungen" vorliegen. Vgl. hierzu ausführlich *Schneider* in Kapellmann/Messerschmidt VgV § 16 Rn. 25.

[81] So etwa auch *H.-M. Müller* in Byok/Jaeger VgV § 16 Rn. 34.

[82] Ebenso *Ganske* in Reidt/Stickler/Glahs VgV § 16 Rn. 23; Juris PK-VergabeR/*Dippel* VgV § 6 Rn. 23.

[83] *H.-M. Müller* in Byok/Jaeger VgV § 16 Rn. 34; *Ganske* in Reidt/Stickler/Glahs VgV § 16 Rn. 23; *Schneider* in Kapellmann/Messerschmidt VgV § 16 Rn. 24; *Sturhahn* in Pünder/Schellenberg Vergaberecht § 16 Rn. 18; OLG Celle vom 8.9.2011 – 13 Verg 4/11, BeckRS 2011, 22904; OLG Brandenburg vom 16.12.2015 – 4 U 77/14, NZBau 2016, 184.

[84] OLG Celle vom 9.4.2009 – 13 Verg 7/08, 2009, 394 (396 f.).

[85] Ebenso Juris PK-VergabeR/*Dippel* VgV § 6 Rn. 24; *Röwekamp* in KKMPP VgV § 6 Rn. 22 I.R.d. Vorgängertatbestandes § 16 Abs. 1 Nr. 2 VgV a.F. wurde dies von der überwiegenden Ansicht ebenso angenommen, vgl. hierzu OLG Brandenburg vom 16.12.2015 – 4 U 77/14, NZBau 2016, 184 und ausführlich, wenn auch im Ergebnis ablehnend *Sturhahn* in Pünder/Schellenberg Vergaberecht § 16 Rn. 17; der überwiegenden Auffassung ist i.R.d. Neufassung auch deshalb zu folgen, da nun die Möglichkeit eines Entlastungsbeweises offensteht.

grund des gegebenen Näheverhältnisses – das auch zu einem Interessenkonflikt i. S. d. Generalklausel nach § 6 Abs. 2 VgV führen kann – ist die Neutralität anzuzweifeln. In dem Fall ist jedoch eine Widerlegung der Voreingenommenheitsvermutung denkbar.[86]

40   § 6 Abs. 3 Nr. 2 VgV erfasst zudem die **gesetzlichen Vertreter** eines Bieters sowie dessen **bevollmächtigte Vertreter,** letztere ausdrücklich nur, wenn sie mit der Vertretung in dem konkreten Vergabeverfahren betraut sind. Wer gesetzlicher Vertreter des Bieters ist, ergibt sich, wenn der Bieter eine juristische Person ist, aus dem jeweils einschlägigen Organisationsrecht, ansonsten aus den allgemeinen gesetzlichen Bestimmungen. Bei Vertretern, die mit rechtsgeschäftlich erteilter Vertretungsmacht (Vollmacht) ausgestattet sind, wird die Voreingenommenheit nach § 6 Abs. 3 Nr. 2 VgV nur dann vermutet, wenn sie den Bieter in dem betreffenden Vergabeverfahren – aber nicht notwendig „nur" in diesem –[87] rechtstechnisch i. S. d. §§ 164 ff. BGB vertreten, d. h. in seinem Namen Willenserklärungen abgeben oder entgegennehmen.[88]

41   Unter bestimmten Umständen war unter Geltung von § 16 VgV a. F. auch die Beratung, Unterstützung oder Vertretung einer **mit dem Bieter verbundenen Person** geeignet, den funktional auszulegenden Tatbestand des § 16 Abs. 1 Nr. 2 VgV a. F. zu erfüllen und damit die Voreingenommenheit zu begründen.[89] Da nunmehr die Möglichkeit besteht, in diesen Situationen einen Interessenkonflikt über die **Generalklausel** des § 6 Abs. 2 VgV herzuleiten, besteht für eine erweiternde Auslegung von § 6 Abs. 3 Nr. 2 VgV keine Notwendigkeit mehr. Die Vermutung eines Interessenkonflikts gilt mithin in diesen Fällen nicht. Unter die Generalklausel werden aber regelmäßig Gestaltungen fallen, in denen die in Rede stehende Person eine mit dem Bieter verbundene und von ihm vollständig kontrollierte Person unterstützt. Um eine solche kontrollierte Person handelt es sich beispielsweise bei einer GmbH, an der der Bieter die Mehrheit der Anteile hält und damit ein Weisungsrecht gegenüber der Geschäftsführung hat, oder bei einer konzernabhängigen AG, sofern dem Bieter aufgrund eines Beherrschungsvertrags die umfassende Leitungsmacht zusteht. Denn bei wirtschaftlicher Betrachtung stellt es in Bezug auf den Interessenkonflikt sowie eine daraus resultierende Verzerrung des Vergabewettbewerbs keinen Unterschied dar, ob eine Unterstützung direkt dem Bieter zukommt bzw. dieser vertreten wird, oder ob ein solch enges Verhältnis zu einer Person besteht, die trotz rechtlicher Trennung wirtschaftlich mit dem Bieter weitgehend identisch ist.

42   **d) Entgeltliche Beschäftigung oder organschaftliche Stellung im Sinne von Absatz 3 Nr. 3 lit. a).** Ebenso wird vermutet, dass Personen aus der Sphäre des öffentlichen Auftraggebers, die bei einem Bieter gegen Entgelt beschäftigt sind oder eine Stellung als Mitglied eines Leitungs- oder Kontrollorgans[90] innehaben (sog. **Doppelmandate**), einem Interessenkonflikt unterliegen. Grund für die Vermutung der Voreingenommenheit ist hier das sich aus der engen rechtlichen und wirtschaftlichen Bindung an den Bieter ergebende Interesse, diesen bei der Vergabeentscheidung zu bevorzugen.

43   **Gegen Entgelt beschäftigt** ist eine Person dann, wenn sie in einem auf Dauer angelegten Beschäftigungsverhältnis, also etwa einem Dienst- oder Arbeitsverhältnis, mit einem Bieter steht und als abhängig beschäftigt anzusehen ist. Letzteres ist dann der Fall, wenn die betreffende Person fest in die Organisationsstruktur des Bieters eingebunden ist, insbesondere wenn sie weisungsgebunden agiert.[91] Art und Umfang der Tätigkeit sind unerheb-

---

[86] Vgl. hierzu Rn. 50.

[87] Insofern klarstellend auch *H.-M. Müller* in Byok/Jaeger VgV § 16 Rn. 36.

[88] Ebenso *Schneider* in Kapellmann/Messerschmidt VgV § 16 Rn. 26; *H.-M. Müller* in Byok/Jaeger VgV § 16 Rn. 36; *Ganske* in Reidt/Stickler/Glahs VgV § 16 Rn. 21.

[89] Ebenso als Ergebnis einer analogen Anwendung und unter Einschränkungen OLG Celle vom 9.4.2009 – 13 Verg 7/08, NZBau 2009, 394; generell ablehnend *Ganske* in Reidt/Stickler/Glahs VgV § 16 Rn. 20, *Röwekamp* in KKMPP VgV § 6 Rn. 21, *Schneider* in Kapellmann/Messerschmidt VgV § 16 Rn. 27.

[90] Zu der Reichweite der Voreingenommenheitsvermutung bei Aufsichtsratsmitgliedern vgl. etwa OLG Celle vom 9.4.2009 – 13 Verg 7/08, NZBau 2009, 934 und hierzu o. V. VergabeNews 2009, 57 f.

[91] Ähnlich *H.-M. Müller* in Byok/Jaeger VgV § 16 Rn. 38, der zudem von „wirtschaftlicher Abhängigkeit" spricht.

lich.[92] Beamte sind ebenfalls als gegen Entgelt beschäftigte Personen i. S. d. § 6 VgV anzusehen, auch wenn ihre Bezüge beamtenrechtlich nicht als Entgelt für geleistete Dienste anzusehen sind.

Erfasst werden zudem Mitglieder von **Leitungs- und Kontrollorganen** eines Bieters. **44** Beispielhaft nennt § 6 Abs. 3 Nr. 3 lit. a) VgV Vorstand und Aufsichtsrat und spricht zudem von **gleichartigen Organen,** woraus sich ergibt, dass lediglich die Stellung als Mitglied eines Leitungs- und Kontrollorgans, nicht aber eines reinen Willensbildungsorgans wie etwa der Hauptversammlung der AG den Tatbestand des § 6 Abs. 3 Nr. 3 lit. a) VgV zu erfüllen geeignet ist. Es sollen mithin nur diejenigen Mitglieder der Organe als potenziell voreingenommen gelten, die auch **konkreten Einfluss** auf die Entscheidungen des Bieters nehmen können. Die Fallgruppe ist nicht anwendbar, wenn ein Aktionär eines Bieters in der Rechtsform der AG einen beherrschenden Einfluss auf den Bieter ausüben kann, etwa kraft eines zwischen ihm und dem Bieter geschlossenen Beherrschungsvertrages. In diesem Fall liegt die Anwendung der Generalklausel des § 6 Abs. 2 VgV nahe.[93] Bei der GmbH ist ein Rückgriff auf die Generalklausel im Hinblick auf die Mitglieder der Gesellschafterversammlung hingegen nicht nötig, da dieses Organ nach § 46 Nr. 6 GmbHG die Geschäftsführung überwacht und damit zumindest auch als Kontrollorgan anzusehen ist. Der Gesellschafter eines Bieters in der Rechtsform der GmbH wird als Mitglied des Kontrollorgans Gesellschafterversammlung somit unmittelbar von § 6 Abs. 3 Nr. 3 lit. a) VgV erfasst.

e) Tätigkeit für ein Unternehmen mit beiderseitigen Geschäftsbeziehungen im **45** **Sinne von Absatz 3 Nr. 3 lit. b).** Nach § 6 Abs. 3 Nr. 3 lit. b) VgV ergibt sich die potenzielle Voreingenommenheit einer Person, die dem öffentlichen Auftraggeber zuzurechnen ist, aus einer Tätigkeit für ein in das Vergabeverfahren „eingeschaltetes" Unternehmen, das Geschäftsbeziehungen sowohl zu dem öffentlichen Auftraggeber als auch zu einem Bieter unterhält (sog. **Doppelberatung).** Anders als bei § 6 Abs. 3 Nr. 2 VgV muss es sich bei Nr. 3 lit. b) nicht notwendig um dieselbe Person innerhalb des Unternehmens handeln, die Auftraggeber und Bieter berät oder sonst unterstützt, sondern es genügt, wenn die potenziell voreingenommene Person bei einem Unternehmen tätig ist, das geschäftliche Aktivität nach beiden Seiten hin entfaltet.[94] Dadurch soll grundsätzlich verhindert werden, dass innerhalb des Unternehmens ein Austausch der vergaberelevanten Informationen stattfindet und so eine Verzerrung des Vergabewettbewerbs erfolgt.

Der Begriff des **Unternehmens** i. S. d. § 6 Abs. 3 Nr. 3 lit. b) VgV ist weit und funk- **46** tional auszulegen.[95] Erfasst sind grundsätzlich alle rechtlichen Organisationsformen der wirtschaftlichen Betätigung. Ebenso sind zur Sicherung eines effektiven Schutzes des Vergabewettbewerbs auch verbundene Unternehmen in den Anwendungsbereich der Vorschrift einzubeziehen, wenn sie der Leitungsmacht des betreffenden Unternehmens unterstehen und wirtschaftlich mit ihm gleichsam eine Einheit bilden, was insbesondere bei konzernierten Tochter- und Enkelgesellschaften der Fall ist.[96] Dies folgt nicht zuletzt aus der Anwendung des § 36 Abs. 2 GWB, der sog. Verbundklausel, die insoweit auf Seiten des öffentlichen Auftraggebers[97] auch für das Kartellvergaberecht maßgeblich ist.[98]

---

[92] Allgemeine Meinung, vgl. *Schneider* in Kapellmann/Messerschmidt VgV § 16 Rn. 29 m. w. Nachw.
[93] Vgl. Rn. 33; so auch *Sturhahn* in Pünder/Schellenberg Vergaberecht § 16 Rn. 6.
[94] So etwa auch *H.-M. Müller* in Byok/Jaeger VgV § 16 Rn. 41 und *Maurer* Das Mitwirkungsverbot gemäß § 16 Vergabeordnung (VgV) S. 155.
[95] Zu dem Begriff des Unternehmens umfassend *Rittner/Dreher,* Europäisches und deutsches Wirtschaftsrecht, 3. Aufl. 2008, § 8 und zu der Auslegung des vergaberechtlichen Unternehmensbegriffs *Dreher* in Immenga/Mestmäcker GWB Vor §§ 97 ff. Rn. 148 und § 97 Rn. 381; speziell zu dem vorliegend relevanten Unternehmensbegriff *Lange* NZBau 2008, 422 sowie *Ganske* in Reidt/Stickler/Glahs VgV § 16 Rn. 32.
[96] Ebenso *Lange* NZBau 2008, 422 (423 f.) sowie *Maurer* Das Mitwirkungsverbot gemäß § 16 Vergabeverordnung (VgV) S. 158 ff., insb. S. 164 ff.
[97] Vgl. dazu und zu den Differenzierungen im Hinblick auf die Bieterseite *Dreher* in Immenga/Mestmäcker GWB Vor §§ 97 ff. Rn. 124 und Rn. 148.
[98] Für die Anwendbarkeit des § 36 Abs. 2 GWB auch OLG Düsseldorf vom 15.6.2000 – Verg 6/00, NZBau 2000, 440 sowie etwa *Kirch/E.-D. Leinemann* VergabeNews 2004, 122 f.

47   Zentrales Tatbestandsmerkmal des § 6 Abs. 3 Nr. 3 lit. b) VgV ist das der **geschäftlichen Beziehungen.** Ist das Verhältnis eines Unternehmens zu dem Bieter und dem öffentlichen Auftraggeber jeweils als geschäftliche Beziehung anzusehen, so begründet dies die Vermutung der Voreingenommenheit der Personen, die bei diesem Unternehmen tätig sind. Von einer geschäftlichen Beziehung ist auszugehen, wenn auf der Grundlage eines – nicht notwendig, aber wohl in der Regel vertraglichen – Rechtsverhältnisses **wirtschaftliche Leistungen** jeglicher Art erbracht werden.[99] Die beiderseitigen Geschäftsbeziehungen müssen während des Vergabeverfahrens andauern oder dürfen zumindest nur für einen beschränkten Zeitraum unterbrochen sein.[100] **Nicht erforderlich** ist hingegen ein **Bezug** der im Rahmen der geschäftlichen Beziehung erbrachten **Leistungen zu dem konkreten Vergabeverfahren.**[101]

48   Typischerweise handelt es sich bei jenen geschäftlichen Beziehungen um die Erbringung von **Beratungsleistungen** durch Unternehmen freiberuflich tätiger Personen wie Rechtsanwälte, Unternehmensberater, Steuerberater, Wirtschaftsprüfer oder auch Makler,[102] die zugleich für den öffentlichen Auftraggeber und den Bieter beratend oder unterstützend tätig werden. Erfasst werden aber auch **sonstige Rechtsbeziehungen,** die eine wirtschaftliche Verbundenheit von einiger Dauer bewirken, nicht zuletzt auch gesellschaftsrechtliche Beteiligungsverhältnisse,[103] bei denen die Mitgliedschaft wesentlich weitergehende Bindungen in der Form von gegenseitigen Rechten und Pflichten begründet als dies regelmäßig bei rein obligatorischen Rechtsverhältnissen der Fall ist. Aus diesen Gründen hat in einer parallelen Lage der BGH die §§ 113, 114 AktG auch auf Beratungsverträge zwischen einer Aktiengesellschaft und einem Unternehmen erstreckt, an dem ein Mitglied des Aufsichtsrates der AG – zudem nicht notwendig herrschend – beteiligt ist.[104]

49   **f) Widerlegbarkeit der Vermutung.** Unter Geltung der vorherigen Regelung waren die nahezu wortgleichen Voreingenommenheitsvermutungen der § 16 Abs. 1 Nr. 1 und 2 VgV a. F. (in der Neufassung § 6 Abs. 3 Nr. 1 und 2 VgV) nach ganz herrschender Meinung noch unwiderlegbar. Hinsichtlich § 16 Abs. 1 Nr. 3 VgV a. F., heute § 6 Abs. 3 Nr. 3 VgV, konnte hingegen nach dem früheren Halbsatz 2 ein Entlastungsbeweis geführt werden, indem der öffentliche Auftraggeber nachwies, dass für die betroffene Person kein Interessenkonflikt bestand oder sich deren Tätigkeit nicht auf die Entscheidungen in dem Vergabeverfahren auswirkte. Im Rahmen der Vergaberechtsmodernisierungsverordnung 2016 weitete der Verordnungsgeber die Möglichkeit eines Entlastungsbeweises auf sämtliche Vermutungstatbestände des § 6 Abs. 3 VgV aus.[105]

50   Der dem öffentlichen Auftraggeber obliegende Nachweis des Fehlens eines Interessenkonflikts erfordert eine substantiierte Darlegung, die unter Berücksichtigung sämtlicher

---

[99] Allein die Einholung eines Angebots genügt den Anforderungen hingegen noch nicht, vgl. hierzu VK Hessen vom 16.7.2004 – 69 d VK-39/2004; die VK Lüneburg vom 2.3.2016 – VgK – 01/2016 fordert „intensive geschäftliche Beziehungen" und bejaht diese im konkreten Fall, da sich die Berater des öffentlichen Auftraggebers zusammen mit dem Bieter auf einer Internetseite als Beratergruppe für Breitbandprojekte der öffentlichen Hand präsentierten.
[100] Ebenso etwa *Schneider* in Kapellmann/Messerschmidt VgV § 16 Rn. 39; *Ganske* in Reidt/Stickler/Glahs VgV § 16 Rn. 35.
[101] Insoweit zutreffend *Schneider* in Kapellmann/Messerschmidt VgV § 16 Rn. 39; *Ganske* in Reidt/Stickler/Glahs VgV § 16 Rn. 35; *H.-M. Müller* in Byok/Jaeger VgV § 16 Rn. 42.
[102] Vgl. zu dem Sonderproblem der Anwendbarkeit des § 6 Abs. 3 Nr. 3 lit. b) VgV auf Versicherungsmakler bei der Vergabe von Versicherungsdienstleistungen *Dreher* in Immenga/Mestmäcker GWB § 97 Rn. 96 m. zahl. Nachw., sowie *Klenk* Probleme bei der Vergabe von Versicherungsdienstleistungen 2002 S. 207 ff.; *Tietgens* Die Vergabe von Versicherungsdienstleistungen nach dem Kartellvergaberecht durch kommunale Auftraggeber 2004 S. 213 f.; *Werber* VersR 2008, 1026 (insb. 1033 f.).
[103] Gegen die Einbeziehung einer gesellschaftsrechtlichen Beteiligung in den Begriff der geschäftlichen Beziehung *Schneider* in Kapellmann/Messerschmidt VgV § 16 Rn. 37 sowie – noch vor Inkrafttreten der Vorgängernorm § 16 VgV a. F. – OLG Koblenz vom 10.8.2000 – 1 Verg 2/00, NZBau 2000, 534; wie hier hingegen *Sturhahn* in Pünder/Schellenberg Vergaberecht § 16 Rn. 25; *H.-M. Müller* in Byok/Jaeger VgV § 16 Rn. 42 und *Maurer* Das Mitwirkungsverbot gemäß § 16 Vergabeverordnung (VgV) S. 173.
[104] BGH vom 20.11.2006 – II ZR 279/05, DB 2007, 46.
[105] Vgl. BT-Drs. 18/7318, 151 zu § 6 VgV.

relevanter Aspekte einen Interessenkonflikt in dem konkreten Fall mit hinreichender Sicherheit nach objektiven Kriterien[106] auszuschließen geeignet ist. Hierzu muss die betroffene Person nachweisen, dass zumindest eine der kumulativ geforderten Voraussetzungen des Absatzes 2 in ihr nicht vorliegt. Dies wird ihr im Rahmen des **Absatzes 3 Nr. 1** nicht gelingen.[107] Dasselbe wird in aller Regel für den Vermutungstatbestand des § 6 **Abs. 3 Nr. 2** VgV zutreffen.[108] Die Entscheidung des Verordnungsgebers zur Vorgängernorm § 16 VgV a. F., die beiden Vermutungstatbestände als unwiderlegbar auszugestalten, unterstützt diesen Befund. Denkbar ist ein Entlastungsbeweis im Rahmen des Absatzes 3 Nr. 2, wenn der Betroffene ein mit dem Bieter oder Bewerber verbundenes Unternehmen in einem dem Vergabeverfahren fremden Bereich berät oder vertritt.[109] Außerdem kann unter Umständen ein Interessenkonflikt verneint werden, wenn der Bieter nicht im Hinblick auf das konkrete Vergabeverfahren beraten wird.[110] Daran sind jedoch hohe Anforderungen zu stellen, da der Betroffene das Bedürfnis haben kann, sich mit seinem privaten Auftraggeber gutzustellen.[111]

Im Rahmen des **§ 6 Abs. 3 Nr. 3 lit. a) VgV** ergibt sich der vermutete Interessenkonflikt der Person daraus, dass sie einerseits dem Bieter gegenüber zur **Loyalität** verpflichtet ist, sich andererseits jedoch bei der Mitwirkung in dem Vergabeverfahren auf Seiten des öffentlichen Auftraggebers **neutral** verhalten muss. Da die zumindest beiläufige Berücksichtigung der Interessen des Bieters durch Personen, die bei ihm beschäftigt oder gar Mitglied eines seiner Leitungs- oder Kontrollorgane sind,[112] bei lebensnaher Betrachtung niemals ausgeschlossen werden kann, sondern vielmehr einem derart engen Verhältnis zwischen der betreffenden Person und dem Bieter geradezu **wesenseigen** ist, läuft die Möglichkeit der Widerlegung der Vermutung des Interessenkonflikts im Rahmen des § 6 Abs. 3 Nr. 3 lit. a) VgV in praxi regelmäßig leer.[113] Entscheidend dafür ist, dass bereits das Bestehen eines Interessenkonflikts ausreicht und nicht auf dessen unter Umständen tatsächlich sowie rechtlich befriedigende Lösung abzustellen ist. Denn die Rechtsfolge eines Interessenkonflikts liegt nach § 6 Abs. 1 VgV in dem Mitwirkungsverbot.

Im Hinblick auf **§ 6 Abs. 3 Nr. 3 lit. b) VgV** ergibt sich der Interessenkonflikt hingegen nicht aus der engen Bindung der potenziell voreingenommenen Person zu dem Bieter und seiner gleichzeitigen Zugehörigkeit zu dem öffentlichen Auftraggeber, sondern aus der vergabebezogenen Tätigkeit für ein Unternehmen, das **in beide Richtungen geschäftliche Beziehungen** pflegt. Anders als bei § 6 Abs. 3 Nr. 3 lit. a) VgV erscheint hier eine Widerlegung der Vermutung durch den Nachweis, dass in dem konkreten Fall objektiv kein Interessenkonflikt vorliegt, möglich. Dazu muss der öffentliche Auftraggeber nachvollziehbar darlegen, dass für Personen aus seiner Sphäre keine Möglichkeit besteht, vergaberelevante Informationen an einen Bieter weiterzugeben und so eine Verzerrung des Vergabewettbewerbs zu bewirken. Dies lässt sich auf Seiten des öffentlichen Auftraggebers in erster Linie durch **organisatorische Maßnahmen** sicherstellen.[114] Wirksame Mittel können beispielsweise die räumliche Trennung von Mitarbeitern und Zugangsschranken in den

51

52

---

[106] Anders H.-M. Müller in Byok/Jaeger VgV § 16 Rn. 48, der als Widerlegungskriterium das subjektive Bemühen des öffentlichen Auftraggebers um die Vermeidung von Interessenkonflikten ausreichen lassen möchte; wie hier dagegen etwa Schneider in Kapellmann/Messerschmidt VgV § 16 Rn. 31.
[107] So auch Fritz ZfBR 2016, 659 (660).
[108] Ebenso Kirch VergabeNews 2017, 34 (34 f.).
[109] Zur Tatbestandsmäßigkeit verbundener Unternehmen siehe oben Rn. 41.
[110] Die VK Sachsen vom 5.5.2014 – 1/SVK/010–14 sieht in diesem Fall schon den Vermutungstatbestand nicht als erfüllt an.
[111] Ebenso Kirch VergabeNews 2017, 34 (35); ähnlich Röwekamp in KKMPP VgV § 6 Rn. 22; zu den Anforderungen an einen Entlastungsbeweis siehe auch Rn. 52.
[112] Vgl. speziell dazu Dreher Interessenkonflikte bei Aufsichtsratmitgliedern von Aktiengesellschaften JZ 1990, 896.
[113] Ebenso Juris PK-VergabeR/Dippel VgV § 6 Rn. 53.
[114] So auch die Begründung zu dem Regierungsentwurf der bis zur Vergaberechtsmodernisierungsverordnung 2016 geltenden Vergabeverordnung, vgl. BR-Drs. 455/00, 20; zu den möglichen organisatorischen Maßnahmen im Einzelnen etwa H.-M. Müller in Byok/Jaeger VgV § 16 Rn. 53 ff.

IT-Systemen sein. Die in diesem Zusammenhang oftmals – nicht zuletzt auch in der Begründung des Regierungsentwurfs zur Vorgängernorm[115] – angeführten sog. **„chinese walls"**[116] stehen nur pars pro toto für sämtliche organisatorischen Maßnahmen, die der Verhinderung von Interessenkonflikten dienen können[117] und im Hinblick auf ihre effektive Funktionsfähigkeit stets einer Bewertung im Einzelfall bedürfen. Ein Mittel, um zukünftige Interessenkonflikte zu vermeiden, kann auch die Abgabe einer Erklärung des auf Auftraggeberseite tätigen Beratungsunternehmens sein, keine geschäftlichen Beziehungen zu potentiellen Bewerbern und Bieter zu unterhalten.[118]

3. Die Erstreckung der Vermutung auf Angehörige (Abs. 4)

53   § 6 Abs. 4 VgV erweitert das Mitwirkungsverbot auf Personen, deren Angehörige nach einer der Vermutungsregeln des § 6 Abs. 3 VgV einem Interessenkonflikt unterliegen. Die Vorschrift trägt der **engen Bindung** Rechnung, die unter Angehörigen regelmäßig besteht und die deren Neutralität bei der Mitwirkung in einem Vergabeverfahren zu beeinträchtigen geeignet ist. Auch hier ist die Vermutung **widerlegbar.**

54   § 6 Abs. 4 VgV **regelt abschließend,** welche Angehörige in den Anwendungsbereich der Vermutungstatbestände nach § 6 Abs. 3 VgV einbezogen sind. Eine Ausweitung des Anwendungsbereichs über die in § 6 Abs. 4 VgV genannten, familienrechtlich – auch im Vergleich und in Abgrenzung zu § 20 Abs. 5 VwVfG – präzise definierten Angehörigen hinaus würde zu erheblichen Rechtsunsicherheiten mangels tauglicher Abgrenzungskriterien führen und dem Wortlaut des § 6 Abs. 4 VgV widersprechen.[119] Ein Mitwirkungsverbot für Personen, die einer von § 6 Abs. 3 VgV erfassten Person außerhalb des Anwendungsbereichs von Absatz 4 nahe stehen, kann sich jedoch aus der **Generalklausel** nach Absatz 2 ergeben.[120] Es besteht daher auch kein zwingendes Bedürfnis, § 6 Abs. 4 VgV über seinen Wortlaut hinaus anzuwenden.

4. § 6 VgV und die Mitwirkung von Projektanten

55   Geht man im Rahmen des § 6 VgV zutreffend von einem materiellen Begriff des Vergabeverfahrens aus, erfasst die Vorschrift auch Personen, die vor der Einleitung des förmlichen Vergabeverfahrens den öffentlichen Auftraggeber beraten und die Durchführung der Ausschreibung vorbereiten,[121] etwa indem sie die Leistungsbeschreibung ausarbeiten oder eine Machbarkeitsstudie erstellen.[122] Diese Personen werden gemeinhin als **Projektanten** oder im Rahmen des § 7 VgV als vorbefasste Unternehmen bezeichnet. Fraglich ist einerseits, inwieweit für sie ein Verbot der Mitwirkung an einem Vergabeverfahren auf Seiten

---

[115] BT-Drs. 455/00, 20.

[116] Zu diesem aus dem Kapitalmarktrecht stammenden Institut vgl. z. B. VK Bund vom 20.5.2005 – VK 2 – 30/05: „Da (...) durch die interne Anweisung, die eine Trennung des Fachbereichs von der vergebenden Stelle anordnete, eine tatsächliche Diskriminierung ausgeschlossen erscheint"; VK Bund vom 24.4.2012 – VK 2 – 169/11; OLG Frankfurt NZBau 2004, 567 (570) sowie auch *Schneider* in Kapellmann/Messerschmidt VgV § 16 Rn. 40; *H.-M. Müller* in Byok/Jaeger VgV § 16 Rn. 53 auch zu konkreten Umsetzungsmöglichkeiten; *Ganske* in Reidt/Stickler/Glahs VgV § 16 Rn. 47; auch im Kartellrecht ist die Einrichtung von „chinese walls" von Bedeutung, vgl. EuG vom 19.7.2006, WuW 2007, 315 = WuW/E EU-V 1167 – Gate Gourmet.

[117] Für weitere Beispiele derartiger organisatorischer Maßnahmen vgl. etwa *Maurer* Das Mitwirkungsverbot gemäß § 16 Vergabeverordnung (VgV) S. 203 ff. und *Sturhahn* in Pünder/Schellenberg Vergaberecht § 16 Rn. 29.

[118] Vgl. dazu weitergehend *Kirch* VergabeNews 2017, 34 (36).

[119] Ebenso *H.-M. Müller* in Byok/Jaeger VgV § 16 Rn. 58; *Schneider* in Kapellmann/Messerschmidt VgV § 16 Rn. 41, der die Aufzählung in § 16 Abs. 2 VgV a. F. ebenfalls für abschließend hält; ebenso Juris PK-VergabeR/*Dippel* VgV § 6 Rn. 138 und *Ganske* in Reidt/Stickler/Glahs VgV § 16 Rn. 53; im Ergebnis auch *Maurer* Das Mitwirkungsverbot gemäß § 16 Vergabeverordnung (VgV) S. 130 f.

[120] So auch *Sturhahn* in Pünder/Schellenberg Vergaberecht § 16 Rn. 6.

[121] Hierzu bereits oben Rn. 16.

[122] Vgl. auch KG vom 27.1.2015 – Verg 9/14, ZfBR 2015, 720, wonach das Erstellen eines Prototyps eine Unterstützungshandlung ist und die Problematik zu vorbefassten Unternehmen auslöst.

des öffentlichen Auftraggebers bestehen soll, wenn sie einem Interessenkonflikt unterliegen, und andererseits, ob bzw. wie sie als Bieter an einem Vergabeverfahren teilnehmen dürfen.

§ 16 VgV a. F., die Vorgängernorm von § 6 VgV, war auf Projektantenfälle grundsätzlich **56** anwendbar.[123] Eine dem heutigen § 7 VgV vergleichbare Regelung existierte nach altem Recht nicht. Ebenso fehlte es in den Vergaberichtlinien an einer Norm, welche die Projektanten-Problematik erfasste. Das hat sich mit Art. 41 VRL geändert. In dessen Umsetzung verpflichtet **§ 7 VgV** den öffentlichen Auftraggeber, angemessene Maßnahmen zu ergreifen, um sicherzustellen, dass der Wettbewerb durch die Teilnahme vorbefasster Unternehmen nicht verzerrt wird. Denn es droht eine Wettbewerbsverfälschung, etwa indem die betreffenden Unternehmen die Vergabeunterlagen mitgestalten und so einen **Wettbewerbsvorsprung** haben. Als eine beispielhafte Gegenmaßnahme wird in § 7 Abs. 2 VgV die Unterrichtung der anderen am Vergabeverfahren beteiligten Unternehmen über die Informationen, die im Zusammenhang mit der Einbeziehung des vorbefassten Unternehmens in der Vorbereitung des Vergabeverfahrens ausgetauscht wurden oder daraus resultieren, genannt.[124]

Indem die Projektanten-Problematik eine eigenständige, abschließende Regelung erfahren hat, tritt § 6 VgV dem **lex specialis-Grundsatz** folgend hinter § 7 VgV zurück. Auf **57** vorbefasste Unternehmen i. S. d. § 7 VgV ist das Mitwirkungsverbot mithin nicht anwendbar. Würde es in den Fällen der Vorbefassung im Sinne von § 7 VgV bei einer uneingeschränkten Anwendung von § 6 VgV bleiben, führte dies zu folgender Konsequenz: Gemäß § 6 VgV wäre es (künftigen) Bewerbern und Bietern untersagt, als Projektanten bei der Vorbereitung des (formellen) Vergabeverfahrens mitzuwirken. Mithin käme § 7 VgV grundsätzlich nur dann zur Anwendung, wenn gegen das Mitwirkungsverbot von § 6 VgV verstoßen wurde. Das entspräche weder dem Sinn und Zweck von § 7 VgV noch dem Willen des europäischen und deutschen Gesetzgebers. Die spätere Teilnahme von **Projektanten** am Vergabeverfahren als **Bewerber oder Bieter** bleibt daher unter den Voraussetzungen von § 7 Abs. 1 und 2 VgV **grundsätzlich möglich**. Kann allerdings die Wettbewerbsverzerrung, welche durch die Vorbefassung entstanden ist, nicht durch andere Maßnahmen des Auftraggebers beseitigt werden, ist als ultima ratio das vorbefasste Unternehmen gemäß **§ 124 Abs. 1 Nr. 6 GWB** vom Vergabeverfahren auszuschließen.[125]

III. Die erfassten Mitwirkungshandlungen

Personen, die der Sphäre des öffentlichen Auftraggebers zuzurechnen sind und bei denen ein Interessenkonflikt besteht, unterliegen nach § 6 Abs. 1 VgV einem **umfassenden** **58** **Verbot der Mitwirkung** an einem Vergabeverfahren.

Die Vorgängerregelung normierte noch – begrifflich enger – ein Verbot der Mitwirkung **59** an „Entscheidungen in einem Vergabeverfahren". Jedoch wurde der Begriff der Entscheidung denkbar weit verstanden, so dass sich im Rahmen der Neufassung keine Unterschiede ergeben.[126] Die umfassende Geltung des Mitwirkungsverbots tritt nun aber deutlicher hervor, indem die begriffliche Einschränkung des Mitwirkungsverbots auf Entscheidungen weggefallen ist. Um eine interessengeleitete Einflussnahme der voreingenommenen Person auf die Willensbildung des öffentlichen Auftraggebers effektiv zu verhindern, damit die Gleichbehandlung der Bieter zu gewährleisten und so letztlich das Funktionieren des Ver-

---

[123] Ausführlich zur sog. Projektanten-Problematik *Dreher* in Dreher/Motzke Beck'scher Vergaberechtskommentar 2. Aufl. 2013 § 16 VgV Rn. 45 ff.; *Dreher* in Immenga/Mestmäcker GWB § 97 Rn. 80 ff.; siehe dort auch die Nachweise zu der verbreiteten abweichenden Ansicht.
[124] Zum Inhalt von § 7 VgV siehe im Einzelnen die dortige Kommentierung.
[125] EuGH vom 3.3.2005 – verb. Rs. C-21/03 und C-34/03, NZBau 2005, 351 „Fabricom"; vgl. auch VK Bund vom 24.5.2012 – VK 3 – 45/12.
[126] Ebenso *Fritz* ZfBR 2016, 659 (661).

gabewettbewerbs sicherzustellen, ist auch im Rahmen der Neuregelung eine **weite Auslegung** geboten. Erfasst sind daher sämtliche Handlungen, die unmittelbar oder mittelbar geeignet sind, die **Willensbildung des öffentlichen Auftraggebers zu beeinflussen.**[127] Unerheblich ist, ob es sich um eine aktive Mitwirkung handelt oder die voreingenommene Person trotz einer bestehenden Rechtspflicht zum Handeln eine vergaberelevante Mitwirkung unterlässt.[128]

60   Eine solche **Handlung** der voreingenommenen Person **muss sich nicht kausal** auf eine konkrete Entscheidung des öffentlichen Auftraggebers **ausgewirkt haben.** Es genügt vielmehr, wenn die Handlung abstrakt geeignet erscheint, den weiteren Gang des Vergabeverfahrens zu beeinflussen.[129] Dies folgt sowohl aus dem Telos des § 6 VgV als auch aus dem Wortlaut „mitwirken", der jede Teilnahme und nicht nur erfolgreiche Beeinflussung erfasst.

61   Verboten ist jedes Mitwirken **„in einem Vergabeverfahren".** Über das rein förmliche Vergabeverfahren hinaus ist auch hier der materielle Verfahrensbegriff zugrunde zu legen, so dass sämtliche Entscheidungen mit Bezug zu dem Vergabeverfahren von der ersten Konkretisierung des Beschaffungsvorhabens durch den öffentlichen Auftraggeber bis hin zu der vollständigen Verfahrensbeendigung erfasst sind.[130] **Relevante Mitwirkungshandlungen** sind dabei insbesondere die Konzeption der Leistungsbeschreibung,[131] die Wahl der Form des Vergabeverfahrens,[132] die Aufhebung des Vergabeverfahrens sowie die Prüfung der Angebote und die Erteilung des Zuschlags durch die voreingenommene Person selbst.[133] Ebenso sind aber auch Fälle erfasst, in denen die voreingenommene Person auf einen anderen Verfahrensbeteiligten, der dem Lager des öffentlichen Auftraggebers zuzurechnen ist, einwirkt, um auf eine vergaberelevante Entscheidung Einfluss zu nehmen.[134]

62   Nach alldem kann dem Tatbestandsmerkmal des Mitwirkens in einem Vergabeverfahren vor dem Hintergrund des materiellen Verfahrensbegriffs und des weit gefassten Verbots jeglichen „Mitwirkens" lediglich die **Wirkung eines groben Filters** beigemessen werden. Mit ihm sollen allein solche Handlungen dem Anwendungsbereich des § 6 VgV entzogen werden, die offensichtlich keinen Bezug zu dem konkreten Vergabeverfahren haben.

D. Die Rechtsfolgen des § 6 VgV

I. Das Mitwirkungsverbot als primäre Rechtsfolge

63   Ist eine Person infolge des Vorliegens der tatbestandlichen Voraussetzungen des § 6 VgV als voreingenommen anzusehen, unterliegt sie einem **umfassenden Mitwirkungsverbot** für die Dauer des gesamten Vergabeverfahrens, also von dem Zeitpunkt der ersten Konkre-

---

[127] Enger noch zu § 16 VgV a. F. *Schröder* NVwZ 2004, 168 (171), der darüber hinaus fordert, die Handlung müsse geeignet sein, einen Bieter zu diskriminieren; ähnlich wie hier dagegen *H.-M. Müller* in Byok/Jaeger VgV § 16 Rn. 26; *Quilisch/Fietz* NZBau 2001, 540 (543); sub specie der Vergabe von Versicherungsdienstleistungen auch *Klenk* Probleme bei der Vergabe von Versicherungsdienstleistungen 2002 S. 203.

[128] Eine aktive Mitwirkung fordern dagegen stets *Ganske* in Reidt/Stickler/Glahs VgV § 16 Rn. 7; *H.-M. Müller* in Byok/Jaeger VgV § 16 Rn. 26; vgl. auch BayObLG vom 20.12.1999 – Verg 8/99, NZBau 2000, 259.

[129] So auch *Schröder* NVwZ 2004, 168 (172).

[130] Vgl. hierzu oben Rn. 16.

[131] A. A. zu § 16 VgV a. F. *H.-M. Müller* in Byok/Jaeger VgV § 16 Rn. 28 f., der – entgegen der Regierungsbegründung zur vom Wortlaut her engeren Vorgängerregelung, vgl. BR-Drs. 455/00, 20 – die Festlegung der Leistungsbeschreibung nicht erfasst sehen will.

[132] Anders explizit *Ganske* in Reidt/Stickler/Glahs VgV § 16 Rn. 8 und *H.-M. Müller* in Byok/Jaeger VgV § 16 Rn. 26 zur Vorgängerregelung, die hierin nur eine Entscheidung „über", nicht aber „in" einem Vergabeverfahren sehen, was zumindest einer teleologischen Auslegung nicht standhält.

[133] Vgl. des Weiteren etwa *Schröder* NVwZ 2004, 168 (171 f.); weitere Beispiele bei Juris PK-VergabeR/*Dippel* VgV § 6 Rn. 47.

[134] So auch *H.-M. Müller* in Byok/Jaeger VgV § 16 Rn. 26.

tisierung des Beschaffungsvorhabens bis zu der vollständigen materiellen Verfahrensbeendigung. Jede unmittelbare oder mittelbare Mitwirkung an Entscheidungen in dem Vergabeverfahren ist ihr untersagt, um die Neutralität des öffentlichen Auftraggebers zu wahren, damit die Gleichbehandlung der Bieter zu gewährleisten und so letztlich einen funktionierenden Vergabewettbewerb zu sichern. Folglich ist es der betroffenen Person nicht nur untersagt, an der letztendlichen Entscheidung zugunsten eines Bieters mitzuwirken, sondern es sind alle Handlungen im Zusammenhang mit dem Vergabeverfahren zu unterlassen. Das betrifft zum Beispiel auch die Entgegennahme und Öffnung von Bewerber- und Bieterfragen oder die Moderation und Protokollierung von Aufklärungs- und Verhandlungsgesprächen.[135] Es obliegt dem öffentlichen Auftraggeber als alleinigem Normadressaten des §6 VgV[136] sicherzustellen, dass voreingenommene Personen nicht an dem Verfahren mitwirken.

§6 VgV hat **bieterschützende Wirkung** i.S.d. §97 GWB, so dass jeder Bieter die **64** Vergabenachprüfungsinstanzen mit der Überprüfung der Einhaltung des Mitwirkungsverbotes befassen kann.[137]

II. Die Sekundärrechtsfolgen

Wirkt eine als voreingenommen geltende Person trotz eines Mitwirkungsverbots an dem **65** Vergabeverfahren mit und liegt damit ein Verstoß gegen §6 VgV vor, ist ein schwerwiegender Verfahrensfehler gegeben, der grundsätzlich zu der **Aufhebung** des Vergabeverfahrens durch die Nachprüfungsinstanz führen muss.[138] Eine Ausnahme hiervon ist nur dann gerechtfertigt, wenn der Neutralitätsverstoß nachweislich entweder von vornherein ohne Auswirkungen geblieben ist oder seine Auswirkungen durch andere Maßnahmen beseitigt wurden bzw. werden können.

Die Entscheidungen, an denen die voreingenommene Person mitgewirkt hat, schlicht **66** **nachzuholen** oder neu zu treffen genügt damit nicht in jedem Fall, um den Verfahrensfehler **zu heilen**[139] und die Rechtskonformität des Verfahrens als Ganzes wiederherzustellen.[140] Denn dies würde es dem öffentlichen Auftraggeber ermöglichen, zum Nachteil der Bieter und des Vergabewettbewerbs als solchem seine Pflichten im Hinblick auf die Verhinderung der Beteiligung voreingenommener Personen zu vernachlässigen und etwaige Verstöße gegen das Mitwirkungsverbot durch Nachholung bzw. Neuvornahme problemlos zu heilen, sofern diese von einem Bieter beanstandet werden. Dies wäre nicht nur im Hinblick auf die **Gewährleistung eines rechtskonformen Vergabeverfahrens** problema-

---

[135] *Röwekamp* in KKMPP VgV §6 Rn. 10.

[136] Vgl. hierzu oben Rn. 12.

[137] Soweit einhellige Meinung, vgl. nur *Schneider* in Kapellmann/Messerschmidt VgV §16 Rn. 42; *H.-M. Müller* in Byok/Jaeger VgV §16 Rn. 67; *Quilisch/Fietz* NZBau 2001, 540 (544); *Gröning* WRP 2001, 1 (7).

[138] So auch OLG Hamburg vom 4.11.2002 – 1 Verg 3/02, NZBau 2003, 17; *Schröder* NVwZ 2004, 168 (172); *Beurskens* in Hattig/Maibaum VgV §16 Rn. 9; Juris PK-VergabeR/*Dippel* VgV §6 Rn. 58; andere Ansicht *Kirch* VergabeNews 2017, 34 (36).

[139] Vgl. zu der grundsätzlichen Möglichkeit, Vergabefehler zu heilen, ausführlich *Dreher* in Immenga/Mestmäcker GWB §97 Rn. 414 ff.

[140] Vgl. Juris PK-VergabeR/*Dippel* VgV §6 Rn. 56, 58, 60; dagegen grundsätzlich für die Heilung *Röwekamp* in KKMPP VgV §6 Rn. 36 und zu §16 VgV a.F VK Lüneburg vom 2.3.2016 – VgK – 01/2016; VK Hessen vom 1.6.2015 – 69d VK – 14 / 2015 bei nicht gravierenden Verstößen gegen §16 VgV; OLG Koblenz vom 5.9.2002 – 1 Verg 2/02, NZBau 2002, 699 und diesem folgend *Schneider* in Kapellmann/Messerschmidt VgV §16 Rn. 42; *H.-M. Müller* in Byok/Jaeger VgV §16 Rn. 68; *Ganske* in Reidt/Stickler/Glahs VgV §16 Rn. 55; unklar PK-VergabeR/*Weyand* VgV §16 Rn. 44 ff., der zum einen weitergehende Heilungsmöglichkeiten zulassen möchte (Rn. 44 f.), zugleich jedoch die grundsätzliche Aufhebung bei einem Verstoß gegen §16 VgV für naheliegend hält (Rn. 47); „aus Praktikabilitätserwägungen heraus" plädiert auch *Maurer* Das Mitwirkungsverbot gemäß §16 Vergabeverordnung (VgV) S. 229 im Anschluss an die Entscheidung des OLG Koblenz für weitergehende Heilungsmöglichkeiten.

tisch. Denn bei der Forderung nach solch umfassenden Heilungsmöglichkeiten wird regelmäßig übersehen, dass auch ein später „geheilter" Verstoß gegen § 6 VgV bereits zu einer **Verfälschung des Vergabewettbewerbs** führen kann, nämlich dann, wenn die Folgen der Mitwirkung einer voreingenommenen Person **irreversibel** sind. Dies ist etwa dann der Fall, wenn bereits Informationen an einzelne Bieter gelangt sind, die diesen einen nicht ausgleichsfähigen Wissensvorsprung verschaffen, der geeignet ist, den Vergabewettbewerb in erheblicher Weise zu verzerren oder die Mitwirkung einer voreingenommenen Person das Handeln anderer Mitwirkender beeinflusst haben kann[141] oder ein Verstoß potenzielle Bieter betroffen hat, deren Diskriminierung durch eine Heilung im Verfahren nicht mehr ausgleichsfähig ist.[142] Letztlich würde eine solch unangemessen einseitig den öffentlichen Auftraggeber bevorzugende Heilungsmöglichkeit dem Mitwirkungsverbot für voreingenommene Personen nach § 6 VgV einen Großteil seiner (Vorfeld-)Wirkung nehmen und die Inanspruchnahme von Rechtschutzmöglichkeiten durch die (potenziellen) Bieter unattraktiv machen. Im Ergebnis ist damit eine Heilung zwar möglich, wenn die Folgen der Mitwirkung einer voreingenommenen Person nicht irreversibel sind. Die Beweislast hierfür trägt aber der öffentliche Auftraggeber.

67   Die **Heilung** eines Verstoßes gegen das Mitwirkungsverbot kommt auch in Betracht, **wenn** es sich bei der Mitwirkungshandlung um eine **gebundene Entscheidung** des öffentlichen Auftraggebers ohne Ermessensspielraum gehandelt hat, die von jeder anderen, nicht voreingenommenen Person in gleicher Weise hätte getroffen werden müssen.[143]

68   Ist der **Zuschlag** trotz eines Verstoßes gegen § 6 VgV bereits **erteilt** worden, kann nach § 168 Abs. 2 Satz 1 GWB eine Aufhebung nicht mehr erfolgen.[144] Eine Rechtsverletzung kann dann nur noch auf Antrag eines Beteiligten festgestellt werden, vgl. § 168 Abs. 2 Satz 2 GWB. Die Nichtigkeit des Zuschlags bzw. des durch ihn zustande gekommenen zivilrechtlichen Vertrags[145] könnte sich allenfalls aus den allgemeinen Nichtigkeitsvorschriften des BGB ergeben.[146] Bei der Frage, ob **§ 134 BGB** bei einem Verstoß gegen § 6 VgV mit der Folge der Nichtigkeit des durch Zuschlagserteilung geschlossenen Vertrags zur Anwendung gelangt, ist die Systematik der relevanten vergaberechtlichen Bestimmungen zur Auslegung heranzuziehen. Hierbei ist zu beachten, dass der Gesetz- bzw. Verordnungsgeber die Nichtigkeits- bzw. Unwirksamkeitsfolge nur dann gesondert angeordnet hat, wenn der Gewährleistung der Rechtmäßigkeit des Vergabeverfahrens – nicht zuletzt auch aufgrund europarechtlicher Vorgaben – Vorrang vor der Rechtssicherheit der Beteiligten zukommen soll, so insbesondere in der bis zum 24.4.2009 geltenden Fassung von § 13 Satz 6 VgV bzw. im heutigen § 135 Abs. 1 GWB. Da eine ausdrückliche Anordnung der Nichtigkeitsfolge bei einem Verstoß gegen § 6 VgV fehlt, ist die Anwendbarkeit des § 134 BGB zu verneinen.[147] Das Bedürfnis der Beteiligten nach Rechtssicherheit findet jedoch stets dort seine Grenzen, wo sie nicht schutzwürdig sind. Die Nichtigkeit des durch Zuschlagserteilung geschlossenen Vertrags kann sich in diesen Fällen aus **§ 138 BGB** ergeben, insbesondere dann, wenn der öffentliche Auftraggeber mit einem

---

[141] Das übersieht VK Lüneburg vom 14.6.2005 – VgK – 22/2005 bei der These, ein wegen Mitwirkung einer nach § 16 VgV a. F. ausgeschlossenen Person verfahrensfehlerhafter Beschluss könne einfach durch Wiederholung geheilt werden.

[142] Vgl. *Dreher* in Immenga/Mestmäcker GWB § 97 Rn. 416.

[143] So zu Recht Juris PK-VergabeR/*Dippel* VgV § 6 Rn. 59; *Beurskens* in Hattig/Maibaum VgV § 16 Rn. 9.

[144] Anderer Auffassung entgegen dem schon zur Vorgängernorm § 114 Abs. 2 Satz 1 GWB a. F. eindeutigen Wortlaut ist nur *Stelkens* NZBau 2003, 654; zu der Vereinbarkeit dieser fehlenden Rechtschutzmöglichkeit nach Zuschlagserteilung mit den europarechtlichen Vorgaben vgl. *Dreher* in Immenga/Mestmäcker GWB § 114 Rn. 39.

[145] Zu der Einheit von Zuschlagserteilung und Vertragsschluss *Dreher* in Immenga/Mestmäcker GWB § 114 Rn. 30 ff.

[146] *Dreher* in Immenga/Mestmäcker GWB § 114 Rn. 40, so insbesondere auch RegE VgRÄG BT-Drs. 13/9340, 20 zur identischen Vorgängerregelung § 114 GWB a. F.

[147] Gegen die Anwendbarkeit des § 134 BGB auch *Schneider* in Kapellmann/Messerschmidt VgV § 16 Rn. 43; *Ganske* in Reidt/Stickler/Glahs VgV § 16 Rn. 58.

Bieter als späterem Auftragnehmer zulasten der übrigen Bieter kollusiv zusammengewirkt hat.[148]

Während des Vergabeverfahrens im förmlichen Sinn kommt gem. **§ 124 Abs. 1 Nr. 5** **69** **GWB** der **Ausschluss eines Bieters** in Betracht. Ist der Tatbestand des § 6 VgV erfüllt, gilt dies auch für § 124 Abs. 1 Nr. 5 GWB, der weitestgehend dieselben Sachverhalte regelt. In der Rechtsfolge kann der öffentliche Auftraggeber das Unternehmen von der Teilnahme am Vergabeverfahren ausschließen. Ausweislich des Wortlauts ist ihm das nur möglich, wenn es keine anderen, weniger einschneidenden Maßnahmen gibt, um den Interessenkonflikt zu beseitigen. Ein **Ausschluss** kommt daher nur als **ultima ratio** in Betracht. Eine weniger schwerwiegende Maßnahme ist die Entbindung der dem Interessenkonflikt unterliegenden Person auf Seiten des öffentlichen Auftraggebers gemäß § 6 VgV.[149] Insofern hat der öffentliche Auftraggeber die Pflicht, zunächst zu versuchen, den Interessenkonflikt in seiner Sphäre zu beseitigen.[150] Zu demselben Ergebnis kommt **§ 124 Abs. 1 Nr. 6 GWB**, soweit man richtigerweise ein materielles Begriffsverständnis des Vergabeverfahrens zugrunde legt[151] und vorbefasste Unternehmen vom Anwendungsbereich des § 6 VgV erfasst sieht.[152]

E. Das Verhältnis zu anderen Regelungen

Neben § 6 VgV bleiben die höherrangigen Vorschriften des **GWB ergänzend an-** **70** **wendbar**, so dass sich für Sachverhalte, die nicht von § 6 VgV erfasst werden, ein Mitwirkungsverbot unmittelbar aus § 97 GWB, insbesondere dessen Absatz 2, ergeben kann.[153] Die Tatbestände der § 124 Abs. 1 Nr. 5 und 6 GWB regeln anders als § 6 VgV den Ausschluss von Unternehmen vom Vergabeverfahren als Bieter und nicht als Mitwirkende auf Seiten des öffentlichen Auftraggebers.[154] Daher sind die Normen neben § 6 VgV anwendbar. Die Projektanten-Problematik erfasst § 7 VgV. Hinter ihm tritt § 6 VgV gemäß dem lex specialis-Grundsatz zurück.[155]

Ergänzend zu § 6 VgV hat der öffentliche Auftraggeber einen aufgedeckten Interessenkonflikt und getroffene Abhilfemaßnahmen gem. **§ 8 Abs. 2 Satz 1 Nr. 10 VgV** im entsprechenden Vergabevermerk zu dokumentieren. **71**

---

[148] *Dreher* in Immenga/Mestmäcker GWB § 114 Rn. 40; vgl. hierzu etwa BGH vom 19.12.2000 – X ZB 14/00, NZBau 2001, 151; OLG Brandenburg vom 16.12.2015 – 4 U 77/14, NZBau 2016, 184; OLG Düsseldorf vom 12.1.2000, NZBau 2000, 394; die Möglichkeit der Nichtigkeit nach § 138 BGB sieht auch *Ganske* in Reidt/Stickler/Glahs VgV § 16 Rn. 58 sowie *Reidt* a. a. O. GWB § 114 Rn. 36.

[149] Vgl. OLG Schleswig vom 28.6.2016 – 54 Verg 2/16, NZBau 2016, 593; ebenso *Sturhahn* in Pünder/Schellenberg Vergaberecht § 16 Rn. 7.

[150] Ebenso *Hausmann/von Hoff* in KKPP GWB § 124 Rn. 38.

[151] Vgl. hierzu oben Rn. 16.

[152] Vgl. zur sog. „Projektanten-Problematik" oben Rn. 55 ff.

[153] Auch wenn die praktische Bedeutung gering sein sollte; vgl. hierzu bereits oben Rn. 11.

[154] Vgl. auch Rn. 69.

[155] Siehe hierzu Rn. 57.

§ 7 Mitwirkung an der Vorbereitung des Vergabeverfahrens

(1) Hat ein Unternehmen oder ein mit ihm in Verbindung stehendes Unternehmen den öffentlichen Auftraggeber beraten oder war auf andere Art und Weise an der Vorbereitung des Vergabeverfahrens beteiligt (vorbefasstes Unternehmen), so ergreift der öffentliche Auftraggeber angemessene Maßnahmen, um sicherzustellen, dass der Wettbewerb durch die Teilnahme dieses Unternehmens nicht verzerrt wird.

(2) Die Maßnahmen nach Absatz 1 umfassen insbesondere die Unterrichtung der anderen am Vergabeverfahren teilnehmenden Unternehmen in Bezug auf die einschlägigen Informationen, die im Zusammenhang mit der Einbeziehung des vorbefassten Unternehmens in der Vorbereitung des Vergabeverfahrens ausgetauscht wurden oder daraus resultieren, und die Festlegung angemessener Fristen für den Eingang der Angebote und Teilnahmeanträge.

(3) Vor einem Ausschluss nach § 124 Absatz 1 Nummer 6 des Gesetzes gegen Wettbewerbsbeschränkungen ist dem vorbefassten Unternehmen die Möglichkeit zu geben nachzuweisen, dass seine Beteiligung an der Vorbereitung des Vergabeverfahrens den Wettbewerb nicht verzerren kann.

Übersicht

	Rn.		Rn.
A. Einführung	1	II. Maßnahmen zur Gewährleistung von	
I. Literatur	1	Wettbewerb, § 7 Abs. 2 VgV	9
II. Entstehungsgeschichte	2	III. Ausschluss eines Projektanten gemäß	
III. Rechtliche Vorgaben im EU-Recht	3	§ 7 Abs. 3 VgV	11
B. Anforderungen	4		
I. Inhalt der Regelung des § 7 Abs. 1 VgV	4		

A. Einführung

I. Literatur

1 *Diringer,* Die Beteiligung sog. Projektanten am Vergabeverfahren, VergabeR 2010, 361; *Gabriel/Krohn/Neun,* Handbuch des Vergaberechts, 2014; *Goede/Stoye/Stolz,* Handbuch des Fachanwalts Vergaberecht, 2017; *Heiermann/Zeiss/Summa,* jurisPK-VergR, 5. Auflage 2016; *Krohn,* Leistungsbeschreibung und Angebotswertung bei komplexen IT-Vergaben, NZBau 2013, 79; *Kulartz/Kus/Marx/Portz/Prieß,* Kommentar zur VgV, 1. Auflage 2016; *Kupczyk,* Die Projektantenproblematik im Vergaberecht, NZBau, 2010, 21; *Willenbruch/Wieddekind,* Kompaktkommentar Vergaberecht, 4. Auflage 2017.

II. Entstehungsgeschichte

2   Die Regelung des § 7 VgV betrifft die sogenannte Projektantenproblematik, die zuvor in § 6 Abs. 7 EG VOL/A und § 4 Abs. 5 VOF geregelt war und nun in einem eigenen Paragraphen deutlich ausführlicher behandelt wird. Der EuGH ging in seiner Fabricom Entscheidung[1] aus dem Jahr 2003 erstmals auf das Problem der vorbefassten Bieter ein. Projektanten sind Unternehmen, die zunächst den öffentlichen Auftraggeber bei der Vorbereitung der Ausschreibung unterstützen und sich anschließend selbst um den Auftrag bewerben. In Übereinstimmung mit der EuGH-Rechtsprechung wurde im deutschen Recht zunächst eine Regelung in § 4 Abs. 5 VgV geschaffen. Diese Vorschrift wurde im Jahr 2010 aus der VgV gestrichen und dann in die einzelnen Vergabe- und Vertragsordnungen übernommen.

---

[1] EuGH Urt. v. 3.3.2005, Rs. C-21/03 und C-34/03.

III. Rechtliche Vorgaben im EU-Recht

Die Regelung des § 7 Abs. 1 VgV übernimmt die in Art. 41 Unterabs. 1 der RL **3** 2014/24/EU statuierte Regelung über die öffentliche Auftragsvergabe zur vorherigen Einbeziehung von Bewerbern oder Bietern. Absatz 2 der Neuregelung dient der Umsetzung von Art. 41 Unterabs. 2 S. 1 der RL 2014/24/EU. Die Richtliniennorm nennt exemplarisch Maßnahmen wie der Wettbewerb durch vorbefasste Bewerber oder Bieter nicht verzerrt wird. Die Regelung des Abs. 3 dient der Umsetzung von Art. 41 Unterabs. 3 S. 1 der RL 2014/24/EU und sieht Möglichkeiten für den vorbefassten Bewerber bzw. Bieter vor, nachzuweisen, dass der Wettbewerb durch ihn nicht verzerrt wird.

B. Anforderungen

I. Inhalt der Regelung des § 7 Abs. 1 VgV

Aufgrund der Regelung des § 7 VgV hat der öffentliche Auftraggeber angemessene **4** Maßnahmen zu ergreifen, wenn ein Unternehmen oder ein mit ihm in Verbindung stehendes Unternehmen im Sinne des § 36 Abs. 2 GWB den öffentlichen Auftraggeber beraten oder auf andere Art und Weise an der Vorbereitung des Vergabeverfahrens beteiligt (vorbefasstes Unternehmen) war.

Zunächst war umstritten, ab welchem Umfang Beratungen durch vorbefasste Unter- **5** nehmen relevant sein können. Teilweise wurde aufgrund von Rechtssicherheit und Klarheit jeglicher Austausch zwischen dem öffentlichen Auftraggeber und Unternehmen als ausreichend angesehen.[2] Die Gegenansicht nahm eine Beschränkung auf solche vom Projektanten erbrachte Beratungsleistungen an, die zumindest geeignet und aufgrund bestimmt sind, den Auftraggeber bei einem konkreten Beschaffungsvorgang zu unterstützen und demzufolge dem vorbefassten Unternehmen einen Wettbewerbsvorteil einräumten.[3] Aufgrund des Wortlauts der Neuregelung hat sich der Verordnungsgeber eindeutig für die zweite Ansicht entschieden. Es muss demnach eine Unterstützungsleistung vorliegen, da der Verordnungsgeber explizit darauf abstellt, dass der vorbefasste Bieter *„den öffentlichen Auftraggeber beraten oder auf andere Art und Weise an der Vorbereitung des Vergabeverfahrens beteiligt war"*. Folglich hat ein öffentlicher Auftraggeber sicherzustellen, dass der Wettbewerb durch Teilnahme eines Bewerbers bzw. Bieters nicht verzerrt wird, wenn dieser den Auftraggeber vor Einleitung des Vergabeverfahrens beraten oder unterstützt hat, was durch den Wortlaut des § 7 Abs. 1 VgV ebenfalls explizit hervorgehoben wird.

Vorbefasste Bieter haben in der Regel einen Informations- und Wissensvorsprung ge- **6** genüber den Konkurrenten, da sie sich durch ihre vorbereitende Tätigkeit ein Know-how gesichert haben, dass sich Konkurrenten nur durch umfangreiche zusätzliche Anstrengungen beschaffen können.[4] Die Problematik tritt vielfach bei komplexen Beschaffungsvorgängen, häufig im IT-Bereich, auf.[5] Vielfach hat der Projektant einen zeitlichen Vorteil, speziell dann, wenn ihm Teile der Vergabeunterlagen oder die Inhalte des Leistungsverzeichnisses schon bekannt sind, so dass dies für ihn zu einer faktischen Verlängerung der Angebotsfrist führt.[6] Auch kann für das Unternehmen die Möglichkeit bestehen, aufgrund der vorbereitenden Tätigkeiten das Vergabeverfahren zu beeinflussen, indem es beispiels-

---

[2] *Diringer* Die Beteiligung sog. Projektanten am Vergabeverfahren, VergabeR 2010, 361, 363.
[3] *Kupczyk* Die Projektantenproblematik im Vergaberecht, NZBau, 2010, 21, 23.
[4] VK Lüneburg Beschl. v. 27.1.2017 – VgK-49/2016.
[5] *Krohn,* Leistungsbeschreibung und Angebotswertung bei komplexen IT-Vergaben, NZBau 2013, 79, 80.
[6] VK Lüneburg Beschl. v. 27.1.2017 – VgK-49/2016; *König* in Gabriel/Krohn/Neun, Handbuch des Vergaberechts, § 12, Rn. 2.

weise durch die Leistungsbeschreibung einseitig begünstigt wird.[7] Eine vergleichbare Situation kann vorliegen, wenn der Projektant mit dem Bewerber oder Bieter rechtlich, wirtschaftlich oder personell verflochten ist.[8]

7   Sofern ein Bewerber den Auftraggeber im Vorfeld eines Vergabeverfahrens im Sinne des § 7 Abs. 1 VgV beraten oder unterstützt hat, muss der öffentliche Auftraggeber gewährleisten, dass der Wettbewerb durch diese Vorbefassung nicht verzerrt wird. Allerdings folgt aus einer Vorbefassung nicht zwingend ein Wettbewerbsvorteil. Insbesondere sind die konkreten Umstände des Einzelfalls zu berücksichtigen.[9] Der Auftraggeber hat dabei zu überprüfen, ob die Vorbefassung dem Wettbewerbsgrundsatz entgegensteht. Dies ist zu bejahen, wenn aus objektiver Sicht eine Beeinträchtigung des Wettbewerbs zumindest konkret möglich erscheint.[10] Eine rein abstrakte Möglichkeit der Wettbewerbsverzerrung fällt nicht unter § 7 Abs. 1 VgV.[11]

8   Hervorzuheben ist, dass § 7 VgV nicht die Fälle umfasst, wenn ein Wissensvorsprung des Unternehmens aus einer anderen vorherigen Tätigkeit für den öffentlichen Auftraggeber oder als bisheriger Vertragspartner resultiert.[12] Allerdings kann dann auch für den Auftraggeber eine Pflicht bestehen, den Wissensvorsprung zu kompensieren.[13]

II. Maßnahmen zur Gewährleistung von Wettbewerb, § 7 Abs. 2 VgV

9   Gemäß § 7 Abs. 1 VgV ergreift der öffentliche Auftraggeber angemessene Maßnahmen, um sicherzustellen, dass der Wettbewerb durch die Teilnahme des vorbefassten Unternehmens nicht verzerrt wird. Insoweit enthält § 7 Abs. 2 VgV eine nicht abschließende Aufzählung verschiedener Maßnahmen, die der Auftraggeber im Falle einer Vorbefassung ergreifen kann. Zum einen sieht § 7 Abs. 2 VgV ausdrücklich vor, dass der Auftraggeber die übrigen am Vergabeverfahren beteiligten Unternehmen über solche Informationen in Kenntnis setzen kann. Dadurch sollen etwaige Wissensvorsprünge ausgeglichen werden, die zuvor nur dem Projektanten zur Verfügung standen.[14] Des Weiteren kann der Auftraggeber im Falle einer Vorbefassung angemessene Fristen festlegen: Verlängert er die (Angebots-) Fristen, besteht für die Bieter die Möglichkeit, die neuen Informationen im Rahmen ihrer Angebotserstellung ausreichend zu berücksichtigen.[15] Da § 7 Abs. 2 VgV eine nicht abschließende Regelung beinhaltet, können den Bietern auch etwaige Ergebnisse von Voruntersuchungen zugänglich gemacht werden, die der Projektant im Rahmen seiner Vorbefassung gewonnen hat.[16] Zudem kann der Auftraggeber Wissens- und Kostenvorteile des Projektanten im Vergleich mit Drittangebote „gutbuchen"[17] oder den Bietern die Möglichkeit einräumen, das Bezugsobjekt beim Auftraggeber zu besichtigen,[18] um so zusätzliche Kenntnisse zu erlangen, über die das vorbefasste Unternehmen bereits verfügt. Der Auftraggeber muss entweder präventiv Vorkehrungen zur Vermeidung einer Wettbewerbs-

---

[7] *Kupczyk* Die Projektantenproblematik im Vergaberecht, NZBau, 2010, 21, 22.
[8] OLG Celle Beschl. v. 14.4.2016 – 13 Verg 11/15; VK Bund Beschl. v. 24.5.2012 – VK3–45/12.
[9] OLG München Beschl. v. 10.2.2011 – Verg 24/10.
[10] VK Bund Beschl. v. 10.3.2017 – VK 2–19/17; OLG Celle Beschl. v. 14.4.2016 – 13 Verg 11/15; OLG Brandenburg Beschl. v. 19.12.2011 – Verg W 17/11; OLG München Beschl. v. 10.2.2011 – Verg 24/10.
[11] OLG Brandenburg Beschl. v. 22.5.2007 – Verg W 13/06.
[12] VK Bund Beschl. v. 16.7.2013 – VK 3 47/13; VK Köln Beschl. v. 4.10.2012, VK VOF 18/2012; OLG Koblenz Beschl. v. 6.11.2008 – 1 Verg 3/08.
[13] VK Bund Beschl. v. 16.7.2010, VK 3–66/10; VK Baden-Württemberg Beschl. v. 17.6.2011, 1 VK 29/11.
[14] OLG Bremen Beschl. v. 9.10.2012 – Verg 1/12; VK Bund Beschl. v. 16.7.2013 – VK 3–47/13; VK Südbayern Beschl. v. 21.10.2013 – Z3–3–3194-1-29-08/13; OLG Celle Beschl. v. 14.4.2016 – 13 Verg 11/15; OLG München Beschl. v. 25.7.2013 – Verg 7/13.
[15] VK Sachsen Beschl. v. 11.3.2011 – 1/SVK/001/11.
[16] VK Bund Beschl. v. 3.3.2015 – VK 1 4/15.
[17] KG Berlin Beschl. v. 27.1.2015 – Verg 9/14.
[18] OLG Koblenz Beschl. v. 6.11.2008 – Verg 3/08.

verzerrung treffen oder im Nachgang einen evtl. potentiell wettbewerbsverzerrenden Wissensvorsprung durch geeignete Maßnahmen ausgleichen.[19] Die Auswahl der Egalisierungsmaßnahmen steht im pflichtgemäßen Ermessen des Auftraggebers.[20]

Sofern ein Projektant im Vergabeverfahren belassen wird, ist vom öffentlichen Auftrag- **10** geber zu dokumentieren, in welcher Form die Zusammenarbeit stattgefunden hat. Des Weiteren ist zu dokumentieren, welche Informationen ausgetauscht wurden und welche Maßnahmen getroffen wurden, um eine Wettbewerbsverfälschung zu verhindern.[21]

III. Ausschluss eines Projektanten gemäß § 7 Abs. 3 VgV

Ein pauschaler Ausschluss eines vorbefassten Unternehmens ist unzulässig.[22] Der Auf- **11** traggeber hat zunächst festzustellen, dass die Vorbefassung Wettbewerbsrelevanz aufweist und nicht durch mildere Abhilfemaßnahmen ausgeglichen werden kann.[23] Der Ausschluss eines Projektanten nach § 7 Abs. 3 VgV kann stets nur ultima ratio sein.[24] Insbesondere ist der Grad der Beteiligung des Projektanten am Vergabeverfahren zu berücksichtigen. Ging dem Vergabeverfahren eine enge Zusammenarbeit mit dem Projektanten, beispielsweise durch Mitwirkung an den Vergabeunterlagen, voraus, kann dies eine unsachliche Beeinflussung im eigenen Interesse indizieren. Ein etwaiger Ausschluss des Projektanten kann in diesem Fall als einzig effektive Maßnahme geboten sein.[25] Der Auftraggeber hat stets den Grundsatz der Verhältnismäßigkeit zu beachten.[26] Der vorbefasste Bieter hat einen Anspruch darauf, dass der öffentliche Auftraggeber alles ihm Mögliche unternimmt, um ihm trotz der Vorbefassung eine Beteiligung an der Ausschreibung zu ermöglichen.

Eine Verpflichtung des Auftraggebers zur Anpassung des Beschaffungsgegenstandes im **12** Falle einer Vorbefassung eines Bieters besteht nicht. Zieht der Auftraggeber den Ausschluss des Projektanten in Erwägung, so ist diesem gemäß § 7 Abs. 3 VgV stets die Möglichkeit einzuräumen, den Nachweis zu führen, dass seine Beteiligung an der Vorbereitung des Vergabeverfahrens den Wettbewerb nicht verzerrt hat.[27] Die Beweisführung liegt daher beim Bewerber oder Bieter. Stehen dem Auftraggeber keine effektiven Abhilfemaßnahmen zu Verfügung, hat der Projektant den Nachweis zu führen, dass er eigene Maßnahmen getroffen hat, welche geeignet sind, die Chancengleichheit der Bewerber oder Bieter wiederherzustellen.[28] Lässt ein Dritter die Beteiligung des Projektanten an einem Vergabeverfahren überprüfen, so hat der Auftraggeber auch die vom Projektanten getroffenen internen Maßnahmen nachzuweisen. Ihn trifft die Darlegungs- und Beweislast für die Wiederherstellung des Wettbewerbs.[29]

Die Regelung des § 7 VgV steht unter der Dokumentationspflicht des § 8 Abs. 2 Nr. 10 **13** VgV. Danach hat der Auftraggeber Angaben zu aufgedeckten Interessenskonflikten und den getroffenen Abhilfemaßnahmen in einem Vergabevermerk zu dokumentieren.

[19] VK Sachsen Beschl. v. 28.10.2008 – 1 /SVK/054-08, Rn. 57.
[20] VK Lüneburg Beschl. v. 27.1.2017 – VgK-49/2016; VK Niedersachsen Beschluss vom 2.3.2016, VgK – 1/2016; OLG München Beschl. v. 25.7.2013 – Verg 7/13.
[21] OLG Karlsruhe Beschl. v. 20.3.2009 – 15 Verg 2/09.
[22] EuGH Urt. v. 3.3.2005 – C-21/03.
[23] *Baumann/Mutschler-Siebert* in Heiermann/Zeiss/Summa, jurisPK-VergR 5. Aufl., § 7 VgV Rn. 19.
[24] *Schrems* in Goede/Stoye/Stolz, Handbuch des Fachanwalts Vergaberecht, 10. Kapitel, Rn. 224.
[25] EuGH Urt. v. 3.3.2005 – C-21/03.
[26] *Röwekamp*, in KKMPP, § 7 VgV Rn. 10.
[27] OLG Celle Beschl. v. 14.4.2016 – 13 Verg 11/15.
[28] *Werner* in Willenbruch/Wieddekind, § 7 VgV Rn. 5.
[29] VK Lüneburg Beschl. v. 27.1.2017 – VgK-49/2016; KG Berlin Beschl. v. 27.1.2015 – Verg 9/14.

§ 8 Dokumentation und Vergabevermerk

(1) Der öffentliche Auftraggeber dokumentiert das Vergabeverfahren von Beginn an fortlaufend in Textform nach § 126b des Bürgerlichen Gesetzbuchs, soweit dies für die Begründung von Entscheidungen auf jeder Stufe des Vergabeverfahrens erforderlich ist. Dazu gehört zum Beispiel die Dokumentation der Kommunikation mit Unternehmen und interner Beratungen, der Vorbereitung der Auftragsbekanntmachung und der Vergabeunterlagen, der Öffnung der Angebote, Teilnahmeanträge und Interessensbestätigungen, der Verhandlungen und der Dialoge mit den teilnehmenden Unternehmen sowie der Gründe für Auswahlentscheidungen und den Zuschlag.

(2) Der öffentliche Auftraggeber fertigt über jedes Vergabeverfahren einen Vermerk in Textform nach § 126b des Bürgerlichen Gesetzbuchs an. Dieser Vergabevermerk umfasst mindestens Folgendes:

1. den Namen und die Anschrift des öffentlichen Auftraggebers sowie Gegenstand und Wert des Auftrags, der Rahmenvereinbarung oder des dynamischen Beschaffungssystems,
2. die Namen der berücksichtigten Bewerber oder Bieter und die Gründe für ihre Auswahl,
3. die nicht berücksichtigten Angebote und Teilnahmeanträge sowie die Namen der nicht berücksichtigten Bewerber oder Bieter und die Gründe für ihre Nichtberücksichtigung,
4. die Gründe für die Ablehnung von Angeboten, die für ungewöhnlich niedrig befunden wurden,
5. den Namen des erfolgreichen Bieters und die Gründe für die Auswahl seines Angebots sowie, falls bekannt, den Anteil am Auftrag oder an der Rahmenvereinbarung, den der Zuschlagsempfänger an Dritte weiterzugeben beabsichtigt, und gegebenenfalls, soweit zu jenem Zeitpunkt bekannt, die Namen der Unterauftragnehmer des Hauptauftragnehmers,
6. bei Verhandlungsverfahren und wettbewerblichen Dialogen die in § 14 Absatz 3 genannten Umstände, die die Anwendung dieser Verfahren rechtfertigen,
7. bei Verhandlungsverfahren ohne vorherigen Teilnahmewettbewerb die in § 14 Absatz 4 genannten Umstände, die die Anwendung dieses Verfahrens rechtfertigen,
8. gegebenenfalls die Gründe, aus denen der öffentliche Auftraggeber auf die Vergabe eines Auftrags, den Abschluss einer Rahmenvereinbarung oder die Einrichtung eines dynamischen Beschaffungssystems verzichtet hat,
9. gegebenenfalls die Gründe, aus denen andere als elektronische Mittel für die Einreichung der Angebote verwendet wurden,
10. gegebenenfalls Angaben zu aufgedeckten Interessenkonflikten und getroffenen Abhilfemaßnahmen,
11. gegebenenfalls die Gründe, aufgrund derer mehrere Teil- oder Fachlose zusammen vergeben wurden, und
12. gegebenenfalls die Gründe für die Nichtangabe der Gewichtung von Zuschlagskriterien.

(3) Der Vergabevermerk ist nicht erforderlich für Aufträge auf der Grundlage von Rahmenvereinbarungen, sofern diese gemäß § 21 Absatz 3 oder gemäß § 21 Absatz 4 Nummer 1 geschlossen wurden. Soweit die Vergabebekanntmachung die geforderten Informationen enthält, kann sich der öffentliche Auftraggeber auf diese beziehen.

(4) Die Dokumentation, der Vergabevermerk sowie die Angebote, die Teilnahmeanträge, die Interessensbekundungen, die Interessensbestätigungen und ihre Anlagen sind bis zum Ende der Laufzeit des Vertrags oder der Rahmenvereinbarung aufzubewahren, mindestens jedoch für drei Jahre ab dem Tag des Zuschlags. Gleiches gilt für Kopien aller abgeschlossenen Verträge, die mindestens den folgenden Auftragswert haben:

1. 1 Million Euro im Falle von Liefer- oder Dienstleistungsaufträgen,
2. 10 Millionen Euro im Falle von Bauaufträgen.

(5) **Der Vergabevermerk oder dessen Hauptelemente sowie die abgeschlossenen Verträge sind der Europäischen Kommission sowie den zuständigen Aufsichts- oder Prüfbehörden auf deren Anforderung hin zu übermitteln.**

(6) **§ 5 bleibt unberührt.**

Übersicht

	Rn.			Rn.
A. Einführung	1		II. Vergabevermerk – Regelungsinhalt des Abs. 2	17
I. Literatur	1			
II. Entstehungsgeschichte	2		III. Bezugnahme auf die Bekanntmachung, Abs. 3	32
III. Rechtliche Vorgaben im EU-Recht	3		IV. Aufbewahrungspflicht	33
B. Regelungsgehalt der Vorschrift	5		V. Wahrung der Vertraulichkeit	34
I. Sinn und Zweck der Vorschrift	5		**D. Anwendungsbereich und Bieterschutz**	35
II. Textform	7			
III. Zeitpunkt der Dokumentation	9		I. Subjektiver Anwendungsbereich	35
C. Umfang der Dokumentationspflicht	12		II. Subjektives Recht der Bieter	36
I. Dokumentation – Regelungsinhalt des Abs. 1	12		III. Adressaten der Dokumentation	38

A. Einführung

I. Literatur

Pauka/Kemper, Eignung und Datenschutz im Vergaberecht, NZBau 2017, 71; *Glahs* Akteneinsichts- und **1** Informationsfreiheitsansprüche im Vergabe- und Nachprüfungsverfahren, NZBau 2014, 75; *Nelskamp/ Dahmen* Dokumentation im Vergabeverfahren, KommJur 2010, 208.

II. Entstehungsgeschichte

§ 8 VgV setzt, wie zuvor § 24 EG VOL/A, die wesentliche Pflicht des Auftraggebers **2** fort, das Vergabeverfahren vollständig zu dokumentieren. Im Gegensatz zum alten § 24 EG VOL/A unterscheidet § 8 VgV zwischen der **Dokumentation** der einzelnen Stufen des Verfahrens (Abs. 1) und dem eigentlichen „**Vergabevermerk**" (Abs. 2). Die Dokumentationspflicht des Auftraggebers ist übergreifend zu verstehen; der Vergabevermerk bildet davon eine Teilmenge.

III. Rechtliche Vorgaben im EU-Recht

§ 8 VgV setzt Art. 84 der Richtlinie 2014/24/EU um. Die Vorschrift deckt sich weitge- **3** hend mit den Vorschriften der §§ 6 KonzVgV (KonzVgV § 6) und 8 SektVO (→ SektVO § 8).

§ 20 EU VOB/A (→ VOB/A EU § 20) verweist auf § 8 VgV und hat im Übrigen kei- **4** nen eigenen Regelungsinhalt.

B. Regelungsgehalt der Vorschrift

I. Sinn und Zweck der Vorschrift

Sinn und Zweck der **Vergabedokumentation** ist es, sowohl für Bewerber bzw. Bieter **5** als auch für Nachprüfungsinstanzen im Rahmen des **Primärrechtschutzes** die Entscheidungen des Auftraggebers und die einzelnen Schritte des Verfahrens nachzuvollziehen und nachprüfen zu können.[1] Gleiches gilt für Prüfbehörden, wie zum Beispiel Aufsichtsbehörden, Rechnungshöfe etc.

6   Die Dokumentationspflicht aus § 8 VgV ist Ausprägung des **Transparenzgebotes**. Sie dient der **Korruptionsbekämpfung** und beugt Manipulationen beim Auftraggeber vor. Damit ist sie wesentlicher Teil eines ordnungsgemäßen Vergabeverfahrens und zentrale Pflicht des Auftraggebers.

II. Textform

7   § 8 VgV schreibt ausdrücklich vor, dass die Dokumentation (Abs. 1) und der Vergabevermerk (Abs. 2) in **Textform** nach § 126b BGB zu erstellen sind. Der Textform nach § 126b BGB entspricht jede lesbare, dauerhafte Erklärung, in der die Person des Erklärenden genannt ist und erkennbar ist, dass die Erklärung abgegeben wurde. Erklärungen in Textform müssen auf einem dauerhaften **Datenträger** abgegeben werden, z.B. in Papierform, als Telefax oder Computerfax. Der Vergabeakte können auch elektronische Datenträger wie CD-ROM und DVDs beigefügt werden.

8   Maßgeblich ist die Dauerhaftigkeit der Erklärung. Erfolgt die Vergabedokumentation elektronisch, ist es folglich nicht zulässig, einzelne Bestandteile der elektronischen Akte zu ändern oder zu überschreiben.[2] Dies würde einen Verstoß gegen das Transparenzgebot darstellen.

III. Zeitpunkt der Dokumentation

9   Die Dokumentation muss ausweislich des Wortlauts von § 8 VgV **„zeitnah"** erfolgen. Die zeitnahe Dokumentation bedeutet nicht **„unverzüglich"** im Sinne von § 121 BGB, also ohne schuldhaftes Zögern. Jedoch ist von einer zeitnahen Dokumentation zu fordern, dass der öffentliche Auftraggeber zur Sicherstellung der jederzeitigen Überprüfbarkeit des Vergabeverfahrens laufend alle wesentlichen Zwischenentscheidungen bereits vor der Zuschlagserteilung nachvollziehbar und im zeitlichen Zusammenhang dokumentiert. Eine zeitnahe Dokumentation liegt jedenfalls dann nicht mehr vor, wenn der Auftraggeber seine Entscheidung erst zwei Monate später dokumentiert.[3]

10, 11   In den Erläuterungen zur Vergaberechtsmodernisierungsverordnung – VergRModVO – heißt es, dass die Dokumentation auch „spätestens" nach Abschluss des Vergabeverfahrens erstellt werden kann.[4] Eine nachträgliche Dokumentation, nach Abschluss des Verfahrens ist demnach zwar zulässig, birgt aber das Risiko, dass der Auftraggeber im Falle eines Nachprüfungsverfahrens die **Dokumentation** nicht sofort zur Verfügung stellen kann. Weiter besteht im Einzelfall die Gefahr, dass die nachträgliche Erstellung der Dokumentation den eigentlichen Entscheidungsprozess nicht (mehr) transparent widerspiegelt, da zu viel Zeit verstrichen ist und die Entscheidungen daher nur noch ergebnisorientiert dokumentiert werden (können). Eine solche Dokumentation würde die tatsächlichen Entscheidungsstufen nicht hinreichend darstellen seit BGH, 4.4.2017, BGH zB 3/17 von besonderer Bedeutung. In der Praxis ist daher davon abzuraten, die Vergabedokumentation erst im Nachhinein zu erstellen.

---

[1] Vgl. OLG Düsseldorf 14.8.2003, Verg 46/03; OLG München 2.11.2012, Verg 26/12.
[2] OLG Düsseldorf 10.8.2011 – Verg 36/11.
[3] ObLG VergabeR 2001, 65, 68, OLG Düsseldorf VergabeR 2004, 511, 513; VK Sachsen-Anhalt, 30.9.2013 – 2 VK LSA 03/13.
[4] Vgl. auch BR-Drs. 87/16, S. 162.

C. Umfang der Dokumentationspflicht

I. Dokumentation – Regelungsinhalt des Abs. 1

Abs. 1 enthält die Forderung, dass von Anbeginn – also ab der Beschaffungsentscheidung **12** – sämtliche Schritte des Vergabeverfahrens dokumentiert werden müssen. Dies bedeutet aber nicht, dass der Auftraggeber darüber einen förmlichen Vergabevermerk anfertigen muss. Ausreichend ist, wenn der Gang des Verfahrens aus den Unterlagen beim Auftraggeber (Vergabeakte) erkennbar ist.

Der Auftraggeber erfüllt seine **Dokumentationspflicht** nach Abs. 1, wenn der förmli- **13** che Verfahrensablauf und der materielle Inhalt der im Laufe des Verfahrens getroffenen Entscheidungen nebst Begründung aus der Vergabeakte erkennbar sind. Dabei ist die Dokumentation **chronologisch** („fortlaufend") aufzubauen. Zum Zwecke der Beweissicherung sind die einzelnen relevanten Schritte mit einem Datum zu versehen, bei Öffnung der Angebote o. ä. zusätzlich dazu auch mit der Uhrzeit, soweit es darauf ankommt.

Weiter sollte aus der Dokumentation auch erkennbar sein, welcher **Entscheidungsträ- 14 ger** gehandelt hat da sonst die Beweisfunktion der Dokumentation als Urkunde eingeräumt wird.[5] Aufgrund des Textformerfordernisses gemäß § 126b BGB erfordert dies aber nicht zwingend eine Unterschrift.

§ 8 Abs. 1 S. 2 VgV zählt als Inhalte der **Vergabeakte** z. B. die Dokumentation der **15** Kommunikation mit Unternehmen und der internen Beratungen, die Dokumentation der Vorbereitung der Auftragsbekanntmachung und der Vergabeunterlagen, der Öffnung der Angebote, der Teilnahmeanträge und der Interessensbestätigungen, der Verhandlungen und der Dialoge mit den teilnehmenden Unternehmen sowie die Dokumentation der Gründe für Auswahlentscheidungen und den Zuschlag, auf.

Damit sind alle wesentlichen Verfahrensschritte von der Beschaffungsentscheidung über **16** die Bekanntmachung bis hin zur Öffnung der Angebote und der Entscheidung über den Zuschlag in der Vergabeakte zu dokumentieren. Einzelheiten und Ergänzungen oder Erläuterungen zu den einzelnen Unterlagen sind dann Teil des Vergabevermerks (Abs. 2).

II. Vergabevermerk – Regelungsinhalt des Abs. 2

§ 8 VgV ist als zwingende Bestimmung formuliert („Der öffentliche Auftraggeber fertigt **17** …" „Dieser Vergabevermerk umfasst mindestens …"). Der Auftraggeber ist daher verpflichtet, den konkreten Ablauf des Vergabeverfahrens aktenmäßig festzuhalten, wobei § 8 VgV die **Mindestanforderungen** an die Dokumentation normiert. Der Vergabevermerk muss den vorgegebenen Mindestinhalt entweder direkt aufführen oder die entsprechenden Inhalte durch Bezugnahme auf beigefügte Anlagen kenntlich machen. Soweit im Einzelfall gegeben, sind alle darüber hinaus gehenden und für das Verfahren relevanten Schritte ebenfalls in den Vergabevermerk aufzunehmen.[6]

Sämtliche Angaben im Vergabevermerk dienen der Umsetzung des **Transparenzgebo- 18 tes.** Gemäß § 8 VgV sind die tatsächlichen und rechtlichen Grundlagen darzulegen und die das gesamte Vergabeverfahren tragenden Aspekte detailliert aufzuführen, damit ein mit der Sachlage des Vergabeverfahrens Vertrauter den Ablauf des Vergabeverfahrens ohne Schwierigkeit nachvollziehen kann.

Neben Angaben zum Auftraggeber selbst, muss dieser im ersten Schritt den Gegenstand **19** und Umfang der Leistung, insbesondere den **Auftragswert** bzw. Wert der Rahmenvereinbarung oder des dynamischen Beschaffungssystems, dokumentieren. Der Auftraggeber

---

[5] OLG Celle, 11.2.2010, 13 Verg 16/09.
[6] Vgl. auch OLG München. 25.7.2013 – Verg 7/13.

muss dazu mengen- und/oder wertmäßig den Umfang der Leistung beschreiben und darlegen, dass er den Gesamtauftragswert anhand von nachvollziehbaren, objektiven Kriterien geschätzt hat und dabei alle wesentlichen Kostenbestandteile berücksichtigt hat. Der Vergabevermerk sollte umso ausführlicher sein, je näher der Auftragswert an den maßgeblichen Schwellenwerten liegt.[7]

20   Weiter sind nach § 8 Abs. 2 Nr. 2 und 3 VgV die Namen der berücksichtigten Bewerber bzw. Bieter und die Namen der nicht berücksichtigten Bewerber oder Bieter, bei beiden unter Angabe der Gründe für ihre Auswahl bzw. ihre Ablehnung, anzugeben. Der Auftraggeber muss demnach seine Entscheidungen im Teilnahmewettbewerb – soweit ein solcher durchgeführt wird – dokumentieren und klarstellen, welche Bewerber zur Abgabe eines Angebots aufgefordert werden. In der Angebotsphase umfasst die Dokumentation die gesamte **Wertung** bis hin zur Entscheidung, welcher Bieter den Zuschlag erhalten soll.

21   Nach § 8 Abs. 2 Nr. 4 VgV müssen im Vergabevermerk die Gründe für die Ablehnung von ungewöhnlich niedrigen Preisen, der Name des Auftragnehmers und die Gründe für die Erteilung des Zuschlages auf sein Angebot, der Anteil der beabsichtigten Weitergaben an Unterauftragnehmer genannt werden. Insoweit enthält § 8 VgV keine Änderungen gegenüber der Vorgängervorschrift (§ 24 VOL/A). Neu eingefügt wurde, dass ggf. – soweit bekannt – auch die Namen der Unterauftragnehmer aufzuführen sind.

22   § 8 Abs. 2 Nr. 2 bis 4 VgV beziehen sich damit auf die Kernaufgaben des Auftraggebers – **Angebotswertung** und **Zuschlagsentscheidung.** Aus dem Vergabevermerk muss erkennbar sein, auf Grundlage welcher Tatsachen, Umstände und Überlegungen der Auftraggeber seine Entscheidung, einen Bieter weiter zu berücksichtigen oder auszuschließen, getroffen hat. Insbesondere muss der Auftraggeber darlegen, dass er alle Angebote formal und inhaltlich auf deren Richtigkeit und auf Übereinstimmung mit den Vorgaben aus den Vergabeunterlagen überprüft hat. Im Hinblick auf die Zuschlagsentscheidung ist zu dokumentieren, dass der Auftraggeber seine Zuschlagsentscheidung anhand der vorab bekanntgemachten Zuschlagskriterien getroffen hat. Bei reiner Preiswertung/Ermittlung des wirtschaftlichsten Angebotes reicht es aus, wenn er an dieser Stelle nur die – rechnerisch überprüften – Angebotsergebnisse aufführt.

23   Wählt der Auftraggeber das Verhandlungsverfahren oder den wettbewerblichen Dialog, muss er begründen, warum er die jeweilige Verfahrensart in Abweichung zum **Grundsatz der Durchführung eines offenen/nicht-offenen Verfahrens** (vgl. § 14 Abs. 2 VgV) gewählt hat. Das Gleiche gilt für die Wahl des Verhandlungsverfahrens ohne Teilnahmewettbewerb. Der Auftraggeber muss begründen, warum ausnahmsweise die Anwendung dieses Verfahrens (§ 14 Abs. 3 VgV) gerechtfertigt ist.

24   § 8 Abs. 2 Nr. 8 VgV fordert einen Vergabevermerk über die Entscheidung des Auftraggebers den Auftrag nicht zu erteilen/die Rahmenvereinbarung nicht abzuschließen/das dynamische Beschaffungssystem nicht einzurichten. Aus dem Vergabevermerk muss in diesem Fall – soweit zutreffend – hervorgehen, inwieweit z.B. ein **Aufhebungsgrund** vorliegt, der die Aufhebung des Verfahrens rechtfertigt (VgV § 63).

25   § 8 Abs. 2 Nr. 9 VgV muss der Auftraggeber angeben, warum er – anders als gemäß § 9 VgV vorgesehen – andere als **elektronische Mittel** für die Einreichung der Angebote zulässt. Im Bereich der VOB/A gilt nach § 20 EU VOB/A, dass Vergabeverfahren zur Vergabe von Bauaufträgen ebenfalls gemäß § 8 VgV zu dokumentieren sind. Zu beachten ist im Rahmen der Dokumentation gemäß § 8 Abs. 2 Nr. 9 VgV, dass der Auftraggeber gemäß § 13 EU Abs. 1 S. 1 VOB/A auch **Papierangebote** zulassen kann (VOB/A EU § 20).

26   § 8 Abs. 2 Nr. 10 VgV normiert erstmals – wie von der Rechtsprechung schon früher gefordert – Angaben zu **Interessenkonflikten** und ggf. getroffenen Abhilfemaßnahmen (VgV § 6). § 6 VgV regelt, dass Organmitglieder oder Mitarbeiter des öffentlichen Auftraggebers oder eines im Namen des öffentlichen Auftraggebers handelnden Beschaffungs-

---

[7] VK Bund 27.5.2014 – VK 2 – 31/14; OLG München 11.4.2013 – Verg 3/13.

dienstleisters, bei denen ein Interessenkonflikt besteht, in einem Vergabeverfahren nicht mitwirken dürfen. § 6 Abs. 2 und 3 VgV legen fest, wann ein Interessenkonflikt vorliegt. Der Auftraggeber muss dokumentieren, ob ein Interessenskonflikt vorliegt und – für den Fall, dass er einen Bewerber bzw. Bieter dennoch zulassen will – auch die erfolgten Abhilfemaßnahmen.

Weiter zu dokumentieren ist die Entscheidung über die Losaufteilung im Verfahren, § 8 **27** Abs. 2 Nr. 11 VgV (→ GWB § 97 Abs. 4, Rn. 46 ff.).

§ 8 Abs. 2 Nr. 12 VgV fordert, dass der Auftraggeber – soweit geschehen – im Vergabe- **28** vermerk dokumentiert und begründet, warum er die Gewichtung der Zuschlagskriterien nicht angegeben hat.

Grundsätzlich gilt, dass immer dann ein besonderer Begründungsbedarf im Rahmen des **29** Vergabevermerks besteht, wenn im Verfahren vom Regelfall abgewichen werden soll. Umso genauer muss der öffentliche Auftraggeber auch dann dokumentieren, wenn sich der Auftragswert knapp unterhalb des EU-Schwellenwertes bewegt. Denn in solchen Fällen besteht ein erhöhtes Risiko, dass öffentliche Auftraggeber durch eine ungenaue Schätzung des Auftragswertes diesen dem Anwendungsbereich des Vergaberechtes entziehen wollen. Zudem muss immer konkret, ausführlich und detailliert dargelegt werden, auf welcher Grundlage und mit welchem Ergebnis die Bewertung der Angebote erfolgt ist.

Nicht hingegen besteht die Pflicht, Selbstverständlichkeiten zu dokumentieren. Insbe- **30** sondere ist es daher nicht notwendig, die Vorgaben der Vergabeunterlagen zu wiederholen, um zu dokumentieren, dass ein Bieter diese Anforderung eingehalten hat.

Das OLG München hat entschieden, dass auch keine Dokumentation der Gründe, wa- **31** rum Nebenangebote nicht zugelassen werden oder warum welche Mindestanforderungen gestellt werden, zu verlangen ist. Denn die Dokumentation diene nicht der Einschränkung der Entscheidungsfreiheit des Auftraggebers. Der Auftraggeber könne selbst bestimmen, welche Leistungen er in Auftrag geben will. Für diese Wahl sei er gerade keine Begründung schuldig.[8]

III. Bezugnahme auf die Bekanntmachung, Abs. 3

§ 8 Abs. 3 VgV stellt lediglich klar, dass ein Vergabevermerk für **Einzelaufträge,** die auf **32** Grundlage von **Rahmenvereinbarungen** erteilt werden, nicht erforderlich ist. Hintergrund ist, dass die Bedingungen für die Einzelaufträge gemäß § 21 Abs. 3 oder gemäß § 21 Abs. 4 Nr. 1 VgV bereits feststehen. Es reicht daher aus, wenn sich der Auftraggeber soweit die Vergabebekanntmachung die geforderten Informationen enthält, darauf bezieht. Eine Wiederholung der Bedingungen etc. im Vergabevermerk ist nicht erforderlich. Der Auftraggeber darf auf die Bekanntmachung (und. ggf. weitere Anlagen) als Teil der Dokumentation verweisen.

IV. Aufbewahrungspflicht

Nach § 8 Abs. 4 VgV sind Dokumentation, der Vergabevermerk sowie die Angebote, **33** die Teilnahmeanträge, die Interessensbekundungen, die Interessensbestätigungen und ihre Anlagen sowie die Kopien aller abgeschlossenen Verträge, die mindestens einen Auftragswert von € 1 Mio. (Liefer- und Dienstleistungen) bzw. € 10 Mio. (Bauaufträge) haben, bis zum Ende der Laufzeit des Vertrags oder der Rahmenvereinbarung aufzubewahren. Als **Mindestaufbewahrungsfrist** werden drei Jahre ab dem Tag des Zuschlags vorgeschrieben. In der Praxis existieren regelmäßig weitergehende interne Aufbewahrungsfristen beim Auftraggeber, die von der Vergabestelle zu beachten sind. Ungeachtet von § 8 VgV gelten zu-

---

[8] OLG München Beschl. v. 2.8.2007 – Az. Verg 7/07.

dem im Falle von Zuwendungen etc. ggf. gesonderte Fristen aus dem Zuwendungsbescheid.

V. Wahrung der Vertraulichkeit

34   § 8 Abs. 6 VgV stellt lediglich klar, dass die in § 5 VgV enthaltenen Vorgaben zur Wahrung der Vertraulichkeit neben den Regelungen des § 8 VgV zur Anwendung kommen.

D. Anwendungsbereich und Bieterschutz

I. Subjektiver Anwendungsbereich

35   § 8 VgV verpflichtet ausschließlich den Auftraggeber/die Vergabestelle selbst. Sie darf ihre Pflicht zur Dokumentation nicht delegieren. Dies ist Ausfluss der „Letztverantwortlichkeit der Vergabestelle".[9] Insbesondere gilt dies auch dann, wenn die Vergabestelle externe Berater beschäftigt, wie z.B. ein Planungs- und Ingenieurbüro und bei wichtigen Entscheidungen, insbesondere der Zuschlagsentscheidung, vom Vorschlag der externen Berater abweichen will. Gerade dann ist die Vergabestelle verpflichtet, ihre Entscheidung zu begründen und hinreichend zu dokumentieren.[10]

II. Subjektives Recht der Bieter

36   Die Vorschrift hat **bieterschützenden Charakter,** denn eine formalisierte und umfassende Dokumentation gewährleistet für Bieter eine spätere Nachprüfbarkeit der Richtigkeit von Feststellungen und getroffenen Entscheidungen des öffentlichen Auftraggebers. Insoweit haben die Bieter ein subjektives Recht (→ GWB § 97 Abs. 6 Rn. 34) auf eine ausreichende Dokumentation und die Begründung der einzelnen Verfahrensschritte.[11] Eine Nichteinhaltung von § 8 VgV beschränkt damit ein Bieterrecht und kann wegen des Verstoßes gegen die Dokumentationspflicht das Vergabeverfahren insgesamt angreifbar machen bzw. dessen Rechtswidrigkeit begründen.

37   Die Dokumentation dient allen Bewerbern und Bietern zur Überprüfbarkeit der im Rahmen des Vergabeverfahrens getroffenen Feststellungen und Entscheidung. Bedeutsam ist die Dokumentation natürlich insbesondere auch für die Vergabekammern oder Oberlandesgerichte als Nachprüfungsbehörden im Rahmen von **Nachprüfungsverfahren.**

III. Adressaten der Dokumentation

38   Als zentrales Dokument für die mögliche spätere **Nachprüfung** des gesamten Verfahrensganges enthält die Dokumentation alle Entscheidungen einschließlich der Zuschlagsentscheidung. Adressaten der Dokumentation sind unter anderem die zuständigen Nachprüfungsbehörden, Gerichte, die Bieter im Rahmen ihres **Akteneinsichtsrechtes** nach § 165 GWB sowie Rechnungsprüfungsämter und Rechnungshöfe.[12]

39   § 8 Abs. 5 VgV setzt Artikel 84 Abs. 3 der Richtlinie 2014/24/EU um. Der Vergabevermerk und dessen Hauptelemente müssen auf entsprechende Anforderung der Europäi-

---

[9] *Dippel* in jurisPK – VergabeR, VOB/A § 20 Rn. 9.
[10] VK Südbayern Beschl. v. 19.1.2009 Az. Z 3–3-3194-1-39-11-08.
[11] OLG Düsseldorf Beschl. v. 26.7.2002 – Az. Verg 28/02; 1. VK Bund Beschl. v. 14.10.2003 – Az. VK 1–95/03 Beschl. v. 19.9.2003 – Az. VK 1 – 77/03.
[12] OLG Celle, 11.2.2010, 13 Verg 16/09.

schen Kommission und den zuständigen nationalen Behörden übermittelt werden. Zuständige nationale Behörden sind insbesondere die mit der Fach- oder Rechtsaufsicht betrauten Behörden, die Rechnungshöfe des Bundes und der Länder sowie – im Falle von Vertragsverletzungsverfahren oder EU-Pilotverfahren – das zuständige Bundesministerium für Wirtschaft und Energie.[13]

Andere oder weitergehende Übermittlungspflichten bleiben unberührt. Insbesondere ist **40** die Übermittlung vertraulicher Unterlagen weiter auch im Rahmen von Zuwendungsverhältnissen gestattet. Dabei kann sich der Zuwendungsgeber auch Dritter zur Verwendungs- und Nachweisprüfung bedienen, ohne gegen das Vertraulichkeitsgebot zu verstoßen.[14]

[13] BR-Drs. 87/16 vom 29.2.2016, Verordnungsbegründung S. 166.
[14] Ebd.

Unterabschnitt 2. Kommunikation

§ 9 Grundsätze der Kommunikation

(1) Für das Senden, Empfangen, Weiterleiten und Speichern von Daten in einem Vergabeverfahren verwenden der öffentliche Auftraggeber und die Unternehmen grundsätzlich Geräte und Programme für die elektronische Datenübermittlung (elektronische Mittel).

(2) Die Kommunikation in einem Vergabeverfahren kann mündlich erfolgen, wenn sie nicht die Vergabeunterlagen, die Teilnahmeanträge, die Interessensbestätigungen oder die Angebote betrifft und wenn sie ausreichend und in geeigneter Weise dokumentiert wird.

(3) Der öffentliche Auftraggeber kann von jedem Unternehmen die Angabe einer eindeutigen Unternehmensbezeichnung sowie einer elektronischen Adresse verlangen (Registrierung). Für den Zugang zur Auftragsbekanntmachung und zu den Vergabeunterlagen darf der öffentliche Auftraggeber keine Registrierung verlangen; eine freiwillige Registrierung ist zulässig.

Übersicht

	Rn.		Rn.
A. Einführung	1	2. Dokumentation der mündlichen Kommunikation	25
I. Literatur	1	3. Verhältnis von § 9 Abs. 2 VgV zu den speziellen Verfahrensregelungen	26
II. Entstehungsgeschichte	2		
1. Inhaltliche Verschränkungen von VKR 2004, RL 2014/24/EU und aktueller VgV	2	IV. Registrierung, § 9 Abs. 3 VgV	
		1. Inhalt der Registrierung, § 9 Abs. 3 S. 1 VgV	27
2. Nationales Vergaberecht bis zur Vergaberechtsreform 2016	4	2. Verbot der Forderung einer Registrierung, § 9 Abs. 3 S. 2 HS 1 VgV	29
3. RL 2014/24/EU und Vergaberechtsreform 2016	6	3. Freiwillige Registrierung, § 9 Abs. 3 S. 2 HS 2 VgV	31
III. Rechtliche Vorgaben im EU-Recht	15	V. Bieterschutz	33
B. Kommentierung	16	1. Vorrang und Zurverfügungstellung der elektronischen Kommunikation	34
I. Anwendungsbereich	16		
1. Persönlicher Anwendungsbereich	16	2. Zugangseröffnung für alle Unternehmen	35
2. Sachlicher Anwendungsbereich	18	3. Sicherheit des elektronischen Kommunikationswegs	37
3. Ausnahmen von der Pflicht zur Verwendung elektronischer Mittel	20		
II. Elektronische Mittel	23		
III. Möglichkeit mündlicher Kommunikation, § 9 Abs. 2 VgV	24		
1. Umfang der Möglichkeit mündlicher Kommunikation	24		

A. Einführung

I. Literatur

1 *Kulartz/Kus/Marx/Portz/Prieß*, Kommentar zur VgV, 2017; *Soudry/Hettich*, Das neue Vergaberecht, 2014.

II. Entstehungsgeschichte

1. Inhaltliche Verschränkungen von VKR 2004, RL 2014/24/EU und aktueller VgV

2 Bereits die Richtlinie 2004/18/EG des Europäischen Parlaments und des Rates über die Koordinierung der Verfahren zur Vergabe öffentlicher Bauaufträge, Lieferaufträge und

Dienstleistungsaufträge vom 31. März 2004 (VKR) enthielt zahlreiche Bestimmungen, die in mehr oder weniger abgeänderter Form Eingang in die Regelungen der aktuellen VgV zur elektronischen Kommunikation gefunden haben. Schon Erwägungsgrund 35 VKR formulierte die programmatische Linie für die künftige Rolle elektronischer Kommunikationsmittel: *„Angesichts der neuen Informations- und Kommunikationstechnologien und der Erleichterungen, die sie für die Bekanntmachung von Aufträgen und hinsichtlich der Effizienz und Transparenz der Vergabeverfahren mit sich bringen können, ist es angebracht, die elektronischen Mittel den klassischen Mitteln zur Kommunikation und zum Informationsaustausch gleichzusetzen. Soweit möglich, sollten das gewählte Mittel und die gewählte Technologie mit den in den anderen Mitgliedstaaten verwendeten Technologien kompatibel sein. "* Freilich ist hier noch davon die Rede, **dass die elektronischen Mittel den „klassischen Mitteln" gleichgesetzt** werden sollen, wohingegen nunmehr in Art. 22 Abs. 1 UA 1 S. 1 RL 2014/24/EU und § 9 Abs. 1 VgV der **Primat der elektronischen Mittel** postuliert wird; und damit einhergehend die Nachrangigkeit der „klassischen Mittel" der Kommunikation. Gleichwohl formulierte Erwägungsgrund 35 VKR einen notwendigen Schritt auf dem Weg zur vollelektronischen Beschaffung; wie auch Anhang VIII Nr. 2 lit. a) VKR, wenngleich zaghaft, in diese Richtung wies mit dem Appell *„die öffentlichen Auftraggeber werden bestärkt, die Verdingungsunterlagen und zusätzlichen Unterlagen vollständig im Internet zu veröffentlichen. "* Jedenfalls enthielt die VKR zahlreiche Regelungen zur Kommunikation im Allgemeinen und zur elektronischen Kommunikation im Besonderen, die von der RL 2014/24/EU aufgegriffen und, teilweise modifiziert, Inhalt der aktuellen VgV wurden.

Die wesentlichen Vorgaben zur Kommunikation enthielt Art. 42 VKR. So räumte **3** Art. 42 Abs. 1 VKR dem öffentlichen Auftraggeber ein Wahlrecht hinsichtlich der Art der Informationsübermittlung ein, die per Post, per Fax, auf elektronischem oder telefonischem Wege erfolgen konnte; auch eine Kombination mehrerer Kommunikationsmittel war vorgesehen. Art. 42 Abs. 2 VKR bestimmte, dass die gewählten Kommunikationsmittel allgemein verfügbar sein müssen und nicht dazu führen dürfen, dass der Zugang der Wirtschaftsteilnehmer zum Vergabeverfahren beschränkt wird; ein Wortlaut, der für die Kommunikation mit elektronischen Mitteln über Art. 22 Abs. 1 UA 1 S. 2 RL 2014/24/EU nunmehr Eingang in § 11 Abs. 1 S. 1 und S. 2 VgV gefunden hat. Art. 42 Abs. 3 HS 1 VKR schrieb vor, dass bei der Mitteilung bzw. Übermittlung und Speicherung von Informationen die Integrität der Daten und die Vertraulichkeit der Angebote und der Anträge auf Teilnahme zu gewährleisten seien; Art. 22 Abs. 3 S. 1 RL 2014/24/EU enthält eine nahezu wortgleiche Regelung, die in § 11 Abs. 2 VgV ihre Entsprechung hat; wenngleich die Echtheit der Daten als weiterer zu gewährleistender Aspekt hinzugetreten ist. Art. 42 Abs. 4 und 5 VKR enthielten spezielle Regelungen für die elektronische Kommunikation. So durften nach Art. 42 Abs. 4 VKR die für die elektronische Übermittlung zu verwendenden Mittel und ihre technischen Merkmale keinen diskriminierenden Charakter haben, mussten allgemein zugänglich sowie mit den allgemeinen Erzeugnissen der Informations- und Kommunikationstechnologie kompatibel sein; diese Vorgaben finden sich in Art. 22 Abs. 1 UA 1 S. 2 RL 2014/24/EU wieder und sind ebenfalls in § 11 Abs. 1 S. 1 VgV enthalten. Besondere Regelungen zur elektronischen Kommunikation bei Angeboten und Anträgen auf Teilnahme enthielt Art. 42 Abs. 5 VKR. Nach Art. 42 Abs. 5 lit a) VKR mussten die Informationen über die Spezifikationen, die für die elektronische Übermittlung der Angebote und Anträge auf Teilnahme erforderlich sind, einschließlich der Verschlüsselung, den interessierten Parteien zugänglich sein; Art. 22 Abs. 6 lit. a) HS 1 RL 2014/24/EU übernahm diese Regelung unter Ergänzung des Erfordernisses der Zeitstempelung und der nationale Verordnungsgeber hat dies durch § 11 Abs. 3 Nr. 2 und 3 VgV umgesetzt. Art. 42 Abs. 5 lit a) HS 2 VKR sah vor, dass die Vorrichtungen, die für den elektronischen Eingang der Angebote und Anträge auf Teilnahme verwendet werden, den Anforderungen des Anhangs X VKR genügen. Anhang X VKR enthielt Anforderungen an Vorrichtungen für die elektronische Entgegennahme der Angebote, der Anträge auf Teilnahme oder der Pläne und Entwürfe für Wettbewerbe und entspricht weitestgehend

Anhang IV RL 2014/24/EU, der Grundlage für die in § 10 Abs. 1 S. 2 VgV aufgelisteten Anforderungen ist. Für elektronisch übermittelte Angebote erlaubte Art. 42 Abs. 5 lit b) VKR den Mitgliedstaaten unter Beachtung des Art. 5 RL 1999/93/EG zu verlangen, dass elektronisch übermittelte Angebote mit einer fortgeschrittenen elektronischen Signatur gem. Art. 5 Abs. 1 RL 1999/93/EG zu versehen sind. Die Möglichkeit, für Angebote eine elektronische Signatur zu verlangen, griff Art. 22 Abs. 6 UA 1 lit b) und c), UA 2 RL 2014/24/EU auf und § 53 Abs. 3 S. 2 VgV ermöglicht es den öffentlichen Auftraggebern nunmehr zu verlangen, dass Interessensbekundungen, Interessensbestätigungen, Teilnahmeanträge und Angebote mit einer fortgeschrittenen oder qualifizierten elektronischen Signatur bzw. mit einem fortgeschrittenen oder qualifizierten elektronischen Siegel zu versehen sind.

2. Nationales Vergaberecht bis zur Vergaberechtsreform 2016

4   Vor der Vergaberechtsreform 2009 waren die Möglichkeiten zur elektronischen Kommunikation vor allem in § 16 VOL/A-EG (Fassung 2006) niedergelegt, wohingegen GWB und VgV keine Regelungen zur elektronischen Kommunikation enthielten. So hatten die öffentlichen Auftraggeber nach § 16 Nr. 4 VOL/A-EG (Fassung 2006) in der Bekanntmachung oder den Vergabeunterlagen anzugeben, ob Informationen per Post, Telefax, direkt, elektronisch oder durch eine Kombination dieser Kommunikationsmittel übermittelt werden. § 16 Nr. 4 VOL/A-EG (Fassung 2006) setzte damit Art. 42 Abs. 1 VKR um. Ergänzend hierzu bestimmte § 16 Nr. 5 S. 1 VOL/A-EG (Fassung 2006), dass das für eine elektronische Übermittlung gewählte Netz allgemein verfügbar sein muss und den Zugang der Bewerber und Bieter zu den Vergabeverfahren nicht beschränken darf; damit war Art. 42 Abs. 2 VKR umgesetzt. Darüber hinaus mussten die hierzu verwendeten Programme und technischen Merkmale nach § 16 Nr. 5 S. 2 VOL/A-EG (Fassung 2006) nicht diskriminierend, allgemein zugänglich und kompatibel mit allgemein verbreiteten Erzeugnissen der Informations- und Kommunikationstechnologie sein. Dies entsprach der Vorgabe in Art. 42 Abs. 4 VKR. § 16 Nr. 6 VOL/A-EG (Fassung 2006) bestimmte, in Umsetzung von Art. 42 Abs. 5 lit a) und Anhang X VKR, dass die öffentlichen Auftraggeber dafür Sorge zu tragen hatten, dass den interessierten Unternehmen die Information über die Spezifikationen der Geräte, die für die elektronische Übermittlung der Anträge auf Teilnahme und der Angebote erforderlich sind, einschließlich Verschlüsselung zugänglich sind; zusätzlich war Anhang II VOL/A-EG (Fassung 2006) zu beachten, der Anforderungen an die Geräte, die für den elektronischen Empfang der Anträge auf Teilnahme und der Angebote verwendet werden, formulierte. Die VOL/A-EG (Fassung 2006) enthielt noch weitere Regelungen zur elektronischen Kommunikation, die auf die VKR zurückgingen, bspw. § 16a Abs. 1 S. 1 VOL/A-EG (Fassung 2006), der für die Teilnahmeanträge Art. 42 Abs. 3 S. 1 VKR umsetzte. Darüber hinaus setzte § 21 Nr. 1 Abs. 2 S. 1 VOL/A-EG (Fassung 2006) Art. 42 Abs. 3 S. 1 VKR für Angebote um und mit § 21 Nr. 1 Abs. 2 S. 5 VOL/A-EG (Fassung 2006), der für elektronisch übermittelte Angebote eine fortgeschrittene elektronische Signatur nach dem Signaturgesetz und den Anforderungen des Auftraggebers oder eine qualifizierte elektronische Signatur nach dem Signaturgesetz forderte, wurde von der Möglichkeit in Art. 42 Abs. 5. lit. b) VKR Gebrauch gemacht, wenngleich nunmehr neben der fortgeschrittenen auch eine qualifizierte elektronische Signatur nach dem Signaturgesetz verlangt werden konnte.

5   Die Vergaberechtsreform 2009 brachte im Vergleich zur Vergaberechtsreform 2006 keine wesentlichen Änderungen. GWB und VgV enthielten weiterhin keine Vorgaben zur elektronischen Kommunikation und die entsprechenden Regelungen in VOL/A-EG (Fassung 2006) fanden sich ebenfalls in VOL/A-EG (Fassung 2009); nur an anderer Stelle. So wurde § 16 Nr. 4 bis 6 VOL/A-EG (Fassung 2006) nunmehr zu § 13 VOL/A-EG (Fassung 2009), Anhang II VOL/A-EG (Fassung 2006) und VOL/A-EG (Fassung 2009) waren identisch. Der neue § 16 Abs. 1 VOL/A-EG (Fassung 2009) vereinigte Regelungsinhalte

von § 16 Nr. 4 VOL/A-EG (Fassung 2006) und § 21 Nr. 1 Abs. 2 S. 5 VOL/A-EG (Fassung 2006) in sich und der neue § 16 Abs. 2 VOL/A-EG (Fassung 2009) übernahm, in modifizierter Form, die Inhalte aus § 21 Nr. 1 Abs. 2 S. 1 bis 4 VOL/A-EG (Fassung 2006).

3. RL 2014/24/EU und Vergaberechtsreform 2016

Der Vorschlag für eine Richtlinie des Europäischen Parlaments und des Rates über **6** die öffentliche Auftragsvergabe der Europäischen Kommission vom 20.12.2011, Kom(2011)896, der die Grundlage für die aktuellen Vergaberichtlinien bildet, enthält in seinen programmatischen Einzelerläuterungen in dem Kapitel 1) – Vereinfachung und Flexibilisierung der Vergabeverfahren – einen Absatz zur Förderung der elektronischen Auftragsvergabe.[1] Demnach könne die Nutzung elektronischer Hilfsmittel bei der Kommunikation und Geschäftsabwicklung durch öffentliche Beschaffer **erhebliche Einsparungen** und **bessere Beschaffungsergebnisse** bringen und gleichzeitig **Verschwendung und Fehler vermeiden** helfen. Der Vorschlag ziele deshalb darauf ab, die Mitgliedstaaten bei der Bewältigung des Übergangs zur elektronischen Auftragsvergabe zu unterstützen und Anbietern im gesamten Binnenmarkt eine Teilnahme an Online-Vergabeverfahren zu ermöglichen. Zu diesem Zwecke sehe der Richtlinienvorschlag eine **Verpflichtung zur Übermittlung von Bekanntmachungen in elektronischer Form, zur elektronischen Verfügbarmachung der Auftragsunterlagen sowie zur Umstellung auf eine ausschließlich elektronische Kommunikation,** insbesondere auf eine elektronische Einreichung (abgekürzt mit „*e*-Submission"), bei sämtlichen Vergabeverfahren innerhalb eines Übergangszeitraums von zwei Jahren vor. Zudem würde das Instrument der elektronischen Auftragsvergabe die öffentlichen Auftraggeber in die Lage versetzen, Fehler zu vermeiden, zu entdecken bzw. zu korrigieren, die im Allgemeinen darauf zurückzuführen seien, dass die Vorschriften für die öffentliche Auftragsvergabe falsch verstanden oder falsch ausgelegt werden.

War in Erwägungsgrund 35 VKR noch davon die Rede, dass es angebracht sei, die **7** elektronischen Mittel den klassischen Mitteln zur Kommunikation gleichzusetzen und formulierte Anhang VIII Nr. 2 lit. a) VKR noch den zaghaften Appell *„die öffentlichen Auftraggeber werden bestärkt, die Verdingungsunterlagen und zusätzlichen Unterlagen vollständig im Internet zu veröffentlichen"*, so ist die Tonlage in Kom(2011)896, S. 10 eine komplett andere: **Die Übermittlung von Bekanntmachungen, die ausschließliche elektronische Kommunikation und die elektronische Verfügbarmachung der Auftragsunterlagen werden Pflicht.** Damit ist der Schritt hin zu einer vollelektronischen Beschaffung, der in der VKR behutsam begonnen wurde, nunmehr vollzogen. Daran ändern die in den neuen Vergaberegelungen enthaltenen Ausnahmen von dieser Pflicht nichts, denn diese sind allesamt sachlich begründet und bestärken lediglich den neuen Grundsatz des vollelektronischen Vergabeverfahrens. Allerdings wird in dem vorgeschlagenen Richtlinientext in Kom(2011)896 diese Linie nicht konsequent eingehalten. Denn Art. 19 Nr. 1 UA 1 Kom(2011)896 formuliert im Grundsatz das aus dem bisherigen Vergaberecht hinlänglich bekannte Wahlrecht für öffentliche Auftraggeber zwischen elektronischen Mitteln, Post, Fax, Telefon oder einer Kombination derselben. Verpflichtend sollten elektronische Mittel nur für dynamische Beschaffungssysteme, elektronische Auktionen, elektronische Kataloge, zentrale Beschaffungsstellen, elektronische Bekanntmachungen und die Bereitstellung der Auftragsunterlagen werden und den Mitgliedstaaten wurde die Möglichkeit eröffnet, elektronische Kommunikationsmittel allgemein verbindlich vorzuschreiben. Dieser Vorschlag ist umso unverständlicher, als in Erwägungsgrund 19 Kom(2011)896 die Rede davon ist, dass elektronische Informations- und Kommunikationsmittel zum Standard für Kommunikation und Informationsaustausch im Rahmen von Vergabeverfahren werden sollten. Jedenfalls

---

[1] Kom(2011)896, S. 10.

wurde dem in Art. 19 Nr. 1 UA 1 Kom(2011)896 enthaltenen Vorschlag nicht gefolgt, so dass nunmehr nach Art. 22 Abs. 1 UA 1 S. 1 RL 2014/24/RL sämtliche Kommunikation mit elektronischen Kommunikationsmitteln zu erfolgen hat.

8   Im Zuge dieser Entwicklung wurde auch die Mitteilung der Kommission an das Europäische Parlament, den Rat, den Europäischen Wirtschafts- und Sozialausschuss und den Ausschuss der Regionen – Eine Strategie für die e-Vergabe – vom 20.04.2012, Com(2012)179, verfasst, in der die Kommission die strategische Bedeutung der elektronischen Vergabe (e-Vergabe) erläutert und die wichtigsten Maßnahmen vorstellt, mit denen sie die volle Umstellung auf die e-Vergabe in der EU unterstützen will.[2] Dabei wird eine ganze Reihe von Vorteilen aufgezählt, die man sich durch die Implementierung einer vollelektronischen Vergabe erhofft.[3] So könne die e-Vergabe dazu beitragen, die **Transparenz von Vergabeangeboten und den Zugang zu ihnen, insbesondere für KMU, zu verbessern und grenzübergreifenden Wettbewerb, Innovation und Wachstum im Binnenmarkt zu fördern;** sie könne zur **Verringerung von Fehlern** beitragen, zum Beispiel durch Wegfall der Notwendigkeit, Angaben von Papier mehrfach und in verschiedenen Phasen des Vergabeverfahrens in elektronische Systeme zu übertragen. Sie könne ferner zu **erheblichen Kostensenkungen** führen, sowohl durch Verringerung des Preises, den der öffentliche Sektor für die Beschaffung von Waren, Dienstleistungen und Bauleistungen zahlt, als auch durch die Reduzierung der Transaktionskosten für den öffentlichen Sektor und für die Wirtschaftsakteure (auch durch Verkürzung der Vergabeverfahren). Die erzielten Einsparungen könnten entweder zur Haushaltskonsolidierung beitragen oder wachstumsfördernden Initiativen zugutekommen. Darüber hinaus hätten wirtschaftliche Modellierungen der Europäischen Kommission gezeigt, dass **Preisreduzierungen im öffentlichen Auftragswesen erhebliche makroökonomische Effekte** haben können. Die in dieser Modellierung angenommenen Preisreduzierungen lägen voll in dem von bestehenden e-Vergabesystemen realisierten Bereich und könnten nach fünf Jahren zu einer Steigerung des BIP um bis zu 0,1–0,2 % führen. Eine konservative Überschlagsrechnung aus einer anderen Studie ergebe, dass eine volle Umstellung auf die e-Vergabe Einsparungen zwischen 50 und 75 Mrd. EUR jährlich ermöglichen könnte.

9   Neben den erhofften Vorteilen der e-Vergabe werden in Com(2012)179 bereits existierende Beispiele für erfolgreiche e-Vergabe-Lösungen in ganz Europa aufgezählt, darunter in portugiesischen Krankenhäusern, bei walisischen und französischen öffentlichen Auftraggebern, bei 400 Kommunalbehörden in den Niederlanden sowie in Norwegen. Diese Beispiele zeigten, dass die mit der Einführung von e-Vergabe-Lösungen verbundenen Vorlaufkosten in relativ kurzer Zeit hereingeholt werden könnten, **und dass die e-Vergabe ein wirksames Instrument zur Förderung der Beteiligung von KMU – auch aus dem Ausland – sei, da es für KMU auf elektronischem Weg einfacher sei, Kenntnis von Ausschreibungen zu erhalten und sich an ihnen zu beteiligen, als im traditionellen Umfeld mit Papierunterlagen.**[4]

10   Als zwei der Hauptgründe für eine langsame Umstellung zur e-Vergabe werden in Com(2012)179 zum einen die **Trägheit bestimmter Akteure,** namentlich die zögernden Käufer und Zulieferer, deren eingefahrene Gewohnheiten zu ändern eine Schwierigkeit sei, zum anderen die **Marktfragmentierung durch das Nebeneinander** einer Vielzahl verschiedener und mitunter technisch komplexer Systeme, die in der EU verwendet werden, genannt.[5]

11   Im Weiteren werden dann die Schaffung eines effektiven Rechtsrahmens,[6] die Förderung praktischer Lösungen auf der Grundlage bewährter Verfahren,[7] die Unterstützung der

---

[2] Com(2012)179, S. 2.
[3] Com(2012)179, S. 3 f.
[4] Com(2012)179, S. 4 f.
[5] Com(2012)179, S. 5 f.
[6] Com(2012)179, S. 6 ff.
[7] Com(2012)179, S. 8 f.

Schaffung der Infrastruktur für die e-Vergabe,[8] Verbreitungsstrategien,[9] sowie die Überwachung der Verbreitung der e-Vergabe und des erzielten Nutzens[10] diskutiert.

Ausdrücklich nimmt Com(2012)179 auch Bezug auf den aktuellen Text des **Abkom- 12 mens über das öffentliche Beschaffungswesen (GPA – Government Procurement Agreement)** der Welthandelsorganisation (WTO) vom 30.3.2012, zu dem der Rat der Europäischen Union am 2.12.2013 den Beschluss über den Abschluss des Protokolls zur Änderung des Übereinkommens über das öffentliche Beschaffungswesen, 2014/115/EU, gefasst hat. Das GPA enthält in Art. IV Nr. 3 lit a) und b) GPA ausdrückliche Regelungen zum Einsatz elektronischer Mittel. So hat nach Art. IV Nr. 3 lit a) GPA die betreffende Beschaffungsstelle bei der elektronischen Abwicklung einer einschlägigen Beschaffung dafür zu sorgen, dass dabei Informationstechnologie-Systeme und Software, einschließlich jener zur Authentifizierung und Verschlüsselung von Daten, zum Einsatz kommen, die allgemein verfügbar und mit anderen allgemein verfügbaren Informationstechnologie-Systemen und Software kompatibel sind. Und Art. IV Nr. 3 lit b) GPA schreibt den Beschaffungsstellen in diesen Fällen vor dafür zu sorgen, dass Mechanismen bestehen, um die Integrität von Anträgen auf Teilnahme und von Angeboten zu gewährleisten und unter anderem die Zeit des Eingangs festzustellen und unbefugte Zugriffe zu verhindern. Sämtliche dieser Vorgaben finden sich bereits in der VKR und sowohl RL 2014/24/EU als auch die aktuelle VgV enthalten unter anderem diese Bestimmungen.

Die Kernvorschrift in der RL 2014/24/EU zur elektronischen Kommunikation und 13 damit zur vollelektronischen Vergabe sind Art. 22 RL 2014/24/EU, in den viele Vorläuferregelungen teils direkt, teils in modifizierter Form eingeflossen sind, sowie Anhang IV RL 2014/24/EU.[11] Flankiert wird diese Vorschrift durch die Erwägungsgründe 52 bis 58 RL 2014/24/EU. Der deutsche Verordnungsgeber hat die Regelungen in Art. 22 RL 2014/24/EU hauptsächlich in $\S\S$ 9 ff. VgV niedergelegt, wenngleich auch in $\S$ 53 VgV Inhalte aus Art. 22 RL 2014/24/EU Eingang gefunden haben.

In programmatischer Hinsicht läuft der nationale Verordnungsgeber mit dem europäi- 14 schen Richtliniengeber konform. Denn sowohl in den allgemeinen Ausführungen zu Beginn der Begründung zur Mantelverordnung zum neuen Vergaberecht (Vergaberechtsmodernisierungsverordnung – VergRModVO) als auch im Allgemeinen Teil der Begründung zur VgV führt er zu den elektronischen Kommunikationsmitteln aus: *„Elektronische Kommunikationsmittel können Vergabeverfahren vereinfachen und die Effizienz und Transparenz der Verfahren steigern. Eine medienbruchfreie öffentliche Auftragsvergabe bietet zugleich erhebliche Einsparpotenziale für Unternehmen und öffentliche Auftraggeber. Die Richtlinien sehen daher vor, dass die elektronische Kommunikation im Vergabeverfahren zur Regel wird.*"[12] Der nationale Verordnungsgeber betrachtet die nunmehr verpflichtend eingeführte elektronische Kommunikation in Vergabeverfahren jedoch nicht nur unter **Effizienz- und Transparenzgesichtspunkten,** vielmehr sieht er darin auch einen Beitrag zur **Nachhaltigkeit:** *„Die verpflichtende Einführung der elektronischen Datenübermittlung und Kommunikation wird zudem den Ressourcenverbrauch deutlich reduzieren. Eine konsequente Abkehr von den bisherigen, überwiegend papierbasierten Verfahrensabläufen wird zu einer Einsparung von Papier führen. Vergabeunterlagen und sonstige während des Vergabeverfahrens entstehende Dokumente bestehen jedoch nicht nur aus dem Papier, auf dem sie bislang regelmäßig gedruckt wurden. Ihre Bearbeitung führt zu einem erheblichen CO_2-Ausstoß, der sich durch die Umstellung auf die elektronische Auftragsvergabe signifikant reduzieren wird. Außerdem verbraucht die Bearbeitung papiergebundener Dokumente ein erhebliches Maß an Energie. Damit wird ein weiterer Beitrag zur Nachhaltigkeitsstrategie für Deutschland geleistet.*"[13] Gleichwohl betont der nationale Verordnungsgeber, dass die Pflicht zur Ver-

---

[8] Com(2012)179, S. 9f.
[9] Com(2012)179, S. 10f.
[10] Com(2012)179, S. 11.
[11] Vgl. hierzu auch die Ausführungen in Nr. 1 der Entwicklungsgeschichte.
[12] BT-Drucks. 18/7318, S. 2 und 139.
[13] BT-Drucks. 18/7318, S. 145.

wendung elektronischer Kommunikationsmittel sich nicht darauf erstrecke, wie Unternehmen und öffentliche Auftraggeber ihre internen Arbeitsabläufe gestalten und ihre Daten archivieren.[14]

III. Rechtliche Vorgaben im EU-Recht

15   Die rechtlichen Grundlagen zu § 9 VgV finden sich in Art. 22 Abs. 1 UA 1 und Abs. 2 RL 2014/24/EU. Ergänzt wird dies durch die Erwägungsgründe 52 und 58 RL 2014/24/EU.

B. Kommentierung

I. Anwendungsbereich

1. Persönlicher Anwendungsbereich

16   § 97 Abs. 5 GWB legt fest, dass Auftraggeber und Unternehmen für das Senden, Empfangen, Weiterleiten und Speichern von Daten in einem Vergabeverfahren grundsätzlich elektronische Mittel nach Maßgabe der aufgrund des § 113 GWB erlassenen Verordnungen verwenden. In § 113 S. 2 Nr. 4 GWB ist ausdrücklich erwähnt, dass die Ermächtigung zum Erlass von Rechtverordnungen insbesondere die Befugnis zur Regelung des Sendens, Empfangens, Weiterleitens und Speicherns von Daten einschließlich der Regelungen zum Inkrafttreten der entsprechenden Verpflichtungen umfasst. Die VgV als Rechtsverordnung im Sinne des § 113 GWB[15] greift mit § 9 Abs. 1 VgV diese Thematik auf, indem geregelt wird, dass der öffentliche Auftraggeber und die Unternehmen für das Senden, Empfangen, Weiterleiten und Speichern von Daten in einem Vergabeverfahren grundsätzlich Geräte und Programme für die elektronische Datenübermittlung (elektronische Mittel) verwenden. § 9 Abs. 1 VgV setzt damit Art. 22 Abs. 1 UA 1 S. 1 RL 2014/24/EU um, wonach die Mitgliedstaaten zu gewährleisten haben, dass die gesamte Kommunikation und der gesamte Informationsaustausch nach dieser Richtlinie, insbesondere die elektronische Einreichung von Angeboten, unter Anwendung elektronischer Kommunikationsmittel gemäß den Anforderungen des Art. 22 Abs. 1 UA 1 S. 1 RL 2014/24/EU erfolgt.

17   Die Formulierung einer grundsätzlichen Pflicht zur Verwendung elektronischer Kommunikationsmittel sowohl für öffentliche Auftraggeber als auch für Unternehmen ist angesichts des in Art. 22 Abs. 1 UA 1 S. 1 RL 2014/24/EU formulierten Auftrags an die Mitgliedstaaten der Europäischen Gemeinschaft folgerichtig. Denn es sollen *„die gesamte Kommunikation und der gesamte Informationsaustausch ... unter Anwendung elektronischer Kommunikationsmittel ... erfolgen".* Nun spielen sich die Kommunikation und der Austausch von Informationen bei Vergabeverfahren stets in beiden Richtungen ab, zum einen **vom öffentlichen Auftraggeber zum Unternehmen** (bspw. bei der Zurverfügungstellung von Vergabeunterlagen), zum anderen **vom Unternehmen zum öffentlichen Auftraggeber** (bspw. bei der Einreichung von Angeboten). Eine einzelstaatliche Regelung eines Mitgliedstaates, durch die der gesamte Kommunikationsprozess der Anwendung elektronischer Kommunikationsmittel unterworfen werden soll, muss deshalb **beide Teilnehmer des Kommunikationsprozesses zur grundsätzlichen Verwendung elektronischer Kommunikationsmittel verpflichten.**[16] Dies ergibt sich schon aus Erwägungsgrund 52

---

[14] BT-Drucks. 18/7318, S. 153.

[15] Vgl. BT-Drucks. 18/7318, S. 146.

[16] A. A. *Müller* in KKMPP Kommentar zur VgV, 2017, § 9 Rn. 17, der die Einbeziehung der Unternehmen in den Adressatenkreis der Vorschrift gemessen an den europäischen Vergaberichtlinien als zu weitgehend erachtet.

RL 2014/24/EU, wo die Zurverfügungstellung der Vergabeunterlagen – eine Kommunikationshandlung des öffentlichen Auftraggebers – und die Einreichung von Angeboten – eine Kommunikationshandlung des Bieters – als Beispiele der Kommunikation in einem Vergabeverfahren aufgeführt werden, die ausschließlich elektronisch erfolgen soll; diese Beispiele betreffen das kommunikative Handeln des öffentlichen Auftraggebers und der Unternehmen gleichermaßen. Verstößt ein Unternehmen gegen diese grundsätzliche Pflicht zur elektronischen Kommunikation, indem es etwa ein Angebot entgegen § 53 Abs. 1 VgV nicht mithilfe elektronischer Mittel einreicht, so ist das Angebot nach § 57 Abs. 1 Nr. 1 VgV von der Wertung auszuschließen, weil es nicht formgerecht eingegangen ist.[17]

2. Sachlicher Anwendungsbereich

Die Pflicht, grundsätzlich nur elektronische Mittel zu verwenden, erstreckt sich nach § 9 **18** Abs. 1 VgV auf das **Senden, Empfangen, Weiterleiten und Speichern von Daten** in einem Vergabeverfahren. Damit wird der wechselseitige Kommunikationsprozess zwischen Unternehmen und öffentlichen Auftraggebern umrissen, da eine jede Kommunikation denknotwendigerweise einen Sender und einen Empfänger benötigt. Die beiden anderen Begriffe „Weiterleiten" und „Speichern" sind in diesem Sinn als **Bestandteile des Kommunikationsprozesses** zu verstehen und haben ihren Ursprung in der Definition der elektronischen Mittel gem. Art. 2 Abs. 2 Nr. 19 RL 2014/24/EU: *„elektronische Geräte für die Verarbeitung (einschließlich digitaler Kompression) und Speicherung von Daten, die über Kabel, per Funk, mit optischen Verfahren oder mit anderen elektromagnetischen Verfahren übertragen, weitergeleitet und empfangen werden"*.

Die Pflicht, grundsätzlich nur elektronische Mittel zu verwenden, betrifft somit **aus- 19 schließlich den Datenaustausch zwischen den öffentlichen Auftraggebern und den Unternehmen** und erstreckt sich nicht auf deren Gestaltung der internen Arbeitsabläufe[18] oder die interne Kommunikation.[19] Den öffentlichen Auftraggebern und Unternehmen bleibt es damit unbenommen, ihre Verfahrensdokumentationen in Papierform zu führen oder ihre interne Kommunikation mündlich oder fernmündlich auszugestalten. Ebenso umfasst die grundsätzliche Pflicht zur Verwendung elektronischer Mittel nicht die Phase der Archivierung von Daten;[20] öffentliche Auftragnehmer und Unternehmen können deshalb die in einem Vergabeverfahren angefallenen elektronischen Daten in Papierform ausdrucken und nach den einschlägigen Aufbewahrungsvorschriften archivieren. Die grundsätzliche Pflicht, elektronische Kommunikationsmittel im Vergabeverfahren zu verwenden, erstreckt sich ebenfalls nicht auf Bestandteile des Verfahrens, die auf die Vergabe des Auftrags folgen, und sie verpflichtet öffentliche Auftraggeber auch nicht, Angebote elektronisch oder automatisch zu verarbeiten oder elektronisch zu bewerten.[21] Insbesondere kann aufgrund des europarechtlichen Hintergrunds der Norm aus dem Wort „Speichern" in § 9 Abs. 1 VgV nicht eine Verpflichtung der Unternehmen und öffentlichen Auftraggeber gefolgert werden, die im Rahmen der elektronischen Kommunikation erhaltenen Informationen in einem internen Vergabemanagementsystem elektronisch zu speichern, zu verarbeiten oder zu bearbeiten. Vielmehr ist hier das Speichern als Teil des Kommunikationsprozesses zwischen Unternehmen und öffentlichen Auftraggebern zu begreifen. Deshalb lässt sich aus der Pflicht zur Verwendung elektronischer Mittel nach § 9 Abs. 1 VgV nicht eine Pflicht zur Einrichtung interner Vergabemanagementsysteme für öffentliche Auftraggeber ableiten, denn diese sind für die Durchführung der elektronischen Kommunikation nicht erforderlich.

---

[17] Ebenso *Müller* in KKMPP, Kommentar zur VgV, 2017, § 9 Rn. 17.
[18] BT-Drucks. 18/7318, S. 153.
[19] RL 2014/24/EU, Erwägungsgrund 52.
[20] BT-Drucks. 18/7318, S. 153.
[21] RL 2014/24/EU, Erwägungsgrund 52.

3. Ausnahmen von der Pflicht zur Verwendung elektronischer Mittel

20   Ausnahmen von der Pflicht zur Verwendung elektronischer Mittel sind für die Bereitstellung der Vergabeunterlagen in § 41 VgV,[22] und für die Einreichung von Interessensbekundungen, Interessensbestätigungen, Teilnahmeanträgen und Angeboten in § 53 VgV[23] niedergelegt. Nach § 41 Abs. 2 VgV kann der öffentliche Auftraggeber die Vergabeunterlagen auf einen anderen geeigneten Weg übermitteln, wenn die erforderlichen elektronischen Mittel zum Abruf der Vergabeunterlagen (Nr. 1) aufgrund der besonderen Art der Auftragsvergabe nicht mit allgemein verfügbaren oder verbreiteten Geräten und Programmen der Informations- und Kommunikationstechnologie kompatibel sind, (Nr. 2) Dateiformate zur Beschreibung der Angebote verwenden, die nicht mit allgemein verfügbaren oder verbreiteten Programmen verarbeitet werden können oder die durch andere als kostenlose und allgemein verfügbare Lizenzen geschützt sind oder (Nr. 3) die Verwendung von Bürogeräten voraussetzen, die dem öffentlichen Auftraggeber nicht allgemein zur Verfügung stehen. Nach § 53 Abs. 2 VgV ist der öffentliche Auftraggeber nicht verpflichtet, die Einreichung von Angeboten mithilfe elektronischer Mittel zu verlangen, wenn auf die zur Einreichung erforderlichen elektronischen Mittel einer der in § 41 Absatz 2 Nummer 1 bis 3 VgV genannten Gründe zutrifft oder wenn zugleich physische oder maßstabsgetreue Modelle einzureichen sind, die nicht elektronisch übermittelt werden können. In diesen Fällen erfolgt die Kommunikation auf dem Postweg oder auf einem anderen geeigneten Weg oder in Kombination von postalischem oder einem anderen geeigneten Weg und Verwendung elektronischer Mittel. Darüber hinaus kann der öffentliche Auftraggeber nach § 53 Abs. 4 VgV festlegen, dass Angebote mithilfe anderer als elektronischer Mittel einzureichen sind, wenn sie besonders schutzwürdige Daten enthalten, die bei Verwendung allgemein verfügbarer oder alternativer elektronischer Mittel nicht angemessen geschützt werden können, oder wenn die Sicherheit der elektronischen Mittel nicht gewährleistet werden kann.

21   Diese Ausnahmen gehen zurück auf Art. 53 Abs. 1 UA 2, 22 Abs. 1 UA 2 RL 2014/24/EU, soweit § 41 Abs. 2 VgV betroffen ist, und auf Art. 22 Abs. 1 UA 2, 3 und 4 RL 2014/24/EU, soweit § 53 Abs. 2 und 4 VgV betroffen ist. Grundlegend hierzu sind nachfolgende Ausführungen in Erwägungsgrund 53 der RL 2014/24/EU:

22   *„Es sollte klargestellt werden, dass die Verpflichtung zur Verwendung elektronischer Mittel in allen Phasen des Verfahrens zur Vergabe öffentlicher Aufträge nicht angemessen wäre, wenn die Nutzung elektronischer Mittel besondere Instrumente oder Dateiformate erfordern würde, die nicht allgemein verfügbar sind, oder wenn die betreffende Kommunikation nur mit speziellen Bürogeräten bearbeitet werden könnte. Öffentliche Auftraggeber sollten daher nicht verpflichtet werden, in bestimmten Fällen die Nutzung elektronischer Kommunikationsmittel im Einreichungsverfahren zu verlangen; diese Fälle sollten erschöpfend aufgelistet werden. In der Richtlinie wird festgelegt, dass hierzu Fälle gehören, in denen die Nutzung spezieller Bürogeräte erforderlich wäre, die öffentlichen Auftraggebern nicht generell zur Verfügung stehen, wie beispielsweise Großformatdrucker. In einigen Vergabeverfahren kann in den Auftragsunterlagen die Einreichung eines physischen oder maßstabsgetreuen Modells verlangt werden, das den öffentlichen Auftraggebern nicht auf elektronischem Wege vorgelegt werden kann. In solchen Fällen sollte das Modell den öffentlichen Auftraggebern auf dem Postweg oder einem anderen geeigneten Weg zugesandt werden. Es sollte jedoch klargestellt werden, dass die Nutzung anderer Kommunikationsmittel auf die Bestandteile des Angebots beschränkt sein sollte, für die eine elektronische Kommunikation nicht verlangt wird."*

---

[22] Vgl. hierzu die Kommentierung zu § 41 VgV.
[23] Vgl. hierzu die Kommentierung zu § 53 VgV.

II. Elektronische Mittel

§ 9 Abs. 1 VgV enthält eine Legaldefinition der elektronischen Mittel. Demnach sind **23** elektronische Mittel **Geräte und Programme für die elektronische Datenübermittlung.** Zum richtigen Verständnis ist die zugrunde liegende Definition der elektronischen Mittel in Art. 2 Abs. 2 Nr. 19 RL 2014/24/EU heranzuziehen, wonach der Ausdruck „elektronische Mittel" elektronische Geräte für die Verarbeitung (einschließlich digitaler Kompression) und Speicherung von Daten, die über Kabel, per Funk, mit optischen Verfahren oder mit anderen elektromagnetischen Verfahren übertragen, weitergeleitet und empfangen werden, bezeichnet. Hier fällt auf, dass nicht nur elektronische Geräte an sich elektronische Mittel sind, sondern dass sowohl deren Funktion – Verarbeitung und Speicherung – als auch die damit auszuführende Tätigkeiten – übertragen, weiterleiten, empfangen – Teile der Begriffsbestimmung sind. Die Legaldefinition der elektronischen Mittel in § 9 Abs. 1 VgV ist somit folgendermaßen zu formulieren: **Elektronische Mittel nach § 9 Abs. 1 VgV sind Geräte und Programme für die elektronische Datenübermittlung, die für das Senden, Empfangen, Weiterleiten und Speichern von Daten verwendet werden können.** Damit sind nahezu alle Merkmale der Definition in Art. 2 Abs. 2 Nr. 19 RL 2014/24/EU erfasst. Lediglich das Merkmal „Verarbeitung (einschließlich digitaler Kompression)" ist nicht explizit in der Legaldefinition des § 9 Abs. 1 VgV enthalten. Dies ist jedoch unschädlich, weil eine Verarbeitung von Daten in der einen oder anderen Weise stets durch Programme zur elektronischen Kommunikation erfolgen muss. Das Merkmal der Verarbeitung von Daten ist somit implizit in der Legaldefinition der elektronischen Mittel nach § 9 Abs. 1 VgV enthalten. Jedenfalls kann aus dem Merkmal der Verarbeitung von Daten in Art. 2 Abs. 2 Nr. 19 RL 2014/24/EU nicht gefolgert werden, die im Rahmen der Kommunikation erhaltenen Informationen seien von den Unternehmen und den öffentlichen Auftraggebern in einem internen Vergabemanagementsystem elektronisch zu speichern, zu verarbeiten oder zu bearbeiten. Vielmehr ist auch die Verarbeitung von Daten im Lichte des Kommunikationsprozesses zwischen Unternehmen und öffentlichen Auftraggebern zu begreifen.

III. Möglichkeit mündlicher Kommunikation, § 9 Abs. 2 VgV

1. Umfang der Möglichkeit mündlicher Kommunikation

§ 9 Abs. 2 VgV erlaubt eine mündliche Kommunikation in einem Vergabeverfahren, **24** wenn sie nicht die Vergabeunterlagen, die Teilnahmeanträge, die Interessensbestätigungen oder die Angebote betrifft und wenn sie ausreichend und in geeigneter Weise dokumentiert wird. Die Frage, wann eine mündliche Kommunikation die Vergabeunterlagen, die Teilnahmeanträge, die Interessensbestätigungen oder die Angebote betrifft, ob damit also lediglich deren Bereitstellung bzw. Einreichung oder, darüber hinausgehend, auch die Kommunikation zwischen öffentlichen Auftraggebern und Unternehmen über die Vergabeunterlagen, die Teilnahmeanträge, die Interessensbestätigungen oder die Angebote gemeint ist, lässt sich durch einen Blick auf die europarechtlichen Grundlagen beantworten. § 9 Abs. 2 VgV geht auf Art. 22 Abs. 2 RL 2014/24/EU zurück, wonach die Kommunikation mündlich erfolgen kann, sofern sie keine wesentlichen Bestandteile eines Vergabeverfahrens betrifft und sofern der Inhalt der mündlichen Kommunikation ausreichend dokumentiert wird. Als wesentliche Bestandteile definiert Art. 22 Abs. 2 S. 2 RL 2014/24/EU die Auftragsunterlagen, Teilnahmeanträge, Interessensbestätigungen und Angebote. Inwieweit diese nun dem Verbot der mündlichen Kommunikation unterworfen sind, klären die Erwägungen hierzu: *„Während wesentliche Bestandteile eines Vergabeverfahrens wie die Auftragsunterlagen, Teilnahmeanträge, Interessensbestätigungen und Angebote stets in Schriftform*

vorgelegt werden sollten, sollte weiterhin auch die mündliche Kommunikation mit Wirtschaftsteilneh-
mern möglich sein, vorausgesetzt, dass ihr Inhalt ausreichend dokumentiert wird. "[24] **Das Verbot**
der mündlichen Kommunikation beschränkt sich also auf die Bereitstellung der
Vergabeunterlagen sowie die Einreichung der Teilnahmeanträge, Interessensbes-
tätigungen und der Angebote. Erlaubt ist damit die mündliche Kommunikation
über die Teilnahmeanträge, Interessensbestätigungen und Angebote sowie über
Aspekte, die damit zusammenhängen.

2. Dokumentation der mündlichen Kommunikation

25   Die mündliche Kommunikation muss nach § 9 Abs. 2 VgV ausreichend und in geeigneter Weise dokumentiert sein. Durch eine ausreichende Dokumentation sollen eine angemessene Transparenz sichergestellt und eine Überprüfung, ob der Grundsatz der Gleichbehandlung aller Unternehmen eingehalten wurde, ermöglicht werden.[25] Nach Art. 22
Abs. 2 S. 3 RL 2014/24/EU muss insbesondere die mündliche Kommunikation mit Bietern, die einen wesentlichen Einfluss auf den Inhalt und die Bewertung des Angebots haben könnte, in hinreichendem Umfang und in geeigneter Weise dokumentiert werden,
was beispielsweise durch Niederschrift oder Tonaufzeichnung der mündlichen Kommunikation oder durch Zusammenfassung ihrer wichtigsten Elemente erfolgen kann.[26] Diese
Dokumentationsmöglichkeiten können allgemein als ausreichend und geeignet erachtet
werden und sollten deshalb von öffentlichen Auftraggebern bei jeder mündlichen Kommunikation in Erwägung gezogen werden; entscheidend wird jedenfalls der Einzelfall
sein.

3. Verhältnis von § 9 Abs. 2 VgV zu den speziellen Verfahrensregelungen

26   Interessant ist die Frage, ob die Vorgaben des § 9 Abs. 2 VgV aufgrund der konkreten
Regelungen zu den einzelnen Vergabeverfahrensarten modifiziert werden, ob diese Regelungen als *leges speciales* zu § 9 Abs. 2 VgV zu betrachten sind.[27] Zu denken wäre hier an
das Verhandlungsverfahren, den Wettbewerblichen Dialog und die Innovationspartnerschaft. Alle drei Verfahrensarten beinhalten Phasen, in denen die mündliche Kommunikation die Kommunikationsart der Wahl ist: Beim Verhandlungsverfahren die Verhandlung
mit den Bietern über die von ihnen eingereichten Erstangebote und alle Folgeangebote,
mit Ausnahme der endgültigen Angebote, mit dem Ziel, die Angebote inhaltlich zu verbessern, § 17 Abs. 10 VgV; beim Wettbewerblichen Dialog der eröffnete Dialog, in dem
der öffentliche Auftraggeber ermittelt und festlegt, wie seine Bedürfnisse und Anforderungen am besten erfüllt werden können, § 18 Abs. 5 VgV; bei der Innovationspartnerschaft
die Verhandlung mit den Bietern über die von ihnen eingereichten Erstangebote und alle
Folgeangebote, mit Ausnahme der endgültigen Angebote, mit dem Ziel, die Angebote
inhaltlich zu verbessern, § 19 Abs. 5 VgV. Gleichwohl wird hierdurch die in § 9 Abs. 2
VgV niedergelegte Regelung nicht modifiziert, vielmehr erweisen sich diese Beispiele als
typische Anwendungsfälle des § 9 Abs. 2 VgV. Denn in allen drei Fällen ist der öffentliche
Auftraggeber verpflichtet, bei der Verhandlung bzw. bei dem Dialog für Gleichbehandlung
zu sorgen, vgl. §§ 17 Abs. 13 S. 1, 18 Abs. 5 S. 3, 19 Abs. 6 S. 1 VgV. Gerade in der Möglichkeit zu überprüfen, ob der Grundsatz der Gleichbehandlung aller Unternehmen bei der
mündlichen Kommunikation eingehalten wurde, liegt eine Hauptaufgabe der aufgrund von
§ 9 Abs. 2 VgV bei der mündlichen Kommunikation anzufertigenden Dokumentation.[28]
Darüber hinaus muss insbesondere die mündliche Kommunikation mit Bietern, die einen

---

[24] RL 2014/24/EU Erwägungsgrund 58.
[25] BT-Drucks 18/7318, S. 153; RL 2014/24/EU Erwägungsgrund 58.
[26] In etwa gleichlautend hierzu die Erwägungen des Richtliniengebers, RL 2014/24/EU Erwägungsgrund 58, sowie des Verordnungsgebers, BT-Drucks. 18/7318, S. 153.
[27] Vgl. hierzu *Müller* in KKMPP, Kommentar zur VgV, 2017, § 9 Rn. 34 ff.
[28] BT-Drucks. 18/7318, S. 153; RL 2014/24/EU Erwägungsgrund 58.

wesentlichen Einfluss auf den Inhalt und die Bewertung des Angebots haben könnte, in hinreichendem Umfang und in geeigneter Weise dokumentiert werden.[29] Nun haben die Verhandlungen des Verhandlungsverfahrens und der Innovationspartnerschaft das Ziel, die Angebote inhaltlich zu verbessern (§§ 17 Abs. 10 S. 1, 19 Abs. 5 S. 1 VgV), und der Dialog des Wettbewerblichen Dialogs dient zur Ermittlung und Festlegung, wie die Bedürfnisse und Anforderungen des öffentlichen Auftraggebers am besten erfüllt werden können (§ 18 Abs. 5 S. 1 VgV) und fließt letztendlich in die endgültigen Angebote ein (§ 18 Abs. 8 S. 1 VgV). Die skizzierte mündliche Kommunikation in diesen drei Verfahrensarten ist somit ein Prototyp einer mündlichen Kommunikation mit Bietern, die wesentlichen Einfluss auf den Inhalt des Angebots haben könnte und die eine ausreichende und geeignete Dokumentation nach § 9 Abs. 2 VgV erfordert. Demgegenüber gibt es keinen Grund, für die im Rahmen von Verhandlungsverfahren, Wettbewerblichen Dialogen und Innovationspartnerschaften einzureichenden Teilnahmeanträge oder Angebote vom Verbot der mündlichen Kommunikation in § 9 Abs. 2 VgV abzusehen, weil hierdurch diese Verfahrensarten in keiner Weise beeinträchtigt werden. Für die Annahme, die einzelnen Verfahrensarten enthielten *leges speciales*, die § 9 Abs. 2 VgV modifizieren würden, bleibt somit kein Raum; vielmehr ist § 9 Abs. 2 VgV in der hier vertretenen Lesart für sämtliche Verfahrensarten ausnahmslos relevant.[30]

IV. Registrierung, § 9 Abs. 3 VgV

1. Inhalt der Registrierung, § 9 Abs. 3 S. 1 VgV

Nach § 9 Abs. 3 S. 1 VgV kann der öffentliche Auftraggeber von jedem Unternehmen **27** die Angabe einer eindeutigen Unternehmensbezeichnung sowie einer elektronischen Adresse verlangen. Durch Angabe dieser beiden Daten wird die in der Vorschrift legaldefinierte „Registrierung" vollzogen. Weitere landläufige Merkmale einer Registrierung wie die Anlegung eines Benutzerkontos, die Wahl eines Benutzernamens, die Festlegung eines Passwortes oder die Angabe weiterer Daten fallen nicht unter die in § 9 Abs. 3 S. 1 VgV enthaltene Legaldefinition der Registrierung. Der öffentliche Auftraggeber kann von den Unternehmen eine aktive elektronische Adresse in Form einer E-Mail-Adresse und von Unternehmen mit Sitz in Deutschland anstelle einer E-Mail-Adresse eine DE-Mail-Adresse verlangen.[31] Die Unternehmensbezeichnung muss eindeutig sein, sie muss also geeignet sein, das Unternehmen unzweifelhaft zu identifizieren. Im Idealfall gibt das Unternehmen seine Firma, § 17 HGB, an, obwohl auch andere Bezeichnungen als eindeutige Unternehmensbezeichnungen i. S. v. § 9 Abs. 3 S. 1 VgV akzeptiert werden können, sofern das Kriterium der Eindeutigkeit gewahrt ist. Die Regelung gilt selbstverständlich auch für natürliche Personen, bei denen anstelle einer eindeutigen Unternehmensbezeichnung der vollständige Name zu verlangen ist.

Die bei der Registrierung angegebenen Daten dürfen von den öffentlichen Auftragge- **28** bern ausschließlich dazu verwendet werden, Daten mithilfe elektronischer Mittel an die Unternehmen zu übermitteln, beispielsweise indem sie die Angaben nutzen, um Unternehmen über Änderungen im Vergabeverfahren zu informieren oder um sie darauf aufmerksam zu machen, dass Fragen von Unternehmen zum Vergabeverfahren beantwortet wurden und auf welchem Wege von den Antworten Kenntnis erlangt werden kann; dies gilt unabhängig davon, ob ein Unternehmen bereits einen Teilnahmeantrag eingereicht oder eine Interessensbestätigung bzw. ein Angebot abgegeben hat.[32]

---

[29] Art. 22 Abs. 2 S. 3 RL 2014/24/EU; ebenso: RL 2014/24/EU Erwägungsgrund 58 und BT-Drucks. 18/7318, S. 153.
[30] A. A. *Müller* in KKMPP, Kommentar zur VgV, 2017, § 9 Rn. 37.
[31] BT-Drucks. 18/7318, S. 153.
[32] BT-Drucks. 18/7318, S. 153.

2. Verbot der Forderung einer Registrierung, § 9 Abs. 3 S. 2 HS 1 VgV

29   Für den Zugang zur Auftragsbekanntmachung und zu den Vergabeunterlagen darf der öffentliche Auftraggeber keine Registrierung verlangen, § 9 Abs. 3 S. 2 HS 1 VgV. Hierunter fällt auch die Vorinformation nach § 38 VgV.[33] Diese Regelung steht in Zusammenhang mit § 41 Abs. 1 VgV, wonach der öffentliche Auftraggeber in der Auftragsbekanntmachung oder der Aufforderung zur Interessensbestätigung eine elektronische Adresse angibt, unter der die Vergabeunterlagen unentgeltlich, uneingeschränkt, vollständig und direkt abgerufen werden können. Europarechtliches Vorbild ist Art. 53 Abs. 1 UA 1 RL 2014/24/EU, nach dem die öffentlichen Auftraggeber ab dem Tag der Veröffentlichung einer Bekanntmachung oder dem Tag der Aufforderung zur Interessensbestätigung unentgeltlich einen uneingeschränkten und vollständigen direkten Zugang anhand elektronischer Mittel zu diesen Auftragsunterlagen anbieten. Uneingeschränkt und direkt abrufbar i. S. v. § 41 Abs. 1 VgV sind Vergabeunterlagen im Rahmen der auf elektronische Mittel gestützten öffentlichen Auftragsvergabe ausschließlich dann, wenn weder interessierte Bürger noch interessierte Unternehmen sich bei einem öffentlichen Auftraggeber registrieren müssen, bevor sie sich über bekanntgemachte öffentliche Auftragsvergaben informieren oder Vergabeunterlagen abrufen können.[34] Aus dieser Freiheit von jeglicher Pflicht zur Registrierung folgt allerdings die Pflicht zur selbständigen, eigenverantwortlichen Information interessierter Bürger und Unternehmen über etwaige Änderungen der Vergabeunterlagen oder die Bereitstellung zusätzlicher Informationen, bspw. bei Antworten des öffentlichen Auftraggebers auf Bieterfragen. Der öffentliche Auftraggeber muss solche Änderungen zwar allen Interessierten direkt und uneingeschränkt verfügbar machen, er muss jedoch nicht dafür sorgen, dass sie tatsächlich zur Kenntnis genommen werden.

30   Eine Besonderheit stellt § 12 Abs. 1 Nr. 1 VgV dar. Verlangt der öffentliche Auftraggeber die Verwendung alternativer elektronischer Mittel, so hat er nach § 12 Abs. 1 Nr. 1 VgV Unternehmen während des gesamten Vergabeverfahrens unter einer Internetadresse einen unentgeltlichen, uneingeschränkten, vollständigen und direkten Zugang zu diesen alternativen elektronischen Mitteln zu gewähren. Dies bedeutet, dass eine **Registrierung in diesen Fällen während des gesamten Vergabeverfahrens unzulässig** ist, weil anderenfalls ein uneingeschränkter und direkter Zugang nicht gewährleistet wäre.

3. Freiwillige Registrierung, § 9 Abs. 3 S. 2 HS 2 VgV

31   § 9 Abs. 3 HS 2 VgV erlaubt eine freiwillige Registrierung. Öffentliche Auftraggeber können es somit Unternehmen und natürlichen Personen ermöglichen, sich für den Zugang zu Vorinformationen, Auftragsbekanntmachungen und Vergabeunterlagen freiwillig zu registrieren. Dies bietet den Vorteil, dass sie automatisch über Änderungen an den Vergabeunterlagen oder über Antworten zum Vergabeverfahren informiert werden. Machen Unternehmen oder natürliche Personen von der Möglichkeit der freiwilligen Registrierung keinen Gebrauch, dann gilt das zu § 41 Abs. 1 VgV Gesagte, sie müssen sich selbständig informieren, ob Vergabeunterlagen zwischenzeitlich geändert wurden oder ob die öffentlichen Auftraggeber Fragen zum Vergabeverfahren beantwortet haben. Unterlassen die Unternehmen oder natürlichen Personen dies, liegt das Risiko, einen Teilnahmeantrag, eine Interessensbestätigung oder ein Angebot auf Grundlage veralteter Vergabeunterlagen erstellt zu haben und daher im weiteren Verlauf vom Verfahren ausgeschlossen zu werden, bei ihnen.[35]

32   Haben sich Bieter allerdings freiwillig nach § 9 Abs. 3 S. 2 HS 2 VgV registriert, dann kann eine solche Verpflichtung zur eigenverantwortlichen Informationseinholung hinsichtlich der Auftragsbekanntmachung und der Vergabeunterlagen nicht mehr ohne weiteres

---

[33] So ausdrücklich in der Verordnungsbegründung, BT-Drucks. 18/7318, S. 153.
[34] BT-Drucks. 18/7318, S. 181; vgl. im Übrigen die Kommentierung zu § 41 VgV.
[35] BT-Drucks. 18/7318, S. 153.

angenommen werden. Vielmehr kann den öffentlichen Auftraggeber in diesen Fällen eine Verpflichtung treffen, die registrierten Bieter über Änderungen an den Vergabeunterlagen zu unterrichten. Die VK Südbayern hat dementsprechend bei elektronischer Durchführung eines Vergabeverfahrens eine Pflicht des öffentlichen Auftraggebers gegenüber den auf einer Vergabeplattform registrierten Bietern über Änderungen an den Vergabeunterlagen zumindest für den Fall gefordert, wenn die konkrete Gefahr besteht, dass die registrierten Bieter Änderungen, die lediglich auf die Plattform eingestellt werden, nicht zur Kenntnis nehmen, weil sie bspw. ihren Teilnahmeantrag oder ihr Angebot hochgeladen haben oder die Änderungsmitteilung des öffentlichen Auftraggebers irreführend war; lediglich Unternehmen, die von der Möglichkeit der freiwilligen Registrierung keinen Gebrauch machen, müssen sich demnach selbständig informieren, ob Vergabeunterlagen zwischenzeitlich geändert wurden oder ob die öffentlichen Auftraggeber Fragen zum Vergabeverfahren beantwortet haben.[36]

V. Bieterschutz

Für die Frage, ob und inwieweit die in §§ 9 ff. VgV niedergelegten Regelungen bieterschützend sind, sind zunächst die grundlegenden Zwecke zu unterscheiden, die mit diesen Regelungen erreicht werden sollen. Erstens soll der in Art. 22 Abs. 1 UA 1 S. 1 RL 2014/24/EU und § 9 Abs. 1 VgV formulierte Primat der elektronischen Kommunikation gegenüber anderen Kommunikationsformen durchgesetzt werden, zweitens soll die elektronische Kommunikation für sämtliche Unternehmen gleichermaßen eröffnet werden und drittens soll die Sicherheit der elektronischen Kommunikation gewährleistet werden. Diese Zwecke der Regeln zur elektronischen Kommunikation hängen zwar zusammen, denn ohne einen gleichwertigen Zugang für alle Bieter und ohne die Sicherheit der elektronischen Kommunikation kann ihr Vorrang gegenüber anderen Kommunikationsformen schwerlich behauptet werden, sie sind von ihrem Wesen her jedoch verschieden. **33**

1. Vorrang und Zurverfügungstellung der elektronischen Kommunikation

Die Implementierung einer vollelektronischen Kommunikation in Vergabeverfahren hat gemäß den bereits dargestellten Ausführungen in Com(2012)179 und der Verordnungsbegründung nicht nur den Zweck, positive ökonomische Effekte zu generieren und dem Umweltschutz zu dienen, sondern soll auch dazu beitragen, dass KMU in stärkerem Umfang an öffentlichen Beschaffungsvorhaben partizipieren können: *„Die bestehenden Systeme erweisen sich ferner als äußerst wirksames Instrument zur Förderung der Beteiligung von KMU, auch aus dem Ausland, da es für KMU auf elektronischen [sic!] Weg einfacher ist, Kenntnis von Ausschreibungen zu erhalten und sich an ihnen zu beteiligen als im traditionellen Umfeld mit Papierunterlagen.“*[37] Erst durch die elektronische Kommunikation werden KMU in die Lage versetzt, gleichberechtigt an einem Vergabeverfahren teilzunehmen, was bei einer Kommunikation bspw. in Papierform nicht in gleicher Weise möglich wäre. Gerade bei Vergabeverfahren, die eine erhebliche Binnenmarktrelevanz haben, ist dies unmittelbar einsichtig, denn bspw. ein Unternehmen mit Sitz in Portugal hat im Falle reiner Papierkommunikation de facto gegenüber einem Unternehmen mit Sitz in Brandenburg einen geografischen Nachteil, wenn es darum geht, an einer Ausschreibung des Landes Berlin teilzunehmen; allein die Dauer des Postlaufs ist bei beiden Unternehmen verschieden und auch sonst besteht die Gefahr, dass die Papierkommunikation mit der Länge des zurückzulegenden Weges umso störungsanfälliger wird. Diese Nachteile werden durch eine vollelektronische Kommunikation kompensiert, was sich nicht nur positiv für KMU, sondern für sämtliche Unternehmen auswirkt, deren Sitz eine erhebliche geografische Distanz zum beschaffenden **34**

---

[36] VK Südbayern, Beschluss v. 17.10.2016 – Z3-3-3194-1-36-09/16, IBRRS 2016, 3347.
[37] Com(2012)179, S. 5.

öffentlichen Auftraggeber aufweist. **Die Regelungen zur Implementierung einer elektronischen Kommunikation sind folglich bieterschützend, weil erst durch sie eine gleichberechtigte Partizipation am Vergabeverfahren möglich wird.** Fällt also bspw. eine elektronische Vergabeplattform eines öffentlichen Auftraggebers für einen längeren Zeitraum aus und verweist er deshalb die Bieter auf eine Kommunikation per Papierform oder gewährleistet überhaupt keine Kommunikation im Vergabeverfahren, so können Bieter, die sich an dem Vergabeverfahren beteiligen wollen, hierdurch grundsätzlich in ihren Rechten verletzt sein und den Ausfall oder die Störung der elektronischen Kommunikation gem. §§ 97 Abs. 6, 160 Abs. 2 GWB im Rahmen eines Nachprüfungsverfahrens geltend machen.[38]

2. Zugangseröffnung für alle Unternehmen

35   So, wie die vollelektronische Kommunikation ganz allgemein durch die öffentlichen Auftraggeber zu gewährleisten ist, so ist sie im Speziellen nicht nur einem beschränkten Kreis von Unternehmen, sondern sämtlichen Unternehmen zur Verfügung zu stellen. Denn es macht keinen Unterschied, ob die elektronische Kommunikation insgesamt nicht funktioniert oder ob sie nur für einen Teil der Unternehmen verwendbar ist und dem Rest der Unternehmen verwehrt bleibt; in beiden Fällen gibt es benachteiligte Unternehmen, die hierdurch eine für das Vergabeverfahren relevante Verletzung ihrer Interessen erfahren können. Wird die elektronische Kommunikation nur einem Teil von Unternehmen zugänglich gemacht, dann ist zusätzlich zu der Verletzung von Bieterrechten, die aus Zweck und Funktion der elektronischen Kommunikation resultieren, auch das in § 97 Abs. 2 GWB enthaltene Diskriminierungsverbot verletzt. Dementsprechend enthält die VgV diverse Regelungen, durch die gewährleistet werden soll, dass die elektronische Kommunikation diskriminierungsfrei allen Unternehmen zugänglich ist, vgl. §§ 9 Abs. 3 2 HS 1, 11, 12, 41 Abs. 1 VgV. Diese Vorschriften sind ebenfalls bieterschützend und ihre Verletzung kann ein Bieter gem. §§ 97 Abs. 6, 160 Abs. 2 GWB um Rahmen eines Nachprüfungsverfahrens geltend machen.[39]

36   Dieses Ergebnis wird von der Entscheidung der VK Baden-Württemberg vom 30.12.2016[40] bestätigt, in der sie ausführt, dass die Vergabestelle den elektronischen Zugang zu ihrem Vergabeverfahren derart auszugestalten und wie einen offenen Briefkasten zur Verfügung zu halten habe, so dass sich auch Bieter ohne eigene IT-Abteilung schrankenlos beteiligen können. Kommt sie dieser Pflicht nicht nach, dann verstoße sie gegen bieterschützendes Vergaberecht, im konkreten Fall § 11 VgV. Die VK Baden-Württemberg präzisiert nicht, welche Regelung in § 11 VgV konkret verletzt wurde, doch ist § 11 Abs. 1 S. 1 2. Alt. VgV naheliegend, da es sich um einen klaren Fall der Diskriminierung handelt.

3. Sicherheit des elektronischen Kommunikationswegs

37   Die Bestimmungen zur elektronischen Kommunikation in der VgV treffen umfangreiche Regelungen, um die Sicherheit des gesamten Kommunikationsprozesses zu gewährleisten. Wie sich insbesondere aus §§ 10, 11 Abs. 2 und 53 Abs. 3 VgV ergibt, geht es dabei um die Unversehrtheit, die Vertraulichkeit und die Echtheit der Daten. Dieser umfassende Schutz des gesamten Kommunikationsprozesses stellt eine wesentliche Neuerung im Vergleich zum bisherigen Vergaberecht dar, das insoweit nur punktuell einen annähernd vergleichbaren Schutz kannte, vgl. §§ 14 Abs. 1 und 16 Abs. 2 EG-VOL/A (Fassung 2009).[41]

---

[38] Im Ergebnis wohl ebenso *Wankmüller* in Das neue Vergaberecht, 2014, S. 238.
[39] Vgl. zu der ähnlichen Formulierung in § 11 Abs. 1 Nr. 2 VOB/A a.F.: *Franzius* in Pünder/Schellenberg, Vergaberecht, 2. Aufl. 2015, § 11 VOB/A Rn. 11 f.; *Völlink* in Ziekow/Völlink, Vergaberecht, 2. Aufl. 2013, § 11 VOB/A Rn. 5.
[40] VK Baden-Württemberg, Beschl. v. 30.12.2016 – 1 VK 51/16, IBRRS 2017, 0687.
[41] Diese Regelungen betrafen nur die Teilnahmeanträge und die Angebote; und auch insoweit nur die Unversehrtheit und die Vertraulichkeit der Sendungen, nicht jedoch deren Echtheit.

In Anbetracht der Tatsache, dass die elektronische Kommunikation aufgrund des neuen Vergaberechts nicht mehr wie bisher fakultativ (vgl. § 13 EG-VOL/A /(Fassung 2009)), sondern aufgrund § 9 Abs. 1 VgV obligatorisch ist, erweist sich der neue und umfassende Schutz des gesamten Kommunikationsprozesses als folgerichtig und zwingend; entsprechend hoch ist seine Bedeutung zu bemessen. Die Sicherheit des elektronischen Kommunikationsprozesses dient damit in erheblichem Maße dem Schutz des Wettbewerbs, sowohl hinsichtlich des konkreten Vergabeverfahrens als auch hinsichtlich des daneben stattfindenden Wettbewerbs zwischen Bietern. Hieraus folgt, dass durch die Gewährleistung der Sicherheit des elektronischen Kommunikationswegs zugleich die Interessen der Bieter gewahrt werden und eine Verletzung der Vorschriften, durch die eine solche Sicherheit gewährleistet werden soll, zugleich eine Verletzung der Rechte der Bieter darstellt. Freilich wird man im Einzelfall immer zu prüfen haben, ob und inwieweit durch die konkrete Verletzung dem Bieter ein Schaden nach § 160 Abs. 2 S. 2 GWB entstanden ist. Aber selbst wenn die Verletzung nicht relevant für ein Nachprüfungsverfahren ist, kann durch sie ein Schadensersatz des Bieters begründet werden. Im Ergebnis haben die Regelungen in der VgV, deren Zweck die Gewährleistung eines sicheren elektronischen Kommunikationsprozesses ist, bieterschützenden Charakter.

§ 10 Anforderungen an die verwendeten elektronischen Mittel

(1) **Der öffentliche Auftraggeber legt das erforderliche Sicherheitsniveau für die elektronischen Mittel fest.** Elektronische Mittel, die von dem öffentlichen Auftraggeber für den Empfang von Angeboten, Teilnahmeanträgen und Interessensbestätigungen sowie von Plänen und Entwürfen für Planungswettbewerbe verwendet werden, müssen gewährleisten, dass
1. die Uhrzeit und der Tag des Datenempfanges genau zu bestimmen sind,
2. kein vorfristiger Zugriff auf die empfangenen Daten möglich ist,
3. der Termin für den erstmaligen Zugriff auf die empfangenen Daten nur von den Berechtigten festgelegt oder geändert werden kann,
4. nur die Berechtigten Zugriff auf die empfangenen Daten oder auf einen Teil derselben haben,
5. nur die Berechtigten nach dem festgesetzten Zeitpunkt Dritten Zugriff auf die empfangenen Daten oder auf einen Teil derselben einräumen dürfen,
6. empfangene Daten nicht an Unberechtigte übermittelt werden und
7. Verstöße oder versuchte Verstöße gegen die Anforderungen gemäß den Nummern 1 bis 6 eindeutig festgestellt werden können.

(2) **Die elektronischen Mittel, die von dem öffentlichen Auftraggeber für den Empfang von Angeboten, Teilnahmeanträgen und Interessensbestätigungen sowie von Plänen und Entwürfen für Planungswettbewerbe genutzt werden, müssen über eine einheitliche Datenaustauschschnittstelle verfügen.** Es sind die jeweils geltenden Interoperabilitäts- und Sicherheitsstandards der Informationstechnik gemäß § 3 Absatz 1 des Vertrags über die Errichtung des IT-Planungsrats und über die Grundlagen der Zusammenarbeit beim Einsatz der Informationstechnologie in den Verwaltungen von Bund und Ländern vom 1. April 2010 zu verwenden.

Übersicht

	Rn.			Rn.
A. Einführung	1		II. Anforderung an elektronische Mittel, § 10 Abs. 1 S. 2 VgV	13
I. Literatur	1		1. Allgemeines	13
II. Entstehungsgeschichte	2		2. Die einzelnen Anforderungen des § 10 Abs. 1 S. 2 VgV	14
III. Rechtliche Vorgaben im EU-Recht	3		a) § 10 Abs. 1 S. 2 Nr. 1 VgV	16
B. Kommentierung	4		b) § 10 Abs. 1 S. 2 Nr. 2 VgV	17
I. Festlegung des Sicherheitsniveaus, § 10 Abs. 1 S. 1 VgV	4		c) § 10 Abs. 1 S. 2 Nr. 3 VgV	18
1. Europarechtlicher Hintergrund und Verhältnis zu § 53 Abs. 3 VgV	4		d) § 10 Abs. 1 S. 2 Nr. 4 VgV	19
2. Festlegung des Sicherheitsniveaus und Verhältnismäßigkeitsprüfung	5		e) § 10 Abs. 1 S. 2 Nr. 5 VgV	20
a) Grundlegende Überlegungen	5		f) § 10 Abs. 1 S. 2 Nr. 6 VgV	21
b) Festlegung des Sicherheitsniveaus	7		g) § 10 Abs. 1 S. 2 Nr. 7 VgV	22
3. Maßnahmen aufgrund festgelegter Sicherheitsniveaus	10		III. Einheitliche Datenaustauschschnittstelle, § 10 Abs. 2 VgV	23
4. Verhältnis zu § 11 Abs. 2 VgV	12		1. Regelungsinhalt	23
			2. Vertrag zur Ausführung von Art. 91c GG	24
			3. XVergabe	28

A. Einführung

I. Literatur

1 *Kulartz/Kus/Marx/Portz/Prieß*, Kommentar zur VgV, 2017.

II. Entstehungsgeschichte

Vgl. hierzu die allgemeinen Ausführungen bei § 9 VgV. **2**

III. Rechtliche Vorgaben im EU-Recht

Die rechtlichen Grundlagen zu § 10 VgV finden sich in Art. 22 Abs. 6 UA 1 lit. b), An- **3**
hang IV RL 2014/24/EU. Ergänzt wird dies durch den Erwägungsgrund 57 RL 2014/
24/EU.

B. Kommentierung

I. Festlegung des Sicherheitsniveaus, § 10 Abs. 1 S. 1 VgV

1. Europarechtlicher Hintergrund und Verhältnis zu § 53 Abs. 3 VgV

Nach § 10 Abs. 1 S. 1 VgV legt der öffentliche Auftraggeber das erforderliche Sicher- **4**
heitsniveau für die elektronischen Mittel fest. Europarechtlicher Hintergrund der Vorschrift
ist Art. 22 Abs. 6 UA 1 lit. b) RL 2014/24/EU, wonach die Mitgliedstaaten oder die öffentlichen Auftraggeber, die innerhalb eines von dem betreffenden Mitgliedstaat festgelegten Rahmenkonzepts handeln, das für die elektronischen Kommunikationsmittel in den
verschiedenen Phasen des jeweiligen Vergabeverfahrens erforderliche Sicherheitsniveau
festlegen; dieses Niveau steht im Verhältnis zu den verbundenen Risiken. § 10 Abs. 1 S. 1
VgV ähnelt stark § 53 Abs. 3 S. 1 VgV: *„Der öffentliche Auftraggeber prüft, ob zu übermittelnde
Daten erhöhte Anforderungen an die Sicherheit stellen."* Und tatsächlich stand Art. 22 Abs. 6
UA 1 lit. b) RL 2014/24/EU auch bei § 53 Abs. 3 S. 1 VgV Pate.[1] Allerdings betrifft § 53
VgV die Form und die Übermittlung der Interessensbekundungen, Interessensbestätigungen, Teilnahmeanträge und Angebote, sodass die nach § 53 Abs. 3 S. 1 VgV ebenfalls erforderliche Festlegung des Sicherheitsniveaus lediglich Daten betrifft, die in direktem Zusammenhang mit der Einreichung von Interessensbekundungen, Interessensbestätigungen,
Teilnahmeanträgen und Angeboten gesendet, empfangen, weitergeleitet oder gespeichert
werden.[2] **§ 53 Abs. 3 S. 1 VgV hat somit einen engeren Anwendungsbereich als
§ 10 Abs. 1 S. 1 VgV,** der sowohl die Festlegung des erforderlichen Sicherheitsniveaus für
die elektronische Kommunikation im Zusammenhang mit Interessensbekundungen, Interessensbestätigungen, Teilnahmeanträgen und Angeboten als auch alle anderen Fälle der
Kommunikation mit elektronischen Mitteln in einem Vergabeverfahren betrifft. Aus dem
Zusammenspiel der Verordnungsbegründungen zu § 10 Abs. 1 S. 1 VgV und § 53 Abs. 3
VgV und den einheitlichen europarechtlichen Grundlagen folgt eine identische Auslegung
der beiden Normen, weshalb es § 53 Abs. 3 S. 1 VgV letztendlich nicht bedurfte; auch
eine Modifizierung des § 10 Abs. 1 S. 1 VgV durch § 53 Abs. 3 S. 1 VgV als *lex specialis*
scheidet damit aus. Dies gilt auch für die in § 53 Abs. 3 S. 2 VgV niedergelegte Möglichkeit zu verlangen, dass Interessensbekundungen, Interessensbestätigungen, Teilnahmeanträge und Angebote mit einer fortgeschrittenen elektronischen Signatur (Nr. 1), einer qualifizierten elektronischen Signatur (Nr. 2), einem fortgeschrittenen elektronischen Siegel
(Nr. 3) oder einem qualifizierten elektronischen Siegel (Nr. 4) zu versehen sind. **Denn der**

---

[1] BT-Drucks. 18/7318, S. 190.
[2] BT-Drucks. 18/7318, S. 190. Der Verordnungsgeber spricht hier zwar ausdrücklich nur von der Einreichung von Angeboten, aus dem Gesamtzusammenhang der Norm ist jedoch zu entnehmen, dass hierzu
auch die Interessensbekundungen, Interessensbestätigungen sowie Teilnahmeanträge gerechnet werden müssen.

hieran anzulegende Prüfungsmaßstab entspricht demjenigen, der auch bei der Festlegung des Sicherheitsniveaus nach § 10 Abs. 1 S. 1 VgV anzulegen ist. Demnach können elektronische Signaturen bzw. elektronische Siegel grundsätzlich auch aufgrund § 10 Abs. 1 S. 1 VgV gefordert werden.

2. Festlegung des Sicherheitsniveaus und Verhältnismäßigkeitsprüfung

5   a) Grundlegende Überlegungen. Der öffentliche Auftraggeber legt nach § 10 Abs. 1 S. 1 VgV das erforderliche Sicherheitsniveau für die elektronischen Mittel fest. Sowohl Richtliniengeber als auch Verordnungsgeber stellen in ihren Erwägungen bzw. Begründungen klar, dass **die Festlegung des Sicherheitsniveaus eine Verhältnismäßigkeitsprüfung erfordert:** Vor Festlegung des erforderlichen Sicherheitsniveaus für die elektronischen Kommunikationsmittel, die in den verschiedenen Phasen des Vergabeverfahrens genutzt werden sollen, sollen die öffentlichen Auftraggeber die Verhältnismäßigkeit zwischen einerseits den Anforderungen zur Sicherstellung einer sachlich richtigen und zuverlässigen Identifizierung der Absender von Daten sowie der Unversehrtheit der Daten und andererseits der Gefahren abwägen, die zum Beispiel von Daten ausgehen, die aus einer nicht sicher identifizierbaren Quelle stammen, die durch einen anderen als den angegebenen Absender verschickt oder während der Übermittlung verändert wurden.[3] Diese Konkretisierung der Festlegung des Sicherheitsniveaus beinhaltet zwei Zielrichtungen, nämlich zum einen die Sicherstellung der Unversehrtheit der Daten und zum anderen die sichere Identifizierung der Absender von Daten.

6   Aus einer systematischen Auslegung unter Einbeziehung des § 5 Abs. 2 VgV, des § 11 Abs. 2 VgV und des § 10 Abs. 1 S. 2 VgV lässt sich noch ein weiterer Aspekt des festzulegenden Sicherheitsniveaus herleiten. § 5 Abs. 2 S. 1 VgV bestimmt, dass der öffentliche Auftraggeber bei der gesamten Kommunikation sowie beim Austausch und der Speicherung von Informationen die Integrität der Daten und die Vertraulichkeit der Interessensbekundungen, Interessensbestätigungen, Teilnahmeanträge und Angebote, einschließlich ihrer Anlagen gewährleisten muss. § 5 Abs. 2 S. 1 VgV spricht damit zum einen die in der Begründung zu § 10 Abs. 1 S. 1 VgV erwähnte Unversehrtheit der Daten an, zum anderen die Vertraulichkeit der Daten – jeweils für sämtliche Arten der Kommunikation; einschließlich der elektronischen. § 11 Abs. 2 VgV wiederum legt fest, dass der öffentliche Auftraggeber für das Senden, Empfangen, Weiterleiten und Speichern von Daten in einem Vergabeverfahren ausschließlich solche elektronischen Mittel verwendet, die die Unversehrtheit, die Vertraulichkeit und die Echtheit der Daten gewährleisten; auch hier scheint die Vertraulichkeit der Daten als Schutzobjekt auf. § 10 Abs. 1 S. 2 VgV schließlich formuliert in Umsetzung des Anhangs IV der RL 2014/24/EU diverse Anforderungen, von denen einige – ohne den Ausführungen hierzu vorgreifen zu wollen – ebenfalls die Vertraulichkeit im Blick haben, nämlich § 10 Abs. 1 S. 2 Nr. 2 VgV, wonach kein vorfristiger Zugriff auf die empfangenen Daten möglich sein darf, § 10 Abs. 1 S. 2 Nr. 4 VgV, wonach nur die Berechtigten Zugriff auf die empfangenen Daten oder auf Teile derselben haben dürfen, § 10 Abs. 1. S. 2 Nr. 5 VgV, wonach nur die Berechtigten nach dem festgesetzten Zeitpunkt Dritten Zugriff auf die empfangenen Daten oder auf einen Teil derselben einräumen dürfen und § 10 Abs. 1 S. 2 Nr. 6 VgV, wonach empfangene Daten nicht an Unberechtigte übermittelt werden dürfen. Zwar sind diese Anforderungen nicht auf jegliche Kommunikation mittels elektronischer Mittel übertragbar, denn § 10 Abs. 1 S. 2 VgV formuliert im Eingangssatz, für welche Fälle diese weitgehenden Anforderungen vom öffentlichen Auftraggeber beachtet werden müssen. Gleichwohl kann aus der Zusammenschau von § 5 Abs. 2 S. 1 VgV, § 11 Abs. 2 VgV und § 10 Abs. 1 S. 2 VgV verallgemeinernd gefolgert werden, dass das zugrunde liegende Schutzobjekt, nämlich die Vertraulichkeit der Daten, als für jegliche elektronische Kommunikation relevant zu erachten ist, so dass die Vertraulichkeit der Daten konsequenterweise bei der Festlegung des Sicherheitsniveaus

---

[3] BT-Drucks. 18/7318, S. 154; Erwägungsgrund 57 RL 2014/24/EU.

nach § 10 Abs. 1 S. 1 VgV ebenfalls Berücksichtigung finden muss. **Bei der Festlegung des erforderlichen Sicherheitsniveaus für die elektronischen Mittel durch den öffentlichen Auftraggeber im Wege einer Verhältnismäßigkeitsprüfung sind damit die Unversehrtheit der Daten, die Identifizierbarkeit der Absender sowie die Vertraulichkeit der Daten zu berücksichtigen.**

b) Festlegung des Sicherheitsniveaus. Zu der Art und Weise, wie die Festlegung des 7 Sicherheitsniveaus für die elektronischen Mittel im Rahmen einer Verhältnismäßigkeitsprüfung nach § 10 Abs. 1 S. 1 VgV konkret zu erfolgen hat, sind **mehrere Szenarien denkbar.** Stellt man auf den **einzelnen Kommunikationsvorgang** ab, der mithilfe elektronischer Mittel erfolgen soll, dann müsste der öffentliche Auftraggeber für jeden einzelnen elektronischen kommunikativen Akt eine Verhältnismäßigkeit durchführen, um auf diese Weise das jeweilige Sicherheitsniveau festzulegen. Nimmt man hingegen § 10 Abs. 1 S. 1 VgV wörtlich, indem man auf das jeweils verwendete „elektronische Mittel" abstellt, dann beschränkt sich die Festlegung des Sicherheitsniveaus auf die verwendeten „Geräte und Programme für die Datenübermittlung", vgl. § 9 Abs. 1 VgV, und der öffentliche Auftraggeber müsste **pro Gerät und Programm** nur einmal eine Verhältnismäßigkeitsprüfung samt Festlegung des Sicherheitsniveaus durchführen – unabhängig davon, was mit diesen Geräten und Programmen kommuniziert werden soll. **Beide Positionen sind extrem** und können nicht vom Richtlinien- bzw. Verordnungsgeber gewollt gewesen sein; im ersten Fall wären die durchzuführenden Verhältnismäßigkeitsprüfungen unverhältnismäßig und in der Menge für den öffentlichen Auftraggeber in der Praxis unzumutbar; im zweiten Fall wären sie hingegen nicht ausreichend, um zu einer praxisgerechten und den Sicherheitsinteressen der Beteiligten genügenden Festlegung des Sicherheitsniveaus zu gelangen.

Für die öffentlichen Auftraggeber bietet es sich deshalb an, **Fallgruppen zu bilden 8 und für jede Fallgruppe das Sicherheitsniveau im Wege einer Verhältnismäßigkeitsprüfung festzulegen.** Für eine solche Vorgehensweise finden sich Anhaltspunkte in den Erwägungsgründen sowie in der Verordnungsbegründung. So führen Richtliniengeber und Verordnungsgeber gleichermaßen aus, dass bei ansonsten gleichen Umständen beispielsweise das Sicherheitsniveau, dem eine E-Mail genügen muss, die ein Unternehmen an einen öffentlichen Auftraggeber sendet, um sich nach der Postanschrift des öffentlichen Auftraggebers zu erkundigen, deutlich niedriger einzuschätzen sein wird, als das Sicherheitsniveau, dem das von einem Unternehmen eingereichte Angebot genügen muss, oder dass bei der erneuten Einreichung elektronischer Kataloge oder bei der Einreichung von Angeboten im Rahmen von Kleinstwettbewerben bei einer Rahmenvereinbarung oder beim Abruf von Vergabeunterlagen nur ein niedriges Sicherheitsniveau zu gewährleisten ist.[4] Definiert der öffentliche Auftraggeber solche typischen Fallgruppen, die sich an den verschiedenen Phasen des Vergabeverfahrens[5] oder, wie bei den gerade genannten Beispielen, am Wesen dessen, was kommuniziert werden soll, orientieren können, dann muss er **grundsätzlich nur einmal im Rahmen einer Verhältnismäßigkeitsprüfung das erforderliche Sicherheitsniveau für eine Fallgruppe festlegen und dies dokumentieren.** Bewegen sich die einzelnen anfallenden elektronischen Kommunikationsakte in einem Vergabeverfahren in den Bahnen dieser Fallgruppen, bedarf es keiner erneuten Verhältnismäßigkeitsprüfung in diesem Vergabeverfahren, vielmehr reicht ein Hinweis auf die für die jeweilige Fallgruppe vorgenommene Festlegung des Sicherheitsniveaus in der Dokumentation aus. Nur bei **Sonderfällen,** die aufgrund ihres speziellen Charakters und besonderer Umstände ein **abweichendes Sicherheitsniveau** erfordern, muss der öffentliche Auftraggeber erneut eine Festlegung des erforderlichen Sicherheitsniveaus auf Grundlage einer Verhältnismäßigkeitsprüfung durchführen und dies dann entsprechend dokumentieren.

---

[4] BT-Drucks. 18/7318, S. 190; RL 2014/24/EU, Erwägungsgrund 57.
[5] Vgl. die Erwähnung der verschiedenen Phasen des Vergabeverfahrens im Zusammenhang mit der Festlegung des erforderlichen Sicherheitsniveaus für die elektronischen Mittel in BT-Drucks. 18/7318, S. 154.

9   Erwähnenswert ist an dieser Stelle § 54 S. 1 VgV, wonach elektronisch übermittelte **Interessensbekundungen, Interessensbestätigungen, Teilnahmeanträge und Angebote** auf geeignete Weise zu kennzeichnen und verschlüsselt zu speichern sind.[6] Hieraus folgt für den öffentlichen Auftraggeber die Verpflichtung, im Rahmen der Festlegung des Sicherheitsniveaus nach § 10 Abs. 1 S. 1 VgV für zu übermittelnde Interessensbekundungen, Interessensbestätigungen, Teilnahmeanträge und Angebote stets eine Verschlüsselung vorzusehen. Die Verschlüsselung muss sich hier auf den kompletten Kommunikationsvorgang, beginnend beim absendenden Bieter bis hin zur Speicherung in der Sphäre des öffentlichen Auftraggebers erstrecken.[7] Der öffentliche Auftraggeber hat deshalb den Bietern stets die Verschlüsselung ihrer Interessensbekundungen, Interessensbestätigungen, Teilnahmeanträge und Angebote vorzuschreiben.

3. Maßnahmen aufgrund festgelegter Sicherheitsniveaus

10   Abhängig vom jeweiligen festgelegten Sicherheitsniveau können unterschiedliche Maßnahmen ergriffen werden, um zu gewährleisten, dass die Unversehrtheit und die Vertraulichkeit der Daten ausreichend geschützt werden, sowie die Identifizierbarkeit der Absender hinreichend sichergestellt wird. Dabei wird nicht jede Maßnahme alle drei genannten Schutzobjekte gleichermaßen berücksichtigen können, vielmehr kann es erforderlich sein, **fallgruppenspezifische Maßnahmen** zu ergreifen, um bestimmten Schutzobjekten, die in der jeweiligen Fallgruppe eine besondere Rolle spielen, besondere Beachtung zu schenken. Da sich § 10 Abs. 1 S. 1 VgV und § 11 Abs. 2 VgV gegenseitig ergänzen,[8] wird hinsichtlich konkreter Beispiele auf die dortige Kommentierung verwiesen.

11   Ergänzend sei erwähnt, dass es zum Schutz besonders sensibler Daten erforderlich sein kann, elektronische Mittel zu verwenden, die nicht allgemein verfügbar sind; Richtliniengeber und Verordnungsgeber stellen dies gleichermaßen fest.[9] Die Möglichkeit öffentlicher Auftraggeber, im Vergabeverfahren elektronische Mittel zu verlangen, die nicht allgemein verfügbar sind, wird im Eingangssatz des § 12 Abs. 1 VgV ausdrücklich vorausgesetzt und in § 12 Abs. 1 Nr. 1 und 2 VgV werden Vorgaben formuliert, die er dabei zu beachten hat.[10] Jedenfalls kann der öffentliche Auftraggeber, abhängig vom jeweils festgesetzten Sicherheitsniveau, die Verwendung elektronischer Mittel, die nicht allgemein verfügbar sind, vorschreiben.

4. Verhältnis zu § 11 Abs. 2 VgV[11]

12   Die Regelungen des § 11 Abs. 2 VgV ähneln den gerade dargestellten Inhalten des § 10 Abs. 1 S. 1 VgV. Demnach verwendet der öffentliche Auftraggeber für das Senden, Empfangen, Weiterleiten und Speichern von Daten in einem Vergabeverfahren ausschließlich solche elektronischen Mittel, die die Unversehrtheit, die Vertraulichkeit und die Echtheit der Daten gewährleisten. § 10 Abs. 1 S. 1 VgV und § 11 Abs. 2 VgV ergänzen sich gegenseitig. Zum einen kann, wie oben geschehen, § 11 Abs. 2 VgV für eine systematische Auslegung des § 10 Abs. 1 S. 1 VgV herangezogen werden, weil er neben der Unversehrtheit und der Echtheit der Daten auch die Vertraulichkeit der Daten erwähnt. Zum anderen ist auf die hier zur Festlegung des erforderlichen Sicherheitsniveaus erarbeiteten Grundsätze für die Ausgestaltung der elektronischen Mittel in einem Vergabeverfahren zurückzugreifen, wenn es darum geht, dass diese nach § 11 Abs. 2 VgV für das Senden, Empfangen, Weiterleiten und Speichern von Daten in einem Vergabeverfahren die Unversehrtheit, die Vertraulichkeit und die Echtheit der Daten gewährleisten müssen.

---

[6] Vgl. im Detail hierzu die Kommentierung zu § 54 VgV.
[7] Ähnlich, allerdings zu § 13 Abs. 1 VOB/A-EU, OLG Karlsruhe Beschl. v. 17.3.2017 – 15 Verg 2/17, VergabeR 2017, 512, 519.
[8] Vgl. hierzu sogleich sowie die Kommentierung zu § 11 Abs. 2 VgV.
[9] Erwägungsgrund 54 RL 2014/24/EU; BT-Drucks. 18/7318, S. 155.
[10] Vgl. hierzu die Kommentierung zu § 12 VgV.
[11] Vgl. im Detail die Ausführungen in der Kommentierung zu § 11 Abs. 2 VgV.

II. Anforderung an elektronische Mittel, § 10 Abs. 1 S. 2 VgV

1. Allgemeines

§ 10 Abs. 1 S. 2 VgV setzt Anhang IV RL 2014/24/EU um, indem er bestimmt, dass **13** elektronische Mittel, die von dem öffentlichen Auftraggeber für den Empfang von Angeboten, Teilnahmeanträgen und Interessensbestätigungen sowie von Plänen und Entwürfen für Planungswettbewerbe verwendet werden, bestimmte Anforderungen gewährleisten müssen. Abgesehen von unterschiedlichen Formulierungen der einzelnen Anforderungen, entspricht § 10 Abs. 1 S. 2 VgV in der Sache Anhang IV RL 2014/24/EU – mit folgenden Ausnahmen: erstens ist Anhang IV RL 2014/24/EU nicht auf Interessensbestätigungen anwendbar; zweitens müssen nach § 10 Abs. 1 S. 2 Nr. 7 VgV die elektronischen Mittel gewährleisten, dass Verstöße oder versuchte Verstöße gegen die Anforderungen in § 10 Abs. 1 S. 2 Nrn. 1 bis 6 VgV eindeutig festgestellt werden können, wohingegen die dem entsprechende Regelung lit. g) in Anhang IV RL 2014/24/EU sich ausdrücklich nicht auf den in § 10 Abs. 1 S. 2 Nr. 1 VgV genannten Sachverhalt bezieht; drittens unterscheiden sich die Formulierungen in Anhang IV lit. f) der RL 2014/24/EU und die dem entsprechende Regelung in § 10 Abs. 1 S. 2 Nr. 6 VgV im direkten Wortsinn, was eine intensivere Auslegung erforderlich macht.

2. Die einzelnen Anforderungen des § 10 Abs. 1 S. 2 VgV

Die Anforderungen des § 10 Abs. 1 S. 2 VgV richten sich ausschließlich an diejenigen **14** elektronischen Mittel, die von dem öffentlichen Auftraggeber für den Empfang von Angeboten, Teilnahmeanträgen und Interessensbestätigungen sowie von Plänen und Entwürfen für Planungswettbewerbe verwendet werden. Elektronische Mittel, die zur elektronischen Kommunikation anderer Inhalte und Daten verwendet werden, müssen die Anforderungen des § 10 Abs. 1 S. 2 VgV nicht erfüllen. Soweit in den einzelnen Nummern des § 10 Abs. 1 S. 2 VgV von empfangenen Daten die Rede ist, ist damit nicht jedwede Art von empfangenen Daten gemeint, sondern ausschließlich der Datenempfang im Zusammenhang mit dem Empfang von Angeboten, Teilnahmeanträgen und – in Abweichung von Anhang IV RL 2014/24/EU – Interessensbestätigungen sowie von Plänen und Entwürfen für Planungswettbewerbe.

Sowohl § 10 Abs. 1 S. 2 VgV als auch Anhang IV RL 2014/24/EU sprechen davon, **15** dass die elektronischen Mittel die Anforderungen „gewährleisten" müssen. Dies ist nicht in dem Sinne zu verstehen, dass die elektronischen Mittel die Anforderungen nur im Grundsatz erfüllen können müssen, es in der Praxis aber nicht notwendigerweise immer tun müssen. Vielmehr müssen die elektronischen Mittel so konzipiert sein, dass sie diese Anforderungen immer, in jedem Fall und tatsächlich einhalten.[12]

a) § 10 Abs. 1 S. 2 Nr. 1 VgV. Die elektronischen Mittel müssen gewährleisten, dass **16** die Uhrzeit und der Tag des Datenempfanges genau zu bestimmen sind. Nach Anhang IV lit. a) RL 2014/24/EU muss gewährleistet werden, *„dass die Uhrzeit und der Tag des Eingangs der Angebote, der Teilnahmeanträge sowie der Pläne und Entwürfe genau bestimmt werden können."*. Die elektronischen Mittel müssen zu allen empfangenen Daten die Uhrzeit und den Tag des Empfangs erfassen. Mit welchem Zeiterfassungsverfahren das elektronische Mittel im Einzelfall ausgestattet wird, bleibt dem jeweiligen öffentlichen Auftraggeber vorbehalten, solange der Anforderung aus § 10 Abs. 1 S. 2 Nr. 1 VgV Genüge getan wird. Jedenfalls muss der öffentliche Auftraggeber gem. § 11 Abs. 3 Nr. 3 2. Alt. VgV den Unternehmen alle notwendigen Informationen zu dem verwendeten Zeiterfassungsverfahren zur Verfügung stellen.

---

[12] *Müller* in KKMPP, Kommentar zur VgV, 2017, § 10 Rn. 11.

17 **b) § 10 Abs. 1 S. 2 Nr. 2 VgV.** Die elektronischen Mittel müssen gewährleisten, dass kein vorfristiger Zugriff auf die empfangenen Daten möglich ist. Nach Anhang IV lit. b) RL 2014/24/EU muss gewährleistet werden, dass *„es als sicher gelten kann, dass niemand vor den festgesetzten Terminen Zugang zu den gemäß den vorliegenden Anforderungen übermittelten Daten haben kann. "*. Da es sich bei den „übermittelten Daten" ausschließlich um Angebote, Teilnahmeanträge und Interessensbestätigungen sowie Pläne und Entwürfe für Planungs-wettbewerbe handelt, ist mit dieser Anforderung auch § 55 Abs. 1 VgV angesprochen. Da-nach darf der öffentliche Auftraggeber vom Inhalt der Interessensbestätigungen, Teilnahme-anträge und Angebote erst nach Ablauf der entsprechenden Fristen Kenntnis nehmen. Die elektronischen Mittel müssen also gewährleisten, dass eine Kenntnisnahme vom Inhalt der Interessensbestätigungen, Teilnahmeanträge und Angebote vor Ablauf der entsprechenden Fristen nicht möglich ist. § 55 Abs. 1 S. 1 VgV adressiert sein Verbot ausschließlich an den öffentlichen Auftraggeber, aus dem Wortlaut von Anhang IV lit. b) RL 2014/24/EU – „niemand" –, der Formulierung in § 10 Abs. 1 S. 2 Nr. 2 VgV – „kein vorfristiger Zugriff" – und der Tatsache, dass öffentliche Auftraggeber bei der gesamten Kommunikation ganz allgemein zur Wahrung der Vertraulichkeit verpflichtet sind, § 5 Abs. 2 VgV, folgt aller-dings, **dass die elektronischen Mittel den Zugriff durch jedermann verhindern müssen.** Dies betrifft folglich auch Personen, die zwar nicht mit der Durchführung von Vergabeverfahren betraut sind, die aber dennoch mit den hierzu verwendeten elektroni-schen Mitteln zu tun haben, wie Administratoren und andere Computerexperten, sei es, dass sie Beschäftigte des öffentlichen Auftraggebers sind, sei es, dass sie für ein externes Unternehmen arbeiten, das für den Betrieb eines elektronischen Mittels, bspw. einer soge-nannten „Vergabeplattform", zuständig ist. Dies muss selbst dann gelten, wenn aus War-tungsgründen oder aus Gründen der Reparatur auf die Daten des elektronischen Systems zugegriffen werden muss; auch in diesen Fällen darf unter keinen Umständen ein vorfristi-ger Zugriff auf die empfangenen Daten möglich sein. Die Regelungen in der VgV zu den Planungswettbewerben, §§ 69ff. VgV und §§ 73ff. VgV, enthalten keine ausdrücklichen Bestimmungen für Pläne und Entwürfe, die § 55 Abs. 1 S. 1 VgV ähneln; soweit in der Praxis bei Planungswettbewerben ebenfalls ein vorfristiger Zugriff auf Pläne und Entwürfe ausgeschlossen werden muss, gelten die zu den Interessensbestätigungen, Teilnahmeanträ-gen und Angeboten gemachten Ausführungen entsprechend. Für die Praxis bedeutet dies, dass Verschlüsselungen so lange aufrecht zu erhalten sind, bis aus vergaberechtlichen Grün-den ein Zugriff auf Angebote, Teilnahmeanträge und Interessensbestätigungen sowie Pläne und Entwürfe für Planungswettbewerbe zulässig ist. Eine solche Anforderung war bspw. in § 16 Abs. 2 S. 4 EG-VOL/A (Fassung 2009) ausdrücklich formuliert.

18 **c) § 10 Abs. 1 S. 2 Nr. 3 VgV.** Die elektronischen Mittel müssen gewährleisten, dass der Termin für den erstmaligen Zugriff auf die empfangenen Daten nur von den Berechtigten festgelegt oder geändert werden kann. Nach Anhang IV lit. c) RL 2014/24/EU muss ge-währleistet werden, dass *„die Zeitpunkte der Öffnung der eingegangenen Daten ausschließlich von den ermächtigten Personen festgelegt oder geändert werden können."* Zu der Frage, um welche Ter-mine es sich handelt, wird auf die Ausführungen zu § 10 Abs. 1 S. 2 Nr. 2 VgV verwiesen. Wer die Berechtigten sind, definieren die jeweils zuständigen öffentlichen Auftraggeber.[13]

19 **d) § 10 Abs. 1 S. 2 Nr. 4 VgV.** Die elektronischen Mittel müssen gewährleisten, dass nur die Berechtigten Zugriff auf die empfangenen Daten oder auf einen Teil derselben haben. Nach Anhang IV lit. d) RL 2014/24/EU muss gewährleistet werden, dass *„in den verschiedenen Phasen des Vergabeverfahrens beziehungsweise des Wettbewerbs nur die ermächtigten Personen Zugang zu allen vorgelegten Daten – beziehungsweise zu einem Teil dieser Daten – ha-ben."* Diese Vorschrift setzt die Vorgaben des § 10 Abs. 1 S. 2 Nr. 2 VgV fort. Während nach diesem die elektronischen Mittel gewährleisten müssen, dass überhaupt kein vorfristi-ger Zugriff auf die empfangenen Daten möglich sein darf, regelt § 10 Abs. 1 S. 2 Nr. 4

---

[13] BT-Drucks. 18/7318, S. 154.

VgV quasi für den „nachfristigen" Zugriff, dass nur die Berechtigten Zugriff auf die empfangenen Daten oder einen Teil derselben haben dürfen. Allen nicht berechtigten Personen müssen die elektronischen Mittel den Zugriff verweigern. Hier gilt das zu § 10 Abs. 1 S. 2 Nr. 2 VgV Gesagte allerdings nur mit Einschränkungen. Denn anders als bei § 10 Abs. 1 S. 2 Nr. 2 VgV, nach dem die elektronischen Mittel den Zugriff für jedermann verwehren müssen, müssen sie dies nach § 10 Abs. 1 S. 2 Nr. 4 VgV nur gegenüber den nicht Berechtigten. Wer berechtigt ist, legt der öffentliche Auftraggeber fest.[14]

e) § 10 Abs. 1 S. 2 Nr. 5 VgV. Die elektronischen Mittel müssen gewährleisten, dass **20** nur die Berechtigten nach dem festgesetzten Zeitpunkt Dritten Zugriff auf die empfangenen Daten oder auf einen Teil derselben einräumen dürfen. Nach Anhang IV lit. e) RL 2014/24/EU muss gewährleistet werden, dass *„nur die ermächtigten Personen Zugang zu den übermittelten Daten gewähren dürfen, und zwar erst nach dem festgesetzten Zeitpunkt."* § 10 Abs. 1 S. 2 Nr. 5 VgV ist im Zusammenhang mit § 10 Abs. 1 S. 2 Nr. 4 VgV zu lesen. Nach § 10 Abs. 1 S. 2 Nr. 5 VgV müssen die elektronischen Mittel gewährleisten, dass nur die Berechtigten nach dem festgesetzten Zeitpunkt Dritten Zugriff auf die empfangenen Daten oder auf einen Teil derselben einräumen dürfen. Es ist also zwischen den Zugriffsberechtigten und denjenigen (den Dritten), denen die Zugriffsberechtigten einen Zugriff einräumen, zu unterscheiden. Den Zugriffsberechtigten wird direkt von den elektronischen Mitteln der Zugriff gewährt, den Dritten gewährt ein Zugriffsberechtigter den Zugriff. Aus praktischer Sicht ist dies durchaus nachvollziehbar, denn grundsätzlich arbeiten mit den elektronischen Mitteln die in den jeweiligen Vergabestellen Beschäftigten, deren Aufgabe es ist, Vergabeverfahren durchzuführen. Diese müssen einen Vollzugriff auf das System haben, um ihrer Aufgabe voll nachkommen zu können. Daneben gibt es eine ganze Reihe von Personen, deren Aufgabe zwar nicht darin besteht, mithilfe des Systems Vergabeverfahren durchzuführen, die aber dennoch von den Vergabestellen einbezogen werden können; dies können sein Beschäftigte der Bedarfs- und Fachdienststellen, für die Beschaffungen durchgeführt werden, interne juristische Berater der öffentlichen Auftraggeber, die zur Klärung vergaberechtlicher Fragen konsultiert werden, externe Rechtsanwälte, die bspw. im Rahmen eines anhängigen und komplizierten Vergabenachprüfungsverfahrens beauftragt werden oder Wartungspersonal, Administratoren und andere Experten, die zur Fehlerbehebung Einblick in die Datensätze des Systems nehmen müssen. All diese Personen sind nicht Zugriffsberechtigte i. S. v. § 10 Abs. 1 S. 2 Nr. 4 VgV, sondern Dritte i. S. v. § 10 Abs. 1 S. 2 Nr. 5 VgV, weil sie nur von Fall zu Fall mit dem System arbeiten müssen und dies auch nur auf Veranlassung der in den Vergabestellen Beschäftigten oder anderer Zugriffsberechtigter. Diesen Dritten Zugriff auf die empfangenen Daten zu gewähren verstößt nicht gegen das Vertraulichkeitsgebot des § 5 VgV, denn zum einen wird die Möglichkeit eines Zugriffs für Dritte von § 10 Abs. 1 S. 2 Nr. 5 VgV impliziert, zum anderen können, soweit dies nicht ohnehin aus dem Beschäftigungsverhältnis bei dem öffentlichen Auftraggeber folgt, mit den Dritten entsprechende Vertraulichkeitsvereinbarungen abgeschlossen werden.

f) § 10 Abs. 1 S. 2 Nr. 6 VgV. Die elektronischen Mittel müssen gewährleisten, dass **21** empfangene Daten nicht an Unberechtigte übermittelt werden. Nach Anhang IV lit. f) RL 2014/24/EU muss gewährleistet werden, dass *„die eingegangenen und gemäß den vorliegenden Anforderungen geöffneten Angaben ausschließlich den zur Kenntnisnahme ermächtigten Personen zugänglich bleiben."* Diese Formulierungen sind, geht man vom direkten Wortsinn aus, inhaltlich nicht identisch. Nach § 10 Abs. 1 S. 2 Nr. 6 VgV müssen die elektronischen Mittel die Übermittlung der empfangenen Daten an Unberechtigte unterbinden; verhindert werden soll das aktive Tun der Übersendung der empfangenen Daten an Unberechtigte. Demgegenüber müssen elektronische Mittel nach Anhang IV lit. f) RL 2014/24/EU gewährleisten, dass die empfangenen Daten ausschließlich den zur Kenntnisnahme ermächtigten Personen zugänglich bleiben, anders ausgedrückt: Die elektronischen Mittel müssen ver-

---

[14] BT-Drucks. 18/7318, S. 154.

hindern, dass nicht zur Kenntnisnahme ermächtigte Personen einen Zugang zu den empfangenen Daten erlangen; verhindert werden soll also das aktive Tun der Zugangserlangung
zu den empfangenen Daten durch nicht zur Kenntnisnahme ermächtigte Personen. Das
sind zwei inhaltlich völlig unterschiedliche Regelungen: § 10 Abs. 1 S. 2 Nr. 6 VgV will
eine unzulässige Übermittlung verhindern, Anhang IV lit. f) RL 2014/24/EU demgegenüber einen unzulässigen Zugriff. Versteht man § 10 Abs. 1 S. 2 Nr. 6 VgV in diesem
direkten Wortsinn, dann ergeben sich erhebliche Probleme für die Praxis. Denn eine
Übermittlung empfangener Daten an Unberechtigte kann auch durch einen Beschäftigten
des öffentlichen Auftraggebers, also durch einen Zugriffsberechtigten erfolgen, sofern die
Übersendung von Daten eine allgemeine Funktionalität des elektronischen Vergabesystems
ist – wovon bei elektronischen Mitteln, deren Aufgabe die vollelektronische Kommunikation ist, auszugehen ist. Einen solchen „menschlichen Fehler" kann ein elektronisches Mittel nicht unterbinden. Man mag zwar einwenden, dass durch die Berechtigten, die nach
§ 10 Abs. 1 S. 2 Nr. 5 VgV Dritten Zugriff zu einzelnen empfangenen Daten gewähren,
im elektronischen Vergabesystems eben festgelegt werden müsse, an wen welche Daten
versandt werden dürfen. Allerdings verkennt dieses Argument zum einen, dass dies einen
enormen Verwaltungsaufwand nach sich zieht, zum anderen – und das ist das Entscheidende – wird hierdurch nicht verhindert, dass durch die Berechtigten selbst eine Übermittlung
an Unberechtigte erfolgt. Da elektronische Mittel diese menschlichen Fehler nicht unterbinden können, wäre eine entsprechende gesetzliche Formulierung auf etwas tatsächlich
Unmögliches gerichtet. Legt man § 10 Abs. 1 S. 2 Nr. 6 VgV allerdings i. S. v. Anhang IV
lit. f) RL 2014/24/EU aus, kommt man zu einem auch in der Praxis realisierbaren Ergebnis. Denn dann muss das elektronische Mittel gewährleisten, dass die empfangenen Daten
lediglich den zur Kenntnisnahme ermächtigten Personen zugänglich bleiben, dass also eine
nicht zur Kenntnisnahme ermächtigte Person keinen Zugriff erlangen kann. **Man muss
§ 10 Abs. 1 S. 2 Nr. 6 VgV deshalb richtigerweise wie folgt lesen: „6. empfangene Daten ausschließlich Berechtigten und Dritten, soweit ihnen von Berechtigten nach Nr. 5 Zugriff gewährt wurde, zugänglich bleiben und andere Personen keinen Zugriff auf empfange Daten erlangen können."**

22   **g) § 10 Abs. 1 S. 2 Nr. 7 VgV.** Die elektronischen Mittel müssen gewährleisten, dass
Verstöße oder versuchte Verstöße gegen die Anforderungen gemäß den Nummern 1 bis 6
eindeutig festgestellt werden können. Nach Anhang IV lit. g) RL 2014/24/EU muss gewährleistet werden, dass *„es bei einem Verstoß oder versuchten Verstoß gegen die Zugangsverbote
oder -bedingungen gemäß den Buchstaben b, c, d, e und f als sicher gelten kann, dass sich der Verstoß
oder versuchte Verstoß eindeutig aufdecken lässt."* Im Gegensatz zu der europarechtlichen Regelung umfasst § 10 Abs. 1 S. 2 Nr. 7 VgV auch die Anforderung aus § 10 Abs. 1 S. 2 Nr. 1
VgV, wonach die elektronischen Mittel gewährleisten müssen, dass die Uhrzeit und der Tag
des Datenempfanges genau zu bestimmen sind, so dass auch Verstöße oder versuchte Verstöße hiergegen vom elektronischen Mittel eindeutig festgestellt werden können müssen.
Ganz allgemein gilt jedenfalls für die eindeutigen Feststellungen nach § 10 Abs. 1 S. 2
Nr. 7 VgV, dass der Stand der Technik insoweit nicht außer Betracht bleiben darf, denn es
sind Fälle denkbar, in denen sich ein versuchter Verstoß nach dem Stand der Technik nicht
eindeutig dokumentieren lässt und in solchen Fällen darf vom öffentlichen Auftraggeber
nichts Unmögliches verlangt werden.[15]

III. Einheitliche Datenaustauschschnittstelle, § 10 Abs. 2 VgV

1. Regelungsinhalt

23   Nach § 10 Abs. 2 S. 1 VgV müssen die elektronischen Mittel, die von dem öffentlichen
Auftraggeber für den Empfang von Angeboten, Teilnahmeanträgen und Interessensbestäti-

---

[15] BT-Drucks. 18/7318, S. 154.

gungen sowie von Plänen und Entwürfen für Planungswettbewerbe genutzt werden, über eine einheitliche Datenaustauschschnittstelle verfügen. Es sind die jeweils geltenden Interoperabilitäts- und Sicherheitsstandards der Informationstechnik gemäß § 3 Abs. 1 des Vertrages über die Errichtung des IT-Planungsrats und über die Grundlagen der Zusammenarbeit beim Einsatz der Informationstechnologie in den Verwaltungen von Bund und Ländern vom 1. April 2010 zu verwenden, § 10 Abs. 2 S. 2 VgV. Die beiden Sätze sind gemeinsam zu lesen, die einheitliche Datenaustauschschnittstelle muss sich an den jeweils geltenden IT-Interoperabilitäts- und IT-Sicherheitsstandards orientieren. Intention des Verordnungsgebers ist es, die verschiedenen E-Vergabe- und Bedienkonzeptsysteme mit einem Mindestmaß an Kompatibilität und Interoperabilität auszustatten, wodurch insbesondere vermieden werden soll, dass Unternehmen gezwungen sind, für jede von öffentlichen Auftraggebern verwendete E-Vergabelösung/-plattform eine separate EDV-Lösung in ihrer eigenen Programm- und Geräteumgebung einzurichten. Es soll vielmehr auf Unternehmensseite eine einzige elektronische Anwendung genügen, um mit allen von öffentlichen Auftraggebern für die Durchführung von Vergabeverfahren genutzten elektronischen Mitteln erfolgreich zu kommunizieren.[16] Anknüpfungspunkt für die IT-Interoperabilitäts- und IT-Sicherheitsstandards ist § 3 Abs. 1 des Vertrags über die Errichtung des IT-Planungsrats und über die Grundlagen der Zusammenarbeit beim Einsatz der Informationstechnologie in den Verwaltungen von Bund und Ländern – Vertrag zur Ausführung von Artikel 91c GG vom 20. November 2009, in Kraft seit dem 1. April 2010 (im Folgenden „GGArt91cVtr" abgekürzt).[17]

2. Vertrag zur Ausführung von Art. 91c GG

Grundlage des Vertrags ist Art. 91c GG, der für verschiedene Aspekte der Informations- **24** technik ein Zusammenwirken von Bund und Ländern ermöglicht. So können Bund und Länder bei der Planung, der Errichtung und dem Betrieb der für ihre Aufgabenerfüllung benötigten informationstechnischen Systeme zusammenwirken, Art. 91c Abs. 1 GG; sie können auf Grund von Vereinbarungen die für die Kommunikation zwischen ihren informationstechnischen Systemen notwendigen Standards und Sicherheitsanforderungen festlegen, Art. 91c Abs. 2 S. 1 GG; die Länder können darüber hinaus den gemeinschaftlichen Betrieb informationstechnischer Systeme sowie die Errichtung von dazu bestimmten Einrichtungen vereinbaren, Art. 91c Abs. 3 GG; zur Verbindung der informationstechnischen Netze des Bundes und der Länder errichtet der Bund ein Verbindungsnetz, Art. 91c Abs. 4 S. 1 GG.

Die Anknüpfung zu Art. 91c Abs. 4 S. 1 GG haben die Vertragspartner des Vertrags zur **25** Ausführung von Art. 91c GG in der Präambel wie folgt formuliert:

„Die Vertragspartner treffen daher auf der Grundlage des Artikel 91c des Grundgesetzes **26**
– *zur Einrichtung und Regelung der Arbeitsweise eines IT-Planungsrats als Steuerungsgremium der allgemeinen IT-Kooperation nach Artikel 91c Absatz 1 und Absatz 2 des Grundgesetzes,*
– *zu Planung, Errichtung, Betrieb und Weiterentwicklung von informationstechnischen Infrastrukturen, insbesondere auch zur Verbindung der informationstechnischen Netze von Bund und Ländern nach Maßgabe des gemäß Artikel 91c des Grundgesetzes erlassenen Bundesgesetzes, sowie*
– *zum Verfahren nach Artikel 91c Absatz 2 des Grundgesetzes zur Festlegung von IT-Standards und IT-Sicherheitsanforderungen, soweit dies der zur Erfüllung ihrer Aufgaben notwendige Datenaustausch erfordert,*
folgende Vereinbarung:"

Hinsichtlich der IT-Interoperabilitäts- und IT-Sicherheitsstandards sind § 1 Abs. 1 Nr. 2 **27** GGArt91cVtr sowie insbesondere § 3 Abs. 1 GGArt91cVtr relevant. Darüber hinaus enthält auch die Anlage zum GGArt91cVtr Ausführungen hierzu. Nach § 1 Abs. 1 Nr. 2 GGArt91cVtr beschließt der Planungsrat für die IT-Zusammenarbeit der öffentlichen Ver-

---

[16] BT-Drucks. 18/7318, S. 154.
[17] BGBl. 2010 I S. 663.

waltung zwischen Bund und Ländern (IT-Planungsrat) fachunabhängige und fachübergreifende IT-Interoperabilitäts- und IT-Sicherheitsstandards. § 3 Abs. 1 S. 1 GGArt91cVtr bestimmt, dass für den im Rahmen ihrer Aufgabenerfüllung notwendigen Austausch von Daten zwischen dem Bund und den Ländern gemeinsame Standards für die auszutauschenden Datenobjekte, Datenformate und Standards für Verfahren, die zur Datenübertragung erforderlich sind, sowie IT-Sicherheitsstandards festgelegt werden sollen. Hierbei ist vorrangig auf bestehende Marktstandards abzustellen, § 3 Abs. 1 S. 2 GGArt91cVtr. Die weiteren Regelungen in § 3 GGArt91cVtr betreffen Modalitäten der Beschlussfassung, sowie die Bindungswirkung der Beschlüsse. Die Anlage zum GGArt91cVtr ist betitelt mit „*Gemeinsames Grundverständnis der technischen und organisatorischen Ausgestaltung der Bund/Länder-Zusammenarbeit bei dem Verbindungsnetz und der IT-Steuerung*". In Teil B Nr. 5 lit. b) Anlage GGArt91cVtr wird nochmals klargestellt, dass die Beschlussfassung über fachunabhängige oder fachübergreifende IT-Interoperabilitäts- und IT-Sicherheitsstandards eine der Aufgaben des IT-Planungsrates ist. Weitere Modalitäten zu den IT-Interoperabilitäts- und IT-Sicherheitsstandards sind in Teil B Nr. 6 Anlage GGArt91cVtr niedergelegt.

3. XVergabe

28   Die wichtigste Entscheidung des IT-Planungsrates betrifft die sogenannte „XVergabe".[18] Dieses Projekt wurde bereits im Jahr 2008 initiiert. Vorrangiger Projektauftrag war die Schaffung eines einheitlichen Bieterzugangs zu den Vergabeplattformen der öffentlichen Auftraggeber. Es sollte ein plattformübergreifender Daten- und Austauschprozess definiert werden, der zu einer höheren Bieterakzeptanz und somit zu einer höheren Beteiligung am digitalen Vergabeprozess führt.[19]

29   Der IT-Planungsrat hat am 17. Juni 2015 in der 17. Sitzung mit der Entscheidung 2015/18 die XVergabe als nationalen Standard festgelegt.[20] Konkret wurde Folgendes entschieden:

30   „*1. Unter Bezug auf § 1 Abs. 1 Satz 1 Nr. 2 des Vertrages über die Errichtung des IT-Planungsrats und über die Grundlagen der Zusammenarbeit beim Einsatz der Informationstechnologie in den Verwaltungen von Bund und Ländern (IT-Staatsvertrag) beschließt der IT-Planungsrat auf der Grundlage der technischen Spezifikation „XVergabe Kommunikationsschnittstelle" in der Fassung vom 10.2.2015 die verbindliche Anwendung des Interoperabilitätsstandards XVergabe als nationalen Standard.*

2. Der IT-Planungsrat stimmt dem vorgelegten Betriebskonzept in der Version 1_0 zu.

3. Der IT-Planungsrat wird bis Ende 2017 eine Regelung zur Finanzierung des Betriebs des Standards XVergabe ab 2018 treffen.

4. Die Umsetzung des Standards XVergabe erfolgt innerhalb eines Jahres nach dieser Beschlussfassung."

31   Von den öffentlichen Auftraggebern ist die XVergabe als verpflichtender Interoperabilitätsstandard i. S. v. § 10 Abs. 2 S. 2 VgV zu beachten. Sie müssen ihre eVergabesysteme demnach so ausgestalten, dass den jeweils geltenden verpflichtenden Anforderungen der XVergabe entsprochen wird. Auch wenn der Vertrag zur Ausführung von Artikel 91c GG nur vom Bund und von den Ländern geschlossen wurde und in dessen Folge der IT-Planungsrat die XVergabe beschlossen hat, so entfaltet dieser aufgrund von § 10 Abs. 2 S. 2 VgV hinsichtlich der Interoperabilitätsstandards Bindungswirkung für sämtliche öffentlichen Auftraggeber, die dem überschwelligen Vergaberecht unterworfen sind; insbesondere auch die Kommunen müssen deshalb die Interoperabilitätsstandards der XVergabe bei ihren eVergabesystemen berücksichtigen.

---

[18] Vgl. auch BT-Drucks. 18/7318, S. 154.

[19] Betriebskonzept zur XVergabe, Version 1.0 vom 13.5.2015, S. 5, abrufbar unter www.it-planungsrat.de, als Anlage zur Entscheidung 2015/18 des IT-Planungsrats.

[20] Nähere Informationen finden sich auf der Homepage des IT-Planungsrates – www.it-planungsrat.de – sowie auf der Homepage des Projekts XVergabe: www.xvergabe.org.

§ 11 Anforderungen an den Einsatz elektronischer Mittel im Vergabeverfahren

(1) Elektronische Mittel und deren technische Merkmale müssen allgemein verfügbar, nichtdiskriminierend und mit allgemein verbreiteten Geräten und Programmen der Informations- und Kommunikationstechnologie kompatibel sein. Sie dürfen den Zugang von Unternehmen zum Vergabeverfahren nicht einschränken. Der öffentliche Auftraggeber gewährleistet die barrierefreie Ausgestaltung der elektronischen Mittel nach den §§ 4 und 12 des Behindertengleichstellungsgesetzes vom 27. April 2002 (BGBl. I S. 1467, 1468) in der jeweils geltenden Fassung.

(2) Der öffentliche Auftraggeber verwendet für das Senden, Empfangen, Weiterleiten und Speichern von Daten in einem Vergabeverfahren ausschließlich solche elektronischen Mittel, die die Unversehrtheit, die Vertraulichkeit und die Echtheit der Daten gewährleisten.

(3) Der öffentliche Auftraggeber muss den Unternehmen alle notwendigen Informationen zur Verfügung stellen über
1. die in einem Vergabeverfahren verwendeten elektronischen Mittel,
2. die technischen Parameter zur Einreichung von Teilnahmeanträgen, Angeboten und Interessensbestätigungen mithilfe elektronischer Mittel und
3. verwendete Verschlüsselungs- und Zeiterfassungsverfahren.

Übersicht

	Rn.			Rn.
A. Einführung	1		2. §§ 4 und 12 BGG	16
I. Literatur	1		a) § 4 BGG	16
II. Entstehungsgeschichte	2		b) § 12 BGG	18
III. Rechtliche Vorgaben im EU-Recht	3		3. BITV 2.0	21
			III. Unversehrtheit, Vertraulichkeit und	
B. Kommentierung	4		Echtheit der Daten, § 11 Abs. 2	
I. Allgemeine Anforderung an den			VgV	26
Einsatz elektronischer Mittel, § 11			1. Ausgangspunkt	26
Abs. 1 S. 1 und 2 VgV	4		2. Verhältnis von § 11 Abs. 2 VgV	
1. Allgemein verfügbare elektroni-			zu § 10 Abs. 1 VgV	27
sche Mittel, § 11 Abs. 1 S. 1			3. Unversehrtheit der Daten	30
1. Alt. VgV	6		4. Vertraulichkeit der Daten	32
2. Nichtdiskriminierende elektroni-			a) Grundsatz	32
sche Mittel, § 11 Abs. 1 S. 1			b) Verschlüsselung	33
2. Alt. VgV	11		c) Schadhafte Daten	35
3. Kompatibilität mit allgemein			d) Datenbesitz	36
verbreiteten Geräten und Pro-			5. Echtheit der Daten	37
grammen der Informations- und			a) Grundsatz	37
Kommunikationstechnologie,			b) Elektronische Signaturen und	
§ 11 Abs. 1 S. 1 3. Alt. VgV	12		Siegel	39
4. Keine Zugangseinschränkung zum			c) De-Mail	41
Unternehmen zum Vergabever-			IV. Zurverfügungstellung von Informa-	
fahren, § 11 Abs. 1 S. 2 VgV	13		tionen, § 11 Abs. 3 VgV	42
II. Barrierefreiheit der elektronischen			1. § 11 Abs. 3 Nr. 1 VgV	43
Mittel, § 11 Abs. 1 S. 3 VgV	15		2. § 11 Abs. 3 Nr. 2 VgV	44
1. Barrierefreiheit im Vergaberecht	15		3. § 11 Abs. 3 Nr. 3 VgV	45

A. Einführung

I. Literatur

Kulartz/Kus/Marx/Portz/Prieß, Kommentar zur VgV, 2017; *Ley/Wankmüller*, Das neue Vergaberecht 2016, **1** 3. Aufl. 2016; *Graef*, Rechtsfragen zur Kommunikation und Informationsübermittlung im neuen Vergaberecht, NZBau 2008, 34 ff.; *Pünder/Schellenberg*, Vergaberecht, 2. Auflage 2015; *Kapellmann/Messerschmidt*, VOB-Kommentar, Teil A/B 5. Auflage 2015; *Ziekow/Völlink*, Vergaberecht, 2. Aufl. 2013; *Pinkenburg*, eVergabe – Ein Überblick zu den gesetzlichen Vorgaben zur elektronischen Abwicklung von Vergabeverfahren, KommP spezial 2016, 85 ff.; *Soudry*/Hettich, Das neue Vergaberecht, 2014.

II. Entstehungsgeschichte

2   Vgl. hierzu die allgemeinen Ausführungen bei § 9 VgV.

III. Rechtliche Vorgaben im EU-Recht

3   Die rechtlichen Grundlagen zu § 11 VgV finden sich in Art. 22 Abs. 1 UA 1 S. 2, Abs. 3, Abs. 6 UA 1 lit. a) RL 2014/24/EU. Ergänzt wird dies durch die Erwägungsgründe 53 und 76 RL 2014/24/EU.

B. Kommentierung

I. Allgemeine Anforderung an den Einsatz elektronischer Mittel, § 11 Abs. 1 S. 1 und 2 VgV

4   Nach § 11 Abs. 1 S. 1 VgV müssen elektronische Mittel und deren technische Merkmale allgemein verfügbar, nichtdiskriminierend und mit allgemein verbreiteten Geräten und Programmen der Informations- und Kommunikationstechnologie kompatibel sein. Sie dürfen den Zugang von Unternehmen zum Vergabeverfahren nicht einschränken, § 11 Abs. 1 S. 2 VgV. Die Regelungen gehen zurück auf Art. 22 Abs. 1 UA 1 S. 2 RL 2014/24/EU, wonach die für die elektronische Kommunikation zu verwendenden Instrumente und Vorrichtungen sowie ihre technischen Merkmale nichtdiskriminierend und allgemein verfügbar sowie mit den allgemein verbreiteten Erzeugnissen der IKT kompatibel sein müssen und den Zugang der Wirtschaftsteilnehmer zum Vergabeverfahren nicht einschränken dürfen. Diese Formulierung entspricht nahezu wortgleich den Ausführungen in Erwägungsgrund 53 RL 2014/24/EU.

5   Die in § 11 Abs. 1 S. 1 und S. 2 VgV formulierten Anforderungen sind im Lichte des grundlegenden Zwecks elektronischer Informations- und Kommunikationsmittel im Vergabeverfahren zu betrachten. So weist der Richtliniengeber in Erwägungsgrund 52 RL 2014/24/EU nicht nur darauf hin, dass elektronische Informations- und Kommunikationsmittel die Bekanntmachung von Aufträgen erheblich vereinfachen und Effizienz und Transparenz der Vergabeverfahren steigern. Vielmehr sollten sie zum Standard für Kommunikation und Informationsaustausch im Rahmen von Vergabeverfahren werden, da sie die Möglichkeit von Wirtschaftsteilnehmern zur Teilnahme an Vergabeverfahren im gesamten Binnenmarkt stark verbessern. § 11 Abs. 1 S. 1 und S. 2 VgV hat damit zwei Stoßrichtungen: Zum einen soll die Möglichkeit zur Teilnahme an Vergabeverfahren für Wirtschaftsteilnehmer ausgedehnt, zum anderen sollen Beschränkungen hierbei für die Wirtschaftsteilnehmer reduziert bzw. vermieden werden. Dementsprechend hat die Forderung nach allgemein verfügbaren elektronischen Mitteln und deren technischen Merkmalen, § 11 Abs. 1 S. 1 1. Alt VgV, sowie ihrer Kompatibilität mit allgemein verbreiteten Geräten und Programmen der Informations- und Kommunikationstechnologie, § 11 Abs. 1 S. 1 3. Alt VgV, die Ausweitung des am Vergabeverfahren teilnehmenden Bewerber- und Bieterkreises zum Ziel, wohingegen die Vorgabe, dass die elektronischen Mittel und deren technische Merkmale nichtdiskriminierend zu sein haben, § 11 Abs. 1 S. 1 2. Alt VgV, darauf abzielt, Beschränkungen von Unternehmen an der Teilnahme am Vergabeverfahren zu vermeiden.

1. Allgemein verfügbare elektronische Mittel, § 11 Abs. 1 S. 1 1. Alt. VgV

Wann elektronische Mittel und deren Merkmale „allgemein verfügbar" sind, wird in der **6** Verordnungsbegründung konkretisiert. Demnach sind elektronische Mittel dann allgemein verfügbar, wenn sie für alle Menschen ohne Einschränkungen verfügbar sind und bei Bedarf, ggf. gegen ein marktübliches Entgelt, erworben werden können.[1] Die allgemeine Verfügbarkeit hat damit **ein personales, ein zeitliches und ein monetäres Element.**

In **personaler Hinsicht** ist ein elektronisches Mittel dann allgemein verfügbar, wenn **7** sich alle Menschen ohne Einschränkungen das elektronische Mittel besorgen können. Ausgeschlossen sind damit elektronische Mittel, die – aus welchen Gründen auch immer – von den Produzenten und Herstellern einem exklusiven Kundenkreis vorbehalten sind. Da in einer Marktwirtschaft grundsätzlich kein Kontrahierungszwang besteht, ist es – wenngleich aus betriebswirtschaftlicher Sicht nicht unbedingt einsichtig – zumindest nicht ausgeschlossen, dass Hersteller und Produzenten ihre Produkte nur an einen exklusiven Abnehmerkreis veräußern. Dies gilt auch für Teile von elektronischen Mitteln, bspw. spezielle Zusatzprogramme. Öffentliche Auftraggeber, die selbst zu dem exklusiven Abnehmerkreis zählen, dürfen diese elektronischen Mittel dann nicht für die Kommunikation bei ihren Vergabeverfahren vorschreiben, weil die allgemeine Verfügbarkeit in personaler Hinsicht fehlt. Sogenannte „Insellösungen", also Geräte und Programme der Informations- und Kommunikationstechnologie, deren Nutzung nur einem beschränkten Unternehmenskreis möglich ist, sind somit niemals „allgemein verfügbar" i. S. v. § 11 Abs. 1 S. 1 1. Alt. VgV.[2]

In **zeitlicher Hinsicht** ist ein elektronisches Mittel dann allgemein verfügbar, wenn es **8** bei Bedarf erworben werden kann. Damit ist gemeint, dass das elektronische Mittel jederzeit erworben werden können muss, unabhängig vom jeweiligen Zeitpunkt, denn auch der Bedarf, ein elektronisches Mittel aufgrund eines bekannt gemachten Vergabeverfahrens zu erwerben, kann jederzeit erfolgen und den sofortigen Erwerb erforderlich machen. Nicht allgemein verfügbar sind damit elektronische Mittel, die nicht mehr oder nicht jederzeit erworben werden können. Verwendet bspw. der öffentliche Auftraggeber eine veraltete Version einer Software, die so nicht mehr auf dem Markt erhältlich ist, und erscheint die Nachfolgeversion dieser Software erst in der Zukunft, dann besteht für interessierte Unternehmen keine Möglichkeit, sich diese Software zu beschaffen. In diesem Fall dürfte der öffentliche Auftraggeber dieses elektronische Mittel nicht mehr verwenden. Dies gilt selbst dann, wenn das vom öffentlichen Auftraggeber verwendete elektronische Mittel in der Vergangenheit jederzeit verfügbar war, denn maßgeblich ist die Gegenwart und eine vergangene gegenwärtige Verfügbarkeit mag zwar bei den Unternehmen, die sich die Software damals besorgt haben, die Möglichkeit zur Teilnahme am Vergabeverfahren eröffnen, aber eben nicht für alle gegenwärtig interessierten Unternehmen.

In **monetärer Hinsicht** ist ein elektronisches Mittel dann allgemein verfügbar, wenn es **9** gegen ein marktübliches Entgelt erworben werden kann. Diese in der Verordnungsbegründung enthaltene Formulierung ist allerdings missverständlich. Denn es ist durchaus denkbar, dass ein bestimmtes elektronisches Mittel, eine bestimmte Software aufgrund ihrer herausragenden Merkmale einen außerordentlich hohen Verkaufspreis erzielt, der nichtsdestotrotz marktüblich im volkswirtschaftlichen Sinn sein kann. Dennoch wird man hier nicht unbedingt von einem allgemein verfügbaren elektronischen Mittel sprechen können, weil für kleine und mittelständische Unternehmen die Anschaffung dieser Software aufgrund der Höhe des Preises in keinem Verhältnis mehr steht zu der Teilnahme am Vergabeverfahren und ggf. dem Profit, den sie im Falle des Zuschlagserhalts erwirtschaften können. Würde man die Verwendung solcher Hochpreisprodukte durch öffentliche Auf-

---

[1] BT-Drucks. 18/7318, S. 154.
[2] Vgl. *Franzius* in Pünder/Schellenberg, Vergaberecht, 2. Auflage 2015, § 11 VOB/A Rn. 8 mit Beispielen; *Planker* in Kapellmann/Messerschmidt, VOB-Kommentar, Teil A/B, 5. Auflage 2015, § 11 VOB/A Rn. 2.

traggeber zulassen, würde dies zu einer erheblichen Beschränkung des Zugangs zum Vergabeverfahren führen. Deshalb sollte man **statt von „marktüblich" eher von einem angemessenen bzw. verhältnismäßigen Entgelt** sprechen. **Elektronische Mittel sind somit dann allgemein verfügbar in monetärer Hinsicht, wenn sie gegen ein angemessenes und verhältnismäßiges Entgelt erworben werden können.**

10   Eine Ausnahme von der Verpflichtung zur Verwendung allgemein verfügbarer elektronischer Mittel macht § 12 VgV. Weitere Details hierzu finden sich in der dortigen Kommentierung. Davon zu unterscheiden sind die Fälle, in denen auf die Verwendung elektronischer Mittel vollends verzichtet werden kann. Diese Fälle sind vor allem in §§ 41 Abs. 2, 53 Abs. 2 und Abs. 4 VgV geregelt.[3]

2. Nichtdiskriminierende elektronische Mittel, § 11 Abs. 1 S. 1 2. Alt. VgV

11   Der Verordnungsgeber konkretisiert in der Verordnungsbegründung, wann elektronische Mittel und deren technische Merkmale „nichtdiskriminierend" sind. Demnach sind elektronische Mittel dann nicht diskriminierend, wenn sie für alle Menschen, auch für Menschen mit Behinderung, ohne besondere Erschwernisse und grundsätzlich ohne fremde Hilfe zugänglich und nutzbar sind.[4] Die Barrierefreiheit ist eigens in § 11 Abs. 1 S. 3 VgV geregelt, wann hingegen ein elektronisches Mittel ohne besondere Erschwernisse und grundsätzlich ohne fremde Hilfe zugänglich und nutzbar ist, bedarf der Klärung. Grundsätzlich ist festzustellen, dass elektronische Mittel, die nicht allgemein verfügbar sind, gleichzeitig diskriminierend sind, so dass Auslegungen der Begriffe Nutzbarkeit und Zugänglichkeit – bspw. in personaler Hinsicht – hier nicht betroffen sind, soweit schon § 11 Abs. 1 S. 1 1. Alt. VgV einschlägig ist. Bedenkt man, dass in der Verordnungsbegründung die Zugänglichkeit und Nutzbarkeit auch im Zusammenhang mit Menschen mit Behinderungen erwähnt werden, liegt es nahe, auf den individuellen Umgang mit dem elektronischen Mittel abzustellen. Nicht diskriminierend ist ein elektronisches Mittel dann, wenn ein Bieter ohne besondere Erschwernisse und grundsätzlich ohne fremde Hilfe einen Zugang zu dem elektronischen Mittel findet und es nutzen kann. Dies ist dann nicht gegeben, wenn die Nutzung des elektronischen Mittels nur Experten mit einschlägigem informationstechnischem Wissen vorbehalten und gewöhnlichen Teilnehmern am Wirtschaftsleben somit der Zugang zu dem elektronischen Mittel mangels Sachkenntnis verwehrt ist. Dies gilt auch dann, wenn die Sachkenntnis zur Nutzung des Programms erst durch unverhältnismäßig umfangreiche Schulungen erworben werden muss. Freilich wird man angesichts des fortschreitenden technischen Wandels und der Tatsache, dass immer mehr Menschen immer ausgeprägtere informationstechnische Kenntnisse schon aufgrund der zunehmenden Technisierung des Alltags aufweisen, die hier anzusetzenden Grenzen stets aufs Neue verschieben müssen. Im Grundsatz gilt jedoch, **dass nur solche elektronischen Mittel nicht diskriminierend sind, die von den Wirtschaftsteilnehmern aufgrund ihres normalerweise zu erwartenden informationstechnischen Kenntnisstandes adäquat bedient werden können.** Unschädlich ist es dabei, wenn sich die Wirtschaftsteilnehmer erforderliche Kenntnisse mit einem zumutbaren Umfang aneignen müssen. Eine Recherche im Internet oder die Lektüre eines Handbuchs dürften wohl noch als zumutbar erachtet werden, der Besuch einer unverhältnismäßigen umfangreichen Schulung dagegen eher nicht mehr. In diese Richtung geht die Entscheidung der VK Baden-Württemberg vom 30.12.2016,[5] in der sie ausführt, dass die Vergabestelle den elektronischen Zugang zu ihrem Vergabeverfahren derart auszugestalten und wie einen offenen Briefkasten zur Verfügung zu halten habe, so dass sich auch Bieter ohne eigene IT-Abteilung schrankenlos beteiligen können. Kommt sie dieser Pflicht nicht nach, dann verstoße sie gegen bieterschüt-

---

[3] Wenngleich in diesen Fällen auch Mischformen von elektronischer und nichtelektronischer Kommunikation möglich sind, vgl. hierzu die Kommentierungen zu den §§ 41 und 53 VgV.
[4] BT-Drucks. 18/7318, S. 154.
[5] VK Baden-Württemberg Beschl. v. 30.12.2016 – 1 VK 51/16, IBRRS 2017, 0687.

zendes Vergaberecht, im konkreten Fall § 11 VgV. Die VK Baden-Württemberg präzisiert nicht, welche Regelung in § 11 VgV konkret verletzt wurde, doch ist § 11 Abs. 1 S. 1 2. Alt. VgV naheliegend, da es sich um einen klaren Fall der Diskriminierung handelt.

3. Kompatibilität mit allgemein verbreiteten Geräten und Programmen der Informations- und Kommunikationstechnologie, § 11 Abs. 1 S. 1 3. Alt. VgV

Wann elektronische Mittel und deren technische Merkmale mit allgemein verbreiteten **12** Geräten und Programmen der Informations- und Kommunikationstechnologie kompatibel sind, wird vom Verordnungsgeber in der Verordnungsbegründung näher ausgeführt. Mit allgemein verbreiteten Geräten und Programmen der Informations- und Kommunikationstechnologie sind elektronische Mittel demzufolge dann kompatibel, wenn jeder Bürger und jedes Unternehmen die in privaten Haushalten oder in Unternehmen üblicherweise verwendeten Geräte und Programme der Informations- und Kommunikationstechnologie nutzen kann, um sich über öffentliche Vergabeverfahren zu informieren oder an öffentlichen Vergabeverfahren teilzunehmen.[6] Entscheidend ist demnach, **welche Geräte und Programme der Informations- und Kommunikationstechnologie in den privaten Haushalten oder in den Unternehmen üblicherweise verbreitet sind und verwendet werden.** Verwendet der öffentliche Auftraggeber elektronische Mittel, die so speziell sind, dass der gewöhnliche Durchschnittshaushalt oder das gewöhnliche Durchschnittsunternehmen mit den normalerweise erwartbaren informationstechnischen Ausstattungen nicht in der Lage ist, damit auf elektronischem Weg zu kommunizieren, dann darf er dieses elektronische Mittel nicht zur Kommunikation in Vergabeverfahren einsetzen. Ganz allgemein lässt sich also feststellen, dass immer dann, wenn der gewöhnliche Haushalt oder das gewöhnliche Unternehmen trotz seiner üblichen IT-Ausstattung besondere Geräte und Programme der Informations- und Kommunikationstechnologie erwerben muss, um überhaupt mit öffentlichen Auftraggebern in einem Vergabeverfahren auf elektronischem Wege kommunizieren zu können, ein Verstoß gegen § 11 Abs. 1 S. 1 3. Alt VgV vorliegt. Ebenso wie bei der Frage der allgemeinen Verfügbarkeit der elektronischen Mittel, sind „Insellösungen", also Geräte und Programme der Informations- und Kommunikationstechnologie, deren Nutzung nur einem beschränkten Unternehmenskreis möglich ist, somit niemals „allgemein verbreitet" i. S. v. § 11 Abs. 1 S. 1 3. Alt. VgV.[7]

4. Keine Zugangseinschränkung von Unternehmen zum Vergabeverfahren, § 11 Abs. 1 S. 2 VgV

Nach § 11 Abs. 1 S. 2 VgV dürfen elektronische Mittel den Zugang von Unternehmen **13** zum Vergabeverfahren nicht einschränken. Der zugrunde liegende Art. 22 Abs. 1 UA 1 S. 2 RL 2014/24/EU spricht ebenfalls von „Zugang". Anders jedoch die Verordnungsbegründung. Der Verordnungsgeber führt aus, dass sich aus dem Wortlaut der Vorschrift ergibt, dass die elektronischen Mittel kein Unternehmen hinsichtlich einer Teilnahme an einem Vergabeverfahren einschränken dürfen. Sie werden, so der Verordnungsgeber weiter, diesbezüglich nicht schon deshalb eingeschränkt, weil ein öffentlicher Auftraggeber die maximale Größe von Dateien festlegt, die im Rahmen eines Vergabeverfahrens an ihn gesendet werden können.[8] Ebenso führt der Richtliniengeber in Erwägungsgrund 53 RL 2014/24/EU aus, dass es angezeigt ist klarzustellen, dass – sofern dies aus technischen Gründen erforderlich ist – die öffentlichen Auftraggeber in der Lage sein sollten, eine maximale Größe der einzureichenden Dateien festzulegen.

---

[6] BT-Drucks. 18/7318, S. 154.
[7] Vgl. *Franzius* in Pünder/Schellenberg, Vergaberecht, 2. Auflage 2015, § 11 VOB/A Rn. 8 mit Beispielen; *Planker* in Kapellmann/Messerschmidt, VOB-Kommentar, Teil A/B, 5. Auflage 2015, § 11 VOB/A Rn. 2.
[8] BT-Drucks. 18/7318, S. 154.

14   Der Zugang zum bzw. die Teilnahme am Vergabeverfahren werden grundsätzlich schon durch § 11 Abs. 1 S. 1 VgV gewährleistet, denn die Verwendung von elektronischen Mitteln und deren technischen Merkmalen, die nicht allgemein verfügbar, diskriminierend oder nicht mit allgemein verbreiteten Geräten und Programmen der Informations- und Kommunikationstechnologie kompatibel sind, schränken denknotwendigerweise den Zugang zum bzw. die Teilnahme am Vergabeverfahren ein. § 11 Abs. 1 S. 2 VgV hat demgegenüber den **Charakter eines Auffangtatbestandes** und erfasst Fälle, die sich nicht dem § 11 Abs. 1 S. 1 VgV zuordnen lassen, die aber dennoch in der Praxis dazu führen, dass der Zugang bzw. die Teilnahme am Vergabeverfahren eingeschränkt werden. Zu denken ist an Internetverbindungen, die fehlerhaft sind, sei es aufgrund überhöhter Ausfallzeiten, sei es aufgrund eines zu geringen Datendurchsatzes, so dass Bewerber und Bieter Schwierigkeiten haben, Angebote, Teilnahmeanträge und Interessensbestätigungen an den öffentlichen Auftraggeber zu übermitteln. Dasselbe gilt für IT-Anwendungen, die der öffentliche Auftraggeber den Bewerbern und Bietern zur Verfügung stellt, um Angebote, Teilnahmeanträge und Interessensbestätigungen in das System des öffentlichen Auftraggebers hochzuladen. Stürzen diese Anwendungen übermäßig häufig ab oder sind sie mit erheblichen Programmierfehlern behaftet, dann kann dies das Hochladen der erforderlichen Dokumente nahezu unmöglich machen. In diesen und vergleichbaren Fällen wird der Zugang zum bzw. die Teilnahme am Vergabeverfahren für Unternehmen eingeschränkt. Welche Anforderungen hier jedoch im Detail zu stellen sind, lässt sich mangels Rechtsprechung schwer sagen. Was die Funktionsfähigkeit der Datenleitung sowie etwaiger vom öffentlichen Auftraggeber zur Verfügung gestellter IT-Anwendungen betrifft, dürfte wohl zu erwarten sein, dass sie die überwiegende Zeit fehlerfrei funktionieren. Einen Orientierungspunkt liefert der Begriff der uneingeschränkten Abrufbarkeit von Vergabeunterlagen in § 41 Abs. 1 VgV. Der Verordnungsgeber führt hierzu aus, dass die angegebene Internetadresse potenziell erreichbar sein muss.[9] Ebenso lässt sich fordern, dass die Internetverbindung zur Kommunikation mit dem öffentlichen Auftraggeber – soweit es in seinem Einflussbereich steht – potenziell nutzbar und mit ausreichender Durchsatzgröße versehen sein muss und die zur Verfügung gestellten IT-Anwendungen ebenfalls potenziell nutzbar, also überwiegend fehlerfrei sein müssen.[10]

II. Barrierefreiheit der elektronischen Mittel, § 11 Abs. 1 S. 3 VgV

1. Barrierefreiheit im Vergaberecht

15   § 11 Abs. 1 S. 3 VgV verpflichtet den öffentlichen Auftraggeber, die barrierefreie Ausgestaltung der elektronischen Mittel nach den §§ 4 und 12 des Gesetzes zur Gleichstellung behinderter Menschen (Behindertengleichstellungsgesetz – BGG) vom 27. April 2002 (BGBl. I S. 1467, 1468) in der jeweils geltenden Fassung zu gewährleisten. Die Verpflichtung zur behindertengerechten Gestaltung der elektronischen Mittel folgt nicht unmittelbar aus gleich oder ähnlich lautenden Regelungen in der RL 2014/24/EU, mittelbar hingegen schon, denn an mehreren Stellen wird diese Thematik angesprochen; was beweist, dass auch der Richtliniengeber ihr eine hohe Bedeutung beimisst. So formuliert er in Erwägungsgrund 53 RL 2014/24/EU, dass die Verwendung elektronischer Kommunikationsmittel im Vergabeverfahren auch der Zugänglichkeit für Personen mit Behinderungen hinreichend Rechnung tragen sollte und in Erwägungsgrund 76 RL 2014/24/EU, dass für sämtliche Beschaffungen, die zur Nutzung durch Personen – ob Allgemeinbevölkerung oder Personal des öffentlichen Auftraggebers – bestimmt sind, es außer in hinreichend begründeten Fällen erforderlich ist, dass die öffentlichen Auftraggeber technische Spezifikationen festlegen, um den Kriterien der Barrierefreiheit für Menschen mit Behinderungen

---

[9] BT-Drucks. 2018/7318, S. 180.
[10] Vgl. hierzu auch die Kommentierung zu § 41 VgV.

und des „Design für Alle" Rechnung zu tragen. Als zulässiges Zuschlagskriterium wird in Art. 67 Abs. 2 lit a) RL 2014/24/EU unter anderem das für die Barrierefreiheit bedeutsame „Design für Alle" erwähnt und nach Art. 42 Abs. 1 UA 4 RL 2014/24/EU werden bei jeglicher Beschaffung – außer in ordnungsgemäß begründeten Fällen –, die zur Nutzung durch natürliche Personen – ganz gleich, ob durch die Allgemeinheit oder das Personal des öffentlichen Auftraggebers – vorgesehen ist, die technischen Spezifikationen so erstellt, dass die Zugänglichkeitskriterien für Personen mit Behinderungen oder der Konzeption für alle Nutzer berücksichtigt werden.

2. §§ 4 und 12 BGG

a) § 4 BGG. Der Begriff der Barrierefreiheit wird in § 4 BGG näher bestimmt. Dem- **16** nach sind barrierefrei bauliche und sonstige Anlagen, Verkehrsmittel, technische Gebrauchsgegenstände, Systeme der Informationsverarbeitung, akustische und visuelle Informationsquellen und Kommunikationseinrichtungen sowie andere gestaltete Lebensbereiche, wenn sie für Menschen mit Behinderungen in der allgemein üblichen Weise, ohne besondere Erschwernis und grundsätzlich ohne fremde Hilfe auffindbar, zugänglich und nutzbar sind, wobei hierbei die Nutzung behinderungsbedingt notwendiger Hilfsmittel zulässig ist. Hierzu führt der Verordnungsgeber in der Verordnungsbegründung aus, dass deshalb bspw. die besonderen Belange Gehörloser oder Blinder bei der Gestaltung elektronischer Vergabeplattformen zu berücksichtigen sind, es darum geht, elektronische Umgebungen so einzurichten, dass niemand von der Nutzung ausgeschlossen ist und sie von allen gleichermaßen genutzt werden können und die verwendeten, barrierefreien Lösungen auf eine möglichst allgemeine, breite Nutzbarkeit abgestimmt werden sollen.[11]

Hier stellt sich die Frage, worauf sich die Pflicht zur barrierefreien Gestaltung der elekt- **17** ronischen Mittel aus § 11 Abs. 1 S. 3 i. V. m. § 4 BGG bezieht. Es lassen sich nämlich grundsätzlich zwei unterschiedliche Bereiche ausmachen, die barrierefrei gestaltet werden können, zum einen die **Geräte und Programme** für die elektronische Datenübermittlung, zum anderen **die Daten selbst,** die mittels dieser Geräte und Programme übersandt werden. So können Geräte für die Datenübermittlung bspw. eine Brailletastatur erfordern, um Blinden die Eingabe zu erleichtern, und Programme müssen ggf. eine Vergrößerungsfunktion haben, um den Belangen Sehbehinderter gerecht zu werden. Die übermittelten Daten selbst sind womöglich inhaltlich so zu gestalten, dass Texte, Grafiken und Tabellen in vorlesbare Inhalte verwandelt werden, damit ihr Inhalt von Blinden zur Kenntnis genommen werden kann.[12] Die Formulierungen in der gerade zitierten Verordnungsbegründung – elektronische Vergabeplattformen und elektronische Umgebungen – legen nahe, dass sich die barrierefreie Gestaltung lediglich auf die Geräte und Programme bezieht und die mit ihnen gesendeten Daten nicht umfasst sind. Auch die Legaldefinition der elektronischen Mittel, und von diesen spricht § 11 Abs. 1 S. 3 VgV, legt dies nahe, denn hierunter sind Geräte und Programme zu verstehen, die öffentliche Auftraggeber und Unternehmen für die Datenübermittlung verwenden, vgl. § 9 Abs. 1 VgV; die übermittelten Daten selbst sind von der Legaldefinition in § 9 Abs. 1 VgV nicht umfasst. Auch hieße es sowohl für öffentliche Auftraggeber wie auch für Bieter einen erheblichen Mehraufwand, müssten sämtliche kommunizierten Dateien – Vergabeunterlagen, Angebote etc. – inhaltlich so aufbereitet werden, dass sie von entsprechenden Programmen barrierefrei verarbeitet werden können. Deshalb ist § 11 Abs. 1 S. 3 VgV so zu verstehen, dass nur die Geräte und Programme für die Datenübermittlung, nicht jedoch die übermittelten Daten selbst, barrierefrei zu gestalten sind.

b) § 12 BGG. In der ursprünglichen Fassung verwies § 11 Abs. 1 S. 3 VgV noch auf **18** § 11 BGG. Mit dem Gesetz zur Weiterentwicklung des Behindertengleichstellungsrechts

---

[11] BT-Drucks. 18/7318, S. 155.
[12] Vgl. zum Problem auch *Pinkenburg* KommP spezial 2016, 85, 88, mit weiteren Beispielen.

vom 19. Juli 2016 wurde § 11 BGG zu § 12 BGG, der neue § 11 BGG betrifft nunmehr Verständlichkeit und Leichte Sprache. § 11 Abs. 1 S. 3 VgV wurde durch Art. 8 Nr. 1 des Gesetzes zur Durchführung der Verordnung (EU) Nr. 910/2014 des Europäischen Parlaments und des Rates vom 23. Juli 2014 über elektronische Identifizierung und Vertrauensdienste für elektronische Transaktionen im Binnenmarkt und zur Aufhebung der Richtlinie 1999/93/EG (eIDAS-Durchführungsgesetz) vom 18. Juli 2017 geändert und verweist nun korrekt auf § 12 BGG. Sofern in der Verordnungsbegründung zur VgV noch von § 11 BGG die Rede ist, ist damit nunmehr § 12 BGG gemeint.

19   § 12 BGG enthält konkrete Vorgaben zur Ausgestaltung einer barrierefreien Informationstechnik. Inhaltlich wirken die Vorgaben zur Barrierefreiheit in § 12 BGG in zwei Richtungen. Nach § 12 Abs. 1 BGG sind die Träger öffentlicher Gewalt dazu verpflichtet, ihre Internetauftritte und -angebote sowie die von ihnen zur Verfügung gestellten grafischen Programmoberflächen, einschließlich Apps und sonstiger Anwendungen für mobile Endgeräte, die mit Mitteln der Informationstechnik dargestellt werden, barrierefrei zu gestalten; § 12 Abs. 1 BGG betrifft damit die Barrierefreiheit von IT-Anwendungen nach außen. Demgegenüber verpflichtet § 12 Abs. 2 BGG die Träger öffentlicher Gewalt dazu, ihre allgemeinen, für die Beschäftigten bestimmten Informationsangebote im Intranet sowie ihre elektronisch unterstützten Verwaltungsabläufe, einschließlich Verfahren zur elektronischen Vorgangsbearbeitung und elektronischen Aktenführung, schrittweise barrierefrei zu gestalten; § 12 Abs. 2 BGG betrifft damit die Barrierefreiheit von IT-Anwendungen nach innen.

20   Die elektronischen Mittel in einem Vergabeverfahren, bspw. eine eVergabeplattform, sind demnach sowohl hinsichtlich externer Nutzer – insbesondere natürliche Personen und Unternehmen, die als Bieter an einem Vergabeverfahren teilnehmen wollen – als auch hinsichtlich interner Nutzer – also die Beschäftigten der öffentlichen Auftraggeber, die mit den elektronischen Mitteln arbeiten sollen – gemäß den Anforderungen des BGG barrierefrei zu gestalten. Diese Verpflichtung ergibt sich für sämtliche öffentlichen Auftraggeber, die das überschwellige Vergaberecht anzuwenden haben, aus § 11 Abs. 1 S. 2 VgV, weshalb ein Rückgriff auf den originären Anwendungsbereich des BGG, insbesondere auf die Frage, ob sämtliche öffentlichen Auftraggeber „Träger öffentlicher Gewalt" nach § 12 Abs. 1 S. 1, Abs. 2 S. 1 i. V. m. § 1 Abs. 2 S. 1 BGG sind, nicht erforderlich ist, weil es sich bei § 11 Abs. 1 S. 3 VgV um eine Rechtsfolgenverweisung handelt.[13]

3. BITV 2.0

21   Nach § 12 Abs. 1 S. 2 BGG bestimmt das Bundesministerium für Arbeit und Soziales durch Rechtsverordnung, nach Maßgabe der technischen, finanziellen und verwaltungsorganisatorischen Möglichkeiten die in den Geltungsbereich der Verordnung einzubeziehenden Gruppen von Menschen mit Behinderungen (Nr. 1.), die anzuwendenden technischen Standards sowie den Zeitpunkt ihrer verbindlichen Anwendung (Nr. 2) sowie die zu gestaltenden Bereiche und Arten amtlicher Informationen (Nr. 3). Hierzu wurde die Verordnung zur Schaffung barrierefreier Informationstechnik nach dem Behindertengleichstellungsgesetz (Barrierefreie-Informationstechnik-Verordnung – BITV 2.0) erlassen.

22   Der in § 1 BITV 2.0 geregelte sachliche Anwendungsbereich betrifft ausschließlich die Barrierefreiheit von IT-Anwendungen nach außen: Internetauftritte und -angebote (Nr. 1), Intranetauftritte und -angebote, die öffentlich zugänglich sind (Nr. 2) und mittels Informationstechnik realisierte grafische Programmoberflächen einschließlich Apps und sonstige Anwendungen für mobile Endgeräte, die öffentlich zugänglich sind (Nr. 3). § 2 BITV 2.0 definiert die einzubeziehende Gruppe von Menschen mit Behinderungen. Demnach ist die Gestaltung der in § 1 BITV 2.0 genannten Angebote der Informationstechnik dazu bestimmt, Menschen mit Behinderungen im Sinne des § 3 BGG, denen ohne die Erfüllung

---

[13] Dies lässt sich auch aus der Formulierung in der Verordnungsbegründung ableiten, vgl. BT-Drucks. 18/7318, S. 155.

zusätzlicher Bedingungen die Nutzung der Informationstechnik nur eingeschränkt möglich ist, den Zugang dazu zu eröffnen. Wie die unter § 1 BITV 2.0 genannten Angebote der Informationstechnik konkret auszugestalten sind, regelt § 3 BITV 2.0. Die Relevanz der BITV 2.0 für elektronische Mittel folgt auch aus der entsprechenden Verordnungsbegründung. Dort wird explizit darauf hingewiesen, dass § 11 des BGG[14] nähere Ausgestaltung durch § 3 der Verordnung zur Schaffung barrierefreier Informationstechnik nach dem Behindertengleichstellungsgesetz vom 12. September 2011 (BGBl. I S. 1843, 1859) (Barrierefreie-Informationstechnik-Verordnung – BITV 2.0) und durch Anlage 1 der BITV 2.0 erfährt.[15]

Nach § 3 Abs. 1 S. 1 BITV 2.0 haben alle Angebote der Informationstechnik die in Anlage 1 zur BITV 2.0 unter **Priorität I** aufgeführten Anforderungen und Bedingungen zu erfüllen. In Anlage 1 zur BITV 2.0, Priorität I sind Dutzende von Anforderungen und Bedingungen aufgelistet, die wiederum in verschiedene „Prinzipien" unterteilt und dadurch thematisch gruppiert werden. Die Prinzipien sind: Prinzip 1: Wahrnehmbarkeit – die Informationen und Komponenten der Benutzerschnittstelle sind so darzustellen, dass sie von den Nutzerinnen und Nutzern wahrgenommen werden können; Prinzip 2: Bedienbarkeit – die Komponenten der Benutzerschnittstelle und die Navigation müssen bedient werden können; Prinzip 3: Verständlichkeit – die Informationen und die Bedienung der Benutzerschnittstelle müssen verständlich sein; Prinzip 4: Robustheit – Inhalte müssen so robust sein, dass sie von möglichst allen Benutzeragenten, einschließlich assistiver Technologien, zuverlässig interpretiert werden können. 23

Die zusätzlich unter **Priorität II** der Anlage 1 zur BITV 2.0 aufgeführten Anforderungen und Bedingungen sollen von zentralen Navigations- und Einstiegsangeboten zusätzlich berücksichtigt werden, § 3 Abs. 1 S. 2 BITV 2.0. Auch diese Anforderungen und Bedingungen sind in mehreren Prinzipien gruppiert. Diese sind: Prinzip 1: Wahrnehmbarkeit – die Informationen und Komponenten der Benutzerschnittstelle sind so darzustellen, dass sie von den Nutzerinnen und Nutzern wahrgenommen werden können; Prinzip 2: Bedienbarkeit – die Komponenten der Benutzerschnittstelle und die Navigation müssen bedient werden können; Prinzip 3: Verständlichkeit – die Informationen und die Bedienung der Benutzerschnittstelle müssen verständlich sein. 24

Weniger eindeutig ist, ob die in § 3 Abs. 2 S. 1 BITV 2.0 aufgeführten Anforderungen, wonach auf der Startseite des Internet- oder Intranetangebotes (§ 1 Nr. 1 und Nr. 2 BITV 2.0) gemäß Anlage 2 BITV 2.0 bestimmte Erläuterungen in Deutscher Gebärdensprache und in Leichter Sprache bereitzustellen sind, von der Verweisung in § 11 Abs. 1 S. 3 VgV umfasst und damit für die elektronischen Mittel verbindlich sind. Denn in der Verordnungsbegründung wird lediglich auf Anlage 1 der BITV 2.0, nicht jedoch auf Anlage 2 verwiesen.[16] Geht man jedoch nach dem Wortlaut des § 11 Abs. 1 S. 3 VgV, dann ist, über die Rechtsfolgenverweisung zu § 12 Abs. 1 S. 2 BGG i. V.m. § 3 Abs. 2 S. 1 BITV 2.0, ebenfalls Anlage 2 zur BITV 2.0 umfasst. Darüber hinaus werden die Anliegen von Menschen mit Behinderungen sowohl in den allgemeinen Ausführungen zu Beginn der Begründung zur Mantelverordnung zum neuen Vergaberecht (Vergaberechtsmodernisierungsverordnung – VergRModVO) als auch im Allgemeinen Teil der Begründung zur VgV angesprochen, indem darauf hingewiesen wird, dass das neue europäische Regelwerk es ermöglicht, den Anliegen von Menschen mit Behinderungen umfassender als bislang Rechnung zu tragen.[17] Deshalb ist davon auszugehen, dass der Verordnungsgeber einen umfassenden Schutz der Interessen behinderter Menschen bezweckt hat und demnach auch die Anlage 2 zur BITV 2.0 bei der Ausgestaltung elektronischer Mittel im Vergabeverfahren Berücksichtigung finden muss. 25

---

[14] Nunmehr § 12 BGG, vgl. oben.
[15] BT-Drucks. 18/7318, S. 155.
[16] BT-Drucks. 18/7318, S. 155.
[17] BT-Drucks. 18/7318, S. 2 und 139 und 141, wo bereits auf die Berücksichtigung der Belange behinderter Menschen bei der elektronischen Kommunikation hingewiesen wird.

III. Unversehrtheit, Vertraulichkeit und Echtheit der Daten, § 11 Abs. 2 VgV

1. Ausgangspunkt

26   Nach § 11 Abs. 2 VgV hat der öffentliche Auftraggeber für das Senden, Empfangen, Weiterleiten und Speichern von Daten in einem Vergabeverfahren ausschließlich solche elektronischen Mittel zu verwenden, die die Unversehrtheit, die Vertraulichkeit und die Echtheit der Daten gewährleisten.[18] Die Regelung geht zurück auf Art. 22 Abs. 3 S. 1 RL 2014/24/EU, wonach die öffentlichen Auftraggeber bei der gesamten Kommunikation sowie beim Austausch und der Speicherung von Informationen sicherstellen, dass die Integrität der Daten und die Vertraulichkeit der Angebote und der Teilnahmeanträge gewährleistet ist. Der Verordnungsgeber hat ganz allgemein zu § 11 Abs. 2 VgV ausgeführt, dass durch die öffentlichen Auftraggeber geeignete organisatorische und technische Maßnahmen zu ergreifen sind, um die verwendete Informations- und Kommunikationstechnologie vor fremden Zugriffen zu schützen, wobei dabei nur solche technischen Systeme und Bestandteile eingesetzt werden sollen, die dem aktuellen Stand der Technik entsprechen.[19] Diese geeigneten organisatorischen und technischen Maßnahmen sind demnach zu ergreifen, um die Unversehrtheit, die Vertraulichkeit und die Echtheit der Daten zu gewährleisten.

2. Verhältnis von § 11 Abs. 2 VgV zu § 10 Abs. 1 VgV

27   Eine für die Auslegung und Anwendung des § 11 Abs. 2 VgV nicht ganz unerhebliche Frage ist das Verhältnis von § 11 Abs. 2 VgV zu § 10 Abs. 1 S. 1 VgV. Denn es wird argumentiert, dass die Festlegung eines Sicherheitsniveaus nach § 10 Abs. 1 S. 1 VgV nicht zwingend erscheine, wenn nach § 11 Abs. 2 VgV die Unversehrtheit der Daten ohnehin gewährleistet werden muss,[20] oder es wird ein Widerspruch zwischen § 11 Abs. 2 VgV und § 10 Abs. 1 S. 1 VgV postuliert, weil § 11 Abs. 2 VgV die in § 10 Abs. 1 S. 1 VgV geforderte einzelfallbezogene Verhältnismäßigkeitsprüfung überflüssig erscheinen lasse.[21] Bei genauerer Betrachtung erweist sich ein solcher Widerspruch als nicht haltbar, vielmehr ergänzen sich § 11 Abs. 2 VgV und § 10 Abs. 1 VgV gegenseitig.

28   Nach § 10 Abs. 1 S. 1 VgV hat der öffentliche Auftraggeber das erforderliche Sicherheitsniveau für die elektronischen Mittel festzulegen. Dabei hat er im Rahmen einer Verhältnismäßigkeitsprüfung abzuwägen zwischen einerseits den Anforderungen zur Sicherstellung einer sachlich richtigen und zuverlässigen Identifizierung der Absender von Daten sowie der Unversehrtheit der Daten und andererseits den Gefahren, die zum Beispiel von Daten ausgehen, die aus einer nicht sicher identifizierbaren Quelle stammen, die durch einen anderen als den angegebenen Absender verschickt oder während der Übermittlung verändert wurden.[22] Die sich aus diesen Begründungen des Richtlinien- sowie des Verordnungsgebers ergebenden Schutzrichtungen, nämlich Unversehrtheit der Daten und Identifizierbarkeit des Absenders, sind im Wege einer systematischen Auslegung um das Schutzgut der Vertraulichkeit der Daten zu ergänzen.[23] Damit entsprechen die im Rahmen der Festlegung des erforderlichen Sicherheitsniveaus nach § 10 Abs. 1 S. 1 VgV zu berücksichtigten Aspekte denen, die § 11 Abs. 2 VgV explizit erwähnt, nämlich der Unversehrtheit, der Vertraulichkeit und der Echtheit der Daten. § 10 Abs. 1 S. 1 VgV und § 11 Abs. 2 VgV verfolgen mithin dasselbe Ziel.

---

[18] Hinsichtlich der Auslegung der Begriffe „Senden, Empfangen, Weiterleiten und Speichern von Daten" wird auf die Kommentierung zu der gleichlautenden Formulierung in § 9 Abs. 1 VgV verwiesen.
[19] BT-Drucks. 18/7318, S. 155.
[20] So *Müller* in KKMPP, Kommentar zur VgV, 2017, § 11 Rn. 21.
[21] *Ley/Wankmüller*, Das neue Vergaberecht 2016, 3. Aufl. 2016, S. 281.
[22] BT-Drucks. 18/7318, S. 154; RL 2014/24/EU, Erwägungsgrund 57.
[23] Vgl. hierzu die Ausführungen in der Kommentierung zu § 10 VgV.

Der wesentliche Unterschied dieser beiden Normen besteht nunmehr darin, dass sowohl **29** Richtlinien- als auch Verordnungsgeber für die Festlegung des erforderlichen Sicherheitsniveaus nach § 10 Abs. 1 S. 1 VgV eine Verhältnismäßigkeitsprüfung samt Abwägung vorgeben, wohingegen die nach § 11 Abs. 2 VgV erforderliche Gewährleistung der Unversehrtheit, Vertraulichkeit und Echtheit der Daten schlichtweg durch die elektronischen Mittel geleistet werden muss – und das auch noch nach dem jeweiligen Stand der Technik. Hierin könnte man einen Widerspruch sehen, wenn man in der Verhältnismäßigkeitsprüfung des § 10 Abs. 1 S. 1 VgV eine Möglichkeit zum Absenken des Sicherheitsniveaus im Einzelfalls erblickt, was nach dieser Lesart durch die striktere Regelung des § 11 Abs. 2 VgV ausgeschlossen wäre, weil dadurch die Gewährleistung der Unversehrtheit, der Vertraulichkeit und der Echtheit der Daten gefährdet würde. Der Annahme eines solchen Widerspruchs liegt jedoch die irrige Ansicht zugrunde, wonach die Unversehrtheit, die Vertraulichkeit und die Echtheit der Daten lediglich ab einem bestimmten Sicherheitsniveau gewährleistet seien, wohingegen sämtliche darunter liegenden Sicherheitsniveaus nicht dazu in der Lage wären. Dass dies nicht plausibel ist, ergibt sich schon daraus, dass Richtlinien- und Verordnungsgeber eine Verhältnismäßigkeitsprüfung zur Festlegung des Sicherheitsniveaus überhaupt zulassen. Würde nämlich ein geringeres Sicherheitsniveau, das aufgrund einer Verhältnismäßigkeitsprüfung samt Abwägung festgelegt wurde, dazu führen, dass die Unversehrtheit, die Vertraulichkeit und die Echtheit der Daten nicht mehr geschützt werden, dann wäre die gesetzliche Vorgabe der Festlegung dieses Sicherheitsniveaus bedeutungslos, weil dadurch der gesetzlich intendierte Effekt überhaupt nicht mehr eintreten könnte. **Vielmehr ist deshalb davon auszugehen, dass mit der Höhe des Sicherheitsniveaus auch die Wahrscheinlichkeit steigt, dass Unversehrtheit, Vertraulichkeit und Echtheit der Daten geschützt werden, dass aber auch bei niedrigeren Sicherheitsniveaus grundsätzlich ein Schutz besteht.** Dies folgt auch daraus, dass nur das „erforderliche Sicherheitsniveau" in § 10 Abs. 1 S. 1 VgV gefordert wird und nicht einfach „das eine" Sicherheitsniveau. Darüber hinaus hat bspw. der Verordnungsgeber hinsichtlich der Authentifizierung der Datenquelle erkannt, dass die Signatur nur ein Mittel unter mehreren ist, um die Authentifizierung der Datenquelle im Einzelfall zu gewährleisten,[24] was anderseits bedeutet, dass es hierfür auch andere Möglichkeiten und damit andere und mithin geringere Sicherheitsniveaus gibt. Es existiert also ein **Kontinuum an Sicherheitsniveaus**, in dem der öffentliche Auftraggeber nach § 10 Abs. 1 S. 1 VgV seine jeweilige Situation verorten muss, um im Rahmen einer Verhältnismäßigkeitsprüfung das jeweilige Sicherheitsniveau festzulegen; grundsätzlich im Rahmen einer Fallgruppenbildung, ausnahmsweise unter gesonderter Wertung des Einzelfalls.[25] Es ist deshalb kein Grund ersichtlich, dieses Kontinuums an Sicherheitsniveaus nicht ebenfalls bei § 11 Abs. 2 VgV anzunehmen. **Vielmehr kann für die Ausgestaltung der elektronischen Mittel in einem Vergabeverfahren auf die zu § 10 Abs. 1 S. 1 VgV erarbeiteten Grundsätze zur Bestimmung des erforderlichen Sicherheitsniveaus zurückgegriffen werden, wenn es darum geht, für das Senden, Empfangen, Weiterleiten und Speichern von Daten in einem Vergabeverfahren die Unversehrtheit, die Vertraulichkeit und die Echtheit der Daten nach § 11 Abs. 2 VgV zu gewährleisten.**

3. Unversehrtheit der Daten

§ 11 Abs. 2 VgV spricht von der „Unversehrtheit der Daten", Art. 22 Abs. 3 S. 1 RL **30** 2014/24/EU hingegen von der „Integrität der Daten"; die beiden Begriffe sind damit **bedeutungsgleich.**[26] Der Begriff der Integrität der Daten taucht auch an anderer Stelle in der VgV auf, so bspw. in § 5 Abs. 2 S. 1 VgV, der den öffentlichen Auftraggeber verpflichtet, bei der gesamten Kommunikation sowie beim Austausch und der Speicherung von

---

[24] BT-Drucks. 18/7318, S. 190.
[25] Vgl. hierzu die Ausführungen in der Kommentierung zu § 10 Abs. 1 S. 1 VgV.
[26] *Müller* in KKMPP, Kommentar zur VgV, 2017, § 11 Rn. 21.

Informationen die Integrität der Daten und die Vertraulichkeit der Interessensbekundungen, Interessensbestätigungen, Teilnahmeanträge und Angebote einschließlich ihrer Anlagen zu gewährleisten und der ebenfalls auf Art. 22 Abs. 3 RL 2014/24/EU zurückgeht.[27] Soweit die Begriffe „Integrität der Daten" bzw. „Unversehrtheit der Daten" betroffen sind, muss die Auslegung der Begriffe in § 5 Abs. 2 S. 1 VgV und § 11 Abs. 2 VgV somit gleichlaufen. Eine operationalisierbare Definition der Unversehrtheit bzw. Integrität von Daten findet sich weder in den Erwägungsgründen zur RL 2014/24/EU noch in der Verordnungsbegründung. Bedenkt man jedoch, dass es sowohl bei § 5 Abs. 2 S. 1 VgV als auch bei § 11 Abs. 2 VgV sowohl um die Sicherstellung einer reibungslosen Kommunikation wie auch um den Schutz etwaiger Geheimnisse für die Beteiligten[28] geht, lassen sich grundsätzliche Merkmale der Unversehrtheit bzw. der Integrität von Daten herleiten.

31   Bei der Kommunikation geht es darum, **dass die Nachricht des Senders den Empfänger so erreicht, wie es der Sender beabsichtigt hat,** insbesondere, dass die Nachricht nicht gegen den Willen des Senders modifiziert wird.[29] Eine solche nicht intendierte Modifikation liegt vor, wenn Elemente der Nachricht – oder der gesendeten Daten – geändert oder entfernt sowie neue Elemente hinzugefügt werden und dadurch der neue Inhalt vom intendierten Inhalt abweicht.[30] Beispiel für eine **Modifikation durch Änderung** ist der Austausch des Preisblatts durch ein neues, auf dem wesentlich höhere Preise vermerkt sind; Beispiel für eine **Modifikation durch Entfernung** ist die Löschung einer extra beigefügten Erklärung zu den Referenzen eines Bieters; Beispiel für eine **Modifikation durch Hinzufügung** ist das Einfügen vermeintlich vom Bieter stammender Allgemeiner Geschäftsbedingungen. Alle drei Beispiele haben gemein, dass von einem bewussten Einwirken auf den Kommunikationsprozess durch einen Dritten, bspw. einen Konkurrenten des Bieters, ausgegangen wird, die eine absichtliche Schädigung des ursprünglichen Senders zum Ziel haben. Denkbar sind allerdings auch Fälle, in denen aufgrund eines Fehlers in der IT eine Modifikation des intendierten Inhalts stattfindet, was allerdings wohl hauptsächlich die Löschung und nicht die Hinzufügung oder Änderung von Elementen betreffen dürfte. Neben der Modifikation des Inhalts ist auch an die **Modifikation der Form** einer Kommunikation in einer vom Sender nicht intendierten Weise zu denken. Beispiel hierfür ist – ohne dass hier eine Aussage über die technische Machbarkeit getätigt wird – die Entfernung der elektronischen Signatur eines Angebots, obwohl diese vom öffentlichen Auftraggeber nach § 53 Abs. 3 VgV bzw. nach § 10 Abs. 1 S. 1 VgV vorgeschrieben wurde. Demgegenüber unschädlich sind Modifikationen, die sich nicht auf die vom Sender intendierte Übermittlung auswirken und auch nicht Geheimhaltungsinteressen von Beteiligten berühren. Beispiel hierfür können Metadaten sein, die sich im Rahmen der Übermittlung einer Nachricht an diese anlagern, weil dies ggf. für die elektronische Kommunikation erforderlich ist, diese Modifikation der Daten mithin integraler Bestandteil des elektronischen Kommunikationsprozesses selbst ist.

4. Vertraulichkeit der Daten

32   a) **Grundsatz.** Die Vertraulichkeit der Daten ist grundsätzlich dann gewährleistet, wenn kein Nichtberechtigter von ihrem Inhalt Kenntnis erlangen kann.[31] Dies betrifft grundsätz-

---

[27] BT-Drucks. 18/7318, S. 150.

[28] Vgl. § 5 Abs. 1 S. 2 VgV und BT-Drucks. 18/7318, S. 150.

[29] Vgl. hierzu auch den Hinweis des Verordnungsgebers auf die Gefahr der Veränderung während der Übermittlung, BT-Drucks. 18/7318, S. 154.

[30] Ähnlich *Völlink* Ziekow/Völlink, Vergaberecht, 2. Aufl. 2013, § 11 VOLB/A-EG Rn. 5.

[31] Vgl. grundsätzlich zum Begriff der Vertraulichkeit die Kommentierung zu § 5 VgV. Hier wird nur auf die Besonderheit bei elektronischen Mitteln eingegangen. Zu beachten ist jedoch, dass § 5 VgV und § 11 Abs. 2 VgV auch zusammenwirken können, etwa dann, wenn zusätzlich zu den elektronischen Maßnahmen, die nach § 11 Abs. 2 VgV erforderlich sind, zusätzlich organisatorische Maßnahmen erforderlich sind, die flankierend hinzutreten müssen, um in der Praxis effektiv eine Vertraulichkeit zu gewährleisten; bspw. restriktive Zugangsregelungen zu bestimmten PC-Arbeitsplätzen, die extra für die Durchführung besonders sensibler elektronischer Vergaben eingerichtet werden.

lich diejenigen Daten, die mittels elektronischer Mittel gesendet, empfangen, weitergeleitet und gespeichert werden. An dieser Stelle gilt es zunächst klarzustellen, dass durch die Verwendung elektronischer Signaturen die Vertraulichkeit der Daten nicht gewährleistet werden kann,[32] weil diese lediglich zur Sicherstellung der Authentizität, also der Echtheit der Daten verwendet werden können. Zu beachten ist darüber hinaus die Intention des Richtliniengebers, der darauf hinweist, dass die Bestimmungen zum Schutz vertraulicher Informationen in keiner Weise der Offenlegung der nicht vertraulichen Teile von abgeschlossenen Verträgen, einschließlich späterer Änderungen, entgegenstehen.[33] Die Ausgestaltung der elektronischen Mittel muss dies somit berücksichtigen.

b) Verschlüsselung. Eine Maßnahme, um die Vertraulichkeit der Daten im Rahmen **33** der elektronischen Kommunikation besonders zu gewährleisten, ist die Vorgabe bestimmter **Verschlüsselungsverfahren.** Dass diese Möglichkeit grundsätzlich besteht, ergibt sich aus § 11 Abs. 3 Nr. 3 1. Alt. VgV, wonach der öffentliche Auftraggeber den Unternehmen alle notwendigen Informationen zur Verfügung stellen muss über verwendete Verschlüsselungsverfahren. Welcher elektronische Verschlüsselungsmechanismus vom öffentlichen Auftraggeber zu verwenden ist, muss sich an den Erfordernissen des Einzelfalls orientieren. Da sich § 11 Abs. 2 VgV und § 10 Abs. 1 VgV ergänzen,[34] kann sich die Festlegung auf einen bestimmten elektronischen Verschlüsselungsmechanismus auch auf die jeweilige Fallgruppe erstrecken. Kommt der öffentliche Auftraggeber zu dem Ergebnis, dass bei einer bestimmten Fallgruppe, bspw. bei der Vergabe sensibler Sicherheitsdienstleistungen, die Vertraulichkeit der kommunizierten Daten besonders schützenswert ist, dann kann er aufgrund § 10 Abs. 1 S. 1 VgV das Sicherheitsniveau besonders hoch festlegen und in diesem Zusammenhang bestimmen, dass ein bestimmtes Verschlüsselungsverfahren für die elektronische Kommunikation verwendet werden muss. Die Mitteilung des zu verwendenden Verschlüsselungsverfahrens nach § 11 Abs. 3 Nr. 3 1. Alt. VgV stellt hierzu sicher, dass sämtliche Unternehmen in die Lage versetzt werden, auf die festgelegte Weise zu kommunizieren.

Erwähnenswert ist an dieser Stelle § 54 S. 1 VgV, wonach elektronisch übermittelte In- **34** teressensbekundungen, Interessensbestätigungen, Teilnahmeanträge und Angebote auf geeignete Weise zu kennzeichnen und verschlüsselt zu speichern sind.[35] Hieraus folgt für den öffentlichen Auftraggeber die Verpflichtung, im Rahmen der Festlegung des Sicherheitsniveaus nach § 10 Abs. 1 S. 1 VgV für zu übermittelnde Interessensbekundungen, Interessensbestätigungen, Teilnahmeanträge und Angebote stets eine Verschlüsselung vorzusehen. Die Verschlüsselung muss sich hier auf den kompletten Kommunikationsvorgang, beginnend beim absendenden Bieter bis hin zur Speicherung in der Sphäre des öffentlichen Auftraggebers erstrecken.[36] Der öffentliche Auftraggeber hast deshalb den Bietern stets die Verschlüsselung ihrer Interessensbekundungen, Interessensbestätigungen, Teilnahmeanträge und Angebote vorzuschreiben.

c) Schadhafte Daten. Problematisch ist in diesem Zusammenhang der Umgang mit **35** übermittelten **schadhaften Daten.**[37] Damit sind die Fälle gemeint, in denen eine vom Bieter übermittelte elektronische Sendung, bspw. ein Angebot, schadhafte Daten wie etwa Viren oder Trojaner enthält. Eine Überprüfung solcher elektronischer Sendungen mittels einschlägiger Schutzprogramme durch den öffentlichen Auftraggeber kann bei entsprechender Verschlüsselung nicht ohne weiteres erfolgen, weil hierzu ggf. die Verschlüsselung

---

[32] *Graef* NZBau 2008, 34, 37; *Wankmüller* Das neue Vergaberecht, 2014, S. 229. Ebenso wohl OLG Karlsruhe Beschl. V, 17.3.2017 – 15 Verg 2/17, VergabeR 512, 518, wo darauf hingewiesen wird, dass die elektronische Signatur die Frage der Ernsthaftigkeit und der Identität bzw. Authentizität des Angebots betrifft, § 13 Abs. 1 Nr. 2 VOB/A-EU, der auch die Verschlüsselung regelt, jedoch die Datensicherheit bzw. die Geheimhaltung des Angebotsinhalts betrifft.
[33] RL 2014/24/EU, Erwägungsgrund 51.
[34] Vgl. hierzu die Ausführungen weiter oben.
[35] Vgl. im Detail hierzu die Kommentierung zu § 54 VgV.
[36] Ähnlich, allerdings zu § 13 Abs. 1 VOB/A-EU, OLG Karlsruhe Beschl. v. 17.3.2017 – 15 Verg 2/17, VergabeR 2017, 512, 519.
[37] Vgl. zum Problemaufriss *Graef* NZBau 2008, 34, 37.

durchbrochen werden müsste. Da vom Inhalt der Angebote, um im Beispiel zu bleiben, jedoch erst nach Ablauf der entsprechenden Fristen Kenntnis genommen werden darf, § 53 Abs. 1 VgV, und die elektronischen Mittel nach § 10 Abs. 1 S. 2 Nr. 2 VgV bei Angeboten sicherstellen müssen, dass kein vorfristiger Zugriff auf die empfangenen Daten möglich ist, kann dies dazu führen, dass erst nach Öffnung des Angebots und damit nach Ablauf der Angebotsfrist eine Überprüfung der Daten mittels eines Schutzprogramms möglich ist. Erweist sich das Angebot dann als unbrauchbar, kann grundsätzlich keine erneute, nicht mit schadhaften Daten versehene Version dieses Angebots vom Bieter eingereicht werden, weil die Angebotsfrist bereits abgelaufen ist und dieses Angebot nach § 57 Abs. 1 Nr. 1 VgV von der Wertung auszuschließen wäre.

36   **d) Datenbesitz.** § 11 Abs. 2 VgV betrifft die elektronische Kommunikation, vom Gebot der Vertraulichkeit umfasst sind somit sämtliche Daten, die im Rahmen der Kommunikation mithilfe der elektronischen Mittel übersandt werden. Erlangen Nichtberechtigte Kenntnis vom Inhalt der Daten, dann liegt ein klarer Verstoß gegen das Gebot der Vertraulichkeit vor. Es stellt sich jedoch die Frage, ob ein Verstoß gegen das Gebot der Vertraulichkeit von Daten schon dann vorliegt, wenn **Nichtberechtigte in den Besitz der Daten,** bspw. in Form einer Kopie, gelangen. Denn vom Besitz einer Kopie der übersandten Daten hin zu seiner Entschlüsselung samt anschließender Kenntnisnahme seines Inhalts kann es womöglich nur ein kleiner Schritt sein. Allerdings gilt es hier zu berücksichtigen, dass die Daten nicht immer über absolut sichere Kanäle geschickt werden, so dass die Ausgestaltung der elektronischen Mittel nicht zwangsläufig einen Einfluss darauf hat, ob und wie die Daten bei der Übermittlung von Dritten abgegriffen werden können. Darüber hinaus ist es gerade Sinn der Verschlüsselung von Daten, dass Nichtberechtigte, die in ihren Besitz gelangen, diese nicht öffnen können; schon durch die Verschlüsselung wird also die Vertraulichkeit gewährleistet. Ein Vertraulichkeitskriterium der lediglich befugten Inbesitznahme von Daten ist also abzulehnen.[38]

5. Echtheit der Daten

37   **a) Grundsatz.** Echtheit bezeichnet die Authentizität, Zuverlässigkeit und Vertrauenswürdigkeit der Daten, es geht also darum, die Datenquelle beziehungsweise den Sender zweifelsfrei nachweisen zu können.[39] Klassische Instrumente zur Authentifizierung einer Datenquelle sind elektronische Signaturen und elektronische Siegel, die in § 53 Abs. 3 S. 2 VgV explizit erwähnt werden, die jedoch schon aufgrund von § 10 Abs. 1 S. 1 VgV für die elektronische Kommunikation verlangt werden können.[40] Wie der Verordnungsgeber in der Begründung zu § 10 Abs. 1 VgV ausführt, kann von Unternehmen mit Sitz in Deutschland die Verwendung einer De-Mail-Adresse verlangt werden, um eine zuverlässige Identifizierung eines Senders von Daten sowie die Unversehrtheit der Daten sicherzustellen.[41]

38   **b) Elektronische Signaturen und Siegel.**[42] Will der öffentliche Auftraggeber die Identifizierbarkeit der Absender bei einer elektronischen Kommunikation sicherstellen, dann kann er also vorgeben, dass hierzu eine elektronische Signatur oder ein elektronisches Siegel verwendet wird. Elektronische Signaturen sind, wie bereits die Begriffsbestimmung in Art. 3 Nr. 10 der VO (EU) Nr. 910/2014 des europäischen Parlaments und des Rates

---

[38] Vgl. hierzu auch die ähnliche Diskussion in der Kommentierung zu § 10 Abs. 1 S. 2 Nr. 6 VgV.
[39] BT-Drucks. 18/7318, S. 155 und S. 215.
[40] Vgl. zum Verhältnis von § 10 Abs. 1 S. 1 VgV zu § 53 Abs. 3 VgV die Kommentierung zu § 10 VgV. Ausführungen zum Verhältnis von § 10 Abs. 1 S. 1 VgV zu § 11 Abs. 2 VgV siehe oben.
[41] BT-Drucks. 18/7318, S. 154.
[42] Bislang enthielt das Signaturgesetz (SigG) Begriffsbestimmungen und Regelungen zu elektronischen Signaturen. Das SigG wurde abgelöst durch das Vertrauensdienstegesetz (VDG), das am 29.7.2017 in Kraft trat. Im Gegensatz zum SigG enthält das VDG keine Begriffsbestimmung, obwohl neben den elektronischen Signaturen nunmehr auch elektronische Siegel Erwähnung finden. Damit bedarf es für die Definition elektronischer Signaturen und Siegel des Rückgriffs auf die eIDAS-Verordnung.

vom 23. Juli 2014 (eIDAS-Verordnung) klarstellt, Daten in elektronischer Form, die anderen elektronischen Daten beigefügt oder logisch mit ihnen verbunden werden und die der Unterzeichner zum Unterzeichnen verwendet. Demgegenüber sind elektronische Siegel nach Art. 3 Nr. 25 eIDAS-Verordnung Daten in elektronischer Form, die anderen Daten in elektronischer Form beigefügt oder logisch mit ihnen verbunden werden, um deren Ursprung und Unversehrtheit sicherzustellen. Der wesentliche Unterschied liegt darin, dass eine elektronische Signatur einer natürlichen Person, ein elektronisches Siegel einer juristischen Person zugeordnet ist.[43] Dementsprechend definiert Art. 3 Nr. 9 eIDAS-Verordnung als „Unterzeichner" eine natürliche Person, die eine elektronische Signatur erstellt, wohingegen nach Art. 3 Nr. 24 eIDAS-Verordnung „Siegelersteller" eine juristische Person ist, die ein elektronisches Siegel erstellt.

Der Verordnungsgeber hatte im Zusammenhang mit § 53 Abs. 3 VgV a.F. ausgeführt, **39** dass in den Fällen, in denen das zu gewährleistende Sicherheitsniveau so hoch ist, dass zur Authentifizierung der Datenquelle im Einzelfall elektronische Signaturen eingesetzt werden müssen, sowohl fortgeschrittene als auch qualifizierte elektronische Signaturen gemäß den Art. 25 und 26 der eIDAS-Verordnung verwendet werden können.[44] § 53 Abs. 3 VgV a.F. sah die Verwendung elektronischer Siegel noch nicht vor, diese wurden erst mit Art. 8 Nr. 3 des eIDAS-Durchführungsgesetzes vom 18. Juli 2017 in § 53 Abs. 3 VgV aufgenommen. Die Einschätzung des Verordnungsgebers, wonach elektronische Signaturen bei einem besonders hohen Sicherheitsniveau einzusetzen sind, dürfte deshalb ebenfalls elektronische Siegel betreffen.

Da § 10 Abs. 1 S. 1 VgV einen weiteren Anwendungsbereich als § 53 Abs. 3 VgV hat,[45] **40** und sich § 10 Abs. 1 S. 1 VgV und § 11 Abs. 2 VgV gegenseitig ergänzen, sind die vom Verordnungsgeber gemachten Ausführung auch auf den Anwendungsbereich des § 10 Abs. 1 S. 1 VgV sowie des § 11 Abs. 2 VgV übertragbar. Öffentliche Auftraggeber können demnach, sofern es das von ihnen nach § 10 Abs. 1 S. 1 VgV festgelegte Sicherheitsniveau erfordert, die Verwendung fortgeschrittener bzw. qualifizierter elektronischer Signaturen gemäß Art. 25 und 26 eIDAS-Verordnung sowie fortgeschrittener bzw. qualifizierter elektronischer Siegel gemäß Art. 35 und 36 eIDAS-Verordnung verlangen.

c) De-Mail. Der Verordnungsgeber weist in der Verordnungsbegründung darauf hin, **41** dass von Unternehmen mit Sitz in Deutschland die Verwendung einer De-Mail-Adresse verlangt werden kann, um eine zuverlässige Identifizierung eines Senders von Daten sowie die Unversehrtheit der Daten sicherzustellen.[46] Die rechtlichen Grundlagen für die De-Mail-Dienste sind im De-Mail-Gesetz vom 28.4.2011 (De-Mail-G) geregelt. Nach § 1 Abs. 1 De-Mail-G sind De-Mail-Dienste Dienste auf einer elektronischen Kommunikationsplattform, die einen sicheren, vertraulichen und nachweisbaren Geschäftsverkehr für jedermann im Internet sicherstellen sollen. Insofern stellt die Verwendung eines De-Mail-Dienstes tatsächlich eine Möglichkeit dar, um ein nach § 10 Abs. 1 S. 1 VgV festgelegtes Sicherheitsniveau und die in § 11 Abs. 2 VgV formulierten Anforderungen zu gewährleisten, weil sowohl Unversehrtheit und Vertraulichkeit der Daten als auch die Identifizierbarkeit der Absender gewährleistet werden.

IV. Zurverfügungstellung von Informationen, § 11 Abs. 3 VgV

Nach § 11 Abs. 3 VgV muss der öffentliche Auftraggeber den Unternehmen alle not- **42** wendigen Informationen zur Verfügung stellen über die in einem Vergabeverfahren verwendeten elektronischen Mittel (Nr. 1), die technischen Parameter zur Einreichung von

---

[43] Vgl. den Hinweis in der Begründung zu Art. 8 Nr. 3 eIDAS-Durchführungsgesetzes in BT-Drucks. 18/12494, S. 48.
[44] BT-Drucks. 18/7318, S. 190.
[45] Vgl. hierzu die Kommentierung zu § 10 VgV.
[46] BT-Drucks. 18/7318, S. 154.

Teilnahmeanträgen, Angeboten und Interessensbestätigungen mithilfe elektronischer Mittel (Nr. 2) und verwendeten Verschlüsselungs- und Zeiterfassungsverfahren (Nr. 3). Die Regelung geht auf Art. 22 Abs. 6 UA 1 lit. a) RL 2014/24/EU zurück, wonach die Informationen über die Spezifikationen für elektronische Einreichung der Angebote und Teilnahmeanträge, einschließlich Verschlüsselung und Zeitstempel, den Interessenten zugänglich sein müssen. Betrachtet man die jeweils zur Verfügung zu stellenden Informationen, so wird ersichtlich, dass hierdurch eine reibungslose Kommunikation gewährleistet werden soll.

1. § 11 Abs. 3 Nr. 1 VgV

43   Dass den Unternehmen nach § 11 Abs. 3 Nr. 1 VgV alle notwendigen Informationen zu den in einem Vergabeverfahren verwendeten elektronischen Mittel zur Verfügung gestellt werden müssen, ist evident, wenn man bedenkt, dass nach § 9 Abs. 1 VgV grundsätzlich sämtliche Kommunikation mit elektronischen Mitteln bewerkstelligt werden muss. Die Informationen zu den verwendeten elektronischen Mitteln sind mithin „notwendig", wenn sie zur Durchführung der Kommunikation mittels elektronischer Mittel erforderlich sind. Die öffentlichen Auftraggeber haben sich somit jeweils zu fragen, welche Informationen über die von ihnen verwendeten elektronischen Mittel sie den Unternehmen zur Verfügung stellen müssen, damit diese unter Verwendung der elektronischen Mittel mit ihnen kommunizieren können. Zur Mitteilung solcher Informationen sehen bspw. das nach § 38 Abs. 1 VgV für die Bekanntgabe der Vorinformation zu verwende Muster Anhang I DVO (EU) 2015/1986 und das nach § 37 Abs. 2 VgV für die Auftragsbekanntmachung zu verwende Muster Anhang II DVO (EU) 2015/1986 jeweils das Feld 1.3) – Kommunikation – vor, in dem Angaben zur elektronischen Kommunikation gemacht werden können.

2. § 11 Abs. 3 Nr. 2 VgV

44   Auch für die nach § 11 Abs. 3 Nr. 2 VgV mitzuteilenden Informationen über die technischen Parameter zur Einreichung von Teilnahmeanträgen, Angeboten und Interessensbestätigungen mithilfe elektronischer Mittel haben sich die öffentlichen Auftraggeber jeweils die Frage zu stellen, welche Informationen im Einzelfall erforderlich sind, um die Einreichung zu ermöglichen. § 53 Abs. 1 VgV bestimmt, dass die Unternehmen ihre Interessensbekundungen, Interessensbestätigungen, Teilnahmeanträge und Angebote in Textform nach § 126b BGB mithilfe elektronischer Mittel gemäß § 10 VgV zu übermitteln haben. Dieser Verpflichtung können sie allerdings erst dann nachkommen, wenn ihnen sämtliche Informationen zur Verfügung gestellt werden, die sie für die Übermittlung ihrer Interessensbekundungen, Interessensbestätigungen, Teilnahmeanträge und Angebote benötigen. Dass § 11 Abs. 3 Nr. 2 VgV die Interessensbekundungen nicht explizit erwähnt, ist hierbei unbeachtlich; diese müssen vielmehr im Lichte des § 53 Abs. 1 VgV in § 11 Abs. 3 Nr. 2 VgV hineingelesen werden. „Notwendig" sind die nach § 11 Abs. 3 Nr. 2 VgV zur Verfügung zu stellenden Informationen demnach dann, wenn die Unternehmen sie benötigen, um ihre Interessensbekundungen, Interessensbestätigungen, Teilnahmeanträge und Angebote mithilfe elektronischer Mittel einreichen zu können.

3. § 11 Abs. 3 Nr. 3 VgV

45   Bei § 11 Abs. 3 Nr. 3 VgV ist zwischen **Verschlüsselungsverfahren** und **Zeiterfassungsverfahren** zu unterscheiden. Die Zurverfügungstellung von Informationen zu den **Verschlüsselungsverfahren** hängt mit dem jeweils vom öffentlichen Auftraggeber nach § 10 Abs. 1 S. 1 VgV festgelegten Sicherheitsniveau zusammen. Die Verwendung eines bestimmten Verschlüsselungsverfahrens erfolgt zu dem Zweck, die Kommunikation sicherer zu gestalten und kann vom öffentlichen Auftraggeber im Rahmen der von ihm vorzunehmenden Festlegung des erforderlichen Sicherheitsniveaus nach § 10 Abs. 1 S. 1 VgV und damit auch nach § 11 Abs. 2 VgV eingeführt werden. Die Unternehmen wiederum

benötigen Informationen zu den eingesetzten Verschlüsselungsverfahren, damit sie ihre Kommunikation diesen Verschlüsselungsverfahren unterwerfen können; erst dann ist die vom öffentlichen Auftraggeber intendierte sichere Kommunikation möglich. Demnach sind Informationen zu den Verschlüsselungsverfahren dann „notwendig", wenn die Unternehmen diese Informationen benötigen, um ihre Kommunikation mithilfe dieser Verschlüsselungsverfahren durchzuführen.

Den Unternehmen Informationen über verwendete **Zeiterfassungsverfahren** zur Verfügung zu stellen hat zweierlei Gründe. Zum einen kann es erforderlich sein, dass die Unternehmen die verwendeten Zeiterfassungsverfahren kennen, weil sie die Spezifikationen dieser Verfahren bei ihrer Kommunikation berücksichtigen müssen. Zum anderen erhalten sie auf diese Weise Kenntnis darüber, wie die öffentlichen Auftraggeber die Zeitdaten zu den Eingängen dokumentieren. Dies ist vor allem für die Einreichung von Angeboten, Teilnahmeanträgen, Interessensbestätigungen und Interessensbekundungen sowie von Plänen und Entwürfen für Planungswettbewerbe von Interesse, weil bei verfristeten Eingängen ein Ausschluss von der Wertung droht, vgl. § 57 Abs. 1 Nr. 1, Abs. 3 VgV. Im Streitfall kann das jeweilige Unternehmen dann aufgrund des jeweiligen Zeitverfassungsverfahrens prüfen, ob der Eingang tatsächlich verfristet war oder womöglich von einem fehlerhaften Zeiterfassungssystem lediglich als verfristet vermerkt wurde, obwohl der Eingang in Wahrheit fristgemäß war. Dies erleichtert den Unternehmen im Einzelfall die Beweisführung. In der Verordnungsbegründung ist im Gegensatz zum Verordnungstext selbst von Zeitstempelung die Rede. **Elektronische Zeitstempel** werden in Art. 3 Nr. 33 eIDAS-Verordnung definiert als Daten in elektronischer Form, die andere Daten in elektronischer Form mit einem bestimmten Zeitpunkt verknüpfen und dadurch den Nachweis erbringen, dass diese anderen Daten zu diesem Zeitpunkt vorhanden waren. Nähere Ausführungen hierzu enthalten Art. 41 f. eIDAS-Verordnung. Elektronische Zeitstempel sind ebenfalls Gegenstand des VDG vom 18.7.2017.

§ 12 Einsatz alternativer elektronischer Mittel bei der Kommunikation

(1) **Der öffentliche Auftraggeber kann im Vergabeverfahren die Verwendung elektronischer Mittel, die nicht allgemein verfügbar sind (alternative elektronische Mittel), verlangen, wenn er**

1. **Unternehmen während des gesamten Vergabeverfahrens unter einer Internetadresse einen unentgeltlichen, uneingeschränkten, vollständigen und direkten Zugang zu diesen alternativen elektronischen Mitteln gewährt und**
2. **diese alternativen elektronischen Mittel selbst verwendet.**

(2) **Der öffentliche Auftraggeber kann im Rahmen der Vergabe von Bauleistungen und für Wettbewerbe die Nutzung elektronischer Mittel für die Bauwerksdatenmodellierung verlangen. Sofern die verlangten elektronischen Mittel für die Bauwerksdatenmodellierung nicht allgemein verfügbar sind, bietet der öffentliche Auftraggeber einen alternativen Zugang zu ihnen gemäß Absatz 1 an.**

Übersicht

	Rn.		Rn.
A. Einführung	1	a) Unentgeltlicher Zugang	10
I. Literatur	1	b) Uneingeschränkter und direkter Zugang	12
II. Entstehungsgeschichte	2	c) Vollständiger Zugang	16
III. Rechtliche Vorgaben im EU-Recht	3	d) Weitere Aspekte	17
B. Kommentierung	4	2. Eigene Verwendung alternativer elektronischer Mittel, § 12 Abs. 1 Nr. 2 VgV	18
I. Alternative elektronische Mittel, § 12 Abs. 1 VgV	4	III. Elektronische Mittel für die Bauwerksmodellierung, § 12 Abs. 2 VgV	19
II. Zugang zu den alternativen elektronischen Mitteln	8		
1. Zugang zu den alternativen elektronischen Mitteln, § 12 Abs. 1 Nr. 1 VgV	9		

A. Einführung

I. Literatur

1 *Kulartz/Kus/Marx/Portz/Prieß*, Kommentar zur VgV, 2017; *Ley/Wankmüller*, Das neue Vergaberecht 2016, 3. Aufl. 2016; *Soudry*/Hettich, Das neue Vergaberecht, 2014.

II. Entstehungsgeschichte

2 Vgl. hierzu die allgemeinen Ausführungen bei § 9 VgV.

III. Rechtliche Vorgaben im EU-Recht

3 Die rechtlichen Grundlagen zu § 12 VgV finden sich in Art. 22 Abs. 4 und 5 RL 2014/24/EU. Ergänzt wird dies durch den Erwägungsgrund 54 RL 2014/24/EU.

B. Kommentierung

I. Alternative elektronische Mittel, § 12 Abs. 1 VgV

4 Nach § 11 Abs. 1 S. 1 VgV müssen die aufgrund § 9 Abs. 1 VgV in einem Vergabeverfahren verpflichtend zu verwendenden elektronischen Mittel sowie deren technische

Merkmale allgemein verfügbar, nichtdiskriminierend und mit allgemein verbreiteten Geräten und Programmen der Informations- und Kommunikationstechnologie kompatibel sein. Von diesem Grundsatz macht § 12 Abs. 1 VgV insoweit eine Ausnahme, indem er vorgibt, was der öffentliche Auftraggeber zu beachten hat, falls er im Vergabeverfahren die Verwendung elektronischer Mittel, die nicht allgemein verfügbar sind, verlangt. Die Vorschrift geht zurück auf Art. 22 Abs. 5 UA 1 RL 2014/24/EU, wonach öffentliche Auftraggeber erforderlichenfalls die Verwendung von Instrumenten und Vorrichtungen vorschreiben können, die nicht allgemein verfügbar sind, sofern die öffentlichen Auftraggeber einen alternativen Zugang bieten. Elektronische Mittel, die nicht allgemein verfügbar sind, werden in § 12 Abs. 1 VgV als „alternative elektronische Mittel" legaldefiniert. Alternative elektronische Mittel sind demnach solche, die nicht für alle Menschen ohne Einschränkung verfügbar sind und die nicht bei Bedarf – gegebenenfalls gegen marktübliches Entgelt – von allen Menschen erworben werden können.[1]

§ 12 Abs. 1 VgV trifft keine Aussage darüber, wann der öffentliche Auftragge- 5 **ber alternative elektronische Mittel verwenden darf und § 12 Abs. 1 Nr. 1 und Nr. 2 VgV konkretisiert nicht das Wesen alternativer elektronischer Mittel.** Vielmehr wird in § 12 Abs. 1 Nr. 1 und Nr. 2 VgV nur geregelt, was der öffentliche Auftraggeber zu beachten hat, falls er alternative elektronische Mittel verwendet. Ob also im Einzelfall die Verwendung alternativer elektronischer Mittel tatsächlich erforderlich war, um das vom öffentlichen Auftraggeber intendierte Ziel zu erreichen, ist nicht aufgrund von § 12 Abs. 1 VgV zu überprüfen, da die Norm hierzu keine Aussagen trifft. Vielmehr ist der öffentliche Auftraggeber grundsätzlich frei in der Bestimmung des Einsatzes alternativer elektronischer Mittel.[2]

Motiv des öffentlichen Auftraggebers für die Verwendung alternativer elektronischer 6 Mittel kann ein nach § 10 Abs. 1 S. 1 VgV festgelegtes hohes Sicherheitsniveau[3] sein, das aufgrund besonders sensibler Daten erforderlich ist,[4] und das durch die Verwendung allgemein verfügbarer Mittel nicht erreicht werden kann. In diesem Zusammenhang führt der Richtliniengeber in Erwägungsgrund 54 RL 2014/24/EU aus, dass klargestellt werden sollte, dass in Fällen, in denen der Rückgriff auf nicht allgemein verfügbare elektronische Mittel das nötige Schutzniveau bieten kann, diese elektronischen Mittel genutzt werden sollten, was beispielsweise der Fall sein kann, wenn die öffentlichen Auftraggeber die Nutzung spezieller sicherer Kommunikationskanäle vorschreiben, zu denen sie den Zugang anbieten.[5]

Alternative elektronische Mittel können darüber hinaus auch erforderlich werden, wenn 7 Vergabeverfahren betroffen sind, in denen Daten übermittelt werden müssen, deren Übermittlung aus anderen als Sicherheitsgründen nicht mit allgemein verfügbaren elektronischen Mitteln möglich ist.[6] Auch in diesen Fällen muss es dem öffentlichen Auftraggeber möglich sein, auf alternative elektronische Mittel auszuweichen, wenn die elektronische Kommunikation ansonsten überhaupt nicht möglich wäre. Ein Beispiel hierfür sind Dateiformate zur Beschreibung der Angebote, die nicht mit allgemein verfügbaren oder verbreiteten Programmen verarbeitet werden können oder die durch andere als kostenlose und allgemein verfügbare Lizenzen geschützt sind. Dieses Beispiel ist § 41 Abs. 2 Nr. 2 VgV

---

[1] Vgl. hierzu die Definition in BT-Drucks. 18/7318, S. 155. Vgl. ebenfalls die detaillierten Ausführungen zum Begriff der allgemein verfügbaren elektronischen Mittel in der Kommentierung zu § 11 VgV.
[2] In diesem Sinne zumindest missverständlich *Müller* in KKMPP, Kommentar zur VgV, 2017, § 12 Rn. 10, der mit einer weiten Auslegung des § 12 Abs. 1 VgV den öffentlichen Auftraggebern eine verstärkte Möglichkeit zur Verwendung alternativer elektronischer Mittel ermöglichen will. Allerdings scheint diese Argumentation zu verkennen, dass § 12 Abs. 1 VgV keine Aussage darüber trifft, ob und wann der öffentliche Auftraggeber alternative elektronische Mittel verwenden darf, sondern nur, was er dabei zu beachten hat, falls er sie verwendet.
[3] Vgl. hierzu die Kommentierung zu § 10 VgV.
[4] So das Beispiel in BT-Drucks. 18/7318, S. 155.
[5] RL 2014/24/EU, Erwägungsgrund 54.
[6] BT-Drucks. 18/7318, S. 155.

entlehnt und illustriert sehr gut, wann eine elektronische Kommunikation nur mithilfe alternativer elektronischer Mittel möglich sein kann.

II. Zugang zu den alternativen elektronischen Mitteln

8   Entscheidet sich der öffentliche Auftraggeber, alternative elektronische Mittel zu verwenden, so hat der die in § 12 Abs. 1 Nr. 1 und Nr. 2 VgV niedergelegten Vorgaben zu erfüllen. Diese geben keine Auskunft darüber, ob es im konkreten Einzelfall sinnvoll und gerechtfertigt ist, alternative elektronische Mittel zu verlangen, sondern formulieren Vorgaben, die der öffentliche Auftraggeber beachten muss, falls er sich entscheidet, elektronische Mittel zu verwenden.

1. Zugang zu den alternativen elektronischen Mitteln, § 12 Abs. 1 Nr. 1 VgV

9   Verlangt der öffentliche Auftraggeber alternative elektronische Mittel, so hat er nach § 12 Abs. 1 N.r 1 VgV Unternehmen während des gesamten Vergabeverfahrens unter einer Internetadresse einen unentgeltlichen, uneingeschränkten, vollständigen und direkten Zugang zu diesen alternativen elektronischen Mitteln zu gewähren. § 12 Abs. 1 Nr. 1 VgV geht zurück auf Art. 22 Abs. 5 UA 2 lit. a) RL 2014/24/EU der für den Fall, dass öffentliche Auftraggeber geeignete alternative Zugänge anbieten fordert, dass sie ab dem Datum der Veröffentlichung der Bekanntmachung gemäß Anhang VIII RL 2014/24/EU oder ab dem Versanddatum der Aufforderung zur Interessensbestätigung unentgeltlich einen uneingeschränkten und vollständigen direkten Zugang anhand elektronischer Mittel zu diesen Instrumenten und Vorrichtungen anbieten. Der Text der Bekanntmachung oder der Aufforderung zur Interessensbestätigung muss die Internet-Adresse, über die diese Instrumente und Vorrichtungen zugänglich sind, enthalten. Der Verordnungsgeber führt in der Verordnungsbegründung hierzu aus, dass dann, wenn öffentliche Auftraggeber alternative elektronische Mittel verwenden, sie den Unternehmen ab dem Datum der Veröffentlichung der Auftragsbekanntmachung oder ab dem Datum des Versendens der Aufforderung zur Interessensbestätigung unter einer Internetadresse unentgeltlich einen uneingeschränkten, vollständigen und direkten Zugang zu diesen alternativen elektronischen Mitteln gewähren müssen, und diese Internetadresse in der Auftragsbekanntmachung oder in der Aufforderung zur Interessensbestätigung angegeben werden muss.[7] Die Vorschrift erinnert von ihrem Wortlaut her an § 41 Abs. 1 VgV, nach dem der öffentliche Auftraggeber in der Auftragsbekanntmachung oder der Aufforderung zur Interessensbestätigung eine elektronische Adresse anzugeben hat, unter der die Vergabeunterlagen unentgeltlich, uneingeschränkt, vollständig und direkt abgerufen werden können.[8]

10   **a) Unentgeltlicher Zugang.** Der Verordnungsgeber macht in der Verordnungsbegründung zu § 41 Abs. 1 VgV Ausführungen zur unentgeltlichen Abrufbarkeit von Vergabeunterlagen.[9] Demnach sind Vergabeunterlagen dann unentgeltlich abrufbar, wenn kein an den Vergabeunterlagen Interessierter für das Auffinden, den Empfang und das Anzeigen von Vergabeunterlagen einem öffentlichen Auftraggeber oder einem Unternehmen ein Entgelt entrichten muss. Von dem Merkmal der Unentgeltlichkeit, so der Verordnungsgeber weiter, sind sämtliche Funktionen elektronischer Mittel, die nach dem jeweils aktuellen Stand der Technik erforderlich sind, um auf Vergabeunterlagen zuzugreifen, umfasst. Demgegenüber steht es nach Ansicht des Verordnungsgebers der Unentgeltlichkeit nicht entgegen, wenn öffentliche Auftraggeber oder Unternehmen über das Auffinden, den Empfang und das Anzeigen von Vergabeunterlagen sowie die dafür erforderlichen Funktionen elektronischer Mittel hinaus weitere, entgeltpflichtige Dienste anbieten, die zum Beispiel das

---

[7] BT-Drucks. 18/7318, S. 155.
[8] Vgl. deshalb zur Auslegung der einzelnen Begriffe ergänzend auch die Kommentierung zu § 41 VgV.
[9] BT-Drucks. 18/7318, S. 180.

Auffinden von Bekanntmachungen im Internet erleichtern. Allerdings darf nicht ausgeschlossen werden, dass solche entgeltpflichtigen Dienste auch unentgeltlich angeboten werden.

Diese Ausführungen lassen sich für die Bestimmung der Unentgeltlichkeit in § 12 Abs. 1 **11** Nr. 1 VgV fruchtbar machen. Der Zugang zu alternativen Mitteln unter einer Internetadresse ist demnach dann unentgeltlich, **wenn kein an der Kommunikation Interessierter für die Nutzung der alternativen Mittel einem öffentlichen Auftraggeber oder einem Unternehmen ein Entgelt entrichten muss.** Dabei erstreckt sich die Unentgeltlichkeit auf sämtliche Funktionalitäten der alternativen elektronischen Mittel, die nach dem jeweils aktuellen Stand der Technik erforderlich sind, um damit in dem Vergabeverfahren zu kommunizieren. Der öffentliche Auftraggeber darf also nicht einen kostenlosen Basisdienst zur Kommunikation mit den alternativen elektronischen Mitteln anbieten, der lediglich einen Teil der möglichen Kommunikation umfasst, und zusätzlich einen entgeltpflichtigen Zusatzdienst, wenn dieser Zusatzdienst für die Kommunikation im Vergabeverfahren erforderlich ist, weil durch ihn bspw. Angebote, Teilnahmeanträge und Interessensbestätigungen mitgeteilt werden müssen oder ganz allgemein nur dort Dokumente und Unterlagen hochgeladen werden können. Bietet der öffentliche Auftraggeber allerdings entgeltliche Dienste an, die für die Kommunikation in dem Vergabeverfahren nicht erforderlich sind, und die bspw. lediglich zusätzliche Komfortfunktionen beinhalten, dann steht ihm dies frei, solange die erforderliche unentgeltliche Kommunikation mittels der alternativen elektronischen Mittel nicht beeinträchtigt wird.[10]

b) Uneingeschränkter[11] und direkter Zugang. In der Verordnungsbegründung zu **12** § 41 Abs. 1 VgV definiert der Verordnungsgeber die Vergabeunterlagen dann als uneingeschränkt und direkt abrufbar, wenn die Bekanntmachung mit der anzugebenden Internetadresse einen eindeutig und vollständig beschriebenen medienbruchfreien elektronischen Weg zu den Vergabeunterlagen enthält. In der Bekanntmachung, so der Verordnungsgeber weiter, sind alle Informationen anzugeben, die es einem Bürger oder einem Unternehmen ohne wesentliche Zwischenschritte und ohne wesentlichen Zeitverlust ermöglichen, mit elektronischen Mitteln an die Vergabeunterlagen zu gelangen. Die angegebene Internetadresse muss potenziell erreichbar sein und die Vergabeunterlagen enthalten.[12] Der Verordnungsgeber führt weiter aus, dass Vergabeunterlagen im Rahmen der auf elektronische Mittel gestützten öffentlichen Auftragsvergabe ausschließlich dann uneingeschränkt und direkt abrufbar sind, wenn weder interessierte Bürger noch interessierte Unternehmen sich auf einer elektronischen Vergabeplattform mit ihrem Namen, mit einer Benutzerkennung oder mit ihrer E-Mail Adresse registrieren müssen, bevor sie sich über bekanntgemachte öffentliche Auftragsvergaben informieren oder Vergabeunterlagen abrufen können. Beides muss interessierten Bürgern oder interessierten Unternehmen ohne vorherige Registrierung möglich sein.[13]

Auch hieraus lassen sich Konkretisierungen für den uneingeschränkten und direkten Zu- **13** gang zu alternativen elektronischen Mitteln ableiten. Zunächst muss die Bekanntmachung mit der nach § 12 Abs. 1 Nr. 1 VgV zu verwendenden Internetadresse einen eindeutig und vollständig beschriebenen medienbruchfreien elektronischen Weg zu dem alternativen elektronischen Mittel enthalten, wobei die Medienbruchfreiheit hier weniger das Problem ist, denn auch alternative elektronische Mittel sind elektronische Mittel und bewegen sich ausschließlich auf der digitalen Medienebene. Letztendlich muss aus der Bekanntmachung heraus das alternative elektronische Mittel problemlos erreichbar sein und die Nutzer dürfen nicht vor Schwierigkeiten gestellt werden. Das folgt auch aus der weiteren Anforderung, nämlich dass in der Bekanntmachung alle Informationen anzugeben sind, die es ei-

---

[10] Siehe zu „unentgeltlich" auch *Müller* in KKMPP, Kommentar zur VgV, 2017, § 12 Rn. 12.
[11] Vgl. zu „uneingeschränkt" auch *Müller* in KKMPP, Kommentar zur VgV, 2017, § 12 Rn. 13.
[12] BT-Drucks. 18/7318, S. 180.
[13] BT-Drucks. 18/7318, S. 181.

nem Bürger oder einem Unternehmen ohne wesentliche Zwischenschritte und ohne wesentlichen Zeitverlust ermöglichen, an das alternative elektronische Mittel zu gelangen, d. h. mit seiner Hilfe zu kommunizieren. Dies dürfte dann nicht mehr der Fall sein, wenn der Bieter erst umfangreiche Programme auf seinen IT-Geräten installieren muss, um erst dann über eine Internetverbindung mit dem öffentlichen Auftraggeber kommunizieren zu können.

14   Auch muss das alternative elektronische Mittel „potenziell erreichbar" sein. Dies bedeutet, dass der Kommunikationskanal des alternativen elektronischen Mittels potenziell offen sein muss, dass also während der weit überwiegenden Zeit eine Kommunikation mit dem alternativen elektronischen Mittel möglich sein muss. Wir hoch der Prozentsatz an Zeit nun genau sein muss, damit das alternative elektronische Mittel potenziell offen ist, lässt sich mangels vorhandener Rechtsprechung nicht eindeutig bestimmen. Auf jeden Fall wird dieser Prozentsatz weit über 95 % liegen müssen, und zwar sowohl auf das Jahr, wie grundsätzlich auch auf den einzelnen Tag bezogen. Nur in Ausnahmefällen, bei nicht vermeidbaren Wartungsarbeiten oder bei höherer Gewalt, wird man hier eine Ausnahme anerkennen können.

15   Schließlich darf weder von interessierten Bürgern noch von interessierten Unternehmen verlangt werden, dass sie sich auf einer elektronischen Vergabeplattform mit ihrem Namen, mit einer Benutzerkennung oder mit ihrer E-Mail Adresse registrieren müssen, bevor sie mit den alternativen elektronischen Mitteln kommunizieren können. Hieraus folgt auch, dass bei der Verwendung der alternativen elektronischen Mitteln § 9 Abs. 3 VgV dahingehend eingeschränkt werden muss, **dass eine Registrierung für das gesamte Vergabeverfahren, für das alternative elektronische Mittel verwendet werden, unzulässig ist, weil der uneingeschränkte und direkte Zugang während des gesamten Vergabeverfahrens gewährleistet werden muss.**

16   **c) Vollständiger Zugang.** Nach den Ausführungen des Verordnungsgebers in der Verordnungsbegründung zu § 41 Abs. 1 VgV sind Vergabeunterlagen dann vollständig abrufbar, wenn über die Internetadresse in der Bekanntmachung sämtliche Vergabeunterlagen und nicht nur Teile derselben abgerufen werden können.[14] Dementsprechend ist der Zugang zu alternativen elektronischen Mitteln dann vollständig, wenn über die Internetadresse in der Bekanntmachung die vollständige Kommunikation und nicht nur ein Teil der Kommunikation mithilfe der alternativen elektronischen Mittel erfolgt bzw. erreichbar ist.[15]

17   **d) Weitere Aspekte.**[16] § 12 Abs. 1 VgV hat lediglich Art. 22 Abs. 5 UA 2 lit. a) RL 2014/24/EU in die VgV übernommen. Art. 22 Abs. 5 UA 2 lit. b) und c) RL 2014/24/EU tauchen im Wortlaut des § 12 Abs. 1 VgV nicht auf. Nach Art. 22 Abs. 5 UA 2 lit. b) RL 2014/24/EU haben öffentliche Auftraggeber, wenn sie einen geeigneten alternativen Zugang anbieten, zu gewährleisten, dass Bieter ohne Zugang zu den betreffenden Instrumenten und Vorrichtungen und ohne Möglichkeit, diese innerhalb der einschlägigen Fristen zu beschaffen, sofern das Fehlen des Zugangs nicht dem betreffenden Bieter zuzuschreiben ist, Zugang zum Vergabeverfahren mittels provisorischer Token haben, die online unentgeltlich zur Verfügung gestellt werden. Nach Art. 22 Abs. 5 UA 2 lit. c) RL 2014/24/EU haben öffentliche Auftraggeber, wenn sie einen geeigneten alternativen Zugang anbieten, einen alternativen Kanal für die elektronische Einreichung von Angeboten zu unterstützen. Ob öffentliche Auftraggeber, die ihre alternativen elektronischen Kanäle nach Art. 22 Abs. 5 UA 2 lit. b) RL 2014/24/EU bzw. nach Art. 22 Abs. 5 UA 2 lit. c) RL 2014/24/EU ausgestalten, auch nach dem deutschen Vergaberecht zulässige alternative elektronische Mittel verwenden, ist nicht eindeutig. So wird die Meinung vertreten, dass die fehlende Umsetzung dieser beiden Regelungen in deutsches Recht nicht bedeute, dass der öffentliche Auftraggeber von der Möglichkeit, online unentgeltlich provisorische Token

---

[14] BT-Drucks. 18/7318, S. 181.
[15] Vgl. zu „vollständig" und „direkt" auch *Müller* in KKMPP, Kommentar zur VgV, 2017, § 12 Rn. 13.
[16] Vgl. hierzu auch die Ausführungen bei *Wankmüller* Das neue Vergaberecht, 2014, S. 240.

zur Verfügung zu stellen oder einen alternativen Kanal für die elektronische Einreichung von Angeboten zu unterstützen, keinen Gebrauch machen dürfe.[17] Aufschlussreich ist hier die Verordnungsbegründung. Darin wird ausgeführt, dass in den Fällen, in denen die öffentlichen Auftraggeber keinen uneingeschränkten, vollständigen und direkten Zugang zu den verwendeten alternativen elektronischen Mitteln einräumen können und das Fehlen eines solchen Zuganges nicht auf dem Verschulden des betreffenden Unternehmens beruht, sie zu den verwendeten alternativen elektronischen Mitteln anderweitig Zugang gewähren müssen, und die öffentlichen Auftraggeber beispielsweise Zugang zu den verwendeten alternativen elektronischen Mitteln gewähren können, indem sie spezielle sichere Kanäle zur Nutzung vorschreiben, zu denen sie individuellen Zugang gewähren.[18] Diese Formulierung erinnert, in abgewandelter Form, doch sehr an die Regelung des Art. 22 Abs. 5 UA 2 lit. b) RL 2014/24/EU, denn provisorische Token, die online unentgeltlich zur Verfügung gestellt werden, sind Softwarelösungen zur Identifizierung und Authentifizierung von Benutzern und damit spezielle sichere Kanäle zur Nutzung, zu denen individueller Zugang gewährt wird. Damit ist § 12 Abs. 1 VgV dahingehend einzuschränken, dass in den Fällen, die in der Verordnungsbegründung erwähnt werden, anderweitige Zugänge zur Verfügung gestellt werden können, die sich an der Regelung des Art. 22 Abs. 5 UA 2 lit. b) RL 2014/24/EU orientieren. Letztendlich dürfte auch Art. 22 Abs. 5 UA 2 lit. c) RL 2014/24/EU zulässig sein, denn in der Verordnungsbegründung wird die „Token-Lösung" nur als ein Beispiel erwähnt, so dass die Einrichtung eines alternativen Kanals für die elektronische Einreichung von Angeboten ein weiteres Beispiel im Sinne der Verordnungsbegründung ist.

2. Eigene Verwendung alternativer elektronischer Mittel, § 12 Abs. 1 Nr. 2 VgV

Keine Entsprechung in der RL 2014/24/EU findet hingegen § 12 Abs. 1 Nr. 2 VgV. **18** Dass der öffentliche Auftraggeber dieselben elektronischen Mittel verwendet, die er den Unternehmen vorgibt, dürfte allerdings eine Selbstverständlichkeit sein. Zu beachten ist hier, dass der öffentliche Auftraggeber nur verpflichtet ist, die alternativen elektronischen Mittel in dem Verfahren zu verwenden, für das er die Verwendung von den Unternehmen verlangt hat. In anderen Vergabeverfahren muss er die alternativen elektronischen Mittel nicht verwenden.

III. Elektronische Mittel für die Bauwerksmodellierung, § 12 Abs. 2 VgV

Nach § 12 Abs. 2 S. 1 VgV kann der öffentliche Auftraggeber im Rahmen der Vergabe **19** von Bauleistungen und für Wettbewerbe die Nutzung elektronischer Mittel für die Bauwerksmodellierung verlangen. Diese Vorschrift geht zurück auf Art. 22 Abs. 4 S. 1 RL 2014/24/EU, wonach die Mitgliedstaaten für öffentliche Bauaufträge und Wettbewerbe die Nutzung spezifischer elektronischer Instrumente, wie z.B. elektronische Instrumente für die Gebäudedatenmodellierung oder dergleichen, verlangen können.

Der Sinn der Vorschrift erschließt sich nicht unmittelbar. Denn zum einen sind elektro- **20** nische Mittel im Kontext des Abschnitt 1, Unterabschnitt 2 der VgV ausschließlich für die Kommunikation in einem Vergabeverfahren verpflichtend und relevant, § 9 Abs. 1 VgV, die Pflicht zu ihrer Verwendung erstreckt sich jedoch nicht auf Bestandteile des Verfahrens, die auf die Vergabe des Auftrags folgen.[19] Zum anderen handelt es sich bei den in § 12 Abs. 2 S. 1 VgV erwähnten elektronischen Mitteln für die Bauwerksmodellierung um sogenannte BIM-Systeme *(„building information modeling systems")*, also um eine Methode zur Erstellung und Nutzung intelligenter digitaler Bauwerksmodelle, die es sämtlichen Projekt-

---

[17] *Müller* in KKMPP, Kommentar zur VgV, 2017, § 12 Rn. 14.
[18] BT-Drucks. 18/7318, S. 155.
[19] RL 2014/24/EU, Erwägungsgrund 52.

beteiligten ermöglichen, bei Planung und Realisierung auf eine gemeinsame Datenbasis zurückzugreifen, wobei Projektbeteiligte zum Beispiel Architekten, Ingenieure, Bauherren oder Bauausführende sein können.[20] Es ist schwer vorstellbar, inwieweit solche BIM-Systeme während eines laufenden Vergabeverfahrens eingesetzt werden können.

21　　§ 12 Abs. 2 S. 1 VgV ist deshalb anders auszulegen. Es wird hier den öffentlichen Auftraggebern die Möglichkeit eingeräumt, im Rahmen der Vergabe eines Bauauftrages oder im Zusammenhang mit der Ausrichtung eines Planungswettbewerbes von dem Unternehmen, auf dessen Angebot der Zuschlag erteilt wird, zu verlangen, dass für die Ausführung öffentlicher Aufträge elektronische Mittel für die Bauwerksdatenmodellierung, mithin BIM-Systeme, genutzt werden.[21] Es handelt sich also um eine besondere Bedingung für die Ausführung eines Auftrags nach § 128 Abs. 2 GWB.[22] Öffentliche Auftraggeber sind aufgrund des § 12 Abs. 2 S. 1 VgV jedoch nicht verpflichtet, die Nutzung von BIM-Systemen bei der Ausführung von Aufträgen vorzuschreiben, machen sie jedoch von dem Einsatz solcher digitaler Bauwerksdatenmodellierungssysteme Gebrauch, müssen die öffentlichen Auftraggeber allgemein zugängliche offene Schnittstellen, die produktneutrale Ausschreibungen ermöglichen, gewährleisten.[23]

22　　Sofern die verlangten elektronischen Mittel für die Bauwerksmodellierung nicht allgemein verfügbar sind, dann hat der öffentliche Auftraggeber einen alternativen Zugang zu ihnen gemäß § 12 Abs. 1 VgV anzubieten. Diese Regelung geht auf Art. 22 Abs. 4 RL 2014/24/EU zurück, wonach die öffentlichen Auftraggeber alternative Zugänge gemäß Art. 22 Abs. 5 RL 2014/24/EU bis zu dem Zeitpunkt anzubieten haben, zu dem die Instrumente für die Gebäudedatenmodellierung oder dergleichen allgemein zur Verfügung stehen. Hieraus folgt, dass die Verpflichtung aus § 12 Abs. 2 S. 1 VgV nur so lange besteht, solange die verlangten elektronischen Mittel für die Bauwerksmodellierung nicht allgemein verfügbar sind.

---

[20] BT-Drucks. 18/7318, S. 156.
[21] BT-Drucks. 18/7318, S. 155 f.
[22] *Müller* in KKMPP, Kommentar zur VgV, 2017, § 12 Rn. 20.
[23] BT-Drucks. 18/7318, S. 156.

§ 13 Allgemeine Verwaltungsvorschriften

Die Bundesregierung kann mit Zustimmung des Bundesrates allgemeine Verwaltungsvorschriften über die zu verwendenden elektronischen Mittel (Basisdienste für die elektronische Auftragsvergabe) sowie über die einzuhaltenden technischen Standards erlassen.

Übersicht

	Rn.		Rn.
A. Einführung	1	III. Rechtliche Vorgaben im EU-Recht .	3
I. Literatur	1	B. Kommentierung	4
II. Entstehungsgeschichte	2		

A. Einführung

I. Literatur

Kulartz/Kus/Marx/Portz/Prieß, Kommentar zur VgV, 2017.   **1**

II. Entstehungsgeschichte

Vgl. hierzu die allgemeinen Ausführungen bei § 9 VgV.   **2**

III. Rechtliche Vorgaben im EU-Recht

Die rechtlichen Grundlagen zu § 13 VgV finden sich in Art. 22 Abs. 7 UA 3 RL **3**
2014/24/EU. Ergänzt wird dies durch den Erwägungsgrund 56 RL 2014/24/EU.

B. Kommentierung

Die Vorschrift gibt der Bundesregierung die Befugnis, Allgemeine Verwaltungsvorschrif- **4**
ten zu erlassen, die Regelungen über die für das Senden, Empfangen, Weiterleiten und
Speichern von Daten in einem Vergabeverfahren zu verwendenden elektronischen Geräte
und Programme oder über die einzuhaltenden technischen Standards treffen. Eine Legaldefinition der elektronischen Mittel ist in § 13 VgV nicht enthalten, diese findet sich ausschließlich in § 9 Abs. 1 VgV.[1] Unter der in Klammern gesetzten Formulierung „Basisdienste für die elektronische Auftragsvergabe" sind dabei elektronische Systeme und
Komponenten, die für die Durchführung von Vergabeverfahren genutzt werden, zu verstehen, zum Beispiel elektronische Ausschreibungsplattformen oder Server, die im Zusammenhang mit der Durchführung von Vergabeverfahren zentral zur Verfügung gestellt
werden.[2] Zu diesen sowie über die einzuhaltenden technischen Standards kann die Bundesregierung allgemeine Verwaltungsvorschriften erlassen. Rechtliche Grundlage für die Ermächtigung in § 13 VgV ist im Verhältnis zur Bundesverwaltung Artikel 86 GG und im
Verhältnis zur Landesverwaltung Artikel 84 Absatz 2 GG.

Das Motiv des Verordnungsgebers war insbesondere die Vorgabe verbindlicher Standards, **5**
gerade auch mit Blick auf die bei der Bundesverwaltung und ebenso in den Ländern und

---

[1] *Müller* in KKMPP, Kommentar zur VgV, 2017, § 13 Rn. 9. Vgl. zur Definition der elektronischen Mittel im Vergabeverfahren die Kommentierung zu § 9 VgV.
[2] BT-Drucks. 18/7318, S. 156.

Kommunen zunehmende Zentralisierung der Auftragsvergabe beziehungsweise mit Blick auf die Einrichtung entsprechender Dienstleistungszentren, wobei dies beispielsweise Schnittstellenstandards wie die XVergabe betrifft.[3] Der Verordnungsgeber weist ausdrücklich darauf hin, dass Interoperabilitäts- und Sicherheitsstandards der Informationstechnik gemäß § 3 Absatz 1 des Vertrags über die Errichtung des IT-Planungsrats und über die Grundlagen der Zusammenarbeit beim Einsatz der Informationstechnologie in den Verwaltungen von Bund und Ländern vom 1. April 2010 Vorrang vor konkurrierenden Standards in gemäß § 13 erlassenen allgemeinen Verwaltungsvorschriften haben.[4] § 10 Abs. 2 VgV hat somit Vorrang vor § 13 VgV.

---

[3] BT-Drucks. 18/7318, S. 156.
[4] BT-Drucks. 18/7318, S. 156.

Abschnitt 2. Vergabeverfahren

Unterabschnitt 1. Verfahrensarten

§ 14 Wahl der Verfahrensart

(1) Die Vergabe von öffentlichen Aufträgen erfolgt nach § 119 des Gesetzes gegen Wettbewerbsbeschränkungen im offenen Verfahren, im nicht offenen Verfahren, im Verhandlungsverfahren, im wettbewerblichen Dialog oder in der Innovationspartnerschaft.

(2) Dem öffentlichen Auftraggeber stehen das offene Verfahren und das nicht offene Verfahren, das stets einen Teilnahmewettbewerb erfordert, nach seiner Wahl zur Verfügung. Die anderen Verfahrensarten stehen nur zur Verfügung, soweit dies durch gesetzliche Bestimmungen oder nach den Absätzen 3 und 4 gestattet ist.

(3) Der öffentliche Auftraggeber kann Aufträge im Verhandlungsverfahren mit Teilnahmewettbewerb oder im wettbewerblichen Dialog vergeben, wenn

1. die Bedürfnisse des öffentlichen Auftraggebers nicht ohne die Anpassung bereits verfügbarer Lösungen erfüllt werden können,
2. der Auftrag konzeptionelle oder innovative Lösungen umfasst,
3. der Auftrag aufgrund konkreter Umstände, die mit der Art, der Komplexität oder dem rechtlichen oder finanziellen Rahmen oder den damit einhergehenden Risiken zusammenhängen, nicht ohne vorherige Verhandlungen vergeben werden kann,
4. die Leistung, insbesondere ihre technischen Anforderungen, vom öffentlichen Auftraggeber nicht mit ausreichender Genauigkeit unter Verweis auf eine Norm, eine Europäische Technische Bewertung (ETA), eine gemeinsame technische Spezifikation oder technische Referenzen im Sinne der Anlage 1 Nummer 2 bis 5 beschrieben werden kann oder
5. im Rahmen eines offenen oder nicht offenen Verfahrens keine ordnungsgemäßen oder nur unannehmbare Angebote eingereicht wurden; nicht ordnungsgemäß sind insbesondere Angebote, die nicht den Vergabeunterlagen entsprechen, nicht fristgerecht eingereicht wurden, nachweislich auf kollusiven Absprachen oder Korruption beruhen oder nach Einschätzung des öffentlichen Auftraggebers ungewöhnlich niedrig sind; unannehmbar sind insbesondere Angebote von Bietern, die nicht über die erforderlichen Qualifikationen verfügen, und Angebote, deren Preis die vor Einleitung des Vergabeverfahrens festgelegten und dokumentierten eingeplanten Haushaltsmittel des öffentlichen Auftraggebers übersteigt; der öffentliche Auftraggeber kann in diesen Fällen von einem Teilnahmewettbewerb absehen, wenn er in das Verhandlungsverfahren alle geeigneten Unternehmen einbezieht, die form- und fristgerechte Angebote abgegeben haben.

(4) Der öffentliche Auftraggeber kann Aufträge im Verhandlungsverfahren ohne Teilnahmewettbewerb vergeben,

1. wenn in einem offenen oder einem nicht offenen Verfahren keine oder keine geeigneten Angebote oder keine geeigneten Teilnahmeanträge abgegeben worden sind, sofern die ursprünglichen Bedingungen des Auftrags nicht grundlegend geändert werden; ein Angebot gilt als ungeeignet, wenn es ohne Abänderung den in den Vergabeunterlagen genannten Bedürfnissen und Anforderungen des öffentlichen Auftraggebers offensichtlich nicht entsprechen kann; ein Teilnahmeantrag gilt als ungeeignet, wenn das Unternehmen aufgrund eines zwingenden oder fakultativen Ausschlussgrunds nach den §§ 123 und 124 des Gesetzes gegen Wettbewerbsbeschränkungen auszuschließen ist oder ausgeschlossen werden kann oder wenn es die Eignungskriterien nicht erfüllt,
2. wenn der Auftrag nur von einem bestimmten Unternehmen erbracht oder bereitgestellt werden kann,
   a) weil ein einzigartiges Kunstwerk oder eine einzigartige künstlerische Leistung erschaffen oder erworben werden soll,

b) weil aus technischen Gründen kein Wettbewerb vorhanden ist oder

c) wegen des Schutzes von ausschließlichen Rechten, insbesondere von gewerblichen Schutzrechten,

3. wenn äußerst dringliche, zwingende Gründe im Zusammenhang mit Ereignissen, die der betreffende öffentliche Auftraggeber nicht voraussehen konnte, es nicht zulassen, die Mindestfristen einzuhalten, die für das offene und das nicht offene Verfahren sowie für das Verhandlungsverfahren mit Teilnahmewettbewerb vorgeschrieben sind; die Umstände zur Begründung der äußersten Dringlichkeit dürfen dem öffentlichen Auftraggeber nicht zuzurechnen sein,

4. wenn eine Lieferleistung beschafft werden soll, die ausschließlich zu Forschungs-, Versuchs-, Untersuchungs- oder Entwicklungszwecken hergestellt wurde; hiervon nicht umfasst ist die Serienfertigung zum Nachweis der Marktfähigkeit des Produkts oder zur Deckung der Forschungs- und Entwicklungskosten,

5. wenn zusätzliche Lieferleistungen des ursprünglichen Auftragnehmers beschafft werden sollen, die entweder zur teilweisen Erneuerung oder Erweiterung bereits erbrachter Leistungen bestimmt sind, und ein Wechsel des Unternehmens dazu führen würde, dass der öffentliche Auftraggeber eine Leistung mit unterschiedlichen technischen Merkmalen kaufen müsste und dies eine technische Unvereinbarkeit oder unverhältnismäßige technische Schwierigkeiten bei Gebrauch und Wartung mit sich bringen würde; die Laufzeit dieser öffentlichen Aufträge darf in der Regel drei Jahre nicht überschreiten,

6. wenn es sich um eine auf einer Warenbörse notierte und gekaufte Lieferleistung handelt,

7. wenn Liefer- oder Dienstleistungen zu besonders günstigen Bedingungen bei Lieferanten, die ihre Geschäftätigkeit endgültig einstellen, oder bei Insolvenzverwaltern oder Liquidatoren im Rahmen eines Insolvenz-, Vergleichs- oder Ausgleichsverfahrens oder eines in den Vorschriften eines anderen Mitgliedstaats der Europäischen Union vorgesehenen gleichartigen Verfahrens erworben werden,

8. wenn im Anschluss an einen Planungswettbewerb im Sinne des § 69 ein Dienstleistungsauftrag nach den Bedingungen dieses Wettbewerbs an den Gewinner oder an einen der Preisträger vergeben werden muss; im letzteren Fall müssen alle Preisträger des Wettbewerbs zur Teilnahme an den Verhandlungen aufgefordert werden, oder

9. wenn eine Dienstleistung beschafft werden soll, die in der Wiederholung gleichartiger Leistungen besteht, die durch denselben öffentlichen Auftraggeber an das Unternehmen vergeben werden, das den ersten Auftrag erhalten hat, sofern sie einem Grundprojekt entsprechen und dieses Projekt Gegenstand des ersten Auftrags war, das im Rahmen eines Vergabeverfahrens mit Ausnahme eines Verhandlungsverfahrens ohne Teilnahmewettbewerb vergeben wurde; die Möglichkeit der Anwendung des Verhandlungsverfahrens muss bereits in der Auftragsbekanntmachung des ersten Vorhabens angegeben werden; darüber hinaus sind im Grundprojekt bereits der Umfang möglicher Dienstleistungen sowie die Bedingungen, unter denen sie vergeben werden, anzugeben; der für die nachfolgenden Dienstleistungen in Aussicht genommene Gesamtauftragswert wird vom öffentlichen Auftraggeber bei der Berechnung des Auftragswerts berücksichtigt; das Verhandlungsverfahren ohne Teilnahmewettbewerb darf nur innerhalb von drei Jahren nach Abschluss des ersten Auftrags angewandt werden.

(5) Im Falle des Absatzes 4 Nummer 1 ist der Europäischen Kommission auf Anforderung ein Bericht vorzulegen.

(6) Die in Absatz 4 Nummer 2 Buchstabe b und c genannten Voraussetzungen für die Anwendung des Verhandlungsverfahrens ohne Teilnahmewettbewerb gelten nur dann, wenn es keine vernünftige Alternative oder Ersatzlösung gibt und der mangelnde Wettbewerb nicht das Ergebnis einer künstlichen Einschränkung der Auftragsvergabeparameter ist.

Übersicht

	Rn.			Rn.
A. Einführung	1		nahmeanträge im offenen oder nicht offenem Verfahren (Abs. 4 Nr. 1)	33
I. Literatur	1			
II. Entstehungsgeschichte	2		II. Auftragsdurchführung nur durch ein bestimmtes Unternehmen möglich (Abs. 4 Nr. 2)	41
III. Rechtliche Vorgaben im EU-Recht	7			
B. Die Verfahrensarten (Abs. 1)	8		III. Zwingende Dringlichkeit aufgrund unvorhersehbarer, dem Auftraggeber nicht zuzurechnender Ereignisse (Abs. 4 Nr. 3)	45
C. Hierarchie des Verfahrens (Abs. 2)	11			
I. Wahlfreiheit zwischen offenem und nicht offenem Verfahren	11		IV. Lieferleistung zu Forschungs-, Versuchs-, Untersuchungs- oder Entwicklungszwecken (Abs. 4 Nr. 4)	52
II. Vor- und Nachteile von offenem und nicht offenem Verfahren	15			
III. Keine Wahlfreiheit für weitere Verfahrensarten	18		V. Beschaffung zusätzlicher Lieferleistungen des ursprünglichen Auftragnehmers (Abs. 4 Nr. 5)	55
IV. Folgen bei Wahl der unzulässigen Verfahrensart	21		VI. Auf Warenbörse notierte und gekaufte Lieferleistung (Abs. 4 Nr. 6)	58
D. Verhandlungsverfahren mit Teilnahmewettbewerb oder wettbewerblicher Dialog (Abs. 3)	24		VII. Liefer- oder Dienstleistungen zu besonders günstigen Bedingungen (Abs. 4 Nr. 7)	59
I. Anpassung bereits verfügbarer Lösungen (Abs. 3 Nr. 1)	27		VIII. Aufträge im Anschluss an Planungswettbewerb (Abs. 4 Nr. 8)	60
II. Konzeptionelle oder innovative Lösungen (Abs. 3 Nr. 2)	28		IX. Wiederholung gleichartiger Dienstleistungen (Abs. 4 Nr. 9)	61
III. Erfordernis vorheriger Verhandlungen aufgrund konkreter Umstände (Abs. 3 Nr. 3)	29		F. Berichtspflichten im Falle des Abs. 4 Nr. 1 (Abs. 5)	63
IV. Mangelnde Beschreibbarkeit der Leistung (Abs. 3 Nr. 4)	30		G. Zusätzliche Voraussetzungen für Verhandlungsverfahren nach Abs. 4 Nr. 2 Buchst. a und b (Abs. 6)	65
V. Keine ordnungsgemäßen oder nur unannehmbare Angebote im offenen oder nicht offenem Verfahren (Abs. 3 Nr. 5)	31			
E. Verhandlungsverfahren ohne Teilnahmewettbewerb (Abs. 4)	32			
I. Keine oder keine geeigneten Angebote oder keine geeigneten Teil-				

A. Einführung

I. Literatur

Bühlmeier, Die Entgeltregulierung von Personenbahnhöfen nach neuer Rechtslage, N&R 2017, 93; *Schimanek,* Anforderungen an eine Markterkundung für eine produktspezifische Ausschreibung, jurisPR-VergR 1/2017 Anm. 6; *Sang,* Direktvergabe nach § 14 Abs. 4 Nr. 2b VgV und Leistungsbestimmungsrecht des Auftraggebers, jurisPR-VergR 5/2017 Anm 4; *Esch/Feldmann,* Die geplanten Neuregelungen zur ambulanten Zytostatikaversorgung im GKV-Arzneimittelversorgungsstärkungsgesetz, PharmR 2017, 1; *Otting/Ziegler,* Elektronische Marktplätze als Warenbörsen im Sinne des Vergaberechts, VergabeR 2017, 26; *Rechten/Engel,* Die Qual der Wahl – Verfahrensarten des „neuen" Vergaberechts, KommunalPraxis spezial 2016, 75; *Favier/Schüler,* Etablierte Regeln für das Verhandlungsverfahren mit Teilnahmewettbewerb auf dem Prüfstand des neuen Rechts, ZfBR 2016, 761; *Portz,* Das neue Vergaberecht 2016, KommunalPraxis spezial 2016, 58; *Kirch,* Der neue Weg zum Hoflieferanten? – Ausschließlichkeitsrechte, Vertragsfreiheit und vergaberechtliche Folgen, NZBau 2016, 742; *Otting,* Leistungen zur Versorgung von Flüchtlingen: Fachlosvergabe erforderlich! VPR 2016, 213; *Schimanek,* Anmerkung zu VK München, Beschl. v. 12.8.2016, Z3-3-3194-1-27-07-17, jurisPR-VergR 2/2016 Anm. 5; *Schaller,* Neues EU-Vergabeverfahren Innovationspartnerschaft – Forschungsförderung und Deckung des innovativen Beschaffungsbedarfs, LKV 2017, 62; *Byok,* Die Entwicklung des Vergaberechts seit 2015, NJW 2016, 1494; *Meyer-Hofmann/Tönnemann,* Stromeinkauf an der European Energy Exchange – Ein Fall für das Verhandlungsverfahren ohne vorherige Bekanntma-

1

chung?, ZfBR 2009, 554; *Radke/Hilgert/Mardorf,* Die Beschaffung von juristischen Datenbanken als Vergabeproblem, NVwZ 2008, 1070; vgl. außerdem die Literatur zu § 119 GWB, Rn. 1 in Burgi/Dreher, Beck'scher Vergaberechtskommentar Bd. 1.

II. Entstehungsgeschichte

2   § 14 VgV bildet systematisch den Anfang des 2. Abschnitts „Vergabeverfahren" und eröffnet zudem den 1. Unterabschnitt „Verfahrensarten". Erstmals werden in diesem Unterabschnitt die verschiedenen Verfahrensarten detailliert beschrieben. Solch detaillierte Beschreibungen fanden sich weder in der Vergabekoordinierungsrichtlinie RL 2004/18/EG noch in der bisherigen EG VOL/A. § 14 VgV regelt die **Wahl der Verfahrensart** und stellt damit einen wichtigen **Grundpfeiler** für die Durchführung des Vergabeverfahrens dar.

3   § 14 Abs. 1 VgV ist inhaltlich identisch mit § 119 Abs. 1 GWB. Er nennt die verschiedenen Verfahrensarten, die in den folgenden Paragrafen des Unterabschnitts „Verfahrensarten" jeweils in ihren wesentlichen Zügen definiert werden. In der Umsetzung wird so der Zielsetzung der Vergaberechtsmodernisierung, der übersichtlicheren und anwenderfreundlicheren Ausgestaltung des gesamten Verfahrens, gefolgt.[1]

4   Die weiteren Absätze des § 14 VgV sowie die novellierte Vergabeverordnung insgesamt **konkretisieren** die einzelnen Verfahrensschritte im Einklang und **ergänzend zu § 119 GWB.**[2] Die einzelnen Verfahrensarten entsprechen folglich denen des § 119 GWB, wobei der öffentliche Auftraggeber zwischen offenem und nicht offenem Verfahren wählen kann. Diese **Wahlfreiheit zwischen offenem und nicht offenem Verfahren** stellt eine wesentliche Neuerung gegenüber der vorherigen Regelung in § 3 EG VOL/A dar. Die bislang geltende Hierarchie wurde für das offene und nicht offene Verfahren abgeschafft. Die übrigen Verfahren gelangen hingegen nur zur Anwendung, wenn die Absätze 3 und 4 VgV und § 19 VgV dies vorsehen.

5   Mit der Vergaberechtsmodernisierung wurde die **Innovationspartnerschaft als neue Verfahrensart** eingeführt. Sie soll die Beschaffung noch nicht auf dem Markt zugänglicher, innovativer Leistungen ermöglichen.

6   Insgesamt hat die VgV im Zuge der Reform eine zentralere Rolle eingenommen. Dies ist zurückzuführen auf die Inkorporation der VOF und EG VOL/A in die VgV und die Neuordnung der VOB/A.[3]

III. Rechtliche Vorgaben im EU-Recht

7   § 14 VgV und § 119 GWB setzen **Art. 26 der RL 2014/24/EU** um. So ist insbesondere auch die Einführung der Innovationspartnerschaft als neue Verfahrensart auf diese Richtlinie zurückzuführen. Die nunmehr normierte Wahlfreiheit des Auftraggebers zwischen offenem und nicht offenem Verfahren basiert auf der **Zielsetzung** der RL 2014/24/EU, den Auftraggebern mehr **Flexibilität bei der Wahl der Verfahrensart** zu ermöglichen.[4]

B. Die Verfahrensarten (Abs. 1)

8   In § 14 Abs. 1 VgV, der sich ausdrücklich auf den gleichlautenden § 119 GWB bezieht, sind als zulässige **Verfahrensarten zur Vergabe von Liefer- und Dienstleistungsaufträgen** vorgesehen:
– Offenes Verfahren

---

[1] Vgl. → GWB § 119 Rn. 5.
[2] Näher hierzu → GWB § 119 Rn. 6.
[3] Vgl. → GWB § 119 Rn. 7.
[4] Näher → GWB § 119 Rn. 12.

– Nicht offenes Verfahren
– Verhandlungsverfahren
– Wettbewerblicher Dialog
– Innovationspartnerschaft

Die Aufzählung der fünf Verfahrensarten ist **abschließend**. Im Einzelnen sind sie in den **9** folgenden Paragraphen (§§ 15–19 VgV) geregelt. Zu berücksichtigen ist stets, dass die letzten drei aufgezählten Verfahrensarten nur Anwendung finden dürfen, wenn die entsprechenden Ausnahmevoraussetzungen in § 14 Abs. 3 und 4 VgV, § 19 VgV, § 65 Abs. 1 VgV und § 74 VgV erfüllt sind. Bei den jeweiligen Verfahrensarten werden die Elemente, die in mehreren Verfahrensarten gleich sind, auch identisch geregelt, um bei der Anwendung den Wiedererkennungswert und die Übersichtlichkeit zu steigern.[5]

Die §§ 14 bis 20 VgV gelten ausschließlich für Vergabeverfahren zur Vergabe von Liefer- **10** und Dienstleistungsaufträgen. Sie sind **nicht anwendbar auf Bauaufträge,** vgl. § 2 S. 1 VgV. Letztlich gelten jedoch zumindest die verschiedenen Vergabeverfahrensarten einheitlich für die Vergabe von öffentlichen Liefer-, Bau- und Dienstleistungsaufträgen sowie für freiberufliche Leistungen, da auch § 3 S. 1 EU VOB/A insoweit gleichlautend mit § 14 Abs. 1 VgV ist. Abgesehen von der **unterschiedlichen Terminologie** entsprechen die Verfahrensarten der VgV im Wesentlichen den Verfahrensarten, die im Anwendungsbereich des 1. Abschnitts der VOL/A und der VOB/A sowie der Unterschwellenvergabeordnung (UVgO) gelten. Die Terminologie der Verfahrensarten in der VgV entspricht derjenigen aus Art. 26 der RL 2014/24/EU. Die Terminologie in der VOLA/A und der VOB/A sowie in der Unterschwellenvergabeordnung sind demnach grob wie folgt:

14 VgV	§ 3 VOL/A bzw. § 3 VOB/A	§ 8 UVgO
Offenes Verfahren	Öffentliche Ausschreibung	Öffentliche Ausschreibung
Nicht offenes Verfahren	Beschränkte Ausschreibung	Beschränkte Ausschreibung
Verhandlungsverfahren	Freihändige Vergabe	Verhandlungsvergabe
Wettbewerblicher Dialog	Keine Entsprechung	Keine Entsprechung
Innovationspartnerschaft	Keine Entsprechung	Keine Entsprechung

C. Hierarchie des Verfahrens (Abs. 2)

I. Wahlfreiheit zwischen offenem und nicht offenem Verfahren

In § 14 Abs. 2 VgV wird inhaltlich identisch mit § 119 Abs. 2 GWB das Verhältnis der **11** Verfahrensarten untereinander geregelt. Mit der Novellierung des Vergaberechts 2016 wurde der Vorrang des offenen Verfahrens aufgegeben. Dies gilt jedenfalls soweit die öffentlichen Auftraggeber nunmehr gemäß § 14 Abs. 2 S. 1 VgV zwischen offenem und nicht offenem Verfahren grundsätzlich frei wählen können. Das offene und nicht offene Verfahren wurden gleichgestellt. In § 119 Abs. 3 und 4 GWB werden das offene und das nicht offene Verfahren legaldefiniert.[6] Die Auftraggeber können nunmehr die Vor- und Nachteile der beiden Verfahrensarten abwägen und das für die jeweilige Auftragsvergabe **geeignetste Verfahren auswählen.** Dabei sollte auch die **Ratio des Gesetzgebers** berücksichtigt werden. In der Gesetzesbegründung zu § 14 Abs. 2 VgV führt dieser aus, dass die Entscheidung des öffentlichen Auftraggebers über die Verfahrensart unter Berücksichtigung geeigneter Maßnahmen zur Verhütung von Korruption zu treffen ist, wobei ein größtmöglicher Wettbewerb sowie ein hohes Maß an Transparenz sicherzustellen ist.[7] Al-

---

[5] BT-Drs. 18/7318, 156.
[6] → GWB § 119 Rn. 19, 22.
[7] BT-Drs. 18/7318, 157.

lerdings ist nicht davon auszugehen, dass der Gesetzgeber mit dieser Formulierung den insoweit klaren Gesetzeswortlaut, also die Wahlfreiheit, einschränken wollte, sondern vielmehr den Auftraggebern eine wegweisende Hilfestellung und Orientierung bei der Wahl der Verfahrensart zur Hand geben wollte. Gleichwohl sind öffentliche Auftraggeber gut beraten, auch die Gründe für die Wahl eines offenen oder nicht offenen Verfahrens gleichwohl zu dokumentieren. Teilweise wird sogar von einem versteckten Vorrang des offenen Verfahrens gesprochen.[8] § 30 Haushaltsgrundsätzegesetz (HGrG) sowie § 55 Abs. 1 Bundeshaushaltsordnung (BHO) sowie die entsprechenden Vorschriften der Länderhaushaltsordnungen und Gemeindehaushaltsordnungen räumten bislang der öffentlichen Ausschreibung den Vorrang ein, sofern nicht die Natur des Geschäftes oder besondere Umstände eine Ausnahme rechtfertigen. Jedoch sind Änderungen von HGrG und BHO beschlossen. Die Änderungen sind vorgesehen als Voraussetzung für die Einführung der UVgO, weil diese – genauso wie das Kartellvergaberecht – anders als die bisherigen Regelungen für den Unterschwellenbereich den Auftraggebern die freie Wahl zwischen der öffentlichen Ausschreibung und der beschränkten Ausschreibung mit Teilnahmewettbewerb zulässt. Dies steht der Novellierung des Vergaberechts im Unterschwellenbereich bisher entgegen. Die Änderung ist Teil des Gesetzespaketes zur Neuregelung des bundesstaatlichen Finanzausgleiches. Verabschiedet wurde das Gesetz in einer vom ursprünglichen Gesetzesvorschlag abweichenden Fassung.[9] § 30 HGrG und § 55 BHO sehen zukünftig vor, dass die öffentliche Ausschreibung und die Beschränkte Ausschreibung mit Teilnahmewettbewerb gleichrangig für den Abschluss von Verträgen über Lieferungen und Leistungen vorausgehen muss. Insoweit können die beiden Vorschriften aus der BHO und des HGrG nicht (mehr) als Argument angeführt werden, um einen (versteckten) Vorrang des offenen Verfahrens zu begründen. § 97 Abs. 1 Satz 2 GWB normiert aber den Grundsatz der Wirtschaftlichkeit. Daraus folgt, dass bei der Abwägung der beiden Verfahrensarten die konkrete Leistung unter Berücksichtigung der jeweiligen Marktsituation so beschafft werden muss, dass ein größtmöglicher Preis-/Leistungswettbewerb zur Ermittlung des wirtschaftlichsten Angebotes sowie die geringsten Prozesskosten auf Seiten des öffentlichen Auftraggebers entstehen.[10] In der Praxis dürfte es aber schwer sein, aus der Wahl des nicht offenen Verfahrens anstelle des offenen Verfahrens erfolgreich einen vergaberechtlichen Verstoß in einem Nachprüfungsverfahren aufgrund der Einschätzungsprärogative des Auftraggebers geltend zu machen. Ansonsten würde die neue eingeführte „Wahlfreiheit" zwischen offenem und nicht offenem Verfahren ins Gegenteil verkehrt werden und zur Rechtsunsicherheit führen.

12   Auch wenn der Gesetzgeber den Auftraggebern mit der Wahlfreiheit zwischen offenem und nicht offenem Verfahren mehr Flexibilität in die Hand gegeben hat, sollte nicht verkannt werden, dass Vergabeerleichterungen nicht notwendigerweise zu der gewünschten wirtschaftlicheren Beschaffung in der Vergangenheit geführt haben. So hat z.B. der Bundesrechnungshof die Auswirkungen der im Rahmen des Konjunkturpaketes II eingeführten Vergabeerleichterungen untersucht. Er kam dabei zum Ergebnis, dass die dabei verfolgten Ziele nicht erreicht worden seien, sondern vielmehr deutliche Nachteile beim Wettbewerb und bei der Wirtschaftlichkeit sowie eine erhöhte Korruptions- und Manipulationsgefahr festzustellen gewesen seien.[11]

---

[8] Vgl. *Wankmüller* Vergabeblog.de vom 01/11/2015, Nr. 23996, der von einem versteckten Vorrang des offenen Verfahrens spricht.

[9] BT-Drs. 18/12589.

[10] Vgl. *Wankmüller* Vergabeblog.de vom 01/11/2015, Nr. 23996.

[11] Vgl. Bericht des Bundesrechnungshofs an den Rechnungsprüfungsausschuss des Haushaltsausschusses des Deutschen Bundestages nach § 88 Abs. 2 BHO über die Auswirkungen der Vergaberechtslockerungen im Rahmen des Konjunkturpakets II auf die Beschaffung von Lieferungen und Leistungen durch die Bundesverwaltung, Gz.: I 5 – 2011 – 0758 Bonn, 11.8.2011, S. 3 sowie Bericht des Bundesrechnungshofs nach § 99 BHO über die Auswirkungen der Vergabeerleichterungen
des Konjunkturpakets II auf die Beschaffung von Bauleistungen und freiberuflichen Leistungen bei den Bauvorhaben des Bundes, 9.2.2012, S. 4 ff.

Der Auftraggeber kann grundsätzlich auch bei Vorliegen eines gesetzlich definierten **13** Ausnahmefalls für die Anwendbarkeit der weiteren Verfahrensarten (Verhandlungsverfahren, wettbewerblicher Dialog, Innovationspartnerschaft) das offene oder nicht offene Verfahren wählen. Dies folgt aus der Formulierung des § 14 Abs. 2 S. 2 VgV „die anderen Verfahrensarten stehen nur zur Verfügung, soweit …". Ausnahmsweise kann sich aus der einschlägigen Regelung nach Sinn und Zweck aber ergeben, dass die **wettbewerbsintensivere Verfahrensart** unzulässig ist. Beispielsweise ist dies (denknotwendig) der Fall, wenn der Auftrag nicht ohne vorherige Verhandlungen vergeben werden kann (§ 14 Abs. 3 Nr. 3 VgV), die Leistung durch den Auftraggeber nicht mit ausreichender Genauigkeit beschrieben werden kann (§ 14 Abs. 3 Nr. 4 VgV) oder der Auftrag nur von einem bestimmten Unternehmen erbracht oder bereitgestellt werden kann (§ 14 Abs. 4 Nr. 2 VgV). Soweit der Auftraggeber in solchen Fällen dennoch ein offenes Verfahren durchführt und zur Abgabe eines Angebots auffordert, obwohl schon zu diesem Zeitpunkt das Vorliegen des jeweiligen Ausnahmetatbestandes feststand, kann der Auftraggeber wegen des enttäuschten, berechtigten Vertrauens der Bieter in die Durchführung eines ordnungsgemäßen Verfahrens schadensersatzpflichtig sein.[12]

Ebenfalls unter dem Gesichtspunkt des **schutzwürdigen Vertrauens** ist der Auftragge- **14** ber grundsätzlich an die einmal **gewählte Verfahrensart** gebunden. Ein Übergang zu einer anderen Verfahrensart ist nur unter Aufhebung des laufenden Vergabeverfahrens im Einklang mit der gesetzlichen Regelung in § 63 VgV und Beginn eines neuen Verfahrens möglich.[13]

II. Vor- und Nachteile von offenem und nicht offenem Verfahren

Das **offene Verfahren** als wettbewerbsintensivste Verfahrensart bietet die Möglichkeit, **15** eine grundsätzlich unbeschränkte Anzahl von Bietern zu beteiligen. Wegen der unbegrenzten Zahl an Angeboten kann der öffentliche Auftraggeber sich einen guten Gesamtüberblick über die Marktsituation verschaffen. Insbesondere für neue Marktteilnehmer und ausländische Unternehmen erhöht sich die Chance einer erfolgreichen Bewerbung um öffentliche Aufträge.[14] Das offene Verfahren ist transparent und trägt dem Grundsatz der Gleichbehandlung der Bieter in großem Maß Rechnung. Es dient am **besten dem Gebot der Wirtschaftlichkeit.**[15] Der Gefahr von Manipulations- und Korruptionsversuchen kann in geeigneter Weise vorgebeugt werden.

Dem steht häufig ein höherer Bearbeitungsaufwand gegenüber.[16] Die unbegrenzte An- **16** zahl an Bietern kann potenzielle Bieter wegen der relativ geringen Erfolgschance von der Teilnahme abschrecken. Als größter Nachteil wird das Verhandlungsverbot und der daraus folgende starre und unflexible Ablauf angesehen, vgl. § 15 Abs. 5 VgV.[17] Es darf von den Bietern nur Aufklärung über das Angebot oder deren Eignung verlangt werden. Weitergehende Verhandlungen, insbesondere in preislicher Hinsicht, sind damit verwehrt. Es soll das Angebot, wie es ursprünglich abgegeben worden ist, bewertet, abgelehnt bzw. mit dem Zuschlag angenommen werden („one-shot" für den Bieter).

Das **nicht offene Verfahren** bietet gegenüber dem offenen Verfahren den wesentlichen **17** Vorteil, dass im öffentlichen Teilnahmewettbewerb die Vorprüfung und Vorauswahl der

---

[12] Vgl. *Hausmann/Kern* in KKMPP VgV § 14 Rn. 18; vgl. aber VK Südbayern 13.3.2017 – Z3–3-3194-1-03-02/17: „*Es spricht viel dafür die Anforderungen des Art. 32 Abs. 2 lit. b) der Richtlinie 2014/24/EU / § 14 Abs. 6 VgV auch dann heranzuziehen sind, wenn zwar (pro forma) ein offenes Verfahren durchgeführt wird, durch die Ausgestaltung der Leistungsbeschreibung aber von vornherein nur ein einziger Bieter ein ausschreibungskonformes Angebot abgeben kann.*"
[13] Vgl. zur Aufhebung die Kommentierung zu VgV § 63.
[14] *Pünder* in Pünder/Schellenberg GWB § 101 Rn. 17.
[15] *Pünder* in Pünder/Schellenberg GWB § 101 Rn. 17.
[16] Vgl. *Hausmann/Kern* in KKMPP VgV § 14 Rn. 10.
[17] Vgl VgV § 15 Rn. 28.

Bewerber auf ihre Eignung möglich ist. Erst im zweiten Schritt wird eine beschränkte Anzahl von Unternehmen aus dem Bewerberkreis zur Angebotsabgabe aufgefordert. So kann der Bearbeitungsaufwand für den Auftraggeber durch frühzeitige Aussortierung nicht geeigneter Teilnahmeanträge verringert werden, indem lediglich einem ausgewählten Bieterkreis die Angebotsabgabe ermöglicht wird. Dementsprechend erhöht sich auch für die zur Angebotsabgabe aufgeforderten Bieter die Erfolgschance. Das nicht offene Verfahren kann für den nicht zur Angebotsabgabe aufgeforderten Teilnehmer nachteilig sein, da er keinen Anspruch auf Abgabe eines Angebots hat.[18] Insoweit besteht seitens des Auftraggebers nur die Verpflichtung, die Teilnehmer ermessensfehlerfrei auszuwählen, die zur Angebotsabgabe aufgefordert werden.[19] Aufgrund der Zweistufigkeit des Verfahrens (Teilnahmewettbewerb und Angebotswettbewerb) dauert das nicht offene Verfahren in der Regel zeitlich länger als das offene Verfahren. Etwas anderes gilt für solche Fälle, in denen bei einem offenen Verfahren mit einer extrem hohen Anzahl von Angeboten und/oder einer komplexen und zeitlich intensiven Prüfung von Angeboten zu rechnen ist, die jeweils durch die Wahl des nicht offenen Verfahrens erheblich reduziert wird. Da sich das nicht offene Verfahren vom offenen Verfahren allein dadurch unterscheidet, dass nicht alle Unternehmen öffentlich zur Angebotsabgabe aufgefordert werden, gelten die übrigen Beschränkungen des offenen Verfahrens ebenfalls – d. h. insbesondere ist das (Nach)Verhandlungsverbot einzuhalten.

III. Keine Wahlfreiheit für weitere Verfahrensarten

18   Die **übrigen Verfahrensarten** stehen den öffentlichen Auftraggebern nur zur Verfügung, wenn die in der VgV normierten **Voraussetzungen der Ausnahmefälle** erfüllt sind. Somit besteht für das Verhandlungsverfahren, den wettbewerblichen Dialog und die Innovationspartnerschaft **keine Wahlfreiheit.** Die Ausnahmefälle sind normiert in § 14 Abs. 3 VgV für das Verhandlungsverfahren mit Teilnahmewettbewerb und den wettbewerblichen Dialog, in § 14 Abs. 4 VgV für das Verhandlungsverfahren ohne Teilnahmewettbewerb und in § 19 VgV für die Innovationspartnerschaft. Zur Möglichkeit des Auftraggebers auch bei Vorliegen der Voraussetzungen von einem Ausnahmetatbestand eine wettbewerbsintensivere Verfahrensart zu wählen kann auf die obigen Ausführungen verwiesen werden.[20]

19   Bei der Vergabe von **öffentlichen Aufträgen über soziale und andere besondere Dienstleistungen** entsprechend § 130 Abs. 1 GWB ist die Sonderregelung des § 65 Abs. 1 VgV zu beachten, wonach der Auftraggeber Wahlfreiheit bezüglich der verschiedenen Verfahrensarten hat, mit Ausnahme des Verhandlungsverfahrens ohne Teilnahmewettbewerb. Für die Vergabe von **Architekten- und Ingenieurleistungen** existiert mit § 74 VgV eine Sonderregelung, die das Verhandlungsverfahren mit Teilnahmewettbewerb und den wettbewerblichen Dialog als Regelverfahrensarten für die Vergabe solcher Leistungen vorsieht.

20   Der die Beweislast für das Vorliegen der Ausnahmeregelung tragende Auftraggeber muss die Gründe für das Vorliegen der in § 14 Abs. 3 und 4 VgV, § 19 VgV genannten Voraussetzungen gemäß dem Transparenzgrundsatz aus § 97 Abs. 1 S. 1 GWB und § 8 Abs. 2 Nr. 6 und 7 VgV aktenkundig machen. Die **Ausnahmeregelungen** sind allesamt grundsätzlich **streng auszulegen.**

IV. Folgen bei Wahl der unzulässigen Verfahrensart

21   Die Regelungen zur Wahl der richtigen Verfahrensart sind maßgeblich für das gesamte weitere Vergabeverfahren. Sofern der Auftraggeber die falsche Verfahrensart gewählt hat,

[18] *Pünder* in Pünder/Schellenberg GWB § 101 Rn. 38.
[19] OLG Naumburg 15.1.2002 – 1 Verg 5/00.
[20] Rn. 13.

liegt ein **Vergaberechtsverstoß** vor. Der Vergaberechtsverstoß kann im **Nachprüfungs-verfahren** von den Unternehmen geltend gemacht werden.[21] Die Regelungen zur Wahl der Verfahrensart sind bieterschützend und stellen subjektive Rechte gemäß § 97 Abs. 6 GWB dar. Ebenso kann ein Nachprüfungsverfahren durchgeführt werden, wenn der Auftraggeber ein anderes, nicht geregeltes Verfahren durchführt, wie es etwa bei einer Markterkundung oder einem freien Wettbewerb der Fall ist.

Sollte zu Unrecht das Verhandlungsverfahren als Verfahrensart gewählt worden sein, ist **22** deshalb jedes Unternehmen der ansonsten im Rahmen des offenen oder nicht offenen Verfahren nicht gegebenen Gefahr ausgesetzt, bei den Verhandlungen von einem Unternehmen unterboten zu werden, wodurch seine Zuschlagschancen verringert werden können.[22] Jedoch muss sich im Einzelfall auch das typischerweise mit einem Verhandlungsverfahren verbundene Risiko für die Zuschlagschancen realisiert haben.[23]

Das Unternehmen trifft grundsätzlich eine **Rügeobliegenheit,** vgl. § 160 Abs. 3 GWB. **23** Ohne rechtzeitige Rüge tritt die **Präklusionswirkung** ein, d.h. der nicht rechtzeitig gerügte Verfahrensfehler betreffend die falsche Wahl der Verfahrensart kann nicht mehr im Nachprüfungsverfahren geltend gemacht werden. Regelmäßig haben die (künftigen) Bieter § 160 Abs. 3 Nr. 2 GWB zu beachten, der die Rüge des Vergaberechtsverstoßes bis spätestens zum Ablauf der in der Bekanntmachung benannten Frist zur Bewerbung oder zur Angebotsabgabe vorschreibt, sofern der Vergaberechtsverstoß, also die Wahl der falschen Verfahrensart, aufgrund der Bekanntmachung erkennbar ist.

D. Verhandlungsverfahren mit Teilnahmewettbewerb oder wettbewerblicher Dialog (Abs. 3)

§ 14 Abs. 3 VgV setzt Art. 26 Abs. 4 Buchst. a und b der RL 2014/24 EU um und legt **24** die Voraussetzung für die Vergabe im Verhandlungsverfahren mit Teilnahmewettbewerb oder im wettbewerblichen Dialog fest. Die Tatbestände (Nr. 1–5) sind **abschließend.** § 119 Abs. 5–6 GWB enthält die Legaldefinitionen von Verhandlungsverfahren und wettbewerblichem Dialog.[24] Auch hier trägt derjenige die (materielle) **Beweislast, der sich auf** das Vorliegen der jeweiligen Zulässigkeitsvoraussetzungen der Verfahrensarten beruft, mithin in der Regel der Auftraggeber.[25]

Zu berücksichtigen ist Erwägungsgrund 43 der RL 2014/24/EU, nach dem das Ver- **25** handlungsverfahren und der wettbewerbliche Dialog **nicht** genutzt werden dürfen bei **Standarddienstleistungen** und **Standardlieferungen,** die von vielen Marktteilnehmern erbracht werden können. Vielmehr bieten sich die beiden Verfahrensarten besonders bei Aufträgen an, die konzeptionelle oder innovative Lösungen erfordern.[26]

Die Möglichkeit des Auftraggebers das Verhandlungsverfahren mit Teilnahmewettbewerb **26** zu wählen ist mit den neuen Regelungen im Vergleich zur Rechtslage vor dem 18. April 2016 gewachsen. Es wird sich zeigen, ob in der Praxis daher das Verhandlungsverfahren mit Teilnahmewettbewerb häufiger zur Anwendung gelangt.

---

[21] BGH 10.11.2009 – X ZB 8/09; OLG Düsseldorf 8.5.2002 – VII-Verg 8–15/01; VK Saarland 24.10.2008 – 3 VK 02/2008; VK Nordbayern 9.9.2008 – 21.VK-3194-42/08; *Jasper* in Becker'scher Vergaberechtskommentar GWB § 119 Rn. 4.
[22] Vgl. BGH 10.11.2009 – X ZB 8/09.
[23] So OLG Düsseldorf 3.3.2010 – VII-Verg 46/09, BeckRS 2016, 19890.
[24] Vgl. auch → GWB § 119 Rn. 24ff.
[25] EuGH 15.10.2009 – C-275/08 – BeckEuRS 2009, 505136.
[26] BT-Drs. 18/7318, 157.

I. Anpassung bereits verfügbarer Lösungen (Abs. 3 Nr. 1)

27   Abs. 3 Nr. 1 setzt Art. 26 Abs. 4 Buchst. a Nr. i der RL 2014/24/EU um. Der Tatbestand ist einschlägig, wenn die Bedürfnisse des öffentlichen Auftraggebers die Anpassung bereits verfügbarer Lösungen erfordern. Maßgeblich sind also auf dem Markt bereits vorhandene Lösungen, die für den Auftraggeber noch individuell anzupassen sind. Daher ist es zweckmäßig, in Verhandlungen „maßgeschneiderte" Lösungen zu besprechen und auf diesem Weg Angebote einzuholen. Gegenstand solcher Verfahren können somit nicht Standardlieferungen/-leistungen sein. Vielmehr müssen solche Standardlieferungen/-leistungen angepasst werden, um den Beschaffungsbedarf des Auftraggebers zu erfüllen. Diese Anpassung darf auch nicht unwesentlich sein.

II. Konzeptionelle oder innovative Lösungen (Abs. 3 Nr. 2)

28   Abs. 3 Nr. 2 dient der Umsetzung von Art. 26 Abs. 4 Buchst. a Nr. ii der RL 2014/24/EU und stellt das Verhandlungsverfahren mit Teilnahmewettbewerb oder den wettbewerblichen Dialog zur Verfügung, wenn der Auftrag konzeptionelle oder innovative Lösungen beinhaltet. Insbesondere in Konstellationen, in denen der Auftraggeber nicht in der Lage ist, die Mittel zur Befriedigung seines Bedarfs hinreichend zu definieren oder zu beurteilen, welche spezifischen Lösungen der Markt etwa in technischer, finanzieller oder rechtlicher Hinsicht bietet, hat sich der Wettbewerbliche Dialog als zweckmäßige Verfahrensart erwiesen.[27] So kann zB die Vergabe **freiberuflicher Leistungen** unter diesen Tatbestand fallen. Des Weiteren sind häufig **innovative Projekte** und **Großprojekte** betroffen, z.B. große Infrastrukturvorhaben, große Computer-Netzwerke und Vorhaben mit komplexer und strukturierter Finanzierung.[28] Wie schon begrifflich naheliegend, steht für innovative Lösungen auch die **Innovationspartnerschaft** zur Verfügung – sofern der Beschaffungsbedarf nicht durch auf dem Markt bereits verfügbare Liefer- oder Dienstleistungen befriedigt werden kann, sondern die innovative Liefer- oder Dienstleistung erst noch entwickelt werden muss, vgl. § 19 Abs. 1 VgV. Weitere Anwendungsfälle können die Verwendung einer funktionalen Leistungsbeschreibung bilden. In solchen Fällen ist nur das Ziel, aber nicht der Weg dorthin vorgegeben, so dass innovative bzw. konzeptionelle Lösungen gefordert werden.

III. Erfordernis vorheriger Verhandlungen aufgrund konkreter Umstände (Abs. 3 Nr. 3)

29   Abs. 3 Nr. 3 setzt Art. 26 Abs. 4 Buchst. a Nr. iii der RL 2014/24/EU um und schafft die Möglichkeit, ein Verhandlungsverfahren mit Teilnahmewettbewerb oder einen wettbewerblichen Dialog durchzuführen in Fällen, in denen der Auftrag nicht ohne vorherige Verhandlungen vergeben werden kann aufgrund konkreter Umstände, die mit der Art, der Komplexität oder dem rechtlichen oder finanziellen Rahmen oder den damit einhergehenden Risiken zusammenhängen. Der Ausnahmetatbestand dürfte sich in seinem Anwendungsbereich teilweise mit dem in Abs. 3 Nr. 2 für konzeptionelle oder innovative Lösungen überschneiden. Abs. 3 Nr. 3 ist insbesondere in Betracht zu ziehen bei **besonders hoch entwickelten Waren und geistigen Dienstleistungen** (vor allem Architekten- und Ingenieurleistungen vgl. hierzu aber auch § 24 VgV, Beratungsleistungen, Großprojekte der Informations- und Kommunikationstechnologie).[29] Entscheidend für das Vorliegen

---

[27] Erwägungsgrund 42 RL 2014/24/EU.
[28] BT-Drs. 18/7318, 157.
[29] Erwägungsgrund 43 RL 2014/24/EU; BT-Drs. 18/7318, 157.

des Ausnahmefalls ist, dass die **Notwendigkeit vorheriger Verhandlungen** besteht, da der Auftraggeber keine hinreichende Beschreibung der erforderlichen und verfügbaren technischen/rechtlichen/finanziellen Lösungen abgeben könnte. Zwar verwendet dieser Tatbestand den Begriff des Verhandelns, gleichwohl ist aber davon auszugehen, dass auch der Dialog erfasst wird und somit auch der wettbewerbliche Dialog in diesem Fall zur Anwendung gelangen kann. Dies folgt aus der klaren systematischen Stellung, da der Abs. 3 einleitend den wettbewerblichen Dialog aufführt.

IV. Mangelnde Beschreibbarkeit der Leistung (Abs. 3 Nr. 4)

Abs. 3 Nr. 4 dient der Umsetzung von Art. 26 Abs. 4 Buchst. a Nr. iv RL 2014/24/EU **30** und greift als Ausnahmetatbestand, wenn die Leistung vom Auftraggeber, insbesondere hinsichtlich ihrer technischen Anforderungen, nicht mit ausreichender Genauigkeit unter Verweis auf eine Norm, eine Europäische Technische Bewertung (ETA), einer gemeinsamen technischen Spezifikation oder technischer Referenzen im Sinne der Anlage 1 Nr. 2–5 beschrieben werden kann. In diesem Fall kann der Auftraggeber also die **Leistungsbeschreibung** nicht vollständig wie in § 31 Abs. 2 Nr. 2 VgV vorgeben abfassen. Deswegen stehen ihm das Verhandlungsverfahren mit Teilnahmewettbewerb oder der wettbewerbliche Dialog zur Verfügung, in deren Rahmen er ein geeignetes Angebot ausloten kann. Ob die Leistung nicht ausreichend beschreibbar ist, liegt nicht im Beurteilungs- und Ermessensspielraum des Auftraggebers, sondern ist als unbestimmter Rechtsbegriff vollständig überprüfbar. [30]

V. Keine ordnungsgemäßen oder nur unannehmbare Angebote im offenen oder nicht offenem Verfahren (Abs. 3 Nr. 5)

In Umsetzung von Art. 26 Abs. 4 Buchst. b Uabs. 1 und 2 RL 2014/24/EU lässt Abs. 3 **31** Nr. 5 das Verhandlungsverfahren mit Teilnahmewettbewerb und den wettbewerblichen Dialog mit dem Ziel, reguläre und akzeptable Angebote zu erhalten, zu, wenn ein offenes oder nicht offenes Verfahren nur zu nicht ordnungsgemäßen oder nur unannehmbaren Angeboten geführt hat. Die in Nr. 5 enthaltenen Definitionen von nicht ordnungsgemäßen und unannehmbaren Angeboten entsprechen dabei dem Regelungsgehalt der genannten Richtlinie. Die dort genannten Definitionen sind nicht abschließend, was aus dem Wort „insbesondere" folgt. Abs. 3 Nr. 5 erlaubt sogar ein **Verhandlungsverfahren ohne Teilnahmewettbewerb,** wenn der öffentliche Auftraggeber alle geeigneten Unternehmen einbezieht, die form- und fristgerechte Angebote abgegeben haben. Das zuvor durchgeführte offene oder nicht offene Verfahren ist in diesen Fällen aufzuheben, vgl. § 63 VgV, um die Auftragsvergabe in einer neuen Verfahrensart durchzuführen.

E. Verhandlungsverfahren ohne Teilnahmewettbewerb (Abs. 4)

In Abs. 4 werden in Umsetzung von Art. 32 Abs. 2–5 RL 2014/24/EU die Vorausset- **32** zungen für die Durchführung von Verhandlungsverfahren ohne Teilnahmewettbewerb aufgeführt. Wie in Abs. 3 sind die Ausnahmetatbestände auch in Abs. 4 **abschließend geregelt** und **eng auszulegen.** Der Anwendungsbereich des Verhandlungsverfahrens ohne Teilnahmewettbewerb ist nach der gesetzlichen Regelung auf wenige Ausnahmefälle beschränkt, da diese Verfahrensart grundsätzlich nur unter **außergewöhnlichen Umständen** zur Anwendung kommen soll. [31] Hierunter fallen Konstellationen, in denen entweder aus

---

[30] Vgl. *Kulartz* in KKMPP VgV § 14 Rn. 31.
[31] Erwägungsgrund 50 der RL 2014/24/EU.

Gründen äußerster Dringlichkeit wegen unvorhersehbarer und vom öffentlichen Auftraggeber nicht zu verantwortender Ereignisse ein Teilnahmewettbewerb nicht möglich ist oder in denen von Anfang an feststeht, dass ein Teilnahmewettbewerb nicht zu mehr Wettbewerb oder besseren Beschaffungsergebnissen führen würde. Unterhalb der Schwellenwerte entspricht das Verhandlungsverfahren ohne Teilnahmewettbewerb in seinem Ablauf der freihändigen Vergabe/Verhandlungsvergabe. Außerdem trägt die (materielle) Beweislast diejenige Partei, die sich auf diese außergewöhnlichen Umstände berufen will.[32] Dies ist in der Regel der Auftraggeber. Kann er die entsprechenden Voraussetzungen nicht darlegen, geht das zu seinen Lasten.[33]

I. Keine oder keine geeigneten Angebote oder keine geeigneten Teilnahmeanträge im offenen oder nicht offenem Verfahren (Abs. 4 Nr. 1)

33   Abs. 4 Nr. 1 regelt in Umsetzung von Art. 32 Abs. 2 Buchst. a Uabs. 1 und 2 der RL 2014/24/EU die Zulässigkeit des Verhandlungsverfahrens ohne Teilnahmewettbewerb in Fällen, in denen keine oder keine geeigneten Angebote oder keine geeigneten Teilnahmeanträge im offenen oder im nicht offenen Verfahren abgegeben worden sind. Die Vorschrift ist nicht ganz korrekt umgesetzt worden. Art. 32 Abs. 2 Buchst. a Uabs. 1 und 2 der RL 2014/24/EU erfasst ausdrücklich auch die Fälle, in denen kein Teilnahmeantrag eingereicht wurde. § 14 Abs. 4 Nr. 1 VgV hingegen spricht insoweit nur von keinen „geeigneten" Teilnahmeanträgen. Im Ergebnis sollte das Verhandlungsverfahren ohne Teilnahmewettbewerb auch in dem Fall für anwendbar erachtet werden, in dem kein Teilnahmeantrag eingereicht wurde. Den Fall der fehlenden Teilnahmeanträge herauszunehmen erscheint inhaltlich nicht überzeugend. Denn bei fehlenden Teilnahmeanträgen wird es auch an Angeboten fehlen und dieser Fall ist vom Wortlaut des § 14 Abs. 4 Nr. 1 VgV ausdrücklich erfasst. Dieses Ergebnis kann mittels einer richtlinienkonformen Auslegung erzielt werden. Denn die Ausnahmetatbestände sind nach der Rechtsprechung des EuGH als erschöpfend einzustufen[34] und nicht als bloße Mindestvorschriften. Ferner führt die Begründung zur VgV aus, dass die Nummer 1 der Umsetzung des Artikels 32 Abs. 2 Buchst. a Uabs. 1 und 2 der RL 2014/24/EU dient.[35] Der Verordnungsgeber wollte daher offenbar keine Abweichung von dieser Regelung, so dass auch bei fehlenden Teilnahmeanträgen die Ausnahme greifen soll.

34   Die Vorschrift ähnelt § 14 Abs. 3 Nr. 5 VgV. Nach beiden Vorschriften kann ein Ausnahmefall für ein weniger wettbewerbsintensives Verfahren vorliegen, wenn die abgegebenen Angebote im zuvor durchgeführten offenen oder nicht offenen Verfahren keine mit den Vergabeunterlagen konformen Angebote hervorgebracht haben. Insbesondere sieht § 14 Abs. 3 Nr. 5 Hs. 4 auch ein Verhandlungsverfahren *ohne* Teilnahmewettbewerb vor, wenn dabei alle geeigneten Unternehmen einbezogen werden, die form- und fristgerechte Angebote abgegeben haben. Im Unterschied dazu ermöglicht § 14 Abs. 4 Nr. 1 VgV die Durchführung des neuen Verfahrens ohne jegliche Beteiligung von Bietern aus den vorangegangenen Verfahren, sofern die ursprünglichen Bedingungen des Auftrags nicht grundlegend geändert werden, vgl. Hs. 1. Bei diesem Tatbestand ist also zu berücksichtigen, ob die im offenen/nicht offenen Verfahren abgegebenen Angebote derart fehlerbehaftet sind, dass die Beteiligung dieser Bieter am Verhandlungsverfahren nicht sachgerecht bzw. nicht zweckmäßig wäre.

35   Bei der Frage, ob die ursprünglichen Bedingungen des Auftrags grundlegend geändert werden, kann § 29 Abs. 1 Nr. 3 VgV herangezogen werden: Die wesentlichen Vergabeun-

---

[32] VK Westfalen 25.1.2017 – VK 1 – 47/16.
[33] Begründung der Vergaberechtsmodernisierungsverordnung BR-DRS 87/16 S. 169; OLG Düsseldorf 13.4.2016 – VII Verg 46/15.
[34] EuGH 17.11.1993 – C-71/92 Rn. 36.
[35] BT-Drs. 18/7318 S. 158.

terlagen sind die Vertragsunterlagen, die aus der Leistungsbeschreibung und den Vertragsbedingungen bestehen. Insoweit kann auch die vor der Vergaberechtreform ergangene Rechtsprechung herangezogen werden. Der Begriff der ursprünglichen Bedingungen des Auftrags bezieht sich danach in erster Linie auf die Vergabeunterlagen einschließlich der Leistungsbeschreibung, aber auch auf die Eignungs- und Zuschlagskriterien. Im Einzelfall betrifft dies ferner auch die Änderung der rechtlichen Rahmenbedingungen. Für eine grundlegende Änderung der ursprünglichen Bedingungen soll eine derartige Änderung erforderlich sein, dass eine Auftragsvergabe auf der Grundlage der bisherigen Vertragsunterlagen für den Auftraggeber oder die Bieter unzumutbar geworden ist, oder gar ein aliud beschafft wird.[36] Kriterien im Sinne des § 132 GWB, die als wesentliche Vertragsänderung nach Zuschlagserteilung herangezogen werden, sowie Kriterien, die eine Aufhebung nach § 63 Nr. 2 VgV rechtfertigen, können hier ebenfalls Berücksichtigung finden. Somit kann eine grundlegende Änderung vorliegen, wenn mit der Änderung Bedingungen eingeführt werden, die, wenn sie für das ursprüngliche Vergabeverfahren gegolten hätten, die Zulassung anderer Bewerber oder Bieter ermöglicht hätte, wenn mit der Änderung das wirtschaftliche Gleichgewicht des öffentlichen Auftrags zugunsten des Auftragnehmers in einer Weise verschoben wird, die im ursprünglichen Auftrag nicht vorgesehen war oder mit der Änderung der Umfang des öffentlichen Auftrags erheblich ausgeweitet wird.[37]

Die Frage, ob die Änderung grundlegend ist, ist aber stets einzelfallbezogen anhand einer wertenden Betrachtung vorzunehmen. Wenn die Änderung dem Gleichheitsgebot entspricht, indem sie eine Vergabebedingung aufhebt, die sämtliche Bewerber des vorangegangenen (offenen) Verfahrens belastet hat und insbesondere auch zu einem Mangel des Angebotes der Antragstellerin geführt hat, soll dies keine grundlegende Änderung darstellen.[38] **36**

Sofern ein Leistungsverzeichnis im Wesentlichen in identischer Fassung aus dem offenen **37** Verfahren übernommen wird und eine geänderte Abforderung von Eignungsnachweisen vorgenommen wird, die nicht die Qualität des Nachweises betreffen, soll keine grundlegende Änderung vorliegen.[39] Die Abforderung zwei weiterer Testgeräte stellt ebenfalls keine grundlegende Änderung dar.[40]

Eine grundlegende Änderung soll hingegen vorliegen, wenn auf ein Leitfabrikat und auf **38** bestimmte Alleinstellungsmerkmale einzelner Produkte verzichtet wird.[41]

Wird ein Verhandlungsverfahren ohne Teilnahmewettbewerb nach diesem Ausnahmetat **39** bestand durchgeführt, ist gemäß § 14 Abs. 5 der EU-Kommission auf Anforderung ein Bericht vorzulegen.[42]

Auch hier gilt, dass das zuvor durchgeführte offene oder nicht offene Verfahren aufzuhe **40** ben ist. Denn die Durchführung des Verhandlungsverfahrens ohne Teilnahmewettbewerb ist ein neues Vergabeverfahren.

II. Auftragsdurchführung nur durch ein bestimmtes Unternehmen möglich (Abs. 4 Nr. 2)

Abs. 4 Nr. 2 dient der Umsetzung von Art. 32 Abs. 2 Buchst. b der RL 2014/24/EU **41** und regelt das Verhandlungsverfahren ohne Teilnahmewettbewerb für den Fall, dass die Auftragserbringung/-bereitstellung nur durch ein bestimmtes Unternehmen erfolgen kann. Es sind drei Fallkonstellationen vorgesehen (Buchst. a bis c). Ihnen ist gemein, dass es **kein**

---

[36] VK Sachsen 7.1.2008 – 1/SVK/077-07.
[37] Vgl. EuGH 19.6.2008 – C-454/06, NZBau 2008, 518.
[38] KG 20.4.2011 – Verg 2/11.
[39] VK Sachsen 17.12.2007 – 1/SVK/073-07.
[40] VK Sachsen 7.1.2008 – 1/SVK/077-07.
[41] VK Sachsen, 27.9.2011 – 1/SVK/038-11.
[42] Vgl. hierzu Rn. 63 f.

Schutzbedürfnis für Mitbewerber gibt, da von vornherein feststeht, dass nur ein bestimmtes Unternehmen den Auftrag ausführen kann. Dass **nur ein bestimmtes Unternehmen** es vermag, den Auftrag auszuführen, ist **zwingende Voraussetzung.**[43] Dass der öffentliche Auftraggeber ein Unternehmen für am besten geeignet hält, reicht nicht. Wenn mehrere Unternehmen auf europäischer Ebene zur Auftragsdurchführung in Betracht kommen, ist eine Ausschreibung erforderlich. Für die **Buchst. a und b** sind die **zusätzlichen Voraussetzungen** von **Abs. 6** zu beachten.[44]

42   **Buchst. a** erlaubt das Verhandlungsverfahren ohne Teilnahmewettbewerb bei der Schaffung oder dem Erwerb von **einzigartigen Kunstwerken/künstlerischen Leistungen.** Demnach darf lediglich ein Künstler in der Lage sein, ein Kunstwerk etwa unter Anwendung eines bestimmten Verfahrens zu schaffen oder aber es gibt nur einen bestimmten Künstler mit seinen Erkennungsmerkmalen und Eigenheiten, die bei dem Kunstwerk erkennbar sein müssen.[45] Allein die Vorgabe eines Leihgebers, einen bestimmten Spediteur zu beauftragen und anderenfalls die Überlassung der Leihgaben zu verweigern, stellt keine „technische oder künstlerische Besonderheit" dar.[46]

43   **Buchst. b** sieht das Verhandlungsverfahren ohne Teilnahmewettbewerb für den Fall vor, dass aus **technischen Gründen kein Wettbewerb** vorhanden ist. Der Auftraggeber sollte im Rahmen dieses Ausnahmetatbestands darlegen können, dass bestehende technische Hindernisse für andere Unternehmen unüberwindbar gewesen wären.[47]

44   Schließlich regelt **Buchst. c** den Ausnahmetatbestand, dass wegen des Schutzes von **ausschließlichen Rechten,** insbesondere von gewerblichen Schutzrechten der Auftrag nur von einem bestimmten Unternehmen ausgeführt werden kann. Schutzrechte mit Ausschließlichkeitswirkung können z. B. von Eigentum, eigentumsähnliche Rechten, langfristigen Verträge oder behördlichen Genehmigungen ausgehen. Zu den eigentumsähnlichen Rechten zählen auch die gewerblichen Schutzrechte, d. h. insbesondere Patent- und Urheberrechte, Lizenzen und Warenzeichen. Wie in den Fällen der Buchst. a und b muss auch bei diesem Ausnahmetatbestand die Erbringung der Leistung durch das eine bestimmte, das Ausschließlichkeitsrecht innehabende Unternehmen **alternativlos** sein. Hier ist z. B. an durch Ausschließlichkeitsrechte geschützte Arzneimittel zu denken, die nicht durch Generika des Originalpräparats ersetzt bzw. durch Parallel- und Reimporteure erbracht werden können werden.[48] Weiterhin kommt der Ausnahmetatbestand bei der Beschaffung von Online-Datenbanken durch die Justiz in Betracht, sofern die Datenbanken nur von einem Anbieter angeboten werden, wie es bei juristischen Kommentaren und Zeitschriften der Fall ist.[49] Davon zu unterscheiden sind Rechtsprechungsdatenbanken.[50]

III. Zwingende Dringlichkeit aufgrund unvorhersehbarer, dem Auftraggeber nicht zuzurechnender Ereignisse (Abs. 4 Nr. 3)

45   Abs. 4 Nr. 3 setzt Art. 32 Abs. 2 Buchst. c der RL 2014/24/EU um und sieht das Verhandlungsverfahren ohne Teilnahmewettbewerb für Fälle vor, in denen aufgrund besonderer Dringlichkeit die Fristen nicht eingehalten werden können, die für die anderen Vergabeverfahrensarten vorgesehen sind. In diesem Kontext ist die ständige Rechtsprechung des EuGH zu beachten. Demnach ist die **kumulative** Erfüllung von **drei Voraussetzungen**

---

[43] Vgl. EuGH, 2.6.2005 – Rs C-391/02 Rn. 34.
[44] Vgl. hierzu Rn. 65 ff.
[45] Siehe auch *Haak/Preißinger* in Willenbruch/Wieddekind, EG VOB/A § 3 Rn. 38.
[46] VK Bund 3.9.2009 – VK 1 – 155/09.
[47] Vgl. EuGH 18.5.1995 Rs C-57/94 Rn. 27.
[48] OLG Düsseldorf, 18.12.2013 – VII-Verg 24/13; 18.12.2013 – VII-Verg 21/13; 11.12.2013 – VII-Verg 25/13.
[49] Vgl. *Pünder* in Pünder/Schellenberg EG VOL/A § 3 Rn. 21; *Radke/Hilgert/Mardorf* NVwZ 2008, 1070 (1071).
[50] *Radke/Hilgert/Mardorf* NVwZ 2008, 1070 (1072).

erforderlich. Erstens muss ein **unvorhergesehenes und unvorhersehbares Ereignis** vorliegen; zweitens müssen **äußerst dringliche und zwingende Gründe** gegeben sein, die die Einhaltung der in den **anderen Verfahren vorgeschriebenen Fristen unmöglich** machen; drittens muss ein **Kausalzusammenhang** zwischen dem unvorhergesehenen Ereignis und den dringlichen Gründen/Unmöglichkeit der Einhaltung der vorgeschriebenen Frist bestehen.[51] Entscheidend sind die Umstände des Einzelfalls. Auch hier liegt die Darlegungs- und Beweislast für die zwingende Dringlichkeit beim öffentlichen Auftraggeber[52] bzw. bei demjenigen, der sich auf diesen Ausnahmetatbestand beruft.

Gemäß Rundschreiben des **BMWi** vom 9.1.2015 sind unvorhersehbar solche Ereignisse, **46** die nichts mit dem üblichen wirtschaftlichen oder sozialen Leben zu tun haben.[53] Nicht unvorhersehbar sind z.B. Fälle, in denen infolge einer Nicht-/Schlechtleistung des Vertragspartners der Beschaffungsbedarf eingetreten ist und man dem durch rechtzeitige Aufnahme von Vertragsstrafen oder Streitschlichtungsmechanismen hätte begegnen können. Hierzu gehören ferner auch Fälle, in denen es um die seit Monaten geplanten Verlegung von untergebrachten oder unterzubringenden Flüchtlingen aus anderen nationalen Unterkünften geht und nicht um die Erstunterbringung von Flüchtlingen im Jahr 2015 angesichts des damaligen starken Zustroms.[54]

Auch bei der Voraussetzung der äußersten Dringlichkeit ist ein **strenger Maßstab** anzu- **47** legen. Sie setzt eine andernfalls drohende gravierende Beeinträchtigung für die Allgemeinheit und die staatliche Aufgabenerfüllung voraus. Eine gravierende Beeinträchtigung kann in der Regel nicht angenommen werden, wenn sich bei Einhaltung der Bekanntmachungsfristen die Durchführung des Vorhabens nur geringfügig verzögern würde. Dies ist im Verhältnis und in Abwägung zum Abschluss der Gesamtmaßnahme zu sehen. So ist in den Abwägungsprozess die Bedeutung des bedrohten Rechtsguts zu berücksichtigen und ferner einzubeziehen, ob bei maximal zulässiger Fristkürzung die Gefahr der Verletzung des Rechtsguts wesentlich erhöht wird.[55]

Regelmäßig nicht ausreichend für einen dringlichen Grund sind bloße finanzielle und **48** wirtschaftliche Erwägungen. Des Weiteren ist bei der Beurteilung des Kriteriums der Nichteinhaltbarkeit der Fristen der anderen Verfahren zu fragen, ob nicht doch ein offenes oder nicht offenes Verfahren mit verkürzten Fristen in Betracht kommt. Ist ein solches unter Einhaltung der Mindestfristen möglich, bleibt für das Verhandlungsverfahren ohne Teilnahmewettbewerb kein Raum.[56]

Die Voraussetzungen für die besondere Dringlichkeit sind vom BMWi in dem bereits **49** oben zitierten Rundschreiben vom 24.8.2015 konkretisiert worden.[57] Der Begriff der besonderen Dringlichkeit wurde insbesondere bei der Unterbringung von Flüchtlingen und den damit verbundenen Beschaffungsnotwendigkeiten relevant. In dem Rundschreiben stellte das BMWi fest, dass – jedenfalls zum damaligen Zeitpunkt – die Unterbringung und Versorgung von Flüchtlingen im Einzelfall die Voraussetzungen für die Durchführung eines Verhandlungsverfahrens ohne Teilnahmewettbewerb erfülle. Dies setzt insbesondere voraus,

---

[51] Vgl. dazu EuGH 10.3.1987 – 199/85; 2.8.1993 – C-107/92; 28.3.1996 – C-318/94.

[52] EuGH, 18.5.1995 – C-57/94.

[53] Rundschreiben des BMWi vom 9.1.2015 „zur Anwendung von § 3 EG Abs. 4 Buchst. d VOL/A, § 3 Abs. 4 Buchst. c VOF und § 6 Abs. 2 Nr. 4 SektVO – Vergabe ohne vorherigen Aufruf zum Wettbewerb/Dringlichkeit", Az. IB6–270100/14 u. 270100/15, S. 2.

[54] VK Südbayern 12.8.2016 – Z3–3-3194-1-27-07-16.

[55] Vgl. Rundschreiben des BMWi vom 9.1.2015 „zur Anwendung von § 3 EG Abs. 4 Buchst. d VOL/A, § 3 Abs. 4 Buchst. c VOF und § 6 Abs. 2 Nr. 4 SektVO – Vergabe ohne vorherigen Aufruf zum Wettbewerb/Dringlichkeit", Az. IB6–270100/14 u. 270100/15, S. 3.

[56] Vgl. VK Südbayern 12.8.2016 – Z3–3-3194-1-27-07-16, IBRRS 2016, 2124; OLG Düsseldorf 3.4.2016 – Verg 46/15.

[57] Rundschreiben des BMWi vom 24.8.2015 „zur Anwendung des Vergaberechts im Zusammenhang mit der Unterbringung und Versorgung von Flüchtlingen", Az. IB6–270100/14; vgl. auch Mitteilung der EU-Kommission vom 9.9.2015 „an das Europäische Parlament und den Rat zu den Vorschriften für die öffentliche Auftragsvergabe im Zusammenhang mit der aktuellen Flüchtlingsproblematik" – COM (2015) 454 final.

dass die öffentlichen Auftraggeber nicht vorausgesehen haben, dass kurzfristig wesentlich mehr Flüchtlinge aufzunehmen sind, als ursprünglich erwartet. Das BMWi empfahl in diesem Zusammenhang auch, in geeigneten Fällen von der Möglichkeit der Rahmenvereinbarung Gebrauch zu machen, um die Versorgung der nicht genau abzuschätzenden Zahl von Flüchtlingen mit Liefer- und Dienstleistungen sicherzustellen. Doch auch im Zusammenhang mit der Unterbringung von Flüchtlingen ist zu beachten, dass, soweit ein **beschleunigtes offenes Verfahren** nach § 15 Abs. 3 VgV durchgeführt werden kann, die Wahl eines Verhandlungsverfahrens ohne Teilnahmewettbewerb gem. § 14 Abs. 4 Nr. 3 VgV von vorneherein nicht in Betracht kommt.[58] War es in Anbetracht des vorübergehend immensen Zustroms an Flüchtlingen legitim, von der Nichtvorhersehbarkeit und der Dringlichkeit der Auftragsvergabe auszugehen, so sind die nunmehr erforderlichen mittel- und langfristigen Versorgungsmaßnahmen für die Flüchtlinge regelmäßig auszuschreiben.[59]

50   Die Dringlichkeit kann hingegen regelmäßig bejaht werden bei einer akuten oder jedenfalls möglicherweise bevorstehenden Gefährdung von Menschen und der Abwehr terroristischer Angriffe.[60] In einem solchen Fall ist ein Abwarten des Auftraggebers nicht erlaubt. Auch die Einhaltung der (verkürzten) Fristen im nicht offenem Verfahren oder Verhandlungsverfahren mit Teilnahmewettbewerb sind dem Auftraggeber nicht zuzumuten.

51   Eine besondere Rolle spielen sog. **Interimsaufträge bzw. Interimsvergaben.** Soweit sich der Auftragsgegenstand auf Dienst- oder Lieferleistungen der Daseinsvorsorge bezieht, ist in Rechtsprechung und Schrifttum weitestgehend anerkannt, dass der Grundsatz der Kontinuität dieser Leistungen eine nahtlose Weiterführung gegenüber den Nutzern erfordert. Der Grund einer (drohenden) Funktionsstörung kann die Insolvenz des Auftragnehmers oder aber auch eine Schlechtleistung sein, die den Auftraggeber zur Kündigung des Vertrages oder zur Rücktrittserklärung zwingt oder eine Verzögerung des Vergabeverfahrens durch laufenden Rechtsschutz sein. In diesen Fällen wurde in der bisherigen Rechtsprechung zur Abwendung eines drohenden vertragslosen Zustandes (entsprechend der Vorgängerregelung § 3 EG Abs. 4 lit. d) VOL/A) das Verhandlungsverfahren ohne Bekanntmachung als zulässig eingestuft.[61] Die Vertragsdauer muss dabei auf den Zeitraum beschränkt sein, der für die Erhaltung der Kontinuität der Leistungserbringung während der Vorbereitung und Durchführung eines sich anschließenden ordnungsgemäßen Vergabeverfahrens erforderlich ist. Die Vertragsdauer muss angemessen, aber möglichst kurz bemessen sein und darf in der Regel ein Jahr nicht übersteigen.[62] Im Bereich der Daseinsvorsorge soll die Dringlichkeit aus einer besonderen Gefahrensituation heraus für eine gewisse Zeit auch dann gegeben sein, wenn sie auf von dem Auftraggeber zu vertretenden Umständen beruht, etwa der Aufhebung eines Vergabeverfahrens oder auf der Wahl des falschen Vergabeverfahrens und einer infolgedessen unwirksamen (ersten) Auftragserteilung. Der Aspekt der Zurechenbarkeit und Vorhersehbarkeit soll in diesen Fällen hinter die Notwendigkeit der Kontinuität der Versorgungsleistung zurücktreten.[63] Diese extensive Auslegung wird mit Art. 14 AEUV (Vertrag über die Arbeitsweise der Europäischen Union) begründet. Danach sind die Mitgliedstaaten und die Union verpflichtet, durch geeignete Maßnahmen dafür zu sorgen, dass die Träger von Diensten im allgemeinen wirtschaftlichen Interesse ihren Aufgaben angemessen nachkommen können (sog. Funktionsgewährleistungspflicht).[64] Aber selbst in diesen Fällen ist es in der Regel nicht gerechtfertigt, bei der interimsweisen Vergabe nur einen einzigen von mehreren interessierten Bietern in die Verhandlungen ein-

---

[58] VK Südbayern Beschl. v. 12.8.2016 – Z3–3–3194-1-27-07-16, IBRRS 2016, 2124, BeckRS 2016, 15052.
[59] Vgl. *Otting* in IBR 2016, 603, VPR 2016, 213.
[60] VK Sachsen 17.6.2016 – 1/SVK/011–16.
[61] OLG Celle, 24.9.2014 – 13 Verg 9/14; OLG Frankfurt, 30.1.2014 – 11 Verg 15/13.
[62] VK Baden-Württemberg, 17.7.2014 – 1 VK 30/14; VK Lüneburg, 3.7.2009 – VgK-30/2009.
[63] OLG Celle, 24.9.2014 – 13 Verg 9/14; VK Baden-Württemberg, 17.7.2014 – 1 VK 30/14; VK Niedersachsen 8.10.2014 – VgK-37/2014.
[64] VK Baden-Württemberg 17.7.2014 – 1 VK 30/14.

zubeziehen, jedenfalls wenn die Einbeziehung weiterer Unternehmen ohne großen Zeitverlust möglich ist.[65]

IV. Lieferleistung zu Forschungs-, Versuchs-, Untersuchungs- oder Entwicklungszwecken (Abs. 4 Nr. 4)

Abs. 4 Nr. 4 setzt Art. 32 Abs. 3 Buchst. a der RL 2014/24/EU um und bildet den **52** Ausnahmetatbestand für Lieferleistungen, die ausschließlich zu Forschungs-, Versuchs-, Untersuchungs- oder Entwicklungszwecken hergestellt wurden. Explizit ausgenommen sind Serienfertigungen, die dem Nachweis der Marktfähigkeit des Produkts oder der Deckung der Forschungs- und Entwicklungskosten dienen. Zu berücksichtigen ist in diesem Kontext § 116 Abs. 1 Nr. 2 GWB, der den **Anwendungsbereich** des **Vergaberechts auf Forschungs- und Entwicklungsdienstleistungen stark einschränkt.** Hiernach unterfallen Forschungs- und Entwicklungsdienstleistungen nur dem GWB-Vergaberecht, wenn die Ergebnisse ausschließlich Eigentum des Auftraggebers für seinen Gebrauch bei der Ausübung seiner eigenen Tätigkeit werden und die Dienstleistung vollständig durch den Auftraggeber vergütet wird.[66] Zu berücksichtigen ist aber, dass sich § 116 Abs. 1 Nr. 2 GWB auf Dienstleistungen bezieht, wohingegen hier Lieferleistungen betroffen sind.

Die Begriffe der Forschungs-, Versuchs-, Untersuchungs- oder Entwicklungszwecke **53** sind in der RL 2014/24/EU nicht definiert. Die vergaberechtlichen Regelungen stehen im Einklang mit Art. 179 AEUV, der die Forschung in Europa fördert. Die in der Norm genannten Zwecke müssen die einzig verfolgten Zwecke im Zusammenhang mit der konkreten Lieferleistung sein.[67]

In diesem Kontext ist die Entscheidung des OLG Düsseldorf zu berücksichtigen.[68] Der **54** Senat hat zu der vergleichbaren Vorgängerregelung festgestellt, dass die zu liefernde Ware selbst Gegenstand der beabsichtigten Forschung sein müsse. Die Beschaffung von Produkten, die benötigt werden, um Forschungen, Versuche etc. durchzuführen, könne nicht im Verhandlungsverfahren ohne vorherige Bekanntmachung durchgeführt werden. Die zu beschaffenden Systeme dienten zwar unstreitig der Erforschung der konkreten Auswirkungen der globalen Klimaveränderung auf Ökosysteme, seien aber selbst nicht Gegenstand des Forschungsvorhabens, so dass eine Beschaffung im Verhandlungsverfahren ohne Teilnahmewettbewerb ausscheide.[69]

V. Beschaffung zusätzlicher Lieferleistungen des ursprünglichen Auftragnehmers (Abs. 4 Nr. 5)

In Umsetzung von Art. 32 Abs. 3 Buchst. b RL 2014/24/EU regelt Abs. 4 Nr. 5 das **55** Verhandlungsverfahren ohne Teilnahmewettbewerb für den Fall, dass zusätzliche Lieferleistungen des ursprünglichen Auftragnehmers beschafft werden sollen.

Vorausgesetzt wird, dass

(1) die zusätzlichen Lieferleistungen zur teilweisen Erneuerung oder Erweiterung bereits erbrachter Leistungen bestimmt sind **und**

(2) eine Beschaffung durch ein anderes Unternehmen eine technische Unvereinbarkeit oder unverhältnismäßige technische Schwierigkeiten bei Gebrauch und Wartung mit sich bringen würde **und**

(3) die Vertragslaufzeit in der Regel drei Jahre nicht überschreitet.

---

[65] OLG Frankfurt, 30.1.2014 – 11 Verg 15/13; VK Baden-Württemberg, 17.7.2014 – 1 VK 30/14; VK Niedersachsen, 18.9.2014 – VgK-30/2014; 8.10.2014 – VgK-37/2014.
[66] Vgl. zu Begrifflichkeiten und dem Ausnahmetatbestand *Lausen* in Beck'scher Vergaberechtskommentar GWB § 116 Rn. 37 ff.
[67] Vgl. *Pünder* in Pünder/Schellenberg EG VOL/A § 3 Rn. 20.
[68] OLG Düsseldorf 3.3.2010 – Verg 46/09.
[69] OLG Düsseldorf 3.3.2010 – Verg 46/09.

56   Die teilweise Erneuerung betrifft vor allem die Lieferung von Ersatzteilen bei Abnutzung sowie die Anpassung der ursprünglichen Leistung auf den technisch neuesten Stand.[70]
Die Erweiterung erfasst die quantitative Ergänzung der ursprünglichen Lieferleistung. Begriffsnotwendig darf es sich dabei nicht um eine gänzliche neue Leistung handeln. Ob es
sich lediglich (noch) um eine Erweiterung einer bereits erbrachten Leistung oder um eine
neue Leistung handelt, kann anhand des Umfangs (z. B. der Funktionserweiterungen) der
zusätzlichen Leistung bestimmt werden.[71] Die Voraussetzung der technischen Unvereinbarkeit oder technischen Schwierigkeiten kann z. B. vorliegen, wenn die Beauftragung und
Einarbeitung eines neuen Unternehmers in technischer Hinsicht unvernünftig wäre, einfache Abstimmungen die Hindernisse nicht beheben könnten und eine – soweit mögliche –
Anpassung nur unter unverhältnismäßig großen Aufwand ausgeführt werden könnte.[72] Ein
weiterer Anwendungsfall der technischen Unvereinbarkeit ist gegeben, wenn durch die
Einschaltung eines neuen Auftragnehmers der Gebrauchszweck der Ursprungslieferung
vereitelt werden würde.

57   Für die Wiederholung von Dienstleistungen durch denselben Auftragnehmer ist unter
den (engen) Voraussetzungen der Nr. 9 ebenfalls ein Verhandlungsverfahren ohne Teilnahmewettbewerb zulässig.[73]

VI. Auf Warenbörse notierte und gekaufte Lieferleistung (Abs. 4 Nr. 6)

58   Art. 32 Abs. 3 Buchst. c der RL 2014/24/EU findet seine Umsetzung in deutsches Recht
in Abs. 4 Nr. 6, der das Verhandlungsverfahren ohne Teilnahmewettbewerb für die Beschaffung von auf Warenbörsen notierten und gekauften Lieferleistungen vorsieht. Zwar ist diese
Beschaffungsform in der Praxis nur selten einschlägig. Der Ausnahmetatbestand soll z. B. bei
dem **Stromeinkauf** über die Strombörse European Energy Exchange (EEX) in Leipzig greifen, die eine Warenbörse i. S. d. Vergaberechts darstelle.[74] Für öffentliche Auftraggeber mit
großem Energiebedarf könne die Strombeschaffung an der Börse sinnvoll sein.[75]

VII. Liefer- oder Dienstleistungen zu besonders günstigen Bedingungen (Abs. 4 Nr. 7)

59   In Abs. 4 Nr. 7 wird Art. 32 Abs. 3 Buchst. d RL 2014/24/EU umgesetzt, indem das
Verhandlungsverfahren ohne Teilnahmewettbewerb zugelassen wird für Liefer- und Dienstleistungen, die zu besonders günstigen Bedingungen erworben werden können. Anlass für
die besonders günstigen Bedingungen müssen die **endgültige Einstellung** der **Geschäftstätigkeit** des Lieferanten oder ein **Insolvenz-, Vergleichs-, Ausgleichsverfah-
ren** oder ein in den Vorschriften eines anderen Mitgliedstaats der EU vorgesehenes **gleich-
artiges Verfahren** sein. Besonders günstige Bedingungen liegen nur vor, wenn die Preise
erheblich unter den marktüblichen Preisen liegen, die Beschaffung günstiger ist als
bei Durchführung eines offenen oder nicht offenen Verfahrens ist und es sich um einmalige
oder nur sehr kurzfristig vorhandene Beschaffungsmöglichkeiten handelt.[76]

---

[70] Vgl. OLG Frankfurt 10.7.2007 – 11 Verg 5/07.

[71] Vgl. OLG Frankfurt 10.7.2007 – 11 Verg 5/07; VK Düsseldorf 30.4.2012 – VK-43/2011-L; OLG
Düsseldorf 22.5.2013 – VII-Verg 16/12; *Pünder* in Pünder/Schellenberg EG VOL/A § 3 Rn. 23.

[72] Vgl. auch *Haak/Preißinger* in Willenbruch/Wieddekind, § 3 EG VOL/A Rn. 94; *Pünder* in Pünder/
Schellenberg § 3 EG VOL/A Rn. 23.

[73] Siehe hierzu Rn. 61 f.

[74] Vgl. *Meyer-Hofmann/Tönnemann* ZfBR 2009, 554 (555), jedoch in der praktischen Umsetzung nur mit
Einschränkungen möglich.

[75] Vgl. *Pünder* in Pünder/Schellenberg EG VOL/A § 3 Rn. 27.

[76] Vgl. OLG Düsseldorf 8.5.2002 – VII-Verg 5/02, NZBau 2002, 697 ff.; *Pünder* in Pünder/Schellenberg
EG VOL/A § 3 Rn. 28.

VIII. Aufträge im Anschluss an Planungswettbewerb (Abs. 4 Nr. 8)

In Umsetzung von Art. 32 Abs. 4 der RL 2014/24/EU regelt Abs. 4 Nr. 8 den Fall, dass **60** ein Dienstleistungsauftrag an einen Gewinner oder an einen Preisträger eines Planungswettbewerbs i. S. d. § 69 VgV vergeben werden muss. Sofern mehrere Preisträger aus dem Planungswettbewerb hervorgegangen sind und sie alle noch Aussicht auf den Planungsauftrag haben, müssen alle Preisträger zur Teilnahme an den Verhandlungen aufgefordert werden;[77] eine Vergabebekanntmachung ist jedoch nicht erforderlich. Das Verhandlungsverfahren ohne Teilnahmewettbewerb ist in diesen Fällen zulässig, da im Rahmen des Planungswettbewerbs – unter Berücksichtigung der Grundsätze der Transparenz und des Wettbewerbs und einer entsprechenden Bekanntmachung – bereits der passende Leistungserbringer ausgewählt werden konnte. Zu den in die Verhandlungen einzubeziehenden Preisträgern zählen nicht die Teilnehmer, die mit Anerkennungen ausgezeichnet worden sind.[78] Die Aufzählung in Abs. 4 Nr. 8 ist abschließend.

IX. Wiederholung gleichartiger Dienstleistungen (Abs. 4 Nr. 9)

Abs. 4 Nr. 9 setzt Art. 32 Abs. 5 Uabs. 1–3 RL 2014/24/EU um. Die Vorschrift lässt **61** unter einigen in der Norm genannten Voraussetzungen das Verhandlungsverfahren ohne Teilnahmewettbewerb bei der Wiederholung gleichartiger Dienstleistungen durch dasselbe Unternehmen zu. Grundlage für diese Vorgehensweise ist ein **Grundprojekt,** mit dessen Durchführung der Auftraggeber den Unternehmer im Rahmen eines Vergabeverfahrens beauftragt hat. Das vorangegangene Vergabeverfahren für das Grundprojekt darf nicht ebenfalls ein Verhandlungsverfahren ohne Teilnahmewettbewerb gewesen sein. Bereits bei **Auftragsbekanntmachung des ersten Auftrags** für das Projekt sind folgende Voraussetzungen zu wahren:
(1) **Angabe des Umfangs** möglicher weiterer Dienstleistungen und der Bedingungen, nach denen die Dienstleistungen vergeben werden,
(2) Angabe der **Möglichkeit** der Anwendung des **Verhandlungsverfahrens** und
(3) Angabe des **Gesamtauftragswerts,** d. h. Berechnung des Auftragswerts unter Berücksichtigung der für die nachfolgenden Dienstleistungen in Aussicht genommenen Auftragswerte (u. U. ausschlaggebend für den EU-Schwellenwert).
Schließlich ist die Möglichkeit, nach Abs. 4 Nr. 9 zu verfahren, nur eröffnet, wenn nach **62** Abschluss des ersten Auftrages noch keine drei Jahre vergangen sind. Um Abs. 4 Nr. 9 anwenden zu können, muss der Auftraggeber also schon bei Vergabe des ersten Auftrags (Grundprojekt) im Blick gehabt haben, dass die Wiederholung der Dienstleistung erforderlich werden könnte.

F. Berichtspflichten im Falle des Abs. 4 Nr. 1 (Abs. 5)

Abs. 5 normiert die Pflicht des öffentlichen Auftraggebers im Fall des Abs. 4 Nr. 1 (Ver- **63** handlungsverfahren ohne Teilnahmewettbewerb, nachdem keine oder keine geeigneten Angebote oder keine geeigneten Teilnahmeanträge im offenen oder nicht offenem Verfahren eingereicht worden sind) der EU-Kommission auf **Aufforderung** einen Bericht vorzulegen. Die Berichtspflicht folgt der Umsetzungsvorgabe des Art. 32 Abs. 2 Buchst. a Uabs. 1 der RL 2014/24/EU.

---

[77] Vgl. VK Südbayern 28.1.2003 – 320.VK-3194-42/02, BeckRS 2003, 32440; vgl. auch *Weyand,* VergabeR VOF § 3 Rn. 16.
[78] Näher hierzu *Weyand,* VergabeR VOF § 3 Rn. 20.

64   Angesichts ihrer separaten Stellung in Abs. 5 liegt es nahe, dass der Gesetzgeber mit ihr keine Zulässigkeitsvoraussetzung für das Verhandlungsverfahren ohne Teilnahmewettbewerb nach Abs. 4 Nr. 1 statuieren wollte.[79] Zudem sprechen Gesichtspunkte der praktischen Handhabung gegen die Charakterisierung der Berichtspflicht in Form einer „Vorabberichtspflicht" als formelle Zulässigkeitsvoraussetzung für die Durchführung des Verhandlungsverfahrens ohne Teilnahmewettbewerb. Der Wortlaut von Art. 32 Abs. 2 Buchst. a Uabs. 1 der RL 2014/24/EU ist insoweit missverständlich. Es ist jedoch davon auszugehen, dass der deutsche Gesetzgeber nach Sinn und Zweck die Richtlinie korrekt ausgelegt hat. Es obliegt sodann der EU-Kommission, von der Regelung nach ihrem Ermessen Gebrauch zu machen und Berichte der Vergabestellen anzufordern, nachdem diese das Verhandlungsverfahren ohne Teilnahmewettbewerb nach Abs. 4 Nr. 1 begonnen bzw. schon durchgeführt haben.

G. Zusätzliche Voraussetzungen für Verhandlungsverfahren nach Abs. 4 Nr. 2 Buchst. a und b (Abs. 6)

65   Abs. 6 stellt zusätzliche Voraussetzungen für das Verhandlungsverfahren ohne Teilnahmewettbewerb nach Abs. 4 Nr. 2 Buchst. b (aus technischen Gründen kein Wettbewerb vorhanden) und Buchst. c (wegen des Schutzes von ausschließlichen Rechten, insbesondere von gewerblichen Schutzrechten) auf. Demnach sind die beiden Ausnahmetatbestände nur einschlägig, wenn es
1. keine vernünftige Alternative oder Ersatzlösung gibt *und*
2. der mangelnde Wettbewerb nicht das Ergebnis einer künstlichen Einschränkung der Auftragsvergabeparameter ist.

66   Die Regelung ist in Umsetzung von Art. 32 Abs. 2 Buchst. b letzter Satz RL 2014/24/EU erfolgt. In der zweiten Voraussetzung spiegelt sich der schon bei den anderen Ausnahmetatbeständen (vgl. insbes. Abs. 4 Nr. 3) auftretende Grundsatz wider, dass die Gründe für die weniger oder keinen Wettbewerb bietenden Verfahrensarten nur auf Umstände zurückzuführen sein dürfen, die nicht im Verantwortungsbereich des das Verfahren lenkenden öffentlichen Auftraggebers liegen und für diesen auch nicht vorhersehbar waren.[80] Der Auftraggeber darf die Auftragsbedingungen und -voraussetzungen nicht derart einengen bzw. präzisieren, dass sie wie zugeschnitten auf einen einzigen Bewerber sind. Der Begriff der künstlichen Einschränkung in Abs. 6 impliziert, dass es bei der – grundsätzlich zulässigen – Einschränkung der Vergabeparameter auf die Intention des Auftraggebers sowie auf das Ausmaß der Einschränkung ankommt. Die regelmäßig vorhandene, zweckmäßige Intention, einen geeigneten Auftragnehmer für den Beschaffungsgegenstand zu finden, darf nicht so weit gehen, dass von vornherein die Aussichten, mehrere potenzielle Bewerber anzusprechen, bereits durch zu eng gesetzte Vergabeparameter stark begrenzt werden. Da in den Fällen des Abs. 4 Nr. 2 für die Durchführung des Verhandlungsverfahrens ohne Teilnahmewettbewerb kein erfolgloses offenes bzw. nicht offenes Verfahren vorausgegangen sein muss, wird der Auftraggeber regelmäßig anhand der Kenntnisse über die Marktsituation antizipieren, wie die potenzielle Bewerbersituation hinsichtlich des konkreten Beschaffungsgegenstandes aussieht. Dass er bei diesem Vorgang im konkreten Einzelfall sodann zu dem Ergebnis gekommen ist, dass es keine vernünftige Alternative oder Ersatzlösung gibt – auch nicht in den anderen EU-Mitgliedstaaten – muss der öffentliche Auftraggeber hinreichend begründen können und dokumentieren.

67   In diesem Zusammenhang spiegelt sich die Wechselwirkung zwischen **Definition des Beschaffungsbedarfs einerseits und der Wahl der Verfahrensart andererseits** wider. Die Definition des Beschaffungsbedarfs als solches liegt vor dem Beginn des eigentlichen

---

[79] So auch *Kulartz* in KKMPP VgV § 14 Rn. 80.
[80] Vgl. auch Erwägungsgrund 50 RL 2014/24/EU.

Vergabeverfahrens. Das Vergaberecht regelt nicht, was der Auftraggeber beschafft, sondern nur die Art und Weise der Beschaffung. Die danach im jeweiligen Fall vorgenommene Bestimmung des Beschaffungsgegenstands ist somit von den Vergabenachprüfungsinstanzen im Ausgangspunkt nicht zu kontrollieren.[81]

Auch wenn diese Definition des Beschaffungsgegenstandes vor dem Beginn des Verga- **68** beverfahrens liegt, kann sie vergaberechtlich aber nicht völlig außer Betracht bleiben. Auch nach der bisherigen Rechtsprechung ist die Definitionsmacht des Auftraggebers hinsichtlich des Beschaffungsgegenstandes nicht schrankenlos.[82] Der Bestimmungsfreiheit des Auftraggebers beim Beschaffungsgegenstand sind im Interesse der von der Richtlinie 2014/24/EU angestrebten Öffnung des Beschaffungswesens der öffentlichen Hand für den Wettbewerb, aber auch der effektiven Durchsetzung der Warenverkehrsfreiheit[83] wegen durch das Vergaberecht Grenzen gesetzt.

Sie wird begrenzt durch die Verpflichtung, den vergaberechtlichen Grundsätzen des **69** Wettbewerbs, der Transparenz und der Gleichbehandlung Rechnung zu tragen.[84] Darüber hinaus sind die Vorgaben des § 31 Abs. 6 VgV zu beachten, der vorschreibt, dass, soweit dies nicht durch den Auftragsgegenstand gerechtfertigt ist, der Auftraggeber in technischen Anforderungen (in einem weit zu verstehenden Sinn) nicht auf eine bestimmte Produktion oder Herkunft oder ein besonderes Verfahren verweisen darf, wenn dadurch bestimmte Unternehmen oder Produkte ausgeschlossen oder begünstigt werden.

Wie das OLG Düsseldorf[85] ausführte, sind die dem Auftraggeber gesetzten vergaberecht- **70** lichen Grenzen der Bestimmungsfreiheit eingehalten, wenn

- die Bestimmung durch den Auftragsgegenstand sachlich gerechtfertigt ist,
- vom Auftraggeber dafür nachvollziehbare objektive und auftragsbezogene Gründe angegeben worden sind und die Bestimmung folglich willkürfrei getroffen worden ist,
- solche Gründe tatsächlich vorhanden (festzustellen und notfalls erwiesen) sind
- und die Bestimmung andere Wirtschaftsteilnehmer nicht diskriminiert.

Bewegt sich die Bestimmung nicht in diesen Grenzen, gilt der Grundsatz der Wettbe- **71** werbsoffenheit der Beschaffung nicht mehr uneingeschränkt.[86] Die Festlegung des Beschaffungsbedarfs darf allerdings nicht gleichsam einen „Kunstgriff" darstellen, durch den eine technische Besonderheit erzeugt wird, die eine Auftragsvergabe ausschließlich an ein ganz bestimmtes Unternehmen gebietet.[87] Diese Rechtsprechung hat im neuen Vergaberecht ihren Niederschlag in § 14 Abs. 6 VgV gefunden.[88]

Die Vergabekammer Südbayern hat ausgeführt, dass viel dafür spräche, die Anforderun- **72** gen des Art. 32 Abs. 2 lit. b) der Richtlinie 2014/24/EU bzw. des § 14 Abs. 6 VgV auch dann heranzuziehen sind, wenn zwar (pro forma) ein offenes Verfahren durchgeführt werde, durch die Ausgestaltung der Leistungsbeschreibung aber nur ein Bieter ein ausschreibungskonformes Angebot abgeben könne.[89]

---

[81] Vgl. OLG München 28.7.2008 – Verg 10/08; 9.9.2010 – Verg 10/10; OLG Düsseldorf 17.2.2010 – VII-Verg 42/09; 3.3.2010 – VII-Verg 46/09; 27.6.2012 – VII-Verg 7/12.

[82] Vgl. OLG Düsseldorf 22.5.2013 – VII-Verg 16/12; 1.8.2012 – VII-Verg 105/11; 25.4.2012 – VII-Verg 7/12; OLG Karlsruhe 15.11.2013 – 15 Verg 5/13; OLG Naumburg 14.3.2013 – 2 Verg 8/12; 20.9.2012 – 2 Verg 4/12; 2. VK Bund 9.5.2014 – VK 2 – 33/14; 2. VK Sachsen-Anhalt 19.10.2012 – 2 VK LSA 17/12.

[83] Vgl. EuGH, 10.5.2012 – C-368/10.

[84] OLG Karlsruhe 15.11.2013 – 15 Verg 5/13; 21.7.2010 – 15 Verg 6/10; OLG Naumburg, 14.3.2013 – 2 Verg 8/12; 20.9.2012 – 2 Verg 4/12.

[85] OLG Düsseldorf, 12.2.2014 – VII-Verg 29-13.

[86] OLG Düsseldorf, 12.2.2014 – VII-Verg 29/13; 22.5.2013 – VII-Verg 16/12; OLG Karlsruhe, 4.12.2013 – 15 Verg 9/13; 15.11.2013 – 15 Verg 5/13; VK Baden-Württemberg 24.6.2013 – 1 VK 15/13; 2. VK Bund, 9.5.2014 – VK 2 – 33/14.

[87] OLG Düsseldorf, 11.12.2013 – VII Verg 25/13.

[88] VK Westfalen, 25.1.2017 – VK 1 – 47 / 16.

[89] VK Südbayern, 27.3.2017 – Z 3 – 3 – 3194 – 1 – 03 – 02/17.

§ 15 Offenes Verfahren

(1) **Bei einem offenen Verfahren fordert der öffentliche Auftraggeber eine unbeschränkte Anzahl von Unternehmen öffentlich zur Abgabe von Angeboten auf. Jedes interessierte Unternehmen kann ein Angebot abgeben.**

(2) **Die Frist für den Eingang der Angebote (Angebotsfrist) beträgt mindestens 35 Tage, gerechnet ab dem Tag nach der Absendung der Auftragsbekanntmachung.**

(3) **Für den Fall, dass eine hinreichend begründete Dringlichkeit die Einhaltung der Frist gemäß Absatz 2 unmöglich macht, kann der öffentliche Auftraggeber eine Frist festlegen, die 15 Tage, gerechnet ab dem Tag nach der Absendung der Auftragsbekanntmachung, nicht unterschreiten darf.**

(4) **Der öffentliche Auftraggeber kann die Frist gemäß Absatz 2 um fünf Tage verkürzen, wenn er die elektronische Übermittlung der Angebote akzeptiert.**

(5) **Der öffentliche Auftraggeber darf von den Bietern nur Aufklärung über das Angebot oder deren Eignung verlangen. Verhandlungen, insbesondere über Änderungen der Angebote oder Preise, sind unzulässig.**

Übersicht

	Rn.		Rn.
A. Einführung	1	II. Verkürzte Frist von mind. 15 Tagen bei Dringlichkeit (Abs. 3)	21
I. Literatur	1		
II. Entstehungsgeschichte	2	III. Fristverkürzung bei elektronischen Angeboten (Abs. 4)	27
III. Rechtliche Vorgaben im EU-Recht	7		
B. Legaldefinition und Ablauf (Abs. 1)	10	D. Aufklärungsbefugnis und Verhandlungsverbot (Abs. 5)	28
C. Angebotsfrist (Abs. 2–4)	16	I. Allgemeines	28
I. Regelfrist von mind. 35 Tagen (Abs. 2)	16	II. Aufklärung über das Angebot	31
		III. Verhandlungsverbot	39

A. Einführung

I. Literatur

1 *Gerlach/Manzke*, Auslegung und Schicksal des Bieterangebots im Vergabeverfahren, VergabeR 2017, 11, vgl. im Übrigen die Literatur zu § 14 VgV sowie im Beck'schen Vergaberechtskommentar, Band 1 zu § 119 GWB unter Rn. 1.

II. Entstehungsgeschichte

2 § 15 VgV setzt im Wesentlichen Art. 27 der RL 2014/24/EU um. Die Regelungen in § 15 VgV gehen dabei über die Definition in § 119 Abs. 3 GWB hinaus. In **systematischer Hinsicht** befinden sich die **Fristenregelungen** für das offene Verfahren nunmehr in Abs. 2 bis 4, angegliedert an das offene Verfahren und nicht mehr wie bisher in einer gesonderten Vorschrift in § 12 EG VOL/A. Zwecks Übersichtlichkeit sind die jeweiligen Mindestfristen nun direkt den einzelnen Verfahrensarten zugeordnet. Zu beachten ist allerdings § 20 VgV, der mit der Angemessenheitsprüfung der Fristen eine weitere Voraussetzung schafft, die zuvor ebenfalls in § 12 EG VOL/A geregelt war. Die zuvor in § 12 Abs. 1 EG VOL/A definierte Bindefrist hat entsprechend der EU-Vorgaben keinen Eingang in § 15 VgV gefunden. Zudem ist in § 38 Abs. 3 VgV die Möglichkeit der Fristverkürzung durch Verwendung einer Vorinformation als Auftragsbekanntmachung geregelt.

Inhaltlich sind die Fristen im Vergleich zu den Vorgängerregelungen, in Anbetracht der 3 Zielsetzung der jüngsten Reform, schnellere und flexiblere Verfahren zu ermöglichen, **ge-kürzt** worden.[1] So beträgt die Regelmindestfrist anstatt bislang mindestens 52 Tage nunmehr 35 Tage. Auch wurde die Möglichkeit der Fristverkürzung um fünf Tage geschaffen, wenn der Auftraggeber die Übermittlung elektronischer Angebote akzeptiert, § 15 Abs. 4 VgV.

Diese Reduzierungen sind insbesondere zurückzuführen auf die erweiterten Regelun- 4 gen zur elektronischen Kommunikation im Rahmen der Auftragsbekanntmachung (vgl. § 40 Abs. 1 VgV), welche die Zeitspanne zwischen Absendung und Veröffentlichung der Auftragsbekanntmachung verkürzt sowie auf die Bedürfnisse und Rückschlüsse aus der bisherigen Vergabepraxis, die wegen der häufigen Beschaffung von Standardprodukten keine längeren Mindestfristen, die die Beschaffung nur künstlich verzögern würden, benötigen.[2] Die Nutzung elektronischer Informations- und Kommunikationsmittel im Rahmen des Vergabeverfahrens bewirkt nicht nur eine Zeitersparnis, sondern auch mehr Transparenz für die Wirtschaftsteilnehmer und Bieter. Nach Erwägungsgrund 80 der RL 2014/24/EU sollen die Fristen für die Teilnahme an Vergabeverfahren so kurz wie möglich gehalten werden, ohne unzulässige Hürden für den Zugang von Wirtschaftsteilnehmern im Binnenmarkt und insbesondere für KMU zu schaffen.

Zudem stellt die Regelung der Möglichkeit der Fristverkürzung bei Dringlichkeit in 5 Abs. 3 eine Neuregelung dar, die bislang nur im nicht offenen Verfahren zur Verfügung stand. Nunmehr soll auch im offenen Verfahren der öffentliche Auftraggeber die Möglichkeit haben, die Fristen für den Eingang der Angebote weiter zu verkürzen, wenn aufgrund der Dringlichkeit die regulären Fristen nicht praktikabel sind, aber dennoch ein offenes Verfahren mit Bekanntmachung nicht unmöglich ist.[3]

§ 15 Abs. 4 VgV enthält die Regelung zur Zulässigkeit der Aufklärung des Angebotsin- 6 haltes und zum Verhandlungsverbot, wie sie schon in § 18 EG VOL/A enthalten war. § 18 EG VOL/A hatte wiederum § 24 VOL/A 2006 abgelöst und war schon damals inhaltlich im Wesentlichen unverändert geblieben, obgleich § 18 EG VOL/A im Vergleich zur Vorgängerregelung kürzer gefasst worden war.

III. Rechtliche Vorgaben im EU-Recht

Die Vorgaben zum offenen Verfahren finden sich im EU-Recht in Art. 27 RL 2014/ 7 24/EU, der Teil des zweiten Titels „Vorschriften für öffentliche Aufträge" im Kapitel „Verfahren" ist. Die Definition des offenen Verfahrens ist in Art. 27 Abs. 1 Uabs. 1 RL 2014/24/EU enthalten und inhaltlich entsprechend in § 119 Abs. 3 GWB und § 15 Abs. 1 VgV übernommen worden. Ebenfalls schreibt Art. 27 Abs. 1 Uabs. 2 RL 2014/24/EU die Regelmindestfrist von 35 Tagen, gerechnet ab dem Tag nach der Absendung der Auftragsbekanntmachung, vor, die in § 15 Abs. 2 VgV ihre Umsetzung in das deutsche Vergaberecht gefunden hat. Des Weiteren stellt Art. 27 Abs. 1 Uabs. 3 RL 2014/24/EU klar, dass dem Angebot die von dem öffentlichen Auftraggeber verlangten Informationen für eine qualitative Auswahl beizufügen sind. Diese Formulierung ist nicht in § 15 VgV übernommen worden. Sie enthält keinen spezifischen Regelungsgehalt. So dürfte der Gesetzgeber die Formulierung nicht ebenfalls in den Paragrafen zum offenen Verfahren eingefügt haben, da es offenkundig sein dürfte, dass dem Angebot die vom Auftraggeber geforderten Informationen beizufügen sind, um ein vollständiges Angebot einzureichen. Vielmehr ist die Konsequenz bei Fehlen der geforderten Unterlagen der Ausschluss, vgl. § 57 Abs. 1 Nr. 2 VgV.

---

[1] Vgl. Erwägungsgrund 80 der RL 2014/24/EU.
[2] Näher hierzu *Rechten* in KKMPP VgV § 15 Rn. 8 ff.
[3] Vgl. Erwägungsgrund 80 der RL 2014/24/EU.

8   Die Neuregelung zur Möglichkeit der Fristverkürzung bei Dringlichkeit im offenen Verfahren (beschleunigtes Verfahren) ist in Art. 27 Abs. 3 RL 2014/24/EU statuiert und in die VgV in § 15 Abs. 3 VgV inhaltsgleich eingeführt worden. Die in Art. 27 Abs. 2 RL 2014/24/EU außerdem enthaltenen Vorschriften zur Vorinformation und der mit dieser verbundenen Möglichkeit der Fristverkürzung sind in der deutschen Umsetzung aus dem Paragrafen zum offenen Verfahren ausgelagert worden in § 38 Abs. 3 VgV.

9   Art. 27 Abs. 4 RL 2014/24/EU gibt zudem die Möglichkeit der Fristverkürzung um fünf Tage vor, wenn der Auftraggeber die Übermittlung elektronischer Angebote akzeptiert, was in § 15 Abs. 4 VgV umgesetzt wurde.

B. Legaldefinition und Ablauf (Abs. 1)

10   Die Legaldefinition des offenen Verfahrens in Abs. 1 S. 1 ist inhaltsgleich mit der Definition in § 119 Abs. 3 GWB. In Abs. 1 S. 2 und Abs. 2–5 wird der Ablauf des offenen Verfahrens über § 119 Abs. 3 GWB hinausgehend konkretisiert und verfahrensspezifische Details wie die einzuhaltenden Fristen geregelt. Abs. 1 beschreibt in Umsetzung von Art. 27 Abs. 1 Uabs. 1 der RL 2014/24/EU den Ablauf des offenen Verfahrens. Für die Wahl des offenen Verfahrens als Verfahrensart sind keine besonderen Voraussetzungen und damit auch keine Begründung der Wahl nötig.

11   Das offene Verfahren wird eingeleitet durch die an eine **unbeschränkte Anzahl** von Unternehmen gerichtete **öffentliche Aufforderung** des öffentlichen Auftraggebers zur Abgabe von Angeboten (*invitatio ad offerendum* i. S. d. bürgerlichen Rechts). Intern muss der Auftraggeber den konkreten Beschaffungsbedarf festgestellt haben, für dessen Bestimmung ihm grundsätzlich ein weiter Ermessensspielraum zukommt.[4] Die nach außen gerichtete Aufforderung **zur Angebotsabgabe** erfolgt grundsätzlich durch die Veröffentlichung der **europaweiten Auftragsbekanntmachung** nach § 37 VgV, der eine sog. **Vorinformation** gemäß § 38 VgV vorausgehen kann. Das offene Verfahren beginnt mit der Absendung der Auftragsbekanntmachung an das Amt für Veröffentlichungen der EU nach § 37 VgV und nicht bereits mit der Absendung der Bekanntmachung der Vorinformation.[5] Im Unterschied zum nicht offenen Verfahren und Verhandlungsverfahren kann der öffentliche Auftraggeber auch nicht bei Vorliegen bestimmter Voraussetzungen, darunter eine ausführliche Vorinformation, auf die Auftragsbekanntmachung verzichten, vgl. § 38 Abs. 4 und 5 VgV. Nach § 37 Abs. 2 VgV muss für die Bekanntmachung ein vorgegebenes, einheitliches Muster verwendet werden.

12   Nach der Veröffentlichung der Auftragsbekanntmachung können die interessierten Bieter die Vergabeunterlagen anfordern, sofern ausnahmsweise die Vergabeunterlagen nicht über die als Regelfall eingeführte sog. eVergabe elektronisch frei zugänglich sind, vgl. § 41 VgV. Die Vergabeunterlagen selbst müssen die in § 29 VgV genannten Angaben enthalten. Die Vergabeunterlagen enthalten danach in der Regel im Anschreiben die Aufforderung zur Angebotsabgabe (§ 29 Abs. 1 Nr. 1 VgV), die Beschreibung der Einzelheiten der Durchführung des Verfahrens (§ 29 Abs. 1 Nr. 2 VgV) sowie die Vertragsunterlagen, welche aus einer eindeutigen und erschöpfenden Leistungsbeschreibung und den Vertragsbedingungen bestehen (§ 29 Abs. 1 Nr. 3 VgV). Bei dem Verfassen der Leistungsbeschreibung ist § 31 VgV zu beachten. Die Unternehmen erarbeiten sodann auf Grundlage der Vergabeunterlagen ihre Angebote, die innerhalb der vom öffentlichen Auftraggeber festgesetzten Frist (vgl. Abs. 2–4) mitsamt der erforderlichen Unterlagen über ihre Eignung eingereicht werden müssen, um einen Ausschluss vom Vergabeverfahren zu vermeiden. Sodann erfolgt die Öffnung der Angebote (§ 55 VgV), die die entscheidende Zäsur im Vergabeverfahren darstellt und das Ende des freien Wettbewerbs darstellt. Nachverhandlun-

---

[4] Vgl. OLG Düsseldorf 1.8.2012 – Verg 10/12; OLG München 28.7.2008 – Verg 10/08.
[5] Siehe hierzu → GWB § 119 Rn. 21.

gen sind verboten – Aufklärungsersuchen des Auftraggebers über das Angebot oder die Eignung der Bieter hingegen erlaubt.[6] Nach der Öffnung der Angebote wertet die Vergabestelle die gegenüber den anderen Bietern geheim zu haltenden Angebote unter Zugrundelegung der festgelegten Zuschlagskriterien aus, vgl. auch § 58 Abs. 3 VgV.

Der Vorgang der Eignungsprüfung und der Zuschlagsentscheidung ist Teil eines Prüfungs- und Wertungsvorgangs in vier Stufen.[7] Zunächst werden auf der ersten Wertungsstufe die formal fehlerhaften Angebote aussortiert. Dann erfolgt auf zweiter Wertungsstufe die Eignungsprüfung, vgl. § 42 Abs. 1 VgV. Die inhaltliche Bewertung der verbliebenen Angebote der geeigneten Bieter bildet die dritte Wertungsstufe, vgl. § 56 VgV. Die anschließende Auswahl des wirtschaftlichsten Angebots stellt die vierte und letzte Wertungsstufe dar, vgl. § 58 Abs. 1 und 2 VgV. **13**

Gemäß § 42 Abs. 3 VgV kann der öffentliche Auftraggeber beim offenen Verfahren auch die Angebotsprüfung vor der Eignungsprüfung durchführen. Den Auftraggeber trifft eine Informationspflicht gegenüber den Bietern, deren Angebote nicht berücksichtigt werden sollen. Ihnen ist der Name des erfolgreichen Bieters, der Grund der vorgesehenen Nichtberücksichtigung und der früheste Zeitpunkt des Vertragsschlusses mindestens 15 Tage bzw. 10 Tage vor der Zuschlagserteilung mitzuteilen, vgl. zu den Einzelzeiten § 134 Abs. 1 und 2 GWB. **14**

Das offene Verfahren ist als einphasiges Verfahren zu charakterisieren, da Eignungsprüfung und Zuschlagsentscheidung Teil eines einheitlichen Prüfungs- und Wertungsvorgangs in vier Stufen sind. Das Verfahren endet mit dem **Zuschlag** oder im Ausnahmefall mit der Aufhebung des Verfahrens.[8] In formeller Hinsicht muss der Auftraggeber zudem spätestens 30 Tage nach der Vergabe des Auftrags dem Amt für Veröffentlichungen der Europäischen Union eine Vergabebekanntmachung mit den Ergebnissen des Vergabeverfahrens übermitteln, § 39 Abs. 1 VgV. Für die Vergabebekanntmachung ist das Muster im Anhang II der Durchführungsverordnung (EU) 2015/1986 zu verwenden, § 39 Abs. 2 VgV. **15**

C. Angebotsfrist (Abs. 2–4)

I. Regelfrist von mind. 35 Tagen (Abs. 2)

Die Frist für den Eingang der Angebote beträgt mindestens 35 Tage (Angebotsfrist). Abs. 2 steht zu Abs. 3 und 4 im Regel-Ausnahme-Verhältnis. In Abs. 2 wird die Regelmindestfrist statuiert, Abs. 3 und 4 erlauben unter den dort dargelegten Voraussetzungen eine Fristverkürzung. **16**

Die Fristenregelung in Abs. 2 ist wie auch die weiteren Fristenregelungen in Abs. 3 und 4 und den folgenden Paragrafen stets unter dem Vorbehalt des **§ 20 VgV** zu sehen, der die **Angemessenheit** der jeweiligen festzusetzenden **Frist** im konkreten Vergabeverfahren vorschreibt. Bei der Bestimmung einer angemessenen Frist sind insbesondere die Komplexität der Leistung und die Zeit für die Ausarbeitung der Angebote wesentliche Kriterien.[9] § 20 Abs. 3 VgV und § 41 Abs. 2 und 3 VgV sehen zudem die Fristverlängerung in bestimmten Fallkonstellationen vor. **17**

Bei der **Berechnung** der Frist wird der Tag der Absendung der Auftragsbekanntmachung nicht mitgerechnet.[10] Der erste Tag der Frist ist somit der Tag nach Absendung der Auftragsbekanntmachung. Gemäß § 82 VgV i.V.m. Art. 3 Abs. 1 Uabs. 2 der VO (EWG, **18**

---

6 Siehe hierzu nachfolgend Rn. 28 ff.
7 → GWB § 119 Rn. 20.
8 → GWB § 119 Rn. 21.
9 Zu den Einzelheiten VgV § 20 Rn. 5 ff.
10 Vgl. Art. 3 Abs. 1 Uabs. 2 der VO (EWG, EURATOM) Nummer 1182/71 des Rates vom 3.6.1971 zur Festlegung der Regeln für Fristen, Daten und Termine; insoweit missverständlich gefasst RL 2014/24/EU, vgl. BT-Drs. 18/7318, 159.

EURATOM) Nr. 1182/71 ist Fristende am letzten Tag um 24 Uhr. Legt die Vergabestelle für das Fristende also eine Uhrzeit vor 24 Uhr, etwa 18 Uhr, fest, so muss sie den letzten Tag der Frist auf den Tag nach Ablauf der Frist legen, um die Mindestfristen einzuhalten. Von der Bezeichnung *Tage* in Abs. 2 bis 4 sind alle Kalendertage erfasst, also nicht nur Werktage, sondern auch Wochenend- und Feiertage.[11] Sollte das datumsmäßig festgelegte Ende der Angebotsfrist auf einen Sonnabend (Samstag), Sonntag oder Feiertag fallen, so ist in analoger Anwendung von § 193 BGB bzw. Art 3 Abs. 4 VO (EWG, Euratom) Nr. 1182/71 das Ende der Angebotsfrist erst am Montag bzw. der nächste Werktag/Arbeitstag.[12] In diesen Fällen ist für die Abgabe der Angebote der Dienstag (bzw. der nächsten Werk-/Arbeitstag) festzulegen.

19   Durch die Formulierung *mindestens* wird deutlich, dass es sich um eine Mindestfrist handelt, deren **Untergrenze** 35 Tage beträgt. Wird die Untergrenze bei Nichtvorliegen der Voraussetzungen von Abs. 3 und 4 unterschritten, stellt dies einen rügefähigen **Vergaberechtsverstoß** dar. Im konkreten Einzelfall kann die Frist, etwa wegen der Komplexität der Beschaffung oder der Notwendigkeit einer Ortsbesichtigung vor Abgabe der Angebote auch die Festlegung einer längeren Frist als die Mindestfrist von 35 Tagen erfordern, vgl. § 20 Abs. 1 und 2 VgV.[13] Wenn in derartigen Fällen die Vergabestelle nur die Regelmindestfrist gewährt hat, liegt ebenfalls ein Vergaberechtsverstoß vor. Es kann aber aus verfahrensökonomischen Gründen auch eine **Heilung** des Fristverstoßes durch den Auftraggeber in Betracht kommen, nämlich wenn den Bietern im weiteren Verfahren die Möglichkeit eröffnet wird, ihre Angebote zu ergänzen.[14] Die Heilungsmöglichkeiten von Verfahrens- und Formfehlern werden analog § 45 VwVfg aus dem Verwaltungsrecht übertragen. Eine Aufhebung des Vergabeverfahrens soll folglich dann nicht in Betracht kommen, wenn der Zweck der verletzten Formvorschrift auch auf andere Weise erreicht werden kann, ohne die Rechte des Bieters einzuschränken. In dem von der VK Bund entschiedenen Fall wurde ein unvollständiges Angebot in einer unterschrittenen Mindestfrist abgegeben und nach Ablauf der zu kurz gesetzten Frist vervollständigt. Dem Auftraggeber ist es zudem nach seinem Ermessen möglich, die Angebotsfrist gegenüber allen Bietern zur gleichen Zeit zu verlängern, sofern er sachfremde Erwägungen unterlässt. So darf die Fristverlängerung nicht darauf abzielen, einem bestimmten Bieter noch die Abgabe des Angebots zu ermöglichen.[15]

20   Die Angebotsfrist ist eine **materiell-rechtliche Ausschlussfrist.** Überschreitet der Bieter die Frist, so darf der öffentliche Auftraggeber das Angebot grundsätzlich nicht berücksichtigen, es sei denn, der Bieter hat den nicht fristgerechten Eingang nicht zu vertreten, vgl. § 57 Abs. 1 Nr. 1 VgV.

II. Verkürzte Frist von mind. 15 Tagen bei Dringlichkeit (Abs. 3)

21   Abs. 3 setzt Art. 27 Abs. 3 RL 2014/24/EU um und eröffnet erstmalig auch beim offenen Verfahren die Möglichkeit der Kürzung der Regelmindestfrist bei hinreichend begründeter Dringlichkeit der Beschaffung (sog. **beschleunigtes Verfahren**).

22   Die Voraussetzung der hinreichend begründeten Dringlichkeit ist in materieller Hinsicht vollständig von dem Begriff der Dringlichkeit nach § 14 Abs. 4 Nr. 3 VgV als Ausnahmetatbestand für die Zulässigkeit des Verhandlungsverfahrens ohne Teilnahmewettbewerb zu unterscheiden. Die Dringlichkeit iSv Abs. 3 muss **nicht notwendigerweise eine extre-**

---

[11] Vgl. Art. 3 Abs. 3 VO (EWG, EURATOM) Nummer 1182/71 des Rates vom 3.6.1971 zur Festlegung der Regeln für Fristen, Daten und Termine und § 10a EU VOB/A.
[12] OLG Thüringen 14.11.2001 – 6 Verg6/01.
[13] Vgl. OLG Düsseldorf 19.6.2013 – VII-Verg 4/13.
[14] Vgl. VK Bund 17.4.2003 – VK 2 – 16/03; *Dierkes* in Dieckmann/Scharf/Wagner-Cardenal VOL/A-EG § 12 EG Rn. 15.
[15] OLG Brandenburg 12.1.2010 – Verg W 7/09.

me Dringlichkeit wegen unvorhersehbarer, vom Auftraggeber nicht zu verantworten-der Ereignisse sein.[16] Gleichwohl ist der **Ausnahmetatbestand** zum Regelfall des Abs. 2 ebenso wie der Ausnahmetatbestand des § 14 Abs. 4 Nr. 3 VgV **eng auszulegen.** Der Auftraggeber muss die Gründe für die Fristkürzung dokumentieren. Die hinreichende Begründetheit der Dringlichkeit erfordert das Vorliegen eines objektiv nachprüfbaren Grundes, der das Zuwarten bis zum Ablauf der Regelmindestfrist von 35 Tagen nach Abs. 2 unmöglich macht. Da der Wortlaut der Norm die *Unmöglichkeit* der Einhaltung der Frist nach Abs. 2 voraussetzt, dürfte aus Sicht des Auftraggebers bei der Vorplanung im konkreten Einzelfall mit an Sicherheit grenzender Wahrscheinlichkeit feststehen müssen, dass die Einhaltung der Mindestfrist nach Abs. 2 nicht möglich ist. Eine Konkretisierung der Voraussetzungen von Abs. 3 bleibt abzuwarten. Der Gesetzgeber hat in der Gesetzesbegründung lediglich die vollständige materielle Unterscheidung von § 14 Abs. 4 Nr. 3 VgV und der Fristverkürzungsregelung in Abs. 3 betont.

Bei Vorliegen der Dringlichkeit kann der Auftraggeber von der Mindestfrist von **23** 15 Tagen Gebrauch machen. Der Wortlaut der Norm „nicht unterschreiten darf" macht deutlich, dass es sich um eine **absolute Mindestfrist** handelt, die nicht weiter reduziert werden darf, etwa durch Reduzierung um weitere fünf Tage nach Abs. 4. Dies ist ebenso unzulässig wie auch die Analogiebildung zu Abs. 3.[17] Auch bei der Anwendung von Abs. 3 muss zudem stets die Angemessenheit der Frist nach § 20 Abs. 1 VgV gegeben sein.

Bei der Abgrenzung von Verhandlungsverfahren ohne Teilnahmewettbewerb wegen **24** Dringlichkeit nach § 14 Abs. 4 Nr. 3 VgV und dem offenen Verfahren mit gekürzten Fristen wegen Dringlichkeit nach diesem Absatz, ist stets zu beachten, dass der Ausnahmetatbestand des § 14 Abs. 4 Nr. 3 VgV ausgeschlossen ist, wenn die Durchführung eines offenen Verfahrens mit verkürzten Fristen möglich ist.[18] Nur in eng begrenzten Ausnahmefällen, wenn aufgrund von vom Auftraggeber nicht zu vertretender und für diesen nicht vorhersehbarer Umstände (zB aufgrund einer Naturkatastrophe) eine besondere Dringlichkeit eingetreten ist, hat der Auftraggeber, soweit unbedingt erforderlich, die Möglichkeit ein Verhandlungsverfahren ohne Teilnahmewettbewerb durchzuführen.[19] Ferner ist ein mit besonderer Dringlichkeit begründetes Verhandlungsverfahren ohne Teilnahmewettbewerb und ein offenes Verfahren mit gekürzten Fristen nach diesem Absatz wegen Dringlichkeit unstatthaft, sofern die realistische Möglichkeit besteht, auch in einem offenen Verfahren mit Regelfristen zu einem zeitgerechten Vertragsabschluss zu gelangen.[20] Es ist nicht mehr von der grundsätzlich bestehenden Bestimmungsfreiheit der Vergabestelle gedeckt, wenn sie den Vertragsbeginn derart festlegt, dass der Zeitplan künstlich zugespitzt und eine aufgrund nachprüfbarer Tatsachen nicht zu rechtfertigende Dringlichkeit erzeugt wird.[21]

Darüber hinaus besteht die Möglichkeit durch die Verwendung der **Vorinformation** im **25/26** offenen Verfahren die Frist auf 15 Tage zu verkürzen, sofern die weiteren Voraussetzungen des § 38 Abs. 3 VgV erfüllt sind.

III. Fristverkürzung bei elektronischen Angeboten (Abs. 4)

Abs. 4 ermöglicht in Umsetzung von Art. 27 Abs. 4 RL 2014/24/EU die Fristverkür- **27** zung der Frist nach Abs. 2 (Regelmindestfrist von 35 Tagen) um fünf Tage, wenn der öffentliche Auftraggeber die elektronische Übermittlung der Angebote akzeptiert. Die elektronische Übermittlung richtet sich nach § 53 Abs. 1 VgV i. V. m. § 10 VgV. Die Abgabe der Angebote auf elektronischem Wege wird mit Ablauf der Übergangsfrist am 18.10.2018

---

[16] Erwägungsgrund 46 der RL 2014/24/EU; BT-Drs. 18/7318, 159.
[17] So auch *Rechten* in KKMPP VgV § 15 Rn. 19.
[18] VK Südbayern 12.8.2016 – Z3–3–3194-1-27-07-16, IBRRS 2016, 2124.
[19] Erwägungsgrund 46 der RL 2014/24/EU.
[20] Vgl. OLG Düsseldorf 10.6.2015 – VII–Verg 39/14.
[21] OLG Düsseldorf 10.6.2015 – VII–Verg 39/14.

für alle öffentlichen Auftraggeber (für zentrale Beschaffungsstellen bereits seit 18.4.2017) der Regelfall sein, vgl. § 81 VgV.[22] Doch auch dann wird es für die Fristkürzung nach Abs. 4 genügen, wenn die Vergabestelle die elektronische Übermittlung neben anderen Übermittlungsarten zulässt.[23] Eine ausschließliche elektronische Übermittlung der Angebote ist auch nach Ende der Übergangszeit in diesem Zusammenhang nicht erforderlich.[24] Der Gesetzgeber lässt kürzere Fristen bei elektronischen Angeboten zu, da die Versandzeit für die auf postalischem Weg eingereichten Angebote wegfällt.

D. Aufklärungsbefugnis und Verhandlungsverbot (Abs. 5)

I. Allgemeines

28   In Abs. 5 wird mit dem Ausklärungsgebot und dem Verhandlungsverbot der Regelungsgehalt des bisherigen § 18 EG VOL/A übernommen. Lediglich in Abs. 5 S. 2 ist noch der ergänzende Hinweis, dass die Verhandlungen, *insbesondere über Änderungen der Angebote oder Preise,* unzulässig sind. Bereits nach § 18 S. 2 EG VOL/A erfasste das Verhandlungsverbot auch und nach seinem Regelungszweck sogar vornehmlich die Verhandlungen über Änderungen der Angebote oder Preise, sodass Abs. 5 S. 2 in seinem Regelungsgehalt nicht über § 18 S. 2 EG VOL/A hinausgeht.[25] Auf die Rechtsprechung zu § 18 EG VOL/A sowie dessen Vorgängerregelung in § 24 VOL/A, die inhaltlich ebenfalls im Wesentlichen unverändert blieb, kann daher zurückgegriffen werden. Zudem ist die Regelung in Abs. 5 mit § 15 VOL/A und mit § 15 EG VOB/A sowie § 15 VOB/A vergleichbar. Abs. 5 gilt über die Verweisung in § 16 Abs. 9 VgV auch für das nicht offene Verfahren.

29   Die Regelung in Abs. 5 dient sowohl dem Interesse des öffentlichen Auftraggebers sowie dem Interesse der Bieter. Abs. 5 S. 1 trägt evtl. bestehenden Aufklärungsnotwendigkeiten des Auftraggebers Rechnung. Das bei offenem und nicht offenem Verfahren bestehende Verhandlungsverbot kommt in Abs. 5 S. 2 zum Ausdruck. Abs. 5 ist eine bieterschützende Regelung.[26] Dem einzelnen Bieter steht schutzwürdiges Vertrauen zu, dass auch mit den anderen Bietern nicht verhandelt wird. Ein Verstoß gegen das Verhandlungsverbot kann daher mit einem Nachprüfungsantrag geltend gemacht werden. Nicht schutzwürdig nach Abs. 5 ist hingegen der Bieter, mit dem unstatthafte Nachverhandlungen geführt worden sind.[27]

30   Die Regelung in Abs. 5 ist geprägt von dem Grundsatz, dass Aufklärungsgespräche niemals zu einer Änderung des Angebots führen dürfen. Als **Ausnahmevorschrift** ist Abs. 5 grundsätzlich **eng auszulegen.**[28]

II. Aufklärung über das Angebot

31   Der Auftraggeber darf Aufklärung über den Angebotsinhalt und die Eignung des Angebots vom jeweiligen Bieter im Zeitraum zwischen Abgabe des Angebots und Zuschlag verlangen. Bei seinem pflichtgemäß auszuübenden **Aufklärungsermessen,** ob und von wem er Aufklärung verlangt, hat der Auftraggeber den Grundsatz der **Gleichbehandlung** zu beachten.[29]

---

[22] BT-Drs. 18/7318, 159.
[23] *Rechten* in KKMPP VgV § 15 Rn. 22.
[24] Vgl. *Rechten* in KKMPP VgV § 15 Rn. 22.
[25] Vgl. BT-Drs. 18/7318, 159.
[26] OLG Düsseldorf 14.3.2001 – VII Verg 30/00; VK Sachsen 13.12.2002 – 1/SVK/105-02; VK Sachsen 1.2.2002 – 1/SVK/139-01.
[27] OLG München 17.9.2007 – Verg 10/07;
[28] VK Brandenburg 6.2.2007 – 2 VK 5/05; VK Lüneburg 26.7.2005 – VgK-31/2005.
[29] Zum Gleichbehandlungsgrundsatz in diesem Kontext: *Scharf* in Dieckmann/Scharf/Wagner-Cardenal VOL/A-EG § 18 EG Rn. 25; OLG Saarbrücken 29.5.2002 – 5 Verg 1/01; VK Baden-Württemberg 7.8.2003 – 1 VK 33/03, 1 VK 34/03, 1 VK 35/03.

Grundsätzlich besteht kein Anspruch des Bieters auf Aufklärung. Durch das Verlangen nach Aufklärung darf nicht der Eindruck entstehen, ein Bieter würde bevorzugt oder benachteiligt.

Ausnahmsweise kann sich wegen eines konkreten Vertrauenstatbestands aus Treu und **32** Glauben eine **Pflicht** des Auftraggebers zur Führung von einem Aufklärungsgespräch ergeben.[30] Zudem besteht im Fall eines offenkundigen Versehens des Bieters die Pflicht des Auftraggebers, beim Bieter nachzufragen.[31] Weiterhin kann eine Aufklärungspflicht resultieren aus durch eigene Recherchen hervorgerufenen Zweifeln des Auftraggebers bzgl. eines eindeutigen Angebots des Bieters.[32]

Stets muss für die Durchführung von Aufklärungsgesprächen ein **Aufklärungsbedarf 33** vorliegen. Den Aufklärungen muss ein **feststehender Sachverhalt** zugrunde liegen.[33] Die Aufklärungen dürfen auch nicht bewirken, dass ein bereits feststehender Sachverhalt geändert wird.[34] Aufklärungsbedarf ist regelmäßig anzunehmen, wenn der Auftraggeber aufgrund von Zweifeln an dem Inhalt des Angebots des Bieters oder dessen Eignung für die ordnungsgemäße Prüfung und Bewertung weitere Angaben des Bieters benötigt.[35]

Gegenstand der Aufklärung darf nur das in Abs. 5 S. 1 genannte Angebot oder die Eig- **34** nung des Bieters sein; die Aufzählung ist abschließend. Bei der **Aufklärung des Angebots** ist die **Auslegung** des Angebots nach §§ 133, 157 BGB zulässig. Das Bieterangebot ist aus Sicht eines fachkundigen Auftraggebers auszulegen, der mit den Einzelheiten der Vergabeunterlagen und den ausgeschriebenen Leistungen vertraut ist.[36] Stets ist zu beachten, dass nicht die Schwelle zur unzulässigen Angebotsänderung überschritten wird. Auch darf ein unvollständiges Angebot nicht im Wege eines Aufklärungsersuchens vervollständigt werden. Zulässiger Aufklärungsbedarf kann z.B. hinsichtlich der Grundlagen der Preisermittlung und Kalkulationen eines Bieters bestehen, um dadurch einen bestmöglichen Vergleich und Bewertung der Angebote zu gewährleisten.[37] Jedoch ist die Nachforderung von Dokumenten nicht zulässig, wenn der Bieter einen Kenntnisvorsprung ausnutzen könnte.[38]

Der Aufklärungsgegenstand umfasst hingegen nicht z.B. widersprüchliche oder nach- **35** trägliche Preisangaben,[39] den Inhalt der Ausschreibung, die Anforderung von fehlenden Eignungsnachweisen[40] und die Änderung von zuvor festgelegten Ausführungsfristen.[41] Denn der Bieter darf nach den Grundsätzen der Transparenz und Gleichbehandlung nicht nachträglich seine Wettbewerbsposition verbessern. Bei Fabrikatsangaben können diese vom Bieter im Rahmen der Aufklärung ergänzt werden, wenn in der Ausschreibung die Leistung nur allgemein beschrieben war.[42]

Geht es um die Fachkunde, Leistungsfähigkeit und Zuverlässigkeit des Bieters als Eigen- **36** schaften seiner **Eignung,** sind Aufklärungsgespräche zulässig.[43] Der Auftraggeber darf zwar

---

[30] Vgl. zur Aufklärungspflicht auch *Vavra* in Ziekow/Völlink VOB/A § 15 Rn. 14.
[31] VK Bund 25.10.2002 – VK 1–71/02; a. A. VK Hessen 18.3.2002 – 69d VK-03/2002.
[32] Vgl. OLG Brandenburg 6.9.2011 – 6 U 2/11; OLG Frankfurt 26.5.2009 – 11 Verg 2/09; VK Bund 22.5.2003 – VK 1–29/03.
[33] Vgl. OLG Düsseldorf 14.3.2001 – Verg 30/00.
[34] OLG Koblenz 15.7.2008 – 1 Verg 2/08.
[35] Vgl. OLG Koblenz 15.7.2008 – 1 Vergabe 2/08; OLG Naumburg 22.9.2005 – 1 Vergabe 8/05.
[36] Näher hierzu *Manzke/Gerlach* VergabeR 2017, 11.
[37] Näher hierzu OLG Naumburg 22.9.2005 – 1 Verg 8/05; VK Bund 3.5.2005 – VK 3–19/05; *Scharf* in Dieckmann/Scharf/Wagner-Cardenal VOL/A-EG § 18 EG Rn. 22.
[38] *Manzke/Gerlach* VergabeR 2017, 11.
[39] Die Nachforderung von nur unwesentlichen Preispositionen ist hingegen möglich, vgl. *Manzke/ Gerlach* VergabeR 2017, 11.
[40] VK Bund v. 7.2.2007 – VK 3–07/07; VK Brandenburg v. 6.2.2007 – 1 VK 5/07.
[41] VK Bund Beschl. v. 13.6.2007 – VK 2–51/07; VK Bund Beschl. v. 21.7.2005 – VK 3–61/05; VK Nordbayern Beschl. v. 12.11.20014 – 320 VK-3194-43/04; OLG Naumburg Urt. v. 29.4.2003 – 1 U 119/02, IBR 2003, 433.
[42] Str., vgl. OLG München 15.11.2007 – Verg 10/07; zur Nachforderung von Fabrikatsangaben außerdem: VK Niedersachsen 3.5.2005 – VgK-14/2005; VK Niedersachsen 26.7.2005 – VgK-31/2005; VK Münster 15.10.2004 – VK 28/04; *Dieckmann/Scharf* VOL/A-EG § 18 EG Rn. 22.
[43] OLG Saarbrücken 12.5.2004 – 1 Verg 4/04.

keine zusätzlichen Leistungsnachweise fordern, aber unklare Referenzen bezüglich der eingereichten Nachweise aufklären. Eine Nachforderung ist insoweit nach § 56 Abs. 2 –
Abs. 4 VgV möglich. Im Hinblick auf die ungewöhnlich niedrige Angebote ist die Aufklärung nach Maßgabe des § 60 VgV zu berücksichtigen.

37   Der Auftraggeber kann dem Bieter eine (Ausschluss-)Frist zur Aufklärung setzen. Sollte
ein **Bieter** die geforderten **Aufklärungen** und Angaben **verweigern,** kann nach dem
Willen und **Ermessen** des Auftraggebers das Angebot **unberücksichtigt** bleiben, wenn
das Angebot tatsächlich aufklärungsbedürftig war und dem Bieter eine angemessene Frist
zur Aufklärung gesetzt worden ist.[44] Unerheblich ist, ob der Bieter dem Aufklärungsverlangen gar nicht nachgekommen ist oder, ob er nur mit unzureichenden Angaben reagiert
hat.[45] Voraussetzung für die Nichtberücksichtigung des Bieters ist aber, dass der Auftraggeber den Aufklärungsbedarf nicht anderweitig, durch Heranziehung sonstiger ihm zur Verfügung stehender Informationen schließen kann.[46]

38   Über die Aufklärungsgespräche hat die Vergabestelle grundsätzlich Stillschweigen zu
wahren. Zwar existiert in der Norm selbst diesbezüglich keine explizite Regelung, doch
folgt diese Pflicht zur Vertraulichkeit und **Geheimhaltung** wegen der Geschäftsgeheimnisse aus dem Wettbewerbsprinzip in Form des Geheimwettbewerbs.[47] Die prinzipielle Geheimhaltungspflicht steht in einem Spannungsverhältnis mit dem Transparenzgebot als
Grundsatz des Vergaberechts. Danach muss das Ergebnis der Aufklärung im **Vergabevermerk** festgehalten werden, um eine spätere Kontrolle, ggf. im Rahmen der Nachprüfung,
zu gewährleisten.

III. Verhandlungsverbot

39   Abs. 5 S. 2 stellt klar, dass Verhandlungen, insbesondere über Änderungen der Angebote
oder Preise, unzulässig sind. Das Verhandlungsverbot ist dabei in Zusammenhang mit der
Regelung in S. 1 zu lesen und so zu verstehen, dass Aufforderungen und Gespräche mit
Bietern, die über den zulässigen Rahmen der Aufklärung hinausgehen, grundsätzlich unzulässig sind. Das zulässige Aufklärungsverlangen des Auftraggebers ist folglich abzugrenzen
von unzulässigen Verhandlungen. Die Abgrenzung kann nur anhand der konkreten Umstände des Einzelfalls erfolgen. Zur Orientierung können die oben genannten Fallgruppen
dienen.[48]

40   Der Gesetzgeber hat mit dem Verhandlungsverbot in Abs. 5 S. 2 klar zum Ausdruck gebracht, dass die Angebote nur so gewertet werden dürfen, wie sie vorgelegt wurden.[49] Ein
Nachverhandeln in begrenztem Rahmen, wie es § 24 Nr. 2 Abs. 2 VOL/A 2006 als Vorgängerregelung von § 18 EG VOL/A für Nebenangebote oder bei einem Angebot aufgrund einer funktionalen Leistungsbeschreibung vorsah, ist angesichts des eindeutigen
Wortlauts von Abs. 5 S. 2 nicht zulässig. Auch bei einem fehlerhaften Angebot sind aus
Gründen der Gleichbehandlung Änderungen des Angebots nicht verhandelbar. Das fehler-
hafte Angebot ist, so wie es ursprünglich abgegeben wurde, zu werten oder aus der
Wertung zu nehmen.

---

[44] So auch *Christiani* in Pünder/Schellenberg § 18 EG VOL/A Rn. 20.
[45] VK Niedersachsen 3.1.2011 – VgK-47/2011.
[46] OLG München 21.8.2008 – Verg. 13/08.
[47] Ebenso *Vavra* in Ziekow/Völlink VOL/A § 15 Rn. 2.
[48] Rn. 34 ff.
[49] OLG Koblenz 15.7.2008 – 1 Vergabe 2/08.

§ 16 Nicht offenes Verfahren

(1) Bei einem nicht offenen Verfahren fordert der öffentliche Auftraggeber eine unbeschränkte Anzahl von Unternehmen im Rahmen eines Teilnahmewettbewerbs öffentlich zur Abgabe von Teilnahmeanträgen auf. Jedes interessierte Unternehmen kann einen Teilnahmeantrag abgeben. Mit dem Teilnahmeantrag übermitteln die Unternehmen die vom öffentlichen Auftraggeber geforderten Informationen für die Prüfung ihrer Eignung.

(2) Die Frist für den Eingang der Teilnahmeanträge (Teilnahmefrist) beträgt mindestens 30 Tage, gerechnet ab dem Tag nach der Absendung der Auftragsbekanntmachung.

(3) Für den Fall, dass eine hinreichend begründete Dringlichkeit die Einhaltung der Teilnahmefrist unmöglich macht, kann der öffentliche Auftraggeber eine Frist festlegen, die 15 Tage, gerechnet ab dem Tag nach der Absendung der Auftragsbekanntmachung, nicht unterschreiten darf.

(4) Nur diejenigen Unternehmen, die vom öffentlichen Auftraggeber nach Prüfung der übermittelten Informationen dazu aufgefordert werden, können ein Angebot einreichen. Der öffentliche Auftraggeber kann die Zahl geeigneter Bewerber, die zur Angebotsabgabe aufgefordert werden, gemäß § 51 begrenzen.

(5) Die Angebotsfrist beträgt mindestens 30 Tage, gerechnet ab dem Tag nach der Absendung der Aufforderung zur Angebotsabgabe.

(6) Mit Ausnahme oberster Bundesbehörden kann der öffentliche Auftraggeber die Angebotsfrist mit den Bewerbern, die zur Angebotsabgabe aufgefordert werden, im gegenseitigen Einvernehmen festlegen, sofern allen Bewerbern dieselbe Frist für die Einreichung der Angebote gewährt wird. Erfolgt keine einvernehmliche Festlegung der Angebotsfrist, beträgt diese mindestens zehn Tage, gerechnet ab dem Tag nach der Absendung der Aufforderung zur Angebotsabgabe.

(7) Für den Fall, dass eine hinreichend begründete Dringlichkeit die Einhaltung der Angebotsfrist gemäß Absatz 5 unmöglich macht, kann der öffentliche Auftraggeber eine Frist festlegen, die zehn Tage, gerechnet ab dem Tag nach der Absendung der Aufforderung zur Angebotsabgabe, nicht unterschreiten darf.

(8) Der öffentliche Auftraggeber kann die Angebotsfrist gemäß Absatz 5 um fünf Tage verkürzen, wenn er die elektronische Übermittlung der Angebote akzeptiert.

(9) § 15 Absatz 5 gilt entsprechend.

Übersicht

	Rn.			Rn.
			2. Verkürzte Teilnahmefrist von mind. 15 Tagen bei Dringlichkeit (Abs. 3)	32
A. Einführung	1		II. Angebotsfrist	33
I. Literatur	1		1. Regelangebotsfrist von mind. 30 Tagen (Abs. 5)	33
II. Entstehungsgeschichte	2		2. Einvernehmliche Festlegung der Angebotsfrist (Abs. 6)	34
III. Rechtliche Vorgaben im EU-Recht	6		3. Verkürzte Angebotsfrist von mind. 10 Tagen bei Dringlichkeit (Abs. 7)	39
B. Legaldefinition und Ablauf (Abs. 1 und 4)	8		4. Fristverkürzung bei elektronischen Angeboten (Abs. 8)	40
I. Teilnahmewettbewerb (Abs. 1)	10			
II. Angebotsphase (Abs. 4)	19		**D. Aufklärung des Angebots und Verhandlungsverbot (Abs. 9)**	41
C. Teilnahme- und Angebotsfrist	27			
I. Teilnahmefrist	30			
1. Regelteilnahmefrist von mind. 30 Tagen (Abs. 2)	30			

A. Einführung

I. Literatur

1   Vgl. hierzu die Hinweise zu § 14 VgV.

II. Entstehungsgeschichte

2   § 16 VgV regelt das nicht offene Verfahren, welches bereits in § 119 Abs. 4 GWB definiert ist und greift den Begriff des Teilnahmewettbewerbs in Abs. 1 auf. § 119 Abs. 4 GWB enthält in seiner Neufassung erstmalig eine Legaldefinition des Teilnahmewettbewerbs. Doch auch zuvor bestand Einigkeit darüber, dass das nicht offene Verfahren durch den öffentlichen Teilnahmewettbewerb als erste Phase des insgesamt zweiphasigen Verfahrens eingeleitet wird.[1] Auf den Teilnahmewettbewerb folgt in zweiter Phase die Aufforderung zur Abgabe von Angeboten. § 16 VgV enthält über die Definition von § 119 Abs. 4 GWB hinausgehende Verfahrensregeln für das nicht offene Verfahren. Das nicht offene Verfahren entspricht im Wesentlichen der Beschränkten Ausschreibung nach öffentlichem Teilnahmewettbewerb nach § 3 Abs. 3 VOL/A (alt).

3   Hinsichtlich der Teilnahme- und Angebotsfristen in § 16 Abs. 2–3 und 5–8 VgV sind gegenüber der Vorgängerregelung in § 12 EG VOL/A 2009 nur kleinere Änderungen vorgenommen worden.

4   So sind wie auch beim offenen Verfahren in § 15 VgV für das nicht offene Verfahren die **Teilnahme- und Angebotsfristen gekürzt** worden. Die Verkürzung der Mindestfrist von 37 Tagen aus § 12 EG Abs. 4 S. 1 VOL/A für den Eingang der Teilnahmeanträge auf nunmehr 30 Tage ist wiederum zurückzuführen auf die stärker genutzte elektronische Kommunikation und die damit einhergehende Zeitersparnis. Entsprechendes gilt für die Angebotsfrist, deren Mindestlänge von 40 Tagen in § 12 EG Abs. 5 VOL/A auf ebenfalls 30 Tage in Abs. 5 gekürzt wurde. In Abs. 3 ist wie auch schon in § 12 EG Abs. 4 S. 2 VOL/A die Möglichkeit der Fristverkürzung wegen Dringlichkeit geregelt. Im Zuge der aktuellen Reform neu hinzugekommen ist in Umsetzung von Art. 28 Abs. 1 Uabs. 1 der RL 2014/24/EU die Klarstellung, dass nicht alle geeigneten Unternehmen, die einen Teilnahmeantrag eingereicht haben, zur Angebotsabgabe aufgefordert werden müssen, sondern die Anzahl der geeigneten Unternehmen im Einklang mit § 51 VgV begrenzt werden kann. Zudem wurde in § 16 Abs. 6 VgV erstmals die Möglichkeit für die Beteiligten geschaffen, die **Angebotsfrist einvernehmlich** zu **regeln,** die wie auch die übrigen Fristverkürzungsmöglichkeiten die Beschleunigung des Verfahrens bewirken sollen. Die Möglichkeit der einvernehmlichen Fristfestlegung zwischen Auftraggeber und den Bewerbern ist kein gänzlich neues Institut im Vergaberecht – vielmehr stand den Beteiligten im (alten) Sektorenvergaberecht bereits diese Option zur Verfügung, vgl. § 17 Abs. 3 Nr. 2 SektVO 2009.[2]

5   Durch den Verweis in Abs. 9 auf § 15 Abs. 5 VgV (Aufklärungsverlangen und Verhandlungsverbot) wird der Regelungsgehalt des bisherigen § 18 EG VOL/A in das Regelwerk der VgV überführt.

III. Rechtliche Vorgaben im EU-Recht

6   § 16 VgV beruht auf den europarechtlichen Vorgaben des Art. 28 der RL 2014/24/EU. Lediglich der Verweis in § 16 Abs. 1 S. 1 vgl. auf den Teilnahmewettbewerb geht über den Wortlaut des Art. 28 Abs. 1 Uabs. 1 RL 2014/24/EU hinaus, indem der erstmals in § 119

---

[1] Vgl. *Pünder* in Pünder/Schellenberg GWB § 101 Rn. 9; → GWB § 119 Rn. 22.
[2] Nach neuem Sektorenvergaberecht findet sich die Regelung nunmehr in § 15 Abs. 4 SektVO.

Abs. 4 GWB definierte Begriff des Teilnahmewettbewerbs aufgegriffen wird. Mit Ausnahme von Art. 28 Abs. 4 RL 2014/24/EU waren die Regelungen zum nicht offenen Verfahren verpflichtend umzusetzen. Die Möglichkeit der **einvernehmlich regelbaren Angebots-frist** aus Art. 28 Abs. 4 RL 2014/24/EU konnte **optional** umgesetzt werden. Der deutsche Gesetzgeber hat sich entschieden, die Regelung zu übernehmen, $\S$ 16 Abs. 6 VgV.

Die in Art. 28 Abs. 1 und 3 RL 2014/24/EU außerdem enthaltenen Vorschriften zur **7** Vorinformation und der mit dieser verbundenen Möglichkeit der Fristverkürzung sind – wie auch in $\S$ 15 VgV – in der deutschen Umsetzung nicht in $\S$ 16 VgV übernommen, sondern in $\S$ 38 Abs. 3 VgV ausgelagert worden.

B. Legaldefinition und Ablauf (Abs. 1 und 4)

Die Begriffsdefinition des Teilnahmewettbewerbs wurde aus $\S$ 119 Abs. 4 GWB über- **8** nommen.[3] Demnach werden beim nicht offenen Verfahren die Unternehmen zunächst im vorgeschalteten **Teilnahmewettbewerb** öffentlich zur Abgabe eines Teilnahmeantrags aufgefordert.[4] Sodann kann der öffentliche Auftraggeber im nächsten Schritt aus dem ge-samten Teilnehmerkreis eine **(beschränkte) Anzahl** von Unternehmen zur **Angebots-abgabe** auffordern.

Diese **Zweistufigkeit** des nicht offenen Verfahrens stellt den wesentlichen Unterschied **9** zum offenen Verfahren dar. Während die Teilnahme am offenem Verfahren stets sämtlichen interessierten Unternehmen offensteht und damit den größtmöglichen Grad an Wettbe-werb bietet, ist beim nicht offenen Verfahren nur der öffentliche Teilnahmewettbewerb als erste Phase des Vergabeverfahrens allgemein zugänglich; die Angebotsphase findet im ein-geschränkten Wettbewerb statt. Das nicht offene Verfahren hat jedoch mit dem offenen Verfahren insbesondere den streng strukturierten Verfahrensablauf gemein.

I. Teilnahmewettbewerb (Abs. 1)

Das nicht offene Verfahren beginnt wie das offene Verfahren mit Veröffentlichung der **10** Bekanntmachung im EU-Amtsblatt. In der Bekanntmachung werden alle interessierten Unternehmen aufgefordert, auf Grundlage der veröffentlichten Kriterien Teilnahmeanträge abzugeben.

In Rahmen des Teilnahmewettbewerbs werden die **Eignungsvoraussetzungen** geprüft **11** und die entsprechenden Informationen von den Unternehmen verlangt **(Eignungsprü-fung).** Die Durchführung des Teilnahmewettbewerbs, die Partizipation des jeweiligen Be-werbers hieran durch Einreichung des Teilnahmeantrags und die Bejahung der Eignung des Bewerbers durch den Auftraggeber sind **zwingende Voraussetzungen** für die Aufforde-rung des Auftraggebers an den Bewerber zur Angebotsabgabe.[5]

Die Eignungsprüfung wird grundsätzlich abschließend im Rahmen des Teilnahmewett- **12** bewerbs durchgeführt.[6] Nur ausnahmsweise können in der Angebotsphase erst später be-kannt gewordene Umstände herangezogen werden, wenn diese Zweifel an der Eignung des Bewerbers hervorrufen.[7] Jedoch ist im Hinblick auf den Einsatz von Unterauftragnehmern $\S$ 36 VgV zu beachten, der u. U. einen späteren Zeitpunkt der Eignungsprüfung insoweit nach sich zieht. Gleiches gilt für den Fall der sog. Eignungsleihe, die in $\S$ 47 VgV geregelt

---

[3] Näher zu Definition in $\S$ 119 Abs. 4 GWB $\rightarrow$ GWB $\S$ 119 Rn. 22.
[4] Vgl. zum Ablauf des offenen Verfahrens auch $\rightarrow$ GWB $\S$ 119 Rn. 23.
[5] *Weyand* VergabeR GWB $\S$ 101 Rn. 21; vgl. auch 2. VK Bund 12.1.2015 – VK 2 – 111/14; VK Baden-Württemberg 26.8.2009 – 1 VK 43/09; VK Münster 12.5.2009 – VK 5/09.
[6] Vgl. 1. VK Sachsen 4.2.2013 – 1/SVK/039-12; VK Nordbayern 4.11.2010 – 21.VK-3194-36/10; OLG Koblenz 4.10.2010 – 1 Verg 9/10; VK Rheinland-Pfalz 20.4.2010 – VK 2 – 7/10.
[7] *Weyand* VergabeR GWB $\S$ 101 Rn. 23.

ist. Ferner kann der öffentliche Auftraggeber, wie in § 56 Abs. 2 VgV klargestellt wird, die Bewerber im Rahmen der Überprüfung der Vollständigkeit der eingereichten Unterlagen auffordern, fehlende, unvollständige oder fehlerhafte *unternehmensbezogene* Unterlagen nachzureichen, zu vervollständigen oder zu korrigieren sowie fehlende oder unvollständige *leistungsbezogene* Unterlagen nachzureichen oder zu vervollständigen.[8]

13   In der das nicht offene Verfahren einleitenden **Bekanntmachung** sind die **Auswahlkriterien** zu benennen, damit sich die interessierten Unternehmen darauf einstellen können und der Grundsatz der Transparenz eingehalten wird – insbesondere im Hinblick auf die spätere Wertungsentscheidung, vgl. § 97 Abs. 1 GWB. Schon vor der jüngsten Vergaberechtsnovelle waren die Kriterien nach objektiven, transparenten und nichtdiskriminierenden Gesichtspunkten festzusetzen, auf deren Grundlage dann die Bewerber ausgewählt wurden. Nunmehr sind diese Kriterien erstmalig durch § 119 Abs. 4 GWB ausdrücklich gesetzlich festgehalten. Die zum Nachweis der Eignung einzureichenden Angaben und Unterlagen muss der Auftraggeber eindeutig und präzise angeben.[9] Die grundsätzlich zu seinen Lasten gehenden Unklarheiten können im Einzelfall für das Vergabeverfahren jedoch folgenlos bleiben, wenn sie sich auf die Chancen des Bewerbers nicht auswirken.[10]

14   Die **Kriterienaufstellung** muss einen echten Wettbewerb der Teilnehmer zulassen. Die Kriterien müssen dem Wettbewerbsgrundsatz entsprechend dabei so gewählt werden, dass auf ihrer Grundlage diejenigen Bewerber mit der zu erwartenden bestmöglichen Leistung nach der Eignungsprüfung zur Angebotsabgabe aufgefordert werden können. Der Auftraggeber kann auch im Rahmen des Teilnahmewettbewerbs allgemeine Eignungskriterien auf erster Stufe und weitere Eignungskriterien zur näheren Auswahl der Bewerber auf zweiter Stufe festlegen, vorausgesetzt die Kriterien sowohl der ersten als auch der zweiten Stufe werden bereits in der Bekanntmachung genannt, vgl. hierzu § 51 Abs. 1 Satz 2 VgV.[11] Die in der Bekanntmachung angegebenen Eignungsanforderungen dürfen jedoch nicht durch die Teilnahmeunterlage nachträglich verschärft werden.[12]

15   In der Auftragsbekanntmachung kann der Auftraggeber sich die Durchführung sog. **Vor-Ort-Besuche** vorbehalten, um sich vor Ort bei den Bewerbern von der Richtigkeit der im Teilnahmeantrag gemachten Angaben zu überzeugen. Aus dem Vorbehalt in der Bekanntmachung kann jedoch keine Pflicht zu derartigen Besuchen in Folge einer Ermessensreduzierung auf Null hergeleitet werden, insbesondere wenn die Bewerberangaben dem Auftraggeber plausibel erschienen und auch in sonstiger Weise gewonnene Erkenntnisse nicht auf Unstimmigkeiten hindeuteten.[13]

16   Des Weiteren ist in der Auftragsbekanntmachung die Angabe der **Frist** für den Eingang der Teilnahmeanträge erforderlich, § 16 Abs. 2 VgV.

17   Der Auftraggeber kann – wie bereits oben erwähnt – nach Abs. 4 i. V. m. § 51 VgV die Zahl geeigneter Bewerber, die zur Angebotsaufgabe aufgefordert werden, begrenzen. Voraussetzung für diese Vorgehensweise ist gemäß § 51 Abs. 1 S. 2 VgV, dass der öffentliche Auftraggeber bereits in der Auftragsbekanntmachung die objektiven und nichtdiskriminierenden Eignungskriterien für die Begrenzung der Wahl, die vorgesehene Mindestzahl und gegebenenfalls auch die Höchstzahl der einzuladenden Bewerber angibt.[14] Gibt der öffentliche Auftraggeber in der Bekanntmachung keine Begrenzung der Zahl geeigneter Bewerber an, so muss er alle Bewerber des Teilnahmewettbewerbs, die die Eignungskriterien erfüllen, zur Angebotsabgabe auffordern.[15]

---

[8] Vgl. dortige Kommentierung VgV § 56; Erwägungsgrund 84 RL 2014/24/EU.

[9] OLG Schleswig 28.6.2016 – 54 Verg 2/16, NZBau 2016, 593 (597).

[10] VK Nordbayern 3.5.2011 – 21.VK-3194-07/11; vgl. auch VK Rheinland-Pfalz 22.6.2012 – VK 2 – 15/12; VK Bund 30.9.2010 – VK 2–80/10.

[11] VK Bund 30.9.2010 – VK 2–80/10.

[12] OLG Schleswig, 28.6.2016 – 54 Verg 2/16, NZBau 2016, 593 (597).

[13] Vgl. VK Bund 30.9.2010 – VK 2–80/10.

[14] Näher hierzu VgV § 51.

[15] Vgl. VK Halle 22.10.2001 – VK Hal 19/01.

Die Form und Übermittlung der Teilnahmeanträge durch die Bewerber richtet sich nach 18
der auch für Angebote geltenden Formvorschrift des § 53 VgV. Die Öffnung der Teilnahmeanträge erfolgt nach den Vorgaben des § 55 VgV. Bis zur Öffnung, d.h. bis zum Ablauf
der Frist, sind die Teilnahmeanträge unter Verschluss zu halten.

II. Angebotsphase (Abs. 4)

Abs. 4 stellt in Umsetzung von Art. 28 Abs. 2 Uabs. 1 der RL 2014/24/EU klar, dass 19
nicht alle geeigneten Unternehmen, die am Teilnahmewettbewerb teilgenommen haben,
zur Angebotsabgabe aufgefordert werden müssen.[16] Der öffentliche Auftraggeber **kann**
eine **zweistufige Prüfung** vornehmen. Er wählt auf der ersten Stufe anhand der vorgelegten Informationen unter den Bewerbern die geeigneten Bewerber aus und trennt diese von
den nicht geeigneten Bewerbern, vgl. § 56 Abs. 1 VgV, § 57 VgV. Auf zweiter Stufe wählt
der Auftraggeber von den geeigneten Bewerbern diejenigen aus, die er auffordert, ein Angebot einzureichen, vgl. § 51 VgV. Die Eignungsprüfung erfolgt anders als beim offenen
Verfahren jedenfalls noch vor der Angebotsabgabe.

Die Zahl der einzuladenden Bewerber muss einen **echten Wettbewerb** der Teilnehmer 20
zulassen, jedenfalls sofern es genügend Bewerber gibt.[17] Die Zahl der vorgesehenen Mindestzahl der einzuladenden Bewerber darf nicht niedriger als fünf sein, § 16 Abs. 4 i.V.m.
§ 51 Abs. 2 VgV.[18] Im Einzelfall kann eine höhere Zahl geboten sein, um einen echten
Wettbewerb der Bewerber zu gewährleisten, vgl. § 51 Abs. 2 S. 2 VgV.[19]

Die in der Bekanntmachung angegebene **Mindestzahl** darf unterschritten werden, 21
wenn nur bei einer entsprechend geringeren Zahl von Bewerbern die Eignung festgestellt
werden konnte, vgl. § 51 Abs. 3 S. 2 VgV.[20] Wird hingegen die vorgesehene Höchstzahl
vom Auftraggeber durch Aufforderung einer größeren Zahl von Bewerbern zur Angebotsabgabe überschritten, schafft dies zwar einen größeren Wettbewerb, widerspricht aber den
Grundsätzen der Transparenz und Gleichbehandlung.[21]

Es dürfen nur solche Bewerber zur Abgabe eines Angebots aufgefordert werden, die mit 22
den aufgestellten Kriterien übereinstimmen und ihre **Eignung** nachgewiesen haben, § 42
Abs. 2 S. 1 VgV. Wie beim offenen Verfahren sind bei der Prüfung der eingegangen Anträge
zunächst die formal fehlerhaften Anträge auszuschließen, d.h. die Anträge, die nicht form-
oder fristgerecht eingegangen sind oder die geforderten Unterlagen nicht vollständig enthalten, vgl. § 56 Abs. 1 VgV, § 57 VgV.[22] Die Auswahlentscheidung muss stets auf sachlichen
Erwägungen beruhen.[23] Der Auftraggeber hat alles zu unterlassen, was zu einer Benachteiligung einzelner Bewerber führen könnte (Diskriminierungsverbot des § 97 Abs. 2 GWB).[24]

Die bewerberbezogene Eignungsprüfung ist dabei strikt von den leistungs- und produkt- 23
bezogenen Fragen des Angebots, die erst im späteren Auftragswettbewerb zu prüfen sind,
zu unterscheiden.[25] Die Entscheidungsgrundlagen für die Auswahl der Teilnehmer, die
aufgefordert werden, ein Angebot einzureichen, dürfen jedoch bei der Ermittlung des
wirtschaftlichsten Angebots nicht erneut berücksichtigt werden.[26]

[16] Vgl. BT-Drs. 18/7318, 160.
[17] Vgl → GWB § 119 Rn. 23; *Antweiler* in Ziekow/Völlink GWB § 101 Rn. 18.
[18] Auch § 3b Abs. 2 Nr. 3 EU VOB/A sieht eine Mindestanzahl von fünf Bewerbern vor.
[19] Vgl. auch BayObLG 20.4.2005 – Verg 26/04, ZfBR 2005, 595.
[20] Vgl. auch VK Sachsen 3.3.2006 – VK 2-LVwA LSA 2/06.
[21] Näher zur Selbstbindung des Auftraggebers VK Rheinland-Pfalz 22.6.2012 – VK 2–15/12; OLG
München 21.11.2013 – Verg 09/13; *Weyand* VergabeR GWB § 101 Rn. 47 ff.
[22] Vgl. BGH 18.2.2003 – X ZB 43/02; VK Bund 22.2.2008 – VK 1–4/08.
[23] BayObLG Beschl. v. 20.4.2005 – Verg 026/04; *Pünder* in Pünder/Schellenberg GWB § 101 Rn. 42.
[24] VK Saarland Beschl. v. 7.4.2014 – 2 VK 01/2014; VK Sachsen Beschl. v. 9.2.2009 – 1/SVK/071-08;
BayObLG Beschl. v. 20.4.2005 – Verg 026/04.
[25] *Pünder* in Pünder/Schellenberg GWB § 101 Rn. 41.
[26] VK BaWü Beschl. v. 3.11.2004 – 1 VK 68/04; BGH Urt. v. 8.9.1998 – X ZR 109-96, NJW 1998,
3644 (3645).

24   Ein Teilnahmeantrag oder ein Angebot kann vom Auftraggeber nach pflichtgemäßem Ermessen **ausgeschlossen** werden, wenn auch nach einer durchgeführten Aufklärung (vgl. § 16 Abs. 5 VgV iVm § 15 Abs. 5 S. 1 VgV) die Eignung des Bewerbers nicht feststeht. Er ist regelmäßig auszuschließen, wenn ein Bewerber die Aufklärung ablehnt oder dem Aufklärungsverlangen durch unzureichende Unterlagen nicht ausreichend nachkommt.[27] Doch selbst in einem solchen Fall muss der Auftraggeber nach pflichtgemäßem Ermessen prüfen, ob er Lücken und Unklarheiten nicht durch Heranziehung sonstiger ihm zur Verfügung stehender Informationen schließen kann.[28]

25   Die zur Einreichung eines Angebots aufgeforderten Bewerber können sodann innerhalb der Angebotsfrist gemäß § 16 Abs. 5 VgV ihr Angebot einreichen. Andere Unternehmen können und dürfen nun nicht mehr am Vergabeverfahren beteiligt werden.

26   Der weitere Ablauf entspricht im Wesentlichen dem Ablauf des offenen Verfahrens, sodass auf die dortigen Ausführungen verwiesen werden kann.[29] An dieser Stelle sei jedoch darauf hingewiesen, dass im Rahmen der Wertung der eingereichten Angebote grundsätzlich keine erneute Eignungsprüfung stattfinden darf.

C. Teilnahme- und Angebotsfrist

27   Der öffentliche Auftraggeber muss im Rahmen des nicht offenen Verfahrens jeweils eine Teilnahme- und eine Angebotsfrist festlegen, die von den Bewerbern bzw. Bietern zwingend eingehalten werden müssen. Abs. 2 und Abs. 5 normieren jeweils die Regelmindestfrist von 30 Tagen für den Eingang der Teilnahmeanträge bzw. der Angebote. Die Abs. 3 und 6 bis 8 legen jeweils die Voraussetzungen für eine Fristverkürzung fest.

28   Hinsichtlich der **Berechnung** der Fristen wird auf die Ausführungen zu § 15 VgV verwiesen.[30] Auch bei den Fristen des § 16 VgV ist sowohl für die Angebots- als auch für die Teilnahmefrist stets **§ 20 VgV** im Blick zu halten, der mit der **Angemessenheitsprüfung** eine weitere wichtige Voraussetzung für die ordnungsgemäße Fristsetzung normiert. Bezüglich der Möglichkeit der **Verkürzung der Angebotsfrist** im Falle einer **Vorinformation** durch den Auftraggeber sind die Regelungen in § 38 Abs. 3 VgV zu beachten, der für das nicht offene Verfahren eine Kürzung der Mindestfrist auf zehn Tage vorsieht.

29   Ebenso wie in § 15 VgV zum offenen Verfahren sind auch die in den Fristenregelungen zum nicht offenen Verfahren genannten Tage als **Kalendertage** zu verstehen.[31]

I. Teilnahmefrist

1. Regelteilnahmefrist von mind. 30 Tagen (Abs. 2)

30   Abs. 2 normiert in Umsetzung von Art. 28 Abs. 1 Uabs. 2 RL 2014/24/EU die Einsendefrist für die Anträge auf Teilnahme. Anders als die Vorgängerregelung in § 12 EG Abs. 4 S. 1 VOL/A beträgt die Teilnahmemindestfrist nunmehr 30 Tage anstatt 37 Tage. Die Formulierung *mindestens* verdeutlicht, dass es sich um eine Mindestfrist handelt, deren Untergrenze 30 Tage beträgt.

31   Die Teilnahmefrist ist in der Auftragsbekanntmachung mitzuteilen. Wie die Angebotsfrist im offenen und nicht offenen Verfahren ist die Teilnahmefrist eine materiell-rechtliche Ausschlussfrist, deren Nichteinhaltung mit Blick auf die Gebote des Wettbewerbs und der Gleichbehandlung (§ 97 Abs. 1 und 2 GWB) grundsätzlich zur Nichtberücksichtigung des

---

[27] VK Südbayern Beschl. v. 27.7.2016 – Z3–3-3194-1-65-12/15.
[28] Vgl. OLG München Beschl. v. 21.8.2008 – Verg 13/08.
[29] VgV § 15 Rn. 12 ff.
[30] VgV § 15 Rn. 16 ff.
[31] VgV § 15 Rn. 18.

verspäteten Teilnahmeantrags führen muss.[32] Eine Ausnahme ist lediglich in dem Fall zu machen, dass der Teilnehmer den nicht fristgerechten Eingang nicht zu vertreten hat, vgl. § 57 Abs. 1 Nr. 1, Abs. 3 VgV.

2. Verkürzte Teilnahmefrist von mind. 15 Tagen bei Dringlichkeit (Abs. 3)

Bei einer hinreichend begründeten Dringlichkeit, die die Einhaltung der Teilnahmefrist **32** unmöglich macht, kann diese gemäß Abs. 3 auf bis zu 15 Tage (absolute Mindestfrist) verkürzt werden.[33] Wie auch bei § 15 Abs. 3 VgV muss es sich dabei nicht um eine extreme Dringlichkeit wegen unvorhersehbarer und vom öffentlichen Auftraggeber nicht zu verantwortender Ereignisse handeln.[34] Da auch im Übrigen die Regelung mit derjenigen zum offenen Verfahren in § 15 Abs. 3 VgV identisch ist, wird auf die dortige Kommentierung verwiesen.[35]

II. Angebotsfrist

1. Regelangebotsfrist von mind. 30 Tagen (Abs. 5)

Die **Angebotsfrist** beträgt gemäß Abs. 5 beim nicht offenen Verfahren in Umsetzung **33** von Art. 28 Abs. 2 Uabs. 2 Rl 2014/24/EU grundsätzlich **mindestens 30 Tage.** Dass die Angebotsregelmindestfristen im nicht offenen und offenen Verfahren differieren (35 Tage im offenen Verfahren, § 15 Abs. 2 VgV) ist zurückzuführen auf den geringeren Aufwand der Bewerber bei der Einreichung des Angebots, da sie bereits für die vorgelagerte Eignungsprüfung im Rahmen des Teilnahmewettbewerbs Unterlagen und Nachweise einreichen mussten.

2. Einvernehmliche Festlegung der Angebotsfrist (Abs. 6)

In Abs. 6 S. 1 wird dem Auftraggeber (ausgenommen oberste Bundesbehörden) erstma- **34** lig die Möglichkeit eingeräumt, auch eine kürzere Angebotsfrist als die Mindestfrist von 30 Tagen im **Einvernehmen** mit den Bewerbern, die zur Angebotsabgabe aufgefordert werden, festzulegen.[36] Ausweislich des Gesetzeswortlauts und den Grundsätzen der Gleichbehandlung und Transparenz folgend muss allen ausgewählten Bewerbern dieselbe Frist für die Einreichung der Angebote gewährt werden.

Sollte eine solche Einigung nicht zustande kommen, kann der Auftraggeber gemäß **35** Abs. 6 S. 2 eine Frist von **mindestens 10 Tagen** bestimmen. Die Mindestfrist von 10 Tagen beginnt nach dem Tag der Absendung der Aufforderung zur Angebotsabgabe. Auch die nach Satz 2 gekürzte Frist muss im Einzelfall der Angemessenheitsprüfung nach § 20 VgV standhalten.

Die Einigung zur Festlegung der Angebotsfrist muss zwischen dem öffentlichen Auftrag- **36** geber und **allen Bewerbern,** die zur Angebotsabgabe aufgefordert werden sollen, zustande gekommen sein. Sollte also auch nur einer oder die Minderheit der Bewerber mit der Fristfestlegung nicht einverstanden sein, so ist eine einvernehmliche Regelung insgesamt nicht möglich. Der Auftraggeber kann dann eine Angebotsfrist von mindestens 10 Kalendertagen festlegen, Abs. 6 S. 2. Kommt hingegen eine einvernehmliche Fristenregelung zustande, kann diese auch 10 Tagen unterschreiten. In diesem Fall ist es den Bietern regelmäßig verwehrt, sich auf eine unangemessen kurze Frist nach § 20 VgV zu berufen, da die Bewerber sich zuvor einverstanden erklärt hatten und somit weniger schutzbedürftig sind.[37]

---

[32] Vgl. VK Bund 6.7.2006 – VK 3–54/06; OLG Düsseldorf 30.5.2001 – Verg 23/00.
[33] Umsetzung von Art. 28 Abs. 6 Buchst. a RL 2014/24/EU.
[34] Erwägungsgrund 46 RL 2014/24/EU; BT-Drs. 18/7318, 159.
[35] VgV § 15 Rn. 21 ff.
[36] Umsetzung von Art. 28 Abs. 4 RL 2014/24/EU.
[37] So auch *Rechten* in KKMPP VgV § 16 Rn. 15.

37   Keine ausdrückliche Regelung wird getroffen, (bis) wann und auf welche Art und Weise diese einvernehmliche Festlegung erfolgen soll. Da § 16 Abs. 5 SektVO von „ausgewählten Bewerbern" spricht, kann die Festlegung jedenfalls erst nach Ablauf der Teilnahmefrist mit den Bewerbern erfolgen, die zur Angebotsabgabe aufgefordert werden und nicht zu einem früheren Zeitpunkt. In diesem Fall kann in den Vergabeunterlagen, die ja bereits mit der Auftragsbekanntmachung grundsätzlich unmittelbar, uneingeschränkt und vollständig zur Verfügung zu stellen sind, vgl. § 41 Abs. 1 VgV, noch keine Angebotsfrist aufgenommen werden, sondern es ist zweckmäßig, in den Unterlagen aufzunehmen, dass die Angebotsfrist erst noch im gegenseitigen Einvernehmen mit den ausgewählten Bewerbern festgelegt wird.

38   Nicht geregelt ist das Verhältnis zwischen Angebotsmindestfrist nach § 16 Abs. 5 VgV (30 Tage) und der nach § 16 Abs. 6 S. 2 VgV (10 Tage). Eine mögliche systematische Auslegung wäre, dass diese Mindestfrist von 10 Tagen nur greift, wenn zuvor seitens des Auftraggebers versucht wurde, eine einvernehmliche Fristenfestsetzung zu erzielen, die aber nicht zustande kommt. Ansonsten würde § 16 Abs. 7 VgV kaum einen Sinn haben, wonach eine Mindestfrist von 10 Tagen nur bei Dringlichkeit vorgesehen wird. Der faktische Anwendungsbereich des Abs. 7 wäre auf Bundesbehörden beschränkt, für den § 16 Abs. 6 VgV nicht gilt. Gleichwohl setzt der Wortlaut des § 16 Abs. 6 S. 2 VgV ein Scheitern der einvernehmlichen Einigung über die Fristsetzung jedoch nicht voraus. Dies spricht dafür, dass ein öffentlicher Auftraggeber – sofern er keine oberste Bundesbehörde ist – die verkürzte Mindestfrist auch dann in Anspruch nehmen kann, wenn er nicht zuvor eine Einigung über die Angebotsfrist erzielen wollte.[38] In jedem Fall ist zu beachten, dass die Frist angemessen nach § 20 VgV sein muss.

3. Verkürzte Angebotsfrist von mind. 10 Tagen bei Dringlichkeit (Abs. 7)

39   Abs. 7 sieht in Umsetzung von Art. 28 Abs. 8 Buchst. b RL 2014/14/EU die Möglichkeit der Kürzung der Angebotsfrist bis zu einer **absoluten Mindestfrist von 10 Kalendertagen** wegen einer **hinreichend begründeten Dringlichkeit** vor. Da die gleichen Maßstäbe wie bei Abs. 3 im Rahmen der Teilnahmefrist – und damit wie bei § 15 Abs. 3 VgV – gelten, wird auf die dortigen Ausführungen verwiesen.[39]

4. Fristverkürzung bei elektronischen Angeboten (Abs. 8)

40   Gemäß Abs. 8 kann die Regelangebotsfrist von 30 Tagen wie auch beim offenen Verfahren um fünf Tage verkürzt werden, wenn der öffentliche Auftraggeber die elektronische Übermittlung der Angebote nach § 53 Abs. 1 VgV akzeptiert.[40] Diese Fristverkürzungsmöglichkeit beruht auf Art. 28 Abs. 5 RL 2014/24/EU und wird nach Ablauf der Übergangsfrist am 18.10.2018 den Regelfall normieren.

D. Aufklärung des Angebots und Verhandlungsverbot (Abs. 9)

41   Abs. 9 verweist auf § 15 Abs. 5 VgV, der die Aufklärungsbefugnis und das Verhandlungsverbot regelt. Die Kommentierung zu § 15 Abs. 5 VgV gilt daher entsprechend.[41]

---

[38] So *Rechten* in KKMPP VgV 16 Rn. 14.
[39] VgV § 15 Rn. 21 ff.
[40] Vgl. insoweit VgV § 15 Rn. 27.
[41] VgV § 15 Rn. 28 ff.

§ 17 Verhandlungsverfahren

(1) Bei einem Verhandlungsverfahren mit Teilnahmewettbewerb fordert der öffentliche Auftraggeber eine unbeschränkte Anzahl von Unternehmen im Rahmen eines Teilnahmewettbewerbs öffentlich zur Abgabe von Teilnahmeanträgen auf. Jedes interessierte Unternehmen kann einen Teilnahmeantrag abgeben. Mit dem Teilnahmeantrag übermitteln die Unternehmen die vom öffentlichen Auftraggeber geforderten Informationen für die Prüfung ihrer Eignung.

(2) Die Frist für den Eingang der Teilnahmeanträge (Teilnahmefrist) beträgt mindestens 30 Tage, gerechnet ab dem Tag nach der Absendung der Auftragsbekanntmachung.

(3) Für den Fall, dass eine hinreichend begründete Dringlichkeit die Einhaltung der Teilnahmefrist unmöglich macht, kann der öffentliche Auftraggeber eine Frist festlegen, die 15 Tage, gerechnet ab dem Tag nach der Absendung der Auftragsbekanntmachung, nicht unterschreiten darf.

(4) Nur diejenigen Unternehmen, die vom öffentlichen Auftraggeber nach Prüfung der übermittelten Informationen dazu aufgefordert werden, können ein Erstangebot einreichen. Der öffentliche Auftraggeber kann die Zahl geeigneter Bewerber, die zur Angebotsabgabe aufgefordert werden, gemäß § 51 begrenzen.

(5) Bei einem Verhandlungsverfahren ohne Teilnahmewettbewerb erfolgt keine öffentliche Aufforderung zur Abgabe von Teilnahmeanträgen, sondern unmittelbar eine Aufforderung zur Abgabe von Erstangeboten an die vom öffentlichen Auftraggeber ausgewählten Unternehmen.

(6) Die Frist für den Eingang der Erstangebote beträgt mindestens 30 Tage, gerechnet ab dem Tag nach der Absendung der Aufforderung zur Angebotsabgabe.

(7) Mit Ausnahme oberster Bundesbehörden kann der öffentliche Auftraggeber die Angebotsfrist mit den Bewerbern, die zur Angebotsabgabe aufgefordert werden, im gegenseitigen Einvernehmen festlegen, sofern allen Bewerbern dieselbe Frist für die Einreichung der Angebote gewährt wird. Erfolgt keine einvernehmliche Festlegung der Angebotsfrist, beträgt diese mindestens zehn Tage, gerechnet ab dem Tag nach der Absendung der Aufforderung zur Angebotsabgabe.

(8) Für den Fall, dass eine hinreichend begründete Dringlichkeit die Einhaltung der Angebotsfrist gemäß Absatz 6 unmöglich macht, kann der öffentliche Auftraggeber eine Frist festlegen, die zehn Tage, gerechnet ab dem Tag nach der Absendung der Aufforderung zur Angebotsabgabe, nicht unterschreiten darf.

(9) Der öffentliche Auftraggeber kann die Angebotsfrist gemäß Absatz 6 um fünf Tage verkürzen, wenn er die elektronische Übermittlung der Angebote akzeptiert.

(10) Der öffentliche Auftraggeber verhandelt mit den Bietern über die von ihnen eingereichten Erstangebote und alle Folgeangebote, mit Ausnahme der endgültigen Angebote, mit dem Ziel, die Angebote inhaltlich zu verbessern. Dabei darf über den gesamten Angebotsinhalt verhandelt werden mit Ausnahme der vom öffentlichen Auftraggeber in den Vergabeunterlagen festgelegten Mindestanforderungen und Zuschlagskriterien.

(11) Der öffentliche Auftraggeber kann den Auftrag auf der Grundlage der Erstangebote vergeben, ohne in Verhandlungen einzutreten, wenn er sich in der Auftragsbekanntmachung oder in der Aufforderung zur Interessensbestätigung diese Möglichkeit vorbehalten hat.

(12) Sofern der öffentliche Auftraggeber in der Auftragsbekanntmachung oder in den Vergabeunterlagen darauf hingewiesen hat, kann er die Verhandlungen in verschiedenen aufeinanderfolgenden Phasen abwickeln, um so die Zahl der Angebote, über die verhandelt wird, anhand der vorgegebenen Zuschlagskriterien zu verringern. In der Schlussphase des Verfahrens müssen noch so viele Angebote vorliegen, dass der Wettbewerb gewährleistet ist, sofern ursprünglich eine ausreichende Anzahl von Angeboten oder geeigneten Bietern vorhanden war.

(13) **Der öffentliche Auftraggeber stellt sicher, dass alle Bieter bei den Verhandlungen gleichbehandelt werden.** Insbesondere enthält er sich jeder diskriminierenden Weitergabe von Informationen, durch die bestimmte Bieter gegenüber anderen begünstigt werden könnten. Er unterrichtet alle Bieter, deren Angebote nicht gemäß Absatz 12 ausgeschieden wurden, in Textform nach § 126b des Bürgerlichen Gesetzbuchs über etwaige Änderungen der Leistungsbeschreibung, insbesondere der technischen Anforderungen oder anderer Bestandteile der Vergabeunterlagen, die nicht die Festlegung der Mindestanforderungen und Zuschlagskriterien betreffen. Im Anschluss an solche Änderungen gewährt der öffentliche Auftraggeber den Bietern ausreichend Zeit, um ihre Angebote zu ändern und gegebenenfalls überarbeitete Angebote einzureichen. Der öffentliche Auftraggeber darf vertrauliche Informationen eines an den Verhandlungen teilnehmenden Bieters nicht ohne dessen Zustimmung an die anderen Teilnehmer weitergeben. Eine solche Zustimmung darf nicht allgemein, sondern nur in Bezug auf die beabsichtigte Mitteilung bestimmter Informationen erteilt werden.

(14) **Beabsichtigt der öffentliche Auftraggeber, die Verhandlungen abzuschließen, so unterrichtet er die verbleibenden Bieter und legt eine einheitliche Frist für die Einreichung neuer oder überarbeiteter Angebote fest.** Er vergewissert sich, dass die endgültigen Angebote die Mindestanforderungen erfüllen, und entscheidet über den Zuschlag auf der Grundlage der Zuschlagskriterien.

Übersicht

	Rn.		Rn.
A. Einführung	1	II. Frist für Erstangebote (Abs. 6 bis 9) ..	15
I. Literatur	1	1. Regelfrist von mind. 30 Tagen (Abs. 6)	16
II. Entstehungsgeschichte	2	2. Einvernehmliche Festlegung der Angebotsfrist (Abs. 7)	17
III. Rechtliche Vorgaben im EU-Recht .	4	3. Verkürzte Angebotsfrist von mind. 10 Tagen bei Dringlichkeit (Abs. 8)	18
B. Verhandlungsverfahren mit Teilnahmewettbewerb, Ablauf (Abs. 1) ..	5	4. Fristverkürzung bei elektronischen Angeboten (Abs. 9)	19
C. Teilnahmefrist (Abs. 2 und 3)	9	**E. Weiteres Verfahren**	21
I. Regelteilnahmefrist von mind. 30 Tagen (Abs. 2)	9	I. Durchführung der Verhandlungen mit den Bietern (Abs. 10)	21
II. Verkürzte Teilnahmefrist von mind. 15 Tagen bei Dringlichkeit (Abs. 3) ..	11	II. Zuschlag auf Erstangebot ohne Verhandlungen bei Vorbehalt in Auftragsbekanntmachung (Abs. 11)	31
D. Abgabe von Erstangeboten (Abs. 4 bis 9)	12	III. Phasenweise Abwicklung der Verhandlungen (Abs. 12)	32
I. Aufforderung zur Abgabe von Erstangeboten (Abs. 4 und 5)	12	IV. Gleichbehandlung der Bieter bei Verhandlungen (Abs. 13)	34
1. Erstangebote im Verhandlungsverfahren mit Teilnahmewettbewerb (Abs. 4)	12	V. Abschluss der Verhandlungen und Frist für neue/überarbeitete Angebote; Zuschlagserteilung (Abs. 14)	36
2. Erstangebote im Verhandlungsverfahren ohne Teilnahmewettbewerb (Abs. 5)	14		

A. Einführung

I. Literatur

1 *Favier/Schüler*, Etablierte Regeln für das Verhandlungsverfahren mit Teilnahmewettbewerb auf dem Prüfstand des neuen Rechts, ZfBR 2016, 761, vgl. im Übrigen die Literatur zu § 14 VgV sowie zu § 119 GWB im Beck'schen Vergaberechtskommentar unter Ziffer A. I.

II. Entstehungsgeschichte

Das Verhandlungsverfahren wird bereits in § 119 Abs. 5 GWB definiert. § 17 VgV kon- **2** kretisiert und regelt diese Verfahrensart und ihren Ablauf nun im Detail. Vor der Vergaberechtsnovelle war das Verhandlungsverfahren vergleichsweise rudimentär geregelt. Es gab nur wenige gesetzliche formale Voraussetzungen, weshalb maßgebliche Eckpfeiler des Verhandlungsverfahrens von der Rechtsprechung unter Zugrundelegung der Prinzipien des Wettbewerbs, der Gleichbehandlung und der Transparenz geformt worden sind.[1] Die Regelung des Ablaufs des Verhandlungsverfahrens mit Teilnahmewettbewerb in § 17 VgV gibt den am Verhandlungsverfahren Beteiligten nunmehr in strukturierter Form die wesentlichen Vorgaben zur Hand.

Die Teilnahme- und Angebotsfristen sind im Zuge der Vergaberechtsnovelle gekürzt **3** worden. Auch wurde erstmalig die Möglichkeit geschaffen, die Angebotsfrist im Verhältnis Auftraggeber zu den Bietern einvernehmlich festzulegen und so die Regelmindestfrist unterschreiten zu können. Sofern nach alter Rechtslage die schrittweise Reduzierung der Teilnehmer an den Verhandlungen bis auf den Verbleib von lediglich einem einzigen Bieter für zulässig gehalten wurde, so stellt nunmehr Abs. 12 klar, dass in der Schlussphase des Verfahrens grundsätzlich noch so viele Angebote vorliegen müssen, dass der Wettbewerb gewährleistet ist.[2]

III. Rechtliche Vorgaben im EU-Recht

§ 17 VgV beruht auf der Umsetzung der europarechtlichen Vorgaben von Art. 29 der **4** RL 2014/24/EU. Gemäß Erwägungsgrund 42 bezweckt die RL 2014/24/EU im Hinblick auf das Verhandlungsverfahren eine stärkere Anwendung dieses Verfahrens sowie die Schaffung zusätzlicher Flexibilität für den Auftraggeber, ein Vergabeverfahren mit Verhandlungen auswählen zu können, um den grenzüberschreitenden Handel zu fördern.[3] Denn bei Aufträgen, die im Verhandlungsverfahren mit vorheriger Veröffentlichung einer Bekanntmachung vergeben wurden, sei die Erfolgsquote von grenzüberschreitenden Angeboten besonders hoch gewesen.

B. Verhandlungsverfahren mit Teilnahmewettbewerb, Ablauf (Abs. 1)

Das Verhandlungsverfahren mit oder ohne Teilnahmewettbewerb kann der öffentliche **5** Auftraggeber nicht nach seinem Belieben als Vergabeverfahrensart auswählen.[4] Vielmehr müssen die spezifischen Voraussetzungen des § 14 Abs. 3 und 4 VgV erfüllt sein.[5] Diesen Vorschriften ist auch zu entnehmen, ob ein vorheriger Teilnahmewettbewerb durchgeführt werden muss. Der Anwendungsbereich des Verhandlungsverfahrens ohne vorherige Veröffentlichung einer Auftragsbekanntmachung (vgl. Abs. 5) ist angesichts der negativen Auswirkungen auf den Wettbewerb nur unter sehr außergewöhnlichen Umständen eröffnet.[6] Der Auftraggeber trägt die (materielle) Beweislast für das Vorliegen der Voraussetzungen zur Anwendung des Verhandlungsverfahrens. Im Einzelfall kann bei Aufrechterhaltung der

---

[1] Vgl. *Kulartz* in KKMPP VgV § 17 Rn. 1.
[2] Vgl. hierzu *Kulartz* in KKMPP VgV § 17 Rn. 25 m. w. N.
[3] Vgl. zum Anwendungsbereich des Verhandlungsverfahrens auch § 14 Rn. 24 ff. und Art. 26 Abs. 4 f. RL 2014/24/EU.
[4] Vgl. zum Verhandlungsverfahren auch die Einführung und den Überblick → GWB § 119 Rn. 26.
[5] Vgl. dortige Kommentierung VgV § 14 Rn. 24 ff.; 32 ff.; für die Vergabe von sozialen und anderen besonderen Dienstleistungen gilt hingegen auch für das Verhandlungsverfahren mit Teilnahmewettbewerb die Wahlfreiheit, vgl. § 65 Abs. 1 VgV; für Architekten und Ingenieurleistungen vgl. § 74 VgV.
[6] Vgl. Erwägungsgrund 50 RL 2014/24/EU.

Beschaffungsabsicht eine teilweise Zurückversetzung des Vergabeverfahrens in den Stand vor Abgabe der Angebote zulässig sein.[7] Im vom OLG Düsseldorf entschiedenen Fall ist das Vergabeverfahren wegen Fehlens zuschlagsfähiger Angebote auf diese Weise korrigiert und fortgesetzt worden. Diese teilweise Zurückversetzung ist zulässig, wenn die Vergabestelle das Gleichbehandlungsgebot der Bieter und die sich daraus ergebende Verpflichtung zur Transparenz beachtet.[8]

6   Das Verhandlungsverfahren mit Teilnahmewettbewerb gliedert sind in zwei größere Verfahrensphasen: Die **Bewerbungsphase** im Rahmen des öffentlichen Teilnahmewettbewerbs und die **Angebots- und Verhandlungsphase** mit Durchführung der Verhandlungen, die schließlich in die Zuschlagsentscheidung münden soll.

7   Abs. 1 folgt in seiner Systematik und nach seinem Inhalt § 16 Abs. 1 VgV zum nicht offenen Verfahren. Wie Abs. 1 S. 1 klarstellt, kann jedes interessierte Unternehmen einen **Teilnahmeantrag** einreichen. Der Teilnahmewettbewerb verfolgt den Zweck, eine der eigentlichen Auftragsvergabe vorgeschaltete **Eignungsprüfung** durchzuführen und so bereits die Bewerber zu selektieren und auszusondern. Bei der Prüfung der Eignung eines Bewerbers steht dem öffentlichen Auftraggeber ein Ermessensspielraum zu.[9]

8   Gemäß Abs. 1 S. 3 übermitteln die Unternehmen zusammen mit dem Teilnahmeantrag die vom öffentlichen Auftraggeber geforderten Informationen für die Eignungsprüfung. Die **Teilnahmebedingungen** für die Bewerber sind in Ziff. III der europaweiten Bekanntmachung des Auftraggebers enthalten. Die bekanntgemachten Zuschlagskriterien sollten während des gesamten Verfahrens nicht verändert werden und nicht verhandelbar sein.[10] In der EU-weiten Auftragsbekanntmachung müssen noch nicht alle Einzelheiten und Details des weiteren Vorgehens und der gewünschten Leistung vorgegeben werden.[11]

C. Teilnahmefrist (Abs. 2 und 3)

I. Regelteilnahmefrist von mind. 30 Tagen (Abs. 2)

9   In Umsetzung von Art. 29 Abs. 2 RL 2014/24/EU wird in Abs. 2 die Frist für den Eingang der Teilnahmeanträge als Regelmindestfrist von 30 Tagen festgesetzt. Die Frist beginnt ab dem Tag nach der Absendung der Auftragsbekanntmachung. Im Einzelfall kann, um den Erfordernissen einer angemessen Fristsetzung nach § 20 VgV gerecht zu werden, eine längere Frist durch Auftraggeber zu gewähren sein, insbesondere angesichts des Umstands, dass zwischen der Absendung der Bekanntmachung und der anschließenden Veröffentlichung im EU-Amtsblatt eine Zeitspanne vorhanden ist, die zwar bei der Mindestfrist mitgerechnet wird, in dem aber die potenziellen Bewerber noch nicht von dem ausstehenden Vergabeverfahren Kenntnis nehmen konnten.[12]

10   Die Fristenregelung entspricht derjenigen zum nicht offenen Verfahren in § 16 Abs. 2 VgV. Auf die dortige Kommentierung wird verwiesen.[13]

---

[7] Vgl. OLG Düsseldorf 30.9.2015 – VII-Verg 32/15, BeckRS 2015, 117534.

[8] Vgl. OLG Düsseldorf 30.9.2015 – VII-Verg 32/15, BeckRS 2015, 117534; OLG Düsseldorf 28.1.2015 – VII-Verg 31/14; für die ebenso zu behandelnde Konstellation der Fehlerkorrektur vgl. BGH 26.9.2009 – X ZB 14/06.

[9] OLG München 21.5.2010 – Verg 02/10, BeckRS 2010, 13748.

[10] Erwägungsgrund 45 RL 2014/24/EU.

[11] OLG München 12.5.2011 – Verg 26/10, BeckRS 2011, 12760; *Weyand* VergabeR GWB § 101 Rn. 120.

[12] Vgl. *Kulartz* in KKMPP VgV § 17 Rn. 4.

[13] VgV § 16 Rn. 30 f.

II. Verkürzte Teilnahmefrist von mind. 15 Tagen bei Dringlichkeit (Abs. 3)

In Abs. 3 wird in Umsetzung von Art. 29 Abs. 1 Uabs. 4 S. 3 RL 2014/24/EU die **11** Möglichkeit der Kürzung der Teilnahmefrist in Fällen der hinreichend begründeten Dringlichkeit geregelt. Bei einer hinreichend begründeten Dringlichkeit, die die Einhaltung der Teilnahmefrist unmöglich macht, kann diese gemäß Abs. 3 auf bis zu 15 Tage (absolute Mindestfrist) verkürzt werden. Wie auch bei § 15 Abs. 3 VgV und § 16 Abs. 3 und 7 VgV muss es sich dabei nicht um eine extreme Dringlichkeit wegen unvorhersehbarer und vom öffentlichen Auftraggeber nicht zu verantwortender Ereignisse handeln.[14] Die Einhaltung der Regelmindestfrist aus Abs. 2 von 30 Tagen muss jedoch unmöglich sein. Es müssen objektiv nachvollziehbare Gründe für die Unmöglichkeit der Regelmindestfrist vorliegen.[15] Stets ist vom öffentlichen Auftraggeber zu beachten, dass die Gründe entsprechend dokumentiert und von dem die Beweislast tragenden Auftraggeber nachgewiesen können werden müssen. Da die Regelung mit derjenigen zum offenen Verfahren in § 15 Abs. 3 VgV identisch ist, wird im Übrigen auf die dortige Kommentierung verwiesen.[16]

D. Abgabe von Erstangeboten (Abs. 4 bis 9)

I. Aufforderung zur Abgabe von Erstangeboten (Abs. 4 und 5)

1. Erstangebote im Verhandlungsverfahren mit Teilnahmewettbewerb (Abs. 4)

Abs. 4 regelt die Abgabe von Erstangeboten durch ausgewählte Bieter im Anschluss an **12** die Eignungsprüfung durch den öffentlichen Auftraggeber. Die Norm verdeutlicht, dass ausschließlich und ohne Ausnahme nur die Bewerber zur Angebotsabgabe legitimiert sind, die hierzu explizit vom Auftraggeber aufgefordert worden sind. Die übrigen Teilnehmer haben keine Möglichkeit, weiter an dem Verfahren teilzunehmen und scheiden mit der an die anderen Bewerber gerichteten Aufforderung zur Angebotsabgabe aus dem Verfahren aus. Die Aufforderung zur Abgabe des Erstangebots muss mindestens die in § 52 Abs. 2 VgV genannten Informationen enthalten.

Da die Regelung systematisch sowie inhaltlich im Wesentlichen derjenigen des § 16 **13** Abs. 4 VgV entspricht, kann auf die dortigen Ausführungen verwiesen werden.[17] Insbesondere kann der Auftraggeber gemäß dem ausdrücklichen Verweis in Abs. 4 S. 2 die Zahl geeigneter Bewerber, die zur Angebotsabgabe aufgefordert werden, im Einklang mit § 51 VgV begrenzen. Einziger Unterschied gegenüber der Regelung für das nicht offene Verfahren in § 16 Abs. 4 VgV ist, dass der hiesige Wortlaut klarstellt, dass die Bewerber zur Abgabe eines *Erst*angebots aufgefordert werden. Denn auf Grundlage der Erstangebote werden anschließend die Verhandlungen geführt. Die Bewerber haben gemäß Abs. 14 nach Abschluss der Verhandlungen die Möglichkeit, neue oder überarbeitete Angebote einzureichen. Grundsätzlich steht es dem Auftraggeber frei, ob er die Erstangebote als bereits verbindlich oder nur indikativ einreichen lässt.[18] Ein indikatives Angebot ist ein erstes, noch unverbindliches Angebot, das in den Verhandlungen mit dem öffentlichen Auftraggeber zu einem verbindlichen Angebot konkretisiert wird. Mit einem verbindlichen Angebot in diesem Sinne hält sich der Bieter hingegen an sein Angebot gemäß § 145 BGB gebunden, sodass der Auftraggeber ihm hierauf den Zuschlag erteilen könnte, es aber nicht muss.[19]

---

[14] Erwägungsgrund 46 RL 2014/24/EU; BT-Drs. 18/7318, 159.
[15] Vgl. *Kulartz* in KKMPP VgV § 17 Rn. 8.
[16] VgV § 15 Rn. 21 ff.
[17] VgV § 16 Rn. 19 ff.
[18] *Kulartz* in KKMP VgV § 17 Rn. 11.
[19] Näher hierzu *Weyand* VergabeR GWB § 101 Rn. 132.

Demgegenüber gilt im nicht offenen Verfahren das Verhandlungsverbot, vgl. § 16 Abs. 9 VgV i. V. m. § 15 Abs. 5 VgV.

2. Erstangebote im Verhandlungsverfahren ohne Teilnahmewettbewerb (Abs. 5)

14   Abs. 5 betrifft das Verhandlungsverfahren ohne Teilnahmewettbewerb. Im Verhandlungsverfahren ohne Teilnahmewettbewerb unterbleibt die für das Verhandlungsverfahren mit Teilnahmewettbewerb charakteristische öffentliche Aufforderung zur Abgabe von Teilnahmeanträgen.[20] Da folglich beim Verhandlungsverfahren ohne vorherige Bekanntmachung die wesentlichen Vergabegrundsätze des Wettbewerbs, der Transparenz und der Gleichbehandlung enorm eingeschränkt sind, ist diese Verfahrensart nur ausnahmsweise und unter engen Voraussetzungen zulässig. In Hs. 2 erfolgt die Klarstellung, dass unmittelbar die Aufforderung zur Abgabe von Erstangeboten an die vom öffentlichen Auftraggeber ausgewählten Unternehmen ergeht.[21] Wenn nur ein Unternehmen in Betracht, welches die zu erbringende Leistung durchführen kann, ist nur dieses Unternehmen aufzufordern. In allen anderen Fällen hat der Auftraggeber die Unternehmen auffordern, die er für die Auftragsausführung für geeignet erachtet.

II. Frist für Erstangebote (Abs. 6 bis 9)

15   In Abs. 6 bis 9 sind in Umsetzung von Art. 29 Abs. 1 Uabs. 4 S. 3 RL 2014/24/EU i. V. m. Art. 28 Abs. 3 bis 5 RL 2014/14/EU die Fristenregelungen für die Erstangebote enthalten. Da die Absätze systematisch und inhaltlich denjenigen beim nicht offenen Verfahren entsprechen, wird jeweils auf die dortigen Kommentierungen verwiesen.[22]

1. Regelfrist von mind. 30 Tagen (Abs. 6)

16   Die Bieter haben grundsätzlich mindestens 30 Tage Zeit für die Erstellung der Erstangebote.[23]

2. Einvernehmliche Festlegung der Angebotsfrist (Abs. 7)

17   Gemäß Abs. 7 können die Auftraggeber (ausgenommen oberste Bundesbehörden) die Angebotsfrist im gegenseitigen Einvernehmen mit den Bewerbern festgelegen. Es müssen alle Bewerber mit der Fristenregelung einverstanden sein. Sofern keine einvernehmliche Festlegung der Frist erfolgt, legt der Auftraggeber eine Frist fest, die mindestens 10 Tage betragen muss. Wegen der identischen Regelung in § 16 Abs. 6 VgV wird auf die dortige Kommentierung zwecks Vermeidung von Wiederholungen Bezug genommen.[24]

18   Unklar bleibt, inwieweit die einvernehmliche Festlegung der Angebotsfrist im Rahmen eines Verhandlungsverfahrens mit mehreren Angebotsrunden zulässig ist. Zulässig dürfte es sein, wenn vor der ersten Angebotsabgabe/-runde einvernehmlich mit allen ausgewählten Bewerbern die Fristen für alle Angebotsrunden festgelegt werden würde. Kritischer ist die Situation, wenn die Angebotsfrist für das erste Angebot einvernehmlich festgelegt oder auch einseitig vom Auftraggeber festgelegt wird und dann nach der ersten, aber vor der zweiten Angebotsabgabe eine einvernehmliche Festlegung erfolgt. Vom Wortlaut wäre diese Vorgehensweise nicht erfasst, weil sie von ausgewählten Bewerbern und nicht von Bietern spricht. Eine sukzessive Festlegung sollte aber schon aus Praktikabilitätsgründen zulässig sein, sofern dabei stets der Gleichbehandlungsgrundsatz beachtet wird. Schließlich

---

[20] Umsetzung von Art. 32 Abs. 1 RL 2014/24/EU.
[21] BT-Drs. 18/7318, 160.
[22] Vgl. VgV 16 Rn. 27 ff.
[23] Vgl. VgV § 16 Rn. 30 ff.
[24] Vgl. VgV § 16 Rn. 34 ff.

kann sich im Rahmen der Verhandlungen ergeben, dass die Leistung angepasst werden muss und somit der Aufwand zur Erstellung des weiteren Angebots wesentlich umfangreicher ist als ursprünglich geplant. In solchen Fällen kann der Bewerber bzw. zu diesem Zeitpunkt Bieter, nicht an die ursprünglich einvernehmliche festgelegte Angebotsfrist für das zweite Angebot festgehalten werden.

3. Verkürzte Angebotsfrist von mind. 10 Tagen bei Dringlichkeit (Abs. 8)

Wie schon für den Eingang der Teilnahmeanträge kann auch für den Eingang der Erst- **19** angebote eine kürzere Frist als die Regelmindestfrist von mindestens 30 Tagen (Abs. 6) festgelegt werden, wenn eine hinreichend begründete Dringlichkeit die Einhaltung der Regelmindestfrist unmöglich macht.[25] Die gekürzte Frist muss mindestens 10 Tage betragen.

4. Fristverkürzung bei elektronischen Angeboten (Abs. 9)

Die Regelmindestfrist von 30 Tagen kann um fünf Tage verkürzt werden, wenn der **20** Auftraggeber die elektronische Übermittlung der Angebote akzeptiert.[26]

E. Weiteres Verfahren

I. Durchführung der Verhandlungen mit den Bietern (Abs. 10)

Abs. 10 regelt die Durchführung der **Verhandlungen** mit den Bietern in Umsetzung **21** von Art. 29 Abs. 3 Uabs. 1 und 2 RL 2014/24/EU.

Gemäß Abs. 10 darf grundsätzlich über **alle Angebotsinhalte** verhandelt werden mit Ausnahme der in den Vergabeunterlagen vom Auftraggeber festgelegten Mindestanforderungen und Zuschlagskriterien. Somit können **alle Merkmale** der betreffenden Lieferungen oder Dienstleistungen, wie z.B. Qualität, Mengen, Geschäftsklauseln und soziale, umweltbezogene und innovative Aspekte Gegenstand der Verhandlungen sein, sofern sie **keine Mindestanforderungen und keine Zuschlagskriterien** darstellen.[27] Wie auch schon nach der bisherigen Rechtslage kann auch über den Preis und die Kosten der angebotenen Leistung verhandelt werden.[28]

Erwägungsgrund 45 der RL 2014/24/EU hebt hervor, dass für das Verhandlungsverfah- **22** ren angemessene Schutzvorschriften gelten müssen, um die Einhaltung der Grundsätze der Gleichbehandlung und Transparenz zu gewährleisten. Hierzu gehört insbesondere, dass der Auftraggeber die **Mindestanforderungen** angibt, die das Wesen der Beschaffung charakterisieren und die im Laufe des Verfahrens nicht mehr geändert werden. Bei den festzulegenden Mindestanforderungen handelt es sich insbesondere um physische, funktionelle und rechtliche Bedingungen sowie wesentliche Merkmale, die von den später einzureichenden Angeboten erfüllt sein sollten, damit der Auftraggeber den Auftrag entsprechend der gewählten Zuschlagskriterien vergeben kann.[29] Der Auftraggeber darf auch nicht auf die Erfüllung bestimmter Mindestanforderungen verzichten, die er zuvor festgesetzt hat und die eine Selbstbindung an diese Mindestanforderungen bewirkt haben.[30] Das Transparenzgebot und der Gleichbehandlungsgrundsatz verleihen der durch das Aufstellen der Mindestanforderung bewirkten Selbstbindung des öffentlichen Auftraggebers zugleich bieterschützende

---

[25] Vgl. die Kommentierung zur identischen Regelung in VgV § 16 Rn. 40.

[26] Vgl. VgV § 15 Rn. 41.

[27] Erwägungsgrund 45 der RL 2014/24/EU.

[28] BT-Drs. 18/7318, 161.

[29] Erwägungsgrund 45 RL 2014/24/EU.

[30] Vgl. OLG München 21.5.2010 – Verg 02/10, BeckRS 2010, 13748; OLG Düsseldorf 3.3.2010 – VII-Verg 46/09; *Kulartz* in KKMPP VgV § 17 Rn. 19.

Wirkung mit der Folge, dass der öffentliche Auftraggeber die entsprechende Anforderung jedenfalls dann nicht ohne weiteres aufgeben darf, wenn zumindest einer der Bieter sie erfüllt hat.[31] Dem öffentlichen Auftraggeber ist es insoweit verwehrt, auf Mindestbedingungen zu verzichten, die er zuvor als bindend festgelegt hat. Er kann sich jedoch in den Vergabeunterlagen das Recht vorbehalten, inhaltliche Anforderungen an die Angebote zurückzunehmen.[32] Die Änderung muss sodann transparent und diskriminierungsfrei erfolgen.

23   Auftraggeber sind gut beraten, die Mindestanforderungen sehr sorgfältig und so deutlich wie möglich festzulegen. Andernfalls birgt dies die Gefahr, dass unklar ist, was als Mindestanforderung einzustufen ist und wo die Grenzen der zulässigen Verhandlung gesetzt werden. Was konkret als Mindestanforderung einzustufen ist, ist aus der Sicht eines verständigen und fachkundigen potentiellen Bieters durch Auslegung (der Leistungsbeschreibung) zu ermitteln.[33] Hierzu sollen auch etwaige Ausschlusskriterien gehören.[34] Es ist insoweit fraglich, ob der Auftraggeber dieser Gefahr in zulässigerweise dadurch entgehen kann, indem er ausdrücklich festlegt, dass „alles verhandelbar" sei und somit auf Mindestanforderungen verzichtet, um die volle Flexibilität der Verhandlung zu generieren.

24   Auch die Zuschlagskriterien sind nicht verhandelbar. Dies wird explizit in Abs. 10 S. 2 klargestellt. Unter Umständen kann eine Präzisierung der Zuschlagskriterien und ihrer Gewichtung, die spätestens mit der Aufforderung zur Angebotsabgabe bekannt zu machen sind, zulässig sein, sofern dies in den Vergabeunterlagen (spätestens) für das endgültige Angebot erfolgt.[35]

25   Die Verhandlungsphase setzt sich regelmäßig aus zwei Stufen zusammen: Zunächst erfolgt auf der ersten Stufe die **Sichtung und Bewertung** der eingegangenen **Angebote** und erst dann folgt auf zweiter Stufe die Verhandlungsrunde. Die Bieter haben jedoch keinen Anspruch auf die Durchführung einer zweiten und weiterer Verhandlungsrunde.[36] Darüber ob und mit welchen Bietern Verhandlungen geführt werden, entscheidet die Vergabestelle grundsätzlich nach ihrem Ermessen.[37] Sollte der öffentliche Auftraggeber aber eindeutig zum Ausdruck gebracht haben, dass er den Bieter zu einem weiteren Gespräch einladen wird, liegt insoweit eine Selbstbindung des Auftraggebers vor.[38]

26   Auch in der **Ausgestaltung** der **Verhandlungsrunde** hat der Auftraggeber einen weiten **Ermessensspielraum.** So kann der Bieter nicht verlangen, dass die Präsentation und der Inhalt der Verhandlung die Struktur hat, die er für optimal hält, um sich möglichst günstig darzustellen.[39] Die vom öffentlichen Auftraggeber gewählten Vorgaben sollten jedoch sachlich begründet sein und auch unter Berücksichtigung der Komplexität eines Auftrags eine ausreichende Entscheidungsgrundlage für die Bewerberauswahl bieten. So kann es im Einzelfall angemessen und ausreichend sein, binnen eines 45-minütigen Verhandlungsgesprächs, der durch schriftliche Unterlagen vorbereitet war, die wesentlichen Aspekte zu beleuchten, die entsprechend der Beurteilungsbögen des Auftraggebers relevant waren. Auch begegnet die Beschränkung auf drei ausgewählte Personen keinen Bedenken. Es würde den zeitlichen Rahmen des Verhandlungsgesprächs sprengen, wenn sich alle an dem betreffenden Projekt voraussichtlich beteiligten Personen in zentraler Funktion darstellen wollen.[40]

---

[31] VK Sachsen 16.1.2008 – 1/SVK/084-071.
[32] Vgl. OLG Düsseldorf Beschl. v. 21.11.2007, VII-Verg 32/07, BeckRS 2007, 19997.
[33] So OLG München 21.4.2017 – Verg 1/17 mit Verweis auf BGH, 15.1.2013 – X ZR 155/10; 20.11.2012 – X ZR 108/10; OLG Düsseldorf 17.2.2016 – VII-Verg 41/15.
[34] So OLG München 21.4.2017 – Verg 1/17.
[35] *Kulartz* in KKMPP VgV § 17 Rn. 20.
[36] Vgl. OLG Düsseldorf 5.7.2006 – VII-Verg 21/06, BeckRS 2006, 08298.
[37] Vgl. OLG Düsseldorf 10.6.2015 – VII-Verg 39/14; OLG Frankfurt 5.3.2014 – 11 Verg 2/14, BeckRS 2014, 08856.
[38] VK Baden-Württemberg 4.8.2009 – 1 VK 30/09, BeckRS 2013, 57395.
[39] OLG München 21.11.2013 – Verg 09/13, BeckRS 2013, 22620.
[40] OLG München 21.11.2013 – Verg 09/13, BeckRS 2013, 22620.

Das **Ziel** des Auftraggebers sollte es sein, im Wege der Verhandlungen die Angebote 27
derart zu verbessern, dass die angebotenen Leistungen genau auf den **konkreten Bedarf**
der Vergabestelle **zugeschnitten** sind.[41]

Wie auch an der Formulierung der Verhandlung über die eingereichten *Erst*angebote 28
und *Folge*angebote in Abs. 10 S. 1 Hs. 1 deutlich wird, stellt sich der Verhandlungsprozess
seinem Wesen nach als ein **dynamischer Prozess** dar.[42] Im Rahmen der Verhandlungen
soll die Leistung konkretisiert werden; das heißt insbesondere der Auftragsinhalt und die
Konditionen des Auftrags können differenziert thematisiert und die Angebote entsprechend
angepasst werden. Auch eine selbstständige, nicht durch den Auftraggeber initiierte **Angebotsänderung** ist in dem durch **Interaktion** von Auftraggeber und Bieter gekennzeich-
netem Verhandlungsverfahren zulässig, wenn sie dem öffentlichen Auftraggeber innerhalb
der von ihm bestimmten Ausschlussfrist zugeht.[43] Eine Angebotsänderung stellt eine einseitige Willenserklärung dar, die grundsätzlich auch mündlich abgegeben werden kann und
unter Anwesenden sofort wirksam ist.[44]

Die Veränderungen auf Nachfrage- und auch auf Angebotsseite müssen die **Identität** 29
des Beschaffungsvorhabens wahren, wie sie durch den Auftraggeber mit der Ausschreibung geschaffen worden ist, da andernfalls die Ausschreibungspflicht als Ausgangspunkt des
weiteren Verfahrens letztlich leerliefe. Es darf nur das beschafft werden, was vom Auftragsgegenstand noch gedeckt ist.[45] Legt die Vergabestelle in der Ausschreibung beispielsweise
den Beschaffungsgegenstand als Sport- und Freizeitbad fest, so wäre ein reines Spaß- und
Erlebnisbad nicht vom ursprünglichen Beschaffungszweck gedeckt.[46] Auch ist die Identität
des Leistungsgegenstandes nicht mehr gewahrt, wenn ein planerischer Entwurf nicht lediglich an eine veränderte Situation angepasst werden soll, sondern es sich vielmehr um eine
völlig neue planerische Konzeption handelt.[47] In einem solchen Fall kann der öffentliche
Auftraggeber auch nicht verpflichtet werden, das ursprüngliche Verfahren fortzusetzen und
das neue Verfahren mit dem neuen Leistungsgegenstand zu beenden.[48]

Es besteht ein Spannungsverhältnis und eine Abgrenzungsherausforderung zwischen der 30
Wahrung der Identität des Beschaffungsvorhabens einerseits und der Verhandelbarkeit von
Preis und Leistungsgegenstand im Verhandlungsverfahren andererseits. Das Verhandlungsverfahren wird gerade dadurch gekennzeichnet, dass der Leistungsgegenstand in der Ausschreibung nicht bereits in allen Einzelheiten festgelegt sein muss und dass die Erstangebote noch
abgeändert werden können.[49] Jedoch ist stets zu beachten, dass die in den Vergabeunterlagen
enthaltenen Mindestanforderungen und die Zuschlagskriterien nicht verhandelbar sind.

II. Zuschlag auf Erstangebot ohne Verhandlungen bei Vorbehalt in Auftragsbekanntmachung (Abs. 11)

In Umsetzung von Art. 29 Abs. 4 RL 2014/24/EU sieht Abs. 11 die Möglichkeit für 31
den öffentlichen Auftraggeber vor, den Auftrag auf der **Grundlage der Erstangebote**
und **ohne Verhandlungen** zu vergeben. Diese Option muss er sich in der Auftragsbe-

---

[41] Erwägungsgrund 45 der RL 2014/24/EU.
[42] Vgl. BGH 10.9.2009 – VII ZR 255/08, BeckRS 2009, 26577; OLG Naumburg 12.4.2012 – 2 Verg
1/12, BeckRS 2012, 10195; OLG Düsseldorf 3.8.2011 – VII-Verg 16/11, BeckRS 2011, 22545; OLG
München 28.4.2006 – Verg 6/06, BeckRS 2006, 07979.
[43] OLG Naumburg Beschl. v. 12.4.2012 – 2 Verg 1/12, BeckRS 2012, 10195 m Anm *Goede* IBR 2012,
413.
[44] OLG Naumburg Beschl. v. 12.4.2012 – 2 Verg 1/12, BeckRS 2012, 10195 m Anm *Goede* IBR 2012,
413.
[45] OLG Celle 16.1.2002 – Verg 1/02; VK Schleswig-Holstein 14.5.2008 – VK-SH 06/08, BeckRS 2008,
17005.
[46] Vgl. *Rohrmüller* IBR 2008, 594.
[47] OLG Celle 15.7.2010 – 13 Verg 9/10, BeckRS 2010, 17499.
[48] OLG Celle 15.7.2010 – 13 Verg 9/10, BeckRS 2010, 17499.
[49] OLG Düsseldorf, 5.7.2006 – Verg 21/06.

kanntmachung oder in der Aufforderung zur Interessensbestätigung vorbehalten haben. Das Verhandlungsverfahren in seiner Grundkonzeption und der Wettbewerbsgrundsatz sehen grundsätzlich vor, dass der Auftraggeber auch mit den Bietern mindestens eine Verhandlungsrunde durchführt. Abs. 11 eröffnet dem Auftraggeber durch den **Vorbehalt,** den Auftrag gegebenenfalls ohne Verhandlungen zu vergeben, jedoch mehr **Flexibilität.** Erkennt der Auftraggeber bereits auf Grundlage der Erstangebote, welches das wirtschaftlichste Angebot ist, dieses also wie zugeschnitten auf den konkreten Bedarf ist, liegt die Zuschlagserteilung auf dieses Erstangebot nahe. Der Vorbehalt dieser Option in der **Bekanntmachung** oder **Aufforderung zur Interessensbestätigung** ist ausnahmslos **zwingende Voraussetzung.** Denn ohne einen solchen Vorbehalt würden die Bieter davon ausgehen, dass in jedem Fall zumindest eine Verhandlungsrunde geführt wird und sie Gelegenheit zur Abänderung des Angebots haben werden. Entscheidend ist also, dass der Auftraggeber durch den Vorbehalt in der Bekanntmachung das Gebot der **Transparenz** wahrt, sodass den Bietern bewusst ist, dass sie unter Umständen nur eine Chance ohne Verbesserungsmöglichkeit für ihre Angebotsabgabe haben.[50] Dann kann die Möglichkeit, keine Verhandlungsrunde durchzuführen, für den Auftraggeber das Mittel der Wahl sein, sich vor **verhandelbaren Preisnachlässen,** die schon in das Erstangebot eingearbeitet worden sind, zu schützen.[51]

III. Phasenweise Abwicklung der Verhandlungen (Abs. 12)

32   Abs. 12 setzt Art. 29 Abs. 6 der RL 2014/24/EU um und normiert die Möglichkeit des öffentlichen Auftraggebers, die Verhandlungen in mehreren aufeinanderfolgenden Phasen abzuwickeln und hierbei stufenweise die Zahl der Bieter zu reduzieren. Voraussetzung ist, dass die Vergabestelle in der Auftragsbekanntmachung oder in den Vergabeunterlagen auf diese phasenweise Abwicklung der Verhandlungen ausdrücklich hingewiesen hat. So wird dem Auftraggeber ermöglicht, im Wege des Abschichtungsvorgangs schlussendlich nur noch mit den für den Auftraggeber interessantesten Bietern zu kommunizieren und in der Schlussphase einen letzten Feinschliff im Hinblick auf die Konkretisierung der Leistung und der Konditionen der Angebote vorzunehmen. Die Reduzierung der Angebote in den verschiedenen Phasen kann anhand der Zuschlagskriterien erfolgen. Auch schon vor Einführung dieser gesetzlichen Regelung zur Abschichtung im Verhandlungsprozess war es den Vergabestellen möglich, die Verhandlungen in mehrere zu durchlaufende Stadien auszugestalten, nach deren jeweiligem Ende Bieter ausschieden, etwa wenn sie die betreffende Leistung technisch nicht erbringen können oder wollen.[52]

33   Abs. 12 S. 2 dient der Umsetzung von Art. 66 S. 1 RL 2014/24/EU und stellt sicher, dass auch nach der Verringerung der Zahl der Angebote in der Schlussphase des Verhandlungsverfahrens noch Wettbewerb gewährleistet ist, jedenfalls sofern ursprünglich eine ausreichende Anzahl von Angeboten oder geeigneten Bietern vorhanden war. Ob die Anzahl der Bewerber den Wettbewerb gewährleistet, wird anhand der Merkmale und des Gegenstands des zu vergebenden Auftrags geprüft.[53] Nach der EuGH-Rechtsprechung sind Verhandlungen mit weniger als drei Bietern am Ende des Teilnehmerwettbewerbs zulässig, wenn keine höhere Anzahl geeigneter Bieter aus dem Teilnahmewettbewerb hervorgegangen ist und die wirtschaftlichen und technischen Anforderungen für das Verfahren ordnungsgemäß festgelegt und gehandhabt wurden.[54]

---

[50] So auch schon vor Einführung der Regelung in Abs. 11, vgl. OLG Düsseldorf 10.6.2015 – VII-Verg 39/14, BeckRS 2015, 10629.

[51] OLG Düsseldorf 10.6.2015 – VII-Verg 39/14, NZBau 2015, 572 (575), BeckRS 2015, 10629.

[52] OLG Celle 16.1.2002 – 13 Verg 1/02, BeckRS 2002, 160346 m Anm *Weyand* IBR 2002, 511; vgl. außerdem *Weyand* VergabeR GWB § 101 Rn. 135 f.

[53] Vgl. *Weyand* VergabeR GWB § 101 Rn. 118.

[54] Vgl. EuGH 15.10.2009 – C-138/08, BeckRS 2009, 71137; *Kulartz* in KKMPP VgV § 17 Rn. 25.

IV. Gleichbehandlung der Bieter bei Verhandlungen (Abs. 13)

Abs. 13 dient der Umsetzung von Art. 29 Abs. 5 Uabs. 1 und 2 RL 2014/24/EU und **34** regelt die **Transparenz** sowie die **Gleichbehandlung** der Bieter bei den Verhandlungen. Außerdem wird die **Vertraulichkeit** der Informationen der an den Verhandlungen teilnehmenden Bieter geschützt.[55] Abs. 13 S. 2 konkretisiert das vom öffentlichen Auftraggeber umzusetzende und sicherzustellende Gleichbehandlungsgebot dadurch, dass er insbesondere eine diskriminierende **Weitergabe von Informationen** unterlässt, durch die bestimmte Bieter gegenüber anderen begünstigt werden könnten (Grundsatz der Vertraulichkeit). Die Weitergabe vertraulicher Informationen eines Bieters an einen anderen Bieter durch den öffentlichen Auftraggeber kommt nur bei Vorliegen der **Zustimmung** des betroffenen Bieters zur Weitergabe bestimmter Informationen in Betracht. Insbesondere muss die Zustimmung in Bezug auf die beabsichtigte Übermittlung spezifischer Informationen vorliegen; eine allgemeine Zustimmung zur Weitergabe von Informationen genügt nicht.

Eine **Unterrichtungspflicht** trifft den öffentlichen Auftraggeber gegenüber allen **35** Bietern hingegen über etwaige **Änderungen** der Leistungsbeschreibung und anderer Bestandteile **der Vergabeunterlagen,** sofern diese nicht die Festlegung der Mindestanforderungen oder Zuschlagskriterien betreffen. Dies muss in **Textform** nach § 126b BGB geschehen. Außerdem muss der öffentliche Auftraggeber im Anschluss an solche Änderungen den Bietern ausreichend Zeit gewähren, um ihre Angebote in Reaktion auf die geänderten Vergabeunterlagen ändern und anpassen zu können und schließlich ein überarbeitetes Angebot einreichen zu können. Durch die der Transparenz dienenden Vorschriften über die Unterrichtungspflicht und die einheitliche Bekanntmachung der Bedingungen und Modalitäten sowie Abänderungen gegenüber allen Bietern soll sichergestellt werden, dass allen teilnehmenden Unternehmen zu den maßgeblichen Unterlagen und Informationen in gleicher Weise und zum gleichen Zeitpunkt Zugang haben. Die Bevorzugung bestimmter Bieter sowie willkürliche Entscheidungen sollen erschwert und letztlich ausgeschlossen werden.[56]

V. Abschluss der Verhandlungen und Frist für neue/überarbeitete Angebote; Zuschlagserteilung (Abs. 14)

In Abs. 14 wird Art. 29 Abs. 7 S. 1 und 2 RL 2014/24/EU umgesetzt und der letzte **36** Abschnitt des Verhandlungsverfahrens normiert. Demnach unterrichtet der öffentliche Auftraggeber die Bieter, sobald er beabsichtigt, die **Verhandlungen abzuschließen.** Mit der Unterrichtung wird den Bietern auch die **Frist** für die Einreichung neuer oder überarbeiteter Angebote mitgeteilt. Die Grundsätze des Wettbewerbs und der Gleichbehandlung gebieten es, dass den Bietern eine einheitliche, letzte Frist zur Angebotsabgabe gesetzt wird. Die endgültigen Angebote müssen dabei den **Mindestanforderungen,** also den vom Auftraggeber zuvor festgelegten Bedingungen, die jedes Angebot erfüllen muss, entsprechen.

Das ursprüngliche Angebot eines Bieters erlischt regelmäßig, wenn er von der Möglich- **37** keit Gebrauch gemacht hat, sein Angebot zu optimieren. Er erklärt mit der Abgabe des endgültigen Angebots zugleich konkludent die **Aufhebung** seines **ursprünglichen Angebots,** vgl. § 146 BGB.[57] Die vorangegangenen Angebote bleiben nicht nebeneinander existent. Konsequenterweise kann es also immer nur **ein gültiges Angebot eines Bieters**

---

[55] BT-Drs. 18/7318, 161.
[56] *Kulartz* in KKMPP VgV § 17 Rn. 27.
[57] OLG Brandenburg 16.2.2012 – Verg W 1/12 mAnm *Schwabe* IBR 2012, 290; VK Baden-Württemberg 4.8.2009 – 1 VK 30/09, BeckRS 2013, 57395; aA OLG Naumburg, 12.4.2012 – 2 Verg 1/12, BeckRS 2012, 10195 mAnm Goede IBR 2012, 413.

geben. Dem Bieter steht es frei, sein erstes Angebot unverändert aufrechtzuerhalten. Muss das finale Angebot des Bieters jedoch wegen Fehlerhaftigkeit bzw. Verfristung ausgeschlossen werden, so gibt es im Verhandlungsverfahren keine Möglichkeit mehr, auf vorangegangene, später überarbeitete Angebote zurückzugreifen. [58] Das ursprüngliche Angebot ist rechtlich nicht mehr existent. Etwas anderes gilt, wenn der Auftraggeber hierzu andere abweichende Regelungen transparent aufgestellt hat.

38   Auch für die endgültigen Angebote gilt, dass, um die Gleichbehandlung zu gewährleisten und Manipulationsversuchen vorzubeugen, die Angebote in einem geschlossenen Umschlag zu übergeben und unter Verschluss zu halten sind bzw. elektronisch übermittelte Angebote entsprechend zu kennzeichnen und verschlüsselt zu speichern sind bis zum Zeitpunkt der Öffnung, vgl. § 54 VgV.

39   Nach Abgabe und Öffnung der endgültigen Angebote **beurteilt** der öffentliche Auftraggeber diese inhaltlich nach § 56 Abs. 1 VgV und bewertet diese schließlich gemäß § 58 Abs. 2 VgV anhand der Zuschlagskriterien. Der **Zuschlag** wird erteilt auf das **wirtschaftlichste Angebot,** vgl. § 58 Abs. 1 VgV.

---

[58] VK Baden-Württemberg 4.8.2009 – 1 VK 30/09, BeckRS 2013, 57395 m Anm *Weyand* IBR 2010, 1046.

§ 18 Wettbewerblicher Dialog

(1) In der Auftragsbekanntmachung oder den Vergabeunterlagen zur Durchführung eines wettbewerblichen Dialogs beschreibt der öffentliche Auftraggeber seine Bedürfnisse und Anforderungen an die zu beschaffende Leistung. Gleichzeitig nennt und erläutert er die hierbei zugrunde gelegten Zuschlagskriterien und legt einen vorläufigen Zeitrahmen für den Dialog fest.

(2) Der öffentliche Auftraggeber fordert eine unbeschränkte Anzahl von Unternehmen im Rahmen eines Teilnahmewettbewerbs öffentlich zur Abgabe von Teilnahmeanträgen auf. Jedes interessierte Unternehmen kann einen Teilnahmeantrag abgeben. Mit dem Teilnahmeantrag übermitteln die Unternehmen die vom öffentlichen Auftraggeber geforderten Informationen für die Prüfung ihrer Eignung.

(3) Die Frist für den Eingang der Teilnahmeanträge beträgt mindestens 30 Tage, gerechnet ab dem Tag nach der Absendung der Auftragsbekanntmachung.

(4) Nur diejenigen Unternehmen, die vom öffentlichen Auftraggeber nach Prüfung der übermittelten Informationen dazu aufgefordert werden, können am Dialog teilnehmen. Der öffentliche Auftraggeber kann die Zahl geeigneter Bewerber, die zur Teilnahme am Dialog aufgefordert werden, gemäß § 51 begrenzen.

(5) Der öffentliche Auftraggeber eröffnet mit den ausgewählten Unternehmen einen Dialog, in dem er ermittelt und festlegt, wie seine Bedürfnisse und Anforderungen am besten erfüllt werden können. Dabei kann er mit den ausgewählten Unternehmen alle Aspekte des Auftrags erörtern. Er sorgt dafür, dass alle Unternehmen bei dem Dialog gleichbehandelt werden, gibt Lösungsvorschläge oder vertrauliche Informationen eines Unternehmens nicht ohne dessen Zustimmung an die anderen Unternehmen weiter und verwendet diese nur im Rahmen des jeweiligen Vergabeverfahrens. Eine solche Zustimmung darf nicht allgemein, sondern nur in Bezug auf die beabsichtigte Mitteilung bestimmter Informationen erteilt werden.

(6) Der öffentliche Auftraggeber kann vorsehen, dass der Dialog in verschiedenen aufeinanderfolgenden Phasen geführt wird, sofern der öffentliche Auftraggeber darauf in der Auftragsbekanntmachung oder in den Vergabeunterlagen hingewiesen hat. In jeder Dialogphase kann die Zahl der zu erörternden Lösungen anhand der vorgegebenen Zuschlagskriterien verringert werden. Der öffentliche Auftraggeber hat die Unternehmen zu informieren, wenn deren Lösungen nicht für die folgende Dialogphase vorgesehen sind. In der Schlussphase müssen noch so viele Lösungen vorliegen, dass der Wettbewerb gewährleistet ist, sofern ursprünglich eine ausreichende Anzahl von Lösungen oder geeigneten Bietern vorhanden war.

(7) Der öffentliche Auftraggeber schließt den Dialog ab, wenn er die Lösungen ermittelt hat, mit denen die Bedürfnisse und Anforderungen an die zu beschaffende Leistung befriedigt werden können. Die im Verfahren verbliebenen Teilnehmer sind hierüber zu informieren.

(8) Nach Abschluss des Dialogs fordert der öffentliche Auftraggeber die Unternehmen auf, auf der Grundlage der eingereichten und in der Dialogphase näher ausgeführten Lösungen ihr endgültiges Angebot vorzulegen. Die Angebote müssen alle Einzelheiten enthalten, die zur Ausführung des Projekts erforderlich sind. Der öffentliche Auftraggeber kann Klarstellungen und Ergänzungen zu diesen Angeboten verlangen. Diese Klarstellungen oder Ergänzungen dürfen nicht dazu führen, dass wesentliche Bestandteile des Angebots oder des öffentlichen Auftrags einschließlich der in der Auftragsbekanntmachung oder in den Vergabeunterlagen festgelegten Bedürfnisse und Anforderungen grundlegend geändert werden, wenn dadurch der Wettbewerb verzerrt wird oder andere am Verfahren beteiligte Unternehmen diskriminiert werden.

(9) Der öffentliche Auftraggeber hat die Angebote anhand der in der Auftragsbekanntmachung oder den Vergabeunterlagen festgelegten Zuschlagskriterien zu bewerten. Der öffentliche Auftraggeber kann mit dem Unternehmen, dessen Angebot als das wirtschaftlichste ermittelt wurde, mit dem Ziel Verhandlungen führen, im Angebot enthaltene finanzielle Zusagen oder andere Bedingungen zu bestätigen, die

in den Auftragsbedingungen abschließend festgelegt werden. Dies darf nicht dazu führen, dass wesentliche Bestandteile des Angebots oder des öffentlichen Auftrags einschließlich der in der Auftragsbekanntmachung oder den Vergabeunterlagen festgelegten Bedürfnisse und Anforderungen grundlegend geändert werden, der Wettbewerb verzerrt wird oder andere am Verfahren beteiligte Unternehmen diskriminiert werden.

(10) Der öffentliche Auftraggeber kann Prämien oder Zahlungen an die Teilnehmer am Dialog vorsehen.

Übersicht

	Rn.		Rn.
A. Einführung	1	2. Eröffnung des Dialogs und Gleichbehandlung der ausgewählten Unternehmen (Abs. 5)	18
I. Literatur	1		
II. Entstehungsgeschichte	2	3. Durchführung des Dialogs in verschiedenen Phasen (Abs. 6)	21
III. Rechtliche Vorgaben im EU-Recht	6		
B. Ablauf des wettbewerblichen Dialogs	8	4. Abschluss des Dialogs nach Lösungsermittlung (Abs. 7)	24
I. Bekanntmachung im EU-Amtsblatt (Abs. 1)	8	IV. Aufforderung zur Abgabe endgültiger Angebote (Abs. 8)	27
II. Durchführung des Teilnahmewettbewerbs	12	V. Auswahl des wirtschaftlichsten Angebots; Zuschlagserteilung (Abs. 9)	29
1. Aufforderung zur Abgabe von Teilnahmeanträgen (Abs. 2)	12	VI. Möglichkeit der Zahlung von Prämien und Kostenerstattung (Abs. 10)	32
2. Frist für Teilnahmeanträge von mind. 30 Tagen (Abs. 3)	14		
III. Durchführung des Dialogs	16	C. Vor- und Nachteile des wettbewerblichen Dialogs	33
1. Aufforderung zur Teilnahme am Dialog (Abs. 4)	16		

A. Einführung

I. Literatur

1 *Stolz,* Die Vergabe von Architekten- und Ingenieursleistungen nach der Vergaberechtsreform 2016, VergabeR 351; *Motzke,* Die Vergütung von im Verhandlungsverfahren und im wettbewerblichen Dialog erbrachten Architekten- und Ingenieurleistungen, NZBau 2016, 603; *Jaeger,* Die neue Basisvergabeberichtlinie der EU vom 26.2.2014 – ein Überblick, NZBau 2014, 259; *Pfarr,* Wettbewerblicher Dialog: Auf Gewichtung der Zuschlagskriterien kann verzichtet werden!, IBR 2013, 770; *Jarass,* Vergaberecht und städtebauliche Kooperation (Dissertation), 2013; *Fehling,* Forschungs- und Innovationsförderung durch wettbewerbliche Verfahren, NZBau 2012, 673; *Bornheim/Hähnel,* Zur Kostenerstattungspflicht des Auftraggebers im Wettbewerblichen Dialog nach § 3a Abs. 4 Nr. 7 VOB/A 2009, VergabeR 2011, 62; *Klimisch/Ebrecht,* Stellung und Rechte der Dialogteilnehmer im wettbewerblichen Dialog, NZBau 2011, 203; *Otting/Olgemöller,* Innovation und Bürgerbeteiligung im Wettbewerblichen Dialog, NVwZ 2011, 1225; *Fritz,* Erfahrungen mit dem Wettbewerblichen Dialog in Deutschland, VergabeR 2008, 379; *Müller/Veil,* Wettbewerblicher Dialog und Verhandlungsverfahren im Vergleich, VergabeR 2007, 298; *Drömann,* Wettbewerblicher Dialog und ÖPP-Beschaffungen – Zur besonderen Komplexität so genannter Betreibermodelle, NZBau 2007, 751; *Opitz,* Wie funktioniert der wettbewerbliche Dialog? – Rechtliche und praktische Probleme, VergabeR 2006, 451; *Franz,* Wettbewerblicher Dialog in der Abfallwirtschaft, AbfallR 2006, 175; Trautner, Wettbewerblicher Dialog: Chancen und Risiken für Contracting-Aufträge, CuR 2006, 88; *Pünder/Franzius,* Verhandlungsverfahren versus wettbewerblicher Dialog: Neuere Entwicklungen im Vergaberecht Öffentlich Privater Partnerschaften (ÖPP)/Public Private Partnership (PPP), ZfBR 2006, 20; *Kus,* Die richtige Verfahrensart bei PPP-Modellen, insbesondere Verhandlungsverfahren und Wettbewerblicher Dialog, VergabeR 2006, 851; *Knauff,* Im wettbewerblichen Dialog zur Public Private Partnership?, NZBau 2005, 249; *Heiermann,* Der wettbewerbliche Dialog, ZfBR 2005, 766; *Knauff,* Neues europäisches Vergabeverfahrensrecht: Der wettbewerbliche Dialog, VergabeR 2004, 287; vgl. im Übrigen die unter Ziffer A. I. aufgeführte Literatur zu § 14 VgV sowie zu § 119 GWB im Band 1 des Beck'schen Vergaberechtskommentars.

II. Entstehungsgeschichte

Der wettbewerbliche Dialog war vor der Vergaberechtsnovelle nur in Ansätzen in der **2** RL 2004/18/EG (Vergabekoordinierungsrichtlinie) geregelt. Er wurde im Zuge der RL 2004/18/EG eingeführt, um dem Bedürfnis der Praxis nach einem **Dialog zwischen dem öffentlichen Auftraggeber und den interessierten Unternehmen** zwecks Definition der zu erbringenden Leistung entgegenzukommen.[1] Vor der Neuregelung in § 18 VgV fanden sich in § 3 EG Abs. 7 VOL/A für Liefer- und Dienstleistungsaufträge und in § 3 EG Abs. 7 VOB/A für Bauaufträge Regelungen zum wettbewerblichen Dialog. Da die Regelungen in der Vergabekoordinierungsrichtlinie zum Teil unbestimmt und vage waren und insbesondere der Ablauf des eigentlichen Dialogs nur fragmentarisch geregelt war, lag es in der Verantwortung der Auftraggeber, die Vorteile dieser Verfahrensart unter Wahrung der Grundsätze des Wettbewerbs, der Transparenz und der Gleichbehandlung zu nutzen.

Nunmehr existieren detaillierte Vorschriften für den wettbewerblichen Dialog. In § 119 **3** Abs. 6 GWB ist die Legaldefinition enthalten. Danach ist der wettbewerbliche Dialog ein Verfahren zur Vergabe öffentlicher Aufträge mit dem Ziel der Ermittlung und Festlegung der Mittel, mit denen die Bedürfnisse des öffentlichen Auftraggebers am besten erfüllt werden können. Nach dem Teilnahmewettbewerb wird mit ausgewählten Unternehmen der Dialog durchgeführt, in dem alle Aspekte der Auftragsvergabe erörtert werden. Nicht mehr erforderlich für den wettbewerblichen Dialog ist das Merkmal des **besonders komplexen Auftrags**.[2] Hierunter fallen Aufträge, bei denen es dem öffentlichen Auftraggeber objektiv unmöglich ist, die erforderlichen technischen Mittel oder die rechtlichen oder finanziellen Bedingungen anzugeben, die ihren Bedürfnissen gerecht werden können.[3] In § 14 Abs. 3 VgV sind die Voraussetzungen für den Anwendungsbereich des wettbewerblichen Dialogs abschließend geregelt.[4]

Nach wie vor besteht der wettbewerbliche Dialog aus **drei Stufen,** dem Teilnah- **4** mewettbewerb, der Dialogphase und der Angebotsphase.[5] § 18 VgV enthält über die Definition in § 119 Abs. 6 GWB hinausgehende **Verfahrensregeln.** Auch nach der Vergaberechtsnovelle 2016 kann der Dialog pragmatisch als eine Art **„Vorverfahren zur Bestimmung des Auftragsgegenstandes"** bezeichnet werden.[6] Der Auftraggeber genießt in der Dialogphase nach wie vor weitgehende Freiheit, wie er mit den Unternehmen über seinen Beschaffungsbedarf kommuniziert und welche Aspekte des Auftrags er (näher) erörtern möchte. Denn er kann mit den ausgewählten Unternehmen gemäß § 18 Abs. 5 S. 2 VgV alle Aspekte des Auftrags erörtern.

Wie bei den anderen Verfahrensarten sind auch beim wettbewerblichen Dialog die Fris- **5** ten gekürzt worden.[7] So ist die **Teilnahmefrist** von mindestens 37 Tagen[8] auf nunmehr mindestens 30 Tage reduziert worden. Des Weiteren überführt § 18 Abs. 10 VgV in Teilen den Regelungsgehalt des bisherigen § 3 EG Abs. 7 Buchst. f VOL/A in die VgV, wonach der öffentliche Auftraggeber Prämien oder Zahlungen an die Teilnehmer am Dialog vorsehen kann. Mit der Neuregelung in Abs. 10 ist die **Aufwandsentschädigung** für die Unternehmen, die auf Aufforderung des öffentlichen Auftraggebers Entwürfe, Pläne, Zeichnungen, Berechnungen oder andere Unterlagen ausgearbeitet haben, jedoch nicht mehr verpflichtend zu zahlen.[9] Vielmehr steht es dem Auftraggeber nun frei, ob er Zahlungen oder Prämien an die Teilnehmer am Dialog vorsieht.

---

1 *Weyand* GWB § 101 Rn. 97.
2 → GWB § 119 Rn. 27.
3 Vgl. Erwägungsgrund 31 RL 2004/18/EG.
4 Vgl. zum Anwendungsbereich VgV § 14 Rn. 24 ff.
5 Näher → GWB § 119 Rn. 30.
6 Vgl. VK Brandenburg 8.4.2009 – VK 17/09.
7 Vgl. zum Hintergrund der Fristenkürzungen VgV § 15 Rn. 3 ff.
8 § 12 EG Abs. 4 S. 1 VOL/A.
9 Vgl. die Altregelungen in § 3 EG Abs. 7 Buchst. f VOL/A und § 3 EG Abs. 7 Nr. 9 VOB/A.

III. Rechtliche Vorgaben im EU-Recht

6   Grundlage für § 18 VgV ist Art. 30 der RL 2014/24/EU. Die europarechtlichen Vorgaben aus Art. 30 RL 2014/24/EU sind vollständig in das deutsche Regelwerk überführt
worden. Darüber hinausgehende Regelungen sind in § 18 VgV nicht enthalten.

7   Gemäß Erwägungsgrund 42 bezweckt die RL 2014/24/EU unter anderem die Schaffung zusätzlicher Flexibilität für den öffentlichen Auftraggeber, um ein Vergabeverfahren
auswählen zu können, das Verhandlungen vorsieht. Dies ist zwar in gesteigertem Maße im
Verhandlungsverfahren gegeben. Jedoch soll auch der wettbewerbliche Dialog in Situationen angewendet werden, wenn nicht damit zu rechnen ist, dass offene oder nicht offene
Verfahren ohne Verhandlungen zu einem zufriedenstellenden Ergebnis führen.[10]

B. Ablauf des wettbewerblichen Dialogs

I. Bekanntmachung im EU-Amtsblatt (Abs. 1)

8   Der wettbewerbliche Dialog beginnt mit der Veröffentlichung der **Auftragsbekanntmachung im EU-Amtsblatt.** In der Auftragsbekanntmachung oder den Vergabeunterlagen muss der Auftraggeber seine Bedürfnisse und die Anforderungen an die zu beschaffende Leistung beschreiben. Hiermit ist die auch ansonsten übliche **Beschreibung der
Leistung** gemeint, die jedoch nicht genauso detailliert sein muss.[11] Besonderheit des wettbewerblichen Dialogs ist, dass der Auftraggeber in der Leistungsbeschreibung lediglich seine
Bedürfnisse und **Anforderungen** an die zu beschaffende Leistung beschreiben muss. Es
ist jedoch **nicht** die vorherige Festlegung **konkreter Merkmale** oder gar technischer Anforderungen gemäß § 32 VgV zwingend erforderlich.[12] Dem eindeutigen Wortlaut des
§ 18 Abs. 1 VgV zufolge kann die Beschreibung der Leistung auch erst in den **Vergabeunterlagen** enthalten sein. Die in der Auftragsbekanntmachung genannten Informationen
hinsichtlich des zu vergebenden Auftrags müssen es jedoch den interessierten Unternehmen ermöglichen, eine fundierte und sachgerechte Entscheidung über die Beteiligung am
Teilnahmewettbewerb treffen zu können.[13] Zudem müssen die **Eignungskriterien** gewährleisten, dass auch nach Durchführung des Dialogs und der in diesem Rahmen erfolgten Konkretisierung des Leistungsgegenstandes die Eignung fortbesteht, also die Eignungskriterien nicht zu eng oder detailliert festgesetzt worden sind.[14]

9   Ferner ist in die Bekanntmachung oder spätestens in die Vergabeunterlagen die Nennung und Erläuterung der **Zuschlagskriterien** aufzunehmen. Damit intendierte der Gesetzgeber die Klarstellung, dass der öffentliche Auftraggeber auch bei dieser Verfahrensart
die Zuschlagskriterien selbstverständlich mit Beginn des Verfahrens bekanntzumachen hat.[15]
Die Zuschlagskriterien sind zur Wahrung der Chancengleichheit der Unternehmen im
Laufe des Vergabeverfahrens **nicht abänderbar,** allenfalls können **Konkretisierungen
und Klarstellungen** zulässig sein.[16] Bei der Formulierung ist der Auftraggeber gehalten,
die Kriterien so abstrakt zu formulieren, dass sie einerseits den Sachverhaltsbezug wahren
und andererseits lösungsunabhängig sind.[17] Eine präzise, wenn auch abstrakte Zieldefinition

---

[10] Vgl. Erwägungsgrund 42 der RL 2014/24/EU.
[11] Vgl. *Hausmann/Kern* in KKMPP VgV § 18 Rn. 7; *Pünder* in Pünder/Schellenberg GWB § 101
Rn. 57.
[12] BT-Drs. 18/7318, 161.
[13] Vgl. *Hausmann/Kern* in KKMPP VgV § 18 Rn. 7.
[14] So auch *Hausmann/Kern* in KKMPP VgV § 18 Rn. 7.
[15] BT-Drs. 18/7318, 177.
[16] Vgl. zur Zulässigkeit der Wertung von Unterkriterien auch EuGH 24.11.2005 – C-331/04, BeckEuRS
2005, 417623.
[17] Vgl. VK Niedersachsen 26.11.2012 – VgK-40/2012.

dürfte jedoch gerade bei den für den wettbewerblichen Dialog vorgesehenen innovativen (Groß-)Projekten auch für den Auftraggeber unerlässlich sein, um nicht zum Spielball der Dialogpartner zu werden.[18] Eine hinreichend sorgfältige und genaue, wenn auch aufwendige Erarbeitung der Zuschlagskriterien wird für den öffentlichen Auftraggeber erforderlich sein.

Sollte der Auftraggeber neue beziehungsweise veränderte Zuschlagskriterien im Laufe **10** des Verfahrens einführen, so ist die Abgrenzung zwischen einer zulässigen Präzisierung und einer unzulässigen Änderung der Zuschlagskriterien konkret vor dem Hintergrund des Einzelfalls vorzunehmen.[19] So kann es im Einzelfall zulässig sein, nach Auswertung der Optimierungsvorschläge ein bestimmtes Zuschlagskriterium, zB „Vertragliche Rechte und Sicherheiten" noch weiter zu konkretisieren oder den beteiligten Unternehmen mitzuteilen, auf welche Unterkriterien besonders geachtet werden sollte. Die Unternehmen können infolge der konkreteren Wertungsmaßstäbe sukzessiv nachvollziehen, worauf es dem Auftraggeber bei der Vertragsgestaltung besonders ankommt.[20]

Weiterhin müssen die Bekanntmachung oder die Vergabeunterlagen zwecks Steigerung **11** der **Transparenz** die Festlegung eines **vorläufigen Zeitrahmens** für den Dialog enthalten. Möchte der öffentliche Auftraggeber die Zahl geeigneter **Bewerber,** die zur Teilnahme am **Dialog** aufgefordert werden, **begrenzen,** so muss er dies bereits in der Auftragsbekanntmachung mitteilen, vgl. § 18 Abs. 4 S. 2 VgV, § 51 Abs. 1 S. 2 VgV. Auch muss in der Bekanntmachung oder in den Vergabeunterlagen eine Mitteilung darüber enthalten sein, dass der Auftraggeber von der Möglichkeit Gebrauch machen will, den Dialog in **verschiedenen aufeinanderfolgenden Phasen** zu führen und die Anzahl der Unternehmen im Laufe des Verfahrens schrittweise zu reduzieren, vgl. § 18 Abs. 6 VgV.

II. Durchführung des Teilnahmewettbewerbs

1. Aufforderung zur Abgabe von Teilnahmeanträgen (Abs. 2)

§ 18 Abs. 2 VgV setzt Art. 30 Abs. 1 Uabs. 1 RL 2014/24/EU um. Demnach muss **12** auch beim wettbewerblichen Dialog zunächst ein **Teilnahmewettbewerb** durchgeführt werden. Hierzu fordert der Auftraggeber eine unbeschränkte Anzahl von Unternehmen öffentlich zur Abgabe von Teilnahmeanträgen auf. In Satz 2 wird klargestellt, dass jedes interessierte Unternehmen sich am Teilnahmewettbewerb beteiligen kann, indem es einen Antrag abgibt. Die Unternehmen sollen mit dem Teilnahmeantrag die vom öffentlichen Auftraggeber geforderten Informationen für die Eignungsprüfung übermitteln.

Da die Formulierung den Vorschriften zum **Teilnahmewettbewerb beim nicht offe- 13 nen Verfahren** und beim **Verhandlungsverfahren mit Teilnahmewettbewerb** entspricht, kann auf die dortigen Ausführungen verwiesen werden.[21]

2. Frist für Teilnahmeanträge von mind. 30 Tagen (Abs. 3)

In Umsetzung von Art. 30 Abs. 1 Uabs. 3 der RL 2014/24/EU ist in § 18 Abs. 3 VgV **14** die **Teilnahmefrist** geregelt. Danach muss der Auftraggeber eine Frist von mindestens 30 Tagen für den Eingang der Teilnahmeanträge festlegen. Auch hier gilt für die Fristberechnung, dass der Tag nach der Absendung der Auftragsbekanntmachung als erster Tag der Frist zu berechnen ist. Es wird im Übrigen auf die Ausführungen zur Teilnahmefrist im Rahmen des nicht offenen Verfahrens und Verhandlungsverfahrens verwiesen.[22]

---

[18] Vgl. VK Düsseldorf 11.8.2006 – VK-30/2006.
[19] Vgl. VK Münster 2.10.2014 – VK 13/14, BeckRS 2014, 20018.
[20] Vgl. VK Münster 2.10.2014 – VK 13/14, BeckRS 2014, 20018.
[21] VgV § 16 Rn. 8 ff.; VgV § 17 Rn. 5 ff.
[22] VgV § 16 Rn. 30 ff.; VgV § 17 Rn. 9 f.

15   Im Unterschied zu den anderen Verfahrensarten ist beim wettbewerblichen Dialog **keine Fristkürzungsmöglichkeit wegen Dringlichkeit** vorgesehen. In Anbetracht der zumeist komplexen Aufträge kommt eine solche Verkürzungsoption nicht in Betracht. Angesichts der klaren gesetzgeberischen Regelungen und Systematik scheidet eine analoge Anwendung, etwa von § 17 Abs. 3 VgV, aus, da bereits keine planwidrige Regelungslücke vorliegt.[23] Auch die RL 2014/24/EU sieht für den wettbewerblichen Dialog keine derartige Fristkürzungsmöglichkeit vor, obgleich Verhandlungsverfahren und wettbewerblicher Dialog ansonsten viele Gemeinsamkeiten haben und auch die Voraussetzungen für den Anwendungsbereich der beiden Verfahrensarten einheitlich gefasst sind, vgl. § 14 Abs. 3 VgV.

III. Durchführung des Dialogs

1. Aufforderung zur Teilnahme am Dialog (Abs. 4)

16   § 18 Abs. 4 VgV dient der Umsetzung von Art. 30 Abs. 1 Uabs. 2 RL 2014/24/EU und regelt den Übergang vom Teilnahmewettbewerb zur Dialogphase. Der Dialog wird eingeleitet durch die **Aufforderung** des öffentlichen Auftraggebers an die ausgewählten, geeigneten Unternehmen, am Dialog teilzunehmen. Zur Teilnahme am Dialog werden nur diejenigen Unternehmen aufgefordert, die innerhalb der Frist des Abs. 3 ihren Teilnahmeantrag eingereicht haben und ihre Eignung gemäß den geforderten Informationen nachgewiesen haben. Es besteht die **Nachforderungsmöglichkeit** hinsichtlich fehlender, unvollständiger oder fehlerhafter Unterlagen in den Grenzen von § 56 Abs. 2 VgV.

17   Wie beim nicht offenen Verfahren und beim Verhandlungsverfahren kann der öffentliche Auftraggeber die **Zahl geeigneter Bewerber,** die zur Teilnahme am Dialog aufgefordert werden sollen, unter den Voraussetzungen des § 51 VgV **begrenzen** (grundsätzlich nicht weniger als drei Unternehmen zur Sicherstellung des Wettbewerbs). Beim wettbewerblichen Dialog kann die vorherige Begrenzung der Teilnehmer am Dialog in der Auftragsbekanntmachung empfehlenswert sein, da die Dialoggespräche in der Praxis in der Regel mit erheblichem Aufwand verbunden sind.[24] Es besteht keine gesetzliche Regelung hinsichtlich einer Fristbestimmung für den Beginn der Dialoggespräche. Legt der öffentliche Auftraggeber eine Frist für die Zeit von der Teilnahmeaufforderung bis zum Beginn der Dialoggespräche fest, so muss er sie in der Bekanntmachung oder Vergabeunterlagen angeben und ist an sie gebunden. In der Aufforderung zur Teilnahme am Dialog gibt der Auftraggeber zudem den **Ort und Termin der Dialoggespräche** bekannt. In der Auftragsbekanntmachung oder in den Vergabeunterlagen muss zuvor nur ein vorläufiger Zeitrahmen für den Dialog festgelegt worden sein; dieser Zeitrahmen kann nun vom öffentlichen Auftraggeber konkreter ausgestaltet werden.[25]

2. Eröffnung des Dialogs und Gleichbehandlung der ausgewählten Unternehmen (Abs. 5)

18   In Umsetzung von Art. 30 Abs. 3 Uabs. 1 und 2 RL 2014/24/EU ist die zweite Phase des wettbewerblichen Dialogs näher beschrieben, nämlich der Dialog im engeren Sinne. Der Dialog steht unter der Zweck- und Zielsetzung, dass der **öffentliche Auftraggeber gemeinsam mit den Unternehmen ermittelt,** wie seine **Bedürfnisse und Anforderungen am besten erfüllt** werden können.[26] Es geht also darum, im Dialog – gegebenenfalls in mehreren Phasen – zu einer bestmöglichen Lösung zu kommen, die bei der

---

[23] Dies galt auch schon vor der Einführung des § 18 VgV, vgl. *Pünder* in Pünder/Schellenberg GWB § 101 Rn. 58.
[24] So auch *Pünder* in Pünder/Schellenberg GWB § 101 Rn. 59.
[25] Vgl. *Hausmann/Kern* in KKMPP VgV § 18 Rn. 14.
[26] BT-Drs. 18/7318, 178.

Bekanntmachung jedenfalls noch nicht im Detail vorhanden bzw. bekannt war.[27] Die Dialogphase hat einige Ähnlichkeiten mit dem Verhandlungsverfahren. Im Unterschied zum Verhandlungsverfahren findet die erstmalige Angebotsabgabe jedoch erst nach Abschluss des Dialogs, in dem die verschiedenen Lösungen erörtert wurden, statt, vgl. § 18 Abs. 8 S. 1 VgV. Im Anschluss sind Verhandlungen nur in engen Grenzen zulässig, vgl. § 18 Abs. 9 VgV. Dagegen liegen im Verhandlungsverfahren den nur wenig gesetzlich beschränkten Verhandlungsgesprächen die zuvor eingereichten Erstangebote und Folgeangebote zugrunde, vgl. § 17 Abs. 10 VgV.

Dem öffentlichen Auftraggeber sind bei der Ausgestaltung der Dialogphase – abgesehen **19** von den allgemeinen Vergabegrundsätzen – kaum Grenzen gesetzt. Ausweislich des Gesetzeswortlauts (S. 2) kann er mit den Unternehmen **alle Aspekte des Auftrags** erörtern. Eine Beschränkung wie sie § 17 Abs. 10 S. 2 VgV im Verhandlungsverfahren im Hinblick auf die Zuschlagskriterien und Mindestanforderungen vorsieht, existiert nicht. Gleichwohl dürfte eine Änderung der Zuschlagskriterien – wie bislang auch – nicht zulässig sein, sondern allenfalls Präzisierungen. Wenn schon die Zuschlagskriterien in einem wettbewerblichen Dialog nicht mehr geändert werden dürfen, weil dies der Transparenz- und Gleichbehandlungsgrundsatz gebiete, so müsse dies erst recht für die vom Auftraggeber benannten Mindestbedingungen gelten.[28] Andernfalls bestehe zumindest keine objektiv nachvollziehbare Möglichkeit, die zu erörternden Lösungen zu reduzieren.[29]

Abs. 5 S. 3 sichert die Grundsätze der **Gleichbehandlung** und der **Vertraulichkeit** der **20** Information im Rahmen des wettbewerblichen Dialogs. Diesbezüglich kann auf die Ausführungen zu § 17 Abs. 13 VgV verwiesen werden.[30]

3. Durchführung des Dialogs in verschiedenen Phasen (Abs. 6)

Soweit der öffentliche Auftraggeber dies in der Auftragsbekanntmachung oder den Ver- **21** gabeunterlagen vorgesehen hat, kann er in Umsetzung von Art. 30 Abs. 4 Uabs. 2 RL 2014/24/EU den Dialog in **mehreren aufeinander folgenden Phasen** abwickeln.[31] So kann der öffentliche Auftraggeber die Zahl der zu erörternden **Lösungsvorschläge** in jeder Dialogphase **verringern**. Er kann mit der Verringerung der Zahl der Lösungsvorschläge auch die Zahl der Bieter verringern, wobei er hierzu nicht verpflichtet ist.[32] Die Auswahl und Aussortierung der Lösungsvorschläge muss sich auch bei der phasenweisen Abwicklung des Dialogs an den vorgegebenen Zuschlagskriterien orientieren, vgl. Abs. 6 S. 2.

Abs. 6 S. 4 stellt in Umsetzung von Art. 66 S. 2 RL 2014/24/EU sicher, dass in der **22** Schlussphase noch **Wettbewerb gewährleistet** ist.[33] Der öffentliche Auftraggeber muss demnach stets beachten, dass in der Schlussphase noch ausreichend Lösungsvorschläge zur Erörterung vorliegen, jedenfalls sofern auch ursprünglich eine ausreichende Anzahl von Lösungen oder geeigneten Bietern vorhanden war. Den Auftraggeber trifft gemäß Abs. 6 S. 3 aus Gründen der Transparenz eine **Informationspflicht** gegenüber den Unternehmen, deren Vorschläge nicht für die folgende Dialogphase vorgesehen sind. Die nicht ausgewählten Unternehmen sind unverzüglich am Ende der betreffenden Dialogphase über ihre Nichtberücksichtigung in der nächsten Dialogphase sowie über die wesentlichen Gründe für ihr Ausscheiden in Kenntnis zu setzen.[34]

Der Auftraggeber kann die Unternehmen zu Überarbeitung ihrer Lösungsvorschläge **23** auffordern. Setzt er den Unternehmen hierfür eine **Überarbeitungsfrist,** so gilt der all-

---

[27] Vgl. VK Münster 2.10.2014 – VK 13/14, BeckRS 2014, 20018; *Weyand* VergabeR GWB § 101 Rn. 109/3.
[28] VK Düsseldorf 11.8.2006 – VK-30/2006.
[29] VK Düsseldorf 11.8.2006 – VK-30/2006.
[30] VgV § 17 Rn. 34 f.
[31] Vgl. auch § 17 Rn. 32.
[32] Vgl. *Weigelt* in Ziekow/Völlink VOB/A-EG § 3 Rn. 62.
[33] BT-Drs. 18/7318, 178.
[34] So auch *Hausmann/Kern* in KKMPP VgV § 18 Rn. 17.

gemeine Grundsatz, dass die gesetzten Fristen angemessen sein müssen.[35] Weder in der VgV noch in einem anderen vergaberechtlichen Regelwerk werden ausdrückliche Vorgaben im Hinblick auf Überarbeitungsfristen beim wettbewerblichen Dialog gemacht. § 20 Abs. 1 VgV bezieht sich lediglich auf die Angebots- und Teilnahmefristen, bringt jedoch den Angemessenheitsgrundsatz ebenfalls zum Ausdruck. Hinsichtlich der Ermittlung einer angemessenen Überarbeitungsfrist kommt es nicht entscheidend auf den Überarbeitungsbedarf eines bestimmten Bewerbers an. Auch widerspricht es dem Wesen des in Form von Dialogphasen durchgeführten wettbewerblichen Dialogs, bei Ausschluss einer Lösung einem Unternehmen deutlich mehr Zeit einzuräumen, als die Konkurrenten benötigen, damit der Bewerber der ausgeschlossenen Lösung im Wettbewerb bleiben kann. Vielmehr kommt es ausschließlich darauf an, welchen Zeitbedarf alle im Wettbewerb verbliebenen Unternehmen beim Auftraggeber angemeldet und in welcher Wettbewerbssituation sie sich befunden haben.[36] Der Auftraggeber verfügt bei der Festlegung einer angemessenen Frist über einen nur beschränkt der gerichtlichen Überprüfung unterliegenden Beurteilungsspielraum, da es sich bei der Einschätzung des voraussichtlich benötigten Zeitraums für die Bewerber zur Überarbeitung der Lösungsvorschläge um eine Prognoseentscheidung des Auftraggebers handelt.[37]

4. Abschluss des Dialogs nach Lösungsermittlung (Abs. 7)

24   Sieht der öffentliche Auftraggeber die Zielsetzung, eine möglichst passende, bedarfsgerechte Lösung zu ermitteln, als erreicht an, so schließt er den Dialog ab. Der in Abs. 7 geregelte förmliche Abschluss des Dialogs beruht auf der Umsetzung von Art. 30 Abs. 5 RL 2014/24/EU.

25   Abs. 7 S. 2 beinhaltet zudem die Informationspflicht des öffentlichen Auftraggebers gegenüber den im Verfahren verbliebenen Unternehmen, diese über den Abschluss der Dialoggespräche in Kenntnis zu setzen. § 18 VgV sowie die zugrundeliegende RL 2014/24/EU enthalten keine näheren Vorgaben zu Form und Inhalt der Information. Vor dem Hintergrund des vergaberechtlichen Grundsatzes der Transparenz ist eine unverzügliche Information der Bieter in Textform mit kurzer Begründung empfehlenswert.[38]

26   Der Abschluss des Dialogs ist auch zu erklären, falls der Auftraggeber in der Dialogphase keinen passenden Lösungsvorschlag für seinen Bedarf ermitteln konnte und daher nicht mehr in die ansonsten folgende Angebotsphase überleitet. Dann ist der wettbewerbliche Dialog mit der Erklärung des Auftraggebers über den Abschluss des Dialogs beendet. Zwar ist die Möglichkeit, den Dialog nicht fortzuführen, nicht explizit in § 18 VgV geregelt.[39] Dies ergibt sich jedoch im Umkehrschluss bereits aus Abs. 7 S. 1 und dem Sinn und Zweck des Dialogs, da der Auftraggeber nicht verpflichtet ist, die Dialoggespräche fortzuführen, wenn er bereits erkannt hat, dass keiner der dargelegten Lösungsvorschläge seine Bedürfnisse und Anforderungen an die zu beschaffende Leistung befriedigen kann. Dass der Gesetzgeber in § 18 VgV keine entsprechende, ausdrückliche Regelung aufgenommen hat, ist wohl auch darauf zurückzuführen, dass auch in Art. 30 der RL 2014/24/EU eine solche Regelung nicht enthalten ist und außerdem die Regelung zur Aufhebung des Vergabeverfahrens nach § 63 Abs. 1 Nr. 4 VgV greift, da schwerwiegende Gründe im Sinne der Norm vorliegen, wenn im wettbewerblichen Dialog erkennbar ist, dass keine Lösung gefunden werden kann.[40]

---

[35] OLG Brandenburg 7.5.2009 – Verg W 6/09, BeckRS 2009, 12057.
[36] OLG Brandenburg 7.5.2009 – Verg W 6/09, BeckRS 2009, 12057.
[37] Vgl. *Weyand* VergabeR GWB § 101 Rn. 107.
[38] Vgl. auch *Hausmann/Kern* in KKMPP VgV § 18 Rn. 22.
[39] In § 3 EG Abs. 7 Buchst. d S. 1 VOL/A war hingegen die Regelung enthalten, dass der Auftraggeber den Dialog auch dann für abgeschlossen erklärt, wenn erkennbar ist, dass keine Lösung gefunden werden kann.
[40] BT-Drs. 18/7318, 220.

IV. Aufforderung zur Abgabe endgültiger Angebote (Abs. 8)

In der in Umsetzung von Art. 30 Abs. 6 Uabs. 1 und 2 RL 2014/24/EU in Abs. 8 gere- **27** gelten **dritten Phase** des Dialogs nach Abschluss der Dialogphase fordert der öffentliche Auftraggeber die verbliebenen Unternehmen zur Abgabe von Angeboten auf. In der **Angebotsphase** sollen die Unternehmen auf Grundlage der in der Dialogphase eingereichten und näher ausgeführten Lösungen konkrete Angebote einreichen.

Es handelt sich ausweislich des Gesetzeswortlauts in Abs. 8 S. 1 um **endgültige Ange-** **28** **bote** der Bewerber. Zwar sind anschließende **Verhandlungen** mit dem Unternehmen, dessen Angebot als das wirtschaftlichste ermittelt wurde, möglich, vgl. Abs. 9 S. 2. Da diesen Verhandlungen jedoch enge gesetzliche Grenzen gesetzt sind und die wesentlichen Bestandteile des Angebots im Rahmen der Verhandlungen nicht grundlegend geändert werden dürfen und zudem alle anderen Unternehmen nicht die Möglichkeit haben, nach der Angebotsabgabe mit dem öffentlichen Auftraggeber Verhandlungen zu führen, ist der Begriff des endgültiges Angebots zutreffend. Er verdeutlicht den Bewerbern, dass auf Grundlage der eingereichten Angebote die Bewertung anhand der Zuschlagskriterien erfolgt und das wirtschaftlichste Angebot ermittelt wird, auf welches schlussendlich der Zuschlag erteilt wird. Ungeachtet dessen sind **Klarstellungen und Ergänzungen** zu den Angeboten seitens der Bieter auf ein entsprechendes Verlangen des Auftraggebers hin in engen Grenzen zulässig, vgl. Abs. 8 S. 4.[41] Die wesentlichen Bestandteile der Angebote oder der Ausschreibung dürfen im Zuge der Klarstellungen oder Ergänzungen nicht verändert werden, soweit dadurch der Wettbewerb verzerrt werden könnte oder andere Unternehmen diskriminiert werden könnten.

V. Auswahl des wirtschaftlichsten Angebots; Zuschlagserteilung (Abs. 9)

Die Angebote werden gemäß Abs. 9 in Umsetzung von Art. 30 Abs. 7 Uabs. 1 und 2 **29** RL 2014/24/EU schließlich vom öffentlichen Auftraggeber nach den festgelegten und bekanntgemachten Zuschlagskriterien bewertet und das wirtschaftlichste Angebot ermittelt. Dabei normiert Abs. 9 S. 2, dass mit dem Unternehmen, welches das wirtschaftlichste Angebot eingereicht hat, auf Verlangen des Auftraggebers Verhandlungen geführt werden können. Die Verhandlungen sind nur unter engen Voraussetzungen zulässig, sodass weitestgehend auch im wettbewerblichen Dialog ein Nachverhandlungsverbot gilt.[42] So muss Ziel des Verhandlungsgesprächs sein, die Bestätigung von im Angebot enthaltenen finanziellen Zusagen oder bezüglich anderer Bedingungen, die in den Auftragsbedingungen abschließend festgelegt werden, zu erhalten.

Praxisrelevant kann dies vor allem bei Gremien- und Finanzierungsvorbehalten sein **30** (etwa bei größeren ÖPP-Projekten).[43]

Jedoch darf zur Wahrung der vergaberechtlichen Gebote der Gleichbehandlung und **31** Nichtdiskriminierung keine Abänderung wesentlicher Teile des Angebots oder des öffentlichen Auftrags einschließlich der in der Auftragsbekanntmachung oder den Vergabeunterlagen festgelegten Bedürfnisse und Anforderungen erfolgen. Das Verfahren wird schließlich durch die **Zuschlagserteilung** auf das wirtschaftlichste Angebot beendet, vgl. § 58 Abs. 1 VgV und § 127 Abs. 1 GWB. Es gelten in diesem Kontext die üblichen Verpflichtungen für den Auftraggeber, insbesondere muss er den nicht ausgewählten Bietern mindestens 10 bzw. 15 Tage vor der beabsichtigten Zuschlagserteilung den Namen des voraussichtlich

---

[41] BT-Drs. 18/7318, 178.
[42] Vgl. *Pünder* in Pünder/Schellenberg GWB § 101 Rn. 69.
[43] Näher hierzu *Hausmann/Kern* in KKMPP VgV § 18 Rn. 26; *Weigelt* in Ziekow/Völlink VOB/A-EG § 3 Rn. 58; *Antweiler* in Ziekow/Völlink GWB § 101 Rn. 23.

erfolgreichen Bieters, die Gründe der vorgesehenen Nichtberücksichtigung sowie den frühesten Zeitpunkt des Vertragsschlusses mitteilen, § 134 Abs. 1 und 2 GWB. Außerdem ist die Vergabe spätestens 30 Tage nach der Vergabe des Auftrags im EU-Amtsblatt bekannt zu machen, § 39 Abs. 1 VgV, und eine Dokumentation zu erstellen, die insbesondere die Umstände angibt, die zur Wahl des wettbewerblichen Dialogs führten sowie die Gründe für die Auswahlentscheidungen und den Zuschlag, vgl. § 8 VgV.

VI. Möglichkeit der Zahlung von Prämien und Kostenerstattung (Abs. 10)

32   In Umsetzung von Art. 30 Abs. 8 RL 2014/24/EU wird in Abs. 10 dem öffentlichen Auftraggeber die Möglichkeit eingeräumt, Prämien oder Zahlungen an die Teilnehmer des Dialogs vorzusehen. Im Unterschied zur vorherigen Regelung im deutschen Recht, die in gewissem Rahmen eine Kostenerstattungspflicht des Auftraggebers vorsah,[44] und damit über die europarechtlichen Vorgaben hinausging, ist nun auch hierzulande eine **Kostenerstattung** allein in das **Ermessen** des Auftraggebers gestellt. So wurde die Gefahr, durch eine Kostentragungspflicht die Haushalte der öffentlichen Auftraggeber über Gebühr zu belasten, beseitigt und macht so unter Umständen den wettbewerblichen Dialog für die Auftraggeber attraktiver als unter der Vorgängerregelung. Die Regelung verfolgt weiterhin den Zweck, die Teilnehmer des wettbewerblichen Dialogs bei der Kostentragung für die Erstellung der häufig komplexen Lösungsvorschläge zu entlasten. Dadurch soll die **Attraktivität** der Teilnahme am wettbewerblichen Dialog **erhöht** werden.[45] Der deutsche Gesetzgeber hat klargestellt, dass es sich bei den Zahlungen um keine Vergütung, sondern um eine **Aufwandsentschädigung** ohne Gewinnanteil handelt.[46] Bei der Gewährung der Aufwandsentschädigung ist insbesondere der **Gleichbehandlungsgrundsatz** für alle Teilnehmer zu beachten.

C. Vor- und Nachteile des wettbewerblichen Dialogs

33   Vor der Neuregelung war vorgegeben, dass der Anwendungsbereich des wettbewerblichen Dialogs nur für **komplexe Aufträge** eröffnet ist, wie zB umfangreiche Infrastrukturprojekte, große Computernetzwerke oder Vorhaben mit komplexer und strukturierter Finanzierung.[47] Doch auch nach der Reform eignet sich der Dialog in seiner **flexiblen** und zugleich **strukturierten Ausgestaltung** besonders gut, um umfangreiche Aufträge zu vergeben.[48] Das offene oder nicht offene Verfahren ist zumeist für komplexe Aufträge zu unflexibel und formalistisch, da es keine Erörterungen bzw. Verhandlungen zulässt.[49] Auch ist der wettbewerbliche Dialog in Fällen nützlich, in denen der öffentliche Auftraggeber die Mittel zur Befriedigung seines Bedarfs nicht hinreichend zu definieren oder zu beurteilen vermag, welche technischen, finanziellen oder rechtlichen Lösungen auf dem Markt vorhanden sind.[50] Neben den eingangs genannten komplexen Aufträgen kann dies insbesondere auf **innovative Projekte** zutreffen, vgl. § 14 Abs. 3 Nr. 2 VgV.[51] Im konkreten Fall kann es für den öffentlichen Auftraggeber empfehlenswert sein, einen **Projektleiter** zu ernennen, um die gedeihliche und reibungslose Zusammenarbeit zwischen den Wirt-

---

[44] Danach hatten alle beteiligten Unternehmen je nach Arbeitsaufwand einen Kostenerstattungsanspruch, vgl. *Pünder* in Pünder/Schellenberg GWB § 101 Rn. 71.
[45] BT-Drs. 18/7318, 178 f.
[46] BT-Drs. 18/7318, 179.
[47] → GWB § 119 Rn. 28.
[48] → GWB § 119 Rn. 28; Erwägungsgrund 42 RL 2014/24/EU.
[49] *Hausmann/Kern* in KKMPP VgV § 18 Rn. 4.
[50] Erwägungsgrund 42 RL 2014/24/EU.
[51] Vgl. VgV § 14 Rn. 28.

schaftsteilnehmern und dem öffentlichen Auftraggeber während des Vergabeverfahrens zu gewährleisten.[52] Der Dialog soll wie auch das Verhandlungsverfahren den **grenzüberschreitenden Handel** fördern. Auch habe in den letzten Jahren die Nutzung des wettbewerblichen Dialogs gemessen an den Auftragswerten in den vergangenen Jahren stark zugenommen.[53] Dennoch hat der wettbewerbliche Dialog bislang in Deutschland weder in der Vergabepraxis noch in der Rechtsprechung eine größere Rolle gespielt.[54]

Nachteilig kann ein gegebenenfalls mit dem wettbewerblichen Dialog verbundener **er- 34 höhter zeitlicher und finanzieller Aufwand** sein.[55] Auch ist im Einzelfall zu prüfen, ob das **Verhandlungsverfahren,** dessen Anwendungsbereich unter den gleichen Voraussetzungen gemäß § 14 Abs. 3 VgV eröffnet ist, nicht die geeignetere Verfahrensart darstellt. So kann das Verhandlungsverfahren derart ausgestaltet werden, dass nicht die teils strengen und gegebenenfalls nachteilhaften Vorgaben des wettbewerblichen Dialogs greifen, sondern etwa hinsichtlich der Zuschlagskriterien im laufenden Verfahren Konkretisierungen vorgenommen werden können und die Weitergabe von Informationen an die Bieter flexibler gehandhabt werden kann.[56] Ferner besteht beim wettbewerblichen Dialog nicht die Möglichkeit der **Kürzung der Teilnahmefrist** wegen Dringlichkeit, wie sie beim Verhandlungsverfahren nach § 17 Abs. 3 VgV möglich ist.

---

[52] Vgl. Erwägungsgrund 42 RL 2014/24/EU.
[53] Erwägungsgrund 42 RL 2014/24/EU.
[54] Vgl. *Weyand* VergabeR GWB § 101 Rn. 111; vgl. auch *Jasper* in Beck'scher Vergaberechtskommentar GWB § 119 Rn. 28.
[55] Vgl. *Hausmann/Kern* in KKMPP VgV § 18 Rn. 5.
[56] Vgl. hierzu → GWB § 119 Rn. 29.

§ 19 Innovationspartnerschaft

(1) Der öffentliche Auftraggeber kann für die Vergabe eines öffentlichen Auftrags eine Innovationspartnerschaft mit dem Ziel der Entwicklung einer innovativen Liefer- oder Dienstleistung und deren anschließenden Erwerb eingehen. Der Beschaffungsbedarf, der der Innovationspartnerschaft zugrunde liegt, darf nicht durch auf dem Markt bereits verfügbare Liefer- oder Dienstleistungen befriedigt werden können. Der öffentliche Auftraggeber beschreibt in der Auftragsbekanntmachung oder den Vergabeunterlagen die Nachfrage nach der innovativen Liefer- oder Dienstleistung. Dabei ist anzugeben, welche Elemente dieser Beschreibung Mindestanforderungen darstellen. Es sind Eignungskriterien vorzugeben, die die Fähigkeiten der Unternehmen auf dem Gebiet der Forschung und Entwicklung sowie die Ausarbeitung und Umsetzung innovativer Lösungen betreffen. Die bereitgestellten Informationen müssen so genau sein, dass die Unternehmen Art und Umfang der geforderten Lösung erkennen und entscheiden können, ob sie eine Teilnahme an dem Verfahren beantragen.

(2) Der öffentliche Auftraggeber fordert eine unbeschränkte Anzahl von Unternehmen im Rahmen eines Teilnahmewettbewerbs öffentlich zur Abgabe von Teilnahmeanträgen auf. Jedes interessierte Unternehmen kann einen Teilnahmeantrag abgeben. Mit dem Teilnahmeantrag übermitteln die Unternehmen die vom öffentlichen Auftraggeber geforderten Informationen für die Prüfung ihrer Eignung.

(3) Die Frist für den Eingang der Teilnahmeanträge beträgt mindestens 30 Tage, gerechnet ab dem Tag nach der Absendung der Auftragsbekanntmachung.

(4) Nur diejenigen Unternehmen, die vom öffentlichen Auftraggeber infolge einer Bewertung der übermittelten Informationen dazu aufgefordert werden, können ein Angebot in Form von Forschungs- und Innovationsprojekten einreichen. Der öffentliche Auftraggeber kann die Zahl geeigneter Bewerber, die zur Angebotsabgabe aufgefordert werden, gemäß § 51 begrenzen.

(5) Der öffentliche Auftraggeber verhandelt mit den Bietern über die von ihnen eingereichten Erstangebote und alle Folgeangebote, mit Ausnahme der endgültigen Angebote, mit dem Ziel, die Angebote inhaltlich zu verbessern. Dabei darf über den gesamten Auftragsinhalt verhandelt werden mit Ausnahme der vom öffentlichen Auftraggeber in den Vergabeunterlagen festgelegten Mindestanforderungen und Zuschlagskriterien. Sofern der öffentliche Auftraggeber in der Auftragsbekanntmachung oder in den Vergabeunterlagen darauf hingewiesen hat, kann er die Verhandlungen in verschiedenen aufeinanderfolgenden Phasen abwickeln, um so die Zahl der Angebote, über die verhandelt wird, anhand der vorgegebenen Zuschlagskriterien zu verringern.

(6) Der öffentliche Auftraggeber trägt dafür Sorge, dass alle Bieter bei den Verhandlungen gleichbehandelt werden. Insbesondere enthält er sich jeder diskriminierenden Weitergabe von Informationen, durch die bestimmte Bieter gegenüber anderen begünstigt werden könnten. Er unterrichtet alle Bieter, deren Angebote gemäß Absatz 5 nicht ausgeschieden wurden, in Textform nach § 126b des Bürgerlichen Gesetzbuchs über etwaige Änderungen der Anforderungen und sonstigen Informationen in den Vergabeunterlagen, die nicht die Festlegung der Mindestanforderungen betreffen. Im Anschluss an solche Änderungen gewährt der öffentliche Auftraggeber den Bietern ausreichend Zeit, um ihre Angebote zu ändern und gegebenenfalls überarbeitete Angebote einzureichen. Der öffentliche Auftraggeber darf vertrauliche Informationen eines an den Verhandlungen teilnehmenden Bieters nicht ohne dessen Zustimmung an die anderen Teilnehmer weitergeben. Eine solche Zustimmung darf nicht allgemein, sondern nur in Bezug auf die beabsichtigte Mitteilung bestimmter Informationen erteilt werden. Der öffentliche Auftraggeber muss in den Vergabeunterlagen die zum Schutz des geistigen Eigentums geltenden Vorkehrungen festlegen.

(7) Die Innovationspartnerschaft wird durch Zuschlag auf Angebote eines oder mehrerer Bieter eingegangen. Eine Erteilung des Zuschlags allein auf der Grundlage des niedrigsten Preises oder der niedrigsten Kosten ist ausgeschlossen. Der öffentli-

che Auftraggeber kann eine Innovationspartnerschaft mit einem Partner oder mit mehreren Partnern, die getrennte Forschungs- und Entwicklungstätigkeiten durchführen, eingehen.

(8) Die Innovationspartnerschaft wird entsprechend dem Forschungs- und Innovationsprozess in zwei aufeinanderfolgenden Phasen strukturiert:

1. einer Forschungs- und Entwicklungsphase, die die Herstellung von Prototypen oder die Entwicklung der Dienstleistung umfasst, und

2. einer Leistungsphase, in der die aus der Partnerschaft hervorgegangene Leistung erbracht wird.

Die Phasen sind durch die Festlegung von Zwischenzielen zu untergliedern, bei deren Erreichen die Zahlung der Vergütung in angemessenen Teilbeträgen vereinbart wird. Der öffentliche Auftraggeber stellt sicher, dass die Struktur der Partnerschaft und insbesondere die Dauer und der Wert der einzelnen Phasen den Innovationsgrad der vorgeschlagenen Lösung und der Abfolge der Forschungs- und Innovationstätigkeiten widerspiegeln. Der geschätzte Wert der Liefer- oder Dienstleistung darf in Bezug auf die für ihre Entwicklung erforderlichen Investitionen nicht unverhältnismäßig sein.

(9) Auf der Grundlage der Zwischenziele kann der öffentliche Auftraggeber am Ende jedes Entwicklungsabschnitts entscheiden, ob er die Innovationspartnerschaft beendet oder, im Fall einer Innovationspartnerschaft mit mehreren Partnern, die Zahl der Partner durch die Kündigung einzelner Verträge reduziert, sofern der öffentliche Auftraggeber in der Auftragsbekanntmachung oder in den Vergabeunterlagen darauf hingewiesen hat, dass diese Möglichkeiten bestehen und unter welchen Umständen davon Gebrauch gemacht werden kann.

(10) Nach Abschluss der Forschungs- und Entwicklungsphase ist der öffentliche Auftraggeber zum anschließenden Erwerb der innovativen Liefer- oder Dienstleistung nur dann verpflichtet, wenn das bei Eingehung der Innovationspartnerschaft festgelegte Leistungsniveau und die Kostenobergrenze eingehalten werden.

Übersicht

	Rdn.		Rdn.
A. Einführung	1	C. Teilnahmewettbewerb („Abschnitt 1")	5
I. Literatur	1		
II. Entstehungsgeschichte	2	D. Verhandlung („Abschnitt 2")	7
III. Rechtliche Vorgaben im EU-Recht	3	E. Durchführung der Innovationspartnerschaft („Abschnitt 3")	10
B. Anwendungsbereich der Norm (Abs. 1 Satz 1 und 2)	4		

A. Einführung

I. Literatur

Siehe dazu die Leitkommentierung zu → GWB § 119 Abs. 7 Rn 1. Seit Bearbeitung der Leitkommentie- **1** rung (Frühjahr 2016) sind folgende Beiträge speziell zur Innovationspartnerschaft erschienen: *Püstow/ Meiners*, NZBau 2016, 406; *Rosenkötter*, VergabeR 2016, 196; *Schaller*, LKV 2017, 62.

II. Entstehungsgeschichte

Als ein **Instrument der strategischen Beschaffung**[1] wurde die Innovationspartner- **2** schaft erstmals mit der Richtlinie 2014/24/EU des Europäischen Parlaments und des Rates vom 26. Februar 2014 über die öffentliche Auftragsvergabe und zur Aufhebung der Richt-

---

[1] Siehe zur damit umschriebenen Berücksichtigung von Aspekten der Qualität und der Innovation sowie sozialer und umweltbezogener Aspekte bei der Auftragsvergabe allgemein → GWB § 97 Abs. 3 Rn. 10.

linie 2004/18/EG (im Folgenden „VRL")[2] und bildet daher eine **neue fünfte Verfahrensart,** die keine Entsprechung im deutschen Vergaberecht vor 2016 findet.[3] Von anderen Instrumenten zur Beschaffung innovativer Produkte unterscheidet sich die Innovationspartnerschaft vor allem in Bezug auf die **spezifische Beschaffungssituation** (der Bedarf der Beschaffung darf sich nicht durch eine bereits auf dem Markt verfügbare Lösung befriedigen lassen) sowie ihren grundsätzlich **zweigliedrigen Beschaffungsgegenstand** (Entwicklung und Erwerb einer innovativen Lösung – „development plus purchase").[4] Strukturell ist die Innovationspartnerschaft als **dreistufiges Verfahren** konzipiert, das sich aus folgenden Abschnitten zusammensetzt:[5] **(1) Teilnahmewettbewerb, (2) Verhandlung** und **(3) Durchführung** der Innovationspartnerschaft. Bei der Verfahrensgestaltung nimmt die Innovationspartnerschaft ausweislich der Begründung zu § 19 VgV[6] Anleihen bei den Regeln über das **Verhandlungsverfahren.** Diese kommen daher **subsidiär entsprechend zur Anwendung,** wenn und soweit für die Innovationspartnerschaft Regelungen fehlen und die Anwendbarkeit der in Rede stehenden Regeln über das Verhandlungsverfahren dem Sinn und Zweck der Innovationspartnerschaft im Einzelfall nicht widerspricht.

III. Rechtliche Vorgaben im EU-Recht

3   Die Regelung in § 19 VgV dient wie § 119 GWB der Umsetzung des **Art. 31 VRL.** Mit den daraus folgenden unionsrechtlichen Vorgaben steht § 19 VgV im Einklang.[7]

B. Anwendungsbereich der Norm (Absatz 1 Satz 1 und 2)

4   Die Innovationspartnerschaft steht als Verfahrensart gemäß § 14 Abs. 2 Satz 2 VgV nur dann zur Verfügung, soweit dies durch gesetzliche Bestimmungen gestattet ist. Damit verweist die Vorschrift unter anderem auf die in § 19 Abs. 1 Satz 1 VgV genannten **zwei sachlichen Anwendungsvoraussetzungen** der Innovationspartnerschaft, die sich bereits in § 119 Abs. 7 Satz 1 GWB finden und auch in der Richtlinie vorgegeben sind. (1) **Situativ** darf sich der Beschaffungsbedarf nicht durch am Markt verfügbare Lösungen befriedigen lassen, und (2) **gegenständlich** muss sowohl die Entwicklung als auch der Erwerb einer in diesem Sinne innovativen Lösung angestrebt werden. Wegen der Einzelheiten dazu und zum Folgenden ist auf die Leitkommentierung zu → GWB § 119 Abs. 7 Rn. 8 ff. zu verweisen.

C. Teilnahmewettbewerb („Abschnitt 1")

5   Das Vergabeverfahren beginnt mit einer **Auftragsbekanntmachung,** die mit der Aufforderung zur Abgabe von **Teilnahmeanträgen** verbunden wird (§ 19 Abs. 2 Satz 1

---

[2] ABl. L 94 vom 28. März 2014, S. 65. Entsprechende Vorgaben finden sich in der Richtlinie 2014/25/EU des Europäischen Parlaments und des Rates vom 26. Februar 2014 über die Vergabe von Aufträgen durch Auftraggeber im Bereich der Wasser-, Energie- und Verkehrsversorgung sowie der Postdienste und zur Aufhebung der Richtlinie 2004/17/EG (im Folgenden „SVR"). Soweit sich aus der SVR keine Abweichungen gegenüber der VRL ergeben, werden im Folgenden nur Vorschriften der VRL wiedergegeben und zitiert.

[3] Siehe zur Entstehungsgeschichte und zu den Leitgedanken des § 19 VgV eingehend die Leitkommentierung zu → GWB § 119 Abs. 7 Rn. 2 ff.

[4] Siehe dazu → GWB § 119 Abs. 7 Rn. 4.

[5] Vgl. zu dieser Einteilung *Badenhausen-Fähnle* VergabeR 2015, 743 (747 ff.).

[6] Vgl. dazu die Begründung der Verordnung der Bundesregierung zur Modernisierung des Vergaberechts, BT-Drucks. 18/7318, S. 178.

[7] Siehe dazu und zu weiteren unionsrechtlichen Rahmenvorgaben ausführlich → GWB § 119 Abs. 7 Rn. 5 ff.

VgV). In der Bekanntmachung oder – was den Regelfall bilden dürfte – in den **Vergabe-unterlagen** beschreibt der Auftraggeber die Nachfrage nach der innovativen Lösung mög-lichst genau (§ 19 Abs. 1 Satz 6 VgV), gegebenenfalls unter Verwendung von (als solche auszuweisenden) **Mindestanforderungen** (§ 19 Abs. 1 Satz 4 VgV) sowie mittels funktio-naler Elemente in der **Leistungsbeschreibung** (§ 19 Abs. 1 Satz 3 VgV). Des Weiteren wird man bereits in diesem Abschnitt des Verfahrens verlangen müssen, dass der Auftragge-ber zur **Zahl der Partner** zumindest angibt, ob eine Partnerschaft mit einem oder mehre-ren Unternehmen angestrebt wird, zumal die Exklusivität der Innovationspartnerschaft auf die unternehmerischen Chancen und Risiken des Vorhabens ganz erheblichen Einfluss hat.[8] Ferner sollen **Eignungskriterien** bezüglich der Fähigkeiten der Unternehmen im Bereich Forschung und Entwicklung sowie bei der Erarbeitung und Umsetzung innovati-ver Lösungen formuliert werden (§ 19 Abs. 1 Satz 4 VgV), und auch die **Zuschlagskrite-rien** sowie deren Gewichtung (bzw. die Reihenfolge ihrer Bedeutung, vgl. § 52 Abs. 2 Satz 1 Nr. 5 VgV) müssen in den Vergabeunterlagen enthalten sein (§ 127 Abs. 5 GWB). Des Weiteren verlangt § 19 Abs. 6 Satz 7 VgV „Vorkehrungen" zum **Schutz des geisti-gen Eigentums,** d. h. der Auftraggeber muss bereits in diesem Verfahrensstadium ein hin-reichendes Informationsmanagement-Konzept zum Schutz des geistigen Eigentums für das gesamte Vergabeverfahren vorlegen.[9] Die **Frist** für den Eingang der Teilnahmeanträge be-trägt mindestens 30 Tage seit Absendung der Auftragsbekanntmachung (§ 19 Abs. 3 VgV).

Anhand der daraufhin von den Unternehmen übermittelten Informationen trifft der **6** Auftraggeber eine **Auswahlentscheidung** darüber, welche Unternehmen am weiteren Verfahren teilnehmen dürfen. Dabei steht dem öffentlichen Auftraggeber ein **Entschei-dungsspielraum**[10] zu, den er unter Beachtung der Grundsätze der Gleichbehandlung und Transparenz auszufüllen hat.[11] Um es kleinen und mittelgroßen Unternehmen nicht über Gebühr zu erschweren, in die nachfolgende Verhandlungsphase einzutreten – hier droht ein Konflikt mit § 97 Abs. 1 Satz 2 (Verhältnismäßigkeit) und Abs. 4 Satz 1 GWB –, wird man bei der Auswahlentscheidung jenseits der Nachweise über die Fähigkeiten im Bereich der **Forschung und Entwicklung** sowie der **Innovation** (§ 19 Abs. 1 Satz 4 VgV) trotz der streng formulierten Vorgabe in § 19 Abs. 2 Satz 3 VgV noch keine Nachweise in Be-zug auf die regelmäßig anspruchsvollen Anforderungen an die **wirtschaftliche und tech-nische Leistungsfähigkeit** fordern dürfen, sondern dies erst in einer späteren Phase ver-langen müssen, wenn der Umsetzungsaufwand zur Entwicklung und/oder Produktion der innovativen Lösung absehbar ist.[12] Die Zahl der Teilnehmer an der Verhandlungsphase kann im Rahmen der Auswahlentscheidung schließlich von vornherein **auf bis zu drei Teilnehmer beschränkt** werden (§ 19 Abs. 4 Satz 2 i. V. m. § 51 VgV).

D. Verhandlung („Abschnitt 2")

Im Rahmen der Verhandlungsphase werden die ausgewählten Teilnehmer **aufgefordert, 7 Angebote** in Form von Forschungs- und Innovationsprojekten **einzureichen** (§ 19 Abs. 4 Satz 1 VgV).

Den Gegenstand der auf inhaltliche Verbesserung der Angebote gerichteten, nach ent- **8** sprechendem Hinweis in den Vergabeunterlagen (§ 19 Abs. 5 Satz 3 VgV) auch in mehre-ren **Phasen** abwickelbaren **Verhandlungen** bildet der **gesamte Auftragsinhalt,** also die **Erst-** und alle **Folgeangebote** (§ 19 Abs. 5 Satz 1 VgV), mit Ausnahme der endgültigen

---

[8] Vgl. ebenso *Rosenkötter* VergabeR 2016, 196 (199).
[9] Vgl. dazu besonders ausführlich *Knauff/Meurers* in Müller-Wrede, VgV/UVgO, § 19 VgV Rn. 43 ff.
[10] Vgl. zum Begriff und zur Einordnung in die Dogmatik des allgemeinen Verwaltungsrechts *Burgi* Verga-berecht, 2016 § 16 Rn. 8 ff.; eingehend *Ricken,* Beurteilungsspielräume und Ermessen im Vergaberecht, 2013, S. 139 f. und 334 f., der insoweit von einer materiellen Ermessensentscheidung ausgeht.
[11] Vgl. OLG Düsseldorf 24.5.2007, VII-Verg 12/07; 5.7.2007, VII-Verg 12/07.
[12] Vgl. *Rosenkötter* VergabeR 2016, 196 (199).

Angebote sowie der vom öffentlichen Auftraggeber in den Vergabeunterlagen festgelegten **Mindestanforderungen** und **Zuschlagskriterien** (§ 19 Abs. 5 Satz 2 VgV).[13] Trotz der definitiven Formulierung in § 19 Abs. 6 Satz 7 VgV („muss ... festlegen"), die eine Nicht-verhandelbarkeit suggeriert, wird man auch die Fragen des **geistigen Eigentums** zur „Verhandlungsmasse" rechnen müssen; in der Praxis erfordern gerade diese Fragen differenzierte Lösungen, die sich in abschließender Weise kaum vorab und einseitig in den Vergabeunterlagen festlegen lassen.[14]

9   Mit dem **Zuschlag** auf eines oder mehrere der eingereichten Angebote zur Eingehung der Innovationspartnerschaft endet die Verhandlungsphase (§ 19 Abs. 7 Satz 1 VgV). Es entscheidet **allein das beste Preis-Leistungs-Verhältnis**, eine „price/cost only"-Vergabe ist im Unterschied zu den anderen Verfahrensarten nicht zulässig (§ 19 Abs. 7 Satz 2 VgV).[15]

E. Durchführung der Innovationspartnerschaft („Abschnitt 3")

10   Auf der dritten Stufe des Verfahrens schließt sich die eigentliche Innovationspartnerschaft an. Sie gliedert sich gemäß § 19 Abs. 8 Satz 1 VgV in eine **Forschungs- und Entwicklungsphase,** in deren Rahmen die innovative Lösung entwickelt wird, sowie eine **Leistungsphase,** deren Gegenstand der Erwerb des innovativen Produkts bildet.[16] Beide Phasen sind durch Setzung individueller, dem Innovationsgrad der vorgeschlagenen Lösung Rechnung tragende **Zwischenziele** zu strukturieren, für deren Erreichen jeweils eine angemessene **Teilvergütung** zu vereinbaren ist (§ 19 Abs. 8 Satz 2 und 3 VgV).

11   Am **Ende** der Innovationspartnerschaft steht entweder

(1) der **Erwerb** der innovativen Liefer- oder Dienstleistung nach Abschluss beider Phasen der Innovationspartnerschaft (§ 19 Abs. 10 1. Hs. VgV);

(2) der Abschluss nur der Forschungs- und Entwicklungsphase **ohne Erwerb** wegen Nichteinhaltung des festgelegten Leistungsniveaus bzw. der Kostenobergrenze (§ 19 Abs. 10 2. Hs. VgV);

(3) die **vorzeitige Kündigung** der Innovationspartnerschaft am Ende eines Entwicklungsabschnitts (ggf. auch nur gegenüber einzelnen Innovationspartnern); dies setzt voraus, dass der Auftraggeber in der Auftragsbekanntmachung oder in den Vergabeunterlagen darauf hingewiesen hat, ob und unter welchen Umständen von dieser Möglichkeit Gebrauch gemacht werden kann (§ 19 Abs. 9 VgV); bei der Festlegung möglicher Kündigungsgründe wird man den Gestaltungsspielraum des Auftraggebers nicht unnötig einschränken dürfen, ihm also insbesondere nicht lediglich die Nichterreichung der Ziele bzw. Teilziele der Partnerschaft als zulässige Beendigungsgründe vorgeben.[17]

---

[13] Vgl. dazu und mit weiteren Einzelheiten bereits → GWB § 119 Abs. 7 Rn. 24.

[14] Vgl. dazu *Rosenkötter* VergabeR 2016, 196 (200). Zum Gehalt des § 19 Abs. 6 Satz 7 VgV im Übrigen bereits oben → Rn. 5.

[15] Vgl. dazu auch → GWB § 119 Abs. 7 Rn. 25.

[16] Vgl. dazu und zum Folgenden bereits → GWB § 119 Abs. 7 Rn. 26 f.

[17] Vgl. *Rosenkötter* VergabeR 2016, 196 (200 f.).

§ 20 Angemessene Fristsetzung; Pflicht zur Fristverlängerung

(1) Bei der Festlegung der Fristen für den Eingang der Angebote und der Teilnahmeanträge nach den §§ 15 bis 19 sind die Komplexität der Leistung und die Zeit für die Ausarbeitung der Angebote angemessen zu berücksichtigen. § 38 Absatz 3 bleibt unberührt.

(2) Können Angebote nur nach einer Besichtigung am Ort der Leistungserbringung oder nach Einsichtnahme in die Anlagen zu den Vergabeunterlagen vor Ort beim öffentlichen Auftraggeber erstellt werden, so sind die Angebotsfristen so festzulegen, dass alle Unternehmen von allen Informationen, die für die Erstellung des Angebots erforderlich sind, unter gewöhnlichen Umständen Kenntnis nehmen können.

(3) Die Angebotsfristen sind, abgesehen von den in § 41 Absatz 2 und 3 geregelten Fällen, zu verlängern,

1. wenn zusätzliche Informationen trotz rechtzeitiger Anforderung durch ein Unternehmen nicht spätestens sechs Tage vor Ablauf der Angebotsfrist zur Verfügung gestellt werden; in den Fällen des § 15 Absatz 3, § 16 Absatz 7 oder § 17 Absatz 8 beträgt dieser Zeitraum vier Tage, oder
2. wenn der öffentliche Auftraggeber wesentliche Änderungen an den Vergabeunterlagen vornimmt.

Die Fristverlängerung muss in einem angemessenen Verhältnis zur Bedeutung der Information oder Änderung stehen und gewährleisten, dass alle Unternehmen Kenntnis von den Informationen oder Änderungen nehmen können. Dies gilt nicht, wenn die Information oder Änderung für die Erstellung des Angebots unerheblich ist oder die Information nicht rechtzeitig angefordert wurde.

Übersicht

	Rn.			Rn.
A. Einführung	1	IV.	Fristenfestlegung bei Ortsbesichtigung und Einsichtnahme in Unterlagen (Abs. 2)	25
I. Literatur	1	V.	Fristenverlängerung (Abs. 3)	27
II. Entstehungsgeschichte	2		1. Nicht rechtzeitige Zurverfügungstellung angeforderter Informationen (Nr. 1)	29
III. Rechtliche Vorgaben im EU-Recht	4		2. Wesentliche Veränderungen an Unterlagen durch Auftraggeber (Nr. 2)	33
B. Bedeutung und Bemessung der Frist	5		3. Angemessenheit der Fristverlängerung	34
I. Grundsatz der angemessenen Fristsetzung (Abs. 1)	5			
II. Angebots- und Teilnahmefristen	16			
III. Bindefristen	21			

A. Einführung

I. Literatur

Ferber, Fristen im Vergabeverfahren, 2017.

1

II. Entstehungsgeschichte

§ 20 VgV normiert die Verpflichtung des öffentlichen Auftraggebers bei der Festlegung aller Fristen im Vergabeverfahren sein **Ermessen** angemessen auszuüben. Das GWB enthält zwar zentrale Normen zum Vergabeverfahren im 1. Kapitel des 4. Teils, jedoch wurden dort keine Regelungen zu den Fristen getroffen. Allein maßgeblich sind somit die Fristenregelungen in der VgV. Die Regelung der **Angemessenheit der Fristen** in § 20 VgV,

2

die grundsätzlich für alle in der VgV geregelten Verfahrensarten gilt, ist in systematischer Hinsicht getrennt von den **verfahrensspezifischen Mindestfristen,** welche sich in der jeweiligen zentralen Norm der verschiedenen Verfahrensarten wiederfinden (§§ 15 bis 19 VgV). In der Vorgängerregelung in der VOL/A EG 2009 waren die Fristvorschriften zentral in § 12 EG VOL/A aufgestellt. § 20 VgV bildet nunmehr das „Schlusslicht" in dem Unterabschnitt 1 (Verfahrensarten) innerhalb des 2. Abschnitts (Vergabeverfahren). Zwar dürfte die Regelung der Mindestfristen unmittelbar bei der jeweiligen Verfahrensart die Übersichtlichkeit für die Anwender fördern. Dass der Grundsatz der Angemessenheit der Frist in einer eigenen, separaten Norm statuiert ist, lässt aber befürchten, dass er übersehen bzw. als minder wichtig eingeordnet werden könnte.[1] Dies gilt im Übrigen auch für die Fristverlängerungspflichten in § 41 Abs. 2 und 3 VgV. Die Stellung unmittelbar hinter den verschiedenen Verfahrensarten könnte dem aber entgegenwirken und die Zusammenhörigkeit hinreichend deutlich zum Ausdruck bringen.

3   Inhaltlich deckt sich § 20 Abs. 1 VgV im Wesentlichen mit **§ 12 Abs. 1 EG VOL/A.** Schon in der Vorgängerregelung war die Angemessenheit der Frist für den Eingang von Angeboten oder der Teilnahmeanträge insbesondere vor dem Hintergrund der Komplexität des Auftrags und der Zeit, die für die Ausarbeitung der Angebote erforderlich ist, zu bestimmen. § 20 VgV weist zudem wesentliche Überschneidungen mit **§ 10 EU VOB/A** auf.

III. Rechtliche Vorgaben im EU-Recht

4   § 20 VgV dient der Umsetzung von **Art. 47 RL 2014/24/EU,** der mit geringfügigen sprachlichen Anpassungen übernommen worden ist. Die Systematik der Fristenvorschriften in der VgV knüpft nunmehr an diejenige der RL 2014/24/EU an, die auch die verfahrensspezifischen Mindestfristen im jeweiligen Artikel der Verfahrensart regelt und den Grundsatz der Angemessenheit in einer separaten Norm festsetzt.

B. Bedeutung und Bemessung der Frist

I. Grundsatz der angemessenen Fristsetzung (Abs. 1)

5   In Abs. 1 ist der **Grundsatz** der **Angemessenheit der Teilnahme- und Angebotsfristen** geregelt. Danach muss der öffentliche Auftraggeber bei der Festlegung der Teilnahme- und Angebotsfristen **zwingend** die Komplexität des Auftrags und die Zeit für die Ausarbeitung der Angebote und Teilnahmeanträge angemessen berücksichtigen. So sind die Fristen etwa für einen komplexen Dienstleistungsauftrag regelmäßig von längerer Dauer als Fristen für die Beschaffung marktgängiger Waren.[2] Der Grundsatz gilt für alle Verfahrensarten, somit auch für das Verhandlungsverfahren ohne Teilnahmewettbewerb.[3]

6   Die bei den Verfahrensarten geregelten **Mindestfristen** stellen die in jedem Fall einzuhaltende Untergrenze für die Fristenfestlegung durch den Auftraggeber dar. Da die Teilnahme- und Angebotsfristen darüber hinaus dem Angemessenheitsgrundsatz genügen müssen, kann sich nach den Umständen des konkreten **Einzelfalls** die Pflicht des Auftraggebers ergeben, eine **längere Frist** als die bei den einzelnen Verfahrensarten geregelte Mindestfrist festzusetzen. Denn die Fristsetzung darf sich nicht nur an den Mindestfristen orientieren, sondern muss jeweils einzelfallbezogen angemessen sein, um einem **fachkundigen Unternehmen** eine **ordnungsgemäße und aussichtsreiche Bewerbung** zu

---

[1] So *Rechten* in KKMPP VgV § 20 Rn. 2.
[2] BT-Drs. 18/7318, 164.
[3] Vgl. *Völlink* in Ziekow/Völlink VOL/A-EG § 12 Rn. 3.

ermöglichen.[4] So muss der Auftraggeber z. B. die Mindestangebotsfrist von 35 Tagen für das offene Verfahren nach § 15 Abs. 2 VgV von vornherein länger bemessen, wenn sie wegen der Komplexität der Leistung voraussichtlich nicht für die Ausarbeitung der Angebote ausreichen wird. Umgekehrt dürfen die bei den Verfahrensarten geregelten Mindestfristen aber nicht unterschritten werden, wenn im Einzelfall nach § 20 Abs. 1 VgV auch eine kürzere Frist als die Mindestfrist der jeweiligen Verfahrensart angemessen wäre.

Der öffentliche Auftraggeber muss bei der Festlegung aller Fristen im Vergabeverfahren **7** eine **Ermessensprüfung** hinsichtlich der angemessenen Fristsetzung durchführen.[5] Die Fristlänge muss sich an dem erforderlichen Aufwand für die Bearbeitung und Erstellung der Teilnahmeanträge und Angebote orientieren.

Der Angemessenheitsgrundsatz im Kontext der Fristenfestlegung soll vor allem zur **För-** **8** **derung der EU-weiten Beteiligung** von Unternehmen beitragen. Keinesfalls soll der EU-interne Wettbewerb durch zu kurz gesetzte Fristen faktisch beschränkt werden. Neben der Gewährleistung eines möglichst breiten Wettbewerbs soll die Verpflichtung zur angemessenen Fristsetzung auch die vergaberechtlichen Grundsätze des **Gleichbehandlungsgebots** und **Diskriminierungsverbots** fördern. Verstöße gegen § 20 VgV können von den Bietern angesichts des **bieterschützenden Charakters** der Norm geltend gemacht werden (vgl. § 97 Abs. 6 GWB). So erfordert der Gleichbehandlungsgrundsatz zwingend eine einheitliche Fristenfestlegung für alle Unternehmen. Das Diskriminierungsverbot schützt die Bieter bzw. Teilnehmer davor, dass Fristen nicht so kurz festgesetzt sind, dass die **ordnungsgemäße Erstellung der Angebote** oder **Teilnahmeanträge** nicht gewährleistet ist.[6] Auch die Informationspflichten nach Abs. 3 sind unter den Gesichtspunkten der Gleichbehandlung und Nichtdiskriminierung bieterschützend. Da angemessen festgesetzte Fristen zu ordnungsgemäß kalkulierten Angeboten führen sollen, werden auch die Interessen des Auftraggebers geschützt, da die Gefahr für letztlich unwirtschaftliche Vertragsausführungen sinkt.

Der unbestimmte Rechtsbegriff der Angemessenheit muss vom Auftraggeber entspre- **9** chend den Realitäten ausgelegt werden.[7] Der Auftraggeber wird bei der **Bemessung der Frist** in der Regel die folgenden Vorgänge, insbesondere die vom Interessenten zu erledigenden Aufgaben, nach ihrem **Zeitaufwand** zu **antizipieren** haben (ex ante-Sicht des Auftraggebers):

– Es ist der Zeitraum für den **Erhalt der Vergabeunterlagen** zu berücksichtigen, wobei nach § 41 Abs. 1 VgV die Vergabeunterlagen elektronisch direkt und vollständig abgerufen werden können sollen; soweit die Vergabeunterlagen auf einem anderen Weg übermittelt werden oder besondere Maßnahmen zum Schutz der Vertraulichkeit von Informationen im Zusammenhang mit dem Zugriff auf die Vergabeunterlagen zu beachten sind, ist die Frist regelmäßig um fünf Tage zu verlängern (vgl. § 41 Abs. 2 und 3 VgV). Auch ist bei der Bemessung der Frist auf den **Umfang der Vergabeunterlagen** abzustellen.[8] Die Angebots-/Teilnahmefrist soll es den Unternehmen auch ermöglichen, zu entscheiden, ob sie auf Grundlage der veröffentlichten Bekanntmachung überhaupt am weiteren Verfahren teilnehmen wollen. Sie müssen die Vergabeunterlagen durcharbeiten und eruieren, ob sie seinem Unternehmensprofil und Kapazitäten entsprechen.[9]

– Bei anzunehmender vermehrter Teilnahme von Unternehmen aus dem Ausland kann der zusätzliche Aufwand für die **Übersetzung der Vergabeunterlagen** zu berücksichtigen sein.[10] Den Unternehmen aus **anderen Mitgliedstaaten** soll es möglich sein, eine **fundierte Einschätzung** vorzunehmen und ein Angebot zu erstellen.[11] Eine Bevorzu-

[4] OLG Naumburg 20.9.2012 – 2 Verg 4/12.
[5] BT-Drs. 18/7318, 164.
[6] Vgl. *Rechten* in KKMPP VgV § 20 Rn. 7.
[7] VK Sachsen 9.12.2002 – 1/SVK/102-02.
[8] Vgl. VK Sachsen 9.12.2002 – 1/SVK/102-02.
[9] Vgl. VK Sachsen 9.12.2002 – 1/SVK/102-02.
[10] Vgl. *Rechten* in KKMPP VgV § 20 Rn. 18.
[11] Vgl. EuG Urt. v. 20.5.2010 – T-258/06.

gung einheimischer Unternehmen soll unter Beachtung des Diskriminierungsverbots und des freien Dienstleistungsverkehrs verhindert werden.

– Zeit für **Zusammenstellung** der geforderten **Unterlagen zum Nachweis** der Eignung bzw. Nichtvorliegen von Ausschlussgründen, insbesondere für den Fall, dass keine Eigenerklärung oder Nachweis der Präqualifizierung verlangt werden sollten, vgl. § 48 Abs. 2 VgV.

– Zeit für ggf. erforderliche **Ortsbesichtigungen** und **Einsichtnahme** in Vergabeunterlagen, vgl. § 20 Abs. 2 VgV.

– Zentrales Element wird die Zeit für die **Ausarbeitung der Angebote (bzw. Teilnahmeanträge)** sein. Die hierbei zu berücksichtigenden Aspekte können insbesondere sein:

- **Umfang** der Leistung, z. B. viele Teilleistungen
- **Komplexität** der Leistung, z. B. aufwendige geistige schöpferische Leistung, konzeptionelle Inhalte, umfangreiche Berechnungen und Kalkulationen, atypische Fallgestaltungen[12] – oder lediglich Lieferung marktgängiger Standardprodukte
- Ist vermehrt mit **nichts ortkundigen Bewerbern** zu rechnen, so ist nach den Einzelumständen vom Zeitaufwand eines nicht ortskundigen Unternehmens auszugehen.[13]

– Falls in Anbetracht des Leistungsgegenstandes Bewerbergemeinschaften wahrscheinlich sind, sollte auch der Zeitraum berücksichtigt werden, den diese für die Abstimmung und Organisation benötigen.[14]

– Zeit für **Übermittlung des Angebots oder Teilnahmeantrags** an die Vergabestelle, jedenfalls wenn keine elektronische Übermittlung möglich ist

– Sofern damit zu rechnen ist, dass auch **vorbefasste Unternehmen** im Sinne des § 7 Abs. 1 VgV sich an dem Vergabeverfahren beteiligen, ist dieser Umstand ebenfalls bei der angemessenen Fristsetzung zu berücksichtigen, vgl. § 7 Abs. 2 VgV.

10   Die Frist muss unter Berücksichtigung der Umstände des Einzelfalls voraussichtlich für die Mehrzahl der Unternehmen ausreichend sein.[15] Der Auftraggeber muss und darf keine individuellen Sonderregelungen treffen oder die Frist für alle entsprechend länger ansetzen, um auf eine individuelle Sondersituation eines Unternehmens zu reagieren.

11   So ist er etwa nicht verpflichtet, die Frist zu verlängern, wenn dem Unternehmen faktisch ein kürzerer Zeitraum für die Erarbeitung der Angebote zur Verfügung steht, weil es die Ausschreibung erst spät zur Kenntnis genommen oder es einen akuten Personalengpass hat. Denn es bleibt der Organisation und damit der Risikosphäre eines Bieters überlassen, mit welchem Engagement und Personaleinsatz er sich an einer Ausschreibung beteiligt.[16] Er kann aber nicht umgekehrt einen zu knappen Personaleinsatz dem Auftraggeber entgegenhalten, indem er geltend macht, die Angebotsfrist sei zu knapp bemessen.[17]

12   Sollte ein **Fehler** im **Bekanntmachungstext** durch eine Veröffentlichung der Berichtigung in dem Pflichtmedium (EU-Amtsblatt) wirksam geheilt worden sein, so ist für die Angemessenheit einer (verbleibenden) Bewerbungsfrist nach der gebotenen **Herstellung** der **Transparenz** der Bewerbungsbedingungen nicht allein maßgeblich, ob in dieser Zeit die Erstellung eines Teilnahmeantrags (bzw. Angebots) und dessen Übermittlung an die Vergabestelle in rein "technischer" Hinsicht noch möglich gewesen wäre, sondern vielmehr, ob die **verbleibende Zeit** auch genügt, einen **Teilnahmeantrag (bzw. ein Angebot) in hoher Qualität mit echten Auswahlchancen** im Teilnahmewettbewerb bzw. weiteren Vergabeverfahren zu erstellen.[18]

---

[12] So insbesondere im Fall zulässiger, aber atypischer Ausschreibungen, auf die auch ein fachkundiger und ansonsten leistungsfähiger Bieter nicht eingestellt sein muss, vgl. OLG Naumburg 20.9.2012 – 2 Verg 4/12.
[13] OLG Naumburg 20.9.2012 – 2 Verg 4/12.
[14] Vgl. *Rechten* in KKMPP VgV § Rn. 18.
[15] *Rechten* in KKMPP VgV § 20 Rn. 15.
[16] VK Lüneburg 20.11.2009 – 203-VGK-13/2000.
[17] VK Lüneburg 20.11.2009 – 203-VGK-13/2000.
[18] Vgl. OLG Naumburg 30.4.2014 – 2 Verg 2/14.

Bei der **Berechnung** der Frist wird der Tag der Absendung der Auftragsbekanntma- 13
chung nicht mitgerechnet.[19] Der erste Tag der Frist ist der Tag nach Absendung der Auftragsbekanntmachung. Gemäß § 82 VgV i. V. m. Art. 3 Abs. 1 Uabs. 2 der VO (EWG,
EURATOM) Nr. 1182/71 Nummer 1182/71 ist Fristende am letzten Tag um 24 Uhr.[20]

Der Grundsatz der angemessenen Fristsetzung bezieht sich in § 20 Abs. 1 VgV aus- 14
drücklich nur auf die Fristen für den Eingang von Teilnahmeanträgen und Angeboten.
Doch auch bei den **weiteren** in der VgV vorkommenden **Fristen** zählt die Festlegung
einer angemessenen Frist zu den Pflichten des Auftraggebers. Hier sind § 7 Abs. 2 VgV,
§ 17 Abs. 14 VgV, § 21 Abs. 5 VgV, § 38 Abs. 5 VgV und § 56 Abs. 4 VgV zu nennen.[21]

Der allgemeine Grundsatz der Angemessenheit aus Abs. 1 wird in Abs. 2 und Abs. 3 15
durch genauere Angaben hinsichtlich der Fristverlängerungspflichten des öffentlichen Auftraggebers konkretisiert.

II. Angebots- und Teilnahmefristen

Die **Angebotsfrist** wird definiert als die Frist für den Eingang der Angebote, vgl. die 16
Legaldefinition in § 15 Abs. 2 VgV. Sie beträgt beim offenen Verfahren mindestens 35 Tage
(§ 15 Abs. 2 VgV), und beim nicht offenen Verfahren sowie beim Verhandlungsverfahren
mindestens 30 Tage (§ 16 Abs. 4 VgV, § 17 Abs. 5 VgV). In den Fällen hinreichend begründeter Dringlichkeit besteht die Möglichkeit eine kürzere Angebotsfrist von mindestens
15 Tagen beim offenen Verfahren und mindestens 10 Tagen beim nicht offenen Verfahren
und Verhandlungsverfahren festzusetzen.

Die **Teilnahmefrist** ist die Frist für den Eingang der Teilnahmeanträge. Sie beträgt re- 17
gelmäßig mindestens 30 Tage, vgl. § 16 Abs. 2 VgV für das nicht offene Verfahren, § 17
Abs. 2 VgV für das Verhandlungsverfahren, § 18 Abs. 3 VgV für den wettbewerblichen
Dialog und § 19 Abs. 3 VgV für die Innovationspartnerschaft. Beim offenen Verfahren und
beim Verhandlungsverfahren mit Teilnahmewettbewerb beträgt die Teilnahmefrist bei hinreichend begründeter Dringlichkeit zudem nur mindestens 15 Tage.[22]

Der Auftraggeber wird das **Ende der Frist** regelmäßig in der Bekanntmachung bzw. in 18
der Aufforderung zur Angebotsabgabe **datumsmäßig festsetzen.** Es entspricht den Belangen der Rechtssicherheit, das Fristende mit Angabe eines konkreten Datums zu bezeichnen und nicht lediglich in einer Tage- bzw. Wochenzahl o. ä. anzugeben. Zudem bietet sich die Nennung einer konkreten Uhrzeit an. Ohne Uhrzeitangabe endet die Frist
mangels besonderer Vereinbarung gemäß § 193 BGB am letzten Tag der Frist um 24 Uhr.
Wenn der Ablauf der Angebots- oder Teilnahmefrist und des Eröffnungstermins zusammenfallen sollten, muss der Auftraggeber eine genaue Uhrzeit angeben.[23]

Sowohl die Angebotsfristen als auch Teilnahmefristen sind **materiell-rechtliche Aus-** 19
schlussfristen.[24] Bei nicht fristgerechter Einreichung darf der öffentliche Auftraggeber das
Angebot oder den Teilnahmeantrag grundsätzlich nicht mehr berücksichtigen, vgl. § 57
Abs. 1 Nr. 1, Abs. 3 VgV.[25] Die Nichtberücksichtigung ist somit zwingende Folge der
Selbstbindung des Auftraggebers durch die Festsetzung der Angebots- bzw. Teilnahmefrist.[26] Denn andernfalls wäre der Verfahrensteilnehmer, der mehr Zeit hatte zur Vorbereitung seines Angebots bzw. Teilnahmeantrags, gegenüber den anderen Bewerbern entgegen

---

[19] Vgl. Art. 3 Abs. 1 Uabs. 2 der VO (EWG, EURATOM) Nummer 1182/71 des Rates vom 3.6.1971
zur Festlegung der Regeln für Fristen, Daten und Termine; insoweit missverständlich gefasst RL 2014/24/
EU, vgl. BT-Drs. 18/7318, 159.
[20] Vgl. zur Berechnung der Frist VgV § 15 Rn. 18.
[21] Vgl. die dortigen Kommentierungen.
[22] Zu den Einzelheiten vgl. jeweils die dortigen Kommentierungen.
[23] Vgl. *Rechten* in KKMPP VgV § 20 Rn. 10.
[24] Vgl. VgV 57 Rn. 24 ff.
[25] Vgl. VK Münster 15.1.2003 – VK 22/02.
[26] *Weyand* VergabeR GWB § 101 Rn. 40/1.

dem Gebot des fairen Wettbewerbs im Vorteil und könnte beispielsweise kurzfristige Entwicklungen wirtschaftlicher Rahmenbedingungen bei der Kalkulierung seines Angebots berücksichtigen.[27] Auch eine Wiedereinsetzung in den vorigen Stand kommt nicht in Betracht. Nur eine streng einheitliche Behandlung der Verfahrensteilnehmer kann eine ordnungsgemäße Durchführung unter Wahrung des fairen Wettbewerbs, des Transparenz- und Gleichbehandlungsgebots sicherstellen und die Manipulationsgefahr wirksam bekämpfen.[28]

20   § 57 Abs. 1 Nr. 1, Abs. 3 VgV ist zu entnehmen, dass Angebote und Teilnahmeanträge einzig dann nicht auszuschließen sind, wenn der Verfahrensteilnehmer den **nicht fristgerechten Eingang nicht zu vertreten** hat. Die strenge Rechtsprechung, nach der es grundsätzlich unerheblich war, warum die Angebotsfrist nicht eingehalten worden ist oder ob jemandem diesbezüglich ein Schuldvorwurf gemacht werden kann,[29] war auch auf Teilnahmeanträge anzuwenden.[30]

III. Bindefristen

21   § 20 VgV enthält nicht mehr den noch in § 12 Abs. 1 S. 2 EG VOL/A niedergelegten Passus, dass der Auftraggeber eine angemessene Frist bestimmt, innerhalb der die Bieter an ihre Angebote gebunden sind **(Bindefrist)**. Jedoch gilt eine Bindefrist auch nach wie vor, insbesondere beim offenen Verfahren. Denn gemäß Ziff. 21a) Anhang V der RL 2014/24/EU ist beim **offenen Verfahren** in der Auftragsbekanntmachung auch die Bindefrist aufzuführen. Auch in § 10a Abs. 8 und 10b Abs. 8 EU VOB/A ist nach wie vor die Pflicht des Auftraggebers, zur Festlegung einer Bindefrist enthalten.

22   Die **Bindungswirkung** entfaltet sich in dem Zeitraum zwischen Ende der Angebotsfrist und dem Ende der Zuschlagsfrist.[31] Die **Zuschlagsfrist** bezeichnet den Zeitraum, in dem der öffentliche Auftraggeber die Prüfung und Wertung der Angebote und die Zuschlagserteilung vornimmt.[32] Während der Dauer der Bindefrist darf der Bieter sein Angebot nicht zurückziehen oder ändern.[33] In Ausnahme von dieser Regel darf der Bieter sein Angebot zurückziehen, wenn die Umstände nach Treu und Glauben bei verständiger Würdigung der beiderseitigen Interessen die Nichtbindung und damit das Ausscheiden gerechtfertigt erscheinen lassen. Ein rechtfertigender Grund liegt jedenfalls dann nicht vor, wenn die Gründe allein der Risikosphäre des Bieters zuzurechnen sind, da derjenige, der sich an einem Ausschreibungsverfahren beteiligt, weiß oder wissen muss, dass er innerhalb der Bindefrist an seinem Angebot festgehalten werden kann und zu den von ihm angebotenen Bedingungen den Vertrag erfüllen muss. Lediglich dem unternehmerischen Risiko des Bieters unterfallende Umstände wie mangelnde Leistungsfähigkeit oder eine nicht korrekt kalkulierte Vorlaufzeit für die angebotenen Leistungen begründen keinen **Ausnahme von der Bindungswirkung**.[34] Das ungerechtfertigte Ausscheiden aus dem Ausschreibungsverfahren kann sodann einen Schadensersatzanspruch gegen den Bieter aus culpa in contrahendo zur Folge haben.

23   Die Bindefrist ist grundsätzlich so kurz wie möglich und nicht länger zu bemessen, als für eine zügige Prüfung und Wertung der Angebote erforderlich ist.[35]

---

[27] Vgl. OLG Thüringen 22.4.2004 – 6 Verg 2/04; *Dierkes* in Dieckmann/Scharf/Wagner-Cardenal VOL/A-EG § 12 EG Rn. 10.

[28] Vgl. *Rechten* in KKMPP VgV § 20 Rn. 11.

[29] Vgl. VK Sachsen 4.9.2014 – 1/SVK/026-14, BeckRS 2015, 08251; VK Südbayern 7.7.2014 – Z3-3-3194-1-24-05/14.

[30] Näher hierzu *Weyand* VergabeR GWB § 101 Rn. 40/3.

[31] Vgl. *Dierkes* in Dieckmann/Scharf/Wagner-Cardenal VOL/A-EG § 12 EG Rn. 29.

[32] Vgl. ausführlich *Rechten* in KKMPP VgV § 20 Rn. 48.

[33] Vgl. OLG Thüringen 28.6.2000 – 6 Verg 2/00; *Dierkes* in Dieckmann/Scharf/Wagner-Cardenal VOL/A-EG § 12 EG Rn. 30.

[34] AG Siegburg 28.5.1998 – 4a C 279/97.

[35] Vgl. § 10a Abs. 8 S. 2 EU VOB/A, dessen Regelungsgehalt auch auf die Bindefrist im Anwendungsbereich der VgV übertragen werden kann.

Die Bindefrist kann nach den Umständen des konkreten Falls zu verlängern sein. So **24** muss der Auftraggeber die **Verlängerung der Bindefrist** vornehmen, wenn gemäß § 169 Abs. 1 GWB ein Nachprüfungsantrag gestellt worden ist und der Zuschlag nicht vor einer Entscheidung der Vergabekammer und dem Ablauf der Beschwerdefrist nach § 172 Abs. 1 GWB erteilt werden darf. Denn die Bindefrist wird in diesem Fall nicht automatisch gehemmt. Auch kann die Bindefrist im Einvernehmen mit dem Bieter verlängert werden.[36] Nach Ablauf der Bindefrist ist der Bieter nicht mehr an sein Angebot gebunden. Zu berücksichtigen sind bei einer Bindefristfristverlängerung die Auswirkungen auf die vertragliche festgelegten Ausführungsfristen, die zu einem Mehrvergütungsanspruch führen können.[37]

IV. Fristenfestlegung bei Ortsbesichtigung und Einsichtnahme in Unterlagen (Abs. 2)

In Abs. 2 ist das an den öffentlichen Auftraggeber gerichtete Fristverlängerungsgebot **25** normiert für Fälle, in denen die Angebote nur nach einer **Ortsbesichtigung** oder nach **Einsichtnahme** in Unterlagen beim öffentlichen Auftraggeber erstellt werden können. Die in Abs. 2 beschriebenen besonderen Umstände müssen schon bei Festlegung der Frist vom Auftraggeber im Sinne des Abs. 1 berücksichtigt werden. Dieser Unterfall des Grundsatzes der Angemessenheit der Fristen aus Abs. 1 soll sicherstellen, dass alle interessierten Unternehmen unter **gewöhnlichen Umständen Einsicht** und **Kenntnis** nehmen können und zugleich die **sachgerechte Vorbereitung und Erstellung der Angebote** gewährleistet ist. Durchdachte und korrekt kalkulierte Angebote sind wiederum auch im Interesse des Auftraggebers. Ob der öffentliche Auftraggeber eine längere Frist gewähren muss, hängt auch davon ab, ob die aus der Ortsbesichtigung oder der Einsichtnahme in die Vergabeunterlagen vor Ort gewonnenen Informationen für die Angebotserstellung überhaupt erforderlich sind.[38] Dies wird deutlich durch die Formulierung „können Angebote nur nach […] erstellt werden".

Zu berücksichtigten ist bei Ortsbesichtigungen, dass hierbei Sammeltermine, an denen **26** alle interessierte Unternehmen teilnehmen, wegen des Geheimwettbewerbs grundsätzlich zu vermeiden sind. Insoweit sind grundsätzlich Einzeltermine zu vereinbaren, was den Zeitaufwand steigert und entsprechend zu berücksichtigten ist.[39]

V. Fristenverlängerung (Abs. 3)

Die Notwendigkeit, sicherzustellen, dass die Unternehmen über genügend Zeit für die **27** ordnungsgemäße Erstellung der Angebote verfügen, kann unter Umständen dazu führen, dass die **ursprünglich festgesetzten Fristen nachträglich verlängert** werden müssen.[40] So enthält Abs. 3 S. 1 und 2 eine **Fristverlängerungspflicht** des öffentlichen Auftraggebers für die beiden Fälle, in denen zusätzliche Informationen vom Auftraggeber nicht rechtzeitig zur Verfügung gestellt werden oder in denen der Auftraggeber wesentliche Änderungen an den Vergabeunterlagen vornimmt. Die Fristverlängerungspflicht steht gemäß Abs. 3 S. 3 unter dem Vorbehalt, dass die Informationen bzw. Änderungen nicht unerheblich sind.

---

[36] Vgl. OLG Düsseldorf 29.12.2001 – Verg 22/01; LG Essen 15.11.2007 – 4 O 168/7; VK Bund 23.1.2007 – VK 1–08/07.
[37] Vgl. hierzu im Einzelnen *Rechten* in KKMPP VgV § 20 Rn. 73.
[38] Vgl. *Rechten* in KKMPP VgV § 20 Rn. 26.
[39] BVerwG 29.1.2014 – 8 B 26.13; **a. A.** VK Bund 29.3.2006 – VK 3–15/06, die einen Sammeltermin für zulässig bzw. geboten erachtet, damit allen Bietern ein identischer Kenntnisstand vermittelt wird; vgl. zur zwingenden Vor-Ort Besichtigung OLG Brandenburg 15.3.2011 – Verg W 5/11.
[40] Vgl. Erwägungsgrund 81 RL 2014/24/EU.

28   Die Fristverlängerungspflicht gilt jedoch **nicht** in den in **§ 41 Abs. 2 und 3 VgV** geregelten Fällen, denn dort sind Sonderregelungen getroffen worden, die jeweils eine **Fristverlängerung** von **fünf Tagen** vorsehen. So ist nach § 41 Abs. 2 VgV die Frist um fünf Tage zu verlängern, wenn die erforderlichen elektronischen Mittel zum Abruf der Vergabeunterlagen nicht zur Verfügung stehen und daher auf einem anderen geeigneten Weg als dem in § 41 Abs. 1 VgV bezeichneten Weg übermittelt werden. § 41 Abs. 3 VgV schreibt die fünftägige Fristverlängerung vor, wenn der Abruf der Vergabeunterlagen mit Maßnahmen zum Schutz der Vertraulichkeit von Informationen verbunden ist und nur unter bestimmten Voraussetzungen auf die Vergabeunterlagen zugegriffen werden kann.[41]

1. Nicht rechtzeitige Zurverfügungstellung angeforderter Informationen (Nr. 1)

29   Die Angebotsfrist muss vom Auftraggeber verlängert werden, wenn zusätzliche Informationen trotz rechtzeitiger Anforderung durch ein Unternehmen nicht spätestens sechs Tage vor Ablauf der Angebotsfrist zur Verfügung gestellt werden. In den Fällen der Fristkürzung wegen hinreichend begründeter Dringlichkeit nach § 15 Abs. 3 VgV, § 16 Abs. 7 VgV oder § 17 Abs. 8 VgV beträgt der Verlängerungszeitraum vier Tage.

30   Einerseits entspricht es den vorvertraglich geschuldeten Sorgfalts- und Rücksichtnahmepflichten eines Bieters, Fragen unverzüglich beim Auftraggeber einzureichen, nachdem sie aufgekommen sind.[42] Der Auftraggeber wird nach den Umständen des Einzelfalls jedoch nicht von seiner Verpflichtung, gestellte Bieterfragen zu beantworten, frei, weil diese nicht spätestens sechs Tage vor Ablauf der Angebotsfrist gestellt worden sind. Denn Normadressat des § 20 Abs. 3 Nr. 1 VgV ist nicht der Bieter, sondern der öffentliche Auftraggeber, der zur Fristenverlängerung verpflichtet sein kann, wenn es ihm nicht gelingen sollte, den Bietern die Informationen bis spätestens sechs Tage vor Ablauf der Angebotsfrist zur Verfügung zu stellen.[43] Dies gilt zumindest für den Fall, dass der Auftraggeber in den Vergabeunterlagen keine konkreten Angaben gemacht hat, bis zu welchem Zeitpunkt die Bieterfragen gestellt werden müssen. Unterlässt er dies, ist es ihm grundsätzlich verwehrt, die Beantwortung der Bieterfragen unter Hinweis auf die 6-Tage-Frist des § 20 Abs. 3 S. 1 Nr. 1 VgV zu verweigern. Denn der Ausschluss nach § 20 Abs. 3 S. 3 VgV für nicht rechtzeitig angeforderte Informationen kann nur herangezogen werden, wenn der Auftraggeber von der Möglichkeit, klare Regeln für die Bieterfragen vorzugeben, Gebrauch gemacht hat.[44] Daher ist den Auftraggebern zu empfehlen, klar und transparent die Frist zur Stellung von Fragen festzulegen.

31   Der Bieter kann sich auch noch weniger als sechs Tage vor Ablauf der Angebotsfrist intensiv mit den Vergabeunterlagen beschäftigen. Er hat das Recht, die Angebotsfrist vollständig auszuschöpfen. Sofern erst kurz vor Ablauf der Angebotsfrist dem Bieter berechtigterweise Unklarheiten auffallen, so kann der Auftraggeber die Beantwortung und Veröffentlichung nicht einfach mit dem Argument der Verspätung ablehnen. Er darf die Unklarheiten nicht bestehen lassen. Vielmehr ist bei einer solchen Sachlage die Möglichkeit der Fristverlängerung zu ergreifen. Denn erkannte Defizite oder Fehler sind in jedem Stadium des Vergabeverfahrens zu korrigieren.[45]

32   Ist eine Antwort mit Zusatzinformation nach Auffassung des Auftraggebers unerheblich für die Angebotserstellung, so hat er sie zwar bekannt zu machen, muss aber die Angebotsfrist nicht verlängern.[46]

---

[41] Vgl. die Kommentierung zu VgV § 41 Rn. 67 ff.
[42] VK Bund 27.1.2017 – VK 2–131/16.
[43] VK Bund 2.12.2016 – VK 2–105/16.
[44] Vgl. hierzu auch OLG Saarbrücken 18.5.2016 – 1 Verg 1 /16 zur VOL/A EG.
[45] VK Bund 27.1.2017 – VK 2–131/16.
[46] VK Bund 27.1.2017 – VK 2–131/16.

2. Wesentliche Veränderungen an Unterlagen durch Auftraggeber (Nr. 2)

Den öffentlichen Auftraggeber trifft gemäß Abs. 3 Nr. 2 eine nachträgliche **Fristverlän-** 33
gerungspflicht, wenn er wesentliche Änderungen an den Vergabeunterlagen vornimmt.
Das Kriterium der **Wesentlichkeit** ist anhand der konkreten Umstände des **Einzelfalls** zu
beurteilen. Als wesentliche Änderungen in diesem Sinne sind Änderungen, insbesondere
der technischen Spezifikationen, zu verstehen, bei denen die Wirtschaftsteilnehmer, bei
denen die Bieter für die **Erfassung** und entsprechende **Reaktion** voraussichtlich **zusätzliche Zeit** benötigen werden.[47] Hinsichtlich des Umfangs der Änderungen ist zu
beachten, dass diese nicht dazu führen dürfen, dass sich der Auftrag oder die Rahmenvereinbarung substanziell von den ursprünglichen Vorgaben in den Auftragsunterlagen unterscheidet. Denn die Änderungen dürfen nicht so wesentlich sein, dass andere als die ursprünglich ausgewählten Bewerber zugelassen worden wären oder die geänderten
Vergabeunterlagen das Interesse zusätzlicher Teilnehmer am Vergabeverfahren geweckt hätte.[48] Nicht maßgeblich für die Fristverlängerungspflicht ist, ob der Änderungsbedarf bzgl.
der Vergabeunterlagen auf einer Eigeninitiative des Auftraggebers erfolgt ist oder die Reaktion auf Hinweise der Bewerber oder eine Nachprüfungsentscheidung oder ein sonstiges
von außen kommendes Ereignis darstellt.

3. Angemessenheit der Fristverlängerung

Auch in den Fällen des Abs. 3 muss die Fristverlängerung angemessen sein im Hinblick 34
auf die Bedeutung der zusätzlichen Informationen (S. 1 Nr. 1) bzw. Änderungen (S. 1
Nr. 2) für das Vergabeverfahren. Auch ist ausdrücklich die Verpflichtung des Auftraggebers
normiert, dass alle Unternehmen Kenntnis von den Informationen oder Änderungen
nehmen können müssen.

Abs. 3 S. 3 normiert die **Ausnahme** von der Verpflichtung zur Fristverlängerung für die 35
Fälle, dass die **Information** oder Änderung für die Erstellung des Angebots **unerheblich**
ist (Alt. 1) oder die Information **nicht rechtzeitig angefordert** wurde (Alt. 2). Nach
dem Sinn und Zweck der Fristverlängerungsregelungen in Abs. 3 ist nicht anzunehmen,
dass S. 3 („dies gilt nicht …") sich nur auf S. 2 beziehen soll, da gerade in den Fällen der
unerheblichen Information oder Änderung eine Fristverlängerung nicht zweckmäßig erscheint.[49]

Ist folglich die Frage des Bieters aus Sicht des Auftraggebers gemäß Alt. 1 nicht relevant, 36
so kann er dies dem Bieter gegenüber kommunizieren sowie gänzlich von der Beantwortung der Frage absehen.[50] In der Praxis wird ein solches Vorgehen häufig nachrangig gegenüber der schlichten Beantwortung, die zumeist der sinnvollere und einfachere Weg sein
dürfte, sein.

---

[47] Vgl. Erwägungsgrund 81 RL 2014/24/EU.
[48] Erwägungsgrund 81 RL 2014/24/EU.
[49] Vgl. *Rechten* in KKMPP VgV § 20 Rn. 38.
[50] VK Bund 27.1.2017 – VK 2–131/16.

Unterabschnitt 2. Besondere Methoden und Instrumente im Vergabeverfahren

§ 21 Rahmenvereinbarungen

(1) Der Abschluss einer Rahmenvereinbarung erfolgt im Wege einer nach dieser Verordnung anwendbaren Verfahrensart. Das in Aussicht genommene Auftragsvolumen ist so genau wie möglich zu ermitteln und bekannt zu geben, braucht aber nicht abschließend festgelegt zu werden. Eine Rahmenvereinbarung darf nicht missbräuchlich oder in einer Art angewendet werden, die den Wettbewerb behindert, einschränkt oder verfälscht.

(2) Auf einer Rahmenvereinbarung beruhende Einzelaufträge werden nach den Kriterien dieses Absatzes und der Absätze 3 bis 5 vergeben. Die Einzelauftragsvergabe erfolgt ausschließlich zwischen den in der Auftragsbekanntmachung oder der Aufforderung zur Interessensbestätigung genannten öffentlichen Auftraggebern und denjenigen Unternehmen, die zum Zeitpunkt des Abschlusses des Einzelauftrags Vertragspartei der Rahmenvereinbarung sind. Dabei dürfen keine wesentlichen Änderungen an den Bedingungen der Rahmenvereinbarung vorgenommen werden.

(3) Wird eine Rahmenvereinbarung mit nur einem Unternehmen geschlossen, so werden die auf dieser Rahmenvereinbarung beruhenden Einzelaufträge entsprechend den Bedingungen der Rahmenvereinbarung vergeben. Für die Vergabe der Einzelaufträge kann der öffentliche Auftraggeber das an der Rahmenvereinbarung beteiligte Unternehmen in Textform nach § 126b des Bürgerlichen Gesetzbuchs auffordern, sein Angebot erforderlichenfalls zu vervollständigen.

(4) Wird eine Rahmenvereinbarung mit mehr als einem Unternehmen geschlossen, werden die Einzelaufträge wie folgt vergeben:

1. gemäß den Bedingungen der Rahmenvereinbarung ohne erneutes Vergabeverfahren, wenn in der Rahmenvereinbarung alle Bedingungen für die Erbringung der Leistung sowie die objektiven Bedingungen für die Auswahl der Unternehmen festgelegt sind, die sie als Partei der Rahmenvereinbarung ausführen werden; die letztgenannten Bedingungen sind in der Auftragsbekanntmachung oder den Vergabeunterlagen für die Rahmenvereinbarung zu nennen.

2. wenn in der Rahmenvereinbarung alle Bedingungen für die Erbringung der Leistung festgelegt sind, teilweise ohne erneutes Vergabeverfahren gemäß Nummer 1 und teilweise mit erneutem Vergabeverfahren zwischen den Unternehmen, die Partei der Rahmenvereinbarung sind, gemäß Nummer 3, wenn diese Möglichkeit in der Auftragsbekanntmachung oder den Vergabeunterlagen für die Rahmenvereinbarung durch die öffentlichen Auftraggeber festgelegt ist; die Entscheidung, ob bestimmte Liefer- oder Dienstleistungen nach erneutem Vergabeverfahren oder direkt entsprechend den Bedingungen der Rahmenvereinbarung beschafft werden sollen, wird nach objektiven Kriterien getroffen, die in der Auftragsbekanntmachung oder den Vergabeunterlagen für die Rahmenvereinbarung festgelegt sind; in der Auftragsbekanntmachung oder den Vergabeunterlagen ist außerdem festzulegen, welche Bedingungen einem erneuten Vergabeverfahren unterliegen können; diese Möglichkeiten gelten auch für jedes Los einer Rahmenvereinbarung, für das alle Bedingungen für die Erbringung der Leistung in der Rahmenvereinbarung festgelegt sind, ungeachtet dessen, ob alle Bedingungen für die Erbringung einer Leistung für andere Lose festgelegt wurden; oder

3. sofern nicht alle Bedingungen zur Erbringung der Leistung in der Rahmenvereinbarung festgelegt sind, mittels eines erneuten Vergabeverfahrens zwischen den Unternehmen, die Parteien der Rahmenvereinbarung sind.

(5) Die in Absatz 4 Nummer 2 und 3 genannten Vergabeverfahren beruhen auf denselben Bedingungen wie der Abschluss der Rahmenvereinbarung und erforderlichenfalls auf genauer formulierten Bedingungen sowie gegebenenfalls auf weiteren Bedingungen, die in der Auftragsbekanntmachung oder den Vergabeunterlagen für

die Rahmenvereinbarung in Übereinstimmung mit dem folgenden Verfahren genannt werden:

1. vor Vergabe jedes Einzelauftrags konsultiert der öffentliche Auftraggeber in Textform nach § 126b des Bürgerlichen Gesetzbuchs die Unternehmen, die in der Lage sind, den Auftrag auszuführen,
2. der öffentliche Auftraggeber setzt eine ausreichende Frist für die Abgabe der Angebote für jeden Einzelauftrag fest; dabei berücksichtigt er unter anderem die Komplexität des Auftragsgegenstands und die für die Übermittlung der Angebote erforderliche Zeit,
3. die Angebote sind in Textform nach § 126b des Bürgerlichen Gesetzbuchs einzureichen und dürfen bis zum Ablauf der Einreichungsfrist nicht geöffnet werden,
4. der öffentliche Auftraggeber vergibt die Einzelaufträge an den Bieter, der auf der Grundlage der in der Auftragsbekanntmachung oder den Vergabeunterlagen für die Rahmenvereinbarung genannten Zuschlagskriterien das jeweils wirtschaftlichste Angebot vorgelegt hat.

(6) Die Laufzeit einer Rahmenvereinbarung darf höchstens vier Jahre betragen, es sei denn, es liegt ein im Gegenstand der Rahmenvereinbarung begründeter Sonderfall vor.

Übersicht

	Rn.			Rn.
A. Einführung	1		2. Wesentliche Änderungen unzulässig (Abs. 2 S. 3)	30
I. Literatur	1			
II. Entstehungsgeschichte	2	III.	Vergabe der Einzelaufträge bei Rahmenvereinbarungen mit einem Unternehmen (Abs. 3)	31
III. Rechtliche Vorgaben im EU-Recht	3			
B. Zweck und Begriff von Rahmenvereinbarungen	5	IV.	Vergabe der Einzelaufträge bei Rahmenvereinbarungen mit mehreren Unternehmen (Abs. 4 und 5)	32
I. Zweck einer Rahmenvereinbarung	5			
II. Begriff	7		1. Einzelauftragsvergabe bei vollständigen Rahmenvereinbarungen ohne Miniwettbewerb (Abs. 4 Nr. 1)	32
C. Die einzelnen Anforderungen an Rahmenvereinbarungen	12			
I. Vergabe von Rahmenvereinbarungen (Abs. 1)	12		2. Einzelauftragsvergabe bei vollständigen Rahmenvereinbarungen mit möglichem Miniwettbewerb (Abs. 4 Nr. 2)	34
1. Vergabeverfahren zum Abschluss einer Rahmenvereinbarung (Abs. 1 S. 1)	13			
2. Geschätztes Auftragsvolumen (Abs. 1 S. 2)	16		3. Einzelauftragsvergabe bei unvollständigen Rahmenvereinbarungen mit Miniwettbewerb (Abs. 4 Nr. 3, Abs. 5)	35
3. Inhalt einer Rahmenvereinbarung	18			
4. Missbrauchsverbot (Abs. 1 S. 3)	23	IV.	Laufzeit einer Rahmenvereinbarung (Abs. 6)	39
5. Sperrwirkungen	26			
II. Grundsätze zur Vergabe der Einzelaufträge (Abs. 2)	28	D. Rechtsschutz	41
1. Vertragsparteien für die Einzelaufträge (Abs. 2 S. 2)	29			

A. Einführung

I. Literatur

Kämper/Heßhaus, Möglichkeiten und Grenzen von Auftraggebergemeinschaften, NZBau 2003, 303; *Kullack/Terner*, EU-Legislativpaket: Die neue „klassische" Vergabekoordinierungsrichtlinie – 2. Teil, ZfBR 2004, 346; *Gröning*, Das Konzept der neuen Koordinierungsrichtlinie für die Beschaffung durch Rahmenvereinbarungen, VergabeR 2005, 156; *Haak/Degen*, „Rahmenvereinbarungen nach dem neuen Vergaberecht" – Zur Umsetzung der Regelungen über Rahmenvereinbarungen der Richtlinien 2004/17/EG und 2004/18/EG durch die geplante Verordnung über die Vergabe öffentlicher Aufträge, VergabeR 2005, 164;

1

Graef, Rahmenvereinbarungen bei der Vergabe von öffentlichen Aufträgen de lege lata und de lege ferenda, NZBau 2005, 561; *Dreher,* Die Berücksichtigung mittelständischer Interesse bei der Vergabe öffentlicher Aufträge, NZBau 2005, 427; *Knauff,* Neues europäisches Vergabeverfahrensrecht: Rahmenvereinbarungen, VergabeR 2006, 24; *Dicks,* Vergabe- und kartellrechtliche Aspekte von Rahmenvereinbarungen, Tagungsband 7. Düsseldorfer Vergaberechtstag 2006, 93; *Franke,* Rechtsschutz bei der Vergabe von Rahmenvereinbarungen, ZfBR 2006, 546; *Ziekow,* Die vergaberechtlich zulässige Vertragslaufzeit bei komplexen PPP-Modellen, VergabeR 2006, 702; *Machwirth,* Rahmenvereinbarungen nach der neuen VOL/A, VergabeR 2007, 385; *Goodarzi,* Die Vergabe von Postzustellungsdienstleistungen, NVwZ 2007, 396; *Rosenkötter/ Seidler,* Praxisprobleme bei Rahmenvereinbarungen, NZBau 2007, 684; *Jaeger,* Vertragsänderungen und Vergaberecht, EuZW 2008, 492; *Krohn,* Vertragsänderungen und Vergaberecht – Wann besteht eine Pflicht zur Neuausschreibung?, NZBau 2008, 619; *Kulartz/Duikers,* Ausschreibungspflicht bei Vertragsänderungen, VergabeR 2008, 728; *Goodarzi/Kapischke,* Die Ausschreibung von Postdienstleistungen – das erste Jahr der Marktliberalisierung, NVwZ 2009, 80; *Scharen,* Vertragslaufzeit und Vertragsverlängerung als vergaberechtliche Herausforderung?, NZBau 2009, 679; *Rosenkötter,* Rahmenvereinbarungen mit Miniwettbewerb – Zwischenbilanz eines neuen Instruments, VergabeR 2010, 368; *Segeth,* Rahmenvereinbarungen: Rechtsentwicklung, Systematische Entfaltung, Vergabe, 2010; *Laumann,* Ausschreibungen zur Lieferung von Tausalzen, VergabeR 2011, 52; *Gehlen/Hirsch,* Verbindliche Abnahmemengen auch bei Rahmenvereinbarungen?, NZBau 2011, 736; *Greb/Stenzel,* Die nachträgliche Vertragsanpassung als vergaberechtsrelevanter Vorgang, NZBau 2012, 404; *Fischer/Fongern,* Rahmenvereinbarungen im Vergaberecht, NZBau 2013, 550; *Portz,* Flexible Vergaben durch Rahmenvereinbarungen: Klarstellungen durch die EU-Vergaberichtlinie 2014, VergabeR 2014, 523; *Wichmann,* Die Vergabe von Rahmenvereinbarungen und die Durchführung nachgelagerter Wettbewerbe nach neuem Recht, VergabeR 2017, 1; *Frenz,* Ausschreibungspflicht wesentlicher Vertragsverlängerungen und -änderungen, VergabeR 2017, 323; *Portner/Rechten,* Das Open-House-Modell – Möglichkeiten für eine praxisgerechte Verfahrensausgestaltung, NZBau 2017, 587.

II. Entstehungsgeschichte

2   § 21 VgV setzt für Rahmenvereinbarungen die Grundzüge der Vorgängernorm des § 4 EG VOL/A fort, allerdings **mit verschiedenen Modifizierungen und Erweiterungen.** Nachdem sich der Gesetzgeber mit § 103 Abs. 5 GWB entschieden hat, erstmalig unmittelbar im GWB Rahmenvereinbarungen zu definieren,[1] wertet dies Rahmenvereinbarungen insgesamt auf. Vor der Novellierung des Vergaberechts in 2016 sah das GWB keine ausdrückliche Regelung zu Rahmenvereinbarungen vor, sondern überließ dies der VOL/A bzw. EG VOL/A, der VSVgV sowie der SektVO. Weder die früher geltende VOF noch die alte EG VOB/A enthielten eine Regelung zu Rahmenvereinbarungen. Die jetzt durch den Gesetzgeber erfolgte Klarstellung sorgt für mehr Rechtssicherheit in der Vergabepraxis, da § 103 Abs. 5 GWB allgemein Rahmenvereinbarungen erlaubt und § 21 VgV die früher nach der VOF ausgeschriebenen Leistungen einschließt.

III. Rechtliche Vorgaben im EU-Recht

3   § 21 VgV setzt Art. 33 der Richtlinie 2014/24/EU im Wesentlichen sinngemäß – mit einigen sprachlichen Anpassungen – um. Die Definition einer Rahmenvereinbarung in Art. 33 Abs. 1 Unterabs. 2 der Richtlinie 2014/24/EU übernahm der deutsche Gesetzgeber in § 103 Abs. 5 GWB.[2] Die Laufzeitbeschränkung einer Rahmenvereinbarung, die in Art. 33 Abs. 1 Unterabs. 3 der Richtlinie 2014/24/EU dargestellt ist, wird in § 21 VgV erst im letzten Absatz genannt (vgl. § 21 Abs. 6 VgV). Die Abs. 2 bis 5 des § 21 VgV folgen im Kern Art. 33 Abs. 2 bis 5 der Richtlinie 2014/24/EU. Die bisherige Vorgabe des Art. 32 Abs. 4 S. 1 der aufgehobenen Richtlinie 2004/18/EG (damals umgesetzt in § 4 Abs. 4 S. 1 EG VOL/A), dass bei einer Rahmenvereinbarung mit mehreren Unternehmen mindestens drei Unternehmen als Rahmenvertragspartner beteiligt sein müssen, gilt nicht mehr. Art. 33 Abs. 4 S. 1 der Richtlinie 2014/24/EU trifft keine dahingehende Beschränkung mehr, was ebenso für § 21 VgV gilt.

---

[1] Aus systematischen Gründen im Zusammenhang mit dem Begriff des öffentlichen Auftrags, vgl. Begründung GWB, BT-Drs. 18/6281, 74.
[2] Siehe dazu *Biemann* in BeckGWB § 103 Abs. 5 und 6 Rn. 3 ff.

Erwägungsgrund 60 der Richtlinie 2014/24/EU stellt klar, dass das **Instrument der** 4
Rahmenvereinbarung breite Anwendung findet und europaweit als eine effiziente
Beschaffungsmethode angesehen wird. Gleichzeitig sieht dieser Erwägungsgrund aber als
wesentlich an, dass Rahmenvereinbarungen nicht durch öffentliche Auftraggeber in Anspruch genommen werden sollten, die in diesen nicht genannt sind. Der Richtliniengeber
macht in den Erwägungsgründen sehr deutlich, dass er den öffentlichen Auftraggebern ein
hohes Maß an Flexibilität bei der Konzeption von Rahmenvereinbarungen an die
Hand geben möchte, gleichzeitig aber insbesondere das Transparenzgebot stets gewahrt sein
muss.[3] Bereits 2005 hatte die EU-Kommission mit „Erläuterungen der Europäischen
Kommission zu Rahmenvereinbarungen der klassischen Richtlinie" genauer dargestellt,
welche Arten von Rahmenvereinbarungen möglich sind und was öffentliche Auftraggeber
bei der Vergabe von Rahmenvereinbarungen sowie der anschließenden Einzelaufträge beachten müssen.[4]

B. Zweck und Begriff von Rahmenvereinbarungen

I. Zweck einer Rahmenvereinbarung

In der Praxis besteht insbesondere bei **regelmäßig wiederkehrenden Lieferungen** 5
oder Leistungen (zB Papierlieferungen, Wartung und Pflege von IT-Systemen, Ersatzteil-
oder Sukzessivlieferungen) das Bedürfnis, anstelle von Einzelaufträgen für konkret zu
erbringende Leistungen Vereinbarungen über die Bedingungen zukünftiger Aufträge, die
im Laufe eines bestimmten Zeitraumes vergeben werden sollen, zu treffen.[5] Diesem Bedürfnis kommt der Abschluss von Rahmenvereinbarungen entgegen, der es dem Auftraggeber ermöglicht, in einer generellen Vereinbarung mit einem oder mehreren Unternehmen die Bedingungen für später abrufbare Einzelaufträge festzulegen. Auftraggeber sollten
ferner prüfen, ob bei regelmäßig kurzfristig erforderlichen Beschaffungen oder bei sich
schnell wandelnden Märkten mit Innovationskraft[6] Rahmenvereinbarungen in Betracht
kommen. Rahmenvereinbarungen sind **selbst für komplexere wiederkehrende Leis-**
tungen geeignet, die zum Zeitpunkt des Vertragsschlusses noch nicht abschließend in Art
und Umfang festgelegt sind.[7] Ein öffentlicher Auftraggeber kann beispielsweise durch
Rahmenvereinbarungen mit mehreren Architekten über die Rahmenvertragslaufzeit die
punktuell erforderlichen Planungsleistungen im sog. Miniwettbewerb vergeben, ohne jeweils ein europaweites Vergabeverfahren durchführen zu müssen. Die Flexibilität von
Rahmenvereinbarungen trägt dazu bei, dass dieses Instrument stetig an Popularität gewinnt.[8]

Rahmenvereinbarungen haben für den Auftraggeber den Vorteil, dass sie den **Verwal-** 6
tungsaufwand verringern und die **Ausschreibungskosten senken.**[9] Statt vieler Vergabeverfahren für die Einzelaufträge kann der Auftraggeber mit dem Rahmenvertragsgerüst
die Einzelaufträge zeitnah, im Regelfall formlos und flexibel vergeben. Für den Auftragnehmer kann der Abschluss einer Rahmenvereinbarung – je nach Ausgestaltung – von unterschiedlichem Nutzen sein. Sofern die Rahmenvereinbarung eine Verpflichtung des Auf-

---

[3] Vgl. Erwägungsgründe 60, 61 der Richtlinie 2014/24/EU und Erwägungsgrund 71 der Richtlinie
2014/25/EU.
[4] Siehe dazu die Erläuterungen der Europäischen Kommission zu Rahmenvereinbarungen der klassischen
Richtlinie, Dok. CC/2005/03 vom 14.7.2005, nochmals nur in englischer Sprache veröffentlicht als
„Explanatory Note – Framework Agreements – Classic Directive" unter Ref. Ares(2016)810203 vom
16.2.2016.
[5] Vgl. *Rosenkötter* VergabeR 2010, 368; *Haak/Degen* VergabeR 2005, 164 ff.
[6] *Portz* VergabeR 2014, 523 (525).
[7] *Wichmann* VergabeR 2017, 1.
[8] *Rosenkötter* VergabeR 2010, 368 (374).
[9] *Gröning* VergabeR 2005, 156.

tragnehmers vorsieht, den Auftrag auf Abruf ausführen zu müssen, muss er während der Laufzeit der Rahmenvereinbarung entsprechende Kapazitäten vorhalten, ohne die Gewähr zu haben, tatsächlich einen Einzelauftrag zu erhalten. Umgekehrt behält der Auftragnehmer bei Rahmenvereinbarungen, die ihm keine Leistungspflichten oder nur solche innerhalb seiner freien Kapazitäten auferlegen, seine wirtschaftliche Dispositionsfreiheit und hat zugleich die Aussicht, Einzelaufträge zu erhalten.

II. Begriff

7   § 21 VgV enthält keine eigene Definition von Rahmenvereinbarungen. Nach der **Legaldefinition des § 103 Abs. 5 S. 1 GWB** sind Rahmenvereinbarungen Vereinbarungen zwischen einem oder mehreren öffentlichen Auftraggebern oder Sektorenauftraggebern und einem oder mehreren Unternehmen.[10] Rahmenvereinbarungen selbst sind keine eigenen öffentlichen Aufträge, sondern dienen dazu, die Bedingungen für die öffentlichen Aufträge, die während eines bestimmten Zeitraums vergeben werden sollen (Einzelaufträge), festzulegen (vgl. § 103 Abs. 5 S. 1 GWB). Gleichzeitig ordnet der Gesetzgeber an, dass für die Vergabe von Rahmenvereinbarungen dieselben Vorschriften wie für die Vergabe entsprechender öffentlicher Aufträge gelten, soweit nichts anderes bestimmt ist (vgl. § 103 Abs. 5 S. 2 GWB).

8   Die **Auftragsvergabe ist dabei zweistufig** gegliedert: Auf der ersten Stufe wird die Rahmenvereinbarung geschlossen, die selbst kein eigener öffentlicher Auftrag ist. Die Rahmenvereinbarung stellt noch keinen Beschaffungsprozess dar.[11] Erst auf der zweiten Stufe vergibt der Auftraggeber auf Grundlage der Rahmenvereinbarung die Einzelaufträge. Der Auftraggeber ist damit in der Lage, innerhalb einer umfassenden Rahmenvereinbarung bedarfsgesteuert Leistungen abzurufen.[12] Bei Abschluss der Rahmenvereinbarung müssen weder die genaue Gesamtmenge noch sämtliche Auftragsbedingungen für die Einzelaufträge feststehen.[13] Selbst die Finanzierung für die Einzelaufträge muss noch nicht abschließend gesichert sein, sondern der Auftraggeber kann vielmehr später bedarfsgerecht die Leistungen abrufen.[14]

9   Abzugrenzen sind Rahmenvereinbarungen von Dauerschuldverhältnissen, in denen regelmäßig zu bestimmten Zeitpunkten definierte Leistungen vom Auftragnehmer erbracht werden müssen. Eine Rahmenvereinbarung setzt hingegen voraus, dass **bestimmte Bedingungen für die Einzelaufträge,** wie zum Beispiel der Lieferzeitpunkt oder das genaue Auftragsvolumen, **bei Abschluss der Rahmenvereinbarung noch offen sind.**[15] Der Auftraggeber wird sich in der Regel nicht verpflichten, das gesamte mögliche Auftragsvolumen zu beauftragen.[16] Um den Bietern die Kalkulation zu erleichtern und Risikozuschläge der Bieter zu verhindern, kann es vorteilhaft sein, eine Mindestabnahmemenge zu garantieren. Andernfalls müssen Bieter ihre andauernde Vorhaltepflicht einpreisen, ohne überhaupt einen Anspruch auf einen Einzelauftrag zu haben. Ein Vertrag mit Vorbehalt der Mehr- oder Minderabnahme muss nicht unbedingt als Rahmenvereinbarung aus-

---

[10] Die EU-Kommission schlägt unter Ziffer 1.1 ihrer Erläuterungen zu Rahmenvereinbarungen der klassischen Richtlinie, Dok. CC/2005/03 vom 14.7.2005, vor, Rahmenvereinbarungen, in denen alle Bedingungen festgelegt sind, als „Rahmenvertrag" zu bezeichnen. Rahmenvereinbarungen, in denen noch nicht alle Bedingungen fixiert sind, sollen hingegen „Rahmenvereinbarungen im engeren Sinne" sein. Diese Differenzierung hat sich in der Praxis allerdings nicht durchgesetzt und die Begriffe „Rahmenvertrag" und „Rahmenvereinbarung" werden häufig synonym verwandt.

[11] Vgl. Begründung GWB, BT-Drs. 18/6281, 74.

[12] Vgl. *Goodarzi/Kapischke* NVwZ 2009, 80 (81); *Goodarzi* NVwZ 2007, 396 (397 ff.).

[13] Vgl. VK Bund 20.4.2006 – VK 1–19/06, IBRRS 2013, 4592; *Poschmann/Müller-Wrede* in Müller-Wrede SektVO § 9 Rn. 1.

[14] *Kullack/Terner* ZfBR 2004, 346 (349).

[15] Vgl. OLG Düsseldorf 30.11.2009 – VII-Verg 43/09, BeckRS 2010, 03480.

[16] Vgl. OLG Düsseldorf 21.10.2015 – VII-Verg 28/14, ZfBR 2016, 83.

geschrieben werden.[17] Ebenso sind reine Zulassungsverfahren ohne eigentliche Auswahlentscheidung – insbesondere sog. Open-House-Modelle – nach der Rechtsprechung nicht als Rahmenvereinbarungen zu qualifizieren und somit auch keine öffentlichen Aufträge.[18]

Entsprechend der Legaldefinition in § 103 Abs. 5 S. 1 GWB können **mehrere Auf-** **10** **traggeber** ihre Beschaffungsvorhaben bündeln und zusammen Rahmenvereinbarungen schließen. Damit sind gemeinschaftliche Beschaffungen aus vergaberechtlicher Sicht zulässig, wie § 4 VgV nun ausdrücklich klarstellt.[19] Ihre Grenzen finden diese **Einkaufgemeinschaften** allerdings auf Grund ihrer möglichen Marktmacht im Kartellrecht.[20] Außerdem ist selbstverständlich auch bei einer gebündelten Ausschreibung das Gebot der Losvergabe in § 97 Abs. 4 GWB zu beachten.[21]

Auftraggeber sind nicht gezwungen, lediglich ein Unternehmen als Rahmenvertrags- **11** partner zu wählen. Ob Auftraggeber **ein oder mehrere Unternehmen** in die Rahmenvereinbarung einbeziehen, ist eine Frage der Zweckmäßigkeit im Einzelfall. Bei großvolumigen Aufträgen, bei denen damit gerechnet werden muss, dass kurzfristig größere Mengen durch den Auftraggeber angefordert werden, bieten mehrere Unternehmen als Auftragnehmer die Gewähr für die Leistungsfähigkeit. Hingegen kann bei Aufträgen mit kleinerem Umfang regelmäßig ein einziger Auftragnehmer die notwendige Sicherheit für die Auftragserfüllung bieten. Wenn eine Rahmenvereinbarung mit mehreren Unternehmen vergeben wird, sollte die Anzahl der Rahmenvertragspartner allerdings nicht zu hoch sein, da ansonsten Unternehmen gegebenenfalls Kapazitäten für Einzelaufträge vorhalten, ohne überhaupt eine Chance auf einen Einzelauftrag zu haben.

C. Die einzelnen Anforderungen an Rahmenvereinbarungen

I. Vergabe von Rahmenvereinbarungen (Abs. 1)

§ 21 Abs. 1 VgV trifft **grundsätzliche Aussagen zur Vergabe von Rahmenverein-** **12** **barungen,** die für alle Arten von Rahmenvereinbarungen gelten. Bei jeder geplanten Vergabe einer Rahmenvereinbarung sollte ein Auftraggeber die in § 21 Abs. 1 VgV genannten Anforderungen in seine Vorüberlegungen einbeziehen. Gerade ein Vergabeverfahren für Rahmenvereinbarungen erfordert eine besonders detaillierte Vorbereitung, da der Auftraggeber **hohe Transparenzanforderungen** sowohl für das Vergabeverfahren als auch für die späteren Einzelauftragsvergaben erfüllen muss.[22]

1. Vergabeverfahren zum Abschluss einer Rahmenvereinbarung (Abs. 1 S. 1)

Die Auftragsvergabe bei einer Rahmenvereinbarung ist zweistufig gegliedert: Auf der **13** ersten Stufe wird die Rahmenvereinbarung geschlossen, während erst auf der zweiten Stufe

---

[17] Vgl. zur Abgrenzung einer Rahmenvereinbarung von einem Vertrag mit Vorbehalt der Mehr- und Minderabnahme OLG Düsseldorf 21.4.2010 – VII-Verg 53/09, ZfBR 2013, 282.

[18] EuGH 2.6.2016 – C-410/14, NZBau 2016, 441; *Portner/Rechten* NZBau 2017, 587 ff.; *Wichmann* VergabeR 2017, 1 (2).

[19] Vgl. dazu *Wanderwitz* in Beck'scher Vergaberechtskommentar, § 4 VgV.

[20] Diese Verletzung kartellrechtlicher Vorschriften kann aber nicht vor den Nachprüfungsinstanzen erfolgreich angegriffen werden, vgl. LSG Nordrhein-Westfalen 28.4.2009 – L 21 KR 40/09 SFB, BeckRS 2009, 63843; 30.1.2009 – L 21 KR 1/08 SFB, BeckRS 2009, 51726; OLG Düsseldorf 10.4.2002 – Verg 6/02, IBRRS 2003, 0652; VK Bund 2.12.2010 – VK 3–120/10, IBRRS 2013, 2243; 29.1.2009 – VK 3–200/08; vgl. dazu ausführlich *Horn/Hofmann* in BeckGWB § 156 Rn. 20. Teile der Rechtsprechung tendieren allerdings dazu, bei klarer Rechtslage zu möglichen Kartellrechtsverstößen Stellung zu nehmen, zB OLG Düsseldorf 27.6.2012 – VII-Verg 7/12, ZfBR 2012, 723; 17.1.2011 – VII-Verg 3/11, BeckRS 2011, 02627. Vgl. zu Einkaufsgemeinschaften auch BGH 12.11.2002 – KZR 11/01, GRUR 2003, 633; *Dreher* NZBau 2005, 427 (432 ff.); *Kämper/Heßhaus* NZBau 2003, 303 ff.; *Machwirth* VergabeR 2007, 385 (386).

[21] Ebenso *Portz* VergabeR 2014, 523 (526).

[22] Siehe Ziffer 2.2 der Erläuterungen der Europäischen Kommission zu Rahmenvereinbarungen der klassischen Richtlinie, Dok. CC/2005/03 vom 14.7.2005.

auf Grundlage der Rahmenvereinbarung die Einzelaufträge vergeben werden. § 103 Abs. 5
S. 2 GWB stellt klar, dass für die **Vergabe von Rahmenvereinbarungen dieselben
Vorschriften wie für die Vergabe entsprechender öffentlicher Aufträge gelten,** so-
weit nichts anderes bestimmt ist. Das bedeutet, dass ein öffentlicher Auftraggeber regel-
mäßig zunächst die Rahmenvereinbarung in einem Vergabeverfahren nach den jeweils
geltenden Vorschriften vergeben muss. Die Vergabe der späteren öffentlichen Aufträge
(Einzelaufträge) wird durch das transparente, vorgeschaltete Vergabeverfahren über die
Rahmenvereinbarung legitimiert.

14   § 21 Abs. 1 S. 1 VgV fordert folglich, dass der Abschluss einer Rahmenvereinbarung im
Wege einer **nach der VgV anwendbaren Verfahrensart** erfolgt. Die Rahmenvereinbarung selbst ist keine eigene Verfahrensart, sondern lediglich eine besondere Vertragsart.[23]
Gemäß § 14 VgV stehen dem öffentlichen Auftraggeber für die Vergabe einer Rahmen-
einbarung das offene Verfahren, das nicht offene Verfahren, das Verhandlungsverfahren, der
wettbewerbliche Dialog oder die Innovationspartnerschaft zur Verfügung. Bei der Wahl
der Verfahrensart muss der Auftraggeber die jeweils geltenden Anforderungen und insbesondere für das Verhandlungsverfahren einen der Ausnahmetatbestände erfüllen. Allein die
fehlende Konkretisierung der Einzelaufträge und die sonstigen Besonderheiten einer Rahmenvereinbarung erfüllen nicht per se einen Ausnahmetatbestand zur Wahl des Verhandlungsverfahrens.[24] Ferner sind für jede Verfahrensart die entsprechenden Fristen und weiteren vergaberechtlichen Anforderungen zu beachten.

15   Über die allgemeinen Transparenzanforderungen hinaus muss der Auftraggeber bei Vergabefahren über Rahmenvereinbarungen beachten, dass nicht nur die Vergabe der Rahmenvereinbarung, sondern **gleichfalls das Verfahren zur Vergabe der späteren Einzelaufträge allen Teilnehmern am Vergabeverfahren klar bekanntzugeben** ist.[25]
Der Auftraggeber muss vorab festlegen, ob bereits die Rahmenvereinbarung alle Bedingungen für die nachfolgenden Einzelaufträge enthält oder ob diese Bedingungen später durch
neue Angebote einzelauftragsbezogen vervollständigt werden.[26] Insbesondere bei einer
Rahmenvereinbarung mit mehreren Rahmenvertragspartnern, bei der noch nicht alle Bedingungen festgelegt sind und später ein Miniwettbewerb für jeden Einzelauftrag durchgeführt werden soll, ist dieses Transparenzerfordernis besonders relevant.[27]

2. Geschätztes Auftragsvolumen (Abs. 1 S. 2)

16   Das in Aussicht genommene **Auftragsvolumen** muss der Auftraggeber gemäß § 21
Abs. 1 S. 2 VgV **so genau wie möglich ermitteln und bekanntgeben,** ohne dies ab-
schließend festzulegen. Der nationale Gesetzgeber ist damit über den Wortlaut des Art. 33
der Richtlinie 2014/24/EU hinausgegangen, der diese konkrete Vorgabe nicht enthält.
Der ehemals geltende § 4 Abs. 1 S. 2 EG VOL/A traf allerdings bereits diese Maßgabe, die
insbesondere das Transparenzgebot und den Gleichbehandlungsgrundsatz abbildet. Der
Eingang wettbewerblich vergleichbarer Angebote ist zu gewährleisten.[28] Da regelmäßig der
Zweck einer Rahmenvereinbarung ist, das genaue Auftragsvolumen nicht von Beginn an
definieren zu können, kann der Auftraggeber keine verbindliche Angabe zum Auftragsvolumen abgeben. § 21 Abs. 1 S. 2 VgV stellt dies in seinem Wortlaut klar heraus, da das
Auftragsvolumen gerade nicht abschließend festgelegt werden muss.[29] Diese Abschwächung des vergaberechtlichen Bestimmtheitsgebotes trägt dem Umstand Rechnung,
dass Rahmenvereinbarungen auch weiterreichende Unsicherheiten immanent sein können,

---

[23] Vgl. bereits *Schrotz* in Pünder/Schellenberg § 4 EG VOL/A Rn. 51; *Graef* NZBau 2005, 561 (562).
[24] Vgl. KG 19.4.2000 – KartVerg 6/00, NZBau 2001, 161; *Zeise* in KKMPP, VgV, § 21 Rn. 34.
[25] Vgl. VK Südbayern 3.5.2016 – Z3–3-3194-1-61-12/15, BeckRS 2016, 118857.
[26] Fn. 21 der Erläuterungen der Europäischen Kommission zu Rahmenvereinbarungen der klassischen
Richtlinie, Dok. CC/2005/03 vom 14.7.2005; *Zeise* in KKMPP, VgV, § 21 Rn. 35.
[27] Siehe dazu unten Rn. 35 ff.
[28] Vgl. OLG Düsseldorf 21.10.2015 – VII-Verg 28/14, ZfBR 2016, 83.
[29] Vgl. OLG Düsseldorf 28.3.2012 – VII-Verg 90/11, IBRRS 2012, 2199.

die das Auftragsvolumen und damit die Preiskalkulation der Bieter betreffen.[30] Der Auftraggeber ist aber zumindest verpflichtet, ihm bekannte, zugängliche oder zumutbar zu beschaffende Informationen über den voraussichtlichen Auftragsumfang zur Verfügung zu stellen.[31] Den Bietern ist eine belastbare Kalkulationsgrundlage bereitzustellen, die auf einer gründlichen Schätzung der durchschnittlich zu erwartenden Leistungen oder – sofern vorhanden – Vergleichswerten aus der Vergangenheit beruht.[32]

Der Auftraggeber ist bei der Vergabe von Rahmenvereinbarungen nicht darauf beschränkt, nur Aufträge auszuschreiben, bei denen spätere Einzelaufträge mit ungefähren Auftragsvolumina feststehen. Vielmehr darf er sogar **riskante Leistungen ausschreiben,** die er nur ergebnisorientiert definiert und in der Menge schätzt, aber nicht in allen Einzelheiten zuvor ermittelt hat.[33] Einen zumutbaren Aufwand wird der Auftraggeber in solchen Fällen jedoch betreiben müssen, um den Bietern kalkulationsrelevante Daten bekanntgeben zu können. Außerdem sollte der Auftraggeber die Gründe, weshalb ihm keine genaueren Angaben zum geschätzten Auftragsvolumen möglich sind, dokumentieren. **17**

3. Inhalt einer Rahmenvereinbarung

Bei der inhaltlichen Ausgestaltung der Rahmenvereinbarungen steht den Auftraggebern ein **relativ weiter Spielraum** zu. Noch nicht alle Modalitäten, sondern nur die wesentlichen Bedingungen für die später zu erteilenden Einzelaufträge müssen bereits vorab festgelegt sein.[34] Zu den wesentlichen Bedingungen gehören insbesondere die ausdrücklich in § 103 Abs. 5 S. 1 GWB genannten Bedingungen in Bezug auf den Preis. **18**

Der Leistungsgegenstand muss vom Auftraggeber bei einer Rahmenvereinbarung **eindeutig und erschöpfend beschrieben** werden, wobei für Rahmenvereinbarungen die **Gebote der Bestimmtheit, Eindeutigkeit und Vollständigkeit nur eingeschränkt** gelten.[35] Die naturgemäßen Ungewissheiten einer Rahmenvereinbarung, beispielsweise über die genauen Leistungszeitpunkte und die Volumina der Einzelaufträge, sind zu berücksichtigen.[36] Darin liegt nicht unmittelbar ein Verstoß gegen das Gebot der eindeutigen und erschöpfenden Leistungsbeschreibung.[37] Insgesamt ist den Bietern bei Rahmenvereinbarungen ein Mehr an Risiko zumutbar, da Rahmenvereinbarungen per se erhebliche Kalkulationsrisiken innewohnen, die typischerweise vom Bieter zu tragen sind.[38] Damit erhöht sich die Zumutbarkeitsschwelle bei Vergaben von Rahmenvereinbarungen zu Lasten der Bieter.[39] Die Leistung muss aber dennoch so genau bestimmt sein, dass alle Bieter die Leistungsbeschreibung im gleichen Sinne verstehen können und eine angemessene Kalkulationsbasis erhalten.[40] Eine nur vage Beschreibung der zu erbringenden Leistungen genügt nicht. **19**

Die gemäß § 103 Abs. 5 S. 1 GWB festzulegenden Bedingungen über den Preis betreffen die **Vergütung des Auftragnehmers.** Der genaue Preis für die späteren Einzelauftra- **20**

---

[30] OLG Düsseldorf 11.5.2016 – VII-Verg 2/16, IBRRS 2016, 2511; 20.2.2013 – VII-Verg 44/12, ZfBR 2013, 510; 7.12.2011 – VII-Verg 96/11, ZfBR 2012, 308.
[31] OLG Düsseldorf 7.12.2011 – VII-Verg 96/11, ZfBR 2012, 308; ähnlich VK Südbayern 3.5.2016 – Z3–3-3194-1-61-12/15, BeckRS 2016, 118857; *Fischer/Fongern* NZBau 2013, 550 (553).
[32] *Graef* NZBau 2005, 561 (564); *Fischer/Fongern* NZBau 2013, 550 (553).
[33] OLG Düsseldorf 21.10.2015 – VII-Verg 28/14, ZfBR 2016, 83; OLG Naumburg 22.1.2002 – 1 U (Kart) 2/01, BeckRS 2002, 30234008.
[34] Vgl. EuGH 11.6.2009 – C-300/07, ZfBR 2009, 601; VK Bund 20.5.2003 – VK 1–35/03, IBR 2003, 491; *Müller* in Greb/Müller § 9 Rn. 12; *Franke* ZfBR 2006, 546 (547).
[35] Vgl. OLG Düsseldorf 11.5.2016 – VII-Verg 2/16, IBRRS 2016, 2511; 20.2.2013 – VII-Verg 44/12, ZfBR 2013, 510; 18.4.2012 – VII-Verg 93/11, IBRRS 2012, 2297.
[36] OLG Düsseldorf 30.11.2009 – VII-Verg 43/09, BeckRS 2010, 03480; engere Grenzen mit einer Mindestabnahmepflicht des Auftraggebers sehen OLG Jena 22.8.2011 – 9 Verg 2/11, NZBau 2011, 771; OLG Dresden 2.8.2011 – Verg 4/11, NZBau 2011, 775.
[37] Vgl. OLG Düsseldorf 21.10.2015 – VII-Verg 28/14, ZfBR 2016, 83; VK Bund 15.11.2007 – VK 2–102/07, IBRRS 2013, 4743.
[38] VK Bund 21.1.2016 – VK 1–132/15, VPR 2016, 178.
[39] OLG Düsseldorf 11.5.2016 – VII-Verg 2/16, IBRRS 2016, 2511.
[40] *Graef* NZBau 2005, 561 (564).

ge braucht nicht abschließend angegeben zu werden. Vielmehr ist diese Formulierung so zu verstehen, dass der Auftraggeber die Berechnungsmethode zur Preisermittlung für die späteren Einzelaufträge bestimmen muss.[41] Er muss also die preisbildenden Kriterien, wie beispielsweise den Preis pro Menge, pro Stunde oder pro Arbeitskraft, vorgeben.[42] Bei einer Rahmenvereinbarung mit mehreren Auftragnehmern ist gemäß § 25 Abs. 1 S. 4 VgV sogar zulässig, statt eines Miniwettbewerbs eine elektronische Auktion im Sinne der §§ 25, 26 VgV durchzuführen.[43] In vielen Fällen wird außerdem die Abfrage von Staffelpreisen zu wirtschaftlicheren Ergebnissen für den Auftraggeber führen. Preis- und Materialgleitklauseln können gerade bei längerfristigen Rahmenvereinbarungen zukünftige Änderungen der Preisermittlungsgrundlagen auffangen.[44] Ein Anspruch auf eine Preisgleitklausel wird den Auftragnehmern – zumindest bei kürzeren Vertragslaufzeiten – regelmäßig nicht zustehen.[45]

21   Die **rechtliche Bindung** der Vertragspartner kann der Auftraggeber **in unterschiedlicher Weise** in der Rahmenvereinbarung gestalten. Im Regelfall wird er den Auftragnehmer einseitig fest verpflichten, so dass der Auftragnehmer auf Abruf leisten muss.[46] Gleichzeitig steht dem Auftragnehmer kein Anspruch auf Beauftragung zu.[47] Als Alternative kann der Auftraggeber sich neben dem Auftragnehmer verbindlich verpflichten, so dass beispielsweise ein Mindestauftragsvolumen vertraglich zugesichert wird.[48] Dies kann in Ausnahmefällen, in denen der Auftragnehmer zB sehr hohe Vorhaltekosten zu tragen hat, ein probates Mittel für eine interessengerechte Risikoverteilung sein. Die Rechtsprechung befasste sich insbesondere bei Vergabeverfahren über die Lieferung von Streusalz mit solchen Unzumutbarkeitserwägungen.[49] Grundsätzlich besteht ferner die Möglichkeit, eine beidseitig unverbindliche Rahmenvereinbarung abzuschließen. In diesem Fall verpflichtet sich weder der Auftraggeber zur Beauftragung noch der Auftragnehmer zur Leistungserfüllung. Da bei dieser Konstellation der Auftraggeber stets von der Entscheidung des Auftragnehmers abhängig ist, sollte ein Auftraggeber dies allenfalls bei einer Rahmenvereinbarung mit mehreren Auftragnehmern in Betracht ziehen.

22   Dem Auftraggeber steht grundsätzlich frei, ob er eine Rahmenvereinbarung mit einem oder mehreren Auftragnehmern schließen will. Er muss sich jedoch **zu Beginn des Vergabeverfahrens,** im Regelfall in der EU-Bekanntmachung und den Vergabeunterlagen, entsprechend **auf einen oder mehrere Rahmenvertragspartner festlegen.**[50] Für die Angebotskalkulation der Bieter ist diese Festlegung relevant, da sie die späteren Chancen auf Einzelaufträge erheblich beeinflusst. Teilweise wird verlangt, dass der Auftraggeber von Beginn an die genaue Anzahl der Rahmenvertragspartner festlegen muss.[51] Diese strenge Vorgabe findet weder in der VgV noch in den Formularen für EU-Bekanntmachungen Halt. Die Formulare für EU-Bekanntmachungen sehen lediglich die Angabe der „geplan-

---

[41] Vgl. auch VK Südbayern 3.5.2016 – Z3–3-3194-1-61-12/15, BeckRS 2016, 118857.

[42] VK Münster 7.10.2009 – VK 18/09, IBRRS 2009, 3455; ähnlich VK Bund 20.5.2003 – VK 1–35/03, IBRRS 2003, 1542.

[43] Vgl. dazu *Wanderwitz* in Beck'scher Vergaberechtskommentar, § 25 VgV.

[44] *Rosenkötter/Seidler* NZBau 2007, 684 (687).

[45] VK Bund 21.6.2010 – VK 2–53/10, IBRRS 2010, 3559.

[46] Zivilrechtlich sind solche einseitig verpflichtenden Verträge statthaft, vgl. BGH 18.1.1989 – VIII ZR 311/87, NJW 1990, 1233.

[47] Vgl. zur Zulässigkeit von Rahmenvereinbarungen ohne Abrufverpflichtung OLG Düsseldorf 21.10. 2015 – VII-Verg 28/14, ZfBR 2016, 83; BayObLG 17.2.2005 – Verg 27/04, NZBau 2005, 595; OLG Celle 10.7.2003 – 14 U 263/02, IBRRS 2004, 0557; VK Bund 21.6.2010 – VK 2–53/10, IBRRS 2010, 3559; 29.4.2010 – VK 2–20/10, VPRRS 2010, 0457; VK Düsseldorf 23.5.2008 – VK-7/2008-L, IBRRS 2008, 2604; *Zeise* in KKMPP, VgV, § 21 Rn. 3; zweifelnd KG 15.4.2004 – 2 Verg 22/03, IBRRS 2004, 3531.

[48] Vgl. *Rosenkötter/Seidler* NZBau 2007, 684 (685 ff.).

[49] Vgl. OLG Jena 22.8.2011 – 9 Verg 2/11, NZBau 2011, 771; OLG Dresden 2.8.2011 – Verg 4/11, NZBau 2011, 775; *Zeise* in KKMPP, VgV, § 21 Rn. 19 ff.; *Gehlen/Hirsch* NZBau 2011, 736.

[50] *Fischer/Fongern* NZBau 2013, 550 (554 ff.); *Dicks* Tagungsband 7. Düsseldorfer Vergaberechtstag 2006, 93 (103); *Gröning* VergabeR 2005, 156 (159).

[51] So zB *Zeise* in KKMPP, VgV, § 21 Rn. 38; *Portz* VergabeR 2014, 523 (529).

ten Höchstanzahl an Beteiligten an der Rahmenvereinbarung" vor. Daher reicht es aus, wenn der Auftraggeber die voraussichtliche Höchstanzahl der Rahmenvertragspartner bekanntgibt.[52] Der Auftraggeber wird zudem allen Bietern mitteilen müssen, nach welchen Kriterien die finale Festlegung der Anzahl der Rahmenvertragspartner erfolgen wird.[53] Soweit weniger Angebote wertbar sind als die geplante, bekanntgegebene Höchstanzahl an Rahmenvertragspartnern, darf der Auftraggeber selbstverständlich mit weniger Bietern eine Rahmenvereinbarung schließen. Überschreiten darf der Auftraggeber die Höchstanzahl an Rahmenvertragspartnern aber nicht.[54]

4. Missbrauchsverbot (Abs. 1 S. 3)

§ 21 Abs. 1 S. 3 VgV verbietet Auftraggebern, eine Rahmenvereinbarung missbräuch- **23** lich oder in einer Art anzuwenden, die den **Wettbewerb behindert, einschränkt oder verfälscht.** Das Missbrauchsverbot dient der Gewährung eines fairen Wettbewerbs und wird durch das Wettbewerbsgebot des § 97 Abs. 1 S. 1 GWB flankiert. In der Vorgängernorm des § 4 EG VOL/A war dieses Missbrauchsverbot nicht mehr ausdrücklich geregelt, obwohl die damalige Richtlinie 2004/18/EG dies in Art. 32 Abs. 2 Unterabs. 5 vorsah. Die aktuelle Richtlinie 2014/24/EU normiert das Missbrauchsverbot nicht mehr ausdrücklich. Gleichwohl gilt und galt stets ein Missbrauchsverbot, welches sich allein schon aus dem Wettbewerbsgebot herleiten lässt.[55]

Rahmenvereinbarungen bergen je nach Ausgestaltung die Gefahr, die ihnen unterstell- **24** ten Aufträge für die Dauer ihrer Laufzeit dem Wettbewerb zu entziehen und die an sie gebundenen Unternehmen über Gebühr zu binden. Sie haben von Natur aus einen eher wettbewerbsbeschränkenden Charakter.[56] Der Auftraggeber hat bei dem Abschluss von Rahmenvereinbarungen stets auf ihre **Vereinbarkeit mit dem Wettbewerbs- und Kartellrecht** zu achten.[57] Bei der Bewertung von Rahmenvereinbarungen sind insbesondere deren Laufzeit, der Leistungsumfang, ihr Anteil am Beschaffungsvolumen des Auftraggebers, die Anzahl der beteiligten Unternehmen und die diesen auferlegten Verpflichtungen zu berücksichtigen. Ein Missbrauch kann in der kartellrechtlich unzulässigen Nachfragebündelung liegen.[58] Die Nachprüfungsinstanzen prüfen allerdings regelmäßig keine Kartellrechtsverstöße.[59] Aufgrund des Beschleunigungsgebotes des § 167 GWB können sie keine umfassenden Marktabgrenzungen und Wertungen durchführen.[60] Auch in scheinbar eindeutigen Fällen sollte über das Missbrauchsverbot des § 21 Abs. 1 S. 3 VgV eine solche kartellrechtliche Prüfung, insbesondere zur missbräuchlichen Ausnutzung einer marktbeherrschenden Stellung im Sinne des § 19 GWB, unzulässig bleiben.[61]

---

[52] Ebenso *Wichmann* in BeckOK Vergaberecht VgV § 21 Rn. 13; *Fischer/Fongern* NZBau 2013, 550 (554 ff.).

[53] *Wichmann* VergabeR 2017, 1 (5).

[54] OLG Brandenburg 14.1.2013 – Verg W 13/12, ZfBR 2013, 818.

[55] Ebenso *Zeise* in KKMPP, VgV, § 21 Rn. 25 ff.

[56] Vgl. *Knauff* VergabeR 2006, 24 (28); *Ziekow* VergabeR 2006, 702 (706).

[57] Beispielsweise Art. 101 ff. AEUV, § 19 GWB.

[58] Vgl. OLG Düsseldorf 17.1.2011 – VII-Verg 3/11, BeckRS 2011, 02627; vgl. zu Einkaufsgemeinschaften auch BGH 12.11.2002 – KZR 11/01, GRUR 2003, 633; *Dreher* NZBau 2005, 427 (432 ff.); *Kämper/Heßhaus* NZBau 2003, 303 ff.; *Machwirth* VergabeR 2007, 385 (386).

[59] Vgl. LSG Nordrhein-Westfalen 28.4.2009 – L 21 KR 40/09 SFB, BeckRS 2009, 63843; 30.1.2009 – L 21 KR 1/08 SFB, BeckRS 2009, 51726; OLG Düsseldorf 10.4.2002 – Verg 6/02, IBRRS 2003, 0652; VK Bund 2.12.2010 – VK 3–120/10, IBRRS 2013, 2243; 29.1.2009 – VK 3–200/08; siehe dazu ausführlich *Horn/Hofmann* in BeckGWB § 156 Rn. 20.

[60] So bereits BGH 18.1.2000 – KVR 23/98, NZBau 2000, 189.

[61] Teile der Rechtsprechung tendieren bereits dazu, bei klarer Rechtslage zu möglichen Kartellrechtsverstößen Stellung zu nehmen, zB OLG Düsseldorf 27.6.2012 – VII-Verg 7/12, ZfBR 2012, 723; 17.1.2011 – VII-Verg 3/11, BeckRS 2011, 02627. Die VK Bund verschließt sich dieser Prüfung nicht vollends, sieht aber allenfalls bei kartellrechtlichen Verstößen mit konkretem und unmittelbarem Bezug zum Vergabeverfahren eine solche Ausnahme, jedoch nicht bei der Bildung einer Einkaufsgemeinschaft, vgl. VK Bund 1.3.2012 – VK 2–5/12, IBRRS 2013, 2455.

25   Unzulässig sind ungenaue, dem Bieter keine ordnungsgemäße Kalkulation ermöglichende Angaben zum Auftragsumfang, obwohl der Auftraggeber diese Angaben mit zumutbarem Aufwand beschaffen könnte.[62] Ein Missbrauch liegt aber noch nicht zwingend dann vor, wenn der Auftraggeber bestimmte Vertragsrisiken, die regelmäßig vom Auftraggeber zu tragen sind, auf den Auftragnehmer überträgt.[63] Der Auftraggeber darf zudem keine Rahmenvereinbarung mit mehreren Unternehmen schließen, ohne vorher ein nach überprüfbaren Kriterien festgelegtes Verfahren zur Vergabe der Einzelaufträge vorzugeben. Wenn der Auftraggeber lediglich die gleichmäßige Verteilung der Einzelaufträge unter den Auftragnehmern vorgibt und damit letztendlich die genaue Auftragsvergabe in das Ermessen der zuständigen Bearbeiter stellt, ist dies wettbewerbsverzerrend und missbräuchlich.[64] Eine Rahmenvereinbarung darf ebenso nicht zu vergabefremden Zwecken, wie beispielsweise zur reinen Markterkundung, ausgeschrieben werden.[65]

5. Sperrwirkungen

26   Auftraggeber dürfen **für den identischen Auftrag nicht mehrere Rahmenvereinbarungen** vergeben. Die vormalige Regelung des § 4 Abs. 1 S. 3 EG VOL/A enthielt diese Vorgabe ausdrücklich. Selbst der Referentenentwurf zur VergabeRModVO vom 9.11.2015 sah die Regelung noch vor. In § 21 VgV wurde dies nicht mehr explizit aufgenommen. Das Verbot der Mehrfachvergabe von Rahmenvereinbarungen lässt sich aber bereits aus dem Wettbewerbsgebot ableiten[66] und lässt sich zudem als Unterfall des Missbrauchsverbots des § 21 Abs. 1 S 3 VgV qualifizieren.[67] Eine unzulässige Mehrfachvergabe liegt nur vor, wenn der Auftraggeber dieselbe Leistung doppelt oder mehrfach als Rahmenvereinbarung beauftragt. Mit **klar abgegrenzten oder vorbehaltenen Aufträgen,** für die jeweils eine Rahmenvereinbarung geschlossen wird, verstößt der Auftraggeber nicht gegen dieses Verbot. Auftraggeber sollten daher unbedingt bereits im Vergabeverfahren über eine Rahmenvereinbarung den Bietern transparent mitteilen, welche zusätzlichen Rahmenvereinbarungen oder Auftragsvergaben vom möglichen Leistungsinhalt ausgenommen sind.

27   Während das Verbot der Mehrfachvergabe die gesamte Rahmenvereinbarung betrifft, ist für die spätere Vergabe der Einzelaufträge eine differenziertere Lösung erforderlich. Teilweise wird vertreten, dass der Auftraggeber stets mit Abschluss einer Rahmenvereinbarung einen Abschlusszwang eingeht, also die jeweiligen Einzelaufträge zwingend an den Auftragnehmer vergeben muss.[68] Begründet wird dies insbesondere mit dem jetzt in § 21 Abs. 2 S. 2 VgV normierten Grundsatz, dass die Einzelauftragsvergabe ausschließlich zwischen den im Vergabeverfahren benannten Auftraggebern und den Rahmenvertragspartnern erfolgen darf.[69] Diese Ansicht wird aufgrund der neuen Richtlinie 2014/24/EU kaum noch vertretbar sein, da der Erwägungsgrund 61 ausdrücklich fordert, dass die öffentlichen **Auftraggeber nicht verpflichtet sein sollten, Bauleistungen, Lieferungen oder Dienstleistungen, die Gegenstand einer Rahmenvereinbarung sind, unter dieser Rahmenvereinbarung zu beschaffen.**[70] Bereits früher lehnte eine stark vertrete-

---

[62] Vgl. OLG Düsseldorf 21.10.2015 – VII-Verg 28/14, ZfBR 2016, 83, zur Rechtslage bei Geltung der VSVgV, die keine § 21 Abs. 1 S. 2 VgV entsprechende Regelung beinhaltet.

[63] Vgl. OLG Düsseldorf 21.10.2015 – VII-Verg 28/14, ZfBR 2016, 83; VK Bund 15.11.2007 – VK 2-102/07, IBR 2008, 1003.

[64] Vgl. VK Berlin 10.2.2005 – B 2–74/04, BeckRS 2013, 57396.

[65] Vgl. KG 15.4.2004 – 2 Verg 22/03, IBRRS 2004, 3531; BayObLG 17.2.2005 – Verg 27/04, NZBau 2005, 595; vgl. zur Unzulässigkeit einer Rahmenvereinbarung, wenn der konkrete Beschaffungsbedarf des Auftraggebers fehlt OLG Karlsruhe 16.11.2012 – 15 Verg 9/12, VPR 2013, 42.

[66] OLG Düsseldorf 25.8.2014 – VII-Verg 23/13, BeckRS 2015, 05270.

[67] *Wichmann* VergabeR 2017, 1 (6).

[68] OLG Jena 22.8.2011 – 9 Verg 2/11, NZBau 2011, 771; *Zeise* in KKMPP, VgV, § 21 Rn. 23; *Graef* NZBau 2006, 561 (568); *Gröning* VergabeR 2005, 156 (158).

[69] OLG Jena 22.8.2011 – 9 Verg 2/11, NZBau 2011, 771; *Zeise* in KKMPP, VgV, § 21 Rn. 23.

[70] So auch *Wichmann* in BeckOK Vergaberecht VgV § 21 Rn. 20.

ne Ansicht eine solche pauschale Exklusivität durch eine Rahmenvereinbarung ab.[71] Rahmenvereinbarungen sollen den Auftraggebern gerade eine besondere Flexibilität einräumen, weshalb ein Verbot der Möglichkeit, Einzelaufträge nach den vergaberechtlichen Bestimmungen außerhalb der Rahmenvereinbarung ausschreiben zu dürfen, dieses Ziel konterkarieren würde.[72] Abweichend davon sind die in der Praxis nicht überwiegenden Fälle zu betrachten, in denen der Auftraggeber dem Auftragnehmer ein ausdrückliches Ausschließlichkeitsrecht einräumt, also eigenständig einen Abschlusszwang eingeht. Wenn der Auftraggeber trotz des Ausschließlichkeitsrechts Aufträge außerhalb der Rahmenvereinbarung vergibt, stehen dem Auftragnehmer zivilrechtliche Schadensersatzansprüche zu.[73] Der Auftragnehmer könnte sich aber nach der hier vertretenen Ansicht zusätzlich auf einen Verstoß gegen § 21 Abs. 2 S. 3 VgV berufen, da die vertragswidrige Reduzierung des Auftragsvolumens eine wesentliche Änderung an den Bedingungen der Rahmenvereinbarung darstellen kann.[74]

II. Grundsätze zur Vergabe der Einzelaufträge (Abs. 2)

§ 21 Abs. 2 VgV trifft grundsätzliche Aussagen zur Vergabe der Einzelaufträge, die für **28** alle Arten von Rahmenvereinbarungen gelten. In § 21 Abs. 2 S. 1 VgV wird allgemein auf die folgenden Abs. 3 bis 5 verwiesen.

1. Vertragsparteien für die Einzelaufträge (Abs. 2 S. 2)

§ 21 Abs. 2 S. 2 VgV stellt klar, dass die Einzelaufträge nur von den in der Auftragsbe- **29** kanntmachung oder der Aufforderung zur Interessenbestätigung genannten öffentlichen Auftraggebern an die Rahmenvertragspartner vergeben werden dürfen. Dabei handelt es sich um ein **geschlossenes System,** in das nachträglich keine neuen Auftraggeber aufgenommen werden dürfen.[75] Aus Art. 33 Abs. 2 Unterabs. 2 der Richtlinie 2014/24/EU ergibt sich, dass die abrufberechtigten Auftraggeber „eindeutig bezeichnet" worden sein mussten. Damit ist nicht zwingend eine namentliche Nennung aller Auftraggeber in der Auftragsbekanntmachung verbunden, jedoch muss eine **unmittelbare Identifizierung möglich** sein.[76] Gerade bei zentralen Beschaffungsstellen besteht somit die Option, die umfassten Auftraggeber ohne namentliche Nennung im Einzelnen einzubeziehen.[77] Allgemeine Öffnungsklauseln oder optionale Erweiterungen auf neue Auftraggeber mit eigener Rechtspersönlichkeit sind damit regelmäßig unzulässig.[78] Auftraggeber mit eigener Rechts-

---

[71] Vgl. *Wrede/Poschmann* in Müller-Wrede VOL/A EG § 4 Rn. 48; *Schrotz* in Pünder/Schellenberg § 4 EG VOL/A Rn. 80; *Laumann* VergabeR 2011, 52 (55); *Segeth* Rahmenvereinbarung 234.
[72] Ähnlich *Wichmann* VergabeR 2017, 1 (7).
[73] Vgl. zB *Schrotz* in Pünder/Schellenberg § 4 EG VOL/A Rn. 81.
[74] Der EuGH qualifizierte für einen Auftrag, der keine Rahmenvereinbarung war, eine deutliche Reduzierung des Auftragsvolumens als wesentliche Vertragsänderung, EuGH 7.9.2016 – C-549/14, NZBau 2016, 649.
[75] Ziffer 2.1 der Erläuterungen der Europäischen Kommission zu Rahmenvereinbarungen der klassischen Richtlinie, Dok. CC/2005/03 vom 14.7.2005; *Wichmann* VergabeR 2017, 1 (5); *Laumann* in Dieckmann/Scharf/Wagner-Cardenal VOL/A EG § 4 Rn. 16; *Fischer/Fongern* NZBau 2013, 550 (554); *Dicks* Tagungsband 7. Düsseldorfer Vergaberechtstag 2006, 93 (101).
[76] Der Erwägungsgrund 60 der Richtlinie 2014/24/EU erlaubt statt einer namentlichen Nennung „andere Mittel, wie beispielsweise die Bezugnahme auf eine bestimmte Kategorie von öffentlichen Auftraggebern innerhalb eines klar abgegrenzten Gebiets, so dass die betreffenden öffentlichen Auftraggeber ohne Weiteres und eindeutig identifiziert werden können". Ähnlich Fn. 14 der Erläuterungen der Europäischen Kommission zu Rahmenvereinbarungen der klassischen Richtlinie, Dok. CC/2005/03 vom 14.7.2005; *Zeise* in KKMPP, VgV, § 21 Rn. 41 ff.
[77] ZB „alle Gemeinden des Landkreises A" oder das „Ministerium des Innern mit allen nachgeordneten Behörden".
[78] Das BayObLG erlaubte eine Rahmenvereinbarung zu Gunsten Dritter, bei also später, zum Ausschreibungszeitpunkt noch nicht genau benannte Auftraggeber die Leistungen fordern durften, ohne Rahmenvertragspartner zu sein, BayObLG 17.2.2005 – Verg 27/04, NZBau 2005, 595. Diese Ansicht ist auf-

persönlichkeit dürfen nicht nachträglich benannt werden, soweit sie nicht bereits im Vergabeverfahren zu identifizieren waren.[79]

2. Wesentliche Änderungen unzulässig (Abs. 2 S. 3)

30   Bei der Vergabe der Einzelaufträge darf der Auftraggeber **keine wesentlichen Änderungen an den Bedingungen der Rahmenvereinbarung** vornehmen. Damit soll gewährleistet werden, dass der Auftraggeber lediglich die Leistungen über die Einzelaufträge beschafft, die Gegenstand der im förmlichen Vergabeverfahren ausgeschriebenen Rahmenvereinbarung waren. Bereits die Grundsätze der Transparenz, des Wettbewerbs und der Gleichbehandlung gebieten, dass der Auftraggeber nur die von der Rahmenvereinbarung klar umfassten Leistungen über die Einzelaufträge beschaffen darf.[80] Für Rahmenvereinbarungen gilt zusätzlich § 132 GWB, der bestimmte Auftragsänderungen während der Vertragslaufzeit erlaubt.[81] Zwar umfasst § 132 GWB nach seinem Wortlaut lediglich öffentliche Aufträge, zu denen Rahmenvereinbarungen nicht zählen.[82] Allerdings gelten gemäß § 103 Abs. 5 S. 2 GWB die Vorschriften für die Vergabe öffentlicher Aufträge ebenso für die Vergabe von Rahmenvereinbarungen, soweit nichts anderes bestimmt ist. Nach der hier vertretenen Ansicht sperrt § 21 Abs. 2 S. 3 VgV einen Rückgriff auf § 132 GWB nicht, da § 132 GWB ergänzend erläutert, in welchen Fällen eine wesentliche Änderung vorliegt.

III. Vergabe der Einzelaufträge bei Rahmenvereinbarungen mit einem Unternehmen (Abs. 3)

31   § 21 Abs. 3 S. 1 VgV gibt dem Auftraggeber vor, dass bei einer Rahmenvereinbarung mit einem Unternehmen die Einzelaufträge nach den Bedingungen der Rahmenvereinbarung zu vergeben sind. Wenn bereits **alle Bedingungen** für die Vergabe der Einzelaufträge **in der Rahmenvereinbarung festgelegt** sind, ruft der Auftraggeber den Einzelauftrag nur noch ab. Falls die Rahmenvereinbarung **noch nicht alle Bedingungen** für die Einzelaufträge enthält, fordert der Auftraggeber den Auftragnehmer in Textform nach § 126b BGB zur **Vervollständigung des Angebotes** auf (vgl. § 21 Abs 3 S. 2 VgV). Die Vervollständigung des Angebotes darf gemäß § 21 Abs. 2 S. 3 VgV nicht zu einer wesentlichen Änderung an den Bedingungen der Rahmenvereinbarung führen.[83] Insbesondere etwaige Preise, die in der Rahmenvereinbarung vereinbart sind und für die Vergabe der Rahmenvereinbarung wertungsrelevant waren, wird der Auftraggeber – auch im eigenen Interesse – nicht mehr zur Disposition stellen.

IV. Vergabe der Einzelaufträge bei Rahmenvereinbarungen mit mehreren Unternehmen (Abs. 4 und 5)

1. Einzelauftragsvergabe bei vollständigen Rahmenvereinbarungen ohne Miniwettbewerb (Abs. 4 Nr. 1)

32   Bei einer Rahmenvereinbarung mit mehreren Unternehmen, in der sowohl alle Bedingungen für die Leistungserbringung als auch die objektiven Bedingungen für die Auswahl

---

grund der Regelungen in VgV und Richtlinie 2014/24/EU nicht mehr vertretbar, da eine hinreichende Identifizierbarkeit dem vergaberechtlichen Transparenzgebot genügen muss und zivilrechtlich zulässige Konstellationen stets an den Vergaberechtsvorschriften zu messen sind. Im Ergebnis ebenso *Zeise* in KKMPP, VgV, § 21 Rn. 42.

[79] Vgl. VK Bund 24.4.2012 – VK 2–169/11, BeckRS 2013, 05520.
[80] Vgl. auch *Zeise* in KKMPP, VgV, § 21 Rn. 43.
[81] Vgl. *Wichmann* in BeckOK Vergaberecht § 21 Rn. 23.
[82] Siehe dazu *Biemann* in BeckGWB § 103 Abs. 5 und 6 Rn. 1.
[83] Vgl. bereits Ziffer 3.3 der Erläuterungen der Europäischen Kommission zu Rahmenvereinbarungen der klassischen Richtlinie, Dok. CC/2005/03 vom 14.7.2005.

des jeweiligen Auftragnehmers zum konkreten Einzelauftrag festgelegt sind, erteilt der Auftraggeber den Einzelauftrag gemäß den Bedingungen der Rahmenvereinbarung **ohne Miniwettbewerb.** § 21 Abs. 4 Nr. 1 VgV erlaubt dem Auftraggeber, in solchen Fällen auf ein „erneutes Vergabeverfahren" verzichten zu dürfen. Der Begriff „Vergabeverfahren" ist in diesem Zusammenhang und den nachfolgenden Absätzen des § 21 VgV nicht im Sinne der §§ 14 ff. VgV als förmliches EU-Vergabeverfahren zu verstehen. Vielmehr handelt es sich lediglich um einen Wettbewerb unter den Rahmenvertragspartnern, der als Miniwettbewerb bezeichnet werden kann.

Auftraggeber sind verpflichtet, die objektiven Bedingungen zur Auswahl des Unternehmens, welches den jeweiligen Einzelauftrag ausführen soll, in der Auftragsbekanntmachung oder den Vergabeunterlagen für die Rahmenvereinbarung zu nennen.[84] Dieses Transparenzerfordernis soll **spätere Manipulationsmöglichkeiten der Auftraggeber einschränken** und den Bietern bereits im Vergabeverfahren um die Rahmenvereinbarung ermöglichen, ihre Erfolgschancen für die späteren Einzelaufträge einschätzen zu können. Ein Auftraggeber darf die Einzelaufträge nicht willkürlich vergeben, sondern ist an seine bekanntgegebenen Auswahlbedingungen gebunden, wobei ihm gewisse Spielräume und Einflussmöglichkeiten verbleiben (zB bei der Liefermenge, Zeitpunkt des Abrufs etc.).[85] Er kann beispielsweise den Auftragnehmer, der bei der Vergabe der Rahmenvereinbarung das wirtschaftlichste Angebot abgegeben hatte, zunächst kontaktieren. Wenn dieser mangels Interesse oder Kapazität ablehnt, kann sich der Auftraggeber an den Zweitplatzierten wenden.[86] Als eine andere Möglichkeit kann der Auftraggeber, wenn er zB für Lieferleistungen Einheitspreise abgefragt hat, jeweils für die konkrete Bestellung den Preis angebotsspezifisch bestimmen. Den Einzelauftrag erhält dann der Auftragnehmer, der für den jeweiligen Einzelauftrag den niedrigsten Preis angeboten hat. Die gleichmäßige Verteilung der Einzelaufträge unter den Auftragnehmern stellt letztendlich die genaue Auftragsvergabe in das Ermessen der zuständigen Bearbeiter, was wettbewerbsverletzend und missbräuchlich ist.[87]

2. Einzelauftragsvergabe bei vollständigen Rahmenvereinbarungen mit möglichem Miniwettbewerb (Abs. 4 Nr. 2)

Neu ist in § 21 Abs. 4 Nr. 2 VgV die Möglichkeit für öffentliche Auftraggeber geregelt, **34** bei einer vollständigen Rahmenvereinbarung mit mehreren Unternehmen **entweder Einzelaufträge direkt zu vergeben oder alternativ vorher einen Miniwettbewerb** durchzuführen. Dies ermöglicht Auftraggebern eine noch höhere Flexibilität, die sie für wirtschaftlichere und qualitativ hochwertigere Beschaffungen einsetzen können. Bei längerfristigen IT-Lieferverträgen könnten Auftraggeber beispielsweise vorsehen, dass der technische Fortschritt in einem Miniwettbewerb abgebildet werden kann, wenn die im Einzelauftrag zu beschaffenden Produkte konkret messbare Leistungsparameter überschrei-

---

[84] Zu den Besonderheiten bei Rahmenvereinbarungen mit mehreren Unternehmen über Arzneimittelrabattverträge siehe zB OLG Düsseldorf 24.11.2011 – VII-Verg 62/11, ZfBR 2012, 187; LSG Nordrhein-Westfalen 3.9.2009 – L 21 KR 51/09 SFB, IBRRS 2009, 3922.
[85] Vgl. VK Bund 20.4.2006 – VK 1–19/06, IBRRS 2013, 4592, bestätigt durch OLG Düsseldorf 27.7.2006 – VII-Verg 23/06, IBRRS 2006, 4391.
[86] Die EU-Kommission bezeichnet diese Verfahrensweise als „Kaskadenverfahren", Erläuterungen der Europäischen Kommission zu Rahmenvereinbarungen der klassischen Richtlinie, Dok. CC/2005/03 vom 14.7.2005, S. 8. Bei einer Rahmenvereinbarung mit „Kaskadenverfahren", bei der der Auftraggeber später damit rechnet, dass der Erstplatzierte ggf. wirtschaftlich unattraktive Einzelaufträge ablehnen wird, sollte der Auftraggeber vertraglich entsprechende Regelungen zur Absicherung seiner wirtschaftlichen Beschaffung vorsehen. Diese könnten zB so gestaltet sein, dass der Erstplatzierte nur in begründeten Fällen, wenn er etwa bereits mehrere Einzelaufträge parallel vom Auftraggeber erhalten hat, einen weiteren Einzelauftrag mit schriftlicher Begründung ablehnen darf. Außerdem beugt der Auftraggeber dadurch dem Risiko vor, aufgrund wettbewerbsbeschränkender Abreden zwischen seinen Rahmenvertragspartnern unwirtschaftliche Einzelaufträge zu vergeben. Bei langfristigen Rahmenvereinbarungen kennen die Rahmenvertragspartner alle beteiligten Auftragnehmer. Durch eine regelmäßige Verweigerung des Erstplatzierten und ggf. sogar der nächstplatzierten Auftragnehmer könnte der Auftraggeber einen deutlich höheren Preis zahlen.
[87] Vgl. VK Berlin 10.2.2005 – B 2–74/04, BeckRS 2013, 57396.

ten.[88] Auftraggeber könnten eine Rahmenvereinbarung so konzipieren, dass für kleinere Einzelaufträge die vereinbarten Einzelpreise gelten. Wenn ein Einzelauftrag ein vorher bekanntgegebenes Auftragsvolumen übersteigt, führt der Auftraggeber einen Miniwettbewerb durch, in dem er allen Rahmenvertragspartnern die Möglichkeit gibt, Preisnachlässe auf die jeweils vereinbarten Einzelpreise anzubieten. Besonders wichtig ist die Vorgabe in § 21 Abs. 4 Nr. 2 VgV, dass die Entscheidung, ob bestimmte Liefer- oder Dienstleistungen nach erneutem Vergabeverfahren (also Miniwettbewerb) oder direkt entsprechend den Bedingungen der Rahmenvereinbarung beschafft werden sollen, **nach objektiven Kriterien** zu treffen ist. Auftraggeber dürfen später keine Manipulationsmöglichkeiten haben, um diskriminierend auf die Auswahlentscheidung Einfluss nehmen zu können. Aus diesem Grund stellt der Gesetzgeber **hohe Transparenzanforderungen.** Auftraggeber müssen daher (1.) die grundsätzliche Wahl dieser Variante nach § 21 Abs. 4 Nr. 2 VgV, (2.) die objektiven Kriterien für die Entscheidung für oder gegen einen Miniwettbewerb und (3.) die für einen möglichen Miniwettbewerb geöffneten Bedingungen in der Auftragsbekanntmachung oder den Vergabeunterlagen bekanntgeben. Der letzte Halbsatz in § 21 Abs. 4 Nr. 2 VgV macht deutlich, dass ein Auftraggeber bei losweiser Vergabe für jedes Los einzeln vorgeben kann, ob die Möglichkeit zum späteren Miniwettbewerb gewählt wird oder nicht. Für den Miniwettbewerb gelten die Vorgaben des § 21 Abs. 4 Nr. 3 VgV und insbesondere des § 21 Abs. 5 VgV.

3. Einzelauftragsvergabe bei unvollständigen Rahmenvereinbarungen mit Miniwettbewerb (Abs. 4 Nr. 3, Abs. 5)

35   Bei unvollständigen Rahmenvereinbarungen mit mehreren Unternehmen führt der Auftraggeber vor der Vergabe des Einzelauftrags mit allen Rahmenvertragspartnern einen Miniwettbewerb durch. Der **Miniwettbewerb** beruht gemäß § 21 Abs. 5 VgV auf „denselben Bedingungen wie der Abschluss der Rahmenvereinbarung und erforderlichenfalls auf genauer formulierten Bedingungen sowie gegebenenfalls auf weiteren Bedingungen, die in der Auftragsbekanntmachung oder den Vergabeunterlagen für die Rahmenvereinbarung" genannt werden. Auftraggeber sind somit **grundsätzlich relativ frei in der Ausgestaltung des Miniwettbewerbs,** soweit sie dies genau in der Auftragsbekanntmachung oder den Vergabeunterlagen **bekanntgegeben** haben, die **vergaberechtlichen Grundsätze (insbesondere Gleichbehandlungs- und Transparenzgebot) gewährleistet** und die **nachfolgenden Verfahrensanforderungen gewahrt** sind. Der Auftraggeber konsultiert vor der Vergabe jedes Einzelauftrags in Textform zunächst die Unternehmen, die in der Lage sind, den Auftrag auszuführen (vgl. § 21 Abs. 5 Nr. 1 VgV). Damit ist nicht gemeint, dass der Auftraggeber vorher die grundsätzliche Bereitschaft seiner Rahmenvertragspartner abfragen muss, sondern vielmehr fordert er direkt seine Rahmenvertragspartner unter einheitlichen Bedingungen mit Konkretisierung des Einzelauftrags in Textform zur Angebotsabgabe auf.[89] Regelmäßig wird der Auftraggeber alle Rahmenvertragspartner zur Angebotsabgabe auffordern müssen. Lediglich in bestimmten Ausnahmefällen, wenn etwa die Eignung (zB Leistungsfähigkeit) eines Rahmenvertragspartners für diesen konkreten Einzelauftrag nicht ausreicht und die Grundsätze dazu im Vergabeverfahren um die Rahmenvereinbarung bekanntgegeben worden waren, wird der Auftraggeber eine Auswahl unter den Rahmenvertragspartnern treffen dürfen.[90] Diese Auswahlentscheidung sollte der Auftraggeber genau dokumentieren.

36   Nach der hier vertretenen Auffassung darf der Auftraggeber seine Rahmenvertragspartner verpflichten, grundsätzlich ein **Angebot auf jeden Einzelauftrag abgeben zu müssen.**[91]

---

[88] Vgl. *Zeise* in KKMPP, VgV, § 21 Rn. 56.

[89] So auch die Erläuterungen der Europäischen Kommission zu Rahmenvereinbarungen der klassischen Richtlinie, Dok. CC/2005/03 vom 14.7.2005, S. 10.

[90] Ähnlich *Zeise* in KKMPP, VgV, § 21 Rn. 58.

[91] AA *Zeise* in KKMPP, VgV, § 21 Rn. 58, der von keiner Abschlusspflicht ausgeht.

Nur in begründeten Fällen, etwa bei nachgewiesener Überlastung durch parallele Einzelaufträge des Auftraggebers, sind die Rahmenvertragspartner von dieser Pflicht befreit. Andernfalls besteht für den Auftraggeber das erhebliche Risiko, dass bei unattraktiven Einzelaufträgen kein Rahmenvertragspartner ein Angebot einreicht oder die Rahmenvertragspartner untereinander wettbewerbsbeschränkend abstimmen, welcher Rahmenvertragspartner jeweils ein Angebot für den konkreten Einzelauftrag abgibt. Indem die Rahmenvertragspartner die offenen Bedingungen im Miniwettbewerb ergänzen dürfen, verbleibt ihnen ein ausreichender Handlungsspielraum.

Für die Abgabe des Angebotes für den jeweiligen Einzelauftrag muss der Auftraggeber **37** eine **angemessene Frist** setzen, die die Komplexität des Einzelauftrags sowie die für die Übermittlung der Angebote erforderliche Zeit berücksichtigt (vgl. § 21 Abs. 5 Nr. 2 VgV). Häufig werden die Rahmenvertragspartner ihre Angebote nur an einigen wenigen Stellen ergänzen müssen (zB den Preis) und diese dann elektronisch einreichen, weshalb die Angebotsfrist kurz sein darf.[92] Auftraggebern ist zu empfehlen, bei für die Einzelauftragsvergaben vorgesehenen kurzen Angebotsfristen dies bereits in dem Vergabeverfahren um die Rahmenvereinbarung bekanntzugeben. Die für den Einzelauftrag eingereichten Angebote müssen die Textform nach § 126b BGB einhalten und dürfen erst nach Ablauf der Angebotsfrist geöffnet werden (vgl. § 21 Abs. 5 Nr. 3 VgV).

Für den jeweiligen Einzelauftrag erhält das Angebot den Zuschlag, welches auf der **38** Grundlage der in der Auftragsbekanntmachung oder den Vergabeunterlagen für die Rahmenvereinbarung genannten **Zuschlagskriterien** das jeweils wirtschaftlichste Angebot ist (vgl. § 21 Abs. 5 Nr. 4 VgV). Die EU-Kommission fordert, dass der Auftraggeber die Zuschlagskriterien für die Einzelauftragsvergaben mit ihren Gewichtungen bereits im Vergabeverfahren über die Rahmenvereinbarung aufführen muss.[93] Eine strenge Auslegung dieser Forderung würde die gewünschte Flexibilität von Rahmenvereinbarungen konterkarieren, da der Auftraggeber nicht mehr auftragsindividuelle Zuschlagskriterien bzw. Gewichtungen bilden könnte. Deshalb ist davon auszugehen, dass zumindest kein höherer Maßstab anzulegen ist als für die Bekanntgabe von Zuschlagskriterien für Vergabeverfahren. Gemäß § 58 Abs. 3 S. 2, 3 VgV darf ein Auftraggeber für Vergabeverfahren ausnahmsweise eine Spanne der Gewichtungen der Zuschlagskriterien oder sogar nur eine absteigende Rangfolge der Zuschlagskriterien bekanntgeben. Dies ist übertragbar auf die Zuschlagskriterien für Einzelaufträge, weshalb zwar die **genauen Zuschlagskriterien zu benennen** sind. In begründeten Fällen darf der Auftraggeber allerdings **statt konkreter Gewichtungen lediglich eine jeweilige Spanne angeben bzw. sogar nur eine Rangfolge** nennen.[94] Die Gründe dafür sind genau zu dokumentieren. Außerdem wird der Auftraggeber im Miniwettbewerb mit Aufforderung zur Abgabe eines Angebotes regelmäßig den Rahmenvertragspartnern die für diesen Einzelauftrag individuell geltenden Gewichtungen der Zuschlagskriterien bekanntgeben müssen. Eine komplett neue Aufstellung von Zuschlagskriterien mit ihren Gewichtungen vor den Einzelauftragsvergaben wird regelmäßig unzulässig sein, da sich dem Auftraggeber andernfalls erhebliche Manipulationsspielräume eröffnen würden.[95] Nach einem Miniwettbewerb und vor Erteilung des Zuschlags für den jeweiligen Einzelauftrag wird der Auftraggeber in der Regel Vorabinformationsschreiben im Sinne des § 134 Abs. 1 GWB an die unterlegenen Rahmenvertragspartner versenden müssen.[96]

---

[92] Vgl. Erläuterungen der Europäischen Kommission zu Rahmenvereinbarungen der klassischen Richtlinie, Dok. CC/2005/03 vom 14.7.2005, S. 10.
[93] Ziffer 2.2 der Erläuterungen der Europäischen Kommission zu Rahmenvereinbarungen der klassischen Richtlinie, Dok. CC/2005/03 vom 14.7.2005.
[94] Ähnlich *Wichmann* VergabeR 2017, 1 (9).
[95] AA *Zeise* in KKMPP, VgV, § 21 Rn. 61, der ohne nähere Begründung davon ausgeht, dass der Auftraggeber die Zuschlagskriterien vor Vergabe der Einzelaufträge neu aufstellen darf.
[96] Siehe dazu *Dreher/Hoffmann* in BeckGWB § 134 Rn. 50 ff.

IV. Laufzeit einer Rahmenvereinbarung (Abs. 6)

39   Gemäß § 103 Abs. 5 S. 1 GWB ist die Laufzeit der Rahmenvereinbarung festzulegen, die für Rahmenvereinbarungen nach § 21 Abs. 6 VgV **höchstens vier Jahre** betragen darf. Nur bei im Gegenstand der Rahmenvereinbarung liegenden **Sonderfällen** kann eine **längere Vertragslaufzeit** zulässig sein. Die Rahmenvereinbarung erfasst nur Einzelaufträge, die innerhalb eines eindeutig definierten Zeitraumes vergeben werden. Rahmenvereinbarungen dürfen daher nicht auf unbegrenzte Dauer geschlossen werden. Auftraggeber müssen bei der Festlegung der Dauer der Rahmenvereinbarung berücksichtigen, dass eine zu lange Vertragslaufzeit wettbewerbsbeschränkend wirkt.[97] Ein Sonderfall für eine längere Vertragslaufzeit kann beispielsweise vorliegen, wenn der Auftraggeber **erhebliche Aufwendungen bei der Entwicklung des Vertragsgegenstandes hatte und sich diese Investitionen erst nach längerer Zeit amortisieren.**[98] Besondere Vorteile für den Auftraggeber, wie etwa steuerliche Vorteile, rechtfertigen keine Überschreitung der maximalen Regellaufzeit.[99] In allen Fällen, in denen Auftraggeber sich auf längere als die vergaberechtlich normierten Laufzeiten berufen wollen, müssen sie die Gründe – möglichst vor Verfahrensbeginn – entsprechend dokumentieren.[100] Den Auftraggebern steht dabei kein Beurteilungsspielraum zu, sondern die Gründe sind durch die Nachprüfungsinstanzen vollständig überprüfbar.[101]

40   Die Erwägungsgründe zu den neuen EU-Vergaberichtlinien stellen klar, dass die **Laufzeit der Einzelaufträge nicht konform mit der Laufzeit der Rahmenvereinbarung** sein muss. Die Einzelaufträge sind zwar vor Ablauf der Laufzeit der Rahmenvereinbarung zu vergeben, jedoch dürfen die Einzelaufträge kürzer oder länger als die Rahmenvereinbarung laufen.[102] Die Verlängerung einer Rahmenvereinbarung über die ursprünglich festgelegte Laufzeit hinaus mit entsprechenden Einzelauftragsvergaben ist allerdings grundsätzlich als neuer Auftrag zu werten, der im Wettbewerb vergeben werden muss.[103] Dies gilt insbesondere aus Gründen der Transparenz selbst dann, wenn die vorgesehene Gesamtlaufzeit der Rahmenvereinbarung die zeitliche Obergrenze von vier Jahren nicht überschreitet.

D. Rechtsschutz

41   Das **Vergabeverfahren zum Abschluss einer Rahmenvereinbarung** können die beteiligten Unternehmen vergaberechtlich überprüfen lassen. § 103 Abs. 5 GWB stellt Rahmenvereinbarungen mit öffentlichen Aufträgen gleich, wovon für den Rechtsschutz durch Nachprüfungsverfahren bereits Art. 1 Abs. 1 Unterabs. 2 der Richtlinie 89/665/ EWG in der Fassung von Art. 1 Abs. 1 der Richtlinie 2007/66/EG ausging. Bieter könnten folglich beispielsweise Wertungsfehler bei der Auswahl der Rahmenvertragspartner oder ungenaue Angaben des Auftraggebers zum geplanten Auftragsvolumen angreifen.

---

[97] OLG Düsseldorf 11.4.2012 – VII-Verg 95/11, BeckRS 2012, 10051; VK Bund vom 2.8.2017 – VK 2–74/17, VPRRS 2017, 0274.

[98] VK Bund 2.8.2017 – VK 2–74/17, VPRRS 2017, 0274; ähnlich BayObLG 17.2.2005 – Verg 27/04, NZBau 2005, 595.

[99] Vgl. VK Arnsberg 13.11.2009 – VK 26/09, BeckRS 2013, 57393.

[100] Vgl. OLG Düsseldorf 11.4.2012 – VII-Verg 95/11, BeckRS 2012, 10051.

[101] Vgl. OLG Düsseldorf 11.4.2012 – VII-Verg 95/11, BeckRS 2012, 10051; *Zeise* in KKMPP, VgV, § 21 Rn. 66.

[102] Vgl. Erwägungsgrund 62 der Richtlinie 2014/24/EU und Erwägungsgrund 72 der Richtlinie 2014/25/EU.

[103] Vgl. OLG Düsseldorf vom 14.2.2001 – Verg 13/00, NZBau 2002, 54; allgemein zur Ausschreibungspflicht von Vertragsverlängerungen *Frenz* VergabeR 2017, 323; *Greb/Stenzel* NZBau 2012, 404 (405 ff.); *Scharen* NZBau 2009, 679 (683 ff.); *Krohn* NZBau 2008, 619 (623 ff.); *Kulartz/Duikers* VergabeR 2008, 728 (737); *Jaeger* EuZW 2008, 492 (495).

Auch bei der späteren **Vergabe der Einzelaufträge** auf Grund einer Rahmenvereinba- **42**
rung kann der Rechtsweg zu den Vergabekammern eröffnet sein. Die **beteiligten Rahmenvertragspartner** können die Abweichung von den bekanntgegebenen und vereinbarten Verfahrensvorschriften für den Miniwettbewerb, die vertragswidrige Abänderung der
Zuschlagskriterien für die Einzelaufträge oder die fehlerhafte Wertung der Angebote für die
Einzelaufträge rügen.[104] **Nicht an der Rahmenvereinbarung beteiligten Unternehmen** stehen ebenfalls bei der Vergabe der Einzelaufträge – innerhalb bestimmter Grenzen –
Rechtsschutzmöglichkeiten vor den Nachprüfungsinstanzen zu. Dies gilt insbesondere,
wenn der Auftraggeber über den Inhalt der Rahmenvereinbarung hinausgeht und einen
grundsätzlich ausschreibungspflichtigen Auftrag rechtswidrig an einen Rahmenvertragspartner vergibt.[105] Nach der hier vertretenen Auffassung können die Verfahrensvorschriften
des § 21 Abs. 2 bis 5 VgV auch für außenstehende Unternehmen im Einzelfall bieterschützend sein.[106] Wenn beispielsweise der Auftraggeber die in dem Vergabeverfahren um die
Rahmenvereinbarung bekanntgegebenen Bedingungen zur Vergabe der Einzelaufträge
später ändert, etwa durch neue Zuschlagskriterien für die Einzelauftragsvergaben, könnte
dies ein am damaligen Vergabeverfahren beteiligter Bieter gegebenenfalls rügen. Er könnte
vorbringen, dass er in dem Vergabeverfahren um die Rahmenvereinbarung bei Kenntnis
der nunmehr eingetretenen Änderungen überhaupt ein Angebot bzw. ein wirtschaftlicheres
Angebot abgegeben hätte, da er durch die nachträglichen Änderungen bessere Erfolgschancen für die Einzelaufträge haben würde.

---

[104] So auch *Zeise* in KKMPP, VgV, § 21 Rn. 70.
[105] Vgl. OLG Düsseldorf 20.6.2001 – Verg 3/01, NZBau 2001, 696; VK Bund 20.5.2003 – VK 1–35/03,
IBRRS 2003, 1542.
[106] AA *Zeise* in KKMPP, VgV, § 21 Rn. 70, der von einem bieterschützenden Charakter ausschließlich
für die Rahmenvertragspartner ausgeht.

§ 22 Grundsätze für den Betrieb dynamischer Beschaffungssysteme

(1) Der öffentliche Auftraggeber kann für die Beschaffung marktüblicher Leistungen ein dynamisches Beschaffungssystem nutzen.

(2) Bei der Auftragsvergabe über ein dynamisches Beschaffungssystem befolgt der öffentliche Auftraggeber die Vorschriften für das nicht offene Verfahren.

(3) Ein dynamisches Beschaffungssystem wird ausschließlich mithilfe elektronischer Mittel eingerichtet und betrieben. Die §§ 11 und 12 finden Anwendung.

(4) Ein dynamisches Beschaffungssystem steht im gesamten Zeitraum seiner Einrichtung allen Bietern offen, die die im jeweiligen Vergabeverfahren festgelegten Eignungskriterien erfüllen. Die Zahl der zum dynamischen Beschaffungssystem zugelassenen Bewerber darf nicht begrenzt werden.

(5) Der Zugang zu einem dynamischen Beschaffungssystem ist für alle Unternehmen kostenlos.

Übersicht

	Rn.		Rn.
A. Einführung	1	III. Geltung der Vorschriften über das nicht offene Verfahren, § 22 Abs. 2 VgV	11
I. Literatur	1	1. Grundsatz	11
II. Entstehungsgeschichte	2	2. Weitere besondere Regelungen zu dynamischen Beschaffungssystemen außerhalb der §§ 22 ff. VgV	15
1. VKR 2004 und Vergaberechtsreform 2009	2		
2. RL 2014/24/EU und Vergaberechtsreform 2016	3	IV. Betrieb ausschließlich mithilfe elektronischer Mittel, § 22 Abs. 3 VgV	16
III. Rechtliche Vorgaben im EU-Recht	4	V. Offenheit des dynamischen Beschaffungssystems, § 22 Abs. 4 VgV	20
B. Kommentierung	5		
I. Allgemeines	5	VI. Kostenloser Zugang, § 22 Abs. 5 VgV	23
II. Beschaffung marktüblicher Leistungen, § 22 Abs. 1 VgV	9		

A. Einführung

I. Literatur

1 *Kulartz/Kus/Marx/Portz/Prieß,* Kommentar zur VgV, 2017; *Ley/Wankmüller,* Das neue Vergaberecht 2016, 3. Aufl. 2016; *Knauff,* Neues europäisches Vergabeverfahrensrecht: Dynamische Beschaffungssysteme (Dynamische elektronische Verfahren), VergabeR 2008, 615 ff.; *Leinemann/Maibaum,* Die neue europäische einheitliche Vergabekoordinierungsrichtlinie für Lieferaufträge, Dienstleistungsaufträge und Bauaufträge – ein Optionsmodell, VergabeR 2004, 275 ff.; *Wieddekind,* Das dynamische elektronische Verfahren gem. § 101 Abs. 6 GWB, § 5 VOL/A-EG, VergabeR 2011, 412 ff.; *Hamer,* Regular Purchases and Aggregated Procurement: The Changes in the New Public Procurement Directive Regarding Framework Agreements, Dynamic Purchasing Systems and Central Purchasing Bodies, P.P.L.R. 2004, S. 201 ff.; *Müller,* Das dynamische elektronische Verfahren, NZBau 2011, 72 ff.; *Burgi/Dreher,* Beck'scher Vergaberechtskommentar, GWB 4. Teil, 3. Aufl. 2017.

II. Entstehungsgeschichte

1. VKR 2004 und Vergaberechtsreform 2009

2 Bereits die Richtlinie 2004/18/EG des Europäischen Parlaments und des Rates über die Koordinierung der Verfahren zur Vergabe öffentlicher Bauaufträge, Lieferaufträge und Dienstleistungsaufträge vom 31. März 2004 (VKR) enthielt umfassende Regelungen zur Einrichtung dynamischer Beschaffungssysteme. So definierte Art. 1 Abs. 6 VKR das dynamische Beschaffungssystem als ein vollelektronisches Verfahren für Beschaffungen von

marktüblichen Leistungen, bei denen die allgemein auf dem Markt verfügbaren Merkmale den Anforderungen des öffentlichen Auftraggebers genügen; dieses Verfahren, so Art. 1 Abs. 6 VKR weiter, ist zeitlich befristet und steht während der gesamten Verfahrensdauer jedem Wirtschaftsteilnehmer offen, der die Eignungskriterien erfüllt und ein erstes Angebot im Einklang mit den Verdingungsunterlagen unterbreitet hat. Art. 33 VKR enthielt ausführliche Regelungen zur Einrichtung eines dynamischen Beschaffungssystems. Auch die Erwägungsgründe zur VKR enthalten an mehreren Stellen Ausführungen hierzu, so in Erwägungsgrund 12, 13 und 16 VKR. Eine Verpflichtung für die Mitgliedstaaten der Europäischen Gemeinschaft, ihren öffentlichen Auftraggebern die Einrichtung von dynamischen Beschaffungssystemen zu ermöglichen, enthielt Art. 33 VKR jedoch nicht, vielmehr bestimmte Art. 33 Abs. 1 VKR lediglich, dass die Mitgliedstaaten vorsehen können, dass die öffentlichen Auftraggeber auf dynamische Beschaffungssysteme zurückgreifen können.[1] Auf diese Möglichkeit, öffentlichen Auftraggebern die Gelegenheit zum Rückgriff auf dynamische Beschaffungssysteme zu bieten, reagierte der deutsche Gesetzgeber nur zögerlich. Jahrelang enthielt das nationale Recht keine entsprechenden Bestimmungen, erst mit dem Gesetz zur Modernisierung des Vergaberechts vom 20.4.2009 (Vergaberechtsreform 2009), BGBl. I, S. 790 ff., wurde mit § 101 Abs. 6 S. 2 GWB (Fassung 2009) eine Regelung zum dynamischen Beschaffungssystem geschaffen, deren Gehalt jedoch angesichts der umfassenden Regelung in Art. 33 VKR ziemlich dürftig war, wie ihre Formulierung beweist: *„Ein dynamisches elektronisches Verfahren ist ein zeitlich befristetes ausschließlich elektronisches offenes Vergabeverfahren zur Beschaffung marktüblicher Leistungen, bei denen die allgemein auf dem Markt verfügbaren Spezifikationen den Anforderungen des Auftraggebers genügen."* Eine stärkere Ausdifferenzierung fand das dynamische Beschaffungssystem jedoch in der ebenfalls im Zuge der Vergaberechtsreform 2009 überarbeiteten VOL/A-EG (Fassung 2009). § 5 EG VOL/A (Fassung 2009) enthielt genaue Vorgaben, was bei der Einrichtung eines dynamischen Beschaffungssystem – damals noch als „dynamisches elektronisches Verfahren" bezeichnet – zu beachten ist. Der gravierendste Unterschied zur aktuellen Rechtslage war die Forderung, dass die öffentlichen Auftraggeber das dynamische Beschaffungssystem als offenes Vergabeverfahren in allen Phasen von der Einrichtung bis zur Vergabe des zu vergebenden Auftrags durchzuführen haben, vgl. § 5 Abs. 1 S. 3 EG VOL/A (Fassung 2009); ein Umstand, der vom Richtliniengeber äußerst negativ bewertet wurde, weil sich die Notwendigkeit der Einreichung unverbindlicher Angebote als eine der größten Belastungen bei dynamischen Beschaffungssystemen erwiesen hätte, und der dazu führte, dass nunmehr dynamische Beschaffungssysteme in Form eines nicht offenen Verfahrens betrieben werden.[2]

2. RL 2014/24/EU und Vergaberechtsreform 2016

Der Vorschlag für eine Richtlinie des Europäischen Parlaments und des Rates über die 3 öffentliche Auftragsvergabe der Europäischen Kommission vom 20.12.2011, Kom(2011) 896, der die Grundlage für die aktuellen Vergaberichtlinien bildet, hat das Instrument der dynamischen Beschaffungssysteme aufgegriffen und in Art. 32 Kom(2011)896 ausführlich geregelt. In den Einzelerläuterungen zu Kom(2011)896, unter der Überschrift *„Vereinfachung und Flexibilisierung der Vergabeverfahren"*, wird das dynamische Beschaffungssystem als eines von mehreren Instrumenten der elektronischen Beschaffung erwähnt, die gegenüber der damals bestehenden Richtlinie optimiert und präzisiert werden sollten – alles unter dem Ziel der Erleichterung der elektronischen Auftragsvergabe.[3] Auch die Erwägungsgründe zu Kom(2011)896 enthalten Ausführungen zu dynamischen Beschaffungssystemen, insbesondere Erwägungsgrund 22 Kom(2011)896. Die Mitteilung der Kommission an das

---

[1] *Knauff* VergabeR 2008, 615, 616; *Wieddekind* VergabeR 2011, 412.
[2] Vgl. Erwägungsgrund 63 RL 2014/24/RL und Erwägungsgrund 22 Kom(2011)896, der ebenfalls auf diese Problematik hinweist; ebenso *Hamer* P. P. L.R 2014, S. 201, 206.
[3] Vgl. Kom(2011)896, S. 9.

Europäische Parlament, den Rat, den Europäischen Wirtschafts- und Sozialausschuss und den Ausschuss der Regionen – Eine Strategie für die e-Vergabe – vom 20.4.2012, Com(2012)179, erwähnt in dem Kapitel *„Schaffung eines effektiven Rechtsrahmens"* ebenfalls die dynamischen Beschaffungssysteme als eines von mehreren Instrumenten, zu dem der Vorschlag gestraffte Bestimmungen zur Regulierung enthalte. Sämtliche Inhalte des Art. 32 Kom(2011)896 wurden in Art. 34 RL 2014/24/EU übernommen und um einige Regelungen ergänzt. Die Ausführungen in Erwägungsgrund 22 Kom(2011)896 wurden, mit leichten Ergänzungen, in Erwägungsgrund 63 RL 2014/24/EU übernommen. Der nationale Gesetzgeber hat im Rahmen der Vergaberechtsreform 2016 die Vorschriften zu den dynamischen Beschaffungssystemen schließlich auf mehrere Paragrafen verteilt und in §§ 22 ff. VgV niedergelegt.

III. Rechtliche Vorgaben im EU-Recht

4   Die Kernvorschrift zu den dynamischen Beschaffungssystemen im EU-Recht ist Art. 34 RL 2014/24/EU. Die dazu gehörige Richtlinienbegründung des Richtliniengebers ist in den Erwägungsgründen 63 bis 66 RL 2014/24/EU enthalten, die zur Auslegung der Regelungen herangezogen werden können.

B. Kommentierung

I. Allgemeines

5   § 120 Abs. 1 GWB definiert ein dynamisches Beschaffungssystem als ein zeitlich befristetes, ausschließlich elektronisches Verfahren zur Beschaffung marktüblicher Leistungen, bei denen die allgemein auf dem Markt verfügbaren Merkmale den Anforderungen des öffentlichen Auftraggebers genügen, und bildet damit neben § 113 S. 2 Nr. 3 GWB den sachlichen Anknüpfungspunkt für die Regelungen zu den dynamischen Beschaffungssystemen in §§ 22 bis 24 VgV.

6   Die Regelungen zu den dynamischen Beschaffungssystemen ersetzen § 5 EG VOL/A (Fassung 2009). Intention des Richtliniengebers[4] bei der Neugestaltung der dynamischen Beschaffungssysteme war es, aufbauend auf den bisherigen Erfahrungen, die Vorschriften zu den dynamischen Beschaffungssystemen anzupassen, um es den öffentlichen Auftraggebern zu erlauben, die Möglichkeiten, die dieses Instrument bietet, in vollem Umfang zu nutzen. Dazu sollten die betreffenden Systeme vereinfacht werden, indem sie insbesondere in Form eines nichtoffenen Verfahrens betrieben werden. Damit sollte auch die Notwendigkeit der Einreichung unverbindlicher Angebote (vgl. § 5 Abs. 1 S. 3 und 4 EG VOL/A (Fassung 2009)), die sich als eine der größten Belastungen bei dynamischen Beschaffungssystemen erwiesen hat, entfallen. Das neue dynamische Beschaffungssystem soll den öffentlichen Auftraggebern ermöglichen, eine besonders breite Palette von Angeboten einzuholen und damit sicherzustellen, dass die öffentlichen Gelder im Rahmen eines breiten Wettbewerbs in Bezug auf marktübliche oder gebrauchsfertige Waren, Bauleistungen oder Dienstleistungen, die allgemein auf dem Markt verfügbar sind, optimal eingesetzt werden.

7   Das dynamische Beschaffungssystem wird programmatisch in Art. 34 Abs. 1 RL 2014/24/EU charakterisiert: *„Für Beschaffungen von marktüblichen Lieferungen beziehungsweise Leistungen, bei denen die allgemein auf dem Markt verfügbaren Merkmale den Anforderungen der öffentlichen Auftraggeber genügen, können letztere auf ein dynamisches Beschaffungssystem zurückgreifen. Beim dynamischen Beschaffungssystem handelt es sich um ein vollelektronisches Verfahren, das während seiner Gültigkeitsdauer jedem Wirtschaftsteilnehmer offen steht, der die Eignungskriterien erfüllt.*

---

[4] Vgl. zum Folgenden: Erwägungsgrund 63 RL 2014/24/EU.

Es kann in Kategorien von Waren, Bauleistungen oder Dienstleistungen untergliedert werden, die anhand von Merkmalen der vorgesehenen Beschaffung in der betreffenden Kategorie objektiv definiert werden. Diese Merkmale können eine Bezugnahme auf den höchstzulässigen Umfang späterer konkreter Aufträge oder auf ein spezifisches geografisches Gebiet, in dem spätere konkrete Aufträge auszuführen sind, enthalten. "

Damit sind die wesentlichen Elemente angesprochen, die ein dynamisches Beschaffungs- **8** system definieren. Gegenstand der Beschaffung im Rahmen eines dynamischen Beschaffungssystems sind „marktübliche Leistungen", § 22 Abs. 1 VgV. Das dynamische Beschaffungssystem wird vollelektronisch betrieben, es wird also ausschließlich mithilfe elektronischer Mittel eingerichtet und betrieben, § 22 Abs. 3 VgV. Es steht im gesamten Zeitraum seiner Einrichtung allen Bietern offen, die die im jeweiligen Vergabeverfahren festgelegten Eignungskriterien erfüllen, § 22 Abs. 4 S. 1 VgV. Das dynamische Beschaffungssystem kann in Kategorien von Leistungen untergliedert werden, die wiederum mittels objektiver Merkmale definiert werden, § 23 Abs. 4 VgV. Die weiteren Vorschriften gestalten das dynamische Beschaffungssystem weiter aus, insbesondere hinsichtlich der einzuhaltenden Verfahrensschritte.

II. Beschaffung marktüblicher Leistungen, § 22 Abs. 1 VgV

Nach § 22 Abs. 1 VgV kann der öffentliche Auftraggeber für die Beschaffung marktübli- **9** cher Leistungen ein dynamisches Beschaffungssystem nutzen. Die Vorschrift geht zurück auf Art. 34 Abs. 1 S. 1 RL 2014/24/EU, wonach für Beschaffungen von marktüblichen Lieferungen beziehungsweise Leistungen, bei denen die allgemein auf dem Markt verfügbaren Merkmale den Anforderungen der öffentlichen Auftraggeber genügen, letztere auf ein dynamisches Beschaffungssystem zurückgreifen können. Bei den marktüblichen Leistungen handelt es sich mithin um solche, die, wenn sie allgemein auf dem Markt verfügbar sind, den Anforderungen des öffentlichen Auftraggebers entsprechen.[5] In den Erwägungsgründen zur RL 2014/24/EU werden zusätzlich zu den marktüblichen Waren und den Bauleistungen oder Dienstleistungen, die allgemein auf dem Markt verfügbar sind, noch gebrauchsfertige Waren erwähnt, die mittels eines dynamischen Beschaffungssystems beschafft werden können.[6]

Die Beschränkung des dynamischen Beschaffungssystems auf marktübliche Leistungen **10** erklärt sich aus seinem Sinn und Zweck. Bereits im Richtlinienvorschlag der Kommission wird ausgeführt, dass dynamische Beschaffungssysteme neben elektronischen Katalogen sich in besonderer Weise für eine stark gebündelte Beschaffung durch zentrale Beschaffungsstellen eignen.[7] In die gleiche Richtung gehen die Erwägungsgründe der aktuellen Vergaberichtlinie, in denen als Vorteil dynamischer Beschaffungssysteme die Einholung besonders breiter Angebotspaletten genannt wird.[8] Letztendlich geht es also um die Beschaffung von **auf dem Markt erhältlichen Standardwaren und Standarddienstleistungen, die nicht eigens an individuellen Anforderungen öffentlicher Auftraggeber angepasst werden müssen,** sondern diesen bereits in ihrer Standardversion entsprechen,[9] weil nur so eine Realisierung der mit den dynamischen Beschaffungssystemen verknüpften Zielen möglich ist. Geistig-schöpferische Leistungen unterfallen damit nicht dem Anwendungsbereich dynamischer Beschaffungssysteme.[10] Für die Frage, ob eine zu beschaffende Leistung

---

[5] BT-Drucks. 18/7318, S. 166.
[6] RL 2014/24/EU, Erwägungsgrund 63.
[7] KOM(2011)896, S. 10.
[8] RL 2014/24/EU, Erwägungsgrund 63.
[9] *Knauff* VergabeR 2008, 615, 616; *Leinemann/Maibaum* VergabeR 2004, 275, 282; *Wieddekind* VergabeR 2011, 412, 413; *Müller* NZBau 2011, 72, 73; *Hölzl* in KKPP GWB-Vergaberecht, 4. Aufl. 2016, § 120 Rn. 22.
[10] *Müller* NZBau 2011, 72, 73.

marktüblich im Sinne des § 22 Abs. 1 VgV ist, können öffentliche Auftraggeber diese grundsätzliche Unterscheidung heranziehen. Der Begriff der allgemeinen Verfügbarkeit findet darüber hinaus in § 11 Abs. 1 S. 1 VgV im Zusammenhang mit den elektronischen Mitteln und ihren technischen Merkmalen Verwendung, weshalb die dort gemachten Ausführungen grundsätzlich auch zur Bestimmung der marktüblichen Leistungen herangezogen werden können.[11] Allgemein verfügbar sind demnach Leistungen, wenn sie in personaler, zeitlicher und monetärer Hinsicht allgemein verfügbar sind. Diese drei Kriterien sind auf die Bestimmung der marktüblichen Leistungen übertragbar. Marktüblich i. S. v. § 22 Abs. 1 VgV ist eine Leistung demnach dann, wenn sie in personaler Hinsicht nicht einem exklusiven Kundenkreis vorbehalten ist, wenn sie in zeitlicher Hinsicht jederzeit beschafft werden kann und wenn sie gegen ein angemessenes und verhältnismäßiges Entgelt erworben werden kann.

III. Geltung der Vorschriften über das nicht offene Verfahren, § 22 Abs. 2 VgV

1. Grundsatz

11   Nach § 22 Abs. 2 VgV hat der öffentliche Auftraggeber bei der Auftragsvergabe über ein dynamisches Beschaffungssystem die Vorschriften für das nicht offene Verfahren zu befolgen. Die Vorschrift geht zurück auf den nahezu wortgleichen Art. 34 Abs. 2 S. 1 RL 2014/24/EU.[12] Der Richtliniengeber sieht hierin eine Vereinfachung im Vergleich zu der Vorgängerregelung, insbesondere entfalle hierdurch die Notwendigkeit der Einreichung unverbindlicher Angebote, was sich als eine der größten Belastungen bei dynamischen Beschaffungssystemen erwiesen hätte.[13] Die Vorschriften für das nicht offene Verfahren in § 16 VgV gelten nicht uneingeschränkt für das dynamische Beschaffungssystem. Vielmehr werden sie von den Regelungen über das dynamische Beschaffungssystem modifiziert,[14] so dass es sich um ein nicht offenes Verfahren eigener Prägung handelt, nicht jedoch um eine Vergabeverfahrensart *sui generis*,[15] die zu den in §§ 15 ff. VgV geregelten Vergabeverfahrensarten hinzutritt.[16] Da es sich bei dem dynamischen Beschaffungssystem um ein modifiziertes nicht offenes Verfahren handelt, gelten die allgemeinen Regeln des Vergaberechts auch für das dynamische Beschaffungssystem. Soweit also in den §§ 22 ff. VgV keine eigenen Regelungen enthalten sind, ist auf die Vorschriften des sonstigen Vergaberechts zurückzugreifen.[17]

12   Der strukturelle Unterschied zwischen dem dynamischen Beschaffungssystem und dem nicht offenen Verfahren wird deutlich, wenn man das nicht offene Verfahren in seiner Reinform vergleicht mit den Modifizierungen, die es durch § 22 Abs. 4 VgV und § 23 Abs. 6 VgV im Rahmen des dynamischen Beschaffungssystems erfährt. So findet beim nicht offenen Verfahren in einer ersten Phase ein Teilnahmewettbewerb statt, bei dem der öffentliche Auftraggeber eine unbeschränkte Anzahl von Unternehmen öffentlich zur Abgabe von Teilnahmeanträgen auffordert und bei dem jedes interessierte Unternehmen innerhalb einer bestimmten Frist einen Teilnahmeantrag – unter Übermittlung der geforder-

---

[11] Vgl. insoweit die Kommentierung zu § 11 VgV.
[12] BT-Drucks. 18/7318, S. 166.
[13] RL 2014/24/EU, Erwägungsgrund 63.
[14] Teilweise werden die Modifikationen des nicht offenen Verfahrens durch die Regelungen über das dynamische Beschaffungssystem als *leges speciales* gewertet, so *Hölzl* in KKMPP Kommentar zur VgV, 2017, § 22 Rn. 25.
[15] Vgl. zum alten Recht die Einschätzung, dass es sich bei dem dynamischen Beschaffungssystem nicht um ein eigenständiges Vergabeverfahren handelt *Knauff* VergabeR 2008, 615, 616; *Wieddekind* VergabeR 2011, 412, 413; a. A. *Müller* NZBau, 2011, 72, 73, der im dynamischen Beschaffungssystem nach altem Recht eine Vergabeart *sui generis* sieht.
[16] *Hölzl* in KKMPP Kommentar zur VgV, 2017, § 22 Rn. 26.
[17] *Hölzl* in KKMPP Kommentar zur VgV, 2017, § 23 Rn. 6.

ten Informationen für die Prüfung der Eignung – abgeben kann, § 16 Abs. 1 VgV. In einer zweiten Phase fordert der öffentliche Auftraggeber dann alle oder einen Teil der geeigneten Unternehmen zur Angebotsabgabe auf, § 16 Abs. 4 VgV. Der Zuschlag wird sodann auf eines der eingereichten Angebote erteilt. Dieser Ablauf wird durch § 22 Abs. 4 VgV und § 23 Abs. 6 VgV erheblich modifiziert. Nach § 22 Abs. 4 VgV steht das dynamische Beschaffungssystem im gesamten Zeitraum seiner Einrichtung allen Bietern offen, die die im jeweiligen Vergabeverfahren festgelegten Eignungskriterien erfüllen, wobei die Zahl der zum dynamischen Beschaffungssystem zugelassenen Bewerber nicht begrenzt werden darf. Es gibt also, anders als beim Teilnahmewettbewerb des nicht offenen Verfahrens, keine Frist, innerhalb der Bieter, die am dynamischen Beschaffungssystem teilnehmen wollen, ihre Teilnahmeanträge einreichen müssen, vielmehr können sie während der gesamten Gültigkeitsdauer des dynamischen Beschaffungssystems sukzessive beitreten. Dies bedeutet auch, dass der öffentliche Auftraggeber bei jedem neu teilnehmenden Bewerber eine Eignungsprüfung durchführen muss, die Eignungsprüfung von Bietern in einem dynamischen Beschaffungssystem endet damit erst mit dem Ende des dynamischen Beschaffungssystems selbst – anders ausgedrückt: die erste Phase des nicht offenen Verfahrens, der Teilnahmewettbewerb, findet im dynamischen Beschaffungssystem keinen Abschluss, sondern dauert so lange an, solange das dynamische Beschaffungssystem Bestand hat.

§ 23 Abs. 6 S. 1 VgV sieht nun vor, dass § 16 Abs. 4 VgV und § 51 Absatz 1 VgV mit **13** der Maßgabe Anwendung finden, dass die zugelassenen Bewerber für jede einzelne, über ein dynamisches Beschaffungssystem stattfindende Auftragsvergabe gesondert zur Angebotsabgabe aufzufordern sind. Dies bedeutet zum einen, dass die in § 16 Abs. 4 VgV i. V. m. § 51 VgV vorgesehene Möglichkeit zur Begrenzung der Anzahl der geeigneten Bewerber, die zur Angebotsabgabe aufgefordert werden, im dynamischen Beschaffungssystem nicht möglich ist, vielmehr sind alle Bewerber, die nach § 22 Abs. 4 VgV zuzulassen sind, weil sie die Eignungskriterien erfüllen, zur Angebotsabgabe aufzufordern. Zum anderen folgt hieraus, dass im Rahmen eines dynamischen Beschaffungssystems mehrere Aufträge vergeben werden können – im Gegensatz zum nicht offenen Verfahren, das dazu dient, einen Auftrag zu erteilen, und das mit dem Zuschlag zu diesem Auftrag beendet ist. Die zweite Phase im nicht offenen Verfahren, die von der Aufforderung zur Angebotsabgabe bis zum Zuschlag reicht, wiederholt sich also im dynamischen Beschaffungssystem, weil mehrere Aufträge vergeben werden.[18] Insofern ähnelt das dynamische Beschaffungssystem mehr dem Rahmenvertrag als dem nicht offenen Verfahren.

Weitere Modifikationen des nicht offenen Verfahrens enthält § 24 VgV, was schon an- **14** fangs durch § 24 Abs. 1 VgV klargestellt wird, wonach abweichend von § 16 VgV bei der Nutzung eines dynamischen Beschaffungssystems die Bestimmungen der Absätze 2 bis 5 des § 16 VgV gelten.

2. Weitere besondere Regelungen zu dynamischen Beschaffungssystemen außerhalb der §§ 22 ff. VgV

Die VgV trifft an zahlreichen Stellen besondere Regelungen für dynamische Beschaf- **15** fungssysteme. Nachfolgend werden deshalb die besonderen Vorschriften zu dynamischen Beschaffungssystemen in der VgV aufgelistet:
- **Schätzung des Auftragswerts:** Bei dynamischen Beschaffungssystemen wird der Auftragswert nach denselben Methoden berechnet, wie bei einer Rahmenvereinbarung, nämlich auf Grundlage des geschätzten Gesamtwerts aller Einzelaufträge, die während

---

[18] Hieran wird ersichtlich, dass die naheliegende Unterteilung des nicht offenen Verfahrens in zwei Phasen letztendlich nicht auf das dynamische Beschaffungssystem übertragbar ist, weil die erste Phase, der Teilnahmewettbewerb, solange andauert, wie das dynamische Beschaffungssystem Bestand hat, die zweite Phase jedoch mehrmals auftreten kann, abhängig davon, wie viele Aufträge erteilt werden. Anders wohl *Hölzl* in KKMPP Kommentar zur VgV, 2017, § 22 Rn. 29 f. und § 23 Rn. 25, der explizit von zwei Verfahrensschritten innerhalb eines dynamischen Beschaffungssystems spricht.

der gesamten Laufzeit eines dynamischen Beschaffungssystems geplant sind, vgl. § 3 Abs. 4 VgV.

- **Mindestinhalt des Vergabevermerks:** Bei dynamischen Beschaffungssystemen werden Name und Anschrift des öffentlichen Auftraggebers sowie Gegenstand und Wert des Auftrags des dynamischen Beschaffungssystems zu einem der Mindestinhalte eines Vergabevermerks, vgl. § 8 Abs. 2 Nr. 1 VgV. Ein weiterer Mindestinhalt umfasst die Gründe, aus denen der öffentliche Auftraggeber auf die Einrichtung eines dynamischen Beschaffungssystems verzichtet hat, vgl. § 8 Abs. 2 Nr. 8 VgV.

- **Dynamisches Beschaffungssystem und elektronische Auktionen:** Eine elektronische Auktion kann auch durchgeführt werden bei einem erneuten Vergabeverfahren während der Laufzeit eines dynamischen Beschaffungssystems nach § 22 VgV, vgl. § 25 Abs. 1 S. 4 VgV.

- **Vergabebekanntmachung:** Bei Aufträgen, die im Rahmen eines dynamischen Beschaffungssystems vergeben werden, umfasst die Vergabebekanntmachung eine vierteljährliche Zusammenstellung der Einzelaufträge; die Zusammenstellung muss spätestens 30 Tage nach Quartalsende versendet werden, vgl. § 39 Abs. 4 S. 2 VgV.

- **Unterrichtung der Bewerber und Bieter:** Unbeschadet des § 134 GWB teilt der öffentliche Auftraggeber jedem Bewerber und jedem Bieter unverzüglich seine Entscheidung über die Zulassung zur Teilnahme an einem dynamischen Beschaffungssystem mit, vgl. § 62 Abs. 1 S. 1 VgV.

IV. Betrieb ausschließlich mithilfe elektronischer Mittel, § 22 Abs. 3 VgV

16   Nach § 22 Abs. 3 VgV wird ein dynamisches Beschaffungssystem ausschließlich mithilfe elektronischer Mittel eingerichtet, wobei die §§ 11 und 12 VgV Anwendung finden. Die Vorschrift geht zurück auf Art. 34 Abs. 3 RL 2014/24/EU, wonach die gesamte Kommunikation im Zusammenhang mit dem dynamischen Beschaffungssystem ausschließlich elektronisch im Einklang mit Artikel 22 Abs. 1, 3, 5, und 6 RL 2014/24/EU erfolgt.

17   Im Detail sind hier zwei Aspekte klärungsbedürftig. Zum einen verweist § 22 Abs. 3 VgV lediglich auf §§ 11 und 12 VgV, nicht jedoch auf die ebenfalls für die elektronische Kommunikation mittels elektronischer Mittel bedeutsamen §§ 9 und 10 VgV. Zum anderen führt der Verordnungsgeber aus, dass § 22 Abs. 3 VgV klarstelle, dass auch auf ein nicht offenes Verfahren, im Rahmen dessen ein dynamisches Beschaffungssystem eingerichtet wird, die Vorschriften über den Einsatz elektronischer, alternativer elektronischer und anderer als elektronischer Mittel Anwendung finden, die Einrichtung eines dynamischen Beschaffungssystems der Anwendung der vorgenannten Vorschriften folglich nicht entgegensteht.[19] Doch findet sich weder in § 11 VgV noch in § 12 VgV eine Regelung zu anderen als elektronischen Mitteln, so dass sich die Frage stellt, was der Verordnungsgeber damit gemeint hat und ob Regelungen über andere als elektronische Mittel bei einem dynamischen Beschaffungssystem zum Einsatz kommen.

18   Dass §§ 9 und 10 VgV in § 22 Abs. 3 VgV nicht explizit erwähnt werden, führt nicht zu ihrer Unanwendbarkeit. Vielmehr sind die korrespondierende Regelung in der Richtlinie und die Verordnungsbegründung heranzuziehen, um ihre Anwendbarkeit zu begründen. Art. 34 Abs. 3 RL 2014/24/EU verweist auf Artikel 22 Abs. 1, 3, 5, und 6 RL 2014/24/EU. Art. 22 Abs. 1 UA 1 S. 1 RL 2014/24/EU liegt § 9 Abs. 1 VgV zugrunde, Art. 22 Abs. 3 RL 2014/24/EU liegt § 9 Abs. 3 VgV zugrunde und Art. 22 Abs. 6 UA 1 lit. b) RL 2014/24/EU liegt § 10 Abs. 1 S. 1 VgV zugrunde. Lediglich für § 9 Abs. 2 VgV und § 10 Abs. 1 S. 2 und Abs. 2 VgV finden sich keine Entsprechungen in dem Verweis in Art. 34 Abs. 3 RL 2014/24/EU. Allerdings stellt die Verordnungsbegründung zu § 22 Abs. 3 VgV klar, dass diese Norm bestimme, dass zum Betrieb eines dynamischen Beschaf-

---

[19] BT-Drucks. 18/7318, S. 166.

fungssystems ausschließlich elektronische Mittel nach den §§ 9 ff. VgV verwendet werden dürfen. Damit ist insbesondere die in § 9 Abs. 2 VgV geregelte Möglichkeit der mündlichen Kommunikation mitumfasst; alles andere wäre praxisfremd.[20]

Auch die Möglichkeit, im Einzelfall andere als elektronische Mittel zu verwenden, findet **19** sich in der Verweisung des Art. 34 Abs. 3 RL 2014/24/EU, denn dort wird auf Art. 22 Abs. 1 UA 2 bis 5 RL 2014/24/EU verwiesen, der in § 53 Abs. 2 und 4 VgV überführt wurde und Fälle regelt, in denen öffentliche Auftraggeber bestimmen können, dass Angebote mithilfe anderer als elektronischer Mittel einzureichen sind. Diese Möglichkeiten der Verwendung anderer als elektronischer Mittel sind somit – wie bei den allgemeinen Grundsätzen zur Verwendung elektronischer Mittel – bei dem Betrieb eines dynamischen Beschaffungssystems relevant.

V. Offenheit des dynamischen Beschaffungssystems, § 22 Abs. 4 VgV

Nach § 22 Abs. 4 S. 1 VgV steht ein dynamisches Beschaffungssystem im gesamten Zeit- **20** raum seiner Einrichtung allen Bietern offen, die die im jeweiligen Vergabeverfahren festgelegten Eignungskriterien erfüllen. § 22 Abs. 4 S. 2 VgV legt fest, dass die Zahl der zum dynamischen Beschaffungssystem zugelassenen Bewerber nicht begrenzt werden darf. Die Regelung geht zurück auf Art. 34 Abs. 2 S. 2 RL 2014/24/EU,[21] wonach alle Bewerber, die die Eignungskriterien erfüllen, zum System zugelassen werden, und die Zahl der zum System zugelassenen Bewerber nicht nach Art. 65 RL 2014/24/EU begrenzt werden darf.

Der Richtliniengeber hat den Charakter dieser Regelung in den Erwägungsgründen prä- **21** zisiert, indem er schreibt, dass jeder Wirtschaftsteilnehmer, der einen Teilnahmeantrag stellt und die Eignungskriterien erfüllt, zur Teilnahme an Vergabeverfahren zugelassen werden sollte, die mittels des dynamischen Beschaffungssystems durchgeführt werden, befristet auf die Gültigkeitsdauer des Systems.[22] In der in § 22 Abs. 4 S. 1 VgV niedergelegten Möglichkeit, während der gesamten Dauer des dynamischen Beschaffungssystems diesem beizutreten, zeigt sich ein fundamentaler Unterschied zum klassischen nicht offenen Verfahren nach § 16 VgV, bei dem ein Beitritt zum Vergabeverfahren ausschließlich während der Phase des Teilnahmewettbewerbes möglich ist. Demgegenüber entspricht die Vorgabe in § 22 Abs. 4 S. 2 VgV, die Zahl der zum dynamischen Beschaffungssystem zugelassenen Bewerber nicht zu beschränken, dem Prozedere in § 16 Abs. 1 S. 1 und S. 2 VgV, nach dem der öffentliche Auftraggeber bei einem nicht offenen Verfahren eine unbeschränkte Anzahl von Unternehmen im Rahmen eines Teilnahmewettbewerbs öffentlich zur Abgabe von Teilnahmeanträgen aufzufordern hat und jedes interessierte Unternehmen einen Teilnahmeantrag abgeben kann.

Aus der Offenheit des dynamischen Beschaffungssystems folgt jedoch nicht, dass öffentli- **22** che Auftraggeber bis zum Ende der Laufzeit eines dynamischen Beschaffungssystems an die einmal zum System zugelassenen Bieter gebunden sind. Vielmehr ist auch nach Zulassung der Bieter zum System eine erneute Eignungsprüfung durch die öffentlichen Auftraggeber möglich. Denn auch bei nicht offenen Verfahren, bei denen die Eignungsprüfung im Rahmen des vorgeschalteten Teilnahmewettbewerbs erfolgt, ist es allgemein anerkannt, dass bei Bekanntwerden oder Auftreten neuer Tatsachen, die Zweifel an der Eignung eines Bieters begründen, die Vergabestelle nicht gehindert, ja ggf. sogar verpflichtet ist, erneut in die Eignungsprüfung einzutreten.[23] Öffentliche Auftraggeber können somit auch nach Zulassung eines Bieters zum dynamischen Beschaffungssystem eine erneute Eignungsprüfung durchführen und ihn ggf. vom System ausschließen.[24]

[20] Wohl auch für die Anwendung des kompletten § 9 VgV beim Betrieb eines dynamischen Beschaffungssystems: *Hölzl* in KKMPP Kommentar zur VgV, 2017, § 22 Rn. 31.
[21] BT-Drucks. 18/7318, S. 166.
[22] RL 2014/24/EU, Erwägungsgrund 63.
[23] → GWB § 122 Rn. 27 m. w. N.
[24] Vgl. hierzu *Knauff* VergabeR 2008, 615, 622 f.

VI. Kostenloser Zugang, § 22 Abs. 5 VgV

23   § 22 Abs. 5 VgV legt fest, dass der Zugang zu einem dynamischen Beschaffungssystem für alle Unternehmen kostenlos ist, und geht zurück auf Art. 34 Abs. 9 RL 2014/24/EU,[25] der etwas konkreter ausführt, dass den am dynamischen Beschaffungssystem interessierten oder teilnehmenden Wirtschaftsteilnehmern vor oder während der Gültigkeitsdauer des dynamischen Beschaffungssystems keine Bearbeitungsgebühren in Rechnung gestellt werden dürfen. Betrachtet man den Wortlaut der Formulierungen, dann offenbart sich durchaus ein Unterschied, denn § 22 Abs. 5 VgV spricht von der Kostenlosigkeit des Zugangs, Art. 34 Abs. 9 RL 2014/24/EU vom Verbot der Erhebung von Bearbeitungsgebühren. Die Auflösung dieses Widerspruchs ergibt sich aus dem Wort „Zugang". Der Zugang zum dynamischen Beschaffungssystem erfolgt durch Einreichung eines Teilnahmeantrags und ggf. sich daran anschließender Angebotsabgabe. Diese Aktionen potenzieller Bieter müssen kostenlos sein, es dürfen also weder Kosten bzw. Bearbeitungsgebühren im Zusammenhang mit einer Registrierung – sofern diese zulässig ist, vgl. § 9 Abs. 3 VgV – noch im Zusammenhang mit der Einreichung des Teilnahmeantrags und des Angebots entstehen.[26]

24   Davon zu unterscheiden ist § 41 Abs. 1 VgV, der den öffentlichen Auftraggeber dazu verpflichtet, in der Auftragsbekanntmachung oder der Aufforderung zur Interessensbestätigung eine elektronische Adresse anzugeben, unter der die Vergabeunterlagen unentgeltlich, uneingeschränkt, vollständig und direkt abgerufen werden können. Diese Vorschrift gilt auch für den Betrieb eines dynamischen Beschaffungssystems, so dass schon hieraus die Unentgeltlichkeit der Vergabeunterlagen folgt. In der Verordnungsbegründung zur Unentgeltlichkeit der Vergabeunterlagen in § 41 Abs. 1 VgV hat der Verordnungsgeber ausgeführt, dass es der Unentgeltlichkeit nicht entgegenstehe, wenn öffentliche Auftraggeber oder Unternehmen über das Auffinden, den Empfang und das Anzeigen von Vergabeunterlagen sowie die dafür erforderlichen Funktionen elektronischer Mittel hinaus weitere, entgeltpflichtige Dienste anbieten, die zum Beispiel das Auffinden von Bekanntmachungen im Internet erleichtern, wobei allerdings nicht ausgeschlossen werden darf, dass solche entgeltpflichtigen Dienste auch unentgeltlich angeboten werden.[27] Demgemäß sind auch beim dynamischen Beschaffungssystem weitere, entgeltpflichtige Dienste, die vom öffentlichen Auftraggeber oder von Unternehmen über den Zugang hinaus als weitere Serviceleistungen angeboten werden, möglich und nicht vom Gebot der Kostenlosigkeit des Zugangs in § 22 Abs. 5 VgV umfasst.[28]

25   Ebenfalls von § 22 Abs. 5 VgV zu unterscheiden ist der Fall des § 12 Abs. 1 Nr. 1 VgV, der bei dem Einsatz alternativer elektronischer Mittel einen unentgeltlichen, uneingeschränkten, vollständigen und direkten Zugang zu diesen alternativen elektronischen Mitteln unter einer Internetadresse fordert. Der Begriff des Zugangs ist hier anders zu verstehen und meint die komplette Dauer des Vergabeverfahrens, so dass sämtliche Kommunikation mittels der alternativen elektronischen Mittel während des gesamten Vergabeverfahrens unentgeltlich sein muss.

26   Der Zugang zu einem dynamischen Beschaffungssystem ist nach § 22 Abs. 5 VgV nur für Unternehmen kostenlos. Von anderen öffentlichen Auftraggebern, die das dynamische Beschaffungssystem verwenden, kann der öffentliche Auftraggeber hingegen eine Gebühr bzw. eine Zahlung verlangen. Dies kann insbesondere bei zentralen Beschaffungsstellen der Fall sein sowie in den Fällen, in denen öffentliche Auftraggeber für andere öffentliche Auftraggeber eine Beschaffung durchführen.[29]

---

[25] BT-Drucks. 18/7318, S. 166.
[26] *Hölzl* in KKMPP Kommentar zur VgV, 2017, § 22 Rn. 36; *Ley/Wankmüller* Das neue Vergaberecht, 3. Aufl. 2016, S. 327.
[27] BT-Drucks. 18/7318, S. 180.
[28] *Hölzl* in KKMPP Kommentar zur VgV, 2017, § 22 Rn. 38.
[29] Vgl. hierzu *Hamer* P.P.L.R 2014, S. 201, 206.

§ 23 Betrieb eines dynamischen Beschaffungssystems

(1) Der öffentliche Auftraggeber gibt in der Auftragsbekanntmachung an, dass er ein dynamisches Beschaffungssystem nutzt und für welchen Zeitraum es betrieben wird.

(2) Der öffentliche Auftraggeber informiert die Europäische Kommission wie folgt über eine Änderung der Gültigkeitsdauer:

1. Wird die Gültigkeitsdauer ohne Einstellung des dynamischen Beschaffungssystems geändert, ist das Muster gemäß Anhang II der Durchführungsverordnung (EU) Nr. 2015/1986 der Kommission vom 11. November 2015 zur Einführung von Standardformularen für die Veröffentlichung von Vergabebekanntmachungen für öffentliche Aufträge und zur Aufhebung der Durchführungsverordnung (EU) Nr. 842/2011 (ABl. L 296 vom 12.11.2015, S. 1) in der jeweils geltenden Fassung zu verwenden.

2. Wird das dynamische Beschaffungssystem eingestellt, ist das Muster gemäß Anhang III der Durchführungsverordnung (EU) Nr. 2015/1986 zu verwenden.

(3) In den Vergabeunterlagen sind mindestens die Art und die geschätzte Menge der zu beschaffenden Leistung sowie alle erforderlichen Daten des dynamischen Beschaffungssystems anzugeben.

(4) In den Vergabeunterlagen ist anzugeben, ob ein dynamisches Beschaffungssystem in Kategorien von Leistungen untergliedert wurde. Gegebenenfalls sind die objektiven Merkmale jeder Kategorie anzugeben.

(5) Hat ein öffentlicher Auftraggeber ein dynamisches Beschaffungssystem in Kategorien von Leistungen untergliedert, legt er für jede Kategorie die Eignungskriterien gesondert fest.

(6) § 16 Absatz 4 und § 51 Absatz 1 finden mit der Maßgabe Anwendung, dass die zugelassenen Bewerber für jede einzelne, über ein dynamisches Beschaffungssystem stattfindende Auftragsvergabe gesondert zur Angebotsabgabe aufzufordern sind. Wurde ein dynamisches Beschaffungssystem in Kategorien von Leistungen untergliedert, werden jeweils alle für die einem konkreten Auftrag entsprechende Kategorie zugelassenen Bewerber aufgefordert, ein Angebot zu unterbreiten.

Übersicht

	Rn.		Rn.
A. Einführung	1	IV. Angabe von Art und geschätzter Menge der Leistung sowie erforderlicher Daten, § 23 Abs. 3 VgV	13
I. Literatur	1		
II. Entstehungsgeschichte	2		
III. Rechtliche Vorgaben im EU-Recht	3	V. Kategorienbildung bei dynamischen Beschaffungssystemen, § 23 Abs. 4 VgV	19
B. Kommentierung	4		
I. Allgemeines	4	VI. Festlegung der Eignungskriterien bei Kategorienbildung, § 23 Abs. 5 VgV	23
II. Bekanntmachung und dynamisches Beschaffungssystem, § 23 Abs. 1 VgV	5		
III. Informierung der Europäischen Kommission, § 23 Abs. 2 VgV	10	VII. Aufforderung zur Abgabe von Angeboten, § 23 Abs. 6 VgV	25

A. Einführung

I. Literatur

Kulartz/Kus/Marx/Portz/Prieß, Kommentar zur VgV, 2017; *Ley/Wankmüller*, Das neue Vergaberecht 2016, **1** 3. Aufl. 2016; *Knauff*, Neues europäisches Vergabeverfahrensrecht: Dynamische Beschaffungssysteme (Dynamische elektronische Verfahren), VergabeR 2008, 615 ff.; *Wieddekind*, Das dynamische elektronische Verfahren gem. § 101 Abs. 6 GWB, § 5 VOL/A-EG, VergabeR 2011, 412 ff.; *Burgi/Dreher,* Beck'scher Vergaberechtskommentar, GWB 4. Teil, 3. Aufl. 2017.

II. Entstehungsgeschichte

2   Vgl. hierzu die Kommentierung zu § 22 VgV.

III. Rechtliche Vorgaben im EU-Recht

3   Vgl. hierzu die Kommentierung zu § 22 VgV.

B. Kommentierung

I. Allgemeines

4   In den Erwägungsgründen zur RL 2014/24/EU führt der Richtliniengeber aus, dass im Lichte der bisherigen Erfahrungen es ferner gelte, die Vorschriften für die dynamischen Beschaffungssysteme anzupassen, um es den öffentlichen Auftraggebern zu erlauben, die Möglichkeiten, die dieses Instrument bietet, in vollem Umfang zu nutzen.[1] Dementsprechend gestaltet § 23 VgV die Regeln zum Betrieb eines dynamischen Beschaffungssystems neu und tritt damit an die Stelle der Vorgängervorschrift § 5 Abs. 2 EG VOL/A (Fassung 2009).

II. Bekanntmachung und dynamisches Beschaffungssystem, § 23 Abs. 1 VgV

5   Nach § 23 Abs. 1 VgV gibt der öffentliche Auftraggeber in der Auftragsbekanntmachung an, dass er ein dynamisches Beschaffungssystem nutzt und für welchen Zeitraum es betrieben wird. Die Vorschrift setzt[2] zum einen Art. 34 Abs. 4 lit. a) RL 2014/24/EU um, der die öffentlichen Auftraggeber für die Zwecke der Auftragsvergabe über ein dynamisches Beschaffungssystem verpflichtet, einen Aufruf zum Wettbewerb zu veröffentlichen, in dem sie präzisieren, dass es sich um ein dynamisches Beschaffungssystem handelt. Zum anderen wird Art. 34 Abs. 8 S. 1 RL 2014/24/EU umgesetzt, wonach die öffentlichen Auftraggeber im Aufruf zum Wettbewerb die Gültigkeitsdauer des dynamischen Beschaffungssystems angeben. Die Auftragsbekanntmachung erfolgt beim dynamischen Beschaffungssystem ebenso wie beim nicht offenen Verfahren gem. § 37 VgV. Nach § 37 Abs. 2 VgV ist das Muster gemäß Anhang II der DVO (EU) 2015/1986 zu verwenden. Darin gibt es eine ganze Reihe von Feldern, die das dynamische Beschaffungssystem betreffen. So ist unter Ziffer II.1.5 der geschätzte Gesamtwert anzugeben, unter Ziffer II.2.6 der geschätzte Wert, unter Ziffer II.2.7 die Laufzeit sowie unter Ziffer IV.1.3, dass es sich um ein dynamisches Beschaffungssystem handelt und ob zusätzliche Auftraggeber dieses nutzen können. § 23 Abs. 1 VgV ersetzt § 5 Abs. 2 lit. a) EG VOL/A (Fassung 2009), wonach in der Bekanntmachung nur anzugeben war, dass es sich um ein dynamisches elektronisches Verfahren handelt.

6   Besondere Bedeutung hat die Frage, ab wann bei dem Betrieb eines dynamischen Beschaffungssystems die Vergabeunterlagen zugänglich zu machen sind. Die Vorgängerregelung zum dynamischen Beschaffungssystem regelte hierzu in § 5 Abs. 2 lit. c) EG VOL/A

---

[1] RL 2014/24/EU, Erwägungsgrund 63.
[2] BT-Drucks. 18/7318, S. 167.

(Fassung 2009), dass auf elektronischem Wege ab dem Zeitpunkt der Veröffentlichung der Bekanntmachung und bis zur Beendigung des dynamischen elektronischen Verfahrens ein freier, unmittelbarer und uneingeschränkter Zugang zu den Vergabeunterlagen und den zusätzlichen Dokumenten zu gewähren und in der Bekanntmachung die Internetadresse, unter der diese Dokumente abgerufen werden können, anzugeben ist. §§ 22 ff. VgV enthalten keine entsprechende Regelung mehr, weshalb nunmehr auf § 41 Abs. 1 VgV abzustellen ist, der auch für das dynamische Beschaffungssystem gilt, weil dieses lediglich ein modifiziertes nicht offenes Verfahren, § 16 VgV, darstellt. Auch beim dynamischen Beschaffungssystem hat also der öffentliche Auftraggeber nach § 41 Abs. 1 VgV in der Auftragsbekanntmachung oder der Aufforderung zur Interessensbestätigung eine elektronische Adresse anzugeben, unter der die Vergabeunterlagen unentgeltlich, uneingeschränkt, vollständig und direkt abgerufen werden können. Dies folgt auch aus dem Richtlinientext, denn nach Art. 34 Abs. 4 lit. d) RL 2014/24/EU bieten die öffentlichen Auftraggeber gemäß Art. 53 RL 2014/24/EU, der § 41 VgV zugrunde liegt, einen uneingeschränkten und vollständigen direkten Zugang zu den Auftragsunterlagen, solange das System Gültigkeit hat.

Ob demnach, der alten Regelung in § 15 Abs. 11 lit. b) EG VOL/A (Fassung 2009) 7 entsprechend, bei einem zweistufigen Verfahren mit vorgeschaltetem Teilnahmewettbewerb die Vergabeunterlagen erst in der zweiten Phase mit der Aufforderung zur Abgabe eines Angebots zugänglich gemacht werden müssen oder bereits in der Teilnahmephase, wurde unlängst vom OLG München mit Entscheidung vom 13.3.2017[3] in einem *obiter dictum* zu § 41 SektVO[4] behandelt. Nach § 41 Abs. 1 SektVO seien demnach auch im zweistufigen Vergabeverfahren, insbesondere im Verhandlungsverfahren mit Teilnahmewettbewerb, bereits mit der Auftragsbekanntmachung die Vergabeunterlagen allen interessierten Unternehmen zur Verfügung zu stellen, jedenfalls soweit diese Unterlagen bei Auftragsbekanntmachung in einer finalisierten Form vorliegen können. Dies ergebe sich auch aus der amtlichen Begründung zu § 41 SektVO. Demnach gehörten zu den Vergabeunterlagen *„sämtliche Unterlagen, die von Auftraggebern erstellt werden oder auf die sie sich beziehen, um Teile des Vergabeverfahrens zu definieren. Sie umfassen alle Angaben, die erforderlich sind, um interessierten Unternehmen eine Entscheidung über die Teilnahme am Vergabeverfahren zu ermöglichen … Vollständig abrufbar sind die Vergabeunterlagen dann, wenn über die Internetadresse in der Bekanntmachung sämtliche Vergabeunterlagen und nicht nur Teile derselben abgerufen werden können“.*[5] Auch Art. 73 RL 2014/25/EU[6] differenziere nach Ansicht des OLG München nicht nach ein- und zweistufigem Verfahren und schreibe vor, dass der Auftraggeber mit der Auftragsbekanntmachung oder der Aufforderung zur Interessenbestätigung einen Zugang zu den Vergabeunterlagen anzubieten habe. Im Übrigen erscheine es naheliegend, so das OLG München, dass ein Interessent die Entscheidung, ob er einen Teilnahmeantrag einreicht, nicht zuletzt davon abhängig mache, nach welchen Kriterien im weiteren Verlauf des Verfahrens der Zuschlag erteilt werden soll. In Anbetracht dieser Entscheidungslage, die wohl schon die herrschende Meinung zu dieser Frage wiederspiegelt, ist auch für das dynamische Beschaffungssystem zu folgern, dass aufgrund des § 41 Abs. 1 VgV bereits mit der Auftragsbekanntmachung nach § 23 Abs. 1 VgV die Vergabeunterlagen bereitzustellen sind. Dieses Ergebnis wird im Übrigen durch den Richtlinientext zu den dynamischen Beschaffungssystemen gedeckt. So sieht Art. 34 Abs. 6 UA 2 S. 1 RL 2014/24/EU vor, dass die öffentlichen Auftraggeber, die ein dynamisches Beschaffungssystem betreiben, dem Bieter mit dem besten Angebot den Zuschlag auf der Grundlage der Zuschlagskriterien erteilten,

---

[3] OLG München, Beschluss v. 13.3.2017 – Verg 15/16, BeckRS 2017, 105111.

[4] § 41 Abs. 1 SektVO ist wortgleich mit § 41 Abs. 1 VgV; dasselbe gilt für die jeweiligen Begründungen des Verordnungsgebers, vgl. BT-Drucks. 18/7318 S. 234 f. zu § 41 Abs. 1 SektVO und BT-Drucks. 18/7318 S. 180 f. zu § 41 Abs. 1 VgV.

[5] BT-Drucks. 18/7318 S. 234 f.

[6] Entspricht im Wesentlichen Art. 53 RL 2014/24/EU – Elektronische Verfügbarkeit der Auftragsunterlagen.

die in der Bekanntmachung für das dynamische Beschaffungssystem beziehungsweise – wenn eine Vorinformation als Aufruf zum Wettbewerb dient – in der Aufforderung zur Interessensbestätigung genannt wurden. Die durch Art. 34 Abs. 6 UA 2 S. 2 RL 2014/24/EU geschaffene Möglichkeit, diese Zuschlagskriterien ggf. in der Aufforderung zur Angebotsabgabe genauer formulieren zu können, ändert nichts an dem Grundsatz, dass die Vergabeunterlagen bereits mit der Auftragsbekanntmachung nach § 23 Abs. 1 VgV bereitzustellen sind.[7]

8   Da sich die „Teilnahmephase" beim dynamischen Beschaffungssystem, im Gegensatz zum herkömmlichen Teilnahmewettbewerb, auf die vollständige Geltungsdauer des dynamischen Beschaffungssystems erstreckt, sind folglich während des gesamten Zeitraums seiner Einrichtung die Vergabeunterlagen zur Verfügung zu stellen – beginnend mit der Auftragsbekanntmachung nach § 23 Abs. 1 VgV. Denn nur dadurch ist gewährleistet, dass den sukzessive teilnehmenden Bietern, vgl. § 22 Abs. 4 VgV, die erforderlichen Vergabeunterlagen zur Verfügung stehen.[8] Dementsprechend muss auch die Bekanntmachung selbst, die nach § 37 Abs. 2 VgV mit dem Muster gemäß Anhang II der DVO (EU) 2015/1986 erfolgt, bis zum Ende des dynamischen Beschaffungssystems öffentlich zugänglich sein, denn in der Bekanntmachung wird auf die Vergabeunterlagen verwiesen, § 41 Abs. 1 VgV. Würden zwar die Vergabeunterlagen, nicht jedoch die Auftragsbekanntmachung über die gesamte Dauer des dynamischen Beschaffungssystems veröffentlicht bzw. öffentlich zugänglich gemacht, dann wäre dies höchst kontraproduktiv, weil ohne die Auftragsbekanntmachung die Vergabeunterlagen, auf die ja nur per Link verwiesen wird, nicht ohne weiteres auffindbar sind. Sowohl die Veröffentlichung der Auftragsbekanntmachung als auch die öffentliche Bereitstellung der Vergabeunterlagen müssen somit über die gesamte Dauer des dynamischen Beschaffungssystems erfolgen.

9   Der öffentliche Auftraggeber hat nach § 23 Abs. 1 VgV in der Auftragsbekanntmachung anzugeben, für welchen Zeitraum es betrieben wird. Die Vorgängerregelung § 5 Abs. 2 lit. g) EG VOL/A a.F. hatte hierzu, in Anlehnung an § 4 Abs. 7 EG VOL/A a.F., noch bestimmt, dass die Laufzeit eines dynamischen elektronischen Verfahrens grundsätzlich vier Jahre nicht überschreiten darf und eine Überschreitung nur in besonders zu begründenden Fällen zulässig ist. Eine zeitliche Beschränkung ist, abgesehen von der zeitlichen Beschränkung, die sich der öffentliche Auftraggeber mit der Bekanntgabe des Betriebszeitraums nach § 23 Abs. 1 VgV selbst aufzuerlegen hat, nun nicht mehr vorgesehen; und es gibt auch keinen Grund dazu. Denn dynamische Beschaffungssysteme stehen, anders als Rahmenverträge, im gesamten Zeitraum ihrer Einrichtung allen Bietern, die die Eignungskriterien erfüllen, offen, § 22 Abs. 4 S. 1 VgV, die Zahl der zugelassenen Bewerber darf nicht begrenzt werden, § 22 Abs. 4 S. 2 VgV, und dynamische Beschaffungssysteme können jederzeit vom öffentlichen Auftraggeber in ihrer Gültigkeitsdauer geändert oder eingestellt werden, § 23 Abs. 2 VgV. Marktverschlüsse oder andere Wettbewerbsverzerrungen sind damit bei dynamischen Wettbewerbsverzerrungen ausgeschlossen.[9]

III. Informierung der Europäischen Kommission, § 23 Abs. 2 VgV

10   Bei Änderung der Gültigkeitsdauer eines dynamischen Beschaffungssystems unterscheidet § 23 Abs. 2 VgV zwei Fälle, in denen öffentliche Auftraggeber die Europäische Kommission auf unterschiedliche Weise zu unterrichten haben. Wird die Gültigkeitsdauer ohne Einstellung des dynamischen Beschaffungssystems geändert, so ist nach § 23 Abs. 2 Nr. 1 VgV das Muster gem. Anhang II der DVO (EU) 2015/1986 zu verwenden. Die Regelung geht zurück auf Art. 34 Abs. 8 lit. a) RL 2014/24/EU, wonach bei der Änderung der Gül-

---

[7] Vgl. insoweit auch *Knauff* VergabeR, 2008, 616, 618 zu Art. 33 Abs. 6 UA 2 VKR, der nahezu wortgleich zu Art. 34 Abs. 6 UA 2 RL 2014/24/EU ist.
[8] In diesem Sinne im Ergebnis wohl auch *Hölzl* in KKMPP Kommentar zur VgV, 2017, § 23 Rn. 8 ff.
[9] *Hölzl* in KKMPP Kommentar zur VgV, 2017, § 23 Rn. 18.

tigkeitsdauer ohne Einstellung des dynamischen Beschaffungssystems das ursprünglich für den Aufruf zum Wettbewerb für das dynamische Beschaffungssystem verwendete Formular zu nutzen ist. Das Muster gemäß Anhang II der DVO (EU) 2015/1986 ist nun gem. § 37 Abs. 2 VgV für die Bekanntmachung desjenigen Vergabeverfahrens zu nutzen, das ein dynamisches Beschaffungssystem beinhalten kann und wurde somit vom Verordnungsgeber korrekterweise in § 23 Abs. 2 Nr. 1 VgV übernommen. In Feld Nr. II.2.7) – Laufzeit des Vertrags, der Rahmenvereinbarung oder des dynamischen Beschaffungssystems – des Anhangs II der DVO (EU) 2015/1986 kann die Laufzeit in Monaten oder Tagen angegeben sowie angekreuzt werden, ob der Auftrag verlängert werden kann; in einem eigenen Feld kann die Beschreibung der Verlängerung eingetragen werden. Wird nun die Gültigkeitsdauer des dynamischen Beschaffungssystems geändert, ohne dass es eingestellt wird, so hat der öffentliche Auftraggeber in Feld Nr. II.2.7) des Anhangs II der DVO (EU) 2015/1986 die geänderte Gültigkeitsdauer einzutragen und damit die Europäische Kommission zu informieren. Die übrigen Daten in diesem Muster bleiben identisch, gleichen also denjenigen Daten, die in der ursprünglichen Auftragsbekanntmachung enthalten waren. Dieses Vorgehen ist naheliegend, bedenkt man, dass bei einem dynamischen Beschaffungssystem sowohl die Auftragsbekanntmachung als auch die Vergabeunterlagen über die gesamte Dauer des dynamischen Beschaffungssystems veröffentlicht bzw. bereitgestellt werden müssen.[10] Wird also die Gültigkeitsdauer des Systems geändert, dann muss die veröffentlichte Auftragsbekanntmachung geändert werden, damit die interessierte Öffentlichkeit entsprechend unterrichtet ist.

Die Änderung der Gültigkeitsdauer kann sowohl die Verkürzung als auch die Verlänge- **11** rung der Dauer des dynamischen Beschaffungssystems betreffen. In beiden Fällen hat eine Information nach § 23 Abs. 2 Nr. 1 VgV zu erfolgen. Nun ist in dem Feld Nr. II.2.7) des Anhangs II der DVO (EU) 2015/1986 die Ankreuzoption *„Dieser Auftrag kann verlängert werden"* samt einem Feld für die Beschreibung der Verlängerung enthalten und man könnte geneigt sein zu folgern, dass eine Verlängerung der Gültigkeitsdauer eines dynamischen Beschaffungssystems dort bekanntgemacht werden muss und der öffentliche Auftraggeber, sollte er dies unterlassen, die Gültigkeitsdauer nicht mehr verlängern kann. Diese Schlussfolgerung geht jedoch fehl, weil es sich bei einem dynamischen Beschaffungssystem nicht um einen Auftrag im Sinne des Vergaberechts und damit auch nicht im Sinne des Felds Nr. II 2.7) des Anhangs II der DVO (EU) 2015/1986 handelt. Mit Auftrag sind hier die Vertragsverhältnisse gemeint, die aufgrund eines Vergabeverfahrens abgeschlossen werden; so kann ein Auftrag zu einer Bewachungsdienstleistung bspw. drei Jahre laufen und eine Verlängerungsmöglichkeit um ein Jahr beinhalten, die hier mittels Ankreuzung und Beschreibung konkretisiert wird. Demgegenüber ist das dynamische Beschaffungssystem nur ein spezielles Instrument in einem nicht offenen Verfahren, das selbst keinen Auftragscharakter hat. Öffentliche Auftraggeber müssen somit nicht in der Auftragsbekanntmachung Ausführungen dazu machen, ob und inwieweit die Gültigkeitsdauer eines dynamischen Beschaffungssystems geändert werden soll.

Wird das dynamische Beschaffungssystem eingestellt, dann ist nach § 23 Abs. 2 Nr. 2 **12** VgV das Muster gemäß Anhang III der DVO (EU) 2015/1986 zu verwenden. Diese Regelung geht zurück auf Art. 34 Abs. 8 lit. b) RL 2014/24/EU, wonach im Fall der Einstellung des dynamischen Beschaffungssystems eine Vergabebekanntmachung im Sinne des Art. 50 RL 2014/24/EU zu erfolgen hat. Der Vergabebekanntmachung nach Art. 50 RL 2014/24/EU entspricht im deutschen Recht die Vergabebekanntmachung nach § 39 VgV und § 39 Abs. 2 VgV bestimmt ebenfalls, dass sie nach dem Muster gemäß Anhang III der DVO (EU) 2015/1986 zu erfolgen hat. Nun ist es bei Vergabebekanntmachungen der Normalfall, dass ein Vergabeverfahren zugrunde lag, im Rahmen dessen ein Auftrag erteilt wurde und nunmehr, nach Vergabe des öffentlichen Auftrags, die Vergabebekanntmachung mit den Ergebnissen des Vergabeverfahrens, insbesondere mit Ausführungen zum vergebe-

---

[10] Vgl. hierzu die Ausführungen weiter oben.

nen Auftrag veröffentlicht wird, vgl. § 39 Abs. 1 VgV. Wird ein dynamisches Beschaffungssystem eingestellt, dann verhält es sich anders, denn bei Aufträgen, die im Rahmen des dynamischen Beschaffungssystems vergeben werden, umfasst die Vergabebekanntmachung eine vierteljährliche Zusammenstellung der Einzelaufträge und die Zusammenstellung muss spätestens 30 Tage nach Quartalsende versendet werden, vgl. § 39 Abs. 4 S. 2 VgV. Bereits während der Laufzeit eines dynamischen Beschaffungssystems erfolgen also laufend Vergabebekanntmachungen nach § 39 VgV. Die Information nach § 23 Abs. 2 Nr. 2 VgV betrifft demgegenüber die Einstellung des dynamischen Beschaffungssystems selbst und nicht die dadurch vergebenen Aufträge. Man mag jedoch daran denken, dass diejenigen Aufträge, die zwischen der Einstellung des dynamischen Beschaffungssystems und der letzten Vergabebekanntmachung nach § 39 Abs. 4 S. 2 VgV vergeben wurden, noch in die Information nach § 23 Abs. 2 Nr. 2 VgV aufgenommen werden. Dies dürfte auch aus Gründen der Effizienz naheliegend sein, weil anderenfalls zum Ende eines dynamischen Beschaffungssystems zwei separate Vergabebekanntmachungen erfolgen müssten. Wird also ein dynamisches Beschaffungssystem eingestellt, so informiert der öffentliche Auftraggeber die Europäische Kommission unter Verwendung des Musters gemäß Anhang III der DVO (EU) 2015/1986, der er gem. entsprechender Anwendung des § 39 Abs. 4 S. 2 VgV eine Zusammenstellung der Einzelaufträge beifügt, die seit der letzten Vergabebekanntmachung nach § 39 Abs. 4 S. 2 VgV vergeben wurden.

IV. Angabe von Art und geschätzter Menge der Leistung sowie erforderlicher Daten, § 23 Abs. 3 VgV

13   Nach § 27 Abs. 3 VgV sind in den Vergabeunterlagen mindestens die Art und die geschätzte Menge der zu beschaffenden Leistung sowie alle erforderlichen Daten des dynamischen Beschaffungssystems anzugeben. Die Regelung geht zurück auf Art. 34 Abs. 4 lit. b) RL 2014/24/EU, wonach öffentliche Auftraggeber für die Zwecke der Auftragsvergabe über ein dynamisches Beschaffungssystem in den Auftragsunterlagen mindestens die Art und geschätzte Quantität der geplanten Beschaffungen angeben, sowie alle erforderlichen Informationen betreffend das dynamische Beschaffungssystem, einschließlich seiner Funktionsweise, die verwendete elektronische Ausrüstung und die technischen Vorkehrungen und Merkmale der Verbindung. Dementsprechend weist auch die Verordnungsbegründung darauf hin, dass in den Vergabeunterlagen insbesondere Angaben zur Funktionsweise des dynamischen Beschaffungssystems, zu den verwendeten elektronischen Mitteln und zu den technischen Merkmalen der verwendeten Internetverbindung zu machen sind.[11] § 23 Abs. 3 VgV tritt an die Stelle von § 5 Abs. 2 lit. b) EG VOL/A (Fassung 2009), wonach in den Vergabeunterlagen insbesondere der Gegenstand der beabsichtigten Beschaffung sowie alle erforderlichen Informationen zum dynamischen elektronischen Verfahren, zur verwendeten elektronischen Ausrüstung des Auftraggebers, zu den Datenformaten und zu den technischen Vorkehrungen und Merkmalen der elektronischen Verbindung zu präzisieren waren.

14   Die in § 23 Abs. 3 VgV enthaltene Vorgabe, in den Vergabeunterlagen die Art der zu beschaffenden Leistung anzugeben, hat letztlich nur deklaratorischen Charakter. Denn das dynamische Beschaffungssystem ist keine Vergabeart *sui generis,* sondern eine Modifikation des nicht offenen Verfahrens,[12] mit der Folge, dass dessen Regelungen weiterhin anzuwenden sind, soweit sie nicht durch die Vorschriften über das dynamische Beschaffungssystem modifiziert werden. Damit sind die Vorschriften über die Vergabeunterlagen, § 29 VgV, sowie die Leistungsbeschreibung, § 121 GWB und § 31 VgV, auch beim Betrieb eines dynamischen Beschaffungssystems anzuwenden. Nun ist die Leistungsbeschreibung als Teil

---

[11] BT-Drucks. 18/7318, S. 167.
[12] Vgl. hierzu die Kommentierung zu § 22 VgV.

der Vertragsunterlagen in der Regel Bestanteil der Vergabeunterlagen, § 29 Abs. 1 S. 2 Nr. 3 VgV, und in ihr ist der Auftragsgegenstand so eindeutig und erschöpfend wie möglich zu beschreiben, sodass die Beschreibung für alle Unternehmen im gleichen Sinne verständlich ist und die Angebote miteinander verglichen werden können, § 121 Abs. 1 S. 1 GWB. Schon hieraus folgt also, dass die Art der zu beschaffenden Leistung in den Vergabeunterlagen angegeben werden muss; die entsprechende Vorgabe in § 23 Abs. 3 VgV hat keinen darüber hinausgehenden Regelungswert.[13]

Nach § 23 Abs. 3 VgV ist darüber hinaus in den Vergabeunterlagen die geschätzte Menge der zu beschaffenden Leistung anzugeben. Diese Vorschrift korrespondiert mit der Regelung zu Schätzung des Auftragswerts, die für Rahmenvereinbarungen und dynamische Beschaffungssysteme gleichermaßen vorsieht, dass deren Wert auf der Grundlage des geschätzten Gesamtwerts aller Einzelaufträge berechnet wird, die während der gesamten Laufzeit einer Rahmenvereinbarung oder eines dynamischen Beschaffungssystems geplant sind, § 3 Abs. 4 VgV. Der wesentliche Unterschied der beiden Vorschriften liegt darin, dass nach § 3 Abs. 4 VgV der Gesamtwert aller Einzelaufträge, nach § 23 Abs. 3 VgV die Gesamtmenge der zu beschaffenden Leistung zu schätzen ist. Allerdings stellt die Schätzung der Gesamtmenge der zu beschaffenden Leistung eine notwendige – und nicht nur hinreichende – Bedingung der Schätzung des Gesamtwerts aller Einzelaufträge dar, weshalb die Grundsätze für die Schätzung nach § 3 Abs. 4 VgV auch für die Schätzung nach § 23 Abs. 3 VgV herangezogen werden können. Insofern wird auf die Kommentierung zu § 3 Abs. 4 VgV verwiesen. **15**

Schließlich sind gem. § 23 Abs. 3 VgV in den Vergabeunterlagen alle erforderlichen Daten des dynamischen Beschaffungssystems anzugeben. Eine inhaltliche Präzisierung ermöglicht Art. 34 Abs. 4 lit. b) RL 2014/24/EU, der hierzu die Funktionsweise, die verwendete elektronische Ausrüstung und die technischen Vorkehrungen und Merkmale der Verbindung zählt. Ähnlich formuliert es die Verordnungsbegründung, in der die Funktionsweise des dynamischen Beschaffungssystems, die verwendeten elektronischen Mittel und die technischen Merkmale der verwendeten Internetverbindung erwähnt werden.[14] Berücksichtigt man zum einen, dass es sich bei dem dynamischen Beschaffungssystem lediglich um eine Modifikation des nicht offenen Verfahrens handelt, und zum anderen, dass auch bei einem nicht offenen Verfahren Vergabeunterlagen nach § 29 VgV bereitzustellen und mit notwendigen Informationen zu versehen sind,[15] so folgt hieraus, dass die nach § 23 Abs. 3 VgV anzugebenden erforderlichen Daten des dynamischen Beschaffungssystems diejenigen sind, die nicht schon bei einem gewöhnlichen nicht offenen Verfahren in die Vergabeunterlagen hätten aufgenommen werden müssen. Die Modifikation des nicht offenen Verfahrens durch den Betrieb eines dynamischen Beschaffungssystems muss mithin ursächlich für den Anfall der Daten sein. Dies betrifft natürlich die Funktionsweise des dynamischen Beschaffungssystems, weil diese sich erst aus den einschlägigen Vorschriften ergibt. Allerdings erstreckt sich die Informationspflicht nicht auf die Wiedergabe der vergaberechtlichen Vorschriften selbst, denn von den Unternehmen kann grundsätzlich verlangt werden, dass sie sich hierzu selbständig informieren, vielmehr ist die jeweilige Funktionsweise des konkreten dynamischen Systems zu kommunizieren.[16] **16**

Hinsichtlich der verwendeten elektronischen Mittel ist zu beachten, dass schon aus § 11 Abs. 3 VgV eine Pflicht zur Mitteilung aller notwenigen Informationen gegenüber allen Unternehmen besteht. Nur soweit die Verpflichtung nach § 23 Abs. 3 VgV zur Angabe der verwendeten elektronischen Mittel in den Vergabeunterlagen über die Verpflichtung aus § 11 Abs. 3 VgV hinausgeht, entfaltet sie eine eigene Regelungswirkung. Dasselbe gilt für die Angabe der technischen Merkmale der verwendeten Internetverbindung. Zu be- **17**

[13] Ähnlich wohl auch *Hölzl* in KKMPP Kommentar zur VgV, 2017, § 23 Rn. 22.
[14] BT-Drucks. 18/7318, S. 167.
[15] Vgl. hierzu weiter oben.
[16] *Knauff* VergabeR 2008, 615, 618 zu dem ähnlich lautenden Erfordernis in Art. 33 Abs. 3 lit. b VKR; *Wieddekind* VergabeR 2008, 412, 414 zu § 5 Abs. 2 lit. b) VOL/A-EG a. F.

achten ist jedoch, dass bei dynamischen Beschaffungssystemen die Internetverbindung während des gesamten Gültigkeitszeitraums aufrechterhalten werden muss, weil den Wirtschaftsteilnehmern fortlaufend die Möglichkeit gegeben werden muss, am dynamischen Beschaffungssystem teilzunehmen. Alle hierzu erforderlichen Daten sind deshalb in den Vergabeunterlagen anzugeben. Nur auf diese Weise ist gewährleistet, dass auch sämtliche interessierte Wirtschaftsteilnehmer an dem dynamischen Beschaffungssystem partizipieren können.

18   § 23 Abs. 3 VgV spricht ausdrücklich davon, dass die Informationen in den Vergabeunterlagen angegeben werden müssen. Diese Pflicht gilt also unabhängig davon, ob identische Informationen bereits in der Auftragsbekanntmachung enthalten sind. So sieht das Muster in Anhang II der DVO (EU) 2015/1986 in I.3) – Kommunikation – Felder vor, in denen Informationen zur elektronischen Kommunikation eingetragen werden können, in II.1.56) – Geschätzter Gesamtwert – und II.2.6) – Geschätzter Wert – ist der geschätzte Gesamtwert anzugeben und in II.2.4) – Beschreibung der Beschaffung – sind Art und Umfang der Bauarbeiten, Lieferungen oder Dienstleistungen anzugeben bzw. Angaben der Bedürfnisse und Anforderungen zu machen. Selbst wenn also diese Angaben in der Auftragsbekanntmachung gemacht werden, entfällt hierdurch nicht die Pflicht nach § 23 Abs. 3 VgV, die dort erwähnten Informationen in die Vergabeunterlagen aufzunehmen.

V. Kategorienbildung bei dynamischen Beschaffungssystemen, § 23 Abs. 4 VgV

19   § 23 Abs. 4 S. 1 VgV schreibt vor, dass in den Vergabeunterlagen anzugeben ist, ob ein dynamisches Beschaffungssystem in Kategorien von Leistungen untergliedert wurde. Nach § 23 Abs. 4 S. 2 VgV sind gegebenenfalls die objektiven Merkmale jeder Kategorie anzugeben. Diese Regelungen gehen zurück auf Art. 34 Abs. 4 lit. c) RL 2014/24/EU, wonach die öffentlichen Auftraggeber für die Zwecke der Auftragsvergabe jede Einteilung in Kategorien von Waren, Bauleistungen oder Dienstleistungen sowie die entsprechenden Merkmale angeben. Bereits in der programmatischen Regelung von Art. 34 Abs. 1 S. 3 und 4 RL 2014/24/EU wird ausgeführt, dass ein dynamisches Beschaffungssystem in Kategorien von Waren, Bauleistungen oder Dienstleistungen untergliedert werden kann, die anhand von Merkmalen der vorgesehenen Beschaffung in der betreffenden Kategorie objektiv definiert werden, wobei diese Merkmale eine Bezugnahme auf den höchstzulässigen Umfang späterer konkreter Aufträge oder auf ein spezifisches geografisches Gebiet, in dem spätere konkrete Aufträge auszuführen sind, enthalten können. Auch in Erwägungsgrund 66 RL 2014/24/EU führt der Richtliniengeber hierzu aus: *„Um die Möglichkeiten für KMU zur Teilnahme an einem großen dynamischen Beschaffungssystem zu fördern, beispielsweise an einem System, das von einer zentralen Beschaffungsstelle betrieben wird, sollte der betreffende öffentliche Auftraggeber für das System objektiv definierte Kategorien von Waren, Bauleistungen oder Dienstleistungen formulieren können. Solche Kategorien sollten unter Bezugnahme auf objektive Faktoren definiert werden, wie beispielsweise den höchstens zulässigen Umfang konkreter Aufträge, die innerhalb der betreffenden Kategorie vergeben werden sollen, oder ein spezifisches geografisches Gebiet, in dem konkrete Aufträge auszuführen sind.“*

20   Hieraus lassen sich nun verschiedene Aspekte für die Kategorienbildung ableiten. Zuerst ist Sinn und Zweck einer solchen Kategorienbildung die Förderung kleiner und mittlerer Unternehmen (KMU) und entspricht damit dem schon in § 97 Abs. 4 VgV niedergelegten Mittelstandsschutz. Sodann werden sowohl in Art. 34 Abs. 1 S. 4 RL 2014/24/EU als auch in den Erwägungsgründen als Beispiele für Kategorien ein höchstzulässiger Umfang oder ein spezifisches geografisches Gebiet genannt. Diese Beispiele entsprechen der Legaldefinition des Teilloses in § 94 Abs. 4 S. 2 GWB, wonach ein Teillos eine in der Menge aufgeteilte Leistung ist. Die Einteilung in Kategorien von Waren, Bauleistungen oder Dienstleistungen, wie sie sowohl in Art. 34 Abs. 1 S. 4 RL 2014/24/EU als auch in den Erwägungs-

gründen erwähnt wird, kann jedoch nicht nur der Menge, sondern auch der Art nach erfolgen. § 94 Abs. 4 S. 2 GWB enthält hierzu den Begriff der Fachlose, bei denen eine Leistung nach Art oder Fachgebiet aufgeteilt werden kann. Bei Teillosen wird also die Leistung in quantitativ abgrenzbare Teile aufgegliedert, bei Fachlosen erfolgt eine Zerlegung in qualitativ abgrenzbare Teile.[17] Die Unterscheidung in quantitative und qualitative Kategorien ist fundamental und sollte deshalb auch bei der Formulierung objektiver Merkmale für die Kategorienbildung nach § 23 Abs. 4 VgV herangezogen werden. Beispiele für die Bildung quantitativer Kategorien sind im europäischen Recht und in seiner Begründung bereits genannt, nämlich Umfang und geografisches Gebiet, so dass die Bildung qualitativer Kategorien ebenfalls naheliegend ist. Die hierzu erforderliche Formulierung objektiver Merkmale kann sich dabei an den inhaltlichen Grundsätzen für die Bildung von Teillosen und Fachlosen orientieren. Denn es ist kein Grund ersichtlich, warum für die Kategorienbildung in § 23 Abs. 4 VgV andere Regeln gelten sollten als sie für die Bildung von Fach- und Teillosen bereits entwickelt wurden. Auch dort ist der Mittelstandsschutz teleologische Grundlage. Deshalb ist bei der Bildung von Kategorien nach § 24 Abs. 4 S. 1 VgV und bei der Formulierung der hierzu erforderlichen objektiven Merkmale nach § 24 Abs. 4 S. 2 VgV auf die Grundsätze für die Bildung von Teil- und Fachlosen zurückzugreifen. Zu beachten ist allerdings, dass § 23 Abs. 4 VgV keine Pflicht für öffentliche Auftraggeber zur Bildung solcher Kategorien enthält. Weder § 23 Abs. 4 VgV noch die zugrunde liegende Regelung des Art. 34 Abs. 4 lit. c) RL 2014/24/EU formulieren eine solche Pflicht, sie enthalten nur Regelungen für den Fall, dass ein öffentlicher Auftraggeber eine solche Kategorienbildung vorgenommen hat. Auch in oben zitierten Erwägungsgründen heißt es lediglich, dass der betreffende öffentliche Auftraggeber für das dynamische Beschaffungssystem objektiv definierte Kategorien von Waren, Bauleistungen oder Dienstleistungen formulieren können soll; es soll für öffentliche Auftraggeber also die Möglichkeit eröffnet werden, eine Kategorienbildung vorzunehmen, eine Verpflichtung hierzu ist damit jedoch nicht gemeint. Schließlich enthalten auch die programmatischen Regelungen in Art. 34 Abs. 1 S. 3 RL 2014/24/EU keine Verpflichtung, sondern dort ist nur die Rede davon, dass ein dynamisches Beschaffungssystem in solche Kategorien untergliedert werden kann.

Hat allerdings der öffentliche Auftraggeber eine Kategorienbildung vorgenommen, dann **21** sind die objektiven Merkmale einer jeden Kategorie in den Vergabeunterlagen anzugeben. Dies folgt aus § 23 Abs. 4 S. 2 VgV. Die Formulierung „gegebenenfalls sind" bedeutet nicht, dass der öffentliche Auftraggeber ein Wahlrecht hätte. Denn auch in Art. 34 Abs. 4 lit. c) RL 2014/24/EU heißt es, dass die öffentlichen Auftraggeber jede Einteilung in Kategorie von Waren, Bauleistungen oder Dienstleistungen sowie die entsprechenden Merkmale angeben. § 23 Abs. 4 S. 2 VgV ist deshalb anders zu lesen, er meint, dass in den Fällen, in denen ein dynamisches Beschaffungssystem in Kategorien von Leistungen untergliedert wurde, die objektiven Merkmale jeder Kategorie in den Vergabeunterlagen anzugeben sind.

Die Untergliederung eines dynamischen Beschaffungssystems in Kategorien von Leis- **22** tungen führt im Ergebnis dazu, dass mehrere separate Aufträge vergeben werden können, von denen sich jeder einer bestimmten Kategorie zuordnen lässt. Dementsprechend hat der öffentliche Auftraggeber nach § 23 Abs. 5 VgV für jede Kategorie die Eignungskriterien gesondert festzulegen und werden nach § 23 Abs. 6 S. 2 VgV alle für die einem konkreten Auftrag entsprechende Kategorie zugelassenen Bewerber aufgefordert, ein Angebot zu unterbreiten; die Angebotsabgabe erfolgt somit kategorienbezogen. Dementsprechend prüft der öffentliche Auftraggeber die Eignung der Bieter im Rahmen der Teilnahmeanträge auf Grundlage der kategorienbezogenen Eignungskriterien und lässt diejenigen Bieter, die diese Eignungskriterien erfüllen, nur für die konkrete Kategorie von Leistungen zum weiteren Verfahren zu. Erst durch dieses Prozedere wird der Mittelstandsschutz konsequent umgesetzt, weil dadurch eine klare Zuordnung von Bietern zu kategorienbezogenen Aufträgen

---

[17] → GWB § 97 Abs. 4 Rn. 48.

erfolgt und sich somit kleine und mittlere Unternehmen um diese kategorienbezogenen Aufträge bemühen können.

VI. Festlegung der Eignungskriterien bei Kategorienbildung, § 23 Abs. 5 VgV

23   Hat ein öffentlicher Auftraggeber ein dynamisches Beschaffungssystem in Kategorien von Leistungen untergliedert, so legt er nach § 23 Abs. 5 VgV für jede Kategorie die Eignungskriterien gesondert fest. Die Regelung geht zurück auf Art. 34 Abs. 2 UA 1 RL 2014/24/EU, wonach öffentliche Auftraggeber in den Fällen, in denen sie das dynamische Beschaffungssystem in Einklang mit Art. 34 Abs. 1 RL 2014/24/EU in Kategorien von Waren, Bauleistungen oder Dienstleistungen untergliedert haben, die geltenden Eignungskriterien für jede Kategorie festlegen. Bereits in den Erwägungsgründen wird hierzu ausgeführt, dass bei Unterteilung eines dynamischen Beschaffungssystems in Kategorien der öffentliche Auftraggeber Eignungskriterien anwenden sollte, die im Verhältnis zu den wesentlichen Merkmalen der betreffenden Kategorie stehen. Wie die kategorienbezogenen Eignungskriterien im Einzelfall zu bestimmen sind, richtet sich nach den allgemeinen Vorschriften zu den Eignungskriterien.[18] Zu beachten ist, dass jede Kategorie wie ein separater Auftrag betrachtet werden muss, aus dem alleine die Eignungskriterien abzuleiten sind.

24   Eine für die Praxis interessante Frage ist in diesem Zusammenhang, inwieweit die kategorienbezogenen Eignungskriterien bekanntgemacht werden müssen. Denn § 48 Abs. 1 VgV schreibt vor, dass in der Auftragsbekanntmachung neben den Eignungskriterien ferner anzugeben ist, mit welchen Unterlagen (Eigenerklärungen, Angaben, Bescheinigungen und sonstige Nachweise) Bewerber oder Bieter ihre Eignung gemäß den §§ 43 bis 47 VgV und das Nichtvorliegen von Ausschlussgründen zu belegen haben. Hieraus folgt, dass auch die kategorienbezogenen Eignungskriterien in der Auftragsbekanntmachung anzugeben sind. Die Untergliederung des dynamischen Beschaffungssystems in Kategorien ist nach § 23 Abs. 4 VgV nicht in der Auftragsbekanntmachung, sondern in den Vergabeunterlagen anzugeben. Gleichwohl ist die Angabe von kategorienbezogenen Eignungskriterien nach § 48 Abs. 1 VgV in der Auftragsbekanntmachung ohne Angabe der Kategorien selbst nicht denkbar, weil die Eignungskriterien nach § 23 Abs. 5 VgV für jede Kategorie gesondert festgelegt werden. Dies bedeutet, dass im Zuge der Angabe der Eignungskriterien in der Auftragsbekanntmachung nach § 48 Abs. 1 VgV auch Angaben zu den Kategorien gemacht werden müssen; die Angaben zu den Kategorien sind also ein notwendiger Bestandteil der Angabe der Eignungskriterien in der Auftragsbekanntmachung.

VII. Aufforderung zur Abgabe von Angeboten, § 23 Abs. 6 VgV

25   § 23 Abs. 6 S. 1 VgV legt fest, dass § 16 Abs. 4 VgV und § 51 Abs. 1 VgV mit der Maßgabe Anwendung finden, dass die zugelassenen Bewerber für jede einzelne, über ein dynamisches Beschaffungssystem stattfindende Auftragsvergabe gesondert zur Angebotsabgabe aufzufordern sind. Wurde ein dynamisches Beschaffungssystem in Kategorien von Leistungen untergliedert, werden nach § 23 Abs. 6 S. 2 VgV jeweils alle für die einem konkreten Auftrag entsprechende Kategorie zugelassenen Bewerber aufgefordert, ein Angebot zu unterbreiten. Diesen Regelungen liegt Art. 34 Abs. 6 UA 1 VgV zugrunde. Demnach fordern die öffentlichen Auftraggeber alle zugelassenen Teilnehmer gemäß Art. 54 RL 2014/24/EU auf, ein Angebot für jede einzelne Auftragsvergabe über das dynamische Beschaffungssystem zu unterbreiten. Wurde das dynamische Beschaffungssystem in Kategorien von Bauleistungen, Waren oder Dienstleistungen untergliedert, fordern die öffentlichen Auf-

---

[18] Vgl. hierzu die Kommentierung zu §§ 42 ff. VgV.

traggeber alle Teilnehmer, die für die dem betreffenden konkreten Auftrag entsprechende Kategorie zugelassen wurden, auf, ein Angebot zu unterbreiten.

Bei § 16 Abs. 4 VgV handelt es sich um eine Vorschrift zum nicht offenen Verfahren, **26** das dem Betrieb dynamischer Beschaffungssysteme nach § 22 Abs. 2 VgV zugrunde liegt. § 16 Abs. 4 S. 1 VgV bestimmt, dass nur diejenigen Unternehmen, die vom öffentlichen Auftraggeber nach Prüfung der übermittelten Informationen dazu aufgefordert werden, Angebote einreichen können. § 16 Abs. 4 S. 2 VgV stellt klar, dass der öffentliche Auftraggeber die Zahl geeigneter Bewerber, die zur Angebotsabgabe aufgefordert werden, gemäß § 51 VgV begrenzen kann. § 51 Abs. 1 S. 1 VgV wiederum regelt, dass der öffentliche Auftraggeber bei allen Verfahrensarten mit Ausnahme des offenen Verfahrens die Zahl der geeigneten Bewerber, die zur Abgabe eines Angebots aufgefordert oder zum Dialog eingeladen werden, begrenzen kann, sofern genügend geeignete Bewerber zur Verfügung stehen. Nach § 51 Abs. 1 S. 2 VgV gibt der öffentliche Auftraggeber dazu in der Auftragsbekanntmachung oder der Aufforderung zur Interessensbestätigung die von ihm vorgesehenen objektiven und nicht diskriminierenden Eignungskriterien für die Begrenzung der Zahl, die vorgesehene Mindestzahl und gegebenenfalls auch die Höchstzahl der einzuladenden Bewerber an. Sämtliche gerade zitierten Vorschriften sind aufgrund § 23 Abs. 6 S. 1 VgV im Lichte der Funktionsweise des dynamischen Beschaffungssystems zu modifizieren. Dieses zeichnet sich dadurch aus, dass sich die klassische Unterteilung des nicht offenen Verfahrens in die Phase des Teilnahmewettbewerbs und die Phase der Angebotsabgabe bei dynamischen Beschaffungssystemen auflöst. An deren Stelle treten die über die gesamte Gültigkeitsdauer hinweg mögliche Teilnahme am dynamischen Beschaffungssystem sowie die sich wiederholenden Aufforderungen zur Abgabe von Angeboten gegenüber den zugelassenen Bewerbern. Deshalb ist § 16 Abs. 4 S. 1 VgV vom Wortlaut her zwar bei dynamischen Beschaffungssystemen anwendbar, weil auch dort nur diejenigen Unternehmen Angebote abgeben können, die dazu vom öffentlichen Auftraggeber aufgefordert werden. Anders als bei § 16 Abs. 4 S. 2 und § 51 Abs. 1 VgV darf die Anzahl der aufzufordernden Unternehmen jedoch nicht beschränkt werden, vielmehr sind sämtliche Unternehmen, die zum dynamischen Beschaffungssystem zugelassen wurden, zur Angebotsabgabe aufzufordern.

Wurde das dynamische Beschaffungssystem nicht in Kategorien untergliedert, dann er- **27** folgt eine Aufforderung sämtlicher zugelassener Bieter zur Angebotsabgabe nach § 23 Abs. 6 S. 1 VgV; wurde das dynamische Beschaffungssystem in Kategorien von Leistungen untergliedert, dann beschränkt sich die Aufforderung zur Angebotsabgabe auf diejenigen Bieter, die bezogen auf eine bestimmte Kategorie zum dynamischen Beschaffungssystem zugelassen wurden, § 23 Abs. 6 S. 2 VgV. Die Verpflichtung des öffentlichen Auftraggebers, sämtliche zugelassenen Bieter bzw. sämtliche kategorienbezogen zugelassenen Bieter zur Angebotsabgabe aufzufordern, beschränkt sich nicht auf eine einmalige Aufforderung, sondern erstreckt sich über den gesamten Gültigkeitszeitraum des dynamischen Beschaffungssystems. Das bedeutet, dass ein Bieter ab dem Zeitpunkt seiner Zulassung bzw. kategorienbezogenen Zulassung zum dynamischen Beschaffungssystem stets aufs Neue zur Angebotsabgabe aufzufordern ist, sollten neu zu beschaffende Aufträge seitens des öffentlichen Auftraggebers anstehen. Andere Unternehmen sind weder zur Angebotsabgabe aufzufordern noch sind sie berechtigt, Angebot abzugeben.[19] Eine Pflicht zur Abgabe von Angebote besteht für die Bieter, die nach § 23 Abs. 6 VgV zur Angebotsabgabe aufgefordert wurden, jedoch nicht.[20]

Fordert der öffentliche Auftraggeber zugelassene bzw. kategorienbezogen zugelassene **28** Bieter entgegen § 23 Abs. 6 VgV nicht zur Abgabe von Angeboten auf, so werden diese in ihren Rechten verletzt; die Vorschrift ist insoweit als bieterschützend zu qualifizieren. Reichen sie trotz unterlassener Aufforderung durch den öffentlichen Auftraggeber Angebote

---

[19] Vgl. *Knauff* VergabeR 2008, 615, 621 zu Art. 33 Abs. 6 UA 1 S. 1 VKR.
[20] Vgl. *Knauff* VergabeR 2008, 615, 622 zu Art. 33 Abs. 6 UA 1 S. 1 VKR.

ein, dann darf der öffentliche Auftraggeber diese nicht mit dem Argument ausschließen, er hätte sie nicht zur Abgabe aufgefordert. Erfahren Bieter, die trotz Zulassung zum dynamischen Beschaffungssystem nicht zur Angebotsabgabe nach § 23 Abs. 6 VgV aufgefordert wurden, erst im Zuge der Mitteilung nach § 134 GWB[21] von der geplanten Zuschlagserteilung, dann können sie dies rügen und ggf. ein Nachprüfungsverfahren anstrengen, weil sie durch den Verstoß gegen § 23 Abs. 6 VgV in ihren Rechten nach §§ 97 Abs. 6 i.V.m. 160 Abs. 2 S. 1 GWB verletzt werden.

29   Art. 34 Abs. 6 UA 2 S. 2 RL 2014/24/EU sieht vor, dass die Zuschlagskriterien in der Aufforderung zur Angebotsabgabe genauer formuliert werden können. Diese Regelung wurde nicht in das nationale Recht übernommen. Darüber hinaus gilt auch beim dynamischen Beschaffungssystem, dass mit der ersten Auftragsbekanntmachung nach § 23 Abs. 1 VgV die kompletten Vergabeunterlagen bekannt gemacht werden müssen.[22] Gleichwohl kann es im Einzelfall erforderlich sein, dass öffentliche Auftraggeber in der einzelnen Aufforderung zur Abgabe eines Angebots eine genauere Formulierung der Zuschlagskriterien vornehmen müssen und aufgrund der klaren europarechtlichen Vorgabe ist ihnen diese Möglichkeit auch zuzubilligen. Allerdings haben die öffentlichen Auftraggeber dabei zu beachten, dass es sich tatsächlich nur um eine genauere Formulierung der Zuschlagskriterien handelt und diese dabei nicht neu definiert werden; dies wäre unzulässig, weil Unternehmen, die sich aufgrund der Auftragsbekanntmachung nicht am dynamischen Beschaffungssystem beteiligt hatten, womöglich bei geänderten Zuschlagskriterien an dem dynamischen Beschaffungssystem teilgenommen hätten und somit diskriminiert würden.[23] Art. 34 Abs. 6 UA 2 S. 2 RL 2014/24/EU erlaubt somit lediglich die Zuschlagskriterien zu präzisieren und in einzelnen Details klarstellend zu ergänzen.[24]

---

[21] § 134 GWB ist auch auf die Erteilung des Zuschlags im Zuge eines dynamischen Beschaffungssystems anzuwenden. Dies folgt daraus, dass der nationale Gesetzgeber von der Möglichkeit in Art. 2b lit. c der Richtlinie 2007/66/EG des Europäischen Parlaments und des Rates zur Änderung der Richtlinien 89/665/EWG und 92/13/EWG des Rates im Hinblick auf die Verbesserung der Wirksamkeit der Nachprüfungsverfahren bezüglich der Vergabe öffentlicher Anträge vom 11.12.2007 (Rechtsmittelrichtlinie – RMR) nicht Gebrauch gemacht hat, obwohl dynamische Beschaffungssysteme nach Art. 1 Abs. 1 UA 2 RMR unter den Anwendungsbereich der Rechtsmittelrichtlinie fallen. Ähnlich wie bei Rahmenverträgen ist § 134 GWB jedoch dann nicht einschlägig, wenn nur ein einziger Teilnehmer an dem dynamischen Beschaffungssystem vorhanden ist, weil dann keine Wettbewerbssituation gegeben ist, vgl. hierzu → GWB § 134 Rn. 50 ff. Vgl. im Übrigen *Wieddekind* VergabeR 2011, 412, 416 zu § 5 VOL/A-EG a.F. und § 101a GWB a.F. und *Hamer* P.P.L.R. 2014, S. 201, 207.

[22] Vgl. hierzu die Ausführungen weiter oben.

[23] Vgl. *Wieddekind* VergabeR 2011, 412, 416 zu § 5 VOL/A-EG a.F.

[24] Ebenso zur nahezu identischen Regelung in Art. 33 Abs. 6 UA 2 S. 2 VKR *Knauff* VergabeR, 2008, 615, 622; vgl. auch *Wieddekind* VergabeR 2011, 412, 415 zu § 5 VOL/A-EG a.F.

§ 24 Fristen beim Betrieb dynamischer Beschaffungssysteme

(1) Abweichend von § 16 gelten bei der Nutzung eines dynamischen Beschaffungssystems die Bestimmungen der Absätze 2 bis 5.

(2) Die Mindestfrist für den Eingang der Teilnahmeanträge beträgt 30 Tage, gerechnet ab dem Tag nach der Absendung der Auftragsbekanntmachung, oder im Falle einer Vorinformation nach § 38 Absatz 4 nach der Absendung der Aufforderung zur Interessensbestätigung. Sobald die Aufforderung zur Angebotsabgabe für die erste einzelne Auftragsvergabe im Rahmen eines dynamischen Beschaffungssystems abgesandt worden ist, gelten keine weiteren Fristen für den Eingang der Teilnahmeanträge.

(3) Der öffentliche Auftraggeber bewertet den Antrag eines Unternehmens auf Teilnahme an einem dynamischen Beschaffungssystem unter Zugrundelegung der Eignungskriterien innerhalb von zehn Arbeitstagen nach dessen Eingang. In begründeten Einzelfällen, insbesondere wenn Unterlagen geprüft werden müssen oder um auf sonstige Art und Weise zu überprüfen, ob die Eignungskriterien erfüllt sind, kann die Frist auf 15 Arbeitstage verlängert werden. Wurde die Aufforderung zur Angebotsabgabe für die erste einzelne Auftragsvergabe im Rahmen eines dynamischen Beschaffungssystems noch nicht versandt, kann der öffentliche Auftraggeber die Frist verlängern, sofern während der verlängerten Frist keine Aufforderung zur Angebotsabgabe versandt wird. Die Fristverlängerung ist in den Vergabeunterlagen anzugeben. Jedes Unternehmen wird unverzüglich darüber informiert, ob es zur Teilnahme an einem dynamischen Beschaffungssystem zugelassen wurde oder nicht.

(4) Die Frist für den Eingang der Angebote beträgt mindestens zehn Tage, gerechnet ab dem Tag nach der Absendung der Aufforderung zur Angebotsabgabe. § 16 Absatz 6 findet Anwendung.

(5) Der öffentliche Auftraggeber kann von den zu einem dynamischen Beschaffungssystem zugelassenen Bewerbern jederzeit verlangen, innerhalb von fünf Arbeitstagen nach Übermittlung der Aufforderung zur Angebotsabgabe eine erneute und aktualisierte Einheitliche Europäische Eigenerklärung nach § 48 Absatz 3 einzureichen. § 48 Absatz 3 bis 6 findet Anwendung.

Übersicht

	Rn.			Rn.
A. Einführung	1		II. Teilnahmefrist bei Einrichtung eines dynamischen Beschaffungssystems, § 24 Abs. 2 VgV	5
I. Literatur	1			
II. Entstehungsgeschichte	2		III. Verfahren bei Prüfung der Teilnahmeanträge, § 24 Abs. 3 VgV	10
III. Rechtliche Vorgaben im EU-Recht	3			
B. Kommentierung	4		IV. Angebotsfrist, § 24 Abs. 4 VgV	15
I. Modifikation der Regelungen zum nicht offenen Verfahren, § 24 Abs. 1 VgV	4		V. Erneute Anforderung Einheitlicher Europäischer Eigenerklärungen, § 24 Abs. 5 VgV	17

A. Einführung

I. Literatur

Kulartz/Kus/Marx/Portz/Prieß, Kommentar zur VgV, 2017; *Wieddekind*, Das dynamische elektronische Verfahren gem. § 101 Abs. 6 GWB, § 5 VOL/A-EG, VergabeR 2011, 412 ff.; *Knauff*, Neues europäisches Vergabeverfahrensrecht: Dynamische Beschaffungssysteme (Dynamische elektronische Verfahren), VergabeR 2008, 615 ff.; *Ley/Wankmüller*, Das neue Vergaberecht 2016, 3. Aufl. 2016. **1**

II. Entstehungsgeschichte

2   Vgl. hierzu die Kommentierung zu § 22 VgV.

III. Rechtliche Vorgaben im EU-Recht

3   Vgl. hierzu die Kommentierung zu § 22 VgV.

B. Kommentierung

I. Modifikation der Regelungen zum nicht offenen Verfahren, § 24 Abs. 1 VgV

4   § 24 Abs. 1 VgV stellt klar, dass die Bestimmungen in § 24 Abs. 2 bis 5 VgV abweichend von § 16 VgV bei der Nutzung eines dynamischen Beschaffungssystems gelten. Damit wird, wie an anderer Stelle auch, zum Ausdruck gebracht, dass die Regelungen über das nicht offene Verfahren, die dem dynamischen Beschaffungssystem nach § 22 Abs. 2 VgV zugrunde liegen, durch die besonderen Vorschriften des dynamischen Beschaffungssystems sowie dessen Eigenheiten modifiziert werden. Ganz allgemein lässt sich der Grundsatz formulieren, dass die Regelungen über das nicht offene Verfahren dann zurückzutreten haben oder nach Sinn und Zweck des dynamischen Beschaffungssystems auszulegen sind, wenn sie dem Betrieb und den Zielen des dynamischen Beschaffungssystems zuwider laufen. Dieser Grundsatz kann bei sämtlichen Zweifelsfragen im Einzelfall herangezogen werden.

II. Teilnahmefrist bei Einrichtung eines dynamischen Beschaffungssystems, § 24 Abs. 2 VgV

5   Nach § 24 Abs. 2 S. 1 VgV beträgt die Mindestfrist für den Eingang der Teilnahmeanträge 30 Tage, gerechnet ab dem Tag nach der Absendung der Auftragsbekanntmachung, oder im Falle einer Vorinformation nach § 38 Abs. 4 VgV nach der Absendung der Aufforderung zur Interessensbestätigung. Sobald die Aufforderung zur Angebotsabgabe für die erste einzelne Auftragsvergabe im Rahmen eines dynamischen Beschaffungssystems abgesandt worden ist, gelten gem. § 24 Abs. 2 S. 2 VgV keine weiteren Fristen für den Eingang der Teilnahmeanträge. Die Regelungen gehen zurück auf Art. 34 Abs. 2 UA 2 lit. a) RL 2014/24/EU, wonach – ungeachtet des Art. 28 RL 2014/24/EU, der Regelungen zum nicht offenen Verfahren enthält – die Mindestfrist für den Eingang der Teilnahmeanträge 30 Tage ab dem Tag, an dem die Bekanntmachung beziehungsweise – wenn eine Vorinformation als Aufruf zum Wettbewerb dient – die Aufforderung zur Interessensbestätigung übermittelt wird; sobald die Aufforderung zur Angebotsabgabe für die erste einzelne Auftragsvergabe im Rahmen eines dynamischen Beschaffungssystems abgesandt worden ist, gelten keine weiteren Fristen für den Eingang der Teilnahmeanträge.

6   § 24 Abs. 2 S. 1 VgV regelt die Mindestfrist für Teilnahmeanträge bei der Einrichtung eines dynamischen Beschaffungssystems. Dem öffentlichen Auftraggeber steht es mithin frei, die Frist zu verlängern, sollte er zu dem Ergebnis kommen, dass dies sachlich erforderlich ist, um bspw. auf diese Weise ausreichend Wettbewerb zu ermöglichen.[1] In der Auftragsbekanntmachung, für die nach § 37 Abs. 2 das Muster gemäß Anhang II der DVO

---

[1] *Hölzl* in KKMPP Kommentar zur VgV, 2017, § 24 Rn. 8.

(EU) 2015/1986 zu verwenden ist, muss in Feld Nr. IV. 2.2) – Schlusstermin für den Eingang der Angebote oder Teilnahmeanträge – der Endzeitpunkt der Frist für die Teilnahmeanträge eingetragen werden; bei der Verlängerung der Frist nach § 24 Abs. 2 S. 1 VgV folglich der spätere Endzeitpunkt. Zu beachten ist darüber hinaus, dass auch für das dynamische Beschaffungssystem § 20 VgV gilt. Demnach kann der öffentliche Auftraggeber im Einzelfall verpflichtet sein, die Mindestfrist für Teilnahmeanträge zu verlängern.[2]

Die in § 27 Abs. 2 S. 1 VgV bestimmte Mindestfrist entspricht den gewöhnlichen Mindestfristen für Teilnahmewettbewerbe. Bei einem gewöhnlichen nicht offenen Verfahren folgt auf die Auftragsbekanntmachung der Teilnahmewettbewerb nach § 16 Abs. 1 VgV, bei dem innerhalb einer Frist von mindestens 30 Tagen, gerechnet ab dem Tag nach der Absendung der Auftragsbekanntmachung, Teilnahmeanträge eingereicht werden können, vgl. § 16 Abs. 2 VgV. Im Fall einer Vorinformation nach § 38 Abs. 4 VgV wird der Teilnahmewettbewerb nach § 16 Abs. 1 VgV mit der Aufforderung zur Interessensbestätigung eingeleitet, vgl. § 38 Abs. 5 S. 2 VgV. Auch die Frist für den Eingang der Interessensbestätigung beträgt nach § 38 Abs. 5 S. 3 VgV 30 Tage, gerechnet ab dem Tag nach der Absendung der Aufforderung zur Interessensbestätigung. Auch wenn § 24 Abs. 2 S. 1 VgV nunmehr ebenfalls eine Mindestfrist für den Eingang der Teilnahmeanträge vorsieht, bedeutet dies keinen allgemeinen Gleichlauf mit den Fristenregelungen in § 16 Abs. 2 VgV und § 38 Abs. 5 S. 3 VgV für sämtliche Teilnahmeanträge, die im Laufe eines dynamischen Beschaffungssystems gestellt werden. Vielmehr beschränkt sich die Fristenregelung in § 24 Abs. 2 S. 1 VgV auf die Einrichtung des dynamischen Beschaffungssystems, bezieht sich lediglich auf die erste einzelne Auftragsvergabe und entfaltet keine weiteren Ausschlussfristen. Dies verdeutlicht § 24 Abs. 2 S. 2 VgV, wonach keine weiteren Fristen für den Eingang der Teilnahmeanträge gelten, sobald die Aufforderung zur Angebotsabgabe für die erste einzelne Auftragsvergabe im Rahmen eines dynamischen Beschaffungssystems abgesandt worden ist.

Damit ergibt sich für die Einrichtung eines dynamischen Beschaffungssystems folgender Ablauf: Zuerst wird die Auftragsbekanntmachung bzw. die Aufforderung zur Interessensbestätigung abgesandt; damit beginnt die Mindestfrist von 30 Tagen zu laufen; Unternehmen, die innerhalb dieser Frist Teilnahmeanträge einreichen, sind für die erste einzelne Auftragsvergabe in dem dynamischen Beschaffungssystem zuzulassen, sofern sie die Eignungskriterien erfüllen; diese Unternehmen sind auch zur Angebotsabgabe für die einzelne Auftragsvergabe aufzufordern; Unternehmen, die nach Ablauf der Frist Teilnahmeanträge einreichen, sind von der ersten einzelnen Auftragsvergabe ausgeschlossen und erhalten somit auch keine Aufforderung zur Angebotsabgabe für die erste einzelne Auftragsvergabe;[3] bei diesen Unternehmen ist gleichwohl eine Eignungsprüfung durchzuführen, weil sie für spätere Aufträge in Betracht kommen können; nach Absendung der ersten Aufforderung zur Angebotsabgabe für die erste einzelne Auftragsvergabe gelten keine Fristen mehr; bei allen folgenden einzelnen Auftragsvergaben sind sämtliche Unternehmen, die Teilnahmeanträge gestellt haben und geeignet sind, zur Abgabe von Angeboten aufzufordern; dies gilt auch für diejenigen Unternehmen, die die Frist in § 24 Abs. 2 S. 1 VgV versäumt hatten, weil sich diese Frist nur auf die erste Auftragsvergabe bezieht und keine weiteren Ausschlussfristen entfaltet.

Eine womöglich für die Praxis relevante Frage ist, ob sich die Aufforderung zur Angebotsabgabe für die erste einzelne Auftragsvergabe, die in § 24 Abs. 2 S. 2 VgV erwähnt wird, tatsächlich auf die erste einzelne Auftragsvergabe innerhalb eines dynamischen Beschaffungssystems bezieht oder womöglich im Falle der Untergliederung eines dynamischen Beschaffungssystems in Kategorien von Leistungen die jeweils erste einzelne Auftragsvergabe pro Leistungskategorie meint. Da es keinerlei Hinweise gibt, wonach eine

---

[2] Zu den Details vgl. die Kommentierung zu § 20 VgV.
[3] A. A. wohl *Hölzl* in KKMPP, Kommentar zur VgV, 2017, § 24 Rn. 10, wo die in § 24 Abs. 2 S. 1 VgV genannte Frist nicht als Ausschlussfrist qualifiziert wird.

solche Unterscheidung nach Leistungskategorien gemacht werden müsste, ist allgemein auf die zeitlich erste einzelne Auftragsvergabe abzustellen, unabhängig davon, ob es sich dabei um einen Auftrag zu einer Leistungskategorie handelt und bei anderen Kategorien zeitlich nachfolgend „erste" einzelne Aufträge vergeben werden.

III. Verfahren bei Prüfung der Teilnahmeanträge, § 24 Abs. 3 VgV

10   In § 24 Abs. 3 S. 1 VgV wird der Grundsatz formuliert, dass der öffentliche Auftraggeber den Antrag eines Unternehmens auf Teilnahme an einem dynamischen Beschaffungssystem unter Zugrundelegung der Eignungskriterien innerhalb von zehn Arbeitstagen nach
dessen Eingang prüfen muss. Die Regelung geht zurück auf § 34 Abs. 5 UA 1 S. 1 RL
2014/24/EU, wonach die öffentlichen Auftraggeber ihre Bewertung der Teilnahmeanträge
auf der Grundlage der Eignungskriterien innerhalb von zehn Arbeitstagen nach deren Eingang zum Abschluss zu bringen haben. Bereits in Erwägungsgrund 64 RL 2014/24/EU
weißt der Richtliniengeber darauf hin, dass die Prüfung der Teilnahmeanträge im Regelfall
innerhalb von höchstens zehn Arbeitstagen durchgeführt werden sollte, und begründet die
kurze Frist damit, dass die Bewertung der Eignungskriterien aufgrund der in der RL
2014/24/EU geregelten vereinfachten Dokumentationsanforderungen erfolgt.

11   Die Frist nach § 24 Abs. 3 S. 1 VgV gilt für die Prüfung eines jeden Teilnahmeantrags,
unabhängig davon, ob ganz allgemein die Eignungskriterien geprüft werden oder, bei einer
Untergliederung des dynamischen Beschaffungssystems in Kategorien von Leistungen, lediglich die kategorienbezogenen Eignungskriterien. Dabei steht es dem öffentlichen Auftraggeber frei, wann er den Teilnahmeantrag innerhalb der Frist von zehn Arbeitstagen
nach Eingang prüft. Dies ergibt sich aus einer Bemerkung des Richtliniengebers in Erwägungsgrund 64 RL 2014/24/EU, wo er darauf hinweist, dass es den öffentlichen Auftraggebern freigestellt sein sollte, wie sie die Teilnahmeanträge prüfen, z. B. indem sie sich entscheiden, solche Prüfungen nur einmal pro Woche durchzuführen, sofern die Fristen für
die Prüfung der einzelnen Anträge auf Zulassung eingehalten werden. Der öffentliche Auftraggeber muss somit nicht jeden Teilnahmeantrag unmittelbar nach Eingang prüfen, sondern es reicht aus, wenn die Prüfung innerhalb der maßgeblichen Frist erfolgt; bei § 24
Abs. 3 S. 1 VgV also innerhalb der Frist von zehn Tagen nach Eingang. Daran ändert im
Übrigen auch § 24 Abs. 3 S. 5 VgV nichts, wonach jedes Unternehmen unverzüglich darüber informiert wird, ob es zur Teilnahme an einem dynamischen Beschaffungssystem zugelassen wurde oder nicht. Denn die hierdurch formulierte Pflicht des öffentlichen Auftraggebers bezieht sich darauf, dass er die Unternehmen unverzüglich informieren muss,
sobald das Prüfungsergebnis feststeht[4] – darüber, wann die Prüfung selbst erfolgen soll, sagt
die Vorschrift nichts aus.[5]

12   Die Frist aus § 24 Abs. 3 S. 1 VgV kann in begründeten Einzelfällen, insbesondere wenn
Unterlagen geprüft werden müssen oder um auf sonstige Art und Weise zu überprüfen, ob
die Eignungskriterien erfüllt sind, auf 15 Arbeitstage verlängert werden. Diese Vorschrift
entspricht der nahezu wortgleichen Regelung in Art. 34 Abs. 5 UA 1 S. 3 RL 2014/24/
EU. Zur allgemeinen Konkretisierung, wann solche begründeten Einzelfälle vorliegen, ist
der Blick auf die Begründung des Richtliniengebers zur kurzen Standardfrist von zehn
Arbeitstagen nach Eingang des Teilnahmeantrags zu richten. In Erwägungsgrund 64 RL
2014/24/EU rechtfertigt er die kurze Frist damit, dass die Bewertung der Teilnahmeanträge aufgrund vereinfachter Dokumentationsanforderungen erfolge, die in der neuen RL
2014/24/EU geregelt seien. Einen Hinweis darauf, was der Richtliniengeber damit gemeint haben könnte, enthält Erwägungsgrund 133 RL 2014/24/EU: *„Wegen der Auswirkungen der Eigenerklärungen auf das Auftragswesen und da sie eine zentrale Rolle bei der Vereinfa-*

---

[4] Ebenso *Widdekind* VergabeR 2011, 412, 415 f. zu § 5 Abs. 2 lit. d) S. 4 VOL/A-EG a. F.
[5] Vgl. im Übrigen die Ausführungen zu dieser Regelung weiter unten.

chung der Dokumentationsanforderungen im Vergabeverfahren spielen, sollten die Standardformulare für Eigenerklärungen im Wege des Prüfverfahrens verabschiedet werden." Die vereinfachten Dokumentationsanforderungen ergeben sich also daraus, dass es den Bietern möglich ist, Eigenerklärungen im Zusammenhang mit der Eignung, die bei der Prüfung der Teilnahmeanträge Gegenstand ist, abgeben zu können. Hierbei sind zwei Fälle denkbar, zum einen die aus dem alten Vergaberecht bekannte Eigenerklärung zur Eignung, zum anderen die nunmehr neu ins Vergaberecht aufgenommene Einheitliche Europäische Eigenerklärung. Nach § 48 Abs. 2 S. 1 VgV fordert der öffentliche Auftraggeber grundsätzlich die Vorlage von Eigenerklärungen an, womit der Vorrang der Eigenerklärung zum Nachweis der Eignung, wie er auch schon in § 7 Abs. 1 und 5 EG VOL/A (Fassung 2009) enthalten war, auch im neuen Vergaberecht seinen Niederschlag gefunden hat. § 48 Abs. 3 VgV sieht vor, dass der öffentliche Auftraggeber die Vorlage einer Einheitlichen Europäischen Eigenerklärung nach § 50 VgV als vorläufigen Beleg der Eignung und des Nichtvorliegens von Ausschlussgründen akzeptiert. In beiden Fällen liegen die vom Richtliniengeber im Zusammenhang mit der Begründung der kurzen Frist von zehn Arbeitstagen nach Eingang zur Prüfung der Teilnahmeanträge erwähnten vereinfachten Dokumentationsanforderungen der RL 2014/24/EU vor. Im Umkehrschluss bedeutet dies, dass ein begründeter Einzelfall nach § 24 Abs. 3 S. 2 VgV dann nicht vorliegt, wenn die Eignung und damit der Teilnahmeantrag ausschließlich aufgrund einer Eigenerklärung nach § 48 Abs. 2 S. 1 VgV oder einer Einheitlichen Europäischen Eigenerklärung nach § 48 Abs. 3 VgV geprüft wird. Erfolgt die Prüfung demgegenüber aufgrund von Umständen, die über die Eigenerklärung oder die Einheitliche Europäische Eigenerklärung hinausgehen, ist somit Prüfungsgegenstand etwas anderes als die Eigenerklärung oder die Einheitliche Europäische Eigenerklärung, dann liegt ein solcher begründeter Einzelfall vor, der eine Verlängerung der Prüfungsfrist auf 15 Arbeitstage nach Eingang des Teilnahmeantrags rechtfertigt. Hierauf weist schon der Regelungstext selbst hin, der begründete Einzelfälle insbesondere bei der Prüfung weiterer Unterlagen oder einer Prüfung auf sonstige Art und Weise bejaht. Auf jeden Fall muss der öffentliche Auftraggeber die Entscheidung, dass die Frist verlängert wird, samt Angabe von Gründen in der Vergabeakte dokumentieren.[6]

Wurde die Aufforderung zur Angebotsabgabe für die erste einzelne Auftragsvergabe im **13** Rahmen eines dynamischen Beschaffungssystems noch nicht versandt, kann der öffentliche Auftraggeber nach § 24 Abs. 3 S. 3 VgV die Frist verlängern, sofern während der verlängerten Frist keine Aufforderung zur Angebotsabgabe versandt wird. In den Vergabeunterlagen ist die Fristverlängerung anzugeben, § 23 Abs. 3 S. 4 VgV. Die Regelungen beruhen auf Art. 34 Abs. 5 UA 2 RL 2014/24/EU. Gem. Art. 34 Abs. 5 UA 2 S. 1 RL 2014/24/EU können öffentliche Auftraggeber die Bewertungsfrist verlängern, solange die Aufforderung zur Angebotsabgabe für die erste einzelne Auftragsvergabe im Rahmen des dynamischen Beschaffungssystems noch nicht versandt wurde und sofern während der verlängerten Bewertungsfrist keine Aufforderung zur Angebotsabgabe herausgegeben wird. Gem. Art. 34 Abs. 5 UA 2 S. 2 RL 2014/24/EU geben öffentliche Auftraggeber in den Auftragsunterlagen die Länge der Fristverlängerung an, die sie anzuwenden gedenken. Diese Erleichterungen für öffentliche Auftraggeber begründet der Richtliniengeber in Erwägungsgrund 64 RL 2014/24/EU damit, dass sich öffentliche Auftraggeber bei erstmaliger Einrichtung eines dynamischen Beschaffungssystems einer so hohen Zahl von Teilnahmeanträgen als Reaktion auf die erste Veröffentlichung der Auftragsbekanntmachung oder die Aufforderung zur Interessensbestätigung gegenübersehen, dass sie zur Prüfung der Anträge möglicherweise mehr Zeit benötigen. Deshalb sollte dies nach Ansicht des Richtliniengebers zulässig sein, vorausgesetzt, es wird keine einzelne Auftragsvergabe eingeleitet, bevor alle Anträge geprüft wurden. Vergegenwärtigt man sich den Zeitraum, während dem diese Erleichterungen greifen, so erschließt sich, warum durch sie der Betrieb eines dynamischen Beschaffungssystems nicht zu Lasten der Bieter beeinträchtigt wird. Es geht nämlich um die

---

[6] *Hölzl* in KKMPP, Kommentar zur VgV, 2017, § 24 Rn. 12.

Phase zwischen dem Eingang der ersten Teilnahmeanträge nach Veröffentlichung der Auftragsbekanntmachung bzw. Aufforderung zur Interessensbestätigung und der Aufforderung zur Angebotsabgabe für die erste einzelne Auftragsvergabe. Während dieser Phase erfolgt ohnehin eine Beschränkung der Teilnehmer am dynamischen Beschaffungssystem, weil nur diejenigen zur Angebotsabgabe für die erste einzelne Auftragsvergabe aufgefordert werden, die innerhalb der Mindestfrist von 30 Tagen, gerechnet ab dem Tag der Absendung der Auftragsbekanntmachung, oder im Falle einer Vorinformation nach § 38 Abs. 4 VgV nach Absendung der Aufforderung zur Interessensbestätigung, ihre Teilnahmeanträge eingereicht haben, vgl. § 24 Abs. 2 VgV. Für diese Teilnehmer spielt es letztendlich keine Rolle, wie lange der öffentliche Auftraggeber zur Prüfung ihrer Teilnahmeanträge benötigt, solange sie dadurch nicht von der Aufforderung zur Angebotsabgabe für die erste einzelne Auftragsvergabe ausgeschlossen werden. Dementsprechend sieht § 23 Abs. 3 S. 4 VgV vor, dass während der verlängerten Prüfungsfrist keine Aufforderung zur Angebotsabgabe versandt werden darf. Für den öffentlichen Auftraggeber bedeutet dies, dass er die Aufforderung zur Angebotsabgabe für die erste einzelne Auftragsvergabe erst dann versenden darf, wenn sämtliche Teilnahmeanträge, die innerhalb der Frist gem. § 24 Abs. 2 S. 1 VgV eingegangen waren, geprüft wurden und die verlängerte Frist nach § 24 Abs. 3 S. 3 VgV abgelaufen ist. Der öffentliche Auftraggeber muss die verlängerte Frist, die er für die Prüfung der ersten Teilnahmeanträge verwenden will, in den Vergabeunterlagen angeben, § 23 Abs. 3 S. 4 VgV. Durch die Angabe der verlängerten Frist bereits in den Vergabeunterlagen legt sich der öffentliche Auftraggeber hinsichtlich der Aufforderung zur Angebotsabgabe für die erste einzelne Auftragsvergabe fest, denn diese darf erst versandt werden, wenn die verlängerte Frist abgelaufen ist.

14   § 24 Abs. 3 S. 5 VgV sieht vor, dass jedes Unternehmen unverzüglich darüber informiert wird, ob es zur Teilnahme an einem dynamischen Beschaffungssystem zugelassen wurde oder nicht. Dem liegt Art. 34 Abs. 5 UA 3 RL 2014/24/EU zugrunde, wonach öffentliche Auftraggeber den betreffenden Wirtschaftsteilnehmer zum frühestmöglichen Zeitpunkt darüber unterrichten, ob er zur Teilnahme am dynamischen Beschaffungssystem zugelassen wurde oder nicht. Diese Vorschrift könnte leicht dahingehend missinterpretiert werden, dass der öffentliche Auftraggeber daraus verpflichtet sei, die Teilnahmeanträge unverzüglich nach Eingang zu prüfen und sodann den Teilnehmern das Prüfungsergebnis mitzuteilen. Dass dies durch § 24 Abs. 3 S. 5 VgV nicht geregelt wird, folgt schon aus den Ausführungen des Richtliniengebers in Erwägungsgrund 64 RL 2014/24/EU: *„Den öffentlichen Auftraggebern sollte es freigestellt sein, wie sie die Teilnahmeanträge prüfen, z. B. indem sie sich entscheiden, solche Prüfungen nur einmal pro Woche durchzuführen, sofern die Fristen für die Prüfung der einzelnen Anträge auf Zulassung eingehalten werden."* Das Gebot in § 24 Abs. 3 S. 5 VgV, jedes Unternehmen unverzüglich darüber zu informieren, ob es zur Teilnahme an einem dynamischen Beschaffungssystem zugelassen wurde oder nicht, bedeutet also, dass der öffentliche Auftraggeber die Teilnehmer ohne schuldhaftes Zögern, vgl. § 121 Abs. 1 S. 1 BGB, informieren muss, sobald das Prüfungsergebnis zu ihrem Teilnahmeantrag feststeht; darüber, wann die Prüfung selbst erfolgen soll, sagt die Vorschrift nichts aus.

IV. Angebotsfrist, § 24 Abs. 4 VgV

15   Nach § 24 Abs. 4 S. 1 VgV beträgt die Frist für den Eingang der Angebote mindestens zehn Tage, gerechnet ab dem Tag nach der Absendung der Aufforderung zur Angebotsabgabe. Nach § 24 Abs. 4 S. 2 VgV findet § 16 Abs. 6 VgV Anwendung. Die Regelungen gehen zurück auf Art. 34 Abs. 2 lit. b) S. 1 und 2 RL 2014/24/EU. Demnach beträgt die Mindestfrist für den Eingang der Angebote zehn Tage, gerechnet ab dem Tag der Absendung der Aufforderung zur Angebotsabgabe; gegebenenfalls findet Art. 28 Abs. 4 RL 2014/24/EU Anwendung. Damit wird die Mindestfrist für den Angebotseingang, die beim nicht offenen Verfahren nach § 16 Abs. 5 VgV 30 Tage, gerechnet ab dem Tag nach der

Absendung der Aufforderung zur Angebotsabgabe, beträgt, auf zehn Tage reduziert. § 16 Abs. 6 S. 1 VgV ermöglicht dem öffentlichen Auftraggeber, mit Ausnahme oberster Bundesbehörden, die Angebotsfrist mit den Bewerbern, die zur Angebotsabgabe aufgefordert werden, im gegenseitigen Einvernehmen festzulegen, sofern allen Bewerbern dieselbe Frist für die Einreichung der Angebote gewährt wird. Erfolgt keine einvernehmliche Festlegung der Angebotsfrist, dann beträgt nach § 16 Abs. 6 S. 2 VgV diese mindestens zehn Tage, gerechnet ab dem Tag nach der Absendung der Aufforderung zur Angebotsabgabe.

§ 24 Abs. 4 VgV regelt die Mindestfrist für den Eingang der Angebote. Dem öffentli- **16** chen Auftraggeber steht es mithin frei, die Frist zu verlängern, sollte er zu dem Ergebnis kommen, dass dies sachlich erforderlich ist, um bspw. auf diese Weise ausreichend Wettbewerb zu ermöglichen.[7] Zu beachten ist darüber hinaus, dass auch für das dynamische Beschaffungssystem § 20 Abs. 3 VgV gilt. Demnach kann der öffentliche Auftraggeber im Einzelfall verpflichtet sein, die Mindestfrist für den Eingang der Angebote zu verlängern.[8] Eine Verkürzung der in § 24 Abs. 4 VgV geregelten Mindestfrist durch § 20 Abs. 1 VgV ist jedoch nicht möglich.[9] Dies folgt aus der expliziten Verwendung des Wortes „mindestens"; insoweit erstreckt sich die Modifizierung der Regelungen zum nicht offenen Verfahren auch auf § 20 Abs. 1 VgV.

V. Erneute Anforderung Einheitlicher Europäischer Eigenerklärungen, § 24 Abs. 5 VgV

§ 24 Abs. 5 S. 1 VgV erlaubt dem öffentlichen Auftraggeber von den zu einem dynami- **17** schen Beschaffungssystem zugelassenen Bewerbern jederzeit zu verlangen, innerhalb von fünf Arbeitstagen nach Übermittlung der Aufforderung zur Angebotsabgabe eine erneute und aktualisierte Einheitliche Europäische Eigenerklärung nach § 48 Abs. 3 VgV einzureichen. Nach § 24 Abs. 5 S. 2 VgV findet § 48 Abs. 3 bis 6 VgV Anwendung. Die Regelungen gehen zurück auf Art. 34 Abs. 7 RL 2014/24/EU. Nach Art. 34 Abs. 7 UA 1 RL 2014/24/EU können die öffentlichen Auftraggeber von zugelassenen Teilnehmern während der Laufzeit des dynamischen Beschaffungssystems jederzeit verlangen, innerhalb von fünf Arbeitstagen nach Übermittlung der Aufforderung eine erneute und aktualisierte Eigenerklärung gemäß Art. 59 Abs. 1 RL 2014/24/EU einzureichen. Nach Art. 34 Abs. 7 UA 2 RL 2014/24/EU gilt Art. 59 Abs. 4 bis 6 RL 2014/24/EU während der gesamten Gültigkeitsdauer des dynamischen Beschaffungssystems. In Erwägungsgrund 65 RL 2014/24/EU hat der Richtliniengeber hierzu ausgeführt: *„Den öffentlichen Auftraggebern sollte es während der Gültigkeitsdauer des dynamischen Beschaffungssystems jederzeit freigestellt sein, von den Wirtschaftsteilnehmern zu verlangen, innerhalb einer angemessenen Frist eine erneute und aktualisierte Eigenerklärung über die Erfüllung der qualitativen Eignungskriterien zu übermitteln. Es sei daran erinnert, dass die in den allgemeinen Bestimmungen dieser Richtlinie zu Nachweisen vorgesehene Möglichkeit, Wirtschaftsteilnehmer zur Vorlage von zusätzlichen Unterlagen aufzufordern, und die Verpflichtung des Bieters, an den der Auftrag vergeben wurde, dieser Aufforderung nachzukommen, auch in dem besonderen Zusammenhang des dynamischen Beschaffungssystems gelten."*

Die Formulierung in § 24 Abs. 5 S. 1 VgV kann leicht dahingehend missverstanden **18** werden, dass der öffentliche Auftraggeber jederzeit innerhalb von fünf Arbeitstagen die Vorlage einer erneuten und aktualisierten Einheitlichen Europäischen Eigenerklärung verlangen kann, die Unternehmen diese also innerhalb von fünf Arbeitstagen nach Verlangen des öffentlichen Auftraggebers einreichen müssen.[10] Dem ist nicht so, vielmehr ist zwischen der Möglichkeit für den öffentlichen Auftraggeber, die Einreichung einer erneuten und

---

[7] *Hölzl* in KKMPP, Kommentar zur VgV, 2017, § 24 Rn. 14.
[8] Zu den Details vgl. die Kommentierung zu § 20 VgV.
[9] Ebenso zum alten Recht *Knauff* VergabeR 2008, 615, 621.
[10] So wohl die Interpretation bei *Ley/Wankmüller* Das neue Vergaberecht 2016, 3. Aufl. 2016, S. 331.

aktualisierten Einheitlichen Europäischen Eigenerklärung verlangen zu können, und der Einreichungsfrist für die zu einem dynamischen Beschaffungssystem zugelassenen Bewerber zu unterscheiden. Öffentliche Auftraggeber können die Neueinreichung jederzeit verlangen, die Frist von fünf Arbeitstagen hierzu beginnt jedoch erst dann zu laufen, wenn eine Übermittlung der Aufforderung zur Angebotsabgabe erfolgt. Hier gilt es zu bedenken, dass innerhalb eines dynamischen Beschaffungssystems mehrere Aufträge vergeben werden können und somit auch Zeiträume entstehen, in denen keine Auftragsvergabe erfolgt. Fällt die Aufforderung zur Neueinreichung der Einheitlichen Europäischen Eigenerklärung in einen solchen Zeitraum, dann beginnt die Frist hierzu erst dann zu laufen, wenn die nächste Übermittlung der Aufforderung zur Angebotsabgabe erfolgt; was dazu führen kann, dass zwischen dem Verlangen nach Neueinreichung und Beginn der Frist durchaus Monate liegen können. Die Vorschrift ist deshalb dahingehen zu lesen, dass der öffentliche Auftraggeber zwar jederzeit die Neueinreichung verlangen kann, die Frist jedoch erst mit der nächstfolgenden Übermittlung der Aufforderung zur Angebotsabgabe zu laufen beginnt.

19   Zu beachten ist weiter, dass in den Fällen, in denen das dynamische Beschaffungssystem in Kategorien von Leistungen untergliedert wurde, die Frist des § 24 Abs. 5 S. 1 VgV nur für diejenigen Bieter zu laufen beginnt, die tatsächlich eine Aufforderung zur Angebotsabgabe übermittelt bekommen haben. Existieren beispielsweise zwei Kategorien von Leistungen, so werden nach § 23 Abs. 6 S. 2 VgV jeweils nur diejenigen Bieter aufgefordert, ein Angebot zu unterbreiten, die für die entsprechende Kategorie zugelassen wurden. Verlangt der öffentliche Auftraggeber nunmehr von sämtlichen Bietern beider Gruppen gleichermaßen die Neueinreichung der Einheitlichen Europäischen Eigenerklärung – was er nach § 24 Abs. 5 S. 1 VgV jederzeit tun kann –, erfolgt die Übermittlung der Aufforderung zur Angebotsabgabe jedoch für die Bietergruppen zeitversetzt, dann beginnt auch die Frist des § 24 Abs. 5 S. 1 VgV entsprechend zeitversetzt zu laufen.

20   Hinsichtlich der nach § 24 Abs. 5 S. 2 VgV anzuwendenden Regelungen zur Einheitlichen Europäischen Eigenerklärung, § 48 Abs. 3 bis 6 VgV, wird auf die einschlägige Kommentierung hierzu verwiesen.

§ 25 Grundsätze für die Durchführung elektronischer Auktionen

(1) Der öffentliche Auftraggeber kann im Rahmen eines offenen, eines nicht offenen oder eines Verhandlungsverfahrens vor der Zuschlagserteilung eine elektronische Auktion durchführen, sofern der Inhalt der Vergabeunterlagen hinreichend präzise beschrieben und die Leistung mithilfe automatischer Bewertungsmethoden eingestuft werden kann. Geistig-schöpferische Leistungen können nicht Gegenstand elektronischer Auktionen sein. Der elektronischen Auktion hat eine vollständige erste Bewertung aller Angebote anhand der Zuschlagskriterien und der jeweils dafür festgelegten Gewichtung vorauszugehen. Die Sätze 1 und 2 gelten entsprechend bei einem erneuten Vergabeverfahren zwischen den Parteien einer Rahmenvereinbarung nach § 21 und bei einem erneuten Vergabeverfahren während der Laufzeit eines dynamischen Beschaffungssystems nach § 22. Eine elektronische Auktion kann mehrere, aufeinanderfolgende Phasen umfassen.

(2) Im Rahmen der elektronischen Auktion werden die Angebote mittels festgelegter Methoden elektronisch bewertet und automatisch in eine Rangfolge gebracht. Die sich schrittweise wiederholende, elektronische Bewertung der Angebote beruht auf
1. neuen, nach unten korrigierten Preisen, wenn der Zuschlag allein aufgrund des Preises erfolgt, oder
2. neuen, nach unten korrigierten Preisen oder neuen, auf bestimmte Angebotskomponenten abstellenden Werten, wenn das Angebot mit dem besten Preis-Leistungs-Verhältnis oder, bei Verwendung eines Kosten-Wirksamkeits-Ansatzes, mit den niedrigsten Kosten den Zuschlag erhält.

(3) Die Bewertungsmethoden werden mittels einer mathematischen Formel definiert und in der Aufforderung zur Teilnahme an der elektronischen Auktion bekanntgemacht. Wird der Zuschlag nicht allein aufgrund des Preises erteilt, muss aus der mathematischen Formel auch die Gewichtung aller Angebotskomponenten nach Absatz 2 Nummer 2 hervorgehen. Sind Nebenangebote zugelassen, ist für diese ebenfalls eine mathematische Formel bekanntzumachen.

(4) Angebotskomponenten nach Absatz 2 Nummer 2 müssen numerisch oder prozentual beschrieben werden.

Übersicht

	Rn.			Rn.
A. Einführung	1		3. Hinreichend präzise beschriebene Vergabeunterlagen, § 25 Abs. 1 S. 1 VgV	18
I. Literatur	1			
II. Entstehungsgeschichte	2		4. Automatisierte Bewertungsmethoden und geistig-schöpferische Leistungen, § 25 Abs. 1 S. 1 und 2 VgV	20
1. VKR 2004 und Vergaberechtsreform 2009	2			
2. RL 2014/24/EU und Vergaberechtsreform 2016	5		a) Die Dichotomie zwischen Quantifizierung und Qualifizierung	20
III. Rechtliche Vorgaben im EU-Recht	7			
B. Kommentierung	8		b) Die Rechtsprechung zu Bewertungsmethoden im Spannungsfeld von Quantifizierung und Qualifizierung	22
I. Die elektronische Auktion, § 25 Abs. 1 VgV	8			
1. Charakter der elektronischen Auktion	8		5. Erste Bewertung der Angebote, § 25 Abs. 1 S. 3 VgV	25
2. Anwendbarkeit des allgemeinen Vergaberechts	10		6. Rahmenvereinbarungen und dynamische Beschaffungssysteme, § 25 Abs. 1 S. 4 VgV	28
a) Eignungsprüfung bei elektronischen Auktionen	11		7. Phasen der elektronischen Auktion, § 25 Abs. 1 S. 5 VgV	29
b) Prüfung von Niedrigpreisangeboten bei elektronischen Auktionen	14		II. Automatische Rangfolgen und mathematische Formeln, § 25 Abs. 2 bis 4 VgV	30
c) Prüfung von Ausschlussgründen bei elektronischen Auktionen	17		1. Grundsätzliches	30

Rn.   Rn.

2. Die Bewertung des Angebots   gebotskomponenten, § 25 Abs. 2
anhand des Preises, § 25 Abs. 2   S. 2 Nr. 2 VgV   33
S. 2 Nr. 1 VgV   31   4. Die Beschreibung der Angebots-
3. Die Bewertung des Angebots an-   komponenten, § 25 Abs. 4 VgV ..   37
hand des Preises und weiterer An-

A. Einführung

I. Literatur

1   *Kulartz / Kus / Marx / Portz / Prieß*, Kommentar zur VgV, 2017; *Ley / Wankmüller*, Das neue Vergaberecht 2016, 3. Aufl. 2016; *Steck*, Ermittlung des besten Preis-Leistungs-Verhältnisses – Versuch eines Sachstandes, VergabeR 2017, 240 ff.; *Bartsch / v. Gehlen / Hirsch*, Mit Preisgewichtung vorbei am wirtschaftlichsten Angebot?, NZBau 2012, 393 ff.; *Schäfer*, Perspektiven der eVergabe, NZBau 2015, 131 ff.; *Schröder*, Die elektronische Auktion nach § 101 IV 1 GWB – Rückkehr des Lizitationsverfahrens?, NZBau 2010, 411 ff.; *Burgi / Dreher*, Beck'scher Vergaberechtskommentar, GWB 4. Teil, 3. Aufl. 2017.

II. Entstehungsgeschichte

1. VKR 2004 und Vergaberechtsreform 2009

2   Bereits die Richtlinie 2004/18/EG des Europäischen Parlaments und des Rates über die Koordinierung der Verfahren zur Vergabe öffentlicher Bauaufträge, Lieferaufträge und Dienstleistungsaufträge vom 31. März 2004 (VKR) enthielt umfassende Regelungen zur Durchführung von elektronischen Auktionen. So definierte Art. 1 Abs. 7 VKR die elektronische Auktion als ein iteratives Verfahren, bei dem mittels einer elektronischen Vorrichtung nach einer ersten vollständigen Bewertung der Angebote jeweils neue, nach unten korrigierte Preise und/oder neue, auf bestimmte Komponenten der Angebote abstellende Werte vorgelegt werden, und das eine automatische Klassifizierung dieser Angebote ermöglicht. Folglich, so Art. 1 Abs. 7 VKR weiter, dürfen bestimmte Bau- und Dienstleistungsaufträge, bei denen eine geistige Leistung zu erbringen ist – wie z.B. die Konzeption von Bauarbeiten –, nicht Gegenstand von elektronischen Auktionen sein. Art. 54 VKR stellte ein äußerst ausdifferenziertes Prozedere für die Durchführung elektronischer Auktionen bereit, das zu einem Großteil Eingang in Art. 35 RL 2014/24/EU und damit in §§ 25 f. VgV gefunden hat. Auch der zu Art. 54 VKR verfasste Erwägungsgrund 14 VKR enthält Ausführungen, die weder in den Erwägungsgründen zur RL 2014/24/EU noch in der Verordnungsbegründung zur aktuellen VgV enthalten sind, und die dennoch für die Auslegung der neuen Vorschriften zur elektronischen Auktion herangezogen werden können. Eine Verpflichtung für die Mitgliedstaaten der Europäischen Gemeinschaft, ihren öffentlichen Auftraggebern die Durchführung von elektronischen Auktionen zu ermöglichen, enthielt Art. 54 VKR jedoch nicht, vielmehr bestimmte Art. 54 Abs. 1 VKR lediglich, dass die Mitgliedstaaten festlegen können, dass die öffentlichen Auftraggeber elektronische Auktionen durchführen dürfen. Auf diese Möglichkeit, öffentlichen Auftraggeber die Gelegenheit zur Durchführung elektronischer Auktionen zu bieten, reagierte der deutsche Gesetzgeber nur zögerlich. Jahrelang enthielt das nationale Recht keine entsprechenden Bestimmungen, erst mit dem Gesetz zur Modernisierung des Vergaberechts vom 20.04.2009 (Vergaberechtsreform 2009), BGBl. I, S. 790 ff., wurde mit § 101 Abs. 6 S. 1 GWB (Fassung 2009) eine Regelung zur elektronischen Auktion geschaffen, deren Gehalt jedoch angesichts der umfassenden Regelung in Art. 54 VKR denkbar dürftig war, wie ihre Formulierung beweist: *„Eine elektronische Auktion dient der elektronischen Ermittlung des wirtschaftlichsten Angebots".* Gleichwohl gab es zwei Fälle, in denen öffentliche Auftraggeber von dem Instrument der elektronischen Auktion Gebrauch machen wollten und die Gegenstand vergaberechtlicher Nachprüfungsverfahren wurden. Dabei lag der erste Fall vor, der zweite Fall nach Inkrafttreten der Vergaberechtsreform 2009 und damit des § 101 Abs. 6 S. 1 GWB (Fassung 2009).

Der erste Fall war Gegenstand der Entscheidung der VK Nordbayern vom 9.9.2008.[1] **3** Ein öffentlicher Auftraggeber hatte die Wirtschaftsteilnehmer europaweit wegen der Veräußerung von Altpapier zu einer Internetauktion mit vorhergehendem öffentlichem Teilnahmewettbewerb aufgefordert. In den Vergabeunterlagen hatte er darauf hingewiesen, dass es sich um ein an RL 2004/18/EG angelehntes Verfahren, jedoch nicht um ein förmliches Vergabeverfahren im Sinne von §§ 97 ff. GWB handele. Das Verfahren wurde dabei in mehrere Stufen unterteilt, am Anfang stand ein Teilnahmewettbewerb, gefolgt von einer Aufforderung zur Abgabe eines Angebots, der Internetauktion und schließlich des Vertragsabschlusses. Die VK Nordbayern war der Ansicht, dass ein Bieter, der zwar erfolgreich am Teilnahmewettbewerb teilgenommen, anschließend jedoch kein Erstangebot abgegeben hatte, in seinen Rechten nach §§ 97 Abs. 7, 101 Abs. 1 und 6 GWB a. F. i. V. m. § 3a VOL/A a. F. verletzt werde. Denn eine Rechtsgrundlage für die Internetauktion gebe es im nationalen Vergaberecht nicht, auch könne die Vorschrift des Art. 54 Abs. 1 RL 2004/18/EG nicht unmittelbar oder analog angewendet werden, weil der deutsche Gesetzgeber zum damaligen Zeitpunkt nicht von der darin enthaltenen Ermächtigung Gebrauch gemacht hatte. Die VK Nordbayern wies ebenfalls darauf hin, dass die Auktion der Angebotspreise selbst dem Nachverhandlungsverbot des § 24 VOL/A a. F. widerspreche, solange ein entsprechendes Auktionsverfahren nicht vom Gesetzgeber zugelassen ist.

Der zweite Fall war Gegenstand der Entscheidung der VK Lüneburg vom 10.5.2011.[2] **4** Ein öffentlicher Auftraggeber – eine Einrichtung einer Stadt und eines Landkreises zur Bewirtschaftung des gemeinsamen Gebäudebestandes in der Rechtsform einer gemeinsamen kommunalen Anstalt des öffentlichen Rechts (gAöR) – hatte europaweit die Lieferung von elektrischer Energie für die verwalteten Liegenschaften im offenen Verfahren ausgeschrieben und dabei in der Bekanntmachung darauf hingewiesen, dass eine elektronische Auktion durchgeführt wird. Diese sollte ausschließlich über eine spezielle Plattform durchgeführt werden, wobei die Bieter den Zugang hierzu über ein kostenfrei zu nutzendes Portal zur Verfügung gestellt bekommen sollten. Die verschlüsselten digitalen Angebote, die über das Portal einzureichen waren, sollten mit einer qualifizierten elektronischen Signatur nach dem Signaturgesetz versehen werden. Die VK Lüneburg sah in der Ausschreibung im Wege einer elektronischen Auktion keine Verletzung der Rechte von Bietern im Sinne der §§ 97 Abs. 7, 114 Abs. 1 GWB a. F., vielmehr habe der Bundesgesetzgeber mit der Aufnahme der elektronischen Auktion in § 101 Abs. 6 S. 1 GWB a. F. und damit in den Katalog der Arten der Vergabe des § 101 GWB a. F. von der den Mitgliedstaaten durch Art. 54 Abs. 1 VKR europarechtlich eingeräumten Möglichkeiten Gebrauch gemacht, festzulegen, dass die öffentlichen Auftraggeber elektronische Auktionen durchführen dürfen. Einer weiteren Umsetzung in der VgV (a. F.) oder in den Vergabe- und Vertragsordnungen durch den Verordnungsgeber und die Vergabe- und Vertragsausschüsse habe es nicht zwingend bedurft, weil in Art. 54 VKR detaillierte Anforderungen an die Durchführung und den Ablauf einer elektronischen Auktion festgelegt waren. Entscheidend sei alleine, dass der öffentliche Auftraggeber das Vergabeverfahren nicht nur auf der Grundlage der VOL/A EG, sondern auch unter Beachtung der für die elektronische Auktion festgelegten Voraussetzungen des Art. 54 VKR durchführt.[3]

---

[1] VK Nordbayern Beschluss v. 9.9.2008 – 21. VK-3194-42/08, BeckRS 2010, 26815.
[2] VK Lüneburg Beschluss v. 10.5.2011 – VgK – 11/2011, ZfBR 2011, 813 ff.
[3] Folgt man der Entscheidung der VK Lüneburg vom 10.5.2011, dann hätte es der §§ 25 f. VgV zur Einführung der elektronischen Auktion nicht bedurft, vielmehr wäre § 120 Abs. 2 GWB ausreichend gewesen. Dessen ungeachtet hat der nationale Verordnungsgeber mit §§ 25 f. VgV umfangreiche Regelungen zur elektronischen Auktion im deutschen Recht geschaffen, an denen sich öffentliche Auftraggeber in Zukunft zu orientieren haben.

2. RL 2014/24/EU und Vergaberechtsreform 2016

5   Der Vorschlag für eine Richtlinie des Europäischen Parlaments und des Rates über die öffentliche Auftragsvergabe der Europäischen Kommission vom 20.12.2011, Kom(2011) 896, der die Grundlage für die aktuellen Vergaberichtlinien bildet, hat das Instrument der elektronischen Auktion aufgegriffen und in Art. 33 i.V.m. Anhang VII Kom(2011)896 ausführlich geregelt; die Regelungen des Art. 54 VKR standen bereits hier Pate. In den Einzelerläuterungen zu Kom(2011)896, unter der Überschrift *„Vereinfachung und Flexibilisierung der Vergabeverfahren"*, wird die elektronische Auktion als eines von mehreren Instrumenten der elektronischen Beschaffung erwähnt, die gegenüber der damals bestehenden Richtlinie optimiert und präzisiert werden sollten – alles unter dem Ziel der Erleichterung der elektronischen Auftragsvergabe.[4] Dementsprechend erwähnt die Mitteilung der Kommission an das Europäische Parlament, den Rat, den Europäischen Wirtschafts- und Sozialausschuss und den Ausschuss der Regionen – Eine Strategie für die e-Vergabe – vom 20.4.2012, Com(2012)179, mehrmals die elektronische Auktion als ein Instrument für die elektronische Auftragsvergabe.[5] Ausdrücklich nimmt Com(2012)179 dabei Bezug auf den aktuellen Text des Abkommens über das öffentliche Beschaffungswesen (GPA – Government Procurement Agreement) der Welthandelsorganisation (WTO) vom 30.3.2012, zu dem der Rat der Europäischen Union am 2.12.2013 den Beschluss über den Abschluss des Protokolls zur Änderung des Übereinkommens über das öffentliche Beschaffungswesen, 2014/115/EU, gefasst hat. Erwähnenswert ist Art. I lit. (f) GPA, der elektronische Auktionen als ein iteratives Verfahren definiert, bei denen Bieter mittels elektronischer Vorrichtungen neue Preise und/oder für nicht preisliche, quantifizierbare Komponenten des Angebots neue Werte im Verhältnis zu den Evaluationskriterien oder beides vorlegen, wodurch eine Rangordnung oder neue Rangordnung der Angebote entsteht. Darüber hinaus listet Art. XIV GPA auf, was den Teilnehmern an einer elektronischen Auktion vor ihrem Beginn zur Verfügung gestellt werden muss.

6   Die Vorgaben in Art. 33 i.V.m. Anhang VII Kom(2011)896 wurden vom Richtliniengeber nahezu wortgleich in Art. 34 i.V.m. Anhang VI RL 2014/24/EU übernommen, der nationale Gesetzgeber hat im Rahmen der Vergaberechtsreform 2016 die Vorschriften zur elektronischen Auktion jedoch auf mehrere Paragrafen verteilt und in §§ 25 f. VgV niedergelegt. Erstmals werden damit, zwölf Jahre, nachdem auf europäischer Ebene das Instrument der elektronischen Auktion eingeführt wurde, umfassende Vorschriften zur Durchführung elektronischer Auktionen geschaffen, die in ihrer inhaltlichen Ausdifferenziertheit nunmehr den europarechtlichen Vorgaben entsprechen.

III. Rechtliche Vorgaben im EU-Recht

7   Die Kernvorschrift zur elektronischen Auktion im EU-Recht ist Art. 35 RL 2014/24/EU. Ergänzend tritt Anhang VI RL 2014/24/EU hinzu, der eine Auflistung über die in den Auftragsunterlagen für elektronische Auktionen aufzuführenden Angaben enthält. Anders als im deutschen Recht, in dem die Regelungen zur elektronischen Auktion über zwei Paragrafen verteilt sind, sind auf europäischer Ebene sämtliche Regelungen zur elektronischen Auktion in einer Vorschrift zusammengefasst; somit auch die Bestimmungen, die § 25 VgV zugrunde liegen. Die dazu gehörige Richtlinienbegründung des Richtliniengebers ist in Erwägungsgrund 67 RL 2014/24/EU enthalten, der zur Auslegung der Regelungen herangezogen werden kann.

---

[4] Vgl. Kom(2011)896, S. 9.
[5] Vgl. Com(2012)179, S. 6 und 12.Vgl. Kom(2011)896, S. 9.

B. Kommentierung

I. Die elektronische Auktion, § 25 Abs. 1 VgV

1. Charakter der elektronischen Auktion

Anknüpfungspunkt im Kartellvergaberecht ist § 120 GWB, der grundlegend festlegt, **8** dass eine elektronische Auktion ein sich schrittweises wiederholendes elektronisches Verfahren zur Ermittlung des wirtschaftlichsten Angebots ist und einer jeden Auktion eine vollständige erste Bewertung aller Angebote vorauszugehen hat. § 25 Abs. 1 S. 1 VgV konkretisiert dies und bestimmt, dass der öffentliche Auftraggeber im Rahmen eines offenen, eines nicht offenen oder eines Verhandlungsverfahrens vor der Zuschlagserteilung eine elektronische Auktion durchführen kann, sofern der Inhalt der Vergabeunterlagen hinreichend präzise beschrieben und die Leistung mithilfe automatischer Bewertungsmethoden eingestuft werden kann. Die Vorschrift geht, mit Ausnahme des letzten Halbsatzes, auf Art. 35 Abs. 2 UA 1 RL 2014/24/EU zurück, wonach bei der Anwendung des offenen oder nicht offenen Verfahrens oder des Verhandlungsverfahrens die öffentlichen Auftraggeber beschließen können, dass der Vergabe eines öffentlichen Auftrags eine elektronische Auktion vorausgeht, sofern der Inhalt der Auftragsunterlagen, insbesondere die technischen Spezifikationen, hinreichend präzise beschrieben werden kann. Aus den letzten beiden Formulierungen wird deutlich, dass es sich bei der elektronischen Auktion nicht um ein eigenständiges Vergabeverfahren handelt,[6] sondern dass sie lediglich Teil eines offenen oder nicht offenen Vergabeverfahrens oder eines Verhandlungsverfahrens sein kann, die entsprechend den jeweiligen Vorschriften einen Teilnahmewettbewerb beinhalten können oder nicht.[7]

Öffentliche Auftraggeber können, wie Art. 35 Abs. 1 UA 1 RL 2014/24/EU program- **9** matisch konstatiert, auf elektronische Auktionen zurückgreifen, bei denen neue, nach unten korrigierte Preise und/oder neue, auf bestimmte Komponenten der Angebote abstellende Werte vorgelegt werden. Zu diesem Zweck, so Art. 35 Abs. 1 UA 2 RL 2014/24/EU weiter, gestalten die öffentlichen Auftraggeber die elektronische Auktion als ein iteratives elektronisches Verfahren, das nach einer vollständigen ersten Bewertung der Angebote eingesetzt wird, denen anhand automatischer Bewertungsmethoden eine Rangfolge zugewiesen wird. Die elektronische Auktion ist also ein Instrument, dessen sich öffentliche Auftraggeber bei offenen und nicht offenen Verfahren sowie bei Verhandlungsverfahren bedienen können, um die Effizienz der Durchführung dieser Vergabeverfahren mithilfe automatisierter Angebotsbewertungsprozesse zu steigern – und damit ein typisches Beispiel anwendungsorientierter Digitalisierung.

2. Anwendbarkeit des allgemeinen Vergaberechts

Aus der Tatsache, dass die elektronische Auktion kein eigenständiges Vergabeverfahren, **10** sondern ein Instrument innerhalb eines offenen oder nicht offenen Vergabeverfahrens oder eines Verhandlungsverfahrens ist, folgt nunmehr, dass die allgemeinen vergaberechtlichen Regelungen weiterhin anwendbar bleiben. Nur soweit die elektronische Auktion betroffen ist, modifizieren §§ 25 f. VgV die allgemeinen vergaberechtlichen Regelungen. Aber auch in diesen Fällen gilt es bei der Auslegung der betroffenen Vorschriften zu berücksichtigen, dass die elektronische Auktion ein Instrument innerhalb eines Vergabeverfahrens ist, dass

---

[6] Ähnlich *Kus* in KKMPP, Kommentar zur VgV, 2017, § 25 Rn. 19, der dies jedoch schon aus § 120 Abs. 2 GWB ableitet.

[7] Vgl. *Schröder* NZBau 2010, 411, 412, der die elektronische Auktion nach § 101 Abs. 6 S. 1 GWB a. F. als einen komplementären und abschließenden Bestandteil (im Sinne einer elektronisch formalisierten Angebotswertung zur Auswahl der wirtschaftlichsten Offerte) eines ansonsten typischen Vergabeverfahrens, sei es als offenes, nicht offenes Verfahren oder als Verhandlungsverfahren durchgeführt, sieht.

sie ihren Platz auf der vierten Wertungsstufe – der Stufe der Angebotswertung – hat und dass im Übrigen diejenigen Bestimmungen einschlägig sind, die auch dann anzuwenden wären, läge im konkreten Fall keine elektronische Auktion vor.[8] Im Folgenden wird auf drei Aspekte eingegangen, die in jedem Vergabeverfahren eine Rolle spielen können, um den gerade formulierten Grundsatz zu illustrieren.

11   **a) Eignungsprüfung bei elektronischen Auktionen.** Die Prüfung der Eignung ist in jedem Vergabeverfahren obligatorisch, weil öffentliche Aufträge nach § 122 Abs. 1 GWB an fachkundige und leistungsfähige (geeignete) Unternehmen vergeben werden, die nicht nach den §§ 123 oder 124 GWB ausgeschlossen worden sind. Die Heranziehung des Instruments der elektronischen Auktion für die vierte Wertungsstufe – der Stufe der Angebotswertung – ändert daran nichts, denn das allgemeine Vergaberecht bleibt weiterhin anwendbar. Dennoch stellt sich die Frage, ob und wann der öffentliche Auftraggeber nach Abschluss einer elektronischen Auktion eine Eignungsprüfung samt nachfolgendem Ausschluss eines Bieters durchführen kann.[9]

12   Führt der öffentliche Auftraggeber ein offenes Verfahren durch, so kann er nach § 42 Abs. 3 VgV entscheiden, ob er die Angebotsprüfung vor der Eignungsprüfung durchführt oder danach. Entscheidet sich der öffentliche Auftraggeber dafür, die Eignungsprüfung nach der Angebotsprüfung durchzuführen, dann bedeutet dies zugleich, dass sie nach Abschluss der elektronischen Auktion durchgeführt wird, denn diese ist lediglich ein Instrument innerhalb der Angebotswertung. Hat der öffentliche Auftraggeber die Eignungsprüfung vor der Angebotswertung und damit vor der elektronischen Auktion durchgeführt, so kann er gleichwohl nach ihrem Abschluss eine erneute Eignungsprüfung durchführen. Denn ein öffentlicher Auftraggeber ist, wie der BGH in einem Beschluss vom 7.1.2014 festgestellt hat, im offenen Verfahren nicht an das Ergebnis seiner ersten Eignungsprüfung gebunden.[10]

13   Führt der öffentliche Auftraggeber ein nicht offenes Verfahren oder ein Verhandlungsverfahren mit Teilnahmewettbewerb durch, dann erfolgt die Eignungsprüfung grundsätzlich bereits im Zuge des vorgeschalteten Teilnahmewettbewerbs und nur diejenigen Bewerber werden zur Abgabe eines Angebots aufgefordert, die ihre Eignung nachgewiesen haben und nicht ausgeschlossen worden sind, vgl. § 42 Abs. 2 VgV. Greift ein öffentlicher Auftraggeber also in diesen Fällen für die Angebotswertung auf eine elektronische Auktion zurück, dann erfolgt sie zeitlich nach der Eignungsprüfung. Nach Abschluss der elektronischen Auktion kann dann grundsätzlich keine erneute Eignungsprüfung erfolgen. Dementsprechend weist der Verordnungsgeber in der Verordnungsbegründung zu § 42 Abs. 3 VgV darauf hin, dass diese Vorschrift für das offene Verfahren – und nur für das offene Verfahren – die Möglichkeit einer Ausnahme von der grundsätzlich geltenden Prüfungsreihenfolge „Eignungsprüfung vor Angebotsprüfung" vorsieht.[11] Gleichwohl ist es allgemein anerkannt, dass bei Bekanntwerden oder Auftreten neuer Tatsachen, die Zweifel an der Eignung eines Bieters begründen, die Vergabestelle nicht gehindert, ja ggf. sogar verpflichtet ist, erneut in die Eignungsprüfung einzutreten; auch bei zweistufigen Verfahren.[12] Auch in diesen Fällen kann also der öffentliche Auftraggeber im nicht offenen Verfahren und im Verhandlungsverfahren mit Teilnahmewettbewerb nach Abschluss der elektronischen Auktion eine erneute Eignungsprüfung durchführen.

14   **b) Prüfung von Niedrigpreisangeboten bei elektronischen Auktionen.** Die elektronische Auktion ist darauf gerichtet, dass neue, nach unten korrigierte Preise bzw. auf bestimmte Komponenten der Angebote abstellende Werte vorgelegt werden, ggf. in einem mehrere Phasen umfassenden, iterativen Verfahren.[13] Sie stellt einen Fall der sogenannten

---

[8] Dieser Punkt wird bei der Kommentierung zu § 26 Abs. 8 VgV nochmals eine Rolle spielen.
[9] Vgl. hierzu auch *Schröder* NZBau 2010, 411, 414.
[10] BGH, Beschluss v. 7.1.2014 – X ZB 15/13, NZBau 2014, 185.
[11] BT-Drucks. 18/7318, S. 182.
[12] → GWB § 122 Rn. 27 m. w. N.
[13] Vgl. Art. 35 Abs. 1 UA 1 und 2 RL 2014/24/EU; § 25 Abs. 1 S. 5 VgV.

„umgekehrten Auktion" bzw. „inversen Auktion"[14] dar, bei der die Bieter versuchen, sich gegenseitig zu unterbieten. Dass eine solche umgekehrte Auktion nicht nur positive Folgen zeitigen kann, ist zumindest nicht von vorneherein von der Hand zu weisen. Im Zusammenhang mit der elektronischen Auktion wird deshalb darauf hingewiesen, dass der durch sie erzeugte Preisdruck bei ihrem Einsatz im Verhandlungsverfahren – sei es, dass die „Verhandlung" komplett durch die elektronische Auktion ersetzt wird; sei es, dass die elektronische Auktion an eine bereits durchgeführte Verhandlung anknüpft – tendenziell sehr leicht zu minderwertigen Angeboten bzw. zum Verlust von Qualitätsanbietern für den Auftraggeber führen könnte.[15] Auch ein heftiges gegenseitiges Unterbieten der Preise durch die Bieter erscheine im Bereich des Möglichen, so dass am Ende ungewöhnlich niedrige Preise im Raum stehen.[16] Schließlich wird aufgrund des Instruments der elektronischen Auktion eine Art Rückkehr des Lizitationsverfahrens befürchtet, also die in früheren Jahrhunderten praktizierte öffentliche und mündliche Versteigerung von Aufträgen, die durchaus einen ruinösen Preiswettkampf samt damit einhergehender Qualitätseinbußen bei der Leistung zur Folge haben konnte.[17] Diese Bedenken führen jedoch, soweit Niedrigpreisangebote betroffen sind, nicht dazu, die elektronische Auktion kritischer zu betrachten. Denn aus der Anwendbarkeit des allgemeinen Vergaberechts bei elektronischen Auktionen folgt, dass die allgemeinen vergaberechtlichen Regelungen zum Umgang mit ungewöhnlich niedrigen Angeboten auch im Falle des Rückgriffs auf elektronische Auktionen zur Angebotswertung einschlägig bleiben.[18]

Der Umgang mit ungewöhnlich niedrigen Angeboten ist in § 60 VgV niedergelegt. Erscheinen der Preis oder die Kosten eines Angebots im Verhältnis zu der zu erbringenden Leistung ungewöhnlich niedrig, verlangt der öffentliche Auftraggeber vom Bieter Aufklärung, § 60 Abs. 1 VgV. Im Gegensatz zur der Eignungsprüfung kann die Prüfung ungewöhnlich niedriger Angebote, auch wenn diese typischerweise als die dritte Wertungsstufe bezeichnet wird, ohne Einschränkung an jeder Stelle des Vergabeverfahren erfolgen. Dies ergibt sich schon daraus, dass der Verordnungsgeber, im Gegensatz zu § 42 VgV, weder im Regelungstext selbst noch in der Verordnungsbegründung hierzu Einschränkungen formuliert. Hat sich ein öffentlicher Auftraggeber nunmehr der elektronischen Auktion zur Angebotsprüfung bedient, dann steht ihm diese Möglichkeit der jederzeitigen Niedrigpreisprüfung auch hier zu, er kann also selbst nach Beendigung der letzten Phase der elektronischen Auktion ein ungewöhnlich niedriges Angebot nach § 60 VgV prüfen und ggf. das Angebot bzw. die Erteilung des Zuschlags auf das Angebot nach § 60 Abs. 3 und 4 VgV ablehnen.[19] 15

Aufgrund der Möglichkeit, auch nach Beendigung der elektronischen Auktion Angebote aufgrund ungewöhnlich niedriger Preise abzulehnen, kann in die IT-Anwendung, durch die eine elektronische Auktion bereitgestellt wird, eine Funktionalität integriert werden, die diesen Prozess unterstützt. Der BGH hat in einer unlängst ergangenen Entscheidung[20] darauf hingewiesen, dass die Aufgreifschwelle, ab der eine Verpflichtung des öffentlichen Auftraggebers zur Durchführung einer Prüfung nach § 60 VgV besteht, nach wie vor umstritten ist und sich zwischen 10 % und 20 % Preisabstand zum nächsthöheren Angebot bewege. Im Übrigen könne sich die Frage der Unangemessenheit eines Preises nicht nur aufgrund des signifikanten Abstandes zum nächstgünstigen Gebot im selben Vergabeverfahren stellen, sondern gleichermaßen etwa bei augenfälliger Abweichung von in vergleichba- 16

---

[14] So der Begriff bei *Ley/Wankmüller* Das neue Vergaberecht 2016, 3. Aufl. 2016, S. 334.
[15] So die Befürchtung bei *Schäfer* NZBau 2015, 131, 136.
[16] Bsp. bei *Kus* in KKMPP, Kommentar zur VgV, 2017, § 25 Rn. 30.
[17] Vgl. die Ausführungen zum alten Recht bei *Schröder* NZBau 2010, 411, 413.
[18] So im Ergebnis zum alten Recht *Schröder* NZBau 2010, 411, 414 f.
[19] Vgl. zur Begründung, warum auch nach Beendigung der letzten Phase einer elektronischen Auktion weitere Aktionen in einem Vergabeverfahren möglich sind, die Kommentierung zu § 26 Abs. 8 VgV; aA wohl *Kus* in KKMPP, Kommentar zur VgV, 2017, § 25 Rn. 34 f.
[20] Vgl. zum Folgenden BGH, Beschl. v. 31.1.2017 – X ZB 10/16, NZBau 2017, 230, 231.

ren Vergabeverfahren oder sonst erfahrungsgemäß verlangten Preisen. Diese Informationen können in die IT-Anwendung der elektronischen Auktion integriert werden, indem eine entsprechende Funktionalität während der Durchführung der elektronischen Auktion gleichzeitig das Vorliegen einer Aufgreifschwelle prüft und ggf. den öffentlichen Auftraggeber mittels einer Hinweisfunktionalität darauf aufmerksam macht. Da dieser auch nach Beendigung der letzten Phase der elektronischen Auktion noch in die Niedrigpreisprüfung nach § 60 VgV einsteigen kann, kann er das von der IT-Anwendung als möglicherweise unauskömmlich identifizierte Angebot überprüfen und ggf. ablehnen. Die Gefahr einer automatisierten Angebotsablehnung durch die IT-Anwendung besteht damit nicht.[21]

17   **c) Prüfung von Ausschlussgründen bei elektronischen Auktionen.** Die Ausschlussgründe sind im neuen Vergaberecht in zwingende Ausschlussgründe, § 123 GWB, und fakultative Ausschlussgründe, § 124 GWB, unterteilt. Beiden Kategorien von Ausschlussgründen ist gemeinsam, dass sie „zu jedem Zeitpunkt des Vergabeverfahrens" herangezogen werden können, um ein Unternehmen von der Teilnahme auszuschließen, vgl. § 123 Abs. 1 GWB und § 124 Abs. 1 GWB. Der Gesetzgeber hat dies in der Begründung[22] zu § 123 GWB – die aufgrund der wortgleichen Formulierung in § 124 Abs. 1 GWB übertragbar ist – weiter ausgeführt und darauf hingewiesen, dass ein Unternehmen nicht nur dann von der Teilnahme an einem Vergabeverfahren auszuschließen sei, wenn der öffentliche Auftraggeber zum Zeitpunkt der Prüfung der Eignung des Unternehmens Kenntnis von dem Vorliegen eines zwingenden Ausschlussgrundes hat, sondern auch noch dann, wenn der öffentliche Auftraggeber erst in einem späteren Stadium des Vergabeverfahrens davon Kenntnis erlangt; der letzte Zeitpunkt für den Ausschluss eines Unternehmens von einem Vergabeverfahren sei unmittelbar vor Erteilung des Zuschlags. Hat demnach ein öffentlicher Auftraggeber in einem Vergabeverfahren auf das Instrument der elektronischen Auktion zurückgegriffen, dann ändert dies nichts an der Tatsache, dass während des gesamten Vergabeverfahrens, spätestens unmittelbar vor Erteilung des Zuschlags, Unternehmen aufgrund von §§ 123 und 124 GWB von der Teilnahme am Vergabeverfahren ausgeschlossen werden können – und damit auch dann, wenn die letzte Phase einer elektronischen Auktion beendet, der Zuschlag jedoch noch nicht erteilt wurde. Diese Möglichkeit wird nicht durch § 26 Abs. 8 VgV ausgeschlossen.[23]

3. Hinreichend präzise beschriebene Vergabeunterlagen, § 25 Abs. 1 S. 1 VgV

18   Nach § 25 Abs. 1 S. 1 VgV muss der Inhalt der Vergabeunterlagen hinreichend beschrieben werden können. Diese Anforderung geht zurück auf Art. 35 Abs. 2 UA 1 RL 2014/24/EU, der fordert, dass der Inhalt der Auftragsunterlagen, insbesondere die technischen Spezifikationen, hinreichend präzise beschrieben werden können müssen. In welchen Fällen die Vergabeunterlagen hinreichend präzise sind, wird weder in der Verordnungsbegründung noch in den Erwägungsgründen konkretisiert. Allerdings lassen sich aus der Gesetzessystematik Anhaltspunkte hierfür ableiten. So listet § 26 Abs. 2 VgV in Umsetzung von Art. 35 Abs. 4 S. 2 und Anhang VI lit. b) bis f) RL 2014/24/EU die Mindestangaben der Vergabeunterlagen auf. Zumindest die präzise Angabe dieses Mindestinhalts muss demnach erfolgen, damit von einer hinreichenden Beschreibung des Inhalts der Vergabeunterlagen i. S. v. § 25 Abs. 1 S. 1 VgV gesprochen werden kann. Allerdings erwähnt § 26

---

[21] Vgl. aber *Kus* in KKMPP, Kommentar zur VgV, 2017, § 25 Rn. 32 f., der hier die Gefahr einer automatisierten Angebotsablehnung und damit einen Verstoß gegen die ständige Rechtsprechung des EugH, vgl. EuGH, NZBau 2001, 101 – Lombardini, sieht. Diese Gefahr ist jedoch unbegründet, weil auch nach der Beendigung der letzten Phase der elektronischen Auktion weitere Aktionen des öffentlichen Auftraggebers möglich sind und nicht sofort eine Zuschlagserteilung zu erfolgen hat, vgl. zur Begründung, die Kommentierung zu § 26 Abs. 8 VgV; aA hierzu wohl *Kus* in KKMPP, Kommentar zur VgV, 2017, § 25 Rn. 34 f.

[22] BT-Drucks. 18/6281, S. 102.

[23] Vgl. zur Begründung, warum auch nach Beendigung der letzten Phase einer elektronischen Auktion weitere Aktionen in einem Vergabeverfahren möglich sind, die Kommentierung zu § 26 Abs. 8 VgV; aA wohl *Kus* in KKMPP, Kommentar zur VgV, 2017, § 25 Rn. 34 f.

Abs. 2 Nr. 1 VgV ein Detail nicht, das in Anhang VI lit. a) RL 2014/24/EU auftaucht, nämlich dass die Angebotskomponenten, deren Werte Grundlage der automatischen Neureihung der Angebote sein werden – so weit sind die beiden Regelungen noch nahezu identisch –, in der Weise quantifizierbar sein müssen, dass sie in Ziffern oder in Prozentangaben ausgedrückt werden müssen. Eine solche Anforderung ist jedoch in § 25 Abs. 4 VgV erwähnt, wonach die Angebotskomponenten nach § 25 Abs. 2 Nr. 2 VgV numerisch oder prozentual beschrieben werden müssen. Die Angaben nach § 26 Abs. 2 Nr. 1 VgV müssen also insoweit ergänzt werden, als dass die Angebotskomponenten in der Weise quantifizierbar sein müssen, dass sie in Ziffern oder in Prozentangaben ausgedrückt werden können.

Betrachtet man die erforderlichen Angaben nach § 26 Abs. 2 VgV eingehender, dann **19** zeigt sich, dass sie allesamt mit der elektronischen Auktion zusammenhängen. Daraus lässt sich ganz allgemein ableiten, dass die Vergabeunterlagen dann im Sinne des § 25 Abs. 1 S. 1 VgV hinreichend präzise beschrieben werden können, wenn sie sämtliche Informationen enthalten, die für die Durchführung der elektronischen Auktion erforderlich sind. Welche dies sind, wird dann jeweils im Einzelfall zu entscheiden sein, § 26 Abs. 2 VgV gibt hierfür jedenfalls die grundsätzliche Orientierung.

4. Automatisierte Bewertungsmethoden und geistig-schöpferische Leistungen, § 25 Abs. 1 S. 1 und 2 VgV

a) Die Dichotomie zwischen Quantifizierung und Qualifizierung. Nach § 25 **20** Abs. 1 S. 1 letzter Halbsatz VgV muss die Leistung mithilfe automatischer Bewertungsmethoden eingestuft werden können. Dies entspricht Art. 35 Abs. 1 UA 2 2. Halbsatz RL 2014/24/EU, wonach Angeboten bei der elektronischen Auktion anhand automatisierter Bewertungsmethoden eine Rangfolge zugewiesen wird. § 25 Abs. 1 S. 2 VgV schließt geistig-schöpferische Leistungen als Gegenstand elektronischer Auktionen aus. Grundlage hierfür ist Art. 35 Abs. 1 UA 3 RL 2014/24/EU, wonach bestimmte öffentliche Dienstleistungsaufträge und bestimmte öffentliche Bauaufträge, die intellektuelle Leistungen, z.B. die Gestaltung von Bauwerken, zum Inhalt haben, die nicht mithilfe automatischer Bewertungsmethoden eingestuft werden können, nicht Gegenstand elektronischer Auktionen sind. Noch deutlicher werden die Erwägungsgründe, die anregen klarzustellen, dass elektronische Auktionen typischerweise nicht geeignet seien für bestimmte öffentliche Bauaufträge und bestimmte öffentliche Dienstleistungsaufträge, die geistige Leistungen wie beispielsweise die Planung von Bauleistungen zum Gegenstand haben, denn nur die Elemente, die sich für die automatische Bewertung auf elektronischem Wege – ohne jegliche Intervention oder Begutachtung durch den öffentlichen Auftraggeber – eignen, namentlich quantifizierbare Elemente, die sich in Zahlen oder Prozentsätzen ausdrücken lassen, könnten Gegenstand elektronischer Auktionen sein.[24] Charakteristisch für eine elektronische Auktion ist demnach die Automatisierung der Angebotswertung, die nur dann möglich ist, wenn die zu wertenden Elemente quantifizierbar sind. Die Quantifizierbarkeit von Elementen wird vom Richtliniengeber als Gegensatz gesehen zu einer Intervention oder Begutachtung durch den öffentlichen Auftraggeber, die all jene Angebotswertungen betrifft, bei denen qualitative Elemente eine Rolle spielen, die einer rein mathematischen Bewertung anhand formalisierter Bewertungsmatrizen nicht zugänglich sind, bei denen also der wertende menschliche Geist gefordert ist.[25] Geistig-schöpferische Leistungen vom Anwendungsbereich der elektronischen Auktionen auszunehmen ist deshalb nur folgerichtig,[26] denn in ihnen liegt ein qualitatives Wesen, das einer formalisierten Bewertung auf Basis quantifizierter Aspekte nicht zugänglich ist. Ein Beispiel hierfür ist das nach § 58 Abs. 2

---

[24] RL 2014/24/EU, Erwägungsgrund 67.
[25] Ob sich daran im Zuge der rasant fortschreitenden Weiterentwicklung Künstlicher Intelligenzen in der Zukunft etwas ändern wird, bleibt abzuwarten. Derzeit gilt hier jedenfalls grundsätzlich eine Dichotomie zwischen automatisierbarer mathematischer Quantifizierung einerseits und nicht automatisierbarer geistiger Qualifizierung andererseits.
[26] BT-Drucks. 18/7318, S. 167.

S. 2 Nr. 1 VgV zulässige Zuschlagskriterium „Ästhetik", das keiner mathematischen Quantifizierung zugänglich ist.[27] Andererseits können selbstverständlich Rechte an solchen geistig-schöpferischen Leistungen quantitativ bewertet werden, denn diese sind, im Gegensatz zu den geistig-schöpferischen Leistungen selbst, nicht qualitativen Charakters. Dementsprechend führt der Richtliniengeber aus, es solle verdeutlicht werden, dass elektronische Auktionen in einem Vergabeverfahren für den Kauf eines Rechtes an einem bestimmten geistigen Eigentum genutzt werden können.[28] Dieser Passus wurde zwar weder in die RL 2014/24/EU noch in die VgV übernommen, sein Inhalt folgt jedoch schon im Umkehrschluss aus § 25 Abs. 2 VgV, weil das Recht an einer geistig-schöpferischen Leistung nicht die geistig-schöpferische Leistung selbst ist.

21   Was nun genau unter den geistig-schöpferischen Leistungen zu verstehen ist, die nach § 25 Abs. 1 S. 2 VgV dem Einsatzbereich der elektronischen Auktion entzogen sind, dazu erwähnen die Verordnungsbegründung,[29] die Erwägungsgründe[30] sowie Art. 35 Abs. 1 UA 3 RL 2014/24/EU jeweils beispielhaft die Planung bzw. Gestaltung von Bauwerken. Auch die VgV enthält in Abschnitt 6 – Besondere Vorschriften für die Vergabe von Architekten- und Ingenieurleistungen – mit § 73 Abs. 1 VgV einen Anhaltspunkt, denn nach dieser Regelung gelten die Bestimmungen des Abschnitt 6, Unterabschnitt 1 der VgV („dieses Abschnitts") zusätzlich für die Vergabe von Architekten- und Ingenieurleistungen, deren Gegenstand eine Aufgabe ist, deren Lösung vorab nicht eindeutig und erschöpfend beschrieben werden kann.[31] Dies erinnert an die Definition der freiberuflichen Leistung nach § 1 Abs. 1 VOF a. F. Es ist naheliegend Leistungen, deren Gegenstand eine Aufgabe ist, deren Lösung vorab nicht eindeutig und erschöpfend beschrieben werden kann, grundsätzlich als geistig-schöpferische Leistung i. S. v. § 25 Abs. 1 S. 2 VgV zu werten. Ob hierzu allerdings, wie zur Bestimmung der freiberuflichen Leistung nach § 1 Abs. 1 VOF a. F. üblich, auf die Definition der freiberuflichen Tätigkeit in § 18 Abs. 1 Nr. 1 EStG zurückgegriffen werden sollte, ist fraglich, denn sicher gibt es unter den dort aufgeführten Tätigkeiten welche, deren Leistungen durchaus einer rein mathematischen Quantifizierung zugänglich sind. Hier bleibt abzuwarten, wie sich die Rechtsprechung entwickeln wird.

22   **b) Die Rechtsprechung zu Bewertungsmethoden im Spannungsfeld von Quantifizierung und Qualifizierung.** Die Dichotomie zwischen automatisierbarer mathematischer Quantifizierung einerseits und nicht automatisierbarer geistiger Qualifizierung andererseits hat eine interessante Entsprechung in einer jüngeren Entwicklung der vergaberechtlichen Rechtsprechung zur Angebotswertung. Das OLG Düsseldorf hatte nämlich wiederholt entschieden, dass Bewertungsmaßstäbe intransparent seien, die es dem Bieter nicht ermöglichen, im Vorhinein zu bestimmen, welchen Erfüllungsgrad sein Angebot auf der Grundlage des aufgestellten Kriterienkatalogs oder konkreter Kriterien aufweisen muss, um mit den in einem Bewertungsschema festgelegten Punktwerten bewertet zu werden.[32] Es hat insofern gefordert, dass die Anwendung eines Bewertungsmaßstabs nicht einem ungebundenen, völlig freien Ermessen des Auftraggebers überantwortet werden dürfe, weil dies objektiv willkürliche Bewertungen gestatte und die Gefahr von Manipulationen erzeuge würde.[33] Infolgedessen hat es bei funktionalen Ausschreibungen sog. reine Schulno-

---

[27] Ebenso zum alten Recht *Schröder* NZBau 2010, 411, 413. Sollte sich allerdings irgendwann eine „Theorie der objektiven Ästhetik" durchsetzen, nach der Schönheit ausschließlich nach objektiven Merkmalen definiert werden kann, dann sähe die Sache schon anders aus. Bis dahin ist dieses Zuschlagskriterium jedenfalls einer elektronischen Auktion nicht zugänglich.

[28] RL 2014/24/EU, Erwägungsgrund 67.

[29] BT-Drucks. 18/7318, S. 167.

[30] RL 2014/24/EU, Erwägungsgrund 67.

[31] So *Kus* in KKMPP, Kommentar zur VgV, 2017, § 25 Rn. 26.

[32] OLG Düsseldorf Beschl. v. 29.4.2015 – VII-Verg 35/14, NZBau 2015, 440, 445; Beschl. v. 21.10.2015 -VII-Verg 28/14, zitiert nach juris, dort Tz. 75; Beschl. v. 16.12.2015 – VII-Verg 25/15, zitiert nach juris, dort Tz. 40; Beschl. v. 1.6.2016 – VII-Verg 6/16, zitiert nach juris,dort Tz. 92.

[33] Beschl. v. 16.12.2015 – VII-Verg 25/15, zitiert nach juris, dort Tz. 44; Beschl. v. 2.11.2016 – VII-Verg 25/16, zitiert nach juris, dort Tz. 43.

tensysteme aufgrund völliger Unbestimmtheit und Intransparenz der Bewertungsmaßstäbe als vergaberechtswidrig bewertet.[34] Nur dann, wenn diese Systeme eine Aufgliederung erfahren, durch die Anhaltspunkte gegeben werden, an denen Bieter den geforderten Erfüllungsgrad erkennen können sowie, worauf es dem Auftraggeber ankommt, ist der Bewertungsmaßstab vom Senat als hinreichend aussagekräftig und bestimmt angesehen worden.[35]

Diese vom OLG Düsseldorf geforderte Möglichkeit der Bieter, im Vorhinein zu **23** bestimmen, welchen Erfüllungsgrad das Angebot auf der Grundlage eines aufgestellten Kriterienkatalogs oder konkreter Kriterien aufweisen muss, um mit den in einem Bewertungsschema festgelegten Punktwerten bewertet zu werden, weist große Ähnlichkeit auf mit Bewertungsmatrizen, die automatisierbar und mathematisch quantifizierbar sind und damit zur Grundlage einer elektronischen Auktion gemacht werden können. Und tatsächlich gibt es Stimmen, die in dieser Rechtsprechung eine Tendenz hin zu transparenten Berechnungsmethoden erkennen wollen und deshalb der elektronischen Auktion in der Zukunft eine größere Bedeutung in der Praxis zusprechen.[36] Gleichwohl ist das OLG Düsseldorf in seiner jüngsten Entscheidung[37] zu dieser Thematik und unter Bezugnahme auf die Dimarso-Entscheidung[38] des EuGH von seiner bisherigen Linie abgerückt. Der EuGH hat in der Dimarso-Entscheidung die Frage der Bekanntgabe der Zuschlagskriterien und ihrer Gewichtung von der Frage der Bekanntgabe der Bewertungsmethode unterschieden. Zwar dürfe eine Bewertungsmethode – im dortigen Fall ging es um eine Qualitätseinstufung als hoch, ausreichend oder niedrig – grundsätzlich nicht erst nach Öffnung der Angebote durch den öffentlichen Auftraggeber festgelegt werden. Allerdings begründe weder Art. 53 Abs. 2 noch eine andere Vorschrift der Richtlinie 2004/18/EG eine Pflicht zulasten des öffentlichen Auftraggebers, den potenziellen Bietern durch Veröffentlichung in der Bekanntmachung oder den Verdingungsunterlagen die Bewertungsmethode zur Kenntnis zu bringen, anhand derer er eine konkrete Bewertung der Angebote hinsichtlich der zuvor in den Auftragsdokumenten festgelegten Zuschlagskriterien und ihrer Gewichtung vornimmt und eine Rangfolge für sie erstellt. Eine solche Pflicht ergebe sich auch nicht aus der Rechtsprechung des Gerichtshofs. Dies hat das OLG Düsseldorf aufgegriffen und entschieden, dass aus der Perspektive der Grundsätze der Transparenz und der Gleichbehandlung das Hauptaugenmerk auch im deutschen Recht auf die Leistungsbeschreibung sowie die Formulierung und Bekanntgabe der Zuschlagskriterien und ihrer Gewichtung zu legen sei. Auf der Grundlage einer den vergaberechtlichen Anforderungen genügenden Leistungsbeschreibung müssten die Zuschlagskriterien und ihre Gewichtung so gefasst sein, dass die Bieter erkennen können, was der Auftraggeber von ihnen erwartet. Dies gelte insbesondere bei funktionalen Ausschreibungen, bei denen der öffentliche Auftraggeber die auf die Formulierung der Leistungsbeschreibung und der Zuschlagskriterien einschließlich ggf. notwendiger Unterkriterien und ihrer Gewichtung zu verwendende Aufmerksamkeit nicht durch die Verwendung eines reinen Schulnotensystems ersetzen könne. Daraus, dass der EuGH eine Bekanntgabe der Bewertungsmethode nicht verlangt, ergebe sich darüber hinaus, dass es dem Bieter auch nach dem auf der Richtlinie 2004/18/EG beruhenden nationalen Recht nicht im Vorhinein möglich sein muss, zu erkennen, welchen bestimmten Erfüllungsgrad sein Angebot auf der Grundlage der Zuschlagskriterien erreichen muss, um mit einer bestimmten Notenstufe oder Punktzahl eines Notensystems bewertet zu werden. Eine solche Bestimmungsmöglichkeit würde eine europarechtlich und damit auch nach § 97 Abs. 1 GWB a. F. nicht geforderte Bekanntgabe der Bewertungsmethode voraussetzen. Soweit bisherige Entscheidungen des OLG Düsseldorfs abweichend hiervon dahin verstanden worden sind oder zu verstehen gewesen sein sollten, das OLG Düsseldorf forde-

---

[34] Beschl. v. 2.11.2016 – VII-Verg 25/16, zitiert nach juris, dort Tz. 43.

[35] Beschl. v. 2.11.2016 – VII-Verg25/16, zitiert nach juris, dort Tz. 44.

[36] *Kus* in KKMPP, Kommentar zur VgV, 2017, § 25 Rn. 10.

[37] OLG Düsseldorf Beschl. v. 8.3.2017 – VII-Verg 39/16, NZBau 2017, 296 ff.

[38] EuGH Urt. v. 14.7.2016 – C-6/15 – Dimarso.

re eine solche Bestimmungsmöglichkeit ex ante, halte es hieran nicht fest.[39] Mit anderen Worten: Das OLG Düsseldorf richtet sein Augenmerk inzwischen nicht mehr ausschließlich auf die automatisierbaren mathematischen Quantifizierungen sondern auch auf die nicht automatisierbaren Qualifizierungen und gibt letzteren damit größeren Raum.

24   Schließlich hat der BGH in einer jüngst ergangenen Entscheidung,[40] in der er ausdrücklich auf die Dimarso-Entscheidung des EuGH und die dadurch veranlasste Korrektur der Rechtsprechung des OLG Düsseldorf Bezug nimmt, in demselben Sinn argumentiert. In Leitsatz a) seiner Entscheidung führt er aus: *„Es steht einer transparenten und wettbewerbskonformen Auftragsvergabe regelmäßig nicht entgegen, wenn der öffentliche Auftraggeber für die Erfüllung qualitativer Wertungskriterien Noten mit zugeordneten Punktwerten vergibt, ohne dass die Vergabeunterlagen weitere konkretisierende Angaben dazu enthalten, wovon die jeweils zu erreichende Punktzahl konkret abhängen soll.“* Gleichwohl lässt er offen, ob es möglicherweise unter außergewöhnlichen Umständen, etwa wenn die Komplexität des Auftragsgegenstands besonders vielschichtige Wertungskriterien erforderlich macht, bei Verwendung eines Benotungs- oder Punktbewertungssystems durch die Vergabestelle zur Vermeidung einer intransparenten Wertung erforderlich sein könnte, dass der Auftraggeber seine Vorstellungen oder Präferenzen zum denkbaren Zielerreichungsgrad erläutert und damit Anhaltspunkte für eine günstige oder ungünstige Benotung vorgibt. Jedenfalls gehe mit dem hohen Stellenwert der Qualität der Leistungserbringung für die Zuschlagserteilung im vorliegenden Wertungssystem die Verpflichtung der Vergabestelle zu einer besonders sorgfältigen Benotung samt eingehender Dokumentation des Wertungsprozesses einher.

5. Erste Bewertung der Angebote, § 25 Abs. 1 S. 3 VgV

25   Nach § 25 Abs. 1 S. 3 VgV hat der elektronischen Auktion eine vollständige erste Bewertung aller Angebote anhand der Zuschlagskriterien und der jeweils dafür festgelegten Gewichtung vorauszugehen. Dies entspricht Art. 35 Abs. 5 UA 1 RL2014/24/EU, wonach die öffentlichen Auftraggeber vor der Durchführung einer elektronischen Auktion anhand des beziehungsweise der Zuschlagskriterien und der dafür festgelegten Gewichtung eine erste vollständige Bewertung der Angebote vorzunehmen haben. Das Ergebnis der vollständigen ersten Bewertung ist der Aufforderung an die Bieter zur Teilnahme an der elektronischen Auktion beizufügen, § 26 Abs. 3 S. 3 VgV.

26   Die erste Bewertung der Angebote ist, dies folgt aus dem eindeutigen Wortlaut, eine Prüfung der Zuschlagskriterien i. S. v. § 58 VgV. Ausschließlich die Zuschlagskriterien und ihre zuvor festgelegte Gewichtung sind zu bewerten. Es kann sich dabei um eine reine Preisprüfung handeln, sofern der Zuschlag allein aufgrund des Preises erfolgt, vgl. § 25 Abs. 2 S. 2 Nr. 1 VgV, oder um eine Prüfung, bei der neben dem Preis noch weitere Zuschlagskriterien geprüft werden, vgl. § 25 Abs. 2 S. 2 Nr. 2 VgV. Jedenfalls unterscheidet sich die Prüfung von ihrem Wesen her nicht von einer klassischen Zuschlagsprüfung nach § 58 VgV, weil auch dort entweder der Preis das alleinige Zuschlagskriterium sein kann oder weitere Kriterien hinzutreten können, § 58 Abs. 2 VgV. Die inhaltliche Bewertung der Angebote kann folglich nicht anders ablaufen, als sie bei der nachfolgenden elektronischen Auktion ablaufen wird, denn die Bewertungsmethoden werden nach § 25 Abs. 3 S. 1 VgV mittels einer mathematischen Formel definiert und bereits in der Aufforderung zur Teilnahme an der elektronischen Auktion bekanntgemacht, ggf. unter Ergänzung der Gewichtung aller Angebotskomponenten, sollte der Preis nicht das einzige Zuschlagskriterium sein, § 25 Abs. 3 S. 1 VgV. Es handelt sich hier um die bereits oben angesprochene automatisierbare mathematische Quantifizierung, nur dass die erste Bewertung von Mitarbeitern des öffentlichen Auftraggebers und nicht von der IT-Anwendung, über die die elektronische Auktion laufen wird, vorgenommen wird. Keinesfalls handelt es sich bei der ersten Bewertung um eine Art „qualitativer Zuschlagsprüfung durch Menschen“, der dann

---

[39] OLG Düsseldorf Beschl. v. 8.3.2017 – VII-Verg 39/16, NZBau 2017, 296, 299.
[40] BGH Beschl. v. 4.4.2017 – X ZB 3/17, abrufbar unter www.bundesgerichtshof.de.

eine „quantitative Zuschlagsprüfung durch eine Maschine" im Rahmen der elektronischen Auktion folgt.[41] Sowohl der Erstbewertung nach § 25 Abs. 1 S. 3 VgV als auch der sich daran anschließenden elektronischen Auktion sind dieselben mathematisch quantifizierbaren Kriterien zugrunde zu legen.

Des Weiteren ist der Grundsatz zu bedenken, dass neben der elektronischen Auktion die **27** normalen vergaberechtlichen Regelungen Anwendung finden.[42] Zum Zeitpunkt der ersten Bewertung des Angebots nach § 25 Abs. 1 S. 3 VgV wurde die elektronische Auktion noch nicht gestartet, weshalb so zu verfahren ist, als läge eine Ausschreibung ohne elektronische Auktion vor, also entweder ein offenes oder ein nicht offenes Verfahren oder ein Verhandlungsverfahren.[43] Deshalb sind beispielsweise die Regelungen über die Öffnung von Angeboten, § 55 VgV, zu beachten.[44] Aber auch die sonst relevanten Vorschriften, die im Rahmen der jeweils genannten Vergabeverfahren einschlägig sind, haben die öffentlichen Auftraggeber zu beachten. Dessen war sich der Richtliniengeber bewusst, der in den weiteren Unterabsätzen des Art. 35 Abs. 5 RL 2014/24/EU verschiedene Aspekte anspricht, die von den öffentlichen Auftraggebern zu berücksichtigen sind: Eignung, zwingende und fakultative Ausschlussgründe und ob das Angebot in Übereinstimmung mit den technischen Spezifikationen eingereicht wurde, ohne nicht ordnungsgemäß oder unannehmbar zu sein, Art. 35 Abs. 5 UA 2 RL 2014/24/EU; ob die Angebote den Auftragsunterlagen entsprechen, fristgerecht eingegangen sind, nachweislich auf geheimen Absprachen oder Korruption beruhen oder nach der Einschätzung des öffentlichen Auftraggebers ungewöhnlich niedrig sind, ob die Bieter die erforderliche Qualifikation haben oder der Preis von Angeboten das vor Einleitung des Vergabeverfahrens festgelegte und schriftlich dokumentierte Budget des öffentlichen Auftraggebers übersteigt, Art. 35 Abs. 5 UA 3 RL 2014/24/EU; ob das Angebot irrelevant für den Auftrag ist, also ohne wesentliche Abänderung den in den Auftragsunterlagen genannten Bedürfnissen und Anforderungen des öffentlichen Auftraggebers offensichtlich nicht entsprechen kann, und nochmals die zwingenden und fakultativen Ausschlussgründe sowie die Eignung, Art. 35 Abs. 5 UA 4 RL 2014/24/EU. All diese Aspekte sind letztendlich diejenigen Punkte, die ohnehin bei einem normalen Vergabeverfahren geprüft werden müssen, und die Tatsache, dass der Verordnungsgeber Art. 35 Abs. 5 UA 2 bis 4 RL 2014/24/EU nicht in die VgV übernommen hat, zeigt, dass es einer expliziten Regelung gar nicht bedurfte, weil das allgemeine Vergaberecht auch bei Rückgriff auf die elektronische Auktion einschlägig bleibt.

6. Rahmenvereinbarungen und dynamische Beschaffungssysteme, § 25 Abs. 1 S. 4 VgV

Aufgrund von § 25 Abs. 1 S. 4 VgV gelten § 25 Abs. 1 S. 1 und S. 2 VgV entsprechend **28** bei einem erneuten Vergabeverfahren zwischen Parteien einer Rahmenvereinbarung nach § 21 VgV und bei einem erneuten Vergabeverfahren während der Laufzeit eines dynamischen Beschaffungssystems nach § 22 VgV. Die Regelung geht zurück auf Art. 35 Abs. 2 UA 2 RL 2014/24/EU, wonach eine elektronische Auktion unter den gleichen Bedingungen bei einem erneuten Aufruf zum Wettbewerb zwischen den Parteien einer Rahmenvereinbarung nach Art. 33 Abs. 4 lit. b) oder c) RL 2014/24/EU und beim Aufruf zum Wettbewerb hinsichtlich der im Rahmen des in Art. 34 RL 2014/24/EU genannten dynamischen Beschaffungssystems zu vergebenden Aufträge durchgeführt werden. Dementsprechend führt auch die Verordnungsbegründung aus, dass § 25 Abs. 1 S. 4 VgV das Verhältnis zwischen der Einzelauftragsvergabe innerhalb einer Rahmenvereinbarung nach § 21

---

[41] In diesem Sinne zumindest missverständlich die Ausführungen bei *Kus* in KKMPP, Kommentar zur VgV, 2017, § 25 Rn. 28 f., der die „menschliche Erstbewertung" der „maschinellen" gegenüberstellt – dies freilich auch mit dem Hinweis, dass bei der „menschlichen Erstbewertung" neben der Angebotswertung im engeren Sinn weitere Aspekte zu prüfen sind.
[42] Vgl. hierzu die vorangegangenen Ausführungen.
[43] Zumindest ähnlich *Kus* in KKMPP, Kommentar zur VgV, 2017, § 25 Rn. 28.
[44] Ebenso zum alten Recht *Schröder* NZBau 2010, 411, 414.

VgV beziehungsweise zwischen einem erneuten Vergabeverfahren während der Laufzeit eines dynamischen Beschaffungssystems nach §§ 22 ff. VgV und der Durchführung einer elektronischen Auktion regelt und klarstellt, dass eine elektronische Auktion durchgeführt werden kann.[45] Auch wenn § 25 Abs. 1 S. 4 VgV lediglich auf § 25 Abs. 1 S. 1 und S. 2 VgV verweist, handelt es sich hier um eine umfassende Verweisung, so dass für die elektronische Auktion bei Rahmenvereinbarungen und dynamischen Beschaffungssystemen dieselben Vorschriften gelten, die auch sonst bei einer elektronischen Auktion anzuwenden wären. Dies gilt auch für die vollständige erste Bewertung aller Angebote nach § 25 Abs. 1 S. 3 VgV.[46] Zu beachten ist, dass im Übrigen, soweit also das Instrument der elektronischen Auktion nicht betroffen ist, die Regelungen über Rahmenvereinbarungen und dynamische Beschaffungssysteme einschlägig bleiben.

7. Phasen der elektronischen Auktion, § 25 Abs. 1 S. 5 VgV

29   Nach § 25 Abs. 1 S. 5 VgV kann eine elektronische Auktion mehrere, aufeinanderfolgende Phasen umfassen. Die Vorschrift geht zurück auf Art. 35 Abs. 5 UA 5 S. 2 RL 2014/24/EU. Umfasst eine elektronische Auktion mehrere Phasen, so folgen diese unmittelbar aufeinander.[47] Der öffentliche Auftraggeber kann verpflichtet sein, bereits vor Stattfinden der elektronischen Auktion die Anzahl ihrer Phasen festzulegen und nach ihrem Start keine Phasen mehr hinzuzufügen oder zu entfernen. Dies ergibt sich aus § 26 Abs. 7 Nr. 3 VgV, wonach eine elektronische Auktion abgeschlossen wird, wenn die letzte Phase einer elektronischen Auktion abgeschlossen ist. Dem liegt Art. 35 Abs. 8 UA 1 lit. c) RL 2014/24/EU zugrunde, wonach die öffentlichen Auftraggeber die elektronische Auktion abschließen, wenn die zuvor angegebene Zahl von Auktionsphasen erfüllt ist. Da es sich bei § 26 Abs. 7 Nr. 3 VgV allerdings um einen von mehreren Beendigungstatbeständen für die elektronische Auktion handelt, aus denen der öffentliche Auftraggeber wählen kann, besteht die Pflicht zur vorherigen Festlegung der Anzahl der Phasen nur dann, wenn er sich für diesen Beendigungstatbestand entscheidet.[48] Mit § 26 Abs. 7 Nr. 3 VgV korrespondiert § 26 Abs. 6 VgV, wonach unter anderem der Zeitpunkt des Beginns und des Abschlusses einer jeden Phase der elektronischen Auktion in der Aufforderung zur Teilnahme an der elektronischen Auktion anzugeben ist. Die Verpflichtung besteht nur dann, wenn sich der öffentliche Auftraggeber für den Beendigungstatbestand in § 26 Abs. 7 Nr. 3 VgV entschließt.

II. Automatische Rangfolgen und mathematische Formeln, § 25 Abs. 2 bis 4 VgV

1. Grundsätzliches

30   Nach § 25 Abs. 2 S. 1 VgV werden die Angebote im Rahmen der elektronischen Auktion mittels festgelegter Methoden elektronisch bewertet und automatisch in eine Rangfolge gebracht. Zugrunde liegt Art. 35 Abs. 1 UA 2 RL 2014/24/EU, wonach die öffentlichen Auftraggeber die elektronische Auktion als ein iteratives elektronisches Verfahren gestalten, das nach einer vollständigen ersten Bewertung der Angebote eingesetzt wird, denen anhand automatischer Bewertungsmethoden eine Rangfolge zugewiesen wird. Die automatische Bewertung und die sich daran anschließende Generierung einer Rangfolge der Angebote ist das Kernstück der elektronischen Auktion, deren Zweck es ist, dem öffentlichen Auftraggeber als Instrument zur Durchführung der Angebotswertung zu dienen. Als Grundlage der automatischen Bewertung kommen in Betracht zum einen der Preis,

---

[45] BT-Drucks. 18/7318, 167 f.

[46] Ebenso *Ley/Wankmüller* Das neue Vergaberecht 2016, 3. Aufl. 2016, S. 333.

[47] BT-Drucks. 18/7318, S. 168.

[48] Vgl. hierzu die Kommentierungen zu § 26 Abs. 6 und 7 VgV.

§ 25 Abs. 2 S. 2 Nr. 1 VgV, zum anderen der Preis zusammen mit weiteren Angebotskomponenten, § 25 Abs. 2 Nr. 2 VgV. Die Bewertungsmethoden werden mittels einer mathematischen Formel definiert, die ggf. die Gewichtung der weiteren Angebotskomponenten enthalten muss, und in der Aufforderung zur Teilnahme an der elektronischen Auktion bekanntgemacht, § 25 Abs. 3 VgV.

2. Die Bewertung des Angebots anhand des Preises, § 25 Abs. 2 S. 2 Nr. 1 VgV

Nach § 25 Abs. 2 S. 2 Nr. 1 VgV beruht die sich schrittweise wiederholende, elektroni- **31** sche Bewertung der Angebote auf neuen, nach unten korrigierten Preisen, wenn der Zuschlag allein aufgrund des Preises erfolgt. Diese Regelung entspricht Art. 35 Abs. 3 lit. a) RL 2014/24/EU. Die hier anzusetzende Bewertungsmethode muss mittels einer mathematischen Formel definiert werden und wird in der Aufforderung zur Teilnahme an der elektronischen Auktion bekanntgemacht, § 25 Abs. 3 S. 1 VgV, der auf Art. 35 Abs. 6 UA 2 RL 2014/24/EU beruht. Da der Preis das einzige Bewertungskriterium ist, muss die verwendete mathematische Formel geeignet sein, die einzelnen Preise in eine Rangfolge zu bringen. Aus dieser Rangfolge muss sich ergeben, an welcher Rangstelle sich das jeweilige Angebot befindet, wobei das Angebot mit dem geringsten Preis an erster Rangstelle steht, gefolgt von den weiteren Angeboten, deren Rangstelle sich indirekt proportional zu der Höhe ihrer Preise verhält, bis hin zum Angebot mit dem höchsten Preis, das an letzter Rangstelle steht. Dieses Verfahren wird für jede Phase der elektronischen Auktion auf Basis der neu eingereichten Angebote wiederholt.

Der öffentliche Auftraggeber hat nach § 26 Abs. 5 S. 1 VgV allen Bietern im Laufe einer **32** jeden Phase der elektronischen Auktion unverzüglich zumindest den jeweiligen Rang ihres Angebotes innerhalb der Reihenfolge aller Angebote mitzuteilen. Der öffentliche Auftraggeber ist hieraus lediglich verpflichtet, den konkreten Rang des Angebots eines Bieters mitzuteilen, also z. B. „Ihr Angebot befindet sich auf Rangstelle 3.".[49] Will der öffentliche Auftraggeber neben der jeweiligen Rangstelle des Angebots noch weitere Informationen mitteilen, dann kann er dies nach § 26 Abs. 5 S. 2 i. V. m. Abs. 2 Nr. 3 VgV tun, muss dies jedoch zuvor in den Auftragsunterlagen mitteilen. Hieraus können sich womöglich weitergehende Anforderungen an die Bewertungsmethode ergeben. Sollen nämlich neben der Rangstelle und der Rangfolge noch die exakten Wertungsabstände zwischen den Angeboten mitgeteilt werden, dann müssen diese zuerst einmal berechnet werden, was eine entsprechend potente Bewertungsmethode erfordert. Diese Bewertungsmethode muss dann ebenfalls nach § 25 Abs. 3 S. 1 VgV bekanntgegeben werden. Auf die Frage, welche Bewertungsmethoden im Detail zulässig sind und welche rechtlichen Probleme sich hierbei ergeben, wird auf die Kommentierung zu § 58 VgV verwiesen.

3. Die Bewertung des Angebots anhand des Preises und weiterer Angebotskomponenten, § 25 Abs. 2 S. 2 Nr. 2 VgV

Nach § 25 Abs. 2 S. 2 Nr. 2 VgV beruht die sich schrittweise wiederholende, elektroni- **33** sche Bewertung der Angebote auf neuen, nach unten korrigierten Preisen oder neuen, auf bestimmte Angebotskomponenten abstellenden Werten, wenn das Angebot mit dem besten Preis-Leistungs-Verhältnis oder, bei Verwendung eines Kosten-Wirksamkeits-Ansatzes, mit den niedrigsten Kosten den Zuschlag erhält. Diese Vorschrift beruht auf Art. 35 Abs. 3 lit. b) RL 2014/24/EU, wonach die elektronische Auktion auf dem Preis und/oder auf den neuen Werten der in den Auftragsunterlagen genannten Angebotskomponenten beruht, wenn das Angebot mit dem besten Preis-Leistungs-Verhältnis oder mittels eines Kosten-Wirksamkeits-Ansatzes das Angebot mit den geringsten Kosten den Zuschlag erhält. Auch in diesem Fall muss die Bewertungsmethode mittels einer mathematischen Formel definiert und in der Aufforderung zur Teilnahme an der elektronischen Auktion bekannt-

---

[49] Vgl. hierzu die Kommentierung zu § 26 Abs. 5 VgV.

gemacht werden, § 25 Abs. 3 S. 1 VgV. Nach § 25 Abs. 3 S. 2 VgV muss für diese Fälle aus der mathematischen Formel die Gewichtung aller Angebotskomponenten hervorgehen. Darüber hinaus müssen die Angebotskomponenten numerisch oder prozentual beschrieben werden, § 25 Abs. 4 VgV.

34   Bei § 25 Abs. 2 S. 2 Nr. 2 VgV ist also nicht alleine der Preis entscheidend, sondern der Zuschlag fällt entweder auf das beste Preis-Leistungs-Verhältnis oder auf die niedrigsten Kosten, sofern ein Kosten-Wirksamkeits-Ansatz verwendet wird. Zusammen mit dem in § 25 Abs. 2 S. 2 Nr. 1 VgV niedergelegten Zuschlagskriterium „Preis" ergibt sich damit eine Dreiteilung der Zuschlagskriterien, wie sie in Art. 67 Abs. 2 UA 1 RL 2014/24/EU niedergelegt ist: *„Die Bestimmung des aus der Sicht des öffentlichen Auftraggebers wirtschaftlich günstigsten Angebots erfolgt anhand einer Bewertung auf der Grundlage des Preises oder der Kosten, mittels eines Kosten-Wirksamkeits-Ansatzes, wie der Lebenszykluskostenrechnung gemäß Artikel 68, und kann das beste Preis-Leistungs-Verhältnis beinhalten, das auf der Grundlage von Kriterien – unter Einbeziehung qualitativer, umweltbezogener und/oder sozialer Aspekte – bewertet wird, die mit dem Auftragsgegenstand des betreffenden öffentlichen Auftrags in Verbindung stehen."* Welche Bewertungsmethode nun vergaberechtlich zulässig ist, wenn zu dem Preis noch weitere Zuschlagskriterien hinzutreten, ist durchaus umstritten;[50] hierzu wird auf die Kommentierung zu § 58 VgV, dem Art. 67 RL 2014/24/EU und weitere europarechtliche Bestimmungen zugrunde liegen, verwiesen.

35   Für § 25 Abs. 2 S. 2 Nr. 2 VgV ist die Frage nach der richtigen Bewertungsmethode in zweierlei Hinsicht relevant. Zum einen muss sie, will der öffentliche Auftraggeber nach § 26 Abs. 5 S. 2 i. V. m. Abs. 2 Nr. 3 VgV bspw. die exakten Wertungsabstände zwischen den einzelnen Angeboten mitteilen, in der Lage sein, diese Abstände adäquat abzubilden. Bewertungsmethoden, die aufgrund ihrer mathematischen Eigenheit zwar die Rangfolge korrekt bilden können, allerdings die Wertungsabstände zwischen den einzelnen Angeboten innerhalb dieser Rangfolge nicht adäquat abbilden können, sondern lediglich verzerrt wiedergeben, sind hierzu nicht geeignet.[51] Der öffentliche Auftraggeber kann in diesem Fall nicht auf sie zurückgreifen. Eine andere Frage ist natürlich, ob Wertungsmethoden, die zwar eine Rangfolge korrekt bilden, jedoch den Wertungsabstand zwischen den einzelnen Rangstellen nur verzerrt wiedergeben könne, vergaberechtlich zulässig sind.[52]

36   Zum anderen muss die mathematische Berechnungsmethode in der Lage sein, überhaupt eine korrekte Rangfolge zu erstellen. Für ein vollautomatisiertes Bewertungsverfahren wie die elektronische Auktion ist dies eine fundamentale Anforderung, weil ansonsten der gesamte elektronische Prozess der Angebotswertung fehlerhaft und unbrauchbar ist. Und tatsächlich gibt es dann, wenn zu dem Zuschlagskriterium Preis noch weitere Zuschlagskriterien hinzutreten, Bewertungsmethoden, die keine eindeutige mathematische Bewertung durchführen und damit keine mathematisch eindeutige Rangfolge bilden können. Dieses Phänomen wird mit dem Namen „Flipping-Effekt" bezeichnet und betrifft Fälle, in denen Angebote innerhalb einer Rangfolge ihre Rangstellen wechseln, weil andere Angebote geändert oder ausgeschlossen werden.[53] Beispielsweise können durch den Flipping-Effekt die Rangstellen der Angebote, die an den ersten beiden Rangstellen liegen, allein dadurch vertauscht werden, weil ein nachrangiges Angebot geändert oder ausgeschlossen wird. Solche Bewertungsmethoden können nicht für die Durchführung einer elektronischen Auktion herangezogen werden, weil dadurch der gesamte automatisierte Bewertungsprozess fehlerbehaftet ist. Dies gilt insbesondere wenn man bedenkt, dass elektronische Auktionen

---

[50] Vgl. nur VK Bund Beschl. v. 24.10.2014, Az.: Vk 2–85/14; OLG Düsseldorf Beschl. v. 29.4.2015, Az.: Verg 35/14; VK Südbayern, Beschl. v. 24.7.2015, Az.: Z3–3–3194-1-28-04/15; VK Südbayern Beschl. v. 16.8.2016, Az: Z3–3-3194-1-28-07/16; VK Baden-Württemberg Beschl. v. 18.10.2016, Az.: 1 VK 41/16; *Bartsch/v. Gehlen/Hirsch* NZBau 2012, 393 ff.; *Steck* VergabeR 2017, 240 ff.
[51] Vgl. hierzu bspw. *Steck* VergabeR 2017, 240 ff. mit mathematischen Beispielen solcher Verzerrungen.
[52] Vgl. hierzu die Kommentierung zu § 58 VgV.
[53] Vgl. hierzu die Ausführungen bei *Steck* VergabeR 2017, 240 ff. und *Bartsch/v. Gehlen/Hirsch* NZBau 2012, 393 ff.

mehrere Phasen umfassen können, den Bietern ggf. aufgrund von § 26 Abs. 5 S. 2 i. V. m. Abs. 2 Nr. 3 VgV detaillierte Informationen auch zu anderen Angeboten mitgeteilt werden und einzelne Bieter deshalb den Flipping-Effekt, den sie aus der nach § 25 Abs. 3 S. 1 und S. 2 VgV bekanntgemachten mathematischen Bewertungsformel samt Gewichtung der Angebotskomponenten eigenständig erkennen können, womöglich zu ihren Gunsten ausnutzen können. Gerade die automatisierbare mathematische Quantifizierung der Zuschlagskriterien ist das Wesensmerkmal der elektronischen Auktion, fordert mathematische Bewertungsmethoden, die auf Basis der quantifizierten Zuschlagskriterien selbständig eindeutige Bewertungsergebnisse produzieren, und verbietet die Automatisierung eines Angebotsbewertungsprozesses, der in sich fehlerhaft ist.

4. Die Beschreibung der Angebotskomponenten, § 25 Abs. 4 VgV

Nach § 25 Abs. 4 VgV müssen die Angebotskomponenten nach § 25 Abs. 2 S. 2 Nr. 2 **37** VgV numerisch oder prozentual beschrieben werden. Hierdurch wird Anhang VI lit. a) der RL 2014/24/EU umgesetzt und klargestellt, dass bei der Ermittlung des besten Preis-Leistungs-Verhältnisses oder bei Anwendung eines Kosten-Wirksamkeits-Ansatzes nur solche Angebotskomponenten, deren Inhalt sinnvoll in Zahlen abgebildet werden kann, zur Ermittlung der Neureihung von Angeboten, die an einer elektronischen Auktion teilnehmen, genutzt werden können.[54] Anhang VI lit. a) RL 2014/24/EU lautet: *„Die Auftragsunterlagen der öffentlichen Auftraggeber für elektronische Auktionen enthalten mindestens a) die Komponenten, deren Werte Gegenstand der elektronischen Auktion sein werden, sofern diese Komponenten in der Weise quantifizierbar sind, dass sie in Ziffern oder in Prozentangaben ausgedrückt werden können."* Hintergrund ist also, dass die Angebotskomponenten so aufbereitet werden sollen, dass sie für das elektronische Bewertungssystem der elektronischen Auktion zugänglich sind und von der mathematisch abbildbaren Bewertungsmethode verarbeitet werden können.

---

[54] BT-Drucks. 18/7318, S. 168.

§ 26 Durchführung elektronischer Auktionen

(1) Der öffentliche Auftraggeber kündigt in der Auftragsbekanntmachung oder in der Aufforderung zur Interessensbestätigung an, dass er eine elektronische Auktion durchführt.

(2) Die Vergabeunterlagen müssen mindestens folgende Angaben enthalten:

1. alle Angebotskomponenten, deren Werte Grundlage der automatischen Neureihung der Angebote sein werden,
2. gegebenenfalls die Obergrenzen der Werte nach Nummer 1, wie sie sich aus den technischen Spezifikationen ergeben,
3. eine Auflistung aller Daten, die den Bietern während der elektronischen Auktion zur Verfügung gestellt werden,
4. den Termin, an dem die Daten nach Nummer 3 den Bietern zur Verfügung gestellt werden,
5. alle für den Ablauf der elektronischen Auktion relevanten Daten und
6. die Bedingungen, unter denen die Bieter während der elektronischen Auktion Gebote abgeben können, insbesondere die Mindestabstände zwischen den der automatischen Neureihung der Angebote zugrunde liegenden Preisen oder Werten.

(3) Der öffentliche Auftraggeber fordert alle Bieter, die zulässige Angebote unterbreitet haben, gleichzeitig zur Teilnahme an der elektronischen Auktion auf. Ab dem genannten Zeitpunkt ist die Internetverbindung gemäß den in der Aufforderung zur Teilnahme an der elektronischen Auktion genannten Anweisungen zu nutzen. Der Aufforderung zur Teilnahme an der elektronischen Auktion ist jeweils das Ergebnis der vollständigen Bewertung des betreffenden Angebots nach § 25 Absatz 1 Satz 3 beizufügen.

(4) Eine elektronische Auktion darf frühestens zwei Arbeitstage nach der Versendung der Aufforderung zur Teilnahme gemäß Absatz 3 beginnen.

(5) Der öffentliche Auftraggeber teilt allen Bietern im Laufe einer jeden Phase der elektronischen Auktion unverzüglich zumindest den jeweiligen Rang ihres Angebotes innerhalb der Reihenfolge aller Angebote mit. Er kann den Bietern weitere Daten nach Absatz 2 Nummer 3 zur Verfügung stellen. Die Identität der Bieter darf in keiner Phase einer elektronischen Auktion offengelegt werden.

(6) Der Zeitpunkt des Beginns und des Abschlusses einer jeden Phase ist in der Aufforderung zur Teilnahme an einer elektronischen Auktion ebenso anzugeben wie gegebenenfalls die Zeit, die jeweils nach Eingang der letzten neuen Preise oder Werte nach § 25 Absatz 2 Nummer 1 und 2 vergangen sein muss, bevor eine Phase einer elektronischen Auktion abgeschlossen wird.

(7) Eine elektronische Auktion wird abgeschlossen, wenn

1. der vorher festgelegte und in der Aufforderung zur Teilnahme an einer elektronischen Auktion bekanntgemachte Zeitpunkt erreicht ist,
2. von den Bietern keine neuen Preise oder Werte nach § 25 Absatz 2 Nummer 1 und 2 mitgeteilt werden, die die Anforderungen an Mindestabstände nach Absatz 2 Nummer 6 erfüllen, und die vor Beginn einer elektronischen Auktion bekanntgemachte Zeit, die zwischen dem Eingang der letzten neuen Preise oder Werte und dem Abschluss der elektronischen Auktion vergangen sein muss, abgelaufen ist oder
3. die letzte Phase einer elektronischen Auktion abgeschlossen ist.

(8) Der Zuschlag wird nach Abschluss einer elektronischen Auktion entsprechend ihrem Ergebnis mitgeteilt.

Übersicht

	Rn.			Rn.
A. Einführung	1		B. Kommentierung	4
I. Literatur	1		I. Die Kommunikation bei der Durch-	
II. Entstehungsgeschichte	2		führung der elektronischen Auk-	
III. Rechtliche Vorgaben im EU-Recht	3		tion	4

Wanderwitz

	Rn.		Rn.
1. Auftragsbekanntmachung, § 26 Abs. 1 VgV	5	II. Weitere Anforderungen an die elektronischen Auktion	23
2. Vergabeunterlagen, § 26 Abs. 2 VgV	8	1. Frühestmöglicher Beginn der elektronischen Auktion, § 26 Abs. 4 VgV	23
a) § 26 Abs. 2 Nr. 1 VgV	9		
b) § 26 Abs. 2 Nr. 2 VgV	10	2. Mitteilungen während der elektronischen Auktion, § 26 Abs. 5 VgV	24
c) § 26 Abs. 2 Nr. 3 und 4 VgV	11		
d) § 26 Abs. 2 Nr. 5 VgV	13	3. Weitere Anforderungen an die Aufforderung zur Teilnahme aus § 26 Abs. 6 VgV	29
e) § 26 Abs. 2 Nr. 6 VgV	15		
3. Die Aufforderung zur Teilnahme an der elektronischen Auktion, § 26 Abs. 3 VgV	18	4. Der Abschluss der elektronischen Auktion, § 26 Abs. 7 VgV	32
a) Anforderungen an die Aufforderung aus § 26 Abs. 3 VgV	18	III. Die Zuschlagsmitteilung, § 26 Abs. 8 VgV	34
b) Übersicht zu den Inhalten der Aufforderung	22		

A. Einführung

I. Literatur

Kulartz / Kus / Marx / Portz / Prieß, Kommentar zur VgV, 2017; *Ley / Wankmüller*, Das neue Vergaberecht 2016, **1**
3. Aufl. 2016; *Schröder*, Die elektronische Auktion nach § 101 IV 1 GWB – Rückkehr des Lizitationsverfahrens?, NZBau 2010, 411 ff.

II. Entstehungsgeschichte

Vgl. hierzu die Kommentierung zu § 25 VgV. **2**

III. Rechtliche Vorgaben im EU-Recht

Die Kernvorschrift zur elektronischen Auktion im EU-Recht ist Art. 35 RL 2014/ **3**
24/EU. Ergänzend tritt Anhang VI RL 2014/24/EU hinzu, der eine Auflistung über die in
den Auftragsunterlagen für elektronische Auktionen aufzuführenden Angaben enthält. Anders als im deutschen Recht, in dem die Regelungen zur elektronischen Auktion über
zwei Paragrafen verteilt sind, sind auf europäischer Ebene sämtliche Regelungen zur elektronischen Auktion in einer Vorschrift zusammengefasst; somit auch die Bestimmungen, die
§ 26 VgV zugrunde liegen. Die dazu gehörige Richtlinienbegründung des Richtliniengebers ist in Erwägungsgrund 67 RL 2014/24/EU enthalten, der zur Auslegung der Regelungen herangezogen werden kann.

B. Kommentierung

I. Die Kommunikation bei der Durchführung der elektronischen Auktion

Bei der elektronischen Auktion ist zwischen drei unterschiedlichen formell geregelten **4**
Arten der Kommunikation zu unterscheiden, nämlich der Auftragsbekanntmachung, § 26
Abs. 1 VgV, den Vergabeunterlagen, § 26 Abs. 2 VgV und der Aufforderung zur Teilnahme
an der elektronischen Auktion, § 26 Abs. 3 VgV. Zu beachten ist auch hier, dass die Auftragsbekanntmachung, im Gegensatz zu Art. 2 Abs. 1 Nr. 13 RL 2014/24/EU, nach § 29
Abs. 1 VgV nicht Teil der Vergabeunterlagen ist.

1. Auftragsbekanntmachung, § 26 Abs. 1 VgV

5   Nach § 26 Abs. 1 VgV hat der öffentliche Auftraggeber in der Auftragsbekanntmachung oder in der Aufforderung zur Interessensbestätigung anzukündigen, dass er eine elektronische Auktion durchführt. Diese Vorschrift geht zurück auf Art. 35 Abs. 4 S. 1 RL 2014/24/EU, wonach öffentliche Auftraggeber, die eine elektronische Auktion durchzuführen beabsichtigen, in der Auftragsbekanntmachung oder in der Aufforderung zur Interessensbestätigung darauf hinzuweisen haben.

6   Für die Auftragsbekanntmachung ist nach § 37 Abs. 2 VgV das Muster gemäß Anhang II der DVO (EU) 2015/1986 zu verwenden. In Feld IV.1.6) – Angaben zur elektronischen Auktion – dieses Musters kann zum einen angekreuzt werden, dass eine elektronische Auktion durchgeführt wird, zum anderen können zusätzliche Angaben zur elektronischen Auktion eingetragen werden. Erfolgt eine Auftragsbekanntmachung, dann kommt der öffentliche Auftraggeber seiner Verpflichtung aus § 26 Abs. 1 VgV dadurch nach, dass er dieses Feld IV.1.6) ausfüllt.

7   Die Aufforderung zur Interessensbestätigung ist in § 38 Abs. 5 S. 1 VgV legaldefiniert und bedeutet, dass der öffentliche Auftraggeber alle Unternehmen, die auf die Veröffentlichung einer Vorinformation nach § 38 Abs. 4 VgV hin eine Interessensbekundung übermittelt haben, zur Bestätigung ihres Interesses an einer weiteren Teilnahme auffordert. In dieser Aufforderung muss der öffentliche Auftraggeber ankündigen, dass er eine elektronische Auktion durchführt, um seiner Verpflichtung nach § 26 Abs. 1 VgV nachzukommen.

2. Vergabeunterlagen, § 26 Abs. 2 VgV

8   § 26 Abs. 2 VgV schreibt vor, welche Angaben die Vergabeunterlagen mindestens enthalten müssen. Die Norm soll Art. 35 Abs. 4 S. 2 RL 2014/24/EU und Anhang VI lit. b) bis f) RL 2014/24/EU umsetzen. Zu beachten ist, dass die Mindestangaben nicht in der Auftragsbekanntmachung selbst enthalten sein müssen. Dies ergibt sich daraus, dass die Auftragsbekanntmachung, im Gegensatz zu Art. 2 Abs. 1 Nr. 13 RL 2014/24/EU, nach § 29 Abs. 1 VgV nicht Teil der Vergabeunterlagen ist.[1] Die Mindestangaben nach § 26 Abs. 2 VgV sind damit lediglich den Vergabeunterlagen nach § 29 Abs. 1 VgV beizufügen.

9   **a) § 26 Abs. 2 Nr. 1 VgV.** Die Vergabeunterlagen müssen alle Angebotskomponenten, deren Werte Grundlage der automatischen Neureihung der Angebote sein werden, enthalten. Damit sind diejenigen Angebotskomponenten gemeint, die mittels der durch eine mathematische Formel – § 25 Abs. 3 VgV – definierten Bewertungsmethode elektronisch bewertet werden. Es kann sich entweder nur um den Preis handeln oder um den Preis zzgl. weiterer Angebotskomponenten.[2] Dies wird deutlich durch die Fassung in Anhang VI lit. a) RL 2014/24/EU: *„die Komponenten, deren Werte Gegenstand der elektronischen Auktion sein werden, sofern diese Komponenten in der Weise quantifizierbar sind, dass sie in Ziffern oder in Prozentangaben ausgedrückt werden;"*. Zu beachten ist, dass die mitgeteilten Angebotskomponenten numerisch oder prozentual beschrieben werden können müssen, vgl. § 25 Abs. 4 VgV.

10   **b) § 26 Abs. 2 Nr. 2 VgV.** Die Vergabeunterlagen müssen gegebenenfalls die Obergrenze der Werte nach § 26 Abs. 2 Nr. 1 VgV enthalten, wie sie sich aus den technischen Spezifikationen ergeben. Die zugrunde liegende Fassung in Anhang VI lit. b) RL 2014/24/EU lautet: *„gegebenenfalls die Obergrenze der Werte, die unterbreitet werden können, wie sie sich aus den Spezifikationen des Auftragsgegenstandes ergeben;"*. Gemeint sind damit die technischen Spezifikationen des Auftragsgegenstandes, mithin der ausgeschriebenen Leistung des ausgeschriebenen Auftrags. Zur genaueren Bestimmung des Begriffs „technische Spezifika-

---

[1] BT-Drucks. 18/7318, S. 169.
[2] Vgl. hierzu die Kommentierung zu § 25 Abs. 2 bis 4 VgV.

tionen" kann auf mehrere Quellen zurückgegriffen werden. Bereits Anhang VI der VKR enthielt ausführliche Definitionen hierzu, so die Definition der „technischen Spezifikation" bei öffentlichen Bauaufträgen in Anhang VI Nr. 1 lit. a) VKR und die Definition der „technischen Spezifikation" bei öffentlichen Liefer- und Dienstleistungsaufträgen in Anhang VI Nr. 1 lit. b) VKR. Diese Definitionen fanden über Anhang VII Nr. 1 lit. a) und b) RL 2014/24/EU Einzug in Nr. 1 der Anlage 1 (zu § 31 Abs. 2 VgV) zur VgV, wo „technische Spezifikationen" bei Liefer- oder Dienstleistungsaufträgen definiert werden, und in Nr. 1 lit. a) und b) Anhang TS der VOB/A-EU, wo sowohl „technische Spezifikationen" bei öffentlichen Bauaufträgen als auch „technische Spezifikationen" bei öffentlichen Dienstleistungs- oder Lieferaufträgen definiert werden. Diese Begriffsbestimmungen sind im Zusammenhang mit dem Begriff der technischen Spezifikation in § 26 Abs. 2 Nr. 2 VgV jedoch nur insoweit relevant, als davon diejenigen Angebotskomponenten betroffen sind, die wiederum Grundlage der automatisierten Bewertung gemäß der mathematisch beschriebenen Bewertungsmethode sein können. Insoweit können die technischen Spezifikationen in einer Angebotskomponente unterschiedlich hohe Erfüllungsgrade zulassen, die dann, abhängig von ihrer Höhe in den einzelnen Angeboten, unterschiedlich stark bei der Angebotswertung und damit bei der elektronischen Bewertung ins Gewicht fallen. Dies folgt aus der Formulierung in Anhang VI lit. b) RL 2014/24/EU, die von einer „*Obergrenze von Werten, die unterbreitet werden können*" spricht, womit also ein maximal anbietbarer Erfüllungsgrad bei den Angebotskomponenten gemeint ist. Diese Obergrenzen sind gem. § 26 Abs. 2 Nr. 2 VgV in den Vergabeunterlagen aufzuführen.

c) § 26 Abs. 2 Nr. 3 und 4 VgV. Nach § 26 Abs. 2 Nr. 3 VgV müssen die Vergabe- **11** unterlagen eine Auflistung aller Daten enthalten, die den Bietern während der elektronischen Auktion zur Verfügung gestellt werden, nach § 26 Abs. 2 Nr. 4 VgV müssen die Vergabeunterlagen den Termin enthalten, an dem diese Daten nach § 26 Abs. 2 Nr. 3 VgV den Bietern zur Verfügung gestellt werden. Die Regelungen gehen zurück auf Anhang VI lit. c) RL 2014/24/EU, der wie folgt lautet: „*die Informationen, die den Bietern im Laufe der elektronischen Auktion zur Verfügung gestellt werden, sowie den Termin, an dem sie ihnen gegebenenfalls zur Verfügung gestellt werden.*". § 26 Abs. 2 Nr. 3 VgV verlangt nicht, wie man auf den ersten Blick vielleicht meinen könnte, dass in den Vergabeunterlagen Daten selbst zur Verfügung gestellt werden müssen. Vielmehr geht es um Daten, die erst während der elektronischen Auktion zur Verfügung gestellt werden. Diese sind nach § 26 Abs. 2 Nr. 3 VgV lediglich in den Vergabeunterlagen aufzulisten, müssen aber nicht schon in ihnen enthalten sein. Nach § 26 Abs. 2 Nr. 4 VgV muss zusätzlich noch der Termin, an dem die in § 26 Abs. 2 Nr. 3 VgV erwähnten Daten zur Verfügung gestellt werden, in die Vergabeunterlagen aufgenommen werden. Die Formulierung ist unglücklich, weil lediglich von „Termin" und nicht von „Terminen" die Rede ist. Hieraus zu folgern, es gäbe nur einen einzigen Termin, an dem dann alle Daten während der elektronischen Auktion zur Verfügung gestellt werden müssen, wäre falsch. Denn zum einen gibt es durchaus mehrere Zeitpunkte, an denen unterschiedliche Daten zur Verfügung gestellt werden müssen, wie die sogleich folgenden Beispiele zeigen werden. Zum anderen spricht hiergegen die englische Fassung des Anhangs VI lit. c) RL 2014/24/EU: „*the information which will be made available to tenders in the course of the electronic auction and, where appropriate, when it will be made available to them;*". Durch das Wort "when" kann ein einziger Zeitpunkt, es können aber auch mehrere Zeitpunkte gemeint sein.

Ein Beispiel für Daten, die Bietern während der elektronischen Auktion zur Verfügung **12** gestellt werden, sind die jeweiligen Ränge der Angebote, die aufgrund der elektronischen Bewertung in jeder Phase der elektronischen Auktion ermittelt werden. Diese Mitteilungspflicht ist in § 26 Abs. 5 S. 1 VgV explizit erwähnt. Nach § 26 Abs. 5 S. 2 VgV kann der öffentliche Auftraggeber den Bietern weitere Daten nach § 26 Abs. 2 Nr. 3 VgV zur Verfügung stellen, beispielsweise die Gesamtzahl der Bieter einer jeweiligen Phase der elektronischen Auktion oder die adäquaten Wertungsabstände zwischen den einzelnen Rangstellen, beruhend auf den Wertungsabständen zwischen den Angeboten.[3] An diesem Beispiel entzündet sich die Frage, ob immer ein konkreter Termin zu den entsprechenden Daten mitgeteilt werden muss oder ob es möglich ist, zwar die Daten zu erwähnen, die während der elektronischen Auktion zur Verfügung gestellt werden, nicht aber die damit korrespondierenden Termine, etwa, weil diese zum Zeitpunkt der Erstellung der Vergabeunterlagen noch nicht genau bekannt sind. So sind nach § 26 Abs. 6 VgV der Zeitpunkt des Beginns und des Abschlusses einer jeden Phase in der Aufforderung zur Teilnahme an einer elektronischen Auktion anzugeben, nicht jedoch in den Vergabeunterlagen. Die Mitteilung der jeweiligen Rangstellen der Angebote erfolgt nach § 26 Abs. 5 VgV im Laufe jeder Phase der elektronischen Auktion, also nicht notwendigerweise zum Abschluss. Sieht man in § 26 Abs. 2 Nr. 4 VgV nun eine Pflicht zur Angabe sämtlicher Termine bereits in den Vergabeunterlagen, dann müsste der Zeitpunkt „im Laufe jeder Phase der elektronischen Auktion" schon für die Vergabeunterlagen exakt bestimmt werden. Dies stellt eine große Herausforderung für die öffentlichen Auftraggeber dar. Aus der Formulierung des § 26 Abs. 2 Nr. 4 VgV lässt sich nicht entnehmen, dass der öffentliche Auftraggeber auf die Mitteilung des Termins in den Vergabeunterlagen verzichten kann. Betrachtet man jedoch die deutsche Fassung von Anhang VI lit. c) RL 2014/24/EU, dann ist die Situation nicht mehr so eindeutig: *„sowie den Termin, an dem sie ihnen gegebenenfalls zur Verfügung gestellt werden".* Missverständlich ist hier das Wort „gegebenenfalls". Ist damit gemeint, dass die Informationen gegebenenfalls zur Verfügung gestellt werden, oder ist damit gemeint, dass der Termin gegebenenfalls in die Vergabeunterlagen aufgenommen wird? Während der deutsche Wortlaut des Anhangs VI lit. c) RL 2014/24/EU ersteres nahelegt, so meint die englische Fassung wohl eher zweiteres: *„Where contracting authorities have decided to hold an electronic auction, the procurement documents shall include at least the following details: (c) the information which will be made available to tenderers in the course of the electronic auction and, where appropriate, when it will be made available to them".* Die Worte „where appropriate" sind die englische Formulierung für das deutsche „gegebenenfalls", sie beziehen sich eindeutig auf den darauffolgenden Nebensatz und meinen ersichtlich nicht, dass der öffentliche Auftraggeber Informationen, die er in den Vergabeunterlagen auflistet, nur gegebenenfalls den Bietern während der elektronischen Auktion zur Verfügung stellt. Diese Regelung ist auch praxisgerecht, denn es sind immer Unwägbarkeiten denkbar, Verzögerungen, auf die der öffentliche Auftraggeber keinen Einfluss hat. Deshalb ist, um bei dem Beispiel der Mitteilung der jeweiligen Rangstellen der Angebote, die mittels einer elektronischen Bewertung bewertet wurden, zu bleiben, nicht der genaue Termin anzugeben, sondern höchstens, dass im Laufe einer jeden Phase der elektronischen Auktion diese Daten dann mitgeteilt werden. Natürlich kann der öffentliche Auftraggeber nicht nach Belieben festlegen, wann er Termine i.S.v. § 26 Abs. 2 Nr. 4 VgV mitteilt und wann er darauf verzichtet. Wenn sich jedoch aufgrund der Natur der Sache ein Termin nicht oder nur sehr schwer bestimmen lässt, dann hat der öffentliche Auftraggeber die Möglichkeit, auf dessen Angabe zu verzichten und kann sich darauf beschränken, ihn nur allgemein zu beschreiben.

13   **d) § 26 Abs. 2 Nr. 5 VgV.** Die Vergabeunterlagen haben alle für den Ablauf der elektronischen Auktion relevanten Daten zu enthalten. Die Regelung geht zurück auf Anhang VI lit. d) RL 2014/24/EU, der lautet: *„die relevanten Angaben zum Ablauf der elektronischen Auktion".* Im Gegensatz zu § 26 Abs. 2 Nr. 3 VgV, nach dem die Daten in den Vergabeunterlagen nur aufgelistet, jedoch nicht zur Verfügung gestellt werden müssen, sind hier nun tatsächlich Daten selbst gemeint, die in den Vergabeunterlagen anzugeben sind.[4] Die jeweils mitzuteilenden Daten ergeben sich aus dem Einzelfall. Eine grundsätzliche Orientierung bietet die Abgrenzung zu den Informationen, die im Rahmen der Aufforderung zur

---

[3] Vgl. hierzu die Kommentierung zu § 25 VgV.

[4] Deshalb gibt es zwischen diesen beiden Vorschriften durchaus einen Unterschied, anders wohl *Kus* in KKMPP, Kommentar zur VgV, 2017, § 26 Rn. 5, der sich die Frage stellt, worin der wesentliche Unterschied zwischen § 26 Abs. 2 Nr. 3 VgV und § 26 Abs. 2 Nr. 5 VgV bestehen soll.

Teilnahme an der elektronischen Auktion, § 26 Abs. 3 VgV, bekannt gemacht werden müssen. Diese lassen sich eindeutig den Formulierungen der §§ 25, 26 VgV entnehmen.[5] Alle anderen Informationen und Daten, die für den Ablauf der elektronischen Auktion relevant sind und die mit den Vergabeunterlagen bekanntzumachen sind, fallen somit unter § 26 Abs. 2 Nr. 5 VgV.

Abgrenzungsschwierigkeiten bestehen allerdings zwischen den Daten, die nach § 25 **14** Abs. 2 Nr. 5 VgV in den Vergabeunterlagen enthalten sein müssen, und den Inhalten, die Gegenstand der Aufforderung zur Teilnahme an der elektronischen Auktion gem. § 26 Abs. 3 VgV sind, hinsichtlich der Informationen, die in § 26 Abs. 7 VgV genannt werden. So ist nach § 26 Abs. 7 Nr. 1 VgV der vorher festgelegte Endzeitpunkt der elektronischen Auktion in der Aufforderung zur Teilnahme an einer elektronischen Auktion nach § 26 Abs. 3 VgV bekanntzumachen; dieses Datum muss somit nicht in den Vergabeunterlagen nach § 26 Abs. 2 Nr. 5 VgV erwähnt werden. § 26 Abs. 7 Nr. 2 VgV andererseits sieht ebenfalls eine Bekanntmachung vor, nämlich die Zeit, die zwischen dem Eingang der letzten neuen Preise oder Werte und dem Abschluss der elektronischen Auktion vergangen sein muss. Diese muss nicht ausdrücklich Gegenstand der Aufforderung zur Teilnahme an der elektronischen Auktion nach § 26 Abs. 3 VgV sein, gefordert wird lediglich, dass sie vor Beginn einer elektronischen Auktion bekanntgemacht wird. Ebenfalls unklar ist, wie mit § 26 Abs. 7 Nr. 3 VgV verfahren werden soll, denn aus der Formulierung ergibt sich keinerlei Mitteilungspflicht hinsichtlich der letzten Phase einer elektronischen Auktion. Die korrespondierende Vorschrift in Art. 35 Abs. 8 UA lit c) RL 2014/24/EU ist hingegen eindeutig: *„Die öffentlichen Auftraggeber schließen die elektronische Auktion nach einer oder mehrerer der folgenden Vorgehensweisen ab: c) wenn die zuvor angegebene Zahl von Auktionsphasen erfüllt ist."* Die Zahl der Auktionsphasen muss demnach zuvor angegeben sein. Diese Mitteilungspflicht taucht nicht in § 26 Abs. 7 Nr. 3 VgV auf, sie ließe sich jedoch auch als ein Datum nach § 26 Abs. 2 Nr. 5 VgV interpretieren, weil die Anzahl der Auktionsphasen vor Beginn der elektronischen Auktion von dem öffentlichen Auftraggeber bestimmt werden muss[6] und weil es sich um ein für den Ablauf der elektronischen Auktion relevantes Datum handelt. Andererseits spricht Art. 35 Abs. 8 UA 2 RL 2014/24/EU wiederum von der Aufforderung zur Teilnahme an der elektronischen Auktion: *„Wenn die öffentlichen Auftraggeber beabsichtigen, die elektronische Auktion gemäß Buchstabe c des Unterabsatzes 1 – gegebenenfalls kombiniert mit dem Verfahren nach dessen Buchstabe b – abzuschließen, wird in der Aufforderung zur Teilnahme an der Auktion der Zeitplan für jede Auktionsphase angegeben."*, obwohl in Art. 35 Abs. 8 UA 1 lit. a) bis c) RL 2014/24/EU lediglich die Rede davon ist, dass etwas „zuvor" angegeben bzw. bekannt gemacht werden muss. Insgesamt wird man schon aus praktischen Gründen sämtliche Bekanntmachungen nach § 26 Abs. 7 VgV in der Aufforderung zur Teilnahme an der elektronischen Auktion verorten müssen, weil ansonsten thematisch zusammenhängende Informationen über unterschiedliche Kanäle – Vergabeunterlagen einerseits, Aufforderung zur Teilnahme an der elektronischen Auktion andererseits – kommuniziert werden müssten. § 26 Abs. 2 Nr. 5 VgV umfasst demnach nicht die Daten, die aufgrund von § 26 Abs. 7 VgV bekanntgemacht werden müssen, diese sind mit der Aufforderung zur Teilnahme an der elektronischen Auktion gem. § 26 Abs. 3 VgV zu kommunizieren.

e) § 26 Abs. 2 Nr. 6 VgV. Die Vergabeunterlagen müssen die Bedingungen, unter **15** denen die Bieter während der elektronischen Auktion Gebote abgeben können, insbesondere die Mindestabstände zwischen den der automatischen Neureihung der Angebote zugrunde liegenden Preisen oder Werten enthalten. Die zugrunde liegende Regelung ist Anhang VI lit. e) RL 2014/24/EU: *„die Bedingungen, unter denen die Bieter Gebote abgeben können, und insbesondere die Mindestabstände, die bei diesen Geboten gegebenenfalls einzuhalten sind"*. Worum es sich bei den in § 26 Abs. 2 Nr. 6 VgV besonders hervorgehobenen „Mindestabständen" handelt, erschließt sich nicht unmittelbar. In der Richtlinienregelung

---

[5] Eine Übersicht zu diesen Informationen enthält die Kommentierung zu § 26 Abs. 3 VgV.
[6] Vgl. hierzu die Kommentierung zu § 25 VgV.

ist lediglich von Mindestabständen die Rede, die bei diesen Geboten gegebenenfalls einzuhalten sind. Die Formulierung in § 26 Abs. 2 Nr. 6 VgV ist demgegenüber konkreter, es geht um Mindestabstände zwischen Preisen oder Werten, die wiederum der automatischen Neureihung zugrunde liegen. Bei der automatischen Neureihung handelt es sich um das jeweilige Ergebnis der elektronischen Bewertung der Angebote nach § 25 Abs. 2 VgV, bei den Preisen oder Werten somit um die Angebotskomponenten, die einer automatisierbaren mathematischen Quantifizierung zugänglich sind. Eine „Neureihung" setzt jedoch immer eine „Altreihung" voraus, und die Angebote der Neureihung müssen sich inhaltlich unterscheiden von den Angeboten der Altreihung – hinsichtlich ihrer Preise und Werte und damit hinsichtlich ihrer Angebotskomponenten. Bei den in § 26 Abs. 2 Nr. 6 VgV geforderten Mindestabständen geht es also darum, dass ein Angebot, das im Rahmen einer elektronischen Auktion abgegeben wird, gegenüber seiner direkten Vorgängerversion einen Mindestabstand hinsichtlich seiner Preise oder Werte, hinsichtlich seiner Angebotskomponenten einhalten muss. Das erste Angebot, das diesen Mindestabstand einhalten muss, ist das Angebot, das in der ersten Phase der elektronischen Auktion abgegeben wird. Denn erst dieses Angebot hat eine Vorgängerversion, nämlich dasjenige Angebot, das Gegenstand der ersten vollständigen Bewertung nach § 25 Abs. 1 S. 3 VgV war, und erst im Vergleich mit dieser Vorgängerversion kann es einen Abstand der Preise und Werte geben. Dies ergibt sich auch aus der Formulierung des § 26 Abs. 2 Nr. 6 VgV, denn dort ist nur die Rede von Bedingungen, unter denen die Bieter während der elektronischen Auktion Gebote abgeben können, das erste Angebot, das nach § 25 Abs. 1 S. 3 VgV noch vollständig vom öffentlichen Auftraggeber manuell zuerst bewertet wird, ist damit nicht umfasst. Noch deutlicher wird die Bedeutung der Mindestabstände, wenn man die Erwägungen zu Art. 54 VKR, also zur Vorgängernorm des Art. 35 RL 2014/24/EU, heranzieht. In Erwägungsgrund 14 RL 2004/18/EU heißt es: *„Der Rückgriff auf elektronische Auktionen bietet den öffentlichen Auftraggebern die Möglichkeit, die Bieter zur Vorlage neuer, nach unten korrigierter Preise aufzufordern, und – sofern das wirtschaftlich günstigste Angebot den Zuschlag erhalten soll – auch andere als die preisbezogenen Angebotskomponenten zu verbessern."*

16   Das Erfordernis von Mindestabständen macht durchaus Sinn, wenn man sich das Wesen der elektronischen Auktion vergegenwärtigt. Es handelt sich bei ihr um ein iteratives Verfahren zur Bestimmung des günstigsten Angebots, um eine umgekehrte Auktion, bei der sich die Bieter gegenseitig unterbieten sollen. Die Vorgabe, dass das jeweilige Folgeangebot um einen Mindestbetrag „günstiger" bzw., was die sonstigen Werte betrifft, um einen Mindestwert „besser" als die Vorgängerversion sein muss, unterstreicht den umgekehrten Auktionscharakter und stellt sicher, dass es bei den Folgeangeboten im Rahmen der elektronischen Auktion einen Fortschritt gibt. Zu beachten ist, dass sich die Mindestdifferenz stets nur auf das eigene Vorangebot des jeweiligen Bieters beziehen kann, nicht jedoch auf die Angebote der anderen Bieter.

17   Dem öffentlichen Auftraggeber steht es frei, wie er diese Mindestabstände formuliert. Ist der Preis das einzige Zuschlagskriterium, dann kann er bspw. Prozentwerte vorgeben, um die das aktuelle Angebot jeweils seine Vorgängerversion unterbieten muss. Treten zu dem Preis noch andere Zuschlagskriterien hinzu, dann hat der öffentliche Auftraggeber genau zu beschreiben, wie ein solcher Mindestabstand zu realisieren ist. Da es sich jedoch auch bei diesen Zuschlagskriterien um mathematisch quantifizierbare Angebotskomponenten handelt, ist ebenfalls an eine numerische oder prozentuale Formulierung des Mindestabstands zu denken; dies vor allem, weil die numerische oder prozentuale Beschreibung dieser zu dem Preis hinzutretenden Angebotskomponenten nach § 25 Abs. 4 VgV ohnehin obligatorisch ist.

3. Die Aufforderung zur Teilnahme an der elektronischen Auktion, § 26 Abs. 3 VgV

18   **a) Anforderungen an die Aufforderung aus § 26 Abs. 3 VgV.** Nach § 26 Abs. 3 S. 1 VgV fordert der öffentliche Auftraggeber alle Bieter, die zulässige Angebote unterbreitet haben, gleichzeitig zur Teilnahme an der elektronischen Auktion auf. Ab dem in der Aufforderung genannten Zeitpunkt, ist gem. § 26 Abs. 3 S. 2 VgV die Internetverbindung gemäß den in der Aufforderung zur Teilnahme an der elektronischen Auktion genannten Anweisungen zu nutzen. Der Aufforderung zur Teilnahme an der elektronischen Auktion ist jeweils das Ergebnis der vollständigen Bewertung des betreffenden Angebots nach § 25 Abs. 1 S. 3 VgV beizufügen, § 26 Abs. 3 S. 3 VgV. Diesen Regelungen liegt Art. 35 Abs. 5 UA 5 S. 1 und Abs. 6 UA 1 RL 2014/24/EU zugrunde. Art. 35 Abs. 5 UA 5 S. 1 RL 2014/24/EU lautet: *„Alle Bieter, die zulässige Angebote unterbreitet haben, werden gleichzeitig auf elektronischem Wege zur Teilnahme an der elektronischen Auktion aufgefordert, wobei ab dem genannten Tag und Zeitpunkt die Verbindungen gemäß der in der Aufforderung genannten Anweisungen zu nutzen sind.“* Art. 35 Abs. 6 UA 1 RL 2014/24/EU lautet: *„der Aufforderung wird das Ergebnis einer vollständigen Bewertung des betreffenden Angebots, die entsprechend der Gewichtung nach Artikel 67 Absatz 5 Unterabsatz 1 durchgeführt wurde, beigefügt.“*

Zunächst fällt auf, dass mit § 26 Abs. 3 S. 1 VgV nur Bieter aufgefordert werden sollen, 19 die „zulässige Angebote unterbreitet haben". Dies ist missverständlich, denn es geht hier nicht um eine eigens für die elektronische Auktion geschaffene Zulässigkeitsprüfung, sondern darum, ob das Angebot nach den allgemeinen vergaberechtlichen Grundsätzen hätte ausgeschlossen werden müssen.[7] Die Formulierung von den Bietern, die zulässige Angebote unterbreitet haben müssen, kommt vielmehr aus Art. 35 Abs. 5 UA 5 S. 1 RL 2014/24/EU, dem mehrere Unterabsätze vorangehen, in denen die verschiedenen Prüfungspunkte angesprochen werden, die auch nach den allgemeinen vergaberechtlichen Grundsätzen zu prüfen sind, namentlich die Prüfung von zwingenden und fakultativen Ausschlussgründen, der Eignung, der Formerfordernisse und dergleichen.

Die Bieter sind gleichzeitig zur Teilnahme an der elektronischen Auktion aufzufordern, 20 § 26 Abs. 3 S. 1 VgV. Dabei ist die Aufforderung an die Bieter, an der elektronischen Auktion teilzunehmen, mithilfe elektronischer Mittel zu versenden, was sich zwar nicht direkt aus dem Wortlaut der Norm ergibt, worauf die Verordnungsbegründung jedoch ausdrücklich hinweist.[8] In der Aufforderung zur Teilnahme ist der genaue Tag und Zeitpunkt anzugeben, ab dem die elektronische Auktion beginnt. Diese Anforderung ist nicht direkt aus dem Wortlaut der Norm ersichtlich, jedoch ergibt sie sich indirekt. Denn zum einen ist in § 26 Abs. 3 S. 2 VgV davon die Rede, dass „ab dem genannten Zeitpunkt" – in Art. 35 Abs. 5 UA 5 S. 1 RL 2014/24/EU ist von „dem genannten Tag und Zeitpunkt" die Rede – die Internetverbindung gemäß den in der Aufforderung genannten Anweisungen zu nutzen ist, zum anderen spricht § 26 Abs. 4 VgV explizit davon, dass eine elektronische Auktion frühestens zwei Arbeitstage nach der Versendung der Aufforderung zur Teilnahme gemäß § 26 Abs. 3 VgV beginnen darf. Soweit also § 26 Abs. 3 S. 2 VgV auf den „genannten Zeitpunkt" abstellt, ab dem die Internetverbindung gemäß den in der Aufforderung zur Teilnahme an der elektronischen Auktion genannten Anweisungen zu nutzen ist, ist damit nicht der Zeitpunkt der Aufforderung selbst gemeint, sondern der Zeitpunkt, ab dem die elektronische Auktion beginnt, denn dieser Zeitpunkt muss sich von dem Versendungszeitpunkt der Aufforderung um mindestens zwei Arbeitstage unterscheiden. Dementsprechend muss der öffentliche Auftraggeber nicht schon ab dem Zeitpunkt der Versendung der Aufforderung die Internetverbindung bereitstellen, sondern erst zum Beginn der elektronischen Auktion,[9] denn erst ab diesem Zeitpunkt besteht die Pflicht sie zu nutzen.

Fordert der öffentliche Auftraggeber einen Wirtschaftsteilnehmer, der ein zulässiges An- 21 gebot eingereicht hat, entgegen § 26 Abs. 3 S. 1 VgV nicht zur Teilnahme an der elektronischen Auktion auf, und führt er die elektronische Auktion dennoch durch, dann folgt aus dem vergaberechtlichen Gleichheitsgebot und dem Grundsatz der Diskriminierungs-

---

[7] So der ausdrückliche Hinweis in der Verordnungsbegründung, BT-Drucks. 18/7318, S. 168.
[8] BT-Drucks. 18/7318, S. 168.
[9] A. A. *Kus* in KKMPP, Kommentar zur VgV, 2017, § 26 Rn. 7, wonach der öffentliche Auftraggeber schon ab dem Zeitpunkt der Versendung der Aufforderung die Internetverbindung bereitstellen muss.

freiheit, dass die durchgeführte elektronische Auktion für ungültig zu erklären und zu wiederholen ist, selbst wenn nicht festgestellt werden kann, ob die Teilnahme des nicht berücksichtigten Wirtschaftsteilnehmers das Ergebnis der Auktion geändert hätte.[10]

22   **b) Übersicht zu den Inhalten der Aufforderung.** Nachfolgend eine Zusammenstellung der Inhalte, die aufgrund der Regelungen in §§ 25, 26 VgV in der Aufforderung zur Teilnahme an der elektronischen Auktion enthalten sein können bzw. müssen:

- vollständige erste Bewertung des jeweiligen Angebots nach § 25 Abs. 1 S. 3 VgV, vgl. § 26 Abs. 3 S. 3 VgV,
- die mittels einer mathematischen Formel definierte Bewertungsmethode, mittels der die Angebote – und ggf. auch Nebenangebote – während der elektronischen Auktion elektronisch bewertet werden, ggf. unter Beifügung der Gewichtung aller Angebotskomponenten, sollte der Zuschlag nicht allein aufgrund des Preises erteilt werden, § 25 Abs. 3 VgV,
- die Aufforderung zur Teilnahme an der elektronischen Auktion selbst, § 26 Abs. 3 S. 1 VgV,
- der Zeitpunkt, mit dem die elektronische Auktion beginnt, § 26 Abs. 3 S. 2, Abs. 4 VgV,
- die Internetverbindung, die für die elektronische Auktion zu nutzen ist, sowie die Anweisungen, wie die Nutzung zu erfolgen hat, § 26 Abs. 3 VgV,
- ggf. der Zeitpunkt des Beginns und des Abschlusses einer jeden Phase der elektronischen Auktion sowie die Zahl der Phasen, § 26 Abs. 6 VgV ggf. mit § 25 Abs. 1 S. 5 VgV,[11]
- ggf. die Zeit, die jeweils nach Eingang der letzten neuen Preise oder Werte nach § 25 Abs. 2 Nr. 1 und Nr. 1 VgV vergangen sein muss, bevor eine Phase einer elektronischen Auktion abgeschlossen wird, § 26 Abs. 6 VgV,[12]
- ggf. der Endzeitpunkt der elektronischen Auktion, § 26 Abs. 7 Nr. 1 VgV.[13]

II. Weitere Anforderungen an die elektronischen Auktion

1. Frühestmöglicher Beginn der elektronischen Auktion, § 26 Abs. 4 VgV

23   Nach § 26 Abs. 4 VgV darf eine elektronische Auktion frühestens zwei Arbeitstage nach der Versendung der Aufforderung zur Teilnahme gemäß § 26 Abs. 3 VgV beginnen. Die Vorschrift geht zurück auf Art. 35 Abs. 5 UA 5 S. 3 RL 2014/24/EU. Maßgeblich ist der Versand der Aufforderung, ob bzw. wann ein Zugang beim Bieter erfolgt, ist nicht entscheidend.[14] Aus dem Verbot, eine elektronische Auktion früher als zwei Tage nach der Versendung der Aufforderung zur Teilnahme zu beginnen, folgt auch, dass der öffentliche Auftraggeber nicht verpflichtet ist, vor diesem Zeitpunkt den elektronischen Kanal für die Kommunikation während der elektronischen Auktion bereitzustellen. Vielmehr ist diese Internetverbindung, die in der Aufforderung zur Teilnahme zu bezeichnen ist und zu der in der Aufforderung entsprechende Anweisungen bekanntzumachen sind, § 26 Abs. 3 S. 2 VgV, erst zum Beginn der elektronischen Auktion bereitzustellen. Dadurch wird auch vermieden, dass vorzeitig elektronische Angebote an den öffentlichen Auftraggeber übermittelt werden, was dann ggf. zu weiteren Verwerfungen führen könnte.

---

[10] EuGH Urt. v. 7.4.2016 – C-324/14, VergabeR 2016, 462, 471 f. – Partner Apelski Dariusz. Diese Entscheidung erging noch zur RL 2004/18/EG, die grundsätzlichen Überlegungen des EugH lassen sich, auch wenn Art. 54 Abs. 8 UA 2 RL 2004/18/EG keine Entsprechung in Art. 35 RL 2014/24/EU hat, auch aus den allgemeinen Vergabegrundsätzen alleine ableiten und auf das neue Recht übertragen.
[11] Vgl. hierzu die Ausführungen zu § 26 Abs. 6 VgV.
[12] Vgl. hierzu die Ausführungen zu § 26 Abs. 6 VgV.
[13] Vgl. hierzu die Ausführungen zu § 26 Abs. 6 VgV.
[14] So zum alten Recht *Schröder* NZBau 2010, 411, 415.

2. Mitteilungen während der elektronischen Auktion, § 26 Abs. 5 VgV

Nach § 26 Abs. 5 S. 1 VgV teilt der öffentliche Auftraggeber allen Bietern im Laufe ei- **24** ner jeden Phase der elektronischen Auktion unverzüglich zumindest den jeweiligen Rang ihres Angebots innerhalb der Reihenfolge aller Angebote mit. Er kann den Bietern weitere Daten nach § 26 Abs. 2 Nr. 3 VgV zur Verfügung stellen, ausgenommen die Identität der Bieter, § 26 Abs. 5 S. 2 und 3 VgV. § 25 Abs. 5 VgV beruht auf Art. 35 Abs. 7 RL 2014/24/EU, der in S. 1 verlangt, dass die öffentlichen Auftraggeber allen Bietern im Laufe einer jeden Phase der elektronischen Auktion unverzüglich zumindest die Informationen, die erforderlich sind, damit den Bietern jederzeit ihr jeweiliger Rang bekannt ist, übermitteln müssen, in S. 2 den öffentlichen Auftraggebern die Möglichkeit einräumt, weitere Informationen zu sonstigen übermittelten Preisen oder Werten bekanntzugeben, sofern dies zuvor mitgeteilt wurde,[15] in S. 3 zusätzlich die Möglichkeit einräumt, jederzeit die Zahl der Teilnehmer in dieser Auktionsphase bekanntzugeben und mit S. 4 die Offenlegung der Identität der Bieter während der elektronischen Auktion verbietet.

Konkretisierungsbedürftig ist allerdings die nach § 26 Abs. 5 S. 1 VgV mitzuteilende **25** Mindestinformation, also die Formulierung *„den jeweiligen Rang ihres Angebotes innerhalb der Reihenfolge aller Angebote"*. Der geringstmögliche Inhalt der Mitteilung ist zunächst, jedem Bieter lediglich die Rangstelle mitzuteilen, also z.B. „Ihr Angebot befindet sich auf Rangstelle 3". Dies entspräche Art. 35 Abs. 7 S. 1 RL 2014/24/EU, wonach den Bietern „ihr jeweiliger Rang" bekannt sein muss. Etwas umfangreicher wäre die Mitteilung der Rangstelle samt der Gesamtzahl der Angebote, also z.B. „Ihr Angebot befindet sich auf Rangstelle 3 von 7." Dies könnte man aus dem Wortlaut des § 26 Abs. 5 S. 1 VgV ableiten, wonach die öffentlichen Auftraggeber den Bietern *„den jeweiligen Rang ihres Angebots innerhalb der Reihenfolge aller Angebote"* mitzuteilen haben; dies ist aber nicht zwingend, weil nur der jeweilige Rang mitzuteilen ist. Auch spricht hiergegen Art. 35 Abs. 7 S. 3 RL 2014/24/EU, der die Zahl der Teilnehmer einer Auktionsphase als zusätzliche Information betrachtet, die der öffentliche Auftraggeber bekanntgeben kann – aber nicht muss. Schließlich wäre noch denkbar, den Bietern zusätzlich zur Rangstelle ihres Angebots und der Gesamtzahl der Angebote die Abstände zwischen den Rangstellen mitzuteilen, wobei die Abstände zwischen den Rangstellen den Wertungsabständen zwischen den Angeboten entsprechen müssten. Hierzu müsste jedem Angebot ein entsprechender Wert zugeordnet werden und die Abstände zwischen diesen Werten müssten die Wertungsabstände der Angebote widerspiegeln. Bei einer solchen Mitteilung hätten die Bieter zwar zusätzlich die Möglichkeit abzuschätzen, inwieweit sie in der nächsten Phase der elektronischen Auktion ihre Angebote ggf. modifizieren müssen, um auf der ersten Rangstelle zu landen. Allerdings spricht gegen die Verpflichtung zur Mitteilung der Abstände zwischen den Rangstellen unter Berücksichtigung der Wertungsabstände der einzelnen Angebote der Wortlaut des § 26 Abs. 5 S. 1 VgV, der lediglich den Rang eines Angebots an sich meint. Darüber hinaus ergänzt Art. 35 Abs. 7 S. 2 RL 2014/24/EU den in Art. 35 Abs. 7 S. 1 RL 2014/24/EU niedergelegten Grundsatz, der § 26 Abs. 5 S. 1 VgV zugrunde liegt, um die Möglichkeit für den öffentlichen Auftraggeber, weitere Informationen zu sonstigen Preisen oder Werten mitzuteilen, sofern dies zuvor mitgeteilt wurde. Hierunter können nun auch Inhalte der jeweils anderen Angebote verstanden werden, die für die Wertung und damit für die Bildung der Rangfolge samt der adäquaten Abbildung ihrer jeweiligen Wertungsabstände herangezogen werden. Will der öffentliche Auftraggeber dies ebenfalls mitteilen, dann hat

---

[15] Die deutsche Fassung von Art. 35 Abs. 7 S. 2 RL 2014/24/EU ist etwas missverständlich: „Sie können, sofern dies zuvor mitgeteilt wurde, weitere Informationen zu sonstigen übermittelten Preisen oder Werten." Die englische Version ist hingegen klarer: „They may, where this has been previously indicated, communicate other information concerning other prices or values submitted." In der deutschen Version fehlt also am Ende des Satzes ein zusätzliches Verb, so dass sie richtigerweise lauten könnte: „Sie können, sofern dies zuvor mitgeteilt wurde, weitere Informationen zu sonstigen übermittelten Preisen oder Werten bekanntgeben."

er dies zuvor nach § 26 Abs. 2 Nr. 3 VgV in den Vergabeunterlagen mitzuteilen. Gleichwohl ist hier zu bedenken, dass die adäquate Abbildung der Wertungsabstände zwischen den einzelnen Angeboten innerhalb der Rangfolge zwar dann unproblematisch ist, wenn lediglich der Preis nach § 25 Abs. 2 S. 2 Nr. 1 VgV das einzige Zuschlagskriterium war. Treten zu dem Preis jedoch noch weitere Zuschlagskriterien, wie dies in § 25 Abs. 2 S. 2 Nr. 2 VgV vorgesehen ist, dann kann es erheblichen mathematischen Aufwand erfordern, die sich aus dem Zusammenspiel sämtlicher Zuschlagskriterien der Angebote ergebenden Wertungsabstände zwischen den einzelnen Angeboten innerhalb der Rangfolge so zu kommunizieren, dass die einzelnen Bieter die Relevanz der einzelnen Zuschlagskriterien für die Wertung der Angebote und damit für die Wertungsabstände nachvollziehen können.

26   Die Verpflichtung nach § 26 Abs. 5 S. 1 VgV beschränkt sich also lediglich auf die Mitteilung der jeweiligen Rangstelle des Bieters bei der aktuellen Phase der elektronischen Auktion, also z. B. „Ihr Angebot befindet sich auf Rangstelle 3." Will der öffentliche Auftraggeber zusätzlich die Gesamtzahl der Angebote mitteilen, also z. B. „Ihr Angebot befindet sich auf Rangstelle 3 von 7", dann kann er das nach Art. 26 Abs. 5 S. 2 VgV tun,[16] muss dies jedoch zuvor in den Vergabeunterlagen gem. § 26 Abs. 2 Nr. 3 VgV auflisten. Will der öffentliche Auftraggeber auch noch die Wertungsabstände der einzelnen Angebote mitteilen, dann ist dies nach § 26 Abs. 5 S. 2 VgV ebenfalls möglich und muss zuvor in den Vergabeunterlagen gem. § 26 Abs. 2 Nr. 3 VgV mitgeteilt werden.

27   Die Mitteilung der jeweiligen Rangstelle hat „unverzüglich" zu erfolgen, § 26 Abs. 5 S. 1 VgV. Hierzu ist auf die landläufig bekannte Legaldefinition der Unverzüglichkeit in § 121 Abs. 1 S. 1 BGB zurückzugreifen, wonach eine Handlung unverzüglich erfolgt, wenn sie ohne schuldhaftes Zögern erfolgt. Bei der Bestimmung der Unverzüglichkeit wird auch zu berücksichtigen sein, dass die Kommunikation während der Dauer der elektronischen Auktion mit elektronischen Mitteln erfolgt, was eine unverzügliche Mitteilung der jeweiligen Rangstellen erleichtert, aber auch den Zeitraum, der dem öffentlichen Auftraggeber für die unverzügliche Mitteilung zur Verfügung steht, verkleinert. Nicht unter das Gebot der Unverzüglichkeit fallen allerdings die Informationen, die der öffentliche Auftraggeber nach §§ 26 Abs. 5 S. 2 i. V. m. Abs. 2 Nr. 3 VgV zusätzlich mitteilen will.

28   Nicht offengelegt werden darf nach § 26 Abs. 5 S. 3 VgV die Identität der Bieter. Der öffentliche Auftraggeber muss somit sämtliche Maßnahmen ergreifen, um zu verhindern, dass Bieter von der Identität der teilnehmenden Konkurrenten Kenntnis erlangen, was vor allem bei geschlossenen Beschaffungsmärkten mit wenigen Lieferanten problematisch werden könnte; hier bietet es sich an, dass öffentliche Auftraggeber bspw. von der Bekanntgabe der Teilnehmerzahl der elektronischen Auktion absehen.[17]

3. Weitere Anforderungen an die Aufforderung zur Teilnahme aus § 26 Abs. 6 VgV

29   Nach § 26 Abs. 6 VgV ist in der Aufforderung zur Teilnahme an einer elektronischen Auktion der Zeitpunkt des Beginns und des Abschlusses einer jeden Phase ebenso anzugeben wie ggf. die Zeit, die jeweils nach Eingang der letzten neuen Preise oder Werte nach § 25 Abs. 2 S. 2 Nr. 1 und Nr. 2 VgV vergangen sein muss, bevor eine Phase einer elektronischen Auktion abgeschlossen ist. Diese Regelung beruht auf Art. 35 Abs. 8 UA 2 RL 2014/24/EU, wonach dann, wenn die öffentlichen Auftraggeber beabsichtigen, die elektronische Auktion gemäß Art. 35 Abs. 8 UA 1 lit. c) RL 2014/24/EU – ggf. kombiniert mit dem Verfahren nach Art. 35 Abs. 8 UA 1 lit. b) RL 2014/24/EU – abzuschließen, in der Aufforderung zur Teilnahme an der Auktion der Zeitplan für jede Auktionsphase angegeben wird. In der Verordnungsbegründung führt der Verordnungsgeber nun aus, dass § 26 Abs. 6 VgV in Übereinstimmung mit Art. 35 Abs. 8 RL 2014/24/EU klarstellt, dass die

---

[16] Ebenso zum alten Recht *Schröder* NZBau 2010, 411, 415.
[17] Vgl. zum alten Recht *Schröder* NZBau 2010, 411, 415.

dort genannten Zeitpunkte beziehungsweise Zeiträume den Bietern zuvor bekanntgemacht werden müssen. Gleichwohl widersprechen sich § 26 Abs. 6 VgV und Art. 35 Abs. 8 UA 2 RL 2014/24/EU, denn die nationale Regelung formuliert, zumindest in ihrer ersten Variante, eine unbedingte Verpflichtung zur Angabe der genannten Informationen, wohingegen die europäische Regelung die Verpflichtung zur Angabe der Informationen an die Bedingung knüpft, dass sich der öffentliche Auftraggeber für eine bestimmte Beendigungsmodalität der elektronischen Auktion entscheidet.

Wie in der Kommentierung zu § 26 Abs. 7 VgV noch ausgeführt werden wird, hat der **30** öffentliche Auftraggeber ein Wahlrecht hinsichtlich der dort aufgeführten Beendigungsmöglichkeiten für die elektronische Auktion. Auf dieses Wahlrecht stellt auch Art. 35 Abs. 8 UA 2 RL 2014/24/EU ab, indem er bestimmt, dass die dort genannte Informationspflicht nur dann besteht, wenn der öffentliche Auftraggeber sich für eine bestimmte Beendigungsmöglichkeit für die elektronische Auktion, ggf. zusammen mit einer weiteren, entschieden hat. Auch die in § 26 Abs. 6 VgV genannten Informationen stehen in Zusammenhang mit den in § 26 Abs. 7 VgV genannten Beendigungsgründen für die elektronische Auktion. Der in § 26 Abs. 6 VgV erwähnte Zeitpunkt des Beginns und des Abschlusses einer jeden Phase der elektronischen Auktion betrifft § 26 Abs. 7 Nr. 3 VgV, wonach eine elektronische Auktion abgeschlossen wird, wenn die letzte Phase einer elektronischen Auktion abgeschlossen ist. Nach dem entsprechenden Beendigungstatbestand der Richtlinie, Art. 35 Abs. 8 UA 1 lit. c) RL 2014/24/EU, schließen die öffentlichen Auftraggeber die elektronische Auktion ab, wenn die zuvor angegebene Zahl von Auktionsphasen erfüllt ist. Die in § 26 Abs. 6 VgV genannte Zeit, die jeweils nach Eingang der letzten neuen Preise oder Werte nach § 25 Abs. 2 Nr. 1 und 2 VgV vergangen sein muss, bevor eine Phase einer elektronischen Auktion abgeschlossen wird, betrifft § 26 Abs. 7 Nr. 2 VgV, wonach eine elektronische Auktion abgeschlossen wird, wenn von den Bietern keine neuen Preise oder Werte nach § 25 Abs. 2 Nr. 1 und 2 VgV mitgeteilt werden, die die Anforderungen an Mindestabstände nach § 26 Abs. 2 Nr. 6 VgV erfüllen, und die vor Beginn einer elektronischen Auktion bekannt gemachte Zeit, die zwischen dem Eingang der letzten neuen Preise oder Werte und dem Abschluss der elektronischen Auktion vergangen sein muss, abgelaufen ist. Entscheidet sich aber nun der öffentliche Auftraggeber, die elektronische Auktion ausschließlich zu einem vorher festgelegten Zeitpunkt zu beenden, so ist nur der in § 26 Abs. 7 Nr. 1 VgV benannte Beendigungsgrund für die elektronische Auktion betroffen und keiner der in § 26 Abs. 6 VgV erwähnten Sachverhalte, die sich beide auf § 26 Abs. 7 Nr. 2 und 3 VgV beziehen. In diesem Fall erscheint die Verpflichtung des öffentlichen Auftraggebers zur Mitteilung der in § 26 Abs. 6 VgV genannten Informationen nicht geboten.

Darüber hinaus enthält § 26 Abs. 6 VgV selbst eine Einschränkung, denn die Zeit, die **31** jeweils nach Eingang der letzten neuen Preise oder Werte nach § 25 Abs. 2 Nr. 1 und 2 VgV vergangen sein muss, bevor eine Phase einer elektronischen Auktion abgeschlossen wird, ist lediglich „gegebenenfalls" in der Aufforderung zur Teilnahme an einer elektronischen Auktion anzugeben. Diese Einschränkung macht nur dann Sinn, wenn man sie zusammen mit § 26 Abs. 7 Nr. 2 VgV unter Berücksichtigung der Formulierung des Art. 35 Abs. 8 RL 2014/24/EU liest. Folglich muss diese Information nach § 26 Abs. 6 VgV nur dann in der Aufforderung angegeben werden, wenn sich der öffentliche Auftraggeber entscheidet, die elektronische Auktion nach § 26 Abs. 7 Nr. 2 VgV zu beenden. Hinsichtlich der verbleibenden Frage, ob nach § 26 Abs. 6 VgV der Zeitpunkt des Beginns und des Abschlusses einer jeden Phasen der elektronischen Auktion stets in der Aufforderung zur Teilnahme an einer elektronischen Auktion anzugeben ist, ist ebenfalls auf das Wahlrecht nach § 26 Abs. 7 VgV und die Regelungen in Art. 35 Abs. 8 UA 2 RL 2014/24/EU abzustellen. Entscheidet sich der öffentliche Auftraggeber, die elektronische Auktion abzuschließen, wenn die letzte Phase einer elektronischen Auktion abgeschlossen ist, § 26 Abs. 7 Nr. 3 VgV, so hat er nach § 26 Abs. 6 VgV den Zeitpunkt des Beginns und des Abschlusses einer jeden Phase in der Aufforderung anzugeben. Kombiniert der öffentliche

Auftraggeber die Beendigungstatbestände von § 26 Abs. 7 Nr. 2 und 3 VgV, dann greift die komplette Mitteilungspflicht nach § 26 Abs. 6 VgV.

4. Der Abschluss der elektronischen Auktion, § 26 Abs. 7 VgV

32   Für den Abschluss der elektronischen Auktion sieht § 26 Abs. 7 VgV drei Varianten vor. Nach Variante 1 wird die elektronische Auktion abgeschlossen, wenn der zuvor festgelegte und in der Aufforderung zur Teilnahme an einer elektronischen Auktion bekanntgemachte Zeitpunkt erreicht ist; nach Variante 2, wenn von den Bietern keine neuen Preise oder Werte nach § 25 Abs. 2 S. 2 Nr. 1 und 2 VgV mitgeteilt werden, die die Anforderungen an Mindestabstände nach § 26 Abs. 2 Nr. 6 VgV erfüllen, und die vor Beginn einer elektronischen Auktion bekanntgemachte Zeit, die zwischen dem Eingang der letzten neuen Preise oder Werte und dem Abschluss der elektronischen Auktion vergangen sein muss, abgelaufen ist; nach Variante 3, wenn die letzte Phase einer elektronischen Auktion abgeschlossen ist. Die Vorschrift geht auf Art. 35 Abs. 8 UA 1 RL 2014/24/EU zurück.

33   Die Auflistung in § 26 Abs. 7 VgV beschreibt verschiedene Beendigungsmodalitäten, aus denen der öffentliche Auftraggeber wählen kann. Dies legt schon der Eingangssatz des Art. 35 Abs. 8 UA 1 RL 2014/24/EU, der § 26 Abs. 7 VgV zugrunde liegt, nahe: *„Die öffentlichen Auftraggeber schließen die elektronische Auktion nach einer oder mehreren der folgenden Vorgehensweisen ab:“*. Deutlicher ist Art. 35 Abs. 8 UA 2 RL 2014/24/EU: *„Wenn die öffentlichen Auftraggeber beabsichtigen, die elektronische Auktion gemäß Buchstabe c des Unterabsatzes 1 – gegebenenfalls kombiniert mit dem Verfahren nach dessen Buchstabe b – abzuschließen, wird in der Aufforderung zur Teilnahme an der Auktion der Zeitplan für jede Auktionsphase angegeben.“*. Hier ist von einer Absicht der öffentlichen Auftraggeber die Rede, die elektronische Auktion in einer bestimmten Weise abzuschließen, was ebenfalls dafür spricht, dass der öffentliche Auftraggeber selbst entscheiden darf, welche der drei Varianten er im Einzelfall heranzieht, um die elektronische Auktion abzuschließen. Dass es dem öffentlichen Auftraggeber freigestellt sein muss zu entscheiden, mit welchen Varianten des § 26 Abs. 7 VgV er die elektronische Auktion abschließt, ergibt sich auch aus dem Verhältnis von § 26 Abs. 7 Nr. 1 und Nr. 3 VgV. Denn es erscheint widersprüchlich einerseits zwei Varianten vorzugeben, wonach die elektronische Auktion endet, also entweder nach einem im Vorfeld bestimmten Endtermin oder nach Abschluss der letzten Phase einer elektronischen Auktion, und gleichzeitig andererseits zu bestimmen, dass mit dem Eintritt einer dieser beiden Alternativen die elektronische Auktion zu beenden ist. Gesetzt den Fall nämlich, dass der im Vorfeld bestimmte Endtermin erreicht wird, die letzte Phase einer elektronischen Auktion jedoch noch nicht abgeschlossen, so müsste sofort das komplette Verfahren abgebrochen werden, was schwerlich von den Regelungen gewollt sein kann. Dem öffentlichen Auftraggeber steht also ein Wahlrecht zu, welche der Varianten in § 26 Abs. 7 VgV er für den Abschluss der elektronischen Auktion heranziehen möchte.[18]

III. Die Zuschlagsmitteilung, § 26 Abs. 8 VgV

34   Nach § 26 Abs. 8 VgV wird der Zuschlag nach Abschluss einer elektronischen Auktion entsprechend ihrem Ergebnis mitgeteilt. Diese Regelung geht zurück auf Art. 35 Abs. 9 RL 2014/24/EU, wonach der öffentliche Auftraggeber nach Abschluss der elektronischen Auktion den Auftrag gemäß Art. 67 RL 2014/24/EU entsprechend den Ergebnissen der elektronischen Auktion vergibt. Art. 67 RL 2014/24/EU entspricht § 58 VgV, beide Vorschriften enthalten die Details zu den Zuschlagskriterien.

35   Der Inhalt des § 26 Abs. 8 VgV ist leicht misszuverstehen. So wird die Ansicht vertreten, aus § 26 Abs. 8 VgV folge eine Art Automatismus, wonach sogleich nach dem Abschluss

---

[18] AA offenbar *Kus* in KKMPP, Kommentar zur VgV, 2017, § 26 Rn. 9 ff., obwohl auf die Problematik des Wahlrechts des öffentlichen Auftraggebers nicht explizit eingegangen wird.

der elektronischen Auktion das Zuschlagsergebnis feststehe und sofort den Bietern gem. § 134 Abs. 1 S. 1 GWB mitgeteilt werden müsse, ohne dass der öffentliche Auftraggeber noch die Möglichkeit hätte, irgendwie in das Vergabeverfahren einzugreifen, beispielsweise im Rahmen einer Überprüfung unangemessen niedriger Preise.[19] Hierdurch würde der Anwendungsbereich der elektronischen Auktion erheblich eingeschränkt, weil eine elektronische Auktion immer dann nicht möglich sei, wenn der öffentliche Auftraggeber im Rahmen eines Vergabeverfahrens nach Abschluss einer elektronischen Auktion noch etwaige Bewertungsnotwendigkeiten des Ergebnisses und ggf. eine Abänderungsmöglichkeit sieht.[20] Andererseits wird, unter Hinweis auf § 58 VgV und der aus ihm folgenden Pflicht, den Zuschlag stets auf das wirtschaftlichste Angebot zu erteilen, die Ansicht vertreten, dass dann, wenn neben dem Ergebnis der elektronischen Auktion weitere, nicht der automatischen Bewertungsmethode zugängliche Angebotskomponenten anfallen, diese entsprechend der Gewichtung der auf sie zutreffenden Zuschlagkriterien mit in die Bewertung einfließen müssten.[21] Beide Ansichten sind abzulehnen.

Wie bereits zu Beginn der Kommentierung zu § 25 VgV ausgeführt, handelt es sich bei **36** der elektronischen Auktion nicht um ein eigenständiges Vergabeverfahren, sondern um ein Instrument, dessen sich öffentliche Auftraggeber zur effizienteren Durchführung der Angebotswertungen bedienen können. Nur soweit die elektronische Auktion betroffen ist, modifizieren §§ 25 f. VgV die allgemeinen vergaberechtlichen Regelungen. Aber auch in diesen Fällen gilt es bei der Auslegung der betroffenen Vorschriften zu berücksichtigen, dass die elektronische Auktion ein Instrument innerhalb eines Vergabeverfahrens ist, dass sie ihren Platz auf der vierten Wertungsstufe – der Stufe der Angebotswertung – hat und dass im Übrigen diejenigen Bestimmungen einschlägig sind, die auch dann anzuwenden wären, läge im konkreten Fall keine elektronische Auktion vor. Deshalb kann grundsätzlich auch nach Abschluss der elektronischen Auktion eine Eignungsprüfung durchgeführt werden.[22] Auch ist es möglich, nach Abschluss der elektronischen Auktion eine Prüfung von Niedrigpreisangeboten nach § 60 VgV durchzuführen[23] sowie zwingende und fakultative Ausschlussgründe gem. §§ 123, 124 GWB zu prüfen.[24] Der Ansicht, nach Abschluss einer elektronischen Auktion seien dem öffentlichen Auftraggeber die vergaberechtlichen Hände gebunden und er müsse nunmehr sehenden Auges eine Zuschlagsmitteilung nach § 134 Abs. 1 S. 1 GWB samt nachfolgender Zuschlagserteilung durchführen, ohne selbst noch irgendwie in das Vergabeverfahren eingreifen zu können, ist deshalb nicht zu folgen.

Andererseits folgt aus der Geltung der allgemeinen vergaberechtlichen Regelungen au- **37** ßerhalb der elektronischen Auktion nicht, dass neben der elektronischen Auktion noch andere Möglichkeiten der Angebotswertung bestünden, die nicht unter den Anwendungsbereich der elektronischen Auktion fallen. Denn eine elektronische Auktion kann nur dann in einem Vergabeverfahren eingesetzt werden, wenn sämtliche zu wertenden Angebotskomponenten einer automatischen und mathematischen Quantifizierung unterworfen werden können, mithin stets sämtliche Zuschlagkriterien der automatischen Bewertungsmethode der elektronischen Auktion zugänglich sein müssen. Es ist somit nicht möglich, für einen Teil der Angebotskomponenten – den automatisierbaren und mathematisch quantifizierbaren Teil – eine elektronische Auktion durchzuführen, und für einen anderen Teil der Angebotskomponenten – den nicht automatisierbaren und qualifizierbaren Teil – eine manuelle Angebotswertung durch Mitarbeiter der Vergabestelle.

§ 26 Abs. 8 VgV ist deshalb in dem Sinne zu verstehen, dass durch die elektronische **38** Auktion die vierte Wertungsstufe, die Angebotswertung, abgeschlossen wird und der öffentliche Auftraggeber das Ergebnis seiner Zuschlagsentscheidung zugrunde legen soll,

[19] *Kus* in KKMPP, Kommentar zur VgV, 2017, § 25 Rn. 34.
[20] *Kus* in KKMPP, Kommentar zur VgV, 2017, § 25 Rn. 35.
[21] *Ley/Wankmüller* Das neue Vergaberecht 2016, S. 337.
[22] Vgl. hierzu die Ausführungen zu § 25 VgV.
[23] So ebenfalls, allerdings zum alten Recht *Schröder* NZBau 2010, 411, 416.
[24] Vgl. hierzu die Ausführungen in der Kommentierung zu § 25 VgV.

ohne selbst noch manuell auf die Angebotswertung einzuwirken. Dementsprechend darf in den Fällen, in denen eine elektronische Auktion im Rahmen eines Verhandlungsverfahrens durchgeführt wurde, nach Abschluss der elektronischen Auktion nicht nochmals über die Angebote verhandelt werden.[25] Die Erteilung des Zuschlags ist jedenfalls von der elektronischen Auktion zu trennen und sie erfolgt auch nicht automatisiert.[26] Damit wird der Charakter der elektronischen Auktion als eines Instruments zur vollelektronischen Durchführung der Angebotswertung bestätigt. Keinesfalls ist damit gemeint, dass der öffentliche Auftraggeber sich der elektronischen Auktion im Übrigen zu unterwerfen hat und vergaberechtliche Bestimmungen, die mit der Angebotswertung in keinem Zusammenhang stehen, keine Gültigkeit mehr haben.

---

[25] Ebenso, allerdings zum alten Recht *Schröder* NZBau 2010, 411, 416.
[26] So zum alten Recht *Schröder* NZBau 2010, 411, 416.

§ 27 Elektronische Kataloge

(1) Der öffentliche Auftraggeber kann festlegen, dass Angebote in Form eines elektronischen Kataloges einzureichen sind oder einen elektronischen Katalog beinhalten müssen. Angeboten, die in Form eines elektronischen Kataloges eingereicht werden, können weitere Unterlagen beigefügt werden.

(2) Akzeptiert der öffentliche Auftraggeber Angebote in Form eines elektronischen Kataloges oder schreibt der öffentliche Auftraggeber vor, dass Angebote in Form eines elektronischen Kataloges einzureichen sind, so weist er in der Auftragsbekanntmachung oder in der Aufforderung zur Interessensbestätigung darauf hin.

(3) Schließt der öffentliche Auftraggeber mit einem oder mehreren Unternehmen eine Rahmenvereinbarung im Anschluss an die Einreichung der Angebote in Form eines elektronischen Kataloges, kann er vorschreiben, dass ein erneutes Vergabeverfahren für Einzelaufträge auf der Grundlage aktualisierter elektronischer Kataloge erfolgt, indem er

1. die Bieter auffordert, ihre elektronischen Kataloge an die Anforderungen des zu vergebenden Einzelauftrages anzupassen und erneut einzureichen, oder
2. die Bieter informiert, dass sie den bereits eingereichten elektronischen Katalogen zu einem bestimmten Zeitpunkt die Daten entnehmen, die erforderlich sind, um Angebote zu erstellen, die den Anforderungen des zu vergebenden Einzelauftrages entsprechen; dieses Verfahren ist in der Auftragsbekanntmachung oder den Vergabeunterlagen für den Abschluss einer Rahmenvereinbarung anzukündigen; der Bieter kann diese Methode der Datenerhebung ablehnen.

(4) Hat der öffentliche Auftraggeber gemäß Absatz 3 Nummer 2 bereits eingereichten elektronischen Katalogen selbstständig Daten zur Angebotserstellung entnommen, legt er jedem Bieter die gesammelten Daten vor der Erteilung des Zuschlags vor, sodass dieser die Möglichkeit zum Einspruch oder zur Bestätigung hat, dass das Angebot keine materiellen Fehler enthält.

Übersicht

	Rn.		Rn.
A. Einführung	1	5. Bekanntmachung bei elektronischen Katalogen, § 27 Abs. 2 VgV	13
I. Literatur	1	6. Keine allgemeinen Produktkataloge der Bieter	15
II. Entstehungsgeschichte	2	II. Elektronische Kataloge bei Rahmenvereinbarungen, § 27 Abs. 3 und Abs. 4 VgV	16
III. Rechtliche Vorgaben im EU-Recht	3	1. Allgemeines	16
B. Kommentierung	4	2. Die Vergabe von Einzelaufträgen nach § 27 Abs. 3 Nr. 1 VgV	17
I. Grundsätzliches zu elektronischen Katalogen, § 27 Abs. 1 und 2 VgV	4	3. Die Vergabe von Einzelaufträgen nach § 27 Abs. 3 Nr. 2 und Abs. 4 VgV	18
1. Festlegung elektronischer Kataloge, § 27 Abs. 1 S. 1 VgV	4	4. Keine Beschränkung elektronischer Kataloge bei Rahmenverträgen	22
2. Vorgabe des Formats und weiterer Spezifikationen	7	III. Elektronische Kataloge und dynamische Beschaffungssysteme	23
3. Beifügung weiterer Unterlagen, § 27 Abs. 1 S. 2 VgV	9		
4. Zwingende und fakultative elektronische Kataloge, § 27 Abs. 2 VgV	11		

A. Einführung

I. Literatur

Burgi/Dreher, Beck'scher Vergaberechtskommentar, GWB 4. Teil, 3. Aufl. 2017.

II. Entstehungsgeschichte

2   Das Beschaffungsinstrument der elektronischen Kataloge ist ein Novum im aktuellen Vergaberecht und hat keinerlei rechtlichen Vorgänger. In der Richtlinie 2004/18/EG des Europäischen Parlaments und des Rates über die Koordinierung der Verfahren zur Vergabe öffentlicher Bauaufträge, Lieferaufträge und Dienstleistungsaufträge vom 31. März 2004 (VKR) finden sich keine Regelungen hierzu, lediglich in Erwägungsgrund 12 VKR wird der Begriff des „elektronischen Katalogs" im Zusammenhang mit neuen Techniken der „Online-Beschaffung" als eine mögliche Form erwähnt, in der Bieter ihr Angebot einreichen können.[1] Erstmalig ausdifferenzierte Regelungen zum Instrument der elektronischen Kataloge finden sich in dem Vorschlag für eine Richtlinie des Europäischen Parlaments und des Rates über die öffentliche Auftragsvergabe der Europäischen Kommission vom 20.12.2011, Kom(2011)896, der die Grundlage für die aktuellen Vergaberichtlinien bildet. Art. 34 Kom(2011)896 enthält umfassende Regelungen zu elektronischen Katalogen, in den Einzelerläuterungen zu Kom(2011)896, unter der Überschrift *„Vereinfachung und Flexibilisierung der Vergabeverfahren"*, werden die elektronischen Kataloge in dem Abschnitt *„Förderung der elektronischen Auftragsvergabe"* als eines von mehreren vollelektronischen Beschaffungsinstrumenten genannt, und in Erwägungsgrund 23 Kom(2011)896[2] werden grundsätzliche Aussagen zu neuen elektronischen Beschaffungsmethoden getroffen und konkret auf das Instrument der elektronischen Kataloge übertragen. Konsequenterweise erwähnt auch die Mitteilung der Kommission an das Europäische Parlament, den Rat, den Europäischen Wirtschafts- und Sozialausschuss und den Ausschuss der Regionen – Eine Strategie für die e-Vergabe – vom 20.4.2012, Com(2012)179, elektronische Kataloge, die dort mit „e-Kataloge" abgekürzt werden, in dem Kapitel *„Schaffung eines effektiven Rechtsrahmens"*. Die aktuelle Vergaberichtlinie hat die elektronischen Kataloge schließlich in Art. 36 RL 2014/24/EU ausführlich geregelt, wobei die Vorschriften nahezu wortgleich Art. 34 Kom(2011)896 entsprechen. Die Begründung hierzu findet sich in Erwägungsgrund 68 RL 2014/24/EU, dessen Beginn zwar auf Erwägungsgrund 12 VKR und Erwägungsgrund 23 Kom(2011)896 zurückgeht, der insgesamt jedoch wesentlich umfangreicher als seine Vorläufererwägungen ist. Art. 36 RL 2014/24/EU ist die europarechtliche Grundlage für § 27 VgV.

III. Rechtliche Vorgaben im EU-Recht

3   Die Kernvorschrift zu den elektronischen Katalogen im EU-Recht ist Art. 36 RL 2014/24/EU. Die dazu gehörige Richtlinienbegründung des Richtliniengebers ist in Erwägungsgrund 68 RL 2014/24/EU enthalten, der zur Auslegung der Regelungen herangezogen werden kann.

---

[1] Erwägungsgrund 12 VKR hat in modifizierter Form Eingang in Erwägungsgrund 68 RL 2014/24/EU gefunden, wie sich aus seinem nachfolgend zitierten Wortlaut ersehen lässt: *„Es werden fortlaufend bestimmte neue Techniken der Online-Beschaffung entwickelt. Diese Techniken ermöglichen es, den Wettbewerb auszuweiten und die Effizienz des öffentlichen Beschaffungswesens insbesondere durch eine Verringerung des Zeitaufwands und die durch die Verwendung derartiger neuer Techniken erzielten Einsparungseffekte zu verbessern. Die öffentlichen Auftraggeber können Techniken der Online-Beschaffung einsetzen, solange bei ihrer Verwendung die Vorschriften dieser Richtlinie und die Grundsätze der Gleichbehandlung, der Nichtdiskriminierung und der Transparenz eingehalten werden. Insofern können Bieter insbesondere in den Fällen, in denen im Zuge der Durchführung einer Rahmenvereinbarung ein erneuter Aufruf zum Wettbewerb erfolgt oder ein dynamisches Beschaffungssystem zum Einsatz kommt, ihr Angebot in Form ihres elektronischen Katalogs einreichen, sofern sie die vom öffentlichen Auftraggeber gewählten Kommunikationsmittel gemäß Artikel 42 verwenden."*

[2] Erwägungsgrund 23 Kom(2011)896 stellt ebenfalls eine modifizierte Version von Erwägungsgrund 12 VKR dar.

B. Kommentierung

I. Grundsätzliches zu elektronischen Katalogen, § 27 Abs. 1 und 2 VgV

1. Festlegung elektronischer Kataloge, § 27 Abs. 1 S. 1 VgV

Kartellvergaberechtlicher Anknüpfungspunkt für die elektronischen Kataloge ist § 120 **4** Abs. 3 GWB, der einen elektronischen Katalog als ein auf der Grundlage der Leistungsbeschreibung erstelltes Verzeichnis der zu beschaffenden Liefer-, Bau- und Dienstleistungen in einem elektronischen Format definiert und wonach der elektronische Katalog insbesondere beim Abschluss von Rahmenvereinbarungen eingesetzt werden und Abbildungen, Preisinformationen und Produktbeschreibungen umfassen kann. Dem folgend erlaubt § 27 Abs. 1 S. 1 VgV den öffentlichen Auftraggebern festzulegen, dass Angebote in Form eines elektronischen Kataloges einzureichen sind oder einen elektronischen Katalog beinhalten müssen. Der dieser Vorschrift zugrunde liegende Art. 36 Abs. 1 UA 1 RL 2014/24/EU verdeutlicht den Bezug elektronischer Kataloge zu den nunmehr in Vergabeverfahren grundsätzlich verpflichtend zu verwendenden elektronischen Mitteln, §§ 9 ff VgV, indem er bestimmt, dass in den Fällen, in denen der Rückgriff auf elektronische Kommunikationsmittel vorgeschrieben ist, die öffentlichen Auftraggeber festlegen können, dass die Angebote in Form eines elektronischen Katalogs übermittelt werden oder einen elektronischen Katalog beinhalten müssen. Öffentliche Auftraggeber sind demnach frei in ihrer Entscheidung, ob sie für die Angebote festlegen wollen, dass diese in Form eines elektronischen Katalogs einzureichen sind oder einen elektronischen Katalog beinhalten müssen. Insbesondere weil die elektronischen Kataloge vor allem durch eine Zeit- und Geldersparnis zur Stärkung des Wettbewerbs und zur Rationalisierung der öffentlichen Beschaffung beitragen,[3] müssen öffentliche Auftraggeber ihre Entscheidung für die Vorgabe elektronischer Kataloge nicht begründen oder gar die Ausübung einer Ermessensentscheidung dokumentieren.

Elektronische Kataloge stellen damit eine spezielle Form elektronischer Angebote oder **5** elektronischer Angebotsteile dar, die, wie grundsätzlich jedes Angebot im Vergabeverfahren, auf einer dazugehörigen Leistungsbeschreibung gründen. Aus der Formulierung des § 120 Abs. 3 S. 1 GWB folgt darüber hinaus, dass sich elektronische Kataloge inhaltlich auf die zu beschaffende Liefer-, Bau- oder Dienstleistung, wie sie sich aus der jeweiligen Leistungsbeschreibung ergibt, beschränken. Denn elektronische Kataloge sind Verzeichnisse in einem elektronischen Format über die zu beschaffende Liefer-, Bau- oder Dienstleistung, die auf Grundlage der jeweiligen Leistungsbeschreibung erstellt werden. Andere Bestandteile eines Angebots, etwa Erklärungen oder einzureichende Unterlagen im Zusammenhang mit der Eignung, können mithin nicht Inhalt elektronischer Kataloge sein, weil es sich dabei nicht um Informationen der zu beschaffenden Leistung handelt.

Eine andere Frage ist, ob öffentliche Auftraggeber den inhaltlichen Umfang elektroni- **6** scher Kataloge weiter beschränken können, so dass nur Teile der zu beschaffenden Liefer-, Bau- und Dienstleistungen in ihnen enthalten sein können. Eindeutige Hinweise lassen sich hierzu aus den Richtlinien- und Gesetzesmaterialien nicht entnehmen. Auch aus den relevanten Normen lässt sich keine eindeutige Antwort ableiten. Zwar sprechen sowohl Art. 36 Abs. 1 UA 1 RL 2014/24/EU als auch § 27 Abs. 1 S. 1 VgV davon, dass der öffentliche Auftraggeber festlegen kann, dass Angebote in Form eines elektronischen Katalogs einzureichen sind oder einen elektronischen Katalog beinhalten müssen. Aus der zweiten Alternative folgt jedoch nicht zwingend die inhaltliche Beschränkbarkeit elektronischer Kataloge, denn diese beschränken sich ohnehin auf die zu beschaffende Liefer-, Bau- oder Dienstleistung, wie sie sich aus der jeweiligen Leistungsbeschreibung ergibt, so

---

[3] RL 2014/24/EU, Erwägungsgrund 68 Abs. 1.

dass Angebote auch dann elektronische Kataloge im Sinne dieser zweiten Alternative beinhalten, wenn daneben andere Unterlagen und Erklärungen, bspw. zur Eignung, einzureichen sind. Jedoch ist hier vom Sinn und Zweck der elektronischen Kataloge auszugehen,
nämlich Zeit- und Geldersparnis zur Stärkung des Wettbewerbs sowie Rationalisierungen
der öffentlichen Beschaffung zu fördern.[4] Kommt also ein öffentlicher Auftraggeber zu
dem Ergebnis, dass nur ein Teil der zu beschaffenden Liefer-, Bau- oder Dienstleistung,
wie sie sich aus der jeweiligen Leistungsbeschreibung ergibt, sinnvollerweise zum Gegenstand eines elektronischen Kataloges gemacht werden kann, weil sich der andere Teil dazu
nicht eignet, ein unbeschränkter elektronischer Katalog zu vermeidbarem Mehraufwand
führen würde oder ganz allgemein Sinn und Zweck elektronischer Kataloge konterkariert
würden, so darf er den elektronischen Katalog auf diesen Teil der Leistung beschränken. In
diesem Fall muss der öffentliche Auftraggeber aufgrund § 27 Abs. 2 VgV auf die inhaltliche
Beschränkung in der Auftragsbekanntmachung oder in der Aufforderung zur Interessensbestätigung hinweisen.

2. Vorgabe des Formats und weiterer Spezifikationen

7   § 27 VgV enthält keine Regelung darüber, ob öffentliche Auftraggeber das Format und
weitere Spezifikationen des elektronischen Katalogs vorgeben können. Dies mag verwun-
dern, da ein elektronischer Katalog definitionsgemäß ein Verzeichnis der zu beschaffenden
Liefer-, Bau- und Dienstleistungen in einem elektronischen Format ist, § 120 Abs. 3 S. 1
GWB. Die Angabe, welches elektronische Format im Einzelfall zu verwenden ist – beispielsweise eine Exceltabelle oder ein Worddokument – und welche weiteren Spezifikationen zu beachten sind, erscheint deshalb geradezu zwingend. Und in der Tat schreibt
Art. 36 RL 2014/24/EU an mehreren Stellen vor, dass öffentliche Auftraggeber bestimmte
Anforderungen im Zusammenhang mit elektronischen Katalogen mitteilen können bzw.
müssen. So erstellen nach Art. 36 Abs. 2 UA 1 RL 2014/24/EU Bewerber oder Bieter
elektronische Kataloge, um an einer bestimmten Auftragsvergabe gemäß den vom öffentlichen Auftraggeber festgelegten technischen Spezifikationen und dem von ihm vorgeschriebenen Format teilzunehmen. Nach Art. 36 Abs. 2 UA 2 RL 2014/24/EU müssen
elektronische Kataloge den Anforderungen für elektronische Kommunikationsmittel sowie
etwaigen zusätzlichen vom öffentlichen Auftraggeber gemäß Art. 22 RL 2014/24/EU
festgelegten Bestimmungen genügen. Art. 36 Abs. 3 lit. b) RL 2014/24/EU schließlich
bestimmt, dass in den Fällen, in denen die Vorlage von Angeboten in Form elektronischer
Kataloge akzeptiert oder vorgeschrieben wird, die öffentlichen Auftraggeber in den Auftragsunterlagen alle erforderlichen Informationen gemäß Art. 22 Abs. 6 RL 2014/24/EU
betreffend das Format, die verwendete elektronische Ausrüstung und die technischen Vorkehrungen der Verbindung und die Spezifikation für den Katalog nennen. Gleichwohl hat
keine dieser Regelungen ihren Niederschlag in § 27 VgV gefunden. Dies mag daran liegen, dass hauptsächlich auf Art. 22 RL 2014/24/EU verwiesen wird, der größtenteils
durch §§ 9 ff. und 53 VgV umgesetzt wurde.[5] Insbesondere Art. 22 Abs. 6 RL 2014/24/
EU, auf den Art. 36 Abs. 3 lit. b) RL 2014/24/EU verweist, wurde hinsichtlich UA 1 lit.
a) durch § 11 Abs. 3 VgV und im Übrigen durch § 53 Abs. 3 VgV umgesetzt.[6] Art. 36
Abs. 2 UA 1 RL 2014/24/EU hingegen hat keine Entsprechung im deutschen Recht.

8   Aus den deutschen Umsetzungsnormen zu Art. 22 RL 2014/24/EU die Möglichkeit
bzw. die Pflicht für öffentliche Auftraggeber abzuleiten, Format und weitere Spezifikationen elektronischer Kataloge vorzugeben, gestaltet sich als problematisch. Die Regelungen
in §§ 9 ff. VgV betreffen im Grundsatz die elektronische Kommunikation, nicht Inhalt
dessen, was elektronisch kommuniziert werden muss und enthalten insbesondere keine
Regelungen zu Format und weiteren Spezifikationen von Angeboten. Vorschriften zu

---

[4] RL 2014/24/EU, Erwägungsgrund 68 Abs. 1.
[5] Vgl. BT-Drucks. 18/7318, S. 152 ff. und S. 190.
[6] Vgl. BT-Drucks. 18/7318, S. 155 und S. 190.

Form und Übermittlung von Angeboten enthält jedoch § 53 VgV, wonach Angebote in Textform nach § 126b BGB mithilfe elektronischer Mittel nach § 10 VgV zu übermitteln sind, § 53 Abs. 1 VgV, andere als elektronische Mittel verwendet werden können, § 53 Abs. 2 und 4 VgV, ggf. elektronische Signaturen und Siegel verlangt werden können, § 53 Abs. 3 VgV, und weitere Regelungen getroffen werden. Jedoch ergibt sich auch hieraus nicht die Möglichkeit bzw. die Pflicht öffentlicher Auftraggeber, Format und weitere Spezifikationen elektronischer Kataloge vorzugeben, obwohl diese einen Teil des Angebots darstellen. Damit verbleibt als letzte Möglichkeit, Format und weitere Spezifikationen elektronischer Kataloge vorzugeben, § 27 Abs. 1 S. 1 VgV. **Indem der öffentliche Auftraggeber festlegt, dass Angebote in Form eines elektronischen Kataloges einzureichen sind oder einen elektronischen Katalog beinhalten müssen, legt er auch fest, welches Format sowie ob und welche weiteren Spezifikationen der elektronische Katalog haben muss.** Allerdings ist der öffentliche Auftraggeber nicht vollkommen frei, vielmehr gelten auch hier – zumindest analog – die Vorgaben zur elektronischen Kommunikation, insbesondere § 11 Abs. 1 S. 1 und S. 2 VgV. Format und weitere Spezifikationen elektronischer Kataloge müssen somit allgemein verfügbar, nichtdiskriminierend und mit allgemein verbreiteten Geräten und Programmen der Informations- und Kommunikationstechnologie kompatibel sein, und dürfen den Zugang von Unternehmen zum Vergabeverfahren nicht einschränken. Diese Forderung wird schon in Erwägungsgrund 68 Absatz 4 RL 2014/24/EU formuliert: *„Im Einklang mit den Anforderungen der Vorschriften für elektronische Kommunikationsmittel sollten öffentliche Auftraggeber ungerechtfertigte Hindernisse für den Zugang von Wirtschaftsteilnehmern zu Vergabeverfahren vermeiden, bei denen die Angebote in Form elektronischer Kataloge einzureichen sind und die die Einhaltung der allgemeinen Grundsätze der Nichtdiskriminierung und Gleichbehandlung garantieren."*[7] Gibt also bspw. der öffentliche Auftraggeber elektronische Kataloge in Form von Exceltabellen oder Worddokumenten vor, dann dürfte dies den Anforderungen genügen, die Vorgabe völlig exotischer Dateiformate, die nicht durch die Art der zu vergebenden Leistung gerechtfertigt ist, hingegen nicht.

3. Beifügung weiterer Unterlagen, § 27 Abs. 1 S. 2 VgV

Werden Angebote in Form eines elektronischen Katalogs eingereicht, erlaubt § 27 **9** Abs. 1 S. 2 VgV die Beifügung weiterer Unterlagen. Wie Art. 36 Abs. 1 UA 3 RL 2014/24/EU präzisiert, handelt es sich hierbei um das Angebot ergänzende Unterlagen. Betrachtet man die programmatischen Ausführungen des Richtliniengebers in den Erwägungsgründen, in denen er darauf hinweist, dass ständig neue elektronische Beschaffungsmethoden entwickelt würden, wie etwa elektronische Kataloge, und diese ein Format zur Darstellung und Gestaltung von Informationen in einer Weise böten, die allen teilnehmenden Bietern gemeinsam sei und die sich für eine elektronische Bearbeitung anbiete,[8] so wird man die in § 27 Abs. 1 S. 2 VgV vorgesehene Möglichkeit, einem Angebot, das in Form eines elektronischen Kataloges eingereicht wurde, weitere Unterlagen beizufügen, eher restriktiv anwenden müssen. Denn maßgeblicher Vorteil elektronischer Kataloge ist die Darstellung der Angebotsinhalte in einer für alle Bieter gleichermaßen verbindlichen Form und durch Zeit- und Geldersparnis tragen sie zur Stärkung des Wettbewerbs und zur Rationalisierung der öffentlichen Beschaffung bei.[9] Diese Vorteile würden konterkariert, ließe man es zu, dass maßgebliche Angebotsinhalte nicht im elektronischen Katalog enthalten sein müssen, sondern in die beigefügten Unterlagen „ausgelagert" werden können.

Es ist somit zwischen **angebotsergänzenden und angebotsersetzenden Unterlagen** **10** zu unterscheiden. **Angebotsergänzende Unterlagen** sind vom Anwendungsbereich des

---

[7] Auch hieraus wird ersichtlich, dass elektronische Kataloge nicht unter die Definition der elektronischen Mittel gemäß der Vorschriften über die elektronische Kommunikation im Vergabeverfahren fallen.
[8] RL 2014/24/EU, Erwägungsgrund 68 Abs. 1.
[9] RL 2014/24/EU, Erwägungsgrund 68 Abs. 1.

§ 27 Abs. 1 S. 2 VgV umfasst und können Angeboten, die in Form eines elektronischen Kataloges eingereicht werden, beigefügt werden, wohingegen **angebotsersetzende Unterlagen** nicht mehr vom Anwendungsbereich des § 27 Abs. 1 S. 2 VgV umfasst sind und Angeboten, die in Form eines elektronischen Kataloges eingereicht werden, nicht beigefügt werden können. Um zu bestimmen, wann angebotsergänzende oder angebotsersetzende Unterlagen vorliegen, ist zunächst auf die Auftragsbekanntmachung bzw. die Aufforderung zur Interessensbestätigung abzustellen, in denen der öffentliche Auftraggeber darauf hinweisen muss, dass Angebote in Form eines elektronischen Katalogs einzureichen sind, vgl. § 27 Abs. 2 VgV.[10] Macht der öffentliche Auftraggeber darin keine weiteren Ausführungen, dann ist das komplette Leistungsspektrum, wie es sich aus der Leistungsbeschreibung ergibt, Gegenstand des elektronischen Katalogs.[11] Angebotsersetzend sind in diesem Fall grundsätzlich sämtliche Unterlagen, in denen Informationen und Ausführungen zum Leistungsspektrum, wie es sich aus der Leistungsbeschreibung ergibt, gemacht werden. Angebotsergänzend sind allerdings Erläuterungen, die im elektronischen Katalog nicht vorgesehen sind, die gleichwohl aber für die Angebotsabgabe erforderlich sein können. Beschränkt der öffentliche Auftraggeber den inhaltlichen Anwendungsbereich eines elektronischen Katalogs mit der Folge, dass nur ein Teil der Leistungen, wie sie sich aus der Leistungsbeschreibung ergeben, in der Form des elektronischen Katalogs angeboten werden muss, dann sind angebotsersetzende Unterlagen nur diejenigen Unterlagen, die Informationen und Ausführungen zu diesem Teil der Leistung enthalten, wobei auch hier Erläuterungen angebotsergänzenden Charakter haben. Ganz allgemein hilft es, sich stets zu vergegenwärtigen, dass der elektronische Katalog nichts anderes als ein elektronisches Leistungsverzeichnis ist, das auf Grundlage der Leistungsbeschreibung erstellt wird. Im Zweifel sollten deshalb Bieter darauf achten, so viel Informationen ihres Angebots wie möglich in den elektronischen Katalogen zu platzieren und die öffentlichen Auftraggeber täten gut daran, ihre Vorgaben zu den elektronischen Katalogen so zu gestalten, dass ein Höchstmaß an Informationen von den elektronischen Katalogen umfasst ist, um auf diese Weise bestmöglich von den Zeitersparnis-, Geldersparnis- und Rationalisierungseffekten profitieren zu können.

4. Zwingende und fakultative elektronische Kataloge, § 27 Abs. 2 VgV

11   § 27 Abs. 2 VgV formuliert zwei Alternativen, zum einen den Fall, dass der öffentliche Auftraggeber Angebote in Form eines elektronischen Angebots akzeptiert, zum anderen den Fall, dass der öffentliche Auftraggeber Angebote in Form eines elektronischen Angebots vorschreibt. Diese Unterscheidung hat ihre Entsprechung in Art. 36 Abs. 3 RL 2014/24/EU, der ebenfalls für die Bekanntmachung Vorgaben macht, wenn die Vorlage von Angeboten in Form elektronischer Kataloge akzeptiert oder vorgeschrieben wird. Die Alternativen haben unterschiedliche Bedeutungen: Während die erste Alternative den Fall meint, dass Angebote ausschließlich in der Form des elektronischen Katalogs eingereicht werden können, meint die zweite Alternative den Fall, dass zwar keine Verpflichtung hierzu besteht, Bieter gleichwohl elektronische Kataloge als Angebotsform wählen können. Damit sind bei der zweiten Alternative mehrere Angebotsformen möglich, von denen der elektronische Katalog eine ist. § 27 Abs. 2 Alt. 1 VgV regelt folglich **fakultative elektronische Kataloge,** wohingegen § 27 Abs. 2 Alt. 2 VgV **zwingende elektronische Kataloge** regelt.

12   Die Möglichkeit, neben einer anderen Angebotsform auch elektronische Kataloge einreichen zu können, verstößt nicht gegen das Gebot der Vergleichbarkeit der Angebote, wie es bspw. in § 121 Abs. 1 S. 1 GWB seinen Niederschlag gefunden hat. Dort wird gefordert, dass in der Leistungsbeschreibung der Auftragsgegenstand so eindeutig und erschöpfend wie möglich zu beschreiben ist, sodass die Beschreibung für alle Unterneh-

---

[10] Vgl. zu den Details zur Bekanntmachung die Ausführungen weiter unten.
[11] Vgl. hierzu die vorangegangenen Ausführungen.

men im gleichen Sinne verständlich ist und die Angebote miteinander verglichen werden können. Der hierin liegende Bestimmtheitsgrundsatz bezieht sich auf den Inhalt der Leistungsbeschreibung und die Vergleichbarkeit von Angeboten bezieht sich ebenfalls auf ihren Inhalt, da die Angebote auf Grundlage der Leistungsbeschreibung erstellt werden.[12] Elektronische Kataloge hingegen sind nur eine spezielle Form von Angeboten, nichtsdestotrotz werden auch sie auf Grundlage der Leistungsbeschreibung erstellt; nur eben als Verzeichnis in einem elektronischen Format. Ist die Leistungsbeschreibung mithin bestimmt genug gem. § 121 Abs. 1 S. 1 VgV, dann sind die hierzu erstellten Angebote unabhängig von ihrer Form vergleichbar; dies gilt auch für Vergabeverfahren, in denen sowohl Angebote mit einem fakultativen elektronischen Katalog als auch ohne diesen eingereicht werden.

5. Bekanntmachung bei elektronischen Katalogen, § 27 Abs. 2 VgV

Akzeptiert der öffentliche Auftraggeber Angebote in Form eines elektronischen Katalogs **13** oder schreibt er vor, dass Angebote in Form eines elektronischen Katalogs einzureichen sind, so hat er nach § 27 Abs. 2 VgV in der Auftragsbekanntmachung oder in der Aufforderung zur Interessensbestätigung darauf hinzuweisen. Dem liegt Art. 36 Abs. 3 lit a) RL 2014/24/EU zugrunde, der zusätzlich noch den Hinweis enthält, dass bei Aufforderung zur Interessensbestätigung die Vorinformation als Aufruf zum Wettbewerb dienen muss. Für die **Auftragsbekanntmachung** ist das Muster gemäß Anhang II der DVO (EU) 2015/1986 zu verwenden, vgl. § 37 Abs. 2 VgV. Dieses sieht in Feld II.2.12) – Angaben zu elektronischen Katalogen – ein Ankreuzfeld mit folgendem Inhalt vor: *„Angebote sind in Form von elektronischen Katalogen einzureichen oder müssen einen elektronischen Katalog enthalten."* Diese Formulierung betrifft nur den Fall der zwingenden elektronischen Kataloge, nicht erfasst hingegen ist der ebenso zulässige Fall der fakultativen elektronischen Kataloge. Hierzu muss sich der öffentliche Auftraggeber des Feldes II.2.14) – zusätzliche Angaben – bedienen und darauf hinweisen, dass die fakultative Möglichkeit besteht, das Angebot in Form eines elektronischen Kataloges einzureichen. Will der öffentliche Auftraggeber die Verpflichtung zur Einreichung elektronischer Kataloge auf einen Teil der zu beschaffenden Leistung beschränken, dann muss er dies ebenfalls in das Feld II.2.14) schreiben. Dasselbe gilt für Vorgaben zu Format und weiteren Spezifikationen des elektronischen Katalogs.

Im Gegensatz zur Auftragsbekanntmachung gibt es für die **Aufforderung zur Interes-** **14** **sensbestätigung** kein verpflichtend zu verwendendes Muster. Legal definiert ist die Aufforderung zur Interessensbestätigung in § 38 Abs. 5 S. 1 VgV, wonach der öffentliche Auftraggeber alle Unternehmen, die auf die Veröffentlichung einer Vorinformation nach § 38 Abs. 4 VgV hin eine Interessensbekundung übermittelt haben, zur Bestätigung ihres Interesses an einer weiteren Teilnahme auffordert. Der Mindestumfang der Aufforderung zur Interessensbestätigung ergibt sich aus § 52 Abs. 3 VgV, der wiederum auf Anhang IX Nr. 2 RL 2014/24/EU fußt, wo für den Fall, dass ein Aufruf zum Wettbewerb mittels einer Vorinformation erfolgt, der Mindestinhalt der Aufforderung zur Interessensbestätigung niedergelegt ist. Damit ist auch der Kreis zu Art. 36 Abs. 3 lit a) RL 2014/24/EU geschlossen, der einen Hinweis auf elektronische Kataloge in der Aufforderung zur Interessensbestätigung nur für den Fall fordert, dass die Vorinformation als Aufruf zum Wettbewerb dient. Jedenfalls muss zu den Mindestangaben in § 52 Abs. 3 VgV noch der Hinweis erfolgen, ob elektronische Kataloge zwingend gefordert werden oder fakultativ eingereicht werden können, ggf. inhaltlich auf einen Teil der zu beschaffenden Leistung beschränkt werden und welche Vorgaben zu Format und weiteren Spezifikationen zum elektronischen Katalog gemacht werden.

---

[12] Vgl. zum Bestimmtheitsgrundsatz in § 121 Abs. 1 S. 1 GWB → GWB § 121 Rn. 17 ff.

6. Keine allgemeinen Produktkataloge der Bieter

15   Elektronische Kataloge tragen vor allem durch eine Zeit- und Geldersparnis zur Stärkung des Wettbewerbs und zur Rationalisierung der öffentlichen Beschaffung bei. Gleichwohl müssen bestimmte Regeln festgelegt werden, um sicherzustellen, dass bei der Verwendung elektronischer Kataloge sowohl die Vorgaben der RL 2014/24/EU als auch die Grundsätze der Gleichbehandlung, der Nichtdiskriminierung und der Transparenz eingehalten werden.[13] Deshalb darf die Verwendung elektronischer Kataloge zur Einreichung von Angeboten in einem Vergabeverfahren nicht zur Folge haben, dass die Bieter sich auf die Übermittlung ihrer allgemeinen Kataloge beschränken. Vielmehr müssen sie ihre allgemeinen Kataloge vor dem Hintergrund des konkreten Vergabeverfahrens anpassen, denn erst hierdurch wird aus einem allgemeinen Produktkatalog ein elektronisches Verzeichnis der zu beschaffenden Leistung in einem elektronischen Format, das auf der Grundlage der konkreten Leistungsbeschreibung erstellt wird, vgl. § 120 Abs. 3 GWB. Erst dadurch wird sichergestellt, dass der im Rahmen eines bestimmten Vergabeverfahrens übermittelte Katalog nur Waren, Bauleistungen oder Dienstleistungen enthält, die nach Einschätzung der Wirtschaftsteilnehmer, zu der sie nach einer aktiven Prüfung gelangt sind, den Anforderungen des öffentlichen Auftraggebers entsprechen. Natürlich bleibt es den Bietern unbenommen, Informationen, die in ihren allgemeinen Katalogen enthalten sind, zu kopieren und diese in den elektronischen Katalog einzufügen. Allgemeine Kataloge als solche dürfen jedoch nicht mit den Angeboten eingereicht werden.

II. Elektronische Kataloge bei Rahmenvereinbarungen, § 27 Abs. 3 und Abs. 4 VgV

1. Allgemeines

16   Bereits in § 120 Abs. 3 S. 2 GWB wird festgestellt, dass elektronische Kataloge insbesondere beim Abschluss von Rahmenvereinbarungen eingesetzt werden können. § 27 Abs. 3 und 4 VgV enthält dem entsprechend besondere Regelungen für den Fall, dass der öffentliche Auftraggeber mit einem oder mehreren Unternehmen eine Rahmenvereinbarung im Anschluss an die Einreichung der Angebote in Form eines elektronischen Katalogs schließt. Damit wird klargestellt, dass es öffentlichen Auftraggebern auch beim Abschluss von Rahmenverträgen sowohl mit einem als auch mit mehreren Unternehmen nach § 27 Abs. 1 S. 1 VgV erlaubt ist festzulegen, dass Angebote in Form eines elektronischen Kataloges einzureichen sind oder einen elektronischen Katalog beinhalten müssen. Im Weiteren geht es darum, dass der öffentliche Auftraggeber vorschreiben kann, dass ein erneutes Vergabeverfahren für Einzelaufträge auf der Grundlage aktualisierter elektronischer Kataloge erfolgt, wobei er sich entweder für die Alternative des § 27 Abs. 3 Nr. 1 VgV oder des § 27 Abs. Nr. 2 i.V.m. Abs. 4 VgV entscheiden kann. Der Anwendungsbereich dieser Alternativen beschränkt sich folglich auf die Fälle von Rahmenvereinbarungen, bei denen die Vergabe von Einzelaufträgen mit erneutem Vergabeverfahren erfolgt, vgl. § 21 Abs. 4 Nr. 2 und 3, Abs. 5 VgV, denn der Eingangssatz von § 27 Abs. 3 VgV meint explizit „ein erneutes Vergabeverfahren für Einzelaufträge". Auf die Fälle von Rahmenvereinbarungen, bei denen Einzelaufträge ohne erneutes Vergabeverfahren vergeben werden, vgl. § 21 Abs. 3 und Abs. 4 S. 1 VgV, ist das in § 27 Abs. 3 und 4 VgV geregelte Prozedere mithin nicht anwendbar. Interessant hieran ist nun, dass bei Rahmenvereinbarungen die Vergabe von Einzelaufträgen mit erneutem Vergabeverfahren nur dann erfolgt, wenn die Rahmenvereinbarung mit mehr als einem Unternehmen geschlossen wird, vgl. § 21 Abs. 4 Nr. 2 und 3, Abs. 5 VgV. Wird eine Rahmenvereinbarung nur mit einem Unternehmen ge-

---

[13] Vgl. hierzu und zum Folgenden RL 2014/24/EU, Erwägungsgrund 68 Abs. 1.

schlossen, erfolgt die Vergabe von Einzelaufträgen nicht mit erneutem Vergabeverfahren, vgl. § 21 Abs. 3 VgV. Somit hätte es der Ausdehnung von § 27 Abs. 3 VgV auch auf die Fälle, in denen eine Rahmenvereinbarung mit einem Unternehmen geschlossen wird, eigentlich nicht bedurft, weil diese Fälle mangels erneuter Vergabeverfahren bei der Einzelauftragsvergabe ohnehin nicht vom Anwendungsbereich des § 27 Abs. 3 und 4 VgV erfasst sind. Dies wird auch daran ersichtlich, dass in den folgenden Regelungen von § 27 Abs. 3 und 4 VgV fast ausschließlich von Bietern im Plural und nahezu niemals von dem Bieter im Singular die Rede ist. Dass im Eingangssatz des § 27 Abs. 3 VgV dennoch auch Rahmenvereinbarungen mit nur einem Unternehmen genannt werden, liegt an den europarechtlichen Vorgaben. Art. 36 Abs. 4 Satz 1 RL 2014/24/EU lautet: „*Wurde mit einem oder mehreren Wirtschaftsteilnehmern eine Rahmenvereinbarung im Anschluss an die Einreichung der Angebote in Form elektronischer Kataloge geschlossen, so können die öffentlichen Auftraggeber vorschreiben, dass der erneute Aufruf zum Wettbewerb für Einzelaufträge auf der Grundlage aktualisierter Kataloge erfolgt.*" Im Folgenden benennt Art. 36 Abs. 4 S. 2 lit. a) und lit. b) RL 2014/24/EU die beiden Methoden, auf die öffentliche Auftraggeber hierfür zurückgreifen können. Dabei wird auch hier das zu beachtende Prozedere auf erneute Aufrufe zum Wettbewerb für Einzelaufträge beschränkt, obgleich nach Art. 33 RL 2014/24/EU Aufrufe zum Wettbewerb für Einzelaufträge nur dann möglich sind, wenn die Rahmenvereinbarung mit mehreren Wirtschaftsteilnehmern abgeschlossen wurde. Letztendlich ist hieraus zu schlussfolgern, dass der Richtliniengeber und in seiner Folge der Verordnungsgeber die Möglichkeit elektronischer Kataloge für sämtliche Rahmenvereinbarungen eröffnen, sie jedoch für den Fall eines erneuten Vergabeverfahrens für Einzelaufträge besondere einzuhaltende Prozedere vorgeben wollten.

2. Die Vergabe von Einzelaufträgen nach § 27 Abs. 3 Nr. 1 VgV

Bei einem bestehenden Rahmenvertrag, der im Anschluss an die Einreichung der Angebote in Form eines elektronischen Kataloges abgeschlossen wurde, kann der öffentliche Auftraggeber nach § 27 Abs. 3 Nr. 1 VgV vorschreiben, dass ein erneutes Vergabeverfahren für Einzelaufträge auf der Grundlage aktualisierter elektronischer Kataloge erfolgt, indem er die Bieter auffordert, ihre elektronischen Kataloge an die Anforderungen des zu vergebenden Einzelauftrages anzupassen und erneut einzureichen. Die Regelung geht auf Art. 36 Abs. 4 S. 2 lit. a) RL 2014/24/EU zurück, wonach in dem in Art. 36 Abs. 4 Satz 1 RL 2014/24/EU benannten Fall die öffentlichen Auftraggeber die Bieter auffordern, ihre elektronischen Kataloge an die Anforderungen des Einzelauftrags anzupassen und erneut einzureichen. Wesentlich für diese Alternative ist, dass die Bieter selbst ihre elektronischen Kataloge anpassen und erneut einreichen. Die dabei zu beachtenden Anforderungen des zu vergebenden Einzelauftrags ergeben sich aus der zugrunde liegenden Rahmenvereinbarung, den Bedingungen, die der öffentliche Auftraggeber formuliert und den vergaberechtlichen Vorschriften zu Rahmenvereinbarungen.[14] Entscheidend ist, dass die erneute Einreichung der angepassten elektronischen Kataloge die Angebotsabgabe in diesen erneuten Vergabeverfahren zur Vergabe der Einzelaufträge darstellt. Sofern die Regelungen zu Rahmenvereinbarungen im Zusammenhang mit der Vergabe von Einzelaufträgen mit erneutem Vergabeverfahren also von einzureichenden Angeboten sprechen, treten an deren Stelle die elektronischen Kataloge. Im Gegensatz zu der Vergabe von Einzelaufträgen nach § 27 Abs. 3 Nr. 2 und Abs. 4 VgV muss der öffentliche Auftraggeber nicht ankündigen, dass er von der Möglichkeit nach § 27 Abs. 3 Nr. 1 VgV Gebrauch machen will. Damit stellt diese Variante die Standardvariante dar, auf die der öffentliche Auftraggeber stets zurückgreifen kann.

17

---

[14] Vgl. zu den Details der Vergabe von Einzelaufträgen mit erneutem Vergabeverfahren bei Rahmenvereinbarungen die Kommentierung zu § 21 VgV.

3. Die Vergabe von Einzelaufträgen nach § 27 Abs. 3 Nr. 2 und Abs. 4 VgV

18   Bei einem bestehenden Rahmenvertrag, der im Anschluss an die Einreichung der Angebote in Form eines elektronischen Kataloges abgeschlossen wurde, kann der öffentliche Auftraggeber nach § 27 Abs. 3 Nr. 2 VgV vorschreiben, dass ein erneutes Vergabeverfahren für Einzelaufträge auf der Grundlage aktualisierter elektronischer Kataloge erfolgt, indem er die Bieter informiert, dass er[15] den bereits eingereichten elektronischen Katalogen zu einem bestimmten Zeitpunkt die Daten entnimmt, die erforderlich sind, um Angebote zu erstellen, die den Anforderungen des zu vergebenden Einzelauftrages entsprechen; dieses Verfahren ist in der Auftragsbekanntmachung oder den Vergabeunterlagen für den Abschluss einer Rahmenvereinbarung anzukündigen; der Bieter kann diese Methode der Datenerhebung ablehnen. Die Regelung geht auf Art. 36 Abs. 4 S. 2 lit. b) und Abs. 5 RL 2014/24/EU zurück. Nach Art. 36 Abs. 4 S. 2 lit. b) RL 2014/24/EU unterrichten die öffentlichen Auftraggeber in dem in Art. 36 Abs. 4 Satz 1 RL 2014/24/EU benannten Fall die Bieter darüber, dass sie beabsichtigen, den bereits eingereichten elektronischen Katalogen die Informationen zu entnehmen, die erforderlich sind, um Angebote zu erstellen, die den Anforderungen des Einzelauftrags angepasst sind; dies setzt voraus, dass der Rückgriff auf diese Methode in den Auftragsunterlagen für die Rahmenvereinbarung angekündigt wurde. Nehmen die öffentlichen Auftraggeber gem. Art. 36 Abs. 4 S. 2 lit. b) RL 2014/24/EU einen erneuten Aufruf zum Wettbewerb für bestimmte Aufträge vor, so teilen sie den Bietern Tag und Zeitpunkt mit, zu denen sie die Informationen erheben werden, die zur Erstellung der Angebote, die den Anforderungen des genannten konkreten Auftrags entsprechen, notwendig sind, und geben den Bietern die Möglichkeit, eine derartige Informationserhebung abzulehnen.

19   Wesentlich für die Alternative des § 27 Abs. 3 Nr. 2 VgV ist, dass hier der öffentliche Auftraggeber selbst die Aktualisierung der eingereichten elektronischen Kataloge vornimmt, um hierdurch Angebote zu erstellen, die den Anforderungen des zu vergebenden Einzelauftrags entsprechen.[16] Die dabei zu beachtenden Anforderungen des zu vergebenden Einzelauftrags ergeben sich aus der zugrunde liegenden Rahmenvereinbarung, den Bedingungen, die der öffentliche Auftraggeber formuliert und den vergaberechtlichen Vorschriften zu Rahmenvereinbarungen.[17] Die solcherart vom öffentlichen Auftraggeber erstellten Angebote werden zu Angeboten der einzelnen Bieter in dem jeweiligen erneuten Vergabeverfahren zur Vergabe der Einzelaufträge, die einzelnen Bieter müssen sich diese Angebote somit als ihre eigenen zurechnen lassen. Hieraus erklären sich auch die Regelungen in § 27 Abs. 3 Nr. 2 3. Halbsatz, Abs. 4 VgV, auf die weiter unten eingegangen wird. Jedenfalls muss der öffentliche Auftraggeber dieses Verfahren in der Auftragsbekanntmachung oder den Vergabeunterlagen für den Abschluss einer Rahmenvereinbarung ankündigen. Entscheidet er sich dafür, dieses Verfahren in der Auftragsbekanntmachung anzukündigen, so kann er das Feld II.2.14) – Zusätzliche Angaben – im Muster der Auf-

---

[15] An dieser Stelle ist auf eine sprachliche Unsauberkeit des Verordnungstextes hinzuweisen. Das fünfte Wort in § 27 Abs. 3 Nr. 2 VgV ist „sie" und das damit korrespondierende Verb in diesem Satz ist „entnehmen". Beide Worte sind im Plural und erzeugen damit ein Missverständnis, denn nicht die ebenfalls im Plural erwähnten Bieter sind damit gemeint, sondern der im Singular erwähnte öffentliche Auftraggeber, denn dieser ist es, der die Daten entnimmt. Der sprachliche Fehler hat seine Ursache im Text der RL 2014/24/EU, in der stets von öffentlichen Auftraggebern im Plural die Rede ist, wohingegen in der VgV der öffentliche Auftraggeber ausschließlich im Singular erwähnt wird. Konkret wurde die Formulierung des Art. 36 Abs. 4 S. 2 lit. b) RL 2014/24/EU übernommen, in der von den öffentlichen Auftraggebern im Plural die Rede ist und deshalb auch, dass „sie ... entnehmen". Eine Anpassung an den stets im Singular erwähnten öffentlichen Auftraggeber in der VgV erfolgte allerdings nicht. Dies sollte in einer der nächsten Änderungen der VgV korrigiert werden.

[16] Dieses Vorgehen wird zuweilen auch „Punch Out" genannt, so beispielsweise noch in Art. 34 Nr. 4 lit. (b) des Richtlinienvorschlags der Kommission, Kom(2011)896, findet sich jedoch in den aktuellen offiziellen Dokumenten nicht mehr.

[17] Vgl. zu den Details der Vergabe von Einzelaufträgen mit erneutem Vergabeverfahren bei Rahmenvereinbarungen die Kommentierung zu § 21 VgV.

tragsbekanntmachung, Anhang II der DVO 2015/1986 verwenden. Anderenfalls muss der öffentliche Auftraggeber in den Vergabeunterlagen selbst auf dieses Verfahren hinweisen.

Aus § 27 Abs. 3 Nr. 2 VgV ergibt sich ein **bestimmtes Prozedere,** das der öffentliche **20** Auftraggeber einhalten muss, will er dieses Verfahren bei einem erneuten Vergabeverfahren zur Vergabe von Einzelaufträgen anwenden. **In einem ersten Schritt** informiert er sämtliche Bieter darüber, dass er zu einem bestimmten Zeitpunkt aus den bereits eingereichten elektronischen Katalogen die Daten entnehmen wird, die erforderlich sind, um Angebote zu erstellen, die den Anforderungen des zu vergebenden Einzelauftrags entsprechen. Diese Informationspflicht folgt aus § 27 Abs. 3 Nr. 2 Halbsatz 1 VgV. Diese Information enthält nicht nur den Zeitpunkt der Datenerhebung, sondern auch weitergehende Informationen zu den Anforderungen des konkret zu vergebenden Einzelauftrags, die es den Bietern ermöglichen, sich ein angemessenes Bild von der konkret bevorstehenden Einzelauftragsvergabe zu verschaffen. Dies folgt zum einen indirekt aus den Ausführungen des Richtliniengebers in Erwägungsgrund 68 Absatz 2 RL 2014/24/EU, wonach es öffentlichen Auftraggebern gestattet sein soll, Angebote für bestimmte Beschaffungen anhand früherer übermittelter elektronischer Kataloge zu generieren, sofern ausreichende Garantien hinsichtlich Rückverfolgbarkeit, Gleichbehandlung und Vorhersehbarkeit geboten werden. Zum anderen sind die Bieter erst bei Übermittlung von weitergehenden Informationen in der Lage zu entscheiden, ob sie bei der konkreten Einzelauftragsvergabe diese Methode der Datenerhebung ablehnen sollen, vgl. § 27 Abs. 3 Nr. 2 3. Halbsatz VgV. Die Information gegenüber den Bietern nach § 27 Abs. 3 Nr. 2 1. Halbsatz VgV ist von der Ankündigung dieses Verfahrens nach § 27 Abs. 3 Nr. 2 2. Halbsatz VgV zu unterscheiden. Denn die Ankündigung, sei es als Teil der Auftragsbekanntmachung, sei es als Teil der Vergabeunterlagen, steht am Beginn des Vergabeverfahrens zum Abschluss der Rahmenvereinbarung, die Information gegenüber den Bietern über den Zeitpunkt der Entnahme der Daten und der Erstellung der Angebote steht demgegenüber am Beginn eines jeden erneuten Vergabeverfahrens zur Vergabe eines Einzelauftrags. In diesem Lichte ist auch § 27 Abs. 3 Nr. 2 3. Halbsatz VgV auszulegen, der den Bietern das Recht einräumt, diese Methode der Datenerhebung abzulehnen. Mit „Methode der Datenerhebung" ist die Entnahme der Daten aus den eingereichten Katalogen und die Erstellung von Angeboten daraus gemeint. Informiert der öffentliche Auftraggeber die Bieter über den Zeitpunkt, zu dem er dies zu tun gedenkt, dann können die Bieter dies ablehnen. Die durch § 27 Abs. 3 Nr. 2 3. Halbsatz VgV mögliche Ablehnung durch die Bieter bezieht sich somit nicht allgemein auf das Verfahren nach § 27 Abs. 3 Nr. 2 VgV, sondern jeweils auf die Heranziehung dieses Verfahrens bei der Vergabe eines konkreten Einzelauftrags durch ein erneutes Vergabeverfahren. Dies bestätigt auch ein Blick in die europarechtliche Vorgabe in Art. 36 Abs. 5 UA 1 RL 2014/24/EU, wo die Möglichkeit für die Bieter, eine derartige Informationserhebung abzulehnen, in einem Atemzug mit der Mitteilung von Tag und Zeitpunkt der Informationserhebung zum Zwecke der Angebotserstellung entsprechend des genannten konkreten Auftrags bei einem erneuten Aufruf zum Wettbewerb genannt wird. Lehnt ein Bieter diese Methode der Datenerhebung nach § 27 Abs. 3 Nr. 2 3. Halbsatz VgV ab, so darf der öffentliche Auftraggeber für das erneute Vergabeverfahren zur Vergabe des konkreten Einzelauftrags aus dem von diesem Bieter eingereichten elektronischen Katalog kein Angebot generieren; der ablehnende Bieter scheidet für dieses Vergabeverfahren, für diesen Einzelauftrag aus. Bei künftigen Vergabeverfahren zur Vergabe von Einzelaufträgen, bei denen der öffentliche Auftraggeber nach § 27 Abs. 3 Nr. 2 VgV vorgehen will, ist dieser Bieter wieder zu beteiligen und kann wiederum entscheiden, ob er nach § 27 Abs. 3 Nr. 2 3. Halbsatz VgV ablehnen will oder nicht. Zu beachten ist, dass die Möglichkeit der Ablehnung nur bis zu dem mitgeteilten Zeitpunkt besteht, denn ab diesem gilt das in § 27 Abs. 4 VgV genannte Prozedere, nach dem ein Bieter nur dann nicht an das vom öffentlichen Auftraggeber erstellte Angebot gebunden ist, wenn es materiell fehlerhaft ist.[18] Lässt

---

[18] Vgl. die Ausführungen weiter unten.

also ein Bieter die Zeit zwischen Mitteilung und mitgeteiltem Zeitpunkt verstreichen, so kann er nicht nachträglich die Methode der Datenerhebung ablehnen, sondern ist auf das Recht des Einspruchs bei materieller Fehlerhaftigkeit des vom öffentlichen Auftraggeber erstellten Angebots gem. § 27 Abs. 4 VgV beschränkt. Ist schließlich der mitgeteilte Zeitpunkt eingetreten und steht fest, ob und welche Bieter die Methode der Datenerhebung abgelehnt haben, dann entnimmt der öffentliche Auftraggeber **in einem zweiten Schritt** den elektronischen Katalogen der verbleibenden Bieter die Daten, die erforderlich sind, um Angebote zu erstellen, die den Anforderungen des zu vergebenden Einzelauftrags entsprechen. Die Formulierung in § 27 Abs. 3 Nr. 2 VgV ist etwas missverständlich, denn tatsächlich geht es nicht nur darum, die Daten zu entnehmen, sondern auch um die Generierung der Angebote hieraus. Dies zeigt ein Blick auf den sogleich zu behandelnden § 27 Abs. 4 VgV, der „gesammelte Daten" und „Angebot" synonym verwendet. Die öffentlichen Auftraggeber erstellen also zu dem mitgeteilten Zeitpunkt aus den elektronischen Katalogen der verbleibenden Bieter die Angebote, die den Anforderungen des zu vergebenden Einzelauftrags entsprechen.

21   Im Anschluss daran ist § 27 Abs. 4 VgV zu beachten, wonach der öffentliche Auftraggeber dann, wenn er gem. § 27 Abs. 3 Nr. 2 VgV den elektronischen Katalogen selbständig Daten zur Angebotserstellung entnommen hat, jedem Bieter die gesammelten Daten vor der Erteilung des Zuschlags vorlegt, sodass dieser die Möglichkeit zum Einspruch oder zur Bestätigung hat, dass das Angebot keine materiellen Fehler hat. Diese Vorschrift geht zurück auf Art. 36 Abs. 5 UA 3 RL 2014/24/EU, die besagt, dass die öffentlichen Auftraggeber vor der Erteilung des Zuschlags dem jeweiligen Bieter die gesammelten Informationen vorlegen, so dass diesem die Möglichkeit zum Einspruch oder zur Bestätigung geboten wird, dass das dergestalt erstellte Angebot keine materiellen Fehler enthält. Die Ausführungen des Richtliniengebers in den Erwägungsgründen sind ähnlich: *„Wurden Angebote durch den öffentlichen Auftraggeber generiert, so sollte der betreffende Wirtschaftsteilnehmer die Möglichkeit erhalten, sich davon zu überzeugen, dass das dergestalt vom öffentlichen Auftraggeber erstellte Angebot keine sachlichen Fehler enthält. Liegen sachliche Fehler vor, so sollte der Wirtschaftsteilnehmer nicht an das Angebot gebunden sein, das durch den öffentlichen Auftraggeber generiert wurde, es sei denn, der Fehler wird korrigiert."*[19] Der öffentliche Auftraggeber hat also **in einem dritten Schritt** die Angebote, die er aus den elektronischen Katalogen für den konkreten Einzelauftrag erstellt hat, den jeweiligen Bietern vorzulegen. Bestätigt ein Bieter, dass das aus seinem elektronischen Katalog erstelle Angebot keine materiellen Fehler enthält, dann wird ihm das Angebot zugerechnet und der öffentliche Auftraggeber darf es seiner Zuschlagsentscheidung zugrunde legen. Erhebt der Bieter Einspruch mit dem Argument, dass das Angebot einen materiellen Fehler enthält, dann muss der öffentliche Auftraggeber prüfen, ob das Angebot tatsächlich materiell fehlerhaft ist. Liegt ein Fehler vor, dann ist der Bieter an das Angebot nur gebunden, wenn der Fehler korrigiert wird, vgl. Erwägungsgrund 68 Abs. 3 RL 2014/24/EU. Liegt hingegen kein Fehler vor, erfolgt also der Einspruch des Bieters zu Unrecht, dann bleibt dieser weiterhin an sein Angebot gebunden und der öffentliche Auftraggeber darf dieses Angebot seiner Zuschlagsentscheidung zugrunde legen. Dies folgt aus Erwägungsgrund 68 Abs. 3 RL 2014/24/EU, der ausdrücklich davon spricht, dass ein Bieter nur dann nicht an das Angebot gebunden ist, wenn es materielle Fehler enthält.

4. Keine Beschränkung elektronischer Kataloge bei Rahmenverträgen

22   In den allgemeinen Ausführungen zum elektronischen Kataloge wurde ausgeführt, dass es dem öffentlichen Auftraggeber freisteht, eine inhaltliche Beschränkung der elektronischen Kataloge auf einen Teil der zu erbringenden Leistung vorzunehmen. Eine solche Beschränkung scheidet nun bei Vorliegen eines Rahmenvertrages aus. Der Grund liegt darin, dass das in § 27 Abs. 3 und 4 VgV beschriebene Prozedere darauf ausgerichtet ist,

---

[19] Erwägungsgrund 68 Abs. 3 RL 2014/24/EU.

dass die neuen Angebote für die erneuten Vergabeverfahren zur Vergabe der Einzelaufträge ausschließlich aus den eingereichten elektronischen Katalogen generiert werden, sei es durch die Bieter selbst gem. § 27 Abs. 3 Nr. 1 VgV, sei es durch den öffentlichen Auftraggeber gem. § 27 Abs. 3 Nr. 2 und Abs. 4 VgV. Würden sich elektronische Kataloge in diesem Fall lediglich auf einen Teil der zu erbringenden Leistung beziehen, dann müsste hinsichtlich des nicht erfassten Teils ein anderen Prozedere ergriffen werden, was jedoch keinen Anhalt im Gesetz hat.

IV. Elektronische Kataloge und dynamische Beschaffungssysteme

Der Richtliniengeber hat Regelungen zu elektronischen Katalogen bei dynamischen **23** Beschaffungssystemen getroffen. Mit Art. 36 Abs. 6 RL 2014/24/EU hat er ein Verfahren geschaffen, dass dem Verfahren bei elektronischen Katalogen und Rahmenvereinbarungen angeglichen ist: „[UA 1]*Die öffentlichen Auftraggeber können Aufträge auf der Basis eines dynamischen Beschaffungssystems vergeben, indem sie vorschreiben, dass die Angebote zu einem bestimmten Auftrag in Form eines elektronischen Katalogs übermittelt werden. [UA 2]Die öffentlichen Auftraggeber können Aufträge auch auf der Grundlage des dynamischen Beschaffungssystems gemäß Absatz 4 Buchstabe b und Absatz 5 erstellen, sofern dem Antrag auf Teilnahme an diesem System ein den vom öffentlichen Auftraggeber festgelegten technischen Spezifikationen und dem von ihm vorgeschriebenen Format entsprechender elektronischer Katalog beigefügt ist. Dieser Katalog ist von den Bewerbern auszufüllen, sobald der öffentliche Auftraggeber sie von seiner Absicht in Kenntnis setzt, Angebote mittels des Verfahrens nach Absatz 4 Buchstabe b zu erstellen.*" Auch in Erwägungsgrund 68 Abs. 2 RL 2014/24/EU ist vorgesehen, dass elektronische Kataloge auch im Rahmen von dynamischen Beschaffungssystemen möglich und dem Verfahren, das bei elektronischen Katalogen und Rahmenvereinbarungen beachtlich ist, unterworfen sein sollen.

Der deutsche Verordnungsgeber hat diese Regelungen nicht in nationales Recht umge- **24** setzt und es gibt auch keinerlei Hinweise in der Verordnungsbegründung hierzu; Art. 36 Abs. 6 RL 2014/24/EU wird in der gesamten Begründung zur VergRModVO[20] kein einziges Mal zitiert. Hieraus ist zu schließen, dass der nationale Verordnungsgeber die Verwendung elektronischer Kataloge bei dynamischen Beschaffungssystemen nicht zulassen wollte. Sofern also ein dynamischen Beschaffungssystem betrieben wird, darf der öffentliche Auftraggeber nicht nach § 27 Abs. 1 S. 1 VgV festlegen, dass Angebote in Form eines elektronischen Kataloges einzureichen oder einen elektronischen Katalog beinhalten müssen.

---

[20] BT-Drucks. 18/7318.

Unterabschnitt 3. Vorbereitung des Vergabeverfahrens

§ 28 Markterkundung

(1) **Vor der Einleitung eines Vergabeverfahrens darf der öffentliche Auftraggeber Markterkundungen zur Vorbereitung der Auftragsvergabe und zur Unterrichtung der Unternehmen über seine Auftragsvergabepläne und -anforderungen durchführen.**

(2) **Die Durchführung von Vergabeverfahren lediglich zur Markterkundung und zum Zwecke der Kosten- oder Preisermittlung ist unzulässig.**

Übersicht

	Rn.		Rn.
A. Einführung	1	2. Methode der Markterkundung	23
I. Literatur	2	II. Kein Vergabeverfahren zur Markterkundung (Abs. 2)	27
II. Entstehungsgeschichte	3		
III. Rechtliche Vorgaben im EU-Recht	5	a) Rechtsprechung	32
B. Regelungsgehalt	9	b) Einbindung Externer zur Markterkundung	34
I. Markterkundung vor Einleitung des Vergabeverfahrens (Abs. 1)	10	c) Doppel- und Parallelausschreibungen	37
1. Zweck der Markterkundung	11	**C. Rechtsfolgen bei Verstößen**	39
a) Vorbereitung der Vergabe	12		
b) Unterrichtung Unternehmen ..	21		

A. Einführung

1   § 28 VgV gibt dem öffentlichen Auftraggeber einen **rechtlichen Rahmen für Markterkundungen im Zusammenhang mit Vergabeverfahren** vor.

I. Literatur

2   *Rechten/Portner,* Wie viel Wettbewerb muss sein? – Das Spannungsverhältnis zwischen Beschaffungsautonomie und Wettbewerbsprinzip, NZBau 2014, 276; *Lampe-Helbig,* Handbuch der Bauvergabe, 3. Auflage 2014; *Krohn,* Leistungsbeschreibung und Angebotswertung bei komplexen IT-Vergaben, NZBau 2013, 79; *Scharen,* Patentschutz und öffentliche Vergabe, GRUR 2009, 345; *Schaller,* Ein wichtiges Instrument der Mittelstandsförderung: Die Losaufteilung bei öffentlichen Aufträgen, ZfBR 2008, 142; *Kaiser,* Die Zulässigkeit von Parallelausschreibungen, NZBau 2002, 553; *Eschenbruch,* Immobilienleasing und neues Vergaberecht, BB-Beilage Nr. 5, 8 zu BB 2000 Heft 18.

II. Entstehungsgeschichte

3   Das deutsche Vergaberecht kannte bislang nur die in Abs. 2 des neuen § 28 VgV getroffene Regelung. Sie war in ähnlicher Formulierung in § 2 EG Abs. 3 VOL/A 2009 enthalten. Dort hieß es: „Die Durchführung von Vergabeverfahren lediglich zur Markterkundung und zum Zwecke von Ertragsberechnungen ist unzulässig." Zuvor enthielt § 16 Nr. 2 VOL/A 2006 die Regelung, wonach **„Ausschreibungen für vergabefremde Zwecke** (z.B. Ertragsberechnungen, Vergleichsanschläge, Markterkundung) unzulässig" sind. Die VOF 2009 enthielt keine derartige Regelung.

4   Hingegen ist die Regelung in Abs. 1 des § 28 VgV **gänzlich neu.** Sie findet in dem bis zur Vergaberechtsreform 2016 geltenden Vergaberecht keine Entsprechung. Laut Gesetzesbegründung soll die Regelung klarstellen, dass eine Markterkundung vor der Einleitung eines Vergabeverfahrens **zum Zwecke der Planung und Durchführung eines Vergabeverfahrens** zulässig ist. Dies könne beispielsweise sinnvoll sein, um eine fun-

dierte Leistungsbeschreibung auf einer realistischen Kalkulationsgrundlage erstellen zu können.[1]

III. Rechtliche Vorgaben im EU-Recht

Mit § 28 VgV setzt der deutsche Gesetzgeber Art. 40 der VRL um. Dort heißt es „Vor- 5 herige **Marktkonsultationen**" statt Markterkundung, was jedoch inhaltlich keinen Unterschied bedeuten dürfte. Art. 40 UAbs. 1 VRL entspricht inhaltlich der in § 28 Abs. 1 VgV geregelten Erlaubnis für Markterkundungen in Vorbereitung der Auftragsvergabe.

Hingegen findet das in § 28 Abs. 2 VgV enthaltene Verbot von Vergabeverfahren zur 6 Markterkundung und zum Zwecke der Kosten- oder Preisermittlung in der VRL **keine Entsprechung.** Allerdings widerspricht die Durchführung von Vergabeverfahren lediglich zur Markterkundung bereits dem allgemeinen, in der VRL niedergelegten Grundverständnis des Vergaberechts. Denn ein solches Vergabeverfahren wäre nicht auf eine **Beschaffung** gerichtet.[2] Ein Erwerb von Leistungen i. S. v. Art. 1 Abs. 2 VRL läge daher nicht vor. Die dennoch ausdrücklich erfolgende Regelung in § 28 Abs. 2 VgV lässt sich daher wohl nur **historisch** erklären, zumal sie in den vorherigen Fassungen der VOL/A enthalten war.

Nicht in § 28 VgV umgesetzt wurde dafür Art. 40 UAbs. 2 VRL. Darin werden **mögli-** 7 **che Methoden von Marktkonsultationen** erläutert. Beispielsweise können öffentliche Auftraggeber den Rat von Sachverständigen, Behörden oder Marktteilnehmern einholen. Weiter bestimmt die VRL, dass der Rat für die Planung und Durchführung des Vergabeverfahrens genutzt werden kann, sofern er nicht wettbewerbsverzerrend ist und nicht zu einem Verstoß gegen die Grundsätze der Nichtdiskriminierung und der Transparenz führt. Die deutsche Gesetzesbegründung verweist hierauf,[3] so dass diese Regelung bei der Auslegung des § 28 VgV herangezogen werden kann. Hinsichtlich des Begriffs des Sachverständigen ist auf Folgendes hinzuweisen:

Art. 40 UAbs. 2 VRL spricht von **„unabhängigen Sachverständigen".** Soweit er- 8 sichtlich, nennen die anderen Sprachfassungen der VRL und übrigens auch der SRL an dieser Stelle stattdessen einen unabhängigen **Experten.** Auch in der deutschen Fassung des Art. 58 UAbs. 2 SRL heißt es dementsprechend „unabhängigen Experten". Die englische Version der VRL sowie der SRL sprechen jeweils von „independent experts". Auch in der französischen Ausgabe wird der Wortlaut beibehalten („experts indépendants"). Ebenso verhält es sich bei den italienischen Richtlinien („esperti [...] indipendenti"). Bei einem stichprobenhaften Abgleich auch der übrigen Richtlinienversionen der VRL und der SRL fällt zum einen auf, dass diese sich jeweils sprachlich decken, d. h. keine unterschiedlichen Begriffe verwendet werden wie in der deutschen Sprachausgabe, und zum anderen stets der Begriff „Experte" in der jeweiligen Landessprache verwendet wird. Aus welchem Grund die deutsche Fassung in Art. 40 UAbs. 2 VRL davon abweicht und den Begriff „Sachverständigen" verwendet, ist unklar. Letztlich ist nicht auf die in Deutschland geltende Bedeutung abzustellen, sondern vielmehr auf die im **Rechtsraum der EU vorzufindende Bedeutung** des Begriffs. Insoweit betrachtet ist ein Experte ein Sachverständiger. Jedenfalls kennt beispielsweise die englische Sprache kein gesondertes Wort für einen Sachverständigen. Genauso verhält es sich im Französischen – Experte und Sachverständiger werden jeweils mit „expert" übersetzt. Insofern besteht nur beim Wortlaut, nicht beim Sinn der Regelung ein Unterschied. Im Ergebnis ist daher nicht darauf abzustellen, ob die Person, die im Rahmen der Markterkundung um Rat gefragt wird, in Deutschland als Sachverständiger bezeichnet würde, sondern sie muss lediglich **spezielles Wissen für den relevanten Bereich** aufweisen.

---

[1] BT-Drs. 18/7318 v. 20.1.2016 S. 169.

[2] Vgl. → GWB § 103 Abs. 1: Danach sind öffentliche Aufträge Verträge über die *Beschaffung* von Leistungen.

[3] BT-Drs. 18/7318 v. 20.1.2016 S. 169.

B. Regelungsgehalt

9   Die beiden Absätze des § 28 VgV sind zusammen zu lesen. § 28 Abs. 1 VgV stellt neuerdings klar, dass Markterkundungen zulässig sind, wenn sie vor der Einleitung eines Vergabeverfahrens erfolgen. § 28 Abs. 2 VgV beinhaltet nach wie vor das Verbot, Markterkundungen und Kosten- oder Preisermittlungen im Wege eines Vergabeverfahrens
durchzuführen. Im Ergebnis bedeutet die Neuregelung **keine Änderung** gegenüber der
bisherigen Rechtslage.

I. Markterkundung vor Einleitung des Vergabeverfahrens (Abs. 1)

10   Der öffentliche Auftraggeber darf eine Markterkundung durchführen, wenn sie **vor der
Einleitung eines Vergabeverfahrens** erfolgt.

1. Zweck der Markterkundung

11   Die Markterkundung kann nach dem Wortlaut der Norm die **Vorbereitung** der Auftragsvergabe sowie die **Unterrichtung** der Unternehmen über Auftragsvergabepläne und
-anforderungen bezwecken.

12   **a) Vorbereitung der Vergabe.** Wie § 28 Abs. 1 VgV ausdrücklich klarstellt, darf der
öffentliche Auftraggeber vor der Einleitung eines Vergabeverfahrens selbstverständlich eine
Markterkundung durchführen. Sie dient der **ordnungsgemäßen Beschaffung** von Leistungen.

13   Besteht ein Beschaffungsbedarf, haben öffentliche Auftraggeber vor der Einleitung des
eigentlichen Vergabeverfahrens eine **Bedarfsanalyse und -bestimmung** durchzuführen.
Der Auftraggeber muss klären, was genau er beschaffen will.[4] Dazu muss er entweder über
hinreichende Marktkenntnis verfügen oder durch geeignete Maßnahmen in Erfahrung
bringen, ob der Beschaffungsgegenstand überhaupt auf dem Markt verfügbar ist, zu welchen Preisen und Kosten er zu erwerben ist, in welchem Umfang ein Wettbewerb besteht,
aber auch, welche alternativen Produkte angeboten werden. Selbst dann, wenn der Auftraggeber eine Folgeausschreibung für eine bereits zuvor eingekaufte Leistung vornimmt,
wird er sich über zwischenzeitlich ggf. geänderte Marktverhältnisse informieren müssen.

14   Letztlich dient die Markterkundung damit der Herstellung von **Vergabereife.** Für Bauleistungen regelt § 2 EU Abs. 8 VOB/A, dass der öffentliche Auftraggeber erst dann ausschreiben soll, wenn alle Vergabeunterlagen fertig gestellt sind und wenn innerhalb der
angegebenen Fristen mit der Ausführung begonnen werden kann. Hierbei handelt es sich
um einen vergaberechtlichen Grundsatz, der allgemein und damit auch für Liefer- und
Dienstleistungen gilt.

15   Dementsprechend kann eine Markterkundung sogar **zwingend erforderlich** sein, um
im Anschluss ein rechtskonformes Vergabeverfahren durchführen zu können.[5] Das ist nämlich dann der Fall, wenn der öffentliche Auftraggeber **keine ausreichenden eigenen Erkenntnisse** zur Beschreibung der Leistung hat. Gleiches gilt, wenn der Auftraggeber mangels Preiskenntnis keine belastbare Auftragswertschätzung vornehmen kann und daher das
anwendbare Vergaberecht nicht bestimmbar ist. So sieht es auch die deutsche Gesetzesbegründung, die eine Markterkundung für sinnvoll erachtet, um eine fundierte Leistungsbeschreibung auf einer realistischen Kalkulationsgrundlage zu erstellen.[6] Wie aufwändig diese
Markterkundung sein muss, hängt vom jeweiligen Beschaffungsgegenstand ab.

---

[4] Ähnlich *Kulartz* in KKMPP § 28 Rn. 1.
[5] In diesem Sinne kann man die VK Arnsberg verstehen: „Die (...) Markterkundung ist (...) Voraussetzung für ein ordentliches Vergabeverfahren“, 19.1.2012 – VK 17/11, abrufbar unter https://dejure.org/
2012,58991.
[6] BT-Drs. 18/7318 v. 20.1.2016, S. 169.

Dabei muss die Markterkundung nicht immer dazu führen, dass nach ihrem Abschluss **16** ein Vergabeverfahren durchgeführt wird. Vielmehr erscheint es auch denkbar, dass der Auftraggeber letztlich **auf eine Auftragsvergabe verzichtet,** etwa mangels geeigneter Unternehmen oder wegen voraussichtlicher Unwirtschaftlichkeit.

Allerdings findet die Verpflichtung des öffentlichen Auftraggebers zur Markterkundung **17** ihre Grenze in der Freiheit zur **Bestimmung des Beschaffungsgegenstands.** Die Festlegung des Beschaffungsgegenstands ist dem eigentlichen Vergabeverfahren vorgelagert. Der Auftraggeber ist frei in seiner Entscheidung, welche (technische) Lösung er beschafft, solange er sich nicht von sachfremden Erwägungen leiten lässt.[7] Hat er diesbezüglich einen Entschluss gefasst, verlangt das Vergaberecht nicht von ihm, dass er sich zunächst einen Überblick über etwaige andere Lösungen verschafft.[8]

Dies spielt insbesondere für die Frage der **produktneutralen Vergabe**[9] eine Rolle: **18** Nach der Rechtsprechung der letzten Jahre ist grundsätzlich keine Markerkundung dahingehend notwendig, ob eine andere technische Lösung möglich ist. Der öffentliche Auftraggeber muss sich also nicht so lange einen Überblick über Alternativlösungen verschaffen, bis er die Voraussetzungen für eine produktneutrale Ausschreibung hergestellt hat.[10] Denn die Marktteilnehmer haben keinen Anspruch darauf, dass ein öffentlicher Auftraggeber die technisch beste, fortschrittlichste, wirtschaftlichste oder für sich passendste Lösung wählt.[11] Vielmehr darf der Auftraggeber eine Lösung wählen, die seinem Bedarf – insbesondere unter Berücksichtigung bereits bei ihm vorhandener technischer Gegebenheiten – gerecht wird.[12] Es muss lediglich sichergestellt sein, dass die Entscheidung des Auftraggebers nicht auf **sachfremden Erwägungen** beruht,[13] das heißt, die Bedarfsanforderungen müssen objektiv auftrags- und sachbezogen und die Begründung muss nachvollziehbar sein.[14] Die Rechtsprechung weist in diesem Zusammenhang darauf hin, „dass der Beschaffung der öffentlichen Hand typischerweise eine dienende Funktion zur Erfüllung öffentlicher Aufgaben zukommt, so dass aus Sicht des Auftraggebers der Aufgabenerfüllung und nicht der Beschaffung Priorität einzuräumen ist, und dass die Organisation von Wettbewerb im Rahmen der Beschaffung **nicht Selbstzweck** ist, sondern ein Mittel zur wirtschaftlichen und sparsamen Verwendung von Haushaltsmitteln, welches seinen Zweck verfehlt, wenn zu hohe Anforderungen an die Vorbereitung und Durchführung der Beschaffung gestellt werden."[15]

Ergibt die Markterkundung, dass ein Verhandlungsverfahren ohne Teilnahmewettbewerb **19** zulässig ist, weil beispielsweise **nur ein Unternehmen** die Leistung erbringen kann,[16] so ist dennoch zunächst die Markterkundung abzuschließen und dann das (reduzierten Verfahrensanforderungen unterliegende) Vergabeverfahren zu beginnen.[17] Allerdings ist darauf hinzuweisen, dass der EuGH dem öffentlichen Auftraggeber in diesen Fällen **ernsthafte Nachforschungen auf europäischer Ebene** abverlangt, um sämtliche Unternehmen zu ermitteln, die zur Erbringung der Leistung in der Lage sind. Eine Direktvergabe an ein Unternehmen mit der Begründung, auf nationaler Ebene könne kein anderes Unternehmen die Leistung erbringen, erklärt der EuGH hingegen für vergaberechtswidrig.[18]

---

[7] OLG Jena 25.6.2014 – 2 Verg 1/14, ZfBR 2015, 404.

[8] 1. VK Sachsen 30.8.2016 – 1/SVK/6/16, BeckRS 2016, 19033 m. w. N.

[9] → § 31 Abs. 6.

[10] OLG Jena 25.6.2014 – 2 Verg 1/14, ZfBR 2015, 404; a. A. noch OLG Celle 22.5.2008 – 13 Verg 1/08 BeckRS 2008, 10353, OLG Jena 26.6.2006 – Verg 2/06, NZBau 2006, 735.

[11] OLG Karlsruhe 15.11.2013 – 15 Verg 5/13, NZBau 2014, 378.

[12] Vgl. OLG Düsseldorf 13.4.2016 – VII Verg 47/15, NZBau 2016, 656 zur VoIP-Telefonie.

[13] OLG Karlsruhe 15.11.2013 – 15 Verg 5/13, NZBau 2014, 378.

[14] OLG Düsseldorf 27.6.2012 – VII Verg 7/12, IBRRS 2012, 2628.

[15] OLG Naumburg. 20.9.2012 – 2 Verg 4/12 Rn. 90, VergabeR 2012, 55.

[16] → § 14 Abs. 4 Nr. 2.

[17] Einen solchen Fall hatte die Vergabestelle in dem von der VK Arnsberg entschiedenen Sachverhalt angenommen; allerdings verneinte die VK die Zulässigkeit eines Verhandlungsverfahrens ohne Teilnahmewettbewerb, 19.1.2012 – VK 17/11. *Rechten/Portner* plädieren in diesem Fall für eine freiwillige ex ante-Bekanntmachung nach § 135 Abs. 3 S. 1 GWB (→ GWB § 135) NZBau 2014, 276.

[18] EuGH 15.10.2009 – Rs. C-275/08 „Datenzentrale Baden-Württemberg" Rn. 61 ff. NZBau 2010, 63.

20   Allerdings lässt sich hieraus noch **keine generelle Verpflichtung zur Markterkundung** herleiten. Die Entscheidung des EuGH betrifft den Sonderfall, dass keine Ausschreibung mit mehreren Interessenten durchgeführt wird, weil angeblich nur ein Unternehmen leisten kann. Es ist nachvollziehbar, dass der EuGH für diese starke **Einschränkung des Wettbewerbs** strenge Anforderungen aufstellt. Der öffentliche Auftraggeber muss darlegen können, dass der Auftrag nur von einem bestimmten Unternehmen erbracht werden kann. Hierzu ist er verpflichtet, eine sorgfältige Markterforschung durchzuführen.[19] Liegt der Auftragswert oberhalb der Schwellenwerte und hat daher grundsätzlich eine EU-weite Ausschreibung zu erfolgen, ist es nur folgerichtig, dass EU-weit kein Konkurrent ersichtlich sein darf.[20] Für diesen Sonderfall ist eine gewisse Markterkundung daher wohl ausnahmsweise zu verlangen.[21]

21   **b) Unterrichtung Unternehmen.** Als weiterer Zweck der Markterkundung nennt § 28 Abs. 1 VgV ausdrücklich die Unterrichtung der Unternehmen über Auftragsvergabepläne und -anforderungen. Dies erscheint **systemfremd.** Natürlich bringt die Durchführung einer Markterkundung es mit sich, dass Unternehmen Kenntnis von einer geplanten Vergabe erlangen. Dieses jedoch zum Zweck der Markterkundung zu erklären, ist erstaunlich. Denn zur Information interessierter Unternehmen stellt das Vergaberecht in Form der in §§ 37 f. VgV geregelten Vorinformation und der Auftragsbekanntmachung eigene Mittel zur Verfügung. Dementsprechend sind Markterkundungen in Abschnitt 2 der VgV im Unterabschnitt 3 „Vorbereitung des Vergabeverfahrens" und Bekanntmachungen im Unterabschnitt 4 „Veröffentlichungen, Transparenz" geregelt. Dennoch ist der Wortlaut des § 28 Abs. 1 VgV eindeutig. Danach darf eine Markterkundung auch zu dem Zweck durchgeführt werden, **Unternehmen zu informieren.** Das gilt auch dann, wenn keinerlei Klärungsbedarf zur Vorbereitung des Vergabeverfahrens besteht.

22   Erfolgt eine solche Unterrichtung von Unternehmen, ist ein besonderes Augenmerk auf die Beachtung des **Wettbewerbs- und des Gleichbehandlungsgrundsatzes** zu legen.[22] Alle Marktteilnehmer, die als potenzielle Bieter in Betracht kommen, sind dann im gleichen Umfang zu informieren. Wird dies – beabsichtigt oder unbeabsichtigt – versäumt, ist ein etwaiger Wissensvorsprung einzelner Unternehmen im Vergabeverfahren auszugleichen; hier bietet sich eine Vorgehensweise analog den Projektantenfällen[23] an, bei denen vernachlässigte Wettbewerber alle wesentlichen Informationen zu ihrer Verfügung erhalten, die auch die zuvor informierten Unternehmen bekommen haben.

2. Methode der Markterkundung

23   Der Begriff der „Markterkundung" ist weit gefasst. Eine Definition bietet *Kulartz* an: „Eine Markterkundung ist eine besondere Form der Marktuntersuchung, die dem Auftraggeber Informationen darüber verschafft, **welche Leistungen der Markt anzubieten hat.**"[24] Diese Definition bietet Raum für Maßnahmen von der allgemeinen Recherche bis hin zu einer aktiven Abfrage von Informationen bei konkreten Unternehmen.

24   Die geringste Stufe der Markterkundung ist wohl die Internetrecherche. Hier wird auf **allgemein** zur Verfügung stehende Informationen zugegriffen. Auch die Abfrage von Erfahrungen anderer öffentlicher Auftraggeber oder auch Sachverständiger i. w. S.[25] ist noch allgemein gehalten. Weiter gehend ist der Besuch von Messen und Informationsveranstaltungen von Unternehmen, weil hier bereits ein **konkreter Kontakt zu Unternehmen hergestellt** wird oder werden kann. Eine aktive Einbindung von Unternehmen erfolgt

---

[19] OLG Frankfurt 10.7.2007 – 11 Verg 5/07, ZfBR 2008, 88.
[20] So im Ergebnis auch VK Hessen 27.4.2007 – 69d-VK-11/2007, IBRRS 2007, 4570.
[21] So im Ergebnis auch *Kulartz* in KKMPP § 28 Rn. 5.
[22] Vgl. zur Parallelvorschrift der VOB/A auch *Franzius* in Pünder/Schellenberg § 2 VOB/A Rn. 29.
[23] → § 7.
[24] In KKMPP § 28 Rn. 1 mwN.
[25] Zum Begriff des Sachverständigen → Rn. 7.

dann, wenn der Auftraggeber dort Informationen, Teststellungen oder gar Angebote anfordert, oder wenn er ein Interessenbekundungsverfahren[26] durchführt.

Die Rechtsprechung hält beispielsweise einen **Messebesuch** für ein „probates Mittel zur **25** Informationsbeschaffung für die Vorbereitung eines Vergabeverfahrens". Allerdings besteht keine Verpflichtung des öffentlichen Auftraggebers, mit allen anwesenden Unternehmen zu sprechen, da dies jedenfalls bei größeren Messen praxisfern ist.[27] Jedoch wird vom öffentlichen Auftraggeber nicht grundsätzlich verlangt, eine derart umfassende Markterkundung zu betreiben, dass ihm sämtliche Leistungsanbieter bekannt werden. Dies wird als unangemessene Überforderung des Verfahrens angesehen.[28]

Wenngleich insoweit keine Umsetzung in deutsches Recht erfolgt ist, verweist die deut- **26** sche Gesetzesbegründung ausdrücklich auf Art. 40 UAbs. 2 VRL.[29] Dort wird darauf verwiesen, dass sich die Markterkundung **nicht wettbewerbsverzerrend** auswirken und zu einem Verstoß gegen die Grundsätze der **Nichtdiskriminierung** und der **Transparenz** führen darf. Der öffentliche Auftraggeber ist daher gut beraten, die erlangten Informationen zu überprüfen. Insbesondere dann, wenn er Auskünfte von potentiellen Bietern eingeholt hat, sollte er zusätzlich davon unabhängige Nachforschungen unternehmen.[30]

II. Kein Vergabeverfahren zur Markterkundung (Abs. 2)

Wichtig ist – und dies ist die wesentliche Aussage des § 28 VgV –, dass Markterkundun- **27** gen sowie Kosten- und Preisermittlungen nicht in Form eines Vergabeverfahrens erfolgen dürfen. Denn Vergabeverfahren müssen **auf eine Auftragserteilung gerichtet** sein.

Die Markterkundung wie auch die Kosten- und Preisermittlung sind nicht auf eine Auf- **28** tragserteilung gerichtet. Insofern soll die Regelung des § 28 VgV die **Abgrenzung** zwischen Markterkundungen und Vergabeverfahren klarstellen: Die Markterkundung erfolgt in Vorbereitung des Vergabeverfahrens. Markterkundungen ersetzen nicht die Durchführung eines Vergabeverfahrens.[31] Am Ende der Markterkundung darf daher **kein Vertragsschluss** stehen, wenn dieser ausschreibungspflichtig ist. Bei der Markterkundung handelt es sich vielmehr um eine vom öffentlichen Auftraggeber zu erbringende **Vorleistung**, die er nicht den Bietern auferlegen darf.[32]

Vergabeverfahren sind hingegen auf den Abschluss eines Vertrags gerichtet. Es muss eine **29** **konkrete Vergabeabsicht** im Sinne eines ernsthaften Willens zur Einholung von Angeboten und zur Zuschlagserteilung bestehen.[33] Dieser Wille muss nach außen objektiv erkennbar werden.[34] Soll von einem Vertragsschluss Abstand genommen werden, muss das Verfahren aufgehoben werden. Liegt kein Aufhebungsgrund gem. § 63 Abs. 1 S. 1 VgV vor, macht sich der Auftraggeber möglicherweise schadensersatzpflichtig, wenn er das Verfahren aufhebt.[35]

Damit dient die Vorschrift letztlich dem **Schutz der Bieter:**[36] Sie geben Informationen **30** über ihre Unternehmenssituation und ihre Angebotskalkulation preis[37] und müssen daher darauf vertrauen dürfen, dass sie eine **faire Chance im Wettbewerb** haben. Der von den

---

[26] Dazu *Krohn* NZBau 2013, 79.

[27] VK Bund 8.8.2016 – VK 2 39/16, IBRRS 2016, 2432.

[28] VG Köln 1.7.2015 – 16 K 6872/14, ZfBR 2015, 828, wobei sich das Gericht strengere Voraussetzungen der Markerkundung bei anderen Aufträgen ausdrücklich vorbehält. Zu den besonderen Herausforderungen einer Ausschreibung patentgeschützter Gegenstände vgl. *Scharen* GRUR 2009, 345.

[29] BT-Drs. 18/7318 v. 20.1.2016 S. 169.

[30] *Kulartz* in KKMPP § 28 Rn. 7.

[31] VK Arnsberg 19.1.2012 – VK 17/11, abrufbar unter https://dejure.org/2012,58991.

[32] 1. VK Sachsen 16.1.2008 – 1/SVK/084-07, BeckRS 2008, 10986.

[33] Vgl. OLG Dresden 23.4.2009 – WVerg 11/08, ZfBR 2009, 610.

[34] OLG München 19.7.2012 – Verg 8/12, ZfBR 2012, 715.

[35] → § 63 Rn. 69 ff.

[36] So auch *Dieckmann* in Dieckmann/Scharf/Wagner-Cardenal § 2a EG VOL/A Rn. 61.

[37] Noch Kap. B Rn. 81.

Bietern in ihre Angebote **investierte Aufwand** muss grundsätzlich zu einer Auftragserteilung führen können;[38] das ist nicht der Fall, wenn ein Vergabeverfahren lediglich zur Kosten- oder Preisermittlung durchgeführt wird.[39] Außerdem müssen sich Unternehmen darauf verlassen können, dass bei einer Markterkundung keine verbindlichen Preise abgefragt werden und kein Wettbewerb um eine Auftragserteilung stattfindet.

31   Hieraus folgt, dass Auftraggeber gut beraten sind, ihre **Intentionen klar zum Ausdruck zu bringen.** Markterkundungen sollten als solche benannt werden. Dabei ist klarzustellen, dass zunächst keine Auftragserteilung beabsichtigt ist, sondern nach Abschluss der Markterkundung ein förmliches Vergabeverfahren folgt. Das ergibt sich im Übrigen bereits aus dem **Transparenzgrundsatz.**

32   **a) Rechtsprechung.** Die Rechtsprechung stellt zur Abgrenzung der Markterkundung zum Vergabeverfahren grundsätzlich auf die Intention des öffentlichen Auftraggebers ab. Beispielsweise verlässt ein öffentlicher Auftraggeber nach der Auffassung des **BGH** die Phase der Markterkundung, wenn er mehreren Unternehmen Gelegenheit zu Angeboten gibt, sodann mit nur einem Bieter über sein Angebot verhandelt und beabsichtigt, den Auftrag zu erteilen.[40] Nach Ansicht des **EuGH** geht bereits die Aufnahme konkreter Vertragsverhandlungen mit einem Interessenten über das Stadium der bloßen Vorbereitung eines Vergabeverfahrens hinaus.[41] Dem folgend hat das **OLG München** ein Überschreiten der Schwelle von der bloßen Markterkundung zur Beschaffung spätestens zu dem Zeitpunkt angenommen, als die Vergabestelle die beteiligten Unternehmen um eine Angebotspräzisierung gebeten und zu einem Vergabegespräch eingeladen hat.[42] Das **OLG Düsseldorf** stellt zur Abgrenzung von Vergabeverfahren zu bloßen Markterkundungen darauf ab, „ob und inwieweit der öffentliche Auftraggeber den Beschaffungsvorgang organisatorisch und planerisch bereits eingeleitet und mit potenziellen Anbietern Kontakte mit dem Ziel aufgenommen hat, das Beschaffungsvorhaben mit einer verbindlichen rechtsgeschäftlichen Einigung abzuschließen."[43]

33   Das **OLG Naumburg** führt im Übrigen aus, dass ein Vergabeverfahren weder durch Machbarkeitsstudien oder vergleichende Wirtschaftlichkeitsberechnungen u. ä. noch durch eine Vorinformation oder Selbstauskünfte der Vergabestelle über künftige Beschaffungsvorhaben begonnen wird.[44] Außerdem hat die Rechtsprechung das Fehlen einer Vergabeabsicht verneint, wenn der Auftragswert zu niedrig kalkuliert[45] oder in transparenter Weise eine Preisobergrenze festgesetzt[46] wurde.

34   **b) Einbindung Externer zur Markterkundung.** Hiervon zu trennen ist die Gestaltung, bei der ein öffentlicher Auftraggeber eine Markterkundung nicht selbst durchführen, sondern sich hierfür eines **externen Dienstleisters** bedienen möchte. Diese Vorgehensweise ist beispielsweise bei größeren IT-Vorhaben durchaus üblich, da Auftraggeber oftmals nicht das **Know How** im Hause haben können, um eine solche Ausschreibung vorzubereiten.[47]

35   Der Beschaffungsvorgang umfasst in diesem Fall **zwei Beauftragungen:** in einem ersten Schritt wird ein Dienstleister mit der Durchführung der Markterkundung beauf-

---

[38] So auch zur Parallelvorschrift in der VOB/A *Franzius* in Pünder/Schellenberg § 2 VOB/A Rn. 23; ähnlich *Glahs* in Kapellmann/Messerschmidt Rn. 41; vgl. auch BGH 9.6.2011 – X ZR 143/10, NZBau 2011, 498.

[39] So sinngemäß zur Parallelvorschrift in der VOB/A *Wirth/Baldringer* in Lampe-Helbig/Jagenburg/Baldringer § 2 VOB/A Rn. 53.

[40] BGH 1.2.2005 – X ZB 27/04, NZBau 2005, 290.

[41] EuGH 11.1.2005 – Rs. C-26/03 „Stadt Halle", Rn. 39 i. V. m. Rn 35, NZBau 2005, 111.

[42] OLG München 19.7.2012 – Verg 8/12, IBRRS 2012, 2932.

[43] OLG Düsseldorf 19.7.2006 – Verg 26/06 Rn. 23 m. w. N., IBRRS 2007, 0134.

[44] OLG Naumburg 8.10.2009 – 1 Verg 9/09, IBRRS 2009, 3427.

[45] OLG Dresden 23.4.2009 – WVerg 11/08, ZfBR 2009, 610.

[46] VK Bund 12.7.2016 – VK 2 49/16, VPRRS 2016, 275, bestätigt von OLG Düsseldorf 2.11.2016 – Verg 27/16, BeckRS 2016, 119353.

[47] Dazu *Krohn* NZBau 2013, 79.

tragt.[48] Handelt es sich hierbei um einen ausschreibungspflichtigen Dienstleistungsauftrag, so hat die Markterkundung im Wege eines Vergabeverfahrens zu erfolgen. Nach Abschluss dieses ersten Vergabeverfahrens erfolgt in einem zweiten Schritt das Vergabeverfahren bezüglich der eigentlich zu beschaffenden Leistung.

Das Verbot des § 28 Abs. 2 VgV, Vergabeverfahren lediglich zur Markterkundung durchzuführen, greift insoweit selbstverständlich nicht. Denn das Vergabeverfahren erfolgt nicht lediglich zur Markterkundung. Vielmehr werden **zwei aufeinanderfolgende Vergabeverfahren** durchgeführt, die beide auf einen Vertragsschluss gerichtet sind. **36**

c) Doppel- und Parallelausschreibungen. Einen Fall der verbotenen Markterkundung stellen auch die so genannten **Doppelausschreibungen** dar. Sie sind dadurch gekennzeichnet, dass ein öffentlicher Auftraggeber für einen **identischen Beschaffungsvorgang,** der nur einmal realisiert werden kann und soll, mehrere Vergabeverfahren einleitet. Soll aber nur eine Leistung beauftragt werden, wird für die andere Leistung ein Vergabeverfahren durchgeführt, ohne dass eine Zuschlagserteilung beabsichtigt ist. Das verstößt gegen das Verbot des § 28 Abs. 2 VgV sowie gegen das Wettbewerbs- und Diskriminierungsverbot.[49] Denn zum einen vermindern sich die Chancen der Bieter und zum anderen haben die Bieter einen erhöhten, weil zweifachen Aufwand zur Erstellung und ggf. Aufklärung ihres Angebots zu betreiben.[50] Eine neue Ausschreibung desselben Beschaffungsvorhabens ist somit nur dann zulässig, wenn die erste Ausschreibung wirksam aufgehoben worden ist.[51] **37**

Parallelausschreibungen unterscheiden sich dadurch von Doppelausschreibungen, dass nicht dieselbe Leistung, sondern alternative Leistungen nebeneinander ausgeschrieben werden. Inwieweit so genannte Parallelausschreibungen zulässig sind, hängt von deren konkreter Ausgestaltung ab.[52] Nach der Rechtsprechung sind Parallelausschreibungen erlaubt, sofern die berechtigten Interessen der Bieter im Hinblick auf einen zumutbaren Arbeitsaufwand gewahrt werden, das Verfahren für die Beteiligten hinreichend transparent ist und sichergestellt ist, dass die wirtschaftlichste Verfahrensweise zum Zuge kommt.[53] Dazu sollten öffentliche Auftraggeber auf das Vorliegen einer Parallelausschreibung **hinweisen**. Dies löst jedenfalls eine Rügepflicht von Bietern aus, die einen Vergaberechtsverstoß zu erkennen meinen. **38**

C. Rechtsfolgen bei Verstößen

§ 28 Abs. 2 VgV verbietet die Durchführung von Vergabeverfahren lediglich zur Markterkundung und zum Zwecke der Kosten- oder Preisermittlung. Die Vorschrift ist **bieterschützend,** da die Bieter im Vertrauen auf die Vergabeabsicht Zeit- und Kostenaufwand bei der Angebotserstellung haben.[54] **39**

Der öffentliche Auftraggeber verstößt gegen das Verbot des § 28 Abs. 2 VgV, wenn er ein Vergabeverfahren ohne Zuschlagsabsicht durchführt. Es ist zweifelhaft, ob in diesem Fall ein Nachprüfungsverfahren zulässig ist, da Bieter nach § 160 Abs. 2 GWB ein **Interesse am Auftrag** nachweisen müssen, ein solcher Auftrag jedoch nicht erteilt werden soll. Bieter können aber möglicherweise **Schadensersatz** aus vorvertraglicher Pflichtverletzung **40**

---

[48] Dies regt auch *Kulartz* in KKMPP § 28 Rn. 10.
[49] OLG Frankfurt am Main 15.7.2008 – 11 Verg 6/08, ZfBR 2009, 92.
[50] OLG Naumburg 13.10.2006 – 1 Verg 11/06, IBRRS 2006, 3935.
[51] OLG Frankfurt am Main 15.7.2008 – 11 Verg 6/08 m. w. N., ZfBR 2009, 92
[52] Zu Parallelausschreibungen im Zusammenhang mit Losvergaben *Schaller*, ZfBR 2008, 142; im Zusammenhang mit Immobilienleasing *Eschenbruch*, BB-Beilage Nr. 5, 8 (zu BB 2000 Heft 18).
[53] KG 22.8.2001 – KartVerg 3/01 IBRRS 2002, 0004; Entscheidungsanmerkung bei *Kaiser* NZBau 2002, 553.
[54] So sinngemäß auch *Wagner* in HHKW § 2 VOB/A Rn. 31.

(§§ 280 Abs. 1, 311 Abs. 2, 241 Abs. 2 BGB) verlangen,[55] da ihr Vertrauen in die faire Chance auf eine Zuschlagserteilung verletzt wurde.

41 Auch der umgekehrte Fall ist denkbar, in dem der öffentliche Auftraggeber ausdrücklich eine bloße Markterkundung durchführt, entgegen seiner Ankündigung aber einen Auftrag erteilt. Bieter können dann die **Unwirksamkeit** eines etwa abgeschlossenen Vertrags nach § 135 GWB geltend machen.

---

[55] So zur Parallelvorschrift in der VOB/A *Franzius* in Pünder/Schellenberg § 2 VOB/A Rn. 30.

§ 29 Vergabeunterlagen

(1) **Die Vergabeunterlagen umfassen alle Angaben, die erforderlich sind, um dem Bewerber oder Bieter eine Entscheidung zur Teilnahme am Vergabeverfahren zu ermöglichen. Sie bestehen in der Regel aus**

1. **dem Anschreiben, insbesondere der Aufforderung zur Abgabe von Teilnahmeanträgen oder Angeboten oder Begleitschreiben für die Abgabe der angeforderten Unterlagen,**
2. **der Beschreibung der Einzelheiten der Durchführung des Verfahrens (Bewerbungsbedingungen), einschließlich der Angabe der Eignungs- und Zuschlagskriterien, sofern nicht bereits in der Auftragsbekanntmachung genannt, und**
3. **den Vertragsunterlagen, die aus der Leistungsbeschreibung und den Vertragsbedingungen bestehen.**

(2) **Der Teil B der Vergabe- und Vertragsordnung für Leistungen in der Fassung der Bekanntmachung vom 5. August 2003 (BAnz. Nr. 178a) ist in der Regel in den Vertrag einzubeziehen. Dies gilt nicht für die Vergabe von Aufträgen, die im Rahmen einer freiberuflichen Tätigkeit erbracht oder im Wettbewerb mit freiberuflichen Tätigen angeboten werden und deren Gegenstand eine Aufgabe ist, deren Lösung nicht vorab eindeutig und erschöpfend beschrieben werden kann.**

Übersicht

	Rn.			Rn.
A. Einführung	1		bb) Einbeziehung der VOL/B	47
I. Literatur	2		cc) Weitere vertragliche Regelwerke	51
II. Entstehungsgeschichte	3		II. Weitere Unterlagen	52
1. Bisherige Regelungen	3		1. Einheitliche Europäische Eigenerklärung	53
2. Entfallene Regelungen	6		2. Formblätter	54
3. Verschobene Regelungen	10		3. Bewertungsmatrix	56
III. Rechtliche Vorgaben im EU-Recht	11		4. Bewerber- und Bieterinformationen	57
B. Regelungsgehalt	13		5. Protokolle	58
I. In § 29 VgV benannte Unterlagen	15		III. Stand der Unterlagen	60
1. Verfahrensunterlagen	19		IV. Keine Vergabeunterlagen	62
a) Anschreiben	20		1. Bekanntmachung	62
aa) Definition	20		2. Rein interne Unterlagen	63
bb) Praxis	24			
b) Bewerbungsbedingungen	28		C. Transparenz der Vergabeunterlagen	64
2. Vertragsunterlagen	35			
a) Leistungsbeschreibung	37		D. Rechtsfolgen bei Verstößen	66
b) Vertragsbedingungen	42			
aa) Wesentliche Vertragsbestandteile	44			

A. Einführung

Die Regelung des § 29 VgV definiert den Begriff der **Vergabeunterlagen**.   **1**

I. Literatur

Zerwell, Die Nachbesserung unzureichender Unterlagen im Vergabeverfahren, NZBau 2017, 18; *Bamberger/* **2**
Roth, BeckOK BGB, 42. Edition Stand 1.2.2017; *Goldbrunner*, Korrektur der Vergabeunterlagen nach Eingang der Angebote, VergabeR 2015, 342; *Schaller*, VOL/A und B, 5. Aufl. 2014; *Jaeger*, Die neue Basisvergaberichtlinie der EU vom 26.2.2014 – Ein Überblick, NZBau 2014, 259; *Daub/Eberstein*, VOL/B, 5. Aufl. 2003.

II. Entstehungsgeschichte

1. Bisherige Regelungen

3   Die Regelungen des § 29 VgV waren bereits in der VOL/A-EG enthalten. Wie die Gesetzesbegründung bestätigt,[1] entspricht die Regelung zu den Vergabeunterlagen in § 29
Abs. 1 VgV im Wesentlichen § 9 EG Abs. 1 VOL/A. Die in § 29 Abs. 2 S. 1 VgV normierte Einbeziehung der VOL/B überträgt die Regelung des § 11 EG Abs. 1 VOL/A ins
neue Recht. Die mit der Vergaberechtsreform in die VgV integrierte VOF sah keine Vereinbarung der VOL/B vor; dass die VOL/B bei der Vergabe von Aufträgen, die im Rahmen einer freiberuflichen Tätigkeit erbracht oder im Wettbewerb mit freiberuflichen Tätigkeiten angeboten werden und deren Gegenstand eine Aufgabe ist, deren Lösung nicht
vorab eindeutig und erschöpfend beschrieben werden kann, nicht einzubeziehen ist, wird
nun durch § 29 Abs. 2 S. 2 VgV **eindeutig bestimmt.**

4   An den genannten Vorschriften aus dem alten Recht nehmen die Neuregelungen des
§ 29 VgV **nur geringfügige Änderungen** vor. So fehlt in § 29 Abs. 1 S. 1 VgV die Ergänzung „oder zur Angebotsabgabe", wie sie in § 9 EG Abs. Abs. 1 S. 1 VOL/A enthalten
war. Da es jedoch zum maßgeblichen Inhalt einer Beteiligung am Vergabeverfahren zählt,
ein Angebot abzugeben, kann daraus keine inhaltliche Änderung gefolgert werden.[2] Des
Weiteren wird die bislang im Klammerzusatz des § 9 EG Abs. 1 S. 2 lit. a) VOL/A enthaltene Definition des Anschreibens in § 29 Abs. 1 S. 2 Nr. 1 VgV geöffnet, indem ein „insbesondere" vorangestellt wird und die Klammern entfallen; zudem wird der Teilnahmeantrag ergänzt. In § 29 Abs. 1 S. 2 Nr. 2 VgV wird zusätzlich zur bisherigen Regelung des
§ 9 EG Abs. 1 S. 2 lit. b) VOL/A jetzt auch die Angabe der Eignungskriterien gefordert.

5   Der Verweis in § 29 Abs. 2 S. 1 VgV auf die VOL/B wird um die konkrete Benennung
der **maßgeblichen Fassung** ergänzt. Die Neuformulierung dahin gehend, dass die
VOL/B „in der Regel in den Vertrag einzubeziehen" statt wie bisher „grundsätzlich zum
Vertragsgegenstand zu machen" ist, wird als redaktionelle Änderung angesehen.

2. Entfallene Regelungen

6   Andererseits wurden Teile der außer Kraft getretenen Regelungen der §§ 9 und 11 EG
VOL/A **nicht ins neue Recht übernommen.**

7   Es fehlt der ehemals in § 9 EG Abs. 3 VOL/A geregelte **Kostenersatz** für die Vervielfältigung der Vergabeunterlagen bei direkter oder postalischer Übermittlung an die Bieter.
Er entfällt ohnehin, soweit die Vergabeunterlagen nach § 41 Abs. 1 VgV elektronisch zur
Verfügung gestellt werden. Soweit hiervon allerdings Ausnahmen nach § 41 Abs. 2 VgV
bestehen und keine elektronische Übermittlung erfolgt, muss der öffentliche Auftraggeber
offenbar auf einen Kostenersatz verzichten.

8   § 9 EG Abs. 4 VOL/A hatte bestimmt, dass im Vergabeverfahren verlangte Nachweise in
einer **abschließenden Liste** zusammenzustellen sind. Auch diese Regelung ist in der VgV
nicht mehr enthalten. Allerdings wird der Auftraggeber bereits aus dem **Transparenzgrundsatz** verpflichtet sein, die geforderten Nachweise in einer übersichtlichen Form
darzustellen.

9   § 11 EG VOL/A konkretisierte die Vorgabe zur Einbeziehung der VOL/B. Diese Bestimmungen zu **Zusätzlichen Allgemeinen Vertragsbedingungen, Ergänzenden
Vertragsbedingungen, Vertragsstrafen, Verjährungsfristen und Sicherheitsleistungen** sind ebenfalls ersatzlos entfallen. Dies lässt sich wohl so erklären, dass sich die Mehrheit dieser Regelungen durch die Formulierung, die VOL/B sei „in der Regel" einzubeziehen, erübrigt. Denn dadurch wird die Verpflichtung zur Einbeziehung für Sonderfälle

---

[1] BT-Drs. 18/7318 v. 20.1.2016 S. 169.
[2] So auch *Verfürth* in KKMPP § 29 Rn. 3.

(„wenn die Überschreitung erhebliche Nachteile verursachen kann", § 11 EG Abs. 2 VOL/A; „wenn dies nach der Eigenart der Leistung erforderlich ist", § 11 EG Abs. 3 VOL/A; „es sei denn sie erscheinen ausnahmsweise für die sach- und fristgemäße Durchführung der verlangten Leistung notwendig", § 11 EG Abs. 4 VOL/A) relativiert.

3. Verschobene Regelungen

Andere Vorschriften wurden lediglich aufgrund der **neuen Regelungssystematik** ver- **10** schoben. Die Regelungen zur **Gewichtung** aus § 9 EG Abs. 1 S. 2 lit. b, Abs. 2 VOL/A finden sich in § 127 Abs. 5 GWB wieder. Die vormals in § 9 EG Abs. 5 VOL/A behandelten **Nebenangebote** werden in § 35 VgV geregelt.

Die Weitergabe der Verpflichtung zur **Losvergabe** aus § 11 Abs. 5 i. V. m. § 2 EG Abs. 2 VOL/A bei der Vergabe von **Unteraufträgen** ist ausreichend in § 97 Abs. 4 GWB geregelt.

III. Rechtliche Vorgaben im EU-Recht

Ausweislich der Gesetzesbegründung ist die Regelung zu den Vergabeunterlagen in § 29 **11** Abs. 1 VgV an die Begriffsbestimmung des Art. 2 Abs. 1 Nr. 13 VRL angelehnt.[3] Dort werden die **„Auftragsunterlagen"** definiert als „sämtliche Unterlagen, die vom öffentlichen Auftraggeber erstellt werden oder auf die er sich bezieht, um Bestandteile der Auftragsvergabe oder des Verfahrens zu beschreiben oder festzulegen; dazu zählen die Bekanntmachung, die Vorinformationen, sofern sie als Aufruf zum Wettbewerb dienen, die technischen Spezifikationen, die Beschreibung, die vorgeschlagenen Auftragsbedingungen, Formate für die Einreichung von Unterlagen seitens der Bewerber und Bieter, Informationen über allgemeingültige Verpflichtungen sowie sonstige zusätzliche Unterlagen." Der deutsche Gesetzgeber legt in seiner Begründung allerdings Wert darauf, dass § 29 Abs. 1 VgV anders als die VRL nicht die Auftragsbekanntmachung umfasst.

Hingegen findet die in § 29 Abs. 2 VgV geregelte Einbeziehung der **VOL/B** im EU- **12** Recht keine Entsprechung. Das liegt darin begründet, dass die VOL/B ein deutsches Konstrukt ist, für welches keine Vorgaben der EU gelten.

B. Regelungsgehalt

§ 29 Abs. 1 VgV definiert, was „Vergabeunterlagen" i. S. d. deutschen Vergaberechts **13** sind. Die Definition erfolgt **zweistufig:** Nach S. 1 gilt die **weite Bestimmung,** wonach die Vergabeunterlagen alle Angaben umfassen, die erforderlich sind, um dem interessierten Unternehmen eine Entscheidung zur Teilnahme am Vergabeverfahren zu ermöglichen.[4] S. 2 **konkretisiert** diese weite Aussage, indem bestimmte Unterlagen „in der Regel" als Vergabeunterlagen angesehen werden. Hierzu gehören mit den Vertragsunterlagen auch die nach § 29 Abs. 2 VgV einzubeziehende VOL/B.

Damit dient § 29 VgV der **Verfahrenstransparenz.** Die Bewerber und Bieter sind um- **14** fassend über das Beschaffungsvorhaben sowie die Vergabe-/Bewerbungs- und Vertragsbedingungen des öffentlichen Auftraggebers zu informieren, um über ihre **Teilnahme am Verfahren entscheiden** zu können.

---

[3] BT-Drs. 18/7318 v. 20.1.2016 S. 169.
[4] *Verfürth* spricht von einer Generalklausel in KKMPP § 29 Rn. 3; *el-Barudi* nimmt für die insoweit gleichlautende Vorgängervorschrift des § 9 EG VOL/A ein Gebot an, von vornherein alle erforderlichen Angaben in den Vergabeunterlagen zusammenzustellen in HHKW § 9 VOL/A-EG Nr. 2.

I. In § 29 VgV benannte Unterlagen

15   Gem. § 29 Abs. 1 S. 2 VgV bestehen die Vergabeunterlagen **in der Regel** aus
1. dem **Anschreiben,** insbesondere der Aufforderung zur Abgabe von Teilnahmeanträgen oder Angeboten oder Begleitschreiben für die Abgabe der angeforderten Unterlagen,
2. der Beschreibung der Einzelheiten der Durchführung des Verfahrens **(Bewerbungsbedingungen),** einschließlich der Angabe der Eignungs- und Zuschlagskriterien, sofern nicht bereits in der Auftragsbekanntmachung genannt, und
3. den **Vertragsunterlagen,** die aus der Leistungsbeschreibung und den Vertragsbedingungen bestehen.

16   Diese Unterlagen lassen sich in zwei Arten unterteilen: Bei Anschreiben (Nr. 1) und Bewerbungsbedingungen (Nr. 2) handelt es sich um **Verfahrensunterlagen.** Sie erläutern den Bewerbern und Bietern den Ablauf und die Bedingungen des Vergabeverfahrens bis zur Zuschlagserteilung. Demgegenüber sind die **Vertragsunterlagen** (Nr. 3) die nach Zuschlagserteilung geltenden Auftragsunterlagen, aus denen sich die gegenseitigen Leistungspflichten ergeben.

17   Von essenzieller Wichtigkeit ist es, diese beiden Arten der Unterlagen inhaltlich strikt zu trennen. Da die **Verfahrensunterlagen nicht Vertragsbestandteil** werden, sind darin keinerlei Bestimmungen mit vertraglichem Charakter aufzunehmen. Umgekehrt dürfen die **Vertragsunterlagen keine Regelungen zum Vergabeverfahren** enthalten.

18   Beide Arten von Unterlagen sind grundsätzlich erforderlich i. S. v. § 29 Abs. 1 S. 1 VgV, um eine Entscheidung über die Teilnahme am Verfahren zu treffen. Allerdings zeigt die in § 29 Abs. 1 S. 2 VgV gewählte Formulierung „in der Regel", dass die **Aufzählung weder zwingend noch abschließend**[5] ist. § 29 Abs. 1 S. 2 VgV liefert dem Auftraggeber vielmehr eine Reihe von Beispielen für die Vergabeunterlagen. Im Einzelfall kann dieser jedoch auch entscheiden, dass er weniger Vergabeunterlagen verwendet oder mehr Unterlagen benötigt.[6]

1. Verfahrensunterlagen

19   Das Vergabeverfahren wird in seinen Grundzügen durch die vergaberechtlichen Vorschriften bestimmt. Alleine auf dieser Grundlage wäre die Durchführung eines Verfahrens jedoch nicht möglich. Vielmehr müssen die **Angaben zum individuellen Inhalt des jeweiligen Verfahrens** wie Daten des Auftraggebers und Gegenstand der Beschaffung kommuniziert werden. Zudem gewährt das Vergaberecht dem öffentlichen Auftraggeber zum Teil **erhebliche Spielräume bei der Ausgestaltung des Verfahrens,** beispielsweise bei den Auswahlkriterien und bei den Fristen. Um diese Informationen zu transportieren, dienen insbesondere die Bewerbungsbedingungen und ergänzend das Anschreiben.

20   **a) Anschreiben. aa) Definition.** Ausdrücklich Teil der Vergabeunterlagen soll nach § 29 Abs. 1 S. 2 Nr. 1 VgV das **Anschreiben** sein. Die Regelung spezifiziert das Anschreiben insofern weiter, als es sich insbesondere bei der Aufforderung zur Abgabe von Teilnahmeanträgen, bei der Aufforderung zur Abgabe von Angeboten sowie bei Begleitschreiben für die Abgabe der angeforderten Unterlagen um Anschreiben im Sinne der Regelung handeln soll.

21   Der Duden definiert das Anschreiben als „[kurzes] **Begleitschreiben".**[7] Mithin geht die Regelung davon aus, dass der öffentliche Auftraggeber mit den Verfahrensteilnehmern auf eine Art und Weise kommuniziert, bei der Unterlagen zusammen mit einem Begleitschreiben, dem Anschreiben, versandt werden. Dementsprechend benennt § 29 Abs. 1 S. 2 Nr. 1 VgV als Beispiel für Anschreiben die Begleitschreiben für die Abgabe der angeforderten

---

[5] BT-Drs. 18/7318 v. 20.1.2016 S. 169.
[6] So auch *Verfürth* in KKMPP § 29 Rn. 4.
[7] Siehe www.duden.de/rechtschreibung/Anschreiben, Abruf a. 26.5.2017.

Unterlagen. Auch bei einer **Begleit-E-Mail** handelt es sich daher um ein Anschreiben im Sinne des § 29 Abs. 1 S. 2 Nr. 1 VgV.

So verhält es sich auch bei den weiteren in der Regelung gesondert genannten Formen **22** des Anschreibens: Die **Aufforderung zur Abgabe von Teilnahmeanträgen** erfolgt typischerweise, nachdem Unternehmen auf der Grundlage der Bekanntmachung ihr Interesse an der Ausschreibung bekundet haben. Mit der Aufforderung erhalten sie regelmäßig die Vergabeunterlagen. Ähnlich ist es bei der **Aufforderung zur Abgabe von Angeboten.** Sie erfolgt in zweistufigen Verfahren nach der Auswahl der Bewerber. Die ausgewählten Unternehmen erhalten mit der Aufforderung zur Angebotsabgabe die weiteren Vergabeunterlagen, soweit sie noch nicht nach § 41 VgV mit der Bekanntmachung abrufbar waren.

Obwohl sie nicht ausdrücklich benannt wird, zählt natürlich auch die **Aufforderung 23 zur Teilnahme am wettbewerblichen Dialog** nach § 18 Abs. 4 S. 1 VgV zu den von § 29 Abs. 1 S. 2 Nr. 1 VgV erfassten Anschreiben, zumal die speziell genannten Anschreiben ausdrücklich „insbesondere" angeführt werden. Auch durch sie erhalten die ausgewählten Unternehmen die weiteren Vergabeunterlagen.

bb) Praxis. Dabei handelt es sich bei den Aufforderungen zur Teilnahme oder zur An- **24** gebotsabgabe in der Praxis nicht immer um reine – kurze – Begleitschreiben. Öffentliche Auftraggeber verlagern manchmal einen Großteil der **Verfahrensbedingungen** in diese Schreiben. Teilweise wird sogar auf die Beifügung von Bewerbungsbedingungen verzichtet, indem alle Verfahrensbedingungen in die Aufforderung zur Teilnahme oder Angebotsabgabe aufgenommen werden.[8] Dies liegt vermutlich in der Vor-Vorgängervorschrift § 17 Nr. 3 Abs. 1 VOL/A 2006 begründet, die noch vorsah, dass das Anschreiben alle Angaben enthält, die außer den Verdingungsunterlagen für den Entschluss zur Abgabe eines Angebots notwendig sind. Wenngleich dies so bereits von der VOL/A 2009 und auch von der VgV nicht mehr vorgesehen ist, handelt es sich bei diesen Dokumenten nichtsdestotrotz um Vergabeunterlagen.

Andererseits werden in Vergabeverfahren nicht immer Anschreiben verwendet. Bei- **25** spielsweise entfällt das Anschreiben regelmäßig im **offenen Verfahren,** da Angebote in der Regel direkt auf die Bekanntmachung hin abgegeben werden. Die Bekanntmachung enthält dann alle notwendigen Verfahrensinformationen, ggf. ergänzt durch die Bewerbungsbedingungen.

Zudem verwenden öffentliche Auftraggeber im Zuge der **e-Vergabe** immer seltener **26** Anschreiben. Hier erhält der Interessent regelmäßig über die Bekanntmachung Kenntnis von der Ausschreibung und ruft über eine Vergabeplattform die Vergabeunterlagen ab. Da dieser Erstabruf nach § 9 Abs. 3 S. 2 VgV anonym möglich sein muss, kann hier jedenfalls kein individualisiertes, an das interessierte Unternehmen persönlich gerichtetes Anschreiben erfolgen, sondern allenfalls ein anonymes Anschreiben „An alle Interessenten" o. ä. Auch im weiteren Verfahren ist ein Anschreiben beim Abruf von Unterlagen von der Vergabeplattform nicht zwingend erforderlich.

Festzustellen ist aber, dass dann, wenn ein Anschreiben verwendet wird, es sich dabei **27** **immer um eine Vergabeunterlage handelt.**

b) Bewerbungsbedingungen. § 29 Abs. 1 S. 2 Nr. 2 VgV definiert die Bewerbungs- **28** bedingungen als die **Beschreibung der Einzelheiten der Durchführung des Verfahrens,** einschließlich der Angabe der Eignungs- und Zuschlagskriterien, sofern nicht bereits in der Auftragsbekanntmachung genannt. Bewerbungsbedingungen müssen nicht zwingend als solche bezeichnet werden. Üblich ist auch die Verwendung der Begriffe Verfahrensbrief, (Besondere) Verfahrensbedingungen, Ausschreibungsbedingungen u. Ä.

Mit der (bereits in der VOL/A 2009 vollzogenen) Reduzierung der Aufforderung zur **29** Angebotsabgabe auf ein bloßes Anschreiben im Sinne eines Begleitschreibens sind die Bewerbungsbedingungen zum **zentralen Dokument** bzw. Dokumentenkonvolut des Verga-

---

[8] Hierzu *Verfürth* in KKMPP § 29 Rn. 6.

beverfahrens geworden. Sie müssen **alle wesentlichen Verfahrensinformationen** enthalten.

30   Die Ausformulierung der Verfahrensbedingungen im Einzelnen ist erforderlich, weil die vergaberechtlichen Vorschriften das Vergabeverfahren nur abstrakt in seinen Grundzügen beschreiben und gleichsam Leitplanken für den Verfahrensablauf aufstellen. Alleine auf dieser Grundlage wäre die Durchführung des Verfahrens jedoch nicht möglich. Die vergaberechtlichen Vorschriften enthalten naturgemäß keine **konkreten Informationen** wie Daten des Auftraggebers, konkrete Fristen, Auswahlkriterien usw. Diese werden erst durch die Bewerbungsbedingungen ausgefüllt. Dabei dürfen die Bewerbungsbedingungen selbstverständlich nicht gegen die vergaberechtlichen Vorschriften verstoßen, sondern nur die bestehenden Spielräume ausnutzen. Beispielsweise dürfen Mindestfristen nicht unterschritten werden.

31   Der genaue Inhalt der Bewerbungsbedingungen folgt aus dem **Transparenzgrundsatz:** Die Bewerber und Bieter müssen Ablauf und Anforderungen des Verfahrens erkennen können, um über ihre Teilnahme am Verfahren entscheiden zu können. Dementsprechend empfiehlt es sich, einen **Leitfaden** zum **Ablauf des Verfahrens** in die Bewerbungsbedingungen aufzunehmen. Darin können die **einzelnen Verfahrensschritte** mit den zugehörigen Fristen bekanntgegeben werden.[9] Bei Verhandlungsverfahren, wettbewerblichem Dialog und Innovationspartnerschaft sollte der Ablauf der verfahrensspezifischen Verhandlungsphase wie voraussichtliche Anzahl und Ablauf der Verhandlungs- oder Dialogrunden, Ausscheiden von Verfahrensteilnehmern u. Ä. aufgenommen werden.

32   Zudem sollten die Bewerbungsbedingungen einen **Überblick über alle weiteren Vergabeunterlagen** enthalten. Diese sollten eindeutig bezeichnet und ggf. auch durchnummeriert werden. Die Bewerber und Bieter müssen für jede Unterlage erkennen können, welche Bedeutung sie hat. Zu kennzeichnen ist insbesondere, welche Unterlagen welchen Inhalts mit dem Teilnahmeantrag oder Angebot einzureichen sind, und welche Unterlagen zur Kenntnis beim Verfahrensteilnehmer verbleiben. Sind darüber hinaus Unterlagen abzugeben, die nicht in den Vergabeunterlagen vorgegeben werden, sind auch sie aufzuführen. Die Eignungs- und Zuschlagskriterien sind zu benennen, sofern sie nicht bereits in der Bekanntmachung angegeben wurden.

33   **In der Praxis** regeln Bewerbungsbedingungen zum Beispiel Daten und Kontakt des Auftraggebers, Form und Inhalt des Angebots, Fristen, Bieterfragen, Möglichkeiten einer Ortsbesichtigung, Anforderungen an Bietergemeinschaften und Nachunternehmer, Informationen zur Losvergabe sowie Zulässigkeit von und Anforderungen an Nebenangebote.

34   Zudem wiederholen Bewerbungsbedingungen oft **vergaberechtliche Regelungen.** Das mag auf den ersten Blick überflüssig erscheinen, da das Vergaberecht ja ohnehin gilt. Bei Ausschreibungen, bei denen die Beteiligung vergaberechtlich unerfahrener Unternehmen zu erwarten ist, kann es aber sinnvoll sein. Denn diese machen aufgrund ihrer Unkenntnis mitunter unnötige Fehler, die zum Angebotsausschluss führen.

2. Vertragsunterlagen

35   Weiterer Bestandteil der Vergabeunterlagen sind gem. § 29 Abs. 1 S. 2 Nr. 3 VgV die Vertragsunterlagen, die aus der Leistungsbeschreibung und den Vertragsbedingungen bestehen. Sie regeln die **tatsächlichen, technischen, wirtschaftlichen und rechtlichen Bedingungen der Leistungserbringung.**[10]

36   Die Vertragsunterlagen erfüllen eine **Doppelfunktion:** Sie sind zum einen **Vergabeunterlagen** und dienen dem Zweck, die zu beschaffende Leistung einschließlich der Konditionen der Leistungserbringung und deren Abwicklung zu definieren. Zum anderen haben

---

[9] Wobei diese unter Vorbehalt stehen und im Laufe des Verfahrens noch Änderungen erforderlich werden können.

[10] *Ritzek-Seidl/Franzius* in Pünder/Schellenberg § 8 VOL/A Rn. 9.

sie über das Vergabeverfahren hinaus Bestand, da sie mit Zuschlagserteilung das **vertragliche Verhältnis** zwischen Auftraggeber und obsiegendem Bieter regeln.

a) Leistungsbeschreibung. Der Begriff der Leistungsbeschreibung ist in § 31 VgV de- **37** finiert.[11] Kurz gesagt dient sie der Beschreibung der Merkmale des Auftragsgegenstandes (§ 31 Abs. 2 S. 1 VgV). In ihr werden **Art und Umfang der Leistung** beschrieben.

Die Leistungsbeschreibung ist Teil der Vertragsunterlagen, weil der Vertrag als wesent- **38** liche Bestandteile (essentialia negotii)[12] grundsätzlich die **gegenseitigen Leistungspflichten bestimmen** muss.

Bei einfachen Leistungen kann die Leistungsbeschreibung im **Vertragstext** enthalten **39** sein. Das gilt immer dann, wenn die Leistung mit wenigen Sätzen oder Stichpunkten hinreichend genau festgelegt werden kann. Das kann beispielsweise bei Lieferleistungen über genormte Produkte der Fall sein, wie beim vergabe-sprichwörtlichen Bleistiftkauf.

Ist hingegen eine ausführliche, über mehrere Seiten reichende Beschreibung der Leis- **40** tung erforderlich, um die vertraglich geschuldete Leistung zu bestimmen, wird die Leistungsbeschreibung in aller Regel als **Anlage zum Vertrag** hinzugefügt, und der Vertrag selbst enthält nur einen kurzen Verweis auf die Leistungsbeschreibung. In diesen Fällen empfiehlt sich zudem eine Regelung zur **Rangfolge** zwischen dem Vertragstext, der Leistungsbeschreibung und den übrigen Anlagen sowie weiteren möglichen Rechtsquellen. Solche Leistungsbeschreibungen werden bei allen komplexeren Leistungen wie beispielsweise Facility Management- oder IT-Leistungen verwendet.

Unabhängig davon, ob die Leistungsbeschreibung innerhalb des Vertragstextes oder als **41** Anlage zum Vertrag gehandhabt wird, ist sie **als Vertragsunterlage Teil der Vergabeunterlagen.**

b) Vertragsbedingungen. Die Vertragsbedingungen regeln die Abwicklung der Leis- **42** tungserbringung. Sie müssen mindestens die wesentlichen zu regelnden Vertragspunkte (essentialia negotii) enthalten. Diese sind der **Vertragsgegenstand, die Vergütung** und die **Parteien.** Weitere Regelungen sind möglich.

Da der öffentliche Auftraggeber die Vertragsbedingungen einseitig verbindlich vorgibt, **43** kann das **AGB**-Recht gem. §§ 305 ff. BGB eingreifen.[13] Dies ist im Einzelfall zu prüfen.

aa) Wesentliche Vertragsbestandteile. Der **Vertragsgegenstand** ist, vergaberecht- **44** lich gesprochen, der **Gegenstand der Beschaffung.** Er wird im Vertragstext üblicherweise nur pauschal angegeben und dann durch die Leistungsbeschreibung konkretisiert.[14] Der Vertragsgegenstand wird üblicherweise vom öffentlichen Auftraggeber vorgegeben. Im Verhandlungsverfahren können die Bieter noch Änderungen am Vertragsgegenstand erwirken. In den Verfahrensarten wettbewerblicher Dialog und Innovationspartnerschaft ist es sogar erklärtes Ziel, dass öffentlicher Auftraggeber und Verfahrensteilnehmer den Gegenstand der Beschaffung erst im Vergabeverfahren gemeinsam genau festlegen.

Weiter ist die **Vergütung** zu regeln. Sie ist im Vergabeverfahren grundsätzlich Teil des **45** Angebots und daher in den vom Auftraggeber vorgegebenen Vergabeunterlagen noch nicht enthalten. Zu regeln ist die Art der Vergütung, ob also beispielsweise eine Vergütung nach Einheitspreisen oder eine Pauschalvergütung gezahlt wird.

Schließlich muss der abzuschließende Vertrag die **Vertragsparteien** vorsehen. Natur- **46** gemäß steht im Vergabeverfahren der Auftraggeber stets fest, während der Auftragnehmer ja gerade auszuwählen ist. Die als Vergabeunterlagen verwendeten Vertragsbedingungen müssen daher den Auftragnehmer offenlassen bzw. den im Vergabeverfahren obsiegenden Bieter vorsehen.

bb) Einbeziehung der VOL/B. Nach § 29 Abs. 2 S. 1 VgV ist in der Regel die **47** **VOL/B** in den Vertrag einzubeziehen. Sie trifft speziell für die vom Anwendungsbereich

---

[11] → § 31.
[12] *Wendtland* in BeckOK BGB § 134 Rn. 2 34.
[13] *Verfürth* in KKMPP § 29 Rn. 22.
[14] → Rn. 37 ff.

der VgV umfassten **Liefer- und Dienstleistungen** Regelungen, die in ihrem Detaillierungsgrad über die Normierung im BGB hinausgehen. Es finden sich darin Bestimmungen zur Rangfolge der Vertragsunterlagen, zu Leistungsänderungen, Ausführungsunterlagen und -modalitäten, Behinderung und Unterbrechung der Leistung, Pflichtverletzungen des Auftragnehmers, Kündigung, Verzug, Vertragsstrafe, Güteprüfung, Abnahme, Mängelansprüchen, Verjährung, Abrechnung, Zahlung, Sicherheitsleistung und Streitigkeiten.

48   Die VOL/B-Regelungen sind als **AGB** i. S. d. §§ 305 ff. BGB zu qualifizieren, da sie für eine Vielzahl von Verträgen vorformuliert wurden. Der öffentliche Auftraggeber stellt diese Vertragsbedingungen.[15] Für die Einbeziehung ist in der Regel ein Verweis auf die VOL/B ausreichend, da es sich bei den Bietern in der Regel um Unternehmer handelt.[16]

49   Die VOL/B ist „**in der Regel**" einzubeziehen. Das bedeutet, dass der öffentliche Auftraggeber hierauf in Ausnahmefällen **verzichten** kann. Zudem können in den übrigen vertraglichen Regelungen **Abweichungen** von der VOL/B vereinbart werden. Wie die VOL/B selbst in § 1 Nr. 2 lit. f) vorsieht, gilt sie lediglich ergänzend und insbesondere nachrangig zum Vertragstext. Üblich sind beispielsweise Regelungen zu Pflichtverletzungen, Abrechnungs- und Zahlungsmodalitäten, Kündigung, Haftung und Leistungsänderungen, ggf. auch Regelungen zu Vertragsstrafen, Urheber- und gewerblichen Schutzrechten, Verschwiegenheit u. v. m.

50   Eine Ausnahme von der Einbeziehung bestimmt § 29 Abs. 2 S. 2 VgV für die Vergabe von Aufträgen, die im Rahmen einer freiberuflichen Tätigkeit erbracht oder im Wettbewerb mit freiberuflichen Tätigen angeboten werden und deren Gegenstand eine Aufgabe ist, deren Lösung nicht vorab eindeutig und erschöpfend beschrieben werden kann. Hierbei handelt es sich um die ehemals nach der **VOF** zu vergebenden Leistungen.

51   **cc) Weitere vertragliche Regelwerke.** Oftmals verwenden öffentliche Auftraggeber – wie in der Vorgängervorschrift des § 1 EG VOL/A vorgesehen – zudem **Zusätzliche Allgemeine Vertragsbedingungen** und **Ergänzende Vertragsbedingungen**, oder auch **Allgemeine Geschäftsbedingungen** und **Besondere Vertragsbedingungen**. Dies ist in jedem Einzelfall kritisch zu hinterfragen. Natürlich ist es für öffentliche Auftraggeber, die regelmäßig gleichartige Leistungen beschaffen, sinnvoll, feststehende Vertragsbedingungen zu haben. Allerdings wird ein aus mehreren Regelwerken bestehender Vertrag leicht unübersichtlich und erschwert die rechtssichere Anwendung. Empfehlenswert ist es vielmehr, ein Vertragsmuster vorzuhalten, das jeweils um die für die jeweilige Beschaffung relevanten Daten und Regelungen ergänzt wird.

II. Weitere Unterlagen

52   Nach § 29 Abs. 1 S. 1 VgV umfassen die Vergabeunterlagen alle Angaben, die erforderlich sind, um dem Bewerber oder Bieter eine **Entscheidung zur Teilnahme am Vergabeverfahren** zu ermöglichen. Über die in S. 2 genannten Dokumente hinaus kommen **beispielsweise folgende Unterlagen** in Betracht:

1. Einheitliche Europäische Eigenerklärung

53   Gibt der öffentliche Auftraggeber eine Einheitliche Europäische Eigenerklärung **(EEE)** i. S. v. § 50 VgV vor, so gehört diese selbstverständlich zu den Vergabeunterlagen. Die EEE dient gem. § 48 Abs. 3 VgV dem vorläufigen Beleg der Eignung und des Nichtvorliegens von Ausschlussgründen.[17] Verlangt der öffentliche Auftraggeber eine EEE von den Verfahrensteilnehmern, so ist ihm äußerst dringend zu empfehlen, diese mittels des EEE-Dienstes der EU-Kommission zu konfigurieren. Die so vorbereitete Datei stellt er den Bietern zur

---

[15] *Schaller* Einführung Rn. 14; Daub/Eberstein Einführung Rn. 15 mwN.
[16] Vgl. §§ 310 Abs. 1 iVm 305 Abs. 2 BGB.
[17] → § 48 Abs. 3, → § 50.

Verfügung. Da potenzielle Bewerber oder Bieter auch anhand der in der EEE getroffenen Anforderungen eine Entscheidung über ihre Teilnahme am Vergabeverfahren treffen, liegt insoweit ebenfalls eine Vergabeunterlage vor. Dass es sich dabei um eine elektronische Datei handelt, schadet nicht, zumal die Vergabeunterlagen ohnehin grundsätzlich elektronisch zur Verfügung gestellt werden (§ 41 Abs. 1 VgV).

2. Formblätter

Üblich ist es zudem, den Verfahrensteilnehmern **Formblätter** vorzugeben, welche diese **54** mit dem Teilnahmeantrag oder Angebot einreichen sollen. Dabei handelt es sich beispielsweise um Eigenerklärungen zur Eignung, das Angebotsformular, Preis-/Kalkulationsblätter, Erklärungen zur Auftragsausführung und Erklärungen nach den Landesvergabegesetzen. Sie dienen vielfach als **Konkretisierungen der Bewerbungsbedingungen.**[18] Da sich Bewerber bzw. Bieter zu diesem Formblättern **erklären müssen,** sind auch sie erforderlich, um ihnen eine Entscheidung zur Teilnahme am Vergabeverfahren zu ermöglichen. Es handelt sich daher um Vergabeunterlagen.

Die Verwendung solcher Formblätter ist **nicht zwingend erforderlich.** Sie kann aber **55** mitunter hilfreich sein, um wertbare Angebote zu erlangen. Dies gilt insbesondere dann, wenn die Beteiligung vergaberechtlich unerfahrener Unternehmen am Vergabeverfahren zu erwarten ist, da diese oftmals aufgrund vermeidbarer Fehler vom Verfahren auszuschließen sind.

3. Bewertungsmatrix

Verwendet der öffentliche Auftraggeber eine Bewertungsmatrix für die **Auswahlkrite-** **56** **rien** im Teilnahmewettbewerb oder für die **Zuschlagskriterien,** muss er diese bekanntmachen. Sie gehört dann ebenfalls zu den Vergabeunterlagen, da Bewerber und Bieter auch anhand der Matrix über ihre Teilnahme am Verfahren entscheiden.

4. Bewerber- und Bieterinformationen

Während des laufenden Vergabeverfahrens kann der Auftraggeber Bewerber- oder Bie- **57** terinformationen veröffentlichen. Dies kann anlässlich von Fragen der Interessenten geschehen, aber auch initiativ von Seiten des Auftraggebers, wenn Änderungen oder Hinweise erforderlich sind. Diese Informationen geben **weiterführende Erläuterungen** zu den Vergabeunterlagen und **konkretisieren** diese.[19] Damit sind sie für die Bewerber und Bieter für die (weitere) Teilnahme am Verfahren relevant, weshalb sie ebenfalls zu den Vergabeunterlagen zählen. Verfahrensrelevante Informationen sollten in die Vergabeunterlagen eingearbeitet[20] und an die Bieter kommuniziert werden.[21]

5. Protokolle

Sofern eine **mündliche Kommunikation** mit Bietern erfolgt, kann deren Ergebnis in **58** einem Protokoll festgehalten werden. Typisches Beispiel ist das **Verhandlungsprotokoll** im Verhandlungsverfahren. Solche Protokolle können ebenfalls Erläuterungen zu den Vergabeunterlagen oder Hinweise zum Angebot des Bieters beinhalten. Für die Bieter besteht daher auch hier eine Relevanz für die weitere Teilnahme am Verfahren. Dies spricht grundsätzlich dafür, Protokolle zu den Vergabeunterlagen zu zählen.

Das OLG Düsseldorf hatte einen Fall zu entscheiden, in dem in einem Bietergespräch **59** Mindestanforderungen an Nebenangebote aufgestellt werden sollten. Hierüber hatte der

---

[18] *Ohlerich* in Gabriel/Krohn/Neun § 18 Rn. 48.
[19] VK Bund 13.1.2012 – VK 3 – 173/11; so auch *Ohlerich* in Gabriel/Krohn/Neun § 18 Rn. 49 mwN.
[20] Bei komplexeren Vergaben empfiehlt sich die Verwendung von Austauschseiten, welche die ursprünglichen Vergabeunterlagen (ggf. teilweise) ersetzen.
[21] So hinsichtlich vertragsrelevanter Regelungen Noch Kap. A Rn. 673.

Auftraggeber auch ein Protokoll gefertigt. Jedoch hatte er dieses Protokoll nicht den Bietern übersandt. Damit sei das Protokoll nicht Bestandteil der Vergabeunterlagen geworden.[22] Daraus folgt, dass Protokolle nur dann Vergabeunterlagen werden können, wenn sie den Bietern **zur Kenntnis gegeben** werden. Zusätzlich empfiehlt es sich, ausdrücklich **klarzustellen,** dass der Inhalt des Protokolls Teil der Verfahrensbedingungen ist.

III. Stand der Unterlagen

60   Nach § 29 VgV umfassen die Vergabeunterlagen alle Angaben, die erforderlich sind, um dem interessierten Unternehmen eine Entscheidung zur Teilnahme am Vergabeverfahren zu ermöglichen. Nach dem Wortlaut der Norm würde sich daher anhand des Informationsbedürfnisses zu Beginn des Vergabeverfahrens entscheiden, welche Unterlagen als Vergabeunterlagen zu qualifizieren sind. Das würde aber weiter bedeuten, dass **Unterlagen, die zu einem späteren Verfahrensstand neu hinzukommen oder in geänderter Form ins Vergabeverfahren eingeführt werden,** nicht als Vergabeunterlagen anzusehen wären. Diese Auslegung erscheint jedoch nicht zielführend. Das Vergabeverfahren ist ein **dynamischer Prozess,** dessen Teil eine Weiterentwicklung der Unterlagen sein kann. Dies gilt vor allem, aber nicht nur in den Verfahrensarten Verhandlungsverfahren, wettbewerblicher Dialog und Innovationspartnerschaft.

61   Dementsprechend wird hier eine weite Auslegung vertreten, nach der die Vergabeunterlagen die **aktuellen, im jeweiligen Verfahrensstand geltenden Unterlagen** sind, anhand derer die Unternehmen ihre Entscheidung zur – ggf. weiteren – Teilnahme am Verfahren treffen.[23]

IV. Keine Vergabeunterlagen

1. Bekanntmachung

62   Die Auftragsbekanntmachung wollte der **deutsche Gesetzgeber** ausdrücklich nicht unter den Begriff der Vergabeunterlage im Sinne des § 29 VgV fassen.[24] Zwar beinhaltet die Bekanntmachung bereits Regelungen zum Vergabeverfahren. In ihr sind u. a. Angaben zum öffentlichen Auftraggeber (Abschnitt I), zum Gegenstand der Beschaffung (Abschnitt II), zu den Teilnahme- und Auftragsbedingungen (Abschnitt III) und zum Verfahren (Abschnitt IV, VI) enthalten. Auch sie enthält daher Angaben, die für interessierte Unternehmen zur Entscheidung über die Teilnahme am Vergabeverfahren erforderlich sind. Aufgrund der ausdrücklichen Erklärung des deutschen Gesetzgebers handelt es sich bei der Bekanntmachung nach deutschem Recht dennoch nicht um eine Vergabeunterlage. Für die praktische Abwicklung des Vergabeverfahrens hat dies keine Auswirkungen.

2. Rein interne Unterlagen

63   Nicht zu den Vergabeunterlagen gehören zudem rein interne Unterlagen des Auftraggebers, welche Bewerber und Bieter nicht zwingend benötigen, um i. S. d. § 29 Abs. 1 VgV über ihre Teilnahme am Verfahren zu entscheiden. Hierzu gehören beispielsweise die **Auftragswertschätzung, Haushaltsfreigaben** wie auch **interne Entscheidungen** des Auftraggebers zur Beschaffung.

---

[22] OLG Düsseldorf 28.1.2015 – VII-Verg 31/14, NZBau 2015, 503.
[23] Zu den Veröffentlichungspflichten bezüglich der Vergabeunterlagen → § 41; zur Korrektur der Vergabeunterlagen *Goldbrunner* VergabeR 2015, 342.
[24] BT-Drs. 18/7318 v. 20.1.2016 S. 169.

C. Transparenz der Vergabeunterlagen

Ein essenzieller Grundsatz im Vergabeverfahren ist die Transparenz. Sie gilt in besonde- **64** rem Maße für die **Gestaltung der Vergabeunterlagen**.[25] Nach der Rechtsprechung des EuGH verlangt der Grundsatz der Transparenz, „dass alle Bedingungen und Modalitäten des Vergabeverfahrens in der Bekanntmachung oder im Lastenheft **klar, genau und eindeutig** formuliert sind, damit alle durchschnittlich fachkundigen Bieter bei Anwendung der üblichen Sorgfalt deren genaue **Bedeutung verstehen** und sie in **gleicher Weise auslegen** können und der Auftraggeber im Stande ist, tatsächlich zu überprüfen, ob die Angebote der Bieter die für den betreffenden Auftrag geltenden Kriterien erfüllten."[26] Auch der BGH konstatiert, dass aus Transparenzgründen **hohe Anforderungen an die Qualität** der Vergabeunterlagen bestehen.[27] Nur indem die Bewerber und Bieter bei Anwendung üblicher Sorgfalt die genaue Bedeutung der Vergabeunterlagen verstehen und gleich auslegen können, wird die **Chancengleichheit** der Verfahrensteilnehmer gewährleistet.[28]

Dies zeigt sich beispielsweise bei der **Prüfung und Wertung** der Teilnahmeanträge und **65** Angebote. Nach § 57 Abs. 1 Nr. 1, 2 und 5 VgV erfolgt ein zwingender Ausschluss, wenn der Eingang nicht form- oder fristgerecht erfolgt ist, die (nach)geforderten Unterlagen nicht beigefügt sind[29] oder die erforderlichen Preisangaben fehlen. Dabei darf der Ausschluss nur erfolgen, wenn die entsprechenden **Vorgaben den Vergabeunterlagen klar zu entnehmen** sind. Form und Frist, geforderte Unterlagen und erforderliche Preisangaben müssen also transparent in den Bewerbungsbedingungen angegeben sein. Ob die Bewerbungsbedingungen diesen Ansprüchen genügen, ist anhand der für die **Auslegung** von Willenserklärungen geltenden Grundsätze (§§ 133, 157 BGB) zu ermitteln. Bewerber und Bieter müssen den Vergabeunterlagen klar entnehmen können, welche Anforderungen für sie aufgestellt wurden. Bedürfen die Vergabeunterlagen der Auslegung, ist dafür der **objektive Empfängerhorizont** der potenziellen Bewerber und Bieter maßgeblich.[30] Dabei bilden die Vergabeunterlagen eine Einheit und sind aus einer Gesamtschau aller Vorgaben heraus zu interpretieren.[31] Sind die Vergabeunterlagen **mehrdeutig oder widersprüchlich,** darf hierauf kein Ausschluss gestützt werden.[32]

D. Rechtsfolgen bei Verstößen

Die Regelung des § 29 Abs. 1 VgV dient der Transparenz gegenüber Bewerbern und **66** Bietern und ist damit **bieterschützend.** Verstöße gegen § 29 Abs. 1 VgV sind denkbar, wenn der öffentliche Auftraggeber **unklare** Vergabeunterlagen verwendet. Als ersten Schritt werden Bewerber und Bieter den öffentlichen Auftraggeber im Wege einer Bewerber- oder Bieterfrage auf etwaige Unklarheiten hinweisen und um **Klarstellung** bitten. Erfolgt danach keine hinreichende Abhilfe, kann nach einer entsprechenden Rüge ein Vergabenachprüfungsverfahren eingeleitet werden.

[25] Vgl. hierzu auch *Verfürth* in KKMPP § 29 Rn. 8.
[26] EuGH 10.5.2012 – C 368/10, Rn. 109, NZBau 2012, 445 sowie 29.4.2004 – C-496/99, Rn. 111 BeckEuRS 2004, 357786; VK Lüneburg 13.7.2016 – VgK-26/2016, VPRRS 2016, 0298.
[27] BGH 30.8.2011 – X ZR 55/10 Rn. 16, NZBau 2012, 46.
[28] OLG Düsseldorf 28.1.2015 – VII Verg 31/14, NZBau 2015, 503.
[29] → § 57.
[30] Vgl. BGH 3.4.2012 – X ZR 130/10, NZBau 2012, 513 sowie 10.6.2008 – X ZR 78/07 mwN, NZBau 2008, 592.
[31] BGH 3.4.2012 – X ZR 130/10 Rn. 14, NZBau 2012, 513; VK Bund 22.2.2016 – VK 2–135/15, IBRRS 2016, 736.
[32] So i. Erg. auch *Ohlerich* in Gabriel/Krohn/Neun § 18 Rn. 51 f. m. w. N.

67   Hinsichtlich der von § 29 VgV getroffenen Regelungen zum Vertrag ist darauf hinzuweisen, dass die **Überprüfung des Vertragsinhalts** einschließlich der **AGB-Kontrolle** nicht den vergaberechtlichen Nachprüfungsinstanzen obliegt. Gem. § 97 Abs. 6 GWB haben Unternehmen nur Anspruch darauf, dass der öffentliche Auftraggeber die Bestimmungen über das Vergabeverfahren einhält. Die Vertragsgestaltung berührt das Vergabeverfahren daher nur, soweit bieterschützende vergaberechtliche Regelungen verletzt sind. Allenfalls auf solche Verstöße sind die vertraglichen Regelungen zu überprüfen. Ansonsten ist eine etwaige **„Klauselkontrolle" nicht Gegenstand der vergaberechtlichen Prüfung,** sondern erfolgt im Zuge der Vertragsabwicklung. Denn selbst wenn einzelne Klauseln des Vertrages gegen die §§ 307 ff. BGB verstoßen sollten, handelt es sich bei den Vorschriften des BGB offensichtlich nicht um Normen, die dem vergaberechtlichen Schutz des Bieters dienen. Insoweit ist der Rechtsschutz vor den Nachprüfungsinstanzen daher in der Regel nicht eröffnet.

§ 30 Aufteilung nach Losen

(1) Unbeschadet des § 97 Absatz 4 des Gesetzes gegen Wettbewerbsbeschränkungen kann der öffentliche Auftraggeber festlegen, ob die Angebote nur für ein Los, für mehrere oder für alle Lose eingereicht werden dürfen. Er kann, auch wenn Angebote für mehrere oder alle Lose eingereicht werden dürfen, die Zahl der Lose auf eine Höchstzahl beschränken, für die ein einzelner Bieter den Zuschlag erhalten kann.

(2) Der öffentliche Auftraggeber gibt die Vorgaben nach Absatz 1 in der Auftragsbekanntmachung oder der Aufforderung zur Interessensbestätigung bekannt. Er gibt die objektiven und nichtdiskriminierenden Kriterien in den Vergabeunterlagen an, die er bei der Vergabe von Losen anzuwenden beabsichtigt, wenn die Anwendung der Zuschlagskriterien dazu führen würde, dass ein einzelner Bieter den Zuschlag für eine größere Zahl von Losen als die Höchstzahl erhält.

(3) In Fällen, in denen ein einziger Bieter den Zuschlag für mehr als ein Los erhalten kann, kann der öffentliche Auftraggeber Aufträge über mehrere oder alle Lose vergeben, wenn er in der Auftragsbekanntmachung oder in der Aufforderung zur Interessensbestätigung angegeben hat, dass er sich diese Möglichkeit vorbehält und die Lose oder Losgruppen angibt, die kombiniert werden können.

Übersicht

	Rn.			Rn.
A. Einführung	1		b) Zuschlagslimitierung	20
I. Literatur	2		2. Ermessensentscheidung	25
II. Entstehungsgeschichte	3	III.	Vergabe von Loskombination (Abs. 3)	29
III. Rechtliche Vorgaben im EU-Recht	5	IV.	Bekanntmachungspflicht (Abs. 2	
B. Regelungsgehalt	10		S. 1, Abs. 3)	33
I. Verweis auf § 97 Abs. 4 GWB (Abs. 1 S. 1)	10	V.	Angabe in Vergabeunterlagen (Abs. 2 S. 2)	35
II. Loslimitierung (Abs. 1)	12	C.	Rechtsfolgen bei Verstößen	38
1. Formen der Loslimitierung	13			
a) Angebotslimitierung	14			

A. Einführung

In § 30 VgV werden **Modalitäten der Losvergabe** geregelt. Die Vorschrift ist im Zu- **1** sammenhang mit § 97 Abs. 4 GWB zu lesen, der bestimmt, ob eine losweise Vergabe zu erfolgen hat. Nur wenn eine Aufteilung in Lose erfolgt, ist § 30 VgV relevant.

I. Literatur

Oberndörfer, Die neuen EU-Vergaberichtlinien: Wesentliche Änderungen und Vorwirkungen, BB 2015, **2** 1027; *Jaeger,* Die neue Basisvergaberichtlinie der EU vom 26.2.2014 – Ein Überblick, NZBau 2014, 259; *Manz/Schönwälder,* Die vergaberechtliche Gretchenfrage: Wie hältst Du's mit dem Mittelstand?, NZBau 2011, 465; *Michallik,* Problemfelder bei der Berücksichtigung mittelständischer Interessen im Vergaberecht, VergabeR 2011, 683; *Kus,* Losvergabe und Ausführungskriterien, NZBau 2009, 21; *Otting/Tresselt,* Grenzen der Loslimitierung, VergabeR 2009, 585; *Schaller,* Ein wichtiges Instrument der Mittelstandsförderung: Die Losteilung bei öffentlichen Aufträgen, ZfBR 2008, 142; *Burgi,* Mittelstandsfreundliche Vergabe, NZBau 2006, 606, 693; *Antweiler,* Die Berücksichtigung von Mittelstandsinteressen im Vergabeverfahren – Rechtliche Rahmenbedingungen, VergabeR 2006, Sonderheft 4a, 637; *Dreher,* Die Berücksichtigung mittelständischer Interessen bei der Vergabe öffentlicher Aufträge, NZBau 2005, 427; *Ruh,* Mittelstandsbeteiligung an öffentlichen Aufträgen, VergabeR 2005, 718; *Müller-Wrede,* Grundsätze der Losvergabe unter dem Einfluss mittelständischer Interessen, NZBau 2004, 643; *Baumeister/Kirch,* Die Zähmung der Global Player im ÖPNV durch das vergaberechtliche Instrument der Mittelstandsförderung, NZBau 2001, 653.[1]

---

[1] Siehe zudem die Literaturhinweise zu → GWB § 97 Abs. 3.

II. Entstehungsgeschichte

3   Regelungen zur Losvergabe waren bislang lediglich in § 2 Abs. 2 EG VOL/A enthalten. Sie entsprachen wörtlich dem bisherigen § 97 Abs. 3 S. 1–2 GWB sowie dem heutigen § 97 Abs. 4 S. 1–2 GWB und betrafen das **„Ob" der Losvergabe.** Die VgV verzichtet auf diese Dopplung und beinhaltet keine derartige Regelung mehr; sie beschränkt sich auf den Hinweis „Unbeschadet des § 97 Absatz 4" GWB.

4   Die nunmehr in § 30 VgV getroffenen Regelungen betreffen die **weitere Ausgestaltung des Verfahrens** im Fall einer Losaufteilung. Sie entsprechen der gängigen Vergabepraxis, waren bislang jedoch nicht vergaberechtlich normiert.

III. Rechtliche Vorgaben im EU-Recht

5   Ausweislich der Gesetzesbegründung regelt § 30 VgV in Ergänzung zu § 97 Abs. 4 GWB das in Art. 46 VRL vorgesehene **Verfahren** bei der Unterteilung von Aufträgen in Lose.[2] Konkret setzt § 30 VgV das in Art. 46 Abs. 2 und 3 VRL geregelte Verfahren bei Losaufteilung in nationales Recht um.

6   Gem. § 30 Abs. 1 S. 1 VgV kann der öffentliche Auftraggeber festlegen, ob Angebote für eines, mehrere oder alle Lose abgegeben werden können, so genannte **Loslimitierung in Form der Angebotslimitierung.** Nach § 30 Abs. 1 S. 2 VgV kann er zudem bestimmen, dass ein Bieter nur für eine bestimmte Höchstzahl an Losen den Zuschlag erhalten kann, so genannte **Loslimitierung in Form der Zuschlagslimitierung.** § 30 Abs. 2 S. 1 VgV bestimmt, dass eine etwaige Loslimitierung bekanntzumachen ist. Nach § 30 Abs. 2 S. 2 VgV müssen im Fall der Zuschlagslimitierung die Kriterien, auf welche Lose der Zuschlag erteilt wird, in den Vergabeunterlagen angegeben werden.

7   Die in § 30 Abs. 1 und 2 VgV getroffenen Regelungen entsprechen inhaltlich den Bestimmungen des Art. 46 Abs. 2 VRL. Der deutsche Gesetzgeber hat lediglich die **Reihenfolge** der Regelungen vertauscht. So regelt Art. 46 Abs. 2 UA 1 VRL, dass der öffentliche Auftraggeber eine Angebotslimitierung bekanntmachen muss. Art. 46 Abs. 2 UA 2 VRL bestimmt, dass eine Zuschlagslimitierung erfolgen kann und dass die Auswahlkriterien in den Vergabeunterlagen anzugeben sind.

8   Mit § 30 Abs. 3 VgV schließlich hat der deutsche Gesetzgeber von der in Art. 46 Abs. 3 VRL enthaltenen **Option** Gebrauch gemacht und geregelt, dass der öffentliche Auftraggeber auf bestimmte Kombinationen von Losen den Zuschlag erteilen kann, sofern er sich dies in der Bekanntmachung vorbehalten hat.

9   Weiterführende Erwägungen enthalten die **Erwägungsgründe 78 und 79** zur VRL. Erwägungsgrund 79 nennt als Gründe für eine Loslimitierung beispielhaft die **Wahrung des Wettbewerbs und die Gewährleistung der Versorgungssicherheit.** Zudem erläutert Erwägungsgrund 79 die in Art. 46 Abs. 3 VRL vorgesehene und in § 30 Abs. 3 VgV umgesetzte Möglichkeit der Kombination von Losen.

B. Regelungsgehalt

I. Verweis auf § 97 Abs. 4 GWB (Abs. 1 S. 1)

10   § 30 Abs. 1 S. 1 VgV weist ausdrücklich darauf hin, dass die Regelung **unbeschadet des § 97 Abs. 4 GWB** gilt. Wie die Gesetzesbegründung klarstellt, bezieht sich dies selbstverständlich auf die gesamte Regelung des § 30 VgV.[3] Dementsprechend besteht für

---

[2] BT-Drs. 18/7318 v. 20.1.2016 S. 170.
[3] BT-Drs. 18/7318 v. 20.1.2016 S. 170.

öffentliche Auftraggeber zunächst die in § 97 Abs. 4 GWB geregelte Verpflichtung zu **prüfen**, ob die Beschaffung im Wege der losweisen Vergabe zu erfolgen hat.[4]

Da § 30 VgV Regelungen zum Verfahren bei der Losvergabe trifft, setzt dies voraus, dass **11** **überhaupt eine Aufteilung in Lose** unter Beachtung des § 97 Abs. 4 GWB erfolgt. Ist dies nicht der Fall, hat § 30 VgV keine Relevanz.

II. Loslimitierung (Abs. 1)

Vorausgesetzt, eine Losaufteilung findet statt, kann der öffentliche Auftraggeber nach **12** § 30 VgV festlegen, für wie viele Lose ein einzelner Bieter ein Angebot abgeben und für wie viele Lose er den Zuschlag erhalten kann. Damit trifft das deutsche Vergaberecht **erstmals** Regelungen zur Loslimitierung. Sie war vor der Vergaberechtsreform 2016 umstritten.[5] Insoweit hat der deutsche Gesetzgeber in Umsetzung der VRL für **Rechtsklarheit** gesorgt.

1. Formen der Loslimitierung

§ 30 Abs. 1 VgV beinhaltet **zwei Möglichkeiten** der Loslimitierung: Zum einen die **13** Angebotslimitierung in S. 1 und zum anderen die Zuschlagslimitierung in S. 2.

a) Angebotslimitierung. Gem. § 30 Abs. 1 S. 1 VgV kann der öffentliche Auftragge- **14** ber vorgeben, dass ein Bieter **nur für ein Los, für mehrere oder für alle Lose** ein Angebot einreichen darf. Da in diesem Fall die **Anzahl der abzugebenden Angebote beschränkt** wird, spricht man von einer Angebotslimitierung.

Es empfiehlt sich für den öffentlichen Auftraggeber, **genau zu bestimmen,** für welche **15** Lose Angebote abgegeben werden dürfen. Angebote für andere Lose sind dann **auszuschließen.**

Problematisch ist es hingegen, wenn nur für eine bestimmte Anzahl von Losen ein An- **16** gebot eingereicht werden darf, und ein Bieter **für mehr als die vorgegebene Anzahl** an Losen Angebote abgibt.[6]

Prinzipiell gilt, dass der öffentliche Auftraggeber, der eine Loslimitierung gem. § 30 **17** Abs. 2 S. 1 VgV bekanntmacht, **an seine Vorgabe gebunden** ist.[7] Dies folgt aus den Grundsätzen der Vorhersehbarkeit, Messbarkeit und Transparenz.[8] Das **Vertrauen** derjenigen Bieter, die sich an die Angebotslimitierung halten und nur die angegebene Anzahl an Angeboten abgibt, ist zu schützen. Fraglich sind aber die Auswirkungen dieser Aussage. Sind alle Angebote eines Bieters auszuschließen, der mehr als die zulässige Anzahl an Angeboten abgegeben hat? Wenn nur die überschüssige Anzahl auszuschließen ist, welche sind dann auszuwählen?

Grundsätzlich muss die Antwort lauten, dass der Bieter **mit allen Angeboten auszu-** **18** **schließen** ist. Denn sonst liegt faktisch keine Angebots-, sondern eine Zuschlagslimitierung vor.

---

[4] → GWB § 97.

[5] Grundsätzlich dafür: OLG Karlsruhe 25.7.2014 – 15 Verg 4/14, ZfBR 2015, 395; OLG Karlsruhe 25.7.2014 – 15 Verg 5/14, IBRRS 2014, 3032; OLG Düsseldorf 17.1.2013 – VII-Verg 35/12, NZBau 2013, 329; OLG Düsseldorf 7.11.2012 – VII Verg 24/12, NZBau 2013, 184; OLG Düsseldorf 15.6.2000 – Verg 6/00, NZBau 2000, 440; *Müller-Wrede* NZBau 2004, 643 (647 f.); differenzierend VK Bund 29.1.2009 – VK 3–200/08; VK Baden-Württemberg 27.11.2008 – 1 VK 52/08, 1 VK 53/08; *Kus* in Kulartz/Kus/Portz § 97 Rn. 74, mwN; dagegen: *Otting/Tresselt* VergabeR 2009, 585 ff. Die Forderung nach einer gesetzlichen Grundlage von *Burgi* NZBau 2006, 693 (697) wurde mit § 30 VgV erfüllt.

[6] Dabei sind nach der Rechtsprechung konzernverbundene Unternehmen als Unternehmenseinheit und damit als ein Bieter anzusehen, vgl. OLG Düsseldorf 15.6.2000 – Verg 6/00, NZBau 2000, 440 (441).

[7] OLG Düsseldorf 15.6.2000 – Verg 6/00, NZBau 2000, 440 (441); *Müller-Wrede* NZBau 2004, 643 (648).

[8] *Dreher* NZBau 2005, 427 (431).

19   Jedoch ist dieses Ergebnis unbefriedigend, wenn **nicht ausreichend wertbare Angebote** vorliegen und die Angebotslimitierung dazu führen würde, dass für einzelne Lose kein Zuschlag, sondern eine **Aufhebung erfolgen müsste.** Dem kann der öffentliche Auftraggeber versuchen zuvorkommen, indem er in den Vergabeunterlagen regelt, wie er in diesem Fall zu verfahren beabsichtigt.

20   **b) Zuschlagslimitierung.** Alternativ kann der öffentliche Auftraggeber gem. § 30 Abs. 1 S. 2 VgV bestimmen, dass ein Bieter **nur für eine bestimmte Höchstzahl an Losen den Zuschlag erhalten** kann. Dies setzt zunächst voraus, dass die Bieter **für mehrere oder alle Lose Angebote einreichen dürfen.** Der Auftraggeber bestimmt dann, dass ein einzelner Bieter nur für eine maximale Anzahl an Losen, also weniger als alle Lose, den Zuschlag erhalten kann. Da also ggf. nicht auf alle angebotenen Lose der Zuschlag erteilt wird, obwohl für sie jeweils das wirtschaftlichste Angebot vorliegt, wird dies als Zuschlagslimitierung bezeichnet.

21   Die **Auswahl der Angebote** geschieht anhand der **bekanntgemachten Kriterien.** Der öffentliche Auftraggeber kann die Bieter auch auffordern, eine so genannte **Lospriorisierung** anzugeben. Dies ist beispielsweise bei der Ausschreibung von **Facility Management-Leistungen** gebräuchlich. Dabei geben die Bieter für die angebotenen Lose eine Angebotspriorisierung in Form einer **Rangfolge** an, sofern sie mehr als die Höchstzahl zuschlagsfähiger Lose anbieten. In diesem Fall werden zunächst alle Lose unabhängig von der je Bieter abgegebenen Anzahl an Angeboten gewertet. Je Los wird dann zunächst unter allen Bietern mit der Priorität 1 das wirtschaftlichste Angebot ausgewählt. Ist kein Angebot mit der Priorität 1 mehr vorhanden, geht es weiter mit der Priorität 2, dann 3 usw. Bieter, die bereits für die Höchstzahl an Zuschlägen ausgewählt wurden, bleiben bei der weiteren Auswahl unbeachtet; die Vergabe erfolgt dann jeweils an den in der Wertung nächstplatzierten Bieter.

22   Fraglich ist, ob Bieter auch dann eine Priorisierung angeben können, wenn es keine entsprechende Vorgabe in den Vergabeunterlagen gibt. **Zu empfehlen** ist, in diesen Fällen eine Bieterfrage zu stellen. Ansonsten kann der Auftraggeber die Priorisierung unbeachtet lassen und die Wertung und Auswahl unabhängig von den Angaben der Bieter nach den veröffentlichten Kriterien vornehmen.

23   Im Übrigen stellt sich die Frage des weiteren Verfahrens, wenn bei Berücksichtigung der Zuschlagslimitierung **keine ausreichende Zahl an wertbaren Angeboten** vorliegt. Das ist denkbar, wenn ein Bieter (zulässigerweise) mehr Angebote als die Höchstzahl abgegeben hat und bereits für die Höchstzahl an Losen den Zuschlag erhält. Für die restlichen Lose kann es passieren, dass keine wertbaren Angebote vorliegen. Es stellt sich die Frage, ob der Bieter dann trotz der Zuschlagslimitierung auch für weitere Angebote den Zuschlag bekommen darf.

24   Grundsätzlich gilt ebenso wie bei der Angebotslimitierung[9] auch hier, dass der öffentliche Auftraggeber aus Transparenzgründen an die gem. § 30 Abs. 2 VgV bekanntmachte Loslimitierung **gebunden** ist.[10] Für die übrigen Lose wäre das Verfahren daher aufzuheben. Denkbar ist auch hier, dass der öffentliche Auftraggeber Regelungen für diesen Fall trifft, indem er beispielsweise bestimmt, dass im Fall nicht ausreichender Angebote der Zuschlag auf weitere Angebote desselben Bieters erfolgen kann. Bieter, die hierin einen Vergaberechtsverstoß sehen, müssten dies dann rügen.

2. Ermessensentscheidung

25   Ob der öffentliche Auftraggeber von einer der beiden Formen der Loslimitierung **Gebrauch macht,** steht in seinem Ermessen. Dies folgt aus dem Wortlaut des § 30 Abs. 1 VgV, in dem es heißt, der öffentliche Auftraggeber „**kann** […] festlegen, ob die Angebote

---

[9] → Rn. 14 ff.
[10] *Müller-Wrede* NZBau 2004, 643 (648).

nur für ein Los, für mehrere oder für alle Lose eingereicht werden dürfen.", oder er „**kann** [...] die Zahl der Lose auf eine Höchstzahl beschränken".

Wie bereits erwähnt, war die Zulässigkeit der Loslimitierung vor der Vergaberechtsre- 26 form 2016 **umstritten.** $\S$ 30 VgV stellt nunmehr klar, dass sowohl die Angebots- als auch die Zuschlagslimitierung zulässig sind. Angesichts der Tatsache, dass der Gesetzgeber dem öffentlichen Auftraggeber Ermessen eingeräumt hat, wird jedoch – wenn auch in vertretbaren Grenzen – zu fordern sein, dass sich der Auftraggeber bei seiner Entscheidung mit dem Für und Wider einer Loslimitierung **auseinandersetzt.** Die **Argumente** lassen sich wie folgt zusammenfassen:

Zentrale Argumente für eine Loslimitierung sind der **Schutz des Mittelstandes** und 27 eine **strukturelle Erhaltung des Bieterwettbewerbs** für die Zukunft.[11] Zum Teil wird sogar angenommen, ohne Loslimitierung würde die losweise Vergabe ins Leere laufen.[12] Zudem soll die Loslimitierung **Wettbewerb in begrenzten Märkten schaffen.**[13] Darauf wird erwidert, diesen Aspekt berücksichtige die Losaufteilung allgemein, sodass die Loslimitierung keinen Mehrwert für mittelständische Unternehmen habe, sondern nur die **Wettbewerbschancen der großen Unternehmen verringere.**[14] Insoweit handle es sich um ein mittelstandsbevorzugendes Instrument der Auftragsvergabe.[15] Zudem werden Bedenken aus kartellrechtlicher Sicht geltend gemacht.[16] Für die Loslimitierung spricht aber auch, dass auf diese Weise das **Risiko des Leistungsausfalls gestreut** werden kann.[17] Des Weiteren werden **wirtschaftliche und technische Risiken** auf mehrere Auftragnehmer verteilt.[18]

Diese Erwägungen muss der öffentliche Auftraggeber für das konkrete Beschaffungsvor- 28 haben im Rahmen seines Ermessens treffen. Teilweise wird insoweit von einem Vorrang der Zuschlagslimitierung vor der Angebotslimitierung ausgegangen, da die Angebotslimitierung stärker in den Wettbewerb eingreife.[19]

III. Vergabe von Loskombination (Abs. 3)

$\S$ 30 Abs. 3 VgV sieht vor, dass der öffentliche Auftraggeber Aufträge über eine **Kom-** 29 **bination bestimmter Lose oder Losgruppen** vergeben kann. Diese Vorschrift wird ebenso wie der ihr zu Grunde liegende Art. 46 Abs. 3 VRL erst verständlich, wenn sie im Zusammenhang mit dem zugehörigen **Erwägungsgrund 79** zur VRL gelesen wird. Dort heißt es im zweiten Unterabsatz:

„*Wenn die öffentlichen Auftraggeber jedoch verpflichtet wären, den Auftrag auch dann Los für Los zu vergeben, wenn dadurch wesentlich ungünstigere Lösungen im Vergleich zu einer gemeinsamen Vergabe mehrerer oder aller Lose akzeptiert werden müssten, so könnte sich dies negativ auf das Ziel auswirken, den Zugang der KMU zu öffentlichen Aufträgen zu erleichtern. Sofern die Möglichkeit der Anwendung einer solchen Methode vorab deutlich genannt worden ist, sollten öffentliche Auftraggeber daher eine vergleichende Bewertung der Angebote durchführen dürfen, um festzustellen, ob die Angebote eines bestimmten Bieters für eine bestimmte Kombination von Losen die Zuschlagskriterien, die gemäß dieser Richtlinie festgelegt worden sind, in Bezug auf diese Lose als Ganzes besser erfüllen als die Angebote für die betreffenden einzelnen Lose für sich genommen. Ist dies der Fall, so sollte es*

---

[11] OLG Karlsruhe 25.7.2014 – 15 Verg 4/14; *Kus* in KKMPP $\S$ 30, Rn. 9.
[12] *Ruh* VergabeR 2005, 718 (731 f.).
[13] Vgl. Erwägungsgrund 79 zur VRL.
[14] *Michallik* VergabeR 2011, 683 (685); *Kus* NZBau 2009, 21 f.
[15] *Burgi* NZBau 2006, 693 (697).
[16] *Otting/Tresselt* VergabeR 2009, 585 (591).
[17] OLG Karlsruhe 25.7.2014 – 15 Verg 5/14, IBRRS 2014, 3032; OLG Düsseldorf 17.1.2013 – VII-Verg 35/12, NZBau 2013, 329; Erwägungsgrund 79 zur VRL nennt die Versorgungssicherheit als möglichen Grund für eine Loslimitierung. A. A. *Otting/Tresselt* VergabeR 2009, 585 (589 f.).
[18] OLG Karlsruhe 25.7.2014 – 15 Verg 4/14, ZfBR 2015, 395 ff.
[19] *Noch* Kap. B Rn. 503.

dem öffentlichen Auftraggeber gestattet sein, dem betreffenden Bieter einen Auftrag in Kombination der betreffenden Lose zu erteilen. Es sollte klargestellt werden, dass öffentliche Auftraggeber bei einer solchen vergleichenden Bewertung zunächst ermitteln sollten, welche Bieter die festgelegten Zuschlagskriterien für jedes einzelne Los am besten erfüllen, um dann einen Vergleich mit den Angeboten eines einzelnen Bieters für eine bestimmte Kombination von Losen zusammengenommen anzustellen. "

30   Demnach ergibt die **richtlinienkonforme Auslegung** des § 30 Abs. 3 VgV, dass der öffentliche Auftraggeber ungeachtet der zunächst vorgenommenen Aufteilung in Lose eine Gesamtvergabe mehrerer Lose an einen Bieter vornehmen kann, wenn dies nach den bekanntgemachten Zuschlagskriterien **wirtschaftlicher ist als die Einzelvergabe.** Dabei gibt die **Richtlinie** nähere Anhaltspunkte, wie der öffentliche Auftraggeber vorzugehen hat: Zuerst hat eine **Wertung je Los** zu erfolgen. Danach kann je Bieter geprüft werden, wie eine **gesamthafte Wertung** aller oder bestimmter angebotener Lose bei einer Wertung nach den Zuschlagskriterien ausgehen würde. Ergibt diese Wertung, dass die kombinierte Vergabe **wirtschaftlicher gemäß den Zuschlagskriterien** ist, kann der Zuschlag auf die Loskombination erfolgen.[20] Dies setzt allerdings voraus, dass die **Anwendung dieser Methode bekanntgemacht** wurde. Es empfiehlt sich zudem, die Verfahrensweise in Anlehnung an die Formulierung in Erwägungsgrund 79 zur VRL in den **Vergabeunterlagen** näher zu erläutern.

31   Damit wird die in Deutschland geltende, gegenüber der VRL strengere Verpflichtung zur Aufteilung in Lose **relativiert.** Der öffentliche Auftraggeber kann durch Bekanntmachung der Vorgehensweise nach § 30 Abs. 3 VgV und Formulierung entsprechender Zuschlagskriterien eine Gesamtvergabe vornehmen. Der EU-Gesetzgeber sieht den **Mittelstandsschutz** insoweit nicht als gefährdet an, zumal Erwägungsgrund 79 zur VRL ausdrücklich formuliert, dass sich die Vergabe bei einer isolierten Wertung der Lose negativ auf den Zugang der kleinen und mittleren Unternehmen (KMU) zu öffentlichen Aufträgen auswirken könnte.[21] Allerdings wird dies in der Regel dazu führen, dass Bieter **Nachlässe** bei der Beauftragung mehrerer Lose anbieten. Teilweise wird angenommen, dass dadurch die Regelungen zur Losaufteilung unterlaufen würden.[22] Dem wird entgegengehalten, dass das **Gebot der Zuschlagserteilung auf das wirtschaftlichste Angebot** über dem Mittelstandsschutz steht.[23] Darüber hinaus werden haushalts- und beihilferechtliche Argumente für die Gesamtvergabe angeführt.[24]

32   Letztlich war es den Mitgliedstaaten nach Art. 46 Abs. 3 VRL freigestellt, diese Regelung in nationales Recht umzusetzen; Deutschland hat sich für eine Übernahme in § 30 Abs. 3 VgV entschieden und damit eine **gesetzliche Grundlage** für die Gesamtvergabe bei Vorliegen der genannten Voraussetzungen **geschaffen.**

IV. Bekanntmachungspflicht (Abs. 2 S. 1, Abs. 3)

33   Gem. § 30 Abs. 2 S. 1 VgV muss der öffentliche Auftraggeber die Vorgaben bezüglich der Angebots- oder Zuschlagslimitierung in der **Auftragsbekanntmachung** oder der Aufforderung zur Interessensbetätigung angeben. Es handelt sich bei der Loslimitierung dementsprechend um eine **Vergabebedingung.**[25] Macht der Auftraggeber keine Loslimitierung bekannt, dürfen die Bieter folglich davon ausgehen, dass keine Loslimitierung erfolgt.

---

[20] So i. Erg. schon VK Hessen 27.2.2003 – 69d-VK-70/2002, VPRRS 2013, 1585.

[21] Kritisch insoweit *Noch* Kap. B Rn. 508 f.

[22] *Tomerius* in Pünder/Schellenberg § 5 VOB/A Rn. 18; vgl. auch *Noch* Kap. B Rn. 508 f.

[23] *Dreher* NZBau 2005, 427 (431) unter Verweis auf BGH 17.2.1999 – X ZR 101/97, NJW 2000, 137; so im Ergebnis auch *Müller-Wrede*, NZBau 2004, 643 (648); einschränkend auf den Fall der unwirtschaftlichen Zersplitterung des Auftrags *Stickler* in Kapellmann/Messerschmidt, § 5 VOB/A Rn. 38, wobei dann schon keine Pflicht zur Losaufteilung besteht.

[24] *Manz/Schönwälder* NZBau 2012, 465 (468).

[25] *Burgi* NZBau 2006, 693 (697).

Will der öffentliche Auftraggeber von der Möglichkeit zur **Kombination** bestimmter 34
Lose nach § 30 Abs. 3 VgV Gebrauch machen, muss er sich dies **in der Bekanntmachung vorbehalten** und dabei angeben, **welche Lose oder Losgruppen** er zu kombinieren beabsichtigt. Diese Angabe wird im Bekanntmachungsformular bei den Angaben zu
den Losen unter Ziff. II.1.6) abgefragt.

V. Angabe in Vergabeunterlagen (Abs. 2 S. 2)

§ 30 Abs. 2 S. 2 VgV gilt nur im Fall der **Zuschlagslimitierung.** Bei ihr ist in den Ver- 35
gabeunterlagen anzugeben, **welche Kriterien** der Auftraggeber zur Auswahl unter mehreren wertbaren Angeboten anwendet, um die festgesetzte Höchstzahl einzuhalten.

Die Kriterien müssen objektiv und nichtdiskriminierend sein. Sie sind **projektbezogen** 36
festzusetzen. Allgemeine Kriterien, die für jedes Projekt gelten (z.B. Risikostreuung, Vermeidung von Bieterabhängigkeit), sind hingegen unzulässig.[26]

Sollen die Bieter eine **Lospriorisierung** angeben, ist dies ebenfalls festzulegen. 37

C. Rechtsfolgen bei Verstößen

Bei den Regelungen zur Loslimitierung handelt es sich um **bieterschützende** Bestim- 38
mungen i.S.d. § 97 Abs. 6 GWB. Vergibt der öffentliche Auftraggeber über die Loslimitierung hinaus Aufträge an einen Bieter, können Bieter dagegen im Wege eines Nachprüfungsverfahrens vorgehen. Hat der Auftraggeber transparent festgelegt, dass er sich dies
vorbehält, müssen Bieter dies allerdings rechtzeitig rügen.

Ein **Anspruch** auf Loslimitierung besteht nicht.[27] 39

---

[26] *Kus* in KKMPP § 30 Rn. 11.
[27] *Bernhardt* in Ziekow/Völlink § 5 VOB/A Rn. 19; *Dreher* NZBau 2005, 427 (431).

§ 31 Leistungsbeschreibung

(1) Der öffentliche Auftraggeber fasst die Leistungsbeschreibung (§ 121 des Gesetzes gegen Wettbewerbsbeschränkungen) in einer Weise, dass sie allen Unternehmen den gleichen Zugang zum Vergabeverfahren gewährt und die Öffnung des nationalen Beschaffungsmarktes für den Wettbewerb nicht in ungerechtfertigter Weise behindert.

(2) In der Leistungsbeschreibung sind die Merkmale des Auftragsgegenstandes zu beschreiben:

1. in Form von Leistungs- oder Funktionsanforderungen oder einer Beschreibung der zu lösenden Aufgabe, die so genau wie möglich zu fassen sind, dass sie ein klares Bild vom Auftragsgegenstand vermitteln und hinreichend vergleichbare Angebote erwarten lassen, die dem öffentlichen Auftraggeber die Erteilung des Zuschlags ermöglichen,

2. unter Bezugnahme auf die in Anlage 1 definierten technischen Anforderungen in der Rangfolge:
   a) nationale Normen, mit denen europäische Normen umgesetzt werden,
   b) Europäische technische Bewertungen,
   c) gemeinsame technische Spezifikationen,
   d) internationale Normen und andere technische Bezugssysteme, die von den europäischen Normungsgremien erarbeitet wurden, oder
   e) falls solche Normen und Spezifikationen fehlen, nationale Normen, nationale technische Zulassungen oder nationale technische Spezifikationen für die Planung, Berechnung und Ausführung von Bauwerken und den Einsatz von Produkten, oder

3. als Kombination von Nummer 1 und 2
   a) in Form von Leistungs- oder Funktionsanforderungen unter Bezugnahme auf die technischen Anforderungen gemäß Nummer 2 als Mittel zur Vermutung der Konformität mit diesen Leistungs- und Funktionsanforderungen oder
   b) mit Bezugnahme auf die technischen Anforderungen gemäß Nummer 2 hinsichtlich bestimmter Merkmale und mit Bezugnahme auf die Leistungs- und Funktionsanforderungen gemäß Nummer 1 hinsichtlich anderer Merkmale.

Jede Bezugnahme auf eine Anforderung nach Nummer 2 Buchstabe a bis e ist mit dem Zusatz „oder gleichwertig" zu versehen.

(3) Die Merkmale können auch Aspekte der Qualität und der Innovation sowie soziale und umweltbezogene Aspekte betreffen. Sie können sich auch auf den spezifischen Prozess oder die spezifische Methode zur Herstellung oder Erbringung der Leistung oder auf ein anderes Stadium im Lebenszyklus des Auftragsgegenstandes einschließlich der Produktions- und Lieferkette beziehen, auch wenn derartige Faktoren keine materiellen Bestandteile der Leistung sind, sofern diese Merkmale in Verbindung mit dem Auftragsgegenstand stehen und zu dessen Wert und Beschaffungszielen verhältnismäßig sind.

(4) In der Leistungsbeschreibung kann ferner festgelegt werden, ob Rechte des geistigen Eigentums übertragen oder dem öffentlichen Auftraggeber daran Nutzungsrechte eingeräumt werden müssen.

(5) Werden verpflichtende Zugänglichkeitserfordernisse im Sinne des § 121 Absatz 2 des Gesetzes gegen Wettbewerbsbeschränkungen mit einem Rechtsakt der Europäischen Union erlassen, so muss die Leistungsbeschreibung, soweit die Kriterien der Zugänglichkeit für Menschen mit Behinderungen oder der Konzeption für alle Nutzer betroffen sind, darauf Bezug nehmen.

(6) In der Leistungsbeschreibung darf nicht auf eine bestimmte Produktion oder Herkunft oder ein besonderes Verfahren, das die Erzeugnisse oder Dienstleistungen eines bestimmten Unternehmens kennzeichnet, oder auf gewerbliche Schutzrechte, Typen oder einen bestimmten Ursprung verwiesen werden, wenn dadurch bestimmte Unternehmen oder bestimmte Produkte begünstigt oder ausgeschlossen werden, es sei denn, dieser Verweis ist durch den Auftragsgegenstand gerechtfertigt. Solche Verweise sind ausnahmsweise zulässig, wenn der Auftragsgegenstand anderenfalls

nicht hinreichend genau und allgemein verständlich beschrieben werden kann; diese Verweise sind mit dem Zusatz „oder gleichwertig" zu versehen.

Übersicht

	Rn.			Rn.
A. **Einführung**	1		a) Merkmale des Herstellungs-/ Produktionsprozesses	77
I. Literatur	1		b) Verbindung zum Auftragsgegenstand	80
II. Entstehungsgeschichte	2		c) Verhältnismäßigkeit zu Wert des Auftragsgegenstandes und zu Beschaffungszielen	81
III. Rechtliche Vorgaben im EU-Recht	3			
B. **Systematische Stellung**	12			
C. **Wettbewerbsoffene Formulierung der Leistungsbeschreibung (Abs. 1)**	16		F. **Übertragung von Rechten geistigen Eigentums, Einräumung von Nutzungsrechten (Abs. 4)**	83
I. Regelungsinhalt	16		I. Regelungsinhalt	83
II. Gleicher Zugang zum Vergabeverfahren	20		II. Voraussetzungen	86
III. Wettbewerbsoffene Ausschreibung	26		1. Rechte geistigen Eigentums	86
D. **Beschreibung der Merkmale des Auftragsgegenstandes (Abs. 2)**	29		2. Übertragung/Nutzungsrecht	87
I. Regelungsinhalt	29		3. Verhältnismäßigkeit	89
II. Leistungs- oder Funktionsanforderungen, Aufgabenbeschreibung (Abs. 2 Nr. 1)	37		G. **Verpflichtende Zugänglichkeitskriterien (Abs. 5)**	90
1. Leistungsanforderungen	37		H. **Produkt- und herkunftsneutrale Ausschreibung (Abs. 6)**	92
2. Funktionsanforderungen	40		I. Regelungsinhalt	92
3. Aufgabenbeschreibung	42		II. Produktspezifische Ausschreibungen (Satz 1)	98
III. Bezugnahme auf Normen (Abs. 2 S. 1 Nr. 2, S. 2)	44		1. Allgemeines	98
1. Allgemeines	44		2. Voraussetzungen	102
2. Rangfolge der Beschreibungsarten	48		a) Verweis in der „Leistungsbeschreibung"	102
3. Gleichwertigkeitszusatz	51		b) Sach- und auftragsbezogene Gründe	103
IV. Mischformen (Abs. 2 S. 1 Nr. 3)	53		c) Marktübersicht des Auftraggebers	105
1. Allgemeines	53		d) Keine Diskriminierung	106
2. Konformitätsvermutung	55		e) Dokumentationsanforderungen	107
3. Teilfunktionale Ausschreibung	56		III. Beschreibende produktbezogene Angaben (Satz 2)	109
E. **Zulässige Merkmale des Auftragsgegenstandes (Abs. 3)**	57		1. Allgemeines	109
I. Regelungsinhalt	57		2. Voraussetzungen	112
II. Qualitäts-, Innovations-, soziale und umweltbezogene Aspekte in der Leistungsbeschreibung (Abs. 3 S. 1)	60		a) Verweis auf Produktion, Hersteller, Marken usw.	112
1. Allgemeines	60		b) Auftragsgegenstand nicht hinreichend genau beschreibbar	113
2. Aspekte der Qualität	64		c) „oder gleichwertig"	114
3. Innovative Aspekte	65		d) Gleichwertigkeitsparameter	115
4. Soziale Aspekte	67		e) Dokumentationsanforderungen	116
5. Umweltbezogene Aspekte	69		3. Gleichwertigkeitsprüfung	117
III. Merkmale des Herstellungs-/Leistungserbringungsprozesses (Abs. 3 S. 2)	73		IV. Planungs-/Richt- oder Leitfabrikate	119
1. Allgemeines	73			
2. Voraussetzungen	77			

A. Einführung

I. Literatur

Europäische Kommission, Das öffentliche Beschaffungswesen in den ausgenommenen Sektoren, KOM(88) **1**
377 endg.; *Bellmann,* Normung und Rechtsangleichung in der Europäischen Wirtschaftsgemeinschaft, 1993;

Schaller, Öffentliche Lieferaufträge: Umfang und Gestaltung der Leistungsbeschreibung nach § 8 VOL/A, DB 1995, 1498; *Griem,* Umweltfreundliche Beschaffung im Bauwesen, NVwZ 1999, 1171; *Zubcke-von Thünen,* Technische Normung in Europa, 1999; *Schumacher,* Vergabefremde Kriterien im Abfallrecht und Gemeinschaftsrecht, DVBl. 2000, 467; *Burgi,* Vergabefremde Zwecke und Verfassungsrecht, NZBau 2001, 64; *Dähne,* Was sind unzulässige Änderungen an den Verdingungsunterlagen?, VergabeR 2002, 224; *Dageförde-Reuter,* Möglichkeiten der Berücksichtigung von Umweltbelangen, NZBau 2002, 597; *Fischer/Barth,* Europäisches Vergaberecht und Umweltschutz – Zur Berücksichtigung von Umweltbelangen bei der Vergabe öffentlicher Aufträge, NVwZ 2002, 1184; *Pache/Rüger,* Klarheit über soziale Aspekte im Vergaberecht?, EuZW 2002, 169; *Schima,* Wettbewerbsfremde Regelungen – falsche Signale vom Europäischen Gerichtshof, NZBau 2002, 1; *Weber,* Zulässigkeit und Grenzen von Leistungsbeschreibungen nach europäischem Vergaberecht, NZBau 2002, 194; *Bungenberg,* Die Berücksichtigung des Umweltschutzes bei der Vergabe öffentlicher Aufträge, NVwZ 2003, 314; *Krohn,* Öffentliche Auftragsvergabe und Umweltschutz, 2003; *Opitz,* Die Entwicklung des EG-Vergaberechts in den Jahren 2001 und 2002. Teil 1 – Die Rechtstatsachen und der Rechtsrahmen, NZBau 2003, 183; *Beckmann,* Die Verfolgung ökologischer Zwecke, NZBau 2004, 600; *Dageförde-Reuter,* Umweltschutz durch öffentliche Auftragsvergabe, 2004; *Fischer,* Vergabefremde Zwecke im öffentlichen Auftragswesen, EuZW 2004, 492; *Müglich/Lapp,* Mitwirkungspflichten des Auftraggebers beim IT-Systemvertrag, CR 2004, 801; *Odendahl,* Die Berücksichtigung vergabefremder Kriterien im öffentlichen Auftragswesen, EuZW 2004, 647; *Opitz,* Das Legislativpaket: Die neuen Regelungen zur Berücksichtigung umwelt- und sozialpolitischer Belange bei der Vergabe öffentlicher Aufträge, VergabeR 2004, 421; *Prieß,* Die Leistungsbeschreibung – Kernstück des Vergabeverfahrens, NZBau 2004, 20, 87; *Spindler* (Hrsg.), Rechtsfragen bei open source, 2004; *Dageförde/Dross,* Reform des europäischen Vergaberechts – Umweltkriterien in den neuen Vergaberichtlinien, NVwZ 2005, 19; *Huber/Wollenschläger,* EMAS und Vergaberecht, WiVerw 2005, 212; *Noch,* Die Leistungsbeschreibung im Spannungsfeld zwischen Dispositionsfreiheit der Vergabestelle und subjektiven Rechten der Bieter, BauRB 2005, 344; *Steinberg,* Die „Wienstrom"-Entscheidung des EuGH, EuZW 2005, 85; *ders.,* Die Flexibilisierung des neuen europäischen Vergaberechts, NZBau 2005, 85; *Frenz,* Soziale Vergabekriterien, NZBau 2007, 17; *Ziekow,* Das Vergaberecht als Waffe gegen Kinderarbeit, KommJuR 2007, 281; *Storr,* Wirtschaftspolitik durch Auftragsvergabe, GewArch 2007, 183; *Dicks,* Die mangelhafte, insbesondere unvollständige Leistungsbeschreibung und die Rechtsfolgen im Vergaberecht, IBR 2008, 1360 (nur online); *Goede,* Anmerkung zu OLG München, Beschl. v. 28.7.2008 – Verg 10/08, VergabeR 2008, 969; *Stolz,* Die Behandlung von Angeboten, die von den ausgeschriebenen Leistungspflichten abweichen, VergabeR 2008, 322; *Buhr,* Die Richtlinie 2004/18/EG und das deutsche Vergaberecht, 2009; *Diemon-Wies/Graiche,* Vergabefremde Aspekte – Handhabung bei der Ausschreibung gem. § 97 IV GWB, NZBau 2009, 409; *Huerkamp,* Technische Spezifikationen und die Grenzen des § 97 Abs. 4 S. 2 GWB, NZBau 2009, 755; *Jasper/Seidel,* Umweltkriterien in der kommunalen Vergabe, KommJur 2009, 56; *Ölcüm,* Die Berücksichtigung sozialer Belange im öffentlichen Auftragswesen, 2009; *Schneider,* Umweltschutz im Vergaberecht, NVwZ 2009, 1057; *Steiff,* Vergabefremde Aspekte – eine Zwischenbilanz, VergabeR 2009, 290; *Tausendpfund* Gestaltungs- und Konkretisierungsmöglichkeiten des Bieters in Vergabeverfahren, 2009; *Amelung,* Die VOL/A 2009 – Praxisrelevante Neuregelungen für die Vergabe von Liefer- und Dienstleistungen, NZBau 2010, 727; *Bischof,* Die Leistungsbeschreibung im Vergaberecht, ITRB 2010, 192; *Wegener,* Umweltschutz in der öffentlichen Auftragsvergabe, NZBau 2010, 273; *Burgi,* Die Förderung sozialer und technischer Innovationen durch das Vergaberecht, NZBau 2011, 577; *Krist,* Anmerkung zu OLG Koblenz, Beschl. v. 10.6.2010 – 1 Verg 3/10, VergabeR 2011, 223; *Gabriel/Weiner,* Vergaberecht und Energieeffizienz, RdE 2011, 213; *Kronsbein/Dewald,* Transparenz vor Kreativität: Identität des Auftragsgegenstandes bei Funktionalausschreibungen, NZBau 2011, 146; *Schneiderhahn,* Daseinsvorsorge und Vergaberecht, 2011; *Abate,* Die rechtssichere Umsetzung sozialer und ökologischer Zwecke in der Vergabepraxis, KommJur 2012, 41; *Dageförde,* Umweltschutz im öffentlichen Vergabeverfahren, 2012; *Hausmann,* Beschaffungsautonomie und Produktneutralität, Fünfzehnte forum vergabe Gespräche 2012, 183; *Höfler/Bayer,* Praxishandbuch Bauvergaberecht, 3. Aufl. 2012; *Hübner,* Öffentliche Lieferaufträge über fair gehandelte und Bioprodukte, VergabeR 2012, 545; *Müller-Wrede,* Nachhaltige Beschaffung, VergabeR 2012, 416; *Otting,* Gestaltungsmöglichkeiten für Nachhaltige Beschaffung am Beispiel der Richtlinie „Saubere Fahrzeuge", Jahrbuch forum vergabe 2012, 83; *Wegener/Hahn,* Ausschreibung von Öko- und Fair-Trade-Produkten mittels Gütezeichen, NZBau 2012, 604; *Laumann/Scharf,* Die Bestimmung des Auftragsgegenstandes und ihre Überprüfung im Primärrechtsschutz, VergabeR 2013, 539; *Wilke,* Ausschreibungen in der beruflichen Rehabilitation, NZS 2012, 444; *Althaus/Heindl,* Der öffentliche Bauauftrag, 2. Aufl. 2013; *Jasper/Marx,* „Buy Green – Buy social": Paradigmenwechsel im Vergaberecht, FS Marx, 2013, 329; *Schäfer,* Green Public Procurement im Rahmen der EU- Umwelt- und Nachhaltigkeitspolitik, FS Marx, 2013, 657; *Gaus,* Ökologische Kriterien in der Vergabeentscheidung, NZBau 2013, 401; *Glaser/Kahl,* Zur Europarechtskonformität kombinierter Tariftreue- und Mindestlohnklauseln in Landesvergabegesetzen, ZHR 177 (2013), 643; *Heyne,* Ökologische Vergabekriterien im neuen Landesvergabegesetz Sachsen-Anhalt, LKV 2013, 158; *Lisch,* Die produktbezogene Beschaffung von IT-Leistungen, CR 2013, 761; *Siegel,* Wie fair ist das Vergaberecht? Der faire Handel vor dem EuGH, VergabeR 2013, 370; *Zoglmann,* Das Lastenheft. Die Leistungsbeschreibung bei Softwareerstellungsprojekten, 2013; *Burgi,* Ein Rechtsgebiet wird erwachsen: Zur Umsetzung der neuen EU-Vergaberichtlinien, ZHR 178 (2014), 2; *ders.,* Specifications, in: Trybus/Caranta/Edelstam, EU Public Contract Law, 2014, 37; *Dicks,* Ungewöhnliche und Unzumutbare Wagnisse, NZBau 2014, 731; *Krajewski,* Kommunaler Menschenrechtsschutz durch Verbote von Grabmalen aus ausbeuterischer Kinderarbeit, DÖV 2014, 721; *Lampe-Helbig/Jagenburg/Baldringer,* Handbuch der Bauvergabe, 3. Aufl. 2014; *Latzel,* Soziale Aspekte bei der Vergabe öffentlicher Aufträge nach der Richtlinie 2014/24/EU, NZBau 2014, 673; *Opitz,* Was bringt die neue Sektorenvergaberichtlinie?, VergabeR 2014, 369; *ders.,* Die Berücksichtigung von Switching Costs bei der öffentlichen Beschaffung von ITK-Leistungen, CR 2014, 281; *Prieß/Stein,* Die neue EU-Sektorenrichtlinie, NZBau 2014, 323; *Stein/Simonis,* Die Leistungsbeschreibung im deutschen Vergaberecht, forum vergabe 2014, 111; *Altus/Ley/Wankmüller,* Handbuch für die umweltfreundliche Beschaffung, 5. Aktualisierung, Mai 2015; *Burgi,* Ökologische und soziale Beschaffung im künftigen Vergaberecht: Kompetenzen, Inhalte, Verhältnismäßigkeit, NZBau 2015, 597; *Glaser,* Zwingende soziale Mindeststandards bei der Vergabe öffentlicher Aufträge, 2015; *Haak,* Vergaberecht in der Energiewende NZBau 2015, 11; *Reichling/Scheumann,* Durchführung von Vergabeverfahren (Teil 1) – Entwicklung der Vergabeunterlagen als „Herzstück" der Ausschreibung, GewArch 2015, 193; *Ziekow,* Soziale Aspekte in der Vergabe, DÖV 2015, 897; *Burgi,* Europa- und verfassungsrechtlicher Rahmen der Vergaberechtsreform, VergabeR 2016, 261; *ders.,* Vergaberecht, 2016, §12; *Byok,* Entwicklung des Vergaberechts seit 2015, NJW 2016, 1494; *Dobmann,* Das neue Vergaberecht, 2016; *Eiermann,* Primärrechtsschutz gegen öffentliche Auftraggeber bei europaweiten Ausschreibungen durch Vergabenachprüfungsverfahren – Teil 2, NZBau 2016, 76; Europäische Kommission, Umweltfreundliche Beschaffung! Ein Handbuch für ein umweltorientiertes öffentliches Beschaffungswesen, 3. Aufl. 2016; *Funk/Tomerius,* Aktuelle Ansatzpunkte umwelt- und klimaschützender Beschaffung in Kommunen (Teil 1), KommJur 2016, 1; *Germelmann,* Mindestlöhne und ILO-Kernarbeitsnormen, GewArch 2016, 60, 100; *Groth* (Hrsg.), Das neue Vergaberecht, Loseblattslg. (Stand: Nov. 2016); *Reichling/Scheumann,* Durchführung von Vergabeverfahren (Teil 3): Zuschlagskriterien und Ausführungsbedingungen, GewArch 2016, 332; *Sack/Schulten/Sarter/Böhlke,* Öffentliche Auftragsvergabe in Deutschland. Sozial und Nachhaltig?, 2016; *Stolz,* Die Vergabe von Architekten- und Ingenieurleistungen, VergabeR 2016, 351; *Summa,* Vergaberecht und ILO-Kernarbeitsnormen, VergabeR 2016, 147; *Gerlach/Manske,* Auslegung und Schicksal des Bieterangebots, VergabeR 2017, 11; *Krönke,* Sozial verantwortliche Beschaffung nach dem neuen Vergaberecht, VergabeR 2017, 191; *Leinemann/Zoller,* Überblick über die (neuen) vergaberechtlichen Anforderungen hinsichtlich der Berücksichtigung ökonomischer, ökologischer und sozialer Aspekte, VN 2017, 82; *Mohr,* Sozial motivierte Beschaffungen nach dem Vergaberechtsmodernisierungsgesetz 2016, EuZA 2017, 23; *Schimanek,* Anm. zu VK Leipzig 30.8.2016 – 1/SVK/016–16; jurisPR-VergabR 1/2017 Anm. 6; *Hattenhauer/Butzert,* Die Etablierung ökologischer, sozialer, innovativer und qualitativer Aspekte im Vergaberecht, ZfBR 2017, 129; *Rung,* Die Überprüfung der Beschaffungsautonomie durch die Nachprüfungsinstanzen, VergabeR 2017, 440; *Meeßen,* Urteilsanmerkung, VergabeR 2017, 625; *Halstenberg/Klein,* Neues zu den Anforderungen bei der Verwendung von Normen, Zertifikaten und Gütezeichen in Vergabeverfahren, NZBau 2017, 469; *Witzel,* Risiken und Fallstricke unvollständiger Leistungsbeschreibungen bei Outsourcing, CR 2017, 557; *Frenz,* Ökologische und innovative Vergabe in der Kreislaufwirtschaft, VergabeR 2018, 10.

II. Entstehungsgeschichte

Die Vorschrift enthält Bestimmungen zur Leistungsbeschreibung in Ergänzung zu §121 **2** GWB. Abs. 1 setzt für Dienstleistungs- und Lieferaufträge erstmals die Richtlinienvorgabe[1] um, dass technische Spezifikationen (technische Anforderungen) allen Bietern gleich zugänglich sein müssen und die Öffnung der Beschaffungsmärkte für den Wettbewerb nicht behindern dürfen (→ Rn. 16). Abs. 2 legt fest, wie die technischen Anforderungen zu formulieren sind. Das geht auf Art. 42 Abs. 3 AVR[2] zurück und entspricht fast vollständig dem früheren §8 EG Abs. 2 VOL/A. Die Vergaberichtlinien haben klargestellt, dass sich die Auftraggebervorgaben in den technischen Spezifikationen auf den Prozess oder die Methode der Herstellung der Leistung beziehen können, ohne dass es sich um einen materiellen Bestandteil der Leistung handeln muss (→ Rn. 11). Das wurde in Abs. 3 übernommen, der die bisherigen sozialen und ökologischen Festsetzungsmöglichkeiten bestätigt und zT erweitert (→ Rn. 73). Abs. 4 regelt die Übertragung von Rechten geistigen Eigentums unter Übernahme von Art. 42 Abs. 1 UA 3 AVR und fügt die Einräumung von Nutzungsrechten hinzu. Abs. 5 enthält eine Ergänzung zu §121 Abs. 2 GWB, die auf Art. 42 Abs. 1 UA 5 AVR zurückgeht. Abs. 6 regelt die Verpflichtung zur produktneutralen Ausschreibung und entspricht den früheren §§8 EG Abs. 7 VOL/A, 6 Abs. 7 VOF.

---

[1] Art. 42 Abs. 2 Richtlinie 2014/24/EU; bereits Art. 23 Abs. 2 Richtlinie 2004/18/EG; vor der VergRModVO vollständig umgesetzt nur in §15 Abs. 1 VSVgV (dieser zurückgehend auf den inhaltsgleichen Art. 18 Abs. 2 Richtlinie 2009/81/EG); sowie partiell in §7 Abs. 2 S. 1 SektVO aF (→ §28 SektVO Rn. 8).

[2] Begründung der VergRModVO, BR-Drs. 87/16, 184.

2a Gegenüber dem Entwurf vom November 2015 wurde Abs. 3 in Satz 1 um den Zusatz ergänzt, dass die Merkmale des Auftragsgegenstandes Aspekte der Qualität und der Innovation sowie soziale und umweltbezogene Aspekte umfassen können. Das ist eine Konkretisierung von § 97 Abs. 3 GWB für die Ebene der technischen Anforderungen (→ Rn. 57). Daneben kam es zu geringfügigen redaktionellen Änderungen in Abs. 2 und 6. Die (Wieder-)Aufnahme des Verbots der Überbürdung „ungewöhnlicher Wagnisse" (§ 8 EG Nr. 1 Abs. 3 VOL/A 2009) unterblieb. Spätestens seit Inkrafttreten der VergRModVO lässt sich dieses Verbot daher bei der Ausschreibung von Liefer- und Dienstleistungsaufträgen nicht mehr als „ungeschriebener" Grundsatz ansehen.[3]

III. Rechtliche Vorgaben im EU-Recht

3 Das Unionsrecht zielt primär auf den Abbau und die Verhinderung nichttarifärer Handelshemmnisse im grenzüberschreitenden Handel durch gezielte oder faktische Bevorzugung einheimischer Anbieter.[4] Auf der Ebene der Leistungsbeschreibung verfolgt das Unionsrecht daher ein anderes Regelungsanliegen, als das deutsche Vergaberecht, bei dem der Bestimmtheitsgrundsatz im Mittelpunkt steht, was in § 121 Abs. 1 GWB zum Ausdruck kommt.[5] Für den Richtliniengeber treten Handelshemmnisse nicht deshalb auf, weil bestimmte Produkte einer bestimmten Qualität oder Dienstleistungen eines bestimmten Leistungsniveaus nachgefragt werden, sondern dadurch, dass die Nachfrage aufgrund bestimmter Präferenzen bei bestimmten (idR einheimischen) Anbietern gedeckt wird.[6] Die Vergaberichtlinien sehen daher von einer allgemeinen Bestimmung zur Formulierung der Leistungsbeschreibung ab und beschränken sich auf Vorgaben für die Auftraggeberfestlegungen, bei denen die Gefahr der Benachteiligung ausländischer Anbieter besonders besteht. Aus Sicht des Unionsgesetzgebers ist mit technischen Spezifikationen ein erhebliches Missbrauchspotential verbunden. Nicht ohne Grund werden sie in den Vergaberichtlinien noch vor den Eignungskriterien (Art. 58 AVR), den Zuschlagskriterien (Art. 67 AVR) und den Bedingungen für die Auftragsausführung (Art. 70 AVR) geregelt.[7] Die Definition des Auftragsgegenstandes ist dagegen grundsätzlich nicht koordiniert und unterliegt nur den primärrechtlichen Vorgaben aus dem AEUV. Sie darf insbesondere nicht diskriminierend sein, nicht die Wirkung einer mengenmäßigen Einfuhrbeschränkung oder eines Ausschlusses von Unternehmen anderer Mitgliedstaaten haben und nicht zu künstlichen Wettbewerbseinschränkungen führen (→ § 121 GWB Rn. 26).[8]

---

[3] Wie hier *Trutzel* in Ziekow/Völlink, 3. Aufl. 2018, VgV § 31 Rn. 30. Bislang bereits üA in Rechtsprechung (→ § 121 GWB Rn. 36) und Literatur, vgl. *Scharen* FS Marx, 2013, 683/684; *Dicks* NZBau 2014, 731; *Krohn* in Gabriel/Krohn/Neun VergabeR-HdB, 2. Aufl. 2017, § 19 Rn. 43; *Stein/Simonis* Leistungsbeschreibung 131; für die Fortgeltung dagegen noch OLG Dresden 2.8.2011 – W Verg 4/11, NZBau 2011, 775, OLG Jena 22.8.2011 – 9 Verg 2/11, NZBau 2011, 771; *Wilke* NZS 2012, 444 (449); *Roth* NZBau 2006, 84 (86); *Hertwig* Praxis der öffentlichen Auftragsvergabe, 6. Aufl. 2016, Rn. 179; *Wirner* in Willenbruch/Wieddekind, 4. Aufl. 2017, VOL/A § 7 Rn. 24 f.; wohl auch *Traupel* in Müller-Wrede GWB § 121 Rn. 23.

[4] Zu diesem Regelungsanliegen zuletzt *Burgi* ZHR 178 (2014), 2 (3/4), *ders.* VergabeR 2016, 261; *Germelmann* GewArch 2016, 60 (61).

[5] Ebenso § 7 EU Abs. 1 Nr. 1 VOB/A und die Vorgängernormen in §§ 8 EG Abs. 1 VOL/A aF, 6 Abs. 1 VOF aF, § 7 Abs. 1 SektVO aF.

[6] *Opitz* VergabeR 2004, 421 (422).

[7] Das ist eine Regelungsentscheidung seit den ersten Koordinierungsrichtlinien → § 7a EU VOB/A Rn. 5.

[8] Bereits Europäische Kommission, Das öffentliche Auftragswesen in der Europäischen Union, KOM (1998), 143 endg., 1b, 19, 30 f.; sodann *dies.* Interpretierende Mitteilung über das auf das öffentliche Auftragswesen anwendbare Gemeinschaftsrecht und die Möglichkeit zur Berücksichtigung von Umweltbelangen bei der Vergabe öffentlicher Aufträge vom 5.7.2001, KOM(2001) 274 endgültig, 9, 12; *dies.* Sozialorientierte Beschaffung, 2011, 24 f. (abrufbar unter ec.europa.eu/social/BlobServlet?docId=6457&langId=de, zuletzt abgerufen am 6.7.2017); zuletzt *dies.* Umweltfreundliche Beschaffung!, 3. Auf. 2016, Kap. 3.1.1. (abrufbar unter http://ec.europa.eu/environment/gpp/pdf/handbook_2016_de.pdf, zuletzt abgerufen am 6.7.2017); Umweltbundesamt (Hrsg.) Rechtsgutachten umweltfreundliche Beschaffung, 2017, 46,

Die Vergaberichtlinien setzen bei der Formulierung der konkreten technischen Spezifi- **4** kationen an, dh der Merkmale des zuvor durch den Auftraggeber definierten Auftragsgegenstandes (Art. 42 Abs. 1 UA 1 AVR iVm Anhang VII Nr. 1).[9] Die Abgrenzung zur Definition des Auftragsgegenstandes ist nicht immer trennscharf (zB bei der Beschaffung von „Öko-Strom" oder „Recycling-Papier").[10] Der wettbewerbsöffnende Regelungsansatz der Richtlinien bringt es mit sich, dass „technische Spezifikation" autonom im Sinne der Richtlinienbestimmungen auszulegen ist. **„Spezifikation"** meint Vorgaben und Standards des Auftraggebers an das zu liefernde Produkt bzw. die erbringende Leistung.[11] Sie können technischer, wirtschaftlicher oder finanzieller Art sein.[12] **Technische Spezifikationen** sind der Ausschnitt der Auftraggebervorgaben, die sich auf messbare mechanische, biologische, physikalische oder chemische Merkmale oder technische Eigenschaften eines Produktes bzw. einer Dienstleistung, einschließlich ihrer Herstellung, Verpackung, Kennzeichnung oder Beschriftung, beziehen (→ Anlage 1 Rn. 16). Der Europäische Gerichtshof hat beispielsweise Vorgaben an den Prozessor eines Computersystems („Intel Core i5 3,2 Ghz oder gleichwertig"[13]), technische Festlegungen für ein Mautsystem[14] oder die Zuordnung von Leistungen[15] als technische Spezifikationen klassifiziert. Technische Spezifikationen sind akzessorisch zum Auftragsgegenstand (→ Rn. 61),[16] dessen Merkmale sie in einem **technischen Lastenheft** (Statement of Work) spezifizieren, das Teil der Vergabeunterlagen ist.[17] Ein solches Lastenheft (en: *user specification*) enthält die vom „Auftraggeber festgelegte Gesamtheit der Forderungen an die Lieferungen und Leistungen eines Auftragnehmers innerhalb eines (Projekt-)Auftrags."[18] Es enthält nachprüfbare Vorgaben, an denen Angebote gemessen werden, in Form von Mindestkonformitätskriterien.[19] Die EU-Kom-

---

UBA-Texte 09/2017 (abrufbar unter http://www.umweltbundesamt.de/publikationen/rechtsgutachten-umweltfreundliche-offentliche, zuletzt abgerufen am 6.7.2017). Aus der Literatur *Schima* NZBau 2002, 1; *Dageförde-Reuter* NZBau 2002, 597 (598/599); *Beckmann* NZBau 2004, 600 (601); *ders.* in Müller-Wrede Kompendium, 2. Aufl. 2013, 15 Rn. 27; *Müller-Wrede* VergabeR 2012, 416 (422); *Laumann/Scharf* VergabeR 2013, 539 (540); *Traupel* in Müller-Wrede Kompendium, 2. Aufl. 2013, 14 Rn. 9; *Leinemann* Vergabe öffentlicher Aufträge, 6. Aufl. 2016, Rn. 571, 1240; *Lux* in Müller-Wrede GWB § 97 Rn. 15.

[9] Entspricht Art. 36 Abs. 1 UA 1 Richtlinie 2014/23/EU, Art. 60 Abs. 1 UA 1 Richtlinie 2914/25/EU. Zur Abfolge instruktiv Europäische Kommission Sozialorientierte Beschaffung (o. Fußn. 8) 24 f. Im Grundsatz findet sich dieses Verständnis schon bei OLG Düsseldorf 17.2.2010 – Verg 42/09, BeckRS 2010, 06143 – ISM-Funktechnik („Hat der Auftraggeber die Leistung bestimmt und entsprechend ausgeschrieben, dann unterliegt die ausgeschriebene Leistung freilich den einschlägigen vergaberechtlichen Vorschriften"). Deutlich auch einzelne Landesvergabegesetze, wie § 4 ThürVgG: „Ökologische und soziale Belange können auf allen Stufen des Vergabeverfahrens, namentlich bei der Definition des Auftragsgegenstands, dessen technischer Spezifikation (…) berücksichtigt werden."

[10] *Weiner* in Gabriel/Krohn/Neun VergabeR-HdB § 20 Rn. 21, *Schellenberg* in Pünder/Schellenberg 2. Aufl. 2015, § 7 SektVO Rn. 18.

[11] *Burgi* Specifications 37.

[12] Art. 2 Abs. 1 Buchst. b) Richtlinie 89/665/EWG; Art. 2 Abs. 1 Buchst. b) Richtlinie 93/13/EWG.

[13] EuGH 16.4.2015 – C-278/14, ECLI:EU:C:2015:228 = NZBau 2015, 383 Rn. 8, 24, 27 – Enterprise Focused Solutions.

[14] EuGH 29.3.2012 – C-599/10, ECLI:EU:C:2012:191 = NZBau 2012, 376 Rn. 35 f. – SAG ELV Slovensko u. a..

[15] EuGH 5.4.2017 – C-298/15, ECLI:EU:C:2017:266 = BeckRS 2017, 105869 Rn. 70 – Borta.

[16] Das folgt mittelbar aus Art. 42 Abs. 1 UA 1 S. 2 Richtlinie 2014/24/EU; Art. 60 Abs. 1 UA 1 S. 2 Richtlinie 2014/25/EU. Deutlich in diesem Sinne bereits EuGH 10.5.2012 – C-368/10, ECLI:EU:C: 2012:284 Rn. 86 = NZBau 2012, 445 – EKO und MAX HAVELAAR („… Verhältnis zu dem in den technischen Spezifikationen beschriebenen Auftragsgegenstand …").

[17] In der Französischen Sprachfassung meint Lastenhaft („cahier des charges") die Vergabeunterlagen, die zusammen mit den zusätzlichen Unterlagen die „Auftragsdokumentation" umfassen und aus einem administrativen und technischen Teil bestehen, vgl. *Egger* Europäisches Vergaberecht Rn. 1050 Fußn. 2254, Rn. 1060 Fußn. 2271. Die Bezeichnungen sind in der Literatur nicht einheitlich. Mitunter wird die auftraggeberseitige Feinspezifikation als „Pflichtenheft" bezeichnet, etwa bei *Noch* Vergaberecht kompakt, 6. Aufl. 2015, Rn. 889.

[18] DIN 69901-5:2009-01: Projektmanagement – Projektmanagementsysteme (Teil 5: Begriffe) Ziff. 3.32.

[19] Europäische Kommission Sozialorientierte Beschaffung (o. Fußn. 8) 29; Umweltorientierte Beschaffung!, 3. Aufl. 2016, Abschn. 3.2.1 (abrufbar unter http://ec.europa.eu/environment/gpp/pdf/handbook_2016_de.pdf, zuletzt abgerufen am 17.7.2017).

mission vergleicht die Erstellung eines derartigen Lastenhefts mit der Anfertigung eines Bildes nach der Skizzierung (→ § 121 GWB Rn. 3). Bei IT-Beschaffungen beschreibt es beispielsweise die Leistungsmerkmale und Zielvorgaben, die die vom Auftragnehmer zu liefernde Hard- und Software erfüllen muss.[20] Angebote, die die technischen Spezifikationen nicht einhalten, sind grundsätzlich auszuschließen (→ § 121 GWB Rn. 9; zu den Ausnahmen → § 32 VgV Rn. 5). Im System der Vergaberichtlinien sind die technischen Spezifikationen daher grundsätzlich **Mindestanforderungen** („Mindestkriterien", „Ausschlusskriterien", „KO-Kriterien", „Muss"- oder „need-to have"-Anforderungen); sie erlauben mithin – anders als die Zuschlagskriterien – nicht die Berücksichtigung des Umstandes, ob einem für den Auftraggeber wichtigen Gesichtspunkt mehr oder weniger genügt wird.[21] Das gilt auch bei beispielhaften Aufzählungen, die eine zwingende Vorgabe verdeutlichen.[22] Die Leistungsbeschreibung enthält ferner **wirtschaftliche oder finanzielle Spezifikationen** (zB Kalkulationsvorgaben → Rn. 68), die am Diskriminierungsverbot und den Grundsätzen des freien Waren- und Dienstleistungsverkehrs zu messen sind, sowie Ausführungsbedingungen (Art. 70 AVR), die von den technischen Spezifikationen abzugrenzen sind (→ Rn. 14).

5   Für den EuGH ist die (ex ante-)Transparenz der Auftraggeberanforderungen Voraussetzung für den grenzüberschreitenden Wettbewerb.[23] Folgerichtig stellt Art. 42 Abs. 1 S. 1 AVR die Aufnahme der technischen Spezifikationen in die Auftragsunterlagen an den Anfang der Richtlinienbestimmungen. Sämtliche technische Spezifikationen, einschließlich Konformitätsbewertungsanforderungen, Plänen, Zeichnungen usw. müssen **aus der Bekanntmachung oder den Vergabeunterlagen hervorgehen.**[24] Dadurch sollen die Märkte für öffentliche Aufträge geöffnet, ein echter Wettbewerb hergestellt und eine Marktabschottung zugunsten inländischer Bieter verhindert werden.[25] Die Bieter dürfen daher nicht den „Zufälligkeiten der Informationssuche" ausgesetzt sein.[26] Ausnahmen und Erleichterungen sind nur für Bezugnahmen auf Normen (Art. 42 Abs. 2 Buchst. b) AVR) und Gütezeichen (Art. 43 AVR) vorgesehen. Der EuGH akzeptiert ferner Verweise auf **Rechts- und Verwaltungsvorschriften** (zB auf Vorgaben einer EU-Verordnung zum Vertrieb landwirtschaftlicher Erzeugnisse).[27] Durch derartige Verweise kann sich der Auftraggeber aber seinen Beschreibungspflichten nicht entziehen.[28]

6   Das Kernanliegen der Vergaberichtlinien sind Vorkehrungen an die **wettbewerbsoffene Formulierung** der technischen Spezifikationen. Die Grundregel in Artt. 42 Abs. 2

---

[20] *Zoglmann* Lastenheft 43, 55 ff., 56, 65 ff.

[21] *Egger* Europäisches Vergaberecht Rn. 1203; Umweltbundesamt (Hrsg.) Umweltfreundliche öffentliche Beschaffung, 2015, 8.

[22] VK Bund 9.2.2016 – VK 1–130/15, ZfBR 2016, 711 (714) – Rütteldruckverdichtung.

[23] EuGH 22.4.2010 - C-423/07, ECLI:EU:C:2010:211 Rn. 58 – Kommission/Spanien; 10.5.2012 – C-368/10, ECLI:EU:C:2012:284 Rn. 63 ff. (67) = NZBau 2012, 445 – EKO und MAX HAVELAAR; 10.10.2013 – C-336/12, ECLI:EU:C:2013:647 = NZBau 2013, 783 Rn. 31 – Manova; 16.4.2015 – C-278/14, ECLI:EU:C:2015:228 = NZBau 2015, 383 Rn. 28 – Enterprise Focused Solutions; 7.4.2016 – C-324/14, ECLI:EU:C:2016:214 = BeckRS 2016, 80574 – Partner Apelski Darius/Zardt Oczyszczania Miastra; 14.12.2016 C-171/15, ECLI:EU:C:2016:948 = ZfBR 2017, 380 Rn. 40 – Connexion Taxi Services, 5.4.2017 – C-298/15, ECLI:EU:C:2017:266 = BeckRS 2017, 105869 Rn. 69 ff. – Borta; eine „klare" Festlegung verlangte schon Erwägungsgrund (29) Richtlinie 2004/18/EG. Zum Prinzip der „ex ante"-Transparenz *Burgi* Specifications 42.

[24] Entspricht Artt. 36 Abs. 1 S. 2 Richtlinie 2014/23/EU; 60 Abs. 1 S. 1 Richtlinie 2014/25/EU; Art. X Ziff. 7 Buchst. (a) GPA 2012. Bereits Art. 23 Abs. 1 S. 1 Richtlinie 2004/18/EG; Art. 34 Abs. 1 S. 1 Richtlinie 2004/17/EG; Art. 18 Abs. 1 Richtlinie 2009/81/EG. Ebenso die älteren Vergaberichtlinien, zB Art. 13 Abs. 1 Richtlinie 90/351/EWG; Art. 14 Abs. 1 Richtlinie 92/50/EWG. Das ist eine spezielle Ausprägung des Transparenzgebots, zutreffend *Egger* Europäisches Vergaberecht Rn. 1070.

[25] Europäische Kommission Interpretierende Mitteilung zur Berücksichtigung von Umweltbelangen (o. Fußn. 7), KOM(2001) 274 endgültig, 11.

[26] EuGH 10.5.2012 – C-368/10, ECLI:EU:C:2012:284 Rn. 67 = NZBau 2012, 445 – EKO und MAX HAVELAAR.

[27] EuGH (o. Fußn. 25) Rn. 68.

[28] EuGH 22.4.2010 – C-423/07, ECLI:EU:C:2010:211 Rn. 64 – Kommission/Spanien mAnm *Kronsbein/Dewald* NZBau 2011, 146 (148).

AVR, 60 Abs. 2 SVR besagt recht allgemein, dass technische Spezifikationen allen Wirtschaftsteilnehmern zugänglich sein müssen und die Öffnung der Beschaffungsmärkte für den Wettbewerb nicht „in ungerechtfertigter Weise" behindern dürfen.[29] Auftraggeber müssen bei ihrer Formulierung die Grundsätze von **Transparenz, Gleichbehandlung und Verhältnismäßigkeit** beachten.[30] Sie sind **an bekanntgemachte technische Spezifikationen gebunden** und dürfen sie nur in transparenter Weise ändern und nur, wenn dies keine Auswirkungen auf den Angebotswettbewerb hat (→ Rn. 20). Sie dürfen über technische Spezifikationen in der Leistungsbeschreibung keine künstlichen Wettbewerbshindernisse schaffen und einzelne Anbieter oder Gruppen von Anbietern nicht diskriminieren (→ Rn. 27).

Die Vergaberichtlinien konkretisieren dies auf mehreren Ebenen. Den Richtlinienbestimmungen in ihrer heutigen Fassung lassen sich jeweils Leitentscheidungen des Europäischen Gerichtshofs zu den Grundfreiheiten, zum Prinzip der gegenseitigen Anerkennung und zur harmonisierten Normungspolitik zuordnen:

Technische Normen sind definitionsgemäß rechtlich unverbindlich (→ Anlage 1 **7** Rn. 27), haben aber für Marktteilnehmer de facto eine gesetzesähnliche Bindungswirkung, da Produkte oder Dienstleistungen nur abgenommen werden, wenn sie mit den einschlägigen nationalen Normen des Bestimmungslandes konform sind.[31] Nach der **„Dundalk"-Rechtsprechung** ist die Vorgabe eines nationalen Standards ohne Zulassung gleichwertiger Alternativen eine „Maßnahme gleicher Wirkung" im Sinne der Warenverkehrsfreiheit (Art. 34 AEUV).[32] Art. 34 AEUV verlangt die Einhaltung der Grundsätze der Nichtdiskriminierung und der gegenseitigen Anerkennung.[33] Erzeugnisse, die in anderen Mitgliedstaaten in den Verkehr gebracht und zugelassen sind, müssen grundsätzlich freien Zugang zum inländischen Markt erhalten. Die Beseitigung der sog. technischen Schranken für den freien Warenverkehr ist daher das Ziel der Harmonierungsbemühungen im Bereich der Normung. Technische Spezifikationen waren dafür bis zum Legislativpaket 2004 vorrangig unter **Bezugnahme auf europäische Spezifikationen** zu umschreiben.[34] Davon waren nur wenige und begründungsbedürftige Ausnahmen zugelassen, zB wenn die europäischen Spezifikationen im konkreten Fall inkompatibel, sonst ungeeignet oder veraltet waren.[35] Das bewährte sich in der Praxis nicht. Europäische Spezifikationen standen oft nicht bereit. Oft waren sie infolge der Dauer der Normungsprozesse technisch überholt.[36] Zudem verengten sich Beschaffungen tendenziell auf genormte technische Lösungen und waren somit tendenziell innovationshemmend.[37] Um die „Vielfalt technischer Lösungsmöglichkeiten" nicht zu beschränken, ließ das Legislativpaket 2004 daher Beschreibungen mittels Leistungs- oder Funktionsanforderungen ausdrücklich zu.[38] Die Artt. 42 Abs. 3 AVR, 60

---

[29] Bereits Art. 23 Abs. 2 iVm Erwägungsgrund (29) Richtlinie 2004/18/EG, Art. 34 Abs. 2 Richtlinie 2004/17EG sodann Art. 18 Abs. 2 Richtlinie 2009/81/EG.

[30] EuGH 10.5.2012 – C-368/10, ECLI:EU:C:2012:284 Rn. 62 = NZBau 2012, 445 – EKO und MAX HAVELAAR; *Egger* Europäisches Vergaberecht Rn. 838, 853; *Jasper/C. Marx* FS Marx, 2013, 331/332.

[31] *Breulmann* Normung und Rechtsangleichung 21; *Zubcke-von Thünen* Technische Normung 695, 697/698.

[32] EuGH 22.9.1988 – Rs. 45/87, Slg. 1988, 04929 – Kommission ./. Irland.

[33] EuGH 1.2.2012 – C-484/10, ECLI:EU:C:2012:113 Rn. 53 – Ascafor.

[34] Art. 7 Abs. 1 S. 2 Richtlinie 77/62/EWG; Art. 13 Abs. 2, 3 Richtlinie 90/351/EWG; Art. 14 Abs. 2 – 5 Richtlinie 92/50/EG; Art. 10 Abs. 2 Richtlinie 93/37/EWG, Art. 8 Abs. 2 Richtlinie 93/36/EWG; zur Entwicklung bei den öffentlichen Bauaufträgen → § 7a EU Rn. 5.

[35] Vgl. Art. 13 Abs. 6 Richtlinie 90/351/EWG; §§ 8a Nr. 2–4 VOL/A 1993, 8a VOL/A 1997/2000, § 8 Abs. 2 VOF 1997 iVm Anhang TS, §§ 9 Nr. 4 Abs. 3, 9a, 9b Abs. 3 S. 1 VOB/A 1992/2000/2002.

[36] *Opitz* NZBau 2003, 183 (194); *von Wietersheim/Schranner* VOB/A 2006, A 24; *Burgi* Specifications 44.

[37] Vorschlag für eine Richtlinie des Europäischen Parlaments und des Rates über die Koordinierung der Verfahren zur Vergabe öffentlicher Lieferaufträge, Dienstleistungsaufträge und Bauaufträge, KOM(2000) 275 endgültig, 5.1; *Umweltbundesamt* (Hrsg.) Rechtsgutachten – Umweltfreundliche öffentliche Beschaffung, 2012, 37/38.

[38] Art. 23 Abs. 3 Buchst. b) Richtlinie 2004/18/EG iVm Erwägungsgrund (29); nunmehr Art. 42 Abs. 3 Buchst. a) Richtlinie 2014/24/EU; Art. 34 Abs. 3 Buchst. b) Richtlinie 2004/17/EG iVm Erwägungsgrund (42) – nunmehr Art. 60 Abs. 3 Buchst. a) Richtlinie 2014/25/EU. Zur Bedeutung der funktionalen Aus-

Abs. 3 SVR haben diese Beschreibungsart an die erste Stelle gerückt, da ihr eine innovationsfördernde Wirkung beigemessen wird (→ § 121 GWB Rn. 6).

8   Technische Spezifikationen dürfen ohne besondere Rechtfertigung durch den Auftragsgegenstand grundsätzlich nicht so gefasst werden, dass **bestimmte Unternehmen** begünstigt oder ausgeschlossen werden (Art. 42 Abs. 4 S. 1 AVR, Art. 60 Abs. 4 S. 1 SLR).[39] In der „UNIX"-Entscheidung hat der EuGH festgestellt, dass ein Mitgliedsstaat gegen die Grundfreiheiten verstößt, wenn er ein Warenzeichen mit bestimmten Spezifikationen vorgibt, ohne gleichwertige Produktalternativen zuzulassen.[40] Die Ausschreibung von Leitprodukten ist daher nur mit dem Zusatz „oder gleichwertiger Art" zulässig (→ Rn. 114).[41]

9   Über die Wahl des Auftragsgegenstandes und die Formulierung der technischen Spezifikationen lassen sich **wirtschafts- und gesellschaftspolitische („strategische") Ziele** im Sinne von § 97 Abs. 3 GWB besonders effektiv verfolgen, da Angebote, die diesen Zielen nicht Rechnung tragen, von vornherein ausgeschlossen sind und sich auch nicht über den Preis durchsetzen können. Bereits in ihrer Mitteilung über das öffentliche Auftragswesen von 1998 wies die Europäische Kommission darauf hin, dass die Auftraggeber aufgrund der Wahlfreiheit beim Auftragsgegenstand die Beschaffung auf Produkte, Bau- und Dienstleistungen beschränken können, die ihren Vorstellungen von Umweltschutz entsprechen.[42] Unmittelbar einleuchtend ist dies bei Anforderungen an die Umweltverträglichkeit von Stoffen und Bauteilen.[43] 2001 fasste die Europäische Kommission die Möglichkeiten zusammen und klärte bis dato diskutierte Fälle, etwa dass ein Auftraggeber auch den Bau eines Hauses mit niedrigem Energieverbrauch vorgeben, Öko-Strom beschaffen, für die Gebäudereinigung die Verwendung eines umweltfreundlichen Reinigungsmittels vorschreiben kann oder für den öffentlichen Nahverkehr den Einsatz von Elektrobussen.[44] In der Rechtswissenschaft wurde schon vor dem Legislativpaket 2004 herausgearbeitet, dass öffentliche Auftraggeber bei der Wahl von Produkten und Leistungen und der Detailspezifikation nicht auf die Verfolgung technokratisch-fiskalischer Zwecke beschränkt sind. Soziale und umweltpolitische Zwecke lassen sich auch auf der Ebene der technischen Spezifikationen nicht sinnvoll als **„vergabefremd"** ausgrenzen.[45] Ob der Auftraggeber Drei-Liter-Autos, Recycling-Papier, Öko-Strom o. ä. beschafft, ist keine vergabe- sondern eine haushaltsrechtliche Frage, da der Mehrpreis zu herkömmlichen Produkten mangels Vergleichsangeboten nicht transparent wird (insbesondere wenn der Auftraggeber keine Nebenangebote gemäß § 35 Abs. 1 VgV zulässt).[46]

10   Die Festlegung des Auftragsgegenstandes hat vergaberechtliche Konsequenzen für die technischen Spezifikationen, da sie den Auftragsgegenstand in konkreten, messbaren Anforderungen umsetzen müssen, hinreichend bestimmt zu fassen sind und den Wettbewerb

schreibung als Mittel der Innovationsförderung *Burgi* NZBau 2011, 577 (580/581) ; *ders.* Specifications 44, 48; *ders.* NZBau 2015, 597 (600); *ders.* VergabeR § 12 Rn. 9.
[39] Bereits Art. 23 Abs. 8 Richtlinie 2004/18/EG. Zuvor Art. 10 Abs. 6 Richtlinie 93/37/EWG, Art. 8 Abs. 6 Richtlinie 93/36/EWG, Art. 14 Abs. 6 Richtlinie 92/50/EWG.
[40] EuGH 24.1.1995 – C-359/93, Slg. 1995, I-00157 – FWS 1995, 114 Rn. 27 – Kommission ./. Niederlande.
[41] Art. 42 Abs. 4 S. 3 Richtlinie 2014/24/EU. Das entspricht den Vorgängerrichtlinien.
[42] Europäische Kommission, Das öffentliche Auftragswesen in der Europäischen Union, KOM(1998), 143 endg., 30.
[43] Vgl. nur Ziff. 0.2.11 ATV DIN 18299; bereits *Griem* NVwZ 1999, 1791.
[44] Europäische Kommission, Interpretierende Mitteilung zur Berücksichtigung von Umweltbelangen (o Fußn. 7), KOM(2001) 274 endgültig, 8 ff.
[45] Grundlegend *Burgi* NZBau 2001, 64; *ders.* ZHR 178 (2014), 2 (8); *Dageförde-Reuter* Umweltschutz durch öffentliche Auftragsvergabe 69, 74 f.; 88 f., 90. Mittlerweile üA. vgl. *Wegener* NZBau 2010, 273 (274), *Germelmann* GewArch 2016, 60; *Fehns-Böer* in Müller-Wrede GWB § 97 Rn. 61; einschränkend dagegen noch *Diemon-Wies/Graiche* NZBau 2009, 409.
[46] *Schumacher* DVBl. 2000, 467 (470); *Beckmann* NZBau 2004, 600; *Huber/Wollenschläger* WiVerw 2005, 212 (218); *Jasper/Seidel* KommJur 2009, 56; *Schneiderhahn* Daseinsvorsorge und Vergaberecht 298; Umweltbundesamt (Hrsg.), Grundlagen der umweltfreundlichen Beschaffung, 2016, 28, 31 (abrufbar unter http://www.umweltbundesamt.de/publikationen/umweltfreundliche-beschaffung-schulungsskript-1, zuletzt abgerufen am 6.7.2017).

nicht künstlich einschränken dürfen (→ Rn. 6). In der interpretierenden Mitteilung der Europäischen Kommission vom 4.7.2001 zur Berücksichtigung von Umweltbelangen lag der Schwerpunkt der Überlegungen im Anschluss an die **„Beentjes"**[47]-Entscheidung allerdings zunächst auf der vom Europäischen Gerichtshof eingeführten Auffangkategorie der besonderen Bedingungen für die Auftragsausführung, die für die Europäische Kommission eine „Vielzahl von Möglichkeiten" boten.[48] Sie gelten auch heute noch als wichtigstes Instrument zur Verfolgung ökologischer und sozialer Beschaffungszwecke.[49] Als Folge der Entscheidungen **„Nord-Pas-de-Calais"**,[50] **„Concordia-Bus-Finnland"**[51] und **„Wienstrom"**[52] verlagerte sich der Schwerpunkt der Diskussion um (vermeintlich) „vergabefremde" Auftraggeberanforderungen sodann auf die Zuschlags- und Eignungskriterien.[53] Dies schlug sich in entsprechenden Regelungsschwerpunkten im Legislativpaket 2004 nieder.[54] Bei den technischen Spezifikationen kam es nur zu punktuellen Änderungen. Umweltschutzanforderungen können seit dem Legislativpaket 2004 ausdrücklich Bestandteil von Leistungs- oder Funktionsanforderungen sein.[55] Technische Spezifikationen können Umwelt- und Klimaleistungsstufen sowie Herstellungsverfahren umfassen (in Anpassung an Art. VI Ziff. 1 GPA 1994) und sich auf den gesamten Lebenszyklus beziehen („Wiege-bis-zur-Bahre-Prinzip").[56] Beides hatte für die üA aber nur klarstellende Bedeutung.[57] 2009 wurde die Beschaffung von „sauberen und energieeffizienten Straßenfahrzeugen" teilharmonisiert.[58] Soziale Aspekte wurden dagegen spätestens seit der **„Max Havelaar"**-Entscheidung[59] im Schwerpunkt bei den Ausführungsbedingungen (Art. 70 AVR) verortet,[60] wo sie – bis auf das Thema behindertengerechte Beschaffung – auch heute umzusetzen sind (→ Rn. 67). Das entspricht der Lösung im überarbeiteten WTO-Beschaffungsabkommen (GPA 2012), das zwar in Art. X Ziff. 6 eine ausdrückliche Regelung zum Schutz natürlicher Ressourcen mittels technischer Spezifikationen enthält, aber keine ähnlich weit gefasste Bestimmung für sozialpolitisch motivierte Auftraggebervorgaben. Die Europäische

---

[47] EuGH 20.9.1988 – Rs. 31/87, NVwZ 1990, 353 – Beentjes.

[48] KOM(2001) 274 endgültig, 25; dazu *Fischer/Barth* NVwZ 2002, 1184.

[49] Zuletzt *Frenz* VergabeR 2018, 10 (14).

[50] EuGH 26.9.2000 – Rs. C-225/98, Slg. 2000, I-7445 = EuZW 2000, 755 – Kommission ./. Frankreich.

[51] EuGH 17.9.2002 – Rs. C-513/99, ECLI:EU:C:2002:495 – Concordia Bus Finnland mAnm *Bungenberg* NVwZ 2003, 314.

[52] EuGH 4.12.2003 – Rs. C-448/01, ECLI:EU:C:2003:651 = NZBau 2004, 104 Rn. 34ff. – EVN AG und Wienstrom GmbH, mAnm *Steinberg* EuZW 2005, 85.

[53] Etwa bei *Odendahl* EuZW 2004, 647 (649); zu den Diskussionsschwerpunkten ferner *Schäfer* FS Marx, 2013, 658/659. Zur Entwicklung der Rechtsprechung des EuGH *Prieß* EurVergabeR-HdB, 3. Aufl. 2015, 279 f.

[54] Art. 26 (Bedingungen der Auftragsausführung), Art. 48 Buchst. f), Art. 50 (Eignungskriterien), Art. 53 Abs. 1 Buchst. a) (Zuschlagskriterien) Richtlinie 2004/18/EG; zu den Änderungen *Buhr* Richtlinie 2004/18/EG 200.

[55] Art. 23 Abs. 3 Buchst. b) und Abs. 6 Richtlinie 2004/18/EG. Umgesetzt durch §§ 8a Nr. 3 VOL/A 2006, 8 Abs. 5 VOF 2006, 9 Nr. 9 VOB/A 2006.

[56] Anhang VI Ziff. 1 Buchst. a) und b) Richtlinie 2004/18/EG; zu den Änderungen *Fischer* EuZW 2004, 492 (493); *Dagefördé/Dross* NVwZ 2005, 19 (21).

[57] Vgl. *Dagefördé-Reuter* NZBau 2002, 597 (599); *Fischer/Barth* NVwZ 2002, 1184 (1185); *Beckmann* NZBau 2004, 600 (601); *Steinberg* NZBau 2005, 85 (85/86); *Frenz* NZBau 2007, 17 (20); *Schneider* NVwZ 2009, 1057 (1058).

[58] Richtlinie 2009/33/EG vom 23. April 2009 über die Förderung sauberer und energieeffizienter Straßenfahrzeuge, ABl. L 120/5 vom 15.5.1999, dazu *Otting* Gestaltungsmöglichkeiten für Nachhaltige Beschaffung, forum vergabe 2012, 83 (84).

[59] EuGH 10.5.2012 – C-368/10, ECLI:EU:C:2012:284 Rn. 61ff. = NZBau 2012, 445 – EKO und MAX HAVELAAR. In diese Richtung bereits Europäische Kommission, Das öffentliche Auftragswesen in der Europäischen Union, KOM(1998), 143 endg., 31 f.

[60] Art. 26 Richtlinie 2004/18/EG iVm Erwägungsgrund (33); zur „breiten Palette" von Möglichkeiten sodann Europäische Kommission Mitteilung über die Auslegung des gemeinschaftlichen Vergaberechts und die Möglichkeiten zur Berücksichtigung sozialer Belange bei der Vergabe öffentlicher Aufträge, vom 15.10.2001, KOM(2001), 566 endgültig, 19; gegen die Zulässigkeit sozialer Anforderungen in der Leistungsbeschreibung (bis auf behindertengerechte Beschaffungen) daher *Egger* Europäisches Vergaberecht Rn. 1080.

Kommission fasste den erreichten Stand ab 2008 in den Konzepten des „**Green Public Procurement**" (GPP)[61] und des „**Social Responsibility Procurement**" (SRPP)[62] zusammen. Darin werden die „grüne" und die „soziale" Beschaffung als ökonomische Alternativen zum überkommenen Ordnungsrecht verstanden.[63] Schon für 2010 galt als Zielvorgabe, dass 50 % aller öffentlichen Beschaffungen „grün" sein sollten.

11   Die neuen Richtlinien haben das bisherige Regelungskonzept fortgeführt und an die Strategien „Europa 2020" für intelligentes, nachhaltiges und integratives Wachstum (KOM (2010) 2020), „Innovationsunion" (KOM(2010) 546), „Eine integrierte Industriepolitik für das Zeithalter der Globalisierung" (KOM(2010) 614), „Energie 2020" (KOM(2010) 639) sowie „Ressourcenschonendes Europa" (KOM(2011) 21) angepasst.[64] Durch die Umstellung der Reihenfolge der Beschreibungsarten (Art. 42 Abs. 3 Buchst. a), b) AVR) sowie Formulierungsanpassungen und Ergänzungen in Anhang VII AVR sind **Umweltmerkmale weiter aufgewertet** worden.[65] Auftraggeber sollen die öffentliche „Beschaffungspotenz"[66] noch stärker im Sinne einer „**strategischen Beschaffung**" zur Unterstützung gemeinsamer gesellschaftlicher Ziele nutzen können.[67] Die Berücksichtigung sozialer und ökologischer Anliegen bei Fassung der technischen Spezifikationen wurde dafür im Gesetzgebungsverfahren gegenüber dem Kommissionsentwurf gestärkt.[68] Klargestellt wurde, dass technische Spezifikationen auf Produktionsprozesse und -methoden in jeder Phase des Lebenszyklus der Bauleistung, Lieferung oder Dienstleistung Bezug nehmen können. Das war bis dahin bei den Umwelteigenschaften nur verdeckt geregelt.[69] Ausreichend ist eine „Verbindung mit dem Auftragsgegenstand" und dass sie „zu dessen Wert und Zielen verhältnismäßig sind".[70] Es ist nicht erforderlich, dass sich die Produktionsprozesse und -methoden in äußerlich sichtbaren Charakteristika des Produkts manifestieren.[71] Durch den **weiten Begriff des Lebenszyklus** in Art. 2 Abs. 1 Nr. 20 AVR (der auch Handels- und Lieferstufen einschließt) haben sich die Festsetzungsmöglichkeiten erweitert (→ Rn. 73).[72] Von praktischer Bedeutung sind bei umwelt- und sozialpolitisch motivierten Vorgaben daneben vor allem die Erleichterungen beim Einsatz von Gütezeichen (→ § 34 VgV Rn. 4).[73]

---

[61] Europäische Kommission, Umweltorientiertes öffentliches Beschaffungswesen, KOM(2008) 400 endgültig, 4; Umweltorientierte Beschaffung! (o. Fußn. 18), 3. Aufl. 2016, Einleitung, Kap. 1; dazu *Altus/ Ley/Wankmüller* Handbuch umweltfreundliche Beschaffung Teil A, 5; *Schäfer* FS Marx, 2013, 661; Umweltbundesamt (Hrsg.) Rechtsgutachten umweltfreundliche öffentliche Beschaffung (o. Fußn. 8), 2017, 12 f.

[62] Europäische Kommission Sozialorientierte Beschaffung (o. Fußn. 8) 7 f.

[63] Umweltbundesamt (Hrsg.) Rechtsgutachten umweltfreundliche öffentliche Beschaffung (o. Fußn. 8), 2017, 12.

[64] Begründung der EU-Kommission zum Richtlinienentwurf KOM(2011) 896 endgültig, 2 ff., sowie die Begründung des federführenden Ausschusses für Binnenmarkt und Verbraucherschutz, Plenarsitzungsdokument A7–0007/2013, 169 ff.

[65] *Altus/Ley/Wankmüller* Handbuch umweltfreundliche Beschaffung D 8, 5; Umweltbundesamt (Hrsg.) Rechtsgutachten Umweltfreundliche öffentliche Beschaffung, 2014, 77 (abrufbar unter http://de.koinnobmwi.de/information/publikationen/rechtsgutachten-umweltfreundliche-offentliche-beschaffung, zuletzt abgerufen am 6.7.2017).

[66] *Burgi* ZHR 178 (2014), 2 (8).

[67] Erwägungsgründe (37), (41), (47), (123) Richtlinie 2004/24/EU.

[68] *Prieß/Stein* NZBau 2014, 323 (326).

[69] Art. 23 Abs. 3 Buchst. b) Richtlinie 2004/18/EG iVm Erwägungsgrund (29); zur Zulässigkeit derartiger Festsetzungen zB *Wegener/Hahn* NZBau 2012, 684 (685).

[70] Art. 42 Abs. 1 UA 2 Richtlinie 2014/24/EU; Art. 60 Abs. 1 UA 2 Richtlinie 2014/25/EU, Art. 36 Abs. 1 UA 2 Richtlinie 2014/23/EU.

[71] Das war bislang die Einschränkung, vgl. Interpretierende Mitteilung zur Berücksichtigung von Umweltbelangen (o. Fußn. 7) II 1.2.

[72] Umweltbundesamt (Hrsg.), Rechtsgutachten Umweltfreundliche öffentliche Beschaffung (o. Fußn. 63), 2014, 76 ff.

[73] Zu dieser Funktion von Gütezeichen Europäische Kommission, Umweltfreundliche Beschaffung! (o. Fußn. 8), 3. Auf. 2016, Kap. 3.5.

B. Systematische Stellung

Die Vorschrift beruht auf der Verordnungsermächtigung in § 113 Nr. 2 GWB. Sie **12**
nimmt in Abs. 1 auf die „**Basisregelung**"[74] des § 121 GWB Bezug und ist von öffentlichen Auftraggebern als Konkretisierung dieser Bestimmung anzuwenden. Sie präzisiert, auf welche Weise und in welche inhaltliche Richtung die Merkmale der vom öffentlichen Auftraggeber projektierten und festgelegten Leistung in der Leistungsbeschreibung umschrieben werden dürfen. Sie legt damit vergaberechtliche Anforderungen an die Konkretisierung des Beschaffungsbedarfs in der Leistungsbeschreibung fest. Die „Beschreibungshoheit"[75] ist dem Auftraggeber zugewiesen (→ § 121 GWB Rn. 20). Die in § 121 Abs. 1 GWB, § 31 Abs. 1 VgV zum Ausdruck kommenden Bestimmtheitsanforderungen überträgt das OLG Düsseldorf in seiner aktuellen Rechtsprechung auch auf **andere Teile der Vergabeunterlagen,** auch soweit sie nicht die nachgefragte Bau-, Liefer- oder Dienstleistung umschreiben.[76]

In der Leistungsbeschreibung formuliert der Auftraggeber **Soll-Vorgaben** an Art, Güte **13**
und Umfang der nach Vertragsschluss zu erbringenden Leistung. Er bestimmt die Soll-Beschaffenheit der vom Auftragnehmer zu liefernden Waren bzw. erbringenden Dienstleistungen. Bei freiberuflichen Architekten- und Ingenieurleistungen „überträgt" der Auftraggeber dem Auftragnehmer die in der Aufgabenbeschreibung umschriebenen Leistungen.[77] Um in die Wertung zu gelangen, müssen die Angebote diese Anforderungen umsetzen. Deshalb müssen sie vom öffentlichen Auftraggeber gemäß § 121 Abs. 1 S. 1 GWB eindeutig, vollständig, korrekt, in sich konsistent und prüfbar formuliert werden.

Gliederungsvorgaben an die Leistungsbeschreibung stellt die VgV in der Tradition der VOL/A und VOF – anders die VOB/A (→ §§ 7b, 7c EU, 7b, 7c VS VOB/A) – wegen der Vielgestaltigkeit der Leistungsinhalte nicht auf. Es ist damit auch weiterhin der Vergabestelle überlassen, wie sie die Leistungsbeschreibung gestalten will, soweit nicht Muster eingeführt sind (wie zB im HVA L-StB).[78] In der Praxis besteht eine Leistungsbeschreibung bei Liefer- und Dienstleistungsaufträgen idR aus **Titelblatt, Ausführungsbeschreibung, Leistungsverzeichnis, Anlagen für Bietereintragungen** und **sonstigen Anlagen.** Sie enthält zudem oftmals Vorgaben, die an sich in die Bewerbungsbedingungen gehören, aber aufgrund der Sachnähe aufgenommen sind, zB die Festlegung, dass über Unklarheiten vor Angebotsabgabe „schriftlich per Brief, Fax oder E-Mail" zu informieren ist (um mündliche Nachfragen zur Leistungsbeschreibung auszuschließen).[79]

Die **Ausführungsbeschreibung** enthält die allgemeine Darstellung der Leistung nach Art und Umfang, Mitwirkungshandlungen (Beistellungen) des Auftraggebers,[80] ausgeführte Leistungen und Vorarbeiten sowie Mindestanforderungen für Nebenangebote iSd § 35 Abs. 2 VgV; ferner die Beschreibung der örtlichen Verhältnisse (zB Lage, Erreichbarkeit, Ver- und Entsorgungsmöglichkeiten), Angaben zur Ausführung (Verkehrssicherung, Ablauf der Leistungserbringung usw.), Ausführungsunterlagen (Pläne, Lastenhefte, Berechnungen, Gutachten) sowie Ergänzende Vertragsbedingungen (Technische Lieferbedingungen, Nor-

---

[74] Begründung der VergRModVO, BR-Drs. 87/16, 184.
[75] *Dähne* VergabeR 2002, 224 (226).
[76] OLG Düsseldorf 4.12.2017 – VII-Verg 19/17, BeckRS 2017, 140289 Rn. 32 (zur Benennung von Referenzprojekten in einem Informationsmemorandum). Anders § 121 GWB Rn. 38. Überzeugender ist für andere Teile der Vergabeunterlagen die Ableitung aus dem Transparenzgrundsatz (§ 97 Abs. 1 S. 1 GWB), wie bei OLG Frankfurt 24.7.2012 – 11 Verg 6/12, ZfBR 2013, 99 oder neuerdings VK Südbayern 3.1.2018 – Z3-3-3194-1-46-08/17, IBRRS 2018, 0324.
[77] Muster 1.4 – 1 HVA F-StB (Ausgabe Januar 2017).
[78] Allgemeine Ansicht, vgl. nur *Zdzieblo* in Daub/Eberstein, 5. Aufl. 2000, § 8 Rn. 29.
[79] Zur Unzulässigkeit von mündlichen Nachfragen bei derartigen Festlegungen VK Sachsen-Anhalt 7.12.2016 – 1 VK LSA 27/16, IBRRS 2017, 1483.
[80] Das Vergaberecht beschränkt nach üA die Annahme von „stillschweigend" vereinbarten auftraggeberseitigen Mitwirkungspflichten, dazu *Müglich/Lapp* CR 2004, 801 (804).

men; Fachvorschriften).[81] In die Ausführungsbeschreibung sind alle Angaben, Anforderungen und Bedingungen aufzunehmen, die zum Verständnis der Leistung neben dem Leistungsverzeichnis erforderlich sind.

Das **Leistungsverzeichnis** enthält die Beschreibung der Teilleistungen (Positionen) und wird idR nach zusammengehörenden Positionen in Abschnitte gegliedert und innerhalb der Abschnitte nach allgemeinen und besonderen Vorgaben. Im Rahmen der Auslegung geht die spezielle und detaillierte Beschreibung der allgemeinen vor.[82] Die Positionen werden klassifiziert: **Normalpositionen** sind Positionen, die ohne Vorbehalt im Leistungsverzeichnis aufgeführt sind und bei denen die Vergütung abschließend geregelt ist.[83] Ohne weiteren Zusatz ist davon auszugehen, dass eine Normalposition vorliegt. **Grundpositionen** (G) beschreiben Teilleistungen, die durch **Wahlpositionen** (Alternativpositionen) oder **Zulagepositionen** (Zuschlagspositionen) ersetzt werden können (zur Zulässigkeit → § 121 GWB Rn. 56). Ein Leistungsverzeichnis ist kein Pflichtbestandteil einer Leistungsbeschreibung. Eine Ausführungsbeschreibung kann ausreichend sein.[84]

Anlagen zur Leistungsbeschreibung sind typischerweise Anlagen für Bietereintragungen zu bestimmten vertraglichen Regelungen, ferner Anlagen, in denen keine Eintragungen durch die Bieter vorzunehmen sind (zB Zeichnungen, Detailpläne, Mengenermittlungen, Lieferzeitpläne.).

14   Die in der Leistungsbeschreibung wiedergegebenen **technischen Anforderungen** sind technisch-tatsächlicher Art (und werden deshalb auch „Beschreibungen technischer Art" genannt).[85] Sie beziehen sich immer auf Art, Güte und Umfang der zu erbringenden Leistung und damit stets auf konkrete Merkmale oder Eigenschaften des Leistungsgegenstandes (→ Art. 42 Abs. 1 UA 1 S. 2 AVR). Um wertbar zu sein, muss das Angebot diese Leistungsmerkmale umfassen, was im Rahmen der Angebotsprüfung festzustellen ist (§ 57 Abs. 1 Nr. 4 iVm § 53 Abs. 7 S. 1 VgV). Ein Angebot, das den technischen Anforderungen nicht entspricht, ist zwingend auszuschließen, es sei denn, es kann ausnahmsweise nach § 32 VgV oder als Nebenangebot berücksichtigt werden. Rückfragen beim Bieter und Erläuterungen, die auf eine Änderung des Angebots abzielen, sind nicht statthaft.[86] Das unterscheidet technische Anforderungen (technische Spezifikationen) – bei Überschneidungen und Abgrenzungsschwierigkeiten im Detail – grundsätzlich von **Ausführungsbedingungen** iSd § 128 Abs. 2 GWB, dh Vertragsbedingungen über die Ausführung des Auftrags, zu deren Einhaltung sich die Bieter verbindlich bereits im Vergabeverfahren durch Abgabe entsprechender Erklärungen verpflichten müssen.[87] Sie werden idR ebenfalls in die Leistungsbeschreibung aufgenommen,[88] sind aber Anforderungen, die erst nach der Zuschlagserteilung zur Geltung kommen sollen und deren Einhaltung dann im Rahmen der Ausführung kontrolliert wird (→ § 128 GWB Rn. 15).[89] Anders als technische Spezifikationen müssen sie nicht notwendig leistungs- und produktbezogen sein (→ Anlage 1 Rn. 16).[90] Ihre Einhal-

---

[81] Muster 14.1 Ziff. (8) HVA L-StB (Ausgabe März 2011).

[82] VK Bund 14.3.2017 – VK 1–15/17, IBRRS 2017, 1382.

[83] Die Bezeichnung „Grundposition" und „Normalposition" werden in der Praxis oft gleichgesetzt, zuletzt etwa bei VK Sachsen-Anhalt 27.3.2017 – 3 VK LSA 04/17, IBRRS 2017, 1400; *Dähne* in Althaus/Heindl, 2. Aufl. 2013, Teil 1 Rn. 84.

[84] *Traupel* in Müller-Wrede GWB § 121 Rn. 51.

[85] *Schranner* in Ingenstau/Korbion, 20. Aufl. 2017, § 7b EU VOB/A Rn. 28.

[86] Deutlich EuGH, 10.10.2013 – C-336/12, ECLI:EU:C:2013:647 = NZBau 2013, 783 Rn. 31 – Manova.

[87] Zur Abgrenzung OLG Düsseldorf 5.5.2008 – Verg 5/08, NZBau 2009, 269 (271) – Wachdienst; 29.1.2014 – VII-Verg 28/13, NZBau 2014, 314 (315) – ILO Kernarbeitsnormen I; 25.6.2014 – VII-Verg 39/13, ZfBR 2014, 85 Rn. 38 – ILO Kernarbeitsnormen II; *Ziekow* in Ziekow/Völlink Vergaberecht, 2. Aufl., § 97 GWB Rn. 143; *Reichling/Scheumann* GewArch 2016, 332 (338).

[88] Deutlich noch § 97 Abs. 4 S. 2 GWB 2009; aufgelockert nunmehr in § 128 Abs. 2 S. 2 GWB aufgrund berechtigter Kritik an der früheren Rechtslage zB *Altus/Ley/Wankmüller* Handbuch umweltfreundliche Beschaffung B4, 7 („pingelig").

[89] *Opitz* VergabeR 2004, 421 (425); *Wiedemann* in KKPP, 4. Aufl. 2016, § 128 GWB Rn. 14.

[90] *Krohn/Schneider* in Gabriel/Krohn/Neun VergabeR-HdB § 17 Rn. 70, 95; *Wirner* in Willenbruch/Wieddekind, 4. Aufl. 2017, VgV § 31 Rn. 8.

tung ist für die Gerichte daher „nicht Gegenstand der Zuschlagsprüfung".[91] Der öffentliche Auftraggeber prüft nur, ob die Erklärung vollständig abgegeben wurde,[92] die Einhaltung der zu übernehmenden Verpflichtungen möglich erscheint oder der Bieter sie nicht voraussichtlich nicht einhalten wird und eine Erklärung wider besseres Wissen abgibt.[93] Vom Bieter kann dagegen im Vergabeverfahren grundsätzlich nicht der Nachweis verlangt werden, dass sein Unternehmen bereits vor Zuschlag über eine dementsprechende Organisation, Ausrüstung und Personal verfügt.[94] Beim Bezug zum Auftragsgegenstand unterliegen sie geringeren Anforderungen als technische Spezifikationen (vgl. § 127 Abs. 3 S. 2 GWB).[95] Nicht zum Leistungsverzeichnis gehören Vorgaben an die Leistungsfähigkeit der Bieter, wie sie zB im **Geräteverzeichnis** enthalten sind.[96]

Die Leistungsbeschreibung enthält an sich keine Vorgaben **rechtlicher, wirtschaftlicher oder finanzieller Art.** Diese sind in die Zusätzlichen oder Besonderen Vertragsbedingungen aufzunehmen. Die Praxis ist weniger trennscharf. Wirtschaftliche und finanzielle Anforderungen (zB Kalkulationsvorgaben) sind oft in Leistungsbeschreibungen enthalten, unterliegen aber nicht dem Anforderungskatalog der §§ 31–34 VgV, sondern sind am Bestimmtheitsgrundsatz des § 121 GWB und den Allgemeinen Vergabegrundsätzen des § 97 GWB, insbesondere dem Diskriminierungsverbot, zu messen (→ Rn. 16, 31). Bestimmungen zur Rechteübertragung lässt Abs. 4 nunmehr ausdrücklich zu (→ Rn. 83). Rechtliche Vertragsbedingungen in der Leistungsbeschreibung können aber überraschende Klauseln iSd § 305c Abs. 1 BGB sein, wenn die Bieter mit ihnen nicht rechnen müssen[97] und gelten als vorformuliert iSd § 307 Abs. 1 BGB.[98] „Technische" Bestimmungen der Leistungsbeschreibung, die nur Art, Umfang und Güte der geschuldeten Leistung festlegen (und damit den unmittelbaren Gegenstand der Hauptleistung) unterliegen dagegen nicht der Inhaltskontrolle nach den §§ 307 ff. BGB.[99]

Die Vorschrift ist als Konkretisierung des § 121 GWB **bieterschützend.** Ein Verstoß **15** gegen die Pflichten zur eindeutigen, erschöpfenden, produktneutralen oder wettbewerbsoffenen Beschreibung führt dazu, dass das Vergabeverfahren von Beginn an unter einem erheblichen Mangel leidet.[100] Der Auftrag kann auf einer solchen Grundlage nicht erteilt werden. Das gilt insbesondere, wenn der Auftraggeber die **Machbarkeit** (Realisierbarkeit) **von** technischen (Mindest-)Anforderungen bei der Vorbereitung der Leistungsbeschreibung nicht zutreffend festgestellt hatte und sich bei der Angebotsbearbeitung herausstellt, dass ihre Erfüllung (objektiv) **unmöglich** ist (→ § 121 GWB Rn. 38).[101] IdR untersagen die Nachprüfungsinstanzen die Fortführung des Vergabeverfahrens auf Basis der bisherigen Vergabeunterlagen und verpflichten den Auftraggeber, bei fortbestehender Vergabeabsicht

---

[91] OLG Düsseldorf 15.7.2015 – VII-Verg 11/15, NZBau 2016, 55 Rn. 43.

[92] Zum Ausschluss bei fehlender Erklärung zur Einhaltung von ILO-Kernarbeitsnormen zB VK Sachsen-Anhalt 29.11.2016 – 3 VK LSA 45/16, IBRRS 2017, 0503 (zur VOB/A); zum Streitstand → § 128 GWB Rn. 17.

[93] *Ziekow* DÖV 2015, 897 (903). Im Detail umstritten.

[94] OLG Düsseldorf 7.5.2014 – VII-Verg 46/13, ZfBR 2014, 785 (786) – Umweltplakette.

[95] *Egger* Europäisches Vergaberecht Rn. 1322; *Brachmann* VergabeR 2014, 310 (314). Nicht unumstritten. Anderer Ansicht zB *Krönke* VergabeR 2017, 101 (108).

[96] VK Bund 15.8.2017 – VK 1–87/17, IBR 2018, 2275.

[97] Zur Baubeschreibung *Heiermann/Bauer* in HRR, 13. Aufl. 2013, § 7 EG Rn. 64; zu technischen Anforderungen *Kolpatzik* in HKKW § 7 SektVO Rn. 25.

[98] *Höfler/Bayer* Bauvergaberecht, 3. Aufl. 2012, Rn. 276, 316; für die Vorbemerkungen *Heiermann/Bauer* in HRR, 13. Aufl. 2013, § 7 EG Rn. 68.

[99] BGH 12.3.1987 – VII ZR 37/86, NJW 1987, 1931 (1937); 26.9.1996 – VII ZR 318/95, NJW 1997, 135 (136); 12.6.2001 – XI ZR 274/00 , BGHZ 148, 74 = NJW 2001, 2635 (2636); stRspr, zuletzt LG Düsseldorf 14.12.2016 – 12 O 311/15, BeckRS 2016, 112275; aus der Literatur *Lapp/Salamon* in Herberger/Martinek/Rüßmann u. a., jurisPK-BGB, 8. Aufl. 2017, § 307 BGB Rn. 145. Ausführlich zur Kontrolle von Formularklauseln zum Leistungsinhalt *Althaus/Vogel* in Althaus/Heindl, 2. Aufl. 2013, Teil 1 Rn. 113 ff.

[100] Bereits *Zdzieblo* in Daub/Eberstein, 5. Aufl. 2000, § 8 Rn. 25. Zur Rechtsprechung und Literatur → § 121 GWB Rn. 22.

[101] VK Westfalen 4.12.2017 – VK 1–31/17, IBRRS 2018, 0106; das kommt bei IT-Leistungen häufiger vor, vgl. *Pinkenburg/Stetter* in Goede/Stoye/Stolz Kap. 11 A Rn. 8.

die Vergabeunterlagen unter Beachtung der Rechtsauffassung der Vergabekammer zu überarbeiten. Antragsbefugt im Nachprüfungsverfahren iSv § 160 Abs. 2 GWB sind auch Bieter, die aufgrund der vorgegebenen technischen, wirtschaftlichen oder finanziellen Spezifikationen von der Einreichung eines Angebots abgesehen haben.[102]

C. Wettbewerbsoffene Formulierung der Leistungsbeschreibung (Abs. 1)

I. Regelungsinhalt

16   Die Vorschrift nimmt im 1. Halbsatz auf die Anforderungen an die Leistungsbeschreibung in § 121 GWB Bezug. Da § 121 GWB ohnehin zu beachten ist, hat dieser Verweis gesetzgebungstechnisch klarstellende Funktion. In Abs. 1 regelt der Verordnungsgeber auf der Grundlage von § 113 Abs. 1 Nr. 1 GWB in Umsetzung von Art. 42 Abs. 2 AVR konkrete Vorgaben an die inhaltliche Formulierung der Leistungsbeschreibung.[103] Die Umsetzung war überfällig, da bereits die Vorgängerrichtlinie eine Bestimmung zur diskriminierungsfreien und wettbewerbsoffenen Formulierung der technischen Spezifikationen enthielt.[104] Sie ist nicht völlig geglückt, weil die Vorschrift nach ihrem Wortlaut nicht nur für die technischen Anforderungen (Bedingungen technischer Art) gilt, sondern auch für wirtschaftliche und finanzielle Spezifikationen sowie Ausführungsbedingungen. Damit ginge der Verordnungsgeber allerdings über die Richtlinienvorgaben hinaus. Dafür geben die Materialien nichts her. Auch aus Gründen der Regelungssystematik sollte Abs. 1 daher auf technische Anforderungen beschränkt werden.[105] Entsprechendes gilt für Abs. 6 S. 1 (→ Rn. 102) und § 34 Abs. 1 VgV (→ § 34 VgV Rn. 17).

17   Abs. 1 verlangt vom öffentlichen Auftraggeber als „Initiator des Vergabeverfahrens",[106] dass er die Detailvorgaben an die von ihm zuvor projektierte und festgelegte Leistung so formuliert, dass allen Unternehmen der gleiche Zugang zum Vergabeverfahren gewährt wird und die Öffnung des nationalen Beschaffungsmarktes für den Wettbewerb nicht in ungerechtfertigter Weise behindert wird. Das ist eine Übernahme des Richtlinientextes und inhaltlich eine Ausprägung des **Transparenzgrundsatzes** (§ 97 Abs. 1 GWB) und des **Diskriminierungsverbots** (→ § 97 Abs. 2 GWB Rn. 22),[107] die nach üA Grenze des Bestimmungsrechts des Auftraggebers sind (→ § 121 GWB Rn. 36) und bei der Ausformulierung der Auftraggebervorgaben immer beachtet werden müssen. Für den Verordnungsgeber ist es dem Gleichbehandlungsgrundsatz „immanent", dass der Auftraggeber nicht in ungerechtfertigter Weise den Wettbewerb behindern, einschränken oder verfälschen darf, weil dies zu einer Ungleichbehandlung von Bietern oder Bewerbern führen würde.[108] Im WTO-Beschaffungsabkommen (GPA 2012) ist dies zum Schutz des internationalen Handels explizit geregelt.[109]

---

[102] Grundlegend EuGH 12.2.2004 – Rs. C-230/02, Slg. 2004 I-01829 = NZBau 2004, 221 Rn. 28 f. – Grossmann Air Service; seither ständige Rechtsprechung, etwa OLG Düsseldorf 11.2.2009 – VII-Verg 64/08, BeckRS 2009, 29062; 7.3.2012 – VII-Verg 82/11, BeckRS 2012, 05922, 12.6.2013 – VII-Verg 7/13, ZfBR 2013, 716; OLG Brandenburg 27.3.2012 – Verg W 13/11, BeckRS 2012, 18273; OLG München 13.3.2017 – Verg 15/16, IBRRS 2017, 1097 (zu Referenzanforderungen); VK Südbayern 30.3.2017 – Z3–3-3194-1-04-02/17, IBRRS 2017, 1830.

[103] Umstritten. In erster Linie einen „ausfüllungsbedürftigen Programmsatz" sehen in der Vorschrift *Prieß/Simonis* in KKMPP, 4. Aufl. 2017, § 31 Rn. 1.

[104] Art. 23 Abs. 2 Richtlinie 2004/18/EG, mit geringfügig abweichender Formulierung sodann Art. 18 Abs. 2 Richtlinie 2009/81/EG.

[105] Im Ergebnis auch *Wirner* in Willenbruch/Wieddekind, 4. Aufl. 2017, VgV § 31 Rn. 2.

[106] *Zdzieblo* in Daub/Eberstein, 5. Aufl. 2000, § 8 Rn. 26.

[107] Begründung der VergRModVO, BR-Drs. 87/16, 184.

[108] Begründung zu § 7 Abs. 2 S. 1 SektVO 2009, BR-Drs. 522/09, 44. Zur Verletzung des Gleichbehandlungsgrundsatzes in diesen Fällen auch *Prieß* NZBau 2004, 87 (92).

[109] Art. X Ziff. 1 GPA 2012: „A procuring entity shall not prepare, adopt or apply any technical specifications or prescribe any conformity assessment procedure with the purpose or the effect of creating unnecessary obstacles to international trade". Das entspricht inhaltlich Art. VI Ziff. 1 GPA 1994.

Abs. 1 ist eine Bekräftigung des gesetzlichen **Leitbilds des Vergabewettbewerbs,** der auch ausländischen Bietern offen steht. Vor der VergRModVO wurden Fälle der Benachteiligung von Bietern aus anderen Mitgliedstaaten entweder direkt über das Diskriminierungsverbot oder ein weit gefasstes Verständnis von Produktneutralität gelöst. Das wird mit Abs. 1 entbehrlich.[110] Der Verordnungsgeber hebt die Bedeutung einer wettbewerbsoffenen Formulierung der Leistungsbeschreibung zusätzlich dadurch hervor, dass die Vorschrift systematisch an die Spitze gesetzt wird, was der Regelungssystematik der Vergaberichtlinien und des WTO-Beschaffungsabkommens (GPA 2012) entspricht.

Abs. 1 ist **bieterschützend** isd § 97 Abs. 6 GWB.[111] Die **Darlegungs- und Beweis-** **18** **last** für einen Verstoß gegen Abs. 1 trifft den Antragsteller. Soweit es um Tatsachen und Erwägungen im Kenntnisbereich des Auftraggebers geht, die dem Antragsteller unbekannt ist und deren Vortrag dem Auftraggeber zuzumuten ist, weist ihm die Rechtsprechung die sekundäre Darlegungslast zu.[112]

Wortgleich sind §§ 28 Abs. 1 SektVO und 15 Abs. 1 S. 2 KonzVgV. § 15 Abs. 1 VSVgV **19** hat eine abweichende Eingangsformulierung und hebt den Schutz von Anbietern „aus anderen EU-Mitgliedstaaten" hervor, was aber nur klarstellende Bedeutung hat (→ § 15 VSVgV Rn. 4).[113] Die VOB/A beschränkt sich dagegen in §§ 7a Abs. 1 Nr. 1, 7a EU Abs. 1 Nr. 1, 7a VS Abs. 1 Nr. 1 VOB/A auf das Gebot der Zugänglichkeit der technischen Anforderungen und setzt die Regelungsaussagen von Art. 42 Abs. 1 AVR nicht vollständig um (→ § 7a EU Rn. 12). Für Aufträge unterhalb der Schwellenwerte wiederholt § 23 Abs. 1 UVgO für öffentliche Dienstleistungs- und Lieferaufträge die Regelung des § 121 Abs. 1 GWB, enthält aber keine dem Abs. 1 entsprechende Bestimmung. Vereinzelt bestimmen die Landesvergabegesetze, dass die technischen Spezifikationen die Öffnung der öffentlichen Beschaffungsmärkte für den Wettbewerb nicht in ungerechtfertigter Weise behindern dürfen.[114]

II. Gleicher Zugang zum Vergabeverfahren

„Gleicher Zugang" bedeutet, dass die Leistungsbeschreibung dem gesetzlichen Leitbild **20** des Vergabewettbewerbs entsprechen muss und nicht vornherein nur von bestimmten Unternehmen erhalten, verstanden und in ein aussichtsreiches Angebot umgesetzt werden kann.[115] Das hat eine verfahrenspraktische und eine inhaltliche Komponente: Es muss sichergestellt sein, dass die Leistungsbeschreibung allen Auftragsinteressenten in gleichlautender Fassung und auf gleiche Weise und zu gleichen Konditionen als **Bestandteil der Vergabeunterlagen** (§ 121 Abs. 3 GWB) zugänglich ist.[116] Auf interne und nicht zugängliche Dokumente, Kataloge, Papiere, Standards, Verwaltungsvorschriften etc. darf ebensowenig verwiesen werden, wie auf entsprechende Unterlagen Dritter.[117] Inhaltlich muss die Leistungsbeschreibung vom angesprochenen Adressatenkreis **einheitlich verstanden** werden können, so dass fachkundige Auftragsinteressenten ein gleiches Verständnis von den Auftraggebervorgaben gewinnen.[118] Letzteres ist im deutschen Recht auch eine Ausprägung

---

[110] Anders *Prieß/Simonis* in KKMPP, 4. Aufl. 2017, § 31 Rn. 43.

[111] *Zimmermann* in jurisPK-VergR, 5. Aufl. 2016, § 31 VgV Rn. 49; Voppel/Osenbrück/Bubert, 4. Aufl. 2018, § 31 Rn. 69. Zur Vorgängervorschrift in der SektVO aF *Ruff* in Müller-Wrede § 7 SektVO Rn. 143; *Wolters* in Eschenbruch/Opitz § 7 SektVO Rn. 10.

[112] OLG Düsseldorf 2.11.2016 – Verg 25/16, BeckRS 2016, 20503 Rn. 68.

[113] *Leinemann* VSVgV § 15 Rn. 10.

[114] § 6 Abs. 2 S. 2 ThürVgG.

[115] Ähnlich *Zimmermann* in jurisPK-VergR, 5. Aufl. 2016, § 31 Rn. 7, der es aber primär auf produktspezifische Ausschreibungen bezieht.

[116] In Verfahren, in denen der Zugang zu den Vergabeunterlagen gesteuert werden kann (zB VSVgV) ergibt sich aus Abs. 1 zudem der Grundsatz, dass die Leistungsbeschreibung jedem zur Verfügung gestellt werden muss, der sie anfordert, vgl. *Roggenkamp/Albrecht* in Dippel/Sterner/Zeiss § 15 VSVgV Rn. 10.

[117] *Schätzlein* in HKKW § 7 VOB/A Rn. 78.

[118] Bereits Erwägungsgrund (42) Richtlinie 2004/17/EG.

des Gebots einer eindeutigen und erschöpfenden Beschreibung (§ 121 Abs. 1 S. 1 GWB) und setzt eine **allgemeinverständliche Beschreibung** mittels **verkehrsüblicher Bezeichnungen** voraus (→ § 121 GWB Rn. 42). Die für die Kalkulation wesentlichen Umstände müssen sich für die Bieter unmittelbar, eindeutig und vollständig aus der Leistungsbeschreibung erschließen (→ § 121 GWB Rn. 66). Die Leistungsbeschreibung darf daher keinen Bieter im Unklaren lassen, welche Leistung welcher Art, Güte und Umfang und er zu welchen Umständen und Bedingungen der Leistungserbringung anbieten soll (§ 121 Abs. 1 S. 2 GWB). Deshalb müssen zB bei einem Reinigungsauftrag Werte für die Reinigungsleistung in die Leistungsbeschreibung aufgenommen werden.[119] Sog. Vollständigkeitsklauseln (Catch-all-klauseln), wonach ein Dienstleister unabhängig von der Leistungsbeschreibung alle Leistungen zu erbringen hat, die zur Erreichung eines bestimmten Zwecks erforderlich sind, entsprechen nicht den Anforderungen an eine „eindeutige" und „erschöpfende" Leistungsbeschreibung.[120] Der Auftraggeber darf nicht ein Angebot unter Berufung auf Gründe ablehnen, die nicht in der Ausschreibung vorgesehen sind.[121] Es verstößt gegen Abs. 1 wenn der Auftraggeber nachträglich von Teilen der technischen Anforderungen **Abstand nimmt, sie nicht berücksichtigt** oder sich für ein Angebot wegen technischer Vorteile entscheidet, die in der Leistungsbeschreibung nicht nachgefragt waren.[122] Für den Europäischen Gerichtshof darf der Auftraggeber während des Vergabeverfahrens die technischen Spezifikationen **nur in transparenter Weise ändern** und nur, wenn die Änderungen nicht so wesentlich sind, dass ein anderer Bieterkreis angesprochen wird.[123]

Nach dem Transparenzgrundsatz (§ 97 Abs. 1 GWB) sind Vorgaben des Auftraggebers an die Leistung grundsätzlich als **Mindestanforderungen** (Mindestkriterien, Ausschlusskriterien, „KO-Kriterien", „Muss"- oder „need-to have"-Anforderungen) zu verstehen (→ Rn. 4), dh als Anforderungen, die die angebotene Leistung erfüllen muss, damit das Angebot nicht abgelehnt und damit aus dem Bieterwettbewerb ausgeschlossen wird (→ § 121 GWB Rn. 51). Das gilt auch dann, wenn sie nicht explizit als Mindestanforderung ausgewiesen sind (zB „Wirkungsgrund eines Wandlers > 90%").[124] Anders ist es bei „Soll"-Anforderungen, zB wenn der Auftraggeber auf ein Regelwerk Bezug nimmt, das Abweichungen oder Variablen zulässt.[125] Der Bieter darf nur das anbieten, was der Auftraggeber nachgefragt hat. **Andere oder zusätzliche Leistungen** können nur im Rahmen eines Nebenangebots angeboten werden, auch dann, wenn sie für den Auftraggeber vorteilhaft wären.[126]

21   Müssen die Bieter für ihr Angebot **Leistungsparameter selbst bestimmen** (zB durch Ausmessung) muss der Auftraggeber transparente Anforderungen an Messungen oder Schätzungen festlegen, die die Vergleichbarkeit der Angebote sicherstellen.[127] Die Bieter dürfen nicht den „Zufälligkeiten einer Informationssuche"[128] ausgesetzt werden. Anforde-

---

[119] (Zu § 7 Abs. 1 VOL/A) VK Sachsen-Anhalt 30.1.2017 – 3 VK LSA 61/16, IBRRS 2017, 0493; 30.1.2017 – 3 VK LSA 63/16, IBRRS 2017, 0491; 30.1.2017 – 3 VK LSA 65/16, IBRRS 2017, 0486.

[120] Zu Outsourcing-Verträgen *Witzel* CR 2017, 557 (560) – auch zu den zivilrechtlichen Wirksamkeitsgrenzen. Zur Begründung eines „ungewöhnlichen Wagnis" → § 7 EU VOB/A Rn. 39.

[121] Speziell zur Abweichung von technischen Spezifikationen und ihrer Änderung EuGH 16.4.2015 – C-278/14, ECLI:EU:C:2015:228 = NZBau 2015, 383 Rn. 28, 29 – Enterprise Focused Solutions.

[122] Das ist nach üA ein Verstoß gegen den Grundsatz der Eindeutigkeit der Ausschreibung (§ 121 Abs. 1 GWB/§ 7 EU Abs. 1 Nr. 1 VOB/A) sowie die Grundsätze von Gleichbehandlung (§ 97 Abs. 2 GWB) und Transparenz, vgl. VK Südbayern 19.5.2014 – Z3-3-3194-1-08-03/04, IBRRS 2014, 1696; *Kapellmann* in Kapellmann/Messerschmidt, 5. Aufl. 2015, VOB/A § 7 Rn. 8.

[123] Zusammenfassend EuGH 5.4.2017 – C-298/15, ECLI:EU:C:2017:266 = BeckRS 2017, 105869 Rn. 70 f. – Borta; ferner EuGH 16.4.2015 – C-278/14, ECLI:EU:C:2015:228 = NZBau 2015, 383 Rn. 29 – Enterprise Focused Solutions.

[124] OLG Brandenburg 30.1.2014 – Verg W 2/14, NZBau 2014, 525 (526).

[125] OLG München 7.4.2011 – Verg 5/11, NZBau 2011, 439 (zu den RAS Ew).

[126] *Stein/Simonis* Leistungsbeschreibung 116.

[127] Zum Verweis auf amtlich geeichte Messinstrumente VK Sachsen 20.6.2014 – 1/SVK/017-14, BeckRS 2014, 17935.

[128] EuGH 10.5.2012 – C-368/10, ECLI:EU:C:2012:284 Rn. 63 ff. (67) = NZBau 2012, 445 – EKO und MAX HAVELAAR.

rungen aus Rechtsvorschriften (zB an Beschaffenheit, Kennzeichnung, Ursprungsbezeich-
nungen usw.) müssen nicht aufgenommen werden, soweit sie fachkundige Bieter kennen
müssen (→ § 121 GWB Rn. 69). Abgesehen davon lassen die §§ 31 ff. VgV grundsätzlich
nur Bezugnahmen auf Normen oder Gütezeichen zu, selbst dies nur, wenn sich die Anforderungen für die Bieter in transparenter Weise erschließen (→ § 34 VgV Rn. 11). Zulässig
sind ferner Verweise auf Rechts- und Verwaltungsvorschriften, sofern sie transparent zugänglich sind (zB eine EU-Verordnung).[129] Abgesehen von diesen eng zu handhabenden
Ausnahmen kann der Auftraggeber ungeschriebene Anforderungen an den technischen
Inhalt von Angeboten grundsätzlich nicht daraus herleiten, dass sie „üblich" seien und einem „professionellen" Bieter bekannt sein müssten.[130] **Regeln der Technik** sind dagegen
jedem Auftragnehmer aus einigem Fachwissen bekannt und brauchen daher in der Leistungsbeschreibung nicht angegeben zu werden (→ Anlage 1 Rn. 19).

Abs. 1 regelt ein **spezielles Diskriminierungsverbot** im Bereich der technischen An- **22**
forderungen,[131] das auf die Rechtsprechung des Europäischen Gerichtshofs zurückgeht
(→ § 97 Abs. 2 GWB Rn. 22). Als offen diskriminierend hat der EuGH in der „Store-
baelt"-Entscheidung eine Leistungsbeschreibung beanstandet, nach der ein Bieter gehalten
war, nach Möglichkeit „dänische Baustoffe und Verbrauchsgüter sowie dänische Arbeitskräfte und Ausrüstungen einzusetzen."[132] Entsprechendes gilt im Fall Medisanus von der
Verpflichtung „sich vorrangig mit aus slowenischem Plasma gewonnenen Arzneimitteln zu
versorgen".[133] Im Fall „Calais" wurde vom EuGH als mittelbare Diskriminierung beanstandet, dass die Leistungsbeschreibung „so eigentümlich und abstrakt" formuliert war, dass
nur ein bestimmter Bieterkreis sie ohne weiteres verstehen konnte.[134] Generell darf
eine Ausschreibung nicht so gestaltet werden, dass Bieter mit **Informationsvorsprüngen**
Vorteile haben (→ § 97 Abs. 2 GWB Rn. 24). Im umgekehrten Fall gilt Entsprechendes:
Ein Bieter darf nicht aufgrund von Vor- oder Sonderwissen (zB zu einer Ausschreibungspraxis) **irregeleitet werden,** weil ihm der Auftraggeber den Eindruck vermittelt, dass
bestimmte Angebotsinhalte, Angaben oder Erklärungen gewünscht werden. Mittelbar diskriminierend sind ferner Anforderungen an den Leistungsinhalt, die nicht auf den Auftragsgegenstand zurückgehen, sondern im Schwerpunkt **landes-, regional- oder lokal-
politische Förderzwecke** verfolgen.[135] Dafür ist unerheblich, ob inländische Bieter durch
sie ebenfalls benachteiligt werden[136] und ob der Auftraggeber eine Diskriminierung intendiert. Wird die Eintragung eines Erzeugnisses in ein **Produktverzeichnis** (Katalog) vorgegeben, folgt aus Abs. 1, dass eine diskriminierungsfreie Eintragung sichergestellt sein
muss.[137]

Mit Abs. 1 unvereinbar sind Leistungsbeschreibungen, die ohne hinreichenden Sach- **23**
grund auf ein **bestimmtes Produkt** eines bestimmten Unternehmens zugeschnitten
sind.[138] Abs. 1 ergänzt insoweit das in Abs. 6 S. 1 geregelte **Gebot der Produktneutralität** (→ Rn. 92). Ein Verstoß gegen Abs. 1 kann vorliegen, wenn **ein bestimmtes Pro-**

---

[129] EuGH (o. Fußn. 120) Rn. 68.
[130] VGH Kassel 15.10.2014 – 9 C 1276.13.T, BeckRS 2015, 41177 Rn. 69 (zu einer Konzession über
Bodenabfertigungsdienste).
[131] *Egger* Europäisches Vergaberecht Rn. 840.
[132] EuGH 22.6.1993 – Rs. C-243/89, Slg. 1993, I-4453 = EuZW 1993, 607 Rn. 45 – Kommission ./.
Dänemark.
[133] EuGH 8.6.2017 – C-296/15, ECLI:EU:C:2017:431 Rn. 68, 80 ff. (zu den Rechtfertigungsanforderungen aus Art. 36 AEUV) – Medisanus.
[134] Als verdeckte Diskriminierung eingeordnet durch EuGH 26.9.2000 – C-225/98, Slg. 2000, I-07445
Rn. 80 ff = BeckEuRS 2000, 242231 – Kommission ./. Frankreich.
[135] Das war schon bislang üA, wurde aber aus dem Diskriminierungsverbot hergeleitet, vgl. *Fischer* EuZW
2004, 492 (495); *Schneider* NVwZ 2009, 1057 (1058); *Abate* KommJur 2012, 41 (43).
[136] EuGH 20.3.1990 – Rs C-21/88, Slg. 1990, I-889 = NVwZ 1991, 1071 Rn. 12 f. – du Pont de Ne-
mours.
[137] Zu einem Hilfsmittelverzeichnis OLG Düsseldorf 17.4.2008 – VII-Verg 15/08, BeckRS 2008, 13107.
[138] Begründung der VergRModVO, BR-Drs. 87/16, 184 (zu § 31 Abs. 1 VgV); *Zimmermann* in jurisPK-
VergR, 5. Aufl. 2016, § 31 VgV Rn. 7.

dukt eines Herstellers (zB „Knauf Marmorit, Produkt SM 700 Pro")[139] oder einer bestimmten Herkunft (zB „Lausitzer Granit")[140] **namentlich** als verbindlich benannt ist (zB als Leitfabrikat). Gleiches gilt, wenn der Auftraggeber von vornherein nur bestimmte, bei ihm **„gelistete" Produkte** als ausschreibungskonform anerkennt oder ankündigt, nach Vertragsschluss nur diese Listenprodukte auszuwählen[141] oder den Bieterkreis auf Vertragspartner eines Unternehmens (zB Microsoft) beschränkt.[142] Vergaberechtswidrig kann es auch sein, wenn ein **Produkt eines bestimmten Herstellers verdeckt ausgeschrieben** wird, indem ohne hinreichende Sachgründe in großer Detailschärfe Alleinstellungsmerkmale dieses Produktes gefordert werden,[143] zB eine spezielle behördliche Zulassung,[144] die Zugehörigkeit zu einem Qualitätssicherungssystem oder spezifische technische Anforderungen, die nur dieses Produkt eines bestimmten Herstellers erfüllen kann. Unerheblich ist, ob dies absichtlich oder aus Nachlässigkeit geschieht, zB weil die Leistungsbeschreibung in „guter Kooperation" mit dem Hersteller als „Planungspartner" erstellt[145] oder sie nach seinem Produktblatt „abgekupfert" wurde und es an der Angabe von Gleichwertigkeitsparametern fehlt (→ Rn. 27, 110).[146] Der Bieter muss einen solchen Vergabeverstoß (der für Fachunternehmen idR erkennbar ist) gemäß § 160 Abs. 3 S. 1 Nr. 3 GWB vor Angebotsabgabe rügen.[147] Die Sachgründe für derartige Festlegungen muss der Auftraggeber muss in der Vergabeakte dokumentieren (→ Rn. 107).[148] Zu weit geht es, wenn in einzelnen Entscheidungen verdeckte Produktvorgaben wegen ihrer besonderen Intransparenz sogar dann sanktioniert wurden, wenn die Vorgabe eines bestimmten Produktes an sich vom Leistungsbestimmungsrecht des Auftraggebers gedeckt gewesen wäre.[149] Das ist weder bei Abs. 1 noch Abs. 6 verlasst, da die Vorschriften unter Beachtung des Leistungsbestimmungsrechts des Auftraggebers auszulegen sind (→ § 121 GWB Rn. 34).

---

[139] OLG Düsseldorf 9.1.2013 – VII-Verg 33/12, BeckRS 2013, 04708 = VergabeR 2013, 599 – Außenputz Domplatz in Münster.

[140] VK Sachsen 22.9.2014 – 1/SVK/029-14, IBRRS 2015, 0325 – Lausitzer Granit.

[141] OLG Koblenz 10.6.2010 – 1 Verg 3/10, NZBau 2010, 717; VK Sachsen 4.5.2011 – 1/SVK/010–11, BeckRS 2011, 15183; VK Westfalen 14.4.2016 – VK 1–9/16, IBRRS 2016, 1067 jeweils zu Beschränkungen auf Produkte, die in einer „Einsatzfreigabeliste" der BASt aufgeführt sind.

[142] Darin kann zusätzlich ein Verstoß gegen den Grundsatz des offenen Verfahrens (§ 101 Abs. 7 GWB) liegen, vgl. VK Münster 1.3.2016 – VK 1–2/16, BeckRS 2016, 06904 (zu § 8 EG Abs. 7 VOL/A aF).

[143] OLG Düsseldorf 11.2.2009 – Verg 64/08, BeckRS 2009, 29062 – Diktiergeräte; 25.4.2012 – VII-Verg 100/11, ZfBR 2012, 608 (610) – Drucker und Multifunktionssysteme; diese Form verdeckter produktspezifischer Ausschreibung wird von der üA heutigen Abs. 6 zugeordnet; VK Baden-Württemberg 30.8.2016 – 1 VK 36/16, IBRRS 2016, 2853; VK Sachsen 23.11.2016 – 1/SVK/025-16, IBRRS 2017, 0180; VK Westfalen 26.10.2017 – VK 1–21/17, IBRRS 2018, 0136; *Prieß/Simonis* in KKMPP, 4. Aufl. 2017, § 31 Rn. 43; *Zimmermann* in jurisPK-VergR, 5. Aufl. 2016, § 31 VgV Rn. 60; dies entspricht der früheren üA OLG Düsseldorf, aaO (o. Fußn. 134); OLG München 5.11.2009 – Verg 15/09, BeckRS 2009, 86656 = VergabeR 2010, 677 (678) – Tonanlage Residenztheater; OLG Frankfurt a. M. 11.6.2013 – 11 Verg 3/13, BeckRS 2013, 10967 – Thermoplastische FPO-Kunststoffbahnen; VK Baden-Württemberg 26.3.2013 – 1 VK 5/13, BeckRS 2013, 14292; VK Nordbayern 24.9.2014 – 21.VK-3194-24/14, IBRRS 2014, 2743; 24.9.2014 – 21.VK-3194-26/14, IBRRS 2014, 2771; VK Bund 19.2.2015 – VK 2-1/15, IBRR 2015, 0653; 16.3.2015 – VK 2–9/15, IBRRS 2015, 0898; *Heiermann/Bauer* in HRR, 13. Aufl. 2013, § 7 EG Rn. 60; *Herig*, 5. Aufl. 2013, § 7 VOB/A Rn. 43; *Lisch* CR 2013, 761 (762); *Hertwig/Slawinski* in Beck VOB/A § 7 Rn. 116; *Dähne* in Althaus/Heindl, 2. Aufl. 2013, Teil 1 Rn. 76; *Roggenkamp/Zimmermann* in jurisPK-VergR, 4. Aufl. 2013, § 8 EG VOL/A 2009 Rn. 37; *Traupel* in Müller-Wrede, Kompendium, 2. Aufl. 2013, 14 Rn. 39; *Stein/Simonis* Leistungsbeschreibung 133; *Reichling/Scheumann* GewArch 2015, 193 (198); *Eiermann* NZBau 2016, 76 (79).

[144] *Krohn* NZBau 2013, 79 (81).

[145] VK Baden-Württemberg 30.8.2016 – 1 VK 36/16, IBRRS 2016, 2853.

[146] VK Sachsen 7.3.2003 – 1/SVK/007-03, NJOZ 2003, 2694; VK Nordbayern 16.4.2008 – 21.VK-3194-14/08, IBRRS 2008, 1840; *Krohn* NZBau 2013, 79 (83) in Fn. 20; *Lisch* CR 2013, 761 (762).

[147] VK Baden-Württemberg 26.3.2013 – 1 VK 5/13, BeckRS 2013, 14292.

[148] VK Baden-Württemberg 30.8.2016 – 1 VK 36/16, IBRRS 2016, 2853; zur bisherigen Rechtslage bereits VK Nordbayern 24.9.2014 – 21.VK-3194-24/14, IBRRS 2014, 2743; 24.9.2014 – 21.VK-3194-26/14, IBRRS 2014, 2771; VK Thüringen 9.6.2016 – 250–4002-4702/2016-N-005-KYF, IBRRS 2016, 2447.

[149] VK Südbayern 18.11.2014 – Z3–3-3914-1-39-09/04, IBRRS 2014, 3196; anders dagegen VK Bund 16.3.2015 – VK 2–9/15, IBRRS 2015, 0898.

Einen eigenständigen Anwendungsbereich hat die Vorschrift bei **Standortvorgaben,** 24 wie dem Erbringen von Gesundheitsdienstleistungen ausschließlich aus örtlichen Einrichtungen heraus. Sie bedürfen für den EuGH einer besonderen sachlichen Rechtfertigung und dürfen nicht dazu führen, dass Bieter nur wegen der Standortvorgabe ausgeschlossen werden.[150] Unzulässig ist für die Europäische Kommission zB das Verlangen, dass ein Online- oder Telefonsupport aus einer bestimmten Stadt heraus zu leisten ist.[151] Ursprungsorte unterliegen denselben sachlichen Rechtfertigungsanforderungen wie Produktvorgaben (→ Rn. 93). Bei Entsorgungsaufträgen für Altpapier und Sperrmüll können sie in Anforderungen an die umweltgerechte Entsorgung und Verwertung liegen, sofern diese verhältnismäßig sind.[152] Der Auftraggeber kann zwar eine nach dem Auftragsgegenstand erforderliche Präsenz vor Ort verlangen.[153] Er darf die Leistungsbeschreibung aber nicht so gestalten, dass sich faktisch nur **ortsansässige Unternehmen** mit Erfolgsaussicht beteiligen können oder Unternehmen, die mit ortsansässigen Unternehmen zusammenarbeiten (zB durch unverhältnismäßige Vorgaben an einen Umschlagplatz für Abfall).[154] Auf die Länge der Transportwege darf in den technischen Anforderungen nur abgestellt werden, wenn dies zB wegen Einsatzzeiten oder Haltbarkeitserfordernissen besonders gerechtfertigt ist, nicht aber aus übergeordneten ökologischen Erwägungen.[155] Für die Europäische Kommission ist deshalb zB der Einkauf „saisonal verfügbarer" Obst- und Gemüsesorten zulässig.[156]

Einen zeitlich vorgelagerten Anwendungsbereich hat Abs. 1 bei der **Vorbereitung der** 25 **Ausschreibung.**[157] Die Formulierung der technischen Anwendungen in der Leistungsbeschreibung ist allein durch den Auftraggeber zu verantworten (→ § 121 GWB Rn. 20). Soweit er externen Sachverstand hinzuzieht, müssen **Einflussnahmen durch die Auftragsinteressenten** ausgeschlossen sein. Im WTO-Beschaffungsabkommen kommt dieser Grundsatz deutlich zum Ausdruck.

„A procuring entity shall not seek or accept, in a manner that would have the effect of precluding competition, advice that may be used in the preparation or adoption of any specification for a specific procurement from a person that may have a commercial interest in the procurement".[158]

III. Wettbewerbsoffene Ausschreibung

Der Auftraggeber muss die technischen Vorgaben nach Abs. 1 so fassen, dass der grenz- 26 überschreitende und der inländische Wettbewerb nicht in ungerechtfertigter Weise behindert, eingeschränkt oder verfälscht wird.[159] Im Anwendungsbereich des WTO-Beschaffungsabkommens (GPA 2012) wird auch der internationale Handel durch eine

---

[150] EuGH 22.10.2015 – C-552/11, ECLI:EU:C:2015:713 Rn. 26 ff. (33) = NZBau 2016, 109 – Grupo Hospitalario Quirón SA. Für die Berücksichtigungsfähigkeit im Rahmen der Wertung *Byok* NJW 2016, 1494 (1495).
[151] Europäische Kommission, Sozialorientierte Beschaffung (o. Fn. 8) 29.
[152] OLG Düsseldorf 3.4.2008 – Verg 54/07, BeckRS 2009, 05462; OLG Koblenz 22.7.2014 – 1 Verg 3/14, NZBau 2015, 256.
[153] *Lux* in Müller-Wrede GWB § 97 Rn. 44.
[154] OLG Koblenz 20.4.2016 – Verg 1/16, IBRRS 2016, 1098 = VergabeR 2016, 497 mAnm *Pfarr* – Umschlagplatz; VK Nordbayern 31.5.2017 – 21.VK-3194-05/17, VPR 2018, 37. Entsprechendes gilt bei den Wertungskriterien, vgl. zuletzt OLG Düsseldorf 2.11.2016 – Verg 25/16, IBRRS 2017, 0078.
[155] Kritisch zur Ausgrenzung ökologischer Transportkosten *Wegener* NZBau 2010, 273 (277).
[156] Kritisch *Abate* KommJur 2012, 41 (43).
[157] Anderer Ansicht (Schutzwirkung erst ab Bekanntmachung) *Zimmermann* in jurisPK-VergR, 5. Aufl. 2016, § 31 VgV Rn. 9, der aber zugleich aus § 31 Abs. 1 VgV die Pflicht zu einem „Minimum an Marktkenntnis" ableiten will (Rn. 14).
[158] Art. X Ziff. 5 GPA 2012 (entspricht Art. VI Ziff. 4 GPA 1994).
[159] Deutlich Erwägungsgrund (74) Richtlinie 2014/24/EU und das galt bereits nach den Vorgängernormen, deutlich Begründung zur SektVO 2009, BR-Drs. 522/09, 44.

entsprechende Verpflichtung geschützt.[160] Die Ausschreibung darf deshalb nicht ohne tragfähigen Sachgrund so gestaltet werden, dass **bestimmte Bieter oder Bietergruppen** Vorteile erlangen und die Chancen anderer Bieter oder Biergruppen eingeschränkt werden.[161] Das schließt **Protektionismus** nach Art eines „Buy Germany" der 30er/60er Jahre[162] aus. Für den EuGH ist die **Anforderung des nationalen Ursprungs** grundsätzlich „ihrem Wesen nach diskriminierend".[163] Mittels **nationaler Normen, nationaler technischer Zulassungen** oder nationalen technischen Spezifikationen für die Planung, Berechnung und Ausführung von Bauwerken und den Einsatz von Produkten darf nur beschrieben werden, falls europäische Spezifikationen fehlen oder sie nur Teilaspekte der technischen Anforderungen umsetzen (§ 31 Abs. 2 Nr. 2 Buchst. e) 1. Hs. VgV).[164] Die von europäischen oder internationalen Normen angestrebte Wettbewerbsöffnung darf nicht dadurch unterlaufen werden, dass ohne sachlich zwingenden Grund ergänzende technische Anforderungen gestellt werden (→ Rn. 46).[165] Als unzulässige Behinderung des freien Warenverkehrs zwischen den Mitgliedsstaaten wird es vom OLG Düsseldorf beispielsweise angesehen, wenn von den Bietern über die einschlägige DIN-EN-Norm hinaus die Einhaltung der Güte- und Prüfbestimmungen der RAL-GZ 951/1 verlangt wird.[166] Der Aussagegehalt einer **CE-Kennzeichnung** darf nach der Rechtsprechung des EuGH nicht durch ergänzende nationale Zulassungserfordernisse untergraben werden (→ § 33 Rn. 13).[167] Diskriminierend ist es nach der „Dundalk"-Rechtsprechung zudem, wenn ein **nationaler Standard** vorgegeben wird und gleichwertige Alternativen ausgeschlossen werden.[168] Entsprechendes gilt für **Gütezeichen** (→ § 34 Abs. 4 VgV).[169] Abstraktnormative Beschreibungen mittels **Gesetzesvorschriften** oder **Normen** (zB DIN-Normen) sind allerdings nicht per se vorrangig gegenüber individuellen Festlegungen mittels Leistungs- oder Funktionsanforderungen oder sonstigen Beschreibungen und zwar auch dann nicht, wenn Standardbauleistungen, -dienstleistungen oder -lieferungen in marktüblicher Form beschafft werden (→ Rn. 32). Dem Auftraggeber ist es durch Abs. 1 unbenommen, sich bei Beschreibung der Leistung **am Inhalt nationaler Normen** (zB DIN-Normen) zu orientieren, sofern er nicht lediglich auf sie verweist (in diesem Fall unterliegt er den Beschränkungen des Abs. 2 Nr. 2) und die Beschreibung wettbewerbsoffen ist.[170]

27   Grundsätzlich kann sich der öffentliche Auftraggeber bei der Formulierung der technischen Anforderungen am **technischen Datenblatt** eines ihm bekannten Herstellers orientieren und einen höheren Qualitätsstandard vorsehen, als zB in DIN-Vorschriften vorgesehen ist (→ Rn. 46).[171] Gegen Abs. 1 verstößt es allerdings, wenn Alleinstellungsmerkmale

---

[160] Art. X Ziff. 1 GPA 2012 (entspricht Art. VI Ziff. 1 GPA 1994).
[161] Das folgt für die üA auch aus dem Wettbewerbsgrundsatz, *Prieß* NZBau 2004, 87 (92).
[162] Deutlich § 10 Nr. 4 S. 1 VOL/A 1936 („Ausländische Erzeugnisse dürfen nicht beschafft werden, wenn geeignete Erzeugnisse zu angemessenen Preisen im Inlande gefertigt werden"); ebenso bereits § 9 Nr. 7 VOB/A 1926; abgeschwächt noch § 9 Nr. 7 VOB/A 1952/1965: „Die Verwendung von Stoffen oder Bauteilen ausländischen Ursprungs soll nicht gefordert werden, wenn es geeignete inländische Erzeugnisse zu angemessenen Bedingungen gibt". Das entfiel erst mit der VOB/A Ausgabe 1973.
[163] EuGH 8.6.2017 – C-296/15, ECLI:EU:C:2017:431 Rn. 68 – Medisanus (zur einer Verpflichtung, „sich vorrangig mit aus slowenischem Plasma" gewonnenen Arzneimitteln zu versorgen).
[164] Zu diesem Grundsatz auch Erwägungsgrund (74) UA 2 Richtlinie 2014/24/EU, sowie Art. X Ziff. 2 Buchst. (b) GPA 2012 (= VI Ziff. 2 Buchst. (b) GPA 1994).
[165] *Krohn* Öffentliche Auftragsvergabe und Umweltschutz 217.
[166] (Zu § 8 EG Abs. 2 VOL/A) OLG Düsseldorf 14.12.2016 – VII-Verg 20/16, VergabeR 2017, 189 (196) mAnm *Halstenberg/Klein* NZBau 2017, 469 (471).
[167] EuGH 14.6.2007 – C-6/05, Slg 2007, I-4557 = NZBau 2007, 597 Rn. 55 – Medipac-Kazantzidis; 16.10.2014 – C-100/13, ECLI:EU:C:2014:2293 – Kommission ./. Deutschland; 24.11.2016 – C-662/15, ECLI:EU:C:2016:903 = GRUR 2017, 102 Rn. 30 – Lohrmann & Rauscher International GmbH.
[168] EuGH 22.9.1988 – Rs. 45/87, Slg. 1988, 04929 – Kommission ./. Irland; Europäische Kommission, Umweltfreundliche Beschaffung! (o. Fn. 8), 3. Aufl. 2016, Kap. 3.1.1.
[169] *Gabriel/Weiner* RdE 2011, 213 (215).
[170] *Voppel/Osenbrück/Bubert*, 4. Aufl. 2018, § 31 Rn. 36.
[171] OLG Düsseldorf 6.7.2005 – Verg 26/05, BeckRS 2005, 12127 – Sportrasen.

aus einem Produktblatt übernommen werden, ohne dass die Voraussetzungen einer produktspezifischen Ausschreibung nach Abs. 6 vorliegen[172] oder den Bietern aufgrund eines **Übermaßes an Vorgaben** faktisch keinerlei Ausweichmöglichkeit mehr bleibt, so dass ihnen faktisch eine Art „Zwangsjacke" angelegt wird.[173] Eine solche Ausschreibungstechnik ist für die Europäische Kommission[174] und die Rechtsprechung tendenziell diskriminierend und „wettbewerbsfeindlich"[175] und lässt sich nicht durch die formale Beifügung des Zusatzes „oder gleichwertig" retten. Generell müssen technische Spezifikationen **verhältnismäßig** in dem Sinne sein, dass sie nicht zu künstlichen Wettbewerbsbeschränkungen führen, die nicht durch den Auftragsgegenstand gerechtfertigt sind.[176] Der Auftraggeber muss sich seine Vorgaben an dem in nunmehr § 14 Abs. 6 VgV zum Ausdruck kommenden Rechtsgedanken ausrichten, wonach der mangelnde Wettbewerb nicht das Ergebnis einer „künstlichen Einschränkung der Auftragsvergabeparameter" sein darf. Er muss sich dafür aber **nicht am aktuellen Stand der Technik** orientieren; ihm steht es aufgrund seiner Beschaffungsfreiheit frei, auch auf andere Lösungen zurückzugreifen.[177] Er kann mittels veralteter technische Normen ausschreiben, ohne dass dies die Leistungsbeschreibung fehlerhaft macht (→ Rn. 47).

Abs. 1 verlangt eine wettbewerbsoffene, nicht aber eine wettbewerbsöffnende Ausschrei- **28** bung. Es ist nicht vergabewidrig, wenn mit der Leistungsbeschreibung ein sehr enger Markt angesprochen wird, weil nur **wenige Unternehmen die nachgefragten Waren oder Dienstleistungen anbieten** können (→ § 121 GWB Rn. 30). Unschädlich ist es, wenn das nur inländische Unternehmen können oder der Nachunternehmermarkt beschränkt ist und die Nachunternehmer durch ihre Preisgestaltung gegenüber den Hauptunternehmern den Angebotswettbewerb beeinflussen oder sogar manipulieren können (sog. Oligopole oder Monopole der 2. Ebene).[178] Der Auftraggeber ist nicht verpflichtet, **Wettbewerbsvorsprünge,** die aus einem Vorauftrag herrühren, durch die Gestaltung der technischen, wirtschaftlichen oder finanziellen Spezifikationen zu kompensieren (etwa bei einer IT-Beschaffung durch einen Zuschuss zu den Migrationskosten oder durch Kalkulationsvorgaben).[179] Er darf sie aber nicht künstlich perpetuieren, zB durch übermäßige Aufnahme von Bedarfspositionen, die Altanbieter bevorteilen.[180]

Aus Abs. 1 lässt sich keine Pflicht zu einer **dokumentierten Marktanalyse** ableiten (→ Rn. 105).[181] Der Auftraggeber ist nach der VgV vergaberechtlich weder verpflichtet, **bestimmte Märkte oder Marktteilnehmer zu bedienen** noch Leistungen **üblicher marktgängiger Beschaffenheit** am Markt nachzufragen[182] oder seine Ausschreibung

---

[172] Das wird als Verstoß gegen das Gebot der Produktneutralität in Abs. 6 angesehen, VK Nordbayern 16.4.2008 – 21.VK-3194-14/08, IBRRS 2008, 1840; VK Thüringen 9.6.2016 – 250-4002-4702/2016-N-005-KYF, IBRRS 2016, 2447; *Ax/Schneider* Vergabe von Liefer- und Dienstleistungen 158 Rn. 145; *Herig* 5. Aufl. 2013, § 7 VOB/A Rn. 37.

[173] *Prieß* NZBau 2004, 87 (92); ähnlich *Dageförde* Umweltschutz im öffentlichen Vergabeverfahren Rn. 95 für zu enge Beschreibungen des Auftragsgegenstandes.

[174] Europäische Kommission, Das öffentliche Beschaffungswesen in den ausgenommenen Sektoren, KOM (88) 377 endg. Tz. 322.

[175] VK Sachsen 7.3.2003 – 1/SVK/007-03, NJOZ 2003, 2694.

[176] *Weber* NZBau 2002, 194 (195); *Steinberg* NZBau 2005, 85 (85/86); *Schneider* NVwZ 2009, 1057 (1058).

[177] OLG Frankfurt a. M. 1.9.2016 – 11 Verg 6/16, VergabeR 2017, 80 (87) – Leitstellentechnik.

[178] VK Lüneburg 22.8.2016 – VgK-32/2016, BeckRS 2016, 19808.

[179] Zuletzt VK Bund 10.3.2017 – VK 2–19/17, IBRRS 2017, 1310 (zur VSVgV). Die Vergabekammer löst den Fall mit dem Wettbewerbs- und Gleichbehandlungsgrundsatz (§ 97 Abs. 1, 2 GWB), was konsequent ist, weil Abs. 1 (richtigerweise) nicht die finanziellen und wirtschaftlichen Spezifikationen umfasst. Ähnlich bereits VK Schleswig-Holstein 28.11.2006 – VK-SH 25/06, BeckRS 2006, 15179. Zur Hinnahme von Wettbewerbsvorteilen allgemein *Opitz* CR 2014, 281.

[180] Zu dieser Ausschreibungstechnik, mit der sich der Altanbieter faktisch bevorzugen lässt, *Opitz* CR 2014, 281 (282).

[181] Anderer Ansicht *Zimmermann* in jurisPK-VergR, 5. Aufl. 2016, § 31 VgV Rn. 14.

[182] Eine derartige Beschränkung war bis zur VOL-Ausgabe 2009 in der VOL/A geregelt, vgl. §§ 8 Nr. 3 Abs. 1 VOL/A 1993/2000/2002/2006 („An die Beschaffenheit der Leistung sind ungewöhnliche Anforderungen nur so weit zu stellen, wie unbedingt notwendig ist").

dem Geschäftskonzept (oder den Produkten) eines Bieters anzupassen.[183] Ein Verstoß gegen Abs. 1 ist dagegen eine Ausschreibung, bei der einem Bieter die an sich bestehende Beteiligungsmöglichkeit mittels einer technischen Anforderung entzogen wird. Das kann zB der Fall sein, wenn ein Wirkstoff für bestimmte Indikationen beschafft werden soll, aber zusätzlich vorgesehen wird, dass nur Arzneimittel angeboten werden dürfen, die ausschließlich für patentfreie Indikationen zugelassen sind.[184]

D. Beschreibung der Merkmale des Auftragsgegenstandes (Abs. 2)

I. Regelungsinhalt

29 In Abs. 2 präzisiert der Verordnungsgeber auf Grundlage von § 113 Abs. 2 Nr. 1 GWB die zulässigen Beschreibungsarten für die technischen Merkmale des Auftragsgegenstandes. Die Vorschrift folgt Abs. 1 und geht davon aus, dass sich die Soll-Vorgaben an den Leistungsinhalt **aus der Leistungsbeschreibung** ergeben.[185] Es ist daher mit Abs. 2 nicht vereinbar, wenn der Auftraggeber technische Anforderungen **nur ungefähr umschreibt**, um sie erst während der Vertragsdurchführung festzulegen. Gleiches gilt, wenn Auftraggeber und Auftragnehmer bei Zuschlagserteilung davon ausgehen, dass die technischen Anforderungen nach Vertragsschluss ohnehin noch geändert, modifiziert oder „optimiert" werden.[186] Nach der Rechtsprechung des Europäischen Gerichtshofs müssen sich die Bieter für die technischen Spezifikationen auf ein **„einheitliches und amtliches" Dokument** des öffentlichen Auftraggebers beziehen und verlassen können.[187] Die für die Ausführung aus Auftraggebersicht maßgeblichen Vorgaben an Art, Güte und Umfang der Leistung müssen daher in der Leistungsbeschreibung fixiert sein. In dieser Ausprägung gilt das Gebot der eindeutigen und erschöpfenden Leistungsbeschreibung **auch für das Verhandlungsverfahren und den wettbewerblichen Dialog** (→ § 121 GWB Rn. 5, 11, 19). Solange die endgültigen Anforderungen an den Auftragsgegenstand nicht verbindlich festgelegt sind, können Angebote in diesen Verfahrensarten allerdings nicht wegen Änderung der Vergabeunterlagen nach §§ 57 Abs. 1 Nr. 4, 53 Abs. 7 S. 1 VgV ausgeschlossen werden.[188] Verbindliche (Mindest-) Anforderungen iSd § 17 Abs. 10 S. 2 VgV muss der öffentliche Auftraggeber aber „eindeutig und unmissverständlich" formulieren.[189] Über sie kann nicht ohne eine Änderung der Vergabeunterlagen verhandelt werden (Art. 29 Abs. 3 UA 2 AVR).[190] Als Ergebnis der Verhandlungsphase, d.h. mit der Aufforderung zur Abgabe des finalen Angebots, muss die Leistung sodann „eindeutig" und „erschöpfend" iSd § 121

---

[183] OLG Düsseldorf 27.6.2012 – VII-Verg 7/12, ZfBR 2012, 723 (725) – Fertigspritzen; zuletzt VK Bund 6.12.2016 – VK 1–118/16, Beschlussumdruck 16/17; Umweltbundesamt (Hrsg.) Rechtsgutachten umweltfreundliche öffentliche Beschaffung (o. Fn. 8), 2017, 46/47.

[184] Als Verletzung des Diskriminierungsgrundsatzes behandelt von OLG Düsseldorf 14.9.2016 – Verg 1/16, BeckRS 2016, 18567 – Pregabalin.

[185] Das entspricht der früheren Rechtslage, bereits §§ 8a Nr. 1 VOL/A 1993/2000/2002/2006; 8 EG Abs. 2 VOL/A 2009.

[186] Zur Unzulässigkeit von „GMP"-Verträgen („guaranteed minimum price") *Franke/Kaiser* in FKZGM, 6. Aufl. 2017, § 7 EU VOB/A Rn. 23.

[187] EuGH 10.5.2012 – C-368/10, ECLI:EU:C:2012:284 Rn. 67 = NZBau 2012, 445 – EKO und MAX HAVELAAR.

[188] Zu indikativen Angeboten zuletzt OLG Schleswig 19.8.2016 – 54 Verg 7/16, 54 Verg 8/16, BeckRS 2016, 19262 (noch zu §§ 19 EG Abs. 3 Buchst. d), 16 EG Abs. 4 S. 1 VOL/A aF); zur neuen Rechtslage VK Bund 28.2.2017 – VK 1–5/17, IBRRS 2017, 1466.

[189] VK Bund 28.2.2017 – VK 1–5/17, IBRRS 2017, 1466.

[190] Deutlicher noch der ursprüngliche Richtlinienentwurf in Art. 27 Nr. 3 UA 2 wonach im Laufe der Verhandlungen nicht geändert werden dürfen: „(a) die Beschreibung der Auftragsvergabe; (b) der Teil der technischen Spezifikationen, der die Mindestanforderungen festlegt; (c) die Zuschlagskriterien", vgl. Europäische Kommission, Vorschlag für eine Richtlinie des Europäischen Parlaments und des Rates über die öffentliche Auftragsvergabe, KOM(2011) 896 endgültig, 65.

Abs. 1 GWB beschrieben sein.[191] Mit Abs. 2 ist es in allen Verfahrensarten zudem unvereinbar, wenn der Auftraggeber technische, wirtschaftliche oder finanzielle (Mindest-)Anforderungen ohne eine transparente Änderung der Leistungsbeschreibung **nachträglich fallen** lässt. **Ändert sich sein Beschaffungsbedarf** (zB durch eine Gesetzesänderung, eine aktualisierte DIN-Norm oder technische Entwicklungen) muss die Leistungsbeschreibung in allen Verfahrensarten in transparenter Weise geändert werden (→ § 121 GWB Rn. 141, 147). Die Gründe für die nachträgliche Änderung der einzelnen Position sind gemäß § 8 Abs. 1 S. 1 VgV zu **dokumentieren** (auch im Verhandlungsverfahren), wenn sie nicht aus sich heraus selbsterklärend ist (z. B. Schreibversehen, Formulierungsfehler, Auslegungshilfen (→ § 121 GWB Rn. 25). Das gilt für sämtliche in den Vergabeunterlagen enthaltenen Anforderungen, unabhängig davon, ob sie zusätzlich als Mindestanforderungen ausgewiesen sind. Er muss den Bietern Gelegenheit geben, auf diese Korrektur zu reagieren. Sind die Angebote bereits eröffnet, müssen die Bieter entsprechende Änderungen ihres Angebots vornehmen können.[192]

Die Verantwortung für die Aufstellung der Leistungsbeschreibung und damit auch des **30** technischen Lastenhefts[193] liegt beim öffentlichen Auftraggeber (→ § 121 GWB Rn. 20). Es ist Sache der Bieter, auf Grundlage der Leistungsbeschreibung ein passendes Produkt auszuwählen und anzubieten.[194] Es verstößt daher gegen Abs. 2, wenn ein öffentlicher Auftraggeber **„Listenprodukte" vorgibt** oder vorsieht, dass er das einzubauende Produkt nach Zuschlag auf Grundlage einer Liste geeigneter Produkte auswählt[195] (es sei denn die Voraussetzungen einer „produktscharfen" Ausschreibung in Abs. 6 S. 1 liegen vor).[196]

Abs. 2 regelt Beschreibungsarten für technische Anforderungen (technische Spezifikatio- **31** nen) also für die Merkmale der eingekauften Liefer- oder Dienstleistung.[197] **„Technische Anforderung"** ist nach Anlage 1 Ziff. 1 weit zu verstehen und meint jede Vorgabe an Art, Güte und Umfang der Liefer- oder Dienstleistung (→ Anlage 1 Rn. 8), zB die **technischen Parameter** eines zu liefernden Produktes (zB „Arbeits- und Lagertemperatur −40 °C bis −70 °C"[198]), einschließlich seiner ästhetischen Gestaltung,[199] Kennzeichnung, Beschriftung, Verpackung sowie mitzuliefernder Gebrauchsanleitungen (→ Anlage 1 Ziff. 1).[200] Abs. 2 enthält keine Regelungsaussage zu Leistungsanforderungen nicht-technischer Art,[201] also wirtschaftlichen und finanzielle Spezifikationen (zB Kalkulationsvorgaben, → Rn. 68), ebenso wenig zu Ausführungsbedingungen (→ Rn. 14). Aus Abs. 2 folgt aber im Gegenschluss, dass die Leistungsbeschreibung nicht nur technische Anforderungen enthält.[202] Die Bestimmtheitsanforderungen an nicht technische Anforderungen wirtschaftlicher und finanzieller Art (→ Anhang 1 Rn. 13) ergeben sich unmittelbar aus § 121 Abs. 1 GWB.

Abs. 2 ermöglicht es öffentlichen Auftraggebern, die technischen Anforderungen grund- **32** sätzlich auf vier Arten zu beschreiben und damit verbindlich festzulegen:
– mittels Leistungs- oder Funktionsanforderungen (dh output- oder ergebnisorientiert), zB „drahtlose Kommunikation 2,45 GHz";[203]

---

191 VK Südbayern 3.1.2018 – Z3–3-3194-1-46-08/17, IBRRS 2018, 0324.
192 Zuletzt OLG Düsseldorf 17.5.2017 – VII-Verg 43/16, ECLI:DE:OLGD:2017:0517.VII.VERG43. 16.00 Rn. 12.
193 Zu den Fallgruppen des „vergessenen" Lastenhefts *Zoglmann* Lastenheft 119 f. mNw der Rechtsprechung.
194 In der Regel wird das bislang im Zusammenhang mit Abs. 6 erörtert (→ Rn. 92), vgl. *Ruff* in Müller-Wrede SektVO § 7 Rn. 125, 126; *Prieß/Simonis* in KKMPP, 4. Aufl. 2017, § 31 Rn. 39.
195 VK Westfalen 14.4.2016 – VK 1–9/16, IBRRS 2016, 1067 – Einsatzfreigabeliste (der BASt).
196 Etwa bei OLG Düsseldorf 24.9.2014 – VII Verg 17/14, MPR 2015, 58.
197 Art. 42 Abs. 3 iVm Abs. 1 UA 1 S. 2 Richtlinie 2014/24/EU.
198 OLG Düsseldorf 5.10.2016 – Verg 24/16, VergabeR 2017, 90 (92) – Siegelbaustein.
199 Das wird in der Literatur zT von den technischen Anforderungen abgegrenzt, etwa bei *Prieß/Simonis* in KKMPP, 4. Aufl. 2017, § 31 Rn. 20.
200 Zu IT-Vergaben *Lisch* CR 2013, 761 (762).
201 *Krohn* Öffentliche Auftragsvergabe und Umweltschutz 221/222.
202 *Leinemann* VSVgV § 15 Rn. 57.
203 OLG Düsseldorf 5.10.2016 – Verg 24/16, VergabeR 2017, 90 (92) – Siegelbaustein.

– unter Bezugnahme auf Normen (zB „Tragbarer Feuerlöscher nach DIN 14406"), technische Zulassungen oder nationale technische Spezifikationen;
– durch Kombination von Leistungs- oder Funktionsanforderungen und technischen Anforderungen iSv Anlage 1, wobei die Einhaltung bestimmter Anforderungen als Konformitätsvermutung ausgestaltet werden kann.

Die VergRModVO hat die Beschreibung mittels Leistungs- und Funktionsanforderungen an die Spitze gerückt. Das geht auf die entsprechende Änderung der Reihenfolge in den Vergaberichtlinien zurück, durch die insbesondere innovationsfördernde Beschreibungsarten angeregt werden sollen, die dem Bieter Spielraum bei der Ausgestaltung seiner Angebote lassen (→ § 121 GWB Rn. 99).[204] Von einem ausdrücklichen Vorrang einer Beschreibungsart (wie in § 31 Abs. 2 Nr. 2 Buchst. e) 1. Hs. VgV) hat der Verordnungsgeber in Abs. 2 abgesehen. Es sind im Grundsatz **gleichwertige Alternativen**.[205] Die Entscheidung für eine Beschreibungsart bedarf keiner Begründung. Die Vergaberichtlinien und die VgV sind in diesem Punkt Angebotsgesetzgebung und regeln keinen Imperativ für die Verwendung innovations- oder wettbewerbsfördernder Beschreibungsarten. Bei seiner Ermessensausübung muss der Auftraggeber zwar das Gebot der wettbewerbsoffenen Ausschreibung nach Abs. 1 beachten. Die Verpflichtung zu einer Beschreibung mittels Leistungs- oder Funktionsanforderungen ergibt sich daraus aber nicht,[206] ebenso wenig eine grundsätzliche Pflicht zur Beschaffung „normgerechter" Waren und Dienstleistungen.[207] Das ist in Einzelfällen durch besondere Rechtsvorschriften abweichend geregelt. So sind im öffentlichen Infrastrukturrecht für Ausrüstung und Systemen zT unionsweit vereinheitlichte **technische Spezifikationen** eingeführt worden, mit denen die grenzüberschreitende Interoperabilität und Kompatibilität der nationalen Verkehrssysteme sichergestellt werden soll und die daher bei Beschaffungen vorrangig zu verwenden sind.[208]

Die früher in der VOL/A an die Spitze gestellte Leistungsbeschreibung **mittels verkehrsüblicher Bezeichnungen** (konventionelle Leistungsbeschreibung)[209] durch Beschreibung des Auftragsgegenstandes nach Abmessungen, Ausgangsmaterialien, Design, Form, Farbe, Grundstoffen usw. wird in § 121 Abs. 1 S. 2 GWB und der VgV nicht mehr als Unterart der Leistungsbeschreibung ausgewiesen, ist aber weiterhin zulässig,[210] wenn auch nicht mehr, wie nach bisher üA,[211] zur Wahrung der Bestimmtheit vorrangig zu verwenden. Sie kommt bei Lieferaufträgen über standardisierte Waren, einschließlich Standardhardware und Standardsoftware häufig vor (zB „Verkehrsschild nach Unterlagen des AG liefern. Schild = 206, 1050 × 1050 mm. Mit retroreflektierender Folie der Klasse

204 *Wirner* in Willenbruch/Wieddekind, 4. Aufl. 2017, VgV § 31 Rn. 4.
205 *Leinemann*, Vergabe öffentlicher Aufträge, 6. Aufl. 2016, Rn. 577; *Prieß/Simonis* in KKMPP, 4. Aufl. 2017, § 31 Rn. 13, 17; *Trutzel* in Ziekow/Völlink, 3. Aufl. 2018, VgV § 31 Rn. 13; *Voppel/Osenbrück/ Bubert*, 4. Aufl. 2018, § 31 Rn. 32. Das entspricht bei Dienst- und Lieferaufträgen der bisherigen Rechtslage, vgl. *Wolters* in Eschenbruch/Opitz § 7 SektVO Rn. 57; *Traupel* in Müller-Wrede, Kompendium, 2. Aufl. 2013, 14 Rn. 27; *Stein/Simonis* Leistungsbeschreibung 117.
206 Weitergehend für eine Pflicht zu einer „grundsätzlich funktionalen Leistungsbeschreibung" aus dem Diskriminierungsverbot *Storr* GewArch 2007, 183 (185).
207 Umstritten. Für eine Pflicht zur Bezugnahme auf Normen und technische Regelwerke *Krohn/ Schneider* in Gabriel/Krohn/Neun VergabeR-HdB § 17 Rn. 74.
208 *Egger* Europäisches Umweltrecht Rn. 1065.
209 §§ 8 EG Abs. 2 Nr. 1 VOL/A 2009; 8 Nr. 2 Abs. 1 VOL/A 2002/2006, 7 EG Abs. 4 Nr. 1 VOB/A 2012.
210 Umstritten. Wie hier *Bischof* in Schneider, Handbuch EDV-Recht, 5. Aufl. 2017, D. Vergabe von IT-Leistungen Rn. 287. In der Literatur wird von der üA im Oberschwellenbereich von einer abschließenden Regelung der Beschreibungsarten ausgegangen, etwa *Wirner* in Willenbruch/Wieddekind, 4. Aufl. 2017, VgV § 31 Rn. 3; zur insoweit vergleichbaren VSVgV etwa *Ruff* in Müller-Wrede, Kompendium, 2. Aufl. 2013, 33 Rn. 82.
211 VK Hessen 26.4.2007 – 69d-VK-08/2007, IBRRS 2007, 3596 – Straßenmeistereiprivatisierung Hessen; *Zdzieblo* in Daub/Eberstein, 5. Aufl. 2000, § 8 VOL/A Rn. 44; *Schätzlein* in HKKW § 7 Rn. 15, 16; *Krohn/Schneider* in Gabriel/Krohn/Neun VergabeR-HdB § 17 Rn. 16; *Reichling/Scheumann* GewArch 2015, 193 (197). Gegen einen Vorrang *Wirner* in Willenbruch/Wieddekind, 4. Aufl. 2017, VOL/A § 7 Rn. 31.

RA 2. Schild = profilverstärkt"[212] oder „Brettstapelwand, Holzart Fichte/Tanne, gedübelt, Dicke 12 cm"[213]). Im Anwendungsbereich des WTO-Beschaffungsabkommens (GPA 2012) sind derartige Beschreibungen mittels „design or descriptive characteristics" stets nachrangig (Art. X Ziff. 2 Buchst. a) GPA 2012);[214] zudem sollen die Auftraggeber grundsätzlich gleichwertige Lösungen, also Nebenangebote, zulassen (Art. X Ziff. 3 GPA 2012). Derartige individuelle Beschreibungen können insbesondere die Beschreibungsarten des Abs. 2 ergänzen und führen dann dazu, dass „gleichwertige" Lösungen nur angeboten werden können, wenn der Auftraggeber gemäß § 35 Abs. 1 VgV Nebenangebote zugelassen hat (→ § 32 VgV Rn. 11).[215]

Mit den Beschreibungsarten des Abs. 2 ist für sich genommen bereits eine bestimmte **33** **Beschreibungstiefe** verbunden, dh ein bestimmter Umfang und Dichte an Vorgaben, von denen ein Bieter in seinem Angebot nicht abweichen darf (§ 53 Abs. 7 S. 1 VgV), ohne Ausschluss seines Angebots nach § 57 Abs. 1 Nr. 4 VgV zu riskieren. Die Beschreibungstiefe steuert der öffentliche Auftraggeber zudem durch die Wahl der **Art der Leistungsbeschreibung** und die Zulassung von Nebenangeboten.[216] § 121 Abs. 1 S. 2 GWB unterscheidet zwischen konstruktiver, funktionaler Ausschreibung sowie Aufgabenbeschreibung, was von der in der VgV geregelten Beschreibungsebene der einzelnen technischen Anforderungen (richtigerweise) zu trennen ist (→ § 121 GWB Rn. 97).[217]

– Bei einer **konstruktiven Leistungsbeschreibung** wird die Leistung im Einzelnen vorgegeben, zB bei einem ÖPNV-Auftrag durch Detailvorgaben an Fahrplan, Ausstattung der eingesetzten Fahrzeuge und Anforderungen an das Personal.[218] Der Begriff wird allerdings nicht einheitlich verwendet. Zum Teil wird unter „konstruktiver Beschreibung" auch eine Mischform verstanden, bei der der Auftraggeber unter Rückgriff auf technische Spezifikationen ausschreibt, soweit ihm dies möglich ist und im Übrigen funktional[219] oder eine abstrakte Beschreibung der Leistung nach Art, Beschaffenheit und Umfang.[220] Beides stimmt allerdings nicht mit der ursprünglichen Intention der Unterscheidung überein.[221]

– Eine **funktionale Leistungsbeschreibung** gibt dagegen im Wesentlichen nur den mit der Leistungserbringung zu erreichenden Leistungserfolg vor, der idR über Mindestan-

---

[212] Muster 14.1 HVA L-StB (Ausgabe März 2011).

[213] VK Sachsen 17.8.2012 – 1/SVK/021-12, IBRRS 2013, 1135 (zu § 7 Abs. 5, 6 SektVO 2009) – auch zur Abgrenzung von Funktions- und Leistungsbestimmungen.

[214] Das findet sich auch in älteren Richtlinienbestimmungen, wie Art. 14 Abs. 4 S. 2 Richtlinie 90/351/EWG, Art. 18 Abs. 4 S. 2 Richtlinie 93/38/EWG; wonach die Auftraggeber solche Spezifikationen vorrangig verwenden sollen, die eher „Leistungsanforderungen als Auslegungsmethoden oder Beschreibungen enthalten".

[215] Davon geht auch die üA aus, die „technische Anforderungen" bzw. „technische Spezifikationen" auf normative bzw. standardisierte Vorgaben beschränkt, deutlich insbesondere VK Lüneburg 25.6.2010 – VgK-24/2010, BeckRS 2010, 23505.

[216] *Tausendpfund* Gestaltungsspielräume 50.

[217] Umstritten, wie hier *Traupel* in Müller-Wrede GWB § 121 Rn. 6; im Ansatz auch *Hertwig/Slawinski* in Beck VOB/A § 7 Rn. 99. Ähnlich bereits *Schaller* DB 1995, 1498 (1499) mit einer Unterscheidung zwischen „konstruktiver Leistungsbeschreibung" und „funktionalen Elementen" in dieser. Die bislang üA setzt beides gleich. Das gilt insbesondere für die funktionale Leistungsbeschreibung mit „Leistungs- und Funktionsanforderungen", vgl. etwa *Leinemann* Vergabe öffentlicher Aufträge, 6. Aufl. 2016, Rn. 576. Für einen Gleichlauf von Abs. 2 und § 121 Abs. 1 S. 2 GWB *Zimmermann* in jurisPK-VergR, 5. Aufl. 2016, § 31 VgV Rn. 18.

[218] *Ax/Schneider* Vergabe von Liefer- und Dienstleistungen 154; *Schneiderhahn* Daseinsvorsorge und Vergaberecht 299. Die Bezeichnung ist nicht einheitlich, teilweise wird sie auch als „konventionelle" Leistungsbeschreibung bezeichnet *Traupel* in Müller-Wrede GWB § 121 Rn. 51; *ders.* in Müller-Wrede VgV § 31 Rn. 15.

[219] *Stein/Simonis* Leistungsbeschreibung 119/120 („Kompromißcharakter"), die im o.g. Beispiel daher danach abgrenzen wollen, ob der Fahrplan funktional ausgeschrieben ist.

[220] *Schätzlein* in HKKW § 7 VOL/A Rn. 22.

[221] Die Beratungen des DVAL-Hauptausschusses zur Unterscheidung zwischen „konstruktiver" und „funktionaler" Ausschreibung sind bei *Zdzieblo* in Daub/Eberstein, 5. Aufl. 2000, § 8 Rn. 1 ff. geschildert. Es ging dem DVAL um die Verankerung der funktionalen Leistungsbeschreibung, wobei konstruktive und funktionale Leistungsbeschreibung gleichrangig sein und nicht als eigene Termini verwendet werden sollten.

forderungen an Qualität und Leistungszeitpunkt umgrenzt wird (zB bei ÖPNV-Aufträgen durch Taktvorgaben und Qualitätsziele). Das geschieht insbesondere, wenn der Auftraggeber nicht in der Lage ist, die gewünschte Leistung technisch abschließend zu beschreiben (wie das häufig bei komplexen IT-Beschaffungen oder Rüstungsvorhaben der Fall ist).[222]

Die Wahl zwischen einer funktionalen oder konstruktiven Leistungsbeschreibung steht nach § 121 Abs. 1 S. 2 GWB **im Ermessen des öffentlichen Auftraggebers** (→ § 121 GWB Rn. 100). Die VgV enthält keine ermessensleitende Bestimmung wie §§ 7b EU Abs. 1, 7c EU Abs. 1, 7b VS Abs. 1, 7c VS Abs. 1 VOB/A, so dass diese Arten der Leistungsbeschreibung wie bisher **gleichrangig** sind.[223] Das Ermessen kann aber durch Rechtsvorschriften und ermessensleitende Verwaltungsvorschriften beschränkt sein. Beispielsweise soll nach den AVV-EnEff eine Leistung nach ihrer gewünschten Funktionalität umschrieben werden, damit Anbieter „möglichst viel Spielraum" haben, umweltfreundliche und energieeffiziente Produkte und Dienstleistungen anzubieten.[224] IT-Leistungen in der Bundesverwaltung sind nach UfAB VI grundsätzlich anwendungs- und aufgabenbezogen und damit funktional auszuschreiben.[225]

Die Wahl einer funktionalen Ausschreibung bedarf nach § 121 Abs. 1 S. 2 GWB und der VgV keines besonderen Sachgrundes.[226] Ermessensfehlerfrei ist sie allerdings nur, wenn auf Basis der Vergabeunterlagen und der festgelegten Zuschlagskriterien miteinander **vergleichbare Angebote erwartbar** sind und ein Wettbewerb stattfinden kann.[227] Die Vergabeunterlagen müssen dafür einen Stand erreicht haben, dass sie von allen Bietern gleich verstanden werden können, mit wesentlichen späteren Änderungen der Anforderungen nicht zu rechnen ist und die Maßstäbe für die Prüfung und Wertung der Angebote feststehen.[228] Daran fehlt es, wenn der Auftraggeber ihm obliegende Vorbereitungs- und Planungsleistungen vor Einleitung der Ausschreibung aus Zeitmangel, internen Abstimmungsschwierigkeiten, Überlastung oder anderen Gründen nicht abgeschlossen hat und keinen technischen Anforderungen und nachvollziehbare Kriterien definiert hat, nach denen er die Angebote prüfen, vergleichen und bewerten kann.[229] Da die technischen Anforderungen als Teil der Vergabeunterlagen (§ 121 Abs. 3 GWB) bereits am Anfang des Vergabeprozesses herausgegeben werden, verlangt die Europäische Kommission, dass der Auftraggeber seine Anforderungen grundsätzlich „schon ganz zu Beginn kennen" muss.[230] Das ist als Teil seiner Pflicht zur Herstellung der Ausschreibungsreife anzusehen (→ § 121 GWB Rn. 119).

34   Bei allen Alternativen des Abs. 2 geht es darum, dass der Auftraggeber seine **individuell bestimmten Anforderungen** an die nachgefragte Bau-, Liefer- oder Dienstleistung zum Ausdruck bringt. Das kann neben Leistungs- und Funktionsanforderungen und der Bezugnahme auf Normen auch mittels deskriptiver Festlegungen geschehen (→ Rn. 22). Dies wird in Rechtsprechung und Literatur im Zusammenhang mit Abweichungen von Vorgaben des Auftraggebers teilweise anders gesehen,[231] liegt dort aber an den besonderen

---

[222] *Heckmann* in Spindler (Hrsg.) Rechtsfragen bei open source H Rn. 53.
[223] *Leinemann*, Vergabe öffentlicher Aufträge, 6. Aufl. 2016, Rn. 577. Das entspricht der Intention des DVAL (o. Fußn. 205).
[224] Ziff. 2.2, 2.2.1 der Leitlinien für die Beschaffung energieeffizienter Produkte und Dienstleistungen, Anlage zur AVV-EnEff (Stand: 24.1.2017).
[225] UfAB VI – Version 1.0 (Stand: 30.4.2015), Ziff. 4.16.6.
[226] Bislang nicht unumstritten (→ § 121 GWB Rn. 100). Weitergehende Ansichten übertragen die Rechtfertigungserfordernisse aus der VOB/A auf Liefer- und Dienstleistungsaufträge, etwa *Schneider* NVwZ 2009, 1057 (1058).
[227] OLG Düsseldorf 5.10.2000 – Verg 14/00, IBRRS 2003, 0839. Weitergehend *Traupel* in Müller-Wrede GWB § 121 Rn. 60 ff, für den Besonderheiten des einzelnen Beschaffungsvorgangs Rechnung zu tragen ist.
[228] *Ax/Schneider* Vergabe von Liefer- und Dienstleistungen 155
[229] OLG Düsseldorf 5.10.2000 – Verg 14/00, IBRRS 2003, 0839; 14.2.2001 – Verg 14/00, IBRRS 2013, 2340; OLG Naumburg 16.9.2002 – 1 Verg 2/02, NZBau 2003, 628.
[230] Europäische Kommission, Sozialorientierte Beschaffung (o. Fn. 8) 29.
[231] OLG Düsseldorf 6.10.2004 – VII-Verg 56/04, NZBau 2005, 169 (170); OLG München 11.8.2005 – Verg 12/05, BeckRS 2005, 32161 Rn. 27; VK Sachsen-Anhalt 16.4.2014 – 2 VK LSA 25/13, IBRRS

Rechtsfolgen in § 32 VgV. Auch die individuelle Vorgabe eines konkreten technischen Merkmals ist eine technische Anforderung im Sinne der Anlage 1 Nr. 1 (→ Anlage 1 Rn. 9). Weicht ein Angebot von ihr ab, kann es nicht über einen Gleichwertigkeitsnachweis nach § 32 VgV gewertet werden, sondern allenfalls als Nebenangebot, wenn dafür die dafür erforderlichen Voraussetzungen vorliegen (→ § 32 VgV Rn. 11). Entsprechendes gilt bei Abweichungen von nicht-technischen Leistungsanforderungen.

Unabhängig von der Beschreibungsart müssen sich technische Anforderungen **auf den Auftragsgegenstand** beziehen (→ Rn. 61) und dürfen nach Abs. 1 den Wettbewerb nicht unzulässig beschränken, einschränken oder verfälschen.[232]

Abs. 2 konkretisiert die aus dem Transparenz-, Wettbewerbs- und Gleichbehandlungs- **35** grundsatz (§ 97 Abs. 1, 2 GWB) sowie § 121 Abs. 1 GWB folgenden Beschreibungsanforderungen an eine „eindeutige", erschöpfende" und wettbewerbsoffene Leistungsbeschreibung und ist daher **bieterschützend.**[233]

Eine Parallelnorm ist § 28 Abs. 2 SektVO. § 7a EU Abs. 2 VOB/A weicht bei der Rei- **36** henfolge der Beschreibungsarten ab (→ § 7a EU VOB/A Rn. 21), ebenso §§ 15 Abs. 3 VSVgV, 7a VS Abs. 2 VOB/A, die zudem zusätzliche **verteidigungsspezifische Normenarten** zulassen[234] und den NATO-Standardisierungsabkommen (STANAG) eine gesteigerte Verbindlichkeit einräumen.[235] Die KonzVgV enthält diesen Regelungskomplex nicht. Unterhalb der Schwellenwerte verzichtet die UVgO für Dienstleistungs- und Lieferaufträge auf eine vergleichbare Bestimmung. Bei öffentlichen Bauaufträge unterliegen Auftraggeber dagegen denselben Einschränkungen wie bei EU-Vergaben (§ 7a Abs. 2 VOB/A).

II. Leistungs- oder Funktionsanforderungen, Aufgabenbeschreibung (Abs. 2 Nr. 1)

1. Leistungsanforderungen

Das Unionsrecht[236] versteht unter Leistungsanforderungen technische Spezifikationen **37** mit dem Schwerpunkt **auf Output/Performance eines Produkts oder einer Dienstleistung,** einschließlich Umweltmerkmalen (→ Rn. 69).[237] Das können sein: Technische Leistungsmerkmale („Arbeits- und Lagertemperatur −40 °C bis −70 °C",[238] „maximale Horizontalkraft von 49, 6 kN/M"[239] für die Anprallast bei einer Schutzeinrichtung, Antwortzeiten und Ressourcenbedarf bei einer Software), Hardwareanforderungen, Architekturanforderungen, Anforderungen an die Benutzerschnittstelle, Benutzeroberfläche einer Software oder Qualitätsanforderungen. Die Unterscheidung zwischen Leistungs- und Funktionsanforderungen geht auf Art. VI Nr. 2 Buchst. a) GPA 1994 zurück, wonach technische Spezifikationen vorrangig mittels Leistungsanforderungen zu umschreiben wa-

---

2014, 2169, 11.5.2015 – 3 VK LSA 13/15, IBRRS 2016, 0266; *Herig* VOB, 5. Aufl. 2013, § 7 VOB/A Rn. 26.

[232] Zur vorherigen Rechtslage zB Begründung zur SektVO 2009, BR-Drs. 522/09, 44.

[233] Ebenso die bisher üA zu vergleichbaren Vorgängervorschriften, vgl. *Ruff* in Müller-Wrede § 7 SektVO Rn. 144; *Wolters* in Eschenbruch/Opitz § 7 SektVO Rn. 10.

[234] §§ 15 Abs. 3 Nr. 1 Buchst. g) VSVgV, 7a VS Abs. 2 Buchst. g) VOB/A (Industrienormen) und §§ 15 Abs. 3 Nr. 1 Buchst. h) VSVgV, 7a VS Abs. 2 Buchst. g) VOB/A (wehrtechnische Normen), beides zurückgehend auf die Richtlinie 2009/81/EG.

[235] *Roggenkamp/Albrecht* in Dippel/Sterner/Zeiss § 15 VSVgV Rn. 54 f.

[236] Art. 42 Abs. 3 Buchst. a) Richtlinie 2014/24/EU (→ § 31 Abs. 2 Nr. 1 VgV); Art. 60 Abs. 3 Buchst. a) Richtlinie 2014/25/EU (→ § 28 Abs. 2 Nr. 1 SektVO); § 15 Abs. 3 Nr. 1 Buchst. a) VSVgV.

[237] Europäische Kommission, Öffentliche Auftragsvergabe – Praktischer Leitfaden 88 (abrufbar bei http://de.koinno-bmwi.de/system/publications/files/000/000/341/original/guidance_public_proc_de.pdf? 1447686688, zuletzt abgerufen am 6.7.2017).

[238] OLG Düsseldorf 5.10.2016 – Verg 24/16, VergabeR 2017, 90 (92) – Siegelbaustein.

[239] OLG Schleswig 11.5.2016 – 54 Verg 3/16, VergabeR 2016, 782 (783) – Asphaltausbau.

ren. Das überarbeitete WTO-Beschaffungsankommen hat Leistungs- und Funktionsanforderungen gleichgestellt, und beide mit einem Vorrang gegenüber konventionell-deskriptiven Beschreibungen versehen (Art. X Ziff. 2 Buchst. b) GPA 2012, → Rn 33).

Leistungsanforderungen werden auch als nicht-funktionale Anforderungen bezeichnet, dh jede Anforderung iSd Abs. 2 Nr. 1, die keine Funktionsanforderung ist, ist eine Leistungsanforderung.[240] Zudem ist ihnen gemeinsam, dass den Bietern bei der Angebotslegung ein Gestaltungsspielraum bleiben muss.[241] Abzugrenzen sind Leistungs- und Funktionsanforderungen daher von konstruktiv-beschreibenden Detailvorgaben des Auftraggebers, zB der präzise umschriebenen Form, Farbe, Design oder Abmessungen und anderen Beschreibungen eines Produkts (→ § 121 GWB Rn. 98), zB „Brettstapelwand, Holzart Fichte/Tanne, gedübelt, Dicke 12 cm".[242]

38 Abs. 2 Nr. 1 verlangt nach dem Vorbild der Vergaberichtlinien,[243] dass Leistungs- und Funktionsanforderungen oder eine Aufgabenbeschreibung **so genau wie möglich gefasst** sind, so dass sie – zusammen mit den weiteren Spezifikationen – ein klares Bild vom Auftragsgegenstand vermitteln und dem Auftraggeber den Zuschlag ermöglichen. Aus Sicht des Unionsrechts ist das eine Unter- oder Minimalgrenze, der funktionale Ausschreibungen zu genügen haben, damit die Vergleichbarkeit der Angebote sichergestellt ist.[244] Damit ist in der Sache nichts Anderes gemeint als in § 15 Abs. 3 Nr. 2 VSVgV wonach der Auftragsgegenstand durch die technischen Anforderungen „eindeutig und abschließend" erläutert sein muss. Bei dieser Beschreibungsart sind die aus § 121 Abs. 1 GWB folgenden Bestimmtheitsanforderungen daher nicht abgesenkt (→ § 121 GWB Rn. 109).[245] Die technischen Anforderungen müssen eindeutig und erschöpfend iSd § 121 Abs. 1 S. 1 GWB beschrieben sein. Ein **Beurteilungsspielraum des Auftraggebers** besteht nicht (→ § 121 GWB Rn. 22). Nicht hinreichend wäre etwa die Vorgabe, dass die Bieter den „Status Quo oder eine mindestens gleichwertige Lösung"[246] anzubieten haben, wenn nicht klar, ist nach welchen quantitativen und qualitativen Kriterien sich die Gleichwertigkeit beurteilt. Der öffentliche Auftraggeber muss jedenfalls festlegen, ob die angebotene Leistung dafür alle oder ausgewählte Leistungsmerkmale mindestens gleich oder besser erfüllen muss oder ob eine Gesamtbetrachtung stattfindet und nach welchen Kriterien.

Die Europäische Kommission hat die vom öffentlichen Auftraggeber verlangte Gratwanderung bei den Leistungs-/Funktionsanforderungen auf den Punkt gebracht:[247]

„– Die Spezifikationen müssen präzise hinsichtlich der verlangten Wirkungen und Ergebnisse sein und die Bieter dazu motivieren, ihre Fachkenntnis einzusetzen, um Lösungen zu finden.

– Die Spezifikationen dürfen nicht zu eng gefasst sein, damit Bieter einen Zusatznutzen bieten können, dürfen aber auch nicht zu vage gefasst sein, dass sich die Bieter schwer kalkulierbaren Risiken ausgesetzt fühlen und deshalb ihre Preise entsprechend anheben.

– Die Spezifikationen müssen mit dem Auftragsgegenstand zusammenhängen, gleichzeitig aber auch einschlägige politische Zielvorgaben, einschließlich bereichsübergreifender Konzepte und gesetzlicher Verpflichtungen berücksichtigen und sich an dem orientieren, was der Markt liefern kann".

---

[240] Das gilt vor allem bei IT-Projekten, vgl. *Zoglmann* Lastenheft 39.
[241] VK Sachsen-Anhalt 16.4.2014 – 2 VK LSA 25/13, IBRRS 2014, 2169; *Prieß/Simonis* in KKMPP, 4. Aufl. 2017, § 31 Rn. 13.
[242] VK Sachsen 17.8.2012 – 1/SVK/021-12, IBRRS 2013, 1135 (zu § 7 Abs. 5, 6 SektVO 2009). Das ist nicht unumstritten. Für die Einbeziehung von Abmessungen unter Leistungsanforderungen etwa Voppel/Osenbrück/Bubert, 4. Aufl. 2018, § 31 Rn. 33.
[243] Art. 42 Abs. 3 Buchst. a) Richtlinie 2014/24/EU (entspricht Art. 24 Abs. 3 Buchst. b) Richtlinie 2004/18/EG; Art. 60 Abs. 3 Buchst. a) Richtlinie 2014/25/EU (entspricht Art. 34 Abs. 3 Buchst. b) S. 2 Richtlinie 2004/17/EG). Art. 36 Richtlinie 2014/23/EU enthält keine ausdrückliche Bestimmung.
[244] *Egger* Europäisches Vergaberecht Rn. 1076.
[245] ÜA, zu weitgehend *Wilke* NZS 2012, 444 (447) für den „Ungenauigkeiten" hinzunehmen seien.
[246] VK Sachsen 20.6.2014 – 1/SVK/017-14, BeckRS 2014, 17935.
[247] Europäische Kommission, Sozialorientierte Beschaffung (o. Fußn. 8) 30.

Nennt der Bieter im Angebot ein Produkt und überreicht er ein Datenblatt erklärt er **39** damit, dass das angebotene Produkt die im Datenblatt genannten technischen Leistungsmerkmale aufweist. Weichen sie von den gestellten Leistungsanforderungen ab, ist das Angebot nach § 56 Abs. 1 Nr. 4 iVm § 53 Abs. 7 S. 1 VgV zwingend auszuschließen (zu den Ausnahmen → § 32 VgV Rn. 5).[248] Lassen sich Abweichungen erst während der Auftragsausführung (oder sogar erst nach deren Abschluss) feststellen, muss der Auftraggeber in den Vertragsbedingungen sicherstellen, dass Produkte und Dienstleistungen die vorgegebenen Mindestanforderungen dauerhaft erfüllen, zB durch **Service Level**, die über **Garantien** oder **Vertragsstrafen** abgesichert werden.

2. Funktionsanforderungen

Funktionsanforderungen sind ergebnisorientierte Spezifikationen, bei denen im Schwer- **40** punkt die zu erzielenden Nutzeffekte beschrieben werden, nicht aber einzelne Lösungsschritte oder Output/Performance eines Produkts oder einer Dienstleistung (→ § 121 GWB Rn. 98). Das ist nicht notwendig deckungsgleich mit einer funktionalen Leistungsbeschreibung iSd § 121 Abs. 1 S. 2 GWB, die Leistungs- und Funktionsanforderungen gleichermaßen beinhalten kann (→ § 121 GWB Rn. 98).[249] Funktionale Anforderungen sind oft systemorientiert definiert und enthalten Vorgaben zu Aktionen, die ein System im Ergebnis erreichen muss („sicherstellen")[250] oder die es selbstständig ausführen soll (Systeminput- und Output, Datenstrukturen), zu Interaktionen zwischen Benutzer und System (zB Abwicklung eines Fahrscheinvertriebs per Smartphone (Mobile Ticketing))[251] oder zu seinem Verhalten in bestimmten Situationen (zB Kompatibilität mit einer vorhandenen IT-Umgebung).[252]

Bei funktionalen Leistungsbeschreibungen und der Beschreibung mittels Leistungs- oder **41** Funktionsanforderungen will der Auftraggeber das auf der Bieterseite vorhandene Knowhow abschöpfen, indem er die **Konzeptionierung und Planung der Leistung** auf die Bieter verlagert (→ § 7c EU VOB/A Rn. 13).[253] Die Bieter müssen aus den Soll-Vorgaben des (technischen) Lastenhefts des Auftraggebers den Lösungsweg, also das **Pflichtenheft**,[254] spezifizieren und in ihrem Angebot eindeutig, vollständig, korrekt, konsistent und prüfbar darstellen, so dass der Auftraggeber prüfen kann, ob die Mindestanforderungen eingehalten sind und die Zielvorgaben voraussichtlich erreicht werden (→ § 121 GWB Rn. 106). Das geschieht zB bei IT-Ausschreibungen idR mittels technischer Konzepte, in denen von den Bietern Architektur, Funktionalitäten, Schnittstellen und Einführung (Migration) dargestellt werden.

Den Bestimmtheitsanforderungen aus Abs. 2 Nr. 1 ist bei dieser Beschreibungsart genügt, wenn die Funktionsanforderungen so klar formuliert sind, dass sie den Bietern den Auftragsgegenstand abschließend erläutern und vergleichbare Angebote abgegeben und bewertet werden können (→ Rn. 37). Dafür müssen die zu erzielenden Nutzeffekte und wesentlichen Einzelheiten der beschafften Leistung beschrieben werden; nicht aber die

---

[248] OLG Schleswig 11.5.2016 – 54 Verg 3/16, VergabeR 2016, 782 – Asphaltausbau; OLG Düsseldorf 5.10.2016 – Verg 24/16, VergabeR 2017, 90 – Siegelbaustein.

[249] Anders die üA, die in Abs. 2 Nr. 1 die Verankerung der funktionalen Leistungsbeschreibung sieht, vgl. OLG Düsseldorf 12.6.2013 – VII-Verg 7/13, ZfBR 2013, 716 (717); *Ruff* in Müller-Wrede § 7 SektVO Rn. 91; *Prieß/Simonis* in KKMPP, 4. Aufl. 2017, § 31 Rn. 14, *Gerlach/Manske* VergabeR 2017, 11.

[250] Zu dieser Bedeutung von „sicherstellen" VK Bund 12.4.2017 – VK 1–25/17, IBRRS 2017, 1570 – Mautsystem.

[251] OLG Düsseldorf 1.6.2016 – VII Verg 6/16, VergabeR 2016, 751 (758) – Vertriebsdienstleistungen.

[252] Zu Softwareprojekten *Zoglmann* Lastenheft 39.

[253] VK Lüneburg 26.8.2014 – VgK 31/2014, IBRRS 2014, 2591.

[254] „Pflichtenheft" wird mitunter iSv „Feinspezifikation" verstanden, etwa bei *Noch* Vergaberecht kompakt, 6. Aufl. 2015, Rn. 989; zu den in der Praxis unterschiedlich verwendeten Begriffen „Lastenheft" und „Pflichtenheft" *Zoglmann* Lastenheft 45, 55 ff.; *Bischof* ITRB 2010, 192. Nach DIN 69901-5:2009-01 umfasst das Pflichtenheft (en: *functional specification*) „vom Auftragnehmer erarbeitete Realisierungsvorgaben auf der Basis des vom Auftraggeber vorgegebenen Lastenheftes".

Leistungsdetails.[255] Die Leistungsbeschreibung darf vom öffentlichen Auftraggeber andererseits nicht so oberflächlich gefasst werden, dass nicht mehr erkennbar ist, welche Leistung die Bieter anbieten sollen.[256]

3. Aufgabenbeschreibung

42 Abs. 2 regelt in der 3. Alt. bei den Leistungs- und Funktionsanforderungen die Aufgabenbeschreibung, die aus der VOF übernommen wurde. Die Vorschrift ist missglückt: Die Aufgabenbeschreibung zeichnet aus, dass zwar die gestellte Aufgabe beschreibbar ist, nicht aber die erforderlichen Lösungsschritte (vgl. § 73 Abs. 1 VgV), weil der Auftragnehmer bei der Ausführung über Kognitions-, Bewertungs- und Gestaltungsspielräume verfügt, die sich auf das Erkennen von Problemstellungen, die Entwicklung von Lösungswegen und die Beratungsergebnisse erstrecken (→ § 121 GWB Rn. 116).[257] Sie enthält daher nur die konkrete Aufgabenstellung, aber nicht den Auftragsinhalt und die Auftragsbedingungen.[258] In den Vergabe- und Vertragsordnungen wurde sie deshalb für freiberufliche Leistungen begrifflich gegenüber der Leistungsbeschreibung abgegrenzt[259] und ist nunmehr in § 121 Abs. 1 S. 2 GWB gesondert aufgeführt. Die Aufgabenbeschreibung ist keine in den Richtlinien vorgesehene Beschreibungsart für technische Spezifikationen. Alle Fassungen der VOF hatten deshalb zwischen der Aufgabenbeschreibung und der Formulierung der technischen Anforderungen in der Aufgabenbeschreibung unterschieden.[260]

43 Inhaltlich folgt aus Abs. 2 3. Alt. nur, dass auch eine Aufgabenbeschreibung zB für Architekten- und Ingenieurleistungen iSv § 73 Abs. 1 VgV hinreichend bestimmt gefasst sein muss, was sich bereits aus § 121 Abs. 1 S. 2 iVm S. 1 GWB ergibt (→ § 121 GWB Rn. 117). Die Bestimmtheitsanforderungen gehen in eine andere Richtung als bei Leistungs- und Funktionsanforderungen: Bei der Aufgabenbeschreibung gibt der Auftraggeber lediglich Zielvorgaben und Rahmenbedingungen vor. Innerhalb dieses Rahmens muss der Auftragnehmer die konkrete Lösung erarbeiten. „Erschöpfend" ist die Beschreibung, wenn sie alle relevanten Umstände und Bedingungen iSd § 121 Abs. 1 S. 2 GWB nennt, die erkennen lassen, in welchem Rahmen die Leistung zu erbringen ist, ohne dass alle Grundlagen zu beschreiben sind, die im Rahmen der Leistungsphase 1 durch den Auftragnehmer zusammengestellt werden.[261] Die Leistung ist aber nicht vorab hinreichend erschöpfend beschreibbar, da der Auftraggeber für ihre Beschreibung dem Ergebnis der geistig-schöpferischen Leistung vorgreifen und selbst die Leistung vorgeben müsste.[262] Die Honorarzone nach der HOAI muss nicht vorgegeben werden, wenn sich die Planungsaufgabe eindeutig umschreiben lässt und die Bieter sie zuverlässig selbst ermitteln können.[263]

III. Bezugnahme auf Normen (Abs. 2 S. 1 Nr. 2, S. 2)

1. Allgemeines

44 Abs. 2 Nr. 2 regelt die Bezugnahme auf Normen. **Normen** sind in Anhang VII Nr. 2 AVR definiert als technische Spezifikationen, die von einer anerkannten Normungsorgani-

---

[255] OLG Düsseldorf (o. Fn. 235).

[256] Zu diesem Fehler OLG Düsseldorf 22.6.2010 – 21 U 54/09, BeckRS 2011, 06133.

[257] OLG Düsseldorf 21.4.2010 – VII-Verg 55/09, NZBau 2010, 390 – Schiffshebewerk Niederfienow; zur Abgrenzung *Traupel* in Müller-Wrede GWB § 121 Rn. 78, 79; Voppel/Osenbrück/Bubert, 4. Aufl. 2018, § 31 Rn. 29.

[258] *Schätzlein* in HKKW § 6 VOF Rn. 8.

[259] Deutlich auch § 8a Nr. 3 S. 2 VOB/A 2006.

[260] § 6 Abs. 1 VOF aF.

[261] Voppel/Osenbrück/Bubert, 4. Aufl. 2018, § 31 Rn. 10.

[262] OLG Düsseldorf 21.4.2010 – VII-Verg 55/09, NZBau 2010, 390 – Schiffshebewerk Niederfienow; 1.6.2016 – VII-Verg 6/16, VergabeR 2016, 752 – Vertriebsdienstleistungen.

[263] OLG Koblenz 29.1.2014 – 1 Verg 14/13, NZBau 2014, 244. Umstritten. Für eine Verpflichtung zur Angabe der Honorarzone aus dem Transparenzgrundsatz Voppel/Osenbrück/Bubert, 4. Aufl. 2018, § 31 Rn. 18.

sation zur wiederholten oder ständigen Anwendung angenommen wurden und deren Einhaltung nicht zwingend ist,[264] dh deren Anwendung nicht ohnehin vom Gesetzgeber als verbindlich vorgeschrieben ist (→ Anlage 1 Rn. 27). Diese Beschreibungsart steht nur für Normen zur Verfügung, die von einer anerkannten Normungsorganisation angenommen wurden, dh insbesondere nicht für **Normen der Berufs-, Industrie- oder Handelsverbände** oder die sog. **Werknormen** (→ Anlage 1 Rn. 24). Keine Rolle spielt, ob die Norm in der Praxis üblicherweise verwendet wird, unbestritten ist usw.

Die Norm muss der Öffentlichkeit **diskriminierungsfrei zugänglich** sein. Unschädlich ist, dass sie nur gegen Entgelt bei der Normungsorganisation angefordert werden kann (wie bei DIN-Normen, → Anlage 1 Rn. 28). Öffentliche Auftraggeber sind nicht verpflichtet, Normen zur Einsicht bereitzuhalten oder den Bietern auf Anfrage zugänglich zu machen;[265] etwas Anderes gilt für Sektorenauftraggeber (→ § 30 SektVO). Die Verwendung von Normen entbindet den öffentlichen Auftraggeber nicht von der Pflicht, die Leistung eindeutig und erschöpfend zu beschreiben; er muss also auch bei der Beschreibung mittels Normen mit der Leistungsbeschreibung alle für die Erstellung des Angebots maßgeblichen Umstände mitteilen (§ 121 Abs. 1 S. 2 GWB).[266]

Diese Beschreibungsart ist besonders für marktübliche Standardbauleistungen, -dienst- **45** leistungen oder -lieferungen geeignet.[267] Aus Sicht der Europäischen Kommission sind Normen für die angestrebte Wettbewerbsöffnung „hilfreich", weil sie klar und nichtdiskriminierend sind und idR nach einem Prozess entwickelt werden, der ein breites Spektrum an Interessensträgern einbezieht und daher eine hohe Akzeptanz sichert.[268] Bereits die frühen Vergaberichtlinien ließen die Festlegung technischer Merkmale mittels Normen optional zu.[269] Eine Konsequenz der zunehmenden Normenharmonisierung in den 80er Jahren war, dass Auftraggeber verpflichtet wurden, vorrangig mittels europäischer oder internationaler Normen (insbesondere ISO und CEI-Normen) auszuschreiben.[270] Diese Verpflichtung wurde mit dem Legislativpaket 2004 teilweise zurückgenommen (→ Rn. 7). Daran ändert der Grundsatz der wettbewerbsoffenen Beschreibung nach Abs. 1 nichts, zumal der Richtliniengeber Beschreibungen mittels Leistungs- oder Funktionsanforderungen weiter aufgewertet hat (→ Rn. 26).

Die Vergaberichtlinien gehen davon aus, dass öffentliche Auftraggeber ihren Bedarf nicht **46** immer vollständig unter Bezugnahme auf Normen umschreiben können, sondern **weitere technische Anforderungen** angeben.[271] Ein öffentlicher Auftraggeber kann aufgrund seines Leistungsbestimmungsrechts (→ § 121 GWB Rn. 28) einen auf seinen Beschaffungsbedarf abgestimmten technischen Standard vorgeben und vom Inhalt von europäischen oder internationalen Normen abweichen, so lange dadurch die Anforderungen von Abs. 1 beachtet werden, dh der Wettbewerb nicht künstlich behindert wird und potentielle Bieter nicht diskriminiert werden.[272] Sachlich gerechtfertigt ist eine derartige Abweichung

---

[264] Entspricht Anlage 1 Nr. 2 VgV. Bereits Anhang TS Nr. 2 zur VOB/A (VOB/A-SKR), VOL/A bzw. VOL/A SKR.

[265] Die strengeren Anforderungen an die Bezugnahme auf eine DIN-Norm im Bebauungsplan sind nicht übertragbar, zu diesen zuletzt BVerwG 18.8.2016 – 4 BN 24/16, NVwZ 2017, 166.

[266] Zu diesem Grundsatz bereits OLG Düsseldorf 12.1.2015 – Verg 29/14, ZfBR 2015, 502 (504) – Polizeipräsidium.

[267] So auch die Einschätzung des Verordnungsgebers, Begründung zur SektVO 2009, BR-Drs. 522/09, S. 43.

[268] Europäische Kommission, Umweltorientierte Beschaffung!, 2. Ausgabe 2011, 35.

[269] Art. 10 Abs. 1 S. 3 Richtlinie 71/305/EWG (für einzelstaatliche Normen); Art. 7 Abs. 1 S. 2 Richtlinie 77/62/EWG

[270] Bereits Art. 7 Abs. 1 UA 2 Richtlinie 77/62/EWG; besonders strikt sodann Art. 14 Abs. 2 bis 5 Richtlinie 92/50/EWG.

[271] Vgl. Art. 43 Abs. 3 Buchst. b) Richtlinie 2014/24/EU („unter Bezugnahme auf technische Spezifikationen und (...) Normen (...)" – wobei „und" als „und sofern vorhanden" zu lesen ist.

[272] Europäische Kommission, Interpretierende Mitteilung zu Umweltbelangen (o. Fn. 8), II. 1; OLG Düsseldorf 6.7.2005 – VII-Verg 26/05, BeckRS 2005, 12127; OLG Koblenz 10.6.2010 – 1 Verg 3/10, NZBau 2010, 717 (718); *Krohn* Öffentliche Auftragsvergabe und Umweltschutz 213; *Noch* BauRB 2005,

zB wenn die Norm einen **bestimmten technischen Stand** wiederspiegelt, der zu Beginn des Vergabeverfahrens bereits überholt ist[273] oder wenn der öffentliche Auftraggeber weitergehende ökologische, soziale oder innovative Anforderungen iSv Abs. 3 S. 1 stellen will. Eine Verpflichtung zur Information der Normungsorganisation besteht in Fällen der Abweichung nicht.[274] Der Auftraggeber darf aber die von einer harmonisierten europäischen Norm angestrebte Wettbewerbsöffnung nicht durch nationale Zulassungsanforderungen an die Verkehrsfähigkeit von Produkten unterlaufen, zB indem für Bauprodukte mit **CE-Kennzeichnung** zusätzlich eine bauaufsichtliche Zulassung („Ü-Zeichen") verlangt wird (→ § 33 Rn. 13).[275]

Fehlen europäische Spezifikationen muss ein öffentlicher Auftraggeber nicht vorrangig Leistungs- und Funktionsanforderungen nach Abs. 2 Nr. 1 verwenden,[276] sondern kann auch technisch-konstruktiv (deskriptiv) umschreiben, zB mittels verkehrsüblichen Bezeichnungen (→ Rn. 33).

47   Nicht selten sind Normen bei ihrem Erlass schon hinter der technischen Entwicklung zurück, ohne dass dies notwendig bedeutet, dass sie nicht dem **Stand der Technik** entsprechen. § 32 Abs. 1 VgV eröffnet daher Bietern den Nachweis, dass die von ihnen vorgeschlagene Lösung den technischen Spezifikationen entspricht, auf die der öffentliche Auftraggeber Bezug genommen hat. Daraus ergibt sich mittelbar, dass eine Ausschreibung, die auf eine veraltete Norm verweist, nicht allein dadurch vergaberechtswidrig ist.[277]

2. Rangfolge der Beschreibungsarten

48   Die in Abs. 2 Nr. 2 angeordnete Rangfolge zwischen internationalen, europäischen und nationalen Normen ist durch die Vergaberichtlinien vorgegeben.[278] Abs. 2 Nr. 1 behält den Grundsatz der Vorgängervorschriften[279] bei, dass eine Beschreibung mittels nationaler Normen nur gewählt werden darf, wenn internationale oder europäische Spezifikationen nicht zur Verfügung stehen.[280] Das ist nach üA eine bereichsspezifische Ausprägung des Diskriminierungsverbots (§ 97 Abs. 2 GWB),[281] die nach verschiedenen Normenkategorien näher aufgefächert wird, so dass sich folgende Reihenfolge ergibt:

– Nationale Normen, mit denen europäische Normen umgesetzt werden, dh. DIN EN oder DIN EN ISO – Normen (→ Anlage 1 Rn. 23) , zB „Leitungsroller nach DIN EN 61316, 400 V/230 V, blau")

– Europäische Technische Bewertungen nach der Bauprodukte-Verordnung (→ Anlage 1 Rn. 30);

– Gemeinsame technische Spezifikationen im IKT-Bereich, die im Amtsblatt veröffentlicht sind (→ Anlage 1 Rn. 31);

---

344 (345); *Wolters* in Eschenbruch/Opitz § 7 SektVO Rn. 41, 56; Voppel/Osenbrück/Bubert, 4. Aufl. 2018, § 31 Rn. 41.

[273] VK Münster 20.4.2005 – VK 6/05, IBRRS 2005, 2261 (zur Ausschreibung von Kunststoffrasen unter Zugrundelegung der DIN V 18035-7 (Juni 2002)).

[274] So noch Art. 18 Abs. 6 Buchst. d) Richtlinie 93/38/EWG.

[275] EuGH 16.10.2014 – C-100/13, ECLI:EU:C:2014:2293 – Kommission ./. Deutschland.

[276] Art. 18 Abs. 3, 4 Richtlinie 93/38/EWG ist mit der Richtlinie 2004/17/EG entfallen.

[277] Nicht umstritten. Wie hier unter Verweis auf die Bestimmungsfreiheit OLG Frankfurt a. M. 1.9.2016 – 11 Verg 6/16, NZBau 2016, 787 Rn. 50 (zu einer Protokollfamilie). Anderer Ansicht *Hattig* in Müller-Wrede, 2. Aufl. 2006, § 6 SKR Rn. 8; *Noch* Vergaberecht kompakt, 6. Aufl. 2015, Rn. 1134 jeweils unter Verweis auf VK Rheinland-Pfalz 7.3.2002 – VK 2/02, IBRRS 2013, 4916 (die Entscheidung betrifft aber die Wertung eines Nebenangebots).

[278] Art. 42 Abs. 3 Buchst. b) Richtlinie 2014/24/EU; Art. 60 Abs. 3 Buchst. b) Richtlinie 2014/25/EU; entspricht den Vorgängerrichtlinien, Art. 23 Abs. 3 Buchst. a) Richtlinie 2004/18/EG; Art. 34 Abs. 3 Buchst. a) Richtlinie 2004/18/EG; Art. 18 Buchst. a) Richtlinie 2009/81/EG.

[279] §§ 8 EG Abs. 2 Nr. 1 Buchst. e) VOL/A; 6 Abs. 2 Nr. 1 Buchst. e) VOF; 7 Abs. 3 Nr. 1 Buchst. e) SektVO aF; 7 EG Abs. 4 Nr. 1 Buchst. e) VOB/A.

[280] Vgl. § 31 Nr. 2 Buchst. e) VgV iVm Erwägungsgrund (74) UA 2 Richtlinie 2014/24/EU.

[281] *Ruff* in Müller-Wrede § 7 SektVO Rn. 68.

– Internationale Normen (zB DIN ISO-Normen, DIN IEC-Normen) und andere technische Bezugsysteme, die von den europäischen Normungsgremien iSd Anlage 1 Nr. 2a) und 5 erarbeitet wurden (zB harmonisierte Normen)[282] – letztere können auch DIN-EN sein, zB „Stahlsorte 1. Wahl, gem. DIN EN 14811".[283]

Die europäischen Spezifikationen stehen in **einem Ausschließlichkeitsverhältnis zueinander,** da für ein- und dasselbe Produkt Europäische Technische Bewertungen oder Gemeinsame Technische Spezifikationen nur aufgestellt werden, falls keine (ausreichende) Normung existiert.[284]

Beschreibungen mittels **nationaler Normen** (zB „Rettungsdreieck DIN 14998 Klasse B"; „Stativ, mit Aufsteckzapfen C DIN 14640), mittels **nationaler technischer Zulassungen** oder mittels **nationaler technischen Spezifikationen** für die Planung, Berechnung und Ausführung von Bauwerken und den Einsatz von Produkten (zB TL-Transportable Schutzeinrichtungen)[285] sind nach § 31 Abs. 2 Nr. 2 Buchst. e) 1. Hs. VgV stets subsidiär. Diese Beschreibungsarten dürfen nur gewählt werden, wenn vorher festgestellt wurde, dass europäische Spezifikationen die geforderten technischen Anforderungen nicht oder nicht vollständig umschreiben;[286] das folgt seit der VergRModVO auch aus dem Grundsatz der wettbewerbsoffenen Ausschreibung in § 31 Abs. 1 VgV (→ Rn. 26). Bezugnahmen auf nationale **DIN-Normen** oder nationale technische Spezifikationen sind insbesondere möglich, wenn eine **DIN-EN-Norm** oder **DIN-ISO-Norm** nur Teilaspekte der gewünschten technischen Anforderungen regelt.[287] Diese Anforderungen können über eine Norm hinausgehen (insbesondere wenn die Norm veraltet ist).[288] Das Fehlen europäischer/internationaler Spezifikationen ist zu dokumentieren.[289] Gleiches gilt für Abweichungen von einer DIN-Norm. Sie müssen aus der Leistungsbeschreibung transparent hervorgehen,[290] mit Abs. 1 vereinbar und daher sachlich gerechtfertigt sein (→ Rn. 26).[291]

Missachtet der Auftraggeber die Reihenfolge in Abs. 2, etwa indem er eine engere und **50** veraltete nationale DIN-Norm verwendet, anstelle einer einschlägigen DIN-EN-Norm, muss der Bieter die Ausschreibung wegen Verstoß gegen § 31 Abs. 2 Nr. 2 VgV mit einer Rüge angreifen, kann sich aber nicht darauf verlassen, dass sein Angebot ohne Rüge gewertet wird, wenn es der europäischen Norm entspricht (→ § 32 Rn. 12).

3. Gleichwertigkeitszusatz

Beschreibungen mittels Normen wirken als Mindestanforderungen (→ Rn. 20). Wie **51** nach den Vorgängervorschriften[292] löst jede Bezugnahme auf Normen gemäß Abs. 2 S. 2

---

[282] Harmonisierte Normen werden von einer Europäischen Normenorganisation im Auftrag der Europäischen Kommission ausgearbeitet und ihre Fundstelle im Amtsblatt EU veröffentlicht (→ Anlage 1 Rn. 25).

[283] Für Gleismaterial VK Sachsen-Anhalt 16.4.2014 – 2 VK LSA 25/13, IBRRS 2014, 2169 (zu § 7 Abs. 3 SektVO aF).

[284] *Krohn* Öffentliche Auftragsvergabe und Umweltschutz 207.

[285] OLG Koblenz 10.6.2010 – 1 Verg 3/10, NZBau 2010, 717 = VergabeR 2011, 219 mAnm *Krist.*

[286] OLG Düsseldorf 14.12.2016 – VII-Verg 20/16, VergabeR 2017, 189 (Verstoß gegen Art 34 AEUV bei Forderung nach zusätzlicher Einhaltung der RAL-GZ 951/1 neben einer einschlägigen DIN-EN); VK Sachsen 4.5.2011 – 1/SVK/010–11, BeckRS 2011, 15183. Für einen Verstoß gegen das Diskriminierungsverbot *Herig* VOB, 5. Aufl. 2013, § 7 VOB/A Rn. 26.

[287] Zur TL-Transportable Schutzeinrichtungen 97 OLG Koblenz 10.6.2010 – 1 Verg 3/10, NZBau 2010, 717 (718); zustimmend OLG Düsseldorf 14.12.2016 – VII-Verg 20/16, VergabeR 2017, 189 (195); *Traupel* in Müller-Wrede, Kompendium, 2. Aufl. 2013, 14 Rn. 37.

[288] Bereits Europäische Kommission, Interpretierende Mitteilung zur Berücksichtigung von Umweltbelangen (o. Fn. 8) 11 f.; zustimmend *Dageförde-Reuter* Umweltschutz durch öffentliche Auftragsvergabe 91/92. Zur Abweichung von DIN-Normen – OLG Düsseldorf 6.7.2005 – Verg 26/05, BeckRS 2005, 12127 – Sportrasen.

[289] *Franke/Kaiser* in FKZGM, 6. Aufl. 2017, § 7a EU VOB/A Rn. 108.

[290] *Noch* Vergaberecht kompakt, 6. Aufl. 2015, Rn. 1140.

[291] VK Westfalen 1.9.2016 – VK 2–28/16, IBRRS 2016, 2913 – zu einer EMV-Zertifizierung, die nach der einschlägigen EU-Richtlinie nicht erforderlich ist; im Ergebnis auch *Krist* VergabeR 2011, 223 (224).

[292] §§ 8 EG Abs. 2 Nr. 1 S. 2 VOL/A; 6 Abs. 2 Nr. 1 S. 1 VOF; 7 Abs. 3 S. 2 SektVO aF; 7 EG Abs. 4 Nr. 1 S. 2 VOB/A

die Verpflichtung aus, den Zusatz **„oder gleichwertig"** zu verwenden. Das gilt nicht nur bei der Bezugnahme auf nationale Normen. Damit will das Unionsrecht verhindern, dass Angebote nur deshalb nicht eingereicht werden, weil auf eine Norm Bezug genommen wird, die den technischen Fortschritt noch nicht berücksichtigt.[293] Das ist in Zusammenhang mit § 32 Abs. 1 VgV zu sehen, wonach das Angebot eines Bieters, der nachweist, dass sein Produkt die Anforderungen des Auftraggebers in der Sache erfüllt, als Hauptangebot zu werten ist (→ § 32 Rn. 5). Diese Nachweismöglichkeit darf nicht dadurch unterlaufen werden, dass der Auftraggeber von vornherein nur bei ihm **„gelistete" Produkte** als ausschreibungskonform anerkennt, etwa weil ihm die Gleichwertigkeitsprüfung zeitliche Schwierigkeiten bereitet (→ Rn. 23).

Der Gleichwertigkeitszusatz kann nach der zitierten Norm stehen oder auch an einer deutlich sichtbaren Stelle der Leistungsbeschreibung „vor die Klammer" gestellt werden (zB bei den Vorbemerkungen, → § 7b EU VOB/A Rn. 15), was sich idR empfehlen wird.[294] Für die Bieter muss sich erschließen, hinsichtlich **welcher Leistungsmerkmale** Gleichwertigkeit verlangt wird und nach welchen Kriterien es sich bestimmt, ob eine gleichwertige Lösung vorliegt.[295] Es genügt, dass sich dies aus den Schutzfunktionen der Norm erschließt. Anders als bei der Beschreibung mit Leitprodukten (→ Rn. 115) bedarf es daher nicht der Angabe einzelner technischer Kriterien.[296] Der Nachweis ist vom Bieter zu führen.[297]

52   Der Gleichwertigkeitszusatz begründet für die Vergabestelle die **Pflicht zur Prüfung eingereichter Nachweise.**[298] Fehlt er bei einem Verweis auf eine nationale Norm verletzt die Ausschreibung unwiderlegbar das Diskriminierungsverbot, da nach der „Dundalk"-Rechtsprechung zu vermuten ist, dass ausländische Bieter von der Angebotsabgabe abgehalten werden.[299] In den übrigen Fällen verstößt die Ausschreibung bereits formal gegen die gesetzlichen Vorgaben[300] und ist zumindest intransparent. Der Mangel kann idR nicht dadurch geheilt werden, dass der Auftraggeber eine Gleichwertigkeitsprüfung freiwillig vornimmt, wenn eine ergebnisoffene Prüfung (zB mangels transparenter Prüfungskriterien) nicht sichergestellt ist oder nicht ausgeschlossen werden kann, dass der Bieter bei transparenten Kriterien einen anderen Gleichwertigkeitsnachweis eingereicht hätte.[301]

IV. Mischformen (Abs. 2 S. 1 Nr. 3)

1. Allgemeines

53   Die Vorschrift regelt zwei unterschiedliche Fallgruppen, in denen Leistungs- und Funktionsangaben mit Bezugnahmen auf Normen kombiniert werden können. Der Auftraggeber kann Leistungs- oder Funktionsanforderungen ausformulieren und für Konformitätsnachweis auf eine Norm Bezug nehmen. Eine andere Variante ist die Kombination beider Beschreibungsarten (teilfunktionale Ausschreibung).

54   Inhaltsgleich sind §§ 28 Abs. 2 Nr. 3 SektVO; 15 Abs. 3 Nr. 3 VSVgV; 7a EU Abs. 2 Nr. 3 VOB/A; 7a VS Abs. 2 Nr. 3 VOB/A.

---

[293] *Hebly* Public Procurement in the European Union 15 ff.

[294] *Noch* Vergaberecht kompakt, 6. Aufl. 2015, Rn. 1129; *Schranner* in Ingenstau/Korbion, 20. Aufl. 2017, § 7a VOB/A Rn. 10.

[295] VK Sachsen-Anhalt 16.4.2014 – 2 VK LSA 25/13, IBRRS 2014, 2169.

[296] Umstritten. Für einen Gleichlauf der Anforderungen *Schranner* in Ingenstau/Korbion, 20. Aufl. 2017, § 7a Rn. 14.

[297] *Wirner* in Willenbruch/Wieddekind, 4. Aufl. 2017, VgV § 31 Rn. 6.

[298] VK Hessen 22.4.2008 – 69d-VK 12/2008 (zu § 8b VOB/A 2006). Umstritten. Anderer Ansicht (klarstellende Bedeutung) *Prieß/Simonis* in KKMPP, 4. Aufl. 2017, § 31 Rn. 19.

[299] EuGH 22.9.1988 – Rs. 45/87, Slg. 1988, 04929 Rn. 19 – Kommission ./. Irland.

[300] Hervorgehoben von VK Westfalen 1.9.2016 – VK 2–28/16, IBRRS 2016, 2913.

[301] VK Sachsen-Anhalt 16.4.2014 – 2 VK LSA 25/13, IBRRS 2014, 2169.

2. Konformitätsvermutung

Nr. 3 Buchst. a) regelt nach dem Vorbild von Art. 42 Abs. 3 Buchst. c) AVR den Fall, dass **55** technische Anforderungen mittels Leistungs- und Funktionsanforderungen umschrieben werden, und der öffentliche Auftraggeber zur **Vermutung der Konformität,** dh der Übereinstimmung mit den gestellten technischen Anforderungen, auf eine Norm Bezug nimmt. Das setzt voraus, dass diese Norm Bestimmungen zur Feststellung der Konformität enthält und entsprechende technische Überprüfungsmöglichkeiten existieren.[302] Ist dies der Fall, steigert diese Ausschreibungstechnik die Transparenz der Auftraggeberanforderungen.[303]

3. Teilfunktionale Ausschreibung

Die teilfunktionale Ausschreibung mit einer Verbindung von funktionalen und detaillier- **56** ten Beschreibungselementen (zB technischen Spezifikationen) kommt in der Praxis häufig vor (→ § 121 GWB Rn. 104). Oft wird sie in der Literatur terminologisch als „konstruktive" Leistungsbeschreibung von der „konventionellen" Leistungsbeschreibung (mit Leistungsverzeichnis) abgegrenzt (→ Rn. 33).[304] Sie ist in Nr. 3 Buchst. b) in Umsetzung von Art. 42 Abs. 3 Buchst. c) AVR geregelt, wobei diese Bestimmung an sich nur klarstellende Funktion hat. Eine teilfunktionale Beschreibung lässt sich mit einer Konformitätsvermutung kombinieren.[305]

E. Zulässige Merkmale des Auftragsgegenstandes (Abs. 3)

I. Regelungsinhalt

Die Leistungsbeschreibung enthält die technischen Anforderungen, die der Auftraggeber **57** zur Beschreibung der Merkmale des von ihm zuvor definierten Auftragsgegenstandes nimmt.[306] S. 1 stellt klar, dass sich die Auftraggebervorgaben an qualitäts-, innovationsbezogenen, sozialen oder ökologischen Aspekten („Kriterien") ausrichten können.[307] Es handelt es sich dabei um eine Konkretisierung von § 97 Abs. 3 GWB, wonach Aspekte der Qualität und der Innovation sowie soziale und umweltbezogene Aspekte in allen Phasen des Vergabeverfahrens Anwendung finden können.[308] Auf der Ebene der Leistungsbeschreibung geschieht dies idR mittels Leistungs- und Funktionsanforderungen iSd Abs. 2 Nr. 1.[309] Technische Anforderungen in der Leistungsbeschreibung sind von Zusatzbedingungen für die Ausführung der Leistung (Ausführungsbedingungen) iSd §§ 128 Abs. 2 GWB, 61 VgV abzugrenzen (→ Rn. 14). Sie können sich gemäß Satz 2 auch auf den Produktions- und Herstellungsprozess beziehen, selbst wenn dieser in der Leistung keinen Ausdruck findet. Das ist eine teilweise Erweiterung der bisherigen Festlegungsmöglichkeiten, die auf Art. 42 Abs. 1 UA 2 AVR zurückgeht.

Die Festsetzungsmöglichkeiten in Abs. 3 stehen **im Ermessen des Auftraggebers 58** („können"); eine Pflicht zur Berücksichtigung sog. „strategischer Belange" besteht daher

---

302 Vgl. Art. 14 Abs. 3 Buchst. a Richtlinie 92/50/EWG.
303 *Prieß/Simonis* in KKMPP, 4. Aufl. 2017, § 31 Rn. 21.
304 *Traupel* in Müller-Wrede GWB § 121 Rn. 57; *ders.* in Müller-Wrede VgV § 31 Rn. 15, 21 f.
305 Darauf weisen *Prieß/Simonis* in KKMPP, 4. Aufl. 2017, § 31 Rn. 24 hin, die dies als dritte Beschreibungsart klassifizieren.
306 Nicht überzeugend daher *Leinemann* Vergabe öffentlicher Aufträge, 6. Aufl. 2016, Rn. 571, der in § 31 Abs. 4 VgV eine Bekräftigung des Leistungsbestimmungsrechts sieht.
307 Begründung der VergRModVO, BR-Drs. 87/16, 185.
308 *Fehns-Böer* in Müller-Wrede GWB § 97 Rn. 63; Umweltbundesamt (Hrsg.) Rechtsgutachten umweltfreundliche öffentliche Beschaffung (o. Fn. 8), 2017, 19.
309 In Art. 42 Abs. 3 Buchst. a) AVR sind „Umweltmerkmale" ausdrücklich als Leistungs- und Funktionsanforderungen zugelassen.

auch nach der Neuregelung nicht.[310] Das Ermessen ist allerdings zT direkt in den Vergabe-
und Vertragsordnungen, teils in den Landesvergabegesetzen,[311] teils durch Verwaltungsvorschriften beschränkt; teilweise ergeben sich Vorgaben aus ergänzenden Unionsrechtsakten.
Die wichtigsten Fälle sind:

– Bei der Beschaffung von **Material- und Gebrauchsgütern**, **Bauvorhaben** und sonstigen Aufträgen müssen öffentliche Auftraggeber auf Bundesebene gemäß § 45 Abs. 1
  KrW-/AbfG den Einsatz von Erzeugnissen prüfen und vorgeben, die sich durch Langle-
  bigkeit, Reparaturfreundlichkeit, Wiederverwertbarkeit oder Verwertbarkeit auszeichnen. Das gilt für die gesamte Verwaltungstätigkeit.[312]
– Anforderungen zur **Energieeffizienz** „sollen" nach § 67 Abs. 2 VgV bei der Beschaffung energieverbrauchsrelevanter Waren, Geräte, oder Ausrüstungen oder beim Einkauf
  von Dienstleistungen zur Anwendung kommen. Bereits bei der Auswahl des Leistungsgegenstandes ist grundsätzlich das Produkt mit dem niedrigsten auf dem Markt verfügba-
  ren Energieverbrauch im Verhältnis zur Leistung und der höchsten Effizienzklasse (zB
  „A" oder „A+") auszuwählen. Ausnahmen sind möglich (zB bei unangemessen hohem
  Preis), aber vom Auftraggeber zu begründen und zu dokumentieren (→ Rn. 71).[313] Von
  Bund und Ländern angeschaffte IT-Bürogeräte müssen die Mindeststandards der Energy-
  Star-VO einhalten.[314] Entsprechendes ordnen §§ 8c EU Abs. 3 VOB/A, 58 Abs. 1
  SektVO an, allerdings nicht für Dienstleistungen.
– Bei der **Beschaffung von Straßenfahrzeugen** können ebenfalls Vorgaben zu Energie-
  verbrauch und Umweltauswirkungen in die Leistungsbeschreibung aufgenommen werden (zB maximaler Kraftstoffverbrauch oder Emissionsgrenzwerte); alternativ („oder")
  genügt die Berücksichtigung dieser Aspekte im Rahmen der Zuschlagsentscheidung
  (§ 68 Abs. 2 Nr. 1 VgV).[315] In den Sektoren gilt entsprechendes mit Abschwächungen
  (§ 59 SektVO).
– Nach dem gemeinsamen Erlass zur Beschaffung von **Holzprodukten**[316] darf die Bundesverwaltung nur Holzprodukte mit Frischholzanteil beschaffen, die nachweislich aus
  legaler und nachhaltiger Waldbewirtschaftung stammen. Nicht erfasst sind Papier und
  Papierprodukte.
– Ab dem 1.1.2019 müssen alle neuen Gebäude, die von Behörden genutzt werden, grundsätzlich „Niedrigstenergiegebäude" iSd Richtlinie 2010/31/EU sein. Die
  Renovierung von öffentlichen Gebäuden regelt die Energieeffizienzrichtlinie 2012/
  27/EU.

59   Abs. 3 ist in beiden Sätzen bieterschützend iSd § 97 Abs. 6 GWB. Die Bieter haben keinen Anspruch darauf, dass der öffentliche Auftraggeber „strategische Beschaffungsziele" iSv
Abs. 3 S. 1 verwendet und die Leistung so qualitätsorientiert, innovativ, ökologisch oder
sozial ausgerichtet beschreibt, dass sie sich mit einem Angebot beteiligen können.[317]

---

[310] *Mohr* EuZA 2017, 23 (32);*Prieß/Simonis* in KKMPP, 4. Aufl. 2017, § 31 Rn. 30.
[311] Überblick bei Umweltbundesamt (Hrsg.), Regelungen der Bundesländer auf dem Gebiet der umweltfreundlichen Beschaffung, 2014 (abrufbar unter http://www.umweltbundesamt.de/publikationen/
regelungen-der-bundeslaender-auf-dem-gebiet-der (zuletzt abgerufen am 6.7.2017).
[312] BeckOK UmweltR/*Dippel* KrWG § 45 Rn. 7.
[313] *Haak* NZBau 2005, 11 (16); *Fundrey* in KKMPP, 4. Aufl. 2017, § 67 Rn. 9, 12.
[314] Verordnung (EG) Nr. 106/2008 des Europäischen Parlaments und des Rates vom 15.1.2008 über ein
gemeinschaftliches Kennzeichnungsprogramm für Strom sparende Bürogeräte, ABl. Nr. L 39/1 vom
13.2.2008.
[315] Das ist eine Änderung gegenüber § 4 Abs. 8 S. 1 VgV aF, wo Umweltkriterien kumulativ bei der Leistungsbeschreibung und den Zuschlagskriterien zu berücksichtigen waren, vgl. *Otting* Gestaltungsmöglichkeiten für Nachhaltige Beschaffung, forum vergabe 2012, 83 (93).
[316] BMWi, BMEL, BMU, BMVBS, Gemeinsamer Erlass zur Beschaffung von Holzprodukten, v.
22.12.2010 (GMBl. Nr. 86–86 vom 27.12.2010 S. 1786). Zu den Nachweisanforderungen sodann BMU-
Schreiben vom 8.12.2015 (B17–81064.3/3-1).
[317] *Wiedemann* in KKPP, 4. Aufl. 2016, § 97 Rn. 107. Umstritten. Anders für die Energieeffizienzvor-
schriften *Krohn* in VergR-HdB, 2. Aufl. 2017, § 19 Rn. 112, 118.

II. Qualitäts-, Innovations-, soziale und umweltbezogene Aspekte in der Leistungsbeschreibung (Abs. 3 S. 1)

1. Allgemeines

§ 97 Abs. 3 GWB lässt die Einbeziehung strategischer Ziele in jeder Phase eines Verga- **60** beverfahrens, einschließlich der Definition der Leistung, zu.[318] Abs. 3 S. 1 konkretisiert dies für die Ebene der technischen Anforderungen. Schon nach bisheriger Rechtslage konnten umweltbezogene- und soziale Aspekte als Ausprägung der Bestimmungsfreiheit des Auftraggebers Teil der technischen Anforderungen sein, wenn sie (a) **hinreichend bestimmt gefasst** waren (→ Rn. 61), (b) **im Zusammenhang mit dem Auftragsgegenstand standen** (→ Rn. 62) und (c) **nichtdiskriminierend formuliert** wurden.[319] In Abs. 3 S. 1 hat der Verordnungsgeber kein eigenständiges Prüfungsprogramm normiert. Er hat davon abgesehen, die generalklauselartigen Vorgaben des Unionsrechts normativ zu konkretisieren[320] und auch nicht die Anwendung von Satz 2 angeordnet, so dass es für qualitäts-, innovations-, umweltbezogene und soziale Aspekte iSv S. 1 bei der bisherigen Rechtslage bleibt.[321] Insbesondere müssen sie nicht zusätzlich noch zu Auftragswert und Beschaffungszielen verhältnismäßig sein; dies gilt richtigerweise nur für die Aspekte, die auch unter Satz 2 fallen und besonderer Rechtfertigung bedürfen (→ Rn. 81).

IdR werden qualitäts-, innovations-, umweltbezogene und soziale Aspekte als Leistungs- **61** und Funktionsanforderungen iSd Abs. 2 Nr. 1 formuliert, was für den öffentlichen Auftraggeber mit der Verpflichtung einhergeht, die dahinterstehenden technischen Anforderungen **hinreichend bestimmt** zu fassen (→ Rn. 38).[322] Nach der „Wienstrom-" Rechtsprechung müssen sie so gefasst sein, dass der öffentliche Auftraggeber die Angaben des Bieters im Angebot auf ihre Richtigkeit überprüfen kann.[323] Für die Europäische Kommission müssen es daher „messbare Anforderungen" sein,[324] die dem öffentlichen Auftraggeber die **Überprüfung auf Konformität** ermöglichen, die also prüffähig sind. Die „Umweltverträglichkeit" als solche wäre beispielsweise für die Europäische Kommission mangels prüfbarer Kriterien keine zulässige technische Anforderung.[325] Auch für diese Anforderungen gilt der Bestimmtheitsgrundsatz des § 121 Abs. 1 GWB uneingeschränkt.[326] Andererseits gelten für derartige hergeleitete Anforderungen auch keine strengeren Rechtfertigungserfordernisse. Insbesondere können Bieter nicht einwenden, dass sie zur Erreichung der dahinterstehenden strategischen Ziele geeignet, erforderlich, zumutbar und angemessen sein müssten.[327]

Technische Anforderungen stellen definitionsgemäß auf Merkmale oder Eigenschaften **62** von Werkstoffen, Produkten, Lieferungen oder Dienstleistungen ab, einschließlich Verpa-

---

[318] Regierungsbegründung zum VergRModG, BT-Drs. 18/6281, 68.

[319] Grundlegend die „Max Havelaar" – Rechtsprechung, vgl. EuGH 10.5.2012 – C-368/10, ECLI:EU: C:2012:284 Rn. 74 = NZBau 2012, 445 = NZBau 2012, 445 – die in Art. 42 Abs. 1 Richtlinie 2014/ 24/EU iVm. Anhang VII „kontinuitätswahrend" (Burgi NZBau 2012, 601 (602)) kodifiziert wurde; vgl. Anforderungen Glaser/Kahl ZHR 177 (2013), 643 (657); Latzel NZBau 2014, 673 (675); Baumann VergabeR 2015, 367. An älteren Entscheidungen bereits OLG Saarbrücken 13.11.2002 – 5 Verg 1/02, NZBau 2003, 625.

[320] Darauf hat Mohr EuZA 2017, 23 (24) hingewiesen.

[321] Umstritten. Wie hier Zimmermann in jurisPK-VergR, 5. Aufl. 2016, § 31 VgV Rn. 45. Für die Übertragung des Prüfungsprogramms aus Satz 2 Prieß/Simonis in KKMPP, 4. Aufl. 2017, § 31 Rn. 24.

[322] Art. 42 Abs. 3 Buchst. a) Richtlinie 2014/24/EU.

[323] EuGH 4.12.2003 – Rs. C-448/01, ECLI:EU:C:2003:651 Rn. 72 – EVN AG und Wienstrom GmbH.

[324] Europäische Kommission, Sozialorientierte Beschaffung (o. Fn. 8) 29; zu diesem Aspekt Abate KommJur 2012, 41 (42).

[325] Europäische Kommission, Geänderter Vorschlag für eine Richtlinie des europäischen Parlaments und des Rats über die Koordinierung der Verfahren zur Vergabe öffentlicher Lieferaufträge, Dienstleistungsaufträge und Bauaufträge, vom 6.5.2002, KOM(2002) 236 endgültig, 12.

[326] Zu den Anforderungen an die Energieeffizienz Gabriel/Weiner RdE 2011, 213 (214).

[327] Umstritten. Anderer Ansicht Hattenhauer/Butzert ZfBR 2017, 129 (130).

ckung, Kennzeichnung und Prüfverfahren (→ Rn. 14). Sie beziehen sich daher immer auf Merkmale von Waren oder Dienstleistungen, deren Produktions- oder Entstehungsprozesse, sowie ihre Prüfung (Konformität), Verpackung und Verwendung (→ Anlage 1 Rn. 13) und sind für die Europäische Kommission somit „zwangsläufig" **direkt mit dem Auftragsgegenstand verknüpft.**[328] Für den Richtliniengeber versteht sich der Auftragsbezug bei der „Beschreibung der Ware und ihrer Präsentation, einschließlich Anforderungen an die Verpackung".[329] Für sozial-, innovations- oder umweltschutzpolitisch motivierte technische Anforderungen oder Ausführungsbedingungen gilt nichts Anderes. Sie müssen immer einen Bezug bzw. eine Verbindung zum Auftragsgegenstand aufweisen.[330] Davon geht auch der Verordnungsgeber aus.[331] Insoweit besteht kein Unterschied zu den meisten Landesvergabegesetzen, in denen dies ausdrücklich geregelt ist.[332] In der Konstellation des Abs. 3 S. 2, in der eine derartige Verbindung nicht vornherein besteht, muss sie daher gesondert begründet werden (→ Rn. 80). Keine zulässigen technischen Spezifikationen sind für den Richtliniengeber,[333] die Europäische Kommission[334] und die üA[335] allgemeine Anforderungen an die **Führung oder die Organisation des Unternehmens** des Auftragnehmers (oder eingeschalteter Nachunternehmer/Zulieferer). Zielvorstellungen des öffentlichen Auftraggebers zu einer sozialen oder ökologischen Unternehmenskultur (zB Verwendung von Recyclingpapier im Unternehmen → Rn. 69, Anteil von Frauen, Schwerbehinderten, Migranten in den Organen des Unternehmens, Existenz von Frauenbeauftragten,[336] Förderprogrammen → Rn. 68) oder zum Anteil bestimmter Produkte am Unternehmensportfolio[337] lassen sich daher nicht mittels technischer Anforderungen durchsetzen. Derartige Anforderungen sind auch nach dem VergRModG 2016 unverändert der Regelung durch den Bundes- oder Landesgesetzgeber vorbehalten.[338]

63   Wortgleich sind §§ 28 Abs. 3 S. 1 SektVO, 15 Abs. 2 S. 1 KonzVgV. In der VOB/A-EU fehlt eine ausdrückliche Regelung; es bleibt aber bei der allgemeinen Bestimmung des § 97 Abs. 3 GWB. Entsprechendes gilt für den Verteidigungs- und Sicherheitsbereich (VSVgV, VOB-VS). Für unterschwellige Vergaben stellt § 23 Abs. 2 S. 1 UVgO eine identische Regelung für Dienstleistungs- und Lieferaufträge bereit. Die Berücksichtigung innovativer, sozialer und ökologischer Anforderungen ist zudem in den Landesvergabegesetzen in unterschiedlicher Ausprägung und Detailtiefe geregelt.[339]

---

[328] Europäische Kommission, Mitteilung über die Berücksichtigung von Umweltbelangen (o. Fn. 7), KOM(2001) 274 endgültig, 11; darauf verweist zutreffend *Ruff* in Müller-Wrede § 7 SektVO Rn. 35.
[329] Erwägungsgrund (75) Richtlinie 2014/24/EU.
[330] Europäische Kommission, Mitteilung über die Berücksichtigung von Umweltbelangen (o. Fn. 7), KOM(2001) 274 endgültig, 13; Sozialorientierte Beschaffung (o. Fn. 8) 29, 31 (unter Verweis auf Art. 53 Richtlinie 2014/18/EG); *Dageförde-Reuter* Umweltschutz durch öffentliche Auftragsvergaben 69; *Haak* NZBau 2005, 11 (17); *Frenz* NZBau 2007, 17 (20); *Diemon-Wies* VergabeR 2010, 317 (320); *Müller-Wrede* VergabeR 2012, 416 (417); Umweltbundesamt (Hrsg.), Umweltfreundliche öffentliche Beschaffung, 2015, 8; *dies.* Rechtsgutachten umweltfreundliche öffentliche Beschaffung (o. Fn. 8), 2017, 51 f.; im Ergebnis auch *Prieß/Simonis* in KKMPP, 4. Aufl. 2017, § 31 Rn. 24; *Fehns-Böer* in Müller-Wrede GWB § 97 Rn. 128.
[331] Am deutlichsten in der Begründung zur SektVO 2009 (BR-Drs. 522/09, 43/44): „(Die Auftraggeber) müssen darauf achten, dass die Verwendung von Normen oder Spezifikationen immer auf den Auftragsgegenstand bezogen ist und der Wettbewerb nicht unzulässig beschränkt wird".
[332] §§ 3 Abs. 4 BbgVergG, 18 Abs. 1 BremTVG, 11 NTVergG, 1 Abs. 3 S. 1 LTTG Rh.-Pf.; 4 ThürLVG. Eine solche ausdrückliche Einschränkung fehlt dagegen zB in § 7 BerlAVG.
[333] Erwägungsgrund (97) Richtlinie 2014/24/EU. Das geht zurück auf die Mitteilung über Berücksichtigung von Umweltbelangen (o. Fn. 7) KOM(2001) 274 endgültig, 13.
[334] Europäische Kommission, Sozialorientierte Beschaffung (o. Fn. 8) 29.
[335] Zuletzt Umweltbundesamt (Hrsg.), Rechtsgutachten umweltfreundliche öffentliche Beschaffung (o. Fn. 8), 2017, 52; *Funk/Tomerius*, KommJuR 2016, 1 (4); Voppel/Osenbrück/Bubert, 4. Aufl. 2018, § 31 Rn. 51.
[336] *Leinemann/Zoller* VN 2017, 82 (83).
[337] *Schneider* NVwZ 2009, 1057 (1059).
[338] In diesem Sinne bereits Regierungsbegründung zum VergRModG 2009, BT-Drs. 16/10117, 16.
[339] §§ 7, 8 BerlAVG; 3 Abs. 4 BdgVergG; 18 BremTVG; §§ 3a, 3b HmbVgG; 3 HVTG, 11 VgG M-V; 11–13 NTVergG; 4 Abs. 5 S. 1 LVG LSA; 17, 18 TTG S.-H.; 11, 12 STTG; 4–6 ThürVgG. Eine Auswei-

2. Aspekte der Qualität

Abs. 3 S. 1 steht im Zusammenhang mit dem Anliegen des Richtliniengebers nach einer **64** stärkeren Ausrichtung der Auftragsvergaben auf die Qualität von Waren und Dienstleistungen, einschließlich Qualitätsstandards in den technischen Spezifikationen.[340] Technische Anforderungen sind grundsätzlich als Mindestanforderungen zu verstehen (→ Rn. 20). Sie werden daher nicht qualitativ bewertet, können aber gemäß Anlage 1 Nr. 1 VgV Qualitätsanforderungen (Kriterien), auch in Form von Qualitätsstufen, umfassen.[341] Sie sind von Anforderungen an die Erfahrung, Qualifikation und Organisation des bei der Ausführung eingesetzten Personals (§§ 46 Abs. 1, 58 Abs. 2 Nr. 2 VgV) und Qualitätssicherungssystemen (§ 49 VgV) zu trennen. Der Auftraggeber kann Anforderungen an die Güte der beschafften Ware oder Dienstleistung als Mindestanforderungen formulieren, zB bei Lebensmitteln die Verarbeitungsqualität (frisches/tiefgekühltes Obst oder Gemüse).[342] Bei Qualitätsanforderungen im IT-Bereich werden üblicherweise die Merkmalsebenen Zuverlässigkeit, Effizienz, Benutzbarkeit, Änderbarkeit und Übertragbarkeit angesprochen.[343] Eine vergaberechtliche Verpflichtung des Auftraggebers auf Beschaffung qualitativ hochwertiger Waren folgt aber weder aus Abs. 3 S. 1 noch aus § 97 Abs. 3 GWB.[344]

3. Innovative Aspekte

Die Hervorhebung von Aspekten der Innovation geht auf § 97 Abs. 3 GWB und den **65** früheren § 97 Abs. 4 S. 2 GWB (mittlerweile § 128 Abs. 2 S. 3 GWB) zurück. Für den Richtliniengeber sind öffentliche Aufträge „Motor für Innovationen".[345] Die Förderung von Innovationen wurde in das GWB erstmals 2009 im Zusammenhang mit der 2006 verabschiedeten „High-Tech-Strategie" der Bundesregierung in § 97 Abs. 4 S. 2 GWB aF eingeführt und seinerzeit im Schwerpunkt bei den Ausführungsbedingungen adressiert (→ Rn. 10).[346] Das größte Innovationspotential sah der Gesetzgeber aber bei funktionalen Leistungsbeschreibungen (nunmehr § 121 Abs. 1 S. 2 1. Hs. 1. Alt. GWB) und der Zulassung von Nebenangeboten (nunmehr § 35 Abs. 1 VgV).[347]

Der Inhalt von „Innovation" ist in der VgV nicht definiert, so dass die Reichweite der **66** Vorschrift wie bei den Ausführungsbedingungen (→ § 128 Abs. 2 S. 3 GWB) Interpretationsfragen aufwirft.[348] Man kann sich ihnen über § 97 Abs. 3 GWB oder § 119 Abs. 7 GWB nähern, bei denen auf die einschlägige Definition von „Innovation" in den Vergaberichtlinien[349] zurückgegriffen wird (→ § 119 GWB Rn. 14).[350] „Innovation" ist darin definiert als die **Realisierung von neuen oder deutlich verbesserten Waren, Dienstleistungen oder Verfahren,** einschließlich Produktions-, Bau- oder Konstruktionsverfahren,

terung auf „gleichstellungspolitische, integrationspolitische und ausbildungsfördernde Aspekte" findet sich in § 3 Abs. 6 S. 2 TTG S.-H.
[340] Erwägungsgrund (90) Richtlinie 2014/24/EU; Erwägungsgrund (95) Richtlinie 2014/25/EU.
[341] Das geht zurück auf Anhang VII Nr. 1 Buchst. a) Richtlinie 2014/24/EU; ebenso Art. 36 Abs. 1 UA 2 S. 2 Richtlinie 2014/23/EU; Anhang VII Nr. 1 Buchst. b) Richtlinie 2014/25/EU.
[342] Netzwerk deutscher Biostädte (Hrsg.), Mehr Bio in Kommunen 41 f mit weiteren Beispielen, abrufbar unter https://www.biostaedte.de/images/pdf/leitfaden_V4_verlinkt.pdf (zuletzt abgerufen am 6.7.2017).
[343] Speziell zu IT-Systemen *Zoglmann* Lastenheft 39, 44.
[344] *Dobmann* Das neue Vergaberecht 47 Rn. 117.
[345] Erwägungsgrund (95) Richtlinie 2014/24/EU. Zur Entwicklung des Begriffs der „innovativen öffentlichen Beschaffung" (IÖB) *FoRMöB/BME,* Konzeption einer „innovativen öffentlichen Beschaffung" 18 f., 25 f. (abrufbar unter http://de.koinno-bmwi.de/information/publikationen/konzeption-einer-innovativen-offentlichen-beschaffung-iob, zuletzt abgerufen am 6.7.2017).
[346] *Altus/Ley/Wankmüller* Handbuch umweltfreundliche Beschaffung B4, 5.
[347] Regierungsbegründung zum VergRModG 2009, BT-Drs. 16/10117, 16.
[348] *Prohl* in Müller-Wrede GWB § 128 Rn. 29; kritisch zur fehlenden inhaltlichen Klarheit bei § 128 Abs. 2 S. 3 GWB → § 128 GWB Rn. 37 mwN.
[349] Art. 5 Nr. 13 Richtlinie 2014/23/EU; Art. 2 Nr. 22 Richtlinie 2014/24/EU, Art. 2 Nr. 18 Richtlinie 2014/25/EU.
[350] *Fehns-Böer* in Müller-Wrede GWB § 97 Rn. 89.

Vermarktungsmethoden oder Abläufen am Arbeitsplatz (zB Integration von behinderten Menschen, Migranten).[351] Das entspricht dem herkömmlichen herangezogenen Begriffsverständnis von Innovation aus dem „Oslo Manual" der OECD.[352]

Aspekte der Innovation iSv Abs. 3 S. 1 kann ein öffentlicher Auftraggeber auf der Ebene der Leistungsbeschreibung vor allem dadurch verfolgen, dass er eine funktionale Leistungsbeschreibung iSd § 121 Abs. 1 S. 2 GWB wählt,[353] technische Anforderungen mittels Leistungs- oder Funktionsanforderungen nach Abs. 2 Nr. 1 beschreibt,[354] Nebengebote nach § 35 Abs. 1 VgV zulässt und innovative Vergabeverfahren und -instrumente wählt (Verhandlungsverfahren, wettbewerblicher Dialog, Innovationspartnerschaften, PCP).[355] Die Übererfüllung von technischen Anforderungen kann mit Anreizen bei den Zuschlagskriterien, der Berücksichtigung von Lebenszykluskosten (§ 59 VgV)[356] und durch die Gestaltung der Vergütungsvereinbarung gefördert werden. Eine weitere Möglichkeit sind technische Anforderungen, die sich in der Zeitachse verschärfen und durch die idealerweise ein Zwang zur permanenten Innovation entsteht, weil sie mit herkömmlichen Verfahren und Instrumenten nicht mehr erfüllbar sind (sog. „technology forcing").[357] Abs. 3 S. 1 kann überdies die Verlagerung von **Entwicklungsrisiken** auf den Auftragnehmer legitimieren, was im Rahmen der Zumutbarkeitsprüfung von Bedeutung sein kann (→ § 121 GWB Rn. 89 f.).

4. Soziale Aspekte

67   Soziale Aspekte beziehen sich auf die Bedürfnisse benachteiligter oder ausgegrenzter Personen oder Personengruppen (die in den Landesvergabegesetzen zT aufgelistet sind).[358] Bereits vor der VergRModVO konnten sie bei der Festlegung des Auftragsgegenstandes berücksichtigt werden,[359] zB beim Einkauf einer speziellen Informatikausrüstung für Blinde,[360] der Beschaffung von Niederflurbussen[361] oder der Ausschreibung von Maßnahmen für Langzeitarbeitslose.[362] Auf Ebene der technischen Anforderungen ist der praktisch wichtigste Aspekt bereits seit dem Legislativpaket 2004 die **Zugänglichkeit für Personen mit einer Behinderung** bzw. die Konzeption für alle Nutzer (**„Design für Alle"**), → Anlage 1 Nr. 1 VgV. Wird ein Produkt, ein Gebäude, eine bauliche Anlage (zB Bahnsteig) oder sonst eine Leistung von natürlichen Personen genutzt (einschließlich Personal des Auftraggebers) ist es nach § 121 Abs. 2 GWB grundsätzlich behindertengerecht auszuschreiben (→ § 121 GWB Rn. 126).[363] **Verpflichtende Zugänglichkeitskriterien**, wie zB eine barrierefreie Homepage, sind vom Auftraggeber nach § 31 Abs. 5 VgV zwin-

---

[351] Bereits *Burgi* NZBau 2011, 577 (578).

[352] Wiedergegeben bei BMWi (Hrsg.), Impulse für mehr Innovationen im öffentlichen Beschaffungswesen 6 (abrufbar bei http://de.koinno-bmwi.de/information/publikationen/impulse-fur-mehr-innovationen-im-offentlichen-beschaffungswesen, zuletzt abgerufen am 6.7.2017) und FoRMöB/BME (o. Fn. 321) 8 f. mit der Unterscheidung zwischen Produkt-, Prozess-, Marketing- und Organisationsinnovation.

[353] Vor allem *Burgi* NZBau 2011, 577 (579 f.); *ders.* Specifications 44, 48; *ders.* NZBau 2015, 597 (600).

[354] Europäische Kommission, Umweltorientierte Beschaffung! (o. Fußn. 18), 3. Aufl. 2016, Einleitung, Kap. 3.2.3; Voppel/Osenbrück/Bubert, 4. Aufl. 2018, § 31 Rn. 51. Beispiele für derartige Beschreibungen bei *Gaus* NZBau 2013, 401 (403); BMWi (Hrsg.) Impulse für mehr Innovationen (o. Fn. 339) 321.

[355] FoRMöB/BME (o. Fn. 332) 33 f.

[356] BMWi (Hrsg.), Impulse für mehr Innovationen (o. Fn. 328) 13 f.

[357] *Burgi* NZBau 2011, 577 (581).

[358] § 3 Abs. 2 HVTG (Hessen) nennt Langzeitarbeitslose, Frauen, Menschen mit Behinderung.

[359] *Pache/Rüger* EuZW 2002, 169 (170*)*; *Egger* Europäisches Vergaberecht Rn. 1079; *Ölcum* Berücksichtigung sozialer Belange 106/107, 234; *Beckmann* in Müller-Wrede, Kompendium, 2. Aufl. 2013, 15 Rn. 9; *Ziekow* DÖV 2015, 897 (899).

[360] Europäische Kommission, Mitteilung über die Auslegung des gemeinschaftlichen Vergaberechts und die Möglichkeiten zur Berücksichtigung sozialer Belange bei der Vergabe öffentlicher Aufträge, vom 15.10.2001, KOM(2001), 566 endgültig, 7.

[361] EuGH 17.9.2002 – Rs. C-513/99, ECLI:EU:C:2002:495 – Corcordia Bus Finnland; zu diesem Aspekt *Fischer* EuZW 2004, 492 (493).

[362] *Latzel* NZBau 2014, 673 (675).

[363] Art. 42 Abs. 1 UA 3 AVR iVm Erwägungsgründe (76), (99).

gend umzusetzen (→ Rn. 90). Technische Anforderungen können sich daneben auf **Arbeitsschutzmaßnahmen** beziehen, zB Maßgaben zur Verhütung von Arbeitsunfällen, zur Lagerung gefährlicher Stoffe usw., oder auf die besonderen Bedarfe der Nutzer, zB Zubereitung von Speisen nach bestimmten Methoden.[364] Abs. 3 S. 2 lässt überdies technische Anforderungen an den spezifischen Prozess der Herstellung eines Produkts oder einer Dienstleistung zu (→ Rn. 74).

Soziale Aspekte, die sich nicht in der beschafften Ware oder Dienstleistung oder dem **68** Prozess oder spezifischen Methode seiner Herstellung oder Beschaffung manifestieren (Abs. 3 S. 2), sondern sich auf die **soziale Situation und Arbeitsbedingungen** der zur Auftragsausführung eingesetzten Arbeitnehmer beziehen, können öffentliche Auftraggeber allenfalls in die Ausführungsbedingungen oder in die Zuschlagskriterien aufnehmen.[365] Das gilt für die Zahlung von **Mindest- oder Tariflöhnen** für das bei der Auftragsausführung eingesetzte Personal (Tariftreuverlangen, Mindestlöhne)[366] oder die Vorgabe einer bestimmten (Mindest-)**Quote von Auszubildenden, Behinderten, Frauen, Langzeitarbeitslosen** oder **Migranten** bei der Auftragsausführung.[367] Abs. 3 S. 1 ändert daher nichts daran, dass soziale Belange in der Leistungsbeschreibung im Schwerpunkt mittels Ausführungsbedingungen iSv § 128 Abs. 2 GWB/§ 61 VgV umzusetzen sind und der Zusammenhang zum konkreten Auftragsgegenstand schwieriger nachzuweisen ist, als bei umwelt- und innovationsbezogenen Aspekten.[368] Das gilt insbesondere für die Einhaltung der ILO-Kernarbeitsnormen (→ Rn. 74). Die Leistungsbeschreibung kann ferner **Kalkulationsvorgaben** für die Entlohnung von auftragsausführenden Mitarbeitern enthalten (zB Kalkulation mit dem Tariflohn als Mindeststundenverrechnungssatz).[369] Negative Herkunfts- oder Produktionsvorgaben, die mit der Nichteinhaltung von Sozialstandards in bestimmten Ländern begründet werden (zB „keine Produkte aus dem Staat X"), unterliegen den besonderen Rechtfertigungsanforderungen des Abs. 6 S. 1 (→ Rn. 103).

5. Umweltbezogene Aspekte

Umwelteigenschaften sind in Anlage 1 Nr. 1 beispielhaft aufgeführt und können als **69** technische Anforderungen aufgestellt werden, sofern ein Zusammenhang zum Auftragsgegenstand besteht.[370] Sie konnten schon nach bisher üA über das **gesetzlich verbindliche Umweltschutzniveau** hinausgehen, soweit nicht der Marktzugang behindert wird oder potenzielle Bieter diskriminiert werden.[371] Das folgt seit der VergRModVO unmittelbar aus Abs. 1. Der Leistungsbeschreibung als erster Verfahrensstufe des Vergabeverfahrens wird für

---

[364] Europäische Kommission, Sozialorientierte Beschaffung (o. Fn. 8) 29, 33.

[365] Europäische Kommission, Sozialorientierte Beschaffung (o. Fn. 8) 32 f.; *Egger* Europäisches Vergaberecht Rn. 1080; *Steiff* VergabeR 2009, 290 (294, 298 f.); *Abate* KommJur 2012, 41 (44); *Müller-Wrede* VergabeR 2012, 416 (423); *Glaser/Kahl* ZHR 177 (2013), 643 (657); *Traupel* in Müller-Wrede, Kompendium, 2. Aufl. 2013, 14 Rn. 43, 45; *Latzel* NZBau 2014, 673 (675); *Ziekow* DÖV 2015, 897 (899, 902); *Germelmann* GewArch 2016, 100 (104). Weitergehend aber *Krönke* VergabeR 2017, 101 (107 f), der aber die Sonderregelung des Abs. 3 S. 2 verallgemeinert.

[366] OLG Düsseldorf 5.5.2008 – Verg 5/08, NZBau 2009, 269 (270) – Wachdienst; OLG Köln 21.12.2016 – 17 U 42/15, IBRRS 2017, 1730 – Mindestlohn; *Mohr* EuZA 2017, 23 (33). Anders, aber nicht überzeugend VK Bund 3.5.2017 – VK 2–37/17, IBRRS 2017, 1928 (→ Fn. 411).

[367] Erwägungsgrund (33) Richtlinie 2004/18/EG; Europäische Kommission, Sozialorientierte Beschaffung (o. Fn. 8) 44; *Opitz* VergabeR 2004, 421 (425); *Ziekow* DÖV 2015, 897 (899, 902); *Leinemann/Zoller* VN 2017, 82 (83).

[368] Bereits *Egger* Europäisches Vergaberecht Rn. 1236; zur Neuregelung *Dobmann* Das neue Vergaberecht 41/42 Rn. 92, 96; *Mohr* EuZA 2017, 23 (33); *Hattenhauer/Butzert* ZfBR 2017, 129 (131). Umstritten. Für ein großzügigeres Verständnis des Zusammenhangs zuletzt *Krönke* VergabeR 2017, 101 (107 f) unter Verweis auf Abs. 3 S. 2.

[369] OLG Düsseldorf 14.11.2012 – VII-Verg 42/12, BeckRS 2013, 02327; VK Rheinland-Pfalz 30.4.2014 – VK 1–3/14, BeckRS 2015, 15352; VK Sachsen-Anhalt 6.10.2015 – 1 VK LSA 12/15, BeckRS 2016, 05191.

[370] OLG Saarbrücken 13.11.2002 – 5 Verg 1/02, NZBau 2003, 625.

[371] *Beckmann* NZBau 2004, 600 (601).

die Verfolgung von Umweltschutzzielen eine zentrale Bedeutung beigemessen,[372] was auch in Verwaltungsvorschriften zum Ausdruck kommt, die diese Phase zum „Dreh- und Angelpunkt" für die Beschaffung ökologischer Produkte erklären.[373]

Insbesondere bei folgenden umweltbezogenen Aspekten ist der Zusammenhang zum Auftragsgegenstand idR unproblematisch:

– Antriebsart (zB Elektrofahrzeug);[374]
– Niedriger Energieverbrauch in der Betriebsphase und im Stand-by (zB Energiesparlampen,[375] Energieeffizienz von Servern,[376] Energieverbrauch je km, § 68 Abs. 1 Nr. 1 VgV); Gebäude mit niedrigem Energieverbrauch;
– Energieeffizienteste Systemlösung;
– Emissionsgrenzwerte (zB CO_2-Emissionen bei Kfz-Beschaffungen, § 68 Abs. 1 Nr. 2 VgV,[377] geringe Geräuschemissionen);
– (Mindest-) Lebensdauer (zB Refillprodukte),[378] Ersatzteilversorgung, Reparaturfreundlichkeit, Update-Fähigkeit;
– Material und Inhaltsstoffe eines Produktes (zB Holz);[379]
– Reinigung mit umweltverträglichen Reinigungsmitteln; Verwendung umweltverträglicher Stoffe und Bauteile (mit schneller biologischer Abbaubarkeit von Hilfsstoffen);[380]
– Ressourcenschonender Materialeinsatz (zB Recyclingpapier).[381]

Ein funktionaler Zusammenhang zum Auftragsgegenstand besteht nach der „Max Havelaar" – Rechtsprechung auch dann, wenn eine vom Auftraggeber bevorzugte Herkunft und Produktionsmethode sich nicht in messbaren Eigenschaften des Produkts auswirkt.[382] Zulässig waren daher schon vor Einführung des Abs. 3 S. 2 Vorgaben an die Gewinnung (Ursprung) eines Produkts, zB **„Strom aus erneuerbaren Energiequellen",**[383] **„Holz aus legaler und nachhaltiger Waldbewirtschaftung",**[384] **„Papier aus Recyclingmaterial",**[385] **„Textilien ohne gesundheits- oder umweltschädliche Stoffe"** oder **„Le-**

---

[372] *Burgi* Specifications 54 („(...) the most important stage of the procurement procedure to integrate secondary criteria");*Altus/Ley/Wankmüller* Handbuch umweltfreundliche Beschaffung B8, 3.

[373] Ziff. 2.2 Leitlinien für die Beschaffung energieeffizienter Produkte und Dienstleistungen, Anlage zur AVV-EnEff (Stand: 24.1.2017); zustimmend dazu *Steiff* VergabeR 2009, 290 (294).

[374] *Diemon-Wies/Graiche* NZBau 2009, 409 (410).

[375] *Opitz* VergabeR 2004, 421 (423).

[376] Umweltbundesamt (Hsrg.), Leitfaden zur umweltfreundlichen Beschaffung. Produkte und Dienstleistungen für Rechenzentren und Server (abrufbar unter https://www.umweltbundesamt.de – zuletzt abgerufen am 14.2.2018), 13f.

[377] Europäische Kommission, Umweltfreundliche Beschaffung! (o. Fn. 8), 3. Aufl. 2016, Kap. 7.3.1; Regierungsbegründung zum VergRModG 2009, BT-Drs. 16/10117, 16.

[378] *Altus/Ley/Wankmüller* Handbuch umweltfreundliche Beschaffung B 8, 4.

[379] Umweltbundesamt (Hrsg.), Grundlagen der umweltfreundlichen Beschaffung (o. Fn. 45), 2016, 32; *Funk/Tomerius,* KommJuR 2016, 1 (3).

[380] Ziff. 0.2.11 ATV DIN 18299.

[381] Bereits Regierungsbegründung zum VergRModG 2009, BT-Drs. 16/10117, 16; aus der Literatur *Fischer* EuZW 2004, 492 (493); *Steiff* VergabeR 2009, 290 (294). Das wird oft als Fall der Festlegung des Auftragsgegenstandes genannt, etwa *Altus/Ley/Wankmüller* Teil A, 9; *Huber/Wollenschläger* WiVerw 2005, 212 (218); *Funk/Tomerius,* KommJuR 2016, 1 (2).

[382] EuGH 10.5.2012 – C-368/10, ECLI:EU:C:2012:284 Rn. 61ff. = NZBau 2012, 445 – EKO und MAX HAVELAAR.

[383] EuGH 10.5.2012 – C-368/10, ECLI:EU:C:2012:284 Rn. 73ff. = NZBau 2012, 445 – EKO und MAX HAVELAAR; bereits zuvor ganz üA, vgl. Europäische Kommission, Interpretierende Mitteilung zu Umweltlangen (o. Fn. 8) 13; *Dagefförde-Reuter* NZBau 2002, 597 (599); *Fischer/Barth* NVwZ 2002, 1184 (1185); *Opitz* VergabeR 2004, 421 (422); *Ruff* in Müller-Wrede SektVO § 7 Rn. 117; *Wegener/Hahn* NZBau 2012, 684 (686); *Traupel* in Müller-Wrede, Kompendium, 2. Aufl. 2013, 14 Rn. 44. Dieser Fall wurde vor der „Max Havelaar"-Entscheidung zT als Bedarfsdefinition verstanden, etwa *Dagefförde-Reuter* Umweltschutz durch öffentliche Auftragsvergabe 90, 137f.; aus jüngerer Zeit *Dobmann* Das neue Vergaberecht 37 Rn. 70.

[384] BMWi u. a., Gemeinsamer Erlass zur Beschaffung von Holzprodukten, vom 17.1.2007 (GMBl. 2007, 67f.); *Jasper/Seidel* KommJur 2009, 56; *Steiff* VergabeR 2009, 290 (294); *Prieß/Stein* NZBau 2014, 323 (326); *Altus/Ley/Wankmüller* Handbuch umweltfreundliche Beschaffung B 11; anderer Ansicht (keine zulässige Spezifikation) *Krohn* Öffentliche Auftragsvergabe und Umweltschutz 202.

[385] Regierungsbegründung zum VergRModG, BT-Drs. 16/10117, 16.

bensmittel aus biologisch-organischem Anbau".[386] Unzulässig wären technische Anforderungen an eine ökologisch ausgerichtete Unternehmensorganisation (→ Rn. 62), etwa durch Verwendung von Recyclingpapier in allen Büros des Auftragnehmers, den Verzicht auf Einweggeschirr in der Kantine oder die Umsetzung bestimmter Abfallentsorgungsmethoden.[387] Bei entsprechendem Auftragsbezug lässt sich die Anwendung zertifizierter Umweltmanagementmaßnahmen im Unternehmen (EMAS, ISO 14001),[388] Schulung von Mitarbeitern über Umweltauswirkungen u. ä. als Bedingung für die Auftragsausführung iSv § 128 Abs. 2 GWB/§ 61 VgV ausgestalten.

Nach Anlage 1 Nr. 1 sind **„Umweltleistungsstufen"** eine zulässige technische Anforderung.[389] Damit sind insbesondere Energieeffizienzkriterien gemeint, die die Europäische Kommission auf Grundlage der Öko-Design-Richtlinie 2009/125/EG[390] im Wege der sog. **Ökodesign-Verordnungen** festgelegt hat (zB zur Stromaufnahme von PCs, Druckern oder Computermonitoren).[391] 70

Auftraggeber haben nach § 67 Abs. 2 VgV, § 8c EU Abs. 2 VOB/A, § 58 SektVO grundsätzlich das Produkt mit dem **„höchsten Leistungsniveau an Energieeffizienz",** dh dem niedrigsten auf dem Markt verfügbaren Energieverbrauch im Verhältnis zur Leistung, zu beschaffen (→ Rn. 58), und – sofern eingeführt – Produkte der **höchsten Energieeffizienzklasse** (zB Klasse „A" oder „A+"). Dienststellen des Bundes sind durch die AVV-EnEff[392] generell gehalten, bei der Erstellung der Leistungsbeschreibung den **Energieverbrauch in der Nutzungsphase** und den **Aspekt der energieeffizientesten Systemlösung** zu prüfen und dabei die Anforderungen der Energieverbrauchskennzeichnung,[393] des Energieverbrauchsrelevante-Produktegesetzes,[394] des Europäischen Umweltzeichens, des Umweltzeichens Blauer Engel (oder eines gleichwertigen Zeichens), des Energie-Star (oder vergleichbarer Energie- und Umweltzeichen) und des Maßnahmenprogramms Nachhaltigkeit der Bundesregierung vom 30. März 2015 zu berücksichtigen. In den Vergabeunterlagen sind von den Bietern **konkrete Angaben** zum Energieverbrauch zu fordern, es sei denn die auf dem Markt angebotenen Waren, technischen Geräte oder Ausrüstungen unterscheiden sich nur geringfügig (§ 67 Abs. 3 Nr. 1 VgV, § 8c EU Abs. 3 Nr. 1 VOB/A).[395] In geeigneten Fällen kann der Auftraggeber eine **Analyse minimierter Lebenszykluskosten** oder auf Basis einer vergleichbaren Methode verlangen (§ 67 Abs. 3 Nr. 2 VgV, § 8c EU Abs. 3 Nr. 2 VOB/A). 71

Das VHB[396] bestimmt ergänzend.

„4.2.8 Es ist festzustellen, ob energieverbrauchende Waren, technische Geräte oder Ausrüstungen wesentlicher Bestandteil der Bauleistung sind. Davon ist insbesondere auszugehen, wenn ihr Anteil im Verhältnis zu den geschätzten Gesamtkosten des Fachloses (Ge-

---

[386] Europäische Kommission, Umweltfreundliche Beschaffung! (o. Fn. 8), 3. Auf. 2016, Kap. 7.2; *Fischer/Barth* NVwZ 2002, 1184 (1185); *Schäfer* FS Marx 657 (663); Umweltbundesamt (Hrsg.) Grundlagen der umweltfreundlichen Beschaffung (o. Fn. 45), 2016, 16; *Funk/Tomerius*, KommJuR 2016, 1 (3).

[387] Europäische Kommission, Interpretierende Mitteilung zu Umweltlangen (o. Fn. 8) 13; *Wegener* NZBau 2010, 273 (276), *Dageförde* Umweltschutz im öffentlichen Vergabeverfahren Rn. 163.

[388] § 9 Abs. 2 LVG LSA, dazu *Heyne* LKV 2013, 158.

[389] Das geht zurück auf Anhang VII Nr. 1 Buchst. a) Richtlinie 2014/24/EU (bzw. die Vorgängerrichtlinie → Rn. 10); ebenso Art. 36 Abs. 1 UA 2 S. 2 Richtlinie 2014/23/EU; Anhang VII Nr. 1 Buchst. b) Richtlinie 2014/24/EU.

[390] Richtlinie 2009/125/EG des Europäischen Parlaments und des Rates vom 21.10.2007 zur Schaffung eines Rahmens für die Festlegung von Anforderungen an die umweltgerechte Gestaltung energieverbrauchsrelevanter Produkte, ABl. L 285/10.

[391] *Dageförde* Umweltschutz im öffentlichen Vergabeverfahren Rn. 161.

[392] Art. 2 Abs. 1 Allgemeine Verwaltungsvorschrift zur Beschaffung energieeffizienter Produkte und Dienstleistungen (AVV-EnEff) vom 18.1.2017 (BAnz AT 24.1.2017 B1).

[393] Richtlinie 2010/20/EU des Europäischen Parlaments und des Rates vom 19.5.2010 über die Angabe des Verbrauchs an Energie und anderen Ressourcen durch energieverbrauchsrelevante Produkte mittels einheitlicher Etiketten und Produktinformationen (ABl. L 153/1 vom 18.6.2010).

[394] Vom 27.2.2008 (BGBl. I S. 258).

[395] Bisher § 6 Abs. 2 VgV aF.

[396] VHB 2017, Allgemeine Richtlinien Vergabeverfahren, Formblatt 100.

werkes) 10% überschreitet. In diesem Fall ist die höchste Energieeffizienzklasse im Sinne der Energieverbrauchskennzeichnungsverordnung festzulegen. Ist keine Energieeffizienzklasse definiert, ist das höchste Energieeffizienzniveau für solche Produkte zu fordern, die unter Berücksichtigung von Funktionalität, technischer Eignung, wirtschaftlicher Durchführbarkeit und ausreichendem Wettbewerb beschafft werden sollen.

Sind über die ausgewiesenen Mindestanforderungen hinaus nicht nur geringfügige Unterschiede im Energieverbrauch (> 10% zur Mindestanforderung) zu erwarten, sind zur Wertung des in diesem Fall aufzunehmenden Wertungskriteriums „Energieeffizienz", konkrete Angaben zum Energieverbrauch abzufragen, entsprechende Nachweise und in geeigneten Fällen eine minimierte Lebenszykluskostenberechnung zu fordern."

72   Der Umgang mit derartigen technischen Anforderungen kann mittels Gütezeichen erleichtert werden, indem festgelegt wird, dass bei Leistungen, die mit einem Gütezeichen (zB „natureplus", „Blauer Engel") ausgestattet sind, **die Vermutung gilt,** dass sie den in der Leistungsbeschreibung festgelegten Umweltanforderungen entsprechen (→ § 34 Rn. 10).

III. Merkmale des Herstellungs-/Leistungserbringungsprozesses (Abs. 3 S. 2)

1. Allgemeines

73   Abs. 3 S. 2 lässt in Umsetzung von Art. 42 Abs. 1 UA 2 AVR[397] die Bezugnahme auf Produktionsprozesse und -methoden zu, auch wenn diese nicht in materiellen Eigenschaften der Ware oder der Dienstleistung zum Ausdruck kommen. Die Vorschrift hat eine bestätigende Funktion, soweit sie die „Wienstrom" und die „Max-Havelaar"-Rechtsprechung umsetzt, auf deren Grundlage schon bislang soziale und ökologische Vorgaben an Herstellungs- und Verarbeitungsprozesse möglich waren (→ Rn. 10). Für die Bereich der Zuschlagskriterien hat der EuGH in der **„Wienstrom"-Entscheidung** festgestellt, dass die Umweltfreundlichkeit von Herstellungsverfahren berücksichtigt werden kann, wenn diese dazu beitragen, das beschaffte Produkt zu charakterisieren, unabhängig davon, ob es sich um sichtbare oder unsichtbare Charakteristika handelt.[398] Seit dem Legislativpaket 2004 sind Umwelteigenschaften und Herstellungsverfahren im jeweiligen Anhang TS der Vergaberichtlinien als technische Spezifikationen aufgeführt.[399] Auftraggeber konnten schon vor der VergRModVO auf **umweltfreundliche Vorprodukte** und **Produktionsweisen** abstellen,[400] zB durch die Beschaffung von „Strom aus erneuerbaren Energiequellen", von Holz „aus legaler und nachhaltiger Waldbewirtschaftung", von Papier „aus Recyclingmaterial" oder von Lebensmitteln „aus biologisch-organischem Anbau" (→ Rn. 69). Haushaltsrechtlich spricht nichts Grundsätzliches dagegen, dass derartige Vorgaben die Beschaffung verteuern, da für Wirtschaftlichkeitsbetrachtung auf die Lebenszykluskosten iSd § 59 VgV abgestellt werden kann, und die Erwartung genügt, dass es trotz hoher Anschaffungskosten insgesamt nicht zu geringeren Kosten kommt.[401]

---

[397] Entspricht Artt. 36 Abs. 1 UA 2 Richtlinie 2014/23/EU; 60 Abs. 1 UA 2 Richtlinie 2014/25/EU.

[398] EuGH 4.12.2003 – Rs. C-448/01, ECLI:EU:C:2003:651 – EVN AG und Wienstrom GmbH; bereits Europäische Kommission, Interpretierende Mitteilung zu Umweltbelangen (o. Fn. 8) 12; *Egger* Europäisches Vergaberecht Rn. 1077; Umweltbundesamt (Hrsg.) Umweltfreundliche öffentliche Beschaffung, 2015, 8; *dies.* Rechtsgutachten umweltfreundliche öffentliche Beschaffung (o. Fn. 8), 2017, 52; *Funk/Tomerius,* KommJuR 2016, 1 (3).

[399] Dazu *Opitz* VergabeR 2004, 421 (423).

[400] Art. 23 Abs. 3 Buchst. b) Richtlinie 2004/18/EG iVm Erwägungsgrund (29). Zur klarstellenden Funktion → Rn. 10.

[401] Gutachten Nr. 2/07 des Wissenschaftlichen Beirats beim BMWi „Öffentliches Beschaffungswesen" vom 12.5.2007, 12 Rn. 32 (abrufbar unter https://www.bmwi.de/Redaktion/DE/Publikationen/Ministerium/Veroeffentlichung-Wissenschaftlicher-Beirat/gutachten-2-2007-oeffentliche-beschaffung.pdf?__blob=publicationFile&v=2, zuletzt abgerufen am 6.7.2017).

Umstritten waren bislang soziale Vorgaben unter Bezugnahme auf die ILO-Kernarbeitsnormen, zB „Textilien aus rechtmäßiger, humaner und ethischer Produktion" oder Pflaste-
rung mittels Steinen, die unter Einhaltung der **ILO-Kernarbeitsnormen** (dh ohne Einsatz von Kinderarbeit) gewonnen sind.[402] Für derartige Vorgaben ist Abs. 3 S. 2 eine
klarstellende Regelung[403] und normiert für sie das schon bislang praktizierte Prüfungsprogramm (→ Rn. 60), zuzüglich einer Verhältnismäßigkeitsprüfung.[404]

Die Vorschrift erweitert die Festsetzungsmöglichkeiten in der Leistungsbeschreibung zu- **74**
dem in drei Hinsichten: Zum einen können in die Leistungsbeschreibung Anforderungen
aufgenommen werden, die sich auf den **Erwerb der Ware bzw. Dienstleistung** durch
den Auftragnehmer beziehen (zB **Erwerb aus „fairem Handel"**). Das war nach früherem Recht nur mittels Bedingungen für die Auftragsausführung (§ 128 Abs. 2 GWB) möglich, da derartige Festlegungen nach der **„Max-Havelaar"**-Rechtsprechung nicht zu den
technischen Spezifikationen zu zählen sind, da sie sich nicht auf die Merkmale des Erzeugnisses bzw. der Dienstleistung, ihre Produktionsprozesse und -methoden, die Verpackung
oder die Verwendung beziehen (→ Anlage 1 Rn. 15).[405] Im speziellen geht es dem Verordnungsgeber um die Vorgabe der „Einhaltung der ILO-Kernarbeitsnormen entlang der Pro-
duktionskette",[406] was bis zur VergRModVO ebenfalls nur mittels Ausführungsbedingungen möglich war.[407] Dort liegt – entsprechend den meisten Landesvergabegesetzen[408] –
auch nach der Neuregelung der Schwerpunkt.

Durch den **weiten Begriff des Lebenszyklus** in Art. 2 Abs. 1 Nr. 20 AVR (einschließlich Handel und Beschaffung von Rohstoffen) ergeben zudem neue Möglichkeiten
für sozial- und umweltspezifische Vorgaben.[409] Danach umfasst „Lebenszyklus"

„alle aufeinander folgenden und/oder miteinander verbundenen Stadien, einschließlich
der durchzuführenden Forschung und Entwicklung, der Produktion, des Handels und der
damit verbundenen Bedingungen, des Transports, der Nutzung und Wartung, während der
Lebensdauer einer Ware oder eines Bauwerks oder während der Erbringung einer Dienstleistung, angefangen von der Beschaffung der Rohstoffe oder Erzeugung von Ressourcen
bis hin zu Entsorgung, Aufräumarbeiten und Beendigung der Dienstleistung oder Nutzung".

Bereits die Gesetzesbegründung zum GWB stellte eine Umsetzung von Art. 42 Abs. 1 **75**
UA 2 AVR in der Vergabeverordnung in Aussicht.[410] Das ist regelungstechnisch konse-
quent, weil die Vergaberichtlinien davon ausgehen, dass viele dieser Punkte vorzugsweise
über Gütezeichen abgefragt werden (bei Holzprodukten zB durch Vorlage eines FSC- oder
PEFC-Zertifikats) und auch die Gütezeichen im Verordnungsrecht geregelt sind (→ § 34
VgV).

---

[402] Von der Zulässigkeit derartiger Vorgaben ging bereits der Gesetzgeber des VergModG 2009, vgl. BT-
Drs. 16/10117, 16.

[403] *Ziekow* DÖV 2015, 897 (894).

[404] Begründung des Gesetzentwurfs der Bundesregierung BR-Drs. 367/15, 117 (= BT-Drs. 18/6281,
97); Begründung der VergRModVO, BR-Drs. 87/16, 184. Zum Inhalt der ILO-Kernarbeitsnormen *Summa* VergabeR 2016, 147 (148 f.).

[405] *Siegel* VergabeR 2013, 370 (372).

[406] Begründung der VergRModVO, BR-Drs. 87/16, 185.

[407] OLG Düsseldorf 29.1.2014 – VII-Verg 28/13, NZBau 2014, 314 – Interferon beta -1b; 25.6.2014 –
VII-Verg 39/13, ZfBR 2014, 815 – ILO-Kernarbeitsnormen II; Deutscher Städtetag (Hrsg.) Die Berücksichtigung sozialer Belange im Vergaberecht, 2009, 16 (abrufbar unter http://www.staedtetag.de/
publikationen/materialien/058228/index.html); *Reichling/Scheumann* GewArch 2016, 332 (338). Überblick
zu den Regelungen in den Landesvergabegesetzen bei *Sack/Schulten/Sarter/Böhlke* Öffentliche Auftragsvergabe 53 f.

[408] §§ 8 Abs. 2 BerlAVG; 12 Abs. 1 S. 2, 13 NTVergG; 12 Abs. 2 LVG LSA; 7 Abs. 2 ThürVgG. Weitergehend aber zB §§ 2a LTTG Rh.-Pf, 11 STTG wonach nur ILO-konforme Waren beschafft werden
sollen.

[409] Umweltbundesamt (Hrsg.), Rechtsgutachten – Umweltfreundliche öffentliche Beschaffung, 2014,
76 f.

[410] Begründung des Gesetzentwurfs der Bundesregierung BR-Drs. 367/15, 117 (= BT-Drs. 18/6281,
97).

76   Wortgleich sind §§ 28 Abs. 3 S. 2 SektVO, 15 Abs. 2 S. 2 KonzVgV, 7a EU Abs. Nr. 2 VOB/A. Die VSVgV und die VOB/A-VS enthalten keine vergleichbare Bestimmung (da sie von der Richtlinie 2009/81/EG nicht vorgegeben ist).

2. Voraussetzungen

77   **a) Merkmale des Herstellungs-/Produktionsprozesses.** Die gestellten Anforderungen können sich auf sämtliche Phasen des Lebenszyklus beziehen, dh auch die Rohstoffgewinnungs-, Verarbeitungs-, Verpackungs-, Einsatz- oder Entsorgungsphase.[411] Sie müssen so umschrieben sein, dass im Rahmen der Prüfung des Angebots festgestellt werden kann, **ob die betreffenden Merkmale vorliegen** und ggfs. eine Nachweisführung (zB über ein Gütezeichen) möglich ist. Es ist nicht erforderlich, dass sie sich in **äußerlich sichtbaren Charakteristika** der Ware oder der Dienstleistung manifestieren. Es muss sich also nicht um technische Anforderungen iSd Anlage 1 Nr. 1 VgV handeln. Es reicht aus, wenn sie bei Herstellung, Transport, Lagerung oder Entsorgung der Ware relevant werden.[412] Nach der Neuregelung können sich die Anforderungen sogar auf zu liefernde Waren beziehen, die bereits produziert sind und beim Hersteller auf Lager liegen.[413] Zulässig sind nach Erwägungsgrund (97) zur Richtlinie 2014/24/EU zB als umweltbezogene Anforderungen:

„dass zur Herstellung der beschafften Waren keine giftigen Chemikalien verwendet wurden oder dass die erworbenen Dienstleistungen unter Zuhilfenahme energieeffizienter Maschinen bereitgestellt wurden….Kriterien und Bedingungen bezüglich des Handels können“.

Des Weiteren kann man folgende (Mindest-)Anforderungen unter Abs. 3 S. 2 fassen:
– Dienstleistungen wurden „unter Zuhilfenahme energieeffizienter Maschinen" bereitgestellt;[414]
– „Fisch und andere Meeresprodukte stammen zu 100 Prozent (des Gewichtes/des monetären Wareneinsatzes) bezogen auf den Gesamteinsatz an Fischprodukten aus nachhaltigem Fischfang oder wurden mit nachhaltigen Methoden produziert";[415]
– Beschaffung von Holzprodukten aus nachweislich legaler und nachhaltiger Waldbewirtschaftung (→ Rn. 73) Ausschluss von Tropenholz aus „nicht nachhaltiger Bewirtschaftung"[416] oder sogar vollständiger Ausschluss;[417]
– Kopierpapier muss „zu 100% aus Recyclingmaterial bestehen" (→ Rn. 69);[418]
– „Lebensmittel aus ökologischem Landbau";
– „Strom aus erneuerbaren Energiequellen", „Ökostrom" (→ Rn. 69);[419]
– Textilien dürfen „keine gesundheits- oder umweltschädlichen Stoffe enthalten" (→ Rn. 69).

Das Verbot des Verweises auf **bestimmte Ursprünge-, Produktions- oder Herstellungsverfahren** aus Abs. 6 S. 1 gilt auch hier,[420] so dass zB nicht „Strom aus Nordsee-

---

[411] Europäische Kommission, Umweltfreundliche Beschaffung! (o. Fn. 8), 3. Auf. 2016, Kap. 3.

[412] *Franke/Kaiser* in FKZGM, 6. Aufl. 2017, § 7a EU VOB/A Rn. 11.

[413] Das war bislang umstritten. Ablehnend zur früheren Rechtslage *Dageförde* Umweltschutz im öffentlichen Vergabeverfahren Rn. 164.

[414] Erwägungsgrund (97) Richtlinie 2014/24/EU.

[415] Netzwerk deutscher Biostädte (Hrsg.) Mehr Bio in Kommunen (o. Fn. 318) 45.

[416] Umweltbundesamt (Hrsg.), Rechtsgutachten – Umweltfreundliche öffentliche Beschaffung, 2014, 36.

[417] *Wegener* NZBau 2010, 273 (275).

[418] Europäische Kommission, Umweltorientierte Beschaffung! (o. Fn. 18), 3. Aufl. 2016, Einleitung, Kap. 3.3.1.

[419] Ziff. 2.2.3 der Leitlinien für die Beschaffung energieeffizienter Produkte und Dienstleistungen (Anlage zur AVV-EnEff (o. Fn. 367), Umweltbundesamt (Hrsg.), Rechtsgutachten umweltfreundliche öffentliche Beschaffung (o. Fn. 8), 2017, 49; zu den Definitionsanforderungen an den Auftragsgegenstand „Ökostrom" zuletzt dies. (Hrsg.), Beschaffung von Ökostrom, 3. Aufl. 2016, 38f. (abrufbar unter http://www.umweltbundesamt.de/sites/default/files/medien/1410/publikationen/2017-03-17_broschuere_leitfaden-oekostrom-ausschreibung.pdf, zuletzt abgerufen am 6.7.2017).

[420] *Egger* Europäisches Vergaberecht Rn. 1078.

Windparks" oder „Stahl aus amerikanischer Produktion" beschafft werden kann. Gleiches gilt für Beschränkungen auf ortsansässige Bieter, zB bei Kriterien wie „Natursteinpflaster aus der Region",[421] die nur auf die Herkunft, aber nicht auf gewünschte Produkteigenschaften verweisen (→ Rn. 24).

Schwieriger ist es bei sozialen Kriterien, deren Einhaltung durch den Bieter nur eingeschränkt nachgeprüft werden kann. Die Landesvergabegesetze verlangen zT, dass der Auftrag nur mit Waren durchgeführt wird, die unter Beachtung der **Kernarbeitsnormen der Internationalen Arbeitsorganisation** (ILO) gewonnen oder hergestellt sind.[422] Das betrifft in der Praxis vor allem die Vorgabe, dass Sportbekleidung, Spielwaren, Teppiche, Textilien, Natursteine[423] oder Agrarprodukte (Kaffee, Tee, Kakao, Schokolade) unter Einhaltung der „Kernarbeitsnormen der Internationalen Arbeitsorganisation (ILO-Übereinkommen Nr. 29, Nr. 87, Nr. 100, Nr. 105, Nr. 111, Nr. 138 und Nr. 182)" produziert sein müssen,[424] nicht aus „ausbeuterischer Kinderarbeit" stammen dürfen[425] oder Textilien aus „rechtmäßiger, humaner und ethischer Produktion" stammen.[426] Erwägungsgrund (97) zur Richtlinie 2014/24/EU nennt weiterhin: **78**

„Kriterien und Bedingungen bezüglich des Handels und der damit verbundenen Bedingungen können sich beispielsweise darauf beziehen, dass die betreffende Ware aus dem fairen Handel stammt, was auch das Erfordernis einschließen kann, Erzeugern einen Mindestpreis und einen Preisaufschlag zu zahlen".

Verhältnismäßig isd § 97 Abs. 1 S. 2 GWB und des § 31 Abs. 3 S. 2 VgV sind solche Vorgaben nur dann, wenn sie vom Auftraggeber tatsächlich auf ihre Einhaltung kontrolliert werden können oder eine Kontrolle durch ein Zertifizierungssystem mittels Gütezeichen (zB „Fairtrade", „GEPA") gewährleistet ist.[427] Das ist derzeit nicht bei allen Produkten der Fall (zB nicht bei Grabsteinen).[428] Eigenerklärungen zu Umständen, deren Wahrheitsgehalt die Bieter selbst nicht überprüfen können, sind kein geeignetes Mittel für den Konformitätsnachweis. Die geforderten Nachweise dürfen nicht diskriminierend sein, zB indem auf den Ursprung der Waren aus einem EU-Mitgliedsstaat abgestellt wird, der sich auf die Einhaltung von ILO-Kernarbeitsnormen verpflichtet hat.[429]

Nicht zulässig, weil nicht mit Abs. 1 vereinbar, wäre der Verweis auf einen Produktionsprozess, der **urheberrechtlich geschützt** ist oder nur Auftragnehmern eines bestimmten Mitgliedsstaates technisch zugänglich ist.[430] Sofern der Auftraggeber **eine bestimmte Technologie** (zB zur Abgasreinigung) vorgeben will, muss er vorsehen, dass auch „gleichwertige" Technologien akzeptiert werden.[431] **79**

b) Verbindung zum Auftragsgegenstand. Anders als bei sonstigen technischen Anforderungen versteht sich bei Abs. 3 S. 2 die Verbindung mit dem Auftragsgegenstand nicht von selbst und ist besonders zu begründen. Für den Verordnungsgeber müssen die Vorga- **80**

---

[421] Umstritten. Für die Zulässigkeit, um die „problematischen Steine aus Indien und China auszuschließen" *Leinemann/Zoller* VN 2017, 82 (83).

[422] §§ 8 BerlAVG, § 18 Abs. 2 BremTVG; 3a HmbVgG; 2a LTTG Rh.-Pf, 11 STTG.

[423] Derartige „Pflasterstein"-Vorgaben sah der Gesetzgeber schon beim VergRModG 2009 als zulässig an, vgl. Regierungsbegründung zum VergRModG 2009, BT-Drs. 16/10117, 16.

[424] Für die Beschaffung von Lebensmitteln Netzwerk deutscher Biostädte (Hrsg.), Mehr Bio in Kommunen (o. Fn. 318) 46.

[425] Für die Zulässigkeit Europäische Kommission, Sozialorientierte Beschaffung (o. Fn. 8) 32. Kritisch zu den Überprüfungsmöglichkeiten speziell bei IT-Vergaben *Summa* VergabeR 2016, 147 (153).

[426] Für die Zulässigkeit *Opitz* VergabeR 2014, 369 (379).

[427] *Burgi* VergabeR § 12 Rn. 27; *Franke/Kaiser* in FKZGM, 6. Aufl. 2017, § 7a EU VOB/A Rn. 19, 20; *Krönke* VergabeR 2017, 101 (104).

[428] Unwirksam sind deshalb derzeit Friedhofssatzungen, die als Nachweise für Grabsteine „ohne ausbeuterische Kinderarbeit" Zertifikate verlangen VGH Baden-Württemberg 29.4.2014 – 1 S 1458/12, IBRRS 2014, 4426; 21.5.2015 – 1 S 383/14, IBR 2015, 441; 21.9.2015 – 1 S 536/14, IBRRS 2015, 2726; 25.11.2016 – 1 S 490/14, juris; zu den Anforderungen an die Bestimmtheit der Satzungsbestimmungen und Alternativen *Krajewski* DÖV 2014, 721 (726/727).

[429] *Krönke* VergabeR 2017, 101 (104).

[430] Europäische Kommission, Umweltorientierte Beschaffung!, 2. Ausgabe 2011, 38.

[431] *Dageförde* Umweltschutz im öffentlichen Vergabeverfahren Rn. 154.

ben an den Herstellungs-/Produktionsprozess **„einen Auftragsbezug" aufweisen.**[432] In ihnen müssen daher Besonderheiten des konkreten Auftrags zum Ausdruck kommen.[433] Das ist bei umweltbezogenen Anforderungen idR unkritisch, wenn sich sie in körperlichen oder unverkörperten Eigenschaften der beschafften Ware manifestieren (zB „Kopierpapier aus Recyclingpapier").[434] „In Verbindung" stehen Anforderungen auch dann, wenn sie sich in benennbaren Merkmalen des Auftragsgegenstandes äußern, zB den Umstand, dass ein Produkt nicht unter Verwendung giftiger Chemikalien oder unter Beachtung des IAO-Abkommens Nr. 182 zum Verbot von Kinderarbeit hergestellt wurde.[435] Die üA überträgt die Maßstäbe für Zuschlagskriterien, wie sie der Europäische Gerichtshof vor allem in der Wienstrom-Entscheidung entwickelt hat. Unzulässig wären Auftraggebervorgaben, die auf eine vom Beschaffungsvorhaben losgelöste **Unternehmensorganisation**[436] oder einen **Anteil der ausgeschriebenen Leistungen am Gesamtportfolio** des Auftragnehmers abstellen (→ Rn. 62). Anders als zT angenommen wird, ist es über Abs. 3 S. 2 nicht möglich, die Zahlung von Tariflohn losgelöst vom konkreten Auftragsgegenstand als sozialen Standard (angemessene Bezahlung des ausführenden Personals) in der Leistungsbeschreibung festzuschreiben.[437]

81   **c) Verhältnismäßigkeit zu Wert des Auftragsgegenstandes und zu Beschaffungszielen.** Abs. 3 S. 2 verlangt nach dem Vorbild der Vergaberichtlinien zusätzlich, dass die betreffenden Vorgaben zum Wert des Auftragsgegenstandes und den „Beschaffungszielen" verhältnismäßig sein müssen. Das liegt darin begründet, dass die Verfolgung strategischer Ziele nicht der Primärzweck von öffentlichen Auftragsvergaben ist. Ziel bleibt für die Europäische Kommission (neben der Erfüllung öffentlicher Aufgaben) „in erster Linie" der wirtschaftliche Einkauf.[438] Das gilt auch für Beschaffungen, die an Umweltkriterien (GPP-Kriterien) oder Nachhaltigkeitskriterien (SPP-Kriterien) ausgerichtet werden, da mit ihnen jedenfalls auch die Erwartung finanzieller Einsparungen oder sonst wirtschaftsfördernder Effekte (Wachstums-, Innovationsförderung) verbunden ist.[439] Es ist daher konsequent, dass Abs. 3 S. 2 als eine spezielle Ausprägung des Verhältnismäßigkeitsgrundsatzes in § 97 Abs. 1 S. 2 GWB ausgestaltet ist und eine **Abwägung im Einzelfall** verlangt;[440] somit einen zusätzlichen Prüfungsschritt, der zu **dokumentieren** ist. Hinter diesem Prüfungsschritt steht die Sorge, dass derartige Kriterien potentiell wettbewerbsbeschränkend sind, weil Anbieter sie nicht erfüllen können oder wollen.[441] Die Verhältnismäßigkeit ist daher insbesondere dann zu prüfen, wenn nur wenige Anbieter am Markt vorhanden sind. Der Gesetz- und Verordnungsgeber wollte die Anforderungen an umwelt- und sozialbedingte Kriterien aber nicht grundsätzlich verschärfen, sondern das bislang schon Zulässige weiterhin zulassen.[442] Das spricht dafür, diesen Prüfungsschritt nur bei den Auftraggeberanforderungen iSv Abs. 3 S. 2 zu verlangen, die eine geringe Verbindung zum

---

[432] Begründung der VergRModVO, BR-Drs. 87/16, 185.
[433] *Latzel* NZBau 2014, 673 (675).; *Krönke* VergabeR 2017, 101 (107).
[434] *Burgi* VergabeR § 12 Rn. 26.
[435] *Ziekow* KommJur 2007, 281 (285).
[436] Unstrittig, vgl. Erwägungsgrund (97) Abs. 2 Richtlinie 2014/24/EU; *Europäische Kommission* Vorschlag für eine Richtlinie des Europäischen Parlaments und des Rates über die öffentliche Auftragsvergabe, KOM(2011) 896 endgültig, 11; *dies.* Umweltorientierte Beschaffung! (o. Fn. 18), 3. Aufl. 2016, Einleitung, Kap. 3.3; aus der Literatur *Franke/Kaiser* in FKZGM, 6. Aufl. 2017, § 7 EU VOB/A Rn. 13; *Krönke* VergabeR 2017, 101 (107).
[437] Anderer Ansicht VK Bund 3.5.2017 – VK 2–38/17, IBRRS 2017, 1928 – Bewachungsdienste, die dies nur unter Hinweis auf mit § 97 Abs. 3 GWB begründet, der aber in § 31 Abs. 3 VgV konkretisiert wird.
[438] Bereits *Europäische Kommission* Das öffentliche Auftragswesen in der Europäischen Union, KOM (1998), 143 endg., 31.
[439] *Europäische Kommission* Umweltorientierte Beschaffung! (o. Fn. 18), 3. Aufl. 2016, Einleitung.
[440] *Busse* in Groth Ziff. 4.1.7, 8.
[441] Instruktiv zu diesem Aspekt der Diskussion um „vergabefremde Kriterien" *Steiff* VergabeR 2009, 290 (291/292).
[442] *Burgi* NZBau 2015, 597 (600).

Auftragsgegenstand aufweisen und daher eine zusätzliche Rechtfertigung aus den Beschaffungszielen benötigen.[443]

Inhaltlich weicht die Verhältnismäßigkeitsprüfung nicht von dem in § 97 Abs. 1 S. 2 **82** GWB allgemein normierten Grundsatz der Verhältnismäßigkeit ab, der auf eine Zweck-Mittel-Relation abstellt.[444] Bei Abs. 3 S. 2 muss der öffentliche Auftraggeber die verfolgenden Sekundärziele in der Vergabedokumentation transparent machen und aufzeigen, dass die Anforderungen an den Produktions-/Herstellungsprozess zu den Umweltzielen bzw. sozialen Zielen beitragen, die gefördert werden sollen.[445] Abs. 3 S. 2 soll Bedenken gegen die Aufnahme derartiger „immaterieller" Aspekte Rechnung tragen und einer „Überfrachtung" mit gesellschaftspolitischen Vorgaben und dadurch bewirkten Verteuerung des Einkaufs entgegenwirken. Die Auftraggebervorgaben dürfen daher im konkreten Einzelfall **nicht völlig ungeeignet** sein oder **außer Verhältnis** zu den im günstigsten Fall eintretenden positiven Effekten stehen.[446] Vergaberechtswidrig wäre die Vorgabe, dass ein Produkt nur aus „sozialversicherungspflichtiger Beschäftigung" stammen darf, da der Bezug zum Auftragsgegenstand vollständig fehlt, und sich der Einsatz von sozialversicherungspflichtigem Personal nicht notwendig auf die Erfüllung der technischen Anforderungen auswirkt.[447]

F. Übertragung von Rechten geistigen Eigentums, Einräumung von Nutzungsrechten (Abs. 4)

I. Regelungsinhalt

Abs. 4 setzt Art. 42 Abs. 1 UA 3 AVR um, wonach die Leistungsbeschreibung die **83** Pflicht zur Übertragung der Rechte geistigen Eigentums (Intellectual Property Rights) vorgeben kann.[448] Durch eine solche Festlegung können sich öffentliche Auftraggeber exklusive Produkte und Entwicklungsleistungen beschaffen. Angezeigt ist das insbesondere bei geistigen Leistungen, zB Planungs- und Entwicklungsleistungen. Die Trennung von Leistungsbeschreibung und Vertrag ist in diesem Punkt nicht aufgehoben, so dass diese Vorgabe durch eine vertragliche **Regelung zur Rechteübertragung** ergänzt werden muss.[449] Zu beachten ist, dass die Übertragung der Eigentumsrechte die Beschaffung idR verteuert. Sie kann außerdem einer Marktverbreitung von innovativen Lösungen entgegenstehen und damit mit dem vom Gesetz- und Verordnungsgeber verfolgten Ziel der Innovationsförderung durch staatliche Nachfrage in Konflikt treten.[450]

Die Regelung hat klarstellende Bedeutung, da Anforderungen an die Übertragung von **84** Rechten bislang vorgesehen werden konnte.[451] Wie bisher[452] kann der öffentliche Auftrag-

---

[443] Umstritten, wie hier im Ergebnis *Zimmermann* in jurisPK-VergR, 5. Aufl. 2016, § 31 VgV Rn. 45; wohl auch Voppel/Osenbrück/Bubert, 4. Aufl. 2018, § 31 Rn. 52 (differenzierend danach ob das Leistungsmerkmal in das Leistungsergebnis einfließt). Zum Teil wird der Verhältnismäßigkeitsgrundsatz aus §§ 31 Abs. 3 S. 2 VgV, 28 Abs. 3 S. 2 SektVO, § 15 Abs. 2 S. 2 KonzVgV aber auf umwelt- oder sozialbezogene Ziele iSv Satz 1 übertragen, etwa bei *Mohr* EuZA 2017, 23 (32); *Prieß/Simonis* in KKMPP, 4. Aufl. 2017, § 31 Rn. 24.
[444] Zu Ursprung und Inhalt des Verhältnismäßigkeitsgrundsatzes *Krönke* VergabeR 2017, 101 (103 f.).
[445] Europäische Kommission Umweltorientierte Beschaffung! (o. Fn. 18), 3. Aufl. 2016, Einleitung, Kap. 3.3.2.
[446] So zu § 128 Abs. 2 GWB *Wiedemann* in KMPP, 4. Aufl. 2016, § 128 GWB Rn. 35; ähnlich *Franke/Kaiser* in FKZGM, 6. Aufl. 2017, § 7 EU VOB/A Rn. 15 („nicht erheblich überzogen"); allgemein zu den Prüfungsanforderungen *Brachmann* VergabeR 2014, 310 (317/318)
[447] Ebenso zu Ausführungsbedingungen *Wiedemann* in KMPP, 4. Aufl. 2016, § 128 GWB Rn. 39.
[448] Für die Sektoren Art. 60 Abs. 1 UA 3 Richtlinie 2014/25/EU.
[449] *Franke/Kaiser* in FKZGM, 6. Aufl. 2017, § 7a EU VOB/A Rn. 27.
[450] *BMWi* (Hrsg.) Impulse für mehr Innovationen (o. Fn. 328) 46.
[451] *Zimmermann* in jurisPK-VergR, 5. Aufl. 2016, § 31 VgV Rn. 51; *Wirner* in Willenbruch/Wieddekind, 4. Aufl. 2017, VgV § 31 Rn. 9.
[452] § 16 EG Abs. 5 VOL/A 2009.

geber verlangen, dass die Bieter in ihrem Angebot angeben, ob für den Gegenstand des Angebots gewerbliche Schutzrechte bestehen oder beantragt sind. Bieter müssen **unaufgefordert angeben,** wenn sie Angaben aus dem Angebot für die Anmeldung eines gewerblichen Schutzrechts verwerten wollen.[453]

85   **Parallelvorschriften** sind § 28 Abs. 4 SektVO und § 7a EU Abs. 1 Nr. 3 VOB/A. Die KonzVgV, VSVgV und VOB/A-VS enthalten keine entsprechende Vorschrift. Entsprechendes gilt für unterschwellige Vergaben.

II. Voraussetzungen

1. Rechte geistigen Eigentums

86   Nach deutschem Recht zählen dazu **Urheber-, Patent- und Markenrechte** und sonstige verwandte Immaterialgüterrechte, zB Gebrauchsmuster, Geschmacksmuster, Sortenschutzrecht, Halbleiterschutzrecht, geschäftliche Bezeichnungen, die den Rechteinhaber vor der Nachahmung seines Produkts, Verfahrens oder seiner Marke schützen.[454] Von praktischer Bedeutung ist das vor allem bei **Planungsleistungen der Architekten und Ingenieure** in Zeichnungen, Plänen, Karten, Skizzen usw. (§ 2 Nr. 7 UrhG) oder bei **Werken der Baukunst** und deren Vorstufen (§ 2 Nr. 4 UrhG).[455]

2. Übertragung/Nutzungsrecht

87   Ist das Recht nicht übertragbar oder seine Übertragung für die Leistungserbringung nicht erforderlich (und damit nicht verhältnismäßig iSd § 97 Abs. 1 S. 2 GWB),[456] muss sich der Auftraggeber auf das Verlangen nach **Einräumung eines Nutzungsrechts** beschränken.[457] Von praktischer Bedeutung ist das vor allem beim Urheberrecht, das nach § 29 UrhG nicht durch Rechtsgeschäft übertragbar ist (zB Urheberrecht des Architekten an Entwürfen).[458] Der Auftraggeber kann sich aber nach § 31 UrhG ein Nutzungsrecht einräumen lassen, das im Vertrag möglichst genau umschrieben sein muss. Für die Bestimmung des Inhalts des Nutzungsrechts kommt es nach der in § 31 Abs. 5 UrhG zum Ausdruck kommenden **Zweckübertragungstheorie** auf den mit dem Vertrag verfolgten Zweck an. Bei einem Planungsvertrag wird dem Bauherrn nach üA auch bei Vereinbarung der Leistungsphasen 1/2–4 ein Nutzungsrecht eingeräumt, soweit es zur Realisierung des Bauvorhabens erforderlich ist.[459] Weitergehende oder andere Rechte müssen dagegen idR ausdrücklich in der Leistungsbeschreibung angegeben werden.

88   Bieter müssen auf Verlangen angeben, ob für den Gegenstand des Angebots gewerbliche Schutzrechte bestehen.[460] Eine Ausschreibung die die Möglichkeit von Schutzrechtsverletzungen während der Leistungserbringung nicht ausschließt, ist für das OLG Düsseldorf vergaberechtswidrig.[461]

3. Verhältnismäßigkeit

89   Geistige Eigentumsrechte fallen als private Vermögensrechte in den Schutzbereich von Art. 14 Abs. 1 GG.[462] Die Übertragung von Rechten muss daher **verhältnismäßig** iSd

---

[453] *Altus/Ley/Wankmüller* Handbuch umweltfreundliche Beschaffung C 7 4.5.
[454] *Prieß/Simonis* in KKMPP, 4. Aufl. 2017, § 31 Rn. 1.
[455] Ausführlich Voppel/Osenbrück/Bubert, 4. Aufl. 2018, § 31 Rn. 55 ff.
[456] Begründung der VergRModVO, BR-Drs. 87/16, 185.
[457] *Traupel* in Müller-Wrede VgV § 31 Rn. 59.
[458] *Stolz* VergabeR 2016, 351 (358).
[459] Voppel/Osenbrück/Bubert, 4. Aufl. 2018, § 31 Rn. 61, 62.
[460] § 16 EG Abs. 5 S. 1 VOL/A 2009.
[461] Zu Patentverletzungen OLG Düsseldorf 1.12.2015 – VII-Verg 20/15, BeckRS 2016, 02948 Rn. 26 – Pregabalin; *Byok* NJW 2016, 1494 (1499).
[462] Maunz/Dürig/Papier, 78. EL September 2016, GG Art. 14 Rn. 197.

§ 97 Abs. 1 S. 2 GWB sein. Die Rechtübertragung muss unumgänglich sein, um die Beschaffungszwecke zu erreichen.[463] Alternativen sind zB Lizenzmodelle mit gemeinsamer Berechtigung, bei denen der öffentliche Auftraggeber Lizenzgebühren erhält, falls die Rechte vom Auftragnehmer in anderen Projekten genutzt werden.

G. Verpflichtende Zugänglichkeitskriterien (Abs. 5)

Soweit das Unionsrecht verpflichtende Standards an die Barrierefreiheit zum Schutz von **90** Menschen mit Behinderungen vorgibt, müssen sie öffentliche Auftraggeber nach Abs. 5 in die Leistungsbeschreibungen übernehmen. Ein Gleichwertigkeitsnachweis ist nicht zugelassen. Die Vorschrift ergänzt § 121 Abs. 2 GWB (→ § 121 GWB Rn. 126) und setzt Art. 42 Abs. 1 UA 5 AVR um.[464] Grundsätzlich müssen die technischen Spezifikationen bei jeder Beschaffung, die zur **Nutzung durch natürliche Personen vorgesehen** ist, so formuliert werden, dass die Zugänglichkeitskriterien für Menschen mit Behinderung oder der Konzeption für alle Nutzer (Design für Alle) berücksichtigt sind.[465] Ausnahmen sind nur in ordnungsgemäß begründeten Fällen statthaft.

Für die Gestaltung von öffentlich zugänglichen Internetauftritten und -angeboten ist die Verordnung zur Schaffung barrierefreier Informationstechnik nach dem Behindertengleichstellungsgesetz (BITV 2.0) zu beachten.[466] Deren Anforderungen sind insbesondere bei Leistungsbeschreibungen von Bundesbehörden nach UfAB VI umzusetzen.[467]

Inhaltsgleich sind § 28 Abs. 5 SektVO und § 7a EU Abs. 1 Nr. 4 VOB/A. Bei der Kon- **91** zessionsvergabe und im Verteidigungs- und Sicherheitsbereich fehlt dieser Regelungskomplex in den Vergaberichtlinien. Dementsprechend verweisen die §§ 152 Abs. 1, 147 S. 1 GWB jeweils nur auf § 121 Abs. 1 und 3 GWB.[468] Die vom öffentlichen Auftraggeber gestellten technischen und funktionellen Anforderungen können aber Aspekte des „Design für alle" (einschließlich des Zugangs von Behinderten) umfassen.[469] Gleiches gilt nach Anhang TS Nr. 1 für öffentliche Bauaufträge unterhalb der Schwellenwerte. Für Dienstleistungs- und Lieferaufträge unterhalb der Schwellenwerte enthält § 23 Abs. 4 UVgO eine zu § 121 Abs. 2 GWB wortgleiche Regelung. Abs. 5 wurde nicht in die UVgO übernommen, was Sinn macht, da verpflichtende Zugänglichkeitskriterien unionsweit nur für oberschwellige Vergaben eingeführt sind.

H. Produkt- und herkunftsneutrale Ausschreibung (Abs. 6)

I. Regelungsinhalt

Abs. 6 S. 1 ist inhaltsgleich mit den Vorgängervorschriften[470] und verpflichtet öffentliche **92** Auftraggeber im Interesse des technischen und kaufmännischen Wettbewerbs zu einer produktneutralen Beschreibung. Nach § 121 Abs. 1 S. 2 GWB enthält die Leistungsbeschreibung die Auftraggebervorgaben an die zu beschaffende Ware oder Dienstleistung, deren Kenntnis für die Erstellung des Angebotes erforderlich ist. Sie sind am Auftragsgegenstand auszurichten und gemäß Abs. 1 wettbewerbsoffen zu formulieren. Es ist grundsätzlich Sa-

---

[463] Im Ergebnis auch *Leinemann* Vergabe öffentlicher Aufträge, 6. Aufl. 2016, Rn. 573.
[464] Begründung der VergRModVO, BR-Drs. 87/16, 185.
[465] Art. 42 Abs. 1 UA 3 AVR iVm Erwägungsgründe (76), (99).
[466] Vom 12.11.2011 (BGBl. I S. 1843), zuletzt geändert durch Artikel 4 der Verordnung vom 25.11.2016 (BGBl. I S. 2659).
[467] Vgl. UfAB VI – Version 1.0 (Stand: 30.4.2015), Ziff. 4.16.6.
[468] Zum Konzept der 1:1-Umsetzung im Verteidigungs- und Sicherheitsbereich → § 147 GWB Rn. 10.
[469] Art. 36 Abs. 1 UA 2 Richtlinie 2014/23/EU.
[470] § 8 EG Abs. 7 VOL/A 2009.

che der Bieter, aufgrund ihrer Fach- und Sachkunde die für Leistungserbringung angebotenen Produkte in eigener Verantwortung auszuwählen und die Leistung ausführen (→ Rn. 23).[471]

Abs. 6 soll den **Marktzugang für alle Auftragsinteressen** offenhalten und Wettbewerbsbeschränkungen durch zu enge, weil auf bestimmte Produkte oder Bieter zugeschnittene Leistungsbeschreibungen verhindern.[472] Produktspezifische Ausschreibungen beschränken den Anbieterkreis und begründen für begünstigte Unternehmen **Alleinstellungsmerkmale,** die sich in überhöhten Preisen äußern können (was dann vorhersehbar ist und keine sanktionslose Aufhebung der Ausschreibung rechtfertigt).[473] Zudem werden illegale Preisabsprachen begünstigt.[474] Sofern sie nicht ausnahmsweise von Abs. 6 gedeckt sind, verstoßen sie zudem gegen Abs. 1 (→ Rn. 23).[475]

93   Abs. 6 S. 1 ist Art. 42 Abs. 5 AVR[476] nachgebildet und untersagt technische Anforderungen in der Leistungsbeschreibung, die auf folgende Umstände verweisen:
– eine bestimmte Produktion, dh den Hinweis auf eine bestimmte Herstellerfirma oder bestimmte Bezugsquellen (Händler- oder Lieferantenangaben, vgl. Art. X Ziff. 4 GPA 2012);[477]
– eine bestimmte Herkunft eines Produktes/Erzeugnis (Ursprungsort), dh Orte oder Regionen, in denen Waren oder Dienstleistungen hergestellt werden (zB „Plasmas slowenischen Ursprungs",[478] „Lausitzer Granit"[479]);
– ein besonderes Verfahren, dh die Art und Weise der Herstellung der Ware oder Dienstleistung (zB eine bestimmte Verfahrenstechnik), bei Softwareverträgen auch die Festlegung auf „Neulizenzen" unter Ausschluss von gebrauchten Lizenzen;[480]
– Marken, Patente oder Typen (zB „Steinway & Sons Flügel Modell C-227",[481] „Fabrikat Freudenberg oder gleichwertig"[482]);
– ein bestimmter Ursprung, der als Synonym für die Erzeugung, Verarbeitung und Herstellung eines Produkts in einem bestimmten geographischen Gebiet nach einem anerkannten und festgelegten Verfahren steht (das kommt bei Lebensmitteln vor).
Der Anwendungsbereich der Vorschrift ist von ihrer Zielsetzung her **weit auszulegen** und umfasst jede durch technische Anforderungen bewirkte Einschränkung des Wettbewerbs.[483]

---

[471] Allgemeine Ansicht, OLG Celle 22.5.2008 – 13 Verg 1/08, BeckRS 2008, 10353 – Farbdoppler-Ultraschall-System; VK Hessen 11.12.2006 – 69d VK 60/2006, IBRRS 2007, 0061; VK Bund 9.8.2008 – VK 2 – 77/06, juris, Rn. 44; *Hausmann* Beschaffungsautonomie und Produktneutralität 184; *Herig* 5. Aufl. 2013, § 7 VOB/A Rn. 37; *Kapellmann* in Kapellmann/Messerschmidt, 5. Aufl. 2015, VOB/A § 7 Rn. 54; *Ruff* in Müller-Wrede § 7 SektVO Rn. 126.

[472] Ständige Rechtsprechung, OLG Saarbrücken 29.10.2003 – 1 Verg 2/03, NZBau 2004, 117; OLG Karlsruhe 14.9.2016 – 15 Verg 7/16, IBRRS 2016, 3028; VK Sachsen 7.3.2003 – 1/SVK/007-03, NJOZ 2003, 2694; VK Münster 20.4.2005 – VK 6/05, IBRRS 2005, 2261 (zu § 9 Nr. 5 Abs. 1 VOB/A aF); 1.3.2016 – VK 1–2/16, BeckRS 2016, 06904 (zu § 8 EG Abs. 7 VOL/A 2009).

[473] VK Südbayern 29.6.2015 – Z3–3-3194-1-22-03/15, IBRRS 2015, 2258 (zur VOL/A 2009).

[474] VK Lüneburg, 27.9.2011 – VgK-40/2011, IBRRS 2012 0261 = ZfBR 2012, 312 (Ls.) – Fahrzeugrückhaltesysteme.

[475] Bislang wurden die Abs. 6 entsprechenden Vorgängervorschriften in diesem Punkt als abschließend angesehen, vgl. OLG Düsseldorf 14.9.2016 – Verg 1/16, BeckRS 2016, 18567 (zu § 8 EG Abs. 7 VOL/A).

[476] Entspricht Artt. 36 Abs. 2 Richtlinie 2014/23/EU; 60 Abs. 4 Richtlinie 2014/25/EU bzw. den Vorgängerrichtlinien, vgl. Art. 23 Abs. 8 Richtlinie 2004/18/EG.

[477] *Leinemann* Vergabe öffentlicher Aufträge, 6. Aufl. 2016, Rn. 578; *Schranner* in Ingenstau/Korbion, 20. Aufl. 2017, § 7a EU VOB/A Rn. 65.

[478] EuGH 8.6.2017 – C-296/15, ECLI:EU:C:2017:431 Rn. 68 – Medisanus.

[479] VK Sachsen 22.9.2014 – 1/SVK/029-14, IBRRS 2015, 0325 – Lausitzer Granit.

[480] VK Münster 1.3.2016 – VK 1–2/16, BeckRS 2016, 06904 (zu § 8 EG Abs. 7 VOL/A 2009)

[481] OLG Karlsruhe 14.9.2016 – 15 Verg 7/16, IBRRS 2016, 3028 mAnm *Scharfenberg* VPR 2017, 2075; VK Baden-Württemberg 8.7.2016 – 1 VK 28/16, IBRRS 2016, 2855 mAnm *Scharfenberg* VPR 2017, 2008.

[482] OLG Stuttgart 30.7.2007 – 5 U 4/06, BauR 2008, 567.

[483] Zum „weit zu verstehenden Sinn" von „technischen Anforderungen" in Abs. 6 VK Südbayern 30.3.2017 – Z3–3-3194-1-04-02/17, IBRRS 2017, 1830; das entspricht der bisherigen üA zu den Vorgängervorschriften, vgl. OLG Düsseldorf 22.5.2013 – VII-Verg 16/12, NZBau 2013, 650 (651) – HISinOne; 12.2.2014 – Verg 29/13, ZfBR 2014, 517 (518) – Hochschulverwaltungssoftware HIS; 14.9.2016 – Verg 1/16, BeckRS 2016, 18567 – Pregabalin (zu § 8 EG Abs. 7 VOL/A).

Sie gilt daher auch für Beschreibungen mittels **Handelsnamen** und **Copyrights** (vgl. Art. X Ziff. 4 GPA 2012), für **negative Herkunfts- oder Produktionsangaben** (zB „kein Strom aus Tschechien")[484] und schließt **verdeckte Produktvorgaben** mittels detaillierter Merkmale ein (→ Rn. 23), ebenso schlechtere Bewerbungen bei Alternativangeboten[485] oder die Anforderung einer Bescheinigung über die Übereinstimmung mit einer bestimmten inländischen Norm, wenn es bereits eine europäische oder internationale Spezifikation gibt.[486] Es kommt nicht darauf an, ob der Auftraggeber eine Wettbewerbseinschränkung intendiert oder erkennt; entscheidend ist allein, dass sie durch die Vorgaben bewirkt wird.[487] Ebensowenig kommt es darauf an, dass die **Produktdatenblätter** für das vorgegebene Produkt frei zugänglich sind.[488] Die Vorgängervorschrift wurde zT früher angewandt, um Fälle **wettbewerbseinschränkender Eignungsanforderungen** zu lösen, zB wenn eine Sprinkleranlage nur durch ein Unternehmen ausgeführt werden darf, das auf der Errichterliste der VdS Schadensverhütung GmbH steht.[489] Das ist aber wegen mittlerweile erfolgten Ausdifferenzierung der Eignungsanforderungen (§§ 122 ff. GWB und §§ 42 ff. VgV) nicht mehr erforderlich.

Dem öffentlichen Auftraggeber ist es durch Abs. 6 S. 1 unbenommen, seinen Beschaffungsbedarf in Form einer **Feinspezifikation** detailliert zu umschreiben, sofern dies neutral geschieht, zB indem bei Softwarebeschaffungen die Software nach ihrer Funktionalität, Geschäftsprozessen, Anforderungen an Schnittstellen und Migration von Altdaten umfassend dargestellt wird.[490] **Mehrere Angebote** sind ein Indiz dafür, dass keine unzulässige verdeckte Verengung der Ausschreibung auf bestimmte Produkte bewirkt wird.[491] An einer Wettbewerbseinschränkung fehlt es, wenn andere Wettbewerber **freiwillig davon absehen,** die Leistung am Markt anzubieten, obwohl sie es nach der rechtlichen und tatsächlichen Lage könnten; in diesem Fall ist die Verwendung der marktprägenden Bezeichnung unschädlich und muss nicht sachlich begründet werden.[492] Nicht erfasst sind ferner Konstellationen, in denen der Auftraggeber dem Auftragnehmer im Rahmen von **Beistellungen** bestimmte Erzeugnisse zur Verfügung stellt, mit denen eine Dienstleistung erbracht werden soll (zB eine bereits beschaffte Ausrüstung).[493]

Die **Bestimmungsfreiheit des öffentlichen Auftraggebers** umfasst grundsätzlich die **94** Festlegung auf eine bestimmte Ware, Bau- oder Dienstleistung, allerdings nur unter Beachtung der vergaberechtlichen Grenzen aus Abs. 6 und Abs. 1, die nach der Rechtsprechung ihrerseits mit Blick auf die Bestimmungsfreiheit des Auftraggebers ausgelegt werden (→ § 121 GWB Rn. 34).[494] Diese Normen beschreiben für das OLG Düsseldorf die für die Bestimmungsfreiheit bestehenden Beschränkungen abschließend.[495] Der Verordnungsgeber hat bisherigen Formulierung festgehalten. Abs. 6 S. 1 ist als **Verbot** („darf nicht")

---

[484] *Dageförde-Reuter* Umweltschutz durch öffentliche Auftragsvergabe 141.
[485] *Hausmann* Beschaffungsautonomie und Produktneutralität 188.
[486] *Schranner* in Ingenstau/Korbion, 20. Aufl. 2017, § 7 VOB/A Rn. 67.
[487] VK Südbayern 21.7.2008 – Z3-3-3194-1-23-06/08, IBRRS 2009, 1277.
[488] VK Westfalen 26.10.2017 – VK 1–21/17, IBRRS 2018, 0136.
[489] Verstoß gegen § 9 Nr. 5 VOB/A aF bejaht von VK Südbayern 4.10.2001 – 31-09/01, IBRRS 2013, 4164; zustimmend *Heiermann/Bauer* in HRR, 13. Aufl. 2013, § 7 EG Rn. 61.
[490] *Bischof* in Schneider, Handbuch EDV-Recht, 5. Aufl. 2017, D. Vergabe von IT-Leistungen Rn. 285.
[491] VK Bund 30.10.2017 – VK 2–120/17, IBRRS 2018, 0708; *Hausmann* Beschaffungsautonomie und Produktneutralität 188.
[492] (Zu § 7 EG Abs. 8 VOB/A) VK Lüneburg 22.8.2016 – VgK-32/2016, BeckRS 2016, 19808 („innengerammter" Ortsbetonverdrängungspfahl").
[493] OLG Celle 2.9.2004 – 13 Verg 11/04, NZBau 2005, 52.
[494] Zur Neuregelung VK Südbayern 30.3.2017 – Z3–3–3194-1-04-02/17, IBRRS 2017, 1830; das entspricht der bisher üA OLG Düsseldorf 14.9.2016 – Verg 1/16, BeckRS 2016, 18567 (zu § 8 EG Abs. 7 VOL/A); VK Sachsen-Anhalt 16.9.2015 – 3 VK LSA 62/15, IBRRS 2015, 3257; *Wirner* in Willenbruch/Wieddekind, 4. Aufl. 2017, VgV § 31 Rn. 11; zum Diskriminierungsverbot als Grenze der Bestimmungsfreiheit zuletzt OLG Düsseldorf 2.11.2016 – Verg 25/16, BeckRS 2016, 20503 Rn. 60.
[495] (Zu § 15 Abs. 8 VSVgV) OLG Düsseldorf 31.5.2017 – VII-Verg 36/16, BeckRS 2017, 114322 – Drohnen mAnm *Meeßen* VergabeR 2017, 625.

mit Ausnahmen in S. 1 und S. 2 geregelt.[496] S. 1 regelt den Fall, dass „produktscharf" ausgeschrieben wird, weil nur das definierte Produkt den Bedarf des Auftraggebers deckt (→ Rn. 98 f.). Zulässig sind nach S. 2 Verweise beschreibender Art, wenn der Auftragsgegenstand ohne sie nicht hinreichend genau und allgemeinverständlich beschrieben werden kann; solche Beschreibungen sind allerdings mit dem Zusatz „oder gleichwertig" zu versehen, damit die Bieter erkennen können, dass sie gleichwertige Produkte anbieten können (→ Rn. 109 f.).[497] Fehlt der Zusatz, verletzt die Ausschreibung nach der Rechtsprechung des EuGH Primärrecht.[498] Bei einer produktspezifischen Ausschreibung sind alternative Produkte von vornherein aus dem Wettbewerb ausgeschlossen und nicht zur Vertragserfüllung zugelassen, selbst wenn sie gleichwertig oder sogar höherwertiger sind.[499] Das ist nur dann anders, wenn der Auftraggeber den Zusatz „oder gleichwertig" aufnimmt.

95   Bei einer produkt- und herstellerneutralen Ausschreibung oder einer Produktangabe mit dem Zusatz „oder gleichwertiger Art" kann der Auftraggeber im Leistungsverzeichnis festlegen, ob eine **Produkt- oder Fabrikatsangabe bereits im Angebot** enthalten sein muss[500] oder die konkrete Produktabfrage auf die Aufklärung verlagert wird.[501] Im Regelfall sehen die Bewerbungsbedingungen vor, dass das Angebot Angaben auch dann enthalten muss, wenn der Bieter das vorgegebene Leitfabrikat anbieten will.[502] Die Vorgabe „System/ Fabrikat" umfasst nach allgemeinem Sprachverständnis nicht notwendig den „Typ" (und damit das konkrete Produkt). Legt der Auftraggeber auf die Typangabe Wert muss er zusätzlich die „Typenbezeichnung" o. ä. anfordern.[503]

Vertraglich geschuldet ist grundsätzlich eine **Leistung mittlerer Art und Güte** nach Wahl des Auftraggebers (§ 243 BGB). Fragt der Auftraggeber mit Angebotsabgabe oder im weiteren Verlauf des Vergabeverfahrens Fabrikate und Typen ab und teilt der Bieter das angebotene Produkt mit, legt er damit sein Angebot **auf das angebotene Produkt fest**.[504] Das angebotene Produkt muss die technischen Anforderungen der Leistungsbeschreibung erfüllen (§ 53 Abs. 7 S. 1 VgV). Produktangaben in einem Angebot sind stets

---

[496] Das sahen die älteren Vergaberichtlinien ausdrücklich vor, deutlich zB Art. 7 Abs. 2 S. 1 Richtlinie 77/62/EWG („Die Mitgliedsstaaten verbieten die Aufnahme von Beschreibungen technischer Merkmale (…)"), 14 Abs. 6 Richtlinie 92/50/EG („Die Mitgliedsstaaten verbieten die Aufnahme von technischen Spezifikationen in die Vertragsklauseln (…) … Verboten ist insbesondere die Angabe von Warenzeichen (…)); Art. 10 Abs. 6 Richtlinie 93/37/EWG. Von einem „Gebot der produktneutralen Ausschreibung" wird in der Literatur häufig ausgegangen, zB *Prieß/Simonis* in KKMPP, 4. Aufl. 2017, § 31 Rn. 36, 37; *Ruff* in Müller-Wrede, Kompendium, 2. Aufl. 2013, 33 Rn. 87 (zu § 15 Abs. 8 VSVgV), 34 Rn. 101 (zu § 7 Abs. 11 SektVO aF); ebenso offenbar der Verordnungsgeber, vgl. Begründung der VergRModVO, BR-Drs. 87/16, 184. Für einen „Grundsatz der Produktneutralität" insbesondere *Hertwig/Slawinski* in Beck VOB/A § 7 Rn. 112; *Zimmermann* in jurisPK-VergR, 5. Aufl. 2016, § 31 VgV Rn. 55.

[497] Art. 42 Abs. 4 S. 2 Richtlinie 2014/24/EU, Art. 60 Abs. 4 S. 2 Richtlinie 2014/25/EU, Art. 36 Abs. 2 S. 2 Richtlinie 2014/23/EU.

[498] Zur Verletzung von Art. 30 EWG (= Art. 34 AEUV) EuGH 24.1.1995 – C-359/93, Slg. 1995, I-00157 Rn. 27 – Kommission ./. Niederlande; 3.12.2001 – C-59/00, Slg. 2001, I-9595 Rn. 22, 25 = ZfBR 2002, 610 (611) – Vestergaard.

[499] VK Baden-Württemberg 26.3.2013 – 1 VK 5/13, BeckRS 2013, 14292.

[500] Die Anforderung derartiger Angaben in der Leistungsbeschreibung war zwar bis zur VOL/A-Ausgabe 2009 ausdrücklich vorgesehen, vgl. § 8 Nr. 4 VOL/A 1993/2000/2002/2006. Die Rechtsprechung ließ aber auch die erstmalige Produktabfrage im Aufklärungsgespräch zu, vgl. OLG München 15.11.2007 – Verg 10/07, BeckRS 2008, 08685; 10.4.2014 – Verg 1/14, BeckRS 2014, 07950.

[501] Zur Zulässigkeit OLG München 25.11.2013 – Verg 13/13, ZfBR 2014, 397; VK Sachsen 24.6.2016 – 1/SVK/009–16, BeckRS 2016, 14109 (zur VOB/A).

[502] HVA L-StB (Ausgabe März 2011) – Muster 1.0 – 2 (EU-Bewerbungsbedingungen).

[503] VK Westfalen 25.10.2016 – VK 1–36/16, IBRRS 2016, 2942.

[504] OLG Düsseldorf 2.5.2012 – Verg 104/11, ZfBR 2012, 610 (611); OLG München 25.11.2013 – Verg 13/13, ZfBR 2014, 397; 10.4.2014 – Verg 1/14, BeckRS 2014, 07950; VK Südbayern 19.5.2014 – Z3-3-3194-1-08-03/14, IBRRS 2014, 269; VK Bund 25.3.2015 – VK 2–15/15, IBRRS 2015, 0900; VK Schleswig-Holstein 4.4.2016 – VK-SH 3/16, IBRRS 2016, 2443; VK Sachsen 24.6.2016 – 1/SVK/009–16, BeckRS 2016, 14109 (zur VOB/A); 23.11.2016 – 1/SVK/025-16, IBRRS 2017, 0180. Zu den Prüfungs- und Dokumentationspflichten des Auftraggebers → Rn. 108. Abzugrenzen ist das von der unzulässigen nachträglichen Herstellerbenennung, vgl. dazu zuletzt VK Westfalen 9.6.2017 – VK 1–12/17, IBRRS 2017, 2266.

wörtlich zu nehmen, auch wenn das Produkt den im Leistungsverzeichnis formulierten Anforderungen nicht gerecht wird.[505] Kehrt der Auftraggeber nach Vertragsschluss auf seinen früheren Amtsvorschlag zurück (zB einem bestimmten Leitfabrikat) handelt es sich um eine Vertragsänderung, die zu Mehrvergütungsansprüchen führen kann.[506]

Abs. 6 S. 1 ist eine Konkretisierung des Diskriminierungsverbots (§ 97 Abs. 2 GWB) **96** und des Wettbewerbsgrundsatzes (§ 97 Abs. 1 GWB).[507] Die Vorschrift soll gewährleisten, dass möglichst viele Bieter ihre Leistungen anbieten können. Sie ist daher **bieterschützend**. Der Bieter muss den Vergabeverstoß bis zur Angebotsabgabe rügen (§ 160 Abs. 3 S. 1 Nr. 3 GWB), andernfalls muss er sich auf die Produktvorgabe einlassen und entsprechend anbieten,[508] kann dann aber im Gegenzug verlangen, dass der Auftraggeber andere (günstigere) Produkte nicht zulässt.[509] Ob produktbezogen ausgeschrieben wurde kann ein fachkundiger Bieter in der Regel erkennen (da die Produkte von Mitbewerbern idR bekannt sind),[510] nicht aber notwendig, dass daraus ein Vergabeverstoß folgt, da die Rechtsprechung uneinheitlich ist.[511] Ergeben sich Ungereimtheiten, muss er ihnen nachgehen, auch wenn er die genaue Rechtslage nicht kennt.[512] Entsprechendes gilt bei der Frage, ob ein Produkt „verdeckt" ausgeschrieben wurde.[513] Sieht sich der Bieter durch die Produktvorgabe an der Angebotsangabe gehindert ist er auch dann antragsbefugt, wenn er kein Angebot einreicht und ist nicht verpflichtet, sich das Leitprodukt zu besorgen.[514] Dagegen fehlt die Antragsbefugnis, wenn der Bieter sich nicht darauf beruft, dass er aufgrund der vorgegebenen Spezifikationen, sondern aus anderen Gründen, von der Abgabe eines Angebots absieht.[515] Von einer rechtfertigungsbedürftigen Wettbewerbseinschränkung ist nach der Rechtsprechung schon dann auszugehen, wenn weniger Bieter ein Angebot abgegeben haben, als die Vergabeunterlagen angefordert hatten.[516] Die **Darlegungs- und Beweislast** für eine zulässige Ausnahme trifft den Auftraggeber.[517]

Für die Rechtsprechung ist Abs. 6 eine der „Grundsäulen des diskriminierungsfreien Wettbewerbs".[518] Verstöße sind daher gravierend: Wurde der Vergabeverstoß rechtzeitig gerügt, müssen die Bieter idR **überarbeitete und produktneutrale Vergabeunterlagen** erhalten; eine Zuschlagserteilung auf Basis der fehlerhaften Vergabeunterlagen kommt nicht

[505] Zuletzt OLG Schleswig, 11.5.2016 – 54 Verg 3/16, BeckRS 2016, 16064 Rn. 23; VK Schleswig-Holstein 19.4.2016 – VK-SH 3/16, IBRRS 2016, 2443; VK Westfalen 7.4.2017 – VK 1–07/14, IBRRS 2017, 1815.
[506] *Herig* 5. Aufl. 2013, § 7 VOB/A Rn. 50.
[507] OLG Düsseldorf 27.6.2012 – VII-Verg 7/12, ZfBR 2012, 723 (724); VK Bund 19.2.2015 – VK 2-1/15, IBRR 2015, 0653; 9.9.2015 – VK 1–82/15, IBRRS 2016, 0984; 9.2.2016 – VK 1–130/15, ZfBR 2016, 711 (714); *Prieß/Simonis* in KKMPP, 4. Aufl. 2017, § 31 Rn. 39.
[508] OLG Brandenburg 4.3.2008 – Verg W 3/08, BeckRS 2008, 05188 (zu einer verdeckten Produktvorgabe).
[509] Zur Zulässigkeit dieser Bieterstrategie bei einer verdeckten Produktvorgabe VK Sachsen 23.11.2016 – 1/SVK/025-16, IBRRS 2017, 0180.
[510] OLG Koblenz 15.5.2003 – 1 Verg 3/03, NJOZ 2004, 1372 (1378); VK Nordbayern 16.1.2007 – 21.VK-3194-43/06, ZfBR 2007, 292 (293); 1.8.2013 – 21.VK-3194-23/13, BeckRS 2013, 19599; VK Südbayern 19.5.2014 – Z3-3-3194-1-08-03/14, IBRRS 2014, 269.
[511] Er ist für die obergerichtliche Rechtsprechung dann nicht „erkennbar" iSd § 160 Abs. 3 S. 1 Nr. 3 GWB, vgl. nur OLG Düsseldorf 9.1.2013 – Verg 33/12, BeckRS 2013, 04708 = VergabeR 2013, 599 (600) m. zust. Anm. *Noch*; enger VK Baden-Württemberg 26.3.2013 – 1 VK 5/13, BeckRS 2013, 14292.
[512] VK Baden-Württemberg 27.4.2017 – 1 VK 11/17, IBRRS 2017, 1817 – zu einem Fall, in dem der Antragsteller den Ausschluss des Konkurrenzangebots verlangt, obwohl er selbst ein Produkt desselben Herstellers angeboten hatte. Keine Erkennbarkeit dagegen bei VK Westfalen 26.10.2017 – VK 1–21/17, IBRRS 2018, 0136 – Wohncontainer für Flüchtlinge.
[513] OLG Frankfurt a. M. 11.6.2013 – 11 Verg 3/13, BeckRS 2013, 10967.
[514] VK Südbayern 29.1.2007 – Z3-3-3194-1-39-12/06, IBRRS 2007, 4940.
[515] Im Ergebnis OLG Frankfurt a. M. (o. Fn. 481) – das den Fall aber bei Begründetheit des Nachprüfungsantrags löst.
[516] VK Sachsen 7.3.2003 – 1/SVK/007-03, NJOZ 2003, 2694; VK Nordbayern 16.4.2008 – 21.VK-3194-14/08, IBRRS 2008, 1840.
[517] *Zimmermann* in jurisPK-VergR, 5. Aufl. 2016, § 31 VgV Rn. 61.
[518] Zuletzt VK Sachsen 23.11.2016 – 1/SVK/025-16, IBRRS 2017, 0180.

in Betracht.[519] Ein Angebot, das von (unzulässigen) produktspezifischen Vorgaben abweicht, darf nicht ausgeschlossen werden.[520] Eine Aufhebung der Ausschreibung wegen überhöhter Preise scheidet aus, wenn dafür eine vom Auftraggeber verursachte Wettbewerbseinschränkung ursächlich sein kann.[521] Die Kausalität des Vergabefehlers fehlt dagegen, wenn der Bieter kein gleichwertiges Produkt anbietet oder anbieten kann, weil sein Angebot aus anderen Gründen als der fehlenden Übereinstimmung mit dem vorgegebenen Produkt nicht den Anforderungen des Leistungsverzeichnisses entspricht.[522] Das gleiche gilt, wenn die Wertungsmatrix vorsieht, dass angebotene Systemkomponenten, die „nicht punktgenau" den Spezifikationen eines Leitprodukts genügen bei der Angebotswertung mit zusätzlichen Wertungspunkten „belohnt" werden (zB wegen besserer Qualität), so dass sich die Vorgabe eines Leitprodukts nicht nachteilig auswirkt.[523]

97   Eine Ausschreibung, bei der aus zulässigen Gründen bestimmte technische Spezifikationen gefordert sind und die damit auf **ein bestimmtes Produkt hinausläuft,** weil nur dieses Produkt marktgängig ist, ist keine wettbewerbsfeindliche Verengung des Angebotsmarkts, wenn sich die Unternehmen dieses Produkt beim Hersteller besorgen können. Sie können nichts daraus herleiten, dass sie ihr eigenes Produkt ausgeschlossen wird, denn der Auftraggeber ist nicht verpflichtet, seine Nachfrage so auszuüben, dass möglichst viele Unternehmen ihre eigenen Produkte anbieten können (→ § 121 GWB Rn. 30).[524] Scheidet ein Wettbewerb aus (weil andere Unternehmen sich das Produkt nicht beschaffen können) kann nach § 14 Abs. 4 Nr. 2 Buchst. b) VgV ein Verhandlungsverfahren ohne Teilnahmewettbewerb stattfinden[525] und der Auftraggeber ist berechtigt, nur in Verhandlungen mit dem Bieter zu treten, der das Produkt anbieten kann.[526] Diese Voraussetzungen werden daher von der Rechtsprechung streng ausgelegt. Insbesondere darf die Festlegung des Beschaffungsbedarfs nicht gleichsam ein „Kunstgriff" sein durch den eine technische Besonderheit erzeugt wird, die eine Auftragsvergabe an ein bestimmtes Unternehmen legitimiert.[527] Für das OLG Düsseldorf steuert § 14 Abs. 6 VgV insoweit die Rechtfertigungstiefe: Eine Vergabe darf nur dann außerhalb des Wettbewerbs stattfinden, wenn es „keine vernünftige Alternative oder Ersatzlösung gibt" und der fehlende Wettbewerb nicht das Ergebnis einer „künstlichen Einschränkung der Auftragsparameter" ist.[528] Dies ist daher ein strengerer Maßstab als an „produktscharfe" Vorgaben in wettbewerblich organisierten Verfahren (→ Rn. 99).

---

[519] VK Baden-Württemberg 30.8.2016 – 1 VK 36/16, IBRRS 2016, 2853; bereits zur früheren Rechtslage üA OLG Düsseldorf 23.3.2010 – VII-Verg 61/09, ZfBR 2011, 103 = VergabeR 2010, 1012; VK Nordbayern 16.4.2008 – 21.VK-3194-14/08, IBRRS 2008, 1840; VK Bund 19.2.2015 – VK 2-1/15, IBRR 2015, 0653; *Herig* 5. Aufl. 2013, § 7 VOB/A Rn. 39, 52; *Hertwig/Slawinski* in Beck VOB/A § 7 Rn. 120. Die ältere Rechtsprechung hob in diesen Fällen die Ausschreibung vom Amts wegen auf, vgl. VK Sachsen 7.3.2003 – 1/SVK/007-03, NJOZ 2003, 2694.

[520] OLG München 5.11.2009 – Verg 15/0, BeckRS 2009, 86656; VK Nordbayern 27.9.2017, RMF – SG 21 – 3194 – 2 – 2; VK Westfalen 26.10.2017 – VK 1–21/17, IBRRS 2018, 0136; *Dähne* in Althaus/Heindl, 2. Aufl. 2013, Teil 1 Rn. 76.

[521] VK Südbayern 29.6.2015 – Z3–3-3194-1-22-03/15, IBRRS 2015, 2258; *Prieß/Simonis* in KKMPP, 4. Aufl. 2017, § 31 Rn. 66.

[522] OLG München 17.9.2007 – Verg 30/07, BeckRS 2008, 08685 Rn. 35; 5.11.2009 – Verg 15/09, BeckRS 2009, 86656; OLG Frankfurt a.M. 11.6.2013 – 11 Verg 3/13, BeckRS 2013, 10967.

[523] OLG Düsseldorf 25.4.2012 – VII-Verg 100/11, ZfBR 2012, 608 (610) – Drucker und Multifunktionssysteme.

[524] OLG Düsseldorf 22.10.2009 – Verg 25/09, BeckRS 2009, 29057; 25.4.2012 – VII-Verg 100/11, ZfBR 2012, 608 (610); VK Münster 20.4.2005 – VK 6/05, IBRRS 2005, 2261; VK Südbayern 29.1.2007 – Z3–3-3194-1-39-12/06, IBRRS 2007, 4940.

[525] Bislang § 3 EG Abs. 4 Buchst. c) VOL/A.

[526] OLG Düsseldorf 1.8.2012 – VII-Verg 10/12, NZBau 2012, 785 (790)– MoWas; 22.5.2013 – VII-Verg 16/12, NZBau 2013, 650 – HISinOne; 12.2.2014 – Verg 29/13, ZfBR 2014, 517 (520) – Hochschulverwaltungssoftware HIS.

[527] VK Westfalen 28.2.2017 – VK 1–2/17, IBRRS 2017, 1215.

[528] OLG Düsseldorf 12.7.2017 – VII-Verg 13/17, NZBau 2017, 679 Rn. 33 – MARS mAnm *Schwabe* VergabeR 2018, 74 (76 f.).

II. Produktspezifische Ausschreibungen (Satz 1)

1. Allgemeines

Gegenüber den Vorgängerbestimmungen in § 8 EG Abs. 7 VOL/A, § 6 Abs. 7 VOF, § 7 **98** Abs. 8 VOB/A ist der Wortlaut geändert und an die früheren § 7 Abs. 11 S. 1 SektVO aF angepasst. Zu § 7 Abs. 11 SektVO aF war anerkannt, dass der Auftraggeber in der Lage sein muss, ein bestimmtes Produkt oder Fabrikat vorzugeben, wenn nur dieses Produkt seinen Anforderungen entspricht.[529] Das wird nunmehr durch den Zusatz „es sei denn, dieser Verweis ist durch den Auftragsgegenstand gerechtfertigt" zum Ausdruck gebracht. Bei der Definition des Auftragsgegenstandes ist der Auftraggeber grundsätzlich frei (→ § 121 GWB Rn. 28). Die damit verbundenen Wettbewerbsbeschränkungen sind für den Verordnungsgeber grundsätzlich hinzunehmen.[530] Das entspricht der bisherigen üA[531] und gilt auch dann, wenn dies auf die **Beschaffung eines bestimmten Produktes** hinausläuft, zB eines „Steinway & Sons Flügel Modell C-227".[532] Für die üA sind die Bestimmungen zur produktneutralen Ausschreibung unter Beachtung des Leistungsbestimmungsrechts des Auftraggebers auszulegen (→ § 121 GWB Rn. 34).[533] Aus dem Wettbewerbsgrundsatz (§ 97 Abs. 1 S. 1 GWB) und Abs. 1 folgt, dass der Auftraggeber produktspezifische Ausschreibungen **grundsätzlich restriktiv** handhaben muss.[534] Keinesfalls genügt die auftraggeberinterne oder -externe Verständigung auf ein bestimmtes Produkt[535] oder eine entsprechende Beraterempfehlung.

Die vergaberechtlichen Grenzen an „produktscharfe" Ausschreibungen mittels techni- **99** scher Anforderungen sind für das OLG Düsseldorf und die üA eingehalten, wenn
– die Bestimmung durch den Auftragsgegenstand sachlich gerechtfertigt ist,
– vom Auftraggeber dafür nachvollziehbare objektive und auftragsbezogene Gründe angegeben worden sind und die Bestimmung folglich willkürfrei getroffen worden ist,
– solche Gründe tatsächlich vorhanden (festzustellen und notfalls erwiesen) sind (d.h. nicht nur vorgeschoben werden) und
– die Bestimmung andere Wirtschaftsteilnehmer nicht diskriminiert.[536]

[529] *Wolters* in Eschenbruch/Opitz § 7 SektVO Rn. 99 ff..
[530] Begründung der VergRModVO, BR-Drs. 87/16, 186 – insoweit im Einklang mit der hM → § 121 GWB Rn. 30.
[531] OLG Düsseldorf 17.2.2010 – Verg 42/09, BeckRS 2010, 06143 – ISM-Funktechnik; 15.6.2010 – Verg 10/10, BeckRS 2010, 19462 – Unterbrechungsfreie Stromversorgung; 1.8.2012 – Verg 10/12, NZBau 2012, 785; 22.5.2013 – VII-Verg 16/12, NZBau 2013, 650 – HISinOne; 12.2.2014 – Verg 29/13, ZfBR 2014, 517 (518) – Hochschulverwaltungssoftware HIS; OLG München 22.10.2015 – Verg 5/15, NZBau 2016, 63; VK Bund 25.3.2015 – VK 2–15/15, IBRRS 2015, 0900 – Küchentechnik; 10.6.2015 – VK 1–40/15, VPRRS 2015 9384 – Standardsoftware; VK Nordbayern 15.4.2015 – 21.VK-3194-01/15, IBRRS 2015, 2738; VK Südbayern 30.3.2017 – Z3–3–3194-1-04-02/17, IBRRS 2017, 1830; *Noch* BauRB 2005, 344 (345); *Wolters* in Eschenbruch/Opitz § 7 SektVO Rn. 107; *Haupt/Baldringer* in HdB Bauvergabe, 3. Aufl. 2014, F Rn. 116 (zu § 7 Abs. 11 SektVO aF).
[532] OLG Düsseldorf 14.9.2016 – 15 Verg 7/16, IBRRS 2016, 3028.
[533] OLG Düsseldorf 1.8.2012 – VII-Verg 10/12, NZBau 2012, 785 – MoWas; 31.5.2017 – VII-Verg 36/16, BeckRS 2017, 114322 – Drohnen; VK Lüneburg 27.9.2011 – VgK-40/2011, IBRRS 2012 0261 = ZfBR 2012, 312 (Ls.); VK Bund 9.5.2014 – VK 2–33/14, IBRRS 2014, 1566; *Noch* BauRB 2005, 344 (345); *Lisch* CR 2013, 761 (762).
[534] Allgemeine Ansicht, vgl. VK Sachsen 7.3.2003 – 1/SVK/007-03, NJOZ 2003, 2694; *Prieß/Simonis* in KKMPP, 4. Aufl. 2017, § 31 Rn. 47.
[535] VK Sachsen-Anhalt 16.9.2015 – 3 VK LSA 62/15, IBRRS 2015, 3257 – Straßenpflaster.
[536] Zur Neuregelung OLG Düsseldorf 31.5.2017 – VII-Verg 36/16, BeckRS 2017, 114322 – Drohnen (zu § 15 Abs. 8 VSVgV); VK Südbayern 30.3.2017 – Z3–3–3194-1-04-02/17, IBRRS 2017, 1830 – Hubrettungsfahrzeuge DLAK 23/12; entspricht der üA zu den Vorgängervorschriften OLG Düsseldorf 17.2.2010 – VII-Verg 42/09, BeckRS 2010, 06143; 1.8.2012 – VII-Verg 10/12, NZBau 2012, 785 (787); 27.6.2012 – VII-Verg 7/12; 22.5.2013 – VII-Verg 16/12, ZfBR 2013, 713 (714); 12.2.2014 – Verg 29/13, ZfBR 2014, 517 (518); 13.4.2016 – VII-Verg 47/15, NZBau 2016, 656 Rn. 26, 29 (zu § 8 EG Abs. 7 VOL/A); 14.9.2016 – VII-Verg 1/16, BeckRS 2016, 18567 = VergabeR 2017, 200 (zu § 8 EG Abs. 7 VOL/A); Thüringer OLG 25.6.2014 – 2 Verg 2/14, BeckRS 2014, 23202 Rn. 47; VK Bund 25.3.2015 –

Die hinter der Produktfestlegung stehenden sachlichen Erwägungen des Auftraggebers werden von den Gerichten vollständig nachgeprüft, so dass insoweit kein kontrollfreier Ermessen- oder Beurteilungsspielraum besteht.[537] Die Entscheidung des Auftraggebers wird dabei abgestuft geprüft: Im ersten Schritt wird geprüft, ob eine technische Anforderung aus fachlicher Sicht zumindest **nachvollziehbar (plausibel) erscheint** (zB dass ein Kunstrasen für Sportzwecke besonders haltbar sein muss,[538] zur Vermeidung allergischer Reaktionen ein latexfreier Katheder gefordert wird[539] oder eine horizontale Aufnahme einer Trage in einem Rettungsfahrzeug vorgegeben wird).[540] Sofern der Auftraggeber nach eigener Erkenntnis nicht über die erforderliche Fachkunde verfügt, muss er sich fachlich beraten lassen; er darf sich mithin nicht die Beantwortung von Fachfragen anmaßen.[541] Er darf nicht durch seine Planung erst die Ursache dafür schaffen, dass nur das gewünschte Fabrikat verwendet werden kann, indem er die Planung auf dieses Produkt ausrichtet. Hält sich der Auftraggeber innerhalb dieses Rahmens, ist eine daraus abgeleitete Produkteinschränkung hinzunehmen und kann von den Nachprüfungsinstanzen nicht im Rahmen des Amtsermittlungsgrundsatzes (§ 163 Abs. 1 GWB) fachlich hinterfragt werden (zB durch Einholung eines Sachverständigenbeweises).[542] Eine eigene fachlich-inhaltliche Bewertung nehmen die Nachprüfungsinstanzen nicht vor. Sie beschränken sich im zweiten Prüfungsschritt auf die Aussonderung der Fälle, in denen die dokumentierten Fachgründe nur vorgeschoben sind. Es erfolgt insbesondere keine Prüfung nach den weitergehenden Maßstäben der Kontrolle eines Beurteilungsspielraums, so dass zB nicht eingewandt werden kann, dass die Wahl eines bestimmten Technologiestandes weitere Nachweise oder wissenschaftliche Untersuchungsergebnisse erfordert hätte.[543] Maßgeblicher Beurteilungszeitpunkt ist der **Zeitpunkt der letzten mündlichen Verhandlung.**[544]

Negativ abzugrenzen sind nicht nur willkürliche oder diskriminierende Erwägungen, sondern auch solche Produktvorgaben, bei denen ein vom Auftraggeber angeführtes rechtliches Risiko nicht besteht (zB wegen einer ergangenen höchstrichterlichen Rechtsprechung)[545] oder eine angeführte Technologie ohnehin nicht fortgeführt werden wird, infolgedessen auf die bisherigen Erfahrungswerte nicht mehr aufgebaut werden kann, bei einer produktneutralen Ausschreibung mit keinem zeitlichen oder organisatorischen Mehraufwand zu rechnen wäre und daher das Argument einer „Übergangslösung" nicht greift.[546]

VK 2–15/15, IBRRS 2015, 0900; 9.9.2015 – VK 1–82/15, IBRRS 2016, 0984; 9.2.2016 – VK 1–130/15, ZfBR 2016, 711 (715); 17.8.2016 – VK 1–54/16, IBRRS 2017, 0535 (zu § 15 Abs. 8 S. 1 VSVgV); VK Münster 1.3.2016 – VK 1–2/16, BeckRS 2016, 06904 (zu § 8 EG Abs. 7 VOL/A 2009); die Ableitung des OLG Düsseldorf aus dem Leistungsbestimmungsrecht ist mittlerweile üA, war aber lange Zeit wegen der damit verbundenen Freiheiten für den Auftraggeber umstritten; vgl. *Hertwig/Slawinski* in Beck VOB/A § 7 Rn. 113, 114; kritisch u. a. *Hausmann* Beschaffungsautonomie und Produktneutralität 191 f.

[537] Zusammenfassend VK Bund 16.3.2015 – VK 2–9/15, IBRRS 2015, 0898 – Hantelbank für Bundeswehr.

[538] OLG Düsseldorf 6.7.2005 – Verg 26/05, BeckRS 2005, 12127 – Sportrasen.

[539] OLG Düsseldorf 22.10.2009 – Verg 25/09, BeckRS 2009, 29057 – Latexfreiheit.

[540] VK Südbayern 30.3.2017 – Z3-3-3194-1-04-02/17, IBRRS 2017, 1830 – Hubrettungsfahrzeuge DLAK 23/12.

[541] OLG Düsseldorf 6.7.2005 – Verg 26/05, BeckRS 2005, 12127 –Sportrasen.

[542] VK Brandenburg 23.6.2016 – VK 8/16, BeckRS 2016, 53540; *Leinemann* Vergabe öffentlicher Aufträge, 6. Aufl. 2016, Rn. 583.

[543] OLG Düsseldorf 17.2.2010 – Verg 42/09, BeckRS 2010, 06143 – ISM-Funktechnik (auch zur Abgrenzung der früheren Rechtsprechung, die noch eine Kontrolle nach Beurteilungsspielraum vornahm). In der Literatur wird zT immer noch von einer Beurteilungsspielraumkontrolle ausgegangen, etwa *Schätzlein* in HKKW § 7 VOB/A Rn. 100.

[544] Dazu *Meeßen* VergabeR 2017, 625 (626).

[545] Zu fehlenden Gründen für eine Beschränkung von Softwarelieferverträgen auf Originallizenzen VK Münster 1.3.2016 – VK 1–2/16, BeckRS 2016, 06904 (zu § 8 EG Abs. 7 VOL/A 2009).

[546] OLG Düsseldorf 13.9.2016 – VII-Verg 36/16, BeckRS 2016, 21110 und 31.5.2017 – VII-Verg 36/16, BeckRS 2017, 114322 Drohnen. Anders noch die Vorinstanz VK Bund 17.8.2016 – VK 1–54/16, IBRRS 2017, 0535 (jeweils zu § 15 Abs. 8 S. 1 VSVgV).

Der Zusatz „oder gleichwertig" ist in den Vergaberichtlinien nur für den zweiten Aus- **100** nahmetatbestand der mangelnden Beschreibbarkeit vorgeschrieben (→ Rn. 94).[547] Er macht bei produktspezifischen Ausschreibungen des Satzes 1 idR keinen Sinn, da sich der Auftraggeber gerade aus bestimmten Sachgründen auf ein bestimmtes Produkt festgelegt hat.[548] Er lässt sich daher nicht in die Ausschreibung „hineinlesen".[549] Anders ist es, wenn der Auftraggeber bei der Vorbereitung der Ausschreibung Anhaltspunkte gewinnt, dass es geeignete Alternativprodukte geben könnte, sich diese Frage aber nicht klären lässt.[550] In diesem Fall kann er ein „gleichwertiges" Produkt zulassen, muss dann aber Gleichwertigkeitsmaßstäbe angeben und eine Gleichwertigkeitsprüfung durchführen. Ein Anspruch auf Aufnahme eines Gleichwertigkeitszusatzes besteht aber nicht.[551] Liegen die Voraussetzungen von Satz 1 nicht vor, ändert eine solche Öffnungsklausel nichts an einem Vergaberechtsverstoß, da die Position der Bieter sich bereits dadurch verschlechtert, dass ihnen die volle Beweislast für die Gleichwertigkeit aufgebürdet wird (→ Rn. 117).[552]

Inhaltsgleich sind §§ 28 Abs. 6 S. 1 SektVO, 15 Abs. 3 S. 1 KonzVgV, 7 EU Abs. 2 **101** VOB/A, 15 Abs. 8 S. 1 VSVgV, 7 VS Abs. 2 VOB/A; unterhalb der Schwellenwerte §§ 23 Abs. 5 S. 2–4 UVgO; 7 Abs. 2 Nr. 1 VOB/A.

2. Voraussetzungen

a) **Verweis in der „Leistungsbeschreibung".** Abs. 6 S. 1 regelt Verweise auf eine be- **102** stimmte Produktion, Herkunft, besonderes Verfahren, gewerbliche Schutzrechte, Typen oder einen bestimmten Ursprung, die in der „Leistungsbeschreibung" enthalten sind. Gemeint sind damit nach den Vergaberichtlinien und dem Regelungszusammenhang allerdings nur die technischen Anforderungen (technischen Spezifikationen). Insoweit gilt nichts anderes, als nach den Vorgängervorschriften[553] und bei Abs. 1 (→ Rn. 16). „Technische Anforderungen" wurde im Zusammenhang mit produktspezifischen Vorgaben schon bislang weit verstanden.[554] Gemeint sind sämtliche Vorgaben und Standards des Auftraggebers an das zu liefernde Produkt bzw. die erbringende Leistung, unabhängig von der Art der Beschreibung (→ Anlage 1 Rn. 9).[555] Zu betrachten ist die jeweils einzelne technische Anforderung. Eine einzige pauschale Begründung reicht deshalb bereits im Ansatz nicht aus, um eine Produktspezifizierung für eine Mehrzahl von Produkten zu rechtfertigen.[556]

b) **Sach- und auftragsbezogene Gründe.** Sach- oder auftragsbezogene Gründe für **103** eine Produkt- oder Herkunftsvorgabe können in der vom Auftraggeber verfolgten Aufgabenstellung, außergewöhnlichen technischen oder gestalterischen Herausforderungen sowie in außergewöhnlichen Nutzungsanforderungen an ein Bauwerk, eine Dienstleistung oder

---

[547] ÜA, OLG Karlsruhe 14.9.2016 – 15 Verg 7/16, IBRRS 2016, 3028; VK Baden-Württemberg 8.7.2016 – 1 VK 28/16, IBRRS 2016, 2855. Eine vereinzelt gebliebene Gegenansicht ist VK Nordbayern 24.9.2014 – 21.VK-3194-24/14, IBRRS 2014, 2743; 24.9.2014 – 21.VK-3194-26/14, IBRRS 2014, 2771 m. abl. Anm. *Weyand* VPR 2014, 305.

[548] Das kommt nunmehr in § 23 Abs. 5 S. 2 UVgO zum Ausdruck, wonach der Zusatz „entfallen" kann, wenn ein sachlicher Grund die Produktvorgabe „ansonsten" rechtfertigt.

[549] Dazu VK Sachsen 22.9.2014 – 1/SVK/029-14, IBRRS 2015, 0325 – Lausitzer Granit.

[550] Umstritten. Für die Zulässigkeit dieser Ausschreibungstechnik *Noch* BauRB 2005, 344 (345). Ablehnend VK Baden-Württemberg 8.7.2016 – 1 VK 28/16, IBRRS 2016, 2855.

[551] VK Nordbayern 15.4.2015 – 21.VK-3194-01/15, IBRRS 2015, 2738.

[552] OLG Düsseldorf 14.10.2009 – Verg 9/09, BeckRS 2009, 29070; *Krohn* Öffentliche Auftragsvergabe und Umweltschutz 218; *Hertwig/Slawinski* in Beck VOB/A § 7 Rn. 117.

[553] Zutreffender und eindeutiger war in diesem Punkt die früheren §§ 8 EG Abs. 7 S. 1 VOL/A; 6 Abs. 7 S. 1 VOF, 7 Abs. 11 S. 1 SektVO aF, die auf die „technischen Anforderungen" Bezug nahmen; bzw. § 7 EG Abs. 8 S. 1 VOB/A 2012 auf die „technischen Spezifikationen".

[554] Zum „weit zu verstehenden Sinn" OLG Düsseldorf 22.5.2013 – VII-Verg 16/12, NZBau 2013, 650 (651) – HISinOne; 12.2.2014 – Verg 29/13, ZfBR 2014, 517 (518) – Hochschulverwaltungssoftware HIS; 14.9.2016 – Verg 1/16, BeckRS 2016, 18567 – Pregabalin (zu § 8 EG Abs. 7 VOL/A).

[555] *Lisch* CR 2013, 761 (762).

[556] VK Sachsen 30.8.2016 – 1/SVK/016–16, ZfBR 2017, 194 mAnm *Schimanek* jurisPR-VergabR 1/2017 Anm. 6.

Produkt begründet sein. In der Regel setzt dies voraus, dass die Leistungserbringung **spezifische Merkmale des ausgeschriebenen Produkts** erfordert, zB seine besondere Robustheit und Haltbarkeit (zB bei einem Kunststofffrasen),[557] seine Bedienbarkeit,[558] die (bau-)ästhetische Wirkung,[559] einen speziellen Klang,[560] Denkmalschutzvorgaben[561] oder die Reproduzierbarkeit von Messergebnissen.[562] Bei **Standardprodukten,** die von mehreren Herstellern angeboten werden und deren Anforderungen funktional beschrieben werden können, scheidet eine „produktscharfe" Ausschreibung idR aus. Das kann ausnahmsweise bei besonderen baulichen Gegebenheiten anders sein, zB wenn sich nur mit einem bestimmten Produkt arbeitsstättenrechtliche Vorgaben sicher einhalten lassen.[563]

Die Nachfrage nach einem bestimmten Produkt kann ferner durch die **Einfügung in eine vorhandene bauliche, organisatorische oder technische Umgebung** gerechtfertigt sein, nicht nur aus **bautechnischen Gründen,**[564] sondern auch um den Aufwand für **Verbrauchs- und Ersatzteilhaltung, Wartungsarbeiten** und den **Zeit- und Kostenaufwand für Schulungen** in einem vertretbaren Umfang zu halten.[565] Das sind in etwa die Fälle, die bereits § 7 Abs. 4 VOL/A 2009 mit „Schwierigkeiten bei Integration, Gebrauch, Betrieb oder Wartung" umschrieb (nunmehr fortgeführt in § 23 Abs. 5 S. 3 UVgO). Das ist vor allem bei IT-Beschaffungen von hoher praktischer Bedeutung, bei denen die Rechtsprechung die **Einpassung in eine vorhandene Hard- oder Softwareumgebung,**[566] Vermeidung von zusätzlichem Schulungsaufwand,[567] **Verlust von langjährigem Know-**how,[568] Interoperabilitäts- und Kompatibilitätserfordernisse[569] mit Blick auf eine möglichst schnelle Fehleranalyse und -beseitigung sowie Kosten- und Entwicklungsvorteile bis zu einer **„Ein-Hersteller-Strategie"** akzeptiert.[570] Für das OLG Düsseldorf darf der Auftraggeber dabei **„den sichersten Weg"** gehen und muss sich nicht

[557] OLG Düsseldorf 6.7.2005 –Verg 26/05, BeckRS 2005, 12127 – Sportrasen; VK Münster 20.4.2005 – VK 6/05, IBRRS 2005, 2261.

[558] VK Lüneburg 16.11.2009 – VgK-62/2009, BeckRS 2009, 89484 – Whiteboards für Schulen.

[559] OLG Düsseldorf 9.1.2013 – VII-Verg 33/12, BeckRS 2013, 04708 = VergabeR 2013, 599 – Außenputz Domplatz in Münster; VK Münster 24.6.2011 – VK 6/11, IBRRS 2011, 3576 – Irischer Blaustein.

[560] OLG Karlsruhe 14.9.2016 – 15 Verg 7/16, IBRRS 2016, 3028 – Steinway-Flügel; VK Baden-Württemberg 8.7.2016 – 1 VK 28/16, IBRRS 2016, 2855 – Steinway-Flügel.

[561] Allerdings muss dann auch begründet werden, warum nur dieses Produkt diese Anforderungen erfüllt, VK Sachsen-Anhalt 16.9.2015 – 3 VK LSA 62/15 (für ein Straßenpflaster).

[562] OLG Düsseldorf 3.3.2010 – Verg 46/09, IBRRS 2010, 2989 – Kleinlysimeter.

[563] VK Bund 25.3.2015 – VK 2–15/15, IBRRS 2015, 0900 – Küchentechnik.

[564] Zur Vorgabe eines Rauchmelders mit Luftsammelrohr VK Nordbayern 16.1.2007 – 21.VK-3194-43/06, IBRRS 2007, 0492; allgemein *Ruff* in Müller-Wrede § 7 SektVO Rn. 128.

[565] OLG Düsseldorf 13.4.2016 – VII-Verg 47/15, NZBau 2016, 656 Rn. 24 – VoIP-Telefonie; OLG Saarbrücken 29.10.2003 – 1 Verg 2/03, NZBau 2004, 117 – Maschinenausschreibung in MSR Technik; OLG Frankfurt a. M. 28.10.2003 – 11 Verg 9/03, ZfBR 2004, 486 (487); *Hattig* in Müller-Wrede, 2. Aufl. 2006, § 6 SKR Rn. 29; *Schätzlein* in HKKW § 7 VOB/A Rn. 102; zu Beschaffungen für Übungssituationen VK Bund 17.8.2016 – VK 1–54/16, IBRRS 2017, 0535 (zu § 15 Abs. 8 S. 1 VSVgV) – Beschaffung einer Drohne.

[566] Zur Vermeidung von Fehlfunktionen, Kompatibilitätsproblemen und Umstellungsaufwand OLG Düsseldorf 22.5.2013 – VII-Verg 16/12, NZBau 2013, 650 (652) – HISinOne; zur Entlastung von einem jahrelangen Parallelbetrieb OLG Düsseldorf 12.2.2014 – Verg 29/13, ZfBR 2014, 517 (519) – Hochschulverwaltungssoftware HIS; weitere Nachweise bei *Dicks* IBR 2008, 1360 Rn. 65; zu einer EMM-Lösung VK Bund 10.6.2015 – VK 1–40/15, VPRRS 2015, 0384 – Standardsoftware; zu einer Rechenzentrumsinfrastruktur VK Bund 9.9.2015 – VK 1–82/15, IBRRS 2016, 0984; allgemein *Stein/Simonis* Leistungsbeschreibung 134; zur Beschaffung von „Microsoft"-Software *Heckmann* in Spindler (Hrsg.) Rechtsfragen bei open source H Rn. 57; zur Breitbandversorgung *Braun/Zwetkow* VergabeR 2015, 521 (529 f.) zu Feuerwehrfahrzeugen *Pinkenburg* in Goede/Stoye/Stolz Kap. 14 C Rn. 20 f. Weitere Nachweise bei *Traupel* in Müller-Wrede, Kompendium, 2. Aufl. 2013, 14 Rn. 41.

[567] OLG Düsseldorf 13.4.2016 – VII-Verg 47/15, NZBau 2016, 656 Rn. 24 – VoIP-Telefonie.

[568] VK Sachsen 30.8.2016 – 1/SVK/016–16, ZfBR 2017, 194.

[569] Zuletzt OLG Düsseldorf 31.5.2017 – VII-Verg 36/16, BeckRS 2017, 114322 – Drohnen (zu § 15 Abs. 8 VSVgV); bereits OLG Düsseldorf 14.4.2005 – Verg 93/04, BeckRS 2005, 05314; 13.4.2016 – VII-Verg 47/15, NZBau 2016, 656 Rn. 24; *Prieß/Simonis* in KKMPP, 4. Aufl. 2017, § 31 Rn. 46.

[570] VK Bund 9.9.2015 – VK 1–82/15, IBRRS 2016, 0984 (mit den weiteren Vorteilen: verringerte Arbeitsbelastung der Mitarbeiter, verringerter Schulungsaufwand und einheitliche Monitoring-Oberfläche).

auf Risiken einlassen.[571] Entsprechendes gilt für den Ausschluss von Neuentwicklungskosten, Transaktionskosten und Zeitaufwand bei der Beschaffung von Militärgütern,[572] die Beschaffung zertifizierter Gesamtsysteme[573] oder für die Versorgung von Versicherten mit vertrauten Hilfsmitteln,[574] nicht dagegen bei Rabattverträgen über Wirkstoffe.[575]

Nicht ausreichend sind Sachgründe, die sich nicht auf unveränderliche Merkmale des Beschaffungsgegenstandes beziehen, zB die Versorgung mit Originalteilen[576] oder -verauchsmaterial,[577] der Wunsch nach Bereitstellung von Software mittels einheitlichen Installationskeys,[578] interne Anweisungen,[579] fiskalische Motive (zB ausgehandelte Preisvorteile bei bestimmten Waren),[580] sozialpolitische Erwägungen (keine Einhaltung von Sozialstandards durch Produzenten),[581] Motive der Regional-, Wirtschafts- und Technologieförderung oder technologiepolitische Gründe (zB prinzipieller Einkauf nur von „open-source"-Software),[582] ebensowenig die „guten Erfahrungen" mit einem bestimmten Produkt eines bestimmten Unternehmens[583] oder seine vorherige Verwendung in einem anderen Gebäude (zB Türdrücker).[584] Ausgeschlossen ist diese Möglichkeit zudem, wenn **kein konkreter Beschaffungsbedarf** besteht (zB bei Optionen).

Die betreffenden Sachgründe müssen beim konkreten Beschaffungsvorhaben des Auftraggebers vorliegen. Es reicht nicht, auf Beschaffungen anderer Auftraggeber zu verweisen. Werden Beschaffungen in einer Einkaufsgemeinschaft gebündelt, müssen die betreffenden Sachgründe **bei allen Auftraggebern** in der gleichen Ausprägung vorliegen.[585] Es kann auch ausreichen, dass eine Infrastruktur (Leitungsnetze) von verschiedenen Stadtwerken in eine neu gegründete Betreibergesellschaft eingebracht werden soll, und Teile der Stadtwerke bereits über die ausgeschriebene IT-Systemsoftware verfügen.[586] Sind nur bestimmte Mindestanforderungen technisch relevant, lässt sich ein bestimmtes Produkt idR nicht unter Hinweis auf allgemeine Kompatibilitätserfordernisse ausschreiben, zumal diese sich nie völlig vermeiden lassen.[587]

Dem Auftraggeber ist es unbenommen, sich zugleich mit seiner Beschaffungsentscheidung für eine bestimmte, **am Markt angebotene Technologie** zu entscheiden, sofern dahinter keine willkürlichen oder diskriminierenden Erwägungen stehen.[588] Bezieht er

104

---

[571] OLG Düsseldorf 31.5.2017 – VII-Verg 36/16, BeckRS 2017, 114322 – Drohnen (zu § 15 Abs. 8 VSVgV).
[572] OLG Düsseldorf 1.8.2012 – VII-Verg 10/12, NZBau 2012, 785 (788) – MoWas; 31.5.2017 – VII-Verg 36/16, BeckRS 2017, 114322 – Drohnen.
[573] Thüringer OLG 25.6.2014 – 2 Verg 2/14, BeckRS 2014, 23202 Rn. 49 ff. – für eine geschwindigkeitsmeßtechnische Anlage.
[574] VK Bund 2.4.2014 – VK 1–14/14, IBRRS 2014, 1854 – Inkontinenzhilfen.
[575] Kritisch *Traupel* in Müller-Wrede, Kompendium, 2. Aufl. 2013, 14 Rn. 41.
[576] OLG Frankfurt a. M. 29.5.2007 – 11 Verg 12/06, BeckRS 2007, 65165.
[577] VK Bund 9.5.2014 – VK 2–33/14, IBRRS 2014, 1566.
[578] (Zur zulässigen Beschränkung auf Neusoftware) VK Münster 1.3.2016 – VK 1–2/16, BeckRS 2016, 06904 (zu § 8 EG Abs. 7 VOL/A 2009).
[579] VK Lüneburg 27.9.2011 – VgK-40/2011, IBR 2012, 163 – Fahrzeugrückhaltesysteme.
[580] *Heiermann/Bauer* in HRR, 13. Aufl. 2013, § 7 EG Rn. 58. Eine Ausnahme macht die Rechtsprechung bei einem drohenden Haftungsverlust durch Einsatz von Fremdprodukten, vgl. VK Sachsen 30.8.2016 – 1/SVK/016–16, ZfBR 2017, 194.
[581] Umstritten. Für die Zulässigkeit *Ölcum* Berücksichtigung sozialer Belange 109.
[582] *Heckmann* in Spindler (Hrsg.) Rechtsfragen bei open source H Rn. 58 ff.; *Roggenkamp/Zimmermann* in jurisPK-VergR, 4. Aufl. 2013, § 8 EG VOL/A 2009 Rn. 48; *Krohn* NZBau 2013, 79 (83).
[583] *Ruff* in Müller-Wrede § 7 SektVO Rn. 128.
[584] VK Hessen 11.12.2006 – 69d VK 60/2006, IBRRS 2007, 0061 – Türdrückergarnituren.
[585] OLG Karlsruhe 16.11.2012 – 15 Verg 9/12, BeckRS 2013, 18348 – Mobile bildgebende Geräte.
[586] OLG Düsseldorf 14.4.2005 – VII Verg-93/04, VergabeR 2005, 513 – Geographisches Informationssystem.
[587] VK Lüneburg 12.5.2005 – VgK-15/2005, IBRRS 2005, 1862 – Server/SAN-Komponenten und Zubehör.
[588] Zu diesem Maßstab OLG Düsseldorf 17.2.2010 – VII-Verg 42/09, BeckRS 2010, 06143 – ISM-Funktechnik unter Hinweis auf *Scharen*, GRUR 2009, 345 (347); ferner OLG Düsseldorf 15.6.2010 – VII-Verg 10/10, BeckRS 2010, 19462 – USV-Anlagen; VK Lüneburg 16.11.2009 – VgK-62/2009, BeckRS 2009, 89484. Im Grundsatz auch OLG Celle 22.5.2008 – 13 Verg 1/08, BeckRS 2008, 10353 – Farb-

Leistungen auf der Basis individuell auf seinen Bedarf hin angepassten technischen Infrastruktur, ist er vergaberechtlich nicht verpflichtet, indirekt eine **Neuentwicklung oder Nachbildung dieser technischen Systeme** zu beauftragen. Das gilt insbesondere, wenn er Schnittstellenprobleme, erhöhte Transaktions- und Schulungskosten, Verlust von langjährigem Know-how, höheren Wartungsaufwand, Ersatzteile und Fehlfunktionen vermeiden will.[589] Er wird durch das Vergaberecht nicht verpflichtet, eine bewährte Technik zu modifizieren oder sich darauf einzulassen, dass der Auftragnehmer die Kompatibilität sicherstellt, sondern kann „den sichersten Weg" gehen.[590] Bei Hard- und Software kann der Auftraggeber personelle, wirtschaftliche und technische Gründe anführen, wenn es ihm darum geht, **Migrations- und Schnittstellenschwierigkeiten** durch eine bestimmte Hard-/Softwarelösung zu vermeiden (unabhängig davon, ob es ein Upgrade oder Update ist).[591] Dasselbe gilt beim Arzneimittelliefervertrag bei dem die Versorgung der Versicherten mit den vertrauten Produkten bei andernfalls wegen drohender Compliance-Schwierigkeiten möglich ist.[592] Der bloße Wiedererkennungswert eines bestimmten Produkts reicht dagegen nicht aus.

105   **c) Marktübersicht des Auftraggebers.** Der Auftraggeber darf bei seiner Beschaffungsentscheidung ihm bekannte Produktalternativen nicht von vornherein außer Acht lassen, sondern muss sich mit ihnen anhand seiner konkreten Anforderungen auseinandersetzen.[593] Eine generelle Pflicht zur vorherigen Einholung einer Marktanfrage bestand nach bisher üA nicht; es stand im Ermessen des Auftraggebers, ob er eine Markterkundung vor Ausschreibungsbeginn durchführt (→ § 121 GWB Rn. 32).[594] Der durch die VergRMod-VO eingefügte § 28 Abs. 1 VgV hat daran nichts geändert, weil er die Markterkundung ebenfalls in das Ermessen des Auftraggebers stellt.[595] Der Auftraggeber ist nicht zu einer Marktanfrage verpflichtet, wenn er vertretbar zur Einschätzung gelangen kann, dass er bereits **über hinreichende Marktkenntnisse** verfügt. Aus § 31 Abs. 1 VgV folgt keine Pflicht zu einer dokumentierten Marktanalyse.[596] Allerdings verpflichtet der Wettbewerbsgrundsatz (§ 97 Abs. 1 GWB) den Auftraggeber, sich einen **möglichst breiten Überblick** über in Betracht kommende technische Lösungen zu verschaffen und einzelne Lösungswege nicht von vornherein auszublenden.[597] Für die Rechtsprechung muss er positiv feststellen (und dokumentieren), warum eine durch die technischen Vorgaben des Leis-

doppler-Ultraschall-System (allerdings im konkreten Fall verneint). Von einer (strengeren) fachlichen Vertretbarkeitskontrolle gingen dagegen zB noch aus OLG Düsseldorf 6.10.2004 – VII-Verg 56/04; 14.4.2005 – VII-Verg 93/04.

[589] Ständige Rechtsprechung, OLG Frankfurt a. M. 28.10.2003 – 11 Verg 9/03, ZfBR 2004, 486 (487); OLG Saarbrücken 29.10.2003 – 1 Verg 2/03, NZBau 2004, 117 (118) = BeckRS 9998, 26362, BayObLG, 15.9.2004 – Verg 026/03, 09730, Rn. 33, BeckRS 2004, 09730.
[590] OLG Düsseldorf 1.8.2012 – Verg 10/12, NZBau 2012, 785; ähnlich die Konstellation bei OLG Karlsruhe 15.11.2013 – 15 Verg 5/13, BeckRS 2014, 08129.
[591] OLG Düsseldorf 22.5.2013 – VII-Verg 16/12; ZfBR 2013, 713 (714/715) – HISinOne; ausführlich *Krohn* NZBau 2013, 79 (82 f.).
[592] OLG Düsseldorf 12.2.2014 – Verg 29/13, ZfBR 2014, 517 (519); 24.9.2014 – VII-Verg 17/14, VergabeR 2015, 443.
[593] OLG Karlsruhe 14.9.2016 – 15 Verg 7/16, IBRRS 2016, 3028.
[594] OLG Düsseldorf 17.2.2010 – Verg 42/09, BeckRS 2010, 06143 – ISM-Funktechnik;13.4.2016 – VII-Verg 47/15, NZBau 2016, 656 Rn. 25; OLG Jena 25.6.2014 – 2 Verg 1/14, ZfBR 2015, 404 (405) (unter Aufgabe der früheren Rechtsprechung); VK Bund 9.9.2015 – VK 1–82/15, IBRRS 2016, 0984; VK Sachsen 30.8.2016 – 1/SVK/016–16, ZfBR 2017, 194; *Donhauser* in VERIS-VOB/A-Online-Kommentar (Stand Februar 2013), § 7 EG VOB/A Rn. 8; *Haupt/Baldringer* in HdB Bauvergabe, 3. Aufl. 2014, F Rn. 108 (zu § 7 Abs. 11 SektVO aF); *Leinemann* Vergabe öffentlicher Aufträge, 6. Aufl. 2016, Rn. 1238; *Wirner* in Willenbruch/Wieddekind, 4. Aufl. 2017, VOB/A § 7 Rn. 9. Überblick über den Meinungsstand zuletzt bei *Rung* VergabeR 2017, 440 (441 f.).
[595] *Schimanek* jurisPR-VergabR 1/2017 Anm. 6.
[596] Anderer Ansicht *Zimmermann* in jurisPK-VergR, 5. Aufl. 2016, § 31 VgV Rn. 14.
[597] Allgemeine Ansicht, zB VK Schleswig-Holstein 28.11.2006 – VK-SH 25/06, BeckRS 2006, 15179; VK Münster 1.3.2016 – VK 1–2/16, BeckRS 2016, 06904 (zu § 8 EG Abs. 7 VOL/A 2009); *Herig* 5. Aufl. 2013, § 7 VOB/A Rn. 37. Das Fehlen eines Marktüberblicks wurde von OLG Celle 22.5.2008 – 13 Verg 1/08, BeckRS 2008, 10353 – Farbdoppler-Ultraschall-System beanstandet.

tungsverzeichnisses auch nur inzident ausgeschlossene Lösungsvariante zur Erreichung des Beschaffungszwecks nicht geeignet erscheint. Das gilt insbesondere, wenn die Beschreibung der Leistung auf die Monopolstellung eines Anbieters hinausläuft. Er ist aber nicht zu einer Markterforschung oder Marktanalyse verpflichtet, ob sich das Ausschreibungsergebnis auch über eine produktneutrale Ausschreibung erreichen ließe.[598]

Führt eine Marktanfrage zum Ergebnis, dass nur ein einziges Produkt die Anforderungen erfüllt, entbindet das nicht von der Prüfung, dass die zu erfüllenden technischen Anforderungen durch den Auftragsgegenstand gerechtfertigt sind und sie nicht speziell auf das Produkt dieses Herstellers zugeschnitten wurden.[599]

d) Keine Diskriminierung. Die produktspezifische Ausschreibung darf nicht zu einem **106** mangelnden Wettbewerb als Folge einer „künstlichen Einschränkung der Auftragsvergabeparameter" iSd § 14 Abs. 6 VgV führen, indem Produkte oder Dienstleistungen ausgeschlossen werden, die an sich geeignet wären, den Beschaffungsbedarf zu decken.[600] Beanstandet wurde vom OLG Düsseldorf eine Ausschreibung, durch die einem Unternehmen, das einen Wirkstoff an sich liefern konnte der Marktzugang durch die ausschließliche Zulassung für patentfreie Indikationen versperrt wurde, ohne dass dahinter ein einleuchtender Sachgrund stand.[601] Dass die geforderten Leistungen nicht von jedem Bieter erbracht werden können ist dagegen bei Vorliegen eines Sachgrundes für die technische Anforderung unschädlich.

e) Dokumentationsanforderungen. Die aus dem Auftragsgegenstand abgeleiteten **107** Sachgründe für eine konkrete Produktvorgabe und der Willensbildungsprozess des Auftraggebers müssen in der nach § 8 Abs. 1 VgV zu führenden Vergabeakte nachvollziehbar **dokumentiert** werden (→ § 121 GWB Rn. 33).[602] An die Begründung einer produktspezifischen Ausschreibung und ihre Dokumentation werden von der Rechtsprechung hohe Anforderungen gestellt.[603] Aus der Dokumentation müssen sich das Vorhandensein sachlicher Gründe und die daran anknüpfende Entscheidung des Auftraggebers für einen unbefangenen Dritten nachvollziehbar erschließen. Fehlt es daran, verstößt die Produktvorgabe gegen Abs. 6 S. 1.[604] Im Nachprüfungsverfahren ist der Auftraggeber darlegungs- und beweisbelastet.[605] Die Rechtsprechung erlaubt mittlerweile die nachträgliche Ergänzung der Begründung um zusätzliche oder vertiefende Begründungselemente.[606] Eine gänzlich fehlende Darlegung im Vermerk kann nicht durch die Zeugenaussage eines Mitarbeiters der

---

[598] Thüringer OLG 25.6.2014 – 2 Verg 2/14, BeckRS 2014, 23202 Rn. 46 nwN.

[599] VK Bund 10.6.2015 – VK 1–40/15, VPRRS 2015, 0384 – Standardsoftware.

[600] VK Westfalen 28.2.2017 – VK 1–2/17, IBRRS 2017, 1215 – Systeme zur Leberunterstützungstherapie.

[601] OLG Düsseldorf 14.9.2016 – Verg 1/16, BeckRS 2016, 18567 (zu § 8 EG Abs. 7 VOL/A) – Pregabalin.

[602] Unstrittig, vgl. VK Baden-Württemberg 30.8.2016 – 1 VK 36/16, IBRRS 2016, 2853; VK Sachsen 23.11.2016 – 1/SVK/025-16, IBRRS 2017, 0180; *Leinemann* Vergabe öffentlicher Aufträge, 6. Aufl. 2016, Rn. 579; *Prieß/Simonis* in KKMPP, 4. Aufl. 2017, § 31 Rn. 49; unterhalb der Schwellenwerte § 23 Abs. 5 S. 4 UVgO. Bereits zur vorherigen Rechtslage üA, vgl. OLG Jena 26.6.2006 – 9 Verg 2/06, NZBau 2006, 735; OLG Frankfurt a. M. 29.5.2007 – 11 Verg 12/06, BeckRS 2007, 65165; OLG Karlsruhe 16.11.2012 – 15 Verg 9/12, BeckRS 2013, 18348; 14.9.2016 – 15 Verg 7/16, IBRRS 2016, 3028; OLG Düsseldorf 12.2.2014 – Verg 29/13, ZfBR 2014, 517; VK Bund 9.5.2014 – VK 2–33/14, IBRRS 2014, 1566; 19.2.2015 – VK 2-1/15, IBRR 2015, 0653; VK Hessen 11.12.2006 – 69d VK 60/2006, IBRRS 2007, 0061; VK Schleswig-Holstein 21.11.2006 – VK-25/06, BeckRS 2006, 15179; VK Sachsen-Anhalt 16.9.2015 – 3 VK LSA 62/15, IBRRS 2015, 3257; VK Thüringen 9.6.2016 – 250–4002-4702/2016-N-005-KYF, IBRRS 2016, 2447; *Dageförde* Umweltschutz im öffentlichen Vergabeverfahren Rn. 149; *Wolters* in Eschenbruch/Opitz § 7 SektVO Rn. 108; *Gaus* NZBau 2013, 401 (404); *Lisch* CR 2013, 761 (764).

[603] Zuletzt VK Sachsen 30.8.2016 – 1/SVK/016–16, ZfBR 2017, 194 mAnm *Schimanek* jurisPR-VergabR 1/2017 Anm. 6; 23.11.2016 – 1/SVK/025-16, IBRRS 2017, 0180.

[604] Zu derartigen Fällen VK Sachsen-Anhalt 21.9.2016 – 3 VK LSA 27/16, IBRRS 2016, 2926.

[605] VK Baden-Württemberg 30.8.2016 – 1 VK 36/16, IBRRS 2016, 2853; schon bislang üA, vgl. OLG Celle 22.5.2008 – 13 Verg 1/08, BeckRS 2008, 10353; VK Sachsen-Anhalt 16.9.2015 – 3 VK LSA 62/15, IBRRS 2015, 3257.

[606] VK Bund 9.9.2015 – VK 1–82/15, IBRRS 2016, 0984. Strenger zB noch VK Sachsen 7.3.2003 – 1/SVK/007-03, NJOZ 2003, 2694.

Vergabestelle ersetzt werden.[607] Abzustellen ist immer auf die Informationslage im Zeitpunkt der Beschaffungsentscheidung.[608] In Zweifelsfällen kann die Einholung eines Sachverständigengutachtens sinnvoll sein, vorgeschrieben ist sie aber nicht. Fehler der Dokumentation verletzen einen Bieter nicht in seinen Rechten nach § 97 Abs. 6 GWB, wenn sich die Leistungsbestimmung für ihn nicht wettbewerbsbeschränkend auswirkt, weil er das vorgegebene Produkt anbieten kann.[609]

108   Hat ein Auftraggeber mit Angebotsabgabe die Benennung von Produkten und Fabrikaten abgefragt, wird der Angebotsinhalt auf diese Fabrikate und Produkte konkretisiert und festgelegt (→ Rn. 95). Der Auftraggeber muss dann vollständig prüfen, ob die angebotenen Produkte dem Leistungsverzeichnis entsprechen und kann nicht unterstellen, dass die Bieter mit Abgabe eines verpreisten Leistungsverzeichnisses die dort festgelegten Leistungsparameter einhalten werden.[610] Diese Prüfung ist ebenfalls in der Vergabeakte zu dokumentieren.

III. Beschreibende produktbezogene Angaben (Satz 2)

1. Allgemeines

109   Die Vergaberichtlinien lassen eine Beschreibung mittels Verweis auf Hersteller, Herkunft (Ursprung), Marken, Patente oder Typen in der 2. Alternative zu, wenn der Auftraggeber den Auftragsgegenstand nicht durch hinreichend genaue, allgemein verständliche Bezeichnungen beschreiben kann, aber nur mit dem Zusatz „oder gleichwertiger Art".[611] Der Bieter muss in seinem Angebot entweder das benannte Leitfabrikat (Orientierungsfabrikat) oder ein vergleichbares Produkt anbieten, das dann als Hauptangebot zu prüfen und zu werten ist.[612] Nicht zulässig ist das Angebot von Produktalternativen, bei dem offenbleibt, ob das Leitfabrikat oder das Alternativprodukt bei der Auftragsausführung verwendet werden.[613]

Der Auftraggeber muss die Gleichwertigkeit prüfen und kann Gleichwertigkeitsnachweise vom Bieter anfordern. Die formelle und materielle Nachweislast trifft den Bieter; anders als in den Fällen der Abweichung von technischen Anforderungen (→ § 32 VgV Rn. 14) muss er den Nachweis nicht von sich aus mit dem Angebot, sondern erst auf Anforderung führen.[614]

110   Die Nennung eines Leitprodukts führt tendenziell immer zu seiner Bevorzugung. Liegen daher die Voraussetzungen dieser Beschreibungsart nicht vor, ändert der Zusatz „oder gleichwertiger Art" nichts am Vorliegen eines Vergabeverstoßes.[615] In dieser Konstellation darf das Angebot eines Bieters, der auf Anforderung keine hinreichenden Angaben oder Nachweise für die Gleichwertigkeit einreicht für die üA nicht als defizitär ausgeschlossen

---

[607] Zur negativen Indizwirkung des Vergabevermerks VK Südbayern 29.1.2007 – Z3–3-3194-1-39-12/06, IBRRS 2007, 4940.

[608] VK Bund 17.8.2016 – VK 1–54/16, IBRRS 2017, 0535 (zu § 15 Abs. 8 S. 1 VSVgV) – Beschaffung einer Drohne.

[609] VK Südbayern 30.3.2017 – Z3–3-3194-1-04-02/17, IBRRS 2017, 1830.

[610] VK Sachsen 23.11.2016 – 1/SVK/025-16, IBRRS 2017, 0180.

[611] Art. 42 Abs. 4 Satz 2 Richtlinie 2014/24/EU (= Art. 23 Abs. 8 S. 2 Richtlinie 2004/18/EG); umgesetzt in §§ 31 Abs. 2 Nr. 2 VgV, 8a EU Abs. 2 Nr. 1 VOB/A.

[612] OLG Düsseldorf 23.3.2010 – VII-Verg 61/09, BeckRS 2010, 15137; 15.6.2010 – VII-Verg 10/10, BeckRS 2010, 19462; VK Münster 29.3.2012 – VK 3/12, IBR 2012, 2419.

[613] OLG Koblenz 6.6.2013 – 2 U 522/12, BeckRS 2013, 17340.

[614] *Prieß/Simonis* in KKMPP, 4. Aufl. 2017, § 31 Rn. 62.

[615] Deutlich OLG Düsseldorf 14.10.2009 – Verg 9/09, BeckRS 2009, 29070; 23.3.2010 – VII-Verg 61/09, BeckRS 2010, 15137; 9.1.2013 – Verg 33/12, BeckRS 2013, 04708 = VergabeR 2013, 599 (601); BayObLG, 15.9.2004 – Verg 026/03, 09730, BeckRS 2004, 09730 Rn. 33; OLG München 2.9.2010 – Verg 17/10, BeckRS 2010, 23563; VK Nordbayern 24.9.2014 – 21.VK-3194-26/14, IBRRS 2014, 2771 m. abl. Anm. *Weyand* IBR 2014, 755; VK Bund 10.6.2015 – VK 1–40/15, VPRRS 2015, 0384; *Krohn* NZBau 2013, 79 (82).

werden, da wer so ausschreibe, „keine rechtliche Handhabe" erwerbe, Angebote aus diesem Grund aus der Wertung zu nehmen.[616] Der Ausschluss wegen anderer Gründe (zB wegen weiterer Abweichungen von der Leistungsbeschreibung) bleibt dagegen unberührt.[617] **Fehlt der Gleichwertigkeitszusatz** wird die Ausschreibung idR aufzuheben sein, auch wenn der Auftraggeber die Gleichwertigkeit prüft, sofern er nicht nachweisen kann, dass die Prüfung ergebnisoffen erfolgte und nach Kriterien, die die Bieter der Leistungsbeschreibung entnehmen konnten.[618] Gleiches gilt, wenn der Auftraggeber zwar den Zusatz „oder gleichwertig" angibt, aber aus der Leistungsbeschreibung nicht transparent hervorgeht, was er als gleichwertig einstuft und welche die zwingenden Produkteigenschaften sind.[619] Voraussetzung ist aber, dass der Bieter den Vergabeverstoß bis zur Angebotsabgabe rügt (§ 160 Abs. 3 S. 1 Nr. 3 GWB), sonst ist er auszuschließen, wenn er keinen Gleichwertigkeitsnachweis einreicht.[620] Auch in diesem Fall kann die Ausschreibung aber aufzuheben sein, wenn die Anforderungen an ein abweichendes Produkt intransparent sind.

Inhaltsgleich sind §§ 28 Abs. 6 S. 2 SektVO, 15 Abs. 3 S. 2 KonzVgV, 7 EU Abs. 2 S. 2 **111** VOB/A, 15 Abs. 8 S. 2 VSVgV, 7 VS Abs. 2 S. 2 VOB/A. Unterhalb der Schwellenwerte enthalten die §§ 23 Abs. 5 S. 1 UVgO; 7 Abs. 2 Nr. 2 VOB/A eine entsprechende Regelung.

2. Voraussetzungen

a) Verweis auf Produktion, Hersteller, Marken usw. Satz 2 erlaubt Verweise iSv **112** Satz 1, dh Beschreibungen mittels Handelsnamen, Produktions-, Händler-, Lieferantenangaben, Herkunft (Ursprung), Herstellungsverfahren, Marken, Patente, Copyrights, Design oder Typen (→ Rn. 33). Ob in einer Angabe (zB „Captura Deutschland, Cap 90, 90m³") ein Verweis auf ein Leitfabrikat liegt, beurteilt sich nach Wortlaut und Aufbau der jeweiligen Position im konkreten Leistungsverzeichnis, wozu auch andere Positionen hinzuziehen sind.[621]

b) Auftragsgegenstand nicht hinreichend genau beschreibbar. Die Rechtspre- **113** chung legt diese Alternative im Grundsatz eng aus und verlangt, dass eine anderweitige Beschreibung objektiv auf „unüberwindliche Schwierigkeiten" stößt.[622] Das ist der Fall, wenn selbst ein ausführlicher Beschreibungstext hinter der Klarheit zurückbleibt, die sich mittels einer Bezeichnung erreichen lässt, die Teil des **allgemeinen fachlichen Sprachgebrauchs** ist und für die es sonst keine allgemeinverständlichen Umschreibungen gibt.[623] Es reicht dafür nicht, dass die Nennung eines Produkts üblich oder praktisch ist[624] oder es sich um einen „Quasi-Industriestandard" handelt.[625] Kann die Leistung mit dem Text des Standardleistungsbuches unter Verwendung evtl. notwendiger „freier Formulierungen" hinreichend genau und allgemein verständlich beschrieben werden, ist diese Möglichkeit

---

[616] OLG Düsseldorf aaO Umstritten. Nach der Gegenansicht ist das Leistungsverzeichnis „von den Bietern so zu bedienen, wie es ausgeschrieben war" und ggfs. im Nachprüfungsverfahren festzustellen, ob das angebotene Produkt gleichwertig ist, so VK Sachsen 2.4.2015 – 1/SVK/006–15, IBRRS 2015, 2789 mwN.
[617] In diesen Fällen wirkt sich der Vergabefehler nicht kausal aus, vgl. OLG München 5.11.2009 – Verg 15/09, BeckRS 2009, 86656; OLG Düsseldorf 15.6.2010 – Verg 10/10, BeckRS 2010, 19462.
[618] VK Sachsen-Anhalt 16.4.2014 – 2 VK LSA 25/13, IBRRS 2014, 2169 (zur SektVO).
[619] VK Baden-Württemberg 29.1.2015 – 1 VK 59/14, BeckRS 2015, 55880; VK Thüringen 9.6.2016 – 250–4002-4702/2016-N-005-KYF, IBRRS 2016, 2447; *Eiermann* NZBau 2016, 76 (79).
[620] Thüringer OLG 30.3.2009 – 9 Verg 12/08, BeckRS 2010, 04965 – Badewassertechnik.
[621] Zu den Auslegungsgrundsätzen Thüringer OLG (o. Fn. 582).
[622] So OLG Düsseldorf 23.3.2010 – VII-Verg 61/09, BeckRS 2010, 151307; *Roggenkamp/Zimmermann* in jurisPK-VergR, 4. Aufl. 2013, § 8 EG VOL/A 2009 Rn. 39; *Leinemann* Vergabe öffentlicher Aufträge, 6. Aufl. 2016, Rn. 580 („ungewöhnliche Schwierigkeiten").
[623] *Prieß/Simonis* in KKMPP, 4. Aufl. 2017, § 31 Rn. 46, 61; *Schranner* in Ingenstau/Korbion, 20. Aufl. 2017, § 7 VOB/A Rn. 68.
[624] VK Thüringen 9.6.2016 – 250–4002-4702/2016-N-005-KYF, IBRRS 2016, 2447.
[625] *Krohn* in Gabriel/Krohn/Neun VergabeR-HdB, 2. Aufl. 2017, § 19 Rn. 53.

vorrangig zu verwenden.[626] Nicht abschließend geklärt, ist ob es genügt, dass eine Beschreibung einen sehr hohen Detailgrad erfordert.[627] In der Praxis wird dem Auftraggeber bei Frage der Beschreibbarkeit ein **Beurteilungsspielraum** zugebilligt.[628] Zulässig ist diese Beschreibungstechnik oft bei technisch komplexen Gesamtsystemen (zB Tischsysteme für Elektrolabore),[629] im Bereich der Haustechnik oder bei sprachlich kaum möglichen oder sogar verwirrenden Beschreibungen eines komplexen optischen Erscheinungsbildes, zB eines gewünschten Oberputzes, dessen besonderer „Glimmereffekt" auch nicht über DIN- oder RAL-Normen beschreibbar ist.[630]

114   **c) „oder gleichwertig".** Produkte „gleichwertiger Art" müssen bei dieser Alternative immer ausdrücklich zugelassen werden, andernfalls ist die Ausschreibung vergabefehlerhaft.[631] Das gilt auch, wenn der Auftraggeber meint, dass es keine gleichwertigen Produkte auf dem Markt gibt[632] oder durch die Beschaffung verschiedenartiger Produkte Schwierigkeiten bei Integration, Gebrauch, Betrieb oder Wartung auftreten könnten. Der Zusatz muss „oder gleichwertiger Art", „oder gleichwertig" oder abgekürzt „o. glw" lauten; alternative Formulierungen bzw. Umschreibungen genügen nicht.[633]

115   **d) Gleichwertigkeitsparameter.** Aus der Leistungsbeschreibung muss transparent hervorgehen, unter welchen Voraussetzungen das angebotene Produkt mit dem genannten Produkt als „gleichwertig" anzusehen ist.[634] Es muss deutlich sein, hinsichtlich **welcher Leistungsparameter** der Auftraggeber Gleichwertigkeit erwartet (zB durch Nennung von einzelnen Parametern)[635] und wie der Nachweis geführt werden kann (zB durch Verweis auf ein Güte- oder Überwachungszeichen). Die Angabe der Gleichwertigkeitsparameter ist auch nach Abs. 1 geboten (→ Rn. 27). Nicht vereinbar mit Satz 2 sind Beschreibungen, bei denen das Leitprodukt de facto alternativlos ist und die Gleichwertigkeitsprüfung „nur auf dem Papier" steht, weil nicht klar ist, ist welche Teile der Beschreibung zwingend und welche entbehrlich sind[636] oder das Leitprodukt aufgrund der Detailliertheit der Beschreibung alternativlos ist und damit die produktbezogene Beschreibung „lediglich bemäntelt"[637] wird. Das kommt in der Praxis v. a. vor, wenn die Leistungsbeschreibung von einem Produktblatt eines bestimmten Herstellers „abgekupfert" wird (→ Rn. 27).

116   **e) Dokumentationsanforderungen.** Der Auftraggeber muss bei Vorbereitung der Leistungsbeschreibung in der Vergabeakte dokumentieren, dass ihm keine produktneutrale Beschreibung möglich ist (→ Rn. 107).[638] Er trägt auch bei dieser Alternative die Darle-

---

[626] VK Südbayern 15.3.1999 – 120.3–3194.1–02-02/99, BeckRS 1999, 27887 Rn. 32 (zu § 9 Nr. 5 Abs. 2 VOB/A), *Herig* 5. Aufl. 2013, § 7 VOB/A Rn. 44.

[627] Offengelassen bei OLG Düsseldorf 9.1.2013 – Verg 33/12, BeckRS 2013, 04708 mwN zum Streitstand.

[628] VK Baden-Württemberg 29.1.2015 – 1 VK 59/14, BeckRS 2015, 55880; VK Sachsen 2.4.2015 – 1/SVK/006–15, IBRRS 2015, 2789 (zur VOB/A-EG); *Hertwig/Slawinski* in Beck VOB/A § 7 Rn. 117; *Prieß/Simonis* in KKMPP, 4. Aufl. 2017, § 31 Rn. 61. Für die vollständige Überprüfbarkeit *Trutzel* in Ziekow/Völlink, 3. Aufl. 2018, VgV § 31 Rn. 56.

[629] VK Baden-Württemberg (o. Fn. 590) BeckRS 2015, 55880 – Elektrolabore.

[630] Instruktiv OLG Düsseldorf 9.1.2013 – Verg 33/12, BeckRS 2013, 04708 = VergabeR 2013, 599 (600) („Hersteller Knauff Marmorit, Produkt SM 700 Pro oder gleichwertiger Art").

[631] ÜA, vgl. VK Sachsen 7.3.2003 – 1/SVK/007-03, NJOZ 2003, 2694.

[632] *Prieß/Simonis* in KKMPP, 4. Aufl. 2017, § 31 Rn. 59.

[633] *Hertwig* Praxis der öffentlichen Auftragsvergabe, 6. Aufl. 2016, Rn. 177.

[634] OLG Düsseldorf 9.1.2013 – Verg 33/12, BeckRS 2013, 04708 = VergabeR 2013, 599 (600); VK Baden-Württemberg 29.1.2015 – 1 VK 59/14, BeckRS 2015, 55880; VK Thüringen 27.5.2016 – 250–4002-4190/2016-N-004-IK, IBRRS 2016, 2448; 9.6.2016 – 250–4002-4702/2016-N-005-KYF, IBRRS 2016, 2447; 6.6.2017 – 250–4002-4513/2017-N-008-NDH, BeckRS 2017, 114299 (zur VOB/A); *Prieß/Simonis* in KKMPP, 4. Aufl. 2017, § 31 Rn. 60.

[635] VK Münster 29.3.2012 – VK 3/12, IBR 2012, 2419.

[636] BayObLG 12.9.2000 – Verg 4/00, ZfBR 2001, 45; VK Baden-Württemberg (o. Fn. 596); VK Thüringen (o. Fn. 596) (zu § 8 Abs. 7 VOB/A 2012); *Herig* 5. Aufl. 2013, § 7 VOB/A Rn. 45.

[637] Instruktiv VK Sachsen 7.3.2003 – 1/SVK/007-03, NJOZ 2003, 2694.

[638] *Schätzlein* in HKKW § 7 VOL/A Rn. 30; *Traupel* in Müller-Wrede, Kompendium, 2. Aufl. 2013, 14 Rn. 42; *Leinemann* Vergabe öffentlicher Aufträge, 6. Aufl. 2016, Rn. 580.

gungs- und Beweislast dafür, dass der Auftragsgegenstand nicht auf andere Weise hinreichend genau und allgemein verständlich umschrieben werden kann.[639]

3. Gleichwertigkeitsprüfung

Eine Gleichwertigkeitsprüfung ist nur veranlasst, wenn der Bieter ein anderes Produkt **117** anbietet. Fehlt eine Produktangabe fingieren die Bewerbungsbedingungen oftmals das Angebot des vom Auftraggeber angegebenen (Leit-)Produkts.[640] „Gleichwertig" sind Produkte, wenn sie die **Qualität des verlangten Erzeugnisses** nach Ansicht der betreffenden technischen Fachkreise erreichen können. Sie sind dann als Hauptangebote zu werten.[641] Anders als in Fällen der Abweichungen von technischen Anforderungen (→ § 32 VgV) muss der Bieter den Gleichwertigkeitsnachweis nicht bereits im Angebot führen.[642] Eine solche Verpflichtung kann ihm nicht durch die Vergabeunterlagen auferlegt werden. In der Praxis legen die Bieter mit dem Angebot idR **Produktdatenblätter, Herstellerbescheinigungen** oder **Prüfberichte einer anerkannten Stelle** vor. Der Auftraggeber kann dann weitere für die Gleichwertigkeitsprüfung benötigte Angaben (zB Hersteller- und Typenbezeichnung), Nachweise und Muster anfordern. Er kann seine Ermittlungen auf den Bestbieter beschränken[643] und ist ohne aussagekräftige Unterlagen nicht verpflichtet, von sich aus zu ermitteln oder einen Sachverständigen einzuschalten.[644] Die Darlegungs- und Beweislast liegt beim Bieter.[645] Bringt er verlangte Angaben und Nachweise nicht bei, oder sind die vorgelegten Muster und Unterlagen nicht aussagekräftig oder weicht das angebotene Produkt von den maßgeblichen Leistungsmerkmalen des Leitprodukts ab, ist das Angebot auszuschließen. Vor dem Angebotsausschluss ist Gelegenheit zum Gleichwertigkeitsnachweis einzuräumen.[646]

Für die Prüfung der Gleichwertigkeit muss der Auftraggeber feststellen, ob das angebotene **118** Produkt in den als maßgeblich ausgewiesenen Leistungsmerkmalen dem Leitprodukt entspricht.[647] Insoweit hat der Auftraggeber einen **Beurteilungsspielraum**.[648] Die Nachprüfungsinstanzen prüfen nur nach, ob die Beurteilung vertretbar ist. Ein Beurteilungsfehler liegt vor, wenn der Auftraggeber von einem unzutreffenden Sachverhalt ausgeht, Leistungsmerkmale heranzieht, die sich der Leistungsbeschreibung nicht entnehmen lassen oder einen unzutreffenden Maßstab an die Prüfung der Gleichwertigkeit anlegt. Gleichwertigkeit setzt nicht Gleichheit voraus, sondern ist auf die aus Sicht eines fachkundigen Bieters relevanten Leistungsmerkmale zu beziehen.[649] Verlangt der Auftraggeber zB „Glashalteleisten ohne Verschraubung gesteckt in Rahmenholznuten" und sind damit beidseitig gesteckte Glashalteleisten gefordert, muss das angebotene Produkt dieses Leistungsmerkmal aufweisen.[650] Ist die

---

[639] *Ruff* in Müller-Wrede § 7 SektVO Rn. 131.
[640] *Dähne* in Althaus/Heindl, 2. Aufl. 2013, Teil 1 Rn. 77 (zum Formblatt 223 Nr. 8).
[641] *Leinemann* Vergabe öffentlicher Aufträge, 6. Aufl. 2016, Rn. 581.
[642] Grundlegend OLG Düsseldorf 23.3.2010 – VII-Verg 61/09, BeckRS 2010, 19464; mittlerweile allgemeine Ansicht, vgl. VK Baden-Württemberg 17.1.2013 – 1 VK 44/12, IBRRS 2013, 1065; *Dähne* in Althaus/Heindl, 2. Aufl. 2013, Teil 1 Rn. 77; *Herig* 5. Aufl. 2013, § 7 VOB/A Rn. 49; *Krohn* NZBau 2013, 79 (82); *Leinemann* Vergabe öffentlicher Aufträge, 6. Aufl. 2016, Rn. 582. Von einer Nachweisverpflichtung im Angebot ging dagegen die ältere Rechtsprechung z. T. aus, OLG München 31.1.1996 – 27 U 502/95, NJW-RR 1997, 1514 (1517); OLG Stuttgart 30.7.2007 – 5 U 4/06, BauR 2008, 567; in der Literatur u. a. *Ruff* in Müller-Wrede § 7 SektVO Rn. 138.
[643] *Herig* 5. Aufl. 2013, VOB/A § 7 Rn. 49.
[644] OLG München 31.1.1996 – 27 U 502/95, NJW-RR 1997, 1514 (1517); VK Baden-Württemberg 17.1.2013 – 1 VK 44/12, IBRRS 2013, 1065.
[645] *Zimmermann* in jurisPK-VergR, 5. Aufl. 2016, § 31 VgV Rn. 67; bereits bislang üA, vgl. OLG Stuttgart 30.4.2007 – 5 U 4/06, BauR 2008, 567; *Ruff* in Müller-Wrede § 7 SektVO Rn. 138.
[646] Bereits BayObLG 12.9.2000 – Verg 4/00, BauR 2001, 690.
[647] BayObLG 29.4.2002 – Verg 10/02, BauR 2002, 1755.
[648] OLG Düsseldorf 1.10.2012 – VII-Verg 34/12, BeckRS 2012, 23822; 9.1.2013 – VII-Verg 33/12, BeckRS 2013, 04708 = VergabeR 2013, 599; *Prieß/Simonis* in KKMPP, 4. Aufl. 2017, § 31 Rn. 62.
[649] OLG Düsseldorf 9.1.2013 – VII-Verg 33/12, BeckRS 2013, 04708 = VergabeR 2013, 599; *Prieß/Simonis* in KKMPP, 4. Aufl. 2017, § 31 Rn. 62.
[650] OLG München 11.8.2005 – Verg 12/05, BeckRS 2005, 32161 Rn. 22 ff.

Ausschreibung in diesem Punkt nicht eindeutig, verstößt sie insgesamt gegen das Bestimmtheitsgebot und ist regelmäßig aufzuheben.[651] Anders ist es, wenn der Zuschlag nur nach dem Preis zu erteilen ist und erteilt werden kann.[652]

IV. Planungs-/Richt- oder Leitfabrikate

119   Zulässig ist die Nennung eines bestimmten Produkts für die üA schließlich als **Planungs-, Orientierungs-, Richt- oder Leitprodukt,** als Hilfestellung für die Bieter, um ihnen den gewünschten Qualitätsstandard beispielhaft vor Augen zu führen (sog. „unechte" Produktorientierung).[653] Das vom Auftraggeber angegebene Richtfabrikat muss die technischen Anforderungen erfüllen, andernfalls ist die Leistungsbeschreibung widersprüchlich und verstößt damit gegen das Gebot der eindeutigen Beschreibung in § 121 Abs. 1 S. 1 GWB (→ § 121 GWB Rn. 42).[654] Dass es eine erforderliche Zulassung noch nicht besitzt ist aber unschädlich, wenn der öffentliche Auftraggeber von sich aus die Zulassung im Einzelfall betreibt.[655] Bei dieser Beschreibungsart sind gleichwertige Alternativprodukte auch ohne Gleichwertigkeitszusatz („Richtfabrikat: XY o. glw.") stets zugelassen.[656]

120   Bei dieser Ausschreibungstechnik wird die Leistungsbeschreibung durch den Auftraggeber für die Abgabe **mehrerer Hauptangebote** geöffnet.[657] Es ist daher zulässig, wenn der Bieter neben dem (Haupt-)Angebot, das das Leitprodukt enthält, ein weiteres (Haupt-)Angebot mit einem anderen Produkt einreicht, um seine Zuschlagschancen zu erhöhen. Die Angebotsunterlagen können vorsehen, dass ohne Eintragungen das ausgeschriebene Leitfabrikat als angeboten gilt; in diesem Fall ist das Nichtbefüllen der entsprechenden Passagen als Angebot des Leitfabrikats zu interpretieren (mit der weiteren Folge, dass beigefügte Prüfberichte zu anderen Produkten das Angebot widersprüchlich machen).[658]

Der Auftraggeber muss auch bei dieser Ausschreibungstechnik die **Gleichwertigkeitsparameter** angeben, damit die Bieter wissen, auf welche Eigenschaften und Maßstäbe es für die Erreichung des angestrebten Qualitätsniveaus ankommt.[659] Für die Bieter muss erkennbar sein, von welchen Leistungsmerkmalen und -anforderungen abgewichen werden kann. Ein allgemeiner Hinweis auf die Gleichwertigkeit, zB „dem Bieter steht es jederzeit frei, ein entsprechendes Produkt anzubieten", reicht nicht aus.[660]

---

[651] VK Baden-Württemberg 29.1.2015 – 1 VK 59/14, BeckRS 2015, 55880 – Elektrolabore.

[652] Zu dieser Fallkonstellation OLG Düsseldorf 23.3.2010 – VII-Verg 61/09, BeckRS 2010, 15137.

[653] Die üA sieht darin in Anschluss an das OLG Düsseldorf eine eigene Fallgruppe, vgl. OLG Düsseldorf 1.10.2002 – VII-Verg 34/12, BeckRS 2012, 23822 – Küchentechnik, 9.1.2013 – VII-Verg 33/12, BeckRS 2013, 04708 = VergabeR 2013, 599– Außenputz Domplatz in Münster; *Haupt/Baldringer* in HdB Bauvergabe, 3. Aufl. 2014, F Rn. 119 ff.; *Reichling/Scheumann* GewArch 2015, 193 (198); *Kus* in NK-BGB, 3. Aufl. 2016, Anh. II zu §§ 631 – 651 BGB Rn. 71.

[654] VK Nordbayern 20.10.2016 – 21.VK-3194-33/16, IBRRS 2016, 2915 (zu § 7 EG Abs. 1 VOB/A) – in dem Fall erfüllte das angegebene Richtfabrikat für einen Türdrücker nicht die verlangte Korrosionsklasse; *Schätzlein* in HKKW § 7 Rn. 19.

[655] *Herig* 5. Aufl. 2013, VOB/A § 7 Rn. 42.

[656] OLG Düsseldorf 1.10.2012 – VII-Verg 34/12, BeckRS 2012, 23822; 9.1.2013 – Verg 33/12, BeckRS 2013, 04708 = VergabeR 2013, 599 (601/602) m. krit. Anm. *Noch.*

[657] OLG Düsseldorf, 23.3.2010 – VII-Verg 61/09, BeckRS 2010, 15137; 9.3.2011 – VII-Verg 52/10; 1.10.2012 – VII-Verg 34/12, BeckRS 2012, 23822; 21.10.2015 – Verg 28/14; OLG München 25.11.2013 – Verg 13/13, BeckRS 2014, 09708.

[658] VK Thüringen 1.3.2017 – 250–4002-1310/2017-N-002-SHL, IBRRS 2017, 1225.

[659] *Hausmann* Beschaffungsautonomie und Produktneutralität 186/187; *Kus* in NK-BGB, 3. Aufl. 2016, Anh. II zu §§ 631 – 651 BGB Rn. 62.

[660] VK Nordbayern 6.7.2016 – 21.VK-3194-04/16, IBRRS 2016, 2009.

Anlage 1 (zu § 31 Absatz 2 VgV)
Technische Anforderungen, Begriffsbestimmungen

1. „Technische Spezifikation" bei Liefer- oder Dienstleistungen hat eine der folgenden Bedeutungen:
eine Spezifikation, die in einem Schriftstück enthalten ist, das Merkmale für ein Produkt oder eine Dienstleistung vorschreibt, wie Qualitätsstufen, Umwelt- und Klimaleistungsstufen, „Design für Alle" (einschließlich des Zugangs von Menschen mit Behinderungen) und Konformitätsbewertung, Leistung, Vorgaben für Gebrauchstauglichkeit, Sicherheit oder Abmessungen des Produkts, einschließlich der Vorschriften über Verkaufsbezeichnung, Terminologie, Symbole, Prüfungen und Prüfverfahren, Verpackung, Kennzeichnung und Beschriftung, Gebrauchsanleitungen, Produktionsprozesse und -methoden in jeder Phase des Lebenszyklus der Liefer- oder Dienstleistung sowie über Konformitätsbewertungsverfahren;
2. „Norm" bezeichnet eine technische Spezifikation, die von einer anerkannten Normungsorganisation zur wiederholten oder ständigen Anwendung angenommen wurde, deren Einhaltung nicht zwingend ist und die unter eine der nachstehenden Kategorien fällt:
   a) internationale Norm: Norm, die von einer internationalen Normungsorganisation angenommen wurde und der Öffentlichkeit zugänglich ist;
   b) europäische Norm: Norm, die von einer europäischen Normungsorganisation angenommen wurde und der Öffentlichkeit zugänglich ist;
   c) nationale Norm: Norm, die von einer nationalen Normungsorganisation angenommen wurde und der Öffentlichkeit zugänglich ist;
3. „Europäische Technische Bewertung" bezeichnet eine dokumentierte Bewertung der Leistung eines Bauprodukts in Bezug auf seine wesentlichen Merkmale im Einklang mit dem betreffenden Europäischen Bewertungsdokument gemäß der Begriffsbestimmung in Artikel 2 Nummer 12 der Verordnung (EU) Nr. 305/2011 des Europäischen Parlaments und des Rates vom 9. März 2011 zur Festlegung harmonisierter Bedingungen für die Vermarktung von Bauprodukten (Abl. L 88 vom 4.4.2011, S. 5);
4. „gemeinsame technische Spezifikationen" sind technische Spezifikationen im Bereich der Informations- und Kommunikationstechnologie, die gemäß den Artikeln 13 und 14 der Verordnung (EU) Nr. 1025/2012 des Europäischen Parlaments und des Rates vom 25. Oktober 2012 zur europäischen Normung, zur Änderung der Richtlinien 89/686/EWG und 93/15/EWG des Rates sowie der Richtlinien 94/9/EG, 94/25/EG, 95/16/EG, 97/23/EG, 98/34/EG, 2004/22/EG, 2007/23/EG, 2009/23/EG und 2009/105/EG des Europäischen Parlaments und des Rates und zur Aufhebung des Beschlusses 87/95/EWG des Rates und des Beschlusses Nr. 1673/2006/EG des Europäischen Parlaments und des Rates (ABl. L 316/12 vom 14.11.2012, S. 12) festgelegt wurden;
5. „technische Bezugsgröße" bezeichnet jeden Bezugsrahmen, der keine europäische Norm ist und von den europäischen Normungsorganisationen nach den an die Bedürfnisse des Markts angepassten Verfahren erarbeitet wurde.

Übersicht

	Rn.		Rn.
A. Einführung	1	2. Schriftstück	14
I. Literatur	1	3. Technische Merkmale eines Produkts oder einer Dienstleistung	15
II. Entstehungsgeschichte	2	**D. Norm** (Anlage 1 Nr. 2)	14
III. Rechtliche Vorgaben im EU-Recht	3	I. Allgemeines	17
B. Systematische Bedeutung	6	II. Begriffsmerkmale	20
C. Technische Spezifikation (Anlage 1 Nr. 1)	8	1. Technische Spezifikationen	20
I. Allgemeines	8	2. Annahme durch anerkannte Normungsorganisation	21
II. Begriffsmerkmale	12	3. Bestimmt zur wiederholten oder ständigen Anwendung	26
1. Spezifikation	12		

	Rn.		Rn.
4. Freiwilligkeit	27	F. Gemeinsame technische Spezifikationen (Anlage 1 Nr. 4)	30
5. Der Öffentlichkeit zugänglich	28		
E. Europäische technische Bewertung (Anlage 1 Nr. 3)	29	G. Technische Bezugsgröße (Anlage 1 Nr. 5)	31

A. Einführung

I. Literatur

1 Europäische Kommission, Prinzipien der Europäischen Normung im internationalen Kontext, SEK(2001) 1296; *Breulmann,* Normung und Rechtsangleichung in der Europäischen Wirtschaftsgemeinschaft, 1993; *Klein,* Einführung in die DIN-Normen, 13. Aufl. 2001; *Klindt,* Der „new approach" im Produktrecht des europäischen Binnenmarkts: Vermutungswirkung technischer Normung, EuZW 2002, 133; *Krohn,* Öffentliche Auftragsvergabe und Umweltschutz, 2003; *Opitz,* Das Legislativpaket: Die neuen Regelungen zur Berücksichtigung umwelt- und sozialpolitischer Belange bei der Vergabe öffentlicher Aufträge, VergabeR 2004, 421; *Heckmann,* Rechtliche Grenzen (quasi-)verbindlicher Technologievorgaben, CR 2006, 1; *Goede,* Anmerkung zu OLG München, Beschl. v. 28.7.2008 – Verg 10/08, VergabeR 2008, 969; *Kapoor/Klindt,* „New Legislative Framework" im EU-Produktsicherheitsrecht – Neue Marktüberwachung in Europa?, EuZW 2008, 649; *dies.,* Die Reform des Akkreditierungswesens im Europäischen Produktsicherheitsrecht, EuZW 2009, 134; *Stolz,* Die Behandlung von Angeboten, die von den ausgeschriebenen Leistungspflichten abweichen, VergabeR 2008, 322; *Huerkamp,* Technische Spezifikationen und die Grenzen des § 97 Abs. 4 S. 2 GWB, NZBau 2009, 755; *Tausendpfund,* Gestaltungs- und Konkretisierungsmöglichkeiten des Bieters in Vergabeverfahren, 2009; *Bischof,* Die Leistungsbeschreibung im Vergaberecht, ITRB 2010, 192; *Wegener,* Umweltschutz in der öffentlichen Auftragsvergabe, NZBau 2010, 273; *Bovis,* EU Public Procurement Law, 2nd Ed. 2012; *Dicks,* Nebenangebote – Erfordern Zulassung, Zulässigkeit, Mindestanforderungen und Gleichwertigkeit inzwischen einen Kompass?, VergabeR 2012, 318; *Ensthaler/Gessman-Nuisll/Müller,* Technikrecht, 2012; *Siebke,* Praxisleitfaden Spezifikationen, 2012; *Wegener/Hahn,* Ausschreibung von Öko- und Fair-Trade-Produkten mittels Gütezeichen, NZBau 2012, 684; *Althaus/Heindl,* Der öffentliche Bauauftrag, 2. Aufl. 2013; *Glaser/Kahl,* Zur Europarechtskonformität kombinierter Tariftreue- und Mindestlohnklauseln in Landesvergabegesetzen, ZHR 177 (2013), 643; *Siegel,* Wie fair ist das Vergaberecht? Der faire Handel vor dem EuGH, VergabeR 2013, 370; *Brachmann,* Nachhaltige Beschaffung in der Vergabepraxis, VergabeR 2014, 310; *Burgi,* Specifications, in: Trybus/Caranta/Edelstam, EU Public Contract Law, 2014, 37; *Lampe-Helbig/Jagenburg/Baldringer,* Handbuch der Bauvergabe, 3. Aufl. 2014; *Willner,* Zulässige Abweichungen von technischen Spezifikationen im Angebot, VergabeR 2014, 741; *Dicks,* Nebenangebote nach der Vergabemodernisierung 2016, VergabeR 2016, 309; *Ensthaler/Gesmann/Zink,* Evaluierung der deutschen Akkreditierungsstruktur, 2016; Europäische Kommission, Umweltfreundliche Beschaffung! Ein Handbuch für ein umweltorientiertes öffentliches Beschaffungswesen, 3. Aufl. 2016; *Germelmann,* Mindestlöhne und ILO-Kernarbeitsnormen, GewArch 2016, 100.

II. Entstehungsgeschichte

2   Die Vorschrift hat den bisherigen „Anhang TS. Technische Spezifikationen" zur VOL/A mit einigen, hauptsächlich redaktionellen Veränderungen übernommen. Im Verordnungsverfahren blieb sie praktisch unverändert.[1] Der Regelungstechnik eines gesonderten Anhangs zur näheren Umschreibung der technischen Spezifikationen geht auf die frühen Koordinierungsrichtlinien zurück.[2]

III. Rechtliche Vorgaben im EU-Recht

3   Die Definitionen in Anhang VII AVR (und den Vorgängervorschriften)[3] sind Ausdruck der seit 1985 im Bereich der Binnenmarktregulierung verfolgten sog. „Neuen Konzep-

---

[1] In Nr. 2 wurde die Schreibweise in „Europäische Technische Bewertung" geändert.
[2] Art. 7 Abs. 1 Richtlinie 77/62/EWG iVm Anhang II (seinerzeit noch „technische Merkmale").
[3] Anhang VI Richtlinie 2004/18/EG; Anhang XXI Richtlinie 2004/17/EG; Anhang III der Richtlinien 93/37/EWG, 93/36/EWG und 92/50/EWG.

tion" („New Approach").[4] Seither werden im Sekundärrecht in Abkehr vom ursprünglichen Konzept der Vollharmonisierung[5] grundsätzlich nur noch grundlegende Sicherheits- und Gesundheitsanforderungen festgelegt. Die technischen Details zur Konkretisierung der grundlegenden Anforderungen werden von den europäischen Normungsinstituten CEN, Cenelec bzw. ETSI aufgrund eines Mandats (Normungsauftrag) der EU bzw. EFTA in Form von Europäischen Normen erarbeitet.[6] Diese Europäischen Normen werden in den Mitgliedsstaaten **als nationale Normen** umgesetzt. Normen sind nicht rechtsverbindlich. Ihre Anwendung ist freiwillig; allerdings wird bei Normentreue die Übereinstimmung eines Produkts mit den wesentlichen Anforderungen der jeweiligen EU-Richtlinie vermutet[7] (sog. **„Brauchbarkeitsvermutung").**[8] Nach der Rechtsprechung des Europäischen Gerichtshofs ist dann auch anzunehmen, dass sich die Produkte für ihren Verwendungszweck eignen.[9] Diese Vermutung bleibt bis zur Widerlegung zu Gunsten des Herstellers gültig. Wenn die Behörde der Auffassung ist, dass ein Produkt unsicher ist, muss sie nachweisen, dass ein Mangel vorliegt.[10] Bloße Zweifel an der Richtigkeit einer Bescheinigung rechtfertigen keine Behinderungen des freien Warenverkehrs. 1993 wurde der „New Approach" um das „Gesamtkonzept zur Konformitätsbewertung" (Global Approach) ergänzt und beides 2008 im „Neuen Rechtsrahmen" (New Legislative Framework NLF) zusammengeführt.[11]

Der Unionsrechtsrahmen geht davon aus, dass Handelsbeschränkungen aufgrund techni- 4 scher Vorschriften für Erzeugnisse und Dienstleistungen im Binnenmarkt nur zulässig sind, wenn sie notwendig sind, um zwingenden Erfordernissen zu genügen, und wenn sie einem Ziel allgemeinen Interesses dienen, für das sie eine wesentliche Garantie darstellen.[12] Um Handelshindernissen durch technische Normen und Vorschriften frühzeitig entgegenzuwirken besteht seit 1983 ein **Informationsverfahren.**[13] Die Bestimmungen zur Europäischen Normung wurden in der VO (EG) Nr. 1025/2012 konsolidiert. Das erklärte Ziel ist die Stärkung des Binnenmarktes und der Wettbewerbsfähigkeit der Europäischen Wirtschaft.[14]

Die Begriffsbestimmungen in den Anhängen der Vergaberichtlinien folgten inhaltlich 5 immer dieser Konzeption, wenngleich sie anfänglich im Wortlaut abwichen.[15] **„Technische Spezifikationen"** ist der Grundbegriff. Die Vergaberichtlinien meinen damit Merkmale einer Ware oder Leistung, mit deren Hilfe diese so bezeichnet werden, dass sie ihren durch den Auftraggeber festgelegten Verwendungszweck erfüllen.[16] Der jeweilige An-

---

[4] Entschließung des Rates vom 7.5.1985 über eine neue Konzeption auf dem Gebiet der technischen Harmonisierung und der Normung, ABlEG Nr. C 136 v. 4.6.1985.
[5] Zu diesem Konzeptionswandel *Klindt* EuZW 2002, 133 (133/134).
[6] Ausführlich *Hertwig/Slawinski* in Beck VOB/A, Anhang § 7 TS Rn. 6 ff.; *Ruff* in Müller-Wrede, § 7 SektVO Rn. 44, 49 ff.
[7] Entschließung (o. Fn. 4); Erwägungsgrund (5) VO (EU) Nr. 1025/2012; zusammenfassend dazu zuletzt EuGH 27.10.2016 – C-613/14, ECLI:EU:C:2016:821 Rn. 38 f. = NJW 2017, 311 – James Elliott Construction Limited (zur Richtlinie 89/196/EWG); OLG Hamburg 13.8.2009 – 3 U 129/06, BeckRS 2010, 03988 (zur Gasgeräterichtlinie); *Klindt* EuZW 2002, 133 (134); *Krohn* Öffentliche Auftragsvergabe und Umweltschutz 205; *Ensthaler/Gesmann/Zink* Evaluierung der deutschen Akkreditierungsstruktur 1.
[8] EuGH 16.10.2014 – C-100/13, ECLI:EU:C:2014:2293 Rn. 53 – Kommission ./. Deutschland (zur Bauproduktenrichtlinie 89/106/EWG).
[9] EuGH 24.11.2016 – C-662/15, ECLI:EU:C:2016:903 Rn. 28 – Lohmann & Rauscher International GmbH & Co. KG; *Trutzel* in Ziekow/Völlink, 3. Aufl. 2018, EU § 7a Rn. 1.
[10] Zum New Approach VG Köln 17.9.2007 – 11 K 4108/06, BeckRS 2008, 33078.
[11] Beschluss Nr. 768/2008/EG des Europäischen Parlaments und des Rates vom 9.7.2008 über einen gemeinsamen Rechtsrahmen für die Vermarktung von Produkten und zur Aufhebung des Beschlusses 93/465/EWG des Rates, ABl. L 218 vom 13.8.2008, S. 82 (Celex-Nr. 32008D0768); dazu *Kapoor/Klindt* EuZW 2008, 649; *dies.*, EuZW 2009, 134.
[12] Erwägungsgrund (4) Richtlinie 2015/1535/EU.
[13] Richtlinie 83/189/EWG; ersetzt durch Richtlinie 98/34/EG, nunmehr Richtlinie 2015/1535/EU.
[14] Vgl. Erwägungsgrunde (3), (4), (7) VO (EU) Nr. 1025/2012.
[15] Europäische Kommission, Interpretierende Mitteilung über das auf das öffentliche Auftragswesen anwendbare Gemeinschaftsrecht und die Möglichkeit zur Berücksichtigung von Umweltbelangen bei der Vergabe öffentlicher Aufträge KOM(2001) 274 endgültig, 31.
[16] Sehr umstritten. Eine große Meinungsgruppe zählt dazu nur technische Regeln, vgl. unten Fußn. 29.

hang zur Richtlinie gibt einen Beispielkatalog für zulässige Vorgaben wie Qualitätsstufen, Umwelt- und Klimaleistungsstufen, „Design für Alle" usw. in Form einer Angebotsgesetzgebung.[17] Der Auftraggeber kann diese Festsetzungsmöglichkeiten nutzen, muss dies aber nicht. Die Richtlinie 2014/24/EU hat dieses Konzept eines optionalen Beispielkataloges in Anhang VII (Technische Spezifikationen) fortgeführt und um die Option „Klimaleistungsstufen" ergänzt. Spezifikationen zu Produktionsprozessen und -methoden können nunmehr ausdrücklich „in jeder Phase des Lebenszyklus der Lieferung oder Leistung" aufgestellt werden, was aber wie bei Art. 42 Abs. 1 UA 2 AVR im Wesentlichen klarstellende Bedeutung hat (→ § 31 VgV Rn. 74).

B. Systematische Bedeutung

6   Anlage 1 enthält die Begriffsbestimmungen für „technische Anforderungen" im Sinne von § 31 Abs. 2 Nr. 2 VgV und definiert damit Tatbestandsmerkmale dieser Norm. Anhang 1 gibt keinen Aufschluss über die zugelassenen Beschreibungsarten für technische Anforderungen oder ihre Verwendungsreihenfolge.[18]

7   Identisch ist Anlage 1 SektVO. Anhang TS VOB/A weicht redaktionell geringfügig ab (→ Anhang TS VOB/A Rn. 2). § 15 Abs. 1 S. 1 KonzVgV verwendet das Begriffspaar „technische und funktionale Anforderungen", sieht aber von einer näheren Umschreibung in einer Anlage ab. Ein grundlegender inhaltlicher Unterschied zu den übrigen Vergabe- und Vertragsordnungen folgt daraus nicht.[19] § 15 Abs. 3 Nr. 1 VSVgV verweist für die Definition von „technische Anforderungen" auf Anhang III der Richtlinie 2009/81/EG, der dem früheren Anhang VI der Richtlinie 2004/18/EG entspricht.

Unterhalb der Schwellenwerte ist zu unterscheiden: Die VOB/A enthält seit der VOB 2006 identische Regelungen oberhalb und unterhalb der Schwellenwerte, so dass auch bei Unterschwellenvergaben der Anhang TS zur Anwendung kommt (§ 7a Abs. 2 Nr. 1 VOB/A). Die VOL/A verzichtete dagegen auf einen vergleichbaren Anhang.[20] Diese Regelungsentscheidung führt § 23 UVgO fort.

C. Technische Spezifikation (Anlage 1 Nr. 1)

I. Allgemeines

8   Der Verordnungsgeber verwendet in den §§ 31 ff. VgV und in der Überschrift von Anlage 1 „Technische Anforderung", wenn er „Technische Spezifikation" im Sinne des Anhang VII Ziff. 1 AVR/Anhang VIII Ziff. 1 SVR meint (→ § 31 Abs. 2 Nr. 2 VgV). Gesetzgebungstechnisch überzeugt es daher nicht völlig, wenn Ziff. 1 die Begriffsbestimmung für „Technische Spezifikation" enthält, aber keine Definition von „technischen Anforderungen" bereitstellt. Inhaltlich übernimmt der Verordnungsgeber die Definition in Anhang VII Ziff. 1 AVR.[21] „Technische Spezifikation" ist ein unionsrechtlicher Begriff und daher autonom im Sinne der jeweiligen Richtlinienbestimmungen auszulegen.[22] Die Vergabe-

---

[17] *Egger* Europäisches Vergaberecht Rn. 1067. Der Beispielscharakter ist unbestritten, etwa *Wirner* in Willenbruch/Wieddekind, 4. Aufl. 2017, VOB/A § 7a Rn. 4.

[18] Umstritten. Für *Hertwig/Slawinski* in Beck VOB/A, Anhang § 7 TS Rn. 41 kommt bereits im Anhang auch eine Verwendungsreihenfolge zum Ausdruck.

[19] Nach Art. 36 Abs. 1 UA 2 S. 2 Richtlinie 2014/23/EU können die Merkmale der Bau- und Dienstleistungen Qualitätsstufen, Umwelt- und Klimaleistungsstufen usw. umfassen.

[20] *Hertwig/Slawinski* in Beck VOB/A, § 7 Rn. 158.

[21] Entspricht Anhang TS Nr. 1 VOL/A 2009 und der VOF 2009; Anhang 2 Ziff. 1 SektVO.

[22] *Goede* VergabeR 2008, 969 (970); *Stolz* VergabeR 2008, 322 (328); *Stolz/Heindl* in Althaus/Heindl, 2. Aufl. 2013, Teil 2 Rn. 229.

richtlinien unterschieden sich in diesem Punkt in der Formulierung nicht; lediglich in der Richtlinie 2009/81/EG sind die Änderungen durch die letzte Vergaberechtsreform noch nicht nachgezogen worden.

Die heutige Verwendung des Rechtsbegriffs „technische Spezifikation" geht konzeptionell auf die Richtlinie über das Informationsverfahren auf dem Gebiet der Normen und technischen Vorschriften zurück.[23] In der europäischen Gesetzgebung wird der Begriff „technische Spezifikation" unterschiedlich verwendet. Deshalb wird er in allen Vergaberichtlinien in seinen Funktionen umschrieben und im Wege einer Legaldefinition mit Beispielen erläutert.[24] „Technische Spezifikation" im vergaberechtlichen Sinne sind alle vom Auftraggeber in den Vergabeunterlagen gestellten technischen Anforderungen an die beschafften Dienstleistungen, Materialien, Erzeugnisse oder sonstigen Lieferungen, mit denen die Merkmale des Auftragsgegenstandes umschrieben werden (→ § 121 GWB Rn. 4, → § 31 VgV Rn. 4). Das sind nicht nur **„technische Merkmale"** im Sinne der älteren Koordinierungsrichtlinien,[25] sondern insbesondere auch **Prüf-, Kontroll- und Abnahmemethoden** (→ Rn. 15). Dieses weite Verständnis kommt in der Überschrift von Anhang VII AVR/Anhang VIII SVR („Technische Spezifikationen – Begriffsbestimmungen") zum Ausdruck, die alle Beschreibungsarten umfasst. In welcher Beschreibungsart die Merkmale des Auftragsgegenstandes ausformuliert sind, ob als Leistungs- und Funktionsanforderungen, unter Verweis auf Normen, Gütezeichen, sonstige Regelwerke (zB RAS-Ew)[26] oder als deskriptive Umschreibungen mittels verkehrsüblicher Bezeichnungen spielt für die Legaldefinition von „technische Spezifikation" keine Rolle.[27] Eine technische Spezifikation muss insbesondere **nicht notwendig eine Norm** sein. Damit eine technische Spezifikation den Charakter einer Norm erhält, müssen vielmehr weitere Voraussetzungen erfüllt sein (→ Rn. 17).[28] Das wird von einem Großteil der deutschen Rechtsprechung und Literatur vor allem im Zusammenhang mit der Zugänglichkeit von technischen Anforderungen und Abweichungen von ihren anders gesehen.[29] Die Position dieser üA war

9

---

[23] Art. 1 Ziff. 1 Richtlinie 83/189/ EWG; nunmehr Art. 1 Abs. 1 Buchst. c) Richtlinie 2015/1535/EU. Diese Richtlinienbestimmungen basiert auf dem GATT-Kodex von 1979, vgl. *Breulmann* Normung 29 Fußn. 2.

[24] Art. 42 Abs. 1 S. 2 Richtlinie 2014/24/EU iVm Anhang VII Nr. 1; Art. 60 Abs. 1 S. 2 Richtlinie 2014/25/EU iVm. Anhang VIII Nr. 1; Art. 15 Abs. 1 Richtlinie 2009/81/EG iVm Anhang II Nr. 1. Im Grundsatz auch Art. 36 Abs. 1 Richtlinie 2014/24/EU, der allerdings kürzer gefasst ist und auf einen Anhang verzichtet.

[25] Art. 7 Abs. 1 Richtlinie 77/62/EWG iVm Anhang II.

[26] OLG München 7.4.2011 – Verg 5/11, NZBau 2011, 439.

[27] *Stolz* VergabeR 2008, 322 (327/328, 332); *Stolz/Heindl* in Althaus/Heindl, 2. Aufl. 2013, Teil 2 Rn. 228; *Goede* VergabeR 2008, 969 (971); *Bovis* EU Public Procurement Law, 2nd Ed. 2012, 165; *Dicks* VergabeR 2012, 318 (330), *ders.* VergabeR 2016, 309 (310); *Krohn/Schneider* in Gabriel/Krohn/Neun VergR-HdB § 17 Rn. 59 f.; *Willner* VergabeR 2014, 741 (744); *Reichling/Scheumann* GewArch 2015, 193 (198); *Schellenberg* in Pünder/Schellenberg, 2. Aufl. 2015, EG § 7 VOB/A Rn. 68; wohl auch *Huerkamp* NZBau 2009, 755 (mit einer Unterscheidung zwischen Anforderungen an „Ausführung" und „Ausführenden"); *Wegener* NZBau 2010, 273 (276); *Beckmann* in Müller-Wrede Kompendium, 2. Aufl. 2013, 15 Rn. 28; In der Rechtsprechung OLG Düsseldorf 31.1.1996 – 27 U 502/95, NJW-RR 1997, 1514, aus neuerer Zeit wohl auch OLG Düsseldorf 25.4.2012 – VII-Verg 100/11, ZfBR 2012, 608 (610); 14.9.2016 – Verg 1/16, BeckRS 2016, 18567; 14.12.2016 – VII-Verg 20/16, VergabeR 2017, 189 (195); ausdrücklich offengelassen bei OLG Düsseldorf 11.2.2009 – Verg 64/08, BeckRS 2009, 29062 – Diktiergeräte; in der älteren Rechtsprechung BayObLG 21.11.2001 – Verg 17/01, IBRRS 2003, 0622; OLG Brandenburg 20.8.2002 – Verg W 6/02, NZBau 2002, 694 (im Ergebnis offengelassen); zustimmend OLG Koblenz 15.5.2003 – 1 Verg 3/03, NJOZ 2004, 1372 (1380); aus jüngerer Zeit VK Sachsen-Anhalt 27.3.2014 – 2 VK LSA 04/14, IBRRS 2014, 2410; 16.4.2014 – 2 VK LSA 25/13, IBRRS 2014, 2169.

[28] Treffend *Breulmann* Normung 33.

[29] Zur Neuregelung VK Bund 21.1.2017 – VK 2–145/16, IBRRS 2017, 1608 (zu § 13 EU Abs. 2 VOB/A). Bislang bereits OLG Düsseldorf 6.10.2004 – VII-Verg 56/04, NZBau 2005, 169 (170); OLG München 11.8.2005 – Verg 12/05, BeckRS 2005, 32161 Rn. 27; aus jüngerer Zeit sodann VK Nordbayern 18.1.2005 – 320.VK-3194-54/04, IBRRS 2005, 0553; VK Münster 17.6.2005 – VK 12/05, IBRRS 2014, 0327; VK Südbayern 10.6.2005 – 20-04/05, IBRRS 2006, 1319; VK Lüneburg 25.6.2010 – VgK-24/2010, BeckRS 2010, 23505; VK Bund 21.1.2011 – VK 2–146/10, IBRRS 2013, 3894; VK Sachsen 17.8.2012 – 1/SVK/021-12, IBRRS 2013, 1135; *Tausendpfund* Gestaltungs- und Konkretisierungsspielräume 69; allge-

allerdings in sich nie völlig konsistent, weil derselbe Begriff „technische Anforderungen" (VOL/A-EG aF, VOF aF) bzw. „technische Spezifikationen" (VOB/A) im Zusammenhang mit produktspezifischen Angaben unstreitig in dem hier vertretenen weiten Sinn verstanden wurde (→ § 31 VgV Rn. 99).[30] In einzelnen Landesvergabegesetzen hat dieses Verständnis seinen ausdrücklichen gesetzgeberischen Ausdruck gefunden.[31] Hinzu kommt, dass die älteren Richtlinien (individuelle) „Beschreibungen" als Unterart der technischen Spezifikationen bzw. technischer Merkmale ausdrücklich zuließen (sie waren allerdings im Interesse des freien Warenverkehrs nachrangig zu verwenden).[32] Das Legislativpaket 2004 hat als technische Spezifikationen „Leistungs- oder Funktionsanforderungen" geregelt, die idR individuell festgelegt werden (zB „Ballonsystem latexfrei"[33] oder „drahtlose Kommunikation 2,45 GHz").[34] Entscheidend ist nicht die Art ihrer Formulierung, sondern der Umstand, dass sie nicht allgemein, sondern aufgrund der Festlegung („Spezifizierung") des Auftraggebers für das fragliche Beschaffungsvorhaben gelten.[35] In den von der üA zumeist angeführten Gerichtsentscheidungen ging es zudem regelmäßig darum, ob ein Angebot dann als Hauptangebot gewertet werden kann, wenn es von individuellen Vorgaben des Auftraggebers abweicht. Das ist zu verneinen, ohne dass dafür der Begriffsinhalt von „technische Spezifikation" auf allgemein formulierte und standardisierte technische Vorgaben verengt werden muss (→ § 32 VgV Rn. 9).[36] In der „Max Havelaar"-Entscheidung spricht der EuGH von dem „in den technischen Spezifikationen beschriebenen Auftragsgegenstand" und versteht die technischen Spezifikationen in dem hier vertretenen umfassenden Sinne.[37] In ähnlicher Weise wurden technische Vorgaben an ein Mautsystem,[38] an einen Prozessor („Intel Core i5 3,2 Ghz oder gleichwertig"[39]) oder zuletzt aus Plasma erzeugtes Arzneimittel[40] vom EuGH als technische Spezifikationen behandelt. Das schließt es nicht aus, dass bestimmte technische Spezifikationen nur verwendet werden dürfen, wenn sie der Auftraggeber durch „allgemeine oder spezielle Vorschriften anzugeben in der Lage ist", wie es Anhang VII Ziff. 1 Buchst. a) AVR (= Anhang TS Ziff. 1 Buchst. a) VOB/A) formuliert. Das gilt bei öffentlichen Bauaufträgen zB von den Vorgaben zu Prüfung, Inspektion und Abnahme von Bauwerken, damit nicht durch Einzelfallfestlegungen künstliche Wettbewerbshindernisse geschaffen werden (→ § 7a EU VOB/A Rn. 4).

---

mein *Hattig* in Müller-Wrede, 2. Aufl. 2006, § 6 SKR Rn. 8; *Herig* VOB, 5. Aufl. 2013, § 7 VOB/A Rn. 26; *Hertwig/Slawinski* in Beck VOB/A § 7 Rn. 87 ff., Anhang § 7 TS Rn. 5, 32; *Dähne* in Althaus/Heindl, 2. Aufl. 2013, Teil 1 Rn. 69; *Greb/Müller* § 7 Rn. 49; *Ruff* in Müller-Wrede § 7 Rn. 33; *Noch* Vergaberecht kompakt, 6. Aufl. 2015, Rn. 1117; *Leinemann* VSVgV § 15 Rn. 57; *ders.*, Vergabe öffentlicher Aufträge, 6. Aufl. 2016, Rn. 1229; *Traupel* in Müller-Wrede GWB § 121 Rn. 69, 70. Speziell zur „Zugänglichkeit" technischer Anforderungen (§ 7 Abs. 2 SektVO aF) *Haupt/Baldringer* in Hdb Bauvergabe, 3. Aufl. 2014, F Rn. 125.

[30] Zum „weit zu verstehenden Sinn" vgl. nur OLG Düsseldorf 22.5.2013 – VII-Verg 16/12, NZBau 2013, 650 (651); 12.2.2014 – Verg 29/13, ZfBR 2014, 517 (518), sowie zu § 31 Abs. 6 VgV VK Südbayern 30.3.2017 – Z3–3-3194-1-04-02/17, IBRRS 2017, 1830.

[31] Deutlich § 4 Abs. 5 S. 1 LVG LSA: „Bei der technischen Spezifikation eines Auftrags können Umwelteigenschaften und Auswirkungen bestimmter Warengruppen oder Dienstleistungen auf die Umwelt festgelegt werden."; fast wortgleich § 3b Abs. 5 HmbVgG; § 4 ThürVgG: „Ökologische und soziale Belange können auf allen Stufen des Vergabeverfahrens, namentlich bei der Definition des Auftragsgegenstands, dessen technischer Spezifikation (…) berücksichtigt werden."

[32] Art. 13 Abs. 4 S. 2 Richtlinie 90/531/EWG; Art. 18 Abs. 4 S. 2 Richtlinie 93/38/EWG.

[33] OLG Düsseldorf 22.10.2009 – Verg 25/09, BeckRS 2009, 29057 – Latexfreiheit.

[34] OLG Düsseldorf 5.10.2016 – Verg 24/16, VergabeR 2017, 90 (92) – Siegelbaustein.

[35] So auch die Abgrenzung des EuGH zu „technischen Spezifikationen" iSv Art. 1 Nr. 3 Richtlinie 98/34, vgl. EuGH 27.10.2016 – C-613/14, ECLI:EU:C:2016:821 Rn. 67 = NJW 2017, 311 – James Elliott Construction Limited.

[36] *Krohn/Schneider* in Gabriel/Krohn/Neun, VergR-HdB § 17 Rn. 68.

[37] EuGH 10.5.2012 – C-368/10, ECLI:EU:C:2012:284 Rn. 86 = NZBau 2012, 445 – EKO und MAX HAVELAAR.

[38] EuGH 29.3.2012 – C-599/10, ECLI:EU:C:2012:191 = NZBau 2012, 376 Rn. 35 f. – SAG ELV Slovensko u. a.

[39] EuGH 16.4.2015 – C-278/14, ECLI:EU:C:2015:228 = NZBau 2015, 383 Rn. 8, 24, 27 – Enterprise Focused Solutions.

[40] EuGH 8.6.2017 – C-296/15, ECLI:EU:C:2017:431 Rn. 69 – Medisanus.

Anlage 1 VgV

Technische Spezifikationen beschreiben den Auftrag für den Markt und legen die ver- **10** bindlichen Anforderungen an anzubietende Produkte, Bau- oder Dienstleistungen in Form eines technischen Lastenheftes fest (→ § 31 VgV Rn. 4).[41] Angebote, die die technischen Spezifikationen nicht einhalten, sind grundsätzlich auszuschließen (→ § 121 GWB Rn. 9, zu den Ausnahmen → § 32 VgV Rn. 5).

Identisch ist Anlage 1 der SektVO. Anhang III der Richtlinie 2009/81/EG (auf den § 15 **11** VSVgV Bezug nimmt) weicht geringfügig ab, insofern die durch in den Richtlinie 2014/24/EU und Richtlinien 2014/25/EU vorgenommenen Erweiterungen (→ Rn. 5) noch nicht im Verteidigungs- und Sicherheitsbereich übernommen sind.

II. Begriffsmerkmale

1. Spezifikation

Dem Wortsinn nach meint „Spezifikation" nur die formalisierte Beschreibung eines ge- **12** werblich hergestellten Produktes, eines Systems oder einer Dienstleistung in Form einer Aufschlüsselung oder Aufzählung einzelner oder verschiedener Merkmale.[42] Von diesem Verständnis einer **Merkmalsliste** gehen auch die Vergaberichtlinien aus.[43] Produktspezifikationen enthalten insbesondere die Qualitätskriterien, entweder in Form von Einkaufs-, Beschaffungs- oder Rohwarenspezifikationen oder als Verkaufs- oder Endproduktspezifikationen (Fertigwarenspezifikationen).[44] Sie sind beim Hersteller Grundlage für die Warenausgangsprüfung (Qualitätskontrolle) und steuern das Ergebnis der Wareneingangskontrolle beim Auftraggeber. Charakteristisch für Spezifikationen ist, dass sie durch ihre formalisierte Beschreibung grundsätzlich von allen interessierten Unternehmen erfüllt werden können (auch wenn das die Beschaffung von (Zwischen-)Produkten oder Leistungen voraussetzt).

Produktspezifikationen bestehen idR aus einer allgemeinen Beschreibung des Produkts, der Angabe charakteristischer sensorischer Merkmale (zB Aussehen, Farbe, Konsistenz, Geruch/Geschmack), der Angabe der Verkehrsbezeichnung, Verpackungsspezifikationen und einem allgemeinen Hinweis auf die rechtlichen Anforderungen, die das Produkt zu erfüllen hat.[45] Sie beziehen sich in erster Linie auf Merkmale des Erzeugnisses, Produktionsprozesse, Verpackung oder seine Verwendung und können bei Auftragsvergaben zudem Bedingungen enthalten, unter denen der Lieferant das Produkt vom Erzeuger erworben hat (→ § 31 Abs. 3 S. 2 VgV).[46] Nach Umfang und Detailgrad werden im technischen Kontext **Grob- und Feinspezifikationen** unterschieden.[47] Die Kriterien, nach denen die Konformität der Leistung durch den Auftraggeber geprüft wird, werden als „**Prüfspezifikationen**" bezeichnet.[48]

Im vergaberechtlichen Kontext meint „Spezifikation" bei Dienst- und Lieferaufträgen **13** Vorgaben und Standards des Auftraggebers an das zu liefernde Produkt bzw. die zu erbringende Leistung.[49] Derartige Spezifikationen können aus der Perspektive des Rechtsschutzes technischer, wirtschaftlicher oder finanzieller Art sein.[50] „Spezifizierung" darf nicht mit

---

[41] Instruktiv zur Systematik der Richtlinien Europäische Kommission, Umweltfreundliche Beschaffung!, 3. Aufl. 2016, Abschn. 3.2.1 (abrufbar unter http://ec.europa.eu/environment/gpp/pdf/handbook_2016_de.pdf, zuletzt abgerufen am 6.7.2017).
[42] *Breulmann* Normung 32.
[43] Deutlich die insoweit wortgleichen Art. 42 Abs. 1 S. 1 Richtlinie 2014/18/EU / Art. 60 Abs. 1 S. 2 Richtlinie 2014/17/EU: „In den technischen Spezifikationen werden die für die Bauleistungen, Dienstleistungen oder Lieferungen geforderten Merkmale festgelegt".
[44] *Siebke* Praxisleitfaden Spezifikationen 3 f. (4), 11 (speziell zum Lebensmittelbereich).
[45] Beispiele für Einkaufsspezifikationen von Lebensmitteln *Siebke* (o. Fn. 42) 20 f., 96 f.
[46] EuGH 10.5.2012 – C-368/10, ECLI:EU:C:2012:284 Rn. 73 ff. = NZBau 2012, 445 – EKO und MAX HAVELAAR.
[47] *Bischof* ITRB 2010, 192.
[48] Etwa bei OLG Koblenz 12.11.2015 – 1 U 1331/15, IBRRS 2015, 3281.
[49] *Burgi* Specifications 37.
[50] Art. 2 Abs. 1 Buchst. b) Richtlinie 89/665/EWG; Art. 2 Abs. 1 Buchst. b) Richtlinie 92/13/EWG.

„**Standardisierung**" verwechselt werden, zumal die Standardisierung wegen ihrer wett-bewerbsverengenden Wirkungen weitergehenden Anforderungen unterliegt.[51] Eine Spezi-fikation muss nicht abstrakt und für mehrere Vergabeverfahren gefasst sein (→ Rn. 9). Es kann sich auch um eine individuell-deskriptive Umschreibung handeln, wie sie im WTO-Beschaffungsabkommens als Beschreibung mittels „design or descriptive characteristics" erwähnt wird (Art. X Ziff. 2 Buchst. a) GPA 2012), zB „Verkehrsschild nach Unterlagen des AG liefern. Schild = 206, 1050 × 1050 mm. Mit retroreflektierender Folie der Klasse RA 2. Schild = profilverstärkt".[52]

2. Schriftstück

14   Die in einem Vergabeverfahren maßgeblichen Spezifikationen müssen in einem Schrift-stück enthalten sein, das die Merkmale für ein Produkt oder eine Dienstleistung vor-schreibt. Für den Europäischen Gerichtshof sind damit die Vergabeunterlagen als „**einheit-liche(s) und amtliche(s) Dokument**" des öffentlichen Auftraggebers gemeint.[53] Die Vorgängervorschriften enthielten noch einen klarstellenden Hinweis,[54] der in Anlage 1 VgV nicht übernommen wurde, ohne sich daraus eine inhaltliche Änderung ergibt. Glei-chermaßen erfasst sind entsprechende Vorgaben in der Vergabebekanntmachung. Termino-logisch lassen sich „**Anforderungsspezifikationen**" im Lastenheft von „**Umsetzungs-spezifikationen**" im Pflichtenheft unterscheiden.[55]

3. Technische Merkmale eines Produkts oder einer Dienstleistung

15   Technische Spezifikationen sind der Ausschnitt der Vorgaben des Auftraggebers, die sich inhaltlich auf technische Anforderungen an das zu liefernde Produkt oder die zu erbrin-gende Leistung beziehen. Nach der nicht abschließenden Aufzählung in Ziff. 1 gehören dazu insbesondere
– die Qualitätsanforderungen (Kriterien), auch in Form von Qualitätsstufen (zB „Türdrü-cker mit einem Hochhaltemechanismus der Klasse B");[56]
– Umwelt- und Klimaleistungsstufen (→ § 31 VgV Rn. 70);
– „Design für Alle" (→ § 121 GWB Rn. 131);
– Konformitätsbewertung;
– Leistung;
– Vorgaben an die Gebrauchstauglichkeit;
– Sicherungen- und Abmessungen des Produktes;
– Verkaufsbezeichnung, Terminologie, Symbole;
– Prüfungen und Prüfverfahren (sog. Prüfspezifikationen);
– Verpackung, Kennzeichnung und Beschriftung;
– Gebrauchsanleitungen.
Auch Festlegungen zu „Produktionsprozessen und -methoden" zählen im Vergaberecht mittlerweile dazu, ohne dass diese sich – wie in anderen Unionsrechtsakten[57] – in sichtba-ren Merkmalen eines Produkts niedergeschlagen haben müssen.

16   Die Anforderungen müssen **technischer Art** sein, dh sich auf objektiv messbare me-chanische, biologische, physikalische oder chemische Merkmale oder technische Eigen-

---

[51] In Anlehnung an *Heckmann* CR 2006, 1 (2); der standardisierende Technologievorgaben mit beachtli-chen Gründen als mittelbaren Grundrechtseingriff klassifiziert (vgl. ebd., 5 ff.).
[52] Muster 14.1 HVA L-StB (Ausgabe März 2011).
[53] EuGH 10.5.2012 – C-368/10, ECLI:EU:C:2012:284 Rn. 63 ff. (67) = NZBau 2012, 445 – EKO und MAX HAVELAAR.
[54] Vgl. Anhang TS Nr. 1 VOL/A 2009 („sämtliche, insbesondere in den Vergabeunterlagen enthaltenen, Anforderungen").
[55] *Siebke* Praxisleitfaden Spezifikationen 3.
[56] VK Bund 21.1.2011 – VK 2–146/10, IBRRS 2013, 3894.
[57] Art. 1 Nr. 2 UA 2 Richtlinie 98/34/EG; Art. 1 Nr. 4 Buchstabe b) VO (EU) Nr. 1025/2012; Art. 1 Abs. 1 Buchst. c) Richtlinie 2015/1535/EU.

schaften des Produktes bzw. der Dienstleistung, ihre Herstellung, Verpackung, Kennzeichnung oder Beschriftung beziehen.[58] Das kann auch die Belegenheit der Einrichtung sein, von der aus die Leistung zu erbringen ist (→ § 31 VgV Rn. 24).[59] Abzugrenzen sind technische Spezifikationen von **wirtschaftlichen** oder **finanziellen Spezifikationen** (zB Kalkulationsvorgaben),[60] von Auszeichnungen oder Empfehlungen durch den Auftraggeber, den Hersteller oder Dritte,[61] sowie von Bedingungen an die Auftragsausführung gemäß § 128 Abs. 2 GWB (zB Anforderungen an die Tariftreue, Umweltmanagementsysteme, Arbeitsbedingungen der Mitarbeiter usw., → § 31 VgV Rn. 14). Technische Spezifikationen sind damit für die Europäische Kommission immer „zwangsläufig" mit dem Auftragsgegenstand verknüpft.[62] Deshalb ist ausdrücklich in § 31 Abs. 3 S. 2 VgV geregelt, dass **Herstellungs- bzw. Entstehungsmethoden** auch dann zu den technischen Spezifikationen zählen, wenn sie sich nicht in messbaren Eigenschaften der Ware oder der Dienstleitung äußern (→ § 31 VgV Rn. 80). Auch Vorgaben „zum fairen Handel" können seit der VergRModVO als technische Spezifikationen ausgestaltet werden.[63]

D. Norm (Anlage 1 Nr. 2)

I. Allgemeines

Als „Norm" bezeichnet Anlage 1 Nr. 2 eine technische Spezifikation, die von einer anerkannten Normungsorganisation zur wiederholten oder ständigen Anwendung angenommen wurde, deren Einhaltung nicht zwingend vorgeschrieben ist. Diese Definition geht auf die Richtlinien über das gegenseitige Informationsverfahren zurück[64] und hebt die wesentlichen Bestandteile einer (technischen) Norm hervor: Eine Norm stammt von einer nicht-staatlichen, dh privaten, Organisation (→ Rn. 21) und ihre Anwendung ist freiwillig (→ Rn. 27).[65] Beide Merkmale unterscheiden sie von „gesetzlichen oder behördlichen Bestimmungen", die ein Auftragnehmer bei der Ausführung der ihm obliegenden Leistung gemäß §§ 4 Nr. 1 Abs. 1 VOL/B, 4 Abs. 2 Nr. 1 S. 2 VOB/B zu beachten hat. **17**

Die Ausarbeitung von Normen ist ein freiwilliger Prozess, der von den daran Beteiligten zu ihrem eigenen Nutzen durchgeführt wird.[66] Auf der Grundlage des WTO-Abkommens über technische Handelshemmnisse haben sich die WTO-Mitglieder auf die sog. **WTO-Prinzipien** für die Normung verständigt, an denen die europäische[67] und die nationale Normung[68] ausrichtet: **18**

---

[58] EuGH 10.5.2012 – C-368/10, ECLI:EU:C:2012:284 Rn. 61 ff. = NZBau 2012, 445 – EKO und MAX HAVELAAR; zurückgehend auf *Europäische Kommission* Interpretierende Mitteilung zur Berücksichtigung von Umweltbelangen KOM(2001) 274 endgültig, 11; Sozialorientierte Beschaffung 29, 32; *Krohn* Öffentliche Auftragsvergabe und Umweltschutz 196; *Fischer* EuZW 2004, 492 (493); *Opitz* VergabeR 2004, 421 (425); *Wegener/Hahn* NZBau 2012, 684; *Glaser/Kahl* ZHR 177 (2013), 643 (657); *Heyne* LKV 2013, 158 (161); *Siegel* VergabeR 2013, 370 (372); *Brachmann* VergabeR 2014, 310 (313); *Krohn* in Gabriel/ Krohn/Neun VergR-HdB, 2. Aufl. 2017, § 19 Rn. 69, 90; *Burgi* Specifications 43; *Germelmann* GewArch 2016, 100 (104); *Traupel* in Müller-Wrede GWB § 121 Rn. 69.

[59] EuGH 22.10.2015 – C-552/11, ECLI:EU:C:2015:713 Rn. 22 ff. = NZBau 2016, 109 – Grupo Hospitalario Quirón SA.

[60] Art. 2 Abs. 1 Buchst. b) Richtlinie 89/665/EWG.

[61] *Krohn* Öffentliche Auftragsvergabe und Umweltschutz 196/197.

[62] *Europäische Kommission* Interpretierende Mitteilung zur Berücksichtigung von Umweltbelangen, KOM(2001) 274 endgültig, 11

[63] Anders noch die vorherige Rechtslage, vgl. *Siegel* VergabeR 2013, 370 (372).

[64] Art. 1 Nr. 2 Richtlinie 83/189/EWG; inhaltsgleich die Begriffsbestimmung in DIN EN 45020.

[65] Bereits *Hertwig/Slawinski* in Beck VOB/A Anhang § 7 TS Rn. 1.

[66] Allgemeine Leitlinien für die Zusammenarbeit zwischen CEN, CENELEC und ETSI sowie Kommission und EFTA vom 28. März 2003 (2003/C 91/04).

[67] Erwägungsgrund (2) VO (EU) Nr. 1025/2012; bereits *Europäische Kommission* SEK (2001) 296, S. 3 Ziff. 15.

[68] Zusammengefasst in DIN 820 Teil 1.

– Transparenz

Alle wichtigen Informationen über die Arbeitsplanung, laufende Arbeiten und Ender-gebnisse sollten für alle Interessenten und während aller Phasen der Normenentwicklung leicht zugänglich sein. Für schriftliche Stellungnahmen sind angemessene Fristen und Gelegenheiten vorzusehen.

– Offenheit

Alle interessierten nationalen Mitglieder sollten Gelegenheit haben, an der Normenent-wicklung teilzunehmen. Das bedeutet praktisch, dass zB an der Normsetzung von CEN und CENELEC neben Regierungsvertretern auch Verbraucherorganisationen, Indust-rieverbände und Gewerkschaften beteiligt werden.[69]

– Überparteilichkeit und Konsens

Der Normenentwicklungsprozess sollte nicht diskriminierend sein und keinem einzel-nen Lieferanten oder Land ein Privileg einräumen oder dessen Interessen bevorzugen. Widersprüchliche Argumente müssen zur Zufriedenheit aller Mitglieder geklärt werden.

– Wirksamkeit und Relevanz

Der Normenentwicklungsprozess soll den Marktbedürfnissen sowie der wissenschaftli-chen und technologischen Entwicklung Rechnung tragen. Darüber hinaus sollen recht-liche Anforderungen sowie die Anliegen der Verbraucher und Fragen zu Gesundheit und Sicherheit am Arbeitsplatz oder zum Umweltschutz berücksichtigt werden.

– Kohärenz

Der Normungsprozess sollte zur Schaffung einer kohärenten Reihe von Normen füh-ren, die nicht im Widerspruch zueinander stehen. Durch die Kooperation und Koordi-nation der Normungsorganisationen sollen widersprüchliche Normen verhindert wer-den.

19 Normen im Sinne von Anlage 1 Nr. 2 enthalten nicht notwendig **Regeln der Technik** iSv §§ 4 Nr. 1 Abs. 1 S. 2 VOL/B; 4 Abs. 2 Nr. 1 S. 2, 13 Abs. 1 S. 2 VOB/B. „Regeln der Technik" sind nicht statisch, sondern dynamisch, und müssen nicht schriftlich nieder-gelegt werden, um allgemein anerkannt zu sein.[70] Eine Regel der Technik kann in die Form einer Norm gebracht worden sein. Umgekehrt kann eine Norm durch entsprechen-de Übung und Anerkennung zu einer Regel der Technik werden. Die Regel der Technik kann eine Norm aber auch überholen.[71] Auch bei einer Beschreibung der technischen An-forderungen mittels einer Norm hat der Auftragnehmer die anerkannten Regeln der Tech-nik bei der Ausführung der Leistung einzuhalten. Maßgeblich ist insoweit deren Stand bei Abnahme oder dem sonst entscheidenden Zeitpunkt der Leistungserbringung (vorbehalt-lich einer abweichenden Beschaffenheitsvereinbarung).[72] Da der Auftragnehmer die jeweils einschlägigen Regeln der Technik aufgrund seiner Fachkunde kennen muss, müssen sie in der Leistungsbeschreibung nicht genannt oder erläutert werden (→ § 31 VgV Rn. 21).[73]

II. Begriffsmerkmale

1. Technische Spezifikationen

20 Eine Norm muss sich inhaltlich auf die Festlegung oder Qualität von technischen Spezi-fikationen beziehen. Das Unionsrecht lässt bei der Normung die Verfolgung gesellschaftli-

---

[69] *Breulmann* Normung 34.

[70] *Hertwig/Slawinski* in Beck VOB/A, Anhang § 7 TS Rn. 2; *Leinemann* in Leinemann, 6. Aufl. 2016, VOB/B § 4 Rn. 59.

[71] OLG Düsseldorf 2.5.2012 – Verg 104/11, ZfBR 2012, 610 (612); VK Brandenburg 24.1.2002 – 2 VK 114/01, IBRRS 2002, 2005; *Wolters* in Eschenbruch/Opitz § 7 SektVO Rn. 56; *Lampe-Helbig/ Widmann* Handbuch der Bauvergabe, 2. Aufl. 1995, Rn. 94; *Heiermann/Bauer* in HRR, 13. Aufl. 2013, § 7 EG Rn. 42.

[72] *Noch* Vergaberecht kompakt, 6. Aufl. 2015, Rn. 891.

[73] *Dähne* in Althaus/Heindl, 2. Aufl. 2013, Teil 1 Rn. 70.

cher Zielsetzungen zu. Ausdrücklich genannt sind Klimawandel, nachhaltiger Ressourcennutzung, Innovation, Alterung der Bevölkerung, Integration von Menschen mit Behinderungen, Verbraucherschutz, Sicherheit der Arbeitnehmer und Arbeitsbedingungen.[74] Insbesondere sollen Normen den Umweltauswirkungen über den gesamten Lebenszyklus von Produkten und Dienstleistungen Rechnung tragen.[75]

2. Annahme durch anerkannte Normungsorganisation

Die Norm muss von einer der in Anlage 1 Nr. 2 aufgeführten anerkannten Normungs- **21** organisation angenommen worden sein. Die Annahme ist der Abschluss der Normungsarbeit, dh der planmäßigen Arbeit zur Entwicklung oder Harmonisierung von Normen.[76] Es ist zwar auch möglich, **Normentwürfe** noch nicht in Kraft gesetzter für die Formulierung von Spezifikationen zu verwenden (zB die sog. Gelbdrucke einer DIN-Norm). Das ist dann aber vergaberechtlich keine Umschreibung mittels einer Norm, mit den daran anknüpfenden besonderen Rechtsfolgen.[77]

Eine Norm iSv Nr. 2 liegt nur vor, wenn die Normungsorganisation entweder durch **22** Rechtsakt oder von staatlichen Behörden anerkannt ist, was neben einer geeigneten personellen und technischen Infrastruktur voraussetzt, dass die betroffenen Kreise an den Normungsarbeiten beteiligt werden.[78] Das führt zu folgenden Kategorien:

Internationale Normungsorganisation sind die Internationale Normenorganisation (ISO), die Internationale Elektrotechnische Kommission (IEC) und die Internationale Fernmeldeunion (ITU).[79] Sie nehmen **internationale Normen** iSv Nr. 2 Buchst. a) an. Internationale Normen sind aufgrund völkerrechtlicher Verpflichtung in nationale Normen zu übernehmen und tragen dann folgende Bezeichnungen:

– „DIN ISO" bezeichnet die unveränderte Übernahme einer ISO-Norm.
– „DIN IEC" bedeutet die unveränderte Übernahme einer IEC-Norm.

Europäische Normen (EN) werden nach Nr. 2 Buchst. b) durch eine Europäische **23** Normungsorganisation angenommen, dh das Comité Européen de Normalisation (CEN), das Comité Européen de Normalisation Electrotechnique (Cenelec) oder das Europäisches Institut für Telekommunikationsnormen (ETSI).[80] Sie werden von den europäischen Normungsorganisationen auf Englisch verabschiedet. Anschließend müssen die Mitgliedsverbände die Norm unabhängig vom eigenen Abstimmungsverhalten sachlich und inhaltlich unverändert in das nationale Normenwerk aufnehmen und ihr den Status einer nationalen Norm einräumen. Entgegenstehende nationale Normen sind grundsätzlich zurückzuziehen oder anzupassen. Die deutschen Ausgaben europäischer Normen tragen unterschiedliche Bezeichnungen:

– „DIN EN"-Normen sind europäische Normen, die von CEN/CENELEC-verabschiedet wurden.
– „DIN EN ISO" sind Normen, die unter Federführung von ISO oder von CEN, aber von beiden Organisationen verabschiedet werden und daher ebenfalls europäische Normen sind.
– „DIN EN ISO/IEC" sind Normen, die von ISO und IEC erarbeitet wurden und europäische Normen sind.
– „DIN ETS-Normen" wurden von der europäischen Normungsorganisation ETSI erarbeitet.

---

[74] Erwägungsgrund (19) VO (EU) Nr. 1025/2012.
[75] Erwägungsgrund (26) VO (EU) Nr. 1025/2012.
[76] Ausführlich zum Verfahren *Hertwig/Slawinski* in Beck VOB/A Anhang § 7 TS Rn. 13 ff.
[77] Umstritten. Anders *Leinemann* VSVgV § 15 Rn. 74.
[78] *Breulmann* Normung 34.
[79] Art. 1 Nr. 9 VO (EU) Nr. 1025/2012.
[80] Art. 1 Nr. 8 VO (EU) Nr. 1025/2012 iVm Erwägungsgrund (4) und Anhang I. Zur Organisation der europäischen Normungsgremien *Ruff* in Müller-Wrede § 7 SektVO Rn. 49 ff.; zum Normungsverfahren *Hertwig/Slawinski* in Beck VOB/A, Anhang § 7 TS Rn. 13 f.

24   Nationale Normen iSv Nr. 2 Buchst. c) werden durch eine nationale Normungsorgani-
sation angenommen. Dazu zählen solche Organisationen, die der Kommission von einem
Mitgliedstaat mitgeteilt wurden.[81] Die Kommission veröffentlicht die Liste nationaler
Normungsorganisationen und alle Aktualisierungen dieser Liste im Amtsblatt der Europäi-
schen Union.[82] Für die Bundesrepublik Deutschland sind unverändert nur das Deutsches
Institut für Normung e. V. (DIN) und die Deutsche Kommission Elektrotechnik Elektronik
Informationstechnik im DIN und VDE (DKE) gelistet.[83]

Normen, die von anderen Normungsorganisationen entwickelt wurden, zB einem Berufs-,
Industrie- oder Handelsverband, sind ohne Durchlaufen eines Anerkennungsverfahrens keine
nationalen Normen iSd Nr. 2 Buchst. c).[84] Das gilt auch für die (mittlerweile zurückgezoge-
nen) Euronormen der EGKS für den technische Lieferbedingungen und Prüfverfahren für
Stähle und Halbfertigprodukte aus Stähle.[85] Bei den Güte- und Prüfbestimmungen des Deutschen Instituts für Gütesicherung und Kennzeichnung e. V. (RAL) muss im Einzelfall geprüft
werden, ob es sich um eine Norm handelt und die Norm vom RAL in einem Anerkennungs-
verfahren entwickelt wurde (wie zB die RAL-GZ 951/1).[86] In diesem Fall können auch
RAL-Gütezeichen mit dem Zusatz „oder gleichwertig" ausgeschrieben werden.[87]

Nicht erfasst von Nr. 2 sind **Werknormen,** die ausschließlich auf die eigenen Bedürfnisse des erlassenden Unternehmens zugeschnitten sind (zB Auszüge aus DIN-Normen mit
Ergänzungen, Konstruktionsrichtlinien, Fertigungs-, Prüfungsvorschriften)[88] und etablierte
Vorgehensweisen und Methoden („good practices"), auch wenn sie einen de-facto-
Standard bilden (zB ITIL). **Industriestandards,** dh „zivile technische Spezifikationen, die
von der Industrie entwickelt wurden und von ihr allgemein anerkannt werden" sind nur
für Vergaben im Verteidigungs- und Sicherheitsbereich einer Norm gleichgestellt (§§ 15
Abs. 3 Nr. 1 Buchst. e) VSVgV, 7a VS Abs. 2 Buchst. e) VOB/A).

25   **Harmonisierte Normen** bilden vergaberechtlich keine eigenständige Kategorie, sondern sind ein Unterfall der europäischen Norm, bei der die Norm von CEN, Cenelec
oder ETSI aufgrund eines Auftrages der Kommission zur Durchführung von Harmonisie-
rungsvorschriften angenommen wurde.[89] Titel und Fundstelle werden von der Kommission
in der Ausgabe C des Amtsblatts mitgeteilt (nicht aber der Normtext). Die auf europäischer
Ebene verabschiedete Norm muss von den nationalen Normungsverbänden sodann in nationale Normen umgesetzt und als harmonisierte Norm gekennzeichnet werden (zB durch
den Zusatz „DIN-EN"). Ab Veröffentlichung der harmonisierten Norm können Produzenten und Dienstleistungserbringer mit ihrer Einhaltung den Nachweis führen, dass ihre
Produkte, Prozesse oder Dienstleistungen mit den einschlägigen Gemeinschaftsvorschriften
übereinstimmen (→ Rn. 3). Während der Erstellung einer harmonisierten Norm oder
nach ihrer Verabschiedung dürfen die nationalen Normungsorganisationen keine Maßnahmen ergreifen, die die beabsichtigte Harmonisierung beeinträchtigen könnten, sondern
müssen eigene Normen ggfs. zurückziehen.[90] Harmonisierte Normen sind für den Europäischen Gerichtshof Teil des Unionsrechts, so dass für ihre Auslegung das Vorabentscheidungsverfahren nach Art. 267 Abs. 1 AEUV eröffnet ist.[91]

---

[81] Art. 1 Nr. 10 iVm Art. 27 VO (EU) Nr. 1025/2012.

[82] Liste nationaler Normungsorganisationen nach Artikel 27 der Verordnung (EU) Nr. 1025/2012 des
Europäischen Parlaments und des Rates zur europäischen Normung (2013/C 279/08), ABl. C 279/15 vom
27.9.2013; Aktualisierung (2014/C338/10), ABl. C 338/51 vom 27.9.2014.

[83] Bereits *Ruff* in Müller-Wrede, § 7 SektVO Rn. 66.

[84] Deutlich Erwägungsgrund (30) VO (EU) Nr. 1025/2012.

[85] Diese Normen galten als nationale Normen, vgl. *Breulmann* Normung S. 59.

[86] OLG Düsseldorf 14.12.2016 – VII-Verg 20/16, VergabeR 2017, 189 (195).

[87] VK Köln 3.7.2002 – VK VOL/A 2002, IBRRS 2013, 0954 – „Grabkammern".

[88] *Klein* Einführung in die DIN-Normen, 13. Aufl. 2001, 24 sub. 3.3; *Hertwig/Slawinski* in Beck VOB/A,
Anhang § 7 TS Rn. 16.

[89] Art. 1 Nr. 1 Buchst. c) VO (EU) Nr. 1025/2012; bereits Art. 4 Abs. 1 UA 2 RL 89/106/EWG.

[90] Art. 3 Abs. 6 VO (EU) Nr. 1025/2012 iVm Erwägungsgrund (14).

[91] EuGH 27.10.2016 – C-613/14, ECLI:EU:C:2016:821 Rn. 32f. = NJW 2017, 311 – „James Elliott
Construction Limited" (zur Richtlinie 89/196/EWG).

3. Bestimmt zur wiederholten oder ständigen Anwendung

Eine Norm wird mit diesem Merkmal von technischen Regeln abgegrenzt, die nur für **26**
einen Spezialfall entwickelt wurden und nur im Einzelfall zur Anwendung kommen.[92]

4. Freiwilligkeit

Die Einhaltung von Normen ist freiwillig. Normen sind keine Rechtsnormen, sondern **27**
private technische Regelungen mit Empfehlungscharakter.[93] Keine Normen iSd Nr. 2 sind
daher technische Spezifikationen, die in Rechts- oder Verwaltungsvorschriften staatlicher
Behörden enthalten sind und deren Beachtung de iure oder de facto in einem Mitgliedsstaat oder in einem großen Teil des Mitgliedsstaates vorgeschrieben sind, um ein Produkt oder eine Dienstleistung vermarkten oder verwenden zu können (**technische Vorschriften**), zB zur Produktsicherheit.[94] Sie werden vom Verordnungsgeber in § 15 Abs. 3
VSVgV beispielhaft von technischen Anforderungen abgegrenzt und sind grundsätzlich nicht
in die Leistungsbeschreibung aufzunehmen, es sei denn, ihre Kenntnis kann von fachkundigen Bietern ausnahmsweise nicht erwartet werden (zB weil es sich um eine in der Praxis
nicht verwendete technische Vorschrift handelt).

5. Der Öffentlichkeit zugänglich

Nr. 2 verlangt, dass die Norm der Öffentlichkeit zugänglich sein muss. Dafür muss je- **28**
dermann die Möglichkeit haben, sie zu angemessenen Bedingungen anwenden und nutzen
zu können. Unschädlich ist, wenn dies eine Anfrage bei der Normungsorganisation und
die Zahlung eines Entgelts voraussetzt, sofern die Höhe des Entgelts nicht nach der Herkunft des Anfragenden differenziert.[95] Der Nachweis eines besonderen Interesses oder eine
Registrierung darf aber nicht verlangt werden. Eine kostenlose elektronische Bereitstellung
auf Websites ist nicht vorgeschrieben. Ein zumutbares Entgelt ist zulässig. Kleinen und
mittleren Unternehmen (KMU) sind für die Bereitstellung von Normen oder Normenpa-
keten ermäßigte Sondertarife einzuräumen.[96]

E. Europäische technische Bewertung (Anlage 1 Nr. 3)

Anlage 1 Nr. 3 definiert die Europäische technische Bewertung (European Technical As- **29**
sessment – ETA) als „dokumentierte Bewertung der Leistung eines Bauproduktes in Bezug
auf seine wesentlichen Merkmale". Die Europäische Technische Bewertung wurde durch
die Bauprodukte-Verordnung (VO (EU) Nr. 305/2011) eingeführt, damit ein Hersteller
eines Bauprodukts eine Leistungserklärung für ein Produkt ausstellen kann, das nicht oder
nicht ganz von einer harmonisierten Norm erfasst ist.[97] Sie wird auf Antrag eines Herstellers von einer Technischen Bewertungsstelle (für die Bundesrepublik das Deutsches Institut
für Bautechnik, DIBt)[98] ausgestellt und hat die frühere „Europäische technische Zulassung"
iSv Anhang III Nr. 4 Richtlinie 2009/81/EG abgelöst. Erforderlich kann eine ETA auch
für Produkte sein, die in ein Bauwerk eingefügt werden sollen, dessen Versorgung oder

---

[92] *Breulmann* Normung 34.
[93] *Ruff* in Müller-Wrede, § 7 SektVO Rn. 41.
[94] *Breulmann* Normung 38.
[95] *Wolters* in Eschenbruch/Opitz § 7 SektVO Rn. 43; *Donhauser* in VERIS-VOB/A-Online-Kommentar
(Stand Februar 2013), § 7 Abs. 3 VOB/A Rn. 62. Im Ergebnis auch *Burgi* VergabeR § 12 Rn. 21 (mit dem
Argument, dass der Bieter ein „gleichwertiges" Angebot abgeben könne, was für die Frage der Zugänglichkeit aber nicht überzeugt).
[96] Art. 6 Abs. 1 Buchst. f) VO (EU) Nr. 1025/2012.
[97] Erwägungsgrund (20) VO (EU) Nr. 305/2011.
[98] *Traupel* in Müller-Wrede, GWB § 121 Rn. 73.

Unterhaltung dienen oder in Kombination mit einem Bauwerk beschafft werden (zB Leitstellentechnik).[99]

F. Gemeinsame technische Spezifikationen (Anlage 1 Nr. 4)

30   Gemeinsame technische Spezifikation (GTS) sind an sich technische Spezifikationen, die nach einem von den Mitgliedstaaten anerkannten Verfahren erarbeitet und im Amtsblatt veröffentlicht werden.[100] Die neuen Vergaberichtlinien haben dies auf die von Europäischen Kommission identifizierten technischen ITK-Spezifikationen im Bereich der Informations- und Kommunikationstechnologie verengt.[101] Sie wurden 2012 als eigene Kategorie in die Europäische Normung eingeführt, weil sie idR von anderen als den internationalen, europäischen oder nationalen Normungsorganisationen entwickelt werden (zB einem Berufs-, Industrie- oder Handelsverband) und damit keine Norm iSd Anlage 1 Nr. 2 sind.[102] Inhaltlich sollen sie die Interoperabilität sichern (Art. 13 Abs. 1 VO (EU) Nr. 1025/2012).

G. Technische Bezugsgröße (Anlage 1 Nr. 5)

31   Eine Technische Bezugsgröße ist keine Norm sondern ein Bezugsrahmen, der von den europäischen Normungsgremien CEN, Cenelec bzw. ETSI in einem bestimmten Verfahren erarbeitet wurde. § 31 Abs. 2 Nr. 2 Buchst. d) VgV stellt sie unter der Bezeichnung „technische Bezugssysteme" im Rang einer internationalen Norm gleich.

---

[99] *Leinemann* VSVgV § 15 Rn. 64.
[100] Anhang VI Nr. 4 Richtlinie 2004/18/EG.
[101] Anhang VII Nr. 4 Richtlinie 2014/24/EU iVm Art. 13, 14 VO (EU) Nr. 1025/2012. Vorher waren sie durch Art. 14 VO (EU) Nr. 1025/2012 Gemeinsamen technischen Spezifikationen gleichgestellt.
[102] Anhang II Nr. 3 iVm Erwägungsgrund (30) VO (EU) Nr. 1025/2012.

§ 32 Technische Anforderungen

(1) Verweist der öffentliche Auftraggeber in der Leistungsbeschreibung auf technische Anforderungen nach § 31 Absatz 2 Nummer 2, so darf er ein Angebot nicht mit der Begründung ablehnen, dass die angebotenen Liefer- und Dienstleistungen nicht den von ihm herangezogenen technischen Anforderungen der Leistungsbeschreibung entsprechen, wenn das Unternehmen in seinem Angebot dem öffentlichen Auftraggeber mit geeigneten Mitteln nachweist, dass die vom Unternehmen vorgeschlagenen Lösungen diesen technischen Anforderungen gleichermaßen entsprechen.

(2) Enthält die Leistungsbeschreibung Leistungs- oder Funktionsanforderungen, so darf der öffentliche Auftraggeber ein Angebot nicht ablehnen, wenn diese Anforderungen die von ihm geforderten Leistungs- oder Funktionsanforderungen betreffen und das Angebot Folgendem entspricht:

1. einer nationalen Norm, mit der eine europäische Norm umgesetzt wird,
2. einer Europäischen Technischen Bewertung,
3. einer gemeinsamen technischen Spezifikation,
4. einer internationalen Norm oder
5. einem technischen Bezugssystem, das von den europäischen Normungsgremien erarbeitet wurde.

Das Unternehmen muss in seinem Angebot belegen, dass die jeweilige der Norm entsprechende Liefer- oder Dienstleistung den Leistungs- oder Funktionsanforderungen des öffentlichen Auftraggebers entspricht. Belege können insbesondere eine technische Beschreibung des Herstellers oder ein Prüfbericht einer anerkannten Stelle sein.

Übersicht

	Rn.		Rn.
A. Einführung	1	4. Gleichwertigkeitsprüfung durch den Auftraggeber	16
I. Literatur	1		
II. Entstehungsgeschichte	2	D. Alternativer Nachweis der Erfüllung technischer Anforderungen bei Leistungs- und Funktionsanforderungen (Abs. 2)	19
III. Rechtliche Vorgaben im EU-Recht	3		
B. Systematische Stellung	5		
C. Alternative Erfüllung technischer Anforderungen bei Beschreibung mittels Normen (Abs. 1)	8	I. Regelungsinhalt	19
		II. Voraussetzungen	22
I. Regelungsinhalt	8	1. Umschreibung mittels Leistungs- und Funktionsanforderungen	22
II. Voraussetzungen	11	2. Angabe der Abweichung im Angebot	23
1. Umschreibung unter Bezugnahme auf Normen, Europäische technische Bewertungen usw.	11	3. Konformitätsnachweis im Angebot	24
2. Angabe der Abweichung im Angebot	13	4. Konformitätsprüfung durch den Auftraggeber	25
3. Gleichwertigkeitsnachweis im Angebot	14		

A. Einführung

I. Literatur

Opitz, Die Entwicklung des EG-Vergaberechts in den Jahren 2001 und 2002. Teil 1 – Die Rechtstatsachen **1** und der Rechtsrahmen, NZBau 2003, 183; *Stolz,* Die Behandlung von Angeboten, die von den ausgeschriebenen Leistungspflichten abweichen, VergabeR 2008, 322; *Goede,* Anmerkung zu OLG München, Beschl. v. 28.7.2008 – Verg 10/08, VergabeR 2008, 969; *Tausendpfund,* Gestaltungs- und Konkretisierungsmöglichkeiten des Bieters in Vergabeverfahren, 2009; *Krist,* Anmerkung zu OLG Koblenz, Beschl. v. 10.6.2010 – 1 Verg 3/10, VergabeR 2011, 223; *Trautner/Schwabe,* Praxishandbuch Sektorenverordnung.

Anwendungsbereich – Verfahren – Rechtsschutz, 2011; *Bovis,* EU Public Procurement Law, 2nd Ed. 2012; *Althaus/Heindl,* Der öffentliche Bauauftrag, 2. Aufl. 2013; *Burgi,* Specifications, in: Trybus/Caranta/ Edelstam, EU Public Contract Law, 2014, 37; *Willner,* Zulässige Abweichungen von technischen Spezifikationen im Angebot, VergabeR 2014, 741; *Dicks,* Nebenangebote nach der Vergabemodernisierung 2016: Lösung oder Perpetuieren eines Dilemmas? VergabeR 2016, 309; *Dittmann,* Nur keine Langeweile: Neues zum Nachfordern fehlender Unterlagen, VergabeR 2017, 285.

II. Entstehungsgeschichte

2   Mit der Vorschrift setzt der Verordnungsgeber Art. 42 Abs. 5 und 6 AVR um und hat dafür die bisherigen § 8 EG Abs. 3 und 4 VOL/A übernommen.[1] Gegenüber der Entwurfsfassung wurde die Vorschrift nur geringfügig redaktionell verändert.[2]

III. Rechtliche Vorgaben im EU-Recht

3   Werden technische Spezifikationen unter Verweis auf Normen umschrieben, kann es vorkommen, dass die Norm der technischen Entwicklung hinterherläuft. Für diesen Fall hatte erstmals das Legislativpaket 2004 den Bietern den Nachweis eröffnet, dass die vorgeschlagene Lösung den technischen Spezifikationen, auf die der öffentliche Auftraggeber Bezug genommen hat, gleichermaßen entspricht.[3] In diesem Fall darf das Angebot des Bieters nicht abgelehnt werden. Dies wurde in Art. 42 Abs. 5 AVR und Art. 60 Abs. 5 SVR übernommen.

4   Die Bieter sollen nach den Vergaberichtlinien nicht dadurch schlechter gestellt werden, dass der Auftraggeber die technischen Anforderungen nicht mittels europäischer oder nationaler Normen umschreibt, obwohl es ihm möglich wäre. Sie können nach Art. 42 Abs. 6 AVR[4] mit einem Angebot beteiligen, sofern sie nachweisen, dass es einer an sich einschlägigen Norm konform ist. Die heutige Fassung der Regelung geht ebenfalls auf das Legislativpaket 2004 zurück[5] und ist in dieser Form für Liefer- und Dienstleistungsaufträge seit dem 1.1.2006 eingeführt.[6]

B. Systematische Stellung

5   Die Vorschrift weckt mit der Überschrift „technische Anforderungen" mehr an Erwartungen, als sie erfüllt: Sie regelt an sich nur zwei Fallgruppen, in denen das Angebot zulässigerweise **von Vorgaben des Auftraggebers abweichen kann,** ohne dass dies nach § 57 Abs. 1 Nr. 4 VgV zum Ausschluss führt, weil der Bieter nachweisen kann, dass sein Angebot materiell den vom Auftraggeber gestellten technischen Anforderungen entspricht. Für den Bundesgerichtshof ist dies neben der Zulassung von Nebenangeboten die Ausnahme von der Regel, dass Angebote keine Änderungen gegenüber der Ausschreibung enthalten dürfen (nunmehr § 53 Abs. 7 S. 1 VgV).[7] Die Vergabestelle muss prüfen, ob das Angebot trotz der Änderungen **als Hauptangebot** gewertet werden kann (→ § 16d EU

---

[1] Begründung der VergRModVO, BR-Drs. 87/16, 186.
[2] In Abs. 2 Nr. 2 wurde die Schreibweise „Europäische Technische Bewertung" an die Anlage 1 angepasst.
[3] Art. 23 Abs. 4 Richtlinie 2004/18/EG iVm Erwägungsgrund (29); erstmals umgesetzt in § 8a Nr. 2 Abs. 1 VOB/A 2006. Inhaltsgleich mit Art. 34 Abs. 4 Richtlinie 2004/17/EG.
[4] Entspricht Art. 60 Abs. 6 Richtlinie 2014/25/EU.
[5] Art. 23 Abs. 5 Richtlinie 2004/18/EG; Art. 34 Abs. 5 Richtlinie 2004/17/EG.
[6] § 8a Nr. 2 Abs. 2 VOB/A 2006.
[7] BGH 16.4.2002 – X ZR 67/00, NJW 2002, 2558. In der Literatur wird in den Fällen die Ausnutzung von Handlungsspielräumen gesehen, etwa bei *Schranner* in Ingenstau/Korbion, 20. Aufl. 2017, § 7a VOB/A Rn. 11, 15.

Abs. 3 VOB/A), dh unabhängig von den für die Nebenangebote geltenden formalen und inhaltlichen Voraussetzungen.[8] Das ist neben einem weiteren (Haupt-) Angebot möglich. Ein Bieter kann daher **mehrere Hauptangebote** mit im Detail abweichenden technischen Lösungen einreichen.[9] Die Vorschrift ist in beiden Absätzen **bieterschützend.**[10]

Die Abweichung von technischen Anforderungen begründet für den Bieter die Oblie- **6** genheit, von sich aus die Gleichwertigkeit seiner Lösung nachzuweisen, wenn sie sich nicht von selbst versteht.[11] Die formelle Nachweispflicht ist in Abs. 1 und 2 geregelt. Die Einreichung eines Nachweises löst Prüfungspflichten des Auftraggebers aus. Inhaltliche Anforderungen an den Nachweis und die Gleichwertigkeitsprüfung fehlen; insoweit lassen sich die Grundsätze in § 13 EU Abs. 2 VOB/A heranziehen (→ Rn. 14).

Die Vorschrift erlaubt nur die Abweichung von bestimmten technischen Anforderungen. **7** Das unterscheidet sie von der Situation bei der Einreichung von Nebenangeboten, bei denen – wenn der Auftraggeber Nebenangebote gemäß § 35 Abs. 1 VgV zulässt – von allen Auftraggebervorgaben abgewichen werden kann.[12] Dadurch ist die innovationsfördernde Wirkung dieser Bestimmung relativ gering.

C. Alternative Erfüllung technischer Anforderungen bei Beschreibung mittels Normen (Abs. 1)

I. Regelungsinhalt

Abs. 1 regelt in Umsetzung von Art. 42 Abs. 5 AVR den Fall, dass der Auftraggeber die **8** technischen Anforderungen abstrakt-normativ beschreibt. Der Bieter ist dann die Einreichung eines Angebots unbenommen, das zwar nicht der in Bezug genommen Norm, technischen Zulassung usw. konform ist, gleichwohl aber die technischen Anforderungen einhält, auf die der Auftraggeber im konkreten Fall Bezug nimmt, und somit in der Sache gleichwertig ist. Die Vorschrift schützt den Bieter davor, dass sein Angebot nur aus formellen Gründen nicht berücksichtigt wird, obwohl er in der Sache das anbietet, was der Auftraggeber nachfragt, und dies nachweisen kann. Damit soll verhindert werden, dass ein Angebot allein wegen eines wegen mittlerweile überholten Standes der Normsetzung nicht berücksichtigt werden kann.[13]

Die Vergaberichtlinien geben vor, dass der Auftraggeber einen Bieter auf Verlangen auch **9** über die Gründe für seine Entscheidung unterrichten muss, „dass keine Gleichwertigkeit vorliegt".[14] Dies fehlt in § 62 Abs. 2 Nr. 2 VgV,[15] der insoweit unionsrechtskonform auszulegen ist, so dass die Auskunft zu erteilen ist.

Inhaltsgleich sind § 29 Abs. 1 SektVO und §§ 15 Abs. 4 VSVgV, 7a VS Abs. 3 VOB/A. **10** § 7a EU Abs. 3 VOB/A verschärft die Anforderungen an den Gleichwertigkeitsnachweis in unsachgemäßer Weise (→ § 7a EU VOB/A Rn. 38). § 15 Abs. 4 KonzVgV ist auf Grundlage von Art. 36 Abs. 3 Richtlinie 2014/23/EU weitaus liberaler: Bei Konzessionsvergaben

---

[8] *Stolz/Heindl* in Althaus/Heindl, 2. Aufl. 2013, Teil 2 Rn. 234.
[9] Zur generellen Zulässigkeit mehrerer inhaltlich verschiedener Hauptangebote OLG Düsseldorf 23.3.2010 – VII-Verg 61/09, IBRRS 2010, 2852; 9.3.2011 – VII-Verg 52/10, BauR 2011, 1384; 1.10.2012 – VII-Verg 34/12, IBRRS 2012, 4172; 27.5.2015 – VII-Verg 2/15, IBRRS 2015, 2980; 21.10.2015 – Verg 28/14, BeckRS 2015, 18210 Rn. 111, 117; OLG München 29.3.2013 – Verg 11/12, IBRRS 2013, 4495.
[10] Voppel/Osenbrück/Bubert, 4. Aufl. 2018, § 32 Rn. 10; *Trutzel* in Ziekow/Völlink, 3. Aufl. 2018, VgV § 32 Rn. 5 (allerdings nur für § 32 Abs. 1 VgV).
[11] Zu diesem Grundsatz bereits OLG Düsseldorf 31.1.1996 – 27 U 502/95, NJW-RR 1997, 1514.
[12] Darauf hat *Burgi* Specifications 47 hingewiesen.
[13] Zu den Motiven für die Änderung im Legislativpaket *Opitz* NZBau 2003, 183 (194).
[14] Art. 55 Abs. 2 Buchst. b) Richtlinie 2014/24/EU iVm Erwägungsgrund (29); Art. 75 Abs. 2 Buchst. b) Richtlinie 2014/25/EU.
[15] Die Vorschrift soll Art. 55 Abs. 2 Richtlinie 2014/24/EU umsetzen, vgl. Begründung der VergR-ModVO, BR-Drs. 87/16, 216.

darf ein Angebot bei Abweichungen von den in der Leistungsbeschreibung genannten „technischen und funktionellen" Anforderungen nicht ausgeschlossen werden, wenn der Bieter mit seinem Angebot nachgewiesen hat, dass die von ihm vorgeschlagene Lösung die Anforderungen in gleicher Weise erfüllt.

Unterhalb der Schwellenwerte gibt es dieselbe Regelung für Bauaufträge (§ 7a Abs. 3 VOB/A); für Liefer- und Dienstleistungsaufträge fehlt sie dagegen in der UVgO.

II. Voraussetzungen

1. Umschreibung unter Bezugnahme auf Normen, Europäische technische Bewertungen usw.

11   Die Vorschrift setzt voraus, dass der Auftraggeber die betreffende technische Anforderung unter Bezugnahme auf Normen im Sinne von Anlage 1 Nr. 2, also abstrakt-normativ, beschrieben hat (→ § 31 VgV Rn. 44), zB „Leitungsroller nach DIN EN 61316"). Nicht erfasst sind Beschreibungen mittels Funktions- und Leistungsanforderungen oder Abweichungen zu Anforderungen, die sich nicht **aus der in Bezug genommenen Norm ableiten**. Darin besteht in Rechtsprechung und Literatur im Ergebnis Einigkeit: Von Abs. 1 nicht erfasst sind Fälle, in denen eine technische Haltekonstruktion für Glasfenster nicht nur mittels Normen umschrieben ist,[16] ein Diktiergerät ein „Metallgehäuse" und gesteigerte Haltbarkeit aufweisen soll;[17] eine Verschraubung nicht direkt in die zu liefernden Holzprofile erfolgen darf,[18] die Ausführung „auf Basis der LONWORKS©Technologie"[19] erfolgen muss, ein „Access-Main-Controller"[20] oder ein bestimmter Wirkungsbereich einer Schutzeinrichtung („W4") verlangt wird.[21] Weicht das Angebot von derartigen Vorgaben ab, kann es nicht über einen Gleichwertigkeitsnachweis gewertet werden, sondern allenfalls als Nebenangebot (wenn die dafür erforderlichen Voraussetzungen vorliegen).[22] Das ergibt sich eigentlich bereits aus dem Wortlaut der Vorschrift, die auf „technische Anforderungen nach § 31 Absatz 2 Nummer 2" verweist. Ihr Sinn und Zweck ist es, den Bietern zu ermöglichen, trotz unterschiedlicher nationaler Normierungen, Maßeinheiten, Umweltgütezeichnen, Prüfmethoden o.ä. ein ausschreibungskonformes Angebot abgeben zu können, nicht dagegen, es dem öffentlichen Auftraggeber unmöglich zu machen, individuelle, konkret auf das ausgeschriebene Vorhaben bezogene technische Vorgaben, auf die er Wert legt, verbindlich festzulegen.[23] Das Bestimmungsrecht des öffentlichen Auftraggebers umfasst auch die Frage, ob er zu der ausgeschriebenen Leistung Nebenangebote zulässt oder nicht. Für dieses Auslegungsergebnis ist es daher nicht geboten (und in der Sache verfehlt), den unionsrechtlichen Begriff „technische Spezifikationen" („technische Anforderungen") generell auf abstrakt-normative Umschreibungen zu beschränken (→ Anlage 1 VgV Rn. 9).

---

[16] OLG München 11.8.2005 – Verg 12/05, BeckRS 2005, 32161 Rn. 27.

[17] OLG Düsseldorf 11.2.2009 – Verg 64/08, BeckRS 2009, 29062.

[18] OLG Düsseldorf 6.10.2004 – VII-Verg 56/04, NZBau 2005, 169 (170).

[19] VK Münster 17.6.2005 – VK 12/05, IBRRS 2014, 0327.

[20] VK Nordbayern 18.1.2005 – 320.VK-3194-54/04, IBRRS 2005, 0553; ebenso zur VOB/A VK Nordbayern 1.8.2013 – 21.VK-3194-23/13, BeckRS 2013, 19599 (Wärmeaustauscher aus Polypropylen).

[21] OLG München 28.7.2008 – Verg 10/08, VergabeR 2008, 965 m. abl. Anm. *Goede.*

[22] Zuletzt vgl. VK Bund 21.1.2017 – VK 2–145/16, IBRRS 2017, 1608 (zu § 13 EU Abs. 2 VOB/A). Bereits bislang üA, OLG Düsseldorf (o. Fn. 17), OLG München (o. Fn. 15, 20), VK Südbayern 10.6.2005 – 20-04/05, IBRRS 2006, 1319; VK Münster 17.6.2005 – VK 12/05, IBRRS 2014, 0327; VK Sachsen 17.8.2012 – 1/SVK/021-12, IBRRS 2013, 1135 (zu § 7 Abs. 5, 6 SektVO 2009).VK Sachsen-Anhalt 16.4.2014 – 2 VK LSA 25/13, IBRRS 2014, 2169, 11.5.2015 – 3 VK LSA 13/15, IBRRS 2016, 0266; *Dicks* VergabeR 2012, 318 (332), *ders.* VergabeR 2016, 309 (310); *Tausendpfund* Gestaltungs- und Konkretisierungsmöglichkeiten, 69; *Herig* VOB, 5. Aufl. 2013, § 7 VOB/A Rn. 26.

[23] Zutreffend VK Sachsen 17.8.2012 – 1/SVK/021-12, IBRRS 2013, 1135 (zu § 7 Abs. 5, 6 SektVO 2009).

Die Vorschrift regelt nicht den Fall, dass der öffentliche Auftraggeber die in § 31 Abs. 2 **12**
Nr. 2 VgV vorgegebene Reihenfolge der Normen nicht einhält und zB anstatt eine DIN-
EN-Norm zu verwenden, mittels einer DIN-Norm oder nationalen technischen Zulassung
ausschreibt und dadurch engere Anforderungen aufstellt. In diesem Fall muss der Bieter die
Ausschreibung ggfs. wegen Verstoß gegen § 31 Abs. 2 Nr. 2 VgV angreifen,[24] steht aber
nicht schon deshalb „auf der sicheren Seite", weil sein Produkt der europäischen Norm
entspricht.[25]

2. Angabe der Abweichung im Angebot

Das Angebot kann nur dann als Hauptangebot gewertet werden, wenn der Bieter unauf- **13**
gefordert **bereits in seinem Angebot angibt,** ob und in welcher Weise die angebotenen
Produkte und Leistungen von den technischen Anforderungen abweichen, die die konkrete Norm aufstellt.[26] Er muss dafür in den jeweiligen Angebotspositionen, den Positionsgruppen, dem jeweiligen Abschnitt oder unter Umständen im ganzen Angebot eindeutig
und klar verständlich ausführen, dass eine Abweichung von den technischen Anforderungen vorliegt und worin sie liegt.[27]

3. Gleichwertigkeitsnachweis im Angebot

Der Bieter muss nach Abs. 1 bereits im Angebot mit „geeigneten Mitteln" den Nach- **14**
weis führen, dass die von ihm vorgeschlagene Lösung die durch die Norm ausgedrückten
technischen Anforderungen gleichermaßen erfüllt.[28] Für den Nachweis der Gleichwertigkeit reicht es nicht aus, dass der Bieter auf anderweitige Kenntnisse der Vergabestelle zur
Beurteilung der Gleichwertigkeit verweist.[29] Etwas anderes gilt nur, wenn die Vergabestelle
ausnahmsweise auf den Nachweis der Gleichwertigkeit verzichtet, weil ein sie beratendes
Ingenieurbüro diese festgestellt hat und Bieter und Auftraggeber einvernehmlich von der
Gleichwertigkeit ausgehen.[30]

Die **Beweislast** für die Gleichwertigkeit trägt der Bieter.[31] Abs. 2 S. 3 ist entsprechend **15**
anzuwenden. „Geeignete Mittel" iSd Abs. 1 ist weit zu verstehen,[32] da die Richtlinien an
dieser Stelle die „größtmögliche Anzahl von Nachweismitteln" zulassen wollen.[33] Die in
den Erwägungsgründen genannten technischen Beschreibungen des Herstellers oder Prüfberichte einer anerkannten Stelle nach § 33 VgV sind daher nur beispielhaft zu verstehen.[34]
Ausreichend können auch schlüssige Darstellungen des Bieters sein (zB ein Auszug aus der

---

[24] Zum Vorrang des Primärrechtsschutzes bei technischen Spezifikationen EuGH 12.2.2004 – Rs. C-
230/02, Slg. 2004 I-01829 = NZBau 2004, 221 Rn. 31 f. – „Grossmann Air Service".
[25] Umstritten. Anderer Ansicht *Krist* VergabeR 2011, 223 (224).
[26] *Franke/Kaiser* in FKZGM, 6. Aufl. 2017, § 7a EU VOB/A Rn. 56.
[27] (zur VOB/A) OLG Koblenz 15.5.2003 – 1 Verg 3/03, NJOZ 2004, 1372 (1380).
[28] OLG München 11.8.2005 – Verg 12/05, BeckRS 2005, 32161 Rn. 28; *Zimmermann* in jurisPK-
VergR, 5. Aufl. 2016, § 32 VgV Rn. 8.
[29] *Stolz/Heindl* in Althaus/Heindl, 2. Aufl. 2013, Teil 2 Rn. 233 mNw zur Rechtsprechung.
[30] *Hertwig/Slawinski* in Beck VOB/A § 7 Rn. 101.
[31] Überwiegende Ansicht, vgl. *Ruff* in Müller-Wrede, Kompendium des Vergaberechts, 2. Aufl. 2013, 34
Rn. 100; *ders.* in Müller-Wrede § 7 SektVO Rn. 103; *Wolters* in Eschenbruch/Opitz § 7 SektVO Rn. 76;
Prieß/Simonis in KKMPP, 4. Aufl. 2017, § 32 Rn. 1; *Schranner* in Ingenstau/Korbion, 20. Aufl. 2017, § 7a
VOB/A Rn. 13; *Schätzlein* in HKKW § 7 VOB/A Rn. 82; *Werner* in Willenbruch/Wieddekind, 4. Aufl.
2017, VgV § 32 Rn. 2; *Trutzel* in Ziekow/Völlink, 3. Aufl. 2018, VgV § 32 Rn. 1; Voppel/Osenbrück/
Bubert, 4. Aufl. 2018, § 32 Rn. 6. Von einer Pflicht des Auftraggebers zur „Entkräftung" der vom Bieter
vorgelegten Nachweise gehen *Trautner/Schwabe* Praxishandbuch 87 aus.
[32] So auch *Zimmermann* in jurisPK-VergR, 5. Aufl. 2016, § 32 VgV Rn. 6; Voppel/Osenbrück/Bubert,
4. Aufl. 2018, § 32 Rn. 7.
[33] Geänderter Vorschlag für eine Richtlinie des europäischen Parlaments und des Rats über die Koordinierung der Verfahren zur Vergabe öffentlicher Lieferaufträge, Dienstleistungsaufträge und Bauaufträge vom
6.5.2002, KOM (2002) 236 endg., S. 12.
[34] Erwägungsgründe (74) Richtlinie 2014/24/EU; (83) Richtlinie 2014/25/EU. Umstritten. Für strenge
Anforderungen orientiert an § 33 VgV zB *Trutzel* in Ziekow/Völlink, 3. Aufl. 2018, VgV § 32 Rn. 2.

Firmenbroschüre oder dem Produktkatalog), die allerdings zu den konkreten technischen Einzelheiten aussagekräftig sein müssen[35] und nicht erstmals im Nachprüfungsverfahren eingebracht können.[36] Es ist nicht zulässig, den Gleichwertigkeitsnachweis zu erschweren, indem in den Bewerbungsbedingungen „ausführliche und nachvollziehbare Nachweise" verlangt werden.[37]

4. Gleichwertigkeitsprüfung durch den Auftraggeber

16   Der öffentliche Auftraggeber ist nur verpflichtet, die Gleichwertigkeit zu prüfen, wenn der Gleichwertigkeitsnachweis mit dem Angebot in formeller Hinsicht geführt wurde.[38] Es reicht daher nicht aus, dass es beim Auftraggeber eine Person gibt, die die Gleichwertigkeit beurteilen könnte.[39] Am formellen Nachweis fehlt es zB, wenn die vorgelegten Prüfzeugnisse zwar eine Übereinstimmung des angebotenen Produktes mit einer Norm belegen, nicht aber, dass auch die vom Auftraggeber zusätzlich geforderten technischen Anforderungen eingehalten sind.[40] Die Nachweisführung muss für den Auftraggeber nachvollziehbar sein; ist der Nachweis unklar oder aus sich heraus nicht verständlich, muss der Auftraggeber keine eigenen Ermittlungen anstellen.[41] Hat der Auftraggeber Zweifel am Inhalt des Nachweises kann er ihn zum Gegenstand der Angebotsaufklärung (§ 15 Abs. 5 VgV) machen.[42] Er ist nicht verpflichtet, Gutachten, technische Berichte o. ä. von Amts wegen einzuholen.[43] Der Nachweis betrifft die Erfüllung der Kriterien der Leistungsbeschreibung und ist daher eine „leistungsbezogene Unterlage" iSd § 56 Abs. 2 S. 1 VgV.[44] Daher kann ein fehlender oder unvollständiger Nachweis vom Auftraggeber jedenfalls seit der VergRMod-VO[45] nachgefordert werden, sei denn, etwas anderes ist der Auftragsbekanntmachung oder den Vergabeunterlagen festgelegt.[46] Eine inhaltliche Korrektur eines fehlerhaften Nachweises ist nicht möglich. Da der Nachweis **unaufgefordert** zu erbringen ist, steht die Nachforderung im Ermessen des Auftraggebers.[47]

17   Inhaltlich muss der Auftraggeber prüfen, ob das Angebot das von der jeweiligen Norm verfolgte Schutzniveau gleichwertig erreicht.[48] Insoweit gelten dieselben Maßstäbe wie bei der Wertung von Nebenangeboten.[49] Das können die Aspekte Sicherheit, Gesundheit und Gebrauchstauglichkeit sein (beispielhaft genannt in § 13 EU Abs. 2 S. 1 VOB/A) aber auch andere Gesichtspunkte (zB Umweltschutz, Arbeitsschutz). Lässt sich die Gleichwertigkeit nicht positiv feststellen bleibt es in diesem Punkt bei der Abweichung von Leistungsvorgaben und damit einer Änderung an den Vergabeunterlagen iSv § 53 Abs. 7 S. 1 VgV. Sofern

---

[35] Daran scheiterte der Nachweis bei VK Münster 17.6.2005 – VK 12/05, IBRRS 2014, 0327.

[36] Im Ergebnis zutreffend OLG München 28.7.2008 – Verg 10/08, VergabeR 2008, 965 (969), das aber Erläuterungen des Bieters generell nicht genügen lassen will.

[37] So aber UfAB VI – Version 1.0 (Stand: 30.4.2015), Ziff. 4.16.8.

[38] VK Münster 17.6.2005 – VK 12/05, IBRRS 2014, 0327; VK Bund 6.5.2009 – VK 1–74/09, ZfBR 2009, 506; *Ruhland* in Pünder/Schellenberg, 2. Aufl. 2015, VOB/A § 16 Rn. 87.

[39] OLG Koblenz 2.2.2011 – 1 Verg 1/11, NZBau 2011, 316 (zum Gleichwertigkeitsnachweis bei Nebenangeboten); *Franke/Kaiser* in FKZGM, 6. Aufl. 2017, § 7a EU VOB/A Rn. 56.

[40] VK Münster 20.4.2005 – VK 6/05, IBRRS 2005, 2261.

[41] *Ruß* in Müller-Wrede § 7 SektVO Rn. 104; *Wolters* in Eschenbruch/Opitz § 7 SektVO Rn. 77; *Wirner* in Willenbruch/Wieddekind, 4. Aufl. 2017, VgV § 32 Rn. 5.

[42] Bereits OLG München 12.11.2010 – Verg 21/10, BeckRS 2010, 29116; *Donhauser* in VERIS-VOB/A-Online-Kommentar (Stand Februar 2013), § 7 VOB/A Rn. 66.

[43] *Schranner* in Ingenstau/Korbion, 20. Aufl. 2017, § 7a VOB/A Rn. 14.

[44] *Dittmann* VergabeR 2017, 285 (285/286); Voppel/Osenbrück/Bubert, 4. Aufl. 2018, § 32 Rn. 5.

[45] Die Nachforderbarkeit war früher umstritten, dagegen etwa *Ruß* in Müller-Wrede § 7 SektVO Rn. 103; dafür aber bereits *Stolz/Heindl* in Althaus/Heindl, 2. Aufl. 2013, Teil 2 Rn. 233; *Wolters* in Eschenbruch/Opitz § 7 SektVO Rn. 79.

[46] *Franke/Kaiser* in FKZGM, 6. Aufl. 2017, § 7a EU VOB/A Rn. 57.

[47] Ebenso im Ergebnis *Prieß/Simonis* in KKMPP, 4. Aufl. 2017, § 32 Rn. 3.

[48] Umstritten. Anderer Ansicht va *Willner* VergabeR 2014, 741 (747/748), der auf die konkrete Beschaffungsidee des Auftraggebers abstellen will, was aber zu Manipulationsgefahren führen würde, so zutreffend *Schranner* in Ingenstau/Korbion, 20. Aufl. 2017, § 7a VOB/A Rn. 11.

[49] BGH 23.3.2011 – X ZR 92/09, NZBau 2011, 439 Rn. 7 – Ortsbetonschacht.

Nebenangebote nach § 35 Abs. 1 VgV zugelassen sind, bleibt dann noch zu prüfen, ob es als Nebenangebot gewertet werden kann.

Bei der Prüfung der Gleichwertigkeit ist ein Beurteilungsspielraum des Auftraggebers **18** anerkannt.[50] Die Nachprüfungsinstanzen prüfen die Entscheidung nur auf Beurteilungsfehler nach, dh daraufhin, ob der Auftraggeber von einem zutreffenden Sachverhalt ausgegangen ist, den Prüfungsmaßstab nicht verkannt und keine sachwidrigen Erwägungen angestellt hat.

D. Alternativer Nachweis der Erfüllung technischer Anforderungen bei Leistungs- und Funktionsanforderungen (Abs. 2)

I. Regelungsinhalt

Werden technische Anforderungen mittels Leistungs- oder Funktionsanforderungen um- **19** schrieben darf der öffentliche Auftraggeber nach Abs. 2 Satz 1[51] ein Angebot nicht zurückweisen, wenn der Bieter darlegt, dass es einer Norm entspricht, die die verlangten Anforderungen abbildet. Die Vorschrift verhindert, dass den Bietern dadurch Nachteile entstehen, dass der Auftraggeber die technischen Anforderungen nicht mittels Normen umschrieben hat, obwohl ihm dies möglich gewesen wäre, weil eine entsprechende Norm existiert und diese besonders wettbewerbsoffene Beschreibungsart daher an sich nach Abs. 1 vorrangig zu wählen war (→ Rn. 3). Der Bieter kann sein „normgemäßes" Angebot dadurch im Wettbewerb halten, dass er die Konformität seiner Lösung belegt. Es ist dann als Hauptangebot zu werten.

Auch bei dieser Alternative regeln die Vergaberichtlinien eine besondere Unterrich- **20** tungspflicht: Der Auftraggeber muss bei Ablehnung des Angebots begründen, warum die angebotenen und „normgemäßen" Bauleistungen, Lieferungen oder Dienstleistungen nicht den Leistungs- und Funktionsanforderungen entsprechen.[52] § 62 Abs. 2 Nr. 2 VgV ist insoweit unionsrechtskonform auszulegen (→ Rn. 5).

Inhaltsgleich sind §§ 29 Abs. 2 SektVO, 15 Abs. 5 VSVgV, 7a VS Abs. 4 VOB/A. § 7a **21** EU Abs. 4 VOB/A weicht im Wortlaut scheinbar ab, soweit darin auf den „Prüfungsbericht einer Konformitätsbewertungsstelle" als Konformitätsnachweis verwiesen wird; damit ist aber nichts anderes gemeint, als in den übrigen Vorschriften (→ Rn. 24).

Unterhalb der Schwellenwerte gibt es dieselbe Regelung für öffentliche Bauaufträge (§ 7a Abs. 4 VOB/A); nicht dagegen in der UVgO für Liefer- und Dienstleistungsaufträge.

II. Voraussetzungen

1. Umschreibung mittels Leistungs- und Funktionsanforderungen

Abs. 2 setzt eine Beschreibung mittels Leistungs- und Funktionsanforderungen nach **22** § 31 Abs. 2 Nr. 1 oder Abs. 3 Nr. 1 VgV voraus. Die betreffenden technischen Anforderungen müssen in einer Norm abgebildet sein, dh die Norm muss dieselben oder höhere Anforderungen an den Leistungsgegenstand stellen.[53] Nicht erfasst sind Abweichungen von individuellen technischen Anforderungen oder von Leistungs- oder Funktionsanforderun-

---

[50] VK Sachsen-Anhalt 16.4.2014 – 2 VK LSA 25/13, IBRRS 2014, 2169; *Heiermann/Bauer* in HRR, 13. Aufl. 2013, § 7 EG Rn. 53; *Zimmermann* in jurisPK-VergR, 5. Aufl. 2016, VgV § 32 Rn. 8; *Schranner* in Ingenstau/Korbion, 20. Aufl. 2017, § 7a VOB/A Rn. 13; *Wirner* in Willenbruch/Wieddekind, 4. Aufl. 2017, VgV § 32 Rn. 3.
[51] Das entspricht dem bisherigen § 8 EG Abs. 4 VOL/A, so auch die Begründung der VergRModVO, BR-Drs. 87/16, 186.
[52] Art. 55 Abs. 2 Buchst. b) Richtlinie 2014/24/EU; Art. 75 Abs. 2 Buchst. b) Richtlinie 2014/25/EU.
[53] *Schätzlein* in HKKW § 7 VOB/A Rn. 86.

gen, die in einer Norm nicht abgebildet sind. Ein angebotenes Produkt ist daher zB auszuschließen, wenn es zwar zu einer einschlägigen Norm konform ist , aber die vom Auftraggeber zusätzlich gestellten individuellen Anforderungen (zB Form, Farbe, Ausführungsart)
nicht einhält.[54] Die Vorschrift ist nicht auf andere abstrakt-normative Umschreibungen
erweiternd anwendbar, zB nicht auf IT-Vorgehensmodelle (V-Modell XT oder V-Modell
XT-Bund).[55]

2. Angabe der Abweichung im Angebot

23   Eine Wertung als Haupt- oder Nebenangebot kommt nur in Betracht, wenn aus dem
Angebot hervorgeht, dass Leistungs- und Funktionsanforderungen dadurch erfüllt werden,
dass das Angebot einer Norm entspricht.

3. Konformitätsnachweis im Angebot

24   Das Angebot ist vom Auftraggeber nur dann als Hauptangebot zu werten, wenn der Bieter mit dem Angebot nachweist, dass sein Angebot normkonform ist und dadurch den gestellten Leistungs- oder Funktionsanforderungen entsprochen wird (Abs. 2 Satz 2).[56] Die in
Satz 3 genannten Nachweismöglichkeiten sind nicht abschließend („insbesondere"). Mit
dem „Prüfbericht einer anerkannten Stelle" ist ein Konformitätsnachweis (Testbericht, Zertifizierung) einer Konformitätsbewertungsstelle iSd § 33 VgV gemeint (wie in § 7a EU
Abs. 4 S. 3 VOB/A vorgesehen). Abweichend von § 33 Abs. 2 VgV ist ein Nachweis
durch eine Herstellerbeschreibung oder ein technisches Dossier des Herstellers stets möglich. Die Darlegungs- und Beweislast trägt der Bieter.[57] Der Nachweis kann gemäß § 56
Abs. 2 S. 1 VgV nachgefordert werden (→ Rn. 16).

4. Konformitätsprüfung durch den Auftraggeber

25   Der Auftraggeber muss prüfen, ob die vom Bieter angegebene Norm die verlangten
Leistungs- und Funktionsanforderungen abbildet und ob der Bieter die Normkonformität
nachgewiesen hat.[58] Eine Gleichwertigkeitsprüfung wie bei Abs. 1 erfolgt dagegen nicht.[59]
Bei der Beurteilung, ob der Nachweis geführt ist, steht dem Auftraggeber kein Beurteilungsspielraum zu, so dass die Nachprüfungsinstanzen die Entscheidung in diesem Punkt
vollständig überprüfen können.[60] Die Beweislast trägt der Bieter.[61]

---

[54] OLG Düsseldorf 22.10.2009 – Verg 25/09, BeckRS 2009, 29057 (zu einem Ballonkathedersystem, das
zusätzlich „latexfrei" sein musste); *Dicks* VergabeR 2012, 318 (332).
[55] Nicht zutreffend UfAB VI – Version 1.0 (Stand: 30.4.2015), Ziff. 4.16.8.
[56] Zu einem derartigen Fall OLG München 11.8.2005 – Verg 12/05, BeckRS 2005, 32161 Rn. 28; zur
zweistufigen Struktur des Nachweises *Wolters* in Eschenbruch/Opitz § 7 SektVO Rn. 84.
[57] *Ruff* in Müller-Wrede § 7 SektVO Rn. 106
[58] *Stolz* VergabeR 2008, 322 (329). Umstritten. Anders der Ansatz bei *Willner* VergabeR 2014, 741 (749),
der aber letztlich auch auf die konkrete Beschaffungsidee des Auftraggebers abstellt.
[59] *Willner* VergabeR 2014, 741 (749). Das wird allerdings nicht einheitlich gesehen, die wohl üA stellt bislang auf die Maßstäbe bei der Gleichwertigkeitsprüfung von Nebenangeboten ab, vgl. *Heiermann/Bauer* in
HRR, 13. Aufl. 2013, § 7 EG Rn. 54.
[60] Umstritten. Von einem doppelten Beurteilungsspielraum bei Qualifikation der Norm und bei Beurteilung der Konformität geht *Schätzlein* in HKKW § 7 VOB/A Rn. 88 aus.
[61] *Franke/Kaiser* in FKZGM, 6. Aufl. 2017, § 7a EU VOB/A Rn. 70.

§ 33 Nachweisführung durch Bescheinigungen von Konformitätsbewertungsstellen

(1) **Als Beleg dafür, dass eine Liefer- oder Dienstleistung bestimmten, in der Leistungsbeschreibung geforderten Merkmalen entspricht, kann der öffentliche Auftraggeber die Vorlage von Bescheinigungen, insbesondere Testberichten oder Zertifizierungen, einer Konformitätsbewertungsstelle verlangen. Wird die Vorlage einer Bescheinigung einer bestimmten Konformitätsbewertungsstelle verlangt, hat der öffentliche Auftraggeber auch Bescheinigungen gleichwertiger anderer Konformitätsbewertungsstellen zu akzeptieren.**

(2) **Der öffentliche Auftraggeber akzeptiert auch andere als die in Absatz 1 genannten geeigneten Unterlagen, insbesondere ein technisches Dossier des Herstellers, wenn das Unternehmen keinen Zugang zu den in Absatz 1 genannten Bescheinigungen oder keine Möglichkeit hatte, diese innerhalb der einschlägigen Fristen einzuholen, sofern das Unternehmen den fehlenden Zugang nicht zu vertreten hat. In den Fällen des Satzes 1 hat das Unternehmen durch die vorgelegten Unterlagen zu belegen, dass die von ihm zu erbringende Leistung die angegebenen Anforderungen erfüllt.**

(3) **Eine Konformitätsbewertungsstelle ist eine Stelle, die gemäß der Verordnung (EG) Nr. 765/2008 des Europäischen Parlaments und des Rates vom 9. Juli 2008 über die Vorschriften für die Akkreditierung und Marktüberwachung im Zusammenhang mit der Vermarktung von Produkten und zur Aufhebung der Verordnung (EWG) Nr. 339/93 des Rates (ABl. L 218 vom 13.8.2008, S. 30) akkreditiert ist und Konformitätsbewertungstätigkeiten durchführt.**

Übersicht

	Rn.		Rn.
A. Einführung	1	2. Testberichte, Zertifizierungen, sonstige Nachweise	15
I. Literatur	1	3. Konformitätsnachweise bestimmter Stellen	16
II. Entstehungsgeschichte	2		
III. Rechtliche Vorgaben im EU-Recht	3	D. Alternative Nachweisführung (Abs. 2)	17
B. Systematische Stellung	6	I. Regelungsinhalt	17
C. Bescheinigung einer Konformitätsbewertungsstelle (Abs. 1)	9	II. Voraussetzungen	18
I. Regelungsinhalt	9	E. Konformitätsbewertungsstelle (Abs. 3)	20
II. Voraussetzungen	12		
1. Verlangen des Auftraggebers	12		

A. Einführung

I. Literatur

Asam, Anmerkung zu VK Brandenburg Beschluss vom 24.1.2002, IBR 2003, 215, 969; *Kapoor/Klindt,* Die **1** Reform des Akkreditierungswesens im Europäischen Produktsicherheitsrecht, EuZW 2009, 134; *Ensthaler/ Gessman-Nuisll/Müller,* Technikrecht, 2012; *Tiede/Ryczewski/Yang,* Einführung in das Akkreditierungsrecht Deutschlands, NVwZ 2012, 1212; *Baumann,* Zertifikate und Gütezeichen im Güteverfahren, VergabeR 2015, 367; *Ensthaler/Gesmann/Zink,* Evaluierung der deutschen Akkreditierungsstruktur, 2016; *Halstenberg/Klein,* Neues zu den Anforderungen bei der Verwendung von Normen, Zertifikaten und Gütezeichen in Vergabeverfahren, NZBau 2017, 469.

II. Entstehungsgeschichte

2   Die Vorschrift führt in Umsetzung von Art. 44 Abs. 1 und 2 AVR erstmals eine allgemeine Bestimmung zur Anforderung von Konformitätsnachweisen ein.[1] Ihr Einsatzbereich
ist vom Verordnungsgeber nach dem Richtlinienvorbild weit gefasst. § 33 VgV stellt die
Basisregelung für die technischen Anforderungen bereit, auf die für Zuschlagskriterien
(§ 58 Abs. 4 VgV) und Ausführungsbedingungen (§ 61 VgV) verwiesen wird. Dieser Regelungskonzeption folgte bereits der ursprüngliche Entwurf; im weiteren Verordnungsverfahren hat sich die Vorschrift nicht geändert.

III. Rechtliche Vorgaben im EU-Recht

3   Konformitätsbewertung und Akkreditierung sind zentrale Elemente der „Neuen Konzeption" durch die die Warenverkehrs-, die Dienstleistungs- und die Kapitalverkehrsfreiheit
im Binnenmarkt verwirklicht werden sollen (→ Anlage 1 Rn. 3).[2] **Konformitätsbewertung** bedeutet, dass eine unabhängige Stelle in einem Konformitätsnachweis bescheinigt,
dass Produkte, Verfahren, Dienstleistungen oder Systeme den gestellten Mindestanforderungen entsprechen und mit den Vorgaben einschlägiger Normen, Richtlinien und Gesetze konform sind.[3] Die Bezeichnung dieser unabhängigen Stelle spielt keine Rolle. Es
können je nach Tätigkeitsfeld Laboratorien, Inspektions-, Kalibier-, Validierungs-, Verifi-
zierungs- oder Zertifizierungsstellen sein.[4] Die fachliche Qualität der Konformitätsbewertungsstelle im jeweiligen Fachsegment wird durch das harmonisierte **Akkreditierungsver-
fahren** sichergestellt, das vor der nationalen Akkreditierungsstelle zu durchlaufen ist
(→ Rn. 20).[5] Die Akkreditierung soll das Vertrauen in die Verlässlichkeit der Konformi-
tätsbewertungen in anderen Mitgliedsstaaten sicherstellen und ist daher Grundlage für die
Pflicht zur **gegenseitigen Anerkennung der Konformitätsnachweise**.[6]

4   Das Legislativpaket 2004 hatte dieses System bereits für die von Bietern vorzulegenden
Gleichwertigkeitsnachweise bei technischen Spezifikationen und Umweltgütezeichen eingeführt.[7] Die neuen Vergaberichtlinien haben diese Thematik in einer eigenen Vorschrift
unter der Überschrift „Testberichte, Zertifizierung und sonstige Nachweise" zusammenfassend geregelt.[8] Der sachliche Anwendungsbereich wurde wesentlich erweitert. Bescheinigungen von Konformitätsbewertungsstellen sind nicht mehr nur der vorgeschriebene
Nachweis der Gleichwertigkeit (zB bei Gütezeichen),[9] sondern sind auch nunmehr optio-
naler Regelnachweis für die Konformität eines Angebots mit technischen Spezifikationen,
die Erfüllung von Zuschlagskriterien oder die Einhaltung von Ausführungsbedingungen.[10]

---

[1] Bislang waren diese Bescheinigungen auf die Fälle des § 32 VgV beschränkt, vgl. §§ 8 EG Abs. 3 S. 2,
Abs. 4 S. 3 VOL/A 2009; 6 Abs. 3 S. 2, Abs. 4 S. 3 VOF, bzw. §§ 7 Abs. 5 S. 2, Abs. 6 S. 3 VOB/A 2012, 7
Abs. 7 S. 2, Abs. 8 S. 3 SektVO a. F.
[2] Zu Entwicklung und Systematik *Hertwig/Slawinski* in Beck VOB/A Anhang § 7 Rn. 18 f.
[3] Art. 2 Abs. 13 VO (EG) Nr. 765/2008.
[4] Nachweise der grundlegenden Anforderungen für die verschiedenen Tätigkeitsarten bei *Franke/Kaiser* in
FKZGM, 6. Aufl. 2017, § 7a Rn. 63.
[5] Art. 2 Abs. 10 iVm Erwägungsgründe (12), (15) Verordnung (EG) Nr. 765/2008. Ebenso die Definition
in DIN EN ISO/IEC 17011 Abschnitt 3.1, die nach Art. 9 Abs. 3 Verordnung (EG) Nr. 765/2008 ergänzend heranzuziehen ist, vgl. *Ensthaler/Gesmann/Zink* Evaluierung der deutschen Akkreditierungsstruktur 3
(abrufbar unter https://www.bmwi.de/Redaktion/DE/Publikationen/Studien/evaluierung-der-deutschen-
akkreditierungsstruktur.html, zuletzt abgerufen am 19.7.2017).
[6] *Ensthaler/Gessman-Nuisll/Müller* Technikrecht 207/208.
[7] Art. 23 Abs. 5 UA 3, Abs. 6 UA 2, Abs. 7 Richtlinie 2004/18/EG; Art. 34 Abs. 4 UA 2, Abs. 6 UA 2,
Abs. 7 Richtlinie 2004/17/EG.
[8] Art. 44 Richtlinie 2014/24/EU; Art. 62 Richtlinie 2014/25/EU.
[9] In diesem Zusammenhang (beispielhaft) genannt in den Erwägungsgründen (74) UA 3 Richtlinie
2014/24/EU sowie (83) UA 3 Richtlinie 2014/25/EU.
[10] Art. 44 Abs. 1 UA 1 Richtlinie 2014/24/EU; Art. 62 Abs. 1 UA 1 Richtlinie 2014/25/EU.

Für das OLG Düsseldorf verfügte der Verordnungsgeber bei der Umsetzung über Umsetzungsspielräume, so dass Art. 44 AVR vor dem Inkrafttreten der VergRModVO keine Vorwirkung zukam.[11]

Die Vorschrift soll künstlichen Handelshemmnissen im Binnenmarkt entgegenwirken. **5** Deshalb haben die Mitgliedsstaaten nach Art. 44 Abs. 3 AVR einander auf Anfrage „jegliche Information" im Zusammenhang mit den Nachweisen im Rahmen der Verwaltungszusammenarbeit zu übermitteln. Die Verletzung einer derartigen Informationspflicht kann nach der Rechtsprechung des Europäischen Gerichtshofs zu vergleichbaren Informationsvorschriften dazu führen, dass entsprechende Nachweisanforderungen gegenüber nachteilig betroffenen ausländischen Unternehmen nicht durchsetzbar sind.[12]

B. Systematische Stellung

Grundsätzlich muss der Bieter mit seinem Angebot nicht von sich aus den Nachweis **6** führen, dass die von ihm angebotene Leistung bzw. das angebotene Produkt den Vorgaben der Leistungsbeschreibung entspricht.[13] Eine formelle Nachweisführungspflicht entsteht erst, wenn der Auftraggeber Erklärungen und Nachweise anfordert.[14] Die Vorschrift führt die Bescheinigung einer Konformitätsbewertungsstelle als (typisierten) **Regelnachweis** ein. Auf ihrer Grundlage kann der Auftraggeber ein Produkt mit einem Produktsicherheits-Sigel, wie dem **GS-Zeichen** verlangen. Durch das GS-Zeichen wird von einer akkreditierten Prüfstelle (TÜV, VDE) bescheinigt, dass das Produkt geltende DIN-Normen und andere Regeln der Technik einhält.[15] Der Auftraggeber kann sich aber auch, wie bisher, mit **Nachweisen einer geringeren Verlässlichkeit** (zB Herstellerbescheinigungen, Eigenerklärungen) begnügen. Für die Abweichung vom Regelnachweis bedarf er aber eines sachlichen Grundes, der zu dokumentieren ist. Eine abweichende Nachweisanforderung muss zudem verhältnismäßig sein, wohingegen an die Verhältnismäßigkeit eines Konformitätsnachweises iSv § 33 Abs. 1 VgV nur geringe Anforderungen zu stellen sind. Die Vorschrift soll künstlichen Beschränkungen des Bieterwettbewerbs entgegenwirken und ist daher **bieterschützend**.[16]

Die Vorschrift normiert ferner die formellen Vorgaben an Gleichwertigkeitsnachweise **7** bei technischen Anforderungen (→ § 32 VgV) und Gütezeichen (→ § 34 VgV), die der Bieter ohne gesondertes Verlangen des Auftraggebers mit dem Angebot vorlegen muss.[17] Auch hier ist der Bieter mit alternativen Bescheinigungen (zB einem technischen Dossier des Herstellers oder Prüfberichten einer anerkannten Stelle) grundsätzlich ausgeschlossen. Für die Anforderungen an die Akkreditierung verweist Abs. 3 auf das allgemeine Akkreditierungsrecht. Die sich aus §§ 121 GWB, 31 Abs. 1 VgV ergebenden Anforderungen an die **Bestimmtheit** der Leistungsbeschreibung bleiben unberührt.[18]

---

[11] OLG Düsseldorf 14.12.2016 – VII-Verg 20/16, VergabeR 2017, 189 (196/197).

[12] EuGH 30.4.1996 – C-194/94, Slg. 1996 I-2201 Rn. 40 ff. – CIA Security International SA (zur Richtlinie 83/189/EWG; 26.10.2000 – C-443/98, ECLI:EU:C:2000:496 Rn. 40 ff. – Unilever; 27.10.2016 – C-613/14, ECLI:EU:C:2016:821 Rn. 32 f. = NJW 2017, 311 – James Elliott Construction Limited; bereits *Hertwig/Slawinski* in Beck VOB/A Anhang § 7 TS Rn. 17.

[13] Ob eine entsprechende materielle Beweislast des Bieters besteht, ist nicht unumstritten, dafür z. B. *Wirner* in Willenbruch/Wieddekind, 4. Aufl. 2017, VgV § 32 Rn. 2 mwN. In den Vergaberichtlinien ist sie nicht vorgesehen. Grundsätzlich kann der Auftraggeber ein Angebot nur ausschließen, wenn er nachweist, dass es den Anforderungen nicht entspricht.

[14] *Schranner* in Ingenstau/Korbion, 20. Aufl., § 7a EU Rn. 3.

[15] *Leinemann* VSVgV § 15 Rn. 76.

[16] Voppel/Osenbrück/Bubert, 4. Aufl. 2018, § 33 Rn. 7; *Püstow* in Ziekow/Völlink, 3. Aufl. 2018, § 33 Rn. 1.

[17] Diese Differenzierung ist durch Art. 44 Abs. 3 S. 1 Richtlinie 2014/24/EU bzw. Art. 60 Abs. 3 S. 1 Richtlinie 2014/25/EU vorgegeben.

[18] *Püstow* in Ziekow/Völlink, 3. Aufl. 2018, § 33 Rn. 2, 3.

8   Inhaltsgleiche Parallelvorschriften sind § 31 SektVO und § 7a EU Abs. 5 VOB/A. In der KonzVgV und VSVgV fehlt eine vergleichbare Vorschrift. Für unterschwellige Vergaben wurde dieser Regelungskomplex nicht übernommen (→ § 7a EU VOB/A Rn. 2).

C. Bescheinigung einer Konformitätsbewertungsstelle (Abs. 1)

I. Regelungsinhalt

9   Abs. 1 berechtigt den Auftraggeber, vom Bieter zum Nachweis der Einhaltung von technischen Anforderungen in der Leistungsbeschreibung die Vorlage von Bescheinigungen einer Konformitätsbewertungsstelle zu verlangen. Das Vorlageverlangen des Auftraggebers begründet für den Bieter eine **Vorlagepflicht,** die grundsätzlich nur mit dem vorgegebenen Nachweis erfüllt werden kann.[19] Herstellerbescheinigungen oder Prüfberichte anerkannter Stellen, die keine Konformitätsbewertungsstellen sind, genügen nur unter den Voraussetzungen des Abs. 2.[20]

10   Kommt der Bieter seiner Vorlagepflicht nicht, nicht vollständig oder nicht fristgemäß nach, ist in der Rechtsfolge zu unterscheiden: Wurde der Nachweis in den Vergabeunterlagen angefordert, kann ein fehlender Nachweis gemäß § 56 Abs. 2 S. 1 VgV[21] grundsätzlich nachgefordert werden. Das gleiche gilt, wenn Bieter den Nachweis von sich aus mit dem Angebot vorzulegen hat, zB bei zulässigen Abweichungen von technischen Anforderungen (→ § 32 VgV Rn. 16). Bei nachgeforderten Konformitätsbescheinigungen ist das Angebot dagegen ohne eine weitere Nachforderungsmöglichkeit auszuschließen (§ 57 Abs. 1 Nr. 2 VgV). Der Auftraggeber kann den Nachweis einer Zertifizierung auch von vornherein in der Leistungsbeschreibung als Ausschlusskriterium festlegen.[22] Ist das Nachweisverlangen des Auftraggebers vergaberechtswidrig, kann ein Ausschluss des Angebots darauf nicht gestützt werden.[23] Bei einer solchen Fallkonstellation ist nach der Rechtsprechung im Zweifel davon auszugehen, dass das Nachweisverlangen die Angebote inhaltlich beeinflusst hat. Daher hat der Auftraggeber idR alle Bieter darüber zu informieren, dass es **nicht mehr aufrechterhalten wird** und ihnen Gelegenheit zur Angebotsüberarbeitung einzuräumen.[24]

11   Die Vorschrift dient der Sicherung der Chancengleichheit im Vergabeverfahren, so dass sie **bieterschützend** iSd § 97 Abs. 6 GWB ist.

II. Voraussetzungen

1. Verlangen des Auftraggebers

12   Die Pflicht zur Vorlage einer Konformitätsbescheinigung entsteht durch ein an die Bieter gerichtetes Verlangen des Auftraggebers. Für den Zeitpunkt eines derartigen Verlangens regelt Abs. 1 keine Einschränkungen. Ein Verlangen kann daher bereits den Vergabeunterlagen (einschließlich der Auftragsbekanntmachung) enthalten sein. Es kann auch erstmals im Zuge der Angebotsaufklärung an einen Bieter gerichtet werden, wenn der Auftraggeber sich nicht durch eigene Prüfung vergewissern kann, dass die festgelegten Anforderungen eingehalten sind.[25] In diesem Punkt ist das überarbeitete WTO-Beschaffungsabkommen

---

[19] *Wirner* in Willenbruch/Wieddekind, 4. Aufl. 2017, VgV § 33 Rn. 3.
[20] *Müller* in Greb/Müller, 2. Aufl. 2017, § 31 Rn. 8.
[21] Für die Sektoren § 51 Abs. 2 S. 1 SektVO.
[22] VK Bund 22.12.2017 – VK 2–140/17, IBRRS 2018, 0490 (zur VSVgV).
[23] VK Bund 31.7.2017 – VK 1–67/17, BeckRS 2017, 129617 Rn. 45.
[24] VK Bund 31.7.2017 – VK 1–67/17, BeckRS 2017, 129617 Rn. 46.
[25] Umstritten. Für die zwingende Angabe in Auftragsbekanntmachung oder Vorinformation *Over-buschmann* in Müller-Wrede § 33 Rn. 7.

(GPA 2012) strikter, da es eine vollständige Auflistung aller relevanten Konformitätsnachweise in den Vergabeunterlagen verlangt (Art. X Ziff. 7 (a) GPA 2012).

Das Verlangen steht im **Ermessen** des Auftraggebers. Es muss nach § 97 Abs. 1 S. 2 **13** GWB **verhältnismäßig** sein. Es genügt, dass es von einem nachvollziehbaren Informationsanliegen getragen ist, weil der Auftraggeber über keine eigenen gesicherten Erkenntnisse über die Konformität verfügt. Insofern steht ihm ein Beurteilungsspielraum zu. Der Auftraggeber ist an den Diskriminierungs- und Gleichbehandlungsgrundsatz (§ 97 Abs. 2 GWB) gebunden, woraus sich aber nur geringe Beschränkungen ergeben. Vergaberechtswidrig ist nach der „Dundalk"-Rechtsprechung zB die Bescheinigung über die Übereinstimmung der angebotenen Produkte mit bestimmten inländischen Normen, für die es bereits europäische Normen gibt.[26] Gleiches wird bei Standardprodukten angenommen, an die keine besonderen Anforderungen gestellt werden.[27]

Es gibt Konstellationen, in denen der Sicherheitsstandard von Konformitätsbescheinigungen identisch ist. Beispielsweise kann es einen Gleichlauf von **CE-Kennzeichen** und GS-Prüfzeichen geben, wenn die CE-Kennzeichnung vom Hersteller nur nach einem Konformitätsbewertungsverfahren angebracht werden darf, das den Kriterien zur Erlangung des GS-Prüfzeichens entspricht und ebenfalls eine externe Prüfung voraussetzt.[28] In diesem Fall muss der Auftraggeber beide Konformitätsnachweise alternativ zulassen und als gleichwertige Nachweise akzeptieren. Das **GS-Prüfzeichen** darf grundsätzlich nur bei sicherheitsrelevanten Anlagen verlangt werden.[29] Der Auftraggeber darf nach der Rechtsprechung des Europäischen Gerichtshofs zudem nicht den Aussagehalt der CE-Kennzeichnung, die Verkehrsfähigkeit innerhalb des Binnenmarktes, unterlaufen, indem er eine zusätzliche oder nochmalige Prüfung von harmonisierten technischen Anforderungen verlangt.[30] Unvereinbar mit den Regeln des freien Warenverkehrs war deshalb auch die langjährige deutsche Praxis zusätzlicher bauaufsichtlicher Anforderungen gemäß der Bauregelliste B des Deutschen Instituts für Bautechnik (DIBt), deren Einhaltung durch das „Ü-Zeichen" nachzuweisen war.[31]

Das Nachweisverlangen muss eindeutig sein. Unklarheiten gehen zu Lasten des Auftrag- **14** gebers (→ § 121 GWB Rn. 20). Ist der **Vorlagezeitpunkt des Nachweises** unklar, scheidet ein Ausschluss des Angebots bei Nichtvorlage des Nachweises aus.[32] Ein Gleichwertigkeitszusatz („o. glw.") ist nicht vorgeschrieben, da gleichwertige Konformitätsnachweise immer zu akzeptieren sind. Das gilt auch für die Forderung nach einer Zertifizierung mit einem **RAL-Gütezeichen**.[33]

2. Testberichte, Zertifizierungen, sonstige Nachweise

Abs. 1 S. 1 nennt Testberichte und Zertifizierungen neben sonstigen Nachweisen bei- **15** spielhaft. Inhaltlich muss sich das Verlangen auf den Nachweis der Konformität mit einer **in der Leistungsbeschreibung spezifizierten technischen Anforderung** beziehen.

---

[26] EuGH 22.9.1998 – Rs. 45/87, Slg. 1988, 4929 – Dundalk.

[27] Voppel/Osenbrück/Bubert, 4. Aufl. 2018, § 33 Rn. 4.

[28] Zu weitgehend VK Brandenburg 24.1.2002 – 2 VK 114/01, IBRRS 2002, 2005 mAnm *Asam* IBR 2003, 215, die bereits das Anbringen der CE Kennzeichnung durch den Hersteller genügen lässt.

[29] *Asam* IBR 2003, 215.

[30] EuGH 14.6.2007 – C-6/05, Slg 2007, I-4557 = NZBau 2007, 597 Rn. 55 – Medipac-Kazantzidis; 24.11.2016 – C-662/15, ECLI:EU:C:2016:903 = GRUR 2017, 102 Rn. 30 – Lohrmann & Rauscher International GmbH.

[31] EuGH 16.10.2014 – C-100/13, ECLI:EU:C:2014:2293 Rn. 56 f. – Kommission ./. Deutschland. Entschieden wurde das anhand von drei konkreten Produktkategorien (Rohrleitungsdichtungen aus thermoplastischem Elastomer (EN 681:2:2000), Dämmstoffen aus Mineralwolle (EN 13162:2008) und Tore ohne Feuer- und Rauchschutzeigenschaften, EN 13241-1), wobei es sich allerdings nur um Beispiele handelt (Rn. 35). Die Entscheidung gilt daher auch für andere Bauprodukte, für die harmonisierte Normen existieren (zB Sportböden für Hallen (EN 14904: 2006), Holzfußböden und Parkett (EN 14342:2013)).

[32] VK Sachsen 24.6.2016 – 1/SVK/009–16, BeckRS 2016, 14109 (zur VOB/A).

[33] Hier verlangt die üA bislang einen Gleichwertigkeitszusatz, vgl. *Weyand* 4. Aufl. 2013, § 7 VOB/A Rn. 241 mNw der Rspr.

Das ist nicht auf die Konformität mit Rechtsvorschriften oder Normen beschränkt, sondern kann sich auch auf Leistungs- und Funktionsanforderungen beziehen.[34] Dagegen wird sich eine Notwendigkeit für einen Konformitätsnachweis bei einer deskriptiven Beschreibung mit verkehrsüblichen Bezeichnungen („Entwässerungsleitung aus Gussrohren")[35] kaum jemals begründen lassen. Die Nachweise müssen von einer akkreditierten Konformitätsbewertungsstelle stammen. **Eigenzertifikate** des Auftraggebers, die nur bei ihm zu erlangen sind, können nicht vorgegeben werden.[36]

3. Konformitätsnachweise bestimmter Stellen

16   Satz 2 bestimmt, dass der Auftraggeber auch Bescheinigungen einer **bestimmten Stelle** vorgeben kann (zB TÜV Süd, VDE).[37] In diesem Fall muss er nach dem Prinzip der gegenseitigen Anerkennung (→ Rn. 20) Bescheinigungen gleichwertiger Stellen akzeptieren (Satz 2), wobei der Bieter den Nachweis der Gleichwertigkeit führen muss.[38] Da die Pflicht unmittelbar aus Satz 2 folgt, muss der öffentliche Auftraggeber die Anforderungen die Gleichwertigkeit in den Vergabeunterlagen nicht näher bestimmen. Er kann festgelegen, dass entsprechende Zertifikate in die deutsche Sprache übersetzt werden.[39] Nach der Rechtsprechung des Europäischen Gerichtshofs ergibt sich aus der Warenverkehrsfreiheit (Art. 34 AEUV), dass derartige Bescheinigungen aus anderen Mitgliedsstaaten bereits dann anzuerkennen sind, wenn sie die Konformität mit technischen Anforderungen genauso sicherstellen, wie die vom Auftraggeber vorgegeben Bescheinigungen. Zusätzliche Anforderungen (zB eine Vor-Ort-Untersuchung von einzubauendem Armierungsstahl) dürfen daher nicht aufgestellt werden.[40] Die Akkreditierung der Konformitätsbewertungsstelle muss aber die betreffende sachliche Prüftätigkeit umfassen.[41]

D. Alternative Nachweisführung (Abs. 2)

I. Regelungsinhalt

17   Abs. 2 regelt die Voraussetzungen, unter denen der Auftraggeber andere Nachweise akzeptieren muss, wobei das „technische Dossier des Herstellers" nur beispielhaft aufgeführt ist.[42] Die Vorschrift ist als Ausnahmevorschrift eng auszulegen.[43]

II. Voraussetzungen

18   Der Auftraggeber muss nach Abs. 2 andere Nachweise, wie das technisches Dossier eines Herstellers (oder einen anderen aussagekräftigen Nachweis), nur akzeptieren, wenn der Bieter keinen oder keinen rechtzeitigen Zugang zu den geforderten Nachweisen hat, zB weil in seinem Heimatstaat keine Konformitätsbewertungsstelle akkreditiert ist oder sich

---

[34] Begründung der VergRModVO, BR-Drs. 87/16, 186 (zu § 33, 3. Zeile). Dies ergibt sich jedenfalls aus dem weiten Begriff der „technischen Anforderungen" in § 32 VgV.

[35] So die Vorgabe bei OLG Koblenz 2.2.2011 – 1 Verg 1/11, NZBau 2011, 316.

[36] VK Bund 31.7.2017 – VK 1–67/17, BeckRS 2017, 129617 Rn. 44. Im Fall der VK Bund kam hinzu, dass diese Zertifikate nur Lieferanten ausgestellt wurden.

[37] Umstritten. Anders *Halstenberg/Klein* NZBau 2017, 469 (472), *Overbuschmann* in Müller-Wrede § 33 Rn. 15 für die ein solcher Verweis nicht in Betracht kommt.

[38] *Müller* in Greb/Müller, 2. Aufl. 2017, § 31 Rn. 7.

[39] Zum den Charakter als Ausnahmebestimmung auch *Overbuschmann* in Müller-Wrede § 33 Rn. 19.

[40] EuGH 1.3.2012 – Rs. C-484/10, ECLI:EU:C:2012:113 = EuZW 2012, 264 – Ascafor.

[41] *Franke/Kaiser* in FKZGM, 6. Aufl. 2017, § 7a EU VOB/A Rn. 74.

[42] *Müller* in Greb/Müller, 2. Aufl. 2017, § 31 Rn. 9; *Zimmermann* in jurisPK-VergR, 5. Aufl. 2016, § 33 Rn. 13.

[43] *Overbuschmann* in Müller-Wrede § 33 Rn. 7.

innerhalb der Angebotsfrist keine Bestätigung einholen lässt.[44] Hinzukommen muss nach Satz 1 2. Hs. – in beiden Alternativen[45] – das Nichtvertretenmüssen des Bieters. Daran fehlt es, wenn der Bieter nach Kenntnisnahme des Auftraggeberverlangens nicht alle üblicherweise gebotenen Schritte eingeleitet hatte (unabhängig davon, ob er das Verlangen nach einem Konformitätsnachweis für vergaberechtmäßig hielt). Es genügt daher nach der Neuregelung nicht, dass das Produkt einen gleichen Sicherheitsstandard aufweist. So kann der durch die durch die Konformitätserklärung und die CE-Kennzeichnung dokumentierte Sicherheitsstandard zwar gleichwertig mit einem geforderten GS-Prüfzeichen sein; dies ändert aber nicht nichts daran, dass das GS-Prüfzeichen erlangt werden muss, wenn der Bieter das Nachweisverlangen nicht gerügt hatte (→ Rn. 13).

Die Konformität mit den auftraggeberseitigen Anforderungen ist nach Satz 2 mit den alternativ vorgelegten Unterlagen zu belegen. Ob der positive Nachweis mit im Vergabeverfahren eingereichten Unterlagen gelungen ist, ist von den Nachprüfungsinstanzen vollständig überprüfbar.[46] Die Beweislast liegt beim Bieter.[47] Es reicht nicht aus, dass der Nachweis erst im Nachprüfungsverfahren durch ein ergänzendes Gutachten geführt wird. **19**

E. Konformitätsbewertungsstelle (Abs. 3)

Konformitätsbewertungsstelle ist nach der Legaldefinition in Abs. 3 eine Stelle, die nach **20** der Verordnung (EG) Nr. 765/2008 akkreditiert ist und die Konformitätsbewertungstätigkeiten durchführt. Das kann eine staatliche oder private Stelle sein, nicht dagegen ein einzelner Sachverständiger, der aber Inhaber einer Konformitätsbewertungsstelle sein kann.[48] Das entspricht inhaltlich Art. 44 Abs. 1 UA 3 AVR.

Alleinige Akkreditierungsstelle für Konformitätsbewertungsstellen mit Sitz im Inland[49] ist die – dafür gesetzlich beliehene[50] – Deutsche Akkreditierungsstelle GmbH (DAkkS), an der der Bund, die Bundesländer und der Deutsche Industrieverband e. V. (BDI) zu je einem Drittel beteiligt sind.[51] Die DAkkS führt aufgrund von § 2 Abs. 2 AkkStelleG ein aktuelles Verzeichnis akkreditierter Konformitätsbewertungsstellen in Form einer Datenbank.[52] Akkreditierungen sind gebührenpflichtig[53] und idR fünf Jahre gültig. Während der Akkreditierung darf das nationale Akkreditierungssymbol zusammen mit der individuellen Registrierungsnummer geführt werden.[54] Zusätzlich kann die Tätigkeit als Konformitätsbewertungsstelle nach dem jeweiligen Fachrecht eine Notifizierung, behördliche Anerkennung, Zulassung o. ä. erfordern (etwa bei Medizinprodukten).[55]

„Konformitätsbewertung" meint nach Art. 2 Abs. 8 VO (EG) Nr. 765/2008 das Verfah- **21** ren zur Bewertung, ob spezifische Anforderungen an ein Produkt, ein Verfahren, eine

---

[44] *Franke/Kaiser* in FKZGM, 6. Aufl. 2017, § 7a EU VOB/A Rn. 65.

[45] Der Wortlaut ist missverständlich. Das Nichtvertretenmüssen bezieht sich nach der Begründung auch auf die Alternative des verspäteten Zugangs, bereits *Busse* in Groth Ziff. 4.1.7, 12.

[46] Umstritten. Für einen kontrollfreien Beurteilungsspielraum des Auftraggebers *Overbuschmann* in Müller-Wrede § 33 Rn. 35.

[47] Umweltbundesamt (Hrsg.), Rechtsgutachten umweltfreundliche öffentliche Beschaffung, 2017, 65; *Müller* in Greb/Müller, 2. Aufl. 2017, § 31 Rn. 9; *Franke/Kaiser* in FKZGM, 6. Aufl. 2017, § 7a EU VOB/A Rn. 67.

[48] Begründung zum AkkStelleG, BT-Drs. 16/12983, 6.

[49] Eine Mehrfachakkreditierung soll dadurch vermieden werden, vgl. Erwägungsgrund (20) Verordnung (EG) Nr. 765/2008.

[50] Die Beleihung erfolgte auf Basis von § 8 Abs. 2 Akkreditierungsstellen-Gesetz (AkkStelleG) durch § 1 Abs. 1 der Verordnung über die Beleihung der Akkreditierungsstelle nach dem Akkreditierungsstellengesetz (AkkStelleGBV).

[51] Zur Entwicklung *Tiede/Ryczewski/Yang* NVwZ 2012, 1212.

[52] http://www.dakks.de/content/akkreditierte-stellen-dakks.

[53] Gebührenverordnung der Akkreditierungsstelle (Akkreditierungsstellengebührenverordnung – AkkStelleGebV) vom 8.12.2017 (BGBl. I S. 3877).

[54] § 1 Abs. 2 Akkreditierungssymbolverordnung (SymbolVO).

[55] § 1 Abs. 2 AkkStelleG.

Dienstleistung, ein System, eine Person oder eine Stelle erfüllt sind. „Konformitätsbewertungstätigkeiten" umfassen nach Art. 2 Abs. 13 VO (EG) Nr. 765/2008 insbesondere Kalibrierung, Versuche, Zertifizierung und Inspektion.[56] Die Gesamtheit der Anforderungen, Regeln und Verfahren, die zur Konformitätsbewertung eines Produkts, Verfahrens, einer Dienstleistung, eines Systems, einer Person oder eine Stelle verwendet werden, bezeichnet der Verordnungsgeber als „Konformitätsbewertungsprogramm".[57]

---

[56] Ausdrücklich Art. 44 Abs. 1 UA 3 Richtlinie 2014/24/EU; Art. 62 Abs. 1 UA 3 Richtlinie 2014/25/EU.
[57] § 2 Abs. 5 AkkStelleGebV.

§ 34 Nachweisführung durch Gütezeichen

(1) Als Beleg dafür, dass eine Liefer- oder Dienstleistung bestimmten, in der Leistungsbeschreibung geforderten Merkmalen entspricht, kann der öffentliche Auftraggeber die Vorlage von Gütezeichen nach Maßgabe der Absätze 2 bis 5 verlangen.

(2) Das Gütezeichen muss allen folgenden Bedingungen genügen:

1. Alle Anforderungen des Gütezeichens sind für die Bestimmung der Merkmale der Leistung geeignet und stehen mit dem Auftragsgegenstand nach § 31 Absatz 3 in Verbindung.
2. Die Anforderungen des Gütezeichens beruhen auf objektiv nachprüfbaren und nichtdiskriminierenden Kriterien.
3. Das Gütezeichen wurde im Rahmen eines offenen und transparenten Verfahrens entwickelt, an dem alle interessierten Kreise teilnehmen können.
4. Alle betroffenen Unternehmen haben Zugang zum Gütezeichen.
5. Die Anforderungen wurden von einem Dritten festgelegt, auf den das Unternehmen, das das Gütezeichen erwirbt, keinen maßgeblichen Einfluss ausüben konnte.

(3) Für den Fall, dass die Leistung nicht allen Anforderungen des Gütezeichens entsprechen muss, hat der öffentliche Auftraggeber die betreffenden Anforderungen anzugeben.

(4) Der öffentliche Auftraggeber muss andere Gütezeichen akzeptieren, die gleichwertige Anforderungen an die Leistung stellen.

(5) Hatte ein Unternehmen aus Gründen, die ihm nicht zugerechnet werden können, nachweislich keine Möglichkeit, das vom öffentlichen Auftraggeber angegebene oder ein gleichwertiges Gütezeichen innerhalb einer einschlägigen Frist zu erlangen, so muss der öffentliche Auftraggeber andere geeignete Belege akzeptieren, sofern das Unternehmen nachweist, dass die von ihm zu erbringende Leistung die Anforderungen des geforderten Gütezeichens oder die vom öffentlichen Auftraggeber angegebenen spezifischen Anforderungen erfüllt.

Übersicht

	Rn.			Rn.
A. Einführung	1		D. Anforderungen an qualifizierte Gütezeichen (Abs. 2)	23
I. Literatur	1		I. Regelungsinhalt	23
II. Entstehungsgeschichte	2		II. Voraussetzungen	24
III. Rechtliche Vorgaben im EU-Recht	3		1. Verbindung mit dem Auftragsgegenstand (Nr. 1)	24
B. Systematische Stellung	7		2. Objektive nichtdiskriminierende Kriterien (Nr. 2)	26
C. Gütezeichen als Konformitätsnachweis (Abs. 1)	10		3. Transparentes und offenes Aufstellungsverfahren (Nr. 3)	28
I. Regelungsinhalt	10		4. Zugang zum Gütezeichen (Nr. 4)	29
II. Voraussetzungen	13		5. Unabhängige Festlegung der Gütezeichen-Anforderungen (Nr. 5)	30
1. Gütezeichen	13			
2. Beleg für technische Anforderungen	17		E. Ausformulierung von Gütezeichen-Anforderungen (Abs. 3)	31
3. Bezug zu Merkmalen des Auftragsgegenstands	18		F. Gleichwertige Gütezeichen (Abs. 4)	33
4. Verlangen des Auftraggebers	20		G. Gleichwertige Belege (Abs. 5)	34
5. Gleichwertigkeitsnachweis	21			
III. Ermessen	22			

A. Einführung

I. Literatur

Krohn, Öffentliche Auftragsvergabe und Umweltschutz, 2003; *Dageförde-Reuter*, Umweltschutz durch öffentliche Auftragsvergabe, 2004; *Dageförde/Dross*, Reform des europäischen Vergaberechts – Umweltkriterien in **1** den neuen Vergaberichtlinien, NVwZ 2005, 19; Europäische Kommission, Sozialorientierte Beschaffung. Ein Leitfaden für die Berücksichtigung sozialer Belange im öffentlichen Auftragswesen, 2011; *Dageförde*, Umweltschutz im öffentlichen Vergabeverfahren, 2012; *Hübner*, Öffentliche Lieferaufträge über fair gehandelte und Bioprodukte, VergabeR 2012, 545; *Rosenkötter*, Anmerkung zu EuGH 10.5.2012 – C-368/10, NVwZ 2012, 867; Umweltbundesamt (Hrsg.) Rechtsgutachten – Umweltfreundliche öffentliche Beschaffung, Texte 35/2012; *Wegener/Hahn*, Ausschreibung von Öko- und Fair-Trade-Produkten mittels Gütezeichen, NZBau 2012, 684; *Gaus*, Ökologische Kriterien in der Vergabeentscheidung, NZBau 2013, 401; *Halstenberg/Baumann*, Zertifikate und Gütezeichen beim Kanalbau, Stadt und Gemeinde 2014, 108; *Opitz*, Was bringt die neue Sektorenvergaberichtlinie?, VergabeR 2014, 369; Umweltbundesamt (Hrsg.), Rechtsgutachten Umweltfreundliche öffentliche Beschaffung, 2. Ausgabe 2014; *dies.*, Neue EU-Richtlinien für das Vergaberecht beschlossen – Regelungen mit Umweltbezug auch für die nationale Umsetzung wichtig, 2014; *Baumann*, Zertifikate und Gütezeichen im Güterverfahren, VergabeR 2015, 367; Umweltbundesamt (Hrsg.), Umweltfreundliche öffentliche Beschaffung. Hintergrundpapier, 2015; *Dieckmann*, Vom Schatten ins Licht – Umweltzeichen im Vergabeverfahren, NVwZ 2016, 1369; Europäische Kommission, Umweltfreundliche Beschaffung! Ein Handbuch für ein umweltorientiertes öffentliches Beschaffungswesen, 3. Aufl. 2016; *Funk/Tomerius*, Aktuelle Ansatzpunkte umwelt- und klimaschützender Beschaffung in Kommunen (Teil 1), KommJur 2016, 1; *Germelmann*, Mindestlöhne und ILO-Kernarbeitsnormen, GewArch 2016, 100; *Krönke*, Sozial verantwortliche Beschaffung nach dem neuen Vergaberecht, VergabeR 2017, 191; *Leinemann/Zoller*, Überblick über die (neuen) vergaberechtlichen Anforderungen hinsichtlich der Berücksichtigung ökonomischer, ökologischer und sozialer Aspekte, VN 2017, 82; *Schnitzler*, Anmerkung zu OLG Düsseldorf 14.12.2016 – VII-Verg 20/16, VergabeR 2017, 197; Umweltbundesamt (Hrsg.), Rechtsgutachten umweltfreundliche Beschaffung, UBA-Texte 09/2017, Januar 2017; *Halstenberg/Klein*, Neues zu den Anforderungen bei der Verwendung von Normen, Zertifikaten und Gütezeichen in Vergabeverfahren, NZBau 2017, 469; *Knauff*, Die Verwendbarkeit von (Umwelt-)Gütezeichen in Vergabeverfahren, VergabeR 2017, 553.

II. Entstehungsgeschichte

2   Mit der Vorschrift hat der Verordnungsgeber Art. 43 AVR umgesetzt und die Nachweisführung mittels Gütezeichen neu geregelt. Die Umsetzung lehnt sich eng an den Richtlinientext an.[1] Für das OLG Düsseldorf bestanden Umsetzungsspielräume, so dass der Richtlinienbestimmung vor dem Inkrafttreten der VergRModVO keine Vorwirkung zukam.[2]

III. Rechtliche Vorgaben im EU-Recht

3   Gütezeichen bestätigen die erfolgte Prüfung der Konformität eines Bauwerks, einer Ware oder Dienstleistung mit den Gütezeichen-Anforderungen[3] und damit ihre „Güte". **Gütezeichen-Anforderungen** sind die Bedingungen, die ein Bauwerk, eine Ware oder eine Dienstleistung erfüllen muss, um das betreffende Gütezeichen zu erhalten.[4] Sie enthalten technische Spezifikationen im Sinne der Vergaberichtlinien. Ein Gütezeichen ist dagegen für sich genommen keine technische Spezifikation.[5]

Schon das Grünbuch über das öffentliche Auftragswesen ließ die Umschreibung technischer Spezifikationen unter Verweis auf die Anforderungen für das Europäische Umweltzeichen zu.[6] Mit dem Legislativpaket 2004 wurde dieses Prinzip in den Vergaberichtlinien

---

[1] Für eine 1:1-Umsetzung bereits Umweltbundesamt (Hrsg.), Neue EU-Richtlinien für das Vergaberecht beschlossen 3 ((abrufbar unter https://www.umweltbundesamt.de/sites/default/files/medien/376/publikationen/sonstiges_vergaberecht_komplett_25_4_-2014_neu.pdf, zuletzt abgerufen am 6.7.2017).

[2] OLG Düsseldorf 14.12.2016 – VII-Verg 20/16, VergabeR 2017, 189 (196/197) mAnm *Halstenberg/Klein* NZBau 2017, 469.

[3] Art. 2 Abs. 1 Nr. 23 Richtlinie 2014/24/EU; Art. 2 Nr. 19 Richtlinie 2014/25/EU.

[4] Art. 2 Abs. 1 Nr. 24 Richtlinie 2014/24/EU; Art. 2 Nr. 20 Richtlinie 2014/25/EU.

[5] Europäische Kommission, Interpretierende Mitteilung über das auf das öffentliche Auftragswesen anwendbare Gemeinschaftsrecht und die Möglichkeit zur Berücksichtigung von Umweltbelangen bei der Vergabe öffentlicher Aufträge KOM(2001) 274 endgültig, 13; *Wirner* in Willenbruch/Wieddekind, 4. Aufl. 2017, VgV § 34 Rn. 4.

[6] Europäische Kommission, Grünbuch. Das öffentliche Auftragswesen in der Europäischen Union, KOM (96) 0583 Tz. 5.49; allgemein für Gütezeichen sodann Europäische Kommission, Mitteilung über Berücksichtigung von Umweltbelangen (o. Fn. 5) KOM(2001) 274 endgültig, 14.

festgeschrieben und verallgemeinert.[7] Seither konnten Auftraggeber Anforderungen aus **Umweltzeichen** (Öko-Label) in die technischen Spezifikationen übernehmen[8], mussten sie aber im Einzelnen angeben, da Umweltzeichen nach der „Max-Havelaar"-Rechtsprechung nur zusammenfassende Angaben von technischen Spezifikationen sind.[9] Aus Gründen der Transparenz musste der Auftraggeber daher die Umweltanforderungen, auf deren Erfüllung es ihm ankam, in den Vergabeunterlagen angeben und konnte nicht nur ein bestimmtes Umweltzeichen verlangen.[10] Er konnte zwar in den Vergabeunterlagen darauf hinweisen, dass bei Waren, die mit einem bestimmten Umweltzeichen versehen sind, vermutet wird, dass sie den in der Leistungs- und Aufgabenbeschreibung definierten technischen Spezifikationen genügen, musste aber jedes andere geeignete Beweismittel als Nachweis akzeptieren (zB Herstellerunterlagen oder Prüfberichte anerkannter Stellen) und darauf in den Vergabeunterlagen hinweisen.[11] Unzulässig war es dagegen zB, als Nachweis für die Einhaltung gestellter Mindestanforderungen die Vorlage einer Verleihungsurkunde für ein RAL-Gütezeichen zu verlangen.[12]

Die neuen Vergaberichtlinien 2014/24/EU und 2014/25/EU haben den Einsatz von **4** Gütezeichen erleichtert und zugleich ihre Verbindlichkeit gestärkt.[13] Der Auftraggeber kann auf Gütezeichen, die bestimmte materielle Voraussetzungen erfüllen (sog. qualifizierte Gütezeichen) für ein Produkt oder eine Dienstleistung **pauschal Bezug** nehmen (zB Kopierpapier mit „Blauer Engel"), ohne dafür die Anforderungen im Detail ausformulieren zu müssen (→ Rn. 10). Er muss allerdings gleichwertige Gütezeichen akzeptieren (Art. 43 Abs. 1 UA 3 AVR). Damit ist die in der Literatur zT als übertrieben kritisierte Rechtsprechung des Europäischen Gerichtshofs vom Richtliniengeber korrigiert worden.[14] Da der Auftraggeber den Wettbewerb durch die verbindliche Vorgabe von Gütezeichen faktisch erheblich einschränken kann, stellen die Vergaberichtlinien an eine solche Vorgabe strenge Voraussetzungen in Form von „Bedingungen" (Art. 43 Abs. 1 S. 2, Abs. 2 AVR, Art. 61 Abs. 1 S. 2, Abs. 2 S. 1 SVR).[15]

Der Auftraggeber kann die Gütezeichen-Anforderungen auch weiterhin **zu techni-** **5** **schen Spezifikationen** ausformulieren (→ Rn. 31 ff.). Da Gütezeichen idR fortlaufend überprüft werden kann sich der Auftraggeber auf diese Weise aktuelles Erfahrungswissen zunutze machen und muss nicht eigene technische Anforderungen entwickeln. Das kann

---

[7] Art. 23 Abs. 6 Richtlinie 2004/18/EG; Art. 34 Abs. 6 Richtlinie 2004/17/EG.
[8] §§ 8 EG Abs. 5 VOL/A 2009, 15 Abs. 6 S. 1 VSVgV.
[9] EuGH 10.5.2012 – C-368/10, ECLI:EU:C:2012:284 Rn. 63 ff. (67) = NZBau 2012, 445 – EKO und MAX HAVELAAR mAnm *Rosenkötter* NVwZ 2012, 867 (870). Das war im deutschen Recht letztlich bereits durch § 8a Nr. 3 VOL/A 2009 vorgegeben, vgl. *Wegener* NZBau 2010, 273 (276), und geht zurück auf die Interpretierende Mitteilung zur Berücksichtigung von Umweltbelangen (o. Fn. 5) 13.
[10] Europäische Kommission, Sozialorientierte Beschaffung 31 (abrufbar unter ec.europa.eu/social/BlobServlet?docId=6457&langId=de, zuletzt abgerufen am 6.7.2017); VK Thüringen 24.6.2014 – 250–4003-3945/2014-N-039M (Eintragung in der Datenbank beim Label Energy Star); *Dageförde-Reuter* Umweltschutz durch öffentliche Auftragsvergabe 90; *Hübner* VergabeR 2012, 545 (549); Umweltbundesamt (Hrsg.) – Rechtsgutachten – Umweltrechtliche öffentliche Beschaffung, 2012, 43 (abrufbar unter https://www.vergabe.nrw.de/file/715/download?token=f1t2wM1o, zuletzt abgerufen am 6.7.2017); *Gaus* NZBau 2013, 401 (406); *Baumann* VergabeR 2015, 367 (368); *Funk/Tomerius,* KommJur 2016, 1 (4); *Altus/Ley/Wankmüller* Handbuch umweltfreundliche Beschaffung E2 3; *Wirner* in Willenbruch/Wieddekind, 4. Aufl. 2017, VgV § 34 Rn. 4.
[11] §§ 8 EG Abs. 5 S. 2 VOL/A 2009, 15 Abs. 6 S. 2 VSVgV. Zusammenfassend Umweltbundesamt (Hrsg.), Umweltfreundliche öffentliche Beschaffung, 2015, 8 (abrufbar unter http://www.umweltbundesamt.de/publikationen/umweltfreundliche-oeffentliche-beschaffung, zuletzt abgerufen am 6.7.2017).
[12] OLG Düsseldorf 14.12.2016 – VII-Verg 20/16, VergabeR 2017, 189.
[13] BMWi (Hrsg.), „Allianz für nachhaltige Beschaffung", Jahresbericht 2014, 23 (abrufbar unter https://www.bmwi.de/Redaktion/DE/Publikationen/Wirtschaft/allianz-fuer-eine-nachhaltige-beschaffung-2014.html, zuletzt abgerufen am 6.7.2017); *Dieckmann* NVwZ 2016, 1369 (1370).
[14] Kritisch zB *Opitz* VergabeR 2014, 369 (381); zustimmend zum EuGH *Wegener/Hahn* NZBau 2012, 684 (685); zur Korrektur durch den Richtliniengeber *Knauff* VergabeR 2017, 554 (553/554).
[15] Dies hat der Verordnungsgeber konzeptionell übernommen, vgl. Begründung der VergRModVO, BR-Drs. 87/16, 187 (zu Absatz 2).

in der Praxis eine wesentliche Arbeitserleichterung sein.[16] Zu einer Ausformulierung der Gütezeichenanforderungen ist er verpflichtet, wenn das Gütezeichen nicht sämtliche Qualifikationsanforderungen erfüllt und er trotzdem auf das Gütezeichen Bezug nehmen möchte.[17] Er kann schließlich gemäß Art. 43 Abs. 1 UA 2 AVR auch nur die Erfüllung **einzelner Gütezeichen-Anforderungen** verlangen, wobei diese eindeutig zu bezeichnen sind.

6   Die verbindliche Vorgabe von Gütezeichen ist nach Art. 43 Abs. 1 UA 1 AVR, Art. 61 Abs. 1 UA 1 SVR bei technischen Spezifikationen, Zuschlagskriterien und Ausführungsbedingungen[18] vorgesehen, nicht aber als Eignungsnachweis.[19] Das ist konsequent, weil die Eignungsnachweise in Artt. 60, 62 AVR iVm Anhang XII abschließend bestimmt sind. Eine **Rangordnung** zwischen europäischen, multinationalen und nationalen Gütezeichen besteht weiterhin nicht.[20]

B. Systematische Stellung

7   In § 34 Abs. 1 VgV regelt der Verordnungsgeber die Verwendung von Gütezeichen als Beleg dafür, dass eine Ware oder Dienstleistung technischen Anforderungen entspricht (→ Rn. 17). Es kann insbesondere zum Nachweis qualitativer, innovativer, sozialer oder umweltbezogener Aspekte iSv § 33 Abs. 3 S. 1 VgV vorgegeben werden (→ § 7a EU Abs. 6 Nr. 1 VOB/A). Diese Nachweismöglichkeit wird mittels eines Rechtsgrundverweises in § 58 Abs. 4 VgV auf Zuschlagskriterien und in § 61 VgV auf Ausführungsbedingungen erweitert. Die Vorschrift ist in allen Absätzen **bieterschützend**.[21]

8   Gütezeichen sind eine besondere Form des Konformitätsnachweises. Sie ersetzen daher nicht eine transparente Formulierung der technischen Anforderungen, Zuschlagskriterien oder Ausführungsbedingungen. Ihre Funktion liegt in einer **Garantiefunktion** für eine Mindestqualität von Waren und Dienstleistungen und einer Bestätigung des Vorliegens im Einzelfall durch das erfolgreich durchlaufen **Erteilungsverfahren**.

9   Inhaltsgleich sind §§ 32 SektVO, 7a EU Abs. 6 VOB/A. In den unverändert gebliebenen §§ 15 Abs. 6 VSVgV, 7a VS Abs. 5 VOB/A muss der Auftraggeber die Gütezeichen-Anforderungen dagegen wie bisher zu technischen Anforderungen ausformulieren. Nur Umweltgütezeichen sind erfasst. In der KonzVgV fehlt dieser Regelungskomplex, so dass sich Beschränkungen nur aus den allgemeinen Vergabegrundsätzen ergeben, was praktisch auf die bisherigen Grundsätze der „Max-Havelaar"-Rechtsprechung hinausläuft.[22]

Für Dienstleistungs- und Lieferaufträge unterhalb der Schwellenwerte bildet § 24 UVgO die Regelung in § 34 VgV mit einer wichtigen Erleichterung nach: Anders als bei § 34 Abs. 2 Nr. 1 VgV müssen die Gütezeichen-Anforderungen nicht sämtlich mit dem Auftragsgegenstand zusammenhängen; es genügt, dass sie zur „Bestimmung der Merkmale der Leistung geeignet sind" (§ 24 Abs. 2 Nr. 1 UVgO). Eine entsprechende Regelung enthalten zT auch die Landesvergabegesetze.[23] Für unterschwellige Bauaufträge sind die Erleich-

---

[16] *Krohn/Schneider* in Gabriel/Krohn/Neun VergabeR-HdB § 17 Rn. 91; *Dieckmann* NVwZ 2016, 1369 (1372).

[17] Art. 43 Abs. 2 Richtlinie 2014/24/EU, Art. 61 Abs. 2 Richtlinie 2014/24/EU.

[18] *Altus/Ley/Wankmüller* Handbuch umweltfreundliche Beschaffung C 3 24.3. Anders *Germelmann* GewArch 2016, 100 (104) für den sich Gütezeichen nur auf technische Spezifikationen beziehen können.

[19] *Baumann* VergabeR 2015, 367(372).

[20] Entsprechende Vorschläge wurden schon im Legislativpaket 2004 ablehnt, vgl. Geänderter Vorschlag für eine Richtlinie des europäischen Parlaments und des Rats über die Koordinierung der Verfahren zur Vergabe öffentlicher Lieferaufträge, Dienstleistungsaufträge und Bauaufträge, vom 6.5.2002, KOM (2002) 236 endg., 12; zustimmend *Dageförde/Dross* NVwZ 2005, 19 (21).

[21] *Püstow* in Ziekow/Völlink, 3. Aufl. 2018, § 34 Rn. 1. Umstritten. Für eine Herausnahme von Abs. 1 Voppel/Osenbrück/Bubert, 4. Aufl. 2018, § 34 Rn. 24.

[22] Auf den fehlenden Sachgrund für die Aussparung der Konzessionsvergaben weist zutreffend *Dieckmann* NVwZ 2016, 1369 (1372) hin.

[23] §§ 19 Abs. 2 BremTVG; 3b Abs. 5 HmbVgG; 4 Abs. 5 S. 2 LVG LSA; 4 Abs. 1 S. 2 ThürVgG.

terungen des Einsatzes von Gütezeichen dagegen bislang noch nicht umgesetzt (vgl. § 7a Abs. 5 VOB/A).

C. Gütezeichen als Konformitätsnachweis (Abs. 1)

I. Regelungsinhalt

Abs. 1 ermächtigt den Auftraggeber, die Auszeichnung der angebotenen Ware oder **10** Dienstleistung mit einem (qualifizierten) Gütezeichen iSd Abs. 2 als Nachweis dafür zu verlangen, dass sie den Vorgaben der Leistungsbeschreibung entspricht.[24] In diesem Fall muss er die Gütezeichen-Anforderungen grundsätzlich nicht ausformulieren. Er kann in den Vergabeunterlagen ferner, wie bisher, als „Minus" festlegen, dass bei Waren und Dienstleistungen, die mit einem Gütezeichen ausgestattet sind, davon ausgegangen wird, dass sie den technischen Anforderungen genügen.[25] Abs. 1 lässt es unbenommen, dass die Gütezeichenanforderungen in der Leistungsbeschreibung entsprechend den „Max Havelaar"-Grundsätzen (→ Rn. 3) ausformuliert werden (→ Rn. 32).[26] In allen diesen Konstellationen ist das Gütezeichen aber nur ein „Beleg", dh es modifiziert nicht die aus § 121 GWB, § 31 Abs. 1 VgV folgenden Anforderungen an die Beschreibung der Liefer- oder Dienstleistung. Gütezeichen können schließlich als **Nachweis für die Gleichwertigkeit** vorgesehen werden, zB wenn der Auftraggeber ein bestimmtes Produkt mit dem Zusatz „o. glw." vorgibt und für den Gleichwertigkeitsnachweis auf ein Gütezeichen verweist.

Wie bisher steht der Verweis auf Gütezeichen grundsätzlich **im Ermessen** des Auf- **11** traggebers, dh es steht ihm frei, sich zur Umschreibung der technischen Anforderungen auf ein Gütezeichen zu beziehen.[27] Bei Umweltschutzanforderungen wird das Ermessen durch ermessensleitende Verwaltungsvorschriften und ergänzende Rechtsakte gesteuert (→ Rn. 22). Ermessensleitend ist auch das Transparenzgebot (§ 97 Abs. 2 GWB). Die Anforderungen aus dem Gütezeichen müssen fachkundigen Bietern zugänglich sein. Davon kann bei **nationalen Gütezeichen** nicht ohne weiteres ausgegangen werden, selbst wenn sie, wie zB der „Blaue Engel", seit langem eingeführt sind. In diesen Fällen müssen die Gütezeichen-Anforderungen daher auch nach dem Inkrafttreten der VergRModVO beschrieben werden, was auch in einem Anhang zur Leistungsbeschreibung oder mittels eines Verweises möglich ist.[28]

Bei der Vorgabe bestimmter Gütezeichen hat der Auftraggeber ferner den Wettbewerbs- **12** grundsatz (§ 97 Abs. 1 GWB) und den Grundsatz des freien Warenverkehrs (Art. 34 AEUV) zu beachten. Eine Ausschreibung kann im Einzelfall gegen § 31 Abs. 1 VgV verstoßen, wenn der Auftraggeber Gütezeichen vorschreibt, die nicht marktgängig sind, ausschließlich nur von nationalen Unternehmen verwendet werden, und für ausländische Unternehmen nur schwer zugänglich sind, so dass die Vorgabe des Gütezeichens entgegen dem gesetzlichen Leitbild des grenzüberschreitenden Vergabewettbewerbs faktisch auf eine Inländerprotektion hinausläuft. Das sind aber Extremfälle. Im Regelfall schadet sich der Auftraggeber selbst, wenn er ein Gütezeichen verlangt, dass den Wettbewerb einschränkt und dadurch tendenziell preiserhöhend wirkt. Er ist daher jedenfalls aus haushaltsrechtlichen Gründen zu einer sorgfältigen Prüfung gehalten, ob die Vorteile der Vorgabe des Gütezeichens überwiegen.[29] Bei engen Anbietermärkten wird es sich idR empfehlen, auch

---

[24] *Wirner* in Willenbruch/Wieddekind, 4. Aufl. 2017, VgV § 34 Rn. 14.
[25] *Dageförde* Umweltschutz im öffentlichen Vergabeverfahren Rn. 160.
[26] *Evermann* in Müller-Wrede, § 34 Rn. 21; *Püstow* in Ziekow/Völlink, 3. Aufl. 2018, § 34 Rn. 3.
[27] Erwägungsgrund (29) Richtlinie 2004/18/EG.
[28] Umweltbundesamt (Hrsg.), Rechtsgutachten umweltfreundliche öffentliche Beschaffung, 2017, 50 (abrufbar unter http://www.umweltbundesamt.de/publikationen/rechtsgutachten-umweltfreundliche-offentliche, zuletzt abgerufen am 6.7.2017).
[29] Für eine Markterkundung *Zimmermann* in jurisPK-VergR, 5. Aufl. 2016, § 31 VgV Rn. 4.

Einzelnachweise für die durch das Gütezeichen ausgedrückten Leistungsanforderungen zuzulassen.

Das wird im VHB ausgedrückt.

„4.8.3 Gütenachweis

Bei der Festlegung von Art und Umfang verlangter Eignungs- und Gütenachweise im Sinne von Abschnitt 0 der Allgemeinen Technischen Vertragsbedingungen (ATV) ist darauf zu achten, dass der Wettbewerb nicht durch die Forderung eines bestimmten Güte- oder Überwachungszeichens bei sonst gleichwertigen Stoffen und Bauteilen beschränkt wird.“

II. Voraussetzungen

1. Gütezeichen

13   Gütezeichen sind in den Vergaberichtlinien definiert als „Dokument, Zeugnis oder Bescheinigung, mit dem … bestätigt wird, dass ein bestimmtes Bauwerk, eine bestimmte Ware, eine bestimmte Dienstleistung, ein bestimmter Prozess oder ein bestimmtes Verfahren bestimmte Anforderungen – die Gütezeichen-Anforderungen“ erfüllt (Art. 2 Abs. 1 Nr. 23 AVR, Art. 2 Nr. 19 SVR).[30] Das können Gütezeichen für den **fairen Handel** sein (zB „Fairtrade“-Siegel, „GEPA“, „El Puente“, „dwp“), **Soziallabel, Umweltzeichen** (zB „EU Ecolabel“, „Blauer Engel“) oder Zeichen, die mehrere Zwecke erfüllen, zB soziale und Umweltaspekte (zB „natureplus“ für Baustoffe), ergonomische und ökologische Aspekte (wie beim „TCO“-Siegel für Computer, Monitore und Headsets) oder soziale, ökologische und ökonomische Belange gleichermaßen, wie bei den FSC-Siegeln für Produkte aus Holz und Holzfasern (Forest Stewardship Council) oder bei Textilien das „GOTS“-Zeichen. Die in der deutschen Praxis lange Zeit betriebene terminologische Unterscheidung zwischen Güte- und Umweltzeichen war nicht trennscharf und ist jedenfalls seit der VergRModVO nicht mehr fortzuführen.

14   Bei den Umweltzeichen wird herkömmlich unterschieden zwischen **produktgruppenübergreifenden Umweltzeichen,** die in der Normenreihe ISO 14020 unter Typ 1 gelistet sind (= ISO 14024, Zertifizierte Umweltzeichen), zB „Blauer Engel“, EU-Ecolabel (Euroblume), „Nordischer Schwan“ (ISO Typ 1 Gütezeichen) und **Umweltzeichen des Typs 3** (Umweltdeklarationen, Environmental Produkt Deklaration, EPD), die von privaten Organisationen und industriellen Vereinigungen anhand einer Lebenszyklusanalyse vergeben werden (ISO/TR 14025, zB „Energy Star“).[31] Die Europäische Kommission klassifiziert Gütezeichen desweiteren nach ihrem Inhalt:[32]
– „Mehrkriterienkennzeichen“ beruhen auf wissenschaftlichen Informationen über die Umweltauswirkungen eines Produktes während seines gesamten Lebenszyklus (zB EU-Umweltzeichen (EU-Ecolabel),[33] „Blauer Engel“, „Nordischer Schwan“). Für die einzelne Produkt-/Dienstleistungsgruppen sind unterschiedliche Kriteriensätze festgelegt.
– „Themenspezifische Zeichen“ betreffen ein bestimmtes Thema, wie Energieeffizienz („EU-Bio-Logo“, „Energy-Star“)[34]

---

[30] Diese Definitionen übersieht Umweltbundesamt (Hrsg.) Rechtsgutachten umweltfreundliche öffentliche Beschaffung (o. Fn. 26), 2017, 56.

[31] *Altus/Ley/Wankmüller* Handbuch umweltfreundliche Beschaffung E2. Typ 2 – Gütezeichen (ISO 14021) sind Selbstdeklarationen von Unternehmen ohne Zertifizierung durch Dritte (zB Siemens Norm SN 36 350) und scheiden daher für Auftragsvergaben aus, *Dagefördė* Umweltschutz im öffentlichen Vergabeverfahren Rn. 155; *Dieckmann* NVwZ 2016, 1369 (1373).

[32] Europäische Kommission, Umweltfreundliche Beschaffung!, 3. Aufl. 2016, Abschn. 1.4.3. (abrufbar unter http://ec.europa.eu/environment/gpp/pdf/handbook_2016_de.pdf, zuletzt abgerufen am 6.7.2017).

[33] Verordnung (EG) Nr. 66/2010 des Europäischen Parlaments und des Rates vom 25.11.2009 über das EU-Umweltzeichen (ABl. L 27 vom 30.1.2010, S. 1).

[34] VO (EG) Nr. 106/2008 des Europäischen Parlaments und des Rates vom 15. Januar 2008 über ein gemeinschaftliches Kennzeichenprogramm für Strom sparende Bürogeräte (ABl. L 39 vom 13.2.2008, S. 1).

- „Sektorspezifische Umweltzeichen" sind vor allem aufgestellt worden für die Waldbewirtschaftung (FSC-Gütezeichen).
- „Energieeffizienz-Kennzeichen" werden für Produkte bzw. Dienstleistungen vergeben, die nach ihrer Umweltleistung in dem betreffenden Sektor eingestuft werden (nicht nach Kriterien für die Vergabe/Nichtvergabe), zB das „EU-Energieetikett".

Gütezeichen-Anforderungen sind definitionsgemäß die technischen Anforderungen, die **15** das Bauwerk, die Ware oder Dienstleistung erfüllen muss, um das betreffende Gütezeichen zu erhalten (→ Rn. 13). Zu den Gütezeichen iSv § 34 VgV zählen daher nicht solche **Gütesiegel,** die sich nicht auf die technischen Anforderungen für ein Bauwerk, eine Ware oder Dienstleistung beziehen, sondern die Übereinstimmung des Umweltmanagementprozesses oder der Betriebsorganisation zertifizieren (zB das EMAS-Gütesiegel).[35] Gleiches gilt für die Zertifizierung des Qualitätsmanagements nach der Normreihe DIN EN ISO 9000 ff.[36]

Gütezeichen müssen nicht auf dem Produkt **in Form eines Kennzeichens ange-** **16** **bracht** sein, sondern können in separaten Erklärungen (Begleitschreiben) oder Bescheinigungen (Zertifikaten) enthalten sein.[37]

2. Beleg für technische Anforderungen

§ 34 Abs. 1 VgV verlangt, dass sich das Gütezeichen auf die „in der Leistungsbeschrei- **17** bung geforderten Merkmale" bezieht. Das ist wie bei § 31 Abs. 1, 6 VgV eine missglückte Formulierung, weil „Merkmale" in der Leistungsbeschreibung auch wirtschaftliche oder finanzielle Spezifikationen sind (→ § 31 VgV Rn. 20). Die Vergaberichtlinien sind in diesem Punkt eindeutig: Belegt wird durch ein Gütezeichen das Vorliegen spezifischer umweltbezogener, sozialer oder sonstiger Merkmale in den technischen Anforderungen (technischen Spezifikationen).[38] Die Erweiterungen der Einsatzmöglichkeit von Gütezeichen für den Nachweis von Zuschlagskriterien und Ausführungsbedingungen ergeben sich sodann durch den Verweis auf § 34 Abs. 1 VgV in §§ 58 Abs. 4, 61 VgV (→ Rn. 7).

3. Bezug zu Merkmalen des Auftragsgegenstands

Kennzeichnend für Gütezeichen ist ein unmittelbarer Bezug zu den zu beschaffenden **18** Waren, Bau- oder Dienstleistungen. Das Gütezeichen wird zum Nachweis der Konformität mit technischen Anforderungen gefordert.[39] Abs. 2 Nr. 1 verlangt daher, dass sämtliche Gütezeichen-Anforderungen mit dem Auftragsgegenstand **in Verbindung** stehen.[40] Gütezeichen eignen sich nicht zum Nachweis einer **allgemeinen Unternehmenspolitik.**[41] Der Wettbewerb darf über die Anforderung von Gütezeichen zudem nicht auf solche Unternehmen beschränkt werden, die die Kriterien einer bestimmten Gütegemeinschaft erfüllen.[42]

Die Gütezeichen-Anforderungen müssen so gefasst sein, dass ihre Einhaltung im Rah- **19** men der Verleihung des Gütezeichens **kontrolliert werden** kann. Das ist nicht immer

---

[35] Umweltbundesamt (Hrsg.), Rechtsgutachten umweltfreundliche öffentliche Beschaffung (o. Fn. 26), 2017, 58.
[36] Voppel/Osenbrück/Bubert, 4. Aufl. 2018, § 34 Rn. 7.
[37] Anderer Ansicht Umweltbundesamt (Hrsg.), Rechtsgutachten umweltfreundliche öffentliche Beschaffung, 2017, 56, das aber die Definitionen in den Vergaberichtlinien übersieht (o. Fn. 27) und daher nicht überzeugt.
[38] Art. 43 Abs. 1 S. 1 Richtlinie 2014/24/EU, Art. 61 Abs. 1 S. 1 Richtlinie 2014/25/EU.
[39] EuGH 10.5.2012 – C-368/10, ECLI:EU:C:2012:284 Rn. 74 ff = NZBau 2012, 445 – EKO und MAX HAVELAAR.
[40] Das gilt nach § 24 Abs. 2 Nr. 1 UVgO nicht für Auftragsvergaben unterhalb der Schwellenwerte.
[41] Prieß/Simonis in KKMPP, 4. Aufl. 2017, § 34 Rn. 3; Wirner in Willenbruch/Wieddekind, 4. Aufl. 2017, VgV § 34 Rn. 7.
[42] Das betrifft RAL-Gütezeichen, vgl. VK Thüringen 3.11.2015 – 250–4002-5385/2015-N-020-WAK, juris; dazu Halstenberg/Baumann Stadt und Gemeinde 2014, 108.

sichergestellt, zB bei den Gütezeichen „Xertifix" und „Fair Stone" für die Herstellung von Grabsteinen „ohne ausbeuterische Kinderarbeit".[43]

4. Verlangen des Auftraggebers

20   Kommt es zu einer Wettbewerbsbeschränkung, muss der Auftraggeber die Sachgründe für sein Verlangen nachprüfbar **dokumentieren**.[44]

5. Gleichwertigkeitsnachweis

21   Der Hinweis „oder gleichwertig" ist nicht vorgeschrieben, aber in der Praxis zumindest bei nationalen RAL-Gütezeichen nicht selten (zB „RAL-GZ 943/1:2014 o. glw.").[45] Da es dem Bieter nach Abs. 4 unbenommen ist, eine gleichwertige Zertifizierung anzubieten, muss sich den Vergabeunterlagen entnehmen lassen, unter welchen Voraussetzungen die Gleichwertigkeit vorliegt,[46] zB durch Vorlage anderer geeigneter Beweismittel, wie technischer Unterlagen des Herstellers oder einer anerkannten Stelle.[47] Bescheinigungen von in anderen Mitgliedstaaten ansässigen anerkannten Stellen müssen akzeptiert werden. Auf eine bestimmte Besetzung der Gremien der Gütezeichenstelle darf nicht abgestellt werden.[48]

III. Ermessen

22   Die Anforderung von Gütezeichen steht im Ermessen des Auftraggebers. Für den Richtliniengeber „sollen" Bezugnahmen auf Gütezeichen nicht innovationshemmend sein[49] (was sich durch den Zusatz „oder gleichwertig" erreichen lässt). Das „Maßnahmenprogramm Nachhaltigkeit" der Bundesregierung sieht vor, dass bei allen Ausschreibungen der Bundesverwaltung die Kriterien des Umweltzeichens „Blauer Engel" verwendet werden, falls nicht möglich, die Kriterien des Europäischen Umweltzeichens, von „Energy Star" oder vergleichbarer Label. Der Auftraggeber muss im Rahmen seiner Ermessensausübung prüfen, ob die Festlegung der Gütezeichen-Anforderungen den freien Warenverkehr (Art. 34 AEUV) unzulässig beschränkt (→ Rn. 12).

D. Anforderungen an qualifizierte Gütezeichen (Abs. 2)

I. Regelungsinhalt

23   Die Vergaberichtlinien lassen den (Pauschal-) Verweis auf ein bestimmtes Gütezeichen zur Gewährleistung eines wirksamen Wettbewerbs nur unter fünf Voraussetzungen zu, die als „Bedingungen" formuliert sind (Art. 43 Abs. 2 AVR). Sie müssen kumulativ erfüllt sein und sind als Konkretisierung der vergaberechtlichen Grundsätze der Gleichbehandlung,

---

[43] Zur Unwirksamkeit von Friedhofsatzungen, die Zertifikate für Grabsteine „ohne ausbeuterische Kinderarbeit verlangen" BVerwG 16.10.2013 – 8 CN 1/12, NVwZ 2014, 527; VGH Bad.-Württ. 29.4.2014 – 1 S 1458/12, IBRRS 2014, 4426; 21.5.2015 – 1 S 383/14, IBR 2015, 441; 21.9.2015 – 1 S 536/14, IBRRS 2015, 2726.

[44] *Baumann* VergabeR 2015, 367(370).

[45] Diese Praxis geht die Rechtsprechung der VK Thüringen und der VK Nordbayern zurück, die zur (früheren) Rechtslage bei deutschen RAL-Gütezeichen einen Gleichwertigkeitszusatz verlangte, vgl. *Noch* Vergaberecht kompakt, 6. Aufl. 2015, Rn. 1149, 1150 mNw.

[46] VK Nordbayern 13.7.2011 – 21.VK-3194-18/11, IBRSS 2011, 3322 (zum RAL-GZ 902); VK Thüringen 9.6.2016 – 250–4002-4702/2016-N-005-KYF, IBRRS 2016, 2447; *Baumann* VergabeR 2015, 367 (370).

[47] Formulierungsvorschlag bei *Dageförde* Umweltschutz im öffentlichen Vergabeverfahren Rn. 160.

[48] *Halstenberg/Baumann* Stadt und Gemeinde 2014, 108 (109).

[49] Erwägungsgrund (75) Abs. 3 Richtlinie 2014/24/EU.

Nichtdiskriminierung, Transparenz und Verhältnismäßigkeit anzusehen.[50] Der Auftraggeber muss das Vorliegen dieser Voraussetzungen in eigener Verantwortung prüfen. Liegen sie nicht vor, muss der Auftraggeber die Merkmale der Ware oder Dienstleistung, die durch das Gütezeichen nachgewiesen werden, zu technischen Anforderungen ausformulieren.[51] Auf Verlassung des BMZ wurde im Zuge des Kooperationsprojekts „Kompass Nachhaltigkeit" eine **Liste von Gütezeichen** veröffentlicht, die die Bedingungen des § 34 Abs. 2 VgV erfüllen sollen.[52] Aufgeführt sind die produktübergreifenden Gütezeichen „Blauer Engel",[53] „EU Ecolabel", „Nordic Ecolabel", „Österreichisches Umweltzeichen" sowie verschiedene Gütezeichen der Produktgruppe Textil.[54] Diese Liste hat nur informatorischen Charakter. Sie erleichtert die Begründung für die Vorgabe eines bestimmten Gütezeichens, die nach § 8 Abs. 1 VgV zu dokumentieren ist.[55] Bei den dort gelisteten Gütezeichen vom ISO Typ 1 wird in der Literatur davon ausgegangen, dass die Verfahrensanforderungen nach § 34 Abs. 2 Nr. 3–5 VgV eingehalten sind.[56]

II. Voraussetzungen

1. Verbindung mit dem Auftragsgegenstand (Nr. 1)

Die Vergaberichtlinien verlangen, dass sämtliche Gütezeichen-Anforderungen mit dem **24** Auftragsgegenstand in Verbindung stehen und zu seiner Beschreibung geeignet sind.[57] Sie dürfen sich nicht auf die allgemeine Unternehmenspolitik beziehen.[58] Erfüllt nur eine der Gütezeichen-Anforderungen diese Voraussetzungen nicht (zB weil eine Anforderung die Bestellung eines Compliance-Beauftragten ist),[59] darf das Gütezeichen (Label) bei oberschwelligen[60] Vergaben nicht verbindlich verlangt werden.[61] Bei solchen Gütezeichen ist nach Abs. 3 vorzugehen (→ Rn. 31). Der Verweis auf „§ 31 Abs. 3 VgV" ist redaktionell missglückt, weil sich aus § 31 Abs. 3 VgV nicht der Auftragsgegenstand ergibt.[62] Das belegt der Vergleich mit der parallelen Regelung in § 7a EU Abs. 6 Nr. 1 VOB/A. Gemeint ist, dass die Gütezeichen-Anforderungen sich auch auf Produktions- und Handelsstufen beziehen können (zB Fair-Trade-Siegel) und auftragsbezogene Nachhaltigkeitsgesichtspunkte (bis hin zum Klimaschutz durch kurze Transportwege) umfassen können.[63] In diesem Sonderfall müssen sie sich an den Voraussetzungen des § 31 Abs. 3 S. 2 VgV messen lassen. Aus Abs. 2 Nr. 1 lässt sich da-

---

[50] Umweltbundesamt (Hrsg.), Neue EU-Richtlinien für das Vergaberecht beschlossen (o. Fn. 1) 3; *dies.,* Rechtsgutachten – Umweltfreundliche öffentliche Beschaffung!, 2. Ausgabe 2014, 79; *Altus/Ley/Wankmüller* Handbuch umweltfreundliche Beschaffung B 8, 8.

[51] Art. 43 Abs. 2 Richtlinie 2014/24/EU, Art. 61 Abs. 2 Richtlinie 2014/25/EU.

[52] Abrufbar unter http://oeffentlichebeschaffung.kompass-nachhaltigkeit.de/fileadmin/user_upload/Doks _fuer_Guetezeichen-Finder/Konformitaetspruefung_Guetezeichen_mit___34_Abs.2_VgV.pdf (zuletzt abgerufen am 6.7.2017).

[53] Eine exemplarische Prüfung dieses Umweltzeichens nimmt Umweltbundesamt (Hrsg.), Rechtsgutachten umweltfreundliche öffentliche Beschaffung (o. Fn. 26), 2017, 60/61 vor.

[54] „BCI" (Better Cotton Initiative), „CmiA" (Cotton made in Africa), „Fairtrade Certified Cotton", GOTS („Global Organic Textile Standards"), „GRS" (Global Recycled Standard), „FWF" (Fair Wear Foundation).

[55] *Zimmermann* in jurisPK-VergR, 5. Aufl. 2016, § 31 VgV Rn. 16.

[56] *Evermann* in Müller-Wrede, § 34 Rn. 23; beschränkt auf § 34 Abs. 2 Nr. 1 VgV dagegen *Knauff* VergabeR 2017, 553 (556).

[57] Art. 43 Abs. 1 UA 1 Richtlinie 2014/24/EU iVm Erwägungsgrund 75.

[58] *Knauff* VergabeR 2017, 553 (557); *Evermann* in Müller-Wrede, § 34 Rn. 29, 32; *Püstow* in Ziekow/ Völlink, 3. Aufl. 2018, § 34 Rn. 6.

[59] Beispiel bei *Leinemann/Zoller* VN 2017, 82 (83).

[60] In diesem Punkt enthält § 24 Abs. 2 Nr. 1 UVgO für unterschwellige Vergaben eine wesentliche Erleichterung.

[61] Europäische Kommission, Umweltfreundliche Beschaffung!, 3. Aufl. 2016, Kap. 3.5.1; Umweltbundesamt (Hrsg.) Rechtsgutachten umweltfreundliche öffentliche Beschaffung, 2017, 60; Voppel/Osenbrück/ Bubert, 4. Aufl. 2018, § 34 Rn. 12. Umstritten. Anderer Ansicht *Evermann* in Müller-Wrede, § 34 Rn. 25 (der Rn. 33 ff. aber zutreffend auf Abs. 3 verweist).

[62] Ähnlich insoweit *Krönke* VergabeR 2017, 101 (107), der die Vorschrift als „zirkulär" ansieht.

[63] Zu Klimaschutzaspekten *Knauff* VergabeR 2017, 553 (557).

her nicht, wie zT angenommen wird, schließen, dass die Gütezeichen-Anforderungen einzeln sowie insgesamt am Verhältnismäßigkeitsgrundsatz zu rechtfertigen sind.[64]

25   Die Prüfung ist für jede Gütezeichenanforderung gesondert durchzuführen. Die pauschale Bewertung eines Gütezeichens ist daher nicht möglich.[65]

2. Objektive nichtdiskriminierende Kriterien (Nr. 2)

26   Der Anforderungskatalog für das Gütezeichen muss vorab feststehen und darf nicht darauf abzielen, einzelne Unternehmen oder Unternehmensgruppen von der Erlangung des Gütezeichens auszuschließen, beispielsweise durch Bezugnahme auf bestimmte Produktionsweisen oder auf regionale Bezugsquellen.[66] Insoweit gelten keine anderen Maßstäbe als bei § 31 Abs. 1 VgV (→ § 31 Rn. 24). Wettbewerbsrechtlich ist die Erlangung eines Gütezeichens eine Normenvereinbarung, so dass das Aufnahmeverfahren für erfasste Waren und Dienstleistungen, unabhängig von ihrer Herkunft, offen, fair und transparent gestaltet sein muss.[67] Die Standards und einzureichenden Nachweise müssen in einem Leitfaden niedergelegt sein, der abschließend, aus sich heraus verständlich und so konkret ist, dass die Verleihung des Gütezeichens durch einen Dritten nachvollzogen werden kann. Ein solcher Leitfaden ist idR alle 5 Jahre zu überprüfen. Umweltgütezeichen müssen durch eine wissenschaftliche Methodik gestützt sein, die zu exakten und reproduzierbaren Ergebnissen führt. Das gilt auch, wenn sie Grundlage von Herstellererklärungen erteilt werden.[68] In der Praxis ist dieser Nachweis bei bestehenden Gütezeichen oftmals nicht mehr im Nachhinein zu führen, da nicht dokumentiert ist, wie die Gütezeichen-Anforderungen entwickelt wurden und von welchen Sachgründen sie getragen waren.[69] Keine Voraussetzung ist die Zertifizierung oder Akkreditierung der Gütezeichenstelle durch eine nationale Konformitätsbewertungsstelle.[70]

27   Die Anforderungen des Gütezeichens dürfen nicht gegen den Grundsatz der Warenverkehrsfreiheit (Art. 34 AEUV) verstoßen, indem sie den freien Warenverkehr beschränken, ohne dass diese Beschränkung gerechtfertigt ist. Das kann zB der Fall sein, wenn ein RAL-Gütezeichen technische Spezifikationen verschärft oder ergänzt, die bereits in einer einschlägigen DIN-EN-Norm geregelt sind.[71]

3. Transparentes und offenes Aufstellungsverfahren (Nr. 3)

28   „Transparent" ist das Verfahren, wenn es abstrakt und mit klaren Zuständigkeiten geregelt ist. IdR ist vorgesehen, dass die Gütezeichen-Anforderungen durch ein von der Mitgliederversammlung des Güteschutzvereins bestelltes Fachgremium (Güteausschuss) entwickelt und von der Mitgliederversammlung beschlossen werden. Für ein „offenes" Aufstellungsverfahren ist entscheidend, dass alle interessierten Kreise die Möglichkeit haben, im Standardsetzungsprozess angehört zu werden und auf Anfrage Zugang zu den Materialien haben.[72] Art. 43 Abs. 1 Buchst. c) AVR iVm Erwägungsgrund (75) nennt „Verbraucher, Sozialpartner, Hersteller, Händler und Nichtregierungsorganisationen" nui beispielhaft. Sie müssen daher nicht sämtlich beteiligt werden. Ausreichend ist es zB wenn

---

[64] So aber *Krönke* VergabeR 2017, 101 (109).

[65] Europäische Kommission, Umweltfreundliche Beschaffung!, 3. Aufl. 2016, Kap. 3.5.1; Umweltbundesamt (Hrsg.) Rechtsgutachten umweltfreundliche öffentliche Beschaffung (o. Fn. 26), 2017, 62.

[66] *Knauff* VergabeR 2017, 553 (555); *Evermann* in Müller-Wrede, § 34 Rn. 37.

[67] *Schroeder* in Grabitz/Hilf/Nettesheim, Das Recht der Europäischen Union. 60. EL 2016, Art. 101 AEUV, Rn. 714.

[68] Umweltbundesamt (Hrsg.), Rechtsgutachten umweltfreundliche öffentliche Beschaffung (o. Fn. 26), 2017, 62/63.

[69] Zu den Gütezeichen für Pflastersteinen (WIN, IGEP, Xertifix und Xertifix plus) *Leinemann/Zoller* VN 2017, 82 (83/84).

[70] Das folgt im Gegenschluss zu Art. 62 Abs. 1 AVR; aA *Halstenberg/Baumann*, Stadt und Gemeinde 2014, 108 (110).

[71] OLG Düsseldorf 14.12.2016 – VII-Verg 20/16, VergabeR 2017, 189 (195) mAnm *Schnitzler*.

[72] Weitergehend für ein „gewisses Maß an Ergebnisoffenheit" *Zimmermann* in jurisPK-VergR, 5. Aufl. 2016, § 31 VgV Rn. 26.

vorgesehen ist, dass neben Mitgliedern des Trägervereins auch externe Personen (Sachverständige, Behördenvertreter) in den Güteausschuss berufen werden können. Die Eröffnung des Konsultationsverfahrens muss mit ausreichendem zeitlichem Vorlauf öffentlich bekanntgemacht werden (zB auf der Website der Einrichtung).

4. Zugang zum Gütezeichen (Nr. 4)

Das Gütezeichen ist gleich zugänglich, wenn der Erhalt des Gütezeichen für alle Antragsteller gleich geregelt ist und die Standards (Vergabekriterien) für jedermann erhältlich oder zumindest einsehbar sind, zB durch Festlegung in einem amtlichen Veröffentlichungsblatt („EU Ecolabel", „Energy-Star") oder Veröffentlichung im Internet (zB „Blauer Engel",[73] „Grüner Strom Label e. V.", „Biosiegel Ökolandbau").[74] Die Mitgliedschaft bei der Zeichenvergabestelle darf nicht vorausgesetzt werden.[75] Anwendungs-, Prüfungs- und Verwaltungsgebühren müssen sich an den tatsächlich verursachten Kosten orientieren und dürfen nicht über das zur Aufrechterhaltung des Gütezeichens Erforderliche hinausgehen. **29**

5. Unabhängige Festlegung der Gütezeichen-Anforderungen (Nr. 5)

Der Antragsteller für ein Gütezeichen darf keinen „maßgeblichen" Einfluss auf die Stelle haben, die die Gütezeichenanforderungen festlegt. Auch hier gilt der allgemeine Grundsatz der Vergaberichtlinien, dass Vorteile, die sich aus Wettbewerbsverzerrungen ergeben, im Vergabeverfahren nicht zum Erfolg führen sollen.[76] Schädlich kann hier neben gesellschaftsrechtlichen Verbindungen und indirekten Einflussnahmen (zB über Spenden)[77] auch das Mitstimmen bei Beschlussfassungen sein. Eine Anteils- oder Stimmmehrheit in den Gremien ist nicht zwingend.[78] Vertreter des Antragstellers müssen bei der Beschlussfassung von der Stimmabgabe ausgeschlossen sein; die bloße Teilnahme ist idR unproblematisch, weil dies einen „wesentlichen", dh kausal zumindest nicht ausschließbaren, Einfluss beinhaltet. Unschädlich ist, dass zentrale Regierungsstellen auf die Formulierung der Gütezeichen-Anforderungen Einfluss genommen haben (Erwägungsgrund (75) UA 2 AVR). **30**

E. Ausformulierung von Gütezeichen-Anforderungen (Abs. 3)

Abs. 3 ermöglicht es dem Auftraggeber, ein Gütezeichen zu fordern, das nicht vollständig zu der geforderten Leistung passt, indem er den Bietern die Gütezeichen-Anforderungen mitteilt, die zur Anwendung kommen. Er muss dafür den Anforderungskatalog des Gütezeichens auf zur Leistung passende und nicht passende Anforderungen hin prüfen und den Bietern die relevanten Anforderungen abschließend mitteilen.[79] Hinsichtlich der anzuwendenden Anforderungen lässt Art. 43 Abs. 2 AVR einen „Verweis" zu, dh die Anforderungen müssen nicht explizit ausformuliert werden, wenn sie sich über diesen Verweis unmittelbar, eindeutig und vollständig erschließen.[80] **31**

---

73 Vergabegrundlagen abrufbar unter https://www.blauer-engel.de.
74 *Wirner* in Willenbruch/Wieddekind, 4. Aufl. 2017, VgV § 34 Rn. 9; *Püstow* in Ziekow/Völlink, 3. Aufl. 2018, § 34 Rn. 9; *Herrmann* in HRR, 14. Aufl. 2018, EU § 7a Rn. 26. Das wird zT auch bei der Nr. 2 geprüft, vgl. *Franke/Kaiser* in FKZGM, 6. Aufl. 2017, § 7a EU VOB/A Rn. 88.
75 Das kann bei Unternehmenszusammenschlüssen in Form von Qualitätssicherungsvereinen (zB im Rahmen des RAL) problematisch sein. Anderer Ansicht *Franke/Kaiser* in FKZGM, 6. Aufl. 2017, § 7a EU VOB/A Rn. 92.
76 Zu diesem Grundsatz *Egger* Europäisches Vergaberecht Rn. 895.
77 *Franke/Kaiser* in FKZGM, 6. Aufl. 2017, § 7a EU VOB/A Rn. 95.
78 Anders *Zimmermann* in jurisPK-VergR, 5. Aufl. 2016, § 31 VgV Rn. 33.
79 *Franke/Kaiser* in FKZGM, 6. Aufl. 2017, § 7a EU VOB/A Rn. 99; *Wirner* in Willenbruch/Wieddekind, 4. Aufl. 2017, VgV § 34 Rn. 11. Auf den Hintergrund des Multistakeholder-Ansatzes weist *Evermann* in Müller-Wrede, § 34 Rn. 47 hin.
80 Von der Zulässigkeit eines Verweises geht auch Umweltbundesamt (Hrsg.), Rechtsgutachten umweltfreundliche öffentliche Beschaffung (o. Fn. 26), 2017, 59 aus.

32   Weniger aufwändig kann es sein, wenn der Auftraggeber die für die Leistung relevanten
Gütezeichen-Anforderungen zu technischen Anforderungen ausformuliert (→ Rn. 10).
Das setzt voraus, dass sie mit dem Auftragsgegenstand in Zusammenhang stehen und zu
seiner Beschreibung geeignet sind (→ § 31 VgV Rn. 62). Für die Europäische Kommission
darf der Auftraggeber daher nicht sämtliche Anforderungen eines Gütezeichens ungeprüft
in seine technischen Anforderungen übernehmen, sondern muss die Anforderungskataloge
auf nicht zur Leistung passende Anforderungen untersuchen.[81] Wird auf Gütezeichen-
Anforderungen Bezug genommen, muss transparent sein, welche konkreten technischen
Anforderungen daraus folgen.[82]

F. Gleichwertige Gütezeichen (Abs. 4)

33   Für viele Produkte und Produktgruppen existieren mehrere Gütezeichen mit ähnlichen
Anforderungen nebeneinander. Verlangt der Auftraggeber ein bestimmtes Gütezeichen,
muss er nach Abs. 4 den Nachweis über ein „gleichwertiges" Gütezeichen akzeptieren,
insbesondere wenn es Gütezeichen aus anderen EU-Mitgliedsstaaten sind.[83] Die Gütezeichen-Anforderungen müssen dafür nicht identisch sein.[84] Ob eine „Gleichwertigkeit" gegeben ist, muss der Auftraggeber anhand der Anforderungskataloge beider Gütezeichen
prüfen. Ein Beurteilungsspielraum steht ihm dabei nicht zu. Die Prüfung ist zu dokumentieren. Die Beweislast für die Gleichwertigkeit trägt nach üA, wie in allen Fällen der Abweichung von Auftraggeberanforderungen, der Bieter.[85] In der Praxis stellt sich die Frage
der Gleichwertigkeit häufig bei Gütezeichen des Deutschen Instituts für Gütesicherung
und Kennzeichnung e. V. (RAL).[86]

G. Gleichwertige Belege (Abs. 5)

34   Kann der Bieter glaubhaft machen, dass ihm die Vorlage des vorgegebenen oder eines
gleichwertigen Gütezeichens innerhalb der gesetzten Fristen unmöglich war, muss der Auftraggeber „andere geeignete Belege" für die Erfüllung der für das Gütezeichen geltende
bzw. vom Auftraggeber benannten Anforderungen akzeptieren. Der Bieter muss im Angebot die Hinderungsgründe darlegen und zugleich den alternativen Nachweis beibringen.
Dazu zählt die Richtlinie ein technisches Dossier des Herstellers.[87] Ausreichend sind ferner
Testberichte einer Konformitätsbewertungsstelle. Eine Eigenerklärung des Bieters genügt
dagegen nicht.[88] Die Prüfung der Gleichwertigkeit ist in der Vergabeakte zu dokumentieren.

---

[81] Europäische Kommission, Sozialorientierte Beschaffung (o. Fn. 10) 32.
[82] VK Thüringen 7.2.2006 – 360.4002.20.063-05-EF-S.
[83] Prieß/Simonis in KKMPP, 4. Aufl. 2017, § 31 Rn. 8; Wirner in Willenbruch/Wieddekind, 4. Aufl.
2017, VgV § 34 Rn. 12.
[84] Franke/Kaiser in FKZGM, 6. Aufl. 2017, § 7a EU VOB/A Rn. 102.
[85] Dieckmann NVwZ 2016, 1369 (1373); Krohn in Gabriel/Krohn/Neun VergabeR-HdB, 2. Aufl. 2017,
§ 19 Rn. 93; Püstow in Ziekow/Völlink, 3. Aufl. 2018, § 34 Rn. 12; Voppel/Osenbrück/Bubert, 4. Aufl.
2018, § 34 Rn. 20; Krönke VergabeR 2017, 101 (110) ohne Hinweis auf Erwägungsgrund (75) Richtlinie
2014/24/EU; ausführlich dazu Evermann in Müller-Wrede, § 34 Rn. 54 ff. Für die Unterschwellenvergaben
klargestellt in § 24 Abs. 4 UVgO.
[86] Halstenberg/Baumann Stadt und Gemeinde 2014, 108 (109).
[87] Art. 43 Abs. 1 UA 4 Richtlinie 2014/24/EU.
[88] Verordnungsbegründung, BR-Drs. 87/16, 188; trotzdem nicht unumstritten. Wie hier Zimmermann in
jurisPK-VergR, 5. Aufl. 2016, § 31 VgV Rn. 39; Püstow in Ziekow/Völlink, 3. Aufl. 2018, § 34 Rn. 13;
Umweltbundesamt (Hrsg.), Leitfaden zur umweltfreundlichen Beschaffung. Produkte und Dienstleistungen
für Rechenzentren und Server (abrufbar unter https://www.umweltbundesamt.de – zuletzt abgerufen am
14.2.2018), 12. „Belastbare Eigenerklärungen" lassen Franke/Kaiser in FKZGM, 6. Aufl. 2017, § 7a EU
VOB/A Rn. 107 genügen.

§ 35 Nebenangebote

(1) Der öffentliche Auftraggeber kann Nebenangebote in der Auftragsbekanntmachung oder in der Aufforderung zur Interessensbestätigung zulassen oder vorschreiben. Fehlt eine entsprechende Angabe, sind keine Nebenangebote zugelassen. Nebenangebote müssen mit dem Auftragsgegenstand in Verbindung stehen.

(2) Lässt der öffentliche Auftraggeber Nebenangebote zu oder schreibt er diese vor, legt er in den Vergabeunterlagen Mindestanforderungen fest und gibt an, in welcher Art und Weise Nebenangebote einzureichen sind. Die Zuschlagskriterien sind gemäß § 127 Absatz 4 des Gesetzes gegen Wettbewerbsbeschränkungen so festzulegen, dass sie sowohl auf Hauptangebote als auch auf Nebenangebote anwendbar sind. Nebenangebote können auch zugelassen oder vorgeschrieben werden, wenn der Preis oder die Kosten das alleinige Zuschlagskriterium sind.

(3) Der öffentliche Auftraggeber berücksichtigt nur Nebenangebote, die die Mindestanforderungen erfüllen. Ein Nebenangebot darf nicht deshalb ausgeschlossen werden, weil es im Falle des Zuschlags zu einem Dienstleistungsauftrag anstelle eines Lieferauftrags oder zu einem Lieferauftrag anstelle eines Dienstleistungsauftrags führen würde.

Übersicht

	Rn.		Rn.
A. Einführung	1	E. Mindestanforderungen, formale Vorgaben und Zuschlagskriterien (Abs. 2)	18
I. Literatur	1	I. Mindestanforderungen	18
II. Entstehungsgeschichte	2	II. Formale Vorgaben	23
III. Rechtliche Vorgaben im EU-Recht	4	III. Festlegen von Zuschlagskriterien	25
B. Nebenangebote in der SektVO und der EU VOB/A	6	1. Meinungsstreit und Divergenzvorlagen vor der Vergaberechtreform 2016	27
C. Definition	8	2. Kein Ende des Meinungsstreits nach der Vergaberechtsreform	29
D. Zulassen von Nebenangeboten und Verbindung zum Auftragsgegenstand (Abs. 1)	10	F. Berücksichtigung von Nebenangeboten (Abs. 3)	34
I. Zulassen von Nebenangeboten	10	G. Rechtsschutz	37
II. Verbindung mit dem Auftragsgegenstand	16		

A. Einführung

I. Literatur

Conrad, Alte und neue Fragen zu Nebenangeboten, ZfBR 2014, 342; *Dicks,* Nebenangebote nach der Vergabemodernisierung 2016: Lösung oder Perpetuieren eines Dilemmas? VergabeR 2016, 309; *Kirch,* Weg mit alten Zöpfen: Die Wertung von Nebenangeboten, NZBau 2014, 212; *Kues/Kirch,* Nebenangebote und Zuschlagskriterien: Das Offensichtliche (v)erkannt?, NZBau 2011, 335; *Luber,* Das Aussterben der Nebenangebote bei der Bauvertragsvergabe und der daraus resultierende volkswirtschaftliche Schaden, ZfBR 2014, 448; *Stoye/Plantiko,* Der reine Preiswettbewerb – wann ist er sinnvoll, wann verboten? VergabeR 2015, 309, *Willner,* Zulässige Abweichungen von technischen Spezifikationen im Hauptangebot, VergabeR 2014, 741 **1**

II. Entstehungsgeschichte

Mit der Vergaberechtsreform im April 2016 wurde erstmalig eine eigene Vorschrift für **2** Nebenangebote in die VgV aufgenommen. In der EG VOL/A, die durch die VgV ersetzt worden ist, waren die Vorgaben an Nebenangebote nicht so detailliert geregelt. Als Vorgängervorschrift zu § 35 VgV enthielt § 9 Abs. 5 EG VOL/A allgemeinere Anforderungen.

So waren gemäß § 9 Abs. 5 S. 1 EG VOL/A Auftraggeber berechtigt, Nebenangebote zuzulassen. Fehlte in der Bekanntmachung oder in den Vergabeunterlagen eine entsprechende Angabe, waren Nebenangebote gemäß § 9 Abs. 5 S. 2 EG VOL/A nicht zugelassen. Sofern Auftraggeber Nebenangebote zugelassen haben, mussten nach § 9 Abs. 5 S. 3 EG VOL/A in der Bekanntmachung oder in den Vergabeunterlagen Mindestanforderungen festgelegt werden. § 35 VgV geht über diese Regelungen hinaus. Er enthält detailliertere Vorgaben zur Zulässigkeit von Nebenangeboten (Abs. 1) sowie zur Festlegung und Anwendung der Mindestanforderungen und Zuschlagskriterien (Abs. 2 und 3). Vollkommen **neu im Vergleich zur EG VOL/A** ist ferner die Möglichkeit für öffentliche Auftraggeber, **Nebenangebote verbindlich von den Bietern zu fordern.** Bis zur Vergaberechtsreform konnten die Bieter selbst entscheiden, ob sie Nebenangebote einreichen wollten oder nicht, sofern öffentliche Auftraggeber diese in einem Vergabeverfahren zugelassen hatten.

3   § 35 VgV ist die neue zentrale Vorschrift zum Umgang mit Nebenangeboten. Allerdings ist § 35 VgV nicht die einzige Vorschrift, die bei Nebenangeboten zu beachten ist. **Erstmalig gibt es nun auch eine Regelung im GWB.** Nach § 127 Abs. 4 S. 2 GWB sind Zuschlagskriterien so festzulegen, dass sie sowohl auf Haupt- als auch auf Nebenangebote anwendbar sind, sofern öffentliche Auftraggeber Nebenangebote zugelassen haben. Eine gleichlautende Regelung enthält § 35 Abs. 2 S. 2 VgV. Darüber hinaus finden sich Vorgaben zu Nebenangeboten in § 25 Abs. 3 S. 3 VgV (elektronische Auktionen), § 53 Abs. 7 S. 3 VgV (Form und Übermittlung der Interessensbekundungen, Interessensbestätigungen, Teilnahmeanträge und Angebote) und § 57 Abs. 1 Nr. 6, Abs. 2 VgV (Ausschluss von Interessenbekundungen, Interessenbestätigungen, Teilnahmeanträgen und Angeboten). Im Hinblick auf die Systematik unterscheidet sich die neue VgV mithin nicht wesentlich von der EG VOL/A: auch in letzterer waren die Vorschriften zu Nebenangeboten verstreut geregelt.

III. Rechtliche Vorgaben im EU-Recht

4   Mit § 35 VgV wird **Art. 45 der Richtlinie 2014/24/EU umgesetzt.** Dabei wird in der Richtlinie nicht der Begriff „Nebenangebot", sondern **„Variante"** verwendet. Inhaltliche Unterschiede ergeben sich hieraus jedoch nicht. § 35 VgV ist weitestgehend identisch mit Art. 45 der Richtlinie 2014/24/EU. Allerdings fehlt in § 35 Abs. 2 VgV die Feststellung des Art. 45 Abs. 2 der Richtlinie 2014/24/EU, dass öffentliche Auftraggeber anzugeben haben, ob Nebenangebote nur dann eingereicht werden dürfen, wenn zugleich ein Hauptangebot abgegeben wird. Diese Regelung findet sich lediglich in der Begründung zum Referentenentwurf der VgV wieder.[1] Gleichwohl haben öffentliche Auftraggeber § 35 VgV **richtlinienkonform anzuwenden** und Art. 45 Abs. 2 der Richtlinie 2014/24/EU zu beachten. Daher sollten sie eine entsprechende Klarstellung in die Bekanntmachung bzw. die Vergabeunterlagen aufnehmen, ob Nebenangebote nur dann zugelassen sind, wenn die Bieter auch ein Hauptangebot abgegeben haben. Weshalb diese Regelung des Art. 45 Abs. 2 der Richtlinie 2014/24/EU nicht in § 35 VgV aufgenommen worden ist, ist nicht nachvollziehbar. Eine entsprechende Ergänzung in § 35 VgV wäre jedenfalls sinnvoll.

5   Im Erwägungsgrund 48 der Richtlinie 2014/24/EU wird der Zweck von Nebenangeboten erwähnt: zur **Förderung von Innovation** sollen öffentliche Auftraggeber so oft wie möglich Varianten zulassen.[2] Mit der Entscheidung für Nebenangebote räumt der öffentliche Auftraggeber den Bietern in den von ihm festgelegten Grenzen Flexibilität bei der

---

[1] BT-Drs. 18/7318, 175.
[2] Ebenso die Begründung zum Referentenentwurf: BT-Drs. 18/7318, 174.

Angebotserstellung ein. Auf diese Weise kann der öffentliche Auftraggeber das besondere Know-how der Bieter nutzen, um die für ihn vorteilhafteste Lösung zu ermitteln. Daher bietet es sich vor allem beim **offenen und nicht offenen Verfahren** an, Nebenangebote zuzulassen bzw. zu fordern, weil bei diesen Verfahren jeweils Bieterverhandlungen unzulässig sind und somit nicht durch Verhandlungen das Know-how in das Verfahren eingebracht werden kann.[3]

B. Nebenangebote in der SektVO und der EU VOB/A

Eine mit § 35 VgV weitestgehend vergleichbare Regelung findet sich in **§ 33 SektVO.** 6 Wesentlicher Unterschied zwischen diesen beiden Vorschriften ist § 33 Abs. 2 S. 3 und 4 SektVO. Hiernach hat der Auftraggeber in der Bekanntmachung oder den Vergabeunterlagen anzugeben, ob ein Nebenangebot unabhängig oder nur in Verbindung mit einem Hauptangebot eingereicht werden darf; fehlt eine solche Angabe, sind Nebenangebote auch ohne Hauptangebote zugelassen (→ Rn. 4).

Nebenangebote sind zudem in **§ 8 Abs. 2 Nr. 3 EU VOB/A** geregelt. Auch in der 7 EU VOB/A ist – anders als in § 35 VgV – vorgesehen, dass der öffentliche Auftraggeber anzugeben hat, ob Nebenangebote *ausnahmsweise* nur in Verbindung mit einem Hauptangebot zugelassen sind. Im Übrigen entsprechen sich § 8 Abs. 2 Nr. 3 EU VOB/A und § 35 VgV. Naturgemäß fehlt in § 8 EU VOB/A eine mit § 35 Abs. 3 S. 2 VgV vergleichbare Regelung, da sich diese nur auf Liefer- und Dienstleistungen bezieht.

C. Definition

Ein Nebenangebot liegt vor, wenn die angebotene Leistung von der in den Vergabeun- 8 terlagen vorgesehenen Leistung **in technischer, wirtschaftlicher oder rechtlicher Hinsicht abweicht.**[4] Dabei kann der Bieter mit seinem Nebenangebot Abweichungen für einzelne Positionen oder auch für den gesamten vom öffentlichen Auftraggeber vorgesehenen Leistungsinhalt anbieten. Ein technisches Nebenangebot enthält eine abweichende Lösung von den technischen Vorgaben in den Vergabeunterlagen. Rechtliche Abweichungen betreffen in der Regel den in den Vergabeunterlagen enthaltenen Vertrag. Ein wirtschaftliches bzw. kaufmännisches Nebenangebot liegt unter anderem vor, wenn Preisnachlässe unter bestimmte Bedingungen – beispielsweise der Beauftragung beider Lose – gestellt werden.[5]

Damit stellen Nebenangebote eine Ausnahme zu dem Grundsatz dar, dass Änderungen 9 oder Ergänzungen an den Vergabeunterlagen unzulässig sind und nach § 57 Abs. 1 Nr. 4 VgV zwingend zum Verfahrensausschluss führen.[6] Eine weitere Besonderheit ist, dass sich durch die mit den Nebenangeboten eingebrachten individuellen Lösungen die Vergleichbarkeit der Angebote verringert. Doch werden diese Folgen gleichwohl hingenommen, damit öffentliche Auftraggeber die Möglichkeit haben, die Innovation der Bieter für sich nutzbar zu machen.

---

[3] *Conrad* ZfBR 2014, 342.
[4] OLG Düsseldorf 2.11.2011 – VII-Verg 22/11 = NZBau 2012, 194 (196); OLG Jena 21.9.2009 – 9 Verg 7/09 = BeckRS 2009, 86482.
[5] VK Niedersachsen 5.11.2010 – VgK-54/2010 = BeckRS 2011, 09164.
[6] Ausführlich zu zulässigen Abweichungen von technischen Spezifikationen im Hauptangebot sowie zur Abgrenzung von Nebenangeboten: *Willner* VergabeR 2014, 741.

D. Zulassen von Nebenangeboten und Verbindung zum Auftragsgegenstand (Abs. 1)

I. Zulassen von Nebenangeboten

10   Gemäß § 35 Abs. 1 S. 1 VgV *kann* der öffentliche Auftraggeber Nebenangebote in der Auftragsbekanntmachung oder in der Aufforderung zur Interessensbestätigung zulassen oder vorschreiben. Letztlich liegt es damit in seinem **Ermessen,** von dieser Möglichkeit Gebrauch zu machen. Ob diese Wahlmöglichkeit eingeschränkt ist, sollte der öffentliche Auftraggeber als einziges Zuschlagskriterium den Preis vorsehen, ist nicht abschließend geklärt.[7] Da er die Entscheidung für oder gegen Nebenangebote grundsätzlich frei treffen kann, muss er im Vergabevermerk weder dokumentieren, weshalb Nebenangebote (nicht) zugelassen werden, noch die Gründe, warum welche Mindestanforderungen aufgestellt werden.[8] Sofern sich der öffentliche Auftraggeber dafür entschieden hat, Nebenangebote zuzulassen, und dies entsprechend veröffentlicht hat, geben ihm die Regelungen des § 35 Abs. 2 und 3 VgV **verschiedene Pflichten** auf.[9] So muss er Mindestanforderungen für die Nebenangebote aufstellen und angeben, in welcher Art und Weise die Nebenangebote einzureichen sind. Außerdem muss er die Zuschlagskriterien so festlegen, dass sie sowohl auf Haupt- als auch auf Nebenangebote anwendbar sind. Ferner darf der öffentliche Auftraggeber nur solche Nebenangebote berücksichtigen, die die von ihm aufgestellten Mindestanforderungen erfüllen. Schließlich darf er Nebenangebote nicht deshalb ausschließen, weil es im Fall eines Zuschlags zu einem Dienstleistungs- anstelle eines Lieferauftrags bzw. zu einem Liefer- anstelle eines Dienstleistungsauftrags führen würde. Auf den Verfahrensablauf bezogen hat der öffentliche Auftraggeber vor Einleitung des Vergabeverfahrens zunächst Mindestanforderungen aufzustellen, zu bestimmen, wie Nebenangebote einzureichen sind und geeignete Zuschlagskriterien festzulegen. Nach Angebotsabgabe hat er die Nebenangebote zunächst auf die Einhaltung der Mindestanforderungen zu prüfen und bei einem positiven Ergebnis diese sodann anhand der Zuschlagskriterien gemeinsam mit den Hauptangeboten zu bewerten.

11   Der öffentliche Auftraggeber ist an seine Entscheidung bzw. Angabe in der Auftragsbekanntmachung, Nebenangebote zuzulassen oder nicht, **gebunden.** Fehlt in der Auftragsbekanntmachung bzw. in der Aufforderung zur Interessensbestätigung eine Angabe zur Zulässigkeit von Nebenangeboten, greift die **Fiktion des § 35 Abs. 1 S. 2 VgV:** Nebenangebote sind dann nicht zugelassen. Sofern der öffentliche Auftraggeber Nebenangebote zulässt und diese Entscheidung in der Auftragsbekanntmachung veröffentlicht hat, kann er von dieser Entscheidung grundsätzlich nicht mehr abrücken.[10] Sollte der öffentliche Auftraggeber während des Vergabeverfahrens seine Auffassung ändern und nachträglich doch noch Nebenangebote zulassen wollen, gibt es nur eine einzige **Korrekturmöglichkeit:** er muss die Auftragsbekanntmachung entsprechend berichtigen und die Frist zur Einreichung der Angebote bzw. Teilnahmeanträge erneut starten.[11]

12   Eine andere Auffassung vertritt das **OLG Düsseldorf.**[12] Ein **nachträgliches Zulassen von Nebenangeboten** in den Vergabeunterlagen sei als teilweise Zurückversetzung des Vergabeverfahrens zu werten und daher immer dann zulässig, wenn die Grundsätze der Gleichbehandlung aller Bieter und der Transparenz eingehalten sind. Dies sei allerdings nur

---

[7] → Rn. 26 ff.

[8] OLG München 2.8.2007 – Verg 7/07 = ZfBR 2007, 732 (734); OLG Koblenz 5.8.2002 – 1 Verg 2/02 = NZBau 2002, 699 (704).

[9] Kritisch zu der Entwicklung von neuen Pflichten für öffentliche Auftraggeber: *Luber* ZfBR 2014, 448.

[10] 2. VK Bund 5.6.2003 – VK 2–42/03.

[11] VK Sachsen 13.4.2005 – 1/SVK/018-05 = BeckRS 2006, 09231.

[12] OLG Düsseldorf 28.1.2015 – VII-Verg 31/14 = NZBau 2015, 503; ebenso: *Dicks* in KKMPP § 35 Rn. 10.

dann der Fall, wenn der öffentliche Auftraggeber diese Änderungen schriftlich in den Vergabeunterlagen niederlegt. Eine bloße mündliche Mitteilung genüge nicht. Diese Auffassung des OLG Düsseldorf überzeugt nicht. Denn ohne eine Korrektur der Auftragsbekanntmachung wird dem Transparenzgebot nicht umfassend Rechnung getragen: potentiellen Bietern, die auf Basis der Auftragsbekanntmachung ihre Entscheidung gegen eine Beteiligung an dem Vergabeverfahren getroffen haben, ist diese nachträgliche Änderung dann nicht bekannt.[13] Es kann nicht ausgeschlossen werden, dass Unternehmen sich an dem Verfahren beteiligt hätten, wenn sie von vornherein gewusst hätten, dass Nebenangebote zugelassen sind.

Für den Fall, dass der öffentliche Auftraggeber Nebenangebote zwar ausdrücklich zugelassen, **aber nicht die Voraussetzungen für deren Zulässigkeit geschaffen hat** (z. B. keine Festlegung von Mindestanforderungen), stellt sich die Frage, wie bzw. ob das **Vergabeverfahren fortgeführt werden kann.** Dabei ist zwischen zwei unterschiedlichen Situationen zu unterscheiden: Die erste Konstellation betrifft den Fall, dass der öffentliche Auftraggeber beabsichtigt, den Zuschlag auf ein (unzulässiges) Nebenangebot zu erteilen, und diese Entscheidung von einem unterlegenen Bieter angegriffen wird. In dem zweiten Fall wehrt sich der Bieter gegen die Entscheidung des öffentlichen Auftraggebers, den Zuschlag gerade nicht auf ein (unzulässiges) Nebenangebot zu erteilen bzw. dieses Nebenangebot auszuschließen. Das **OLG Düsseldorf** vertritt für die Frage nach der Fortführung des Vergabeverfahrens keine einheitliche Linie. In einem Fall hat der Vergabesenat dem öffentlichen Auftraggeber die Wahl überlassen, ob er das Vergabeverfahren unverändert fortsetzen will mit der Folge, dass er den Zuschlag nur auf ein Hauptangebot erteilen darf, oder ob er alternativ hierzu das Verfahren in den Stand vor Versand der Vergabeunterlagen zurückversetzt und die Mängel beseitigt, so dass die Voraussetzungen für das Zulassen von Nebenangebote geschaffen werden können.[14] Andererseits hat das **OLG Düsseldorf** auch schon als einzig zulässige Handlungsalternative anerkannt, dass der öffentliche Auftraggeber das Vergabeverfahren zurückversetzt.[15] Der öffentliche Auftraggeber solle dann entscheiden, ob er die Voraussetzungen für die Zulässigkeit von Nebenangeboten herbeiführt oder ob er auf das Zulassen von Nebenangeboten verzichtet. In jedem Fall sei die Zurückversetzung sowie die nochmalige Aufforderung zur Angebotserstellung auf Basis korrigierter Vergabeunterlagen erforderlich, da nicht ausgeschlossen werden könne, dass das Zulassen von Nebenangeboten auch Einfluss auf die Gestaltung der Hauptangebote hatte. Die letzte Vorgehensweise überzeugt. Um sich nicht der Gefahr weiterer Rügen auszusetzen, **sollte der öffentliche Auftraggeber in jedem Fall das Verfahren in den Stand vor Versand der Vergabeunterlagen zurückversetzen und die vorhandenen Mängel beseitigen.** Dabei kann er dann nochmals entscheiden, ob er Nebenangebote zulässt oder nicht. Nur so schafft der öffentliche Auftraggeber die Grundlage für ein beanstandungsfreies Vergabeverfahren, auch wenn dieser Verfahrensschritt mit erheblichen Zeitverzögerungen verbunden ist.

Durch die Vergaberechtsreform 2016 neu aufgenommen ist die Möglichkeit für öffentliche Auftraggeber, den **Bietern vorzuschreiben, Nebenangebote einzureichen.** Bislang stand es den Bietern frei, ob sie sich nur für die Abgabe eines Hauptangebots oder zusätzlich auch für die Abgabe eines Nebenangebots entscheiden. Ob es sich für Auftraggeber auszahlt, Bieter zur Abgabe von Nebenangeboten zu zwingen, ist zweifelhaft. Denn Zweck von Nebenangeboten soll sein, dass Bieter innovative Lösungsvorschläge anbieten. Ein **Zwang zur Innovation** dürfte eher kontraproduktiv sein und bei Bietern ggf. dazu führen, dass diese aufgrund des Zwangs sich entweder an dem Vergabeverfahren nicht beteiligen oder pro forma unattraktive Alibi-Nebenangebote vorlegen. Hinzu kommt, dass

13

14

---

13 Ebenso: VK Niedersachsen 22.8.2016 – VgK-32/2016 = BeckRS 2016, 19808.
14 OLG Düsseldorf 18.10.2010 – VII-Verg 39/10 = NZBau 2011, 57 (58).
15 OLG Düsseldorf 28.1.2015 – VII-Verg 31/14 = NZBau 2015, 503 (504); OLG Düsseldorf 2.11.2011 – VII-Verg 22/11 = NZBau 2012, 194 (197).

eine solche Pflicht zur Einreichung von Nebenangeboten auch einen Mehraufwand für den Auftraggeber mit sich bringt. So muss dieser alle eingereichten Nebenangebote – auch wenn diese inhaltlich unattraktive Alibi-Nebenangebote sein sollten – prüfen und bewerten. Damit dürfte der Mehrwert für den Auftraggeber, Bieter zur Abgabe von Nebenangeboten zu zwingen, überschaubar sein.

15   **Offen** lässt die VgV, wie mit Bietern umzugehen ist, die **trotz der zwingenden Vorgabe, Nebenangebote einzureichen, nur ein Hauptangebot abgeben.** Ein zwingender Ausschlussgrund ist für diesen Fall in § 57 VgV nicht vorgesehen. § 57 Abs. 1 Nr. 6 VgV bestimmt lediglich, dass nicht zugelassene Nebenangebote auszuschließen sind. Die Aufzählung der Ausschlussgründe in § 57 VgV wird trotz des Begriffs „insbesondere" als abschließend verstanden.[16] Das spricht dagegen, dass öffentliche Auftraggeber dies zum Anlass nehmen können, den Bieter vollständig vom Vergabeverfahren auszuschließen. **Aufgrund dieser Regelungslücke fehlt offenbar eine Sanktionsmöglichkeit** in der VgV für öffentliche Auftraggeber gegenüber Bietern, die der Pflicht zur Vorlage von Nebenangeboten nicht nachkommen. Dies ist ein weiteres Argument, das dagegen spricht, als öffentlicher Auftraggeber von dieser Möglichkeit Gebrauch zu machen; in der Praxis dürfte der Zwang zur Vorlage von Nebenangeboten mangels Sanktionsmöglichkeiten nicht umsetzbar sein.

II. Verbindung mit dem Auftragsgegenstand

16   § 35 Abs. 1 S. 3 VgV bestimmt, dass Nebenangebote mit dem Auftragsgegenstand in Verbindung stehen müssen. Die mit dem Nebenangebot verbundene Abweichung von der in den Vergabeunterlagen vorgesehenen Leistung darf also nicht so erheblich sein, dass der Auftraggeber im Zuschlagsfall letztlich eine ganz andere Leistung als ursprünglich ausgeschrieben beschaffen würde. Ähnlich wie bei den Verhandlungen in einem Verhandlungsverfahren dürfen die Abweichungen nicht die Identität des Beschaffungsgegenstandes ändern.[17] Ab wann ein Nebenangebot nicht mehr mit dem Auftragsgegenstand in einer Verbindung steht, **hängt vom Einzelfall ab** und muss daher von dem öffentlichen Auftraggeber für jede Ausschreibung gesondert geprüft werden.

17   Mit § 35 Abs. 1 S. 3 VgV ist es jedoch zumindest zu vereinbaren, wenn ein Nebenangebot den Zuschlag erhalten soll und hierdurch anstelle eines ursprünglich ausgeschriebenen Dienstleistungsvertrags ein Lieferauftrag geschlossen wird oder umgekehrt. Denn in diesem Fall ist das Nebenangebot nach § 35 Abs. 3 S. 2 VgV ausdrücklich nicht auszuschließen.

E. Mindestanforderungen, formale Vorgaben und Zuschlagskriterien (Abs. 2)

I. Mindestanforderungen

18   Entscheidet sich der öffentliche Auftraggeber dazu, Nebenangebote zuzulassen, ist er gemäß § 35 Abs. 2 S. 1 VgV dazu verpflichtet, Mindestanforderungen in den Vergabeunterlagen festzulegen.[18] Kommt er dieser Verpflichtung nicht nach, sind **Nebenangebote auszuschließen,** auch wenn sie nach den Vergabeunterlagen zugelassen sind.[19] Das Festle-

---

[16] → § 57 Rn. 10; *Dittmann* in KKMPP VgV § 57 Rn. 5.

[17] Vgl. zum Verhandlungsverfahren: OLG Dresden 3.12.2003 – WVerg 15/03 = NZBau 2005, 118 (119).

[18] Anders im Unterschwellenbereich, für den es diese Pflicht nicht gibt: BGH 10.5.2016 – X ZR 66/15 = NZBau 2016, 576 (577); BGH 30.8.2011 – X ZR 55/10 = ZfBR 2012, 25 (27); a. A. *Dicks* in KKMPP VgV § 35 Rn. 40.

[19] EuGH 16.10.2003 – C-421/01 = NZBau 2004, 279 (280).

gen von Mindestanforderungen ist für öffentliche Auftraggeber regelmäßig eine große Herausforderung. Denn eindeutige Leitlinien bzw. Vorgaben, wie Mindestanforderungen zu gestalten sind, enthält § 35 VgV nicht. Dies ist vielmehr eine **Frage des Einzelfalls:** die Mindestanforderungen müssen in Abhängigkeit von dem jeweiligen Auftragsinhalt bestimmt werden. Die Freiräume bei der Festlegung der Mindestanforderungen bieten dem öffentlichen Auftraggeber letztlich auch die Möglichkeit, den Inhalt der Nebenangebote in einem gewissen Maß nach seinen Vorstellungen zu steuern. Nach der **Rechtsprechung des BGH** müssen die Mindestanforderungen im Übrigen nicht so konkret definiert sein, dass eine Vergleichbarkeit mit dem Qualitätsstandard und den sonstigen Ausführungsmerkmalen der Vergabeunterlagen, insbesondere der Leistungsbeschreibung, gewährleistet ist; ebenso wenig müssen die Mindestanforderungen den Auftragsgegenstand in allen Aspekten und Details abschließend beschreiben.[20] Denn andernfalls hätten die Bieter keinen großen Spielraum mehr bei der Entwicklung von Nebenangeboten.

In jedem Fall muss der öffentliche Auftraggeber die Mindestanforderungen eingehend **19** erläutern; der bloße Hinweis auf nationale Rechtsvorschriften genügt hierzu nicht.[21] Gefordert sind **inhaltliche Minimalbedingungen.** Durch diese Vorgaben muss den Bietern klar sein, welchen Standard und welche wesentlichen Merkmale das Nebenangebot allgemein erfüllen muss.[22] Dabei sollte der öffentliche Auftraggeber die Mindestanforderungen auch eindeutig als solche kennzeichnen und diese hinreichend klar umschreiben, so dass jeder Bieter versteht, was mit der einzelnen Mindestanforderung gemeint ist. Nur so wird der öffentliche Auftraggeber dem vergaberechtlichen Transparenzgebot gerecht. Allerdings ist der öffentliche Auftraggeber nicht dazu verpflichtet, ein zweites Leistungsverzeichnis für die Nebenangebote zu erstellen. Denn damit würde er die Innovation, die durch die Nebenangebote gefördert werden soll, zu stark einschränken. Bei der Aufstellung der Mindestanforderungen sollte sich der öffentliche Auftraggeber letztlich an dem Ziel orientieren, dass durch diese Vorgaben ausschließlich für ihn annehmbare Nebenangebote eingereicht werden können. Dabei müssen die Mindestanforderungen so gestaltet sein, dass der öffentliche Auftraggeber eine nachvollziehbare objektive Prüfung der Nebenangebote anhand dieser Kriterien vornehmen kann.

Unklare oder missverständlich formulierte Mindestanforderungen sind **auszule- 20 gen.**[23] Maßstab ist hierbei nicht das individuelle Verständnis des konkret betroffenen Bieters. Vielmehr ist auf den allgemeinen **Maßstab des verständigen Bieters** abzustellen.[24] Sind die definierten Mindestanforderungen unklar, gilt der allgemeine Grundsatz, dass Unklarheiten in den Vergabeunterlagen nicht zu Lasten der Bieter gehen.[25] Demgemäß kann ein Bieter, der unklare oder widersprüchliche Mindestanforderungen in vertretbarer Weise ausgelegt und sein Nebenangebot auf dieser Basis erstellt hat, nicht mit der Begründung ausgeschlossen werden, sein Nebenangebot entspreche nicht den Mindestanforderungen.[26] Bei unklar formulierten bzw. widersprüchlichen Mindestanforderungen kommt stattdessen eine **Zurückversetzung des Vergabeverfahrens** in Betracht, so dass der öffentliche Auftraggeber die Unklarheiten bzw. Widersprüche beseitigen und die Bieter zu einer erneuten Angebotsabgabe auf Basis der korrigierten Vergabeunterlagen auffordern kann.[27] Nicht geeignet ist hingegen, nur die Hauptangebote zu bewerten und die Nebenangebote nicht zu berücksichtigen. Denn es kann nicht ausgeschlossen werden, dass die Bieter, wenn Nebenangebote nicht zugelassen gewesen wären, ihre Hauptangebote anders gestaltet bzw. kalkuliert hätten.[28]

---

[20] BGH 7.1.2014 – X ZB 15/13 = NZBau 2014, 185 (187).
[21] EuGH 16.10.2003 – C-421/01 = NZBau 2004, 279 (280).
[22] BGH 7.1.2014 – X ZB 15/13 = NZBau 2014, 185 (187).
[23] OLG Celle 3.6.2010 – 13 Verg 6/10 = BeckRS 2010, 16078.
[24] OLG Düsseldorf 19.5.2010 – VII-Verg 4/10 = BeckRS 2010, 14550.
[25] OLG Celle 3.6.2010 – 13 Verg 6/10 = BeckRS 2010, 16078. Vgl. allgemein: VK Bund 4.7.2011 – VK 2-61/11; OLG Jena 29.8.2008 – 9 Verg 5/08.
[26] OLG Celle 3.6.2010 – 13 Verg 6/10 = BeckRS 2010, 16078.
[27] VK Bund 8.1.2016 – VK 2-127/05 = ZfBR 2016, 303 (306).
[28] VK Bund 8.1.2016 – VK 2-127/05 = ZfBR 2016, 303 (305).

21   An die in den Vergabeunterlagen festgelegten Mindestanforderungen ist der öffentliche Auftraggeber **gebunden.**[29] Denn die Bieter müssen sich bei der Erstellung der Angebote bzw. Nebenangebote an den Mindestanforderungen orientieren. Daher ist eine nachträgliche Änderung aus Transparenz- und Gleichbehandlungsgründen nicht zulässig. Andernfalls könnte der öffentliche Auftraggeber das **Verfahren manipulieren** und bestimmten Bietern hierdurch einen Vorteil verschaffen.[30]

22   Sofern das eingereichte Nebenangebot die Mindestanforderungen erfüllt, wird es zur Bewertung zugelassen. Eine darüber hinaus gehende allgemeine **Gleichwertigkeitsprüfung** des Nebenangebotes mit Hauptangeboten gibt es nicht, da eine solche Prüfung nicht den Anforderungen an ein transparentes Verfahren entspricht.[31]

II. Formale Vorgaben

23   Zu unterscheiden von den inhaltlichen Mindestanforderungen sind die Angaben des öffentlichen Auftraggebers in den Vergabeunterlagen, **in welcher Art und Weise die Nebenangebote von den Bietern einzureichen** sind. Hierbei handelt es sich um rein formale Vorgaben. So kann der öffentliche Auftraggeber beispielsweise vorgeben, dass Nebenangebote **nur auf gesonderter Anlage einzureichen und als Nebenangebot zu kennzeichnen** sind. Letzteres sollte der öffentliche Auftraggeber immer den Bietern aufgeben, um der Formvorschrift des § 53 Abs. 7 S. 3 VgV zu entsprechen. Hiernach müssen Nebenangebote nämlich als solche gekennzeichnet werden.[32] Es wäre sinnvoll gewesen, in § 35 VgV eine Verweisung auf diese Formvorschrift zu ergänzen, damit klar ist, dass Nebenangebote immer diese Vorgabe einzuhalten haben. So kann § 53 Abs. 7 S. 3 VgV schnell übersehen werden.

24   § 35 VgV lässt offen, wie mit einem Nebenangebot umzugehen ist, das den formalen Vorgaben nicht entspricht. Jedoch ergibt sich aus § 57 Abs. 1 Nr. 1 VgV i.V.m. § 53 Abs. 7 S. 3 VgV, dass **Nebenangebote zwingend auszuschließen** sind, die nicht als solche gekennzeichnet sind.[33] Auch aus diesem Grund ist es wichtig, dass öffentliche Auftraggeber in den Vergabeunterlagen auf diese Kennzeichnungspflicht hinweisen, um (attraktive) Nebenangebote nicht unnötig aus Formgründen ausschließen zu müssen.

III. Festlegen von Zuschlagskriterien

25   § 35 Abs. 2 S. 2 VgV bestimmt, dass die Zuschlagskriterien nach § 127 Abs. 4 GWB so festzulegen sind, dass sie sowohl auf Haupt- als auch auf Nebenangebote anwendbar sind. Damit wiederholt § 35 Abs. 2 S. 2 VgV die Regelung des § 127 Abs. 4 S. 2 GWB.[34]

IV. Preis als einziges Zuschlagskriterium

26   § 35 Abs. 2 S. 3 VgV bestimmt, dass Nebenangebote auch zugelassen oder vorgeschrieben werden können, wenn der Preis oder die Kosten das alleinige Zuschlagskriterium sind. Dem ausdrücklichen Wortlaut zufolge wird hiermit ein Rechtsstreit beendet, der nicht nur die Vergabesenate, sondern auch den BGH beschäftigt hat: sind Nebenangebote zulässig, wenn der Preis das einzige Zuschlagskriterium ist?

---

[29] OLG Düsseldorf 27.4.2005 – VII-Verg 23/05 = BeckRS 2005, 05608.
[30] Vgl. zu Manipulationsmöglichkeiten für Projektanten: VK Lüneburg 13.5.2016 – VgK – 10/2016 = BeckRS 2016, 17220.
[31] BT-Drs. 18/7318, 174. BGH 7.1.2014 – X ZB 15/13 = NZBau 2014, 185 (187).
[32] → § 53 Rn. 52 ff.
[33] *Dittmann* in KKMPP VgV § 57 Rn. 15.
[34] Vgl. hierzu → § 127 GWB Rn. 141 ff.

1. Meinungsstreit und Divergenzvorlagen vor der Vergaberechtreform 2016

In der EG VOL/A gab es keine mit § 35 Abs. 2 S. 3 VgV vergleichbare Regelung. Al- **27** lein Art. 24 Abs. 1 der Richtlinie 2004/18/EG enthielt Vorgaben zum Zulassen von Nebenangeboten und zur Auswahl der Zuschlagskriterien: Hiernach konnten die öffentlichen Auftraggeber die Vorlage von Varianten (Nebenangeboten) bei solchen Aufträgen zulassen, die nach dem **Kriterium des wirtschaftlich günstigsten Angebots** vergeben werden. Da Art. 53 Abs. 1 der Richtlinie 2004/18/EG für die Zuschlagskriterien zwischen den Kategorien des wirtschaftlich günstigsten Angebots einerseits und dem niedrigsten Preis andererseits unterschied, hat das **OLG Düsseldorf** die Auffassung vertreten, dass das nationale Vergaberecht **richtlinienkonform** in dem Sinn **ausgelegt** werden müsse, dass Nebenangebote nur dann zugelassen werden können, wenn Zuschlagskriterium das wirtschaftlich günstigste Angebot ist.[35] Somit seien Nebenangebote generell unzulässig, wenn einziges Zuschlagskriterium der niedrigste Preis ist. **Anderer Auffassung war das OLG Schleswig,** das Nebenangebote unabhängig davon für zulässig hielt, welches Zuschlagskriterium der öffentliche Auftraggeber gewählt hat.[36] Das OLG Schleswig begründete seine Auffassung im Wesentlichen damit, dass kein ausdrücklicher Ausschluss von Nebenangeboten in der Richtlinie für den Fall enthalten sei, dass der Auftrag ausschließlich anhand des niedrigsten Preises vergeben werden soll. Im Übrigen sei der Begriff des wirtschaftlichsten Angebots als Oberbegriff für die beiden Alternativen des Art. 53 der Richtlinie 2004/18/EG – also des wirtschaftlich günstigsten Angebots sowie des niedrigsten Preises – zu verstehen. Zudem sei die Richtlinie offen für eine Vielfalt an Nebenangeboten, weil diese den Wettbewerb erweitern. Aufgrund dieser **Divergenz**[37] hat das OLG Düsseldorf die Frage, ob Nebenangebote auch dann zulässig sind, wenn einziges Zuschlagskriterium der niedrigste Preis ist, dem **BGH erstmals zur Entscheidung vorgelegt.**[38] Da die Beteiligten das Nachprüfungsverfahren jedoch für erledigt erklärten, konnte der BGH nur noch über die Kosten entscheiden.[39] Er nahm dieses Verfahren allerdings zum Anlass, um **Zweifel** an der Auffassung des OLG Düsseldorf zu äußern. Überdies ließ der BGH in seinem Beschluss erkennen, dass er in dieser Sache den **EuGH** um eine **Vorabentscheidung nach Art. 267 Abs. 3 AEUV** ersucht hätte.

Durch das **OLG Jena** kam es zu einer **zweiten Divergenzvorlage an den BGH.**[40] **28** Dabei schloss sich das OLG Jena der Meinung des OLG Düsseldorf an: Nebenangebote dürfen nur dann zugelassen werden, wenn nicht der Preis das einzige Zuschlagskriterium ist. Im Gegensatz zu seiner Ankündigung in seinem Beschluss vom 23.1.2013, den EuGH um eine Vorabentscheidung zu ersuchen,[41] entschied der BGH ohne eine solche Vorlage.[42] Wesentlicher Grund hierfür war, dass der **BGH diesen Rechtsstreit auf Grundlage des nationalen Vergaberechts** ohne Rückgriff auf die Bestimmungen der EU-Richtlinien entschied.[43] Nach seiner Auffassung steht das Zulassen von Nebenangeboten, wenn einziges Zuschlagskriterium der Preis ist, im Widerspruch zu dem vergaberechtlichen Wettbewerbsgrundsatz sowie zu dem Gebot des § 97 Abs. 5 GWB a. F., den Zuschlag auf das wirtschaftlichste Angebot zu erteilen. Denn andernfalls könnten die **qualitativen Unterschiede zwischen Haupt- und Nebenangebot** nicht berücksichtigt werden; eine wett-

---

[35] Zur EG VOB/A: OLG Düsseldorf 23.3.2010 – VII-Verg 61/09 = ZfBR 2011, 103; OLG Düsseldorf 9.3.2011 – VII-Verg 52/10 = BeckRS 2011, 08605. Zur SektVO: OLG Düsseldorf 18.10.2010 – VII-Verg 39/10 = ZfBR 2011, 206.
[36] OLG Schleswig 15.4.2011 – 1 Verg 10/10 = ZfBR 2011, 501 (504 ff.).
[37] Offen gelassen hat diesen Streitpunkt das OLG Brandenburg 17.5.2011 – Verg W 16/10 = BeckRS 2011, 22444. Vgl. zu diesem Streit auch *Kues/Kirch* NZBau 2011, 335 ff.
[38] OLG Düsseldorf 2.11.2011 – VII-Verg 22/11 = NZBau 2012, 194.
[39] BGH 23.1.2013 – X ZB 8/11 = NZBau 2013, 389.
[40] OLG Jena 16.9.2013 – 9 Verg 3/13 = ZfBR 2013, 824.
[41] BGH 23.1.2013 – X ZB 8/11 = NZBau 2013, 389 (391).
[42] BGH 7.1.2014 – X ZB 15/13 = NZBau 2014, 185.
[43] BGH 7.1.2014 – X ZB 15/13 = NZBau 2014, 185 (186).

bewerbskonforme Wertung sei nicht gewährleistet. Dies könne u. U. zu dem Ergebnis führen, dass der Zuschlag auf ein günstiges, den Mindestanforderungen entsprechendes Nebenangebot zu erteilen wäre, obwohl dieses Nebenangebot qualitativ erheblich schlechter als ein eingereichtes Hauptangebot sei.[44] Um dies zu verhindern, müssten aussagekräftige, auf den konkreten Auftrag bezogene Zuschlagskriterien gebildet werden.[45] Nur wenn Auftragsgegenstand **homogene Dienstleistungen** sind, **könne der Preis als einziges Zuschlagskriterium zulässig** sein.[46]

2. Kein Ende des Meinungsstreits nach der Vergaberechtsreform

29   Durch die Vergaberechtsreform hat sich die Gesetzeslage zur Festlegung von Zuschlagskriterien bei Nebenangeboten geändert. So bestimmt § 127 Abs. 4 S. 2 GWB erstmals, dass der öffentliche Auftraggeber, sofern er Nebenangebote zulässt, die Zuschlagskriterien so festzulegen hat, dass sie sowohl auf die Haupt- als auch auf die Nebenangebote passen. Diese Regelung wird in § 35 Abs. 2 S. 2 VgV wiederholt. Ergänzend wird in § 35 Abs. 2 S. 3 VgV klargestellt, dass Nebenangebote auch dann zulässig sind, wenn der Preis einziges Zuschlagskriterium ist. Diesen Vorschriften zufolge sind Nebenangebote nun – entgegen der vorgenannten Meinung des BGH – uneingeschränkt zulässig, auch wenn der Preis das einzige Zuschlagskriterium ist.

30   In der Richtlinie 2014/24/EU gibt es keine mit § 35 Abs. 2 S. 3 VgV vergleichbare Regelung. Nach Art. 45 Abs. 2 S. 2 der Richtlinie hat der Auftraggeber lediglich dafür zu sorgen, dass die gewählten Zuschlagskriterien sowohl auf Nebenangebote als auch auf Hauptangebote angewandt werden können. Damit bestand keine Verpflichtung, die Regelung des § 35 Abs. 2 S. 3 in die VgV aufzunehmen. Allerdings steht diese Vorschrift auch nicht im Widerspruch zur EU-Richtlinie, so dass § 35 Abs. 2 S. 3 VgV EU-richtlinienkonform ist. Denn aus Art. 45 Abs. 2 S. 2 der Richtlinie kann nicht abgeleitet werden, dass zwingend ausschließlich mehrere Zuschlagskriterien festgelegt werden müssen.[47] Vielmehr eröffnet die Richtlinie 2014/24/EU – und insbesondere Art. 45 Abs. 2 S. 2 i. V. m. Art. 67 Abs. 2 und Abs. 5 – den Mitgliedsstaaten einen Umsetzungsspielraum bei dieser Frage.[48]

31   Offenbar hat sich der Gesetz- und Verordnungsgeber im Rahmen dieser Wahlfreiheit bewusst dafür entschieden, Nebenangebote beim Preis als einziges Zuschlagskriterium uneingeschränkt zuzulassen, auch wenn dies nicht mit der Rechtsprechung des BGH übereinstimmt. Dies wird bei einem Blick in die Begründungen zu § 127 Abs. 4 S. 2 GWB und § 35 VgV deutlich: In der Begründung zu § 127 Abs. 4 S. 2 GWB wird festgestellt, dass gemäß Art. 45 Abs. 2 S. 2 i. V. m. Art. 67 Abs. 2 und Abs. 5 der Richtlinie 2014/24/EU auch bei Nebenangeboten das wirtschaftlich günstigste Angebot allein anhand des Preises ermittelt werden kann. Als Korrektiv sollen die Mindestanforderungen dienen.[49] In der Begründung zu § 35 VgV wird ebenfalls klargestellt, dass Nebenangebote auch dann zulässig sind und gewertet werden dürfen, wenn der Preis alleiniges Zuschlagskriterium ist. Unabhängig davon liege indes die Festlegung aussagekräftiger Zuschlagskriterien nahe, um einzuschätzen, ob ein preislich günstigeres Nebenangebot mit einem solchen Abstand hinter der Qualität des Hauptangebots zurückbleibe, dass es nicht mehr als wirtschaftlichstes Angebot bewertet werden könne. Sofern der Preis einziges Zuschlagskriterium sei, sollten die Mindestanforderungen besonders sorgfältig festgelegt werden.[50] Demgemäß richtet der Gesetz- bzw. Verordnungsgeber im Vergleich zu der Rechtsprechung des BGH keine so

[44] BGH 7.1.2014 – X ZB 15/13 = NZBau 2014, 185 (186); ausführlich zu der Argumentation des BGH: *Conrad* ZfBR 2014, 342 (343 f.); *Kirch* NZBau 2014, 212.
[45] BGH 7.1.2014 – X ZB 15/13 = NZBau 2014, 185 (187).
[46] BGH 7.1.2014 – X ZB 15/13 = NZBau 2014, 185 (188).
[47] Ebenso: *Conrad* ZfBR 2014, 342 (346). A. A.: *Stoye/ Plantiko* VergabeR 2015, 309 (311).
[48] So auch die Begründung zu § 127 Abs. 4 GWB: BT-Drs. 18/6281, 112 f. Ebenso OLG Düsseldorf 28.1.2015 – VII-Verg 31/14 = NZBau 2015, 503 (506).
[49] BT-Drs. 18/6281, 112 f.
[50] BT-Drs. 18/7318, 174 f.

hohen Vorgaben an den öffentlichen Auftraggeber für den Fall, dass der Preis das einzige Zuschlagskriterium ist. So ist nicht vorgesehen, dass der Preis als einziges Zuschlagskriterium nur in Ausnahmefällen zulässig ist. Die Festlegung von qualitativen Zuschlagskriterium wird nicht als grundsätzliche Pflicht des Auftraggebers formuliert.

Allerdings hat der BGH in seinem Beschluss vom Mai 2016[51] zu erkennen gegeben, dass **32** er seine Rechtsprechung zur Zulässigkeit von Nebenangeboten angesichts der Vergaberechtsreform 2016 nicht ohne weiteres aufgeben wird.[52] Trotz des eindeutigen Wortlauts würden diese neuen Bestimmungen nicht von der Beachtung der vergaberechtlichen Grundsätze des § 127 Abs. 1 GWB entbinden, dass der Zuschlag auf das wirtschaftlichste Angebot zu erteilen sei und dass sich das wirtschaftlichste Angebot nach dem besten Preis-Leistungsverhältnis ermittele. Nur wenn dies nach dem Auftragsgegenstand und den Vergabeunterlagen erreicht werden könne, dürfe der Preis einziges Zuschlagskriterium sein.[53] Dieser Meinung haben sich auch erste Stimmen in der Literatur angeschlossen.[54] Deren Argumentation überzeugt jedoch nicht. So wird sich in der Literatur weder mit der Regelung des § 35 Abs. 2 S. 2 VgV noch mit den Begründungen zu § 127 Abs. 4 S. 2 GWB und § 35 VgV auseinandergesetzt. Stattdessen wird pauschal behauptet, Art. 45 Abs. 2 S. 2 der Richtlinie 2014/24/EU, § 127 Abs. 4 S. 2 GWB sowie § 35 Abs. 2 VgV würden mit der Rechtsprechung des BGH übereinstimmen.[55]

Durch die Vergaberechtsreform hat sich der Streit um Nebenangebote und die Festle- **33** gung der Zuschlagskriterien also nicht erledigt.[56] Es ist weiterhin fraglich, ob gemäß der Rechtsprechung des BGH der Preis als einziges Zuschlagskriterium bei Nebenangeboten nur in Ausnahmefällen zugelassen werden darf, oder ob der öffentliche Auftraggeber immer die freie Wahl hat, welche Zuschlagskriterien er festlegt. Eine abschließende Entscheidung über diese Streitfrage sollte der EuGH treffen.[57]

F. Berücksichtigung von Nebenangeboten (Abs. 3)

Nach § 35 Abs. 3 S. 1 VgV berücksichtigt der öffentliche Auftraggeber nur diejenigen **34** Nebenangebote, **die die Mindestanforderungen erfüllen.** Wiederholt wird diese Vorgabe in § 57 Abs. 2 VgV, der die zwingenden Ausschlussgründe für Angebote, Teilnahmeanträge etc. regelt. Sofern ein Nebenangebot nicht alle festgelegten Mindestanforderungen erfüllt, ist es mithin **zwingend auszuschließen.**

Des Weiteren stellt § 35 Abs. 3 S. 2 VgV klar, dass es **kein Ausschlussgrund** für ein **35** Nebenangebot ist, wenn im Zuschlagsfall anstelle eines Dienstleistungsauftrags ein Lieferauftrag oder ein Dienstleistungsauftrag anstelle eines Lieferauftrags abgeschlossen werden würde. Ob es sich um einen Liefer- oder um einen Dienstleistungsauftrag handelt, richtet sich nach § 103 Abs. 2 und 4 GWB. Bei gemischten Verträgen richtet sich die Zuordnung nach § 110 GWB.

Die praktische Relevanz von § 35 Abs. 3 S. 2 VgV dürfte überschaubar sein. Jedenfalls **36** ist davon auszugehen, dass durch die Leistungsbeschreibung sowie die Festlegung der Min-

---

[51] BGH 10.5.2016 – X ZR 66/15 = NZBau 2016, 576. Dieser Beschluss betrifft eine Ausschreibung im Unterschwellenbereich.
[52] Offen gelassen hat der BGH die Frage, ob eine solche Pflicht zur Festlegung auch von qualitativen Zuschlagskriterien auch für den Unterschwellenbereich besteht: BGH 10.5.2016 – X ZR 66/15 = NZBau 2016, 577. Diese Pflicht bejaht *Dicks* in KKMPP VgV § 35 Rn. 40.
[53] BGH 10.5.2016 – X ZR 66/15 = NZBau 2016, 576. Ebenso VK Südbayern 6.2.2017 – Z 3-3-3194-1-50-12/16 = IBRRS 2017, 1456.
[54] *Dicks* VergabeR 2016, 309, (314); *ders.* in KKMPP VgV § 35 Rn. 30; *Dittmann* in KKMPP VgV § 57 Rn. 84; → *Opitz*, § 127 GWB Rn. 144.
[55] Ebenso: BGH 10.5.2016 – X ZR 66/15 = NZBau 2016, 576, der allerdings zumindest auf § 35 Abs. 2 S. 3 VgV Bezug nimmt.
[56] *Conrad* ZfBR 2014, 342 (346); *Dicks* VergabeR 2016, 309, (315).
[57] Ebenso: *Conrad* ZfBR 2014, 342 (346); *Stoye/Plantiko* VergabeR 2015, 309 (311).

destkriterien es eher unwahrscheinlich ist, dass die Bieter ausreichend Spielräume haben, um anstelle einer Liefer- eine Dienstleistung oder umgekehrt anzubieten.

G. Rechtsschutz

37   **§ 35 ist bieterschützend.** Dabei sind unterschiedliche Sachverhaltskonstellationen denkbar. So kann ein unterlegener Bieter die Entscheidung des öffentlichen Auftraggebers angreifen, den Zuschlag auf ein Nebenangebot zu erteilen, obwohl er Nebenangebote nicht zugelassen, keine Mindestanforderungen aufgestellt hat und/oder das Nebenangebot die aufgestellten Mindestanforderungen nicht erfüllt. Des Weiteren kommt in Betracht, dass ein unterlegener Bieter gegen die vermeintlich fehlerhafte Bewertung eines Nebenangebots vorgeht. Ebenso vorstellbar ist die Situation, dass ein öffentlicher Auftraggeber ein Nebenangebot zu Unrecht ausschließt. Gegen diese Entscheidung kann sich der Bieter, der das ausgeschlossene Nebenangebot eingereicht hat, zur Wehr setzen. Ferner könnte ein Bieter den Ausschluss seines Nebenangebots erfolgreich angreifen, sofern der öffentliche Auftraggeber diesen Ausschluss mit der Änderung des Auftrags von einem Liefer- in einen Dienstleistungsauftrag bzw. von einem Dienstleistungs- in einen Lieferauftrag begründet.

38   **Keine Rechtsschutzmöglichkeiten** haben Bieter im Hinblick auf die Entscheidung des öffentlichen Auftraggebers, Nebenangebote (nicht) zuzulassen oder vorzuschreiben. Hierbei handelt es sich um Entscheidungen, die im Gestaltungsbereich des öffentlichen Auftraggebers liegen. Bieter können den öffentlichen Auftraggeber also nicht dazu zwingen, Nebenangebote (nicht) zuzulassen bzw. vorzuschreiben. Ebenso wenig können sie vom öffentlichen Auftraggeber verlangen, bestimmte Mindestanforderungen an die Nebenangebote bzw. bestimmte Zuschlagskriterien aufzustellen.

39   Wenn der öffentliche Auftraggeber den **Preis als einziges Zuschlagskriterium** aufstellt, kann grundsätzlich unter Hinweis auf die Rechtsprechung des BGH auch diese Entscheidung angegriffen werden, sofern es sich nicht um homogene Leistungen handelt.[58] Jedoch kann einem solchen Angriff entgegen gehalten werden, dass weder die EU-Richtlinie 2014/24/EU noch § 35 Abs. 2 VgV oder § 127 Abs. 4 GWB diese Rechtsprechung des BGH aufgreifen. Zudem wird sowohl in der Begründung zu § 127 Abs. 4 GWB als auch in der Begründung zu § 35 VgV davon ausgegangen, dass Nebenangebote ohne weiteres auch dann zugelassen werden können, wenn der Preis einziges Zuschlagskriterium ist. Allerdings ist damit zu rechnen, dass die Vergabekammern bzw. Oberlandesgerichte sich weiterhin an der Rechtsprechung des BGH orientieren werden, so dass Nachprüfungsanträge gute Erfolgsaussichten haben dürften, wenn einziges Zuschlagskriterium der Preis ist und nicht ausnahmsweise homogene Leistungen ausgeschrieben worden bzw. nach den Vergabeunterlagen sog. „Abmagerungs-Nebenangebote"[59] nicht faktisch ausgeschlossen sind. Letztlich wird nur eine Entscheidung des EuGH diese Streitfrage abschließend beantworten können.

---

[58] BGH 7.1.2014 – X ZB 15/13 = NZBau 2014, 185 (188). → Rn. 28.
[59] Zu dem Begriff: *Dicks* VergabeR 2016, 309, (313).

§ 36 Unteraufträge

(1) Der öffentliche Auftraggeber kann Unternehmen in der Auftragsbekanntmachung oder den Vergabeunterlagen auffordern, bei Angebotsabgabe die Teile des Auftrags, die sie im Wege der Unterauftragsvergabe an Dritte zu vergeben beabsichtigen, sowie, falls zumutbar, die vorgesehenen Unterauftragnehmer zu benennen. Vor Zuschlagserteilung kann der öffentliche Auftraggeber von den Bietern, deren Angebote in die engere Wahl kommen, verlangen, die Unterauftragnehmer zu benennen und nachzuweisen, dass ihnen die erforderlichen Mittel dieser Unterauftragnehmer zur Verfügung stehen. Wenn ein Bewerber oder Bieter die Vergabe eines Teils des Auftrags an einen Dritten im Wege der Unterauftragsvergabe beabsichtigt und sich zugleich im Hinblick auf seine Leistungsfähigkeit gemäß den §§ 45 und 46 auf die Kapazitäten dieses Dritten beruft, ist auch § 47 anzuwenden.

(2) Die Haftung des Hauptauftragnehmers gegenüber dem öffentlichen Auftraggeber bleibt von Absatz 1 unberührt.

(3) Bei der Vergabe von Dienstleistungsaufträgen, die in einer Einrichtung des öffentlichen Auftraggebers unter dessen direkter Aufsicht zu erbringen sind, schreibt der öffentliche Auftraggeber in den Vertragsbedingungen vor, dass der Auftragnehmer spätestens bei Beginn der Auftragsführung die Namen, die Kontaktdaten und die gesetzlichen Vertreter seiner Unterauftragnehmer mitteilt und dass jede im Rahmen der Auftragsausführung eintretende Änderung auf der Ebene der Unterauftragnehmer mitzuteilen ist. Der öffentliche Auftraggeber kann die Mitteilungspflichten nach Satz 1 auch als Vertragsbedingungen bei der Vergabe anderer Dienstleistungsaufträge oder bei der Vergabe von Lieferaufträgen vorsehen. Des Weiteren können die Mitteilungspflichten auch auf Lieferanten, die an Dienstleistungsaufträgen beteiligt sind, sowie auf weitere Stufen in der Kette der Unterauftragnehmer ausgeweitet werden.

(4) Für Unterauftragnehmer aller Stufen gilt § 128 Absatz 1 des Gesetzes gegen Wettbewerbsbeschränkungen.

(5) Der öffentliche Auftraggeber überprüft vor der Erteilung des Zuschlags, ob Gründe für den Ausschluss des Unterauftragnehmers vorliegen. Bei Vorliegen zwingender Ausschlussgründe verlangt der öffentliche Auftraggeber die Ersetzung des Unterauftragnehmers. Bei Vorliegen fakultativer Ausschlussgründe kann der öffentliche Auftraggeber verlangen, dass dieser ersetzt wird. Der öffentliche Auftraggeber kann dem Bewerber oder Bieter dafür eine Frist setzen.

Übersicht

	Rn.			Rn.
A. Einführung	1		II. Austausch des Unterauftragnehmers	17
I. Literatur	1		III. Doppelbeteiligung im Vergabeverfahren	19
II. Entstehungsgeschichte	2			
III. Rechtliche Vorgaben im EU-Recht	3		F. Haftung des Hauptauftragnehmers (Abs. 2)	20
B. Unteraufträge in der SektVO, KonzVgV und der EU VOB/A	5		G. Mitteilungspflichten während der Auftragsausführung (Abs. 3)	21
C. Systematik des § 36 VgV und Abgrenzung	6		H. Anwendbarkeit des § 128 Abs. 1 GWB (Abs. 4)	24
D. Kein generelles Selbstausführungsgebot bzw. Fremdausführungsverbot	9		I. Ausschluss des Unterauftragnehmers (Abs. 5)	25
E. Auskunftsverlangen (Abs. 1)	12		J. Rechtsschutz	28
I. Gestuftes Auskunftsverlangen	12			

A. Einführung

I. Literatur

1   *Burgi,* Nachunternehmerschaft und wettbewerbliche Untervergabe, NZBau 2010, 593; *Conrad,* Die vergaberechtliche Unterscheidung zwischen Nachunternehmereinsatz und Eignungsleihe, VergabeR 2012, 15;
Rosenkötter/Bary, Eignungsleihe doch nur als Nachunternehmer? NZBau 2012, 486; *Stoye/Hoffmann,* Nachunternehmerbenennung und Verpflichtungserklärung im Lichte der neuesten BGH-Rechtsprechung und
der VOB/A 2009, VergabeR 2009, 569.

II. Entstehungsgeschichte

2   Mit der Vergaberechtsreform im April 2016 wurde erstmalig eine Vorschrift für Unteraufträge in die VgV aufgenommen. In der EG VOL/A, die durch die VgV ersetzt worden
ist, gab es keine Regelungen für Unteraufträge. Neben § 36 finden sich Vorgaben für Unteraufträge in § 8 Abs. 2 Nr. 5 VgV (Dokumentation und Vergabevermerk) sowie in § 46
Abs. 3 Nr. 10 VgV (Technische und berufliche Leistungsfähigkeit).

III. Rechtliche Vorgaben im EU-Recht

3   Mit § 36 VgV wird Art. 71 der Richtlinie 2014/24/EU umgesetzt. Weitergehende Ausführungen zu Unteraufträgen finden sich in Erwägungsgrund 105 wieder. Sie erläutern
näher die Bestimmungen des Art. 71 der Richtlinie 2014/24/EU.

4   § 36 VgV setzt allerdings Art. 71 der Richtlinie 2014/24/EU nicht vollständig um. Dies
gilt für die Absätze 3 und 7. Diese Vorschriften berechtigen die Mitgliedsstaaten vorzusehen, dass der öffentliche Auftraggeber auf Wunsch des Unterauftragnehmers fällige Zahlungen nicht an den Auftragnehmer, sondern unmittelbar an den Unterauftragnehmer entrichtet. Von dieser Berechtigung hat der Verordnungsgeber keinen Gebrauch gemacht und
in § 36 VgV auf die Möglichkeit einer **direkten Zahlung an Unterauftragnehmer** verzichtet.

B. Unteraufträge in der SektVO, KonzVgV und der EU VOB/A

5   Sowohl § 34 SektVO als auch § 33 KonzVgV enthalten mit § 36 VgV vergleichbare
Regelungen, die ebenfalls im Zuge der Vergaberechtsreform im April 2016 neu hinzugekommen sind. Einzig die EU VOB/A enthält keine vergleichbare Vorschrift. Hier gibt es
nur sehr rudimentäre Vorgaben zu Unteraufträgen in § 5 Abs. 2 Nr. 1 EU VOB/A (Losvergabe), § 6a Nr. 3i) EU VOB/A (Eignungsnachweise), § 8 Abs. 2 Nr. 2 EU VOB/A
(Vergabeunterlagen) und § 22 Abs. 2 Nr. 4 lit. c) EU VOB/A (Auftragsänderungen während der Vertragslaufzeit). Eine umfassende Regelung wie in der VgV, SektVO und
KonzVgV wäre allein schon aus Gründen der Harmonisierung und Vereinheitlichung des
Vergaberechts wünschenswert.

C. Systematik des § 36 VgV und Abgrenzung

6   Die Systematik des § 36 VgV weist eine Besonderheit auf. Grundsätzlich regelt die VgV
den Ablauf des Vergabeverfahrens. § 36 VgV enthält darüber hinaus in seinen Abs. 2, 3
und 4 Vorgaben für die Phase der Auftragsausführung, also für die Zeit nach Abschluss des

Vergabeverfahrens. Diese Besonderheit ist Art. 71 der Richtlinie 2014/24/EU geschuldet, der mit § 36 VgV umgesetzt wird und der vergleichbare Regelungen für die Phase der Auftragsausführung enthält.

Unterauftragnehmerleistungen (Subunternehmerleistungen, Nachunternehmerleistungen) sind **Tätigkeiten Dritter im Auftrag und auf Rechnung des Auftragnehmers**; es besteht kein unmittelbares Vertragsverhältnis zum Auftraggeber.[1] Der Auftragnehmer gibt einen Teil des Auftrags im eigenen Namen weiter, so dass er im Innenverhältnis zum Unterauftragnehmer selbst Auftraggeber ist.[2] Unterauftragnehmer können auch konzernverbundene Unternehmen des Bieters sein.[3] Abzugrenzen sind Unterauftragnehmerleistungen von reinen Hilfsleistungen wie beispielsweise Zulieferleistungen oder Gerätemiete.[4] Dabei kommt es vor allem auf die konkrete Leistungsbeschreibung an, um ermitteln zu können, ob eine Unterauftragnehmerleistung oder eine Hilfsleistung vorliegt. **7**

Abzugrenzen ist der Unterauftrag von der Eignungsleihe nach → § 47 VgV.[5] Bei der Eignungsleihe beruft sich ein Bieter auf die Eignung Dritter, ohne dass dieser zwingend zugleich auch einen Leistungsteil erbringen muss.[6] Der Begriff der Eignungsleihe ist somit weiter gefasst als derjenige des Unterauftrags.[7] So kann auch ein Lieferant dem Begriff der Eignungsleihe unterfallen.[8] **8**

D. Kein generelles Selbstausführungsgebot bzw. Fremdausführungsverbot

Grundsätzlich steht es den Bietern frei zu entscheiden, ob und in welchem Umfang sie Unterauftragnehmer im Auftragsfall einsetzen wollen. Dieses Recht kann durch den öffentlichen Auftraggeber in der Regel nicht eingeschränkt werden. Das Vergaberecht kennt also (bislang) **kein Selbstausführungsgebot bzw. Fremdausführungsverbot** des Bieters.[9] Solange der Bieter nachweisen kann, dass der Unterauftragnehmer die Leistungen im Zuschlagsfall übernimmt, darf er sich auf die Kapazitäten des Unterauftragnehmers stützen.[10] Die Möglichkeit der Unterauftragsvergabe soll für einen umfassenden Wettbewerb sorgen und auch kleinen und mittleren Unternehmen den Zugang zu öffentlichen Aufträgen eröffnen.[11] Demgemäß darf der öffentliche Auftraggeber auch keine Bedingungen vorgeben, die den Einsatz von Unterauftragnehmern einschränken.[12] Insbesondere ist es unzulässig, den Bietern vorzuschreiben, dass 25% der Leistungen von ihnen selbst zu erbringen sind.[13] **9**

Allerdings gelten die vorgenannten Grundsätze **nicht uneingeschränkt.** Liegen im Einzelfall außergewöhnliche Umstände vor, so dass die Zusammenfassung von Kapazitäten **10**

[1] OLG Düsseldorf 25.6.2014 – VII-Verg 38/13 = BeckRS 2014, 15908; OLG München 10.9.2009 – Verg 10/09 = BeckRS 2009, 27004; OLG Celle 5.7.2007 – 13 Verg 8/07 = ZfBR 2007, 706 (708); OLG Naumburg 26.1.2005 – 1 Verg 21/04 = BeckRS 2005, 01683.
[2] OLG Celle 5.7.2007 – 13 Verg 8/07 = ZfBR 2007, 706 (708); OLG Naumburg 26.1.2005 – 1 Verg 21/04 = BeckRS 2005, 01683.
[3] OLG Düsseldorf 30.6.2010 – VII-Verg 13/10 = NZBau 2011, 54 (55); OLG Düsseldorf 23.6.2010 – VII-Verg 18/10 = ZfBR 2010, 823 (824 f.).
[4] OLG Düsseldorf 25.6.2014 – VII-Verg 38/13 = BeckRS 2014, 15908; OLG Düsseldorf 27.10.2010 – VII-Verg 47/10 = BeckRS 2010, 27621; OLG München 10.9.2009 – Verg 10/09 = BeckRS 2009, 27004; OLG Naumburg 26.1.2005 – 1 Verg 21/04 = BeckRS 2005, 01683; *Burgi* NZBau 2010, 593, 594 f.
[5] → § 47 VgV Rn. 29 ff.
[6] BT-Drs. 18/7318, 175. Ausführlich zu der Unterscheidung Unterauftrag und Eignungsleihe: *Conrad* VergabeR 2012, 15; *Rosenkötter/Bary* NZBau 2012, 486.
[7] OLG Düsseldorf 25.6.2014 – VII-Verg 38/13 = BeckRS 2014, 15908.
[8] OLG Düsseldorf 25.6.2014 – VII-Verg 38/13 = BeckRS 2014, 15908.
[9] OLG Düsseldorf 10.12.2008 – Verg 51/08 = BeckRS 2009, 05995.
[10] EuGH 7.4.2016 – C-324/14 = NZBau 2016, 373 (374).
[11] EuGH 7.4.2016 – C-324/14 = NZBau 2016, 373 (374).
[12] EuGH 7.4.2016 – C-324/14 = NZBau 2016, 373 (376).
[13] EuGH 14.7.2016 – C-406/14 = NZBau 2016, 571.

nicht den Anforderungen des Auftrags genügen und sich damit nicht für eine Übertragung
auf einen Unterauftragnehmer eignen, kann eine Unterauftragsvergabe unzulässig sein.[14]

11   Darüber hinaus ist durch die Vergaberechtsreform im April 2016 für bestimmte Ausnahmefälle ein Selbstausführungsgebot eingeführt worden. So dürfen nach → § 47 Abs. 5
VgV öffentliche Auftraggeber vorgeben, dass bestimmte kritische Aufgaben vom Bieter
selbst zu erbringen sind.[15]

E. Auskunftsverlangen (Abs. 1)

I. Gestuftes Auskunftsverlangen

12   § 36 Abs. 1 VgV sieht ein **gestuftes Auskunftsverlangen** des öffentlichen Auftraggebers vor. So kann er von den Bietern gemäß Abs. 1 S. 1 verlangen, *mit Angebotsabgabe* anzugeben, welche Leistungsteile von einem Unterauftragnehmer erbracht werden sollen.
Nur wenn es ausnahmsweise zumutbar ist, kann schon in diesem Stadium verlangt werden,
die Unterauftragnehmer namentlich zu benennen. Bei der Frage der Zumutbarkeit sind die
Interessen des öffentlichen Auftraggebers und der Bieter zu berücksichtigen, wobei der
Bieter, der sich auf die Unzumutbarkeit beruft, die dafür maßgeblichen Umstände dartun
muss.[16] *Vor Zuschlagserteilung* ist der öffentliche Auftraggeber nach Abs. 1 S. 2 in jedem Fall
dazu berechtigt, von den Bietern, die in die engere Auswahl gekommen sind, zu verlangen,
die Unterauftragnehmer zu benennen und deren Eignung nachzuweisen.

13   Mit dem gestuften Auskunftsverlangen wird die **Rechtsprechung des BGH**[17] **übernommen.**[18] So hat der BGH festgestellt, es sei den Bietern zumutbar, schon mit Angebotsabgabe mitzuteilen, welche Leistungen von Unterauftragnehmern erbracht werden
sollen. Demgegenüber sei die Angabe des Namens des Unterauftragnehmers zu einem derart frühen Verfahrensstadium in der Regel eine unangemessene Belastung für die Bieter.
Daher sei diese Information erst zu einem späteren Zeitpunkt vom öffentlichen Auftraggeber zu fordern. Das OLG München[19] hat diese Rechtsprechung dahin gehend konkretisiert, dass die Bieter die Identität des Unterauftragnehmers bzw. die entsprechende Verpflichtungserklärung spätestens bis zu dem Zeitpunkt mitzuteilen bzw. vorzulegen haben,
in welchem der öffentliche Auftraggeber seine geplante Zuschlagserteilung treffen will.

14   An den Angaben zum Unterauftragnehmereinsatz hat der öffentliche Auftraggeber ein
berechtigtes Interesse; für die Auftragserfüllung kommen nur geeignete Unternehmer in
Betracht (→ § 122 GWB). Auch Unterauftragnehmer müssen für den von ihnen zu
erbringenden Leistungsteil den Eignungsanforderungen des öffentlichen Auftraggebers entsprechen.[20] Denn die ordnungsgemäße Auftragserfüllung hängt auch von den Unterauftragnehmern ab, die die Leistung tatsächlich erbringen. Der öffentliche Auftraggeber ist
demnach dazu berechtigt und zudem verpflichtet, vor Zuschlagserteilung ebenso die **Eignung der Unterauftragnehmer zu prüfen,**[21] auch wenn in § 36 Abs. 1 VgV nur die
Rede von der Benennung der Unterauftragnehmer sowie der Vorlage einer Verpflichtungserklärung durch die Unterauftragnehmer ist. Um diese Prüfung durchführen zu können, ist
der öffentliche Auftraggeber dazu berechtigt, vom Bieter auch Eignungsnachweise des Unterauftragnehmers zu fordern. Dabei sind an die Eignungsprüfung des Unterauftragnehmers

---

[14] EuGH 7.4.2016 – C-324/14 = NZBau 2016, 373 (375).
[15] → § 47 VgV Rn. 45 ff.
[16] BGH 3.4.2012 – X ZR 130/10 = NZBau 2012, 513 (515).
[17] BGH 10.6.2008 – X ZR 78/07 = NZBau 2008, 592. Ebenso: OLG Düsseldorf 25.6.2014 – VII-Verg
38/13 = BeckRS 2014, 15908; OLG München 22.1.2009 – Verg 26/08 = NJW-Spezial 2009, 238.
[18] Vgl. allgemein zu dieser Rechtsprechung *Stoye/Hoffmann* VergabeR 2009, 569.
[19] OLG München 22.1.2009 – Verg 26/08 = BeckRS 2009, 04246.
[20] OLG Düsseldorf 16.11.2011 – VII-Verg 60/11 = ZfBR 2012, 179 (181).
[21] EuGH 18.12.1997 – C-5/97 = BeckRS 2004, 77499; OLG München 22.1.2009 – Verg 26/08 =
BeckRS 2009, 04246.

– bezogen auf seinen Leistungsteil – dieselben Maßstäbe anzulegen wie bei der Eignungsprüfung des Bieters.[22] Etwaige Eignungsmängel auf Seiten des Unterauftragnehmers führen
dazu, dass letztlich der Bieter als ungeeignet zu werten ist,[23] es sei denn, es liegen zwingende oder fakultative Ausschlussgründe nach § 36 Abs. 5 VgV i. V. m. §§ 123, 124 GWB vor.
Dann hat der Bieter die Möglichkeit, diese Situation zu heilen und den Unterauftragnehmer zu ersetzen.[24]

Der öffentliche Auftraggeber ist dem Wortlaut des § 36 Abs. 1 VgV zufolge **nicht dazu** 15
verpflichtet, die Informationen zum Unterauftragnehmereinsatz von den Bie-
tern zu verlangen. Allerdings wird er von seinem Auskunftsrecht regelmäßig Gebrauch
machen bzw. Gebrauch machen müssen. Denn nur so kann er – sofern ein Unterauftragnehmereinsatz tatsächlich geplant ist – die Eignung des Unterauftragnehmers prüfen. Es ist
daher wichtig, in den Vergabeunterlagen und insbesondere auch in der EU-Bekanntmachung entsprechende Regelungen aufzunehmen. Nur so kann die erforderliche Transparenz geschaffen werden, so dass allen Bietern bewusst ist, welche Angaben zu einem etwaigen Unterauftragnehmereinsatz sie zu welchem Zeitpunkt des Verfahrens machen
müssen. Daher ist die Formulierung „kann" eher als eine Befugnis des öffentlichen Auftraggebers als eine Ermessensentscheidung zu verstehen.

§ 36 Abs. 1 S. 3 VgV regelt den Fall, dass der Bieter nicht nur einen Unterauftragneh- 16
mer einsetzen, sondern dass er sich zusätzlich auch dessen Eignung leihen will. Hierfür
stellt die Vorschrift klar, dass auch → § 47 VgV zu beachten ist.

II. Austausch des Unterauftragnehmers

Sofern Bieter Unterauftragnehmer benannt haben, ist ein **nachträglicher Austausch** 17
des Unterauftragnehmers im Vergabeverfahren **nicht zulässig.**[25] Dies gilt auch für den
Fall, dass nachträglich ein Unterauftragnehmer wegfällt oder hinzugenommen werden soll.
Denn dies wäre eine wesentliche und damit vergaberechtlich unzulässige Änderung des
Teilnahmeantrags bzw. des Angebots.[26] Da nach § 36 Abs. 1 S. 2 VgV der Bieter den Unterauftragnehmer jedoch erst kurz vor Zuschlagserteilung benennen soll, ist das Risiko einer nachträglichen Änderung im Vergabeverfahren eher gering.

Hiervon zu unterscheiden ist die Situation, dass **nach Zuschlagserteilung der Unter-** 18
auftragnehmereinsatz geändert werden soll. Dies kann im Einzelfall als eine wesentliche vergaberechtswidrige Vertragsänderung gewertet werden.[27] In diesem Fall wäre der
geänderte Vertrag nach § 135 Abs. 1 Nr. 2 GWB von Anfang an unwirksam. In der Regel
wird sich diese Frage jedoch nicht stellen, wenn die VOL/B mit einbezogen wird. Denn
§ 4 Nr. 4 VOL/B trifft Vorgaben für diesen Fall. Hinzu kommt, dass durch § 36 Abs. 3
VgV dem Auftragnehmer Mitteilungspflichten für den Unterauftragnehmerwechsel auferlegt werden können bzw. müssen.[28] Zudem ist es denkbar, in den abzuschließenden Vertrag
umfassende Regelungen zur Änderung oder Wechsel von Unterauftragnehmern entsprechend den Vorgaben von § 132 Abs. 2 S. 1 Nr. 1 GWB aufzunehmen.[29]

---

[22] OLG Düsseldorf 22.12.2004 – VII-Verg 81/04 = IBRRS 2005, 0143.
[23] OLG Düsseldorf 16.11.2011 – VII-Verg 60/11 = ZfBR 2012, 179 (181).
[24] → Rn. 22.
[25] OLG Düsseldorf 16.11.2011 – VII-Verg 60/11 = ZfBR 2012, 179 (181); OLG Düsseldorf 5.5.2004 –
VII-Verg 10/04 = NZBau 2004, 460.
[26] OLG Düsseldorf 5.5.2004 – VII-Verg 10/04 = NZBau 2004, 460.
[27] EuGH 13.4.2010 – C-91/08 = NZBau 2010, 382 (385).
[28] → Rn. 21 ff.
[29] → § 132 Rn. 45 ff.

III. Doppelbeteiligung im Vergabeverfahren

19   Doppelbeteiligungen durch Unterauftragnehmer an einem Vergabeverfahren sind **nicht generell unzulässig.** Dabei sind unterschiedliche Konstellationen von Doppelbeteiligungen denkbar: Ein Unternehmen beteiligt sich sowohl als Einzelbieter oder Mitglied einer Bietergemeinschaft als auch als Unterauftragnehmer eines anderen Bieters an dem Vergabeverfahren. Ebenso denkbar wäre es, dass zwei Bieter jeweils denselben Unterauftragnehmer benennen. In beiden Fällen ist ein Ausschluss der Bieter wegen dieser Doppelbeteiligung aufgrund eines **Verstoßes gegen den Geheimwettbewerb** nach § 97 Abs. 1 S. 1 GWB nicht per se gerechtfertigt. Denn ein Verstoß gegen den Geheimwettbewerb liegt nur dann vor, wenn beide Beteiligten jeweils das andere Angebot und insbesondere die andere Angebotskalkulation kennen.[30] Bei Unterauftragnehmern geht die Rechtsprechung grundsätzlich nicht davon aus, dass diese das Angebot des Bieters, für den sie als Unterauftragnehmer benannt werden, kennen.[31] Ein Verstoß gegen den Geheimwettbewerb wird nur dann angenommen, wenn weitere Tatsachen hinzukommen, die eine Kenntnis von dem Konkurrenzangebot annehmen lassen.[32]

F. Haftung des Hauptauftragnehmers (Abs. 2)

20   In § 36 Abs. 2 VgV wird klargestellt, dass der Bieter bzw. Hauptauftragnehmer gegenüber dem öffentlichen Auftraggeber uneingeschränkt haftet, auch wenn er Unterauftragnehmer einsetzen will. Für das Vergabeverfahren hat diese Regelung keine Bedeutung. Vielmehr betrifft sie die **Auftragsausführung,** also die Phase nach Zuschlagserteilung. Da nur der Auftragnehmer in einem vertraglichen Verhältnis zum öffentlichen Auftraggeber steht, haftet dieser naturgemäß uneingeschränkt bzw. für seine Unterauftragnehmer nach § 278 BGB.

G. Mitteilungspflichten während der Auftragsausführung (Abs. 3)

21   Auch die Regelung des § 36 Abs. 3 VgV richtet sich in erster Linie an die **Phase der Auftragsausführung nach Zuschlagserteilung.** Dabei dient diese Vorschrift der **Transparenz** hinsichtlich der eingesetzten Unterauftragnehmerkette und Lieferanten. Wenn der Auftragnehmer Dienstleistungen in der Einrichtung des öffentlichen Auftraggebers unter dessen direkter Aufsicht erbringt, hat der Auftragnehmer spätestens mit Leistungsbeginn Namen und Kontaktdaten der gesetzlichen Vertreter der Unterauftragnehmer mitzuteilen. Ebenso hat er etwaige Änderungen von Nachunternehmern während der Auftragsausführung dem öffentlichen Auftraggeber mitzuteilen. Diese Mitteilungspflicht muss der öffentliche Auftraggeber in seinen Vertragsbedingungen vorsehen. Erwägungsgrund 105 der Richtlinie 2014/24/EU sieht als mögliche Dienstleistungen i. S. v. § 36 Abs. 3 S. 1 VgV Dienstleistungen in oder an Gebäuden, Infrastruktur oder Arealen wie Rathäusern, städtischen Schulen, Sporteinrichtungen, Häfen oder Straßen vor.

22   Darüber hinaus ist der öffentliche Auftraggeber nach § 36 Abs. 3 S. 2 VgV dazu berechtigt, diese Mitteilungspflichten auch bei anderen Dienstleistungsaufträgen sowie bei Lieferaufträgen in seine Vertragsbedingungen aufzunehmen. Ferner steht es dem öffentlichen

---

[30] OLG Naumburg 2.8.2012 – 2 Verg 3/12 = BeckRS 2012, 21447.
[31] OLG Jena 29.8.2008 – 9 Verg 5/08; OLG Düsseldorf 9.4.2008 – VII-Verg 2/08 = BeckRS 2008, 07456; KG 13.3.2008 – 2 Verg 18/07 = NZBau 2008, 466 (468).
[32] OLG Naumburg 2.8.2012 – 2 Verg 3/12 = BeckRS 2012, 21447; OLG Düseldorf 13.4.2006 – VII-Verg 10/06 = NZBau 2006, 810.

Auftraggeber frei, dem Auftragnehmer diese Mitteilungspflichten auch für seine Lieferanten und Unter-Unterauftragnehmern etc. aufzuerlegen.

Öffentliche Auftraggeber sollen durch diese Mitteilungspflichten davor geschützt wer- 23 den, dass ihre Auftragnehmer in der Ausführungsphase unkontrolliert Unterauftragnehmer einsetzen bzw. wechseln. Vertragliche Sanktionsmöglichkeiten für den Fall, dass sich Auftragnehmer nicht an die Mitteilungspflicht halten, sieht § 36 Abs. 3 VgV nicht vor. Es steht dem öffentlichen Auftraggeber jedoch frei, entsprechende Regelungen in seine Vertragsbedingungen aufzunehmen.

H. Anwendbarkeit des § 128 Abs. 1 GWB (Abs. 4)

§ 36 Abs. 4 VgV stellt klar, dass § 128 Abs. 1 GWB auch für Unterauftragnehmer gilt. 24 Hiernach haben Unternehmen bei der Auftragsausführung alle für sie geltenden rechtlichen Verpflichtungen einzuhalten, insbesondere Steuern, Abgaben und Beiträge zur Sozialversicherung zu entrichten, die arbeitsschutzrechtlichen Regelungen einzuhalten und Mindestarbeitsbedingungen und den Mindestlohn zu gewähren.[33]

I. Ausschluss des Unterauftragnehmers (Abs. 5)

Während die Abs. 2, 3 und 4 die Auftragsausführung betreffen, macht Abs. 5 wiederum 25 Vorgaben für das Vergabeverfahren. Dabei knüpft Abs. 5 an den Zeitpunkt vor Zuschlagserteilung an, der auch für Abs. 1 S. 2 entscheidend ist. Während nach Abs. 1 S. 2 zu diesem Zeitpunkt die namentliche Benennung der Unterauftragnehmer und die Vorlage von Verpflichtungserklärungen von den Bietern gefordert werden können, bestimmt Abs. 5, dass der öffentliche Auftraggeber die Unterauftragnehmer auf mögliche Ausschlussgründe zu prüfen hat. Darüber hinaus hat er ebenso die Eignung der Unterauftragnehmer zu prüfen, auch wenn dies nicht in § 36 VgV ausdrücklich geregelt ist.[34]

Gemäß § 36 Abs. 5 VgV hat der öffentliche Auftraggeber vor Zuschlagserteilung 26 zu prüfen, ob Gründe für einen **zwingenden Ausschluss i. S. v. § 123 GWB**[35] oder für einen **fakultativen Ausschluss nach § 124 GWB**[36] vorliegen. Auch diese Vorschrift zeigt, dass das Prüfungsprogramm für Bieter und Unterauftragnehmer weitestgehend identisch ist.[37] Allerdings sind an das Vorliegen zwingender bzw. fakultativer Ausschlussgründe bei Unterauftragnehmern andere Rechtsfolgen geknüpft als bei Bietern. So fordert der öffentliche Auftraggeber eine Ersetzung des Unterauftragnehmers durch den Bieter, sollte ein zwingender Ausschlussgrund vorhanden sein. Der zwingende Ausschlussgrund schlägt sich also nicht auf den Bieter mit der Folge durch, dass auch er vom Verfahren auszuschließen ist. Gleiches gilt für den Fall, dass ein fakultativer Ausschlussgrund erfüllt ist. Dann steht es im **Ermessen** des öffentlichen Auftraggebers, ob er eine Auswechslung des Unterauftragnehmers verlangt. Nach anderer Ansicht steht diese Auswechslung nicht im Ermessen des öffentlichen Auftraggebers, weil Entscheidungen über die Eignung eines Unternehmens keine Ermessensentscheidungen seien.[38] Diese Auffassung überzeugt nicht. Zum einen gibt der Wortlaut des § 36 VgV sowie des Art. 71 Abs. 6 lit. b) der Richtlinie 2014/24/EU für eine solche Auslegung nichts her. Zum anderen wird verkannt, dass § 36 Abs. 5 VgV die Systematik von § 124 GWB aufgreift. Auch hier steht dem Auftraggeber

---

[33] → § 128 GWB Rn. 8 ff.
[34] → Rn. 14. Vgl. auch BT-Drs. 18/7318, 175 zu § 36 Abs. 5 VgV.
[35] → § 123 GWB Rn. 12 ff.
[36] → § 124 GWB Rn. 9 ff.
[37] → Rn. 14.
[38] A. A. *Dicks* in KKMPP § 35 Rn. 16.

ein Ermessensspielraum bei der Frage zu, ob der Ausschlussgrund erfüllt ist und ob der Bieter tatsächlich ausgeschlossen wird.[39] Nichts anderes gilt für § 36 Abs. 5 VgV.

27   Fordert der öffentliche Auftraggeber die Ersetzung eines Unterauftragnehmers, ist er nach § 36 Abs. 5 S. 2 VgV dazu berechtigt, dem Bieter eine **Frist für die Auswechslung** zu setzen. Die Fristlänge hat der öffentliche Auftraggeber selbst festzulegen. Hierbei hat er die Besonderheiten des jeweiligen Einzelfalls zu berücksichtigen; die Frist muss ausreichend lang sein, damit der Bieter in der Lage ist, ein anderes Unternehmen zu finden. Darüber hinaus lässt es die Vorschrift offen, wie mit einem Bieter zu verfahren ist, der dieser Aufforderung nicht oder nicht fristgerecht nachkommt. In diesem Fall ist der Bieter grundsätzlich **als ungeeignet auszuschließen,** da er zumindest für den Leistungsteil, der von dem Unterauftragnehmer erbracht wird, seine Eignung nicht nachgewiesen hat. In diesem Zusammenhang wird ferner vertreten, dass der Bieter den ausgeschiedenen Unterauftragnehmer durch sich selbst ersetzen und dabei ihm die Möglichkeit zum Nachweis seiner Eignung für alle Leistungsteile gegeben werden kann.[40]

J. Rechtsschutz

28   Nur **§ 36 Abs. 5 VgV** ist **bieterschützend.** Keinen Bieterschutz vermitteln eindeutig die Abs. 2, 3 und 4, weil sie die Phase nach Abschluss des Vergabeverfahrens betreffen. Aber auch Abs. 1 ist nicht bieterschützend. Denn diese Vorschrift begründet lediglich ein Informationsrecht des öffentlichen Auftraggebers. Wenn er sich dazu entschließt, von diesem Informationsrecht Gebrauch zu machen, dann muss er insofern alle Bieter gleichbehandeln und sein Auskunftsverlangen bekannt geben. Daher können Bieter allenfalls einen Verstoß gegen den Gleichbehandlungs- und/oder Transparenzgrundsatz geltend machen. Unterlegene Bieter können sich aber auf einen Verstoß gegen § 36 Abs. 5 VgV berufen, wenn ein Unterauftragnehmer trotz Vorliegens eines Ausschlussgrundes nicht ausgewechselt worden ist und damit der bestplatzierte Bieter seine Eignung nicht für alle Leistungsteile nachweisen kann. Ebenso denkbar ist, dass sich der bestplatzierte Bieter gegen die unrechtmäßige Aufforderung zum Austausch seines Unterauftragnehmers bzw. gegen seinen unrechtmäßigen Ausschluss vom Vergabeverfahren infolge einer nicht vorgenommenen Auswechslung zur Wehr setzt.

---

[39] BT-Drs. 18/6281, 104. Ebenso: → § 124 GWB Rn. 14 ff.; *Hausmann/von Hoff* in KKMPP § 124 Rn. 69; *Conrad* in Müller-Wrede, § 124 Rn. 202.

[40] *Dicks* in KKMPP § 36 Rn. 17.

Unterabschnitt 4: Veröffentlichungen, Transparent

§ 37 Auftragsbekanntmachung; Beschafferprofil

(1) Der öffentliche Auftraggeber teilt seine Absicht, einen öffentlichen Auftrag zu vergeben oder eine Rahmenvereinbarung abzuschließen, in einer Auftragsbekanntmachung mit. § 17 Absatz 5 und § 38 Absatz 4 bleiben unberührt.

(2) Die Auftragsbekanntmachung wird nach dem Muster gemäß Anhang II der Durchführungsverordnung (EU) 2015/1986 erstellt.

(3) Der öffentliche Auftraggeber benennt in der Auftragsbekanntmachung die Vergabekammer, an die sich die Unternehmen zur Nachprüfung geltend gemachter Vergabeverstöße wenden können.

(4) Der öffentliche Auftraggeber kann im Internet zusätzlich ein Beschafferprofil einrichten. Es enthält die Veröffentlichung von Vorinformationen, Angaben über geplante oder laufende Vergabeverfahren, über vergebene Aufträge oder aufgehobene Vergabeverfahren sowie alle sonstigen für die Auftragsvergabe relevanten Informationen wie zum Beispiel Kontaktstelle, Anschrift, E-Mail-Adresse, Telefon- und Telefaxnummer des öffentlichen Auftraggebers.

Übersicht

	Rn.			Rn.
A. Einführung	1		3. Abschnitt III: Rechtliche, wirtschaftliche, finanzielle und technische Angaben	53
I. Literatur	1		a) Befähigung zur Berufsausübung und Zuverlässigkeit	54
II. Entstehungsgeschichte	2		b) Eignung (Fachkunde und Leistungsfähigkeit)	55
III. Unionsrechtliche Vorgaben	7		c) Vorbehalt für Behindertenwerkstätten	62
B. Grundsatz der Bekanntmachung (Abs. 1)	11		d) Bedingungen für den Auftrag	63
I. Bekanntmachungspflicht	11		4. Abschnitt IV: Verfahren	66
II. Förmlicher Beginn des Vergabeverfahrens	15		5. Abschnitt VI: Weitere Angaben; Rechtsschutz	78
III. Auslegung der Bekanntmachung	16		a) Weitere Angaben zum Verfahren	79
IV. Bindungswirkung der Bekanntmachung	17		b) Angaben zum Rechtsschutz	82
V. Bieterschützender Charakter	18		III. Angabe der Vergabekammer (Abs. 3)	86
C. Form und Inhalt der Bekanntmachung (Abs. 2 und 3)	20		D. Berichtigung der Bekanntmachung	89
I. Verwendung des EU-Standardformulars	20		E. Beschafferprofil (Abs. 4)	93
II. Inhalt der Bekanntmachung	25		I. Begriff und Funktion	93
1. Abschnitt I: Öffentlicher Auftraggeber	27		II. Weitere Einzelheiten	96
2. Abschnitt II: Gegenstand des Auftrags	35			

A. Einführung

I. Literatur

Drügemöller, Elektronische Bekanntmachungen im Vergaberecht, NVwZ 2007, 177; *Höfler*, Transparenz bei **1** der Vergabe öffentlicher Aufträge, NZBau 2010, 73; *Kuhn*, Zur Pflicht der Benennung eines Schlusstermins für die Anforderung von Vergabeunterlagen in der Vergabebekanntmachung, VergabeR 2012, 21; *Kühnen*, Nochmals: Gewerbezentralregisterauszug und Vergabeverfahren, NZBau 2007, 767; *Lindenthal*, Erläuterungen zu den neuen Standardmustern für Veröffentlichungen im EU-Amtsblatt gemäß Verordnung EG/

1564/2005, VergabeR 2006, 1; *Ohlerich,* Auftragsbekanntmachungen und andere Ex-ante Veröffentlichungen, in Gabriel/Krohn/Neun (Hrsg.) Handbuch Vergaberecht, 2. Aufl. (2017), 701; *Prieß,* Handbuch des Europäischen Vergaberechts, 3. Aufl. 2005; *Schaller,* Dokumentations-, Informations-, Mitteilungs-, Melde- und Berichtspflichten im öffentlichen Auftragswesen, VergabeR 2007, 294; *Uwer/Hübschen,* Gewerbezentralregisterauszug und Vergabeverfahren: Zur Umgehung beschränkter Auskunftsansprüche öffentlicher Auftraggeber, NZBau 2007, 757.

II. Entstehungsgeschichte

2   § 37 beruht auf den **Bekanntmachungsvorschriften der VRL** (Rn. 7). Abs. 1 und 2 entsprechen im Wesentlichen dem früheren § 15 EG Abs. 1 VOL/A 2009. Die Neuregelung ist allerdings präziser formuliert als die Vorgängerregelung. Sie stellt den Kerninhalt, nämlich die **Pflicht zur EU-weiten Bekanntmachung beabsichtigter Auftragsvergaben als Aufruf zum Wettbewerb,** in den Vordergrund. Diese Pflicht wurde in der VOL/A 2009 zwar vorausgesetzt, aber nirgends explizit erwähnt. Die Bekanntmachungsvorschriften gehören zu den **Fundamenten des europäischen Vergaberechts** und finden sich in ähnlicher Form in sämtlichen Vorgängerregelungen der VOL/A-EG, der VOF und der VOB/A-EG.

3   Die **Terminologie** hat sich im Zuge der der Vergaberechtsmodernisierung 2016 jedoch geändert. § 37 spricht – ebenso wie Art. 49 VRL – von einer **„Auftragsbekanntmachung".** Das ist zu begrüßen, da der früher verwendete Begriff der „Bekanntmachung" mit Blick auf die weiteren Bekanntmachungsarten (insbesondere die Vorinformation und die Bekanntmachung vergebener Aufträge) zu Verwechslungen führen konnte.

4   Auch die **Struktur** der Bekanntmachungsvorschriften wurde im Rahmen der Vergaberechtsmodernisierung 2016 erheblich verändert. So wurden die vormals in § 15 EG VOL/A 2009 zusammengefassten Regelungen über Auftragsbekanntmachungen, Vorinformationen, Beschafferprofile und die Übermittlung der Bekanntmachungen an das Amt für Veröffentlichungen der EU auf drei separate Paragraphen (§§ 37, 38 und 40) verteilt. Die früher zwischen den Vorschriften über den Verfahrensabschluss platzierte Vorschrift über die Bekanntmachung vergebener Aufträge (vormals § 23 EG VOL/A 2009) wurde nunmehr in § 39 zwischen den übrigen Bekanntmachungsvorschriften eingereiht. Zudem ist in § 39 Abs. 5 eine Regelung über die Bekanntmachung von Auftragsänderungen nach § 132 Abs. 2 Nr. 2 und 3 GWB hinzugekommen.

5   Neu ist, dass die Verweisung in Abs. 2 auf das Standardformular in Anhang II DVO (EU) 2015/1986 nunmehr statisch ist; § 15 EG Abs. 1 VOL/A 2009 enthielt noch (wie auch in Art. 51 Abs. 1 VRL vorgesehen) eine dynamische Verweisung auf das Standardformular in der jeweils gültigen Fassung.

6   Die Verpflichtung in Abs. 3 zur Angabe der zuständigen Vergabekammer fand sich in ähnlicher Form bereits § 14 Abs. 1 VgV aF und § 15 EG Abs. 10 VOL/A 2009. Die Regelung in Abs. 4 zu den Beschafferprofilen geht im Wesentlichen auf § 15 EG Abs. 5 VOL/A 2009 zurück, mit kleineren Änderungen zur Umsetzung von Neuregelungen in Art. 48 VRL.

III. Unionsrechtliche Vorgaben

7   Die **Verpflichtung** zur Veröffentlichung einer **Auftragsbekanntmachung** gemäß Abs. 1 beruht auf Art. 49 Satz 1 VRL. Sie findet sich in ähnlicher Form in sämtlichen EU-Vergaberichtlinien seit der Bau-Koordinierungsrichtlinie 71/305/EWG. Art. 49 Satz 2 VRL regelt die **Mindestinhalte** und die **Art und Weise** der Bekanntmachung. Wegen der Mindestinhalte verweist die Richtlinienbestimmung auf die **Liste in Anhang V Teil C VRL;** bezüglich der Art und Weise der Bekanntmachung verweist sie auf Art. 51 Abs. 1 VRL, der die Nutzung der von der Kommission festgelegten **Standardformulare** anordnet (→ Rn. 20 ff.). Bei der Umsetzung wurde die Auflistung der Mindestinhalte in Anhang

V Teil C VRL allerdings übersprungen; § 37 Abs. 2 verweist stattdessen unmittelbar auf das EU-Standardformular in Anhang II DVO (EU) 2015/1986. Das entspricht im Ergebnis zwar weitestgehend den Vorgaben der Richtlinie. Durch die direkte Bezugnahme auf das Standardformular tritt allerdings ein wesentlicher Norminhalt in den Hintergrund, namentlich der Umstand, dass die in Anhang V Teil C VRL genannten Angaben **zwingend** sind. Das Standardformular setzt die Vorgaben des Anhang V Teil C VRL auch nicht hundertprozentig um (→ z. B. Rn. 57). Die Umsetzung ist insoweit nicht ganz geglückt.

Die Vorgabe zur Nutzung des Standardformulars weicht auch insoweit von der Richtli- **8** nie ab, als der zugrunde liegende Art. 51 Abs. 1 VRL dynamisch auf den jeweils gültigen Stand der von der Kommission festgelegten Formulare verweist. § 37 Abs. 2 verweist demgegenüber *statisch* auf das bei Erlass der Verordnung aktuelle Formular in Anhang II DVO (EU) 2015/1986. Das ist solange kein Problem, wie die Kommission die DVO nicht nach dem in Art. 89 Abs. 2 VRL vorgesehenen Verfahren ändert. Sollte es zu einer solchen Änderung kommen, müsste die Verweisung in Abs. 2 angepasst werden.

Die in Abs. 3 hervorgehobene Verpflichtung, die zuständige Vergabekammer anzuge- **9** ben, basiert auf Anhang V Teil C Nr. 25 VRL; die Regelung ist jedoch im Grunde redundant, weil sich die Pflicht zur Angabe der Vergabekammer auch aus Abschnitt VI.4 des gem. Abs. 2 zu verwendenden Standardformulars ergibt.

Die Regelung in Abs. 4 über die Einrichtung von Beschafferprofilen hat keine direkte **10** EU-rechtliche Grundlage. Allerdings werden Beschafferprofile in Art. 48 Abs. 1 und Art. 52 Abs. 3 VRL im Zusammenhang mit der nationalen Veröffentlichung von Vorinformationen erwähnt. Anhang V Teil A VRL enthält dazu eine verbindliche Aufzählung der Angaben, die in einer EU-weiten Bekanntmachung über die Veröffentlichung einer Vorinformation in einem Beschafferprofil enthalten sein müssen. Diese Vorgaben wurden allerdings nicht in Abs. 4, sondern in § 38 Abs. 2 Satz 2 umgesetzt (→ § 38 Rn. 27 ff.).

B. Grundsatz der Bekanntmachung (Abs. 1)

I. Bekanntmachungspflicht

Die **Auftragsbekanntmachung** iSv § 37 ist das **zentrale Instrument** für den **EU-** **11** **weiten Aufruf zum Wettbewerb.** Sie ist zugleich das wichtigste Mittel zur Herstellung **europaweiter Transparenz** über die Vergabe öffentlicher Aufträge und damit wesentliche **Grundlage des EU-weiten Wettbewerbs** um diese Aufträge. Die Bekanntmachungspflicht ist damit ein **Herzstück des EU-Vergaberechts.**

Für Auftraggeber ist die Veröffentlichung einer Auftragsbekanntmachung eine **vergabe-** **12** **rechtliche Kardinalpflicht.** Vergaben **ohne** vorherige Bekanntmachung sind die **absolute Ausnahme.** Abs. 1 Satz 2 verweist dazu allein auf den Fall eines Verhandlungsverfahrens ohne Teilnahmewettbewerb gem. § 17 Abs. 5 iVm § 14 Abs. 4. Der in Abs. 1 Satz 2 ebenfalls genannte Sonderfall des § 38 Abs. 4, wonach alternativ zu einer Auftragsbekanntmachung iSv § 37 auch eine Vorinformation nach § 38 als Aufruf zum Wettbewerb veröffentlicht werden kann, ist keine Ausnahme, sondern lediglich ein alternatives Instrument der EU-weiten Bekanntmachung (→ § 38 Rn. 45 und 49).

Sowohl die Bekanntmachungspflicht als solche als auch die nähere Ausgestaltung basie- **13** ren unmittelbar auf den Vorgaben der VRL (→ Rn. 7). Die Bekanntmachungspflicht konkretisiert die in § 97 Abs. 1 und 2 GWB verankerten Grundsätze des Wettbewerbs und der Transparenz. Die Grundsätze der Bekanntmachung haben sich seit den Anfängen der EU-Vergaberichtlinien im Jahr 1971[1] bzw. 1977[2] nur wenig geändert. Die Einzelheiten, insbesondere der technische Ablauf haben sich seither jedoch erheblich fortentwickelt, insbe-

---

[1] Bau-Koordinierungsrichtlinie 71/305/EWG.
[2] Liefer-Koordinierungsrichtlinie 77/62/EWG.

sondere durch Einführung einer EU-weiten elektronischen Bekanntmachungsplattform (TED) (→ § 40 Rn. 15) und von verbindlichen Bekanntmachungsmustern, den sog. Standardformularen (→ Rn. 20 ff.). Der Bekanntmachungsprozess wurde dadurch stark vereinfacht.

14   Die Veröffentlichung der Bekanntmachungen erfolgt durch das Amt für Veröffentlichungen der EU im (elektronischen) Supplement zum EU-Amtsblatt über die Online-Plattform **„Tenders Electronic Daily"** **(TED)** (→ § 40 Rn. 15). Der Auftraggeber ist lediglich verpflichtet, dem Amt für Veröffentlichungen die Bekanntmachung zu übermitteln. Eine Besonderheit der EU-Bekanntmachungen ist die Verwendung einer einheitlichen Nomenklatur, des Gemeinsamen Vokabulars für öffentliche Aufträge, für das sich auch in Deutschland die englische Bezeichnung **Common Procurement Vocabulary (CPV)** eingebürgert hat.[3] Das CPV ordnet jedem erfassten Auftragsgegenstand einen achtstelligen Zahlencode zu, der eine automatisierte EU-weite Recherche der Bekanntmachungen unabhängig von der jeweiligen Sprache ermöglicht (näher → Rn. 37).

II. Förmlicher Beginn des Vergabeverfahrens

15   Die Absendung der Auftragsbekanntmachung an das Amt für Veröffentlichungen der EU ist regelmäßig der erste Schritt, mit dem der Auftraggeber nach außen erkennbar mit der Durchführung des Verfahrens beginnt.[4] Sie markiert damit den förmlichen Beginn des Vergabeverfahrens.[5] Das gilt auch, wenn der Auftraggeber zuvor eine Vorinformation veröffentlicht hat. Zwar tritt der Auftraggeber in diesem Fall bereits mit der Vorinformation nach außen erkennbar mit dem Beschaffungsvorhaben hervor. Die Vorinformation dient jedoch sowohl begrifflich als auch der Sache nach lediglich der Vorbereitung und ist daher noch nicht Teil des eigentlichen Vergabeverfahrens.[6]

III. Auslegung der Bekanntmachung

16   Die Bekanntmachung ist im weiteren Sinne Teil der Vergabeunterlagen. Sie wird in § 29 zwar nicht ausdrücklich erwähnt, doch enthält sie – insoweit übereinstimmend mit der Definition in § 29 Abs. 1 – „Angaben, die erforderlich sind, um dem Bewerber oder Bieter die Entscheidung über die Teilnahme am Vergabeverfahren zu ermöglichen". Auch die Richtliniendefinition der „Auftragsunterlagen" in Art. 2 Nr. 13 VRL schließt die Bekanntmachung ausdrücklich mit ein. Nach der Rechtsprechung des Bundesgerichtshofs sind die Angaben in der Bekanntmachung nach den für die Auslegung von Willenserklärungen geltenden Grundsätzen (§§ 133, 157 BGB) auszulegen, wobei auf den objektiven Empfängerhorizont der potentiellen Bieter abzustellen ist.[7] Dabei kommt es auch auf den Zusammenhang an.[8] So sind zB Angaben zu den Eignungsanforderungen nicht deshalb

---

[3] Verordnung (EG) Nr. 213/2008 der Kommission vom 28. November 2007 zur Änderung der Verordnung (EG) Nr. 2195/2002 des Europäischen Parlaments und des Rates über das Gemeinsame Vokabular für öffentliche Aufträge (CPV) und der Vergaberichtlinien des Europäischen Parlaments und des Rates 2004/17/EG und 2004/18/EG im Hinblick auf die Überarbeitung des Vokabulars, ABl. L 74 v. 15.3.2008, 1.

[4] OLG München 12.11.2010 – Verg 21/10; *Ohlerich* in Gabriel/Krohn/Neun Handbuch Vergaberecht (2. Aufl. 2017) § 23 Rn. 7.

[5] *Ohlerich* in Gabriel/Krohn/Neun Handbuch Vergaberecht (2. Aufl. 2017) § 23 Rn. 7, unter Verweis auf OLG Düsseldorf 7.3.2012 – VII-Verg 82/11; 15.9.2010 – VII-Verg 16/10; VK Südbayern 26.11.2002 – 46-11/02.

[6] Veröffentlicht der Auftraggeber eine Vorinformation als Aufruf zum Wettbewerb iSv § 38 Abs. 4, entfällt eine spätere Auftragsbekanntmachung. In diesem Fall beginnt das förmliche Vergabeverfahren mit der Aufforderung der Interessenten zur Interessensbestätigung (→ § 38 Rn. 58).

[7] BGH 7.1.2014 – X ZB 15/13 Rn. 31, unter Verweis auf BGH 20.11.2012 – X ZR 108/10 Rn. 9 und BGH 15.1.2013 – X ZR 155/10, Rn. 9.

[8] *Schwabe* in Müller-Wrede VgV/UVgO § 37 VgV Rn. 6.

unbeachtlich, weil sie in der Bekanntmachung fälschlicherweise unter einer benachbarten Gliederungsziffer veröffentlicht werden.[9]

IV. Bindungswirkung der Bekanntmachung

Die Angaben in der Bekanntmachung sind **für den Auftraggeber bindend.**[10] Der **17** Auftraggeber muss das Vergabeverfahren im Einklang mit den bekanntgemachten Vorgaben durchführen. Insbesondere darf er in den Vergabeunterlagen weder strengere Anforderungen oder Bedingungen einführen noch auf bekanntmachte Anforderungen verzichten.[11] Die Rechtsprechung hält nachträglich aufgestellte Anforderungen zumindest dann regelmäßig für unwirksam, wenn die materiellen Vergabevorschriften eine Veröffentlichung bereits in der Bekanntmachung verlangen, wie zB § 122 Abs. 4 GWB für die Eignungsnachweise.[12] Richtigerweise sind darüber hinaus auch solche Angaben in der Auftragsbekanntmachung abschließend, deren Veröffentlichungspflicht sich ausschließlich aus den Bekanntmachungsvorschriften selbst, d. h. § 37 Abs. 1 und 2 iVm dem Standardformular ergibt. Auch insoweit ist der Auftraggeber gehindert, in Bezug auf Punkte, die zwingend in der Auftragsbekanntmachung enthalten sein müssen, in den Vergabeunterlagen weitergehende oder strengere Anforderungen oder Bedingungen zu stellen, oder weitergehende Vorbehalte zu machen, als er in der Bekanntmachung veröffentlicht hat. Das gilt beispielsweise für etwaige Verlängerungs- und andere Optionen (→ Rn. 46 und 49). Die Möglichkeit des Auftraggebers, Fehler oder Lücken in der Auftragsbekanntmachung durch **Veröffentlichung einer Korrekturbekanntmachung** zu berichtigen (→ Rn. 89 ff.), bleibt davon allerdings unberührt.

V. Bieterschützender Charakter

Die **Bekanntmachungspflicht** ist **bieterschützend.**[13] Das gilt insbesondere für den **18** Fall, dass der Auftraggeber eine Auftragsbekanntmachung ganz unterlässt, ohne dass die Voraussetzungen eines Verhandlungsverfahrens ohne Teilnahmewettbewerb nach § 17 Abs. 5 iVm § 14 Abs. 4 vorliegen; in diesem Fall können Unternehmen, die nicht in das Verfahren einbezogen wurden, gem. § 135 GWB sogar noch nach dem Zuschlag die Unwirksamkeit des Vertrags geltend machen.[14]

Auch die Regelungen über den **Mindestinhalt der Bekanntmachungen** sind bieter- **19** schützend. Die Bieter haben einen Anspruch darauf, dass die Angaben in der Auftragsbekanntmachung vollständig sind. Die Unvollständigkeit der Auftragsbekanntmachung wird allerdings kaum je isoliert ein Grund zur Nachprüfung sein können. Denn ein solcher Verstoß wird typischerweise spätestens durch die Vergabeunterlagen, die die fehlenden Angaben enthalten, wieder geheilt, so dass es jedenfalls an einem Schaden fehlt. Die Pflicht, in den Bekanntmachungen alle vorgesehenen Einzelheiten anzugeben, wird aber dann im Rahmen einer Nachprüfung relevant, wenn der Auftraggeber **nachträglich Anforderungen aufstellt** oder Bedingungen einführt, die er zwingend bereits in der Be-

---

[9] BGH 7.1.2014 – X ZB 15/13 Rn. 31.
[10] OLG Düsseldorf 12.12.2007 – VII-Verg 34/07; OLG Celle 31.7.2008 – 13 Verg 3/08; ähnlich OLG Jena 21.9.2009 – 9 Verg 7/09. Ebenso *Schwabe* in Müller-Wrede VgV/UVgO, § 37 VgV Rn. 5.
[11] VK Rheinland-Pfalz 3.6.2013 – VK 2–10/13.
[12] OLG Düsseldorf 23.6.2010 – VII-Verg 18/10; OLG Düsseldorf 4.6.2008 – VII-Verg 21/08; OLG Düsseldorf 12.12.2007 – VII-Verg 34/07; OLG Düsseldorf 2.5.2007 – VII-Verg 1/07; OLG Jena 21.9.2009 – 9 Verg 7/09. Auch die Modalitäten der Losaufteilung und eine Zulassung von Nebenangeboten sind gem. § 30 Abs. 2 und 3 bzw. § 35 Abs. 1 bereits in der Auftragsbekanntmachung anzugeben
[13] *Rechten* in KKMPP, VgV, § 37 Rn. 10; *Ohlerich* in Gabriel/Krohn/Neun Handbuch Vergaberecht (2. Aufl. 2017) § 23 Rn. 46.
[14] *Ohlerich* in Gabriel/Krohn/Neun Handbuch Vergaberecht (2. Aufl. 2017) § 23 Rn. 47.

kanntmachung **hätte veröffentlichen müssen,** oder anderweitig von den Angaben in der Bekanntmachung abweicht. Bieter können sich in diesem Fall darauf berufen, dass der Auftraggeber die Anforderungen bzw. das Vorgehen hätte bekannt machen müssen.

C. Form und Inhalt der Bekanntmachung (Abs. 2 und 3)

I. Verwendung des EU-Standardformulars

20   Abs. 2 schreibt vor, dass die Auftragsbekanntmachung nach dem Muster gemäß Anhang II der DVO (EU) Nr. 2015/1986 erstellt wird. Bei diesem Muster handelt es sich um das sog. **EU-Standardformular „Auftragsbekanntmachung".** Rechtsgrundlage ist Art. 51 Abs. 1 VRL, der der Kommission die Befugnis gibt, **Standardformulare** für die in der VRL vorgesehenen **EU-weiten Bekanntmachungen** vorzugeben. Die Festlegung erfolgt mittels Durchführungsrechtsakten; aktueller Durchführungsrechtsakt ist die DVO (EU) Nr. 2015/1986.[15] Unionsrechtlich ergibt sich der Mindestinhalt der Auftragsbekanntmachung strenggenommen nicht aus dem Standardformular, sondern gem. Art. 49 Satz 2 VRL aus **Anhang V Teil C VRL.** Die Standardformulare müssen gemäß Art. 51 Abs. 1 VRL jedoch die in Anhang V der Richtlinie genannten Angaben vorsehen. Füllt der Auftraggeber das Standardformular vollständig aus, hat er somit grundsätzlich Gewissheit, dass die Bekanntmachung alle notwendigen Angaben enthält.[16] Abs. 2 ordnet aus diesem Grund direkt die Verwendung des Standardformulars an.

21   In der Praxis werden die Standardformulare aus Anhang II der DVO (EU) Nr. 2015/1986 in der dort wiedergegebenen Aufmachung allerdings nicht mehr verwendet. Das Amt für Veröffentlichungen der EU, das die Bekanntmachungen im (elektronischen) Supplement zum EU-Amtsblatt auf der Online-Plattform „Tenders Electronic Daily", kurz **TED** veröffentlicht, akzeptiert Bekanntmachungen seit längerem nur noch in elektronischer Form. Die Bekanntmachung sind entweder über die auf dem Simap-Portal (www.simap. eu) bereitgestellte Online-Anwendung eNOTICES oder mittels der sog. TED-e-Sender-Funktion zu übermitteln (→ § 40 Rn. 11 ff.). Die Eingabe der Bekanntmachungstexte erfolgt daher nur noch über Online-Eingabemasken (eNOTICES) oder per XML-Datei (TED-e-Sender). Die Eingabemasken enthalten inhaltlich die gleichen Abfragen wie die Standardformulare, sind teilweise jedoch anders aufgemacht. Insbesondere stimmen die Eingabe-Aufforderungstexte nicht vollständig mit den Rubriktexten der Standardformulare überein. Die in der DVO (EU) Nr. 2015/1986 abgedruckten Standardformulare spielen daher praktisch nur noch für Referenzzwecke eine Rolle.

22   Das Formular kann gemäß Art. 51 Abs. 3 Satz 1 VRL **in jeder vom Auftraggeber gewählten Amtssprache der EU** ausgefüllt werden. Für deutsche öffentliche Auftraggeber gilt zwar der Verwaltungsgrundsatz, dass die **Amtssprache deutsch ist.**[17] Das Vergabeverfahren ist jedoch kein förmliches Verwaltungsverfahren im verwaltungsrechtlichen Sinne. Jedenfalls wird der Amtssprachengrundsatz im Anwendungsbereich des EU-Vergaberechts durch das von Art. 51 Abs. 3 Satz 1 VRL eröffnete Wahlrecht – das im deutschen Recht bezeichnenderweise nicht umgesetzt wurde – verdrängt. In Einzelfällen kann es auch ein praktisches Bedürfnis geben, die Bekanntmachung (auch) in anderen Sprachen zu veröffentlichen, um einen internationalen Wettbewerb herzustellen.

---

[15] Durchführungsverordnung (EU) 2015/1986 der Kommission v. 11. November 2015 zur Einführung von Standardformularen für die Veröffentlichung von Vergabebekanntmachungen für öffentliche Aufträge und zur Aufhebung der Durchführungsverordnung (EU) Nr. 842/2011, ABl. L 196 v. 12.11.2015, 1.

[16] Allerdings sehen die Standardformulare teilweise Angaben vor, die über die Mindestinhalte gem. Anhang V VRL hinausgehen. Zudem gibt es einige Punkte, in denen die Standardformulare die Vorgaben des Anhangs V VRL nicht vollständig umsetzen; siehe zB unten Rn. 57.

[17] § 23 Abs. 1 VwVfG sowie die Parallelvorschriften der Länder.

Von besonderer Bedeutung ist daher die durch Art. 53 Abs. 3 Satz 1 VRL **neu geschaf-** 23
fene Möglichkeit, die **Bekanntmachung in mehreren Originalsprachen** zu erstellen.
Nach altem Recht konnte eine Bekanntmachung immer nur in *einer* Originalsprache erstellt und veröffentlicht werden; in den anderen Sprachen wurde nur eine Zusammenfassung veröffentlicht.[18] Der Auftraggeber musste sich also zwischen Deutsch und ggf. einer
anderen Sprache entscheiden. Art. 51 Abs. 3 VRL sieht demgegenüber nunmehr vor, dass
die Bekanntmachung auch in mehreren Originalsprachen erstellt werden kann und in diesen Sprachen auch vollständig veröffentlicht wird. Auftraggeber, die gezielt (auch) ausländische Bieter ansprechen wollen, können die Bekanntmachung somit nunmehr **sowohl auf**
Deutsch als auch auf Englisch erstellen und vollständig im EU-Amtsblatt veröffentlichen lassen. Leider wurde diese Neuerung in der VgV nicht umgesetzt (→ § 40 Rn. 14).
Für Auftraggeber wird der EU-rechtliche Spielraum daher nicht deutlich.

Für die Bekanntmachung von **sozialen und anderen besonderen Dienstleistungen** 24
iSv § 130 Abs. 1 GWB gelten gem. § 66 gesonderte Bekanntmachungsvorschriften. Insbesondere ist gem. § 66 Abs. 4 iVm Anhang VIII DVO (EU) Nr. 2015/1986 ein **eigenes**
Bekanntmachungsformular zu verwenden.

II. Inhalt der Bekanntmachung

Der Inhalt der Auftragsbekanntmachung ergibt sich dem **Standardformular** in Anhang 25
II der DVO (EU) Nr. 2015/1986 (→ Rn. 20 ff.). Die in dem Formular vorgesehenen **An-**
gaben sind grundsätzlich zwingend, dh. das Formular ist **vollständig auszufüllen.**
Das ergibt sich daraus, dass das Standardformular die unionsrechtlichen Vorgaben zum
Mindestinhalt der Auftragsbekanntmachung nach Anhang V Teil C VRL konkretisiert. Die
vereinzelt anzutreffende Praxis, einzelne Felder unausgefüllt zu lassen und die jeweiligen
Angaben erst in den Vergabeunterlagen zu machen, ist grundsätzlich unzulässig. Anders
verhält es sich nur, wenn eine Angabe im konkreten Fall entfällt oder nicht zwingend ist.
Diese Fälle sind im Formular typischerweise durch Text- oder Fußnotenzusätze (etwa „falls
zutreffend") kenntlich gemacht. Über das eNOTICES-Eingabeportal wird mittlerweile
auch durch technische Mittel eine vollständige Ausfüllung des Formular weitgehend sichergestellt (indem das System bei unausgefüllten Abschnitten eine Fehlermeldung generiert und die Bekanntmachung nicht annimmt).

Das Standardformular enthält fünf Abschnitte mit den Nummern I. bis IV. und VI.[19] Die 26
folgende Darstellung der Einzelheiten orientiert sich am Aufbau des Formulars. Die Angaben sind zum großen Teil selbsterklärend. Die Darstellung konzentriert sich daher auf
Punkte, die in der Praxis häufiger zu Fragen führen.

1. Abschnitt I: Öffentlicher Auftraggeber

In Abschnitt I sind Angaben zum **Auftraggeber** zu machen. Unter I.1 sind zunächst 27
Name, Anschrift und Kontaktdaten des Auftraggebers anzugeben. Das Standardformular
sieht beim Namen die Angabe der „offiziellen Bezeichnung" vor. Nach deutschem Verfas-
sungs- und Verwaltungsrecht ist das bei öffentlichen Auftraggeber nach § 99 Nr. 1 GWB
strenggenommen die **jeweilige Gebietskörperschaft,** dh der Bund, das Land oder die
Kommune. In der Praxis wird jedoch bei Bundes- oder Landesbeschaffungen häufig die
Behörde angegeben, **die das Beschaffungsverfahren durchführt,** z.B. im Fall des

---

[18] § 15 EG Abs. 3 Satz 3 VOL/A 2009, der insoweit Art. 36 Abs. 4 UAbs. 1 VKR entsprach.

[19] Abschnitt V fehlt in dem Formular; dieser Abschnitt taucht erst im weitgehend parallel aufgebauten
Formular für die nachträgliche Vergabebekanntmachung gem. § 39 Abs. 1 und 2 auf und enthält dort die
Ergebnisse des Verfahrens (→ § 39 Rn. 15). Die einzelnen Unterabschnitte sind auch nicht durchgehend
nummeriert; einzelne Unterabschnitte (wie etwa I.6) oder II.2.8)) betreffen zB nur Sektorenauftraggeber
oder andere besondere Fälle und sind darum nur in den dafür vorgesehenen Formularen enthalten.

Bundes das zuständige Bundesministerium oder das Beschaffungsamt des BMI. Das entspricht dem Bedürfnis der Praxis, auf den ersten Blick zu erkennen, wer das Verfahren führt. In rechtlicher Hinsicht bleibt damit teilweise jedoch unklar, wer genau der Vertragspartner des Auftragnehmers wird. Bedeutsam kann das u. a. beim Rechtsschutz sein, weil die Unternehmen aus der Angabe der Behörde nicht ohne weiteres ersehen können, wer formal Antragsgegner im Fall einer etwaigen Nachprüfung ist. Falls unter I.1 nicht die Körperschaft, sondern die durchführende Behörde angegeben wird, empfiehlt es sich daher, den Auftraggeber im Rechtssinne (d. h. den Bund, das Land oder die Kommune) in den „Zusätzlichen Angaben" unter VI.3 anzugeben.[20]

28   Bei der Postanschrift ist auch der **NUTS-Code** anzugeben. Dabei handelt es sich um einen EU-weiten Regionalcode. Seine Angabe dient der leichteren Identifizierung des Leistungsorts und statistischen Zwecken. Der NUTS-Code ist über das Simap-Portal (www.simap.europa.eu) abrufbar. Ferner ist die **Kontaktstelle** mit **E-Mail-Adresse, Telefon- und Faxnummer** anzugeben. Wünscht der Auftraggeber eine Kontaktaufnahme nur per E-Mail oder Fax, ist es jedoch zulässig, nur die betreffenden Felder auszufüllen und keine Telefonnummer anzugeben.[21] Das Formular sieht ferner die Angabe einer nationalen Identifikationsnummer vor. Das gilt jedoch nur, soweit eine solche nach nationalem Recht vorgesehen ist. Da das in Deutschland nicht der Fall ist, kann Feld leer bleiben.[22] Ferner sind die Internet-Adresse des Auftraggebers sowie ggf. die Internet-Adresse des Beschafferprofils anzugeben.

29   Unter I.2 ist anzugeben, ob der Auftrag eine **gemeinsame Beschaffung** betrifft. Gemeinsame Beschaffungen sind nur solche, die von mehreren Auftraggebern gemeinsam durchgeführt werden. Nicht erfasst ist der Fall, dass ein Auftraggeber einen Auftrag für mehrere eigene Dienststellen vergibt. Bei einer gemeinsamen Beschaffung sind unter I.1) sämtliche beteiligten Auftraggeber anzugeben. Das elektronische Eingabeportal lässt es in diesem Fall zu, beliebig viele Auftraggeber einzutragen. Bei einer gemeinsamen Beschaffung durch Auftraggeber aus verschiedenen EU-Mitgliedstaaten ist zugleich anzugeben, welches nationale Beschaffungsrecht gilt. Hintergrund ist Art. 39 Abs. 4 VRL, wonach mehrere öffentliche Auftraggeber aus verschiedenen EU-Mitgliedstaaten, die einen Auftrag gemeinsam vergeben, untereinander vereinbaren können, welche nationalen Vergabebestimmungen anwendbar sind.

30   Unter I.2 ist ferner anzugeben, wenn der Auftrag von einer **zentralen Beschaffungsstelle** vergeben wird. Dabei handelt es sich nach § 120 Abs. 4 GWB um einen öffentlichen Auftraggeber, der für andere öffentliche Auftraggeber Bau-, Liefer- und Dienstleistungen beschafft, öffentliche Aufträge vergibt oder Rahmenvereinbarungen schießt. Maßgeblich ist, dass die Beschaffung tatsächlich für andere öffentliche Auftraggeber im Rechtssinne und nicht nur für andere Dienststellen desselben Auftraggebers erfolgt. So ist z.B. das Beschaffungsamt des BMI insoweit, wie es Aufträge für den Bund vergibt, keine zentrale Beschaffungsstelle im Sinne von § 120 Abs. 4 GWB. Soweit das Beschaffungsamt dagegen auch für andere öffentliche Auftraggeber des Bundes, z.B. bundeseigene Unternehmen, Aufträge vergibt, agiert es als zentrale Beschaffungsstelle.

31   Unter I.3 sind Angaben zur Kommunikation zwischen dem Auftraggeber und den Unternehmen zu machen. Im ersten Unterabschnitt ist anzugeben, ob die Vergabeunterlagen gemäß § 41 VgV für einen uneingeschränkten und vollständigen direkten Zugang zur Verfügung stehen; in diesem Fall ist die **Internet-Adresse** anzugeben, unter der die **Unterlagen direkt abrufbar sind** (→ § 41 Rn. 12). Alternativ ist anzugeben, wenn der Zugang zu den Vergabeunterlagen **eingeschränkt** ist. In diesem Fall ist die Angabe einer Internet-Adresse vorgesehen, unter der weitere Auskünfte erhältlich sind.

---

[20] So etwa die Praxis des Beschaffungsamts des Bundesministeriums des Innern.
[21] *Rechten* in KKMPP § 37 Rn. 19; ebenso *Schwabe* in Müller-Wrede VgV/UVgO § 37 VgV Rn. 33, mit dem Hinweis, dass auch das eNOTICES-Portal die Angaben als nicht zwingend behandelt.
[22] *Schwabe* in Müller-Wrede VgV/UVgO § 37 VgV Rn. 31. Falls ein Auftraggeber über eine USt-Identifikationsnummer verfügt, kann er diese jedoch eintragen.

Falls der Auftraggeber die Vergabeunterlagen aus **Gründen des Vertraulichkeitsschut-** 32
zes nicht uneingeschränkt elektronisch zur Verfügung stellt, verlangt § 41 Abs.
3 VgV zudem eine Angabe der konkret vorgesehenen **Maßnahmen zum Schutz der Vertraulichkeit**
und **wie auf die Unterlagen zugegriffen werden kann.** Im Formular sind diese Angaben
allerdings nicht ausdrücklich vorgesehen. Hintergrund ist offenbar, dass auch Anhang V Teil
C VRL, der die Mindestinhalte der Auftragsbekanntmachung regelt, trotz einer entsprechenden Vorgabe in Art. 53 Abs. 1 UAbs. 3 Satz 2 VRL eine Angabe der Schutzmaßnahmen
nicht vorsieht. Allerdings verlangt Anhang V Teil C Nr. 2 UAbs. 2 VRL zumindest die Angabe, wie auf die Auftragsunterlagen zugegriffen werden kann. Auch dieser Punkt ist im
Standardformular nicht umgesetzt. Richtigerweise sind die Angaben zu den Schutzmaßnahmen daher bei den „Zusätzlichen Angaben" gemäß Abschnitt VI.3) zu machen.

Ferner ist anzugeben, wo die Interessenten weitere Auskünfte erhalten können. Außer- 33
dem ist anzugeben, in welcher Form und unter welcher Anschrift Angebote oder Teilnahmeanträge einzureichen sind. Sind die Angebote oder Teilnahmeanträge elektronisch einzureichen (was gem. §§ 9 ff., 53 Abs. 1 der Regelfall ist), ist dies anzukreuzen; ferner ist
anzugeben, unter welcher elektronischen Adresse die Angebote einzureichen sind. Im letzten Unterabschnitt ist anzukreuzen, wenn im Rahmen der elektronischen Kommunikation
Instrumente und Vorrichtungen verwendet werden müssen, die nicht allgemein verfügbar
sind (sog. alternative elektronische Mittel). In diesem Fall ist ferner – wie von § 12 Abs. 1
verlangt – die Internet-Adresse anzugeben, unter der ein gebührenfreier Zugang zu diesen
alternativen elektronischen Mitteln möglich ist.

Unter I.4) und I.5) sind schließlich Angaben zur Art und den Haupttätigkeiten des Auf- 34
traggebers zu machen. Diese Angaben dienen zum einen der leichteren Identifizierbarkeit,
zB für Unternehmen, die an Aufträgen einer bestimmten Kategorie von Auftraggebern oder
eines bestimmten Sektors interessiert sind; zum anderen dienen sie statistischen Zwecken.[23]

2. Abschnitt II: Gegenstand des Auftrags

In Abschnitt II sind Angaben zum Auftragsgegenstand, d.h. Art und Umfang der zu be- 35
schaffenden Leistung zu machen. Unterabschnitte II.1 und II.2 unterscheiden dabei nach
„Umfang der Beschaffung" und „Beschreibung"; die beiden Rubriken lassen sich inhaltlich
jedoch nicht klar trennen. Der wesentliche Unterschied zwischen den beiden Unterabschnitten liegt darin, dass sich Unterabschnitt II.1 stets den Gesamtauftrag bezieht, während
sich die Angaben unter II.2 bei einer Aufteilung in Lose auf die Einzellose beziehen.

Unter II.1.1 ist eine Bezeichnung des Auftrags anzugeben. Hier empfiehlt sich eine 36
schlagwortartige Bezeichnung, die idealerweise im gesamten Vergabeverfahren durchgängig
verwendet wird. Dabei ist ggf. auch das Aktenzeichen des Auftraggebers anzugeben.

Unter II.1.2 ist der **CPV-Code** (→ Rn. 14) anzugeben. Hierbei handelt es sich um eine 37
wesentliche Angabe.[24] Denn nur über den CPV-Code können Unternehmen unabhängig von der jeweiligen Sprache erkennen, um welchen Auftragsgegenstand es sich handelt.
Zudem ermöglicht erst der CPV-Code eine vergleichsweise einfache automatisierte Abfrage
und Auswertung. Die Bekanntmachung kann ihren Zweck ohne den CPV-Code daher nicht
erfüllen.[25] Beim CPV-Code ist in jedem Fall der **Hauptteil** anzugeben. Dabei handelt sich
um die achtstellige Kennziffer mit anschließender Prüfziffer. Zudem ist ggf. der Zusatzteil

---

[23] *Rechten* in KKMPP VgV § 37 Rn. 25.

[24] Die früher in § 14 Abs. 2 VgV aF noch ausdrücklich hervorgehobene Pflicht zur Angabe der CPV-
Codes enthält die neue VgV allerdings nicht mehr; diese Pflicht folgt nur noch mittelbar aus der Vorgabe
des § 37 Abs. 2, die Bekanntmachung auf Basis des Standardformulars zu erstellen, welches die CPV-Codes
verlangt.

[25] Nicht überzeugend daher OLG Frankfurt 24.9.2013 – 11 Verg 12/13, das eine inkorrekte Angabe der
CPV-Codes in einer Ex-post-Bekanntmachung gem. § 39 im konkreten Fall für unschädlich hielt, weil der
Auftragsgegenstand im Textteil der Bekanntmachung hinlänglich beschrieben gewesen sei. Unternehmen,
die die Bekanntmachung rechtzeitig gesehen haben, entsteht aus einer fehlerhaften Angabe der CPV-Codes
meist aber kein Schaden (was die Entscheidung des OLG Frankfurt erklären mag).

anzugeben, ein alphanumerischer Code aus zwei Buchstaben und zwei Ziffern, gefolgt von einer Prüfziffer, mit dem die Eigenschaften oder die Zweckbestimmung der Leistung weiter präzisiert werden können.[26] So bezeichnet z. B. der Zusatzteil „FB07-5", dass die Leistung zur Verwendung in Notfällen vorgesehen ist.[27] Unter II.2.2 sind **ggf. weitere CPV-Codes** anzugeben. Diese Angabe ist erforderlich, wenn sich die Leistung aus mehreren Teilleistungen zusammensetzt oder verschiedenen CPV-Codes zuordnen lässt.

38   Unter II.1.3 ist die **Art des Auftrags** anzukreuzen (Bau-, Liefer- oder Dienstleistungsauftrag). Unter II.1.4 ist eine **kurze Beschreibung** anzugeben. Hier ist eine knappe, stichwortartige und zusammenfassende Angabe zum Inhalt der Leistung zu machen. Ausführlichere Angaben sind unter II.2.4 zu machen.

39   Unter II.1.5 ist der **geschätzte Gesamtwert** anzugeben. Die Angabe ist netto, d. h. ohne Mehrwertsteuer zu machen. Maßgeblich ist der Gesamtwert über die gesamte Vertragslaufzeit. Dabei sind auch etwaige Optionen mit einzurechnen.[28] Die Angabe unter II.1.5 ist nicht zwingend; darauf weist der Fußnotenzusatz „falls zutreffend" hin.[29] Jedoch verlangt II.2.6 obligatorisch die Angabe des Schätzwerts für den Auftrag bzw. die einzelnen Lose.

40   Unter II.1.6 ist anzugeben, ob der **Auftrag in Losen vergeben** wird. Bei losweiser Vergabe ist ferner anzugeben, ob Angebote für alle Lose, nur eine bestimmte Zahl an Losen oder sogar nur ein Los (Loslimitierung) zulässig sind. Ferner ist eine Angabe möglich zur maximalen Anzahl an Losen, die an einen Bieter vergeben werden können (sog. „Zuschlagslimitierung", als weitere Form der Loslimitierung). Schließlich kann der Auftraggeber angeben, wenn er sich vorbehält, einzelne Lose oder Losgruppen gemeinsam zu vergeben (gemäß § 30 Abs. 3 VgV).[30] Die Angaben zur Aufteilung in Lose und einer etwaigen Loslimitierung sind verbindlich. Der Auftraggeber kann daher in den Vergabeunterlagen weder auf eine in der Bekanntmachung veröffentliche Losaufteilung oder eine etwaige Loslimitierung nachträglich verzichten, noch kann er eine solche Aufteilung oder Limitierung später einführen.

41   In **Unterabschnitt II.2** („Beschreibung") sind **weitere Angaben zum Auftragsgegenstand** zu machen. Bei einer Aufteilung in Lose sind die Angaben in diesem Unterabschnitt **für jedes Los gesondert** zu machen. Im e-NOTICES-Portal öffnet sich in diesem Fall bei der Eingabe für jedes Los ein eigener Unterabschnitt II.2. Erfolgt keine Losaufteilung, wiederholen sich die Angaben aus Unterabschnitt II.1 teilweise.

42   Unter II.2.1 ist nochmals die Bezeichnung des Auftrags anzugeben; bei losweiser Vergabe ist die **Bezeichnung des Loses** einzugeben. Ferner ist die Losnummer anzugeben. Wird der Auftrag nicht in Lose geteilt, können die Angaben entfallen. Unter II.2.2 sind etwaige weitere CPV-Codes anzugeben, falls solche einschlägig sind. Unter II.2.3 ist der Erfüllungsort (Hauptort der Leistung) einschließlich des NUTS-Code anzugeben.

43   Unter II.2.4 ist eine **Beschreibung der Beschaffung** gefordert. Dabei geht es um Art und Umfang der Leistung bzw. die Bedürfnisse und Anforderungen des Auftraggebers, die durch die Beschaffung gedeckt werden sollen. Diese Beschreibung ähnelt derjenigen unter II.1.4. Bei losweiser Vergabe ist hier jedoch eine Beschreibung des Losinhalts gefordert. Erfolgt keine Losaufteilung, kann der Auftraggeber stattdessen auch auf die Angaben in II.1.4 verweisen. Die Beschreibung sollte ausführlich genug sein, um das Interesse des Marktes zu wecken. Der Auftraggeber muss dabei einen „vernünftigen Mittelweg zwischen Klarheit und Kürze" suchen.[31] Stellt der Auftraggeber die Vergabeunterlagen gemäß § 41 Abs. 1 uneingeschränkt direkt zum elektronischen Abruf bereit, bedarf es keiner allzu de-

---

[26] Anhang I Nr. 3 der CPV-Verordnung (VO (EG) Nr. 213/2008).
[27] Anhang I Zusätzliches Vokabular Abschnitt F: Vorgesehene Verwendung, Gruppe B: „Sicherheit" der CPV-Verordnung (VO (EG) Ver 13/2002).
[28] *Rechten* in KKMPP VgV § 37 Rn. 30.
[29] Ebenso *Schwabe* in Müller-Wrede VgV/UVgO § 37 VgV Rn. 71 mwN.
[30] Siehe zur Vergabe von Loskombinationen die Erläuterung in Erwägungsgrund 79 VRL, sowie *Schwabe* in Müller-Wrede VgV/UVgO § 37 VgV Rn. 80.
[31] *Schwabe* in Müller-Wrede VgV/UVgO § 37 VgV Rn. 98.

taillierten Ausführungen. Denn die Interessenten können sich in diesem Fall direkt aus den Vergabeunterlagen über weitere Einzelheiten unterrichten. Stellt der Auftraggeber die Unterlagen jedoch aus technischen Gründen oder zum Schutz der Vertraulichkeit nicht elektronisch zum Abruf bereit, gewinnt die Beschreibung unter II.2.4 besondere Bedeutung. Denn in dem Fall können die Bieter nur auf Grundlage dieser Beschreibung entscheiden, ob der Auftrag für sie von Interesse ist und sie sich um eine Teilnahme bemühen wollen. Im eNotices-Portal stehen für die Beschreibung maximal 4.000 Zeichen zur Verfügung. Falls eine aussagekräftige Beschreibung mehr Platz beansprucht, können weitere Angaben zu den „Zusätzlichen Angaben" unter VI.3 gemacht werden.

Unter II.2.5 sind Angaben zu den **Zuschlagskriterien** gefordert. Dabei sind entweder **44** die Kriterien getrennt nach Qualitätskriterien, Kosten und Preis mit Bezeichnung und Gewichtung anzugeben. Falls der Preis nicht das einzige Zuschlagskriterium ist, kann alternativ auch der Hinweis gegeben werden, dass die Kriterien nur in den Vergabeunterlagen genannt sind. Ist der **Preis das einzige Zuschlagskriterium,** muss dies folglich bereits in der Auftragsbekanntmachung veröffentlicht werden. Kommen neben dem Preis **auch andere Zuschlagskriterien** zur Anwendung, hat der Auftraggeber dagegen ein **Wahlrecht,** ob er die Kriterien und ihre Gewichtung bereits in der Bekanntmachung oder erst in den Vergabeunterlagen angibt. Auch in dem – seltenen – Fall, dass der Auftraggeber einen Festpreis vorgibt und ausschließlich einen Qualitätswettbewerb durchführt, kann wegen der Zuschlagskriterien auf die Vergabeunterlagen verwiesen werden.[32] Da die Vergabeunterlagen gemäß § 41 Abs. 1 bereits ab dem Zeitpunkt der Veröffentlichung der Auftragsbekanntmachung direkt elektronisch zum Abruf bereitgestellt werden müssen, spielt die Frage, ob die Zuschlagskriterien direkt in der Bekanntmachung oder aber erst in den Vergabeunterlagen angegeben werden, für die Praxis mittlerweile nur noch eine untergeordnete Rolle. Insbesondere können Unternehmen nunmehr **auch bei zweistufigen Verfahren** schon vor der Entscheidung, ob sie einen Teilnahmeantrag stellen wollen, anhand der elektronisch bereitgestellten Vergabeunterlagen auch dann Kenntnis von den Zuschlagskriterien nehmen, wenn diese erst in den Vergabeunterlagen enthalten sind (→ § 41 Rn. 28). Die Angaben zu den Zuschlagskriterien sind bei losweiser Vergabe – wie alle Angaben im Unterabschnitt II.2 – für jedes Los gesondert zu machen. Das ist sachgerecht, weil die Zuschlagskriterien von Los zu Los unterschiedlich sein können.

Unter II.2.6 ist der **geschätzte Wert** ohne Mehrwertsteuer anzugeben. Falls der Auftrag **45** nicht in Lose geteilt ist, entspricht dieser Wert dem Gesamtwert aus II.1.5. Bei losweiser Vergabe ist der Wert des jeweiligen Loses (wiederum über die Gesamtlaufzeit, einschließlich etwaiger Optionen) anzugeben.

Unter II.2.7 ist die **Laufzeit des Vertrags** in Monaten oder Tagen anzugeben. Alterna- **46** tiv können Anfangs- und Enddatum angegeben werden. Die Laufzeitangabe ist insbesondere bei Dienstleistungsaufträgen wichtig, kann aber auch bei Sukzessivlieferungen sinnvoll sein. Zudem ist eine etwaige **Verlängerungsmöglichkeit** anzugeben; in diesem Fall sind auch nähere Einzelheiten mitzuteilen (insbesondere, wie oft und um welchen Zeitraum eine Verlängerung möglich ist). Diese Angabe ist wichtig, weil die Frage, ob der Auftrag nach Ablauf der Grundlaufzeit verlängert werden kann, für die Entscheidung, ob der Auftrag von Interesse ist, von erheblicher Bedeutung sein kann. Die Angabe ist auch verbindlich. Hat der Auftraggeber in der Bekanntmachung nicht auf die Verlängerung hingewiesen, kann er sich eine Verlängerungsoption nicht nachträglich in den Vergabeunterlagen vorbehalten.

Unter II.2.9 ist anzugeben, wenn die **Zahl der Bewerber, die zur Angebotsabgabe 47 bzw. Verfahrensteilnahme aufgefordert werden, beschränkt** wird. Diese Angabe betrifft nur zweistufige Verfahren. In diesem Fall ist die geplante Zahl der Bewerber oder alternativ die geplante Mindest- und Höchstzahl anzugeben. Ferner sind die objektiven Kriterien anzugeben, wie die Bewerber ggf. ausgewählt werden. Hierbei ist insbesondere

---

[32] Dazu näher *Schwabe* in Müller-Wrede VgV/UVgO § 37 VgV Rn. 118.

anzugeben, wie ggf. eine Rangfolge der Bewerber gebildet wird. In der Praxis haben sich dafür **konkret ausformulierte Bewertungsverfahren** auf Basis der im Teilnahmeantrag dargelegten **Eignungskriterien** bewährt. Gibt der Auftraggeber eine Spanne (Mindest- und Höchstzahl) an, hat er auch anzugeben, nach welchen Kriterien sich die genaue Zahl der letztlich ausgewählten Unternehmen richtet. Kommt ein komplexes Auswahlsystem zur Anwendung, dessen Einzelheiten den Rahmen der Bekanntmachung sprengen, können die Einzelheiten auch in gesondert bereitgestellten Bewerbungsunterlagen (Unterlagen zum Teilnahmewettbewerb) mitgeteilt werden, die den Bietern direkt elektronisch zum Abruf bereitgestellt werden.

48   In II.2.10 sind Angaben zu **Nebenangeboten** zu machen (in der EU-Terminologie „Varianten" bzw. „Alternativangebote"[33]). Es ist lediglich anzukreuzen, ob Nebenangebote zulässig sind. Wird nichts angegeben, sind Nebenangebote nicht zugelassen (§ 35 Absatz 1 Satz 2). Die Angabe ist für das weitere Verfahren verbindlich. Lässt der Auftraggeber in der Auftragsbekanntmachung keine Nebenangebote zu, kann er auch in den Vergabeunterlagen keine Nebenangebote mehr zulassen.[34] Lässt der Auftraggeber Nebenangebote zu, muss er gemäß § 35 Abs. 1 Satz 3 Mindestanforderungen vorgeben. Eine Angabe der Mindestanforderungen in der Auftragsbekanntmachung ist jedoch nicht vorgesehen.

49   Unter II.2.11 ist anzugeben, ob **Optionen** vorgesehen sind. Diese sind ggf. näher zu beschreiben, insbesondere nach Art und Umfang. Reine Verlängerungsoptionen sind allerdings schon unter II.2.7 anzugeben und müssen in II.2.11 dann nicht nochmals erwähnt werden.

50   Unter II.2.12 ist anzugeben, wenn der Auftraggeber Angebote in Form von **elektronischen Katalogen** erwartet. Dabei handelt es sich um ein auf Grundlage der Leistungsbeschreibung erstelltes Verzeichnis der zu beschaffenden Leistungen in einem elektronischen Format (§ 120 Abs. 3 GWB). Solche Kataloge eignen sich insbesondere für den Abschluss von Rahmenvereinbarungen;[35] näheres dazu ergibt sich aus § 27.

51   Unter II.2.13 ist anzugeben, ob der Auftrag in Verbindung mit einem **Vorhaben oder Programm** steht, das **aus Mitteln der EU finanziert** wird. In diesem Fall ist die Projektnummer oder Projektreferenz anzugeben. Die Angabe dient in erster Linie statistischen Zwecken.[36] Für potentielle Interessenten signalisiert die Angabe zudem, dass der Auftrag von europäischem Interesse ist und der Auftraggeber bei der Mittelverwendung der Kontrolle durch den Europäischen Rechnungshof unterliegt.

52   Unter II.2.14 können schließlich **zusätzliche Angaben zum Auftragsgegenstand** gemacht werden. Das Feld sollte insbesondere dann genutzt werden, wenn die Angaben nur einzelne Lose betreffen. Ansonsten empfiehlt es sich, für weitere Angaben, die nicht schon in Abschnitt II.2.4 genannt wurden, Abschnitt VI.3 („Zusätzliche Angaben") zu verwenden.

3. Abschnitt III: Rechtliche, wirtschaftliche, finanzielle und technische Angaben

53   Abschnitt III enthält zum einen die **Teilnahmebedingungen** (Unterabschnitt III.1), insbesondere die **Eignungsanforderungen** an die Unternehmen und die diesbezüglichen

---

[33] Der Begriff „Alternativangebote" ist EU-rechtlich nicht definiert; Art. 45 VRL spricht vielmehr von „Varianten". Anhang V Teil C Nr. 9 VRL, der die Vorgabe aus Art. 45 Abs. 1 Satz 2 VRL umsetzt, dass die Zulassung von Varianten in der Auftragsbekanntmachung anzugeben ist, verwendet demgegenüber den Begriff „Änderungsvorschläge". Das legt nahe, dass es sich auch bei „Alternativangeboten" nur um einen anderen Begriff für „Varianten" bzw. Nebenangebote handelt.
[34] Gemäß § 35 Abs. 2 VgV sollen Nebenangebote auch dann zugelassen werden können, wenn der Zuschlag ausschließlich auf den niedrigsten Preis erfolgt. Vor dem Hintergrund der BGH-Entscheidung vom 7.1.2014 (X ZB 15/13), der zufolge die Zulassung von Nebenangeboten bei reinen Niedrigstpreis-Vergaben gegen den in § 97 Abs. 2 verankerten Gleichbehandlungsgrundsatz verstößt, ist die Vereinbarkeit dieser Regelung mit dem Gesetz jedoch fraglich.
[35] *Rechten* in KKMPP VgV § 37 Rn. 41.
[36] *Rechten* in KKMPP VgV § 37 Rn. 42.

Nachweise, zum anderen die **Bedingungen für die Auftragsausführung** (Unterabschnitt III.2).

a) Befähigung zur Berufsausübung und Zuverlässigkeit. Bei den Teilnahmebe- 54
dingungen ist unter III.1.1 zunächst anzugeben, welche Anforderungen an die **Befähigung zur Berufsausübung** gestellt werden, insbesondere in Bezug auf die Eintragung in ein Berufs- oder Handelsregister. Diese Anforderungen betreffen grundlegende Aspekte der beruflichen Eignung und Zuverlässigkeit. Ein Nachweis der **Eintragung im Handelsregister** oder in einem **Berufsregister** (z.B. Handwerksrolle) ist eine übliche Anforderung und sinnvoll, um Zweifel über die Identität des Bieters und die Vertretungsverhältnisse auszuschließen und eine etwaige Berufszulassung prüfen zu können. Auch die Abforderung von **Eigenerklärungen über das Nichtvorliegen von Ausschlussgründen nach §§ 123, 124 GWB** gehört in diesen Abschnitt, ebenso wie eine eventuelle Forderung nach Vorlage eines Gewerbezentralregisterauszugs.[37]

b) Eignung (Fachkunde und Leistungsfähigkeit). Unter III.1.2 und III.1.3 sind die 55
Eignungskriterien in Bezug auf die **wirtschaftliche und finanzielle Leistungsfähigkeit** sowie die **technische und berufliche Leistungsfähigkeit** anzugeben. Damit sind die Eignungsanforderungen gemäß → § 122 Abs. 1 und 2 GWB und → § 45 bzw. → § 46 gemeint, die in § 122 Abs. 1 GWB entsprechend der früheren Terminologie unter dem Begriff **Fachkunde und Leistungsfähigkeit** zusammengefasst werden.

Das Standardformular sieht für beide Kategorien von Eignungskriterien eine **Auflistung** 56
und kurze Beschreibung der Kriterien vor; darüber hinaus sind „möglicherweise geforderte **Mindeststandards**" anzugeben. Die Abgrenzung, welche Anforderungen „Mindeststandards" in diesem Sinne sind, ist nicht einfach. Mindeststandards sind jedenfalls alle klar umrissenen Mindestanforderungen, deren Nichterfüllung zum Ausschluss des Unternehmens führt. In der Praxis hilft die Vorgabe solcher Anforderungen, späteren Streit zu vermeiden, wann ein Unternehmen als ungeeignet ausgeschlossen werden kann.

Beide Unterabschnitte sehen die Möglichkeit vor, wegen der **Eignungskriterien voll-** 57
ständig auf die Vergabeunterlagen zu verweisen. Das widerspricht sowohl
Art. 58 Abs. 5 VRL als auch § 122 Abs. 4 GWB und § 48 Abs. 1, denen zufolge die Eignungskriterien in der Auftragsbekanntmachung selbst zu veröffentlichen sind. Anhang V Teil C Nr. 11 lit. c VRL schränkt diese Pflicht zwar dahingehend ein, dass lediglich eine „Liste und Kurzbeschreibung" der Kriterien bekannt zu machen sind. Einzelheiten der Kriterien können daher auch in den Vergabeunterlagen mitgeteilt werden. Ein Vollverweis ist dagegen unzulässig.[38] Ein solcher Verweis ist allenfalls dann akzeptabel, wenn der Auftraggeber die Vergabeunterlagen gemäß § 41 Abs. 1 ab Veröffentlichung der Bekanntmachung unter der in Abschnitt I.1 angegebenen Internet-Adresse uneingeschränkt, vollständig und direkt elektronisch zum Abruf bereitstellt.[39]

---

[37] Die Zulässigkeit der Forderung nach Vorlage eines Gewerbezentralregisterauszugs ist freilich umstritten. Denn an sich ist der Auftraggeber selbst in der Lage – und gem. §§ 19 MiLoG und 21 AEntG in Bezug auf den in Aussicht genommenen Zuschlagsempfänger verpflichtet – einen Auszug nach § 150a GewO einzuholen. Zudem ist ein vom Unternehmen gemäß § 150 GewO selbst eingeholter Registerauszug deutlich umfassender als ein vom Auftraggeber gemäß § 150a GewO eingeholter Auszug. Durch Abforderung eines vom Bieter eingeholten Auszugs wird dieser folglich gezwungen, dem Auftraggeber mehr Informationen offen zu legen, als für die Zwecke des Vergabeverfahrens typischerweise erforderlich; siehe dazu eingehend *Uwer/Hübschen*, NZBau 2007, 757 und *Kühnen*, NZBau 2007, 762. Das OLG Düsseldorf (13.8.2008 – VII-Verg 43/07) hält die Forderung nach Vorlage eines vom Bieter selbst eingeholten Auszugs daher für unzulässig; ebenso *Kühnen*, NZBau 2007, 762.
[38] So im Ergebnis auch *Schwabe* in Müller-Wrede VgV/UVgO § 37 VgV Rn. 165.
[39] VK Südbayern 16.10.2017 – Z3-3-3194-30-06/17 mit eingehender Begründung. Das entspricht im Ergebnis im Wesentlichen der Rechtsprechung des OLG Düsseldorf zum früheren Recht, der zufolge der Auftraggeber die Pflicht, die Eignungs- und Nachweisanforderungen in der Bekanntmachung zu veröffentlichen, auch durch Angabe eines entsprechenden Internet-Links in der Bekanntmachung erfüllen konnte; OLG Düsseldorf 16.11.2011 – VII Verg 60/11. Diese Rechtsprechung lässt sich auf den Fall eines Verweises auf Vergabeunterlagen, die unter der in Abschnitt I.1 veröffentlichten Adresse tatsächlich direkt uneingeschränkt elektronisch abrufbar sind, übertragen. Ist dort nur die Adresse der Startseite eines Vergabeportals

58   Bei der **wirtschaftlichen und finanziellen Leistungsfähigkeit** können gemäß § 45 Abs. 1 insbesondere ein bestimmter Mindest-Jahresumsatz, auch im Bereich des Auftrags, die Vorlage von Bilanzen einschließlich des dort ausgewiesenen Verhältnisses zwischen Vermögen und Verbindlichkeiten sowie das Vorhandensein einer Berufs- oder Betriebshaftpflichtversicherung in bestimmter, angemessener Höhe verlangt werden. Die Aufzählung dieser Anforderungen ist jedoch ausdrücklich nicht abschließend. Soweit der Auftraggeber einen Mindest-Jahresumsatz verlangt, darf dieser gem. § 45 Abs. 2 das Zweifache des geschätzten Auftragswerts im Regelfall nicht überschreiten. Bei losweiser Vergabe ist zu beachten, dass die Anforderungen an die wirtschaftliche und finanzielle Leistungsfähigkeit ggf. für jedes Los gesondert definiert werden müssen (§ 45 Abs. 3).[40]

59   Bezüglich der **technischen und beruflichen Leistungsfähigkeit** kann der Auftraggeber gem. § 46 Abs. 1 Anforderungen stellen, mit denen sichergestellt werden kann, dass die Unternehmen über die notwenigen personellen und technischen Mittel und ausreichende Erfahrungen verfügen, um den Auftrag ordnungsgemäß ausführen zu können. Die Art der Anforderungen wird allerdings mittelbar durch die Auflistung der möglichen Nachweise in § 46 Abs. 3 begrenzt. Dieser **Katalog ist abschließend.** Der Auftraggeber kann daher nur solche Anforderungen an die technische und berufliche Leistungsfähigkeit stellen, deren Erfüllung sich mit einem der genannten Nachweise belegen lässt. Weitere Anforderungen können ggf. nur als besondere Ausführungsbedingungen iSv § 128 Abs. 2 GWB vorgegeben werden. Das praktisch bedeutsamste Eignungskriterium ist die **Erfahrung mit Aufträgen über vergleichbare Leistungen,** die üblicherweise durch eine **Liste mit Referenzaufträgen** zu belegen ist.

60   Gemäß § 48 Abs. 1 sind nicht nur die (inhaltlichen) Eignungs*kriterien* zu veröffentlichen, sondern **auch die Nachweise,** die der Bieter zum Beleg ihrer Erfüllung vorlegen muss (Eigenerklärungen, Bescheinigungen, etc.).[41] Bei der Auswahl der Nachweise für die technische und berufliche Leistungsfähigkeit ist der abschließende Katalog in § 46 Abs. 3 zu beachten. Ferner gilt generell § 48 Abs. 2. Danach sind grundsätzlich **Eigenerklärungen** zu fordern. Hierin liegt ein wichtiger Unterschied zur VOB/A.[42] Fordert der Auftraggeber sonstige Bescheinigungen und Nachweise, muss er vorzugsweise solche wählen, die vom Online-Dokumentenarchiv e-certis abgedeckt sind (→ § 48 Abs. 2 Satz 2).

61   Soweit der Auftraggeber im Rahmen der Qualitätssicherung die Vorlage von **Zertifizierungsnachweisen** o. ä. verlangt, muss er sich auf EU-weit normierte QS-Systeme und Zertifizierungen durch akkreditierte Stellen beziehen (→ § 49). Ein Hinweis auf die Möglichkeit, eine **einheitliche europäische Eigenerklärung** als vorläufigen Eignungsnachweis vorzulegen, ist nicht erforderlich. Diese Möglichkeit ergibt sich bereits aus § 50. Gleiches gilt für die Eignungsvermutung nach § 48 Abs. 8 bei Eintragung in ein amtliches Präqualifizierungsregister.

62   **c) Vorbehalt für Behindertenwerkstätten.** Unter III.1.5 ist schließlich anzugeben, wenn der Auftrag gemäß → § 118 GWB **Behindertenwerkstätten oder anderen geschützten Unternehmen vorbehalten** ist, deren Ziel die soziale und berufliche Integration von Behinderten ist, oder die Auftragsausführung auf Programme für geschützte Beschäftigungsverhältnisse beschränkt ist.

63   **d) Bedingungen für den Auftrag.** Bei den Bedingungen für den Auftrag ist unter III.2.1 zunächst anzugeben, wenn der Auftrag einem **besonderen Berufsstand vor-**

---

angegeben, auf dem die Ausschreibung bzw. die Unterlagen erst recherchiert werden müssen, genügt das hingegen nicht.

[40] Das Formular sieht eine Aufschlüsselung der Eignungskriterien nach Losen nicht eigens vor. Bei losspezifischen Kriterien ist darum jeweils im Freitext anzugeben, auf welches Los sie sich beziehen.

[41] Auch Art. 58 Abs. 5 VRL und Anhang V Teil C Nr. 11 lit. c VRL verlangen eine Angabe der vorzulegenden Nachweise.

[42] → VOB/A § 6b EU Abs. 1 Satz 1 Nr. 2.

behalten ist. Die Regelung gilt nur für Dienstleistungsaufträge. Wichtige Fälle sind insbesondere die Beschränkung auf Architekten und Ingenieure sowie Steuerberater, Wirtschaftsprüfer oder Rechtsanwälte. Dabei ist auf die jeweils einschlägige Rechts- oder Verwaltungsvorschrift hinzuweisen.

Unter III.2.2 sind die **Bedingungen für die Auftragsausführung** anzugeben. Unter **64** diesem Stichpunkt können sämtliche weitergehenden, ggf. auch sozialen, ökologischen und sonstigen Bedingungen iSv → § 128 Abs. 2 GWB angegeben werden, die nicht unmittelbar die Bietereignung betreffen, sondern vom Auftragnehmer bei der Auftragsausführung einzuhalten sind. Ein wichtiger Fall sind die in einigen **Landesvergabegesetzen vorgeschriebenen Mindestlohnregelungen für öffentliche Aufträge.** Auch wenn diese Mindestlohnverpflichtungen auf zwingendem Landesrecht beruhen, handelt es sich rechtstechnisch um Ausführungsbedingungen des Auftraggebers, die in der Bekanntmachung anzugeben sind.[43] Auch die Vorgabe, bei der Ausführung nur festangestelltes Personal einzusetzen,[44] ist eine Ausführungsbedingung in diesem Sinne. Auch die Forderung nach Hinterlegung von Kautionen und Sicherheiten kann dazu gehören.[45]

Unter III.2.3 ist schließlich anzugeben, ob die Unternehmen **Namen und berufliche** **65** **Qualifikation der Personen** angeben müssen, die für die Auftragsausführung verantwortlich sind. Eine solche Angabe wird typischerweise nur gefordert, wenn die Leistung spezielle persönliche Qualifikationen erfordert.

4. Abschnitt IV: Verfahren

In Abschnitt IV sind nähere Angaben zum Verfahren zu machen. Unterabschnitt IV.1 **66** („Beschreibung") betrifft Art und Form des Verfahrens, Unterabschnitt IV.2 („Verwaltungsangaben") enthält verfahrensspezifische Details, insbesondere Fristen.

Unter IV.1.1 ist die **Verfahrensart** anzukreuzen. Wird ein **beschleunigtes Verfahren** **67** gem. § 15 Abs. 3, § 16 Abs. 3 oder § 17 Abs. 3 durchgeführt, ist dies ebenfalls anzugeben, mit einer Begründung. Unter IV.1.3 ist anzukreuzen, ob der Abschluss einer **Rahmenvereinbarung** iSv § 21 beabsichtigt ist. In diesem Fall ist ferner mitzuteilen, ob eine Rahmenvereinbarung mit nur einem oder mit mehreren Unternehmen geplant ist; bei mehreren Vertragspartnern ist zudem die geplante Höchstzahl anzugeben. Soll die Laufzeit der Rahmenvereinbarung vier Jahre übersteigen, sind die Gründe mitzuteilen. In dem Abschnitt ist auch anzugeben, wenn ein dynamisches Beschaffungssystems im Sinne von § 120 Abs. 1 GWB, §§ 22 bis 24 VgV eingerichtet werden soll.

Unter IV.1.4 ist anzugeben, wenn der Auftraggeber ein **Verfahren in mehreren Pha-** **68** **sen** mit **schrittweiser Verringerung der Zahl der Angebote** bzw. Lösungen plant. Dieses Prozedere kommt nur bei Verhandlungsverfahren, wettbewerblichen Dialogen und Innovationspartnerschaften in Betracht. Bei **Verhandlungsverfahren** muss der Auftraggeber unter IV.1.5 angeben, wenn er sich gem. → § 17 Abs. 11 vorbehalten will, den **Zuschlag ohne Verhandlungen bereits auf die Erstangebote** zu erteilen.

Abschnitt IV.1.6 betrifft den Fall, dass der Auftraggeber eine elektronische Auktion iSv **69** § 120 Abs. 2 GWB, §§ 25 und 26 VgV durchführen will. Dabei handelt es sich um ein iteratives elektronisches Verfahren zur Ermittlung des wirtschaftlichsten Angebots. In dem Fall können auch weitere Angaben zur elektronischen Auktion gemacht werden, z.B. zur Internet-Seite, über die die Auktion abgewickelt wird.[46] Nähere Einzelheiten zum Verfahren müssen aber erst in den Vergabeunterlagen erteilt werden (§ 26 Abs. 2).

Unter IV.1.8 ist schließlich anzugeben, ob der Auftrag unter das **WTO-Beschaffungs-** **70** **übereinkommen** (General Procurement Agreement, kurz **GPA**) fällt. Die Angabe dient

---

[43] Vgl. EuGH 17.11.2015 C-115/14 „RegioPost" Rn. 54 f.
[44] Für zulässig gehalten von VK Bund 6.11.2017 – VK 1–113/17; anders noch OLG Düsseldorf 17.1.2013 – VII-Verg 35/12; 2.12.2012 – VII-Verg 29/12.
[45] *Rechten* in KKMPP VgV § 37 Rn. 51.
[46] *Rechten* in KKMPP VgV § 37 Rn. 60.

vor allem statistischen Zwecken. Unter das GPA fallen im Wesentlichen **alle „klassi-schen" Auftragsvergaben** durch Auftraggeber nach § 99 Nr. 1 bis 3 GWB, dh Bund, Länder, Kommunen und ihre Verbände sowie öffentliche Einrichtungen im Sinne von § 99 Nr. 2 GWB, nicht aber von subventionierten privaten Auftraggebern iSv § 99 Nr. 4 GWB. Nicht unter das GPA fallen ferner Dienstleistungsaufträge über soziale und andere besonde-re Dienstleistungen iSv § 130 GWB (die gem. § 66 Abs. 4 ohnehin mit einem eigenen Formular bekanntzumachen sind) sowie Forschungs- und Entwicklungsaufträge.[47]

71   Unter IV.2.1 sind **frühere Bekanntmachungen** zum Verfahren anzugeben. Das betrifft zunächst eine etwaige **Vorinformation** gemäß § 38. Wurde die Vorinformation im Rah-men eines Beschafferprofils veröffentlicht, ist auf die Bekanntmachung dieser Veröffentli-chung gem. § 38 Abs. 2 Satz 2 hinzuweisen. Ob auch die Bekanntmachungen eines etwai-gen vorangegangenen aufgehobenen Verfahrens angegeben werden müssen, ist umstritten.[48] Das Standardformular selbst sieht ausdrücklich nur die Angabe von Vorinformationen und Bekanntmachungen von Beschafferprofilen vor. Allerdings verlangt Anhang V Teil C Nr. 26 die Angabe von früheren Veröffentlichungen, „die für den (die) bekanntgegebenen Auftrag (Aufträge) relevant sind". Das spricht dafür, dass jedenfalls bei einem Verhandlungs-verfahren nach § 14 Abs. 3 Nr. 5 auch auf die Auftragsbekanntmachung des vorherigen aufgehobenen offenen oder nicht offenen Verfahrens und die Bekanntmachung der Aufhe-bung iSv § 39 Abs. 2 hinzuweisen ist.

72   Unter IV.2.2 ist der **Schlusstermin** für den **Eingang der Angebote oder Teilnah-meanträge** anzugeben, mit **Tag und Uhrzeit.** Läuft die Frist bis zum Ablauf des Tages (Mitternacht), ist die Angabe einer Uhrzeit an sich nicht erforderlich. Sie ist gleichwohl sinnvoll, um Zweifel darüber auszuschließen, ob Angebote möglicherweise noch während der Dienstzeiten einzureichen sind.[49] Im eNOTICES-Portal ist dabei aus technischen Gründen die Uhrzeit 23:59 Uhr (und nicht etwa 24:00 Uhr) anzugeben. Ob bis zu dem genannten Termin ein Angebot oder nur ein Teilnahmeantrag einzureichen ist, ergibt sich nicht aus der Bekanntmachung, sondern aus den allgemeinen vergaberechtlichen Bestim-mungen und ggf. den Vergabeunterlagen.

73   Die früher vorgesehene Angabe eines Schlusstermins für die Anforderung der Vergabe-unterlagen ist im neuen Standardformular nicht mehr vorgesehen. Da der Auftraggeber die Vergabeunterlagen gem. § 41 Abs. 1 ab dem Tag der Bekanntmachung direkt elektronisch zum Abruf bereitstellen muss, kommt eine solche Fristsetzung ohnehin nicht in Betracht. Aber auch in Fällen, in denen die Vergabeunterlagen gem. § 41 Abs. 2 und 3 ausnahms-weise nicht direkt elektronisch abrufbar sind, ist die Vorgabe eines Schlusstermins für die Anforderung der Unterlagen – der ggf. in den „Zusätzlichen Angaben" unter VI.3 mitzu-teilen wäre – nicht zu empfehlen. Die Sorge, dass Bieter oder Bewerber, die die Vergabe-unterlagen erst kurz vor Ablauf der Angebots- bzw. Bewerbungsfrist abrufen, dann nicht mehr genügend Zeit für ein ordnungsgemäßes Angebot oder einen Teilnahmeantrag ha-ben, rechtfertigt eine solche Frist nicht. Es ist Aufgabe der Unternehmen, sich rechtzeitig um die Vergabeunterlagen zu bemühen. Die Anforderung der Unterlagen sollte daher zeit-lich nicht beschränkt werden (→ § 41 Rn. 45). Im Einzelfall empfehlenswert sein kann jedoch die Angabe eines **Schlusstermins für Fragen zum Verfahren.** Das gilt jeden-falls, wenn zunächst ein Teilnahmewettbewerb durchgeführt wird und die Vergabeunterla-gen gem. § 41 Abs. 2 oder 3 ausnahmsweise nicht direkt elektronisch abrufbar sind. Ein solcher Termin ist ebenfalls unter VI.3 („Zusätzliche Angaben") anzugeben.

74   Unter IV.2.3 ist der voraussichtliche **Tag der Absendung der Aufforderung zur Angebotsabgabe** an die ausgewählten Bewerber anzugeben. Diese Angabe ist nur im

---

[47] Näheres enthält das vom Bundeswirtschaftsministerium erstellte Merkblatt „Wann fällt ein Auftrag un-ter das GPA" (BMWA – I B 3), das bei der Auftragsberatungsstelle Hessen unter www.absthessen.de abruf-bar ist. Das Merkblatt bezieht sich allerdings noch auf das alte GWB vor 2016.
[48] Dafür *Rechten* in KKMPP VgV § 37 Rn. 63; dagegen *Schwabe* in Müller-Wrede VgV/UVgO, § 37 VgV Rn. 215.
[49] *Rechten* in KKMPP VgV § 37 Rn. 65.

zweistufigen Verfahren relevant.[50] Die Angabe soll den Bewerbern eine frühzeitige Planung erleichtern. Sie ist jedoch nur erforderlich, wenn der Termin zum Zeitpunkt der Bekanntmachung bereits feststeht.

Unter IV.2.4 sind die **Sprachen** anzugeben, in denen Angebote oder Teilnahmeanträge 75 eingereicht werden können. Gerade bei Aufträgen, an denen ein echtes EU-weites Interesse besteht, kann es sinnvoll sein, Angebote nicht nur auf Deutsch, sondern zB auch auf Englisch zuzulassen; das gilt insbesondere für Beschaffungen im Technologiebereich.

Unter IV.2.6 ist die **Bindefrist für das Angebot** mit Datum oder in Monaten ab dem 76 Ablauf der Angebotsfrist anzugeben. Auch diese Angabe soll den Bietern eine frühzeitige Einschätzung ermöglichen, ob der Auftrag für sie in Frage kommt. Die Angabe ist nur bei offenen Verfahren zwingend.[51]

Unter IV.2.7 sind schließlich **Angaben zur Angebotsöffnung** zu machen. Auch diese 77 Angaben sind nur bei offenen Verfahren verpflichtend.[52] Zum einen sind Tag, Uhrzeit und Ort der Angebotsöffnung mitzuteilen. Zum anderen ist anzugeben, wer an der Angebotsöffnung teilnehmen darf, und das Öffnungsverfahren. Im Liefer- und Dienstleistungsbereich ist die Teilnahme von Bietern an der Angebotsöffnung in Deutschland traditionell nicht gestattet. Aufgrund der elektronischen Kommunikation wäre die Zulassung von Bietern auch nicht praktikabel. Selbst im Baubereich kommt ein förmlicher Submissionstermin in Anwesenheit der Bieter nur noch im Unterschwellenbereich bei Zulassung von Angeboten in Papierform gemäß § 14a VOB/A in Betracht. Angaben zum **Öffnungsverfahren** sind in der Praxis ungewöhnlich; richtigerweise ist hier auf die Verfahrensregelungen für die Angebotsöffnung in § 55 Abs. 2 zu verweisen.

5. Abschnitt VI: Weitere Angaben; Rechtsschutz

In Abschnitt VI sind ggf. weitere Angaben zum Verfahren sowie Angaben zum Rechts- 78 schutz zu machen.

a) Weitere Angaben zum Verfahren. Unter VI.1 ist anzugeben, ob es sich um einen 79 **wiederkehrenden Auftrag** iSv § 3 Abs. 10 handelt. Typische Fälle sind Leistungen, die immer wieder, insbesondere periodisch, benötigt werden, aber jeweils nur für einen begrenzten Zeitraum oder in begrenztem Umfang vergeben werden. Die Abgrenzung zu Laufzeitverträgen und insbesondere Rahmenverträgen ist dabei oftmals schwierig. Ein wiederkehrender Auftrag in diesem Sinn liegt jedenfalls dann vor, wenn die weiteren Leistungen gesondert, dh im Rahmen eines eigenen Verfahrens mit einer neuen Bekanntmachung vergeben werden. In diesem Fall ist unter VI.1 auch anzugeben, wann die weiteren Bekanntmachungen voraussichtlich veröffentlicht werden.

Unter VI.2 sind Angaben zu **elektronischen Arbeitsabläufen** zu machen. Insbesonde- 80 re ist anzugeben, wenn die Auftragserteilung in elektronischer Form erfolgt. Da der Grundsatz der elektronischen Kommunikation nach §§ 9 ff. nur das Senden, Empfangen, Weiterleiten und Speichern von Daten betrifft, kann der Auftraggeber selbst entscheiden, ob er auch den Zuschlag auf elektronischem Weg erteilen möchte. Ferner ist anzugeben, wenn elektronische Rechnungen akzeptiert werden und/oder die Zahlung elektronisch erfolgt.

Unter VI.3 kann der Auftraggeber schließlich **zusätzliche Angaben zum Beschaf-** 81 **fungsgegenstand oder zum Vergabeverfahren** machen. Auf die Möglichkeit, weitere Details zum Beschaffungsgegenstand mitzuteilen, für die der Raum unter II.2.4 (und ggf. II.2.14) nicht ausreicht, wurde bereits hingewiesen (→ 43). Ferner sind weitere Angaben zum Verfahren möglich, etwa zum **Verfahrensablauf** im zweistufigen Verfahren. Auch die Angabe einer Frist für Fragen zum Teilnahmewettbewerb kann ggf. sinnvoll sein. Außerdem können an dieser Stelle weitere Erläuterungen zu den von den Unternehmen einzu-

---

[50] Im eNOTICES-Portal wird der Abschnitt daher im offenen Verfahren nicht angezeigt.
[51] Anhang V Teil C Nr. 21 lit. a VRL.
[52] Anhang V Teil C Nr. 21 lit. b und c VRL.

reichenden Erklärungen und Unterlagen und etwa zu nutzenden Formblättern gegeben werden. Erwartet der Auftraggeber von Bietergemeinschaften Angaben zur kartell- bzw. vergaberechtlichen Zulässigkeit der Bietergemeinschaft, ist auch hierauf unter VI.3 hinzuweisen. Der Abschnitt kann auch dazu genutzt werden, **rechtliche Grauzonen** des Verfahrens, etwa bei der Verfahrenswahl, frühzeitig offenzulegen, um die **Rügepräklusion** nach § 160 Abs. 3 Satz 1 Nr. 3 GWB auszulösen.[53]

82   **b) Angaben zum Rechtsschutz.** Unter VI.4 („Rechtsbehelfsverfahren/Nachprüfungsverfahren") hat der Auftraggeber Angaben zum **Rechtsschutz** zu machen. Unter VI.4.1 ist zunächst die **zuständige Vergabekammer** als förmliche Nachprüfungsstelle anzugeben. Die Pflicht zur Angabe der Vergabekammer ergibt sich auch aus Abs. 3, auf dessen Kommentierung daher verwiesen wird (→ Rn. 86 ff.). Die Angabe einer etwaigen Schlichtungsstelle unter VI.4.2 hat in Deutschland keine praktische Bedeutung, da das GWB eine Schlichtung nicht vorsieht.[54]

83   Unter VI.4.3 sind genaue Angaben zu den **Rechtsbehelfsfristen** zu machen. Das betrifft zunächst die 15-tägige **Ausschlussfrist für Nachprüfungsanträge** nach § 160 Abs. 3 Satz 1 Nr. 4 GWB. Teilt der Auftraggeber den Unternehmen diese Frist nicht mit, führt das nach der Grundsatzentscheidung des OLG Celle vom 4. März 2010[55] dazu, dass die Frist nicht in Gang gesetzt wird. Aus Sicht des Auftraggebers ist die Angabe daher besonders wichtig (ähnlich der Rechtsbehelfsbelehrung im allgemeinem Verwaltungsrecht gem. § 58 VwGO). Nach Sinn und Zweck sind **auch die Rügefristen** nach § 160 Abs. 3 Satz 1 Nr. 1 bis 3 GWB in der Bekanntmachung anzugeben. Zwar handelt es sich bei der Rüge nicht um einen förmlichen Rechtsbehelf. Da die rechtzeitige Rüge aber Zulässigkeitsvoraussetzung für einen Nachprüfungsantrag ist, sind die Rügefristen mittelbar auch Rechtsmittelfristen im Sinne des Bekanntmachungsformulars.[56] Auch die **Frist nach § 135 Abs. 2 GWB** für Nachprüfungsanträge zur Feststellung der Unwirksamkeit eines unter Verstoß gegen die Stillhaltefrist des § 134 Abs. 2 GWB erteilten Zuschlags ist eine förmliche Rechtsmittelfrist,[57] die unter VI.4.3 anzugeben ist.[58]

84   Unter VI.4.4 kann ferner eine Stelle angegeben werden, die **Auskünfte über die Einlegung von Rechtsbehelfen** erteilt. Das GWB-Vergaberecht sieht solche Auskunftsstellen nicht offiziell vor. In der Praxis nehmen die Auftragsberatungsstellen der Länder (die gemeinsam von den Industrie- und Handelskammern, den Handwerks- und Architektenkammern und den Ländern getragen werden) diese Informationsaufgabe wahr. Eine Angabe der Auftragsberatungsstellen ist jedoch nicht zwingend erforderlich. Auch einige Vergabekammern stellen auf ihren Internetseiten Informationen zum Nachprüfungsverfahren zur Verfügung. Sie sind jedoch keine Auskunftsstelle im rechtlichen Sinne.[59]

85   Unter VI.5 ist schließlich der **Tag der Absendung der Bekanntmachung** an das Amt für Veröffentlichungen der EU zu veröffentlichen. Dieser Tag hat für das weitere Verfahren erhebliche Bedeutung; das gilt insbesondere für die Berechnung der Mindestfristen für die Angebote oder Teilnahmeanträge, die ab dem Tag der Absendung laufen.[60] Der Tag

---

[53] *Schwabe* in Müller-Wrede VgV/UVgO § 37 VgV Rn. 235.

[54] Das in § 20 VgV 2003 noch vorgesehene freiwillige Schlichtungsverfahren für Vergaben im Sektorenbereich wurde bereits durch Art. 2 des Vergaberechts-Modernisierungsgesetztes 2009 (BGBl. I, 790) abgeschafft.

[55] 13 Verg 1/10; ebenso VK Sachsen 11.12.2009 – 1/SVK/054-09.

[56] So tendenziell auch *Ohlerich* in Gabriel/Krohn/Neun, Handbuch Vergaberecht, 2. Aufl., § 23 Rn. 33; aA *Schwabe* in Müller-Wrede VgV/UVgO § 37 VgV Rn. 244.

[57] Ebenso *Rechten* in KKMPP VgV § 37 Rn. 76.

[58] In der Praxis hat diese Frist jedoch nur geringe Bedeutung, da ein etwaiger Nachprüfungsantrag in diesen Fällen typischerweise noch innerhalb der 10-Tages-Frist des § 134 Abs. 2 gestellt wird, so dass sich die Frage einer Verfristung des Antrags nach § 135 Abs. 2 GWB nicht stellt. Auftraggeber beschränken die Angaben unter VI.4.3 daher meist auf die Fristen nach § 160 Abs. 3 Satz 1 Nr. 1 bis 4 GWB.

[59] VK Bund 30.10.2009 – VK 2–180/09.

[60] Für den Tag, ab dem eine etwaige parallele Bekanntmachung auf nationaler Ebene veröffentlicht werden darf, ist der Tag der Absendung der EU-Bekanntmachung – anders als noch nach § 15 EG Abs. 4 VOL/A 2009 – allerdings nicht mehr maßgeblich; hierfür kommt es nach § 40 Abs. 3 nunmehr auf den

der Absendung der Auftragsbekanntmachung ist nach § 3 Abs. 3 im Regelfall auch der maßgebliche Zeitpunkt für die Schätzung des Auftragswerts. Bei Versand der Bekanntmachung über das eNOTICES-Portal ist eine Eintragung des Datums durch den Auftraggeber allerdings weder nötig noch möglich; das Datum wird vielmehr bei Absendung an das Amt für Veröffentlichungen der EU automatisch ausgefüllt.

III. Angabe der Vergabekammer (Abs. 3)

Nach Abs. 3 muss der Auftraggeber in der Auftragsbekanntmachung die zuständige Ver- 86 gabekammer für eine etwaige Nachprüfung angeben. Die Regelung ist an sich überflüssig, da sich die Pflicht zur Angabe der Vergabekammer bereits aus dem gemäß Abs. 2 zwingend zu verwendenden Standardformular (dort Abschnitt VI.4.1, → Rn. 82) ergibt. Durch die gesonderte Erwähnung in Abs. 3 wird der besondere Stellenwert des Bieterrechtsschutzes jedoch hervorgehoben. Die Benennung der Vergabekammer hat für rechtsschutzsuchende Bieter auch erhebliche praktische Bedeutung, weil ihnen damit Nachforschungen erspart werden.

Welche Vergabekammer zuständig ist, richtet sich nach § 159 GWB. Die Angabe in der 87 Bekanntmachung hat daher nur deklaratorische Bedeutung. Ob das Nachprüfungsverfahren überhaupt eröffnet ist und welche Kammer zuständig ist, ergibt sich allein aus dem Gesetz. Gibt der Auftraggeber eine Vergabekammer an, obwohl der Auftrag gar nicht der Nachprüfung unterliegt (z.B. weil der Schwellenwert nicht erreicht ist oder eine Ausnahme nach §§ 107, 116f. GWB vorliegt), wird dadurch der Vergaberechtsschutz nach §§ 155ff. GWB nicht begründet.[61] Ähnliches gilt, wenn der Auftraggeber irrtümlich eine **unzuständige Kammer benennt**. Um die Wirksamkeit des Rechtsschutzes nicht zu unterlaufen, muss die Kammer in diesem Fall aber **gleichwohl** den Auftraggeber gem. § 169 Abs. 1 GWB über einen bei ihr gestellten Nachprüfungsantrag **informieren** und so das Zuschlagsverbot auslösen, falls der Zuschlag anderenfalls droht; anschließend hat sie den Antrag an die zuständige Kammer zu **verweisen**.[62] Auch bei konkurrierender Zuständigkeit mehrerer Kammern entfaltet die Benennung einer dieser Kammern keine Bindungswirkung. Verbindlich ist die Angabe allenfalls in Fällen des § 159 Abs. 1 Nr. 2, 2. Var. GWB, wenn ein Auftrag von Auftraggebern gemäß § 99 Nr. 2 GWB vergeben wird, an denen eine überwiegende Bundeskontrolle besteht bzw. die überwiegend vom Bund finanziert werden, bei dem sich die am Auftraggeber Beteiligten aber auf die Zuständigkeit einer anderen Vergabekammer (dh der eines Landes) geeinigt haben. Gibt der Auftraggeber in diesem Fall diese andere Kammer an, ist die Angabe verbindlich.

Auch die korrekte Angabe der Kontaktdaten ist für Bieter, die Rechtsschutz in An- 88 spruch nehmen wollen, von hoher praktischer Bedeutung. Gibt der Auftraggeber falsche Kontaktdaten an und versäumt ein Unternehmen daher die Nachprüfungsfrist nach § 160 Abs. 3 Satz 1 Nr. 4 GWB, kann sich der Auftraggeber auf die Fristversäumung nicht berufen. Erreicht der Nachprüfungsantrag die Vergabekammer aufgrund falscher Angaben des Auftraggebers erst so spät, dass die Stillhaltefrist nach § 134 Abs. 1 und 2 GWB bereits abgelaufen und der Zuschlag deshalb erteilt wurde, dürfte das zwar nicht zur Unwirksamkeit des Zuschlags führen. Der Auftraggeber ist dem Bieter dann aber gemäß §§ 241 Abs. 2, 311 Abs. 2 iVm §§ 280ff. BGB zum Schadenersatz verpflichtet.[63]

Zeitpunkt der Eingangsbestätigung durch das Amt für Veröffentlichungen der EU (nach dem noch mindestens 48 Stunden abzuwarten sind) bzw. den Zeitpunkt der tatsächlichen Veröffentlichung an (→ näher § 40 Abs. 3, Rn. 19).

[61] OLG München 28.9.2005 – Verg 18/05; *Rechten* in KKMPP VgV § 37 Rn. 79.

[62] VK Münster 9.8.2001 – Verg 19/05; *Ohlerich* in Gabriel/Krohn/Neun Handbuch Vergaberecht, 2. Aufl., § 23 Rn. 29.

[63] So auch *Rechten* in KKMPP VgV § 37 Rn. 79.

D. Berichtigung der Bekanntmachung

89   In der Praxis kommt es immer wieder vor, dass sich **Fehler** in die Auftragsbekanntmachung einschleichen. Bisweilen ergeben sich nach Veröffentlichung der Bekanntmachung auch noch inhaltliche **Änderungen** im Verfahren, die die bekanntgemachten Angaben betreffen. Aufgrund der Bindungswirkung der Bekanntmachung (→ Rn. 17) muss der Auftraggeber in diesem Fall eine **Korrekturbekanntmachung** veröffentlichen.

90   Die EU-Standardformulare enthalten dafür ein eigenes Muster (Anhang XI der DVO (EU) Nr. 2015/1986). Erfolgt die Berichtigung – wie es in der Praxis die Regel ist – über das eNOTICES-Portal, wird dort allerdings kein eigenes Berichtigungsformular zur Verfügung gestellt. Vielmehr kann der Auftraggeber auf Basis eines vorausgefüllten Formulars, das die Angaben aus der ursprünglichen Bekanntmachung enthält, in einem gesonderten Abschnitt VII die Korrekturen bzw. Änderungen eingeben und übermitteln.

91   Berichtigungen sind grundsätzlich **jederzeit möglich.** Betreffen die Änderungen wettbewerbsrelevante Angaben, ist jedoch **im Einzelfall zu prüfen,** ob die **Fristen zu verlängern** sind. Die Mindestfristen für Angebote und Teilnahmeanträge nach §§ 15 bis 20 laufen grundsätzlich ab Veröffentlichung einer korrekten Auftragsbekanntmachung. Das Standardformular enthält dazu den Hinweis, dass wenn die Berichtigung bzw. Ergänzung zu einer **wesentlichen Änderung der Wettbewerbsbedingungen** führt, die Fristen zu verlängern sind oder ein neues Verfahren einzuleiten ist. Dabei gilt der Grundsatz der **Angemessenheit** der Fristen gem. § 20 Abs. 3. Werden nur Details geändert, die aus Unternehmenssicht für die Entscheidung über die Beteiligung am Verfahren und die Vorbereitung eines Angebots oder Teilnahmeantrags von untergeordneter Bedeutung sind, bedarf es keiner Verlängerung.

92   Ein **Widerruf** oder eine **Annullierung** einer bereits veröffentlichten Bekanntmachung ist nicht vorgesehen. Dem Auftraggeber steht es innerhalb der allgemeinen vergaberechtlichen Grenzen gleichwohl frei, das Vergabeverfahren noch während der mit der Bekanntmachung eingeleiteten Wettbewerbsphase abzubrechen. Ein solcher Abbruch stellt eine **Aufhebung des Verfahrens** dar, die mittels einer „Bekanntmachung vergebener Aufträge/ Ergebnisse des Vergabeverfahrens" iSv § 39 Abs. 1 und 2 bekanntzumachen ist (→ § 39 Rn. 17 f.).

E. Beschafferprofil (Abs. 4)

I. Begriff und Funktion

93   Neben der EU-weiten Veröffentlichung einer Auftragsbekanntmachung nach Abs. 1 bis 3 können Auftraggeber gem. Abs. 4 zusätzlich ein **Beschafferprofil** im Internet einrichten. Dabei handelt es sich um eine Veröffentlichung von allgemeinen und besonderen Angaben zum Auftraggeber sowie laufenden und geplanten Ausschreibungen, vergebenen Aufträgen und aufgehobenen Verfahren.

94   Der Begriff geht auf Art. 48 Abs. 1 sowie Anhang VIII Nr. 1, Nr. 2b VRL zurück. Er ist weder in der VRL noch im deutschen Recht abschließend definiert. Anhang VIII Nr. 2b VRL und Abs. 4 Satz 2 nennen lediglich mögliche Inhalte. Neben **allgemeinen Informationen** zum Auftraggeber wie der Kontaktstelle, der Anschrift und sonstigen Kontaktdaten (Telefon, Fax und E-Mail) kann ein Beschafferprofil insbesondere Angaben über **laufende Ausschreibungen, geplante Auftragsvergaben, vergebene Aufträge und aufgehobene Vergabeverfahren** enthalten. Zur Unterrichtung über geplante Aufträge können insbesondere auch **Vorinformationen iSv § 38 Abs. 2** veröffentlicht werden (→ näher Rn. 98). Darüber hinaus kann ein Beschafferprofil dazu genutzt werden, Anbie-

ter über die allgemeinen und besonderen Einkaufs- und/oder Vertragsbedingungen des Auftraggebers oder sonstige Besonderheiten seiner Beschaffungsprozesse zu unterrichten oder andere nützliche Informationen bereitzustellen.

Beschafferprofile haben mit Auftragsbekanntmachungen iSv Abs. 1 bis 3 nichts zu tun **95** und für den EU-weiten Wettbewerb keine auch nur annähernd vergleichbare Bedeutung. Sie tragen zwar zur Transparenz im Vergabemarkt bei. Doch handelt es sich nicht um ein EU-weites Instrument, sondern um individuelle Veröffentlichungen einzelner Auftraggeber, die weder einem einheitlichen Muster folgen noch zentral recherchierbar sind. Beschafferprofile bieten daher **keine echte EU-weite Publizität.** Die relativ prominente Platzierung der Regelung in § 37 Abs. 4 im direkten Kontext zur Auftragsbekanntmachung suggeriert insoweit einen höheren Stellenwert, als dem Instrument tatsächlich zukommt.

II. Weitere Einzelheiten

Das Beschafferprofil ist **im Internet** zu veröffentlichen. Typischerweise wird es als Un- **96** terseite des allgemeinen Internetauftritts des Auftraggebers publiziert. Verwendet der Auftraggeber das Beschafferprofil zur Veröffentlichung von Vorinformationen iSv § 38 Abs. 2, muss er sicherstellen, dass die Internetseite mit dem Beschafferprofil frei zugänglich ist.[64]

Bei der Unterrichtung über laufende Ausschreibungen ist → **§ 40 Abs. 3 zu beach- 97 ten.** Danach müssen Auftraggeber vor einer Veröffentlichung auf nationaler Ebene zunächst die EU-Veröffentlichung oder zumindest eine **Frist von 48 Stunden** nach der Eingangsbestätigung des Amts für Veröffentlichungen der EU abwarten. Die inländische Veröffentlichung darf außerdem **keine anderen Angaben** enthalten als die EU-Bekanntmachung. Zulässig ist es jedoch, wenn der Auftraggeber in der EU-Bekanntmachung auf weiterführende Angaben im Beschafferprofil verweist.[65]

Von besonderer Bedeutung ist die Möglichkeit, **Vorinformationen iSv § 38 Abs. 2 98 im Beschafferprofil zu veröffentlichen.** Macht der Auftraggeber von dieser Möglichkeit Gebrauch, entfällt damit zwar nicht die Verpflichtung zur EU-weiten Bekanntmachung. Vielmehr muss der Auftraggeber gem. § 38 Abs. 2 in diesem Fall dem Amt für Veröffentlichungen vorab eine **Ankündigung der Veröffentlichung** übermitteln, die dann EU-weit bekanntmacht wird (→ § 38 Rn. 27 ff.). Der Auftraggeber kann die Vorinformationen als solche dann aber originär auf seiner eigenen Plattform publizieren. Die Veröffentlichung im Beschafferprofil ist in diesem Fall unmittelbar nach Übermittlung der Ankündigung an das Amt für Veröffentlichungen der EU zulässig; die in § 40 Abs. 3 vorgesehene **48-Stunden-Frist muss nicht abgewartet** werden[66] (→ § 40 Rn. 19).

Anders verhält es sich nur, wenn die Vorinformation als **Aufruf zum Wettbewerb 99** gem. § 38 Abs. 4 dient. Derartige Vorinformationen müssen **originär im EU-Amtsblatt** veröffentlicht werden. Sie dürfen nur *zusätzlich* im Beschafferprofil publiziert werden (§ 38 Abs. 4 Satz 2), wobei der Auftraggeber auch die 48-Stunden-Frist nach § 40 Abs. 3 einhalten muss (→ § 38 Rn. 52; → § 40 Rn. 22).[67]

---

[64] *Rechten* in KKMPP VgV § 37 Rn. 120.
[65] *Rechten* in KKMPP VgV § 37 Rn. 121.
[66] AA *Schwabe* in Müller-Wrede VgV/UVgO § 37 VgV Rn. 263.
[67] Das ergibt sich daraus, dass die zusätzliche Veröffentlichung der Vorinformation in einem Beschafferprofil gem. Art. 48 Abs. 2 UAbs. 2 Satz 2 VRL nur unter Beachtung der für Veröffentlichungen auf nationaler Ebene geltenden Regelungen des Art. 52 VRL zulässig ist. Dazu gehört auch die in Art. 52 Abs. 1 VRL bzw. § 40 Abs. 3 geregelte Wartefrist.

§ 38 Vorinformation

(1) Der öffentliche Auftraggeber kann die Absicht einer geplanten Auftragsvergabe mittels Veröffentlichung einer Vorinformation nach dem Muster gemäß Anhang I der Durchführungsverordnung (EU) 2015/1986 bekanntgeben.

(2) Die Vorinformation kann an das Amt für Veröffentlichungen der Europäischen Union versandt oder im Beschafferprofil veröffentlicht werden. Veröffentlicht der öffentliche Auftraggeber eine Vorinformation im Beschafferprofil, übermittelt er die Mitteilung dieser Veröffentlichung dem Amt für Veröffentlichungen der Europäischen Union nach dem Muster gemäß Anhang VIII der Durchführungsverordnung (EU) 2015/1986.

(3) Hat der öffentliche Auftraggeber eine Vorinformation gemäß Absatz 1 veröffentlicht, kann die Mindestfrist für den Eingang von Angeboten im offenen Verfahren auf 15 Tage und im nicht offenen Verfahren oder Verhandlungsverfahren auf zehn Tage verkürzt werden, sofern

1. die Vorinformation alle nach Anhang I der Durchführungsverordnung (EU) 2015/1986 geforderten Informationen enthält, soweit diese zum Zeitpunkt der Veröffentlichung der Vorinformation vorlagen, und
2. die Vorinformation wenigstens 35 Tage und nicht mehr als zwölf Monate vor dem Tag der Absendung der Auftragsbekanntmachung zur Veröffentlichung an das Amt für Veröffentlichungen der Europäischen Union übermittelt wurde.

(4) Mit Ausnahme oberster Bundesbehörden kann der öffentliche Auftraggeber im nicht offenen Verfahren oder im Verhandlungsverfahren auf eine Auftragsbekanntmachung nach § 37 Absatz 1 verzichten, sofern die Vorinformation

1. die Liefer- oder Dienstleistungen benennt, die Gegenstand des zu vergebenden Auftrages sein werden,
2. den Hinweis enthält, dass dieser Auftrag im nicht offenen Verfahren oder Verhandlungsverfahren ohne gesonderte Auftragsbekanntmachung vergeben wird,
3. die interessierten Unternehmen auffordert, ihr Interesse mitzuteilen (Interessensbekundung),
4. alle nach Anhang I der Durchführungsverordnung (EU) 2015/1986 geforderten Informationen enthält und
5. wenigstens 35 Tage und nicht mehr als zwölf Monate vor dem Zeitpunkt der Absendung der Aufforderung zur Interessensbestätigung veröffentlicht wird.

Ungeachtet der Verpflichtung zur Veröffentlichung der Vorinformation können solche Vorinformationen zusätzlich in einem Beschafferprofil veröffentlicht werden.

(5) Der öffentliche Auftraggeber fordert alle Unternehmen, die auf die Veröffentlichung einer Vorinformation nach Absatz 4 hin eine Interessensbekundung übermittelt haben, zur Bestätigung ihres Interesses an einer weiteren Teilnahme auf (Aufforderung zur Interessensbestätigung). Mit der Aufforderung zur Interessensbestätigung wird der Teilnahmewettbewerb nach § 16 Absatz 1 und § 17 Absatz 1 eingeleitet. Die Frist für den Eingang der Interessensbestätigung beträgt 30 Tage, gerechnet ab dem Tag nach der Absendung der Aufforderung zur Interessensbestätigung.

(6) Der von der Vorinformation abgedeckte Zeitraum beträgt höchstens zwölf Monate ab dem Datum der Übermittlung der Vorinformation an das Amt für Veröffentlichungen der Europäischen Union.

Übersicht

	Rn.		Rn.
A. Einführung	1	II. Inhalt der Vorinformation	14
I. Literatur	1	III. Veröffentlichung der Vorinformation	16
II. Entstehungsgeschichte	2		
III. Unionsrechtliche Vorgaben	5	C. Freiwillige Vorinformation zur Marktinformation (Abs. 1 und 2)	17
B. Allgemeines zur Vorinformation	9		
I. Hintergrund und Funktion	9	I. Allgemeines	18

	Rn.		Rn.
II. Inhalt; Standardformular	19	E. **Vorinformation als Aufruf zum Wettbewerb (Abs. 4 und 5)**	45
III. Veröffentlichung der Vorinformationen	25	I. Beschränkung auf subzentrale Auftraggeber	47
1. Veröffentlichung im EU-Amtsblatt	26	II. Inhalt der Vorinformation	49
2. Veröffentlichung im Beschafferprofil	27	III. Veröffentlichung im EU-Amtsblatt; Zeitfenster	52
D. **Vorinformation zur Fristverkürzung (Abs. 3)**	33	IV. Interessenbekundungen und weiteres Verfahren (Abs. 5)	56
I. Inhalt der Vorinformation	35	1. Interessenbekundungen	57
II. Veröffentlichung im EU-Amtsblatt; Zeitfenster	41	2. Aufforderung zur Interessensbestätigung	58
III. Verkürzung der Angebotsfristen	43	F. **Geltungszeitraum der Vorinformation (Abs. 6)**	62

A. Einführung

I. Literatur

Siehe die Literaturangaben zu § 37.   **1**

II. Entstehungsgeschichte

EU-weite Vorinformationen gehören seit langem zum Instrumentarium des europäi- **2** schen Vergaberechts. Die Vorinformation war früher in § 15 EG Abs. 6 bis 8 VOL/A 2009 geregelt. Die Vergaberechtsmodernisierung 2016 hat jedoch eine Reihe von Neuerungen gebracht. Während eine Vorinformation früher für Aufträge ab 750.000 EUR verpflichtend war (§ 15 EG Abs. 6 VOL/A 2009), ist sie nach neuem Recht **stets freiwillig.** Die in Abs. 3 geregelte Möglichkeit, bei Veröffentlichung einer Vorinformation unter bestimmten Voraussetzungen die **Angebotsfristen zu verkürzen,** wurde aus § 12 EG Abs. 3 und Abs. 5 Satz 3 VOL/A 2009 übernommen.

Eine echte Neuerung ist die Regelung in Abs. 4, wonach Auftraggeber unterhalb der **3** obersten Bundesebene die Vorinformation auch als echten Aufruf zum Wettbewerb verwenden können, der eine weitere Auftragsbekanntmachung nach § 37 entbehrlich macht. Eine solche Möglichkeit gab es früher in ähnlicher Form nur im Sektorenbereich in Gestalt der „regelmäßigen nicht verbindlichen Bekanntmachung" gem. § 14 SektVO 2009. Ebenfalls neu sind die damit einhergehenden Regelungen über die Einreichung von Interessensbekundungen und die Aufforderung zur Interessenbestätigung in Abs. 5.

Die in Abs. 2 vorgesehene Möglichkeit, Vorinformationen in einem Beschafferprofil des **4** Auftraggebers zu veröffentlichen, und die Verpflichtung, dem Amt für Veröffentlichungen der EU in diesem Fall eine Mitteilung über die Veröffentlichung zu übermitteln, fand sich in ähnlicher Form bereits in § 15 EG Abs. 7 VOL/A 2009 (der im Gegensatz zur Neuregelung richtigerweise noch klarstellte, dass die Veröffentlichung im Beschafferprofil erst nach der Mitteilung an das EU-Amtsblatt erfolgen darf; → unten Rn. 32).

III. Unionsrechtliche Vorgaben

§ 38 dient der Umsetzung von Art. 48 VRL. Die allgemeinen Regelungen zur Vorin- **5** formation in Abs. 1 und 2 beruhen auf Art. 48 Abs. 1 VRL. Das gilt auch für die in Abs. 2 vorgesehene Möglichkeit, Vorinformationen statt im EU-Amtsblatt in einem Beschafferprofil des Auftraggebers zu veröffentlichen, sowie die Pflicht, dem EU-Amtsblatt in diesem Fall eine Mitteilung über die Veröffentlichung zu übermitteln. Bei der Neuregelung 2016 wurde allerdings eine Umsetzung der (in § 15 EG Abs. 7 Satz 2 VOL/A 2009 noch enthaltenen) Vorgabe aus Art. 52 Abs. 3 VRL, dass eine Veröffentlichung in einem Beschafferprofil erst *nach* Übermittlung der Ankündigung an das EU-Amtsblatt erfolgen darf, versäumt (näher → Rn. 32).[1]

6   Art. 48 verweist wegen des Mindestinhalts der Bekanntmachungen auf die Auflistung in Anhang V Teil A und B VRL. Ähnlich wie bei der Auftragsbekanntmachung nach § 37 wurde diese Auflistung bei der Umsetzung übersprungen; stattdessen wird in § 38 Abs. 1 und 2 wegen des Inhalts der Vorinformation bzw. der Mitteilung direkt auf die Standardformulare gemäß Anhang I und VIII DVO (EU) 2015/1986 verwiesen. Dabei hat sich der Verordnungsgeber (wie in § 37 Abs. 2) abweichend von Art. 51 Abs. 1 VRL für eine *statische* Verweisung auf das zum Zeitpunkt der Verordnung aktuelle Formular entschieden (→ § 37 Abs. 8).

7   Die Regelung in Abs. 3 zur Verkürzung der Angebotsfristen bei Veröffentlichung einer qualifizierten Vorinformation basiert auf den Fristenregelungen der Art. 27 Abs. 2, Art. 28 Abs. 1 und Art. 29 Abs. 1 UAbs. 4 VRL. Bei der Umsetzung im Rahmen der Vergaberechtsmodernisierung 2016 wurde die Regelung zwischen den Vorschriften über die Vorinformation (und nicht mehr unter den Fristenregelungen wie noch in § 12 EG VOL/A 2009) eingeordnet. Dadurch wird der praktische Vorteil, der für den Auftraggeber mit einer qualifizierten Vorinformation verbunden sein kann, augenfälliger. Die Vorgaben in Abs. 3 zu den Mindestinhalten einer Vorinformation zum Zweck der Fristverkürzung gehen allerdings deutlich über die Anforderungen von Art. 27 Abs. 2, Art. 28 Abs. 1 und Art. 29 Abs. 1 UAbs. 4 VRL hinaus (→ Rn. 36).

8   Abs. 4, der die Veröffentlichung einer Vorinformation als Aufruf zum Wettbewerb regelt, setzt Art. 48 Abs. 2 UAbs. 1 und 2 VRL um. Die Umsetzung von Art. 48 Abs. 2 UAbs. 2, der die Einzelheiten der Veröffentlichung regelt, ist allerdings nur teilweise geglückt. Zum einen geht die dort geregelte Verpflichtung, Vorinformationen, die als Aufruf zum Wettbewerb dienen, originär im EU-Amtsblatt (dh nicht alternativ in einem Beschafferprofil) zu veröffentlichen, aus § 38 Abs. 2 nicht mit der gleichen Klarheit hervor wie aus der Richtlinie. Zum anderen wurde auf eine ausdrückliche Umsetzung von Art. 48 Abs. 2 UAbs. 2 Satz 2, wonach bei einer etwaigen zusätzlichen Veröffentlichung in einem Beschafferprofil alle Anforderungen an eine inländische Veröffentlichung gem. Art. 52 VRL (bzw. § 40 Abs. 3) zu beachten sind, verzichtet, was Missverständnisse auslösen kann (→ Rn. 52). Auch die Vorgaben zu den Mindestinhalten einer Vorinformation als Aufruf zum Wettbewerb gehen über die Anforderungen von Art. 48 Abs. 2 iVm. Art. 27 Abs. 2, Art. 28 Abs. 1 und Art. 29 Abs. 1 UAbs. 4 VRL hinaus (→ Rn. 51).

B. Allgemeines zur Vorinformation

I. Hintergrund und Funktion

9   Die Vorinformation ist ein ergänzendes **Mittel zur Publizität** geplanter Auftragsvergaben. Die frühzeitige Bekanntgabe bevorstehender Vergaben dient der **Marktinformation,** erhöht die Transparenz und erleichtert interessierten Unternehmen die Planung und Disposition. Die Vorinformation **fördert damit den Wettbewerb.** Für den Auftraggeber verursachen Vorinformationen zwar zusätzlichen Aufwand. Soweit durch die Veröffentlichung der Wettbewerb angekurbelt wird, ist das für Auftraggeber jedoch von unmittelbarem Nutzen.

---

[1] Grund mag sein, dass Art. 48 Abs. 1 VRL, auf dem § 38 Abs. 2 beruht, ebenfalls keine explizite Regelung der Abfolge enthält, sondern sich diese erst aus Art. 52 Abs. 3 ergibt. Jedoch wurde die Regelung auch in § 40 Abs. 3, der der Umsetzung von Art. 52 VRL dient, nicht aufgegriffen (→ § 40 Rn. 6 und 19).

Unter den Voraussetzungen des Abs. 3 hat eine Vorinformation für den Auftraggeber **10** außerdem den Vorteil, dass die **Fristen** für den Eingang der Angebote im offenen, nicht offenen und Verhandlungsverfahren **verkürzt** werden können (→ Rn. 33 ff.).

Unter den besonderen Voraussetzungen des Abs. 4 kann die Vorinformation auch als **11** (einziger) **EU-weiter Aufruf zum Wettbewerb** genutzt werden. Die Vorinformation ist insoweit ein alternatives Instrument der EU-Bekanntmachung, das eine reguläre Auftragsbekanntmachung iSv von § 37 entbehrlich macht (→ Rn. 45 ff.).

Die Veröffentlichung einer Vorinformation ist **grundsätzlich freiwillig.** Freiwillige **12** Vorinformationen sind für den Auftraggeber auch **unverbindlich.** Der Auftraggeber kann von der Einleitung eines durch eine Vorinformation angekündigten Vergabeverfahrens ohne weiteres absehen (wobei allerdings die Informationspflicht nach → § 39 Abs. 3 zu beachten ist). Bei einer freiwilligen Vorinformation kann der Auftraggeber im späteren Vergabeverfahren zudem von den Angaben in der Vorinformation abweichen.

Nur wenn der Auftraggeber von der Möglichkeit einer **Verkürzung der Angebots-** **13** **fristen** Gebrauch machen will oder die **Vorinformation als Aufruf zum Wettbewerb** nutzt, ist eine **Veröffentlichung zwingend.** Die Vorinformation muss in diesem Fall auch deutlich mehr Angaben als eine rein freiwillige Veröffentlichung enthalten; zudem muss sie innerhalb eines bestimmten Zeitfensters vor Beginn des Vergabeverfahrens veröffentlicht werden (sog. **qualifizierte Vorinformation;** → Rn. 34 und 46).

II. Inhalt der Vorinformation

Die Mindestinhalte der Vorinformation ergeben sich aus Abs. 1 sowie – falls die Vorin- **14** formation zur Fristverlängerung oder als Aufruf zum Wettbewerb dient – aus Abs. 3 Nr. 1 bzw. Abs. 4 Satz 1 Nr. 4. Diese Vorschriften verweisen auf das **Standardformular** aus Anhang I der DVO (EU) Nr. 2015/1986. Das Standardformular entspricht in vielen Punkten dem Formular für die Auftragsbekanntmachung (→ § 37 Rn. 25 ff.). Allerdings ergibt sich aus dem Formular und den dortigen Fußnoten-Erläuterungen, dass viele Angaben nicht in jedem Fall zwingend sind. Einige Angaben sind nur erforderlich, wenn die Vorinformation zur Fristverkürzung gem. Abs. 3 oder als Aufruf zum Wettbewerb gem. Abs. 4 dient.

Unionsrechtlich ergeben sich die Mindestinhalte der Vorinformation demgegenüber aus **15** Anhang V Teil B VRL. Dieser unterscheidet zwischen sog. „**obligatorischen Angaben**" (Abschnitt I) und „**zusätzlichen Auskünften**" wenn die Bekanntmachung als Wettbewerbsaufruf dient (Abschnitt II). Das Standardformular bildet diese Unterscheidung teilweise, aber nicht vollständig ab. Vielmehr fordert das Formular sowohl bei Vorinformationen zur Fristverkürzung als auch solchen, die als Wettbewerbsaufruf dienen, auch Angaben, die nach der Richtlinie gerade nicht zwingend sind (→ näher Rn. 36 und 51).

III. Veröffentlichung der Vorinformation

Die Vorinformation unterscheidet sich von der Auftragsbekanntmachung wie auch allen **16** anderen EU-Bekanntmachungen dadurch, dass sie nicht in jedem Fall originär im EU-Amtsblatt veröffentlicht werden muss. Freiwillige Vorinformationen können stattdessen auch in einem Beschafferprofil des Auftraggebers veröffentlicht werden. Die europaweite Publizität wird in diesem Fall durch eine vorherige Mitteilung an das EU-Amtsblatt hergestellt (→ näher Rn. 27 ff.). Nur Vorinformationen zur Fristverkürzung oder als Aufruf zum Wettbewerb müssen zwingend im EU-Amtsblatt veröffentlicht werden (→ näher Rn. 52 ff.).

C. Freiwillige Vorinformation zur Marktinformation
(Abs. 1 und 2)

17   Abs. 1 und 2 enthalten allgemeine Regelungen zur Vorinformation. Sie betreffen im Ausgangspunkt die **freiwillige Vorinformation zur Marktinformation.** Sie sind grundsätzlich aber auch dann zu beachten, wenn der Auftraggeber von der Möglichkeit einer Fristverkürzung Gebrauch machen will oder die Vorinformation als Aufruf zum Wettbewerb dient.

I. Allgemeines

18   Abs. 1 eröffnet Auftraggebern die Möglichkeit, geplante Auftragsvergaben schon vor Beginn des eigentlichen Verfahrens mittels einer Vorinformation anzukündigen. Die Veröffentlichung von Vorinformationen, die lediglich der Marktinformation dienen, ist stets **freiwillig.** Die früher bestehende Pflicht zur jährlichen Veröffentlichung von Vorinformationen über Aufträge ab 750.000 EUR (§ 15 EG Abs. 6 VOL/A 2009) ist mit Einführung der VRL und der Vergaberechtsmodernisierung 2016 entfallen. Eine Vorinformation kann für den Auftraggeber jedoch sinnvoll sein, um den **Wettbewerb anzukurbeln.** Sie erlaubt potentiellen Interessenten eine frühzeitige Planung und Disposition ihrer Ressourcen. Gerade bei größeren und komplexen Projekten wird den Unternehmen durch eine Vorinformation die Möglichkeit gegeben, etwa erforderliche Vorbereitungsmaßnahmen schon frühzeitig einzuleiten. Das fördert die Wettbewerbsteilnahme von Anbietern, die ohne entsprechenden Vorlauf nicht in der Lage wären, sich zu beteiligen.

II. Inhalt; Standardformular

19   Auch **freiwillige Vorinformationen,** die nur der Marktinformation dienen, müssen bestimmte **Mindestangaben** enthalten. Diese sind in Anhang V Teil C Abschnitt I VRL („Obligatorische Angaben") aufgelistet. § 38 Abs. 1 schreibt vor, dass die Vorinformation nach dem **Standardformular** aus Anhang I der DVO (EU) Nr. 2015/1986 zu erstellen ist, das diese Mindestinhalte aufgreift.

20   Die Festlegung verbindlicher Mindestinhalte für eine an sich freiwillige Veröffentlichung wird vereinzelt als widersprüchlich kritisiert.[2] Diese Kritik ist unbegründet. Die Vorgabe gewisser Mindestinhalte ist auch bei einer rein freiwilligen Veröffentlichung sinnvoll, um das Instrument nicht durch eine Beliebigkeit der Angaben zu entwerten.[3]

21   Zu den Mindestinhalten gehören zunächst die Angaben zum Auftraggeber gemäß Abschnitt I des Formulars. Diese entsprechen Abschnitt I der Auftragsbekanntmachung nach § 37 (→ § 37 Rn. 27 ff.). Ebenfalls obligatorisch ist strenggenommen die **Internetadresse** für den unentgeltlichen, uneingeschränkten, vollständigen und unmittelbaren **Abruf der Vergabeunterlagen** (Anhang V Teil B Abschnitt I Nr. 2 VRL). Das passt nicht zu § 41 Abs. 1, wonach die Angabe der Internetadresse erst in der Auftragsbekanntmachung iSv § 37 oder der Aufforderung zur Interessenbestätigung anzugeben ist und die Vergabeunterlagen auch erst ab diesem Zeitpunkt direkt elektronisch bereit gestellt werden müssen. Das Standardformular enthält daher im betreffenden Feld in Abschnitt I.3 eine Fußnoten-Anmerkung, die klarstellt, dass die Internetadresse für den Abruf der Vergabeunterlagen nur angegeben werden muss, wenn die Vorinformation als Aufruf zum Wettbewerb (gem. Abs. 4) oder zur Verkürzung der Angebotsfristen (gem. Abs. 3) dient.

22   Obligatorisch sind ferner die Angaben zum Auftragsgegenstand gemäß Abschnitt II.1 sowie verschiedene Angaben in Abschnitt II.2. Das betrifft insbesondere den CPV-Code

---

[2] *Rechten* in KKMPP VgV § 38 Rn. 14.
[3] Im Ergebnis ähnlich *Schwabe* in Müller-Wrede VgV/UVgO § 38 VgV Rn. 33.

gemäß II.1.2 und etwaige weitere CPV-Codes für die einzelnen Lose gemäß II.2.2, den Haupterfüllungsort nebst NUTS-Code (ggf. auch für die einzelnen Lose) gemäß II.2.3 sowie eine Kurzbeschreibung mit Art und Menge oder Wert der Lieferungen bzw. Art und Umfang der Dienstleistungen gemäß Abschnitt II.1.4 und II.2.4.

Freiwillige Vorinformationen zur Marktinformation können auch **gebündelt als** 23 **Sammelbekanntmachung** veröffentlicht werden, in der eine Vielzahl von Beschaffungsvorhaben zusammengefasst werden. Das Standardformular sieht zu diesem Zweck die Möglichkeit vor, die Angaben in Abschnitt II zum Beschaffungsgegenstand bei Bedarf beliebig oft zu wiederholen.

Unter II.3 ist der voraussichtliche Tag der Veröffentlichung der regulären Auftragsbe 24 kanntmachung anzugeben, sofern bereits bekannt (und soweit die Vorinformation nicht selbst als Aufruf zum Wettbewerb dient). Unter II.2.14 oder VI.3 sind etwaige zusätzliche Angaben zu machen. Außerdem ist unter IV.1.8 anzugeben, ob der Auftrag unter das WTO-Beschaffungsabkommen (GPA) fällt (→ § 37 Rn. 70). Schließlich ist der Tag der Absendung der Bekanntmachung an das Amt für Veröffentlichungen der EU anzugeben (→ § 37 Rn. 85).

III. Veröffentlichung der Vorinformationen

Freiwillige Vorinformationen zur Marktinformation können gemäß Abs. 2 entweder an 25 das Amt für Veröffentlichungen der EU zur Veröffentlichung im **Supplement zum EU-Amtsblatt** (TED-Vergabeplattform) übermittelt **oder** in einem **Beschafferprofil** des Auftraggebers veröffentlicht werden.

1. Veröffentlichung im EU-Amtsblatt 26

a) Bei einer Veröffentlichung **im EU-Amtsblatt** ist der Ablauf der gleiche wie bei Auftragsbekanntmachungen nach § 37 und sonstigen Bekanntmachungen. Der Auftraggeber hat die Vorinformation über das e-NOTICES-Onlineportal oder die e-Sender-Funktion dem Amt für Veröffentlichungen der EU zu übermitteln, welches sie sodann im Supplement zum EU-Amtsblatt bekanntmacht (→ § 40 Rn. 15 ff.).

2. Veröffentlichung im Beschafferprofil 27

b) Die Veröffentlichung im **Beschafferprofil** wird vom Auftraggeber selbst durchgeführt. Für die Veröffentlichung selbst gelten dabei keine Besonderheiten. Allerdings muss der Auftraggeber auch in diesem Fall eine EU-weite Publizität herstellen. Dazu muss der Auftraggeber dem Amt für Veröffentlichungen der EU **vorab eine Mitteilung über die beabsichtigte Veröffentlichung** übermitteln. Das Amt für Veröffentlichungen **veröffentlicht diese Mitteilung im EU-Amtsblatt.**

Für die Mitteilung über die Veröffentlichung einer Vorinformation im Beschafferprofil ist 28 ein eigenes Standardformular gemäß Anhang VIII der DVO (EU) Nr. 2015/1986 (mit der wenig geglückten Bezeichnung „Bekanntmachung eines Beschafferprofils") zu verwenden.

Die Mitteilung muss verschiedene Angaben zum Vorhaben enthalten. Diese sind in An 29 hang V Teil A VRL aufgeführt. Dazu gehören u.a. die Angaben zum Auftraggeber gemäß Abschnitten I.1, I.2, I.4 und I.6 des Standardformulars; diese entsprechen den betreffenden Angaben in der Auftragsbekanntmachung nach § 37 (→ § 37, Rn. 27 ff.). Insbesondere ist unter I.1 die Internetadresse des Beschafferprofils anzugeben.

Das Standardformular sieht unter I.3 auch die Angabe der elektronischen Adresse vor, 30 unter der die Vergabeunterlagen direkt elektronisch abgerufen werden können. In einer Fußnoten-Erläuterung wird allerdings darauf hingewiesen, dass diese Angabe nicht zwingend ist.[4] Das entspricht Anhang V Teil A VRL.

---

[4] Die Erläuterung ist allerdings nicht ganz korrekt formuliert. Sie lautet, dass die Angabe entweder in der Bekanntmachung oder in der „Aufforderung zur Angebotsabgabe" zu machen ist. Tatsächlich ist die Angabe in der regulären Auftragsbekanntmachung iSv § 37 zu machen.

31   Gemäß Abschnitt II des Formulars sind ferner grundlegende Angaben zum Beschaffungsgegenstand zu machen. Gefordert sind u. a. der oder die CPV-Code(s), die Art des Auftrags (Bau-, Liefer- oder Dienstleistungsauftrag), der Haupterfüllungsort mit NUTS-Code sowie eine Beschreibung des Beschaffungsgegenstands. Das Formular geht insoweit deutlich über Anhang V Teil A VRL hinaus; dieser verlangt in Bezug auf den Gegenstand der Beschaffung ausschließlich den bzw. der CPV-Code(s). Da § 38 Abs. 2 Satz 2 jedoch uneingeschränkt auf die Vorgaben des Formulars verweist und eine „überschießende" Umsetzung der Richtlinienbestimmungen zum Mindestinhalt der Bekanntmachung der Richtlinie nicht zuwider läuft, spielt der Umstand, dass die übrigen Angaben EU-rechtlich nicht zwingend sind, für deutsche Auftraggeber keine Rolle. Aufgrund der klaren Anordnung in Abs. 2 Satz 2 sind vielmehr alle im Formular geforderten Angaben zu machen.

32   Gemäß Art. 52 Abs. 3 VRL muss der Auftraggeber dem EU-Amtsblatt die Bekanntmachung **vorab, d. h. vor der Veröffentlichung** im Beschafferprofil übermitteln. Bei der Umsetzung der Vorschrift ist dieses wichtige Detail – das in der Vorgängerregelung des § 15 EG Abs. 7 VOL/A 2009 noch enthalten war – seltsamerweise unter den Tisch gefallen. Aufgrund der klaren Richtlinienvorgabe ist die Reihenfolge gleichwohl zwingend. Andererseits ergibt sich aus der Gegenüberstellung von Art. 52 Abs. 3 und Art. 52 Abs. 1 VRL, dass die Veröffentlichung im Beschafferprofil bereits unmittelbar nach Übermittlung der Bekanntmachung an das EU-Amtsblatt zulässig ist und nicht erst deren Veröffentlichung bzw. die in Art. 52 Abs. 1 VRL genannte 48-Stunden-Frist abgewartet werden muss. Auch das wird aus der Umsetzung in § 38 Abs. 2 iVm § 40 Abs. 3 nicht deutlich.

D. Vorinformation zur Fristverkürzung (Abs. 3)

33   Auftraggeber können eine Vorinformation gemäß Abs. 3 auch zu dem Zweck veröffentlichen, die **Mindestfristen für die Angebote** im offenen, nicht offenen und Verhandlungsverfahren **zu verkürzen.** Macht der Auftraggeber von dieser Möglichkeit Gebrauch, verkürzen sich die Mindestfristen für die Angebote im offenen Verfahren auf 15 Tage und im nicht offenen und Verhandlungsverfahren auf 10 Tage.

34   Eine Fristverkürzung ist allerdings an bestimmte Voraussetzungen gebunden (sog. qualifizierte Vorinformation). Zum einen muss die Vorinformation **bestimmte Mindestinformationen** enthalten, sofern diese zum Zeitpunkt der Veröffentlichung bereits vorliegen (→ I.). Zum anderen muss die Vorinformation unter Einhaltung bestimmter Mindest- und Höchstfristen dem EU-Amtsblatt zur Veröffentlichung übermittelt werden (→ II.).

I. Inhalt der Vorinformation

35   Die Vorinformation zur Fristverkürzung muss gem. Abs. 3 Nr. 1 **sämtliche im Standardformular geforderten Informationen** enthalten. Hintergrund ist, dass eine Fristverkürzung nur gerechtfertigt ist, wenn die Vorinformation so aussagekräftig ist, dass sie potentiellen Bietern tatsächlich die Möglichkeit gibt, sich auf eine eventuelle Angebotsabgabe vorzubereiten. Da das Standardformular im wesentlichem dem der Auftragsbekanntmachung nach § 37 entspricht, unterscheidet sich eine vollständig ausgefüllte Vorinformation nur wenig von einer regulären Auftragsbekanntmachung. Zwar werden in dem Standardformular auch bei einer Fristverkürzung nicht zu allen Punkten Angaben gefordert; vielmehr ergibt sich aus den Fußnoten-Erläuterungen, dass einzelne Angaben nur notwendig sind, wenn die Vorinformation als Aufruf zum Wettbewerb dient. Die Unterschiede zu einer Auftragsbekanntmachung sind jedoch minimal. Nicht zwingend gefordert sind lediglich die Angabe der Verfahrensart (Abschnitt IV.1.1) und der Sprache, in der Angebote oder Teilnahmeanträge eingereicht werden können (Abschnitt IV.2.4).

Die Informationspflicht gem. Abs. 3 Nr. 1 iVm dem Standardformular geht damit deut- **36** lich **über die Vorgaben der EU-Richtlinie hinaus.** Denn gemäß Art. 27 Abs. 2, Art. 28 Abs. 1 VRL und Art. 29 Abs. 1 UAbs. 4 VRL müssen **Vorinformation zur Fristverkürzung** iSv Abs. 3 nur die „obligatorischen Angaben" gem. Anhang V Teil C Abschnitt I VRL enthalten, d. h. keine weitergehenden Angaben als die freiwillige Vorinformation zur Marktinformation (→ Rn. 19 ff.). Dieser Umstand wurde weder bei Erlass des Standardformulars noch bei der Umsetzung in Abs. 3 Nr. 1 beachtet. Diese **überschießende Umsetzung** macht die Vorgabe in Abs. 3 allerdings nicht rechtswidrig. Dem deutschen Verordnungsgeber stand es bei der Richtlinienumsetzung frei, inländische Auftraggeber bei der Nutzung von Vorinformationen zur Fristverkürzung zu einer weitergehenden Publizität zu verpflichten als unionsrechtlich zwingend vorgegeben. Auftraggeber, die die Fristen gem. Abs. 3 verkürzen wollen, müssen das Standardformular daher in allen Punkten, in denen das Formular dies verlangt, vollständig ausfüllen.[5]

Zu den Pflichtangaben gehört gem. Abschnitt I.3 (wie auch Anhang V Teil C Abschnitt **37** I Nr. 2 VRL) auch die **Internetadresse für den direkten elektronischen Abruf der Vergabeunterlagen.** Mit Blick auf den Zweck der Vorinformation, die Angebotsfristen zu verkürzen, ist das auch sachgerecht. § 41 Abs. 1, der die Angabe der Adresse erst in der Auftragsbekanntmachung fordert, steht nicht entgegen, weil § 38 Abs. 3 Nr. 1 iVm dem Standardformular (in Übereinstimmung mit Anhang V Teil C Abschnitt I Nr. 2 VRL) für die Vorinformation eine spezielle Regelung trifft. Der Auftraggeber muss in diesem Fall **auch die Vergabeunterlagen** bereits **ab Veröffentlichung der Vorinformation direkt elektronisch zum Abruf bereitstellen.** Das folgt aus Art. 53 Abs. 1 VRL, der die direkte elektronische Bereitstellung der Unterlagen ab dem Tag der Veröffentlichung einer „Bekanntmachung nach Art. 51 [VRL]" verlangt, zu denen auch Vorinformationen nach Art. 48 VRL bzw. § 38 gehören. Auch Sinn und Zweck der Regelung sprechen dafür, dass bei einer Vorinformation zur Fristverkürzung die Unterlagen bereits ab Veröffentlichung der Vorinformation bereit gestellt werden müssen, weil sich die Bieter nur in diesem Fall tatsächlich auf ein Angebot vorbereiten können (→ § 41 Rn. 42 f.).[6]

Die Angaben sind gemäß Abs. 3 Nr. 1 freilich nur zwingend, **soweit sie zum Zeit- 38 punkt der Information bereits vorliegen.** Hierin liegt eine praktisch wichtige Relativierung der Publizitätspflicht. Sie gibt dem Auftraggeber theoretisch die Möglichkeit, auch wesentliche Festlegungen zum Vorhaben und zum Verfahren erst nachträglich zu treffen und die betreffenden Angaben in der Vorinformation dementsprechend offen zu lassen. Das erscheint mit Blick auf Sinn und Zweck der Vorinformation nicht unproblematisch. Ein Korrektiv bildet insoweit der Grundsatz der Angemessenheit der Fristen gem. § 20 Abs. 1, der unabhängig davon zu beachten ist, ob der Auftraggeber eine Vorinformation nach § 38 Abs. 3 veröffentlicht hat (→ Rn. 44).

Fraglich ist, ob die Einschränkung, dass nur solche Angaben zwingend sind, die bereits **39** vorliegen, auch für die Verpflichtung gilt, die Vergabeunterlagen ab dem Tag der Vorinformation direkt elektronisch zum Abruf bereitzustellen. Konkret stellt sich die Frage, ob der Auftraggeber die Fristverkürzung auch dann in Anspruch nehmen kann, wenn er die Vergabeunterlagen bei Veröffentlichung der Vorinformation noch nicht fertiggestellt hat und sie folglich noch nicht bereitstellen kann.[7] Angesichts der Regelung des Art. 53 Abs. 1 UAbs. 1 VRL, der über Art. 51 und 48 VRL auch bei Veröffentlichung einer Vorinformation eine direkte elektronische Bereitstellung der Unterlagen anordnet, wie auch nach Sinn und Zweck der Regelung ist diese Frage zu verneinen. Die Fristverkürzung nach Abs. 3 ist gerade deshalb gerechtfertigt, weil die Bieter aufgrund der frühen Bereitstellung der Unter-

---

[5] AA *Schwabe* in Müller-Wrede VgV/UVgO § 38 VgV Rn. 27, der von einem Umsetzungsfehler ausgeht und die Veröffentlichungspflicht daher auch nach deutschem Recht auf den EU-rechtlichen Mindestinhalt reduzieren will.

[6] AA *Rechten* in KKMPP VgV § 41 Rn. 11.

[7] So im Ergebnis *Rechten* in KKMPP VgV § 41 Rn. 11, der bei einer Vorinformation überhaupt nie von einer Pflicht ausgeht, die Vergabeunterlagen ab dem Tag der Veröffentlichung direkt abrufbar bereitzustellen.

lagen die Möglichkeit haben, sich entsprechend frühzeitig auf die Angebotsabgabe vorzubereiten (→ Rn. 37; siehe auch → § 41 Rn. 42 f.).

40   Die Angaben in einer Vorinformation zur Fristverkürzung sind **verbindlich.** Der Auftraggeber darf in der anschließenden Auftragsbekanntmachung davon grundsätzlich nicht mehr abweichen. Denn eine Fristverkürzung ist nach Sinn und Zweck der Regelung nur gerechtfertigt, wenn die Unternehmen sich auf die Angaben in der Vorinformation verlassen können. Anders liegt es nur bei Angaben bzw. Abweichungen, die zur Vorbereitung auf die Angebotsabgabe unwesentlich sind und daher auch in einer regulären Auftragsbekanntmachung korrigiert werden dürften, ohne die Fristen zu verlängern (→ § 37 Rn. 91).[8]

II. Veröffentlichung im EU-Amtsblatt; Zeitfenster

41   Die Inanspruchnahme der Fristverkürzung nach Abs. 3 setzt ferner voraus, dass die **Vorinformation im EU-Amtsblatt veröffentlicht** wird. Eine Veröffentlichung nur im Beschafferprofil gemäß Abs. 2 reicht nicht aus. Das ergibt sich aus Abs. 3 Nr. 2, wonach die Vorinformation dem Amt für Veröffentlichungen der EU zur Veröffentlichung übermittelt worden sein muss. Die EU-weite Bekanntmachung der Veröffentlichung im Beschafferprofil gem. Abs. 2 Satz 2 ersetzt die Veröffentlichung um EU-Amtsblatt nicht. Eine parallele Veröffentlichung im Beschafferprofil ist jedoch möglich.[9]

42   Die Vorinformation muss dem Amt für Veröffentlichungen ferner innerhalb eines **bestimmten Zeitfensters vor der Auftragsbekanntmachung** zugeleitet werden Die Übermittlung muss spätestens 35 Tage, nicht aber mehr als 12 Monate vor der Auftragsbekanntmachung erfolgen. Grund ist, dass eine Vorinformation, die erst kurz vor der regulären Auftragsbekanntmachung veröffentlicht wird, keinen ausreichenden zeitlichen Vorlauf sicherstellt, der eine Verkürzung der Mindestfristen rechtfertigt. Auch eine zu frühe Veröffentlichung mehr als zwölf Monate vor Auftragsbekanntmachung würde den Zweck verfehlen, da die Bieter in diesem Fall zu weit voraussehen müssten.[10]

III. Verkürzung der Angebotsfristen

43   Sind die vorstehenden Voraussetzungen erfüllt, kann der Auftraggeber die Angebotsfrist im offenen Verfahren von regulär 35 bzw. 30 Tagen auf 15 Tage verkürzen. Im nicht offenen Verfahren kann die Angebotsfrist sogar auf 10 Tage verkürzt werden. Gleiches gilt für die Frist für die Erstangebote im Verhandlungsverfahren nach § 17 Abs. 6. Eine Verkürzung auch der Fristen für Teilnahmeanträge im nicht offenen und Verhandlungsverfahren ist dagegen nicht vorgesehen.

44   Auch bei Veröffentlichung einer Vorinformation nach Abs. 3 bleibt der Auftraggeber an den **Grundsatz der Angemessenheit der Fristen** nach § 20 Abs. 1 gebunden.[11] Die Gegenansicht, die aus § 20 Abs. 1 Satz 2, wonach bei der Fristsetzung „§ 38 Abs. 3 unberührt" bleibt, ableiten will, dass auch bei komplexen Vergaben stets die Mindestfristen des § 38 Abs. 3 angewendet werden können, sofern die Komplexität der Vergabe beim Zeitpunkt der Veröffentlichung der Vorinformation hinreichend berücksichtigt wurde und den Bietern somit ausreichend Vorbereitungszeit zur Verfügung stand,[12] ist abzulehnen. Der

---

[8] Im Ergebnis ähnlich *Rechten* in KKMPP VgV § 38 Rn. 22.
[9] *Rechten* in KKMPP VgV § 38 Rn. 24.
[10] Das ist allerdings auch von der Art des Auftrags abhängig. So sieht Art. 7 Abs. 2 VO 1370/2007 bei der Vergabe von SPNV-Verträgen eine Pflicht zur Veröffentlichung einer Vorinformation *mindestens* 12 Monate vor dem Vertragsschluss vor. Das beruht darauf, dass bei Verkehrsverträgen die notwendige Vorlaufzeit typischerweise deutlich länger ist als bei gewöhnlichen Aufträgen nach der VgV.
[11] *Rechten* in KKMPP VgV § 38 Rn. 25.
[12] *Schwabe* in Müller-Wrede VgV/UVgO § 38 VgV Rn. 48.

Grundsatz der Angemessenheit der Fristen folgt direkt aus dem **Wettbewerbsgrundsatz** und ist damit ein Fundament des EU-Vergaberechts. Die Verkürzung der Mindestfristen schränkt den Angemessenheitsgrundsatz daher nicht ein. Eine solche Einschränkung wäre auch nicht mit der EU-Richtlinie vereinbar. Zwar verweist Art. 47 VRL, der den Angemessenheitsgrundsatz unionsrechtlich ausformuliert, explizit auf die Mindestfristen der Art. 27 bis 29 VRL, einschließlich der dort geregelten Verkürzungsmöglichkeiten. Das ist jedoch lediglich so zu verstehen, dass diese Mindestfristen unabhängig von der Angemessenheit keinesfalls unterschritten werden dürfen. Soweit § 20 Abs. 1 Satz 2 etwas anderes suggeriert, ist die Umsetzung der EU-rechtlichen Vorgaben missglückt. Freilich kann bei der Angemessenheit der Angebotsfrist der zeitliche Vorlauf, der durch die Vorinformation (und die damit richtigerweise einhergehende frühzeitige Bereitstellung der Vergabeunterlagen) ermöglicht wurde, berücksichtigt werden, so dass eine angemessene Frist in diesem Fall kürzer sein kann als ohne die Vorinformation.

E. Vorinformation als Aufruf zum Wettbewerb (Abs. 4 und 5)

Die Vorinformation kann nach Abs. 4 unter bestimmten Voraussetzungen auch direkt als **45** **EU-weiter Aufruf zum Wettbewerb** genutzt werden. Die Vorinformation ist in diesem Fall die **einzige europaweite Bekanntmachung;** eine reguläre Auftragsbekanntmachung § 37 entfällt.

Vorinformationen können nur von Auftraggebern unterhalb der Ebene der obersten **46** Bundesbehörden (sog. subzentrale Auftraggeber) als Aufruf zum Wettbewerb genutzt werden. Zudem muss die Vorinformation bestimmte Mindestangaben enthalten und innerhalb eines bestimmten Zeitfensters vor Beginn des Vergabeverfahrens im EU-Amtsblatt veröffentlicht werden (sog. qualifizierte Vorinformation). Das weitere Verfahren – Interessenbekundung und Aufforderung zur Interessenbestätigung – richtet sich dann nach Abs. 5.

I. Beschränkung auf subzentrale Auftraggeber

Die Vorinformation als Aufruf zum Wettbewerb steht nur Auftraggebern unterhalb **47** der obersten Bundesbehörden zur Verfügung, den sog. **subzentralen Auftraggebern.** Hintergrund ist eine entsprechende Einschränkung in Art. 48 Abs. 2 VRL, die auf den Verpflichtungen der EU unter dem WTO Beschaffungsübereinkommen (GPA) beruht. Subzentrale Auftraggeber sind gemäß Art. 2 Abs. 1 Nr. 2 iVm Anhang I VRL zunächst das Bundeskanzleramt und die Bundesministerien. Darüber hinaus gehören dazu die weiteren obersten Verwaltungsstellen des Bundes, namentlich das Bundespräsidialamt, die Verwaltungen von Bundestag und Bundesrat, der Präsident des Bundesverfassungsgerichts, der Bundesrechnungshof, der Bundeskulturbeauftragte, das Presse- und Informationsamt der Bundesregierung, die Bundesbankzentrale sowie der Bundesdatenschutzbeauftragte.[13] Alle anderen Auftraggebern, insbesondere Länder und Kommunen, aber auch untere **48** Bundesbehörden und bundeseigene Unternehmen, die Auftraggeber nach § 99 Nr. 2 GWB sind, steht das Instrument dagegen zur Verfügung.[14]

---

[13] *Rechten* in KKMPP VgV § 38 Rn. 30.
[14] Bei sozialen und anderen besonderen Dienstleistungen im Sinne von § 130 Abs. 1 GWB können auch oberste Bundesbehörden die Vorinformation als Aufruf zum Wettbewerb nutzen. In diesem Fall gelten jedoch gesonderte Bekanntmachungsvorschriften (→ § 66 Rn. 5).

II. Inhalt der Vorinformation

49   Soll die Vorinformation als Aufruf zum Wettbewerb dienen, muss der Auftraggeber gemäß Abs. 4 Satz 1 Nr. 2 in der Bekanntmachung darauf **ausdrücklich hinweisen.** Der Hinweis muss auch enthalten, dass **keine weitere Auftragsbekanntmachung** erfolgen wird. Zugleich sind interessierte Unternehmen gem. Abs. 4 Satz 1 Nr. 3 aufzufordern, dem Auftraggeber ihr Interesse am Auftrag in Form einer sog. **Interessenbekundung** mitzuteilen. Das Standardformular für die Vorinformation enthält in der Kopfzeile ein Feld mit diesen Hinweisen, das der Auftraggeber ankreuzen muss.

50   Die Vorinformation muss ferner sämtliche im Standardformular geforderten Informationen enthalten. Diese Angaben entsprechen im Wesentlichen denen aus der regulären Auftragsbekanntmachung gemäß § 37 (→ § 37, Rn. 25 ff.). Abs. 4 Satz 1 Nr. 1 fordert außerdem eine Angabe der „Liefer- oder Dienstleistungen, die Gegenstand des zu vergebenden Auftrags sein werden". Diese Vorgabe ist an sich überflüssig, weil sich die Notwendigkeit dieser Angabe bereits aus dem Standardformular ergibt. Die Regelung geht auf Art. 48 Abs. 2 UAbs. 1 lit. a VRL zurück, dem zufolge die Vorinformation sich speziell auf die vergebenden Leistungen beziehen muss. Es darf sich also nicht um eine unspezifische Sammelbekanntmachung handeln, die die konkret in Aussicht genommenen Leistungen nicht klar erkennen lässt.

51   Die Vorgabe, dass die Vorinformation alle im Standardformular geforderten Angaben enthalten muss, geht **über die Vorgaben der EU-Richtlinie hinaus.** Unionsrechtlich müssen Vorinformationen als Aufruf zum Wettbewerb gem. Art. 48 Abs. 2 VRL die in Anhang V Teil B Abschnitte I und II VRL genannten Angaben enthalten. Das Standardformular fordert jedoch auch eine Reihe von Angaben, die in den beiden Abschnitten des Richtlinienanhangs nicht genannt werden.[15] Das gilt zB für die Angabe und Beschreibung etwaiger Optionen (Abschnitt II.2.11) und die Zulassung von Nebenangeboten (Abschnitt II.2.11). Ebenso wie im Rahmen des Abs. 3 ist diese **überschießende Umsetzung** der Richtlinienvorgaben zum Umfang der Publizität allerdings nicht rechtswidrig (→ Rn. 36). Auftraggeber, die die Vorinformation als Aufruf zum Wettbewerb nutzen wollen, müssen das Standardformular daher in allen Punkten, in denen das Formular dies verlangt, vollständig ausfüllen.[16]

III. Veröffentlichung im EU-Amtsblatt; Zeitfenster

52   Eine Vorinformation als Aufruf zum Wettbewerb ist zwingend **im EU-Amtsblatt zu veröffentlichen.** Das ergibt sich aus Abs. 4 Satz 1 Nr. 5. Abs. 4 Satz 2 gestattet jedoch eine **zusätzliche** Veröffentlichung in einem **Beschafferprofil.** Art. 48 Abs. 2 UAbs. 2 VRL schreibt insoweit vor, dass eine solche zusätzliche Veröffentlichung im Beschafferprofil nur unter Beachtung der **Vorschriften für Veröffentlichungen im Inland** gem. Art. 52 VRL bzw. § 40 Abs. 3 zulässig ist, d. h. insbesondere der dort geregelten Wartefrist (→ § 40 Rn. 22). Diese Klarstellung wurde bei der Umsetzung in Abs. 4 Satz 2 versäumt.

53   Die Vorinformation muss gemäß Abs. 4 Satz 1 Nr. 5 innerhalb eines **bestimmten Zeitfensters vor Versand der Aufforderung zur Interessenbestätigung** veröffentlicht werden. Die Veröffentlichung muss spätestens 35 Tage, nicht aber mehr als 12 Monate vor Versand der Aufforderungen erfolgen. Ähnlich wie bei der Fristenregelung in Abs. 3 liegt dem zugrunde, dass eine Vorinformation, die erst kurz vor der Aufforderung zur Interessenbestätigung veröffentlicht wird, den Unternehmen nicht ausreichend Zeit lässt zu prüfen, ob sie ihr Interesse bekunden wollen. Auch eine zu frühe Veröffentlichung mehr als

---

[15] *Schwabe* in Müller-Wrede VgV/UVgO § 38 VgV Rn. 26.
[16] AA *Schwabe* in Müller-Wrede VgV/UVgO § 38 VgV Rn. 27, der von einem Umsetzungsfehler ausgeht und die Veröffentlichungspflicht daher auch nach deutschem Recht auf den EU-rechtlichen Mindestinhalt reduzieren will.

zwölf Monate vor der Aufforderung zur Interessenbekundung könnte ihren Zweck nicht erfüllen.

Allerdings stellt sich die Frage, ob für die Fristberechnung tatsächlich der Zeitpunkt der **54** Veröffentlichung maßgeblich ist (wie es Abs. 4 Satz 1 Nr. 5 vorsieht) oder – wie es auch sonst der Systematik der mit den Bekanntmachungen zusammenhängenden Fristen entspricht – der **Tag der Absendung der Bekanntmachung** an das Amt für Veröffentlichungen der EU. Unionsrechtlich kommt es auf den Tag der Absendung an (Art. 48 Abs. 2 UAbs. 2 lit. d VRL). Das ist zwar nicht entscheidend, weil der deutsche Verordnungsgeber jedenfalls bei der 35-tägigen Mindestfrist vor der Aufforderung zur Interessenbekundung ohne weiteres auch eine längere Frist vorgeben kann (weil eine längere Mindestfrist den Wettbewerb eher fördert). Allerdings könnte die in Abs. 4 Satz 1 Nr. 5 geregelte Frist ab Veröffentlichung bei der 12-monatigen Höchstfrist im Extremfall zu einer Überschreitung der Richtlinienvorgabe führen. Zudem lässt die Begründung zur VgV erkennen, dass der Verordnungsgeber der Auffassung war, die Richtlinienvorgabe unverändert umzusetzen.[17] Daher erscheint eine Fristberechnung ab dem Zeitpunkt der Übermittlung richtiger.[18]

Verzögert sich das Vergabeverfahren so lange, dass der Auftraggeber die Aufforderung **55** zur Interessensbestätigung nicht innerhalb des 12-monatigen Fensters versenden kann, kann er eine neue Vorinformation veröffentlichen. Allerdings muss in diesem Fall zunächst wieder die 35-tätige Mindestfrist abgewartet werden.

IV. Interessenbekundungen und weiteres Verfahren (Abs. 5)

Abs. 5 regelt das weitere Verfahren nach Veröffentlichung einer Vorinformation als Auf- **56** ruf zum Wettbewerb. Der Fortgang unterscheidet sich in diesem Fall erheblich vom herkömmlichen Verfahren.

1. Interessenbekundungen

Wird Wettbewerb durch die Veröffentlichung einer Vorinformation gestartet, reichen **57** Unternehmen zunächst **nur eine Interessenbekundung** ein. Diese enthält weder einen Teilnahmeantrag noch Teilnahmeunterlagen im engeren Sinne, sondern nur die Mitteilung, dass das Unternehmen an dem Auftrag und einer Verfahrensteilnahme interessiert ist. Eine bestimmte **Form** für Interessenbekundungen ist **nicht vorgesehen**. Allerdings sind die **Frist** in Abschnitt IV.2.2 sowie die Vorgaben zur Sprache in Abschnitt IV.2.4 der Vorinformation zu beachten.

2. Aufforderung zur Interessensbestätigung

Der Auftraggeber fordert gemäß Abs. 5 Satz 1 sämtliche Unternehmen, die fristgerecht **58** eine Interessenbekundung eingereicht haben, zur Bestätigung ihres Interesses (sog. **Interessensbestätigung**) auf. Eine Vorauswahl der Unternehmen findet dabei nicht statt. Die Aufforderung zur Interessenbestätigung markiert in diesem Fall den förmlichen Beginn des Vergabeverfahrens.

Abs. 5 Satz 2 stellt klar, dass mit der Aufforderung zur Interessensbestätigung der **Teil- 59 nahmewettbewerb** nach § 16 Abs. 1 und § 17 Abs. 1 eingeleitet wird. Die Interessenbestätigung entspricht daher sowohl funktional als auch inhaltlich dem im klassischen Verfahren einzureichenden Teilnahmeantrag.

Eine **Form** für die Aufforderung zur Interessensbestätigung schreibt die VgV nicht vor. **60** Allerdings gilt nach Ende der Übergangsfrist zum 18. Oktober 2018 der Grundsatz der **elektronischen Kommunikation** gemäß §§ 9 ff. Die Vorgabe in Art. 54 Abs. 1 UAbs. 1

---

[17] BR-Drs. 87/16, 192.
[18] So im Ergebnis auch *Rechten* in KKMPP VgV § 38 Rn. 44.

VRL, dass die Aufforderung „schriftlich" zu erfolgen hat, ist angesichts des Umstands, dass auch die Richtlinie die elektronische Kommunikation vorsieht, dahingehend zu verstehen, dass eine Aufforderung über elektronische Medien mit Textvisualisierung ausreicht (dh lediglich eine mündliche oder telefonische Aufforderung ausgeschlossen ist). Die Einzelheiten, insbesondere die notwendigen Inhalte der Aufforderung, ergeben sich aus § 53 Abs. 3. Die Aufforderung muss u.a. die Internetadresse enthalten, über die die Vergabeunterlagen im Sinne von § 41 Abs. 1 unentgeltlich, uneingeschränkt und vollständig direkt abrufbar sind. Das gilt auch, wenn der Auftraggeber diese Informationen bereits in der Vorinformation veröffentlicht hat. Aus praktischen Gründen erscheint die Wiederholung der Angabe zwar nicht zwingend notwendig. Die Verpflichtung, die Adresse in der Aufforderung zur Interessensbestätigung nochmals anzugeben, ergibt sich jedoch eindeutig aus § 41 Abs. 1.[19]

61   Nach Abs. 5 Satz 3 beträgt die **Frist für den Eingang der Interessensbestätigungen** 30 Tage, gerechnet ab dem Tag nach der Absendung der Aufforderung zur Interessensbestätigung. Diese Frist entspricht im Kern derjenigen für den Eingang der Teilnahmeanträge im nichtoffenen und Verhandlungsverfahren nach § 16 Abs. 2 und § 17 Abs. 2. Die Vorgabe einer **festen Frist** von 30 Kalendertagen entspricht allerdings **nicht den unionsrechtlichen Vorgaben**. Gemäß Art. 28 Abs. 1 und 2 bzw. Art. 29 Abs. 1 und 4 VRL handelt es sich bei den 30 Tagen um eine **Mindestfrist**. Aus Art. 47 Abs. 1 VRL ergibt sich ferner, dass jedenfalls bei den Fristen für Teilnahmeanträge der Grundsatz der Angemessenheit zu beachten ist. Auch wenn Art. 47 Abs. 1 VRL Interessensbestätigungen nicht ausdrücklich erwähnt, ergibt sich aus dem Zusammenhang, dass für diese nichts anderes gilt. In Fällen, in denen für die Vorbereitung der Interessensbestätigungen aufgrund der Komplexität des Auftrags oder der Anforderungen ein länger Zeitraum benötigt wird, ist folglich auch eine längere Frist einzuräumen.[20]

F. Geltungszeitraum der Vorinformation (Abs. 6)

62   Gemäß Abs. 6 beträgt der „von der Vorinformation abgedeckte Zeitraum" maximal zwölf Monate ab der Übermittlung der Vorinformation an das Amt für Veröffentlichungen der EU. Die Vorschrift ist so zu verstehen, dass die Vorinformation nicht früher als zwölf Monate vor Beginn des eigentlichen Vergabeverfahrens veröffentlicht werden soll.

63   Der Wortlaut der Vorschrift und ihre Platzierung in einem eigenen Absatz des § 38 legen nahe, dass sie für alle Arten von Vorinformationen gelten soll. Ob das zutrifft, ist jedoch zweifelhaft.[21] Denn der zugrundeliegende Art. 48 Abs. 2 UAbs. 3 VRL betrifft – wie sich ua. aus der Regelungsstruktur ergibt – nur Vorinformationen, die als Aufruf zum Wettbewerb dienen.[22] Laut Verordnungsbegründung dient Abs. 6 der Umsetzung der Richtlinienbestimmung. Das spricht dafür, dass auch die deutsche Regelung nur für Wettbewerbsaufrufe gelten soll. Andererseits heißt es in der Begründung auch, dass die Regelung erforderlich geworden sei, weil Vorinformationen nach der Vergaberechtsmodernisierung nicht mehr an den Beginn eines Haushaltsjahrs geknüpft seien. Diese Begründung passt ausschließlich zu freiwilligen Vorinformationen und solchen zur Fristverkürzung, da Vorinformationen als Wettbewerbsaufruf im früheren Recht gar nicht vorgesehen waren.

64   Unabhängig davon liegt der Regelungszweck im Dunkeln. Denn Vorinformationen, die als Aufruf zum Wettbewerb dienen, dürfen nach Abs. 4 Satz 1 Nr. 5 ohnehin maximal zwölf Monate vor Versand der Aufforderung zur Interessensbestätigung veröffentlicht bzw.

---

[19] Ebenso *Rechten* in KKMPP VgV § 41 Rn. 11.
[20] So auch *Rechten* in KKMPP VgV § 38 Rn. 15.
[21] Zweifelnd auch *Schwabe* in Müller-Wrede VgV/UVgO § 38 VgV Rn. 87.
[22] Dass sich die Richtlinienbestimmung ausschließlich auf Vorinformationen als Aufruf zum Wettbewerb bezieht, wird auch dadurch bestätigt, dass Art. 48 Abs. 2 UAbs. 3 VRL die von der Laufzeitbegrenzung erfassten „normalen" Vorinformationen explizit solchen über soziale und andere besondere Dienstleistungen nach Art. 75 Abs. 1 UAbs. 1 lit. b VRL gegenüberstellt, für die die Laufzeitbeschränkung nicht gilt; auch diese Vorinformationen dienen als Aufruf zum Wettbewerb.

(bei richtlinienkonformer Auslegung) dem EU-Amtsblatt übermittelt werden. Ein eigenständiger Regelungsgehalt ist daher nicht erkennbar. Für Vorinformationen zur Fristverkürzung gilt nichts anderes; auch diese dürfen gem. Abs. 3 Nr. 2 nicht früher als zwölf Monate vor der Auftragsbekanntmachung übermittelt werden. Abs. 6 bekräftigt insoweit nur, dass der zeitliche Vorlauf solcher Vorinformationen nicht länger als 12 Monate sein darf. Ein eigenständiger Regelungsgehalt kommt der Vorschrift allenfalls bei freiwilligen Vorinformationen zur Marktinformation zu. Aufgrund der Freiwilligkeit dieser Veröffentlichungen geht die Regelung praktisch jedoch nicht über einen bloßen Appell hinaus.[23]

---

[23] *Rechten* in KKMPP VgV § 38 Rn. 53 sieht einen Zusammenhang der Vorschrift mit der Richtlinienbestimmung des Art. 51 Abs. 4 VRL, wonach das Amt für Veröffentlichungen der EU sicherstellen muss, dass Vorinformationen für einen Zeitraum von zwölf Monaten auf der TED-Plattform abrufbar sind. Nach Ablauf dieser Frist können die Vorinformationen also gelöscht werden. Weshalb das einer freiwilligen Vorinformation mit einem längeren Vorlauf entgegenstehen sollte, wird aus dieser Begründung aber nicht deutlich.

§ 39 Vergabebekanntmachung; Bekanntmachung über Auftragsänderungen

(1) Der öffentliche Auftraggeber übermittelt spätestens 30 Tage nach der Vergabe eines öffentlichen Auftrags oder nach dem Abschluss einer Rahmenvereinbarung eine Vergabebekanntmachung mit den Ergebnissen des Vergabeverfahrens an das Amt für Veröffentlichungen der Europäischen Union.

(2) Die Vergabebekanntmachung wird nach dem Muster gemäß Anhang III der Durchführungsverordnung (EU) 2015/1986 erstellt.

(3) Ist das Vergabeverfahren durch eine Vorinformation in Gang gesetzt worden und hat der öffentliche Auftraggeber beschlossen, keine weitere Auftragsvergabe während des Zeitraums vorzunehmen, der von der Vorinformation abgedeckt ist, muss die Vergabebekanntmachung einen entsprechenden Hinweis enthalten.

(4) Die Vergabebekanntmachung umfasst die abgeschlossenen Rahmenvereinbarungen, aber nicht die auf ihrer Grundlage vergebenen Einzelaufträge. Bei Aufträgen, die im Rahmen eines dynamischen Beschaffungssystems vergeben werden, umfasst die Vergabebekanntmachung eine vierteljährliche Zusammenstellung der Einzelaufträge; die Zusammenstellung muss spätestens 30 Tage nach Quartalsende versendet werden.

(5) Auftragsänderungen gemäß § 132 Absatz 2 Nummer 2 und 3 des Gesetzes gegen Wettbewerbsbeschränkungen sind gemäß § 132 Absatz 5 des Gesetzes gegen Wettbewerbsbeschränkungen unter Verwendung des Musters gemäß Anhang XVII der Durchführungsverordnung (EU) 2015/1986 bekanntzumachen.

(6) Der öffentliche Auftraggeber ist nicht verpflichtet, einzelne Angaben zu veröffentlichen, wenn deren Veröffentlichung

1. den Gesetzesvollzug behindern,
2. dem öffentlichen Interesse zuwiderlaufen,
3. den berechtigten geschäftlichen Interessen eines Unternehmens schaden oder
4. den lauteren Wettbewerb zwischen Unternehmen beeinträchtigen

würde.

Übersicht

	Rn.			Rn.
A. Einführung	1		IV. Frist und Form der Übermittlung der Bekanntmachung	32
I. Literatur	1			
II. Entstehungsgeschichte	2		C. Bekanntmachung von Auftragsänderungen (Abs. 5)	34
III. Unionsrechtliche Vorgaben	6		I. Sinn und Zweck der Regelung	35
			II. Inhalt der Bekanntmachung	36
B. Vergabebekanntmachung (§ 39 Abs. 1 bis 4)	10		III. Übermittlung der Bekanntmachung; Frist	42
I. Sinn und Zweck der Bekanntmachung	10		IV. Rechtsfolgen eines Unterbleibens der Bekanntmachung	44
II. Inhalt der Bekanntmachung	14			
1. Allgemeine Angaben zur Vergabe	16		D. Ausnahmen von der Veröffentlichungspflicht (Abs. 6)	46
2. Angaben bei Nichtvergabe	17		I. Allgemeines	46
3. Einzelheiten zum Auftrag	19		II. Anwendungsbereich	48
4. Angaben bei Vergabe ohne EU-weiten Wettbewerb	23		III. Die Ausnahmegründe im Einzelnen	52
5. Ausnahmen von der Veröffentlichungspflicht	27		1. Schutz des Gesetzesvollzugs (Nr. 1)	53
III. Besondere Fälle	28		2. Schutz des öffentlichen Interesses (Nr. 2)	56
1. Rahmenvereinbarungen	28		3. Schutz geschäftlicher Interessen (Nr. 3)	57
2. Dynamische Beschaffungssysteme	30		4. Schutz des Wettbewerbs (Nr. 4)	59
3. Abschluss des Beschaffungsvorhabens nach Vorinformation als Wettbewerbsaufruf	31			

A. Einführung

I. Literatur

Siehe die Literaturangaben zu § 37, sowie *Schaller,* Dokumentations-, Informations-, Mitteilungs-, Melde- **1**
und Berichtspflichten im öffentlichen Auftragswesen, VergR 2007, 394; *Willenbruch,* Selbstschutz und
Rechtssicherheit – Vergaberecht und Datenschutz, BehördenSpiegel 2011, 29.

II. Entstehungsgeschichte

Die Regelungen in Abs. 1 und 2 über die Bekanntmachung vergebener Aufträge fanden **2**
sich in ähnlicher Form bereits in § 23 EG Abs. 1 Satz 1 VOL/A 2009. Neu ist jedoch der
aus Art. 50 VRL übernommene Begriff „Vergabebekanntmachung". Die Sonderregelungen in Abs. 4 Satz 1 und 2 über die Bekanntmachung von Rahmenvereinbarungen und die
quartalsweise Bekanntmachung von Aufträgen im Rahmen eines dynamischen Beschaffungssystems haben ebenfalls direkte Vorläufer in § 23 EG Abs. 3 und 4 VOL/A 2009. Die
Fristen für die Bekanntmachungen wurde im Zuge der Neuregelung von 48 Tagen nach
der Vergabe des Auftrags bzw. Quartalsende auf 30 Tage verkürzt.
Die Verpflichtung gemäß Abs. 3, in der Bekanntmachung mitzuteilen, wenn der Auf- **3**
traggeber bei einem mittels Vorinformation eingeleiteten Vergabevorhaben beschließt,
während der Laufzeit der Vorinformation keine weiteren Aufträge zu vergeben, ist neu.
Die Regelung steht in Zusammenhang mit der durch die Vergaberechtsmodernisierung
2016 eingeführten Möglichkeit, die Vorinformation als Aufruf zum Wettbewerb zu nutzen
(→ § 38 Rn. 45 ff.).
Die in Abs. 5 geregelte Bekanntmachung von Auftragsänderungen nach § 132 Abs. 2 **4**
Nr. 2 und 3 GWB ist ebenfalls neu. Sie steht im Zusammenhang mit den neu eingeführten
Regelungen über Auftragsänderungen. Die Pflicht, Änderungen nach § 132 Abs. 2 Nr. 2
und 3 GWB EU-weit zu publizieren, ergibt sich als solche bereits aus § 132 Abs. 5 GWB,
auf den die Vorschrift verweist. Der Regelungsgehalt von § 39 Abs. 5 beschränkt sich demgemäß auf die Modalitäten der Veröffentlichung, namentlich die Verwendung des Standardformulars.
Die Ausnahmeregelung in Abs. 6 entspricht fast wörtlich § 23 EG Abs. 1 Satz 2 VOL/A **5**
2009. Allerdings bezog sich die Vorgängerregelung ausschließlich auf Bekanntmachungen
vergebener Aufträge, dh Vergabebekanntmachungen im Sinne der Abs. 1 bis 4.

III. Unionsrechtliche Vorgaben

Die Vorschriften über die Vergabebekanntmachungen in Abs. 1 bis 4 beruhen unmittel- **6**
bar auf Art. 50 VRL. Diese Richtlinienbestimmung verweist wegen des Mindestinhalts der
Bekanntmachung auf die Auflistung in Anhang V Teil D VRL. Ähnlich wie bei der Auftragsbekanntmachung und der Vorinformation nach §§ 37 und 38 wurde diese Auflistung
bei der Umsetzung übersprungen; stattdessen verweist Abs. 2 wegen des Inhalts direkt auf
das Standardformular gemäß Anhang III DVO (EU) 2015/1986.[1] Die Umsetzung folgt
dem Muster der §§ 37 und 38 auch darin, dass sie abweichend von Art. 51 Abs. 1 VRL
statisch auf das zum Zeitpunkt der Verordnung gültige Formular verweist (→ § 37 Abs. 8).
Art. 50 Abs. 2 UAbs. 2 Satz 2 VRL eröffnet den Mitgliedstaaten die Möglichkeit, bei **7**
Rahmenvereinbarungen auch eine quartalsweise gebündelte Veröffentlichung der Ergebnisse der auf Basis der Rahmenvereinbarung erteilten Einzelaufträge anzuordnen. Von dieser
Möglichkeit wurde bei der Umsetzung kein Gebrauch gemacht.

---

[1] → § 37 Rn. 7.

8   Die Regelung in Abs. 5 über die Bekanntmachung von Auftragsänderungen nach § 132 Abs. 2 Nr. 2 und 3 GWB beruht auf Art. 72 Abs. 1 UAbs. 2 VRL. Nachdem der Gesetzgeber in § 132 Abs. 5 GWB nur die Publizitätspflicht als solche geregelt hat, dient § 39 Abs. 5 der Umsetzung der Richtlinienvorgaben zum Mindestinhalt der Bekanntmachung und zur Nutzung des Standardformulars. Allerdings wurde auch hier bei der Umsetzung der in Art. 72 Abs. 1 UAbs. 2 Satz 2 VRL enthaltene Verweis auf die Mindestinhalte in Anhang V Teil G VRL übersprungen; § 39 Abs. 5 verweist stattdessen direkt auf das Standardformular in Anhang XVII DVO (EU) 2015/1986.

9   Die Ausnahmeregelung in Abs. 6 basiert auf Art. 50 Abs. 4 VRL. Allerdings bezieht sich diese Richtlinienbestimmung ausschließlich auf Vergabebekanntmachungen iSv Abs. 1 bis 4, nicht auch auf Bekanntmachungen von Auftragsänderungen nach Abs. 5 (→ Rn. 48 ff.).

B. Vergabebekanntmachung (§ 39 Abs. 1 bis 4)

I. Sinn und Zweck der Bekanntmachung

10   Die nachträgliche Bekanntmachung der Auftragsvergabe und der Ergebnisse des Vergabeverfahrens dient der sog. **Ex-post-Transparenz.** Sie erlaubt Marktteilnehmern zum einen, anhand der Wettbewerbsergebnisse die eigene Positionierung mit Blick auf den **künftigen Wettbewerb** zu überprüfen. Sie ermöglicht zum anderen in begrenztem Umfang eine nachträgliche **Kontrolle der Rechtmäßigkeit** des Verfahrens. Auch wenn die Rechtsschutzmöglichkeiten für nicht berücksichtigte Bieter nach dem Zuschlag stark limitiert sind, kann die Information, wer den Zuschlag erhalten hat oder zu welchem Preis der Auftrag erteilt wurde, in Einzelfällen auch im Nachhinein Abhilfemaßnahmen eröffnen. Das gilt insbesondere bei Verhandlungsverfahren ohne Teilnahmewettbewerb, bei denen der Zuschlag innerhalb des Zeitfensters des § 135 Abs. 2 GWB auch nachträglich noch angegriffen werden kann. Darüber hinaus kann die Information über die Auftragsvergabe unrechtmäßig übergangenen Bietern die Geltendmachung von Schadensersatz erleichtern.

11   Die nachträgliche Bekanntmachung ermöglicht auch den Aufsichtsbehörden, bis zu einem gewissen Grad die Rechtmäßigkeit der Vergabepraxis nachzuvollziehen und ggf. wettbewerbswidrige Praktiken aufzudecken.[2] Die Ex-post-Transparenz hat damit insgesamt eine wichtige **disziplinierende Funktion** zur Sicherung des Vergabewettbewerbs.[3]

12   Besondere Bedeutung hat die Vergabebekanntmachung bei **Vergaben ohne EU-weiten Aufruf zum Wettbewerb.** Die Vergabebekanntmachung ist in diesem Fall das einzige Instrument zur Herstellung wenigstens eines Minimums an Transparenz. Sie hat angesichts der Möglichkeit, den Zuschlag in dem Fall gem. § 135 GWB auch nachträglich noch anzugreifen, auch für den **Rechtsschutz** zentrale Bedeutung.

13   Die Vorschrift ist grundsätzlich **bieterschützend.**[4] Freilich sind Konstellationen, in denen Bieter oder Bewerber Anlass sehen könnten, die Pflicht zur Veröffentlichung einer Vergabebekanntmachung auf dem Rechtsweg durchzusetzen, praktisch eher fernliegend (wenn auch nicht ausgeschlossen, insbesondere wenn es um die Angabe von Einzelheiten zur Vergabe geht). Die Vorschrift wirkt sich aber zumindest bei Vergaben ohne EU-weiten Wettbewerb in insoweit bieterschützend aus, als bei Unterbleiben der Bekanntmachung die

---

[2] Vgl. dazu Erwägungsgrund 126 zur VRL, der im Zusammenhang mit der Dokumentation des Vergabeverfahrens zum Zweck der Rückverfolgbarkeit und Transparenz von Entscheidungen im Vergabeverfahren als Mittel der Sicherung der Rechtmäßigkeit der Verfahren wie auch der Bekämpfung von Korruption und Betrug auch auf die Informationen in der Vergabebekanntmachung verweist.

[3] Ähnlich *Rechten* in KKMPP VgV § 39 Rn. 1, der prägnant von einem „sozialen Druck" auf den Auftraggeber zur rechtmäßigen Durchführung des Vergabeverfahrens spricht.

[4] AA aber OLG Jena 16.1.2002 – 6 Verg 7/01 zu § 17 Abs. 1 VOF 1997 („ersichtlich nicht bieterschützend").

Fristverkürzung für die nachträgliche Geltendmachung der Unwirksamkeit nach § 135 Abs. 2 Satz 2 GWB nicht eintritt.[5]

II. Inhalt der Bekanntmachung

Die Vergabebekanntmachung enthält Angaben über die **Ergebnisse des Vergabever-** 14 **fahrens**. Sie ist gemäß Abs. 2 nach dem Muster des **Standardformulars in Anhang III** der DVO (EU) Nr. 2015/1986 zu erstellen und muss die dort vorgesehenen Angaben enthalten. Ein Großteil dieser Angaben entspricht denen, die bereits in der Auftragsbekanntmachung gemäß § 37 zu machen sind. Das gilt insbesondere für die Angaben zum Auftraggeber, zum Auftragsgegenstand, zum Verfahren und zum Rechtsschutz gemäß Abschnitten I, II, III und VI.4 des Formulars. Allerdings sind die Angaben mit Blick auf den anderen Zweck der Vergabebekanntmachung teilweise ausgedünnt oder modifiziert. So tritt an die Stelle des geschätzten Gesamtwerts (Abschnitt II.1.5 der Auftragsbekanntmachung) die Angabe des tatsächlichen Gesamtwerts der Beschaffung (Abschnitt II.1.7 der Vergabebekanntmachung).

Die **maßgeblichen Inhalte** der Vergabebekanntmachung finden sich in dem – in den 15 übrigen Formularen nicht enthaltenen – **Abschnitt V („Auftragsvergabe")**. Dieser Abschnitt enthält die wesentlichen Angaben über das Ergebnis des Vergabeverfahrens.

1. Allgemeine Angaben zur Vergabe

Vor Abschnitt V.1 ist zunächst der Auftrag näher zu bezeichnen und ggf. die Los- 16 Nummer anzugeben. Bei mehreren Losen ist dieser Teil in entsprechender Anzahl zu wiederholen. Sodann ist – noch immer vor Abschnitt V.1 – anzugeben, **ob überhaupt ein Auftrag bzw. Los vergeben** wurde.

2. Angaben bei Nichtvergabe

Im Fall der **Nichtvergabe,** dh der **Aufhebung** des Verfahrens, sind unter V.1 die 17 **Gründe** anzugeben. Dabei ist mitzuteilen, ob die Nichtvergabe darauf beruht, dass keine Angebote oder Teilnahmeanträge eingegangen sind oder sämtliche Angebote bzw. Anträge abgelehnt wurden (1. Variante) oder ob das Vergabeverfahren aus sonstigen Gründen eingestellt wurde (2. Variante). Eine nähere Beschreibung dieser sonstigen Gründe ist nicht vorgesehen.

Obwohl die Angaben über eine eventuelle Nichtvergabe und deren Gründe im Formu- 18 lar als Pflichtangabe gekennzeichnet sind, besteht **formell keine Verpflichtung** zur Bekanntmachung einer Nichtvergabe. Sowohl § 39 Abs. 1 als auch Art. 50 VRL sehen eine Veröffentlichungspflicht ausschließlich für den Fall vor, dass tatsächlich ein Zuschlag erteilt wurde.[6] Auch die Auflistung der Mindestinhalte der Vergabebekanntmachung in Anhang V Teil D VRL erwähnt eine etwaige Nichtvergabe nicht. Aus praktischen Gründen sollten Auftraggeber jedoch auch die Aufhebung eines Vergabeverfahrens bekannt machen. Insbesondere erspart das Nachfragen der EU-Kommission, die bei Ausbleiben einer Vergabebekanntmachung nach § 39 nach gewisser Zeit nachfasst. Eine Bekanntmachung entspricht auch dem Transparenzgrundsatz.

3. Einzelheiten zum Auftrag

Falls der Auftrag erteilt wurde, sind unter V.2 nähere **Angaben zur Auftragsvergabe** 19 zu machen. Unter V.2.1 ist der Tag des Vertragsschlusses zu nennen. Unter V.2.2 sind nähere Angaben **zu den Angeboten** zu machen, u. a. zur Zahl der eingegangenen Angebo-

---

[5] So auch *Rechten* in KKMPP VgV § 39 Rn. 7.
[6] So auch *Rechten* in KKMPP VgV § 39 Rn. 22.

te, sowie der Zahl von Angeboten von kleinen und mittelständischen Unternehmen, von Bietern aus anderen EU-Mitgliedsstaaten, aus Drittstaaten und zur Zahl elektronisch eingegangener Angebote. Ferner ist anzugeben, ob der Auftrag an eine Bietergemeinschaft vergeben wurde.

20   Unter V.2.3 sind **Name und Anschrift des beauftragten Unternehmens** anzugeben, mit offizieller Bezeichnung,[7] NUTS-Code, Kontaktdaten einschließlich E-Mail und Internetadresse sowie der Angabe, ob es sich um ein kleines oder mittelständisches Unternehmen im Sinne der Definition in der Empfehlung 2003/361/EG handelt.

21   Unter V.2.4 sind **Angaben zum Auftragswert** bzw. **Wert des jeweiligen Loses** zu machen. Der Wert ist als Nettobetrag ohne Umsatzsteuer anzugeben. Dabei ist sowohl der ursprünglich veranschlagte Wert (der idR dem Schätzwert aus Abschnitt II.6 der Auftragsbekanntmachung entspricht) als auch der **tatsächliche Wert** (dh der Wert, zu dem der Zuschlag erteilt wurde) anzugeben. **Alternativ** können der **Wert des höchsten und des niedrigsten Angebots,** die bei der Vergabe berücksichtigt wurden, angegeben werden. Damit sind diejenigen Angebote gemeint, die in die Wertung einbezogen wurden.[8] Das umfasst alle Angebote, die nicht schon bei der formalen Prüfung ausgeschlossen wurden.

22   Vor allem beim Auftragswert kann sich allerdings die Frage stellen, ob die Veröffentlichung nicht im Sinne des Abs. 6 den **berechtigten geschäftlichen Interessen** des Auftragsnehmers zuwider läuft oder den **Wettbewerb beeinträchtigt** und daher eine Ausnahme von der Bekanntmachungspflicht vorliegt (→ Rn. 58).

4. Angaben bei Vergabe ohne EU-weiten Wettbewerb

23   In Anhang (→ D. 1) hat der Auftraggeber ferner die Gründe anzugeben, wenn der **Auftrag ohne EU-weiten Aufruf zum Wettbewerb,** dh ohne vorherige Veröffentlichung einer Auftragsbekanntmachung gemäß § 37 oder einer Vorinformation als Wettbewerbsaufruf gemäß § 38 Abs. 4 vergeben wurde.

24   Die Veröffentlichungspflicht gilt zunächst für alle Vergaben im Wege eines **Verhandlungsverfahrens ohne Teilnahmewettbewerb** gemäß § 14 Abs. 4 (Ziffer 1 des Anhangs D. 1). In diesem Fall ist anzugeben, welche der Fallgruppen des § 14 Abs. 4 einschlägig ist. Zum anderen sieht das Formular die Veröffentlichung von Auftragsvergaben vor, die nicht in den Anwendungsbereich des EU- bzw. GWB-Vergaberechts fallen (Ziffer 2 des Anhangs D. 1). In beiden Fällen sind unter Ziffer 3 des Anhangs D. 1 **die Tatsachen und ggf. rechtlichen Erwägungen** zu erläutern, die den Auftraggeber zum Schluss geführt haben, dass eine Auftragsvergabe ohne EU-weiten Wettbewerbsaufruf zulässig ist. Diese Erläuterung ist „in einer klaren und leicht verständlichen Form" zu geben, allerdings auf 500 Wörter beschränkt.

25   Der **Angabe der tatsächlichen und rechtlichen Gründe** für eine Vergabe ohne EU-weiten Wettbewerb kommt sowohl unter **Transparenzgesichtspunkten** als auch für einen **effektiven Rechtsschutz** zentrale Bedeutung zu. Nur auf Basis der genauen Gründe haben nicht in das Verfahren einbezogene Bieter die Möglichkeit, die Zulässigkeit des Verfahrens zu beurteilen und ggf. zu prüfen, ob die Inanspruchnahme von Rechtsschutz aussichtsreich ist. Umgekehrt verschafft die Bekanntmachung auch dem Auftraggeber zu einem früheren Zeitpunkt Rechtssicherheit über die Wirksamkeit des Vertrags. Denn durch die Veröffentlichung einer ordnungsgemäßen Vergabebekanntmachung **verkürzt sich das**

---

[7] Die in V.2.3 vorgesehene Angabe einer „nationalen Identifikationsnummer" ist nicht erforderlich, da eine solche in Deutschland nicht existiert; → § 37 Rn. 28.

[8] Der Begriff der „Angebote, die berücksichtigt wurden" ist vom Wortlaut her zwar nicht ganz eindeutig, da z. B. § 134 Abs. 1 GWB mit „nicht berücksichtigten" Angeboten all diejenigen meint, auf die nicht der Zuschlag erteilt werden soll, was den Umkehrschluss nahelegen könnte, dass ein „berücksichtigtes Angebot" nur dasjenige ist, das angenommen wurde. Die Formularvorgabe würde in diesem Fall aber keinen Sinn ergeben. Gemeint sind vielmehr alle Angebote, die bei der Vergabeentscheidung in Betracht gezogen wurden. Das entspricht auch der englischen und französischen Sprachfassung der zugrundeliegenden Regelung in Anhang V Teil D Nr. 13 VRL ("tender[s] taken into consideration for the contract award or awards" bzw. „offre[s] prises en considération pour l'attribution du marché ou des marchés").

Zeitfenster für einen etwaigen **Nachprüfungsantrag,** der auf die Feststellung der Unwirksamkeit des Zuschlags gerichtet ist, gem. § 135 Abs. 2 GWB von sechs Monaten nach Vertragsschluss auf 30 Tage nach der Veröffentlichung.

Ist die Vergabe ohne EU-weiten Wettbewerb erfolgt, weil der Auftrag nicht unter die Vor- **26** schriften des GWB-Vergaberechts fällt (z.B. weil eine Ausnahme nach §§ 107, 108, 116 oder 117 GWB vorliegt) ist die Veröffentlichung einer Vergabebekanntmachung samt der Gründe für den Verzicht auf einen EU-weiten Wettbewerb stets **freiwillig.** Das ergibt sich daraus, dass in diesen Fällen der Vierte Teil des GWB und die VgV und damit die Bekanntmachungsvorschriften insgesamt nicht gelten. Auch Anhang V Teil D Nr. 7 VRL, der die Mindestangaben für Vergabebekanntmachungen auf Richtlinienebene regelt, sieht eine Angabe der Gründe für eine Vergabe ohne EU-weiten Wettbewerb nur bei Verhandlungsverfahren ohne Bekanntmachung vor. Eine Veröffentlichung von Vergaben, die nicht unter die GWB-Vergabevorschriften fallen, ist freilich nicht nur aus Gründen der **Transparenz** wünschenswert. Sie kann auch im Interesse des Auftraggebers liegen, da sie die 30-tägige **Präklusionsfrist für Nachprüfungsanträge** nach § 135 Abs. 2 Satz 2 GWB in Gang setzt und damit frühzeitig Rechtssicherheit schafft. Sowohl § 40 Abs. 4 als auch Art. 51 Abs. 6 VRL sehen die Möglichkeit einer freiwilligen Bekanntmachung derartiger Aufträge ausdrücklich vor.

5. Ausnahmen von der Veröffentlichungspflicht

Gemäß Abs. 6 kann der Auftraggeber unter bestimmten Voraussetzungen von der **Ver-** **27** **öffentlichung einzelner Angaben absehen.** Für die Einzelheiten siehe unten D (→ Rn. 46 ff.).

III. Besondere Fälle

1. Rahmenvereinbarungen

Bei Abschluss einer Rahmenvereinbarung ist gemäß Abs. 4 Satz 1 **nur** der Abschluss der **28** **Rahmenvereinbarung selbst** bekannt zu machen, **nicht auch die Vergabe der Einzelabrufe** unter der Rahmenvereinbarung. Das entspricht Art. 50 Abs. 2 UAbs. 2 Satz 1 VRL. Freilich hätte nach Art. 50 Abs. 2 UAbs. 2 Satz 2 VRL bei der Umsetzung ins deutsche Recht die Möglichkeit bestanden, auch eine vierteljährlich gebündelte Bekanntmachung der Einzelabrufe anzuordnen. Davon wurde bei Erlass der VgV jedoch kein Gebrauch gemacht. Rechtspolitisch ist das ambivalent. Zwar wäre eine Veröffentlichung der Einzelabrufe für die Auftraggeber mit Zusatzaufwand verbunden. Die Nichtveröffentlichung der Einzelabrufe führt jedoch zu einem erheblichen Verlust an Transparenz. Das gilt insbesondere bei Rahmenvereinbarungen mit mehreren Vertragspartnern sowie solchen, in denen die Bedingungen der Einzelaufträge noch nicht abschließend festgelegt sind (§ 21 Abs. 4 Nr. 2 und 3).[9] Vor diesem Hintergrund wäre es interessengerechter gewesen, zumindest eine Bekanntmachung von Einzelaufträgen ab bestimmten Schwellenwerten vorzusehen.

Bei Abschluss einer Rahmenvereinbarung ist im Standardformular unter IV.1.3 zunächst **29** anzugeben, dass es sich um eine Rahmenvereinbarung handelt. Bei einer Rahmenvereinbarung **mit mehreren Unternehmen** sind unter V.2.3 **sämtliche Vertragspartner** anzugeben. Die betreffende Formularangabe ist in diesem Fall in entsprechender Anzahl zu wiederholen.[10] Beim Auftragswert ist zudem – mit Blick darauf, dass die Bekanntmachung

---

[9] Hierauf weist auch *Rechten* in KKMPP VgV § 39 Rn. 31 hin, der die Regelung aber mit Blick auf den hohen Aufwand einer Veröffentlichung der Einzelaufträge für sachgerecht hält.
[10] Praktisch erfolgt das über das eNOTICES-Portal durch das Ausfüllen entsprechender weiterer Felder. AA *Rechten* in KKMPP VgV § 39 Rn. 32, der wegen der Angabe weiterer Vertragspartner auf Abschnitt VI.3 des Formulars („Zusätzliche Angaben") verweist. Das ist jedoch weder notwendig noch sachgerecht, da eine Angabe in diesem Abschnitt eine automatische Auswertung der Bekanntmachung in Bezug auf die Einzelaufträge praktisch kaum zulässt.

von Einzelabrufen nicht verpflichtend ist – unter V.2.4 der maximale Gesamtwert des Auftrags bzw. des jeweiligen Loses anzugeben.

2. Dynamische Beschaffungssysteme

30   Vergibt der Auftraggeber Aufträge im Rahmen eines dynamischen Beschaffungssystems iSv § 22, ist eine Vergabebekanntmachung ausschließlich für die unter dem Beschaffungssystem erteilten Einzelaufträge erforderlich. Die Einrichtung des dynamischen Beschaffungssystems selbst muss nicht nachträglich bekannt gemacht werden. Das ist konsequent, weil mit der Einrichtung eines dynamischen Beschaffungssystems noch kein Auftragnehmer ausgewählt wird. Allerdings gewährt § 39 Abs. 4 Satz 2 – in Übereinstimmung mit Art. 50 Abs. 3 Satz 2 VRL – eine Erleichterung in der Form, dass die Vergabebekanntmachungen über die Einzelaufträge dem EU-Amtsblatt vierteljährlich gebündelt übermittelt werden können. Darüber hinaus ist bei Einstellung eines dynamischen Beschaffungssystems gem. § 21 Abs. 2 Nr. 2 eine gesonderte Vergabebekanntmachung analog § 39 Abs. 2 zu veröffentlichen.

3. Abschluss des Beschaffungsvorhabens nach Vorinformation als Wettbewerbsaufruf

31   Hat der Auftraggeber das Vergabeverfahren durch eine Vorinformation in Gang gesetzt, und entscheidet er sich dafür, während der Laufzeit der Vorinformation keine weitere Auftragsvergabe vorzunehmen, muss er hierauf in der Vergabebekanntmachung hinweisen. Wie sich aus Art. 50 Abs. 2 UAbs. 1 VRL ergibt, betrifft diese Regelung nur Verfahren, die mittels einer Vorinformation als Aufruf zum Wettbewerb gemäß § 38 Abs. 4 in Gang gesetzt wurden (was in § 39 Abs. 3 nicht ganz klar zum Ausdruck kommt). Der Hinweis, dass keine weiteren Aufträge beabsichtigt sind, ist auch dann erforderlich, wenn die Vorinformation von vornherein nur einen einzigen Auftrag betrifft. Durch den Hinweis wird klargestellt, dass die Interessenten mit keinen weiteren Auftragsvergaben mehr zu rechnen haben. Hat der Auftraggeber auf Basis der Vorinformation überhaupt noch keinen Auftrag erteilt, beschließt er aber, das Beschaffungsvorhaben gleichwohl aufzugeben, gilt die Regelung nicht.[11] In diesem Fall ist die Veröffentlichung einer Vergabebekanntmachung, mit der über die Aufhebung informiert wird, ebenso wie bei „normalen" Aufhebungen freiwillig (→ Rn. 18).

IV. Frist und Form der Übermittlung der Bekanntmachung

32   Die Vergabebekanntmachung ist dem Amt für Veröffentlichungen der EU spätestens 30 Tage nach Vertragsschluss bzw. Abschluss der Rahmenvereinbarung zu übermitteln. Bei quartalsweise gebündelter Übermittlung im Rahmen eines dynamischen Beschaffungssystems beträgt die Frist 30 Tage nach Quartalsende. Bei der Frist handelt es sich um Kalendertage.[12] Die Frist wurde gegenüber der Vorgängerregelung von 48 Tagen auf 30 Tage verkürzt. Das entspricht der allgemeinen Verkürzung der Fristen im Zuge des Übergangs zur elektronischen Kommunikation. Entscheidend für die Fristwahrung ist die Absendung der Bekanntmachung an das Amt für Veröffentlichungen der EU.

33   Für die Form der Übermittlung gilt § 40 Abs. 1. Danach sind elektronische Mittel zu verwenden. Gemäß Art. 6 DVO (EU) Nr. 2015/1986 muss der Auftraggeber entweder das eNOTICES-Onlineportal oder die e-Sender-Funktion nutzen (näher → § 40 Rn. 9ff.).

---

[11] Das folgt daraus, dass die Regelung die Pflicht zur Veröffentlichung einer Vergabebekanntmachung voraussetzt; eine solche besteht jedoch nur, wenn tatsächlich ein Auftrag erteilt wird. Bestätigt wird das durch die Formulierung in Abs. 3, dass keine „weitere" Auftragsvergabe erfolgen soll. Auch das setzt voraus, dass eine Vergabe vorangegangen ist.

[12] Die Berechnung richtet sich nach VO (EWG/Euratom) Nr. 1182/71, die im Ergebnis den Fristberechnungsregeln des BGB entsprechen. Der Tag der Zuschlagserteilung ist also nicht mitzuzählen. Falls der letzte Tag der Frist auf einen Samstag, Sonntag oder gesetzlichen Feiertag fällt, verschiebt sich das Fristende auf den nächsten Werktag.

C. Bekanntmachung von Auftragsänderungen (Abs. 5)

Abs. 5 regelt die Bekanntmachung von **Auftragsänderungen nach § 132 Abs. 2** 34
Satz 1 Nr. 2 und 3 GWB. Gemäß § 132 Abs. 5 GWB sind derartige Auftragsänderungen EU-weit bekanntzumachen. Die Bekanntmachungspflicht als solche ergibt sich in diesem Fall **direkt aus dem Gesetz.** § 39 Abs. 5 greift diese Pflicht auf und regelt die Einzelheiten, namentlich die Pflicht zur Verwendung des Standardformulars gemäß Anhang XVII der DVO (EU) Nr. 2015/1986.

I. Sinn und Zweck der Regelung

§ 132 Abs. 2 Satz 1 Nr. 2 und 3 gestatten nachträgliche Auftragsänderungen in relativ gro- 35
ßem Umfang. § 132 Abs. 2 Satz 1 Nr. 2 GWB erlaubt nachträgliche Auftragserweiterungen, wenn ein Wechsel des Auftragnehmers aus wirtschaftlichen oder technischen Gründen nicht erfolgen kann oder mit erheblichen Schwierigkeiten oder beträchtlichen Zusatzkosten verbunden wäre. § 132 Abs. 2 Satz 1 Nr. 3 GWB gestattet Auftragsänderungen, die durch unvorhersehbare Umstände erforderlich geworden sind. Gem. § 132 Abs. 2 Satz 2 darf der Wert der zusätzlichen Leistungen bzw. der Auftragsänderung jeweils nicht mehr als 50 % des ursprünglichen Auftragswerts betragen, doch können solche Änderungen ausdrücklich auch mehrfach vorgenommen werden. Darin liegt ein nicht unerhebliches **Missbrauchspotential.** § 132 Abs. 5 GWB verlangt daher als **Korrektiv** eine EU-weite Bekanntmachung der Änderung. Die dadurch geschaffene Transparenz ermöglicht interessierten Unternehmen eine **Kontrolle der Rechtmäßigkeit der Änderung.** Wesentliche Auftragsänderungen, die nicht nach § 132 Abs. 2 oder 3 GWB zulässig sind, stellen eine De-facto-Vergabe dar und können daher von Wettbewerbern des Auftragnehmers im Nachhinein gemäß § 135 vor der Vergabekammer angegriffen werden. Zudem knüpft § 133 Abs. 1 Nr. 1 GWB an solche Auftragsänderungen die scharfe Sanktion der Kündigungsmöglichkeit.[13] Die Veröffentlichungspflicht entfaltet auf diese Weise zugleich eine nicht unerhebliche **disziplinierende Wirkung** gegenüber den Vertragsparteien. Die Regelung hat daher hohe wettbewerbliche Relevanz.

II. Inhalt der Bekanntmachung

Die Bekanntmachung ist gemäß dem **Standardformular in Anhang XVII** der DVO 36
(EU) Nr. 2015/1986 zu erstellen. Dieses Formular unterscheidet sich von den meisten übrigen Formularen dadurch, dass es für fast alle in Betracht kommenden Arten von Verträgen verwendet werden kann, dh „klassische" Aufträge gem. VgV, Sektorenaufträge gem. SektVO und Konzessionen gem. KonzVgV.[14] Dabei ist jeweils im Kopf des Formulars **anzukreuzen,** unter **welches Rechtsregime** der Vertrag fällt.

In Abschnitten I, II, IV, V und VI des Formulars sind zunächst Angaben zum Auftragge- 37
ber, zum Beschaffungsgegenstand, zum Verfahren und zum Ergebnis des Vergabeverfahrens

---

[13] → dazu näher *Berger* GWB § 133 R n. 20 ff.
[14] Das Formular gilt nur nicht für die Änderung von Aufträgen im Bereich Verteidigung und Sicherheit iSv §§ 104, 144 ff. GWB iVm VSVgV. Hintergrund ist, dass eine Veröffentlichung von Auftragsänderungen in der Richtlinie 2009/81/EU (ebenso wie in der VSVgV) nicht vorgesehen ist. Allerdings hat der deutsche Gesetzgeber in § 147 GWB die Geltung der Änderungsvorschriften des § 132 GWB – wenn auch ohne EU-rechtliche Grundlage – auch für verteidigungs- und sicherheitsspezifische Aufträge angeordnet. Stützt sich ein Auftraggeber für die Änderung eines verteidigungs- oder sicherheitsspezifischen Auftrags (unter Zurückstellung EU-rechtlicher Bedenken) auf § 132 Abs. 2 Satz 1 Nr. 2 und 3 GWB, muss er folglich auch die Bekanntmachungspflicht aus § 132 Abs. 5 GWB beachten. Ein passendes Bekanntmachungsformular gibt es dafür allerdings nicht.

zu machen. Diese entsprechen im Wesentlichen – allerdings in stark ausgedünnter Form – den Angaben in den betreffenden Abschnitten der Vergabebekanntmachung nach Abs. 1 und 2. Insbesondere ist in Abschnitt V.2.4 der ursprüngliche Wert des Auftrags (ggf. aufgeschlüsselt nach Losen) anzugeben.

38   In **Abschnitt VII** sind sodann nähere **Angaben zur Änderung** zu machen. Unter VII.1 sind Angaben zum **Auftrag** *nach* den **Änderungen** vorgesehen. Das betrifft insbesondere den oder die CPV-Code(s) unter VII.1.1 und VII.1.2.[15] Diese Angabe ist erforderlich, weil sich durch die Auftragsänderung möglicherweise der oder die CPV-Code(s) geänderten haben können. Unter VII.1.3 ist der Erfüllungsort samt NUTS-Code[16] anzugeben. Unter VII.1.4 ist eine Beschreibung der Beschaffung, dh eine Angabe von Art und Umfang der Leistungen gefordert. Unter VII.1.5 ist die Laufzeit in Monaten oder Tagen oder mittels Anfangs- und Enddatum anzugeben. Unter VII.1.6 sind Angaben zum Auftragswert (netto, ohne Umsatzsteuer) zu machen. Dabei ist der Gesamtwert des Auftrags bzw. des Loses anzugeben. Unter VII.1.7 sind schließlich Name und Anschrift des Auftragnehmers mitzuteilen, nebst Angabe, ob es sich um ein kleines oder mittelständisches Unternehmen (KMU gemäß der Definition in der Empfehlung 2003/361/EG) handelt. Die Angaben zum Auftragnehmer sind deshalb erforderlich, weil auch diese sich durch eine Auftragsänderung geändert haben können.

39   Unter VII.2 sind sodann nähere **Einzelheiten zu den Änderungen** zu machen. Unter VII.2.1 sind zunächst **Art und Umfang** der Änderungen zu beschreiben. Dabei sind auch etwaige **frühere Vertragsänderungen** anzugeben. Diese Vorschrift ist vor dem Hintergrund von Bedeutung, dass Auftragsänderungen nach § 132 Abs. 2 Satz 1 Nr. 2 und 3 GWB auch bei Ausschöpfung der 50%-Wertgrenze mehrmals hintereinander zulässig sind. Um einem etwaigen Missbrauch entgegenzuwirken, ist gerade bei einem Aufeinanderfolgen mehrerer Änderungen besondere Transparenz erforderlich.

40   Unter VII.2.2 sind sodann die **Gründe der Änderung** anzugeben. Dabei ist anzukreuzen, ob es sich um die **Beauftragung zusätzlicher Leistungen** gemäß § 132 Abs. 2 Satz 1 Nr. 2 GWB (Art. 72 Abs. 1b VRL) oder um eine **Änderung aufgrund unvorhersehbarer Umstände** nach § 132 Abs. 2 Satz 1 Nr. 3 GWB (Art. 72 Abs. 1c VRL) handelt. Ferner ist **konkret zu erläutern,** weshalb die Änderung im Einzelfall zulässig ist. So sind bei einer Änderung nach § 132 Abs. 2 Satz 1 Nr. 2 GWB die **wirtschaftlichen oder technischen Gründe** oder die Unannehmlichkeiten oder beträchtlichen Zusatzkosten darzulegen, die einem Auftragnehmerwechsel entgegenstehen. Bei einer Änderung nach § 132 Abs. 2 Satz 1 Nr. 3 GWB sind die **Umstände** darzulegen, die die Änderung erforderlich gemacht haben; ferner ist zu erklären, weshalb diese Umstände **unvorhersehbar** waren. Diese Erläuterungen müssen **hinreichend konkret und detailliert** sein, dass möglicherweise an dem Auftrag interessierte Unternehmen beurteilen können, ob die Voraussetzungen für eine zulässige Änderung vorgelegen haben. Die Beschreibung muss dabei nicht denselben Detaillierungsgrad erreichen wir die Dokumentation in der Vergabeakte. Ausreichend (aber auch erforderlich) ist, dass die maßgeblichen Umstände so substantiiert dargelegt werden, dass ein Außenstehender sich ein Bild von der Rechtmäßigkeit der Änderung machen kann. Eine solche Darlegung ist regelmäßig auch im Interesse des Auftraggebers, da Erläuterungen, die unbestimmt oder ausweichend wirken, vergaberechtliche Angriffe eher provozieren als eine klare und einleuchtende Begründung.

41   Unter VII.2.3 ist schließlich die aus der Änderung resultierende **Preiserhöhung** anzugeben. Dabei sind der Gesamtauftragswert vor und nach der en Änderung anzugeben. Der Gesamtauftragswert vor der Änderung ist dabei derjenige, der direkt vor der Änderung gegolten hat, unter Einbeziehung etwaiger vorangegangener Änderungen; der *ursprüngliche* Auftragswert (vor jeglichen Änderungen) ist nicht in VII.2.3, sondern in V.2.4 anzugeben.

---

[15] → § 37 Rn. 34.
[16] Siehe dazu § 37 Rn. 88.

III. Übermittlung der Bekanntmachung; Frist

Die Bekanntmachung über die Auftragsänderung ist auf üblichem elektronischem Weg **42** (d. h. über das eNOTICES-Portal oder die TED-eSender-Funktion) dem **Amt für Veröffentlichungen der EU** zu übermitteln. Dabei ist gem. Abschnitt VI.5 des Formulars auch der Tag der Absendung anzugeben (wobei dieses Datum bei der elektronischen Übermittlung vom System direkt eingefügt wird).

Freilich enthält § 39 Abs. 5 **keine Frist für die Übermittlung.** Das entspricht Art. 72 **43** Abs. 1 UAbs. 2 VRL, der ebenfalls keine Frist vorsieht. Der Grund ist unklar; der Punkt wurde im Gesetzgebungsverfahren wohl schlicht übersehen. Vor diesem Hintergrund liegt eine analoge Anwendung der 30-Tages-Frist aus Abs. 1 für die Vergabebekanntmachung nahe. Denn die Bekanntmachung einer Auftragsänderung entspricht von ihrer Funktion her im Wesentlichen der Vergabebekanntmachung. Eine rasche Veröffentlichung dürfte typischerweise auch im Interesse des Auftraggebers liegen. Denn eine unzulässige Auftragsänderung ist vergaberechtlich als De-facto-Vergabe anzusehen, die von Unternehmen nach § 135 Abs. 1 und 2 GWB noch sechs Monate nach Vertragsschluss vor der Vergabekammer angegriffen werden kann. Durch die Bekanntmachung der Änderung wird diese Frist gemäß § 135 Abs. 2 Satz 2 GWB auf 30 Tage nach der Veröffentlichung verkürzt.

IV. Rechtsfolgen eines Unterbleibens der Bekanntmachung

Unterlässt der Auftraggeber die Bekanntmachung nach Abs. 5, führt das nicht dazu, dass **44** die Änderung allein deshalb unzulässig wird. Die Bekanntmachung gehört nicht zu den Zulässigkeitsvoraussetzungen einer Änderung nach § 132 Abs. 2 Satz 1 Nr. 2 bzw. 3 GWB. Wollte man das Gesetz so verstehen, dass die Veröffentlichung eine Zulässigkeitsvoraussetzung ist, hatte das vor dem Hintergrund, dass das Gesetz keine Frist für die Veröffentlichung setzt, zur Folge, dass jede Änderung nach § 132 Abs. 2 Satz 1 Nr. 2 bzw. 3 GWB zunächst einmal – nämlich bis zur Veröffentlichung der Bekanntmachung – unzulässig wäre. Das überzeugt nicht. Das gilt umso mehr, wenn man bedenkt, dass die Veröffentlichung stets einige Tage in Anspruch nimmt, so dass sich bei strenger Lesart ein Zeitfenster der Unzulässigkeit auch dann auftun würde, wenn der Auftraggeber sich vollständig rechtstreu verhält. Auch die Regelungsstruktur spricht gegen die Annahme, dass die Bekanntmachung eine Zulässigkeitsvoraussetzung ist. Denn sowohl in Art. 72 Abs. 2 UAbs. 2 VRL als auch in § 132 Abs. 5 GWB ist die Veröffentlichungspflicht jeweils getrennt von den inhaltlichen Voraussetzungen der Änderungen geregelt.

Allerdings hat der Auftraggeber ohne eine Bekanntmachung erst relativ spät Rechts- **45** sicherheit über die Wirksamkeit der Änderung. Denn sollte die Einschätzung des Auftraggebers, dass die Änderung nach § 132 Abs. 2 Satz 1 Nr. 2 oder 3 GWB zulässig ist, unzutreffend sein, wäre die Änderung gem. § 135 Abs. 1 Nr. 2, Abs. 1 Satz 1 GWB für einen Zeitraum von sechs Monaten als De-facto-Vergabe angreifbar. Durch die Veröffentlichung der Bekanntmachung kann der Auftraggeber diese Frist analog § 135 Abs. 2 Satz 2 GWB auf 30 Tage nach der Veröffentlichung verkürzen. Mit einer Nichtveröffentlichung setzt der Auftraggeber sich zudem leicht dem Verdacht aus, dass er die Gründe selbst nicht für tragfähig hält, was seinen Stand in einem etwaigen Nachprüfungsverfahren erschweren kann.

D. Ausnahmen von der Veröffentlichungspflicht (Abs. 6)

I. Allgemeines

46   Abs. 6 enthält Ausnahmen von der Veröffentlichungspflicht. Die Regelung gestattet dem Auftraggeber, unter bestimmten Voraussetzungen von der **Veröffentlichung einzelner Angaben** in der Vergabebekanntmachung **abzusehen.**

47   Die Regelung gilt nicht für die Bekanntmachung insgesamt, sondern stets nur für **einzelne Angaben.** Der Auftraggeber kann von der Veröffentlichung absehen, wenn einer der in Nr. 1 bis 4 genannten Ausnahmegründe vorliegt. Diese Ausnahmegründe sind **eng auszulegen.**[17] Das gilt besonders vor dem Hintergrund, dass eine Inanspruchnahme der Ausnahmen stets zu einer Einschränkung der Transparenz führt.[18] Außerdem ist die **Verhältnismäßigkeit** zu wahren. Informationen dürfen daher stets nur soweit zurückgehalten werden, wie dies für den konkreten Zweck tatsächlich **erforderlich** ist. Der Auftraggeber muss die Gründe, die gegen eine Veröffentlichung sprechen, im Einzelfall sorgfältig gegen das öffentliche Interesse und das Wettbewerbsinteresse an Transparenz **abwägen.** Von einer Veröffentlichung darf nur absehen werden, wenn die Gründe gegen eine Veröffentlichung klar überwiegen. Praxisrelevant sind insoweit typischerweise vor allem der Preis und ggf. die Preisspanne der Angebote.

II. Anwendungsbereich

48   Wortlaut und Platzierung der Ausnahmeregelung suggerieren, dass sie für alle Bekanntmachungen nach § 39 gilt, dh sowohl für Vergabebekanntmachungen nach Abs. 1 als auch für Bekanntmachungen über Auftragsänderungen nach Abs. 5. Eine **Anwendung der Ausnahmen auf Bekanntmachungen von Änderungen widerspricht jedoch dem EU-Recht.** Art. 72 Abs. 2 UAbs. 2 VRL, aus dem sich die Veröffentlichungspflicht für Auftragsänderungen ergibt, enthält im Gegensatz zu Art. 50 VRL, der die Vergabebekanntmachungen regelt, keine Ausnahme. Art. 72 Abs. 2 UAbs. 2 VRL verweist bezüglich der Mindestinhalte der Bekanntmachung vielmehr uneingeschränkt auf die Auflistung in Anhang V Teil G VRL. Abs. 6 ist daher richtlinienkonform so auszulegen, dass die Ausnahmen **ausschließlich für Vergabebekanntmachungen** nach Abs. 1 gelten.

49   Das kann bei Auftragsänderungen zu praktischen Problemen führen, wenn das Standardformular Angaben fordert, die so sensibel sind, dass in der Vergabebekanntmachung von ihrer Veröffentlichung abgesehen werden durfte (etwa Angaben zum Preis in besonders umkämpften Märkten). Nach der gesetzlichen Wertung muss der Auftraggeber, der einen Auftrag nach § 132 Abs. 2 Satz 1 Nr. 2 und 3 GWB ändern will, die in diesem Fall vorgegebenen weitergehenden Offenlegungspflichten aber hinnehmen.

50   Die unterschiedliche Reichweite der Veröffentlichungspflicht bei regulären Vergabebekanntmachungen einerseits und der Bekanntmachung von Änderungen nach § 132 Abs. 2 Satz 1 Nr. 2 und 3 GWB andererseits sind auch sachgerecht. Die Ausnahmen von der Veröffentlichungspflicht nach Abs. 6 sind bei einer Vergabebekanntmachung leichter hinzunehmen, weil dieser typischerweise ein wettbewerbliches und transparentes Verfahren vorangegangen ist, das zumindest den Verfahrensbeteiligten in gewissem Umfang eine Kontrolle der Rechtmäßigkeit ermöglicht hat. Auftragsänderungen werden dagegen außerhalb jeglichen Wettbewerbs ausschließlich zwischen Auftraggeber und Auftragnehmer vereinbart. Aufgrund des relativ weiten Spielraums, den § 132 Abs. 2 Satz 1 Nr. 2 und 3

---

[17] Zum Grundsatz der engen Auslegung von Ausnahmen im Vergaberecht EuGH 8.12.2016, Rs. C-553/15 „Undis Servizi Srl", Rn. 29 mwN
[18] So auch *Rechten* in KKMPP VgV § 39 Rn. 46.

GWB den Beteiligten für solche Änderungen einräumt, besteht dabei ein nicht unbeträchtliches Missbrauchspotential. Die Bekanntmachung der Auftragsänderung ist daher das einzige Instrument zur Herstellung eines Mindestmaßes an Transparenz und Kontrolle. Daher ist es kein Widerspruch, dass die Offenlegungspflichten bei Auftragsänderungen nach § 132 Abs. 2 Satz 1 Nr. 2 und 3 GWB weitergehen als in der Vergabebekanntmachung.

Die Ausnahmen des Abs. 6 gelten dagegen gemäß § 62 Abs. 3 auch bei der nachträgli- **51** chen Unterrichtung nicht berücksichtigter Bieter und Bewerber gemäß § 62 Abs. 1 und 2.

III. Die Ausnahmegründe im Einzelnen

Abs. 6 zählt vier Ausnahmegründe auf, die teilweise nur schwer voneinander abgrenzbar **52** sind.[19]

1. Schutz des Gesetzesvollzugs (Nr. 1)

Nr. 1 nennt zunächst die **Behinderung des Gesetzesvollzugs.** In der Praxis sind Fälle, **53** in denen die vollständige Veröffentlichung der Ergebnisse des Vergabeverfahrens den Gesetzesvollzug behindern würde, jedoch nur schwer vorstellbar. Das gilt unabhängig davon, ob man nur solche Gesetze in Betracht zieht, deren Zielsetzung der Schutz von Informationen ist,[20] oder ob man jegliches Gesetz – insbesondere die Wettbewerbsvorschriften oder allgemeines Polizei- und Ordnungsrecht – für relevant hält.

Eine nur mittelbare Beeinträchtigung der Wahrnehmung gesetzlicher Aufgaben reicht **54** nicht aus;[21] solche Fälle könnten aber von Abs. 6 Nr. 2 (Beeinträchtigung des öffentlichen Interesses) erfasst sein.

Der **Vertraulichkeitsgrundsatz nach § 5** steht einer Veröffentlichung der in der Ver- **55** gabebekanntmachung vorgesehenen Angaben **nicht entgegen.** Das ergibt sich aus der ausdrücklichen Öffnung in § 5 Abs. 1 für anderweitige Rechtsvorschriften, die eine Weitergabe von Informationen gestatten. Art. 21 Abs. 1 VRL, auf dem § 5 Abs. 1 VgV beruht, verweist insoweit explizit auf die Pflicht zur Veröffentlichung der Ergebnisse des Vergabeverfahrens nach Art. 50 VRL (der § 39 Abs. 1 bis 4 entspricht).

2. Schutz des öffentlichen Interesses (Nr. 2)

Nr. 2 gestattet eine Nichtveröffentlichung von Angaben, wenn die Veröffentlichung das **56** **öffentliche Interesse beeinträchtigen** würde. Dieser Tatbestand geht über die Ausnahme nach Nr. 1 hinaus. Er erfasst prinzipiell auch mittelbare Gefahren für einen ungehinderten Gesetzesvollzug. In Betracht kommt etwa der Fall, dass eine Veröffentlichung des Auftragnehmers für ein besonders sicherheitssensibles Produkt oder eine Beratungsleistung die Gefahr terroristischer Angriffe oder von Sabotageakten gegen den Lieferanten heraufbeschwören könnte.[22] Aufträge, bei denen die Identität des Auftragnehmers unter Sicherheitsaspekten so sensibel ist, dass sie nicht veröffentlicht werden kann, dürften in der Praxis allerdings meist nach den Vorschriften der VSVgV vergeben werden oder unter eine Sicherheitsausnahme nach § 107 Abs. 2 oder § 117 GWB fallen, so dass ein solcher Fall kaum praxisrelevant ist.

---

[19] So auch *Rechten* in KKMPP VgV § 39 Rn. 47.
[20] So *Rechten* in KKMPP VgV § 39 Rn. 48.
[21] So auch *Rechten* aaO.
[22] So das Beispiel von *Roth* in Müller-Wrede VOL/A (3. Aufl.) § 23 EG Rn. 9 (zur im Wesentlichen gleichlautenden Vorgängerregelung in § 23 EG Abs. 1 Satz 2 VOL/A 2009 (der diesen Fall allerdings bereits unter die „Vereitelung des Gesetzesvollzugs" fassen will).

3. Schutz geschäftlicher Interessen (Nr. 3)

57   Nr. 3 enthält eine Ausnahme für den Fall, dass die Veröffentlichung den berechtigten **geschäftlichen Interessen eines Unternehmens schaden** würde. Bei diesem Ausnahmetatbestand stehen nicht öffentliche Interessen im Mittelpunkt, sondern private Geschäftsinteressen. Mittelbar dient die Regelung allerdings auch der **Aufrechterhaltung des Wettbewerbs** und damit dem öffentlichen Interesse. Denn Unternehmen, die befürchten müssten, dass der Auftraggeber nach Auftragserteilung in der Vergabebekanntmachung sensible Informationen über den Auftrag veröffentlicht, die ihren Geschäftsinteressen schaden, würden sich möglicherweise nicht mehr am Vergabewettbewerb beteiligen.

58   Die Regelung betrifft insbesondere **Betriebs- und Geschäftsgeheimnisse** des erfolgreichen Auftragnehmers. Zumindest im Liefer- und Dienstleistungsbereich, in dem die Angebotspreise grundsätzlich vertraulich bleiben, kann dazu insbesondere auch der **Preis** gehören, zu dem der Auftrag vergeben wurde, oder auch die **Preisspanne** der Angebote. Allerdings gibt es **auch beim Preis keinen Automatismus.** Nachdem das Vergaberecht eine Veröffentlichung des Preises grundsätzlich vorsieht, kann ein Absehen von der Veröffentlichung mit Rücksicht auf die Geheimhaltungsinteressen des Auftragnehmers nur dann gerechtfertigt sein, wenn es besondere Gründe – wie etwa einen ungewöhnlich harten oder knappen Preiswettbewerb in einer bestimmten Branche – gibt oder wenn der Preis sonstige Rückschlüsse auf vertrauliche Angebotsinhalte zulässt. In dem Zusammenhang ist zu bedenken, dass die Veröffentlichung der Angebotspreise **im Baubereich** seit je her **üblich** ist. Vor diesem Hintergrund ist keineswegs evident, dass eine Veröffentlichung des Preises des erfolgreichen Angebots per se geschäftsschädigend ist. Der Auftraggeber kann auch nicht von sich aus unterstellen, dass der erfolgreiche Bieter die Veröffentlichung des Preises als geschäftsschädigend ansieht, sofern der Bieter dazu nichts mitgeteilt hat.

4. Schutz des Wettbewerbs (Nr. 4)

59   Abs. 6 Nr. 4 enthält schließlich eine Ausnahme für den Fall, dass die Veröffentlichung den **lauteren Wettbewerb zwischen Unternehmen beeinträchtigen** würde. Da es um die Lauterkeit des Wettbewerbs geht, sind Wettbewerbsauswirkungen, die sich daraus ergeben, dass Wettbewerber aus der Vergabebekanntmachung Rückschlüsse auf den Angebotspreis des erfolgreichen Bieters ziehen können, die sie im künftigen Wettbewerb nutzbringend verwenden können, grundsätzlich nicht erfasst, da die Erlangung derartiger Informationen aus einer Pflichtveröffentlichung nicht unlauter ist. Der lautere Wettbewerb wäre aber dann berührt, wenn die Veröffentlichung des Preises oder der Preisspanne der Angebote die **Gefahr von Preisabsprachen** bei künftigen Vergaben heraufbeschwört oder befördern würde.[23] Gleiches gilt, wenn die Veröffentlichung der Zahl der eingegangen Angebote den potentiellen Anbietern Rückschlüsse erlaubt, die zur Gefahr von Preisabsprachen führen.

---

[23] So auch *Sterner* in Beck'scher VOB-Kommentar (2. Aufl.) VOB/A § 28 Rn. 26.

§ 40 Veröffentlichung von Bekanntmachungen

(1) **Auftragsbekanntmachungen, Vorinformationen, Vergabebekanntmachungen und Bekanntmachungen über Auftragsänderungen (Bekanntmachungen) sind dem Amt für Veröffentlichungen der Europäischen Union mit elektronischen Mitteln zu übermitteln. Der öffentliche Auftraggeber muss den Tag der Absendung nachweisen können.**

(2) Bekanntmachungen werden durch das Amt für Veröffentlichungen der Europäischen Union veröffentlicht. Als Nachweis der Veröffentlichung dient die Bestätigung der Veröffentlichung der übermittelten Informationen, die der öffentliche Auftraggeber vom Amt für Veröffentlichungen der Europäischen Union erhält.

(3) Bekanntmachungen dürfen auf nationaler Ebene erst nach der Veröffentlichung durch das Amt für Veröffentlichungen der Europäischen Union oder 48 Stunden nach der Bestätigung über den Eingang der Bekanntmachung durch das Amt für Veröffentlichungen der Europäischen Union veröffentlicht werden. Die Veröffentlichung darf nur Angaben enthalten, die in den an das Amt für Veröffentlichungen der Europäischen Union übermittelten Bekanntmachungen enthalten sind oder in einem Beschafferprofil veröffentlicht wurden. In der nationalen Bekanntmachung ist der Tag der Übermittlung an das Amt für Veröffentlichungen der Europäischen Union oder der Tag der Veröffentlichung im Beschafferprofil anzugeben.

(4) Der öffentliche Auftraggeber kann auch Auftragsbekanntmachungen über öffentliche Liefer- oder Dienstleistungsaufträge, die nicht der Bekanntmachungspflicht unterliegen, an das Amt für Veröffentlichungen der Europäischen Union übermitteln.

Übersicht

	Rn.			Rn.
A. Einführung	1	E. Freiwillige Bekanntmachungen (Abs. 4)		24
I. Literatur	1	I. Allgemeines		24
II. Entstehungsgeschichte	2	II. Fallgruppen		25
III. Unionsrechtliche Vorgaben	5	1. Freiwilliger Aufruf zum Wettbewerb		25
B. Übermittlung der Bekanntmachungen (Abs. 1)	8	2. Freiwillige Transparenzbekanntmachungen		27
C. Veröffentlichung der Bekanntmachungen (Abs. 2)	15	a) Freiwillige Ex-Ante-Transparenzbekanntmachung		28
D. Veröffentlichungen auf nationaler Ebene (Abs. 3)	18	b) Freiwillige Vergabebekanntmachung		33
		III. Übermittlung und Veröffentlichung		36

A. Einführung

I. Literatur

Siehe die Literaturangaben zu § 37.   1

II. Entstehungsgeschichte

Die Vorschriften über die Veröffentlichung der Bekanntmachungen wurden mit wenigen   2
inhaltlichen Änderungen, die auf Neuregelungen der VRL beruhen, aus § 15 EG Abs. 2
bis 4 und 9 VOL/A 2009 übernommen. Die Regelungen in Abs. 1 zur elektronischen
Übermittlung der Bekanntmachungen und zur Nachweispflicht des Auftraggebers über
den Tag der Absendung entsprechen weitgehend § 15 EG Abs. 2 VOL/A 2009. Allerdings

ist eine Übermittlung – entsprechend dem neuen Grundsatz der elektronischen Kommunikation – nach der Neuregelung nur noch auf elektronischem Weg zugelassen.

3   Die Vorschriften in Abs. 2 zur Veröffentlichung der Bekanntmachungen im EU-Amtsblatt fanden sich bereits in § 15 EG Abs. 3 VOL/A 2009. Die dort noch geregelten weiteren Einzelheiten, namentlich die Frist und die Sprachen, in denen die Veröffentlichung erfolgt, und der Grundsatz der Unentgeltlichkeit, finden sich in der VgV allerdings nicht mehr (→ Rn. 5).

4   Die Regelungen in Abs. 3 und 4 zu parallelen Veröffentlichungen im Inland und zur freiwilligen Veröffentlichung von Bekanntmachungen über Aufträge, die keiner Bekanntmachungspflicht unterliegen, entsprechen weitestgehend § 15 EG Abs. 4 und 9 VOL/A 2009.

III. Unionsrechtliche Vorgaben

5   Die Vorschriften in Abs. 1 und 2 zur Übermittlung der Bekanntmachungen an das Amt für Veröffentlichungen und zur Veröffentlichung im EU-Amtsblatt basieren auf Art. 51 Abs. 2, 3 und 5 VRL. Diese Richtlinienbestimmungen enthalten noch weitere Einzelheiten der Veröffentlichung, insbesondere die Frist und die Sprache(n), in denen die Veröffentlichung erfolgt, sowie die Unentgeltlichkeit der Veröffentlichung, die in der VgV nicht umgesetzt wurden. Der Verzicht auf eine Umsetzung ist systematisch folgerichtig, da die Modalitäten der Veröffentlichung durch die EU nicht der Regelungshoheit des deutschen Verordnungsgebers unterliegen, so dass eine Regelung in der VgV allenfalls informatorischen Charakter hätte. Durch die Streichung der Veröffentlichungsmodalitäten ist freilich auch die Neuerung in Art. 51 Abs. 3 VRL untergegangen, dass Bekanntmachungen nunmehr auch in mehreren Amtssprachen im Original erstellt und veröffentlicht werden können (→ Rn. 14).

6   Die Regelungen in Abs. 3 über die parallele Veröffentlichung von Bekanntmachungen auf nationaler Ebene basieren auf Art. 52 Abs. 1 und 2 VRL. Die Vorgabe des Art. 52 Abs. 3, wonach Vorinformationen erst in einem Beschafferprofil veröffentlicht werden dürfen, *nachdem* der Auftraggeber dem EU-Amtsblatt eine Mitteilung über die beabsichtigte Veröffentlichung übersandt hat, wurde bei der Umsetzung allerdings übergangen.[1]

7   Die in Abs. 4 eröffnete Möglichkeit einer freiwilligen Bekanntmachung von Auftragsvergaben, die keiner Bekanntmachungspflicht unterliegen, beruht auf Art. 51 Abs. 6 VRL. Die dort nochmals erwähnten Einzelheiten der Übermittlung entsprechen denen für Pflichtbekanntmachungen nach Abs. 1 und 2.

B. Übermittlung der Bekanntmachungen (Abs. 1)

8   Abs. 1 enthält Regelungen zur **Übermittlung der Bekanntmachungen** an das Amt für Veröffentlichungen zum Zwecke der **EU-weiten Veröffentlichung.** Die Vorschrift betrifft **sämtliche Bekanntmachungen,** d.h. Auftragsbekanntmachungen, Vorinformationen, Mitteilungen über die Veröffentlichung von Vorinformationen in einem Beschafferprofil, Auftragsbekanntmachungen und Bekanntmachungen über Auftragsänderungen; sie gilt ferner für freiwillige Bekanntmachungen nach Abs. 4. Die Bekanntmachungen sind dem **Amt für Veröffentlichungen der EU** in Luxemburg zu übermitteln, das sie im elektronischen **Supplement zum EU-Amtsblatt (TED)** veröffentlicht.

9   Die Übermittlung hat in **elektronischer Form** zu erfolgen. Das entspricht dem mit der Vergaberechtsmodernisierung 2016 eingeführten Grundsatz der elektronischen Kommuni-

---

[1] Die Vorgabe wurde auch nicht an anderer Stelle umgesetzt, insbesondere nicht in § 38 Abs. 8, der die Veröffentlichung von Vorinformationen in einem Beschaffungsprofil regelt; → § 38 Rn. 5 und 27.

kation. Bei der Übermittlung von Bekanntmachungen an das Amt für Veröffentlichungen ist die elektronische Übermittlung allerdings schon seit längerem der einzig mögliche Weg. Die früher noch eröffnete Möglichkeit der Übermittlung per Post oder Fax besteht seit mehreren Jahren nicht mehr. Dementsprechend sind auch die „klassischen" Kontaktdaten des Amtes, wie etwa die Postanschrift, die in einer Fußnote zu § 15 EG Abs. 2 VOL/A 2009 noch angegeben war, oder die Fax-Nummer im Regelfall irrelevant.

Die Modalitäten der elektronischen Übermittlung werden in Art. 6 der DVO (EU) **10** Nr. 2015/1986 dahingehend konkretisiert, dass die ausgefüllten Standardformulare elektronisch mittels der online-Anwendung eNOTICES oder der Funktion TED-eSender zu übermitteln sind. Diese Anwendungen sind über das simap-Portal des Amtes für Veröffentlichungen der EU (www.simap.eu) zugänglich.

Das **eNOTICES-Portal** bietet die Möglichkeit, die Standardformulare über Eingabe- **11** masken elektronisch auszufüllen und anschließend zu übermitteln. Der Dienst erfordert eine Registrierung, ist im Übrigen aber frei zugänglich und kostenlos. Die elektronische Bearbeitung der auszufüllenden Formulare erfolgt manuell. Die Anwendung eignet sich daher insbesondere für die gelegentliche Übermittlung von Bekanntmachungen oder die regelmäßige Übermittlung von Bekanntmachungen in geringer Zahl. Die Funktion **TED-eSender** bietet demgegenüber die Möglichkeit, Formulare im xml-Format zu übermitteln. Diese Funktion eignet sich insbesondere für Auftraggeber, die regelmäßig Bekanntmachungen in großer Zahl übermitteln, die auf eigenen Systemen erstellt und von dort in die TED-eSender-Anwendung zwecks Übermittlung an das Amt für Veröffentlichungen der EU exportiert werden können.

Nach Abs. 1 Satz 2 muss den Auftraggeber den **Tag der Absendung** nachweisen kön- **12** nen. Dieses Datum ist rechtlich in mehrerer Hinsicht bedeutsam. Bei einer Auftragsbekanntmachung markiert es den förmlichen Beginn des Vergabeverfahrens. Auch die Mindestfristen für den Eingang von Angeboten oder Teilnahmeanträgen gemäß §§ 15 ff. berechnen sich nach dem Tag der Absendung der Bekanntmachung. Dieser Tag ist ferner für den Zeitpunkt relevant, ab dem eine Veröffentlichung der Bekanntmachungen auf innerstaatlicher Ebene gemäß Abs. 3 zulässig ist. Die Nachweispflicht als solche hat allerdings kaum noch praktische Bedeutung, da der Tag der Absendung bei der – allein noch möglichen – Übermittlung über das eNOTICES-Portal oder TED-eSender **automatisch erfasst**, in der Eingangsbestätigung **bescheinigt** und in der Bekanntmachung **veröffentlicht** wird. Sollte eine Eingangsbestätigung ausbleiben, ist allerdings eine Nachforschung zu empfehlen, da dies ein Indiz dafür sein kann, dass die Übermittlung fehlgeschlagen ist.

Eine **Frist für die Übermittlung** gibt es nur für Vergabebekanntmachungen nach § 39 **13** Abs. 1 (sowie analog für Bekanntmachungen über Auftragsänderungen nach § 39 Abs. 5; → § 39 Rn. 43). Die frühere Vorgabe, Auftragsbekanntmachungen „unverzüglich" zu übermitteln, wurde mit der Neuregelung gestrichen. Doch liegt es meist im eigenen Interesse des Auftraggebers, Auftragsbekanntmachungen so früh wie möglich zu veröffentlichen. Nach neuem Recht ist dabei zu berücksichtigen, dass der Auftraggeber gemäß § 41 Abs. 1 ab dem Zeitpunkt der Veröffentlichung die Vergabeunterlagen direkt elektronisch zum Abruf bereit stellen muss. Die Übermittlung der Auftragsbekanntmachung kann daher in der Regel erst erfolgen, wenn die Vergabeunterlagen fertiggestellt oder zumindest soweit gediehen sind, dass sie bis zur Veröffentlichung fertig gestellt werden können.

Das Formular kann gemäß Art. 51 Abs. 3 Satz 1 VRL **in jeder vom Auftraggeber** **14** **gewählten Amtssprache der EU** ausgefüllt werden (→ § 37 Rn. 23). Diese Regelung wurde in der VgV zwar nicht umgesetzt, ist aber verbindliches Richtlinienrecht. Praktisch bedeutsam ist in dem Zusammenhang die durch Art. 53 Abs. 3 Satz 1 VRL **neu geschaffene**[2] Möglichkeit, die **Bekanntmachung in mehreren Originalsprachen** zu erstellen.

---

[2] Nach altem Recht (§ 15 EG Abs. 3 Satz 3 VOL/A 2009, der insoweit Art. 36 Abs. 4 UAbs. 1 VKR entsprach), konnte eine Bekanntmachung stets nur in *einer* Originalsprache erstellt und veröffentlicht werden; in den anderen Sprachen wurde nur eine Zusammenfassung veröffentlicht.

Auftraggeber, die gezielt (auch) internationale Bieter ansprechen wollen, müssen sich also nicht mehr zwischen Deutsch und einer anderen Sprache (insbesondere Englisch) entscheiden. Art. 51 Abs. 3 VRL sieht vielmehr vor, dass Bekanntmachungen auch in mehreren Originalsprachen erstellt werden können und in diesen Sprachen auch **vollständig veröffentlicht** werden. Auch diese Neuerung wurde in der VgV nicht umgesetzt. In der Verordnungsbegründung ist im Gegenteil weiterhin nur von „der" (dh *einer*) Originalsprache die Rede.[3] Da es sich um verbindliches Richtlinienrecht handelt, steht das der Verwendung mehrerer Originalsprachen aber nicht entgegen.

C. Veröffentlichung der Bekanntmachungen (Abs. 2)

15   Abs. 2 enthält Näheres zur **EU-weiten Veröffentlichung** der Bekanntmachungen. Abs. 2 Satz 1 stellt zunächst fest, dass die Bekanntmachungen vom Amt für Veröffentlichungen der EU veröffentlicht werden. Da es sich hierbei um eine Aufgabe des Amtes für Veröffentlichungen handelt, die nicht der Regelungshoheit des deutschen Verordnungsgebers unterliegt, hat die Regelung nur deklaratorischen Charakter. Sie stellt indes klar, dass sich der Auftraggeber um die Veröffentlichung als solche nicht weiter kümmern muss (und innerhalb der Stillhaltefrist für Veröffentlichungen auf nationaler Ebene eine anderweitige Veröffentlichung auch vornehmen darf).

15a   Die Veröffentlichung erfolgt ausschließlich elektronisch auf der Bekanntmachungsplattform **"Tenders Electronic Daily" (TED)**. Abs. 2 Satz 2 stellt klar, dass das Amt für Veröffentlichungen der EU dem Auftraggeber eine Bestätigung der Veröffentlichung erteilt, die als Nachweis der Veröffentlichung gilt. Der Sinn dieses Nachweises ist nicht ganz klar, weil die Veröffentlichungen auf der TED-Plattform des EU-Amtsblatts öffentlich zugänglich sind, so dass es eines gesonderten Nachweises der Veröffentlichung an sich nicht bedarf. Der Auftraggeber erspart sich durch die Bestätigung jedoch, sich durch einen Abruf von der TED-Plattform selbst von der Veröffentlichung zu überzeugen.

16   Gemäß Art. 51 Abs. 2 VRL wird die Bekanntmachung vom Amt für Veröffentlichungen der EU **binnen fünf Tagen** nach der Übermittlung **unentgeltlich veröffentlicht**. Diese Regelungen, die in § 15 EG Abs. 2 VOL/A 2009 noch enthalten waren, wurden in § 40 nicht umgesetzt. Da die Veröffentlichungsprozeduren des Amtes für Veröffentlichungen der EU nicht der Regelungshoheit des deutschen Verordnungsgebers unterliegen, ist das kein Manko. Da der Auftraggeber mit der Übermittlung der Bekanntmachung an das Amt für Veröffentlichungen seine Pflicht erfüllt hat, spielt die Frage, wann die Veröffentlichung tatsächlich erfolgt, für den Auftraggeber auch nur selten eine Rolle. Zudem enthält die Verordnungsbegründung einen Hinweis auf die Frist für die Veröffentlichung wie auch auf die Unentgeltlichkeit der Veröffentlichung.[4]

17   Die Bekanntmachungen werden gemäß Art. 51 Abs. 3 VRL in der oder den vom Auftraggeber gewählten Originalsprache(n) vollständig veröffentlicht (→ Rn. 14). In den übrigen Amtssprachen erfolgt die Veröffentlichung einer Zusammenfassung. Dabei sind nur die Veröffentlichungen in der bzw. den Originalsprache(n) verbindlich. Auch diese Regelung wurde in § 40 nicht umgesetzt. Das ist ein Fehler, weil die Frage, welche Veröffentlichung bei Widersprüchen verbindlich ist, direkt das Verhältnis zwischen Auftraggeber und Bietern betrifft und daher richtigerweise auch in der VgV zu regeln gewesen wäre.

---

[3] BR-Drs 87/16, 194.
[4] BR-Drs 87/16, 194.

D. Veröffentlichungen auf nationaler Ebene (Abs. 3)

Abs. 3 regelt die Veröffentlichung von Bekanntmachungen auf innerstaatlicher Ebene. **18** Dabei steht das gesetzgeberische Anliegen im Mittelpunkt, den **EU-weiten Wettbewerb nicht dadurch zu unterlaufen,** dass geplante Auftragsvergaben in inländischen Medien früher bekanntgegeben werden als auf EU-Ebene oder im Inland weitergehende Informationen bereitgestellt werden, und inländische Bieter auf diese Weise einen **Informationsvorsprung** erhalten.

Abs. 3 Satz 1 schreibt daher vor, dass Bekanntmachungen auf nationaler Ebene erst **nach 19 der Veröffentlichung im EU-Amtsblatt** oder – falls die Veröffentlichung nicht vorher erfolgt – **48 Stunden nach der Eingangsbestätigung** des Amts für Veröffentlichungen veröffentlicht werden dürfen. Praktisch ist vor allem die 48-Stunden-Regelung bedeutsam, weil die Veröffentlichung gemäß Art. 51 Abs. 2 Satz 2 VRL bis zu fünf Tagen in Anspruch nehmen kann. Die Regelung bedeutet gegenüber dem früheren Recht eine Verschärfung; die Vorgängerregelung in § 15 EU Abs. 4 VOL/A 2009 gestattete eine Veröffentlichung im Inland bereits ab dem Tag der Absendung der Bekanntmachung an das EU-Amtsblatt. Die Veröffentlichung einer **Vorinformation nach § 38 Abs. 2** in einem Beschafferprofil ist unabhängig von § 40 Abs. 3 unmittelbar nach Übermittlung der Ankündigung an das Amt für Veröffentlichungen der EU zulässig; die **48-Stunden-Frist muss** in diesem Fall **nicht abgewartet** werden.[5] Das ergibt sich daraus, dass die Veröffentlichung im Beschafferprofil in diesem Fall „führt" und die EU-weite Bekanntmachung lediglich als Hinweis auf das Beschafferprofil dient.

Nach Abs. 3 Satz 2 dürfen inländische Veröffentlichungen **nur die Angaben enthalten, 20 die in den EU-Bekanntmachungen** oder dem Beschafferprofil des Auftraggebers veröffentlicht wurden. Sie dürften also insbesondere keine abweichenden oder ergänzenden Angaben enthalten.[6] Damit sollen Informationsvorsprünge inländischer Bieter, die typischerweise leichter Zugang zu nationalen Veröffentlichungsmedien haben, verhindert werden.

Soweit die Regelung auf Angaben Bezug nimmt, die **in einem Beschafferprofil veröf- 21 fentlicht** wurden, bezieht sich das ausschließlich auf den Fall der Veröffentlichung einer Vorinformation in einem Beschafferprofil gemäß § 38 Abs. 2 (→ § 38 Rn. 27ff.). Auch ein Beschafferprofil ist an sich eine inländische Veröffentlichung. Aufgrund der Besonderheit, dass Vorinformationen, die nicht als Aufruf zum Wettbewerb dienen, gem. § 38 Abs. 2 originär auch in einem Beschafferprofil veröffentlicht werden können (sofern der Auftraggeber dem Amt für Veröffentlichungen zuvor eine Mitteilung über die Veröffentlichung hat zukommen lassen), genießt diese Form der inländischen Publizität jedoch eine gewisse Sonderrolle. Die Veröffentlichung im Beschafferprofil tritt dann an die Stelle der Publikation im EU-Amtsblatt. Dementsprechend bildet in diesem Fall der Inhalt der im Beschafferprofil veröffentlichten Vorinformation die „Messlatte" für etwaige weitere inländische Veröffentlichungen. Die Regelung ist dagegen nicht so zu verstehen, dass ein Auftraggeber in seinem Beschafferprofil parallel zu einer normalen Auftragsbekanntmachung nach § 37 Einzelheiten veröffentlichen dürfte, die über die Angaben in der Auftragsbekanntmachung hinausgehen. Zulässig ist es jedoch, wenn der Auftraggeber in der EU-Bekanntmachung auf weiterführende Angaben im Beschafferprofil verweist.[7] In diesem Fall ist die EU-weite Transparenz gewahrt.

Bei Veröffentlichung einer **Vorinformation als Aufruf zum Wettbewerb** gemäß § 38 22 Abs. 4 gelten die normalen Regelungen. Solche Vorinformationen dürfen gemäß Art. 48 Abs. 2 Unterabs. 2 VRL bzw. § 38 Abs. 4 Satz 2 nicht originär in einem Beschafferprofil veröffentlicht werden. Eine solche Veröffentlichung ist allenfalls *zusätzlich* gestattet. Art. 48

---

[5] AA *Schwabe* in Müller-Wrede VgV/UVgO § 37 VgV Rn. 263.
[6] *Rechten* in KKMPP VgV § 40 Rn. 14.
[7] *Rechten* in KKMPP VgV § 37 Rn. 121.

Abs. 2 UAbs. 2 Satz 2 VRL verweist dabei explizit auf die Vorgaben für Veröffentlichungen auf nationaler Ebene gemäß Art. 52 VRL. Daraus folgt, dass eine Veröffentlichung im Beschafferprofil in diesem Fall erst nach Veröffentlichung im EU-Amtsblatt bzw. Ablauf der 48-Stunden-Frist des Abs. 3 Satz 1 zulässig ist und die Veröffentlichung im Beschafferprofil keine anderen Angaben enthalten darf als die EU-weit veröffentlichte Vorinformation.

23   Nach Abs. 3 Satz 3 muss der Auftraggeber in der nationalen Bekanntmachung auch den Tag der Übermittlung der Bekanntmachung an das EU-Amtsblatt angeben. Das dient der Kontrolle; durch die Angabe soll erkennbar sein, ob der Auftraggeber die 48-Stunden-Frist eingehalten hat.

E. Freiwillige Bekanntmachungen (Abs. 4)

I. Allgemeines

24   Abs. 4 gestattet **freiwillige EU-weite Bekanntmachungen** von Auftragsvergaben, die keiner förmlichen Bekanntmachungspflicht unterliegen. Eine solche Bekanntmachung kann für Auftraggeber aus verschiedenen Gründen zweckmäßig sein. Zum einen führt eine EU-weite Bekanntmachung im Vergleich zu einer nur nationalen Bekanntmachung oder gar einer bloßen Ansprache ausgewählter Unternehmen zu einem breiteren Wettbewerb, was für den Auftraggeber wirtschaftlich vorteilhaft sein kann. Zum anderen besteht auch für Aufträge und Konzessionen, die nicht den EU-Vergaberichtlinien unterfallen (zB weil der Schwellenwert knapp unterschritten wird), bei grenzüberschreitendem Interesse eine Pflicht zur Transparenz.[8] Diese kann insbesondere durch eine Bekanntmachung im EU-Amtsblatt erfüllt werden.[9] Darüber hinaus gibt es Fälle, in denen der Auftraggeber zwar der Überzeugung ist, den Auftrag nicht bekannt machen zu müssen, aber gleichwohl EU-weite Transparenz schaffen möchte. Ein besonderer Vorteil solcher Transparenzveröffentlichungen ist, dass damit zügig Rechtssicherheit über die Wirksamkeit der Vergabe herbeigeführt werden kann.

II. Fallgruppen

1. Freiwilliger Aufruf zum Wettbewerb

25   Auftraggeber können freiwillig einen EU-weiten Aufruf zum Wettbewerb veröffentlichen. In der Regel handelt es sich dabei um eine normale Auftragsbekanntmachung analog § 37. Aber auch freiwillige Vorinformationen analog § 38 Abs. 4 sind möglich. Zwar erwähnt Abs. 4 nur Auftragsbekanntmachungen. Die Vorschrift setzt Art. 51 Abs. 6 VRL in dem Punkt jedoch nur unvollständig um. Die Richtlinienbestimmung gestattet freiwillige Bekanntmachungen aller Art, dh auch Vorinformationen und die unten erläuterten Transparenzbekanntmachungen.

26   Gemäß Art. 51 Abs. 6 iVm Anhang VIII VRL sind auch für freiwillige Bekanntmachungen die von der EU-Kommission festgelegten Muster zu verwenden. Die DVO (EU) 2015/1986 enthält für freiwillige Wettbewerbsaufrufe jedoch keine eigenen Formulare. In den Standardformularen ist auch keine spezielle Möglichkeit vorgesehen, auf den freiwilligen Charakter der Bekanntmachung hinzuweisen. Auftraggeber können gleichwohl die

---

[8] Siehe dazu grundlegend EuGH 7.12.2000 Rs. C-324/98 „Telaustria" Rn. 60–62, sowie die Mitteilung der Kommission zu Auslegungsfragen in Bezug auf das Gemeinschaftsrecht, das für die Vergabe öffentlicher Aufträge gilt, die nicht oder nur teilweise unter die Vergaberichtlinien fallen (2006/C 179/02), ABl EU C 179 v. 1.8.2006, 2 (unter Ziffer 2.1); → *Dörr* GWB § 97 Rn. 30.

[9] Darauf weist die Mitteilung der Kommission von 2006 (Fn. 8) unter Ziffer 2.1.2 ausdrücklich hin.

normalen Standardformulare für Auftragsbekanntmachungen bzw. Vorinformationen verwenden; jedoch ist zu empfehlen, unter VI.3 („Zusätzliche Angaben") auf den freiwilligen Charakter der Bekanntmachung hinzuweisen. Dabei sollte zweckmäßigerweise auch erläutert werden, weshalb keine förmliche Bekanntmachungspflicht besteht.

2. Freiwillige Transparenzbekanntmachungen

Daneben können Auftraggeber sowohl beabsichtigte als auch durchgeführte Auftrags- 27 vergaben ohne EU-weiten Wettbewerbsaufruf **zum Zwecke der Transparenz** bekannt machen. Im ersten Fall spricht man von einer freiwilligen Ex-Ante-Transparenzbekanntmachung; der zweite Fall betrifft freiwillige (nachträgliche) Vergabebekanntmachungen analog § 39 Abs. 1.

a) Freiwillige Ex-Ante-Transparenzbekanntmachung. Der Auftraggeber kann eine 28 **freiwillige Ex-Ante-Transparenzbekanntmachung** gemäß Anhang XII der DVO (EU) 2015/1986 veröffentlichen. Dabei handelt es sich nicht um einen Wettbewerbsaufruf, sondern um eine vor Vertragsschluss veröffentlichte Ankündigung einer Vergabe ohne EU-weiten Wettbewerb. Durch die Veröffentlichung werden Unternehmen, die an dem Auftrag potentiell interessiert sind, über den bevorstehenden Vertragsschluss unterrichtet. Da durch den Vertragsschluss in der Regel vollendete Tatsachen geschaffen werden, sollen die Unternehmen auf diese Weise die Möglichkeit bekommen, noch vor dem Zuschlag Rechtsschutz in Anspruch zu nehmen.

Für den Auftraggeber hat eine solche Transparenzbekanntmachung den Vorteil, dass da- 29 durch eine **Ausschlussfrist von 10 Tagen** für die **Inanspruchnahme von wirksamem Primärrechtsschutz** in Gang gesetzt wird. Schließt der Auftraggeber den Vertrag nach Ablauf der Frist, sind anschließende Nachprüfungsanträge mit dem Ziel der Feststellung der Unwirksamkeit des Vertrags nach § 135 Abs. 3 GWB unzulässig. Der Auftraggeber kann auf diesem Weg zu einem **frühen Zeitpunkt Rechtssicherheit** schaffen.

Für die freiwillige Ex-Ante-Transparenzbekanntmachung hält Anhang XII der DVO (EU) 30 2015/1986 ein **eigenes Standardformular** vor. Dort sind in Abschnitten I, II, IV und VI Angaben zum Auftraggeber, zum Beschaffungsgegenstand, zum Verfahren und zum Rechtsschutz zu machen, die im Wesentlichen denen aus der Vergabebekanntmachung nach § 39 Abs. 1 und 2 entsprechen. In Abschnitt V sind Angaben zur beabsichtigten Auftragsvergabe zu machen. Auch diese ähneln denen aus Abschnitt V der Vergabebekanntmachung. Unter V.2.1 ist der Tag des beabsichtigten oder tatsächlichen Vertragsschlusses anzugeben. Unter V.2.2 und V.2.3 sind Angaben zum Auftragnehmer zu machen; insbesondere sind Name und Anschrift anzugeben. Unter V.2.4 sind Angaben zum Auftragswert oder zur Preisspanne der für die Vergabeentscheidung berücksichtigten Angebote zu machen.

In Anhang D.1 sind ferner die **Gründe** anzugeben, weshalb der **Auftrag ohne EU-** 31 **weiten Wettbewerbsaufruf** vergeben werden kann. Der Anhang entspricht Anhang D.1 zur regulären Vergabebekanntmachung nach § 39 Abs. 1 (→ § 39 Rn. 23 ff.). Insbesondere ist anzugeben, ob ein Verhandlungsverfahren ohne Teilnahmewettbewerb iSv von § 14 Abs. 4 durchgeführt wurde oder der Auftrag nicht unter die Vergabevorschriften fällt. In beiden Fällen ist ferner im Einzelnen unter Angabe der relevanten Tatsachen und rechtlichen Erwägungen zu erläutern, weshalb eine Vergabe ohne vorherigen EU-weiten Aufruf zum Wettbewerb zulässig ist.

Gerade bei einer freiwilligen Ex-ante-Transparenzbekanntmachung kommt diesen Er- 32 läuterungen besondere Bedeutung zu. Denn die Ausschlusswirkung des § 135 Abs. 3 GWB für nachträgliche vergaberechtliche Angriffe tritt nur ein, wenn der Auftraggeber **sorgfältig gehandelt** hat **und tatsächlich der Ansicht sein durfte,** dass eine Vergabe ohne vorherigen EU-weiten Wettbewerbsaufruf zulässig war.[10] Der Auftraggeber darf sich der richtigen Erkenntnis dabei nicht mutwillig verschließen; die Entscheidung für die

---

[10] EuGH 11.9.2014 C-19/13 „Fastweb II" Rn. 50.

Direktvergabe muss vielmehr sachlich und rechtlich vertretbar sein.[11] Daher liegt es im Eigeninteresse des Auftraggebers, dass die angeführten Gründen hinreichend belastbar sind.

33   **b) Freiwillige Vergabebekanntmachung.** Der Auftraggeber kann auch eine **freiwillige nachträgliche Vergabebekanntmachung** veröffentlichen. Ähnlich wie die freiwillige Ex-Ante-Bekanntmachung dient sie der Transparenz. Auch die freiwillige Vergabebekanntmachung setzt eine **Ausschlussfrist für Nachprüfungsanträge** in Gang. Diese beträgt 30 Tage ab der Veröffentlichung im EU-Amtsblatt (§ 135 Abs. 2 Satz 2 GWB). Das ansonsten sechsmonatige Zeitfenster für Nachprüfungsanträge nach § 135 Abs. 2 Satz 1 GWB kann auf diese Weise deutlich verkleinert werden.

34   Die freiwillige Vergabebekanntmachung entspricht der obligatorischen Bekanntmachung nach § 39 Abs. 1 bis 4. Es ist das gewöhnliche Standardformular gemäß Anhang III der DVO (EU) 2015/1986 zu verwenden (siehe oben § 39 Rn. 14 ff.). Dabei ist in Anhang D.1 wiederum anzugeben, aus welchen Gründen der Auftraggeber eine Vergabe ohne EU-weiten Wettbewerb für zulässig gehalten hat. Im Rahmen einer freiwilligen Vergabebekanntmachung kommt nur der Fall in Betracht, dass der Auftrag nicht unter die Vergabevorschriften fällt (weil in Fällen eines Verhandlungsverfahrens ohne Teilnahmewettbewerb nach § 14 Abs. 4 die Veröffentlichung einer Vergabebekanntmachung verpflichtend ist).

35   Die Fristverkürzung für vergaberechtliche Angriffe nach § 135 Abs. 2 Satz 2 GWB setzt nicht voraus, dass die mitgeteilten Gründe eine besondere Qualität haben; es genügt die Bekanntmachung der Auftragsvergabe als solche. Der Auftraggeber hat jedoch auch in diesem Fall ein Interesse daran, dass die Gründe möglichst überzeugend sind, um keine vergaberechtlichen Angriffe heraufzubeschwören.

III. Übermittlung und Veröffentlichung

36   Für die Übermittlung freiwilliger Bekanntmachungen und deren Veröffentlichung gelten keine Besonderheiten. Die Abläufe und Einzelheiten entsprechen denen bei Pflichtbekanntmachungen. Der Auftraggeber muss die Standardformulare verwenden und die Formvorgaben beachten, insbesondere die Anforderungen an die elektronische Übermittlung. Das ergibt sich aus Art. 51 Abs. 6 VRL und dem dortigen Verweis auf Anhang VIII VRL. Das Amt für Veröffentlichungen der EU veröffentlicht die Bekanntmachungen sodann ebenso wie die Pflichtbekanntmachungen.

---

[11] OLG Düsseldorf 12.7.2017 – VII-Verg 13/17.

§ 41 Bereitstellung der Vergabeunterlagen

(1) Der öffentliche Auftraggeber gibt in der Auftragsbekanntmachung oder der Aufforderung zur Interessensbestätigung eine elektronische Adresse an, unter der die Vergabeunterlagen unentgeltlich, uneingeschränkt, vollständig und direkt abgerufen werden können.

(2) Der öffentliche Auftraggeber kann die Vergabeunterlagen auf einem anderen geeigneten Weg übermitteln, wenn die erforderlichen elektronischen Mittel zum Abruf der Vergabeunterlagen

1. aufgrund der besonderen Art der Auftragsvergabe nicht mit allgemein verfügbaren oder verbreiteten Geräten und Programmen der Informations- und Kommunikationstechnologie kompatibel sind,
2. Dateiformate zur Beschreibung der Angebote verwenden, die nicht mit allgemein verfügbaren oder verbreiteten Programmen verarbeitet werden können oder die durch andere als kostenlose und allgemein verfügbare Lizenzen geschützt sind, oder
3. die Verwendung von Bürogeräten voraussetzen, die dem öffentlichen Auftraggeber nicht allgemein zur Verfügung stehen.

Die Angebotsfrist wird in diesen Fällen um fünf Tage verlängert, sofern nicht ein Fall hinreichend begründeter Dringlichkeit gemäß § 15 Absatz 3, § 16 Absatz 7 oder § 17 Absatz 8 vorliegt.

(3) Der öffentliche Auftraggeber gibt in der Auftragsbekanntmachung oder in der Aufforderung zur Interessensbestätigung an, welche Maßnahmen er zum Schutz der Vertraulichkeit von Informationen anwendet und wie auf die Vergabeunterlagen zugegriffen werden kann. Die Angebotsfrist wird in diesen Fällen um fünf Tage verlängert, es sei denn, die Maßnahme zum Schutz der Vertraulichkeit besteht ausschließlich in der Abgabe einer Verschwiegenheitserklärung oder es liegt ein Fall hinreichend begründeter Dringlichkeit gemäß § 15 Absatz 3, § 16 Absatz 7 oder § 17 Absatz 8 vor.

Übersicht

	Rn.			Rn.
A. Einführung	1		C. Ausnahmen von der Bereitstellungs-	
			pflicht	46
I. Literatur	1		I. Technische Gründe (Abs. 2)	47
II. Entstehungsgeschichte	2		1. Technische Inkompatibilität	
III. Unionsrechtliche Vorgaben	4		(Nr. 1)	49
			2. Fehlende Verfügbarkeit von Da-	
B. Grundsatz der direkten elektroni-			teiformaten (Nr. 2)	53
schen Bereitstellung der Vergabeun-			3. Fehlende Verfügbarkeit von Büro-	
terlagen (Abs. 1)	10		technik (Nr. 3)	55
I. Allgemeines	10		4. Grundsatz der Erforderlichkeit	56
II. Pflicht zur direkten elektronischen			5. Alternative Übermittlungswege	57
Bereitstellung der Unterlagen	12		II. Maßnahmen zum Schutz der Ver-	
III. Einzelheiten	13		traulichkeit (Abs. 3)	58
1. Elektronischer Zugang zu den			1. Vertraulichkeit der Vergabeunter-	
Unterlagen	13		lagen	59
2. Unentgeltlich	16		2. Besondere Schutzmaßnahmen	
3. Uneingeschränkt	19		und Bereitstellung der Unterla-	
4. Vollständig	23		gen	62
5. Direkt	25		3. Angabe der Maßnahmen und des	
IV. Bereitzustellende Unterlagen	26		Kommunikationswegs	65
1. Grundsatz	26			
2. Insbesondere: Im zweistufigen			D. Fristverlängerung bei Nutzung der	
Verfahren	28		Ausnahmen	67
3. Änderungen oder Ergänzungen			I. Grundsatz der Fristverlängerung	67
der Vergabeunterlagen	37		II. Ausnahme bei besonderer Dringlich-	
V. Zeitpunkt und Dauer der Bereitstel-			keit	71
lung	38		III. Ausnahme bei bloßer Einholung	
			einer Vertraulichkeitserklärung?	72

A. Einführung

I. Literatur

1 Siehe die Literaturangaben zu §§ 9 ff. VgV, sowie *Amelung,* Frühzeitiger Zugang zu den Vergabeunterlagen VergabeR 2017, 294; *Reuber,* Die neue VOB/A VergabeR 2016, 339.

II. Entstehungsgeschichte

2 Die Pflicht zur **direkten elektronischen Bereitstellung der Vergabeunterlagen** wurde mit der Vergaberechtsreform 2016 neu eingeführt. Sie beruht auf entsprechenden Vorgaben der VRL (→ Rn. 4 ff.) Die Regelung steht in engem Zusammenhang mit dem **Grundsatz der elektronischen Kommunikation** im Vergabeverfahren (§ 97 Abs. 5 GWB, §§ 9 ff. und § 53 Abs. 2 bis 4 VgV). Die Einführung einer generellen Pflicht zur direkten elektronischen Bereitstellung der Unterlagen ist ein **Paradigmenwechsel.**[1] Zwar sah schon § 12 EG Abs. 6 VOL/A 2009 die Möglichkeit vor, die Vergabeunterlagen direkt elektronisch zur Verfügung zu stellen. Eine Verpflichtung zur elektronischen Bereitstellung der Unterlagen gab es dagegen nur bei einem dynamischen Beschaffungssystem (§ 5 EG Abs. 2 lit. c VOL/A 2009). Die nun eingeführte generelle Pflicht zur direkten elektronischen Bereitstellung kehrt das vormalige Regel-Ausnahme-Verhältnis um.

3 Die Ausnahmen in Abs. 2 und Abs. 3 sind ebenfalls neu. Sie stehen in engem Zusammenhang mit den Ausnahmen von der elektronischen Kommunikation bei der Angebotsabgabe gem. § 53 Abs. 2 und 4 und den Regelungen zum Schutz vertraulicher Informationen des Auftraggebers gem. § 5 Abs. 3 (→ § 5 Rn. 42 ff.). In den Regelungen zur Verlängerung der Angebotsfrist bei Inanspruchnahme der Ausnahmen spiegelt sich erneut die Umkehrung des Regel-Ausnahme-Verhältnisses bei der elektronischen Kommunikation wider: Nach der Vorgängerregelung des § 12 EG Abs. 6 Satz 2 VOL/A 2009 verkürzte sich die Angebotsfrist bei direkter elektronischer Bereitstellung der Vergabeunterlagen um fünf Tage; nach der Neuregelung verlängern sich die (nunmehr generell kürzeren) Mindestfristen um fünf Tage, wenn die Unterlagen nicht direkt elektronisch bereitgestellt werden (→ Rn. 67 ff.).[2]

III. Unionsrechtliche Vorgaben

4 § 41 dient der Umsetzung von Art. 53 Abs. 1 VRL.[3] Abs. 1, der den **Grundsatz der direkten vollständigen elektronischen Bereitstellung der Vergabeunterlagen** enthält, beruht auf Art. 53 Abs. 1 UAbs. 1 VRL. Freilich wurde just die Kernaussage dieser Bestimmung, nämlich dass der Auftraggeber ab dem Tag der Veröffentlichung der Bekanntmachung oder der Aufforderung zur Interessenbestätigung einen direkten elektronischen Zugang zu den Vergabeunterlagen anbieten muss, nicht explizit umgesetzt. Stattdessen hat sich der Verordnungsgeber auf das eher technische Detail beschränkt, dass der Auftraggeber in der Bekanntmachung bzw. der Aufforderung zur Interessenbestätigung die Internet-Adresse anzugeben hat, unter der die Unterlagen abgerufen werden können. Nur in der Verordnungsbegründung wird klargestellt, dass die Vergabeunterlagen ab dem Tag der Bekanntmachung unter dieser Adresse auch tatsächlich abrufbar sein müssen.

---

[1] Begründung zu § 41 Abs. 1, BR-Drs. 87/16, 196.
[2] Der Zusammenhang zwischen der direkten elektronischen Bereitstellung der Vergabeunterlagen und den generell kürzeren Fristen der VRL wird auch in Erwägungsgrund 80 zur VRL hervorgehoben.
[3] Begründung zu § 41 VgV, BR-Drs. 87/16, 195.

Erwägungsgrund 80 zur VRL verweist in dem Kontext auf den Zusammenhang zwi- 5 schen der direkten elektronischen Bereitstellung der Unterlagen und den im Vergleich zur VKR generell kürzeren Fristen der VRL.

Die Pflicht zur direkten Bereitstellung der Vergabeunterlagen gemäß Art. 53 Abs. 1 6 VRL gilt zudem nicht nur bei Auftragsbekanntmachungen iSv Art. 49 VRL (bzw. § 37 VgV). Vielmehr gilt die Regelung generell bei Veröffentlichung einer „Bekanntmachung gemäß Artikel 51 VRL". Dieser Richtlinienartikel erfasst u. a. auch Vorinformationen nach Art. 48 VRL (bzw. § 38 VgV), was in § 41 nicht umgesetzt ist (→ dazu näher 39 ff.).

Abs. 2, der **Ausnahmen aus technischen Gründen** zulässt, beruht auf Art. 53 Abs. 1 7 UAbs. 2 iVm Art. 22 Abs. 1 UAbs. 2 VRL. Die letztgenannte Richtlinienbestimmung betrifft freilich Ausnahmen von der elektronischen Kommunikation bei der *Angebotsabgabe.* Die direkte Übernahme der für diesen Fall konzipierten Ausnahmefälle als Ausnahmen zur direkten elektronischen Bereitstellung der Vergabeunterlagen (bei der die Kommunikation nicht vom Bieter zum Auftraggeber, sondern in umgekehrter Richtung stattfindet) hat allerdings zu verschiedenen Ungereimtheiten geführt (→ näher Rn. 44 ff.).[4]

Abs. 3, der **Ausnahmen zum Schutz der Vertraulichkeit** zulässt, dient der Umset- 8 zung von Art. 53 Abs. 1 UAbs. 3 VRL. Allerdings wurde auch hier die eigentliche Kern-aussage der Richtlinienbestimmung – nämlich dass der Auftraggeber vom Grundsatz der direkten elektronischen Bereitstellung der Vergabeunterlagen abweichen kann, wenn er besondere Anforderungen zum Schutz der Vertraulichkeit seiner Unterlagen stellt – bei der Umsetzung eigentümlicher Weise nicht ausformuliert.

Die Regelungen in Abs. 2 Satz 2 und Abs. 3 Satz 2, wonach die Angebotsfrist in den 9 genannten Ausnahmefällen um fünf Tage verlängert wird, beruht auf Art. 53 Abs. 1 UAbs. 2 Satz 2 bzw. UAbs. 3 Satz 2 VRL. In diesem Kontext ist auch Erwägungsgrund 80 zur VRL zu beachten, der auf den Zusammenhang zwischen der elektronischen Bereit-stellung der Unterlagen und der damit verbundenen Zeitersparnis verweist. Die Rück-ausnahme in Abs. 3 Satz 2, 2. Halbsatz, 1. Var., der zufolge bei Maßnahmen zum Schutz der Vertraulichkeit keine Verlängerung der Angebotsfrist notwendig ist, wenn der Auf-traggeber nur die Abgabe einer Verschwiegenheitserklärung fordert, hat allerdings keine EU-rechtliche Grundlage (zu den Folgen → Rn. 73 f.).

B. Grundsatz der direkten elektronischen Bereitstellung der Vergabeunterlagen (Abs. 1)

I. Allgemeines

Abs. 1 verpflichtet den Auftraggeber, die **Vergabeunterlagen** ab Veröffentlichung der 10 Auftragsbekanntmachung **unentgeltlich, uneingeschränkt, vollständig und direkt** un-ter einer **elektronischen Adresse zum Abruf** bereit zu stellen. Die Vorschrift steht im Zu-sammenhang mit dem Grundsatz der **elektronischen Kommunikation** im Vergabeverfah-ren gem. §§ 9 ff., 53. Die direkte elektronische Bereitstellung der Unterlagen dient – wie die elektronische Kommunikation insgesamt – der **Verfahrensvereinfachung** und der **Be-schleunigung.** Erwägungsgrund 80 zur VRL betont in diesem Kontext den Zusammenhang zwischen der direkten elektronischen Bereitstellung der Vergabeunterlagen und den im Ver-gleich zur Vorgängerrichtlinie **kürzeren Bewerbungs- und Angebotsfristen** der VRL. Die Neuregelung geht über diesen praktischen Aspekt jedoch hinaus. Sie schafft zugleich ein neues Maß an **Transparenz** für die Verfahrensteilnehmer wie auch die Öffentlichkeit.

Die Regelung ist sowohl für Auftraggeber als auch für Unternehmen von großer prakti- 11 scher Tragweite. Sie bricht in mehreren Hinsichten mit der überkommenen Praxis; die Ver-

---

[4] *Rechten* in KKMPP VgV § 41 Rn. 42 und 47.

ordnungsbegründung spricht daher zutreffend von einem **Paradigmenwechsel.**[5] Die Regelung stellt zunächst eine Abkehr vom Grundsatz dar, dass die Vergabeunterlagen nur auf Anforderung bzw. nur an Unternehmen abgegeben werden, die sich erfolgreich um die Verfahrensteilnahme beworben haben (§ 15 EG Abs. 11 lit. a und b VOL/A 2009). Die Vorschrift ermöglicht es vielmehr jedermann, die Vergabeunterlagen einzusehen, ohne ein Interesse am Auftrag geltend machen zu müssen oder sich gegenüber dem Auftraggeber zu identifizieren. Besonders weitreichend sind die Folgen im zweistufigen Verfahren. Dort setzt ein Zugang zu den Vergabeunterlagen nicht mehr voraus, dass ein Unternehmen den Teilnahmewettbewerb erfolgreich durchlaufen hat und zur Angebotsabgabe bzw. weiteren Verfahrensteilnahme aufgefordert wurde; vielmehr können Unternehmen die Unterlagen nunmehr bereits vor der Entscheidung, ob sie sich am Verfahren beteiligen wollen, abrufen und prüfen (→ Rn. 28 ff.). Für Auftraggeber ergibt sich daraus die Notwendigkeit, die Unterlagen im zweistufigen Verfahren bereits zu Beginn des Teilnahmewettbewerbs fertiggestellt zu haben.

II. Pflicht zur direkten elektronischen Bereitstellung der Unterlagen

12   Kerninhalt der Norm ist die Verpflichtung des Auftraggebers, die Vergabeunterlagen ab dem Tag der Veröffentlichung der Auftragsbekanntmachung **uneingeschränkt und vollständig direkt elektronisch abrufbar zur Verfügung zu stellen.** Aus dem Normtext ergibt sich das freilich nur indirekt: Abs. 1 verpflichtet den Auftraggeber dem Wortlaut nach nur, in der Bekanntmachung eine elektronische Adresse abzugeben, unter der die Vergabeunterlagen in der genannten Weise abgerufen werden können. Die **Pflicht zur direkten elektronischen Bereitstellung** der Unterlagen folgt jedoch unmittelbar aus Art. 53 Abs. 1 UAbs. 1 Satz 1 VRL, dem zufolge der Auftraggeber ab dem Tag der Veröffentlichung der Bekanntmachung einen uneingeschränkten und vollständigen direkten elektronischen Zugang zu den Auftragsunterlagen anzubieten hat.[6] Auch die Verordnungsbegründung stellt dies klar.[7] Dass bei der Umsetzung gerade die Kernaussage der Vorschrift in der Begründung versteckt wurde, ist eigentümlich und in der Sache missglückt, weil es Interpretationsspielräume offen lässt (→ III., Rn. 29 ff. und 38).

III. Einzelheiten

1. Elektronischer Zugang zu den Unterlagen

13   Der Auftraggeber muss die Vergabeunterlagen in **elektronischer Form zum Abruf** bereitstellen. Die Vorgabe der **elektronischen Form** entspricht dem Grundsatz der elektronischen Kommunikation im Vergabeverfahren gem. §§ 9 ff. Die Ausgabe von Vergabeunterlagen in Papierform, die nach der VOL/A 2009 noch der Regelfall war,[8] scheidet damit grundsätzlich aus.

14   Die Vorschrift geht über einen bloßen Wechsel des Kommunikationsmittels jedoch hinaus. Die Unterlagen müssen den Interessenten auch **zum Abruf bereit gestellt** werden. Das bedeutet, dass der Auftraggeber einen elektronischen Zugang eröffnen muss, über den die Interessenten selbst und ohne weiteres Zutun des Auftraggebers auf die Unterlagen zugreifen können. Ein Versand der Unterlagen, wie ihn § 15 EG explizit noch vorsah, ent-

---

[5] Begründung zu § 41 Abs. 1, BR-Drs. 87/16, 196.
[6] So zutreffend auch *Rechten* in KKMPP VgV Rn. 3.
[7] Begründung zu § 41 Abs. 1, BR-Drs. 87/16, 195. Weshalb der Verordnungsgeber just die Kernaussage der Richtlinienbestimmung nur indirekt umgesetzt und sich auf eine Klarstellung in der Begründung beschränkt hat, ergibt sich daraus allerdings nicht.
[8] Vgl. § 9 EG Abs. 3 VOL/A.

fällt damit. Der Auftraggeber darf sich einen Versand auch nicht vorbehalten oder den Abruf von einer vorherigen Übermittlung von Zugangsdaten abhängig machen (→ Rn. 25).

Eine bestimmte Art des Zugriffs ist allerdings nicht gefordert. Ein elektronischer Abruf **15** impliziert für sich genommen insbesondere nicht die Möglichkeit, die Unterlagen abzuspeichern, auszudrucken oder zu bearbeiten.[9] Allerdings darf der Auftraggeber den Zugriff für nicht registrierte Interessenten nicht restriktiver ausgestalten, als er generell für die Verfahrensteilnehmer vorsieht (→ Rn. 21).

2. Unentgeltlich

Der Zugang zu den Vergabeunterlagen muss **unentgeltlich** gewährt werden. Das be- **16** trifft zunächst die Unterlagen selbst. Der Auftraggeber darf für die Unterlagen weder eine Vergütung noch eine Kostenerstattung verlangen. Das entspricht der früheren Rechtslage, wonach gem. § 9 EG VOL/A im offenen Verfahren ein Kostenersatz lediglich für die Vervielfältigung der Vergabeunterlagen verlangt werden durfte;[10] aufgrund der nunmehr zwingenden elektronischen Bereitstellung der Unterlagen fallen solche Kosten nicht mehr an.

Nach der Begründung zu § 41 VgV umfasst das Merkmal der Unentgeltlichkeit auch **17** „sämtliche Funktionen elektronischer Mittel, die nach dem jeweils aktuellen Stand der Technik erforderlich sind, auf Vergabeunterlagen zuzugreifen."[11] Der Auftraggeber darf daher auch für die Möglichkeit des elektronischen Abrufs keine Vergütung oder Kostenerstattung verlangen. Bedient sich der Auftraggeber eines externen Dienstleisters, z.B. einer Vergabeplattform, muss er deren Kosten selbst tragen. Auch der Betreiber der Vergabeplattform darf von den Interessenten keine Kosten erheben. Allerdings ist es unschädlich, wenn der Betreiber für Interessenten neben einem unentgeltlichen Basisdienst weitere, entgeltpflichtige Zusatzdienste anbietet, wie z.B. Benachrichtigungsfunktionen für registrierte Nutzer, mit denen Interessenten regelmäßig über Ausschreibungen unterrichtet werden, die einem bestimmten Suchprofil entsprechen.[12] Doch muss der Basisdienst in diesem Fall so gestaltet sein, dass er von Interessenten auch gefunden wird und ohne praktische Hürden nutzbar ist.

Aus dem Grundsatz der Unentgeltlichkeit folgt ferner, dass auch die zum Öffnen und **18** Lesen der Vergabeunterlagen notwendige Software frei verfügbar sein muss. Praktisch heißt das, dass die Unterlagen grundsätzlich in Dateiformaten zur Verfügung gestellt werden müssen, die mit frei verfügbarer Software gelesen werden können (z.B. pdf). Allerdings dürfte auch die Verwendung allgemein verbreiteter kostenpflichtiger Software – wie z.B. MS Office Word oder Excel – grundsätzlich möglich sein. Das gilt jedenfalls dann, wenn es alternative Freeware gibt, die zumindest ein Öffnen und Lesen der Dateien ermöglicht.

3. Uneingeschränkt

Der Abruf der Unterlagen muss ferner **uneingeschränkt** möglich sein. Der Abruf darf **19** insbesondere **nicht** von einer vorherigen **Registrierung** abhängig gemacht werden. Das entspricht auch § 9 Abs. 2. Der Auftraggeber muss die Unterlagen vielmehr auch solchen Interessenten zugänglich machen, die anonym bleiben wollen. Der Zugriff wird auf diese Weise auch nicht nur auf potentielle Bieter beschränkt, sondern auch interessierten Bürgern eröffnet.[13]

---

[9] Das wird auch durch andere Sprachfassungen des zugrundeliegenden Art. 53 Abs. 1 UAbs. 1 Satz 2 VRL bestätigt, die ebenso wie in Satz 1 der Vorschrift lediglich fordern, dass die Unterlagen „zugänglich" sein müssen (zB englisch: „accessible"; französisch: „accessibles").

[10] Ebenso für Bauvergaben § 8 EG Abs. 7 Nr. 1 VOB/A 2012 (wobei dort auch eine Erstattung der Kosten für den Postversand verlangt werden konnte).

[11] BR-Drs. 87/16, S. 195.

[12] *Rechten* in KKMPP VgV § 41 Rn. 24; Begründung zu § 41 VgV, BR-Drs. 87/16, S. 195.

[13] Begründung zu § 41 VgV, Br-Drs. 87/16, S. 196.

20   Soweit Interessenten von der – oftmals angebotenen – Registrierungsmöglichkeit keinen
Gebrauch machen, trifft den Auftraggeber jedoch keine Verpflichtung, aktiv Maßnahmen
zu ergreifen, um die Interessenten über etwaige **Änderungen und Aktualisierungen** der
Unterlagen zu unterrichten; solche Maßnahmen sind gegenüber anonymen Interessenten
auch nicht möglich. Der Auftraggeber ist in diesem Fall lediglich verpflichtet, die aktualisierten oder geänderten Unterlagen **ebenso zu veröffentlichen** wie die ursprünglichen
Unterlagen. Nicht registrierte Interessenten müssen sich, falls sie am Verfahren teilnehmen
wollen, selbst vergewissern, ob Änderungen eingetreten sind.[14] Allerdings ist der Auftraggeber verpflichtet, in leicht erkennbarer Form darauf hinzuweisen, dass und welche Änderungen es gegeben hat. Es wäre unzulässig, auf der elektronischen Plattform einfach eine
neue Fassung der Unterlagen einzustellen, ohne z. B. durch die Verwendung von Versions-
nummern oder Angabe eines Stands mit Datum auf den Umstand, dass eine Aktualisierung
vorgenommen wurde, hinzuweisen; darüber hinaus müssen die konkreten Änderungen als
solche kenntlich gemacht werden.

21   Der registrierungsfreie Zugriff darf generell nicht schlechter oder weniger komfor-
tabel sein als für registrierte Interessenten.[15] So dürfen die Unterlagen zB nicht nur in
einem nur schlecht lesbarem Format oder Layout zur Verfügung gestellt werden. Auch
ein Abspeichern und/oder ein Ausdruck müssen möglich sein, wenn der Auftraggeber
registrierten oder ausgewählten Verfahrensteilnehmern eine solche Möglichkeit anbietet.

22   Uneingeschränkter Zugang bedeutet ferner, dass die Unterlagen **nicht** z. B. durch ein
Passwort verschlüsselt sein dürfen (sofern dies nicht ausnahmsweise zum Schutz der Vertraulichkeit geboten ist; → näher Rn. 58 ff.). Der Zugang darf auch in zeitlicher Hinsicht
nicht beschränkt werden. Das bedeutet, dass die Unterlagen während des gesamten Zeitraums der Bereitstellung (→ dazu Rn. 38 ff.) rund um die Uhr zur Verfügung stehen müssen und nicht etwa nur zu den Geschäftszeiten des Auftraggebers.[16]

4. Vollständig

23   Die Unterlagen müssen ferner **vollständig** zur Verfügung gestellt werden. Das bedeutet,
dass über die bekannt gegebene Internet-Adresse sämtliche Vergabeunterlagen und nicht
nur Teile davon abgerufen werden können.[17] Zur Frage, was von den Vergabeunterlagen in
diesem Sinne alles umfasst ist, siehe unter IV. (→ Rn. 26; insbesondere auch zur Frage, ob
im zweistufigen Verfahren auch schon die Angebotsunterlagen ab dem Zeitpunkt der Bekanntmachung zugänglich gemacht werden müssen).

24   Die Vollständigkeit der Unterlagen ist insbesondere im offenen Verfahren von besonderer Bedeutung, da im Zuge der Vergaberechtsmodernisierung die Mindest-Angebotsfrist
für diese Vergabeart durch § 15 Abs. 2 und 4 nochmals deutlich verkürzt wurde. Aus diesem Grund verlängern sich die Mindest-Angebotsfristen gemäß Abs. 2 Satz 2 oder Abs. 3
Satz 2 immer schon dann, wenn der Auftraggeber auch nur Teile der Vergabeunterlagen
nicht ab dem Tag der Auftragsbekanntmachung unmittelbar zum Abruf zur Verfügung
stellt.[18]

5. Direkt

25   Schließlich muss ein **direkter** Zugang zu den Vergabeunterlagen gewährt werden. Das
bedeutet, dass unter der angegebenen Adresse ein **unmittelbarer elektronischer Abruf**

---

[14] Vgl. Begründung zu § 41 VgV, Br-Drs. 87/16, 196.
[15] Die Praxis einiger Vergabeplattformen, nicht registrierten Nutzern die Vergabeunterlagen lediglich als
Einzeldateien zugänglich zu machen, registrierten Nutzern dagegen einen Download aller Unterlagen „im
Paket" als ZIP-Datei anzubieten, ist vor diesem Hintergrund bedenklich.
[16] Übliche Zeitfenster für Wartungsarbeiten, in denen der Zugang vorübergehend nicht zur Verfügung
stehen, sind jedoch unschädlich; so zutreffend *Rechten* in KKMPP VgV § 41 Rn. 27.
[17] Begründung zu § 41 VgV, BR-Drs. 87/16, S. 196.
[18] Ähnlich *Rechten* in KKMPP VgV § 41 VgV Rn. 30.

möglich sein muss (→ bereits Rn. 14). Neben dem (schon aus der Uneingeschränktheit des Zugangs folgenden) Verbot, eine vorherige Registrierung zu verlangen, bedeutet das, dass die elektronische Adresse **direkt zu den Vergabeunterlagen des jeweiligen Verfahrens** führen muss (sog. **„deep link"**) und nicht etwa nur – wie es in der Praxis oftmals vorkommt – auf die Startseite einer Vergabeplattform, auf der das Verfahren und die Unterlagen zunächst recherchiert werden müssen. Zudem darf der Zugang nicht durch andere, technisch nicht zwingende Zwischenschritte wie etwa das Ausfüllen statistischer Angaben oder einer Werbeeinblendung, die zunächst „weggeklickt" werden muss, erschwert werden. Unzulässig ist es auch, durch entsprechende Gestaltung der Vergabeplattform zu suggerieren, dass zunächst eine Registrierung erforderlich ist. Ebenfalls unzulässig ist die Abforderung einer E-Mail-Adresse, an die der Auftraggeber die Vergabeunterlagen sodann versendet.[19]

IV. Bereitzustellende Unterlagen

1. Grundsatz

Nach § 41 Abs. 1 muss der Auftraggeber die **Vergabeunterlagen** bereitstellen. Der Begriff der Vergabeunterlagen ist in § 29 definiert. Sie umfassen „alle Angaben, die erforderlich sind, um dem Bewerber oder Bieter eine Entscheidung zur Teilnahme am Vergabeverfahren zu ermöglichen". Gemäß § 29 Abs. 1 Satz 2 gehören dazu neben einem Anschreiben mit der Aufforderung zur Bewerbung oder Angebotsabgabe insbesondere die **Bewerbungsbedingungen** einschließlich der **Eignungs- und Zuschlagskriterien,** die **Leistungsbeschreibung** und die **Vertragsbedingungen.** 26

Die Richtlinienbestimmung entspricht damit im Ergebnis § 41 Abs. 1. Auch EU-rechtlich besteht somit eine Pflicht, die **gesamten Vergabeunterlagen** zur Verfügung zu stellen. Der in Art. 53 Abs. 1 UAbs. 1 VRL verwendete Begriff der „Auftragsunterlagen" umfasst nach der Definition des Art. 2 Abs. 1 Nr. 13 VRL freilich neben den in § 29 Abs. 1 genannten Unterlagen auch die Auftragsbekanntmachung oder die Vorinformation, falls diese als Aufruf zum Wettbewerb dient. Doch werden die EU-Bekanntmachungen bereits vom Amt für Veröffentlichungen der EU elektronisch auf dem TED-Onlineportal veröffentlicht. Die Frage, ob der Auftraggeber bei richtlinienkonformem Verständnis verpflichtet ist, auch einen direkten elektronischen Zugang zu den Bekanntmachungen zu eröffnen, stellt sich daher praktisch nicht; eine solche Pflicht wäre vielmehr sinnlos.[20] 27

2. Insbesondere: Im zweistufigen Verfahren

Die Pflicht zur vollständigen elektronischen Bereitstellung der gesamten Vergabeunterlagen **gilt auch im zweistufigen Verfahren,** d.h. insbesondere auch im nicht offenen Verfahren und Verhandlungsverfahren mit Teilnahmewettbewerb. Der Auftraggeber muss auch bei diesen Verfahrensarten schon zum Zeitpunkt der Bekanntmachung die gesamten Vergabeunterlagen einschließlich der Bedingungen für die Angebotsabgabe, der Zuschlagskriterien, der Leistungsbeschreibung und der Vertragsbedingungen zum direkten elektronischen Abruf zur Verfügung stellen.[21] 28

---

[19] *Rechten* in KKMPP VgV § 41 Rn. 33.

[20] So auch *Rechten* in KKMPP VgV § 41 Rn. 17. Auch soweit Art. 53 Abs. 1 UAbs. 1 VRL den Auftraggeber verpflichtet, ab dem Tag der Bekanntmachung bzw. der Aufforderung zur Interessenbestätigungen „diese" Auftragsunterlagen (und nicht etwa „die" Auftragsunterlagen) elektronisch zur Verfügung zu stellen, folgt daraus nichts anderes. Ein Vergleich mit anderen Sprachfassungen zeigt vielmehr, dass die Formulierung „diese" im deutschen Richtlinientext ein redaktioneller Fehler sein dürfte. In anderen Sprachen wird auf „die" Auftragsunterlagen verwiesen, zB englisch: „to the procurement documents"; französisch: „aux documents de marché"; spanisch: „a los pliegos de la contratación"; italienisch : „ai documenti di gara"; niederländisch: „tot de aanbestedingsstukken".

[21] OLG München 31.3.2017 – Verg 15/16, unter II. 2.1, zum insoweit gleichlautenden § 41 Abs. 1 SektVO. Im Ergebnis ebenso *Amelung* VergabeR 2017, 294 (297) und *von Wietersheim* in Ingenstau/Korbion

29   Die Frage ist freilich **umstritten**. In Schrifttum und Praxis wird teilweise eine **ein-schränkende Lesart** vertreten, wonach im zweistufigen Verfahren nur diejenigen Unter-lagen direkt verfügbar gemacht werden müssen, die die Interessenten für eine Beteiligung am Teilnahmewettbewerb benötigen, d. h. insbesondere die Bewerbungsbedingungen mit den Eignungsanforderungen, Nachweisanforderungen ggf. weiteren Auswahlkriterien.[22] Begründet wird das mit teleologischen Erwägungen: Eine Verpflichtung, sämtlichen Inte-ressenten bzw. sogar der Öffentlichkeit von Anfang an sämtliche Vergabeunterlagen ein-schließlich der Angebotsunterlagen, insbesondere der Leistungsbeschreibung, Zuschlagskri-terien und Vertragsbedingungen, zur Verfügung zu stellen, passe nicht zum Wesen des zweistufigen Verfahrens. Dieses zeichne sich gerade dadurch aus, dass im Teilnahmewett-bewerb zunächst die Unternehmen ausgewählt würden, die zur Angebotsabgabe aufge-fordert werden. Nur diese ausgewählten Unternehmen benötigten einen Zugang zu den eigentlichen Angebotsunterlagen. Da durch die Veröffentlichung der Bekanntmachung lediglich der Teilnahmewettbewerb eröffnet werde, müssten den Interessenten auch nur diejenigen Informationen zur Verfügung gestellt werden, die für den Teilnahmeantrag be-nötigt würden. Auch aus dem Transparenzgebot ergebe sich nichts anderes. Denn dieses gehe nur soweit, wie der Wettbewerb eröffnet sei. Da im Rahmen des Teilnahmewettbe-werbs der eigentliche Angebotswettbewerb aber gerade noch nicht eröffnet sei, bedürfe es zu diesem Zeitpunkt auch noch keiner Mitteilung der diesbezüglichen Vergabeunterla-gen.[23] In diesem Zusammenhang wird vereinzelt auch darauf verwiesen, dass der unions-rechtliche Begriff der „Auftragsunterlagen", an den Art. 53 Abs. 1 VRL anknüpft, für das *Verhandlungsverfahren* in Art. 29 Abs. 1 UAbs. 2 und 3 VRL sehr viel enger umrissen ist als im offenen und nicht offenen Verfahren und nur eine Angabe des Auftragsgegenstands bzw. des Beschaffungsbedarfs und der Eigenschaften der zu erbringenden Leistungen, der Zu-schlagskriterien und der Mindestanforderungen umfasst, nicht aber sämtliche Einzelheiten der Leistungsbeschreibung.[24]

30   Die **einschränkende Lesart überzeugt nicht.** Sie widerspricht zunächst dem **Wort-laut** der Vorschrift.[25] Der unterscheidet gerade nicht zwischen ein- und zweistufigem Ver-fahren, obwohl sich eine solche Unterscheidung, wenn sie vom Gesetzgeber gewollt gewe-sen wäre, aufgedrängt hätte.

31   Die einschränkende Lesart widerspricht vor allem aber dem **Sinn und Zweck** der Vor-schrift. Nach § 29 Abs. 1 umfassen die Vergabeunterlagen „alle Angaben, die erforderlich sind, um dem Bewerber oder Bieter eine Entscheidung zur Teilnahme am Vergabeverfah-ren zu ermöglichen". Damit ist der Zweck des § 41 Abs. 1 treffend beschrieben: Den Bie-tern sollen von Anfang an **alle Unterlagen** zur Verfügung gestellt werden, die sie für die **Entscheidung benötigen, ob sie am Verfahren teilnehmen wollen.** Das umfasst auch im zweistufigen Verfahren typischerweise schon auf der ersten Stufe die gesamten Vergabeunterlagen. Denn in vielen Fällen lässt sich erst anhand der vollständigen Unterla-gen wirklich beurteilen, ob eine Bewerbung um die Teilnahme lohnend erscheint. Da oftmals schon der Teilnahmeantrag mit nicht unerheblichem Aufwand verbunden ist (ins-besondere, wenn ausführliche Angaben zur Referenzprojekten gefordert sind, ein Konsor-tium gebildet werden muss oder die Einbindung von Nachunternehmern zum Zwecke der Eignungsleihe notwendig ist) haben potentielle Bieter ein ganz erhebliches Interesse daran, schon im Vorfeld prüfen zu können, ob der Auftrag so attraktiv bzw. eine Verfahrensteil-nahme so vielversprechend ist, dass sich der Aufwand lohnt. Außerdem lässt sich oftmals

---

(20. Aufl. 2017) § 12a EU VOB/A Rn. 4 zur insoweit gleichlautenden Parallelvorschrift des § 12a EU Abs. 1 Nr. 1 Satz 1 VOB/A.

[22] So insbesondere *Röwekamp* in KKMPP VgV § 5 Rn. 11; *Horn* in Müller-Wrede, VgV/UVgO, § 41 VgV Rn. 13; siehe auch die ausführliche Darstellung der Argumente bei *Rechten* in KKMPP VgV § 41 Rn. 38 f.

[23] *Horn* in Müller-Wrede, VgV/UVgo § 41 VgV Rn. 13.

[24] *Amelung* VergabeR 2017, 294 (295 f.).

[25] OLG München 31.3.2017 – Verg 15/16, unter II. 2.1.

erst anhand der Leistungsbeschreibung und der Zuschlagskriterien entscheiden, ob und ggf. in welcher Konstellation eine Verfahrensteilnahme sinnvoll ist,[26] insbesondere ob die Bildung einer Bietergemeinschaft oder die Einbindung von Nachunternehmern notwendig ist. Auch die Vertragsbedingungen können für die Entscheidung über die Teilnahme eine maßgebliche Rolle spielen. Potentielle Interessenten benötigen daher gerade in komplexeren zweistufigen Verfahren schon für die Entscheidung, ob sie einen Teilnahmeantrag stellen wollen, Zugang zu den vollständigen Vergabeunterlagen einschließlich Leistungsbeschreibung, Zuschlagskriterien und Vertragswerk.[27]

Etwas anderes ergibt sich auch nicht aus Art. 54 Abs. 2 VRL, dem zufolge die Aufforderungen an die im Teilnahmewettbewerb ausgewählten Bewerber die elektronische Adresse enthalten müssen, über die die Vergabeunterlagen direkt elektronisch abrufbar sind. Diese Regelung bedeutet nicht, dass diese Adresse im zweistufigen Verfahren überhaupt erst in der Aufforderung an die ausgewählten Bewerber mitzuteilen wäre und die Unterlagen demgemäß auch nur diesen Unternehmen zugänglich gemacht werden müssten. Zwar benötigen die ausgewählten Bewerber die Adresse im Grunde nicht, wenn die Vergabeunterlagen gem. Abs. 1 allen Interessenten bereits zum Zeitpunkt der Bekanntmachung vollständig direkt zur Verfügung gestellt wurden. Die Pflicht nach Art. 54 Abs. 2 VRL, den ausgewählten Bewerbern die elektronische Adresse für den Abruf der Vergabeunterlagen mitzuteilen, steht jedoch unabhängig neben der Verpflichtung nach Abs. 1, diese Unterlagen bereits ab dem Tag der Bekanntmachung frei zugänglich zu machen. Eine solche Mitteilung ist auch praktisch erforderlich, wenn der Auftraggeber die Unterlagen den ausgewählten Unternehmen nach Abschluss des Teilnahmewettbewerbs unter einer anderen als der in der Bekanntmachung ursprünglich veröffentlichen Adresse zur Verfügung stellen will (zB auf der Vergabeplattform, über die er das weitere Verfahren abwickelt). Die Pflicht, die Vergabeunterlagen auch im zweistufigen Verfahren bereits ab dem Tag der Bekanntmachung vollständig direkt elektronisch zugänglich zu machen, wird dadurch nicht berührt.

Dass dies auch das Verständnis des Verordnungsgebers ist, zeigt sich nicht zuletzt daran, **33** dass Art. 54 Abs. 2 VRL insoweit, wie er die Aufforderung der ausgewählten Bewerber zur Angebotsabgabe bzw. Dialogteilnahme betrifft, in der VgV nicht explizit umgesetzt wurde. § 52 Abs. 2, der der Umsetzung von Art. 54 Abs. 2 VRL dient,[28] enthält gerade keine Pflicht, in der Aufforderung an die ausgewählten Bewerber die elektronische Adresse für den Abruf der Unterlagen (nochmals) anzugeben. Dem liegt offensichtlich zugrunde, dass die Unterlagen sämtlichen Interessenten ohnehin schon ab dem Tag der Bekanntmachung vollständig elektronisch zugänglich gemacht wurden, so dass sich eine erneute Angabe der Adresse erübrigt.[29]

Für die einschränkende Lesart spricht auch nicht, dass Art. 29 Abs. 1 VRL die Auftrags- **34** unterlagen, die der Auftraggeber den Unternehmen im *Verhandlungsverfahren* zur Verfügung

---

[26] In diesem Sinne auch OLG München 31.3.2017 – Verg 15/16, unter II. 2.1.

[27] Dem steht – entgegen *Horn* in Müller-Wrede, VgV/UVgo § 41 VgV Rn. 13 – auch nicht entgegen, dass nach der früheren Rechtsprechung bereits die EU-Bekanntmachung alle Informationen enthalten sollte, die die Interessenten für die Entscheidung über eine Bewerbung benötigen (zB OLG Düsseldorf 9.3.2007 – VII-Verg 5/07 unter II 2b; ähnlich VK Sachsen 26.3.2008 – 1/SVK/005–08, unter II 2a ab). Diese Rechtsprechung fußt auf der früheren Rechtslage, nach der es eine Pflicht zur direkten elektronischen Bereitstellung der Vergabeunterlagen noch nicht gab. Die Entscheidungen betreffen zudem ausschließlich die Frage, ob die Angaben des Auftraggebers in der Bekanntmachung vor dem Hintergrund der (damaligen) rechtlichen Vorgaben im konkreten Einzelfall ausreichend waren. Dass die EU-Bekanntmachung das Informationsbedürfnis potentieller Bewerber für die Entscheidung, ob sie einen Teilnahmeantrag stellen wollen, abschließend befriedigen würde, so dass es auf die Vergabeunterlagen dafür nicht mehr ankäme, lässt sich der Rechtsprechung daher nicht entnehmen.

[28] Begründung zu § 55 Abs. 2 VgV, BR-Drs. 87/16, S. 204.

[29] Anders jedoch § 52 Abs. 3 für die Aufforderung zur Interessenbestätigung; in dieser ist die Adresse auf jeden Fall anzugeben. Das erklärt sich damit, dass § 41 – in Übereinstimmung mit Art. 53 Abs. 1 UAbs. 1 VRL – in diesem Fall gerade noch nicht verlangt, dass die Unterlagen schon ab dem Tag der Veröffentlichung der Bekanntmachung frei zugänglich gemacht werden.

stellen muss, deutlich enger umreißt als Art. 2 Nr. 13 VRL, und lediglich eine Angabe des Auftragsgegenstands bzw. des Beschaffungsbedarfs und der Eigenschaften der zu erbringenden Leistungen, der Zuschlagskriterien und der Mindestanforderungen verlangt. Hieraus kann nicht der Schluss gezogen werden, dass den Interessenten auf der ersten Stufe des Verhandlungsverfahrens nur eine ausgedünnte Version der Vergabeunterlagen zur Verfügung zu stellen wäre. Die Regelung ist vielmehr der Besonderheit des Verhandlungsverfahrens geschuldet, dass die Einzelheiten der Leistung je nach Ausgestaltung ggf. erst in den Verhandlungen festgelegt werden und die Leistung daher anfänglich typischerweise noch nicht so detailliert beschrieben ist wie im offenen und nicht offenen Verfahren. Der insoweit teiloffene Charakter der Vergabeunterlagen im Verhandlungsverfahren ändert nichts daran, dass auch diese Unterlagen gem. Art. 53 Abs. 1 UAbs. 1 VRL den Interessenten von Anfang an vollständig direkt elektronisch zugänglich gemacht werden müssen. Im Übrigen hat der Verordnungsgeber in § 41 nicht zwischen verschiedenen Vergabearten unterschieden, sondern auf den in § 29 für alle Vergabearten einheitlich definierten Begriff der Vergabeunterlagen abgestellt. Selbst wenn das Unionsrecht beim Verhandlungsverfahren in Bezug auf den Umfang der bereitzustellenden Vergabeunterlagen größeren Spielraum eröffnen würde, wäre das folglich bedeutungslos, weil der Verordnungsgeber diesen Spielraum bei der Umsetzung der §§ 41 und 29 nicht genutzt hat.[30]

35   Dass der Auftraggeber auch im zweistufigen Verfahren von Anfang die kompletten Vergabeunterlagen bereitzustellen hat, wird auch dadurch bestätigt, dass § 41 Abs. 2 und 3 (ebenso wie Art. 53 VRL) für den Fall, dass ein direkter elektronischer Zugang aus technischen Gründen oder zum Schutz der Vertraulichkeit nicht gewährt werden kann, eine Verlängerung der *Angebotsfrist* vorschreibt. Würde sich die Pflicht zur direkten Bereitstellung der Unterlagen im zweistufigen Verfahren auf etwaige Unterlagen zum Teilnahmewettbewerb beschränken, hätte es nahegelegen, für den Fall, dass die Unterlagen nicht direkt bereitgestellt werden können, eine Verlängerung der Frist für die *Teilnahmeanträge* anzuordnen. Eine Verlängerung der Angebotsfrist ergibt dagegen nur Sinn, wenn der Auftraggeber im Regelfall gerade (auch) die Unterlagen für die Angebotsvorbereitung direkt zugänglich machen muss.

36   Es spricht auch praktisch nichts dagegen, den Interessenten auch im zweistufigen Verfahren schon von Anfang an die vollständigen Vergabeunterlagen zur Verfügung zu stellen. Ein schützenswertes Interesse des Auftraggebers, diese Unterlagen zurückzuhalten, besteht – wenn nicht besondere Umstände im Einzelfall ein spezielles Vertraulichkeitsinteresse begründen – nicht. Die einzige Erschwernis, die für Auftraggeber mit der Regelung verbunden ist, liegt darin, dass die früher verbreitete Praxis, den Teilnahmewettbewerb schon vor Fertigstellung der Vergabeunterlagen zu starten und diese erst während des Teilnahmewettbewerbs zu finalisieren, damit nicht mehr zu vereinbaren ist.[31]

3. Änderungen oder Ergänzungen der Vergabeunterlagen

37   Der Begriff der Vergabeunterlagen umfasst auch sämtliche **Nachträge zu den Unterlagen,** die der Auftraggeber im Verlauf des Verfahrens zur Verfügung stellt. Das gilt sowohl für einseitige **Änderungen und Ergänzungen** der Vergabeunterlagen als auch für **Bieter- oder Bewerberfragen** und die darauf erteilten **Antworten.**[32] Der Auftraggeber muss derartige Nachträge und Ergänzungen **in gleicher Weise bereitstellen** wie die ursprünglichen Vergabeunterlagen. Dabei müssen Änderungen und Ergänzungen **als solche erkennbar** sein. Der Auftraggeber muss jedoch darüber hinaus keine besonderen Maßnahmen ergreifen, um Interessenten, die sich nicht bei ihm oder auf der Vergabeplattform

---

[30] *Amelung* VergabeR 294 (296 f.).
[31] Ebenso *Reuber* VergabeR 2016, 339 (342); kritisch unter praktischen Gesichtspunkten dagegen *Rechten,* in KKMPP VgV § 41 Rn. 39 und *Amelung* VergabeR 294 (299).
[32] Ebenso *Rechten* in KKMPP VgV § 41 Rn. 34.

registriert haben, auf Nachträge aufmerksam zu machen. Vielmehr obliegt es nicht registrierten Unternehmen, sich durch regelmäßige Abfrage unter der vom Auftraggeber bekanntgemachten elektronischen Adresse selbstständig über etwaige Nachträge zu unterrichten.[33]

V. Zeitpunkt und Dauer der Bereitstellung

Der Auftraggeber muss die Vergabeunterlagen **ab dem Tag der Veröffentlichung** 38
der Auftragsbekanntmachung oder der Aufforderung zur Interessenbestätigung direkt elektronisch bereitstellen. Das wird in der Vorschrift zwar nicht ausdrücklich gesagt. Seinem Wortlaut nach verpflichtet Abs. 1 den Auftraggeber nur, in der Bekanntmachung eine elektronische Adresse abzugeben, unter der die Vergabeunterlagen direkt abgerufen werden können. Das lässt theoretisch die Deutung zu, dass die Unterlagen unter der elektronischen Adresse auch erst zu einem späteren Zeitpunkt bereit gestellt werden können.[34] Aus dem zugrundeliegenden **Art. 53 Abs. 1 UAbs. 1 VRL** ergibt sich jedoch zweifelsfrei, dass der Auftraggeber die Unterlagen bereits ab dem Tag der Bekanntmachung zum Abruf bereitstellen muss (→ dazu bereits Rn. 12).[35] Die Unterlagen müssen zwar nicht schon bei Absendung der Bekanntmachung an das EU-Amtsblatt verfügbar sein, wohl aber zum Zeitpunkt der Veröffentlichung, die in der Regel wenige Tage später erfolgt.

Fraglich ist, ob die Pflicht zur direkten Bereitstellung der Vergabeunterlagen auch schon 39
ab Veröffentlichung einer **Vorinformation** gilt. Nach § 41 Abs. 1 scheint das nicht der Fall zu sein; diese Vorschrift erwähnt ausschließlich die Auftragsbekanntmachung iSv § 37 und die Aufforderung zur Interessenbestätigung. Anders jedoch die EU-Richtlinie: Gemäß Art. 53 Abs. 1 UAbs. 1 VRL hat der Auftraggeber den direkten elektronischen Zugang zu den Vergabeunterlagen „ab dem Tag der Veröffentlichung einer Bekanntmachung gemäß Artikel 51" anzubieten. Art. 51 VRL erfasst alle Arten von Bekanntmachungen nach Art. 48 bis 50 VRL, d.h. auch Vorinformationen nach Art. 48 VRL bzw. § 38 VgV.[36] Zudem gehört zu den obligatorischen Mindestangaben in einer Vorinformation gem. Anhang V Teil B Abschnitt I Nr. 2 VRL ausdrücklich auch die Internet-Adresse, unter der die Vergabeunterlagen direkt elektronisch abgerufen werden können.

Die Richtlinie ist in diesem Punkt jedoch nicht ganz widerspruchsfrei. Denn Art. 53 40
VRL räumt dem Auftraggeber explizit ein Wahlrecht ein, die Unterlagen alternativ ab dem Tag der **Aufforderung zur Interessenbestätigung** bereitzustellen. Eine solche Aufforderung kommt ausschließlich dann zum Einsatz, wenn der Auftraggeber eine **Vorinformation** als **Aufruf zum Wettbewerb** gemäß § 38 Abs. 4 veröffentlicht. Das bedeutet, dass die Vergabeunterlagen jedenfalls in diesem Fall nicht schon ab Veröffentlichung der Bekanntmachung zur Verfügung gestellt werden müssen. Wenn es bei einer Vorinformation als Aufruf zum Wettbewerb ausreicht, die Unterlagen erst ab der Aufforderung zur Interessenbestätigung zur Verfügung zu stellen, wäre es widersprüchlich, bei einer rein freiwilligen Vorinformation (auf die ja noch eine reguläre Auftragsbekanntmachung folgt) einen Zugang zu den Unterlagen schon zum Zeitpunkt der Veröffentlichung der Vorinformation zu verlangen. Gegen eine solche Pflicht spricht auch, dass die Vergabeunterlagen zu diesem

---

[33] → näher oben Rn. 20.
[34] So zB zumindest für das zweistufige Verfahren *Horn* in Müller-Wrede, VgV/UVgO § 41 VgV Rn. 13.
[35] So zutreffend auch *Rechten* in KKMPP VgV Rn. 3.
[36] Allerdings geht der Verweis in Art. 53 (mittelbar über Art. 51 VRL) auf sämtliche Bekanntmachungsarten iSv Art. 48 bis 50 VRL insofern zu weit, als er auch Ex-post-Vergabebekanntmachungen nach Art. 50 (bzw. § 39 Abs. 1 bis 3 VgV) erfasst. Dass auch bei Bekanntmachung einer erfolgten Auftragsvergabe die Vergabeunterlagen (nochmals) direkt elektronisch zum Abruf bereitzustellen sind, wäre unsinnig und entspricht evident auch nicht dem Willen des EU-Gesetzgebers; das zeigt sich daran, dass die Mindestinhalte einer Vergabebekanntmachung iSv Art. 50 VRL gemäß Anhang V Teil D VRL gerade keine Angabe einer entsprechenden Internet-Adresse umfassen.

Zeitpunkt, der bis zu zwölf Monaten vor Beginn des Vergabeverfahrens liegen kann, oftmals noch gar nicht fertig gestellt sind. Nach Sinn und Zweck der Regelung ist daher zu unterscheiden:

41 – Veröffentlicht der Auftraggeber eine Vorinformation **als Aufruf zum Wettbewerb** gemäß § 38 Abs. 4, müssen die Vergabeunterlagen entweder ab Veröffentlichung der Bekanntmachung, spätestens aber ab dem Tag der **Aufforderung zur Interessenbestätigung** direkt elektronisch zugänglich gemacht werden. Auch die Internet-Adresse, unter der die Unterlagen abgerufen werden können, muss erst in der Aufforderung zur Interessenbestätigung angegeben werden.[37]

42 – Bei einer Vorinformation, die zur **Fristverkürzung** gem. § 38 Abs. 3 dient, sind die Unterlagen dagegen grundsätzlich bereits ab dem **Tag der Vorinformation** verfügbar zu machen.[38] Das folgt zum einen aus § 38 Abs. 3 Nr. 1, wonach die Fristverkürzung nur in Anspruch genommen werden darf, wenn die Vorinformation u. a. alle im Standardformular für die Vorinformation (→ § 38 Rn. 19 ff.) geforderten Angaben enthält, zu denen auch die Angabe der Internet-Adresse gehört, unter der die Vergabeunterlagen direkt elektronisch abgerufen werden können. Es entspricht auch Sinn und Zweck der Regelung, da die Fristverkürzung der Sache nach nur gerechtfertigt ist, wenn die Vorinformation den Bietern tatsächlich einen Vorsprung bei der Angebotsvorbereitung verschafft, wofür sie regelmäßig auch die Vergabeunterlagen benötigen.[39]

43 Allerdings schränkt § 38 Abs. 3 Nr. 1 diesen Grundsatz insoweit ein, als die Vorinformation die im Musterformular vorgesehenen Informationen nur enthalten muss, soweit diese zum Zeitpunkt der Veröffentlichung vorliegen. Vor diesem Hintergrund stellt sich die Frage, ob der Auftraggeber die Fristverkürzung auch dann in Anspruch nehmen kann, wenn er die Vergabeunterlagen bei Veröffentlichung der Vorinformation noch nicht fertiggestellt hat und sie folglich auch noch nicht direkt bereitstellt.[40] Angesichts der Regelung des Art. 53 Abs. 1 UAbs. 1 VRL, der über Art. 51 und 48 VRL auch bei Veröffentlichung einer Vorinformation eine direkte elektronische Bereitstellung der Unterlagen anordnet, ist das jedoch zu verneinen. Die Fristverkürzung setzt auch nach Sinn und Zweck voraus, dass die Unterlagen bereits ab Veröffentlichung der Vorinformation direkt bereitgestellt werden (→ § 38 Rn. 37 ff.).

44 – Bei einer **rein freiwilligen Vorinformation** nach § 38 Abs. 1, auf die noch eine reguläre Auftragsbekanntmachung folgt, genügt es dagegen, wenn der Auftraggeber die Unterlagen ab Veröffentlichung dieser Auftragsbekanntmachung bereitstellt. Auch die Internet-Adresse für den Abruf der Vergabeunterlagen muss in diesem Fall noch nicht in der Vorinformation veröffentlicht werden. Das entspricht auch dem Standardformular für die Vorinformation, das dem Auftraggeber die Angabe der Internet-Adresse für den direkten Abruf der Unterlagen im Fall einer rein freiwilligen Vorinformation freistellt.[41]

45 Die Unterlagen müssen **bis zum Ende der Angebots- oder Bewerbungsfrist** zugänglich bleiben. Eine Begrenzung des Zugangs bis zu einem bestimmten Zeitpunkt vor Ende der Frist ist unzulässig. Die mitunter geübte Praxis, die Vergabeunterlagen einige Tage vor Ende der Angebots- oder Bewerbungsfrist vom Netz zu nehmen, um „Last Minute"-Abrufe zu vermeiden, ist damit unvereinbar. Es gibt auch kein praktisches Bedürfnis, Abrufe im letzten Augenblick zu unterbinden. Da Unternehmen aus der Bekanntmachung

---

[37] So ausdrücklich auch Art. 53 Abs. 1 UAbs. 1 Satz 2 VRL.
[38] So auch die Fußnoten-Erläuterung zu Abschnitt I.3 des Standardformulars für die Vorinformation.
[39] A. A. *Rechten* in KKMPP VgV § 41 Rn. 11.
[40] So im Ergebnis auch *Rechten* in KKMPP VgV § 41 Rn. 11, der bei einer Vorinformation überhaupt nie von einer Pflicht ausgeht, die Vergabeunterlagen ab dem Tag der Veröffentlichung direkt abrufbar bereitzustellen (sondern lediglich eine Pflicht zur Veröffentlichung der Internet-Adresse sieht, unter der die Unterlagen künftig – nach Veröffentlichung der Auftragsbekanntmachung oder der Aufforderung zur Interessenbestätigung – abgerufen werden können).
[41] Gemäß der Fußnoten-Erläuterung zum entsprechenden Feld in Abschnitt I.3 des Standardformulars „Vorinformation".

erkennen können, wann die Angebots- oder Bewerbungsfrist abläuft, können sie selbst entscheiden, bis zu welchem Zeitpunkt ein Abruf aus ihrer Sicht sinnvoll ist.[42]

C. Ausnahmen von der Bereitstellungspflicht

Die Pflicht zur direkten elektronischen Bereitstellung der Vergabeunterlagen gilt nicht **46** unbeschränkt. Ausnahmen können sich entweder aus technischen Gründen (→ I.) oder zum Schutz der Vertraulichkeit (→ II.) ergeben. In beiden Fällen verlängert sich die Mindest-Angebotsfrist regelmäßig um fünf Tage (→ III.).

I. Technische Gründe (Abs. 2)

Stehen einer vollständigen direkten elektronischen Bereitstellung der Vergabeunterla- **47** gen im Einzelfall technische Gründe entgegen, kann der Auftraggeber andere geeignete Übermittlungswege wählen. Diese Gründe sind in Abs. 2 Nr. 1 bis 3 abschließend aufgezählt.

Die technischen Ausnahmen gehen auf Art. 53 Abs. 1 UAbs. 2 iVm Art. 22 Abs. 1 **48** UAbs. 2 VRL zurück. Diese Richtlinienbestimmung zählt die Gründe auf, aus denen ein öffentlicher Auftraggeber nicht verpflichtet ist, *Angebote* in elektronischer Form zuzulassen. Sie betrifft mithin die Kommunikation vom Bieter zum Auftraggeber zur Übermittlung der Angebote. Die direkte Übernahme dieser Gründe in § 41 Abs. 2 VgV, der die Kommunikation in umgekehrter Richtung, nämlich vom Auftraggeber zu den Unternehmen zur Bereitstellung der Vergabeunterlagen betrifft ist, nur teilweise geglückt und führt in verschiedenen Punkten zu verwirrenden Vorgaben.[43]

1. Technische Inkompatibilität (Nr. 1)

Nr. 1 gestattet eine anderweitige Übermittlung der Vergabeunterlagen, wenn die elekt- **49** ronischen Mittel zum Abruf der Vergabeunterlagen aufgrund der besonderen Art der Auftragsvergabe nicht mit allgemein verfügbaren oder verbreiteten Geräten und Programmen der Informations- und Kommunikationstechnologie kompatibel sind. Diese Voraussetzung dürfte in der Praxis so gut wie nie erfüllt sein. Denn gem. § 11 Abs. 1 müssen die vom Auftraggeber vorgegebenen elektronischen Mittel allgemein verfügbar und mit allgemein verbreiteten Geräten und Programmen der Informations- und Kommunikationstechnik kompatibel sein. Den Einsatz elektronischer Mittel, die nicht allgemein verfügbar sind (sog. „alternative elektronische Mittel") darf der Auftraggeber gem. § 12 Abs. 1 nur verlangen, wenn er diese Mittel selbst verwendet und den Unternehmen während des gesamten Vergabeverfahrens über das Internet einen unentgeltlichen, uneingeschränkten, vollständigen und direkten Zugang zu diesen Mitteln anbietet. Die Ausnahme in Nr. 1 erfasst damit streng genommen nur den Fall, dass der Abruf der Unterlagen den Einsatz alternativer elektronischer Mittel erfordert, die zwar vom Auftraggeber gem. § 12 Abs. 1 unentgeltlich

---

[42] AA offenbar *Rechten* in KKMPP VgV § 41 Rn. 26, unter Verweis auf VK Bund 5.10.2002 – VK 3 – 114/12; diese Entscheidung bezog sich jedoch noch auf § 12 EG Abs. 7 VOL/A 2009, wonach Auftraggeber, die die Vergabeunterlagen nicht elektronisch zur Verfügung stellen, diese innerhalb von sechs Tagen nach Eingang eines entsprechenden Antrags an die Unternehmen absenden müssen, wenn diese die Unterlagen „rechtzeitig" angefordert haben. In dem Erfordernis einer rechtzeitigen Anforderung in Verbindung mit der vorgesehenen Sechs-Tages-Frist sah die Kammer eine ausreichende Grundlage, eine Ausschlussfrist für die Abforderung der Unterlagen zu setzen. Die Regelung des § 12 EG Abs. 7 VOL/A 2009 und dementsprechend die Entscheidung der VK Bund sind durch § 41 Abs. 1 VgV und das dortige Erfordernis, die Unterlagen ab dem Tag der Bekanntmachung uneingeschränkt zur Verfügung zu stellen, indes überholt. Eine Ausschlussfrist für den Abruf der Unterlagen ist damit unzulässig.

[43] Kritisch auch *Rechten* in KKMPP VgV § 41 Rn. 42.

und direkt bereitgestellt werden, von den Unternehmen aber gleichwohl nicht ohne weiteres genutzt werden können, weil sie mit der von ihnen verwendeten allgemeinüblichen Informations- und Kommunikationstechnik unvereinbar sind. Das ist allenfalls in ganz außergewöhnlichen Ausnahmefällen vorstellbar.

50   Eine technische Inkompatibilität in diesem Sinne liegt vor, wenn ein elektronischer Abruf der Vergabeunterlagen den Einsatz von spezieller Hardware voraussetzt, die an allgemein verbreitete Hardwareumgebungen nicht angeschlossen werden kann, oder spezielle Software, die auf allgemein verbreiteten IT-Systemen nicht installiert werden kann bzw. läuft. Denkbar ist das etwa bei Planunterlagen in speziellen CAD-Dateiformaten, die mit allgemein verbreiteter Büro-IT nicht verarbeitet werden können, oder großformatigen Planunterlagen, deren Ausdruck spezielle Großdrucker voraussetzt. Maßgeblich für die Frage, welche Technik allgemein verfügbar oder verbreitet ist, ist dabei der typische Adressatenkreis, das heißt die potentiellen Interessenten und deren Branche. So steht z.B. die Verwendung von speziellen CAD-Dateiformaten für Baupläne einem elektronischen Abruf dann nicht entgegen, wenn sowohl der Auftraggeber die betreffenden Dateiformate verwendet, als auch von den Anbietern typischerweise erwartet werden kann, dass sie die Formate nutzen oder zumindest verarbeiten können (wie z.B. es bei Architekturbüros regelmäßig der Fall ist). Unerheblich ist, ob die betreffende Technik auch Unternehmen aus anderen Branchen oder gar der interessierten Öffentlichkeit allgemein zur Verfügung steht oder dort verbreitet ist.

51   Will der Auftraggeber aus Sicherheitsgründen den Zugriff nur über ein geschütztes Netzwerk (VPN) zulassen oder erwartet er den Einsatz spezieller Verschlüsselungstechnologie, handelt es sich nicht um einen Fall der technischen Inkompatibilität, sondern um eine besondere Schutzmaßnahmen im Sinne von Abs. 3.[44]

52   Nr. 1 erfasst auch den nicht ausdrücklich erwähnten Fall, dass ein elektronischer Abruf aufgrund der Natur der Unterlagen ausgeschlossen ist, etwa wenn die Unterlagen Material- oder Stoffproben enthalten, die nur in physischer Form übermittelt werden können.[45]

2. Fehlende Verfügbarkeit von Dateiformaten (Nr. 2)

53   Nr. 2 gestattet die Nutzung anderer Bereitstellungswege, wenn die elektronischen Mittel zum Abruf der Vergabeunterlagen **Dateiformate** verwenden, die **nicht mit allgemein verfügbaren oder verbreiteten Programmen verarbeitet** werden können oder die **durch nicht frei zugängliche Lizenzen geschützt** sind. Die Regelung ist von Nr. 1 schwer abzugrenzen. Auch hier geht es um den Fall, dass ein elektronischer Abruf der Unterlagen den Einsatz nicht allgemein verfügbarer Dateiformate erfordert. Dabei ist wiederum die Regelung in § 12 Abs. 1 zu beachten, wonach ein Auftraggeber, der Einsatz alternativer elektronischer Mittel verlangt, diese den Unternehmen unentgeltlich und direkt zugänglich machen muss. Sofern der Auftraggeber dies tut, steht einer direkten elektronischen Bereitstellung der Vergabeunterlagen gem. Abs. 1 nichts mehr entgegen. Die Vorschrift erfasst über Abs. 1 hinaus jedoch auch den Fall, dass die Vergabeunterlagen nur mit proprietärer, nicht frei verfügbarer Software verarbeitet werden können. Für diesen Fall verpflichtet § 12 Abs. 1 den Auftraggeber nicht, den Verfahrensteilnehmern die benötigten elektronischen Mittel unentgeltlich zur Verfügung zu stellen. Ist die benötigte Software nicht allgemein verbreitet, kann die Ausnahme folglich relevant werden.

54   Die Formulierung in Nr. 2, dass es um inkompatible Dateiformate zur „Beschreibung der Angebote" geht, ist irreführend. Sie geht auf die direkte Übernahme der gleichlautenden Formulierung in Art. 22 Abs. 1 UAbs. 2 VRL zurück, der jedoch die elektronische Einreichung der *Angebote* betrifft. Im Zusammenhang mit der Bereitstellung der Vergabe-

---

[44] AA *Rechten* in KKMPP VgV § 41 Rn. 43, der auch diesen Fall unter Abs. 2 Nr. 1 fasst.
[45] So auch *Horn* in Müller-Wrede, VgV/UVgO § 41 VgV Rn. 18 („in natura"). EU-rechtlich entspricht dieser Fall dem in § 41 Abs. 2 nicht ausdrücklich umgesetzten Fall des Art. 22 Abs. 1 Unterabs. 2 lit. d VRL.

unterlagen ergibt der Verweis auf die „Beschreibung der Angebote" hingegen keinen Sinn. Vielmehr kommt es hier richtigerweise allein darauf an, ob für die **Übermittlung der** *Vergabeunterlagen* Dateiformate verwendet werden müssen, die nicht mit allgemein verbreiteten oder frei verfügbaren Programmen verarbeitet werden können.[46]

3. Fehlende Verfügbarkeit von Bürotechnik (Nr. 3)

Nr. 3 gestattet schließlich die Übermittlung der Vergabeunterlagen auf anderem Weg, **55** wenn die Nutzung elektronischer Mittel die **Verwendung von Bürogeräten** voraussetzen würde, die dem Auftraggeber **nicht allgemein zur Verfügung stehen.** Die Formulierung geht wiederum auf eine direkte Übernahme der Vorgabe in Art. 22 Abs. 1 UAbs. 2 lit. c VRL zurück. Die Verordnungsbegründung nennt beispielhaft Großformatdrucker oder Plotter[47] wie sie zB für die Erstellung großformatiger Pläne benötigt werden. Dieses Beispiel passt nicht wirklich zum Wortlaut der Vorschrift, denn im Zusammenhang mit der elektronischen Übermittlung der Vergabeunterlagen könnten sich allenfalls Bieter oder Bewerber, nicht aber der Auftraggeber vor das Problem gestellt sehen, in den Vergabeunterlagen enthaltene Großformat-Pläne ausdrucken zu müssen. Die Verwirrung dürfte wiederum daher rühren, dass die zugrunde liegende Regelung des Art. 22 Abs. 1 UAbs. 2 lit. c VRL nicht die Bereitstellung der Vergabeunterlagen, sondern die Angebotsabgabe betrifft. In diesem Fall ist eine Ausnahme von der elektronischen Kommunikation für den Fall, dass dem *Auftraggeber* (als Empfänger der Angebotsunterlagen) die für die Verarbeitung der elektronischen Angebote erforderliche Bürotechnik nicht zur Verfügung steht, plausibel. Im Rahmen des § 41 bzw. der Ausnahme des Abs. 2 Nr. 3, die die Kommunikation in umgekehrter Richtung im Zusammenhang mit den Vergabeunterlagen betreffen, dürfte es dagegen (wie wohl auch bei dem Beispiel in der Verordnungsbegründung vorausgesetzt) darum gehen, ob die Nutzung elektronischer Mittel die Verwendung von Bürogeräten erfordern würde, die den *Unternehmen* nicht allgemein zur Verfügung stehen.[48] Insoweit führt die Regelung im Ergebnis allerdings kaum über Nr. 1 hinaus.

4. Grundsatz der Erforderlichkeit

Die Ausnahmen in Abs. 2 sind eng auszulegen. Die in Nr. 1 bis 3 genannten Gründe **56** rechtfertigen eine Abweichung vom Grundsatz der direkten elektronischen Bereitstellung nur *soweit* es im Einzelfall tatsächlich nötig ist.[49] Betreffen die technischen Hürden nur Teile der Unterlagen, dürfen auch nur diese Teile von der direkten elektronischen Bereitstellung ausgenommen werden. Können zB nur einzelne Dokumente – etwa großformatige Pläne – nicht elektronisch bereitgestellt werden, darf der Auftraggeber nur bei diesen Dokumenten von einer direkten elektronischen Bereitstellung absehen. Die übrigen Unterlagen müssen auf normalem Wege, d.h. gemäß Abs. 1 direkt elektronisch zum Abruf bereit gestellt werden.[50]

5. Alternative Übermittlungswege

Soweit eine direkte elektronische Bereitstellung aus technischen Gründen nicht möglich **57** ist, kann der Auftraggeber die Vergabeunterlagen auf anderem Wege bereitstellen. Art. 22 Abs. 1 UAbs. 3 VRL nennt beispielhaft die Kommunikation per Post oder auf anderem geeigneten Weg, oder eine Kombination von Post bzw. einem anderen geeigneten Weg und elektronischen Mitteln. Andere geeignete Wege können zB der Versand per Kurier

---

[46] So im Ergebnis – allerdings ohne Begründung – auch *Horn* in Müller-Wrede, VgV/UVgO § 41 VgV Rn. 23.
[47] BR-Drs. 87/16, S. 196.
[48] So im Ergebnis auch *Horn* in Müller-Wrede, VgV/UVgO § 41 VgV Rn. 28.
[49] *Rechten* aaO Rn. 51.
[50] So auch *Rechten* in KKMPP VgV § 41 Rn. 50.

oder eine persönliche Übergabe sein. Eine Kombination ist insbesondere dann angezeigt, wenn die technischen Hürden nur Teile der Vergabeunterlagen betreffen (→ Rn. 56).

II. Maßnahmen zum Schutz der Vertraulichkeit (Abs. 3)

58   Abs. 3 enthält eine weitere Ausnahme vom Grundsatz der direkten elektronischen Bereitstellung der Vergabeunterlagen zum Schutz der Vertraulichkeit. Die Regelung dient der Umsetzung von Art. 53 Abs. 1 UAbs. 3 iVm Art. 21 Abs. 2 VRL.[51] Sie ist freilich eigentümlich formuliert. Denn dem Wortlaut nach verpflichtet Abs. 3 den Auftraggeber nur, in der Bekanntmachung anzugeben, welche Maßnahmen er zum Schutz der Vertraulichkeit anwendet und wie auf die Vergabeunterlagen zugegriffen werden kann. Die Vorschrift knüpft insoweit an → § 5 Abs. 3 an. Der eigentliche Kern der Regelung, nämlich dass der Auftraggeber bei besonderen Maßnahmen zum Schutz der Vertraulichkeit von einer direkten elektronischen Bereitstellung der Unterlagen absehen darf, wird dagegen nicht explizit erwähnt. Dass der Auftraggeber die Unterlagen in diesem Fall nicht uneingeschränkt direkt elektronisch zugänglich machen kann, folgt nur indirekt aus der Regelung. Es ergibt sich aber auch aus der Sache selbst. Denn würden die Unterlagen für jedermann frei zum Abruf bereitgestellt, würden Maßnahmen zum Schutz der Vertraulichkeit leer laufen (→ Rn. 63).

1. Vertraulichkeit der Vergabeunterlagen

59   Gründe, die besondere Maßnahmen zum Schutz der Vertraulichkeit erfordern, können vielfältig sein. Ein wichtiger Fall ist der, dass die Vergabeunterlagen **Verschlusssachen** im Sinne des SÜG enthalten. Zwar wird in solchen Fällen oftmals ein verteidigungs- oder sicherheitsspezifischer Auftrag im Sinne von § 104 GWB (insbesondere im Fall eines sog. Verschlusssachenauftrags) vorliegen, der nach der VSVgV zu vergeben ist und für den § 41 daher ohnehin nicht gilt. Das ist jedoch nicht zwingend. So fallen beispielsweise auch Aufträge, die Verschlusssachen umfassen, dann nicht unter das Sonderregime des § 104 GWB bzw. der VSVgV, wenn sie weder militärischer Natur sind noch spezifischen Sicherheitszwecken im Sinne von § 104 Abs. 3 GWB dienen (wie zB die Lieferung gewöhnlicher Büromöbel für eine Sicherheitsbehörde, auch wenn der Auftraggeber für Aufstellung der Möbel Lagepläne der Behörde bereitstellt, die als Verschlusssache eingestuft sind).[52]

60   Besondere Maßnahmen zum Schutz der Vertraulichkeit können auch dann geboten sein, wenn der Auftrag kritische Infrastruktur betrifft,[53] etwa im Bereich der Energie-, Wasser- oder Verkehrsversorgung oder im IT-Bereich, und die Vergabeunterlagen Informationen enthalten, die Angriffe auf diese Infrastruktur erleichtern könnten. Im IT-Bereich kann ein besonderes Interesse am Schutz der Vertraulichkeit schon dann bestehen, wenn die in den Vergabeunterlagen enthaltenen Informationen geeignet sind, Cyber-Angriffe zu begünstigen. Ähnlich kann es sich bei sicherheitsrelevanten Leistungen wie etwa Rettungs- oder Bewachungsdiensten verhalten, wenn die Vergabeunterlagen vertrauliche Einsatz-, Lage- oder Evakuierungspläne enthalten.[54]

61   Auch der Schutz von Geschäftsgeheimnissen des Auftraggebers kann besondere Maßnahmen zum Schutz der Vertraulichkeit rechtfertigen. Ein solches Schutzbedürfnis kann zB bestehen, wenn es sich beim Auftraggeber um ein öffentliches Unternehmen handelt, das

---

[51] Begründung zu § 41 Abs. 3 VgV, BR-Drs. 87/16, 197.
[52] → näher *Krohn* in Gabriel/Krohn/Neun, Handbuch Vergaberecht (2. Aufl. 2017), § 57 Rn. 28 ff. Auch sicherheitsrelevante Lieferaufträge im nichtmilitärischen Bereich, die Verschlusssachen enthalten, fallen nicht unter das Sonderregime, wenn sie keine Ausrüstung im Sinne von § 104 Abs. 1 Nr. 2 GWB betreffen; → *Krohn* in Gabriel/Krohn/Neun, Handbuch Vergaberecht (2. Aufl. 2017), § 57 Rn. 36 ff.
[53] *Rechten* in KKMPP VgV § 41 Rn. 48.
[54] *Rechten* aaO.

auch wettbewerblich am Markt tätig ist, wenn die Vergabeunterlagen Informationen enthalten, deren Bekanntwerden sich nachteilig auf die Wettbewerbsposition des Auftraggebers auswirken könnte. Kein ausreichender Grund ist allerdings der bloße Wunsch des Auftraggebers, sich vor der Neugier Außenstehender zu schützen. Dem steht die gesetzgeberische Grundentscheidung, jedermann einen uneingeschränkten direkten Zugang zu den Vergabeunterlagen zu eröffnen, entgegen.

2. Besondere Schutzmaßnahmen und Bereitstellung der Unterlagen

Welche **Schutzmaßnahmen** getroffen werden, ist vom Auftraggeber im Einzelfall nach **pflichtgemäßem Ermessen** zu entscheiden. In Betracht kommen ua technische Maßnahmen wie eine Verschlüsselung der Daten, eine elektronische Übermittlung über besonders geschützte Kommunikationswege (zB über VPN), oder die Bereitstellung ausschließlich in Papierform, um ein Kopieren zu erschweren. Der Auftraggeber kann aber auch Anforderungen an die Unternehmen zum Schutz der Vertraulichkeit gemäß § 5 Abs. 3 stellen (→ § 5 Rn. 42 ff.). In Betracht kommen insbesondere vertragliche oder organisatorische Maßnahmen, wie etwa der Abschluss einer Vertraulichkeitsvereinbarung und/oder die Verpflichtung der Bieter oder Bewerber zu konkreten organisatorischen Maßnahmen zur Wahrung der Vertraulichkeit (→ § 5 Rn. 45 ff.). 62

Soweit der Auftraggeber besondere Schutzmaßnahmen trifft, darf er von einer uneingeschränkten und vollständigen direkten elektronischen Bereitstellung der Unterlagen absehen. Grund ist, dass Maßnahmen zum Schutz der Vertraulichkeit sonst leerlaufen würden. Der Auftraggeber muss die Übermittlung in diesem Fall vielmehr auf namentlich bekannte Empfänger beschränken, die hinreichende Gewähr für die Einhaltung der geforderten Schutzmaßnahmen bieten. Der Auftraggeber kann daher insbesondere eine namentliche Registrierung der Empfänger verlangen und ggf. ihre Identität überprüfen. Er kann ferner den Abschluss einer Vertraulichkeitsvereinbarung verlangen, bevor er die Unterlagen zur Verfügung stellt. In zweistufigen Verfahren kommt nach dem Prinzip „Kenntnis nur soweit nötig" auch die Möglichkeit in Betracht, die Unterlagen nur den Unternehmen zur Verfügung zu stellen, die im Teilnahmewettbewerb für das weitere Verfahren ausgewählt wurden und zur Angebotsabgabe aufgefordert werden.[55] 63

Der Auftraggeber hat bei der Festlegung der Schutzmaßnahmen den **Verhältnismäßigkeitsgrundsatz** zu beachten, d.h. die Maßnahmen müssen für den angestrebten Zweck geeignet, erforderlich und angemessen sein (→ § 5 Rn. 48 ff.). Schutzmaßnahmen, die einer direkten elektronischen Bereitstellung der Unterlagen entgegenstehen, sind nur zulässig, soweit es für den konkreten Zweck erforderlich ist. Enthalten nur Teile der Unterlagen schützenswerte Informationen, dürfen sich die Maßnahmen auch nur auf diese Teile erstrecken. Sind die sensiblen Informationen zB lediglich in einer einzelnen Anlage zu den Vergabeunterlagen enthalten oder sonst ohne unzumutbaren Aufwand von den übrigen Unterlagen isolierbar, verbleibt es für die übrigen Teile der Vergabeunterlagen beim Grundsatz der uneingeschränkten direkten Bereitstellung gemäß Abs. 1. Auch bei der Auswahl der technischen Mittel muss der Auftraggeber den Grundsatz der Erforderlichkeit beachten. Das gilt insbesondere, wenn er von einer elektronischen Kommunikation ganz abrücken will.[56] Kann der Schutz der Vertraulichkeit auch durch Einsatz alternativer elektronischer Mittel erreicht werden, wie etwa die Verwendung speziell gesicherter elektronischer Kommunikationskanäle, müssen vorrangig solche elektronischen Kanäle gewählt werden.[57] 64

---

[55] Ebenso *Röwekamp* in KKMPP VgV § 6 Rn. 11.
[56] *Rechten* in KKMPP VgV § 41 Rn. 51.
[57] Begründung zu § 41 Abs. 3, BR-Drs. 87/16, 197.

3. Angabe der Maßnahmen und des Kommunikationswegs

65   Trifft der Auftraggeber besondere Maßnahmen zum Schutz der Vertraulichkeit, muss er gemäß Abs. 3 in der Auftragsbekanntmachung oder der Aufforderung zur Interessenbestätigung angeben, um welche Maßnahmen es sich handelt, und auf welche Weise Interessenten auf die Vergabeunterlagen zugreifen können. Zweck dieser Informationspflicht ist zum einen, die Unternehmen ins Bild zu setzen, welche Schutzanforderungen sie zu erfüllen haben und wie sie an die Unterlagen gelangen können. Zum anderen soll durch die Veröffentlichung der Maßnahmen und des Kommunikationswegs ein Mindestmaß ein Transparenz als Korrektiv zum Verzicht auf die direkte elektronische Bereitstellung der Unterlagen geschaffen werden.

66   Obwohl auch der zugrunde liegende Art. 53 Abs. 1 UAbs. 3 VRL den Auftraggeber verpflichtet, in der Bekanntmachung anzugeben, welche Maßnahmen zum Schutz der Vertraulichkeit er fordert und wie auf die Vergabeunterlagen zugegriffen werden kann, sehen die Regelungen zum Mindestinhalt der Auftragsbekanntmachung in Anhang V Teil C der VRL lediglich eine Angabe vor, wie auf die Unterlagen zugegriffen werden kann; eine Mitteilung der Schutzmaßnahmen selbst ist dort nicht vorgesehen. Im amtlichen Standardformular für die Auftragsbekanntmachung gem. Anhang II der DVO (EU) Nr. 2015/1986 ist nicht einmal eine Angabe vorgesehen, auf welchem Weg auf die Unterlagen zugegriffen werden kann. Vielmehr ist dort in Abschnitt I.3 lediglich die Mitteilung einer Internet-Adresse vorgesehen, über die nähere Auskünfte erhältlich sind. Die Angaben gem. § 41 Abs. 3 Satz 1 daher richtigerweise in Abschnitt VI.3 des Bekanntmachungsformulars („Zusätzliche Angaben") zu machen (→ § 37 Rn. 32).

D. Fristverlängerung bei Nutzung der Ausnahmen

I. Grundsatz der Fristverlängerung

67   Weicht der Auftraggeber aus den in Abs. 2 oder Abs. 3 genannten Gründen vom Grundsatz der unentgeltlichen, uneingeschränkten, vollständigen und direkten Abrufbarkeit der Vergabeunterlagen ab, wird die **Angebotsfrist um fünf Tage verlängert** (Abs. 2 Satz 2 und Abs. 3 Satz 2). Grund ist, dass die Bieter bei einer anderen Form der Übermittlung meist nur mit größerem Aufwand und/oder erst später von den Vergabeunterlagen Kenntnis nehmen können. Die Regelung steht in Zusammenhang mit der durch die Vergaberechtsmodernisierung eingeführten allgemeinen Verkürzung der Fristen, die wiederum auf dem **Grundsatz der elektronischen Kommunikation** beruht.[58] Stellt der Auftraggeber die Unterlagen nicht direkt elektronisch bereit, entfällt der Grund für die Fristverkürzung. Das ist nicht völlig neu. Schon nach altem Recht konnte der Auftraggeber die Angebotsfrist bei elektronischer, freier, direkter und vollständiger Bereitstellung der Vergabeunterlagen um fünf Tage verkürzen (§ 12 EG Abs. 6 Satz 2 VOL/A 2009). Das Regel-Ausnahme-Verhältnis ist nunmehr jedoch umgekehrt. Nach neuem Recht sind eine direkte elektronische Bereitstellung und kürzere Fristen der Regelfall. Kann der Auftraggeber die Unterlagen ausnahmsweise nicht direkt elektronisch bereitstellen, muss er eine längere Angebotsfrist einräumen.

68   Die Verlängerung betrifft nur die **Frist für die Angebote.** Eine etwaige Verlängerung auch der Bewerbungsfrist ist nicht vorgesehen. Auch eine **analoge Anwendung** auf die **Bewerbungsfrist** ist **abzulehnen.**[59] Zum einen dürfte schon keine Regelungslücke bestehen. Zum anderen ist die Interessenlage eine andere. Denn Teilnahmeanträge sind im Regelfall nicht so komplex, dass die frühzeitige Kenntnis der Vergabeunterlagen für eine erfolgreiche Bewerbung von ähnlich kritischer Bedeutung ist wie für ein aussichtsreiches

---

[58] Vgl. Erwägungsgrund 80 zur VRL; → Rn. 10.
[59] So auch *Horn* in Müller-Wrede, VgV/UVgO § 41 VgV Rn. 33 und 38.

Angebot. Vor diesem Hintergrund ist es folgerichtig, dass die Fristverlängerung auf die Angebotsfrist beschränkt wurde.

Die Formulierung, dass die Angebotsfrist „verlängert" wird, ist zunächst so zu verstehen, **69** dass sich die **Mindestfristen** für die Angebote im offenen und nicht offenen Verfahren gemäß § 15 Abs. 2 und § 16 Abs. 5 bzw. die Erstangebote im Verhandlungsverfahren gemäß § 17 Abs. 6 von 30 Tagen auf 35 Tage verlängern. Die Formulierung deutet jedoch darauf hin, dass die Regelung nicht nur für die Mindestfristen gilt. Denn sowohl die VRL (dort Artikel 47 Abs. 1) als auch die VgV (vgl. § 20 Abs. 1) unterscheiden zwischen der – vom Auftraggeber festzulegenden – „Frist für den Eingang der Angebote" bzw. „Angebotsfrist" einerseits und den dabei zu beachtenden Mindestfristen andererseits. Der Umstand, dass sich das Verlängerungsgebot auf die „Angebotsfrist" und nicht die Mindestfristen bezieht, spricht dafür, dass eine Verlängerung bei jeder Fristsetzung geboten ist, d.h. auch wenn der Auftraggeber aufgrund der Komplexität des Auftrags ohnehin eine längere Angebotsfrist als die gesetzliche Mindestfrist vorsieht. Auch in diesem Fall muss ein Auftraggeber, der die Unterlagen nicht zum direkten elektronischen Abruf bereitstellt, anstelle der ansonsten angemessenen Frist (vgl. § 20 Abs. 1) eine fünf Tage längere Frist einräumen.

Die Fristverlängerung ist zunächst immer dann geboten, wenn der Auftraggeber die Un- **70** terlagen aus einem der **in Abs. 2 und Abs. 3 genannten Gründe,** d.h. wegen technischer Hürden oder zum Schutz der Vertraulichkeit, nicht direkt elektronisch zum Abruf bereitstellt. Nach Sinn und Zweck der Vorschrift gilt das Verlängerungsgebot jedoch **auch (und erst recht),** wenn der Auftraggeber die Vergabeunterlagen **aus anderen, gesetzlich nicht vorgesehenen Gründen** nicht direkt verfügbar macht, z.B. weil sie nicht rechtzeitig fertig geworden sind. Das folgt daraus, dass die Fristverlängerung den Aufwand und Zeitverlust ausgleichen soll, der für Bieter bzw. Bewerber damit verbunden ist, dass sie auf andere Weise auf die Unterlagen zugreifen müssen. Diese Erschwernis ist unabhängig davon, weshalb die Unterlagen nicht direkt elektronisch bereitgestellt werden.

II. Ausnahme bei besonderer Dringlichkeit

Eine Fristverlängerung ist nicht notwendig in Fällen hinreichend begründeter Dringlich- **71** keit gemäß § 15 Abs. 3, § 16 Abs. 7 oder § 17 Abs. 8. Die Voraussetzungen sind dieselben wie für eine Fristverkürzung nach den genannten Vorschriften (→ § 15 Rn. 11). Hat der Auftraggeber aufgrund besonderer Dringlichkeit zulässigerweise eine verkürzte Angebotsfrist gesetzt, ist er auch dann, wenn er die Vergabeunterlagen aus einem der in § 41 Abs. 2 oder Abs. 3 genannten Gründe nicht direkt elektronisch bereitstellen kann, nicht verpflichtet, die Angebotsfrist allein aus diesem Grund wieder zu verlängern. Die Ausnahme setzt nicht voraus, dass der Auftraggeber tatsächlich eine verkürzte Angebotsfrist gesetzt hat. Es reicht, wenn der besondere Dringlichkeit einer *Verlängerung* der Frist um fünf Tage entgegensteht.

III. Ausnahme bei bloßer Einholung einer Vertraulichkeitserklärung?

Nach Abs. 3 Satz 2, 2. Halbsatz, 1. Var. ist eine Fristverlängerung auch dann **nicht er- 72 forderlich,** wenn der Auftraggeber die Vergabeunterlagen zum Schutz der Vertraulichkeit nicht direkt elektronisch bereitstellt, die Schutzmaßnahme aber **ausschließlich in der Abgabe einer Verschwiegenheitserklärung** besteht. Laut amtlicher Begründung erscheint eine Pflicht zur Fristverlängerung in diesem Fall überzogen, weil die Abgabe einer Verschwiegenheitserklärung für Bieter oder Bewerber nur mit sehr geringem Mehraufwand verbunden sei.[60]

---

[60] BR-Drs. 87/16, 197.

73   Die Regelung **verstößt freilich gegen Art. 53 Abs. 1 UAbs. 3 VRL** und ist daher **unanwendbar.** Die Richtlinie ordnet für jeden Fall, in dem der Auftraggeber die Vergabeunterlagen zum Schutz der Vertraulichkeit nicht zum direkten elektronischen Abruf bereitstellt, eine Fristverlängerung um fünf Tage an, unabhängig davon, worin die konkrete Schutzmaßnahme besteht. Eine Einschränkung dieses Grundsatzes für den Fall, dass der Auftraggeber vorab nur eine Verschwiegenheitserklärung einholt, ist nicht vorgesehen.

74   Die Regelung leuchtet auch inhaltlich nicht ein. Denn mit der Verlängerung der Angebotsfrist sollen der Mehraufwand und die Verzögerung ausgeglichen werden, die für Bieter und Bewerber damit verbunden sind, dass sie auf andere Weise auf die Unterlagen zugreifen müssen. Welche weiteren Schutzmaßnahmen der Auftraggeber zum Schutz der Vertraulichkeit trifft, und mit welchem zusätzlichen Aufwand diese Maßnahmen für die Unternehmen verbunden sind, ist unerheblich. Es ist auch nicht erkennbar, warum gerade die Abgabe einer Verschwiegenheitserklärung im Vergleich zu anderen Schutzmaßnahmen besonders aufwandsarm sein soll.[61] Zum einen kann auch die Einholung einer Verschwiegenheitserklärung – je nach inhaltlicher und verfahrenstechnischer Ausgestaltung – mit spürbarem Aufwand verbunden sein. Zum anderen ist nicht ersichtlich, weshalb einfache technische Schutzvorkehrungen, wie z.B. ein Passwortschutz, bei dem das Passwort nur namentlich registrierten Interessenten mitgeteilt wird, im Vergleich zur Abgabe einer Verschwiegenheitserklärung mit solchem Mehraufwand verbunden sein sollten, dass für derartige Fälle eine Fristverlängerung eher angemessen wäre.

---

[61] Ähnlich *Ohlerich* in Gabriel/Krohn/Neun Handbuch Vergaberecht (2. Aufl. 2017) § 23 Rn. 24.

Unterabschnitt 5. Anforderung an Unternehmen; Eignung

§ 42 Auswahl geeigneter Unternehmen; Ausschluss von Bewerbern und Bietern

(1) Der öffentliche Auftraggeber überprüft die Eignung der Bewerber oder Bieter anhand der nach § 122 des Gesetzes gegen Wettbewerbsbeschränkungen festgelegten Eignungskriterien und das Nichtvorliegen von Ausschlussgründen nach den §§ 123 und 124 des Gesetzes gegen Wettbewerbsbeschränkungen sowie gegebenenfalls Maßnahmen des Bewerbers oder Bieters zur Selbstreinigung nach § 125 des Gesetzes gegen Wettbewerbsbeschränkungen und schließt gegebenenfalls Bewerber oder Bieter vom Vergabeverfahren aus.

(2) Im nicht offenen Verfahren, im Verhandlungsverfahren mit Teilnahmewettbewerb, im wettbewerblichen Dialog und in der Innovationspartnerschaft fordert der öffentliche Auftraggeber nur solche Bewerber zur Abgabe eines Angebots auf, die ihre Eignung nachgewiesen haben und nicht ausgeschlossen worden sind. § 51 bleibt unberührt.

(3) Bei offenen Verfahren kann der öffentliche Auftraggeber entscheiden, ob er die Angebotsprüfung vor der Eignungsprüfung durchführt.

Übersicht

	Rn.		Rn.
A. Einführung	1	1. Prüfauftrag	8
I. Literatur	1	2. Rechtsfolgenregelung	10
II. Entstehungsgeschichte	2	II. Prüfungsreihenfolge, § 42 Abs. 2 und 3 VgV	12
III. Rechtliche Vorgaben im EU-Recht	5	1. § 42 Abs. 2 VgV	13
B. Kommentierung	8	2. § 42 Abs. 3 VgV	18
I. Eignungsprüfung, § 42 Abs. 1 VgV	8		

A. Einführung

I. Literatur

Burgi/Dreher, Beck'scher Vergaberechtskommentar, GWB, 3. Auflage 2017; *Dreher/Motzke,* Beck'scher Ver- **1** gaberechtskommentar, 2. Auflage 2013; *Frister,* Entrechtlichung und Vereinfachung des Vergaberechts, VergabeR 2011, 295; *Heiermann/Zeiss/Summa,* jurisPK-Vergaberecht, 5. Aufl. 2016; *Kulartz/Kus/Marx/Portz/ Prieß,* Kommentar zur VgV, 1. Auflage 2016; *Willenbruch/Wieddekind,* Kompaktkommentar Vergaberecht 4. Auflage 2017.

II. Entstehungsgeschichte

§ 42 VgV enthält Reglungen zu der vom öffentlichen Auftraggeber vorzunehmenden **2** Prüfung der Eignung und des Nichtvorliegens von Ausschlussgründen. Während der Verordnungsgeber in Absatz 1 einen Prüfauftrag und eine Rechtsfolgenregelung formuliert hat, betreffen die Absätze 2 und 3 die Prüfungsreihenfolge der Eignungs- und Angebotsprüfung.

Die RL 2004/18/EG enthielt keine unmittelbare Vorgabe, zu welchem Zeitpunkt die **3** Eignungsprüfung zu erfolgen hat. Aus Art. 44 Abs. 1 RL 2004/18/EG folgte nur, dass die **Eignungsprüfung vor der Angebotsprüfung** durchzuführen war. In Art. 44 Abs. 1 RL 2004/18/EG hieß es insoweit: *„Die Auftragsvergabe erfolgt aufgrund der in den Artikeln 53 und 55 festgelegten Kriterien unter Berücksichtigung des Artikels 24, nachdem die öffentlichen Auftraggeber* *die Eignung der Wirtschaftsteilnehmer, die nicht aufgrund von Artikel 45 und 46 ausgeschlossen wurden, geprüft haben.* " Eine weitere Konkretisierung des Zeitpunktes der Eignungsprüfung war der RL 2004/18/EG dagegen nicht zu entnehmen. Dies galt im Besonderen hinsichtlich der Durchführung eines zweistufigen Verfahrens. So widersprach es nicht den Richtlinienvorgaben, die Eignungsprüfung bereits vor Angebotsabgabe durchzuführen. Zwingend war diese Vorgehensweise indes nicht.[1] Die RL 2004/18/EG überließ es mithin den Mitgliedsstaaten, ob öffentliche Auftraggeber im Fall eines zweistufigen Verfahrens die Eignungsprüfung bereits vor Angebotsabgabe im Rahmen des Teilnahmewettbewerbs durchzuführen hatten oder eine Eignungsprüfung unmittelbar vor Angebotsprüfung ebenfalls noch zulässig war.

4   Die Vorgabe des Richtliniengebers, die Eignungsprüfung zwingend vor der Angebotsprüfung durchzuführen, wurde auf nationaler Ebene indes nicht stringent praktiziert. Insbesondere in der Rechtsprechung wurde diese Prüfungsreihenfolge teilweise nicht als zwingend angesehen.[2] Für den Fall eines zweistufigen Verfahrens legte sowohl die VOL/A-EG als auch die VOF fest, dass die Eignungsprüfung unmittelbar nach Eingang der Teilnahmeanträge und noch vor Aufforderung zur Angebotsabgabe zu erfolgen hatte.[3]

III. Rechtliche Vorgaben im EU-Recht

5   § 42 Abs. 1 VgV findet seine europarechtliche Grundlage in Art. 56 Abs. 1 lit. b) RL 2014/24/EU. § 42 Abs. 3 setzt Art. 56 Abs. 2 UAbs. 1 RL 2014/24/EU ins deutsche Recht um. Anders als noch in der Vorgängerrichtlinie differenziert der Richtliniengeber nunmehr zwischen der Prüfung der Eignung einerseits und der Prüfung des Nichtvorliegens von Ausschlussgründen andererseits.

6   An seiner bisherigen Vorgabe, dass die Eignungsprüfung grundsätzlich vor der Angebotsprüfung zu vollziehen ist, hat der Richtliniengeber nicht weiter festgehalten. In Art. 56 Abs. 2 RL 2014/24/EU stellt er klar, dass im Fall eines offenen Verfahrens die Eignungsprüfung auch erst im Anschluss an die Angebotsprüfung erfolgen kann. Der Richtliniengeber betont dabei, dass der Auftraggeber im Fall einer vorgezogenen Angebotsprüfung gewährleisten muss, dass die nachfolgende Eignungsprüfung auf unparteiischer und transparenter durchgeführt wird. Auf nationaler Ebene finden sich diese Vorgaben in Bezug auf das offene Verfahren 1 : 1 in § 42 Abs. 3 VgV wieder.

7   Hinsichtlich der Festlegung des Zeitpunkts der Eignungsprüfung bei einem zweistufigen Verfahren räumt wie bereits schon die RL 2004/18/EG auch die RL 2014/24/EU den Mitgliedsstaaten einen gewissen Spielraum ein. Der deutsche Gesetzgeber hat an der bisherigen Vorgabe, dass die Eignungsprüfung vor der Aufforderung zur Angebotsabgabe zu erfolgen hat, festgehalten. Die Regelung findet sich in § 42 Abs. 2 VgV.

B. Kommentierung

I. Eignungsprüfung, § 42 Abs. 1 VgV

1. Prüfauftrag

8   Nach § 42 Abs. 1 VgV hat der öffentliche Auftraggeber die Eignung der Bewerber bzw. Bieter anhand der nach § 122 GWB festgelegten Eignungskriterien und das Nichtvorliegen

---

[1] Art. 44 Abs. 3 UAbs. 1 RL 2004/18/EG sieht war die Möglichkeit vor, im Rahmen eines zweistufigen Verfahrens die Teilnehmerzahl zu beschränken. Die Reduzierung des Teilnehmerkreises hat jedoch nicht aufgrund von Eignungskriterien, sondern aufgrund objektiver Reduktionskriterien stattzufinden.

[2] Vgl. VK Düsseldorf 11.1.2006 – VK-50/2005-L; VK Rheinland-Pfalz 23.5.2012, VK 2–11/12; auch der BGH tendiert in diese Richtung: BGH 7.1.2014 – X ZB 15/13.

[3] § 10 EG Abs. 1 VOL/A; § 10 Abs. 1 VOF; siehe auch BGH 7.1.2014 – X ZB 15/13; *Opitz* in Dreher/Motzke Beck'scher Vergaberechtskommentar, 2. Auflage 2013, § 16 EG VOB/A, Rn. 197.

von Ausschlussgründen nach den §§ 123 und 124 GWB sowie etwaiger Selbstreinigungsmaßnahmen nach § 125 GWB zu überprüfen.

§ 42 Abs. 1 VgV knüpft damit unmittelbar an den Regelungsgehalt der §§ 122–125 **9**
GWB an und formuliert einen diesbezüglichen **Prüfauftrag**. Ob dem in § 42 Abs. 1 VgV
niedergelegten Prüfauftrag letztlich jedoch eine eigenständige Bedeutung zukommt, ist im
Ergebnis zu verneinen. Vielmehr handelt es sich um eine bloße Wiederholung einer bereits
im GWB geregelten Prüfpflicht des Auftraggebers. So enthält § 122 Abs. 1 GWB bereits
eine Pflicht zur Eignungsprüfung.[4] Ebenso verhält es sich in Bezug auf die §§ 123–125
GWB. In den §§ 123 und 124 GWB sind Ausschlusstatbestände und in § 125 GWB die
Voraussetzungen an eine erfolgreiche Selbstreinigung geregelt. Im Wege der Auslegung
haftet diesen Normen bereits eine selbstständige Prüfpflicht an. Der in § 42 Abs. 1 VgV
bestimmte Prüfauftrag hat damit lediglich deklaratorischen Charakter.

2. Rechtsfolgenregelung

Gemäß § 42 Abs. 1 VgV a. E. „*schließt (der öffentliche Auftraggeber) gegebenenfalls Bewer-* **10**
ber oder Bieter vom Vergabeverfahren aus". § 42 Abs. 1 VgV enthält mithin eine Rechtsfolgenregelung. Klärungsbedürftig ist dabei jedoch der Bezugspunkt dieser Rechtsfolgenregelung.
In § 42 Abs. 1 VgV wird sowohl auf die Eignungskriterien nach § 122 GWB als auch auf
die in den §§ 123 und 124 GWB geregelten Ausschlusstatbestände samt etwaigen Selbst-
reinigungsmaßnamen nach § 125 GWB Bezug genommen. Die in § 42 Abs. 1 VgV formulierte Rechtsfolge bezieht sich indes allein auf die Ausschlusstatbestände nach den
§§ 123 und 124 GWB unter Berücksichtigung etwaiger Selbstreinigungsmaßnahmen nach
§ 125 GWB. Die Regelung des Angebotsausschlusses wegen mangelnder Eignung in § 57
Abs. 1 VgV liefe andernfalls leer.[5] Dieses Normverständnis liegt auch der Verordnungsbegründung zugrunde.[6]

Allerdings kommt der Ausschlussregelung in § 42 Abs. 1 VgV wie bereits schon dem **11**
formulierten Prüfauftrag keine eigenständige Bedeutung zu. Die Verpflichtung, ein Unternehmen wegen des Bestehens von Ausschlussgründen auszuschließen ist bereits in den
§§ 123 und 124 GWB enthalten. So hat der Gesetzgeber in §§ 123 und 124 GWB unmissverständlich zum Ausdruck gebracht, dass Unternehmen, bei denen einer der Ausschlusstatbestände vorliegt ausgeschossen werden müssen bzw. können. Mithin hat auch die
in § 42 Abs. 1 VgV enthaltene Rechtsfolgenregelung lediglich deklaratorischen Charakter.

II. Prüfungsreihenfolge, § 42 Abs. 2 und 3 VgV

Die VOL/A enthielt bislang ausdrücklich keine Prüfungs- und Wertungsreihenfolge **12**
hinsichtlich derer Teilnahmeanträge und Angebote zu prüfen waren.[7] § 42 Abs. 2 und 3
VgV trifft hierzu erstmalig verbindliche Vorgaben.

1. § 42 Abs. 2 VgV

Gemäß § 42 Abs. 2 S. 1 VgV dürfen im nicht offenen Verfahren, im Verhandlungsver- **13**
fahren, im wettbewerblichen Dialog und in der Innovationspartnerschaft nur solche Be-

---

[4] So *Opitz* in Beck'scher Vergaberechtskommentar, GWB, § 122 Rn. 15; ähnlich auch *Summa* in Heier-
mann/Zeiss/Summa jurisPK-Vergaberecht, § 42 VgV Rn. 31; wohl a. A.: *Dittmann* in KKMPP, Kommentar
zur VgV, § 42 Rn. 1; *Wieddekind* in Willenbruch/Wieddekind, Kompaktkommentar Vergaberecht, § 42
VgV Rn. 3.
[5] *Dittmann* in KKMPP Kommentar zur VgV, § 42 Rn. 1.
[6] BR-Drs. 87/16, 197 („*Parallel zu der in § 57 enthaltenen Regelung des Ausschlusses von Angeboten, wenn Bewerber bzw. Bieter die Eignungskriterien nicht erfüllen oder wenn Angebote die Anforderungen an ihre Form oder Übermittlung nicht erfüllen, wird in § 42 Absatz 1 der Fall des Ausschlusses von Bewerbern oder Bietern nach §§ 123, 124
GWB angeführt*").
[7] Siehe Anhang IV zur VOL/A, Ziffer III zu § 16 VOL/A bzw. § 19 EG VOL/A.

werber zu Abgabe eines Angebots aufgefordert werden, die bereits ihre Eignung nachgewiesen haben und nicht ausgeschlossen worden sind.[8] Bei den genannten Verfahrensarten muss einer Angebotsaufforderung folglich zwingend eine Eignungsprüfung vorausgegangen sein. Mit dieser Platzierung der Eignungsprüfung wird vermieden, dass nicht geeignete Unternehmen zu einer (aufwendigen) Angebotserstellung aufgefordert werden, obwohl sie wegen fehlender Eignung allein bereits deshalb nicht für den Zuschlag in Betracht kommen.[9]

14   Aus der Pflicht, die Prüfung der Eignung vor der Aufforderung zur Angebotsabgabe durchzuführen, folgt jedoch nicht, dass ein Unternehmen, dessen Eignung im Rahmen dieser Prüfung bejaht worden ist, dauerhaft darauf vertrauen kann wegen fehlender Eignung nicht ausgeschlossen zu werden. Neue Erkenntnisse die Eignung eines Unternehmens betreffend hat der öffentliche Auftraggeber auch noch nachträglich zu berücksichtigen. Andernfalls würde das in § 122 Abs. 1 GWB verankerte Gebot, öffentliche Aufträge nur an geeignete Unternehmen zu vergeben, ausgehöhlt und die in § 57 Abs. 1 VgV festgelegte Rechtsfolge des zwingenden Ausschlusses ausgehebelt werden.[10] Das mit Angebotsaufforderung begründete Vertrauen in die Rechtmäßigkeit der Eignungsprüfung ist nur soweit und solange schutzwürdig, wie sich keine neuen Erkenntnisse auftun.[11] Dies gilt auch dann, wenn es sich objektiv um keine neuen Erkenntnisse handelt, sondern lediglich der öffentliche Auftraggeber bei seiner bisherigen Prüfung bereits bestehende Eignungsmängel übersehen hat.[12] In diesem Fall ist der öffentliche Auftraggeber jedoch möglicherweise schadensersatzpflichtig.[13]

15   Hinsichtlich der Entscheidung, eine erneute Eignungsprüfung durchzuführen, steht dem öffentlichen Auftraggeber kein Ermessensspielraum zu. Gibt es tatsächliche Anhaltspunkte dafür, an der zunächst bejahten Eignung eines Bieters zu zweifeln, so muss der öffentliche Auftraggeber diese Zweifel von Amts wegen aufklären und erneut in die Eignungsprüfung eintreten.[14] In Bezug auf das Vorliegen von Ausschlussgründen nach §§ 123 und 124 GWB ergibt sich die Pflicht eines nachträglichen Ausschlusses bereits ausdrücklich aus dem Gesetz („... *schließen ein Unternehmen* **zu jedem Zeitpunkt des Vergabeverfahrens** *von der Teilnahme aus ...*"). Eine Verpflichtung zur erneuten Prüfung besteht auch dann, wenn es sich bei den nachträglich bekannt gewordenen Tatsachen um solche **zugunsten** eines Bieters handelt und ein Bieter beispielsweise den Verdacht des Bestehens eines Ausschlussgrundes nach §§ 123, 124 GWB durch hinreichende Selbstreinigungsmaßnahmen im Sinne des § 125 GWB ausräumen kann.[15]

16   Im Rahmen eines Nachprüfungsverfahrens sind die zuständigen Nachprüfungsinstanzen an die Ergebnisse der Eignungsprüfung nicht gebunden. Wird im Zuge einer Nachprüfung festgestellt, dass ein öffentlicher Auftraggeber die Eignung eines Bieters zu Unrecht bejaht oder verneint hat, so ordnet die jeweilige Nachprüfungsinstanz an, dass der Zuschlag nicht ohne die Durchführung einer erneuten Eignungsprüfung erteilt werden darf – es sei denn der betreffende Bieter ist aufgrund der fehlerhaften Eignungsprüfung nicht in seinen Rechten verletzt, vgl. § 160 Abs. 2 GWB.[16] Zu berücksichtigen ist allerdings, dass es sich bei der Eignungsprüfung um eine Prognoseentscheidung des öffentlichen Auftraggebers handelt,

---

[8] Siehe hierzu bereits OLG Düsseldorf 10.9.2009 – Verg 12/09.

[9] *Dittmann* in KKMPP Kommentar zur VgV, § 42 Rn. 9.

[10] *Dittmann* in KKMPP Kommentar zur VgV, § 42 Rn. 11.

[11] Vgl. OLG Naumburg 23.12.2014 – 2 Verg 5/14; OLG Naumburg 22.9.2014 – 2 Verg 2/13.

[12] Vgl. BGH 15.4.2008 – X ZR 129/06; OLG München 25.11.2013 – Verg 13/13.

[13] Vgl. OLG Düsseldorf 4.9.2002 – Verg 37/02; allgemein zum Anspruch eines Unternehmens auf Schadensersatz für den Fall, dass der öffentliche Auftraggeber das Vergabeverfahren nicht mit der gebotenen Sorgfalt durchführt: BGH 8.9.1998 – X ZR 99/96 und XZR 109/96.

[14] OLG Naumburg 22.9.2014 – 2 Verg 2/13; OLG Thüringen 16.9.2013 – 9 Verg 3/13; OLG Düsseldorf 17.2.2016 – VII-Verg 37/14; OLG Düsseldorf 4.2.2013 –VII-Verg 52/12; OLG Düsseldorf 25.4.2012 – VII-Verg 61/11; OLG München 22.11.2012 – Verg 22/12; VK Bund 2.11.2005 – VK 3–133/05; *Frister*, VergabeR 2011, 295, 299 f.

[15] Vgl. OLG München 22.11.2012 – Verg 22/12.

[16] Vgl. OLG München 17.9.2015 – Verg 3/15.

die von den Nachprüfungsinstanzen nur eingeschränkt überprüft werden darf.[17] Ist das bisherige Ergebnis des öffentlichen Auftraggebers auch weiterhin von dessen Beurteilungsspielraum abgedeckt, so darf diese beurteilungsfehlerfreie Entscheidung nicht durch eine andere ebenfalls beurteilungsfehlerfreie Entscheidung ersetzt werden.[18] Eine Abänderung des bisherigen Ergebnisses die Eignung betreffend darf nur dann erfolgen, wenn die Eignung des betreffenden Bieters im Nachhinein zwingend zu verneinen ist.[19]

Gemäß § 42 Abs. 2 S. 2 VgV bleibt im nicht offenen Verfahren, im Verhandlungsverfahren, im wettbewerblichen Dialog und in der Innovationspartnerschaft § 51 VgV unberührt. Folglich darf der öffentliche Auftraggeber die Teilnehmerzahl gemäß § 51 VgV beschränken und ist nicht gezwungen sämtliche im Rahmen der Eignungsprüfung als geeignet bewertete Unternehmen zu einer Angebotsabgabe aufzufordern. Die Beschränkung des Teilnehmerkreises muss der öffentliche Auftraggeber anhand vorab festgelegter objektiver und nichtdiskriminierender Auswahlkriterien vornehmen.[20]   **17**

2. § 42 Abs. 3 VgV

Nach § 42 Abs. 3 VgV kann ein öffentlicher Auftraggeber im Fall eines offenen Verfahrens die Angebotsprüfung vor der Eignungsprüfung durchführen. Ein Vorziehen der Angebotsprüfung kann sich etwa unter Kosten- und Zeitgesichtspunkten anbieten. So reduziert sich der Prüfaufwand erheblich, wenn der öffentliche Auftraggeber nur noch bei denjenigen Bietern eine Eignungsprüfung durchführen muss, die aufgrund des Ergebnisses der Angebotsprüfung überhaupt in die engere Wahl kommen und damit eine realistische Zuschlagschance haben. Diese Vorgehensweise bietet sich an, wenn einerseits die Zahl der Angebote hoch ist und die Wirtschaftlichkeitsprüfung anderseits keinen großen Aufwand erfordert.[21] Die Möglichkeit die Prüfungsreihenfolge zu verändern und die Angebotsprüfung der Eignungsprüfung vorzuziehen, war auch bislang schon von der Rechtsprechung unter „Rationalisierungserwägungen" ausdrücklich anerkannt.[22]   **18**

Die in § 42 Abs. 3 VgV eröffnete Möglichkeit ist jedoch nicht frei von Kritik. So stellt sich die ernsthafte Frage, ob ein öffentlicher Auftraggeber nach Angebotswertung noch in der Lage ist, eine objektive Eignungsprüfung durchzuführen, wo er doch bereits das wirtschaftlich beste Angebot kennt.[23]   **19**

Dieser Gefahr hat der Richtliniengeber erkannt und in Art. 56 Abs. 2 RL 2014/24/EU den Auftraggeber dazu verpflichtet sicherzustellen, dass die Eignungsprüfung unparteiisch erfolgt.[24] Auf nationaler Ebene findet sich keine entsprechende Regelung in dieser ausdrücklichen Form. Gleichwohl ergibt sich die Verpflichtung zur Unparteilichkeit aus den vergaberechtlichen Grundsätzen.[25]   **20**

---

[17] *Dittmann* in KKMPP Kommentar zur VgV, § 57 Rn. 120.

[18] Vgl. OLG Frankfurt/M 8.4.2014 – 11 Verg 1/14; OLG Düsseldorf 9.6.2010 – VII-Verg 14/10; OLG Düsseldorf 2.12.2009 – VII-Verg 39/09; OLG Frankfurt/M 24.2.2009 – 11 Verg 19/08; VK Bund 24.1.2008 – VK 3–151/07.

[19] Vgl. OLG München 17.9.2015 – Verg 3/15; OLG Frankfurt/M 24.2.2009 – 11 Verg 19/08; VK Bund 1.7.2013 – VK 1–45/13.

[20] → § 51 VgV.

[21] *Summa* in Heiermann/Zeiss/Summa jurisPK-Vergaberecht, § 42 VgV Rn. 42; *Dittmann* in KKMPP Kommentar zur VgV, § 42 Rn. 9.

[22] Vgl. BGH 15.4.2008 – X ZR 129/06; BGH 7.1.2014 – X ZB 15/13.

[23] Siehe hierzu auch *Summa* in Heiermann/Zeiss/Summa jurisPK-Vergaberecht, § 42 VgV Rn. 44. („Damit wird eine psychologische begründete Gefahr deutlich"); *Wieddekind* in Willenbruch/Wieddekind Kompaktkommentar Vergaberecht, § 42 VgV Rn. 6.

[24] In Art. 56 Abs. 2 der Richtlinie 2014/24/EU heißt es: „*Bei offenen Verfahren können die öffentlichen Auftraggeber entscheiden, Angebote vor der Überprüfung des Nichtvorliegens von Ausschlussgründen und der Einhaltung der Eignungskriterien gemäß den Artikeln 57 bis 64 zu prüfen. Machen sie von dieser Möglichkeit Gebrauch, so stellen sie sicher, dass die Prüfung des Nichtvorliegens von Ausschlussgründen und der Einhaltung der Eignungskriterien unparteiisch und transparent erfolgt, damit kein Auftrag an einen Bieter vergeben wird, der gemäß Artikel 57 hätte ausgeschlossen werden müssen beziehungsweise der die Eignungskriterien des öffentlichen Auftraggebers nicht einhält.*"

[25] So auch *Wieddekind* in Willenbruch/Wieddekind Kompaktkommentar Vergaberecht, § 42 VgV Rn. 6.

21   Der öffentliche Auftraggeber sollte im Fall eines Vorziehens der Angebotsprüfung auf eine sorgfältige und vollständige Dokumentation der Eignungsprüfung achten, um auf dieser Weise etwaigen Bedenken von vornherein die Grundlage zu entziehen.[26] Außerdem ist dem öffentlichen Auftraggeber zu raten, die Eignungsprüfung durch Mitarbeiter durchführen zu lassen, die nicht bereits mit der Angebotsprüfung betraut waren und deren Ergebnis kennen.[27] Unabhängig davon, ob der öffentliche Auftraggeber die Eignungsprüfung vor der Angebotsprüfung oder im Anschluss an diese vornimmt, ist der öffentliche Auftraggeber auch im offenen Verfahren nicht an die einmal bejahte Eignung eines Bieters gebunden.[28]

---

[26] Hierauf hinweisend *Summa* in Heiermann/Zeiss/Summa jurisPK-Vergaberecht, § 42 VgV Rn. 45.

[27] *Summa* in Heiermann/Zeiss/Summa jurisPK-Vergaberecht, § 42 VgV Rn. 45; *Wieddekind* in Willenbruch/Wieddekind Kompaktkommentar Vergaberecht, § 42 VgV Rn. 6.

[28] Vgl. BGH 7.1.2014 – X ZB 15/13; VK Bund 24.6.2014 – VK 2–39/14.

§ 43 Rechtsform von Unternehmen und Bietergemeinschaften

(1) Bewerber oder Bieter, die gemäß den Rechtsvorschriften des Staates, in dem sie niedergelassen sind, zur Erbringung der betreffenden Leistung berechtigt sind, dürfen nicht allein deshalb zurückgewiesen werden, weil sie gemäß den deutschen Rechtsvorschriften eine natürliche oder juristische Person sein müssten. Juristische Personen können jedoch bei Dienstleistungsaufträgen sowie bei Lieferaufträgen, die zusätzlich Dienstleistungen umfassen, verpflichtet werden, in ihrem Antrag auf Teilnahme oder in ihrem Angebot die Namen und die berufliche Befähigung der Personen anzugeben, die für die Erbringung der Leistung als verantwortlich vorgesehen sind.

(2) Bewerber- und Bietergemeinschaften sind wie Einzelbewerber und -bieter zu behandeln. Der öffentliche Auftraggeber darf nicht verlangen, dass Gruppen von Unternehmen eine bestimmte Rechtsform haben müssen, um einen Antrag auf Teilnahme zu stellen oder ein Angebot abzugeben. Sofern erforderlich kann der öffentliche Auftraggeber in den Vergabeunterlagen Bedingungen festlegen, wie Gruppen von Unternehmen die Eignungskriterien zu erfüllen und den Auftrag auszuführen haben; solche Bedingungen müssen durch sachliche Gründe gerechtfertigt und angemessen sein.

(3) Unbeschadet des Absatzes 2 kann der öffentliche Auftraggeber verlangen, dass eine Bietergemeinschaft nach Zuschlagserteilung eine bestimmte Rechtsform annimmt, soweit dies für die ordnungsgemäße Durchführung des Auftrags erforderlich ist.

Übersicht

	Rn.		Rn.
A. Einführung	1	2. Unzulässige Bildung von Bietergemeinschaften	14
I. Literatur	1	3. Bestandswechsel bei Bietergemeinschaften	26
II. Entstehungsgeschichte	2	IV. Anforderungen an die Bietergemeinschaft, § 43 Abs. 2 S. 3. VgV	30
III. Rechtliche Vorgaben im EU-Recht ...	5	1. Eignungsprüfung der Bietergemeinschaft	30
B. Anforderungen	6	2. Angebot einer Bietergemeinschaft ..	31
I. Zurückweisungsverbot aufgrund der Rechtsformwahl, § 43 Abs. 1 S. 1 VgV	6	3. Rügepflicht einer Bietergemeinschaft	32
II. Angaben von Namen und berufliche Befähigung verantwortlicher Personen, § 43 Abs. 1 S. 2 VgV	7	4. Nachprüfungsantrag einer Bietergemeinschaft	34
III. Bewerber- oder Bietergemeinschaften, § 43 Abs. 2 VgV	9	V. Anforderungsspezifika an die Auftragsausführung, § 43 Abs. 2 S. 3 VgV	35
1. Ausgestaltung von Bewerber- und Bietergemeinschaften	10	VI. Rechtsform der Bietergemeinschaft, § 43 Abs. 3 VgV	36

A. Einführung

I. Literatur

Burgi, Das Kartellvergaberecht als Sanktions- und Rechtsschutzinstrument bei Verstößen gegen das kommu- [1] nale Wirtschaftsrecht?, NZBau 2003, 539–545; *Dreher,* Andere Rechtsgebiete als Vorfrage im Vergaberecht, NZBau 2013, 665–674; *Gabriel,* Bietergemeinschaftsbildung unter Prüfungsvorbehalt: Strengere kartellrechtliche Zulässigkeitsvoraussetzungen qua neuer Rechtsprechungstendenz, VergabeR 2012, 555–559; *Hausmann/Queisner,* Die Zulässigkeit von Bietergemeinschaften im Vergabeverfahren, NZBau 2015, 402–405; *Heiermann,* Der vergaberechtliche Grundsatz der Unveränderlichkeit der Bietergemeinschaft im Lichte der neueren Rechtsprechung des Bundesgerichtshofes zur Rechtsfähigkeit der Gesellschaft bürgerlichen Recht, ZfBR 2007, 759–766; *Jäger/Graef,* Bildung von Bietergemeinschaften durch konkurrierende Unternehmen, NZBau 2012, 213–216; *Leinemann,* Erhöht sich der Prüfaufwand bei Angeboten von Bietergemeinschaften für die Vergabestellen?, VergabeR 2015, 281–288; *Lux*, Gesellschaftsrechtliche Veränderungen bei Bietern im Vergabeverfahren, NZBau 2012, 680–684; *Mager/Lotz*, Grundsätzliche Unzulässigkeit von Bietergemeinschaften?, NZBau 2014, S. 328–333; *Mösinger/Juraschek*, Der Bieterwechsel im laufenden Vergabeverfahren – Zulässigkeit und Voraussetzungen im Kontext allgemeiner vergaberechtlicher Prinzipien, NZBau 2017, 76–79; *Overbuschmann*, Verstößt die Verabredung einer Bietergemeinschaft gegen das Kartellrecht?, VergabeR 2014, 634–641; *Schulte/Voll*, Das Bietergemeinschaftskartell im Vergaberecht – Drum prüfe, wer sich (ewig) bindet –, ZfBR 2013, 223–227.

II. Entstehungsgeschichte

2   Die Regelung des § 43 Abs. 1 S. 1 VgV enthält die Anforderungen an die Rechtsform von Unternehmen und Bietergemeinschaften, die zuvor in ihren wesentlichen Zügen in den §§ 6 Abs. 1 VOL/A und § 6 EG Abs. 1 und Abs. 2 VOL/A geregelt waren.[1] Dabei dient § 43 Abs. 1 S. 1 VgV der Konkretisierung des allgemeinen Diskriminierungsverbots des § 97 Abs. 2 GWB.

3   Nach § 43 Abs. 1 S. 1 VgV dürfen ausländische Bewerber oder Bieter nicht deshalb zurückgewiesen werden, weil sie gemäß den deutschen Rechtsvorschriften eine natürliche oder juristische Person sein müssten. Daraus ergibt sich, dass die Wahl der Rechtsform kein Kriterium dafür sein darf, einen Bewerber oder Bieter von einem Vergabeverfahren auszuschließen. Nach § 43 Abs. 2 S. 1 VgV gilt dies auch für Bewerber- und Bietergemeinschaften, die insoweit Einzelbewerbern gleichgestellt sind.

4   Der Regelungsgehalt des § 43 Abs. 1 S. 2 VgV ist vergleichbar mit den Vorschriften der §§ 7 EG Abs. 3 lit. g) VOL/A und § 5 Abs. 5 lit. a) VOF.

III. Rechtliche Vorgaben im EU-Recht

5   § 43 Abs. 1 S. 1 VgV dient der Umsetzung von Art. 19 Abs. 1 der Richtlinie 2014/24/EU. § 43 Abs. 1 S. 2 VgV setzt Art. 19 Abs. 1 Unterabsatz 2 der Richtlinie nahezu wortlautgetreu um.

B. Anforderungen

I. Zurückweisungsverbot aufgrund der Rechtsformwahl, § 43 Abs. 1 S. 1 VgV

6   Ausländische Bewerber oder Bieter dürfen in einem Vergabeverfahren nicht deshalb zurückgewiesen werden, weil sie gemäß den deutschen Rechtsvorschriften eine natürliche oder juristische Person sein müssten. Anknüpfungspunkt dieser Regelung ist die *Niederlassung* des Bewerbers oder Bieters. Damit unterscheidet sich der Regelungsinhalt von der bisherigen Fassung des § 6 EG Abs. 1 VOL/A, der insoweit an den Staat anknüpfte, in dem der Bewerber oder Bieter *ansässig* war. Daher bedarf es einer richtlinienkonformen Auslegung des Begriffes der Ansässigkeit nicht mehr. Der Wortlaut des § 43 Abs. 1 S. 1 VgV bezieht sich auf Bewerber oder Bieter aus einem anderen Staat, ohne eine bestimmbare Definition zu liefern. Art. 19 Satz 1 der Richtlinie 2014/24/EU stellt jedoch ausdrücklich auf den Mitgliedstaat ab, sodass die deutsche Umsetzung im Hinblick auf den Begriff des Staates einer richtlinienkonformen Auslegung bedarf. Der Schutzbereich des § 43 Abs. 1 S. 1 VgV umfasst somit nur Unternehmen, welche in einem EU-Mitgliedsstaat niedergelassen sind. Gleichwohl gebietet es bereits § 97 Abs. 2 GWB, dass auch Unternehmen aus

---

[1] BT-Drs. 87/16, S. 198.

Nicht-EU-Staaten vor einer Diskriminierung geschützt werden.[2] Nicht-EU-Staaten dürfen daher auch nicht aufgrund der Rechtsformwahl zurückgewiesen werden.

II. Angaben von Namen und berufliche Befähigung verantwortlicher Personen, § 43 Abs. 1 S. 2 VgV

Gemäß § 43 Abs. 1 S. 2 VgV können juristische Personen bei Dienstleistungsaufträgen **7** sowie bei Lieferaufträgen, die zusätzlich Dienstleistungen umfassen, verpflichtet werden, in ihrem Antrag auf Teilnahme oder in ihrem Angebot die Namen und die berufliche Befähigung der Personen anzugeben, die für die Erbringung der Leistung als verantwortlich vorgesehen sind. Diese Maßgaben waren bisher in den § 7 EG Abs. 3 lit. g) VOL/A und § 5 Abs. 5 lit. a) VOF niedergelegt.

Der Auftraggeber ist jedoch nicht befugt, jedwede Nachweise bezogen auf die berufliche **8** Befähigung einzufordern. Vielmehr findet das Informationsinteresse des Auftraggebers in dem unionsrechtlichen Diskriminierungsverbot und dem Grundsatz des freien Waren- und Dienstleistungsverkehrs seine Grenzen. Die Benennung der verantwortlichen Personen dient nicht zur Eignungskontrolle und kann auch nicht im Rahmen des Zuschlagskriteriums „Qualifikation" gewertet werden. Insoweit dient die Informationsangabe lediglich dem Interesse des Auftraggebers, einen Ansprechpartner auf Seiten des Bewerbers oder Bieters zu haben. Beispielsweise könnte der Auftraggeber den Namen und die berufliche Befähigung eines Projektleiters abfragen.[3]

III. Bewerber- oder Bietergemeinschaften, § 43 Abs. 2 VgV

Nach § 43 Abs. 2 S. 1 VgV sind Bewerber- und Bietergemeinschaften wie Einzelbewer- **9** ber zu behandeln. Sinn und Zweck dieser Regelung ist, dass auch kleine und mittlere Unternehmen die Möglichkeit haben sollen, sich im Rahmen eines Zusammenschlusses mit anderen Unternehmen, an größeren Vergabeverfahren zu beteiligen. Für den Auftraggeber hat die Ausweitung des Vergabeverfahrens auch auf Bewerber- und Bietergemeinschaften den positiven Effekt, dass die Öffnung des Wettbewerbs mit einer Angebotsoptimierung korrespondiert.[4] Ein Angebot darf daher nicht aus dem Grund vom Vergabeverfahren ausgeschlossen werden, weil es von einer Bietergemeinschaft abgegeben wurde.[5] Im Grundsatz sind Bietergemeinschaften zulässig und können nur vom Vergabeverfahren ausgeschlossen werden, wenn ein sachlicher Grund dies gebietet.[6]

1. Ausgestaltung von Bewerber- und Bietergemeinschaften

Die Beteiligung von Bietergemeinschaften an Vergabeverfahren ist gängige Praxis. Diese **10** Form der Kooperation von Unternehmen hat für den Auftraggeber die positive Folge, dass mehr Wettbewerb geschaffen wird. Danach besteht die Möglichkeit für Unternehmen, sich an einem Vergabeverfahren zu beteiligen, die als Einzelbewerber chancenlos gewesen wären. Im Gegensatz zu § 6 Abs. 2 S. 1 VOB/A spricht der Wortlaut des § 43 Abs. 2 S. 1 VgV von „Bewerber- und Bietergemeinschaften". Eine Bewerbergemeinschaft kann als Vorstufe der Bietergemeinschaft angesehen werden. Die Bewerbergemeinschaft zeichnet

---

[2] *Dörr* in Beck'scher Vergaberechtskommentar § 97 GWB Rn. 11; *Hausmann/von Hoff* in KKMPP Kommentar zur VgV, § 43 VgV Rn. 3.

[3] *Summa* in Heiermann/Zeiss/Summa jurisPK-Vergaberecht, § 43 VgV Rn. 3.

[4] *Hausmann/von Hoff* in KKMPP Kommentar zur VgV, § 43 VgV Rn. 7.

[5] VK Niedersachsen Beschl. v. 10.7.2012 – VgK-21/2012; OLG Düsseldorf Beschl. v. 19.5.2010 – VII-Verg 3/10; VK Brandenburg Beschl. v. 1.2.2002 – 2 VK 119/09; *Werner* in Goede/Stoye/Stolz, Handbuch des Fachanwalts Vergaberecht, 2017, Kapitel 9, Rn. 88.

[6] *Hausmann/von Hoff* in KKMPP Kommentar zur VgV, § 43 VgV Rn. 8.

sich dadurch aus, dass sie die Teilnahme mehrerer Unternehmen an einem vorgeschalteten Teilnahmewettbewerb ermöglicht. Sie reicht zunächst kein Angebot, sondern lediglich einen Teilnahmeantrag ein. Im Unterschied zu einer Bewerbergemeinschaft gibt die Bietergemeinschaft ein gemeinsames Angebot ab.[7]

11   § 43 Abs. 2 S. 2 VgV sieht nunmehr ausdrücklich vor, dass der öffentliche Auftraggeber von einer Gruppe von Unternehmen nicht verlangen darf, dass diese eine bestimmte Rechtsform eingehen, um einen Antrag auf Teilnahme zu stellen oder ein Angebot abzugeben. Dem Auftraggeber bleibt weiterhin nur die Möglichkeit unter den Voraussetzungen des Abs. 3 im Falle eines Zuschlags der Bietergemeinschaft vorzuschreiben, eine bestimmte Rechtsform anzunehmen.[8]

12   Bei einer Bewerber- bzw. Bietergemeinschaft handelt es sich regelmäßig um eine Gesellschaft bürgerlichen Rechts (GbR) im Sinne des § 705 BGB.[9] Somit liegt ein Zusammenschluss von mindestens zwei Unternehmen vor, die damit das Ziel verfolgen, ein gemeinsames Angebot abzugeben und im Falle eines Zuschlags – als Arbeitsgemeinschaft (ARGE) – die geschuldete Leistung arbeitsteilig zu erbringen.[10]

13   Eine Bietergemeinschaft kann sowohl auf vertikaler Ebene als auch auf horizontaler Ebene gebildet werden. Eine vertikale Bietergemeinschaft zeichnet sich dadurch aus, dass eine Kooperation von Unternehmen aus unterschiedlichen Gewerbezweigen vorliegt.[11] Bei einer Bietergemeinschaft auf horizontaler Ebene hingegen besteht der Zusammenschluss aus Unternehmen des gleichen Fachgebiets.[12] Sinn eines solchen Zusammenschlusses ist in beiden Konstellationen die Erweiterung eigener Kapazitäten, um somit die Teilnahme am Vergabeverfahren überhaupt oder aber an solchen über größere Aufträge, die das einzelne Unternehmen alleine nicht bedienen könnte, gewährleisten zu können.

2. Unzulässige Bildung von Bietergemeinschaften

14   Die Zulässigkeit von Bietergemeinschaften findet seine vergaberechtliche Grenze in den § 123 und § 124 GWB. Soweit weder ein zwingender noch ein fakultativer Ausschlussgrund vorliegt, muss dem Bieter die Möglichkeit gewährt werden, sich am Vergabeverfahren zu beteiligen. Aufgrund der Tatsache, dass § 43 Abs. 2 S. 1 VgV die Bietergemeinschaft mit dem Einzelbewerber gleichstellt, muss auch die Bietergemeinschaft im Falle des Nichtvorliegens von Ausschlussgründen am Vergabeverfahren beteiligt werden.

15   Die Bildung einer Bietergemeinschaft ist vor allem an § 124 Abs. 1 Nr. 4 GWB zu messen. Danach kann der öffentliche Auftraggeber unter Berücksichtigung des Grundsatzes der Verhältnismäßigkeit ein Unternehmen zu jedem Zeitpunkt des Vergabeverfahrens von der Teilnahme an einem Vergabeverfahren ausschließen, wenn der öffentliche Auftraggeber über hinreichende Anhaltspunkte verfügt, dass das Unternehmen mit anderen Unternehmen Vereinbarungen getroffen oder Verhaltensweisen aufeinander abgestimmt hat, die eine Verhinderung, Einschränkung oder Verfälschung des Wettbewerbs bezwecken oder bewirken.[13] Der Zusammenschluss im Rahmen einer Bietergemeinschaft kann eine wettbewerbsbeschränkende Vereinbarung im Sinne des § 124 Abs. 1 Nr. 4 GWB sein.

16   Die Kooperation im Rahmen einer Bietergemeinschaft in Bezug auf die Auftragsvergabe schließt im Allgemeinen die gegenseitige Verpflichtung ein, von eigenen Angeboten abzusehen und mit anderen Unternehmen nicht zusammenzuarbeiten, was grundsätzlich den Tatbestand einer Wettbewerbsbeschränkung im Sinne des § 1 GWB erfüllen

---

[7] VK Südbayern Beschl. v. 26.3.2010 – Z3–3-3194-1-05-01/10; OLG Naumburg Beschl. v. 30.4.2007 – 1 Verg 1/07; OLG Naumburg Beschl. v. 3.9.2009 – 1 Verg 4/09; *Werner* in Goede/Stoye/Stolz, Handbuch des Fachanwalts Vergaberecht, 2017, Kapitel 9, Rn. 88.
[8] Erwägungsgrund 15 der Richtlinie 2014/24/EU.
[9] *Schöne* in BeckOK BGB, § 705 Rn. 168.
[10] KG Berlin Urt. v. 7.5.2007 – 23 U 31/06.
[11] *Mager/Lotz* NZBau 2014, 328 (329).
[12] *Mager/Lotz* NZBau 2014, 328 (329).
[13] *Hausmann/Queisner* NZBau 2015, 402 (403).

kann.[14] Ein solcher kartellrechtlicher Verstoß ist grundsätzlich im Nachprüfungsverfahren zu überprüfen, sofern eine vergaberechtliche Anknüpfungsnorm besteht.[15] Dies gilt jedenfalls immer dann, wenn der Sachverhalt ohne übermäßig zeitaufwändige Untersuchung einwandfrei festgestellt werden kann.[16]

Bei der Bewertung, ob eine Bietergemeinschaft wegen § 124 Abs. 1 Nr. 4 GWB vom **17** Vergabeverfahren auszuschließen ist, bedarf es einer Differenzierung zwischen vertikaler und horizontaler Bietergemeinschaft. Nimmt eine vertikale Bietergemeinschaft an einem Vergabeverfahren teil, so ist dies grundsätzlich unbedenklich, da die Mitglieder der Bietergemeinschaft keiner Konkurrenz am Markt ausgesetzt sind.[17] Die Möglichkeit, als Einzelbewerber an dem gleichen Vergabeverfahren teilzunehmen, besteht nicht, sodass die Bildung einer vertikalen Bietergemeinschaft den Wettbewerb fördert.

Bei der Zulässigkeitsprüfung von horizontalen Bietergemeinschaften ist weiter zu diffe- **18** renzieren. Besteht eine horizontale Bietergemeinschaft aus Unternehmen, die als Einzelbewerber an dem Vergabeverfahren nicht teilnehmen können, weil das Auftragsvolumen des Vergabeverfahrens den Unternehmenskapazitäten entgegensteht, so kann der Zusammenschluss einer solchen Bietergemeinschaft keine wettbewerbsbeschränkende Wirkung auslösen.[18] Die Bildung einer horizontalen Bietergemeinschaft ist also immer dann unbedenklich, wenn kein Mitglied der horizontalen Bietergemeinschaft in der Lage ist, den Auftrag selbst ordnungsgemäß auszuführen.[19] Dann liegt wieder ein Fall vor, in denen der Auftraggeber ein Angebot erhält, das ohne die Bildung der Bietergemeinschaft nicht abgegeben worden wäre.

Aus dem Vergaberecht ergibt sich keine Verpflichtung zulasten eines Unternehmens das **19** einzusetzende Kapital zu erhöhen, um so als Einzelbewerber am Vergabeverfahren teilzunehmen und die Bildung einer Bietergemeinschaft zu vermeiden.[20] Ebenfalls kann von einem Unternehmen nicht verlangt werden, das vorhandene Kapital so einzusetzen, dass eine Einzelbewerbung möglich erscheint.[21] Zudem kann von einem Bieter nicht verlangt werden, durch die Einbeziehung von Subunternehmern mittelbar die Kapazitäten auszuweiten.[22]

Zweifel an der Zulässigkeit einer horizontalen Bietergemeinschaft kann immer dann be- **20** stehen, wenn ein Mitglied der horizontalen Bietergemeinschaft aufgrund seiner wirtschaftlich-finanziellen Leistungspotenziale in der Lage wäre, die Eignungsanforderungen für den zugrunde liegenden Auftrag als Einzelbewerber zu erfüllen. Von Wettbewerbsneutralität ist auszugehen, wenn ein finanzstarkes Unternehmen mit einem oder mehreren strukturell schwächer aufgestellten Unternehmen kooperiert.[23] Eine Angebotsabgabe wäre für die strukturell schwächer aufgestellten Unternehmen ohne das finanzstarke Unternehmen

[14] VK Südbayern. Beschl. v. 1.2.2016 – Z3–3-3194-1-58-11/15; *Hausmann/Queisner* NZBau 2015, 402; *Jäger/Graef* NZBau 2012, 213 (214); *Schulte/Voll* ZfBR 2013, 223 (224); *Leinemann* VergabeR 2015, 281 (282).

[15] BGH Beschl. v. 18.6.2012 – X ZB9/11; OLG Düsseldorf Beschl. v. 19.7.2015 – VII-Verg 6/15; OLG Düsseldorf Beschl. v. 1.7.2015 – VIIVerg 17/15; *Dreher* NZBau 2013, 665 (668); *Jäger/Graef* NZBau 2012, 213.

[16] OLG Düsseldorf Beschl. v. 27.6.2012 – VII-Verg 7/12.

[17] OLG Düsseldorf Beschl. v. 8.6.2016 – VII-Verg 3/16; VK Südbayern Beschl. v. 1.2.2016 – Z 3–3-3194-1-58-11/15; KG Berlin Beschl. v. 24.10.2013 – Verg 11/13; OLG Düsseldorf Beschl. v. 17.12.2014 – VII-Verg 22/14; OLG Brandenburg Beschl. v. 16.2.2012 – Verg W 1/12; *Schulte/Voll* ZfBR 2013, 223 (227); *Leinemann* VergabeR 2015, 281 (283).

[18] OLG Schleswig-Holstein Beschl. v. 15.4.2014 – 1 Verg 4/13; OLG Karlsruhe Beschl. v. 5.11.2014 – 15 Verg 6/14; KG, Beschl. v. 24.10.2013 – Verg 11/13; OLG Düsseldorf, Beschl. v. 11.11.2011 – Verg 92/11; VK Münster Beschl. v. 22.3.2013 – VK 3/13; *Gabriel* VergabeR 2012, 555 (556); *Jäger/Graef* NZBau 2012, 213 (214); *Leinemann* VergabeR 2015, 281 (283).

[19] *Gabriel* VergabeR 2012, 555 (556).

[20] OLG Koblenz Beschl. v. 29.12.2004 – 1 Verg 6/04; *Leinemann* VergabeR 2015, 281 (284).

[21] OLG Koblenz Beschl. v. 29.12.2004 – 1 Verg 6/04; *Summa* in Heiermann/Zeiss/Summa jurisPK-Vergaberecht, § 43 VgV Rn. 17.

[22] OLG Celle Beschl. v. 8.7.2016 – 13 Verg 2/16.

[23] *Summa* in Heiermann/Zeiss/Summa jurisPK-Vergaberecht, § 43 VgV Rn. 21.

nicht möglich. Eine Angebotsabgabe wäre in diesem Fall aussichtslos, sodass von keiner den Wettbewerb beschränkenden Bietergemeinschaft im Sinne des § 124 Abs. 1 Nr. 4 GWB auszugehen ist. Dieser wird vielmehr gefördert.

21   Besteht die Bietergemeinschaft aus zwei Unternehmen, die aufgrund ihrer Struktur auch als Einzelbewerber am Vergabeverfahren teilnehmen könnten, so ist dies ein Indiz dafür, dass eine Einschränkung des Wettbewerbs möglich erscheint.[24] Dies bedeutet jedoch nicht, dass eine solche Kooperation zwingend vom Vergabeverfahren auszuschließen ist.[25] Der öffentliche Auftraggeber muss stets eine Prüfung des Einzelfalls vornehmen. Abzustellen im Rahmen dieser Einzelfallprüfung ist stets darauf, ob die Beteiligung an einer Bietergemeinschaft für eines der Unternehmen keine im Rahmen des zweckmäßigen und kaufmännisch vernünftigen Handelns liegende Entscheidung ist.[26] Liegt die unternehmerische Entscheidung außerhalb des zweckmäßigen und kaufmännisch rationalen Handelns, ist die Bietergemeinschaft als wettbewerbswidrig zu beurteilen.[27]

22   Kommt der Auftraggeber zu dem Ergebnis, dass die unternehmerische Entscheidung für die Beteiligung an einer Bietergemeinschaft nachvollziehbar war, so ist die Bildung einer solchen Bietergemeinschaft zulässig.[28] Aus Unternehmenssicht kann es aus tatsächlichen oder wirtschaftlichen Gründen geboten sein, sich an einer Bietergemeinschaft zu beteiligen.[29] Beispielsweise kann eine rationale Unternehmensentscheidung darin liegen, dass – im Falle eines hohen Auftragwertes – das Risiko der Durchführung dieses Auftrages auf mehrere Unternehmen verteilt wird.[30] Der Annahme des Kammergerichts Berlin in seinem Beschluss vom 24.10.2013,[31] dass im Falle einer horizontalen Bietergemeinschaft und der Beteiligung eines Unternehmens, das auch in der Lage wäre, als Einzelbewerber aufzutreten, stets von einer Wettbewerbswidrigkeit auszugehen ist, kann nicht gefolgt werden.

23   Die Vergabekammer Südbayern geht in ihrem Beschluss von einer wettbewerbsunschädlichen Bietergemeinschaft zwischen gleichartigen Unternehmen aus, sofern die beteiligten Unternehmen bezogen auf die Teilnahme an der Ausschreibung mit einem eigenständigen Angebot aufgrund ihrer betrieblichen oder geschäftlichen Verhältnisse (z. B. mit Blick auf Kapazitäten, technische Einrichtungen und/oder fachliche Kenntnisse) alleine nicht leistungsfähig sind, und erst der Zusammenschluss zu einer Bietergemeinschaft sie in die Lage versetzt, sich daran zu beteiligen. In einem solchen Fall wird durch die Zusammenarbeit der Wettbewerb nicht beschränkt, sondern aufgrund des gemeinsamen Angebots gestärkt. In subjektiver Hinsicht ist außerdem darauf abzustellen, ob die Zusammenarbeit eine im Rahmen wirtschaftlich zweckmäßigen und kaufmännisch vernünftigen Handelns liegende Unternehmensentscheidung darstellt. Dabei ist den beteiligten Unternehmen eine Einschätzungsprärogative zuzuerkennen, deren Ausübung im Prozess nicht uneingeschränkt, sondern – wie im Fall eines Beurteilungsspielraums – lediglich auf die Einhaltung ihrer Grenzen, kurz zusammengefasst: auf Vertretbarkeit, zu kontrollieren ist.[32]

---

[24] *Summa* in Heiermann/Zeiss/Summa jurisPK-Vergaberecht, § 43 VgV Rn. 22.

[25] A. A.: KG Berlin Beschl. v. 24.10.2013 – Verg 11/13.

[26] OLG Düsseldorf Beschl. v. 17.12.2014 – VII-Verg 22/14; OLG Düsseldorf Beschl. v. 17.2.2014 – VII-Verg 2/14; OLG Naumburg Beschl. v. 2.7.2009 – 1 U 5/09; OLG Koblenz Beschl. v. 29.12.2004 – 1 Verg 6/04; BGH 5.2.2002 – KZR3/01; *Mager/Lotz* NZBau 2014, 328 ff.

[27] OLG Koblenz Beschl. v. 26.12.2004 – 1 Verg 6/04; *Jäger/Graef* NZBau 2012, 213 (214); *Leinemann* VergabeR 2015, 281 (284).

[28] OLG Karlsruhe Beschl. v. 5.11.2014 – 15 Verg 6/14; OLG Brandenburg Beschl. v. 16.2.2010 – Verg W 1/12; OLG Düsseldorf Beschl. v. 9.11.2011 – VII-Verg 35/11; OLG Naumburg Urt. v. 2.7.2009 – 1 U 5/09; *Hausmann/Queisner* NZBau 2015, 402; *Gabriel* VergabeR 2012, 555 (557); *Jäger/Graef* NZBau 2012, 213 (214); *Leinemann* VergabeR 2015, 281 (288).

[29] VK Bund Beschl. v. 16.1.2014 – VK 1 – 119/13; BGH Urt. v. 5.2.2002 – KZR 3/01; *Gabriel* VergabeR 2012, 555 (557); *Schulte/Voll* ZfBR 2013, 223 (225).

[30] OLG Frankfurt a. M. Beschl. v. 27.6.2003 – 11 Verg 2/03.

[31] KG Berlin Beschl. v. 24.10.2013 – Verg 11/13.

[32] BGH Urt. v. 13.12.1983 – KRB 3/83; *Jäger/Graef* NZBau 2012, 213 (215); *Schulte/Voll* ZfBR 2013, 223 (225); *Leinemann* VergabeR 2015, 281 (284); *Mösinger/Juraschek* NZBau 2017, 76 (78).

Auch das OLG Karlsruhe vertritt in seinen Beschlüssen[33] eine großzügigere Sicht, wo- **24**
nach die Kooperation im Rahmen einer Bietergemeinschaft eine grundsätzlich zulässige,
weil vom Gesetz vorgesehene Möglichkeit darstelle, sich an einem Vergabeverfahren zu
beteiligen und die Eingehung einer Bietergemeinschaft nur dann ausgeschlossen sei, wenn
besondere Umstände auf eine Absicht der beteiligten Unternehmen schließen ließen, sich
unberechtigte Wettbewerbsvorteile zu verschaffen.

Geht der Auftraggeber von einer wettbewerbsschädlichen Bietergemeinschaft nach § 124 **25**
Abs. 1 Nr. 4 GWB aus, so muss er der Bietergemeinschaft die Möglichkeit geben, die
Gründe der Kooperation darzulegen und den Verdacht der wettbewerbsbeschränkenden
Wirkung auszuräumen. Weder die Vergabestelle noch die Vergabekammern bzw. die Vergabesenate sind dazu ermächtigt, die Entscheidungen der Unternehmen durch eigene unternehmerische Beurteilungen zu ersetzen.[34] Zwar ist eine Bietergemeinschaft nicht dazu
verpflichtet, automatisch und ungefragt die Gründe der Kooperation dem Auftraggeber
mitzuteilen.[35] Gleichwohl kann es im Einzelfall für eine Bietergemeinschaft ratsam sein,
dem Angebot die vorab angestellten Erwägungen für die Bildung einer Bietergemeinschaft
beizulegen.[36] Hat die Vergabestelle hinreichende Anhaltspunkte, die auf die Unzulässigkeit
der Bietergemeinschaft hindeuten, so muss die Vergabestelle die Bietergemeinschaft auffordern, sich zu den ausschlaggebenden Gründen der Kooperation zu erklären.[37]

3. Bestandswechsel bei Bietergemeinschaften

Unabhängig von der Frage der grundsätzlichen Zulässigkeit einer Bietergemeinschaft, **26**
besteht in der Praxis oftmals das Problem, dass eine Bietergemeinschaft erst nachträglich
gebildet oder aber in ihrer Zusammensetzung abgeändert wird. Der EuGH geht in einem
älteren Urteil[38] davon aus, dass das europäische Vergaberechtsregime insoweit einer nationalen Regelung nicht entgegensteht, die die Änderung der Zusammensetzung einer Bietergemeinschaft nach Zuschlagserteilung untersagt.

Das deutsche Vergaberecht beurteilt diese Frage neben einer zeitlichen Komponente **27**
maßgeblich nach der Art des Vergabeverfahrens. Eine Änderung in der Zusammensetzung
einer Bietergemeinschaft soll im offenen Verfahren bis zur Angebotsabgabe bzw. bis zum
Ablauf der Angebotsfrist möglich sein. Eine darüber hinausgehende Bestandsänderung widerspricht dem Verbot der Änderung von Angeboten nach § 15 Abs. 5 VgV. Dieser umfasst
auch die Identität des Bieters und die Zusammensetzung von Bietergemeinschaften.[39] Das
Verhandlungsverfahren und das nicht offene Verfahren zeichnen sich dadurch aus, dass in
der Regel ein Teilnahmewettbewerb vorgeschaltet ist. Die VK Bund sieht als zeitliche
Grenze den Abschluss des Teilnahmewettbewerbs, sodass jede Bestandsänderung der Bietergemeinschaft nach Abschluss des Teilnahmewettbewerbs unzulässig sei, da dies mit einer
unzulässigen Angebotsänderung gleichzusetzen sei.[40]

Das OLG Düsseldorf hat diese strenge Wertung dahingehend relativiert, dass im Rah- **28**
men eines Verhandlungsverfahrens die Zusammensetzung der Bietergemeinschaft während
der Verhandlungsphase geändert werden dürfe, soweit diese Änderung dem Transparenzgebot Rechnung trage.[41] Das OLG Schleswig-Holstein stellt dagegen auf die rechtliche Identität ab. Ein Bestandswechsel innerhalb der Bietergemeinschaft sei dann unzulässig, wenn

---

[33] OLG Karlsruhe Beschl. v. 5.11.2014 – 15 Verg 6/14 und vom 8.1.2010 15 Verg/1/10; so auch *Overbuschmann* VergabeR 2014, 634 ff.
[34] OLG Brandenburg Beschl. v. 16.2.2012 – Verg W 1/12.
[35] OLG Düsseldorf Beschl. v. 17.12.2014 – VII-Verg 22/14.
[36] OLG Saarbrücken Beschl. v. 27.6.2016 – 1 Verg 2/16.
[37] § 124 GWB Rn. 59; VK Südbayern Beschl. v. 1.2.2016 – Z3–3–3194-1-58-11/15.
[38] EuGH Urt. v. 23.1.2003 – Rs. C-57/01.
[39] OLG Düsseldorf Beschl. v. 24.5.2005 – VII-Verg 28/05; OLG Düsseldorf Beschl. v. 26.1.2005 – VII-
Verg 45/04.
[40] VK Bund Beschl. v. 22.2.2008 – VK-1 – 4/08; VK Bund Beschl. v. 30.5.2006 – VK 2 – 29/06.
[41] OLG Düsseldorf Beschl. v. 3.8.2011 – Verg 16/11.

dieser auch Auswirkungen auf die rechtliche Identität habe. Ist dies zu bejahen, so sei das Angebot zwingend auszuschließen.[42]

29   Ist die Bestandsänderung der Bietergemeinschaft unzulässig, so ist das Angebot auszuschließen.[43] In einem Wechsel in dem Bestand der Bietergemeinschaft, kann eine Vertragsänderung zu sehen sein, mit der Folge, dass eine erneute Auftragsvergabe erforderlich wird. In der Praxis enthalten die Verträge zwar meist Klauseln über die Zulässigkeit von Mitgliederwechseln. Der EuGH hatte sich in seinem pressetext-Urteil ebenfalls mit dieser Frage zu beschäftigen. Die Veräußerung von Gesellschafteranteilen an einen Dritten könne eine Änderung des Vertragspartners und damit eine Vertragsänderung darstellen, sei aber nicht zwingend. Eine Vertragsänderung sei anzunehmen, sofern die Veräußerung über eine interne Neuorganisation hinausgehe.[44] Sinngemäß entspricht dies § 132 Abs. 2 Nr. 4 lit. b) GWB, der dies für den Wechsel in der Person des (Einzel-)Bieters erlaubt. Wegen der Gleichstellung von Bietern und Bietergemeinschaften muss dies daher auch bei Bietergemeinschaften unschädlich sein.

IV. Anforderungen an die Bietergemeinschaft, § 43 Abs. 2 S. 3. VgV

1. Eignungsprüfung der Bietergemeinschaft

30   Sinn und Zweck der Bietergemeinschaft ist es, die Leistungsfähigkeit aller Mitglieder zu bündeln, um somit Leistungsdefizite bei den einzelnen Mitgliedern auszugleichen. Daraus ergibt sich, dass der Auftraggeber nicht dazu berechtigt ist, die Leistungsfähigkeit der einzelnen Kooperationspartner abzufragen und entsprechende Nachweise einzufordern. Vielmehr ist der Auftraggeber dazu angehalten, die Eignung der Arbeitsgemeinschaft als Einheit zu prüfen.[45] Voraussetzung dafür ist, dass eine Zusammenrechnung der Fachkunde und Leistungsfähigkeit der beteiligten Mitglieder stattfindet.[46] Zu beachten ist jedoch, dass keines der Kooperationsmitglieder unzuverlässig sein darf.[47] Bei keinem der Mitglieder der Bietergemeinschaft darf ein Ausschlussgrund vorliegen.

2. Angebot einer Bietergemeinschaft

31   Von einer Verbindlichkeit eines Angebots der Bietergemeinschaft ist dann auszugehen, wenn das Angebot von jedem einzelnen Mitglied unterschrieben wurde.[48] Ansonsten ist das Angebot gem. § 57 Abs. 1 Nr. 1 i. V. m. § 53 Abs. 6 VgV zwingend vom Vergabeverfahren auszuschließen. Es besteht jedoch die Möglichkeit, ein Bestandsmitglied als Bevollmächtigten zu bestellen.[49] Aus § 53 Abs. 9 VgV ergibt sich für die Bietergemeinschaft zudem die Pflicht, im Teilnahmeantrag oder im Angebot eines ihrer Mitglieder als bevollmächtigten Vertreter für den Abschluss und die Durchführung des Vertrags zu benennen. Die Benennung kann bis zur Zuschlagserteilung nachgeholt werden.

3. Rügepflicht einer Bietergemeinschaft

32   Sofern eine Bietergemeinschaft einen Verstoß gegen vergaberechtliche Vorgaben annimmt, ist diese als Einheit oder durch jedes einzelne Mitglied dazu verpflichtet, diesen

---

[42] OLG Celle Beschl. v. 5.9.2007 – 13 Verg 9/07; OLG Schleswig-Holstein Beschl. v. 13.4.2006 – 1 (6) Verg 10/05; Lux NZBau 2012, 680 (682); Heiermann ZfBR 2007, 759.

[43] OLG Düsseldorf Beschl. v. 3.8.2011 – Verg 16/11; OLG Celle Beschl. v. 5.9.2007 – 13 Verg 9/07.

[44] EuGH Urt. v. 19.6.2008 – Rs. C-454/06.

[45] VK Sachsen Beschl. v. 19.10.2010 – 1/SVK/037/10; OLG Düsseldorf Beschl. v. 31.7.2007 – VII-Verg 25/07.

[46] VK Niedersachsen Beschl v. 10.7.2012 – VgK-21/2012.

[47] VK Sachsen Beschl. v. 24.5.2007 – 1/SVK/029-07; Lux in Müller/Wrede GWB Vergaberecht, § 97 Rn. 54.

[48] VK Hessen Beschl. v. 27.2.2003 – 69d VK-70/2002.

[49] VK Hessen Beschl. v. 13.3.2012 – 69d VK-06/2012; OLG Frankfurt Beschl. v. 15.7.2008.

Verstoß der Vergabestelle anzuzeigen.[50] Die Rüge eines einzelnen Mitglieds kann jedoch der Bietergemeinschaft als Ganzes zugerechnet werden, sofern das rügende Mitglied von der Bietergemeinschaft dazu ermächtigt wurde.[51]

Die Vergabekammer Sachsen hat in der Vergangenheit einen sehr formalen Standpunkt **33** vertreten und entschieden, dass eine Bietergemeinschaft, die sich kurz vor Angebotsabgabe bildet, auch dann noch einen Vergabeverstoß rügen müsse, wenn bereits zuvor einzelne Mitglieder diesen Verstoß gerügt haben, als die Bietergemeinschaft noch nicht bestand.[52] Dies ist bloße Förmelei.

4. Nachprüfungsantrag einer Bietergemeinschaft

Die Antragsbefugnis für ein Nachprüfungsantrag richtet sich nach § 160 Abs. 2 S. 1 **34** GWB. Danach ist jedes Unternehmen antragsbefugt, das ein Interesse an dem öffentlichen Auftrag hat und eine Verletzung in seinen Rechten nach § 97 Abs. 6 GWB durch Nichtbeachtung von Vergabevorschriften geltend macht. Aus dem Wortlaut ergibt sich somit, dass ein einzelnes Mitglied der Bietergemeinschaft nicht antragsbefugt im Sinne des § 160 Abs. 2 GWB sein kann, da nur die Bietergemeinschaft als solche ein Interesse an dem Auftrag haben kann. Dieser restriktiven Auslegung ist das OLG Düsseldorf dahingehend entgegengetreten, dass auch im Rahmen eines vergaberechtlichen Nachprüfungsverfahrens das Rechtsinstitut der gewillkürten Prozessstandschaft möglich sei, mit der Folge, dass auch ein einzelnes Mitglied einer Bietergemeinschaft befugt ist, Verletzungen fremder Bieterrechte im eigenen Namen geltend zu machen. Voraussetzung sei, dass das rügende Mitglied dazu ermächtigt wurde und ein eigenes schutzwürdiges Interesse an dem Nachprüfungsverfahren habe.[53]

V. Anforderungsspezifika an die Auftragsausführung, § 43 Abs. 2 S. 3 VgV

Nach § 43 Abs. 2 S. 3 VgV kann der Auftraggeber „in den Vergabeunterlagen Bedin- **35** gungen festlegen, wie Gruppen von Unternehmen […] den Auftrag auszuführen haben". Insoweit geht der nationale Gesetzgeber davon aus, dass Bietergemeinschaften Ausführungsbedingungen auferlegt werden können, die für den Einzelbewerber nicht zur Geltung kommen. Aus Erwägungsgrund 15 der Richtlinie 2014/24/EU werden als Bedingungen beispielsweise die Ernennung eines gemeinsamen Vertreters oder eines federführenden Partners für die Zwecke des Vergabeverfahrens oder die Vorlage von Informationen über die Zusammensetzung der Gruppe. Inwieweit solche Informationen mit der Auftragsausführung zusammenhängen bleibt unbeantwortet.[54]

VI. Rechtsform der Bietergemeinschaft, § 43 Abs. 3 VgV

Eine Pflicht zur Annahme einer bestimmten Rechtsform während des Vergabeverfah- **36** rens besteht nicht.[55] § 43 Abs. 3 VgV sieht jedoch vor, dass der öffentliche Auftraggeber verlangen kann, dass eine Bietergemeinschaft nach Zuschlagserteilung eine bestimmte Rechtsform annimmt, soweit dies für die ordnungsgemäße Durchführung des Auftrags

---

50 VK Baden-Württemberg Beschl. v. 11.8.2009 – 1 VK 36/09.
51 VK Nordbayern Beschl. v. 12.10.2006 – 21 VK – 3194 – 25/06.
52 VK Sachsen Beschl. v. 24.5.2007 – 1/SVK/029 – 07; a. A. VK Hessen Beschl. v. 13.3.2012 – 69d VK-06/2012.
53 OLG Düsseldorf Beschl. v. 18.11.2009 – VII-Verg 19/09.
54 *Summa* in Heiermann/Zeiss/Summa jurisPK-Vergaberecht, § 43 VgV Rn. 51.
55 *Hausmann/von Hoff* in KKMPP Kommentar zur VgV, § 43 VgV Rn. 35.

erforderlich ist. Dieser Regelungsgehalt dient dem Ausgleich der Interessen von Bietergemeinschaften und öffentlichen Auftraggebern. Der Bietergemeinschaft soll nicht dadurch ein höherer Aufwand entstehen, dass sie bereits vor Zuschlagserteilung eine bestimmte Rechtsform annimmt, obwohl die Zuschlagschancen nicht abzuschätzen sind. Gleichwohl soll der Auftraggeber die Sicherheit haben, welche Rechtsform sein Vertragspartner im Falle der Zuschlagserteilung aufweist.

37   Die Möglichkeiten der Informationserlangung durch den öffentlichen Auftraggeber vor Zuschlagserteilung richten sich nach § 53 Abs. 9 VgV. Danach kann der Auftraggeber von einer Bietergemeinschaft eine Auskunft darüber verlangen, wer an der Bietergemeinschaft beteiligt ist und wer diese nach außen vertritt.

38   Die Forderung einer bestimmten Rechtsform im Falle des Zuschlags kann zudem nur dann verlangt werden, wenn dies für die ordnungsgemäße Durchführung des Auftrags erforderlich ist.[56] Dabei ist auf den konkreten Auftragsgegenstand abzustellen. Oft wird es als ausreichend erachtet, dass die Bietergemeinschaft in Form einer Arbeitsgemeinschaft (ARGE) und damit als Gesellschaft bürgerlichen Rechts die Leistung erfüllt. Handelt es sich um ein komplexes Vergabeverfahren, kann es auch geboten sein, dass die Bietergemeinschaft in Form einer juristisch selbständigen Projektgesellschaft mit ausreichendem Kapital agiert. Solche Vorgaben dienen der ordnungsgemäßen Vertragserfüllung und reduzieren etwaige Insolvenzrisiken. Dabei bedarf es jedoch im Einzelfall stets eines sachlichen Grundes.[57]

---

[56] KG Berlin Beschl. v. 14.7.2002 – KartVerg 8/02; *Werner,* in Goede/Stoye/Stolz, Handbuch des Fachanwalts Vergaberecht, 2017, Kapitel 9, Rn. 91.
[57] *Hausmann/von Hoff* in KKMPP Kommentar zur VgV, § 43 VgV Rn. 37.

§ 44 Befähigung und Erlaubnis zur Berufsausübung

(1) Der öffentliche Auftraggeber kann verlangen, dass Bewerber oder Bieter je nach den Rechtsvorschriften des Staats, in dem sie niedergelassen sind, entweder die Eintragung in einem Berufs- oder Handelsregister dieses Staats nachweisen oder auf andere Weise die erlaubte Berufsausübung nachweisen. Für die Mitgliedstaaten der Europäischen Union sind die jeweiligen Berufs- oder Handelsregister und die Bescheinigungen oder Erklärungen über die Berufsausübung in Anhang XI der Richtlinie 2014/24/EU des Europäischen Parlaments und des Rates vom 26. Februar 2014 über die öffentliche Auftragsvergabe und zur Aufhebung der Richtlinie 2004/18/EG (ABl. L 94 vom 28.3.2014, S. 65) aufgeführt.

(2) Bei der Vergabe öffentlicher Dienstleistungsaufträge kann der öffentliche Auftraggeber dann, wenn Bewerber oder Bieter eine bestimmte Berechtigung besitzen oder Mitglied einer bestimmten Organisation sein müssen, um die betreffende Dienstleistung in ihrem Herkunftsstaat erbringen zu können, von den Bewerbern oder Bietern verlangen, ihre Berechtigung oder Mitgliedschaft nachzuweisen.

Übersicht

	Rn.		Rn.
A. Einführung	1	I. Berufs- oder Handelsregisternachweis, § 44 Abs. 1	12
I. Literatur	1	II. Nachweis über bestimmte Berechtigungen oder Mitgliedschaften, § 44 Abs. 2 VgV	21
II. Entstehungsgeschichte	2		
III. Rechtliche Vorgaben im EU-Recht	8		
B. Kommentierung	11		

A. Einführung

I. Literatur

Friton, Die Festlegung und Erfüllung von Eignungsparametern nach den EU-Vergaberichtlinien und die Umsetzung im GWB-Vergaberecht, 2016; *Kulartz/Kus/Marx/Portz/Prieß,* Kommentar zur VgV, 1. Auflage 2016; *Müller-Wrede,* VOL/A, 4. Auflage, 2013; *Pünder/Schellenberg,* Vergaberecht, 2. Auflage 2015; *Willenbruch/Wieddekind,* Kompaktkommentar Vergaberecht 4. Auflage 2017. **1**

II. Entstehungsgeschichte

Der rechtliche Aspekt der Befähigung zur Berufsausübung fand bereits Eingang in die RL 2004/18/EG. Nach dessen Art. 46 Abs. 1 war es dem öffentlichen Auftraggeber erlaubt, die Wirtschaftsteilnehmer dazu aufzufordern, nachzuweisen, dass sie in den Berufs- oder Handelsregistern ihres Herkunftslandes vorschriftsmäßig eingetragen sind. Alternativ war auch die Abgabe einer Erklärung unter Eid oder die Vorlage eine Bescheinigung vorgesehen. Die einschlägigen Register, Bescheinigungen und Erklärungen waren in Anhang IX der Richtlinie staatenbezogen aufgeführt. **2**

Art. 46 Abs. 2 RL 2004/18/EG sah eine spezielle Regelung ausschließlich für Dienstleistungsaufträge vor. Für den Fall, dass *„Bewerber oder Bieter"*[1] im Besitz einer bestimmten Berechtigung oder Mitglied einer bestimmten Organisation sein mussten, um die ausgeschriebene Dienstleistung in ihrem *„Ursprungsmitgliedstaat"* ausführen zu dürfen, konnte der öffentliche Auftraggeber Nachweise hierzu verlangen. **3**

---

[1] Während der Richtliniengeber in Art. 46 Abs. 1 RL 2004/18/EG die Formulierung *„Wirtschaftsteilnehmer"* gewählt hat, spricht er in Art. 46 Abs. 2 RL 2004/18/EG von *„Bewerbern oder Bietern"*. Es dürfte sich dabei um ein bloßes redaktionelles Versehen handeln.

4   In systematischer Hinsicht ist hervorzuheben, dass die Befähigung zur Berufsausübung in der RL 2004/18/EG nicht als Eignungskriterium, sondern als Ausschlussgrund ausgestaltet war. Dies ergibt sich aus der in Art. 44 Abs. 1 RL 2004/18/EG verwandten Terminologie.[2] Auf nationaler Ebene wurde Art. 46 Abs. 1 zunächst einmal mittels § 7 EG Abs. 8 VOL/A umgesetzt. Zu einer Umsetzung des Art. 46 Abs. 2 RL 2004/18/EG in nationales Recht ist es dagegen nicht gekommen. Da Art. 46 RL 2004/18/EG von den Mitgliedsstaaten nicht zwingend umgesetzte werden musste,[3] ist die fehlende Umsetzung in Bezug auf Art. 46 Abs. 2 RL 2004/18/EG nicht zu beanstanden.

5   Mangels einer Umsetzung des Art. 46 Abs. 2 RL 2004/18/EG fehlte es folglich auf nationaler Ebene an einer unmittelbaren Rechtsgrundlage für ein Fordern entsprechender Berechtigungen bzw. Mitgliedschaften. Fraglich ist, ob daher ein Fordern von solchen Berechtigungen bzw. Mitgliedschaften konsequenterweise unzulässig war.[4] In der Rechtsprechung wurde dies jedoch anders gesehen und die Zulässigkeit unter Bezugnahme auf verschiedene Eignungskriterien[5] oder teilweise auch ohne nähere Begründung[6] bejaht. Diese nicht als zufriedenstellend zu bewertende Situation wäre durchaus vermeidbar gewesen. Eine Umsetzung des Art. 46 Abs. 2 RL 2004/18/EG in nationales Recht hätte zu mehr Rechtssicherheit geführt.

6   In die VOB/A-EG fand Art. 46 Abs. 1 RL 2004/18/EG mit Blick auf § 6 EG Abs. 3 Nr. 2 lit. d) VOB/A Eingang. Vor dem Hintergrund, dass es sich bei Art. 46 Abs. 2 RL 2004/18/EG um eine spezifisch nur auf Dienstleistungsaufträge anwendbare Vorschrift handelt, ist es auch nicht verwunderlich, sondern vielmehr konsequent, dass eine Umsetzung auf Ebene der VOB/A-EG nicht stattgefunden hat.

7   Ob eine Umsetzung von Art. 46 RL 2004/18/EG in die VOF tatsächlich stattgefunden hat, ist fraglich. So weisen lediglich einzelne Vorschriften bruchstückhafte Ähnlichkeiten mit den Vorgaben des Art. 46 RL 2004/18/EG auf.[7] Von einer umfassenden Umsetzung kann an dieser Stelle zumindest nicht gesprochen werden. Vor diesem Hintergrund kann die Umsetzung des Art. 46 RL 2004/18/EG in nationales Recht nicht als durchweg gelungen bewertet werden.

III. Rechtliche Vorgaben im EU-Recht

8   Die in der RL 2004/18/EG enthaltenen Vorgaben die Befähigung zur Berufsausübung finden sich in der aktuellen RL 2014/24/EU in überarbeiteter Form wieder. Anders als noch in der RL 2004/18 EG wird die Befähigung zur Berufsausübung nunmehr ausdrücklich als Eignungskriterium und nicht mehr als Ausschlusskriterium deklariert.[8]

9   Der teilweisen defizitäre Umsetzung des Art. 46 RL 2004/18/EG und die damit einhergehenden Rechtsunsicherheiten wurde im Zuge der jüngst vollzogenen Vergaberechtsreform Rechnung getragen. So hat der nationale Gesetzgeber die Vorgaben des Art. 58 Abs. 2 RL 2014/24/EU die Nachweisführung die Befähigung zur Berufsausübung betreffend umfassend in § 44 VgV umgesetzt.

---

[2] Art. 44 Abs. 1 RL 2004/18/EG spricht von Wirtschaftsteilnehmern, die *„nicht aufgrund von Artikel 45 und 46 ausgeschlossen wurden"*.

[3] Dies folgt aus der Formulierung *„kann aufgefordert werden"* in Art. 46 RL 2004/18/EG.

[4] So *Friton*: Die Festlegung und Erfüllung von Eignungsparametern nach den EU-Vergaberichtlinien und die Umsetzung im GWB-Vergaberecht, 272.

[5] OLG Karlsruhe 4.5.2012 – 15 Verg 3/12, OLG Düsseldorf 4.12.2002 – Verg 45/01; OLG Düsseldorf 10.8.2011 – VII-Verg 34/1; OLG Naumburg 18.8.2011 – 2 Verg 3/11; OLG Düsseldorf 9.7.2003 – Verg 26/03; OLG Stuttgart 12.5.2000 – 2 Verg 1/00.

[6] OLG Düsseldorf 24.5.2006 – VII-Verg 14/06.

[7] Ansätze eine Umsetzung: § 4 Abs. 2 VOF („berufsrechtliche Vorschriften"), § 5 Abs. 5 lit. a) VOF („Nachweis der Berufszulassung"), § 5 Abs. 9 VOF („Bei der Prüfung der Eignung erkennen die Auftraggeber als Nachweis auch Bescheinigungen der zuständigen Berufskammer an") und 19 VOF.

[8] So der eindeutige Wortlaut des Art. 58 Abs. 1 lit. a) RL 2014/24/EU.

Auch die Umsetzung in der VOB/A-EU[9] ist aufgrund deren engen Orientierung an den 10 Richtlinienvorgaben zu begrüßen. Der Verweis auf den Anhang XI der RL 2014/24/EU, wie sie in § 44 VgV erfolgt ist, findet sich in § 6a EU Nr. 1 VOB/A dagegen nicht.

B. Kommentierung

In § 122 Abs. 2 S. 2 Nr. 1 GWB wird als Eignungskriterium die Befähigung und Er- 11 laubnis zur Berufsausübung genannt. Die Norm definiert jedoch nicht, was unter diesem Eignungskriterium konkret zu verstehen ist. Dies ergibt sich vielmehr aus § 44 VgV über die dort festgelegten Eignungsnachweise die Befähigung und Erlaubnis zur Berufsausübung betreffend.

I. Berufs- oder Handelsregisternachweis, § 44 Abs. 1

Nach § 44 Abs. 1 VgV kann der öffentliche Auftraggeber die Bewerber bzw. Bieter dazu 12 auffordern, die Eintragung in einem Berufs- oder Handelsregister nach Maßgabe der Rechtsvorschriften ihres Herkunftsstaates nachzuweisen oder auf sonstige Weise die Erlaubnis zur Berufsausübung zu belegen. Ob der öffentliche Auftraggeber von dieser Möglichkeit Gebrauch macht, steht in seinem Ermessen.[10] Bei den in § 44 Abs. 1 VgV genannten Nachweisen handelt es sich um formelle Eignungsnachweise. Die Befähigung und Erlaubnis zur Berufsausübung gilt als gegeben, sobald ein Bewerber bzw. Bieter die vom öffentlichen Auftraggeber verlangten Nachweise im Sinne des § 44 VgV beibringt.[11] Der öffentliche Auftraggeber ist zu einer materiellen Prüfung der Nachweise nicht befugt.[12] Die Ahndung berufsrechtlicher Verstöße obliegt vielmehr den Behörden der Mitgliedstaaten.[13]

Sinn und Zweck der Einholung von Nachweisen im Sinne des § 44 Abs. 1 VgV ist die 13 Erlangung einer verlässlichen Auskunft über die Existenz[14] und sonstige wichtige Rechts- und Vertretungsverhältnisse in Bezug auf die einzelnen Bewerber bzw. Bieter.[15] Ein entsprechendes im Rahmen des Ermessens zu berücksichtigendes Informationsbedürfnis besteht insbesondere dann, wenn es bei einem Bewerber bzw. Bieter in der Vergangenheit bereits zu mehrfachen Umstrukturierungen, Neugründungen und Insolvenzen gekommen ist.[16] Über die Fachkunde und Leistungsfähigkeit eines Bewerbers bzw. Bieters geben die Berufs- und Handelsregister dagegen keine Auskunft.[17] Die hierfür geeigneten und zulässigen Nachweise sind in den §§ 45 und 46 VgV geregelt.[18]

Ein öffentlicher Auftraggeber, der die Eintragung in ein nationales Berufsregister fordert, 14 verstößt gegen den auf nationaler Ebene in § 97 Abs. 2 GWB verankerten Gleichbehandlungsgrundsatz.[19] Unternehmen können daher gemäß § 44 Abs. 1 VgV ihre Erlaubnis zur Berufsausübung nach Maßgabe der Regelungen des Staates, in dem sie niedergelassen sind, nachweisen.

---

[9] § 6a EU Nr. 1 VOB/A.
[10] Vgl. Wortlaut der Vorschrift („kann").
[11] BR-Drs. 87/17, 183.
[12] BR-Drs. 87/17, 183; so auch bereits bisher *Müller-Wrede/Gnittke/Hattig* in Müller-Wrede VOL/A, 3. Auflage 2010, § 7 EG, Rn. 68.
[13] Vgl. VÜA Bundes 17.11.1998 – 1 VÜ 15–98.
[14] Vgl. § 11 Abs. 1 GmbHG: „*Vor der Eintragung in das Handelsregister des Sitzes der Gesellschaft besteht die Gesellschaft mit beschränkter Haftung als solche nicht.*"
[15] Vgl. OLG Düsseldorf, 26.1.2006 – VII Verg 92/05; OLG Düsseldorf 9.6.2004 – VII-Verg 11/04; VK Bund, 4.4.2007 – VK 1 23/07; VK Sachsen-Anhalt, 4.10.2013 – 3 VK LSA 39/13; *Werner* in Willenbruch/Wieddekind, Kompaktkommentar Vergaberecht, § 44 VgV Rn. 2.
[16] Vgl. OLG Düsseldorf 16.1.2006 – VII Verg 92/05.
[17] Vgl. *Müller-Wrede/Gnittke/Hattig* in Müller-Wrede, VOL/A, 4. Auflage, 2013, § 7 EG, Rn. 120.
[18] Hierauf wird in der Verordnungsbegründung explizit verwiesen: BR-Drs. 87/17, 183.
[19] Vgl. EuGH 14.3.2000 – C-225/98, Slg. 2000, I-7445 Rn. 87 *(Kommission/Frankreich)*.

15   Mit dem Begriff *„Staat"* ist bei richtlinienkonformer Auslegung ein Mitgliedsstaat der EU gemeint. Art. 58 Abs. 2 RL 2014/24/EU nennt ausdrücklich den *„Niederlassungsmitgliedsstaat"*. Auch die in der englischen, französischen und spanischen Fassung verwendeten Begriffe (*„Member State of establishment"*, *„État membre d'établissement"*, *„Estado miembro de establecimiento"*) bestätigen diese Form der Auslegung. Zu beachten ist in diesem Zusammenhang, dass der Niederlassungsstaat bei juristischen Personen anhand des Unternehmenssitzes bestimmt wird und bei natürlichen Personen deren Wohnsitz bzw. der Ort ihrer gewerblichen Niederlassung ausschlaggebend ist.

16   Die einschlägigen Register und sonstigen zulässigen Beweismittel im Sinne des § 44 Abs. 1 VgV werden in Anhang XI der Richtlinie 2014/24/EU in Bezug auf die verschiedenen EU-Mitgliedsstaaten aufgeführt. Ein Bewerber oder Bieter, der in Deutschland ansässig ist kann danach seine Befähigung zur Berufsausübung mittels des Nachweises seiner Eintragung in das Handelsregister, die Handwerksrolle,[20] das Vereinsregister, das Partnerschaftsregister oder das Mitgliedsverzeichnis der jeweiligen Berufskammer auf Bundeslandebene belegen. Zu den Berufskammern gehören unter anderem die Industrie- und Handelskammern, die Architektenkammern, die Ingenieurkammern, die Ärztekammern und die Rechtsanwaltskammern.[21]

17   Die Regelung in § 44 Abs. 1 VgV[22] sowie die Aufzählung in Anhang XI der Richtlinie 24/2014/EU sind abschließender Natur. Der öffentliche Auftraggeber ist nicht berechtigt, im Hinblick auf die Befähigung und Erlaubnis zur Berufsausübung weitergehende Nachweise, wie beispielsweise die Vorlage des Gesellschaftsvertrages in Form einer beglaubigten Übersetzung[23] zu fordern.

18   Sofern seitens des öffentlichen Auftraggebers keine besondere Form gefordert wird, genügt neben der Vorlage einer Abschrift der Handelsregistereintragung (vgl. § 9 Abs. 2 HGB) oder einer Bestätigung der Eintragung durch das registerführende Amtsgericht (vgl. § 9 Abs. 3 HGB) auch ein gleichwertiger schriftlicher Nachweis. Gleichwertig ist ein schriftlicher Nachweis, wenn es sich um einen Fremdbeleg handelt, dessen Urheber das registerführende Amtsgericht ist.[24] Diese Voraussetzung gilt beispielsweise im Fall eines Ausdrucks des vom registerführenden Amtsgericht erstellten und als pdf-Datei gespeicherten Handelsregisterblattes als erfüllt.[25] Zwingend erforderlich ist, dass sich aus dem Ausdruck[26] bzw. der Kopie[27] eindeutig ergibt, dass der Bewerber bzw. Bieter unter seiner Firma im Handelsregister eingetragen ist. Die Lesbarkeit des vorgelegten Schriftstücks ist zwingende Voraussetzung für deren Beweiseignung. Ein Bewerber bzw. Bieter, der einen unleserlichen Ausdruck bzw. eine unleserliche Kopie zu Nachweiszwecken vorlegt, ist so zu behandeln, als habe er keinen Nachweis vorgelegt. Ein unleserliches Schriftstück ist rechtlich mithin als nicht existent zu bewerten.[28] Der öffentliche Auftraggeber kann in einem solchen Fall die als fehlend geltenden Nachweise gemäß § 56 Abs. 2 VgV nachfordern. Zu eigenen Ermittlungen ist der öffentliche Auftraggeber nicht verpflichtet.[29]

19   Die Forderung einer Beglaubigung des als Nachweis dienenden Dokuments ist vor dem Hintergrund des geringen Aufwandes, der damit verbunden ist, und mit Blick auf die mit

---

[20] Zur Eintragung in die Handwerksrolle: OLG Düsseldorf 5.7.2006 – VII-Verg 25/06; BayObLG 24.1.2003, Verg 30/02; OLG Celle 27.12.2001 – 23 U 126/01, OLG Düsseldorf 9.4.2014 – VII-Verg 12/14.

[21] Vgl. *Werner* in Willenbruch/Wieddekind Kompaktkommentar Vergaberecht, § 44 VgV, Rn. 2.; *Tomerius* in Pünder/Schellenberg Vergaberecht, 2. Auflage 2015, VOL/A, § 7 EG, Rn. 29.

[22] *Hausmann/von Hoff* in KKMPP Kommentar zur VgV, § 44, Rn. 5.

[23] *Hausmann/von Hoff* in KKMPP Kommentar zur VgV, § 44, Rn. 5.

[24] OLG Düsseldorf 26.1.2006 – Verg 92/05; VK Bund, 13.6.2007 – VK 2 51/07.

[25] OLG Düsseldorf 26.1.2006 – Verg 92/05; VK Bund 13.6.2007 – VK 2 51/07.

[26] Vgl. OLG Düsseldorf 9.6.2004 – Verg 11/04.

[27] Vgl. OLG Düsseldorf 26.1.2006 – Verg 92/05, m. Anm. *Noch*, IBR 2006, 292.

[28] Vgl. OLG Düsseldorf 26.1.2006 – Verg 92/05 (*„Die Lesbarkeit einer zum Nachweis der Eintragung im Handelsregister eingereichten Fotokopie eines Handelsregisterauszuges ist – soll die Fotokopie den ihr beigelegten Zweck erfüllen – zwingend vorauszusetzen"*), m. Anm. *Noch*, IBR 2006, 292.

[29] Vgl. OLG Düsseldorf 21.12.2005 – VII-Verg 69/0; OLG Frankfurt/M. 27.6.2002 – 11 Verg 4/03.

einer Beglaubigung verbundenen Erhöhung der Glaubwürdigkeit als zulässig und insbesondere nicht als unverhältnismäßig zu bewerten.[30]

Fordert der öffentliche Auftraggeber einen Handelsregisterauszug, so ist darauf zu achten, ob dabei nach einem Auszug gefragt wird, der nicht älter als ein bestimmtes Datum sein darf, oder ob lediglich ein *aktueller* Auszug verlangt wird. Bei letztgenannter Variante ist das Ausstellungsdatum des Auszuges irrelevant. Entscheidend ist allein, dass der Auszug die gegenwärtigen Gegebenheiten widerspiegelt.[31] **20**

II. Nachweis über bestimmte Berechtigungen oder Mitgliedschaften, § 44 Abs. 2 VgV

Bei der Vergabe von Dienstleistungsaufträgen kann der öffentliche Auftraggeber gemäß **21** § 44 Abs. 2 VgV dann, wenn Bewerber bzw. Bieter eine bestimmte Berechtigung oder Mitgliedschaft in einer bestimmten Organisation aufweisen müssen, um die betreffende Dienstleistung in ihrem Herkunftsstaat erbringen zu können, von den Bewerbern bzw. Bietern verlangen, die entsprechende Berechtigung oder Mitgliedschaft nachzuweisen. Der Anwendungsbereich der Vorschrift ist ihrem Wortlaut nach und unter Berücksichtigung der Vorgaben in Art. 58 Abs. 2 UAbs. 2 RL 2014/24/EU auf Vergaben öffentlicher Dienstleistungsaufträge beschränkt.

Maßgeblich ist, dass die Zulässigkeit der Erbringung der Dienstleistung von der jeweili- **22** gen Berechtigung bzw. Mitgliedschaft abhängt. Mitgliedschaften oder Zertifikate, deren Erwerb auf Freiwilligkeit beruht, werden nicht von § 44 Abs. 2 VgV erfasst. Ob eine Firma beispielsweise Mitglied der Gebäudereinigerinnung ist, ist nicht zwingend notwendig, um Reinigungsleistungen ausführen zu können.[32] Ähnlich verhält es sich auch mit der Frage, ob im Fall von Sicherheitsdienstleistungen die Mitgliedschaft im BDSW in zulässigerweise als Eignungsnachweis gefordert werden darf. Auch dies ist zu verneinen.[33] Im Einzelfall können freiwillig erworbene Mitgliedschaften oder Zertifikate im Rahmen der technischen und beruflichen Leistungsfähigkeit verlangt werden, nicht jedoch in Bezug auf die Befähigung und Erlaubnis zur Berufsausübung. Für Umwelt- und Qualitätsmanagementzertifikate ist § 49 VgV einschlägig.

Von § 44 Abs. 2 VgV erfasst wird beispielsweise die Bauvorlageberechtigung, die zwin- **23** gend erforderlich ist, um Genehmigungsplanungen von Bauwerken als federführender Bauplaner unterzeichnen zu dürfen.[34] Für bestimmte Dienstleistungen, die dem Rechtsdienstleistungsgesetz unterfallen, ist die Zulassung als Rechtsanwalt erforderlich.[35] Der Nachweis der Zulassung als Rechtsanwalt kann in diesen Fällen nach § 44 Abs. 2 VgV gefordert werden.

Der Begriff „*Herkunftsstaat*" in § 44 Abs. 2 VgV wird nicht näher konkretisiert. Art. 58 **24** Abs. 2 UAbs. 2 RL 2014/24/EU spricht von „*Herkunftsmitgliedsstaat*", so dass die Vermutung nahe liegt, dass ausschließlich die EU-Mitgliedstaaten vom Begriff „Herkunftsstaat" erfasst werden sollen. Die in der englische, französische und spanische Fassung der Richtlinie verwendeten Begriffe (*„their country of origin", „pays d'origine", „país de origen"*) stehen einer Begrenzung auf EU-Mitgliedstaaten jedoch entgegen.

---

[30] Vgl. VK Bund 4.4.2007 – VK 1 23/07: „*Die Ag durfte zur Erhöhung der Glaubwürdigkeit des von der ASt vorzulegenden Dokuments auch die Beglaubigung des Handelsregisterauszuges verlangen. Eine solche Forderung ist nicht ungewöhnlich und ohne großen Aufwand zu erfüllen.*"
[31] *Hausmann/von Hoff* in KKMPP Kommentar zur VgV, § 44, Rn. 4.
[32] Vgl. VK Baden-Württemberg 31.10.2003 – 1 VK 63/03.
[33] Vgl. OLG Düsseldorf 20.7.2015 – VII-Verg 37/15.
[34] Siehe beispielsweise § 70 BauO NRW.
[35] Vgl. VK Südbayern 22.1.2015 – Z3–3–31 94-1-48-09/15.

§ 45 Wirtschaftliche und finanzielle Leistungsfähigkeit

(1) Der öffentliche Auftraggeber kann im Hinblick auf die wirtschaftliche und finanzielle Leistungsfähigkeit der Bewerber oder Bieter Anforderungen stellen, die sicherstellen, dass die Bewerber oder Bieter über die erforderlichen wirtschaftlichen und finanziellen Kapazitäten für die Ausführung des Auftrags verfügen. Zu diesem Zweck kann er insbesondere Folgendes verlangen:
1. einen bestimmten Mindestjahresumsatz, einschließlich eines bestimmten Mindestjahresumsatzes in dem Tätigkeitsbereich des Auftrags,
2. Informationen über die Bilanzen der Bewerber oder Bieter; dabei kann das in den Bilanzen angegebene Verhältnis zwischen Vermögen und Verbindlichkeiten dann berücksichtigt werden, wenn der öffentliche Auftraggeber transparente, objektive und nichtdiskriminierende Methoden und Kriterien für die Berücksichtigung anwendet und die Methoden und Kriterien in den Vergabeunterlagen angibt, oder
3. eine Berufs- oder Betriebshaftpflichtversicherung in bestimmter geeigneter Höhe.

(2) Sofern ein Mindestjahresumsatz verlangt wird, darf dieser das Zweifache des geschätzten Auftragswerts nur überschreiten, wenn aufgrund der Art des Auftragsgegenstands spezielle Risiken bestehen. Der öffentliche Auftraggeber hat eine solche Anforderung in den Vergabeunterlagen oder im Vergabevermerk hinreichend zu begründen.

(3) Ist ein öffentlicher Auftrag in Lose unterteilt, finden die Absätze 1 und 2 auf jedes einzelne Los Anwendung. Der öffentliche Auftraggeber kann jedoch für den Fall, dass der erfolgreiche Bieter den Zuschlag für mehrere gleichzeitig auszuführende Lose erhält, einen Mindestjahresumsatz verlangen, der sich auf diese Gruppe von Losen bezieht.

(4) Als Beleg der erforderlichen wirtschaftlichen und finanziellen Leistungsfähigkeit des Bewerbers oder Bieters kann der öffentliche Auftraggeber in der Regel die Vorlage einer oder mehrerer der folgenden Unterlagen verlangen:
1. entsprechende Bankerklärungen,
2. Nachweis einer entsprechenden Berufs- oder Betriebshaftpflichtversicherung,
3. Jahresabschlüsse oder Auszüge von Jahresabschlüssen, falls deren Veröffentlichung in dem Land, in dem der Bewerber oder Bieter niedergelassen ist, gesetzlich vorgeschrieben ist,
4. eine Erklärung über den Gesamtumsatz und gegebenenfalls den Umsatz in dem Tätigkeitsbereich des Auftrags; eine solche Erklärung kann höchstens für die letzten drei Geschäftsjahre verlangt werden und nur, sofern entsprechende Angaben verfügbar sind.

(5) Kann ein Bewerber oder Bieter aus einem berechtigten Grund die geforderten Unterlagen nicht beibringen, so kann er seine wirtschaftliche und finanzielle Leistungsfähigkeit durch Vorlage anderer, vom öffentlichen Auftraggeber als geeignet angesehener Unterlagen belegen.

Übersicht

	Rn.		Rn.
A. Einführung	1	III. Berufs- oder Betriebshaftpflichtversicherung in bestimmter geeigneter Höhe (§ 45 Abs. 1 Nr. 3 VgV)	18
I. Literatur	1		
II. Entstehungsgeschichte	2		
III. Rechtliche Vorgaben im EU-Recht	4	IV. Anforderungen bei losweiser Vergabe (§ 45 Abs. 3 VgV)	20
B. Anforderungen an die wirtschaftliche und finanzielle Leistungsfähigkeit (§ 45 Abs. 1 bis 3 VgV)	6	C. Eignungsnachweise für wirtschaftliche und finanzielle Leistungsfähigkeit (§ 45 Abs. 4 VgV)	22
I. Mindestjahresumsatz (§ 45 Abs. 1 Nr. 1, Abs. 2 VgV)	12	I. Bankerklärungen (§ 45 Abs. 4 Nr. 1 VgV)	23
II. Informationen über Bilanzen (§ 45 Abs. 1 Nr. 2 VgV)	15	II. Berufs- oder Betriebshaftpflichtversicherung (§ 45 Abs. 4 Nr. 2 VgV)	26

	Rn.			Rn.
III. Jahresabschlüsse oder Auszüge von Jahresabschlüssen (§ 45 Abs. 4 Nr. 3 VgV)	28		D. Alternativ geeignete Nachweise (§ 45 Abs. 5 VgV)	35
IV. Umsatz (§ 45 Abs. 4 Nr. 4 VgV)	32			

A. Einführung

I. Literatur

Burgi/Dreher, Beck'scher Vergaberechtskommentar, Band 1: GWB 4. Teil, 3. Auflage 2017; *Friton*, Die Fest- **1** legung und Erfüllung von Eignungsparametern nach den EU-Vergaberichtlinien und die Umsetzung im GWB-Vergaberecht GWB-Vergaberecht, 2016; *Heiermann/Zeiss/Summa*, jurisPK-Vergaberecht, 5. Auflage 2016; Goede/Stoye/Stolz, Handbuch des Fachanwalts Vergaberecht, 2017; *Kulartz/Kus/Marx/Portz/ Prieß*, Kommentar zur VgV, 1. Auflage 2016; *Meißner*, Wann ist der Bieter geeignet?, VergabeR 2016, 270–275; *Müller-Wrede*, Kommentar zur VOF, 5. Auflage 2014; *Otting*, Eignungs- und Zuschlagskriterien im neuen Vergaberecht, VergabeR 2016, 316–326; *Schmidt*, Münchener Kommentar zum HGB, 4. Auflage 2016.

II. Entstehungsgeschichte

§ 45 VgV regelt wie die wirtschaftliche und finanzielle Leistungsfähigkeit von Unter- **2** nehmen, die an einem EU-weiten Vergabeverfahren teilnehmen wollen, von öffentlichen Auftraggebern beurteilt wird.

Vorgängerregelungen zur wirtschaftlichen und finanziellen Leistungsfähigkeit waren die **3** § 7 EG Abs. 2 VOL/A und § 5 Abs. 4 VOF. Diese legten bereits fest, welche Erklärungen und Nachweise von den Bewerbern zum Nachweis der wirtschaftlichen und finanziellen Leistungsfähigkeit in der Regel verlangt werden können. Die Regelungen dienten der Umsetzung des Art. 47 der Vergabekoordinierungsrichtlinie 2004/18/EG und stimmten weitgehend mit dieser überein. Aus der Aufzählung der Nachweise in der RL 2004/18/EG folgte keine Begrenzung möglicher Eignungskriterien, da die Nachweise in der Vorschrift nicht abschließend aufgezählt wurden, was aus dem Wortlaut von Art. 47 Abs. 1, 4 und 5 RL 2004/18/EG folgte.

III. Rechtliche Vorgaben im EU-Recht

Die Regelung bestimmt den Rechtsrahmen anhand dessen der öffentliche Auftraggeber **4** die Kriterien zur Prüfung der materiellen Leistungsfähigkeit der Bewerber und Bieter fest-legen kann. Der Aufbau der Vorschrift ist unübersichtlich. Das dürfte dem Umstand ge-schuldet sein, dass in den Abs. 1 bis 3 zunächst die Vorgaben aus Art. 58 Abs. 3 RL 2014/24/EU umgesetzt wurden, Die Richtlinienvorschrift regelt, welche materiellen An-forderungen an die wirtschaftliche und finanzielle Leistungsfähigkeit öffentlicher Auftrag-geber als Eignungskriterien festlegen können.

Hingegen werden in § 47 Abs. 4 und 5 VgV die Vorgaben aus Art. 60 Abs. 3 i.V.m. **5** Anhang XII RL 2014/24/EU umgesetzt. Der Aufbau folgt dabei den bisherigen deutschen Regelungen in § 7 EG Abs. 2 VOL/A und § 5 Abs. 4 VOF. Danach kann die finanziel-le und wirtschaftliche Leistungsfähigkeit in der Regel durch einen oder mehrere im An-hang XII, Teil I der RL 2014/24/EU aufgelisteten Nachweise belegt werden, wobei sich der Bundesgesetzgeber am Wortlaut der Richtlinie orientiert und die Vorgaben über-nimmt.

B. Anforderungen an die wirtschaftliche und finanzielle Leistungsfähigkeit (§ 45 Abs. 1 bis 3 VgV)

6   Die materiellen Anforderungen an die wirtschaftliche und finanzielle Leistungsfähigkeit werden in den Absätzen 1 bis 3 normiert. Dort werden die zulässigen Eignungskriterien festgelegt, die der öffentliche Auftraggeber bestimmen kann. Wie die europarechtliche Vorgabe des Art. 58 Abs. 3 RL 2014/24/EU hebt auch die nationale Regelung durch die Übernahme des Wortes „insbesondere" hervor, dass die aufgezählten Anforderungen in § 45 Abs. 1 S. 2 VgV nicht abschließend sind. Es handelt sich um eine beispielhafte Auflistung möglicher Anforderungen, die der öffentliche Auftraggeber einzeln oder auch kumulativ verlangen kann.[1]

7   Aus der Verwendung des Wortes „kann" in § 45 Abs. 1 S. 1 VgV folgt, dass keine Verpflichtung zur Festlegung von Kriterien zur Ermittlung der wirtschaftlichen und finanziellen Leistungsfähigkeit besteht. Diesbezüglich hebt die Begründung zur VgV explizit hervor: *„Ebenso wie bei den anderen beiden Eignungskategorien ist es auch im Hinblick auf die wirtschaftliche und finanzielle Leistungsfähigkeit dem öffentlichen Auftraggeber freigestellt, ob er überhaupt bestimmte Eignungskriterien festlegt und wenn ja, welches Anforderungsniveau er dabei für erforderlich hält"*.[2] Freilich macht es generell Sinn die wirtschaftliche und finanzielle Leistungsfähigkeit zu prüfen.[3] Dies bewahrt den öffentlichen Auftraggeber vor Auftragnehmern, die dem Volumen eines Auftrages nicht gewachsen sind, insbesondere dann, wenn die Zahlungsbedingungen inkonsequent zur Leistungserbringung sind, der Auftragnehmer also auch einmal in Vorleistung treten muss.

8   Hervorzuheben ist, dass der öffentliche Auftraggeber je nach Art und Umfang der zu beschaffenden Leistung, die für ihn passenden Eignungskriterien festlegen kann.[4] Es liegt in seinem Beurteilungsspielraum die Kriterien zu wählen, auf die er Wert legt.[5] Das kann durchaus variieren, auch wenn die gleiche Leistung regelmäßig wieder beschafft werden muss. Die Bieter haben keinen Anspruch Eignungskriterien selbst festzulegen. Der öffentliche Auftraggeber muss berücksichtigen, dass zu hohe Anforderungen an eine Teilnahme potentieller Bewerber oder Bieter am Vergabeverfahren eher verhindern. Die Angemessenheit muss also gewahrt bleiben.

9   Die Beurteilung der wirtschaftlichen und finanziellen Leistungsfähigkeit durch den öffentlichen Auftraggeber ist Bestandteil der Eignungsprognose. Der öffentliche Auftraggeber kann einerseits die Eignungskriterien als solche benennen und im Rahmen einer Gesamtwürdigung die Eignung prüfen. Alternativ besteht für ihn die Möglichkeit Mindestanforderungen in Bezug auf die Eignung vorzugeben. Entscheidet sich der öffentliche Auftraggeber für die Aufstellung von Mindestanforderungen, sind diese ebenfalls bekannt zu machen.[6] Erfolgt dies nicht, ist das Verfahren intransparent. Der Begriff der Mindestanforderung wird in der VgV im Gegensatz zu Art. 58 Abs. 5 RL 2014/24/EU nicht verwendet. Allerdings folgt insbesondere aus § 45 Abs. 1 Nr. 1 VgV, dass auch nach der VgV die Vorgabe von Mindestvoraussetzungen möglich ist, da der Wortlaut auf den Mindestjahresumsatz abstellt. Eine richtlinienkonforme Auslegung ergibt dies ohnehin.

10   Nach der VK Lüneburg liegt eine Mindestanforderung vor, wenn die Vorgabe eine einheitlich definierbare Einheitsgröße enthält, die vom jeweiligen Bieter zwingend zu überschreiten oder zu unterschreiten ist, wenn sein Angebot in die Wertung einbezogen wer-

---

[1] BT Drs. 18/731, S. 183.
[2] BT Drs. 18/731, S. 183.
[3] *Friton* Die Festlegung und Erfüllung von Eignungsparametern nach den EU-Vergaberichtlinien und die Umsetzung im GWB-Vergaberecht, S. 139.
[4] *Schrems* in Goede/Stoye/Stolz Handbuch des Fachanwalts, Vergaberecht, 10. Kapitel, Rn. 217; *Meißner* Wann ist der Bieter geeignet?, VergabeR 2017, 270, 271.
[5] *Opitz* in Burgi/Dreher Beck'scher Vergaberechtskommentar, Band 1, § 122 GWB, Rn. 19.
[6] *Summa* in Heiermann/Zeiss/Summa jurisPK-Vergaberecht, § 45 VgV, Rn. 9.

den soll.[7] Daraus lässt sich ableiten, dass eine konkrete Anforderung aufgestellt werden muss, die von allen Wirtschaftsteilnehmern erfüllt werden muss. Bei vom Auftraggeber aufgestellten Mindestanforderungen wird die Entscheidung über die Eignung des Wirtschaftsteilnehmers in die Phase der Festlegung der Eignungsparameter vorverlagert. Insoweit besteht eine Ermessensreduzierung auf Null, wenn es um die eigentliche Prüfung der Angebote geht (Selbstbindung).

Von Bedeutung ist daher die Abgrenzung zu den allgemeinen Eignungskriterien. Als In- **11** dikator für die Abgrenzung kann der Grad der Konkretisierung und Typisierung der Anforderungen herangezogen werden. Je weiter die Entscheidung über die Erfüllung durch die Festlegung der Eignungsparameter bestimmt wird, so eher handelt es sich um eine Mindestanforderung. Sind die Spielräume des Auftraggebers hingegen bei der Prüfung der Kriterien größer, wird es sich um ein Eignungskriterium und keine Mindestanforderung handeln. Es kann nur angeraten werden, deutlich zu machen, was der öffentliche Auftraggeber meint. Das erfolgt am besten durch klare Begrifflichkeiten der Definitionen (A-Kriterien vs. B-Kriterien).

I. Mindestjahresumsatz (§ 45 Abs. 1 Nr. 1, Abs. 2 VgV)

Nach § 45 Abs. 1 Nr. 1 VgV kann der öffentliche Auftraggeber einen bestimmten Min- **12** destjahresumsatz verlangen; dieser kann sich auch auf den Tätigkeitsbereich beziehen, dem der zu vergebende Auftrag unterfällt. Eine Begrenzung des Mindestjahresumsatzes folgt aus § 45 Abs. 2 VgV. Der verlangte Mindestjahresumsatz darf das Zweifache des geschätzten Auftragswertes nur überschreiten, wenn aufgrund der Art des Auftragsgegenstands spezielle Risiken bestehen.

Das OLG Düsseldorf vertrat dies bereits in seinem Beschluss vom 19.12.2012.[8] Ein über **13** mehrere Jahre hinweg getätigter Geschäftsumsatz indiziere unter anderem einen nachhaltigen Unternehmensbestand und die Zuverlässigkeit, den ausgeschriebenen Auftrag ordnungsgemäß zu erfüllen. Eine kontinuierlich hohe Geschäftsumsätze aufweisende Markttätigkeit eines Unternehmens könne eine bessere Gewähr für eine einwandfreie Ausführung des Auftrags bieten. Dass die Antragstellerin dadurch von der Auftragsvergabe ferngehalten werde, erlaube keinen Schluss auf eine Diskriminierung. Der Auftraggeber müsse Ausschreibungen nicht so zuschneiden, dass sich jedes auf dem betreffenden Markt tätige Unternehmen daran beteiligen kann. Dies bedeutet, dass auch ein mehrjähriger nachgewiesener Jahresumsatz gefordert werden darf. Der Auftraggeber muss einen erhöhten Mindestjahresumsatz zum Schutz kleiner und mittlerer Unternehmen in den Vergabeunterlagen oder dem Vergabevermerk allerdings gesondert begründen, was explizit in § 45 Abs. 2 S. 2 VgV hervorgehoben wird.[9] Aus der Regelung geht daher der Grundsatz der Mittelstandsfreundlichkeit hervor.[10]

Dies erfolgt bei umfangreichen und komplexen Aufträgen, wenn diese innerhalb einer **14** kurzen Ausführungsfrist erbracht werden müssen und keinerlei Leistungsausfälle oder -störungen hinnehmbar sind.[11] Eine kontinuierlich hohe Geschäftsumsätze aufweisende Markttätigkeit eines Unternehmens kann daher eine bessere Gewähr für eine einwandfreie Ausführung des Auftrags bieten.[12]

---

[7] VK Lüneburg Beschl. v. 2.4.2013 – VgK-04/2013.
[8] OLG Düsseldorf Beschl. v. 19.12.2012 – VII-Verg 30/12.
[9] *Summa* in Heiermann/Zeiss/Summa jurisPK-Vergaberecht, § 45 VgV Rn. 16.
[10] *Otting* Eignungs- und Zuschlagskriterien im neuen Vergaberecht, VergabeR 2016, 316, 317.
[11] OLG Düsseldorf Beschl. v. 19.12.2012 – VII-Verg 30/12.
[12] OLG Düsseldorf Beschl. v. 19.12.2012 – VII-Verg 30/12.

II. Informationen über Bilanzen (§ 45 Abs. 1 Nr. 2 VgV)

15   Des Weiteren kann der öffentliche Auftraggeber nach § 45 Abs. 1 Nr. 2 VgV Informationen über die Bilanzen im Sinne des § 265 HGB der Bewerber oder Bieter fordern, so dass eine bilanzorientierte Prüfung der Finanzlage des Bewerbers oder Bieters möglich ist. Aufgrund des verbindlichen Charakters der Bilanz gibt diese Auskunft, welches Kapital und Vermögen eines Unternehmens vorhanden ist.

16   Der öffentliche Auftraggeber kann nicht nur die Vorlage einer Bilanz als Eignungskriterium fordern. Vielmehr kann er verlangen, dass die Bilanzen von den Bewerbern oder den Bietern ausgewertet werden oder dem Auftraggeber spezielle von ihm gewünschte Informationen aus der Bilanz zur Verfügung gestellt werden.[13] Die in § 265 Abs. 2 S. 1 HGB aufgestellten Vorgaben müssen in der Bilanz ersichtlich sein, ohne dass dies vom Auftraggeber explizit in der Bekanntmachung gefordert werden muss.[14] Wie § 45 Abs. 1 Nr. 2 VgV zu entnehmen ist, kann das Verhältnis zwischen dem Vermögen und den Verbindlichkeiten in den Bilanzen dann berücksichtigt werden, wenn der öffentliche Auftraggeber vorab transparente und objektiv nichtdiskriminierende Kriterien für die Berücksichtigung anwendet und diese Kriterien bereits in den Vergabeunterlagen angibt.[15] Aufgrund der Rechtsprechung des EuGH ist anerkannt, dass die Forderung nach der Vorlage von Bilanzen diese Voraussetzung erfüllt und objektiv geeignet ist über die wirtschaftliche und finanzielle Leistungsfähigkeit eines Bewerbers Auskunft zu geben.[16]

17   In der Praxis ist zu beachten, dass der Auftraggeber nur Bilanzen anfordern sollte, wenn er daraus einen wirklichen Erkenntnisgewinn für die Auftragsvergabe ziehen kann und diese fachmännisch auswertet. Darüber hinaus ist zu berücksichtigen, dass nicht alle Beteiligte eines Vergabeverfahrens tatsächlich verpflichtet sind, eine Bilanz überhaupt aufzustellen. Gerade bei Ausschreibungen von freiberuflichen Leistungen gilt es daher abzuwägen.

III. Berufs- oder Betriebshaftpflichtversicherung in bestimmter geeigneter Höhe (§ 45 Abs. 1 Nr. 3 VgV)

18   Eine Berufshaftpflichtversicherung ist eine Haftpflichtversicherung für bestimmte Berufe, die durch mögliche Fehlberatung ein erhöhtes Risiko, Vermögensschäden anzurichten, aufweisen. Eine Betriebshaftpflichtversicherung hingegen deckt die Haftpflichtrisiken von Gewerbetreibenden und industriellen Unternehmen, Freiberuflern und Handwerkern ab. Der Auftraggeber kann nach § 45 Abs. 1 Nr. 3 VgV eine Berufs- oder Betriebshaftpflichtversicherung in bestimmter geeigneter Höhe verlangen. Für den Vergabepraktiker ist das ein Muss. Denn eine Beauftragung ohne dass der Auftragnehmer durch eine Berufs- oder Betriebshaftpflichtversicherung abgedeckt ist, lässt eine wichtige Risikominimierung auf Seiten des öffentlichen Auftraggebers aus.[17]

19   Dies umfasst auch die Forderung nach einer summenmäßigen Ausweisung der Deckungssumme, so dass der Auftraggeber keine Nachforschungen zur Höhe der Deckungssumme tätigen muss.[18] Anstelle einer Versicherungspolice kann der Auftraggeber eine aktuelle Versicherungsbestätigung über den Umfang und die Höhe der Deckung verlangen. Auftraggeberseits sollte konkretisiert werden, worauf sich die Versicherung bezieht und

---

[13] *Summa* in Heiermann/Zeiss/Summa jurisPK-Vergaberecht, § 45 VgV Rn. 20.
[14] VK-Lüneburg Beschl. v. 6.9.2004 – 203-VgK-39/2004.
[15] *Werner* in Goede/Stoye/Stolz Handbuch des Fachanwalts Vergaberecht 2017, 9. Kapitel Eignung eines Bieters Rn. 109; *Summa* in Heiermann/Zeiss/Summa jurisPK-Vergaberecht, § 45 VgV Rn. 25.
[16] EuGH Urt. v. 18.10.2012 – Rs. C 218/11.
[17] *Werner* in Goede/Stoye/Stolz Handbuch des Fachanwalts Vergaberecht 2017, 9. Kapitel Eignung eines Bieters Rn. 114.
[18] *Werner* in Goede/Stoye/Stolz Handbuch des Fachanwalts Vergaberecht 2017, 9. Kapitel Eignung eines Bieters Rn. 113.

welche Schäden abgedeckt werden sollen. Üblich ist die Versicherung von Schäden an Personen, Sachen und am Vermögen. Spezieller Versicherungen bedarf es beispielsweise im Bereich des Gebäudemanagements mit Blick auf den Schlüsselverlust. Auch sollte der öffentliche Auftraggeber in Bezug auf die Versicherung evtl. auftretende Umweltschäden bedenken. Alternativ besteht die Möglichkeit, dass der Bewerber oder Bieter erklärt, im Fall der Auftragserteilung eine Berufs- oder Betriebshaftpflichtversicherung mit den geforderten Deckungssummen unverzüglich abzuschließen.

IV. Anforderungen bei losweiser Vergabe (§ 45 Abs. 3 VgV)

Die Regelung des § 45 Abs. 3 S. 1 VgV legt fest, dass bei losweiser Vergabe eine losweise Unterteilung der Anforderungen erfolgt. Die in den Absätzen 1 und 2 aufgestellten Vorgaben finden dann auf jedes einzelne Los Anwendung.[19] Insbesondere die Vorgaben zum Mindestumsatz und die nachzuweisende Berufs- oder Betriebshaftpflichtversicherung müssen in Bezug auf das einzelne Los angemessen sein.[20] Der Auftraggeber muss für jedes einzelne Los Eignungsanforderungen erstellen und bekannt geben.[21] Allerdings ändert sich aufgrund der Neuregelung für den öffentlichen Auftraggeber praktisch nichts. Diese kodifiziert vielmehr die Rechtsprechung der VK Bund, die bereits im Jahr 2013 die Losbezogenheit der Eignungskriterien hervorhob.[22] **20**

Aus § 45 Abs. 3 S. 2 VgV folgt, dass für den Fall, dass der erfolgreiche Bieter der Zuschlag für mehrere gleichzeitig auszuführende Lose erhält, vom öffentlicher Auftraggeber ein Mindestumsatz verlangt werden kann, der sich auf diese Gruppe von Losen bezieht. Der Bewerber oder Bieter muss die Vorgaben für eine Gruppe von Losen, auf die er den Zuschlag erhalten soll, erfüllen. Folglich muss der Auftraggeber prüfen, ob die Umsatzvorgaben für sämtliche Lose erfüllt werden. **21**

C. Eignungsnachweise für wirtschaftliche und finanzielle Leistungsfähigkeit (§ 45 Abs. 4 VgV)

Die Regelung des § 45 Abs. 4 VgV erhält eine Aufzählung, welche Belege zur wirtschaftlichen und finanziellen Leistungsfähigkeit der öffentliche Auftraggeber vom Bewerber oder Bieter verlangen kann. Der Wortlaut „in der Regel" zeigt auf, dass es sich bei den Nummer 1 bis 4 nur um eine beispielhafte und nicht abschließende Aufzählung handelt.[23] Zu beachten ist, dass die geforderten Eignungsnachweise stets in einem Zusammenhang zu den aufgestellten Eignungskriterien stehen müssen und nicht grundlos gefordert werden dürfen.[24] **22**

I. Bankerklärungen (§ 45 Abs. 4 Nr. 1 VgV)

Nach § 45 Abs. 4 Nr. 1 VgV kann der Auftraggeber die Vorlage entsprechender Bankerklärungen verlangen. **23**

Eine Bankerklärung betrifft die gegenwärtige Finanz- und Liquiditätslage eines Bewerbers und Bieters. Eine aussagekräftige Auskunft, dass der Bewerber oder Bieter über ausreichende Eigenmittel zur Durchführung des Auftrags verfügt, ist nur einer aktuellen Banker- **24**

---

[19] VK Bund Beschl. v. 18.1.2013 – VK1- 139/12; *Summa* in Heiermann/Zeiss/Summa jurisPK-Vergaberecht, § 45 VgV Rn. 32.
[20] *Hausmann/von Hoff* in KKMPP Kommentar zur VgV, § 45 Rn. 8.
[21] *Summa* in Heiermann/Zeiss/Summa jurisPK-Vergaberecht, § 45 VgV Rn. 33.
[22] 1. VK Bund Beschl. v. 18.1.2013, VK 1 – 139/12.
[23] *Summa* in Heiermann/Zeiss/Summa jurisPK-Vergaberecht, § 45 VgV Rn. 38.
[24] *Summa* in Heiermann/Zeiss/Summa jurisPK-Vergaberecht, § 45 VgV Rn. 39.

klärung der unternehmerischen Hausbank zu entnehmen.[25] Die Bilanz hilft nicht weiter. Von Auskünften seitens Bonitätsauskünften ist indes generell abzuraten. Ein Bieter muss auf Grundlage gesicherter Erkenntnisse wegen mangelnder Eignung ausgeschlossen werden. Dafür reicht die Auskunft einer Wirtschaftsauskunftsdatei nicht aus.[26]

25   Der Auftraggeber muss in der Bekanntmachung konkretisieren, was exakt in der Bankerklärung aufgeführt werden soll, da andernfalls die Bewerber oder Bieter ihre Angaben auf allgemeine Aussagen zur wirtschaftlichen Leistungsfähigkeit beschränken können.[27] Schließlich ist bei der Planung des Vergabeverfahrens zu bedenken, dass die Einholung einer Bankauskunft Zeit und den Bieter in der Regel Geld kostet.

II. Berufs- oder Betriebshaftpflichtversicherung (§ 45 Abs. 4 Nr. 2 VgV)

26   Der öffentliche Auftraggeber kann nach § 45 Abs. 4 Nr. 2 VgV auch einen Nachweis einer entsprechenden Berufs- oder Betriebshaftpflichtversicherungsdeckung verlangen. Die Vorlage einer Kopie ist ausreichend, da derartige Belege nicht nur im Original gültig sind. Anders ist dies bei Unbedenklichkeitsbescheinigungen des Finanzamtes und Bescheinigungen der Krankenkassen über die Entrichtung von Sozialversicherungsbeiträgen. Bei diesen Nachweisen lässt der Aussteller erkennen, dass sie nur als Original oder beglaubigte Kopie gültig sind.[28]

27   Eine entsprechende Berufs- oder Betriebshaftpflichtversicherung kann selbst dann als Eignungskriterium festgelegt werden, wenn der Auftraggeber keine Mindestdeckungssumme nach § 45 Abs. 1 S. 1 Nr. 3 VgV festgelegt hat. Die Forderung nach einem Versicherungsnachweis basiert auf dem berechtigten Interesse des öffentlichen Auftraggebers, einer Gefährdung der Leistungserbringung durch eine vermeidbare wirtschaftliche Lage des Leistungserbringers entgegen zu treten.[29] Durch die Verwendung des Wortes entsprechend wird verdeutlicht, dass die Versicherungsdeckung einen Bezug zum vergebenden Auftrag aufweisen muss und sich nur auf Leistungen beziehen, die vom Auftrag abgedeckt werden.[30]

III. Jahresabschlüsse oder Auszüge von Jahresabschlüssen (§ 45 Abs. 4 Nr. 3 VgV)

28   Nach § 45 Abs. 4 Nr. 3 VgV kann zum Nachweis der wirtschaftlichen Leistungsfähigkeit auch die Vorlage von Jahresabschlüssen oder Auszügen von Jahresabschlüssen des Unternehmens gefordert werden. Voraussetzung ist, dass die Veröffentlichung von Jahresabschlüssen nach dem Gesellschaftsrecht des Heimatstaates des Unternehmens vorgeschrieben ist. Der öffentliche Auftraggeber sollte Jahresabschlüsse nur fordern, wenn er hieraus einen Erkenntnisgewinn für die Vergabe ziehen kann. Bei Bilanzen sollte fachkundiges Personal zur Auswertung eingesetzt werden.

29   Der Jahresabschluss umfasst gemäß § 242 Abs. 3 HGB neben der Bilanz auch die Gewinn- und Verlustrechnung.[31] Die Offenlegungspflicht des Jahresabschlusses von Kapitalgesellschaften richtet sich nach den §§ 325 ff. HGB. Aus § 264a HGB folgt, dass die Offenle-

---

[25] *Hausmann/von Hoff* in KKMPP Kommentar zur VgV, § 45 Rn. 11; *Müller-Wrede* in Müller/Wrede VOl/A, 3. Aufl. 2010, § 7 EG Rn. 26.
[26] VK Baden-Württemberg Beschl. v. 2.9.2013 – 1 VK 27/13.
[27] VK Thüringen Beschl. v. 2.3.2009 – 250–4004,20-584/2009-002-EF; OLG Düsseldorf Beschl. v. 22.6.2010 – Verg 22/05; VK Düsseldorf beschl. v. 28.10.2005 – VK-34/2005; *Hausmann/von Hoff* in KKMPP Kommentar zur VgV, § 45 Rn. 11.
[28] VK Sachsen-Anhalt Beschl. v. 17.12.2015 – 3 VK LSA 73/15.
[29] VK Baden-Württemberg Beschl. v. 13.11.2008 – 1 VK 41/08.
[30] *Hausmann/von Hoff* in KKMPP Kommentar zur VgV, § 45 Rn 13.
[31] *Priester* in Münchener Kommentar zum HGB, 4. Auflage 2016, § 120, Rn. 14.

gungspflicht auch für offene Handelsgesellschaften (OHG) und Kommanditgesellschaften (KG) besteht, bei denen keine natürliche Person haftet. Bei einer OHG oder KG ist somit im Einzelfall anhand der gesetzlichen Vorgaben zu prüfen, ob tatsächlich für den Bewerber einer Pflicht zur Veröffentlichung besteht.

Der öffentliche Auftraggeber muss im Rahmen der Ausschreibung einzelne Merkmale **30** aus der Bilanz konkret benennen und dies zum Gegenstand seiner bekanntzumachenden Eignungskriterien machen, wenn er die Einhaltung materieller Mindestanforderungen an die wirtschaftliche und finanzielle Leistungsfähigkeit durch die Anforderung von Jahresabschlüssen überprüfen will. Hierdurch soll sichergestellt werden, dass nur die Kriterien Eingang in die Eignungsprüfung finden, die mit dem Gegenstand der Ausschreibung einen sachlichen Zusammenhang aufweisen und angemessen sind. Der EuGH hat zudem den Sachzusammenhang zwischen den geforderten Bilanzwerten und dem ausgeschriebenen Auftrag betont.[32] Die Mindestanforderungen an die Bilanz müssen objektiv geeignet sein, über die Leistungsfähigkeit eines Wirtschaftsteilnehmers Auskunft zu geben und objektiv einen konkreten Hinweis auf das Bestehen einer zur erfolgreichen Ausführung des Auftrags ausreichenden wirtschaftlichen und finanziellen Basis ermöglichen.[33]

Der öffentliche Auftraggeber muss transparente, objektive und nichtdiskriminierende **31** Methoden und Kriterien für die Berücksichtigung des in den Bilanzen angegebenen Verhältnisses zwischen Vermögen und Verbindlichkeiten angeben.[34]

IV. Umsatz (§ 45 Abs. 4 Nr. 4 VgV)

Gemäß § 45 Abs. 4 Nr. 4 VgV können als Nachweis für die finanzielle und wirtschaftli- **32** che Leistungsfähigkeit des Bewerbers oder Bieters auch Erklärungen über den Gesamtumsatz des Unternehmens sowie den Umsatz in dem Tätigkeitsbereich des zugrundeliegenden Auftrags jeweils bezogen auf die letzten drei Geschäftsjahre verlangt werden. Angaben zu weiter zurückliegenden Geschäftsjahren dürfen nicht verlangt werden. Durch die Abfrage der Umsätze kann sich der öffentliche Auftraggeber darüber informieren, in welcher Größenordnung bereits Aufträge von den Unternehmen übernommen worden sind und ob evtl. eine mögliche Insolvenzgefahr besteht.[35]

Durch die zeitliche Beschränkung wird ein realistisches Bild auf die gegenwärtige finan- **33** zielle und wirtschaftliche Lage des Unternehmens wiedergegeben.[36] Der Regelung ist nicht zu entnehmen, dass das Unternehmen mindestens drei Geschäftsjahre alt sein muss, um die wirtschaftliche und finanzielle Eignung zu erfüllen. Vielmehr können sich auch weniger alte bzw. vor kurzem gegründete Unternehmen bewerben, was durch den Nebensatz *„sofern entsprechende Angaben vorhanden sind"*, verdeutlicht wird. Der Regelung orientiert sich diesbezüglich an Anhang XII Teil I lit. c der RL 2014/24/EU. Zudem wird in der Richtlinie Unternehmen, die noch keine vollen drei Jahre tätig waren, die Möglichkeit eingeräumt, Angaben für die Zeit ab *„Gründungsdatum oder dem Datum der Tätigkeitsaufnahme des Wirtschaftsteilnehmers"* zu machen, *„sofern entsprechende Angaben verfügbar sind"*, so dass der Wortlaut noch weitreichender ist, als die Regelung des § 45 Abs. 4 Nr. 4 VgV. Die Neuregelung des § 45 Abs. 4 Nr. 4 VgV sollte daher unionsrechtskonform auszulegen sein, so dass öffentliche Auftraggeber für neu gegründete Unternehmen keine abschreckenden Anforderungen aufstellen dürfen.

---

[32] EuGH Urt. v. 18.10.2012 – C-218/11, Észak-dunántúli Környezetvédelmi és Vízügyi Igazgatóság./. Közbeszerzések Tanácsa Közbeszerzési DöntQbizottság, Rn. 27.

[33] EuGH Urt. v. 18.10.2012 – C-218/11, Észak-dunántúli Környezetvédelmi és Vízügyi Igazgatóság./. Közbeszerzések Tanácsa Közbeszerzési DöntQbizottság, S. 58, 60, Rn. 32.

[34] *Hausmann/von Hoff* in KKMPP, Kommentar zur VgV, § 45 Rn. 18.

[35] VK Bund Beschl. v. 17.7.2012 – VK2–47/12; OLG Koblenz Beschl. v. 25.9.2012 – 1 Verg 5/12; *Werner* in Goede/Stoye/Stolz Handbuch des Fachanwalts Vergaberecht 2017, 9. Kapitel Eignung eines Bieters Rn. 107.

[36] OLG Koblenz Beschl. v. 25.9.2012 – 1 Verg 5/12; OLG München Beschl. v. 5.11.2009 – Verg 13/09.

34   Fordert der öffentliche Auftraggeber eine Gesamtumsatzangabe ist hierin nicht ohne weiteres eine Mindestanforderung zu sehen.[37] Die Aufstellung des Drei-Jahres-Zeitraums als Mindestanforderung, dürfte aufgrund der Vorgaben in der zugrundeliegenden Richtlinie in der Praxis nur in Ausnahmefällen geboten sein, insbesondere dann, wenn besondere leistungsbezogene Umstände vorliegen. Der Auftraggeber muss eine solche Mindestanforderung klar und eindeutig vorgeben und sollte dies entsprechend begründen. Trotz alledem ist der Auftraggeber nicht verpflichtet, Newcomer in jedem Fall zuzulassen.[38]

D. Alternativ geeignete Nachweise (§ 45 Abs. 5 VgV)

35   Nach § 45 Abs. 5 VgV besteht für die Bewerber oder Bieter die Möglichkeit die wirtschaftliche und finanzielle Leistungsfähigkeit durch Vorlage anderer Unterlagen zu belegen. Allerdings muss dafür ein berechtigter Grund vorliegen, den der öffentliche Auftraggeber für geeignet erachtet.

36   Als Beispiel für einen berechtigten Grund wird in der Gesetzesbegründung darauf abgestellt, dass es sich um ein gerade erst neu gegründetes Unternehmen handelt, welches die geforderten Unterlagen nicht beibringen kann.[39] Des Weiteren soll die Regelung eine Benachteiligung von Unternehmen aus EU-Mitgliedsstaaten entgegenwirken, da ein Fordern eines Nachweises, der in einem anderen EU-Mitgliedsstaat nicht erhältlich ist, gegen das gemeinschaftsrechtliche Diskriminierungsverbot verstößt.[40]

37   Möchte der Bewerber oder Bieter alternativ geeignete Nachweise einreichen, hat er innerhalb der vom öffentlichen Auftraggeber gesetzten Frist darzulegen, dass er die geforderten Nachweise nicht erbringen kann und den Nachweis einzureichen. Im Gegensatz zur Vorgängerregelung des § 7 EG Abs. 5 S. 2 VOL/A verlangt der Wortlaut der Neuregelung keine „stichhaltigen Gründe", sondern das Vorliegen eines berechtigten Grundes. Im Gegensatz zur Vorgängerregelung betrifft die Neuregelung nur die wirtschaftliche und finanzielle Leistungsfähigkeit und nicht die Zuverlässigkeit bzw. technische und berufliche Leistungsfähigkeit.

38   In einem neueren Urteil stellte der EuGH darauf ab, dass von den Eignungsanforderungen nur bei objektiver Unmöglichkeit abgewichen werden könne.[41] Ein berechtigter Grund liegt demnach nur vor, sofern es dem Bewerber oder Bieter objektiv unmöglich ist, die vom öffentlichen Auftraggeber geforderten Nachweise beizubringen. Daraus lässt sich schlussfolgern, dass ein erhöhter Aufwand oder bloße Schwierigkeiten nicht ausreichen, um einen Bieter von den aufgestellten Eignungsanforderungen zu befreien. Zwar betraf die oben genannte Entscheidung des EuGH die Auslegung des Art. 47 Abs. 5 der RL 2004/18/EG, gleichwohl ist diese Rechtsprechung auf die neue Rechtslage uneingeschränkt übertragbar. Art 74 Abs. 5 der RL 2004/18/EG wurde unverändert in Art. 60 Abs. 3 Unterabs. 2 der RL 2014/24/EU übernommen. § 45 Abs. 5 VgV übernimmt wortlautgetreu diese Maßgaben, sodass die Abweichung von Eignungsanforderungen in Bezug auf die wirtschaftliche und finanzielle Leistungsfähigkeit an strenge Voraussetzungen geknüpft wird und somit restriktiv auszulegen ist.

39   Die Auffangregelung ist nicht anwendbar, wenn ein Unternehmen sich nicht rechtzeitig um die geforderten Eignungsnachweise gekümmert hat und daher alternative Nachweise vorlegen möchte.[42]

---

[37] Zur Altregelung des § 7 EG Abs. 2 lit. d VOL/A, OLG Koblenz Beschl. v. 25.9.2012 – 1 Verg 5/12.
[38] OLG Düsseldorf Beschl. v. 17.12.2014 – VII-Verg 18/14; Beschl. v. 28.11.2012 – VII-Verg 8/12.
[39] BT. Drs. 18/7318, S. 183; OLG Düsseldorf Beschl. v. 16.11.2001 – Verg 60/11; VK Baden-Württemberg Beschl. v. 26.6.2012 – 1 VK 16/12; OLG Frankfurt Beschl. v. 19.12.2006 – 11 Verg 7/06; VK Nordbayern Beschl. v. 11.5.2015 – 21. VK 3194–10/15.
[40] VK Saarland Beschl. v. 19.1.2004 – 3 VK 05/2003.
[41] EuGH Urt. v. 13.7.2017, Rs. C-76/16.
[42] VK Bund Beschl. v. 13.6.2007 – VK 2–51/07.

§ 46 Technische und berufliche Leistungsfähigkeit

(1) Der öffentliche Auftraggeber kann im Hinblick auf die technische und berufliche Leistungsfähigkeit der Bewerber oder Bieter Anforderungen stellen, die sicherstellen, dass die Bewerber oder Bieter über die erforderlichen personellen und technischen Mittel sowie ausreichende Erfahrungen verfügen, um den Auftrag in angemessener Qualität ausführen zu können. Bei Lieferaufträgen, für die Verlege- oder Installationsarbeiten erforderlich sind, sowie bei Dienstleistungsaufträgen darf die berufliche Leistungsfähigkeit der Unternehmen auch anhand ihrer Fachkunde, Effizienz, Erfahrung und Verlässlichkeit beurteilt werden.

(2) Der öffentliche Auftraggeber kann die berufliche Leistungsfähigkeit eines Bewerbers oder Bieters verneinen, wenn er festgestellt hat, dass dieser Interessen hat, die mit der Ausführung des öffentlichen Auftrags im Widerspruch stehen und sie nachteilig beeinflussen könnten.

(3) Als Beleg der erforderlichen technischen und beruflichen Leistungsfähigkeit des Bewerbers oder Bieters kann der öffentliche Auftraggeber je nach Art, Verwendungszweck und Menge oder Umfang der zu erbringenden Liefer- oder Dienstleistungen ausschließlich die Vorlage von einer oder mehreren der folgenden Unterlagen verlangen:

1. geeignete Referenzen über früher ausgeführte Liefer- und Dienstleistungsaufträge in Form einer Liste der in den letzten höchstens drei Jahren erbrachten wesentlichen Liefer- oder Dienstleistungen mit Angabe des Werts, des Liefer- beziehungsweise Erbringungszeitpunkts sowie des öffentlichen oder privaten Empfängers; soweit erforderlich, um einen ausreichenden Wettbewerb sicherzustellen, kann der öffentliche Auftraggeber darauf hinweisen, dass er auch einschlägige Liefer- oder Dienstleistungen berücksichtigen wird, die mehr als drei Jahre zurückliegen,

2. Angabe der technischen Fachkräfte oder der technischen Stellen, die im Zusammenhang mit der Leistungserbringung eingesetzt werden sollen, unabhängig davon, ob diese dem Unternehmen angehören oder nicht, und zwar insbesondere derjenigen, die mit der Qualitätskontrolle beauftragt sind,

3. Beschreibung der technischen Ausrüstung, der Maßnahmen zur Qualitätssicherung und der Untersuchungs- und Forschungsmöglichkeiten des Unternehmens,

4. Angabe des Lieferkettenmanagement- und Lieferkettenüberwachungssystems, das dem Unternehmen zur Vertragserfüllung zur Verfügung steht,

5. bei komplexer Art der zu erbringenden Leistung oder bei solchen Leistungen, die ausnahmsweise einem besonderen Zweck dienen sollen, eine Kontrolle, die vom öffentlichen Auftraggeber oder in dessen Namen von einer zuständigen amtlichen Stelle im Niederlassungsstaat des Unternehmens durchgeführt wird; diese Kontrolle betrifft die Produktionskapazität beziehungsweise die technische Leistungsfähigkeit und erforderlichenfalls die Untersuchungs- und Forschungsmöglichkeiten des Unternehmens sowie die von diesem für die Qualitätskontrolle getroffenen Vorkehrungen,

6. Studien- und Ausbildungsnachweise sowie Bescheinigungen über die Erlaubnis zur Berufsausübung für die Inhaberin, den Inhaber oder die Führungskräfte des Unternehmens, sofern diese Nachweise nicht als Zuschlagskriterium bewertet werden,

7. Angabe der Umweltmanagementmaßnahmen, die das Unternehmen während der Auftragsausführung anwendet,

8. Erklärung, aus der die durchschnittliche jährliche Beschäftigtenzahl des Unternehmens und die Zahl seiner Führungskräfte in den letzten drei Jahren ersichtlich ist,

9. Erklärung, aus der ersichtlich ist, über welche Ausstattung, welche Geräte und welche technische Ausrüstung das Unternehmen für die Ausführung des Auftrags verfügt,

10. Angabe, welche Teile des Auftrags das Unternehmen unter Umständen als Unteraufträge zu vergeben beabsichtigt,

11. bei Lieferleistungen:
  a) Muster, Beschreibungen oder Fotografien der zu liefernden Güter, wobei die
      Echtheit auf Verlangen des öffentlichen Auftraggebers nachzuweisen ist, oder
  b) Bescheinigungen, die von als zuständig anerkannten Instituten oder amtlichen
      Stellen für Qualitätskontrolle ausgestellt wurden, mit denen bestätigt wird,
      dass die durch entsprechende Bezugnahmen genau bezeichneten Güter be-
      stimmten technischen Anforderungen oder Normen entsprechen.

Übersicht

	Rn.			Rn.
A. Einführung	1		III. Technische Ausrüstung, Maßnah-	
I. Literatur	1		men zur Qualitätssicherung, Unter-	
II. Entstehungsgeschichte	2		suchungs- und Forschungsmöglich-	
III. Rechtliche Vorgaben im EU-Recht	3		keiten (§ 46 Abs. 3 Nr. 3 VgV)	26
B. Erforderliche personelle und techni-			IV. Lieferkettenmanagement- und Lie-	
sche Mittel und ausreichende Erfah-			ferkettenüberwachungssystem (§ 46	
rungen im Hinblick auf technische			Abs. 3 Nr. 4 VgV)	28
und berufliche Leistungsfähigkeit			V. Komplexe Leistungen (§ 46 Abs. 3	
(§ 46 Abs. 1 VgV)	4		Nr. 5 VgV)	29
			VI. Studien- und Ausbildungsnachweise	
C. Kollidierende Interessen eines Bieters			sowie Bescheinigungen über Er-	
können zur Versagung der berufli-			laubnis zur Berufsausübung (§ 46	
chen Leistungsfähigkeit führen (§ 46			Abs. 3 Nr. 6 VgV)	31
Abs. 1 VgV)	9		VII. Umweltmanagement (§ 46 Abs. 3	
D. Eignungsnachweise für die berufliche			Nr. 7 VgV)	35
und technische Leistungsfähigkeit			VIII. Beschäftigtenzahl, Zahl der Füh-	
(§ 46 Abs. 3 VgV)	12		rungskräfte (§ 46 Abs. 3 Nr. 8 VgV)	36
I. Referenzen (§ 46 Abs. 3 Nr. 1			IX. Verfügbare technische Ausstattung	
VgV)	14		(§ 46 Abs. 3 Nr. 9 VgV)	38
II. Technische Fachkräfte und techni-			X. Unteraufträge (§ 46 Abs. 3 Nr. 10	
sche Stellen (§ 46 Abs. 3 Nr. 2			VgV)	39
VgV)	24		XI. Muster und Bescheinigungen bei	
			Lieferleistungen (§ 46 Abs. 3 Nr. 11	
			VgV)	42

A. Einführung

I. Literatur

1 *Burgi/Dreher*, Beck'scher Vergaberechtskommentar, Band 1: GWB4. Teil, 3. Auflage 2017; *Friton*, Die Festlegung und Erfüllung von Eignungsparametern nach den EU-Vergaberichtlinien und die Umsetzung im
GWB-Vergaberecht, 2016; *Gabriel/Krohn/Neun*, Handbuch des Vergaberechts, 2014; *Goede/Stoye/Stolz*,
Handbuch des Fachanwalts Vergaberecht, 2017; *Kulartz/Kus/Marx/Portz/Prieß*, Kommentar zur VgV,
1. Auflage 2016; *Meißner*, „Wann ist der Bieter geeignet?", VergabeR 2016, 270–275; *Müller-Wrede*, Kommentar zur VOF, 5. Auflage 2014; *Otting*, Eignungs- und Zuschlagskriterien im neuen Vergaberecht, VergabeR 2016, 316–326; *Pinkenburg*, Die (un-)zulässige nachträgliche Verschärfung von Eignungskriterien,
NZBau, 2017, 271–274.

II. Entstehungsgeschichte

2   § 46 VgV regelt in Bezug auf die Eignungsprüfung die technische und berufliche Leistungsfähigkeit der Bewerber oder Bieter. Die Vorläuferregelungen waren § 7 EG Abs. 3
VOL/A und § 5 Abs. 5 VOF, welche der Umsetzung von Art. 48 Abs. 2 der Vergabekoordinierungsrichtlinie 2004/18/EG dienten. Im Gegensatz zu den Vorgängerregelungen unterscheidet die Neuregelung zwischen materiellen Anforderungen, die der öffentliche Auftraggeber an die Bewerber oder Bieter stellt und Belegen, die der öffentliche Auftraggeber
als Nachweis für die technische und berufliche Leistungsfähigkeit verlangen kann.

III. Rechtliche Vorgaben im EU-Recht

§ 46 Abs. 1 und 2 VgV dienen der Umsetzung von Artikel 58 Abs. 4 der RL 2014/24/ **3**
EU. Die Regelung des Absatzes 3 setzt Art. 60 Abs. 4 i. V. m. Anhang XII Teil II der RL
2014/24/EU.

Des Weiteren bezieht sich die Regelung auch auf Erwägungsgrund 15 Abs. 2 der RL
2014/24/EU. Danach soll klargestellt werden, dass öffentliche Auftraggeber in der Lage
sein sollten, ausdrücklich festzulegen, wie Gruppen von Wirtschaftsteilnehmern die Anforderungen in Bezug auf die Kriterien bezüglich der technischen und beruflichen Leistungsfähigkeit zu erfüllen haben.

B. Erforderliche personelle und technische Mittel und ausreichende Erfahrungen im Hinblick auf technische und berufliche Leistungsfähigkeit (§ 46 Abs. 1 VgV)

Nach § 46 Abs. 1 VgV kann der öffentliche Auftraggeber im Hinblick auf die technische **4**
und berufliche Leistungsfähigkeit der Bewerber oder Bieter Anforderungen stellen, die
sicherstellen, dass die Bewerber oder Bieter über die erforderlichen personellen und technischen Mittel sowie ausreichende Erfahrungen verfügen, um den Auftrag in angemessener
Qualität ausführen zu können.[1]

Die Regelung des § 46 Abs. 1 VgV und die dafür zu erbringenden Nachweise nach § 46 **5**
Absatz 3 sind im Gegensatz zu § 45 VgV abschließend.[2] Der öffentliche Auftraggeber kann
bei der Eignungsprüfung keine anderen materiellen Anforderungen an die technische und
berufliche Leistungsfähigkeit der Bewerber oder Bieter stellen.[3] Ferner müssen die geforderten materiellen Anforderungen an die berufliche und finanzielle Leistungsfähigkeit einen konkreten Bezug zu den mit der Auftragsausführung notwendigen Erfahrungen aufweisen. Die Festlegung der technischen und beruflichen Leistungsfähigkeit kann auch
Sicherheits- und sicherheitstechnische Anforderungen an den Bewerber oder Bieter umfassen.[4] Der öffentliche Auftraggeber kann folglich die Vorlage von mit dem Auftragsgegenstand im Hinblick auf die Sicherheitsanforderungen vergleichbaren Unternehmensreferenzen verlangen.[5]

Gemäß § 46 Abs. 1 S. 2 VgV darf bei Lieferaufträgen die technische und berufliche **6**
Leistungsfähigkeit der Bewerber oder Bieter nur anhand der Fachkunde, Effizienz, Erfahrung und Verlässlichkeit beurteilt werden, wenn für die Lieferaufträge Verlege- oder Installationsarbeiten erforderlich sind. Daraus folgt im Umkehrschluss, dass bei Lieferaufträgen
grundsätzlich keine Anforderungen an die technische und berufliche Leistungsfähigkeit
gestellt werden.[6]

Auffallend ist, dass die Regelung durch die Verwendung des Begriffs „Effizienz" von **7**
der deutschen Fassung der RL 2014/24/EU in Art. 58 Abs. 4 Unterabs. 3 abweicht. Dort
wird der Terminus „Leistungsfähigkeit" verwendet. Laut Gesetzesbegründung soll durch
die Verwendung des Begriffs „Effizienz" die tautologische Aussage vermieden werden, dass
die berufliche Leistungsfähigkeit anhand der Leistungsfähigkeit der Unternehmen beurteilt werden darf.[7] Der Begriff „Effizienz" entspricht der englischen Richtlinienfas-

---

[1] *Opitz*, in: Beck'scher Vergaberechtskommentar, 3. Auflage 2017, § 122 GWB Rn. 67.
[2] BT-Drs. 18/7318, S. 183; EuGH Urt. v. 10.5.2012, Rs. C-368/10, Kom./. Niederlande; OLG Düsseldorf Beschl. v. 29.1.2014 – VII-Verg 28/13; OLG Düsseldorf Beschl. v. 7.5.2014 – VII-Verg 46/13; *Otting*,
VergabeR 2016, 316, 317 f.; *Pinkenburg* NZBau 2017, 271, 272.
[3] *Meißner* VergabeR 2016, 270, 272.
[4] BT-Drs. 18/7318, S. 184.
[5] 2. VK Bund Beschl. v. 3.6.2013 – VK 2 – 31/13.
[6] BT-Drs. 18/7318, S. 184.
[7] BT-Drs. 18/7318, S. 184.

sung.[8] Der in der Richtlinie verwendete Begriff der „Zuverlässigkeit" wird ebenfalls nicht in der Neuregelung verwendet. Stattdessen stellt die VgV auf die Verlässlichkeit ab, da Zuverlässigkeit im deutschen Vergaberecht mit dem Nichtvorliegen von Ausschlussgründen verbunden wird.[9]

8   Hingegen sind bei Dienstleistungsaufträgen die technische und berufliche Leistungsfähigkeit zulässige Anforderungen des öffentlichen Auftraggebers an die Eignung.

C. Kollidierende Interessen eines Bieters können zur Versagung der beruflichen Leistungsfähigkeit führen (§ 46 Abs. 2 VgV)

9   Die Regelung des § 46 Abs. 2 VgV hebt hervor, dass der öffentliche Auftraggeber die berufliche Leistungsfähigkeit eines Bewerbers verneinen kann, wenn er feststellt, dass dieser Interessen hat, die mit der Ausführung des öffentlichen Auftrags im Widerspruch stehen und sie nachhaltig beeinflussen könnten. Zwar dürfte dieses Kriterium vom Wortsinn des Oberkriteriums der technischen und beruflichen Leistungsfähigkeit wohl noch gedeckt sein, jedoch enthält die abschließende Liste in Teil II des Anhangs XII der RL 2014/14/EU keine Nachweise für dieses Kriterium.[10]

10   Die Regelung passt systematisch nicht zu den Vorgaben der beruflichen Leistungsfähigkeit, da ein Interessenkonflikt nichts mit der beruflichen Leistungsfähigkeit eines Unternehmens zu tun hat. Der Gesetzgeber folgt vielmehr der RL 2014/14/EU, die in Art. 58 Abs. 4 Unterabs. 2 S. 2 auf kollidierende Interessen abstellt. Im Ergebnis handelt es sich vielmehr um einen fakultativen Ausschlussgrund, der gesetzestechnisch besser in die enumerative Aufzählung des § 124 GWB hätte aufgenommen werden sollen.

11   Zunächst bleibt offen, wie der Auftraggeber das Vorliegen dieses Kriteriums feststellt. Eine Berufung auf die Norm kommt für den öffentlichen Auftraggeber nur bei offensichtlichen und gravierenden Interessenkonflikten in Betracht. Diese muss der Auftraggeber aufgrund eigener Erkenntnisse erlangen, da der Bewerber oder Bieter wohl keine Nachweise nach § 46 Abs. 3 VgV einreichen wird, aus denen existierende kollidierende Interessen hervorgehen. Bei der Feststellung kollidierender Interessen steht dem öffentlichen Auftraggeber ein Ermessen zu. Diese Ermessensentscheidung des Auftraggebers ist in einem möglichen Nachprüfungsverfahren nur auf Ermessensfehler hin überprüfbar, wobei speziell an sachfremde Erwägungen zu denken ist.

D. Eignungsnachweise für die berufliche und technische Leistungsfähigkeit (§ 46 Abs. 3 VgV)

12   § 46 Abs. 3 VgV nennt abschließend die zulässigen Belege der beruflichen und technischen Leistungsfähigkeit. Auch das OLG Düsseldorf entnimmt der zugrundeliegenden RL 2014/24/EU, dass nach wie vor von einer abschließenden Regelung der Eignungskriterien auszugehen ist.[11] Ein öffentlicher Auftraggeber darf von den Bewerbern oder Bietern keine anderen Nachweise als die in § 46 Abs. 3 VgV enumerativ aufgelisteten Nachweise verlangen. Ein Bewerber oder Bieter kann seine berufliche und technische Leistungsfähigkeit nur durch die aufgeführten Nachweise belegen. Die nationale Regelung folgt den europäischen Vorgaben in RL 2014/24/EU. In Anhang XII Teil II der RL 2014/24/EU wird in Bezug

---

[8] BT-Drs. 18/7318, S. 184.

[9] BT-Drs. 18/7318, S. 184.

[10] *Friton* Die Festlegung und Erfüllung von Eignungsparametern nach den EU-Vergaberichtlinien und die Umsetzung im GWB-Vergaberecht, S. 158.

[11] OLG Düsseldorf Beschl. v. 7.5.2014 – VII-Verg 46/13, zur Vorgänger-Richtlinie RL 2004/18/EG; EuGH Urt. v. 10.5.2012 – C36810 C-368/10.

auf die technische Leistungsfähigkeit durch Verwendung der Wörter „wie folgt erbracht werden" exakt vorgegeben, wie der Nachweis erbracht werden kann: Im Gegensatz dazu verdeutlicht der Wortlaut der Richtlinie unter Teil I des Anhangs XII hinsichtlich der wirtschaftlichen und finanziellen Leistungsfähigkeit durch die Formulierung „in der Regel", dass die Regelung nicht abschließend ist.

Mit Ausnahme der Regelung des § 46 Abs. 3 Nr. 11 VgV gelten alle aufgeführten **13** Nachweise aufgrund des Wortlauts für Liefer- und Dienstleistungsaufträge. Allerdings beziehen sich die meisten Regelungen dem Wortlaut nach auf Dienstleistungsaufträge. Aus dem oben (Verweis zu setzen) aufgeführten Umkehrschluss zu § 46 Abs. 1 S. 2 VgV folgt, dass in der Regel bei Lieferaufträgen keine Anforderungen an die technische und berufliche Leistungsfähigkeit gestellt werden.

I. Referenzen (§ 46 Abs. 3 Nr. 1 VgV)

Der wichtigste Nachweis für die technische und berufliche Leistungsfähigkeit ist die **14** Einreichung von Referenzen durch den Bewerber oder Bieter.[12] Diese geben den Nachweis über Erfahrungen mit vergleichbaren Aufträgen.[13] Insbesondere sollen Referenzen belegen, dass der zu vergebende Auftrag zufriedenstellend durch den Bewerber oder Bieter erbracht werden kann.[14]

Die Angabe von Referenzen soll den Auftraggeber in die Lage versetzen, die Einschät- **15** zungen der in der Referenzliste genannten Auftraggeber in Erfahrung zu bringen.[15] Dabei dienen Referenzen zum Beleg, dass der Bewerber oder Bieter dem ausgeschriebenen Auftrag vergleichbare Leistungen schon erfolgreich erbracht hat und über die notwendigen praktischen Erfahrungen verfügt und die Gewähr dafür bietet, auch den zu vergebenden Auftrag zufriedenstellend zu erledigen.[16] Die nachgewiesenen Referenzen müssen sich auf die Durchführung vergleichbarer Vorhaben beziehen.[17] Zur Vergleichbarkeit einer ausgeschriebenen Leistung führt die Rechtsprechung aus, dass es sich nicht um identische Leistungen handeln muss; vielmehr muss die Referenzleistung der ausgeschriebenen Leistung zumindest nahekommen.[18] Die Vergleichbarkeit ist dann gegeben, wenn die Referenzleistung dem ausgeschriebenen Auftrag so sehr ähnelt, dass sie einen tragfähigen Rückschluss auf die Leistungsfähigkeit des Bieters für die ausgeschriebene Leistung eröffnet.[19] Sofern es sich um eine Leistung aus dem technischen und organisatorischen Bereich handelt, hat die Referenz einen gleich hohen oder höheren Schwierigkeitsgrad wie der zu vergebende Auftrag aufzuweisen.[20]

---

[12] *Werner* in Goede/Stoye/Stolz, Handbuch des Fachanwalts Vergaberecht 2017, 9. Kapitel, Rn. 121.

[13] VK Münster Beschl. v. 28.8.2007 – VK 14/07; VK Schleswig-Holstein Beschl. v. 27.1.2009 – VK-SH 19/08; *Braun* in Gabriel/Krohn/Neun, Handbuch des Vergaberechts 2014, 6. Kapitel, Rn. 81.

[14] OLG Schleswig Beschl. v. 28.6.2016 – 54 Verg 2/16; OLG Saarbrücken Urt. v. 28.1.2015 – 1 U 138/14; OLG Düsseldorf Beschl. v. 5.7.2007 – VII – Verg 12/07; OLG München Beschl. v. 12.11.2012 – Verg 23/12; VK Brandenburg Beschl. v. 6.7.2010 – VK 35/10; VK Rheinland-Pfalz Beschl. v. 2.4.2009 – VK 9/09; VK Südbayern Beschl. v. 29.10.2013 – Z3–3-3194-1-25-08/13; VK Lüneburg Beschl. v. 1.2.2015 – VgK-51/2015.

[15] OLG Düsseldorf Beschl. v. 5.7.2007 – VII – Verg 12/07; Beschl. v. 24.5.2007 – VII – Verg 12/07; OLG Saarbrücken Urt. v. 28.1.2015 – 1 U 138/14; VK RhPf Beschl. v. 8.12.2016 – VK 1 – 27/16.

[16] VK Bund Beschl. v. 30.5.2017 – VK2–46/17; OLG Saarbrücken Urt. v. 28.1.2015 – 1 U 138/14; VK Südbayern Beschl. v. 29.10.2013 – Az.: Z3–3-3194-1-25-08/13; VK Hessen Beschl. v. 11.4.2007 – 69d-VK-07/2007.

[17] VK Münster Beschl. v. 28.8.2007 – VK 14/07; VK Schleswig-Holstein Beschl. v. 27.1.2009 – VK-SH 19/08.

[18] VK Lüneburg Beschl. v. 21.1.2014 – VgK-45/2013.

[19] VK Südbayern Beschl. v. 9.5.2016 – Z3–3-3194-1–10-03/16.

[20] OLG Frankfurt Beschl. v. 8.4.2014 – 11 Verg 1/14; VK Arnsberg Beschl. v. 21.11.2013 – VK 16/13; VK Nordbayern Beschl. v. 21.3.2013 – 21. VK-3194-08/13; OLG München Beschl. v. 12.11.2012 – Verg 23/12; OLG Düsseldorf Beschl. v. 2.6.2010 – Verg 7/10; VK Münster Beschl. v. 11.2.2010 – VK 29/09.

16   Lässt die Bekanntmachung des Auftraggebers die Eindeutigkeit der Vergleichbarkeit der Referenzleistungen vermissen, führt dies zur Aufhebung des Vergabeverfahrens.[21] Sofern es an Anhaltspunkten mangelt, ist der Auftraggeber nicht verpflichtet, die Richtigkeit der vorgelegten Referenz inhaltlich zu überprüfen.[22]

17   Referenzen sind personen- oder unternehmensgebunden.[23] Grundsätzlich müssen die Eignungskriterien in der Person des sich unmittelbar am Verfahren beteiligten Wirtschaftsteilnehmers vorliegen.[24] In Bezug auf personengebundene Referenzen kann sich ein Unternehmen auch auf Erfahrungen berufen, die Führungs- oder Fachkräfte des Unternehmens bei vorherigen Arbeitgebern gesammelt haben.[25] Auch können sich Unternehmen im Rahmen der Eignungsleihe auf die technische und berufliche Leistungsfähigkeit anderer Unternehmen berufen und die Auswahlkriterien auf diese Weise erfüllen, vorausgesetzt, dass sie nachweisen können, dass sie tatsächlich über die Mittel dieser anderen Unternehmen verfügen, die zur Ausführung des Auftrags erforderlich sind.[26] Im Rahmen der Eignungsleihe nach § 47 VgV kann ein Bewerber oder Bieter für den Nachweis der Eignung die Kapazitäten anderer Unternehmen in Anspruch nehmen.

18   Der öffentliche Auftraggeber kann nach § 46 Abs. 3 Nr. 1 VgV geeignete Referenzen über früher ausgeführte Liefer- und Dienstleistungsaufträge in Form einer Liste der in den letzten höchstens drei Jahren erbrachten wesentlichen Liefer- oder Dienstleistungen als Nachweis der fachlichen Leistungsfähigkeit des Bewerbers oder Bieters fordern.[27] Die Beschränkung auf die letzten drei Jahre soll Newcomern die Möglichkeit geben, sich am Verfahren zu beteiligen.[28] In der Regel dürfte ein Zeitraum von drei Jahren ausreichen, um die technische und berufliche Leistungsfähigkeit zu beurteilen.[29] Allerdings kann die zeitliche Beschränkung speziell bei Waren oder Dienstleistungen für spezialisierte Märkte dazu führen, dass nur wenige Bewerber oder Bieter die aufgestellten Referenzvorgaben erfüllen, so dass der Wettbewerb stark eingeschränkt wird.

19   In diesen Fällen darf der öffentliche Auftraggeber ausnahmsweise Referenzen berücksichtigen, die mehr als drei Jahre zurückliegen. Allerdings muss dies zur Sicherstellung des Wettbewerbs erforderlich sein. Auch muss der Auftraggeber auf die Möglichkeit der Berücksichtigung älterer Referenzen hingewiesen haben. Eine aktive Anforderung von älteren Referenzen ist nicht möglich. Insbesondere im Bereich der Planungsleistungen von Architekten und Ingenieuren ist der Drei-Jahres-Zeitraum für aussagekräftige Referenzen häufig zu kurz. Bei der Vergabe solcher Leistungen bietet sich vielfach die Einräumung eines längeren Zeitraums in der Regel an, da Bauprojekte und ihre Planung eine längere Laufzeit haben, so dass mögliche Referenzprojekte in den letzten drei Jahren noch nicht abgeschlossen sind. Daher kann es sowohl für den Auftraggeber als auch für die anbietenden Unternehmen von Vorteil sein und der Sicherstellung des Wettbewerbs dienen, wenn die Unternehmen interessante Projekte, wie selten beauftragte spezielle Bauwerke, aus einer längeren Periode als Referenzprojekte angeben dürfen.[30]

20   Der Wortlaut der Regelung stellt auf *„wesentliche"* Liefer- oder Dienstleistungen ab. Was darunter zu verstehen ist, lässt der Wortlaut offen. Im Ergebnis dürften darunter alle Referenzvorgaben fallen, die in Bezug auf die konkrete Beschaffung Angaben zur erforderlichen

---

[21] VK Bund, Beschl. v. 22.1.2016 – VK 2–131/15.

[22] VK Westfalen Beschl. v. 26.10.2015 – VK 2–27/15.

[23] VK Lüneburg Beschl. v. 5.1.2004 – 203-VgK/37/03.

[24] *Friton* Die Festlegung und Erfüllung von Eignungsparametern nach den EU-Vergaberichtlinien und die Umsetzung im GWB-Vergaberecht, S. 141.

[25] VK Sachsen Beschl. v. 14.4.2008 – 1 SVK/013-08.

[26] *GA Jääskinen* Schlussanträge v. 28.2.2013, C-94/12, ECLI:EU:C2013:130, Rn. 24; OLG Brandenburg Beschl. v. 9.2.2010 – Verg W 9/09.

[27] OLG Düsseldorf Beschl. v. 6.2.2013 – Verg 32/12.

[28] 1. VK Sachsen Beschl. v. 21.7.2005 – 1/SVK/076-05.

[29] *Friton* Die Festlegung und Erfüllung von Eignungsparametern nach den EU-Vergaberichtlinien und die Umsetzung im GWB-Vergaberecht, S. 464.

[30] BT Drs. 18/7318, S. 184; *Werner* in Goede/Stoye/Stolz Handbuch des Fachanwalts Vergaberecht 2017, 9. Kapitel, Rn. 121.

technischen und beruflichen Leistungsfähigkeit des Unternehmens geben. In der Rechtsprechung wird hervorgehoben, dass eine mengenmäßige Beschränkung der Anzahl der Referenzen unzulässig ist, auch wenn dadurch der Wertungsvorgang des Auftraggebers beschleunigt wird. Darin sei ein Verstoß gegen den Wettbewerbsgrundsatz zu sehen.[31]

Durch die Reform muss der Bewerber oder Bieter die Form der Leistung, den Wert des **21** Auftrags, den Liefer- bzw. Leistungszeitpunkt oder Zeitraum sowie den öffentlichen oder privaten Empfänger, also den öffentlichen Auftraggeber, angeben. Dem Wortlaut nach sind die Referenzprojekte nicht nur auf öffentliche Auftraggeber beschränkt, so dass, falls der Ausschreibung keine Beschränkungen zu entnehmen sind, auch privat vergebene Aufträge als Referenz aufgeführt werden können.

Der öffentliche Auftraggeber kann sich Ansprechpartner nennen lassen, um die Referenz **22** zu prüfen und die Eignung des Unternehmens besser zu prüfen bzw. zu beurteilen.[32] Hervorzuheben ist, dass bereits ein Auftrag ausreichen kann, um die technische und berufliche Leistungsfähigkeit nachzuweisen, sofern dieser die geforderten Referenzvorgaben erfüllt.

Im Gegensatz zur Rechtslage vor der Vergaberechtsreform darf der Auftraggeber nicht **23** mehr Referenzschreiben fordern, in denen der Auftraggeber bestätigt, dass ein Unternehmen einen Auftrag zur vollen Zufriedenheit des Auftraggebers ausgeführt hat.

II. Technische Fachkräfte und technische Stellen (§ 46 Abs. 3 Nr. 2 VgV)

Nach § 46 Abs. 3 Nr. 2 VgV kann der öffentliche Auftraggeber die Angabe der techni- **24** schen Fachkräfte fordern. Gleiches gilt für die technischen Stellen, die im Zusammenhang mit der Leistungserbringung eingesetzt werden sollen. In der Regel besteht aufgrund der ausgeschriebenen Tätigkeiten ein berechtigtes Interessen des Auftraggebers zu erfahren, wer konkret die Tätigkeiten ausführt. Entsprechende Angaben werden in die Eignungsprüfung des Bewerbers oder Bieters einbezogen und insbesondere im Hinblick auf die Qualität von Bedeutung sein. Darunter fällt vor allem die Information über die Quantität der Arbeitskräfte, die für den Umfang des ausgeschriebenen Auftrags erforderlich sind.[33] Aus Sicht des Auftraggebers ist es keine sachfremde Erwägung, dass der Auftragnehmer ein gewisses Maß an personellen Ressourcen bereithält, um einen gegebenenfalls anfallenden Zusatzbedarf ausgleichen zu können.[34]

Die technischen Fachkräfte und Stellen, die im Zusammenhang mit der Leistungserbrin- **25** gung stehen, sind unabhängig davon anzugeben, ob diese zu dem Unternehmen des Bewerbers oder Bieters gehören. Dadurch wird dem Auftraggeber die Möglichkeit eingeräumt, die konkrete Fachkenntnis der konkret eingesetzten Personen abzufragen. Ob diese selbst für das Unternehmen des Bewerbers oder Bieters beschäftigt sind, ist im Ergebnis irrelevant.

III. Technische Ausrüstung, Maßnahmen zur Qualitätssicherung, Untersuchungs- und Forschungsmöglichkeiten (§ 46 Abs. 3 Nr. 3 VgV)

Aufgrund der Regelung des § 46 Abs. 3 Nr. 3 VgV kann der öffentliche Auftraggeber **26** zum Nachweis der technischen und beruflichen Leistungsfähigkeit die Beschreibung der technischen Ausrüstung, der Maßnahmen zur Qualitätssicherung und der Untersuchungs- und Forschungsmöglichkeiten des Unternehmens verlangen.[35]

---

31 2. VK Bund Beschl. v. 3.6.2013 – VK 2–31/12; OLG Düsseldorf Beschl. v. 12.9.2012 – VII-Verg 108/11.
32 VK Südbayern Beschl. v. 9.5.2016 – Z3-3-31941-10-03/16.
33 VK Südbayern Beschl. v. 19.12.2006 – Z3-3-3194-1-35-11/06.
34 VK Lüneburg Beschl. v. 25.9.2006 – VgK-19/2006.
35 VK Baden-Württemberg Beschl. v. 19.2.2009 – 1 VK 4/09.

27   Problematisch ist, ab wann die geforderte Ausrüstung vorhanden sein muss. Eine enge Auffassung stellt darauf ab, dass die Leistungsfähigkeit bereits im Zeitpunkt der Angebotsabgabe verfügbar sein muss bzw. dargestellt wird, dass sie von Dritten zur Verfügung gestellt wird.[36] Die weite Auffassung hebt hervor, dass es ausreicht, wenn zum Zeitpunkt der Ausführung des Auftrags die technische Ausstattung vorliegt und die geforderte Ausstattung auch kurzfristig noch erworben werden kann.[37] Im Ergebnis ist die weite praxisbezogene Auffassung zu bejahen, so dass die Ausrüstung erst im Zeitpunkt der Ausführung des Auftrags vorliegen muss.[38] Allerdings ist der öffentliche Auftraggeber auch weiterhin berechtigt im Ausnahmefall auf einen anderen Zeitpunkt abzustellen. Dies muss dann in der Vergabebekanntmachung klargestellt und begründet werden.[39] Etwas anderes kann sich jedoch ergeben, wenn der Bewerber oder Bieter einer behördlichen Genehmigung bedarf. Die Leistungsfähigkeit liegt nur bei Vorlage der geforderten Genehmigung vor.[40]

IV. Lieferkettenmanagement- und Lieferkettenüberwachungssystem (§ 46 Abs. 3 Nr. 4 VgV)

28   Als Beleg für die technische Leistungsfähigkeit des Bieters kann der öffentliche Auftraggeber nach § 46 Abs. 3 Nr. 4 VgV die Angabe des Lieferkettenmanagement- und Lieferkettenüberwachungssystems, das dem Unternehmen zur Vertragserfüllung zur Verfügung steht. Dies gilt für regelmäßige Lieferungen einer bestimmten Ware, die ständig benötigt wird, so dass die Liefersicherheit ein entscheidendes Eignungskriterium darstellt.

V. Komplexe Leistungen (§ 46 Abs. 3 Nr. 5 VgV)

29   Werden Leistungen komplexer Art oder solche, die einem besonderen Zweck dienen, vergeben, kann der öffentliche Auftraggeber nach der Regelung des § 46 Abs. 3 Nr. 5 VgV eine Kontrolle der technischen und beruflichen Leistungsfähigkeit durchführen. Eine Leistung gilt dann als komplex, sofern es dem öffentlichen Auftraggeber nicht möglich ist, die erforderlichen technischen Mittel oder die rechtlichen oder finanziellen Bedingungen anzugeben, mit denen sich seine Bedürfnisse erfüllen lassen.[41] Diese Kontrolle bezieht sich sowohl auf die Produktionskapazität, die technische Leistungsfähigkeit und erforderlichenfalls die Untersuchungs- und Forschungsmöglichkeiten des Unternehmens sowie die von diesem für die Qualitätskontrolle getroffenen Vorkehrungen. Ein Unternehmen ist nur geeignet, wenn die Kontrollvorgaben erfüllt werden.

30   Der Auftraggeber kann selbst diese Kontrolle durchführen oder in seinem Namen von einer zuständigen amtlichen Stelle des Herkunftslandes durchführen lassen. Das dargestellte Verfahren ist aufwendig und sollte vom öffentlichen Auftraggeber nur durchgeführt werden, wenn es sich um komplexe Leistungen handelt. Aufgrund des mit dem Verfahren verbundenen zeitlichen und auch finanziellen Aufwandes sollte es nur in Ausnahmefällen durchgeführt werden. Der öffentliche Auftraggeber wird sich in der Praxis fragen müssen, ob ein solcher Nachweis überhaupt praktikabel ist, was vielfach wohl zu verneinen sein wird, so dass auf ein solches Verfahren verzichtet werden kann. Zum Teil wird sogar darauf abgestellt, dass eine derartige Kontrolle wegen des damit verbundenen finanziellen und

---

[36] OLG Düsseldorf Beschl. v. 25.2.2004 – VII-Verg 77/03; VK Bund Beschl. v. 7.7.2005, VK 2 – 66/05.
[37] OLG Düsseldorf Beschl. v. 7.5.2014 – VII-Verg 46/13; OLG Düsseldorf Beschl. v. 23.5.2012, Verg 4/12; VK Bund Beschl. v. 4.10.2012, VK 2–86/12; OLG Brandenburg Beschl. 5.1.2006 – Verg W 12/05; VK Südbayern Beschl. v. 5.3.2001 – 02 -02/01.
[38] OLG Düsseldorf Beschl. v. 7.5.2014 – VII-Verg 46/13.
[39] OLG Düsseldorf Beschl. v. 23.5.2012 – VII-Verg 4/12.
[40] OLG Düsseldorf Beschl. v. 9.7.2003 – Verg 26/03.
[41] *Werner* in Goede/Stoye/Stolz, Handbuch des Fachanwalts Vergaberecht 2017, 9. Kapitel, Rn. 130.

zeitlichen Aufwandes nur in Ausnahmefällen zulässig sei.[42] In der Regel wird es sich um Leistungen handeln, die aufgrund ihrer Komplexität ein Verhandlungsverfahren oder einen wettbewerblichen Dialog erfordern, da eine solche Vergabe nicht ohne vorherige Verhandlung möglich ist.[43] Komplexe Leistungen im Sinne des § 46 Abs. 3 Nr. 5 VgV sind beispielsweise bedeutsame Verkehrsinfrastrukturprojekte oder große Computernetzwerke bzw. Soft- oder Hardwarebeschaffungen.

VI. Studien- und Ausbildungsnachweise sowie Bescheinigungen über Erlaubnis zur Berufsausübung (§ 46 Abs. 3 Nr. 6 VgV)

Aufgrund der Regelung des § 46 Abs. 3 Nr. 6 VgV kann der öffentliche Auftraggeber **31** Studien- und Ausbildungsnachweise sowie Bescheinigungen über die Erlaubnis zur Berufsausübung fordern. Die Nachweise dürfen für den Inhaber des Unternehmens oder die Führungskräfte gefordert werden.

Allerdings ist hier eine strikte Trennung zwischen Eignungs- und Zuschlagskriterien zu **32** beachten. Nach § 58 Abs. 2 Nr. 2 VgV kann die „Erfahrung und Qualität des eingesetzten Personals" auch als Zuschlagskriterium bewertet werden. Folglich muss der öffentliche Auftraggeber vorab entscheiden, ob die Erfahrung des Personals in Bezug auf Studien- und Ausbildungsnachweise sowie Bescheinigungen über Erlaubnis zur Berufsausübung im Rahmen der Eignungsprüfung oder als Zuschlagskriterium gewertet wird. Es besteht insoweit ein Verbot der doppelten Berücksichtigung.[44]

Kommt der Bieter den Bekanntmachungsvorgaben des Auftraggebers nicht nach, indem **33** er die Studiennachweise der verantwortlichen Personen nicht vorlegt, so unterliegt das Angebot dem zwingenden Ausschluss, sofern dem Bieter hinreichend deutlich war, dass solche Studiennachweise mit dem Angebot hätten beigebracht werden müssen.[45]

Von besonderer Bedeutung ist dabei das europarechtliche Diskriminierungsverbot. Dies **34** hat zur Konsequenz, dass gleichwertige Nachweise aus anderen EU-Mitgliedsstaaten anerkannt werden müssen.[46] Dabei sind insbesondere die Vorgaben der RL 2013/55/EU vom 20. November 2013 zur Änderung der RL 2005/36/EG über die Anerkennung von Berufsqualifikationen und der Verordnung (EU) Nr. 1024/2012 über die Verwaltungszusammenarbeit mit Hilfe des Binnenmarkt-Informationssystems („IMI-Verordnung") zu beachten.

VII. Umweltmanagement (§ 46 Abs. 3 Nr. 7 VgV)

Nach § 46 Abs. 3 Nr. 7 VgV können öffentliche Auftraggeber Angaben der Umwelt- **35** managementmaßnahmen, die das Unternehmen während der Auftragsausführung anwendet, fordern. Wird vom Auftraggeber in Bezug auf das Umweltmanagement ein Nachweis verlangt, der mehr erfasst als eine Eigenerklärung, sind zudem die Vorgaben des § 49 Abs. 2 VgV zu beachten. Danach kann ein Nachweis für Normen des Umweltmanagements bezüglich der technischen Leistungsfähigkeit nur verlangt werden, wenn der Auftrag dies rechtfertigt und die Verhältnismäßigkeit gewahrt bleibt.

VIII. Beschäftigtenzahl, Zahl der Führungskräfte (§ 46 Abs. 3 Nr. 8 VgV)

Des Weiteren kann der öffentliche Auftraggeber nach § 46 Abs. 3 Nr. 8 VgV verlangen, **36** dass vom Bewerber oder Bieter eine Erklärung abgegeben wird, aus der die durchschnittli-

---

[42] *Müller-Wrede* in Müller-Wrede, Kommentar VOF, § 5, Rn. 49.
[43] *Werner* in Goede/Stoye/Stolz, Handbuch des Fachanwalts Vergaberecht 2017, 9. Kapitel, Rn. 129.
[44] *Werner* in Goede/Stoye/Stolz, Handbuch des Fachanwalts Vergaberecht 2017, 9. Kapitel, Rn. 131; *Hausmann/von Hoff* in KKMPP, VgV, § 46 Rn. 25.
[45] VK Bund Beschl. v. 9.10.2009 – VK 1–176/09.
[46] EuGH Urt. v. 9.9.2004 – C-417/02.

che jährliche Beschäftigtenzahl des Unternehmens und die Zahl seiner Führungskräfte in den letzten drei Jahren ersichtlich ist.

37   Die Regelung ermöglicht dem Auftraggeber abzufragen, wie viele Mitarbeiter für den erwarteten Auftrag zur Verfügung stehen. Dabei sollte allerdings die Mitarbeiterzahl des Bewerber- oder Bieterunternehmens, und nicht einer übergeordneten Firmengruppe, abgefragt werden, da nur so Rückschlüsse für die Eignung gezogen werden können. Die Vorgaben sind nur erfüllt, wenn vom Bieter oder Bewerber auch tatsächlich jahresdurchschnittliche Angaben in Bezug auf die letzten drei Jahre gemacht werden.[47]

IX. Verfügbare technische Ausstattung (§ 46 Abs. 3 Nr. 9 VgV)

38   Die Regelung des § 46 Abs. 3 Nr. 9 VgV ermöglicht eine Abfrage über welche Ausstattung, welche Geräte und technische Ausrüstung das Unternehmen für die Ausführung des Auftrags verfügt. Vorlage für die Regelung ist Anlage XII Teil II lit. i) der RL 2014/24/EU. Allerdings ist unklar, welchen Regelungsgehalt die Neuregelung bezweckt. Bereits aus § 46 Abs. 3 Nr. 3 VgV folgt die Beschreibung der technischen Ausrüstung, so dass die Regelung dem Wortlaut nach überflüssig ist.

X. Unteraufträge (§ 46 Abs. 3 Nr. 10 VgV)

39   Aufgrund der Regelung des § 46 Abs. 3 Nr. 10 VgV kann der öffentliche Auftraggeber verlangen, welche Teile des Auftrags das Unternehmen unter Umständen als Unteraufträge zu vergeben beabsichtigt. Die Neuregelung basiert auf Anlage XII Teil II lit. j) der RL 2014/24/EU. Die aus der Richtlinienvorlage übernommene Formulierung *„unter Umständen"* sorgt nicht für Rechtsklarheit, es bleibt offen, was sowohl der europäische als auch der nationale Gesetzgeber damit bezwecken wollte.

40   In Bezug auf Unteraufträge wird ebenfalls in § 36 Abs. 1 VgV geregelt, dass der öffentliche Auftraggeber die Unternehmen in der Auftragsbekanntmachung oder den Vergabeunterlagen auffordern darf, bei der Angebotsabgabe die Teile des Auftrags zu benennen, die sie im Wege der Unterauftragsvergabe an Dritte zu vergeben beabsichtigen. Sofern bereits zumutbar kann auch mit Angebotsabgabe verlangt werden, die Unterauftragnehmer zu benennen.

41   Allerdings dürfte die Zumutbarkeit in einem gestuften Verfahren nur im Rahmen des Teilnahmewettbewerbs vielfach nicht vorliegen, da die Regelung des § 36 Abs. 1 VgV explizit auf das Angebot abstellt. Etwas anderes dürfte gelten, wenn sich die Bewerber im Rahmen des Teilnahmewettbewerbs zum Nachweis ihrer technischen und beruflichen Leistungsfähigkeit der Fähigkeiten anderer Unternehmen bedienen. Für den Fall der Einbeziehung anderer Unternehmen müssen die Bewerber nachweisen, dass ihnen die erforderlichen Mittel zur Verfügung stehen, so dass eine Benennung bereits in diesem frühen Stadium zur Prüfung der Eignung erforderlich ist.

XI. Muster und Bescheinigungen bei Lieferleistungen (§ 46 Abs. 3 Nr. 11 VgV)

42   Die Regelung des § 46 Abs. 3 Nr. 11 VgV gilt nur für Lieferleistungen. Nach lit. a) kann der öffentlich Auftraggeber Muster, Beschreibungen oder Fotografien der zu liefernden Güter verlangen, wobei die Echtheit der Güter auf Verlangen des öffentlichen Auftraggebers nachzuweisen ist. Die Regelung geht also über eine bloße Versicherung im Rah-

---

[47] VK Bund Beschl. v. 26.6.2008 VK 3 71/08.

men der Eigenerklärung hinaus, da Muster, Beschreibungen oder Fotografien beigefügt werden müssen.

Nach lit. b) kann der öffentliche Auftraggeber zudem Bescheinigungen, die von als zu- 43
ständig anerkannten Instituten oder amtlichen Stellen für Qualitätskontrolle ausgestellt wurden, verlangen. Diese müssen bestätigen, dass die durch entsprechende Bezugnahmen genau bezeichneten Güter den bestimmten technischen Anforderungen oder Normen entsprechen.

Der Auftraggeber kann folglich verlangen, dass die zu liefernden Waren den in § 31 44
Abs. 2 Nr. 2 VgV aufgeführten technischen Anforderungen entsprechen.

§ 47 Eignungsleihe

(1) Ein Bewerber oder Bieter kann für einen bestimmten öffentlichen Auftrag im Hinblick auf die erforderliche wirtschaftliche und finanzielle sowie die technische und berufliche Leistungsfähigkeit die Kapazitäten anderer Unternehmen in Anspruch nehmen, wenn er nachweist, dass ihm die für den Auftrag erforderlichen Mittel tatsächlich zur Verfügung stehen werden, indem er beispielsweise eine entsprechende Verpflichtungserklärung dieser Unternehmen vorlegt. Diese Möglichkeit besteht unabhängig von der Rechtsnatur der zwischen dem Bewerber oder Bieter und den anderen Unternehmen bestehenden Verbindungen. Ein Bewerber oder Bieter kann jedoch im Hinblick auf Nachweise für die erforderliche berufliche Leistungsfähigkeit wie Ausbildungs- und Befähigungsnachweise nach § 46 Absatz 3 Nummer 6 oder die einschlägige berufliche Erfahrung die Kapazitäten anderer Unternehmen nur dann in Anspruch nehmen, wenn diese die Leistung erbringen, für die diese Kapazitäten benötigt werden.

(2) Der öffentliche Auftraggeber überprüft im Rahmen der Eignungsprüfung, ob die Unternehmen, deren Kapazitäten der Bewerber oder Bieter für die Erfüllung bestimmter Eignungskriterien in Anspruch nehmen will, die entsprechenden Eignungskriterien erfüllen und ob Ausschlussgründe vorliegen. Legt der Bewerber oder Bieter eine Einheitliche Europäische Eigenerklärung nach § 50 vor, so muss diese auch die Angaben enthalten, die für die Überprüfung nach Satz 1 erforderlich sind. Der öffentliche Auftraggeber schreibt vor, dass der Bewerber oder Bieter ein Unternehmen, das das entsprechende Eignungskriterium nicht erfüllt oder bei dem zwingende Ausschlussgründe nach § 123 des Gesetzes gegen Wettbewerbsbeschränkungen vorliegen, ersetzen muss. Er kann vorschreiben, dass der Bewerber oder Bieter auch ein Unternehmen, bei dem fakultative Ausschlussgründe nach § 124 des Gesetzes gegen Wettbewerbsbeschränkungen vorliegen, ersetzen muss. Der öffentliche Auftraggeber kann dem Bewerber oder Bieter dafür eine Frist setzen.

(3) Nimmt ein Bewerber oder Bieter die Kapazitäten eines anderen Unternehmens im Hinblick auf die erforderliche wirtschaftliche und finanzielle Leistungsfähigkeit in Anspruch, so kann der öffentliche Auftraggeber eine gemeinsame Haftung des Bewerbers oder Bieters und des anderen Unternehmens für die Auftragsausführung entsprechend dem Umfang der Eignungsleihe verlangen.

(4) Die Absätze 1 bis 3 gelten auch für Bewerber- oder Bietergemeinschaften.

(5) Der öffentliche Auftraggeber kann vorschreiben, dass bestimmte kritische Aufgaben bei Dienstleistungsaufträgen oder kritische Verlege- oder Installationsarbeiten im Zusammenhang mit einem Lieferauftrag direkt vom Bieter selbst oder im Fall einer Bietergemeinschaft von einem Teilnehmer der Bietergemeinschaft ausgeführt werden müssen.

Übersicht

	Rn.			Rn.
A. Einführung	1		IV. Einschränkungsmöglichkeiten der Eignungsleihe	26
I. Literatur	1		VI. Unterscheidung zur Unterbeauftragung	29
II. Entstehungsgeschichte	2			
III. Rechtliche Vorgaben im EU-Recht	4		VII. Eignungsprüfung durch den Auftraggeber nach § 47 Abs. 2 VgV	33
B. Anforderungen	7		VIII. Die gemeinsame Haftung nach § 47 Abs. 3 VgV	38
I. Vorgaben des § 47 Abs. 1 VgV	8			
1. Nachweis der Verfügbarkeit durch den Bewerber oder Bieter	10		IX. Geltung für Bewerber- und Bietergemeinschaften nach § 47 Abs. 4 VgV	41
2. Zeitpunkt der Benennung	12			
II. Vorgaben des § 47 Abs. 1 S. 2 VgV	15		X. Selbstausführung nach § 47 Abs. 5 VgV	45
III. Die Neuregelung des § 47 Abs. 1 S. 3 VgV: Strenge Anforderung bei beruflicher Leistungsfähigkeit	19			

A. Einführung

I. Literatur

Conrad, Die vergaberechtliche Unterscheidung zwischen Nachunternehmereinsatz und Eignungsleihe, Ver- **1**
gabeR 2012, 15–21; *Fock/Geuenich-Schmitt,* Die Eignungsleihe: same same but different – oder doch ganz
anders? VergabeR 2017, 422–433; *Friton,* Die Festlegung und Erfüllung von Eignungsparametern nach den
EU-Vergaberichtlinien und die Umsetzung im GWB-Vergaberecht, 1. Auflage 2016, Dissertation; *Goede/
Stoye/Stolz,* Handbuch des Fachanwalts Vergaberecht, 1. Auflage, 2017; *Hermann,* Anmerkung zur Vorabentscheidung; technische und berufliche Leistungsfähigkeit; Eignungsleihe; Änderung des Angebots; Klarstellung; elektronische Auktion; Recht auf Teilnahme – VergabeR 2016, 462–475; *Losch,* Die Vergaberechtsmodernisierung, 2016, VergabeR 2017, 275–285; *Neun/Otting,* Die Entwicklung des europäischen
Vergaberechts 2015/2016, EuZW 2016, 486–493; *Rosenkötter/Bary,* Eignungsleihe doch nur als Nachunternehmer, NZBau 2012, 486–488.

II. Entstehungsgeschichte

Das Institut der Eignungsleihe hat seine Ursprünge in der Rechtsprechung des EuGH. **2**
Bereits 1994 entschied dieser auf eine belgische Vorlagefrage, dass ein Unternehmen seine
technische, finanzielle und wirtschaftliche Leistungsfähigkeit durch Verweis auf die Referenzen eines verbundenen Unternehmens nachweisen kann.[1] Dazu müsse es belegen, dass
es zur Ausführung der Aufträge tatsächlich über die diesen Unternehmen zustehenden
Mittel verfügen kann. Die Rechtsprechung des EuGH wurde in der RL 2004/18/18EG
umgesetzt, so dass die Einbeziehung von Drittunternehmen bereits unter Anwendung des
alten Vergaberechts zulässig war.

Vorläuferregelungen von § 47 VgV sind die Regelungen des § 7 EG Abs. 9 VOL/A und **3**
§ 5 Abs. 6 VOF, welche die europarechtlichen Vorgaben der in Art. 47 Abs. 2 und 3 sowie
in Art. 48 Abs. 3 und 4 der Vergabekoordinierungsrichtlinie RL 2004/18/EG umsetzten.
Nach dem Wortlaut dieser Regelungen stand es den Bewerbern bzw. Bietern unabhängig
vom rechtlichen Charakter der Verbindung zu den Drittunternehmen frei, sich zum
Nachweis der Leistungsfähigkeit und Fachkunde der Fähigkeiten anderer Unternehmen zu
bedienen, wenn sie dem Auftraggeber nachweisen, dass ihnen die zur Erfüllung erforderlichen Mittel zur Verfügung standen.

III. Rechtliche Vorgaben im EU-Recht

§ 47 VgV dient der Umsetzung von Art. 63 der RL 2014/24/EU, der die Inanspruch- **4**
nahme der Kapazitäten anderer Unternehmen regelt. Die Vorgaben der neuen Richtlinienvorschrift sind wesentlich detaillierter als die der Altregelungen in Art. 47 Abs. 2 und 3
sowie in Art. 48 Abs. 3 und 4 der RL 2004/18/EG. Auch werden durch die Richtlinienvorgabe strengere Anforderungen an die Eignungsleihe als bisher gestellt, worauf im Rahmen der Kommentierung des § 47 VgV eingegangen wird.

Die Regelung des § 47 Abs. 1 VgV setzt die Vorschrift des Art. 63 Abs. 1 Unterabs. 1 **5**
der RL 2014/24/EU um. § 47 Abs. 2 VgV dient der Umsetzung von Art. 63 Abs. 1
Unterabs. 2 RL 2014/24/EU und betrifft die Überprüfung der Eignung des anderen Unternehmen. Hingegen dient § 47 Abs. 2 S. 2 VgV der Umsetzung von Art. 59 Abs. 1 Unterabs. 2 der RL 2014/24/EU und beinhaltet Vorgaben zur Einheitlichen Europäischen
Eigenerklärung.

Der dritte Absatz der Neuregelung dient der Umsetzung des Art. 63 Abs. 1 Unterabs. 3 **6**
RL 2014/24/EU und gibt dem Auftraggeber die Möglichkeit eine gemeinsame Haftung

---

[1] EuGH Urt. v. 14.4.1994, Rs. C-389/92, Ballast Nedam Groep I, Rn. 17.

zu verlangen. Abs. 4 setzt Art. 63 Abs. 1 Unterabs. 4 um, die Regelung des Abs. 5 dient
der Umsetzung von Art. 63 Abs. 2 der RL 2014/24/EU.

B. Anforderungen

7   Die in § 47 VgV statuierte Eignungsleihe regelt, wann ein Bewerber oder Bieter für den
Nachweis der Eignung die Kapazitäten anderer Unternehmen in Anspruch nehmen darf,
um Eignungsdefizite im Hinblick auf die wirtschaftliche und finanzielle oder technische
und berufliche Leistungsfähigkeit auszugleichen. Das Institut der Eignungsleihe erleichtert
insbesondere kleinen und mittleren Unternehmen den Zugang zu öffentlichen Aufträgen.[2]
Hintergrund der Eignungsleihe ist die Bestrebung den Bereich des öffentlichen Auftragswesens einem möglichst umfassenden Wettbewerb zu öffnen.[3]

I. Vorgaben des § 47 Abs. 1 VgV

8   Nach § 47 Abs. 1 S. 1 VgV kann ein Bewerber oder Bieter für einen bestimmten öffentlichen Auftrag im Hinblick auf die erforderliche wirtschaftliche und finanzielle sowie die
technische und berufliche Leistungsfähigkeit die Kapazitäten anderer Unternehmen in Anspruch nehmen.[4]

9   Durch den Rückgriff auf fremde Kapazitäten wird es dem Bewerber oder Bieter ermöglicht eigene Defizite hinsichtlich der Leistungsfähigkeit nach § 122 Abs. 2 GWB auszugleichen. Demzufolge muss dieser nicht selbst alle geforderten Eignungsanforderungen erfüllen, sondern kann sich für die Eignungsprüfung auf Kapazitäten eines Dritten berufen.[5] In
der Praxis bedienen sich Unternehmen vielfach der Eignungsleihe, wenn sie zwar selber in
der Lage sind, die Leistung zu erbringen, sie jedoch nicht oder noch nicht über entsprechende Referenzen verfügen.

1. Nachweis der Verfügbarkeit durch den Bewerber oder Bieter

10   Der Bewerber oder Bieter, der sich im Rahmen der Eignung auf Kapazitäten eines anderes Unternehmen beruft, muss dem öffentlichen Auftraggeber nachweisen, dass ihm die
für den Auftrag erforderlichen fremden Ressourcen tatsächlich auch dann zur Verfügung
stehen, wenn sie im Zuge der Auftragsdurchführung gebraucht werden.[6] Der Nachweis der
Verfügbarkeit der „geliehenen" Kapazitäten ist Voraussetzung für eine positive Eignungsprüfung. Die geliehene Eignung muss demnach vom Bewerber oder Bieter in derselben
Art und Weise nachgewiesen werden, wie vom Auftraggeber vom jedem Bewerber bzw.
Bieter gefordert.[7]

11   Für den Nachweis reicht bereits die in § 47 Abs. 1 S. 1 VgV exemplarisch aufgeführte
Verpflichtungserklärung aus. Andere Nachweismöglichkeiten sind möglich, wenn sich aus
diesen ergibt, dass die geliehene Eignung abgerufen werden kann. Grundsätzlich ist der
öffentliche Auftraggeber nicht berechtigt eine konkrete Nachweisform – wie beispielsweise
die Verpflichtungserklärung – vorzuschreiben bzw. andere Nachweise auszuschließen.[8]

---

[2] EuGH Urt. v. 7.4.2016 – Rs. C-324/14, Partner Apelski Dariusz/Zarzd Oczyszczania Miasta, Rn. 34.

[3] EuGH Urt. v. 18.10.2012 – Rs. C-218/11, Édukövízig und Hochtief Solutions, Rn. 3; EuGH Urt. v.
10.10.2013 – Rs. C-94/12, Swm Costruzioni 2 SpA, Mannocchi Luigino DI, Rn. 34; EuGH Urt. v.
7.4.2016 – Rs. C-324/14, Partner Apelski Dariusz/Zarzd Oczyszczania Miasta, Rn. 34.

[4] BT Drs. 18/7318, S. 184.

[5] *Losch* Die Vergaberechtsmodernisierung, 2016, VergabeR 2017, 275, 276.

[6] *Friton* Die Festlegung und Erfüllung von Eignungsparametern nach den EU-Vergaberichtlinien und die
Umsetzung im GWB-Vergaberecht, S. 452; *Fock/Geuenich-Schmitt* Die Eignungsleihe: same same but different – oder doch ganz anders? VergabeR 2017, 422, 423.

[7] *Losch* Die Vergaberechtsmodernisierung 2016, VergabeR 2017, 275, 278.

[8] EuGH Urt. v. 14.1.2016, Rs. C-234/14.

2. Zeitpunkt der Benennung

Aus der Regelung des $\S$ 47 Abs. 1 S. 1 VgV folgt nicht, zu welchem Zeitpunkt der **12** Nachweis zur Verfügbarkeit vorzulegen ist. In der Praxis stellt sich die Frage, ob es dem Bewerber bereits im Teilnahmeverfahren zumutbar ist, die entsprechende Verpflichtungserklärungen vorzulegen. Bei der Benennung von Nachunternehmern wurde in der Rechtsprechung darauf abgestellt, dass eine Benennung mit Abgabe des Teilnahmeantrags oder Angebotes unzumutbar sein kann.[9] Bei der Eignungsleihe ist in Bezug auf die einschlägige Verfahrensart zu differenzieren, wann die zu fordernden Erklärungen abzugeben sind:

Bei einem vorgeschalteten Teilnahmewettbewerb wird die Eignungsprüfung vorgezogen. **13** Ohne einen Verfügbarkeitsnachweis des Verleihers kann die Eignung des Bewerbers nicht durch den öffentlichen Auftraggeber geprüft werden, so dass bereits im Stadium des Teilnahmewettbewerbs Nachweise angefordert werden sollten.

In einem offenen Verfahren ist es ausreichend, wenn nur das Unternehmen, welches den **14** Zuschlag erhalten soll, zur Vorlage eines Verfügbarkeitsnachweises aufgefordert wird. Gleiches gilt auch in Bezug auf die Einheitliche Europäische Eigenerklärung. Das Unternehmen muss den Nachweis zur Eignung erst führen, wenn es zur Zuschlagserteilung vorgesehen ist, was aus $\S$ 50 Abs. 2 S. 2 VgV folgt.

II. Vorgaben des $\S$ 47 Abs. 1 S. 2 VgV

Nach $\S$ 47 Abs. 1 S. 2 VgV besteht die Möglichkeit der Eignungsleihe unabhängig von **15** der Rechtsnatur der zwischen dem Bewerber bzw. Bieter und den anderen Unternehmen bestehenden Verbindungen.

Der Bieter kann den rechtlichen Charakter der Verbindungen, die er zu den Unterneh- **16** men herzustellen beabsichtigt, auf deren Kapazitäten er sich für die Zwecke der Ausführung eines bestimmten Auftrags stützt und die Art und Weise des Nachweises des Bestehens dieser Verbindungen, frei wählen.[10] Auf eine gesellschaftsrechtliche Verbundenheit zwischen dem Eignungsleiher und dem einbezogenen anderen Unternehmen kommt es nicht an.[11] Allerdings reicht eine reine Konzernverbundenheit nicht für den Nachweis aus, dass tatsächlich auf die Kapazitäten und Fähigkeiten des verbundenen Unternehmens zurückgegriffen werden kann.[12]

In einem neueren Urteil verneinte der EuGH die Pflicht zum Abschluss eines Koopera- **17** tions- oder Gesellschaftsvertrages mit dem betreffenden Drittunternehmen.[13] Zwar habe ein Bieter, der sich auf die finanzielle und wirtschaftliche Leistungsfähigkeit eines Drittunternehmens beruft, nachzuweisen, dass er tatsächlich über die diesen Drittunternehmen zustehenden Mittel verfügt. Allerdings dürfe der Auftraggeber nicht von vornherein bestimmte Beweismittel ausschließen. Es steht dem Bieter frei, sowohl den rechtlichen Charakter der Verbindung zum Drittunternehmen als auch die Art und Weise des Nachweises frei zu wählen.

Zulässig ist ebenfalls die Eignungsleihe von mehreren Unternehmen.[14] Der EuGH hat **18** auf die Möglichkeit eines Bewerbers hingewiesen, zur Ausführung eines Auftrags – gegebenenfalls über seine eigenen Mittel hinaus – Mittel einzusetzen, die einer oder mehreren anderen Einrichtungen gehören.[15]

---

[9] BGH Urt. v. 10.6.2008, X ZR 78/07.
[10] EuGH Urt. v. 14.1.2016, Rs. -234/14, Rn. 28.
[11] OLG Düsseldorf Beschl. v. 23.6.2010, Verg 18/10.
[12] VK Bund Beschl. v. 29.12.2006, VK 2–128/06.
[13] EuGH Urt. v. 14.1.2016, Rs. C-234/14, „Ostas celtnieks" SIA/Talsu nova-da pašvald ba, Rn. 28.
[14] *Losch* Die Vergaberechtsmodernisierung 2016, VergabeR 2017, 275, 278; EuGH Urt. v. 10.10.2013, Rs. C-94/12, Swm Costruzioni 2 SpA, Mannocchi Luigino DI.
[15] EuGH Urt. v. 10.10.2013, Rs. C-94/12, Swm Costruzioni 2 SpA, Mannocchi Luigino DI; EuGH Urt. v. 18.3.2004, Rs. C-314/01, Siemens AG Österreich, ARGE Telekom & Partner/Hauptverband der österreichischen Sozialversicherungsträger.

III. Die Neuregelung des § 47 Abs. 1 S. 3 VgV: Strenge Anforderung bei beruflicher Leistungsfähigkeit

19   Nach § 47 Abs. 1 S. 3 VgV kann ein Bewerber oder Bieter im Hinblick auf Nachweise für die erforderliche berufliche Leistungsfähigkeit wie Ausbildungs- und Befähigungsnachweise nach § 46 Abs. 3 Nr. 6 VgV oder die einschlägige berufliche Erfahrung die Kapazitäten anderer Unternehmen nur in Anspruch nehmen, wenn diese die Leistung erbringen, für die diese Kapazitäten benötigt werden.

20   Demnach unterliegt seit der Vergaberechtsreform die Eignungsleihe strengeren Anforderungen. Aufgrund des Wortlauts muss derjenige, der sich zum Nachweis der beruflichen Erfahrung eines Dritten bedient, diesen im Auftragsfall auch einsetzen. Werden vom öffentlichen Auftraggeber Studien-, Ausbildungs- oder andere Qualifikationsnachweise gefordert, kann der Bewerber bzw. Bieter sich auf diese Nachweise eines Dritten nur berufen, wenn der Verleiher an der Auftragsausführung beteiligt ist. Der Verleiher der Leistung, dessen Kapazitäten benötigt werden, muss also als Nachunternehmer für den Bewerber bzw. Bieter eingesetzt werden. Konsequenz der Neuregelung ist bei wortlautgetreuer Anwendung, dass in Fällen, in denen sich auf die „einschlägige berufliche Erfahrung" des Verleihers berufen wird, eine aktive Mitwirkung des Verleihers erforderlich ist, der dem Einsatz eines Nachunternehmers ähnelt.

21   Die Neuregelung wirft die Frage auf, ob eine Abkehr von der bisherigen Rechtsprechung des EuGH und der nationalen Vergabekammern und Gerichte in Bezug auf die Eignungsleihe zu sehen ist. Im Gegensatz zur bislang bekannten Praxis wäre das Institut der Eignungsleihe hinsichtlich der beruflichen Leistungsfähigkeit stark eingeschränkt. Bislang war es nicht erforderlich, dass der Eignungsverleiher operativ an der Auftragsdurchführung mitwirkt, vielmehr reichte die bloße Zugriffsmöglichkeit auf die Erfahrung und Kapazitäten Dritter aus. Eine bisher als ausreichend angesehene Erklärung, der Bieter würde im Auftragsfall zur Verfügung stehen, reicht aufgrund des Wortlauts nicht mehr aus.

22   Konsequenz ist eine Aufweichung der Unterscheidung zwischen Eignungsleihe und Nachunternehmereinsatz bei der beruflichen Leistungsfähigkeit, da zwingend der Einsatz des Nachunternehmens erforderlich wäre.[16] Dies steht in einem Widerspruch zum Sinn und Zweck der Eignungsleihe, der große Bedeutung bei der Bestrebung zukommt, das öffentliche Auftragswesen einem möglichst umfassenden Wettbewerb zu öffnen. Weder der Begründung zur VgV noch den Erwägungen des europäischen Richtliniengebers lässt sich entnehmen, dass eine derart einschneidende Reform geplant war.

23   Vielmehr führt die Bundestagsdrucksache explizit auf: *„Während im Rahmen der Vergabe von Unteraufträgen ein Teil des Auftrags durch den Bewerber oder Bieter auf eine dritte Person übertragen wird, die dann diesen Teil ausführt, beruft sich bei der Eignungsleihe der Bewerber oder Bieter für die Eignungsprüfung auf die Kapazitäten eines Dritten, ohne dass er zwingend zugleich diesen mit der Ausführung eines Teils des Auftrags beauftragen muss. "*[17]

24   In der Praxis sollte der öffentliche Auftraggeber, der die Beschränkungsmöglichkeit des § 47 Abs. 1 S. 3 VgV nutzt, in den Vergabeunterlagen deutlich machen, auf welche Leistungselemente sich die Anforderungen an die Eignungsnachweise nach § 46 Abs. 3 Nr. 6 VgV beziehen.[18] Sowohl der Vergabestelle als auch dem Bewerber bzw. Bieter ist zu raten, zukünftig genau zwischen technischer und beruflicher Leistungsfähigkeit zu differenzieren: Im Hinblick auf die berufliche Leistungsfähigkeit gelten für die Eignungsleihe nach dem Wortlaut der Regelung strengere Vorgaben. Bei der technischen Leistungsfähigkeit bleibt alles beim Alten, so dass weiterhin eine Verpflichtungserklärung ausreicht. Bei der Berufung auf die berufliche Erfahrung müsste der Dritte im Auftragsfall dann auch die Leistun-

---

[16] *Fock/Geuenich-Schmitt* Die Eignungsleihe: same same but different – oder doch ganz anders?, VergabeR 2017, 422, 429.

[17] BT Drs. 18/7318, 184.

[18] EuGH Urt. v. 7.4.2016, Rs. C-324/14.

gen erbringen. Wenn die berufliche Erfahrung für den öffentlichen Auftraggeber von so herausragender Bedeutung ist, ist es zumindest nachvollziehbar, dass der Einsatz dieser qualifizierten Personen durch den entsprechenden persönlichen Einsatz sichergestellt wird.[19]

Auch in diesen Fällen der Einschränkung hat der öffentliche Auftraggeber in den Verga- **25** beunterlagen deutlich zu machen, auf welche Leistungselemente sich die erhöhten Anforderungen an die Eignungsleihe beziehen.

IV. Einschränkungsmöglichkeiten der Eignungsleihe

Auch vor der Vergaberechtsreform und der Einführung des § 47 Abs. 1 S. 3 VgV war **26** anerkannt, dass eine Berufung auf Kapazitäten Dritter im Rahmen der Eignungsleihe nicht ausnahmslos möglich ist.[20] Eine Eignungsleihe kann in besonderen Fällen oder bei Vorliegen außergewöhnlicher Umstände beschränkt werden oder ausscheiden, insbesondere dann, wenn der Auftrag die Kapazität eines einzigen Unternehmens zwingend erfordert.[21] Dies kann dann vorliegen, wenn die Erfüllung von Mindestanforderungen durch einen einzigen Wirtschaftsteilnehmer aufgrund der besonderen Art des Auftrags notwendig und erforderlich erscheint.

In einem Urteil zur alten Rechtslage aus dem Jahr 2016 zum Winterdienst der Straßen- **27** reinigung in Warschau betonte der EuGH, dass bei Vorliegen besonderer Umstände das Recht des Bieters auf Eignungsleihe eingeschränkt werden kann.[22] In der zugrunde liegenden Ausschreibung sollte jeder Bieter darlegen, inwieweit er die Dienstleistungen zur Straßenunterhaltung im Winter erbringt. Ein Unternehmen berief sich auf die Eignung eines anderen Unternehmens, dessen Firmensitz ca. 230 km von Warschau entfernt war. Das Angebot des Bieters wurde abgelehnt, da das Unternehmen nicht selbst an der Auftragsdurchführung beteiligt werden sollte. Die Winterreinigung erfordere spezielle Kompetenzen und unverzügliches Reagieren. Aufgrund der räumlichen Entfernung könne das Drittunternehmen nicht unmittelbar an der an der Auftragsausführung beteiligt werden.

Nach Auffassung des EuGH lässt sich nicht ausschließen, dass Arbeiten aufgrund ihrer **28** Besonderheit eine bestimmte Kapazität erfordern, die sich durch die Zusammenfassung kleinerer Kapazitäten mehrerer Betriebe möglicherweise nicht erlangen lässt.[23] Insbesondere in Fällen, in denen sich die Kapazitäten, über die ein Drittunternehmen verfügt und die für die Ausführung des Auftrags erforderlich sind, nicht auf den Bewerber oder Bieter übertragen lassen, liegen besondere Umstände vor, die eine Einschränkung der Eignungsleihe zulassen.[24] Dann ist nur eine Eignungsleihe möglich, wenn sich das betreffende Drittunternehmen unmittelbar und persönlich an der Ausführung des Auftrags als Nachunternehmer beteiligt. Ebenso können durch die Eigenart eines Auftrags und der damit verfolgten Ziele besondere Umstände begründet werden können, die einer Eignungsleihe entgegenstehen.[25]

VI. Unterscheidung zur Unterbeauftragung

Die Abgrenzung zwischen Eignungsleihe und der Unterbeauftragung i. S. d. § 36 VgV **29** kann problematisch sein, da die Übergänge fließend sind.[26] Beide Begrifflichkeiten dürfen nicht miteinander vermengt und im Sinne einer Identität verstanden werden.[27]

---

[19] *Fock/Geuenich-Schmitt* Die Eignungsleihe: same same but different – oder doch ganz anders?, VergabeR 2017, 422, 433.

[20] *Losch* Die Vergaberechtsmodernisierung, 2016, VergabeR 2017, 275, 277.

[21] EuGH Urt. v. 10.10.2013 – Rs. C-94/12.

[22] EuGH Urt. v. 7.4.2016 – Rs. C-324/14, Partner Apelski Dariusz/Zarzd Oczyszczania Miasta.

[23] EuGH Urt. v. 7.4.2016 – Rs. C-324/14, Partner Apelski Dariusz/Zarzd Oczyszczania Miasta.

[24] EuGH Urt. v. 7.4.2016 – Rs. C-324/14, Partner Apelski Dariusz/Zarzd Oczyszczania Miasta, Rn. 49.

[25] *Neun/Otting* Die Entwicklung des europäischen Vergaberechts 2015/2016, EuZW 2016, 486, 489.

[26] *Rosenkötter/Bary* Eignungsleihe doch nur als Nachunternehmer, NZBau 2012, 486.

[27] OLG Düsseldorf Beschl. v. 30.6.2010, VII-Verg 13/10; VK Sachsen Beschl. v. 7.6.2016, 1/SVK/010–16.

30   Bei einer Vergabe von Unteraufträgen werden Teile des Auftrags durch den Bewerber oder Bieter auf eine dritte Person übertragen.[28] Der Nachunternehmer erbringt im Fall des Zuschlags an den Bieter zwingend Teile der Leistung, zu deren Erbringung sich der Bieter gegenüber dem öffentlichen Auftraggeber vertraglich verpflichtet hat. Nachunternehmer sind in der Regel rechtlich selbständige Unternehmen, die vom Auftragnehmer zur Erbringung eines Teils der ausgeschriebenen Leistungen herangezogen werden und die in keiner vertraglichen Beziehung zum Auftraggeber stehen. Bei der Unterauftragsvergabe besteht ein Vertragsverhältnis zwischen Bewerber bzw. Bieter und dem Nachunternehmer als drittem Unternehmen.

31   Im Gegensatz dazu, beruft sich bei der Eignungsleihe der Bewerber oder Bieter auf die Kapazitäten eines Dritten.[29] Es wird „lediglich" auf das Know-how des Drittunternehmens oder auf Arbeitsmittel zurückgegriffen, der Auftrag an sich jedoch vom bietenden Unternehmen selbst durchgeführt wird.[30] Der Verleiher muss aber im Gegensatz zum Subunternehmer nicht zwingend mit der Ausführung des Auftrags beauftragt werden. Die Eignungsleihe setzt grundsätzlich auch kein bestimmtes Rechtsverhältnis zwischen dem Bewerber bzw. Bieter und dem Dritten voraus. Dem Bereich der Eignungsleihe zuzuordnen sind Fälle, bei denen Hilfeleistung durch Beratung und Unterstützung gewährt wird oder dem Bieter die notwendigen Geräte vermietet werden.[31]

32   In der Regel ist es also möglich, beide Institute voneinander zu unterscheiden, da die Eignungsleihe gerade nicht vom Einsatz des Unternehmers als Nachunternehmer abhängig sein soll. An der Eignungsleihe wurde teilweise kritisiert, dass auch eine rein virtuelle Berufung auf die Kapazitäten anderer Unternehmen ausreicht, um sich im Wege der Eignungsleihe als geeigneter Bewerber in einem Vergabeverfahren anzubieten.[32] Allerdings sollte hierbei insbesondere die aufgezeigte Neuregelung des § 47 Abs. 1 S. 3 VgV berücksichtigt werden, die im Hinblick auf die berufliche Leistungsfähigkeit strengere Anforderungen an eine Eignungsleihe stellt und dazu beiträgt, dass Eignungsleihe und Unteraufträge teilweise ineinander übergehen.[33]

VII. Eignungsprüfung durch den Auftraggeber nach § 47 Abs. 2 VgV

33   Nach § 47 Abs. 2 VgV überprüft der öffentliche Auftraggeber im Rahmen der Eignungsprüfung, ob die Unternehmen, deren Kapazitäten der Bewerber oder Bieter für die Erfüllung bestimmter Eignungskriterien in Anspruch nehmen will, die entsprechenden Eignungskriterien erfüllen und ob Ausschlussgründe vorliegen. Eine solche Verpflichtung des Auftraggebers bestand bereits vor der Vergaberechtsreform. Ein Bewerber oder Bieter ist ungeeignet, wenn er sich auf ein ungeeignetes bzw. zwingend auszuschließendes Unternehmen beruft.

34   Nach § 47 Abs. 2 S. 3 VgV schreibt der öffentliche Auftraggeber dem Bewerber oder Bieter vor, dass diese Unternehmen, welche die entsprechende Eignungskriterien nicht erfüllen oder bei denen zwingende Ausschlussgründe nach § 123 GWB vorliegen, ersetzen muss. Bei Vorliegen eines zwingenden Ausschlussgrundes dürfen diese Unternehmen auch nicht aufgrund einer Eignungsleihe indirekt am Vergabeverfahren beteiligt werden.

---

[28] *Conrad* Die vergaberechtliche Unterscheidung zwischen Nachunternehmereinsatz und Eignungsleihe, VergabeR 2012, 15, 18.

[29] Goede/Stoye/Stolz Handbuch des Fachanwalts Vergaberecht, 2017, Kapitel 9, Rn. 143.

[30] *Fock/Geuenich-Schmitt* Die Eignungsleihe: same same but different – oder doch ganz anders?, VergabeR 2017, 422, 426.

[31] OLG Düsseldorf Beschl. v. 30.6.2010, VII Verg 13/10, Rn. 37, 39.

[32] Vgl. *Hermann* Anmerkung zu Vorabentscheidung; technische und berufliche Leistungsfähigkeit; Eignungsleihe; Änderung des Angebots; Klarstellung; elektronische Auktion; Recht auf Teilnahme – VergabeR 2016, 462, 474.

[33] VgV § 47.

Dem Bewerber oder Bieter wird allerdings durch § 47 Abs. 2 S. 3 VgV eine Nachbesse- 35
rungsmöglichkeit eingeräumt, die neben § 56 Abs. 2 VgV tritt und vorliegend als speziel-
re Regelung anzuwenden ist. Für den öffentlichen Auftraggeber bedeutet dies folgendes:
Er muss das Unternehmen explizit informieren, weshalb die Eignung abgelehnt wurde, so
dass es von der Nachbesserungsmöglichkeit Gebrauch machen kann. Der Verordnungsgeber hat sich dagegen entschieden, den Bieter oder Bewerber auszuschließen, der aufgrund
der Eignungsleihe nicht über die geforderte Eignung verfügt.

Der öffentliche Auftraggeber kann dem Bewerber oder Bieter für die Nachforderung 36
eine Frist setzen. In der Praxis sollte der öffentliche Auftraggeber davon zwingend Gebrauch machen. Vorgaben zur Länge der Frist finden sich nicht in der VgV, diese sollte
angemessen sein und je nach Verfahren zwischen einer und zwei Wochen betragen. Sollte
der Bewerber bzw. Bieter trotz Nachforderung die Vorgaben des § 123 GWB nicht erfüllen, führt dies zum Ausschluss. Trotz fehlender Regelung in der VgV wird dem Bewerber
bzw. Bieter nur eine Chance eingeräumt, seinen Fehler zu korrigieren. Eine weitergehende
zweite Möglichkeit zur Korrektur besteht hingegen nicht.

Bei Vorliegen eines fakultativen Ausschlussgrundes nach § 124 GWB liegt die Entschei- 37
dung im Ermessen des Auftraggebers. Im Rahmen seines Ermessens kann er nach Satz 4
vorschreiben, dass der Bewerber oder Bieter auch ein Unternehmen, bei dem fakultative
Ausschlussgründe vorliegen, ersetzen muss. Wird der Verleiher der Eignung nicht ausgeschlossen, hat der Auftraggeber zu prüfen, ob dieser die Elemente der Leistungsfähigkeit in
seiner Person aufweist, auf die sich der Bewerber oder Bieter beruft. Des Weiteren hat der
Auftraggeber zu prüfen, ob diese fremden Kapazitäten auch genutzt werden können, wenn
sie benötigt werden.

VIII. Die gemeinsame Haftung nach § 47 Abs. 3 VgV

Nach § 47 Abs. 3 VgV kann der öffentliche Auftraggeber eine gemeinsame Haftung des 38
Bewerbers oder Bieters und des anderen Unternehmens für die Auftragsausführung entsprechend dem Umfang der Eignungsleihe verlangen. Eine solche gemeinsame Haftung
kann vom Auftraggeber nur in Bezug auf eine Eignungsleihe verlangt werden, welche die
wirtschaftliche und finanzielle Leistungsfähigkeit betrifft. Allerdings ist die Regelung des
§ 47 Abs. 3 VgV in Bezug auf die gemeinsame Haftung nicht eindeutig. Aus ihr geht nicht
explizit hervor, für was der Verleiher haften soll.

Die nationale Regelung weicht von den Vorgaben der zugrundeliegenden Richtlinien- 39
regelung in Art. 63 RL 2014/24/EU ab. Diese ist hinsichtlich der Haftung weitergehender. In der Richtliniennorm bezieht sich die Haftungsregelung auf die gesamte Auftragsausführung und nicht – wie in der nationalen Regelung – nur auf die Eignungsleihe.
Die vom Verordnungsgeber vorgenommene Beschränkung der Haftung auf die Eignungsleihe hat zur Konsequenz, dass der Verleiher nur noch für den Umfang haftet, der vom
Verleiher im Rahmen der Eignungsleihe erbracht wird.

Der Wortlaut des § 47 Abs. 3 VgV bezieht sich nur auf die wirtschaftliche und finanziel- 40
le Leistungsfähigkeit. Daraus lässt sich schlussfolgern, dass sich die Haftungsregelung nur auf
diese Form der Eignungsleihe beziehen. Andere Formen der Eignungsleihe, wie z.B. eine
rein technische Eignungsleihe, werden nicht von der Regelung erfasst. Erfolgt also die Eignungsleihe zum Nachweis der technischen Leistungsfähigkeit, verbleibt es bei den durch
den EuGH aufgestellten Grundsätzen, ohne dass eine gemeinsame Haftung gefordert werden darf.[34] Um Unklarheiten in Bezug auf die Haftung zu vermeiden, sollte der der öffentliche Auftraggeber in der Bekanntmachung genau darstellen, worauf sich die gemeinsame
Haftung bezieht.

---

[34] *Losch* Die Vergaberechtsmodernisierung, 2016, VergabeR 2017, 275, 279.

IX. Geltung für Bewerber- und Bietergemeinschaften nach § 47 Abs. 4 VgV

41   Nach § 47 Abs. 4 VgV gelten die Absätze 1 bis 3 auch für Bewerber- oder Bietergemeinschaften. Demnach können sich auch Bewerber- oder Bietergemeinschaften auf Kapazitäten externer Unternehmen berufen. Insbesondere die Regelung des § 47 Abs. 2 VgV
findet auf Bietergemeinschaften Anwendung. Dies hat zur Konsequenz, dass jedes Mitglied
einer Bietergemeinschaft zuverlässig sein muss und kein zwingender Ausschlussgrund im
Sinne des § 123 GWB vorliegen darf. Hervorzuheben ist, dass aufgrund von § 47 Abs. 4
VgV das Vorliegen eines zwingenden Ausschlussgrundes bei einem Mitglied einer Bewer-
ber- oder Bietergemeinschaft nicht zu einem Ausschluss der kompletten Bewerber- oder
Bietergemeinschaft führt. Auch hier findet die Regelung des § 47 Abs. 2 S. 3 VgV Anwendung, wonach, der Bewerber- oder Bietergemeinschaft Gelegenheit gegeben werden
muss, den Mangel zu beheben.

42   Liegt in Bezug auf ein Mitglied der Bietergemeinschaft ein fakultativer Ausschlussgrund
nach § 124 GWB vor, besteht diesbezüglich ein Ermessensspielraum des öffentlichen Auftraggebers. Er kann vorschreiben, dass das Mitglied der Bewerber- oder Bietergemeinschaft, bei dem der fakultative Ausschlussgrund vorliegt, ersetzt werden muss.

43   Gegen eine Übertragbarkeit der Haftungsregelung des § 47 Abs. 3 VgV auf Bietergemeinschaften lässt sich die Regelung § 43 Abs. 3 VgV anführen. Danach darf der Auftraggeber für den Fall der Auftragserteilung eine bestimmte Rechtsform der Bietergemeinschaft verlangen, sofern das für die ordnungsgemäße Durchführung des Auftrages
notwendig ist. Die Haftung der Bietergemeinschaft ist demnach von der Wahl der Rechtsform abhängig.

44   Im Ergebnis ist anzunehmen, dass die Regelung des § 43 Abs. 3 VgV spezieller ist und
daher Anwendung findet, da sie dem öffentlichen Auftraggeber, von einer Bietergemeinschaft für den Fall der Auftragserteilung eine bestimmte Rechtsform zu verlangen, sofern
dies für die ordnungsgemäße Auftragsdurchführung erforderlich ist. Des Weiteren ist zu
betonen, dass eine Bietergemeinschaft sich nach Auftragserteilung in eine Arbeitsgemeinschaft umwandelt, und so die Mitglieder als Gesellschaft bürgerlichen Rechts gemäß
§§ 705 ff. BGB per se gesamtschuldnerisch haften.[35]

X. Selbstausführung nach § 47 Abs. 5 VgV

45   Sowohl der Eignungsleihe als auch der Unterbeauftragung lassen sich keine Einschränkungen bezüglich des Umfangs der Einbeziehung anderer Unternehmen entnehmen. Allerdings kann aufgrund der Regelung des § 47 Abs. 5 VgV der öffentliche Auftraggeber
vorschreiben, dass bestimmte kritische Aufgaben bei Dienstleistungsaufträgen oder kritische
Verlege- oder Installationsarbeiten im Zusammenhang mit einem Lieferauftrag direkt vom
Bieter selbst oder im Fall einer Bietergemeinschaft von einem Teilnehmer der Bietergemeinschaft ausgeführt werden müssen.

46   Die Regelung betrifft die konkrete Ausführung des Auftrags. Ihr ist ein Selbstausführungsgebot zu entnehmen, d.h., bei kritischen Aufgaben kann eine Eignungsleihe nur
stattfinden, wenn die Unternehmen zumindest einen Teil der zu vergebenden Leistungen
selbst ausführen oder im Fall einer Bietergemeinschaft von einem Mitglied der Bietergemeinschaft ausführen lassen. Es handelt sich um eine Ausführungsbedingung im Sinne des
§ 128 Abs. 2 GWB. Danach können öffentliche Auftraggeber besondere Bedingungen für
die Ausführung des Auftrags festlegen.

47   Es bleibt unklar, was unter kritischen Aufgaben zu verstehen ist. Der Gesetzesbegründung ist diesbezüglich nur zu entnehmen, dass § 47 Abs. 5 Art. 63 Absatz 2 der Richtlinie

---

[35] Goede/Stoye/Stolz Handbuch des Fachanwalts Vergaberecht, 2017, Kapitel 9, Rn. 149.

2014/24/EU umsetzt.[36] Auch den Erwägungsgründen der Richtlinie sind keine genaueren Angaben zu entnehmen. Der EuGH ließ in dem Urteil „Partner Apelski Dariusz" offen, was unter kritischen Aufgaben zu verstehen ist und stellte fest, dass solche kritischen Aufgaben denkbar sind.[37] Der öffentliche Auftraggeber hat aufgrund der Regelung des $\S$ 47 Abs. 5 VgV auch die Möglichkeit kritische Aufgaben als Teil- oder Fachlose auszuschreiben.

Jedoch ist davon auszugehen, dass es sich bei der Regelung um eine restriktiv anzuwen-   **48** dende Ausnahme handelt. Dem öffentlichen Auftraggeber ist als Praxishinweis zu empfehlen, die Gründe, weshalb es sich um eine besonders kritische Aufgabe handelt, zu dokumentieren und im Vergabevermerk zu begründen. Wird vom öffentlichen Auftraggeber eine Selbstausführungsbedingung nach $\S$ 47 Abs. 5 VgV verlangt, hat er diese Ausführungsbedingung genau in den Vergabeunterlagen zu bezeichnen und anzugeben.

---

[36] BT Drs. 18/7318, S. 185.
[37] EuGH Urt. v. 7.4.2016 – Rs. C-324/14, Partner Apelski Dariusz/Zarzd Oczyszczania Miasta.

§ 48 Beleg der Eignung und des Nichtvorliegens von Ausschlussgründen

(1) In der Auftragsbekanntmachung oder der Aufforderung zur Interessensbestätigung ist neben den Eignungskriterien ferner anzugeben, mit welchen Unterlagen (Eigenerklärungen, Angaben, Bescheinigungen und sonstige Nachweise) Bewerber oder Bieter ihre Eignung gemäß den §§ 43 bis 47 und das Nichtvorliegen von Ausschlussgründen zu belegen haben.

(2) Der öffentliche Auftraggeber fordert grundsätzlich die Vorlage von Eigenerklärungen an. Wenn der öffentliche Auftraggeber Bescheinigungen und sonstige Nachweise anfordert, verlangt er in der Regel solche, die vom Online-Dokumentenarchiv e-Certis abgedeckt sind.

(3) Als vorläufigen Beleg der Eignung und des Nichtvorliegens von Ausschlussgründen akzeptiert der öffentliche Auftraggeber die Vorlage einer Einheitlichen Europäischen Eigenerklärung nach § 50.

(4) Als ausreichenden Beleg dafür, dass die in § 123 Absatz 1 bis 3 des Gesetzes gegen Wettbewerbsbeschränkungen genannten Ausschlussgründe auf den Bewerber oder Bieter nicht zutreffen, erkennt der öffentliche Auftraggeber einen Auszug aus einem einschlägigen Register, insbesondere ein Führungszeugnis aus dem Bundeszentralregister oder, in Ermangelung eines solchen, eine gleichwertige Bescheinigung einer zuständigen Gerichts- oder Verwaltungsbehörde des Herkunftslands oder des Niederlassungsstaats des Bewerbers oder Bieters an.

(5) Als ausreichenden Beleg dafür, dass die in § 123 Absatz 4 und § 124 Absatz 1 Nummer 2 des Gesetzes gegen Wettbewerbsbeschränkungen genannten Ausschlussgründe auf den Bewerber oder Bieter nicht zutreffen, erkennt der öffentliche Auftraggeber eine von der zuständigen Behörde des Herkunftslands oder des Niederlassungsstaats des Bewerbers oder Bieters ausgestellte Bescheinigung an.

(6) Werden Urkunden oder Bescheinigungen nach den Absätzen 4 und 5 von dem Herkunftsland oder dem Niederlassungsstaat des Bewerbers oder Bieters nicht ausgestellt oder werden darin nicht alle Ausschlussgründe nach § 123 Absatz 1 bis 4 sowie § 124 Absatz 1 Nummer 2 des Gesetzes gegen Wettbewerbsbeschränkungen erwähnt, so können sie durch eine Versicherung an Eides statt ersetzt werden. In den Staaten, in denen es keine Versicherung an Eides statt gibt, darf die Versicherung an Eides statt durch eine förmliche Erklärung ersetzt werden, die ein Vertreter des betreffenden Unternehmens vor einer zuständigen Gerichts- oder Verwaltungsbehörde, einem Notar oder einer dazu bevollmächtigten Berufs- oder Handelsorganisation des Herkunftslands oder des Niederlassungsstaats des Bewerbers oder Bieters abgibt.

(7) Der öffentliche Auftraggeber kann Bewerber oder Bieter auffordern, die erhaltenen Unterlagen zu erläutern.

(8) Sofern der Bewerber oder Bieter in einem amtlichen Verzeichnis eingetragen ist oder über eine Zertifizierung verfügt, die jeweils den Anforderungen des Artikels 64 der Richtlinie 2014/24/EU entsprechen, werden die im amtlichen Verzeichnis oder dem Zertifizierungssystem niedergelegten Unterlagen und Angaben vom öffentlichen Auftraggeber nur in begründeten Fällen in Zweifel gezogen (Eignungsvermutung). Ein den Anforderungen des Artikels 64 der Richtlinie 2014/24/EU entsprechendes amtliches Verzeichnis kann auch durch Industrie- und Handelskammern eingerichtet werden. Die Industrie- und Handelskammern bedienen sich bei der Führung des amtlichen Verzeichnisses einer gemeinsamen verzeichnisführenden Stelle. Der öffentliche Auftraggeber kann mit Blick auf die Entrichtung von Steuern, Abgaben oder Sozialversicherungsbeiträgen die gesonderte Vorlage einer entsprechenden Bescheinigung verlangen.

Übersicht

	Rn.		Rn.
A. Einführung	1	II. Entstehungsgeschichte	2
I. Literatur	1	III. Rechtliche Vorgaben im EU-Recht	15

	Rn.		Rn.
B. Kommentierung	18	III. Einheitliche Europäische Eigenerklä-	
I. Bekanntgabe der vorzulegenden		rung, § 48 Abs. 3 VgV	36
Nachweise, Abs. 1	19	IV. Nachweise in Bezug auf Ausschluss-	
1. Umfang der Bekanntmachungs-		gründe, § 48 Abs. 4–6 VgV	37
pflicht	20	1. § 48 Abs. 4 VgV	42
2. Fehlende bzw. unzureichende An-		2. § 48 Abs. 5 VgV	45
gaben	25	3. § 48 Abs. 6 VgV	47
II. Vorrang der Eigenerklärung und e-		IV. Erläuterung, § 48 Abs. 7 VgV	48
certis, § 48 Abs. 2 VgV	28	V. Präqualifizierung, § 48 Abs. 8 VgV	53
1. § 48 Abs. 2 S. 1 VgV	28		
2. § 48 Abs. 2 S. 2 VgV, e-certis	33		

A. Einführung

I. Literatur

Amelung, Ausgewählte Fragen im Zusammenhang mit der Benennung von Nachunternehmern im Vergabe- **1** verfahren, ZfBR 2013, 337; *Antweiler,* Bieterrechtsschutz unter Zumutbarkeitsvorbehalt?, VergabeR 2011, 306; *Bartl,* Angebote von Generalübernehmern in Vergabeverfahren – EU-rechtswidrige nationale Praxis, NZBau 2005, 195; *Bartels,* Präqualifikation im Vergaberecht, 2015; *Frister,* Entrechtlichung und Vereinfachung des Vergaberechts, VergabeR 2011, 295; *Friton,* Die Festlegung und Erfüllung von Eignungsparametern nach den EU-Vergaberichtlinien und die Umsetzung im GWB-Vergaberecht, 2016; *Gabriel/Krohn/Neun,* Handbuch des Vergaberechts. 1. Auflage 2014; *Wettbewerb – Transparenz – Gleichbehandlung, 15 Jahre GWB-Vergaberecht, Festschrift für Fridhelm Marx; Heiermann/Zeiss/Summa,* jurisPK-Vergaberecht, 5. Auflage 2016; *Horn,* Planungswettbewerb; de-facto-Vergabe; Vorabinformation der Preisträger; Anforderungen an die Eignungsprüfung; Eigenerklärung; Subplaner VergabeR 2010, 487; *Kulartz/Kus/Marx/Portz/Prieß,* Kommentar zur VgV, 1. Auflage 2016; *Kulartz/Marx/Portz/Prieß,* Kommentar zur VOL/A, 3. Auflage 2014; *Müller-Wrede,* Kompendium des Vergaberechts, 2. Auflage 2013; *Müller-Wrede,* GWB, 1. Auflage 2016; *Müller-Wrede,* VOL/A, 4. Auflage 2013; *Pauka,* Entbürokratisierung oder Mehraufwand? – Die Regelungen der Einheitlichen Europäischen Eigenerklärung (EEE) in der VKR, VergabeR 2015, 505; *Prieß/Hölzl,* Kein Wunder: Architektenwettbewerb „Berliner Schloss" vergaberechtskonform, NZBau 2010, 354; *Scharen,* Patentschutz und öffentliche Vergabe, GRUR 2009, 345; *Tugendreich,* Der Anwendungsbereich von Präqualifikationsverfahren im deutschen Vergaberecht, NZBau 2011, 467; *Ziekow/Völlink,* Vergaberecht, 2. Auflage 2013.

II. Entstehungsgeschichte

Die in § 48 Abs. 1 VgV enthaltene Pflicht, die beizubringenden Eignungsnachweise so- **2** wie diejenigen Unterlagen, die Bewerber bzw. Bieter beizubringen haben, um das Nicht- vorliegen von Ausschlussgründen nachzuweisen, bereits mit Auftragsbekanntmachung bzw. Aufforderung zur Interessensbekundung bekannt zu geben, war in ähnlicher Form auch schon in der RL 2004/18/EG enthalten. Deren Art. 47 Abs. 4 und Art. 48 Abs. 6 sahen bereits eine ausdrückliche Bekanntmachungspflicht von Eignungsnachweisen in Bezug auf die dort geregelten Eignungskriterien vor.

Nicht eindeutig verhielt sich die RL 2004/18/EG in Bezug auf die Verfügbarkeitsnach- **3** weise im Rahmen der Eignungsleihe. Art. 47 Abs. 4 RL 2004/18/EG statuierte hinsicht- lich der wirtschaftlichen und finanziellen Leistungsfähigkeit eine Pflicht zur Bekanntma- chung auch von *„anderen Nachweisen".* Damit konnten auch die in Art. 47 Abs. 2 RL 2004/18/EG benannten Verfügbarkeitsnachweise im Rahmen einer Eignungsleihe vom Anwendungsbereich der in Art. 48 Abs. 4 RL 2004/18/EG geregelten Bekanntma- chungspflicht erfasst werden. Art. 48 RL 2004/18/EG, der die technische und berufliche Leistungsfähigkeit betraf, enthielt dagegen keine derartige Auffangklausel, so dass eine Be- kanntmachungspflicht von Verfügbarkeitsnachweisen in diesen Fällen nur aus dem allge- meinen Transparenzgrundsatz abgeleitet werden konnte.[1]

---

[1] So auch *Bartl* NZBau, 2005, 195, 202 ff; ablehnend: OLG München 6.11.2006 – Verg 17/06, NJOZ 2007, 258; *Müller-Wrede* in Müller-Wrede, Kompendium des Vergaberechts, 2. Aufl. 2013, Kapitel 20, Rn. 25.

4   Eine ausdrückliche Regelung in Bezug auf die Bekanntgabe der beizubringenden Unterlagen, um das Nichtvorliegen von Ausschlussgründen nachzuweisen, war in der RL 2004/18/EG ebenfalls nicht ausdrücklich enthalten.[2] Allerdings konnte eine solche Pflicht aus Art. 35 Abs. 2, Art. 36 Abs. 1 i. V. m. Anhang VII Teil A Nr. 17 abgeleitet werden.[3]

5   Die Vorgabe des Richtliniengebers, sämtliche Eignungsnachweise bekanntzugeben, fand schließlich auch Eingang in die nationalen Vergabe- und Vertragsordnungen.[4] Eine eindeutige Regelung fehlte dagegen in Bezug auf die Bekanntgabe der beizubringenden Nachweise im Fall des Einsatzes von Nachunternehmern und Bietergemeinschaften sowie hinsichtlich der zu erbringenden Verfügbarkeitsnachweise bei der Eignungsleihe. Eine entsprechende Pflicht zur Bekanntgabe wurde aus diesem Grund zum Teil abgelehnt.[5]

6   Hinsichtlich der Frage, zu welchem Zeitpunkt der öffentliche Auftraggeber die Eignungsnachweise bekanntzugeben hatte, stellte die RL 2004/18/EG auf die *„Bekanntmachung"* und alternativ auf die *„Aufforderung zur Angebotsabgabe"* ab.[6] Die zweite Alternative machte jedoch nur im Fall eines zweistufigen Verfahrens Sinn (nichtoffenes Verfahren, wettbewerblicher Dialog, Verhandlungsverfahren), da bei einem offenen Verfahren die Auftragsbekanntmachung regelmäßig mit der Aufforderung zur Angebotsabgabe zusammenfällt. Die Möglichkeit bei einem zweistufigen Verfahren, die erforderlichen Eignungsnachweise erst im Zeitpunkt der Aufforderung zur Angebotsabgabe zu benennen, verschaffte dem öffentlichen Auftraggeber insbesondere in Bezug auf die Festlegung der erforderlichen Eignungsnachweise, Zeit. Für Bewerber war dies dagegen nicht von Vorteil. So konnten Bewerber bei Einreichung eines Teilnahmeantrags noch nicht abschließend abschätzen, mit welchen Nachweisanforderungen eine Angebotsabgabe verbunden war.

7   Auf nationaler Ebene wurde diesem Umstand Rechnung getragen und hinsichtlich des Zeitpunktes der Bekanntgabe von Eignungsnachweisen nicht zwischen den verschiedenen Verfahrensarten unterschieden, sondern einheitlich auf die *„Bekanntmachung"* abgestellt, vgl. § 7 EG Abs. 5 S. 1 VOL/A und § 10 Abs. 2 VOF. Sowohl in der Rechtsprechung[7] als auch in der Literatur[8] wurde die Ansicht vertreten, dass folglich bei allen Verfahrensarten sämtliche vorzulegende Nachweise bereits in der Bekanntmachung benannt werden mussten. Die VOL/A-EG schaffte darüber hinaus ein Mehr an Transparenz mittels der in § 9 EG Abs. 4 VOL/A[9] bestimmten zusätzlichen Pflicht, die Eignungsnachweise im Rahmen einer Checkliste abschließend zusammenzustellen.[10]

8   § 48 Abs. 2 S. 1 VgV statuiert einen Vorrang von Eigenerklärungen. Sowohl in der VOL/A-EG[11] als auch in der VOF[12] war bereits eine entsprechende Regelung enthalten. In der RL 2004/18/EG fand sich dagegen keine entsprechende ausdrückliche Vorgabe. Für

---

[2] Vgl. Art. 45 Abs. 3 RL 2004/18/EG.

[3] *Friton* Die Festlegung und Erfüllung von Eignungsparametern nach den EU-Vergaberichtlinien und die Umsetzung im GWB-Vergaberecht, 482.

[4] Vgl. § 7 EG Abs. 5 VOL/A (*„Die Auftraggeber geben bereits in der Bekanntmachung an, welche Nachweise vorzulegen sind"*); § 10 Abs. 5 VOF (*„Die der Auswahl zugrunde gelegten Eignungskriterien und die erforderlichen Erklärungen und Nachweise sind von den Auftraggebern in der Bekanntmachung zu benennen"*); § 6 Abs. 3 Nr. 5 VOB/A-EG.

[5] Vgl. VK Bund 24.6.2011 – VK 1–63/11; VK Brandenburg 6.7.2010 – VK 35/10; VK Bund 24.10.2007 – VK 1–116/07; Münster 28.8.2007 – VK 14/07; VK Lüneburg 4.6.2007 – VgK-22/12007; VK Bund 29.12.2006 – VK 2–128/06; *Amelung* ZfBR 2013, 337, 339; *Müller-Wrede* in Müller-Wrede, VOL/A, 4. Aufl. 2013, § 7 EG, Rn. 141.

[6] Art. 47 Abs. 4 RL 2004/18/EG und Art. 48 Abs. 6 RL 2004/18/EG.

[7] OLG Düsseldorf 6.2.2013 – VII-Verg 32/12; OLG Hamburg 24.9.2010 – 1 Verg 2/10; VK Bund 18.1.2013 – VK 1–139/12; VK Rheinland Pfalz 14.8.2012 – VK 2–17/12; VK Sachsen 24.3.2011 – 1/SVK/005–11.

[8] *Hausmann/von Hoff* in KMPP, Kommentar zur VOL/A, 3. Auflage 2014, § 7 EG Rn. 64 f.; *Müller-Wrede* in Müller-Wrede, Kompendium des Vergaberechts, 2. Aufl. 2013, Kapitel 20, Rn. 72.

[9] *„Sofern die Auftraggeber Nachweise verlangen, haben sie diese in einer abschließenden Liste zusammenzustellen".*

[10] Siehe hierzu auch OLG Düsseldorf 17.7.2013 – Verg10/13; OLG Düsseldorf 28.11.2012 – VII-Verg 8/12.

[11] § 7 EG Abs. 1 S. 2 VOL/A.

[12] § 5 Abs. 2 S. 1 VOF.

eine grundsätzliche Zulässigkeit von Eigenerklärungen sprach jedoch das mit der RL 2004/18/EG verfolgte Ziel der Öffnung der nationalen Märkte und die damit einhergehend Schaffung eines möglichst umfassenden Marktes.[13] Die Eigenerklärung als formlose Erklärung war und ist auch weiterhin ein nützliches Mittel in diesem Zusammenhang, da ihre Handhabung im Vergleich zur Beschaffung von formellen Erklärungen mit weit weniger Aufwand verbunden ist. Die Reduzierung der Anforderungen bei der Nachweisführung führt potentiell zu mehr Wettbewerb.

Nach § 48 Abs. 2 S. 2 VgV sollen öffentliche Auftraggeber auf das Informationssystem **9** e-certis zurückgreifen und in der Regel solche Nachweise fordern, die in e-certis enthalten sind. Bei dem Online-Informationssystem handelt es sich um ein neues Instrument. Entsprechende Vorgängerregelungen existieren mithin nicht. Die in § 48 Abs. 3 enthaltenen Regelung die Einheitliche Europäische Eigenerklärung betreffend, ist ebenfalls ein Novum. In § 48 Abs. 4–6 VgV sind die maßgeblichen Bestimmungen zur Festlegung von Nachweisen in Bezug auf bestimmte zwingende und fakultative Ausschlussgründe enthalten.

In der RL 2004/18/EG waren entsprechende Bestimmungen in Art. 45 Abs. 3 zu finden. **10** Unklarheiten bestanden allerdings dahingehend, ob die dort aufgeführte Aufzählung von Nachweisen von abschließender Natur war oder ein öffentlicher Auftraggeber auch andere Nachweise fordern durfte. Dies ist wohl im Ergebnis mit Blick auf die EuGH Entscheidung *Transaroute* zu bejahen.[14] Die Entscheidung bezieht sich zwar nicht direkt auf Art. 45 Abs. 3 RL 2004/18/EG, sondern auf deren Vorgängerregelung. Die dortige Auffassung ist auf Art. 45 Abs. 3 RL 2004/18/EG adaptierbar, so dass festzuhalten ist, dass in Bezug auf die in Art. 45 Abs. 3 RL 2004/18/EG genannten Ausschlussgründe auch nur die dort aufgeführten Nachweise verlangt werden durften.[15] Hinsichtlich der in Art. 45 Abs. 3 RL 2004/18/EG nicht benannten fakultativen Ausschlussgründe i. S. d. Art. 45 Abs. 2 lit d) und g) RL 2004/18/EG galt dagegen, dass die Mitgliedstaaten frei wählen konnten, welche Nachweise die öffentlichen Auftraggeber zulässigerweise fordern durften.

Der abschließende Charakter der Regelung des Art. 45 Abs. 3 RL 2004/18/EG erfuhr **11** insoweit eine Lockerung, als dass die Forderung von Eigenerklärung trotz des Umstandes, dass diese Form des Nachweises nicht in Art. 45 Abs. 3 RL 2004/18/EG ausdrücklich genannt war, als zulässig erachtet wurde. § 7 EG Abs. 6 und 7 VOL/A setzten dieser Vorgaben um. In Einklang mit der RL 2004/18/EG wurden die Modalitäten der Nachweisführung im Hinblick auf fakultative Ausschlussgründe auch auf nationaler Ebene überwiegend dem öffentlichen Auftraggeber überlassen.

§ 48 Abs. 8 VgV betrifft das Instrument der Präqualifizierung. In Deutschland wurden **12** Präqualifizierungsverfahren erstmals 2002 eingeführt und waren zunächst dem Baubereich vorbehalten.[16] Einzug in die klassische Auftragsvergabe fand das Präqualifizierungsverfahren erstmals mit der Novellierung des GWB im Jahr 2009.[17] In der RL 2004/18/EG, die sich auch auf die klassische Auftragsvergabe bezog, war die Heranziehung von Präqualifizierungsverfahren zwar bereits vorgesehen.[18] Die generelle Einführung derartiger Verfahren wurde dabei den Mitgliedstaaten überlassen. Von dieser Möglichkeit machte Deutschland in Bezug auf die klassische Auftragsvergabe jedoch zunächst keinen Gebrauch.

---

[13] *Friton* Die Festlegung und Erfüllung von Eignungsparametern nach den EU-Vergaberichtlinien und die Umsetzung im GWB-Vergaberecht, 441.

[14] EuGH 10.2.1982 – Rs. 76/81, Slg. 1982,417, Rn. 9, *Transaroute*; folgenden EuGH 17.11.1993 – Rs. C-71/92, Slg. 1993, I-05923, Rn. 41, *Kommission/Spanien*; vgl. auch Ausführungen von GA *Gulman*, Schlussanträge vom 30.6.1993 – Rs. C-71/92, Slg. 1993, I-05923, Rn. 65 2. Spiegelstrich, *Kommission/Spanien*.

[15] *Friton* Die Festlegung und Erfüllung von Eignungsparametern nach den EU-Vergaberichtlinien und die Umsetzung im GWB-Vergaberecht, 440.

[16] § 8b EG Nr. 5 Abs. 1 VOB/A 2002 („*Auftraggeber können ein System zur Prüfung von Unternehmern (Präqualifikationsverfahren) einrichten und anwenden. Sie sorgen dann dafür, dass sich Unternehmen jederzeit einer Prüfung unterziehen können*").

[17] § 97 Abs. 4a GWB a. F.

[18] Art. 52 RL 2004/18/EG sah die Möglichkeit der Nachweisführung durch eine „*Eintragung in amtliche Verzeichnisse*" oder „*durch eine Zertifizierung durch öffentlich-rechtliche oder privatrechtliche Stellen*" vor.

13 Im Rahmen der Novellierung des GWB 2009 wurde dann § 97 Abs. 4a GWB a. F. eingeführt. Nach § 97 Abs. 4a GWB a. F. war es Auftraggebern erlaubt, Präqualifizierungsverfahren, mittels derer die Eignung von Unternehmen nachgewiesen werden konnte, einzurichten oder zuzulassen. Die Konkretisierung dieser eher allgemein gehaltenen Regelung überließ der Gesetzgeber dabei den Ver(gabe)ordnungen. Diese fand nicht durchweg im selben Umfang statt. Während in § 24 SektVO a. F. und in § 6 EG Abs. 3 VOB/A detaillierte Regelungen zur Präqualifizierung enthalten waren, war die entsprechende Regelung in der VOL/A-EG deutlich schlanker und allgemeiner gehaltener. So hieß es in § 7 EG Abs. 4 VOL/A nur: *„Die Auftraggeber können Eignungsnachweise, die durch Präqualifizierungsverfahren erworben werden, zulassen."* In der VOF wurde das Instrument der Präqualifizierung überhaupt nicht erwähnt.

14 Der äußerst knapp gehaltene Regelungsumfang des § 7 EG Abs. 4 VOL/A führte zwangsläufig zu Rechtsunsicherheiten. Unklarheiten bestanden zunächst einmal hinsichtlich der Frage, ob der öffentliche Auftraggeber selbst ein Präqualifizierungssystem einrichten durfte. In Anhang IV zur VOL/A heißt es in Bezug auf § 6 Abs. 4 VOL/A, dass es *„verschiedene Anbieter"* gibt, die Präqualifizierungsverfahren durchführen.[19] Daraus kann abgeleitet werden, dass öffentliche Auftraggeber ausschließlich auf externe Präqualifizierungsverfahren zurückgreifen durften.[20] Welche diese waren konnte weder der Norm selbst noch den Erläuterungen entnommen werden. Ob dieses einschränkende Verständnis jedoch mit der höherrangigen gesetzlichen Regelung in § 97 Abs. 4a GWB a. F. zu vereinbaren war, war eine weitere Frage, die sich stellte. Denn § 97 Abs. 4a GWB a. F. räumte den Auftraggebern ausdrücklich ein, Präqualifizierungssysteme **einzurichten** und somit gerade nicht zwingend auf externe Anbieter zurückgreifen zu müssen. § 97 Abs. 4a GWB a. F. wich allerdings in erheblicher Weise von den Vorgaben in Art. 52 RL 2004/18/EG ab, so dass die Regelung in § 97 Abs. 4a GWB a. F. in der Literatur teilweise als unionsrechtwidrig qualifiziert wurde.[21]

III. Rechtliche Vorgaben im EU-Recht

15 § 48 Abs. 1 VgV setzt Art. 58 Abs. 5 RL 2014/24/EU um. Danach hat der öffentliche Auftraggeber die beizubringenden Nachweise bereits in der Auftragsbekanntmachung oder der Aufforderung der Interessensbestätigung anzugeben. Die Regelung in § 48 Abs. 1 VgV übernimmt die in Art. 58 Abs. 5 RL 2014/24/EU verwendete Terminologie und stellt anders als noch die Vorgängerregelungen,[22] die lediglich von *„Bekanntmachung"* sprechen, auf die *„Auftragsbekanntmachung"* bzw. die *„Aufforderung zur Interessenbestätigung"* ab. Durch die Verwendung dieser Begrifflichkeiten hat der Verordnungsgeber nicht nur die Richtlinienvorgaben in nicht zu beanstandender Weise umgesetzt, sondern er macht damit auch deutlich, dass im Fall eines zweistufigen Verfahrens bereits zu Beginn des Verfahrens, nämlich mit der Aufforderung zur Interessensbetätigung sämtliche Nachweise anzugeben sind und es gerade nicht ausreichend ist, wenn der öffentliche Auftraggeber die vorzulegenden Nachweise erst mit der erst später erfolgenden Aufforderung zu Angebotsabgabe bekanntgibt. Diese Klarstellung zugunsten der Rechtssicherheit ist zu begrüßen.

16 Die in § 48 Abs. 2 S. 2 verankerte Regelung die Nutzung der Onlinedatenbank e-certis betreffend, setzt die Vorgaben des Art. 61 RL 2014/24/EU um. Die Regelung in § 48 Abs. 3 zur Einheitlichen Europäischen Eigenerklärung entstammt dem Art. 59 RL 2014/24/EU. § 48 Abs. 5 und 6 VgV setzt Art. 60 Abs. 2 RL 2014/24/EU um. Wie auch Art. 60 Abs. 2 RL 2014/24/EU enthält § 48 Abs. 5 und 6 VgV keine Vorgaben in Bezug

---

[19] Vgl. Anhang IV zur VOL/A, Ziffer III., zu § 6 Abs. 4.
[20] So *Tugendreich* NZBau 2011, 467, 469.
[21] *Bartels* Präqualifikation im Vergaberecht, 2015, S. 128 f.
[22] § 7 EG Abs. 1 S. 2 VOL/A; § 5 Abs. 2 S. 1 VOF.

auf die meisten fakultativen Ausschlussgründe, sondern überlässt die Wahl der Nachweise dem Auftraggeber.

Die Regelung in § 48 Abs. 8 VgV die Präqualifizierung betreffend ist deutlich umfang- 17 reicher als die bisherige Regelung in § 7 EG. Abs. 4 VOL/A. Sie setzt insbesondere die Vorgabe des Art. 63 RL 2014/24/EU umfassend um. § 48 Abs. 8 VgV knüpft an die in § 122 Abs. 3 GWB enthaltenen Regelung an, dass der Nachweis der Eignung und des Nichtvorliegens von Ausschlussgründen ganz oder teilweise durch die Teilnahme an Prä- qualifizierungssystemen erbracht werden kann. Der Referentenentwurf vom 30.4.2015 sah noch eine andere Formulierung des § 122 Abs. 3 GWB vor. Diese knüpfte an den Wort- laut der Vorgängerregelung in § 97 Abs. 4a GWB a. F., wonach öffentliche Auftraggeber Präqualifizierungssysteme einrichten und zulassen konnten, an. Im Verlauf des Gesetzge- bungsverfahrens wurde die Formulierung dann nochmals geändert, so dass sich die bisheri- gen Umsetzungsdefizite, die im Zusammenhang mit § 97 Abs. 4a GWB a. F. aufgekommen sind, erledigt haben.[23]

B. Kommentierung

§ 48 VgV regelt mithilfe welcher Art von Unterlagen ein Bewerber bzw. Bieter seine 18 Eignung und das Nichtvorliegen von Ausschlussgründen nachweisen kann.

I. Bekanntgabe der vorzulegenden Nachweise, Abs. 1

In Ergänzung zu § 122 Abs. 4 GWB schreibt § 48 Abs. 1 VgV vor, dass der öffentliche 19 Auftraggeber in der Auftragsbekanntmachung bzw. der Aufforderung zur Interessensbestä- tigung neben den Eignungskriterien auch die zum Zwecke des Nachweises dieser Kriterien sowie des Nichtvorliegens von Ausschlussgründen vorzulegenden Unterlagen angeben muss. Als geeignete Unterlagen nennt die Vorschrift Eigenerklärungen, Angaben, Beschei- nigungen und sonstige Nachweise.

1. Umfang der Bekanntmachungspflicht

Die Vorschrift selbst enthält keine ausdrücklichen Vorgaben, wie detailliert die Angaben 20 in der Auftragsbekanntmachung bzw. in der Aufforderung zur Interessensbestätigung zu erfolgen haben. Unter Transparenzgesichtspunkten müssen die erforderlichen Unterlagen **klar, präzise und eindeutig** benannt werden, so dass der Bieter bzw. Bewerber unmiss- verständlich erkennen kann, welche Nachweise beizubringen sind.[24] Unklarheiten und Widersprüche gehen zulasten des Auftraggebers.[25]

Der bloße Verweis auf die Vergabeunterlagen genügt nicht.[26] Nicht zu beanstanden ist 21 dagegen, wenn in der Bekanntmachung bzw. in der Aufforderung zur Interessensbestäti- gung anhand eines Links auf die Vergabeunterlagen verwiesen wird und die Bewerber bzw. Bieter *„durch bloßes Anklicken"* die weiteren Anforderungen abrufen können.[27]

---

[23] § 97 Abs. 4a GWB a. F.
[24] EuGH 10.5.2012 – Rs. C-368/10, Rn. 109, *Max Havelaar*; OLG Düsseldorf 22.6.2011 – Verg 15/11; entsprechend für Eignungsnachweise auch OLG Düsseldorf 25.10.2011 – Verg 86/11(*„Die Anforderungen des Auftraggebers an die Eignungsnachweise müssen so eindeutig und erschöpfend formuliert sein, dass der Bieter unzweideu- tig erkennen kann, welchen genauen Anforderungen die Eignung unterliegt"*).
[25] OLG Düsseldorf 26.3.2012 – VII-Verg 4/12; OLG Düsseldorf 2.5.2007 – II Verg 1/07.
[26] Vgl. OLG Karlsruhe 7.5.2014 – 15 Verg 4/13; OLG Düsseldorf 28.11.2012 – Verg 8/12; OLG Düssel- dorf 23.6.2010 – Verg 18/10; OLG Schleswig 20.3.2008 – 1 Verg 6/07; VK Bund 18.1.2013 – VK 1- 139/12; VK Bund 27.8.2012 – VK 1–88/12; VK Bund 15.3.2012 – VK 1–10/12.
[27] OLG Düsseldorf 16.11.2011 – Verg 60/11; *Summa* in Heiermann/Zeiss/Summa, jurisPK-Vergabe- recht, § 48 VgV, Rn. 17.

22   Der allgemeine Verweis auf andere Regelungen der Vergabeverordnung ist nicht ausreichend.[28] Folglich ist es unzulässig, wenn der öffentliche Auftraggeber in der Auftragsbekanntmachung bzw. der Aufforderung zur Interessensbestätigung lediglich auf die §§ 45 Abs. 4 und 46 Abs. 3 VgV verweist. In den §§ 45 Abs. 4 VgV und 46 Abs. 3 VgV werden zwar konkrete Nachweise genannt, allerdings lässt sich aus den Regelungen keine Verpflichtung des Bieters bzw. Bewerbers ableiten, die dort aufgeführten Nachweise vorzulegen. Die §§ 45 Abs. 4 und 46 Abs. 3 VgV formulieren lediglich eine Akzeptanzpflicht des öffentlichen Auftraggebers hinsichtlich der aufgeführten Nachweise.[29] Eine verbindliche Regelung, welche Nachweise Bewerber bzw. Bieter vorzulegen haben, ist dagegen nicht enthalten.

23   Eine Konkretisierung der in der Auftragsbekanntmachung bzw. der Aufforderung zur Interessensbestätigung geforderten Nachweise ist in den Vergabeunterlagen unter bestimmten Umständen gleichwohl zulässig.[30] So muss der öffentliche Auftraggeber in der Auftragsbekanntmachung bzw. der Aufforderung zur Interessensbestätigung nicht bereits zwingend angeben, welche der angegebenen Unterlagen bereits bei Angebotsabgabe vorzulegen sind bzw. ob hinsichtlich bestimmter Unterlagen auf eine Beibringung zunächst verzichtet wird und der öffentliche Auftraggeber sich lediglich vorbehält, diese Unterlagen zu gegebener Zeit nachzufordern.[31] Nimmt der öffentliche Auftraggeber Konkretisierungen in den Vergabeunterlagen vor, so müssen diese eindeutig und erschöpfend sein.[32]

24   Um eine bloße Konkretisierung handelt es sich dann nicht mehr, wenn der öffentliche Auftraggeber in den Vergabeunterlagen **zusätzliche** Nachweise einfordert.[33] Eine nachträgliche Abschwächung der Anforderungen an die Nachweisführung wird dagegen bislang teilweise für zulässig erachtet.[34] Dem ist jedoch nicht zuzustimmen. Nachträgliche Abschwächungen sind genauso wenig wie nachträgliche Verschärfungen weder mit der Rechtsprechung des EuGH[35] noch mit den geltenden nationalen vergaberechtlichen Grundsätzen vereinbar. Einer Zulässigkeit nachträglicher Abschwächungen stehen sowohl der Transparenz- als auch der Gleichbehandlungsgrundsatz entgegen.[36] So birgt eine solche Vorgehensweise die Gefahr, dass sich einzelne Bewerber bzw. Bieter aufgrund der zunächst strengeren Anforderungen an dem Vergabeverfahren gar nicht erste beteiligen.[37] Könnte ein öffentlicher Auftraggeber in zulässiger Weise auf die Möglichkeit einer nachträglichen Abschwächung der Eignungskriterien zurückgreifen, so würde dies zudem zu einer Aushöhlung des Grundsatzes, dass die Angaben in der Vergabebekanntmachung stets Vorrang haben und maßgeblich sind, führen. Der öffentliche Auftraggeber darf die bekanntgemachten Anforderungen an die Nachweisführung weder nachträglich verschärfen noch zurücknehmen.[38] Die Anforderun-

---

[28] Vgl. OLG Frankfurt 26.6.2012 – 11 Verg 12/11; OLG Naumburg 9.9.2003 – 1 Verg 5/03; VK Düsseldorf 28.11.2005 – VK 40/2005 – B; VK Düsseldorf 2.9.2005 – VK – 18/2005 – B.

[29] → §§ 46, 45 VgV.

[30] Vgl. OLG Düsseldorf 6.2.30013 – VII-Verg 32/12; OLG Düsseldorf 27.10.2010 – VII-Verg 47/10; OLG Düsseldorf 23.6.2010 – Verg 18/10.

[31] Vgl. OLG Düsseldorf 14.1.2009 – VII-Verg 59/08; OLG Düsseldorf 4.6.2008 –VII-Verg 21/08; OLG Düsseldorf 12.3.2008 – VII-Verg 56/07; OLG Düsseldorf 12.12.2007 – Verg 34/07.

[32] Vgl. OLG Düsseldorf 25.11.2011 – Verg 86/11; OLG München 30.4.2014 – Verg 2/14.

[33] Vgl. EuGH 6.11.2014 – Rs. C-42/13, Rn. 42f., *CEM Ambiente SpA*; OLG Karlsruhe 7.5.2014 – 15 Verg 4/13; OLG Düsseldorf 22.1.2014 – Verg 26/13; OLG Düsseldorf 14.1.2009 – VII-Verg 59/08; OLG Düsseldorf 12.3.2008 – VII Verg 56/07; OLG Düsseldorf 23.1.2008 – VII Verg 36/07; OLG Naumburg 9.9.2003 – 1 Verg 5/03; OLG Düsseldorf 25.11.2002 – VII Verg 56/02.

[34] Vgl. zur Zulässigkeit der Änderung eines Fremdnachweises in eine Eigenerklärung: OLG Düsseldorf 4.6.2008 – Verg 21/08; KG Berlin 20.8.2009 – 2 Verg 2/09.

[35] EuGH 10.5.2012 – Rs, C-368/10, Rn. 55, *Max Havelaar*.

[36] Vgl. OLG Düsseldorf 26.1.2005 – Verg 45/04: „*Der Rechtssatz, dass der Auftraggeber von aufgestellten Mindestanforderungen nicht abweichen darf, ergibt sich aus dem Transparenzgebot und dem Gleichbehandlungsgrundsatz. [...] Bei diesem Verständnis ist weder die Vergabestelle noch sind die Vergabenachprüfungsinstanzen rechtlich befugt, gestellte Anforderungen an die eingehenden Angebote zu verschärfen oder abzumildern*".

[37] In diesem Sinne EuGH 10.5.2012 – Rs. C-368/10, Rn. 55, *Max Havelaar*.

[38] Vgl. OLG Düsseldorf 12.9.2012 – Verg 108/11; OLG München 15.3.2012 –Verg 2/12.

gen in der Auftragsbekanntmachung bzw. in der der Aufforderung zur Interessensbestätigung sind als abschließend zu verstehen.[39]

2. Fehlende bzw. unzureichende Angaben

Enthält die Bekanntmachung keine Forderung nach konkreten Nachweisen, so besteht **25** damit auf Seiten des Bewerbers bzw. Bieters letztlich auch keine Pflicht Nachweise zu erbringen.[40] Der öffentliche Auftraggeber ist in diesem Fall weder gehalten noch berechtigt, ein Angebot wegen des Fehlens von Nachweisen auszuschließen.[41] Ein Angebot kann ohne eine wirksame Forderung von Eignungsnachweisen auch nicht als formal unvollständig angesehen werden und folglich auch nicht nach § 57 Abs. 1 Nr. 2 VgV ausgeschlossen werden.

Das Fehlen von Nachweisvorgaben seitens des Auftraggebers in der Auftragsbekanntmachung bzw. der Aufforderung zur Interessensbestätigung entbindet den öffentlichen Auftraggeber gleichwohl nicht davon, eine Eignungsprüfung durchzuführen sowie das Nichtvorliegen von Ausschlussgründen zu überprüfen. Auf jedwede Überprüfung der Eignung und des Nichtvorliegens von Ausschlussgründen kann ein öffentlicher Auftraggeber mit Blick auf die in den §§ 122–125 GWB originär verankerte und von § 42 Abs. 1 VgV deklaratorisch wiederholende Prüfpflicht nicht verzichten.[42]

Welche rechtlichen Folgen eine fehlende oder unzureichende Bekanntmachung von **27** Nachweisen hat, wird in der Rechtsprechung bislang nicht einheitlich beantwortet. Das OLG Düsseldorf hat in einer Entscheidung die Auffassung vertreten, dass in einem solchen Fall eine „Reduzierung des Eignungsniveaus" in Kauf zu nehmen sei mit der Folge, dass der jeweils fehlerhaft bekanntgemachte Nachweis nicht im Rahmen der Eignungsprüfung berücksichtigt werden dürfe.[43] Problematisch an dieser Ansicht ist nicht zuletzt der Umstand, dass dann, wenn der öffentliche Auftraggeber keinerlei Nachweise bekanntgegeben bzw. sämtliche Nachweise unzureichend bekanntgegeben hat, einer Eignungsprüfung faktisch die Grundlage entzogen wird.[44] Es stellt sich dann die praktische Frage, wie die zwingend zu erfolgende Eignungsprüfung durchgeführt werden soll. Das OLG Jena hat in einer Entscheidung hierzu ausgeführt, dass die Überprüfung der Eignung und des Nichtvorliegens von Ausschlussgründen *„anhand der gleichwohl bekannten Umstände möglich und auch zwingend"* sei.[45] Als „bekannt" gelten dabei diejenigen Umstände, die der Bewerber bzw. Bieter aus sich heraus dem öffentlichen Auftraggeber mitteilt. Das Fehlen einheitlicher Anforderungen bzgl. der Nachweisführung führt auf Seiten des Bewerbers bzw. Bieters zu erheblichen Rechtsunsicherheiten, da er nicht abschätzen kann, welche Unterlagen aus Sicht des Auftraggebers schlussendlich als hinreichend aussagekräftig bewertet werden. Dies ist mit dem Transparenz- und Gleichbehandlungsgebot nur schwer zu vereinbaren. Zudem legt das Gesetz dem Bewerber bzw. Bieter gerade keine Darlegungspflicht hinsichtlich seiner Eignung und dem Nichtvorliegens von Eignungsnachweisen auf. Das Vergabeverfahren ist daher konsequenterweise aufzuheben und unter Bekanntgabe der erforderlichen Nachweise erneut durchzuführen ist.[46] Auf diese Weise wird insbesondere auch dem Transparenzgrundsatz Rechnung getragen.

---

[39] Vgl. *Hänsel* in Ziekow/Völlink, Vergaberecht, 2. Auflage 2013, § 7 VOL/A-EG, Rn. 17.
[40] OLG Düsseldorf 23.6.2010 – Verg 18/10.
[41] Vgl. OLG Frankfurt 18.9.2015 – 11 Verg 9/15; OLG Düsseldorf 31.10.2012 –Verg 17/18; VK Südbayern 22.5.2015 – Z3–3-3194-1-13-02/15, VK Bund 15.10.2014 – VK 2–83/14; VK Lüneburg 5.12.2013 – VgK-39/2013.
[42] → § 42 VgV.
[43] Vgl. OLG Düsseldorf 28.11.2012 – Verg 8/12.
[44] Vgl. hierzu *Radeloff* IBR 2013,103 (Anmerkung zu OLG Düsseldorf 28.11.2012 – Verg 8/12).
[45] Vgl. OLG Jena 18.5.2009 – 9 Verg 4/09.
[46] Vgl. OLG Düsseldorf 31.10.2005 – VK-30/200-B; *Hertwig* in FS Marx, 2013, 223, 225 f.

II. Vorrang der Eigenerklärung und e-certis, § 48 Abs. 2 VgV

1. § 48 Abs. 2 S. 1 VgV

28   In Einklang mit der bisherigen Rechtslage[47] hat der öffentliche Auftraggeber gemäß § 48 Abs. 2 S. 1 VgV als Nachweis vorrangig Eigenerklärungen zu fordern.[48] Durch das vorrangige Anfordern von Eigenerklärungen sollen unnötige bürokratische Lasten für Bewerber bzw. Bieter vermieden und das Vergabeverfahren beschleunigt und vereinfacht werden.[49] Des Weiteren führt ein vorrangiges Abstellen auf Eigenerklärungen potenziell zu mehr Wettbewerb, da die Abgabe einer Eigenerklärung regelmäßig mit weniger Aufwand verbunden ist als die Einholung von sonstigen Nachweisen, insbesondere von Erklärungen Dritter.

29   Öffentliche Auftraggeber können ihren Vergabeunterlagen bereits vorgefertigte Eigenerklärungen beifügen, die die Bewerber bzw. Bieter nur noch auszufüllen und zu unterschreiben haben. Der öffentliche Auftraggeber muss jedoch nicht zwingend auf Vordrucke zurückgreifen bzw. Eigenerklärungen vorformulieren. Verzichtet der öffentliche Auftraggeber auf nähere Vorgaben, darf der Bewerber bzw. Bieter insbesondere auch selbst hergestellte Urkunden vorlegen. Einzige Voraussetzung dabei ist, dass die Angaben richtig, vollständig und aus sich heraus verständlich sind.[50] Letzteres ist dann nicht der Fall, wenn sich aus der Erklärung nicht zweifelsfrei und eindeutig ergibt, welches konkrete Eignungskriterium mit der Erklärung nachgewiesen werden soll und der öffentliche Auftraggeber sich den Erklärungsgehalt der Urkunde vielmehr erst noch selbst erschließen muss.

30   In der VgV findet sich keine ausdrücklich normierte Pflicht zur inhaltlichen Überprüfung von Eigenerklärungen.[51] In der Rechtsprechung anerkannt ist, dass Eignungsentscheidungen nur auf Grundlage gesicherter Erkenntnisse ergehen dürfen.[52] Um eine gesicherte Erkenntnislage zu erreichen, muss ein öffentlicher Auftraggeber allerdings nicht sämtliche in Betracht kommende Erkenntnisquellen ausschöpfen.[53] Ausreichend ist es, wenn die Entscheidung des öffentlichen Auftraggebers auf eine der Materie angemessenen und methodisch vertretbare Weise erfolgt.[54] Ist dies der Fall, kann von einer weitergehenden Überprüfung der Eigenerklärungen abgesehen werden.[55] Wenn und soweit dagegen objektiv begründete konkrete Zweifel an der Richtigkeit einer Eigenerklärung bestehen, hat eine vertiefte Auseinandersetzung mit der Eignung des betreffenden Bieters bzw. Bewerbers stattzufinden.[56]

31   Der von der Rechtsprechung entwickelte Maßstab bzgl. der Überprüfung von Eigenerklärungen geht mit einer zwangsläufigen Beeinträchtigung des Gleichbehandlungs- und Transparenzgrundsatzes einher, da das Beweisniveau insgesamt herabgesetzt wird. Als Rechtfertigung kann angeführt werden, dass auch im Vergaberecht der Grundsatz von Treu und Glauben nach Beachtung verlangt und deshalb Zumutbarkeitsgrenzen hinsichtlich der Überprüfung der Eignung zu berücksichtigen sind.[57] Die Grenze der Zumutbarkeit für

---

[47] Vgl. § 7 EG Abs. 1 S. 2 VOL/A und § 5 Abs. 2 S. 1 VOF.

[48] Die VOB/A EU überlässt es gemäß § 6b EU Abs. 2 S. 2 VOB/A dagegen der Entscheidung des öffentlichen Auftraggebers, ob die Vorlage von Eigenerklärung ausreichend ist.

[49] BR-Drs. 87/16, 204; vgl. zudem VK Nordbayern 20.11.2014 – 21.VK – 3194 – 33/14.

[50] OLG Düsseldorf 6.7.2005 – VII-Verg 22/05.

[51] Eine Pflicht zur Überprüfung ist dagegen bei Verwendung einer Einheitlichen Europäischen Eigenerklärung nach § 50 Abs. 2 S. 2 VgV verpflichtend; ein grundsätzliche Pflicht zur Überprüfung ist zudem in der VOB/A EU vorgesehen (§ 6b EU Abs. 2 S. 2 VOB/A).

[52] BGH 26.10.1999 – X ZR 30/98; OLG Düsseldorf 2.12.2009 – VII-Verg 39/09.

[53] OLG Düsseldorf 2.12.2009 – VII-Verg 39/09; folgend in der Rechtsprechung: VK Hessen 30.1.2013 – 69d VK – 52/2012; befürwortend: *Burgi* in Marx FS, S. 75, 84 f.; *Frister* VergabeR 2011, 295 ff.

[54] BGH 26.10.1999 – X ZR 30/98; OLG Düsseldorf 2.12.2009 – VII-Verg 39/09; VK Hessen 30.1.2013 – 69d VK-52/2012.

[55] OLG Düsseldorf 2.12.2009 – VII-Verg 39/09.

[56] OLG Düsseldorf 2.12.2009 – VII-Verg 39/09.

[57] OLG Düsseldorf 2.12.2009 – VII-Verg 39/09; *Scharen* GRUR 2009, 345, 348, auf den sich das OLG ausdrücklich beruft.

eine Überprüfung wird durch die kurzen Zeiträume, in denen Vergabeentscheidungen zu treffen sind, sowie durch die beschränkten administrativen Möglichkeiten und Ressourcen des öffentlichen Auftraggebers bestimmt.[58]

In begründeten Fällen darf der öffentliche Auftraggeber vom Grundsatz des Vorrangs **32** von Eigenerklärungen abrücken und stattdessen andere Nachweise verlangen. Die Entscheidung über die konkret einzufordernden Nachweise steht letztlich im Ermessen des öffentlichen Auftraggebers. Dabei hat der öffentliche Auftraggeber jedoch zwingend zu berücksichtigen, dass die Anforderungen an die vorzulegenden Nachweise stets verhältnismäßig und insbesondere durch den Auftragsgegenstand gerechtfertigt sein müssen.[59] Fordert der öffentliche Auftraggeber andere Nachweise als Eigenerklärungen, so hat er dies außerdem stets unter Angabe von Gründen zu dokumentieren. Während in der VOL/A-EG[60] und der VOF[61] entsprechende Dokumentationspflichten ausdrücklich normiert waren, findet sich eine derartige ausdrückliche Regelung in § 48 VgV nicht mehr. Gleichwohl hat der öffentliche Auftraggeber auch weiterhin dieselben Dokumentationspflichten wie bisher zu beachten. Dies resultiert nicht zuletzt aus dem in § 97 Abs. S. 1 GWB verankerten Transparenzgrundsatz, dem durch eine umfassende Dokumentation Rechnung getragen wird.

2. § 48 Abs. 2 S. 2 VgV, e-certis

Fordert der öffentliche Auftraggeber Bescheinigungen oder sonstige Nachweise an, soll **33** er gemäß § 48 Abs. 2 S. 2 VgV vorrangig solche verlangen, die vom Online-Dokumentenarchiv e-certis abgedeckt sind.

Bei e-certis handelt es sich um ein online verfügbares Informationssystem der EU- **34** Kommission, bei dem die einzelnen 28 Mitgliedsstaaten, die drei EWR-Staaten (Island, Lichtenstein und Norwegen) sowie die Türkei tabellarische Angaben dazu machen können, welche Bescheinigungen und Erklärungen als Nachweis der Eignung bzw. das Nichtvorliegen von Ausschlussgründen im jeweiligen Staat ausgestellt werden.[62] Mit Hilfe des webbasierten Informationssystems können Unternehmen und öffentliche Auftraggeber bei grenzüberschreitenden Ausschreibung recherchieren, welche Nachweise in anderen Mitgliedsstaaten als gleichwertig akzeptiert werden: *„Ziel von e-certis ist es, den Austausch von Bescheinigungen und anderen von öffentlichen Auftraggebern häufig verlangten Nachweisen zu erleichtern."*[63]

Dieser Zielsetzung wird jedoch bislang nur in unzureichender Form Rechnung getra- **35** gen. Hauptgrund hierfür ist die bislang noch fehlende Aktualisierungs- und Überprüfungspflicht der Datenbank. Derzeit wird das von der EU-Kommission zur Verfügung gestellte und von ihr verwaltete elektronische System lediglich auf freiwilliger Basis von den Mitgliedsstaaten aktualisiert und überprüft.[64] Um das volle Potenzial von e-certis ausschöpfen zu können, sollte in einem ersten Schritt die Pflege von e-certis verpflichtend werden, bevor in einem zweiten Schritt die Verwendung vorgeschrieben wird.[65] Letzteres ist durchaus

---

[58] EuGH 15.5.2008 – C-147/06 und C-148/06, *SECAP*; OLG Naumburg 18.8.2011 – 2 Verg 3/11(*„Bei der Bestimmung des Umfangs und des Inhalts der Überprüfungs- und Kontrollpflichten des öffentlichen Auftraggebers im Rahmen der (inhaltlichen) Eignungsprüfung ist zu berücksichtigen, dass dem Auftraggeber im Vergabeverfahren nur begrenzte zeitliche und personelle Ressourcen zur Verfügung stehen und dass der Aufwand der Eignungsprüfung noch in einem angemessenen Verhältnis zur beabsichtigten Beschaffung steht"* – amtlicher Leitsatz); befürwortend *Prieß/Hölzl*,NZBau 2010, 354 ff.; *Frister* VergabeR 2011, 295 ff.; kritisch *Antweiler* VergabeR 2011, 306, 311, 317 f.; *Horn* VergabeR 2010, 487, 496 f.

[59] BR-Drs. 87/16, S. 201.

[60] § 7 Abs. 1 S. 3 VOL/A-EG (*„Die Forderung von anderen Nachweisen als Eigenerklärungen haben die Auftragnehmer in der Dokumentation zu begründen"*).

[61] § 5 Abs. 2 S. 2 VOF (*„Die Forderung von darüber hinausgehenden Unteralgen und Angaben haben die Auftraggeber in der Dokumentation zu begründen"*).

[62] Quelle: https://ec.europa.eu/growth/tools-databases/ecertis/

[63] Erwägungsgrund 87 Richtlinie 24/2014/EU.

[64] Erwägungsgrund 87 Richtlinie 24/2014/EU.

[65] Erwägungsgrund 87 Richtlinie 24/2014/EU.

kritisch zu betrachten. Wenn ausschließlich solche Nachweise bzw. Bescheinigungen als noch ausreichend für die Eignungsprüfung bewertet werden können, die in e-certis aufgelistet sind, ist zu befürchten, dass sich die Auswahl der Eignungsnachweise letztlich auf wenige *Standardnachweise* begrenzt, da anzunehmen ist, dass sich der öffentliche Auftraggeber wohl eher an der Minimierung des eigenen Aufwandes die Eignungsprüfung betreffend als an deren objektiver Notwendigkeit orientieren wird.[66]

III. Einheitliche Europäische Eigenerklärung, § 48 Abs. 3 VgV

36   In § 48 Abs. 3 VgV wird das in Art. 59 RL 2014/24/EU vorgesehene Instrument der Einheitlichen Europäischen Eigenerklärung, welches in § 50 VgV näher geregelt ist, eingeführt.[67] Nach § 48 Abs. 3 VgV hat ein öffentlicher Auftraggeber die Vorlage einer Einheitlichen Europäischen Eigenerklärung als vorläufigen Beleg der Eignung und des Nichtvorliegens von Ausschlussgründen zu akzeptieren.[68]

IV. Nachweise in Bezug auf Ausschlussgründe, § 48 Abs. 4–6 VgV

37   § 48 Abs. 4–6 VgV dient der Umsetzung des Art. 60 Abs. 1 RL 2014/24/EU. Nach den §§ 123 und 124 GWB bzw. 42 Abs. 1 VgV muss der öffentliche Auftraggeber nunmehr zwingend auch das Nichtvorliegen von Ausschlussgründen überprüfen.[69] Dabei muss er die im Katalog des § 48 Abs. 4–6 VgV aufgeführten Nachweise als ausreichende Belege akzeptieren. Den öffentlichen Auftraggeber trifft insoweit eine Akzeptanzpflicht. Fraglich dagegen ist, ob die in § 48 Abs. 4–6 VgV enthalten Nachweisreglungen abschließender Natur sind. Dies ist nur teilweise zu bejahen.

38   Abschließend sind die Regelungen insoweit, dass der öffentliche Auftraggeber andere als die in § 48 Abs. 4–6 VgV genannten Fremderklärungen als Beleg für das Nichtvorliegen der dort jeweils explizit aufgeführten Ausschlussgründe nicht verlangen darf. Dies ergibt sich aus Art. 60 Abs. 1 Uabs. 2 RL 2014/24/EU.[70]

39   Der insoweit abschließende Charakter der Reglungen verpflichtet den öffentlichen Auftraggeber allerdings nicht dazu, ausschließlich auf die dort genannten Fremderklärungen zurückzugreifen. Der öffentliche Auftraggeber kann auch weiterhin lediglich die Vorlage von Eigenerklärungen als Beleg genügen lassen.[71] Dies resultiert aus dem in § 48 Abs. 2 VgV verankerten Vorrang von Eigenerklärungen, der mangels entsprechender Einschränkung auch in Bezug auf das Fehlen von Ausschlussgründen grundsätzlich Anwendung findet. Die Vorlage von solchen in § 48 Abs. 4–6 VgV enthaltenen Nachweisen ist folglich nur dann verpflichtend, wenn diese vom öffentlichen Auftraggeber auch tatsächlich gefordert werden.[72]

40   Lässt der öffentliche Auftraggeber dagegen als Beleg Eigenerklärungen genügen, so trifft ihn erst dann, wenn er Anhaltspunkte dafür hat, dass eine Eigenerklärung unzutreffend ist, die Pflicht zur Aufklärung und gegebenenfalls zur Anforderung von weiteren Nachweisen.[73] Zugunsten der Effektivität und im Lichte des Verhältnismäßigkeitsgrundsatzes sollte der öffentliche Auftraggeber möglichst auf ein Einfordern der in § 48 Abs. 4–5 VgV ge-

---

[66] So auch *Pauka* VergabeR 2015, 505, 507.

[67] BR-Drs. 87/16, 201.

[68] Zur Problematik, ob die Einheitliche Europäische Eigenerklärung von Bewerbern bzw. Bietern zwingend verwendet werden muss oder lediglich freiwillig genutzt werden kann: → § 50.

[69] Anders als bisher: § 7 EG Abs. 7 S. 1 VOL/A „können".

[70] Hierin heißt es: „*Die öffentlichen Auftraggeber verlangen keine weiteren Nachweise als die in diesem Artikel und in Artikel 62 genannten.*"

[71] BR-Drs. 87/16, 202.

[72] BR-Drs. 87/16, 202.

[73] BR-Drs. 87/16, 202.

nannten förmlichen Bescheinigungen verzichten und primär entsprechende Eigenerklärungen einfordern.[74]

Keine abschließende Wirkung hat die Regelung in Bezug auf die Nachweisführung des **41** Fehlens von Ausschlussgründen, die gerade nicht in § 48 Abs. 4–6 VgV erwähnt werden.[75] Würde man die in § 48 Abs. 4–6 enthaltenen Reglungen auch insoweit als abschließend bewerten, so wäre es dem öffentlichen Auftraggeber hinsichtlich der meisten fakultativen Ausschlussgründe nach § 124 GWB verwehrt Nachweise in Form von Fremderklärungen einzufordern. Dies würde diesen Ausschlussgründen jedoch jegliche praktische Wirksamkeit entziehen und kann im Ergebnis nicht im Sinne des Richtliniengebers sein.[76]

1. § 48 Abs. 4 VgV

Nach § 48 Abs. 4 VgV muss der öffentliche Auftraggeber als ausreichenden Beleg dafür, **42** dass die in § 123 Abs. 1 bis 3 GWB aufgelisteten zwingenden Ausschlussgründe nicht vorliegen, einen Auszug aus einem einschlägigen Register als ausreichenden Beleg akzeptieren.

§ 48 Abs. 4 VgV ordnet an, dass der öffentliche Auftraggeber ein Führungszeugnis aus **43** dem Bundeszentralregister oder, in Ermangelung eines solchen, eine gleichwertige Bescheinigung einer zuständigen Gerichts- oder Verwaltungsbehörde des Herkunftslandes oder des Niederlassungsstaates des Bewerbers bzw. Bieters als Entlastungsbeweis akzeptieren muss. Mit gleichwertigen Bescheinigungen meint die Vorschrift Bescheinigungen aus anderen europäischen Ländern.[77] Bewerber bzw. Bieter, die in Deutschland ansässig bzw. deutscher Herkunft sind, können sich auf diesen Teil der Vorschrift somit nicht berufen. Verlangt der öffentliche Auftraggeber die Vorlage eines Führungszeugnisses, so kann ein inländischer Bewerber bzw. Bieter insbesondere auch nicht auf anderer Registerauszüge, wie z.B. einem Gewerbezentralregisterauszug ausweichen. Die Forderung nach einem Führungszeugnis ist für ihn bindend.

Die Vorlage eines Führungszeugnisses bzw. einer vergleichbaren ausländischen Register- **44** auskunft ist jedoch stets nur dann verpflichtend, wenn der öffentliche Auftraggeber dies explizit gefordert hat. Der öffentliche Auftraggeber kann stattdessen auch lediglich entsprechende Eigenerklärungen als Beleg des Nichtvorliegens von zwingenden Ausschlussgründen nach § 123 Abs. 1–3 GWB fordern.

2. § 48 Abs. 5 VgV

Als ausreichenden Beleg dafür, dass die in § 123 Abs. 4 GWB und § 124 Abs. 1 Nr. 2 **45** GWB aufgelisteten Ausschlussgründe nicht vorliegen, erkennt der öffentliche Auftraggeber eine von der zuständigen Behörde des Herkunftslandes oder des Niederlassungsstaates des Bewerbers bzw. Bieters ausgestellte Bescheinigungen an. Unter den Begriff der „Bescheinigung" sind ausschließlich Fremderklärungen zu fassen, nicht dagegen Eigenerklärungen.[78]

Als Nachweis über die ordnungsgemäße Erfüllung der Verpflichtung zur Zahlung von **46** Steuern, Abgaben oder Beiträge der Sozialversicherung gemäß § 123 Abs. 4 GWB sind beispielhaft Bescheinigungen des Finanzamtes, der Krankenkassen und der Berufsgenossenschaft zu nennen.[79]

---

[74] *Hausmann/Kern* in KKMPP, Kommentar zur VgV, § 48, Rn. 20.

[75] Keine Nachweisregelungen existieren hinsichtlich der in § 124 Abs. 1 Nr. 1, Nr. 3–9 GWB enthaltenen fakultativen Ausschlussgründe.

[76] *Friton* Die Festlegung und Erfüllung von Eignungsparametern nach den EU-Vergaberichtlinien und die Umsetzung im GWB-Vergaberecht, 445.

[77] Vgl. VK Münster 27.4.2007 – VK 6/07.

[78] OLG Düsseldorf 14.1.2009 – VII-Verg 59/08; OLG Koblenz 4.7.2007 – 1 Verg 3/07 („*Fordert der Auftraggeber die ‚Bescheinigung der zuständigen Behörde', so bedeutet das nicht etwa, dass er sich mit einer einzigen Bescheinigung zufrieden geben will. Vielmehr bringt er damit zu Ausdruck, dass (Eigen-)Erklärungen nicht genügen*"); VK Bund 12.10.2009 – VK 2–177/09.

[79] *Hausmann/Kern* in KKMPP, Kommentar zur VgV, § 48 Rn. 22.

3. § 48 Abs. 6 VgV

47   Sofern Urkunden oder Bescheinigungen nach § 48 Abs. 4 und 5 VgV seitens des Herkunftslandes bzw. des Niederlassungsstaates des Bewerbers bzw. Bieters nicht ausgestellt werden oder darin nicht alle in § 48 Abs. 4 und 5 VgV genannten Ausschlussgründe erwähnt werden, so können sie gemäß § 48 Abs. 6 VgV durch eine Versicherung an Eides statt ersetzt werden. In Staaten, in denen es keine Versicherung an Eides statt gibt, genügt eine förmliche Erklärung, die ein Vertreter des betreffenden Unternehmens vor einer zuständigen Gerichts- oder Verwaltungsbehörde, einem Notar oder einer dazu bevollmächtigten Berufs- oder Handelsorganisation des Herkunftslandes oder des Niederlassungsstaates des Bewerbers bzw. Bieters abgibt.

IV. Erläuterung, § 48 Abs. 7 VgV

48   In § 48 Abs. 7 VgV wird dem öffentlichen Auftraggeber die Möglichkeit eingeräumt, Bewerber bzw. Bieter aufzufordern, die erhaltenen Unterlagen zu erläutern. Nachdem es gemäß § 56 Abs. 2 VgV erlaubt ist, gänzlich fehlende Unterlagen nachzufordern, ist es erst Recht gerechtfertigt, dem Bewerber bzw. Bieter die Möglichkeit zu eröffnen, bereits eingereichte Unterlagen zu erläutern.

49   Der Begriff *„Unterlagen"* erfasst dabei sämtliche in den vorherigen Absätzen des § 48 VgV aufgeführten Eignungsnachweise und Belege für das Nichtvorliegen von Ausschlussgründen. Und auch sonst ist der öffentliche Auftraggeber an die Voraussetzungen und Grenzen der Abs. 1–6 gebunden. Der öffentliche Auftraggeber darf damit insbesondere auch im Wege der Einholung von Erläuterungen keine weitergehenden Anforderungen an die einzureichenden Nachweise stellen, als er es im Zuge der Auftragsbekanntmachung bzw. Aufforderung zur Interessensbestätigung getan hat. Die Möglichkeit des öffentlichen Auftraggebers, einen Bewerber oder Bieter zur Erläuterung von vorgelegten Nachweisen aufzufordern, schließt nicht mit ein, den Bewerber bzw. Bieter zur Vorlage gänzlich neuer Nachweise aufzufordern.[80] Das Verbot andere als in der Auftragsbekanntmachung bzw. Aufforderung zur Interessensbestätigung angegebenen Unterlagen zu fordern folgt bereits aus § 48 Abs. 1 VgV, wonach der öffentliche Auftraggeber bereits in der Auftragsbekanntmachung bzw. Aufforderung zur Interessensbestätigung umfassend anzugeben hat, welche Unterlagen ein Bewerber bzw. Bieter vorzulegen hat.

50   Der öffentliche Auftraggeber hat zu beachten, dass sich die Befugnis zur Einholung von Erläuterungen auf jeden einzelnen vorzulegenden Nachweis isoliert bezieht. Der öffentliche Auftraggeber darf nur dazu auffordern, einen bestimmten Nachweis, der bereits vorgelegt worden ist, inhaltlich zu erläutern und damit ggf. inhaltliche Lücken zu schließen.[81]

51   Die Regelung ist lediglich als „Kann-Vorschrift" formuliert. Aus § 48 Abs. 7 VgV folgt weder eine Verpflichtung des öffentlichen Auftraggebers zur Einholung von Erläuterungen, noch ein Anspruch des jeweiligen Bewerbers bzw. Bieters Erläuterungen tätigen zu dürfen.[82] Ob der öffentliche Auftraggeber von seiner in § 48 Abs. 7 VgV verankerten Befugnis Gebrauch macht, steht allein im Ermessen des öffentlichen Auftraggebers. Zu berücksichtigen hat der öffentliche Auftraggeber dabei insbesondere den Grundsatz der Gleichbehandlung. Fordert er einen Bewerber bzw. Bieter auf, die vorgelegten Unterlagen zu erläutern, so ist er dazu verpflichtet in sämtlichen gleichgelagerten Fällen den jeweiligen Bewerbern bzw. Bietern ebenfalls die Möglichkeit für Erläuterungen einzuräumen.

---

[80] Vgl. OLG Düsseldorf 16.11.2006 – Verg 47/03.
[81] Vgl. OLG Düsseldorf 16.1.2006 – VII-Verg 92/05; VK Bund 25.10.2006 – VK 3 – 114/06; VK Mecklenburg-Vorpommern 7.1.2008 – 2 VK 5/07; VK Sachsen 10.10.2008 – 1/SVK/051-08.
[82] Vgl. OLG Düsseldorf 16.11.2006 – Verg 47/03.

Die Vorschrift enthält keine Angabe darüber, in welcher Form eine Erläuterung zu er- 52
folgen hat. Folglich können Ergänzungen auch bloß mündlich erfolgen. Aus Gründen der
Beweisbarkeit und zum Zwecke einer vollständigen Dokumentation des Vergabeverfahrens
ist dem öffentlichen Auftraggeber jedoch zu raten, Ergänzungen mindestens in Textform
zu fordern. Auch im Rahmen der Form ist der öffentliche Auftraggeber jedoch an seine
Anforderungen in der Auftragsbekanntmachung bzw. Aufforderung zur Interessenbestätigung gebunden. Hat der öffentliche Auftraggeber in der Auftragsbekanntmachung bzw.
Aufforderung zur Interessenbestätigung eine förmliche Bescheinigung verlangt, so haben
Ergänzungen ebenfalls in förmlicher Weise zu erfolgen. Eine Ergänzung im Wege einer
bloßen Erklärung des Bewerbers bzw. Bieters selbst, ist in einem solchen Fall nicht ausreichend.

V. Präqualifizierung, § 48 Abs. 8 VgV

Die Regelung des § 48 Abs. 8 VgV betrifft Präqualifizierungssysteme.[83] Die Vorschrift 53
dient der Konkretisierung der in § 122 Abs. 3 enthaltenen Regelung, wonach Nachweise
der Eignung und des Nichtvorliegens von Ausschlussgründen ganz oder teilweise durch die
Teilnahme an Präqualifizierungssystemen erbracht werden können.

Präqualifizierung ist die von einem konkreten Einzelauftrag unabhängige Eignungsprü- 54
fung eines Unternehmens.[84] Im Unterschied zu einer regulären im Rahmen eines konkreten Vergabeverfahrens stattfindenden Eignungsprüfung, geht das Präqualifizierungsverfahren von einer **abstrakten** auftragsunabhängigen Eignungsprüfung aus.[85] Gleichwohl ist
Bezugspunkt der Prüfung eine bestimmte Art von Auftrag. Folgerichtig belegt eine Präqualifikationsurkunde die Eignung bezogen auf einen konkreten präqualifizierten Leistungsbereich.[86] Unternehmen, die erfolgreich ein Präqualifizierungsverfahren durchlaufen
haben, werden in eine nach Produktgruppen oder Leistungsarten untergliederten Liste
aufgenommen.[87]

Ein Präqualifizierungsverfahren ist zu unterscheiden von einem sog. Prüfsystems bzw. 55
Qualifizierungssystem[88]. Während ein Präqualifizierungsverfahren von unabhängigen Stel-
len und damit auftraggeberunabhängig durchgeführt wird, obliegt die Errichtung eines
Prüfsystems bzw. Qualifizierungsverfahrens dem öffentlichen Auftraggeber selbst.[89]

§ 48 Abs. 8 S. 2 VgV überträgt die Aufgabe der Einrichtung eines amtlichen Verzeich- 56
nisses präqualifizierter Unternehmen im Liefer- und Dienstleistungsbereich auf die Indust-
rie- und Handelskammern, wobei diese die Einrichtung amtlicher Verzeichnisse durch andere öffentliche Stellen nicht ausschließt.[90] Durch die ausdrückliche Bezugnahme auf
Art. 64 RL 2014/24/EG wird klargestellt, dass die das Verzeichnis einrichtende Stelle die
Anforderungen der Richtlinie umsetzen muss. In § 48 Abs. 8 S. 3 VgV heißt es, dass sich
die Industrie- und Handelskammern bei der Führung des amtlichen Verzeichnisses einer
gemeinsamen verzeichnisführenden Stelle[91] zu bedienen haben. Diese Rolle wird zukünftig
der Deutsche Industrie- und Handelskammertag (DIHK e.V.) übernehmen.[92] Das unter

---

[83] In der Vorschrift selbst wird der Begriff der Präqualifizierung zwar nicht ausdrücklich verwendet, allerdings findet sich dieser in der Verordnungsbegründung, vgl. BR-Drs. 87/16, 202.

[84] *Gnittke/Hattig* in Müller/Wrede, GWB, § 122 Rn. 64.

[85] *Gnittke/Hattig* in Müller/Wrede, GWB, § 122 Rn. 64; vgl. auch bereits *Müller-Wrede/Gnittke/Hattig* in
Müller-Wrede, 4. Aufl. 2013, VOL/A, § 7 EG, Rn. 81.

[86] Vgl. VK Bund 30.11.2009 – VK 2 – 195/09.

[87] *Gnittke/Hattig* in: Müller/Wrede, GWB, § 122 Rn. 64.

[88] Siehe § 48 SektVO.

[89] Vgl. *Summa* in Heiermann/Zeiss/Summa, jurisPK-Vergaberecht, § 97 GWB, Rn. 248 f.

[90] BR-Drs. 87/16, 202 (*„Ein solches Register schließt amtliche Verzeichnisse, die durch andere Stellen eingerichtet
werden, jedoch nicht aus. Demnach könnte z. B. auch ein Land ein solches Verzeichnis einrichten"*).

[91] Die Verordnungsbegründung verweist dabei auf § 32 Abs. 2 des Umweltauditgesetzes, BR-Drs. 87/16,
202.

[92] www.amtliches-verzeichnis.ihk.de

www.amtliches-verzeichnis.ihk.de abrufbare amtliche Verzeichnis präqualifizierter Unternehmen für den Liefer- und Dienstleistungsbereich wird die bisherige Präqualifizierungsdatenbank für den Liefer- und Dienstleistungsbereich (bislang unter www.pq.vol.de) ablösen.

57   In Bezug auf die praktische Umsetzung der in § 48 Abs. 8 VgV enthaltenen Vorgaben die Einrichtung des amtlichen Verzeichnisses betreffend ist eine zentrale IT-gestützte Datenbank erforderlich, wodurch ein automatisierter Abruf von Registerauskünften über das Internet oder schriftlich möglich sein sollte.[93] Sicherzustellen ist außerdem, dass eine zeitgleiche und direkte Abfrage aller präqualifizierter Unternehmen durch den öffentlichen Auftraggeber erfolgen kann.[94]

58   Ein Präqualifizierungsverfahren ist für Bewerber bzw. Bieter insbesondere deshalb vorteilhaft, da eine einmal festgestellte Eignung im Rahmen diverser Auftragsvergaben wiederholt angeführt werden kann und damit der bürokratische Aufwand, welcher mit der Beteiligung an einem Vergabeverfahren und insbesondere mit der Eignungsprüfung verbunden ist, reduziert wird.[95] Dadurch wird nicht zuletzt die Einzelauftragsvergabe an sich beschleunigt und Kosten eingespart.[96] Die Teilnahme an einem Vergabeverfahren darf dagegen nicht von der Teilnahme an einem Präqualifizierungsverfahrens abhängig gemacht werden.[97] Die Teilnahme an einem Präqualifizierungsverfahren ist nicht nur verfahrensunabhängig sondern insbesondere auch freiwillig.[98]

59   Sofern ein Bewerber bzw. Bieter in einem Präqualifizierungssystem eingetragen ist, dürfen die dort hinterlegten Unterlagen und Angaben vom öffentlichen Auftraggeber nur in begründeten Fällen in Zweifel gezogen werden. Nach § 48 Abs. 8 VgV gilt bei der Präqualifizierung eine Eignungsvermutung.

60   § 48 Abs. 8 S. 4 VgV enthält eine Ausnahmeregelung in Bezug auf Bescheinigungen über die Entrichtung von Steuern, Abgaben oder Sozialversicherungsbeiträgen. Hier darf der öffentliche Auftraggeber auch im Fall einer Präqualifizierung entsprechende Bescheinigungen verlangen.

---

[93] BR–Drs. 87/16, 202.
[94] BR–Drs. 87/16, 202.
[95] Vgl. VK Sachsen 11.5.2010 – 1/SVK/011-10; *Gnittke/Hattig* in Müller/Wrede, GWB, § 122 Rn. 66 f.; *Tugendreich* NZBau 2011, 467, 468.
[96] *Tugendreich* NZBau 2011, 467, 468.
[97] Art. 64 Abs. 7 S. 1 der Richtlinie 2014/24/EU legt dies ausdrücklich fest.
[98] Siehe *Braun* in Gabriel/Krohn/Neun, Handbuch des Vergaberechts, § 28 Rn. 105.

§ 49 Beleg der Einhaltung von Normen der Qualitätssicherung und des Umweltmanagements

(1) Verlangt der öffentliche Auftraggeber als Beleg dafür, dass Bewerber oder Bieter bestimmte Normen der Qualitätssicherung erfüllen, die Vorlage von Bescheinigungen unabhängiger Stellen, so bezieht sich der öffentliche Auftraggeber auf Qualitätssicherungssysteme, die
1. den einschlägigen europäischen Normen genügen und
2. von akkreditierten Stellen zertifiziert sind.

Der öffentliche Auftraggeber erkennt auch gleichwertige Bescheinigungen von akkreditierten Stellen aus anderen Staaten an. Konnte ein Bewerber oder Bieter aus Gründen, die er nicht zu vertreten hat, die betreffenden Bescheinigungen nicht innerhalb einer angemessenen Frist einholen, so muss der öffentliche Auftraggeber auch andere Unterlagen über gleichwertige Qualitätssicherungssysteme anerkennen, sofern der Bewerber oder Bieter nachweist, dass die vorgeschlagenen Qualitätssicherungsmaßnahmen den geforderten Qualitätssicherungsnormen entsprechen.

(2) Verlangt der öffentliche Auftraggeber als Beleg dafür, dass Bewerber oder Bieter bestimmte Systeme oder Normen des Umweltmanagements erfüllen, die Vorlage von Bescheinigungen unabhängiger Stellen, so bezieht sich der öffentliche Auftraggeber
1. entweder auf das Gemeinschaftssystem für das Umweltmanagement und die Umweltbetriebsprüfung EMAS der Europäischen Union oder
2. auf andere nach Artikel 45 der Verordnung (EG) Nr. 1221/2009 des Europäischen Parlaments und des Rates vom 25. November 2009 über die freiwillige Teilnahme von Organisationen an einem Gemeinschaftssystem für Umweltmanagement und Umweltbetriebsprüfung und zur Aufhebung der Verordnung (EG) Nr. 761/2001, sowie der Beschlüsse der Kommission 2001/681/EG und 2006/193/EG (ABl. L 342 vom 22.12.2009, S. 1) anerkannte Umweltmanagementsysteme oder
3. auf andere Normen für das Umweltmanagement, die auf den einschlägigen europäischen oder internationalen Normen beruhen und von akkreditierten Stellen zertifiziert sind.

Der öffentliche Auftraggeber erkennt auch gleichwertige Bescheinigungen von Stellen in anderen Staaten an. Hatte ein Bewerber oder Bieter aus Gründen, die ihm nicht zugerechnet werden können, nachweislich keinen Zugang zu den betreffenden Bescheinigungen oder aus Gründen, die er nicht zu vertreten hat, keine Möglichkeit, diese innerhalb der einschlägigen Fristen zu erlangen, so muss der öffentliche Auftraggeber auch andere Unterlagen über gleichwertige Umweltmanagementmaßnahmen anerkennen, sofern der Bewerber oder Bieter nachweist, dass diese Maßnahmen mit denen, die nach dem geltenden System oder den geltenden Normen für das Umweltmanagement erforderlich sind, gleichwertig sind.

Übersicht

	Rn.		Rn.
A. Einführung	1	B. Kommentierung	8
I. Literatur	1	I. Einhaltung der Normen der Qualitätssicherung, § 49 Abs. 1 VgV	9
II. Entstehungsgeschichte	2		
III. Rechtliche Vorgaben im EU-Recht	3	II. Umweltmanagement	15

A. Einführung

I. Literatur

Grabitz/Hilf, Recht der EU, Band 2; *Halstenberg/Klein,* Neues zu den Anforderungen bei der Verwendung **1** von Normen, Zertifikaten und Gütezeichen, NZBau, 2017, 469; *Heiermann/Zeiss/Summa,* jurisPK-Vergaberecht, 4. Auflage 2013; *Kulartz/Marx/Portz/Prieß,* Kommentar zur VOL/A 3. Auflage 2014; *Kulartz/ Kus/Marx/Portz/Prieß,* Kommentar zur VgV, 1. Auflage 2016; *Müller-Wrede,* Verdingungsordnung für Leistungen, 2. Auflage 2007; *Müller-Wrede,* Kommentar zur VOL/A-EG, 4. Auflage 2013; *Sterner/Zeiss,* Praxiskommentar Beschaffung im Verteidigungs- und Sicherheitsbereich, 1. Auflage.

II. Entstehungsgeschichte

2   Die Möglichkeit der Berücksichtigung von Aspekten der Qualitätssicherung und des Umweltmanagements sah bereits die RL 2004/18/EU ausdrücklich vor. Die einschlägigen Regelungen fanden sich in Art. 49 und Art. 50 RL 2004/18/EG. Die in Art. 49 RL 2004/18/EG statuierten Vorgaben die Qualitätssicherung betreffend wurden auf nationaler Ebene umfassend umgesetzt.[1] Auch die in Art. 50 RL 2004/18/EG formulierte Regelung hinsichtlich des Umweltmanagements fand Eingang in die Vergabeordnungen,[2] wobei § 7 EG Abs. 10 VOL/A eine Einschränkung in Bezug auf den sachlichen Anwendungsbereich vorsah. So waren von § 7 EG Abs. 10 VOL/A ausdrücklich nur Dienstleistungsaufträge erfasst. Die Forderung nach einem Nachweis über Umweltmanagementsysteme als Eignungsnachweis bei der Vergabe von Lieferaufträgen war danach ausgeschlossen.[3]

III. Rechtliche Vorgaben im EU-Recht

3   In der RL 2014/24/EU finden sich ebenfalls Vorgaben das Qualitäts- und Umweltmanagement betreffend. Art. 62 Abs. 1 RL 2014/24/EU ist inhaltlich im Wesentlichen identisch mit Art. 49 RL 2004/18/EG und betrifft die Qualitätssicherung. Neu ist dabei die ausdrückliche Hervorhebung, dass auch Qualitätssicherungsnormen des Zugangs von Menschen mit Behinderungen erfasst werden. Die Berücksichtigung der Rechte von Menschen mit Behinderungen ist in der Richtlinie ausdrücklich vorgesehen.[4] Art. 62 Abs. 1 RL 2014/24/EU nimmt diese Vorgabe auf.

4   Der Gesichtspunkt des Umweltmanagement wird in Art. 62 Abs. 2 RL 2014/24/EU aufgegriffen und korrespondiert inhaltlich mit der Vorgängerregelung in Art. 50 RL 2004/18/EG.

5   § 49 VgV setzt die europarechtlichen Vorgaben des Art. 62 Abs. 1 und 2 RL 2014/24/ EU um. Die Berücksichtigung der Rechte von Menschen mit Behinderungen wird in § 49 Abs. 1 VgV, der die Qualitätssicherung betrifft, anders als in Art. 62 Abs. 1 RL 2014/24/EU nicht ausdrücklich vorgesehen.

6   § 49 Abs. 2 VgV regelt die Modalitäten der Nachweisführung in Bezug auf die Einhaltung bestimmter Systeme oder Normen des Umweltmanagements und dient der Umsetzung des Art. 62 Abs. 2 RL 2014/24/EU. Die in der Vorgängerregelung in § 7 EG Abs. 10 VOL/A enthaltene sachliche Beschränkung auf Dienstleistungsaufträge findet sich in § 49 Abs. 1 VgV nicht mehr, so dass die Forderung des Nachweises der Erfüllung bestimmter Systeme oder Normen des Umweltmanagements nunmehr grundsätzlich auch bei der Vergabe von Lieferaufträgen zulässig ist. Vor dem Hintergrund, dass die entsprechenden einschlägigen Umweltmaßnahmen jedoch mit Blick auf § 46 Abs. 3 Nr. 7 VgV Im Rahmen der Auftragsdurchführung zur Anwendung kommen müssen, macht die Forderung nach einem zertifizierten Umweltmanagementsystems vorrangig im Rahmen von Dienstleistungsaufträgen bzw. Lieferaufträgen, die in nicht unwesentlichem Umfang auch Dienstleistungen miterfassen, Sinn.[5]

---

[1] Siehe § 7 EG Abs. 10 VOL/A; § 5 Abs. 7 VOF.

[2] § 7 EG Abs. 10 VOL/A; § 5 Abs. 8 VOF.

[3] So auch schon § 7a EG Nr. 5 VOL/A 2006; siehe hierzu auch *Gnittke* in Müller-Wrede, Verdingungsordnung für Leistungen, 2. Aufl. 2007, § 7a VOL/A-EG Rn. 104.

[4] Siehe Erwägungsgrund 3 der RL 2014/24/EU.

[5] Ähnlich auch *Röwerkamp* in KKMPP, Kommentar zur VgV, § 49 Rn. 6.

Der in § 49 Abs. 1 und 2 VgV verwendete Begriff der „akkreditierten Stelle" war in den **7** Vorgängervorschriften in der VOL/A-EG noch nicht enthalten. Die vorgenommene Präzisierung der für die Zertifizierung zuständigen Stelle geht auf die wortlautidentische Vorgabe in Art. 62 Abs. 1 S. 1 RL 2014/24/EU zurück. Der Richtliniengeber und korrespondierend der nationale Gesetzgeber hat mit der Aufnahme des Begriff der akkreditierten Stelle unmissverständlich klargestellt, dass keine Zertifikate und Gütezeichen gefordert werden dürfen, die nicht von akkreditierten Stellen stammen.[6]

B. Kommentierung

§ 49 VgV knüpft an die in § 46 Abs. 3 Nr. 3 und 7 VgV enthaltene grundsätzliche **8** Möglichkeit, Aspekte der Qualitätssicherung und des Umweltmanagements im Rahmen der Eignungsprüfung im Hinblick auf die technische und berufliche Leistungsfähigkeit zu berücksichtigen, an.[7] Entscheidet sich der öffentliche Auftraggeber dafür, von den Bewerbern bzw. Bietern als Nachweis der Einhaltung bestimmter Normen der Qualitätssicherung bzw. bestimmter Systeme oder Normen des Umweltmanagements die Vorlage von Bescheinigungen einzufordern, so unterliegt er dabei gemäß § 49 VgV mehrfacher inhaltlicher und formaler Beschränkungen.

I. Einhaltung der Normen der Qualitätssicherung, § 49 Abs. 1 VgV

Verlangt der öffentliche Auftraggeber die Vorlage von Bescheinigungen unabhängiger **9** Stellen als Nachweis der Einhaltung bestimmter Normen die Qualitätssicherung betreffend, so darf sich der öffentliche Auftraggeber nur auf solche Qualitätssicherungssysteme beziehen, die den einschlägigen europäischen Normen genügen, vgl. § 49 Abs. 1 S. 1 Nr. 1 VgV. Dies sind regelmäßig die Normen der europäischen Normenreihe DIN EN ISO 9.000 ff.[8] Durch das Abstellen auf europäische Normen sollen die Standards der Qualitätssicherung EU-weit harmonisiert und damit die Gleichbehandlung von Bewerbern bzw. Bietern aller EU-Mitgliedsstaaten gewährleistet werden.[9] Folglich ist eine Bezugnahme auf nationale Normen (DIN), die lediglich auf eine europäische Norm (ES) aufbauen, diese jedoch gerade nicht unmittelbar übernehmen, nicht ausreichend.[10] Die Vorgabe in § 49 Abs. 1 S. 1 Nr. 1 VgV ist insoweit abschließend.[11]

Nach § 49 Abs. 1 S. 1 Nr. 2 VgV hat die Zertifizierung außerdem durch eine akkre-**10** ditierte nichtstaatliche Stelle zu erfolgen. Eine Stelle verfügt über die erforderliche Akkreditierung, wenn sie über eine Akkreditierung der Deutschen Akkreditierungsstelle (DAkkS) nach dem Akkreditierungsstellengesetz (AkkStelleG) auf Grundlage der VO (EG) Nr. 765/2008 (AkkreditierungsVO) verfügt.[12]

---

[6] So auch *Halstenberg/Klein* NZBau, 2017, 469, 470.

[7] § 46 Abs. 3 Nr. 3 und 7 VgV.

[8] DIN ES ISO steht für eine von der International Organization for Standartization (ISO) verabschiedeten Normenreihe, die durch das Comitè Europèen de Coordination des Normes (CEN) als europäische Norm (EN) übernommen worden ist, mit der Folge, dass sämtliche Mitgliedsstaaten die Normenreihe in unveränderter Form in ihre jeweiligen nationalen Normwerke übernehmen mussten. In Deutschland ist dies durch das Deutsche Institut für Normung (DIN) erfolgt; Zur Entstehungsgeschichte der Normenreihe siehe auch *Römermann* in BeckOK BORA, § 6 Rn. 349 ff.

[9] Vgl. *Müller-Wrede/Gnittke/Hattig* in Müller-Wrede, Kommentar zur VOL/A-EG, 4. Aufl., § 7 VOL/A-EG, Rn. 143; *Hausmann/von Hoff* in KMPP, 3. Aufl. 2014, Kommentar zur VOL/A, § 7 EG VOL/A Rn. 92.

[10] Vgl. hierzu OLG Düsseldorf 28.7.2011 – VII-Verg 38/11.

[11] Vgl. hierzu OLG Düsseldorf 28.7.2011 – VII-Verg 38/11; *Hausmann/von Hoff* in KMPP, 3. Aufl. 2014, Kommentar zur VOL/A, § 7 EG VOL/A Rn. 92.

[12] *Halstenberg/Klein* NZBau 2017, 469, 470.

11   Gemäß § 49 Abs. 1 S. 2 VgV sind öffentliche Auftraggeber verpflichtet, gleichwertige Bescheinigungen von akkreditierten Stellen *aus anderen Staaten* anzuerkennen. Diese Regelung gewährleistet die Gleichbehandlung von ausländischen Bewerbern bzw. Bietern.[13] Mit dem Begriff *„Staat"* ist in Übereinstimmung mit der englischen, französischen und spanischen Fassung des Art. 62 Abs. 1 RL 2014/24/EU ein *Mitgliedsstaat der EU („Member States", „États membres", „Estados miembros")* gemeint.[14] Das Erfordernis der Gleichwertigkeit ist erfüllt, wenn die Normen, dessen Einhaltung mittels der ausländischen Bescheinigung belegt werden soll, dem Standard der einschlägigen europäischen Normen entsprechen und die die Bescheinigung ausstellende Stelle mit einer akkreditierten nationalen Stelle vergleichbar ist. Die Darlegungslast hinsichtlich der Gleichwertigkeit trägt der Bewerber bzw. Bieter, der sich auf die Bescheinigung eines anderen Mitgliedsstaates beruft.[15]

12   Des Weiteren hat der öffentliche Auftraggeber gemäß § 49 Abs. 1 S. 3 VgV unter bestimmten Voraussetzungen andere Unterlagen über gleichwertige Qualitätssicherungssysteme anzuerkennen. Erste Voraussetzung hierfür ist, dass ein Bewerber bzw. Bieter die einschlägigen Bescheinigungen aus Gründen, die er selbst nicht zu vertreten hat, nicht innerhalb einer angemessenen Frist einholen kann. Dies ist insbesondere dann der Fall, wenn ein Bewerber bzw. Bieter sich an einem Vergabeverfahren beteiligen möchte, bei dem eine Bescheinigung entsprechend den Vorgaben des § 49 Abs. 1 S. 1 VgV mit Abgabe des Teilnahmeantrags bzw. des Angebots gefordert wird, nicht rechtzeitig beizubringen ist, und der Bewerber bzw. Bieter über ein Qualitätssicherungssystem, das den einschlägigen europäischen Normen entspricht, verfügt, jedoch bislang noch nicht zertifiziert ist und eine Zertifizierung auch nicht bis Ablauf der Teilnahme- bzw. Angebotsfrist einholbar ist.[16]

13   Eine Verpflichtung des öffentlichen Auftraggebers dahingehend, Bewerbern bzw. Bietern eine angemessene Frist für die Erlangung der geforderten Zertifikate im Vergabeverfahren einzuräumen, ist hingegen zu verneinen.[17] Vielmehr ist die fehlende (und nicht zu vertretende) Möglichkeit der Einholung innerhalb einer angemessenen Frist gerade Voraussetzung für die Zulässigkeit der Vorlage alternativer Bescheinigungen.

14   Die zweite Voraussetzung ist, dass der Bewerber bzw. Bieter nachweisen muss, dass die seinerseits vorgeschlagenen Qualitätssicherungsmaßnahmen den geforderten Qualitätsnormen und damit den Maßnahmen der europäischen Normen gleichwertig sind. Als Nachweis nicht ausreichend sein dürfte eine Selbstauskunft und eine damit verbundene Beschreibung der Qualitätssicherungsmaßnahmen durch den Bewerber bzw. Bieters selbst.[18] Die Vorlage einer Eigenerklärung mit dem Inhalt, dass der Bewerber bzw. Bieter ein Qualitätssicherungssystem entsprechend den einschlägigen DIN EN ISO Normen installiert hat, ist ebenfalls nicht als ausreichender Nachweis zu werten.[19] Ob ein Privatgutachten den erforderlichen Nachweis der Gleichwertigkeit erbringen kann, ist ebenfalls zu verneinen.[20] Die Einschätzung des Auftraggebers selbst genügt ebenfalls nicht ohne weiteres.[21] Den vorgenannten Fällen ist gemein, dass die Neutralität des Erklärenden bzw. der begutachtenden

---

[13] Vgl. *Hailbronner* in Grabitz/Hilf, Recht der EU, Band 2, Öffentlichen Auftragswesen; B.2 Marktfreiheiten und Vergaberichtlinien, Rn. 17.

[14] Vgl. *Gnittke* in Müller-Wrede, Kommentar zur VOL/A-EG, 4. Aufl., § 7 VOL/A-EG, Rn. 150; aA *Röwekamp* in KMPP; Kommentar zur VgV, § 49, Rn. 4.

[15] Vgl. *Dippel* in Sterner/Zeiss, Praxiskommentar Beschaffung im Verteidigungs- und Sicherheitsbereich, 1. Aufl., § 28 VSVgV Rn. 7.

[16] *Röwekamp* in KKMPP; Kommentar zur VgV, § 49, Rn. 5.

[17] VK Bund 31.10.2016 – VK 1 – 90/16.

[18] So bereits zu § 7 EG Abs. 10 VOL/A: *Gnittke* in Müller-Wrede, Kommentar zur VOL/A-EG, 4. Aufl., § 7 EG VOL/A, Rn. 153.

[19] Vgl. VK Thüringen 16.1.2006 – *360–4004.20–025/05-ARN*.

[20] *Gnittke* in Müller-Wrede, Kommentar zur VOL/A-EG, 4. Aufl., § 7 VOL/A-EG, Rn. 153; Vgl. zur ähnlichen Problematik beim RAL-Gütezeichen: VK Hannover 18.3.2003 – 26045 VgK 24/2002 (Die VK hat in seiner Entscheidung das Privatgutachten eines Ingenieurbüros, das die Qualitätsstandards beim betreffenden Unternehmen überwacht hat und bei der Auftragsdurchführung überwachen wird, als ausreichend angesehen).

[21] Vgl. VK Darmstadt 20.6.2001 – 69d VK 14/2001 (RAL-Gütezeichen).

Stelle nicht gewährleistet ist. Branchenspezifische Zertifikate können zum Zwecke der Nachweisführung u. U. dagegen geeignet sein.[22]

II. Umweltmanagement, § 49 Abs. 2 VgV

Ein öffentlicher Auftraggeber kann von Bewerbern bzw. Bietern zum Nachweis ihrer **15** Eignung verlangen, dass diese bestimmte Systeme oder Normen das Umweltmanagement betreffend erfüllen und hierfür entsprechende Bescheinigungen unabhängiger Stellen fordern. Die Berücksichtigung von Umweltmanagementsystemen ist von vornherein nur zulässig, wenn dies mit Blick auf den zu vergebenen Auftrag gerechtfertigt und verhältnismäßig ist.[23] Dies ist etwa dann der Fall, wenn die Durchführung des zu vergebenden Auftrags mit erhöhten Umweltgefahren oder -auswirkungen verbunden ist und es sich um eine umweltrelevante Tätigkeit handelt.[24]

Sofern die Forderung nach entsprechenden Bescheinigungen als solche gerechtfertigt ist, **16** hat der öffentliche Auftraggeber des Weiteren die in § 49 Abs. 2 S. 1 VgV niedergelegten Vorgaben einzuhalten. Der öffentliche Auftraggeber muss bei dem Verlangen nach Beibringung von Bescheinigungen unabhängiger Stellen Bezug nehmen

– auf das Gemeinschaftssystem für das Umweltmanagement und die Umweltbetriebsprüfung EMAS der Europäischen Union oder

– auf andere nach Artikel 45 der Verordnung (EG) Nr. 1221/2009 vom 25.11.2009 über die freiwillige Teilnahme von Organisationen an einem Gemeinschaftssystem für Umweltmanagement und Umweltbetriebsprüfung (ABl. L 342 vom 22.11.2009, S. 1) anerkannte Umweltmanagementsysteme oder

– auf andere Normen für das Umweltmanagement, die auf den einschlägigen europäischen und internationalen Normen beruhen und von akkreditierten Stellen zertifiziert sind.

EMAS (Eco-Management and Audit Scheme) ist ein europäisches Umweltmanagement- **17** system auf Grundlage der Verordnung (EG) Nr. 1221/2009 vom 25.11.2009 über die freiwillige Teilnahme von Organisationen an einem Gemeinschaftssystem für Umweltmanagement und Umweltbetriebsprüfung. In Deutschland ist EMAS im Umweltauditgesetz geregelt. Inhaltlich basiert EMAS auf den Vorgaben der DIN EN ISO 14001.

Das EMAS-Register wird in Deutschland beim Deutschen Industrie- und Handels- **18** kammertag (DIHK e. V.) geführt.[25] Die Registrierung der Unternehmen erfolgt auf Antrag bei der regional zuständigen Registrierungsstelle.[26] Unternehmen, die sich registrieren lassen möchten, müssen sich zum einen im Rahmen einer Umwelterklärung hinsichtlich ihrer umweltrelevanten Tätigkeiten und Daten erklären. Zum anderen sind sie verpflichtet eine interne Umweltprüfung und eine Umweltbetriebsprüfung anhand bestimmter Vorgaben durchzuführen. Das Ergebnis dieser Prüfungen und die Umwelterklärung werden im Anschluss daran von einem unabhängigen, staatlich zugelassenen Umweltgutachter bewertet.

---

[22] *Gnittke* in Müller-Wrede, Kommentar zur VOL/A-EG, 4. Aufl., § 7 VOL/A-EG, Rn. 153; zur Zertifizierung nach der Entsorgungsfachbetriebsverordnung: OLG Saarbrücken 13.11.2002 – 5 Verg 1/02; im Ergebnis ebenso OLG Naumburg 2.8.2012 – 2 Verg 3/12; VK Sachsen 15.3.2016 – 1/SVK/045-15; VK Baden-Württemberg 16.8.2005 – 1 VK 48/05; VK Lüneburg 10.2.2004 – 203-VgK-43/2003.

[23] Vgl. dazu OLG Schleswig 29.4.2010 – 1 Verg 2/08; VK Sachsen 22.7.2010 –1/SVK/022/10; *Hausmann/von Hoff* in KMPP, Kommentar zur VOL/A, 2. Aufl. 2010, § 7 EG Rn. 98; *Mutschler-Siebert* in Heiermann/Zeiss/Summa, jurisPK-Vergaberecht, 4. Aufl. 2013, § 7 EG VOL/A Rn. 54.

[24] Vgl. Hinweise des Bundesministeriums für Umwelt, Naturschutz und Reaktorsicherheit zu den rechtlichen Möglichkeiten der Berücksichtigung der Teilnahme von Organisationen am Europäischen Gemeinschaftssystem für das Umweltmanagement und die Umweltprüfung (EMAS) bei der öffentlichen Vergabe v. 17.8.2004, S. 5 f.

[25] http://www.emas-register.de/

[26] In Deutschland sind das die Industrie- und Handelskammer bzw. Handwerkskammern: http://www.emas-register.de/

19   Gemäß § 49 Abs. 1 S. 1 Nr. 2 VgV ist auch eine Bezugnahme auf andere Umweltmanagementsysteme entsprechend des Art. 45 der Verordnung (EG) Nr. 1221/2009 vom 25.11.2009 zulässig.[27]

20   Nach § 49 Abs. 2 S. 1 Nr. 3 VgV hat der öffentliche Auftraggeber zudem die Möglichkeit auf andere europäische Umweltmanagementnormen Bezug zu nehmen. Die Bezugnahme auf andere europäische Umweltmanagementnormen ist dabei bewusst offen formuliert, so dass auch zukünftige Normen erfasst werden können.[28] Gegenwärtig fällt darunter insbesondere die Zertifizierung nach DIN EN ISO 14001. Anders als EMAS verlangt DIN EN ISO 14001 keine Einbindung öffentlicher Stellen in die Zertifizierung.[29] Einschlägige Zertifizierungsstellen in Deutschland sind beispielsweise der TÜV oder die DEKRA.

21   Zum Zwecke der grenzüberschreitenden Chancengleichheit wird in § 49 Abs. 2 S. 2 VgV ausdrücklich klargestellt, dass gleichwertige Bescheinigungen von Stellen anderer Staaten anzuerkennen sind.[30]

22   Entsprechend der Regelung in § 49 Abs. 1 S. 3 VgV die Qualitätssicherung betreffend hat ein öffentlicher Auftraggeber gemäß § 49 Abs. 2 S. 3 VgV auch hier für den Fall, dass ein Bewerber bzw. Bieter aus Gründen, die ihm nicht zugerechnet werden können, keinen Zugang zu den betreffenden Bescheinigungen hat oder aus Gründen, die er nicht zu vertreten hat, keine Möglichkeit hat, diese innerhalb der einschlägigen Fristen zu erlangen, andere Unterlagen anzuerkennen. Vorausgesetzt der Bewerber bzw. Bieter weist nach, dass diese Maßnahmen vergleichbar sind mit denen, die nach dem geltenden System oder den geltenden Normen für das Umweltmanagement erforderlich sind. Eine Verpflichtung des öffentlichen Auftraggebers, Bietern bzw. Bewerbern eine ausreichende Frist zum Zwecke der Einholung der geforderten Zertifikate einzuräumen besteht indes nicht.[31]

23   Als gleichwertiger Nachweis für ein EMAS-Zertifikat ist beispielsweise ein seitens eines neutralen Dritten geprüfter Umweltbericht, ein externe Compliance-Bestätigung oder eine Bestätigung der zuständigen Umweltbehörde, nach der diese keine Kenntnis über einen gegenwärtigen Umweltrechtsverstoß hat, anzusehen.[32] Ebenfalls als gleichwertig wird man ein DIN EN ISO 14001-Zertifikat ansehen müssen. Zwar sind mit einem DIN EN ISO 14001-Zertifikat geringere Anforderungen als mit einem EMAS-Zertifikat verbunden, allerdings weist ein DIN EN ISO 14001-Zertifikat ebenso wie ein EMAS-Zertifikat das Bestehen eines Umweltmanagementsystem sowie ein externe Überprüfung nach, so dass einiges dafür spricht, ein DIN EN ISO 14001-Zertifikat als gleichwertig anzuerkennen.[33] Eigenerklärungen hingegen sind nicht als gleichwertig anzusehen.[34]

24   Umweltmanagement kann grundsätzlich Bestandteil eines Qualitätsmanagementsystems sein. Dies ist jedoch nicht zwingend, weshalb aus einer Zertifizierung nach einer Qualitätsmanagementnorm keine Rückschlüsse auf ein Umweltmanagement gezogen werden können.[35]

---

[27] Zum Begriff des Umweltmanagementsystems siehe Art. 2 Nr. 13 der Verordnung (EG) Nr. 1221/2009 vom 29.11.2009 („*Umweltmanagementsystem: der Teil des gesamten Managementsystems, der die Organisationsstruktur, Planungstätigkeiten, Verantwortlichkeiten, Verhaltensweisen, Vorgehensweisen, Verfahren und Mittel für die Festlegung, Durchführung, Verwirklichung, Überprüfung und Fortführung der Umweltpolitik und das Management der Umweltaspekte umfasst*").

[28] Vgl. *Gnittke* in Müller/Wrede, VOL/A, 4. Aufl. 2013, § 7 EG Rn. 158.

[29] Vgl. *Gnittke* in Müller/Wrede, VOL/A, 4. Aufl. 2013 § 7 EG Rn. 158.

[30] Zum Begriff „Staat" Rn. 11.

[31] VK Bund 31.10.2016, VK 1 – 90/16; siehe auch bereits Fn. 17.

[32] Vgl. dazu die Hinweise des Bundesministerium für Umwelt, Naturschutz- und Reaktorsicherheit zu den rechtlichen Möglichkeiten der Berücksichtigung der Teilnahme von Organisationen am EMAS bei der öffentlichen Vergabe vom 17.8.2004, S. 3 f.

[33] Vgl. dazu die Hinweise des Bundesministerium für Umwelt, Naturschutz- und Reaktorsicherheit zu den rechtlichen Möglichkeiten der Berücksichtigung der Teilnahme von Organisationen am EMAS bei der öffentlichen Vergabe vom 17.8.2004, S. 3; ebenfalls *Gnittke* in Müller/Wrede, VOL/A, 4. Aufl. 2013, § 7 EG Rn. 167.

[34] Vgl. zum Qualitätsmanagement Rn. 9 ff.

[35] Vgl. VK Schleswig-Holstein 22.4.2008 – VK SH 03/08.

§ 50 Einheitliche Europäische Eigenerklärung

(1) Die Einheitliche Europäische Eigenerklärung ist in der Form des Anhangs 2 der Durchführungsverordnung (EU) 2016/7 der Kommission vom 5. Januar 2016 zur Einführung des Standardformulars für die Einheitliche Europäische Eigenerklärung (ABl. L 3 vom 6.1.2016, S. 16) zu übermitteln. Bewerber oder Bieter können eine bereits bei einer früheren Auftragsvergabe verwendete Einheitliche Europäische Eigenerklärung wiederverwenden, sofern sie bestätigen, dass die darin enthaltenen Informationen weiterhin zutreffend sind.

(2) Der öffentliche Auftraggeber kann bei Übermittlung einer Einheitlichen Europäischen Eigenerklärung Bewerber oder Bieter jederzeit während des Verfahrens auffordern, sämtliche oder einen Teil der nach den §§ 44 bis 49 geforderten Unterlagen beizubringen, wenn dies zur angemessenen Durchführung des Verfahrens erforderlich ist. Vor der Zuschlagserteilung fordert der öffentliche Auftraggeber den Bieter, an den er den Auftrag vergeben will, auf, die geforderten Unterlagen beizubringen.

(3) Ungeachtet von Absatz 2 müssen Bewerber oder Bieter keine Unterlagen beibringen, sofern und soweit die zuschlagerteilende Stelle
1. die Unterlagen über eine für den öffentlichen Auftraggeber kostenfreie Datenbank innerhalb der Europäischen Union, insbesondere im Rahmen eines Präqualifikationssystems, erhalten kann oder
2. bereits im Besitz der Unterlagen ist.

Übersicht

	Rn.			Rn.
A. Einführung	1		dd) Abschnitt D: Angaben zu Unterauftragnehmern, deren Kapazität der Wirtschaftsteilnehmer nicht in Anspruch nimmt	23
I. Literatur	1		c) Teil III: Ausschlussgründe	24
II. Entstehungsgeschichte	2		d) Teil IV: Eignungskriterien	26
III. Rechtliche Vorgaben im EU-Recht	3		e) Teil V: Verringerung der Zahl geeigneter Bewerber	27
B. Kommentierung	4		f) Teil VI: Abschlusserklärungen	28
I. Allgemeines	4		III. Wiederverwendung der Einheitlichen Europäischen Eigenerklärung, § 50 Abs. 1 S. 2 VgV	30
II. Verwendungspflicht	7		IV. Beibringung von Einzelnachweisen, § 50 Abs. 2 VgV	31
III. Form und Inhalt der Einheitlichen Europäischen Eigenerklärung, § 50 Abs. 1 S. 1 VgV	10		1. § 50 Abs. 2 S. 1 VgV	32
1. Form der Einheitlichen Europäischen Eigenerklärung	10		2. § 50 Abs. 2 S. 2 VgV	36
2. Inhalt der Einheitlichen Europäischen Eigenerklärung	13		3. Einschränkung des Begriffs „Unterlagen"	37
a) Teil I: Angaben zum Vergabeverfahren und zum öffentlichen Auftraggeber	14		4. Frist zur Vorlage der Unterlagen	38
b) Teil II: Angaben zum Wirtschaftsteilnehmer	15		a) Verspätet eingereichte Unterlagen	40
aa) Abschnitt A: Angaben zum Wirtschaftsteilnehmer	16		b) Unvollständig eingereichte Unterlagen	41
bb) Abschnitt B. Angaben zu Vertretern des Wirtschaftsteilnehmers	21		5. Form der Aufforderung	42
cc) Abschnitt C: Angaben der Inanspruchnahme der Kapazitäten anderer Unternehmen	22		V. § 50 Abs. 3 VgV	43
			1. § 50 Abs. 3 Nr. 1 VgV	44
			2. § 50 Abs. 3 Nr. 2 VgV	49
			3. Geltung des § 50 Abs. 3 VgV	53
			V. Fazit	54

A. Einführung

I. Literatur

1 *Heiermann/Zeiss/Summa*, jurisPK-Vergaberecht, 5. Aufl. 2016; *Otting*, Eignungs- und Zuschlagskriterien, VergabeR 2016, 316; *Pauka*, Entbürokratisierung oder Mehraufwand? – Die Regelungen der Einheitlichen Europäischen Eigenerklärung (EEE) in der VKR VergabeR 2015, 505; *Schwab/Giesemann*, Mit mehr Regeln zur mehr Rechtssicherheit?, VergabeR 2014, 351; *Stolz*, Die Einheitliche Europäische Eigenerklärung, VergabeR 2016, 155; *Kulartz/Kus/Marx/Portz/Prieß*, Kommentar zur VgV, 1. Auflage 2016; *Willenbruch/ Wieddekind*, Kompaktkommentar Vergaberecht 4. Auflage 2017.

II. Entstehungsgeschichte

2 In § 50 VgV ist die im Zuge der Vergaberechtsreform **neu** eingeführte Einheitliche Europäische Eigenerklärung geregelt. Eine Vorläuferregelung existiert aufgrund des innovativen Charakters nicht.

III. Rechtliche Vorgaben im EU-Recht

3 § 50 VgV setzt Art. 59 RL 2014/24/EU um. Nach Art. 59 Abs. 2 RL 2014/24/EU ist die Einheitliche Europäische Eigenerklärung auf Grundlage eines Standardformulars zu erstellen, das die Kommission im Wege von Durchführungsakten festlegt. Dies ist mit Einführung der Durchführungsverordnung (EU) 2016/7 vom 5. Januar 2016 erfolgt. In Anhang 1 der Durchführungsverordnung ist eine Anleitung zum Ausfüllen des Standardformulars, das wiederum in Anhang 2 zu finden ist, enthalten.

B. Kommentierung

I. Allgemeines

4 Den Überlegungen des Richtliniengebers zufolge soll mithilfe der Einführung der Einheitlichen Europäischen Eigenerklärung der Verwaltungsaufwand im Rahmen eines Vergabeverfahrens zugunsten sowohl des öffentlichen Auftraggebers als auch der Bewerber bzw. Bieter reduziert werden und die Teilnahme an Vergabeverfahren insbesondere für kleinere und mittlere Unternehmen attraktiver machen.[1] Für viele Wirtschaftsteilnehmer explizit für kleinere und mittlere Unternehmen sei der Aufwand, der mit einer Teilnahme an einem Vergabeverfahren aufgrund der Vielzahl der beizubringenden Bescheinigungen oder anderen Dokumente die Eignungs- und Ausschlusskriterien betreffend verbunden ist, zu hoch.[2]

---

[1] Erwägungsgrund 84 RL 2014/24/EU (" […] *Eine Beschränkung der entsprechenden Anforderungen, beispielsweise durch die Verwendung einer Einheitlichen Europäischen Eigenerklärung, die aus einer aktualisierten Eigenerklärung besteht, könnte eine erhebliche Vereinfachung zum Nutzen sowohl der öffentlichen Auftraggeber als auch der Wirtschaftsteilnehmer bedeuten […]*"); Erwägungsgrund 1 der Durchführungsverordnung (EU) 2016/7 der Europäischen Kommission (*"Eines der wesentlichen Ziele der Richtlinien 2014/24/EU und 2014/25/EU ist die Senkung des Verwaltungsaufwands für öffentliche Auftraggeber, Sektorenauftraggeber und Wirtschaftsteilnehmer, nicht zuletzt für kleine und mittlere Unternehmen. Die Einheitliche Europäische Eigenerklärung (EEE) ist ein wichtiger Bestandteil dieser Bemühungen […]*"); siehe auch *Stolz* VergabeR 2016, 155; *Pauka* VergabeR 2015, 505; *Schwab/Giesemann* VergabeR 2014, 351, 362.

[2] Erwägungsgrund 84 RL 2014/24/EU(*"Nach Auffassung vieler Wirtschaftsteilnehmer – und nicht zuletzt der KMU – ist eines der Haupthindernisse für ihre Beteiligung an öffentlichen Vergabeverfahren der Verwaltungsaufwand im*

Kleinere und mittlere Unternehmen treten aus diesem Grund oftmals lediglich als Nachunternehmer und weniger als Bewerber bzw. Bieter im Rahmen eines Vergabeverfahrens auf.[3]

Bei der Einheitlichen Europäischen Eigenerklärung handelt es sich um einen vorläufigen 5 Nachweis hinsichtlich des Vorliegens von Eignungskriterien sowie des Nichtvorliegens von Ausschlussgründen im Sinne der §§ 123 und 124 GWB in Form einer standardisierten Eigenerklärung. Die Einheitliche Europäische Eigenerklärung soll Bewerber bzw. Bieter davon befreien, bereits bei Abgabe eines Teilnahmeantrags bzw. eines Angebots sämtliche einschlägigen Unterlagen einreichen zu müssen.[4] Auf Seiten der öffentlichen Auftraggeber soll es insoweit zu einer Entlastung kommen, dass diese nicht mehr sämtliche Einzelnachweise bei einer Vielzahl von Bewerbern bzw. Bieter überprüfen müssen.[5]

Die Einheitliche Europäische Eigenerklärung soll des Weiteren dadurch zu einer Verein- 6 fachung des Vergabeverfahrens beitragen, indem es unterschiedliche und teilweise abweichende nationale Eigenerklärungen durch ein auf europäischer Ebene existierendes einheitliches Standardformular ersetzt.[6]

II. Verwendungspflicht

Hinsichtlich der Frage, ob die Verwendung der Einheitlichen Europäischen Eigenerklä- 7 rung für Bewerber bzw. Bieter verpflichtend oder freiwillig ist, werden unterschiedliche Positionen vertreten.

Anhaltspunkte für eine Verwendungspflicht liefert zunächst einmal die der Durchfüh- 8 rungsverordnung als Anhang 1 beigefügte Anleitung zum Ausfüllen des Standardformulars. Hierin heißt es: *„Einem Angebot in offenen Verfahren oder einem Teilnahmeantrag in nichtoffenen Verfahren, Verhandlungsverfahren, wettbewerblichen Dialogen oder Innovationspartnerschaften müssen die Wirtschaftsteilnehmer eine ausgefüllte EEE beifügen, […].“*

Hier stellt sich jedoch die Frage, ob einer der Durchführungsverordnung lediglich als 9 Anhang beigefügten Anleitung zur Verwendung des Standardformulars überhaupt ein verbindlicher Regelungscharakter zukommen kann. Dies ist nach hiesiger Ansicht bereits zweifelhaft. Selbst wenn man dies bejahen würde, würde sich jedoch ein weiteres Problem auftun. Die Richtlinie ist gegenüber der Durchführungsverordnung das höherrangigere Recht. Art. 59 Abs. 1 RL 2014/24/EU geht seinem Wortlaut nach von einer Akzeptanz- und gerade nicht von einer Verwendungspflicht aus. Nach Art. 59 Abs. 1 RL 2014/24/EU *„akzeptieren die öffentlichen Auftraggeber die Einheitliche Europäische Eigenerklärung in Form einer aktualisierten Eigenerklärung anstelle von Bescheinigungen von Behörden oder Dritten als vorläufigen Nachweis dafür, dass der jeweilige Wirtschaftsteilnehmer"* keine Ausschlussgründe erfüllt und die erforderliche Eignung aufweist. Der Wortlaut der Richtlinie spricht folglich eindeutig gegen eine Verwendungspflicht und dafür, dass die Einheitliche Europäische Eigenerklärung lediglich ein optionales Instrument ist, auf das Bewerber bzw. Bieter zurückgreifen können, es allerdings nicht müssen.

III. Form und Inhalt der Einheitlichen Europäischen Eigenerklärung, § 50 Abs. 1 S. 1 VgV

1. Form der Einheitlichen Europäischen Eigenerklärung

In § 50 Abs. 1 S. 1 VgV wird die Form der Einheitlichen Europäischen Eigenerklärung 10 geregelt. Will ein Bewerber bzw. Bieter seine Eignung und das Nichtvorliegen von Aus-

---

Zusammenhang mit der Beibringung einer Vielzahl von Bescheinigungen oder anderen Dokumenten, die die Ausschluss- und Eignungskriterien betreffen […])

[3] *Pauka* VergabeR 2015, 505.
[4] *Pauka* VergabeR 2015, 505.
[5] Zur Frage, welche konkreten Bewerber bzw. Bieter Einzelnachweise vorzulegen haben: → Rn. 7 f.
[6] Erwägungsgrund 4 der Durchführungsverordnung (EU) 2016/7.

schlussgründen mittels einer Einheitlichen Europäischen Eigenerklärung vorläufig nachweisen, so muss er sich dabei an die Formvorgaben des in Anhang 2 der Durchführungsverordnung (EU) 2016/7 der Kommission vom 5. Januar 2016 zur Einführung des Standardformulars für die Einheitliche Europäische Eigenerklärung (ABl. L3 vom 6.1.201,
S. 16) auffindbaren Standardformulars halten. Die Rechtssetzungsbefugnis der Kommission
ergibt sich dabei aus Art. 59 Abs. 2 S. 2 RL 2014/24/EU.[7]

11   Gemäß Art. 59 Abs. 2 Uabs. 2 RL2014/24/EU wird die Einheitliche Europäische Eigenerklärung in elektronischer Form ausgestellt. Die Umsetzung dieser Formvorgabe dürfen die Mitgliedsstaaten jedoch nach Art. 90 Abs. 3 RL 2014/24/EU bis zum 18.4.2018
aufschieben.[8] Der Mitgliedstaat Deutschland hat von dieser Möglichkeit der erst späteren
Einführung der ausschließlich elektronischen Form der Einheitlichen Europäischen Eigenerklärung nicht ausdrücklich Gebrauch gemacht.

12   Die VgV enthält jedoch in § 81 VgV[9] Übergangsbestimmungen hinsichtlich der Verpflichtung zur ausschließlichen Verwendung elektronischer Mittel. Der Verordnungsgeber hat dabei die ihm durch Art. 90 Abs. 2 RL 2014/24/EU eingeräumte Möglichkeit genutzt.[10] Nach dieser Regelung dürfen öffentliche Auftraggeber mit Ausnahme
zentraler Beschaffungsstellen i.S.d. § 120 Abs. 4 S. 1 GWB die Umstellung auf ein
ausschließlich auf elektronische Mittel basierendes Vergabeverfahren (sog. E-Vergabe)
noch bis zum 18.10.2018 aufschieben. Solange es öffentlichen Auftraggebern nach § 81
VgV jedoch noch gestattet ist, die Einreichung von Angeboten, Teilnahmeanträgen und
Interessensbestätigungen in Papierform zu verlangen, muss es im Umkehrschluss Bewerbern bzw. Bietern erlaubt sein eine papierbasierte Version der Einheitlichen Europäischen
Eigenerklärung einzureichen. Die zeitliche Vorgaben in § 81 VgV sind damit auch hinsichtlich der in Art. 59 Abs. 2 Uabs. 2 RL 2014/24/EU enthalten Formvorgabe zu berücksichtigen.

2. Inhalt der Einheitlichen Europäischen Eigenerklärung

13   Das Standardformular umfasst die folgenden Teile und Abschnitte:
Teil I: Angaben zum Vergabeverfahren und zum öffentlichen Auftraggeber oder Sekto-
           renauftraggeber
Teil II: Angaben zum Wirtschaftsteilnehmer
           Abschnitt A: Angaben zum Wirtschaftsteilnehmer
           Abschnitt B: Angaben zu Vertretern des Wirtschaftsteilnehmers
           Abschnitt C: Angaben zur Inanspruchnahme der Kapazitäten anderer Unterneh-
           men
           Abschnitt D: Angaben zu Unterauftragnehmern, deren Kapazität der Wirtschafts-
           teilnehmer nicht in Anspruch nimmt
Teil III: Ausschlussgründe
           Abschnitt A: Gründe im Zusammenhang mit einer strafrechtlichen Verurteilung
           Abschnitt B: Gründe im Zusammenhang mit der Entrichtung von Steuern oder
           Sozialversicherungsbeiträgen

---

[7] In Art. 59 Abs. 2 S. 2 RL 2014/24/EU heißt es: *„Die Kommission legt das Standardformular im Wege von
Durchführungsrechtsakten fest."*

[8] Siehe Art. 90 Abs. 3 RL 2014/24/EU: *„Ungeachtet des Absatzes 1 des vorliegenden Artikels können die Mitgliedstaaten die Anwendung von Artikel 59 Absatz 2 bis 18. April 2018 aufschieben."*

[9] *„Zentrale Beschaffungsstellen im Sinne von § 120 Absatz 4 Satz 1 des Gesetzes gegen Wettbewerbsbeschränkungen können bis zum 18. April 2017, andere öffentliche Auftraggeber bis zum 18. Oktober 2018, abweichend von § 53
Absatz 1 die Übermittlung der Angebote, Teilnahmeanträge und Interessensbestätigungen auch auf dem Postweg, anderem geeigneten Weg, Fax oder durch die Kombination dieser Mittel verlangen. Dasselbe gilt für die sonstige Kommunikation im Sinne des § 9 Absatz 1, soweit sie nicht die Übermittlung von Bekanntmachungen und die Bereitstellung der
Vergabeunterlagen betrifft."*

[10] Art. 90 Abs. 2 der Richtlinie 2014/24/EU: *„Unbeschadet des Absatzes 1 können die Mitgliedstaaten die
Anwendung von Artikel 22 Absatz 1 bis 18. Oktober 2018 aufschieben (...)."*

Abschnitt C: Gründe im Zusammenhang mit Insolvenz, Interessenskonflikten oder beruflichem Fehlverhalten

Abschnitt D: Sonstige Ausschlussgründe, die in den für den öffentlichen Auftraggeber oder Sektorenauftraggeber maßgeblichen innerstaatlichen Rechtsvorschriften vorgesehen sein können

Teil IV: Eignungskriterien

α: Globalvermerk zur Erfüllung aller Eignungskriterien

Abschnitt A: Befähigung zur Berufsausübung

Abschnitt B: Wirtschaftliche und finanzielle Leistungsfähigkeit

Abschnitt C: Technische und berufliche Leistungsfähigkeit

Abschnitt D: Qualitätssicherung und Umweltmanagement

Teil V: Verringerung der Zahl geeigneter Bewerber

Teil VI: Abschlusserklärungen

a) Teil I: Angaben zum Vergabeverfahren und zum öffentlichen Auftraggeber. 14
In Teil I des Standardformulars der Einheitlichen Europäischen Eigenerklärung sind Angaben zum Vergabeverfahren und zum öffentlichen Auftraggeber zu tätigen. Verwendet der Bewerber bzw. Bieter den elektronischen EEE-Dienst, so generiert dieser bei Eingabe der Bekanntmachungsnummer aus dem EU-Amtsblatt die erforderlichen Daten das Verfahren und den öffentlichen Auftraggeber betreffend automatisch.[11]

b) Teil II: Angaben zum Wirtschaftsteilnehmer. In Teil II des Standardformulars 15
der Einheitlichen Europäischen Eigenerklärung haben Bewerber bzw. Bieter Angaben zu ihrer Identität sowie sonstige allgemeine Angaben zu machen. Teil II ist in vier Abschnitte untergliedert.

aa) Abschnitt A: Angaben zum Wirtschaftsteilnehmer. In Abschnitt A hat der 16
Bewerber bzw. Bieter unter anderem seine Kontaktdaten sowie ggf. seine Umsatzsteueridentifikationsnummer anzugeben. Darüber hinaus ist für statistische Zwecke anzugeben, ob es sich bei dem Bewerber bzw. Bieter um ein Kleinstunternehmen, ein kleines Unternehmen oder ein mittleres Unternehmen handelt.[12]

Handelt es sich um einen sog. vorbehaltenen Auftrag im Sinne von § 118 GWB[13] ist au- 17
ßerdem darüber Auskunft zu geben, ob es sich bei dem Wirtschaftsteilnehmer um eine geschützte Werkstätte oder ein soziales Unternehmen handelt oder die Auftragsdurchführung im Rahmen geschützter Beschäftigungsprogramme erfolgen soll.

Bewerber bzw. Bieter haben des Weiteren anzugeben, ob sie in einem amtlichen Ver- 18
zeichnis zugelassener Wirtschaftsteilnehmer erfasst sind, oder ob sie über eine gleichwertige Bescheinigung verfügen. Gemeint ist damit die Eintragung in ein Präqualifizierungssystem i. S. d. § 48 Abs. 8 VgV.[14]

Zu den allgemeinen Angaben gehört ferner auch die Angabe, ob der Bewerber bzw. Bie- 19
ter alleine oder zusammen mit anderen am Vergabeverfahren teilnimmt („Form der Teil-

---

[11] Siehe Hinweis im Standardformular zu Teil I.

[12] Siehe hierzu Fn. 7 des Standardformulars: *„Vgl. Empfehlung der Kommission vom 6. Mai 2003 betreffend die Definition der Kleinstunternehmen sowie der kleinen und mittleren Unternehmen (ABl. L 124 vom 20.5.2003, S. 36). Diese Angabe wird nur für statistische Zwecke verlangt.*

Kleinstunternehmen: Unternehmen, die weniger als 10 Personen beschäftigen und deren Jahresumsatz und/oder Jahresbilanzsumme 2 Mio. EUR nicht übersteigt.

Kleine Unternehmen: Unternehmen, die weniger als 50 Personen beschäftigen und deren Jahresumsatz und/oder Jahresbilanzsumme 10 Mio. EUR nicht übersteigt.

Mittlerer Unternehmen: Unternehmen, bei denen es sich weder um Kleinstunternehmen noch um kleine Unternehmen handelt, die weniger als 250 Personen beschäftigen und deren Jahresumsatz 50 Mio. EUR nicht übersteigt und/oder Jahresbilanzsumme 43 Mio. EUR nicht übersteigt. "

[13] § 118 GWB dient der Umsetzung des Art. 20 der Richtlinie 2014/24/EU.

[14] Vgl. Leitfaden für das Ausfüllen der Einheitlichen Europäischen Eigenerklärung (EEE) des Bundesministeriums für Wirtschaft und Energie, abrufbar unter: https://www.bmwi.de/Redaktion/DE/Downloads/J-L/leitfaden-einheitlichen-europaeischen-eigenerklaerung.html

nahme"). Gemeint ist damit die Teilnahme als Mitglied einer Bewerber- bzw. Bietergemeinschaft.

20   Im Fall einer Losvergabe, müssen Bewerber bzw. Bieter schließlich auch noch angeben, auf welches Los sich ihre Bewerbung bzw. ihr Angebot bezieht.

21   **bb) Abschnitt B: Angaben zu Vertretern des Wirtschaftsteilnehmers.** In Abschnitt B zu Teil II des Standardformulars sind die persönlichen Vertreter des Bewerbers bzw. Bieters und deren Kontaktdaten anzugeben. Des Weiteren haben Bewerber bzw. Bieter Auskunft über die Art der Vertretung, deren Umfang etc. zu geben.

22   **cc) Abschnitt C: Angaben der Inanspruchnahme der Kapazitäten anderer Unternehmen.** In Abschnitts C zu Teil II des Standardformulars haben Bewerber bzw. Bieter Auskunft darüber zu erteilen, ob sie Kapazitäten anderer Unternehmen in Anspruch nehmen. Gemeint sind damit die Fälle der **sog. Eignungsleihe** nach § 47 VgV. Bewerber bzw. Bieter haben dabei zu beachten, dass für jedes Unternehmen, auf deren Kapazitäten sie sich im Wege der Eignungsleihe berufen möchten, eine separate Einheitliche Europäische Eigenerklärung vorzulegen ist.[15]

23   **dd) Abschnitt D: Angaben zu Unterauftragnehmern, deren Kapazität der Wirtschaftsteilnehmer nicht in Anspruch nimmt.** In Abschnitt C haben Bewerber bzw. Bieter anzugeben, ob sie beabsichtigen Teile des zu vergebenden Auftrags als Unterauftrag an Dritte zu vergeben (vgl. § 37 VgV). Gemeint ist dabei die reine Unterauftragsvergabe, ohne dass zugleich ein Fall der Eignungsleihe vorliegt.[16] Zum Gegenstand des Unterauftragnehmereinsatzes sind keine Angaben zu machen.[17]

24   **c) Teil III: Ausschlussgründe.** In Teil III des Standardformulars der Einheitlichen Europäischen Eigenerklärung haben sich die Bewerber bzw. Bieter zum Vorliegen von Ausschlussgründen nach Art. 57 RL 2014/24/EU zu äußeren. Das Standardformular der Einheitlichen Europäischen Eigenerklärung deckt in den Abschnitten A bis C sämtliche nationale Ausschlussgründe nach §§ 123 und 124 GWB ab.[18] Der Bewerber bzw. Bieter hat im Einzelfall die Möglichkeit etwaige Maßnahmen zum Zwecke der Selbstreinigung im Sinne des § 125 GWB darzulegen.[19]

25   Abschnitt D von Teil II des Standardformulars dürfte aus nationaler Sicht keine Relevanz haben. In Abschnitt D sind Angaben zu sonstigen Ausschlussgründen zu machen. Das deutsche Vergaberecht sieht neben den in §§ 123 und 124 GWB enthaltenen Ausschlusstatbestände keine weiteren *sonstigen* Ausschlussgründe vor. Auch bei den Ausschlusstatbeständen, die in Landesvergabegesetzen geregelt sind, handelt sich nicht um *sonstige* Ausschlussgründe im Sinne des Abschnitts D des Standardformulars. Vielmehr werden diese Ausschlusstatbestände von den fakultativen Ausschlussgründen nach § 124 GWB miterfasst und stellen dabei insbesondere Konkretisierungen des fakultativen Ausschlussgrunds der schweren Verfehlung nach § 124 Abs. 1 Nr. 3 GWB dar.[20] Für etwaige Ausschlussregelungen auf Länderebene fehlt es bereits an der erforderlichen Länderkompetenz.[21]

---

[15] Hierauf wird im Rahmen des Standardformulars in Abschnitt C zu Teil II ausdrücklich hingewiesen.

[16] Vgl. Leitfaden für das Ausfüllen der Einheitlichen Europäischen Eigenerklärung (EEE) des Bundesministeriums für Wirtschaft und Energie, abrufbar unter: https://www.bmwi.de/Redaktion/DE/Downloads/J-L/leitfaden-einheitlichen-europaeischen-eigenerklaerung.html

[17] Kritisch hierzu *Stolz* VergabeR 2016, 159.

[18] In Abschnitt A und B sind die zwingenden Ausschlussgründe nach § 123 GWB erfasst. Abschnitt C erfasst die die in § 124 GWB geregelten fakultativen Ausschlussgründe.

[19] So heißt es bspw. in Abschnitt A: *„Im Falle einer Verurteilung: Hat der Wirtschaftsteilnehmer Maßnahmen getroffen, um trotz des Vorliegens eines einschlägigen Ausschlussgrundes seine Zuverlässigkeit nachzuweisen (22) („Selbstreinigung")?"*.

[20] Siehe auch Hinweis zu Abschnitt D von Teil III des Standardformulars im „Leitfaden für das Ausfüllen der Einheitlichen Europäischen Eigenerklärung (EEE)" des Bundesministeriums für Wirtschaft und Energie, abrufbar unter: https://www.bmwi.de/Redaktion/DE/Downloads/J-L/leitfaden-einheitlichen-europaeisch en-eigenerklaerung.html

[21] Eine Länderkompetenz ist nach § 129 GWB nur für Ausführungsbedingungen vorgesehen.

d) Teil IV: Eignungskriterien. Teil IV des Standardformulars betrifft die Eignung des 26
Bewerbers bzw. Bieters. Unter α haben Bewerber bzw. Bieter die Möglichkeit mittels eines
Globalvermerks das Vorliegen sämtlicher Eignungskriterien vorläufig nachzuweisen. Voraussetzung hierfür ist jedoch, dass der öffentliche Auftraggeber in der Auftragsbekanntmachung oder in den Vergabeunterlagen einen Globalvermerk ausdrücklich zugelassen hat.[22]
Hat der öffentliche Auftraggeber einen Globalvermerk zur Erfüllung sämtlicher Eignungskriterien nicht zugelassen, hat sich der Bewerber bzw. Bieter in Abschnitt A bis D zu sämtlichen Eignungskriterien, die der öffentliche Auftraggeber in der Auftragsbekanntmachung
festgelegt hat, zu erklären.

e) Teil V: Verringerung der Zahl geeigneter Bewerber. Bei einem nichtoffenen 27
Verfahren, einem Verhandlungsverfahren, einem wettbewerblichen Dialog und einer Innovationspartnerschaft hat der öffentliche Auftraggeber die Möglichkeit die Zahl der Bewerber anhand von in der Auftragsbekanntmachung festgelegten objektiven und nichtdiskriminierenden Kriterien zu begrenzen.[23] Für den Fall, dass der öffentliche Auftraggeber von
dieser Möglichkeit Gebrauch gemacht hat, ist in Teil V des Standardformulars der Einheitlichen Europäischen Eigenerklärung vorgesehen, dass Bewerber angeben, auf welche Weise
sie die in der Auftragsbekanntmachung vorgegeben Auswahlkriterien erfüllen. Hat der öffentliche Auftraggeber hierfür bestimme Nachweise gefordert, haben die Bewerber anzugeben, ob sie über diese Nachweise verfügen.

f) Teil VI: Abschlusserklärungen. Die in Teil IV des Standardformulars der Einheitli- 28
chen Europäischen Eigenerklärung enthaltenen bereits vorformulierten Abschlusserklärungen beinhalten zunächst einmal die Bestätigung der Korrektheit der Angaben und der
Kenntnis der Konsequenzen einer schwerwiegenden Täuschung. Des Weiteren erklärt der
Unterzeichnende, dass er in der Lage ist, Bescheinigungen und andere Nachweise unverzüglich vorzulegen, soweit es sich dabei nicht um solche Unterlagen handelt, die über eine
gebührenfreie nationale Datenbank in einem Mitgliedstaat abrufbar sind oder sich bereits
im Besitz des öffentlichen Auftraggebers befinden.[24] Ferner gibt der Unterzeichnende seine
förmliche Zustimmung, dass der öffentliche Auftraggeber Zugang zu den Unterlagen, die
zum Nachweis des Nichtvorliegens von Ausschlussgründen und der Eignungskriterien angegeben worden sind, erhält.

Ein elektronisches Signieren der Einheitlichen Europäischen Eigenerklärung ist nur dann 29
erforderlich, wenn der öffentliche Auftraggeber dies verlangt.[25]

III. Wiederverwendung der Einheitlichen Europäischen Eigenerklärung, §50 Abs. 1 S. 2 VgV

Die in § 50 Abs. 1 S. 2 VgV enthaltene Regelung betrifft die Wiederverwendbarkeit ei- 30
ner „alten" Einheitlichen Europäischen Eigenerklärung. Die Vorschrift dient der Umsetzung des Art. 59 Abs. 1 Uabs. 5 RL 2014/24/EU. Bewerbern bzw. Bietern ist es nach § 50
Abs. 1 S. 2 VgV gestattet eine bei einer früheren Auftragsvergabe verwendeten Einheitlichen Europäischen Eigenerklärung wiederzuverwenden, sofern der betreffende Bewerber

---

[22] Vgl. Hinweis in Teil IV des Standardformulars: *„Der Wirtschaftsteilnehmer darf dieses Feld nur dann ausfüllen, wenn der öffentliche Auftraggeber oder Sektorenauftraggeber in der einschlägigen Bekanntmachung oder in den in der
Bekanntmachung genannten Auftragsunterlagen angegeben hat, dass der Wirtschaftsteilnehmer sich darauf beschränken
kann, in Teil IV nur Abschnitt auszufüllen, und auf das Ausfüllen der übrigen Abschnitte von Teil IV verzichten
kann."*
[23] § 51 Abs. 1 S. 2 VgV.
[24] § 50 Abs. 3 VgV.
[25] Siehe auch Hinweis zu Abschnitt D von Teil III des Standardformulars im „Leitfaden für das Ausfüllen
der Einheitlichen Europäischen Eigenerklärung (EEE)" des Bundesministeriums für Wirtschaft und Energie,
abrufbar unter: https://www.bmwi.de/Redaktion/DE/Downloads/J-L/leitfaden-einheitlichen-europaisch
en-eigenerklaerung.html

bzw. Bieter bestätigt, dass die darin enthaltenen Informationen weiterhin zutreffend sind. Die Regelung ist insoweit missverständlich formuliert, dass nicht die Wiederverwendung einer in einem anderen Vergabeverfahren verwendeten Einheitlichen Europäischen Eigenerklärung als solche gemeint ist. Gemeint ist vielmehr die Möglichkeit, auf über den elektronischen EEE-Dienst[26] abgespeicherte Daten ein früheres Vergabeverfahren betreffend zurückzugreifen zu dürfen. Der webbasierte EEE-Dienst enthält für die Erstellung einer Einheitlichen Europäischen Eigenerklärung unter anderem die Funktion der Datenübernahme. Macht ein Bieter bzw. Bewerber von dieser Funktion Gebrauch, so wird eine elektronische Einheitliche Europäische Eigenerklärung aus einem früheren Vergabeverfahren in eine **neue** elektronische Einheitliche Europäische Eigenerklärung umgewandelt. Lediglich die auftragsbezogenen Daten (Teil I des Formulars) müssen angepasst werden. Hierfür enthält der Webservice ebenfalls eine entsprechende Funktion, mit deren Hilfe eine Verknüpfung mit TED hergestellt wird und damit ein Zugriff auf die auftragsbezogenen Daten ermöglicht wird.

IV. Beibringung von Einzelnachweisen, § 50 Abs. 2 VgV

31   Wann ein öffentlicher Auftraggeber von einem Bewerber bzw. Bieter, der als vorläufigen Nachweis eine Einheitliche Europäische Eigenerklärung eingereicht hat, die Beibringung der in §§ 44 bis 49 VgV geforderten Einzelnachweise verlangen kann bzw. muss, ist in § 50 Abs. 2 geregelt.

1. § 50 Abs. 2 S. 1 VgV

32   Nach § 50 Abs. 2 S. 1 VgV kann der öffentliche Auftraggeber bei Übermittlung einer Einheitlichen Europäischen Eigenerklärung Bewerber bzw. Bieter jederzeit während des Verfahrens auffordern, sämtliche oder einen Teil der nach den §§ 44 bis 49 VgV geforderten Unterlagen beizubringen. Voraussetzung ist dabei jedoch, dass die Beibringung der Unterlagen zur angemessen Durchführung des Verfahrens erforderlich ist. Ein routinemäßiges Verlangen von Unterlagen ist damit nicht mit der Regelung vereinbar.[27] Zu beachten ist außerdem, dass die Beibringung von Unterlagen während des Vergabeverfahrens an sich dem Zweck der Einheitlichen Europäischen Eigenerklärung, das Verfahren zu beschleunigen, entgegensteht. Die Regelung in § 50 Abs. 2 S. 1 VgV ist daher stets restriktiv auszulegen.[28] Die Beibringung der nach §§ 44 bis 49 VgV erforderlichen Unterlagen hat im Fall einer Einheitlichen Europäischen Eigenerklärung regelmäßig am Ende des Verfahrens stattzufinden und nur in Ausnahmefällen zu einem früheren Zeitpunkt.[29]

33   Nach der Verordnungsbegründung kommt eine Aufforderung zur Beibringung von Unterlagen gemäß § 50 Abs. 1 S. 1 VgV insbesondere dann in Betracht, wenn der öffentliche Auftraggeber Anhaltspunkte für die Annahme hat, dass die vorgelegte Einheitliche Europäische Eigenerklärung unzutreffende Angaben enthält.[30] Eine Beibringung von Unterlagen während des Vergabeverfahrens wird zudem nur dann als erforderlich angesehen werden können, wenn für den betreffenden Bieter nicht nur eine abstrakte, sondern bereits eine konkrete Chance auf die Zuschlagserteilung besteht, da andernfalls kein Aufklärungsbedarf besteht.[31] Für den Fall, dass mehrere Bieter in die engere Wahl gelangt sind und

---

[26] https://ec.europa.eu/tools/espd/filter?lang=de

[27] So auch *Otting* VergabeR 2016, 316, 319; ähnlich auch *Wieddekind* in Willenbruch/Wieddekind, Kompaktkommentar Vergaberecht, § 50 VgV, Rn. 27 *("Allerdings hat der Auftraggeber bei seiner Prüfung zu berücksichtigen, dass »erforderlich« mehr ist als gewünscht")*.

[28] Zutreffend *Pauka* VergabeR 2015, 505, 506.

[29] *Pauka* VergabeR 2015, 505, 506; Wieddekind in Willenbruch/Wieddekind, Kompaktkommentar Vergaberecht, § 50 VgV, Rn. 27.

[30] BT-Drs. 87/16, S. 187.

[31] So auch *Rövekamp* in KKMPP, Kommentar zur VgV, § 50 Rn. 23.

mithin konkrete Zuschlagschancen aufweisen, kann es gerechtfertigt sein, von allen betreffenden Bietern die entsprechenden Unteralgen einzufordern.[32] Hierfür spricht nicht zuletzt auch der Gleichbehandlungsgrundsatz nach § 97 Abs. 2 GWB, der als einer der allgemeinen vergaberechtlichen Grundsätze das Vergaberecht als solches prägt.

In Erwägungsgrund 84 RL 2014/24/EU wird zudem als Beispiel für das Vorliegen eines **34** Ausnahmefalls das zweistufige Verfahren genannt, bei dem der öffentliche Auftraggeber die Anzahl der Bewerber, die zur Einreichung eines Angebots aufgefordert werden sollen, beschränken möchte. Als Begründung führt der Richtliniengeber dabei an, dass auf diese Weise vermieden werden könne, dass ungeeignete Bewerber zur Abgabe eines Angebots aufgefordert werden, geeigneten Bewerbern die Möglichkeit der Teilnahme nehmen.[33]

2. § 50 Abs. 2 S. 2 VgV

Vor der Zuschlagserteilung muss der öffentliche Auftraggeber gemäß § 50 Abs. 2 S. 2 **35** VgV denjenigen Bieter, an den er den Auftrag vergeben will (sog. Bestbieter), auffordern, die geforderten Unterlagen beizubringen. Hintergrund hierfür ist der Umstand, dass eine Einheitliche Europäische Eigenerklärung lediglich ein vorläufiger Beleg der Eignung und des Nichtvorliegens von Ausschlussgründen ist, dessen Zweck es ist das Verfahren zu beschleunigen, indem eine abschließende Überprüfung der Eignung und des Nichtvorliegens von Ausschlussgründen in der Regel lediglich beim Bestbieter erfolgt. Hier hat sie allerdings stets zu erfolgen. Der öffentliche Auftraggeber sollte nicht mit Bietern Verträge schließen, die nicht in der Lage sind, die in der Auftragsbekanntmachung bzw. der Aufforderung zur Interessenbetätigung verlangten Nachweise vorzulegen.[34]

3. Einschränkung des Begriffs „Unterlagen"

Der Begriff „Unterlagen" bedarf im Rahmen des § 50 Abs. 2 VgV einer vom Wortlaut **36** abweichenden Einschränkung. Aus § 48 Abs. 1 VgV ergibt sich, dass der Begriff „Unterlagen" sämtliche in der Auftragsbekanntmachung oder der Aufforderung zur Interessensbestätigung aufgeführten Fremd- und Eigenerklärungen erfasst.[35] Gleichzeitig besteht ein sachlicher Grund für eine Beibringung von Fremd- und Eigenerklärungen nur dann, wenn die geforderte Erklärung nicht schon vorliegt. Dies ist wiederum regelmäßig dann der Fall, wenn der öffentliche Auftraggeber in der Auftragsbekanntmachung bzw. der Aufforderung zur Interessenbestätigung als Beleg der Eignung bzw. des Nichtvorliegens von Ausschlussgründen **Eigenerklärungen** gefordert hat, die inhaltlich bereits durch die Einheitliche Europäische Eigenerklärung abgedeckt sind.[36] Hat der öffentliche Auftraggeber dagegen abweichend vom Grundsatz des § 48 Abs. 2 VgV, vorrangig Eigenerklärungen zu fordern, Erklärungen von Dritten eingefordert, so handelt es sich bei diesen Erklärungen stets um Unterlagen i. S. d. § 50 Abs. 2 VgV, die beizubringen sind.

---

[32] So auch *Rövekamp* in KKMPP, Kommentar zur VgV, § 50 Rn. 23.

[33] Vgl. hierzu auch Erwägungsgrund 84 RL 2014/24/EU: „(…) Insbesondere könnte dies der Fall sein bei zweistufigen Verfahren – nichtoffenen Verfahren, Verhandlungsverfahren, wettbewerblichen Dialogen und Innovationspartnerschaften –, bei denen die öffentlichen Auftraggeber von der Möglichkeit Gebrauch machen, die Anzahl der zur Einreichung eines Angebots aufgeforderten Bewerber zu begrenzen. Zu verlangen, dass unterstützende Unterlagen zum Zeitpunkt der Auswahl der einzuladenden Bewerber vorgelegt werden, ließe sich damit begründen, zu vermeiden, dass öffentliche Auftraggeber Bewerber einladen, die sich später in der Vergabestufe als unfähig erweisen, die zusätzlichen Unterlagen einzureichen, und damit geeigneten Bewerbern die Möglichkeit der Teilnahme nehmen. (…)".

[34] Vgl. hierzu auch Erwägungsgrund 84 RL 2014/24/EU: „(…) Der Bieter, dem der Zuschlag erteilt werden soll, sollte jedoch die relevanten Nachweise vorlegen müssen; öffentliche Auftraggeber sollten keine Verträge mit Bietern schließen, die dazu nicht in der Lage sind. (…)".

[35] In § 48 Abs. 1 VgV wird der Begriff „Unterlagen" mit einem Klammerzusatz legal definiert.

[36] *Rövekamp* in KKMPP, Kommentar zur VgV, § 50 Rn. 24; *Summa* in Heiermann/Zeiss/Summa, jurisPK-Vergaberecht, § 50 VgV Rn. 26.

4. Frist zur Vorlage der Unterlagen

37   Weder die Richtlinie noch § 50 VgV enthält Vorgaben innerhalb welcher Frist die Beibringung der Unterlagen zu erfolgen hat. Die Aufforderung zur Beibringung von Unterlagen i. S. d. § 50 Abs. 2 VgV ist jedoch stets mit der Setzung einer Frist zu verknüpfen. Das Unterbleiben einer Fristsetzung würde zur Konsequenz haben, dass der öffentliche Auftraggeber die Führung des Verfahrens aus der Hand gibt und Bewerber bzw. Bieter durch ein Hinauszögern der Unterlagenbeibringung das Vergabeverfahren eigenständig in die Länge ziehen könnten. Um ein Vergabeverfahren zu beschleunigen und effizienter zu machen, bedarf es daher auch im Fall der § 50 Abs. 2 VgV der Setzung einer Frist.

38   Grundsätzlich gilt, dass eine Frist den jeweiligen Umständen des Einzelfalls angemessen sein muss.[37] Der öffentliche Auftraggeber hat bei der Bemessung der Frist die Umstände des jeweiligen Einzelfalls zu berücksichtigen. Hierzu gehört insbesondere der zeitliche Aufwand, der mit der Beschaffung der beizubringenden Unterlagen verbunden ist, wobei dabei auch der Umstand zu berücksichtigen ist, dass den Bewerbern bzw. Bietern aufgrund von § 48 Abs. 1 VgV bereits mit Auftragsbekanntmachung bekannt ist, welche Unterlagen sie letztlich beizubringen haben und die Aufforderung zur Beibringung von Unterlagen nach § 50 Abs. 2 VgV für sie folglich keine Überraschung mehr ist.[38] Verlangt der öffentliche Auftraggeber Nachweise, deren Beschaffung für gewöhnlich längere Zeit in Anspruch nimmt, wie beispielsweise im Fall von Zertifizierungen nach § 49 VgV, obliegt es den Bewerbern bzw. Bietern sich rechtzeitig um die Erlangung dieser Nachweise zu kümmern.[39]

39   **a) Verspätet eingereichte Unterlagen.** Legt ein Bewerber bzw. Bieter die geforderten Einzelnachweise innerhalb der gesetzten Frist nicht vor, so ist er gemäß § 57 Abs. 1 Nr. 2 VgV vom weiteren Vergabeverfahren auszuschließen.[40] Die Ausschlussregelung des § 57 Abs. 1 Nr. 2 VgV findet nicht nur dann Anwendung, wenn Unterlagen, die bereits mit dem Teilnahmeantrag oder dem Angebot vorzulegen sind, nicht rechtzeitig vorgelegt worden sind, sondern gerade auch dann, wenn Unterlagen, die erst auf besondere Aufforderung des öffentlichen Auftraggebers hin beizubringen sind, verspätet oder gar nicht eingereicht werden.[41]

40   **b) Unvollständig eingereichte Unterlagen.** Legt ein Bewerber bzw. Bieter dagegen unvollständige Unterlagen vor, so kann der öffentliche Auftraggeber die fehlenden Unterlagen gemäß § 57 Abs. 2 S. 1 VgV nachfordern. Tut er dies und legt der betreffende Bewerber bzw. Bieter ein weiteres Mal unvollständige Unterlagen vor oder bringt dieses nicht rechtzeitig bei, so greift die Ausschlussregelung des § 57 Abs. 1 Nr. 2 VgV ein.

5. Form der Aufforderung

41   Auch hinsichtlich der Frage, in welcher Form die Aufforderung zur Beibringung von Unterlagen nach § 50 Abs. 2 VgV zu erfolgen hat, enthält die Richtlinie und damit einhergehend auch die nationale Regelung keine Vorgaben. Unter Transparenz- und Beweisgesichtspunkten (§ 97 Abs. 1 S. 1 GWB) wird dem öffentlichen Auftraggeber nahegelegt, die Aufforderung schriftlich zu tätigen, auch wenn dies mit Blick auf § 9 Abs. 2 VgV rechtlich nicht zwingend erforderlich ist und eine bloß mündliche Aufforderung grundsätzlich zulässig ist.[42]

---

[37] *Rövekamp* in KKMPP, Kommentar zur VgV, § 50 Rn. 25; *Summa* in jurisPK, VgV, § 50 Rn. 28; der Aspekt der angemessenen Fristsetzung wird auch in § 20 VgV aufgegriffen.

[38] *Rövekamp* in KKMPP, Kommentar zur VgV, § 50 Rn. 25; *Summa* in Heiermann/Zeiss/Summa, jurisPK-Vergaberecht, § 50 VgV Rn. 26.

[39] So auch *Summa* in Heiermann/Zeiss/Summa, jurisPK-Vergaberecht, § 50 VgV Rn. 28.

[40] *Rövekamp* in KKMPP, Kommentar zur VgV, § 50 Rn. 25

[41] *Dittmann* in KKMPP, Kommentar zur VgV, § 57 Rn. 27; *Rövekamp* in KKMPP, Kommentar zur VgV, § 50 Rn. 25.

[42] I. E. ebenso *Summa* in Heiermann/Zeiss/Summa, jurisPK-Vergaberecht, § 50 VgV Rn. 29.

V. § 50 Abs. 3 VgV

§ 50 Abs. 3 VgV regelt, in welchen Fällen ein Bewerber bzw. Bieter einer Aufforderung **42** nach § 50 Abs. 2 VgV nicht nachkommen muss. Die Ausnahmeregelung nach § 50 Abs. 3 VgV dient der Umsetzung des Art. 59 Abs. 5 der Richtlinie 2014/24/EU.

1. § 50 Abs. 3 Nr. 1 VgV

Nach § 50 Abs. 3 Nr. 1 VgV muss ein Bewerber bzw. Bieter keine zusätzlichen Unterla- **43** gen vorlegen, sofern und soweit es sich um Unterlagen handelt, die der öffentliche Auftraggeber über eine kostenfreie Datenbank innerhalb der Europäischen Union, insbesondere im Rahmen eines Präqualifizierungssystems, erhalten kann. Der Bewerber bzw. Bieter kann in einem solchen Fall die *„Einrede der anderweitigen Verfügbarkeit"* erheben.[43] Neben Präqualifizierungssystemen kommen als Datenbanken beispielsweise nationale Vergaberegister, virtuelle Unternehmensakten (Virtual Company Dossier) oder elektronische Dokumentenablagesysteme in Betracht.[44]

Nach § 50 Abs. 3 Nr. 1 VgV muss es sich dabei um eine für den öffentlichen Auftragge- **44** ber kostenfreie Datenbank handeln. Darüber hinaus darf der Zugang zu den konkreten Informationen nicht von weiteren Voraussetzungen abhängig gemacht werden. Andernfalls liegt keine freie Zugänglichkeit mehr vor. Der freie vorbehaltlose Zugang wird zwar in § 50 Abs. 3 Nr. 1 VgV nicht explizit als Voraussetzung genannt, allerdings kann sie der Richtlinie entnommen werden. Nach Art. 59 Abs. 5 RL 2014/24/EU müssen die Informationen *„direkt über eine gebührenfreie nationale Datenbank in einem Mitgliedstaat"* abrufbar sein. Ein direkter Zugang liegt beispielsweise dann nicht mehr vor, wenn der öffentliche Auftraggeber für den Zugang ein berechtigtes Interesse darlegen muss.[45]

Sind die beizubringenden Unterlagen in einer kostenlosen und frei zugänglichen Daten- **45** bank verfügbar und will sich der betreffende Bewerber bzw. Bieter darauf berufen, so hat er dem öffentlichen Auftraggeber darüber Auskunft zu erteilen, bei welcher konkreten Datenbank welche Informationen abrufbar sind. Dem öffentlichen Auftraggeber kann nicht zugemutet werden sich ins Blaue hinein auf die Suche nach Informationen zu machen und diverse Datenbanken auf Verdacht hin zu durchsuchen. In Teil II A des Standardformulars werden zudem die Web-Adressen von Datenbanken, bei denen erforderliche Informationen abrufbar sind, abgefragt. Soweit und sofern Bewerber bzw. Bieter hier konkrete Angaben hinterlegt haben, ist es Aufgabe des öffentlichen Auftraggebers die entsprechenden Informationen bei den angegebenen Datenbanken abzurufen. In einem solchen Fall fehlt es an einem sachlichen Grund für eine gesonderte Beibringung durch den Bewerber bzw. Bieter.

Im Rahmen der Verhandlungen über die Vergaberichtlinie wurde seitens der EU-Kom- **46** mission statt einer Einheitlichen Europäischen Eigenerklärung zunächst die Einführung eines „Europäischen Passes für die Auftragsvergabe" vorgeschlagen.[46] Der Vorschlag wurde jedoch von den Mitgliedstaaten zum einen wegen des hohen bürokratischen Aufwandes ohne gleichzeitig erkennbaren Mehrwertes und zum anderen aufgrund möglicherweise entstehender Widersprüche in Bezug auf nationale Datenbanken, wie beispielweise den in Deutschland existierenden Präqualifizierungsdatenbanken, abgelehnt.[47]

---

[43] *Pauka* VergabeR 2015, 505.

[44] Vgl. Art. 59 Abs. 5 RL 2014/14/EU.

[45] Als Bsp. ist hier die Gewerbezentralregisterauskunft gemäß § 150a Abs. 1 S. 1 Nr. 4 GewO zu nennen.

[46] KOM (2011) 896, Art. 59 (*„Auf Anfrage eines Wirtschaftsteilnehmers, der im betreffenden Mitgliedstaat niedergelassen ist und die erforderlichen Bedingungen erfüllt, können die einzelstaatlichen Behörden einen ‚Europäischen Pass für die Auftragsvergabe' ausstellen"*).

[47] *Schwab/Giesemann* VergabeR 2014, 351, 362.

47   Der letztgenannte Aspekt dürfte sich in Hinblick auf die Einheitliche Europäische Eigenerklärung erübrigt haben.[48] Mit der Einheitlichen Europäischen Eigenerklärung und der Präqualifizierung wird zwar zunächst einmal das gleiche Ziel verfolgt. Mit Hilfe beider Instrumente soll der Aufwand hinsichtlich der vorzulegenden Eignungsnachweise reduziert werden. Anders als der ursprünglich vorgesehene Vergaberechtspass handelt es sich bei der Einheitlichen Europäischen Eigenerklärung unstreitig um einen bloß vorläufigen Nachweis, der dazu führt, dass die eigentliche Eignungsprüfung statt zu Beginn am Ende des Vergabeverfahrens ausschließlich beim Bestbieter durchgeführt wird. Ein Bewerber bzw. Bieter, der über eine Präqualifizierung verfügt, gilt hinsichtlich der Kriterien, auf die sich die Präqualifizierung bezieht, als geeignet, ohne dass es weiterer Einzelnachweise bedarf. Bei der Präqualifizierung handelt es sich mithin nicht um einen bloß vorläufigen Eignungsnachweis.

2. § 50 Abs. 3 Nr. 2 VgV

48   Nach § 50 Abs. 3 Nr. 2 VgV muss ein Bewerber bzw. Bieter auch dann keine weiteren Unterlagen beibringen, sofern und soweit sich diese bereits im Besitz des öffentlichen Auftraggebers befinden.[49] Voraussetzung ist, dass die jeweiligen Unterlagen nach wie vor aktuell sind und die gegenwärtigen Gegebenheiten wiederspiegeln. In diesem Zusammenhang darf vom öffentlichen Auftraggeber allerdings kein unverhältnismäßiger Archivierungsaufwand abverlangt werden.[50] Es genügt daher nicht, wenn Bieter bzw. Bewerber lediglich pauschal darauf hinweisen, dass die eingeforderten Unterlagen dem öffentlichen Auftraggeber bereits vorliegen. Sie müssen vielmehr konkrete Angaben dazu machen, im Rahmen welcher Verfahren die Unterlagen eingereicht worden sind.[51]

49   Der öffentliche Auftraggeber ist insbesondere nicht dazu verpflichtet ein nach Unternehmen geordnetes Archiv der Eignungsnachweise einzurichten und zu unterhalten. Während der Richtlinienentwurf vom 20.12.2011 in Art. 57 Abs. 3 Uabs. 2 noch eine solche Dokumentationspflicht über einen Mindestzeitraum von 4 Jahren vorsah,[52] fand diese Regelung kein Eingang in die Endfassung der Richtlinie.

50   Ein erhöhter Archivierungsumfang ergibt sich auch nicht mit Blick auf die in § 9 Abs. 1 VgV verankerten Pflicht zur grundsätzlichen Verwendung elektronischer Mittel. Der sachliche Anwendungsbereich des § 9 Abs. 1 VgV umfasst ausschließlich den Datenaustausch zwischen öffentlichen Auftraggebern und Bewerbern bzw. Bietern. Die Pflicht zur grundsätzlichen Verwendung elektronischer Mittel erstreckt sich dagegen nicht auf die interne Archivierung von Daten.[53] Somit kann aus § 9 Abs. 1 VgV auch keine Pflicht zum Aufbau eines umfassenden elektronischen Datenmanagementsystems abgeleitet werden.

---

[48] AA *Stolz* VergabeR 2016, 155, 161 *(„Insgesamt ist festzustellen, dass der finale Entwurf der Durchführungsverordnung zur Einführung des Standardformulars für die Einheitliche Europäische Eigenerklärung eine wesentliche Verbesserung zu den vorausgegangenen Entwürfen darstellt. Wenig hilfreich erscheint dieser allerdings nach wie vor in Bezug auf die erforderlichen Angaben zu einer etwaigen Präqualifizierung, da mit solchen Systemen die Notwendigkeit von umfangreichen Angaben im Einzelfall gerade vermieden werden soll. Das Verhältnis zu den PQ-Systemen bleibt dabei insgesamt unklar.")*.

[49] Siehe hierzu Erwägungsgrund 85 RL 2014/24/EU: „(…) Ferner sollte vorgesehen werden, dass die öffentlichen Auftraggeber keine nach wie vor aktuellen Unterlagen anfordern sollten, die ihnen aus früheren Vergabeverfahren bereits vorliegen. (…)".

[50] Siehe hierzu Erwägungsgrund 85 RL 2014/24/EU: „(…) Es sollte jedoch auch sichergestellt werden, dass die öffentlichen Auftraggeber in diesem Zusammenhang keine unverhältnismäßigen Archivierungs- und Registrierungsaufwand betreiben müssen. (…)".

[51] *Wieddekind* in Willenbruch/Wieddekind, Kompaktkommentar Vergaberecht, § 50 VgV, Rn. 30.

[52] Vgl. KOM(2011) 896 („Von den Bewerbern und Bietern wird nicht die erneute Vorlage einer Bescheinigung oder eines sonstigen dokumentarischen Nachweises verlangt, die demselben öffentlichen Auftraggeber in den vergangenen vier Jahre für ein früheres Verfahren übermittelt wurden und nach wie vor gültig sind.")

[53] BT-Drs. 87/16, 163.

Gleichwohl kann ein öffentlicher Auftraggeber auf freiwilliger Basis eine entsprechende 51
umfassende Archivierung einführen und damit einen Beitrag zur Beschleunigung des Verfahrens leisten.[54]

3. Geltung des § 50 Abs. 3 VgV

Die Regelung in § 50 Abs. 3 VgV vermittelt aufgrund ihrer systematischen Stellung den 52
Eindruck, dass sie nur in denjenigen Fällen Anwendung finden würde, in denen eine Einheitliche Europäische Eigenerklärung vorgelegt worden ist. Für diese Anwendungsbe-
schränkung gibt es allerdings keinen sachlichen Grund. § 50 Abs. 3 VgV gilt vielmehr unabhängig von der Verwendung einer Einheitlichen Europäischen Eigenerklärung mit der
Folge, dass Bewerber bzw. Bieter die vom öffentlichen Auftraggeber geforderten Unterlagen nur insoweit beizubringen haben, soweit der öffentliche Auftraggeber sie nicht über
eine kostenfreie Datenbank innerhalb der EU beziehen kann (vgl. § 50 Abs. 3 Nr. 1 VgV)
bzw. nicht bereits im Besitz der Unterlagen ist (vgl. § 50 Abs. 3 Nr. 2 VgV).[55]

VI. Fazit

Indem der öffentliche Auftraggeber in der Regel lediglich den Bestbieter zur Vorlage 53
sämtlicher Einzelnachweise aufzufordern hat, mag es zunächst einmal tatsächlich zu einer
Reduzierung des Umfangs der Eignungsprüfung und damit einhergehend zu einer Beschleunigung des Verfahrens kommen. Die anfängliche Verfahrensbeschleunigung kann
jedoch unter Umständen mit einer zeitlichen Verzögerung am Ende des Verfahrens einhergehen. Kann nämlich der Bestbieter die erforderlichen Unterlagen nicht vollständig bzw.
rechtzeitig vorlegen, muss der öffentliche Auftraggeber den Bieter gemäß § 57 Abs. 1 Nr. 2
VgV ausschließen und den zweitplatzierten Bieter, der in diesem Fall in die Position des
Bestbieters vorrückt, zur Vorlage der Einzelnachweise auffordern. Die so entstehende
„Prüfungsschleife" kann einen erheblichen Zeitverlust auslösen und die anfängliche Beschleunigung hinfällig werden lassen.

Zu einer weiteren zeitlichen Verzögerung kann es außerdem dann kommen, wenn der 54
ursprüngliche jedoch nunmehr ausgeschlossene, Bestbieter einen Nachprüfungsantrag stellt.
Der Anreiz einen solchen Nachprüfungsantrag zu stellen ist aufgrund des Umstandes, dass
der ausgeschlossene Bieter wegen der erfolgten Aufforderung nach § 50 Abs. 2 S. 2 VgV
von seiner chancenreichen Platzierung Kenntnis hat, deutlich höher als im Fall eines anfänglichen Ausschlusses.

Vor diesem Hintergrund ist fraglich, ob mithilfe der Einheitliche Europäische Eigener- 55
klärung tatsächlich eine Beschleunigung des Verfahrens und einer Reduzierung des Verwal-
tungsaufwandes erreicht werden kann.

---

[54] So auch *Summa* in Heiermann/Zeiss/Summa, jurisPK-Vergaberecht, § 50 VgV Rn. 44.
[55] Ebenfalls *Rövekamp* in KKMPP, Kommentar zur VgV, § 50 Rn. 28.

§ 51 Begrenzung der Anzahl der Bewerber

(1) Bei allen Verfahrensarten mit Ausnahme des offenen Verfahrens kann der öffentliche Auftraggeber die Zahl der geeigneten Bewerber, die zur Abgabe eines Angebots aufgefordert oder zum Dialog eingeladen werden, begrenzen, sofern genügend geeignete Bewerber zur Verfügung stehen. Dazu gibt der öffentliche Auftraggeber in der Auftragsbekanntmachung oder der Aufforderung zur Interessensbestätigung die von ihm vorgesehenen objektiven und nichtdiskriminierenden Eignungskriterien für die Begrenzung der Zahl, die vorgesehene Mindestzahl und gegebenenfalls auch die Höchstzahl der einzuladenden Bewerber an.

(2) Die vom öffentlichen Auftraggeber vorgesehene Mindestzahl der einzuladenden Bewerber darf nicht niedriger als drei sein, beim nicht offenen Verfahren nicht niedriger als fünf. In jedem Fall muss die vorgesehene Mindestzahl ausreichend hoch sein, sodass der Wettbewerb gewährleistet ist.

(3) Sofern geeignete Bewerber in ausreichender Zahl zur Verfügung stehen, lädt der öffentliche Auftraggeber eine Anzahl von geeigneten Bewerbern ein, die nicht niedriger als die festgelegte Mindestzahl an Bewerbern ist. Sofern die Zahl geeigneter Bewerber unter der Mindestzahl liegt, kann der öffentliche Auftraggeber das Vergabeverfahren fortführen, indem er den oder die Bewerber einlädt, die über die geforderte Eignung verfügen. Andere Unternehmen, die sich nicht um die Teilnahme beworben haben, oder Bewerber, die nicht über die geforderte Eignung verfügen, dürfen nicht zu demselben Verfahren zugelassen werden.

Übersicht

	Rn.		Rn.
A. Einführung	1	VgV: Festlegung und Bekanntgabe der Kriterien	12
I. Literatur	1		
II. Entstehungsgeschichte	2	III. Mindestzahl der einzuladenden Bewerber nach § 51 Abs. 1 S. 2, Abs. 2 VgV	19
III. Rechtliche Vorgaben im EU-Recht ...	4		
B. Anforderungen des § 51 VgV	7	IV. Nicht erreichte Mindestzahl § 51 Abs. 3, S. 2 und 3 VgV	23
I. Begrenzung des Bewerberkreises nach § 51 Abs. 1 S. 1 VgV	11	V. Die Auswahlentscheidung des Auftraggebers	25
II. Kriterien zur Beschränkung des Bewerberkreises nach § 51 Abs. 1 S. 2			

A. Einführung

I. Literatur

1 *Grabitz/Hilf/Nettesheim,* Das Recht der Europäischen Union: EUV/AEUV, 60. Ergänzungslieferung 2016; *Heiermann/Zeiss,* Juris Praxiskommentar Vergaberecht, 4. Auflage 2013; *Jasper,* Die Auswahl der zur Verhandlung aufzufordernden Bewerber im VOF-Verfahren, NZBau 494–497; *Kulartz/Kus/Marx/Portz/Prieß,* Kommentar zur VgV, 1. Auflage 2016; *Pünder/Schellenberg,* Handkommentar Vergaberecht, 2. Auflage 2015; *Weyand,* ibr-online-Kommentar Vergaberecht, 4. Auflage 2013; *Willenbruch/Wieddekind,* Kompaktkommentar Vergaberecht, 4. Auflage 2017.

II. Entstehungsgeschichte

2 Bereits die Regelung des § 10 Abs. 4 VOF bezog sich auf eine Mindestanzahl geeigneter Bewerber. Danach mussten mindestens drei Bewerber zur Verhandlung aufgefordert werden, um einen hinreichenden Vergabewettbewerb sicherzustellen.[1] Diese Verpflichtung

---

[1] OLG Düsseldorf Beschl. 4.6.2008 – Verg 21/08.

wurde mit der Novellierung der VOF 2009 aufgenommen und entspricht der europarechtlichen Vorgabe aus Art. 44 Abs. 3 RL 2004/18/EG.

Auch die Regelung des § 3 EG Abs. 5 VOL/A gab dem Auftraggeber die Möglichkeit, 3
die Zahl der Bewerber, die zur Angebotsabgabe aufgefordert werden zu begrenzen. Allerdings wurde die europarechtliche Vorgabe des Art. 44 Abs. 3 RL 2004/18/EG nur rudimentär in nationales Recht umgesetzt.[2]

III. Rechtliche Vorgaben im EU-Recht

Die Neuregelung des § 51 VgV dient der Umsetzung von Art. 65 der RL 2014/24/EU. 4
Der Richtliniengeber regelt in Art. 65 die Verringerung der Zahl der Bewerber und in
Art. 66 RL 2014/24/EU die Verringerung der Zahl der Angebote und Lösungen im Zusammenhang mit den Vorschriften über das Verhandlungsverfahren, den wettbewerblichen
Dialog und die Innovationspartnerschaft.[3] Der deutsche Verordnungsgeber hat in systematischer Hinsicht die Verringerung der Angebote und Lösungen im Rahmen der einschlägigen Verfahrensart geregelt, wie aus §§ 16 Abs. 4 S. 1, 17 Abs. 4 S. 1, 18 Abs. 4 S. 1 und
19. Abs. 4 S. 1 VgV hervorgeht.

Die Richtlinienvorgaben des Art. 65 der RL 2014/24/EU wurden im Rahmen der 5
Umsetzung der Richtlinie in § 51 Abs. 1 S. 2 VgV vom Verordnungsgeber strenger gefasst.
Nach Art. 65 Abs. 2 Uabs. 1 RL 2014/24/EU kann die Anzahl an geeigneten Bewerbern
anhand von objektiven und nichtdiskriminierenden Kriterien und Vorschriften begrenzt
werden, wenn genug geeignete Bewerber vorhanden sind. Die Regelung des § 51 Abs. 1
S. 2 VgV stellt hingegen in Bezug auf eine Begrenzung der Anzahl der Bewerber darauf ab,
dass diese nur anhand der bekanntgegebenen objektiven und nichtdiskriminierenden Eignungskriterien erfolgen kann.[4]

Es liegt diesbezüglich eine „überschießende Umsetzung" der Richtlinie vor. Diese ist 6
den Mitgliedstaaten nicht untersagt, wenn den Richtlinienvorgaben nicht widersprochen
wird.[5] Vorliegend werden durch die strengeren nationalen Anforderungen an die Begrenzung vielmehr die Ziele der Richtlinie 2014/24/EU unterstützt. Danach sollen unzulässige
Hürden für den Zugang von Wirtschaftsteilnehmern im gesamten Binnenmarkt und speziell für kleine und mittlere Unternehmen abgebaut werden.[6] Der Wortlaut der Richtlinie
würde auch die Festlegung von vergabefremden objektiven und nichtdiskriminierenden
Kriterien zulassen. Dies wurde in der nationalen Umsetzung durch das Abstellen des Wortlauts auf objektive und nichtdiskriminierende Eignungskriterien explizit ausgeschlossen.

B. Anforderungen des § 51 VgV

§ 51 VgV regelt die Grundsätze der Bewerberauswahl im Hinblick auf zulässige Aus- 7
wahlkriterien und Mindestanzahl der Unternehmen, die an einem Vergabeverfahren zu
beteiligen sind. Voraussetzung für die Möglichkeit einer Begrenzung der Unternehmen ist,
dass genügend Bewerber zur Verfügung stehen, welche die Eignungskriterien erfüllen.

Als ungeschriebenes Tatbestandsmerkmal setzt die Regelung das Vorliegen eines vorge- 8
schalteten Teilnahmewettbewerbs voraus. Dieser wird in § 119 Abs. 4 GWB erstmals gesetzlich definiert.[7] Bei diesem wählt der öffentliche Auftraggeber nach vorheriger öffentli-

---

[2] *Ortner/Heinrich* in Heiermann/Zeiss, juris Praxiskommentar, § 3 EG VOL/A 2009, Rn. 88.
[3] BT Drs. 18/7318, S. 187.
[4] OLG Saarbrücken 28.1.2015 – 1 U 138/14; OLG Bremen Beschl. v. 14.4.2005 – Verg 1/2005; VK Lüneburg Beschl. v. 25.9.2006 – VgK-19/2006.
[5] *Nettesheim* in Grabitz/Hilf/Nettesheim, Das Recht der Europäischen Union, 60. Ergänzungslieferung
2016, Art. 288 AEUV, Rn. 131.
[6] Erwägungsgrund 2, 78 zur Richtlinie 2014/24/EU.
[7] BR-Drs. 87/16, S. 174.

cher Aufforderung zur Teilnahme eine beschränkte Anzahl von Unternehmen nach objektiven und nichtdiskriminierenden Kriterien aus. Nur diese Unternehmen werden dann zur Abgabe eines Angebots aufgefordert oder zum Dialog eingeladen.[8] Der Teilnahmewettbewerb ermöglicht dem öffentlichen Auftraggeber Einfluss zu nehmen, welche Unternehmen ein Angebot abgeben dürfen und zum Vergabewettbewerb zugelassen werden.[9]

9   Die Vorschrift des § 51 VgV betrifft mit Ausnahme des offenen Verfahrens alle Vergabearten, bei denen der öffentliche Auftraggeber den Wettbewerb auf eine begrenzte Anzahl vorab ausgewählter Unternehmen beschränken darf. In den §§ 16 (nicht offenes Verfahren), 17 (Verhandlungsverfahren), 18 (wettbewerblicher Dialog) und 19 VgV (Innovationspartnerschaft) wird jeweils in Abs. 4 aufgeführt, dass der öffentliche Auftraggeber die Zahl der geeigneten Bewerber, die zur Angebotsabgabe aufgefordert werden, gemäß § 51 VgV begrenzen kann.[10] Hingegen ist im Rahmen des offenen Verfahrens eine Begrenzung der Anzahl der Bewerber nicht möglich, da eine unbeschränkte Anzahl von Unternehmen zur Angebotsabgabe und zur Beteiligung am Wettbewerb aufgefordert wird.[11]

10   Die Eignung der Bewerber wird im Rahmen der Auswertung der Teilnahmeanträge durch den öffentlichen Auftraggeber abschließend geprüft. Durch die Eignungsprüfung wird ein Vertrauenstatbestand für die späteren Bieter dahin begründet, dass sie nicht damit rechnen müssen, der ihnen durch die Erstellung der Angebote und Teilnahme am Wettbewerb entstandene Aufwand könnte dadurch nachträglich nutzlos werden, dass der Auftraggeber die Eignung auf gleichbleibender tatsächlicher Grundlage abweichend beurteilt.[12] Zwischen Eignungs- und Zuschlagskriterien ist daher strikt zu trennen.[13]

I. Begrenzung des Bewerberkreises nach § 51 Abs. 1 S. 1 VgV

11   Aufgrund von § 51 Abs. 1 S. 1 VgV kann der öffentliche Auftraggeber die Zahl der geeigneten Bewerber, die zur Abgabe eines Angebotes aufgefordert werden oder zum Dialog eingeladen werden, begrenzen. Die Zahl der Teilnehmer ist nicht normativ festgelegt und steht im Ermessen der Vergabestelle. Folglich ist der öffentliche Auftraggeber nicht verpflichtet, alle geeigneten Bewerber am Vergabeverfahren zu beteiligen, wenn genügend geeignete Bewerber zur Verfügung stehen. Im Interesse eines wirksamen Wettbewerbs sieht § 51 Abs. 2 S. 1 VgV vor, dass die vorgesehene Mindestzahl der einzuladenden Bewerber nicht niedriger als drei, beim nicht offenen Verfahren nicht niedriger als fünf ist.

II. Kriterien zur Beschränkung des Bewerberkreises nach § 51 Abs. 1 S. 2 VgV: Festlegung und Bekanntgabe der Kriterien

12   Nach § 51 Abs. 1 S. 2 VgV gibt der öffentliche Auftraggeber in der Auftragsbekanntmachung oder der Aufforderung zur Interessensbestätigung die von ihm vorgesehenen objektiven und nichtdiskriminierenden Eignungskriterien für die Begrenzung der Zahl, die vorgesehene Mindestzahl und gegebenenfalls auch die Höchstzahl der einzuladenden Bewerber an. Die Angabe einer Höchstzahl ist fakultativ.[14]

13   Der öffentliche Auftraggeber muss folglich bestimmen, welche Eignungskriterien er der Auswahl zugrunde legt und welche Angaben und Unterlagen für die Beurteilung der Be-

---

[8] BT Drs. 18/7318, S. 187.
[9] VK Sachsen Beschl. v. 10.2.2012 – 1/SVK/001–12.
[10] BT Drs. 18/7318, S. 187.
[11] *Haak/Sang* in Willenbruch/Wieddekind, Kompaktkommentar Vergaberecht, § 51 Rn. 2.
[12] BGH Beschl. v. 7.1.2014 – X ZB 15/13, Rn. 33.
[13] *(nicht belegt)*
[14] OLG München Beschl. v. 28.4.2006 – Verg 6/06.

werber nach diesen Kriterien maßgeblich sein sollen.[15] Die Festlegung dieser Kriterien steht im Ermessen des Auftraggebers. Den Eignungskriterien, die zur Begrenzung des Bewerberkreises verwandt werden, kommt im Ergebnis die gleiche Wirkung zu, wie den Eignungskriterien zum Nachweis der Leistungsfähigkeit. Unternehmen, die diese Eignungskriterien nicht erfüllen, werden nicht berücksichtigt.

Werden die Eignungsanforderungen von mehr Bewerbern erfüllt, als zur Verhandlung **14** aufgefordert werden sollen, hat der öffentliche Auftraggeber anhand der objektiven und nichtdiskriminierenden Eignungskriterien eine Auswahlentscheidung zu treffen.[16] Eine solche Gewichtung verstößt nicht gegen den Grundsatz „kein Mehr an Eignung",[17] wonach die Eignung entweder zu verneinen oder zu bejahen ist. Vielmehr führt die Vorgabe, dass objektive und nichtdiskriminierende Eignungskriterien vom Auftraggeber vorzugeben sind, in der Praxis nicht zu einer Änderung der vergaberechtlichen Vorgehensweise. Bereits vor der Vergaberechtsreform 2016 urteilte die Rechtsprechung, dass die Begrenzung der Bewerber auf objektiven und nicht diskriminierenden Kriterien beruhen müsse.[18] Durch die Festlegung dieser Kriterien wird eine intransparente Verfahrensgestaltung verhindert. Legt der öffentliche Auftraggeber keine objektiven und nichtdiskriminierenden Kriterien fest, ist darin bereits ein Verstoß gegen den Wettbewerbsgrundsatz zu sehen.

Demnach wurde bereits vor der Vergaberechtsreform eine Abstufung nach objektiven und **15** nichtdiskriminierenden Kriterien akzeptiert.[19] Eine Reduktion der Bieter wurde in der vergaberechtlichen Praxis bislang aufgrund einer Gewichtung der Eignungskriterien durchgeführt. Als Reduktionskriterium wird vielfach die eine Referenzabfrage nach § 46 Abs. 3 Nr. 1 VgV genutzt. Der Auftraggeber hat somit eine Rangfolge der Bewerber zu bilden, die Entscheidung, wer zur Angebotsabgabe aufgefordert wird, richtet sich nach dieser Rangfolge.[20]

Der öffentliche Auftraggeber hat die dem Auswahlverfahren zugrundeliegenden Eig- **16** nungskriterien, Erklärungen und Nachweise in der Bekanntmachung zu veröffentlichen und aufzuführen. Um dem Transparenzgebot und dem Diskriminierungsverbot zu genügen, müssen die Eignungsanforderungen vom Auftraggeber hinreichend klar und deutlich formuliert werden, dass es einem verständigen Bieter ohne eigene Interpretation eindeutig erkennbar wird, was ein öffentlicher Auftraggeber fordert. Etwaige Unklarheiten dürfen nicht zu Lasten der Bieter gehen.[21]

Bereits im Teilnahmewettbewerb ist aufgrund des vergaberechtlichen Wettbewerbs- **17** grundsatzes ein Wettbewerb um die begrenzten Plätze für die Teilnahme am weiteren Verfahren zu gewährleisten.[22] Dies schließt mit ein, dass für die Auswahl Kriterien bestimmt werden, die einen Wettbewerb der Teilnehmer zulassen. Die Kriterien sind so zu fassen, dass diejenigen Bewerber zur Angebotsabgabe aufgefordert werden, die bestmögliche Leistung erwarten lassen.[23] Der öffentliche Auftraggeber muss festlegen, welche Eignungskriterien im Rahmen der Bewerberauswahl von besonderer Wichtigkeit sind.

Unter Ziffer II.2.9 des aufgrund der Durchführungsverordnung (EU) 2015/1986[24] **18** zwingend zu verwendeten Standardformulars gibt der öffentliche Auftraggeber Angaben

[15] VK Nordbayern Beschl. v. 8.7.2013 – 21.VL-3194-22/13.

[16] OLG Bremen Beschl. v. 14.4.2005 – Verg 1/2005.

[17] BGH Urt. v. 16.10.2001 – X ZR 100/99; OLG Düsseldorf Beschl. v. 20.7.2015 – VII-Verg 37/15; VK Rheinland-Pfalz Beschl. v. 22.6.2012 – VK 1–15/12.

[18] OLG Bremen Beschl. v. 14.4.2005 – Verg 1/2005.

[19] OLG Bremen Beschl. v. 14.4.2005 – Verg 1/2005.

[20] VK Hamburg Beschl. v. 1.6.2007 – VK BSU – 7/07; VK Sachsen Beschl. v. 31.01.2007 – 1/SVK/124 – 06; VK Baden-Württemberg Beschl. v. 23.1.2003 – 1 VK 70/02; *Jasper* Die Auswahl der zur Verhandlung aufzufordernden Bewerber im VOF-Verfahren. NZBau 2005, 494, 496.

[21] OLG Düsseldorf Beschl. v. 26.3.2012 – VII-Verg 4/12; OLG Düsseldorf Beschl. v. 15.8.2011 – VII-Verg 71/11; OLG Frankfurt Beschl. v. 15.7.2008 – 11 Verg 4/08.

[22] VK Bund Beschl. v. 25.1.2012 – VK 1/174/11.

[23] VK Bund Beschl. v. 25.1.2012 – VK 1/174/11, Rn. 55.; VK Bund, Beschl v. 14.6.2007 – VK 1–50/07.

[24] Durchführungsverordnung (EU) 2015/1986 der Kommission vom 11. November 2015 zur Einführung von Standardformularen für die Veröffentlichung von Vergabebekanntmachungen für öffentliche Aufträge und zur Aufhebung der Durchführungsverordnung (EU) Nr. 842/2011.

zur Beschränkung der Zahl der Bewerber an, die zur Angebotsabgabe bzw. Teilnahme aufgefordert werden. Dabei sind die geplante Anzahl der Bewerber oder die geplante Mindestanzahl oder Höchstzahl anzugeben. Des Weiteren sind objektive Angaben zur Beschränkung der Zahl der Bewerber aufzuführen. Die Angabe einer konkreten Gewichtung ist bei Eignungskriterien im Gegensatz zu Zuschlagskriterien nicht erforderlich.[25] Die Angaben des Auftraggebers sollen dabei erkennen lassen, worauf es für die Bewertung der Eignung ankommt. Entsprechen die Kriterien zur Beschränkung des Bewerberkreises den Eignungskriterien, kann auf die entsprechende Ziffer III.1 der Auftragsbekanntmachung verwiesen werden.

III. Mindestzahl der einzuladenden Bewerber nach § 51 Abs. 1 S. 2, Abs. 2 VgV

19 Aufgrund der Regelung des § 51 Abs. 1 S. 2 VgV hat der öffentliche Auftraggeber eine vorgesehene Mindestzahl und gegebenenfalls auch eine Höchstzahl der einzuladenden Bewerber in der Auftragsbekanntmachung oder der Aufforderung zur Interessensbestätigung bei Veröffentlichung einer Vorabinformation anzugeben. § 51 Abs. 2 S. 1 VgV sieht vor, dass die vom öffentlichen Auftraggeber vorgesehen Mindestzahl der einzuladenden Bewerber nicht niedriger als drei beim nicht offenen Verfahren nicht niedriger als fünf sein darf. Kriterien, die zu einer Reduzierung des Bieterkreises führen, dürfen dabei lediglich objektive und nichtdiskriminierende Eignungskriterien sein.

20 § 51 Abs. 2 S. 2 VgV hebt hervor, dass in jedem Fall die vorgesehene Mindestzahl ausreichend hoch sein muss, um einen Wettbewerb zu gewährleisten. Die Regelung ist daher als Konkretisierung des vergaberechtlichen Wettbewerbsgebotes zu verstehen.

21 Wird vom Auftraggeber sowohl eine Mindest- als auch eine Höchstzahl angegeben, liegt es in seinem Ermessen, ob er den gewählten Rahmen vollständig ausschöpft. Grundsätzlich ist der Auftraggeber an die von ihm benannte konkrete Anzahl gebunden. Der Auftraggeber ist verpflichtet die von ihm festgelegte Höchstzahl zu beachten.[26] Eine nachträgliche Missachtung der festgelegten Höchstzahl stellt eine Verletzung des Transparenz- und Gleichbehandlungsgebotes dar.[27] Es ist nicht auszuschließen, dass Unternehmen aufgrund einer niedrigen Höchstzahl von der Bewerbung Abstand genommen haben. Auch würden dann die Wettbewerbschancen der Unternehmen, die sich im Rahmen der festgelegten Rangfolge befinden, geschmälert.

22 Wurde vom Auftraggeber eine Beschränkung der Anzahl der Bewerber nicht vorgenommen, sind alle Bewerber, die sich ordentlich beworben haben und sämtliche Auswahlkriterien erfüllen, einzuladen, sich am Vergabeverfahren zu beteiligen.[28] Liegt hingegen eine Begrenzung der Bewerberzahl vom Auftragnehmer vor, stellt sich die Frage, ob bei Wegfall eines Bieters nachnominiert werden darf. Insbesondere, wenn der Auftraggeber sich in der Bekanntmachung oder den Vergabeunterlagen diese Möglichkeit der Nachnominierung eingeräumt hat, ist eine Nachnominierung vor Ablauf der Angebotsfrist möglich.[29] Aufgrund des in § 51 Abs. 2 S. 2 VgV statuierten Wettbewerbsgebots kann unterstellt werden, dass eine Nachnominierung im Ergebnis auch möglich ist, wenn sich diesbezüglich keine Anhaltspunkte in der Bekanntmachung oder den Vergabeunteralgen finden. Sollte ein zur Angebotsabgabe aufgeforderter Bieter, auf die Abgabe eines Angebotes verzichten, erscheint es geboten, dass der Auftraggeber einen anderen Bewerber nach-

---

[25] VK Nordbayern Beschl. v. 24.5.2013 – 21.VK-3194-17/13; VK Rheinland Pfalz Beschl. v. 22.6.2012 – VK1–15/12; VK Lüneburg Beschl. v. 11.2.2009 – VgK-56/2008; OLG München Beschl. v. 28.4.2006 – Verg 6/06.
[26] VK Rheinland-Pfalz Beschl. v. 22.6.2012 – VK1–15/12.
[27] VK Rheinland-Pfalz Beschl. v. 22.6.2012 – VL 1–15/12.
[28] VK Halle Beschl. v. 22.10.2001 – VK Hal 19/01.
[29] VK Südbayern Beschl. v. 9.9.2014 – Z3–3-3194-1-35-08/14.

nominiert, obwohl dieser Fall weder in Art. 65 der RL 2014/24 noch in § 51 VgV geregelt ist. Die gesetzten Fristen können freilich nicht für den Nachnominierten verlängert werden.

IV. Nicht erreichte Mindestanzahl § 51 Abs. 3, S. 2 und 3 VgV

Liegt die Anzahl der geeigneten Bewerber unterhalb der festgelegten Mindestanzahl **23** oder gehen nicht genügend Teilnahmeanträge ein, besteht keine Verpflichtung des Auftraggebers, das Vergabeverfahren aufzuheben.[30] Aufgrund der Regelung des § 51 Abs. 3 S. 2 VgV kann der Auftraggeber, dann das Vergabeverfahren fortführen, indem er den oder die Bewerber einlädt, die über die geforderte Eignung verfügen. Der Auftraggeber ist verpflichtet mit den Bewerbern in Verhandlungen zu treten. Ein Absehen vom Verfahren mit der Absicht ein neues einzuleiten, ist unzulässig.[31]

Zwar urteilte der EuGH 1999, dass der Widerruf einer Ausschreibung zulässig sei, wenn **24** nach den ersten Wertungsschritten nur noch ein Bewerber übrig bleibe.[32] Diese Entscheidung kann jedoch nicht verallgemeinert werden. Sie basierte vielmehr auf einer österreichischen Regelung, die eine Widerrufsmöglichkeit vorsah, allerdings ohne Pendant im deutschen Recht. Insbesondere ist der Auftraggeber nicht berechtigt, jederzeit und ohne sachlichen Grund berechtigt ist, das Vergabeverfahren aufzuheben ohne damit gegen vergaberechtliche Grundsätze zu verstoßen. Aus § 63 Abs. 1 Nr. 1 VgV folgt, dass der Auftraggeber nur dann zur Aufhebung berechtigt ist, wenn kein Angebot eingegangen ist, welches den Bedingungen entspricht.

V. Die Auswahlentscheidung des Auftraggebers

Nach ständiger Rechtsprechung handelt es sich bei den Eignungskriterien um unbe- **25** stimmte Rechtsbegriffe. Die entsprechenden Auswahlkriterien sind so zu fassen, dass danach diejenigen Bewerber zur Angebotsabgabe aufgefordert werden, welche die bestmögliche Leistung erwarten lassen. Bei der Prüfung der Eignung und Auswahlentscheidung handelt es sich um eine Prognoseentscheidung, weshalb dem öffentlichen Auftraggeber ein Beurteilungsspielraum zusteht.[33] Dieser ist nur einer eingeschränkten Kontrolle durch die Nachprüfungsinstanzen zugänglich. Die Entscheidung des Auftraggebers ist schon dann rechtmäßig, wenn ein objektiver, fachkundiger Auftraggeber vertretbar die gleiche Entscheidung treffen würde.

Ein subjektiver Anspruch des einzelnen Bewerbers auf Beteiligung an der Ausschreibung **26** besteht nicht.[34] Der Auftraggeber ist gehalten, seine Auswahl nach pflichtgemäßem Ermessen auszuüben und bei der Auswahl der Teilnehmer nach objektiven, nicht diskriminierenden und auftragsbezogenen Kriterien vorzugehen und willkürliche Ungleichbehandlungen zu unterlassen. Konsequenterweise besteht nur ein Anspruch auf sachgerechte Bewerberauswahl. Der Beurteilungsspielraum des Auftraggebers kann im Rahmen einer Nachprüfung nur eingeschränkt auf die Einhaltung des Verfahrens und auf die zutreffende als auch vollständige Sachverhaltsermittlung überprüft werden.[35] Die Grenzen des Beurteilungsspielraums verletzt der Auftraggeber erst, wenn er entweder ein vorgeschriebenes Verfahren

---

[30] EuGH Urt. v. 15.10.2009 – Rs. C-138/08, NZBau 2010, 59, 62; OLG Düsseldorf Beschl. v. 9.6.2010 – VII Verg 14/10; OLG Düsseldorf Beschl. v. 1.10.2009 – Verg 31/09.
[31] OLG Naumburg Beschl. v. 17.5.2006 – 1 Verg 3/06.
[32] EuGH 16.9.1999 – C-27/98.
[33] *Röwekamp* in KKMPP, VgV, § 51 Rn. 28.
[34] OLG Saarbrücken Beschl. v. 28.1.2015 – 1 U 138/14; OLG Bremen Beschl. v. 14.4.2005 – Verg 1/2005; VK Lüneburg Beschl. v. 25.9.2006 – VgK-19/2006.
[35] OLG München Beschl. v. 26.6.2007 – Verg 6/07.

nicht einhält, er von einem unzutreffenden oder unvollständigen Sachverhalt ausgeht, sachwidrige Erwägungen für die Entscheidung verantwortlich waren oder gegen allgemein gültige Bewertungsgrundsätze verstoßen worden ist.[36]

27   Der öffentliche Auftraggeber ist an seine Auswahlentscheidung hinsichtlich der Bewerberauswahl gebunden. Er kann bei gleicher Sachlage nicht mehr von dieser Entscheidung abrücken und die Eignung des Bewerbers verneinen.[37] Dies gilt allerdings nicht, wenn sich aufgrund neuer, nachträglich hervorgetretener Tatsachenerkenntnisse Zweifel an der Eignung eines Bewerbers bzw. Bieters ergeben.[38] Dann ist der Auftraggeber verpflichtet, diese aufzugreifen, in die Eignungsprüfung erneut einzutreten und die bisherige Bewertung je nach Sachlage ggf. mit einem gegenteiligen Ergebnis zu revidieren,[39] beispielsweise, wenn bzgl. der Person des Bewerbers nach Abschluss der Bewerberauswahl Umstände eintreten oder bekannt werden, die Zweifel an seiner Eignung begründen. Ferner kann eine Änderung der Zusammensetzung einer Bewerbergemeinschaft, ein Austausch eines Unternehmens, auf welches sich im Rahmen der Eignungsleihe nach § 47 VgV bezieht oder der Austausch von Personen, deren persönliche Qualifikation ein Auswahlkriterium des Teilnahmewettbewerbs darstellte, dazu führen, dass die Eignung nachträglich wegfällt. Ein nachträglicher Ausschluss ist ebenfalls aufgrund eines fehlenden schützenswerten Interesses des Bewerbers möglich, wenn die Ausschlussgründe des §§ 123 Abs. 1 oder Abs. 4, 124 GWB vorliegen, wenn sich dies erst später herausstellt.[40]

28   Eine nachträgliche Veränderung der Gewichtung der Auswahlkriterien oder der Bewertungsmatrix ist unzulässig, da diese als Verstoß gegen das Transparenzgebot gewertet werden muss. Die potenziellen Bewerber müssen aufgrund der Vorgaben des Transparenzgebotes vor Ablauf der Bewerbungsfrist über eine solche Änderung informiert werden. Eine Veränderung darf nicht zu einer überraschenden Gewichtung führen, die dem Bewerber eine zielgerichtete Erstellung der Teilnahmeanträge erschwert.[41]

29   Der Auftraggeber muss die Bewerberauswahl sorgfältig dokumentieren. Insbesondere muss festgehalten werden, wer die Bewertung vorgenommen hat. Der Ablauf der Bewerberauswahl und Eignungsprüfung muss sich aus dem Vergabevermerk nachvollziehbar und detailliert ergeben.[42] Bewerber, die nicht weiter am Vergabeverfahren beteiligt werden, sollen frühzeitig über den Ausgang des Teilnahmewettbewerbs unterrichtet werden, wobei die Vorgaben des § 62 VgV zu beachten sind.

30   Den Anforderungen der Transparenz genügt die Offenlegung der Eignungskriterien; eine Gewichtung ihrer Bedeutung für die Auswahlentscheidung ist nicht geboten.[43] Dies lässt sich insbesondere auch aus § 58 Abs. 3 VgV schlussfolgern. Dort wird ausdrücklich gefordert, dass der öffentliche Auftraggeber in der Auftragsbekanntmachung oder den Vergabeunterlagen an, wie er die einzelnen Zuschlagskriterien gewichtet, um das wirtschaftlichste Angebot zu ermitteln. Hätte der Verordnungsgeber eine solche Gewichtung auch im Hinblick der Auswahlentscheidung verlangt, hätte er dies im Wortlaut klarstellen müssen. Auch aus Art. 65 Abs. 2 der RL 2014/24/EU ergibt sich keine Verpflichtung zur Angabe der Gewichtung der Auswahlkriterien. Im Ergebnis dürfte es ausreichen, dass sich aus den Anforderungen an die wirtschaftliche und finanzielle Leistungsfähigkeit und die fachli-

---

[36] VK Nordbayern Beschl. v. 24.5.2013 – 21.VK-3194-17/13; OLG München Beschl. v. 21.4.2006 – Verg 8/06; OLG Düsseldorf Beschl. v. 5.10.2005 – VII Verg 55/05.

[37] OLG Naumburg Beschl. v. 23.12.2014 – 2 Verg 5/14; VK Südbayern Beschl. v. 9.9.2014 – Z3-3-3194-1-35-08/14; OLG Frankfurt a. M. Beschl. v. 24.2.2009 – 11 Verg 19/08.

[38] BGH Beschl. v. 7.1.2014 – X ZB 15/13 – BGHZ 199, 327–344, Rn. 33.

[39] OLG Düsseldorf Urt. v. 15.12.2008 – 27 U 1/07; VK Lüneburg Beschl. v. 7.8.2009 – VgK 32/2009.

[40] OLG Düsseldorf Beschl. v. 14.7.2003 – Verg 11/03.

[41] OLG Saarbrücken Beschl. v. 15.10.2014 – 1 Verg 1/14; VK Sachsen Beschl. v. 24.3.2011 – 1/SVK/005–11, 1-SVK/5/11.

[42] VK Sachsen Beschl. v. 10.10.2008 – 1/SVK/051 – 08; OLG Düsseldorf Beschl. v. 11.7.2007 – Verg 10/07.

[43] Vgl. zu § 10 VOF *Martini* in Pünder/Schellenberg, § 10 VOF, Rn. 8; VK Sachsen Beschl. v.24.3.2011 – 1/SVK/005–11; OLG Saarbrücken Beschl. v. 15.10.2014 – 1 Verg 1/14, juris Rn. 67.

che Eignung ergibt, welche Bewerber als geeignet angesehen werden und diese hieraus die Auswahlkriterien erkennen können, ohne dass es auf eine Gewichtung ankommt.

Allerdings steht es dem öffentlichen Auftraggeber frei, eine Bewertungsmatrix als Hilfs- **31** mittel für die Eignungskriterien zu erstellen. Diese muss dann vor Ablauf der Bewerbungs- frist feststehen, so dass bereits im Teilnahmewettbewerb keine Manipulationen möglich sind, was in der Vergabeakte zu dokumentieren wäre.[44]

---

[44] VK Rheinland-Pfalz Beschl. v. 22.6.2012 – VK1–15/12; VK Lüneburg Beschl. v. 11.2.2009 – VgK-56/2008; OLG Bremen Beschl. v. 14.4.2005 – Verg 1/05.

Unterabschnitt 6. Einreichung, Form und Umgang mit Interessensbekundungen, Interessensbestätigungen Teilnahmeanträgen und Angaben

§ 52 Aufforderung zur Interessensbestätigung, zur Angebotsabgabe, zur Verhandlung oder zur Teilnahme am Dialog

(1) Ist ein Teilnahmewettbewerb durchgeführt worden, wählt der öffentliche Auftraggeber gemäß § 51 Bewerber aus, die er auffordert, in einem nicht offenen Verfahren oder einem Verhandlungsverfahren ein Angebot einzureichen, am wettbewerblichen Dialog teilzunehmen oder an Verhandlungen im Rahmen einer Innovationspartnerschaft teilzunehmen.

(2) Die Aufforderung nach Absatz 1 enthält mindestens:

1. einen Hinweis auf die veröffentlichte Auftragsbekanntmachung,
2. den Tag, bis zu dem ein Angebot eingehen muss, die Anschrift der Stelle, bei der es einzureichen ist, die Art der Einreichung sowie die Sprache, in der es abzufassen ist,
3. beim wettbewerblichen Dialog den Termin und den Ort des Beginns der Dialogphase sowie die verwendete Sprache,
4. die Bezeichnung der gegebenenfalls beizufügenden Unterlagen, sofern nicht bereits in der Auftragsbekanntmachung enthalten,
5. die Zuschlagskriterien sowie deren Gewichtung oder gegebenenfalls die Kriterien in der Rangfolge ihrer Bedeutung, wenn diese Angaben nicht bereits in der Auftragsbekanntmachung oder in der Aufforderung zur Interessensbestätigung enthalten sind.

Bei öffentlichen Aufträgen, die in einem wettbewerblichen Dialog oder im Rahmen einer Innovationspartnerschaft vergeben werden, sind die in Satz 1 Nummer 2 genannten Angaben nicht in der Aufforderung zur Teilnahme am Dialog oder an den Verhandlungen aufzuführen, sondern in der Aufforderung zur Angebotsabgabe.

(3) Im Falle einer Vorinformation nach § 38 Absatz 4 fordert der öffentliche Auftraggeber gleichzeitig alle Unternehmen, die eine Interessensbekundung übermittelt haben, nach § 38 Absatz 5 auf, ihr Interesse zu bestätigen. Diese Aufforderung umfasst zumindest folgende Angaben:

1. Umfang des Auftrags, einschließlich aller Optionen auf zusätzliche Aufträge und, sofern möglich, eine Einschätzung der Frist für die Ausübung dieser Optionen; bei wiederkehrenden Aufträgen Art und Umfang und, sofern möglich, das voraussichtliche Datum der Veröffentlichung zukünftiger Auftragsbekanntmachungen für die Liefer- oder Dienstleistungen, die Gegenstand des Auftrags sein sollen,
2. Art des Verfahrens,
3. gegebenenfalls Zeitpunkt, an dem die Lieferleistung erbracht oder die Dienstleistung beginnen oder abgeschlossen sein soll,
4. Internetadresse, über die die Vergabeunterlagen unentgeltlich, uneingeschränkt und vollständig direkt verfügbar sind,
5. falls kein elektronischer Zugang zu den Vergabeunterlagen bereitgestellt werden kann, Anschrift und Schlusstermin für die Anforderung der Vergabeunterlagen sowie die Sprache, in der die Interessensbekundung abzufassen ist,
6. Anschrift des öffentlichen Auftraggebers, der den Zuschlag erteilt,
7. alle wirtschaftlichen und technischen Anforderungen, finanziellen Sicherheiten und Angaben, die von den Unternehmen verlangt werden,
8. Art des Auftrags, der Gegenstand des Vergabeverfahrens ist, und
9. die Zuschlagskriterien sowie deren Gewichtung oder gegebenenfalls die Kriterien in der Rangfolge ihrer Bedeutung, wenn diese Angaben nicht bereits in der Vorinformation oder den Vergabeunterlagen enthalten sind.

Koch

Übersicht

	Rn.		Rn.
A. Einführung	1	II. Mindestinhalt der Aufforderung zur Angebotsabgabe, § 52 Abs. 2 VgV	10
I. Literatur	1		
II. Entstehungsgeschichte	2	III. Aufforderung zur Interessenbestätigung, § 52 Abs. 3 VgV	13
III. Rechtliche Vorgaben im EU-Recht	4		
B. Regelungsgehalt der Norm	7		
I. Aufforderung zur Angebotsabgabe, Teilnahme am Dialog oder Teilnahme an Verhandlungen, § 52 Abs. 1 VgV	7		

A. Einführung

I. Literatur

Noch, Vergaberecht kompakt, 7. Auflage 2016.   **1**

II. Entstehungsgeschichte

Die §§ 52 ff. VgV unterstehen dem 6. Unterabschnitt der Vergabeverordnung und befas- **2** sen sich thematisch mit den Regelungen über die **Aufforderung zur Angebotsabgabe, die Teilnahme am wettbewerblichen Dialog oder den Verhandlungen sowie die Aufforderung zur Interessenbestätigung.** Zugleich stehen die §§ 52 ff. VgV im unmittelbaren Zusammenhang mit den Vorschriften über die Einreichung, Form und Umgang des Auftraggebers mit Angeboten, Teilnahmeanträgen und Interessenbestätigungen.

§ 52 Abs. 1, 2 VgV enthalten exakte Vorgaben darüber, welche verfahrenswesentlichen In- **3** formationen der öffentliche Auftraggeber den Bietern **nach Abschluss des Teilnahmewettbewerbs** mitzuteilen hat, bevor das Vergabeverfahren in die „echte" Angebotsphase übergeht. § 52 Abs. 3 VgV beschreibt den Inhalt an die Aufforderung zur Interessenbestätigung im besonderen Fall einer Vorinformation i. S. v. § 38 Abs. 4 VgV. Damit ersetzt § 52 VgV den alten § 10 VOL/A EG, ist jedoch – auch im Vergleich zu seinem EU-rechtlichen Pendant[1] – insgesamt detaillierter, strukturierter und stärker gegliedert. Aus dem Willen des Gesetzgebers, verfahrensbezogene Einzelheiten in den das GWB-Vergaberecht konkretisierenden Verordnungen zu regeln, erklärt sich die Verortung der Vorschrift in der VgV.

III. Rechtliche Vorgaben im EU-Recht

§ 52 VgV dient der **Umsetzung des Art. 54 Richtlinie 2014/24/EU,**[2] bündelt – **4** über den Wortlaut des Richtlinientextes hinausgehend – jedoch zugleich die Angaben, die gemäß **Anhang IX der Richtlinie 2014/24/EU** in der Aufforderung zur Angebotsabgabe, zum Dialog oder zur Interessenbestätigung mindestens enthalten sein müssen in einer einzigen Vorschrift. Damit hat sich der Umsetzungsgesetzgeber gegen die umständliche (aber angesichts der Normfülle der Richtlinie nachvollziehbare) Verweisungstechnik des EU-Vergaberechts entschieden, was die Anwendungspraxis erleichtern dürfte. Weiter hat sich der deutsche Gesetzgeber um eine normsystematisch stimmige Umsetzung von Art. 54 Richtlinie 2014/24/EU bemüht: § 52 Abs. 1 VgV schlägt die Brücke zum vorangegangenen § 51 VgV, der die Begrenzung der Auswahl der Bewerber regelt. Hierdurch wird klargestellt, dass allein die im Teilnahmewettbewerb des nicht offenen Verfahrens, des Verhand-

---

[1] Vgl. Art. 54 der Richtlinie 2014/24/EU.
[2] Begr. VgV, 110 f.

lungsverfahrens oder des wettbewerblichen Dialoges **ausgewählten Bewerber** zur Angebotsabgabe aufgefordert werden und dass die Auswahl zwingend **den transparenten, objektiven und nichtdiskriminierenden Eignungskriterien gemäß § 51 VgV** entsprechen muss.

5   Lediglich in einer Hinsicht bleibt § 52 VgV hinter der EU-rechtlichen Vorgabe des
Art. 54 Richtlinie 2014/24/EU zurück: § 52 VgV verhält sich weder zum **Schriftformerfordernis** noch zum **Erfordernis zeitgleicher Aufforderungsschreiben.** Dies ändert
jedoch nichts daran, dass die Vergabegrundsätze den Auftraggeber zur Beachtung eben
dieser Erfordernisse verpflichten.

6   Mit den Vorgaben über den Inhalt der Angebotsaufforderung sowie der Einladung zu
den Dialogen/Verhandlungen und zur Interessenbestätigung steht § 52 VgV erkennbar im
Dienst des **Transparenzgrundsatzes.** Darüber hinaus gewährleistet die Vorschrift die
Gleichbehandlung der Bieter, so dass § 52 VgV **bieterschützende Wirkung** i. S. v. § 97
Abs. 6 GWB zukommt.

B. Regelungsgehalt der Vorschrift

I. Aufforderung zur Angebotsabgabe, Teilnahme am Dialog oder Teilnahme an Verhandlungen, § 52 Abs. 1 VgV

7   § 52 Abs. 1 VgV legt fest, dass der Auftraggeber im nicht offenen Verfahren sowie im
Verhandlungsverfahren und im wettbewerblichen Dialog allein diejenigen Bewerber zur
Angebotsabgabe aufzufordern hat, die nach Maßgabe der objektiven und nicht diskriminierenden Eignungskriterien i. S. v. § 51 VgV ausgewählt wurden.[3] Je nach Ausgestaltung der
Eignungskriterien ist das Vergabeverfahren mit einem entsprechend sehr beschränkten Bieterkreis fortzuführen.[4] Solange jedoch – wie von § 51 Abs. 2 S. 2 VgV verlangt – „echter" Wettbewerb gewährleistet ist, bestehen hiergegen keine Bedenken. So kann der
öffentliche Auftraggeber das nicht offene Verfahren beispielsweise mit der gesetzlich erlaubten Mindestanzahl von fünf Bietern fortführen, vorausgesetzt es stehen überhaupt ausreichend geeignete Bieter zur Verfügung, vgl. § 51 Abs. 3 VgV. Zu beachten ist überdies, dass
sich die **Identität der Bieter** im Verfahrensverlauf nicht ändern darf.[5] Die im Teilnahmewettbewerb ausgewählten geeigneten Bewerber haben einen **vergaberechtlichen Anspruch** darauf, dass im Angebotsverfahren nur geeignete Wettbewerber teilnehmen.[6]

8   Typischerweise fordert der Auftraggeber die Bieter beim **wettbewerblichen Dialog
und der Innovationspartnerschaft** nicht bereits nach Abschluss des vorangeschalteten
Teilnahmewettbewerbs zur Abgabe letztverbindlicher Angebote auf. Vielmehr eröffnet der
Auftraggeber in diesen Verfahrensarten entweder die Dialog- (wettbewerblicher Dialog)
oder die Verhandlungsphase, bei denen jeweils über die Angebote verhandelt wird und sich
inhaltliche Änderungen ergeben können.[7] Aus diesem Grund lautet § 52 Abs. 1 VgV dahingehend, dass der Auftraggeber die Bieter im wettbewerblichen Dialog und in der Innovationspartnerschaft zur Dialog- bzw. Verhandlungsteilnahme einlädt. Erst zu einem späteren Zeitpunkt werden die Bieter zur Abgabe letztverbindlicher Angebote aufgefordert.[8]

---

[3] *Kulartz* in KKMPP VgV § 52 Rn. 1.
[4] OLG Düsseldorf 30.5.2001 – Verg 23/00, denn nur die im Teilnahmewettbewerb ausgewählten Bieter
dürfen ein Angebot einreichen.
[5] Dieses Verbot gilt insbesondere bei Änderungen in der Zusammensetzung von Bietergemeinschaften,
vgl. Gabriel in Gabriel/Krohn/Neun (Hrsg.), Handbuch Vergaberecht, 2. Aufl. 2017, S. 521 ff.
[6] Vergabekammer Südbayern 9.9.2014 – Z 3–3-3194-1-35-08/14 sowie *Kulartz* in KKMPP VgV § 52
Rn. 2 m. w. N. aus der Rspr.
[7] Vgl. BGH 10.9.2009 – VII 255/08; *Antweiler* in Ziekow/Völlink (Hrsg.), Vergaberecht, 3. Aufl. 2018,
§ 119 UWB Rn. 27.
[8] Im Verhandlungsverfahren eröffnet § 18 Abs. 14 VgV die Möglichkeit, den Auftrag ohne Verhandlungen auf Grundlage der Erstangebote zu vergeben.

Aus diesem Grund müssen die in § 52 Abs. 2 Nr. 2 VgV gelisteten Angaben erst in der **späteren Angebotsaufforderung,** nicht jedoch bereits in der Teilnahmeaufforderung enthalten sein, vgl. § 52 Abs. 2 S. 2 VgV.

Zwingende Folge des Gleichbehandlungsgrundsatzes ist, dass jedwede Einladung/Auf- **9** forderung i. S. v. § 52 Abs. 1 VgV an **alle Bieter gleichzeitig** ergehen muss. Ferner hat die **Aufforderung grundsätzlich schriftlich** zu erfolgen. Im Gegensatz zu seiner europarechtlichen Zwillingsvorschrift (Art. 54 Abs. 1 UAbs. 1 Richtlinie 2014/24/EU) enthält § 52 VgV weder einen Hinweis auf das Schriftformerfordernis noch auf das Erfordernis zeitgleicher Aufforderungsschreiben. Die Schriftlichkeit und die Gleichzeitigkeit der Aufforderungsschreiben leitet sich jedoch aus den Vergabegrundsätzen, allen voran dem Gleichbehandlungsgrundsatz ab.

II. Mindestinhalt der Aufforderung zur Angebotsabgabe, § 52 Abs. 2 VgV

In Umsetzung von Art. 54 Abs. 2 Richtlinie 2014/24/EU regelt § 52 Abs. 2 S. 1 VgV **10** recht dezidiert den **Mindestinhalt des Angebotsschreibens.**[9] Mit der Aufforderung zur Abgabe eines ersten Angebots hat der öffentliche Auftraggeber den Bietern **alle wesentlichen Informationen über den weiteren Gang sowie die grundlegenden Spielregeln des Vergabeverfahrens** mitzuteilen. Denn nur wenn den Bietern alle verfahrensbezogenen Informationen vorab transparent zur Kenntnis gebracht werden, sind diese überhaupt in der Lage, über die Erfolgschancen der weitergehenden Verfahrensteilnahme zu entscheiden. Erst dann können sie belastbar abschätzen, ob sie das Vergabeverfahren weiter betreiben wollen und die gestellten Anforderungen an die Angebote tatsächlich erfüllen können.

Mit dem Aufforderungsschreiben sind den Bietern daher **mindestens folgende In-** **11** **formationen** zu übermitteln:

1. der **Hinweis auf die Auftragsbekanntmachung,**
2. die **Angebotsfrist, die Anschrift der Stelle,** bei der das Angebot einzureichen sowie die **Art der Einreichung und die Sprache,** in der das Angebot abzufassen ist,
3. **Termin, Ort und Sprache der Dialoge,**
4. **Bezeichnung/Liste der einzureichenden Unterlagen** (z.B. geforderte Kautionen, Sicherheiten, Bietererklärungen, Angaben zur Kalkulation und den Preisen, Bedingungen an die Auftragsausführung etc.[10]), sofern nicht bereits in der Auftragsbekanntmachung enthalten und zu Nr. 5 „5. … wegen der … die Zuschlagskriterien …" wegen der besonderen Bedeutung des Zuschlags als verfahrensbeendende Entscheidung
5. die **Zuschlagskriterien sowie deren Gewichtung** (vgl. § 58 Abs. 3 VgV) oder gegebenenfalls die Kriterien in der Rangfolge ihrer Bedeutung, wenn diese Angaben nicht bereits in der Auftragsbekanntmachung oder in der Aufforderung zur Interessensbestätigung enthalten sind.[11]

Für den **wettbewerblichen Dialog und die Innovationspartnerschaft** enthält § 52 **12** Abs. 2 S. 2 VgV die Klarstellung, dass die unter Ziffer 2 aufgeführten Informationen über die Angebotsfrist, die Adresse des Auftraggebers, Art der Angebotseinreichung und Sprache der Angebote den Bietern denklogisch erst mit der **Aufforderung zur Angebotsabgabe** mitzuteilen sind. Eine Übermittlung bereits mit der Teilnahmeaufforderung wäre verfrüht und unmöglich. Die übrigen Angaben gemäß § 52 Abs. 2 VgV können den Bewerbern indes meist problemlos mit der Aufforderung zur Teilnahme am Wettbewerb oder zur Innovationspartnerschaft mitgeteilt werden.

---

[9] Noch Vergaberecht kompakt Rn. 770.
[10] *Kulartz* in KKMPP VgV § 52 Rn. 4.
[11] *Kulartz* in KKMPP VgV § 52 Rn. 5.

III. Aufforderung zur Interessenbestätigung, § 52 Abs. 3 VgV

13   Bei einer **Vorinformation** i. S. v. § 38 Abs. 4 VgV, bei der die Veröffentlichung einer Auftragsbekanntmachung ausnahmsweise entfällt, hat der öffentliche Auftraggeber alle Unternehmen, die ihr Interesse am Auftrag bekundet haben, unter Beachtung von § 38 Abs. 5 VgV aufzufordern, eben dieses für den ausgeschriebenen Auftrag zu bestätigen.[12] Nach § 52 Abs. 3 VgV beinhaltet diese **Aufforderung zur Interessenbestätigung** alle für die Auftragsausführung relevanten Informationen. Hierzu gehören in Anlehnung an **Anhang IX der Richtlinie 2014/24/EU mindestens folgende Angaben:**[13]

14   1. **Umfang des Auftrags,** einschließlich aller Optionen auf zusätzliche Aufträge, und, sofern möglich, eine Einschätzung der Frist für die Ausübung dieser Optionen; bei wiederkehrenden Aufträgen **Art und Umfang** und, sofern möglich, das voraussichtliche Datum der Veröffentlichung zukünftiger Auftragsbekanntmachungen für die Liefer- oder Dienstleistungen, die Gegenstand des Auftrags sein sollen,
2. **Art des Verfahrens,** wobei hiermit allein ein **nicht offenes Vergabeverfahren oder ein Verhandlungsverfahren** gemeint sein kann, weil § 38 Abs. 4 VgV ausschließlich für diese zwei Verfahrensarten anwendbar ist (vgl. § 38 Abs. 4 VgV),
3. gegebenenfalls der **Zeitpunkt,** an dem die Lieferleistung erbracht oder die Dienstleistung beginnen oder abgeschlossen sein soll,
4. **Internetadresse,** über die die Vergabeunterlagen unentgeltlich, uneingeschränkt und vollständig direkt verfügbar sind,
5. falls kein elektronischer Zugang zu den Vergabeunterlagen bereitgestellt wird, **Anschrift und Schlusstermin für die Anforderung der Vergabeunterlagen** sowie die **Sprache**, in der die Interessensbekundung abzufassen ist,
6. **Anschrift des öffentlichen Auftraggebers,** der den Zuschlag erteilt,
7. alle **wirtschaftlichen und technischen Anforderungen, finanziellen Sicherheiten und sonstige Angaben,** die von den Unternehmen verlangt werden,
8. **Art und Inhalt des Auftrags,** der Gegenstand des Vergabeverfahrens ist, und
9. die **Zuschlagskriterien sowie deren Gewichtung** oder gegebenenfalls die Kriterien in der Rangfolge ihrer Bedeutung, wenn diese Angaben nicht bereits in der Vorinformation oder den Vergabeunterlagen enthalten sind.

15   Wie schon die Angaben i. S. v. § 52 Abs. 2 VgV sollen die o. g. **Mindestanforderungen** an die Interessenbestätigung die Bieter in die Lage versetzen, die Erfolgsaussichten ihrer weiteren Beteiligung am Vergabeverfahren abzuschätzen. Insbesondere müssen die Bieter die Zuschlagskriterien sowie deren Gewichtung kennen. Sofern die Zuschlagskriterien und deren Gewichtung den Bietern nicht bereits mit der Vorinformation oder den Vergabeunterlagen zur Kenntnis gebracht wurden, bedarf es zwingend einer eindeutigen Benennung derselben in der Aufforderung zur Interessenbestätigung. Anderenfalls würde es dem Vergabeverfahren an Vorhersehbarkeit und Berechenbarkeit fehlen, so dass der Gleichbehandlungs- und Transparenzgrundsatz gefährdet wären und der Zuschlag nicht erfolgen darf.

---

[12] Art. 26 Abs. 5 Richtlinie 2014/24/EU.
[13] Vgl. Begr. VgV, 111 f.

§ 53 Form und Übermittlung der Interessensbekundungen, Interessensbestätigungen, Teilnahmeanträge und Angebote

(1) Die Unternehmen übermitteln ihre Interessensbekundungen, Interessensbestätigungen, Teilnahmeanträge und Angebote in Textform nach § 126b des Bürgerlichen Gesetzbuchs mithilfe elektronischer Mittel gemäß § 10.

(2) Der öffentliche Auftraggeber ist nicht verpflichtet, die Einreichung von Angeboten mithilfe elektronischer Mittel zu verlangen, wenn auf die zur Einreichung erforderlichen elektronischen Mittel einer der in § 41 Absatz 2 Nummer 1 bis 3 genannten Gründe zutrifft oder wenn zugleich physische oder maßstabsgetreue Modelle einzureichen sind, die nicht elektronisch übermittelt werden können. In diesen Fällen erfolgt die Kommunikation auf dem Postweg oder auf einem anderen geeigneten Weg oder in Kombination von postalischem oder einem anderen geeigneten Weg und Verwendung elektronischer Mittel. Der öffentliche Auftraggeber gibt im Vergabevermerk die Gründe an, warum die Angebote mithilfe anderer als elektronischer Mittel eingereicht werden können.

(3) Der öffentliche Auftraggeber prüft, ob zu übermittelnde Daten erhöhte Anforderungen an die Sicherheit stellen. Soweit es erforderlich ist, kann der öffentliche Auftraggeber verlangen, dass Interessensbekundungen, Interessensbestätigungen, Teilnahmeanträge und Angebote zu versehen sind mit

1. einer fortgeschrittenen elektronischen Signatur,
2. einer qualifizierten elektronischen Signatur,
3. einem fortgeschrittenen elektronischen Siegel oder
4. einem qualifizierten elektronischen Siegel.

(4) Der öffentliche Auftraggeber kann festlegen, dass Angebote mithilfe anderer als elektronischer Mittel einzureichen sind, wenn sie besonders schutzwürdige Daten enthalten, die bei Verwendung allgemein verfügbarer oder alternativer elektronischer Mittel nicht angemessen geschützt werden können, oder wenn die Sicherheit der elektronischen Mittel nicht gewährleistet werden kann. Der öffentliche Auftraggeber gibt im Vergabevermerk die Gründe an, warum er die Einreichung der Angebote mithilfe anderer als elektronischer Mittel für erforderlich hält.

(5) Auf dem Postweg oder direkt übermittelte Interessensbekundungen, Interessensbestätigungen, Teilnahmeanträge und Angebote sind in einem verschlossenen Umschlag einzureichen und als solche zu kennzeichnen.

(6) Auf dem Postweg oder direkt übermittelte Interessensbekundungen, Interessensbestätigungen, Teilnahmeanträge und Angebote müssen unterschrieben sein. Bei Abgabe mittels Telefax genügt die Unterschrift auf der Telefaxvorlage.

(7) Änderungen an den Vergabeunterlagen sind unzulässig. Die Interessensbestätigungen, Teilnahmeanträge und Angebote müssen vollständig sein und alle geforderten Angaben, Erklärungen und Preise enthalten. Nebenangebote müssen als solche gekennzeichnet sein.

(8) Die Unternehmen haben anzugeben, ob für den Auftragsgegenstand gewerbliche Schutzrechte bestehen, beantragt sind oder erwogen werden.

(9) Bewerber- oder Bietergemeinschaften haben in der Interessensbestätigung, im Teilnahmeantrag oder im Angebot jeweils die Mitglieder sowie eines ihrer Mitglieder als bevollmächtigten Vertreter für den Abschluss und die Durchführung des Vertrags zu benennen. Fehlt eine dieser Angaben, so ist sie vor der Zuschlagserteilung beizubringen.

Übersicht

	Rn.		Rn.
A. Einführung	1	B. Regelungsgehalt der Vorschrift	8
I. Literatur	1	I. Formalia der Übermittlung der Interessenbekundungen, Interessenbestätigungen, Teilnahmeanträge und	
II. Entstehungsgeschichte	2		
III. Rechtliche Vorgaben im EU-Recht	3	Angebote, § 53 Abs. 1 VgV	8

VgV § 53   Form u. Übermittl. d. Interessenbek., Interessenb., Teilnahmeantr. und Angeb.

Rn. | Rn.

II. Ausnahme vom Grundsatz der Nutzung elektronischer Mittel, § 53 Abs. 2 VgV 13

III. Elektronische Signatur, § 53 Abs. 3 VgV 18

IV. Besondere Anforderungen an die Schutzbedürftigkeit, § 53 Abs. 4 VgV 29

V. Umgang mit den eingereichten Interessenbestätigungen, Interessenbekundungen, Teilnahmeanträgen und Angeboten, § 53 Abs. 5 VgV ... 33

VI. Anforderungen an die Interessenbestätigungen, Interessenbekundungen, Teilnahmeanträgen und Angeboten, § 53 Abs. 6 VgV 38

VII. Verbot von Änderungen an den Vergabeunterlagen, § 53 Abs. 7 VgV 43

VIII. Kennzeichnung gewerblicher Schutzrechte, § 53 Abs. 8 VgV 56

IX. Bewerber- und Bietergemeinschaften, § 53 Abs. 9 VgV 59

A. Einführung

I. Literatur

1 *Koch,* Flexibilisierungspotenziale im Vergabeverfahren, Nomos 2013; *Noch,* Vergaberecht kompakt, 7. Auflage 2016, Rn. 775; *Lux,* Bietergemeinschaften im Schnittfeld von Gesellschaftsrecht und Vergaberecht, Nomos 2009; *Lux,* Gesellschaftsrechtliche Veränderungen bei Bieten im Vergabeverfahren, NZBau 2012, 680 ff.; *Kirch/Kues,* Alle oder keiner? – Zu den Folgen der Insolvenz eines Mitglieds einer Bietergemeinschaft im laufenden Vergabeverfahren, VergabeR 2008, 32 ff.

II. Entstehungsgeschichte

2 Vor Inkrafttreten des Vergaberechtsmodernisierungsgesetzes waren die in § 53 VgV enthaltenen Vorschriften über **Form und Übermittlung der Interessenbekundungen, Interessenbestätigungen, Teilnahmeanträge und Angebote** weitgehend den §§ 13, 14 und 16 VOL/A-EG zu entnehmen.[1] Durch die vom Gesetzgeber neu verfolgte verfahrenschronologisch gewählte Systematik ist es etwas einfacher geworden, die auf die konkrete Vergabe anzuwendenden Verfahrens- und Formvorschriften zu ermitteln:[2] § 53 VgV ist Unterabschnitt 6 über „Einreichung, Form und Umgang mit Interessenbekundungen, Interessenbestätigungen, Teilnahmeanträgen und Angeboten" zugeordnet.

III. Rechtliche Vorgaben im EU-Recht

3 § 53 VgV setzt – so ist es der Begründung des Gesetzgebers zu entnehmen[3] – die Richtlinienvorschriften über die Kommunikation im Vergabeverfahren, konkret den **Artikel 22 Richtlinie 2014/24/EU** um. Seine Anwendung ist bedingt durch die in Art. 90 Abs. 1 Richtlinie 2014/24/EU festgelegten und in § 81 VgV überführten **Übergangsfristen.** Inhaltlich und strukturell ähnelt § 53 VgV seinem EU-rechtlichen Pendant, wenngleich der deutsche Gesetzgeber mit dem Vergaberechtsmodernisierungsgesetz bei § 53 VgV erkennbar keine 1:1-Übernahme vollzogen hat: über 9 Absätze stark vereint die Vorschrift die in Art. 22 Richtlinie 2014/24/EU vorgegebenen Anforderungen an Form und Übermittlung der Interessenbekundungen, Interessenbestätigungen, Teilnahmeanträge und Angebote mit den in den Absätzen 7–9 versteckten grundsätzlicheren Vorschriften über das **Verbot von Änderungen an den Vergabeunterlagen, sowie den Regelungen über gewerbliche Schutzrechte und Bietergemeinschaften,** die allesamt die Vergleichbar-

---

[1] Begr. VgV, 113; *Schubert* in Willenbruch/Wieddekind VgV § 53 Rn. 1.
[2] Vgl. BR-Drs. 18/6281, 66.
[3] Begr. VgV, 113.

keit der Bieterunterlagen und die Einhaltung der Vergabegrundsätze durch den Auftraggeber absichern sollen.[4]

Ausgehend von dem in Art. 22 Abs. 1 der Richtlinie 2014/24/EU und in § 97 Abs. 5 **4** GWB als **Grundsatz** verankerten Prinzip der **elektronischen Kommunikation**,[5] stellt § 53 Abs. 1 VgV verfahrensrechtlich klar, dass Unternehmen ihre Interessensbekundungen, Interessensbestätigungen, Teilnahmeanträge und Angebote mithilfe **elektronischer Mittel**[6] beim Auftraggeber einreichen müssen. Die Absätze 2–4 des § 53 VgV dienen der Umsetzung der in Art. 22 Abs. 1 UAbs. 2, 3, 4 und Abs. 6 Richtlinie 2014/24/EU normierten Ausnahmen. Konkret überführt § 53 Abs. 3 VgV die Anforderungen an elektronische Signaturen gemäß Art. 22 Abs. 6 UAbs. 1 lit. b) und c) sowie UAbs. 2 Richtlinie 2014/24/EU in das deutsche Vergaberecht, trägt dabei aber auch den seit dem 1. Juli 2016 zu beachtenden Vorgaben der Verordnung (EU) Nr. 910/2014 über elektronische Identifizierung und Vertrauensdienste für elektronische Transaktionen im Binnenmarkt und zur Aufhebung der Richtlinie 1999/93/EG (eIDAS-VO) angemessen Rechnung. Die Umsetzung der eIDAS-VO in nationales Recht ist im Juli 2017 erfolgt.[7] § 53 Abs. 4 VgV dient schließlich der Umsetzung des Art. 22 Abs. 1 UAbs. 4 der Richtlinie 2014/24/EU.

§ 53 VgV liegt die Prämisse zugrunde, dass sich der Informationsaustausch zwischen **5** Auftraggeber und Unternehmen seit Inkrafttreten der jüngsten Vergaberechtsreform hauptsächlich auf **elektronische Mittel**[8] stützen soll.[9] § 53 Abs. 1 VgV enthält daher für die Einreichung der Bewerber- und Bieterunterlagen den **Grundsatz der vollelektronischen Kommunikation.**

Ist die Verwendung elektronischer Mittel im Einzelfall nicht möglich, sind die dann ein **6** zuhaltenden Formvorgaben ebenfalls in § 53 VgV zu finden. Besondere Bedeutung erlangen die im **Ausnahmefall** geltenden Formanforderungen für Beschaffungsvorgänge, bei denen die elektronischen Mittel aufgrund der in Art. 90 Abs. 2 der Vergaberichtlinie 2014/24/EU (§ 81 VgV) eingeräumten **Übergangsfristen** noch nicht verbindlich anzuwenden sind.[10] Im Fall von dynamischen Beschaffungssystemen, elektronischen Auktionen und elektronischen Katalogen wurde § 53 Abs. 1 VgV zum 18. April 2016 verbindlich. Ebenso ist der Grundsatz des § 53 Abs. 1 VgV seit dem 18. April 2017 für zentrale Beschaffungsstellen uneingeschränkt anzuwenden. Im Übrigen unterstehen öffentliche Auftraggeber den Pflichten aus § 53 Abs. 1 VgV erst mit Ablauf der Übergangsfrist nach Art. 90 der Richtlinie 2014/24/EU bzw. § 81 VgV. Diese endet zum **18. Oktober 2018.** Bis dahin bleibt ein Absehen von der vollelektronischen Kommunikation vergaberechtlich zulässig, wohlgemerkt ohne dass der Auftraggeber seine Entscheidung gesondert zu begründen hätte. Nach der Wertungsentscheidung des EU-Vergaberechts soll der Auftraggeber bis zum Ablauf der Übergangsfrist **frei wählen** dürfen, ob er die Bewerber und Bieter zur elektronischen Einreichung von Interessenbestätigungen, Interessenbekundungen, Teilnahmeanträgen und Angeboten verpflichtet oder nicht.

Abgesehen von der unmittelbar in Art. 90 Abs. 2 der Richtlinie 2014/24/EU, § 81 VgV **7** angelegten **Freistellung von der vollelektronischen Kommunikation** im Vergabeverfahren, können öffentliche Auftraggeber nur aus den in § 53 Abs. 2 VgV genannten Gründen vom Grundsatz des § 53 Abs. 1 VgV abweichen und den Bewerbern und Bietern die

---

[4] *Schubert* in Willenbruch/Wieddekind VgV § 53 Rn. 1.
[5] Art. 22 Abs. 1 S. 1 Richtlinie 2014/24/EU: „*Die Mitgliedstaaten gewährleisten, dass die gesamte Kommunikation und der gesamte Informationsaustausch nach dieser Richtlinie, insbesondere die elektronische Einreichung von Angeboten, unter Anwendung elektronischer Kommunikationsmittel gemäß den Anforderungen dieses Artikels erfolgen.*"
[6] Zum Begriff GWB § 97 Rn. 6.
[7] Vgl. Gesetz zur Durchführung der Verordnung (EU) Nr. 910/2014 des Parlaments und des Rates vom 23. Juli 2014 über elektronische Identifizierung und Vertrauensdienste für elektronische Transaktionen im Binnenmarkt und zur Aufhebung der Richtlinie 1999/93/EG („eIDAS-Durchführungsgesetz") vom 18. Juli 2017, BGBl 2017 I, 2745.
[8] Zum Begriff der elektronischen Mittel, GWB § 97 Rn. 6.
[9] Zur elektronischen Vergabe GWB Vor 97 Rn. 4 sowie GWB § 97 Rn. 1 ff.
[10] *Verfürth* in KKMPP VgV § 53 Rn. 3.

Einreichung ihrer Bewerbungsunterlagen auf dem Postweg, auf anderem geeigneten Weg oder in Kombination von postalischem oder anderem geeigneten Weg und Verwendung elektronischer Mittel vorschreiben.

B. Regelungsgehalt der Vorschrift

I. Formalia der Übermittlung der Interessenbekundungen, Interessenbestätigungen, Teilnahmeanträge und Angebote, § 53 Abs. 1 VgV

8   § 53 Abs. 1 VgV legt die **Formanforderungen für die Übermittlung der Interessenbekundungen, Interessenbestätigungen, Teilnahmeanträge und Angebote** fest. Danach haben Bewerber und Bieter die genannten Dokumente grundsätzlich in Textform nach § 126b des Bürgerlichen Gesetzbuchs sowie unter Verwendung elektronischer Mittel gemäß § 10 VgV einzureichen. Die nach § 53 Abs. 1 VgV geltende Verpflichtung zur Beachtung der Textform und der Verwendung elektronischer Mittel bei der Übermittlung von Interessenbestätigungen, Interessenbekundungen, Teilnahmeanträgen oder Angeboten ist nach dem Wortlaut der Norm *("übermitteln")* grundsätzlich nicht disponibel.[11] Allein aus den in § 53 Abs. 2 VgV benannten Gründen kann der Auftraggeber von der elektronischen Einreichung der Bewerbungsunterlagen (Interessenbestätigungen, Interessenbekundungen, Teilnahmeanträge oder Angebote) absehen.

9   Das durch den Verweis auf § 126b BGB geltende **Textformerfordernis** hat zur Folge, dass die von den Bewerbern und Bietern im Vergabeverfahren einzureichenden Interessenbekundungen, Interessenbestätigungen, Teilnahmeanträge oder Angebote so beschaffen sein müssen, dass sie eine lesbare Erklärung enthalten, in der die Person des Erklärenden genannt ist. Zudem muss die Erklärung auf einem dauerhaften Datenträger abgegeben werden.[12] Ein **dauerhafter Datenträger** ist nach § 126b BGB jedes Medium, das es dem Auftraggeber ermöglicht, die auf dem Datenträger befindliche Erklärung so aufzubewahren oder zu speichern, dass sie ihm während eines für ihren Zweck angemessenen Zeitraums zugänglich ist. Darüber hinaus ist ein Datenträger dann dauerhaft i. S. v. § 126b BGB, wenn dieser geeignet ist, die Erklärung ohne Inhaltsveränderung dauerhaft wiederzugeben.[13]

10   Die Einreichung von Interessensbekundungen, Interessensbestätigungen, Teilnahmeanträgen und Angeboten soll nach der Vorgabe des Gesetzgebers grundsätzlich mithilfe elektronischer Mittel erfolgen. **Elektronische Mittel** i. S. v. § 53 Abs. 1 VgV sind alle Mittel, die die Anforderungen des § 10 Abs. 1 S. 2, Abs. 2 VgV erfüllen.[14]

11   Der vollelektronische Informationsaustausch ist wegen der in Art. 90 Abs. 2 der Richtlinie 2014/24/EU, § 81 VgV vorgesehenen **Übergangsfristen** jedoch nicht automatisch mit Inkrafttreten der Vergaberechtsreform für alle öffentlichen Auftraggeber verbindlich geworden. Erst seit dem 18. April 2016 gelten die Pflichten aus § 53 Abs. 1 VgV für Beschaffungen, die unter Zuhilfenahme besonderer Instrumente (elektronische Auktion, dynamisches Beschaffungssystem und elektronische Kataloge) abgewickelt werden.[15] Seitdem sind zentrale Beschaffungsstellen verpflichtet, den Informationsaustausch mit den Bietern auf elektronischem Wege abzuwickeln. Für alle anderen Beschaffungsvorgänge wird § 53 Abs. 1 VgV erst zum 18. Oktober 2018 verbindlich (vgl. Art. 90 Abs. 2 der Richtlinie 2014/24/EU). Bis zum Ablauf dieser Frist darf die Einreichung von Interessenbekundungen, Interessenbestätigungen, Teilnahmeanträgen oder Angeboten nach Wahl des Auftrag-

---

[11] *Verfürth* in KKMPP VgV § 53 Rn. 3.

[12] *Leinemann* Die Vergabe öffentlicher Aufträge, Rn. 643.

[13] Vgl. *Verfürth* in KKMPP (Hrsg.), VgV, § 53 VgV Rn. 6 unter Verweis auf das Urteil des EFTA-Gerichtshofs vom 27.1.2010 – E-4/09.

[14] Vgl. hierzu die ausführliche Kommentierung zu § 10 VgV sowie GWB § 97 Rn. 6.

[15] Begr. VgV 113.

gebers auf anderem Weg erfolgen. In Betracht kommt eine Übermittlung auf dem Postweg, auf anderem geeigneten Weg oder in Kombination dieser beiden Übermittlungswege.[16]

Im Falle der Verwendung elektronischer Mittel sind Interessenbekundungen, Interessen- **12** bestätigungen, Teilnahmeanträge oder Angebote dem Auftraggeber bereits „**übermittelt**", wenn der Auftraggeber den Inhalt der Unterlagen lesen, speichern und ausdrucken, d. h. **dauerhaft wiedergeben und reproduzieren** kann. Ob der öffentliche Auftraggeber tatsächlich Kenntnis von der ihm zugegangenen Erklärung nimmt, diese speichert oder ausdruckt, ist für die Übermittlung i. S. v. § 53 Abs. 1 VgV irrelevant. Entscheidend ist, dass die Erklärung in den **Machtbereich des Auftraggebers** gelangt ist. Aus diesem Grund dürfte bereits das Einstellen auf der vom Auftraggeber genutzten Plattform genügen.[17]

II. Ausnahme vom Grundsatz der Nutzung elektronischer Mittel, § 53 Abs. 2 VgV

In Umsetzung des Art. 22 Abs. 1 UAbs. 2, 3 der Richtlinie 2014/24/EU[18] kann der öf- **13** fentliche Auftraggeber gemäß § 53 Abs. 2 VgV über die kraft Art. 90 Abs. 2 der Richtlinie 2014/24/EU, § 81 VgV geltende Ausnahme hinausgehend von der Einreichung von Angeboten unter Verwendung elektronischer Mittel absehen, wenn ein **Grund i. S. v. § 41 Abs. 2 Nr. 1 bis 3 VgV** vorliegt. Die Ausnahme des § 53 Abs. 2 VgV ist allerdings überhaupt nur für solche Beschaffungsvorgänge relevant, auf die § 53 Abs. 1 VgV anwendbar ist.[19] Weitere Ausnahmefälle, die den Verzicht auf die Angebotseinreichung mit elektronischen Mitteln legitimieren würden, sind weder im EU-Vergaberecht noch im nationalen Umsetzungsrecht vorgesehen. Gleichermaßen ist zu beachten, dass sich die Ausnahme nach § 53 Abs. 2 VgV ausschließlich auf die **Einreichung von Angeboten** bezieht. § 53 Abs. 2 VgV ist daher schlichtweg nicht anwendbar, wenn die Einreichung von Interessenbekundungen, Interessenbestätigungen oder Teilnahmeanträgen betroffen ist. Nach zutreffender Ansicht steht der eindeutige Wortlaut der Norm auch der analogen Inanspruchnahme der Vorschrift entgegen.[20]

Die in § 41 Abs. 2 Nr. 1 bis 3 VgV genannten Gründe für ein Absehen vom Grundsatz **14** der elektronischen Kommunikation für das Einreichen von Angeboten entsprechen den Ausnahmefällen des Art. 22 Abs. 1 UAbs. 2 der Richtlinie 2014/24/EU. Sie sind **abschließend formuliert** und beschränken sich auf Konstellationen, in denen die elektronische Angebotseinreichung **unpraktisch wäre oder unmöglich** ist. So können die Vergabeunterlagen auf einem anderen geeigneten Weg übermittelt werden, wenn die erforderlichen elektronischen Mittel zum Abruf der Vergabeunterlagen aufgrund der besonderen Art der Auftragsvergabe nicht mit allgemein verfügbaren oder verbreiteten Geräten und Programmen der Informations- und Kommunikationstechnologie kompatibel sind (Nr. 1), Dateiformate zur Beschreibung der Angebote zu verwenden sind, die nicht mit allgemein verfügbaren oder verbreiteten Programmen verarbeitet werden können oder die durch andere als kostenlose und allgemein verfügbare Lizenzen geschützt sind (Nr. 2), oder die die Verwendung von Bürogeräten voraussetzen, die dem öffentlichen Auftraggeber nicht allgemein zur Verfügung stehen (Nr. 3). Als Beispiele für die letzte Fallgruppe benennt der Verordnungsgeber Großformatdrucker oder Plotte. Im Übrigen wird auf die Kommentierung zu § 41 Abs. 1 VgV verwiesen.[21]

---

[16] Begr. VgV 113.
[17] *Verfürth* in KKMPP VgV § 53 VgV Rn. 7. Nicht ausreichend ist die Einstellung von Texten im Internet, vgl. *Herrmann* in Ziekow/Völlink, Vergaberecht, § 53 VgV Rn. 5.
[18] Begr. VgV 113.
[19] *Verfürth* in KKMPP VgV § 53 VgV Rn. 12.
[20] *Verfürth* in KKMPP VgV § 53 VgV Rn. 14.
[21] Begr. VgV 113.

15   Darüber hinaus ist ein Auftraggeber **kraft Natur des Faktischen** nicht verpflichtet, die Angebotseinreichung mithilfe elektronischer Mittel zu verlangen, wenn mit dem Angebot **physische oder maßstabsgetreue Modelle** gefordert sind, die die Bieter schlichtweg nicht elektronisch übermitteln können.

16   Liegt ein Ausnahmefall i. S. v. § 53 Abs. 2 VgV vor, erfolgt die Angebotseinreichung entweder **auf dem Postweg, einem anderen geeigneten Weg oder in Kombination der alternativen Übermittlungswege.** Dabei beschränkt sich die Verwendung anderer als elektronischer Mittel ausschließlich auf diejenigen Angebotsbestandteile, für die die Verwendung elektronischer Mittel nicht verlangt wird. Ausschließlich diese dürfen dem öffentlichen Auftraggeber per Post oder auf einem anderen geeigneten Weg oder in Kombination des postalischen mit einem anderen geeigneten Weg und mit elektronischen Mitteln übermittelt werden.[22]

17   Zu beachten ist bei § 53 Abs. 2 VgV, dass der Auftraggeber die Gründe, aus denen die Nutzung elektronischer Mittel beim Einreichungsvorgang nicht in Betracht kommt, im Vergabevermerk dokumentiert. Das **Dokumentationserfordernis** besteht wegen des Ausnahmecharakters von § 53 Abs. 2 VgV selbst dann, wenn sich die Unmöglichkeit der vollelektronischen Angebotseinreichung dem Auftraggeber geradezu aufdrängt, wie dies beispielsweise bei der Einreichung von physischen Modellen der Fall ist, weil diese schlichtweg nicht elektronisch übermittelt werden können. Denn auf diese Weise wird zuverlässig verhindert, dass der öffentliche Auftraggeber die gesetzgeberische Grundentscheidung zugunsten der elektronischen Angebotseinreichung missachtet oder umgeht. Nach der Ratio des § 53 Abs. 2 VgV soll die Dokumentationspflicht den Auftraggeber zu einem reflektierten und insgesamt restriktiven Umgang mit der Ausnahmevorschrift anhalten. Ein vollständiger Verzicht auf die Dokumentation scheidet folglich selbst in eindeutigen Fällen aus. Zumindest aber dürfte eine kürzere Begründung ausreichend sein, solange sich keine Hinweise dafür ergeben, dass der Auftraggeber nicht grundsätzlich Modelle mit dem Angebot fordert, um § 53 Abs. 1 VgV zu umgehen.[23]

III. Elektronische Signatur, § 53 Abs. 3 VgV

18   In Umsetzung von Art. 22 Abs. 6 UAbs. 1 lit. b) und c) sowie UAbs. 2 Richtlinie 2014/24/EU enthält § 53 Abs. 3 VgV die Richtlinienvorgaben zur **Verwendung elektronischer Signaturen** bei der Vergabe klassischer öffentlicher Aufträge. In Bezug auf elektronische Signaturen und elektronische Siegel sind seit dem 1. Juli 2016 zusätzlich die Vorschriften der EU-Verordnung Nr. 910/2014 (eIDAS-VO) zu beachten, die ihrerseits durch das eIDAS-Durchführungsgesetz vom 18. Juli 2017 in nationales Recht inkorporiert wurden.[24] Von besonderer Relevanz sind die Artikel 25 und 26 der Verordnung, die sich mit den Rechtswirkungen elektronischer Signaturen (Art. 25 eIDAS-VO) und den Anforderungen an fortgeschrittene elektronische Signaturen (Art. 26 eIDAS-VO) beschäftigen. Weiter führt die eIDAS-Verordnung (vgl. Art. 35 eIDAS-VO) erstmals auch **elektronische Siegel** als neue Dienste ein.

19   In der Folge dieser Rechtsentwicklung, insbesondere auf Basis von Art. 7 eIDAS-Durchführungsgesetz kann der öffentliche Auftraggeber bei entsprechenden Sicherheitsanforderungen nach § 53 Abs. 3 S. 2 Nr. 3, 4 VgV nunmehr verlangen, dass Bieter im Vergabeverfahren **elektronische Siegel** verwenden.

20   § 53 Abs. 3 VgV enthält zunächst die Verpflichtung des öffentlichen Auftraggebers, das für die Übermittlung der Interessenbekundungen, Interessenbestätigungen, Teilnahmean-

---

[22] Begr. VgV 113.

[23] *Verfürth* in KKMPP VgV § 53 VgV Rn. 17, 18.

[24] Mit Inkrafttreten des eIDAS-Durchführungsgesetzes sind das Signaturgesetz und die Signaturverordnung abgelöst worden. Das Vertrauensdienstegesetz ist mit Wirkung zum 29. Juli 2017 an die Stelle des Signaturgesetzes getreten. Durch Art. 7 des eIDAS-Durchführungsgesetzes ist § 53 Abs. 3 S. 2 VgV um die elektronischen Siegel ergänzt worden.

träge und Angebote erforderlichen Sicherheitsniveau zu prüfen und zu bewerten. Sofern die Prüfung des Auftraggebers ergibt, dass die vom Bieter zu übermittelnden Daten **erhöhte Anforderungen an die Sicherheit** stellen, kann der öffentliche Auftraggeber unter Beachtung des Verhältnismäßigkeitsgrundsatzes (*„soweit erforderlich"*) verlangen, dass die Bieter ihre Interessensbekundungen, Interessensbestätigungen, Teilnahmeanträge und Angebote mit einer **fortgeschrittenen elektronischen Signatur** (Nr. 1), mit einer **qualifizierten elektronischen Signatur** (Nr. 2), einem **fortgeschrittenen elektronischen Siegel** (Nr. 3) oder einem **qualifizierten elektronischen Siegel** (Nr. 4) versehen müssen. Die bezeichneten Vorschriften setzen die Vorgaben gemäß den Artikeln 25 und 26 sowie Artikel 35 ff. der EU-Verordnung Nr. 910/2014 in nationales Recht um (eIDAS-VO). Stellen die zu übermittelnden Daten keine erhöhten Anforderungen an die Sicherheit, ist die einfache Signatur ausreichend.[25]

Bei der nach § 53 Abs. 3 VgV gebotenen **Verhältnismäßigkeitsprüfung**[26] beleuchtet 21 und bewertet der Auftraggeber das Interesse an der Sicherung der richtigen und zuverlässigen Authentifizierung der Datenquelle und an der Unversehrtheit der Daten sowie die von nicht berechtigten Datenquellen stammenden und/oder von fehlerhaften Daten ausgehenden Gefahren im Rahmen des Zumutbaren. Eine wirkliche Verständnishilfe findet sich in der Begründung zur VgV hierzu nicht. Dort führt der Verordnungsgeber lediglich aus, dass die Sicherheitsanforderungen im E-Mailverkehr zwischen Auftraggeber und Bieter je nach Inhalt der zu übermittelnden Daten sowie der betroffenen Verfahrensstufe variieren können. So verlange eine E-Mail, mit der sich der Bieter lediglich nach der Adresse des Auftraggebers erkundige, nach einem geringeren Schutzniveau als eine E-Mail, mit der das Unternehmen sein Angebot einreicht. In gleicher Weise könne der öffentliche Auftraggeber im Rahmen der nach § 53 Abs. 3 VgV vorgesehenen Einzelfallabwägung feststellen und sodann in den Vergabeunterlagen festlegen, dass im Falle der erneuten Einreichung elektronischer Kataloge, bei der Einreichung von Angeboten im Rahmen von Kleinstwettbewerben bei einer Rahmenvereinbarung oder beim Abruf von Vergabeunterlagen ein niedriges Sicherheitsniveau ausreichend ist.[27] Abgesehen von diesen ohnehin einleuchtenden Beispielen enthält die Vergabeverordnung keine weiterführenden Hinweise darüber, wann das Sicherheitsniveau der im Vergabeverfahren zu übermittelnden Daten hoch oder wann ein normales Sicherheitsniveau ausreichend ist.

Gemeinhin dürfte davon auszugehen sein, dass **erhöhte Sicherheitsanforderungen** 22 wegen des Risikos falscher Zuordnung oder wegen der anderenfalls drohenden Gefahren für den Fortgang des Vergabeverfahrens und die Authentizität des Wettbewerbs erforderlich sind, wenn es um die Einhaltung von Fristen geht oder die Bieter Teilnahmeanträge und Angebote einzureichen haben.[28] Denn in diesen Fällen liegt es auf der Hand, dass der Auftraggeber die Herkunft der einzureichenden Unterlagen vermittels elektronischer Signatur verifizieren können muss.

Ist das im Einzelfall zu gewährleistende Sicherheitsniveau nach Einschätzung des Auf- 23 traggebers folglich so hoch, dass zur Authentifizierung der Datenquelle elektronische Signaturen oder elektronische Siegel eingesetzt werden müssen, so kann der Auftraggeber die **Verwendung der fortgeschrittenen elektronischen, der qualifizierten elektronischen Signatur, eines fortgeschrittenen elektronischen Siegels oder eines qualifizierten elektronischen Siegels vorschreiben.** Nach der Begründung des Gesetzgebers zum eIDAS-Durchführungsgesetz sind das fortgeschrittene und qualifizierte elektronische Siegel nunmehr gleichrangig neben der fortgeschrittenen und qualifizierten Signatur zugelassen.[29] Ursprünglich war § 53 Abs. 3 S. 2 VgV so konzipiert, dass der Auftraggeber den Bietern in Abhängigkeit des Sicherheitserfordernisses lediglich die Verwendung der fortge-

---

[25] *Leinemann* Die Vergabe öffentlicher Aufträge Rn. 647; *Noch* Vergaberecht kompakt Rn. 775.
[26] *Leinemann* Die Vergabe öffentlicher Aufträge Rn. 647.
[27] Begr. VgV 114.
[28] *Verfürth* in KKMPP VgV § 53 Rn. 32.
[29] Vgl. Begründung zu Art. 7 Nr. 3 des Gesetzes zur Durchführung der eIDAS-VO, S. 52.

schrittenen elektronischen Signatur oder der qualifizierten elektronischen Signatur als Sicherheitsanforderung (nach Maßgabe des Signaturgesetzes) diktieren konnte. Die durch das Gesetz zur Durchführung der eIDAS-VO[30] bewirkte Erweiterung um das (fortgeschrittene/qualifizierte) elektronische Siegel birgt für Unternehmen den Vorteil, dass das elektronische Siegel nicht an eine natürliche Person gebunden ist, sondern an die jeweilige juristische Person. Das Siegel kann überall dort eingesetzt werden, wo eine persönliche Unterschrift nicht notwendig, aber der Nachweis der Authentizität gewünscht ist (z.B. bei amtlichen Bescheiden, Urkunden, Kontoauszügen etc.).[31] Dies vereinfacht unternehmensinterne Prozesse.[32]

24   Nach der alten Definition des § 2 Nr. 3 SigG handelt es sich bei **qualifizierten elektronischen Signaturen** um elektronische Signaturen, die auf einem zum Zeitpunkt ihrer Erzeugung gültigen qualifizierten Zertifikat beruhen (lit. a)) und nach lit. b) mit einer sicheren Signaturerstellungseinheit erzeugt werden. Eine fast gleichlautende Definition enthält Art. 3 Nr. 12 eIDAS-VO. Darüber hinaus legt Art. 25 Abs. 2 der eIDAS-VO fest, dass qualifizierte elektronische Signaturen der handschriftlichen Unterschrift im Hinblick auf ihre Rechtswirkungen gleichstehen.

25   Ausdrücklich normiert ist in Art. 25 Abs. 3 der eIDAS-VO, dass der öffentliche Auftraggeber eine **qualifizierte elektronische Signatur,** die auf einem in einem anderen Mitgliedstaat der Europäischen Union ausgestellten **qualifizierten Zertifikat** beruht, als qualifizierte elektronische Signatur anzuerkennen hat. Da diese Vorgabe unmittelbar im vergaberechtlichen Gleichbehandlungsgrundsatz wurzelt, gilt sie gleichermaßen für die Verwendung fortgeschrittener elektronischer Signaturen oder qualifizierter Zertifikate, die von Unternehmen aus anderen Mitgliedstaaten der Europäischen Union ausgestellt wurden.[33] Die Verwendung ausschließlich deutscher (qualifizierter oder fortgeschrittener) elektronischer Signaturen und qualifizierter Zertifikate darf der Auftraggeber nicht als zwingend vorgeben.

26   Aus dem für **fortgeschrittene elektronische Signaturen** relevanten Art. 26 der eIDAS-Verordnung[34] ergeben sich die Anforderungen an fortgeschrittene elektronische Signaturen. Danach muss eine fortgeschrittene elektronische Signatur eindeutig dem Unterzeichner zugeordnet sein (lit. a)) und seine Identifizierung ermöglichen (lit. b)). Weiter muss sie typischerweise unter Verwendung elektronischer Signaturerstellungsdaten erstellt werden, die der Unterzeichner mit einem hohen Maß an Vertrauen unter seiner alleinigen Kontrolle verwenden kann (lit. c)). Schließlich muss sie so mit den auf diese Weise unterzeichneten Daten verbunden sein, dass eine nachträgliche Veränderung der Daten erkannt werden kann (lit. d)).

27   Nach der Legaldefinition des Art. 3 Nr. 25 eIDAS-VO handelt es sich bei der **elektronischen Signatur** um Daten in elektronischer Form, die anderen elektronischen Daten beigefügt oder logisch mit ihnen verbunden werden und die der Unterzeichner zum Unterzeichnen verwendet. Ein **qualifiziertes elektronisches Siegel** ist ein fortgeschrittenes elektronisches Siegel, das von einer qualifizierten elektronischen Siegelerstellungseinheit erstellt wird und auf einem qualifizierten Zertifikat für elektronische Siegel beruht. Art. 35 Abs. 2 eIDAS-VO normiert zugunsten elektronischer Siegel die Vermutung der Unversehrtheit der Daten und der Richtigkeit der Herkunftsangabe der Daten, mit denen das qualifizierte elektronische Siegel verbunden ist. Nach Abs. 3 der Vorschrift muss ein quali-

---

[30] Vgl. Art. 7 des Gesetzes zur Durchführung der EU-Verordnung Nr. 910/2014 über elektronische Identifizierung und Vertrauensdienste für elektronische Transaktionen im Binnenmarkt und zur Aufhebung der Richtlinie 1999/93/EG vom 17. Juli 2017.

[31] Vgl. Informationen des BSI, abrufbar unter https://www.bsi.bund.de/DE/Themen/Digitale-Gesellschaft/eIDAS/Elektronische_Signaturen_Siegel_und_Zeitstempel/Elektronische_Signaturen_Siegel_und_Zeitstempel_node.html (25.9.2017).

[32] Vgl. Begründung zu Art. 7 Nr. 3 des Gesetzes zur Durchführung der eIDAS-VO, S. 52.

[33] Begr. VgV 114.

[34] Vgl. Art. 3 Nr. 11 der eIDAS-VO.

fiziertes elektronisches Siegel, das auf einem in einem Mitgliedstaat ausgestellten qualifizierten Zertifikat beruht, in allen anderen EU-Mitgliedstaaten als qualifiziertes elektronisches Siegel anerkannt werden. Art. 36 normiert die Anforderungen an **fortgeschrittene elektronische Siegel.** Diese unterscheiden sich nicht wesentlich von den technischen Anforderungen an elektronische Signaturen.[35] Ein fortgeschrittenes elektronisches Siegel erfüllt die folgenden Anforderungen:

a) Es ist eindeutig dem Siegelersteller zugeordnet.

b) Es ermöglicht die Identifizierung des Siegelerstellers.

c) Es wird unter Verwendung von elektronischen Siegelerstellungsdaten erstellt, die der Siegelersteller mit einem hohen Maß an Vertrauen unter seiner Kontrolle zum Erstellen elektronischer Siegel verwenden kann.

d) Es ist so mit den Daten, auf die es sich bezieht, verbunden, dass eine nachträgliche Veränderung der Daten erkannt werden kann

Bei entsprechend festgestelltem Sicherheitsniveau kann der öffentliche Auftraggeber **28** auch das **Zuschlagschreiben mit fortgeschrittener elektronischer Signatur, mit fortgeschrittener elektronischer Signatur sowie mit fortgeschrittenem oder qualifiziertem elektronischen Siegel** versehen. Notwendige Bedingung hierzu ist, dass die Verwendung der elektronischen Signatur oder des elektronischen Siegels die Kenntnisnahme des Inhalts durch die Bieter nicht gefährdet.[36] Dass § 53 Abs. 3 S. 2 VgV den Auftraggeber für das Zuschlagschreiben zum Zugriff auf elektronische Signaturen und elektronische Siegel berechtigt, ist sinnvoll. Da der Zuschlag die fraglos wichtigste Entscheidung im Vergabeverfahren darstellt, kommt der Echtheit des Zuschlagschreibens eine gesteigerte Bedeutung zu.[37] Über die Verwendung der fortgeschrittenen oder qualifizierten elektronischen Signatur bzw. dem fortgeschrittenen und qualifizierten elektronischen Siegel kann der öffentliche Auftraggeber dem sich insoweit stellenden Sicherheitsbedürfnis des obsiegenden Bieters Rechnung tragen. Verpflichtend ist das elektronisch signierte oder mit einem elektronischen Siegel versehene Zuschlagschreiben indes freilich nicht.

IV. Besondere Anforderungen an die Schutzbedürftigkeit, § 53 Abs. 4 VgV

§ 53 Abs. 4 VgV dient nach der Begründung des Verordnungsgebers der Umsetzung **29** von Art. 22 Abs. 1 Uabs. 4 der Richtlinie 2014/24/EU,[38] der unter bestimmten Umständen die **Angebotseinreichung ohne Nutzung elektronischer Mittel** legitimiert. Wie § 53 Abs. 2 VgV bezieht sich der Ausnahmefall des § 53 Abs. 4 VgV ausschließlich auf die Einreichung von Angeboten und gilt nicht für die Übermittlung von Interessenbekundungen, Interessenbestätigungen und Teilnahmeanträgen.[39] Gleichsam gelangt die Vorschrift erst zum Tragen, wenn der betreffende Auftraggeber bereits zur elektronischen Mittelverwendung nach § 53 Abs. 1 VgV verpflichtet ist. Sofern dem Auftraggeber indes kraft Art. 90 Abs. 2 der Richtlinie 2014/24/EU, § 81 VgV bis zum 18. Oktober 2018 ein Wahlrecht im Hinblick auf die Übermittlungswege verbleibt, kommt der **Ausnahmevorschrift zum Schutz besonders empfindlicher Angebotsbestandteile** nach § 53 Abs. 4 VgV keine eigenständige Bedeutung zu.

§ 53 Abs. 4 VgV erlaubt die **Verwendung anderer als elektronischer Mittel zum 30 Schutz besonders empfindlicher Daten.** Beinhalten die von den Bietern zu übermittelnden Angebote besonders schutzwürdige Daten, kann der öffentliche Auftraggeber die Angebotsübermittlung mithilfe anderer als elektronischer Mittel zulassen. Allerdings dürfen

---

[35] Vgl. Begründung zu Art. 7 Nr. 3 des Gesetzes zur Durchführung der eIDAS-VO, S. 52.
[36] Begr. VgV 114.
[37] *Verfürth* in KKMPP VgV § 53 Rn. 40.
[38] Begr. VgV 114.
[39] *Verfürth* in KKMPP VgV § 53 VgV Rn. 43.

die Bieter ihre Angebote nur dann auf anderem als dem elektronischen Weg übermitteln, wenn die betroffenen Angebotsdaten derart schutzbedürftig sind, dass diese bei der Verwendung der allgemein verfügbaren oder alternativen elektronischen Mittel nicht angemessen geschützt wären oder die Sicherheit der elektronischen Mittel nicht gewährleistet wäre. Freilich kann der Auftraggeber die Abweichung vom Grundsatz der elektronischen Angebotsübermittlung auf einzelne Angebotsbestandteile beschränken mit der Folge, dass das Angebot im Übrigen unter Verwendung elektronischer Mittel einzureichen ist.[40]

31   Eine **Gefährdung der Sicherheit der zu übermittelnden Angebote oder Angebotsbestandteile** droht beispielsweise dann, wenn sich Fremde über Schadsoftware Zugriff zu vertraulichen Daten verschafft haben,[41] die Informations- und Kommunikationsinfrastruktureinrichtungen des öffentlichen Auftraggebers Gegenstand eines Hacker-Angriffs wurden oder wenn Angreifer zielgerichtet Sicherheitslücken in die Infrastruktureinrichtungen eingebaut haben, um diese für spätere Angriffe, Datenmissbrauch oder Datenmanipulationen auszunutzen *(„backdoors")*. Gerade in Zeiten einer bedrohlichen Cybersicherheitslage kommt der Sicherheit vertraulicher Daten eine gesteigerte Bedeutung zu.

32   Um jedoch gleichwohl eine Überstrapazierung des Ausnahmefalls nach § 53 Abs. 4 VgV zu vermeiden und zu verhindern, dass die Ausnahme zur Regel wird, ist eine **enge Auslegung** unabdingbar. Der Wortlaut des § 53 Abs. 4 S. 2 VgV weist bereits darauf hin, dass ein alternativer Übermittlungsweg ausschließlich in Betracht kommt, wenn der Auftraggeber dies für *„erforderlich"* hält. Demnach darf der Auftraggeber einen alternativen Zugang der Angebote oder Angebotsbestandteile als *„ultima ratio"* nur unter strikter **Beachtung des Verhältnismäßigkeitsgrundsatzes** eröffnen.[42] Soll die Angebotseinreichung ganz oder teilweise auf alternativem Weg erfolgen, weil die Sicherheit der elektronischen Mittel nicht gegeben oder dies wegen der besonderen Empfindlichkeit bestimmter Angebotsdaten erforderlich ist, hat der öffentliche Auftraggeber dies zwingend im Vergabevermerk zu dokumentieren. Anzugeben sind die konkreten Bedenken des Auftraggebers, die gegen die Angebotseinreichung auf elektronischem Mittel sprechen. Dieses **Dokumentationserfordernis** stellt den restriktiven Umgang mit der Ausnahmevorschrift sicher.

V. Umgang mit den eingereichten Interessenbestätigungen, Interessenbekundungen, Teilnahmeanträgen und Angeboten, § 53 Abs. 5 VgV

33   Absatz 5 des § 53 VgV regelt den **Umgang des öffentlichen Auftraggebers mit den eingereichten Unterlagen der Bewerber und Bieter,** soweit diese nicht auf elektronischem Weg übermittelt werden. Konkret adressiert die Norm die Bieter und verlangt, dass auf dem Postweg oder direkt übermittelte Interessensbekundungen, Interessensbestätigungen, Teilnahmeanträge und Angebote in einem **verschlossenen Umschlag einzureichen und als solche zu kennzeichnen** sind. Damit gelten für die Einreichung der Unterlagen auf anderem als elektronischem Weg erhöhte Formanforderungen. Dies vor allem, um die **Unversehrtheit und Authentizität der Dokumente** abzusichern.

34   § 53 Abs. 5 VgV entspricht dem bisherigen § 13 Abs. 2 S. 2 VOL/A, VOL/A-EG. Entfallen ist im Zuge der Vergaberechtsreform jedoch der Zusatz, dass die von den Bewerbern und Bietern eingereichten Bewerbungsunterlagen bis zum jeweils vorgesehenen Fristablauf unter Verschluss zu halten sind. Da diese Verpflichtung allein den öffentlichen Auftraggeber trifft, ist sie – systematisch stringent – mit § 54 VgV einer eigenständigen Regelung über die Aufbewahrung von Interessenbekundungen, Interessenbestätigungen, Teilnahmeanträgen und Angeboten zugeführt worden. § 53 Abs. 5 VgV enthält damit lediglich die formalen Verpflichtungen der Bewerber und Bieter.

---

[40] Begr. VgV 114.
[41] *Verfürth* in KKMPP VgV, 2016, § 53 Rn. 45.
[42] *Verfürth* in KKMPP VgV § 53 VgV Rn. 46.

§ 53 Abs. 5 VgV gilt nach seinem Wortlaut für die Übermittlung *aller* **Bewerbungsun- 35 terlagen.** Damit sind nicht nur Angebote, sondern auch Teilnahmeanträge, aber auch bloße Interessenbekundungen und Interessenbestätigungen, deren Schutzbedürftigkeit und Vertraulichkeit im Vergleich zu Angeboten herabgesetzt sind, in einem verschlossenen Umschlag einzureichen und als solche zu kennzeichnen. Da für Teilnahmeanträge sowie für Interessenbekundungen und Interessenbestätigungen mit Ablauf der Übergangsfrist (Art. 90 Abs. 2 der Richtlinie 2014/24/EU) keine alternativen Übermittlungswege mehr denkbar sind, dürfte der Vorschrift zumindest ab diesem Zeitpunkt keine praktische Relevanz mehr zukommen.[43]

Der Pflicht zur Einreichung der Angebote in einem verschlossenen Umschlag (Papier- 36 oder Pappumschlag, Kartons, Kisten mit entsprechendem (Klebe-)Verschluss) und unter Kennzeichnung des Inhalts liegt der **Wettbewerbs- und der Vertraulichkeitsgrundsatz** zugrunde. Denn echter Wettbewerb ist nur dann gewährleistet, wenn zuverlässig sichergestellt ist, dass weder der Auftraggeber noch die anderen Wettbewerber vor Ablauf der Angebotsfrist Kenntnis vom Angebotsinhalt erhalten. Das Angebot muss als Ganzes in einem verschlossenen Umschlag eingereicht werden, so dass einzelne Angebotsbestandteile nicht verloren gehen können und die gesamten Angebotsunterlagen im Submissionstermin geöffnet und eingesehen werden können.

Wertungsfähig sind grundsätzlich nur Bewerbungsunterlagen, die – wie von § 53 37 Abs. 5 i. V. m. § 57 Abs. 3 VgV verlangt – ungeöffnet beim Auftraggeber eingehen und inhaltlich gekennzeichnet sind. Der Bieter trägt dabei das Versendungsrisiko[44] mit der Folge, dass er ein Verschulden des von ihm eingeschalteten Postdienstleisters zu vertreten hat.

VI. Anforderungen an die Interessenbestätigungen, Interessenbekundungen, Teilnahmeanträgen und Angeboten, § 53 Abs. 6 VgV

Nach § 53 Abs. 6 S. 1 VgV müssen auf dem Postweg oder direkt übermittelte Interes- 38 sensbekundungen, Interessensbestätigungen, Teilnahmeanträge und Angebote aus Gründen der Authentizität von den Unternehmen unterschrieben sein. Damit entspricht die Norm dem **alten § 13 Abs. 1 S. 1 1. Hs. VOL/A, VOL/A-EG.** Erfolgt die Abgabe der Unterlagen mittels Telefax, genügt gemäß § 53 Abs. 6 S. 2 VgV die **Unterschrift** auf der Telefaxvorlage.

Aus den § 53 Abs. 1, 2, 4 VgV ergibt sich, dass die elektronische Einreichung von An- 39 geboten der Regelfall ist; ab dem **18. Oktober 2018** ist die elektronische Einreichung von Teilnahmeanträgen, Interessenbekundungen und -bestätigungen schlicht alternativlos. Diese Wertung ist bei § 53 Abs. 6 VgV zu berücksichtigen. Die postalische Einreichung von Angeboten stellt die Ausnahme dar und ist dementsprechend mit dem Unterschriftserfordernis als besonderer Formanforderung verbunden.[45]

Angebote, die **nicht unterschrieben sind, sind weder rechtswirksam noch zu- 40 schlagsfähig.** Mit Unterschrift i. S. v. § 53 Abs. 6 VgV ist die Unterzeichnung des gesamten Angebotsinhalts gemeint. Für die Unterzeichnung von Angeboten, Teilnahmeanträgen, Interessenbekundungen und Interessenbestätigungen gelten insoweit die allgemeinen zivilrechtlichen Grundsätze.[46] Die Unterzeichnung ist nur dann geeignet, die Echtheit des Angebots für den Auftraggeber zu verifizieren und die Identität des Ausstellers erkennen zu lassen, wenn die Unterschrift den Angebotsinhalt räumlich abschließt.[47] Grundsätzlich wird die Unterzeichnung daher unter den fertigen Text gesetzt[48] und steht regelmäßig am Ende

---

[43] Zutreffend *Verfürth* in KKMPP VgV § 53 Rn. 49.
[44] VK Baden-Württemberg 4.9.2014 – 1 VK 40/14.
[45] Begr. VgV 114.
[46] *Planker* in Kapellmann/Messerschmidt 5. Aufl. 2015 VOB/A § 13 Rn. 5.
[47] BGH 20.11.1990 – X ZR 107/89.
[48] BGH 20.11.1990 – X ZR 107/89.

des Angebots. Eine Oberschrift ist daher keine Unterschrift i. S. v. § 53 Abs. 6 VgV.[49] In der Praxis dürfte ein Verstoß gegen das **Erfordernis des räumlichen Abschlusses der Unterzeichnung** wohl eher selten vorkommen, da die Auftraggeber den Bietern oftmals Angebotsformulare mit Unterschriftenzeile zur Verfügung stellen. Durch die Verwendung der Formulare werden zugleich Faksimile-Stempel, digitale Signaturen u. ä. ausgeschlossen.[50] Weitere Voraussetzung für die Rechtswirksamkeit der Unterzeichnung sind zudem die **Vertretungsmacht des Unterzeichnenden** sowie die **Erkennbarkeit als Schriftzeichen**, was nicht mit der Lesbarkeit des Namens gleichzusetzen ist.[51] Angebote, die infolge mangelnder Vertretungsmacht entgegen der ausdrücklichen Forderung des Auftraggebers nicht rechtsverbindlich unterzeichnet sind, sind aus formalen Gründen vom weiteren Vergabeverfahren auszuschließen.[52]

41   Bei elektronisch übermittelten Bewerbungsunterlagen genügt eine **eingescannte Unterschrift,** da die Zuordnung und Authentifizierung der Teilnahmeanträge und Angebote durch die Verwendung der elektronischen Form ermöglicht werden.[53]

42   In der vergaberechtlichen Praxis ist den Bietern von der Angebotsübermittlung per **Telefax** abzuraten, obwohl § 53 Abs. 6 VgV diese Übermittlungsform ausdrücklich erlaubt. Zugang bei einer Übermittlung mittels Telefax setzt voraus, dass der Auftraggeber die in seine Richtung abgegebene Willenserklärung ausdruckt und somit lesen kann.[54] Diese Methode erweist sich im Vergleich zur postalischen Übermittlung als risikobehaftet, weil der (fristgemäße) Angebotszugang in der für die Bieter nicht einsehbaren und kontrollierbaren Sphäre des Auftraggebers liegt. Um Diskussionen über einen fristwahrenden Zugang der Angebote, Teilnahmeanträge oder sonstigen Bewerbungsunterlagen zu vermeiden, sollten Bieter ihre Unterlagen daher vorzugsweise auf postalischem oder direktem Weg übersenden.[55]

VII. Verbot von Änderungen an den Vergabeunterlagen, § 53 Abs. 7 VgV

43   Die Verpflichtungen des § 53 Abs. 7 VgV richten sich an die Bewerber und Bieter. So übernimmt § 53 Abs. 7 S. 1 VgV zunächst die alten **§ 13 Abs. 4 VOL/A und § 16 Abs. 4 VOL/A-EG,** so dass das **Verbot von Änderungen an den Vergabeunterlagen** (früher: Vertragsunterlagen) bei der Vergabe klassischer öffentlicher Aufträge fortbestehen bleit. Unzulässig sind damit alle Änderungen der in § 29 VgV konkretisierten Vergabeunterlagen, darunter insbesondere **Änderungen am Anschreiben des Auftraggebers, den Bewerbungsbedingungen oder den eigentlichen Vertragsunterlagen** (Leistungsbeschreibung, Vertragsbedingungen). Nicht mehr normiert ist hingegen, dass Ergänzungen oder Änderungen des Bieters an seinen Eintragungen eindeutig sein müssen. Dies ergibt sich nunmehr aus der Klarstellung in § 57 Abs. 1 Nr. 7 VgV.

44   Nach der Begründung des Verordnungsgebers dient das Verbot von Änderungen an den Vergabeunterlagen vor allem der **Sicherstellung der Vergleichbarkeit** der eingereichten Angebote. Vorgebeugt werden soll der anderenfalls drohenden Gefahr, dass öffentliche Auftraggeber ein Angebot bezuschlagen, das nicht ihren Anforderungen entspricht und nicht mit den Angeboten der Wettbewerber vergleichbar ist.[56] Nach ständiger Rechtspre-

---

[49] BGH 20.11.1990 – X ZR 107/89.

[50] *Planker* in Kapellmann/Messerschmidt 5. Aufl. 2015 VOB/A § 13 Rn. 5.

[51] Die Unterzeichnung nur mit einem Handzeichen oder einer Paraphe genügt also regelmäßig nicht, vgl. *Planker* in Kapellmann/Messerschmidt 5. Aufl. 2015 VOB/A § 13 Rn. 5.

[52] OLG Naumburg 29.1.2009 – 1 Verg 10/08; vgl. auch BGH 20.11.2012 – X ZR 108/10; *Leinemann* Die Vergabe öffentlicher Aufträge Rn. 662.

[53] *Leinemann* Die Vergabe öffentlicher Aufträge, Rn. 662; *Noch* Vergaberecht kompakt Rn. 1034 (zur Konzessionsvergabe).

[54] *Verfürth* in KKMPP VgV § 53 VgV Rn. 56.

[55] *Verfürth* in KKMPP VgV § 53 Rn. 56.

[56] Begr. VgV 114.

chung ist „echter Wettbewerb" nur dann gewährleistet, wenn in **jeder Hinsicht vergleichbare Angebote** vorliegen.[57] Eine solche Vergleichbarkeit ist jedoch nur bei Angeboten mit völlig identischen Vertragsgrundlagen gegeben.[58] Die Bieter haben demnach mit ihren Angeboten genau das anzubieten, was der ausschreibende Auftraggeber nach dem Inhalt der Vergabeunterlagen nachfragt.[59] § 53 Abs. 7 VgV stellt zu diesem Zweck über das Verbot der Änderungen an den Vergabeunterlagen sicher, dass der im Zuge des Vergabeverfahrens abzuschließende Vertrag auf zwei übereinstimmenden Willenserklärungen beruht.[60] Mit der Vergleichbarkeit der Angebote sichert § 53 Abs. 7 VgV zugleich die **Grundsätze der Transparenz und der Gleichbehandlung** ab.[61]

Eine **Änderung an den Vergabeunterlagen** ist gegeben, wenn der Inhalt der vom 45 Auftraggeber vorgegebenen Angebotsbestimmungen abgeändert wird. Offensichtlich ist dies beispielsweise, wenn der Bieter von den in der Leistungsbeschreibung gekennzeichneten Mindestanforderungen oder einzelnen Leistungspositionen abweicht.[62] Gleichsam liegt ein Verstoß gegen § 53 Abs. 7 VgV vor, wenn der Bieter einzelne Vertragsklauseln (Gewährleistung, Haftung, Vertragsstrafe etc.) **einseitig** verändert oder umformuliert.[63] Ein Angebot ist selbst dann wegen Änderung an den Vergabeunterlagen auszuschließen, wenn die abweichende Leistung die gleiche Funktion erfüllt wie die vom Auftraggeber abgefragte.[64] Ob der Bieter die Vergabeunterlagen vorsätzlich ändert oder seinem Angebotsschreiben **eigene Vertragsbedingungen** beifügt, sei es, weil diese auf der Rückseite des Anschreibens abgedruckt sind, ist irrelevant.[65] Auch ein Begleitschreiben zum Angebot ist regelmäßig als Bestandteil des Angebotes zu werten. Sofern das Anschreiben angebotsrelevante Inhalte wie Angebotspreis, Lieferfristen, oder auch Allgemeine Geschäftsbedingungen umfasst, hat der Auftraggeber das Anschreiben bei der Wertung zu berücksichtigen mit der Folge, dass eine unzulässige Änderung an den Vergabeunterlagen vorliegt. Etwas anderes kann im Einzelfall gelten, wenn der Bieter an anderer Stelle in seinem Angebotsschreiben klarstellt, dass die beigefügten allgemeinen Geschäftsbedingungen keine Geltung beanspruchen sollen oder er die AGB durchgestrichen hat.[66] Unerheblich für die Tatbestandserfüllung ist schließlich, ob die Änderung der Vergabeunterlagen als wesentlich anzusehen ist. So liegt ein Verstoß gegen § 53 Abs. 7 VgV selbst dann vor, wenn die vom Bieter umformulierte Vertragsklausel bei der Gesamtwürdigung als unwesentlich zu qualifizieren ist und bei der Fülle der Vergabeunterlagen kaum ins Gewicht fällt.[67]

Keine Änderung an den Vergabeunterlagen liegt vor, wenn der Bieter den vom 46 Auftraggeber in den Vergabeunterlagen eingeräumten Angebotsspielraum (funktionale Leistungsbeschreibung, Nebenangebote, Eintragung von Fabrikats- oder Typenangaben) zulässig ausschöpft. In Zweifelsfällen hat der Auftraggeber zunächst durch Auslegung zu ermitteln, ob zwei übereinstimmende Willenserklärungen vorliegen und das Angebot den Ausschreibungsbedingungen objektiv entspricht. Anderenfalls ist das Angebot des Bieters vom weiteren Vergabeverfahren auszuschließen.[68] Der subjektive Bieterwille ist für die Tatbestandserfüllung des § 53 Abs. 7 VgV irrelevant.[69] Einen Erfahrungssatz dahingehend, dass

---

[57] BGH 18.2.2003 – X ZB 43/02.
[58] VK Sachsen-Anhalt 17.1.2014 – 3 VK LSA 49/13.
[59] VK Sachsen-Anhalt 17.1.2014 – 3 VK LSA 49/13.
[60] *Ellenberger* in Palandt, BGB Einführung vor § 145 Rn. 1; OLG München 21.2.2008 – Verg 10/08; *Verfürth* in KKMPP VgV§ 53 VgV Rn. 59; vgl. auch VK Westfalen 7.4.2017 – VK 1–07/17.
[61] VK Sachsen-Anhalt 17.1.2014 – 3 VK LSA 49/13.
[62] OLG Düsseldorf 29.11.2000 – Verg 21/00.
[63] *Verfürth* in KKMPP VgV § 53 VgV Rn. 67.
[64] Jüngst im Bereich der Bauleistungen, VK Bund 27.1.2017, VK 2–145/16.
[65] *Verfürth* in KKMPP VgV § 53 Rn. 64.
[66] *Verfürth* in KKMPP VgV § 53 Rn. 66.
[67] *Verfürth* in KKMPP VgV § 53 Rn. 66.
[68] VK Westfalen 17.4.2017 – VK 1–07/17.
[69] *Wittchen* VPR 2017, 20 zu VK Westfalen 17.4.2017 – VK 1–07/17.

Bieter stets wie gefordert anbieten wollen, gibt es nicht.[70] Darüber hinaus sind Angaben eines Bieters in seinem Angebot grundsätzlich wörtlich zu nehmen.[71]

47   Der Verstoß gegen § 53 Abs. 7 VgV führt gemäß § 53 Abs. 7 i. V. m. § 57 Abs. 1 Nr. 4 VgV zum **zwingenden Angebotsausschluss.** Über den Verweis in § 57 Abs. 2 VgV findet die Rechtsfolge des Ausschlusses auch bei der **Prüfung von Interessenbekundungen, Interessenbestätigungen sowie Teilnahmeanträge** Anwendung.

48   **Nicht zwingend auszuschließen** sind hingegen Angebote, die den Vorgaben des § 53 Abs. 7 S. 2 VgV nicht genügen. Satz 2 des § 53 Abs. 7 VgV verpflichtet die Bewerber und Bieter in Entsprechung der §§ 13 Abs. 3 VOL/A, 16 Abs. 3 VOL/A-EG zur **Einreichung vollständiger Unterlagen.** Die eingereichten Interessensbestätigungen, Teilnahmeanträge und Angebote müssen grundsätzlich vollständig sein und insbesondere alle geforderten Angaben, Erklärungen und Preise vollständig enthalten. Jedoch führt der Verstoß gegen dieses Erfordernis erst dann zum Ausschluss des Angebots, Teilnahmeantrags, der Interessenbekundung oder der Interessenbestätigung, wenn das jeweilige Dokument nicht die – wirksam und eindeutig – geforderten oder nachgeforderten Unterlagen enthält, vgl. § 53 Abs. 7 S. 2 i. V. m. §§ 57 Abs. 1 Nr. 2, Abs. 2 VgV.

49   **Vollständigkeit** i. S. v. § 53 Abs. 7 VgV meint, dass der Bieter mit seinen Bewerbungsunterlagen alle Dokumente, Nachweise und Erklärungen einreicht, die der Auftraggeber nach dem Inhalt der Vergabeunterlagen wirksam und eindeutig eingefordert hat. Dies schließt beispielsweise mit ein, dass der Bieter die ihm vom Auftraggeber übersandten Formblätter, einschließlich des Preisblattes, vollständig ausfüllt und alle geforderten Angaben macht. Es liegt auf der Hand, dass sich der Bewerber oder Bieter nur dann dem berechtigten Vorwurf der Unvollständigkeit seiner Unterlagen ausgesetzt sehen darf, wenn der Auftraggeber die Dokumente und Angaben vergaberechtskonform nachgefragt und eindeutig gefordert hat.[72] Dies setzt im Kontext der Eignungsnachweise voraus, dass die geforderten Unterlagen mit dem Auftragsgegenstand in Verbindung stehen und verhältnismäßig sind, vgl. § 122 Abs. 4 S. 1 GWB. Der Grundsatz der Verhältnismäßigkeit verlangt unter dem Aspekt der Zumutbarkeit, dass die Anforderungen des Auftraggebers tatsächlich erfüllbar sind.[73] Unmögliches darf der Auftraggeber von den Bewerbern und Bietern freilich nicht verlangen.[74]

50   Die **Beweislast** für den vollständigen Eingang des Angebotes oder der sonstigen Unterlagen beim Auftraggeber trägt der Bieter.[75]

51   Doch selbst die im Einzelfall festgestellte Unvollständigkeit der Interessenbestätigungen, Teilnahmeanträge und Angebote muss nach § 57 Abs. 1 Nr. 2 (i. V. m. § 57 Abs. 2 VgV) nicht zwangsläufig im Ausschluss des Bewerbers/Bieters vom Wettbewerb münden. Nach Maßgabe von § 56 Abs. 2 VgV kann der Auftraggeber dem Bewerber oder Bieter Gelegenheit geben, fehlende, unvollständige oder fehlerhafte unternehmensbezogene Unterlagen, insbesondere Eigenerklärungen, Angaben, Bescheinigungen oder sonstige Nachweise **nachzureichen, zu vervollständigen oder zu korrigieren oder fehlende unvollständige leistungsbezogene Unterlagen nachzureichen und zu vervollständigen.** Eine Vervollständigung ist über § 56 Abs. 3 S. 2 VgV selbst für **fehlende Preisangaben** möglich, soweit es sich hierbei um unwesentliche Einzelpreise handelt, die den Gesamtpreis nicht verändern oder wettbewerbsrelevant sind. Insoweit ist die Möglichkeit zur Nachforderung von Preisen wegen der unweit größeren Risiken für Manipulationen zwar nur unter besonders engen Voraussetzungen möglich. Eine Unvollständigkeit der vom Auftraggeber nachgefragten Preisangaben liegt jedoch nach der Rechtsprechung nicht schon dann vor, wenn im Angebot des Bieters kalkulationsrelevante Elemente fehlen. Denn bei der

---

[70] *Wittchen* VPR 2017, 20; OLG Schleswig 11.5.2016 – 54 Verg 3/16, IBR 2016, 659.
[71] OLG Schleswig 11.5.2016 – 54 Verg 3/16, IBR 2016, 659.
[72] OLG Magdeburg 20.12.2012 – 2 U 92/12.
[73] BGH 3.4.2012 – X ZR 130/10.
[74] *Verfürth* in KKMPP VgV § 53 VgV Rn. 72.
[75] OLG Celle 21.1.2016 – 13 Verg 8/15; OLG Düsseldorf 19.11.2003 – Verg 47/03.

Kalkulation handelt es sich um eine Angabe, nicht jedoch um Preise i. S. v. § 53 Abs. 7 S. 2 VgV.[76] Nach der Ratio der § 57 Abs. 1 Nr. 2 VgV i. V. m. § 56 Abs. 2 VgV soll der obligatorische Ausschluss wirtschaftlicher Angebote bei Vorliegen lediglich formaler Mängel grundsätzlich vermieden werden. Demselben Zweck dient die in den §§ 15 Abs. 5, 16 Abs. 9 VgV angelegte Möglichkeit zur **Aufklärung.** Danach können Auftraggeber bei widersprüchlichen und unvollständigen Angaben der Bieter im Wege der Aufklärung nach §§ 15 Abs. 5, 16 Abs. 9 VgV versuchen, Klarheit über den Inhalt der Interessenbestätigung, des Teilnahmeantrags oder des Angebots zu erlangen,[77] ohne dass die Bewerbungsunterlagen des Unternehmens unberücksichtigt bleiben müssen. Umgekehrt ist Bietern bei unklaren Angaben in den Vergabeunterlagen anzuraten, beim Auftraggeber schriftlich[78] nachzufragen, welche Informationen mit den Bewerbungsunterlagen zwingend einzureichen sind. Auf diese Weise lassen sich Missverständnisse und Auslegungsschwierigkeiten[79] umgehen.

§ 53 Abs. 7 S. 3 VgV enthält schließlich die von den übrigen Vorschriften des Absatz 7 **52** losgelöst stehende **Anforderung an die Abgabe von Nebenangeboten.** Zwar handelt es sich bei Nebenangeboten fraglos um Angebote i. S. v. § 53 VgV. Auch enthält Satz 3 mit der Vorgabe zur **eindeutigen Kennzeichnung der Nebenangebote** – wie die übrigen Bestimmungen des § 53 VgV – eine klare Formvorgabe, die bei der Einreichung von Nebenangeboten zwingend einzuhalten ist.[80] Insoweit ist die Verortung der Formvorgabe für Nebenangebote rechtssystematisch stimmig in § 53 VgV verortet. Eher unpassend erweist sich hingegen die Aufnahme in Absatz 7 der Vorschrift, da die Formanforderung für Nebenangebote lediglich geringen Bezug zum Verbot von Änderungen an den Vergabeunterlagen aufweist.[81] Idealerweise hätte § 53 Abs. 7 S. 3 VgV im Zuge der Vergaberechtsreform einem eigenständigen Absatz zugeführt oder im Kontext des § 35 VgV abgehandelt werden müssen.

Unabhängig von rechtssystematischen Fragestellungen, haben Bieter gemäß § 53 VgV **53** zugelassene oder vorgeschriebene Nebenangebote **deutlich kenntlich zu machen.** Die Vorschrift dient der Transparenz der Angebote.[82] Der Auftraggeber muss klar erkennen können, wann ein Haupt- und wann ein Nebenangebot eingereicht wurde, da sich die inhaltlichen Anforderungen an die Nebenangebote (Mindestanforderungen) sowie der Wertungsvorgang bei Neben- und Hauptangeboten voneinander unterscheiden. Insbesondere die Wertungsprozedur ist bei Beschaffungsvorgängen mit Nebenangeboten im Vergleich zur Wertung von Hauptangeboten arbeitsintensiver.[83] Darüber hinaus ist die Kenntlichmachung der Nebenangebote aus Sicht der Bieter zwingend geboten, damit das eingereichte Nebenangebot vom Auftraggeber nicht versehentlich als (Haupt-)Angebot gewertet und wegen Verstoßes gegen das Verbot von Änderungen an den Vergabeunterlagen vom weiteren Vergabeverfahren ausgeschlossen wird.[84] Allein in diesem Kontext zeigt sich der rechtssystematische Zusammenhang zwischen der Formanforderung an Nebenangebote und dem Verbot i. S. v. § 53 Abs. 7 S. 1 VgV.

Eine dem § 53 Abs. 7 S. 3 VgV genügende **Kenntlichmachung** liegt vor, wenn das **54** Nebenangebot als solches bezeichnet ist („Nebenangebot") und vom Hauptangebot

---

[76] OLG Düsseldorf 11.5.2016 – VII-Verg 50/15.
[77] OLG Düsseldorf 11.5.2016 – VII-Verg 50/15; OLG Düsseldorf 21.10.2015 – VII Verg 35/15; zur Abgrenzung vom Nachverhandlungsverbot, *Koch* Flexibilisierungspotenziale im Vergabeverfahren, 1 ff.
[78] Mündliche Nachfragen sind i. d. R. ungenügend, um Missverständnisse bezüglich Unklarheiten in den Vergabeunterlagen zu vermeiden, vgl. in Bezug auf die Leistungsbeschreibung, VK Sachsen-Anhalt 7.12.2016 – 1 VK LSA 27/16.
[79] Grundsätzlich ist durch Auslegung zu ermitteln, welche Angaben und Erklärungen der Auftraggeber verlangt, vgl. zur Auslegung der Vergabeunterlagen, BGH 3.4.2012 – X ZR 130/10.
[80] VK Bund, Beschluss vom 30.9.2005 – VK 1–122/05.
[81] Vgl. hierzu unter Rn. 53.
[82] *Verfürth* in KKMPP VgV § 53 VgV Rn. 76.
[83] *Koch* Flexibilisierungspotenziale im Vergabeverfahren, 289.
[84] Für die entsprechende Vorgängervorschrift in der VOB/A, *Kempf* in von Wietersheim, VERIS-VOB/A-Online Kommentar, Datenbank, Vergabeportal VOB/A § 13 Rn. 32 (Zugriff am 9.5.2017).

(„Hauptangebot") abgegrenzt werden kann. Sofern mehrere Nebenangebote eingereicht werden, bietet sich eine fortlaufende Nummerierung der Angebote an (z. B.: „Nebenange-bot 1", „Nebenangebot 2", „Hauptangebot") an. Auch die in der Praxis übliche räumliche Trennung des Nebenangebots/der Nebenangebote beispielsweise durch einen separaten Umschlag oder eine separate entsprechend beschriftete Mappe ist zur Kenntlichmachung sinnvoll.

55   Ein Nebenangebot, das den Formanforderungen des § 53 Abs. 7 S. 3 VgV nicht ent-spricht, muss vom Auftragnehmer unberücksichtigt gelassen werden. Ein Ausschluss des Nebenangebots vom weiteren Vergabeverfahren ist sogar zwingend erforderlich. Zwar führt § 57 Abs. 1 VgV den Verstoß gegen die Kennzeichnungspflicht von Nebenangeboten nicht als eigenständigen zwingenden Ausschlussgrund auf, doch handelt es sich bei den dort normierten Gründen lediglich um Regelbeispiele (*„insbesondere"*). Nach der Wer-tungsentscheidung des Gesetzgebers gilt, dass alle Angebote, die nicht den Erfordernissen des § 53 VgV genügen, von der Wertung **auszuschließen** sind. Hierzu gehören folglich auch Nebenangebote, die nicht gemäß § 53 Abs. 7 S. 3 VgV gekennzeichnet sind.[85]

VIII. Kennzeichnung gewerblicher Schutzrechte, § 53 Abs. 8 VgV

56   Nach § 53 Abs. 8 VgV haben die Unternehmen mit Abgabe ihrer Interessenbestätigun-gen, Teilnahmeanträge oder Angebote gleichzeitig klar und eindeutig anzugeben, ob zu ihren Gunsten **gewerbliche Schutzrechte** am Auftragsgegenstand bestehen, beantragt sind oder erwogen werden. Hierdurch sollen der Schutz der absoluten Rechte sowie der **Eigentumsschutz nach Art. 14 GG** im Rahmen der öffentlichen Auftragsvergabe si-chergestellt werden.

57   Dem Tatbestand unterfallen alle **gewerblichen Schutzrechte**. Bei diesen handelt es sich nach der Klarstellung des § 14 Abs. 4 Nr. 2 lit. c) VgV um einen **Sammelbegriff**, der u. a. **Patente, Gebrauchsmuster sowie Geschmacksmuster, typografische Schrift-zeichen und Sortenschutzrechte,** jedoch nicht das Urheberrecht, umfasst. Das **Patent** ist ein dem Erfinder oder dessen Rechtsnachfolger erteiltes ausschließliches, aber zeitlich begrenztes Nutzungsrecht. Gegenstand des Patents ist eine Erfindung (§ 1 PatentG), d. h. ein Vorschlag für die praktische Verwirklichung einer neuen Idee, die zum Zeitpunkt der Anmeldung nicht zum Stand der Technik gehörte (§ 3 PatentG).[86]

58   Bedeutsam ist die Kenntnis über das Bestehen gewerblicher Schutzrechte am Auftrags-gegenstand für den Auftraggeber vor allem, weil er dann regelmäßig zur **Direktvergabe** an das Unternehmen befugt ist, zugunsten dessen das Schutzrecht besteht. Hält ein Unter-nehmen ein Patent am Auftragsgegenstand, ist davon auszugehen, dass das Unternehmen als einziger Bieter zur Auftragserfüllung in der Lage ist. Dieser Sachverhalt rechtfertigt we-gen Bestehens eines ausschließlichen Rechts den Zugriff auf das **Verhandlungsverfahren ohne Teilnahmewettbewerb gemäß § 14 Abs. 4 Nr. 2 lit. c) VgV.**[87] Vertriebsstrate-gien eines Herstellers begründen hingegen kein Ausschließlichkeitsrecht.[88] Auch das Urhe-berrecht unterfällt § 53 Abs. 8 VgV nicht.[89]

IX. Bewerber- und Bietergemeinschaften, § 53 Abs. 9 VgV

59   § 53 Abs. 9 VgV regelt schließlich die **formalen Anforderungen, die Bewerber-oder Bietergemeinschaften** bei der Bewerbung um einen öffentlichen Auftrag zu be-

---

[85] Zutreffend daher auch *Verfürth* in KKMPP VgV § 53 Rn. 77.
[86] *Kaelble* in Müller-Wrede VOL, VOL/A EG § 3 Rn. 145.
[87] Hierzu *Haak/Koch* in Willenbruch/Wieddekind, VgV § 14 Rn. 36.
[88] VK Düsseldorf 23.5.2008 – VK-7/2008-L.
[89] *Haak/Koch* in Willenbruch/Wieddekind, VgV § 14 Rn. 36.

achten haben. Die Bildung von Bietergemeinschaften ist – wie den vermehrten Judikaten der Nachprüfungsinstanzen zu entnehmen ist – grundsätzlich zulässig und unterliegt nicht dem Generalverdacht der Kartellrechtswidrigkeit.[90] Entsprechend enthält § 43 VgV die gesetzgeberische Ermächtigung zur Verfahrensteilnahme als Bewerber- oder Bietergemeinschaft. Die Bildung einer Bietergemeinschaft kommt insbesondere dann in Betracht, wenn die selbstständige Teilnahme an einem Ausschreibungsverfahren für das Einzelunternehmen unzweckmäßig oder kaufmännisch nicht vernünftig wäre. Insgesamt steht die Entscheidung zum Zusammenschluss und zur gemeinschaftlichen Beteiligung am Vergabeverfahren im Ermessen der privaten Unternehmen. Die den Unternehmen zustehende Einschätzungsprärogative ist gerichtlich nur eingeschränkt überprüfbar.[91]

Wie bislang, stellt § 53 Abs. 9 S. 1 VgV klar, dass die Bewerber- oder Bietergemein- **60** schaft in ihrer Interessensbestätigung, ihrem Teilnahmeantrag oder im Angebot jeweils **die Mitglieder sowie eines ihrer Mitglieder als bevollmächtigten Vertreter für den Abschluss und die Durchführung des Vertrags zu benennen** hat.[92] Die Norm dient der Transparenz der Angebote. Zudem gewährleistet erst die vollständige Auskunft über die Zusammensetzung der Bewerber- oder Bietergemeinschaft, dass diese rechtswirksam existiert und – einem Einzelbieter gleichgestellt[93] – am Vergabeverfahren teilnehmen kann.[94] Zudem hat der öffentliche Auftraggeber ein Interesse an der Benennung eines Verantwortlichen, der ihm bei Schlechtleistung oder im Falle von Haftungsfragen zur Verfügung steht.

Nach § 53 Abs. 9 S. 1 VgV muss aus den Bewerbungsunterlagen des Bieters zweifelsfrei **61** die **Identität** desselben erkennbar sein. Demnach muss aus der Interessenbekundung, dem Teilnahmeantrag oder dem Angebot der Bewerber-/Bietergemeinschaft hervorgehen, dass eine Bewerber- /Bietergemeinschaft als selbstständiges Rechtssubjekt am Ausschreibungsverfahren teilnimmt. Weiter muss für den Auftraggeber eindeutig erkennbar sein, wie sich die Bewerber-/Bietergemeinschaft zusammensetzt und welche Unternehmen an der Bewerber- /Bietergemeinschaft im Einzelnen beteiligt sind.[95] Vergaberechtlich unzulässig sind darüber hinaus Änderungen im Bestand und der Zusammensetzung der Bietergemeinschaft, die nach Abgabe des Angebots vorgenommen werden. Aus diesem Grund ist das Angebot einer Bietergemeinschaft zwingend von der Wertung auszuschließen, wenn ein Wechsel in der Identität des Bieters eintritt und damit das Angebot nachträglich geändert wird.[96]

Angebote von Bietergemeinschaften müssen grundsätzlich **von allen Bietergemein- 62 schaftsmitgliedern unterzeichnet** sein.[97] Alternativ genügt die Unterzeichnung durch einen nach den allgemeinen zivilrechtlichen Vertretungsregeln Bevollmächtigten.[98] Mit Ablauf der Angebotsfrist muss das unterzeichnete Angebot vorliegen und die ggf. erfolgte Bevollmächtigung aus den Angebotsunterlagen hervorgehen, indem die Bietergemeinschaft an der dafür vorgesehenen Stelle im Angebot Eintragungen zum bevollmächtigten Vertreter macht. Nach Ende der Angebotsfrist kommt eine rückwirkend heilende Genehmigung durch die anderen Mitglieder der Bietergemeinschaft nicht mehr in Betracht.[99]

Sofern die nach Maßgabe von § 53 Abs. 9 S. 1 VgV verlangten Angaben unvollständig **63** sind oder ganz oder teilweise fehlen, können diese von der Bewerber- oder Bietergemeinschaft nachträglich beigebracht werden. Diese **Möglichkeit zur Heilung bei Unvoll-**

---

[90] VK Südbayern 1.2.2016 – Z 3–3-3194-1-58-11/15.
[91] VK Südbayern 1.2.2016 – Z 3–3-3194-1-58-11/15.
[92] *Noch* Vergaberecht kompakt, 7. Aufl. 2016 Rn. 780.
[93] Vgl. § 43 Abs. 2 VgV.
[94] *Verfürth* in KKMPP VgV § 53 Rn. 83.
[95] VK Bremen 31.10.2003 – VK 17/03; OLG Bayern 20.8.2001 – Verg 11/01.
[96] OLG Düsseldorf 24.5.2005 – VII-Verg 28/05; OLG Düsseldorf 20.10.2008 – Verg 41/08; *Kirch/Kues* VergabeR 2008, 32 (62); *Lux,* Bietergemeinschaften, 105. Daran ändert auch das Urteil des EuGH vom 24.5.2016 – Rs. C-396/14 nichts; Hierzu Summa, BR 2016, 470.
[97] *Leinemann* Die Vergabe öffentlicher Aufträge Rn. 663.
[98] VK Bremen 31.10.2003 – VK 17/03.
[99] VK Bremen 31.10.2003 – VK 17/03.

ständigkeit wird durch **§ 53 Abs. 9 S. 2 VgV** eröffnet. Spätestens mit der Zuschlagserteilung müssen die nach § 53 Abs. 9 S. 1 VgV verlangten Angaben zur Bietergemeinschaft vorliegen. Anderenfalls kann der Auftrag nicht an die Bietergemeinschaft vergeben werden. Weiter ist § 53 Abs. 9 VgV zum Schutz des Wettbewerbs dahingehend auszulegen, dass eine Änderung im Bestand der Bewerber-/Bietergemeinschaft bereits nach Angebotsöffnung unzulässig ist und unterbleiben muss.[100] Anderenfalls könnte sich die Zusammensetzung der Bewerber-/Bietergemeinschaft noch nach Angebotseinreichung ändern, sodass der Auftraggeber die Identität seines potenziellen Vertragspartners zum Zeitpunkt der Angebotsöffnung nicht sicher kennt.[101] Zudem würde eine solche Änderung eine vergaberechtswidrige Ungleichbehandlung gegenüber anderen Wettbewerbern darstellen und gegen das Nachverhandlungsverbot verstoßen.[102]

---

[100] *Verfürth* in KKMPP VgV § 53 Rn. 91; *Lux,* Bietergemeinschaften, 104 ff.
[101] OLG Düsseldorf 24.5.2005 – VII – Verg 28/05.
[102] Vgl. bereits vorstehend unter Rn. 61.

§ 54 Aufbewahrung ungeöffneter Interessensbekundungen, Interessensbestätigungen, Teilnahmeanträge und Angebote

Elektronisch übermittelte Interessensbekundungen, Interessensbestätigungen, Teilnahmeanträge und Angebote sind auf geeignete Weise zu kennzeichnen und verschlüsselt zu speichern. Auf dem Postweg und direkt übermittelte Interessensbestätigungen, Teilnahmeanträge und Angebote sind ungeöffnet zu lassen, mit Eingangsvermerk zu versehen und bis zum Zeitpunkt der Öffnung unter Verschluss zu halten. Mittels Telefax übermittelte Interessensbestätigungen, Teilnahmeanträge und Angebote sind ebenfalls entsprechend zu kennzeichnen und auf geeignete Weise unter Verschluss zu halten.

Übersicht

	Rn.		Rn.
A. Einführung	1	II. Kennzeichnung und Aufbewahrung von postalisch und direkt übermittelten Interessensbekundungen, Interessensbestätigungen, Teilnahmeanträgen und Angeboten, § 54 S. 2 VgV	9
I. Literatur	1		
II. Entstehungsgeschichte	2		
III. Rechtliche Vorgaben im EU-Recht	5		
B. Regelungsgehalt der Vorschrift	6	III. Kennzeichnung und Aufbewahrung von per Telefax übermittelten Interessensbekundungen, Interessensbestätigungen, Teilnahmeanträgen und Angeboten, § 54 S. 3 VgV	14
I. Kennzeichnung und Aufbewahrung von elektronisch übermittelten Interessensbekundungen, Interessensbestätigungen, Teilnahmeanträgen und Angeboten, § 54 S. 1 VgV	6		

A. Einführung

I. Literatur

Graefe, Rechtsfragen zur Kommunikation und Informationsübermittlung im neuen Vergaberecht, NZBau **1** 2008, 34; *Noch*, Vergaberecht kompakt, 7. Auflage 2016.

II. Entstehungsgeschichte

§ 54 VgV regelt die **Kennzeichnung und Aufbewahrung der Interessenbekun- 2 dungen, Interessensbestätigungen, Teilnahmeanträge und Angebote.** Der Pflichtenkanon des § 54 VgV richtet sich an den öffentlichen Auftraggeber. Inhaltlich unterscheidet die Vorschrift zwischen elektronisch übermittelten Bewerbungsunterlagen sowie Bewerbungsunterlagen, die auf dem Postweg, direkt oder mittels Telefax beim Auftraggeber eingehen.

Die Prüfung der Angebote und Teilnahmeanträge darf erst nach Ablauf der jeweiligen 3 Einreichungsfrist erfolgen. Über die **Vertraulichkeit und die Geheimhaltung der Bewerbungsunterlagen** hinausgehend bezweckt § 54 VgV die **Gleichbehandlung** der Bieter sicherzustellen. Manipulationen durch den öffentlichen Auftraggeber sollen ausgeschlossen werden, indem die Teilnahmeanträge und Angebote – **unabhängig von der Art der Übermittlung** – bis zum Eröffnungstermin unter **Verschluss** zu halten sind. Hierdurch wird gewährleistet, dass der Auftraggeber die Unterlagen der Bewerber und Bieter nicht vor Fristablauf einsieht oder zulasten des Wettbewerbs Änderungen vornimmt.

Nach der Begründung des Verordnungsgebers lehnt sich § 54 VgV an die früheren 4 **§§ 14, 17 Abs. 1 VOL/A-EG** an.[1] Waren die Anforderungen an Teilnahmeanträge und

---

[1] Begr. VgV 115.

die Öffnung der Angebote früher in zwei selbstständig nebeneinander stehenden Vorschriften normiert, fasst § 54 VgV die Regelungen nunmehr sinnvoll unter der Überschrift **„Aufbewahrung ungeöffneter Interessensbekundungen, Interessenbestätigungen, Teilnahmeanträge und Angebote"** zusammen. Im Zuge der Vergaberechtsmodernisierung wurde damit auch klargestellt, wie Interessensbekundungen und Interessensbestätigungen aufzubewahren sind.

III. Rechtliche Vorgaben im EU-Recht

5 § 54 VgV dient der Umsetzung von Art. 22 Abs. 3 der Richtlinie 2014/24/EU,[2] der Ausprägung des Vertraulichkeitsgrundsatzes einerseits und des Geheimwettbewerbs andererseits ist. Konkret lautet Art. 22 Abs. 3 der Richtlinie 2014/24/EU dahingehend, dass der Auftraggeber **die Integrität der Daten und die Vertraulichkeit der Angebote und Teilnahmeanträge** zu gewährleisten hat. § 54 VgV gestaltet diese eher allgemein gehaltenen europarechtlichen Vorgaben – zulässig – weiter aus.

B. Regelungsgehalt der Vorschrift

I. Kennzeichnung und Aufbewahrung von elektronisch übermittelten Interessensbekundungen, Interessensbestätigungen, Teilnahmeanträgen und Angeboten, § 54 S. 1 VgV

6 Für den vergaberechtlich vorgesehenen **Regelfall der elektronischen Übermittlung von Interessensbekundungen, Interessensbestätigungen, Teilnahmeanträgen und Angeboten** legt § 54 S. 1 VgV fest, dass die eingehenden Unterlagen der Bewerber und Bieter **auf geeignete Weise zu kennzeichnen und verschlüsselt zu speichern** sind.

7 Mit dem Erfordernis der **verschlüsselten Speicherung** soll – als elektronisches Äquivalent zum Briefumschlag bei herkömmlicher Übermittlung[3] – verhindert werden, dass Unbefugte Kenntnis vom Inhalt der übermittelten Bewerbungsunterlagen erhalten und – wie von Art. 22 Abs. 3 der Richtlinie 2014/24/EU verlangt – die Integrität der Daten sowie die Vertraulichkeit der Unterlagen gewährleistet sind. Eine ordnungsgemäße Verschlüsselung i. S. v. § 54 VgV setzt voraus, dass der Auftraggeber **Passwörter** einsetzt. Denn den Richtlinienzielen wird nur entsprochen, wenn über die Passwortverwendung faktisch sichergestellt ist, dass sich nur bestimmte, hierzu extra befugte Personen (die Passwortinhaber) Zugriff auf die Bewerbungsunterlagen verschaffen können. Idealerweise ist der Kreis der Berechtigten daher so klein wie möglich zu halten.

8 Die von § 54 S. 2 VgV geforderte geeignete **Kennzeichnung der Daten** wird im Unterfall der elektronischen Übermittlung dadurch erreicht, dass der Auftraggeber die Bewerbungsunterlagen der Unternehmen verschlüsselt speichert.[4] Ein Eingangsvermerk ist entbehrlich,[5] denn bei elektronischer Übermittlung sind der Zeitpunkt sowie das Datum des elektronischen Eingangs beim Auftraggeber ohnehin ersichtlich. Gegebenenfalls kann es jedoch sinnvoll sein, den Namen des Bewerbers/Bieters sowie die Art der Bewerbungsunterlage (Interessenbekundung, Interessenbestätigung, Teilnahmeantrag, Angebot) im Zuge der Speicherung der Datei zu notieren. Erforderlichenfalls ist ein verspäteter Eingang der Unterlagen sowie sonstige Besonderheiten bei der Übermittlung als weitere Informationen zu vermerken.

---

[2] Begr. VgV 115.
[3] *Graefe* NZBau 2008, 34 (38).
[4] Zur verschlüsselten Speicherung ausführlich *Verführt* in KKMPP, vgl. § 54 VgV Rn. 94.
[5] *Leinemann* Die Vergabe öffentlicher Aufträge Rn. 650.

II. Kennzeichnung und Aufbewahrung von postalisch und direkt übermittelten Interessensbekundungen, Interessensbestätigungen, Teilnahmeanträgen und Angeboten, § 54 S. 2 VgV

Gehen Angebote, Teilnahmeanträge, Interessenbekundungen und Interessensbestätigungen in der **althergebrachten Papierform oder als Datenträger auf dem Postweg** beim Auftraggeber ein oder werden diese persönlich oder über einen eingeschalteten Boten **direkt** beim öffentlichen Auftraggeber abgegeben, sind die Bewerbungsunterlagen nach der Vorgabe des § 54 S. 2 VgV **ungeöffnet zu lassen, mit einem Eingangsvermerk zu kennzeichnen und bis zum Ablauf der jeweiligen Einreichungsfrist unter Verschluss zu halten.** Zum Zwecke der Kennzeichnung der Teilnahmeanträge und Angebote kann der Auftraggeber eine „Stanzung" vornehmen. Das Stanzen sorgt dafür, dass die Unterlagen aneinandergeheftet sind und verhindert ein Verlorengehen einzelner Seiten. Gleichwohl erlaubt die vorgenommene Stanzung im Nachprüfungsverfahren keine sicheren Rückschlüsse auf die Vollständigkeit der eingereichten Bewerbungsunterlagen.[6] **9**

Die Vertraulichkeit der Bewerbungsunterlagen sowie die Wahrung des Geheimwettbewerbs verpflichten den Auftraggeber, die nach § 53 Abs. 5 VgV in einem verschlossenen Umschlag eingereichten Bewerbungsunterlagen der Unternehmen bis zum Ablauf des jeweiligen Submissionstermins **ungeöffnet** zu lassen.[7] Der Umschlag (Karton, Kiste) muss verschlossen und die Klebevorrichtung unversehrt bleiben. **10**

Die Bewerbungsunterlagen müssen bei postalischer oder direkter Übermittlung mit einem **Eingangsvermerk** gekennzeichnet werden. Anhaltspunkte darüber, wie der Eingangsvermerk aussehen muss, sind § 54 VgV nicht zu entnehmen. Doch dem von § 54 VgV proklamierten Wettbewerbszweck und der Verfahrensfairness (Wettbewerb unter gleichen Verfahrensbedingungen)[8] wird zutreffend nur dann entsprochen, wenn der Vermerk **Datum und Uhrzeit** enthält sowie die **annehmende Stelle** bezeichnet. Erst dann kann der Auftraggeber den Nachweis führen, ob das Angebot fristgerecht beim richtigen Adressaten eingereicht wurde.[9] Sofern der Umschlag entgegen § 53 Abs. 5 VgV nicht verschlossen ist, sollte dieser Umstand vermerkt werden, um den nach §§ 57 Abs. 1 Nr. 1, Abs. 3 VgV vorgesehenen Ausschluss des Teilnahmeantrags oder Angebots begründen zu können.[10] Demgegenüber besteht regelmäßig keine Notwendigkeit, den Namen des Unternehmens oder die Art der Unterlage (Interessenbekundung, Teilnahmeantrag, Angebot) auf dem Umschlag zu notieren, weil die Umschläge mit den Bewerbungsunterlagen standardmäßig mit den vom Auftraggeber zur Verfügung gestellten Aufklebern/Vorlagen versehen sind. Für den Nachweis des ordnungs- und fristgemäßen Eingangs ist es ferner nicht erforderlich, dass der Urheber des Eingangsvermerkes identifizierbar ist.[11] **11**

Nach § 54 S. 2 VgV müssen die vom Bewerber/Bieter eingereichten Unterlagen aus Gründen der Vertraulichkeit und des Geheimwettbewerbs bis zum Ablauf der vorgesehenen Einreichungsfrist **unter Verschluss** gehalten werden. Der Auftraggeber darf die Unterlagen nicht vorzeitig einsehen und keine Kenntnis von ihrem Inhalt nehmen. Idealerweise sind die ungeöffneten Umschläge in einem verschlossenen Behältnis oder in einem verschlossenen Schrank beim Auftraggeber aufzubewahren, um den Zugriff Unbefugter zu verhindern. Zudem sollte sichergestellt sein, dass nur ein beschränkter Personenkreis Zutritt zu dem Raum erhält, in dem die Unterlagen aufbewahrt werden oder nur eine einzige Person den Schrankschlüssel verwahrt. **12**

---

[6] OLG Celle 21.1.2016 – 13 Verg 8/15; *Noch* Vergaberecht kompakt Rn. 777.
[7] *Leinemann* Die Vergabe öffentlicher Aufträge Rn. 650.
[8] Vgl. ua *Marx* in KMPP, 3. Aufl., VOL/A EG § 17 EG Rn. 12; *König* in Heiermann/Zeiss/Summa, VgV § 54 Rn. 16.
[9] VK Westfalen 7.4.2017 – VK 1–07/17.
[10] Zu der Frage ob ein Ausschluss geboten ist, vgl. *Haak/Hogeweg*, § 57 VgV Rn. 16 m. w. N. in Fn. 5.
[11] VK Westfalen 7.4.2017 – VK 1–07/17; *Verführth* in KMMPP VGV § 54 Rn. 18.

13 Wie der Verordnungsgeber zutreffend mitteilt, liegt es auf der Hand, dass das Verbot der vorfristigen Kenntnisnahme für den Umgang mit **Interessenbekundungen** keine Anwendung findet, weil der öffentliche Auftraggeber diese kennen muss, um die Unternehmen überhaupt zur Abgabe einer Interessensbestätigung auffordern zu können.[12]

III. Kennzeichnung und Aufbewahrung von per Telefax übermittelten Interessensbekundungen, Interessensbestätigungen, Teilnahmeanträgen und Angeboten, § 54 S. 3 VgV

14 Komplettiert wird § 54 VgV durch Satz 3, der schließlich den Umgang des Auftraggebers mit Bewerberunterlagen im Falle der **Übermittlung per Telefax** regelt. So verlangt § 54 S. 3 VgV, dass mittels Telefax übermittelte Interessensbestätigungen, Teilnahmeanträge und Angebote zu **kennzeichnen** und sodann auf geeignete Weise **unter Verschluss** zu halten sind.

15 Bei **Übermittlung per Telefax** kann die Kennzeichnung der Bewerbungsunterlagen erfolgen, wenn die gefaxten Seiten dem Auftraggeber ausgedruckt vorliegen. Zwar ist das Datum der Übermittlung dem Fax-Sendebericht zu entnehmen, dennoch ist aus Gründen der Klarstellung eine Aufnahme des Eingangsdatums und der Uhrzeit im Eingangsvermerk sinnvoll.

16 Im Vergleich zu Bewerbungsunterlagen, die elektronisch oder auf dem Postweg beim Auftraggeber eingehen, ist es ungleich schwieriger, die gefaxten Interessenbekundungen, Interessenbestätigungen, Teilnahmeanträge und Angebote gemäß § 54 S. 3 VgV unter Verschluss zu halten, weil diese typischerweise offen eingehen.[13] Der Normzweck kann nur erreicht werden, wenn ein sehr kleiner Personenkreis, idealerweise nur ein **einziger Berechtigter**, Zugriff auf das Faxgerät beim Auftraggeber erhält.[14] Anderenfalls besteht das Risiko, dass eine unbefugte Person die ausgedruckten Bewerbungsunterlagen liest und von deren Inhalt Kenntnis erhält. Vor diesem Hintergrund sollte es sich bei dem Empfangsgerät nicht um ein Zentraltelefax handeln, das in einem Durchgangszimmer oder in einem Zimmer mit Besuchsverkehr platziert ist,[15] da dann jeder Behördenmitarbeiter eingehende Telefaxe einsehen kann. Bei der Gesamtwürdigung ist die **Zugangseröffnung mittels Telefax** aus Gründen des Vertraulichkeitsschutzes – wenn überhaupt – lediglich **eingeschränkt empfehlenswert**.[16]

17 Sobald die Bewerbungsunterlagen dem Auftraggeber ausgedruckt vorliegen, sind die **Telefaxe in einem verschlossenen Umschlag** aufzubewahren. In der Praxis empfiehlt es sich mit Blick auf den Submissionstermin, einen Umschlag mit Klebeverschluss zu verwenden und auf diesem Umschlag die Rahmendaten der jeweiligen Bewerbungsunterlagen (Art der Unterlage, Absender, Eingangszeit) zu vermerken.

---

[12] Begr. VgV 115.
[13] Vgl. (zur alten Rechtslage), *Graefe* NZBau 2008, 34 (40).
[14] Vgl. auch *Verfürth*, in KMPP, VgV, § 54 VgV Rn. 28.
[15] *Noch* Vergaberecht kompakt Rn. 781, 782.
[16] *Leinemann* Die Vergabe öffentlicher Aufträge, Rn. 773, 777; *Noch* Vergaberecht kompakt Rn. 781, 782.

§ 55 Öffnung der Interessensbestätigungen, Teilnahmeanträge und Angebote

(1) Der öffentliche Auftraggeber darf vom Inhalt der Interessensbestätigungen, Teilnahmeanträge und Angebote erst nach Ablauf der entsprechenden Fristen Kenntnis nehmen.

(2) Die Öffnung der Angebote wird von mindestens zwei Vertretern des öffentlichen Auftraggebers gemeinsam an einem Termin unverzüglich nach Ablauf der Angebotsfrist durchgeführt. Bieter sind nicht zugelassen.

Übersicht

	Rn.		Rn.
A. Einführung	1	II. Öffnung der Angebote, § 55 Abs. 2 VgV	9
I. Literatur	1		
II. Entstehungsgeschichte	2	III. Dokumentation des Submissionstermins	19
III. Rechtliche Vorgaben im EU-Recht	4		
B. Regelungsgehalt der Vorschrift	7	IV. Aufbewahrung der Angebote und Anlagen	23
I. Kenntnis vom Inhalt der Interessensbestätigungen, Teilnahmeanträge und Angebote, § 55 Abs. 1 VgV	7		

A. Einführung

I. Literatur

Jauernig (Hrsg.), Kommentar zum BGB, 15. Auflage 2015; *Klapdor*, VK Westfalen – Vergabefehler nur bei [1] subjektiver Rechtsverletzung des Antragstellers erheblich!, VPR 2017, 120; *Röwenkamp/Fandrey*, Ein Schritt vor, ein Schritt zurück – Die VOB/A 2009 schafft neue Möglichkeiten zur Manipulation von Vergabeverfahren, NZBau 2011, 463 ff.

II. Entstehungsgeschichte

Wie der Begründung der Vergabeverordnung zu entnehmen ist,[1] lehnt sich § 55 VgV an [2] den früheren **§ 17 VOL/A-EG** an. Weit überwiegend sind die Vorgaben des § 17 VOL/A-EG jedoch in § 54 VgV und nur partiell in § 55 VgV zu finden. Im Vergleich zu § 17 VOL/A-EG ist § 55 VgV folglich kürzer gefasst.

§ 55 Abs. 2 VgV enthält die Regelungen über die eigentliche **Angebotsöffnung,** die [3] ebenfalls weniger detailliert sind als in der Ursprungsfassung des § 17 Abs. 2 VOL/A-EG. Insbesondere enthält der neue § 55 Abs. 2 VgV keine Auflistung der im Submissionsprotokoll festzuhaltenden Mindestangaben mehr. Auch spezifische Rollenvorgaben sind § 55 Abs. 2 VgV (wie noch § 22 Nr. 2 Abs. 2 VOL/A 2006) nicht zu entnehmen. Schließlich entsendet § 55 VgV – anders als § 17 Abs. 3 VOL/A-EG – keine Vorgaben im Hinblick auf die Aufbewahrung der Bewerbungsunterlagen oder der Vergabedokumentation. Diese vermeintliche „Lücke" schließt § 8 VgV. Nach § 8 Abs. 1 VgV ist die **Angebotsöffnung zu dokumentieren.** Aus § 8 Abs. 4 S. 1 VgV ergibt sich zumindest, dass die Dokumentation, der Vergabevermerk sowie die Angebote, Teilnahmeanträge, Interessensbekundungen, Interessensbestätigungen samt Anlagen bis zum Ende der Vertragslaufzeit (mindestens jedoch für drei Jahre ab Zuschlagserteilung) – unter Beachtung der Vertraulichkeit i.S.v. § 5 VgV – aufzubewahren sind.[2]

---

[1] Begr. VgV 115.
[2] Vgl. *Langenbach*, § 8 VgV.

III. Rechtliche Vorgaben im EU-Recht

4   § 55 Abs. 1 VgV dient der **Umsetzung von Art. 22 Abs. 3 S. 2 der Richtlinie 2014/24/EU** und verpflichtet den Auftraggeber in Bezug auf die Bewerbungsunterlagen der Unternehmen bis zum Submissionstermin zur **Vertraulichkeit.**

5   § 55 VgV regelt den vergaberechtlich gebotenen **Umgang des öffentlichen Auftraggebers mit den bei ihm eingegangenen Angeboten, Teilnahmeanträgen und Interessensbestätigungen.** § 55 Abs. 1 VgV legt fest, dass die Bewerbungsunterlagen der Unternehmen bis zum Ablauf der jeweiligen Einreichungsfrist nicht eingesehen werden dürfen. Absatz 2 enthält Vorgaben zur Submission. Damit ergänzt § 55 VgV die Regelungen des § 54 VgV, der die Aufbewahrung der ungeöffneten Interessenbekundungen, Interessensbestätigungen, Teilnahmeanträge und Angebote bis zum Submissionstermin regelt.

6   § 55 VgV dient der **Sicherstellung der Vertraulichkeit der Teilnahmeanträge und Angebote** sowie dem aus dem europäischen Recht entstammenden Wettbewerbsgrundsatz in seiner Ausprägung als **Gebot des Geheimwettbewerbs.** Mit diesen Zwecken steht § 55 VgV im Dienst der übrigen Vergabegrundsätze der Transparenz (im Sinne der Nachprüfbarkeit) und der Gleichbehandlung.[3]

B. Regelungsgehalt der Vorschrift

I. Kenntnis vom Inhalt der Interessensbestätigungen, Teilnahmeanträge und Angebote, § 54 Abs. 1 VgV

7   Nach § 55 Abs. 1 VgV dürfen die Interessenbestätigungen, Teilnahmeanträge und Angebote bis zum Ablauf des jeweiligen Einreichungstermins nicht geöffnet werden und der Auftraggeber darf von ihrem Inhalt bis zu diesem Zeitpunkt keine Kenntnis nehmen. Das **Verbot der frühzeitigen Kenntnisnahme vom Inhalt der Bewerbungsunterlagen** der Unternehmen bezieht sich auf **alle Unterlagen** gleichermaßen. Nach § 55 Abs. 1 VgV müssen Interessenbestätigungen, Teilnahmeanträge und Angebote bis zum Submissionstermin ungeöffnet bleiben. Von ihrem Inhalt darf der Auftraggeber keine Kenntnis nehmen. Schließlich sind die Unterlagen bis zum Ablauf der jeweiligen Einreichungsfrist **unter Verschluss** zu halten. Als **Formvorschrift** ist § 55 VgV vom Auftraggeber zwingend zu beachten, unabhängig von der gewählten Verfahrensart.[4]

8   Damit das in § 55 Abs. 1 VgV verankerte Verbot der frühzeitigen Kenntnisnahme vom Inhalt der Bewerbungsunterlagen seinen Zweck erfüllen kann, ist es unerlässlich, dass der Submissionstermin im Hinblick auf Datum und Uhrzeit vorab konkret festgelegt und transparent an die Bewerber und Bieter kommuniziert wird.[5] Eine **Abänderung des Submissionstermins** ist nur unter strikter Einhaltung des Gleichbehandlungs- und Transparenzgrundsatzes zulässig. Insofern sind **alle Bewerber und Bieter gleichzeitig** über einen etwaigenfalls geänderten Termin für die Öffnung der Interessenbestätigungen, Teilnahmeanträge und Angebote in Kenntnis zu setzen.

II. Öffnung der Angebote, § 55 Abs. 2 VgV

9   § 55 Abs. 2 VgV überführt den Regelungsgehalt des bisherigen § 17 Abs. 2 VOL/A-EG mit den vorstehend unter Rn. 2 geschilderten Kürzungen in die Vergabeverordnung.[6] Die

---

[3] *Verfürth* in KKMPP VgV § 55 Rn. 3.
[4] *Verfürth* in KKMPP VgV § 55 Rn. 6; *Müller-Wrede* in (ders.) VOL EG § 17 Rn. 3.
[5] *Noch* Vergaberecht kompakt Rn. 783.
[6] *Verfürth* in KKMPP (Hrsg.) VgV § 55 Rn. 6; *Müller-Wrede* in (ders.), VOL EG § 17 Rn. 3.

Vorschrift betrifft die **Angebotsöffnung.** Erfasst sind neben dem offenen und nicht offenen Verfahren auch das Verhandlungsverfahren und der wettbewerbliche Dialog, weil in diesen beiden Verfahrensarten ebenfalls ein Submissionstermin für die Angebote stattfindet.

Wie bislang üblich[7] müssen im **Submissionstermin** mindestens **zwei Vertreter des** 10 **öffentlichen Auftraggebers** anwesend sein. Dieses bei der Angebotsöffnung gebotene **Vier-Augen-Prinzip**[8] dient – so die zutreffende Klarstellung des Verordnungsgebers[9] – der Sicherung eines fairen und willkürfreien Vergabeverfahrens. Spezifische Rollenvorgaben wie sie einst in § 22 Nr. 2 Abs. 2 VOL/A 2006 enthalten waren,[10] normiert § 55 Abs. 2 VgV nicht. Die Norm ist vielmehr so offen formuliert, dass mehr als lediglich zwei Vertreter des öffentlichen Auftraggebers im Submissionstermin zugegen sein können, solange der **Grundsatz der Vertraulichkeit** gewahrt ist.[11] Wie in der Praxis üblich kann der öffentliche Auftraggebers auch einen Rechtsanwalt mit der Wahrnehmung des Submissionstermins bevollmächtigen.[12] Vergaberechtlich unabdingbar ist jedoch zumindest die Anwesenheit *eines* Vertreters des öffentlichen Auftraggebers im Submissionstermin, da die Letztentscheidungskompetenz in Bezug auf die Auftragsvergabe beim Auftraggeber als „Herrn des Verfahrens" liegen muss.[13] Ein Unterschreiten der von § 55 Abs. 2 VgV vorgesehenen Zahl der Vertreter (2) stellt einen **schweren Vergabefehler** dar.[14] Im Übrigen sollten bei der Festlegung der Zahl der anwesenden Vertreter des öffentlichen Auftraggebers die zu erwartende Zahl der eingehenden Angebote, d. h. der entstehende Arbeitsaufwand und die Bedeutung der Vertraulichkeit im jeweiligen Vergabeverfahren prognostiziert und sorgsam gegeneinander abgewogen werden.

Bei der **Submission von Teilnahmeanträgen und Interessensbestätigungen** gelten 11 demgegenüber **herabgesetzte Vorgaben.** Die Anwesenheit von zwei Vertretern des öffentlichen Auftraggebers ist hier nicht zwingend erforderlich, weil Teilnahmeanträge und Interessenbekundungen in Bezug auf ihre Rechtswirkungen hinter derjenigen von Angeboten zurückstehen.

Unter Beibehaltung der Altregelung (vgl. § 17 Abs. 2 S. 2 VOL/A-EG) sind Bieter bei 12 der Angebotsöffnung aus Gründen des Geheimwettbewerbs und der Vertraulichkeit der Angebote – anders als im Bereich der Bauvergaben – nicht zum Submissionstermin zugelassen. Der **Submissionstermin für Liefer- und Dienstleistungsaufträge** ist eine **„behördeninterne Veranstaltung".**[15] Hierdurch soll verhindert werden, dass Bieter vom Inhalt der Angebote ihrer Konkurrenten Kenntnis nehmen und die so gewonnenen Informationen im Zusammenhang mit zukünftigen Vergabeverfahren nutzen.[16] Insbesondere wenn der Auftraggeber Standardleistungen beschafft oder sehr stark vergleichbare Leistungen auf dem Markt abruft, könnten die Bieter Rückschlüsse auf die Preise ihrer Wettbewerber ziehen und ihre Preise in zukünftigen Vergabeverfahren niedriger ansetzen. Aufgrund des im Liefer- und Dienstleistungsbereich vielfach vorliegenden wiederkehrenden Beschaffungsbedarfs sind die Preise dort als Geschäftsgeheimnisse anzusehen. Aus diesem Grund ist die Nichtzulassung der Bieter im Submissionstermin – anders als bei Einzelbeschaffungen nach der VOB – erforderlich.[17] Schließlich erweist sich die Anwesenheit der Bieter im Eröffnungstermin wegen oftmals größerer Entfernung zum Sitz der Vergabestelle und gleichzeitig großem Bieterkreis gegenüber der Vergabe von Bauleistungen,

---

[7] Vgl. § 17 VOL/A-EG, § 22 Nr. 2 VOL/A 2006.
[8] Vgl. auch VK Westfalen 7.2.2017 – VK 1–50/16.
[9] Begr. VgV 115.
[10] Gemäß § 22 Nr. 2 Abs. 2 VOL/A 2006 mussten bei der Angebotsöffnung ein Verhandlungsleiter und ein weiterer Vertreter des öffentlichen Auftraggebers am Submissionstermin teilnehmen.
[11] Begr. VgV, 115; *Müller-Wrede* in (ders.), VOL EG § 17 Rn. 18.
[12] *Noch* Vergaberecht kompakt Rn. 784.
[13] *Noch* Vergaberecht kompakt Rn. 784.
[14] *Verfürth* in KKMPP VgV § 55 Rn. 8.
[15] *Verfürth* in KKMPP VgV § 55 Rn. 5.
[16] *Müller-Wrede* in (ders.) VOL EG § 17 Rn. 19.
[17] *Röwenkamp/Fandrey* NZBau 2011, 463 (467).

bei der Bieter traditionell am Eröffnungstermin teilnehmen dürfen, als wenig(er) prakti-kabel.[18]

13   In zeitlicher Hinsicht bestimmt § 55 Abs. 2 VgV, dass der Submissionstermin **unverzüg-lich nach Ablauf der Angebotsfrist** stattfinden soll. Damit hat der Verordnungsgeber das einst in § 22 Nr. 2 Abs. 1 VOL/A 2006 normierte, im Zuge der Vergaberechtsreform 2009 jedoch entfallene **Unverzüglichkeitserfordernis** wieder in das Vergaberecht für Liefer- und Dienstleistungen eingeführt. „**Unverzüglich**" i. S. v. § 55 Abs. 2 VgV bedeu-tet unter Orientierung an den zivilrechtlichen Grundsätzen des § 121 Abs. 1 S. 1 BGB ohne schuldhaftes Zögern.[19] In der Praxis findet der Submissionstermin daher regelmäßig unmittelbar am Tag des jeweiligen Fristablaufs für die Angebotsabgabe oder am Folgetag statt. Im Interesse der zügigen Durchführung des Vergabeverfahrens sollte der Submissions-termin jedoch **spätestens fünf Kalendertage nach Ablauf der Angebotsfrist** abgehal-ten werden. Etwas anderes mag im Einzelfall gelten, wenn der Auftraggeber durch unzu-mutbare Umstände an der zeitnahen Wahrnehmung des Submissionstermins gehindert ist.

14   § 55 VgV enthält kaum Regelungen zum konkreten **Ablauf des Submissionstermins.** Klar ist allein, dass die **Angebotsöffnung an einem einzigen Termin von zwei Vertre-tern des öffentlichen Auftraggebers** gemeinsam durchgeführt werden soll.[20] Im Submis-sionstermin müssen zwei Vertreter anwesend sein,[21] so dass die nachträgliche Unterschrift auf dem Submissionsprotokoll den Erfordernissen des § 55 VgV nicht genügt.[22] Der Wort-laut *(„an einem Termin")* gebietet, dass alle Angebote – ohne zeitliche Zäsur – hintereinander geöffnet werden.[23] Ob jedoch tatsächlich ein Verstoß gegen das Gebot der zeitgleichen Öff-nung vorliegt, ist Frage des Einzelfalls. Als Formvorschrift fehlt es § 55 VgV am drittschüt-zenden Charakter.[24] Der Auftraggeber verstößt nicht schon dann gegen § 55 Abs. 2 VgV, wenn die Submission sich über mehrere Tage erstreckt und zwischen den einzelnen Termi-nen ein Zeitabstand von 11 bis 12 Tagen liegt.[25] Diese neu geschaffenen Manipulationsge-fahren reichen ohne das Vorliegen konkreter Anhaltspunkte für eine tatsächliche Wettbe-werbsbeeinflussung nicht aus, um den Bieter subjektiv in seinen Rechten zu verletzen. Insbesondere birgt die zeitliche Differenz zwischen den Angebotsöffnungen keine gegen-über einem einzigen Submissionstermin erheblich gesteigerte Manipulationsgefahr.

15   Das Schweigen des Verordnungsgebers im Hinblick auf den konkreten Ablauf der Ange-botsöffnung bedeutet freilich nicht, dass den Auftraggeber im Hinblick auf den Ablauf des Submissionstermins keine weiteren formalen Pflichten treffen würden. Nach wie vor bleibt der Submissionstermin ein **förmlicher Verfahrensschritt.**[26] Aus diesem Grund sollten die Vertreter des öffentlichen Auftraggebers bei der Öffnung der Angebote weiterhin mög-lichst formal vorgehen.[27] Die Submission beginnt mit der **Öffnung der Angebote.** Typi-scherweise – jedoch keinesfalls zwingend[28] – sind die Angebote zur Vorbeugung von Ma-nipulationsvorwürfen in allen wesentlichen Teilen einschließlich der Anlagen (z.B. durch Nummerierung oder Stanzen[29]) zu kennzeichnen. Die **Kennzeichnung** sorgt dafür, dass

---

[18] Eine Auflistung der Gründe für die Nichtzulassung der Bieter im Submissionstermin findet sich bei *Verfürth* in KKMPP VgV § 55 Rn. 9; zuvor bereits *Müller-Wrede* in (ders.), VOL EG § 17 Rn. 19.
[19] *Mansel* in Jauernig (Hrsg.), Kommentar zum BGB § 121 Rn. 1.
[20] VK Westfalen 7.2.2017 – VK 1–50/16.
[21] Vgl. hierzu schon unter Rn. 10.
[22] *Noch* Vergaberecht kompakt Rn. 7813.
[23] Die VK Westfalen 7.2.2017 – VK 1–50/16 mit Anmerkungen *Klapdor* VPR 2017, 120 lässt offen, ob der Wortlaut hinreichend klar ist.
[24] VK Westfalen 7.2.2017 – VK 1–50/16.
[25] VK Westfalen 7.2.2017 – VK 1–50/16.
[26] *Verfürth* in KKMPP VgV § 55 Rn. 7 ff.
[27] *Müller-Wrede* in (ders.), VOL EG 17 EG Rn. 2 empfiehlt hierzu eine Orientierung am Ablauf wie er einst – sehr detailliert – in § 22 VOL/A 2006 beschrieben war.
[28] Vgl. hierzu *Verfürth* in KKMPP VgV § 55 Rn. 19. § 54 S. 2 VgV verpflichtet den Auftraggeber nicht zu einer Kennzeichnung der auf dem Postweg oder direkt bei ihm eingehenden Teilnahmeanträge und An-gebote.
[29] Vgl. OLG Celle 21.1.2016 – 13 Verg 8/15; vgl. hierzu *Koch*, § 54 VgV Rn. 9.

die Unterlagen aneinandergeheftet sind und sie verhindert ein Verlorengehen einzelner Seiten. Nach der Rechtsprechung belegt die Kennzeichnung jedoch nicht bereits die Vollständigkeit der eingereichten Bewerberunterlagen.[30] Hierfür trägt der Bieter die Beweislast.[31]

Idealerweise umfasst die **Kennzeichnung alle Bestandteile des Angebots,** die wertungsrelevant sind oder wichtige Angaben des Bieters enthalten. Hierzu gehören u. a. **Preisangaben, Unterschriften, Erklärungen oder Nachweise.**[32] Aus § 57 Abs. 1 Nr. 1 VgV ergibt sich, dass die Vertreter des öffentlichen Auftraggebers die Angebote sodann auf **form- und fristgemäßen Eingang prüfen.**[33] Daneben ist zu überprüfen, ob dem Auftraggeber alle erforderlichen Leistungsverzeichnisse vorliegen. Unzureichend ist es daher, wenn der Auftraggeber schlicht vom Vorliegen des Leistungsverzeichnisses ausgeht mit der Begründung, dass Leistungsverzeichnisse üblicherweise vorgelegt werden.[34] Ebenso darf die nähere Vollständigkeits- und Formalprüfung der Angebotsunterlagen nicht erst in den Fachabteilungen erfolgen.[35]

Die Vertreter des öffentlichen Auftraggebers müssen – wie nach alter Rechtslage – im **17** Submissionstermin gründlich prüfen, ob die auf dem Postweg oder direkt übermittelten Angebote gemäß § 54 S. 2 VgV in einem **verschlossenen Umschlag, mit Eingangsvermerk und ungeöffnet vorliegen.**[36] Bei elektronisch übermittelten Angeboten ist zu prüfen, ob die Angebote **verschlüsselt gespeichert** wurden, vgl. § 54 S. 1 VgV. Durch diese Prüfung wird folglich nicht nur die Einhaltung der Formanforderungen durch die Bieter kontrolliert, sondern auch nachgehalten, ob und inwieweit der Auftraggeber seinen Pflichten in Bezug auf den vertraulichen Umgang und die Verwahrung der Angebote gemäß § 54 VgV nachgekommen ist. Im Einzelfall kann das Nichteinhalten dieser Sorgfaltspflichten dazu führen, dass sich der Auftraggeber nach den Grundsätzen des Verschuldens bei Vertragsverhandlungen (culpa in contrahendo) **schadensersatzpflichtig** macht.[37]

Neben der Einhaltung der Formalien ist im Submissionstermin – unabhängig von der **18** konkreten Form der Übermittlung – zu prüfen und festzustellen, ob die Angebote bis zum Ablauf der vorgesehenen Einreichungsfrist, d. h. **rechtzeitig** bei der für den Eingang als zuständig bezeichneten Stelle beim Auftraggeber eingegangen sind.[38]

III. Dokumentation des Submissionstermins

Vorgaben zur **Dokumentation,** wie sie einst in § 17 Abs. 3 VOL/A-EG und § 22 **19** Nr. 4 Abs. 1 VOL/A 2006 normiert waren, finden sich im neugefassten § 55 VgV nicht mehr. An etwas versteckter Stelle ordnet jedoch § 8 Abs. 1 S. 2 VgV an, dass die Öffnung der Angebote, Teilnahmeanträge und Interessenbestätigungen dokumentationspflichtig ist. Dies ist nur folgerichtig, denn unter dem Blickwinkel der Nachprüfbarkeit des Vergabeverfahrens **(ex-post-Transparenz)** ist der öffentliche Auftraggeber verpflichtet, das Vergabeverfahren von Anbeginn fortlaufend zu dokumentieren, so dass die einzelnen Stufen des Verfahrens sowie die Begründungen der einzelnen Entscheidungen festgehalten werden.[39]

Auch weil die Angebotsöffnung im Vergabeverfahren eine markante Zäsur darstellt und **20** den Übergang in die Angebotswertung einleitet, bedarf der Submissionstermin der Doku-

---

[30] OLG Celle 21.1.2016 – 13 Verg 8/15; *Noch* Vergaberecht kompakt Rn. 777.
[31] OLG Celle Beschl. v. 21.1.2016 – 13 Verg 8/15.
[32] *Verfürth* in KKMPP VgV § 55 Rn. 19 unter Verweis auf BGH, Urteil vom 26.10.1999 – X ZR 30/98.
[33] Vgl. hierzu *Haak/Hageweg,* § 57 VgV Rn. 13 ff.
[34] OLG Celle Beschl. v. 21.1.2016 – 13 Verg 8/15.
[35] OLG Celle Beschl. v. 21.1.2016 – 13 Verg 8/15.
[36] *Verfürth* in KKMPP VgV § 55 Rn. 16; *Leinemann* Die Vergabe öffentlicher Aufträge Rn. 650; *Müller-Wrede* in (ders.), VOL EG § 17 EG Rn. 20.
[37] *Müller-Wrede* in (ders.), VOL EG § 17 EG Rn. 20; *Verfürth* in KKMPP VgV § 55 Rn. 17.
[38] Vgl. § 22 Nr. 3 lit. b) VOL/A 2006.
[39] Vgl. VK Sachsen-Anhalt 27.3.2017 – 3 VK LSA 04/17 sowie § 8 VgV. Zum Inhalt der Dokumentationspflicht iSv § 8 Abs. 1 VgV vgl. *Langenbach,* § 8 Rn. 12 ff.

mentation.[40] Idealerweise ist hierzu ein **Submissionsprotokoll** zu führen. Dieses Submissionsprotokoll kann in Schriftform oder elektronisch abgefasst werden.[41] Neben Datum und Uhrzeit des Submissionstermins sind die im Submissionstermin anwesenden Vertreter des öffentlichen Auftraggebers namentlich aufzuführen. In Anlehnung an die Vorgängervorschriften des § 17 Abs. 2 S. 2 VOL/A-EG, § 22 Nr. 3 VOL/A 2006 sind zudem mindestens Name und Anschrift der Bieter sowie die angebotenen Preise festzuhalten. Weiter sollte die Zahl der (rechtzeitig) eingegangenen Angebote sowie etwaigenfalls eingereichter Nebenangebote protokolliert werden. Das Submissionsprotokoll schließt typischerweise mit der Unterschrift der Vertreter des öffentlichen Auftraggebers.

21   Angebote, die nicht den Formanforderungen entsprechen oder nicht fristgemäß beim Auftraggeber eingegangen sind, müssen im Submissionsprotokoll oder in einer Anlage zu diesem **besonders** gewürdigt werden. Die Gründe und Besonderheiten, aus denen sich die Nichterfüllung der Form- und Fristanforderungen ergibt, sind zu vermerken. Dies erleichtert dem öffentlichen Auftraggeber, den hiermit verbundenen **Verfahrensausschluss** zu rechtfertigen (Beweissicherungsfunktion) und sorgt auf Seiten des ausscheidenden Bieters für die gebotene Transparenz und Nachprüfbarkeit.

22   Im Interesse der Vertraulichkeit des Vergabeverfahrens und der Wahrung des Geheimwettbewerbs darf das Submissionsprotokoll weder den Bietern noch der Öffentlichkeit zugänglich gemacht werden.[42] Das **Submissionsprotokoll ist als Teil der Vergabedokumentation** und mit Blick auf ein etwaiges Nachprüfungsverfahren oder Prüfungsvorgänge **sorgfältig aufzubewahren.**[43]

IV. Aufbewahrung der Angebote und Anlagen

23   Nicht enthalten sind in § 55 Abs. 2 VgV Vorgaben zur ordnungsgemäßen **Aufbewahrung der geöffneten Angebote und der anzufertigenden Dokumentation über die Submission.** Die Angebote und ihre Anlagen sowie die Dokumentation müssen nach Abschluss des Vergabeverfahrens sorgfältig verwahrt und vertraulich behandelt werden. Von den nicht ordnungsgemäß oder verspätet eingegangenen Angeboten sind der Umschlag und andere Beweismittel aufzubewahren. Diese altbekannten Verpflichtungen des öffentlichen Auftraggebers gelten unter der Ägide des neuen Vergaberechts uneingeschränkt fort.[44] Sie sind nunmehr in § 8 Abs. 4 VgV geregelt.[45]

24   Flankiert wird die Verpflichtung zum vertraulichen Umgang mit den Angeboten und Anlagen dadurch, dass der Auftraggeber die Angebotsunterlagen der Bieter sowie darin möglicherweise enthaltene eigene Vorschläge der Bieter ausschließlich zum Zwecke des jeweiligen Vergabeverfahrens und nicht darüber hinausgehend nutzen darf. Von dieser ungeschriebenen[46] – **Nutzungsbeschränkung** in Bezug auf die Angebote und Bietervorschläge kann nur mit ausdrücklicher vorheriger Zustimmung des Bieters und unter Zahlung einer **angemessenen Entschädigung** abgewichen werden.

---

[40] Vgl. *Langenbach,* § 8 Rn. 15.

[41] *Verfürth* in KKMPP VgV § 55 Rn. 7.

[42] Vgl. hierzu die Vorgabe des alten § 22 Nr. 5 VOL/A 2006, der in der neuen VgV auch ohne explizite Normierung fortgelten muss.

[43] *Verfürth* in KKMPP VgV § 55 Rn. 8. Vgl. auch *Langenbach,* § 8 VgV Rn. 33 sowie § 8 Abs. 4 VgV.

[44] *Müller-Wrede* in (ders.), VOL EG § 17 EG Rn. 1.

[45] Vgl. hierzu *Langenbach,* § 8 VgV Rn. 33.

[46] Ursprünglich verpflichtete § 22 Nr. 6 Abs. 3 S. 2 VOL/A 2006 den Auftraggeber dazu, die *„Angebotsunterlagen und die in den Angeboten enthaltenen eigenen Vorschläge eines Bieters nur für die Prüfung und Wertung der Angebote (§§ 23 und 25)"* zu verwenden.

Unterabschnitt 7. Prüfung und Wertung der Interessensbestätigungen, Teilnahmeanträge und Angebote, Zuschlag

§ 56 Prüfung der Interessensbestätigungen, Teilnahmeanträge und Angebote; Nachforderung von Unterlagen

(1) Die Interessensbestätigungen, Teilnahmeanträge und Angebote sind auf Vollständigkeit und fachliche Richtigkeit, Angebote zudem auf rechnerische Richtigkeit zu prüfen.

(2) Der öffentliche Auftraggeber kann den Bewerber oder Bieter unter Einhaltung der Grundsätze der Transparenz und der Gleichbehandlung auffordern, fehlende, unvollständige oder fehlerhafte unternehmensbezogene Unterlagen, insbesondere Eigenerklärungen, Angaben, Bescheinigungen oder sonstige Nachweise, nachzureichen, zu vervollständigen oder zu korrigieren, oder fehlende oder unvollständige leistungsbezogene Unterlagen nachzureichen oder zu vervollständigen. Der öffentliche Auftraggeber ist berechtigt, in der Auftragsbekanntmachung oder den Vergabeunterlagen festzulegen, dass er keine Unterlagen nachfordern wird.

(3) Die Nachforderung von leistungsbezogenen Unterlagen, die die Wirtschaftlichkeitsbewertung der Angebote anhand der Zuschlagskriterien betreffen, ist ausgeschlossen. Dies gilt nicht für Preisangaben, wenn es sich um unwesentliche Einzelpositionen handelt, deren Einzelpreise den Gesamtpreis nicht verändern oder die Wertungsreihenfolge und den Wettbewerb nicht beeinträchtigen.

(4) Die Unterlagen sind vom Bewerber oder Bieter nach Aufforderung durch den öffentlichen Auftraggeber innerhalb einer von diesem festzulegenden angemessenen, nach dem Kalender bestimmten Frist vorzulegen.

(5) Die Entscheidung zur und das Ergebnis der Nachforderung sind zu dokumentieren.

Übersicht

	Rn.			Rn.
A. Einführung	1	III.	Nachforderung von Unterlagen und Korrektur	28
I. Literatur	1		1. Nachforderung von Erklärungen, Nachweisen und Unterlagen	28
II. Entstehungsgeschichte	2		2. Korrektur von Unterlagen, Nachweisen und Erklärungen	39
III. Rechtliche Vorgaben im EU-Recht	9		3. Aufklärung zu vorgelegten Unterlagen oder angebotenen Preisen	43
B. Prüfung von Interessensbestätigungen, Teilnahmeanträgen und Angeboten sowie Nachforderung von Unterlagen	16		4. Keine zeitliche Befristung für Nachforderungs- und Korrekturmöglichkeiten	47
I. Anwendungsbereich	16		5. Wesentliche und unwesentliche Preise	51
II. Prüfung der Vollständigkeit sowie fachlichen und rechnerischen Richtigkeit	18	IV.	Ermessen	57
1. Prüfung der Vollständigkeit	20	V.	Fristsetzung für die Nachforderung/ Korrektur	65
2. Überprüfung der fachlichen Richtigkeit	23	VI.	Dokumentation	66
3. Prüfung der rechnerischen Richtigkeit	25			

A. Einführung

I. Literatur

Maier, Der Ausschluss eines unvollständigen Angebots im Vergabeverfahren, NZBau 2005, 374 ff.; *Möllen-* **1** *kamp,* Ausschluss unvollständiger Angebote, NZBau 2005, 557 ff.; *Weihrauch,* Unvollständige Angebote, VergabeR 2007, 430 ff.; *Bode,* Zwingender Angebotsausschluss wegen fehlender Erklärungen und Angaben

– Inhalt, Grenzen und Möglichkeiten zur Reduzierung der Ausschlussgründe, VergabeR 2009, 729 ff.; *Luber*, Der formalistische Angebotsausschluss, das Wettbewerbsprinzip und der Grundsatz der sparsamen Mittelverwendung im Vergaberecht, VergabeR 1/2009, 14 ff.; *Rechten/Junker*, Das Gesetz zur Modernisierung des Vergaberechts – oder: Nach der Reform ist vor der Reform, NZBau 2009, 490 ff.; *Stoye/Hoffmann*, Nachunternehmerbenennung und Verpflichtungserklärung im Lichte der neusten BGH-Rechtsprechung und der VOB/A 2009, VergabeR 2009, 569 ff.; *von Münchhausen*, Die Nachforderung von Unterlagen nach der VOB/A 2009, VergabeR 2010, 374 ff.; *Franzius*, Die formelle Angebotsprüfung nach VOB/A, VOL/A 2009, IBR 2010, 1466; *Stapelfeldt*, Aktuelle Entwicklungen im Vergaberecht – Die Neufassung von VOB/A und VOL/A, KommJur 2010, 241 ff.; *Röwekamp/Fandrey*, Ein Schritt vor, ein Schritt zurück, NZBau 2011, 463 ff.; *Bode*, Muss die Vergabestelle fehlende Erklärungen und Nachweise auch ein zweites Mal anfordern?, IBR 2012, 1229; *Schwabe/John*, Über die Nachforderungspflicht für fehlende Erklärungen oder Nachweise und einen Versuch des BMVBS, den Geist wieder in die Flasche zu bekommen, VergabeR 2012, 559 ff.; *Dittmann*, Was tun mit unvollständigen Angeboten nach den neuen VOB/A und VOL/A?, VergabeR 2012, 292 ff.; *Lauterbach*, Vom Umgang mit den Unvollständigen, VergabeNavigator 2012, 9 ff.; *Macht/Städler*, Brennende Fragen des Vergaberechts – Immer Ärger mit der Eignung, NZBau 2013, 14 ff.; *Völlink*, Die Nachforderung von Nachweisen und Erklärungen – eine Zwischenbilanz fünf Jahre nach ihrer Einführung, VergabeR 2015, 355 ff.; *von Wietersheim*, Aufbau und Struktur des neuen Vergaberechts, VergabeR 2016, 269 ff.; *Burgi*, Europa- und verfassungsrechtlicher Rahmen der Vergaberechtsreform, VergabeR 2016, 261 ff.; *Franke/Brugger*, Die Umsetzung der Vergaberichtlinien in Italien, VergabeR 2016, 400 ff.; *Otting*, Die Entwicklung des europäischen Vergaberechts in den Jahren 2015/2016, EuZW 2016, 486 ff.; *Kirch/Jentzsch*, Der Austausch von Referenzen nach der Vergabeverordnung, VergabeNews 2016, 114 ff.; *Dittmann*, Nur keine Langeweile: Neues zum Nachfordern fehlender Unterlagen, VergabeR 2017, 285 ff.

II. Entstehungsgeschichte

2   Die formale Prüfung von Teilnahmeanträgen und Angeboten fußt auf dem im Vergaberecht geltenden Gleichbehandlungsgrundsatz und war bereits in der VOL/A aus dem Jahr 1997, mithin schon vor Inkrafttreten des sogenannten Kartellvergaberechts (4. Teil des GWB) zum 1. Januar 1999 geregelt. Unvollständige Angebote und Teilnahmeanträge waren danach per se vom weiteren Vergabeverfahren auszuschließen. Die Praxis hielt Nachforderungen ungeachtet dessen lange Zeit für zulässig. Spätestens mit der Entscheidung des BGH aus dem Jahr 2003 folgte aber die Kehrtwende. Das Nachfordern unvollständiger Unterlagen war danach aufgrund der damit verbundenen potentiellen Verletzung des Gleichbehandlungsgrundsatzes unzulässig.[1] Das Recht zur Nachforderung wurde erst durch die VOL/A im Jahr 2009 (wieder) eingeführt.[2] Hier war im Kontext der Prüfung und Wertung von Angeboten u. a. nunmehr explizit geregelt, dass Erklärungen und Nachweise, die auf Anforderung der Auftraggeber bis zum Ablauf der Angebotsfrist nicht vorgelegt wurden, bis zum Ablauf einer zu bestimmenden Nachfrist nachgefordert werden durften. Dies sollte nicht für Preisangaben gelten, es sei denn, es handelte sich um unwesentliche Einzelpositionen, deren Einzelpreise den Gesamtpreis nicht veränderten oder die Wertungsreihenfolge und den Wettbewerb nicht beeinträchtigten.[3]

3   Im Übrigen war diese Nachforderungsregelung als eigener Absatz eingebettet in die umfangreiche Vorschrift des § 19 EG VOL/A, der daneben den Ausschluss und die Wertung von Angeboten sowie Zuschlag und Zuschlagskriterien in jeweils eigenen Absätzen regelte. Mit der Neufassung der VgV sind diese Regelungsmaterien der besseren Übersicht halber in eigene, größtenteils detailliertere Paragraphen aufgeteilt worden.[4]

4   Der Wortlaut der Nachforderungsregelung in § 19 EG Abs. 2 VOL/A ließ zahlreiche Fragen offen und eröffnete Interpretationsspielräume. So war u. a. fraglich, ob die Nachforderungsmöglichkeit auch für fehlende Eignungsnachweise gelten sollte und der Auftragge-

---

[1] BGH Urt. v. 18.2.2003 – X ZB 43/02 = NZBau 2003, 293 = VergabeR 2003, 313, vgl. insoweit auch: BGH Urt. v. 18.5.2004 – X ZB 7/04 = NZBau 2004, 457 = VergabeR 2004, 473 und BGH Urt. v. 7.6.2005 – X ZR 19/02 = VergabeR 2005, 617 = NZBau 2005, 709 und BGH Urt. v. 18.9.2007 – X ZR 19/02 = VergabeR 2008, 69; *Maier* NZBau 2005, 374 ff.; *Möllenkamp* NZBau 2005, 557 ff.; *Weihrauch* VergabeR 2007, 430 ff.; *Lauterbach* VergabeNavigator 2012, S. 9 ff.

[2] Vgl. insoweit zur Umsetzung in Italien: *Franke/Brugger* VergabeR 2016, 400, 410.

[3] Vgl. § 19 EG Abs. 2 VOL/A, in der Fassung vom 20.11.2009.

[4] Siehe insbesondere § 56–§ 60 VgV.

ber von allen Bietern im Verfahren die fehlenden Unterlagen und Nachweise nachfordern musste.[5] Auch war offen, unter welchen Umständen eine Nachforderungsfrist angemessen ist und wann die Nachfrist beginnt bzw. endet.[6]

Zeitgleich wurden sowohl in der VOF (2009) als auch in der VOB/A (2009) Nachfor- 5 derungsregelungen eingeführt. Die VOB/A (2009) normierte die Pflicht zur Nachforderung fehlender Unterlagen innerhalb einer vorgegebenen Frist von sechs Kalendertagen (vgl. insoweit § 16 Abs. 1 Nr. 3 VOB/A und VOB/A EG 2009). § 5 Abs. 3 VOF 2009 regelte wörtlich, dass fehlende Erklärungen und Nachweise, die nicht bis zum Ablauf der Bewerbungsfrist vorgelegt wurden, auf Anfordern der Auftraggeber bis zum Ablauf einer zu bestimmenden Nachfrist nachgereicht werden konnten. Der Wortlaut dieser Vorschrift schien auf den ersten Blick den Auftraggebern Ermessen einzuräumen. Das OLG Düsseldorf entschied jedoch, dass auch hier eine Nachforderungspflicht bestehen sollte, da nach dem Wortlaut der Vorschrift das Ermessen, ob Unterlagen nachgereicht werden konnten, beim Bieter liegen sollte, der entscheiden musste, ob er Unterlagen nachreichen wollte, nicht jedoch beim Auftraggeber, der nachfordern musste.[7]

§ 56 VgV als Nachfolgeregelung zu § 19 VOL/A EG 2009 weitet gegenüber den Vor- 6 gängerregelungen das Nachforderungsrecht erheblich aus. Die bislang wohl herrschende Rechtsprechung zu den Vorgängerregelungen ermöglichte ein Nachfordern nur für formal fehlende Erklärungen, ohne weitere Differenzierung, ob es sich um leistungs- oder unternehmensbezogene Unterlagen handelt. § 56 VgV macht die Nachforderungsmöglichkeit von der Art der Unterlage abhängig. Unternehmensbezogene Unterlagen dürfen nachgereicht, vervollständigt oder korrigiert werden. Leistungsbezogene Unterlagen dürfen nachgereicht oder vervollständigt werden, wenn sie nicht der Wirtschaftlichkeitsbewertung dienen. Neben der Unterscheidung zwischen der Art der Unterlagen ist nunmehr auch neu, dass neben einem Nachreichen und Vervollständigen auch eine Korrektur – jedenfalls für Eigenerklärungen, Bescheinigungen oder sonstige Nachweise – möglich sein soll. Zudem ist es insbesondere zulässig, leistungsbezogene Unterlagen nachzureichen oder zu korrigieren, soweit diese Unterlagen nicht für die Wirtschaftlichkeitsbewertung der Angebote maßgeblich sind.

Die Klarstellung in § 56 Abs. 3 S. 1 VgV, wonach nur leistungsbezogene Unterlagen 7 nachgefordert werden dürfen, die nicht zur wirtschaftlichen Auswertung der Angebote herangezogen werden, spiegelt die bislang zur Vorgängerregelung der VOL/A EG 2009 ergangene wohl herrschende Rechtsprechung zur Nachforderung fehlender Unterlagen wieder. Denn auch der EuGH hielt eine Nachforderung fehlender Angebotsunterlagen für unzulässig, wenn dem Bieter hierdurch die Möglichkeit eingeräumt wurde, de-facto ein neues Angebot abzugeben oder aber Unterlagen einzureichen, die bei Angebotsabgabe nachprüfbar noch nicht erstellt waren.[8] Denn dies verstieße gegen das Nachverhandlungsverbot.

Auch die Nachbesserung oder Korrektur unternehmensbezogener Unterlagen war bis- 8 lang aus dem gleichen Grund unzulässig.[9]

---

[5] Vgl. *Dittmann* in KMPP VOL/A § 19 EG Rn. 37 ff.

[6] Vgl. *Dittmann* in KMPP VOL/A § 19 Rn. 40 ff.

[7] OLG Düsseldorf Beschl. v. 7.11.2012 – VII-Verg 12/12 = ZfBR 2013, 192.

[8] EuGH Urt. v. 10.10.2013 – C 336/12 = IBBRS 2013, 4143, vgl. hierzu auch: *Völlink* VergabeR 2015, 355 ff.; zur VOB/A vgl. OLG Dresden Beschl. v. 21.2.2012 – Verg 0001/12 = BeckRS 2012, 09270; undifferenziert für die Zulässigkeit aller wertungsrelevanten Unterlagen nachzufordern: OLG Karlsruhe Beschl. v. 23.3.2011 – Verg 2/11 = ZfBR 2012, 301 und VK Baden-Württemberg Beschl. v. 10.2.2014 – 1 VK 2/14 = BeckRS 2016, 40681 danach soll auch die Nachreichung wertungsrelevanter Angaben möglich sein.

[9] *Völlink* VergabeR 2015, 355, 362; OLG Düsseldorf Beschl. v. 12.9.2012 – VII-Verg 108/11 = BeckRS 2012, 57035 (kein Austausch von untauglichen Referenzen); OLG München Beschl. v. 15.3.2012 – Verg 2/12 = BeckRS 2012, 06248 (kein Ersetzen von einmal vorgelegten Eignungsnachweisen); OLG Düsseldorf Beschl. v. 17.3.2011 – VII-Verg 56/10; VK Südbayern Beschl. v. 8.8.2014 – Z3-3-3194-1-31-06/14 (inhaltlich nicht ausreichende Referenzen) = IBRRS 2014, 2392; VK Südbayern Beschl. v. 5.12.2013 – Z3-3-3194-1-38-10/13 (Vorlage eines Nachweises einer Präqualifizierung nach der VOL/A anstatt des geforderten Nachweises nach der VOB/A) = IBRRS 2014, 0207; VK Münster Beschl. v. 17.1.2013 – VK 22/12

III. Rechtliche Vorgaben im EU-Recht

9   § 56 VgV beruht auf dem dritten Abschnitt der Auftragsvergaberichtlinie und hier insbesondere auf Art. 56.[10] Wörtlich heißt es hier: *„Sind von Wirtschaftsteilnehmern zu übermittelnde Informationen oder Unterlagen unvollständig oder fehlerhaft oder scheinen diese unvollständig oder fehlerhaft zu sein oder sind spezifische Unterlagen nicht vorhanden, so können die öffentlichen Auftraggeber, sofern in den nationalen Rechtsvorschriften zur Umsetzung dieser Richtlinie nichts anderes vorgesehen ist, die betreffenden Wirtschaftsteilnehmer auffordern, die jeweiligen Informationen oder Unterlagen innerhalb einer angemessenen Frist zu übermitteln, zu ergänzen, zu erläutern oder zu vervollständigen, sofern diese Aufforderungen unter voller Einhaltung der Grundsätze der Transparenz und der Gleichbehandlung erfolgen. "*

10   In den Vorgängerrichtlinien fanden sich nur sehr rudimentäre Regelungen zu Nachforderungen. Hier hieß es in Art. 51 der Vergabekoordinierungsrichtlinie[11] in Bezug auf Eignungsnachweise, dass der öffentliche Auftraggeber die Bieter auffordern dürfe, diese zu *„erläutern oder zu vervollständigen"*. Nachforderungsmöglichkeiten für weitere Erklärungen und Nachweise sah die Vergabekoordinierungsrichtlinie hingegen nicht vor. Ungeachtet dessen normierte die VOL/A EG 2009 hier von Beginn an weitergehende Nachforderungsmöglichkeiten für alle Arten von Erklärungen einschließlich unwesentlicher Preise. Die Umsetzung von Art. 51 der Vergabekoordinierungsrichtlinie in der VOL/A EG 2009 wurde daher zum Teil für europarechtswidrig gehalten.[12]

11   Die bisherige Rechtsprechung des EuGH zu Nachforderungsmöglichkeiten gemäß der Vergabekoordinierungsrichtlinie statuierte den Grundsatz, dass Angebote nicht nachträglich geändert werden dürfen, es gilt das Nachverhandlungsverbot. Es sind nur „Klarstellungen" bzw. die Behebung offensichtlicher Fehler zulässig. Gibt der öffentliche Auftraggeber einem Bieter die Möglichkeit, Unterlagen zu erläutern bzw. klarzustellen, muss er dieses Recht allen Bietern einräumen.[13]

12   Die vorgenannten Entscheidungen beruhen allerdings ausschließlich auf der Vergabekoordinierungsrichtlinie, die in Art. 51 ausdrücklich die Möglichkeit zur „Vervollständigung und Erläuterung" von Angebotsunterlagen vorsieht. Dagegen dürften Entscheidungen des EuGH[14] zur Sektorenrichtlinie[15] und der Auftragsvergaberichtlinie nicht übertragbar sein, da hier eine Regelung zur Nachforderung bislang fehlte.

(Vorlage einer nicht stichtagsbezogenen Eigenkapitalbescheinigung) = BeckRS 2013, 02132; VK Lüneburg Beschl. v. 11.3.2013 – VgK – 03/2013 (Nachweis der Versicherungssumme nur i. H. v. EUR 500.000,00 statt von EUR 1 Mio.) = IBRRS 2013, 3225; VK Brandenburg Beschl. v. 24.8.2012 – VK 25/12 (Angabe der Umsatzzahlen der Firmengruppe anstatt derjenigen des Einzelbieters) = BeckRS 2012, 22279. Dagegen aber VK Sachsen Beschl. v. 5.5.2014 – 1/SVK/010–14 = BeckRS 2014, 21204: zulässige Nachforderung eines Formblattes über eine Erklärung zur Zuverlässigkeit, welches irrtümlich für den Geschäftsführer und nicht für den Bieter abgegeben wurde.

[10] RL 2014/24/EU des Europäischen Parlaments und des Rates vom 26.2.2014 über die öffentliche Auftragsvergabe und zur Aufhebung der Richtlinie 2004/18/EG, ABl. L 94/65 vom 26.2.2014.

[11] RL 2004/18/EG des Europäischen Parlaments und des Rates vom 31.3.2004 über die Koordinierung der Verfahren zur Vergabe öffentlicher Bauaufträge, Lieferaufträge und Dienstleistungsaufträge, ABl. L 134 vom 30.4.2004, S. 114.

[12] *Weyand* Vergaberecht § 16 VOL/A Rn. 148.7.2.4.2; Urt. v. 11.5.2017 – Rs. C-131/16; der EuGH hielt nur die Nachforderung wertungsrelevanter Angaben für unzulässig, vgl. EuGH Urt. v. 11.5.2017 – Rs C-131/16 (Austausch von Druckproben für Digitalisierungsarbeiten).

[13] *Dittmann* VergabeR 2017, 285, 291; EuGH Urt. v. 7.4.2016 – Rs. C-324/14 = BeckRS 2016, 80574; Urt. v. 10.10.2013 – Rs. C-336/12 = IBRRS 2013, 4143 und Urt. v. 29.3.2012 – Rs C 599/10 = IBRRS 2012, 1222.

[14] EuGH Urt. v. 11.5.2017 – Rs. C-131/16 = IBRRS 2017, 1676. Streitgegenständlich war hier insbesondere auch der Austausch eines Druckerzeugnisses, das Bestandteil der Wertung war. Zu Recht lehnt der EuGH ein solches Austauschrecht ab. Insoweit ist die Entscheidung des EuGH an dieser Stelle konsequent und widerspricht nicht § 56 VgV.

[15] RL 2004/17/EG des Europäischen Parlaments und des Rates vom 31.3.2004 zur Koordinierung der Zuschlagserteilung durch Auftraggeber im Bereich der Wasser-, Energie und Verkehrsversorgung sowie der Postdienste, ABl. L 134 vom 30.4.2004, S. 1.

Die neue Auftragsvergaberichtlinie normiert in Art. 56 Abs. 3 nunmehr ausdrücklich das **13** Recht zur Nachforderung von „Informationen oder Unterlagen innerhalb einer angemessenen Frist", soweit dies unter voller Einhaltung der Grundsätze der Transparenz und der Gleichbehandlung erfolgt. Nicht mehr differenziert wird danach, ob es sich um Eignungsnachweise oder Angebotsunterlagen handelt.

Die deutsche Umsetzung in § 56 VgV übernimmt die Vorgabe, dass eine Nachforderung **14** nur unter Einhaltung der Grundsätze von Transparenz und Gleichbehandlung möglich sein soll. Da Art. 56 der Auftragsvergaberichtlinie eine Nachforderung u. a. auch bei „fehlerhaften Unterlagen" vorsieht, lässt der Verordnungsgeber nunmehr eine Korrektur unternehmensbezogener Unterlagen, insbesondere von Eigenerklärungen, Angaben, Bescheinigungen oder sonstigen Nachweisen ausdrücklich zu. Das Nachreichen von leistungsbezogenen Inhalten und die Korrektur vorgelegter Erklärungen dient zwar dem Gebot der Wirtschaftlichkeit, ist aber nur in bestimmten Fallgruppen mit dem Grundsatz der Gleichbehandlung vereinbar (vgl. hierzu B II.).

Es ist fraglich, ob die Entscheidungen des EuGH zur Nachforderung von Unterlagen auf **15** der Grundlage der Vergabekoordinierungsrichtlinie eins zu eins übertragen werden können.[16] Für eine Fortgeltung könnte sprechen, dass sich der EuGH auf die Grundsätze von Gleichbehandlung und Wettbewerb beruft, die nach wie vor für jede Vergabe gelten. Allerdings sprechen die wohl besseren Gründe dafür, dass auf der Grundlage von Art. 56 der Auftragsvergaberichtlinie und § 56 VgV zukünftig fehlende, unvollständige oder fehlerhafte unternehmensbezogene Unterlagen und leistungsbezogene Unterlagen, die nicht der Wertung dienen, nachgefordert werden dürfen. Denn der Richtliniengeber hat die Grundsätze von Gleichbehandlung und Wettbewerb bereits durch das in Art. 56 Abs. 3 vorgesehene Regel-Ausnahme-Verhältnis berücksichtigt. Die Regel lautet, dass Unterlagen nachgefordert werden dürfen. Als Ausnahme hiervon werden leistungsbezogene Unterlagen, die der Angebotswertung dienen, genannt, da gerade hier eine Manipulationsmöglichkeit gegeben ist.

B. Prüfung von Interessensbestätigungen, Teilnahmeanträgen und Angeboten sowie Nachforderung von Unterlagen

I. Anwendungsbereich

Der Anwendungsbereich des § 56 VgV ist nach dem Wortlaut in Abs. 1 deutlich weiter **16** als der Anwendungsbereich der Vorgängerregelung. Denn anders als die Vorgängerregelung § 19 EG Abs. 1 VOL/A erwähnt § 56 Abs. 1 VgV nun nicht mehr ausschließlich nur Angebote, sondern bezieht explizit Interessensbestätigungen und Teilnahmeanträge mit ein. Damit wurden vorhandene Lücken und Fragen zum Anwendungsbereich geschlossen und insbesondere klargestellt, dass sich die Prüfpflicht gemäß § 56 Abs. 1 VgV und die in § 56 Abs. 2 VgV geregelten Nachforderungsmöglichkeiten auch auf Eignungsnachweise und auf eingereichte Unterlagen nach einer Vorinformation und Aufforderung zur Abgabe einer Interessensbestätigung in einem Teilnahmewettbewerb (vgl. hierzu § 53 Abs. 3 VgV) bezieht. Warum hier anders als beispielsweise in § 57 Abs. 3 VgV Interessensbekundungen in § 56 Abs. 1 VgV nicht explizit erwähnt werden, bleibt offen. Vermutlich handelt es sich hier um ein redaktionelles Versehen. § 56 VgV dürfte damit auch auf Interessensbekundungen Anwendung finden.

Während die VOL/A EG zudem „nur" vorsah, dass unwesentliche fehlende Preisanga- **17** ben nachgefordert werden dürfen, konkretisiert die neue VgV die Vorgaben zum Umgang mit fehlenden Preispositionen. Denn sie kodifiziert nunmehr neben der auch bislang vor-

---

[16] Für eine solche Fortgeltung: *Dittmann* in KKMPP, VgV, § 56 Rn. 32.

gesehenen Nachforderungsmöglichkeit für unwesentliche Preisangaben, dass Angebote mit fehlenden wesentlichen Preisangaben auszuschließen sind.

II. Prüfung der Vollständigkeit sowie fachlichen und rechnerischen Richtigkeit

18   Die Vollständigkeit und die fachliche Richtigkeit von Interessensbestätigungen, Teilnahmeanträgen und Angeboten sind nach § 56 Abs. 1 VgV von der Vergabestelle zu prüfen und zu dokumentieren. Angebote sind zudem auf rechnerische Richtigkeit zu prüfen. Die Prüfung ist notwendige Voraussetzung für eine mögliche Nachforderung fehlender, unvollständiger oder fehlerhafter Unterlagen, für einen etwaigen Ausschluss gemäß § 57 VgV sowie für die Wertung und den Zuschlag nach § 58 VgV.

19   Die Prüfung nach § 56 Abs. 1 VgV dient zunächst der Feststellung der sachlichen Richtigkeit und damit der Vorbereitung der weiteren Prüfung sowie Wertung der Interessensbestätigungen, Interessensbekundungen, Teilnahmeanträgen und Angeboten und ist daher vorrangig im Interesse des Auftraggebers. Zwar werden die Unterlagen jeweils für sich auf Vollständigkeit und Fehler geprüft. Sichergestellt werden soll damit aber auch, dass die Angebote miteinander vergleichbar sind.

1. Prüfung auf Vollständigkeit[17]

20   Die Vollständigkeitsprüfung erfordert eine detaillierte und sorgfältige Prüfung des Auftraggebers dahingehend, dass die jeweils geforderten Angaben, Erklärungen, Bescheinigungen, Nachweise sowie Anlagen vollständig enthalten sind. Dies umfasst bei Angeboten insbesondere auch, ob die Leistungsverzeichnisse vollständig ausgefüllt und die geforderten Preise angegeben wurden. Hat der Auftraggeber bestimmte Muster für die Angebotserstellung vorgegeben, muss geprüft werden, ob die Bewerber oder Bieter diese verwendet haben.[18] Auch Erklärungen Dritter über Lizenzen, Zertifikate oder zur Qualität der Leistung gehören zum Leistungsumfang.

21   Zur Prüfung und zwecks Dokumentation der von den Bewerbern bzw. Bietern eingereichten Unterlagen haben sich in der Praxis Checklisten und Tabellen bewährt, die jeweils detailliert auszufüllen sind und in denen etwaige Besonderheiten zu den Unterlagen der Bewerber bzw. Bieter vermerkt werden. Auch wenn nach der VgV – anders als noch in der VOL/A EG[19] – keine Verpflichtung des Auftraggebers besteht, eine Checkliste für die Bieter mit von diesen einzureichenden Unterlagen beizufügen, macht dies in der Praxis weiter durchaus Sinn.

22   Fehlen danach Unterlagen, die gemäß § 56 Abs. 2 und 3 VgV nicht nachgefordert werden sollen oder dürfen und behaupten sowohl die Vergabestelle als auch der Bieter bzw. Bewerber, dass die entsprechende Unterlage fehlte bzw. vorlag, ist in einer non liquet Situation zu Lasten der beweisbelasteten Partei – in der Regel also des Bieters bzw. Bewerbers – zu entscheiden.[20]

2. Überprüfung der fachlichen Richtigkeit[21]

23   Die fachliche Richtigkeitsprüfung bezieht sich auf den fachlichen Inhalt der von den Bewerbern bzw. Bietern eingereichten Unterlagen. Bei Angeboten umfasst dies regelmäßig die Prüfung, ob die angebotene Leistung den Anforderungen der Ausschreibung, insbeson-

---

[17] Vgl. zu den weiteren Einzelheiten die Kommentierung zu § 57 VgV.
[18] BGH Beschl. v. 26.9.2006 – X ZB 14/06 = NZBau 2006, 800.
[19] Vgl. § 9 EG Abs. 4 VOL/A.
[20] OLG Düsseldorf Beschl. v. 19.11.2003 – VII-Verg 47/03 = IBRRS 2003, 3192; VK Baden-Württemberg Beschl. v. 13.11.2013 – 1 VK 38/13.
[21] Vgl. zu den weiteren Einzelheiten die Kommentierung zu § 57 VgV.

dere der Leistungsbeschreibung und den technischen Spezifikationen entspricht. In der Praxis relevant wird dies regelmäßig, wenn der Auftraggeber im vergaberechtlich zulässigen Rahmen Leitprodukte oder -verfahren vorgegeben hat, und der Bieter davon abweichende Produkte, Fabrikate oder Verfahren anbietet. Hier ist dann zu prüfen, ob diese in fachlicher Sicht den Anforderungen der Ausschreibung genügen.

Bei Verhandlungsverfahren, im wettbewerblichen Dialog oder bei der Innovationspart- 24
nerschaft hat die fachliche Richtigkeitsprüfung hingegen kaum praktische Bedeutung, da diese Verfahrensarten keine abschließenden Leistungsanforderungen setzen. Denn diese werden erst im Dialog und in den Verhandlungen mit den Bietern anhand der jeweils angebotenen Lösungsvorschläge erörtert und weiter konkretisiert. Bei Erstangeboten kann allenfalls geprüft werden, ob die jeweils geforderten Mindestanforderungen fachlich richtig angeboten wurden. Ähnliches dürfte in der Praxis für Teilnahmeanträge, Interessensbestätigungen und Interessensbekundungen gelten. Auch hier gibt es kaum Anhaltspunkte für die Prüfung der fachlichen Richtigkeit. Der Schwerpunkt liegt hier vielmehr auf der Vollständigkeits- und der Eignungsprüfung.

3. Prüfung der rechnerischen Richtigkeit

Die rechnerische Richtigkeitsprüfung beschränkt sich hingegen schon nach dem Wort- 25
laut des § 56 Abs. 1 VgV auf Angebote. Sinn und Zweck dieser Prüfung ist, im Angebot mitunter enthaltene mathematische Rechenfehler aufzudecken, bevor der wertungsrelevante Angebotspreis in die Wertung und damit in die Ermittlung des wirtschaftlichsten Angebotes einfließt. Zu prüfen ist insbesondere, ob das Gesamtrechenergebnis und der Rechenweg richtig sind. Dabei sollen Rechenfehler ebenso wie Übertragungsfehler aufgedeckt werden. Ob dem Bieter etwaige Rechenfehler absichtlich oder unabsichtlich unterlaufen sind, ist dabei zunächst irrelevant und dürfte im Übrigen oftmals auch nicht geklärt werden können.

Sollte die rechnerische Richtigkeitsprüfung des Angebots einen Fehler ergeben und ist 26
nicht ohne Weiteres ersichtlich, was Ursache dafür ist, ist dies im Wege der Auslegung zu ermitteln. Für das Verständnis der Preisangaben des Bieters im Angebot sind die Auslegungsregelungen der §§ 133, 157 BGB heranzuziehen. Danach sind empfangsbedürftige Willenserklärungen grundsätzlich so auszulegen, wie der Erklärungsempfänger diese unter Beachtung der im Verfahren erforderlichen Sorgfalt verstehen durfte. Danach dürfen z.B. nur offensichtliche Additions- oder Multiplikationsfehler korrigiert werden, anderenfalls wäre die Manipulationsgefahr zu groß.[22]

Fraglich ist, wie weit die Prüfpflicht auf erster Wertungsstufe reicht. So wird kontrovers 27
diskutiert, ob z.B. auch Mischkalkulationen oder ein Verstoß gegen Kalkulationsvorgaben auf erster Wertungsstufe zu prüfen sind.[23] Zum Teil wird vertreten, dass auf erster Wertungsstufe nur zu prüfen sei, ob überhaupt ein Preis angegeben ist.[24] Zum Teil wird aber auch vertreten, dass zu prüfen sei, ob die Preisangaben inhaltlich zutreffend sind.[25] Richtigerweise wird man im Rahmen der rechnerischen Prüfung auch untersuchen müssen, ob Kosten- und Preisverlagerungen vorliegen bzw. gegen Kalkulationsvorgaben verstoßen wurde. Denn die Prüfung gemäß § 56 VgV ist Voraussetzung für einen möglichen Ausschluss des Angebotes gemäß § 57 Abs. 1 Nr. 2, 4 oder 5 VgV.[26]

---

[22] EuGH Urt. v. 10.10.2013 – C-336/12 = BeckEuRS 2013, 738907; Urt. v. 29.3.2012 – C-599/10 = BeckEuRS 2012, 673011; OLG München Beschl. v. 10.12.2009 – Verg 16/09 mwN = BeckRS 2010, 02617; VK Bund Beschl. v. 18.2.2016 – VK 1–2/16 = VPRRS 2016, 0234.
[23] Vgl. zum Diskussionsstand insgesamt mit weiteren Nachweisen: *Dicks* in KKMPP, VgV, § 56 Rn. 65 ff.
[24] OLG Naumburg Beschl. v. 29.1.2009 – 1 Verg 10/08 = BeckRS 2009, 06521.
[25] OLG Schleswig VergabeR 2006, 367, 368.
[26] Vgl. zu den Ausschlussgründen die Kommentierung zu § 57 VgV.

III. Nachforderung von Unterlagen und Korrektur

1. Nachforderung von Erklärungen, Nachweisen und Unterlagen

28   Die Möglichkeit, Unterlagen nachzufordern, dient einer wirtschaftlichen Vergabe. Denn dadurch dürfen insbesondere auch Bieter, die das wirtschaftlichste Angebot abgegeben haben, berücksichtigt werden, obwohl ihr Teilnahmeantrag bzw. ihr Angebot formale Fehler enthalten, die erst nachträglich ausgebessert werden.

29   Durch die Nachreichungsmöglichkeit fehlender Unterlagen wird den Bietern aber auch ein Manipulationsspielraum eingeräumt, da sie alleine entscheiden, ob sie ein Angebot „wertbar" machen oder eine zwischenzeitlich entstandene andere günstige Gelegenheit nutzen und das Angebot formal unvollständig belassen mit der Folge des Ausschlusses.[27] Das Nachfordern von Unterlagen räumt den Bietern ein „faktisches Rücktrittsrecht" ein. In der Praxis wird deshalb auch über eine „schwarze Liste" derjenigen Bieter nachgedacht, die regelmäßig unvollständige Angebote abgeben und von der Möglichkeit, fehlende Unterlagen nachzureichen, keinen Gebrauch machen. Hier soll ein Fall der Unzuverlässigkeit vorliegen.[28] Ferner sind mögliche Schadensersatzansprüche aus vorvertraglicher Pflichtverletzung zu prüfen.[29]

30   Allerdings dürfte die Missbrauchsgefahr im Anwendungsbereich der VOB/A aufgrund der bei Ausschreibungen verbindlichen Submission und damit der Kenntnis der Angebotspreise sowie der verpflichtenden Nachforderung deutlich größer sein als bei der Vergabe von Liefer- und Dienstleistungen.[30] Denn der Bieterkreis und die Angebotspreise bleiben hier geheim. Bei der Vergabe von Liefer- und Dienstleistungen kann ein missbräuchliches Verhalten bei der Abgabe mehrerer Hauptangebote vorliegen, bei denen der Bieter nachträglich entscheidet, welches der Hauptangebote er „wertbar" macht.

31   Was genau „fehlende Unterlagen" gemäß § 56 VgV sind, wird nicht legal definiert.[31] Zum Teil wurde in der Rechtsprechung zur VOL/A EG der Begriff der Unterlage eng ausgelegt, mit der Folge, dass keine wettbewerbs- oder kalkulationserheblichen Unterlagen nachgefordert werden sollten.[32] Dies fand aber im Wortlaut keinen Rückhalt. Nach wohl herrschender Meinung war der Begriff der Erklärung und Nachweise deshalb weit zu verstehen. Laut Gesetzesbegründung zu § 56 VgV soll der Begriff der „fehlenden Unterlagen" den bislang verwendeten Begriff der „Erklärungen und Nachweise" in § 19 EG Abs. 2 VOL/A (2009) ersetzen.[33] Deshalb dürften auch unter der neuen Regelung jedwede Unterlagen mit Ausnahme der wesentlichen Preisangaben gemeint sein.[34] Dafür spricht auch § 48 Abs. 1 VgV, der unter den Begriff der Unterlagen Eigenerklärungen, Angaben, Bescheinigungen und sonstige Nachweise fasst.

32   Eine Unterlage fehlt, wenn sie entweder körperlich nicht vorhanden, die Unterlage nicht lesbar oder ihre Gültigkeitsdauer abgelaufen ist bzw. ein anderer Formmangel vorliegt.[35] Die nachträgliche Möglichkeit, Unvollständigkeiten im Angebot zu heilen, gilt nur

---

[27] Vgl. insoweit *Röwekamp/Fandrey* NZBau 2011, 463 ff.; *Schwabe/John* VergabeR 2012, 559, 560; *Dittmann* VergabeR 2012, 292, 294; *Bode* VergabeR 2009, 729, 737; *Weyand* § 16 VOL/A, Rn. 148 mit Verweis auf OLG Düsseldorf Beschl. v. 9.3.2011 – VII-Verg 52/10 = BeckRS 2011, 08605.

[28] Kritisch hierzu: *Schwabe/John* VergabeR 2012, 559, 562.

[29] *Röwekamp/Fandrey* NZBau 2011, 463, 466.

[30] Vgl. insbesondere zu Kartellabsprachen: *Röwekamp/Fandrey* NZBau 2011, 463 ff.

[31] Kritisch zur fehlenden Definition: *Dittmann* in KKMPP, VgV, § 56 Rn. 22.

[32] *Dittmann* in KKMPP, VgV, § 56 Rn. 14.

[33] Vergaberechtsmodernisierungsverordnung, Fassung Kabinett v. 20.1.2016, S. 221, kritisch im Hinblick auf die unterschiedlichen Begrifflichkeiten „Angabe" und „Erklärung" in § 16 EG Abs. 3 VOL/A einerseits und „Erklärungen und Nachweise" in § 19 VOL/A EG andererseits sowie die fehlende Klarstellung der Begrifflichkeiten in § 56 VgV.

[34] OLG Karlsruhe Beschl. v. 23.3.2011 – 15 Verg 2/11 = BeckRS 2012, 07521.

[35] *Dittmann* VergabeR 2017, 285, 286 mit Verweis auf OLG Düsseldorf Beschl. v. 21.10.2015 – VII-Verg 35/15 = BeckRS 2015, 18388; Beschl. v. 17.12.2012 – VII-Verg 47/12 = BeckRS 2013, 06000; Beschl. v.

für fehlende Nachweise und Erklärungen. Eine fehlende Unterschrift unter dem Angebot, also dem Angebotsschreiben, kann daher nicht vom öffentlichen Auftraggeber nachgefordert oder vom Bieter nachgeholt werden.[36]

§ 56 Abs. 2 VgV stellt nunmehr ausdrücklich klar, dass auch leistungsbezogene Unterla- **33** gen nachgereicht oder vervollständigt werden dürfen, wenn diese Unterlagen nicht der Wirtschaftlichkeitsbewertung dienen. Anders kann der Fall nur dann liegen, wenn alle Angebote unvollständig sind und deshalb alle Bieter nochmals die Chance erhalten, die fehlenden Unterlagen nachzureichen.[37] Einschränkend wird man hier aber aufgrund des Gleichbehandlungsgrundsatzes davon ausgehen müssen, dass in diesem Fall alle Angebote über einen „gleichwertigen Mangel" verfügen müssen.[38]

Eine Nachforderung dürfte insbesondere bei fehlenden Referenzen, Umsatzzahlen, **34** Formblättern, Nachunternehmererklärungen,[39] Versicherungsnachweisen, Deckungssummen in Versicherungsbestätigungen, Nachweisen zum Geräteeinsatz, Ablaufkonzepten und Mustern, Erklärungen zur Verhinderung der Schwarzarbeit, Registerauszügen und Beschäftigungsnachweisen, Urkalkulationen, Herstellererklärungen zu angebotenen Produkten sowie steuerlichen Unbedenklichkeitsbescheinigungen zulässig sein.[40] Nicht zulässig ist dagegen die Nachforderung von Hersteller- und Fabrikatsangaben.[41]

Neben fehlenden Unterlagen ist es im Rahmen einer Nachforderung auch zulässig, ei- **35** nen formalen Fehler in einer tatsächlich vorhandenen Unterlage korrigieren zu lassen, so dass der Auftraggeber für eine Datei, die mit einfacher Signatur versehen ist, die geforderte qualifizierte elektronische Signatur nachfordern darf.[42] Zudem dürften jetzt auch Referenzangaben vervollständigt werden, was zuvor umstritten war, da die Referenz rein formal vorlag und damit eine Nachforderung ausscheiden sollte.[43]

Durch die Neuregelung beantwortet wurde auch die Frage, ob das Nachfordern von **36** Unterlagen nur bei Angeboten – so noch der Wortlaut in § 19 EG Abs. 2 VOL/A 2009 – möglich ist oder auch bei Teilnahmeanträgen.[44] Aus Sicht der Praxis war deshalb die Klarstellung in § 56 VgV, dass fehlende Unterlagen in Teilnahmeanträgen nachgefordert werden dürfen, konsequent und richtig. Denn in der Sache kann es keinen Unterschied machen, ob eine fehlende Erklärung zur Eignung in einem einstufigen Verfahren oder aber in einem zweistufigen Verfahren gefordert wird.

Entscheidend für einen Ausschluss bei Nichtvorlage trotz Nachforderung dürfte sein, **37** dass die vorzulegenden Unterlagen eindeutig in der Bekanntmachung bzw. den Vergabeunterlagen benannt waren.[45] Unternehmensbezogene Unterlagen zur Prüfung der Eignung

---

12.9.2012 – VII-Verg 108/11 = BeckRS 2012, 57035; Beschl. v. 9.1.2011 – VII-Verg 40/11; OLG Koblenz Beschl. v. 19.1.2015 – Verg 6/14 = BeckRS 2015, 03293; OLG Celle Beschl. v. 24.4.2014 – 13 Verg 2/14 = ZfBR 2014, 618; OLG Brandenburg Beschl. v. 30.1.2014 – Verg W 2/14 = BeckRS 2014, 03979; Beschl. v. 7.8.2012 – Verg W 5/12 = BeckRS 2013, 00810.

[36] OLG Düsseldorf 13.4.2016, VII-Verg 52/15. A. A. VK Bund, 6.10.2015, VK 2–91/15.

[37] OLG Düsseldorf VergabeR 2005, 195, 198 f. mwN; OLG Rostock Beschl. v. 30.6.2010 – 17 Verg 2/10 = BeckRS 2011, 03823; vgl. hierzu auch: *Dicks* in KKMPP, VgV, § 56 Rn. 104; EuGH Urt. v. 11.5.2017 – Rs C-131/16.

[38] Vgl. insoweit BGH Beschl. v. 26.9.2006 – X ZB 14/06 = IBR 2006, 688.

[39] Kritisch hierzu: *Lauterbach* VergabeNavigator, 2012, 9, 10.

[40] *Völlink* VergabeR 2015, 355, 359 mwN; *Dittmann* in KKMPP, VgV, § 56 Rn. 13 mit weiteren Nachweisen.

[41] VK Westfalen Beschl. v. 9.6.2017 – VK 1-12/17.

[42] OLG Düsseldorf Beschl. v. 9.5.2011 – VII-Verg 40/11 = BeckRS 2011, 14071, vgl. hierzu auch: OLG Düsseldorf Beschl. v. 13.4.2016 – VII-Verg 52/15 = VPRRS 2016, 0221.

[43] KG Berlin Beschl. v. 4.12.2015 – Verg 8/15 = IBRRS 2016, 0188; OLG Koblenz Beschl. v. 19.1.2015 – Verg 6/14 = BeckRS 2015, 03293; OLG Celle Beschl. v. 24.4.2014 – 13 Verg 2/14 = IBRRS 2014, 1268; OLG Dresden Beschl. v. 17.1.2014 – Verg /13 = BeckRS 2014, 18013; OLG Düsseldorf Beschl. v. 27.11.2013 – VII-Verg 20/13, aA = BeckRS 2013, 21856.

[44] Gegen eine Nachforderung von Erklärungen im Teilnahmewettbewerb: *v. Münchhausen* VergabeR 2010, 374, 377; für die analoge Anwendung: *Franzius* IBR 2010, 1466; *Stoye/Hoffmann* VergabeR 2009, 569, 581; *Dittmann* VergabeR 2012, 292, 300; *Macht/Städler* NZBau 2013, 14, 15.

[45] *Weyand* § 16 VOL/A Rn. 209 ff.; *Bode* VergabeR 2009, 729, 732. VK Bund Beschl. v. 9.8.2012 – VK 1–79/12; VK Westfalen Beschl. v. 29.7.2016 – VK 2–25/17 = IBRRS 2016, 2940.

müssen zwingend bereits in der Bekanntmachung genannt sein bzw. über einen Link in der Bekanntmachung abrufbar sein.[46] Ohne wirksame Forderung ist ein Ausschluss unzulässig.[47] Auch wenn nach der VgV – anders als noch in der VOL/A EG[48] – keine Verpflichtung des Auftraggebers besteht, eine Checkliste für die Bieter mit von ihnen einzureichenden Unterlagen beizufügen, macht dies in der Praxis weiter durchaus Sinn. Dabei sollten Vergabestellen nicht nur darauf achten, den Inhalt der Unterlage möglichst detailliert zu bezeichnen, sondern auch die genaue Art der Unterlage, also z.B. einen behördlichen Nachweis, eine Eigenerklärung des Bieters, etc.[49] Deshalb ist den Vergabestellen anzuraten, die von den Bietern vorzulegenden Unterlagen stets detailliert und transparent zu benennen.[50]

38   Auch wenn eine Unterlage in der Bekanntmachung bzw. den Vergabeunterlagen gefordert wird, kann die Forderung selbst rechtswidrig sein, wenn sie gegen ein gesetzliches Verbot verstößt bzw. die Ermächtigungsgrundlage für die Forderung fehlt. Zu denken ist hier etwa an die Fallgruppe der produktspezifischen Vergabe oder die Forderung von Tariftreueerklärungen in Bereichen, in denen kein für allgemeinverbindlich erklärter Tarifvertrag existiert.[51] Gleiches gilt für Verpflichtungserklärungen von Nachunternehmern, die noch nicht benannt werden können, oder die verpflichtende Vorlage von Nachweisen durch alle Bieter.[52]

2. Korrektur von Unterlagen, Nachweisen und Erklärungen

39   Neu ist die Möglichkeit zur Korrektur von unternehmensbezogenen Unterlagen, wenn hierdurch nicht der Transparenz- und Gleichbehandlungsgrundsatz verletzt wird. Ausgenommen davon sind leistungsbezogene Unterlagen, die nicht korrigiert werden dürfen.

40   Bislang ging die ganz herrschende Meinung davon aus, dass nur eine Nachforderung, nicht jedoch eine Nachbesserung – unabhängig von der Art der Unterlage – zulässig sei.[53] Im Spannungsfeld zwischen einer diskriminierungsfreien Korrekturmöglichkeit und der nachträglichen Manipulation von Angeboten hat der Verordnungsgeber eine Korrekturmöglichkeit deshalb nur für unternehmensbezogene Unterlagen vorgesehen, nicht aber für leistungsbezogene Unterlagen.[54] Unternehmensbezogene Unterlagen sind in der Regel Erklärungen und Unterlagen zur Eignung, nicht aber Angebotsunterlagen, Leistungsverzeichnisse, etc.[55] Hätte der Verordnungsgeber auch eine Nachbesserungsmöglichkeit für leistungsbezogene Unterlagen vorgesehen, wäre die Manipulationsgefahr zu groß gewesen.

41   Die Nachbesserung von unternehmensbezogenen Unterlagen entspricht dem Wettbewerbsgrundsatz, da hierdurch viele Bieter beteiligt und tatsächlich das wirtschaftlich güns-

---

[46] OLG Düsseldorf Beschl. v. 16.11.2011 – VII-Verg 60/11 = ZfBR 2012, 179.

[47] BGH Urt. v. 3.4.2012 – X ZR 130/10 = BeckRS 2012, 11501; OLG Celle Beschl. v. 24.4.2014 – 13 Verg 2/14 = IBRRS 2014, 1268; OLG Düsseldorf Beschl. v. 28.11.2012 – VII-Verg 8/12 = BeckRS 2013, 02326; OLG Düsseldorf Beschl. v. 31.10.2012 – VII-Verg 17/12 = BeckRS 2012, 24284; OLG Naumburg Beschl. v. 23.2.2012 – 2 Verg 15/11 = BeckRS 2012, 05985; OLG München Beschl. v. 7.4.2011 – Verg 5/11 = BeckRS 2011, 08609; OLG Düsseldorf Beschl. v. 3.8.2011 – VII-Verg 30/11 = BeckRS 2011, 21699; VK Lüneburg Beschl. v. 12.6.2015 – VgK-16/2015 = BeckRS 2015, 12750; VK Arnsberg Beschl. v. 26.3.2013 – VK 4/13 = VPRRS 2013, 0741 zur Mehrdeutigkeit der Formblatterklärung Tariftreue nach dem TVgG-NRW. Vgl. insoweit auch *Völlink* VergabeR 2015, 355, 358.

[48] § 9 EG Abs. 4 VOL/A.

[49] Vgl. hierzu: OLG Düsseldorf Beschl. v. 17.7.2013 – VII Verg 10/13 = BeckRS 2013, 19903; Beschl. v. 31.10.2012 – VII-Verg 17/12 = BeckRS 2012, 24284; Beschl. v. 17.1.2009 – VII-Verg 59/08; Beschl. v. 4.6.2008 – VII-Verg 21/08 = BeckRS 2009, 05989; OLG München Beschl. v. 21.5.2010 – Verg 2/10 = BeckRS 2010, 13748; OLG Rostock Beschl. v. 8.3.2006 – 17/Verg 16/05 = BeckRS 2006, 05426.

[50] VK Sachsen-Anhalt Beschl. v. 27.4.2015 – 3 VK LSA 12/15 = IBRRS 2016, 0212.

[51] *Dittmann* in KKMPP, VgV, § 56 Rn. 20 mit weiteren Hinweisen.

[52] Vgl. insoweit § 36 Abs. 1 Satz 2 VgV bzw. bei einer über die Nachunternehmerschaft hinausgehende Eignungsleihe § 57 VgV.

[53] *Weyand* § 16 VOL/A Rn. 195 ff.

[54] Vgl. hierzu: Vergaberechtsmodernisierungsverordnung, Fassung Kabinett v. 20.1.2016, S. 221.

[55] *Kirch/Jentsch* VergabeNews 2016, 114, 116.

tigste Angebot bezuschlagt werden kann, auch wenn darin geringe formale Mängel enthalten sind.[56] So führte es nach der VOL/A EG 2009 zum Ausschluss, wenn ein Bieter den Konzern- statt des eigenen Unternehmensumsatzes[57] angab oder zwar Referenzen vorgelegt wurden, diese aber nicht die geforderten Mindestanforderungen[58] erfüllten. Gleiches galt für die versehentliche Vorlage einer Präqualifizierung für die VOL/A EG 2009 statt der VOB/A EG 2012.[59] Bislang führte dies zum Ausschluss, da die Rechtsprechung – richtigerweise – davon ausging, dass hierin eine unzulässige Nachbesserung lag. Nunmehr lässt § 56 VgV Korrekturen ausdrücklich zu. Es erscheint im Sinne einer wirtschaftlichen Vergabe sinnvoll und geboten, Korrekturmöglichkeiten für unternehmensbezogene Erklärungen zuzulassen und zum Beispiel nach einem entsprechenden Hinweis den eigenen Unternehmensumsatz statt des Konzernumsatzes anzugeben oder aber einzelne Referenzangaben zu vervollständigen.[60] Denn faktisch erhält der Bieter keinen Wettbewerbsvorteil, wenn er bereits vorhandene und nicht veränderbare Unternehmensangaben korrigiert.[61] Diese Nachbesserungsmöglichkeit dürfte insbesondere auch den europäischen Vorgaben entsprechen (vgl. hierzu Kommentierung A III.).

Dagegen widerspräche es dem Gleichbehandlungsgrundsatz, nachträgliche Korrekturen **42** in den weiteren wertungsrelevanten Angebotsunterlagen zuzulassen.[62] Denn dadurch könnte das Wertungsergebnis verfälscht werden. Bieter hätten durch die Korrektur im Ergebnis mehr Zeit zur Erstellung der Angebote. Zudem hätten sie durch Änderung von technischen Daten im Leistungsverzeichnis die Möglichkeit, die Wertungsreihenfolge zu verändern. Hierdurch würden andere Bieter diskriminiert. Gerade deshalb ist eine Korrektur richtigerweise bereits nach dem Wortlaut ausgeschlossen, wenn es sich um wertungsrelevante Unterlagen handelt.

3. Aufklärung zu vorgelegten Unterlagen oder angebotenen Preisen

Abzugrenzen ist die Fallgruppe der Nachforderung bzw. Korrektur von der Aufklärung. **43** Die Aufklärung dient der Erläuterung, nicht aber der Nachbesserung einer Unterlage.

Eine Aufklärung kann aber immer dann erforderlich werden, wenn der Bieter selbst das **44** Angebot nachgebessert hat und somit ein Widerspruch vorliegt. Behält sich die Vergabestelle zum Beispiel vor, nachträglich Unterlagen zu fordern und stehen diese Unterlagen in teilweisem Widerspruch zum Angebot, ist vor einem Ausschluss eine Aufklärung erforderlich.[63] So ist es z. B. zulässig, wenn ein Bieter im Angebot eine Liste von Nachunternehmerleistungen benennt und nach Aufforderung durch die Vergabestelle, die Nachunternehmer namentlich zu benennen, eine Nachunternehmerleistung als Eigenleistung deklariert, wenn hierfür nachvollziehbare Gründe im Rahmen der Aufklärung genannt werden.

Eine Angebotsaufklärung soll auch immer dann möglich sein, wenn das Angebot unbestimmte Angaben enthält. So entschied das OLG Düsseldorf, dass ein Angebot über Reini-

---

[56] *Luber* VergabeR 2009, 14, 25.

[57] VK Brandenburg Beschl. v. 24.8.2012 – VK 25/12 = BeckRS 2012, 22279; vgl. insoweit gegen eine Nachbesserung nach alter Rechtslage: OLG München Beschl. v. 15.3.2012 – Verg 2/12 = NZBau 2012, 460, 462.

[58] OLG Düsseldorf Beschl. v. 12.9.2012 – VII-Verg 106/12; vgl. insoweit auch OLG Celle Beschl. v. 24.4.2014 – 13 Verg 2/14 = IBRRS 2014, 1268. Dagegen war und ist die Nachforderung einer formal fehlenden Referenz zulässig, vgl. OLG Düsseldorf Beschl. v. 17.3.2011 – VII-Verg 56/10 = BeckRS 2013, 12285; OLG Düsseldorf Beschl. v. 7.11.2012 – VII-Verg 12/12 = BeckRS 2012, 25113.

[59] VK Südbayern Beschl. v. 5.12.2013 – Z3–3-3194-1-38-10/13 = IBRRS 2014, 0207.

[60] Die Einreichung komplett neuer Referenzen dürfte dagegen unzulässig sein, vgl. *Dittmann* in KKMPP, VgV, § 56 Rn. 46.

[61] AA *Dittmann* VergabeR 2017, 285, 287, wonach nur Schreibfehler oder bloße Erläuterungen unklarer oder widersprüchlicher Angaben korrigiert werden dürfen. Auch die Vorlage inhaltlich unzureichender Referenzen könne nicht durch die Nachforderung geeigneter Referenzen geheilt werden, vgl. *Dittmann* in KKMPP, VgV, § 56 Rn. 32.

[62] Vgl. insoweit: EuGH Urt. v. 10.10.2013 – C 336/12 = IBBRS 2013, 4143; aA VK Baden-Württemberg, Beschl. v. 10.2.2014 – 1 VK 2/14 = BeckRS 2016, 4068; *Dittmann* VergabeR 2017, 285, 287.

[63] OLG Düsseldorf Beschl. v. 21.10.2015 – VII-Verg 35/15 = BeckRS 2015, 18388.

gungsleistungen nicht gegen die Mindestanforderungen verstößt, wenn der Auftraggeber für die Reinigung im Leistungsverzeichnis und Vertrag einen bestimmten Personaleinsatz vorsieht und der Bieter im Angebot angibt, „voraussichtlich" diese Anzahl von Reinigungskräften einzusetzen oder mit dem Zusatz „ca." arbeitet. Denn der Bieter gibt das Angebot insbesondere auf der Grundlage des Vertrages ab, durch den Zuschlag ist der Einsatz der vertraglich vorgegebenen Anzahl von Reinigungskräften bindend.[64] Ferner sah das OLG Düsseldorf es als unschädlich an, wenn ein Bieter im Angebot eine bestimmte Anzahl von Objektkontrollen pro Woche auf einem Formblatt ankreuzt und in den Angebotskonzepten hiervon abweicht. Das Angebot sei aus Sicht des objektiven Empfängers gemäß §§ 133, 157 BGB auszulegen. Vor einem Ausschluss müsse aufgeklärt werden, ob etwaige Widersprüche sich nicht ggf. auf unterschiedliche Reinigungsphasen bezögen. Zudem müssten die Aussagen in den Konzepten im jeweiligen Gesamtzusammenhang gesehen werden.[65] Damit räumt das OLG Düsseldorf dem öffentlichen Auftraggeber einen weiten Aufklärungsspielraum ein.

Weicht ein Bieter im Rahmen der Angebotsaufklärung aber von den Vergabeunterlagen ab, führt dies zum Ausschluss. Es gibt keinen Grundsatz, wonach der Bieter das vom Auftraggeber nachgefragte anbieten wolle, so das OLG Düsseldorf.[66] Im konkreten Fall hatte der Bieter durch Aufschlüsselung der Arbeitsstunden für die Werk- und Montageplanung dem verbindlichen Bauzeitenplan widersprochen. Eine weitere Aufklärung war damit unzulässig.

45   Eine Aufklärung in Bezug auf Preispositionen ist immer dann geboten, wenn Positionen mit EUR 0,00 oder zu einem offensichtlich nicht auskömmlichen Preis angeboten wurden.[67] Zwar steht die Aufklärung der Preise grundsätzlich im Ermessen des Auftraggebers, allerdings darf der Auftraggeber in Zweifelsfällen, in denen kein offensichtlich unvollständiges Angebot vorliegt, den Bieter nicht ohne Aufklärung ausschließen.[68] Den Bieter trifft die Obliegenheit, seine Kalkulation zu erläutern. Dem stehen auch etwaige Betriebs- und Geschäftsgeheimnisse nicht entgegen, da Angebote im Vergabeverfahren gemäß §§ 4, 54 VgV ohnehin geheim zu halten sind.[69] Ein Ausschluss ist dann nur auf der Grundlage gesicherter Tatsachenkenntnis möglich, die materielle Feststellungslast liegt also beim öffentlichen Auftraggeber.[70] Den Bieter trifft in diesen Fällen eine sekundäre Beweislast, um den Vorwurf der unvollständigen Preisangabe zu entkräften.[71]

46   Wegen der weiteren Einzelheiten zur Aufklärung der Preise wird auf die Kommentierung zu § 60 Abs. 1 VgV verwiesen.

4. Keine zeitliche Befristung für Nachforderungs- und Korrekturmöglichkeiten

47   Zudem ist fraglich, wie mit Fallgruppen umzugehen ist, in denen ein öffentlicher Auftraggeber sich die Vorlage von Nachweisen zur Prüfung der Eigenerklärungen vorbehält. Kann dann nach erfolgloser Aufforderung eine zweite Nachforderung auf § 56 VgV gestützt werden? Dies wurde von Rechtsprechung und Literatur in der Vergangenheit über-

---

[64] OLG Düsseldorf Beschl. v. 13.12.2017 – VII-Verg 33/17.

[65] OLG Düsseldorf Beschl. v. 13.12.2017 – VII-Verg 33/17.

[66] OLG Düsseldorf Beschl. v. 22.3.2017 – VII-Verg 54/16 = VergabeR 2017, 765.

[67] BGH VergabeR 2004, 473, 478; OLG Dresden VergabeR 2006, 793, 798; BayObLG NZBau 2004, 294, 296; OLG Naumburg ZfBR 2002, 618. Dagegen wird vereinzelt vertreten, dass die Bieter bereits unaufgefordert mit dem Angebot zu Nullpositionen Stellung nehmen müssen, vgl. etwa OLG Frankfurt a.M. VergabeR 2006, 382, 386; OLG Thüringen NZBau 2006, 263, 266; VergabeR 2006, 358, 362.

[68] EuGH Urt. v. 10.12.2009 – T-195/08; wohl auch OLG Frankfurt a.M. NZBau 2006, 259, 260. Vgl. zu einem Fall der „mittelbaren" Aufklärungspflicht OLG Düsseldorf Beschl. v. 21.10.2015 – VII-Verg 35/15 = BeckRS 2015, 18388.

[69] *Dicks* in KKMPP, VgV, § 56 Rn. 95 mit Verweis auf OLG Rostock VergabeR 2006, 374, 378; Thüringer OLG, VergabeR 2006, 358, 361.

[70] *Dicks* in KKMPP, VgV, § 56 Rn. 54 mit Verweis auf Thüringer OLG VergabeR 2006, 358, 361 m. w N.

[71] *Dicks* in KKMPP, VgV, § 56 Rn. 99 mit Verweis auf *Müller-Wrede* NZBau 2006, 73, 76.

wiegend verneint.[72] Denn nach dem Wortlaut der VOL/A EG 2009 war die Nachforderung nur *„bis zum Ablauf der Angebotsfrist"* möglich. Nach dem Sinn und Zweck der Nachforderung wäre es zwar auch nach alter Rechtslage sinnvoll gewesen, eine weitere Nachforderung zuzulassen. Denn in der Sache kann es keinen Unterschied machen, ob eine Anlage bei Angebotsabgabe fehlt und nachgereicht wird oder aber ob die Vergabestelle von vorne herein ankündigt, Anlagen nach Angebotsabgabe zu fordern und bei fehlender Vorlage eine Nachfrist setzt.[73] Aufgrund des Wortlautes war in diesen Fallgruppen eine Nachforderung bei Vergaben nach der VOL/A EG 2009 aber ausgeschlossen.

Bei der Vergabe von Bauleistungen ist es weiterhin gemäß § 16 Nr. 4 VOB/A EU nur **48** zulässig, vorbehaltene Unterlagen einmalig anzufordern, anderenfalls wird das Angebot ausgeschlossen.[74]

Richtigerweise wurde dagegen in der VgV die zeitliche Begrenzung für die Nachforde- **49** rung nicht übernommen. Damit ist die Nachforderung gemäß § 56 VgV auch möglich, wenn es sich um Unterlagen handelt, die auf gesondertes Verlangen vorzulegen sind. Allerdings handelt es sich bei der Anforderung dieser vorbehaltenen Unterlagen noch nicht um ein Nachfordern im Sinne von § 56 VgV. Vielmehr werden Unterlagen hier erstmals angefordert.[75] Eine Nachforderung findet statt, wenn die erstmals angeforderten Unterlagen nicht fristgerecht eingereicht wurden.[76] Ein Vorbehalt – wie in der VOB/A –, wonach vorbehaltene Unterlagen auf erstes Nachfordern vorzulegen sind, fehlt in der VgV.

Diskutiert wird auch die Frage, inwieweit bei Verhandlungsverfahren Unterlagen zu in- **50** dikativen Angeboten nachgefordert werden dürfen. Zum Teil wird hier vertreten, dass indikative Angebote formell überhaupt nicht zu prüfen seien. Nur das letztverbindliche Angebot werde einer formellen Prüfung unterzogen, so dass auch nur hier die Möglichkeit zur Nachforderung bestehe.[77] Richtigerweise wird man hier weiter differenzieren müssen. Wird für die indikativen Angebote eine Angebotsfrist gesetzt und werden für dieses indikative Angebot verpflichtend Unterlagen gefordert, kann auch hier ein formaler Fehler vorliegen, mit der Folge des Ausschlusses bzw. der Nachforderung der fehlenden Unterlage.[78]

5. Wesentliche und unwesentliche Preise

Fehlt eine oder fehlen mehrere wesentliche Preisangaben, führt dies zwingend zum Aus- **51** schluss.[79] Voraussetzung für den Angebotsausschluss ist stets, dass die Preisangabe auch vom öffentlichen Auftraggeber gefordert war.[80] Diese Regelung zum Ausschluss fehlte in der bisherigen VOL/A EG. Hier wurde lediglich aus dem Wortlaut von § 19 EG Abs. 2 Satz 2 VOL/A abgeleitet, dass ein Angebotsausschluss geboten ist, wenn eine wesentliche Preisangabe fehlt.[81]

Der Grundsatz, dass unwesentliche Preisangaben nachgefordert werden dürfen, bleibt **52** dagegen in der VgV unverändert bestehen. Unwesentlich sollen Preise immer dann sein, wenn es sich um unwesentliche Einzelpositionen handelt, deren Einzelpreise den Gesamtpreis nicht verändern oder die Wertungsreihenfolge und den Wettbewerb nicht beeinträch-

---

[72] *Bode* VergabeR 2009, 729, 733; *Bode* IBR 2012, 1229; *Dittmann* VergabeR 2012, 292, 295; OLG Düsseldorf Beschl. v. 17.2.2016 – VII-Verg 37/14; OLG Düsseldorf Beschl. v. 21.10.2015 – VII-Verg 35/15 = NZBau 2016, 61; VK Bund Beschl. v. 25.8.2016 – VK 2–71/16 = VPRRS 2016, 0346; VK Rheinland-Pfalz Beschl. v. 10.11.2015 – VK 1–26/15 = VPRRS 2016, 0002; VK Rheinland-Pfalz Beschl. v. 10.11.2015 – VK 1–26/15 = VPRRS 2016, 0002.
[73] OLG Frankfurt Beschl. v. 21.2.2012 – 11 Verg 11/11 = BeckRS 2012, 16589; OLG Celle Beschl. v. 16.6.2011 – 13 Verg 3/11; *Schwabe/John* VergabeR 2012, 559, 563.
[74] VK Nordbayern Beschl. v. 28.11.2016 – 21.VK-3194-35/16 = VPRRS 2017, 0027.
[75] BR-Drs. 87/16, Seite 209.
[76] Gegen eine solche Nachforderungsmöglichkeit: *Dittmann* in KKMPP, VgV, § 56 Rn. 17.
[77] *Dittmann* in KKMPP, VgV, § 56 Rn. 16.
[78] OLG Naumburg Beschl. v. 23.12.2014 – 2 Verg. 5/14 = VPRRS 2015, 0047 und Beschl. v. 18.8.2011 – 2 Verg 3/11 = BeckRS 2011, 21711.
[79] *Dicks* in KKMPP, VgV, § 56 Rn. 54 mit Verweis auf OLG Koblenz VergabeR 2006, 233, 236.
[80] *Dicks* in KKMPP, VgV, § 56 Rn. 54 mit Verweis auf OLG Rostock VergabeR 2006, 374, 376.
[81] Vgl. hierzu ausführlich: *Dicks* in KKMPP, VgV, § 56 Rn. 53.

tigen. Eine Preisposition ist also insbesondere dann unwesentlich, wenn eine Veränderung des Gesamtpreises ausgeschlossen werden kann, also wenn der Preis für die Einzelposition durch Subtraktion der Summe aller Einzelpositionen vom Gesamtpreis ermittelt werden kann. Weitere Anhaltspunkte, wann ein Preis wesentlich oder unwesentlich ist, fehlen hingegen in der VgV. Es handelt sich um einen unbestimmten Rechtsbegriff, höchstrichterliche Entscheidungen hierzu fehlen bislang.[82]

53   Die Wesentlichkeitsschwelle soll überschritten sein, wenn die Preise mehr als 6 % oder 10 % des angebotenen Gesamtentgeltes ausmachen.[83] Abzustellen ist damit weniger auf die wettbewerbliche Relevanz des Preises als vielmehr auf den wertmäßigen Anteil im Einzelfall.[84]

54   Eine Nachforderung der Preisangabe ist ferner zulässig, wenn hierdurch die Wertungsreihenfolge nicht verändert wird – bei der fehlenden Position würden also die Preise des günstigsten und teuersten Bieters eingesetzt. Verändert sich die Rangfolge, ist die Nachforderung ausgeschlossen.[85]

55   Zudem ist es zulässig, Preise nachzufordern, die nicht wertungsrelevant sind.[86]

56   Neben einer fehlenden soll auch eine falsche Preisangabe zum Ausschluss führen, also insbesondere eine Preisangabe, die unvollständig oder unzutreffend ist.[87]

IV. Ermessen

57   Anders als in der VOB/A besteht bei der Vergabe von Liefer- und Dienstleistungen kein Anspruch auf die Nachforderung fehlender Unterlagen. Bieter bzw. Bewerber haben jedoch Anspruch darauf, dass die Vergabestellen das ihnen zustehende Ermessen ordnungsgemäß ausüben.[88] Die Vergabekammer kann nur prüfen, ob ein Ermessensnichtgebrauch oder ein Ermessensfehlgebrauch vorliegen.[89]

58   Es ist ausreichend, die Nachforderung auf diejenigen Bieter oder Bewerber zu beschränken, deren Teilnahmeanträge oder Angebote in die engere Wahl kommen. Öffentliche Auftraggeber sind nicht verpflichtet, von allen Bietern oder Bewerbern gleichermaßen Unterlagen nachzufordern.[90]

59   Im Rahmen der Ermessenabwägung ist es unerheblich, ob nur wenige oder viele Unterlagen fehlen oder aber ob die fehlende Unterlage wettbewerbs- oder kalkulationserheblich ist. Allerdings ist bei der Ermessensabwägung stets der Gleichbehandlungsgrundsatz zu berücksichtigen.[91] Der Verzicht auf die Nachforderung soll insbesondere aus Zeitgründen zulässig sein.[92] Es ist jedoch zu empfehlen, in derartigen Fallkonstellationen in der Verfah-

---

[82] *Dicks* in KKMPP, VgV, § 56 Rn. 60.

[83] OLG Brandenburg Beschl. v. 1.11.2011 – Verg W 12/11 = BeckRS 2011, 25289; *Vavra* in *Ziekow/Völlink*, Vergaberecht, 2. Auflage 2013, § 16 VOL/A Rn. 4c; für eine prozentuale Grenze in Höhe von 3 %: *Bode* VergabeR 2009, 723, 737.

[84] *Dicks* in KKMPP, VgV, § 56 Rn. 60.

[85] OLG Brandenburg Beschl. v. 1.11.2011 – Verg W 12/11 = BeckRS 2011, 25289; VK Westfalen Beschl. v. 29.7.2016 – VK 2–25/16; *Völlink* VergabeR 2015, 355, 361, für eine deutlich niedrigere Schwelle von bis zu 1 %: *Stapelfeldt* KommJur 2010, 241, 244.

[86] VK Westfalen Beschl. v. 29.7.2016 – VK 2 – 25/16.

[87] BGH Urt. v. 24.5.2005 – X ZR 243/02, NZBau 2005, 594, 595, VergabeR 2004, 473, 476; BGH Urt. v. 16.4.2002 – X ZR 67/00, NJW 2002, 2558, NZBau 2002, 517; Urt. v. 7.1.2003 – X ZR 50/01, NZBau 2003, 293, 296, VergabeR 2003, 558.

[88] OLG Karlsruhe Beschl. v. 23.3.2011 – 15 Verg 2/11 = ZfBR 2012, 301.

[89] OLG Düsseldorf Beschl. v. 9.5.2011 – Verg 41/11 = BeckRS 2011, 14072.

[90] Vergaberechtsmodernisierungsverordnung, Fassung Kabinett vom 20.1.2016, S. 212; *Dittmann* in KKMPP, VgV, § 56 Rn. 40; BGH Urt. v. 15.4.2008 – X ZR 129/06 = BeckRS 2008, 10415; OLG München Beschl. v. 15.11.2007 – Verg 10/07 = BeckRS 2008, 08685; VK Bund Beschl. v. 23.1.2009 – VK 3 – 194/08 = IBRRS 2009, 2992.

[91] *Dittmann* in KKMPP, VgV, § 56 Rn. 43.

[92] Kritisch: *Dittmann* in KKMPP, VgV, § 56 Rn. 43. Das Argument einer Verfahrensverzögerung wurde dagegen vom OLG Düsseldorf (Beschl. v. 9.5.2011, VII-Verg 40/11) und vom OLG Brandenburg (Beschl.

rensdokumentation nochmals explizit herauszustellen, dass die Forderung der Unterlagen transparent in der Bekanntmachung bzw. den Vergabeunterlagen dargelegt war und ungeachtet dessen ein formal unvollständiges Angebot eingegangen ist.[93] Fordert der Auftraggeber bei einem Bieter nach, ist er auch verpflichtet, bei anderen Bietern nachzufordern, sofern diese für den Zuschlag in Betracht kommen.[94]

Reicht ein Bieter unaufgefordert eine fehlende Unterlage nach, ist diese nur zu berück-   **60** sichtigen, wenn das Ermessen des öffentlichen Auftraggebers ohnehin auf null reduziert ist. Denn in diesem Fall kommt der Bieter dem Auftraggeber nur zuvor.[95]

Eine Nachforderungspflicht ohne Ermessen kann sich zudem aus einzelnen landesrecht-   **61** lichen Vorgaben ergeben, etwa aus dem Tariftreuegesetz NRW, welches vom öffentlichen Auftraggeber verlangt, Erklärungen vom Bestbieter nachzufordern.[96] Diese Vorschriften gehen dann der VgV vor.

Der Gesetzgeber hat in § 56 Abs. 2 Satz 2 VgV festgelegt, dass öffentliche Auftraggeber   **62** bereits in der Bekanntmachung oder den Vergabeunterlagen festlegen dürfen, ob fehlende Unterlagen nachgefordert werden.[97] Neben einem allgemeinen Ausschluss der Nachforderung kann auch geregelt werden, dass nur bestimmte Unterlagen nicht nachgefordert werden.[98] Zur VOL/A EG wurde vertreten, dass eine solche Festlegung im Vorfeld angreifbar sei, weil in diesen Fällen das Ermessen nicht in Kenntnis des konkreten Sachverhaltes ausgeübt wurde.[99] Der Auftraggeber verliert also auch seine Flexibilität.[100] In § 56 Abs. 2 VgV ist nunmehr aber explizit geregelt, dass die Festlegung im Vorfeld zulässig ist und damit keinen rechtswidrigen Ermessensnichtgebrauch darstellt.[101] Allerdings besteht keine Pflicht zur Festlegung.[102] Die frühzeitige Festlegung, fehlende Unterlagen nicht nachzufordern, birgt die Gefahr, im Falle von unvollständigen Teilnahmeanträgen oder Angeboten zur Aufhebung gezwungen zu sein oder ein unwirtschaftliches Angebot bezuschlagen zu müssen. Denn die Erklärung ist bindend.[103] Auch nachträgliche Erläuterungen des Bieters hierzu können nicht berücksichtigt werden.[104] Insoweit sind derartige Festlegungen im Vorfeld sorgfältig zu prüfen und etwaige Vor- und Nachteile abzuwägen.[105]

Hat der Auftraggeber die Nachforderung gemäß § 56 Abs. 2 Satz 2 VgV ausgeschlossen,   **63** darf er für die Eignungsprüfung nur die vorgelegten Erklärungen und Nachweise zu Grunde legen. Nachträgliche Ergänzungen sind unbeachtlich und können allenfalls als Auslegungshilfe berücksichtigt werden, wenn sie an den Inhalt der vorgelegten Unterlagen anknüpfen.[106]

---

v. 20.9.2011, Verg W 11/11) akzeptiert. Nach Auffassung des OLG Brandenburg ist von der Nachforderungsmöglichkeit ohnehin nur sehr restriktiv Gebrauch zu machen.

[93] OLG Düsseldorf Beschl. v. 9.5.2011 – VII-Verg 40/11 = BeckRS 2011, 14071.
[94] *Dittmann* in KKMPP, VgV, § 56 Rn. 41.
[95] *Dittmann* in KKMPP, VgV, § 56 Rn. 41.
[96] Vgl. § 9 TVgG-NRW – Achtung bei Redaktionsschluss lag ein neuer Gesetzesentwurf vor, der neue vergleichbare Regelung enthielt – LT-Drs. 17/1046.
[97] Vgl. zur Zulässigkeit einer solchen Festlegung auch: EuGH Urt. v. 6.11.2014 – Rs. C-42/13 = IBRRS 2014, 2843.
[98] *Dittmann* in KKMPP, VgV, § 56 Rn. 45.
[99] OLG Düsseldorf Beschl. v. 7.8.2013 – VII-Verg 15/13 = BeckRS 2014, 14201.
[100] *Dittmann* in KKMPP, VgV, § 56 Rn. 45.
[101] *Dittmann* in KKMPP, VgV, § 56 Rn. 45.
[102] Für eine sachverhaltsbezogene Prüfung ohne Vorfestlegung: OLG Düsseldorf Beschl. v. 28.11.2012 – VII-Verg 8/12 = BeckRS 2013, 02326, aA: OLG Brandenburg Beschl. v. 20.9.2011 – Verg W 11/1 = BeckRS 2011, 23533 und OLG Celle Beschl. v. 13.1.2014 – 13 Verg 11/13; VK Münster Beschl. v. 17.1.2014 – 3 – VK 22/12 und VK Bund Beschl. v. 4.10.2011 VK 1 120/11 = IBRRS 2012, 1449.
[103] OLG Düsseldorf Beschl. v. 11.4.2011 – VII-Verg 27/11; kritisch hinsichtlich eines Ermessensnichtgebrauchs bei vorzeitiger Bindung: *Dittmann* VergabeR 2012, 292, 298.
[104] OLG Koblenz Beschl. v. 4.1.2017 – Verg 7/16 = VPRRS 2017, 0034.
[105] Vgl. insoweit noch zur VOL/A: OLG Brandenburg Beschl. v. 20.9.2011 – Verg W 11/11, 3; VK Münster Beschl. v. 17.1.2013 – VK 22/12; kritisch: OLG Düsseldorf Beschl. v. 7.8.2013 – VII-Verg 15/13 = BeckRS 2014, 14201; VK Bund Beschl. v. 23.12.2010 – VK 3–132/10 = BeckRS 2013, 14290.
[106] OLG Koblenz Beschl. v. 4.1.2017 – Verg 7/16 = NZBau 2017, 179.

64   Entscheidet sich der Auftraggeber für eine Nachforderung, ist er bei der Wahl des Kommunikationsmittels für die Nachforderung grundsätzlich frei. Es soll z.B. auch möglich sein, die Nachforderung per Fax oder E-Mail abzuwickeln. Dagegen scheidet eine Nachforderung per Telefon aus Beweisgründen aus.[107]

V. Fristsetzung für die Nachforderung/Korrektur

65   Während § 16a Satz 2 VOB/A EU festlegt, dass fehlende Unterlagen innerhalb von sechs Kalendertagen nach Aufforderung durch den öffentlichen Auftraggeber vorzulegen sind und die Frist mit dem Tag nach der Absendung beginnt, fehlt in der VgV eine Fristvorgabe. Damit steht die zu setzende Frist im Ermessen des Auftraggebers, wobei zu beachten ist, dass die Frist kurz bemessen sein darf, wenn nur wenige Unterlagen einzureichen sind, die kurzfristig zusammengestellt werden können, während für die Zusammenstellung aufwändigerer Unterlagen eine längere Zeitspanne vorzusehen ist. Zudem ist bei der Fristsetzung auch zu prüfen, ob die fehlenden Unterlagen per Post oder z.B. elektronisch eingehen. Bei Festlegung der Nachforderungsfrist ist ferner zu beachten, dass der Bieter bei sorgfältiger Prüfung der Angebotsunterlagen bereits im Vorfeld hätte erkennen können, was einzureichen ist, so dass für die Nachforderung eine entsprechend kürzere Frist ausreicht.[108] In der Rechtsprechung und Literatur wird – zumindest für Unterlagen, die ohnehin erst auf Nachfrage vorzulegen sind – eine Frist von sechs bzw. sieben Kalendertagen gefordert. Dem ist im Ergebnis für alle Nachforderungen zuzustimmen, also auch für Unterlagen, die nicht mit dem Angebot, sondern nur auf gesondertes Verlangen vorzulegen waren.[109] Denn der Bieter muss tatsächlich die Möglichkeit haben, die fehlenden Unterlagen herauszusuchen und zu versenden. Dies gilt umso mehr, da eine „Wiedereinsetzung" bzw. eine automatische Verlängerung der zu kurzen Frist in eine angemessene Frist im Vergaberecht nicht möglich ist.[110] Keinesfalls sollte die Frist so lang sein wie die ursprüngliche Teilnahme-/Angebotsfrist.[111]

VI. Dokumentation

66   Die Ermessensentscheidung über die Nachforderung muss mit Abwägung aller Gründe in der Vergabeakte dokumentiert sein.[112] Insoweit sind auch die jeweiligen Nachforderungsschreiben und vom Bieter nachgereichten Erklärungen und Nachweise nebst Eingangsvermerk Teil der Vergabeakte. Die Dokumentation kann auch im Nachprüfungsverfahren noch nachgeholt werden.[113]

---

[107] *Dittmann* in KKMPP, VgV, § 56 Rn. 47.
[108] *Dittmann* VergabeR 2012, 292, 299.
[109] OLG Celle Beschl. v. 14.12.2015 – 13 Verg 9/15 = BeckRS 2016, 06064; für eine Frist von 6 Kalendertagen: *Dittmann* in KKMPP, VgV, § 56 Rn. 48.
[110] OLG Celle Beschl. v. 14.12.2015 – 13 Verg 9/15 = BeckRS 2016, 06064; VK Nordbayern Beschl. v. 29.6.2016 – 21.VK-3194-07/16 = IBRRS 2016, 2013; LG Koblenz Beschl. v. 25.7.2012 – 1 O 334/12 = BeckRS 2013, 13632, insbesondere auch zur Frage, inwieweit § 193 BGB Anwendung findet.
[111] *Dittmann* in KKMPP, VgV, § 56 Rn. 48.
[112] OLG Düsseldorf Beschl. v. 2.5.2012 – VII Verg 68/11 = BeckRS 2012, 10698; Beschl. v. 7.3.2012 – VII Verg 82/11 = BeckRS 2012, 05922.
[113] BGH Urt. v. 8.2.2011 – X ZB 4/10 = BeckRS 2011, 03845; OLG Düsseldorf Beschl. v. 8.9.2011 – VII-Verg 48/11 = BeckRS 2011, 23804; zur Zulässigkeit der nachträglichen Ergänzung von Vergabevermerken: OLG Düsseldorf Beschl. v. 12.2.2014 – VII-Verg 29/13 = BeckRS 2014, 08851, OLG Celle Beschl. v. 10.11.2016 – 13 Verg 7/16 = BeckRS 2016, 113480.

§ 57 Ausschluss von Interessensbekundungen, Interessensbestätigungen, Teilnahmeanträgen und Angeboten

(1) Von der Wertung ausgeschlossen werden Angebote von Unternehmen, die die Eignungskriterien nicht erfüllen, und Angebote, die nicht den Erfordernissen des § 53 genügen, insbesondere:

1. Angebote, die nicht form- oder fristgerecht eingegangen sind, es sei denn, der Bieter hat dies nicht zu vertreten,
2. Angebote, die nicht die geforderten oder nachgeforderten Unterlagen enthalten,
3. Angebote, in denen Änderungen des Bieters an seinen Eintragungen nicht zweifelsfrei sind,
4. Angebote, bei denen Änderungen oder Ergänzungen an den Vergabeunterlagen vorgenommen worden sind,
5. Angebote, die nicht die erforderlichen Preisangaben enthalten, es sei denn, es handelt sich um unwesentliche Einzelpositionen, deren Einzelpreise den Gesamtpreis nicht verändern oder die Wertungsreihenfolge und den Wettbewerb nicht beeinträchtigen, oder
6. nicht zugelassene Nebenangebote.

(2) Hat der öffentliche Auftraggeber Nebenangebote zugelassen, so berücksichtigt er nur die Nebenangebote, die die von ihm verlangten Mindestanforderungen erfüllen.

(3) Absatz 1 findet auf die Prüfung von Interessensbekundungen, Interessensbestätigungen und Teilnahmeanträgen entsprechende Anwendung.

Übersicht

	Rn.		Rn.
A. Einführung	1	III. Angebote mit nicht zweifelsfreien Eintragungen	33
I. Literatur	1	IV. Änderungen/Ergänzungen der Vergabeunterlagen	40
II. Entstehungsgeschichte	2	V. Fehlende Preisangaben	60
III. Rechtliche Vorgaben im EU-Recht	9	VI. Unzulässige Nebenangebote	68
B. Formale Ausschlussgründe	10	VII. Nebenangebote, die die Mindestanforderungen nicht einhalten	72
I. Keine form- und fristgerechten Angebote	13	VIII. Ausschluss wegen fehlender Eignung	73
1. Formgerechte Angebote	13		
2. Fristgerechte Angebote	24		
II. Unvollständige Teilnahmeanträge/ Interessensbestätigungen/Angebote	28		

A. Einführung

I. Literatur

Schweda, Nebenangebote im Vergaberecht, VergabeR 2003, 268; *Maier*, Der Ausschluss eines unvollständigen Angebots im Vergabeverfahren, NZBau 2005, 374 ff.; *Möllenkamp*, Ausschluss unvollständiger Angebote, NZBau 2005, 557 ff.; *Weihrauch*, Unvollständige Angebote, VergabeR 2007, 430 ff.; *Bode*, Zwingender Angebotsausschluss wegen fehlender Erklärungen und Angaben – Inhalt, Grenzen und Möglichkeiten zur Reduzierung der Ausschlussgründe, VergabeR 2009, 729 ff.; *Luber*, Der formalistische Angebotsausschluss, das Wettbewerbsprinzip und der Grundsatz der sparsamen Mittelverwendung im Vergaberecht, VergabeR 1/2009, 14 ff.; *Rechten/Junker*, Das Gesetz zur Modernisierung des Vergaberechts – oder: Nach der Reform ist vor der Reform, NZBau 2009, 490 ff.; *Stoye/Hoffmann*, Nachunternehmerbenennung und Verpflichtungserklärung im Lichte der neusten BGH-Rechtsprechung und der VOB/A 2009, VergabeR 2009, 569 ff.; *von Münchhausen*, Die Nachforderung von Unterlagen nach der VOB/A 2009, VergabeR 2010, 374 ff.; *Franzius*, Die formelle Angebotsprüfung nach VOB/A, VOL/A 2009, IBR 2010, 1466; *Stapelfeldt*, Aktuelle Entwicklungen im Vergaberecht – Die Neufassung von VOB/A und VOL/A, KommJur 2010, 241 ff.; *Röwekamp/Fandrey*, Ein Schritt vor, ein Schritt zurück, NZBau 2011, 463 ff.; *Bode*, Muss die Verga-

1

bestelle fehlende Erklärungen und Nachweise auch ein zweites Mal anfordern?, IBR 2012, 1229; *Schwabe/John*, Über die Nachforderungspflicht für fehlende Erklärungen oder Nachweise und einen Versuch des BMVBS, den Geist wieder in die Flasche zu bekommen, VergabeR 2012, 559 ff.; *Dittmann*, Was tun mit unvollständigen Angeboten nach der neuen VOB/A und VOL/A?, VergabeR 2012, 292 ff.; *Lauterbach*, Vom Umgang mit dem Unvollständigen, Vergabe Navigator 2012; *Macht/Städler*, Brennende Fragen des Vergaberechts – Immer Ärger mit der Eignung, NZBau 2013, 14 ff.; *Goldbrunner*, Korrektur der Vergabeunterlagen nach Eingang der Angebote, VergabeR 2015, 342 ff.; *Völlink*, Die Nachforderung von Nachweisen und Erklärungen – eine Zwischenbilanz fünf Jahre nach ihrer Einführung, VergabeR 2015, 355 ff.; *von Wietersheim*, Aufbau und Struktur des neuen Vergaberechts, VergabeR 2016, 269 ff.; *Burgi*, Europa- und verfassungsrechtlicher Rahmen der Vergaberechtsreform, VergabeR 2016, 261 ff.; *Franke/Brugger*, Die Umsetzung der Vergaberichtlinien in Italien, VergabeR 2016, 400 ff.; *Otting*, Die Entwicklung des europäischen Vergaberechts in den Jahren 2015/2016, EuZW 2016, 486 ff.; *Kirch/Jentzsch*, Der Austausch von Referenzen nach der Vergabeverordnung, VergabeNews 2016, 114 ff.

II. Entstehungsgeschichte

2   Bis zur Einführung der VOL/A EG 2009 galt die vierstufige Wertungsreihenfolgen, wonach auf erster Stufe formale Ausschlussgründe, auf zweiter Wertungsstufe die Eignung, auf dritter Wertungsstufe die Angemessenheit der Preise und zuletzt die Wirtschaftlichkeit zu prüfen waren.

3   Die Pflicht zur vorrangigen formalen Prüfung entfiel 2009, in der Praxis prüften Vergabestellen aber weiterhin in der Regel zunächst Formfehler, da diese häufig leicht zu erkennen waren und der Arbeitsaufwand bei Feststellung eines Ausschlussgrundes minimiert werden konnte.

4   Mit der VgV wurde die Wertungsreihenfolge wieder verbindlich eingeführt. Gemäß § 42 Abs. 3 VgV darf der öffentliche Auftraggeber nur beim offenen Verfahren die Angebotsprüfung vor der Eignungsprüfung durchführen. In zweistufigen Verfahren ergibt sich die Prüfungsreihenfolge – Eignung vor Wirtschaftlichkeit – ohnehin aus dem Verfahrensablauf.

Der Katalog der formalen Ausschlussgründe wurde kontinuierlich ausgeweitet. Zwar war die formale Prüfung der Angebote von Beginn an in der VOL/A kodifiziert. So waren nach der VOL/A 1997 bereits Angebote auszuschließen, die verspätet eingingen, nicht rechtsverbindlich unterschrieben waren oder deren Eintragungen nicht zweifelsfrei waren. Auch Abweichungen von den Vergabeunterlagen führten zum Ausschluss.

5   Mit Fortschreiten der Digitalisierung regelte die VOL/A 2006 erstmals, dass auch Angebote auszuschließen waren, die nicht über die erforderliche elektronische Signatur oder Verschlüsselung verfügten. Die VOL/A EG 2009 regelte dann, dass auch unvollständige Angebote und unzulässige Nebenangebote bzw. Nebenangebote, die gegen Mindestanforderungen verstießen, auszuschließen waren. Ferner führten wettbewerbsbeschränkende Abreden zum Ausschluss.

6   Durch die Regelung von formalen Ausschlussgründen in § 57 VgV wurde insbesondere der Übersichtlichkeit Rechnung getragen. Die ursprüngliche Regelung des § 19 VOL/A EG ist nun auf mehrere Vorschriften und Regelwerke verteilt worden. Die VOL/A EG umfasste in § 19 VOL/A EG noch alle vier Stufen der Angebotswertung. In §§ 56, 57 VgV ist nun ausschließlich die formale Prüfung geregelt, wobei § 56 VgV die Pflicht zur Prüfung auf Vollständigkeit und fachliche sowie rechnerische Richtigkeit statuiert, die Rechtsfolge formaler Fehler, die in § 57 VgV nochmals konkretisiert werden, aber in § 57 VgV geregelt ist.

7   Zudem bezieht die Regelung sich auf Teile der Eignungsprüfung, die aber in §§ 122 ff. GWB und § 42 VgV nunmehr vorrangig geregelt ist. Anders als noch in der VOL/A EG, die in § 19 EG Abs. 5 VOL/A den öffentlichen Auftraggeber verpflichtete, die Eignung zu prüfen, verweist § 57 VgV nur auf die abgeschlossene Eignungsprüfung gemäß GWB und VgV und stellt klar, dass Unternehmen, die die Eignungskriterien nicht erfüllen, auszuschließen sind.

Die Angemessenheit der Preise ist nunmehr gemäß § 60 VgV (zuvor § 19 EG Abs. 6 **8** und 7 VOL/A) zu prüfen, die wirtschaftliche Auswertung erfolgt gemäß §§ 58 und 59 VgV (zuvor § 19 EG Abs. 9 VOL/A).

III. Rechtliche Vorgaben im EU-Recht

Die Pflicht zur formalen Prüfung der Angebote ist in Art. 56 der Auftragsvergabericht- **9** linie[1] verankert. Danach sind Angebote auszuschließen, die die Anforderungen, Bedingungen und Kriterien, die in der Bekanntmachung oder der Aufforderung zur Interessenbestätigung und den Auftragsunterlagen genannt sind, nicht erfüllen. Art. 56 der Auftragsvergaberichtlinie ist damit Ausfluss des vergaberechtlichen Gleichbehandlungsgrundsatzes. Würden Angebote bezuschlagt, die verspätet eingingen (trotz Nachforderung), unvollständig sind oder nur ein aliud der eigentlich ausgeschriebenen Leistung sind, käme es zu einer Diskriminierung derjenigen Bieter, die ein formal ordnungsgemäßes Angebot abgegeben haben. Zudem bestünde die Gefahr, dass die Bedürfnisse des Auftraggebers nicht gedeckt würden und es bei der späteren Auftragsdurchführung zu Widersprüchen und Streitigkeiten käme. Insoweit führen auch geringfügige Änderungen zum Ausschluss.[2]

B. Formale Ausschlussgründe

§ 57 Abs. 1 VgV statuiert abschließend die formalen Ausschlussgründen von Angebo- **10** ten.[3] Der Vorbehalt in § 57 Abs. 1 VgV, wonach „insbesondere" die in den Nummern 1 – 6 genannten Gründe zum Ausschluss führen sollen, muss im Zusammenhang mit dem Obersatz in § 57 Abs. 1 VgV gelesen werden, wonach Angebote auszuschließen sind, die die Eignungskriterien nicht erfüllen und nicht den Erfordernissen des § 53 VgV (Verstoß gegen Formvorgaben, Änderung der Vergabeunterlagen, keine Vollständigkeit) genügen. Darüberhinausgehende Ausschlussgründe können über § 57 VgV nicht hergeleitet werden. Da der Angebotsausschluss zudem eine der schärfsten Sanktionen ist, gilt insoweit auch der Vorbehalt des Verordnungsgebers, der alleine bestimmen darf, wann Angebote und Teilnahmeanträge bzw. Interessensbestätigungen auszuschließen sind.

Gemäß § 57 Abs. 3 VgV finden die jeweiligen Regelungen auch bei der Prüfung von **11** Interessenbekundungen, Interessenbestätigungen und Teilnahmeanträgen Anwendung.

Grundsätzlich trägt der Bieter die materielle Beweislast dafür, dass sein Angebot ord- **12** nungsgemäß ist (vgl. hierzu Kommentierung zu § 56, B II 1).

I. Keine form- und fristgerechten Angebote

1. Formgerechte Angebote

Nicht form- und fristgerechte Angebote sind vom weiteren Verfahren auszuschließen. **13** Einzelheiten zu den Formvorgaben für Angebote finden sich insoweit in § 53 VgV. Auf die entsprechende Kommentierung wird verwiesen. Liegt ein Verstoß gegen § 53 VgV vor, wird also ein Angebot insbesondere nicht auf dem vorgeschriebenen Übermittlungsweg eingereicht, liegt ein Ausschlussgrund gemäß § 57 Abs. 1 Nr. 1 VgV vor.

---

[1] RL 2014/24/EU des Europäischen Parlaments und des Rates vom 26.2.2014 über die öffentliche Auftragsvergabe und zur Aufhebung der Richtlinie 2004/18/EG, ABl. L 94/65 vom 26.2.2014.
[2] OLG Karlsruhe Beschl. v. 29.4.2016 – 15 Verg 1/16 = BeckRS 2016, 08327.
[3] OLG Düsseldorf Beschl. v. 22.10.2010 – VII-Verg 33/10 = ZfBR 2011, 204; Beschl. v. 14.10.2009 – VII-Verg 9/09 = BeckRS 2009, 29070; VK Bund Beschl. v. 16.5.2012 – VK 1–37/12 = ZfBR 2013, 200; Beschl. v. 27.12.2011 – VK 1–159/11.

14   So führt es zum Ausschluss, wenn Angebote per E-Mail oder Fax eingereicht werden, obwohl eine schriftliche Einreichung gefordert war. Deshalb ist eine Vorgabe in der Bekanntmachung bzw. den Vergabeunterlagen zur Schriftform nach § 126 BGB erforderlich. Dies ändert sich erst mit Ablauf der Übergangsfristen für die elektronische Vergabe. Zentrale Beschaffungsstellen sind gemäß § 81 VgV seit dem 18. April 2017, alle anderen öffentlichen Auftraggeber ab dem 18. Oktober 2018 zur vollständigen elektronischen Vergabe verpflichtet.

15   Soweit ein öffentlicher Auftraggeber neben dem Angebotsoriginal auch Kopien bzw. zusätzliche elektronische Ausfertigungen des Originalangebotes fordert, führt deren Nichtvorlage nicht zum Ausschluss des Angebotes. Denn es ist davon auszugehen, dass es sich „nur" um Arbeitskopien handelt.[4]

16   Umstritten ist, ob die Abgabe eines unverschlossenen Angebotes zum Ausschluss führt.[5] Grundsätzlich sollen durch die formalen Anforderungen Manipulationen am Angebotsinhalt vermieden werden, etwa dadurch, dass Seiten des Angebotes ausgetauscht werden oder aber vor der Angebotsöffnung Angebotspreise weitergegeben werden. Es ist deshalb immer zu prüfen, ob die Gefahr bestand, dass Angebotsinhalte manipuliert oder der Geheimwettbewerb verletzt werden konnten. Falls dies der Fall sein sollte, ist ein Ausschluss geboten.

17   Entscheidend für ein formgerechtes Angebot ist die Unterschrift. Aus Sicht von Vergabestellen empfiehlt es sich, in einem zentralen Dokument, z. B. dem Angebotsformular, alle zu unterschreibenden Erklärungen übersichtlich zusammenzufassen bzw. auf deren Inhalt zu verweisen, damit mit einer Unterschrift alle notwendigen Erklärungen abgegeben werden. Anderenfalls droht die Gefahr, dass bei der Vielzahl von zu unterschreibenden Dokumenten Unterschriften vergessen werden.

18   Neben einer Unterschrift in der Papierfassung des Angebotes ist auch eine Signatur bei elektronischer Angebotsabgabe möglich bzw. mit Inkrafttreten der elektronischen Vergabe zwingend erforderlich. Fehlt die Signatur, führt dies nicht zwingend zum Ausschluss. Vielmehr muss das Angebot ausgelegt werden. Ist die Signatur z. B. an einer anderen als der geforderten Stelle eingefügt, kann dies so zu verstehen sein, dass das Angebot ungeachtet dessen unterschrieben und gültig ist.[6] Fehlt die Unterschrift in Gänze bzw. kann das Angebot nicht so ausgelegt werden, dass die Unterschrift sich auf die komplette Angebotsunterlage bezieht, ist das Angebot streng genommen gemäß § 125 BGB nicht existent.

19   Ein Angebot ist auch dann unterschrieben, wenn ein Bieter das Angebotsanschreiben mit einem vollständig ausgefüllten und unterzeichneten Preisblattvordruck einreicht und den zusätzlich geforderten Vordruck mit dem Vermerk „indikatives Angebot VOB" nicht unterschreibt bzw. beifügt. Denn ein Angebot darf nicht nur mittels eines Vordrucks der Vergabestelle abgegeben werden, sondern auch mit einem eigens erstellten Angebotsanschreiben.[7]

20   Wie mit Angeboten unter Gremienvorbehalt umzugehen ist, ist umstritten.[8] Die Vergabestelle darf Gremienvorbehalte zulassen, wenn sie befristet sind und der Gremienvorbehalt innerhalb einer bestimmten Zeit aufzulösen ist.[9] Anderenfalls führen Gremienvorbehalte zum Ausschluss, da ein nichtverbindliches Angebot vorliegt.[10]

21   Soweit die Unterschrift eines vertretungsberechtigten Mitarbeiters des Unternehmens gefordert wird, ist dies durch den Zusatz „rechtsverbindliche Unterschrift" deutlich zu machen, in diesem Fall ist die Unterschrift eines gesetzlichen oder organschaftlichen Be-

---

[4] VK Bund Beschl. v. 3.7.2006 – VK 2–35/06; VK Schleswig-Holstein Beschl. v. 21.2.2003 – VK-SH 03/03 = IBRRS 2005, 0092.
[5] Verneinend: OLG Schleswig Beschl. v. 8.1.2013 – 1 W 51/12 = BeckRS 2013, 06580; bejahend: VK Baden-Württemberg Beschl. v. 4.9.2014 – 1 VK 40/14 = IBRRS 2015, 2979.
[6] OLG Düsseldorf Beschl. v. 13.4.2016 – VII-Verg 52/16.
[7] OLG Düsseldorf Beschl. v. 1.10.2014 – VII-Verg 14/14 = BeckRS 2015, 09751.
[8] Gegen einen Ausschluss: VK Hessen Beschl. v. 25.1.2011 – 69d – VK – 41/2010.
[9] VK Düsseldorf (bis 2014) Beschl. v. 24.8.2007 – VK – 24/2007 – L = IBRRS 2007, 4857.
[10] LG Berlin Urt. v. 9.12.2014 – 16 O 224/14 Kart. = BeckRS 2015, 08762.

vollmächtigten erforderlich. Nachweise zur Bevollmächtigung sind nur auf gesondertes Verlangen beizufügen bzw. nachzureichen.[11] Ist das Angebot „nur" von einem Mitarbeiter ohne Vertretungsmacht unterschrieben, führt dies zum Ausschluss.[12] Die Grundsätze der Anscheins- und Duldungsvollmacht finden nur Anwendung auf Fallkonstellationen, bei denen eine „Unterschrift", nicht aber eine „rechtsverbindliche Unterschrift" gefordert wurde.[13]

Die Pflicht zur Abgabe von Angeboten in deutscher Sprache ist im Übrigen nicht so zu **22** verstehen, dass das Angebot vollständig in deutscher Sprache abzugeben ist. Vielmehr ist es trotz dieser Vorgabe grundsätzlich möglich, einzelne Angebotsbestandteile, deren Original fremdsprachig ist, in der Fremdsprache vorzulegen.[14]

Unklar ist, ob der Ausschluss eines als solches nicht gekennzeichneten Nebenangebotes **23** auf § 57 Abs. 1 Nr. 1 VgV (nicht formgerechtes Angebot) oder auf § 57 Abs. 1 Satz 1 i. V. m. § 53 Abs. 7 Satz 3 VgV (fehlende Kennzeichnung des Angebotes) zu stützen ist. Im Ergebnis dürfte dies jedoch nicht zu unterschiedlichen Bewertungen führen.

2. Fristgerechte Angebote

Gerade der fristgerechte Eingang soll sicherstellen, dass alle Bieter für einen identischen **24** Zeitraum die Möglichkeit haben, ein Angebot zu erstellen.[15] Es würde den Gleichbehandlungsgrundsatz verletzen, wenn einem Bieter eine längere Frist durch verspätete Angebotsabgabe eingeräumt würde. Dabei ist insbesondere auch unerheblich, ob ihn für den verspäteten Zugang ein Verschulden trifft. Dies ist etwa der Fall, wenn ein per Einschreiben versandtes Angebot nicht abgeholt bzw. das Postfach nicht fristgerecht geleert wird.[16] Zudem trifft die Vergabestelle die Obliegenheit, Kundenbelege für die Abholung von Einschreiben auf Vollständigkeit zu prüfen. Stellt sie fest, dass eine laufende Nummer fehlt, besteht die Pflicht nachzuforschen.[17]

Die verspätete Zustellung durch Erfüllungsgehilfen gemäß §§ 276, 278 BGB, insbeson- **25** dere per Zustelldienste, geht zu Lasten des Bieters.[18] Auch bei höherer Gewalt ist ein verspätetes Angebot auszuschließen.[19]

Anders kann der Fall nur liegen, wenn der öffentliche Auftraggeber selbst im „Annah- **26** meverzug" ist. Dies dürfte insbesondere dann der Fall sein, wenn Programme zur Abgabe elektronischer Angebote nicht voll funktionsfähig sind oder ausfallen und es den Bietern deshalb nicht möglich ist, ihr Angebot fristgerecht abzugeben bzw. hochzuladen.

Sind die Angaben des öffentlichen Auftraggebers zum Ablauf der Angebotsfrist wider- **27** sprüchlich, muss er alle Bieter unter Beachtung des Gleichbehandlungsgrundsatzes (§ 97 Abs. 2 GWB) unverzüglich – auch telefonisch – über seinen Fehler informieren, um so einem möglichen Irrtum entgegenzuwirken. Verzichtet er hierauf bzw. ist es ihm aufgrund des späten Erkennens des Fehlers nicht mehr möglich, alle Bieter zu informieren, darf er das Verfahren zurückversetzen, um allen die Chance zu geben, ein fristgerechtes Angebot einzureichen.[20]

---

[11] OLG Naumburg Beschl. v. 2.4.2009 – 1 Verg 10/08 = BeckRS 2009, 12177; OLG Naumburg Beschl. v. 13.10.2008 – 1 Verg 10/08 = NZBau 2008, 789 ff.; OLG Naumburg Urt. v. 26.10.2004 – 1 U 30/04, VergabeR 2005, 261 = BeckRS 2004, 11906.

[12] *Dreher/Motzke* Beckscher Vergaberechtskommentar 2013, § 16 Rn. 54; aA OLG Karlsruhe Beschl. v. 24.7.2007 – 17 Verg 6/07 = NZBau 2008, 544.

[13] VK Düsseldorf (bis 2014) Beschl. v. 24.8.2007 – VK – 24/2007 – L = IBRRS 2007, 4857.

[14] OLG Düsseldorf Beschl. v. 30.11.2009 – VII-Verg 41/09 = BeckRS 2010, 03380.

[15] Die Fristen sind in der Bekanntmachung gemäß § 37 Abs. 2 VgV iVm Ziffer I.3 und IV.2.2 des Bekanntmachungsformulars (EU) Nr. 2015/1986, Anhang II zu nennen.

[16] VK Bund Beschl. v. 28.8.2009 – VK 3–99/06.

[17] VK Bund Beschl. v. 28.8.2009 – VK 3–99/06.

[18] OLG Frankfurt Beschl. v. 11.5.2004 – 11 Verg 8/04 und 11 Verg 10/04 = NZBau 2004, 567 = VergabeR 2004, 754; VK Köln Beschl. v. 18.7.2002 – VK VOB/ 8/2002 = IBRRS 2013, 4691.

[19] VK Nordbayern Beschl. v. 15.4.2002 – 320.VK-3194-08/02 = BeckRS 2002, 32781.

[20] OLG Koblenz Beschl. v. 30.4.2014 – 1 Verg 2/14 = BeckRS 2014, 09768.

II. Unvollständige Teilnahmeanträge/Interessensbestätigungen/Angebote

28   Interessensbestätigungen/Teilnahmeanträge und Angebote sind auszuschließen, wenn sie die geforderten oder nachgeforderten Unterlagen nicht enthalten. Dies folgt bereits aus dem Gleichbehandlungsgrundsatz.[21] Teilnahmeanträge/Interessensbestätigungen/Angebote können nur miteinander verglichen werden, wenn sie sämtliche geforderte Unterlagen enthalten.

29   Sind Interessensbestätigungen/Teilnahmeanträge oder Angebote unvollständig, ist zu prüfen, ob die fehlenden Unterlagen gemäß § 56 VgV nachgefordert werden dürfen. In einem zweiten Schritt muss nach pflichtgemäßem Ermessen über die Nachforderung entschieden werden. Durch die Klarstellung, dass die Nachforderung auch im Teilnahmewettbewerb möglich ist, hat sich der Streit zu § 19 Abs. 2 VOL/A EG, ob Nachforderungen auch in Bezug auf Erklärungen zur Eignung möglich sind, erledigt.

30   Allerdings ist die Nachforderung von Erklärungen zur Eignung in zweistufigen Verfahren auf den Teilnahmewettbewerb begrenzt. Denn hier ist die Eignung gemäß § 42 Abs. 2 VgV abschließend zu prüfen. Nur wenn neue Erkenntnisse vorliegen, darf der Auftraggeber nochmals in die Eignungsprüfung eintreten.[22]

31   Soll ein(e) Teilnahmeantrag/Interessensbestätigung/Angebot aufgrund der Unvollständigkeit ausgeschlossen werden, ist vorab zu prüfen, ob die Unterlage wirksam und transparent gefordert war.[23] Widersprüchliche und intransparente Teilnahme- bzw. Ausschreibungsbedingungen berechtigen den Auftraggeber in der Regel zur teilweisen Aufhebung durch Zurückversetzung des Verfahrens und Durchführung einer zweiten „Runde".[24]

32   Bei Lieferleistungen ist es gemäß § 46 Abs. 11 lit. a) VgV auch möglich, Muster der zu liefernden Güter von den Bietern zu fordern. Diese Muster sind Bietererklärungen. Nach altem Recht war eine Nachforderung ausgeschlossen.[25] Legt man die EuGH-Rechtsprechung[26] in der Rechtssache „Manova A/S" zu Grunde, dürfte aber eine Nachforderung von Mustern nunmehr zulässig sein, wenn aufgrund der Bezeichnung im Leistungsverzeichnis sichergestellt ist, dass das Muster so abschließend beschrieben ist, dass ein Muster besserer oder schlechterer Qualität nicht eingereicht werden kann. Es muss sich also um ein Muster handeln, dass nachweislich schon bei Abgabe des Angebotes existierte.

III. Angebote mit nicht zweifelsfreien Eintragungen

33   Mehrdeutige Angebote, die gerade auch wegen ihrer Mehrdeutigkeit gegen Vorgaben der Vergabeunterlagen verstoßen und keine eindeutige Auslegung zulassen, können weder durch Angebotsaufklärung noch durch Nachforderung geheilt werden. Vielmehr ist hier der Ausschluss zwingend.[27] Es ist dem öffentlichen Auftraggeber nicht zuzumuten, den

---

[21] BGH Urt. v. 18.9.2007, VergabeR 2008, 69, 70f.; Urt. v. 7.6.2005, VergabeR 2005, 617; Urt. v. 24.5.2005, VergabeR 2005, 754; Urt. v. 18.2.2003, VergabeR 2003, 313, 317; OLG Düsseldorf Beschl. v. 4.5.2009 – VII-Verg 68/08 = BeckRS 2009, 24305; OLG Karlsruhe Beschl. v. 24.7.2007 – 17 Verg 6/07 = BeckRS 2008, 08723; Beschl. v. 9.3.3007, 17 Verg 3/07; OLG München Beschl. v. 23.5.2007 – Verg 3/07 = BeckRS 2008, 08703.

[22] *Dittmann* in KKMPP, VgV, § 57 Rn. 32.

[23] *Weyand* § 16 VOL/A Rn. 209 ff.; *Bode* VergabeR 2009, 729, 732; VK Bund Beschl. v. 9.8.2012 – VK 1 – 79 / 12.

[24] OLG Frankfurt Beschl. v. 12.7.2016 – 11 Verg 9/16 = IBRRS 2016, 2104; VK Hamburg Beschl. v. 23.9.2016, VgK FB 6/16 = IBRRS 2017, 0020; vgl. zur Zurückversetzung als milderes Mittel auch: *Goldbrunner* VergabeR 2015, 342 ff.

[25] OLG Düsseldorf Beschl. v. 14.11.2007 – VII-Verg 23/07 = BeckRS 2008, 07455; 1. VK Bund Beschl. v. 5.8.2009 – VK 1 – 128/09 = IBRRS 2010, 0974; VK Südbayern Beschl. v. 21.5.2010 – Z3–3–3194-1-21-04/10 = BeckRS 2010, 37330.

[26] EuGH Urt. v. 10.10.2013 – C 336/12 = IBBRS 2013, 4143.

[27] VK Bund Beschl. v. 17.2.2017 – VK 2 – 14/17 = IBRRS 2017, 1006; VK Südbayern Beschl. v. 11.3.2015 – Z 3 – 3 – 3194 – 1-65 – 12/14 = IBRRS 2015, 0861.

Zuschlag auf ein unklares Angebot zu erteilen. Denn in diesem Fall sind Diskussionen über die Leistungspflichten bereits vorprogrammiert. Die ordnungsgemäße Vertragsdurchführung wird erschwert. Insbesondere ist zu befürchten, dass der Bieter und spätere Auftragnehmer das Angebot stets zu seinem Vorteil verstanden wissen will. Dadurch käme es zu unzulässigen Wettbewerbsvorteilen.[28]

Dabei kommt es nicht darauf an, ob Eintragungen bereits bei Angebotsabgabe zweifel- **34** haft waren oder sich erst aus nachträglichen Erläuterungen Zweifel ergeben.[29]

Denn für den Auftraggeber muss die Vertragsgrundlage eindeutig sein. Es würde gegen **35** den Gleichbehandlungsgrundsatz verstoßen, wenn Eintragungen im Angebot nicht eindeutig sind und der Auftraggeber einen Bieter einseitig begünstigen würde, indem er die für den Bieter günstigste Variante wählt.

Grundsätzlich dürfen auch Nachunternehmer nicht nachträglich ausgewechselt wer- **36** den, wenn der Auftraggeber eine verbindliche Festlegung vor Vertragsschluss wirksam verlangt hat.[30] Anders kann der Fall liegen, wenn die Angaben zum Einsatz von Nachunternehmern im Angebot widersprüchlich sind, weil im Angebot erklärt wird, die Leistungen im eigenen Unternehmen zu erbringen, im Begleitschreiben jedoch darauf hingewiesen wird, dass einzelne Leistungen durch Subunternehmer erbracht werden sollen.[31] In einem solchen Fall ist das Angebot gemäß §§ 133, 157 BGB auszulegen.[32] Eine Angebotsaufklärung soll auch immer dann möglich sein, wenn das Angebot unbestimmte Angaben enthält. So entschied das OLG Düsseldorf, dass ein Angebot über Reinigungsleistungen nicht gegen die Mindestanforderungen verstößt, wenn der Auftraggeber für die Reinigung im Leistungsverzeichnis und Vertrag einen bestimmten Personaleinsatz vorsieht und der Bieter im Angebot angibt, „voraussichtlich" diese Anzahl von Reinigungskräften einzusetzen oder mit dem Zusatz „ca." arbeitet. Denn der Bieter gibt das Angebot insbesondere auf der Grundlage des Vertrages ab, durch den Zuschlag ist der Einsatz der vertraglich vorgegebenen Anzahl von Reinigungskräften bindend.[33] Ferner sah das OLG Düsseldorf es als unschädlich an, wenn ein Bieter im Angebot eine bestimmte Anzahl von Objektkontrollen pro Woche auf einem Formblatt ankreuzt und in den Angebotskonzepten hiervon abweicht. Das Angebot sei aus Sicht des objektiven Empfängers gemäß §§ 133, 157 BGB auszulegen. Vor einem Ausschluss müsse aufgeklärt werden, ob etwaige Widersprüche sich nicht ggf. auf unterschiedliche Reinigungsphasen bezögen. Zudem müssten die Aussagen in den Konzepten im jeweiligen Gesamtzusammenhang gesehen werden.[34] Damit räumt das OLG Düsseldorf dem öffentlichen Auftraggeber einen weiten Aufklärungsspielraum ein. Maßgeblich ist, wie ein mit den Umständen vertrauter Dritter in der Lage der Vergabestelle das Angebot nach Treu und Glauben und unter Berücksichtigung der Verkehrssitte verstehen durfte und musste. Der wahre Bieterwille ist zu erforschen.[35]

Eine Aufklärung soll auch dann möglich sein, wenn die Vergabestelle in den Ausschrei- **37** bungsunterlagen darauf hinweist, dass mit dem Angebot „soweit erforderlich" ein Formblatt zur Lohngleitung einzureichen sei. Reicht der Bieter dieses Formblatt nicht ein, ist das Angebot dahingehend auszulegen, dass der angebotene Lohn für die gesamte Vertrags-

---

[28] OLG Düsseldorf Beschl. v. 15.12.2004, VergabeR 2005, 195; Beschl. v. 30.4.2004 – VII-Verg 22/04; VK Bund Beschl. v. 4.10.2004 – VK 3 – 152/04 = IBRRS 2005, 0140; vgl. aber zur sehr weitgehenden Aufklärungspraxis OLG Düsseldorf Beschl. v. 13.12.2017 – VII – Verg 33/17.

[29] *Dittmann* in KKMPP, VgV, § 57 Rn. 41.

[30] OLG Düsseldorf Beschl. v. 16.11.2011 – VII-Verg 60/11 = ZfBR 2012, 179; Beschl. v. 5.5.2004 – VII-Verg 10/04 = ZfBR 2004, 827; Thüringer OLG Beschl. v. 5.12.2001, VergabeR 2002, 256; vgl. auch OLG Frankfurt a.M. Beschl. v. 27.6.2003 – Verg 4/03 = IBRRS 2003, 2076; VK Bund Beschl. v. 20.5.2005 – VK 2 30/05.

[31] OLG Düsseldorf Beschl. v. 13.8.2008 – VII-Verg 42/08.

[32] OLG Düsseldorf Beschl. v. 6.12.2004 – VII-Verg 79/04, VergabeR 2005, 212, 213.

[33] OLG Düsseldorf Beschl. v. 13.12.2017 – VII-Verg 33/17.

[34] OLG Düsseldorf Beschl. v. 13.12.2017 – VII-Verg 33/17.

[35] BayObLG VergabeR 2002, 77; OLG Düsseldorf, Beschl. v. 13.12.2017 – VII Vorg 33/10, Beschl. v. 27.9.2006 – VII-Verg 36/06.

zeit ohne Anpassung gilt.[36] Denn Angebotsausschlüsse sind nach Möglichkeit zu vermeiden und stellen stets die ultima ratio dar.

38   Eine Eintragung ist vor allem dann nicht zweifelsfrei, wenn der Bieter sein Angebot selbst ändert, z. B. durch Streichungen, Ausradierungen, Löschungen oder Überschreiben. Bieter sollten im Falle derartiger Änderungen die Änderung mit Datum und Unterschrift versehen. Dadurch ist dokumentiert, dass die entsprechende Angabe nicht nach Angebotsabgabe ergänzt bzw. abgeändert wurde. Änderungen im Angebot mit einem Selbstklebe-Korrekturband und anschließendem handschriftlichen Überschreiben sollen dagegen keinen Grund für den Ausschluss eines Angebots darstellen.[37]

39   Die Vorschrift ist drittschützend, so dass ein konkurrierender Bieter sich darauf berufen kann, dass ein Angebot nicht zweifelsfrei ist und ausgeschlossen werden muss.[38]

IV. Änderungen/Ergänzungen der Vergabeunterlagen

40   Auch nach der Vergaberechtsreform 2016 sind Angebote von der Wertung auszuschließen, bei denen Änderungen oder Ergänzungen an den Vergabeunterlagen[39] vorgenommen wurden. Die neu in die VgV eingeführte Vorschrift des § 57 Abs. 1 Nr. 4 VgV stimmt wörtlich mit der Regelung des bisherigen § 19 EG Abs. 3d VOL/A 2009 überein, so dass die hierzu ergangene Rechtsprechung[40] entsprechend herangezogen werden kann.[41]

41   In Abgrenzung zu § 57 Abs. 1 Nr. 3 VgV betrifft § 57 Abs. 1 Nr. 4 nur Abweichungen von den Vergabeunterlagen, bei widersprüchlichen Angaben im Angebot gilt § 57 Abs. 1 Nr. 3 VgV.

42   Angebote, die die Vergabeunterlagen abändern, sind zwingend auszuschließen, da sie lediglich ein aliud der eigentlich ausgeschriebenen Leistung darstellen.[42] Insoweit sind Änderungen nur im Rahmen von Nebenangeboten und der hierfür geltenden Mindestanforderungen möglich.[43] Entscheidend für die Frage, ob ein Angebot wegen einer Änderung/Ergänzung der Vergabeunterlagen ausgeschlossen werden darf, ist aber immer auch die Frage, ob die Vergabeunterlagen eindeutig waren oder aber ein Verstoß gegen § 121 Abs. 1 GWB vorliegt.

43   Verstehen Bieter und Vergabestelle das Angebot gleich, obwohl der Wortlaut nicht eindeutig ist, ist das gemeinsame Verständnis der Parteien entscheidend.[44] Ist der Bieterwille unklar, ist hier nicht auf den einzelnen Bieter, sondern den „abstrakten Empfängerkreis" gemäß §§ 133, 157 BGB abzustellen.[45]

---

[36] VK Bund Beschl. v. 17.2.2017 – VK 2 – 14/17 = IBRRS 2017, 1006.

[37] OLG Schleswig Beschl. v. 11.8.2006 – 1 Verg 1/06 = BeckRS 2006, 09504; vgl. insoweit auch: OLG München Beschl. v. 23.6.2009, Verg 8/09 = IBRRS 2009, 1956.

[38] *Dittmann* in KMPP, § 19 EG Rn. 123 mit Verweis auf *Müller-Wrede* in *Müller-Wrede/Horn/Roth*, § 19 VOL/A EG Rn. 247.

[39] Vgl. hierzu die Kommentierung zu § 29 VgV.

[40] BGH Urt. v. 1.8.2006 f – X ZR 115/04 = BeckRS 2006, 12112; 8.9.1998, NJW 1998, 3634 f.; 8.9.1998, BauR 1998, 1246, 1249; OLG Düsseldorf Beschl. v. 12.2.2013 – VII-Verg 1/13 = BeckRS 2013, 05998; Beschl. v. 19.12.2012 – VII-Verg 37/12 = BeckRS 2013, 03316; OLG München Beschl. v. 21.2.2008 – Verg 1/08 = BeckRS 2008, 06154.

[41] VK Bund Beschl. v. 5.12.2016 – VK 2–107/16 = IBRRS 2017, 0135.

[42] Vgl. hierzu auch: *Luber* VergabeR 2009, 14, 15 ff.; OLG Düsseldorf Beschl. v. 14.11.2012, VII-Verg 42/12 = BeckRS 2013, 02327.

[43] Umstritten ist, ob ein Angebot, das von den Vergabeunterlagen abweicht, ohne Weiteres in ein Nebenangebot umgedeutet werden kann, vgl. hierzu: BGH Urt. v. 16.4.2002 – X ZR 67/00 = BeckRS 2002, 04295; OLG Celle Beschl. v. 19.2.2015 – 13 Verg 12/14 = BeckRS 2015, 12548; OLG Düsseldorf Beschl. v. 22.10.2009 – VII-Verg 25/09 = BeckRS 2009, 29057; Beschl. v. 28.7.2005 – VII-Verg 45/05 = BeckRS 2005, 13564, jeweils für einen Ausschluss, gegen einen Ausschluss spricht sich aus: *Dittmann* in KKMPP, VgV, § 57 Rn. 58.

[44] *Dittmann* in KKMPP, VgV, § 57 Rn. 55.

[45] BGH NJW 2002, 1954; OLG Saarbrücken Beschl. v. 30.7.2007 – Verg 3/07 = BeckRS 2007, 33029; OLG Düsseldorf Beschl. v. 23.3.2005 – VII-Verg 2/05 = BeckRS 2005, 04428; OLG Koblenz Beschl. v. 26.10.2005 – 1 Verg 4/05 = IBRRS 2006, 0034.

Weicht das Angebot von den Vergabeunterlagen ab, führt dies auch dann zum Aus- **44** schluss, wenn die Änderung nur geringfügig ist oder für den Wettbewerb keine Relevanz hat.[46]

Ist die Leistung nicht eindeutig beschrieben, führen Verstöße gegen interpretierbare, **45** missverständliche oder mehrdeutige Angaben nicht zum Ausschluss.[47] Verstößt die Leistungsbeschreibung gegen den Grundsatz der produktneutralen Vergabe, sind Abweichungen unbeachtlich. Allerdings ist der Bieter verpflichtet, den Verstoß gegen die produktneutrale Vergabe zu rügen.[48]

Maßgeblicher Zeitpunkt für die Frage, wie die Vergabeunterlagen zu verstehen waren, **46** ist dabei stets der Zeitpunkt der Angebotsabgabe.[49]

Der Ausschluss eines Angebots kommt trotz einer Abweichung von den Vorgaben der **47** Ausschreibung nicht in Betracht, wenn die Leistungsbeschreibung nicht eindeutig und sogar widersprüchlich ist.[50]

Änderungen an den Vergabeunterlagen bzw. Klarstellungen im Rahmen eines Fragen- **48** und Antwortenkataloges zu den Vergabeunterlagen führen nicht dazu, dass Anforderungen intransparent sind.[51] Allerdings muss sichergestellt sein, dass der Fragen- und Antwortenkatalog tatsächlich bei allen Bietern zugegangen ist. Ein Ausschluss kann trotz Abweichung von den Vergabeunterlagen ausgeschlossen sein, wenn Leistungsanforderungen durch einen Fragen- und Antwortenkatalog im laufenden Verfahren geändert werden und die Vergabestelle nicht nachweisen kann, dass der Fragen- und Antwortenkatalog dem Bieter zugegangen ist. Insoweit sollten E-Mails immer mit Eingangs- oder Lesebestätigung versand werden. Gehen diese Bestätigungen nicht ein, muss der öffentliche Auftraggeber beim Bieter nachfragen, ob die Information zugegangen ist.[52]

Anders kann dies zu beurteilen sein, wenn die Vergabe über eine elektronische Plattform **49** abgewickelt wird. Registrierte Bieter werden automatisch über Änderungen informiert. Hat ein Bieter sich jedoch nicht registriert, trifft ihn eine Holschuld, selbstständig zu prüfen, ob Dokumente geändert oder Fragen beantwortet wurden.[53] Der Verzicht auf die Registrierung entbindet den Bieter nicht von seiner Verantwortung zur Prüfung. Um zu verhindern, dass Bieter unvollständige Angebote abgeben, sollte die Vergabestelle explizit darauf hinweisen, dass der Verzicht auf die Registrierung dazu führt, dass Informationen

[46] OLG Celle Beschl. v. 19.2.2015 – 13 Verg 12/14, VergabeR 2015, 580, 587 mwN; OLG Brandenburg Beschl. v. 30.1.2014 – Verg W 2/14 = BeckRS 2014, 03979; OLG Frankfurt a.M. Beschl. v. 26.6.2012, VergabeR 2012, 884, 892; OLG Saarbrücken Beschl. v. 9.11.2005 – 1 Verg 4/05 = BeckRS 2005, 14117; OLG Düsseldorf Beschl. v. 28.7.2005 – VII-Verg 45/05 = BeckRS 2005, 13564; OLG Naumburg Beschl. v. 26.10.2004, VergabeR 2005, 261; vgl. auch OLG Düsseldorf Beschl. v. 15.12.2004, VergabeR 2005, 195 mwN; Beschl. v. 26.11.2003 – VII-Verg 53/03 = BeckRS 2004, 03897; VK Bund Beschl. v. 21.4.2010 – VK 1–31/10; offen: KG Berlin 21.12.2009 – 2 Verg 11/09; *Schweda* VergabeR 2003, 268, 270.

[47] BGH Urt. v. 3.4.2012 – X ZR 130/10 = BeckRS 2012, 11501; OLG Düsseldorf Beschl. v. 26.7.2005 – VII Verg 71/04; KG Berlin Beschl. v. 21.11.2014 – Verg 22/13 = IBRRS 2014, 3231.

[48] *Dittmann* in KKMPP, VgV, § 57 Rn. 54 mwN. Vgl. BGH Urt. v. 1.8.2006, VergabeR 2007, 73, 75; 8.9.1998, BauR 1998, 1249; OLG Celle 19.2.2015 – 13 Verg 12/14, VergabeR 2015, 580, 582 ff.; OLG München Beschl. v. 3.11.2011 – Verg 14/11 = BeckRS 2011, 26151; OLG Düsseldorf Beschl. v. 14.10.2009 – VII-Verg 9/09 = BeckRS 2009, 29070; Beschl. v. 29.3.2006 – VII-Verg 77/05 = BeckRS 2006, 06017; Beschl. v. 20.5.2005 – VII-Verg 19/05 = BeckRS 2005, 07404; OLG Koblenz Beschl. v. 19.5.2006 – 8 U 69/05; OLG Frankfurt/M. Beschl. v. 21.4.2005, VergabeR 2005, 487, 490; 2. VK Bund Beschl. v. 23.9.2015 – VK 2–89/15 = IBRRS 2015, 2830; vgl. auch EuGH, Urt. v. 10.5.2012 – C-368/10 = BeckRS 2012, 80912, Tz. 66 (Max Havelaar). *Stolz* in Willenbruch/Wieddekind, § 16 EG Rn. 41; vgl. auch *Kratzenberg* in Ingenstau/Korbion, § 13 VOB/A Rn. 15 (zur ähnlichen Rechtslage in der VOB/A a.F.).

[49] OLG Düsseldorf Beschl. v. 12.3.2007 – VII-Verg 53/06; BayObLG Beschl. v. 11.2.2004 – Verg 1/04 = BeckRS 2004, 03811.

[50] VK Bund Beschl. v. 23.9.2015 – VK 2–89/15 = IBRRS 2015, 2830.

[51] VK Bund Beschl. v. 29.1.2015 – VK 2–119/14 = IBRRS 2015, 0847.

[52] VK Bund Beschl. v. 18.8.2015 – VK 2–43/15 = VPRRS 2016, 0025.

[53] VK Südbayern Beschl. v. 17.10.2016 – Z3-3-3194-1-36-09/16 = BeckRS 2016, 55878; aA noch zum alten Recht vor Einführung der elektronischen Vergabe: VK Südbayern Beschl. v. 20.4.2011 – Z3-3-3194-1-07-02/11 = IBRRS 2011, 3964.

nicht automatisch versandt werden. Oftmals findet sich dieser Hinweis jedoch schon auf den elektronischen Vergabeplattformen.

50   Trotz einer Registrierung kann sich in Ausnahmefällen eine zusätzliche Verpflichtung der Vergabestelle zur Information der Bieter ergeben, wenn der Bieter der Vergabestelle bekannt ist, z.B. weil er bereits einen Teilnahmeantrag abgegeben hat und nachträglich die Anforderungen an den Teilnahmewettbewerb korrigiert werden. In diesen Fällen soll die Vergabestelle verpflichtet sein, den Bieter explizit auf die geänderten Anforderungen im Teilnahmewettbewerb hinzuweisen.

51   Da auch bei sorgfältiger Erstellung eines Leistungsverzeichnisses Unklarheiten nicht ausgeschlossen sind, empfiehlt es sich für öffentliche Auftraggeber, in den Vergabeunterlagen darauf hinzuweisen, dass Unklarheiten durch Fragen aufzuklären sind. Bieter sollten von ihrem Fragerecht in jedem Fall Gebrauch machen. Denn während es für öffentliche Auftraggeber grundsätzlich möglich ist, missverständliche oder offene Punkte klarzustellen, haben Bieter gerade nicht das Recht, einen ihrer Ansicht nach offenen Punkt nach eigenem Ermessen zu ergänzen. So darf ein Bieter insbesondere keinerlei Mitwirkungspflichten des Auftraggebers ergänzen, wenn er der Meinung ist, diese würden fehlen. Vielmehr ist hier ein Hinweis an den öffentlichen Auftraggeber erforderlich.[54] Öffentliche Auftraggeber sind auch nach Ablauf der Frist für Fragen verpflichtet, Defizite in den Unterlagen klarzustellen und die Angebotsfrist zu verlängern.[55]

52   Sobald Bieter der Ansicht sein sollten, dass Vorgaben nicht eindeutig sind, trifft sie die Obliegenheit zu Nachfrage und Aufklärung.[56] Klären sie unklare Vorgaben nicht auf und bietet ein Unternehmen eine seiner Ansicht nach „marktübliche" Ausführung an, ist der Angebotsausschluss gerechtfertigt, wenn die Auslegung des Leistungsverzeichnisses ergibt, dass diese Lösung von der Vergabestelle nicht gewünscht war. Anders liegt der Fall, wenn auch eine durch Auslegung nicht zu beseitigende Unklarheit vorliegt. In diesem Fall soll ein Angebotsausschluss selbst dann nicht gerechtfertigt sein, wenn der Bieter seiner Obliegenheit zu Nachfragen nicht nachkommt.[57]

53   Auch die Abgabe eines mehrdeutigen Angebotes führt zum Ausschluss. So ist eine Angebotsaufklärung oder Nachforderung ausgeschlossen, wenn Angaben fehlerhaft sind und z.B. Übergabe- und Übernahmestellen bei Entsorgungsdienstleistungen im Angebotsformular falsch eingetragen wurden.[58]

54   Zum Ausschluss führt es auch, wenn ein Bieter die kaufmännischen Rahmenbedingungen missachtet. Müssen die Bieter also einen Teil der Leistung pauschalieren und für einen anderen Teil eine erfolgsbezogene Vergütung anbieten, liegt in der Abgabe eines Pauschalpreises für die gesamte Leistung eine Abweichung von den Vergabeunterlagen.[59]

55   Das Beifügen eigener AGB – ggf. auch auf der Angebotsrückseite – führt zum Ausschluss, wenn die AGB den Vertragsbedingungen des Auftraggebers widersprechen.[60] Insbesondere darf die Vergabestelle auch keine Erklärung des Bieters nach Angebotsabgabe akzeptieren, wonach die AGB keine Geltung entfalten sollen. Denn hierin liegt eine unzulässige nachträgliche Änderung des Angebotes.

56   Die Angabe eines falschen Steuersatzes führt nicht zum Ausschluss, denn der zutreffende Steuersatz ergibt sich jeweils aus dem Gesetz und nicht aus einer Bietererklärung. Ein Angebotsausschluss ist insbesondere ausgeschlossen, wenn Nettopreise gewertet werden.[61]

---

[54] VK Lüneburg Beschl. v. 28.1.2016 – VgK 50/2015 = BeckRS 2016, 05584.
[55] VK Bund Beschl. v. 28.1.2017 – VK 2-129/16.
[56] OLG Frankfurt Beschl. v. 2.12.2014 – 11 Verg 7/14 = BeckRS 2015, 07266.
[57] OLG Schleswig Urt. v. 25.9.2009 – 1 U 42/08 = BeckRS 2009, 87851.
[58] VK Südbayern Beschl. v. 11.3.2015 – Z3-3-3194-1-65-12/14 = IBRRS 2015, 0861.
[59] VK Bund Beschl. v. 20.12.2012, VK 3–132/12 = ZfBR 2013, 304.
[60] VK Sachsen-Anhalt Beschl. v. 14.1.2015 – 3 VK LSA 102/14 = IBRRS 2015, 0654; VK Bund Beschl. v. 24.6.2013 – VK 3–44/13 = IBRRS 2013, 3073; OLG München Beschl. v. 21.2.2008 – Verg 1/08 = BeckRS 2008, 06154; a. A. zur „versehentlichen Beifügung von AGB": VK Lüneburg Beschl. v. 27.8.2009 – VgK-35/2009 = BeckRS 2009, 28898.
[61] OLG Schleswig Beschl. v. 22.5.2006 – 1 Verg 5/06 = NZBau 2007, 257 = ZfBR 2006, 607.

Nach Auffassung der Vergabekammer des Bundes soll es auch zulässig sein, statt einzeln **57** verpackter Standardpackungen für Röntgenkontrastmittel Klinikpackungen anzubieten, also größere Gebinde von Standardpackungen, die zwar inhaltlich identisch aber wesentlich günstiger sind. Denn der Leistungsinhalt bleibt identisch.[62]

Trotz eines Ausschlussgrundes im Angebot kann der Nachprüfungsantrag des ausge- **58** schlossenen Bieters erfolgreich sein, wenn das Verfahren aufgrund eines Verfahrensfehlers – z.B. der Vermischung von Eignungs- und Zuschlagskriterien – ohnehin zurückzuversetzen ist.[63] Denn in diesen Fällen besteht eine „zweite Chance". [64]

Weicht das Angebot eines Bieters von den Leistungsanforderungen ab, muss er die Än- **59** derungsvorschläge oder das Nebenangebot so deutlich kennzeichnen, dass ein Übersehen durch die ausschreibende Stelle möglichst ausgeschlossen wird. Ändert ein Bieter im Begleitschreiben zu seinem Angebot die im Leistungsverzeichnis des Ausschreibenden verlangte Beschaffenheit des Werks ohne ausreichenden Hinweis und wird diese Änderung Vertragsinhalt, kann dieses Verhalten des Bieters einen Schadensersatzanspruch des öffentlichen Auftraggebers aus Verschulden bei Vertragsschluss begründen.[65]

V. Fehlende Preisangaben

Wird die Angabe von Preisen im Leistungsverzeichnis oder in den sonstigen Vergabeun- **60** terlagen eindeutig gefordert, sind Angebote, in denen diese Preisangaben fehlen oder unzutreffend angegeben werden, zwingend von der Wertung auszuschließen.[66] Insoweit darf von einem Bieter erwartet werden, dass er die Vergabeunterlagen sorgfältig prüft. Auch wenn z.B. in einem Formblatt im „Kleingedruckten" die Preisangabe für Wartungsarbeiten gefordert wird, ist die Forderung wirksam mit der Folge eines Angebotsausschlusses bei einer fehlenden Preisangabe.[67]

Das Nachfordern von Preisangaben ist nur möglich, wenn es sich um unwesentliche **61** Einzelpositionen handelt, deren Einzelpreise den Gesamtpreis nicht verändern oder die Wertungsreihenfolge und den Wettbewerb nicht beeinträchtigen. Wesentliche Einzelpositionen oder aber Einzelpreise, die den Gesamtpreis verändern, dürfen hingegen nicht nachgefordert werden. Insoweit wird auf die Kommentierung zu § 56 Abs. 3 VgV verwiesen.

Der Verstoß gegen vorgegebene Kalkulationsvorgaben führt ebenfalls zum Angebotsaus- **62** schluss.[68] Denn ein Angebot ist auch dann unvollständig, wenn Preisangaben eingetragen werden, die nicht auf den vorgegebenen Kalkulationsgrundlagen beruhen. Eine „geforderte" Angabe fehlt also auch dann, wenn eine Preisangabe eingetragen wurde, diese jedoch nicht auf der vorgegebenen Kalkulationsgrundlage beruht.[69] Verlangt der Auftraggeber die Angabe eines einheitlichen Stundenverrechnungssatzes für verschiedene Leistungen und gibt der Bieter entgegen dieser Vorgabe unterschiedliche Verrechnungssätze an, fehlt der geforderte Preis, so dass das Angebot auszuschließen ist.[70] Gleiches gilt auch für den umgekehrten Fall. Hat der Bieter die Stundensätze getrennt nach Werk-, Sonn- und Feiertagen

---

[62] VK Bund Beschl. v. 5.12.2016 – VK 2–107/16 = VPRRS 2017, 0008.
[63] VK Bund Beschl. v. 2.11.2010 – VK 3 – 102/10.
[64] OLG Celle Beschl. v. 22.5.2008 – 13 Verg 1/08 = BeckRS 2008, 10353.
[65] OLG Stuttgart Urt. v. 9.2.2010 – 10 U 76/09 = BeckRS 2010, 10753.
[66] OLG Düsseldorf Beschl. v. 24.9.2014 – VII-Verg 19/14 = BeckRS 2015, 05269; *Stapelfeldt* KommJur 2010, 241, 243 ff.; *Maier* NZBau 2005, 374 ff. *Möllenkamp* NZBau 2005, 557 ff. *Weihrauch* VergabeR 2007, 430 ff.
[67] OLG Düsseldorf Beschl. v. 24.9.2014 – VII-Verg 19/14 = BeckRS 2015, 05269.
[68] OLG Frankfurt Beschl. v. 11.10.2016 – 11 Verg 13/16 = BeckRS 2016, 21334; OLG Düsseldorf Beschl. v. 14.11.2012 – VII-Verg 42/12 = BeckRS 2013, 02327; offenlassend: VK Westfalen Beschl. v. 27.10.2015 – VK 1–28/15 = BeckRS 2016, 09216.
[69] OLG Frankfurt Beschl. v. 11.10.2016 – 11 Verg 13/16 = IBRRS 2016, 2792; vgl. zur Zulässigkeit von Kalkulationsvorgaben auch: BGH VergabeR 2007, 73, 75 f.; OLG München VergabeR 2006, 933, 936 f.; OLG Koblenz VergabeR 2006, 233, 234 f.
[70] OLG Koblenz Beschl. v. 18.9.2013 – 1 Verg 6/13 = BeckRS 2013, 16938.

einzutragen und trägt er stattdessen den Durchschnittspreis ein, fehlen die geforderten Preisangaben. Das Angebot ist aufgrund unzulässiger Mischkalkulation auszuschließen.[71]

63   Ein Angebotspreis fehlt dagegen nicht, wenn die entsprechende Position mit EUR 0,00 bepreist ist.[72] Dies gilt aber nur dann, wenn der Bieter den Preis ersichtlich ernst gemeint hat, ohne Preisbestandteile auf andere Leistungspositionen zu verteilen und auf diese Weise zu „verstecken".[73] Ein Verbot des öffentlichen Auftraggebers, Minuspreise anzubieten, ist wohl unzulässig.[74] Der öffentliche Auftraggeber muss in diesen Fällen das Angebot weiter aufklären. In der Rechtsprechung wurde es für zulässig gehalten, die Entsorgung des Boden-aushubs mit EUR 0,00 anzubieten, wenn der Bodenaushub an anderer Stelle eingebaut wer-den konnte.[75] Gleiches gilt, wenn der Bieter vom Vorlieferanten Gutschriften[76] erhalten hat und diese weitergibt bzw. dem Bieter tatsächlich keine Kosten für die Leistung entstehen.[77]

64   Zum Ausschluss führt aber eine sogenannte „Mischkalkulation", also das Abpreisen ein-zelner Positionen bei gleichzeitigem Aufpreisen anderer Positionen. Dieses Vorgehen ist in der Praxis oft anzutreffen, wenn Zahlungspläne vereinbart sind und der Auftragnehmer erst nach Abschluss einzelner Leistungen eine Teilzahlung erhält. Denn durch die Preisverlage-rung kann der Auftragnehmer verhältnismäßig früh eine hohe Abschlagsrechnung stellen. Eine Mischkalkulation führt zum Ausschluss des Angebotes, da bei einer Mischkalkulation nicht der „geforderte Preis" angeboten wurde. Ein Angebotsausschluss ist dabei auch dann gerechtfertigt, wenn die Konnexität, also die Verbindung zwischen den auf- und ab-gepreisten Positionen nicht nachgewiesen werden kann.[78] Denn bereits eine fehlerhafte Preisangabe rechtfertigt den Angebotsausschluss.[79] Liegen Anhaltspunkte für eine unzulässi-ge Mischkalkulation vor, liegt die Darlegungs- und Beweislast beim Bieter.[80]

65   Eine Mischkalkulation ist von einem sogenannten Spekulationspreis abzugrenzen.[81] Ein Spekulationspreis liegt vor, wenn die Leistungsbeschreibung Unklarheiten aufweist und der Bieter diese Lücken bewusst ausnutzt und Leistungspositionen, bei denen es aufgrund der Lücken zu Mengenmehrungen und Nachträgen kommt, aufpreist und andere Positionen abpreist, um die Zuschlagschancen zu erhöhen. Der Umgang mit Spekulationspreisen ist in der Rechtsprechung noch nicht abschließend geklärt und in der Praxis wohl oft nur schwer nachweisbar. In der Literatur wird insoweit vertreten, dass Spekulationspreise keinen Aus-schluss begründen, aber ggf. Schadensersatzansprüche des Auftraggebers nach Vertrags-schluss ermöglichen.[82]

66   Eine Preisangabe fehlt allerdings nicht, wenn der Umsatzsteuersatz nicht ausgewiesen ist. Deshalb soll es möglich sein, ein Angebot zu bezuschlagen, in dem die Nettopreise fehlen, allerdings die Bruttopreise angegeben sind. Denn in diesem Fall können die Nettopreise durch eine zumutbare Rechenoperation ermittelt werden.[83]

---

[71] VK Baden-Württemberg Beschl. v. 13.9.2012 – 1 VK 32 / 12 = IBRRS 2013, 1096; OLG Düsseldorf Beschl. v. 14.11.2012 – VII-Verg 42/12 = BeckRS 2013, 02327; offenlassend: VK Westfalen Beschl. v. 27.10.2015 – VK 1–28/15 = BeckRS 2016, 09216.

[72] OLG Dresden Beschl. v. 28.3.2006 – WVerg 4/06 = BeckRS 2006, 06134. Vgl. zur Frage, wo die Zu-lässigkeit von Nullpositionen zu prüfen ist: *Dicks* in KKMPP, VgV, § 56 Rn. 65. Richtigerweise ist bei der formalen Prüfung auf erster Wertungsstufe zu prüfen, ob der tatsächlich verlangte Preis angeboten wurde. Etwaige Missverhältnisse sind auf dritter Wertungsstufe zu prüfen.

[73] OLG Dresden Beschl. v. 28.7.2011 – WVerg 0005 / 11.

[74] OLG Düsseldorf Beschl. v. 22.12.2010 – VII-Verg 33/10 = BeckRS 2011, 00779.

[75] OLG Rostock NZBau 2005, 172, VergabeR 2004, 719.

[76] OLG Rostock NZBau 2005, 172,VergabeR 2004, 719.

[77] OLG München VergabeR 2005, 794, 796; OLG Frankfurt a. M. VergabeR 2006, 382, 386.

[78] AA VK Thüringen Beschl. v. 28.9.2012, 250 – 4002 – 14693/2012-E-005-SM = BeckRS 2013, 06587; vgl. zum Zusammenhang von Einzel- und Gesamtpreisen bei Mischkalkulationen: OLG Düsseldorf Beschl. v. 21.12.2016 – VII-Verg. 5/16.

[79] BGH Urt. v. 18.5.2004 – X ZB 7/04 = BeckRS 2004, 06261. Ausführlich hierzu: *Dicks* in KKMPP, VgV, § 56 Rn. 66 ff.

[80] OLG Dresden Beschl. v. 1.7.2005 – WVerg 7/05 = BeckRS 2005, 09659.

[81] vgl. hierzu BGH Urt. v. 18.12.2008 – VII ZR 201/06 = BeckRS 2009, 04306.

[82] *Dicks* in KKMPP, VgV, § 56 Rn. 82 ff.

[83] OLG Düsseldorf Beschl. v. 12.12.2012 – VII-Verg 38/12 = BeckRS 2013, 03105.

Übernimmt ein Bieter Preise des Nachunternehmers, die nicht zutreffend sind, ist dies **67** unschädlich, solange der Bieter davon ausgehen durfte, dass die Preise vollständig und richtig sind.[84]

VI. Unzulässige Nebenangebote

Die Entscheidung, ob Nebenangebote zugelassen sind, ist zu Beginn des Verfahrens zu **68** treffen und in der Bekanntmachung bzw. den Vergabeunterlagen gemäß § 35 Abs. 1 VgV offenzulegen.

Will ein öffentlicher Auftraggeber die einmal getroffene Entscheidung revidieren, liegt **69** hierin eine Zurückversetzung des Vergabeverfahrens, die nur zulässig ist, wenn das Gleichbehandlungs- und Transparenzgebot weiter eingehalten werden.[85] Entscheidend ist, dass die Mindestanforderungen transparent dargelegt werden. Zudem muss für die Bieter vor Angebotsabgabe erkennbar sein, ob Nebenangebote zugelassen sind, da die Zulassung eines Nebenangebots auf die Erstellung des Hauptangebotes Einfluss hat.[86] Deshalb muss das Verfahren auch dann zwingend zurückversetzt werden, wenn Bieter Haupt- und Nebenangebote abgeben durften, allerdings für die Nebenangebote die Mindestanforderungen fehlten. In diesem Fall reicht es nicht aus, die Nebenangebote nicht zu werten und auszuschließen,[87] vielmehr muss das Verfahren in Gänze wiederholt werden.[88]

Nebenangebote, die die Mindestanforderungen nicht erfüllen, dürfen nicht in ein **70** Hauptangebot umgedeutet werden.[89] Auch die Umdeutung eines Haupt- in ein Nebenangebot ist unzulässig.[90]

Werden ein Haupt- und ein Nebenangebot eingereicht, müssen die Angebote eindeutig **71** voneinander getrennt sein, damit sich bestimmen lässt, was bei Bezuschlagung Vertragsgegenstand wird.

VII. Nebenangebote, die die Mindestanforderungen nicht einhalten

Wenn der Auftraggeber Nebenangebote zulässt, muss er gleichzeitig Mindestanforderun- **72** gen für die Nebenangebote definieren. Denn nur anhand der Mindestanforderungen kann sichergestellt werden, dass eine gleichwertige Lösung angeboten wird und kein aliud. Im Hinblick auf die Zulassung und Wertung von Nebenangeboten wird auf die Kommentierung zu § 127 Abs. 4 Satz 2 GWB verwiesen. Einzelheiten zur Aufstellung von Mindestanforderungen ergeben sich aus der Kommentierung zu § 35 VgV.

VIII. Ausschluss wegen fehlender Eignung

§ 57 Abs. 1 VgV stellt klar, dass auch Interessenbestätigungen/Teilnahmeanträge und **73** Angebote von der Wertung auszuschließen sind, wenn das Unternehmen die Eignungskriterien nicht erfüllt. Insoweit wird auf die Kommentierung zu §§ 122–126 GWB und §§ 42–51 VgV verwiesen.

---

[84] OLG Frankfurt a. M. NZBau 2006, 259, 261; OLG Düsseldorf Beschl. v. 16.5.2006, VII-Verg 19/06 = BeckRS 2006, 09438.
[85] OLG Düsseldorf Beschl. v. 28.1.2015 – VII – Verg 31/14 = BeckRS 2015, 09750.
[86] Thüringer OLG Beschl. 16.9.2013 – 9 Verg 3/13 = BeckRS 2013, 16683; OLG Düsseldorf Beschl. v. 2.11.2011 – VII-Verg 22/11 = BeckRS 2011, 26648; OLG Brandenburg Beschl. v. 17.5.2011 – Verg W 16/10 = BeckRS 2011, 22444; OLG Düsseldorf Beschl. v. 23.3.2010 – VII-Verg 61/09.
[87] VK Münster Beschl. v. 11.12.2009 – VK 23/09 = IBRRS 2010, 1358; weitergehend aber OLG Düsseldorf Beschl. v. 28.1.2015 – VII-Verg 31/14 = BeckRS 2015, 09750.
[88] OLG Düsseldorf Beschl. v. 28.1.2015 – VII-Verg 31/14 = BeckRS 2015, 09750.
[89] VK Sachsen Beschl. v. 10.4.2014 – 1/SVK/007–14 = IBRRS 2014, 2185.
[90] VK Bund Beschl. v. 11.3.2010 – VK 3–18/10 = IBRRS 2010, 0774. Vgl. insoweit auch die Kommentierung zu § 57 Abs. 1 Nr. 4 VgV.

§ 58 Zuschlag und Zuschlagskriterien

(1) Der Zuschlag wird nach Maßgabe des § 127 des Gesetzes gegen Wettbewerbsbeschränkungen auf das wirtschaftlichste Angebot erteilt.

(2) Die Ermittlung des wirtschaftlichsten Angebots erfolgt auf der Grundlage des besten Preis-Leistungs-Verhältnisses. Neben dem Preis oder den Kosten können auch qualitative, umweltbezogene oder soziale Zuschlagskriterien berücksichtigt werden, insbesondere:

1. die Qualität, einschließlich des technischen Werts, Ästhetik, Zweckmäßigkeit, Zugänglichkeit der Leistung insbesondere für Menschen mit Behinderungen, ihrer Übereinstimmung mit Anforderungen des „Designs für Alle", soziale, umweltbezogene und innovative Eigenschaften sowie Vertriebs- und Handelsbedingungen,
2. die Organisation, Qualifikation und Erfahrung des mit der Ausführung des Auftrags betrauten Personals, wenn die Qualität des eingesetzten Personals erheblichen Einfluss auf das Niveau der Auftragsausführung haben kann, oder
3. die Verfügbarkeit von Kundendienst und technischer Hilfe sowie Lieferbedingungen wie Liefertermin, Lieferverfahren sowie Liefer- oder Ausführungsfristen.

Der öffentliche Auftraggeber kann auch Festpreise oder Festkosten vorgeben, sodass das wirtschaftlichste Angebot ausschließlich nach qualitativen, umweltbezogenen oder sozialen Zuschlagskriterien nach Satz 1 bestimmt wird.

(3) Der öffentliche Auftraggeber gibt in der Auftragsbekanntmachung oder den Vergabeunterlagen an, wie er die einzelnen Zuschlagskriterien gewichtet, um das wirtschaftlichste Angebot zu ermitteln. Diese Gewichtung kann auch mittels einer Spanne angegeben werden, deren Bandbreite angemessen sein muss. Ist die Gewichtung aus objektiven Gründen nicht möglich, so gibt der öffentliche Auftraggeber die Zuschlagskriterien in absteigender Rangfolge an.

(4) Für den Beleg, ob und inwieweit die angebotene Leistung den geforderten Zuschlagskriterien entspricht, gelten die §§ 33 und 34 entsprechend.

(5) An der Entscheidung über den Zuschlag sollen in der Regel mindestens zwei Vertreter des öffentlichen Auftraggebers mitwirken.

Übersicht

	Rn.			Rn.
A. Einführung	1		ee. Zugänglichkeit der Leistung insbesondere für Menschen mit Behinderungen	52
I. Literatur	1		ff. Design für alle	56
II. Entstehungsgeschichte	2		gg. Soziale Eigenschaften	58
III. Rechtliche Vorgaben im EU-Recht	4		hh. Umweltbezogene Eigenschaften	63
B. Zuschlag und Zuschlagskriterien	11		(1) Energieeffizienz/Energieverbrauch	67
I. Abs. 1: Zuschlag auf das wirtschaftlichste Angebot	11		(2) Umweltverträglichkeit/Ressourcenschonung	69
1. Zuschlag	11		ii. Innovative Eigenschaften	71
2. Auf das wirtschaftlichste Angebot nach Maßgabe des § 127 GWB	16		jj. Vertriebs- und Handelsbedingungen	74
II. Abs. 2: Bestes Preis-Leistungs-Verhältnis und Zuschlagskriterien	20		kk. Organisation, Qualifikation und Erfahrung des Personals	76
1. Bestes Preis-Leistungs-Verhältnis	20		ll. Verfügbarkeit von Kundendienst und technischer Hilfe	84
2. Zuschlagskriterien	25		mm. Lieferbedingungen	86
a. Preis	25		e. Festpreise oder Festkosten	88
b. Qualitative, umweltbezogene oder soziale Zuschlagskriterien	28		III. Abs. 3: Gewichtung der Zuschlagskriterien	92
c. Abgrenzung von Zuschlagskriterien	33		1. Zuschlagskriterien	92
d. Zuschlagskriterien im Einzelnen	38			
aa. Qualität	39			
bb. Technischer Wert	45			
cc. Ästhetik	48			
dd. Zweckmäßigkeit	50			

	Rn.			Rn.
2. Gewichtung und Gewichtungskoef-			5. Bekanntgabe einer Wertungsmatrix	104
fizient	86		IV. Abs. 4: Nachweise	108
3. Angabe der Gewichtung in der			V. Abs. 5: Entscheidung über den Zu-	
Auftragsbekanntmachung oder in			schlag	109
den Vergabeunterlagen	99			
4. Bekanntgabe von Unterkriterien				
und deren Gewichtung	101			

A. Einführung

I. Literatur

Carstens, Modernisierung des Vergaberechts – Nicht ohne Barrierefreiheit, ZRP 2015, 141, *Roth,* Das öf- **1**
fentliche Preisrecht im Spannungsfeld zwischen Zivilrecht und Vergaberecht, NZBau 2015, 209, *Sulk,* Der
Preis im Vergaberecht, Dissertation, 2015, *Beneke,* Strategische Ziele im neuen Vergaberecht, Kommunal-
Praxis spezial 2016, 99, *Bungenberg/Schelhaas,* Schwerpunkte der Vergaberechtspraxis, WuW 2016, 227,
Conrad, Die Auswirkungen des Mindestlohngesetzes auf das Vergabeverfahren, AnwZert BauR 4/2016
Anm. 2, *Deluvé,* Bewertungsmethode muss nicht bekannt gegeben werden, IBR 2016, 530, *Dicks,* Neben-
angebote nach der Vergaberechtsmodernisierung 2016: Lösung oder Perpetuieren eines Dilemmas?, Verga-
beR 2016, 309, *Dieckmann,* Vom Schatten ins Licht – Umweltzeichen in Vergabeverfahren, Neuerungen der
Vergaberechtsreform, NVwZ 2016, 1369, *Eiermann,* Primärrechtsschutz gegen öffentliche Auftraggeber bei
europaweiten Ausschreibungen durch Vergabenachprüfungsverfahren (Teil 1), NZBau 2016, 13, *Eiermann,*
Primärrechtsschutz gegen öffentliche Auftraggeber bei europaweiten Ausschreibungen durch Vergabenach-
prüfungsverfahren (Teil 2), NZBau 2016, 76, *Eßig,* Beschaffungsstrategien der öffentlichen Hand in den
Bereichen Verteidigung und Sicherheit am Beispiel der Bundeswehr, ZfBR 2016, 33, *Favier/Schüler,* Etablierte Regeln für das Verhandlungsverfahren mit Teilnahmewettbewerb auf dem Prüfstand des neuen Rechts,
ZfBR 2016, 761, *Funk/Tomerius,* Aktuelle Ansatzpunkte umwelt- und klimaschützender Beschaffung in
Kommunen – Überblick und Wege im Dschungel des Vergaberechts (Teil 2), KommJur 2016, 47, *Greb,*
Anmerkung zu einer Entscheidung des EuGH, Urteil vom 14.7.2016 (C-6/15) – Zu den Anforderungen an
die Mitteilung von Zuschlagskriterien und Bewertungsmethode zur Erfüllung der Transparenzanforderungen, VergabeR 2016, 726, *Kaiser,* Anmerkung zu einer Entscheidung des OLG Frankfurt, Beschluss vom
23.6.2016 (11 Verg 4/16) – Zu den Zuschlagskriterien bei der Auftragsvergabe, VergabeR 2016, 774, *Krist,*
Keine Transparenz bei Zuschlagskriterien unterhalb der Schwellenwerte?, IBR 2016, 33, *Kubitza,* Die Vorwirkung von Richtlinien – die richtlinienbezogene Auslegung und ihre Grenzen, EuZW 2016, 691, *Leinemann,* Unterschwellenvergabe: Wertungskriterien müssen nicht festgelegt werden!, IBR 2016, 535, *Löwisch,*
Forschung und Vergaberecht, OdW 2016, 153, *Mantler,* Anmerkung zu einer Entscheidung des BGH, Beschluss vom 10.5.2016 (X ZR 66/15) – Zu den Mindestanforderungen an die Bestimmung sowie die Bekanntmachung von Zuschlagskriterien sowie die Heranziehung des Preises als einzigem Kriterium bei Zulassung von Nebenangeboten, VergabeR 2016, 750, *Matschek,* Die Vergaberechtsreform 2016, DGUV-Forum
2016, Nr. 9, 36–39, *Mösinger, Thomas,* Festgelegte Unterkriterien müssen klar definiert sein!, IBR 2016, 417,
Otting, Eignungs- und Zuschlagskriterien im neuen Vergaberecht, VergabeR 2016, 316, *ders.,* Kein Anspruch auf Zuschlagserteilung, IBR 2016, 229, *Overbuschmann,* Anmerkung zu einer Entscheidung des KG
Berlin, Beschluss vom 7.8.2015 (Verg 1/15), Zur Vergabe getrennter Lose bei einheitlichem Angebot sowie
zur Aufklärungspflicht des Auftraggebers bei fehlerhaften Erklärungen des Bieter, VergabeR 2016, 118,
Peshteryanu, Vergaberechtswidrigkeit von Wertungsentscheidungen im Zusammenhang mit den Umrech-
nungsmethoden von Preisen in Punkte, jurisPR-VergR 3/2016 Anm. 5, *Popescu,* Die funktionale Leistungsbeschreibung, AnwZert BauR 8/2016 Anm. 1, *Portz,* Das neue Vergaberecht: Eine Bewertung aus kommunaler Sicht, Gemeinde 2016, 59, *Pünder,* „Dulde und liquidiere" im Vergaberecht?, VergabeR 2016, 693,
Pünder/Buchholtz, Einführung in das Vergaberecht (Teil 2), Auswahlkriterien, Verfahrensarten und Rechtsschutzmöglichkeiten, Jura 2016, 1358, *Püstow/Meiners,* Die Innovationspartnerschaft – Mehr Rechtssicherheit für ein innovatives Vertragsmodell, NZBau 2016, 406, *Reichling/Scheumann,* Durchführung von Vergabeverfahren (Teil 3): Zuschlagskriterien und Ausführungsbedingungen, GewArch 2016, 332, *Schwabe,*
Unterschwellenvergabe: Wie kann eine Wertungsmatrix angegriffen werden?, IBR 2016, 161, *Seidenberg,*
Die Zulässigkeit von Bedarfs- und Wahlpositionen in der Ausschreibung, AnwZert BauR 22/2016 Anm. 1,
Seitz, Zuschlag trotz Kalkulationsfehlers erteilt – Auftraggeber muss keinen Schadensersatz zahlen!, IBR
2016, 34, *Seywald,* Vergaberechtliche Wirksamkeit von Bewertungsformeln zur Ermittlung des besten
Preis-Leistungs-Verhältnisses, AnwZert BauR 24/2016 Anm. 1, *Stolz,* Die Vergabe von Architekten- und
Ingenieurleistungen nach der Vergaberechtsreform 2016, VergabeR 2016, 351, *Sturmberg,* 2016 – Das Jahr
des Vergaberechts, BauR 2016, 899, *Strauß,* Verankerung sozialer Kriterien im Vergabeverfahren nach der
Vergaberechtsreform, AnwZert BauR 12/2016 Anm. 1, *Wittmann,* Die Vergaberechtsreform, AnwZert
BauR 4/2016 Anm. 1, *Butzert/Hattenhauer,* Die Etablierung ökologischer, sozialer, innovativer und qualitati-
ver Aspekte im Vergabeverfahren, ZfBR 2017, 129, *Byok,* Die Entwicklung des Vergaberechts seit 2016,

NJW 2017, 519, *Friton/Stein*, (K)ein Ende der Schulnotenrechtsprechung?, NZBau 2017, 267, *Gaus*, Abschaffung von Schulnoten in der Angebotswertung, NZBau 2017, 134, *Krönke*, Sozial verantwortliche Beschaffung nach dem neuen Vergaberecht, VergabeR 2017, 101, *Kullack*, Die Unterschwellenvergabeordnung (UVgO), AnwZert BauR 2/2017, Anm. 2, *Lausen*, Die Unterschwellenvergabeordnung (UVgO), NZBau 2017, 3, *Mohr*, Sozial motivierte Beschaffungen nach dem Vergaberechtsmodernisierungsgesetz 2016, EuZA 2017, 23, *Opitz*, Anmerkung zu einer Entscheidung des OLG Düsseldorf, Beschl. v. 2.11.2016 (VII-Verg 25/16) – Zum Bewertungsmaßstab und zu den Zuschlagskriterien bei Ausschreibung nichtprioritärer Dienstleistungen im Bereich sog. assistierter Ausbildung, VergabeR 2017, 208, *Rosenkötter*, Keine ausreichende Transparenz bei Verweis auf Schulnoten in Wikipedia, NZBau 2017, 208, *Schneevogl*, Grenzen der Transparenzpflicht öffentlicher Auftraggeber bei Bekanntgabe von Zuschlagskriterien – EuGH setzt Grenzen: Keine Pflicht zur Offenlegung der Bewertungsmethode, NZBau 2017, 262, *Schonebeck*, Zur Schadensersatzpflicht des öffentlichen Auftraggebers bei schuldhaft fehlerhafter Bauauftragsvergabe, jurisPR-PrivBauR 1/2017 Anm. 3, *Wagner-Cardenal*, Intransparenz und Unbestimmtheit der Bewertung von Zuschlagskriterien anhand von Schulnoten, jurisPR-VergR 1/2017 Anm 3. ***Außerdem wird auf die Literatur zu § 127 GWB verwiesen.***

II. Entstehungsgeschichte

2   Die **Zuschlagserteilung als eines der zentralen Elemente des Vergabeverfahrens**[1] sowie die dabei zugrunde zu legenden Kriterien und sonstige Einzelheiten werden für die Vergabe von Lieferungen und Leistungen in § 58 VgV geregelt, wobei auf die übergeordnete Norm des § 127 GWB Bezug genommen wird. Damit verfolgt der Verordnungsgeber das Ziel, dass die VgV auch diesbezüglich die Bestimmungen des Vierten Teils des GWB konkretisiert und präzisiert.[2]

3   Der Grundsatz, dass der **Zuschlag auf das wirtschaftlichste Angebot** erteilt wird, besteht sowohl im Ober- als auch im Unterschwellenbereich seit Jahrzehnten. Durch die VOB/A 2000 wurde der zuvor bestehende Begriff des „annehmbarsten Angebots" durch den des „wirtschaftlichsten Angebots" ersetzt.[3] In der VOL/A wurde ebenfalls auf das „wirtschaftlichste Angebot" abgestellt.[4] Mit Einführung des Vierten Teils des GWB durch das Vergaberechtsänderungsgesetz[5] wurde daran festgehalten (§ 97 Abs. 5 GWB).[6]

III. Rechtliche Vorgaben im EU-Recht

4   Art. 53 Abs. 1 der Richtlinie 2004/18/EU[7] sah vor, dass der Zuschlag auf das durch vorgegebene Zuschlagskriterien des öffentlichen Auftraggebers definierte **„wirtschaftlich günstigste Angebot"** oder auf das **Angebot mit dem niedrigsten Preis** zu erteilen war. In Umsetzung dieser Richtlinie hatte der deutsche Gesetzgeber, der bisherigen Tradition entsprechend, die Alternative des wirtschaftlichsten Angebots gewählt. Der gesetzgeberischen Entscheidung für eine Alternative hatte der EuGH indessen in seinem Urteil in der Sache *Sintesi*[8] widersprochen: Danach haben die Mitgliedstaaten nicht die Befugnis, die in den Vergaberichtlinien vorgesehene Wahlfreiheit des Auftraggebers durch eine abstrakte Festlegung einzuschränken. Demnach war der Begriff des „wirtschaftlichsten Angebots" gemeinschaftskonform so auszulegen, dass zu dessen Bestimmung allein der niedrigste Preis ausreichte.[9]

---

[1] BR-Drs. 87/16, 211.
[2] BR-Drs. 87/16, 211, 147.
[3] Vgl. *Kratzenberg* NZBau 2000, 265 (267).
[4] Vgl. Fassung v. 2000, BAnz. Nr. 200a v. 24.10.2000.
[5] V. 26.8.1998, BGBl. I S. 2512.
[6] Wegen weiterer Einzelheiten vgl. *Opitz* § 127 GWB Rn. 2 f. mN.
[7] ABl. v. 30.4.2004, L 134/14.
[8] Vgl. EuGH 7.1.2004 – C-247/02, NZBau 2004, 685.
[9] Vgl. *Opitz* § 127 GWB Fn 12 f. mit zahlreichen Nachweisen.

Art. 67 Abs. 1 der Richtlinie 2014/24/EU,[10] die durch das Vergaberechtsmoderni- 5
sierungsgesetz vom 17.2.2016[11] und die Vergaberechtsmodernisierungsverordnung vom
12.4.2016[12] umgesetzt wurde, gibt nunmehr vor, dass **der Zuschlag auf das wirtschaftlich günstigste Angebot zu erteilen ist;** die Alternative des preislich niedrigsten Angebots ist nicht mehr genannt. Art. 67 Abs. 2 der Richtlinie 2014/24/EU stellt klar, dass die
Bestimmung des wirtschaftlich günstigsten Angebots anhand einer Bewertung auf der
Grundlage des Preises oder der Kosten erfolgt und das beste Preis-Leistungs-Verhältnis
beinhalten kann, das auf der Grundlage von Zuschlagskriterien bewertet wird, die mit dem
Auftragsgegenstand des jeweiligen Auftrags in Verbindung stehen. Das „wirtschaftlich günstigste Angebot" ist als übergeordnetes Konzept zu verstehen, das sicherstellt, dass alle Angebote, die den Zuschlag erhalten, letztlich danach ausgewählt werden sollen, was der einzelne öffentliche Auftraggeber für die wirtschaftlich beste Lösung unter den Angeboten
hält.[13]

Die **Vorgaben der Richtlinie 2014/24/EU wurden sowohl in § 127 GWB als** 6
auch in § 58 VgV umgesetzt. Der Verordnungsgeber hat die bislang in §§ 19 EG Abs. 9
und 21 EG Abs. 1 VOL/A sowie in § 11 Abs. 5 VOF getroffenen Zuschlagsregelungen
aufgegriffen und an die Maßstäbe des Art. 67 der Richtlinie 2014/24/EU angepasst.[14]

Soweit Art. 67 Abs. 1 der Richtlinie 2014/24/EU den Begriff des **„wirtschaftlich** 7
günstigsten Angebots" wählt, während das nationale Recht, § 127 GWB und § 58
Abs. 1 VgV, weiterhin auf das **„wirtschaftlichste Angebot"** abstellt, hat dies keine sachlichen Auswirkungen. Bereits in dem Gesetzgebungsverfahren zum Vergaberechtsänderungsgesetz von 1998 hatte der Bundesrat angemerkt, dass der Begriff des „wirtschaftlichsten Angebots" enger als der des „wirtschaftlich günstigsten Angebots" ausgelegt werden
könnte. Dem war die Bundesregierung entgegengetreten und hatte auf die gleiche Bedeutung der Begriffe hingewiesen; sie hatte im Übrigen auf den in Art. 114 Abs. 2 GG und
§ 6 HGrG verwendeten Begriff der Wirtschaftlichkeit verwiesen.[15]

§ 58 Abs. 2 VgV übernimmt die Regelungen aus Art. 67 Abs. 2 der Richtlinie 2014/ 8
24/EU, wonach die Ermittlung des wirtschaftlichsten Angebots auf der Grundlage **des
besten Preis-Leistungs-Verhältnisses erfolgt** und neben dem Preis und den Kosten
weitere Zuschlagskriterien berücksichtigt werden können. Art. 67 Abs. 2 der Richtlinie
2014/24/EU **listet enumerativ Zuschlagskriterien auf,** wobei die Aufzählung nicht
abschließend ist. Die Liste ist nahezu wortgleich in § 58 Abs. 2 VgV übernommen worden. Die einzelnen Zuschlagskriterien beziehen sich nicht nur auf **qualitative,** sondern
auch auf **ökologische, soziale und innovative Aspekte.** Unter Zugrundelegung eines
engen Wirtschaftlichkeitsbegriffs, der im Hinblick auf Kosten und Nutzen für den Auftraggeber ausschließlich betriebswirtschaftliche Grundsätze berücksichtigt,[16] besteht eigentlich
kein Raum für derartige **politische Kriterien.** Dieser Wirtschaftlichkeitsbegriff ist jedoch sukzessive, insbesondere durch den EuGH, seit Beginn der 2000er Jahre weiterentwickelt worden.[17] Die Ergebnisse der Entwicklung flossen in die Modernisierung der EU-
Vergaberichtlinien von 2014 ein, die nunmehr über die bereits in den Vergaberichtlinien
von 2004 enthaltenen Möglichkeiten hinaus neben Kriterien zur Förderung der Umwelt
explizit auch Kriterien zur Förderung von Innovationen sowie von sozialpolitischen Anliegen zulassen.

Art. 67 Abs. 2 Satz 1 und Abs. 3 der Richtlinie 2014/24/EU normiert, dass die **Zu-** 9
schlagskriterien mit dem Auftragsgegenstand des betreffenden öffentlichen Auftrags

---

[10] ABl. v. 28.3.2014, L 94/65.
[11] BGBl. I S. 203.
[12] BGBl. I S. 624.
[13] Richtlinie 2014/24/EU, ErwG 29.
[14] BR-Drs. 87/16, 211.
[15] Gegenäußerung der Bundesregierung BT-Drs. 13/9340, 48.
[16] Vgl. *Opitz* § 127 GWB Rn. 8.
[17] Vgl. *Opitz* § 127 GWB Rn. 8–10 mit ausführlichen Nachweisen.

in Verbindung stehen müssen. Diese Voraussetzung hat der nationale Gesetzgeber nicht in § 58 VgV überführt, sondern sie in § 127 Abs. 3 Satz 1 GWB[18] sowie in § 31 Abs. 3 Satz 2 VgV, der Vorschrift über die Leistungsbeschreibung, aufgenommen.[19]

10   Dass die **Zuschlagskriterien** entsprechend Art. 67 Abs. 5 der Richtlinie 2014/24/EU **zu gewichten** sind, hat der Verordnungsgeber in § 58 Abs. 3 VgV festgesetzt. Die weiteren Regelungen, dass und inwieweit die Gewichtung mittels einer Marge zulässig ist, und dass der öffentliche Auftraggeber die Kriterien in absteigender Reihenfolge angeben kann, wenn eine Gewichtung nicht möglich ist, sind wörtlich in die Verordnung übernommen worden.

B. Zuschlag und Zuschlagskriterien

I. Abs. 1: Zuschlag auf das wirtschaftlichste Angebot

1. Zuschlag

11   Mit dem Zuschlag kommt der **Vertrag** zwischen dem öffentlichen Auftraggeber und dem Bieter zustande, da es sich bei dem Zuschlag um die Annahme des Vertragsangebots des Bieters nach § 145 BGB durch den Auftraggeber gemäß §§ 148 ff. BGB handelt. Damit besteht im deutschen Recht die Besonderheit, dass Zuschlagserteilung und Vertragsschluss zusammenfallen;[20] einer besonderen **Vertragsurkunde bedarf es notwendigerweise nicht mehr.** Dies gilt für alle Arten von Vergabeverfahren, auch für Verhandlungsverfahren.[21] Der Inhalt des Vertrags wird demnach durch den Inhalt des Angebots bestimmt, dass sich aus den von dem Auftraggeber zur Verfügung gestellten Vertragsunterlagen und den Eintragungen bzw. hinzugefügten Unterlagen des Bieters zusammensetzt. Die Zuschlagserteilung als solche ist nicht in § 58 VgV oder in § 127 GWB geregelt,[22] da es sich um Vertragsrecht handelt und die allgemeinen Bestimmungen des BGB gelten. Obwohl das bürgerliche Recht den Begriff des „Zuschlags" grundsätzlich nicht kennt, ist die Vergabe eines öffentlichen Auftrags eine privatrechtliche Willenserklärung, denn öffentliche Auftraggeber bewegen sich bei der Auftragsvergabe auf dem Boden des Privatrechts.[23]

12   Diesem Grundsatz folgend kommt der Vertrag nach §§ 147 Abs. 2, 148 BGB nur wirksam zustande, wenn der Auftraggeber **den Zuschlag innerhalb** der zuvor in der Auftragsbekanntmachung und/oder in den Vergabeunterlagen vorgegebenen **Bindefrist erteilt.** Bei der Bindefrist handelt es sich um die Frist, innerhalb der die Bieter an ihre Angebote gebunden sind, d. h. innerhalb der die Angebote gültig bleiben. Die VgV regelt die Bindefrist, im Gegensatz zu der Vorgängerregelung des § 12 EG Abs. 1 VOL/A, nicht mehr. Jedoch ist in dem Standardformular für die Auftragsbekanntmachung noch eine Rubrik enthalten, in der der Auftraggeber die Bindefrist einträgt.[24] Er kann die Bindefrist darüber hinaus in den Vergabeunterlagen nennen. Der Zuschlag stellt, genau wie das Angebot, eine **empfangsbedürftige Willenserklärung** dar; damit wird er nach § 130 Abs. 1 BGB erst **mit Zugang bei dem Bieter wirksam.**[25] Zugang bedeutet, dass die

---

[18] Vgl. *Opitz* § 127 GWB Rn. 93–103.

[19] Vgl. *Lampert* § 31.

[20] Vgl. BVerwG 2.5.2007 – 6 B 10/07, NJW 2007, 2275 (2278).

[21] Vgl. *Reichling/von Wietersheim* in Ingenstau/Korbion, VOB, § 18 Rn. 10.

[22] Anders in § 18 VOB/A und § 18 VOB/A-EU.

[23] Vgl. BVerwG 2.5.2007 – 6 B 10/07, NJW 2007, 2275 (2276).

[24] Durchführungsverordnung der Kommission (EU) Nr. 2015/1986 v. 11.11.2015 zur Einführung von Standardformularen für die Veröffentlichung von Vergabebekanntmachungen für öffentliche Aufträge und zur Aufhebung der Durchführungsverordnung (EU) Nr. 842/2011, ABl. L 296 v. 12.11.2015, 1, Anhang II Ziff. IV 2.6.

[25] Vgl. BGH 29.11.2016 – X ZR 122/14, NZBau 2017, 176 (178); OLG Naumburg v. 16.10.2007 – 1 Verg 6/07, ZfBR 2008, 83 (85); OLG Dresden v. 17.11.2000 – WVerg 4/00.

Mitteilung über den Zuschlag in den Machtbereich des Bieters gelangt ist, also in seine Geschäfts- oder Betriebsräume, so dass bei Annahme gewöhnlicher Umständen damit zu rechnen ist, dass der Bieter von dem Inhalt der Erklärung Kenntnis erlangen kann.[26] Bei einem Zuschlagsschreiben ist diese Voraussetzung mit Aushändigung an den Empfänger[27] oder mit Einwurf in den Briefkasten erfüllt, sobald nach der Verkehrsanschauung mit der nächsten Entnahme zu rechnen ist.[28] Ein nach Schluss der Geschäftszeiten eingeworfener Brief geht erst am nächsten Tag zu.[29] Bei **elektronischer Kommunikation per E-Mail** geht eine Zuschlagsmitteilung zu, wenn sie in der mailbox des Empfängers eingeht[30] oder bei seinem Provider abrufbereit gespeichert ist, bei Eingang außerhalb der üblichen Geschäftszeiten erst am nächsten Tag.[31] Der öffentliche Auftraggeber hat die Darlegungs- und Beweislast für den Zugang des Zuschlags.[32] Bei einer E-Mail kann eine Eingangs- und Lesebestätigung lediglich einen Anscheinsbeweis begründen.[33] Grundsätzlich ist es daher für den öffentlichen Auftraggeber ratsam, Vorkehrungen zu treffen, um ggf. den Zugang nachweisen zu können, z.B. bei Übersendung eines Schreibens in Form eines Einschreibens mit Rückschein oder bei der Übermittlung einer E-Mail durch eine Empfangsbestätigung, die mit dem Zuschlag zusammen versandt wird und die zurückgeschickt werden muss. Eine solche Empfangsbestätigung ist eine Beweisurkunde über den bereits erteilten Zuschlag.[34]

Geht der **Zuschlag verspätet,** nach Ablauf der festgesetzten Bindefrist oder nach Ab- 13 lauf der einvernehmlich verlängerten Bindefrist, bei dem Bieter ein, handelt es sich nach § 150 Abs. 1 BGB um einen **erneuten Antrag zum Vertragsschluss.** Das Gleiche gilt gemäß § 150 Abs. 2 BGB für einen **Zuschlag, der gegenüber dem Angebot des Bieters Erweiterungen, Einschränkungen oder sonstige Änderungen enthält.**[35] Die Begriffe der Erweiterungen, Einschränkungen oder Änderungen sind weit zu verstehen.[36] Wenn der öffentliche Auftraggeber nicht klar und eindeutig zum Ausdruck bringt, dass er das Angebot nur unter veränderten Bedingungen annehmen will, ist eine Auslegung vorzunehmen.[37] Dabei kommt es darauf an, was als Wille für denjenigen erkennbar geworden ist, für den die Erklärung bestimmt war. D.h. maßgeblich ist, wie der Bieter als Erklärungsempfänger den Zuschlag nach Treu und Glauben und nach der Verkehrsanschauung verstehen musste.[38] In beiden Fällen des § 150 BGB muss der Bieter das neue Angebot des öffentlichen Auftraggebers entweder innerhalb einer von diesem gesetzten Annahmefrist (§ 146 BGB) oder, bei Fehlen der Annahmefrist, innerhalb der Frist des § 147 BGB annehmen, damit ein wirksamer Vertrag zustande kommt.[39] Im Vergaberecht besteht wegen der **Grundsätze der Gleichbehandlung, des fairen Wettbewerbs und der Transparenz** allerdings die Besonderheit, **dass ein Auftraggeber sich grundsätzlich nur vergabekonform verhält, wenn er den Zuschlag auf ein Angebot innerhalb der Bindefrist erteilt, ohne Änderungen vorzunehmen.** Ausnahmen in Bezug auf die Annahme des Angebots mit Erweiterungen, Einschränkungen oder sonstige Änderungen sind denkbar, wenn sich aufgrund einer zulässigen Aufklärung über den Angebotsinhalt

[26] Vgl. BGH 27.10.1982 – V ZR 24/82, NJW 1983, 929 (930).
[27] Vgl. *Ellenberger* in Palandt, BGB, § 130 Rn. 6.
[28] Vgl. *Ellenberger* in Palandt, BGB, § 130 Rn. 6.
[29] Vgl. BGH 5.12.2007 – 7 ZR 148/05, NJW 2008, 843.
[30] Vgl. *Einsele* in MüKoBGB, § 130 Rn. 18.
[31] Vgl. *Ellenberger* in Palandt, BGB, § 130 Rn. 7a mwN.
[32] Vgl. *Reichling/von Wietersheim* in Ingenstau/Korbion, VOB, § 18 Rn. 12.
[33] Vgl. VK Bund v. 18.8.2015 – VK 2–43/15, ZfBR 2016, 390 (393).
[34] Vgl. *Völlink* in Ziekow/Völlink, Vergaberecht, § 18 VOB/A Rn. 7.
[35] Vgl. nur BGH 6.9.2012 – VII ZR 193/10, NJW 2012, 3505 (3506).
[36] Vgl. *Völlink* in Ziekow/Völlink, Vergaberecht, § 18 VOB/A Rn. 17.
[37] Vgl. BGH 6.9.2012 – VII ZR 193/10, NJW 2012, 3505 (3506).
[38] Vgl. BGH 12.3.1992 – IX ZR 141/91, NJW 1992, 1446 (1447); OLG Naumburg 26.6.2014 – 9 U 5/14.
[39] Vgl. KG 20.5.2011 – 7 U 125/10, ZfBR 2011, 715 (717); *Reichling/von Wietersheim* in Ingenstau/Korbion, VOB, § 18 Rn. 21.

eine Klarstellung oder Konkretisierung ergibt, die explizit in das (abändernde) Zuschlagsschreiben des Auftraggebers aufgenommen wird. Ferner können auch tatsächliche Umstände, die zwischenzeitlich eingetreten sind, zu einer Annahme mit Änderungen führen.

14   Ein Sonderfall liegt vor, wenn die Bindefrist innerhalb eines von einem Bieter eingeleiteten **Nachprüfungsverfahrens** abläuft. Infolge des Suspensiveffekts (§ 169 Abs. 1 iVm § 172 Abs. 1 GWB)[40] darf der der Auftraggeber nach Information über den Nachprüfungsantrag durch die Vergabekammer den Zuschlag nicht vor einer Entscheidung der Vergabekammer (die nach § 167 Abs. 1 S. 1 GWB grundsätzlich innerhalb von fünf Wochen nach Eingang des Nachprüfungsantrags zu treffen ist)[41] und nicht vor Ablauf der zweiwöchigen Beschwerdefrist erteilen. Der Auftraggeber sollte zumindest mit den Bietern, deren Angebote in der engeren Wahl sind, eine **Vereinbarung über die Verlängerung der Bindefrist** treffen.[42] Selbst wenn einzelne Bieter der Fristverlängerung nicht zustimmen, darf der Auftraggeber nach Beendigung des Nachprüfungs- bzw. Beschwerdeverfahrens mit denjenigen Bietern das Vergabeverfahren fortsetzen, die der Fristverlängerung zugestimmt haben, soweit er unter Beachtung des Wettbewerbs- und Gleichbehandlungsgrundsatzes allen in Betracht kommenden Unternehmen die Möglichkeit gegeben hat, in die Fristverlängerung einzuwilligen.[43] Bezüglich des Bieters, der den Nachprüfungsantrag gestellt hat, sowie bezüglich des Beigeladenen – soweit dessen Angebot bezuschlagt werden soll – wird eine **konkludente Fristverlängerung** angenommen.[44]

15   Der **Zuschlag beendet das Vergabeverfahren.** Ein wirksam erteilter Zuschlag kann nicht mehr aufgehoben werden.[45] Eine Verpflichtung zur Beendigung eines Vergabeverfahrens durch Zuschlagserteilung besteht nicht (§ 63 Abs. 1 Satz 2 VgV),[46] da es **keinen Kontrahierungszwang** gibt. Der Auftraggeber hat die Möglichkeit, das Vergabeverfahren stattdessen aufzuheben.[47] Die Aufhebung können Bieter im Rahmen eines Nachprüfungsverfahrens angreifen. Unberührt bleiben etwaige Schadensersatzansprüche.

2. Auf das wirtschaftlichste Angebot nach Maßgabe des § 127 GWB

16   Vor Inkrafttreten des Vergaberechtsmodernisierungsgesetzes[48] war in den Vorgängerfassungen des Vierten Teils des GWB in der Norm über allgemeine Grundsätze des Vergaberechts geregelt, dass der **Zuschlag auf das wirtschaftlichste Angebot zu erteilen ist** (§ 97 Abs. 5). In der neuen Fassung des GWB ist die Regelung über den Zuschlag in einer eigenen Norm, § 127 GWB, aufgenommen worden. In der Begründung zu dem Gesetzesentwurf hat der Gesetzgeber ausgeführt, dass § 127 im Unterschied zur bisherigen Regelung in seinen Absätzen 2 bis 5 darüber hinaus weitere grundlegende Vorgaben zum Zuschlag und zur Gestaltung der Zuschlagskriterien enthält, die bisher nur auf untergesetzlicher Ebene in § 16 EG Abs. 6 VOB/A, §§ 19 EG Abs. 9, 21 EG Abs. 1 VOL/A sowie § 11 Abs. 5 VOF enthalten waren.[49]

17   § 58 Abs. 1 wiederholt die Vorgabe, dass der Zuschlag auf das wirtschaftlichste Angebot zu erteilen ist, wobei dies **„nach Maßgabe"** des § 127 GWB zu erfolgen hat. Auch weitere Bestimmungen aus § 127 GWB (z.B. § 127 Abs. 1 Satz 2 und 3 sowie Abs. 5) sind in § 58 aufgenommen worden. Darüber hinausgehende Voraussetzungen sind einerseits ausschließlich in § 127 GWB, andererseits nur in § 58 VgV enthalten. Das Ziel des Gesetzge-

---

[40] Vgl. *Antweiler* § 169 GWB Rn. 16–28.
[41] Vgl *Gröning* § 167 GWB Rn. 4–16.
[42] Vgl. *Reichling/von Wietersheim* in Ingenstau/Korbion, VOB, § 18 Rn. 24.
[43] Vgl. OLG Naumburg 13.5.2003 – 1 Verg 2/03, NZBau 2004, 62 (63).
[44] Vgl. OLG Schleswig 8.5.2007 – 1 Verg 2/07; OLG München 23.6.2009 – Verg 8/09 –, VergabeR 2009, 942 (945).
[45] Vgl. BGH 19.12.2000 – X ZB 14/00, NJW 2001, 1492 (1492f.).
[46] Vgl. *Mehlitz* § 63 VgV.
[47] Vgl. *Mehlitz* § 63 VgV.
[48] V. 17.2.2016, BGBl. I S. 203.
[49] BT-Drs. 18/6281, 111.

bers, dass § 58 die Norm des § 127 GWB näher ausgestaltet,[50] ist zwar dadurch erreicht worden. Die Konkretisierung der gesetzlichen Vorgaben auf Verordnungsebene ist jedoch nicht trennscharf vollzogen worden.

Aus § 127 GWB und § 58 ergeben sich insgesamt folgende einzuhaltende Be- 18
stimmungen über den Zuschlag:
- Der Zuschlag ist auf das **wirtschaftlichste Angebot** zu erteilen (§ 127 Abs. 1 Satz 1 GWB, § 58 Abs. 1).
- Grundlage dafür ist die Bewertung des öffentlichen Auftraggebers, ob und inwieweit das Angebot die vorgegebenen **Zuschlagskriterien** erfüllt (§ 127 Abs. 1 Satz 2 GWB).
- Das wirtschaftlichste Angebot bestimmt sich nach dem **besten Preis-Leistungs-Verhältnis** (§ 123 Abs. 1 Satz 2 GWB, § 58 Abs. 2 Satz 1).
- Zu dessen Ermittlung können **neben dem Preis qualitative, umweltbezogene und soziale Aspekte** berücksichtigt werden (§ 127 Abs. 1 Satz 3 GWB, § 58 Abs. 2 Satz 2 und 3); § 58 Abs. 2 Satz 2 enthält eine beispielhafte **Aufzählung möglicher Zuschlagskriterien** und § 58 Abs. 2 Satz 3 eine Regelung über die **Vorgabe von Festpreisen oder Festkosten** durch den öffentlichen Auftraggeber.
- **Verbindliche Vorschriften zur Preisgestaltung** sind bei der Ermittlung des wirtschaftlichsten Angebots zu beachten (§ 127 Abs. 2 GWB).
- Die **Zuschlagskriterien müssen mit dem Auftragsgegenstand in Verbindung stehen** (§ 127 Abs. 3 Satz 1 GWB).
- Vorgaben, wann das der Fall ist, enthält § 127 Abs. 3 Satz 2 GWB.
- Bei der Festlegung und Überprüfung der Zuschlagskriterien müssen der **Wettbewerb** gewährleistet und eine willkürliche Zuschlagserteilung ausgeschlossen sein; darüber hinaus muss eine **wirksame Überprüfung** möglich sein, ob und inwieweit die Angebote die Zuschlagskriterien erfüllen (§ 127 Abs. 4 Satz 1 GWB).
- Die Zuschlagskriterien müssen sowohl für Hauptangebote als auch für **Nebenangebote** anwendbar sein (§ 127 Abs. 4 Satz 2 GWB).
- **Die Zuschlagskriterien und ihre Gewichtung müssen in der Auftragsbekanntmachung oder in den Vergabeunterlagen aufgeführt werden** (§ 127 Abs. 5 GWB, § 58 Abs. 3 Satz 1). § 58 Abs. 3 Satz 2 und 3 enthält nähere Ausführungen zu der Gewichtung bzw. zu deren Ersetzung durch die absteigende Reihenfolge der Zuschlagskriterien.
- § 58 Abs. 4 verweist auf die §§ 33 und 34 für den Beleg, dass die **Leistung den Zuschlagskriterien entspricht.**
- Das **Vier-Augen-Prinzip** bei der Entscheidung über den Zuschlag ist nach § 58 Abs. 5 einzuhalten.

Da § 58 Abs. 1 wegen des Begriffs des wirtschaftlichsten Angebots und der näheren Vor- 19
aussetzungen („nach Maßgabe") auf § 127 GWB verweist, kann insoweit **die Kommentierung zu § 127 GWB herangezogen werden.**[51]

II. Abs. 2: Bestes Preis-Leistungs-Verhältnis und Zuschlagskriterien

1. Bestes Preis-Leistungs-Verhältnis

Die Ermittlung des wirtschaftlichsten Angebots erfolgt auf der Grundlage des besten 20
Preis-Leistungs-Verhältnisses (§ 58 Abs. 2 Satz 1; gleichen Inhalt hat § 127 Abs. 1 Satz 2 GWB). Der Begriff „das beste Preis-Leistungs-Verhältnis" ist in der Vergaberichtlinie 2014/24/EU eingeführt worden.[52] Nach der Richtlinie soll zunächst der Begriff des „wirtschaftlich günstigsten Angebots"[53] als „übergeordnetes Konzept" verwendet werden, da Angebote, die den Zuschlag erhalten, danach ausgewählt werden, was der einzelne öffentliche Auf-

---

[50] BR-Drs. 87/16, 211.
[51] Vgl. *Opitz* § 127 GWB Rn. 27 ff.
[52] Richtlinie 2014/24/EU, ErwG 89.
[53] Das dem „wirtschaftlichsten Angebot" im nationalen Recht entspricht, vgl. Rn. 3.

traggeber **entsprechend den vorgegebenen Zuschlagskriterien** für die wirtschaftlich beste Lösung unter den Angeboten hält.[54] Ausgefüllt wird der Begriff des „wirtschaftlich günstigsten Angebots" durch das Konzept des besten Preis-Leistungs-Verhältnisses: Der Angebotspreis oder die (unter Einbeziehung weiterer Faktoren, wie z. B. dem finanziellen Aufwand für Betrieb und Wartung der Leistung, errechneten) Kosten müssen ins Verhältnis gesetzt werden zur Leistung, die im Rahmen des öffentlichen Auftrages erbracht werden soll.[55] Das beste Preis-Leistungs-Verhältnis ist somit aus Sicht des öffentlichen Auftraggebers das optimale Verhältnis zwischen den aufzuwendenden finanziellen Mitteln und den damit verfolgten Zwecken der Beschaffung.[56]

21   Der einzelne öffentliche Auftraggeber bestimmt also im Rahmen seines weiten Beurteilungs- und Handlungsspielraums[57] – unter Beachtung der Voraussetzungen des § 127 GWB und des § 58 – durch Vorgabe der wirtschaftlichen und qualitativen Zuschlagskriterien die Grundlagen für das beste Preis-Leistungs-Verhältnis. Diese Kriterien sollen **eine vergleichende Beurteilung des Leistungsniveaus jedes einzelnen Angebots gemessen am Gegenstand des Auftrags ermöglichen.**[58] § 127 Absatz 1 Satz 2 GWB stellt diesbezüglich klar, dass es sich bei der Entscheidung über den Zuschlag um eine Wertungsentscheidung handelt. Insofern sind die Zuschlagskriterien vom öffentlichen Auftraggeber mit einer Wertungsskala zu versehen und Kriterien für die Beurteilung im Rahmen dieser Wertungsskala festzulegen.[59]

22   Die Ermittlung des besten Preis-Leistungs-Verhältnisses im Einzelfall, also die vergleichende Beurteilung, kann nach **Veröffentlichung der Zuschlagskriterien und ihrer Gewichtung,** regelmäßig auf der Grundlage einer Bewertungsmatrix[60] oder durch sonstige Bewertungsmethoden,[61] z. B. Berechnungsformeln,[62] Interpolation[63] oder Punktvergabe,[64] erfolgen.[65] Die jeweils konkrete Ausgestaltung und Anwendung verschiedener Bewertungsmethoden wird durchaus kontrovers diskutiert.[66] Grundsätzlich hat der öffentliche Auftraggeber bei der Festlegung der Bewertungsmethode jedoch einen weiten Beurteilungsspielraum.[67] Allerdings darf die Methode unter Beachtung des Transparenz- und Wettbewerbsgrundsatzes nicht zu einer Abweichung von den zuvor festgelegten Zuschlagskriterien und ihrer Gewichtung führen.[68]

23   Insbesondere infolge der sog. **„Schulnoten-Rechtsprechung"** wurde lebhaft die Zulässigkeit bzw. Unzulässigkeit einer Wertung anhand einer Noten- bzw. Punkteskala diskutiert.[69] Das OLG Düsseldorf hatte mehrfach entschieden, dass die Bewertung der Qualität eines Angebots allein aufgrund von Schulnoten, die im Vorhinein keinen Schluss darauf zulassen, welchen Erfüllungs- oder Zielerreichungsgrad die Angebote hinsichtlich einzelner Zuschlagskriterien aufweisen müssen, intransparent sei.[70] Die Intransparenz hatte das Ge-

---

[54] Richtlinie 2014/24/EU, ErwG 89.

[55] BT-Drs. 18/6281, 111.

[56] Vgl. *Wiedemann* in KKPP, GWB, § 127 Rn. 17.

[57] Vgl. *Opitz* § 127 GWB Rn. 31; BGH 4.4.2017 – X ZB 3/17, NZBau 2017, 366 (369).

[58] Richtlinie 2014/24/EU, ErwG 92.

[59] BT-Drs. 18/6281, 111.

[60] Vgl. OLG München 19.3.2009 – Verg 2/09, NZBau 2009, 341 (342).

[61] Vgl. im Einzelnen *Opitz* § 127 GWB Rn. 118–135.

[62] Vgl. im Einzelnen *Kiiver/Kodym* NZBau 2015, 59.

[63] Vgl. im Einzelnen *Bartsch/von Gehlen* NZBau 2015, 523.

[64] Vgl. OLG Schleswig 20.3.2008 – 1 Verg 6/07, NZBau 2008, 472 (Ls.).

[65] Vgl. den Überblick in *Steck* VergabeR 2017, 240.

[66] Vgl. nur den Überblick in *Seywald* AnwZert BauR 24/2016 Anm. 1.

[67] Vgl. OLG Düsseldorf 8.3.2017 – VII-Verg 39/16, BeckRS 2017, 106852; *Müller-Wrede* in Müller-Wrede, GWB, § 127 Rn. 23.

[68] Vgl. EuGH 14.7.2016 – C-6/15, NZBau 2016, 772 (775) – Dimarso; OLG Düsseldorf 8.3.2017 – VII-Verg 39/16, IBRRS 2017, 1247.

[69] Wegen inhaltlicher Einzelheiten dieser Rechtsprechung und Nachweisen vgl. *Opitz* § 127 GWB Rn. 124 ff.

[70] Wegen inhaltlicher Einzelheiten dieser Rechtsprechung und Nachweisen vgl. *Opitz* § 127 GWB Rn. 124 ff.

richt daraus hergeleitet, dass es dem Bieter nicht möglich ist, im Vorhinein zu bestimmen, welchen Erfüllungsgrad sein Angebot auf der Grundlage des aufgestellten Kriterienkatalogs oder konkreter Kriterien aufweisen muss, um mit den in einem Bewertungsschema festgelegten Punktwerten bewertet zu werden.[71] Der **BGH hat nunmehr eine Klarstellung herbeigeführt.**[72] Er hat entschieden, dass es einer transparenten und wettbewerbskonformen Auftragsvergabe regelmäßig nicht entgegensteht, wenn der öffentliche Auftraggeber für die Erfüllung qualitativer Wertungskriterien Noten mit zugeordneten Punktwerten vergibt, ohne dass die Vergabeunterlagen weitere konkretisierende Angaben dazu enthalten, wovon die jeweils zu erreichende Punktzahl konkret abhängen soll. In dem zu entscheidenden Fall sah der Gerichtshof unter Bezugnahme auf die Rechtsprechung des EuGH[73] die erforderliche Transparenz für die Bieter deshalb als gegeben an, weil sich aus bekannt gemachten Unterkriterien und den damit zusammenhängenden Punkten in der Leistungsbeschreibung die Anforderungen des öffentlichen Auftraggebers hinreichend deutlich ergaben. Der BGH urteilte ferner, dass der Gefahr einer Überbewertung qualitativer Wertungskriterien zum Nachteil einzelner Bieter durch eingehende Dokumentation des Wertungsprozesses zu begegnen sei. Der Auftraggeber müsse seine für die Zuschlagserteilung maßgeblichen Erwägungen in allen Schritten so eingehend dokumentieren, dass nachvollziehbar sei, welche konkreten qualitativen Eigenschaften der Angebote mit welchem Gewicht in die Benotung eingegangen seien. Würde ein Nachprüfungsverfahren eingeleitet, untersuchten die Nachprüfungsinstanzen auf Rüge gerade auch die Benotung des Angebots des Antragstellers als solche und in Relation zu den übrigen Angeboten, insbesondere des für den Zuschlag vorgesehenen. Auch wenn dem öffentlichen Auftraggeber bei der Bewertung und Benotung ein Beurteilungsspielraum zustehen müsse, seien seine diesbezüglichen Bewertungsentscheidungen in diesem Rahmen insbesondere auch darauf hin überprüfbar, ob die jeweiligen Noten im Vergleich ohne Benachteiligung des einen oder anderen Bieters plausibel vergeben worden seien. Entscheidend ist damit – nicht nur bei der Bewertung mit Noten oder Punkten – die zuvor hergestellte und für die Bieter erkennbare Transparenz bezüglich der Anforderungen und Erwartungen des öffentlichen Auftraggebers. Der BGH hat allerdings offen gelassen, wie Fälle mit außergewöhnlichen Umständen, etwa wenn die Komplexität des Auftragsgegenstands besonders vielschichtige Wertungskriterien erforderlich macht, zu bewerten sind. Hier könnte es nach Ansicht des BGH bei Verwendung eines Benotungs- oder Punktbewertungssystems durch die Vergabestelle zur Vermeidung einer intransparenten Wertung erforderlich sein, dass der Auftraggeber seine Vorstellungen oder Präferenzen zum denkbaren Zielerreichungsgrad erläutert und damit Anhaltspunkte für eine günstige oder ungünstige Benotung vorgibt.

Wegen des identischen Inhalts von § 127 Abs. 1 Satz 2 GWB und § 58 Abs. 2 Satz 1 **24** wird im Übrigen **auf die Kommentierung zu § 127 GWB verwiesen.**[74]

2. Zuschlagskriterien

a. Preis oder Kosten. Aus dem Wortlaut des § 58 Abs. 2 Satz 2 ergibt sich, dass **ande- 25 re Zuschlagskriterien neben dem Preis oder den Kosten** festgelegt werden können, dies aber keine zwingende Notwendigkeit ist. Das bedeutet im Umkehrschluss, dass der **Zuschlag nur auf der Grundlage des Kriteriums des niedrigsten Preises oder der niedrigsten Kosten erteilt werden kann.**[75] Nach den konkreten Umständen der Ausschreibung und unter Berücksichtigung der **haushaltsrechtlichen Pflicht** des Auftraggebers, öffentliche Mittel höchstmöglich sparsam und effektiv einzusetzen, können sich Preis

[71] Vgl. nur OLG Düsseldorf 2.11.2016, NZBau 2017, 116 (119); OLG Düsseldorf 1.6.2016 – VII-Verg 6/16, Vergaberecht 2016, 751 (759).
[72] Vgl. BGH 4.4.2017 – X ZB 3/17, NZBau 2017, 366 (370 f.).
[73] Vgl. EuGH 14.7.2016 – C-6/15, NZBau 2016, 772 – Dimarso.
[74] Vgl. *Opitz* § 127 GWB Rn. 30–89.
[75] Vgl. *Opitz* § 127 GWB Rn. 32.

oder Kosten als das bestgeeignete Zuschlagskriterium erweisen.[76] Eine Auftragsvergabe allein nach monetären Kriterien kann auch in Fällen gerechtfertigt sein, bei denen es um Beschaffungen mit einem geringen Grad an Komplexität oder von homogenen Massengütern geht.[77]

26 Wenn der Auftraggeber aus den vielfältigen Möglichkeiten nicht monetärer Zuschlagskriterien eine der nachgefragten Leistung adäquate Auswahl trifft, müssen dabei zusätzlich **Preis oder Kosten zwingend berücksichtigt werden.**[78] Gestützt wird diese Auffassung durch die Richtlinie 2014/24/EU,[79] wonach das wirtschaftlich günstigste Angebot auf der Grundlage des besten Preis-Leistungs-Verhältnisses ermittelt werden sollte, welches stets eine Preis- oder Kostenkomponente beinhalten sollte. Ferner stellt die amtliche Begründung zu § 58 Abs. VgV klar, dass das Kostenelement – von dem zwingend ausgegangen wird – „auch" die Form von Festpreisen oder Festkosten annehmen kann. „In diesem Falle" würden die Unternehmen „nur noch mit Blick auf Qualitätskriterien" konkurrieren.[80] Damit ist davon auszugehen, **dass der Preis oder die Kosten grundsätzlich immer als Zuschlagskriterium relevant sind,** es sei denn, der öffentliche Auftraggeber gibt vor der Festlegung der Zuschlagskriterien Festpreise oder Festkosten vor. Kosten unterscheiden sich insoweit von dem Preis, als dass mit dem Preis der beim Erwerb der ausgeschriebenen Lieferungen oder Leistungen zu zahlende Betrag gemeint ist, während die Kosten den auch außerhalb des Vertrags zwischen öffentlichem Auftraggeber und Auftragnehmer entstehenden Ressourcenbedarf, bewertet in Geldeinheiten, umfassen. Dabei kann es sich um die bei dem Auftraggeber insgesamt anfallenden Kosten im Zusammenhang mit dem Auftragsgegenstand handeln oder auch um den außerhalb entstehenden monetär bewerteten Ressourcenbedarf.[81]

27 Wegen der weiteren **Einzelheiten zu den Zuschlagskriterien „Preis" und „Kosten" wird auf die Kommentierung zu § 127 GWB verwiesen.**[82]

28 **b. Qualitative, umweltbezogene oder soziale Zuschlagskriterien.** § 127 Abs. 1 Satz 3 GWB sowie § 58 Abs. 2 Satz 2 kategorisiert die Kriterien, die neben dem „Preis" oder den „Kosten" als Zuschlagskriterien berücksichtigt werden können, als **qualitative, umweltbezogene oder soziale. Qualitative Zuschlagskriterien** sind nicht erst durch die neuen Vergaberichtlinien zugelassen worden. Bereits die Dienstleistungskoordinierungsrichtlinie[83] nannte in Art. 36 Abs. 1 Buchst. a „verschiedene auf den Auftrag bezogene Zuschlagskriterien", u. a. die Qualität. Bei der Qualität ist der unmittelbare Bezug zu dem Auftragsgegenstand problemlos herzustellen. Eine einseitige Ausrichtung am Preis birgt die Gefahr, dass Vergabeentscheidungen getroffen werden, die sich letztlich als unwirtschaftlich erweisen, weil sie qualitativen Unterschieden der Leistung nicht Rechnung tragen.[84] Qualitative Zuschlagskriterien haben grundsätzlich umso größeres Gewicht, desto weniger es sich bei dem nachgefragten Wirtschaftsgut um eine marktübliche, standardisierte Leistung handelt.[85]

29 Die Zugrundelegung **umweltbezogener, auch „nachhaltiger" oder „ökologischer", Zuschlagskriterien** ist ein strategisches Ziel: Die EU kennzeichnet die öffentliche Nachfrage nach umweltfreundlichen Waren und Leistungen als eines ihrer zentralen Anliegen zur Verwirklichung des Binnenmarktes.[86] Bereits in einer Mitteilung aus dem Jahr

---

[76] Vgl. *Frister* in Kapellmann/Messerschmidt, VOB, § 16 VOB/A Rn. 128a.

[77] Vgl. *Dreher* in Immenga/Mestmäcker, Wettbewerbsrecht, Band 2, GWB/Teil 2, § 97 Rn. 322.

[78] BT-Drs. 18/6281, 111; vgl. BGH 4.4.2017 – X ZB 3/17, NZBau 2017, 366 (369 f.); *Müller-Wrede* in Müller-Wrede, GWB, § 127 Rn. 47 ff. mwN.

[79] ErwG 90.

[80] BR-Drs. 87/16, 213 f.

[81] Vgl. *Wiedemann* in KKMPP, VgV, § 58 Rn. 14.

[82] Vgl. *Opitz* § 127 GWB Rn. 30–69.

[83] Richtlinie 92/50/EWG v. 18.6.1992 über die Koordinierung der Verfahren zur Vergabe öffentlicher Dienstleistungsaufträge (ABl. L 209 v. 24.7.1992, 1).

[84] Vgl. BGH 31.1.2017 – X ZB 10/16, NZBau 2017, 230 (231).

[85] Vgl. BGH 4.4.2017 – X ZB 3/17, NZBau 2017, 366 (370).

[86] Vgl. *Schröder* NZBau 2014, 467 (467).

2001 hatte die EU-Kommission dargelegt, dass „die Berücksichtigung von Umweltbelangen in die Festlegung spezifischer Zuschlagskriterien münden kann".[87] In Art. 53 der Richtlinie 2004/18/EG[88] war sodann festgelegt worden, dass auch „Umwelteigenschaften" als Zuschlagskriterium herangezogen werden konnten, sofern das Kriterium mit dem Auftragsgegenstand zusammenhing. Dementsprechend sahen auch die auf der Grundlage der Richtlinie erlassenen nationalen Vorschriften „Umwelteigenschaften" als Zuschlagskriterium vor. Insbesondere durch die Rechtsprechung des EuGH wurden die Voraussetzungen im Zusammenhang mit umweltbezogenen Umweltkriterien konkretisiert und erweitert.[89] Mit der Vergaberichtlinie 2014/24/EU wurde zwar an der Zulassung von nachhaltigen Zuschlagskriterien unmittelbar nichts geändert, jedoch wurde die nachhaltige Beschaffung allgemein gestärkt, z.B. durch die Zulassung von sog. „Öko-Labels" oder dem Lebenszykluskostenansatz bei der Angebotswertung.[90]

Schon 2001 prüfte die EU-Kommission im Rahmen einer Mitteilung die vom Gemein- **30** schaftsrecht gebotenen Möglichkeiten, wie sozialen Belangen bei öffentlichen Auftragsvergaben besser Rechnung getragen werden konnte.[91] Dabei wurde jede Phase eines Vergabeverfahrens unter dem Aspekt beleuchtet, ob und inwieweit soziale Belange berücksichtigt werden konnten. Die Mitteilung verwies darauf, dass die (damals geltenden) Vergaberichtlinien keine **sozialen Zuschlagskriterien** enthielten, die Kommission sie aber gleichwohl für zulässig erachtete; außerdem wurden unter Bezugnahme auf die Entscheidung „Beentjes" des EuGH sog. soziale „Zusatzkriterien" für rechtmäßig angesehen.[92] Soziale Zuschlagskriterien sind (lediglich) in Erwägungsgrund 46 der Richtlinie 2004/18/EG erwähnt, ohne aber explizit in Art. 53, der Regelung über Zuschlagskriterien, aufgenommen worden zu sein. In Art. 67 Abs. 2 der Richtlinie 2014/24/EU sind die sozialen Aspekte als Zuschlagskriterien nunmehr ausdrücklich zugelassen.

Die umweltbezogenen und sozialen Zuschlagskriterien dienen im Ergebnis (auch) der **31** Verfolgung gesellschaftlicher Ziele. Die EU-Kommission spricht insoweit von **„strategischer Beschaffung",** die nach Diskussionen in der Vergangenheit, insbesondere mit dem Schwerpunkt auf der Wirtschaftlichkeit, mittlerweile anerkannt ist.[93] Zu beachten ist, das in jedem Fall – also unabhängig davon, welches Zuschlagskriterium der öffentliche Auftraggeber vorgibt – an dem **Erfordernis des Zusammenhangs mit dem Auftragsgegenstand** festgehalten wird (vgl. § 127 Abs. 3 S. 1 GWB).[94] Durch die Regelungen in § 127 Abs. 3 S. 2 GWB sind die Möglichkeiten, die Verbindung zwischen Auftragsgegenstand und konkretem Zuschlagskriterium herzustellen, deutlich erweitert worden. Es ist nicht unbedingt erforderlich, dass das Zuschlagskriterium mit den materiellen Eigenschaften des Auftragsgegenstands in Verbindung steht.[95] Für einen Auftragsbezug genügt es vielmehr auch, wenn sich das Kriterium auf ein beliebiges Stadium im Lebenszyklus der Leistung bezieht. Kriterien, die sich ausschließlich auf die allgemeine Unternehmenspolitik der Bewerber und Bieter beziehen, bleiben jedoch unzulässig.[96]

---

[87] Interpretierende Mitteilung der Kommission über das auf das Öffentliche Auftragswesen anwendbare Gemeinschaftsrecht und die Möglichkeiten zur Berücksichtigung von Umweltbelangen bei der Vergabe öffentlicher Aufträge (2001/C 333/07) (KOM(2001) 274 endg.), ABl. v. 28.11.2001, C 333/12 (C 333/19).

[88] V. 30.4.2004, ABl. L 134/114.

[89] Vgl. hierzu *Opitz* § 97 Abs. 3 Rn. 5f. mN.

[90] Vgl. hierzu *Opitz* § 97 Abs. 3 Rn. 8 mN.

[91] Interpretierende Mitteilung der Kommission über die Auslegung des gemeinschaftlichen Vergaberechts und die Möglichkeiten zur Berücksichtigung sozialer Belange bei der Vergabe öffentlicher Aufträge (2001/C 333/08) (KOM(2001) 566 endg.), ABl. v. 28.11.2001, C 333/27.

[92] Interpretierende Mitteilung der Kommission über die Auslegung des gemeinschaftlichen Vergaberechts und die Möglichkeiten zur Berücksichtigung sozialer Belange bei der Vergabe öffentlicher Aufträge (2001/C 333/08) (KOM(2001) 566 endg.), ABl. v. 28.11.2001, C 333/27 (C 333/31); EuGH 20.9.1988 – 31/87.

[93] Vgl. Richtlinie 2014/24/EU, ErwG 123; vgl. auch *Opitz* § 97 Abs. 3 Rn. 9ff. mit kritischen Anmerkungen und Nachweisen.

[94] Vgl. *Opitz* § 127 GWB Rn. 93–103.

[95] Vgl. EuGH 10.5.2012 – C-368/10, ZfBR 2012, 489 (498) – Max Havelaar.

[96] Vgl. *Gröning* VergabeR 2014, 339 (341).

32   **Alle Zuschlagskriterien** müssen den Grundsätzen des Vergaberechts – **Sicherstellung eines fairen Wettbewerbs, Gleichbehandlung und Transparenz** – entsprechen. Die sog. **politikorientieren Zuschlagskriterien**[97] müssen darüber hinaus auch **verhältnismäßig** sein.[98]

33   Wegen der **weiteren Einzelheiten** zu den qualitativen, umweltbezogenen und sozialen Zuschlagskriterien wird auf die **Kommentierung zu § 97 Abs. 3 GWB**[99] sowie **zu § 127 GWB**[100] verwiesen.

34   **c. Abgrenzung von Zuschlagskriterien.** Für alle Zuschlagskriterien gilt, dass aus Gründen **der Transparenz und der Gleichbehandlung** aus der Auftragsbekanntmachung und/oder den Vergabeunterlagen hervorgehen muss, dass der öffentliche Auftraggeber das benannte Kriterium tatsächlich **als Zuschlagskriterium wertet.** Regelmäßig ergibt sich eine **eindeutige Zuordnung** als Zuschlagskriterium nicht zwangsläufig aus dem Inhalt des Kriteriums. Im Fall von Reinigungsdienstleistungen kann beispielsweise ein Reinigungswert gefordert werden, der primär die erwartete Qualität der Leistung beschreibt und somit ein Zuschlagskriterium darstellt.[101] Im Rechtssinn kann der erreichbare oder gewährleistete Reinigungswert (oder ein bestimmter Personaleinsatz) aber auch eine technische Spezifikation in der Leistungsbeschreibung oder eine an die Ausführung des Auftrags gestellte Bedingung[102] oder eine Anforderung an die berufliche und/oder technische Leistungsfähigkeit von Bieterunternehmen[103] bedeuten. Der Auftraggeber ist im Rahmen der rechtlichen Vorgaben frei in seiner Entscheidung, ob er bestimmte Anforderungen stellt und wie er diese im Rahmen des Vergabeverfahrens ggf. einordnet.[104] Es kommt deshalb darauf an, wie er das entsprechende Kriterium in der Auftragsbekanntmachung und/oder den Vergabeunterlagen benennt und klassifiziert.

35   Ein Zuschlagskriterium kann – **grundsätzlich – keine Doppelfunktion** erfüllen, d. h. es kann nicht gleichzeitig Eignungskriterium sein. Eignungskriterien beziehen sich auf das Unternehmen bzw. den Bieter, Zuschlagskriterien dagegen auf die Leistung,[105] d. h. auf die Wirtschaftlichkeit des Angebots und die Qualität der Vertragserfüllung. Bei der Wertung ist klar zwischen Eignungsprüfung und Angebotsprüfung zu unterscheiden, was voraussetzt, dass die jeweiligen Grundlagen, Eignungskriterien einerseits und Zuschlagskriterien andererseits, ebenfalls streng voneinander zu trennen sind; deshalb kann ein sog. „Mehr an Eignung" auch kein Zuschlagskriterium darstellen.[106] Ansonsten kann es zu einer den Gleichbehandlungs- und Wettbewerbsgrundsatz verletzenden Wertungsentscheidung kommen.

36   Mit der Siebten Verordnung zur Änderung der Verordnung über die Vergabe öffentlicher Aufträge[107] erfolgte bei der Vergabe von sog. nachrangigen Dienstleistungen gemäß Anhang II Teil B der Richtlinie 2004/18/EG erstmals normativ eine **„moderate Lockerung" der bisherigen Trennung** von Zuschlags- und Eignungskriterien.[108] Bei der Vergabe derartiger Aufträge wurde zugelassen, dass eigentliche Eignungskriterien als Zuschlagskriterien herangezogen werden konnten, wenn „tatsächliche Anhaltspunkte dafür vorliegen, dass die Organisation, die Qualifikation und die Erfahrung des bei der Durch-

---

[97] Vgl. *Dreher* in Immenga/Mestmäcker, Wettbewerbsrecht, Band 2, GWB/Teil 2, § 97 Rn. 241.

[98] Vgl. *Latzel* NZBau 2014, 673 (679).

[99] Vgl. *Opitz* § 97 Abs. 3 Rn. 12–26.

[100] Vgl. *Opitz* § 127 GWB Rn. 70–77.

[101] Vgl. OLG Düsseldorf 30.4.2014 – VII-Verg 41/13, BeckRS 2014, 09478.

[102] Vgl. OLG Düsseldorf 30.4.2014 – VII-Verg 41/13, BeckRS 2014, 09478.

[103] Vgl. OLG Düsseldorf 14.1.2009 – VII Verg 59/08, NZBau 2009, 398 (399).

[104] Vgl. *Otting* VergabeR 2016, 316 (325).

[105] Vgl. nur EuGH 24.1.2008 – Rs C-532/06, EuZW 2008, 187 (188 f.) – Lianakis; EuGH 12.11.2009 – C-199/07, ZfBR 2010, 98 (102); BGH 15.4.2008 – X ZR 129/06, NZBau 2008, 505 (506); OLG Düsseldorf 29.4.2015 – VII-Verg 35/14, ZfBR 2015, 596 (597); OLG Celle 12.01.2012 – 13 Verg 9/11, ZfBR 2012, 394 (395).

[106] Vgl. BGH 15.4.2008 – X ZR 129/06, NZBau 2008, 505 (506).

[107] V. 15.10.2013, BGBl. I S. 3854.

[108] BR-Drs. 601/13, 10.

führung des betreffenden Auftrags eingesetzten Personals erheblichen Einfluss auf die Qualität der Auftragsausführung haben können".[109] Insbesondere der Erfolg und die Qualität bereits erbrachter Leistungen sollten berücksichtigt werden können. Die Gewichtung der Kriterien wurde mit 25 % limitiert. Auch der EuGH urteilte unter Aufgabe der „Lianakis-Rechtsprechung", dass bei der Vergabe eines Auftrags über Dienstleistungen mit intellektuellem Charakter die Qualität des Personals, das den Auftrag ausführen soll, als Zuschlagskriterium gefordert werden darf.[110] Jedoch bedeutet die Lockerung der Trennung der Kriterien nicht, dass eine **Doppelberücksichtigung** bei der Eignungs- und der Zuschlagsentscheidung erfolgen darf; eine solche **scheidet nach wie vor aus.**[111]

Die Rechtslage ist nunmehr durch Art. 67 Abs. 2 Satz 2 Buchst. b der Richtlinie **37** 2014/24/EU, der wortgleich in § 58 Abs. 2 Satz 2 Nr. 2 VgV übernommen wurde, manifestiert und ausgeweitet worden. Die Möglichkeit, die **Qualität des für den Auftrag einzusetzenden Personals** als **Zuschlagskriterium** zugrunde zu legen, besteht für alle von der Richtlinie und der VgV erfassten Aufträge uneingeschränkt; ebenso gibt es keine Limitierung bezüglich der Gewichtung. Begründet wird dies damit, dass sich dieses Zuschlagskriterium zugleich auf die Qualität der Vertragserfüllung und damit auf den wirtschaftlichen Wert des Angebots auswirken kann.[112] Es bleibt aber bei dem **Verbot der Doppelberücksichtigung** der Kriterien.[113]

d. Zuschlagskriterien im Einzelnen. § 58 Abs. 2 Satz 2 Nr. 1 bis 3 listet eine Reihe **38** von Zuschlagskriterien auf. Diese **Liste** konkretisiert die zuvor abstrakt bezeichneten Zuschlagskriterien, ist jedoch **nicht abschließend,** wie sich aus der Einleitung „insbesondere" ergibt. Eine abschließende Aufzählung wäre auch nicht mit dem Bestimmungsrecht des öffentlichen Auftraggebers vereinbar. Er kann festlegen, worauf es ihm bei dem zu vergebenden Auftrag ankommt und was er als wirtschaftlich ansieht. Dem **Bestimmungsrecht des öffentlichen Auftraggebers** unterliegen sowohl die Kriterien, anhand derer die Angebote bewertet werden, als auch die Methode, wie ein Wertungsergebnis ermittelt wird. Hierbei steht dem Auftraggeber ein weiter Beurteilungsspielraum zu.[114]

aa. Qualität. Wenn das Niveau einer Leistung durch die Leistungsbeschreibung eindeutig und erschöpfend festgelegt wird, spricht nichts dagegen, dass der Auftrag auf das **39** preislich günstigste Angebot vergeben wird.[115] Daneben erlaubt es das Zuschlagskriterium „Qualität" dem öffentlichen Auftraggeber, explizit im **Rahmen der Wertung Schwerpunkte auf qualitative Aspekte der Leistung zu setzen.** Der Begriff der „Qualität" ist ein Oberbegriff, der nur durch den Bezug auf die konkrete Leistung „ausgefüllt" werden kann.[116] Die für die Bieter notwendige Transparenz ist insoweit herzustellen. Es muss zweifelsfrei erkennbar werden, worauf sich die geforderten Qualitätsaspekte beziehen und was sie beinhalten. Dies wird durch konkrete, nachprüfbare Unterkriterien sichergestellt, damit die maßgeblichen Aspekte der Bewertung deutlich werden.[117] Unterkriterien sind Kriterien, welche die eigentlichen Zuschlagskriterien genauer ausformen und präziser darstellen, worauf es dem Auftraggeber im Einzelnen ankommt.[118] Die Unterkriterien sind notwen-

[109] § 4 Abs. 2 Satz 2–4 und § 5 Abs. 1 Satz 2–4 VgV idF v. 15.10.2013.
[110] Vgl. EuGH 26.3.2015 – C-601/13, NZBau 2015, 312 (314) – Ambisig.
[111] BR-Drs. 601/13, 12.
[112] Richtlinie 2014/24/EU, ErwG 94.
[113] Vgl. auch *Goede* EuZW 2015, 435 (435); *Stolz* Vergaberecht 2016, 351 (362); *v. Bechtoldsheim* in GMPS, BeckOK Vergaberecht, § 58 Rn. 14; *Wiedemann* in KKMPP, VgV, § 58 Rn. 27, 29; wohl aA *Neun/Otting* EuZW 2014, 446 (451).
[114] Vgl. EuGH 26.3.2015 – C-601/13, NZBau 2015, 312 (314) – Ambisig; OLG Düsseldorf 8.2.2017 – VII Verg-30/16, BeckRS 2017, 108436; OLG Düsseldorf 13.4.2016 – VII-Verg 46/15, NZBau 2016, 659 (663).
[115] Vgl. *Opitz* § 97 Abs. 3 Rn. 13.
[116] Vgl. *Wiedemann* in KKMPP, VgV, § 58 Rn. 115.
[117] Vgl. nur OLG Dresden 2.2.2017 – Verg 7/16, VergabeR 2017, 377 (381), OLG Düsseldorf 23.3.2013 – VII-Verg 53/12, ZfBR 2015, 408 (409).
[118] Vgl. OLG Düsseldorf 30.7.2009 – VII-Verg 10/09.

dig, da ansonsten das Zuschlagskriterium zu pauschal und interpretationsbedürftig und einer objektivierten, willkürfreien Bewertung nicht mehr zugänglich ist.[119]

40   Bei der Lieferleistung einer **Ware** können Qualitätsmerkmale regelmäßig an dem Ausschreibungsgegenstand selbst festgemacht werden.[120] Ist Gegenstand der Beschaffung eine **Dienstleistung,** können funktionale Parameter zur Qualitätsbestimmung herangezogen werden. Dabei ist zu berücksichtigen, ob und inwieweit dem Auftraggeber im Wertungsprozess eine sichere oder zumindest überwiegend wahrscheinliche Prognose bzw. eine Prüfung der Richtigkeit der Angaben der Bieter möglich sein wird.[121]

41   Unter Beachtung des weiten Spielraums, den § 127 Abs. 3 GWB eröffnet, ist es möglich, aber **nicht unbedingt erforderlich, dass sich die Qualität unmittelbar auf den Leistungsgegenstand im engen Sinn bezieht.** Es können darüber hinaus alle Umstände berücksichtigt werden, die mit dem Lebenszyklus der Leistung zusammenhängen.[122] Der Verordnungsgeber hat in der Begründung zur Vergaberechtsmodernisierungsverordnung ausdrücklich darauf hingewiesen, **dass der Aspekt der Qualität auch die Prozessqualität** umfassen kann. So könne etwa bei Großprojekten der Bauherr als qualitatives Kriterium neben dem planerischen und technischen Wert oder den Betriebs- und Folgekosten auch die Qualität der Auftragsdurchführung, z.B. des Risikomanagements im Rahmen des Zuschlags, berücksichtigen. Qualitative Aspekte könnten z.B. auch Sicherheits- und sicherheitstechnische Anforderungen unter Berücksichtigung der Maßgaben des § 127 Absatz 3 bis 5 GWB umfassen.[123] Somit ergeben sich sowohl aus dem Begriff der „Qualität" selbst als auch aus der Vorschrift des § 127 Abs. 3 GWB, die die Voraussetzungen dafür regelt, wann die Zuschlagskriterien mit dem Auftragsgegenstand in Verbindung stehen, großzügige Möglichkeiten für den Auftraggeber, das Zuschlagskriterium im Einzelfall vorzugeben und zu definieren. Entscheidend ist aber in jedem Fall für die Abgrenzung zu einem Eignungskriterium, dass eine Verbindung zu der ausgeschriebenen Dienst- oder Lieferleistung bestehen muss.

42   Qualität kann beispielsweise anhand der Unterkriterien **„konzeptionelles Vorgehen des Bieters"** und **„Qualitätsmanagement"** bewertet werden.[124] Bei der Qualität eines Konzepts ist die Verbindung zu dem Auftragsgegenstand gegeben, wenn es einerseits um formelle Aspekte der Darstellung geht, wie deren Struktur, Übersichtlichkeit, Verständlichkeit und Nachvollziehbarkeit, und andererseits um inhaltliche Aspekte, wie fachliche Reife, innere Logik, Funktionalität und Praktikabilität.[125] Qualitätsmanagement ist dann auftragsbezogen, wenn nicht die Bewertung der Kenntnisse und Erfahrungen des Bieters erfolgen soll, sondern eine Wertung, inwieweit dieses Potenzial sich tatsächlich in den Vorschlägen zum Inhalt der eigenen Leistungspflichten niedergeschlagen hat.[126]

43   Das Zuschlagskriterium der Qualität kann ferner durch das Unterkriterium **„Beschwerdemanagement"** konkretisiert werden. Der Auftragsbezug ist gegeben, wenn es dem Auftraggeber auf eine Beschreibung im Angebot ankommt, mit welchen konzeptionellen Maßnahmen und Mitteln die vertraglichen Aufgaben hinsichtlich der Qualität und insbesondere bei Beschwerden sachgerecht erfüllt werden sollen. Insoweit ist im Wesentlichen die Art und Weise der Aufgabenerfüllung betroffen.[127]

44   Die höhere Qualität einer Leistung kann nur dann wertungsrelevant werden, wenn die angebotene Leistung den Anforderungen der Ausschreibung entspricht und es sich dabei nicht um ein aliud handelt. Der Auftraggeber ist in einem solchen Fall nicht daran gehin-

---

[119] Vgl. *Scharf* in Dieckmann/Scharf/Wagner-Cardenal, VOL/A, § 19 VOL/A-EG Rn. 254 mwN.
[120] Vgl. OLG Brandenburg 3.2.2004 – Verg W 9/03, IBRRS 2004, 0554.
[121] Vgl. *Wiedemann* in KKMPP, VgV, § 58 Rn. 117.
[122] Vgl. *Otting* VergabeR 2016, 316 (325).
[123] BR-Drs. 87/16, 212.
[124] Vgl. OLG Naumburg 12.4.2012 – 2 Verg 1/12, VergabeR 2012, 749 (764 f.).
[125] Vgl. OLG Naumburg 12.4.2012 – 2 Verg 1/12, VergabeR 2012, 749 (764).
[126] Vgl. OLG Naumburg 12.4.2012 – 2 Verg 1/12, VergabeR 2012, 749 (765).
[127] Vgl. OLG Düsseldorf 2.5.2012 – VII Verg 68/11, 596 (597).

dert, den Zuschlag auf ein ausschreibungskonformes, qualitativ besseres Angebot mit höherem Preis zu erteilen. Um eine objektive Bewertung der Angebote sicher zu stellen, ist es in diesem Zusammenhang eine zulässige Methode, **Qualitätsunterschiede in geeigneter Weise zu bepreisen und in Form von Zuschlägen oder Abschlägen auf den Angebotspreis zu berücksichtigen**.[128]

bb. Technischer Wert. Unter dem „Technischen Wert" sind die technischen **Eigen- 45 schaften** der jeweils angebotenen Produkte **im Hinblick auf ihre Lebensdauer oder ihre Funktionalität** zu verstehen.[129] Grundvoraussetzung bei der Verwendung des Zuschlagskriteriums „Technischer Wert" ist, dass für Bieter erkennbar sein muss, auf welche Produkte oder Produktgruppen es dem Auftraggeber ankommt. Ferner setzt die Vorgabe des Zuschlagskriteriums voraus, dass im Rahmen der Wertung **Differenzierungen** zwischen möglichen Mindestanforderungen, durchschnittlichen Anforderungen und überdurchschnittlichen Eigenschaften möglich sind.[130]

Bei dem Zuschlagskriterium „Technischer Wert" ist insbesondere die **Abgrenzung zu 46 Mindestanforderungen** zu beachten. So darf ein mit dem „CE-Kennzeichen" versehenes Produkt grundsätzlich nicht wegen technischer Unzulänglichkeit abgelehnt werden.[131]

Da der Begriff des „Technischen Werts" abstrakt ist, bietet sich die Bildung von **Unter- 47 kriterien** an, um die erforderliche Transparenz für die Bieter zu erreichen.[132] Außer bei nicht von § 58 erfassten Bauleistungen kann der „Technische Wert" bei Warenlieferungen relevant sein.

cc. Ästhetik. Bei der Ästhetik handelt es sich um ein Zuschlagskriterium, das nicht 48 unmittelbar monetär umzurechnen ist. Es kann vorrangig bei der Beurteilung von freiberuflichen, planerischen oder künstlerischen Leistungen herangezogen werden, kann aber auch bei der Gestaltung von zu liefernden oder herzustellenden repräsentativen Produkten bedeutsam sein. Der Aspekt der „Ästhetik" ist eigentlich mit objektiven Maßstäben nicht messbar. Vielmehr ist vornehmlich die **subjektive Wahrnehmung des Beschaffungsgegenstands bei der Auswahlentscheidung** relevant.[133] Es bedarf insoweit der näheren „ausfüllenden" Bestimmung durch den Auftraggeber.[134]

Wegen des vergaberechtlich vorgegebenen Rahmens und der Beachtung der Grundprin- 49 zipien ist es notwendig, **eine möglichst hohe Objektivierbarkeit der Entscheidungsfindung herzustellen**. Eine solche kann durch die Berufung eines sachkompetenten Entscheidungsgremiums erfolgen.[135] Entscheidend ist bei der Wertung des Aspekts der Ästhetik eine nachvollziehbare Dokumentation.

dd. Zweckmäßigkeit. "Zweckmäßigkeit" zeigt an, **inwieweit die angebotene Leis- 50 tung eines Bieters den Interessen** des Auftraggebers oder von der Leistung betroffenen Dritten **entgegenkommt**.[136] Auch der Aspekt der „Zweckmäßigkeit" ist ein genereller Begriff, dessen Bedeutung sich erst aus der Verbindung zu dem konkreten Auftragsgegenstand und durch die nähere Eingrenzung mittels Unterkriterien ergibt. Insofern muss der Auftraggeber klar festlegen, auf welche Zweckmäßigkeitsgesichtspunkte es ihm ankommt.[137] Die Angabe „bestmögliche Erfüllung der Anforderungen" ist zu unbestimmt.[138]

Grundsätzlich ist es eine **Mindestanforderung**, dass die angebotene Leistung des Bie- 51 ters zweckmäßig ist. Sinnvoll erscheint demgegenüber das Zuschlagskriterium der

---

[128] Vgl. BGH 1.8.2006 – X ZR 115/04, NZBau 2006, 797 (799).
[129] Vgl. OLG Naumburg 25.9.2008 – 1 Verg 3/08, IBRRS 2008, 2781.
[130] Vgl. OLG Naumburg 25.9.2008 – 1 Verg 3/08, IBRRS 2008, 2781.
[131] Vgl. EuGH 14.6.2007 – C-6/05, NZBau 2007, 597 (600).
[132] Vgl. zur Wertung auch OLG Düsseldorf 18.3.2010 – VII-Verg 3/10, IBRRS 2013, 0627.
[133] Vgl. OLG Brandenburg 27.7.2007 – Verg W 5/07; *Mutschler-Siebert/Kern* in Gabriel/Krohn/Neun, Handbuch des Vergaberechts, § 30 Rn. 51.
[134] Vgl. *Roth* NZBau 2011, 75 (76).
[135] Vgl. VK Sachsen 5.10.2004 – 1/SVK/092-04.
[136] Vgl. OLG Düsseldorf 30.4.2003 – Verg 64/02, ZfBR 2003, 721 (723).
[137] Vgl. VK Schleswig-Holstein 11.1.2006 – VK-SH 28/05.
[138] Vgl. VK Lüneburg 26.11.2012 – VgK-40/2012.

„Zweckmäßigkeit" dort, wo der öffentliche Auftraggeber die im Auftragsfall zu erbringenden Leistungen nicht im Einzelnen festgeschrieben hat, sondern es dem Bieter überlässt, wie er den ausgeschriebenen Bedarf deckt bzw. den gewünschten Erfolg herbeiführt.[139] D.h. insbesondere bei **funktionalen Ausschreibungen** kann sich das Zuschlagskriterium der „Zweckmäßigkeit" anbieten.

52   **ee. Zugänglichkeit der Leistung insbesondere für Menschen mit Behinderungen.** Unter dem Gesichtspunkt der „strategischen Beschaffung" bzw. der zwischenzeitlich erfolgten vollumfänglichen Akzeptanz der „politischen Zuschlagskriterien" bildet der Aspekt der Zugänglichkeit der Leistung insbesondere für Menschen mit Behinderungen einen **neuen Schwerpunkt.** Die **Richtlinie 2014/24/EU** bestimmt, sozusagen vor die Klammer gezogen, dass **bei ihrer Umsetzung dem Übereinkommen der Vereinten Nationen über die Rechte von Menschen mit Behinderungen (UN-BRK) Rechnung getragen werden sollte,** insbesondere im Zusammenhang mit der Wahl der Kommunikationsmittel, den technischen Spezifikationen, den Zuschlagskriterien und den Bedingungen für die Auftragsausführung.[140] Damit wird die Terminologie des Art. 9 Abs. 1 der UN-Behindertenrechtskonvention aufgegriffen, welche in Deutschland aufgrund des Zustimmungsgesetzes vom 21.12.2008[141] unmittelbare Wirkung entfaltet und auch für das Unionsrecht aufgrund des Beschlusses des Rates vom 26.11.2009 über den Abschluss des Übereinkommens der Vereinten Nationen über die Rechte von Menschen mit Behinderungen durch die Europäische Gemeinschaft[142] maßgeblich ist.[143] Menschen mit Behinderungen sind nach Art. 1 Satz 2 UN-BRK Personen, die langfristige körperliche, seelische, geistige oder Sinnesbeeinträchtigungen haben, welche sie in Wechselwirkung mit verschiedenen Barrieren an der vollen, wirksamen und gleichberechtigten Teilhabe an der Gesellschaft hindern können. Für diese Menschen soll umfassend in allen Lebensbereichen **Barrierefreiheit** hergestellt werden.

53   Verbindlich sieht die Richtlinie 2024/24/EU vor, dass es (außer in hinreichend begründeten Fällen) für **sämtliche Beschaffungen,** die zur Nutzung durch Personen – ob durch die allgemeine Bevölkerung oder Personal des öffentlichen Auftraggebers – bestimmt sind, erforderlich ist, **dass die öffentlichen Auftraggeber technische Spezifikationen festlegen, um den Kriterien der Barrierefreiheit für Menschen mit Behinderungen Rechnung zu tragen,**[144] was der deutsche Gesetzgeber in § 121 Abs. 2 GWB umgesetzt hat, wonach Zugänglichkeitskriterien für Menschen mit Behinderungen grundsätzlich in der Leistungsbeschreibung zu berücksichtigen sind. Diese verbindliche Vorgabe kann wegen des Bestimmungsrechts des öffentlichen Auftraggebers auf Zuschlagskriterien nicht übertragen werden. Gleichwohl erfährt das Zuschlagskriterium durch die Aufnahme des Begriffs „Zugänglichkeit" in den Katalog der Beispiele in Art. 67 Abs. 2 Satz 2 Buchst. b der Richtlinie 2014/24/EU einen besonderen Schwerpunkt, den der deutsche Verordnungsgeber in § 58 Abs. 2 Satz 2 Nr. 1 übernommen und zusätzlich mit der Klarstellung versehen hat, dass hier die Zugänglichkeit der Leistung für Menschen mit Behinderungen gemeint ist.

54   Unter Berücksichtigung des Art. 4 Abs. 1 iVm Art. 9 Abs. 1 UN-BRK ergibt sich, dass alle Aufträge über Bau-, Dienst- und Lieferleistungen erfasst sind, die bestimmungsgemäß durch natürliche Personen genutzt werden. Das gilt für **alle Lebensbereiche,** insbesondere für Gebäude und ihre Ausstattung, Transportmittel, Internetauftritte, Verfahren der elektronischen Vorgangsbearbeitung (Hard- und Software), Endnutzerprodukte und alle Einrichtungen und Dienste, die der Öffentlichkeit offenstehen oder ihr bereitgestellt werden.[145] Barrierefreiheit wird erreicht, wenn bauliche und sonstige Anlagen, Verkehrsmittel, IT-

---

[139] Vgl. *Kues* in Leinemann/Kirch, VSVgV, § 34 Rn. 43.
[140] Richtlinie 2014/24/EU, ErwG 3.
[141] BGBl 2008 II S. 1419.
[142] ABl. v. 27.1.2010, L 23/35.
[143] BR-Drs. 87/16, 212.
[144] Richtlinie 2014/24/EU, Art. 42 Abs. 1 UA 4 und ErwG 76.
[145] Vgl. auch wegen weiterer Einzelheiten *Lampert* § 121 GWB Rn. 129 ff.

Soft- und -Hardware, etc., aber auch Dienstleistungen, **für Menschen mit Behinderungen in der allgemein üblichen Weise ohne besondere Erschwernisse und grundsätzlich ohne fremde Hilfe zugänglich und nutzbar sind.**

Da bereits in der Ausgestaltung der Leistungsbeschreibung die Zugänglichkeitskriterien 55 für Menschen mit Behinderungen verbindlich berücksichtigt werden müssen, können im Rahmen des **Zuschlagskriteriums „Zugänglichkeit" nur darüber hinaus gehende Aspekte einfließen.** Diese müssen zuvor von dem öffentlichen Auftraggeber konkretisiert worden sein, damit die notwendige Transparenz für die Bieter sichergestellt ist. Denkbar ist es auch, im Rahmen einer funktionalen Ausschreibung das Zuschlagskriterium vorzugeben, um bezüglich der Barrierefreiheit Lösungen zu erhalten, bei denen die Funktionalität besonders ausgeprägt ist.[146]

ff. Design für alle. Das Zuschlagskriterium „Design für alle" schließt das Kriterium der 56 Zugänglichkeit für Menschen mit Behinderungen, d.h. die Barrierefreiheit, ein und bezieht sich auf weitere Aspekte. Der Verordnungsgeber hat klargestellt, dass die Anforderungen des „Designs für alle" **über den Begriff der „Zugänglichkeit für Menschen mit Behinderungen" hinaus auch die Nutzbarkeit und Erlebbarkeit für möglichst alle Menschen erfasst** – also die Gestaltung von Bauten, Produkten und Dienstleistungen auf eine Art und Weise, dass sie die Bandbreite menschlicher Fähigkeiten, Fertigkeiten, Bedürfnisse und Vorlieben berücksichtigen, ohne Nutzer durch Speziallösungen zu stigmatisieren.[147] „Design für alle" ist demnach so zu verstehen, dass ein Produkt oder eine Leistung von einer heterogenen Gruppe genutzt werden kann, ohne dass für die Nutzung durch Mitglieder einer Teilgruppe eine Anpassung (spezielles Design) erforderlich ist.[148]

Auch hier ist die Vorgabe zu beachten, dass die Barrierefreiheit bereits grundsätzlich verbindlich durch die Leistungsbeschreibung sichergestellt sein muss. Von dem Zuschlagskriterium „Design für alle" **können demnach nur darüber hinaus gehende Aspekte erfasst werden,** die der öffentliche Auftraggeber durch Unterkriterien definiert bzw. sich im Rahmen einer funktionalen Ausschreibung anbieten lässt.

gg. Soziale Eigenschaften. In der Aufzählung der einzelnen Zuschlagskriterien in 58 § 58 Abs. 2 Satz 2 Nr. 1 sind **soziale** (ebenso wie umweltbezogene) **Eigenschaften** genannt, obwohl zuvor bereits **soziale und weltbezogene Zuschlagskriterien als Sammelbegriff** aufgeführt worden sind. Daraus darf indes nicht geschlossen werden, dass zwei unterschiedliche Aspekte gemeint sind und der Begriff der „Eigenschaften" eng auszulegen wäre in dem Sinne, dass sich das Zuschlagskriterium nur auf das Produkt oder die Leistung selbst bezieht. Auch hier **gelten bezüglich der Verbindung zwischen Zuschlagskriterium und Produkt bzw. Leistung die extensiven Möglichkeiten des § 127 Abs. 3 GWB.** Bezogen auf die sozialen (und umweltbezogenen) Eigenschaften als Zuschlagskriterien hat dies den Verordnungsgeber veranlasst, in der Begründung zur VgV ausdrücklich klarzustellen, dass ein Auftragsbezug künftig auch dann angenommen werden kann, wenn sich das jeweilige Kriterium auf ein beliebiges Stadium im Lebenszyklus der Leistung bezieht. Dies könne insbesondere Prozesse der Herstellung (auch der Rohstoffgewinnung), Bereitstellung oder Entsorgung der Leistung betreffen, aber (insbesondere bei Warenlieferungen) z.B. auch den Handel mit ihr. Dabei müssten sich solche Kriterien nicht zwingend auf die materiellen Eigenschaften des Auftragsgegenstandes auswirken,[149] es muss sich vielmehr um Eigenschaften handeln, die die betreffende Leistung oder das betreffende Produkt charakterisieren.[150] Erforderlich ist also ein unmittelbarer Auftragszusammenhang, aber kein Bezug zu der „inneren Eigenschaft" einer Leistung oder eines Produkts.[151]

---

146 Vgl. VK Sachsen 28.8.2013 – 1/SVK/026/13.
147 BR-Drs. 87/16, 212.
148 Vgl. auch wegen weiterer Einzelheiten *Lampert* § 121 GWB, Rn. 131.
149 BR-Drs. 87/16, 212 f.
150 Vgl. *Latzel* NZBau 2014, 673 (675).
151 Vgl. EuGH 10.5.2012 – C-368/10, ZfBR 2012, 489 (498) – Max Havelaar.

59   Als soziale Kriterien werden die bereits explizit in § 58 Abs. 2 Satz 2 Nr. 1 genannten Zuschlagskriterien der Zugänglichkeit der Leistung insbesondere für Menschen mit Behinderungen und des Designs für alle eingeordnet.[152] Daneben kommt die Förderung der sozialen Integration von benachteiligten Personen[153] und der Schutz (der Gesundheit) von Arbeitnehmern[154] in Betracht, wobei regelmäßig die an der Auftragsausführung beteiligten Beschäftigten betroffen sein sollten.[155] Weitere soziale Kriterien können die Beschäftigung von Langzeitarbeitslosen oder die Umsetzung von Ausbildungsmaßnahmen für Arbeitslose oder Jugendliche im Zuge der Ausführung des zu vergebenden Auftrags sein.[156] In den Fällen, in denen sich die **Kriterien auf die an der Leistung beteiligten Beschäftigten beziehen, ist der Auftragsbezug gegeben.** Das ist aber dann **nicht mehr der Fall**, wenn ein Zuschlagskriterium mit der **generellen Unternehmenspolitik zusammenhängt,** wie z. B. mit der Personalpolitik.[157]

60   Der Aspekt eines fairen Handels („Fair Trade") kann – unter Berücksichtigung der sonst notwendigen Voraussetzungen – auch als Zuschlagskriterium herangezogen werden. Wenn der Auftraggeber die Anforderung von Produkten aus fairem Handel nicht als Ausführungsbedingung einordnet, kann die Lieferung oder Verwendung derartiger Produkte im Rahmen der Zuschlagswertung mit einer höheren Punktzahl versehen werden als die Lieferung oder Verwendung konventionell gehandelter.[158]

61   Da soziale Zuschlagskriterien regelmäßig nicht unmittelbar mit dem Auftragsgegenstand zusammenhängen und darüber hinaus eine große Bandbreite aufweisen, ist es erforderlich, diese zu **konkretisieren. Unbestimmte Vorgaben** wie „sozial angemessene" oder „faire" Arbeitsbedingungen sowie die Forderung nach der „Vereinbarkeit von Familie und Beruf" **sind intransparent,** weil nicht von vornherein klar ist, welche konkreten Maßnahmen inwieweit zuschlagsrelevant sind.[159] Erforderlich ist, Zuschlagskriterien so zu formulieren, dass alle ausreichend informierten und mit der üblichen Sorgfalt handelnden Bieter deren genaue Bedeutung verstehen und sie somit in gleicher Weise auslegen können.[160]

62   Sofern der öffentliche Auftraggeber Wert auf die Einhaltung sozialer Aspekte legt, bietet sich nicht primär an, deren Beachtung in Form eines Zuschlagskriteriums zu verlangen. Insofern gilt auch hier keine exklusive Zuordnung der sozialen Kriterien als Zuschlagskriterien.[161] Vielmehr kommen verschiedene weitere Möglichkeiten in Betracht. Bereits in der **Leistungsbeschreibung** können soziale Aspekte vorgegeben werden, wenn sie sich unmittelbar auf das zu beschaffende Produkt oder die nachgefragte Leistung beziehen, so z. B. die Barrierefreiheit. Ferner sind Unternehmen nach § 128 Abs. 1 GWB ohnehin verpflichtet, bestimmte, im Einzelnen aufgeführte sozial- und arbeitsrechtliche Normen einzuhalten. Der Auftraggeber ist nicht daran gehindert, diese Pflichten vertraglich zu verankern, so dass aus der gesetzlichen zugleich eine nebenvertragliche Verpflichtung mit entsprechenden Sanktionsmöglichkeiten wird.[162] Er kann darüber hinaus nach § 128 Abs. 2 GWB (weitere) **Ausführungsbedingungen** vorgeben. Der Unterschied zu Zuschlagskriterien besteht darin, dass der Bieter in seinem Angebot die Ausführungsbedingungen einhalten muss; ansonsten wird es von der Wertung ausgeschlossen. Bei Zuschlagskriterien erfolgt dagegen eine Wertung in Bezug auf die graduelle Erfüllung des Kriteriums. Ein öffentlicher Auftraggeber, der bei der Auftragsvergabe Wert auf die Einhaltung sozialer Aspekte legt, sollte

---

[152] BT-Drs. 18/6281, 112.
[153] BT-Drs. 18/6281, 112.
[154] Vgl. auch wegen weiterer Einzelheiten *Opitz* § 127 GWB Rn. 101 f.
[155] RL 2024/24/EU, ErwG 99.
[156] RL 2024/24/EU, ErwG 99.
[157] Vgl. *Dreher* in Immenga/Mestmäcker, Wettbewerbsrecht, Band 2, GWB/Teil 2, § 97 Rn. 262.
[158] BT-Drs. 18/6281, 112; *Wegener/Hahn* NZBau 2012, 684 (687).
[159] Vgl. *Latzel* NZBau 2014, 673 (679).
[160] Vgl. EuGH 10.5.2012 – C-368/10, ZfBR 2012, 489 (497) – Max Havelaar.
[161] Vgl. *Krönke* VergabeR 2017, 101 (117).
[162] Vgl. auch wegen weiterer Einzelheiten *Opitz* § 128 GWB Rn. 1 ff., Rn. 12.

also zunächst prüfen, ob seine Forderung (z. B. Tariftreue) nicht schon durch den für Unternehmen verbindlichen § 128 Abs. 1 GWB abgedeckt ist. Falls nicht, sollte er entscheiden, ob die Vorgabe einer Ausführungsbestimmung zielführend ist. Erst dann sollte die Vorgabe eines Zuschlagskriteriums in der erforderlichen konkreten Weise erfolgen. Zuschlagskriterien und Ausführungsbestimmungen haben im Übrigen gemeinsam, dass sie verhältnismäßig sein müssen.[163]

hh. Umweltbezogene Eigenschaften. Für umweltbezogene Zuschlagskriterien, die **63** in § 58 Abs. 2 Satz 2 doppelt genannt sind, gilt zunächst wegen des **Bezugs zu dem Auftragsgegenstand** das Gleiche wie für soziale Zuschlagskriterien.[164]

Umweltschutz, der durch Nachhaltigkeitsstrategien gefördert werden soll, ist bereits **64** ein **grundlegendes Ziel, das in Art. 11 AEUV vereinbart worden ist.** Danach sind die Erfordernisse des Umweltschutzes bei der Festlegung und Durchführung der Politik und der Maßnahmen der EU einzubeziehen. Darauf basierend stellt die Richtlinie 2014/24/EU klar, **auf welche Weise die öffentlichen Auftraggeber zum Umweltschutz und zur Förderung einer nachhaltigen Entwicklung beitragen können,** wobei sie gleichzeitig gewährleistet, dass bei der Auftragsvergabe ein optimales Preis-Leistungs-Verhältnis erzielt werden kann.[165] Bei den sog. politischen Kriterien nehmen somit Nachhaltigkeitsgesichtspunkte einen prominenten Stellenwert ein. Zuschlagskriterien können sich auf verschiedene umweltbezogene Aspekte beziehen.

Wie bei sozialen Kriterien kann eine Förderung des Umweltschutzes und der Nachhaltigkeit im Rahmen von Vergabeverfahren nicht allein durch Zuschlagskriterien erfolgen. **65** Vielmehr kann ein ökologischer Aspekt als zwingende Vorgabe in der **Leistungsbeschreibung** aufgenommen werden. Grundsätzlich darf ein Auftraggeber die technischen Spezifikationen eines Produkts auch durch Leistungs- und Funktionsanforderungen beschreiben und diese können auch Umwelteigenschaften, z. B. im Zusammenhang mit einer Produktionsmethode, erfassen. Dabei ist allerdings ein ausschließlicher Bezug auf Umweltgütesiegel unzulässig; vielmehr müssen die ihnen zugrunde liegenden detaillierten Spezifikationen gefordert werden.[166] Ferner kann der öffentliche Auftraggeber **Ausführungsbestimmungen** vorgeben. Beide Alternativen haben den Vorteil, dass die Wertung des jeweiligen Angebots nur möglich ist, wenn die geforderten Vorgaben eingehalten werden. Ein Zuschlagskriterium lässt dagegen eine gewichtete Wertung zu, wobei der öffentliche Auftraggeber nicht nur die rechtliche Zulässigkeit einschließlich der Verhältnismäßigkeit, sondern auch die Zweckmäßigkeit im Einzelfall zu prüfen hat.

Der öffentliche Auftraggeber ist nicht daran gehindert, ein Kriterium **auf verschiedenen Wertungsstufen zu prüfen,** wenn er die **sachlogischen Verschiedenheiten berücksichtigt** und keine Doppelbewertung vornimmt. D. h. beispielsweise kann zunächst geprüft werden, ob ein Bieter eine erforderliche Eigenerklärung zu dem verlangten Kriterium vorgelegt hat, und sodann kann geprüft werden, ob das Angebot die Mindestanforderung(en) erfüllt. Schließlich kann berücksichtigt werden, ob ausschließlich die Mindestanforderung(en) erfüllende Angebote vorliegen oder solche, die über diese Anforderung(en) hinausgehen.[167] Durch gewichtete Zuschlagskriterien kommt insbesondere das Ausmaß der Bereitschaft des Auftraggebers, für eine umweltfreundliche Ausrichtung der Auftragsvergabe einen finanziellen Mehraufwand in Kauf zu nehmen, zum Ausdruck.[168]

(1) Energieeffizienz/Energieverbrauch. Bei der **Beschaffung energieverbrauchs- 67 relevanter Liefer- oder Dienstleistungen** (§ 67) bzw. bei der **Beschaffung von Straßenfahrzeugen** (§ 68) hat der öffentliche Auftraggeber **zwingende Vorgaben** zu beach-

---

163 Vgl. *Latzel* NZBau 2014, 673 (680 f.) mwN.
164 Vgl. Rn. 58.
165 Richtlinie 2014/24/EU, ErwG 91.
166 Vgl. EuGH 10.5.2012 – C-368/10, ZfBR 2012, 489 (495) – Max Havelaar.
167 Vgl. OLG Düsseldorf 14.12.2016 – VII Verg15/16, BeckRS 2016, 119579 für das Zuschlagskriterium „Schadstoffemission" bei Transportfahrzeugen.
168 Vgl. *Krohn* NZBau 2004, 92 (95).

ten.[169] Der öffentliche Auftraggeber ist verpflichtet, bestimmte Anforderungen an die Energieeffizienz zu stellen bzw. konkrete Informationen dazu von den Bietern zu fordern. Für energieverbrauchsrelevante Liefer- und Dienstleistungen ist die aufgrund dieser Vorgaben und Informationen zu ermittelnde **Energieeffizienz als Zuschlagskriterium** angemessen zu berücksichtigen (§ 67 Abs. 5). Dabei besteht ein Beurteilungsspielraum des Auftraggebers in Bezug auf die Angemessenheit der Berücksichtigung.[170] Bei Straßenfahrzeugen sind der **Energieverbrauch und die Umweltauswirkungen als Zuschlagskriterien** zu berücksichtigen, soweit nicht bereits in der Leistungsbeschreibung Vorgaben zum Energieverbrauch und zu den Umweltauswirkungen gemacht worden sind (§ 68 Abs. 2 Satz 2 Nr. 2). D.h. im Rahmen dieser Sonderregelungen besteht eine Ausnahme zu dem grundsätzlichen autonomen Bestimmungsrecht des Auftraggebers in Bezug auf die Zuschlagskriterien. Hintergrund dafür sind die Spezialregelungen im europäischen Recht.[171]

68   Unabhängig von diesen Sonderregelungen kann der öffentliche Auftraggeber die Kriterien Energieverbrauch oder Energieeffizienz bei allen Beschaffungen von Lieferungen und Leistungen vorgeben, wenn er diese im konkreten Fall für geeignet hält.[172] Während **Energieverbrauch** der Bedarf an Energie ist, ist **Energieeffizienz** das Verhältnis zwischen Energieverbrauch und Leistung.[173] Beide Zuschlagskriterien erlauben unterschiedliche Auslegungen, so dass sie durch Unterkriterien zu konkretisieren sind. Insbesondere das Kriterium „Energieeffizienz" ist unbestimmt; **Unterkriterien** ermöglichen es einerseits dem Bieter, zu erkennen, worauf es dem Auftraggeber ankommt, und versetzen andererseits den Auftraggeber in die Lage, das Leistungsniveau jedes einzelnen Angebots im Verhältnis zu dem in der Leistungsbeschreibung beschriebenen Auftragsgegenstand zu bewerten. Hierbei müssen die konkret zu bezeichnenden Aspekte bestimmt werden, um eine Vergleichbarkeit der Angebote und eine objektive Bewertung zu ermöglichen.[174] Fraglich ist, ob der Energieverbrauch ausschließlich unmittelbar produkt- bzw. leistungsbezogen verstanden werden darf. Soweit die Meinung besteht, dass es sich bei der Berücksichtigung der Energieeffizienz allein um diejenige bei dem Gebrauch der Leistung, nicht jedoch um weitere Aspekte, wie z.B. die Transportkosten handeln kann,[175] ist zweifelhaft, ob sich diese Auffassung im Licht des § 127 Abs. 3 Satz 2 GWB noch halten lässt. Folgt man der weiteren Auffassung, ergeben sich allerdings insoweit Grenzen, als dass der öffentliche Auftraggeber nur die Einhaltung **nachprüfbarer Kriterien** verlangen darf. Denn er muss, um zu gewährleisten, dass die Zuschlagskriterien objektiv und einheitlich auf alle Bieter und die Angebote angewendet werden, in der Lage sein, die Erfüllung der von ihm gewählten Kriterien effektiv zu überprüfen und zu kontrollieren.[176] Daher ist es umso entscheidender, dass der Auftraggeber in der Auftragsbekanntmachung und/oder in den Vergabeunterlagen den Begriff der „Energieeffizienz" konkretisiert. Um bei dem Beispiel der Transportkosten zu bleiben, wäre deren Einbeziehung als Zuschlagskriterium bzw. Unterkriterium nur zulässig und sinnvoll, wenn diese tatsächlich von jedem Bieter nachgewiesen und von dem Auftraggeber diskriminierungsfrei geprüft werden können.

69   **(2) Umweltverträglichkeit/Ressourcenschonung.** Umweltverträglichkeit oder Ressourcenschonung können ebenfalls als Zuschlagskriterien gefordert werden. Sie sind wegen

---

[169] Vgl. *Knauff*, § 67 VgV und § 68 VgV.

[170] BR-Drs., 87/16, 220.

[171] Richtlinie 2012/27/EU zur Energieeffizienz, zur Änderung der Richtlinien 2009/125/EG und 2010/30/EU und zur Aufhebung der Richtlinien 2004/8/EG und 2006/32/EG v. 25.10.2012, ABl. L 315/1 und Richtlinie 2009/33/EG über die Förderung sauberer und energieeffizienter Straßenfahrzeuge v. 23.4.2009, ABl. L 120/5.

[172] Vgl. auch *Opitz* § 127 GWB Rn. 34.

[173] Vgl. *Wiedemann* in KKMPP, VgV, § 58 Rn. 156.

[174] Vgl. OLG Düsseldorf 19.6.2013 – VII Verg 4/13, ZfBR 2013, 720 (724).

[175] BR-Drs. 345/11, 8; vgl. *Gaus* NZBau 2013, 401 (405).

[176] Vgl. EuGH 4.12.2003 – C-455/01, EuZW 1984, 81 (84) – *Wienstrom; Burgi* NZBau 2015, 597 (601).

der Unbestimmtheit der Begriffe in jedem Fall durch **Unterkriterien zu konkretisieren**. Da Zuschlagskriterien auch dann mit dem Auftragsgegenstand in Verbindung stehen können, wenn sie sich auf **Prozesse in der Herstellung** der Leistung beziehen, bietet es sich gerade bei den Themen Umweltverträglichkeit und Ressourcenschonung an, auch Faktoren zur Herstellung zu berücksichtigen. Bei der Beschaffung von Produkten können dies beispielsweise der geringe Einsatz von Chemikalien und/oder eine geringe Abwasserbelastung in der Produktion, keine oder wenige Chemikalienrückstände am Endprodukt oder die sparsame Verwendung von Rohstoffen sein. Die Grenze der Zulässigkeit derartiger Kriterien liegt in der Forderung nach bestimmten Herstellungsverfahren, da diese zur Diskriminierung von Bietern führen können.[177]

Ferner ist der **Recylinganteil** ein anerkannter ökologischer Aspekt,[178] der gleichfalls einer Konkretisierung bedarf, soweit er als Zuschlagskriterium herangezogen wird. Die Forderung nach **Schadstofffreiheit**, die als Zuschlagskriterium einer abgestuften Wertung unterliegt, ist ebenso unter den Aspekt der Umweltverträglichkeit einzuordnen. **70**

ii. Innovative Eigenschaften. Wie sich bereits aus dem Begriff selbst ergibt, handelt es **71** sich bei „innovative Eigenschaften" um **neuartige Aspekte**. Art. 2 Nr. 22 der Richtlinie 2014/24/EU definiert *„Innovation" als die Realisierung von neuen oder deutlich verbesserten Waren, Dienstleistungen oder Verfahren, einschließlich – aber nicht beschränkt auf – Produktions-, Bauoder Konstruktionsverfahren, eine neue Vermarktungsmethode oder ein neues Organisationsverfahren in Bezug auf Geschäftspraxis, Abläufe am Arbeitsplatz oder externe Beziehungen, u. a. mit dem Ziel, zur Bewältigung gesellschaftlicher Herausforderungen beizutragen oder die Strategie Europa 2020 für intelligentes, nachhaltiges und integratives Wachstum zu unterstützen.*

Die Beschaffung innovativer Waren, Bauleistungen und Dienstleistungen spielt nach **72** Auffassung der Kommission eine zentrale Rolle bei der Steigerung der Effizienz und der Qualität öffentlicher Dienstleistungen. Der gesellschaftliche Nutzen wird darin gesehen, dass neue Ideen hervorgebracht und diese in innovative Waren und Dienstleistungen umgesetzt werden, so dass damit ein **nachhaltiges Wirtschaftswachstum** gefördert wird.[179] Vor diesem Hintergrund wird deutlich, dass ein innovativer Aspekt als Zuschlagskriterium im Rahmen förmlicher Vergabeverfahren nur in engen Grenzen sinnvoll vorgegeben werden kann. Der öffentliche Auftraggeber kann beispielsweise damit bestimmte, **über den Marktstandard hinausgehende Produktvorteile** bewerten.[180] Bei **funktionalen Ausschreibungen,** bei denen der Auftraggeber Vorschläge der Bieter zu einer optimalen Lösung erwartet, können innovative Zuschlagskriterien ebenfalls sinnvoll sein.

Innovationsaspekte können ferner ihre Bedeutung bei **Nebenangeboten** entfalten. **73** Nach der Richtlinie 2014/24/EU sollen öffentliche Auftraggeber so oft wie möglich „Varianten" zulassen.[181] Im Rahmen derartiger Nebenangebote können Bieter unter Beachtung der Mindestanforderungen, die u. U. mehr Spielraum als ein vorgegebenes Zuschlagskriterium erlauben, innovative Lösungen anbieten, die dem Auftraggeber finanzielle oder technische vorteilhafte Lösungsmöglichkeiten bieten.

jj. Vertriebs- und Handelsbedingungen. Als Beispiele für weitere Zuschlagskriterien **74** werden Vertriebs- und Handelsbedingungen genannt, wobei eine fließende Grenze zu anderen Kriterien (z. B. zu dem sozialen Kriterium des fairen Handels) besteht.[182] Auch in Bezug auf Vertriebs- und Handelsaspekte kann der öffentliche Auftraggeber bereits in der **Leistungsbeschreibung** oder in den sonstigen Vertragsunterlagen verbindliche Vorgaben machen. Er kann gleichermaßen **Ausführungsbedingungen** in die Vertragsunterlagen aufnehmen und damit bestimmte Gesichtspunkte, die mit Vertrieb oder Handel zusam-

---

[177] Vgl. *Funk/Tomerius* KommJur 2016, 47 (49).
[178] Vgl. *Kues* in Leinemann/Kirch, VSVgV, § 34 Rn. 62; *Bernhardt* in Ziekow/Völlink, Vergaberecht, § 7 Rn. 35.
[179] Richtlinie 2014/24/EU, ErwG 47.
[180] Vgl. dazu und wegen weiterer Einzelheiten *Opitz* § 127 GWB Rn. 71.
[181] Richtlinie 2014/24/EU, ErwG 48.
[182] Vgl. wegen weiterer Einzelheiten *Opitz* § 127 GWB Rn. 71.

menhängen, zum Bestandteil des Vertrags machen. Voraussetzung für die Wertung eines Angebots ist in beiden Fällen die Erfüllung der Bedingungen der Vergabe.

75   **Vertriebs- und Handelsbedingungen eignen sich** darüber hinaus **für eine graduelle Wertung und somit als Zuschlagskriterien.** Der öffentliche Auftraggeber kann eine effiziente Gestaltung von Handels- und Betriebsprozessen – deren Form und Art er freilich konkret benennen muss – mit Punktzuschlägen versehen. Zu den Vertriebs- und Handelsbedingungen können im Einzelnen gehören: Bedingungen und Ausgestaltung von Bestellvorgängen – insbesondere bei wiederkehrenden Leistungen –, Handelsstruktur, Vertriebskosten, Vertriebssystem (z. B. Direktvertrieb ohne Zwischenhändler), Ansprechpartner, Vorhandensein und Nutzungsbedingungen für bestimmte Vertriebswege, Bedingungen des Transports, Reaktionszeiten, Gefahrübergang, Abnahme, Funktions- und Zahlungsbedingungen einschließlich Zahlungsfristen und Skonti, Form und Bestandteile der Handelsrechnung, Gewährleistung, sonstige Haftung, etc. Mit den Vertriebs- und Handelsbedingungen kann der öffentliche Auftraggeber insbesondere die **Rahmenbedingungen für die Bereitstellung bzw. Lieferung der ausgeschriebenen Leistung** beeinflussen.

76   **kk. Organisation, Qualifikation und Erfahrung des Personals.** Unter der Voraussetzung, dass keine Doppelberücksichtigung des Zuschlagskriteriums als Eignungskriterium erfolgt,[183] kann die Organisation, Qualifikation und Erfahrung des Personals als Zuschlagskriterium gewählt werden.[184] Das ist möglich, **wenn Qualität des eingesetzten Personals erheblichen Einfluss auf das Niveau der Auftragsausführung haben kann.** D. h. die Qualität muss sich auf die Vertragserfüllung und damit auf den wirtschaftlichen Wert des Angebots auswirken.[185] Während es bei einem Eignungskriterium, das sich auf die Qualifikation des Personals der Bieter bezieht, auf das Personal und die Erfahrung der Bieter im Allgemeinen ankommt, zielt das Zuschlagskriterium auf das **Personal und die Erfahrung der Personen** ab, die ganz konkret den Auftrag auszuführen haben. Die Qualifikation dieser Personen ergibt sich aus ihrer beruflichen Erfahrung und ihrer Ausbildung.[186]

77   Bei dem Kriterium **„Organisation"** des Personals geht es darum, dass der Bieter die vorgesehenen Leistungen mit dem eingeplanten Personal ordnungsgemäß erfüllen kann und keine Risiken für die Vertragslaufzeit bestehen.[187] Dabei wird auf das konkrete, für die Leistung vorgesehene Personal abgestellt. Umschrieben wird das Kriterium auch mit „Personalkonzept", „Darstellung der Einsatzplanung" oder „Auftragsbezogene Teamplanung".[188]

78   Das Kriterium **„Qualifikation"** umfasst die berufliche Befähigung des Personals, die erforderlich ist, um die Leistung auszuführen. Die Qualifikation kann vor allem die absolvierte Berufsausbildung sowie durchgeführte Fort- und Weiterbildungsmaßnahmen umfassen.[189] Die fachliche Qualifikation einer oder mehrerer Personen kann für den öffentlichen Auftraggeber besondere Bedeutung für die Qualität der Leistung haben.

79   Das Kriterium der **„Erfahrung"** zielt auf die Feststellung ab, ob das bei der Leistungsausführung konkret einzusetzende Personal bereits in der Vergangenheit vergleichbare Leistungen erbracht hat.[190] Die Siebte Verordnung zur Änderung der VgV stellte diesbezüglich insbesondere auf den Erfolg und die Qualität der bereits erbrachten Leistungen ab. Insbesondere bei Projektverantwortlichen kann das Kriterium der Erfahrung relevant sein.[191]

80   Der „erhebliche Einfluss" der Qualität des Personals „auf das Niveau der Auftragsausführung" bestimmt den Beurteilungsmaßstab des öffentlichen Auftraggebers bei der Wahl des

---

[183] Vgl. zu den Einzelheiten Rn. 35–37.
[184] Vgl. wegen weiterer Einzelheiten *Opitz* § 127 GWB Rn. 95 bis 98.
[185] Richtlinie 2024/24/EU, ErwG 94; BR-Drs. 87/16, 213.
[186] Vgl. EuGH 26.3.2015 – C-601/13, NZBau 2015, 312 (313) – Ambisig.
[187] Vgl. VK Hessen 21.3.2013 – 69d VK-01/2013, BeckRS 2013, 13759.
[188] Vgl. OLG Düsseldorf 15.2.2012 – VII-Verg 85/11, BeckRS 2012, 08572.
[189] Vgl. *Pauka* NZBau 2015, 18 (21).
[190] Vgl. *Pauka* NZBau 2015, 18 (21).
[191] Vgl. VK Lüneburg 28.6.2013 – VgK-18/2013.

Zuschlagskriteriums. Bei der Frage, ob die Zugrundelegung des spezifischen Zuschlagskriteriums im Einzelfall zulässig ist, gibt die Richtlinie 2014/24/EU insoweit eine Hilfestellung, als dass dies beispielsweise **bei Aufträgen für geistig-schöpferische Dienstleistungen,** wie Beratungstätigkeiten oder Architektenleistungen, der Fall sein kann.[192] Die Richtlinie enthält über dieses Beispiel hinaus keine verbindlichen Vorschriften. Die zuvor in der VgV enthaltene Beschränkung des Zuschlagskriteriums auf nachrangige Dienstleistungen hat der nationale Verordnungsgeber, entsprechend den Vorgaben des EU-Rechts, ebenfalls nicht mehr aufrechterhalten. Daraus ist zu schließen, dass das **Zuschlagskriterium in Bezug auf die spezifische Art der Dienstleistungen keinen Einschränkungen unterliegt,** sondern dass es ausschließlich auf die Beurteilung des Auftraggebers im Einzelfall ankommt.[193] Anerkannt wurde das Zuschlagskriterium durch die Rechtsprechung beispielsweise bei Maßnahmen zur Berufsausbildung,[194] bei der Begleitforschung zu den Auswirkungen eines pauschalierenden Entgeltsystems für psychiatrische und psychosomatische Einrichtungen[195] sowie bei einer „Assistierten Ausbildung" nach SGB II und III für förderungsbedürftige junge Menschen und deren Ausbildungsbetriebe.[196]

Für den Einsatz des Personals fordert die Richtlinie 2014/24/EU, dass öffentliche Auftraggeber **mit Hilfe geeigneter vertraglicher Mittel sicherstellen sollen,** dass die zur Auftragsausführung eingesetzten Mitarbeiter die angegebenen Qualitätsnormen effektiv erfüllen und dass diese Mitarbeiter nur mit Zustimmung des öffentlichen Auftraggebers ersetzt werden können, wenn er sich davon überzeugt hat, dass das Ersatzpersonal ein gleichwertiges Qualitätsniveau hat.[197]   **81**

Soweit der öffentliche Auftraggeber dies nicht ausdrücklich gefordert hat, ist es **grundsätzlich nicht erforderlich, dass dem Bieter die zur Leistungserbringung notwendigen Mittel im Zeitpunkt der Wertung der Angebote oder der Zuschlagserteilung bereits zur Verfügung stehen.**[198] Dies gilt auch für qualifiziertes Personal, wenn dessen Vorhandensein im Rahmen der **Eignungsprüfung** überprüft wird: Hierbei ist grundsätzlich nicht nötig, dass dem Bieter die zur Leistungserbringung erforderlichen Mittel im Zeitpunkt der Wertung der Angebote oder der Zuschlagserteilung bereits zur Verfügung stehen. Für die Eignung ist nur essenziell, dass belastbare Umstände vorliegen, die im Hinblick auf den zukünftigen Zeitpunkt der Leistungserbringung die Annahme rechtfertigen, der Bieter sei in der Lage, das zur Auftragserfüllung erforderliche Personal rechtzeitig einzustellen.[199] Anders verhält es sich jedoch, wenn es sich bei den zu vergebenden Leistungen um solche handelt, für die auf dem Arbeitsmarkt nur eine begrenzte Anzahl an geeigneten Fachkräften zur Verfügung steht; dann ist es erforderlich, dass eine ausreichende Anzahl potentieller Mitarbeiter auch bereit ist, die betreffenden Dienste für den Bieter zu erbringen. In einem solchen Fall muss der Bieter in seinem Angebot konkret darlegen, aus welchen Gründen ihm das zur Auftragserfüllung erforderliche Personal bei Vertragsbeginn tatsächlich zur Verfügung stehen wird.[200] Denn nur dann hat der Auftraggeber Anlass zu der Annahme, dass der Bieter mit Blick auf den zukünftigen Zeitpunkt der Leistungserbringung auch tatsächlich in der Lage sein wird, den Auftrag vertragsgerecht zu erfüllen.   **82**

Diese **Maßstäbe sind nicht uneingeschränkt** auch auf den Fall **zu übertragen,** wenn die **Qualifikation als Zuschlagskriterium** gefordert wird. Grundsätzlich reicht es aus, wenn das Personal mit Auftragsbeginn zur Verfügung steht. Allerdings wird es gerade wegen der herausragenden Bedeutung der Qualifikation des Personals notwendig sein, dass   **83**

---

[192] Richtlinie 2024/24/EU, ErwG 94.
[193] Vgl. *Rosenkötter* NZBau 2015, 609 (610 f.) mit Beispielen.
[194] Vgl. OLG Düsseldorf 10.12.2014 – VII-Verg 22/14, NZBau 2015, 176.
[195] Vgl. OLG Düsseldorf 29.4.2015 – VII-Verg 35/14, NZBau 2015, 440.
[196] Vgl. OLG Düsseldorf 2.11.2016 – VII-Verg 25/16, NZBau 2017, 116.
[197] Richtlinie 2024/24/EU, ErwG 94.
[198] Vgl. nur OLG München 17.1.2013 – Verg 30/12, BeckRS 2013, 01364.
[199] Vgl. EuGH 27.10.2005 – C-234/03, NVwZ 2006, 187 (190); OLG Düsseldorf 4.2.2013 – VII Verg 52/12, BeckRS 2013, 21179.
[200] Vgl. OLG Düsseldorf 4.2.2013 – VII Verg 52/12, BeckRS 2013, 21179.

der Bieter sich bereits im Angebot mit der Vorlage von entsprechenden Eigenerklärungen und Nachweisen konkret verpflichten muss, dass ihm die einzelnen Beschäftigten bzw. Teammitglieder bei Vertragsbeginn tatsächlich zur Verfügung stehen werden, um insoweit eine konkrete vertragliche Verpflichtung zu begründen.[201] Der Auftraggeber sollte dies in den Vergabeunterlagen klarstellen. Die Tatsache, dass die Richtlinie 2024/24/EU einen Austausch des Personals während des laufenden Vertrags zulässt und diesbezüglich Rechte des Auftraggebers benennt, spricht nicht gegen diese Auffassung. Vielmehr bezieht die Richtlinie sich insoweit – atypisch – auf die Phase der Vertragsausführung und will auch für diesen Zeitpunkt das Qualitätsniveau der Mitarbeiter sicherstellen. Umso mehr muss dieses bereits bei Angebotsabgabe durch Benennung der konkreten zur Verfügung stehenden Personen nachgewiesen werden.[202]

84   **ll. Verfügbarkeit von Kundendienst und technischer Hilfe.** Bei den Kriterien „Kundendienst" und „technische Hilfe" handelt es sich um typische **vertragsrechtliche Aspekte.**[203] Dies legt es nahe, dass zunächst Mindestbedingungen, die Bieter einzuhalten haben, vorgegeben werden, bevor im Rahmen der vergleichenden Wertung auf der Grundlage entsprechender Zuschlagskriterien die Möglichkeit eröffnet wird, bessere Konditionen mit einem Punktezuschlag zu versehen.

85   Da es sich bei diesen Kriterien um Oberbegriffe handelt, bedürfen sie der Präzisierung durch Unterkriterien, um die erforderliche Transparenz und eine ordnungsgemäße Wertung zu gewährleisten. Bei der Verfügbarkeit von **Kundendienst und technischer Hilfe** können das Kundendienstnetz, die Zeiten, in denen der Kundendienst oder die technische Hilfe zur Verfügung steht, die Reaktionszeiten, die Kosten (kostenloser Service bzw. Höhe der Kosten), das Bestehen einer Hotline, die zur Verfügung Stellung von Ersatzprodukten, etc. Berücksichtigung finden.

86   **mm. Lieferbedingungen.** Auch Lieferbedingungen sind typische, in vielen Fällen notwendige Inhalte für die ordnungsgemäße Erfüllung des Vertrags. Insofern bieten sich in diesem Bereich Zuschlagskriterien (nur) dann an, wenn der öffentliche Auftraggeber ein über das Mindestmaß hinaus gehendes Angebot honorieren möchte, was voraussetzt, dass das **Mehr an Leistung** für ihn interessant ist.

87   Als Unterkriterien von Lieferbedingungen kommen z.B. **Liefertermin, Lieferverfahren sowie Liefer- und Ausführungsfristen** in Betracht. Bezüglich der Fristen kommt es nicht nur auf die endgültige Lieferung oder Leistung an, sondern Berücksichtigung finden können auch **Zwischentermine oder Zwischenfristen,** die beispielsweise bei **Teillieferungen oder -leistungen** vereinbart werden. Eine Verkürzung der Lieferzeit oder der Leistungsdauer kann durchaus auch monetäre Bedeutung erlangen, so dass für den öffentlichen Auftraggeber die Vorgabe entsprechender Zuschlags- bzw. Unterkriterien auch unter diesem Aspekt interessant sein kann. Er kann Verkürzungen von Leistungszeiten je nach individueller Dauer mit unterschiedlichen Punktzuschlägen bewerten.[204]

88   **e. Festpreise oder Festkosten.** § 58 Abs. 2 Satz 3 regelt, dass der öffentliche Auftraggeber auch **Festpreise oder Festkosten vorgeben kann,** so dass das wirtschaftlichste Angebot ausschließlich nach qualitativen, umweltbezogenen oder sozialen Zuschlagskriterien nach Satz 1 bestimmt wird. Damit wird Art. 67 Abs. 2 Satz 4 der Richtlinie 2014/24/EU umgesetzt. Die Anwendung dieser Regelung ist insbesondere dann sinnvoll, wenn die Vergütung für bestimmte Dienstleistungen oder die Festpreise für bestimmte Lieferungen durch nationale Vorschriften festgelegt sind.[205] Insofern korrespondiert § 58 Abs. 2

---

[201] Vgl. dazu auch EuG 4.2.2014 – T-644/13; *Wiedemann* in KKMPP, VgV, § 58 Rn. 25.

[202] Vgl. wegen des Bezugs auf konkrete Personen auch *Röwekamp* in Eschenbruch/Opitz, SektVO, § 29 Rn. 18 f.

[203] Vgl. die Fundstellen in *Opitz* § 127 GWB Rn. 95–98; vgl. wegen weiterer Einzelheiten *Opitz* § 127 GWB Rn. 70 ff.

[204] Vgl. OLG Bremen 6.1.2012 – Verg 5/11, ZfBR 2012, 621 (623 f.).

[205] BR-Drs. 87/16, 213.

Satz 3 mit **§ 127 Abs. 2 GWB, wonach verbindliche Vorschriften zur Preisgestaltung bei der Ermittlung des wirtschaftlichsten Angebots zu beachten sind.**[206]

Der Regelungsgehalt der Vorschrift, dass das wirtschaftlichste Angebot in diesem Ausnahmefall ausschließlich aufgrund von nicht-monetären Zuschlagskriterien ermittelt wird, ist durch die Richtlinie 2014/24/EU bzw. das Vergaberechtsmodernisierungsgesetz von 2016 erstmalig normiert worden. Der **öffentliche Auftraggeber hat einen Beurteilungsspielraum** im Hinblick darauf, ob er Festpreise oder Festkosten vorgibt.[207] Aus dem Zusammenspiel von § 127 Abs. 2 GWB und § 58 Abs. 2 Satz 3 ergibt sich keine Verpflichtung für eine Vorgabe von Festpreisen oder -kosten. Umgekehrt kann der Auftraggeber Festpreise oder -kosten vorgeben, wenn keine verbindlichen Verpflichtungen zur Preisgestaltung bestehen. Ob dies im Hinblick auf den Wirtschaftlichkeitsgrundsatz, der auch einen haushaltsrechtlichen Ursprung hat, sinnvoll und angezeigt ist, muss er im Einzelfall abwägen. Sinnvoll kann eine solche Vorgehensweise sein, wenn dem Auftraggeber ein limitiertes Budget zur Verfügung steht.[208] Grundsätzlich dürfte das Zuschlagskriterium Preis aber nach wie vor eine wesentliche Bedeutung bei der Ermittlung des wirtschaftlichsten Angebots haben.

Verbindliche Preisvorgaben, bei denen die Vorgabe von Festpreisen oder -kosten in Betracht kommt, bestehen z.B. durch das **Buchpreisbindungsgesetz.**[209] Ferner handelt es sich auch bei der Honorarordnung für Architekten- und Ingenieure **(HOAI)**[210] um eine verbindliche Vorschrift.[211] Diese gilt allerdings nur für inländische Bieter. Die EU-Kommission sieht in den Regelungen der HOAI zu Mindesthonoraren einen Verstoß gegen die EU-Dienstleistungsrichtlinie. Die HOAI stellt aus Sicht der Kommission ein unverhältnismäßiges und nicht gerechtfertigtes Hindernis im Bereich freiberuflicher Dienstleistungen dar. Die EU-Kommission hat deshalb ein Vertragsverletzungsverfahren gegen Deutschland beim EuGH eingeleitet; die Klage ist erhoben worden.[212] Der Ausgang dieses Verfahrens wird möglicherweise Einfluss auf die Anwendung des § 127 Abs. 2 GWB und des § 58 Abs. 2 Satz 3 bei Architekten- und Ingenieurleistungen haben. Ein weiteres Beispiel für die Grundlage einer verbindlichen Preisregelung ist das Gesetz über die Vergütung der Rechtsanwältinnen und Rechtsanwälte **(Rechtsanwaltsvergütungsgesetz – RVG).**[213] Soweit die Vergabe von Rechtsdienstleistungen nicht von der Ausnahme des § 116 Abs. 1 Satz 1 Nr. a und b GWB[214] erfasst ist, kann sich der öffentliche Auftraggeber bei der Vorgabe von Festpreisen oder -kosten auf die Grundlagen des RVG beziehen.

In allen Fällen, in denen der Auftraggeber erwägt, Festpreise oder -kosten vorzugeben, ohne dass eine spezialgesetzliche Vorschrift zur Preisgestaltung vorhanden ist, ist **die Verordnung PR Nr. 30/53 über die Preise bei öffentlichen Aufträgen (VO Nr. 30/ 53)**[215] **zu beachten.** Sie gilt verbindlich bei der Vergabe öffentlicher Liefer- und Dienstleistungsaufträge mit Ausnahme von Bauleistungen (§§ 1 und 2 VO Nr. 30/53). Bei der Ermittlung der Preise gelten die in der VO 30/53 vorgegebenen Grundsätze; die Verordnung enthält **objektiv-rechtliches Preisbildungsrecht** für die öffentlichen Aufträge öffentlich-rechtlicher Auftraggeber.[216]

89

90

91

---

[206] Vgl. wegen Einzelheiten *Opitz* § 127 GWB Rn. 90–92.
[207] Vgl. auch *v. Bechtoldsheim* in GMPS, BeckOK Vergaberecht, § 58 Rn. 28.
[208] Vgl. *Neun/Otting* EuZW 2014, 446 (451).
[209] BuchPrG v. 2.9.2002 idF v. 31.7.2016 (BGBl. I S. 1937); vgl. *Opitz* § 127 GWB Rn. 92.
[210] V. 10.7.2013 (BGBl. I S. 2276).
[211] Vgl. wegen der Problematik der Anwendbarkeit *Opitz* § 127 GWB Rn. 91.
[212] Das Vertragsverletzungsverfahren wurde im November 2016 eingeleitet; am 23.6.2017 wurde Klage bei dem EuGH eingereicht (C-377/17), die am 28.06.2017 zugestellt wurde.
[213] V. 5.5.2004, BGBl. I S. 718, 788, zuletzt geändert durch Gesetz v. 5.6.2017, BGBl. I S. 1476.
[214] Vgl. *Lausen* § 116 GWB Rn. 7–24.
[215] V. 21.11.1953, BAnz. 1953 Nr. 244, zuletzt geändert durch Gesetz v. 8.12.2010, BGBl. I S. 1864.
[216] Vgl. *Dörr/Hoffjan*, Die Bedeutung der Verordnung PR Nr. 30/53 über die Preise bei öffentlichen Aufträgen, März 2015, S. 77, www.bmwi.de.

III. Abs. 3: Gewichtung der Zuschlagskriterien

1. Zuschlagskriterien

92   § 58 Abs. 3 enthält eine Bestimmung zu der Gewichtung der Zuschlagskriterien und der Bekanntmachung der Gewichtung; letztere ist zusammen mit der Bekanntmachungspflicht in Bezug auf die Zuschlagskriterien als solche auch in § 127 Abs. 5 GWB geregelt. Diese **Doppelregelung** entspricht nicht der vom Gesetz- bzw. Verordnungsgeber intendierten Systematik, dass die Vergabeverordnung (lediglich) das Gesetz konkretisieren soll.

93   Das wirtschaftlichste Angebot bestimmt sich im Einzelfall nach den von dem öffentlichen Auftraggeber ausgewählten Zuschlagskriterien und deren Gewichtung.[217] Der Auftraggeber kann festlegen, worauf es ihm bei dem zu vergebenden Auftrag ankommt und was er als wirtschaftlich ansieht.[218] Unter Beachtung der vergaberechtlichen Grundsätze des Wettbewerbs, der Gleichbehandlung und der Nichtdiskriminierung sowie der objektiven Überprüfbarkeit der Kriterien[219] und der Einhaltung der Voraussetzungen des § 127 Abs. 3 und 4 GWB steht dem **Auftraggeber** nicht nur bei der Wahl der Zuschlagskriterien, sondern auch **bei deren Gewichtung ein weiter Beurteilungs- und Entscheidungsspielraum** zu.[220] Grundsätzlich ist der Auftraggeber in der Wahl der Zuschlagskriterien und ihrer Gewichtung frei; Einschränkungen ergeben sich insbesondere bei bestimmten Vergabearten.[221]

94   Bisher war es allgemein anerkannt, dass der Preis mit einer bestimmten Gewichtung in die Wertung einzubeziehen war.[222] Es stellt sich die **Frage, ob die Zuschlagskriterien „Preis" oder „Kosten"** weiterhin mit einer **adäquaten Gewichtung** zu versehen sind und somit der grundsätzlich weite Beurteilungsspielraum des Auftraggebers eingeschränkt wird. In der bisherigen Rechtsprechung wurde vertreten, dass der Preis jedenfalls eine gewisse Bedeutung haben müsse; teilweise wurde von einer Mindestgewichtung von 30 % ausgegangen.[223] Diese Auffassung ist bereits nach alter Rechtslage abzulehnen.[224] Sie gilt erst recht nicht unter Zugrundelegung des § 127 GWB und § 58 VgV und der allgemeinen Aufwertung der strategischen Beschaffung mit ihren politischen Zuschlagskriterien. Eine Forderung nach einer Mindestgewichtung des Preises würde diesen Zielen der europäischen und nationalen Normgeber nicht gerecht. Außerdem ist der **Beurteilungsspielraum des Auftraggebers** – auch bei der Festlegung der Gewichtung von Kriterien – nur eingeschränkt dahingehend überprüfbar, ob kein offensichtlicher Beurteilungsfehler oder ein Ermessensfehlgebrauch vorliegen. Das Bestimmungsrecht des Auftraggebers unterliegt nur den Schranken, die sich unmittelbar oder mittelbar aus den vergaberechtlichen Prinzipien sowie aus dem Zweck, dem die Festlegung von Wertungskriterien – und somit auch ihrer Gewichtung – dient, ergeben.[225] Umgekehrt gilt aus den gleichen Gründen für nicht monetäre Zuschlagskriterien keine Vorgabe für deren Gewichtung.[226] Festzuhalten ist somit, dass der **Auftraggeber die Gewichtung der einzelnen Zuschlagskriterien im Rahmen seines Bestimmungsrechts festlegen kann.**

[217] Vgl. wegen Einzelheiten *Opitz* § 127 GWB Rn. 30–37.
[218] Vgl. OLG Düsseldorf 8.2.2017 – VII Verg 30/16, BeckRS 2017, 108436.
[219] BT-Drs. 18/6281, 112.
[220] Vgl. EuGH 26.3.2015 – C-601/13, NZBau 2015, 312 (314) – Ambisig; EuGH 4.12.2003 – C-448/01, NZBau 2004, 105 (107) – Wienstrom; OLG Düsseldorf 14.12.2016 – VII-Verg 15/16, BeckRS 2016, 119579; *Ohlerich* in Gabriel/Krohn/Neun, Handbuch des Vergaberechts, § 18 Rn. 12.
[221] Vgl. dazu im Einzelnen *Opitz* § 127 GWB Rn. 33 f.
[222] Vgl. *Opitz* § 127 GWB Rn. 36.
[223] Wegen der Fundstellen wird auf *Opitz* § 127 GWB Fn 124 verwiesen.
[224] Vgl. *Dreher* in Immenga/Mestmäcker, Wettbewerbsrecht, Band 2, GWB/Teil 2, § 97 Rn. 335.
[225] Vgl. OLG Düsseldorf, 8.2.2017, VII-Verg 30/16, BeckRS 2017, 108436; OLG Düsseldorf 3.3.2010 – VII-Verg 48/09, ZfBR 2013, 287 (289).
[226] Vgl. *Opitz* § 127 GWB Fn 129.

Dies gilt auch für **Zuschlagskriterien i. S. d. § 58 Abs. 2 Satz 2 Nr. 2,** die die Qua- 95
lität des Personals betreffen. In der Vorgängerregelung des § 4 Abs. 2 Satz 4 VgV[227] war
noch im Rahmen einer Soll-Vorschrift die Gewichtung dieses Kriteriums auf maximal
25 % limitiert worden. Eine derartige **Einschränkung** ist nunmehr – dem Rechtsrahmen
entsprechend korrekt – **aufgegeben worden.** Denn es ist sachwidrig, eine Gewichtung
auf einer abstrakten Ebene pauschal festzulegen.[228]

2. Gewichtung und Gewichtungskoeffizient

Die Gewichtung bildet das Verhältnis der einzelnen Zuschlagskriterien zueinander ab.[229] 96
Um adäquate Angebote abgeben zu können, müssen die Bieter nicht nur die Zuschlagskriterien selbst kennen und berücksichtigen, sondern auch die Gewichtung, die der Auftraggeber den einzelnen Aspekten zumisst.[230] Grundsätzlich ist es üblich, als Koeffizienten für
die Gewichtung eine Angabe in Prozenten zu wählen. Dies hat den Vorteil einer
möglichst genauen Umrechnung des Erfüllungsgrads der einzelnen Zuschlagskriterien im
Rahmen der Wertung.

§ 58 Abs. 3 Satz 2 bestimmt, dass die Gewichtung **auch mittels einer Spanne ange-** 97
geben werden kann, deren Bandbreite angemessen sein muss. Diese Spanne oder
Marge erlaubt es dem Auftraggeber, sich hinsichtlich der Bedeutung der von ihm vorgesehenen Wertungskriterien nicht exakt festzulegen.[231] Er ist allerdings dadurch eingeschränkt,
dass die **Spanne angemessen sein muss.** Bezüglich der Festlegung der Spanne im Einzelfall hat der Auftraggeber einen Beurteilungsspielraum. Die Angemessenheit durch exakte Obergrenzen einzuschränken,[232] mag zwar der Rechtssicherheit dienen, würde aber dem
Grundsatz, dass ein Beurteilungsspielraum besteht, widersprechen. Die Festlegung von
Spannen impliziert einerseits für die Bieter eine gewisse Unsicherheit, andererseits für die
Auftraggeber eine besondere Sorgfalt in Bezug auf die Transparenz und die Dokumentation. Wählt ein Auftraggeber als Koeffizient für die Spanne Prozente, so dürfen bei der
abschließenden Wertung 100 % insgesamt nicht überschritten werden.

Nach § 58 Abs. 3 Satz 3 gibt der Auftraggeber die Zuschlagskriterien **in absteigender** 98
**Reihenfolge an, wenn die Gewichtung aus objektiven Gründen nicht möglich
ist.** Vor dem Hintergrund, dass die Bieter wissen müssen, auf welche Zuschlagskriterien
mit welcher konkreten Bedeutung es dem Auftraggeber ankommt, um ihre Angebote
dementsprechend zu gestalten, ist der Verzicht auf eine Gewichtung der Wertungskriterien
nur ausnahmsweise und unter engen Voraussetzungen zulässig.[233] Voraussetzung dafür sind
objektiv mit dem Auftragsgegenstand zusammenhängende Gründe; subjektives Unvermögen oder bloße Zeitnot, die der Auftraggeber selbst zu vertreten hat, genügen nicht.[234]

3. Angabe der Gewichtung in der Auftragsbekanntmachung oder in den Verga-
beunterlagen

Zur **Wahrung der Grundsätze der Transparenz und Nichtdiskriminierung**[235] be- 99
stimmt § 58 Abs. 3 Satz 1, dass in der Auftragsbekanntmachung oder in den Vergabeunterlagen die Gewichtung der einzelnen Zuschlagskriterien anzugeben ist. Die Pflicht zur Bekanntgabe der Zuschlagskriterien selbst ergibt sich aus § 127 Abs. 5 GWB. Diesbezüglich

---

[227] V. 15.10.2013, BGBl. I S. 3584.
[228] Vgl. *Pauka* NZBau 2015, 18 (22).
[229] Vgl. *Ziekow* in Ziekow/Völlink, Vergaberecht, § 97 GWB Rn. 140 f.
[230] Vgl. OLG Düsseldorf 29.4.2015 – VII-Verg 35/14, NZBau 2015, 440 (445); OLG Brandenburg
27.3.2012 – W Verg 13/11, ZfBR 2012, 513 (518).
[231] Vgl. *Röwekamp* in Eschenbruch/Opitz, SektVO, § 29 Rn. 68.
[232] Vgl. *Kraus* VergabeR 2011, 172 (176).
[233] Vgl. *Röwekamp* in Eschenbruch/Opitz, SektVO, § 29 Rn. 72.
[234] Vgl. OLG Düsseldorf 22.12.2010 – VII-Verg 40/10, VergabeR 2011, 622 (628); OLG Düsseldorf
23.1.2008 – VII-Verg 31/07.
[235] BR-Drs. 87/16, 214.

gilt, dass durch die Bekanntgabe eine **Selbstbindung des Auftraggebers** an die Zuschlagskriterien entsteht, so dass ausschließlich die zuvor bekannt gemachten Kriterien bei der Wertung berücksichtigt werden dürfen, aber auch müssen.[236] Das Gleiche gilt für die Gewichtung bzw. die Rangfolge der Zuschlagskriterien: Sie muss vom Beginn des Vergabeverfahrens an klar festgelegt sein und bekanntgemacht werden, damit die Bieter objektiv feststellen können, welches Gewicht ein Zuschlagskriterium gegenüber einem anderen hat, wenn der öffentliche Auftraggeber diese später bewertet. **Außerdem darf die Gewichtung der einzelnen Zuschlagskriterien während des gesamten Verfahrens nicht verändert werden,**[237] eine nachträgliche Änderung nach Bekanntgabe ist unzulässig.[238] Dies gilt auch bei Verhandlungsverfahrens trotz des nicht klaren Wortlauts des § 17 Abs. 10 Satz 2 VgV. Dort ist geregelt, dass die Zuschlagskriterien nicht Gegenstand der Verhandlungen sein dürfen; die Gewichtung ist dagegen nicht ausdrücklich erwähnt. Allerdings bestimmt Erwägungsgrund 45 der Richtlinie 2014/24EU, dass auch die Gewichtung unverändert bleibt.

100   Der öffentliche Auftraggeber hat ein **Wahlrecht, ob er die Zuschlagskriterien und ihre Gewichtung in der Auftragsbekanntmachung oder in den Vergabeunterlagen angibt.**[239] Praktisch wird er die Zuschlagskriterien und die Gewichtung regelmäßig bereits in der Auftragsbekanntmachung benennen, da die zu verwendenden Bekanntmachungsmuster[240] entsprechende Rubriken zum Ausfüllen vorsehen. Dies entspricht auch dem Sinn einer Vergabebekanntmachung, weil ein potenzieller Bieter aufgrund deren wesentlichen Inhalts entscheiden soll, ob er Interesse an dem Auftrag hat und ob er in der Lage ist, ein Angebot vorzulegen. Unabhängig davon erfolgt bei der elektronischen Vergabe, die bereits verpflichtend ist bzw. in Kürze verpflichtend sein wird, grundsätzlich eine Verlinkung von Bekanntmachung und Vergabeunterlagen, so dass die praktischen Unterschiede schwinden. Die Bekanntgabe in den Vergabeunterlagen spielt noch bei Vergabeverfahren ohne Teilnahmewettbewerb eine Rolle, bei denen keine Auftragsbekanntmachung vorausgeht. Gibt der Auftraggeber sowohl in der Auftragsbekanntmachung als auch in den Vergabeunterlagen die Zuschlagskriterien und ihre Gewichtung an und stimmen die Angaben nicht überein, sollen diejenigen aus der Bekanntmachung gelten.[241]

4. Bekanntgabe von Unterkriterien und deren Gewichtung

101   Über den Wortlaut des § 58 Abs. 3 hinaus stellt sich die Frage nach der Verpflichtung zur Bekanntgabe von **Unterkriterien und ihrer Gewichtung.** Unterkriterien sind entweder in der Vergabebekanntmachung oder in den Vergabeunterlagen bekannt zu geben.[242] Sie zeigen den Bietern an, wie ausführlich, konkret und detailgenau deren Lösungsvorschläge zu erarbeiten sind, um bei der Wertung bestmöglich den Anforderungen des Auftraggebers zu entsprechen.[243] Grundsätzlich darf ein öffentlicher Auftraggeber nur Unterkriterien bei der Wertung der Angebote berücksichtigen, die er den Bietern vorab zur Kenntnis gebracht hat.[244] Entsprechendes gilt für die Gewichtung von Unterkriterien; es

---

[236] Vgl. nur BGH 1.8.2006 – X ZR 115/04, NZBau 2006, 797 (800); OLG Düsseldorf 29.4.2015 – VII-Verg 35/14, NZBau 2015, 440 (443); auch wegen weiterer Einzelheiten *Opitz* § 127 GWB Rn. 146–149 sowie Rn. 78–87, jeweils mN.

[237] Vgl. EuGH 14.7.2016 – C-6/15, NZBau 2016, 772 (774) – Dimarso.

[238] Vgl. *Hölzl/Friton* NZBau 2008, 307 (309).

[239] Vgl. nur OLG Karlsruhe 9.3.20017 – 17 Verg 3/07.

[240] Durchführungsverordnung der Kommission (EU) Nr. 2015/1986 v. 11.11.2015 zur Einführung von Standardformularen für die Veröffentlichung von Vergabebekanntmachungen für öffentliche Aufträge und zur Aufhebung der Durchführungsverordnung (EU) Nr. 842/2011, ABl. L 296 v. 12.11.2015, 1.

[241] Vgl. nur OLG München 15.3.2012 – Verg 2/12, NZBau 2012, 460 (462 f.).

[242] Vgl. wegen weiterer Einzelheiten und Nachweisen *Opitz* § 127 GWB Rn. 81–83, 108–111.

[243] Vgl. OLG Dresden 2.2.2017 – Verg 7/06, VergabeR 2017, 377 (382); *Kaiser* VergabeR 2017, 391 (392 f.).

[244] Vgl. EuGH 24.1.2008 – C-532/06, EuZW 2008, 187 (188 f.) – Lianakis; OLG Düsseldorf 8.3.2017 – VII-Verg 39/16, NZBau 2017, 296 (298); OLG Düsseldorf 29.4.2015 – VII-Verg 35/14, NZBau 2015, 440 (445).

bedarf insofern einer Festlegung und Transparenz, um keinen Raum für Manipulationen oder eine willkürliche Bewertung zu lassen.[245]

Der EuGH hat in seinem Urteil „*ATI La Linea*"[246] Maßstäbe für die Berücksichtigung **102** von nicht bekannt gemachten **Gewichtungskoeffizienten für Unterkriterien** aufgestellt; in dem entschiedenen Fall waren diese erst kurz vor Öffnung der Angebotsumschläge festgelegt worden, wobei die Zuschlagskriterien, deren Gewichtung und die Unterkriterien ordnungsgemäß in den Vergabeunterlagen bekanntgemacht worden waren. Der EuGH hat **in diesem Sonderfall die nachträgliche Gewichtung der Unterkriterien unter folgenden Voraussetzungen zulässig erklärt:** Die in der Vergabebekanntmachung oder den Vergabeunterlagen genannten Zuschlagskriterien für den Auftrag dürfen nicht geändert werden, die Unterkriterien bzw. die Gewichtung dürfen nichts enthalten, was, wenn es bei der Vorbereitung der Angebote bekannt gewesen wäre, diese Vorbereitung hätte beeinflussen können, und die Unterkriterien dürfen nicht unter Berücksichtigung von Umständen gewählt worden sein, die einen der Bieter diskriminieren können.[247] Der EuGH hat in der Entscheidung *Lianakis* klargestellt, dass diese Regeln nur in dem Fall der nachträglichen Festlegung der Gewichtung von Unterkriterien gelten.[248] Es bleibt somit dabei, dass **Unterkriterien in jedem Fall und deren Gewichtung im Regelfall,** wenn nicht die engen Ausnahmevoraussetzungen vorliegen, **in der Auftragsbekanntmachung oder in den Vergabeunterlagen bekannt gemacht werden müssen.** Da der zweite und dritte Ausnahmetatbestand, den der EuGH entwickelt hat, ausgelegt werden müssen und für die Auslegung Kenntnis der Sphäre des Auftraggebers erforderlich ist – die der Bieter oft nicht hat – ist in der Praxis davon abzuraten, die Gewichtung etwaiger Unterkriterien den Bietern später als in der Auftragsbekanntmachung oder in den Vergabeunterlagen zur Kenntnis zu bringen.

In Fällen, in denen der Auftraggeber Unterkriterien oder Gewichtungsregeln erst nach **103** Veröffentlichung der Vergabebekanntmachung und Bereitstellung der Vergabeunterlagen aufgestellt hat, sind diese den Bietern nachträglich bekannt zu machen. Dies folgt aus dem Transparenzgrundsatz: die Bieter müssen in der Lage versetzt werden, ihre Angebote entsprechend den Anforderungen des Auftraggebers zu gestalten.

5. Bekanntgabe einer Wertungsmatrix

In Anlehnung an ein Urteil des EuGH aus dem Jahr 2002[249] hat **die nationale Recht- 104 sprechung** weitgehend übereinstimmend, allerdings mit Variationen im Einzelfall, aus dem Transparenzgebot hergeleitet, dass auch **Wertungsmatrizen,** die der öffentliche Auftraggeber aufgestellt hat, um die Angebote zu werten, **bekannt zu machen sind.**[250] Das Gleiche galt für sog. Wertungsleitfäden, mit denen der Auftraggeber im Voraus bestimmt hat, bei welchem Erfüllungsgrad ein Angebot wie viele Punkte im Rahmen der einzelnen Wertungskriterien erhält, oder für andere Bewertungsregeln.[251] Leitgedanke dabei ist, Manipulationsgefahren und Willkür bei der Vergabe öffentlicher Aufträge ausschließen zu wollen.[252]

Demgegenüber hat der **EuGH** nunmehr in der Sache **Dimarso**[253] – einem Vorabent- **105** scheidungsersuchen – geurteilt, dass **der Auftraggeber nicht verpflichtet ist,** den potenziellen Bietern in der Auftragsbekanntmachung oder in den Vergabeunterlagen **die**

[245] Vgl. OLG Frankfurt 23.6.2016 – 11 Verg 4/16, VergabeR 2016, 768 (773); OLG München 19.3.2009 – Verg 2/09, NZBau2009, 341 (342 f.).
[246] V. 24.11.2005 – C-331/04, NZBau 2006, 193.
[247] Vgl. EuGH 24.11.2005 – C-331/04, NZBau 2006, 193 (194 f.).
[248] Vgl. EuGH 24.1.2008 – C-532/06, EuZW 2008, 187 (189) – Lianakis.
[249] Vgl. EuGH 12.12.2002 – C-470/99. NZBau 2003, 162 – Universale Bau AG.
[250] Vgl. die umfangreiche Auflistung der Rechtsprechung in *Opitz* § 127 GWB Fn 614; vgl. wegen weiterer Einzelheiten *Opitz* § 127 GWB Rn. 81, 108–114, 122–124, 146–149.
[251] Vgl. wegen der Nachweise *Opitz* § 127 GWB Fn 615 f.
[252] Vgl. *Dreher* in Immenga/Mestmäcker, Wettbewerbsrecht, Band 2, GWB/Teil 2, § 97 Rn. 50 f.
[253] Vgl. EuGH 14.7.2016 – C-6/15, NZBau 2016, 772 – Dimarso.

Bewertungsmethode, die er zur konkreten Bewertung und Einstufung der Angebote anwenden wird, **zur Kenntnis zu bringen.** Der EuGH hat dargelegt, dass sich eine solche Verpflichtung weder aus Art. 53 Abs. 2 Unterabs. 2 der Richtlinie 2004/18/EU oder aus sonstigen Vorschriften noch aus seiner Rechtsprechung ergibt. Der Gerichtshof hat darauf hingewiesen, dass der Auftraggeber bei der Wertung der Angebote über einen gewissen Freiraum verfügen muss und somit seine Prüfung und Wertung der eingereichten Angebote strukturieren darf.[254] Der EuGH rechtfertigt diesen Freiraum auch mit praktischen Erwägungen: Der öffentliche Auftraggeber muss in der Lage sein, die Bewertungsmethode, die er zur Bewertung und Einstufung der Angebote anwenden wird, an die Umstände des Einzelfalls anzupassen. **Entscheidend ist allerdings, dass eine ggf. nach der Bekanntgabe der Zuschlagskriterien erstellte Festlegung der Bewertungsmethode keine Veränderung der Zuschlagskriterien oder ihrer Gewichtung bewirken darf.** In diesem Zusammenhang hat der EuGH darauf hingewiesen, dass der öffentliche Auftraggeber, insbesondere zur Vermeidung von Manipulationen, grundsätzlich verpflichtet ist, die Frage nach der Bewertungsmethode bereits vor der Öffnung der Angebote intern zu klären. Es kann ihm jedoch nicht angelastet werden, wenn ihm die Festlegung dieser Methode aus nachweislichen Gründen nicht vor der Öffnung der Angebote möglich war.[255]

106   Das Urteil des EuGH bezog sich noch auf die alte Rechtslage nach der Richtlinie 2004/18/EG. Das OLG Düsseldorf ist nach dem Urteil des EuGH – allerdings auch bei einem Fall, der nach alter Rechtslage zu beurteilen war – von seiner Forderung nach Bekanntgabe der Wertungsmatrix abgerückt. Das Gericht hat in einer Entscheidung, die im Kontext der sog. „Schulnotenrechtsprechung"[256] steht, daran angeknüpft, dass es dem Bieter auch nach dem auf der Richtlinie 2004/18/EG beruhenden nationalen Recht nicht im Vorhinein möglich sein muss, zu erkennen, welchen bestimmten Erfüllungsgrad sein Angebot auf der Grundlage der Zuschlagskriterien erreichen muss, um mit einer bestimmten Notenstufe oder Punktzahl eines Notensystems bewertet zu werden. Eine solche Bestimmungsmöglichkeit würde eine europarechtlich und damit auch nach § 97 Abs. 1 GWB a. F. nicht geforderte Bekanntgabe der Bewertungsmethode voraussetzen. Das OLG hat ausdrücklich festgestellt: „Soweit bisherige Entscheidungen des Senats abweichend hiervon dahin verstanden worden sind oder zu verstehen gewesen sein sollten, der Senat fordere eine solche Bestimmungsmöglichkeit ex ante, hält er hieran nicht fest."[257] Da das Urteil des EuGH sich nicht auf die neue Vergaberichtlinie bezieht, bleibt noch Spielraum in Bezug auf dessen **Bindungswirkung für die künftige nationale Rechtsprechung.**[258] Für eine Übertragung der Grundsätze des Urteils auf die neue Rechtslage spricht, dass auch das neue europäische und nationale Recht keine explizite Rechtsgrundlage für die Bekanntgabe der Wertungsmethoden bzw. -matrizen enthält, so dass ein Hauptargument des EuGH auch diesbezüglich gilt.[259] Ein weiteres entscheidendes Argument, das gegen eine Bekanntgabepflicht spricht, ist die beabsichtigte Stärkung qualitativer Zuschlagskriterien durch den europäischen und den nationalen Gesetzgeber. Allzu strenge Anforderungen an deren Nutzung, die zu einer Unsicherheit hinsichtlich des Ob und Wie der Bekanntgabe bei den Auftraggebern und sogar zu einer Abkehr von der Festlegung derartiger Zuschlagskriterien führen könnte, würden diesen Zweck konterkarieren.[260] **Insgesamt hat der EuGH einen praxisnahen Weg aufgezeigt,**[261] der sich wünschenswerter Weise in der nationalen Rechtsprechung fortsetzen sollte.

---

254 Vgl. auch EuGH 21.7.2011 – C-252/10 P.
255 Vgl. EuGH 14.7.2016 – C-6/15, NZBau 2016, 772 (774 f.) – Dimarso.
256 Vgl. Rn. 23.
257 Vgl. OLG Düsseldorf – VII-Verg 39/16, NZBau 2017, 296 (299).
258 Vgl. *Schneevogl* NZBau 2017, 262 (266).
259 Vgl. *Greb* VergabeR 2016, 726 (726).
260 Vgl. *Schneevogl* NZBau 2017, 262 (266).
261 Vgl. *Greb* VergabeR 2016, 726 (727); *Kaiser* VergabeR 2017, 391 (393); *Schneevogl* NZBau 2017, 262 (266).

Vor dem Hintergrund der noch nicht gefestigten Meinungsbildung sollten öffentliche **107** Auftraggeber in der Praxis eine **Einzelfallprüfung** vornehmen, in der insbesondere die jeweils nachgefragte Leistung, die Art der Leistungsabfrage und die Übereinstimmung von mitgeteilten und tatsächlich angewandten Wertungsgrundlagen zu prüfen sind.[262] Damit kann der Auftraggeber zum einen nachvollziehen, ob er der vom EuGH geforderten Voraussetzung, dass nämlich **die Wertungsmethode keine Veränderung der Zuschlagskriterien und deren Gewichtung herbeiführen darf**, genügt. Zum anderen entspricht er gleichermaßen den **Grundsatz der Verhältnismäßigkeit** des § 97 Abs. 1 Satz 2 GWB.

IV. Abs. 4: Nachweise

§ 127 Abs. 4 Satz 1 GWB regelt, dass die Zuschlagskriterien so festgelegt und bestimmt **108** sein müssen, dass eine **wirksame Überprüfung möglich ist, ob und inwieweit die Angebote die Zuschlagskriterien erfüllen.**[263] § 58 Abs. 4 verweist wegen des Nachweises auf die entsprechende Geltung der §§ 33 und 34. Danach kann der Auftraggeber als Belege die Vorlage von Bescheinigungen einer Konformitätsbewertungsstelle oder die Vorlage von Gütezeichen verlangen.[264]

V. Abs. 5: Entscheidung über den Zuschlag

Nach § 58 Abs. 5 sollen an der Entscheidung über den Zuschlag mindestens zwei Ver- **109** treter des öffentlichen Auftraggebers mitwirken. Diese Regelung hat zunächst den Sinn, dass dadurch die Korrektheit und die Qualität der Entscheidung sichergestellt werden soll. Das **Vier-Augen-Prinzip** dient insoweit der gegenseitigen Kontrolle auf Richtigkeit und der Vermeidung von Fehlern.

Wesentlich ist, dass das Verfahren den **Grundsätzen eines fairen und transparen-** **110** **ten Verfahrens sowie der Gleichbehandlung** entspricht. Da die Entscheidung über den Zuschlag weitreichende tatsächliche und rechtliche Folgen entfaltet und einen erheblichen Eingriff in die Rechte eines nicht zum Zuge gekommenen Unternehmens darstellen kann, soll verhindert werden, dass unsachgemäße Erwägungen oder Eigeninteressen der Entscheidungsperson die Vergabeentscheidung beeinflussen.[265] Die gegenseitige Kontrolle schützt daher darüber hinaus vor Manipulationen, ggf. sogar vor Korruption.

Über den Inhalt der Vorschrift hinaus ist es sinnvoll, ggf. zwei Vertreter aus verschiede- **111** nen Organisationseinheiten des öffentlichen Auftraggebers zu bestimmen um einerseits zu vermeiden, dass beide Personen gleiche Interessen im Hinblick auf sachfremde Entscheidungen vertreten könnten, und um andererseits eine „neutrale" Person, die nicht mit dem Vergabeverfahren selbst beschäftigt war und somit einen anderen Blickwinkel hat, hinzuzuziehen.

Bei einer nicht unbedeutenden Anzahl von öffentlichen Auftraggebern, z.B. Kommu- **112** nen, entscheidet letztlich ein Gremium (z.B. Magistrat bzw. Gemeindevorstand) über den Zuschlag. Das Gremium macht sich in der Regel den von der Verwaltung vorbereiteten Vergabevorschlag zu Eigen. Insoweit ist die Regelung des § 58 Abs. 5 so auszulegen, dass sie auch bereits für diejenigen Personen in der Verwaltung eines öffentlichen Auftraggebers gilt, die die Entscheidung über den Zuschlag fachlich vorbereiten.

Die Regelung ist als „Soll-Vorschrift" ausgestaltet. D.h. nur in atypischen Fällen, die in **113** der Dokumentation zu begründen wären, ist eine Abweichung davon möglich.

---

[262] Vgl. *Greb* VergabeR 2016, 726 (728).
[263] Vgl. wegen Einzelheiten *Opitz* § 127 GWB Rn. 115–117.
[264] Wegen der Einzelheiten wird auf *Lampert* § 33 und *Lampert* § 34 verwiesen.
[265] BR-Drs. 87/16, 214.

§ 59 Berechnung von Lebenszykluskosten

(1) Der öffentliche Auftraggeber kann vorgeben, dass das Zuschlagskriterium „Kosten" auf der Grundlage der Lebenszykluskosten der Leistung berechnet wird.

(2) Der öffentliche Auftraggeber gibt die Methode zur Berechnung der Lebenszykluskosten und die zur Berechnung vom Unternehmen zu übermittelnden Informationen in der Auftragsbekanntmachung oder den Vergabeunterlagen an. Die Berechnungsmethode kann umfassen

1. die Anschaffungskosten,
2. die Nutzungskosten, insbesondere den Verbrauch von Energie und anderen Ressourcen,
3. die Wartungskosten,
4. Kosten am Ende der Nutzungsdauer, insbesondere die Abholungs-, Entsorgungs- oder Recyclingkosten, oder
5. Kosten, die durch die externen Effekte der Umweltbelastung entstehen, die mit der Leistung während ihres Lebenszyklus in Verbindung stehen, sofern ihr Geldwert nach Absatz 3 bestimmt und geprüft werden kann; solche Kosten können Kosten der Emission von Treibhausgasen und anderen Schadstoffen sowie sonstige Kosten für die Eindämmung des Klimawandels umfassen.

(3) Die Methode zur Berechnung der Kosten, die durch die externen Effekte der Umweltbelastung entstehen, muss folgende Bedingungen erfüllen:

1. sie beruht auf objektiv nachprüfbaren und nichtdiskriminierenden Kriterien; ist die Methode nicht für die wiederholte oder dauerhafte Anwendung entwickelt worden, darf sie bestimmte Unternehmen weder bevorzugen noch benachteiligen,
2. sie ist für alle interessierten Beteiligten zugänglich und
3. die zur Berechnung erforderlichen Informationen lassen sich von Unternehmen, die ihrer Sorgfaltspflicht im üblichen Maße nachkommen, einschließlich Unternehmen aus Drittstaaten, die dem Übereinkommen über das öffentliche Beschaffungswesen von 1994 (ABl. C 256 vom 3.9.1996, S. 1), geändert durch das Protokoll zur Änderung des Übereinkommens über das öffentliche Beschaffungswesen (ABl. L 68 vom 7.3.2014, S. 2) oder anderen, für die Europäische Union bindenden internationalen Übereinkommen beigetreten sind, mit angemessenem Aufwand bereitstellen.

(4) Sofern eine Methode zur Berechnung der Lebenszykluskosten durch einen Rechtsakt der Europäischen Union verbindlich vorgeschrieben worden ist, hat der öffentliche Auftraggeber diese Methode vorzugeben.

Übersicht

	Rn.		Rn.
A. Einführung	1	1. Bekanntgabe in der Auftragsbekanntmachung oder in den Vergabeunterlagen	11
I. Literatur	1		
II. Entstehungsgeschichte	2	2. Positionen, die von der Berechnungsmethode umfasst sein können	16
III. Rechtliche Vorgaben im EU-Recht	5		
B. Berechnung von Lebenszykluskosten	6	3. Berechnungsmethode	17
I. Abs. 1: Berechnung des Zuschlagskriteriums „Kosten" auf der Grundlage der Lebenszykluskosten	6	III. Abs. 3: Berechnungsmethode für externe Effekte	18
II. Abs. 2: Methode zur Berechnung der Lebenszykluskosten	11	IV. Abs. 4: Verpflichtende Vorgabe der Berechnungsmethode	22

A. Einführung

I. Literatur

1 *Lange,* Vergabe von Bauaufträgen wirtschaftlicher gestalten, FiWi 2001, 161, *Jasper,* Umweltkriterien in der kommunalen Vergabe, KommJur 2009, 56, *Just/Sailer,* Die neue Vergabeverordnung 2010, NVwZ 2010,

937, *Heyne,* Die Verfolgung von Umweltschutzzielen im öffentlichen Beschaffungswesen, ZUR 2011, 578, *Kullack,* Änderung der Vergabeverordnung (VgV) 2011: Energieeffizienz als Kriterium der Beschaffung, AnwZert BauR 20/2011 Anm. 1, Scheel, Energieeffiziente Vergabeverordnung: Probleme in Schlaglichtern, IBR 2011, 1265, *Zeiss,* Weniger Energieverbrauch! – Beschaffung energieeffizienter Geräte und Ausrüstung, NZBau 2011, 658, *Neun/Otting,* Die Entwicklung des europäischen Vergaberechts in den Jahren 2011/2012, EuZW 2012, 566, *Summa,* Die Entscheidung über die Auftragsvergabe – Ein Ausblick auf das künftige Unionsrecht, NZBau 2012, 729, *Zeiss,* Energieeffizienz in der Beschaffungspraxis, NZBau 2012, 201, *Gaus,* Ökologische Kriterien in der Vergabeentscheidung, NZBau 2013, 401, *Krohn,* Leistungsbeschreibung und Angebotswertung bei komplexen IT-Vergaben, NZBau 2013, 79, *Neun/Otting,* Die Entwicklung des europäischen Vergaberechts in den Jahren 2012/2013, EuZW 2013, 529, *Reimer/Tölle,* Ressourceneffizienz als Problembegriff, ZUR 2013, 589, *Rusch/Stockmann,* Wie viel Energieeffizienz muss es sein? – Anforderungen an Leistungsbeschreibung und Wertung nach § 4 IV bis VI b VgV, NZBau 2013, 71, *Schneider,* Beschaffung energieverbrauchsrelevanter Produkte: Energieeffizienz ist zu berücksichtigen!, IBR 2013, 518, *Braun,* Die neuen Vergaberichtlinien – Änderungen zum bisherigen Stand, KommunalPraxis spezial 2014, 117, *Jauch,* Umweltfreundliche und energieeffiziente Beschaffung bei der Vergabe öffentlicher Aufträge – unter besonderer Berücksichtigung der neuen Landesvergabegesetze, jurisPR-UmwR 2/2014 Anm. 1, *Jauch,* Umweltkriterien bei der Vergabe öffentlicher Aufträge in den neuen EU-Vergaberichtlinien, jurisPR-UmwR 7/2014 Anm. 1, *Schröder,* „Grüne Zuschlagskriterien", NZBau 2014, 467, *Behrendt,* Umweltschutz im EU-Vergaberecht, NuR 2015, 233, *Haak,* Vergaberecht in der Energiewende – Teil I – Energieeffiziente Beschaffung und Ausschreibungsmodelle nach dem EEG 2014, NZBau 2015, 11, *Roth,* Das öffentliche Preisrecht im Spannungsfeld zwischen Zivilrecht und Vergaberecht, NZBau 2015, 209, *Eßig,* Beschaffungsstrategien der öffentlichen Hand in den Bereichen Verteidigung und Sicherheit am Beispiel der Bundeswehr, ZfBR 2016, 33, *Funk/Tomerius,* Aktuelle Ansatzpunkte umwelt- und klimaschützender Beschaffung in Kommunen – Überblick und Wege im Dschungel des Vergaberechts (Teil 1), KommJur 2016, 1, *Funk/Tomerius,* Aktuelle Ansatzpunkte umwelt- und klimaschützender Beschaffung in Kommunen – Überblick und Wege im Dschungel des Vergaberechts (Teil 2), KommJur 2016, 47, *Otting,* Eignungs- und Zuschlagskriterien im neuen Vergaberecht, VergabeR 2016, 316, *Reichling/Scheumann,* Durchführung von Vergabeverfahren (Teil 3): Zuschlagskriterien und Ausführungsbedingungen, GewArch 2016, 332, *Wittmann,* Die Vergaberechtsreform 2016, AnwZert BauR 4/2016 Anm. 1, *Hattenhauer/Butzert,* Die Etablierung ökologischer, sozialer, innovativer und qualitativer Aspekte im Vergabeverfahren, ZfBR 2017, 129.

II. Entstehungsgeschichte

Mit der „Verordnung zur Anpassung der Verordnung über die Vergabe öffentlicher Aufträge (Vergabeverordnung – VgV) sowie der Verordnung über die Vergabe von Aufträgen im Bereich des Verkehrs, der Trinkwasserversorgung und der Energieversorgung (Sektorenverordnung – SektVO)" vom 9.6.2010[1] **wurde das Element der „Lebenszykluskosten" im nationalen Vergaberecht geregelt,** nachdem allerdings schon in § 16 VOL/A und § 19 EG Abs. 9 VOL/A Ausgabe 2009 „Lebenszykluskosten" in der Auflistung möglicher Zuschlagskriterien zu finden waren. Für Liefer- und Dienstleistungsaufträge wurde festgelegt, dass mit der Leistungsbeschreibung im Rahmen der technischen Anforderungen von den Bietern Angaben zum Energieverbrauch von technischen Geräten und Ausrüstungen zu fordern waren; dabei war in geeigneten Fällen eine Analyse minimierter Lebenszykluskosten oder eine vergleichbare Methode zur Gewährleistung der Wirtschaftlichkeit von den Bietern zu verlangen. Mit dieser Regelung wurde „zur Sicherstellung der Vorbildfunktion der öffentlichen Hand"[2] **der vergaberelevante Teil der Energieeffizienzrichtlinie 2006/32/EG[3] der EU umgesetzt.** Die neue Vorschrift sollte die Bedeutung der Berücksichtigung von Energieeffizienzkriterien bei der Beschaffung hervorheben.[4] **2**

Mit der Vierten Verordnung zur Änderung der Verordnung über die Vergabe öffentlicher Aufträge vom 16.8.2011[5] wurde die Möglichkeit, eine Analyse minimierter Lebens- **3**

---

[1] BGBl. I S. 724.
[2] BR-Drs. 40/10, 17.
[3] Richtlinie 2006/32/EG des Europäischen Parlaments und des Rates vom 5.4.2006 über Energieeffizienz und Energiedienstleistungen und zur Aufhebung der Richtlinie 93/76/EWG des Rates, ABl. L 114, S. 64; umgesetzt wurden Art. 5 sowie der Anhang VI, Buchst. c) und Buchst. d).
[4] BR-Drs. 40/10, 17.
[5] BGBl I S. 1724.

zykluskosten zu fordern, auch auf die **Vergabe von Lieferungen ausgeweitet, die wesentlicher Bestandteil einer Bauleistung waren.** Die Regelung wurde im Übrigen leicht modifiziert: Die Anforderung konnte jetzt nicht nur in der Leistungsbeschreibung, sondern auch an anderer geeigneter Stelle in den Vergabeunterlagen gestellt werden.

4   In der durch die Vergaberechtsmodernisierungsverordnung vom 12.4.2016[6] verkündeten **Neufassung der VgV** ist dem Element der „Lebenszykluskosten" eine weitaus größere Bedeutung als bisher zugemessen worden. **Das Zuschlagskriterium „Kosten" kann auf der Grundlage der Lebenszykluskosten der Leistung berechnet werden.** § 59 enthält dazu einen Regelungsrahmen. Damit hat der Kosten-Wirksamkeits-Ansatz[7] endgültig Eingang in das Vergaberecht gefunden.

III. Rechtliche Vorgaben im EU-Recht

5   Die **Energieeffizienzrichtlinie 2012/27/EU vom 25.10.2012,**[8] die die Richtlinie 2006/32/EG abgelöst hat, enthält, wie die Vorgängerrichtlinie, allgemeine vergaberelevante Bestimmungen. Nach Art. 6 der Richtlinie stellen die Mitgliedstaaten sicher, dass die Zentralregierungen grundsätzlich nur Produkte, Dienstleistungen und Gebäude mit hoher Energieeffizienz beschaffen und die anderen öffentlichen Einrichtungen dazu anhalten. Unabhängig davon **räumt die Vergaberichtlinie 2014/24/EU dem Lebenszyklus-Kostenansatz einen hohen Stellenwert** ein. Zur Ermittlung des wirtschaftlichsten Angebots soll den qualitativen Zuschlagskriterien deshalb ein Kostenkriterium an die Seite gestellt werden, das, nach Wahl des Auftraggebers, entweder der Preis oder ein Kosten-Wirksamkeits-Ansatz wie der Lebenszyklus-Kostenansatz sein könnte.[9] **Art. 68 der Richtlinie 2014/24/EU enthält dezidierte Vorgaben zu der Lebenszykluskostenrechnung. Diese wurden in § 59 VgV umgesetzt.** Das Kriterium der Lebenszykluskosten hat damit eine deutliche Aufwertung erhalten.

B. Berechnung von Lebenszykluskosten

I. Abs. 1: Berechnung des Zuschlagskriteriums „Kosten" auf der Grundlage der Lebenszykluskosten

6   Dass die **Kosten** neben dem Preis und qualitativen bzw. politischen Zuschlagskriterien **ein eigenes Zuschlagskriterium** zur Ermittlung des wirtschaftlichsten Angebots bilden, ergibt sich bereits aus § 127 Abs. 1 Satz 2 GWB.[10] Aus der Vorschrift, die bestimmt, unter welchen Voraussetzungen **die Zuschlagskriterien mit dem Auftragsgegenstand in Verbindung stehen,** § 127 Abs. 3 GWB, **wird auch auf Stadien im Lebenszyklus der Leistung abgestellt,** so dass § 127 GWB bereits die grundlegenden Zusammenhänge regelt. Diese werden konkret durch § 59 ausgestaltet.

7   Die nationalen Vorschriften enthalten gleichwohl **keine Legaldefinition** des Begriffs der Lebenszykluskosten. Hinweise gibt die Richtlinie 2014/24/EU, wonach bei der Lebenszykluskostenrechnung **sämtliche über den gesamten Lebenszyklus von Bauleistungen, Lieferungen oder Dienstleistungen anfallenden Kosten berücksichtigt**

---

[6] BGBl I S. 624.

[7] Vgl. *Gröning* VergabeR 2014, 339 (346).

[8] Richtlinie 2012/27/EU des Europäischen Parlaments und des Rates zur Energieeffizienz, zur Änderung der Richtlinien 2009/125/EG und 2010/30/EU und zur Aufhebung der Richtlinien 2004/8/EG und 2006/32/EG, ABl. L 315, 1.

[9] Richtlinie 2014/24/EU, ErwG 92.

[10] Wegen Einzelheiten vgl. *Opitz* § 127 GWB Rn. 47–53.

werden.[11] Im Wesentlichen handelt es sich dabei um eine einheitliche Betrachtung von Herstellungs-, Anschaffungs-, Betriebs- und Entsorgungskosten.[12] Lebenszykluskosten können somit als die über die gesamte Lebensdauer eines Produkts geschätzten Gesamtkosten eines Systems – **Konstruktion, Entwicklung, Produktion, Betrieb, Wartung, Instandhaltung** und **Entsorgung** – bezeichnet werden.[13] Entscheidend ist, dass sämtliche Lebenszykluskosten in das Zuschlagskriterium „Kosten" einfließen dürfen, selbst wenn sich diese Faktoren nach § 127 Abs. 3 Satz 2 GWB nicht auf die materiellen Eigenschaften des Auftragsgegenstands auswirken. Damit können auch Kosten berücksichtigt werden, die nicht nur bei dem Auftraggeber, sondern auch bei Dritten oder sogar durch externe Effekte, z. B. wegen Umweltbelastungen, anfallen.[14] Der betriebswirtschaftliche Begriff der „Lebenszykluskosten", bei dem es um das Verhältnis von Leistung zu Kosten eines Beschaffungsgegenstands geht,[15] wird im Vergaberecht ausschließlich aus der Perspektive des Auftraggebers als Leistungsabnehmer betrachtet.[16] Mithilfe der Lebenszykluskosten kann der öffentliche Auftraggeber Produkte und Leistungen unter Berücksichtigung aller relevanten Kosten wirtschaftlich vergleichen.[17] **Der unbestimmte, auslegungsfähige Begriff der „Kosten" wird somit als Zuschlagskriterium spezifiziert.**

§ 59 Abs. 1 trifft nähere Bestimmungen zur Ausgestaltung des Zuschlagskriteriums „Kosten", indem der öffentliche Auftraggeber vorgeben kann, dass diese auf der Grundlage der Lebenszykluskosten der Leistung berechnet werden. Die **Lebenszyklusrechnung** wird als eine speziell auf den Lebenszyklus eines Produktes ausgerichtete **Ergebnisrechnung** definiert, mit deren Hilfe alle in diesem sachlichen Zusammenhang anfallenden Kosten und Erlöse in der Vorlauf-, Markt-, und Nachlaufphase dokumentiert, geplant und kontrolliert werden sollen.[18] Bieter werden durch die Vorgabe der Berechnung bzw. deren Methode in die Lage versetzt, zu erkennen, worauf es dem Auftraggeber bei der nachgefragten Leistung ankommt. Sie können dementsprechend ihr Angebot ausgestalten. **8**

Es steht im **Ermessen des Auftraggebers,** den Aspekt der „Kosten" auf der Grundlage der Lebenszykluskosten der Leistung berechnen zu lassen.[19] Da die Berechnung auf die gesamte Lebensdauer abstellt, müssen Auftraggeber und Bieter sich klar sein, dass in Teilen keine gesicherten Fakten, sondern Prognoseergebnisse erzielt werden,[20] die allerdings durch die Berechnungsmethode in gewisser Weise objektiviert werden. **9**

Lebenszykluskosten sind immer dann sinnvoll, wenn Leistungen oder Produkte beschafft werden sollen, **bei denen ein wesentlicher Teil der Kosten nicht bereits im Anschaffungspreis liegt,** sondern sich erst später **während der Nutzungs- oder Entsorgungsphase ergibt.**[21] Damit kann grundsätzlich der niedrigere Preis eines Angebots mit dem bedingt durch Lebenszykluskosten höheren Preis eines anderen Angebots verglichen werden, um so zu einer fundierten Wirtschaftlichkeitsbetrachtung zu gelangen.[22] So können sich Beschaffungen in vielen Fällen durch einen derartigen Vergleich als die wirtschaftlichere Variante erweisen, selbst wenn der Preis höher ist als bei anderen angebotenen Leistungen und Produkten. **10**

---

[11] Richtlinie 2014/24/EU, ErwG 96.
[12] Vgl. *Bultmann* in GMPS, BeckOK Vergaberecht, § 59 VgV Rn. 9.
[13] Vgl. *Geißdörfer* Total Cost of Ownership (TCO) und Life Cycle Costing (LCC), 2009, 17.
[14] Vgl. *Opitz* § 127 GWB Rn. 50 mwN.
[15] Vgl *Eßig* ZfBR 2016, 33 (33).
[16] Vgl. *Wiedemann* in KKMPP, VgV, § 59 Rn. 8.
[17] Vgl. *Wagner* in Heiermann/Zeiss/Summa, jurisPK Vergaberecht, § 59 VgV Rn. 8.
[18] Vgl. *Weismann* Lebenszyklusorientiertes interorganisationales Anlagencontrolling, 2008, 14.
[19] Vgl. dazu auch VK Bund 16.11.2016 – VK 1–94/16.
[20] Vgl. auch *Otting* VergabeR 2016 316 (326); *Summa* NZBau 2012, 729 (735).
[21] Vgl. *Wagner* in Heiermann/Zeiss/Summa, jurisPK Vergaberecht, § 59 VgV Rn. 9.
[22] Vgl. VK Lüneburg 23.1.2015 – VgK-47/2014.

II. Abs. 2: Methode zur Berechnung der Lebenszykluskosten

1. Bekanntgabe in der Auftragsbekanntmachung oder in den Vergabeunterlagen

11   Wenn der öffentliche Auftraggeber sich im Hinblick auf die zu beschaffende Leistung oder das zu beschaffende Produkt für das Zuschlagskriterium „Kosten" und eine Berechnung auf der Grundlage der Lebenszykluskosten entschieden hat, muss er in der Vorbereitungsphase zu dem Vergabeverfahren die notwendigen Vorkehrungen treffen bzw. Überlegungen anstellen, wie er durch Ausgestaltung des Vergabeverfahrens sein Ziel erreicht. Da Ausgangslage bzw. Grundlage einer Lebenszykluskostenberechnung ist, dass die hinsichtlich ihrer Lebenszykluskosten zu vergleichenden Produkte und Leistungen den gleichen zu erfüllenden Nutzen bewirken,[23] muss er insofern sicherstellen, dass die Bieter in die Lage versetzt werden, vergleichbare Angebote einzureichen. Deshalb **gibt er** nach § 59 Abs. 2 Satz 1 die **Methode zur Berechnung der Lebenszykluskosten** sowie die **zur Berechnung vom Unternehmen zu übermittelnden Informationen**[24] **an.**[25]

12   **Die Angaben erfolgen in der Auftragsbekanntmachung oder in den Vergabeunterlagen.** Hier gilt das Gleiche wie für Zuschlagskriterien: Der Auftraggeber hat diesbezüglich ein Wahlrecht. Ein Hinweis in der Auftragsbekanntmachung hat den Vorteil, dass Bieter sofort entscheiden können, ob für sie unter den vorgegebenen Voraussetzungen eine Teilnahme an dem Vergabeverfahren in Frage kommt, konkret ob sie willens und in der Lage sind, die notwendigen, möglicherweise auch aufwändigen Angaben für die Lebenszykluskostenberechnung zu machen. Die ausführlichere Darstellung, die mit der notwendigen Bekanntgabe der Informationen verbunden ist, kann in den Vergabeunterlagen erfolgen.

13   Aus dem **Transparenzgrundsatz** folgend ist der öffentliche Auftraggeber verpflichtet, objektive, nicht diskriminierende Kriterien aufzustellen und bekannt zu machen, die vollständig und hinreichend bestimmt sein müssen. Danach ist im Hinblick auf die Berechnungsmethode neben den Informationen nach § 59 Abs. 2 Satz 2 Nr. 1–5 (Positionen, die von der Berechnungsmethode umfasst werden können) auch die **Art und Weise bekannt zu geben, wie die einzelnen Positionen bzw. Kostenfaktoren zu ermitteln sind,** und welche **Lebensdauer** für die Ermittlung der Lebenszykluskosten angenommen wird.[26] Darüber hinaus sind ggf. Angaben nach Abs. 3 (Berechnungsmethode für Kosten externer Effekte, insbesondere durch Umweltbelastung) bekannt zu geben.

14   In Bezug auf das Zuschlagskriterium Kosten, das durch die Lebenszykluskosten spezifiziert wird, hat der Auftraggeber auch die **Gewichtung** anzugeben.[27]

15   Da die Lebenszykluskostenberechnung in der Wertungsphase der Angebote geprüft werden muss, ist es für den Auftraggeber erforderlich sicherzustellen, dass **die vom bietenden Unternehmen** gemäß der Auftragsbekanntmachung oder den Vergabeunterlagen **zur Verfügung zu stellenden Informationen in der benötigten Form vorgelegt werden und zudem plausibel erklärbar sind.** Demgemäß kann er von Anbietern, ebenfalls in der Bekanntmachung oder den Vergabeunterlagen, verlangen, geeignete Nachweise zum Beleg der angeforderten Informationen zu erbringen. Diese Nachweise können vom Auftraggeber aus Gründen der Arbeitserleichterung in Ausschreibungsstandards und wiederverwendbare Testnormen überführt werden.[28]

---

[23] Vgl. *Wiedemann* in KKMPP, VgV, § 59 Rn. 11.

[24] Art. 68 Abs. 2 Unterabs. 1 der Richtlinie 2014/24/EU ist klarer: „*Bewerten die öffentlichen Auftraggeber die Kosten nach dem Lebenszyklus-Kostenansatz, nennen sie in den Auftragsunterlagen die von den Bietern bereitzustellenden Daten und die Methode, die der öffentliche Auftraggeber zur Bestimmung der Lebenszyklus-Kosten auf der Grundlage dieser Daten anwenden wird.*"

[25] Vgl. dazu auch *Haak* NZBau 2015, 11 (16).

[26] Vgl. *Wiedemann* in KKMPP, VgV, § 59 Rn. 20.

[27] Vgl. *Gaus* NZBau 2013, 401 (407).

[28] Vgl. Forschungszentrum für Recht und Management öffentlicher Beschaffung aus „Lebenszykluskosten-Tool-Picker" unter http://de.koinno-bmwi.de/innovation/arbeitshilfen/lebenszyklus-tool-picker.

2. Positionen, die von der Berechnungsmethode umfasst sein können

§ 59 Abs. 2 Satz 2 enthält **Beispiele für Positionen, die von der Berechnungsme- 16 thode umfasst sein können.** Diese Liste ist nicht abschließend; der Auftraggeber kann im Rahmen des individuellen Vergabeverfahrens geeignete andere oder weitere Positionen fordern. Bei den Beispielen handelt es sich im Einzelnen um:

- die **Anschaffungskosten** (Nr. 1); dazu können die Liefer- und Installationskosten einschließlich Arbeits-, Material-, Verwaltungs- und Testkosten gehören,
- die **Nutzungskosten** (Nr. 2), insbesondere den Verbrauch von Energie und anderen Ressourcen. Je nach Art der Leistung kann eine Differenzierung sinnvoll sein, z.B. bei elektronischen Geräten „im Regelbetrieb, in Volllast und in Stand-by". Weitere Kosten können anfallen für Raumbedarf, Betrieb, Hilfs- und Betriebsstoffe, Ausfallkosten sowie Nebenkosten, wie Versicherungskosten, Lizenz- und Nutzungsgebühren,
- die **Wartungskosten** (Nr. 3), wie z.B. Kosten für Instandhaltung und Reparatur (Arbeitszeit, Hilfsstoffe, Ersatzteile),[29]
- **Kosten am Ende der Nutzungsdauer** (Nr. 4), insbesondere die Abholungs-, Entsorgungs- oder Recyclingkosten, oder
- **Kosten, die durch die externen Effekte der Umweltbelastung entstehen** (Nr. 5), die mit der Leistung während ihres Lebenszyklus in Verbindung stehen. Voraussetzung für die Einbeziehung derartiger Kosten ist, dass ihr Geldwert nach § 59 Abs. 3 im Rahmen einer Berechnungsmethode, die die dort genannten Bedingungen erfüllt, bestimmt und überprüft werden kann. Derartige Kosten können Kosten der Emission von Treibhausgasen und anderen Schadstoffen sowie sonstige Kosten für die Eindämmung des Klimawandels umfassen.

3. Berechnungsmethode

Zu der Methode zur Berechnung der Lebenszykluskosten legt § 59 explizit grundsätz- 17 lich nichts fest. Für die Berechnungsmethode gibt es verschieden **Tools,** die auch **im Internet** zu finden sind. Exemplarisch sei hier der von der Universität der Bundeswehr München, dem Hessischen Ministeriums der Finanzen und dem Kompetenzzentrums „Innovative Beschaffung" entwickelte „Tool-Picker" erwähnt, den das Bundeswirtschaftsministerium neben vielen anderen Informationen über die Berechnung von Lebenszykluskosten, insbesondere auch Arbeitshilfen, online gestellt hat.[30] Ferner gibt es Berechnungswerkzeuge, die das Bundesumweltamt entwickelt und veröffentlicht hat.[31] Schließlich gibt es ein Lebenszykluskosten-Tool mit Anleitung der EU-Kommission.[32] Diese sowie eine Vielzahl anderer Muster im Internet beziehen sich auf verschiedene Leistungen und Produkte, so dass sich der öffentliche Auftraggeber bedarfsgerecht orientieren kann.

III. Abs. 3: Berechnungsmethode für externe Effekte

§ 59 Abs. 3 Satz 1 bestimmt ausnahmsweise Einzelheiten zur Berechnung der Lebens- 18 zykluskosten, wenn der öffentliche Auftraggeber Kosten, die durch die externen Effekte der Umweltbelastung entstehen, in die Berechnung einbezieht. Dass derartige Kriterien möglichst berücksichtigt werden sollen, ist Intention des europäischen Normgebers. Mit

---

[29] Die Beispiele der Kosten, die zu dem jeweils fettgedruckten Oberbegriff aufgelistet sind, stammen aus „Kosten- und Leistungstreiber der Lebenszykluskostenrechnung" von dem Forschungszentrum für Recht und Management öffentlicher Beschaffung aus „Lebenszykluskosten-Tool-Picker" unter http://de.koinno-bmwi.de/innovation/arbeitshilfen/lebenszyklus-tool-picker.
[30] http://de.koinno-bmwi.de.
[31] http://www.umweltbundesamt.de/dokument/berechnungswerkzeug-fuer-lebenszykluskosten.
[32] http://ec.europa.eu/environment/gpp/index_en. htm.

der Einbeziehung umweltbezogener Kostenfaktoren soll das **Ziel eines intelligenten, nachhaltigen und integrativen Wachstums bei der öffentlichen Auftragsvergabe gefördert** werden.[33] In Betracht kommen insbesondere Beschaffungsverfahren von folgenden Leistungen: Bauleistungen, Nahrungsmittel und Verpflegung, Verkehr und Transportsysteme, Energie, Bürogeräte, Computer, Monitore sowie Bildschirme, Bekleidung, Uniformen und andere Textilien, Papier und Druckdienste, Möbel, Reinigungsmittel und -dienstleistungen, Lebensmittel und Catering sowie Gartenbau.[34]

19   Die **an die Methode** zur Berechnung der Kosten, die durch externe Effekte der Umweltbelastung entstehen, **gestellten Bedingungen** sind:

- Die Methode **beruht ob objektiv nachprüfbaren und nicht diskriminierenden Kriterien.** Wenn die Methode nicht für die wiederholte oder dauerhafte Anwendung entwickelt worden ist, darf sie bestimmte Unternehmen weder bevorzugen noch benachteiligen (Abs. 3 Nr. 1);
- sie ist **für alle interessierten Beteiligten zugänglich** (Abs. 3 Nr. 2) und
- die zur Berechnung erforderlichen Informationen lassen sich von Unternehmen, die ihrer Sorgfaltspflicht im üblichen Maße nachkommen, einschließlich Unternehmen aus Drittstaaten, die dem Übereinkommen über das öffentliche Beschaffungswesen von 1994[35] oder anderen für die EU bindenden internationalen Übereinkommen beigetreten sind, in angemessenem Aufwand bereitstellen. Damit wird dem Verhältnismäßigkeitsgrundsatz entsprochen. Für die Auslegung des auf die Sorgfaltspflicht bezogenen unbestimmten Rechtsbegriffs „in üblichem Maß" ist ein objektiver Maßstab anzuwenden[36] (Abs. 3 Nr. 3).

20   Die Bedingungen stellen sicher, dass den Anforderungen an die Transparenz, Gleichbehandlung, Nichtdiskriminierung und Nachprüfbarkeit entsprochen wird.[37] Zu bedenken ist in diesem Zusammenhang, dass es eine Hürde darstellt, die externen Kosten, die regelmäßig der Allgemeinheit entstehen, zu quantifizieren. Die Anwendung wissenschaftlicher Methoden zu deren Berechnung ist daher essentiell,[38] um die Voraussetzung zu erfüllen, dass ihr Geldwert bestimmt und geprüft werden kann.[39] Da die Ermittlung der Kosten dennoch auf Annahmen und Modellen beruht, können durchaus Zweifel an der Zulässigkeit der Einbeziehung derartiger externer Kosten im Rahmen des Zuschlagskriteriums „Kosten" entstehen.[40]

21   Für die Beschaffung von Straßenfahrzeugen ist in § 68 Abs. 1 Satz 1 vorgeschrieben, dass neben dem Energieverbrauch auch Umweltauswirkungen zu berücksichtigen sind.[41] Für deren finanzielle Bewertung ist auch eine Methode vorgegeben. Bei § 68 handelt es sich um eine Spezialregelung, die der allgemeinen Bestimmung des § 59 vorgeht.

IV. Abs. 4: Verpflichtende Vorgabe der Berechnungsmethode

22   Der öffentliche Auftraggeber ist nach § 59 Abs. 4 verpflichtet, die **Methode zur Berechnung** der Lebenszykluskosten **vorzugeben,** wenn diese **durch einen Rechtsakt der EU verbindlich vorgeschrieben worden ist.** § 68 Abs. 3 Unterabs. 2 der Richtlinie

---

[33] Richtlinie 2014/24/EU, ErwG 92; BR-Drs. 87/16, 215; vgl. *Schröder* NZBau 2014, 467 (472).

[34] Mitteilung der EU-Kommission "Public procurement for a better environment", COM (2008) 400/2 v. 16.7.2008 sowie http://ec.europa.eu/environment/gpp/index_en. htm.

[35] ABl. C 256 v. 3.9.1999, 1, geändert durch das Protokoll zur Änderung des Übereinkommens über das öffentliche Beschaffungswesen, ABl. L 68 v. 7.3.2014, 2.

[36] Vgl. *Grundmann* in MüKoBGB, § 276 Rn. 55.

[37] BR-Drs. 87/16, 215.

[38] Vgl. *Funk/Tomerius* KommJur 2016, 47 (49).

[39] Vgl. *Hattenhauer/Butzert* ZfBR 2017, 129 (132).

[40] Vgl. kritisch *Gröning* VergabeR 2014, 339 (346), der in Frage stellt, dass Angebote „vergaberechtlich korrekt" anhand von Zuschlagskriterien zu werten sind, zu denen „etwas so schwer Greifbares" wie die durch externe Effekte der Umweltbelastung entstehenden Kosten gehören.

[41] Vgl. *Knauff* § 68.

2014/24/EU verweist insoweit auf Anhang XIII der Richtlinie, der jedoch keine Angaben enthält. Der EU-Kommission wird allerdings die Befugnis übertragen, bei Erforderlichkeit delegierte Rechtsakte zur Aktualisierung des Verzeichnisses zu erlassen.

Um **Verbindlichkeit im nationalen Recht** zu entfalten, müsste es sich um Primär- 23 recht der EU handeln; insbesondere kämen Verordnungen in Betracht. Regelungen aus Richtlinien bedürfen dagegen noch der Umsetzung in nationales Recht, um eine Verbindlichkeit erlangen zu können.

§ 60 Ungewöhnlich niedrige Angebote

(1) Erscheinen der Preis oder die Kosten eines Angebots im Verhältnis zu der zu erbringenden Leistung ungewöhnlich niedrig, verlangt der öffentliche Auftraggeber vom Bieter Aufklärung.

(2) Der öffentliche Auftraggeber prüft die Zusammensetzung des Angebots und berücksichtigt die übermittelten Unterlagen. Die Prüfung kann insbesondere betreffen:

1. die Wirtschaftlichkeit des Fertigungsverfahrens einer Lieferleistung oder der Erbringung der Dienstleistung,
2. die gewählten technischen Lösungen oder die außergewöhnlich günstigen Bedingungen, über die das Unternehmen bei der Lieferung der Waren oder bei der Erbringung der Dienstleistung verfügt,
3. die Besonderheiten der angebotenen Liefer- oder Dienstleistung,
4. die Einhaltung der Verpflichtungen nach § 128 Absatz 1 des Gesetzes gegen Wettbewerbsbeschränkungen, insbesondere der für das Unternehmen geltenden umwelt-, sozial- und arbeitsrechtlichen Vorschriften, oder
5. die etwaige Gewährung einer staatlichen Beihilfe an das Unternehmen.

(3) Kann der öffentliche Auftraggeber nach der Prüfung gemäß den Absätzen 1 und 2 die geringe Höhe des angebotenen Preises oder der angebotenen Kosten nicht zufriedenstellend aufklären, darf er den Zuschlag auf dieses Angebot ablehnen. Der öffentliche Auftraggeber lehnt das Angebot ab, wenn er festgestellt hat, dass der Preis oder die Kosten des Angebots ungewöhnlich niedrig sind, weil Verpflichtungen nach Absatz 2 Satz 2 Nummer 4 nicht eingehalten werden.

(4) Stellt der öffentliche Auftraggeber fest, dass ein Angebot ungewöhnlich niedrig ist, weil der Bieter eine staatliche Beihilfe erhalten hat, so lehnt der öffentliche Auftraggeber das Angebot ab, wenn der Bieter nicht fristgemäß nachweisen kann, dass die staatliche Beihilfe rechtmäßig gewährt wurde. Der öffentliche Auftraggeber teilt die Ablehnung der Europäischen Kommission mit.

Übersicht

	Rn.			Rn.
A. Einführung	1		4. Bieterrechtsschutz	18
I. Literatur	1		II. Abs. 2: Prüfung durch den öffentlichen Auftraggeber	20
II. Entstehungsgeschichte	2		III. Abs. 3: Rechtsfolgen	27
III. Rechtliche Vorgaben im EU-Recht	5		IV. Abs. 4: Ungewöhnlich niedrige Angebote aufgrund einer staatlichen Beihilfe	32
B. Ungewöhnlich niedrige Angebote	7			
I. Abs. 1: Aufklärung bei ungewöhnlich niedrigem Preis bzw. ungewöhnlich niedrigen Kosten	7		1. Aufklärung durch den öffentlichen Auftraggeber – Rechtsfolge	32
1. Bezugspunkt für die Angemessenheitsprüfung	7		2. Mitteilung an die Europäische Kommission	39
2. Aufgreifschwelle	10		3. Bieterrechtsschutz	40
3. Aufklärung	13			

A. Einführung

I. Literatur

1 *Schranner,* Bieterschutz bei Vergabe auf unangemessen niedrigen Preis, VergabeR 2001, 129, *Köhler,* Rechtsfolgen fehlender und fehlerhafter Preisangaben nach VOL/A und VOB/A, VergabeR 2002, 356, *Stolz,* Die Behandlung von Niedrigpreisangeboten unter Berücksichtigung gemeinschaftsrechtlicher Vorgaben, VergabeR 2002, 219, *Gröning,* Spielräume für die Auftraggeber bei der Wertung von Angeboten, NZBau 2003, 86, *Pünder,* Die Vergabe öffentlicher Aufträge unter den Vorgaben des europäischen Beihilferechts, NZBau 2003, 530, *Fischer,* Öffentliche Aufträge im Spannungsfeld zwischen Vergaberecht und öffentlichem Beihilfe-

recht, VergabeR 2004, 1, *Hausmann/Bultmann,* Der Ausschluss spekulativer Angebote, ZfBR 2004, 671, *Konrad,* Das Ende so genannter Spekulationsangebote bei öffentlichen Ausschreibungen nach der VOB/A, NZBau 2004, 524, *Schmidt-Wottrich/Harms,* Zum Ausschluss der öffentlichen Hand bei der Vergabe von Bau- und Dienstleistungsaufträgen, VergabeR 2004, 691, *Stemmer,* Mischkalkulationen sind unzulässig, sind spekulative Preisgestaltungen passé?, VergabeR 2004, 549, *Bechtolsheim/Fichtner,* „Stolperstein Angemessenheitsprüfung", VergabeR 2005, 574, *Freise,* Mischkalkulationen bei öffentlichen Aufträgen: Der BGH hat entschieden – und nun?, NZBau 2005, 135, *Hentschke/Geßner,* Vermeidung von Manipulationen bei der Vergabe öffentlicher Aufträge, LKV 2005, 425, *Leinemann/Kirch,* Der Angriff auf die Kalkulationsfreiheit, VergabeR 2005, 563, *Müller-Wrede,* Vergabe: Sind Mischkalkulationen nur ein Problem des Auftraggebers?, IBR 2005, 630, *Hentschke/Koenig,* Beihilfeempfänger als Bieter im Vergabeverfahren, NZBau 2006, 289, *Stemmer,* Vergabe und Vergütung bei misch- und auffällig hoch oder niedrig kalkulierten Einheitspreisen, ZfBR 2006, 128, *Burgi,* Die Bedeutung der allgemeinen Vergabegrundsätze Wettbewerb, Transparenz und Gleichbehandlung, NZBau 2008, 29, *Leinemann,* Umgang mit Spekulationsangeboten, Dumpingangeboten und Mischkalkulationen, VergabeR 2008, 346, *Bode,* Zur Behandlung von Spekulationsangeboten in der Wertungs- und Vergabephase, IBR 2009, 1149, *Rohrmüller,* Unzuverlässigkeit des Bieters durch bewusstes Ausnutzen von Fehlern des Leistungsverzeichnisses mittels spekulativer Preisgestaltungen, VergabeR 2009, 327, *Aulbert,* Staatliche Zuwendungen an Kommunen, Dissertation, 2010, *Dicks,* Verfahrensrechtliche Entscheidungen der Vergabesenate im Jahr 2009 – Teil I, ZfBR 2010, 235, *Gröning,* Mögliche Tendenzen der nationalen Rechtsprechung zum Vergaberecht, VergabeR 2010, 762, *Lenhart,* Aktuelle Fragen bei Unterschwellenverfahren nach der VOB/A, VergabeR 2010, 336, *Frenz,* Bildung, Vorauswahl und Wertung von Aufträgen nach § 97 Abs. 3 bis 5 GWB n. F. im Lichte des Europarechts und aktueller Judikatur, VergabeR 2011, 13, *Gilberg,* Die Förderung gemeinnütziger Körperschaften durch öffentliche Aufträge und Dienstleistungskonzessionen, Dissertation, 2011, *Müller-Wrede,* Die Wertung von Unterpreisangeboten – Das Ende einer Legende, VergabeR 2011, 46, *Schaller,* Prüfung und Wertung von Angeboten bei Liefer- und Dienstleistungsaufträgen im nationalen Bereich, LKV 2011, 145, *Schulz/Gabriel,* Auskömmlichkeit von Unterpreisangeboten mittels Einpreisung des Großhandelszuschlags? – Antworten auf aktuelle Fragen zu Preisprüfungen in Rabattvertragsausschreibungen gesetzlicher Krankenkassen –, PharmR 2011, 448, *Shirvani,* Anmerkung zu einem Beschluss des OLG Celle vom 30.9.2010 (13 Verg 10/10, VergabeR 2011, 103) – Zur kontradiktorischen Überprüfung von Unterkostenangeboten, VergabeR 2011, 109, *Summa,* Die Entscheidung über die Auftragsvergabe – Ein Ausblick auf das künftige Unionsrecht, NZBau 2012, 729, *Brieskorn/Stamm,* Die vergaberechtliche Wertung von Angeboten mit negativen Preisen – Besonderheiten bei der Abwicklung der Bau-, Architekten- und Ingenieurverträge, NZBau 2013, 347, *Csaki,* Die Auskömmlichkeitsprüfung nach § 19 VI VOL/A-EG, NZBau 2013, 342, *Gabriel,* Die vergaberechtliche Preisprüfung auf dritter Angebotswertungsstufe und die (Un-)Zulässigkeit von sog. Unterkostenangeboten, VergabeR 2013, 300, *Hillebrecht,* Das Eigenvergaberecht der Europäischen Union, Dissertation, 2013, *Seidenberg,* Vergaberecht: Wertung von Angeboten mit Mischkalkulation, AnwZert BauR 22/2013 Anm. 1, *Vavra,* Binnenmarktrelevanz öffentlicher Aufträge, VergabeR 2013, 384, *Conrad,* Die vergaberechtliche Behandlung unauskömmlicher Angebote, AnwZert BauR 22/2014 Anm. 1, *Goede,* Anmerkung zu einer Entscheidung des OLG Karlsruhe, Beschl. v. 6.8.2014 (15 Verg 7/14) – Zu den Anforderungen an die Feststellungen des Vorliegens eines ungewöhnlich niedrigen Angebots trotz der Konsequenz des Ausschlusses aus dem Vergabeverfahren, VergabeR 2014, 826, *Jaeger,* Die neue Basisvergaberichtlinie der EU vom 26.2.1014 – ein Überblick, NZBau 2014, 259, *Städler,* Der Umgang mit anfechtbaren Angeboten und Praxisfragen der dritten Wertungsstufe, NZBau 2014, 472, *Zerwell,* Unangemessen niedrige Preise müssen aufgeklärt werden!, IBR 2014, 234, *Byok,* Die Entwicklung des Vergaberechts seit 2015, NZBau 2016, 1494, *Gushina,* Vergaberechtliche Auskömmlichkeit von Angeboten im Lichte der aktuellen Rechtsprechung, KommJur 2015, 161, *Haberkamm,* Art. 102 AEUV im Lichte des ökonomisch geprägten Prüfungsansatzes, Dissertation, 2015, *Hübner,* Forschungseinrichtungen und andere Subventionsempfänger als Bieter bei öffentlichen Auftragsvergaben – die Frage nach staatlichen Beihilfen, VergabeR 2015, 154, *Kollewe,* Ungewöhnlich niedrige Angebote muss der Auftraggeber (zwingend) aufklären!, IBR 2015, 277, *Mager/Lotz,* Die Vergabe von Gebäudemanagementleistungen am Beispiel der Ausschreibung von Reinigungsdienstleistungen, ZfBR 2015, 758, *Neun/Otting,* Die Entwicklung des europäischen Vergaberechts in den Jahren 2014/2015, EuZW 2015, 453, *Otting,* Anmerkung zum Urteil des EuGH vom 18.12.2014 (C-568/13) – Zu der Frage, ob der Ausschluss von öffentlichen Einrichtungen im Vergabeverfahren für öffentliche Aufträge mit europäischen Richtlinien vereinbar ist, NVwZ 2015, 283, *Siegel,* Anmerkung zum Urteil des EuGH vom 18.12.2014 (C-568/13) – Zur Frage der Teilnahme von öffentlichen Einrichtungen am Verfahren zur Vergabe öffentlicher Aufträge, EuZW 2015, 188, *Sulk,* Der Preis im Vergaberecht, Dissertation, 2015, *Eiermann,* Primärrechtsschutz gegen öffentliche Auftraggeber bei europaweiten Ausschreibungen durch Vergabenachprüfungsverfahren – Teil 2, NZBau 2016, 76, *Reuber,* Die neue VOB/A, VergabeR 2016, 339, *Scharf,* Anforderungen an die Preisprüfung von Angeboten, jurisPR-VergR 3/2016 Anm. 4, *Stolz,* Die Vergabe von Architekten- und Ingenieurleistungen nach der Vergaberechtsreform, VergabeR 2016, 351, *Conrad,* Der Anspruch des Bieters auf den Ausschluss ungewöhnlich niedriger Konkurrenzangebote nach neuem Vergaberecht, ZfBR 2017, 40, *Delcuvé,* Anmerkung zur Entscheidung des BGH, Beschluss vom 31.1.2017 (X ZB 10/16) – Zu den Anforderungen an die Behandlung von ungewöhnlich niedrigen Angeboten, VergabeR 2017, 372, *Kullack,* Unangemessen niedrige Angebote: Zulässigkeit eines Nachprüfungsverfahrens, AnwZert BauR 7/2017 Anm. 2, *Lausen,* Drittschützende Wirkung der Vorschriften über die Prüfung von unangemessen niedrigen Angeboten („Notärztliche Dienstleistungen"), jurisPR-VergR 5/2017 Anm. 1.

II. Entstehungsgeschichte

2   Regelungen über die **Prüfung von ungewöhnlich niedrigen Angeboten** waren bereits in den **Vorgängerfassungen der VOL/A Abschnitt 2 bzw. der VOL/EG, dort in § 19 EG Abs. 6 VOL/A, sowie in § 27 Abs. 1 und 2 SektVO enthalten.** Im Rahmen der zuvor noch streng vierstufigen Wertung war auf der dritten Wertungsstufe zu prüfen, ob Angebote im Verhältnis zu der zu erbringenden Leistung ungewöhnlich niedrig erschienen. In diesem Fall war von den Bietern Aufklärung zu verlangen. Auf Angebote, deren Preis in einem offenbaren Missverhältnis zur Leistung stand, durfte der Zuschlag nicht erteilt werden.

3   Eine § 60 Abs. 4 entsprechende Vorschrift über Angebote **aufgrund einer staatlichen Beihilfe** und die Voraussetzungen für deren Zurückweisung **war inhaltsgleich in § 19 EG Abs. 7 VOL/A sowie in § 27 Abs. 3 SektVO enthalten.**

4   Die Vorschrift des § 60 dient dem **Schutz des Auftraggebers vor wirtschaftlichen Risiken.**[1] Es soll vermieden werden, dass ein Bieter beauftragt wird, der mangels eines angemessenen Preises nicht die Gewähr dafür bietet, seine Leistungspflichten während der Vertragslaufzeit ordnungsgemäß, insbesondere mängelfrei, auszuführen.[2] Nach neuerer Rechtsprechung des BGH[3] stellt es einen Wettbewerbsverstoß dar, wenn ein an sich wegen seines niedrigen Preises auszuschließendes Angebot den Zuschlag erhalten soll; demnach handelt es sich bei § 60 VgV um eine uneingeschränkt bieterschützende Vorschrift.

III. Rechtliche Vorgaben im EU-Recht

5   **§ 60 setzt Art. 69 der Richtlinie 2014/24/EU um.** Dieser entspricht, in etwas erweiterter Fassung, der Vorgängervorschrift des Art. 55 der Richtlinie 2004/18/EG. § 60 orientiert sich weitgehend am Wortlaut des Art. 69 der Richtlinie 2014/24/EU. Erwägungsgrund 103 der Richtlinie 2014/24/EU stellt dazu ausdrücklich klar, dass Angebote, deren Preis im Verhältnis zu den angebotenen Lieferungen oder Dienstleistungen ungewöhnlich niedrig erscheint, **auf technisch, wirtschaftlich oder rechtlich fragwürdigen Annahmen oder Praktiken basieren können.** Wenn ein Bieter keine hinreichende Begründung geben kann, ist der öffentliche Auftraggeber berechtigt, dessen Angebot abzulehnen. Eine Ablehnung ist obligatorisch in Fällen, in denen der öffentliche Auftraggeber festgestellt hat, dass die vorgeschlagenen ungewöhnlich niedrigen Preise oder Kosten daraus resultieren, dass verbindliche sozial-, arbeits- oder umweltrechtliche Unionsvorschriften oder mit dem Unionsrecht in Einklang stehende nationale Rechtsvorschriften oder internationale arbeitsrechtliche Vorschriften nicht eingehalten werden.

6   Bei Vorliegen eines ungewöhnlich niedrigen Angebots wird zunächst eine **Aufklärung** des Auftraggebers erforderlich. Abhängig von dem Ergebnis der Aufklärung entscheidet der Auftraggeber über den Verbleib des Angebots in der Wertung oder dessen Ausschluss. Eine **Ablehnung ist jedenfalls verpflichtend, wenn ungewöhnlich niedrige Angebote auf einer Verletzung des Art. 18 Abs. 2 der Richtlinie 2014/24/EU beruhen** (Verletzung von geltenden Rechtsvorschriften). Wie bereits bei der früheren Rechtslage wird somit sichergestellt, dass Angebote, bei denen aufgrund eines erheblich zu gering kalkulierten Preises zu erwarten ist, dass das Unternehmen nicht in der Lage sein wird, die Leistung vertragsgerecht oder rechtskonform auszuführen, ein Ausschluss vom Vergabeverfahren erfolgt.[4] Geschützt wird dementsprechend in erster Linie das haushaltsrechtlich begründete Interesse des Auftraggebers und der Öffentlichkeit an der jeweils wirtschaftlichsten Beschaf-

---

[1] Vgl. *Conrad* ZfBR 2017, 40 (40); *Horn* in Müller-Wrede, VOL/A, § 19 EG Rn. 203.
[2] Vgl. nur OLG Düsseldorf 9.5.2011 – VII Verg 45/11, VergabeR 2011, 884 (885).
[3] V. 31.1.2017 – X ZB 10/16, ZfBR 2017, 492 (494).
[4] BR-Drs. 87/16, 215.

fung.[5] Darüber hinaus wird das Interesse des betreffenden Anbieters am Auftrag insofern geschützt, als dass er, dem Grundsatz des rechtlichen Gehörs entsprechend, verlangen kann, dass sein Angebot nicht ohne den Versuch der vorherigen Aufklärung der aufgekommenen Fragen und der Möglichkeit der Ausräumung entstandener Bedenken aus der Wertung genommen wird.[6]

B. Ungewöhnlich niedrige Angebote

I. Abs. 1: Aufklärung bei ungewöhnlich niedrigem Preis bzw. ungewöhnlich niedrigen Kosten

1. Bezugspunkt für die Angemessenheitsprüfung

§ 60 Abs. 1 normiert eine Aufklärungspflicht für den öffentlichen Auftraggeber, wenn **7** der Preis oder die Kosten eines Angebots im Verhältnis zu der zu erbringenden Leistung ungewöhnlich niedrig erscheinen. Schon wegen des Wortlauts der Regelung, die nicht differenziert, wird auf den **Gesamtpreis** des Angebots abgestellt;[7] nicht auf den Preis für einzelne Lose.[8] Demnach muss es auch auf die **Gesamtkosten** des Angebots ankommen.

Die Vorschrift nennt **keinen Bezugspunkt**, an dem das Tatbestandsmerkmal des „unge- **8** wöhnlich niedrigen Angebots" gemessen wird. Die Unangemessenheit des Preises indizierende Umstände können sich jedenfalls durch **Bezugnahme auf das nächsthöhere Angebot oder auch auf das Angebot desjenigen Bieters, der** (ggf. in einem Nachprüfungsverfahren) **die Unauskömmlichkeit des Konkurrenzangebots darlegt**, ergeben.[9] Vereinzelt wurden in der Rechtsprechung als Bezugspunkt auch eigene Kostenschätzungen des Auftraggebers anerkannt,[10] wobei diese nachvollziehbar und vertretbar sowie sorgfältig erstellt sein müssen.[11] Angebote aus anderen, vergleichbaren Ausschreibungen oder erfahrungsgemäß verlangte Preise sollen ebenfalls als Vergleichsmaßstab relevant sein können.[12]

Nicht offensichtlich klar ist, ob bei dem Vergleich des Angebots mit dem vermeintlich **9** zu niedrigen Preis auch die **Angebote** herangezogen werden dürfen, die zwar in demselben Vergabeverfahren eingegangen sind, die der Auftraggeber aber **bereits aus der Wertung ausgeschlossen hat**. Hier ist danach zu unterschieden, ob zwischen dem Ausschlussgrund und Angebotspreis ein Ursachenzusammenhang besteht. Wenn der **Ausschlussgrund von kalkulationserheblicher Bedeutung ist, eignet sich das ausgeschlossene Angebot nicht als Bezugspunkt für die Angemessenheitsprüfung des Preises** des Konkurrenzangebots.[13] Hat der konkrete Ausschlussgrund dagegen nicht die Kalkulation beeinflusst, kann das betroffene Angebot als Vergleich herangezogen werden.[14] Ob ein solcher Ursachenzusammenhang vorliegt, muss auf der Grundlage der Umstände des Einzelfalls geprüft werden.[15] Ist ein Angebot dagegen ausschließlich wegen formaler Mängel ausgeschlossen worden, kann es durchaus als Bezugspunkt für die Prüfung der Unangemessenheit eines Preises herangezogen werden.[16]

---

[5] Vgl. BGH 31.1.2017 – X ZB 10/16, ZfBR 2017, 492 (494).

[6] Vgl. BGH 31.1.2017 – X ZB 10/16, ZfBR 2017, 492 (494); EuGH 29.3.2012 – C-599/10, VergabeR 2012, 584 (589).

[7] Vgl. BGH 18.5.2004 – X ZB 7/04, VergabeR 2004, 473 (477); OLG Frankfurt 14.2.2017 – 11 Verg 14/16, ZfBR 2017, 515 (518); OLG Brandenburg 16.2.2012 – Verg W 1/12, VergabeR 2012, 866 (875); OLG Jena 5.6.2009 – 9 Verg 5/09, VergabeR 2009, 809 (812).

[8] Vgl. *Gabriel* VergabeR 2013, 300 (301).

[9] Vgl. nur BGH 31.1.2017 – X ZB 10/16, ZfBR 2017, 492 (493).

[10] Vgl. OLG Düsseldorf 23.3.2005 – VII-Verg 77/04.

[11] Vgl. OLG München 7.3.2013 – Verg 36/12, VergabeR 2013, 928 (933).

[12] Vgl. BGH 31.1.2017 – X ZB 10/16, ZfBR 2017, 492 (493).

[13] Vgl. *Dicks* in KKMPP, VgV, § 60 Rn. 7; *Horn* in Müller-Wrede, VOL/A, § 19 EG Rn. 207.

[14] Vgl. OLG Karlsruhe 6.8.2014 – 15 Verg 7/14, ZfBR 2014, 809 (810).

[15] Vgl. OLG München 2.6.2006 – Verg 12/06, ZfBR 2006, 600 (604).

[16] Vgl. *Horn* in Müller-Wrede, VOL/A, § 19 EG Rn. 207.

2. Aufgreifschwelle

10   Der Begriff des „ungewöhnlich niedrigen" Preises bzw. der „ungewöhnlich niedrigen" Kosten lässt einen weiten Auslegungsspielraum zu und ist in der Praxis auszufüllen. Soweit in der Rechtsprechung der Vergabesenate bestimmte Prozentbeträge genannt werden, mit denen der Abstand des vom Ausschluss bedrohten Angebots zum nächsthöheren Angebot oder eines sonstigen Bezugspunktes bemessen wird, kann es sich nur um die Festlegung einer **Aufgreifschwelle** handeln, deren Erreichen dem Auftraggeber **Veranlassung** gibt, den Angebotspreis zu überprüfen.[17] Das bedeutet, dass aus dem Vorliegen einer solchen Aufgreifschwelle nicht automatisch der Angebotsausschluss folgt, sondern die Schwelle vielmehr der Indikator für den Auftraggeber ist, wann eine Aufklärung geboten ist. Denn auch erhebliche Preisunterschiede zwischen den Angeboten können wettbewerblich veranlasst sein.[18]

11   Die Rechtsprechung zu der Aufgreifschwelle ist nicht einheitlich. Immerhin ist eine **Schwelle von 20 % wiederholt anerkannt worden.**[19] Vereinzelt wurden auch Spannen zwischen 10 % und weniger als 20 % als Aufgreifschwelle für ausreichend erachtet.[20] In seiner Entscheidung vom 31.1.2017[21] hat der BGH dazu nunmehr festgestellt, dass **jedenfalls eine Aufgreifschwelle von 30 % ausreicht,** um den Auftraggeber zu einer Angemessenheitsprüfung zu veranlassen. Der BGH hat nicht entschieden, ob eine Schwelle von 20 % „als unverrückbare Untergrenze anzusehen ist" oder ob und wann besondere Umstände im Einzelfall Aufklärungsbedarf auch bei geringeren Abständen indizieren können. Damit wird klargestellt, dass es, jedenfalls unterhalb einer Aufgreifschwelle von 30 %, keine allgemeingültige Regel gibt, sondern die konkreten Umstände des jeweiligen Falls zu würdigen sind.[22]

12   Somit wird deutlich, warum eine objektive Aufgreifschwelle nicht immer zwangsläufig mit der Schlussfolgerung auf ein ungewöhnlich niedriges Angebot verknüpft ist. Bei den **Angebotspreisen spielen subjektive Elemente eine Rolle;** außerdem kommt es immer auf die **Situation in dem individuellen Vergabeverfahren** an. Zunächst kann der Preis des nächsthöheren Angebot selbst überhöht und der vermeintlich zu niedrige Preis tatsächlich der angemessene sein. Ferner ist die Lage auf einem gewachsenen Markt mit weniger Schwankungen anders zu bewerten als auf volatilen Märkten; auch kommt es darauf an, ob sich in dem Ausschreibungssegment bereits Marktpreise gebildet haben.[23] Das erhebliche Abfallen des preisgünstigsten Angebots gegenüber dem nächsthöheren kann wettbewerblich veranlasst sein,[24] was z. B. der Fall ist, wenn der Bieter mit der Preisgestaltung wettbewerbskonforme Ziele verfolgt,[25] wozu das Bestreben zählt, auf einem bislang nicht zugänglichen Markt oder bei einem bestimmten Auftraggeber mit einem Angebot Fuß zu fassen oder in ungünstiger Unternehmenslage einen Deckungsbeitrag zu den Gemeinkosten zu erzielen.[26] Der Bieter kann ferner aus ganz unterschiedlichen Gründen einen individuellen Wettbewerbsvorteil haben.[27]

---

[17] Vgl. *Dicks* in KKMPP, VgV, § 60 Rn. 8; *Frister* in Kapellmann/Messerschmidt, VOB-Kommentar, § 16, Rn. 120.

[18] Vgl. *Frister* in Kapellmann/Messerschmidt, VOB-Kommentar, § 16, Rn. 121.

[19] Vgl. OLG Celle 19.2.2015 – 13 Verg 11/14; OLG München 7.3.2013 – Verg 36/12, VergabeR 2013, 928 (935); OLG Düsseldorf 25.4.2012 – VII-Verg 61/11, ZfBR 2012, 613 (615) mwN; OLG Celle 17.11.2011 – 13 Verg 6/11.

[20] Vgl. OLG Brandenburg 22.3.2011 – Verg W 18/10; OLG Karlsruhe 27.7.2009 – 15 Verg 3/09, ZfBR 2009, 196 (200 f.); OLG München 2.6.2006 – Verg 12/16, ZfBR 2006, 600 (604); VK Nordbayern 10.7.2014 – 21. VK – 3194 – 16/14; *Kirch* in Leinemann/Kirch, VSVgV, § 33 Rn. 6.

[21] X ZB 10/16, ZfBR 2017, 492.

[22] Vgl. OLG München 21.5.2010 – Verg 02/10, ZfBR 2010, 606 (619); OLG Karlsruhe 27.7.2009 – 15 Verg 3/09, ZfBR 2009, 196 (200); *Horn* in Müller-Wrede, VOL/A, § 19 EG Rn. 208.

[23] Vgl. *Horn* in Müller-Wrede, VOL/A, § 19 EG Rn. 208.

[24] Vgl. *Dicks* in KKMPP, VgV, § 60 Rn. 8.

[25] Vgl. OLG Dresden 6.6.2002 – WVerg 5/02, VergabeR 2003, 64 (67).

[26] Vgl. OLG Düsseldorf 30.4.2014 – VII-Verg 41/13, VergabeR 2014, 726 (728).

[27] Vgl. *Knauff* EuZW 2012, 391 (392).

3. Aufklärung

Der Auftraggeber hat keinen Beurteilungsspielraum hinsichtlich der Frage, **ob er eine** 13 **Aufklärung durchführt: eine solche muss zwingend erfolgen,** wenn er die dafür erforderlichen Voraussetzungen als erfüllt ansieht. Da nicht eine starre Aufgreifschwelle, sondern die Umstände des Einzelfalls die Grundlage für die Annahme des Auftraggebers sind, dass ein ungewöhnlich niedriger Preis vorliegen könnte, wird ihm aber ein **Beurteilungsspielraum** bezüglich der Entscheidung zugebilligt, wann, d. h. auf der Grundlage welcher Voraussetzungen er von dem betreffenden Bieter Aufklärung verlangt; dieser Beurteilungsspielraum unterliegt nur einer begrenzten Kontrolle durch die Nachprüfungsinstanzen.[28] Die Nachprüfungsinstanzen überprüfen den Beurteilungsspielraum, ähnlich wie einen Ermessensspielraum, lediglich darauf, ob der Auftraggeber einen gemäß den tatsächlichen Umständen nachvollziehbaren, vertretbaren und nicht willkürlichen Ermittlungsansatz gewählt hat.[29]

Die Pflicht des Auftraggebers, Aufklärung von dem Bieter zu verlangen, entspricht dem 14 europarechtlichen Ziel der Öffnung des öffentlichen Auftragswesens für einen umfassenden, unverfälschten Wettbewerb.[30] Konkretisiert wird dieses Ziel dadurch, dass eine **effektive kontradiktorische Erörterung** zwischen dem öffentlichen Auftraggeber und dem Bieter im Verfahren der Prüfung von Angeboten zu gewährleisten ist, da die Erörterung eine grundlegende Anforderung der Richtlinie dafür darstellt, dass Willkür des öffentlichen Auftraggebers verhindert und ein gesunder Wettbewerb zwischen den Unternehmen gewährleistet wird.[31]

Der Auftraggeber hat nach § 60 Abs. 2 eine Preisprüfung vorzunehmen. Mittels der 15 vorgeschriebenen Aufklärung hat er dem betreffenden Bieter die Möglichkeit zu geben, den Eindruck eines ungewöhnlich niedrigen Angebots zu entkräften oder beachtliche Gründe dafür aufzuzeigen, dass sein Angebot dennoch annahmefähig ist.[32] Dies geschieht, indem er an den Bieter eine eindeutig formulierte Aufforderung richtet, mit der er Erläuterungen und ggf. Nachweise zu den Preisen, auch zu den Einzelpreisen, die den Gesamtpreis bilden, verlangt und somit **dem Bieter Gelegenheit gibt, die „Seriosität" des Angebots darzulegen.**[33] Die Informationen des Bieters sind sodann in die Prüfung einzubeziehen, indem der Auftraggeber ihre Stichhaltigkeit prüft.[34]

Bezüglich der **Form der Aufforderung** im Rahmen der Aufklärung gelten die §§ 9 ff. 16 VgV.[35] Eine mündliche Kommunikation scheidet nach § 9 Abs. 2 VgV aus. Die Aufforderung sollte schriftlich formuliert werden, wobei die konkreten Gründe für die Aufklärung

---

[28] Vgl. OLG Düsseldorf 30.4.2014 – VII-Verg 41/13, VergabeR 2014, 726 (728); OLG Brandenburg 22.3.2011 – Verg W 18/10, VergabeR 2012, 866 (875); *Dicks* in KKMPP, VgV, § 60 Rn. 9; *Horn* in Müller-Wrede, VOL/A, § 19 EG Rn. 209; *König* in Gabriel/Krohn/Neun, Handbuch des Vergaberechts, § 29 Rn. 16.

[29] Vgl. OLG Düsseldorf 30.4.2014 – VII-Verg 41/13, VergabeR 2014, 726 (728).

[30] Vgl. EuGH 11.1.2005 – C-26/03, NZBau 2005, 111 (114) – Stadt Halle.

[31] Vgl. EuGH 27.11.2001 – C-285/99 und C-286/99, EuZW 2002, 58 (62) – Lombardini und Mantovani – zu Art. 37 Abs. 4 der Richtlinie 93/37/EWG vom 14.6.1993 zur Koordinierung der Verfahren zur Vergabe öffentlicher Bauaufträge, ABl. L 199 v. 9.8.1993, 54; Art. 30 Abs. 4 lautet: „Scheinen bei einem Auftrag Angebote im Verhältnis zur Leistung ungewöhnlich niedrig, so muß der öffentliche Auftraggeber vor der Ablehnung dieser Angebote schriftlich Aufklärung über die Einzelposten der Angebote verlangen, wo er dies für angezeigt hält; die anschließende Prüfung dieser Einzelposten erfolgt unter Berücksichtigung der eingegangenen Erläuterungen." Die Entscheidung war auf die vergleichbare Rechtslage nach Art. 69 der Vergaberichtlinie 2014/24/EU anzuwenden, die Erläuterungen des Bieters fordert; EuGH 29.3.2012 – C-599/10, EuZW 2012, 387 (390), zu Art. 55 der Richtlinie 2004/18/EG, wonach schriftliche Aufklärung bei ungewöhnlich niedrigen Angeboten zu verlangen ist.

[32] Vgl. OLG Celle 30.9.2010 – 13 Verg 10/10, NZBau 2011, 189 (190).

[33] Vgl. EuGH 29.3.2012 – C-599/10, EuZW 2012, 387 (390); 27.11.2001 – C-285/99 und C-286/99, EuZW 2002, 58 (62); *Vavra* in Ziekow/Völlink, Vergaberecht, § 16 VOB/A Rn. 47.

[34] Vgl. EuGH 27.11.2001 – C-285/99 und C-286/99, EuZW 2002, 58 (62) – Lombardini und Mantovani.

[35] Vgl. *Wandewitz* § 9 VgV.

dargelegt werden und/oder dem Bieter gezielte Fragen gestellt werden sollten.[36] Sie kann **elektronisch in Textform nach § 126b BGB als E-Mail** übermittelt werden. Da die Aufklärung in der Phase der Wertung erfolgen muss und die Bindefrist der Angebote zu beachten ist, kann dem Bieter eine kurze, aber jedenfalls angemessene Frist[37] für die Beantwortung gesetzt werden. Die Angemessenheit richtet sich nach der Komplexität des Auftrags und den sonstigen Umständen des Einzelfalls.

17   Nach der ordnungsgemäßen Aufforderung des Auftraggebers hat der Bieter Gelegenheit, den Nachweis der „Seriosität" seines Angebots zu erbringen. Damit geht die diesbezügliche **Darlegungs- und Beweislast** auf ihn über.[38] Das ist insofern sachgerecht, als dass allein das Unternehmen über die innerbetrieblichen und geschäftlichen Verhältnisse Auskunft erteilen kann und ihm dies zuzumuten ist, weil der Auftraggeber keine Kenntnisse von den internen Betriebsstrukturen hat.[39] Der Bieter muss konkrete Gründe darlegen, die den Anschein widerlegen, dass sein Angebot nicht seriös ist. Dazu muss er seine Kalkulation und deren Grundlagen erläutern.[40] Die Erläuterungen des Bieters müssen umfassend, in sich schlüssig und nachvollziehbar sowie ggf. durch geeignete Nachweise objektiv überprüfbar sein.[41] Geeignet können Eigenerklärungen[42] des Bieters sowie Unterlagen sein. In Betracht kommen auch Testate, wie z. B. ein Wirtschaftsprüfertestat.[43] Formelhafte, inhaltsleere bzw. abstrakte Erklärungen ohne Bezug zu den einzelnen Positionen, wie etwa allgemeine Hinweise auf innerbetriebliche Strukturen oder wirtschaftliche Parameter, reichen nicht aus, um die Seriosität des Angebots nachzuweisen.[44] Der Bieter kann die Aufklärung nicht mit dem Hinweis auf Betriebs- oder Geschäftsgeheimnisse verweigern, weil nach § 5 VgV das Gebot der Vertraulichkeit in dem Verhältnis zwischen Auftraggeber und Bieter gilt.[45] Sollte es zu einem Nachprüfungsverfahren kommen, in dem die Einlassungen und Unterlagen des Bieters geprüft werden, kann allerdings der Schutz von Betriebs- oder Geschäftsgeheimnissen gegenüber dem oder den Beigeladenen zu wahren sein. Die Nachprüfungsinstanzen können bei geltend gemachten Geheimhaltungsinteressen die Akteneinsicht beschränken und müssen insoweit die Geheimhaltungsinteressen des betroffenen Bieters gegenüber den Offenlegungsinteressen des Konkurrenten abwägen.[46]

4. Bieterrechtsschutz

18   Ziel der Vorschrift über die Aufklärung und Prüfung ungewöhnlich niedriger Angebote ist **nicht, einen Bieter vor seinem eigenen Unterpreisangebot und damit „vor sich selbst" zu schützen;** das Risiko einer Fehlkalkulation trifft den Anbieter.[47] Die **bieterschützende Wirkung** der Norm ist dagegen zugunsten desjenigen Bieters anerkannt, dessen eigenes Angebot von der Wertung ausgeschlossen worden ist bzw. von einem Ausschluss bedroht ist.[48] In der Vergangenheit war es umstritten, ob die Vorgängerregelungen des § 60 Abs. 1 (§ 19 EG Abs. 6 VOL/A, § 16 EG Abs. 6 Nr. 1 und 2 VOB/A) auch **drittschützende Wirkung zugunsten konkurrierender Bieter** entfalteten, bei denen die Gefahr bestand, den Zuschlag wegen eines ungewöhnlich niedrigen Angebots eines

[36] Vgl. *von Wietersheim* in Ingenstau/Korbion, VOB, § 16d VOB/A Rn. 9.
[37] Vgl. OLG Celle 30.9.2010 – 13 Verg 10/10, NZBau 2011, 189 (190).
[38] Vgl. nur OLG Düsseldorf 31.10.2012 – VII-Verg 17/12, NZBau 2013, 333 (335).
[39] Vgl. *Dicks* in KKMPP, VgV, § 60 Rn. 24.
[40] Vgl. OLG Brandenburg 22.3.2011 – Verg W 18/10.
[41] Vgl. VK Schleswig-Holstein 6.4.2011 – VK-SH 05/11, IBRRS 2011, 5582.
[42] Vgl. OLG Düsseldorf 31.10.2012 – Verg 17/12, NZBau 2013, 333 (336).
[43] Vgl. OLG Düsseldorf 17.2.2016 – VII-Verg 28/15, ZfBR 2016, 709 (710).
[44] Vgl. *Queisner* in GMPS, BeckOK Vergaberecht, § 60 VgV Rn. 20.
[45] Vgl. *Dicks* in KKMPP, VgV, § 60 Rn. 24.
[46] Vgl. BGH 31.1.2017 – X ZB 10/16, ZfBR 2017, 492 (497 f.).
[47] Vgl. BGH 4.10.1979 – VII ZR 11/79, NJW 1980, 180 (180); OLG Brandenburg 25.11.2015 – 4 U 7/14, NZBau 2016, 217 (219).
[48] Vgl. nur OLG Düsseldorf 28.9.2006 – VII-Verg 49/06; *Dicks* in KKMPP, VgV, § 60 Rn. 12.

anderen Bieters nicht zu erhalten.[49] Die ablehnende Rechtsprechung wurde modifiziert, indem eine drittschützende Wirkung zugunsten konkurrierender Bieter ausnahmsweise dann anerkannt wurde, wenn das Gebot, wettbewerbsbeschränkende und unlautere Verhaltensweisen zu bekämpfen, vom Auftraggeber den Ausschluss des betreffenden Angebots erforderte. Dies wurde angenommen, wenn **Angebote durch einen ungewöhnlich niedrigen Preis auf eine Marktverdrängung abzielen** oder der **Auftragnehmer** aufgrund seiner unauskömmlichen Preisgestaltung bei der Ausführung des Auftrags **voraussichtlich in so große wirtschaftliche Schwierigkeiten geraten wird, dass er die Ausführung abbrechen muss.** Die wettbewerbsbeschränkende Wirkung wurde in der begründeten Besorgnis gesehen, dass die am Vergabeverfahren beteiligten Wettbewerber, die die Leistung zu einem angemessenen Preis angeboten hatten, nicht mehr in die Ausführung des Vertrages eintreten konnten.[50]

Mit einem Beschluss vom 31.1.2017[51] hat der **BGH für Rechtsklarheit gesorgt: Die** 19 **drittschützende Wirkung sowohl der Regelung über die Aufklärungspflicht als auch über die Vornahme der Prüfung durch den Auftraggeber ist uneingeschränkt gegeben.** In der Sache geht es nach Auffassung des BGH um eine Auftragserteilung unter Verstoß gegen Regelungen, die den Wettbewerbsgrundsatz des § 97 Abs. 1 GWB konkretisieren. Die einschränkenden Kriterien – Marktverdrängung oder Möglichkeit der wirtschaftlichen Schwierigkeiten – hat der BGH mit der Begründung abgelehnt, dass der Antragsteller bei Einreichung des Nachprüfungsantrags regelmäßig schon deshalb nichts Konkretes dazu vortragen kann, weil dies Einblicke in die Sphäre jenes Unternehmens voraussetzt, über die er üblicherweise nicht verfügen wird und für die er schon in Anbetracht des engen Fristenrahmens für vergaberechtliche Beanstandungen auch kaum rechtzeitig hinreichende Indizien zusammentragen kann. Ebenso überspannt es die Anforderungen an den Zugang zum vergaberechtlichen Nachprüfungsverfahren, vom Antragsteller substanziierten Vortrag zu der Gefahr der Verdrängung seines Unternehmens vom Markt zu verlangen.[52] Diese Entscheidung des BGH ist zu begrüßen, weil sie praxisgerecht ist und bisher kaum überwindbare Abgrenzungsprobleme ausräumt.

II. Abs. 2: Prüfung durch den öffentlichen Auftraggeber

Hat er einen ungewöhnlich niedrigen Preis festgestellt und den Bieter zur Aufklärung 20 aufgefordert, **prüft der öffentliche Auftraggeber die Zusammensetzung des Angebots und berücksichtigt dabei die von dem Bieter übermittelten Unterlagen.** Die Prüfung der Angemessenheit des Angebotspreises ist durch eine **Betrachtung des Preis-Leistungs-Verhältnisses** bei dem vom Ausschluss bedrohten Angebots vorzunehmen. **Dabei ist der Gesamtpreis des Angebots in Relation zum Wert der angebotenen Leistung zu stellen.**[53] Dazu kann der Auftraggeber – vorab, also vor Einbeziehung der Einlassung des betreffenden Bieters – eine Prüfung auf der Grundlage der Verordnung PR Nr 30/53 über die Preise bei öffentlichen Aufträgen (PR Nr. 30/53)[54] durchführen. Er kann darüber hinaus die eigene – seriöse und nachvollziehbare – Kostenschätzung sowie Erfahrungswerte aus vergleichbaren Vergabeverfahren heranziehen. Abgesehen von der

---

[49] Ablehnend OLG Düsseldorf 17.6.2002 – VII Verg-18/02, NZBau 2002, 627 (628); 29.9.2008 – VII-Verg 50/08 mwN in Bezug auf die ältere Rechtsprechung; offen gelassen: OLG München 11.5.2007 – Verg 4/07; ZfBR 2007, 599 (601); OLG Koblenz 26.10.2005 – 1 Verg 4/05, VergabeR 2006, 392 (401 f.); zustimmend: OLG Saarbrücken 29.10.2003, NZBau 2004, 117 (118).

[50] Vgl. nur KG 27.5.2016 – Verg 12/15 mwN; OLG Düsseldorf 31.10.2012 – VII-Verg 17/12, NZBau 2013, 333 (336); OLG Düsseldorf 17.2.2002 – VII-Verg 18/02, NZBau 2002, 627 (628 f.).

[51] BGH 31.1.2017 – X ZB 10/16, ZfBR 2017, 492.

[52] Vgl. BGH 31.1.2017 – X ZB 10/16, ZfBR 2017, 492 (493 f.); auch OLG Frankfurt 9.5.2017 – 11 Verg 5/17, VergabeR 2017, 656 (660).

[53] Vgl. OLG Düsseldorf 13.12.2006 – VII-Verg 54/06, NZBau 2007, 462 (464).

[54] V. 21.11.1953 (BAnz. 1953 Nr. 244), zuletzt geändert durch Gesetz v. 8.12.2010 (BGBl. I S. 1864).

Beachtung der PR Nr. 30/53 sind die Meinungen zu der isolierten, d. h. ohne Einbeziehung der Anhörungsergebnisse durchgeführten Prüfung, geteilt: Sie reichen von zweckmäßig[55] bis wettbewerbsverzerrend.[56] Einigkeit besteht aber, dass es sich allenfalls um eine „Vorprüfung" handeln kann, die die eigentliche Prüfung auf der Grundlage der von dem im Rahmen der Aufklärung geforderten Einlassungen und Unterlagen des betreffenden Bieters nicht ersetzen kann.[57]

21   Die nicht abschließende Aufzählung möglicher Prüfungsgegenstände in § 60 Abs. 2 Satz 2 konkretisiert in Umsetzung des Art. 69 Abs. 2 Buchst. a bis d der Richtlinie 2014/24/EU den Prüfungsumfang. Im Einzelnen handelt es sich dabei um folgende Punkte:
* die Wirtschaftlichkeit des Fertigungsverfahrens einer Lieferleistung oder der Erbringung der Dienstleistung,
* die gewählten technischen Lösungen oder die außergewöhnlich günstigen Bedingungen, über die das Unternehmen bei der Lieferung der Waren oder bei der Erbringung der Dienstleistung verfügt,
* die Besonderheiten der angebotenen Liefer- oder Dienstleistung,
* die Einhaltung der Verpflichtungen nach § 128 Abs. 1 GWB[58] – hierbei handelt es sich um verpflichtende Ausführungsbedingungen –, insbesondere der für das Unternehmen geltenden umwelt-, sozial- und arbeitsrechtlichen Vorschriften, oder
* die etwaige Gewährung einer staatlichen Beihilfe an das Unternehmen.

22   Bei der **Wirtschaftlichkeit des Fertigungsverfahrens einer Lieferleistung oder der Erbringung der Dienstleistung** stellt der Auftraggeber insbesondere auf das Verhältnis zwischen Mitteleinsatz und Leistung ab; d. h. er überprüft den Bedarf von Ressourcen zur Zielverwirklichung.[59] Hier können besondere technische Kenntnisse des Bieters relevant sein. Bei Dienstleistungen sind primär die Personal- und Sachkosten maßgebend.

23   Bezüglich der gewählten **technischen Lösungen, über die das Unternehmen bei der Lieferung der Waren oder bei der Erbringung der Dienstleistung verfügt,** kommen Fertigungsverfahren für eine Lieferleistung als wesentlicher Punkt in Betracht. Bei Dienstleistungen spielen die Personalplanung und der Einsatz von Hilfsmitteln (z. B. technische Mittel) eine Rolle. **Außergewöhnlich günstige Bedingungen** sind regelmäßig einzelfallbezogen. Hier kann es sich um Fälle handeln, in denen der Bieter unbedingt seine personellen und sachlichen Kapazitäten verplanen möchte, weil Überkapazitäten bestehen, ein Unternehmen günstig bestimmte Waren liefern kann, weil es noch einen Vorrat davon hat oder sie aufgrund einer besonderen Gelegenheit billig einkaufen könnte oder ein Newcomer an den Markt kommen möchte und daher mit nur geringer Gewinnmarge kalkuliert, etc.

24   Auch die Besonderheiten der angeboten Liefer- oder Dienstleistung sind Prüfungsgegenstand. Art. 69 Abs. 2 Buchst. c der Richtlinie 2014/24/EU spricht von der **„Originalität der Bauleistungen, der Lieferungen oder der Dienstleistungen wie vom Bieter angeboten".** Prüfungsansatz kann demnach sein, ob das Produkt oder die Leistung den Vorgaben entspricht, die der Auftraggeber im Rahmen der Ausschreibung gemacht hat, oder ob Abweichungen bestehen und wenn ja, ob und inwieweit diese preisrelevant sind.

25   Die **Einhaltung der Verpflichtungen nach § 128 Abs. 1 GWB,** insbesondere der für das Unternehmen geltenden umwelt-, sozial- und arbeitsrechtlichen Vorschriften, ist essenziell für den Wettbewerb und hat auch Auswirkungen auf den Preis eines Angebots. Insoweit ist dieser Tatbestand ausdrücklich in Erwägungsgrund 103 der Richtlinie 2014/24/EU erwähnt, wo es heißt, dass eine Ablehnung eines Angebots in den Fällen obligatorisch sein sollte, in denen der öffentliche Auftraggeber festgestellt hat, dass die vorgeschla-

---

[55] Vgl. VK Niedersachsen 23.3.2012 – VgK 06/2012.
[56] Vgl. *von Wietersheim* in Ingenstau/Korbion, VOB, § 16d VOB/A Rn. 8.
[57] Vgl. *Horn* in Müller-Wrede, VOL/A, § 19 EG Rn. 212.
[58] Vgl. *Opitz* § 128 GWB.
[59] Vgl. *Queisner* in GMPS, BeckOK Vergaberecht, § 60 VgV Rn. 17.1.

genen ungewöhnlich niedrigen Preise oder Kosten daraus resultieren, dass verbindliche sozial-, arbeits- oder umweltrechtliche Unionsvorschriften nicht eingehalten werden. Eigentlich müsste das Angebot eines Bieters, das gegen § 128 Abs. 1 GWB verstößt, wegen Nichteinhaltung von Ausführungsbedingungen ohnehin ausgeschlossen worden sein, bevor die Angemessenheitsprüfung der Preise erfolgt. Da § 128 Abs. 1 GWB übergeordnete gesetzliche Verpflichtungen normiert, die für jedes Vergabeverfahren gelten und die nicht zusätzlich einzelvertraglich vereinbart werden müssen, reicht der Bieter in der Regel keine Einzelnachweise ein, die der Auftraggeber prüfen kann. Daher kann es vorkommen, dass (erst) im Rahmen der Angemessenheitsprüfung des Preises, bei der der ursächliche Zusammenhang zwischen dessen Höhe und dem Verstoß gegen § 128 Abs. 1 GWB relevant ist, deutlich wird, dass der Bieter die Ausführungsbedingungen nach § 128 Abs. 1 GWB nicht einhält.

Schließlich kann die Gewährung einer staatlichen Beihilfe den Preis eines Angebots beeinflussen. Aufgrund einer Beihilfe ist ein Bieter in der Lage, günstiger anzubieten. Hier gelten Besonderheiten, die in § 60 Abs. 4[60] geregelt sind. **26**

III. Abs. 3: Rechtsfolgen

Nach § 61 Abs. 3 Satz 1 **darf der Auftraggeber,** wenn er die geringe Höhe des Preises **27** oder der Kosten nicht zufriedenstellend aufklären konnte, **den Zuschlag auf das Angebot ablehnen.** Das Wort „darf" räumt dem Auftraggeber ein Ermessen ein. Der BGH hat insofern konkretisiert, dass es sich um ein **rechtlich gebundenes Ermessen** handelt. Die Verwendung des Verbs „dürfen" in § 60 Abs. 3 Satz 1 ist nicht so zu verstehen, dass es im Belieben des Auftraggebers steht, den Auftrag trotz weiterbestehender Ungereimtheiten doch an den betreffenden Bieter zu vergeben. Die Ablehnung des Zuschlags ist nach Auffassung des BGH vielmehr grundsätzlich geboten, wenn der Auftraggeber verbleibende Ungewissheiten nicht zufriedenstellend aufklären kann. Bei der Beurteilung der Anforderungen an eine zufriedenstellende Aufklärung berücksichtigt er Art und Umfang der im konkreten Fall drohenden Gefahren für eine wettbewerbskonforme Auftragserledigung.[61] Der Auftraggeber erteilt demnach nicht den Zuschlag auf ein Angebot, bei dem er positiv eine Diskrepanz zwischen dem ungewöhnlich niedrigen Preis und der Leistung festgestellt hat, oder bei dem Restzweifel verbleiben, die nicht ausgeräumt werden konnten.

Aufgrund der Prüfung der von dem betreffenden Bieter beigebrachten Erklärungen und **28** Unterlagen kann sich dagegen ergeben, dass das von der Aufgreifschwelle erfasste Angebot trotz des Preisabstands nicht ungewöhnlich niedrig, sondern auskömmlich ist. **Auskömmlichkeit** liegt vor, wenn das Angebot über alle Leistungsteile hinweg für den Bieter kostendeckend ist; dann besteht kein Grund, an der Leistungsfähigkeit des Bieters zu zweifeln.[62]

Ergebnis der Prüfung kann aber auch sein, dass ein Angebot, bei dem tatsächlich ein **29** Missverhältnis zwischen dem Preis und der Leistung gegeben ist, dennoch den Zuschlag erhalten kann. Ein sog. **Unterkostenangebot** liegt vor, wenn der Erlös, der dem Bieter durch den Vertrag voraussichtlich zufließen wird, unterhalb der Selbstkosten liegt, die ihm voraussichtlich durch den öffentlichen Auftrag entstehen werden.[63] Ein Unterkostenangebot ist nicht per se unzulässig.[64] Denn ein Bieter ist mangels verbindlicher Kalkulationsregeln grundsätzlich in seiner Preisgestaltung frei.[65] Wie er seine Preise kalkuliert, liegt als Ausdruck der Freiheit unternehmerischen Handelns in seinem Verantwortungsbe-

---

[60] Vgl. Rn. 32–40.
[61] Vgl. BGH 31.1.2017 – X ZB 10/16, ZfBR 2017, 492 (495).
[62] Vgl. *Gabriel* VergabeR 2013, 300 (302 f.).
[63] Vgl. *Gabriel* VergabeR 2013, 300 (303).
[64] Vgl. OLG Düsseldorf 8.6.2016 – VII-Verg 57/15, ZfBR 2017, 88 (88); OLG München 21.5.2010 – Verg 2/10, ZfBR 2010, 606 (619); *Vavra* in Ziekow/Völlink, Vergaberecht, § 16 VOB/A Rn. 47a.
[65] Vgl. BGH, 18.5.2004 – X ZB 7/04, NZBau 2004, 457 (459).

reich.[66] Der Zuschlag kann demnach auf ein Unterkostenangebot erteilt werden, wenn der Bieter durch seine Einlassungen und ggf. Unterlagen nachvollziehbar und schlüssig erläutern kann, dass bestimmte Faktoren den niedrigen Preis bzw. die niedrigen Kosten erklären,[67] dass also eine wettbewerbliche Rechtfertigung vorliegt[68] und die Prognose gerechtfertigt ist, dass er auch zu diesem Preis zuverlässig und vertragsgerecht wird leisten können.[69]

30   Nach § 60 Abs. 3 Satz 2 **ist ein Angebot abzulehnen,** wenn der öffentliche Auftraggeber festgestellt hat, dass der ungewöhnlich niedrige Preis bzw. die ungewöhnlich niedrigen Kosten daraus resultieren, dass **Verpflichtungen nach Abs. 2 Satz 2 Nr. 4 nicht eingehalten werden.**[70] Bei diesen Verpflichtungen handelt es sich um die gesetzlich vorgeschriebenen Ausführungsbedingungen gemäß § 128 Abs. 1 GWB und damit um schlichtweg alle rechtlichen Rahmenbedingungen, die bei der Ausführung des Auftrags zu beachten sind,[71] insbesondere der für das Unternehmen geltenden umwelt-, sozial- und arbeitsrechtlichen Vorschriften, wie z.B. die Zahlung von Mindestentgelten oder Tariflöhnen. Bei dieser Fallkonstellation besteht bezüglich des Ausschlusses des Angebots kein gebundenes Ermessen, sondern **eine zwingende Verpflichtung** des Auftraggebers. Damit wird dem Ziel des Unions- sowie nationalen Gesetzgebers entsprochen, strategischen bzw. politischen Elementen bei der öffentlichen Auftragsvergabe eine hohe Priorität einzuräumen.

31   Zwischen der niedrigen Höhe des Preises oder der Kosten und der Nichteinhaltung der Ausführungsbedingungen muss **ein kausaler Zusammenhang** bestehen. D.h. der geringe Preis oder die geringen Kosten müssen aus der Nichteinhaltung der Verpflichtung resultieren. Im Hinblick darauf, dass der Bieter die Darlegungs- und Beweislast für den Nachweis der Seriosität seines Angebots trägt,[72] muss er in diesem Fall auch dartun, dass kein Ursachenzusammenhang zwischen dem Preis bzw. den Kosten und der vermeintlichen Nichtbeachtung der Obliegenheiten nach § 128 Abs. 1 GWB besteht. Praktisch muss sich demnach aus dem Nachweis des Bieters ergeben, dass er einerseits die Verpflichtungen bzw. Ausführungsbedingungen erfüllt, andererseits die geringe Höhe des Preises bzw. der Kosten auf anderen, konkret zu benennenden Gründen beruhen.

IV. Abs. 4: Ungewöhnlich niedrige Angebote aufgrund einer staatlichen Beihilfe

1. Aufklärung durch den öffentlichen Auftraggeber – Rechtsfolge

32   Für **ungewöhnlich niedrige Angebote aufgrund einer staatlichen Beihilfe** gilt nach § 60 Abs. 4 eine Sonderregelung: eine Ablehnung des Angebots erfolgt gemäß § 60 Abs. 4 Satz 1, wenn der Bieter nicht fristgemäß nachweisen kann, dass die Beihilfe rechtmäßig gewährt wurde. Dies bedeutet im Umkehrschluss, dass **ein Angebot, dessen ungewöhnlich niedriger Preis darauf beruht, dass das Unternehmen auf rechtmäßige Weise staatliche Beihilfen empfängt oder empfangen hat, nicht ausgeschlossen werden darf.** Die Vorschrift dient der Sicherstellung des fairen Wettbewerbs, denn eine rechtswidrig gewährte Beihilfe führt zu einem nicht gerechtfertigten Vorteil des betreffenden Bieters im Vergabewettbewerb.[73] Dagegen hat eine rechtmäßig gewährte Bei-

---

[66] Vgl. OLG Düsseldorf, 9.2.2009 – VII-Verg 66/08, VergabeR 2009, 956 (961).

[67] Vgl. OLG München 17.9.2015 – Verg 3/15, NZBau 2015, 711 (717); OLG Brandenburg 22.3.2011 – Verg W 18/10.

[68] Vgl. *König* in Gabriel/Krohn/Neun, Handbuch des Vergaberechts, § 29 Rn. 74.

[69] Vgl. BGH 11.7.2001 – 1 StrR 576/00, NZBau 2001, 574 (576); OLG München 21.5.2010 – Verg 02/10, ZfBR 2010, 606 (619).

[70] Vgl. Rn. 25.

[71] Vgl. *Conrad* ZfBR 2017, 40 (42).

[72] Vgl. nur OLG Düsseldorf 31.10.2012 – VII-Verg 17/12, NZBau 2013, 333 (335).

[73] Vgl. *Horn* in Müller-Wrede, VOL/A, § 19 EG Rn. 226.

hilfe gerade den Zweck, Wettbewerbsnachteile eines Bieters auszugleichen oder ihn erst wettbewerbsfähig zu machen.[74]

§ 60 Abs. 4 stellt auf **Beihilfen iSd Art. 107 AEUV** ab. Unter einer Beihilfe iSd. 33 Art. 107 AEUV sind staatliche oder aus staatlichen Mitteln gewährte Vergünstigungen für bestimmte Unternehmen oder Produktionszweige gleich welcher Art zu verstehen. Das können sowohl positive Leistungen, wie z.B. Zulagen oder Zuschüsse, als auch sonstige Arten von Vorteilen, wie Steuerbefreiungen, Bürgschaftsübernahmen oder die unentgeltliche oder besonders preiswerte Überlassung von Gütern, Grundstücken oder Rechten oder eine Bevorzugung bei öffentlichen Aufträgen u.a. sein.[75] Eine staatliche Beihilfe setzt voraus, dass die **Vergünstigung ohne angemessene Gegenleistung gewährt wird.**[76] Demgemäß hat der EuGH eine Beihilfe auch als eine staatliche Maßnahme definiert, die mittelbar oder unmittelbar Unternehmen begünstigen kann oder die als wirtschaftlicher Vorteil anzusehen ist, den das begünstigte Unternehmen unter normalen Marktbedingungen nicht erhalten hätte.[77] Da bei einer rechtmäßig gewährten Beihilfe deren Notwendigkeit und Zulässigkeit im Vorfeld geprüft worden ist, wird ihr Einfluss auf den Preis eines Angebots in einem Vergabeverfahren toleriert; es liegt insofern kein Grund für den Ausschluss eines Angebots wegen Wettbewerbsbeeinträchtigung vor.

Bezüglich des Tatbestandsmerkmals „ungewöhnlich niedrig" gelten die gleichen Voraus- 34 setzungen wie bei § 60 Abs. 1 und 3. Zwischen der ungewöhnlich niedrigen Preis und der Beihilfe muss ein **ursächlicher Zusammenhang** bestehen, d.h. der niedrige Preis muss die alleinige Ursache in der Beihilfe haben.[78] Die Beweislast für die Rechtmäßigkeit – also für die Vereinbarkeit mit dem Binnenmarkt im Sinne des Art. 107 AEUV – trägt dabei das Unternehmen.[79]

Liegt ein Fall vor, in dem der Auftraggeber die Ursache des niedrigen Preises in einer 35 Beihilfe vermutet bzw. positive Kenntnis davon hat, **fordert er den Bieter** in Textform auf elektronischem Weg **unter Darlegung des relevanten Sachverhalts dazu auf, den Nachweis zu erbringen, dass er die zur Reduzierung des Preises führende Beihilfe rechtmäßig erhalten hat.** Dazu setzt er dem Unternehmen eine ausreichende Frist, deren Dauer durch eine Abwägung des Interesses an dem zügigen Abschluss des Vergabeverfahrens mit dem Interesse des Bieters, ausreichend Zeit für die Beschaffung des Nachweises zu haben, bestimmt wird.[80] Den Nachweis einer rechtmäßig erhaltenen Beihilfe kann der Bieter führen, indem er eine Bescheinigung der EU-Kommission vorlegt, auf die Veröffentlichung der Beihilfegewährung in einschlägigen Amtsblättern (z.B. dem EU-Amtsblatt) verweist und dazu entsprechende Belege (Kopien bzw. elektronische links) oder den Zuwendungsbescheid vorlegt.[81]

Die EU-Kommission entscheidet nach § 108 Abs. 3 AEUV darüber, ob eine Beihilfe 36 gemäß Art. 107 Abs. 2 und 3 AEUV mit dem Binnenmarkt vereinbar ist (sog. Notifizierungsverfahren). Die betreffende Maßnahme darf nicht durchgeführt werden, bevor die Kommission einen abschließenden Beschluss dazu erlassen hat.[82] Demnach ist die Rechtmäßigkeit einer Beihilfe im Vergabeverfahren nicht nachgewiesen, wenn die **Notifizierung** nach Art. 108 Abs. 3 AEVUV zum Zeitpunkt der Erläuterungen durch den Bieter

---

[74] Vgl. *Dicks* in KKMPP, VgV, § 60 Rn. 39.

[75] Bekanntmachung der VOL/A 2006 v. 6.4.2006, BAnz. Nr. 100a, Erläuterungen des DVAL zu § 25b Nr. 2 Abs. 3.

[76] Vgl. EuGH 24.7.2003 – C-280/00, NZBau 2003, 503 (507) – Altmark Trans; *Herrmann* in Ziekow/Völlink, Vergaberecht, § 16 VOB/A-EG Rn. 22.

[77] Vgl. EuGH 18.2.2016 – C-446/14, ZfBR 2016, 702 (703).

[78] Vgl. *von Wiethersheim* in Ingenstau/Korbion, VOB, § 16d EU VOB/A Rn. 9.

[79] Vgl. BR-Drs. 87/16, 216.

[80] Vgl. *Herrmann* in Ziekow/Völlink, Vergaberecht, § 16 VOB/A-EG Rn. 23.

[81] Vgl. *Grünhagen* in FKZGM, VOB, § 16d EU VOB/A Rn. 48.

[82] Auf der Grundlage des Art. 109 AEUV hat die Kommission durch Verordnung (VO (EU) 2015/1588 v. 13.7.2015, ABl. L 248/9) bestimmte Beihilfen vom Notifizierungsverfahren freigestellt, so dass dieses in den freigestellten Fällen keine Voraussetzung für die Rechtmäßigkeit darstellt.

innerhalb der vom Auftraggeber gesetzten Frist noch nicht erfolgt ist.[83] Zu beachten ist, dass bei einer Missachtung des Durchführungsverbots des Art. 108 Abs. 3 AEUV im Rahmen des Vergabeverfahrens wegen Verstoßes gegen ein gesetzliches Verbot die Nichtigkeit des Vertrags zwischen Auftraggeber und Bieter nach § 134 BGB droht.[84]

37   Gleichermaßen gilt der Nachweis einer rechtmäßig gewährten Beihilfe als nicht geführt, wenn **der Bieter die von dem Auftraggeber gesetzte Frist verstreichen lässt,** ohne sich zu äußern.[85] Es geht ferner zu Lasten des Bieters, wenn er erst nach Ablauf der Frist Stellung nimmt und/oder Nachweise vorlegt. Denn das Interesse des Auftraggebers an einem zügigen Abschluss des Vergabeverfahrens ist höher zu bewerten als das Interesse des Bieters an dem Nachweis der Rechtmäßigkeit.[86]

38   Kann der Bieter nicht (fristgemäß) nachweisen, dass die Beihilfe rechtmäßig gewährt wurde, schließt der öffentliche Auftraggeber sein Angebot von der Wertung aus. Diesbezüglich hat er nach dem Wortlaut der Vorschrift **kein Ermessen;** vielmehr ist der Ausschluss zwingend vorzunehmen. Die strenge Rechtsfolge ist u. a. Ausdruck der Gefahr, dass rechtswidrige Beihilfen einem Rückforderungsrisiko unterliegen.[87] Die Rückzahlungsverpflichtung einer rechtswidrigen Beihilfe gefährdet damit die finanzielle Leistungsfähigkeit eines Unternehmens, so dass es als Auftragnehmer nicht die notwendigen finanziellen und wirtschaftlichen Sicherheiten bietet.[88]

2. Mitteilung an die Europäische Kommission

39   Wenn der Auftraggeber ein Angebot mangels eines Nachweises der Rechtmäßigkeit der Beihilfe von dem Vergabeverfahren ausgeschlossen hat, teilt er die Ablehnung nach § 60 Abs. 4 Satz 2 der EU-Kommission mit. Damit soll die Kommission in die Lage versetzt werden, ihren **Kontrollpflichten nach Art. 108 Abs. 3 AEUV,** die Überwachung der Einhaltung des Durchführungsverbots, nachzukommen.

3. Bieterrechtsschutz

40   Auch ein Verstoß gegen § 60 Abs. 4 ist wettbewerbsrelevant iSd § 97 Abs. 1 GWB. Es ist kein Grund ersichtlich, bezüglich der subjektiven Bieterrechte zwischen § 60 Abs. 1 und 2 einerseits und § 60 Abs. 4 andererseits zu differenzieren. Vielmehr ist auch § 60 Abs. 4 als subjektives Bieterrecht iSd § 97 Abs. 6 GWB zu qualifizieren, so dass nicht nur der betroffene Bieter selbst, sondern auch seine Konkurrenten unter Berufung auf § 60 Abs. 4 Primärrechtsschutz in Anspruch nehmen können.[89]

---

[83] Vgl. *Pünder* NZBau 2003, 530 (537 f.); *Horn* in Müller-Wrede, VOL/A, § 19 EG Rn. 231; aA OLG Düsseldorf 26.7.2002 – Verg 22/02 – NZBau 2002, 634 (637).
[84] Vgl. BGH 20.1.2004 – XI ZR 53/03, EuZW 2004, 252 (253).
[85] Vgl. *König* in Gabriel/Krohn/Neun, Handbuch des Vergaberechts, § 29 Rn. 47.
[86] Vgl. *Horn* in Müller-Wrede, VOL/A, § 19 EG Rn. 235.
[87] Vgl. *Quesiner* in GMPS, BeckOK Vergaberecht, § 60 VgV Rn. 49.
[88] Vgl. EuGH 7.12.2000 – C-94/99, EuZW 2001, 94 (96).
[89] Vgl. auch *Herrmann* in Ziekow/Völlink, Vergaberecht, § 16 VOB/A-EG Rn. 27; *Röwekamp* in Eschenbruch/Opitz, SektVO, § 27 Rn. 9.

§ 61 Ausführungsbedingungen

Für den Beleg, dass die angebotene Leistung den geforderten Ausführungsbedingungen gemäß § 128 Absatz 2 des Gesetzes gegen Wettbewerbsbeschränkungen entspricht, gelten die §§ 33 und 34 entsprechend.

Übersicht

	Rn.			Rn.
A. Einführung	1		III. Rechtliche Vorgaben im EU-Recht ...	3
I. Literatur	1		B. Bedeutung der Vorschrift	5
II. Entstehungsgeschichte	2			

A. Einführung

I. Literatur

Baumann, Zertifikate und Gütezeichen im Vergabeverfahren VergabeR 2015, 367 ff.; *Halstenberg/Klein,* **1**
Neues zu den Anforderungen bei Verwendung von Normen, Zertifikaten und Gütezeichen in Vergabeverfahren NZBau 2017, 469 ff.; *Knauff,* die Verwendbarkeit von (Umwelt-)Gütezeichen in Vergabeverfahren VergabeR 2017, 553 ff.

II. Entstehungsgeschichte

§ 61 VgV hat **keine unmittelbare Vorgängerregelung in der VOL/A 2009.** Die **2**
Vorschrift wurde neu in die VgV aufgenommen. Bislang enthielten lediglich § 8 EG Abs. 5 und 6 VOL/A 2009 Regelungen zum Rückgriff auf die Spezifikationen von Umweltzeichen für den Fall, dass der Auftraggeber in Leistungs- oder Funktionsanforderungen des Auftrags Umwelteigenschaften vorschreibt. § 8 EG Abs. 5 S. 2 VOL/A 2009 sah vor, dass bei Waren oder Dienstleistungen, die mit einem Umweltzeichen ausgestattet sind, vermutet wird, dass sie den betreffenden Anforderungen genügen. Der Auftraggeber musste jedoch auch jedes andere geeignete Beweismittel, wie technische Unterlagen des Herstellers oder Prüfberichte anerkannter Stellen, akzeptieren. Die Definition der „Anerkannten Stellen" in 8 EG Abs. 6 VOL/A 2009, war unklar.[1]

III. Rechtliche Vorgaben im EU-Recht

§ 61 VgV beruht auf **Art. 43 Abs. 1 RL 2014/24/EU** soweit die Vorschrift auf § 34 **3**
VgV (Nachweisführung durch Gütezeichen) verweist und auf **Art. 44 Abs. 1 RL 2014/ 24/EU** soweit auf § 33 VgV (Nachweisführung durch Bescheinigungen von Konformitätsbewertungsstellen) verwiesen wird. Nach den genannten Richtlinienbestimmungen kann der öffentliche Auftraggeber Gütezeichen und andere Bescheinigungen unabhängiger Dritter nicht nur als Nachweis dafür verlangen, dass die angebotenen Leistungen den technischen Spezifikationen des Auftrags entsprechen, sondern u. a. auch zum Nachweis für die Erfüllung vom Auftraggeber geforderter Ausführungsbedingungen. Dabei ist der Begriff der Ausführungsbedingungen wohl mit den in **Art. 70 RL 2014/24/EU** genannten „besondere Bedingungen für die Ausführung eines Auftrags" gleichzusetzen, denn ansonsten würde eine Differenzierung zwischen technischen Spezifikationen und Ausführungsbedingungen keinen Sinn machen. Besondere Bedingungen für die Ausführung eines Auftrags

---

[1] Vgl. *Traupel* in Müller-Wrede, VOL/A, 3. Aufl., § 8 EG Rn. 64 sowie den Hinweis des Bundesrats BR-Drs. 522/09 v. 10.7.2009.

kann der Auftraggeber nach Art. 70 RL 2014/24/EU festlegen, sofern diese gemäß Artikel 67 Abs. 3 mit dem Auftragsgegenstand in Verbindung stehen und im Aufruf zum Wettbewerb oder in den Auftragsunterlagen angegeben werden. Diese Bedingungen können wirtschaftliche, innovationsbezogene, umweltbezogene, soziale oder beschäftigungspolitische Belange umfassen. So hatte der EuGH im Jahr 2012 etwa die Bedingungen des Gütezeichens „Max Havelaar", das Erzeugnisse auszeichnet, die aus fairem Handel stammen, als besondere Bedingungen für die Auftragsausführung eingeordnet.[2] Art. 70 RL 2014/24/EU ist in § 128 Abs. 2 GWB umgesetzt worden.

4   Die Art. 43 und 44 RL 2014/24/EU – und dem folgend §§ 33 und 34 VgV – enthaltenen **Anforderungen an die Verwendung von Gütezeichen und Bescheinigungen unabhängiger Dritter.** Sie sollen verhindern, dass Gütezeichen, Zertifikate, Prüfberichte oder andere Bescheinigungen Dritter, insbesondere solche, die von heimischen Hersteller- oder Händlerverbänden erteilt werden, zum Schutz vor unliebsamer Konkurrenz eingesetzt werden. Es soll vielmehr sichergestellt sein, dass jeder in- und ausländische Anbieter die gleichen rechtlichen und tatsächlichen Möglichkeit hat, ein bestimmtes Gütezeichen oder Zertifikat zu erlangen,[3] was auch gewisse institutionelle Sicherungen (Neutralität der Stelle, die das Gütezeichen oder die Bescheinigung erteilt, Neutralität des Prozesses der Festlegung der Erteilungskriterien) beinhaltet. Außerdem müssen auch gleichwertige (ausländische) Gütezeichen, Bescheinigungen oder Nachweise durch den (inländischen) Auftraggeber anerkannt werden.[4]

B. Bedeutung der Vorschrift

5   § 61 VgV weitet den Anwendungsbereich der §§ 33 und 34 VgV auf geforderte Ausführungsbedingungen gemäß § 128 Abs. 2 GWB aus, da die §§ 33 und 34 VgV ihrem Wortlaut nach unmittelbar nur Merkmale betreffen, die in der Leistungsbeschreibung genannt werden. Allerdings kann für die **Abgrenzung von Leistungsanforderungen** (i.S.d. RL 2014/24/EU „Technische Spezifikationen") **und besonderen Bedingungen für die Ausführung des Auftrags** nicht entscheidend sein, ob das betreffende Merkmal in der Leistungsbeschreibung, in der Auftragsbekanntmachung oder als sonstiger Bestandteil der Vergabeunterlagen (z.B. mittels einer gesonderten Verpflichtungserklärung) gefordert wird. Nach hier vertretener Ansicht muss die Abgrenzung im historisch-teleologischen Kontext gesucht werden. Der Charakter einer Ausführungsbedingung wird dadurch bestimmt, dass der Auftraggeber die Bedingung nicht zu eigenem Nutzen, sondern zum Nutzen der Allgemeinheit festlegt. Ausführungsbedingungen sind also politischer Natur.[5]

6   § 33 VgV sieht vor, dass der Auftraggeber zum Nachweis dafür, dass die vom Bieter angebotene Liefer- oder Dienstleistung bestimmten, vom Auftraggeber geforderten Merkmalen entspricht, nur **Bescheinigungen von akkreditierten Stellen** fordern darf.[6] Die Akkreditierung stellt Unabhängigkeit und Kompetenz der bescheinigenden Stelle sicher. In Deutschland erfolgt die Akkreditierung bei der Deutschen Akkreditierungsstelle (DAkkS), die auf der Grundlage des Akkreditierungsstellengesetzes (AkkStelleG) beliehen ist, um

---

[2] EuGH 10.5.2012 – Rs. C-368/10 Rn. 73 ff. – Max Havelaar.

[3] Dies schließt auch, dass bei der Erteilung von Umweltgütezeichen auch Transportwege berücksichtigt werden, hierzu *Knauff* VergabeR 2017, 553, 555 u. 558.

[4] So bereits EuGH 22.9.1988 – Rs. 45/87 Kommission/Irland Slg. 1988, 4929; ferner EuGH 1.3.2012 – C-484/10. Schon durch das Risiko, dass ein ausländisches Gütezeichen oder eine ausländische Bescheinigung nicht als gleichwertig anerkannt wird, können Bieter aus anderen Mitgliedstaaten abgeschreckt werden, vgl. OLG Düsseldorf 14.12.2016 – VII-Verg 20/16.

[5] Vgl. zum Begriff der Ausführungsbedingungen *Opitz* in Burgi/Dreher, Beck'scher Vergaberechtskommentar, 3. Aufl. Bd. 1, § 128 GWB Rn. 14 ff. sowie speziell zur Abgrenzung gegenüber der Leistungsbeschreibung Rn. 18 und 22.

[6] § 33 VgV spricht – anders als in § 49 VgV – von Konformitätsbewertungsstellen, was aber gleichbedeutend ist.

gemäß Verordnung (EG) Nr. 765/2008 Akkreditierungen vorzunehmen. Fordert der Auftraggeber als Nachweis der Erfüllung bestimmter umweltbezogener, sozialer oder sonstiger Merkmale **Gütezeichen,** muss es sich zwar nicht zwangsläufig um solche handeln, die von akkreditierten Stellen vergeben werden. Wie sich aus Art. 44 RL 2014/24/EU und § 34 VgV ergibt, dürfen aber auch Gütezeichen nur gefordert werden, wenn diese durch unabhängige Stellen (z.B. Nichtregierungsorganisationen) in einem offenen und transparenten Verfahren nach objektiven Kriterien vergeben werden. Daneben ist zu beachten, dass der Auftraggeber auch gleichwertige Gütezeichen und Bescheinigungen Dritter und ggf. auch sonstige Nachweise akzeptieren muss. Im Einzelnen wird auf die Kommentierung zu § 33 und § 34 VgV verwiesen.

Der Begriff des „Gütezeichens" wird in Art. 2 Abs. 1 Nr. 23 RL 2014/24/EU definiert **7** als „ein Dokument, ein Zeugnis oder eine Bescheinigung, mit dem beziehungsweise der bestätigt wird, dass ein bestimmtes Bauwerk, eine bestimmte Ware, eine bestimmte Dienstleistung, ein bestimmter Prozess oder ein bestimmtes Verfahren bestimmte Anforderungen erfüllt." Zu **unterscheiden ist zwischen dem Gütezeichen als Bestätigung bestimmter Leistungsmerkmale und** der Festlegung der Leistungsmerkmale, **den sog. Gütezeichen-Anforderungen,**[7] als solcher. Anders als noch von dem EuGH in der Entscheidung „Max Havelaar" auf der Grundlage von Art. 23 Abs. 6 UAbs. 1 der Richtlinie 2014/18/EG gefordert,[8] müssen die einzelnen Gütezeichen-Anforderungen nach neuem Recht nicht mehr explizit in der Leistungsbeschreibung oder der Ausführungsbedingung aufgeführt werden.[9] Dies ist nach Art. 43 Abs. 2 RL 2014/24/EU bzw. § 34 Abs. 3 VgV nur noch erforderlich, wenn die Leistung nicht alle Gütezeichen-Anforderungen erfüllen muss.[10]

---

[7] Art. 2 Abs. 1 Nr. 24 RL 2014/24/EU
[8] EuGH 10.5.2012 – Rs. C-368/10 Rn. 63 ff. – Max Havelaar.
[9] Zutreffend *Knauff* VergabeR 2017, 553, 554 und *Evermann* in Müller-Wrede VgV/UVgO 1. Aufl. 2017 § 34 VgV Rn. 17 ff.; ungenau hingegen *Halstenberg/Klein* NZBau 2017, 469, 469.
[10] Insbesondere dann, wenn diese nicht sämtlich mit dem Auftragsgegenstand in Verbindung stehen.

§ 62 Unterrichtung der Bewerber und Bieter

(1) Unbeschadet des § 134 des Gesetzes gegen Wettbewerbsbeschränkungen teilt der öffentliche Auftraggeber jedem Bewerber und jedem Bieter unverzüglich seine Entscheidungen über den Abschluss einer Rahmenvereinbarung, die Zuschlagserteilung oder die Zulassung zur Teilnahme an einem dynamischen Beschaffungssystem mit. Gleiches gilt für die Entscheidung, ein Vergabeverfahren aufzuheben oder erneut einzuleiten einschließlich der Gründe dafür, sofern eine Auftragsbekanntmachung oder Vorinformation veröffentlicht wurde.

(2) Der öffentliche Auftraggeber unterrichtet auf Verlangen des Bewerbers oder Bieters unverzüglich, spätestens innerhalb von 15 Tagen nach Eingang des Antrags in Textform nach § 126b des Bürgerlichen Gesetzbuchs,

1. jeden nicht erfolgreichen Bewerber über die Gründe für die Ablehnung seines Teilnahmeantrags,
2. jeden nicht erfolgreichen Bieter über die Gründe für die Ablehnung seines Angebots,
3. jeden Bieter über die Merkmale und Vorteile des erfolgreichen Angebots sowie den Namen des erfolgreichen Bieters und
4. jeden Bieter über den Verlauf und die Fortschritte der Verhandlungen und des wettbewerblichen Dialogs mit den Bietern.

(3) § 39 Absatz 6 ist auf die in den Absätzen 1 und 2 genannten Angaben über die Zuschlagserteilung, den Abschluss von Rahmenvereinbarungen oder die Zulassung zu einem dynamischen Beschaffungssystem entsprechend anzuwenden.

Übersicht

	Rn.		Rn.
A. Einführung	1	III. Unterrichtung auf Verlangen (Abs. 2) .	52
I. Literatur	2	1. Antrag	53
		a) Form	53
II. Entstehungsgeschichte	3	b) Inhalt	55
III. Rechtliche Vorgaben im EU-Recht ...	7	2. Unterrichtung	57
		a) Form	57
B. Regelungsgehalt	17	b) Frist	59
I. Systematik der Norm	18	c) Inhalt und Antragsberechtigung .	61
II. Mitteilung der Entscheidung (Abs. 1) .	24	aa) Information über abgelehnten Teilnahmeantrag (Nr. 1)	62
1. Adressat der Information	24	bb) Information über abgelehntes Angebot (Nr. 2)	66
a) Bewerber	26	cc) Information über erfolgreiches Angebot (Nr. 3)	71
b) Bieter	29	dd) Information über Verhandlungen und Dialog (Nr. 4) ...	76
2. Inhalt der Information	34	IV. Ausnahmen (Abs. 3)	80
a) Erfolgreicher Abschluss Vergabeverfahren	34		
b) Aufhebung	37	**C. Rechtsfolgen bei Verstößen**	84
3. Frist	40		
4. Verweis auf § 134 GWB	49		

A. Einführung

1   § 62 VgV regelt **Informationspflichten** des öffentlichen Auftraggebers gegenüber den Bewerbern und Bietern.

I. Literatur

2   *Bamberg/Roth*, BeckOKBGB, 42. Edition Stand 1.2.2017; *Dieckmann/Scharf/Wagner-Cardinal*, VOL/A, 1. Aufl. 2013; *Macht/Städler*, Die Informationspflichten des öffentlichen Auftraggebers für ausgeschiedene Bewerber – Sinn oder Unsinn?, NZBau 2012, 143; *Schwintowski*, Bieterbegriff – Suspensiveffekt und konkrete Stillhaltefrist im deutschen und europäischen Vergaberecht, VergabeR 2010, 877; *Schaller,* Dokumentations-, Informations-, Mitteilungs-, Melde- und Berichtspflichten im öffentlichen Auftragswesen, VergabeR 2007, 394 (Sonderheft 2a).[1]

II. Entstehungsgeschichte

Weite Teile des § 62 VgV finden sich bereits in der Vorgängerregelung des § 22 EG **3** VOL/A. Nach § 22 EG Abs. 1 VOL/A war der Auftraggeber verpflichtet, den nicht berücksichtigten Bietern unverzüglich, spätestens innerhalb von 15 Tagen nach Eingang eines entsprechenden Antrags, die Gründe für die Ablehnung ihres Angebotes, die Merkmale und Vorteile des erfolgreichen Angebots sowie den Namen des erfolgreichen Bieters und den nicht berücksichtigten Bewerbern die Gründe für ihre Nichtberücksichtigung mitzuteilen. Der in § 22 EG Abs. 1 VOL/A geregelte Mitteilungsinhalt findet sich **nahezu deckungsgleich** in dem heutigen § 62 Abs. 2 Nr. 1–3 VgV wieder. Ausweislich der Gesetzesbegründung soll insoweit die bisherige Regelung des § 22 EG VOL/A fortgeführt und im Hinblick auf die Vorgaben aus der VRL modifiziert werden.[2]

Systematisch **neu verortet** wurden die bisher in § 20 EG Abs. 2 und 3 VOL/A getroffenen Bestimmungen zu den Informationspflichten des Auftraggebers bei einer Aufhebung **4** des Vergabeverfahrens. Sie finden sich nunmehr in § 62 Abs. 1 S. 2 VgV sowie in § 63 Abs. 2 VgV.[3]

Die in § 22 EG Abs. 2 VOL/A geregelte Einschränkung der Informationspflicht entspricht inhaltlich § 39 Abs. 6 VgV, auf den § 62 Abs. 3 VgV verweist. § 39 VgV regelt die **5** Pflichten des öffentlichen Auftraggebers im Zusammenhang mit Auftragsbekanntmachungen. Durch den Verweis in § 62 Abs. 3 VgV wird die dortige Einschränkung auf die in § 62 VgV normierten Informationspflichten **ausgedehnt.** § 62 Abs. 3 VgV erweitert den Anwendungsbereich gegenüber § 39 Abs. 6 VgV zudem zusätzlich auf Rahmenvereinbarungen und dynamische Beschaffungssysteme.

Neu in die VgV aufgenommen wurden die Vorschriften der §§ 62 Abs. 1 S. 1 und 62 **6** Abs. 2 Nr. 4 VgV, die Mitteilungspflichten über Verlauf und Fortschritte der Verhandlungen und des Dialogverfahrens sowie über Entscheidungen des Auftraggebers beinhalten.

III. Rechtliche Vorgaben im EU-Recht

§ 62 VgV setzt Art. 55 der VRL in nationales Recht um. Vom **Aufbau** her sind die **7** Vorschriften identisch. Inhaltlich greift § 62 VgV grundsätzlich den Wortlaut des Art. 55 VRL auf, weicht jedoch an einigen Stellen hiervon ab. Dies wird bei der Auslegung der nationalen Vorschrift zu berücksichtigen sein.

§ 62 Abs. 1 VgV setzt Art. 55 Abs. 1 VRL um. Übrigens enthielt schon Art. 41 Abs. 1 **8** der Vorgängerrichtlinie 2004/18 eine dem Art. 55 Abs. 1 VRL vergleichbare Regelung; sie wurde jedoch **zuvor nicht in deutsches Recht umgesetzt.**

Als offensichtliche Abweichung des § 62 Abs. 1 VgV gegenüber Art. 55 Abs. 1 der VRL **9** fällt zunächst der vom deutschen Gesetzgeber in § 62 Abs. 1 S. 1 VgV aufgenommene klarstellende Hinweis auf, wonach die Regelung **„unbeschadet des § 134 GWB"** gilt. Ebenfalls spontan erkennbar ist, dass der deutsche Gesetzgeber das Wort „schnellstmöglich", welches in der VRL verwendet wird, durch das Wort **„unverzüglich"** ersetzt hat.

Hinzuweisen ist zudem auf die zunächst unbedeutend erscheinende **Zusammenfas- 10 sung** der in Art. 55 Abs. 1 VRL enthaltenen Vorschrift in § 62 Abs. 1 VgV **in einen**

---

[1] Siehe auch die Literaturhinweise zu → GWB § 134 Rn. 1.

[2] BT-Drs. 18/7318 v. 20.1.2016 S. 198.

[3] → § 63.

Satz. Sie wird bei der Auslegung der weiteren Normierung eine Rolle spielen.[4] Nach Art. 55 Abs. 1 VRL hat der öffentliche Auftraggeber die Entscheidung über den Abschluss einer Rahmenvereinbarung, die Zuschlagserteilung oder die Zulassung zur Teilnahme an einem dynamischen Beschaffungssystem einschließlich der Gründe des Verzichts auf eine Vergabe mitzuteilen. Der deutsche Gesetzgeber hat die Regelung in § 62 Abs. 1 VgV hingegen in **zwei Sätze** aufgeteilt, indem er zunächst die Unterrichtung zur Entscheidung über die Vergabe und sodann in einem zweiten Satz die Unterrichtung über die Aufhebung regelt.

11   Mit § 62 Abs. 2 VgV wurde Art. 55 Abs. 2 VRL umgesetzt. Auch dort ist wieder die sprachliche Anpassung an den Begriff **„unverzüglich"** festzustellen. Zudem wird in Art. 55 Abs. 2 VRL eine schriftliche Anfrage vorausgesetzt, während § 62 Abs. 2 VgV einen Antrag in Textform verlangt.[5]

12   Weiter verpflichtet Art. 55 Abs. 2 lit. c) VRL den öffentlichen Auftraggeber zur Information über die **„relativen" Vorteile** des ausgewählten Angebots, während § 62 Abs. 2 Nr. 3 VgV auf das Wort „relativ" ersatzlos verzichtet und vom „erfolgreichen" statt vom „ausgewählten" Angebot spricht. Außerdem ergänzt die VRL die Mitteilungspflicht über den Namen des erfolgreichen Bieters hinaus auf die Parteien der Rahmenvereinbarung.

13   Hervorzuheben ist im Übrigen Folgendes: Art. 55 Abs. 2 lit. c) und d) VRL stellt klar, dass insoweit nur Bieter antragsberechtigt sind, die ein **ordnungsgemäßes Angebot abgegeben** haben. § 62 Abs. 2 Nr. 3 und 4 VgV spricht hingegen unterschiedslos von jedem Bieter.

14   Nicht in § 62 Abs. 2 Nr. 2 VgV übernommen wurde schließlich Art. 55 Abs. 2 lit. b) Hs. 2 VRL. Dort ist bestimmt, dass im Fall der Verwendung **technischer Spezifikationen** (Art. 42 VRL, entspricht § 32 VgV) auch eine Unterrichtung über die Gründe der fehlenden Gleichwertigkeit bzw. der fehlenden Leistungs- und Funktionsanforderungen zu erfolgen hat.

15   § 62 Abs. 3 VgV setzt die Vorschrift des Art. 55 Abs. 3 VRL um, indem die Norm auf § 39 Abs. 6 VgV verweist. Art. 55 Abs. 3 VRL und § 39 Abs. 6 VgV sind nahezu wortgleich; § 62 Abs. 3 VgV **ergänzt** lediglich entsprechend Art. 55 Abs. 3 VRL, dass § 39 Abs. 6 VgV auch im Fall von Rahmenvereinbarungen und dynamischen Beschaffungssystemen gilt.

16   Hinweise zur Auslegung enthält zudem Erwägungsgrund 82 der VRL. Danach dient Art. 55 VRL vorrangig der **Transparenz.** Informationen hinsichtlich bestimmter Entscheidungen, die während eines Vergabeverfahrens getroffen werden, sollen von den öffentlichen Auftraggebern versendet werden, **ohne dass die Bewerber oder Bieter derartige Informationen anfordern müssen.** Zudem sollen ausführlichere Informationen von den Bewerbern und Bietern angefordert werden können. Der öffentliche Auftraggeber soll zur Bereitstellung der Informationen grundsätzlich verpflichtet sein und nur davon absehen dürfen, sofern ernsthafte Gründe dagegen sprechen, die von der Richtlinie vorgegeben sind.

B. Regelungsgehalt

17   § 62 VgV schreibt dem öffentlichen Auftraggeber vor, **wann und worüber** er Bewerber und Bieter **zu unterrichten** hat.

I. Systematik der Norm

18   Um den Regelungsinhalt der Norm zu erfassen und die korrekte Anwendung zu gewährleisten, ist es unerlässlich, die Systematik der Norm zu verstehen. Sie hat sich durch

---

[4] → Rn. 18 ff., → Rn. 34 ff., → Rn. 43, → Rn. 78.
[5] Zur erforderlichen Form des Antrags siehe → Rn. 49.

die in § 62 Abs. 1 S. 1 VgV enthaltene Neuregelung grundlegend gegenüber der Vorgängervorschrift des § 22 EG VOL/A **gewandelt.**

Zu unterscheiden sind zunächst die Unterrichtungspflichten bei erfolgreichem Abschluss des Vergabeverfahrens, die in § 62 Abs. 1 S. 1 und Abs. 2 VgV geregelt sind, und die Pflichten bei der Aufhebung des Verfahrens in § 62 Abs. 1 S. 2 VgV. **19**

Die neue Systematik hinsichtlich des erfolgreichen Abschlusses gestaltet sich wie folgt: § 62 Abs. 1 S. 1 VgV regelt eine **allgemeine,** recht weit gehende Mitteilungspflicht über die Entscheidung zum Abschluss des Vergabeverfahrens. Sie beinhaltet jedoch lediglich die Mitteilung über das „Ob" der jeweiligen Entscheidung: Der öffentliche Auftraggeber wird verpflichtet, Entscheidungen über den Abschluss einer Rahmenvereinbarung, die Zuschlagserteilung oder die Zulassung zur Teilnahme an einem dynamischen Beschaffungssystem mitzuteilen. Die Mitteilung umfasst also nur die Aussage, dass ein Zuschlag erteilt wird, eine Rahmenvereinbarung abgeschlossen wird oder die Zulassung zur Teilnahme an einem dynamischen Beschaffungssystem erfolgt. **Weitere Informationen** wie Begründungen, Zeitpunkte oder Namen erfolgreicher Bieter können die nach § 62 Abs. 1 S. 1 VgV unterrichteten Verfahrensteilnehmer sodann nach § 62 Abs. 2 Nr. 1–3 VgV **beantragen,**[6] soweit sie die dort aufgestellten Anforderungen erfüllen, denn nicht jeder Bewerber und Bieter zählt hier zum Kreis der Berechtigten.[7] Kurz gesagt, versetzt § 62 Abs. 1 S. 1 VgV die Verfahrensteilnehmer durch die Unterrichtung erst in den Stand, weitere Informationen anzufordern. **20**

Anders verhält es sich im Fall der **Aufhebung** oder erneuten Einleitung eines Vergabeverfahrens: Hierfür konstituiert § 62 Abs. 1 S. 2 VgV sogleich die Verpflichtung des öffentlichen Auftraggebers, eine **Begründung** mitzuteilen. Allerdings enthält § 62 Abs. 2 VgV insoweit auch keine weitergehenden Unterrichtungspflichten. Letztere ergeben sich auch nicht aus § 63 Abs. 2 VgV, der hinsichtlich der Unterrichtung über die Aufhebung eines Vergabeverfahrens ebenfalls zu beachten ist.[8] **21**

Zudem ermöglicht § 62 Abs. 2 Nr. 4 VgV bereits **während des Vergabeverfahrens** die Beantragung von Informationen, wenn es sich um ein Verhandlungsverfahren oder einen wettbewerblichen Dialog handelt. **22**

Der dritte Absatz der Norm definiert schließlich mittels Verweis auf § 39 Abs. 4 VgV **Ausnahmen** von der Mitteilungspflicht. **23**

II. Mitteilung der Entscheidung (Abs. 1)

1. Adressat der Information

§ 62 Abs. 1 S. 1 VgV verpflichtet den öffentlichen Auftraggeber, „jedem Bewerber und jedem Bieter" bestimmte Informationen zukommen zu lassen. **24**

Das deutsche Vergaberecht enthält keine Definitionen für die Begriffe „Bewerber" und „Bieter". § 97 Abs. 2 GWB spricht von „Teilnehmer an einem Vergabeverfahren" und umfasst damit diese beiden Akteure. Dafür **definiert Art. 2 Abs. 1 VRL** die beiden Begriffe. Nach Art. 2 Abs. 1 Nr. 11 VRL ist „Bieter" ein Wirtschaftsteilnehmer, der ein Angebot abgegeben hat. „Bewerber" ist nach Art. 2 Abs. 1 Nr. 12 VRL ein Wirtschaftsteilnehmer, der sich um eine Aufforderung zur Teilnahme an einem nichtoffenen Verfahren, einem Verhandlungsverfahren, einem Verhandlungsverfahren ohne vorherige Bekanntmachung, einem wettbewerblichen Dialog oder einer Innovationspartnerschaft beworben hat oder eine solche Aufforderung erhalten hat. Ein „Wirtschaftsteilnehmer" wiederum ist gem. Art. 2 Abs. 1 Nr. 10 VRL eine natürliche oder juristische Person oder öffentliche Einrichtung oder eine Gruppe solcher Personen und/oder Einrichtungen, einschließlich **25**

---

[6] So auch *Marx* in KKMPP, § 62 Rn. 10.

[7] → Rn. 57 ff.

[8] → § 63.

jedes vorübergehenden Zusammenschlusses von Unternehmen, die bzw. der auf dem Markt die Ausführung von Bauleistungen, die Errichtung von Bauwerken, die Lieferung von Waren bzw. die Erbringung von Dienstleistungen anbietet. Im Grunde ist damit jede Person gemeint, die dazu in der Lage ist, sich an einem **Vergabeverfahren zu beteiligen,** ganz unabhängig davon, welche Rechtsform sie hat.[9]

26   **a) Bewerber.** Die in Art. 2 Abs. 1 Nr. 12 VRL vorgenommene Definition des Bewerbers ist weit. Wie die in der Vorschrift genannten **Verfahrensarten** zeigen, gibt es Bewerber in allen Vergabeverfahrensarten mit Ausnahme des offenen Verfahrens. In diesen Verfahren ist Bewerber, wer sich um eine Aufforderung zur Teilnahme am Verfahren beworben oder eine solche Aufforderung erhalten hat.

27   Dabei ist mit der Aufforderung zur Teilnahme am Verfahren nach deutscher Terminologie die **Aufforderung zur Angebotsabgabe** gemeint. Dies wird anhand eines Vergleichs der Formulierungen zum nichtoffenen Verfahren in VRL und VgV deutlich. In Art. 28 Abs. 2 S. 2 VRL heißt es, dass die Zahl geeigneter Bewerber, die zur „Teilnahme am Verfahren" aufgefordert werden, begrenzt werden kann. Die Umsetzung in deutsches Recht lautet in § 16 Abs. 4 S. 2 VgV, dass die Zahl geeigneter Bewerber, die zur „Angebotsabgabe" aufgefordert werden, begrenzt werden kann. Um eine Aufforderung zur Angebotsabgabe beworben hat sich nur, wer einen Teilnahmeantrag abgegeben hat. Im Verhandlungsverfahren ohne Teilnahmewettbewerb erfolgt diese Aufforderung direkt an ausgewählte Unternehmen. Im Ergebnis ist also nur derjenige Bewerber, der entweder einen **Teilnahmeantrag abgegeben** hat oder **direkt zur Angebotsabgabe aufgefordert wurde.**

28   Lediglich potenziell interessierte Unternehmen, die allgemein mittels der Bekanntmachung vom Verfahren erfahren, sich aber **nicht formell bewerben,** sind hingegen keine Bewerber.

29   **b) Bieter.** Bieter ist nach der Definition in Art. 2 Abs. 1 Nr. 11 VRL derjenige, der ein **Angebot abgegeben** hat.

30   Im Kontext des § 62 Abs. 1 VgV spielt die Frage, wer Bieter i. S. d. Norm ist, nur für **offene Verfahren** eine Rolle. Denn in allen anderen Verfahrensarten, in denen das Stadium des Bieters überhaupt erreicht wird, haben beteiligte Unternehmen bereits den Status des Bewerbers erreicht und sind allein aus diesem Grund zu unterrichten.

31   Im offenen Verfahren gilt also Folgendes: Wer ein Angebot abgegeben hat, ist Bieter. Unternehmen, die sich zwar – beispielsweise durch Abruf der Vergabeunterlagen und Registrierung, Bieterfragen u. Ä. – aktiv am Vergabeverfahren beteiligt, aber auf eine **Angebotsabgabe verzichtet** haben, sind nicht als Bieter anzusehen und erhalten daher keine Information nach § 62 Abs. 1 VgV. Dies gilt erst recht für Unternehmen, die sich nicht beteiligt haben. Auch Bieter, die ihr **Angebot wirksam zurückgezogen** haben, sind wie Bieter zu behandeln, die kein Angebot abgegeben haben, denn von ihnen liegt faktisch kein Angebot vor.

32   Fraglich ist, wie mit Bietern umzugehen ist, die ein Angebot abgegeben haben, das aber **ausgeschlossen** wurde. Auch hier gilt, dass von Bietern, deren Angebot wirksam ausgeschlossen wurde, faktisch kein Angebot vorliegt. Aus diesem Grund ist eine Unterrichtung ausgeschlossener Bieter zu verneinen.

33   Das bedeutet, dass nach § 62 Abs. 1 S. 1 VgV auch derjenige Bieter zu unterrichten ist, der letztlich den Zuschlag erhält. Dies erfolgt in der Regel **mit der Zuschlagserteilung.**

2. Inhalt der Information

34   **a) Erfolgreicher Abschluss Vergabeverfahren.** Nach § 62 Abs. 1 S. 1 VgV hat der öffentliche Auftraggeber jedem Bewerber und jedem Bieter **unverzüglich** seine Entscheidung über den Abschluss einer Rahmenvereinbarung, die Zuschlagserteilung oder die Zulassung zur Teilnahme an einem dynamischen Beschaffungssystem mitzuteilen.

---

[9] So auch *Schwintowski* VergabeR 2010, 877 (878).

Wir bereits im Zuge der Erläuterungen zur Systematik der Norm ausgeführt, verpflich- **35** tet § 62 Abs. 1 S. 1 VgV den öffentlichen Auftraggeber zunächst nur zu der Aussage, **dass ein Zuschlag erteilt wird,** eine Rahmenvereinbarung abgeschlossen wird oder die Zulassung zur Teilnahme an einem dynamischen Beschaffungssystem erfolgt.

Ausführlichere Informationen wie Begründungen, Zeitpunkte oder Namen erfolg- **36** reicher Bieter erfolgen erst auf Antrag nach § 62 Abs. 2 VgV.

b) Aufhebung. Etwas weiter geht die Unterrichtungspflicht nach § 62 Abs. 1 S. 2 VgV. **37** Sie gilt allerdings nur, sofern eine **Auftragsbekanntmachung oder eine Vorinformation** veröffentlicht wurde. In Verhandlungsverfahren ohne Teilnahmewettbewerb, die ohne solche Bekanntmachungen erfolgen, begründet § 62 Abs. 1 S. 2 VgV mithin keine Informationsverpflichtung. Zu beachten ist allerdings die insoweit einschränkungslose Informationsverpflichtung des § 63 Abs. 2 VgV.[10]

Ansonsten gilt: Hebt der öffentliche Auftraggeber das Vergabeverfahren auf oder leitet er **38** nach Aufhebung ein neues Verfahren ein, hat er den Bewerbern und Bietern nicht nur seine Entscheidung hierüber, sondern auch die dazugehörige **Begründung** mitzuteilen. Dabei sind für die Aufhebungsentscheidung tragenden Gründe nennen.[11]

Damit dient § 62 Abs. 1 S. 2 VgV nach seinem Sinn und Zweck nicht nur der Transpa- **39** renz, sondern – anders als die übrigen Regelungen im Rahmen des § 62 VgV – darüber hinaus dem effektiven **Rechtsschutz.** Dementsprechend muss die Unterrichtung über die Aufhebungsgründe die Bieter in die Lage versetzen, über die Inanspruchnahme von Rechtsschutz zu entscheiden. Allerdings stellt die Rechtsprechung hierfür keine allzu hohen Anforderungen auf: Insbesondere ist es nicht erforderlich, den Bietern alle Aufhebungsgründe vollständig und erschöpfend mitzuteilen.[12] Vielmehr ist es ausreichend, wenn in einem **Formblatt** einer der in § 63 Abs. 1 S. 1 VgV aufgeführten Gründe angekreuzt wird.[13]

3. Frist

Bezüglich der Frist trifft die Vorschrift vermeintlich eine klare Aussage: Die Mitteilung **40** der Entscheidung hat **unverzüglich,** d. h. ohne schuldhaftes Zögern[14] (vgl. § 121 Abs. 1 S. 1 BGB), zu erfolgen. Das heißt, der öffentliche Auftraggeber muss die Entscheidung unmittelbar kommunizieren. Dabei sind jedoch stets die Umstände des Einzelfalls zu beachten. Dies betrifft die Länge der Frist. Weniger eindeutig ist, wann die Frist zu laufen beginnt.

Der öffentliche Auftraggeber wird verpflichtet, unverzüglich **„seine Entscheidungen"** **41** über bestimmte Verfahrensschritte mitzuteilen. Zu klären ist daher, ob damit die abschließende Entscheidung gemeint ist, also der Abschluss des Vertrags oder der Rahmenvereinbarung bzw. die Zulassung zur Teilnahme am dynamischen Beschaffungssystem, oder die vorangehende Wertungsentscheidung.

Der **Wortlaut** scheint zunächst für die Unterrichtung über die Wertungsentscheidung **42** zu sprechen, da über die Entscheidung über den Abschluss einer Rahmenvereinbarung, die Zuschlagserteilung oder die Zulassung zur Teilnahme an einem dynamischen Beschaffungssystem zu informieren ist und nicht etwa über den Abschluss, den Zuschlag oder die Teilnahme selbst.

Jedoch hat der deutsche Gesetzgeber im Rahmen der Vorabinformationspflicht des **43** § 134 Abs. 1 GWB gezeigt, dass er eine vorgelagerte Informationsverpflichtung **eindeutig zu formulieren** weiß. So besteht die Verpflichtung nach § 134 Abs. 1 GWB gegenüber

---

[10] → § 63 Rn. 58 ff.
[11] *Laumann* in Dieckmann/Scharf/Wagner-Cardenal § 22 EG Rn. 45.
[12] OLG Koblenz 10.4.2003 – 1 Verg 1/03, NZBau 2003, 576.
[13] VK Schleswig-Holstein, 10.2.2005 – VK-SH 2/05, BeckRS 2005, 1729.
[14] Diese Definition aus dem BGB gilt für alle Rechtsbereiche, vgl. *Wendtland* in BeckOK BGB § 121 Rn. 6 mwN.

Bietern, deren Angebote nicht berücksichtigt „werden sollen"; zu informieren ist über den Namen des Unternehmens, dessen Angebot angenommen „werden soll" sowie die Gründe der „vorgesehenen" Nichtberücksichtigung des jeweiligen Angebots. Vor diesem Hintergrund spricht auch der Wortlaut für eine Information über die vollzogene Entscheidung.

44   Auch die **Systematik** des § 62 VgV deutet auf eine vollzogene Entscheidung hin. Wie erläutert, werden die Bewerber und Bieter nach § 62 Abs. 1 S. 1 VgV unaufgefordert informiert, damit sie nach § 62 Abs. 2 VgV weitere Informationen beantragen können. Im Zuge dieser weiteren Informationen sprechen § 62 Abs. 2 Nr. 2 und 3 VgV über die Begründung der „Ablehnung" des Angebots und das „erfolgreiche" Angebot. Die Vorschrift geht also von einer bereits vollzogenen Entscheidung aus.

45   Zudem kann die Entscheidung bis zu dem Zeitpunkt, in dem sie zum Abschluss kommt, noch **Änderungen** erfahren. Beispielsweise kann die Wertung wiederholt werden und zu neuen Ergebnissen und Entscheidungen führen. Dies spricht dagegen, dass bereits die Wertungsentscheidung zu kommunizieren ist.

46   Auch vor dem Hintergrund des aufgezeigten Sinn und Zweck der Norm, **Transparenz** zu schaffen, ist es ausreichend, die Unterrichtungspflicht auf die bereits vollzogene Entscheidung zu begrenzen. In Erwägungsgrund 82 der VRL wird betont, dass die öffentlichen Auftraggeber Informationen hinsichtlich bestimmter Entscheidungen im Vergabeverfahren versenden sollen, ohne dass die Bieter diese extra anfordern müssen. Bewerber und Bieter sollen frühzeitig Kenntnis davon erlangen, wenn ihr Bemühen um einen Auftrag erfolglos ist, um ihre Ressourcen anderweitig einplanen zu können.[15] Dieses Anliegen wird mit einer Unterrichtung über den Vollzug der Entscheidung erfüllt. Eine frühere Kommunikation würde nur dem Rechtsschutz dienen. Die diesbezüglichen Informationspflichten sind aber abschließend in § 134 GWB geregelt; § 62 VgV dient ausschließlich der Umsetzung von Art. 55 VRL.

47   Für die hier vorgenommene Auslegung spricht schließlich auch Art. 55 Abs. 1 VRL. Anders als bei der in zwei Sätze aufgeteilten Regelung des § 62 Abs. 1 VgV werden in Art. 55 Abs. 1 VRL die Unterrichtungspflichten bei erfolgreichem Abschluss des Vergabeverfahrens und bei Aufhebung **zusammen in einem Satz** geregelt. Die Unterrichtungspflicht gem. Art. 55 Abs. 1 VRL sieht danach vor, dass die Entscheidung über die Vergabe mitzuteilen ist, und zwar einschließlich der Gründe des Verzichts auf eine Vergabe. Daraus folgt, dass die VRL zunächst eine Verpflichtung zur Mitteilung über das „Ob" der Vergabe vorsieht, also ob eine Vergabe erfolgt oder nicht. Die Entscheidung, auf eine Vergabe zu verzichten, erfolgt durch den Aufhebungsvermerk in der Vergabeakte. Die Entscheidung über die Aufhebung und deren Vollzug erfolgen mithin gleichzeitig, beziehungsweise kann nur die **vollzogene Entscheidung** mitgeteilt werden, da sie erst mit dem Vollzug feststeht. Gleiches muss auch für die Entscheidung über die Durchführung der Vergabe gelten. Auch hier führt erst der Vollzug zur Endgültigkeit der Entscheidung.

48   Im Ergebnis hat die Unterrichtung gem. § 62 Abs. 1 VgV daher **unverzüglich ab Zuschlagserteilung,** Abschluss einer Rahmenvereinbarung, Zulassung zur Teilnahme an einem dynamischen Beschaffungssystem, Aufhebung sowie Einleitung eines neuen Vergabeverfahrens zu erfolgen.

4. Verweis auf § 134 GWB

49   Die Regelung des § 62 Abs. 1 S. 1 VgV wird eingeleitet durch den Hinweis, dass sie **unbeschadet des § 134 GWB** gilt. Ausdrücklich festgestellt wird damit lediglich die Selbstverständlichkeit,[16] dass die Informationspflichten nach § 134 GWB neben und unabhängig von den Unterrichtungspflichten nach § 62 Abs. 1 S. 1 VgV bestehen. Mit anderen

---

[15] *Petersen* in Dieckmann/Scharf/Wagner-Cardenal § 22 EG Rn. 1; so sinngemäß zur Parallelvorschrift in der VOB/A auch *Jasper/Soudry* in BeckOK Vergaberecht VOB/A § 19 Rn. 4, 12; vgl. auch BayObLG 19.12.2000 – Verg 7/00 Rn. 29, IBRRS 2000, 1262.
[16] So auch *Marx* in KKMPP, § 62 Rn. 3.

Worten, eine Unterrichtung nach § 62 Abs. 1 S. 1 VgV **entbindet nicht** von einer Information nach § 134 GWB und umgekehrt. Dabei kommt § 134 GWB zweifellos eine höhere **praktische Relevanz** zu,[17] da bei Nichtbeachtung die empfindliche gesetzliche Sanktion der **Nichtigkeit** des Vertrags nach § 135 Abs. 1 Nr. 1 GWB droht. Es stellt sich daher die Frage, welche Bedeutung § 62 Abs. 1 S. 1 VgV neben § 134 GWB zukommt.[18]

Zu den Informationspflichten nach § 134 GWB im Einzelnen sei auf die dortige Kommentierung verwiesen. Zusammenfassend lässt sich sagen, dass **§ 134 Abs. 1 GWB** den öffentlichen Auftraggeber verpflichtet, die unterlegenen Bieter vor Zuschlagserteilung über den Namen des erfolgreichen Bieters, die Gründe der Nichtberücksichtigung des jeweiligen Angebots und den frühesten Zeitpunkt der Zuschlagserteilung zu informieren. Gleiches gilt für Bewerber, die noch keine Information über die Ablehnung ihrer Bewerbung erhalten haben. Nach **§ 62 Abs. 1 S. 1 VgV** sind Bewerber und Bieter über den Abschluss einer Rahmenvereinbarung, die Zuschlagserteilung oder die Zulassung zur Teilnahme an einem dynamischen Beschaffungssystem zu unterrichten. Wie oben festgestellt wurde, erfolgt die Unterrichtung über den bereits abgeschlossenen Vertrag beziehungsweise die Teilnahme. **50**

Dementsprechend besteht der maßgebliche Unterschied zwischen den Regelungen zunächst darin, dass nach § 134 Abs. 1 GWB über den **beabsichtigten Zuschlag** zu informieren ist, während nach § 62 Abs. 1 S. 1 VgV über den **Vollzug dieser Entscheidung** zu unterrichten ist. Es besteht also eine Divergenz hinsichtlich des **Zeitpunkts der Information:** Die Vorabinformation nach § 134 Abs. 1 GWB muss fristgemäß vor Zuschlagserteilung erfolgen, während die Unterrichtung nach § 62 Abs. 1 S. 1 VgV erst nach dem Zuschlag zu geschehen hat. Zudem unterscheiden sich **Inhalt und Adressaten der Information.** Hierzu ist auf die jeweilige Kommentierung zu verweisen.[19] Hinzuweisen ist schließlich darauf, dass die in § 134 Abs. 3 S. 1 GWB geregelte **Ausnahme von der Informationspflicht** des § 134 Abs. 1 GWB für das Verhandlungsverfahren ohne Teilnahmewettbewerb wegen besonderer Dringlichkeit[20] nicht für § 62 Abs. 1 S. 1 VgV gilt. Da § 134 Abs. 1 GWB eine eigenständige Informationspflicht enthält, gilt die Ausnahme nicht im Rahmen des § 62 VgV. Dies bedeutet wiederum, dass § 62 Abs. 1 S. 1 VgV beim Eingreifen der Ausnahme gem. § 134 Abs. 3 GWB uneingeschränkt Anwendung findet. **51**

III. Unterrichtung auf Verlangen (Abs. 2)

§ 62 Abs. 2 VgV regelt Informationspflichten des öffentlichen Auftraggebers, die erst auf einen entsprechenden **Antrag** eines Bewerbers oder Bieters hin zu erfüllen sind. Sie dienen ebenfalls der **Verfahrenstransparenz.**[21] **52**

1. Antrag

a) Form. In § 62 Abs. 2 VgV heißt es „Der öffentliche Auftraggeber unterrichtet auf Verlangen des Bewerbers oder Bieters unverzüglich, spätestens innerhalb von 15 Tagen nach Eingang des Antrags in Textform nach § 126b" BGB. Auf den ersten Blick ist **unklar,** ob der Antrag in Textform zu erfolgen hat. Jedoch spricht zum einen die Grammatik dafür, dass der Antrag in Textform gestellt sein muss, da sonst der eingeschobene Nebensatz bereits mit „des Antrags" enden würde und dort ein Komma zu setzen gewesen wäre. Zum anderen heißt es in der zugrundeliegenden Vorschrift des Art. 55 Abs. 2 VRL „Eingang **53**

---

[17] *Noch* hält die Vorschrift des § 62 VgV für „in ihrem Kern weitgehend bedeutungslos", in *Noch* Kap. B Rn. 2130.

[18] Zum seinerzeitigen Verhältnis von § 10 Abs. 5 S. 1 VOF zu § 101a GWB: *Macht/Städler* NZBau 2012, 143.

[19] → Rn. 23 ff., → Rn. 32 ff., → GWB § 134 Rn. 14 ff., Rn. 56 ff.

[20] → § 14 Abs. 4 Nr. 3.

[21] *Schaller* sieht darin auch eine Förderung des Wettbewerbs, VergabeR 2007, 394 (403).

der schriftlichen Anfrage". Dies ist im Zusammenhang mit den Definitionen in Art. 2 Abs. 1 Nr. 18. VRL zu lesen, wonach „schriftlich" i. S. d. VRL jede aus Wörtern oder Ziffern bestehende Darstellung ist, die gelesen, reproduziert und anschließend mitgeteilt werden kann, einschließlich **anhand elektronischer Mittel** übertragener und gespeicherter Informationen.

54   Erforderlich ist also ein **Antrag in Textform.** Nach § 126b BGB muss dafür eine lesbare Erklärung, in der die Person des Erklärenden genannt ist, auf einem dauerhaften Datenträger abgegeben werden. Eine Erklärung ist dann auf einem dauerhaften Datenträger gespeichert, wenn es möglich ist, sie zur dauerhaften Verfügbarkeit aufzubewahren oder zu speichern.[22] Der Antrag kann also beispielsweise per E-Mail oder Telefax erfolgen. Hingegen ist ein mündlicher Antrag, sei er persönlich oder telefonisch, nicht ausreichend.

55   **b) Inhalt.** Was den notwendigen Inhalt des Antrags angeht, so muss aus ihm grundsätzlich nur hervorgehen, dass eine **Mitteilung** über die in § 62 Abs. 2 VgV genannten **Informationen** begehrt wird. Anträge sind bieterfreundlich auszulegen. Fragt ein Bewerber oder Bieter ganz allgemein nach, wie der öffentliche Auftraggeber zu seiner Entscheidung gelangt ist, kann der öffentliche Auftraggeber versuchen, den Antrag aufzuklären. Der leichtere Weg dürfte es jedoch sein, die Entscheidungsgrundlagen entsprechend darzulegen.

56   Von praktischer Relevanz ist an dieser Stelle die **Abgrenzung zur Rüge** gem. § 160 Abs. 3 S. 1 Nr. 1 GWB. Unterlegene Bieter, die ein Vorabinformationsschreiben nach § 134 Abs. 1 GWB erhalten haben, fordern oftmals eine ausführlichere Begründung an. Bezeichnen sie ihr Begehren dabei nicht näher entweder als Rüge oder als Antrag nach § 62 Abs. 2 VgV, muss der öffentliche Auftraggeber es auslegen, gegebenenfalls auch aufklären. Eine Rüge liegt vor, wenn ein Vergaberechtsverstoß behauptet und insoweit Abhilfe verlangt wird. Ein Abhilfeverlangen wird üblicherweise gegeben sein, da weitere Informationen begehrt werden. Entscheidend ist daher, ob das Fehlen von Informationen als Verstoß gegen die durch § 134 Abs. 1 GWB begründete Informationspflicht dargestellt wird. Innerhalb der Zehn- oder Vierzehntagesfrist des § 134 Abs. 2 GWB wird im Zweifel von einer Rüge auszugehen sein. Nach Ablauf der Frist wird hingegen eher ein Antrag nach § 62 Abs. 2 VgV vorliegen. Allerdings geht die Informationspflicht des § 62 Abs. 2 Nr. 2 VgV nicht über diejenige nach § 134 Abs. 1 GWB hinaus.[23]

2. Unterrichtung

57   **a) Form.** Für die Unterrichtung durch den Auftraggeber regelt § 62 Abs. 2 VgV **keine besonderen Formerfordernisse.** Die in der Regelung genannte Textform gem. § 126b BGB bezieht sich wie dargestellt nur auf den Antrag.

58   Es sollten keine überhöhten Anforderungen an die Form gestellt werden. Ausreichend dürfte daher ebenso wie beim Antrag die **Textform** nach § 126b BGB sein.[24] Sie ist schon zu Dokumentations- und Beweiszwecken empfehlenswert.

59   **b) Frist.** Die Information ist **unverzüglich,** spätestens innerhalb von 15 Tagen nach Eingang des Antrags, zu übermitteln. Unverzüglich bedeutet ohne schuldhaftes Zögern (vgl. § 121 Abs. 1 S. 1 BGB). Danach ist dem öffentlichen Auftraggeber ausreichend Zeit zuzubilligen, um die Informationen zusammenzustellen und bei Bedarf auch Rechtsrat einzuholen.

60   Die Berechnung der Fünfzehntagesfrist richtet sich gem. § 82 VgV nach der VO Nr. 1182/71.[25] Danach ist Fristbeginn der Tag nach Eingang des Antrags. Die Frist beträgt **15 Kalendertage** einschließlich Sonn- und Feiertagen; fällt der letzte Tag auf einen Samstag oder einen Sonn- oder Feiertag, endet die Frist jedoch erst mit Ablauf des **folgenden Arbeitstags** (Art. 3 der VO).

---

[22] Vgl. *Wendtland* in BeckOK BGB § 126b Rn. 8.
[23] Dazu → Rn. 45 ff., Rn. 63.
[24] So auch *Mentzinis* in Pünder/Schellenberg, § 19 VOL/A Rn. 7.
[25] VO Nr. 1182/71 des Europäischen Rates v. 3.6.1971, ABl. L 124 v. 8.6.1971, S. 1.

c) Inhalt und Antragsberechtigung. Die Vorschrift unterscheidet zwischen **vier ver-** 61
schiedenen Informationsarten.

aa) Information über abgelehnten Teilnahmeantrag (Nr. 1). Nach § 62 Abs. 2 62
Nr. 1 VgV ist jeder nicht erfolgreiche **Bewerber** auf Antrag über die Gründe für die **Ablehnung seines Teilnahmeantrags** zu unterrichten.

Angesichts des Teilnahmeantrags als Gegenstand der Information besteht diese Pflicht zur 63
Unterrichtung nur bei den zweistufigen Verfahren mit vorgeschaltetem Teilnahmewettbewerb, also dem nicht offenen Verfahren, dem Verhandlungsverfahren, dem wettbewerblichen
Dialog und der Innovationspartnerschaft. Im Teilnahmewettbewerb scheiden diejenigen Bewerber aus, die vom öffentlichen Auftraggeber anhand der bekanntgemachten Kriterien als
nicht geeignet angesehen werden. Erfolgt eine Begrenzung der Anzahl der Bewerber nach
§ 51 VgV, werden zudem die Teilnahmeanträge der nicht ausgewählten Bewerber abgelehnt.

Bewerber, die eine solche Ablehnung im Teilnahmewettbewerb erhalten haben, können 64
nach § 62 Abs. 2 Nr. 1 VgV Informationen über die Gründe der Ablehnung ihres Teilnahmeantrags beantragen. Der Begriff der Gründe für die Ablehnung ist **analog zu dem
in § 134 Abs. 1 GWB** verwendeten Begriff der **Gründe für die Nichtberücksichtigung** auszulegen. Danach muss erkennbar sein, aufgrund welcher **Bewertungskriterien**
die Ablehnung erfolgt.[26]

Ist ein **Ausschluss mangels Eignung** erfolgt, ist also auszuführen, welche Eignungskri- 65
terien nicht erfüllt sind. Wird der Teilnahmeantrag nach § 51 Abs. 3 VgV nicht ausgewählt
und daher abgelehnt, muss der öffentliche Auftraggeber für jedes Auswahlkriterium Auskunft darüber geben, ob der Bewerber schlechter, gleich oder besser als die ausgewählten
Bewerber abgeschnitten hat.[27]

bb) Information über abgelehntes Angebot (Nr. 2). Jeder **abgelehnte Bieter** 66
kann nach § 62 Abs. 2 Nr. 2 VgV beantragen, über die Gründe für die **Ablehnung seines
Angebots** unterrichtet zu werden. Diese Verpflichtung besteht bereits nach **§ 134 Abs. 1
GWB,** und zwar ohne Antrag des Bieters. Es stellt sich daher die Frage nach der **praktischen Relevanz** des § 62 Abs. 2 Nr. 2 VgV.

Eine über den Umfang des § 134 Abs. 1 GWB hinausgehende Informationspflicht nach 67
§ 62 Abs. 2 Nr. 2 VgV besteht nicht. Der Wortlaut beider Vorschriften hinsichtlich des
Inhalts der Information ist insoweit **nahezu identisch:** § 134 Abs. 1 GWB verlangt eine
Information „über die Gründe der vorgesehenen Nichtberücksichtigung ihres Angebots",
§ 62 Abs. 2 Nr. 2 VgV „über die Gründe für die Ablehnung seines Angebots". Ein inhaltlicher Unterschied zwischen den Gründen der Nichtberücksichtigung und den Gründen
der Ablehnung ist nicht erkennbar.[28]

Hinzuweisen ist noch auf Art. 55 Abs. 2 lit. b) der VRL, der den öffentlichen Auftrag- 68
geber im Fall der Verwendung **technischer Spezifikationen** (Art. 42 VRL, entspricht
§ 32 VgV) über § 62 Abs. 2 Nr. 2 VgV hinaus auch zu einer Unterrichtung über die
Gründe der fehlenden Gleichwertigkeit bzw. der fehlenden Leistungs- und Funktionsanforderungen verpflichtet. Diese Information dürfte jedoch unter die von § 62 Abs. 2 Nr. 2
VgV ohnehin erfassten **Gründe für die Ablehnung des Angebots** fallen, so dass die in
der VRL enthaltene Klarstellung bei der Umsetzung in nationales Recht entbehrlich war.

Damit ist § 62 Abs. 2 Nr. 2 VgV praktisch nur in denjenigen Fällen von Relevanz, in 69
denen eine **Befreiung von der Vorabinformationspflicht nach § 134 Abs. 3 GWB**
besteht, nämlich in Verhandlungsverfahren ohne Teilnahmewettbewerb wegen besonderer
Dringlichkeit.

Der Inhalt der Information entspricht nach dem Gesagten den Gründen der Nichtbe- 70
rücksichtigung nach § 134 Abs. 1 GWB.[29] Stellt ein Bieter, der bereits eine Information

---

[26] Vgl. → § 134 Rn. 60.
[27] OLG Dresden 7.5.2010 – W Verg 6/10, NZBau 2010, 526.
[28] So zum alten Recht auch VK Brandenburg 15.9.2003 – VK 57/03, IBRRS 2003, 2713.
[29] Dazu i. E. → GWB § 134 Rn. 58 ff.

nach § 134 Abs. 1 GWB erhalten hat, einen Antrag nach § 62 Abs. 2 Nr. 2 GWB, kann die Begründung daher **wiederholt** werden.

71   **cc) Information über erfolgreiches Angebot (Nr. 3).** Nach § 62 Abs. 2 Nr. 3 VgV ist jeder Bieter auf Antrag über die Merkmale und Vorteile des erfolgreichen Angebots sowie den Namen des erfolgreichen Bieters zu informieren.

72   Damit geht § 62 Abs. 2 Nr. 3 VgV anders als § 62 Abs. 2 Nr. 2 VgV **über die Informationspflicht nach § 134 Abs. 1 GWB hinaus.**[30] § 134 Abs. 1 GWB verpflichtet den öffentlichen Auftraggeber zwar wie § 62 Abs. 2 Nr. 3 VgV auch zur Mitteilung des Namens des Unternehmens, dessen Angebot angenommen werden soll. Jedoch sind nach § 134 Abs. 1 GWB nur die Gründe der vorgesehenen Nichtberücksichtigung des Angebots mitzuteilen, nicht die Merkmale und Vorteile des erfolgreichen Angebots.

73   Zu klären ist daher der genaue Inhalt der Unterrichtung. Da im Vergabeverfahren die Wertungskriterien darüber entscheiden, welches Angebot erfolgreich ist, liegt es nahe, bei der Information über die Merkmale und Vorteile des erfolgreichen Angebots auf die **Wertungskriterien** zu rekurrieren.[31] Spiegelbildlich zu den Gründen der Ablehnung muss also erkennbar sein, aufgrund welcher Bewertungskriterien die Auswahl des erfolgreichen Angebots erfolgt ist.[32] Allerdings darf der öffentliche Auftraggeber keine konkreten Inhalte aus dem obsiegenden Angebot weitergeben, weshalb eine abstrakte Darstellung der Merkmale und Vorteile ausreichen muss.[33] Unzulässig ist es insbesondere, den Preis oder andere Bestandteile des erfolgreichen Angebots zu offenbaren.[34]

74   In der zugrundeliegenden Vorschrift des Art. 55 Abs. 2 lit. c) VRL heißt es zusätzlich, dass über die **„relativen" Vorteile des ausgewählten Angebots** zu informieren ist. Das Wort „relativ" ist bei der Umsetzung in deutsches Recht ersatzlos entfallen. In **richtlinienkonformer Auslegung** ist jedoch zu empfehlen, je Wertungskriterium einen Bezug vom erfolgreichen Angebot zum Angebot desjenigen Bieters herzustellen, der den Antrag nach § 62 Abs. 2 VgV gestellt hat. Hat der erfolgreiche Bieter beispielsweise einen günstigeren Preis angeboten als der antragstellende Bieter, würde die Begründung für das Wertungskriterium Preis lauten, dass das Angebot des erfolgreichen Bieters beim Preis besser bewertet wurde als das Angebot des Bieters, der den Antrag gestellt hat.

75   Eine wesentliche Abweichung bei der Umsetzung weist § 62 Abs. 2 Nr. 3 VgV zudem insoweit auf, als nach Art. 55 Abs. 2 lit. c) und d) VRL **nur Bieter antragsberechtigt sind, die ein ordnungsgemäßes Angebot abgegeben haben.** Nach § 62 Abs. 2 Nr. 3 VgV wäre hingegen unterschiedslos jeder Bieter antragsbefugt, also nach der Definition in Art. 2 Abs. 1 Nr. 11 VRL jeder, der ein Angebot abgegeben hat – unabhängig davon, ob das Angebot ordnungsgemäß ist. Ausweislich der **Gesetzesbegründung** sollte die VRL umgesetzt, die bisherige Regelung des § 22 EG VOL/A fortgeführt und im Hinblick auf die Vorgaben aus der VRL modifiziert werden.[35] Dementsprechend ist § 62 Abs. 2 Nr. 3 VgV **richtlinienkonform** dahin gehend auszulegen, dass nur Bieter antragsberechtigt sind, die ein ordnungsgemäßes Angebot abgegeben haben. Ordnungsgemäß ist jedes Angebot, das nicht ausgeschlossen werden muss, also jedes **wertbare Angebot.** Bietern, die kein wertbares Angebot abgegeben haben, steht folglich kein Anspruch auf eine Unterrichtung nach § 62 Abs. 2 Nr. 3 VgV zu.

76   **dd) Information über Verhandlungen und Dialog (Nr. 4).** § 62 Abs. 2 Nr. 4 VgV gewährt jedem **Bieter** auf Antrag Informationen über den **Verlauf und die Fortschritte**

[30] So sinngemäß zur Parallelvorschrift in der VOB/A auch *Völlink* in Ziekow/Völlink, § 19 VOB/A Rn. 12.
[31] Vgl. *Stickler* in Kapellmann/Messerschmidt, A § 19 Rn. 15.
[32] *Weyand* Stand 26.11.2012, § 19 VOB/A Rn. 16, geht hinsichtlich der Parallelvorschrift in der VOB/A von einer analogen Geltung der Rechtsprechung zum notwendigen Inhalt der Information nach § 101a GWB aF (§ 134 GWB nF) aus.
[33] *Petersen* in Dieckmann/Scharf/Wagner-Cardenal, § 22 EG Rn. 15.
[34] VG Neustadt 19.10.2005 – 4 L 1715/0, NJOZ 2005, 5151.
[35] BT-Drs. 18/7318 v. 20.1.2016 S. 198.

der Verhandlungen und des wettbewerblichen Dialogs mit den Bietern. Diese Vorschrift wurde wie auch die zugrundeliegende Richtliniennorm neu ins Vergaberecht aufgenommen.

Die Vorschrift erscheint zunächst selbsterklärend. Ihr Anwendungsbereich sind diejenigen Verfahrensarten, in denen Verhandlungen oder ein Dialog stattfinden, also das **Verhandlungsverfahren** (mit oder ohne Teilnahmewettbewerb), der **wettbewerbliche Dialog** und die **Innovationspartnerschaft.** Bei diesen Verfahrensarten ist der öffentliche Auftraggeber recht frei in der Gestaltung des Verfahrens. Es können mehrere Verhandlungs- oder Dialogrunden stattfinden. Aufgrund der oftmals bestehenden Komplexität der Beschaffungen sind bekanntgegebene Zeitpläne und Angaben zur Anzahl der Verhandlungs- oder Dialogrunden meist nur vorläufig. Die Bieter haben daher ein Interesse, auf Nachfrage über den Stand der Verhandlungen unterrichtet zu werden. **77**

Die Unterrichtungspflicht erstreckt sich nach der Vorschrift auf den Verlauf und die Fortschritte der Verhandlungen und des Dialogs. Naturgemäß darf der Auftraggeber keine inhaltlichen Auskünfte über die Angebote und Dialogbeiträge machen. Von Interesse für die Bieter sind aber vor allem Angaben zum **zeitlichen Ablauf.** Mitzuteilen ist daher die Planung des weiteren Verlaufs, soweit sie bereits feststeht, also insbesondere wann die Wertung – ggf. für die aktuelle Phase – abgeschlossen ist und wann mit der nächsten Aufforderung zur Abgabe eines Angebots oder Dialogbeitrags zu rechnen ist. Auch wann das Verfahren durch Vertragsschluss abgeschlossen werden soll, ist für die Bieter relevant, damit sie ihre Ressourcen einplanen können.[36] Solche Auskünfte des öffentlichen Auftraggebers können jedoch nur vorläufig sein und stehen grundsätzlich unter dem Vorbehalt der Änderung. **78**

Bei § 62 Abs. 2 Nr. 4 VgV fehlt wie schon bei Nr. 3 in Abweichung zu Art. 55 Abs. 2 lit. d) VRL die Einschränkung der Antragsbefugnis auf Bieter, die ein **ordnungsgemäßes Angebot** abgegeben haben. Auch hier gilt, dass die **richtlinienkonforme Auslegung** dazu führt, die Voraussetzung des ordnungsgemäßen Angebots im Rahmen des § 62 Abs. 2 Nr. 4 VgV mit aufzunehmen. Allerdings ist darauf hinzuweisen, dass beim **wettbewerblichen Dialog** während der Dialogphase keine Angebote, sondern Lösungen bzw. Dialogbeiträge eingereicht werden. Dies würde dazu führen, dass eine Unterrichtungspflicht erst nach Abschluss der Dialogphase mit Einreichen des endgültigen Angebots bestehen würde. Das ist aber offensichtlich auch vom europäischen Gesetzgeber so nicht gewollt. Ausreichend für die Antragsberechtigung muss daher auch das Einreichen einer ordnungsgemäßen Lösung bzw. eines ordnungsgemäßen Dialogbeitrags sein. **79**

IV. Ausnahmen (Abs. 3)

§ 62 Abs. 3 VgV verweist auf § 39 Abs. 6 VgV. Danach ist der Auftraggeber **nicht verpflichtet,** einzelne Angaben zu machen, wenn dies den Gesetzesvollzug behindern, den öffentlichen Interessen zuwiderlaufen, den berechtigten geschäftlichen Interessen eines Unternehmens schaden oder den lauteren Wettbewerb zwischen Unternehmen beeinträchtigen würde. Will der Auftraggeber hiervon Gebrauch machen, hat er dies im Vergabevermerk zu dokumentieren. Zu den Voraussetzungen im Einzelnen sei auf die Kommentierung des § 39 Abs. 6 VgV verwiesen.[37] **80**

Allerdings enthält § 62 Abs. 3 VgV scheinbar eine **Einschränkung,** indem er den Verweis auf die in den Abs. 1 und 2 des § 62 VgV genannten Angaben über die Zuschlagserteilung, den Abschluss von Rahmenvereinbarungen oder die Zulassung zu einem dynamischen Beschaffungssystem bezieht. Es stellt sich daher die Frage, ob § 62 Abs. 3 VgV die Unterrichtung über die Aufhebung des Vergabeverfahrens oder die erneute Einleitung ei- **81**

---

[36] Vgl. zur Parallelvorschrift in der VOB/A auch *Mentzinis* in Pünder/Schellenberg, § 19 VOB/A Rn. 1 sowie VK Thüringen 5.9.2011 – 250–4003.20–3317/2011-E-005-HBN IBRRS 2011, 3774.

[37] § 39.

nes Vergabeverfahrens und die entsprechenden Gründe von dem Verweis ausnimmt. Das würde bedeuten, dass insbesondere die Gründe der Aufhebung auch mitzuteilen wären, wenn dadurch etwa Geschäftsgeheimnisse offenbar würden.

82   Jedoch löst sich das Problem durch einen genauen Blick in die zugrundeliegende Vorschrift der **Richtlinie** auf. Art. 55 Abs. 1 VRL regelt die Unterrichtungspflichten bei erfolgreichem Abschluss des Vergabeverfahrens und bei Aufhebung zusammen in einem Satz.[38] Danach hat der öffentliche Auftraggeber die Entscheidung über die Vergabe „einschließlich der Gründe" des Verzichts auf eine Vergabe mitzuteilen. Der deutsche Gesetzgeber hat die Regelung in § 62 Abs. 1 VgV hingegen in zwei Sätze aufgeteilt. In der Richtlinie wird aber deutlich, dass die **Gründe des Verzichts auf eine Vergabe als Teil der Entscheidung über die Vergabe** angesehen werden. Wenn Art. 55 Abs. 3 VRL auf Angaben über die Zuschlagserteilung, den Abschluss von Rahmenvereinbarungen oder die Zulassung zu einem dynamischen Beschaffungssystem verweist, so sind darin die Gründe für den Verzicht auf die Vergabe enthalten. Im Ergebnis ist dementsprechend in richtlinienkonformer Auslegung davon auszugehen, dass § 39 Abs. 6 VgV **einschränkungslos** auf § 62 Abs. 1 und 2 VgV anwendbar ist. Auch für **Aufhebungen** gilt daher einschränkend, dass die Unterrichtungspflicht nicht in den Fällen des § 39 Abs. 6 VgV gilt.

83   Die Aufzählung § 39 Abs. 6 VgV ist **abschließend.**[39] Die Unterrichtung dient der Transparenz des Vergabeverfahrens. Weitere Ausnahmen von der Mitteilungspflicht würden dieses Ziel beeinträchtigen.

C. Rechtsfolgen bei Verstößen

84   Die Unterrichtungspflicht nach § 62 VgV dient der **Verfahrenstransparenz.** Wie der Erwägungsgrund 82 VRL ausdrücklich klarstellt, soll der öffentliche Auftraggeber den Bewerbern und Bietern Informationen hinsichtlich bestimmter Entscheidungen, die während eines Vergabeverfahrens getroffen werden, zur Verfügung stellen. Die Vorschrift dient damit dem **Schutz der Verfahrensteilnehmer.** Sie können im Fall **nicht ordnungsgemäßer Unterrichtung** Rechtsschutz in Anspruch nehmen.

85   Bei der Beurteilung, ob ein Nachprüfungsantrag vor der Vergabekammer erfolgversprechend sein kann, ist zu berücksichtigen, dass Nachprüfungsverfahren auf die Erlangung von **Primärrechtsschutz** gerichtet sind.[40] Da ein wirksam erteilter Zuschlag gem. § 168 Abs. 2 S. 1 GWB nicht aufgehoben werden kann, ist Primärrechtsschutz **nach Zuschlagserteilung** nicht mehr zu erlangen. Eine Verletzung der Unterrichtungspflichten des § 62 VgV kann also nur dann im Wege des Nachprüfungsverfahrens geltend gemacht werden, wenn der Zuschlag noch nicht erteilt wurde.[41] Das ist stets bei der Information über den Verlauf und die Fortschritte der Verhandlungen und des wettbewerblichen Dialogs nach § 62 Abs. 2 Nr. 4 VgV der Fall. Gibt der öffentliche Auftraggeber dem Bieter auf dessen entsprechenden Antrag keine ordnungsgemäße Antwort, kann der Bieter einen Nachprüfungsantrag vor der Vergabekammer stellen. Auch bei der Unterrichtung über die Gründe für die Ablehnung des Teilnahmeantrags nach § 62 Abs. 2 Nr. 1 VgV kann die Zuschlagserteilung noch ausstehen, je nachdem, wann der Antrag gestellt wird.

86   Die übrigen Unterrichtungspflichten des § 62 VgV bestehen hingegen erst nach Zuschlagserteilung, so dass insoweit ein Nachprüfungsantrag ausscheidet und Bieter auf **Sekundärrechtsschutz** zu verweisen sind. Diesen können die Bieter vor dem Zivilgericht geltend machen. Ob dabei ein Schaden darlegbar ist, der gerade auf der Verletzung der Unterrichtungsverpflichtung des öffentlichen Auftraggebers beruht, ist allerdings zweifelhaft.[42]

---

[38] → Rn. 9, → Rn. 43.
[39] § 39; siehe zu § 22 EG VOL/A *Mentzinis* in Pünder/Schellenberg, Rn. 2.
[40] *Gabriel/Mertens* in BeckOK Vergaberecht GWB § 160 Rn. 1.
[41] So auch *Conrad* in Gabriel/Krohn/Neun, § 34 Rn. 48.
[42] *Petersen* in Dieckmann/Scharf/Wagner-Cardenal, § 22 EG Rn. 31.

§ 63 Aufhebung von Vergabeverfahren

(1) Der öffentliche Auftraggeber ist berechtigt, ein Vergabeverfahren ganz oder teilweise aufzuheben, wenn

1. kein Angebot eingegangen ist, das den Bedingungen entspricht,
2. sich die Grundlage des Vergabeverfahrens wesentlich geändert hat,
3. kein wirtschaftliches Ergebnis erzielt wurde oder
4. andere schwerwiegende Gründe bestehen.

Im Übrigen ist der öffentliche Auftraggeber grundsätzlich nicht verpflichtet, den Zuschlag zu erteilen.

(2) Der öffentliche Auftraggeber teilt den Bewerbern oder Bietern nach Aufhebung des Vergabeverfahrens unverzüglich die Gründe für seine Entscheidung mit, auf die Vergabe eines Auftrages zu verzichten oder das Verfahren erneut einzuleiten. Auf Antrag teilt er ihnen dies in Textform nach § 126b des Bürgerlichen Gesetzbuchs mit.

Übersicht

	Rn.			Rn.
A. Einführung	1		3. Aufhebung ist Ermessensentscheidung	52
I. Literatur	2		4. Ganz oder teilweise Aufhebung	56
II. Entstehungsgeschichte	3		5. Formelle Anforderungen	58
III. Rechtliche Vorgaben im EU-Recht	11		II. Unterrichtung der Bieter bzw. Bewerber (Abs. 2)	60
1. Berechtigung zur Aufhebung	11			
2. Mitteilungspflichten	13		C. Anspruch auf Aufhebung des Vergabeverfahrens?	64
B. Regelungsgehalt	15			
I. Aufhebung	15		D. Weiteres Vorgehen nach Aufhebung	66
1. Keine Verpflichtung zur Zuschlagserteilung	16		E. Rechtsfolgen einer rechtmäßigen Aufhebung	71
2. Aufhebungsgründe	22			
a) Kein ordnungsgemäßes Angebot eingegangen (Abs. 1 S. 1 Nr. 1)	28		F. Rechtsfolgen einer rechtswidrigen Aufhebung	72
b) Wesentliche Änderung der Grundlage des Vergabeverfahrens (Abs. 1 S. 1 Nr. 2)	32		I. Zuständigkeit der Nachprüfungsinstanzen	74
c) Kein wirtschaftliches Ergebnis (Abs. 1 S. 1 Nr. 3)	37		II. Feststellung der Rechtsverletzung	78
i) Überhöhte Preise	38		III. Ausnahme: Aufhebung der Aufhebung	83
ii) Budgetüberschreitung	44		IV. Schadensersatz	87
d) Andere schwerwiegende Gründe (Abs. 1 S. 1 Nr. 4)	48			

A. Einführung

§ 63 VgV regelt die **Aufhebung** von Vergabeverfahren sowie die **Mitteilung** an die Bewerber und Bieter über die Gründe der Aufhebung. **1**

I. Literatur

Summa, Die Aufhebung des Vergabeverfahrens im neuen Vergaberecht, VPR 2016, 3; *Goldbrunner*, Korrektur der Vergabeunterlagen nach Eingang der Angebote – Eine Alternative zur Aufhebung?, VergabeR 2015, 342; *Tugendreich/Heller*, Pflicht zum Verzicht auf die Auftragserteilung und Neuausschreibung bei Änderung der HOAI während eines laufenden Vergabeverfahrens?, ZfBR 2015, 352; *Burbulla*, Aufhebung der Ausschreibung und Vergabenachprüfungsverfahren, ZfBR 2009, 134; *Dieck-Bogatzke*, Probleme der Aufhebung der Ausschreibung – Ein Überblick über die aktuelle Rechtsprechung des OLG Düsseldorf, VergabeR 2008, 392 (Sonderheft 2a); *Conrad*, Der Rechtsschutz gegen die Aufhebung eines Vergabeverfahrens bei Fortfall des Vergabewillens, NZBau 2007, 287; *Müller-Wrede/Schade*, Anspruch ausgeschlossener Bieter auf Aufhebung, VergabeR 2005, 460; *Dähne*, Schadensersatz wegen unberechtigter Aufhebung einer Ausschreibung nach § 26 Nr. 1 VOB/A, VergabeR 2004, 32; *Jasper/Pooth*, Rechtsschutz gegen die Aufhebung einer Aus- **2** schreibung, NZBau 2003, 261; *Kus,* Primärrechtsschutz nach Aufhebung eines Vergabeverfahrens, NVwZ 2003, 1083; *Mantler,* Die Nachprüfung der Aufhebung, VergabeR 2003, 119; *Meier,* Primärrechtsschutz bei der Aufhebung einer Ausschreibung? Rechtsentwicklung nach der EuGH-Entscheidung vom 18.6.2002, NZBau 2003, 137; *Scharen,* Aufhebung der Ausschreibung und Vergaberechtsschutz, NZBau 2003, 585; *Gnittke/Michels,* Aufhebung der Aufhebung einer Ausschreibung durch die Vergabekammer?, VergabeR 2002, 571; *Hübner,* Die Aufhebung der Ausschreibung – Gegenstand des Nachprüfungsverfahrens?, VergabeR 2002, 429; *Portz,* Aufhebung von Ausschreibungen im Nachprüfungsverfahren angreifbar, ZfBR 2002, 551; *Prieß,* EuGH locuta, causa fiuita: Die Aufhebung ist aufhebbar, NZBau 2002, 433; *Reidt/ Brosius-Gersdorf,* Die Nachprüfung der Aufhebung der Ausschreibung im Vergaberecht, VergabeR 2002, 580.

II. Entstehungsgeschichte

3   Die Regelung des § 63 VgV hat inhaltlich große **Ähnlichkeit** mit dem bisherigen § 20 EG VOL/A.

4   Nach § 63 Abs. 1 S. 1 VgV ist der öffentliche Auftraggeber bei Vorliegen näher bezeichneter Gründe **berechtigt,** ein Vergabeverfahren ganz oder teilweise **aufzuheben.** § 20 EG Abs. 1 VOL/A formulierte hiervon abweichend, dass das Vergabeverfahren bei Vorliegen bestimmter Gründe aufgehoben werden kann.[1] Zudem enthielt § 20 EG Abs. 1 VOL/A noch den Zusatz, dass die **teilweise Aufhebung bei Vergabe nach Losen** gilt.

5   Die in § 63 Abs. 1 S. 1 VgV genannten Aufhebungsgründe entsprechen im Wesentlichen denjenigen aus § 20 EG Abs. 1 lit. a-d VOL/A. Die Gesetzesbegründung weist ergänzend darauf hin, dass ein schwerwiegender Grund im Sinne von § 63 Abs. 1 Nr. 4 insbesondere auch dann anzunehmen ist, wenn im **wettbewerblichen Dialog** erkennbar ist, dass keine Lösung gefunden werden kann.[2]

6   Bei § 63 Abs. 1 S. 2 VgV handelt es sich um eine **neu hinzugekommene Vorschrift.** Sie stellt klar, dass der öffentliche Auftraggeber auch über die in Satz 1 geregelten Fälle hinaus **nicht verpflichtet ist, das Vergabeverfahren mit der Zuschlagserteilung abzuschließen.** Ausweislich der Gesetzesbegründung ist damit **keine Änderung der Rechtslage** beabsichtigt, sondern es soll aus Gründen der **Rechtsklarheit** die in diesem Zusammenhang ergangene **Rechtsprechung aufgegriffen und kodifiziert** werden.[3]

7   Laut Gesetzesbegründung hat eine von der VgV gedeckte und somit **rechtmäßige Aufhebung** zur Folge, dass die Aufhebung **keine Schadensersatzansprüche** wegen eines fehlerhaften Vergabeverfahrens begründet. Hingegen kann der Bieter im Falle einer nicht unter die einschlägigen Tatbestände fallenden Aufhebung die Feststellung beantragen, dass er durch das Verfahren in seinen Rechten verletzt ist.[4]

8   Die **Informationspflichten** des öffentlichen Auftraggebers gegenüber den Verfahrensteilnehmern nach Aufhebung des Verfahrens waren in § 20 EG Abs. 2 und 3 VOL/A geregelt. Nach § 20 EG Abs. 2 VOL/A musste der öffentliche Auftraggeber Bewerber und Bieter unverzüglich von der Aufhebung des Vergabeverfahrens unter Bekanntgabe der Gründe benachrichtigen. Darüber hinaus regelte § 20 EG Abs. 3 VOL/A, dass den Bewerbern oder Bietern nach Aufhebung des Vergabeverfahrens unverzüglich die Gründe für die Aufhebung oder die neue Einleitung eines Vergabeverfahrens mitzuteilen sind, wenn die Vergabe EU-weit bekanntgemacht worden war.

9   Die Regelungen dieser beiden Absätze wurden in § 63 Abs. 2 VgV **zusammengefasst.** Die Norm beinhaltet die im bisherigen § 20 EG Abs. 3 VOL/A vorgesehenen Informa-

---

[1] Siehe hierzu genauer unter → Rn. 21 f.
[2] BT-Drs. 18/7318 v. 20.1.2016, S. 198 f.
[3] Gesetzesbegründung, BT-Drs. 18/7318 v. 20.1.2016, S. 199; konkret wird Bezug genommen auf die Entscheidungen EuGH 18.6.2002 – C-92/00, BGH 20.3.2014 – X ZB 18/13 sowie BGH 18.2.2003 – X ZB 43/02.
[4] Gesetzesbegründung, BT-Drs. 18/7318 v. 20.1.2016, S. 199.

tionspflichten. Zusätzlich wurde die ehemals in § 20 EG Abs. 3 VOL/A geregelte Informationspflicht in § 62 Abs. 1 S. 2 VgV aufgenommen.[5]

Schließlich wurde die in § 20 EG Abs. 3 S. 2 VOL/A geregelte Unterrichtung auf Antrag in Textform im § 63 Abs. 2 S. 2 VgV um den Hinweis auf **§ 126b BGB** ergänzt.　**10**

III. Rechtliche Vorgaben im EU-Recht

1. Berechtigung zur Aufhebung

Die Gesetzesbegründung weist zutreffend darauf hin, dass die **VRL keine ausdrückli-** **11** **chen Vorgaben für eine Aufhebung beinhaltet.**[6] Sie setzt lediglich in Art. 55 Abs. 1 und Art. 84 Abs. 1 lit. g VRL den Verzicht auf eine Vergabe voraus und trifft in diesem Zusammenhang Regelungen zu Unterrichtungs- und Dokumentationspflichten.

Art. 55 Abs. 1 VRL erwähnt zwar die Möglichkeit der Aufhebung des Vergabeverfah- **12** rens („[…] Gründe, aus denen beschlossen wurde, auf […] die Vergabe eines Auftrags […] zu verzichten […]"), regelt jedoch selbst **nur die Benachrichtigungspflicht** des öffentlichen Auftraggebers, nicht aber die Voraussetzungen für eine Aufhebung des Vergabeverfahrens. Auch Art. 84 Abs. 1 lit. g VRL beinhaltet lediglich eine **Dokumentationspflicht** in Bezug auf die Gründe, aus denen der öffentliche Auftraggeber auf die Vergabe eines Auftrages verzichtet hat. Welche Gründe die Aufhebung eines Vergabeverfahrens erlauben, geht aus der VRL nicht hervor, sondern nur, dass Gründe erforderlich sind, die entsprechend dokumentiert und mitgeteilt werden müssen. Nach dem Wortlaut der VRL ist der **Verzicht auf die Vergabe eines Auftrags demnach nicht auf Ausnahmefälle beschränkt.**[7] Jedoch weist die Gesetzesbegründung darauf hin, dass ungeachtet der Unterschiede zwischen nationaler und EU-Regelung die **Grundsätze zu beachten sind, die aus höherrangigem EU-Primärrecht und dem geltenden Richtlinien folgen.**[8] Der deutsche Gesetzgeber durfte aus Gründen der Wettbewerbsfreundlichkeit strengere Voraussetzungen für die Aufhebung des Vergabeverfahrens vorsehen.

2. Mitteilungspflichten

§ 63 Abs. 2 VgV regelt die Mitteilungspflichten des öffentlichen Auftraggebers in Bezug **13** auf die Aufhebung des Vergabeverfahrens. Die Norm setzt Art. 55 Abs. 1 VRL um und geht sogar darüber hinaus, indem sie ihren Anwendungsbereich auf **sämtliche Verfahrensarten** erstreckt, auch auf das Verhandlungsverfahren ohne Teilnahmewettbewerb. Die VRL hingegen sieht eine Mitteilungspflicht nur für solche Verfahrensarten vor, bei denen eine Bekanntmachung des Verfahrens stattgefunden hat. Der deutsche Gesetzgeber hat den Bieter in einem Verhandlungsverfahren ohne Teilnahmewettbewerb als ebenso schutzwürdig angesehen und die Informationspflicht aus diesem Grunde entsprechend erweitert.[9]

Eine Ergänzung des Regelungsgehalts auf nationaler Ebene ist zudem auch bzgl. der **14** Mitteilungsform erfolgt. Während Art. 55 Abs. 1 VRL keinerlei Formvorschrift enthält, regelt § 63 Abs. 2 S. 2 VgV, dass der öffentliche Auftraggeber die Mitteilung auf Antrag in Textform gem. **§ 126b BGB** vorzunehmen hat.

---

[5] → § 62 Rn. 34.
[6] Gesetzesbegründung, BT-Drs. 18/7318 v. 20.1.2016, S. 199.
[7] EuGH 18.6.2002 – Rs C 92/00 „Hospital Ingenieure", Rn. 42, NZBau 2002, 458 (461) zur Richtlinie 92/50/EWG; dies gilt ebenso für die VRL.
[8] Gesetzesbegründung, BT-Drs. 18/7318 v. 20.1.2016, S. 198.
[9] Gesetzesbegründung, BT-Drs. 18/7318 v. 20.1.2016, S. 199.

B. Regelungsgehalt

I. Aufhebung

15 Es bestehen nur **zwei Möglichkeiten, ein Vergabeverfahren zu beenden:** Planmäßig erfolgt dies durch **Zuschlagserteilung** an den wirtschaftlichsten Bieter. Dies stellt den Regelfall der Beendigung des Vergabeverfahrens dar. Kann ein Zuschlag – aus welchen Gründen auch immer – nicht erteilt werden, ist die einzige verbleibende Möglichkeit zur Beendigung des Vergabeverfahrens dessen **Aufhebung.**[10]

1. Keine Verpflichtung zur Zuschlagserteilung

16 Nach § 63 Abs. 1 S. 1 VgV ist der öffentliche Auftraggeber berechtigt, ein Vergabeverfahren bei Vorliegen bestimmter, näher bezeichneter Gründe aufzuheben. § 63 Abs. 1 S. 2 VgV stellt jedoch klar, dass der Auftraggeber im Übrigen **grundsätzlich nicht verpflichtet ist, den Zuschlag zu erteilen.** Eine Aufhebung darf also auch dann erfolgen, **wenn keiner der genannten Aufhebungsgründe vorliegt.** Damit ist die Vorschrift grundsätzlich wieder kohärent mit den zugrundeliegenden Bestimmungen der VRL. Die VRL unterstellt die Möglichkeit einer Aufhebung, ohne hierfür Voraussetzungen aufzustellen. Genauso hat das Zusammenspiel von § 63 Abs. 1 S. 1 und 2 VgV letztlich zum Ergebnis, dass eine Aufhebung ohne das Vorliegen bestimmter Voraussetzungen zulässig ist.

17 Die neu in § 63 Abs. 1 S. 2 VgV aufgenommene Klarstellung bedeutet **keine Änderung der Rechtslage.** Wie die Gesetzesbegründung ausführt, soll lediglich aus Gründen der **Rechtsklarheit** die zu dieser Frage ergangene **Rechtsprechung aufgegriffen und kodifiziert** werden.[11] Konkret nimmt die Gesetzesbegründung Bezug auf eine Entscheidung des EuGH und zwei Entscheidungen des BGH.[12]

18 Der **EuGH** hatte bereits im Jahr 2002 entschieden, dass der öffentliche Auftraggeber **nicht verpflichtet ist, ein begonnenes Vergabeverfahren zu Ende zu führen.**[13] Der EuGH nimmt dabei Bezug auf eine vorangegangene Entscheidung, wonach die Befugnis, auf die Vergabe zu verzichten, **weder auf Ausnahmefälle begrenzt ist noch auf schwerwiegende Gründe gestützt** werden muss.[14] Im Jahr 2003 bestätigt der EuGH diese Entscheidungen und befindet, dass **auch selbstverschuldete Aufhebungsgründe** den öffentlichen Auftraggeber grundsätzlich nicht daran hindern, ein begonnenes Vergabeverfahrens abzubrechen.[15] In 2013 erfolgt eine weitere Bekräftigung dieser Rechtsprechung; dabei hält der EuGH selbst **Zweckmäßigkeitserwägungen** nach der Richtlinie für **ausreichend,** um ein Vergabeverfahren aufzuheben.[16]

19 Der BGH begründet den fehlenden Anspruch der Bieter auf eine Zuschlagserteilung mit dem allgemeinen Vertragsrecht, nach dem gerade **kein Zwang zur vertraglichen Bindung** besteht. Er weist zu Recht darauf hin, dass auch öffentliche Auftraggeber im Zuge von Ausschreibungen rechtsgeschäftlich tätig werden. Allein aus dem Umstand der Ausschreibung könne und dürfe kein Zwang zur Zuschlagserteilung abgeleitet werden. Das gelte auch dann, wenn kein vergaberechtlich festgelegter Aufhebungsgrund vorliege.[17]

---

[10] Vgl. auch OLG München 4.4.2013 – Verg 4/13, NZBau 2013, 524.

[11] Gesetzesbegründung, BT-Drs. 18/7318 v. 20.1.2016, S. 199.

[12] EuGH 18.6.2002 – C-92/00, EuZW 2002, 497, BGH 20.3.2014 – X ZB 18/13, NZBau 2014, 310 sowie BGH 18.2.2003 – X ZB 43/02, NZBau 2003, 293.

[13] EuGH 18.6.2002 C-92/00 Rn. 41, EuZW 2002, 497; hierzu *Gnittke/Michels* VergabeR 2002, 571; *Hübner* VergabeR 2002, 429; *Jasper/Pooth* NZBau 2003, 261; *Meier* NZBau 2003, 137; *Portz* ZfBR 2002, 551; *Prieß* NZBau 2002, 433; *Reidt/Brosius-Gersdorf* VergabeR 2002, 580.

[14] EuGH 16.9.1999 C-27/98, „Fracasso und Leitschutz" Rn. 23, 25, NZBau 2000, 153.

[15] Vgl. EuGH 16.10.2003 – Rs. C-244/02 Rn. 36, IBRRS 2004, 1227.

[16] EuGH 11.12.2014 – Rs. C-440/13, VergabeR 2015, 416.

[17] BGH 18.2.2003 – X ZB 43/02, NZBau 2003, 293 mwN; hierzu *Kus* NVwZ 2003, 1083.

In der jüngeren der vom Gesetzgeber zitierten Entscheidungen stellt der BGH klar, dass **20** Bieter die Aufhebung des Vergabeverfahrens grundsätzlich nicht nur im Fall der rechtmäßigen, von den vergaberechtlich geregelten Gründen gedeckten Aufhebung hinnehmen müssen. Denn aus den vergaberechtlichen Regelungen folge nicht im Gegenschluss, dass ein öffentlicher Auftraggeber gezwungen wäre, ein Vergabeverfahren mit der Zuschlagserteilung abzuschließen, wenn keiner der zur Aufhebung berechtigenden Tatbestände erfüllt ist. Stattdessen dürften öffentliche Auftraggeber **auch ohne Aufhebungsgrund vom Vergabeverfahren Abstand nehmen.** Dies folge daraus, dass die **Bieter zwar einen Anspruch auf Einhaltung der vergaberechtlichen Bestimmungen haben, nicht aber auf einen Abschluss des Verfahrens durch Zuschlagserteilung an einen der Bieter.**[18]

Im Ergebnis haben die vom Gesetzgeber zitierten Entscheidungen, die er im Wege der **21** Kodifizierung umsetzen wollte, also folgenden Tenor: Öffentliche Auftraggeber dürfen begonnene Vergabeverfahren **aufheben,** und zwar **unabhängig davon, ob die vergaberechtlich geregelten Aufhebungsgründe vorliegen.** Eine Verpflichtung zur Zuschlagserteilung besteht nicht. Genau dies regelt § 63 Abs. 1 S. 2 VgV.[19]

2. Aufhebungsgründe

§ 63 Abs. 1 S. 1 VgV benennt **bestimmte Gründe,** bei deren Vorliegen der öffentliche **22** Auftraggeber berechtigt ist, ein bereits begonnenes Vergabeverfahren aufzuheben. Der BGH geht davon aus, dass die Parallelvorschrift für Bauvergaben[20] aus haushaltsrechtlichen Gründen in die VOB/A aufgenommen wurde, um öffentlichen Auftraggebern eine kostenfreie Loslösung von Ausschreibungen zu ermöglichen.[21]

Allerdings bestimmt § 63 Abs. 1 S. 2 VgV ausdrücklich, dass der öffentliche Auftragge- **23** ber nicht zur Zuschlagserteilung verpflichtet ist. Demnach ist eine Aufhebung auch dann möglich, wenn die in § 63 Abs. 1 S. 1 VgV definierten Aufhebungsgründe nicht vorliegen. In dieser Hinsicht ist der neu formulierte Wortlaut der Norm von Bedeutung. Hieß es in § 20 EG Abs. 1 VOL/A noch, dass das Vergabeverfahren aufgehoben werden kann, spricht § 63 Abs. 1 S. 1 VgV nun von der **„Berechtigung"** des öffentlichen Auftraggebers, das Vergabeverfahren aufzuheben.

Damit greift die Vorschrift die schon bislang in diesem Zusammenhang verwendete **Ter- 24 minologie der rechtmäßigen und rechtswidrigen Aufhebung** auf. Auch die Gesetzesbegründung führt aus, dass eine **von der VgV gedeckte Aufhebung eine rechtmäßige Aufhebung** ist. Eine solche rechtmäßige Aufhebung hat zur Folge, dass Bieter und Bewerber **keine Schadensersatzansprüche** wegen eines fehlerhaften Vergabeverfahrens geltend machen können. Sind die in der VgV genannten **Aufhebungsgründe nicht erfüllt,** können Bewerber und Bieter ausweislich der Gesetzesbegründung hingegen die Feststellung beantragen, dass sie durch das Verfahren in ihren **Rechten verletzt** sind.[22]

Zu beachten ist allerdings, dass mit Vorliegen eines Aufhebungsgrundes allein noch kei- **25** ne rechtmäßige Aufhebung vorliegt. **Weitere Voraussetzung** ist vielmehr, dass der öffentliche Auftraggeber den **Aufhebungsgrund nicht verschuldet** haben darf. Zudem muss der Auftraggeber bei der Entscheidung, ob er ein Verfahren aufhebt, sein **Ermessen ordnungsgemäß ausüben.**[23]

Angesichts der aufgezeigten Rechtsfolgen rechtmäßiger und rechtswidriger Aufhebun- **26** gen sind die in § 63 Abs. 1 S. 1 VgV genannten **Gründe abschließend.** Sie sind zudem

---

[18] BGH 20.3.2014 – X ZB 18/13, NZBau 2014, 310 mwN.
[19] Zum Anspruch auf Aufhebung der Aufhebung – bei dem allerdings keine Verpflichtung zur Zuschlagserteilung, sondern lediglich zum weiteren Betreiben des Vergabeverfahrens bestehen kann – → Rn. 80 f.
[20] Seinerzeit §§ 26 Nr. 1, 26a Nr. 1 VOB/A 2000, entspricht heute → VOB/A § 17 EU Abs. 1.
[21] BGH 18.2.2003 – X ZB 43/02, NZBau 2003, 293.
[22] Gesetzesbegründung, BT-Drs. 18/7318 v. 20.1.2016, S. 199. Zu den Rechtsfolgen rechtswidriger Aufhebungen einschließlich Schadensersatzansprüchen → Rn. 69 ff.
[23] → Rn. 50 ff.

als Ausnahmetatbestände **eng auszulegen,**[24] zumal die Bieter auf die Beendigung des Vergabeverfahrens durch Zuschlagserteilung vertrauen dürfen und nur ausnahmsweise eine Beendigung durch Aufhebung erfolgt.[25]

27   **Im Einzelnen** definiert § 63 Abs. 1 S. 1 VgV folgende Aufhebungsgründe:

28   **a) Kein ordnungsgemäßes Angebot eingegangen (Abs. 1 S. 1 Nr. 1).** Der öffentliche Auftraggeber ist gem. § 63 Abs. 1 S. 1 Nr. 1 VgV berechtigt, das Vergabeverfahren aufzuheben, wenn kein Angebot eingegangen ist, das den Bedingungen entspricht.

29   Nach seinem eindeutigen Wortlaut greift dieser Aufhebungsgrund nur dann ein, wenn eine Verfahrensart mit einem Verfahrensstadium vorliegt, in dem **Angebote** einzureichen waren, also ein offenes Verfahren oder in den mehrstufigen Verfahren die Angebotsphase. Fehlt es hingegen an ordnungsgemäßen Teilnahmeanträgen oder an Lösungen im Dialogverfahren, ist eine Aufhebung aus schwerwiegenden Gründen nach § 63 Abs. 1 S. 1 Nr. 4 VgV zu prüfen.[26]

30   Eine Aufhebung ist danach zunächst dann berechtigt, wenn **gar kein Angebot eingeht.** Weiter liegt der Aufhebungsgrund vor, wenn zwar ein oder mehrere Angebote eingegangen sind, diese jedoch **nicht den Bedingungen entsprechen.** Mit den Bedingungen sind hauptsächlich die Bewerbungsbedingungen i. S. d. § 29 Abs. 1 S. 2 Nr. 2 VgV gemeint, in denen die Einzelheiten der Durchführung des Verfahrens beschrieben sind.[27] Allerdings fordert der deutsche Gesetzgeber im Zuge der Vergaberechtsreform nicht mehr wie zuvor ein Abweichen von den Bewerbungsbedingungen, sondern nur noch ein Abweichen von den Bedingungen. Damit fasst er den Begriff noch weiter und erfasst damit **sämtliche Verfahrensbedingungen,** unabhängig davon, ob sie konkret in die Bewerbungsbedingungen i. S. d. § 29 Abs. 1 S. 2 Nr. 2 VgV Eingang gefunden haben oder nicht. Dazu zählen beispielsweise auch die **Bekanntmachung,** die **Aufforderung zur Angebotsabgabe** und die **Vertragsunterlagen** einschließlich der **Leistungsbeschreibung.**[28]

31   Allerdings kann ein Abweichen von den Bedingungen nur dann zu einem Aufhebungsgrund führen, wenn dadurch **kein wertbares Angebot** vorliegt. Das ist insbesondere dann der Fall, wenn alle Angebote vom Verfahren auszuschließen wären. Dies gilt auch, wenn Angebote nachträglich auszuschließen sind, etwa dann, wenn bei allen Bietern die Eignung nachträglich entfällt oder sich die Zusammensetzung einer Bietergemeinschaft in unzulässiger Form ändert.

32   **b) Wesentliche Änderung der Grundlage des Vergabeverfahrens (Abs. 1 S. 1 Nr. 2).** Als zweiten Aufhebungsgrund nennt § 63 Abs. 1 S. 1 Nr. 2 VgV den Fall, dass sich die **Grundlage des Vergabeverfahrens wesentlich geändert** hat. Die Änderung darf erst nach Einleitung des Vergabeverfahrens, d. h. **nach Bekanntmachung** (§§ 37 ff. VgV) eingetreten sein.[29]

33   Einen typischen Anwendungsfall bildet die **grundlegende Änderung des Beschaffungsbedarfs.** So kann sich der Leistungsinhalt oder Leistungsumfang erheblich verkleinern oder vergrößern. Der Bedarf kann auch gänzlich wegfallen. Die Änderungen sind allerdings nur dann als grundlegend zu bezeichnen, wenn sie derart **gravierend** sind, dass eine ganz entscheidende Abänderung der bisherigen Absicht zur Leistungserbringung erforderlich wird[30] oder wenn die ursprünglichen Leistungsanforderungen analog zur

[24] OLG Celle 10.6.2010 – 13 Verg 18/09, IBRRS 2010, 2178; BGH 20.11.2012 – X ZR 108/10 „Friedhofserweiterung", NZBau 2013, 180 (182) sowie BGH 8.9.1998 – X ZR 48/97, NJW 1998, 3636. – alle Entscheidungen in Bezug auf VOB/A.
[25] OLG München 4.4.2013 – Verg 4/13, NZBau 2013, 524.
[26] → Rn. 46 ff.
[27] Was alles zu den Bewerbungsbedingungen zählt, kann der Kommentierung zu → § 29 Rn. Rn. 28 ff. entnommen werden.
[28] Dies war nach § 17 EG VOL/A unsicher, vgl. *Laumann* in Dieckmann/Scharf/Wagner-Cardenal, VOL/A § 20 EG Rn. 19.
[29] OLG Köln 18.6.2010 – 19 U 98/09, IBRRS 2011, 1531.
[30] OLG Köln 18.6.2010 – 19 U 98/09, BeckRS 2011, 04163.

Störung bzw. dem Wegfall der Geschäftsgrundlage (§ 313 BGB) nicht mehr erfüllt werden können.[31] Eine grundlegende Änderung des Beschaffungsbedarfs wurde vom OLG Naumburg beispielsweise angenommen, als ein öffentlicher Auftraggeber zunächst einen Energie-Contracting-Vertrag[32] ausschrieb, sich dann jedoch für den Ankauf einer neuen Heizungsanlage von einem Dritten sowie deren Eigenbetrieb entschied; allerdings dürfen dem Auftraggeber die tatsächlichen Grundlagen für diese Entscheidung nicht bereits vor Einleitung des Vergabeverfahrens vorgelegen haben.[33] Daneben kann die Zerstörung des Objekts, an dem die Leistung ausgeführt werden soll – etwa ein zu sanierendes Gebäude – den Wegfall des Beschaffungsbedarfs bewirken, beziehungsweise mag sich der Bedarf dahin gehend grundlegend ändern, dass ein Neubau statt einer Sanierung erfolgen soll.

Ausnahmsweise können auch **zeitliche Verschiebungen** innerhalb des Vergabeverfah- **34** rens zu einem Aufhebungsgrund gem. § 63 Abs. 1 S. 1 Nr. 2 VgV führen. Dies setzt jedoch voraus, dass eine Anpassung der Angebote in der Folge nicht mehr möglich ist. Das ist grundsätzlich nur dann der Fall, wenn ein absolutes oder relatives **Fixgeschäft** vorliegt, für das ein **genau bestimmter Leistungszeitpunkt** festgelegt ist.[34] Dabei darf der öffentliche Auftraggeber nicht selbst für die Verzögerungen verantwortlich sein.[35]

Wesentlich sind Änderungen dann, wenn die **weitere Durchführung des Verfahrens** **35** unter den veränderten Umständen **nicht mehr möglich** oder für den Auftraggeber oder auch für die Bieter **nicht mehr zumutbar** ist.[36] Bei einer Mengenänderung von einzelnen Positionen des Leistungsverzeichnisses kann es darauf ankommen, ob diese Positionen eine herausragende Bedeutung innerhalb des Gesamtverzeichnisses darstellen, weil andere Positionen davon entscheidend abhängen. Dies hat das OLG München bei einer Änderung von zwei Mengenvordersätzen von 35 t auf 18 t bzw. von 25 t auf 17 t abgelehnt, da sie ohne größeren Aufwand zu bewerkstelligen seien.[37] Dabei kommt es jedoch stets auf den jeweiligen Einzelfall an.

Bei den eingetretenen Änderungen darf es sich des Weiteren nur um solche handeln, die **36** bis zum Zeitpunkt der Einleitung des Vergabeverfahrens **nicht vorhersehbar** waren. Das gilt insbesondere für die **Änderung des Beschaffungsbedarfs**. Diesen hat der öffentliche Auftraggeber vor Einleitung des Vergabeverfahrens zu definieren. Ändern sich später seine Bedürfnisse, kann dies nicht zu Lasten der Bieter gehen, die auf ein ordnungsgemäßes Vergabeverfahren vertrauen.[38] Aber auch ansonsten gilt, dass keine rechtmäßige Aufhebung vorliegt, wenn der öffentliche Auftraggeber bewusst oder jedenfalls zurechenbar außer Acht gelassen hat, dass wesentliche Änderungen eintreten könnten. Soll ein Vergabeverfahren dennoch bekanntgemacht werden, obwohl möglicherweise eine Änderung eintritt, kann der öffentliche Auftraggeber die Bieter hierauf **transparent hinweisen**. Beispielsweise werden die Belange der Bieter bei der möglichen Ablehnung einer notwendigen behördlichen Genehmigung durch einen solchen **Genehmigungsvorbehalt** hinreichend berücksichtigt; da sie sich bei ihrer Angebotserstellung auf das bestehende Risiko einstellen können.[39]

c) Kein wirtschaftliches Ergebnis (Abs. 1 S. 1 Nr. 3). Der öffentliche Auftraggeber **37** kann das Vergabeverfahren außerdem dann aufheben, wenn **kein wirtschaftliches Ergebnis** erzielt wurde.

---

[31] OLG München 4.4.2013 – Verg 4/13 „Ortsumfahrung Burtenbach", NZBau 2013, 524; aA BayObLG 15.7.2002 – Verg 15/02 „A 8 München-Ulm", NZBau 2002, 689 (691).

[32] Umfasst die Lieferung von Energie sowie den Betrieb der entsprechenden Anlagen durch den Contractinggeber (= Dienstleistungsunternehmen).

[33] OLG Naumburg 27.2.2014 – 2 Verg 5/13 „Wärmeliefervertrag", BeckRS 2014, 5492.

[34] Vgl. BayObLG 15.7.2002 – Verg 15/02 „A 8 München-Ulm", NZBau 2002, 689 (691).

[35] OLG Naumburg 13.10.2006 – 1 Verg 6/06 „Erd- und Deckenbau III", NJOZ 2007, 261.

[36] *Portz* in KKMPP § 63 Rn. 45.

[37] OLG München 4.4.2013 – Verg 4/13 „Ortsumfahrung Burtenbach", NZBau 2013, 524 (525).

[38] Vgl. BGH 12.6.2001 – X ZR 150/99 „U-Bahn-Waggons", NZBau 2001, 637.

[39] Vgl. *Conrad* in Gabriel/Krohn/Neun 2014, § 31 Rn. 36.

38   **i) Überhöhte Preise.** Regelfall der Aufhebung wegen Unwirtschaftlichkeit ist die **wesentliche Überschreitung** der im Vorfeld vom öffentlichen Auftraggeber aufgestellten **Auftragswertschätzung** gem. § 3 VgV.[40] Dies setzt allerdings voraus, dass die **Kostenschätzung vertretbar** erscheint.[41]

39   Der BGH setzt für eine ordnungsgemäße Kostenschätzung voraus, dass die Vergabestelle oder der von ihr gegebenenfalls beauftragte Fachmann für die Schätzung **Methoden wählt, die ein wirklichkeitsnahes Schätzungsergebnis ernsthaft erwarten lassen.**[42] Wie genau die Berechnung auszusehen hat, ist aber eine Frage des Einzelfalls. Der BGH akzeptiert ausdrücklich eine Schätzung der Kosten für die Errichtung eines Gebäudes auf der Grundlage seines Kubikmetervolumens zuzüglich pauschalierter Beträge für Erschließung, Gerät, Außenanlagen und Baunebenkosten, vorausgesetzt, der öffentliche Auftraggeber oder der von ihm beauftragte Fachmann hat entsprechende Erfahrungswerte.[43] Das OLG München hat auch eine während des Nachprüfungsverfahrens **nachgereichte Kostenschätzung** zugelassen mit der Begründung, der Wert der Leistung sei ohnehin nach objektiven Kriterien zu bestimmen.[44]

40   Der BGH erkennt dabei an, „dass auch mit angemessener Sorgfalt durchgeführte Schätzungen nur **Prognoseentscheidungen** sind, von denen die nachfolgenden Ausschreibungsergebnisse erfahrungsgemäß mitunter **nicht unerheblich abweichen.** Das Ausschreibungsergebnis muss deshalb in der Regel **ganz beträchtlich über dem Schätzungsergebnis** liegen, um die Aufhebung zu rechtfertigen."[45]

41   Hieraus folgt zum einen, dass es bei der Ordnungsgemäßheit der Kostenschätzung nicht vorrangig darum geht, dass die Preise tatsächlich den Marktpreisen entsprechen. Der BGH fordert vielmehr, dass die **Methodik der Kostenermittlung** grundsätzlich geeignet ist, Marktpreise im Voraus zu schätzen. Zum anderen können Angebote, die deutlich über der Kostenschätzung liegen, nicht automatisch zu der Schlussfolgerung führen, dass die Kostenschätzung nicht ordnungsgemäß ist. Bereits der Begriff Kosten*schätzung* sagt aus, dass es sich nur um eine **ex ante-Betrachtung** handeln kann. Wenn sie sich tatsächlich nicht bewahrheitet, trifft dies keine Aussage über die Ordnungsgemäßheit der Kostenschätzung. Entscheidend ist nur die Anwendung der richtigen Methodik bei der Schätzung.

42   Wann eine **erhebliche Überschreitung** der Kostenschätzung vorliegt, kann nicht pauschal festgelegt werden. Dies ist anhand der Umstände des jeweiligen Einzelfalls zu entscheiden.[46] Die Ansätze innerhalb der Rechtsprechung variieren deswegen erheblich; grundsätzlich wurde eine Aufhebung bei einer Überschreitung um **10 % bis 50 %** als rechtmäßig angesehen.[47] Eine ältere Entscheidung des OLG Düsseldorf, in der eine Überschreitung um 1,84 % für eine Aufhebung ausreichte,[48] ist als Ausnahmefall zu bezeichnen; dort ging es um ein PPP-Projekt, in dem sich der öffentliche Auftraggeber zudem die Aufhebung für den Fall vorbehalten hatte, dass der finale Wirtschaftlichkeitsvergleich (PSC) die Eigenrealisierung als die wirtschaftlichere Variante feststellt.

43   Das OLG Karlsruhe hat entschieden, dass ein Vergabeverfahren aufgehoben werden kann, wenn selbst das günstigste **Angebot unangemessen hoch** ist.[49] Einen Anhaltspunkt

---

[40] Vgl. OLG Karlsruhe 27.7.2009 – 15 Verg 3/09 „Sanierung Laborgebäude", ZfBR 2010, 196; BGH 5.11.2002 – X ZR 232/00 „Ziegelverblendung", NZBau 2003, 168; zur Kostenschätzung → § 3.
[41] BGH 20.11.2012 – X ZR 108/10 „Friedhofserweiterung", NZBau 2013, 180.
[42] BGH 20.11.2012 – X ZR 108/10 „Friedhofserweiterung", NZBau 2013, 180.
[43] BGH 5.11.2002 – X ZR 232/00 „Ziegelverblendung", NZBau 2003, 168.
[44] OLG München 7.3.2013 – Verg 36/12, BeckRS 2013, 5399.
[45] BGH 20.11.2012 – X ZR 108/10 „Friedhofserweiterung", NZBau 2013, 180.
[46] OLG Karlsruhe 27.7.2009 – 15 Verg 3/09 „Sanierung Laborgebäude", ZfBR 2010, 196.
[47] VK Arnsberg 13.2.2013 – VK 20/12, IBRRS 2013, 1105 (30 %); OLG Karlsruhe 27.7.2009 – 15 Verg 3/09 „Sanierung Laborgebäude", ZfBR 2010, 196 (16 %); OLG München 2.6.2006 – Verg 12/06, ZfBR 2006, 600 (10 %); OLG Frankfurt. 28.6.2005 – 11 Verg 21/04 „Abschleppdienst", IBRRS 2006, 1592 (23 %); OLG München 7.3.2013 – Verg 36/12, BeckRS 2013, 5399 (50 %).
[48] OLG Düsseldorf 8.6.2011 – Verg 55/10, ZfBR 2013, 193.
[49] OLG Karlsruhe 27.7.2009 – 15 Verg 3/09, ZfBR 2010, 196.

bietet daher die Rechtsprechung zu unangemessen hohen Angebotspreisen.[50] Umgekehrt ist es aber nicht erforderlich, dass das niedrigste Angebot einen unangemessenen Preis aufweist;[51] diese Schwelle muss also nicht zwingend überschritten werden.

ii) Budgetüberschreitung. Besonderheiten gelten für den Fall der **Budgetüber-** 44 **schreitung.** Öffentliche Auftraggeber können ein Vergabeverfahren erst beginnen, nachdem die **Haushaltsmittel** für das Beschaffungsvorhaben freigegeben wurden. Überschreiten die Angebotspreise das vorgegebene Budget, kann dies einen Aufhebungsgrund nach § 63 Abs. 1 Nr. 1 VgV begründen.

Dies setzt ebenfalls eine sorgfältige Ermittlung des Kostenbedarfs voraus. Allerdings ist 45 hierbei die Besonderheit zu berücksichtigen, dass Haushaltsmittel geraume Zeit **vor der eigentlichen Auftragswertschätzung** beantragt und bewilligt werden. Das bedeutet zum einen, dass die zu Grunde liegende Kostenermittlung noch einen geringeren Detaillierungsgrad hat als die Auftragswertschätzung nach § 3 VgV. Zum anderen erschwert die frühere Prognose eine exakte Vorhersage der Marktpreise noch weiter.

Aus diesem Grund verlangt die Rechtsprechung, dass für die Ermittlung des Kostenbe- 46 darfs zum Zweck der Budgetfreigabe ein **ganz beträchtlicher Aufschlag** auf den sich nach der Kostenermittlung ergebenden Betrag vorgenommen wird. Der Aufschlag ist also noch **nicht in die Kostenschätzung einzupreisen,** sondern lediglich hinsichtlich der Haushaltsmittel intern zu berücksichtigen.[52] Das Kammergericht hat einen Aufschlag von 1,6 % als zu niedrig angesehen, wohingegen das OLG Celle einen Aufschlag von **10,7 %** für ausreichend erachtet hat.[53]

Mitunter erfolgt in Vergabeunterlagen der Hinweis, dass die Ausschreibung **vorbehalt-** 47 **lich der Bereitstellung entsprechender Haushaltsmittel** geschieht. Damit legt der Auftraggeber in **transparenter** Weise dar, dass ein Finanzierungsrisiko besteht und der Zuschlag deswegen unter den Vorbehalt der entsprechenden Mittelbereitstellung gestellt wird. Die Bieter können sich in diesem Fall auf das Risiko einstellen und selbst entscheiden, ob sie ein Angebot abgeben möchten oder nicht.

d) Andere schwerwiegende Gründe (Abs. 1 S. 1 Nr. 4). Greift keiner der o. g. 48 Aufhebungsgründe, steht dem öffentlichen Auftraggeber gegebenenfalls noch der **Auffangtatbestand** des § 63 Abs. 1 S. 1 Nr. 4 VgV zur Verfügung. Der Aufhebungsgrund des anderen schwerwiegenden Grundes greift ein, wenn die anderen Aufhebungsgründe zwar nicht in Betracht kommen, aber dem öffentlichen Auftraggeber dennoch **nicht zugemutet** werden kann, das Vergabeverfahren fortzuführen. Da es heißt, „*andere* schwerwiegende Gründe", müssen die darunter gefassten Gründe vom **Schweregrad vergleichbar** sein mit den unter den Nr. 1 bis 3 definierten Gründen.[54]

Grundsätzlich ist der Anwendungsbereich des anderen schwerwiegenden Grundes 49 auf **außergewöhnliche Fälle** beschränkt.[55] Da es sich um einen schwerwiegenden Grund handeln muss, reicht nicht jeder nachvollziehbare Grund. Es muss sich vielmehr um einen Grund handeln, der die **Vergabeabsicht des öffentlichen Auftraggebers entscheidend beeinflusst.**[56] Bei der Prüfung sind **strenge Anforderungen** zu stellen. Es muss einerseits der **Fehler von so großem Gewicht** sein, dass ein Festhalten des öffentlichen Auftraggebers an dem fehlerhaften Verfahren mit Gesetz und Recht schlechterdings nicht zu vereinbaren wäre und andererseits von den Bietern erwartet werden kann, dass sie auf die Bindung des Ausschreibenden an Recht und Gesetz Rücksicht neh-

---

[50] Vgl. auch OLG München 2.6.2006 – Verg 12/06, ZfBR 2006, 600; *Portz* in KKMPP, § 63 Rn. 44 nimmt hingegen an, dass in diesem Fall eine Aufhebung nach § 63 Abs. 1 S. 1 Nr. 1 VgV wegen Mangel an ordnungsgemäßen Angeboten begründet ist.
[51] OLG Celle 13.1.2011 – 13 Verg 15/10, IBRRS 2011, 133.
[52] KG 17.10.2013 – Verg 9/13, ZfBR 2014, 516.
[53] Vgl. OLG Celle 10.3.2016 – 13 Verg 5/15, NZBau 2016, 385.
[54] BayObLG 17.2.2005 – Verg 27/04 „Integrierte Leitstelle", IBRRS 2005, 992.
[55] *Noch* Kap. B Rn. 2171.
[56] *Portz* in KKMPP, § 63 Rn. 56.

men.[57] Es ist eine **umfassende Interessenabwägung** am jeweiligen Einzelfall unter Berücksichtigung sämtlicher für die Aufhebungsentscheidung relevanter Umstände vorzunehmen.[58]

50   Ein Beispiel für einen schwerwiegenden Grund führt zunächst die Gesetzesbegründung an, wenn **im wettbewerblichen Dialog erkennbar ist, dass keine Lösung gefunden werden kann.**[59] Ähnlich liegt der Fall in allen mehrstufigen Verfahren mit vorgeschaltetem Teilnahmewettbewerb, wenn das Vergabeverfahren schon vor Angebots- oder Dialogbeitragsabgabe mangels Eingang ordnungsgemäßer Teilnahmeanträge ins Stocken gerät. Der Aufhebungsgrund dürfte auch in diesen Fällen Anwendung finden.[60]

51   Ein anschauliches Beispiel für die vorzunehmende Interessenabwägung bietet das OLG Koblenz. Es befindet den in dem **Versäumnis einer EU-weiten Ausschreibung** liegenden Verstoß gegen maßgebliche Wettbewerbsvorschriften und das Gebot zu gemeinschaftskonformem Verhalten für schwerwiegend. Ein Festhalten daran wäre mit der Rechtsordnung unvereinbar und für den öffentlichen Auftraggeber unzumutbar. Die Bieterinteressen müssten zurücktreten, zumal die Fehlerhaftigkeit einer lediglich national erfolgten Ausschreibung schon im Anfangsstadium des Verfahrens erkennbar gewesen sei. Zudem folgte nach der Aufhebung eine EU-weite Ausschreibung.[61]

3. Aufhebung ist Ermessensentscheidung

52   Bei Vorliegen der Aufhebungsgründe ist der öffentliche Auftraggeber berechtigt, die Ausschreibung aufzuheben. Der öffentliche Auftraggeber kann nach **pflichtgemäßem Ermessen** befinden.[62] Der öffentliche Auftraggeber muss von diesem Ermessen aber auch **ordnungsgemäß Gebrauch machen.** Im Falle eines **Ermessensausfalls** oder aber eines **Ermessensfehlgebrauchs** durch Missachtung des vorgeschriebenen Verfahrens, Ausgehen von einem nicht zutreffend oder falsch ermittelten Sachverhalt, sachwidrigen Erwägungen oder einem unzutreffenden Beurteilungsmaßstab[63] liegt trotz des Bestehens eines Aufhebungsgrunds eine rechtswidrige Aufhebung vor.

53   Nur in Ausnahmefällen kann eine **Ermessensreduzierung auf Null** vorliegen, etwa wenn eine wettbewerblich und wirtschaftlich fundierte Vergabe nicht mehr möglich ist oder ein Bieter einseitig und schwerwiegend beeinträchtigt würde.[64] Die Aufhebung muss in diesem Fall die „**ultima ratio**" sein, weil das Vergabeverfahren mit derart **schwerwiegenden Mängeln** behaftet ist, dass diese innerhalb des Verfahrens **nicht mehr heilbar** sind.[65] Hiervon darf der öffentliche Auftraggeber nicht vorschnell ausgehen.

54   Die **pflichtgemäße Ermessensausübung** wirkt sich beispielsweise wie folgt aus: Ist kein ordnungsgemäßes Angebot eingegangen, hat der öffentliche Auftraggeber den Bietern vor einer Aufhebung die Möglichkeit zu geben, durch Nachlieferung, Vervollständigung oder Korrektur ihre Angebote den Bedingungen **anzupassen,**[66] soweit dies vergaberechtlich zulässig ist. Zudem ist zu berücksichtigen, dass erforderliche Änderungen gegebenenfalls durch **vertragliche Regelungen** wie die VOL/B aufgefangen werden können, sofern dadurch keine Wettbewerbsverzerrung eintritt.[67] Ansonsten ist die transparente und diskriminierungsfreie Änderung der Vergabeunterlagen und **Zurückversetzung** des Vergabe-

[57] OLG München 27.1.2006 – Verg 1/06 „Radiologie", BeckRS 2006, 2401.
[58] BGH 20.3.2014 – X ZB 18/13, NZBau 2014, 310.
[59] BT-Drs. 18/7318 v. 20.1.2016, S. 199.
[60] *Conrad* in Gabriel/Krohn/Neun, 2014, § 31 Rn. 24, nimmt in Bezug auf § 17 Abs. 1 lit. a VOL/A und § 20 EG Abs. 1 lit. a VOL/A hier eine Aufhebung mangels ordnungsgemäßer Angebote an.
[61] Vgl. OLG Koblenz 10.4.2003 – 1 Verg 1/03 „Rangierbahnhof", ZfBR 2003, 506 ff.
[62] OLG Celle 10.6.2010 – 13 Verg 18/09, BeckRS 2010, 14373.
[63] OLG München 4.4.2013 – Verg 4/13, NZBau 2013, 524.
[64] BayObLG 17.2.2005 – Verg 27/04 „Integrierte Leitstelle", IBRRS 2005, 992.
[65] OLG Schleswig 15.4.2011 – 1 Verg 10/10, ZfBR 2011, 501 m. w. N.
[66] OLG Celle 10.6.2010 – 13 Verg 18/09, IBRRS 2010, 2178.
[67] OLG München 4.4.2013 – Verg 4/13 „Ortsumfahrung Burtenbach", VergabeR 2013, 524, in Bezug auf die VOB/B.

verfahrens in einen früheren Stand grundsätzlich als **milderes Mittel** gegenüber der Aufhebung anzusehen.[68] Im Zuge dessen kann beispielsweise eine Korrektur der Leistungsbeschreibung erfolgen.[69] Muss allerdings aufgrund einer Änderung des Beschaffungsbedarfs eine umfangreiche Anpassung des gesamten Vergabeverfahrens erfolgen, kann eine Aufhebung grundsätzlich erfolgen.[70] Sofern eine **teilweise Aufhebung** möglich ist, stellt dies das **mildere Mittel** dar. Grundsätzlich gilt im Übrigen: je weiter das Vergabeverfahren fortgeschritten ist, desto eher genießt das Vertrauen der Bieter Vorrang vor dem Interesse des öffentlichen Auftraggebers an einer Aufhebung des Vergabeverfahrens.[71]

Das **Nachschieben von Ermessenserwägungen,** womöglich sogar erst in anwaltlichen Schriftsätzen während eines bestehenden Rechtsstreits, ist insbesondere wegen des Grundsatzes der zeitnahen Vergabedokumentation **kritisch** zu betrachten. Gem. § 8 Abs. 1 S. 1 VgV hat die Dokumentation fortlaufend zu erfolgen, soweit dies für die Begründung von Entscheidungen auf jeder Stufe des Vergabeverfahrens erforderlich ist, und nicht erst im Nachhinein.[72] 55

4. Ganz oder teilweise Aufhebung

Nach § 63 Abs. 1 S. 1 VgV ist der öffentliche Auftraggeber bei Vorliegen näher bezeichneter Gründe berechtigt, ein **Vergabeverfahren ganz oder teilweise aufzuheben**. Der noch in § 20 EG Abs. 1 VOL/A enthaltene Zusatz, dass die teilweise Aufhebung bei **Vergabe nach Losen** gilt, ist mit der Neuregelung entfallen. Fraglich ist, inwieweit damit eine inhaltliche Änderung verbunden sein soll. Die Gesetzesbegründung schweigt hierzu. 56

Zunächst stellt sich die Frage, wann eine teilweise Aufhebung außerhalb der Losvergabe überhaupt denkbar ist. Das ist beispielsweise bei **Mengenänderungen** der Fall: Soll nur noch ein Teil der ausgeschriebenen Menge geliefert werden, kann eine Teilaufhebung anzunehmen sein. Verkürzt sich der ursprünglich angesetzte **Zeitraum** zur Erbringung der Dienstleistung, kann diesbezüglich ebenfalls eine Teilaufhebung erfolgen. Bislang wurden diese Änderungen, sofern kein ganzes Los betroffen war, ohne Annahme einer Teilaufhebung vorgenommen. Nach dem neuen Recht wird der öffentliche Auftraggeber entscheiden müssen, ob er ebenso verfährt oder ob er eine Teilaufhebung vornimmt. Eine Teilaufhebung wird wohl nur bei **wesentlichen Änderungen, die dem Umfang eines (gegebenenfalls fiktiven) Loses entsprechen,** tunlich sein. 57

5. Formelle Anforderungen

Die Aufhebung erfordert eine Handlung des Auftraggebers. Er kann das Vergabeverfahren nicht durch Nichtstun aufheben. Es ist somit erforderlich, dass der Auftraggeber eine bewusste Entscheidung zur Aufhebung des Vergabeverfahrens trifft. Dies geschieht durch **Dokumentation der Aufhebung im Vergabevermerk** mit einer konsistenten Begründung. Nicht ausreichend sind pauschale Anmerkungen wie „Es musste aufgehoben werden." oder „Es bestand keine andere Möglichkeit als aufzuheben.". Eine solche Dokumentation lässt vielmehr darauf schließen, dass das **Ermessen** nicht erkannt und dementsprechend auch nicht ausgeübt worden ist. Mit Aufnahme der Aufhebungsentscheidung in den Vergabevermerk ist das Vergabeverfahren **beendet.** 58

Hiervon zu trennen ist die **Information** der Bewerber und Bieter, die nach § 63 Abs. 2 VgV zu erfolgen hat. Sie geschieht **nach dem Vollzug der Beendigung** des Verfahrens durch Aufhebung. 59

---

[68] *Goldbrunner* VergabeR 2a 2015, 342 (349); vgl. auch *Dieck-Bogatzke* VergabeR 2008, 392.

[69] OLG München 4.4.2013 – Verg 4/13 „Ortsumfahrung Burtenbach", NZBau 2013, 524 (525).

[70] So grundsätzlich auch *Conrad* in Gabriel/Krohn/Neun, 2014, § 31 Rn. 38, der dies aber bereits bei der Prüfung der Wesentlichkeit der Änderung verortet.

[71] Vgl. BayObLG 15.7.2002 – Verg 15/02 „A 8 München-Ulm", NZBau 2002, 689, bzgl. Verlängerung der Ausführungsfristen; vgl. auch BGH 8.9.1998 – X ZR 48–97, NJW 1998, 3636 (3637).

[72] Vgl. zu den Dokumentationspflichten i. E. → § 8.

II. Unterrichtung der Bieter bzw. Bewerber (Abs. 2)

60   § 63 Abs. 2 VgV verpflichtet den öffentlichen Auftraggeber, Bewerbern oder Bietern nach einer Aufhebung unverzüglich die **Gründe** hierfür mitzuteilen, auf Antrag auch in Textform.

61   Die Vorschrift ist der Regelung des § 62 Abs. 1 S. 2 VgV schon vom Wortlaut her sehr ähnlich; inhaltlich sind beide Regelungen **nahezu identisch**. Dies ist insofern erstaunlich, als der deutsche Gesetzgeber mit der Neuregelung der VgV auch eine Neuordnung vorgenommen hat, bei der solche Dopplungen glücklicherweise die Ausnahme darstellen.

62   § 63 Abs. 2 VgV weicht von § 62 Abs. 1 S. 2 VgV insoweit ab, als nach § 63 Abs. 2 VgV eine Unterrichtungspflicht auch dann besteht, wenn **keine Auftragsbekanntmachung oder Vorinformation** veröffentlicht wurde. Zudem sieht § 63 Abs. 2 VgV vor, dass die Unterrichtung auf Antrag in Textform nach § 126b BGB zu erfolgen hat. Ansonsten bestehen keine Besonderheiten, weshalb insoweit auf die Kommentierung zu § 62 verwiesen wird.[73]

63   Eine Verpflichtung zur Bekanntmachung der Aufhebung im **EU-Amtsblatt** besteht im Übrigen nicht. § 39 Abs. 1 VgV spricht lediglich von der „Vergabe eines öffentlichen Auftrags".[74]

C. Anspruch auf Aufhebung des Vergabeverfahrens?

64   Grundsätzlich haben Bieter **keinen Anspruch auf Aufhebung** des Vergabeverfahrens.[75] Der öffentliche Auftraggeber muss selbst klären und bestimmen, welche Möglichkeiten er hat, bei Vorliegen eines Aufhebungsgrunds weiter zu verfahren.[76] Selbst bei einer Ermessensreduzierung auf Null ergibt sich daraus noch **kein subjektives Recht** der Bieter auf Aufhebung der Ausschreibung.[77] Angesichts des bereits entstandenen Aufwands für die Angebotserstellung dürften die Bieter in der Regel auch eher an der Fortführung des Vergabeverfahrens interessiert sein.

65   Lediglich **ausnahmsweise** können die Nachprüfungsinstanzen anordnen, dass der öffentliche Auftraggeber eine Aufhebung vorzunehmen hat. Das gilt jedoch nur dann, wenn die Aufhebung das **einzige geeignete und verhältnismäßige Mittel** ist, um die drohende oder bereits eingetretene Rechtsverletzung zu beseitigen, etwa im Falle einer unzulässigen Doppelausschreibung.[78]

D. Weiteres Vorgehen nach Aufhebung

66   Wie der öffentliche Auftraggeber nach einer Aufhebung weiter verfährt, hängt von der Entwicklung des **Beschaffungsbedarfs** ab.

67   Normalerweise besteht der Beschaffungsbedarf seinem Wesen nach fort. Jedes Vergabeverfahren ist auf Zuschlagserteilung mit dem Ziel der Befriedigung des Beschaffungsbedarfs gerichtet.[79] Eine Aufhebung ist in der Regel die Folge **unvorhergesehener Ereignisse**. Diese spiegeln sich in den Aufhebungsgründen wider: Möglicherweise ist kein Angebot

---

[73] → § 62.

[74] So auch *Rechten* in KKMPP 2017, § 39 Rn. 12. Vgl. zudem → § 39.

[75] OLG Rostock 10.5.2000 – 17 W 4/00, IBRRS 2003, 1022.

[76] BGH 26.9.2006 – X ZB 14/06, NZBau 2006, 800.

[77] OLG Naumburg 19.10.2000 – 1 Verg 9/00, IBRRS 2003, 996.

[78] OLG Naumburg 13.10.2006 – 1 Verg 11/06, IBR 2006, 696; zur Unzulässigkeit der Doppelausschreibung → § 28 Rn. 36.

[79] Andernfalls würde der öffentliche Auftraggeber in der Regel gegen das Verbot der Einleitung eines Vergabeverfahrens zur Markterkundung verstoßen, → § 28 Rn. 8 ff.

eingegangen, das den Anforderungen entspricht (§ 63 Abs. 1 S. 1 Nr. 1 VgV), oder die Angebote sind wesentlich teurer als geplant, so dass kein wirtschaftliches Ergebnis erzielt wurde (§ 63 Abs. 1 S. 1 Nr. 3 VgV). Auch ist es denkbar, dass sich erst nach Veröffentlichung der Ausschreibung – typischerweise anhand von Bieterfragen – zeigt, dass der Markt die ausgeschriebene Leistung so nicht anbieten kann oder will. Ist der öffentliche Auftraggeber in der Folge gezwungen, wesentliche Änderungen der Grundlagen des Vergabeverfahrens vorzunehmen, kann eine Aufhebung nach § 63 Abs. 1 S. 1 Nr. 1 VgV erfolgen.

In diesen Fällen muss der öffentliche Auftraggeber entscheiden, wie er weiter verfährt. **68** In der Regel wird er bemüht sein, seinen **Beschaffungsbedarf in veränderter Form zu decken.** Waren die Angebote zu teuer, wird er etwa durch Leistungsreduzierungen versuchen, Angebote innerhalb seines Finanzierungsrahmens zu erlangen, und die veränderte Leistung neu ausschreiben. Nach einer Aufhebung wegen wesentlicher Änderungen der Grundlagen des Vergabeverfahrens wird er nach Anpassung der Vergabeunterlagen ein neues Verfahren einleiten. Ist kein Angebot eingegangen, wird der Auftraggeber versuchen, die Ursachen zu ermitteln und dann neu ausschreiben.

Lediglich dann, wenn der öffentliche Auftraggeber gänzlich von der Beschaffung **Ab-** **69** **stand nimmt,** etwa weil die zu beschaffenden Leistungen nicht finanzierbar sind oder gar nicht auf dem Markt angeboten werden, folgt kein neues Vergabeverfahren.

Im Übrigen kann der öffentliche Auftraggeber die Aufhebung durch **Wiederaufnahme** **70** **des Vergabeverfahrens** rückgängig machen;[80] hierzu genügt wiederum ein **Aktenvermerk.**

E. Rechtsfolgen einer rechtmäßigen Aufhebung

Liegt ein **Aufhebungsgrund** gem. § 63 Abs. 1 S. 1 VgV vor, hat der öffentliche Auf- **71** traggeber diesen **nicht verschuldet** und sein **Ermessen ordnungsgemäß ausgeübt,** ist eine **rechtmäßige Aufhebung** gegeben. Sie hat zur Folge, dass Bieter und Bewerber **keine Schadensersatzansprüche** wegen eines fehlerhaften Vergabeverfahrens geltend machen können.[81]

F. Rechtsfolgen einer rechtswidrigen Aufhebung

Ist hingegen **keiner** der in § 63 Abs. 1 S. 1 VgV genannten **Aufhebungsgründe** erfüllt, **72** hat der öffentliche Auftraggeber den Aufhebungsgrund selbst **verschuldet** oder hat er sein **Ermessen nicht ordnungsgemäß ausgeübt,** liegt eine **rechtswidrige Aufhebung** vor. In der Folge können Bewerber und Bieter die **Feststellung einer Rechtsverletzung beantragen.**[82] Diese dient in der Regel zur Vorbereitung der Geltendmachung eines **Schadensersatzanspruchs.**

Wollen Verfahrensteilnehmer Rechte aus einer rechtswidrigen Aufhebung herleiten, **73** müssen sie also in einem ersten Schritt die **Feststellung einer Rechtsverletzung** durch eine rechtswidrige Aufhebung erreichen. Auf dieser Grundlage können sie dann **Schadensersatz** vom öffentlichen Auftraggeber verlangen. Nur in Ausnahmefällen kann ein Bieter stattdessen eine **Aufhebung der Aufhebung** verlangen.

I. Zuständigkeit der Nachprüfungsinstanzen

Mit der Aufhebung ist das Vergabeverfahren beendet. Zu klären ist daher, ob die **Nach-** **74** **prüfungsinstanzen** überhaupt **zuständig** sind.

---

[80] BGH 18.2.2003 – X ZB 43/02, NZBau 2003, 293.
[81] Gesetzesbegründung, BT-Drs. 18/7318 v. 20.1.2016, S. 199.
[82] Gesetzesbegründung, BT-Drs. 18/7318 v. 20.1.2016, S. 199.

75   Erfolgt die Aufhebung **während eines bereits begonnenen Nachprüfungsverfahrens,** so liegt eine **Erledigung** des Verfahrens durch Aufhebung i. S. d. § 168 Abs. 2 S. 2 GWB vor. In diesem Fall stellt die Vergabekammer auf **Antrag** das Vorliegen einer **Rechtsverletzung** fest.[83]

76   Diese Situation ist aber nicht gegeben, wenn zum Zeitpunkt der Aufhebung **noch kein Nachprüfungsantrag** gestellt wurde. Der EuGH hat klargestellt, dass die Entscheidung zur **Aufhebung** eines Vergabeverfahrens im Rahmen des Vergaberechtsschutzes **überprüft** und gegebenenfalls aufgehoben werden können muss, da sonst der **effektive Rechtsschutz** vereitelt werden könnte.[84] Bieter können also auch **nach Aufhebung** des Verfahrens einen Nachprüfungsantrag bei der Vergabekammer stellen. Allerdings ist der Nachprüfungsantrag nach Aufhebung eines Ausschreibungsverfahrens nur dann **statthaft,** wenn er sich **gegen die Aufhebung richtet** und auf die **Fortsetzung des Vergabeverfahrens** abzielt.[85] Auch der BGH unterstellt in seiner diesbezüglichen Entscheidung aus dem Jahr 2003, dass der Bieter **Interesse** an der Erteilung des ausgeschriebenen Auftrags haben muss.[86] Dies folgt im Übrigen bereits aus den allgemeinen Zulässigkeitsvoraussetzungen für Nachprüfungsverfahren. Gem. § 160 Abs. 2 GWB setzt die Antragsbefugnis für Nachprüfungsverfahren voraus, dass ein Interesse an dem öffentlichen Auftrag besteht.[87] Auch in diesem Fall fehlt es jedoch an der Antragsbefugnis, wenn der öffentliche Auftraggeber **gänzlich von der Beschaffung Abstand nimmt** und kein neues Vergabeverfahren durchführt.[88]

77   Akzeptiert der Bieter hingegen die Aufhebungsentscheidung, möchte er aber **Schadensersatzansprüche** geltend machen, so sind die **Zivilgerichte zuständig.** Sie sind ebenfalls zuständig, wenn die Nachprüfungsinstanzen eine Rechtsverletzung durch eine rechtswidrige Aufhebung festgestellt haben, und Bieter auf dieser Grundlage Schadensersatz verlangen. Allerdings ist die vorherige Durchführung eines Nachprüfungsverfahrens für die Bieter- wie auch die Auftraggeberseite durchaus sinnvoll, da die Feststellung, ob ein Verstoß gegen Vergaberecht vorliegt, durch auf das Vergaberecht **spezialisierte Vergabekammern und -senate** erfolgt; deren Entscheidung ist für die im Schadensersatzprozess zuständigen ordentlichen Gerichte gem. § 179 Abs. 1 GWB **bindend.**[89]

II. Feststellung der Rechtsverletzung

78   Zur Geltendmachung von Schadensersatzansprüchen ist zunächst die Feststellung erforderlich, dass die erfolgte Aufhebung nicht von einem Aufhebungsgrund gedeckt und daher **rechtswidrig** ist.[90] Da es sich bei § 63 Abs. 1 S. 1 VgV um eine **bieterschützende** Vorschrift[91] nach § 97 Abs. 6 GWB handelt, liegt im Fall der rechtswidrigen Aufhebung eine Rechtsverletzung der Bieter vor.

79   Voraussetzung ist zunächst, dass die **Aufhebung tatsächlich bereits erfolgt** ist. Eine Rechtsverletzung liegt hingegen noch nicht vor, wenn der öffentliche Auftraggeber lediglich eine vergaberechtswidrige Aufhebung in Erwägung zieht oder sie Bestandteil einer noch nicht abgeschlossenen internen Willensbildung des öffentlichen Auftraggebers ist. Das OLG Naumburg lässt offen, ob eine Rechtsverletzung vorliegen kann, wenn der öffentliche Auftraggeber die Aufhebung bereits angekündigt hat oder diese aus anderen Gründen

---

[83] → GWB § 168.
[84] EuGH 18.6.2002 – Rs. C–92/00 Rn. 53, 55, EuZW 2002, 497.
[85] OLG Karlsruhe 4.12.2013 – 15 Verg 9/13, BeckRS 2014, 7327.
[86] BGH 18.2.2003 – X ZB 43/02, NZBau 2003, 293.
[87] → GWB § 160.
[88] So auch einschränkend BGH 18.2.2003 – X ZB 43/02, NZBau 2003, 293.
[89] → GWB § 179.
[90] BGH 20.3.2014 – X ZB 18/13 Rn. 24, NZBau 2014, 310.
[91] So BGH 18.2.2003 – X ZB 43/02 sowie BGH 20.3.2014 – X ZB 18/13 Rn. 20 zur Parallelvorschrift der VOB/A.

unmittelbar bevorsteht.[92] Dies ist jedoch abzulehnen. Wie das OLG Naumburg selbst ausführt, gewährt das **Vergaberecht keinen vorbeugenden Rechtsschutz.**[93] Erforderlich ist daher der formelle Akt der Aufhebung.[94]

Die Nachprüfungsinstanzen überprüfen, ob eine **rechtmäßige oder eine rechtswidrige Aufhebung** vorliegt. Wie dargestellt, setzt eine rechtmäßige Aufhebung voraus, dass ein Aufhebungsgrund nach § 63 Abs. 1 S. 1 VgV gegeben ist, der Auftraggeber diesen nicht verschuldet hat, und der Auftraggeber sein Ermessen zur Aufhebung des Verfahrens ordnungsgemäß ausgeübt hat. **80**

Das Vorliegen dieser Voraussetzungen ist von den Nachprüfungsinstanzen in unterschiedlichem Umfang zu prüfen. Ob **unverschuldet ein Aufhebungsgrund** vorliegt, kann in der Nachprüfung **vollumfänglich überprüft** werden. Übrigens ist die Nachprüfung nicht darauf beschränkt, die Rechtmäßigkeit der Aufhebung anhand des vom öffentlichen Auftraggeber gegenüber den Bietern kommunizierten Aufhebungsgrunds zu überprüfen. Vielmehr können all diejenigen Gründe als Entscheidungsgrundlage herangezogen werden, auf die sich der **Vergabevermerk** bezieht. Denn nach dem im Nachprüfungsverfahren geltenden Untersuchungsgrundsatz (§§ 163 Abs. 1 S. 1, 175 Abs. 2, 70 Abs. 1 GWB) sind die Nachprüfungsinstanzen zur umfassenden Erforschung des für die geltend gemachte Rechtsverletzung relevanten Sachverhalts verpflichtet. Hierzu gehören auch die nicht mitgeteilten Gründe.[95] **81**

Bei der **Ermessensentscheidung** ist die **Prüfungskompetenz hingegen eingeschränkt:** Die Nachprüfungsinstanzen dürfen lediglich überprüfen, ob der öffentliche Auftraggeber überhaupt Ermessen ausgeübt hat (Ermessensausfall) oder ob ein Ermessensfehlgebrauch vorliegt, weil der Auftraggeber das vorgeschriebene Verfahren nicht eingehalten hat, von einem unzutreffenden oder unvollständig ermittelten Sachverhalt ausgegangen ist, in die Wertung sachwidrige Erwägungen eingeflossen sind oder ein unzutreffender Beurteilungsmaßstab angewandt worden ist.[96] Hat der öffentliche Auftraggeber diese Vorgaben eingehalten, ist er in der Entscheidung, ob er das Verfahren aufhebt, frei; sie ist nicht durch die Nachprüfungsinstanzen überprüfbar. **82**

III. Ausnahme: Aufhebung der Aufhebung

Nur in Ausnahmefällen führt eine Rechtsverletzung dazu, dass eine vollzogene **Aufhebung rückgängig** gemacht werden muss, so genannte Aufhebung der Aufhebung. **83**

Nach der Rechtsprechung des EuGH müssen Aufhebungsentscheidungen **überprüft** und gegebenenfalls **aufgehoben** werden können. Dies folgt nach Ansicht des EuGH daraus, dass die Aufhebungsentscheidung zum einen den fundamentalen Regeln des Gemeinschaftsrechts, insbesondere den **Grundsätzen der europäischen Verträge** unterworfen bleibt, und zum anderen die den Vergaberichtlinien zu Grunde liegenden Grundsätze der **Gleichbehandlung** und **Transparenz** zu beachten sind.[97] **84**

Jedoch besteht ein Anspruch auf Aufhebung der Aufhebung nach der Rechtsprechung des BGH nur in sehr engen **Ausnahmefällen.** Der BGH betont, dass ein Anspruch auf Weiterführung des Vergabeverfahrens allenfalls unter besonderen Voraussetzungen in Betracht kommt. Das sei etwa dann der Fall, „wenn der öffentliche Auftraggeber die Möglichkeit, ein Vergabeverfahren aufzuheben, in **rechtlich zu missbilligender Weise** dazu einsetzt, durch die Aufhebung die formalen Voraussetzungen dafür zu schaffen, den Auftrag außerhalb des eingeleiteten Vergabeverfahrens an einen **bestimmten Bieter** oder **85**

---

92 OLG Naumburg 13.5.2003 – 1 Verg 2/03, NZBau 2004, 62.
93 OLG Naumburg 13.5.2003 – 1 Verg 2/03, NZBau 2004, 62.
94 → Rn. 56.
95 OLG Koblenz 10.4.2003 – 1 Verg 1/03, NZBau 2003, 576.
96 OLG München 4.4.2013 – Verg 4/13 mwN, NZBau 2013, 524.
97 EuGH 18.6.2002 – Rs. C-92/00 Rn. 42, 45, 55, EuZW 2002, 497.

unter anderen Voraussetzungen bzw. in einem **anderen Bieterkreis** vergeben zu können.“[98]

86   Der BGH stellt also letztlich darauf ab, ob der öffentliche Auftraggeber das Vergabeverfahren nur zu dem Zweck aufhebt, um in der Folge **andere Bieter zu bevorzugen.** Die Rechtsprechung spricht insoweit von einer **Scheinaufhebung.**[99] Das setzt zunächst voraus, dass die Leistung überhaupt **neu ausgeschrieben** wird.[100] Erfolgt die Neuausschreibung im Wettbewerb, also im offenen Verfahren oder einem Verfahren mit vorgeschaltetem Teilnahmewettbewerb, besteht für alle Bieter gleichermaßen die Chance, sich um den Auftrag zu bewerben. Eine Benachteiligung oder Bevorzugung bestimmter Unternehmen ist dann grundsätzlich ausgeschlossen.[101]

IV. Schadensersatz

87   Die möglichen **Schadensersatzansprüche** der Bewerber und Bieter richten sich nach den allgemeinen Vorschriften.[102] Es existieren keine vergaberechtlichen Sonderregelungen für Schadensersatz nach Aufhebung eines Vergabeverfahrens. In Betracht kommen regelmäßig Ansprüche auf Ersatz des Vertrauensschadens nach § 181 GWB und nach §§ 311 Abs. 2 i. V. m. 241 Abs. 2, 280 ff. BGB (culpa in contrahendo). Es müssen daher die weiteren Voraussetzungen der jeweiligen anspruchsbegründenden Normen vorliegen;[103] hinsichtlich der notwendigen Rechts-/Pflichtverletzung ist das ordentliche Gericht, vor welchem der Schadensersatz eingeklagt wird, allerdings an die bestandskräftige Entscheidung im Rahmen des Nachprüfungsverfahrens **gebunden** (§ 179 Abs. 1 GWB).[104]

88   Darüber hinaus gibt es Besonderheiten im Zusammenhang mit **Schadensersatz** bei der Aufhebung des Vergabeverfahrens.

89   Die Ausschreibung eines beabsichtigten Auftrags stellt noch kein Vertragsangebot i. S. d. § 145 BGB dar, eine Bindungswirkung im zivilrechtlichen Sinne besteht somit nicht. Aus diesem Grunde ist es dem öffentlichen Auftraggeber auch ohne das Vorliegen von Aufhebungsgründen unbenommen, das Vergabeverfahren ohne Zuschlag durch Aufhebung zu beenden. Deswegen besteht grundsätzlich kein Anspruch auf Ersatz des positiven Interesses und erst Recht kein Anspruch auf Fortsetzung des Vergabeverfahrens. Grundsätzlich richtet sich der Schadensersatzanspruch somit auf das so genannte **negative Interesse,** also die Kosten der Vorbereitung des Teilnahmeantrags bzw. des Angebots und der Teilnahme am Vergabeverfahren im Übrigen. Dieser Anspruch kann auf § 181 GWB[105] gestützt werden.

90   Nur in Ausnahmefällen besteht ein darüber hinausgehender Schadensersatzanspruch, nämlich der Anspruch auf das so genannte **positive Interesse.** Er richtet sich auf den Ersatz des entgangenen Gewinns abzüglich ersparter Aufwendungen und anderweitiger Erwerbsmöglichkeiten.[106] Voraussetzung für einen solchen auf das positive Interesse gerichteten Schadensersatzanspruch ist zunächst, dass ein Bieter bei ordnungsgemäßen Verlauf des Vergabeverfahrens den **Zuschlag hätte erhalten müssen** und der ausgeschriebene Auftrag oder ein diesem gleichzusetzender **Auftrag tatsächlich vergeben** worden ist.[107] Dar-

---

[98] BGH 20.3.2014 – X ZB 18/13 Rn 20 f., NZBau 2014, 310.

[99] Z. B. OLG Karlsruhe 4.12.2013 – 15 Verg 9/13, BeckRS 2014, 7327; OLG Düsseldorf 19.11.2003 – VII Verg 59/03; VK Nordbayern 15.3.2016 – 21.VK-3194-42/15, IBRRS 2016, 1052.

[100] Dazu *Conrad* NZBau 2007, 287 mwN.

[101] Vgl. BGH 20.3.2014 – X ZB 18/13 Rn 21, NZBau 2014, 310; VK Nordbayern 15.3.2016 – 21.VK-3194-42/15, IBRRS 2016, 1052.

[102] Dazu *Dähne* VergabeR 2004, 32.

[103] So bezüglich § 126 GWB BGH 18.2.2003 – X ZB 43/02, NZBau 2003, 293. Zu den Voraussetzungen im Einzelnen → GWB § 126.

[104] → GWB § 179.

[105] → GWB § 181.

[106] Hierzu i. E. genauer → GWB § 181 Rn. 44.

[107] BGH 20.11.2012 – X ZR 108/10 „Friedhofserweiterung“, NZBau 2013, 180 (181); OLG München 12.12.2013 – 1 U 498/13, BeckRS 2014, 18506.

über hinaus fordert der BGH für einen Schadensersatzanspruch auf Erstattung des positiven Interesses in seiner jüngeren Rechtsprechung das Vorliegen weiterer, besonderer Voraussetzungen. Solche besonderen Voraussetzungen lägen beispielsweise dann vor, wenn der öffentliche Auftraggeber die **Aufhebung in rechtlich zu missbilligender Weise vornimmt,** um nicht an das eingeleitete Vergabeverfahren gebunden zu sein, sondern den Auftrag an einen bestimmten Bieter oder unter anderen Voraussetzungen bzw. in einem anderen Bieterkreis vergeben zu können. Damit stellt der BGH die Voraussetzungen für Schadensersatz in Form des positiven Interesses mit denen einer Aufhebung der Aufhebung gleich. Das lässt sich vermutlich darauf zurückführen, dass – so auch die BGH-Entscheidung – die Aufhebung der Aufhebung zur Vermeidung eines Schadenseintritts erfolgen würde.[108]

---

[108] BGH 20.3.2014 – X ZB 18/13 Rn. 20 f., NZBau 2014, 310.

Abschnitt 3. Besondere Abschnitte für die Vergabe von sozialen und anderen besonderen Dienstleistungen

§ 64 Vergabe von Aufträgen für soziale und andere besondere Dienstleistungen

Öffentliche Aufträge über soziale und andere besondere Dienstleistungen im Sinne von § 130 Absatz 1 des Gesetzes gegen Wettbewerbsbeschränkungen werden nach den Bestimmungen dieser Verordnung und unter Berücksichtigung der Besonderheiten der jeweiligen Dienstleistung nach Maßgabe dieses Abschnitts vergeben.

Übersicht

	Rn.			Rn.
A. Einführung	1		III. Rechtliche Vorgaben im EU-Recht ...	3
I. Literatur	1		B. Einweisungsnorm: „Besonderheiten"	4
II. Entstehungsgeschichte	2			

A. Einführung

I. Literatur

1 Wie § 130 GWB.

II. Entstehungsgeschichte

2 § 64 VgV geht auf den Referentenentwurf zur Verordnung zur Modernisierung des Vergaberechts zurück.[1] Die Bestimmung wurde wortgleich in den von der Bundesregierung vorgelegten Entwurf der „Verordnung zur Modernisierung des Vergaberechts (Vergaberechtsmodernisierungsverordnung – VergRModVO)"[2] übernommen und ist als Teil der namensgleichen Verordnung vom 12.4.2016[3] am 18.4.2016 in Kraft getreten.[4]

III. Rechtliche Vorgaben im EU-Recht

3 § 64 VgV setzt Art. 74, Art. 76 Abs. 1 und 2 der Richtlinie 2014/24/EU um.[5] Damit wird, entsprechend dem Erwägungsgrund 114 der Richtlinie 2014/24/EU,[6] der „**Spielraum** der Mitgliedstaaten der Europäischen Union bei der Verfahrensgestaltung im Einzelnen genutzt", ferner werden „Erleichterungen im Vergabeverfahren vorgesehen. Grund hierfür ist, dass personenbezogenen Dienstleistungen im Sozial-, im Gesundheits- und im

---

[1] § 64 VgV i.d.F. des Referentenentwurfs vom 9.11.2015, http://www.forum-vergabe.de/fileadmin/user_upload/Rechtsvorschriften/Referentenentwurf_Verordnungen_11.11.2015/Referentenentwurf_Verordnungen_gesamt_11.11.2015.pdf (abgerufen am 15.10.2017).
[2] BT-Drs. 18/7318, 46, Begründung: 199 f.
[3] BGBl. I S. 624 (649).
[4] Zum Inkrafttreten vgl. Art. 7 Abs. 1 der Verordnung v. 12.4.2016.
[5] BT-Drs. 18/7318, 199 f.
[6] Im umfangreichen Erwägungsgrund (114) heißt es u.a.: „Diese Dienstleistungen werden in einem besonderen Kontext erbracht, der sich aufgrund unterschiedlicher kultureller Traditionen in den einzelnen Mitgliedstaaten stark unterschiedlich darstellt."

Bildungsbereich nach wie vor lediglich eine begrenzte grenzüberschreitende Dimension aufweisen und daher ein erleichtertes Regime sachlich gerechtfertigt ist."[7]

B. Einweisungsnorm: „Besonderheiten"

§ 64 VgV nimmt die Begrifflichkeit auf (insb. öffentlicher Auftrag, Dienstleistung), die **4** generell durch das GWB und – wie der ausdrückliche Verweis klarstellt – speziell durch § 130 GWB vorgegeben wird (→ § 130 GWB Rn. 15 ff., 19 ff.). Die Vorschrift hat die Funktion einer Einweisungsnorm, die die systematische Brücke zu § 130 GWB bildet, die §§ 64–66 VgV[8] als **Konkretisierungen** für maßgeblich erklärt und zudem die durch die Richtlinie gestattete Berücksichtigung von Besonderheiten (→ Rn. 5) der von § 130 GWB erfassten Dienstleistungen in Erinnerung ruft.

Die Vorschrift hat nicht nur eine rein informatorische Funktion, sondern ordnet Zwei- **5** erlei kumulativ-abschließend an: Zum einen an, dass die Vergabe ausschließlich nach Maß- gabe der §§ 64–66 VgV zu erfolgen hat, zum anderen, dass hierbei die „Besonderheit" der jeweiligen Dienstleistung zu berücksichtigen ist. Die **„Besonderheit"** ist mit Blick auf die Leistungsbeschreibung unter Beachtung der CPV-Codes zu bestimmen (→ § 130 GWB Rn. 47 ff.). Das darf nicht so verstanden werden, als könnten mit Blick auf die Besonder- heit die Vorgaben, die insb. in §§ 65 f. VgV vorgesehen sind, unterlaufen werden. Diese Vorgaben bilden den nicht-dispositiven Rahmen, der den Raum definiert, in dem über- haupt bei der Verfahrensgestaltung die Besonderheit der Dienstleistung relevant werden kann. § 64 VgV ist also kein „Joker", der den normativen Rahmen zu durchbrechen ges- tattet. Die Besonderheit, von der § 64 VgV spricht, ist eine normativ gerahmte, gebundene und begrenzte Besonderheit. Das erklärt auch die Formulierung **„unter Berücksichti- gung"**, die meint, dass Raum für die Besonderheiten ist, soweit ihre Berücksichtigung (= Beachtung, Einbeziehung) durch den normativen Rahmen, den insb. §§ 65 f. VgV ab- stecken, nicht ausgeschlossen wird.

---

[7] Alle Zitate: BT-Drs. 18/7318, 200; die Begr. greift hier Erwägungsgrund (114) auf.
[8] Die Vorschrift ist selbstbezüglich, weil sie sich auf „diese[n] Abschnitt" bezieht, zu dem § 64 VgV selbst gehört.

§ 65 Ergänzende Verfahrensregeln

(1) Neben dem offenen und dem nicht offenen Verfahren stehen dem öffentlichen Auftraggeber abweichend von § 14 Absatz 3 auch das Verhandlungsverfahren mit Teilnahmewettbewerb, der wettbewerbliche Dialog und die Innovationspartnerschaft nach seiner Wahl zur Verfügung. Ein Verhandlungsverfahren ohne Teilnahmewettbewerb steht nur zur Verfügung, soweit dies nach § 14 Absatz 4 gestattet ist.

(2) Die Laufzeit einer Rahmenvereinbarung darf abweichend von § 21 Absatz 6 höchstens sechs Jahre betragen, es sei denn, es liegt ein im Gegenstand der Rahmenvereinbarung begründeter Sonderfall vor.

(3) Der öffentliche Auftraggeber kann für den Eingang der Angebote und der Teilnahmeanträge unter Berücksichtigung der Besonderheiten der jeweiligen Dienstleistung von den §§ 15 bis 19 abweichende Fristen bestimmen. § 20 bleibt unberührt.

(4) § 48 Absatz 3 ist nicht anzuwenden.

(5) Bei der Bewertung der in § 58 Absatz 2 Satz 2 Nummer 2 genannten Kriterien können insbesondere der Erfolg und die Qualität bereits erbrachter Leistungen des Bieters oder des vom Bieter eingesetzten Personals berücksichtigt werden. Bei Dienstleistungen nach dem Zweiten und Dritten Buch Sozialgesetzbuch können für die Bewertung des Erfolgs und der Qualität bereits erbrachter Leistungen des Bieters insbesondere berücksichtigt werden:
1. Eingliederungsquoten,
2. Abbruchquoten,
3. erreichte Bildungsabschlüsse und
4. Beurteilungen der Vertragsausführung durch den öffentlichen Auftraggeber anhand transparenter und nichtdiskriminierender Methoden.

Übersicht

	Rn.			Rn.
A. Einführung	1	III. Laufzeit einer Rahmenvereinbarung (§ 65 Abs. 2 VgV)		6
I. Literatur	1			
II. Entstehungsgeschichte	2	IV. Abweichende Fristen (§ 65 Abs. 3 VgV)		8
III. Rechtliche Vorgaben im EU-Recht	3			
B. Ergänzende Verfahrensregelungen	4	V. Nichtanwendbarkeit des § 48 Abs. 3 VgV (§ 65 Abs. 4 VgV)		9
I. Zum Ergänzungscharakter der Bestimmung	4	VI. Besondere Zuschlagskriterien insb. bei arbeitsmarktbezogenen Bildungsleistungen (§ 65 Abs. 5 VgV)		10
II. Zur Verfügung stehende Verfahren (§ 65 Abs. 1 VgV)	5			

A. Einführung

I. Literatur

1   Wie § 130 GWB.

II. Entstehungsgeschichte

2   § 65 VgV geht teilweise auf den Referentenentwurf zur Verordnung zur Modernisierung des Vergaberechts zurück.[1] In dem von der Bundesregierung vorgelegten Entwurf der „Verordnung zur Modernisierung des Vergaberechts (Vergaberechtsmodernisierungsverord-

---

[1] § 65 VgV i. d. F. des Referentenentwurfs vom 9.11.2015, http://www.forum-vergabe.de/fileadmin/user_upload/Rechtsvorschriften/Referentenentwurf_Verordnungen_11.11.2015/Referentenentwurf_Verordnungen_gesamt_11.11.2015.pdf (abgerufen am 15.10.2017).

nung – VergRModVO)"[2] wurde Abs. 1 redaktionell geändert, Abs. 4 wurde neu eingefügt, Abs. 3 i. d. F. des Referentenentwurfs wurde in erweiterter Fassung zu Abs. 5, Abs. 4 i. d. F. des Referentenentwurfs wurde in gekürzter Form[3] zu Abs. 3. § 65 VgV ist als Teil der Verordnung zur Modernisierung des Vergaberechts (Vergaberechtsmodernisierungsverordnung – VergRModVO) vom 12.4.2016[4] am 18.4.2016 in Kraft getreten.[5]

III. Rechtliche Vorgaben im EU-Recht

§ 65 VgV setzt insb. Art. 76 Abs. 1 und Art. 33 Abs. 1 Unterabs. 3 der Richtlinie 2014/ **3** 24/EU um.[6]

B. Ergänzende Verfahrensregelungen

I. Zum Ergänzungscharakter der Bestimmung

Die amtliche Überschrift („Ergänzende Verfahrensregelungen") verdeutlicht, dass die **4** Regelungen des § 65 VgV die jeweils in Bezug genommenen Bestimmungen entweder vervollständigen, also zu diesen hinzutreten (so etwa § 65 Abs. 1 VgV) bzw. als Spezifizierungen berücksichtigt werden können (so etwa § 65 Abs. 5 VgV), oder sie modifizieren, also auch von ihnen abweichen können (so etwa § 65 Abs. 1, 2, 3 und 4 VgV). Dem spontan sich einstellenden Wortsinn von **„Ergänzung"** mag eine Abweichung nicht entsprechen, aber geht man von der gesamten Regelung des § 65 VgV aus, dann wird das Ganze der maßgeblichen normativen Vorgaben erst klar, wenn man die speziellen Regelungen des § 65 VgV in den Blick nimmt. Insb. § 65 Abs. 1 VgV verdeutlicht, dass Ergänzungen im Sinne von Hinzutreten und Abweichen parallel vorkommen können.

II. Zur Verfügung stehende Verfahren (§ 65 Abs. 1 VgV)

§ 65 Abs. 1 VgV vergrößert die Menge der zulässigen Verfahrenarten, indem der öffent- **5** liche Auftraggeber von den Hürden des § 14 Abs. 3 VgV freigestellt wird (→ § 14 VgV Rn. 24 ff.), wenn er, abgesehen vom offenen oder dem nicht offenen Verfahren, das Verhandlungsverfahren mit Teilnahmewettbewerb oder den wettbewerblichen Dialog wählen will. Ergänzend wird die Innovationspartnerschaft (→ § 19 VgV Rn. 1 ff.) genannt, die allerdings in § 14 Abs. 3 VgV nicht aufgeführt ist. Die Begründung meint, der öffentliche Auftraggeber könne „frei […] wählen".[7] Das wäre missverständlich, sollte damit eine willkürliche, sachlich also ungerechtfertigte bzw. sachlich nicht rechtfertigbare Wahl gemeint sein. Die **„grundsätzliche Wahlfreiheit** für öffentliche Auftraggeber"[8] muss begründet, also nachvollziehbar ausgeübt werden. Abgesehen von speziellen Regelungen, die die grundsätzliche, aber eben nicht ausnahmslos geltende Wahlfreiheit beschränken, können sich aus allgemeinen Grundsätzen des Vergaberechts (vgl. etwa § 97 Abs. 1–4 GWB) Beschränkungen der Wahlfreiheit im Einzelfall ergeben. Sie können sich auch aus der Beson-

---

[2] BT-Drs. 18/7318, 47, Begründung: 200 f.
[3] Fortgefallen ist im geltenden Abs. 3 der im Referentenentwurf (dort noch Abs. 4) enthaltene Satz: „Die Fristen nach Satz 1 sollen 15 Tage gerechnet ab dem Tag nach der Absendung der Aufforderung zur Einreichung von Teilnahmeanträgen oder zur Angebotsabgabe nicht unterschreiten."
[4] BGBl. I S. 624 (649).
[5] Zum Inkrafttreten vgl. Art. 7 Abs. 1 der Verordnung v. 12.4.2016.
[6] Vgl. BT-Drs. 18/7318, 200 (insb. zu § 65 Abs. 2 VgV).
[7] BT-Drs. 18/7318, 200.
[8] BT-Drs. 18/7318, 157 (zu § 14 Abs. 2 VgV).

derheit einer Dienstleistung ergeben, die explizit in § 64 VgV als verfahrenssteuernde Vorgabe genannt wird (→ § 64 VgV Rn. 4 f.).

III. Laufzeit einer Rahmenvereinbarung (§ 65 Abs. 2 VgV)

6   § 65 Abs. 2 VgV schafft eine Ausnahme von § 21 Abs. 6 VgV (→ § 21 VgV Rn. 39 f.) insofern, als die Laufzeit einer Rahmenvereinbarung höchstens sechs Jahre betragen darf (gemäß § 21 Abs. 4 VgV: höchstens vier Jahre). D. h., begründungsbedürftig ist eine Überschreitung der regulären **Höchstlaufzeit** von vier Jahren um bis zu zwei Jahren (oder weniger). Zu dieser Ausnahmeregelung gibt es eine Abweichungsmöglichkeit, sofern ein „im Gegenstand der Rahmenvereinbarung begründeter Sonderfall" vorliegt (→ Rn. 7). In diesem Fall kann die Laufzeit auch länger sein.[9] In der Begründung zu § 65 Abs. 2 VgV heißt es: „Ein solcher Sonderfall besteht zum Beispiel bei Modellvorhaben im Sinne der §§ 63 ff. Sozialgesetzbuch (SGB) Fünftes Buch (V), die […] im Regelfall auf längstens acht Jahre zu befristen sind."[10]

7   In der deutschen Fassung der Richtlinie ist von „angemessen begründete[n] Sonderfälle[n], in denen dies *insbesondere* aufgrund des Gegenstands der Rahmenvereinbarung gerechtfertigt werden kann",[11] die Rede, so dass § 65 Abs. 2 VgV sich richtlinienkonform auf eine angemessene – bezogen auf den Gegenstand der Rahmenvereinbarung – *oder eine anderweitig angemessene* Begründung bezieht. In der englischen Fassung heißt es zudem „exceptional cases duly justified", in der französischen Fassung „des cas exceptionnels dûment justifiés". D. h., die Rede ist von gebührend begründeten **Ausnahmefällen,** mit anderen Worten: Die Abweichungsmöglichkeit darf nur selten („exceptional") zu einer Abweichung von der 6-Jahres-Höchstfrist führen. Entsprechende Gründe müssen vorliegen bzw. erkennbar sein.

IV. Abweichende Fristen (§ 65 Abs. 3 VgV)

8   § 65 Abs. 5 VgV gestattet von den §§ 15–19 VgV (dort sind die Verfahrensarten geregelt) abweichende Fristen, soweit es um den Eingang der Angebote und der Teilnahmeanträge geht.[12] Diese Abweichungen müssen begründet sein, und zwar im Hinblick auf die **Besonderheiten** der jeweiligen Dienstleistung (→ § 64 VgV Rn. 4 f.). Außerdem müssen sie mit der Eigenart des gewählten Verfahren und den allgemeinen Grundsätzen des Vergaberechts vereinbar sein (→ Rn. 5).

V. Nichtanwendbarkeit des § 48 Abs. 3 VgV (§ 65 Abs. 4 VgV)

9   § 65 Abs. 4 VgV schließt ausnahmslos die Anwendung des § 48 Abs. 3 VgV aus. Diese Vorschrift lautet: „Als vorläufigen Beleg der Eignung und des Nichtvorliegens von Ausschlussgründen akzeptiert der öffentliche Auftraggeber die Vorlage einer Einheitlichen Europäischen Eigenerklärung nach § 50." (Gemeint ist § 50 VgV: → § 50 VgV Rn. 1 ff.). Angesichts der tendenziell eher lokalen bzw. **regionalen Verwurzelung** insb. der sozialen Dienstleistungen, wie sie auch in den Erwägungsgründen der Richtlinie hervorgehoben wird,[13] ist der Verzicht auf die Einheitliche Europäische Eigenerklärung konsequent.

---

[9] BT-Drs. 18/7318, 200.
[10] BT-Drs. 18/7318, 200. – Der geltende § 65 Abs. 5 S. 1 SGB V lautet: „Die Modellvorhaben sind im Regelfall auf längstens acht Jahre zu befristen."
[11] Art. 33 Abs. 1 Unterabs. 3 der Richtlinie 2014/24/EU. – Kursive Hervorhebung hinzugefügt.
[12] BT-Drs. 18/7318, S. 200 aE: die Fristen werden „flexibilisiert".
[13] Vgl. Erwägungsgrund (114) der Richtlinie 2014/24/EU.

VI. Besondere Zuschlagskriterien insb. bei arbeitsmarktbezogenen Bildungsleistungen (§ 65 Abs. 5 VgV)

§ 65 Abs. 5 VgV konkretisiert die Regelung des § 58 Abs. 2 Nr. 2 VgV (→ § 58 VgV **10** Rn. 28 ff., 76 ff.). Gemäß § 65 Abs. 1 S. 1 VgV können (nicht: müssen) bei der Bewertung der in § 58 Abs. 2 Nr. 2 VgV genannten Kriterien – „qualitative, umweltbezogene oder soziale Zuschlagskriterien berücksichtigt werden, insbesondere […] die Organisation, Qualifikation und Erfahrung des mit der Ausführung des Auftrags betrauten Personals, wenn die Qualität des eingesetzten Personals erheblichen Einfluss auf das Niveau der Auftragsausführung haben kann" – insbesondere der Erfolg und die Qualität bereits erbrachter Leistungen des Bieters oder des vom Bieter eingesetzten Personals berücksichtigt werden. Die Begründung weist darauf hin, dass damit im Unterschied zum früheren Recht die „Gewichtung der genannten Zuschlagskriterien […] – wie in der allgemeinen Regelung in § 58 Absatz 2 Satz 2 Nummer 2 – nicht mehr auf 25 Prozent begrenzt"[14] ist, also diese Kriterien bis zu 100 % relevant sein können. Es geht in der Sache um **Leistungs- bzw. Erfolgsmessung,** die insbesondere bei sozialen Dienstleistungen, die meistens personale Dienstleistungen sind, methodisch nicht unumstritten ist (→ § 130 GWB Rn. 34 ff.). Gibt der öffentliche Auftraggeber ein erfolgs- bzw. qualitätsmessendes Modell vor, anhand dessen er die Kriterien operabel machen will, dann muss er begründen können, wieso (und mit welchen Limitierungen) hier Erfolg und/oder Qualität gemessen wird. Insbesondere der dauerhafte Erfolg ist bei bestimmten Personengruppen (z. B. junge Menschen mit multiplen Problemen) entscheidender als der kurzfristige „Erfolg", der diese Menschen aus einer Statistik kurzzeitig verschwinden lässt.

Besonders brisant sind diese Fragen in dem Bereich, auf den sich § 65 Abs. 2 S. 2 VgV **11** bezieht, der Bereich der **arbeitsmarktbezogenen Bildungsdienstleistungen** nach dem SGB II („Hartz IV") und dem SGB III („Arbeitsförderung", vulgo: Arbeitslosenversicherung), → § 130 GWB Rn. 31 ff., insb. Rn. 33 ff. § 65 Abs. 5 S. 2 VgV erweist sich, weil die Leistungen weit überwiegend von der Bundesagentur für Arbeit (BA) verantwortet werden, als „lex BA" (→ § 130 GWB Rn. 4, 121). Das Entscheidende bei Eingliederungs- (§ 65 Abs. 5 S. 2 Nr. 1 VgV) und Abbruchquoten (§ 65 Abs. 5 S. 2 Nr. 2 VgV) ist der Zeitraum, um den es geht, und das Ereignis, das als Eingliederung bzw. als (endgültiger) Abbruch gilt, denn es kommt (je nach dem, wem die Leistungen zugutekommen sollen) nicht selten vor, dass Kurzzeiterfolge durch Eingliederung in prekäre Erwerbstätigkeiten erreicht werden, oder das nach zeitweiligen Unterbrechungen Maßnahmen wieder aufgenommen werden, weil sie nicht (final) abgebrochen wurden. Problematisch kann der Indikator „erreichte Bildungsabschlüsse" (§ 65 Abs. 5 S. 2 Nr. 3 VgV) sein, wenn es um Abschlüsse geht, die zwar erreicht wurden, aber die Chancen am Arbeitsmarkt nicht spürbar erhöhen. Bei den Beurteilungen der Vertragsausführung durch den öffentlichen Auftraggeber anhand transparenter und **nichtdiskriminierender Methoden** (§ 65 Abs. 5 S. 2 Nr. 4 VgV) kommt es darauf an, dass die Beurteilung nicht zwingend durch den öffentlichen Auftraggeber selbst bewerkstelligt, aber von ihm verantwortet bzw. in seinem Auftrag erfolgt. Transparente Methoden sind solche, deren Logik nachvollziehbar ist. Nichtdiskriminierende Methoden sind solche, die bildungs- bzw. sozialpädagogische Ansätze, die z. B. den ganzen Menschen mit seiner womöglich vielfältigen Problematik in den Blick nehmen, nicht zulasten von Ansätzen diskriminieren, die punktuell ein Problem aus der umfassenden Lebenslage des Klienten isolieren und so Kausalitäten bzw. Korrelationen von vornherein vereinfachen und damit „Wirkung" und „Erfolg" leichter belegen können.

Wenn es in § 65 Abs. 5 S. 1 und S. 2 VgV heißt, diese Konkretisierungen könnten, aber **12** müssten nicht vorgenommen werden, dann ist dies im Lichte der Grundregel des § 58 Abs. 2 VgV zu sehen. Das beste **„Preis-Leistungs-Verhältnis"** ist zu ermitteln (§ 58

---

[14] BT-Drs. 18/7318, 201.

Abs. 2 S. 1 VgV). Es ist lebensfremd, dieses Verhältnis angesichts der strukturellen „**Besonderheit**" (§ 64 VgV) von sozialen Dienstleistungen ohne die Kriterien zu bewerten, die in § 58 Abs. 2 VgV bzw. § 65 Abs. 5 VgV aufgeführt werden. Ein Verzicht auf jede Konkretisierung, wie sie dort vorgesehen ist, ist begründungsbedürftig und wird in aller Regel im Hinblick auf die jeweilige Besonderheit (→ § 64 VgV Rn. 5) der sozialen Dienstleistung sachlich nicht begründet, also willkürlich sein.

§ 66 Veröffentlichungen, Transparenz

(1) Der öffentliche Auftraggeber teilt seine Absicht, einen öffentlichen Auftrag zur Erbringung sozialer oder anderer besonderer Dienstleistungen zu vergeben, in einer Auftragsbekanntmachung mit. § 17 Absatz 5 bleibt unberührt.

(2) Eine Auftragsbekanntmachung ist nicht erforderlich, wenn der öffentliche Auftraggeber auf kontinuierlicher Basis eine Vorinformation veröffentlicht, sofern die Vorinformation

1. sich speziell auf die Arten von Dienstleistungen bezieht, die Gegenstand der zu vergebenen Aufträge sind,
2. den Hinweis enthält, dass dieser Auftrag ohne gesonderte Auftragsbekanntmachung vergeben wird,
3. die interessierten Unternehmen auffordert, ihr Interesse mitzuteilen (Interessensbekundung).

(3) Der öffentliche Auftraggeber, der einen Auftrag zur Erbringung von sozialen und anderen besonderen Dienstleistungen vergeben hat, teilt die Ergebnisse des Vergabeverfahrens mit. Er kann die Vergabebekanntmachungen quartalsweise bündeln. In diesem Fall versendet er die Zusammenstellung spätestens 30 Tage nach Quartalsende.

(4) Für die Bekanntmachungen nach den Absätzen 1 bis 3 ist das Muster gemäß Anhang XVIII der Durchführungsverordnung (EU) 2015/1986 zu verwenden. Die Veröffentlichung der Bekanntmachungen erfolgt gemäß § 40.

Übersicht

	Rn.			Rn.
A. Einführung	1		I. Auftragsbekanntmachung: Pflicht und Ausnahmen (§ 66 Abs. 1 und Abs. 2 VgV)	4
I. Literatur	1			
II. Entstehungsgeschichte	2		II. Mitteilungen über Ergebnisse von Vergabeverfahren (§ 66 Abs. 3 VgV)	6
III. Rechtliche Vorgaben im EU-Recht	3			
B. Besondere Vorgaben für Bekanntmachungen	4		III. Verpflichtendes Muster für Bekanntmachungen (§ 66 Abs. 4 VgV)	7

A. Einführung

I. Literatur

Wie § 130 GWB   1

II. Entstehungsgeschichte

§ 66 VgV geht im Kern den Referentenentwurf zur Verordnung zur Modernisierung des **2** Vergaberechts zurück.[1] In dem von der Bundesregierung vorgelegten Entwurf der „Verordnung zur Modernisierung des Vergaberechts (Vergaberechtsmodernisierungsverordnung – VergRModVO)" wurde die Vorschrift in überarbeiteter Form aufgenommen.[2] § 66 VgV ist als Teil der Verordnung zur Modernisierung des Vergaberechts (Vergaberechtsmodernisierungsverordnung – VergRModVO) vom 12.4.2016[3] am 18.4.2016 in Kraft getreten.[4]

---

[1] § 66 VgV i.d.F. des Referentenentwurfs vom 9.11.2015, http://www.forum-vergabe.de/fileadmin/user_upload/Rechtsvorschriften/Referentenentwurf_Verordnungen_11.11.2015/Referentenentwurf_Verordnungen_gesamt_11.11.2015.pdf (abgerufen am 15.10.2017).
[2] BT-Drs. 18/7318, 47, Begründung: 201.
[3] BGBl. I S. 624 (649).
[4] Zum Inkrafttreten vgl. Art. 7 Abs. 1 der Verordnung v. 12.4.2016.

III. Rechtliche Vorgaben im EU-Recht

3   § 66 VgV setzt Art. 75 Abs. 1 und 2 der Richtlinie 2014/24/EU um.[5]

B. Besondere Vorgaben für Bekanntmachungen

I. Auftragsbekanntmachung: Pflicht und Ausnahmen (§ 66 Abs. 1 und Abs. 2 VgV)

4   § 66 Abs. 1 S. 1 VgV legt die Grundregel fest, dass (auch) die Absicht, einen öffentlichen Auftrag zur Erbringung sozialer oder anderer besonderer Dienstleistungen zu vergeben, in einer Auftragsbekanntmachung mitzuteilen ist.[6] Allerdings gilt davon eine **Ausnahme,** nämlich im Fall des § 17 Abs. 5 VgV, auf den § 66 Abs. 1 S. 2 VgV Bezug nimmt. § 17 Abs. 5 VgV lautet: „Bei einem Verhandlungsverfahren ohne Teilnahmewettbewerb erfolgt keine öffentliche Aufforderung zur Abgabe von Teilnahmeanträgen, sondern unmittelbar eine Aufforderung zur Abgabe von Erstangeboten an die vom öffentlichen Auftraggeber ausgewählten Unternehmen." Dazu → § 17 VgV Rn. 14.

5   Eine weitere (über § 66 Abs. 1 S. 2 VgV hinausgehende) **Ausnahme** sieht (in Umsetzung von Art. 75 Abs. 1 Buchst. b der Richtlinie 2014/24/EU) § 66 Abs. 2 VgV vor, wonach eine Auftragsbekanntmachung nicht erforderlich (aber dennoch möglich) ist, wenn der öffentliche Auftraggeber auf kontinuierlicher Basis eine Vorinformation veröffentlicht, sofern diese sich speziell auf die „Arten von Dienstleistungen" bezieht, die Gegenstand der zu vergebenden Aufträge sind (§ 66 Abs. 2 Nr. 1 VgV), den Hinweis enthält, dass dieser Auftrag ohne gesonderte Auftragsbekanntmachung vergeben wird (§ 66 Abs. 2 Nr. 2 VgV) und die interessierten Unternehmen auffordert, ihr Interesse mitzuteilen (Interessenbekundung), § 66 Abs. 2 Nr. 3 VgV. Dahinter steht das Bild vom „Sozialdienstleistungsmarkt" mit seinen weithin lokalen und/oder regionalen Anbietern bzw. solchen Anbietern, die sich selbst auf dem in Rede stehe den (Teil-)Markt informiert halten.[7] Insofern stellt die Vorinformation (engl.: „prior information notice") – genauer: die **Vorankündigung** (ndl.: „vooraankondiging") – eine Art Dauer-Vorabinformation für Unternehmer dar, die ohnehin am fraglichen Markt dauerhaft aktiv sind. Insofern muss insb. der Dienstleistungs*typ* (engl.: „types of services") klar („spezifisch") werden, damit die Bekanntmachung überhaupt eine eingrenzende Informationsfunktion haben kann.

II. Mitteilungen über Ergebnisse von Vergabeverfahren (§ 66 Abs. 3 VgV)

6   § 66 Abs. 3 S. 1 VgV, der Art. 75 Abs. 2 der Richtlinie 2014/24/EU umsetzt,[8] sieht vor, dass die Ergebnisse der Vergabeverfahren, auch wenn es um soziale und andere besondere Dienstleistungen geht, mitgeteilt werden. Allerdings können diese Mitteilungen quartalsweise, also **vierteljährlich,**[9] gebündelt werden. In diesem Fall versendet der öffentliche Auftraggeber die Zusammenstellung spätestens 30 Tage nach Quartalsende.[10]

---

[5] BT-Drs. 18/7318, 201.

[6] Vgl. Art. 75 Abs. 1 der Richtlinie 2014/24/EU.

[7] Vgl. zur Marktstruktur Erwägungsgrund (114) zur Richtlinie 2014/24/EU.

[8] BT-Drs. 18/7318, 201.

[9] Vgl. die engl. Fassung von Art. 75 Ab. 2 der Richtlinie 2014/24/EU: „on an quarterly basis". Frz.: „sur une base trimestrielle." Wann das Vierteljahr bzw. der Zeitraum von drei Monaten jeweils beginnt, ist unklar, mag es auch naheliegen, dass der Zeitraum Januar–März, April–Juni usf. gemeint ist; zwingend ist das nicht. Entscheidend ist, dass Beginn und Dauer des jeweiligen Zeitraums klar sind und entsprechend klar kommuniziert und konsequent beachtet werden.

[10] Vgl. Art. 75 Abs. 2 S. 3 der Richtlinie 2014/24/EU. – Frz.: „trente jours après la fin de chaque trimestre", engl.: „within 30 days of the end of each quarter". Zu Berechnung(sunsicherheiten) s. Fn. 9.

III. Verpflichtendes Muster für Bekanntmachungen (§ 66 Abs. 4 VgV)

§ 66 Abs. 4 VgV legt fest, dass für die Bekanntmachungen nach den Abs. 1 bis 3 zwin- **7** gend das **Muster** entsprechend dem Anhang XVIII der Durchführungsverordnung (EU) 2015/1986 zu verwenden ist.[11] D.h., die Bekanntmachungen sind nur in rechtswirksamer Weise erfolgt, wenn das Muster verwendet wurde.

---

[11] ABl. EU 2015, L 296/1 (114–120).

Abschnitt 4. Besondere Vorschriften für die Beschaffung energieverbrauchsrelevanter Leistungen und von Straßenfahrzeugen

§ 67 Beschaffung energieverbrauchsrelevanter Liefer- oder Dienstleistungen

(1) Wenn energieverbrauchsrelevante Waren, technische Geräte oder Ausrüstungen Gegenstand einer Lieferleistung oder wesentliche Voraussetzung zur Ausführung einer Dienstleistung sind (energieverbrauchsrelevante Liefer- oder Dienstleistungen), sind die Anforderungen der Absätze 2 bis 5 zu beachten.

(2) In der Leistungsbeschreibung sollen im Hinblick auf die Energieeffizienz insbesondere folgende Anforderungen gestellt werden:
1. das höchste Leistungsniveau an Energieeffizienz und,
2. soweit vorhanden, die höchste Energieeffizienzklasse im Sinne der Energieverbrauchskennzeichnungsverordnung.

(3) In der Leistungsbeschreibung oder an anderer geeigneter Stelle in den Vergabeunterlagen sind von den Bietern folgende Informationen zu fordern:
1. konkrete Angaben zum Energieverbrauch, es sei denn, die auf dem Markt angebotenen Waren, technischen Geräte oder Ausrüstungen unterscheiden sich im zulässigen Energieverbrauch nur geringfügig, und
2. in geeigneten Fällen
   a) eine Analyse minimierter Lebenszykluskosten oder
   b) die Ergebnisse einer Buchstabe a vergleichbaren Methode zur Überprüfung der Wirtschaftlichkeit.

(4) Der öffentliche Auftraggeber darf nach Absatz 3 übermittelte Informationen überprüfen und hierzu ergänzende Erläuterungen von den Bietern fordern.

(5) Im Rahmen der Ermittlung des wirtschaftlichsten Angebotes ist die anhand der Informationen nach Absatz 3 oder der Ergebnisse einer Überprüfung nach Absatz 4 zu ermittelnde Energieeffizienz als Zuschlagskriterium angemessen zu berücksichtigen.

Übersicht

	Rn.		Rn.
A. Einführung	1	C. Anwendungsbereich und Regelungs-	
I. Literatur	1	inhalt	7
II. Entstehungsgeschichte	2	I. Abs. 1: Energieverbrauchsrelevante	
III. Rechtliche Vorgaben im EU-Recht	3	Liefer- oder Dienstleistungen	7
		II. Abs. 2: Leistungsbeschreibung	11
B. Allgemeines	4	III. Abs. 3 und 4: Informationen	17
I. Überblick und Normenkontext	4	IV. Abs. 5: Energieeffizienz als Zuschlags-	
II. Bieterschützender Charakter	6	kriterium	23

A. Einführung

I. Literatur

1 *Gabriel/Weiner,* Vergaberecht und Energieeffizienz, Die Änderung der Vergabeverordnung im Zuge der Energiewende, REE 2011, 213; *Gaus,* Ökologische Kriterien in der Vergabeentscheidung. Eine Hilfe zur vergaberechtskonformen nachhaltigen Beschaffung, NZBau 2013, 401; *Haak,* Vergaberecht in der Energiewende – Teil I, Energieeffiziente Beschaffung und Ausschreibungsmodelle nach dem EEG 2014, NZBau 2015, 11; *Knauff,* Energieeffizienz als Verwaltungsaufgabe, Die Verwaltung 47 (2014), 407; *Krohn,* Leistungsbeschreibung und Angebotswertung bei komplexen IT-Vergaben, NZBau 2013, 79; *Krohn,* Leistungsbeschreibung, in Gabriel/Krohn/Neun (Hrsg.) Handbuch des Vergaberechts, 2. Aufl. 2017, § 19; *Stockmann/Rusch,* Wie viel Energieeffizienz muss es sein? Anforderungen an Leistungsbeschreibung und Wertung nach § 4 IV bis VIb VgV, NZBau 2013, 71; *Willenbruch/Nullmeier,* Energieeffizienz und Umweltschutz bei der Vergabe öffentlicher Aufträge, 2012; *Zeiss,* Energieeffizienz in der Beschaffungspraxis, NZBau 2012, 201; *Zeiss,* Weniger Energieverbrauch! – Beschaffung energieeffizienter Geräte und Ausrüstung, NZBau 2011, 658.

II. Entstehungsgeschichte

§ 67 VgV steht in engem Zusammenhang mit den (Neu-)Regelungen in Bezug auf die **2** Berücksichtigung von Umweltaspekten bei der Beschaffung[1] in § 97 Abs. 3, § 127 Abs. 1 S. 4, § 128 Abs. 2 S. 3 GWB, § 31 Abs. 3 S. 1, § 58 Abs. 2 VgV und konkretisiert diese bereichsspezifisch. Der Regelungsgehalt von § 67 VgV entspricht weithin demjenigen von § 4 Abs. 4 bis 6b VgV[2] in der Fassung der Vierten Verordnung zur Änderung der Verordnung über die Vergabe öffentlicher Aufträge.[3]

III. Rechtliche Vorgaben im EU-Recht

Die Vorschrift setzt die Richtlinie 2010/30/EU des Europäischen Parlaments und des **3** Rates vom 19.5.2010 über die Angabe des Verbrauchs an Energie und anderen Ressourcen durch energieverbrauchsrelevante Produkte mittels einheitlicher Etiketten und Produktinformationen (ABl. 2010 L 153, 1) sowie die Richtlinie 2012/27/EU des Europäischen Parlaments und des Rates vom 25.10.2012 zur Energieeffizienz, zur Änderung der Richtlinien 2009/125/EG und 2010/30/EU und zur Aufhebung der Richtlinien 2004/8/EG und 2006/32/EG (ABl. 2012 L 315, 1) in nationales Recht um. Diese Richtlinien blieben von der EU-Vergaberechtsreform 2014 unberührt.

B. Allgemeines

I. Überblick und Normenkontext

§ 67 VgV regelt die Beschaffung energieverbrauchsrelevanter Liefer- oder Dienstleistun- **4** gen durch öffentliche Auftraggeber. Gegenüber § 68 VgV tritt § 67 VgV im Hinblick auf die Beschaffung von Straßenfahrzeugen[4] als allgemeinere Vorschrift zurück.[5] Gleiches gilt vor dem Hintergrund von Art. 1 Abs. 3 lit. b RL 2010/30/EU („Verkehrsmittel zur Personen- oder Güterbeförderung") und § 59 SektVO nach hier vertretener Auffassung für die Bestellung von damit durchzuführenden Verkehrsdienstleistungen,[6] nicht aber für sonstige Leistungen, die zwar unter Verwendung von Fahrzeugen durchgeführt werden, diese aber die Leistung nicht prägen, wie etwa Altpapiersammlungen.[7]

Eine Parallelregelung zu § 67 VgV enthält § 8c EU VOB/A. Weniger anspruchsvoll ist **5** § 58 SektVO ausgestaltet. KonzVgV, VSVgV und UVgO thematisieren den Energieverbrauch bei Beschaffungen nicht.

---

[1] Allgemein dazu auf Grundlage des neuen Rechts *Burgi* NZBau 2015, 597; *Funk/Tomerius* KommJur 2016, 1 (47 ff.).
[2] BR-Drs. 87/16, 220.
[3] BGBl. 2011 I 1724.
[4] Zur Begrifflichkeit → § 68 Rn. 8.
[5] *Fandrey* in KKMPP VgV Rn. 7; aA *Schröder* in Müller-Wrede, VgV/UVgO, § 67 VgV Rn. 14; *Willenbruch* in Willenbruch/Wieddekind VergR Rn. 2.
[6] OLG Celle Beschl. v. 24.2.2015 – 13 Verg 1/15; *Greb* in Ziekow VergR § 4 Rn. 23; aA *Zeiss* NZBau 2012, 201 (202, 204); *Haak* NZBau 2015, 11 (15).
[7] Vgl. Vergabekammer bei der Bezirksregierung Münster Beschl. v. 3.2.2015 – VK 1 – 1/15.

II. Bieterschützender Charakter

6   Ob § 67 VgV bieterschützend iSv § 97 Abs. 6 GWB ist, ist umstritten.[8] Dagegen spricht, dass es sich um eine Vorschrift handelt, deren normativer Kerngehalt im Hinblick auf die europarechtlichen Vorgaben nicht vergabe- sondern energieeffizienzrechtlich ist. Dies gilt allerdings nur im Hinblick auf § 67 Abs. 1 und 2 VgV. Als drittschützend ist dagegen § 67 Abs. 3 bis 5 VgV zu qualifizieren, da es sich insoweit um das Vergabeverfahren betreffende Bestimmungen handelt, die sich von anderen bieterschützenden Verfahrensvorschriften nicht maßgeblich unterscheiden.[9]

C. Anwendungsbereich und Regelungsinhalt

I. Abs. 1: Energieverbrauchsrelevante Liefer- oder Dienstleistungen

7   § 67 Abs. 1 VgV verpflichtet öffentliche Auftraggeber, bei der Vergabe von Liefer- und Dienstleistungsaufträgen iSv § 103 Abs. 2, 4 GWB, deren Gegenstand oder wesentliche Voraussetzung energieverbrauchsrelevante Waren, technische Geräte oder Ausrüstungen sind, zur Anwendung der in den Folgeabsätzen aufgestellten Anforderungen. Der Regelungsgehalt der Vorschrift ist mithin begrenzt, da letzteren auch ohne expliziten Anwendungsbefehl uneingeschränkte rechtliche Verbindlichkeit zukommt. Die in Art. 6 RL 2010/30/EU angelegte Differenzierung zwischen Beschaffungen durch die Zentralregierung sowie sonstige Vergabestellen überträgt § 67 VgV nicht in deutsches Recht und geht damit über die europarechtlichen Vorgaben hinaus.

8   Der normative Kern von § 67 Abs. 1 VgV liegt daher in der Bestimmung der energieverbrauchsrelevanten Liefer- oder Dienstleistungen. Die durch den Klammerzusatz vorgenommene Legaldefinition ist im Hinblick auf den Begriff der Energieverbrauchsrelevanz tautologisch. Aussagekräftiger ist die Legaldefinition in § 2 EVPG. Danach ist ein energieverbrauchsrelevantes Produkt „ein Gegenstand, dessen Nutzung den Verbrauch von Energie beeinflusst und der in Verkehr gebracht oder in Betrieb genommen wird. Dazu gehören auch Produktteile, die 1. zum Einbau in ein energieverbrauchsrelevantes Produkt bestimmt sind, 2. als Einzelteile für Endnutzer a) in Verkehr gebracht oder b) in Betrieb genommen werden und die getrennt auf ihre Umweltverträglichkeit geprüft werden können."[10] Den Verpflichtungen des § 67 VgV unterfällt danach die Beschaffung aller Produkte,[11] die bei bestimmungsgemäßem Betrieb Energie verbrauchen oder sich – ggf. mittelbar durch Einsparwirkungen[12] – auf deren Verbrauch auswirken. Da technische Geräte und Ausrüstungen stets auch energieverbrauchsrelevante Produkte sind, kommt es auf eine Abgrenzung zwischen diesen[13] bei § 67 Abs. 1 VgV nicht an.[14] Gleichgestellt sind Dienstleistungen, die unter wesentlicher Nutzung derartiger Produkte erbracht werden.[15] Sofern dabei zugleich eine Energieerzeugung erfolgt, ist nach Sinn und Zweck der Vorschrift so-

---

[8] Dafür OLG Düsseldorf Beschl. v. 1.8.2012 – VII-Verg 105/11, ZfBR 2012, 826 (828); *Rusch* in Montag/Säcker Rn. 62; *Willenbruch* in Willenbruch/Wieddekind VergR Rn. 11; *Greb* in Ziekow VergR § 4 Rn. 19; *Krohn* in Gabriel/Krohn/Neun HdB VergR § 19 Rn. 110 ff.; dagegen Vergabekammer Rheinland-Pfalz Beschl. v. 13.11.2015 – VK 1 – 16/15; *Fandrey* in KKMPP VgV Rn. 2; *Stockmann/Rusch* NZBau 2013, 71 (78 f.).

[9] Überzeugend *Zeiss* NZBau 2012, 201 (204 f.).

[10] Siehe auch gleichsinnig Art. 2 lit. a RL 2010/30/EU, § 2 lit. a EnVKG.

[11] Zum Verhältnis von Produkt- und Warenbegriff *Stockmann/Rusch* NZBau 2013, 71 (71 f.).

[12] *Fandrey* in KKMPP VgV Rn. 4; *Zeiss* NZBau 2012, 201 (202).

[13] Dazu → SektVO § 58 Rn. 11.

[14] *Rusch* in Montag/Säcker Rn. 10; *Schröder* in Müller-Wrede, VgV/UVgO, § 67 VgV Rn. 10.

[15] Nicht erfasst werden dagegen die Maschinen, die bei Lieferungen zur Herstellung des zu beschaffenden Produkts verwendet werden, *Fandrey* in KKMPP VgV Rn. 4.

wie ihrer europarechtlichen Hintergründe eine Saldierung vorzunehmen: Wird im Regelfall mehr Energie verbraucht als erzeugt, ist § 67 VgV anwendbar; ist der Energieverbrauch dagegen im Verhältnis zur Energieerzeugung von untergeordneter Bedeutung, wie etwa bei Windkraftanlagen, findet die Vorschrift keine Anwendung. Auf die Effizienz kommt es insoweit nicht an. Dies korrespondiert mit den wenig entwickelten rechtlichen Vorgaben über die Erzeugungseffizienz,[16] hindert öffentliche Auftraggeber aber nicht, diese bei der Anwendung der allgemeinen vergaberechtlichen Bestimmungen in geeigneten Fällen zu berücksichtigen.[17] Nicht erfasst wird auch die Energiebeschaffung (Strom, Gas) als solche.

Bei Lieferaufträgen ist eine Erkennbarkeit der Energieverbrauchsrelevanz regelmäßig im **9** Hinblick auf die zu beschaffenden Produkte ohne Weiteres gegeben. Erfasst werden technische Geräte aller Art. Computer (nach der Vergabekammer des Bundes nicht aber Software[18]), Lampen, Netzteile und Haushaltsgeräte werden ebenso einbezogen wie energieverbrauchende technische Spezialausrüstung (z.B. Funk- und Elektroschockgeräte der Polizei). Für die Annahme einer Bagatellgrenze hinsichtlich des Energieverbrauchs[19] lässt der Wortlaut der Vorschrift bei Lieferungen keinen Raum.[20] Soweit Gebäudetechnik (z.B. Heizungen, Klimaanlagen, Licht- und Raumtechnik) oder sonstige Gebäudeausrüstung (z.B. Dämmung, Fenster, Außentüren) Gegenstand der Beschaffung ist, liegt regelmäßig ein gemischter Auftrag vor. Ist dieser nach den allgemeinen Regeln als Bauauftrag iSv § 103 Abs. 3 GWB zu qualifizieren, ist (ohne Abweichung in der Sache) § 8c EU VOB/A einschlägig.[21] Tritt allerdings die Bauleistung in den Hintergrund, etwa bei einem (bloßen) Austausch der vorhandenen durch neu zu beschaffende Lampen in einem Behördengebäude, ist § 67 VgV anwendbar. Hinsichtlich Straßenfahrzeugen (Pkw, Lkw, Busse, Straßenbahnen) ist jedoch auf § 68 VgV abzustellen.[22]

Dagegen ist die Bestimmung derjenigen Dienstleistungen, die unter Berücksichtigung **10** von § 67 VgV vergeben werden müssen, mit größeren Unsicherheiten verbunden. Nach dem Wortlaut von § 67 Abs. 1 VgV setzt dies voraus, dass die Nutzung eines energieverbrauchsrelevanten Produkts „wesentliche Voraussetzung zur Ausführung einer Dienstleistung" ist. Im Hinblick darauf, dass nahezu jede Dienstleistung mit einem Energieverbrauch einhergeht (z.B. durch Nutzung von Computern oder die Anreise mit Kfz) und dieser damit nahezu ausnahmslos kausal für die Leistungserbringung ist, kann die Norm nicht dahingehend ausgelegt werden, dass allein dieser Umstand bereits genügt, um die Anwendung des § 67 VgV nach sich zu ziehen.[23] Daher kommt dem wenig bestimmten Begriff der Wesentlichkeit eine zentrale Bedeutung zu. Dieser findet in vergaberechtlichem Kontext vielfach und in unterschiedlichen Zusammenhängen Verwendung. Eine Legaldefinition wird in Bezug auf Auftragsänderungen in § 132 Abs. 1 S. 2 GWB dahingehend vorgenommen, dass Änderungen als wesentlich zu qualifizieren sind, wenn sie „dazu führen, dass sich der öffentliche Auftrag erheblich von dem ursprünglich vergebenen öffentlichen Auftrag unterscheidet." Es kommt mithin auf die Überschreitung einer Erheblichkeitsschwelle an. Diese Wertung, die zudem mit der Begriffsverwendung in Art. 1 Abs. 2 RL 2010/30/EU („Diese Richtlinie gilt für energieverbrauchsrelevante Produkte, die während des Gebrauchs wesentliche unmittelbare und mittelbare Auswirkungen auf den Verbrauch an Energie und gegebenenfalls anderen wichtigen Ressourcen haben") korrespondiert, lässt sich grundsätzlich auf § 67 Abs. 1 VgV übertragen.[24] Zwar ist auch der Begriff der Erheb-

---

[16] Näher *Knauff* Die Verwaltung 47 (2014), 407 (415 f.).
[17] Vgl. auch BR-Drs. 40/10, 17.
[18] BKartA Bonn Beschl. v. 10.11.2014 – VK 2 – 89/14.
[19] Dafür *Stockmann/Rusch* NZBau 2013, 71 (72).
[20] *Rusch* in Montag/Säcker Rn. 11.
[21] Vgl. auch *Haak* NZBau 2015, 11 (15).
[22] *Fandrey* in KKMPP VgV Rn. 7.
[23] *Haak* NZBau 2015, 11 (15).
[24] AA wohl *Krohn* in Gabriel/Krohn/Neun HdB VergR § 19 Rn. 102, der einen „unmittelbaren Sachzusammenhang zwischen der Ware und der Dienstleistung" fordert; ähnlich *Schröder* in Müller-Wrede, VgV/UVgO, § 67 VgV Rn. 13.

lichkeit nur wenig aussagekräftiger als derjenige der Wesentlichkeit. Er verdeutlicht aber, dass eine gänzlich untergeordnete Bedeutung nicht genügt, sondern verlangt die Überschreitung einer Relevanzschwelle. Deren Festlegung setzt jedoch die Beantwortung der Frage voraus, worauf sich die Wesentlichkeit bezieht. Der in seiner Formulierung missglückte Wortlaut („Wenn energieverbrauchsrelevante Waren, technische Geräte oder Ausrüstungen ... wesentliche Voraussetzung zur Ausführung einer Dienstleistung sind ...") legt nahe, dass deren tatsächliche Nutzung im Fokus steht.[25] Ein solches Verständnis führt jedoch dazu, dass nahezu alle Dienstleistungen als energieverbrauchsrelevant zu qualifizieren sind, da selbst Beratungsleistungen regelmäßig unter Einsatz von Computertechnik oder Reinigungsdienstleistungen mittels Verwendung von Staubsaugern und anderer elektrischer Reinigungstechnik erfolgen. Dies wiederum widerspricht der Verwendung des Wesentlichkeitsbegriffs, da dieser sich bei einem solchen Verständnis als überflüssig erwiese. Dies spricht dafür, als energieverbrauchsrelevante Dienstleistungen nur diejenigen zu qualifizieren, zu deren Erbringung ein erheblicher Energieeinsatz notwendig ist, wie dies etwa beim Betrieb einer Großküche der Fall ist.[26] Dessen Bestimmung wiederum lässt sich ebenso wie bei anderen vergaberechtlichen Wesentlichkeitsregelungen[27] anhand des Auftragswerts vornehmen. Es erscheint vor dem Hintergrund der Ziele des europäischen Energieeffizienzrechts wie auch der vergaberechtlichen Verwendung des Wesentlichkeitsbegriffs sachangemessen, energieverbrauchsrelevante Dienstleistungen als solche Dienstleistungen zu qualifizieren, bei deren Erbringung auf die eingesetzte Energie mindestens 15 %[28] des Gesamtwerts iSv § 3 VgV entfällt, wobei es einer eindeutigen Zuordnung bedarf.[29] Ob dies der Fall ist, ist von der Vergabestelle vorab zu schätzen. Dies setzt notwendig voraus, dass sie Klarheit über die bei der Dienstleistungserbringung zu verwendenden Geräte und deren energetische Eigenschaften erlangt.

II. Abs. 2: Leistungsbeschreibung

11 Für energieverbrauchsrelevante Liefer- und Dienstleistungsverträge ergänzt § 67 Abs. 2 VgV die allgemeinen Anforderungen an die Leistungsbeschreibung nach § 121 GWB, § 31 VgV dahingehend, dass regelmäßig zwei zusätzliche Anforderungen im Hinblick auf die Energieeffizienz der zu beschaffenden bzw. der bei der Erbringung der zu beauftragenden Dienstleistung einzusetzenden Produkte als Mindestvoraussetzungen[30] zu stellen sind. Ausweislich der Begründung ist es „Ziel der Regelung ..., dass die öffentlichen Auftraggeber Produkte und Dienstleistungen beschaffen, die im Hinblick auf ihre Energieeffizienz die höchsten Leistungsniveaus (z. B. minimaler Energieverbrauch oder minimaler Verbrauch sonstiger Ressourcen) haben und zur höchsten Effizienzklasse gehören. Um dies zu erreichen, sollen zunächst auf der Ebene der Leistungsbeschreibung, soweit vorhanden, höchste Energieeffizienzklassen gefordert werden. Sollte es für die betreffende Produktgruppe noch keine Energieeffizienzklasse geben, sollen öffentliche Auftraggeber Anforderungen an das höchste Leistungsniveau an Energieeffizienz stellen. Es geht bei der Berücksichtigung der Energieeffizienz nicht um den Herstellungsprozess der Produkte, sondern allein um die Energieeffizienz bei deren Gebrauch."[31]

12 Wegen der Formulierung von § 67 Abs. 2 als Soll-Vorschrift kann von der grundsätzlichen Verpflichtung zur energieeffizienten Beschaffung in besonders gelagerten Einzelfällen,

---

[25] Dahingehend *Stockmann/Rusch* NZBau 2013, 71 (72).
[26] *Greb* in Ziekow VergR § 4 Rn. 22.
[27] Vgl. § 103 Abs. 3 GWB: 10 bzw. 15 %; § 108 GWB Inhouse-Schwelle: 20 %.
[28] Bereits für 10 % *Rusch* in Montag/Säcker Rn. 16, aufgrund Erforderlichkeitserwägungen hinsichtlich der Produktnutzung für die Dienstleistungserbringung.
[29] BKartA Bonn Beschl. v. 10.11.2014 – VK 2 – 89/14.
[30] *Zeiss* NZBau 2012, 201 (203); *Gaus* NZBau 2013, 401 (403).
[31] BR-Drs. 0345/11, 8.

deren Vorliegen im Vergabevermerk dargelegt werden muss,[32] abgewichen werden.[33] Dies ist etwa denkbar bei Produkten, die zwar bei der Nutzung besonders energieeffizient sind, bei denen die Lebenszykluskostenbetrachtung infolge einer besonders energieintensiven Herstellung bezogen auf die Gesamtenergiebilanz eine negative Bewertung nahe legt,[34] oder aus Gründen der Wahrung des Wettbewerbs oder beschränkter Haushaltsmittel.[35] Eine weitere Ausnahme kommt in Betracht, wenn die Ermittlung des höchsten Leistungsniveaus mangels (einen Vergleich zulassender, ggf. verwendungsspezifischer) Marktinformationen nicht ohne unvertretbaren Aufwand möglich ist und eine produktspezifische Energieeffizienzklassifizierung nicht besteht.[36]

Gemäß § 67 Abs. 2 Nr. 1 VgV soll grundsätzlich das höchste Leistungsniveau an Ener- **13** gieeffizienz in der Leistungsbeschreibung gefordert werden. Hinsichtlich des Begriffs der Energieeffizienz kann diesbezüglich auf die Legaldefinition in § 2 Nr. 7 EDL-G zurückgegriffen werden. Energieeffizienz ist danach „das Verhältnis von Ertrag an Leistung, Dienstleistungen, Waren oder Energie zum Energieeinsatz". Der Begriff des Leistungsniveaus findet jenseits von § 67 VgV und den Parallelvorschriften sowohl im Energieeffizienzrecht (Art. 9 Abs. 4 RL 2010/30/EU) als auch im Vergaberecht (Erw. 61, 92, Art. 31 Abs. 2 UAbs. 1 RL 2014/24/EU, § 19 Abs. 10 VgV) Verwendung. Er beschreibt den Grad der Erfüllung der vorgegebenen Anforderungen. Als höchstes Leistungsniveau ist damit die bestmögliche Erfüllung zu qualifizieren, wobei aus Gründen des Wettbewerbs nicht auf das am Markt vorhandene „allerhöchste" Leistungsniveau, sondern dasjenige einer Spitzengruppe entsprechender Produkte abzustellen ist.[37] Bezogen auf § 67 Abs. 2 Nr. 1 VgV bedeutet dies einen Energieeinsatz, der im Hinblick auf die nachgefragte Leistung minimal ist.[38] Damit dies in der Leistungsbeschreibung angemessen abgebildet werden kann, muss der öffentliche Auftraggeber vorab produktspezifisch den Stand der auf dem Markt vorhandenen Technik im Hinblick auf die Energieeffizienz ermitteln.[39]

§ 67 Abs. 2 Nr. 2 VgV sieht vor, dass die höchste Energieeffizienzklasse iSd EnVKV zu **14** fordern ist, soweit die Produkte entsprechend klassifiziert sind. Die EnVKV wiederum verweist deklaratorisch auf die Ökodesign-Verordnungen der Kommission,[40] die auf Grundlage der Ökodesign-Richtlinie 2009/125/EG[41] für eine Vielzahl von Produkten erlassen wurden.[42] Diese Verordnungen nehmen eine Energieeffizienzklasseneinteilung vor (z. T. A+++ bis G)[43] und normieren die relevanten Bewertungsparameter. Aus § 67 Abs. 2 Nr. 2 VgV folgt daher in jedem Falle die Verpflichtung der Vergabestelle, produktbezogen zu ermitteln, ob für den konkreten Beschaffungsgegenstand bzw. bei Dienstleistungen die für deren Erbringung notwendigen Geräte eine Ökodesign-Klassifizierung erfolgt ist. Bejahendenfalls ist sodann auf Grundlage der jeweiligen Klassifizierung regelmäßig die höchste Stufe in die Leistungsbeschreibung als Mindestvoraussetzung aufzunehmen.

---

[32] *Fandrey* in KKMPP VgV Rn. 12; *Haak* NZBau 2015, 11 (16).
[33] BR-Drs. 345/11, 8; *Schröder* in Müller-Wrede, VgV/UVgO, § 67 VgV Rn. 20; *Willenbruch* in Willenbruch/Wieddekind VergR Rn. 7; siehe auch ausführlich *Rusch* in Montag/Säcker Rn. 30 ff.
[34] *Fandrey* in KKMPP VgV Rn. 12.
[35] *Zeiss* NZBau 2012, 201 (203).
[36] Vgl. auch *Haak* NZBau 2015, 11 (15); als einzig denkbaren Ausnahmefall bezeichnen dies *Stockmann/ Rusch* NZBau 2013, 71 (75).
[37] Ähnlich *Rusch* in Montag/Säcker Rn. 21; *Stockmann/Rusch* NZBau 2013, 71 (73).
[38] *Fandrey* in KKMPP VgV Rn. 9; *Greb* in Ziekow VergR § 4 Rn. 26.
[39] *Schröder* in Müller-Wrede, VgV/UVgO, § 67 VgV Rn. 22; *Zeiss* NZBau 2012, 201 (203); *Haak* NZBau 2015, 11 (15); näher dazu und die damit verbundenen Gefahren für eine diskriminierungsfreie und wettbewerbskonforme Durchführung des Vergabeverfahrens *Rusch* in Montag/Säcker Rn. 24 ff.; *Gaus* NZBau 2013, 401 (403 f.); *Stockmann/Rusch* NZBau 2013, 71 (73 f.).
[40] Siehe dazu die Übersicht unter https://ec.europa.eu/energy/sites/ener/files/documents/list_of_ecodesign_measures.pdf.
[41] ABl. 2009 L 285,10; geändert durch Richtlinie 2012/27/EU des Europäischen Parlaments und des Rates vom 25.10.2012, ABl. 2012 L 315,1.
[42] Siehe dazu *Dietrich/Akkerman* ZUR 2013, 274; darüber hinaus *Tölle* Der Rechtsrahmen für den Erlass von Ökodesign-Anforderungen, 2016.
[43] Kritisch diesbezüglich *Nusser/Reintjes* EuZW 2012, 446 (450).

15   § 67 Abs. 2 Nr. 1 und 2 VgV stehen nicht in einem Alternativ-, sondern ausweislich der Formulierung („und") in einem Kumulativverhältnis.[44] Auch soweit Energieeffizienzklassen für Produkte bestehen, ist der öffentliche Auftraggeber gemäß Nr. 1 gehalten, bei Vorgabe einer unteren Energieeffizienzklasse nach Nr. 2 als Mindesterfordernis die Erfüllung höherer Anforderungen im Rahmen der Bewertungsmatrix zu honorieren. Gleiches gilt, sofern die Erfüllung der höchsten Energieeffizienzklasse vorgegeben wird, für eine Übererfüllung der zu deren Erhalt führenden Anforderungen.

16   Eine Sperrwirkung gegenüber einer Aufnahme weiterer energieeffizienzbezogener Anforderungen in die Leistungsbeschreibung entfaltet § 67 Abs. 2 VgV nicht,[45] soweit dadurch nicht die Vorgaben der Nr. 1 und 2 konterkariert werden. Den Maßstab für derartige Anforderungen bilden die allgemeinen Bestimmungen über die Leistungsbeschreibung, insbesondere im Hinblick auf die Zulässigkeit ökologischer Aspekte.

III. Abs. 3 und 4: Informationen

17   Unabhängig von der aus § 67 Abs. 2 VgV folgenden Pflicht öffentlicher Auftraggeber, bei energieverbrauchsrelevanten Produkten oder Dienstleistungen grundsätzlich solche mit dem höchsten Energieeffizienzniveau zu beschaffen und dies in der Leistungsbeschreibung vorzugeben, schafft § 67 Abs. 3 und 4 VgV die Grundlage für eine hinsichtlich der Energieeffizienz informierte Bewertung von Angeboten.[46] Die Regelungen tragen dem Umstand Rechnung, dass bei der vor einer Ausschreibung wegen § 67 Abs. 2 VgV notwendigen Markterkundung iSv § 28 VgV[47] zwar ein Überblick über das energetische Leistungsniveau der zu beschaffenden Produkte oder Dienstleistungen gewonnen wird, nicht aber notwendigerweise produktspezifische Erkenntnisse im Detail.

18   § 67 Abs. 3 VgV sieht verpflichtend die Anforderung energieverbrauchsbezogener Informationen in der Leistungsbeschreibung oder den sonstigen Vergabeunterlagen iSv § 29 VgV vor. Ein Ermessen besteht diesbezüglich nicht,[48] so dass für Erwägungen hinsichtlich ihrer Verzichtbarkeit[49] jenseits der im Normtext explizit vorgesehenen Ausnahme kein Raum ist. Dies gilt auch im Hinblick auf eine etwaige – und kaum eindeutig zu bestimmende – Unzumutbarkeit für die Bieter.[50] Damit ist zugleich die Erteilung der angeforderten Informationen zwingender Bestandteil des Angebots, das mithin ohne diese unvollständig und wegen § 57 Abs. 1 iVm § 53 Abs. 7 S. 2, § 56 Abs. 3 VgV auszuschließen ist.

19   Die anzufordernden Informationen betreffen nach § 67 Abs. 3 Nr. 1 VgV konkrete Angaben zum Energieverbrauch. Im Hinblick auf ihre Formulierung sowie Sinn und Zweck erfasst die Vorschrift ausschließlich solche energieverbrauchsrelevanten Produkte oder Dienstleistungen, die nicht nur mittelbar energieverbrauchsrelevant sind, sondern bei ihrer Nutzung bzw. Erbringung unmittelbar mit einem Energieverbrauch einhergehen.[51] Um eine Vergleichbarkeit der Informationen über den Energieverbrauch in verschiedenen Angeboten zu gewährleisten, muss der öffentliche Auftraggeber eine Bezugsgröße (zB Nutzungsprofil einer Maschine, Erreichung einer bestimmten Leistung) festlegen. Diese sollte sich bei zu beschaffenden Produkten an der vorgesehenen Verwendungsart orientieren.[52] Bei Dienstleistungen ist es als genügend anzusehen, auf den (prognostizierten) Energieein-

---

[44] AA *Rusch* in Montag/Säcker Rn. 29; *Schröder* in Müller-Wrede, VgV/UVgO, § 67 VgV Rn. 24.

[45] BR-Drs. 87/16, 220; *Fandrey* in KKMPP VgV Rn. 8.

[46] *Greb* in Ziekow VergR § 4 Rn. 29.

[47] *Willenbruch* in Willenbruch/Wieddekind VergR Rn. 8.

[48] BR-Drs. 87/16, 220; *Schröder* in Müller-Wrede, VgV/UVgO, § 67 VgV Rn. 29.

[49] Mit rechtspolitisch durchaus überzeugender Argumentation *Fandrey* in KKMPP VgV Rn. 16.

[50] So aber *Rusch* in Montag/Säcker Rn. 45.

[51] *Fandrey* in KKMPP VgV Rn. 14f.; aA *Rusch* in Montag/Säcker Rn. 42ff.; *Willenbruch* in Willenbruch/Wieddekind VergR Rn. 8.

[52] *Fandrey* in KKMPP VgV Rn. 14; *Schröder* in Müller-Wrede, VgV/UVgO, § 67 VgV Rn. 33; *Greb* in Ziekow VergR § 4 Rn. 21.

satz bei deren Erbringung durch den jeweiligen Bieter gemäß dessen Verwendung abzustellen. Allerdings bleibt es dem öffentlichen Auftraggeber unbenommen, sich hinsichtlich der Informationen auf Herstellerangaben und damit – ungeachtet der damit einhergehenden Unsicherheiten – auf „Laborwerte" zu beschränken.

Ein Verzicht auf die Anforderungen der Energieverbrauchsinformationen ist nur dann **20** gestattet, wenn die auf dem Markt angebotenen Waren, technischen Geräte oder Ausrüstungen sich im zulässigen Energieverbrauch nur geringfügig unterscheiden. Nach dem Wortlaut ist dabei nicht an den tatsächlichen, sondern an den zulässigen Energieverbrauch anzuknüpfen. Damit wird letztlich auf eine normative Wertung verwiesen, die produktspezifisch teilweise in einigen (wenigen) Ökodesign-Verordnungen vorgenommen wird,[53] im Übrigen aber keinen Anknüpfungspunkt findet. Es erscheint jedoch fraglich, ob eine derartige Interpretation dem Willen des Verordnungsgebers entspricht, da auch, soweit eine entsprechende Normierung erfolgt, keine „Minimalverbrauchswerte" vorgegeben werden, so dass die Bezugnahme auf die nur geringfügige Unterscheidung der marktgängigen Produkte hinsichtlich des zulässigen Energieverbrauchs die Regelung letztlich leerlaufen lässt. Es ist daher davon auszugehen, dass die Bezugnahme auf den „zulässigen" Energieverbrauch ein redaktionelles Versehen ist.[54] Stattdessen kann und muss im Hinblick auf Sinn und Zweck der Vorschrift auf den tatsächlichen bzw. im Labor ermittelten Energieverbrauch der auf dem Markt verfügbaren Produkte abgestellt werden. Weicht dieser nur geringfügig voneinander ab, was bis zu einer Schwelle von 10 % anzunehmen ist,[55] besteht in der Sache kein Anlass zur Einholung der verbrauchsbezogenen Informationen, sofern sich diese nicht infolge der Ausgestaltung eines innerhalb des Spielraums liegenden Höchstverbrauchswerts als Mindestanforderungen oder im Rahmen der Wirtschaftlichkeitsbewertung auf die Angebotswertung auswirken können.[56] Der öffentliche Auftraggeber verfügt diesbezüglich jedoch über ein Ermessen.

In geeigneten Fällen hat der öffentliche Auftraggeber zudem gemäß § 67 Abs. 3 Nr. 2 **21** VgV eine Analyse minimierter Lebenszykluskosten (lit. a) oder die Ergebnisse einer vergleichbaren Methode zur Überprüfung der Wirtschaftlichkeit (lit. b) anzufordern. Geeignete Fälle liegen dann vor, wenn langlebige Produkte mit höheren Anschaffungskosten[57] bestimmungsgemäß so eingesetzt werden, dass ihr Energieverbrauch[58] variiert (z.B. eine Klimaanlage mit verschiedenen Stufen, Computer je nach Nutzungsart), so dass eine Analyse der tatsächlich anfallenden Kosten sinnvoll ist.[59] Soweit § 67 Abs. 3 Nr. 2 VgV zur Anwendung kommt, sind die Bieter verpflichtet, den durch das Produkt während seiner gesamten Nutzungsdauer verursachten Energieverbrauch (in den einzelnen Betriebsmodi wie auch im typischen Nutzungsmix), darzustellen.[60] Hinsichtlich der Berechnung der Lebenszykluskosten (lit. a) gilt § 58 VgV; alternative Berechnungsmethoden sind grundsätzlich zulässig (lit. b).

§ 67 Abs. 4 VgV ermächtigt den öffentlichen Auftraggeber explizit zur Überprüfung **22** energieverbrauchsbezogener Informationen der Bieter und zur Anforderung ergänzender

---

[53] Vgl. etwa Anhang II der Verordnung (EU) Nr. 617/2013 der Kommission vom 26.6.2013 zur Durchführung der Richtlinie 2009/125/EG des Europäischen Parlaments und des Rates im Hinblick auf die Festlegung von Anforderungen an die umweltgerechte Gestaltung von Computern und Computerservern, ABl. 2013 L 175, 13.

[54] Dies gilt umso mehr, als die Verordnungsbegründung, BR-Drs. 87/16, 220, unzutreffend konstatiert, dass § 67 Abs. 3 VgV „dem Wortlaut des § 4 Abs. 6 der bisherigen VgV" entspreche.

[55] Ebenso *Rusch* in Montag/Säcker Rn. 44; bis 15% *Schröder* in Müller-Wrede, VgV/UVgO, § 67 VgV Rn. 35; bis 20% *Fandrey* in KKMPP VgV Rn. 15.

[56] *Fandrey* in KKMPP VgV Rn. 16.

[57] Vgl. zu § 7 Abs. 4 SektVO (2009) BR-Drs. 522/09, 44.

[58] Ablehnend in Bezug auf energieverbrauchsrelevante Produkte ohne eigenen Energieverbrauch *Willenbruch/Nullmeier*, Energieeffizienz und Umweltschutz bei der Vergabe öffentlicher Aufträge, S. 24.

[59] *Greb* in Ziekow VergR § 4 Rn. 30.

[60] *Willenbruch/Nullmeier* Energieeffizienz und Umweltschutz bei der Vergabe öffentlicher Aufträge, S. 24 f.; *Haak* NZBau 2015, 11 (16); *Zeiss* NZBau 2012, 201 (202); ausführlich *ders.* NZBau 2011, 658 (660 f.); ablehnend *Rusch* in Montag/Säcker Rn. 48 ff.

Erläuterungen. Hinsichtlich der Überprüfbarkeit der Informationen normiert die Vorschrift bereichsspezifisch eine vergaberechtliche Selbstverständlichkeit.[61] Die Anforderung ergänzender Unterlagen setzt einen Erläuterungsbedarf voraus. Keine ausdrücklichen normativen Einschränkungen bestehen hinsichtlich seiner Grundlage. Unproblematisch ist diesbezüglich der Fall, dass der öffentliche Auftraggeber einen weitergehenden Informations- oder Aufklärungsbedarf erkannt hat. Zur Erläuterung ist dem Bieter eine angemessene Frist einzuräumen.[62] Ob dagegen auch die unzureichende Qualität oder die Unvollständigkeit der übermittelten Informationen das Erläuterungsbegehren zu begründen vermögen, erscheint vor dem Hintergrund von § 56 Abs. 3 VgV jedenfalls insoweit zweifelhaft, als die betreffenden Informationen nach § 67 Abs. 5 VgV als zuschlagsrelevant zu qualifizieren sind. Jedenfalls darf dem Bieter in keinem Fall ermöglicht werden, mittels der Erläuterung seine Wettbewerbsposition nachträglich zu verbessern.

IV. Abs. 5: Energieeffizienz als Zuschlagskriterium

23   Ergänzend zu § 127 GWB und § 57 VgV bestimmt § 67 Abs. 5 VgV, dass die Energieeffizienz bei der Angebotswertung als Zuschlagskriterium angemessen zu berücksichtigen sei. Der Wortlaut der Vorschrift wie auch ihre Begründung[63] sprechen dafür, ihr eine Verpflichtung zur Aufnahme von konkreten[64] Energieeffizienzkriterien in die Bewertungsmatrix zu entnehmen.[65] In Betracht kommt dabei auch eine Berücksichtigung im Rahmen der Lebenszykluskosten.[66] Dies gilt mit der einzigen[67] Ausnahme, dass bereits im Rahmen der Leistungsbeschreibung das auf dem Markt verfügbare höchste Leistungsniveau als Mindestanforderung vorgegeben wurde und es innerhalb dessen keine nennenswerten Unterschiede gibt, so dass auch die Information nach § 67 Abs. 3 Nr. 1 VgV unterbleiben kann.[68] In diesem Falle wäre die Aufnahme von Energieeffizienzanforderungen nicht geeignet, eine differenzierende Bewertung der Angebote zu ermöglichen und kann daher nach Sinn und Zweck der Vorschrift unterbleiben. Hierfür spricht auch, dass Art. 6 Abs. 1 UAbs. 1 RL 2012/27/EU nur eine allgemeine Verpflichtung (und auch diese nur für Zentralregierungen) zur Beschaffung von Produkten und Leistungen mit hoher Energieeffizienz enthält, nicht aber Aussagen zur vergaberechtlichen Verortung der Anforderungen aufstellt.

24   Die Gewichtung der Energieeffizienz im Verhältnis zu Preis und anderen zulässigen Wertungskriterien in der Bewertungsmatrix ist vom öffentlichen Auftraggeber einzelfallspezifisch festzulegen. Der Begriff der Angemessenheit bringt insoweit einen Beurteilungsspielraum zum Ausdruck.[69] Wenngleich die Formulierung im Entwurf des § 4 Abs. 6 VgV a. F., wonach „Energieeffizienz als hoch gewichtetes Zuschlagskriterium zu berücksichtigen" sei, weder 2011 noch 2016 Eingang in den Normtext gefunden hat,[70] trägt eine extrem geringe Gewichtung der Energieeffizienz dem Ziel des § 67 VgV nur unzureichend Rechnung. Letztlich ist die Angemessenheit mit Blick auf die Energieverbrauchsrelevanz

---

[61] Vgl. EuGH Urt. v. 4.12.2003 – C-448/01, Slg. 2003, I-14527 Rn. 50 ff. – Wienstrom; siehe auch *Rusch* in Montag/Säcker Rn. 51; *Schröder* in Müller-Wrede, VgV/UVgO, § 67 VgV Rn. 42.

[62] *Fandrey* in KKMPP VgV Rn. 18.

[63] BR-Drs. 87/16, 220; entsprechend auch schon BR-Drs. 345/11, 9.

[64] OLG Düsseldorf Beschl. v. 19.6.2013 – VII-Verg 4/13, NZBau 2013, 720 (724); vgl. auch *Gabriel/Weiner* REE 2011, 213 (214); *Haak* NZBau 2015, 11 (16).

[65] So i. E. *Rusch* in Montag/Säcker Rn. 52; *Greb* in Ziekow VergR § 4 Rn. 32; *Zeiss* NZBau 2012, 201 (203); aA *Fandrey* in KKMPP VgV Rn. 19; *Krohn* NZBau 2013, 79 (85).

[66] *Fandrey* in KKMPP VgV Rn. 20.

[67] A. A. wohl *Schröder* in Müller-Wrede, VgV/UVgO, § 67 VgV Rn. 49 ff.

[68] *Rusch* in Montag/Säcker Rn. 52; *Stockmann/Rusch* NZBau 2013, 71 (76); dahingehend auch *Krohn* NZBau 2013, 79 (85).

[69] BR-Drs. 87/16, 220; *Rusch* in Montag/Säcker Rn. 54; *Willenbruch* in Willenbruch/Wieddekind VergR Rn. 10.

[70] Für eine diesbezügliche Abstufung daher auch *Stockmann/Rusch* NZBau 2013, 71 (76).

der zu beschaffenden Produkte oder Dienstleistungen zu bestimmen.[71] Gewichtungen von weniger als 10%, bezogen auf den energieverbrauchsrelevanten Gegenstand[72] sind daher zumindest besonders rechtfertigungsbedürftig. Zudem dürfen „weitere funktionale und qualitative Anforderungen an das Produkt … nicht in den Hintergrund treten, wenn der Auftraggeber diese für wichtig hält."[73]

---

[71] *Zeiss* NZBau 2012, 201 (203 f.).

[72] *Rusch* in Montag/Säcker Rn. 57; *Stockmann/Rusch* NZBau 2013, 71 (77). Nicht beanstandet hat OLG Düsseldorf, Beschl. v. 19.6.2013 – VII-Verg 4/13, NZBau 2013, 720 (724), daher in Bezug auf Rettungsdienstleistungen eine Gewichtung von (insgesamt) 6%.

[73] BR-Drs. 345/11, 9.

§ 68 Beschaffung von Straßenfahrzeugen

(1) Der öffentliche Auftraggeber muss bei der Beschaffung von Straßenfahrzeugen Energieverbrauch und Umweltauswirkungen berücksichtigen. Zumindest müssen hierbei folgende Faktoren, jeweils bezogen auf die Gesamtkilometerleistung des Straßenfahrzeugs im Sinne der Tabelle 3 der Anlage 2, berücksichtigt werden:

1. Energieverbrauch,
2. Kohlendioxid-Emissionen,
3. Emissionen von Stickoxiden,
4. Emissionen von Nichtmethan-Kohlenwasserstoffen und
5. partikelförmige Abgasbestandteile.

(2) Der öffentliche Auftraggeber erfüllt die Verpflichtung nach Absatz 1 zur Berücksichtigung des Energieverbrauchs und der Umweltauswirkungen, indem er

1. Vorgaben zu Energieverbrauch und Umweltauswirkungen in der Leistungsbeschreibung macht oder
2. den Energieverbrauch und die Umweltauswirkungen von Straßenfahrzeugen als Zuschlagskriterien berücksichtigt.

(3) Sollen der Energieverbrauch und die Umweltauswirkungen von Straßenfahrzeugen finanziell bewertet werden, ist die in Anlage 3 definierte Methode anzuwenden. Soweit die Angaben in Anlage 2 dem öffentlichen Auftraggeber einen Spielraum bei der Beurteilung des Energiegehaltes oder der Emissionskosten einräumen, nutzt der öffentliche Auftraggeber diesen Spielraum entsprechend den lokalen Bedingungen am Einsatzort des Fahrzeugs.

(4) Von der Anwendung der Absätze 1 bis 3 sind Straßenfahrzeuge ausgenommen, die für den Einsatz im Rahmen des hoheitlichen Auftrags der Streitkräfte, des Katastrophenschutzes, der Feuerwehren und der Polizeien des Bundes und der Länder konstruiert und gebaut sind (Einsatzfahrzeuge). Bei der Beschaffung von Einsatzfahrzeugen werden die Anforderungen nach den Absätzen 1 bis 3 berücksichtigt, soweit es der Stand der Technik zulässt und hierdurch die Einsatzfähigkeit der Einsatzfahrzeuge zur Erfüllung des in Satz 1 genannten hoheitlichen Auftrags nicht beeinträchtigt wird.

Anlage 2 (zu § 68 Absatz 1 und 3)

Daten zur Berechnung der über die Lebensdauer von Straßenfahrzeugen anfallenden externen Kosten
(BGBl. I 2016, 655)

Tabelle 1 Energiegehalt von Kraftstoffen

Kraftstoff	Energiegehalt in Megajoule (MJ)/Liter bzw. Megajoule (MJ)/Normkubikmeter (Nm³)
Dieselkraftstoff	36 MJ/Liter
Ottokraftstoff	32 MJ/Liter
Erdgas	33–38 MJ/Nm³
Flüssiggas (LPG)	24 MJ/Liter
Ethanol	21 MJ/Liter
Biodiesel	33 MJ/Liter
Emulsionskraftstoff	32 MJ/Liter
Wasserstoff	11 MJ/Nm³

Knauff

Tabelle 2 Emissionskosten im Straßenverkehr (Preise von 2007)

Kohlendioxid (CO_2)	Stickoxide (NOx)	Nichtmethan-Kohlenwasserstoffe	Partikelförmige Abgasbestandteile
0,03–0,04 EUR/kg	0,0044 EUR/g	0,001 EUR/g	0,087 EUR/g

Tabelle 3 Gesamtkilometerleistung von Straßenfahrzeugen

Fahrzeugklasse (Kategorien M und N gemäß der Richtlinie 2007/46/EG)	Gesamtkilometerleistung
Personenkraftwagen (M_1)	200.000 km
Leichte Nutzfahrzeuge (N_1)	250.000 km
Schwere Nutzfahrzeuge (N_2, N_3)	1.000.000 km
Busse (M_2, M_3)	800.000 km

Anlage 3 (zu § 68 Absatz 3)
Methode zur Berechnung der über die Lebensdauer von Straßenfahrzeugen anfallenden Betriebskosten
(BGBl. I 2016, 656)

1. Für die Zwecke von § 68 werden die über die Lebensdauer eines Straßenfahrzeugs durch dessen Betrieb verursachten Energieverbrauchs- und Emissionskosten (Betriebskosten) nach der im Folgenden beschriebenen Methode finanziell bewertet und berechnet:
   a) Die Energieverbrauchskosten, die für den Betrieb eines Straßenfahrzeugs über dessen Lebensdauer anfallen, werden wie folgt berechnet:
      aa) Der Kraftstoffverbrauch je Kilometer eines Straßenfahrzeugs gemäß Nummer 2 wird in Energieverbrauch je Kilometer (Megajoule/Kilometer, MJ/km) gerechnet. Soweit der Kraftstoffverbrauch in anderen Einheiten angegeben ist, wird er nach den Umrechnungsfaktoren in Tabelle 1 der Anlage 2 in MJ/km umgerechnet.
      bb) Je Energieeinheit muss im Rahmen der Angebotswertung ein finanzieller Wert festgesetzt werden (EUR/MJ). Dieser finanzielle Wert wird nach einem Vergleich der Kosten je Energieeinheit von Ottokraftstoff oder Dieselkraftstoff vor Steuern bestimmt. Der jeweils günstigere Kraftstoff bestimmt den in der Angebotswertung zu berücksichtigenden finanziellen Wert je Energieeinheit (EUR/MJ).
      cc) Zur Berechnung der Energieverbrauchskosten, die für den Betrieb eines Straßenfahrzeugs über dessen Lebensdauer anfallen, werden die Gesamtkilometerleistung gemäß Nummer 3 (gegebenenfalls unter Berücksichtigung der bereits erbrachten Kilometerleistung), der Energieverbrauch je Kilometer (MJ/km) gemäß Doppelbuchstabe aa und die Kosten in Euro je Energieeinheit (EUR/MJ) gemäß Doppelbuchstabe bb miteinander multipliziert.
   b) Zur Berechnung der Kohlendioxid-Emissionen, die für den Betrieb eines Straßenfahrzeugs über dessen Lebensdauer anfallen, werden die Gesamtkilometerleistung gemäß Nummer 3 (gegebenenfalls unter Berücksichtigung der bereits erbrachten Kilometerleistung), die Kohlendioxid-Emissionen in Kilogramm je Kilometer (kg/km) gemäß Nummer 2 und die Emissionskosten je Kilogramm (EUR/kg) gemäß Tabelle 2 der Anlage 2 miteinander multipliziert.
   c) Zur Berechnung der in Tabelle 2 der Anlage 2 aufgeführten Kosten für Schadstoffemissionen, die für den Betrieb eines Straßenfahrzeugs über dessen Lebensdauer an-

fallen, werden die Kosten für Emissionen von Stickoxiden, Nichtmethan-Kohlenwasserstoffen und partikelförmigen Abgasbestandteilen addiert. Zur Berechnung der
über die Lebensdauer anfallenden Kosten für jeden einzelnen Schadstoff werden die
Gesamtkilometerleistung gemäß Nummer 3 (gegebenenfalls unter Berücksichtigung
der bereits erbrachten Kilometerleistung), die Emissionen in Gramm je Kilometer
(g/km) gemäß Nummer 2 und die jeweiligen Kosten je Gramm (EUR/g) miteinander multipliziert.

   d) Auftraggeber dürfen bei der Berechnung der Emissionskosten nach den Buchstaben b
und c höhere Werte zugrunde legen als diejenigen, die in Tabelle 2 der Anlage 2 angegeben sind, sofern die Werte in Tabelle 2 der Anlage 2 um nicht mehr als das Doppelte überschritten werden.

2. Die Werte für den Kraftstoffverbrauch je Kilometer sowie für Kohlendioxid-Emissionen
und Schadstoffemissionen je Kilometer basieren auf den genormten gemeinschaftlichen
Testverfahren der Gemeinschaftsvorschriften über die Typgenehmigung. Für Straßenfahrzeuge, für die keine genormten gemeinschaftlichen Testverfahren bestehen, werden
zur Gewährleistung der Vergleichbarkeit verschiedener Angebote allgemein anerkannte
Testverfahren, die Ergebnisse von Prüfungen, die für den Auftraggeber durchgeführt
wurden, oder die Angaben des Herstellers herangezogen.

3. Die Gesamtkilometerleistung eines Fahrzeugs ist der Tabelle 3 der Anlage 2 zu entnehmen.

Übersicht

	Rn.		Rn.
A. Einführung	1	I. Abs. 1: Verpflichtung zur Berücksich-	
I. Literatur	1	tigung von Umweltauswirkungen bei	
II. Entstehungsgeschichte	2	der Straßenfahrzeugbeschaffung	7
III. Rechtliche Vorgaben im EU-Recht	3	II. Durchführungsvorgaben	13
B. Allgemeines	4	1. Abs. 2: Vorgaben für Energiever-	
I. Überblick und Normenkontext	4	brauch und Umweltauswirkungen	14
II. Bieterschützender Charakter	6	2. Abs. 3: Finanzielle Bewertung	22
C. Die einzelnen Anforderungen an die		III. Abs. 4: Ausnahmen für Einsatzfahr-	
Beschaffung von Straßenfahrzeugen	7	zeuge	27
		1. Gegenstand	28
		2. Rückausnahme	33

A. Einführung

I. Literatur

1   *Homann/Büdenbender*, Die Beschaffung von Straßenfahrzeugen nach neuem Vergaberecht, VergabeR 2012,
1; *Krohn*, Leistungsbeschreibung, in Gabriel/Krohn/Neun (Hrsg.) Handbuch des Vergaberechts, 2. Aufl.
2017, § 19; *Schröder*, „Grüne" Zuschlagskriterien. Die Lebenszykluskostenberechnung anhand von Energie-
effizienz- und Schadstoffkriterien am Beispiel der Beschaffung von Straßenfahrzeugen, NZBau 2014, 467;
Schrotz/Mayer, Verordnete Innovationsförderung – Neue Vorgaben für die öffentliche Kfz-Beschaffung,
KommJur 2011, 81; *Willenbruch/Nullmeier*, Energieeffizienz und Umweltschutz bei der Vergabe öffentlicher
Aufträge, 2012; *Zeiss*, Energieeffizienz in der Beschaffungspraxis, NZBau 2012, 201.

II. Entstehungsgeschichte

2   § 68 VgV steht in engem Zusammenhang mit den (Neu-)Regelungen in Bezug auf die
Berücksichtigung von Umweltaspekten bei der Beschaffung[1] in § 97 Abs. 3, § 127 Abs. 1
S. 4, § 128 Abs. 2 S. 3 GWB, § 31 Abs. 3 S. 1, § 58 Abs. 2 VgV und konkretisiert diese

---

[1] Allgemein dazu auf Grundlage des neuen Rechts *Burgi* NZBau 2015, 597; *Funk/Tomerius* KommJur
2016, 1 (47 ff.).

bereichsspezifisch. Der Regelungsgehalt von § 68 VgV entspricht nahezu vollständig demjenigen von § 4 Abs. 7 bis 10 VgV[2] in der Fassung der Vierten Verordnung zur Änderung der Verordnung über die Vergabe öffentlicher Aufträge.[3]

III. Rechtliche Vorgaben im EU-Recht

Die Vorschrift setzt die Richtlinie 2009/33/EG des Europäischen Parlaments und des 3 Rates vom 23.4.2009 über die Förderung sauberer und energieeffizienter Straßenfahrzeuge (ABl. 2009 L 120, 5) in nationales Recht um. Diese Richtlinie blieb von der EU-Vergaberechtsreform 2014 unberührt.

B. Allgemeines

I. Überblick und Normenkontext

§ 68 VgV regelt die Beschaffung von Straßenfahrzeugen durch öffentliche Auftraggeber. 4 Gegenüber § 67 VgV geht § 68 VgV als speziellere Vorschrift vor.[4]

Eine **Parallelregelung** zu § 68 VgV (ohne Abs. 4) enthält § 59 SektVO. KonzVgV, 5 VSVgV und UVgO thematisieren den Energieverbrauch bei Beschaffungen von Straßenfahrzeugen nicht. Gleiches gilt für die VOB/A, hinsichtlich der es allerdings bereits an einem regelungsgegenständlichen Bezugspunkt fehlt.

II. Bieterschützender Charakter

Ob § 68 VgV **bieterschützend** iSv § 97 Abs. 6 GWB ist, ist umstritten.[5] Dagegen 6 spricht, dass es sich um eine Vorschrift handelt, deren normativer Kerngehalt im Hinblick auf die europarechtlichen Vorgaben nicht vergabe- sondern energieeffizienzrechtlich ist. Gleichwohl handelt es sich um das Vergabeverfahren betreffende Bestimmungen, die sich von anderen bieterschützenden Verfahrensvorschriften nicht maßgeblich unterscheiden, so dass sie als bieterschützend zu qualifizieren sind. Dies gilt allerdings nicht für die Ausnahme nach § 68 Abs. 4 S. 1 VgV, die allein auf die uneingeschränkte Wahrung der Funktionsfähigkeit sicherheitsrelevanter staatlicher Stellen abzielt.

C. Die einzelnen Anforderungen an die Beschaffung von Straßenfahrzeugen

I. Abs 1: Verpflichtung zur Berücksichtigung von Umweltauswirkungen bei der Straßenfahrzeugbeschaffung

§ 68 Abs. 1 VgV statuiert eine uneingeschränkte **Verpflichtung** öffentlicher Auftragge- 7 ber zur Berücksichtigung von Energieverbrauch und Umweltauswirkungen bei der Be-

---

[2] BR-Drs. 87/16, 221.
[3] BGBl. 2011 I 1724.
[4] BR-Drs. 87/16, 221; *Fandrey* in KKMPP VgV Rn. 3; *Rusch* in Montag/Säcker Rn. 1; *Greb* in Ziekow VergR § 4 Rn. 35; *Homann/Büdenbender* VergabeR 2012, 1 (4 f.); *Schröder* NZBau 2014, 467; *Zeiss* NZBau 2012, 201 (204).
[5] Dafür *Rusch* in Montag/Säcker Rn. 35; *Schröder* in Müller-Wrede, VgV/UVgO, § 68 VgV Rn. 54 ff.; *Greb* in Ziekow VergR § 4 Rn. 36; *Krohn* in Gabriel/Krohn/Neun HdB VergR § 19 Rn. 118; *Willenbruch/Nullmeier* Energieeffizienz und Umweltschutz bei der Vergabe öffentlicher Aufträge, S. 65; dagegen *Fandrey* in KKMPP VgV Rn. 4.

schaffung von Straßenfahrzeugen und konkretisiert diese im Hinblick auf einige Faktoren näher. Das Leistungsbestimmungsrecht des Auftraggebers wird hierdurch beschränkt.[6]

8   Gegenstand der § 68 VgV unterfallenden Anforderungen sind **Straßenfahrzeuge.** Der Begriff umfasst bei der gebotenen europarechtskonformen Auslegung[7] gemäß Art. 4 Nr. 3 RL 2009/33/EG jedes „Fahrzeug, das einer der in Tabelle 3 des Anhangs genannten Fahrzeugklassen angehört." Die in Bezug genommene Tabelle benennt Personenkraftwagen (M_1), leichte Nutzfahrzeuge (N_1), schwere Nutzfahrzeuge (N_2, N_3) sowie Busse (M_2, M_3) und verweist auf die diesbezügliche Klassifizierung in Anhang II der Richtlinie 2007/46/EG des Europäischen Parlaments und des Rates vom 5.9.2007 zur Schaffung eines Rahmens für die Genehmigung von Kraftfahrzeugen und Kraftfahrzeuganhängern sowie von Systemen, Bauteilen und selbstständigen technischen Einheiten für diese Fahrzeuge (Rahmenrichtlinie).[8] Als Straßenfahrzeuge iSv § 68 VgV sind mithin nicht alle auf Straßen zu verwendenden Verkehrsmittel zu qualifizieren, sondern ausschließlich die den genannten Fahrzeugklassen angehörigen, ohne dass es darüber hinaus aber – vorbehaltlich § 68 Abs. 4 VgV – auf die konkret beabsichtigte Art und Weise ihrer Verwendung ankäme.[9] Die Fahrzeugklasse M umfasst verschiedene Ausprägungen von „[v]orwiegend für die Beförderung von Fahrgästen und deren Gepäck ausgelegte[n] und gebaute[n] Kraftfahrzeuge[n]." Der Fahrzeugklasse N unterfallen „[v]orwiegend für die Beförderung von Gütern ausgelegte und gebaute Kraftfahrzeuge." Der in beiden Fällen zentrale Begriff des Kraftfahrzeugs wird in Art. 3 Nr. 11 RL 2007/46/EG als „ein vollständiges, vervollständigtes oder unvollständiges Fahrzeug mit eigener Antriebsmaschine, mindestens vier Rädern und einer bauartbedingten Höchstgeschwindigkeit von mehr als 25 km/h", legaldefiniert. Nicht erfasst werden somit unmotorisierte Fahrzeuge, motorisierte zwei- und dreirädrige Fahrzeuge[10] sowie schienengebundene Verkehrsmittel, auch soweit sie zur Verwendung auf Straßen vorgesehen sind, etwa Straßenbahnen.[11] Bau- und sonstige Maschinen, die am Verkehr teilnehmen können, werden ebenfalls nicht erfasst, da ihre zentrale Funktion nicht in der Beförderung besteht. Im Ergebnis umfasst die Verpflichtung des § 68 VgV nahezu alle Fahrzeuge, die in der Praxis von öffentlichen Auftraggebern beschafft werden.

9   Der Begriff der **Beschaffung** ist ebenso wie auch sonst im Vergaberecht weit auszulegen und zielt auf die Erlangung der Verfügungsgewalt ab.[12] Neben dem – in Art. 3 Richtlinie 2009/33/EG ausschließlich genannten – Kauf der Fahrzeuge bezieht er auch deren Leasing oder Miete ein.[13] Gemäß § 103 Abs. 5 S. 2 GWB ist § 68 VgV auch bei der Vergabe von Rahmenvereinbarungen zu beachten, die sich auf Straßenfahrzeuge beziehen.

10   Mit der Vorgabe einer **Berücksichtigung von Energieverbrauch und Umweltauswirkungen** bei der Straßenfahrzeugbeschaffung bleibt § 68 Abs. 1 S. 1 und 2 VgV bei isolierter Betrachtung vage. Insbesondere besteht ein Wertungswiderspruch zwischen der unbedingten Verpflichtung („muss" bzw. „müssen") und dem bloßen Berücksichtigungsgebot. Dieser wird nur teilweise durch die konkretisierenden Vorgaben des § 68 Abs. 2 und 3 VgV aufgelöst.

11   Deutlicher wird § 68 Abs. 1 S. 2 VgV im Hinblick auf den Gegenstand der Berücksichtigungspflicht. Ohne abschließenden Charakter („zumindest") normiert die Vorschrift einige zwingend einzubeziehende **Faktoren.** Diese sind sämtlich auf die – bestimmungsgemäße und standardisierte – Nutzung des Fahrzeugs, nicht auf dessen Herstellung bezogen. § 68 VgV geht dabei ebenso wie die RL 2009/33/EG von deren finanzieller Bewertung

---

[6] Vgl. auch *Rusch* in Montag/Säcker Rn. 1; *Schröder* in Müller-Wrede, VgV/UVgO, § 68 VgV Rn. 11.
[7] Vgl. BR-Drs. 70/11, 22.
[8] ABl. 2007 L 263, 1; siehe auch die Umsetzung in Abschnitt 1 Anlage XXIX zur StVZO.
[9] *Fandrey* in KKMPP VgV Rn. 6.
[10] *Willenbruch/Nullmeier* Energieeffizienz und Umweltschutz bei der Vergabe öffentlicher Aufträge, S. 13.
[11] *Schröder* NZBau 2014, 467 (468).
[12] *Willenbruch/Nullmeier* Energieeffizienz und Umweltschutz bei der Vergabe öffentlicher Aufträge, S. 12.
[13] *Rusch* in Montag/Säcker Rn. 8; *Willenbruch* in Willenbruch/Wieddekind VergR Rn. 3; *Schrotz/Mayer* KommJur 2011, 81 (83).

aus, nicht von ihrer isolierten Betrachtung und Gewichtung. Diese ergibt sich für alle mindestens relevanten Faktoren (Nr. 1: Energieverbrauch, Nr. 2: Kohlendioxid-Emissionen, Nr. 3: Emissionen von Stickoxiden, Nr. 4: Emissionen von Nichtmethan-Kohlenwasserstoffen, Nr. 5: partikelförmige Abgasbestandteile) aus den Anlagen 2 und 3 zur VgV.[14] Diese Faktoren decken die Umweltauswirkungen von Straßenfahrzeugen nicht vollständig ab, erfassen aber die wesentlichen Aspekte. Die Einbeziehung weiterer Faktoren (z.B. Lärm,[15] Feinstaub aus Bremsabrieb) ist zulässig; eine Orientierung an den positivierten Methoden hinsichtlich der Bewertung empfiehlt sich.

Aus Gründen der Vergleichbarkeit und der Realitätsnähe sind diese Faktoren auf die **12** **Gesamtkilometerleistung** des zu beschaffenden Straßenfahrzeugs bezogen, die damit einen wesentlichen Maßstab bildet. Diese korrespondiert mit der voraussichtlichen Lebensdauer[16] und beträgt gemäß der Tabelle 3 der Anlage 2 je nach Fahrzeugklasse zwischen 200.000 km (M_1) und 1.000.000 km (N_2, N_3). Diese Werte sind bei Beschaffungen von neuen Straßenfahrzeugen, deren gesamte Lebensdauer noch bevorsteht, stets zugrunde zu legen. Sofern im Einzelfall gebrauchte Straßenfahrzeuge beschafft werden sollen und das GWB-Vergaberecht hierauf Anwendung findet, kann gemäß Anlage 3 die bereits erbrachte Kilometerleistung angerechnet werden. Der diesbezüglichen Formulierung („gegebenenfalls unter Berücksichtigung") lässt sich jedoch auch bei der Beschaffung von gebrauchten Fahrzeugen keine dahingehende Verpflichtung entnehmen, so dass die Berechnung alternativ unter Verwendung der „Neuwerte" erfolgen kann. In diesem Falle sind die bereits tatsächlich zurückgelegten Strecken nur insoweit relevant, als sie die verbleibende Lebensdauer des Fahrzeugs bzw. der Fahrzeuge verkürzen, was allerdings für eine auf die gesamte Lebensdauer bezogene energetische Bewertung unerheblich ist. Da sich Energieverbrauch und Emissionen eines Fahrzeugs über seine Lebensdauer hinweg (unter der Voraussetzung einer ordnungsgemäßen Wartung) nicht ändern, ist auch auf diesem Wege eine Vergleichbarkeit sichergestellt. Keinesfalls sind jedoch die aus Anlage 2 Tabelle 3 zu entnehmenden Werte den bereits zurückgelegten Strecken hinzuzurechnen, da dies mit einer normativ nicht vorgesehenen „Lebensdauerverlängerung" einhergehen würde, die sich negativ auf die Vergleichbarkeit der Angebote auszuwirken geeignet ist.

II. Durchführungsvorgaben

Die Realisierung der aus § 68 Abs. 1 VgV folgenden Verpflichtungen ist Gegenstand der **13** Vorgaben in Abs. 2 und 3 der Vorschrift. Die Regelungen betreffen sowohl die verfahrensrechtliche Verankerung als auch die anzulegenden Bewertungsmaßstäbe.

1. Abs. 2: Vorgaben für Energieverbrauch und Umweltauswirkungen

§ 68 Abs. 2 VgV normiert die verfahrensrechtlichen Anknüpfungspunkte für eine Be- **14** rücksichtigung des Energieverbrauchs und der Umweltauswirkungen bei der Beschaffung von Straßenfahrzeugen. Entsprechende Vorgaben können danach entweder in der Leistungsbeschreibung enthalten (Nr. 1) oder als Zuschlagskriterien berücksichtigt werden (Nr. 2). Die Vorschrift ist insoweit abschließend. Dies folgt nicht nur aus ihrem Wortlaut, sondern auch aus dem Umstand, dass weder die unternehmensbezogenen Eignungskriterien noch Ausführungsbedingungen geeignet sind, die Ziele des § 68 Abs. 1 VgV zu erreichen. Zugleich statuiert § 68 Abs. 2 VgV als Mindesterfordernis eine alternative[17] Zuordnung der betreffenden Anforderungen zur Leistungsbeschreibung oder Bewertungsmatrix. Nach Sinn und Zweck steht die Vorschrift jedoch auch einer kumulativen Verwendung

---

[14] Näher zur Berechnung → Rn. 24f.
[15] *Schröder* NZBau 2014, 467 (468).
[16] Vgl. Art. 5 Abs. 1, 2 RL 2009/33/EG.
[17] *Willenbruch* in Willenbruch/Wieddekind, VergR Rn. 1, 8.

nicht entgegen.[18] So können Mindestanforderungen als Teil der Leistungsbeschreibung aufgestellt und deren Übererfüllung zusätzlich im Rahmen der Zuschlagskriterien berücksichtigt werden.

15   **a) Leistungsbeschreibung.** Werden Vorgaben über Energieverbrauch und Umweltauswirkungen von zu beschaffenden Straßenfahrzeugen gemäß § 68 Abs. 2 Nr. 1 VgV in der Leistungsbeschreibung gemacht, handelt es sich bei diesen um **Mindestanforderungen.**[19] Angebote, die diese nicht erfüllen, sind vom Vergabewettbewerb auszuschließen, da sie mit einer unzulässigen Änderung der Vergabeunterlagen einhergehen.[20] Damit ist die Aufnahme von Anforderungen an Energieverbrauch und Umweltauswirkungen in die Leistungsbeschreibung zugleich der zielführendste Weg, um die Beschaffung von möglichst umweltfreundlichen Straßenfahrzeugen herbeizuführen.

16   Zum Inhalt der Vorgaben zu Energieverbrauch und Umweltauswirkungen in der Leistungsbeschreibung enthalten weder § 68 VgV noch die darauf bezogenen Anhänge wie auch die zugrundeliegende Richtlinie 2009/33/EG verbindliche Vorgaben. Ihre **Festlegung** erfolgt daher im jeweiligen Einzelfall durch den öffentlichen Auftraggeber und bildet damit einen Teil seines auftragsgegenständlichen Leistungsbestimmungsrechts.[21] Soweit in früheren Vergabeverfahren spezifische Vorgaben gemacht wurden, entfalten diese im Hinblick auf die Eigenständigkeit der Verfahren keine Bindungswirkung für zeitlich nachfolgende Beschaffungen.

17   Bei der Beschaffung neuer Straßenfahrzeuge bilden die jeweils maßgeblichen **Euro-Normen** im Hinblick auf die Erteilung der Typgenehmigung eine faktische Mindestanforderung an die Umweltfreundlichkeit von zu beschaffenden Kraftfahrzeugen, da diese nicht erfüllende Fahrzeuge nicht mehr zugelassen werden können.[22] Darüber hinaus steht es den Auftraggebern frei, die Erfüllung erst künftig verbindlicher Euro-Normen in der Leistungsbeschreibung vorzugeben. Dies hat jedoch regelmäßig vor dem Hintergrund langwieriger Anpassungsprozesse in der Automobilindustrie zur Folge, dass die Zahl der in Betracht kommenden Straßenfahrzeugmodelle geringer ausfällt. Sofern gebrauchte Straßenfahrzeuge beschafft werden, kann auch auf ältere Euro-Normen abgestellt werden. Dabei ist zu beachten, dass die Fahrzeuge umso älter und weniger umweltfreundlich sind, desto geringer die Nummer der in Bezug genommenen Euro-Norm ausfällt.

18   In Anbetracht des Umstands, dass sich in neuerer Zeit herausgestellt hat, dass allein die Erfüllung einer bestimmten Euro-Norm nur eine begrenzte Aussagekraft im Hinblick auf die tatsächliche Umweltfreundlichkeit von Kraftfahrzeugen im realen Betrieb hat, kann es öffentlichen Auftraggebern sinnvoll erscheinen, in der Leistungsbeschreibung anstelle oder zusätzlich zur Benennung einer bestimmten Euro-Norm **spezifische Vorgaben** zu Energieverbrauch und Umweltverträglichkeit in Bezug auf die in § 68 Abs. 1 VgV genannten Aspekte zu machen. § 68 Abs. 2 Nr. 1 VgV lässt dies grundsätzlich zu. Allerdings ist sicherzustellen, dass die tatsächliche Erfüllung derartiger Vorgaben vom Auftraggeber kontrolliert werden kann.[23] Anders als bei der Vorgabe von Euro-Normen lassen sich in diesem Fall die notwendigen Erkenntnisse nicht allein anhand der amtlichen Fahrzeugunterlagen gewinnen. Vielmehr bedarf es entsprechender Messungen, deren Methode eine Vergleichbarkeit der Ergebnisse sicherstellt. Der vergaberechtliche Transparenzgrundsatz erfordert zudem, dass derartige Messungen sowohl von den Vergabenachprüfungsinstanzen nachvollzogen als auch von den Anbietern durchgeführt werden können. Letzteres sowie eine Zurverfügungstellung der Messergebnisse kann zudem in der Leistungsbeschreibung gefordert wer-

---

[18] Vgl. BR-Drs. 70/11, 22; *Rusch* in Montag/Säcker Rn. 12; *Willenbruch/Nullmeier* Energieeffizienz und Umweltschutz bei der Vergabe öffentlicher Aufträge, S. 16; zu den europarechtlichen Hintergründen *Schrotz/Mayer* KommJur 2011, 81 (84).

[19] Vgl. auch *Rusch* in Montag/Säcker Rn. 12.

[20] Vgl. *Homann/Büdenbender* VergabeR 2012, 1 (5 f.).

[21] Vgl. auch *Schröder* in Müller-Wrede, VgV/UVgO, § 68 VgV Rn. 22.

[22] Siehe nur *Epiney/Heuck/Schleiss* in Dauses (Hrsg.) EU-Wirtschaftsrecht, Stand 6/2017, L Rn. 329 ff.

[23] EuGH Urt. v. 4.12.2003 – C-448/01, Slg. 2003, I-14527 Rn. 50 ff. – Wienstrom.

den, ohne dass dies die Verantwortlichkeit des öffentlichen Auftraggebers für die Beachtlichkeit der Vorgaben entfallen ließe.

b) Zuschlagskriterien. Sollen Energieverbrauch und Umweltverträglichkeit von Straßenfahrzeugen im Rahmen der Wertungskriterien berücksichtigt werden, sind sie notwendigerweise Bestandteil der **Bewertungsmatrix.** Dies ist gemäß § 68 Abs. 2 Nr. 2 VgV zwingend der Fall, sofern sich die Leistungsbeschreibung jeglicher diesbezüglicher Vorgaben enthält. 19

Nach Sinn und Zweck der Vorschrift liegt im Rahmen der Bewertungsmatrix eine starke **Gewichtung** von Energieverbrauch und Umweltverträglichkeit nahe. Dies zeigt insbesondere das in Erw. 11 Richtlinie 2009/33/EG genannte Ziel, dass „der Markt für saubere und energieeffiziente Straßenfahrzeuge belebt werden und insbesondere – da dies erhebliche Umweltauswirkungen hätte – der Markt für standardisierte Fahrzeuge, die in größerer Zahl hergestellt werden, wie PKW, Omnibusse, Reisebusse und LKW, beeinflusst werden [soll], indem ein Ausmaß an Nachfrage nach sauberen und energieeffizienten Straßenfahrzeugen geschaffen wird, das groß genug ist, die Fahrzeughersteller und den Industriezweig zu Investitionen und Weiterentwicklungen im Hinblick auf Fahrzeuge mit niedrigem Energieverbrauch und geringen CO_2- und Schadstoffemissionen zu bewegen." Dennoch verzichten sowohl die Richtlinie als auch ihre deutsche Umsetzung auf die Vorgabe einer Mindestgewichtung von Energieverbrauch und Umweltverträglichkeit in der Bewertungsmatrix. Vielmehr ist der öffentliche Auftraggeber frei darin, (auch bei Verzicht auf entsprechende Vorgaben in der Leistungsbeschreibung) die genannten Aspekte nur gering zu gewichten und ihnen damit de facto die Zuschlagsrelevanz zu nehmen.[24] 20

Des Weiteren geben weder § 68 VgV noch die Richtlinie 2009/33/EG zwingend vor, auf welche Art und Weise Energieverbrauch und Umweltverträglichkeit in die Bewertungsmatrix Eingang finden müssen. Zwar regeln sowohl das europäische wie auch daran anknüpfend das nationale Recht eine finanzielle Bewertung im Detail und legen eine solche daher besonders nahe. Eine entsprechende Verpflichtung statuieren sie jedoch nicht, wie auch der Wortlaut von § 68 Abs. 3 VgV („Sollen … finanziell bewertet werden") verdeutlicht.[25] Alternative **Bewertungsmöglichkeiten** sind daher rechtlich zulässig. In Betracht kommt dabei zunächst die Honorierung der Erfüllung von noch nicht verbindlichen Euro-Normen.[26] Doch auch unabhängig von diesen kann sich die Bewertung – unter der Voraussetzung ihrer Nachvollziehbarkeit und ihrer diskriminierungsfreien Verwendung – an Verbrauchs- und Emissionsschwellen orientieren, wobei die geringeren Werte zu einer besseren Bewertung führen müssen. Verbunden mit einer hohen Gewichtung gegenüber anderen Zuschlagskriterien in der Bewertungsmatrix ist ein derartiges Vorgehen in besonderer Weise geeignet, die Beschaffung besonders umweltfreundlicher Straßenfahrzeuge zu befördern. 21

2. Abs. 3: Finanzielle Bewertung

Für den Fall, dass Energieverbrauch und Umweltauswirkungen von Straßenfahrzeugen finanziell bewertet werden sollen, gibt § 68 Abs. 3 VgV iVm den Anlagen 2 und 3 eine Berechnungsmethode vor. Der **Anwendungsbereich** der Vorschrift ist damit in doppelter Weise begrenzt: Zum einen setzt sie voraus, dass Energieverbrauch und Umweltauswirkungen Gegenstand der Zuschlagskriterien sind. Sind sie dagegen nach § 68 Abs. 2 Nr. 1 VgV (nur) Bestandteil der Leistungsbeschreibung, findet keine Bewertung über die Übereinstimmung mit den Vorgaben der Ausschreibung hinaus statt. Soweit eine Berücksichtigung 22

---

[24] AA *Rusch* in Montag/Säcker Rn. 14; für eine Gewichtung mindestens i. H. v. 10% *Schröder* in Müller-Wrede, VgV/UVgO, § 68 VgV Rn. 25; kritisch im Hinblick auf die Umgehungsproblematik auch *Willenbruch/Nullmeier* Energieeffizienz und Umweltschutz bei der Vergabe öffentlicher Aufträge, S. 17; *Schrotz/Mayer* KommJur 2011, 81 (82 f.).

[25] Vgl. auch BR-Drs. 70/11, 23; *Homann/Büdenbender* VergabeR 2012, 1 (6).

[26] BR-Drs. 70/11, 22.

im Rahmen der Zuschlagskriterien gemäß § 68 Abs. 2 Nr. 2 VgV erfolgt, muss die Entscheidung des öffentlichen Auftraggebers gerade zugunsten einer finanziellen und keiner alternativen Bewertung von Energieverbrauch und Umweltauswirkungen der zu beschaffenden Straßenfahrzeuge gefallen sein.

23   Die in § 68 Abs. 3 VgV vorgesehene **Methode** ist von öffentlichen Auftraggebern **zwingend** anzuwenden, wenn der Anwendungsbereich der Vorschrift eröffnet ist.[27] Über Gestaltungsspielräume verfügen sie nur in dem durch § 68 Abs. 3 S. 2 VgV eröffneten Rahmen. Maßgeblich ist damit im Ausgangspunkt nach § 68 Abs. 3 S. 1 VgV die Anlage 3.

24   Die Anlage 3 beschreibt im Detail und aufgrund ihrer Spezialität vorrangig gegenüber § 53 VgV[28] das gebotene Vorgehen zur Bestimmung der Lebenszykluskosten unter Berücksichtigung von Energieverbrauch und Emissionen. Zur Verdeutlichung enthält die Begründung zur Verordnung zur Änderung der Vergabeverordnung sowie der Sektorenverordnung,[29] durch die die Regelung erstmalig eingeführt wurde, folgendes, auf den **Energieverbrauch** (Anlage 3a) eines zu beschaffenden neuen PKW (M_1, Gesamtkilometerleistung nach Anlage 2, Tabelle 3: 200.000 km; Verbrauch nach Herstellerangabe je 100 km: 6l Dieselkraftstoff) bezogenes Berechnungsbeispiel:[30]

---

aa) Umrechnung des Kraftstoffverbrauchs in MJ/Km (s. Anlage 2, Tabelle 1):
$$(l/km \times MJ/l = MJ/km)$$
$$6/100 \times 36/1 = 2,16 \ (MJ/km)$$
bb) Finanzieller Wert (jeweils günstigerer Kraftstoff [Otto- oder Dieselkraftstoff] vor Steuern pro km:
$$\text{Preis pro Liter: 0,65 EUR (beispielhafte Annahme):}$$
Der Preis/l entspricht dem Energiegehalt/l: 0,65 EUR/l entspricht 36 MJ/l
Da der finanzielle Wert in EUR/MJ auszudrücken ist, ist wie folgt zu rechnen:
$$0,65 \ EUR/36 \ MJ = 0,65 : 36 = 0,018 \ EUR/MJ \ (\text{Finanzieller Wert})$$
cc) Berechnung der über die Lebensdauer anfallenden Energiekosten:
$$(MJ/km \times EUR/MJ \times km = EUR)$$
$$2,16 \times 0,018 \times 200.000 = 7.776,00 \ EUR \ (\text{Energiekosten über die Lebensdauer})$$
Demnach betragen in diesem Beispiel die über die Lebensdauer anfallenden Energiekosten des beschafften PKW 7.776,00 EUR.

Ob diese Methode sachlich angemessen ist, lässt sich durchaus hinterfragen.[31] An ihrer Verbindlichkeit ändert dies jedoch nichts. Hinsichtlich der veränderlichen Kraftstoffpreise muss der öffentliche Auftraggeber entweder einen der Berechnung zugrunde zu legenden Preis in den Vergabeunterlagen angeben, wobei im Hinblick auf die Vergabegrundsätze des fairen Wettbewerbs und der Nichtdiskriminierung wie auch der Ermittlung der tatsächlichen Kosten ein realistischer Wert zu wählen ist, oder darin auf den Börsenpreis zu einem bestimmten Zeitpunkt abstellen.[32] Beide Vorgehensweisen bleiben ohne Auswirkung auf den Vergabewettbewerb, da nach Anlage 3 Nr. 1a) bb) S. 3 der jeweils günstigere Kraftstoff den in der Angebotswertung zu berücksichtigenden finanziellen Wert je Energieeinheit bestimmt.

25   In Bezug auf die **Emissionskosten** lässt sich der Anlage 3 Nr. 1b) bis d) das gebotene Vorgehen entnehmen. Zu beachten ist, dass es nach lit. d) im Ermessen des Auftraggebers steht, die in Anlage 2 Tabelle 2 enthaltenen Werte, welche die Emissionskosten aus dem

---

[27] *Homann/Büdenbender* VergabeR 2012, 1 (6 f.).
[28] *Willenbruch* in Willenbruch/Wieddekind, VergR Rn. 9.
[29] BGBl. 2011 I 800.
[30] BR-Drs. 70/11, 23 f.; weitere Beispiele bei *Willenbruch/Nullmeier* Energieeffizienz und Umweltschutz bei der Vergabe öffentlicher Aufträge, S. 21 ff.; *Homann/Büdenbender* VergabeR 2012, 1 (7 f.); *Schröder* NZBau 2014, 467 (469 ff.).
[31] Siehe die ausführliche Kritik bei *Fandrey* in KKMPP VgV Rn. 28 ff.
[32] *Fandrey* in KKMPP VgV Rn. 25.

Jahr 2007 wiedergeben, bis zum Zweifachen erhöht, nicht aber reduziert werden können. Dies muss gleichmäßig und transparent[33] geschehen und ist insoweit grundsätzlich wettbewerbsneutral. Bei der Ermessensausübung sind nach § 68 Abs. 3 S. 2 VgV vor allem die lokalen Bedingungen am Einsatzort des Fahrzeugs relevant. Mangels wesentlicher klimatischer Unterschiede zwischen den Regionen innerhalb Deutschlands spielen dabei insbesondere Topographie und Verkehrssituation eine Rolle, die sich de facto durchaus erheblich auf die Betriebskosten und Umweltverträglichkeit auswirken können. Auf dieser Grundlage kann sich in Bezug auf das vorstehende Beispiel Folgendes ergeben:

1. CO_2 gemäß Anlage 3 Nr. 1b):
Gesamtkilometerleistung × Emissionen gemäß Typgenehmigung (kg/km) x Emissionskosten (EUR/kg) = CO_2-Kosten (EUR)
$200.000 \times 0,159^{34} \times 0,04^{35} = 1.272$ EUR
2. sonstige Emissionen gemäß Anlage 3 Nr. 1c):
aa) Einzelwerte für NO_x-, Nichtmethan-Kohlenwasserstoff- und partikelförmige Abgasemissionen
Gesamtkilometerleistung × jeweiliger Emissionswert (g/km) × Kosten (EUR/g) = jeweilige Emissionskosten
NO_x: $200.000 \times 0,08^{36} \times 0,0044 = 70,40$ EUR
Nichtmethan-Kohlenwasserstoffe: $200.000 \times 0,008^{37} \times 0,001 = 1,60$ EUR
Partikel: $200.000 \times 0,0045 \times 0,087 = 78,30$ EUR
bb) Gesamte sonstige Emissionskosten
NO_x- + Nichtmethan-Kohlenwasserstoff- + partikelförmige Abgas-Emissionskosten (EUR/g) = sonstige Emissionskosten
$70,40$ EUR + $1,60$ EUR + $78,30$ EUR = $150,30$ EUR
cc) Gesamtemissionskosten
CO_2- + sonstige Emissionskosten = Kosten der Umweltauswirkungen
1.272 EUR + $150,30$ EUR = $1.422,30$ EUR
Die insgesamt in die Wertung einzustellenden Betriebs- und Umweltkosten nach § 68 Abs. 3 VgV für das Fahrzeug betragen somit 9.198,30 EUR.

§ 68 VgV findet mangels diesbezüglicher Sonderregelung auch auf die Beschaffung von **26** **Elektrofahrzeugen** Anwendung.[38] In Bezug auf diese enthält § 68 Abs. 2 und 3 VgV jedoch keine spezifischen Aussagen, da die Regelungen allein auf Fahrzeuge mit Verbrennungsmotoren bezogen sind. Die Anwendung des § 68 Abs. 3 VgV auf Elektrofahrzeuge führt im Ergebnis für diese zu erheblichen Kostenvorteilen, die geeignet sind, die höheren Beschaffungskosten zu (über)kompensieren. Keine Berücksichtigung finden dabei jedoch die spezifischen Umweltauswirkungen bei der Herstellung ihrer Batterien sowie der Herkunft der zum Betrieb notwendigen elektrischen Energie.[39]

III. Abs. 4: Ausnahmen für Einsatzfahrzeuge

§ 68 Abs. 4 VgV beschränkt den Anwendungsbereich der vorstehenden Absätze für Ein- **27** satzfahrzeuge der Streitkräfte, des Katastrophenschutzes, der Feuerwehr und der Polizei,

---

[33] *Fandrey* in KKMPP VgV Rn. 38; aA *Schröder* NZBau 2014, 467 (471).
[34] Umrechnung aus 6 l Dieselkraftstoff/100 km mit http://www.dekra-online.de/co2/co2_rechner.html.
[35] Angesetzt wurde der Maximalwert (ohne mögliche Verdoppelung); der Minimalwert beträgt 0,03 EUR/kg.
[36] Anzusetzen ist der vom Hersteller angegebene Wert. Im fiktiven Beispiel wurde der maximal zulässige Wert nach der Norm Euro 6b zugrunde gelegt.
[37] Auskunft eines Automobilherstellers bezogen auf den Durchschnittswert eines modernen (Mittelklasse-)Pkw mit Dieselmotor.
[38] *Homann/Büdenbender* VergabeR 2012, 1 (4).
[39] *Schröder* NZBau 2014, 467 (471).

soweit andernfalls eine Beeinträchtigung ihres hoheitlichen Auftrags zu besorgen wäre. Die Vorschrift ist abschließend und als Ausnahmeregelung wie auch vor dem Hintergrund von Art. 2 Richtlinie 2009/33/EG iVm Art. 2 Abs. 3 lit. b Richtlinie 2007/46/EG keiner analogen Anwendung zugänglich.

1. Gegenstand

28   Der Begriff der **Einsatzfahrzeuge** wird in § 68 Abs. 4 S. 1 VgV legaldefiniert. Erfasst werden Straßenfahrzeuge iSv § 68 Abs. 1 VgV, die für den Einsatz im Rahmen des hoheitlichen Auftrags der genannten Institutionen konstruiert und gebaut sind. Hieraus folgt, dass die Norm keine Bereichsausnahme für die Beschaffung von Straßenfahrzeugen durch diese Institutionen enthält. Vielmehr werden nur[40] solche Fahrzeuge erfasst, die an die durch den hoheitlichen Auftrag bestimmten spezifischen Einsatzbedingungen besonders angepasst sind und die daher nicht der Typ- oder der Einzelgenehmigung unterliegen, vgl. Art. 2 Richtlinie 2009/33/EG. Hintergrund der Regelung „ist, dass die Anwendung der Richtlinie im Einzelfall die Einsatzfähigkeit dieser Fahrzeuge in Frage stellen kann. Es handelt sich um Fahrzeuge, die speziell für die genannten Zwecke konstruiert und/oder umgebaut werden."[41] Nicht erfasst werden mithin marktübliche Fahrzeuge, die ohne oder nur mit technisch irrelevanten Modifikationen, wie etwa den Einbau von Sprechfunkanlagen oder Signalanlagen, bei der Erfüllung der jeweiligen hoheitlichen Aufgaben verwendet werden (können).

29   Der Begriff der **Streitkräfte** in § 68 Abs. 4 S. 1 VgV entspricht der verfassungsrechtlichen Begrifflichkeit[42] und bezieht sich (nur) auf den militärisch kämpfenden Teil der Bundeswehr.[43] Die Begründung zur Verordnung zur Änderung der Vergabeverordnung sowie der Sektorenverordnung führt diesbezüglich aus: Die Fahrzeuge der Streitkräfte „müssen unter verschiedenen Umweltbedingungen (Klima, Boden und Luftbeschaffenheit, Gewalteinwirkungen, Kraftstoff, Beladung usw.) weltweit einsetzbar sein. Hierfür hat sich die Bundesrepublik Deutschland ohne Vorbehalte gegenüber der NATO bereit erklärt, die so genannte ‚Single Fuel Policy' umzusetzen. Damit verpflichtet sich Deutschland, einsatzrelevante Fahrzeuge der Streitkräfte … so auszulegen, dass ein Dauerbetrieb sowohl mit Dieselkraftstoff als auch mit Flugkraftstoff auf Kerosinbasis ohne signifikante Einschränkungen in den Leistungsmerkmalen möglich ist. Der Einsatzzweck dieser Fahrzeuge – letztlich Leib und Leben nicht nur der Fahrzeuginsassen unmittelbar zu schützen –, darf nicht durch besondere Anforderungen an Energieeffizienz und Schadstoffreduktion beeinträchtigt werden. … Militärische Kraftfahrzeuge z. B. lassen sich in zwei unterschiedliche Kategorien einteilen:
- Fahrzeuge für den Grundbetrieb (nicht einsatzrelevante Fahrzeuge)
- Einsatzrelevante Fahrzeuge (Kampf- u. Unterstützungsfahrzeuge)

Fahrzeuge für den Grundbetrieb der Bundeswehr, zumal wenn sie marktverfügbar und weitgehend handelsüblich beschafft werden, haben grundsätzlich die aktuellen Zulassungsvorschriften einzuhalten, hierzu zählen auch die Abgasnormen. Einsatzrelevante Fahrzeuge müssen zur Unterstützung Frieden schaffender und Frieden erhaltender Maßnahmen (Einsätze) weltweit einsetzbar sein. Sie müssen neben der Erfüllung des militärischen Fähigkeitsprofils vor allem robust in der Handhabung sein, um die Kriterien Zuverlässigkeit und Haltbarkeit ausreichend erfüllen zu können. Dieses muss auch bei der Nutzung qualitativ minderwertiger Kraftstoffe und Schmierstoffe sichergestellt sein. EURO 4–6 Motoren erfüllen diese Forderung grundsätzlich nicht, wenn sie mit Abgasreinigungssystemen arbeiten, die Zusatzstoffe wie beispielsweise Harnstoff benötigen. Die Anlagen sind höchst sen-

---

[40] Dies hervorhebend auch *Willenbruch/Nullmeier* Energieeffizienz und Umweltschutz bei der Vergabe öffentlicher Aufträge, S. 14.

[41] BR-Drs. 70/11, 24.

[42] Vgl. Art. 12a, 17a, 35, 65a, 87a, 87b, 115b GG.

[43] Zur Begrifflichkeit siehe nur *Depenheuer* in Maunz/Dürig Art. 87a Rn. 69 ff.

sibel und aufwendig zu handhaben und derzeit nicht hinreichend robust für Einsatzfahrzeuge. EURO 4–6 Motoren sind daher grundsätzlich nicht einsatztauglich."[44] In Bezug auf derartige Fahrzeuge dürfte der Anwendungsbereich des § 68 VgV allerdings regelmäßig nicht eröffnet sein, da es sich bei der Beschaffung um die Vergabe verteidigungs- oder sicherheitsspezifischer öffentlicher Aufträge iSv § 104 GWB handelt, hinsichtlich derer die VSVgV die maßgeblichen Regelungen enthält.[45] § 68 Abs. 4 S. 1 VgV ist daher in Bezug auf Straßenfahrzeuge der Streitkräfte weithin gegenstandslos.

Anders verhält es sich bei (Spezial-)Fahrzeugen des **Katastrophenschutzes**. Dieser wird **30** im Wesentlichen in den Katastrophenschutzgesetzen der Länder ausgestaltet. Exemplarisch legaldefiniert § 1 Landeskatastrophenschutzgesetz Baden-Württemberg den Katastrophenschutz als die „Aufgabe, die Bekämpfung von Katastrophen vorzubereiten, Katastrophen zu bekämpfen und bei der vorläufigen Beseitigung von Katastrophenschäden mitzuwirken" und weist diese den Katastrophenschutzbehörden zu. Als Katastrophe gilt dabei „ein Geschehen, das Leben oder Gesundheit zahlreicher Menschen oder Tiere, die Umwelt, erhebliche Sachwerte oder die lebensnotwendige Versorgung der Bevölkerung in so ungewöhnlichem Maße gefährdet oder schädigt, dass es geboten erscheint, ein zu seiner Abwehr und Bekämpfung erforderliches Zusammenwirken von Behörden, Stellen und Organisationen unter die einheitliche Leitung der Katastrophenschutzbehörde zu stellen." Soweit Straßenfahrzeuge mit speziellen Eigenschaften und Ausrüstungen gerade zur Erfüllung dieser Anforderungen beschafft werden, findet die Ausnahmeregelung des § 68 Abs. 4 S. 1 VgV Anwendung.

Gleiches gilt für Feuerwehrspezialfahrzeuge. Die Aufgabe der **Feuerwehr** wird in den **31** Landesfeuerwehrgesetzen dahingehend normiert, dass sie – in der Formulierung von § 2 Abs. 1 S. 1 Feuerwehrgesetz Baden-Württemberg – „1. bei Schadenfeuer (Bränden) und öffentlichen Notständen Hilfe zu leisten und den Einzelnen und das Gemeinwesen vor hierbei drohenden Gefahren zu schützen und 2. zur Rettung von Menschen und Tieren aus lebensbedrohlichen Lagen technische Hilfe zu leisten" hat. Zur Erfüllung dieser Aufgaben bedarf es verschiedener Spezialfahrzeuge wie (Tank-)Löschfahrzeuge, Hubrettungsfahrzeuge und Fahrzeugen zur technischen Hilfeleistung. Diese werden von § 68 Abs. 4 S. 1 VgV erfasst, soweit ihre Beschaffung durch kommunale Feuerwehren erfolgt.[46] Nicht erfasst sind dagegen die Werkfeuerwehren von Unternehmen, hinsichtlich deren Beschaffungen der Anwendungsbereich der VgV nicht eröffnet ist.

Darüber hinaus stellt § 68 Abs. 4 S. 1 VgV die Beschaffung von Spezialfahrzeugen der **32** **Polizeien** des Bundes und der Länder von der Verpflichtung zur Beachtung der vorstehenden Absätze frei. Der Begriff der Polizeien umfasst auf Grundlage des dem deutschen Polizeirecht zugrundeliegenden institutionellen Polizeibegriffs[47] die Bundespolizei und die dem Landespolizeirecht unterfallenden Behörden.[48] Nicht erfasst werden dagegen sonstige Verwaltungs- und insbesondere die Ordnungsbehörden. Zwar hätte der Verordnungsgeber diese nach Art. 2 Richtlinie 2009/33/EG iVm Art. 2 Abs. 3 lit. b Richtlinie 2007/46/EG („Ordnungskräfte") ebenfalls freistellen können. Die Verwendung der eingeführten Begrifflichkeit legt jedoch nahe, dass dies nicht geschehen sollte.[49] Insoweit dürfte es aber auch grundsätzlich an einem Freistellungsbedürfnis fehlen, da es insoweit weithin an der Verwendung von Spezialfahrzeugen fehlt. Auch bei den von den Polizeien verwendeten Straßenfahrzeugen handelt es sich vielfach nicht um solche. Insbesondere werden Streifen- und Transportwagen mangels erheblicher technischer Besonderheiten nicht von § 68 Abs. 4

---

[44] BR-Drs. 70/11, 24 f.
[45] Vgl. auch *Rusch* in Montag/Säcker, Rn. 33; *Krohn* in Gabriel/Krohn/Neun, HdB VergR § 19 Rn. 117; *Schröder* NZBau 2014, 467.
[46] *Schröder* NZBau 2014, 467 (468).
[47] Siehe nur *Knemeyer* Polizei- und Ordnungsrecht, 11. Aufl. 2007, Rn. 26.
[48] *Schröder* NZBau 2014, 467 (468).
[49] Ebenso *Fandrey* in KKMPP, VgV Rn. 10; *Rusch* in Montag/Säcker, Rn. 30; *Schröder* NZBau 2014, 467 (468).

S. 1 VgV erfasst.[50] Die Vorschrift bezieht sich vielmehr auch insoweit nur auf Fahrzeuge mit grundlegenden technischen Besonderheiten, wie etwa Sonderwagen (Panzerwagen) und Wasserwerfer.[51]

2. Rückausnahme

33   Gemäß der Rückausnahme des § 68 Abs. 4 S. 2 VgV sind jedoch in den von Satz 1 erfassten Fällen die Anforderungen der vorstehenden Absätze zu beachten, sofern dies nach dem Stand der Technik möglich ist und die Erfüllung des jeweiligen hoheitlichen Auftrags nicht beeinträchtigt wird. Beide **Voraussetzungen** müssen **kumulativ** vorliegen; zudem sind sie eng miteinander verknüpft.

34   Mit der Verweisung auf den **Stand der Technik** wird auf einen veränderlichen außerrechtlichen Maßstab Bezug genommen. Entsprechend dem Verständnis in anderen Zusammenhängen der Rechtsordnung ist auf den aktuell erreichten technischen Fortschritt abzustellen, der jedoch das Experimentalstadium bereits hinter sich gelassen hat.[52] Es handelt sich damit insbesondere um eine gegenüber den allgemein anerkannten Regeln der Technik gesteigerte Anforderung.[53] Was Stand der Technik in Bezug auf Einsatzfahrzeuge iSv § 68 Abs. 4 S. 1 VgV ist und ob dieser eine Anwendung der Anforderungen des § 68 Abs. 1 bis 3 VgV darauf zulässt, ist im Hinblick auf die Einschlägigkeit der Rückausnahme von der Vergabestelle im Einzelfall vorab im Wege der Markterkundung zu ermitteln. Zu fragen ist dabei, ob die zur Beschaffung in Frage kommenden Einsatzfahrzeuge im Hinblick auf ihre technische Ausstattung überhaupt sinnvollerweise an Umweltkriterien gemessen werden können.

35   Soweit der Stand der Technik grundsätzlich eine Heranziehung der allgemeinen energieverbrauchs- und umweltbezogenen Vorgaben auf Einsatzfahrzeuge zulässt, darf dies **keine Beeinträchtigung der Erfüllung des jeweiligen hoheitlichen Auftrags** mit sich bringen. In Anbetracht des Umstands, dass § 68 Abs. 4 VgV auf die uneingeschränkte Gewährleistung der Einsatzfähigkeit abzielt, ist der Begriff der Beeinträchtigung weit auszulegen. Eine solche liegt daher nicht nur in den Fällen einer Verhinderung oder spürbaren Erschwerung der Aufgabenerfüllung vor, sondern bereits dann, wenn diese negativ tangiert werden kann. Diesbezüglich ist den öffentlichen Auftraggebern ein Beurteilungsspielraum zuzugestehen.[54]

---

[50] *Rusch* in Montag/Säcker, Rn. 31; *Homann/Büdenbender,* VergabeR 2012, 1 (4).

[51] *Schröder* in Müller-Wrede, VgV/UVgO, § 68 VgV Rn. 50; *Homann/Büdenbender* VergabeR 2012, 1 (4).

[52] Vgl. die (bereichsspezifische) Legaldefinition in § 3 Abs. 6 S. 1 BImSchG: „Stand der Technik im Sinne dieses Gesetzes ist der Entwicklungsstand fortschrittlicher Verfahren, Einrichtungen oder Betriebsweisen, der die praktische Eignung einer Maßnahme zur Begrenzung von Emissionen in Luft, Wasser und Boden, zur Gewährleistung der Anlagensicherheit, zur Gewährleistung einer umweltverträglichen Abfallentsorgung oder sonst zur Vermeidung oder Verminderung von Auswirkungen auf die Umwelt zur Erreichung eines allgemein hohen Schutzniveaus für die Umwelt insgesamt gesichert erscheinen lässt."

[53] BVerfG Beschl. v. 8.8.1978 – 2 BvL 8/77, BVerfGE 49, 89 (135 f.); zu den Begrifflichkeiten siehe auch *Seibel* NJW 2013, 3000.

[54] Nach *Schröder* NZBau 2014, 467 (468), sind die Voraussetzungen gleichwohl regelmäßig nicht gegeben.

Abschnitt 5. Planungswettbewerbe

§ 69 Anwendungsbereich

(1) **Wettbewerbe nach § 103 Abs. 6 des Gesetzes gegen Wettbewerbsbeschränkungen werden insbesondere auf den Gebieten der Raumplanung, des Städtebaus und des Bauwesens oder der Datenverarbeitung durchgeführt (Planungswettbewerbe).**

(2) **Bei der Durchführung eines Planungswettbewerbs wendet der öffentliche Auftraggeber die §§ 5, 6 und 43 und die Vorschriften dieses Abschnitts an.**

Übersicht

	Rn.			Rn.
A. Einführung	1		III. Keine Verpflichtung zur Durchführung eines Wettbewerbs	17
I. Literatur	1		IV. Planungswettbewerbe	19
II. Entstehungsgeschichte	2		V. Verhältnis Planungswettbewerb zum Vergabeverfahren	21
III. Rechtliche Vorgaben im EU-Recht	3		VI. Verhältnis Abschnitt 5 zu Abschnitt 6 der VgV	24
B. Anwendungsbereich	6			
I. Wettbewerbe	7			
II. Wettbewerbsarten	12			

A. Einführung

I. Literatur

Hänsel/Grosse, Vergabe von Architekten- und Ingenieurleistungen, 2. Aufl., 2012; *Müller-Wrede,* Der Archi- **1**
tektenwettbewerb, 2012; *Diercks-Oppler,* Wettbewerbe für Architekten und Ingenieure, 2013; *Stolz,* Die
Vergabe von Architekten- und Ingenieurleistungen nach der Vergaberechtsreform 2016, VergabeR 2016,
351 ff.; *Motzke,* Die Vergütung von im Verhandlungsverfahren und im wettbewerblichen Dialog erbrachten
Architekten- und Ingenieurleistungen, NZBau 2016, 603 ff.

II. Entstehungsgeschichte

Die Vorschriften zu den Planungswettbewerben in §§ 69 bis 72 VgV sind in der Vorgän- **2**
gerfassung des VgV ohne Vorbild. Regelungen zu Wettbewerben und Planungswettbewerben fanden sich bisher in § 3 Abs. 8 VOL/A-EG und §§ 15 bis 17 VOF.[1]

III. Rechtliche Vorgaben im EU-Recht

„Wettbewerbe" sind gemäß Art. 2 Abs. 1 Nr. 21 RL 2014/24/EU Verfahren, die dazu **3**
dienen, dem öffentlichen Auftraggeber insbesondere auf den Gebieten der Raumplanung,
der Stadtplanung, der Architektur und des Bauwesens oder Datenverarbeitung einen Plan
oder eine Planung zu verschaffen, deren Auswahl durch ein Preisgericht aufgrund vergleichender Beurteilung mit oder ohne Vergabe von Preisen erfolgt.

§ 69 Abs. 2 VgV setzt Art. 80 Abs. 1 RL 2014/24/EU in nationales Recht um.[2] Danach **4**
wenden die öffentlichen Auftraggeber bei der Durchführung von Wettbewerben Verfahren

---

[1] Vgl. BR-Drucks. 87/16, 221. Zu §§ 15 bis 17 VOF siehe auch die Ausführungen in *Hänsel/Grosse* Vergabe von Architekten- und Ingenieurleistungen, 2. Aufl., 2012; *Müller-Wrede* Der Architektenwettbewerb, 2012; *Diercks-Oppler* Wettbewerbe für Architekten und Ingenieure, 2013.
[2] Vgl. BR-Drucks. 87/16, 221.

an, welche Titel I (Art. 1–24) und Kapitel II (Art. 78–82) der RL 2014/24/EU entsprechen.

5   Erwägungsgrund 120 RL 2014/24/EU stellt fest, dass Wettbewerbe seit jeher überwiegend im Bereich der Stadt- und Raumplanung, der Architektur und des Bauwesens oder der Datenverarbeitung durchgeführt worden sind. Es wird jedoch darauf hingewiesen, dass diese flexiblen Instrumente auch für andere Zwecke verwendet werden könnten, etwa für Pläne für Finanzierungstechnik, die die Unterstützung von KMU im Kontext der gemeinsamen europäischen Ressourcen für kleinste bis mittlere Unternehmen (Jeremie) oder anderen KMU-Unterstützungsprogrammen der Union in einem bestimmten Mitgliedsstaat optimieren würden. So könnte in einem Wettbewerb für den Erwerb der Pläne für solche Finanzierungstechnik auch festgelegt werden, dass die daran anschließenden Dienstleistungsaufträge für die entsprechende Umsetzung im Rahmen eines Verhandlungsverfahrens ohne vorherige Veröffentlichung an den Gewinner oder einen der Gewinner des Wettbewerbs vergeben würden.

B. Anwendungsbereich

6   Abschnitt 5 findet zum einen Anwendung auf Dienstleistungen, die im Rahmen einer freiberuflichen Tätigkeit erbracht oder im Wettbewerb mit freiberuflichen Leistungen angeboten werden und deren Gegenstand eine Aufgabe ist, deren Lösung nicht vorab eindeutig und erschöpfend beschrieben werden kann. Zum anderen ist Abschnitt 5 anwendbar auf Dienstleistungen, die außerhalb der bisherigen VOF liegen; also auf freiberufliche Leistungen, deren Lösung vorab beschrieben werden kann, sowie auf Dienstleistungen, die nicht im Rahmen einer freiberuflichen Tätigkeit erbracht werden.[3]

I. Wettbewerbe

7   § 69 Abs. 1 VgV verweist auf die Legaldefinition der Wettbewerbe gemäß § 103 Abs. 6 GWB.[4]

Der Hinweis in § 103 Abs. 6 GWB, dass Wettbewerbe Auslobungsverfahren sind, deutet darauf hin, dass die §§ 657 f. BGB, insbesondere § 661 BGB zu Preisausschreiben, anwendbar sein können. Obwohl nach überwiegender Auffassung europarechtlich keine Gründe ersichtlich sind, die Regelungen des BGB nicht ergänzend auf Wettbewerbsverfahren anzuwenden[5] werden rein tatsächlich die vergaberechtlichen Vorschriften die Regelung über das Preisausschreiben nach § 661 BGB weitgehend verdrängen.[6]

8   Entgegen § 16 Abs. 1 VOF,[7] wonach mit der Auslobung Preise und ggf. Anerkennungen auszusetzen waren[8] hat bereits § 99 Abs. 5 GWB a. F. und nunmehr § 103 Abs. 6 GWB klargestellt, dass die Auslobungsverfahren dem Auftraggeber aufgrund vergleichender Beurteilung durch ein Preisgericht mit oder ohne Verteilung von Preisen zu einem Plan verhelfen sollen. Ein „Preis" kann schon darin bestehen, dass in einer Rangfolge ein Platz festgelegt wird.[9] Nach engerer Auffassung stellt die Übertragung der Realisierung an den Sieger einen hinreichenden Vorteil dar, der als Belohnung angesehen werden kann.[10] Der Auf-

---

[3] BR-Drucks. 87/16, 221.

[4] Vgl. *Hüttinger* in Vergaberecht, Band 1, § 103 Abs. 5 und 6, Rn. 23 f.

[5] Vgl. *Voppel/Osenbrück/Bubert* VOF, 3. Aufl., § 15 Rn. 8.

[6] *Schäfer* in MüKo BGB, 7. Aufl., § 661 Rn. 4.

[7] Anders jedoch § 15 Abs. 1 VOF, der alternativ vorsah, dass der Wettbewerb mit oder ohne Verteilung von Preisen erfolgen könne.

[8] Zu Auslegungsfragen im Zusammenhang mit § 15 Abs. 1 VOF vgl. *Voppel/Osenbrück/Bubert* VOF, 3. Aufl., § 15 Rn. 9.

[9] Vgl. *Geitel* in KKMPP, VgV, §§ 69 bis 72, Rn. 2.

[10] Vgl. *Voppel/Osenbrück/Bubert* VOF, 3. Aufl., § 15 Rn. 9, soweit die Realisierung der Wettbewerbsaufgabe vorgesehen ist.

traggeber entscheidet deshalb ob er einen Geldpreis festlegt und dies in den Auslobungsbedingungen bekannt macht.[11] Für Planungswettbewerbe für Architekten- und Ingenieurleistungen sieht § 79 Abs. 1 VgV nach wie vor, dass Preise oder Anerkennungen auszuloben sind, die der Bedeutung und Schwierigkeit der Bauaufgabe sowie dem Leistungsumfang nach der jeweils geltenden Honorarordnung angemessen sind.[12]

§ 69 Abs. 1 VgV führt beispielhaft auf, dass Wettbewerbe auf den Gebieten der Raum- **9** planung, des Städtebaus, des Bauwesens und der Datenverarbeitung durchgeführt werden. Die Aufzählung ist nicht abschließend. Dies zeigt neben der Formulierung von § 69 Abs. 1 VgV („insbesondere") auch Erwägungsgrund 120 RL 2014/24/EU.[13]

Motivation für die Durchführung eines Wettbewerbs durch einen öffentlichen Auftrag- **10** geber ist regelmäßig die Verschaffung einer Auswahl mehrerer Lösungsmöglichkeiten für eine komplexe Planungsaufgabe. Aufgrund der Komplexität der Planungsaufgabe und der damit im Zusammenhang stehenden technischen, finanziellen oder organisatorischen Bedingungen, ist der Auftraggeber häufig nicht in der Lage, die Planung selbst zu erstellen oder eine Leistungsbeschreibung mit Leistungsverzeichnis zu fertigen.[14]

Ziel des Wettbewerbs ist die Lösung der vom Auftraggeber definierten Aufgabe und die **11** Vergabe eines Dienstleistungsauftrags. Auch kann der Wettbewerb dazu dienen, geeignete Bieter für ein nachfolgendes Vergabeverfahren zu finden.[15]

II. Wettbewerbsarten

Ohne ausdrückliche Definition oder Nennung in der Vergabeverordnung wird gemein- **12** hin zwischen offenen und beschränkten Wettbewerben unterschieden.[16]

Beim offenen Wettbewerb kann jeder Dienstleistungserbringer eine Wettbewerbsarbeit **13** einreichen und dem Preisgericht zur Begutachtung stellen. Bei einem beschränkten Wettbewerb wird ein Vorverfahren durchgeführt, bei dem sich interessierte Dienstleistungserbringer zunächst um die Teilnahme bewerben müssen. Aus der Zahl der Wettbewerber, ggf. unter Hinzunahme von Dienstleistungserbringern, die bereits anderweitig ausgewählt (insbesondere vom Auftraggeber unmittelbar zur Teilnahme aufgefordert worden) sind[17], wird eine vorher festzulegende Zahl/Marge von Teilnehmern ausgewählt, die dann die Möglichkeit haben, Wettbewerbsarbeiten einzureichen.[18]

§ 71 Abs. 3 VgV zeigt deutlich, dass der Grundsatz des Diskriminierungsverbots bei der **14** Festlegung der Auswahlkriterien und der Auswahlentscheidung eine besondere Rolle spielt.

Der Auslobende entscheidet frei nach Zweckmäßigkeitsgesichtspunkten, ob er einen of- **15** fenen oder beschränkten Wettbewerb durchführen will.[19]

Weitere terminologische Differenzierungen in Realisierungs- und Ideenwettbewerb, of- **16** fener Wettbewerb, nicht offener Wettbewerb, zweiphasiges Verfahren und kooperatives Verfahren nimmt die Richtlinie für Planungswettbewerbe (RPW 2013) vor.[20]

---

[11] Vgl. allgemein zur Vergütung von Planungsleistungen in einem VOF-Verhandlungsverfahren und zum Verhältnis zur HOAI-Mindestsatzvergütung, BGH Urt. vom 19.4.2016, X ZR 77/14, NZBau 2016, 368 f.

[12] Vgl. *Motzke* NZBau 2016, 603 f.

[13] Vgl. oben Rn. 5.

[14] Vgl. *Diercks-Oppler* Wettbewerbe für Architekten und Ingenieure, 2013, S. 1 ff.

[15] Vgl. *Geitel* in KKMPP, VgV, §§ 69 bis 72, Rn. 4.

[16] Vgl. *Hänsel/Grosse* Vergabe- von Architekten und Ingenieurleistungen, 2. Aufl., 2012, S. 116; *Voppel/Osenbrück/Bubert* VOF, 3. Aufl., § 15 Rn. 26.

[17] VK Sachsen Beschl. v. 5.5.2014, 1/SVK/010–14, VPR 2014, 294 geht zu Recht davon aus, dass auch vom Auslober gesetzte Teilnehmer die in der Wettbewerbsbekanntmachung aufgestellten, bindenden Eignungsanforderungen erfüllen müssen.

[18] Vgl. *Voppel/Osenbrück/Bubert* VOF, 3. Aufl., § 15 Rn. 26.

[19] Vgl. *Voppel/Osenbrück/Bubert* VOF, 3. Aufl., § 15 Rn. 26.

[20] Vgl. dazu die Kommentierung von *Schneider* § 78 Rn. 92 ff.

III. Keine Verpflichtung zur Durchführung eines Wettbewerbs

17   Der öffentliche Auftraggeber ist in der Entscheidung frei einen Wettbewerb (Auslobungsverfahren) durchzuführen. Die Durchführung eines Wettbewerbs richtet sich nach Zweckmäßigkeitserwägungen.[21]

18   Entscheidet sich der Auftraggeber für die Durchführung eines Auslobungsverfahrens, muss er sich an die Anforderungen von Abschnitt 5 der VgV über Planungswettbewerbe halten.[22]

IV. Planungswettbewerbe

19   Planungswettbewerbe sind in der Praxis der Hauptanwendungsfall von Wettbewerben nach § 103 Abs. 6 GWB. Außerhalb von Planungswettbewerben im Bereich der Raumplanung, des Städtebaus und der Architektur, kommen Wettbewerbe in der Praxis so gut wie nicht vor.[23]

20   Planungswettbewerbe für Architekten- und Ingenieurleistungen finden in Abschnitt 6 Unterabschnitt 2 der VgV (§§ 78 bis 80 VgV) eine Sonderregelung.[24] Planungswettbewerbe für Architekten- und Ingenieurleistungen bilden den Schwerpunkt aller Planungswettbewerbe. Auf die Kommentierung von *Schneider* der §§ 78 bis 80 VgV zu den Planungswettbewerben für Architekten- und Ingenieurleistungen wird verwiesen.

V. Verhältnis Planungswettbewerb zum Vergabeverfahren

21   § 69 enthält keinen Hinweis zum Verhältnis eines Planungswettbewerbs zum Vergabeverfahren. Der Regelungsinhalt des § 78 Abs. 2 S. 2 VgV, wonach Planungswettbewerbe für Architekten- und Ingenieurleistungen vor oder ohne Vergabeverfahren ausgerichtet werden können, lässt sich als allgemeiner Grundsatz auf alle Planungswettbewerbe übertragen. Vergabeverfahren ist ausschließlich im Sinne von Verhandlungsverfahren zu verstehen. Auch wenn § 74 VgV davon spricht, dass Architekten- und Ingenieurleistungen im Verhandlungsverfahren mit Teilnahmewettbewerb oder im wettbewerblichen Dialog vergeben werden, lassen § 14 Abs. 4 Nr. 8 VgV und § 80 Abs. 1 VgV nur den Rückschluss zu, dass ein wettbewerblicher Dialog dem Planungswettbewerb nicht nachfolgen kann.[25]

22   Ein Planungswettbewerb ohne Vergabeverfahren ist zulässig, wenn der öffentliche Auftraggeber nach dem Planungswettbewerb keinen Dienstleistungsauftrag vergeben möchte. Dies ist bei Ideenwettbewerben insbesondere gemäß § 3 Abs. 1 S. 2 RPW 2013 der Fall. Danach kann zur Findung konzeptioneller Lösungen, z.B. zur Klärung der Grundlagen einer Planungsaufgabe, ein Wettbewerb ohne Realisierungsabsicht durchgeführt werden.[26]

23   Der Regelfall ist die Durchführung eines Planungswettbewerbs vor einem Verhandlungsverfahren. Im Bereich der Architekten- und Ingenieurleistungen führt der öffentliche Auftraggeber vor dem Verhandlungsverfahren einen Realisierungswettbewerb gemäß § 3 Abs. 1 S. 1 RPW 2013 durch. In Abweichung zum bloßen Ideenwettbewerb hat der Auftraggeber die Realisierungsabsicht zur Durchführung der Wettbewerbsaufgabe und zur

[21] Vgl. *Voppel/Osenbrück/Bubert* VOF, 3. Aufl., § 15 Rn. 24.
[22] Vgl. *Geitel* in KKMPP, VgV, § 69 Rn. 7.
[23] Vgl. *Voppel/Osenbrück/Bubert* VOF, 3. Aufl., § 15 Rn. 11.
[24] Vgl. die Kommentierung von *Schneider* zu § 78 Rn. 32 ff.
[25] So zu Recht *Hartmann* in KKMPP, VgV, § 78 Rn. 68, weil die „einkaufsvorbereitende Lösungsabfrage" bereits Sinn und Zweck des Planungswettbewerbs ist.
[26] Vgl. *Müller-Wrede* Der Architektenwettbewerb, 2012, Rn. 136 und die Kommentierung von *Schneider* des § 78 Rn. 44 ff.

Vergabe eines konkreten Planungsauftrags nach Durchführung des Verhandlungsverfahrens.[27] Die in § 15 Abs. 2 VOF noch vorgesehene Möglichkeit der Durchführung eines Planungswettbewerbs während eines Verhandlungsverfahrens wurde in § 78 Abs. 2 S. 2 VgV „mangels praktischer Relevanz" gestrichen.[28] Ohne ausdrückliche Erwähnung in § 78 Abs. 2 VgV wird es auch zulässig bleiben, ein Verhandlungsverfahren mit Teilnahmewettbewerb durchzuführen und mit den ausgewählten Teilnehmern einen nicht offenen Wettbewerb anzuschließen.[29] Auch wenn nach den Wettbewerbsregeln nur der erste Preisträger für den Auftrag in Betracht kommt,[30] ist ein Verhandlungsverfahren zwingend durchzuführen.[31]

VI. Verhältnis Abschnitt 5 zu Abschnitt 6 der VgV

Entgegen der Auffassung von *Geitel*[32] ist Abschnitt 5 auch auf Dienstleistungen anwend- **24** bar, die im Rahmen einer freiberuflichen Tätigkeit oder im Wettbewerb mit Freiberuflern erbracht werden, und die Dienstleistung mit einer Aufgabe verbunden ist, deren Lösung nicht vorab eindeutig und erschöpfend beschreibbar ist. Abschnitt 6 der VgV beinhaltet lediglich Sondervorschriften für die Vergabe von Architekten- und Ingenieurleistungen, und somit für einen Teilbereich freiberuflicher Tätigkeit.[33] Abschnitt 6 Unterabschnitt 2 der VgV statuiert in § 78 Abs. 3 S. 1 VgV, dass bei Planungswettbewerben für Architekten- und Ingenieurleistungen die Bestimmungen dieses Unterabschnitts zusätzlich zu Abschnitt 5 für die Ausrichtung von Planungswettbewerben anzuwenden sind. Unklar ist, was mit der „zusätzlichen" Anwendung gemeint ist. Unabhängig von der Frage, ob es sich um allgemeine Planungswettbewerbe oder um Planungswettbewerbe für Architekten- und Ingenieurleistungen handelt, wird man gemäß § 69 Abs. 2 VgV auf alle Planungswettbewerbe die Grundsätze zur Wahrung der Vertraulichkeit (§ 5 VgV), die Grundsätze zur Vermeidung von Interessenkonflikten (§ 6 VgV) und die Vorschrift zur Rechtsform von Unternehmen und Bietergemeinschaften (§ 43 VgV) anwenden müssen. Einen allgemeinen Vorrang von Abschnitt 6 gegenüber Abschnitt 5 für Wettbewerbe auf dem Gebiet der Raum- und der Stadtplanung, der Architektur und des Bauwesens, die nach den RPW 2013 durchzuführen sind, wird man in der Regelung des § 78 Abs. 3 S. 1 VgV nicht sehen können.[34] Vielmehr ist für jede einzelne Vorschrift zu prüfen, ob die §§ 78 bis 80 VgV die Regelung der §§ 69 bis 72 VgV ergänzen[35] oder als speziellere Vorschriften die §§ 69 bis 72 VgV verdrängen.[36]

---

[27] Vgl. die Kommentierung von *Schneider* zu § 78 Rn. 47 f.; das OLG Frankfurt a. M. Beschl. v. 11.4.2017, 11 Verg 4/17, NZBau 2017, 569 hat sich in einer die Handlungsfreiheit des öffentlichen Auftraggebers erheblich einschränkenden Weise zur Gestaltung und Gewichtung der Zuschlagskriterien in einem dem Planungswettbewerb nachfolgenden Verhandlungsverfahren geäußert; die VK Südbayern Beschl. v. 13.10.2014, Z3–3-3194-1-37-08/14, IBR 2015, 222 hält es nicht für erforderlich, dass das Wettbewerbsergebnis so hoch gewichtet werden muss, dass der Gewinner des vorhergehenden Architektenwettbewerbs regelmäßig den Auftrag im Verhandlungsverfahren erhalten muss.
[28] BT-Drucks. 18/7317 v. 20.1.2016, S. 206.
[29] Vgl. Müller-Wrede/*Müller-Wrede* VOF, § 15 Rn. 26; *Voppel/Osenbrück/Bubert* VOF, 3. Aufl., § 15 Rn. 25; OLG Dresden VergabeR 2004, 500.
[30] Nach § 8 Abs. 2 S. 1 RPW 2013 ist bei der Umsetzung des Projekts einer der Preisträger zu beauftragen.
[31] Vgl. *Müller-Wrede* Der Architektenwettbewerb, 2012, Rn. 249; *Voppel/Osenbrück/Bubert* VOF, 3. Aufl. § 15 Rn. 25.
[32] *Geitel* in KKMPP, VgV, § 69 Rn. 8.
[33] Vgl. BR-Durcks. 8716 v. 29.2.2016, 221; vgl. oben Rn. 6.
[34] So wohl *Geitel* in KKMPP, VgV, §§ 69 bis 72 Rn. 8.
[35] So etwa § 78 Abs. 3 S. 2 VgV.
[36] Vgl. *Hartmann* in KKMPP, VgV, § 78 Rn. 87 für § 79 Abs. 3 VgV und im Zweifel für den Vorrang der leges speciales des Unterabschnitts 2 vor den Regelungen des Abschnitts 5 für allgemeine Planungswettbewerbe; so wohl auch Stolz, VergabeR 2016, 351; vgl. auch die Kommentierung von Schneider zu § 78 Rn. 34 und 175.

25   Im Ergebnis wird Abschnitt 5 der VgV in der Rechtspraxis nur geringe Bedeutung haben. Als Anwendungsfelder kommen die Entwicklung von Planungen im Bereich der Datenverarbeitung, der Werbung und der Kommunikation in Betracht.[37]

[37] *Geitel* in KKMPP, VgV, §§ 69 bis 72 Rn. 9.

§ 70 Veröffentlichung, Transparenz

(1) **Der öffentliche Auftraggeber teilt seine Absicht, einen Planungswettbewerb auszurichten, in einer Wettbewerbsbekanntmachung mit. Die Wettbewerbsbekanntmachung wird nach dem Muster gemäß Anhang IX der Durchführungsverordnung (EU) 2015/1986 erstellt. § 40 ist entsprechend anzuwenden.**

(2) **Beabsichtigt der öffentliche Auftraggeber im Anschluss an einen Planungswettbewerb einen Dienstleistungsauftrag im Verhandlungsverfahren ohne Teilnahmewettbewerb zu vergeben, hat der öffentliche Auftraggeber die Eignungskriterien und die zum Nachweis der Eignung erforderlichen Unterlagen hierfür bereits in der Wettbewerbsbekanntmachung anzugeben.**

(3) **Die Ergebnisse des Planungswettbewerbs sind bekannt zu machen und innerhalb von 30 Tagen an das Amt für Veröffentlichungen der Europäischen Union zu übermitteln. Die Bekanntmachung wird nach dem Muster gemäß Anhang X der Durchführungsverordnung (EU) 2015/1986 erstellt.**

(4) **§ 39 Absatz 6 gilt entsprechend.**

Übersicht

	Rn.		Rn.
A. Einführung	1	D. Bekanntmachung der Wettbewerbsergebnisse	13
I. Literatur	1		
II. Entstehungsgeschichte	2	E. Ausnahmen von der Veröffentlichungspflicht einzelner Angaben	15
III. Rechtliche Vorgaben im EU-Recht	3		
B. Wettbewerbsbekanntmachung	8		
C. Bekanntmachung der Eignungskriterien und der erforderlichen Unterlagen	10		

A. Einführung

I. Literatur

Hänsel/Grosse, Vergabe von Architekten- und Ingenieurleistungen, 2. Aufl., 2012; *Müller-Wrede,* Der Architektenwettbewerb, 2012; *Diercks-Oppler,* Wettbewerbe für Architekten und Ingenieure, 2013; *Stolz,* Die Vergabe von Architekten- und Ingenieurleistungen nach der Vergaberechtsreform 2016, VergabeR 2016, 351 ff.; *Motzke,* Die Vergütung von im Verhandlungsverfahren und im wettbewerblichen Dialog erbrachten Architekten- und Ingenieurleistungen, NZBau 2016, 603 ff. **1**

II. Entstehungsgeschichte

Die Vorschriften zu den Planungswettbewerben in §§ 69 bis 72 VgV sind in der Vorgängerfassung des VgV ohne Vorbild. Regelungen zu Wettbewerben und Planungswettbewerben fanden sich bisher in § 3 Abs. 8 VOL/A-EG und §§ 15 bis 17 VOF.[1] **2**

III. Rechtliche Vorgaben im EU-Recht

§ 70 VgV dient der Umsetzung von Art. 79 RL 2014/24/EU.[2] **3**

---

[1] Vgl. BR-Drucks. 87/16, 221. Zu §§ 15 bis 17 VOF siehe auch die Ausführungen in *Hänsel/Grosse* Vergabe von Architekten- und Ingenieurleistungen, 2. Aufl., 2012; *Müller-Wrede* Der Architektenwettbewerb, 2012; *Diercks-Oppler* Wettbewerbe für Architekten und Ingenieure, 2013.

[2] Vgl. BR-Drucks. 87/16 v. 29.2.2016, 222.

4 § 70 Abs. 1 VgV setzt Art. 79 Abs. 1 UAbs. 1 und Abs. 3 RL 2014/24/EU in nationales Recht um.

5 § 70 Abs. 2 VgV soll Art. 32 Abs. 4 und Art. 79 Abs. 1 UAbs. 2 RL 2014/24/EU in nationales Recht umsetzen.[3] Art. 32 Abs. 4 RL 2014/24/EU eröffnet die Möglichkeit ein Verhandlungsverfahren ohne vorherige Veröffentlichung für öffentliche Dienstleistungsaufträge durchzuführen, wenn der betreffende Auftrag im Anschluss an einen gemäß der Richtlinie durchgeführten Wettbewerb nach den im Wettbewerb festgelegten Bestimmungen an den Gewinner oder einen Gewinner des Wettbewerbs vergeben werden muss. Art. 79 Abs. 1 UAbs. 2 RL 2014/24/EU schreibt dem Auftraggeber vor, bekannt zu machen, dass ein Dienstleistungsauftrag im Anschluss an das nach Ende des Wettbewerbs durchzuführende Verhandlungsverfahren ohne vorherige Veröffentlichung, vergeben werden soll.

6 Im Wege richtlinienkonformer Auslegung hat der öffentliche Auftraggeber in der Wettbewerbsbekanntmachung nicht nur die Eignungskriterien und die zum Nachweis der Eignung erforderlichen Unterlagen anzugeben, sondern auch transparent zu machen, dass im Anschluss an den Planungswettbewerb ein Dienstleistungsauftrag im Verhandlungsverfahren ohne Teilnahmewettbewerb[4] vergeben wird.

7 § 70 Abs. 3 VgV dient der Umsetzung von Art. 79 Abs. 2 UAbs. 1 und Abs. 3 UAbs. 1 RL 2014/24/EU.

Schließlich setzt § 70 Abs. 4 VgV Art. 79 Abs. 2 UAbs. 2 RL 2014/24/EU in nationales Recht um.

B. Wettbewerbsbekanntmachung

8 Die Veröffentlichung der Absicht, einen Planungswettbewerb auszurichten, ist Ausdruck der ex-ante-Transparenz. Die Veröffentlichung der Wettbewerbsbekanntmachung muss gemäß § 70 Abs. 1 S. 2 VgV nach dem Muster gemäß Anhang X der Durchführungsverordnung (EU) 2015/19/86 erfolgen. Dabei sind gemäß § 70 Abs. 1 S. 3 VgV die Vorschriften zur Veröffentlichung von Bekanntmachungen gemäß § 40 VgV entsprechend anzuwenden. Der öffentliche Auftraggeber ist an die in der Wettbewerbsbekanntmachung aufgestellten konkreten Regeln für die Vergabe des Planungsauftrags nach Abschluss des Realisierungswettbewerbs gebunden.[5]

9 Vergibt ein öffentlicher Auftraggeber einen Dienstleistungsauftrag nach Durchführung eines Verhandlungsverfahrens ohne Teilnahmewettbewerb, obwohl er den vorgeschalteten Planungswettbewerb nicht europaweit bekannt gemacht hat, führt dies zur Unwirksamkeit des öffentlichen Auftrags gemäß § 135 Abs. 1 Nr. 2 GWB, soweit der Transparenzverstoß in einem Nachprüfungsverfahren festgestellt worden ist.

C. Bekanntmachung der Eignungskriterien und der erforderlichen Unterlagen

10 Neben der Bekanntmachung der Absicht im Anschluss an einen Planungswettbewerb einen Dienstleistungsauftrag im Verhandlungsverfahren ohne Teilnahmewettbewerb zu vergeben,[6] hat der öffentliche Auftraggeber gemäß § 70 Abs. 2 VgV die Eignungskriterien und die zum Nachweis der Eignung erforderlichen Unterlagen für das nachfolgende Verhandlungsverfahren bereits in der Wettbewerbsbekanntmachung anzugeben. Bei einem Planungswettbewerb mit beschränkter Teilnehmerzahl hat der öffentliche Auftraggeber gemäß

---

[3] Vgl. BR-Drucks. 87/16 v. 29.2.2016, 222.
[4] Vgl. § 14 Abs. 4 Nr. 8 VgV.
[5] VK Bund Beschl. v. 3.1.2007, VK 1–142/06, IBR 2011, 1044.
[6] Vgl. oben Rn. 6.

§ 71 Abs. 3 S. 1 VgV eindeutige und nichtdiskriminierende Auswahlkriterien[7] festzulegen und bekanntzumachen.

Im Interesse der Transparenz stellt § 70 Abs. 2 VgV sicher, dass Unternehmen bereits vor **11** der Teilnahme an einem Planungswettbewerb erkennen können, ob sie den späteren Dienstleistungsauftrag erbringen können. Zudem soll die Regelung dazu führen, dass sich öffentliche Auftraggeber frühzeitig mit der Frage nach den zu fordernden Eignungskriterien und Nachweisen auseinandersetzen.[8]

Die allgemeinen Vorschriften zur Eignung gemäß §§ 42 bis 51 VgV und die besonderen **12** Vorschriften zur Vergabe von Architekten- und Ingenieurleistungen gemäß § 75 VgV sind zu beachten.

D. Bekanntmachung der Wettbewerbsergebnisse

§ 70 Abs. 3 VgV ist Ausdruck des Grundsatzes der ex-post-Transparenz. **13**

Die Ergebnisse des Planungswettbewerbs sind gemäß § 70 Abs. 3 S. 1 VgV innerhalb **14** von 30 Tagen nach Abschluss des Planungswettbewerbs an das Amt für Veröffentlichungen der europäischen Union zu übermitteln. Die Bekanntmachung der Wettbewerbsergebnisse muss gemäß § 70 Abs. 3 S. 2 VgV nach dem Muster gemäß Anhang X der Durchführungsverordnung (EU) 2015/1986 erfolgen.

E. Ausnahmen von der Veröffentlichungspflicht einzelner Angaben

Der öffentliche Auftraggeber ist gemäß § 70 Abs. 4 VgV in entsprechender Anwendung **15** von § 39 Abs. 6 VgV nicht verpflichtet, einzelne Angaben zu veröffentlichen, wenn deren Veröffentlichung
- den Gesetzesvollzug behindern,
- dem öffentlichen Interesse zuwiderlaufen,
- den berechtigten geschäftlichen Interessen eines Unternehmens schaden oder
- den lauteren Wettbewerb zwischen Unternehmen beeinträchtigen
würde.[9]

---

[7] Zur Zulässigkeit einer Beschränkung zugelassener Referenzen ausschließlich auf solche Gebäude (hier: Feuerwache), die auch Gegenstand des Vergabeverfahrens sind, vgl. VK Lüneburg Beschl. v. 18.11.2011, VgK-50/2011, IBR 2012, 171. Die VK Lüneburg stellt hohe Anforderungen an die auftragsbezogene sachliche Rechtfertigung eines einschränkenden Fachkundemerkmals.
[8] BR-Drucks. 87/16 v. 29.2.2016, 222.
[9] Vgl. dazu im Einzelnen die Kommentierung von *Grohn* zu § 39 VgV.

§ 71 Ausrichtung

(1) Die an einem Planungswettbewerb Interessierten sind vor Wettbewerbsbeginn über die geltenden Durchführungsregeln zu informieren.

(2) Die Zulassung von Teilnehmern an einem Planungswettbewerb darf nicht beschränkt werden

1. unter Bezugnahme auf das Gebiet eines Mitgliedstaats der Europäischen Union oder einen Teil davon oder
2. auf nur natürliche oder nur juristische Personen.

(3) Bei einem Planungswettbewerb mit beschränkter Teilnehmerzahl hat der öffentliche Auftraggeber eindeutige und nichtdiskriminierende Auswahlkriterien festzulegen. Die Zahl der Bewerber, die zur Teilnahme aufgefordert werden, muss ausreichen, um den Wettbewerb zu gewährleisten.

Übersicht

	Rn.			Rn.
A. Einführung	1		II. Form und Zeitpunkt der Bekanntgabe	12
I. Literatur	1			
II. Entstehungsgeschichte	2		C. Zulassung von Teilnehmern	15
III. Rechtliche Vorgaben im EU-Recht	3		D. Bekanntgabe der Auswahlkriterien	17
B. Bekanntgabe der Durchführungsregeln	5		F. Gewährleistung des Wettbewerbs	19
I. Grundanforderungen	5			

A. Einführung

I. Literatur

1 *Hänsel/Grosse,* Vergabe von Architekten- und Ingenieurleistungen, 2. Aufl., 2012; *Müller-Wrede,* Der Architektenwettbewerb, 2012; *Diercks-Oppler,* Wettbewerbe für Architekten und Ingenieure, 2013; *Stolz,* Die Vergabe von Architekten- und Ingenieurleistungen nach der Vergaberechtsreform 2016, VergabeR 2016, 351 ff.; *Motzke,* Die Vergütung von im Verhandlungsverfahren und im wettbewerblichen Dialog erbrachten Architekten- und Ingenieurleistungen, NZBau 2016, 603 ff.

II. Entstehungsgeschichte

2 Die Vorschriften zu den Planungswettbewerben in §§ 69 bis 72 VgV sind in der Vorgängerfassung des VgV ohne Vorbild. Regelungen zu Wettbewerben und Planungswettbewerben fanden sich bisher in § 3 Abs. 8 VOL/A-EG und §§ 15 bis 17 VOF.[1]

III. Rechtliche Vorgaben im EU-Recht

3 § 71 VgV dient der Umsetzung von Art. 80 RL 2014/24/EU und wurde aus dem bisherigen § 3 Abs. 8 VOL/A-EG und dem bisherigen § 15 VOF übernommen.[2]

4 § 71 Abs. 2 VgV entspricht nahezu wortlautgleich Art. 80 Abs. 2 RL 2014/24/EU und § 71 Abs. 3 VgV findet sein Vorbild in Art. 80 Abs. 3 RL 2014/24/EU.

---

[1] Vgl. BR-Drucks. 87/16, 221. Zu §§ 15 bis 17 VOF siehe auch die Ausführungen in *Hänsel/Grosse* Vergabe von Architekten- und Ingenieurleistungen, 2. Aufl., 2012; *Müller-Wrede* Der Architektenwettbewerb, 2012; *Diercks-Oppler* Wettbewerbe für Architekten und Ingenieure, 2013.
[2] BR-Drucks. 87/16, 222.

B. Bekanntgabe der Durchführungsregeln

I. Grundanforderungen

Die VgV gibt dem öffentlichen Auftraggeber die bei der Durchführung eines Planungs- 5
wettbewerbs zu beachtenden Regeln nicht konkret vor. Der öffentliche Auftraggeber hat
grundsätzlich einen weiten Ausgestaltungsspielraum.[3] Für Planungswettbewerbe auf den
Gebieten der Raumplanung, des Städtebaus und des Bauwesens existieren mit den RPW
2013 gemäß § 78 Abs. 2 S. 1 VgV veröffentlichte einheitliche Wettbewerbsrichtlinien.[4]

Die allgemeinen vergaberechtlichen Grundsätze des Wettbewerbs (vgl. § 71 Abs. 3 S. 2 6
VgV), der Nichtdiskriminierung (vgl. § 71 Abs. 2 VgV) und der Transparenz sind zu beachten.[5] Ebenso muss der öffentliche Auftraggeber die zu lösende Aufgabe beschreiben, die
Anforderungen an die erbetenen Lösungen festlegen und die Kriterien für die Entscheidung des Preisgerichts bestimmen und bekanntmachen (vgl. § 72 Abs. 2 S. 2 VgV).[6]

Weiterhin sind die Fristen für einen Teilnahmeantrag beim beschränkten Wettbewerb 7
und für die Einreichung der Wettbewerbsarbeit bei allen Wettbewerben bekannt zu geben.
Die Benennung einer Frist für die Einreichung der Wettbewerbsarbeiten ist zwingend und
konstitutiv für die Anwendung des § 661 BGB.[7]

Der Grundsatz der Nichtdiskriminierung gebietet es, die Teilnahmefrist bei einem be- 8
schränkten Wettbewerb und die Frist für die Einreichung der Wettbewerbsarbeiten nicht zu
kurz zu bemessen. Anhaltspunkte für die Dauer der Teilnahmefrist ergeben sich aus den in
§§ 16 Abs. 2 und 17 Abs. 2 VgV normierten Mindestteilnahmefristen von 30 Tagen für das
nicht offene Verfahren und das Verhandlungsverfahren.

Die Frist für die Einreichung der Wettbewerbsarbeiten hängt von der Art und dem Um- 9
fang des Wettbewerbs und der gestellten Wettbewerbsaufgabe ab. Im Interesse der Qualität
der Wettbewerbsbeiträge wird der Auslobende die Frist nicht zu kurz bestimmen.[8]

Die bekannt gegebenen Fristen führen zu einer Selbstbindung des Auslobenden.[9] Ver- 10
spätet eingegangene Teilnahmeanträge oder Wettbewerbsarbeiten dürfen nicht weiter berücksichtigt werden.

Weitere Grundanforderungen an die vom Auftraggeber aufzustellenden Durchführungs- 11
regeln ergeben sich aus dem in § 70 Abs. 1 VgV genannten Bekanntmachungsmuster gemäß Anhang IX der Durchführungsverordnung (EU) 2015/1986.

II. Form und Zeitpunkt der Bekanntgabe

§ 71 Abs. 1 VgV macht keine konkreten Vorgaben zu Form und Zeitpunkt der bekannt 12
zu gebenden Durchführungsregeln. § 71 Abs. 1 VgV spricht davon, dass die an einem Planungswettbewerb Interessierten vor Wettbewerbsbeginn über die geltenden Durchführungsregeln zu informieren sind.

Obwohl § 41 VgV (Bereitstellung der Vergabeunterlagen) auf Planungswettbewerbe 13
nicht direkt anzuwenden ist, ergibt sich aus der Informationspflicht des Auftraggebers gegenüber den Interessierten, dass die Durchführungsregeln nicht erst den Teilnehmern am
Wettbewerb zugänglich gemacht werden müssen, sondern bereits im Vorfeld bekannt ge-

---

[3] Vgl. *Voppel/Osenbrück/Bubert* VOF, 3. Aufl., § 15 Rn. 36.
[4] Vgl. dazu die Kommentierung von *Schneider* des § 78 Rn. 51 ff.
[5] Vgl. *Hänsel/Grosse* Vergabe von Architekten- und Ingenieurleistungen, 2. Aufl., 2012, S. 115; *Müller-Wrede* Der Architektenwettbewerb, 2012, Rn. 83 ff.; *Voppel/Osenbrück/Bubert* VOF, 3. Aufl., § 15 Rn. 36.
[6] Vgl. *Geitel* in KKMPP, VgV, §§ 69 bis 72 Rn. 13.
[7] *Voppel/Osenbrück/Bubert* VOF, 3. Aufl., § 15 Rn. 38.
[8] *Voppel/Osenbrück/Bubert* VOF, 3. Aufl., § 15 Rn. 38.
[9] Vgl. VK Bund Beschl. v. 3.1.2007, VK 1–142/06, IBR 2011, 1044.

geben werden müssen. Nur so ist gewährleistet, dass potenzielle Teilnehmer am Wettbewerb sich informieren und über die Teilnahme entscheiden können.[10]

14   In der Praxis bedeutet dies, dass die Durchführungsregeln entweder in der Wettbewerbsbekanntmachung gemäß Anhang X der Durchführungsverordnung (EU) 2015/1986 aufgenommen werden müssen oder in der Wettbewerbsbekanntmachung eine Internetadresse angegeben wird, unter der die Durchführungsregeln abrufbar sind. Der Hinweis auf veröffentlichte einheitliche Richtlinien gemäß § 78 Abs. 2 S. 1 VgV ist ausreichend.

C. Zulassung von Teilnehmern

15   § 71 Abs. 2 VgV ist Ausprägung des allgemeinen Grundsatzes der Nichtdiskriminierung.

16   Die Teilnehmer an Planungswettbewerben dürfen weder auf einen bestimmten Mitgliedstaat der Europäischen Union oder ein Teil davon (§ 71 Abs. 2 Nr. 1 VgV) noch auf nur natürliche oder nur juristische Personen (§ 71 Abs. 2 Nr. 2 VgV) beschränkt werden.

D. Bekanntgabe der Auswahlkriterien

17   § 71 Abs. 3 S. 1 VgV verpflichtet den öffentlichen Auftraggeber bei beschränkten Wettbewerben[11] eindeutige und nichtdiskriminierende Auswahlkriterien festzulegen und bekannt zu machen.[12]

18   Der beschränkte Wettbewerb läuft 2-stufig ab. In der Wettbewerbsbekanntmachung nach dem Muster gemäß Anhang IX der Durchführungsverordnung (EU) 2015/1986 muss der öffentliche Auftraggeber die eindeutigen und nichtdiskriminierenden Auswahlkriterien[13] bekannt geben, anhand derer die Teilnehmer am Wettbewerb ausgesucht[14] werden, die zur Abgabe einer Wettbewerbsarbeit aufgefordert werden sollen. Die Anwendung der Auswahlkriterien ist nur erforderlich, soweit die Zahl der grundsätzlich geeigneten Teilnehmer die Zahl der maximal zur Erbringung von Wettbewerbsleistungen aufzufordernden Teilnehmer überschreitet. Die Höchstzahl der Teilnehmer, die zur Erbringung der Wettbewerbsleistungen aufgefordert werden, ist bekannt zu machen. Allgemeine Erwägungen zur Mindestzahl der aufzufordernden Teilnehmer ergeben sich aus § 71 Abs. 3 Satz 2 VgV.

F. Gewährleistung des Wettbewerbs

19   § 71 Abs. 3 S. 2 VgV verpflichtet den öffentlichen Auftraggeber die Zahl der Wettbewerber ausreichend groß zu wählen, „um den Wettbewerb zu gewährleisten".

---

[10] Vgl. *Voppel/Osenbrück/Bubert* § 15 Rn. 41.

[11] Vgl. dazu oben, § 69 Rn. 13.

[12] VK Sachsen Beschl. v. 5.5.2014, 1/SVK/010–14, VPR 2014, 294 geht zu Recht davon aus, dass auch vom Auslober gesetzte Teilnehmer eines Wettbewerbs die in der Wettbewerbsbekanntmachung aufgestellten, bindenden Eignungsanforderungen erfüllen müssen. Außerhalb von Planungswettbewerben wird das Setzen von Bewerbern teilweise für unzulässig angesehen (VK Lüneburg Beschl. v. 6.7.2016, VgK-18/2016, IBR 2016, 725); anders die VK Baden-Württemberg Beschl. v. 28.8.2014, 1VK 38/14) für ein VOF-Verhandlungsverfahren, soweit die gesetzten Bewerber die Eignungskriterien erfüllen und die Gesetzten nicht auf die Mindestanzahl der aufzufordernden Teilnehmer angerechnet werden.

[13] Zur Zulässigkeit einer Beschränkung zugelassener Referenzen ausschließlich auf solche Gebäude (hier: Feuerwache), die auch Gegenstand des Vergabeverfahrens sind, vgl. VK Lüneburg Beschl. v. 18.11.2011, VgK-50/2011, IBR 2012, 171. Die VK Lüneburg stellt hohe Anforderungen an die auftragsbezogene sachliche Rechtfertigung eines einschränkenden Fachkundemerkmals.

[14] Die Auswahl der Teilnehmer aus dem Kreis der Bewerber obliegt dem öffentlichen Auftraggeber; eine Übertragung der Auswahl auf ein Gremium, das nicht mit dem Auftraggeber identisch ist, ist unzulässig. So VK Berlin Beschl. v. 15.4.2011, VK-B2–12/11, IBR 2011, 426 für einen Nichtoffenen Wettbewerb nach RPW 2008.

§ 71 Abs. 3 S. 2 VgV lässt die notwendige Zahl an Bewerbern offen. In wörtlicher **20** Übernahme von Art. 80 Abs. 3 S. 2 RL 2014/24/EU hat § 16 Abs. 3 S. 2 VOF normiert, dass die Zahl der Teilnehmer ausreichen muss, um einen „echten Wettbewerb zu gewährleisten".

Allgemein wird davon ausgegangen, dass eine absolute Mindestzahl von drei Teilneh- **21** mern am Wettbewerb besteht.[15] Die Mindestzahl von drei einzuladenden Bewerbern lässt sich aus allgemeinen wettbewerbsrechtlichen Erwägungen aus § 51 Abs. 2 S. 1 VgV herauslesen. Die Aufforderung einer größeren Zahl an Bewerbern zur Teilnahme am Wettbewerb wird im Regelfall den Interessen des Auftraggebers besser gerecht. Zweckmäßigkeitserwägungen für die Zahl der aufzufordernden Teilnehmer sind insbesondere die Bedeutung des Projektes, der Aufwand des Veranstalters und der Aufwand der Prüfung durch das Preisgericht.[16]

Die Zahl/Marge von Teilnehmern ist in der Wettbewerbsbekanntmachung nach dem **22** Muster gemäß Anhang IX der Durchführungsverordnung (EU) 2015/1986 zu veröffentlichen.[17]

Nehmen nach Aufforderung der Mindestanzahl von drei Teilnehmern lediglich ein oder **23** zwei Bewerber am Wettbewerb teil, stellt auch dies ein ordnungsgemäßes Verfahren dar. Dies stellt § 51 Abs. 3 S. 2 VgV in Anlehnung an Rechtsprechung des EuGH[18] klar. Diese Grundsätze sind auf einen Planungswettbewerb entsprechend anzuwenden. In entsprechender Anwendung von § 51 Abs. 3 S. 3 VgV ist der öffentliche Auftraggeber nicht berechtigt, andere Unternehmen, die sich nicht um die Teilnahme beworben haben, oder Bewerber, die nicht über die geforderte Eignung verfügen, zu dem Wettbewerb zuzulassen.[19] Aus Praktikabilitätsgründen wird zu Recht vorgeschlagen, die zur Teilnahme ausgesuchten Bewerber zur Abgabe einer Teilnahmeerklärung innerhalb einer festgelegten Frist aufzufordern, weil sich erfahrungsgemäß nicht immer alle ausgesuchten Bewerber am Wettbewerb beteiligen. Bei einer Absage können dann weitere Teilnehmer von einer vorher festgelegten Nachrückerliste zur Abgabe von Wettbewerbsbeiträgen aufgefordert werden.[20]

---

[15] *Voppel/Osenbrück/Bubert* VOF, 3. Aufl., § 16 Rn. 23. folgern dies aus § 10 Abs. 4 S. 2 VOF; *Geitel* in KKMPP, VgV, §§ 69 bis 72 Rn. 17 folgert dies aus der „analogen Anwendung der Regel für das Verhandlungsverfahren".
[16] *Geitel* in KKMPP, VgV, §§ 69 bis 72 Rn. 17.
[17] Vgl. *Voppel/Osenbrück/Bubert* VOF, § 16 Rn. 23.
[18] Vgl. EuGH Urt. v. 15.10.2009 – Rs. C-138/08, NZBau 2010, 5962.
[19] Vgl. auch die Kommentierung von *Mager* zu § 51 Rn. 23 f.; vgl. dort auch zu der Frage, ob ein Auftraggeber verpflichtet ist, ein Vergabeverfahren mit einer geringeren als der in § 51 Abs. 2 VgV vorgesehenen Mindestanzahl an drei Bewerbern durchzuführen.
[20] *Geitel* in KKMPP, VgV, §§ 69 bis 72 Rn. 18 unter Verweis auf *Weinbrenner/Jochem/Neusüß* Der Architektenwettbewerb, 106.

§ 72 Preisgericht

(1) Das Preisgericht darf nur aus Preisrichtern bestehen, die von den Teilnehmern des Planungswettbewerbs unabhängig sind. Wird von den Wettbewerbsteilnehmern eine bestimmte berufliche Qualifikation verlangt, muss mindestens ein Drittel der Preisrichter über dieselbe oder eine gleichwertige Qualifikation verfügen.

(2) Das Preisgericht ist in seinen Entscheidungen und Stellungnahmen unabhängig. Es trifft seine Entscheidungen nur aufgrund von Kriterien, die in der Wettbewerbsbekanntmachung genannt sind. Die Wettbewerbsarbeiten sind ihm anonym vorzulegen. Die Anonymität ist bis zu den Stellungnahmen oder Entscheidungen des Preisgerichts zu wahren.

(3) Das Preisgericht erstellt einen Bericht über die Rangfolge der von ihm ausgewählten Wettbewerbsarbeiten, indem es auf die einzelnen Projekte eingeht und seine Bemerkungen sowie noch zu klärende Fragen aufführt. Dieser Bericht ist von den Preisrichtern zu unterzeichnen.

(4) Die Teilnehmer können zur Klärung bestimmter Aspekte der Wettbewerbsarbeiten aufgefordert werden, Fragen zu beantworten, die das Preisgericht in seinem Protokoll festzuhalten hat. Der Dialog zwischen Preisrichtern und Teilnehmern ist zu dokumentieren.

Übersicht

	Rn.		Rn.
A. Einführung	1	C. Qualifikation der Preisrichter	13
I. Literatur	1	D. Unabhängigkeit des Preisgerichts in Entscheidungen und Stellungnahmen	17
II. Entstehungsgeschichte	2		
III. Rechtliche Vorgaben im EU-Recht	3	E. Anonymität des Wettbewerbs	21
B. Unabhängigkeit der Preisrichter von den Teilnehmern	8	F. Dokumentation	25

A. Einführung

I. Literatur

1 *Hänsel/Grosse,* Vergabe von Architekten- und Ingenieurleistungen, 2. Aufl., 2012; *Müller-Wrede,* Der Architektenwettbewerb, 2012; *Diercks-Oppler,* Wettbewerbe für Architekten und Ingenieure, 2013; *Stolz,* Die Vergabe von Architekten- und Ingenieurleistungen nach der Vergaberechtsreform 2016, VergabeR 2016, 351 ff.; *Motzke,* Die Vergütung von im Verhandlungsverfahren und im wettbewerblichen Dialog erbrachten Architekten- und Ingenieurleistungen, NZBau 2016, 603 ff.

II. Entstehungsgeschichte

2   Die Vorschriften zu den Planungswettbewerben in §§ 69 bis 72 VgV sind in der Vorgängerfassung des VgV ohne Vorbild. Regelungen zu Wettbewerben und Planungswettbewerben fanden sich bisher in § 3 Abs. 8 VOL/A-EG und §§ 15 bis 17 VOF.[1]

III. Rechtliche Vorgaben im EU-Recht

3   § 72 VgV entspricht inhaltlich den bisherigen § 3 Abs. 8c VOL/A-EG und § 16 Abs. 4 bis 6 VOF und dient der Umsetzung von Art. 81 und 82 RL 2014/24/EU.[2]

---

[1] Vgl. BR-Drucks. 87/16, 221. Zu §§ 15 bis 17 VOF siehe auch die Ausführungen in *Hänsel/Grosse* Vergabe von Architekten- und Ingenieurleistungen, 2. Aufl., 2012; *Müller-Wrede* Der Architektenwettbewerb, 2012; *Diercks-Oppler* Wettbewerbe für Architekten und Ingenieure, 2013.

[2] BR-Drucks. 87/16, 222.

§ 72 Abs. 1 VgV regelt die Zusammensetzung des Preisgerichts und setzt nahezu wort- **4** lautidentisch Art. 81 RL 2014/24/EU in nationales Recht um.

§ 72 Abs. 2 VgV regelt die Unabhängigkeit des Preisgerichts und den Grundsatz der **5** Anonymität der Wettbewerbarbeiten und dient der Umsetzung von Art. 82 Abs. 1, Abs. 2 und Abs. 4 RL 2014/24/EU.

§ 72 Abs. 3 VgV regelt die Berichtspflichten des Preisgerichts[3] und setzt Art. 82 Abs. 3 **6** RL 2014/24/EU in nationales Recht um.

§ 72 Abs. 4 VgV regelt Dokumentationspflichten des Preisgerichts und dient der Umset- **7** zung von Art. 82 Abs. 5 und Abs. 6 RL 2014/24/EU in nationales Recht.

B. Unabhängigkeit der Preisrichter von den Teilnehmern

Das Preisgericht darf gemäß § 72 Abs. 1 S. 1 VgV nur aus Preisrichtern bestehen, die **8** von den Teilnehmern des Planungswettbewerbs unabhängig sind.

Die Preisrichter werden vom Auslobenden ausgewählt. Als Preisrichter kommen nur na- **9** türliche Personen in Betracht, da nur diese als solche eine Entscheidung treffen können.[4] Daneben kann der Auslober Vertreter der Preisrichter bestellen, an die dieselben Anforde- rungen zu stellen sind, wie an die vertretenen Preisrichter.[5]

Die zwingende Unabhängigkeit der Preisrichter von den Teilnehmern des Planungs- **10** wettbewerbs ergibt sich aus der Aufgabe der Preisrichter, die Wettbewerbarbeiten zu be- werten und eine Rangfolge zu ermitteln.

Die Preisrichter haben eine einem Schiedsrichter vergleichbare Stellung. Sie sind nicht **11** Schiedsgutachter im Sinne der §§ 317 ff. BGB.[6] Aufgrund des in § 69 Abs. 2 VgV aus- drücklich für anwendbar erklärten § 6 VgV (Vermeidung von Interessenkonflikten), sind Fragen zur Unabhängigkeit eines Preisrichters am Maßstab des § 6 VgV zu bewerten.[7]

Die Unabhängigkeit der Preisrichter vom Auslobenden wird von § 72 Abs. 1 S. 1 VgV **12** nicht gefordert.[8] Im Verhältnis zum Auslobenden ist lediglich die Unabhängigkeit des Preisgerichts in seinen Entscheidungen und Stellungnahmen gemäß § 72 Abs. 2 S. 1 VgV entscheidend.

C. Qualifikation der Preisrichter

Verlangt der Ausrichter des Wettbewerbs von den Teilnehmern eine bestimmte berufli- **13** che Qualifikation, so muss gemäß § 72 Abs. 1 S. 2 VgV mindestens ein Drittel der Preis- richter über dieselbe oder eine gleichwertige Qualifikation verfügen.

---

[3] BR-Drucks. 87/16, 222.

[4] *Voppel/Osenbrück/Bubert* VOF, § 16 Rn. 24.

[5] Nach § 6 Abs. 1 RPW 2013 ist zur Sicherstellung der Beschlussfähigkeit eine ausreichende Anzahl von Stellvertretern zu berufen. Fachpreisrichter müssen nämlich gemäß § 6 Abs. 2 RPW 2013 während der gesamten Preisgerichtssitzung anwesend sein, während Sachpreisrichter sich zeitweise vertreten lassen kön- nen, wenn sie in den Meinungsbildungsprozess eingebunden bleiben; vgl. zu Besonderheiten der einheitli- chen Richtlinien der Planungswettbewerbe für Architekten- und Ingenieurleistungen nach RPW 2013 auch die Kommentierung von §§ 78 f. Rn. 77 ff.

[6] Vgl. BGHZ 17, 366, 372; *Voppel/Osenbrück/Bubert* VOF, § 16 Rn. 25.

[7] OLG München Beschl. v. 11.4.2013, Verg 2/13, IBR 2013, 375 geht bei einem Angehörigen (Bruder) als Preisrichter im Planungswettbewerb davon aus, dass § 16 Abs. 2 VOF europarechtskonform einschrän- kend dahingehend auszulegen sei, dass nur die Möglichkeit, sich als Bewerber einen Vorteil zu verschaffen, nicht ausreicht, um diesen vom weiteren Verfahren auszuschließen; es müsse nachgewiesen sein, dass es tatsächlich zu einer konkreten Wettbewerbsbeeinflussung gekommen ist.

[8] Art. 81 und 82 Abs. 1 RL 2014/24/EU sehen die Unabhängigkeit der Preisrichter vom Auslober nicht vor; in zulässiger Weise darüber hinausgehend stellt § 79 Abs. 3 S. 2 VgV die Anforderung auf, dass die Mehrheit der Preisrichter vom Ausrichter unabhängig sein muss.

14   § 72 Abs. 1 S. 2 VgV übernimmt die Anforderungen von Art. 81 S. 2 RL 2014/24/EU
in nationales Recht und weicht von der Vorgängerregelung in § 16 Abs. 4 S. 2 VOF ab.[9]

15   Abweichend von § 72 Abs. 1 S. 2 VgV erhöht § 79 Abs. 3 S. 1 VgV die Anforderungen
an die Qualifikation der Preisrichter der Planungswettbewerbe für Architekten- und Ingenieurleistungen. Danach muss wie in § 16 Abs. 4 S. 2 VOF die Mehrheit der Preisrichter
über dieselbe oder gleichwertige Qualifikation verfügen, wie sie von den Teilnehmern
verlangt wird.

16   „Dieselbe Qualifikation" hat ein Preisrichter, wenn er die von den Teilnehmern geforderte Berufsbezeichnung führen darf.[10] Eine „gleichwertige Qualifikation" eines Preisrichters liegt vor, wenn er zwar sämtliche Eintragungsvoraussetzungen in die Architekten-,
Ingenieurliste vorweisen kann, die Eintragung aber nicht beantragt hat.[11] Bei Planungswettbewerben für Architekten- und Ingenieurleistungen werden die Preisrichter mit derselben oder gleichwertigen Qualifikation als Fachpreisrichter bezeichnet und die Preisrichter, die mit der Wettbewerbsaufgabe und den örtlichen Verhältnissen besonders vertraut
sein sollen, als Sachpreisrichter bezeichnet.[12] Neben dem Auslober, den Teilnehmern und
dem Preisgericht zählt § 2 RPW 2013 die Architekten- und Ingenieurkammern, die Wettbewerbsbetreuer und Sachverständige als weitere – mögliche – Wettbewerbsbeteiligte auf.

D. Unabhängigkeit des Preisgerichts in Entscheidungen
und Stellungnahmen

17   Die notwendige Unabhängigkeit des Preisgerichts in seinen Entscheidungen und Stellungnahmen gemäß § 72 Abs. 2 S. 1 VgV korreliert mit der Aufgabe des Preisgerichts, über die
Zulassung der Wettbewerbsarbeiten zu entscheiden, zugelassene Wettbewerbsarbeiten zu beurteilen und diejenigen Arbeiten auszuwählen, die die Anforderungen der Auslobung am
besten erfüllen und dem Auslober Empfehlungen zur weiteren Bearbeitung der Aufgabe zu
geben.[13] Die Entscheidungsfindung des Preisgerichts darf gemäß § 72 Abs. 2 S. 2 VgV nur aufgrund von Kriterien erfolgen, die in der Wettbewerbsbekanntmachung genannt sind. Die
Bekanntgabe der Entscheidungskriterien des Preisgerichts zeitlich nach der Wettbewerbsbekanntmachung – etwa in der Aufgabenbeschreibung – ist unzulässig.[14] Die Entscheidungskriterien können vom Auslober grundsätzlich frei bestimmt werden. Aus Gründen der Gleichbehandlung muss es sich unter Berücksichtigung der Wettbewerbsaufgabe aber um objektive,
sachlich nachvollziehbare und überwiegend um qualitative Kriterien handeln.[15]

18   Aufgrund der Unabhängigkeit des Preisgerichts in seinen Entscheidungen und Stellungnahmen dürfen die Preisrichter keinen Weisungen des Auslobers unterliegen. Dies gilt auch
für Sachpreisrichter aus dem Bereich des Auslobers.[16] Der Unabhängigkeit des Preisgerichts
dient auch die Festlegung in § 6 Abs. 2 RPW 2013, dass die Preisgerichtsitzung in der Regel nicht öffentlich tagt.

---

[9] § 16 Abs. 4 S. 2 VOF bestimmte, dass die Mehrheit der Preisrichter über dieselbe oder eine gleichwertige Qualifikation verfügen muss.
[10] Vgl. *Diercks-Oppler* Wettbewerbe für Architekten und Ingenieure, S. 112.
[11] Vgl. *Hartmann* in KKMPP, VgV, § 79 Rn. 63.
[12] Vgl. *Voppel/Osenbrück/Bubert* VOF, § 16 Rn. 28; vgl. auch die Kommentierung von *Schneider* zu § 79
Rn. 98 ff.
[13] Vgl. *Voppel/Osenbrück/Bubert* VOF, § 16 Rn. 31; zu Einzelheiten der Tätigkeit des Preisgerichts im
Rahmen der RPW 2013 vgl. die Kommentierung von *Schneider* zu § 79 Rn. 111 ff.
[14] Vgl. *Voppel/Osenbrück/Bubert* VOF, § 16 Rn. 38. Im Muster der Wettbewerbsbekanntmachung gemäß
§ 70 Abs. 1 S. 2 VgV sind die Kriterien für die Bewertung der Projekte in Ziffer IV.1.9) einzutragen.
[15] Vgl. *Diercks-Oppler* Wettbewerbe für Architekten und Ingenieure, S. 74 ff.; *Müller-Wrede* Der Architektenwettbewerb, Rn. 205 ff.; *Voppel/Osenbrück/Bubert* VOF, § 16 Rdn. 38.
[16] Die Preisrichter dürfen im Rahmen ihrer Tätigkeit für das Preisgericht nicht weisungsunterworfen sein
und müssen sich auch sonst von jeder Beeinflussung frei machen, vgl. *Voppel/Osenbrück/Bubert* VOF, § 16
Rn. 31.

Die Entscheidungen des Preisgerichts sind gemäß § 661 Abs. 2 S. 2 BGB für den Auslo- **19** benden, die Wettbewerbsteilnehmer und alle sonstigen Beteiligten, verbindlich. Auch das Preisgericht selbst ist an getroffene Entscheidungen grundsätzlich gebunden.[17] Die Preisentscheidung als Werturteil darf analog § 1059 Abs. 2 Nr. 1 bzw. Nr. 2 b. ZPO nur auf schwere Verfahrensfehler[18] bzw. auf einen Verstoß gegen die öffentliche Ordnung hin untersucht werden, welche die getroffene Entscheidung beeinflusst haben.[19] Sogar die offenbare Unbilligkeit[20] oder die offensichtliche Unrichtigkeit der Entscheidung ändert anders als im Rahmen des § 660 BGB nichts an der Verbindlichkeit der Entscheidung.[21] Auch wenn die Entscheidung des Preisgerichts wegen schwerer Verfahrensfehler unverbindlich ist, haften die Preisrichter aufgrund der schiedsrichterähnlichen Stellung nur bei einer vorsätzlichen Pflichtverletzung gemäß § 826 BGB.[22]

Trotz der Verbindlichkeit der Preisgerichtsentscheidung hat diese keine dem Zuschlag **20** entsprechende Wirkung, mit der Folge, dass die Preisgerichtsentscheidung mit einem Nachprüfungsantrag vor der Vergabekammer angefochten werden kann.[23] Eine Aufhebung oder Zurückversetzung der Preisgerichtsentscheidung durch die Vergabekammer wird nur in Frage kommen, soweit die Anonymität der Wettbewerbsarbeiten im Nachprüfungsverfahren gewahrt werden kann.[24]

E. Anonymität des Wettbewerbs

§ 72 Abs. 2 S. 3 VgV verpflichtet den Auslobenden dem Preisgericht die Wettbewerbs- **21** arbeiten anonym vorzulegen. Der Grundsatz der Anonymität wird durch § 72 Abs. 2 S. 4 VgV bis zum Zeitpunkt der Vorlage der Stellungnahmen oder Entscheidungen des Preisgerichts verlängert.

Durch den Grundsatz der Anonymität wird die Chancengleichheit der Wettbewerbsteil- **22** nehmer gewährleistet.

Aufgrund der Erstreckung des Grundsatzes der Anonymität auf das gesamte Bewer- **23** tungsverfahren durch das Preisgericht in § 72 Abs. 2 S. 4 VgV ist die Durchführung kooperativer Wettbewerbe nicht erlaubt.[25] Ein inhaltlicher Austausch zwischen Auslober, Preisrichtern, Sachverständigen, Wettbewerbsbetreuern und Auslober ist nicht erlaubt.

---

[17] Vgl. *Schäfer* in MüKoBGB, 7. Aufl., § 661 Rn. 22.

[18] Schwerwiegende Verfahrensmängel sind anzunehmen, wenn das Preisgericht einen Bewerber zu Unrecht vom weiteren Verfahren ausschließt, eine Arbeit mit einem Preis bedenkt, die gegen formale oder bindende Vorgaben verstößt, das Preisgericht ohne hinreichende Klärung der Tatsachenbasis zu einer Entscheidung kommt, die Entscheidung gegen das Mehrheitsprinzip verstößt oder die Entscheidung nicht eindeutig und in dieser Hinsicht auch nicht auslegungsfähig ist, vgl. *Voppel/Osenbrück/Bubert* VOF, § 16 Rn. 46.

[19] *Schäfer* in MüKoBGB, 7. Aufl., § 661 Rn. 22 unter Verweis auf BGHZ 17, 366 (374 f.) und *Erman/Berger* BGB, Rn. 4; vgl. auch *Müller-Wrede* Der Architektenwettbewerb, Rn. 333.

[20] Zum Teil wird bei einem an sich zutreffend verlaufenden Verfahren dennoch die Unverbindlichkeit der Entscheidung des Preisgerichts angenommen, wenn dessen Begründung offenbar willkürlich ist oder mit den vorgegebenen Entscheidungskriterien in offenbarem Widerspruch steht, vgl. OLG Hamm, NZBau 2000, 345, 347 für den Fall, dass der Entwurf des Preisträgers den vorgegebenen Kostenrahmen um mehr als das Doppelte übersteigt.

[21] *Schäfer* in MüKoBGB, 7. Aufl., § 661 Rn. 22.

[22] *Voppel/Osenbrück/Bubert* VOF, § 16 Rn. 29; *Geitel* in KKMPP, VgV, §§ 69 bis 72 Rn. 21.

[23] Vgl. OLG Koblenz Beschl. v. 26.5.2010, 1 Verg 2/10, IBR 2010, 521; Beschl. v. 16.2.2011, 1 Verg 2/10, IBR 2011 360; VK Sachsen Beschl. v. 22.2.2013, 1/SVK/047-12, VPR 2013, 87; aA: OLG Düsseldorf Beschl. v. 31.3.2004, VII Verg 4/04, IBR 2004, 455: Die Ansicht, dass mit der Entscheidung des Preisgerichts Erledigung eingetreten und somit der Nachprüfungsantrag unzulässig sei, überzeugt nicht. § 79 Abs. 5 S. 4 VgV (§ 25 Abs. 8 VOF) statuiert, dass die Entscheidung des Preisgerichts durch den Auftraggeber korrigiert werden kann und das Verfahren letztlich durch die Vergabestelle und nicht das Preisgericht entschieden wird.

[24] Die Vergabekammer Sachsen, VPR 2013, 87, hat die Preisgerichtsentscheidung nur für unverbindlich erklärt, weil durch die Offenlegung der Wettbewerbsarbeiten im Nachprüfungsverfahren die Anonymität nicht mehr gewahrt werden konnte.

[25] Vgl. *Voppel/Osenbrück/Bubert* VOF, § 15 Rn. 50.

24   Die Aufhebung der Anonymität durch eine planerische „Handschrift" eines Wettbewerbsteilnehmers, die von einem sachkundigen Preisrichter erkannt werden kann, ist ebenso unschädlich wie die Einreichung einer bereits anderweitig verwendeten Wettbewerbsarbeit, auch auf die Gefahr hin, dass Preisrichter die Arbeit erkennen und zuordnen
können.[26]

F. Dokumentation

25   § 72 Abs. 3 und Abs. 4 VgV regelt Dokumentationspflichten des Preisgerichts.

26   Die Dokumentationspflichten des Preisgerichts werden von der Dokumentation des gesamten Planungswettbewerbs durch den Auslober überlagert und ergänzt. Obwohl es sich
bei dem Planungswettbewerb nicht um ein Vergabeverfahren handelt, war es bereits zu
§ 16 Abs. 6 VOF anerkannt, dass ein Planungswettbewerb „grundsätzlich mit der gleichen
Dichte und denselben Maßgaben zu dokumentieren ist wie ein Verhandlungsverfahren".[27]
Auch wenn § 8 VgV (Dokumentation und Vergabevermerk) die allgemeinen Dokumentationspflichten des Vergabeverfahrens nicht ausdrücklich auf Planungswettbewerbe erstreckt,[28] ist auch nach der Vergaberechtsreform aus Transparenzgründen der Planungswettbewerb durch den Auslober zu dokumentieren.[29]

27   Über die allgemeinen Dokumentationspflichten des Auslobers hinausgehend, sind spezielle Dokumentationspflichten des Preisgerichts in § 72 Abs. 3 und 4 VgV geregelt. Danach hat das Preisgericht gemäß § 72 Abs. 3 S. 1 VgV einen Bericht über die Rangfolge
der von ihm ausgewählten Wettbewerbsarbeiten zu erstellen, in dem es auf die einzelnen
Projekte eingeht und seine Bemerkungen sowie noch zu klärende Fragen aufführt. Der
Bericht ist gemäß § 72 Abs. 3 S. 2 VgV von den Preisrichtern zu unterzeichnen. Nach
Auffassung des OLG Koblenz[30] kann das Sitzungsprotokoll des Preisgerichts – abweichend
vom Grundsatz, dass Dokumentationsmängel nachträglich nicht mehr geheilt werden können – auch noch im Rahmen eines Nachprüfungsverfahrens um nicht dokumentierte Vorgänge ergänzt werden.

28   Nicht eindeutig ist, ob die Dokumentationspflicht des Preisgerichts gemäß § 79 Abs. 5
S. 1 VgV über die allgemeine Dokumentationspflicht in § 72 Abs. 3 S. 1 VgV hinausgeht.
Beide Regelungen fordern vom Preisgericht einen Bericht über die Rangfolge der von
ihm ausgewählten Wettbewerbsarbeiten. Ob die in § 79 Abs. 5 S. 1 geforderte „Beurteilung" der Wettbewerbsarbeiten über das Eingehen auf einzelne Projekte und Aufführen
von Bemerkungen gemäß § 72 Abs. 3 S. 1 VgV hinausgeht, scheint fraglich.[31] Jedenfalls
muss das Preisgericht allen in die engere Wahl genommenen Arbeiten, also auch den besten
Nichtpreisträgern, einen Rang zuweisen.[32]

29   Weiterhin stellt § 72 Abs. 4 S. 1 VgV klar, dass Teilnehmer zur Klärung bestimmter Aspekte der Wettbewerbsarbeiten aufgefordert werden können, Fragen zu beantworten, die
das Preisgericht anschließend in seinem Protokoll festzuhalten hat. Ebenso ist gemäß § 72
Abs. 4 S. 2 VgV der Dialog zwischen Preisrichtern und Teilnehmern zu dokumentieren.

---

[26] Vgl. *Voppel/Osenbrück/Bubert* VOF, § 15 Rn. 51; OLG Düsseldorf VergabeR 2006, 137, 141, mit der
mehrdeutigen Einschränkung „solange die Grenze zur Befangenheit eines einzelnen Preisrichters nicht
überschritten ist".

[27] *Voppel/Osenbrück/Bubert* VOF, § 15 Rn. 53; OLG Koblenz Beschl. v. 16.2.2011, 1 Verg 2/10, IBR
201, 360; VK Bund Beschl. v. 26.1.2005, VK 3–224/04.

[28] Vgl. aber § 8 Abs. 2 Nr. 7 VgV, wonach bei Verhandlungsverfahren ohne vorherigen Teilnahmewettbewerb die in § 14 Abs. 4 VgV genannten Umstände, die die Anwendung dieses Verfahrens (hier § 14
Abs. 4 Nr. 8 VgV) rechtfertigen, in einem Vermerk in Textform zu dokumentieren sind.

[29] Ebenso *Hartmann* in KKMPP, VgV, § 79 Rn. 129.

[30] OLG Koblenz Beschl. v. 16.2.2011, 1 Verg 2/10, IBR 2011, 360.

[31] Vgl. auch die Kommentierung von *Schneider* zu § 79 Rn. 166 ff.

[32] OLG Koblenz Beschl. v. 26.5.2010, 1 Verg 2/10, IBR 2010, 521.

Abschnitt 6. Besondere Vorschriften für die Vergabe von Architekten- und Ingenieurleistungen

Unterabschnitt 1. Allgemeines

§ 73 Anwendungsbereich und Grundsätze

(1) Die Bestimmungen dieses Abschnitts gelten zusätzlich für die Vergabe von Architekten- und Ingenieurleistungen, deren Gegenstand eine Aufgabe ist, deren Lösung vorab nicht eindeutig und erschöpfend beschrieben werden kann.

(2) Architekten- und Ingenieurleistungen sind

1. Leistungen, die von der Honorarordnung für Architekten und Ingenieure vom 10. Juli 2013 (BGBl. I S. 2276) erfasst werden, und
2. sonstige Leistungen, für die die berufliche Qualifikation des Architekten oder Ingenieurs erforderlich ist oder vom öffentlichen Auftraggeber gefordert wird.

(3) Aufträge über Leistungen nach Absatz 1 sollen unabhängig von Ausführungs- und Lieferinteressen vergeben werden.

Übersicht

	Rn.			Rn.
A. Einführung	1		II. Lösung vorab nicht eindeutig und erschöpfend beschreibbar	38
I. Literatur			1. Herleitung dieser Anwendungsvoraussetzung	38
II. Entstehungsgeschichte	2		2. Beurteilungszeitpunkt	41
III. Rechtliche Vorgaben im EU-Recht	9		3. Beurteilungsmaßstab	42
B. Anwendungsbereich	14		4. Nichtbeschreibbarkeit der Lösung	43
I. Architekten- und Ingenieurleistungen	15		III. Rechtliche Vorgaben im EU-Recht	9
1. Leistungen nach der HOAI	16		C. Grundsätze	52
2. Berufliche Qualifikation erforderlich	25		I. Sonderregelungsregime	52
3. Berufliche Qualifikation vom AG gefordert	30		II. Unabhängigkeit von Ausführungs- und Lieferinteressen	56

A. Einführung

I. Literatur

Kulartz/Kus/Marx/Portz/Prieß, Kommentar zur VgV, 1. Aufl., Köln 2017; *Willenbruch/Wieddekind,* Vergaberecht, 4. Aufl., Köln 2017; *Stolz,* Die Vergabe von Architekten- und Ingenieurleistungen nach der Vergaberechtsreform 2016, VergabeR 2016, 351; *Fritz,* Die Vergabe von Architekten und Ingenieursleistungen nach der VgV 2016, VergabeR 2017, 267; *Müller-Wrede,* Kommentar zur VOF, 5. Aufl., München 2014; *Voppel/Osenbrück/Bubert,* VOF – Vergabeordnung für freiberufliche Leistungen, 3. Aufl., München 2012; *Dierks-Oppler,* Wettbewerbe für Architekten und Ingenieure, 1. Aufl., Köln 2013; *Müller-Wrede,* Der Architektenwettbewerb, 1. Aufl., Köln 2012. **1**

II. Entstehungsgeschichte

§°73 VgV eröffnet den Abschnitt 6 der VgV, der besondere Regelungen für die Vergabe **2** von Architekten- und Ingenieurleistungen enthält. Bis zur Vergaberechtsreform 2016 waren die Regelungen für die Vergabe von Architekten- und Ingenieurleistungen in der Vergabeverordnung für freiberufliche Leistungen (VOF[1]) normiert. Diese Vergabeordnung war als

---

[1] Vergabeordnung für freiberufliche Leistungen – VOF –, ursprünglich am 12.5.1997 (BAnz. Nr. 164a vom 3.9.1997) und zuletzt neugefasst und bekannt gemacht am 18.11.2009 (BAnz. Nr. 185a vom 8.12.2009).

Spezialverordnung für geistig-schöpferische Leistungen geschaffen worden, die zwar in den Anwendungsbereich des Vergaberechts fielen, aber nicht dem strengem Regime der für die Vergabe der (sonstigen) Dienstleistungen einschlägigen Vergabe- und Vertragsordnung für Leistungen (VOL[2]) unterstellt werden sollten. Insbesondere hatte der Hauptausschuss für die Erarbeitung der VOF die in Art. 30 Abs. 1 lit c der Vergabekoordinierungsrichtlinie (VKR[3]) vorgesehene ausnahmsweise Zulassung des Verhandlungsverfahrens bei *„Dienstleistungen insbesondere (…) bei geistig-schöpferischen Dienstleistungen wie Bauplanungsdienstleistungen, sofern die zu erbringende Dienstleistung so beschaffen ist, dass vertragliche Spezifikationen nicht so genau festgelegt werde können, dass der Auftrag durch die Wahl des besten Angebots in Übereinstimmung mit den Vorschriften über offene und nichtoffene Verfahren vergeben werden kann"* zum Anlass genommen und in der VOF das Verhandlungsverfahren als ausschließliche Vergabeart normiert.

3   Neben den allgemeinen, für alle freiberuflichen Leistungen geltenden Regelungen enthielt die VOF ein besonderes Kapitel 3, das Regelungen ausschließlich für die Vergabe von Architekten- und Ingenieurleistungen vorsah. Dementsprechend definierte § 18 VOF den Anwendungsbereich, der auf die Vergabe von Architekten- und Ingenieurleistungen beschränkt war. Hierdurch sollte den Besonderheiten der Vergabe dieser Leistungen Rechnung getragen werden, die insbesondere bei der Eignungsprüfung (§ 19 VOF) und den Kriterien für die Auftragserteilung (§ 20 VOF) gesehen wurden.

4   In früheren Fassungen enthielt die VOF darüber hinaus Sonderregelungen für Planungswettbewerbe für Architekten- und Ingenieurleistungen (§ 25 VOF 2006), die jedoch im Zuge der Neufassung der VOF 2009 in die Wettbewerbsregelungen des 2. Kapitels integriert worden sind. Dahinter stand die Kritik an der Normierung von Sonderregelungen für die Vergabe von Architekten- und Ingenieurleistungen.

5   Diese Kritik wurde in den Diskussionen um die Vergaberechtsreform 2016 nicht aufgegriffen. Im Zuge diese Reform sind die allgemeinen Regelungen der bisherigen VOF, so wie die Regelungen des 2. Abschnitts der VOL/A, in der VgV aufgegangen. Ein Abschnitt für Sonderregelungen für die Vergabe von Architekten- und Ingenieurleistungen – Abschnitt 6 der VgV – wurde indes beibehalten.

6   Durch die Aufnahme der VOF in die VgV wurde die bisherige Regelungsstruktur der VOF aufgegeben. Diese war unterteilt in ein Kapitel 1, das allgemeine, für alle freiberuflichen Leistungen geltende Regelungen umfasste (§§ 1–14 VOF), ein Kapitel 2 mit speziellen Regelungen für die Durchführung von Wettbewerben (§§ 15–17 VOF) sowie ein spezielle Regelungen für die Vergabe von Architekten- und Ingenieurleistungen enthaltendes Kapitel 3 (§§ 18–20 VOF). In der für grundsätzlich alle Vergaben von Dienst- und Lieferleistungen öffentlicher Auftraggeber geltenden VgV sind sämtliche Spezialregelungen für die Vergabe von Architekten- und Ingenieurleistungen im Abschnitt 6 zusammengefasst, der sich wiederum unterteilt in einen Unterabschnitt 1, der die allgemeinen Regelungen enthält, und einen Unterabschnitt 2 mit speziellen Regelungen für Planungswettbewerbe für Architekten- und Ingenieurleistungen.

7   § 73 VgV definiert den Anwendungsbereich dieses Abschnitts 6. Dazu greift § 73 VgV die Regelung des § 18 Abs. 1 VOF auf, die den Anwendungsbereich des Sonderregelungsregimes für die Vergabe von Architekten- und Ingenieurleistungen in der VOF bestimmte und ergänzt jene Regelung um die Definition der Aufgabe im Sinne von § 1 VOF, wonach nur solche freiberuflichen Leistungen in den Anwendungsbereich fallen, deren Gegenstand eine Aufgabe war, deren Lösung vorab nicht eindeutig und erschöpfend beschrieben werden konnte. Grund für diese Verknüpfung ist die beschriebene systematische Zusammenfassung sämtlicher für die Vergabe von Architekten- und Ingenieurleistungen relevanter Spezialregelungen und deren Eingliederung in die VgV.

---

[2] Vergabe- und Vertragsordnung für Leistungen – Teil A (VOL/A) Ausgabe 2009 vom 20.11.2009 (BAnz. Nr. 196a vom 29.12.2009).

[3] Richtlinie 2004/18/EG des Europäischen Parlaments und des Rates vom 31.3.2004 über die Koordinierung der Verfahren zur Vergabe öffentlicher Bauaufträge, Lieferaufträge und Dienstleistungsaufträge, abgedr. in ABl. L 2004 vom 30.4.2004 S. 1 ff.

§ 73 Abs. 1 VgV ist im Unterabschnitt 1 des Abschnitts 6 verordnet. Trotzdem regelt er **8** den Anwendungsbereich des gesamten Abschnitts 6 und damit auch für den Unterabschnitt 2, in dem die Regelungen für Planungswettbewerbe für Architekten- und Ingenieurleistungen zusammengefasst sind. Dies folgt aus dem Wortlaut von § 63 Abs. 1 VgV, der den Anwendungsbereich „dieses Abschnitts" – und nicht etwa des Unterabschnitts, wie dies beispielsweise § 78 Abs. 3 S. 1 VgV regelt – bestimmt.[4]

III. Rechtliche Vorgaben im EU-Recht

Die Vergaberichtlinie,[5] die mit der VgV in deutsches Recht umgesetzt wird, sieht kein **9** Sonderregelungsregime für die Vergabe von Architekten- und Ingenieurleistungen vor. Weil der deutsche Gesetzgeber die EU-Richtlinien mit der Vergaberechtsreform „eins-zu-eins" umsetzen wollte,[6] ist dies – neben der Zielsetzung, die Struktur des deutschen Vergaberechts zu vereinfachen – ein Grund dafür, dass das Sonderregime der VOF für die Vergabe von vorab nicht eindeutig beschreibbaren freiberuflichen Leistungen im Zuge der Vergaberechtsreform aufgegeben wurde. Gleichwohl hat sich der deutsche Gesetzgeber dazu entschieden, für die Vergabe von Architekten- und Ingenieurleistungen in einem begrenzten Umfang Sonderregelungen zu normieren und insoweit vom Prinzip der „Eins-zu-Eins-Umsetzung" abzuweichen. Die Gründe dafür dürften in der intensiven Lobbyarbeit der Architekten- und Ingenieurverbände, aber auch in der den auszuschreibenden Architekten- und Ingenieurleistungen innewohnenden Besonderheit liegen, dass diese vorab nicht eindeutig und erschöpfend beschrieben werden können. Vergaberechtliche Standards, bspw. dass die ausgeschriebene Leistungen erschöpfend zu beschreiben sind, können daher auf die Architekten- und Ingenieursvergabe nicht übertragen werden.

Abschnitt 6 der VgV und § 73 VgV im Besonderen, der den Anwendungsbereich dieses **10** Abschnitts definiert, haben mithin kein europarechtliches Vorbild. Gleichwohl schließt die Richtlinie die Zusammenfassung spezifischer Regelungen für die Vergabe von Architekten- und Ingenieurleistungen nicht aus. In der Richtlinie werden vielmehr in den Erwägungsgründen Besonderheiten derartiger Leistungen hervorgehoben, die Sonderregelungen rechtfertigen, z.B. die Durchführung eines Wettbewerblichen Dialogs (Erwägungsgrund 43) und von Wettbewerben (Erwägungsgrund 120) sowie die Wertung von Organisation, Qualifikation und Erfahrung der Mitarbeiter, die für die Ausführung des betreffenden Auftrags eingesetzt werden, als Zuschlagskriterium (Erwägungsgrund 95).

Zudem hatte der EuGH bereits im Jahr 1988 festgestellt, dass die Vergaberichtlinien kein **11** einheitliches und erschöpfendes Unionsrecht darstellen. Vielmehr bleibt es den Mitgliedstaaten unbenommen, vorbehaltlich der Beachtung aller einschlägigen Vorschriften des Gemeinschaftsrechts und insbesondere der Verbote, die aus den vom Vertrag aufgestellten Grundsätzen auf dem Gebiet des Niederlassungsrechts und des freien Dienstleistungsverkehrs folgen, materiellrechtliche oder verfahrensrechtliche Bestimmungen auf dem Gebiet der öffentlichen Auftragsvergabe aufrechtzuerhalten oder zu erlassen.[7] Der Verordnungsgeber darf deshalb in europarechtlicher Hinsicht Sonderregelungen für die Vergabe von Architekten- und Ingenieurleistungen schaffen, solange und soweit diese nicht den Vorgaben des primären und sekundären Unionsrecht widersprechen. Diese Vorgabe der Übereinstimmung der §§ 73 ff. VgV mit dem primären und sekundären Unionsrecht schwebt gewissermaßen wie ein Damoklesschwert über diesen Vorschriften.

---

[4] Ebenso *Harr* in Willenbruch/Wieddekind, Vergaberecht 4. Aufl. 2017 § 73 Rn. 3. Siehe auch die Kommentierung von → VgV § 78 Rn. 52 f.

[5] Richtlinie 2014/24/EU des Europäischen Parlaments und des Rates vom 26. Februar 2014 über die öffentliche Auftragsvergabe und zur Aufhebung der Richtlinie 2004/18/EG.

[6] *Stolz* VergabeR 2016, 351 mit Verweis auf das Eckpunktepapier zur Reform des Vergaberechts, Beschluss des Bundeskabinetts vom 7.1.2015.

[7] EuGH v. 20.9.1988 – Rs 31/87, NVwZ 1990, 353. Siehe hierzu auch *Müller-Wrede* in Müller-Wrede, VOF 5. Aufl. 2014 § 3 Rn. 25.

12   Insoweit sind die nationalen vergaberechtlichen Vorschriften im Sinne der Vergaberichtlinien auszulegen, um das in Art. 288 Abs. 3 AEUV festgelegte Ziel der Richtlinienumsetzung zu erreichen. Dabei sind neben dem Richtlinientext die diesem vorangestellten Erwägungsgründe und die ihnen zugrunde liegenden Bestimmungen des AEUV zu berücksichtigen.[8] Dessen Ziel ist eine Rechtsangleichung, nicht aber eine Rechtsvereinheitlichung, weshalb der Verordnungsgeber bei der Umsetzung der Vergaberichtlinien innerhalb der beschriebenen Grenzen einen Ermessensspielraum hat und für die Vergabe von Architekten- und Ingenieurleistungen ein Sonderregime schaffen durfte.

13   Die Anwendungsvoraussetzung für dieses im Abschnitt 6 zusammengefasste Sonderregime, nämlich dass die Leistung vorab nicht eindeutig und erschöpfend beschreibbar ist, geht zurück auf Art. 30 Abs. 1c) der Vergabekoordinierungsrichtlinie (VKR[9]) bzw. Art. 11 Abs. 2c) der früheren Dienstleistungsrichtlinie (DLR[10]) sowie auf deren 24. Erwägungsgrund. Hiernach war das Verhandlungsverfahren mit vorangegangener Vergabebekanntmachung zulässig u. a. bei geistig-schöpferischen Dienstleistungen wie Bauplanungsdienstleistungen, sofern die zu erbringende Dienstleistung so beschaffen ist, dass vertragliche Spezifikationen nicht so genau festgelegt werden können, dass der Auftrag durch die Wahl des besten Angebots in Übereinstimmung mit den Vorschriften über offene und nichtoffene Verfahren vergeben werden kann. Nach Art. 26 Abs. 4a) ii) der Vergaberichtlinie ist Voraussetzung für ein Verhandlungsverfahren oder einen Wettbewerblichen Dialog nunmehr, dass der Auftrag konzeptionelle oder innovative Lösungen umfasst, wovon gemäß dem Erwägungsgrund 43 bei Architekten- und Ingenieurleistungen im Einzelfall ausgegangen werden kann. Wenn § 73 Abs. 1 VgV für die Anwendung des Abschnitts 6 voraussetzt, dass Ausschreibungsgegenstand eine Aufgabe ist, deren Lösung vorab nicht eindeutig und erschöpfend beschrieben werden kann, bedeutet das im Ergebnis nichts anderes, als dass eine konzeptionelle und/oder innovative Lösung ausgeschrieben ist.

B. Anwendungsbereich

14   § 73 Abs. 1 VgV bestimmt den Anwendungsbereich des Abschnitts 6 der VgV. Dieser Abschnitt enthält zusätzliche Bestimmungen für die Vergabe von Architekten- und Ingenieurleistungen, deren Gegenstand eine Aufgabe ist, deren Lösung vorab nicht eindeutig und erschöpfend beschrieben werden kann. Damit ist zugleich der Anwendungsbereich definiert. Voraussetzung für die Anwendung der Regelungen des Abschnitts 6 der VgV ist also, dass Architekten- oder Ingenieurleistungen vergeben werden sollen (I.), deren Gegenstand eine Aufgabe ist, deren Lösung vorab nicht eindeutig und erschöpfend beschrieben werden kann (II.).

I. Architekten- und Ingenieurleistungen

15   Was Architekten- und Ingenieurleistungen im Sinne des Abschnitts 6 der VgV sind, wird in § 73 Abs. 2 VgV legal definiert. Architekten- und Ingenieurleistungen sind danach

- Leistungen, die von der Honorarordnung für Architekten und Ingenieure vom 10. Juli 2013 (BGBl. I, Seite 2276) erfasst werden (Abs. 2 Nr. 1) und
- sonstigen Leistungen, für die die berufliche Qualifikation des Architekten oder Ingenieurs erforderlich ist oder vom öffentlichen Auftraggeber gefordert wird (Abs. 2 Nr. 2).

---

[8] Siehe hierzu auch *Müller-Wrede* in Müller-Wrede, VOF 5. Aufl. 2014 § 3 Rn. 25.
[9] Richtlinie 2004/18/EG des Europäischen Parlaments und des Rates vom 31.3.2004 über die Koordinierung der Verfahren zur Vergabe öffentlicher Bauaufträge, Lieferaufträge und Dienstleistungsaufträge, abgedr. in ABl. L 2004 v. 30.4.2004 S. 1 ff.
[10] Richtlinie 92/50/EWG des Rates vom 18.6.1992 über die Koordinierung der Verfahren zur Vergabe öffentlicher Dienstleistungsaufträge, abgedr. in ABl. L 209 v. 24.7.1992 S. 1.

Diese Legaldefinition stimmt – mit Ausnahme der konkreten Benennung der HOAI – mit der Legaldefinition in § 18 Abs. 2 VOF überein.

1. Leistungen nach der HOAI

Den Anwendungsbereich der Honorarordnung für Architekten und Ingenieure vom **16** 10.7.2013 bestimmt **§ 1 HOAI.** Hiernach gilt diese Honorarordnung *„für die Grundleistungen der Architekten und Architektinnen und der Ingenieure und Ingenieurinnen (Auftragnehmer oder Auftragnehmerinnen) mit Sitz im Inland, soweit die Grundleistungen durch diese Verordnung erfasst und vom Inland aus erbracht werden."* Entscheidend für die Anwendung der HOAI sind demnach sachliche und persönliche Kriterien. In persönlicher Hinsicht ist die HOAI nur anwendbar auf Architekten und Ingenieure mit Sitz im Inland. In sachlicher Hinsicht muss eine Grundleistung vorliegen, die durch die HOAI erfasst und vom Inland aus erbracht wird.

§ 73 Abs. 2 Nr. 1 VgV verlangt indes nicht, dass der Anwendungsbereich der HOAI – **17** in persönlicher und sachlicher Hinsicht – eröffnet ist.[11] Vielmehr genügt es, wenn die zu vergebende Leistung von der HOAI erfasst ist. Erfasst bedeutet in diesem Zusammenhang, dass die Leistung nach der Wertung der HOAI als Architekten- oder Ingenieurleistung zu beurteilen ist oder nicht. Ob diese Leistung dann unter das Preisrecht der HOAI fällt, ist unerheblich. Die Anwendung des Abschnitts 6 der VgV soll nicht von der Frage abhängen, ob eine Leistung preisrechtlich der HOAI unterfällt. Sinn und Zweck des Abschnitts 6 ist es, zusätzliche Regelungen für die Vergabe solcher Leistungen vorzusehen, deren Gegenstand eine Aufgabe ist, deren Lösung nicht vorab eindeutig und erschöpfend beschrieben werden kann. Die Nichtbeschreibbarkeit steht jedoch in keinem Zusammenhang mit dem Preisrecht. Maßgebend ist vielmehr, ob es sich sachlich-inhaltlich um eine von der HOAI erfasste Leistung handelt. Ob die HOAI dann für diese Leistung zwingendes Preisrecht vorsieht oder nicht (indem sie aus dem Anwendungsbereich herausgenommen wurde), ist unerheblich.

Unstreitig sind damit Grundleistungen, die von der HOAI erfasst werden, Architekten- **18** und Ingenieurleistungen im Sinne von § 73 Abs. 2 Nr. 1 VgV. **Grundleistungen** sind gemäß § 3 Abs. 2 HOAI solche Leistungen, *„die zur ordnungsgemäßen Erfüllung eines Auftrags im Allgemeinen erforderlich sind".* Diese sind in der HOAI in Leistungsbildern erfasst, die sich wiederum in Leistungsphasen gemäß den Regelungen in den Teilen 2 bis 4 der HOAI aufgliedern. Für jedes Leistungsbild werden die Leistungen, die nach Auffassung des Verordnungsgebers zur ordnungsgemäßen Erfüllung im Allgemeinen erforderlich sind, also die Grundleistungen, in einer Anlage zur HOAI aufgezählt (und dabei den Leistungsphasen zugeordnet). Diese Aufzählung ist abschließend[12] Grundleistungen gibt es danach für die Leistungsbilder

- Flächennutzungsplan (Anl. 2)
- Bebauungsplan (Anl. 3)
- Landschaftsplan (Anl. 4)
- Grünordnungsplan (Anl. 5)
- Landschaftsrahmenplan (Anl. 6)
- landschaftspflegerischer Begleitplanung (Anl. 7)
- Pflege- und Entwicklungsplan (Anl. 8)
- Gebäude und Innenräume (Anl. 10)
- Freianlagen (Anl. 11)
- Ingenieurbauwerke (Anl. 12)
- Verkehrsanlagen (Anl. 13)
- Tragwerksplanung (Anl. 14)
- Technische Ausrüstung (Anl. 15)

---

[11] AA für § 18 VOF *Voppel/Osenbrück/Bubert* VOF 3. Auf. 2012 § 18 Rn. 4.
[12] *Vogel* in Fuchs/Berger/Seifert, HOAI 1. Aufl. 2016 § 3 HOAI Rn. 15 mwN.

19   Bedeutungslos für § 73 Abs. 2 Nr. 1 VgV ist, ob die anrechenbaren Kosten der zu vergebenden Grundleistungen die **Honorartafelwerte** übersteigen.[13] Zwar fallen solche Leistungen nicht in den Anwendungsbereich der HOAI. Die Anwendung des Abschnitts 6 der VgV soll jedoch nicht von der Höhe der anrechenbaren Kosten abhängen. Sinn und Zweck dieses Abschnitts ist es, zusätzliche Regelungen für die Vergabe solcher Leistungen vorzusehen, deren Gegenstand eine Aufgabe ist, deren Lösung nicht vorab eindeutig und erschöpfend beschrieben werden kann. Die Nichtbeschreibbarkeit steht jedoch in keinem Zusammenhang mit der Höhe der anrechenbaren Kosten. Maßgebend ist vielmehr, ob es sich sachlich-inhaltlich um eine von der HOAI erfasste Grundleistung handelt, die also in den Leistungsbildern der HOAI beschrieben sind.

20   Neben den Grundleistungen werden in der HOAI auch andere Leistungen beschrieben, hierunter **Beratungsleistungen** im Sinne von § 3 Abs. 1 S. 2 HOAI i. V. m. der Anl. 1 zur HOAI und **Besondere Leistungen** im Sinne von § 3 Abs. 3 HOAI. Auf diese Leistungen ist zwar das zwingende Preisrecht der HOAI nicht anwendbar. Gleichwohl handelt es sich nach der Wertung der HOAI hierbei ohne weiteres um Architekten- und Ingenieurleistungen. Andernfalls hätten diese Leistungen in der HOAI überhaupt nicht erwähnt werden müssen. Demgegenüber über sind die Besonderen Leistungen sogar wieder in die (rechte Spalte der) Leistungsbilder wieder aufgenommen worden. Auch diese Leistungen sind deshalb von § 73 Abs. 2 Nr. 2 VgV umfasst.[14]

21   Im Umkehrschluss sind Leistungen, die sachlich-inhaltlich nach der Wertung der HOAI keine Architekten- und Ingenieurleistungen sind, nicht von § 73 Abs. 2 Nr. 1 VgV umfasst, selbst wenn diese Leistungen typischerweise von Architekten oder Ingenieuren erbracht werden. Hierzu gehören beispielsweise[15]
- gutachterliche Tätigkeiten
- Projektsteuerungsleistungen
- Projektmanagementleistungen
- Leistungen des Prüfstatikers
- Leistungen des Sicherheits- und Gesundheitsschutzkoordinators (SiGeKo)

Gleichwohl können die Vorschriften des Abschnitts 6 der VgV auch auf die Vergabe dieser Leistungen anzuwenden sein, entweder wenn insoweit die Voraussetzungen von § 73 Abs. 2 Nr. 2 VgV vorliegen oder aber wenn diese Leistungen zusammen mit Grundleistungen im Sinne von § 1 HOAI vergeben werden.

22   Ob die Leistung von einem **Architekt oder Ingenieur mit Sitz im Inland** erbracht wird – ob mit anderen Worten der persönliche Anwendungsbereich der HOAI eröffnet ist –, ist für § 73 Abs. 2 Nr. 1 VgV bedeutungslos. Dafür spricht bereits der Wortlaut von § 73 Abs. 2 Nr. 1 VgV. Ein gegenteiliges Verständnis stünde auch im Widerspruch zu dem vergaberechtlichen Gleichbehandlungsgebot, weil die Anwendung des Abschnitts 6 der VgV von einer bestimmten Bietereigenschaft abhinge. Zur Planung des Vergabeverfahrens muss ein öffentlicher Auftraggeber von vornherein wissen, welche Vergaberegeln er anzuwenden hat. Das bedeutet, dass er, wollte er den Abschnitt 6 der VgV anwenden, in den Vergabeunterlagen vorgeben müsste, dass der Bieter seinen Sitz im Inland hat. Das wiederum verstieße eklatant gegen das vergaberechtliche Diskriminierungsverbot und gegen die Grundsätze des europäischen Vergaberechts, dessen Ziel es gerade ist, eine derartige nationale Abschottung zu vermeiden und einen europäischen Binnenmarkt zu schaffen.

23   Aus denselben Gründen, die es verbieten, den Sitz des Bieters zum Kriterium für die Anwendbarkeit von § 73 Abs. 2 Nr. 1 VgV zu machen, kann auch nicht darauf abgestellt werden, ob die **Leistung vom Inland aus erbracht wird** oder nicht. Zwar handelt es sich bei dieser, in § 1 HOAI niedergelegten Voraussetzung nicht um eine persönliche, son-

---

[13] Ebenso für § 18 VOF *Voppel/Osenbrück/Bubert* VOF, 3. Aufl. 2012 § 18 Rn. 4.
[14] AA *Bluhm* in Müller-Wrede, VOF 5. Aufl. 2014 § 18 Rn. 11, 12; wohl auch *Harr* in Willenbruch/ Wieddekind, Vergaberecht 4. Aufl. 2017 § 73 VgV Rn. 5 und 6, der jedenfalls „isolierte Besondere Leistungen" als von § 72 Abs. 2 Nr. 1 VgV nicht umfasst sieht, wohl aber von § 73 Abs. 2 Nr. 2 VgV.
[15] Vgl. *Koeble* in Locher/Koeble/Frik, HOAI 12. Aufl. 2014 § 1 Rn. 3 ff.

dern um eine sachliche Anwendungsvoraussetzung. Vergaberechtlich ist es jedoch nicht gerechtfertigt, grundsätzlich vorzuschreiben, dass die zu vergebende Leistung vom Inland aus erbracht werden muss. Zumal gerade diejenigen Architekten- und Ingenieurleistungen, deren Gegenstand eine Aufgabe ist, deren Lösung nicht vorab eindeutig und erschöpfend beschrieben werden kann, in der Regel aus sachlichen Gründen eine Inlands- bzw. Vororttätigkeit nicht erfordern.

Nach den Feststellungen des Bundesgerichtshofs ist der persönliche Anwendungsbereich **24** der HOAI **leistungs- und nicht personenbezogen** zu verstehen.[16] § 1 HOAI setzt hiernach in persönlicher Hinsicht nicht voraus, dass eine Leistung durch einen Architekt oder Ingenieur erbracht wird. Durch die Verwendung der Begriffe „Architekt" und „Ingenieur" in § 1 HOAI soll lediglich die Leistung selbst beschrieben, also klargestellt werden, dass die HOAI auf Architekten- und Ingenieurleistungen anwendbar ist. Die Vorschriften der HOAI sind somit auch dann anwendbar, wenn die dort beschriebene Leistung nicht durch einen Architekt oder Ingenieur, sondern beispielsweise durch einen Bauunternehmer erbracht wird. Folgerichtig kann über § 73 Abs. 2 Nr. 1 VgV der Anwendungsbereich des Abschnitts 6 auch für „Berufsfremde", also Nicht-Architekten und Nicht-Ingenieure, eröffnet sein. Praxisrelevant ist dieser Fall jedoch nicht. Insbesondere der erwähnte Bauunternehmer wird sich regelmäßig nur bewerben, wenn die Planungsleistungen zusammen mit Bauleistungen ausgeschrieben werden (**„Planen und Bauen im Paket"**). In der Regel folgt dies bereits aus § 2 VgV. Danach ist für die Vergabe von Bauaufträgen nur Abschnitt 1 und Abschnitt 2, Unterabschnitt 2, der VgV anzuwenden; im Übrigen ist Teil A Abschnitt 2 der Vergabe- und Vertragsordnung für Bauleistungen in der Fassung der Bekanntmachung vom 19.1.2016 (BAnz AT 19.1.2016 B3) anzuwenden. Als Bauaufträge im Sinne von § 2 Satz ein VgV gelten grundsätzlich auch Aufträge, die Bauleistungen und Planungsleistungen umfassen, weil der Charakter der Leistung als besondere Leistung eines Architekten oder Ingenieurs in der Regel im Gesamtauftrag untergeht.[17]

2. Berufliche Qualifikation erforderlich

Für die Vergabe von Leistungen, die nicht von der HOAI erfasst werden, können trotz- **25** dem die Vorschriften des Abschnitts 6 der VgV herangezogen werden, sofern für diese Leistungen die berufliche Qualifikation des Architekten oder Ingenieurs erforderlich ist.

Nach dem Wortlaut von § 73 Abs. 2 Nr. 2 Var. 1 VgV ist nicht die Qualifikation als Ar- **26** chitekt oder Ingenieur erforderlich,[18] sondern die berufliche Qualifikation des Architekten oder Ingenieurs. Mit anderen Worten setzen die Leistungen im Sinne von § 73 Abs. 2 Nr. 2 Var. 1 VgV nicht den Titel, sondern das **Wissen eines Architekten und Ingenieurs** voraus. Architekten- und Ingenieurleistungen im Sinne von § 73 Abs. 2 Nr. 2 Var. 1 VgV sind demnach Leistungen, die nur mit der Ausbildung eines Architekten oder Ingenieurs – aber auch ohne eine entsprechende Titelführungsbefugnis – erbracht werden können. Neben dem Wortlaut spricht für diese Auslegung vor allem, dass der Architekten- oder Ingenieurtitel nicht für das Leisten-Können, sondern nur in bestimmten Fälle für das Leisten-Dürfen maßgeblich ist. D.h.: Es gibt bestimmte Leistungen, die nur ein Architekt oder Ingenieur erbringen darf. Es gibt aber keine Leistungen, von denen feststeht, dass sie nur jemand erbringen kann, der den Titel des Architekten oder Ingenieurs zu tragen berechtigt ist. Im ersten Fall wäre der Anwendungsbereich von § 73 Abs. 2 Nr. 2 Var.1 VgV sehr begrenzt. Das entspricht jedoch nicht dem gesetzgeberischen Willen. Auch dieser Aspekt spricht dafür, nicht den Titel, sondern das Wissen des Architekten oder Ingenieurs für maßgeblich zu erachten.

Architekten- und Ingenieurleistungen im Sinne von § 73 Abs. 2 Nr. 2 Var. 1 VgV sind also **27** solche Leistungen, für die das Wissen eines Architekten oder Ingenieurs erforderlich ist. Die

---

[16] BGH v. 22.5.1997 – VII ZR 290/95, NJW 1997, 2329.
[17] *Schneider* in Kapellmann/Messerschmidt, VOB 6. Aufl. 2017 § 2 VgV Rn. 33.
[18] So aber *Voppel/Osenbrück/Bubert* VOF, 3. Aufl. 2012 § 18 Rn. 7.

Erforderlichkeit ist – in Abgrenzung zur Var. 2 – objektiv zu bestimmen,[19] wobei dem öffentlichen Auftraggeber ein Beurteilungsspielraum einzuräumen ist. Davon ist auszugehen bei Leistungen, für die typischerweise ein Architekt oder Ingenieur benötigt wird.[20]

28   Demgegenüber wird in der Literatur überwiegend die Auffassung vertreten, § 73 Abs. 2 Nr. 2 Var. 1 VgV setze voraus, dass die Eigenschaft <u>als</u> Architekt oder Ingenieur für die Auftragsausführung zwingend erforderlich sei. Dafür werden insbesondere systematische Argumente vorgebracht, die aber nicht überzeugen. So wird die Auffassung vertreten, dass, wenn es bereits für die Var. 1 genüge, dass die Leistung typischerweise von einem Architekt oder Ingenieur ausgeführt werden, für die Var. 2 faktisch kein Anwendungsbereich verbliebe. Denn Auftraggebern dürfte es verwehrt sein, die Qualifikation als Architekt oder Ingenieur für die Erbringung von Leistungen zu verlangen, die typischerweise nicht von diesen Berufsständen ausgeübt würden.[21] Diese Auffassung verkennt, dass die Var. 2 dazu dient, den Anwendungsbereich des Abschnitts 6 der VgV subjektiv zu bestimmen. Hierbei handelt es sich um eine Auffangregelung. Gerade weil die objektive Anwendungsvoraussetzung des § 73 Abs. 2 Nr. 2 Var. 1 VgV oftmals nicht rechtssicher vorab geklärt werden kann, ist es für den öffentlichen Auftraggeber von erheblicher Bedeutung, alternativ durch die subjektive Anwendungsvoraussetzung der Var. 2 für Rechtssicherheit zu sorgen. Sprich: Sinn und Zweck der Var. 2 ist es nicht, den Anwendungsbereich des Abschnitts 6 der VgV auf solche Leistungen, die nicht typischerweise von Architekten oder Ingenieuren erbracht werden, zu erweitern, indem der öffentliche Auftraggeber gleichwohl die Qualifikation des Architekten oder Ingenieurs fordert. Sondern es geht darum, dass der öffentliche Auftraggeber in Zweifelsfällen, wenn also nicht rechtssicher vorab geklärt werden kann, ob die auszuschreibende Leistung typischerweise von Architekten oder Ingenieuren erbracht wird, vorsorglich die Qualifikation des Architekten oder Ingenieurs fordern darf und dadurch rechtssicher den Anwendungsbereich des Abschnitts 6 der VgV eröffnet.[22]

29   Während die Qualifikation des Architekten bestimmbar ist, ist die Qualifikation des **Ingenieurs** wegen der Breite dieses Berufs nicht eingrenzbar. Insbesondere stellt sich die Frage, ob jedenfalls im Sinne von § 73 Abs. 2 Nr. 2 VgV die Qualifikation des Ingenieurs auf den Bereich des Bauens beschränkt ist oder ob auch andere Ingenieurleistungen darunter fallen. Die Definition in § 75 Abs. 2 VgV, wonach als Ingenieur zuzulassen ist, wer nach dem für die öffentliche Auftragsvergabe geltenden Landesrecht berechtigt ist, die entsprechende Berufsbezeichnung zu tragen oder in der Bundesrepublik Deutschland entsprechend tätig zu werden, hilft insoweit nicht weiter. Denn auch die nicht im Baubereich tätigen Ingenieure sind nach den entsprechenden Ländergesetzen zur Führung ihrer Bezeichnung nach Eintragung in eine Liste berechtigt.[23] Der enge Zusammenhang, den der Verordnungsgeber zwischen den Architektenleistungen und den Ingenieurleistungen in § 73 VgV hergestellt hat, indem er beide mehrfach gleichrangig nebeneinander und „in einem Atemzug" nennt und an mehreren Stellen auf die HOAI verweist, spricht allerdings dafür, das der Anwendungsbereich des Abschnitts 6 der VgV auf solche Ingenieurleistungen beschränkt ist, die mit einer Bautätigkeit zusammenhängen.[24]

3. Berufliche Qualifikation vom AG gefordert

30   Schließlich gelten als Architekten- und Ingenieurleistungen im Sinne von § 73 VgV auch solche Leistungen, für die die berufliche Qualifikation des Architekten oder Ingenieurs vom öffentlichen Auftraggeber gefordert wird.

---

[19] *Harr* in Willenbruch/Wieddekind, Vergaberecht 4. Aufl. 2017 § 73 VgV Rn. 8.
[20] *Bluhm* in Müller-Wrede, VOF 5. Aufl. 2014 § 18 Rn. 18.
[21] *Geitel* in KKMPP, Kommentar zur VgV 1. Aufl. 2017 § 73 Rn. 14.
[22] Ähnlich *Voppel/Osenbrück/Bubert* VOF, 3. Aufl. 2012 § 18 Rn. 8.
[23] *Voppel/Osenbrück/Bubert* VOF, 3. Aufl. 2012 § 18 Rn. 8.
[24] *Harr* in Willenbruch/Wieddekind, Vergaberecht 4. Aufl. 2017 § 73 Rn. 8; *Voppel/Osenbrück/Bubert* VOF, 3. Aufl. 2012 § 18 Rn. 7; *Bluhm* in Müller-Wrede, VOF 5. Aufl. 2014 § 18 Rn. 20; *Martini* in Pünder/Schellenberg, Vergaberecht 2. Aufl. 2015 § 18 Rn. 7.

Fordern kann der öffentliche Auftraggeber die berufliche Qualifikation des Architekten 31 oder Ingenieurs entweder dadurch, dass er die Zulassung als Architekt oder Ingenieur im Sinne von § 75 Abs. 1 und 2 VgV voraussetzt, oder dadurch, dass er konkrete Eignungskriterien aufstellt, die nur ein Architekt oder Ingenieur erfüllen kann. Die „berufliche Qualifikation des Architekten oder Ingenieurs" ist also nicht gleichbedeutend mit dem Architekten- oder Ingenieurtitel (→ VgV § 73 Rn. 26).

Allerdings ist der öffentliche Auftraggeber nicht frei in seiner Entscheidung, für welche 32 öffentlichen Aufträge er die berufliche Qualifikation des Architekten oder Ingenieurs fordert. Der öffentliche Auftraggeber kann mit anderen Worten nicht jeden beliebigen öffentlichen Auftrag dem Abschnitt 6 der VgV dadurch unterstellen, dass er willkürlich die berufliche Qualifikation des Architekten oder Ingenieurs fordert. Vielmehr muss der öffentliche Auftraggeber für die Ausführung des konkreten ausgeschriebenen öffentlichen Auftrags die berufliche Qualifikation des Architekten oder Ingenieurs nach der wohl überwiegenden Literaturmeinung für **erforderlich** halten (dürfen).[25] Nach hier vertretener Auffassung genügt es, wenn der öffentliche Auftraggeber die berufliche Qualifikation des Architekten oder Ingenieurs als **geboten** erachten darf. Die Qualifikation muss nicht zwingend erforderlich, aber in besonderem Maße für sinnvoll erachtet werden dürfen. Nur so macht die Regelung des § 73 Abs. 2 Nr. 2 Var. 2 VgV Sinn. Andernfalls läge ihr alleiniger Zweck darin, den Auftraggeber von den Folgen einer fehlerhaften Vergabe in den Fällen freizustellen, in denen die objektive Erforderlichkeit der beruflichen Qualifikation des Architekten oder Ingenieurs im Sinne von § 63 Abs. 2 Nr. 2 Var. 1 VgV unsicher ist.[26]

Hierbei handelt es sich um eine **Ermessensentscheidung** des öffentlichen Auftraggebers, die eingeschränkt gerichtlich überprüfbar ist und die vom öffentlichen Auftraggeber 33 mit nachvollziehbarer Begründung dokumentiert werden muss. Das ergibt sich zwar nicht aus dem Wortlaut der Norm, wohl aber aus dem in § 123 Abs. 4 GWB niedergelegten Grundsatz, dass Eignungsanforderungen stets im Zusammenhang mit dem Auftragsgegenstand stehen müssen, und dem im Vergaberecht herrschenden Verhältnismäßigkeitsgrundsatz (§ 97 Abs. 1 GWB).[27]

Die Forderung der beruflichen Qualifikation des Architekten oder Ingenieurs darf **nicht** 34 **diskriminierend** sein. Werden Leistungen ausgeschrieben, die auch von Personen erbracht werden können, die nicht die berufliche Qualifikation des Architekten oder Ingenieurs besitzen, muss der öffentliche Auftraggeber seine entsprechende Forderung nachvollziehbar begründen (können). Dasselbe gilt für Leistungen, die nicht typischerweise von Architekten oder Ingenieuren ausgeführt werden.[28]

Umgekehrt wird man bei Beratungsleistungen und bei besonderen Leistungen vermuten 35 dürfen, dass die berufliche Qualifikation des Architekten oder Ingenieurs für die Ausführung dieser Leistungen objektiv erforderlich (und erst recht geboten) ist und deshalb vom öffentlichen Auftraggeber auch gefordert werden darf.[29]

Die fehlerfreie Ausübung des Ermessens ist insbesondere bei einem **Wettbewerb mit** 36 **gewerblich Tätigen**, insbesondere mit juristischen Personen, zu beachten.[30] Zwar haben diese gemäß § 75 Abs. 3 VgV die Möglichkeit, einen verantwortlichen Architekten oder Ingenieur für die Durchführung der Aufgabe zu benennen und auf diese Weise die berufliche Qualifikation des Architekten oder Ingenieurs nachzuweisen. Zum einen gilt diese Regelung nach ihrem Wortlaut aber nur für juristische Personen und damit nicht für jeden

---

[25] *Harr* in Willenbruch/Wieddekind, Vergaberecht 4. Aufl. 2017 § 73 Rn. 8 mwN; ebenso wohl auch *Voppel/Osenbrück/Bubert* VOF, 3. Auflage 2012 § 18 Rn. 7 f.

[26] Vgl. *Bluhm* in Müller-Wrede, VOF 5. Aufl. 2014 § 18 Rn. 24.

[27] *Geitel* in KKMPP, Kommentar zur VgV 1. Aufl. 2017 § 73 Rn. 17.

[28] *Voppel/Osenbrück/Bubert* VOF, 3. Aufl. 2012 § 18 Rn. 8.

[29] *Geitel* in KKMPP, Kommentar zur VgV 1. Aufl. 2017 § 73 Rn. 17. Nach hier vertretener Auffassung fallen diese Leistungen bereits unter § 73 Abs. 2 Nr. 1 VgV.

[30] Ebenso *Geitel* in KKMPP, Kommentar zur VgV 1. Aufl. 2017 § 73 Rn. 17; aA *Voppel/Osenbrück/Bubert* VOF, 3. Aufl. 2012 § 18 Rn. 8.

gewerblich Tätigen. Zum anderen ist im Einzelfall völlig offen, ob es einer juristischen Person gelingt, einen verantwortlichen Berufsangehörigen zu benennen, wenn es nicht ohnehin auf einen solchen zurückgreifen kann. Vor allem aber hat die Vorschrift des § 75 Abs. 3 VgV einen anderen Sinn und Zweck. Sie soll Architekten und Ingenieuren ermöglichen, juristische Personen zu bilden und über diese ihre Leistungen am Markt anzubieten. Ihr Sinn und Zweck ist dagegen nicht, in einem Wettbewerb um Leistungen, für die die berufliche Qualifikation des Architekten oder Ingenieurs nicht objektiv erforderlich ist und um die regelmäßig gewerblich Tätige konkurrieren, die Anforderungen an die Entscheidung des öffentlichen Auftraggebers, die entsprechende berufliche Qualifikation zu fordern, zu reduzieren, weil sich die juristischen Personen eines (externen) Architekten oder Ingenieurs bedienen können.

37   Fordert der öffentliche Auftraggeber die berufliche Qualifikation des Architekten oder Ingenieurs, hat er dies in der **Vergabebekanntmachung** unter Ziffer III.2.1 anzugeben.

II. Lösung vorab nicht eindeutig und erschöpfend beschreibbar

1. Herleitung dieser Anwendungsvoraussetzung

38   Nur solche Architekten- und Ingenieurleistungen fallen in den Anwendungsbereich des Abschnitts 6 der VgV, deren Gegenstand eine Aufgabe ist, deren Lösung vorab nicht eindeutig und erschöpfend beschrieben werden kann. Insoweit knüpft § 73 Abs. 1 VgV an § 1 VOF an, wonach nur solche freiberuflichen Leistungen unter die VOF fielen, deren Gegenstand eine Aufgabe war, deren Lösung vorab nicht eindeutig und erschöpfend beschrieben werden konnte.

39   Diese fehlende Beschreibbarkeit ist das wesentliche Kriterium, das zur Anwendung des Abschnitts 6 der VgV führt. Vergaben dieses Abschnitts erfolgen in der Regel **im Verhandlungsverfahren mit Teilnahmewettbewerb** nach § 17 oder im wettbewerblichen Dialog nach § 18 (§ 74 VgV). Vergaben im Wege eines Verhandlungsverfahrens mit Teilnahmewettbewerb sind gemäß § 14 Abs. 3 VgV wiederum insbesondere in solchen Fällen zulässig, in denen die Leistung nicht vorab erschöpfend und eindeutig beschreibbar ist,[31] nämlich wenn

- die Bedürfnisse des öffentlichen Auftraggebers nicht ohne die Anpassung bereits verfügbare Lösungen erfüllt werden können,
- der Auftrag konzeptionelle oder innovative Lösungen umfasst,
- der Auftrag aufgrund konkreter Umstände, die mit der Art, der Komplexität, oder dem rechtlichen oder finanziellen Rahmen oder den damit einhergehenden Risiken zusammenhängen, nicht ohne vorherige Verhandlungen vergeben werden kann oder
- die Leistung, insbesondere ihre technischen Anforderungen, vom Auftraggeber nicht mit ausreichender Genauigkeit unter Hinweis auf eine Norm, eine europäische technische Bewertung (ETA), eine gemeinsame technische Spezifikation oder technische Referenzen im Sinne der Anlage 1 Nummer 2 bis 5 beschrieben werden kann.

Wenn gemäß § 74 VgV in der Regel alle Vergaben des Abschnitts 6 der VgV im Wege eines Verhandlungsverfahrens mit Teilnahmewettbewerb oder eines wettbewerblichen Dialogs vergeben werden, muss gewährleistet sein, dass die Anwendungsvoraussetzungen für ein Verhandlungsverfahren mit Teilnahmewettbewerb erfüllt sind. Das wird dadurch sichergestellt, dass der Abschnitt 6 der VgV seinerseits nur anwendbar ist, wenn die Lösung vorab nicht erschöpfend und eindeutig beschreibbar ist.

40   Die fehlende Beschreibbarkeit der Lösung war Anwendungsvoraussetzung für die VOF (§ 1 Abs. 1 VOF). Weil im Anwendungsbereich der VOF Aufträge sogar ausschließlich im

---

[31] Der andere grundsätzliche Anwendungsfall liegt vor, wenn im Rahmen eines offenen oder nicht offenen Verfahrens keine ordnungsgemäßen oder nur unannehmbare Angebote eingereicht wurden (§ 14 Abs. 3 Nr. 5 VgV).

Wege des Verhandlungsverfahrens vergeben wurden[32] und dies wiederum auf der Ausnahme des Art. 30 Abs. 1 Buchst. c VKR beruhte, die das Verhandlungsverfahren ausnahmsweise für bestimmte, nicht hinreichend beschreibbare Dienstleistungen zuließ, wurde die Auffassung vertreten, dass die maßgebliche Anwendungsvoraussetzung der VOF, nämlich die Nichtbeschreibbarkeit der Lösung, eng ausgelegt werden müsse.[33] Das gilt für § 73 Abs. 1 VgV nicht; eine explizit **enge Auslegung ist nicht geboten.** Zum einen sind gemäß § 74 VgV Vergaben im Anwendungsbereich des Abschnitts 6 nicht ausschließlich, sondern nur „in der Regel" im Wege eines Verhandlungsverfahren mit Teilnahmewettbewerb oder eines wettbewerblichen Dialogs zu vergeben. Zum anderen ist der Anwendungsbereich des Verhandlungsverfahrens mit Teilnahmewettbewerb seit der Vergaberechtsreform 2016 weniger restriktiv normiert. In dem Erwägungsgrund 42 zu der zu Grunde liegenden Vergaberichtlinie wurde ausdrücklich darauf hingewiesen, dass den öffentlichen Auftraggebern zusätzliche Flexibilität eingeräumt werden soll, um ein Vergabeverfahren auszuwählen, das Verhandlungen vorsieht. Dementsprechend wurden Art. 26 Abs. 4 Buchst. a und b 1. Abschnitt S. 1 der Richtlinie 2014,420/EU und der diese Vorschrift umsetzende § 14 Abs. 3 Nr. 1–5 VgV gefasst.

2. Beurteilungszeitpunkt

Für die Frage, ob eine Lösung vorab nicht eindeutig und erschöpfend beschreibbar ist, **41** ist eine **ex-ante-Betrachtung** maßgeblich. Das wird durch die Formulierung „vorab" klargestellt[34] und ist aus Gründen der Rechtssicherheit notwendig: Der Auftraggeber muss im Zeitpunkt der Bekanntmachung rechtssicher beurteilen und festlegen können, ob er die Vorschriften des Abschnitts 6 der VgV anwenden darf oder nicht. Das bedeutet zugleich, dass die Lösung der Aufgabe nicht zu keinem Zeitpunkt im Vergabeverfahren nicht beschreibbar sein muss, sondern dass es genügt, wenn die Lösung im Zeitpunkt des Beginns des Vergabeverfahrens nicht beschrieben werden kann. Danach, insbesondere nach Durchführung der Verhandlungen, ist es durchaus möglich und unschädlich, dass nunmehr eine Beschreibung möglich ist.[35]

3. Beurteilungsmaßstab

Ob die Lösung vorab eindeutig und erschöpfend beschrieben werden kann, ist weiter **42** nicht aus der subjektiven Sicht des Auftraggebers, sondern **objektiv** zu bestimmen. Dabei darf allerdings nicht alleine darauf abgestellt werden, ob es theoretisch und ggf. unter Hinzuziehung von Sonderfachleuten möglich ist, die Lösung vorab eindeutig und erschöpfend zu beschreiben. In der Regel wird dies möglich sein. In der Regel würde damit aber auch die zu vergebende Leistung im Wesentlichen vorweggenommen. Kern eines Planervertrags ist die Umsetzung eines definierten Ziels, zum Beispiel die Planung eines Theaters unter Berücksichtigung bestimmter finanzieller und technischer Vorgaben. Die einzelnen Arbeitsschritte des Planers sind ebenfalls regelmäßig vorgegeben, beispielsweise anhand der Leistungsbilder und Leistungen der HOAI. Wie das Ziel umgesetzt wird, also die Lösung der Planungsaufgabe, ist ein kreativ-schöpferischer Akt. Theoretisch wäre es denkbar, diese – genauer gesagt: eine – Lösung der Aufgabe vorab eindeutig und erschöpfend zu beschreiben. Dann aber wäre die Planungsaufgabe bereits erfüllt. Die zu vergebende Pla-

---

[32] Nach § 74 VgV werden Aufträge nur „*in der Regel*" im Verhandlungsverfahren mit Teilnahmewettbewerb oder im wettbewerblichen Dialog vergeben.

[33] *Winnes* in Pünder/Schellenberg, Vergaberecht 2. Aufl. 2015 § 18 VOF Rn. 1; *Voppel/Osenbrück/Bubert* VOF, 3. Auflage 2012 § 1 Rn. 58.

[34] *Kulartz/Geitel* in KKMPP, Kommentar zur VgV 1. Aufl. 2017 § 73 Rn. 3; *Müller-Wrede* in Müller-Wrede, VOF 5. Aufl. 2014 § 1 Rn. 110 f.; *Harr* in Willenbruch/Wieddekind, Vergaberecht 4. Aufl. 2017 § 73 VgV Rn. 4.

[35] VK Südbayern v. 31.10.2002 – 120.3–3194-1-42-10/02; *Voppel/Osenbrück/Bubert* VOF, 3. Aufl. 2012 § 1 Rn. 61.

nungsleistung wäre nur noch eine handwerkliche, nämlich die planerische (zeichnerische) Umsetzung der einen eindeutig und erschöpfend beschriebenen Leistung in die jeweiligen Planungsunterlagen. Müsste der öffentliche Auftraggeber den Kern der Planungsleistungen selbst erbringen, würde die Planungsvergabe ad absurdum geführt. Endgültig offensichtlich wird die Zirkelschlüssigkeit dieses Ansatz, wenn berücksichtigt wird, dass der öffentliche Auftraggeber selbst oftmals nicht in der Lage sein wird, die (eine) Lösung eindeutig und erschöpfend zu beschreiben, und deshalb Sonderfachleute dafür einsetzen muss, die ihrerseits dann eine auszuschreibende Architekten- oder Ingenieurleistung erbringen müssten, deren Gegenstand eine Aufgabe ist, deren Lösung vorab nicht eindeutig und erschöpfend beschrieben werden kann.

4. Nichtbeschreibbarkeit der Lösung

43   Aus den vorstehenden Ausführungen, aber auch aus dem Wortlaut von § 73 Abs. 1 VgV folgt, das für die Frage der Beschreibbarkeit nicht auf die zu erbringenden Leistungen, sondern auf die **Lösung** der Aufgabe abzustellen ist.[36] Ob die Leistung als solche beschrieben werden kann, ist unerheblich. Die Leistung eines Architekten oder Ingenieurs – die Erstellung einer Planung für ein Gebäude oder Ingenieurbauwerk – kann in der Regel beschrieben werden, beispielsweise anhand der Leistungsbilder und Leistungen der HOAI (auch wenn die HOAI reines Preisrecht ist). Die Leistungen betreffen die einzelnen Arbeitsschritte des Planers. Sie lassen sich – im Gegensatz zur Lösung der Planungsaufgabe – vor allem abstrakt beschreiben. Die Lösung der Planungsaufgabe ist demgegenüber ein kreativ-schöpferischer Akt.

44   Auch lässt sich das Ziel eines Auftrags vorab beschreiben.[37] Andernfalls könnte über diese Planerleistung schwerlich ein wirksamer Vertrag geschlossen werden. Die Lösung aber, verstanden als der kreativ-schöpferische Akt zur Umsetzung des Ziels durch Erbringung der formal beschriebenen Leistungen ist oftmals nicht vorab eindeutig und erschöpfend beschreibbar. Eine eindeutige und erschöpfende Beschreibung der Lösung würde vielmehr die Leistung selbst im Einzelfall vorwegnehmen.[38] Die Beschreibbarkeit des Ziels hat demnach keine Bedeutung für die Frage, ob die Lösung im Sinne des § 73 Abs. 1 VgV beschreibbar ist oder nicht.

45   Ist damit Gegenstand der Architekten- oder Ingenieurleistung, die im Anwendungsbereich des Abschnitts 6 der VgV vergeben wird, ein kreativ-schöpferischer Akt, wird klar, warum § 74 VgV vorgibt, dass die Vergabe in der Regel im Verhandlungsverfahren mit Teilnahmewettbewerb oder im Wettbewerblichen Dialog erfolgt. Denn die Leistungen der Bieter sind nicht aus sich heraus vergleichbar. Vielmehr bedarf es Verhandlungen und Aufklärungsgespräche, um eine Vergleichbarkeit herbeizuführen.[39]

46   Eine Aufgabe, deren Lösung vorab nicht eindeutig und erschöpfend beschrieben werden kann, liegt nicht nur dann vor, wenn objektiv nicht vorab geklärt werden kann, ob und ggf. wie die Aufgabe zu lösen ist. Sondern eine solche Aufgabe liegt auch dann vor, wenn objektiv nicht nur eine einzige Lösung möglich ist, sondern wenn **mehrere Lösungen denkbar** sind, und der öffentliche Auftraggeber den Architekten oder Ingenieur damit beauftragen will, die aus dessen Sicht geeignetste Lösung umzusetzen. Es darf sich allerdings keine Lösung aufdrängen, sondern es muss für den öffentlichen Auftraggeber nicht beurteilbar sein, welche der Lösungen die geeignetste ist. Voraussetzung ist in diesem Fall, dass dem Auftragnehmer bei der Leistungsausführung maßgebliche Bewertungs- und Gestaltungsspielräume zur Entwicklung einer Lösung eröffnet werden.[40] Schneidet der öffent-

---

[36] OLG München v. 28.4.2006 – Verg 6/06, VergabeR 2006, 914, 916 ff.

[37] Zur Unterscheidung zwischen Planungsziel und Planungserfolg vgl. *Fuchs/Berger/*Seifert HOAI 1. Aufl. 2016 1. Teil Syst. A V. Rn. 2 ff., 14 ff.

[38] OLG München v. 28.4.2006 – Verg 6/06, VergabeR 2006, 914, 920 f.

[39] OLG München v. 28.4.2006 – Verg 6/06, VergabeR 2006, 914, 920; *Winnes* in Pünder/Schellenberg § 1 VOF Rn. 19.

[40] OLG Düsseldorf v. 21.4.2010 – VII-Verg 55/09, NZBau 2010, 390, 391.

liche Auftraggeber dagegen den Architekten- oder Ingenieurvertrag auf eine von ihm präferierte Lösung zu und schränkt die Entwicklung alternativer Lösungen ein, hat er die Lösung vorab eindeutig und erschöpfend beschrieben.[41]

Zu eng ist die Auffassung, eine Nichtbeschreibbarkeit liege nur vor, wenn keine Leistungsbeschreibung erstellt werden könne, die den Anforderungen an die Eindeutigkeit genügt, um vergleichbare Angebote im offenen oder nicht-offenen Verfahren zu erhalten.[42] Bereits der Ansatzpunkt der Leistungsbeschreibung ist ungeeignet, weil nicht die Leistung, sondern die Lösung unbeschreibbar sein muss. Vor allem aber kann die Leistungsbeschreibung gemäß § 31 Abs. 2 Nr. 1 VgV auch in einer Beschreibung der zu lösenden Aufgabe bestehen. Hiernach muss die Leistungsbeschreibung eine Beschreibung der zu lösenden Aufgabe enthalten, die so genau wie möglich zu fassen ist, dass sie ein klares Bild vom Auftragsgegenstand vermittelt und hinreichend vergleichbare Angebote erwarten lässt, die dem öffentlichen Auftraggeber die Erteilung des Zuschlags ermöglichen. Eine solche Leistungsbeschreibung muss der öffentliche Auftraggeber gerade im Anwendungsbereich des Abschnitts 6 erstellen. Maßgeblich für den Anwendungsbereich des Abschnitts 6 ist demgegenüber, ob die Lösung, die mit den abstrakt anhand der Leistungsbilder und Leistungen der HOAI beschreibbaren Arbeitsschritten umzusetzen ist, beschreibbar ist. Das ist sie, wenn die Lösung bereits feststeht, entweder weil sich der öffentliche Auftraggeber vorab für eine von mehreren in Betracht kommenden Lösungen entschieden hat oder weil von vornherein nur eine bestimmte Lösung möglich ist. Dafür spricht auch, dass nach § 74 VgV Architekten- und Ingenieurleistungen „in der Regel" im Verhandlungsverfahren oder im wettbewerblichen Dialog vergeben werden sollen. Anders als die Vorgängernorm § 3 VOF ist die Wahl des Verhandlungsverfahrens also nicht zwingend. Das kann nur bedeuten, dass der Verordnungsgeber davon ausging, dass im Einzelfall auch ein offenes oder ein nicht offenes Verfahren gewählt werden dürfen. Diese Verfahren setzen wiederum voraus, dass eine Leistungsbeschreibung erstellt werden kann.

In der vergabe- und architektenrechtlichen Literatur wird teilweise die Auffassung vertreten, das **Architekten- und Ingenieurleistungen** prinzipiell nicht eindeutig und erschöpfend beschreibbar seien.[43] Daraus wurde der Schluss gezogen, dass Architekten- und Ingenieurleistungen generell in den Anwendungsbereich der VOF fielen. Diese Schlussfolgerung müsste dann auch für den Anwendungsbereich des Abschnitts 6 der VgV gelten. *Voppel/Osenbrück/Bubert* haben dieser Literaturmeinung zu Recht die Systematik von § 1 VOF entgegengehalten. Dessen Wortlaut offenbart, dass nach Auffassung des Verordnungsgebers die Architekten- und Ingenieurleistungen (bzw. die Freiberuflichkeit) auf der einen Seite und die Nichtbeschreibbarkeit der Lösung auf der anderen Seite verschiedene Kriterien sind. Denn nach § 1 VOF fiel in den Anwendungsbereich die Vergabe von Leistungen, *„die im Rahmen einer freiberuflichen Tätigkeit erbracht ... werden und deren Gegenstand eine Aufgabe ist, deren Lösung nicht vorab eindeutig und erschöpfend beschrieben werden kann."* Dieses Argument greift für § 73 VgV nicht mehr. Hiernach ist der Abschnitt 6 anwendbar *„für die Vergabe von Architekten- und Ingenieurleistungen, deren Gegenstand eine Aufgabe ist, deren Lösung vorab nicht eindeutig und erschöpfend beschrieben werden kann."* Durch den Entfall des Bindeworts „und" ist durch den Wortlaut nicht mehr klargestellt, ob die Nichtbeschreibbarkeit das Anwendungskriterium „Architekten- und Ingenieurleistungen" definiert oder ob es sich hierbei um ein eigenes Anwendungskriterium handelt.[44] Allerdings haben *Voppel/Osenbrück/Bubert* neben ihrem systematischen Einwand darauf hingewiesen, dass auch die praktische Erfahrung zeige, dass es Architekten- und Ingenieurleistungen gebe, deren Lösung durchaus eindeutig und erschöpfend vorab beschrieben werden könne. Das gilt nach wie vor. Allein aus dem Umstand, dass eine Architekten- oder Ingenieurleistung vergeben

---

[41] OLG Saarbrücken vom 20.9.2006 – 1 Verg 3/06 VergabeR 2007, 110, 114.
[42] So aber *Harr* in Willenbruch/Wieddekind Vergaberecht, 4. Aufl. 2017 § 73 Rn. 4.
[43] Vgl. dazu die Nachweise bei *Voppel/Osenbrück/Bubert*, VOF, 3. Aufl. 2012 § 1 Rn. 62.
[44] Vgl. insoweit *Harr* in Willenbruch/Wieddekind, Vergaberecht 4. Aufl. 2017 § 73 VgV Rn. 4 (vor I.), der dort beide Kriterien vermengt.

werden soll, kann deshalb nicht die rechtliche Vermutung abgeleitet werden, dass die zu erfüllende Aufgabe nicht beschreibbar sei und die Vergabe deshalb in den Anwendungsbereich der VgV falle.[45]

49   Ebenso wenig wie die Architekten- und Ingenieurleistung als solche eine Vermutung auf die Nichtbeschreibbarkeit zulässt, kann aus der **Vertragsart** – d. h. der Frage, ob ein Werk- oder Dienstvertrag geschlossen wird – hierauf ein Rückschluss gezogen werden. Beim Werkvertrag verpflichtet sich der Auftragnehmer zur Erreichung eines bestimmten Werkerfolgs, beim Dienstvertrag zu einer Tätigkeit. Ob die Lösung – also die konkrete Umsetzung des Erfolgs bzw. das Ziel der Tätigkeit – vorab eindeutig und erschöpfend beschreibbar ist, steht damit in keinem unmittelbaren Zusammenhang. Zwar ist es bei den Architekten und Ingenieuren so, dass der Schwerpunkt der kreativ-schöpferischen Leistung in den HOAI-Leistungsphasen 1 bis 4 (Grundlagenermittlung bis Genehmigungsplanung) liegt, denen ein werkvertraglicher Schwerpunkt zugesprochen wird, wohingegen insbesondere die Objektüberwachung und -betreuung (HOAI-Leistungsphasen 8 und 9) dienstvertraglichen Charakter haben. Für diese vertragsrechtliche Zuordnung spielt die Anforderung an die Kreativität in der jeweiligen Leistungsphase allerdings keine Rolle. So kann die gesonderte Beauftragung mit der Erstellung einer Kostenschätzung, die aufgrund von Erfahrungs- und Richtwerten nach bestimmten Verfahren erfolgt, durchaus vorab eindeutig und erschöpfend beschreibbar sein.[46] Umgekehrt kann die Objektüberwachung bei einer Umbau- oder Sanierungsleistung vorab unbeschreibbar sein.[47] Ein zwingender Rückschluss von der Vertragsart auf die Beschreibbarkeit der Leistung verbietet sich daher. Als **Faustregel** kann gleichwohl davon ausgegangen werden, dass bei einer Vergabe nur einzelner Leistungsphasen die werkvertraglichen Leistungsphasen 1 bis 4 in der Regel in den Anwendungsbereich des Abschnitts 6 fallen, während für die Vergabe der dienstvertraglichen Leistungsphasen 5 bis 9 nicht die Vorschriften des Abschnitts 6 zusätzlich anzuwenden sind.[48] Eine detaillierte Beurteilung ist trotzdem unerlässlich und kann nicht durch einen Hinweis auf die vorgenannte Faustregel ersetzt werden. Dass diese Beurteilung dokumentiert werden muss, ist selbstverständlich.

50   In der Regel wird bei folgenden Planungsleistungen die Lösung als vorab eindeutig und erschöpfend beschreibbar angesehen:[49]
- Vermessungsleistungen
- Schallschutzplanung
- Wärmebedarfsberechnung
- Erstellung von Standsicherheitsnachweisen
- Baugrundbeurteilung
- Gründungsberatung

51   Streitig ist das bei der erwähnten Objektüberwachung. Diese wird i. d. R. beschreibbar sein, es sei denn, dass besondere Umstände wie bei einer Altbausanierung die Lösung unbeschreibbar machen. Ähnliches gilt für Projektsteuerungsleistungen. Soweit sich der Auftrag auf eine Steuerungs- und Kontrollfunktion beschränkt, spricht viel für eine Beschreibbarkeit. Werden Architekten- und Ingenieurleistungen als **Vollauftrag** vergeben, so dass der Vertrag die Leistungsphasen 1 bis 8 oder 9 umfasst, wird dagegen davon ausgegangen, dass die Lösung nicht vorab eindeutig und erschöpfend beschrieben werden kann.[50] Das gilt auch für den Fall der **stufenweisen Beauftragung,** wobei die ersten Stufen ohnehin diejenigen Leistung sind, die wegen ihres kreativ-schöpferischen Anspruchs regelmäßig dem Anwendungsbereich des Abschnitts 6 der VgV zugeordnet werden.

---

[45] Im Ergebnis ebenso *Harr* in Willenbruch/Wieddekind, Vergaberecht 4. Aufl. 2017 § 73 VgV Rn. 4.

[46] *Höß* VergabeR 2003, 261, 262.

[47] VK Südbayern v. 31.10.2002 – 42-10/02; *Voppel/Osenbrück/Bubert* VOF, 3. Auflage 2012 § 1 Rn. 72.

[48] So *Voppel/Osenbrück/Bubert* VOF, 3. Aufl. 2012 § 1 Rn. 72. Apodiktischer formuliert dies *Stolz* VergabeR 2016, 351, 352 und auch *Harr* in Willenbruch/Wieddekind, Vergaberecht 4. Aufl. 2017 § 73 VgV Rn. 4 für die Leistungsphasen 1 bis der HOAI.

[49] *Voppel/Osenbrück/Bubert* VOF, 3. Auflage 2012 § 1 Rn. 73.

[50] *Harr* in Willenbruch/Wieddekind, Vergaberecht 4. Aufl. 2017 § 73 VgV Rn. 4.

C. Grundsätze

I. Sonderregelungsregime

Nach § 73 Abs. 1 VgV gelten für die Vergabe von Architekten- und Ingenieurleistungen **52** im Sinne des Abs. 2 die Bestimmungen dieses Abschnitts zusätzlich. Während vor der Vergaberechtsreform 2016 mit der VOF eine eigene Vergabeverordnung für die Vergabe von Architekten- und Ingenieurleistungen (als praxisrelevante Gruppe der freiberuflichen Leistungen) bestand, die gegenüber der für die Vergabe von Dienst- und Lieferleistungen geltenden VOL diverse Abweichungen vorsah, unterfällt nunmehr die Vergabe sämtlicher Dienst- und Lieferleistungen einschließlich der Architekten- und Ingenieurleistungen dem Abschnitt 1 und 2 der VgV. Abschnitt 6 enthält darüber hinaus nur einige wenige zusätzliche Bestimmungen für die Architekten- und Ingenieurvergabe.

Im Gegensatz zur VOF gelten damit für die Vergabe von Architekten- und Ingenieur- **53** leistungen keine Sonderregelungen für die Wahl des Verhandlungsverfahrens ohne Teilnahmewettbewerb und für die Leistungsbeschreibung (die nun auch nicht mehr Aufgabenbeschreibung heißt). Der Ablauf des Verfahrens, die Wertung der Teilnahmeanträge und der Angeboten erfolgen ebenfalls nach den allgemeinen, für die Vergabe von Dienst- und Lieferleistungen geltenden Regeln. Das führt u. a. dazu, dass nunmehr Unterkostenangebote bei der Vergabe von Architekten- und Ingenieurleistungen zum Ausschluss führen können (§ 60 Abs. 3 S. 1 VgV).[51] Gleiches gilt für den Zuschlag und die Aufhebung von Vergabeverfahren. So können nach dem seit dem 18.4.2016 geltenden Recht nunmehr auch Verhandlungsverfahren über Planungsleistungen aufgehoben werden (§ 63 VgV).[52] Schließlich sind auch Rahmenvereinbarungen nunmehr für Architekten- und Ingenieursleistungen zulässig. Hervorzuheben ist insoweit noch die speziell für Architekten- und Ingenieurleistungen relevante Regelung des § 31 Abs. 4 VgV, wonach in der Leistungsbeschreibung festgelegt werden kann, ob Rechte des geistigen Eigentums übertragen oder dem öffentlichen Auftraggeber daran Nutzungsrechte eingeräumt werden müssen.[53]

Nach dem Wortlaut und auch der Verordnungsbegründung enthält der Abschnitt 6 so- **54** mit nur die speziellen Regelungen, die zusätzlich für diese Leistungen gelten sollen. Die Bestimmungen des Abschnitts 1 und 2 der VgV sollen mit anderen Worten durch die speziellen Regelungen für die Vergabe von Architekten- und Ingenieurleistungen, die der Verordnungsgeber im Abschnitt 6 zusammengefasst hat, **ergänzt** werden.

Damit wird suggeriert, dass die Bestimmungen des Abschnitts 6 nur ergänzen. Das ist je- **55** doch unzutreffend. Tatsächlich finden sich im Abschnitt 6 verschiedene Regelungen, die ganz oder teilweise im Widerspruch stehen zu den allgemeinen Bestimmungen der Abschnitte 1 und 2. Bspw. werden nach § 74 VgV Architekten- und Ingenieurleistungen in der Regel im Verhandlungsverfahren mit Teilnahmewettbewerb nach § 17 VgV oder im Wettbewerblichen Dialog nach § 18 VgV vergeben, wohingegen diese Vergabeverfahren nach den Abschnitten 1 und 2 nicht „in der Regel", sondern nur bei Vorliegen bestimmter Voraussetzungen (§ 14 Abs. 3 VgV) durchgeführt werden dürfen. Ein anderes Beispiel betrifft das Zuschlagskriterium Preis. § 58 Abs. 2 S. 2 VgV bestimmt in Übereinstimmung mit § 127 Abs. 1 S. 3 GWB, dass der Preis das alleinige Zuschlagskriterium sein darf. Die Vorgabe in § 76 Abs. 1 S 1 VgV, dass Architekten- und Ingenieurleistungen im Leistungswettbewerb vergeben werden, weist demgegenüber darauf hin, dass bei der Vergabe von Architekten- und Ingenieurleistungen der Preis gerade nicht das alleinige Zuschlagskriterium sein darf. Soweit es mithin zu Widersprüchen zwischen den allgemeinen Bestimmungen der Abschnitte 1 und 2 der VgV und dem speziellen Abschnitt 6 der VgV kommt, sind die

---

[51] Siehe dazu im Anwendungsbereich der VOF *Hänsel* VPR 2014, ff.
[52] Siehe dazu OLG Bremen v. 29.1.2016 – 2 Verg 3/15.
[53] Siehe hierzu die Kommentierung von → VgV § 31 Rn. 83 ff.

spezielleren Regelungen des Abschnitts 6 als leges speciales vorrangig und verdrängen insoweit die allgemeinen Regelungen.[54]

II. Unabhängigkeit von Ausführungs- und Lieferinteressen

56 § 73 Abs. 3 VgV bestimmt, dass Aufträge über Architekten- und Ingenieurleistungen, deren Gegenstand eine Aufgabe ist, deren Lösung vorab nicht eindeutig und erschöpfend beschrieben werden kann, unabhängig von Ausführungs- und Lieferinteressen vergeben werden sollen. Diese Vorschrift entspricht inhaltlich **§ 2 Abs. 3 VOF**. Aus der Verordnungsbegründung ergibt sich, dass der Verordnungsgeber mit § 73 Abs. 3 VgV **keine inhaltlichen Änderungen** gegenüber § 2 Abs. 3 VOF vornehmen wollte.[55] Für die Auslegung von § 73 Abs. 3 VgV kann daher die Rechtsprechung und Literatur zu § 2 Abs. 3 VOF herangezogen werden.

57 Nach dem Wortlaut der Norm richtet sich § 73 Abs. 3 VgV **an den öffentlichen Auftraggeber,** der Aufträge über Leistungen im Sinne von § 73 Abs. 1 VgV unabhängig von Ausführungs- und Lieferinteressen vergeben soll. So verstanden macht diese Regelung aber wenig Sinn. In der Regel verfolgt der öffentliche Auftraggeber keine eigenen Ausführungs- und Lieferinteressen. Erst recht ist nicht vorstellbar, dass bzw. inwieweit solche Interessen eines öffentlichen Auftraggebers Einfluss auf die Vergabe von Architekten- und Ingenieurleistungen im Sinne von § 73 Abs. 1 VgV haben könnten.

58 Der Versuch, dieser Regelung dadurch Sinn zu geben, dass in ihr die Ausprägung des **Grundsatzes der Trennung von Planung und Ausführung** und damit das Verbot des Totalunternehmers und des Totalübernehmers gesehen wird,[56] überzeugt nicht. Nach § 103 Abs. 3 GWB sind Bauaufträge Verträge über die Ausführung oder die gleichzeitige Planung und Ausführung von Bauleistungen oder Bauwerken. Im – gegenüber der VgV – höherrangigen GWB wird also die Vergabe von Planungs- und Bauleistungen im Paket an ein und denselben Auftragnehmer für Vergabe rechtlich zulässig erachtet. Dann kann in § 73 Abs. 3 VgV schlechterdings das Verbot einer solchen Vergabe gesehen werden.[57]

59 Sinnvollerweise muss § 73 Abs. 3 VgV deshalb als ein an den öffentlichen Auftraggeber gerichtetes Gebot verstanden werden, bei der Vergabe von Architekten- und Ingenieurleistungen im Sinne von § 73 Abs. 1 VgV sicherzustellen, dass der zukünftige Auftragnehmer den Auftrag unabhängig von Ausführungs- und Lieferinteressen ausführen wird.[58] Insbesondere soll gewährleistet sein, dass der Auftragnehmer seine Leistungen allein im Interesse des Auftraggebers und unabhängig von anderen, gegebenenfalls mit dem Auftrag verknüpften Interessen erbringt.[59] Steht hingegen fest, dass der Bieter im Falle einer Zuschlagserteilung die zu vergebende Leistung nicht unbeeinflusst von Drittinteressen erbringen wird, soll er vom (weiteren) Vergabeverfahren ausgeschlossen werden.[60] Nach anderer Auffassung ist ein Ausschluss des Bieters gemäß § 73 Abs. 3 VgV bereits dann gerechtfertigt, wenn erhebliche Zweifel an der Neutralität und Objektivität der von diesem Bieter zu erwartenden Leistungen bestehen.[61]

60 Die **gesellschaftsrechtliche Verflechtung** zwischen Bieter, der sich um einen Auftrag über Leistungen im Sinne von § 73 Abs. 1 VgV bewirbt, und einem möglichen Lieferanten oder einer möglichen bauausführenden Firma indizieren einen Interessenkonflikt des Bieters. Allein die gesellschaftsrechtliche Verpflichtung rechtfertigt allerdings noch nicht den

---

[54] *Stolz* VergabeR 2016, 351; *Fritz* VergabeR 2017, 267.
[55] Verordnungsbegründung BT-Drucks. 18/7318 S. 204.
[56] Zu § 2 Abs. 3 VOF: *Ebert* NZBau 2000, 553, 554.
[57] Im Ergebnis ebenso zu § 2 Abs. 3 VOF *Voppel/Osenbrück/Bubert* VOF, 3. Aufl. 2012 § 2 Rn. 41.
[58] *Geitel* in KKMPP, Kommentar zur VgV 1. Aufl. 2017 § 73 Rn. 19.
[59] *Voppel/Osenbrück/Bubert* VOF, 3. Aufl. 2012 § 2 Rn. 41.
[60] *Voppel/Osenbrück/Bubert* VOF, 3. Aufl. 2012 § 2 Rn. 41.
[61] *Geitel* in KKMPP, Kommentar zur VgV 1. Aufl. 2017 § 73 Rn. 19.

Ausschluss dieses Bieters gemäß § 73 Abs. 3 VgV. Nur dann, wenn feststeht, dass er bei der Ausführung der Architekten- oder Ingenieurleistungen die Interessen der mit ihm gesellschaftsrechtlich verflochtenen Unternehmen berücksichtigt, oder jedenfalls erhebliche Zweifel daran bestehen, dass der Bieter dies nicht tut, ist ein Ausschluss gerechtfertigt. Eine Berücksichtigung der Interessen der mit dem Bieter gesellschaftsrechtlich verflochtenen Unternehmen kann insbesondere dadurch erfolgen, dass der Bieter bei der Planung und, oder der Erstellung von Vergabeunterlagen nicht das Gebot der Produktneutralität beachtet, sondern die späteren Ausführungs- oder Lieferleistungen zu Gunsten dieser Unternehmen produktspezifisch ausschreibt.[62]

Nach § 73 Abs. 3 VgV sollen Leistungen nach Abs. 1 unabhängig von Ausführungs- **60** und Lieferinteressen vergeben werden. § 73 Abs. 3 VgV ist also eine **Soll-Regelung.** Das bedeutet zweierlei:

Steht eine Interessenkollision fest oder hat der öffentliche Auftraggeber erhebliche Zwei- **61** fel an der Objektivität und Neutralität des späteren Auftragnehmers, ist der öffentliche Auftraggeber nicht verpflichtet, diesen Bieter von dem Vergabeverfahren auszuschließen. Vielmehr muss der öffentliche Auftraggeber **nach eigenem Ermessen** über diesen Ausschluss entscheiden, wobei er den gesetzgeberischen Willen, wonach in diesen Fällen ein Ausschluss erfolgen soll, zu berücksichtigen hat. Hiervon darf der öffentliche Auftraggeber nur im Einzelfall aus gewichtigen nachvollziehbaren Gründen abweichen.[63] Die Entscheidung nebst Begründung muss der öffentliche Auftraggeber dokumentieren.

Derartige Gründe können im Einzelfall darin liegen, dass geeignete Maßnahmen zur **62** Vermeidung von Konfliktfällen getroffen worden sind. In Betracht kommt bei einer Verpflichtung von Planerbüro und Bauunternehmen die Erklärung des Bauunternehmens, sich nicht um den nachfolgenden Bauauftrag zu bewerben. Auch ist es möglich, dass der Auftraggeber in den Vergabeunterlagen zum Planerauftrag darauf hinweist, dass im Falle einer Verflechtung mit dem anbietenden Architekt oder Ingenieur sich das verflochtene Bauunternehmen nicht an der Ausschreibung um den nachfolgenden Bauauftrag bewerben kann, wenn der betreffende Architekt oder Ingenieur den Zuschlag erhalten hat.[64]

§ 73 Abs. 3 VgV ist nur insoweit **dritt- bzw. bieterschützend,** als diese einen An- **63** spruch auf eine ermessensfehlerfreie Entscheidung durch den öffentlichen Auftraggeber haben. Nur in Fällen einer Ermessensreduktion auf Null kann sich dieser Anspruch auf den Ausschluss des einer Interessenkollision unterliegenden Bieters konzentrieren.

---

[62] Zu einem solchen Fall OLG Stuttgart v. 28.11.2002 – 2 Verg 14/02, NZBau 2003, 117, 520.
[63] *Voppel/Osenbrück/Bubert* VOF, 3. Aufl. 2012 § 2 Rn. 42.
[64] *Fehling* in Pünder/Schellenberg, Vergaberecht 2. Aufl. 2015 § 2 VOF Rn. 11.

§ 74 Verfahrensart

Architekten- und Ingenieurleistungen werden in der Regel im Verhandlungsverfahren mit Teilnahmewettbewerb nach § 17 oder im wettbewerblichen Dialog nach § 18 vergeben.

Übersicht

	Rn.			Rn.
A. Einführung	1		II. Verhandlungsverfahren ohne Teilnahmewettbewerb	31
I. Literatur	1		III. Wettbewerblicher Dialog	32
II. Entstehungsgeschichte	2		IV. Vorgeschaltete Planungswettbewerbe	34
III. Rechtliche Vorgaben im EU-Recht	8		V. Integrierte Planungswettbewerbe	35
B. Zulässige Verfahrensarten	14		**C. Bieterschutz**	37
I. Verhandlungsverfahren mit Teilnahmewettbewerb	22			

A. Einführung

I. Literatur

1 *Kulartz/Kus/Marx/Portz/Prieß,* Kommentar zur VgV, 1. Aufl., Köln 2017; *Willenbruch/Wieddekind,* Vergaberecht, 4. Aufl., Köln 2017; *Stolz,* Die Vergabe von Architekten- und Ingenieurleistungen nach der Vergaberechtsreform 2016, VergabeR 2016, 351; *Fritz,* Die Vergabe von Architekten und Ingenieurleistungen nach der VgV 2016, VergabeR 2017, 267; *Müller-Wrede,* Kommentar zur VOF, 5. Aufl., München 2014; *Voppel/Osenbrück/Bubert,* VOF – Vergabeordnung für freiberufliche Leistungen, 3. Aufl., München 2012; *Dierks-Oppler,* Wettbewerbe für Architekten und Ingenieure, 1. Aufl., Köln 2013; *Müller-Wrede,* Der Architektenwettbewerb, 1. Aufl., Köln 2012.

II. Entstehungsgeschichte

2 § 74 VgV regelt, dass Architekten- und Ingenieurleistungen in der Regel im Verhandlungsverfahren mit Teilnahmewettbewerb oder im wettbewerblichen Dialog vergeben werden. Damit ist § 74 VgV eine Spezialregelung gegenüber der allgemeinen Vorschrift zu den Vergabeverfahren in § 14 VgV. Bevor die Regelungen über die Vergabe von Architekten- und Ingenieurleistungen mit der Vergaberechtsreform 2016 in die VgV übernommen worden sind, waren diese in der Vergabeverordnung für freiberufliche Leistungen (VOF) enthalten. Dort regelte **§ 3 Abs. 1 VOF,** dass im Anwendungsbereich der VOF Aufträge grundsätzlich im Verhandlungsverfahren mit vorheriger öffentlicher Aufforderung zur Teilnahme vergeben werden. Von dieser Regelung **unterscheidet sich § 74 VgV in zwei wesentlichen Punkten:** Zum einen wird neben dem Verhandlungsverfahren mit Teilnahmewettbewerb der wettbewerbliche Dialog als weitere Verfahrensart genannt. Zum anderen ist die Durchführung des Verhandlungsverfahrens mit Teilnahmewettbewerb nicht zwingend, sondern soll „in der Regel" erfolgen.

3 Die Aufnahme des **wettbewerblichen Dialogs** in § 74 VgV als zweite, in der Regel durchzuführende Vergabeart ist darauf zurückzuführen, dass der wettbewerbliche Dialog seit der Vergaberechtsreform 2016 gemäß § 14 Abs. 3 VgV unter denselben Voraussetzungen wie das Verhandlungsverfahren zulässig ist. Immer dann, wenn ein Verhandlungsverfahren mit Teilnahmewettbewerb zulässig ist, darf also auch ein wettbewerblicher Dialog durchgeführt werden. Diese Gleichstellung hat der Verordnungsgeber auch in § 74 VgV übernommen.

Schneider

Die ausnahmsweise Zulassung anderer Vergabearten als das Verhandlungsverfahren mit **4** Teilnahmewettbewerb und den wettbewerblichen Dialog hat drei Gründe: Erstens sah auch § 3 VOF das Verhandlungsverfahren mit Teilnahmewettbewerb nicht als einzige Vergabeart vor. Unter bestimmten Voraussetzungen konnte nach § 3 Abs. 4 VOF auch ein Verhandlungsverfahren ohne Teilnahmewettbewerb durchgeführt werden.

Zweitens gab die (weitgehende) Beschränkung auf das Verhandlungsverfahren mit Teil- **5** nahmewettbewerb in § 3 Abs. 1 VOF Anlass zu Kritik. Warum sollte das vom europäischen und vom nationalen Gesetzgeber grundsätzlich präferierte offene Verfahren unzulässig sein und im Falle seiner Durchführung sogar einen Vergabeverstoß[1] darstellen? Bereits der Einführung von § 3 Abs. 1 VOF gingen intensive Diskussionen voraus. Während die Architekten- und Ingenieurskammern das Verhandlungsverfahren als alleine zulässige Vergabeverfahrensart forderten, weil Architekten- und Ingenieurleistungen qua definitionem zunächst nicht eindeutig beschreibbar seien und damit ein offenes und nicht offenes Verfahren ausscheide, betonten u. a. der Bundesrechnungshof und die kommunalen Spitzenverbände die wettbewerblichen und wirtschaftlichen Vorteile des offenen und nicht offenen Verfahrens.[2] Zumal die der VOF zu Grunde liegende Vergabekoordinierungsrichtlinie (Art 30 Abs. 1c) der Vergabekoordinierungsrichtlinie) für die Vergabe geistig-schöpferischer Dienstleistungen die Durchführung eines Verhandlungsverfahrens mit Teilnahmewettbewerb nicht als Zwang, sondern als Möglichkeit regelte. Diese Diskussionen mündeten in einem gemeinsamen Entwurf des BMBau und des BMWi vom 3.2.1994, der die Regelung vorsah, dass freiberufliche Leistungen „grundsätzlich im Verhandlungsverfahren mit Teilnahmewettbewerb zu vergeben sind".

Und drittens ist die Beschränkung auf das Verhandlungsverfahren als einzige Verfahrens- **6** art in Umsetzung der Vergaberichtlinie,[3] die mit der VgV in deutsches Recht umgesetzt wird, nicht mehr möglich (siehe dazu → VgV § 74 Rn. 9).

Für das Verhandlungsverfahren ohne Teilnahmewettbewerb bestimmte § 3 Abs. 4 VgV **7** die Zulässigkeitsvoraussetzungen speziell für die Vergabe von Architekten- und Ingenieurleistungen. Diese Regelungen wurden mit kleineren Anpassungen in § 14 Abs. 4 VgV übernommen. Dort ist nach der Vergaberechtsreform 2016 der Anwendungsbereich des Verhandlungsverfahrens ohne Teilnahmewettbewerb abschließend auch für die Vergabe von Architekten- und Ingenieurleistungen geregelt. Klarzustellen ist in diesem Zusammenhang, dass § 14 Abs. 4 Nr. 9 VgV, der dem früheren § 3 Abs. 4e) VOF entspricht, europarechtskonform ist. Gegen § 3 Abs. 4e) VOF wurden noch europarechtliche Bedenken erhoben.[4] Diese haben sich erledigt, weil § 14 Abs. 4 Nr. 9 VgV die entsprechende Regelung des § 32 Abs. 5 der Vergaberichtlinie für Dienstaufträge inhaltsgleich umsetzt.

III. Rechtliche Vorgaben im EU-Recht

Die Vergaberichtlinie,[5] die mit der VgV in deutsches Recht umgesetzt wird, sieht kein **8** Sonderregelungsregime für die Vergabe von Architekten- und Ingenieurleistungen vor. Abschnitt 6 der VgV hat mithin kein europarechtliches Vorbild. Gleichwohl schließt die Richtlinie die Zusammenfassung spezifischer Regelungen für die Vergabe von Architekten- und Ingenieurleistungen nicht aus. In der Richtlinie werden vielmehr in den Erwägungsgründen Besonderheiten derartiger Leistungen hervorgehoben, die Sonderregelun-

---

[1] OLG Hamburg NZBau 2010, 780, 781; *Voppel/Osenbrück/Bubert* VOF, 3. Aufl. 2012 § 3 Rn. 6; *Müller-Wrede* in Müller-Wrede, VOF 5. Aufl. 2014 § 3 Rn. 14; *Pünder* in *Pünder/Schellenberg,* Vergaberecht 2. Aufl. 2015 § 3 VOF Rn. 7.
[2] Siehe hierzu *Müller-Wrede* in Müller-Wrede, VOF 5. Aufl. 2014 § 3 Rn. 19 ff.
[3] Richtlinie 2014/24/EU des Europäischen Parlaments und des Rates vom 26. Februar 2014 über die öffentliche Auftragsvergabe und zur Aufhebung der Richtlinie 2004/18/EG.
[4] Siehe hierzu *Müller-Wrede* in Müller-Wrede, VOF 5. Aufl. 2014 § 3 Rn. 8.
[5] Richtlinie 2014/24/EU des Europäischen Parlaments und des Rates vom 26. Februar 2014 über die öffentliche Auftragsvergabe und zur Aufhebung der Richtlinie 2004/18/EG.

gen rechtfertigen, z. B. die Durchführung eines Wettbewerblichen Dialogs (Erwägungsgrund 43) und von Wettbewerben (Erwägungsgrund 120).

9   Im Gegensatz zu ihrer Vorgängerin, der Vergabekoordinierungsrichtlinie, etabliert die
Vergaberichtlinie das sog. Toolbox-Prinzip, nach dem den Auftraggebern alle Verfahrensarten zur Verfügung stehen müssen. Die Vorgabe, allein das Verhandlungsverfahren als einzige Verfahrensart vorzuschreiben, so wie es die VOF in § 3 Abs. 1 vorsah, ist in Umsetzung
der Richtlinie 2014/24/EU nicht weiter möglich. Zwar hatte der EuGH bereits im Jahr
1988 festgestellt, dass die Vergaberichtlinien kein einheitliches und erschöpfendes Unionsrecht darstellen, sondern dass es den Mitgliedstaaten vorbehaltlich der Beachtung aller einschlägigen Vorschriften des Gemeinschaftsrechts und insbesondere der Verbote, die aus den
vom Vertrag aufgestellten Grundsätzen auf dem Gebiet des Niederlassungsrechts und des
freien Dienstleistungsverkehrs folgen, unbenommen bleibt, materiellrechtliche oder verfahrensrechtliche Bestimmungen auf dem Gebiet der öffentlichen Auftragsvergabe aufrechtzuerhalten oder zu erlassen.[6] Der Verordnungsgeber darf deshalb in europarechtlicher Hinsicht Sonderregelungen für die Vergabe von Architekten- und Ingenieurleistungen
schaffen, solange und soweit diese nicht den Vorgaben des primären und sekundären Unionsrecht widersprechen. Der Verordnungsgeber hat jedoch zu recht das Toolbox-Prinzip
der Vergaberichtlinie als eine solche einzuhaltende Vorgabe angesehen. Daher regelt § 74
VgV, dass für die Vergabe von Architekten- und Ingenieurleistungen in der Regel das Verhandlungsverfahren mit Teilnahmewettbewerb oder der wettbewerbliche Dialog in Betracht kommen (so auch schon Erwägungsgrund 43 der Richtlinie 2014/24/EU).

10   Vor diesem Hintergrund ist die Formulierung „in der Regel" in § 74 VgV auch nicht
als juristische Vorrangregelung zugunsten des Verhandlungsverfahrens und des Wettbewerblichen Dialogs zu verstehen. Die nationalen vergaberechtlichen Vorschriften sind im
Sinne der Vergaberichtlinien auszulegen, um das in Art. 288 Abs. 3 AEUV festgelegte Ziel
der Richtlinienumsetzung zu erreichen. Dabei sind neben dem Richtlinientext die diesem
vorangestellten Erwägungsgründe und die ihnen zugrunde liegenden Bestimmungen des
AEUV zu berücksichtigen.[7]

11   Nach Art. 26 Abs. 4a) ii) VRL ist Voraussetzung für ein Verhandlungsverfahren oder einen Wettbewerblichen Dialog, dass der Auftrag konzeptionelle oder innovative Lösungen
umfasst, wovon gemäß dem Erwägungsgrund 43 bei Architekten- und Ingenieurleistungen
im Einzelfall ausgegangen werden kann. Wenn § 73 Abs. 1 VgV für die Anwendung des
Abschnitts 6 voraussetzt, dass Ausschreibungsgegenstand eine Aufgabe ist, deren Lösung
vorab nicht eindeutig und erschöpfend beschrieben werden kann, bedeutet das im Ergebnis
nichts anderes, als dass eine konzeptionelle und/oder innovative Lösung ausgeschrieben ist.
Deshalb ist ein Verhandlungsverfahren in der Regel zulässig, wie es § 74 VgV klarstellt.

12   In den meisten Fällen ist ein Verhandlungsverfahren für die die Vergabe von Architek-
ten- und Ingenieurleistungen darüber hinaus geboten. Denn diese Vergabe birgt wegen der
Unbeschreibbarkeit der Lösung im Vorfeld meist die Notwendigkeit von Verhandlungen in
sich, sodass die anderen Verfahrensarten faktisch kaum in Frage kommen.[8] In gleicher Weise kommt das Verfahren des wettbewerblichen Dialogs in Betracht. Auch hier wird über
Verhandlungen in Stufen der zukünftige Vertragspartner gefunden. Artikel 26 Absatz 4 der
Richtlinie 2014/24/EU stellt das Verhandlungsverfahren und den wettbewerblichen Dialog
gleich. Sie haben die gleichen Zulässigkeitsvoraussetzungen, daher ist der wettbewerbliche
Dialog hier gleichrangig neben das Verhandlungsverfahren getreten.

13   Auf der anderen Seite erfordert die Ausschreibung einer Leistung, deren Gegenstand
eine Aufgabe ist, deren Lösung vorab nicht eindeutig und erschöpfend beschrieben werden
kann, nicht zwingend ein Verhandlungsverfahren oder einen wettbewerblichen Dialog. Ein
Planungsauftrag kann auch auf der Basis unverhandelter eingereichter Angebote (die Ent-

---

[6] EuGH v. 20.9.1988 – Rs 31/87, NVwZ 1990, 353.
[7] Siehe hierzu auch *Müller-Wrede* in Müller-Wrede, VOF 5. Aufl. 2014 § 3 Rn. 25.
[8] Vgl. Erwägungsgrund 43 der Richtlinie 2014/24/EU.

würfe enthalten) vergeben werden. Folgerichtig regeln Art. 26 Abs. 4a) ii) VRL (und § 14 Abs. 3 Nr. 2 VgV) in diesen Fällen die Zulässigkeit eines Verhandlungsverfahrens, nicht aber eine rechtliche (oder auch nur faktische) Verpflichtung zur Wahl dieser Vergabeverfahrensart. Folgerichtig kann auch § 74 VgV nicht in dem Sinne europarechtskonform ausgelegt werden, dass er den öffentlichen Auftraggeber zur Durchführung eines Verhandlungsverfahrens oder eines Wettbewerblichen Dialogs verpflichtete. Das würde dem Regel-Ausnahme-Verhältnis zwischen offenem und nicht offenem Verfahren auf der einen und Verhandlungsverfahren sowie wettbewerblichem Dialog auf der anderen Seite, wie es in Art. 26 Abs. 2 und 4 VRL zum Ausdruck kommt, widersprechen. Darauf hatte die EU-Kommission bereits zu den Vorgängerregelungen der VOF hingewiesen.[9] Vielmehr ist die Formulierung „in der Regel" als tatsächliche Feststellung zu verstehen, dass „in der Regel" ein Verhandlungsverfahren bzw. ein wettbewerblicher Dialog sinnvoll ist.

B. Zulässige Verfahrensarten

Die Vergabe von öffentlichen Aufträgen erfolgt nach § 119 GWB im offenen Verfahren, **14** im nicht offenen Verfahren, im Verhandlungsverfahren, im wettbewerblichen Dialog oder in der Innovationspartnerschaft (§ 14 Abs. 1 VgV). Diese Aufzählung ist abschließend.[10] Von diesen Vergabeverfahrensarten stehen dem öffentlichen Auftraggeber für die Vergabe von Dienst- und Lieferleistungen gemäß § 14 Abs. 2 VgV das offene Verfahren und das nicht offene Verfahren, das stets einen Teilnahmewettbewerb erfordert, nach seiner Wahl zur Verfügung. Die anderen Verfahrensarten, also insbesondere das Verhandlungsverfahren und auch der Wettbewerbliche Dialog, sind demgegenüber nur zulässig, soweit dies durch gesetzliche Bestimmungen oder nach § 14 Abs. 3 und 4 VgV gestattet ist.

Eine solche gesetzliche Bestimmung, die abweichend von § 14 Abs. 2 VgV Regelungen **15** zur Zulässigkeit des Verhandlungsverfahrens und des Wettbewerblichen Dialogs regelt, ist § 74 VgV. Dort wird festgehalten, dass Architekten- und Ingenieurleistungen in der Regel im Verhandlungsverfahren mit Teilnahmewettbewerb oder im wettbewerblichen Dialog vergeben werden. Im Gegensatz zu der Vorgängerregelung in § 3 Abs. 1 VOF ist der öffentliche Auftraggeber bei der Vergabe von Architekten- und Ingenieurleistungen also nicht auf das Verhandlungsverfahren mit Teilnahmewettbewerb beschränkt, sondern ihm stehen theoretisch alle Verfahrensarten zur Verfügung, insbesondere also auch das offene Verfahren (§ 15 VgV), das nicht offene Verfahren (§ 16 VgV) und auch die Innovationspartnerschaft (§ 19 VgV). Zur Einräumung dieser **Wahlfreiheit** sah sich der Verordnungsgeber verpflichtet, weil seiner Auffassung nach die mit der VgV umzusetzende Vergaberichtlinie das so genannte Toolbox-Prinzip etabliert, nachdem dem Auftraggeber alle Verfahrensarten zur Verfügung stehen müssen.

Der öffentliche Auftraggeber kann also **nach eigenem Ermessen** zwischen dem offe- **16** nen Verfahren und dem nicht offenen Verfahren, die ihm ohnehin voraussetzungslos zur Verfügung stehen (§ 14 Abs. 2 VgV), und dem Verhandlungsverfahren mit vorangestelltem Teilnahmewettbewerb sowie dem wettbewerblichen Dialog, die im Anwendungsbereich des Abschnitts 6 der VgV gemäß § 74 VgV ebenfalls voraussetzungslos zulässig sind, wählen. Die Zulässigkeit dieser Verfahren muss der öffentliche Auftraggeber, der Architekten- oder Ingenieurleistungen im Sinne von § 73 Abs. 1 VgV ausschreibt, nicht gesondert begründen. Zwischen dem offenen Verfahren und dem nicht offenen Verfahren kann ein öffentlicher Auftraggeber ohnehin grundsätzlich frei wählen (§ 14 Abs. 2 VgV). Die Begründung der Zulässigkeit des Verhandlungsverfahrens mit Teilnahmewettbewerb sowie des

---

[9] Stellungnahme der Europäischen Kommission in dem Vertragsverletzungsverfahren gegen die Bundesrepublik Deutschland wegen einer Vergabe in den Städten Mainburg und Braunschweig, siehe dazu EuZW 2001, 290.

[10] → GWB § 97 Rn. 4.

wettbewerblichen Dialogs liegt bereits in der Begründung des Anwendungsbereichs des Abschnitts 6 der VgV.[11]

17   In diesem Zusammenhang sei darauf hingewiesen, dass das Verhandlungsverfahren in den Fällen, in denen es zulässig und sinnvoll ist, insbesondere also bei der Vergabe von Architekten- und Ingenieurleistungen, wirtschaftlich effizientere Ergebnisse liefert als das offene und das nichtoffene Verfahren. Zu diesem Ergebnis ist jedenfalls die Europäische Kommission in ihrem Grünbuch gelangt.[12] Sowohl unter dem Gesichtspunkt der Kosteneffizienz als auch unter dem Gesichtspunkt, dass die angestrebten Ziele bestmöglich herausgearbeitet und dann auch realisiert werden, ist das Verhandlungsverfahren in diesen Fällen regelmäßig vorzugswürdig.[13]

18   Nicht zuletzt deshalb verstößt die Ermöglichung zur voraussetzungslosen Wahl des Verhandlungsverfahrens bei der Vergabe von Architekten- und Ingenieurleistungen nicht gegen das Haushaltsrecht. Bedenken, diese Erweiterung des Anwendungsbereichs von Verhandlungsverfahren könnte gegen das Gebot der öffentlichen Ausschreibung von Aufträgen gemäß § 55 Abs. 1 BHO bzw. entsprechender Vorschriften in den Landeshaushaltsordnungen oder im Gemeindehaushaltsrecht widersprechen,[14] gehen allerdings bereits deshalb ins Leere, weil die Allgemeinen Verwaltungsvorschriften zur BHO (Abschnitt 4 Nr. 1) für die Vergabe öffentlicher Aufträge oberhalb der Schwellenwerte auf den Teil 4 des GWB und damit schlussendlich auch auf den Abschnitt 6 der VgV verweisen.

19   Wenn § 74 regelt, dass **in der Regel** das Verhandlungsverfahren mit Teilnahmewettbewerb oder der wettbewerbliche Dialog durchzuführen sind, bedeutet das nicht, dass der öffentliche Auftraggeber verpflichtet ist, diese Verfahrensarten zu wählen, wenn nicht besondere Umstände für ein offenes Verfahren oder ein nicht offenes Verfahren sprechen. Anders ausgedrückt, wird die Ermessensentscheidung des öffentlichen Auftraggebers durch die Formulierung „in der Regel" in § 74 VgV nicht gebunden. Zum einen kommt in der Verordnungsbegründung zum Ausdruck, dass der Verordnungsgeber lediglich einen faktischen Zwang sieht, bei der Vergabe von Architekten- und Ingenieurleistungen ein Verhandlungsverfahren oder einen wettbewerblichen Dialog durchzuführen. Denn Architekten- und Ingenieurleistungen im Sinne des Abschnitts 6 der VgV ist es immanent, dass ihr Gegenstand eine Aufgabe ist, deren Lösung vorab nicht eindeutig und erschöpfend beschrieben werden kann. Zwar kann eine solche Leistung grundsätzlich auch im offenen oder nichtoffenen Verfahren vergeben werden. Der öffentliche Auftraggeber würde sich durch die Wahl eines offenen oder nichtoffenen Verfahrens, das keinerlei Anpassungen des Beschaffungsgegenstands und der Vergabeunterlagen im Verfahren zulässt, indes unnötig einschränken. Offenes und nicht offenes Verfahren sind deshalb für die Ausschreibung von Architekten- und Ingenieurleistungen in der Regel nicht dienlich.[15] Viel spricht dafür, dass der Verordnungsgeber deshalb die Formulierung „in der Regel" in § 74 VgV verwendet.

20   Zum anderen regelt § 73 Abs. 1 VgV, dass die Bestimmungen des Abschnitts 6 der VgV zusätzlich für die Vergabe von Architekten- und Ingenieurleistungen im Sinne des Abs. 1 gelten. Hiernach ergänzen die Regelungen des Abschnitts 6 die Vergabevorschriften der vorangehenden Abschnitte der VgV. Grundsätzlich sind diese Vorschriften im Anwendungsbereich des Abschnitts 6 nebeneinander anwendbar, soweit nicht im Einzelfall Regelungen des Abschnitts 6 von den allgemeinen Bestimmungen abweichen; in diesem Fall gehen die Vorschriften des Abschnitts 6 als Spezialregelungen den allgemeinen Normen vor und verdrängen diese. Davon dass der Verordnungsgeber von dem in § 14 Abs. 2 VgV geregelten Grundsatz, dass dem öffentlichen Auftraggeber jedenfalls das offene Verfahren und das nicht offene Verfahren zur Verfügung stehen, abweichen will, gibt es keine Anhaltspunkte.

[11] OLG Hamburg NZBau 2010, 780, 781 (zu § 3 Abs. 1 VOF).
[12] Europäische Kommission Grünbuch, Das öffentliche Auftragswesen in der EU – Überlegungen für die Zukunft, Ziffer 3.16.
[13] So auch *Müller-Wrede* in Müller-Wrede, VOF 5. Aufl. 2014 § 3 Rn. 28.
[14] Siehe hierzu *Müller-Wrede* in Müller-Wrede, VOF 5. Aufl. 2014 § 3 Rn. 32.
[15] *Müller-Wrede* in Müller-Wrede, VOF 5. Aufl. 2014 § 3 Rn. 6.

Jedenfalls dann, wenn der öffentliche Auftraggeber die Ausarbeitung von Lösungsvor- 21
schlägen der gestellten Aufgabe bereits im Vergabeverfahren verlangt, stehen ihm gemäß
§ 76 Abs. 2 S. 1 VgV nur der Planungswettbewerb, das Verhandlungsverfahrens oder der
wettbewerbliche Dialog zur Verfügung.

I. Verhandlungsverfahren mit Teilnahmewettbewerb

Entscheidet sich der öffentliche Auftraggeber dafür, die Architekten- oder Ingenieurleis- 22
tungen im Verhandlungsverfahren mit Teilnahmewettbewerb zu vergeben, muss dieses nach
den Anforderungen aus § 17 VgV ausgestaltet werden. Für Einzelheiten wird auf die
Kommentierung dieser Vorschrift verwiesen.

Die Vorgängerregelung in § 3 VOF enthielt in einem Abs. 2 detaillierte **Regelungen** 23
zum Ablauf des Verhandlungsverfahrens. Grund dafür war, dass die übergeordneten
Vergabegesetze vor der Vergaberechtsreform 2016 (GWB, VgV) praktisch keine Regelungen zur Ausgestaltung des Verhandlungsverfahrens enthielten. In § 101 Abs. 5 GWB a.F.
war lediglich das Verhandlungsverfahren als Verfahrensart definiert, bei der sich ein öffentlicher Auftraggeber an ausgewählte Unternehmen wendet, um mit einem oder mehreren
dieser Unternehmen über die Auftragsbedingungen zu verhandeln. Vorgaben zur Ausgestaltung des Verhandlungsverfahrens waren jedoch weder in § 101 Abs. 5 GWB noch an
anderer Stelle geregelt. Deshalb wurden in § 3 Abs. 2 VOF gewisse Vorgaben für die Ausgestaltung des Verhandlungsverfahrens aufgenommen. Diese Vorgaben waren jedoch nicht
spezifisch auf die Vergabe von Architekten- und Ingenieurleistungen abgestimmt worden.
Vielmehr handelte es sich um allgemeine Vorgaben, die für jedes Verhandlungsverfahren
hätten Geltung beanspruchen können. Mit der Vergaberechtsreform 2016 hat der Gesetzgeber die Ausgestaltung von Verhandlungsverfahren in § 17 VgV detailliert geregelt. Einer
gesonderten Regelung im Abschnitt 6 der VgV, die ebenfalls nur allgemeingültige Vorgaben für die Ausgestaltung von Verhandlungsverfahren normiert, bedurfte es deshalb nicht
mehr. Aus diesem Grund hat der Verordnungsgeber darauf verzichtet, eine § 3 Abs. 2 VOF
entsprechende Regelung im Abschnitt 6 der VgV aufzunehmen.

Gleichwohl gibt es **Besonderheiten bei der Ausgestaltung von Verhandlungsver-** 24
fahren für die Vergabe von Architekten- und Ingenieurleistungen, die (bislang) gesetzlich
nicht normiert waren, sich in der Praxis aber herausgebildet haben. So ist es rechtlich zulässig und praktisch üblich, von den Bietern im Verhandlungsverfahren zunächst ein **Ho-**
norarangebot einzuholen. Zwar steht die konkret zu vereinbarende Leistung mangels
Beschreibbarkeit der Lösung inhaltlich noch nicht fest. Das Honorar bestimmt sich in diesen Fällen aber regelmäßig nach der HOAI und damit nach weitgehend objektiven und
nicht verhandelbaren Gesichtspunkten. Auf diese Weise wird eine Verhandlungsgrundlage
für das weitere Verfahren geschaffen.

Bei der Vergabe von Architektenleistungen ist es außerdem üblich, dass der öffentliche 25
Auftraggeber von den Bietern vor der Aufnahme der Verhandlungen die **Ausarbeitung**
von Entwürfen, Plänen, Zeichnungen, Berechnungen oder anderer Unterlagen verlangt,
die mit dem ersten (oftmals noch indikativen[16]) Angebot einzureichen sind. Denn Gegenstand der Ausschreibung ist eine Aufgabe, deren Lösung vorab nicht eindeutig und erschöpfend beschrieben werden kann. Ziel der Verhandlungen ist es, eine Beschreibung der
Lösung zu entwickeln, die dann das Leistungsbild des abzuschließenden Planungsauftrags
bestimmt.[17]

Auf der Grundlage dieses Angebots wird dann ein Verhandlungsgespräch geführt, in des- 26
sen Folge den Bietern regelmäßig die Gelegenheit eingeräumt wird, aufgrund der Erkenntnisse aus diesem Gespräch ihr Honorarangebot – und, soweit die vorgenannten Un-

---

[16] Siehe hierzu *Michel/Braun* NZBau 2009, 688.
[17] Vgl. OLG Dresden v. 11.4.2005 – Wverg 5/05, NZBau 2006, 469, 471.

terlagen Vertragsbestandteil werden und das Leistungssoll des Architekten konkretisieren, oftmals auch diese Unterlagen – binnen einer angemessenen, vom öffentlichen Auftraggeber unter Berücksichtigung des Gleichbehandlungsgebotes festzulegenden Frist zu überarbeiten.[18] Der hiergegen insbesondere vom OLG Brandenburg[19] eingenommene Standpunkt, die **Einholung überarbeiteter Angebote nach den Verhandlungen** sei unzulässig, weil die Zuschlagsentscheidung aufgrund der Verhandlungsgespräche getroffen werden müsse, ist jedenfalls nach der Vergaberechtsreform 2016 nicht mehr haltbar. Das OLG Brandenburg begründete seinen Standpunkt insbesondere damit, dass die Regelungen der §§ 11 Abs. 6 und 20 Absatz 1 diesen stützten. Tatsächlich war in § 20 Abs. 1 S. 2 VOF geregelt, dass der öffentliche Auftraggeber Auftragsgespräche mit den ausgewählten Bietern durchführt und *„über die Auftragsvergabe nach Abschluss dieser Gespräche“* entscheidet. Sinn und Zweck der Regelungen in §§ 11 Abs. 6 und 20 Abs. 1 VOF war jedoch klarzustellen, dass überhaupt Verhandlungen durchzuführen sind und diese die Auftragsentscheidung grundsätzlich bestimmen. Ein Verbot, nach Abschluss der Verhandlungen die Angebote zu überarbeiten, sollte damit jedoch nicht verbunden sein. Im Gegenteil: Verhandlungen machen – in Abgrenzung zur bloßen Angebotsaufklärung – nur Sinn, wenn die Bieter aufgrund der Verhandlungen ihr Angebot nochmals überarbeiten dürfen. Wäre die Überarbeitung ihrer Angebote nach Abschluss des Verhandlungsgesprächs verboten, bedeutete das, dass die Bieter während der Verhandlungen ihr Angebot anpassen müssen. Dazu wird ein Bieter bereits im Hinblick auf sein Honorarangebot oftmals nicht bereit oder in der Lage sein. Erst recht gilt das für die Überarbeitung qualitativer Angebotsaspekte, beispielsweise von Entwürfen, Plänen, Zeichnungen, Berechnungen oder anderer Unterlagen, die Vertragsbestandteil werden und das Leistungssoll des Auftragnehmers bestimmen sollen.[20] Zusammengefasst machen Verhandlungen insbesondere dann Sinn, wenn nach Abschluss der Verhandlungsgespräche eine Überarbeitung des Angebots zulässig ist. Bereits auf der Grundlage der VOF war deshalb der Standpunkt des OLG Brandenburg nicht haltbar. Erst recht gilt das nach der Vergaberechtsreform 2016, weil der Verordnungsgeber die insoweit missverständlichen Regelungen von § 11 Abs. 6 und § 20 Abs. 1 VOF nicht in die VgV (dort in § 17) übernommen hat. Im Gegenteil bestimmt nunmehr § 17 Abs. 10 VgV, dass der öffentliche Auftraggeber mit den Bietern über die von ihnen eingereichten Erstangebote und alle Folgeangebote verhandelt, mit Ausnahme der endgültigen Angebote, mit dem Ziel, die Angebote inhaltlich zu verbessern. § 17 Abs. 10 VgV setzt mit anderen Worten voraus, dass die Bieter nach Abschluss der Verhandlungen aufgefordert werden, ein endgültiges Angebot vorzulegen, auf deren Grundlage der öffentliche Auftraggeber seine Zuschlagsentscheidung trifft.

27   Eine besondere Herausforderung in Verhandlungsverfahren bei der Vergabe von Architekten- und Ingenieurleistungen ist die Handhabung des Gleichbehandlungsgebots. Ein Ziel des Verhandlungsverfahrens ist es, die vorab nicht eindeutig und erschöpfend beschreibbare Lösung der ausgeschriebenen Aufgabe beschreibbar zu machen. Hilfsmittel dafür sind die von den Verhandlungsteilnehmern mit ihren Angeboten eingereichten Entwürfe und Planungen. Auf der einen Seite unterliegen diese dem wettbewerblichen Geheimnis- und darüber hinaus ggf. auch schon einem Urheberrechtsschutz. Auf der anderen Seite sind, sobald und soweit der Auftragsgegenstand in den Verhandlungen Konturen erhält, so dass vergleichbare Angebote abgegeben werden können, alle (ggf. verbliebenen) Verhandlungsteilnehmer gleichzeitig hierüber zu informieren und bei dann gleichem Informationsstand zur Abgabe eines weiteren Angebots aufzufordern.[21] Der öffentliche Auftraggeber muss also sorgsam prüfen und abwägen, ob und ggf. inwieweit Informationen

---

[18] OLG Düsseldorf v. 7.1.2002 – Verg 36/01, VergabeR 2002, 169, 171; *Voppel/Osenbrück/Bubert* VOF, 3. Aufl. 2012 § 3 Rn. 56.
[19] OLG Brandenburg v. 13.9.2005 – Verg W 8/05, VergabeR 2006, 261, 264 f.
[20] *Voppel/Osenbrück/Bubert* VOF, 3. Aufl. 2012 § 3 Rn. 56.
[21] VK Baden-Württemberg v. 19.7.2005 – 1 VK 34/05; *Müller-Wrede* in Müller-Wrede, VOF 5. Aufl. 2014 § 3 Rn. 44.

Verfahrensart

§ 74 VgV

aus den jeweiligen Angeboten dazu dienen, den Auftragsgegenstand für alle bestimmbarer zu machen – hierbei wird es sich in der Regel um allgemeine Vorgaben an das Projekt handeln – und inwieweit solche Informationen angebotsbezogen sind und damit nicht weitergegeben werden dürfen.

Zu beachten ist in diesem Zusammenhang schließlich, dass die Identität des ausgeschrie- **28** benen Beschaffungsvorhabens gewahrt bleiben muss.[22] Je konkreter der Auftraggeber die Lösung der ausgeschriebenen Aufgabe bereits beschrieben hat, desto stärker ist er hieran gebunden. Das gilt insbesondere für die Beschreibung in der Vergabebekanntmachung, aber auch für im Laufe des Vergabeverfahrens allen Bewerbern oder Bietern gegenüber vorgenommene ergänzende Beschreibungen. Freilich sind Modifikationen dieser beschriebenen Lösungsbestandteile zulässig,[23] und es dürfen Verhandlungen über Optimierungen, Vertragsspezifikationen und Änderungswünsche geführt werden.[24] Andernfalls wäre die Zulassung eines Verhandlungsverfahrens in § 74 VgV absurd. Allerdings muss die Identität des Ausschreibungsgegenstands – der Aufgabe – gewahrt bleiben und die Verhandlungsteilnehmer müssen über etwaige Anpassungen desselben unter Beachtung des Gleichbehandlungsgebots informiert werden.[25]

Eine weitere Frage ist, ob der öffentliche Auftraggeber im Anwendungsbereich des Ab- **29** schnitts 6 der VgV **verpflichtet ist, Verhandlungen mit den Bietern zu führen,** wenn er sich dazu entschlossen hat, die Vergabe im Wege eines Verhandlungsverfahrens durchzuführen. Für die Vergabe von Architekten- und Ingenieurleistungen nach der VOF wurde dies von Teilen der Rechtsprechung und Literatur vertreten.[26] Denn erstens seien Verhandlungen ein konstituierende Element des Verhandlungsverfahrens.[27] Zweitens setze die Anwendbarkeit der VOF voraus, dass ohne Verhandlungen das wirtschaftlichste Angebot nicht ermittelt werden könne.[28] Weil für die Anwendbarkeit der VOF die Lösung des Auftragsgegenstands vorab nicht eindeutig und erschöpfend beschreibbar sein müsse, müssten, um die Wirtschaftlichkeit der Angebote prüfen zu können, vorab Verhandlungen durchgeführt werden, in deren Folge die Lösung beschreibbar würde. Und drittens schließlich seien Verhandlungen gemäß § 11 Abs. 1 und 6 sowie § 20 Abs. 1 VOF ohnehin vorgeschrieben.

Auch diese Auffassung lässt sich jedenfalls nach der Vergaberechtsreform 2016 nicht **30** mehr aufrechterhalten. Die Inhalte der Regelungen von § 11 Abs. 1 und 6 sowie § 20 Abs. 1 VOF wurden nicht in die Regelung des Verhandlungsverfahrens in § 17 VgV sowie die Regelungen für die Vergabe von Architekten- und Ingenieurleistungen im Abschnitt 6 der VgV aufgenommen.[29] Die Regelungen des Abschnitts 6 ergänzen lediglich für die Vergabe von Architekten- und Ingenieurleistungen die allgemeinen Regelungen der vorangehenden Abschnitte der VgV. Nach § 17 Abs. 11 VgV kann der öffentliche Auftraggeber den Auftrag auf der Grundlage der Erstangebote vergeben, ohne in Verhandlungen einzutreten, wenn er sich in der Auftragsbekanntmachung oder in der Aufforderung zur Interessensbestätigungen diese Möglichkeit vorbehalten hat. Diese Regelung setzt Art. 29 Abs. 4

---

[22] OLG München v. 28.4.2006 – Verg 6/06, VergabeR 2006, 914, 925; *Müller-Wrede* in Müller-Wrede, VOF 5. Aufl. 2014 § 3 Rn. 51.
[23] VK Schleswig-Holstein v. 14.5.2008 – VK-SH 06/08, ZfBR 2008, 706, 712.
[24] OLG Dresden v. 11.4.2005 – Wverg 5/05, NZBau 2006, 469, 471 f.; *Müller-Wrede* in Müller-Wrede, VOF 5. Aufl. 2014 § 3 Rn. 51.
[25] VK Baden-Württemberg v. 19.7.2005 – 1 VK 34/05; *Müller-Wrede* in Müller-Wrede, VOF 5. Aufl. 2014 § 3 Rn. 51.
[26] OLG Naumburg v. 12.4.2012 – 2 Verg 1/12, VergabeR 2012, 749, 759 ff.; VK Baden-Württemberg v. 14.10.2011 – 1 VL 51/11; VK Saarland v. 9.3.2007 – 3 VK 01/2007; VK Sachsen v. 5.10.2004 – 1/SVK/092-04; *Voppel/Osenbrück/Bubert* VOF, 3. Aufl. 2012 § 3 Rn. 57; *Müller-Wrede* in Müller-Wrede, VOF 5. Aufl. 2014 § 3 Rn. 46 f. mwN.
[27] OLG Naumburg v. 12.4.2012 – 2 Verg 1/12, VergabeR 2012, 749, 759 ff.; *Voppel/Osenbrück/Bubert* VOF, 3. Aufl. 2012 § 3 Rn. 57.
[28] VK Schleswig-Holstein v. 25.4.2008 – VK-SH 04/08; *Voppel/Osenbrück/Bubert* VOF, 3. Aufl. 2012 § 3 Rn. 57.
[29] Siehe dazu bereits → VgV § 74 Rn. 26.

der Vergaberichtlinie um. Nach den allgemeinen Regelungen besteht also keine Verhandlungspflicht. Hierzu enthält der Abschnitt 6 der VgV keine ergänzende oder abweichende Regelung, die als lex specialis[30] der allgemeinen Regelung in § 17 Abs. 11 VgV vorgehen würde. Schließlich setzt auch die Anwendbarkeit des Abschnitts 6 der VgV nicht grundsätzlich voraus, dass die Auftragsvergabe nur mit vorangehenden substantiellen Verhandlungen möglich ist. Die Bestimmungen des Abschnitts 6 gelten für die Vergabe von Architekten- und Ingenieurleistungen, deren Gegenstand eine Aufgabe ist, deren Lösung vorab nicht eindeutig und erschöpfend beschrieben werden kann. Insoweit muss zwischen der Aufgabe, die beschreibbar sein darf und muss, sowie der Lösung, die nicht vorab eindeutig und erschöpfend beschreibbar sein darf, unterschieden werden.[31] Die Beschreibung der Aufgabe, woraus sich wiederum Anhaltspunkte für Gegenstand und Art der zu erbringenden Leistung sowie die Zielvorstellungen und Rahmenbedingungen des öffentlichen Auftraggebers ergeben, genügt, um auf dieser Basis ein Angebot erstellen zu können, das eine bestimmte Leistung und einen dafür kalkulierten Preis enthält, das infolgedessen vergleichbar und auf der Grundlage der bekannt gemachten Zuschlagskriterien bewertbar ist und das schließlich die „essentialia negotii" enthält, so dass durch Annahme ein rechtswirksamer Vertrag zustande kommen kann.[32] Dementsprechend setzt der Beginn der Verhandlungsphase gemäß § 17 Abs. 10 und 11 VgV die Abgabe von (Erst-)Angeboten durch die Bieter voraus. Schließlich ist es auch nicht das Ziel der Verhandlungen, die Lösung, die vorab nicht eindeutig und erschöpfend beschreibbar sein muss, beschreibbar zu machen. Ziel der Verhandlungen ist vielmehr, dass der öffentliche Auftraggeber und der jeweilige Bieter den Auftragsinhalt und die Auftragsbedingungen so lange besprechen, bis klar ist, wie die vom Bieter im Auftragsfall zu erbringende Leistung konkret beschaffen sein soll, zu welchen Konditionen der Auftragnehmer diese anbietet und mit welchem Preis diese Leistung abgegolten sein soll.[33] Leistung in diesem Zusammenhang meint jedoch zunächst einmal nur Art und Umfang der Leistung – zum Beispiel welche Leistungsphasen welcher Leistungsbilder der HOAI erbracht werden sollen. Nicht gemeint ist hingegen der Leistungsinhalt, also beispielsweise der Inhalt der in einer bestimmten HOAI-Leistungsphase zu erbringenden Planungsleistungen. Das nämlich würde bedeuten, dass bereits in der Verhandlungsphase die Vertragsleistungen vorweggenommen werden.[34] Zwar ist es möglich, dass bereits in der Verhandlungsphase die Lösung konkretisiert wird, beispielsweise durch vom Bieter mit seinem Angebot abzugebende Entwürfe, Pläne, Zeichnungen, Berechnungen oder andere Unterlagen, und dass diese als Vertragsbestandteil und gleichsam als Ausgangspunkt für die Erbringung der vertraglichen Leistungen vereinbart werden. Dies ändert jedoch nichts daran, dass die Lösung selbst in den Verhandlungen nicht erarbeitet wird. Daraus folgt schlussendlich, dass das Argument, die Nichtbeschreibbarkeit der Lösung, die zugleich Anwendungsvoraussetzung für den Abschnitt 6 der VgV ist, erfordere zwingend die Durchführung von Verhandlungen, falsch ist.

II. Verhandlungsverfahren ohne Teilnahmewettbewerb

31   Nur ausnahmsweise zulässig ist die Durchführung eines **Verhandlungsverfahrens ohne Teilnahmewettbewerb**. Durch § 74 VgV wird die Regelung des § 14 VgV, der in Abs. 4 die Zulässigkeit eines Verhandlungsverfahrens ohne Teilnahmewettbewerb unter bestimmten Voraussetzungen regelt, nicht aufgehoben. Vielmehr sind im Anwendungsbereich des Abschnitts 6 der VgV § 74 VgV und § 14 Abs. 4 VgV gemeinsam anwendbar. Dabei stellt

---

[30] → VgV § 73 Rn. 54.
[31] Ähnlich *Kulartz/Geitel* in KKMPP, Kommentar zur VgV 1. Aufl. 2017 § 73 Rn. 4. Siehe auch → VgV § 73 Rn. 43.
[32] Im Ergebnis auch *Kulartz/Geitel* in KKMPP, Kommentar zur VgV 1. Aufl. 2017 § 73 Rn. 4.
[33] OLG Naumburg v. 12.4.2012 – 2 Verg 1/12.
[34] Siehe auch → VgV § 73 Rn. 42.

§ 14 Abs. 4 VgV einen Ausnahmetatbestand dar, der nur außerhalb der Regel im Sinne von § 74 VgV und nur bei Vorliegen der Zulässigkeitsvoraussetzungen gemäß § 14 Abs. 4 VgV erfüllt ist. Ein Verhandlungsverfahren ohne Teilnahmewettbewerb kann mithin zulässigerweise nur dann durchgeführt werden, wenn einer der Ausnahmetatbestände des § 14 Abs. 4 VgV vorliegt. Maßgeblich sind insoweit insbesondere die Ausnahmetatbestände der Nr. 2 und Nr. 8. Ein Verhandlungsverfahren ohne Teilnahmewettbewerb kommt danach im Falle des Schutzes von ausschließlichen Rechten – etwa dem Urheberrecht eines Architekten – (Nr. 2 lit. c) und im Anschluss an einen Planungswettbewerb in Betracht, sofern der Gewinner oder alle Preisträger des Wettbewerbs zur Teilnahme an den Verhandlungen aufgefordert werden (Nr. 8). Für Einzelheiten wird auf die Kommentierung von § 14 Abs. 4 VgV verwiesen.

III. Wettbewerblicher Dialog

Entscheidet sich der öffentliche Auftraggeber dafür, die Architekten- oder Ingenieurleistungen im wettbewerblichen Dialog zu vergeben, muss dieses Verfahren nach den Anforderungen aus § 18 VgV ausgestaltet werden. Für Einzelheiten wird auf die Kommentierung dieser Vorschrift verwiesen. **32**

Der wettbewerbliche Dialog hat sich in den Fällen als nützlich erwiesen, in denen der öffentliche Auftraggeber nicht in der Lage ist, die Mittel zur Befriedigung des Bedarfs zu definieren oder zu beurteilen, was der Markt an technischen, finanziellen oder rechtlichen Lösungen zu bieten hat. Gegenüber dem Verhandlungsverfahren unterscheidet er sich im Wesentlichen dadurch, dass Lösungsfindung und Angebotsverhandlung i. e. S. nicht innerhalb der Verhandlungsphase erfolgen, sondern dass zunächst in einer Dialogphase die Leistungsbeschreibung entwickelt wird und auf dieser Grundlage die Dialogteilnehmer in einer zweiten Phase zur Teilnahme in einem Verhandlungsverfahren aufgefordert werden. Hierdurch wird der Wettbewerbliche Dialog gegenüber einem Verhandlungsverfahren zeitaufwendiger und inhaltlich komplexer. Dass er alleine deshalb für die Vergabe von Architekten- und Ingenieurleistungen ungeeignet sei,[35] überzeugt nicht. Gleichwohl dürfte es nur wenige praktische Anwendungsfälle geben, insbesondere weil dem öffentlichen Auftraggeber mit dem Planungswettbewerb für Architekten- und Ingenieurleistungen (§§ 78 ff. VgV), der einem Verhandlungsverfahren vorangestellt werden kann, ein in der Praxis bekanntes und bewährtes Verfahren mit ähnlicher Zielrichtung zur Verfügung steht. **33**

IV. Vorgeschaltete Planungswettbewerbe

Planungswettbewerbe für Architekten- und Ingenieurleistungen (§§ 78 ff. VgV) können gemäß § 78 Abs. 2 S. 2 VgV *„vor oder ohne Vergabeverfahren"* ausgerichtet werden. Bei diesen Planungswettbewerben handelt es sich somit nicht um Vergabeverfahren, sondern um einem Vergabeverfahren ggf. vorgeschaltete Wettbewerbe. Deshalb werden sie in § 74 VgV nicht erwähnt. Für Einzelheiten zu der Durchführung von Planungswettbewerben für Architekten- und Ingenieurleistungen wird auf die Kommentierung zu den §§ 78 ff. VgV verwiesen. **34**

V. Integrierte Planungswettbewerbe

Im Anwendungsbereich der VOF noch zulässig war die Integration des Planungswettbewerbs in ein Verhandlungsverfahren betreffend die Vergabe von Architekten- und Inge- **35**

---

[35] *Voit/Morlock* Deutsches Architektenblatt 05/2016, 36.

nieurleistungen. In diesen Verfahren wurden die von den beteiligten Architekten oder Ingenieuren eingereichten Entwürfe im Rahmen der Angebotswertung unter beratender Unterstützung einer Jury beurteilt und in der Wertung berücksichtigt. Durch § 78 Abs. 2 S. 2 VgV hat der Verordnungsgeber jedoch klargestellt, dass Planungswettbewerbe für Architekten- und Ingenieurleistungen nur noch ohne oder vor einem Vergabeverfahren, nicht aber mehr integriert in einem Vergabeverfahren durchgeführt werden dürfen. Die Gesetzesbegründung zu § 78 VgV zeigt auch, dass der Verordnungsgeber integrierte Planungswettbewerb bewusst nicht mehr zugelassen hat, weil er hierfür die praktische Notwendigkeit nicht mehr sah.[36] Eine planwidrige Regelungslücke, die Ausgangspunkt für eine korrigierende Auslegung von § 78 Abs. 2 S. 2 VgV sein könnte, liegt somit nicht vor.

36   Allerdings gilt der Ausschluss von Planungswettbewerben nur im Anwendungsbereich des Abschnitts 6 der VgV. Nicht mehr zulässig sind also Planungswettbewerbe, die in ein Verfahren betreffend die Vergabe von Architekten- und Ingenieurleistungen integriert werden sollen. Dieses Verbot gilt daher nicht für sonstige Dienst-, Liefer- oder Bauvergabeverfahren, in die ein Planungswettbewerb integriert werden soll. Beispielsweise kann die Ausschreibung von Totalunternehmerleistungen immer noch im Wege eines Bauvergabeverfahrens mit integriertem Planungswettbewerb erfolgen.

C. Bieterschutz

37   § 74 VgV entfaltet bieterschützende Wirkung. Auf die Einhaltung dieser Bestimmung über die Vergabearten haben die Architekten und Ingenieure einen Anspruch gemäß § 97 Abs. 6 GWB.[37]

---

[36] Verordnungsbegründung BT-Drucks. 18/7318 S. 206.
[37] Siehe zu § 3 VOF *Müller-Wrede* in Müller-Wrede, VOF 5. Aufl. 2014 § 3 Rn. 120.

§ 75 Eignung

(1) **Wird als Berufsqualifikation der Beruf des Architekten, Innenarchitekten, Landschaftsarchitekten oder Stadtplaners gefordert, so ist zuzulassen, wer nach dem für die öffentliche Auftragsvergabe geltenden Landesrecht berechtigt ist, die entsprechende Berufsbezeichnung zu tragen oder in der Bundesrepublik Deutschland entsprechend tätig zu werden.**

(2) **Wird als Berufsqualifikation der Beruf des „Beratenden Ingenieurs" oder „Ingenieurs" gefordert, so ist zuzulassen, wer nach dem für die öffentliche Auftragsvergabe geltenden Landesrecht berechtigt ist, die entsprechende Berufsbezeichnung zu tragen oder in der Bundesrepublik Deutschland entsprechend tätig zu werden.**

(3) **Juristische Personen sind als Auftragnehmer zuzulassen, wenn sie für die Durchführung der Aufgabe einen verantwortlichen Berufsangehörigen gemäß Absatz 1 oder 2 benennen.**

(4) **Eignungskriterien müssen gemäß § 122 Absatz 4 des Gesetzes gegen Wettbewerbsbeschränkungen mit dem Auftragsgegenstand in Verbindung und zu diesem in einem angemessenen Verhältnis stehen. Sie sind bei geeigneten Aufgabenstellungen so zu wählen, dass kleinere Büroorganisationen und Berufsanfänger sich beteiligen können.**

(5) **Die Präsentation von Referenzprojekten ist zugelassen. Verlangt der öffentliche Auftraggeber geeignete Referenzen im Sinne von § 46 Absatz 3 Nummer 1, so lässt er hierfür Referenzobjekte zu, deren Planungs- oder Beratungsanforderungen mit denen der zu vergebenden Planungs- oder Beratungsleistung vergleichbar sind. Für die Vergleichbarkeit der Referenzobjekte ist es in der Regel unerheblich, ob der Bewerber bereits Objekte derselben Nutzungsart geplant oder realisiert hat.**

(6) **Erfüllen mehrere Bewerber an einem Teilnahmewettbewerb mit festgelegter Höchstzahl gemäß § 51 gleichermaßen die Anforderungen und ist die Bewerberzahl auch nach einer objektiven Auswahl entsprechend der zugrunde gelegten Eignungskriterien zu hoch, kann die Auswahl unter den verbleibenden Bewerbern durch Los getroffen werden.**

Übersicht

	Rn.		Rn.
A. Einführung	1	C. Anforderungen an Eignungskriterien (Abs. 4)	63
I. Literatur	1	I. Eignungskriterien	63
II. Entstehungsgeschichte	2	1. Befähigung und Erlaubnis zur Berufsausübung	67
III. Rechtliche Vorgaben im EU-Recht	9	2. Wirtschaftliche und finanzielle Leistungsfähigkeit	68
B. Berufsqualifikation (Abs. 1–3)	17	a) Berufshaftpflichtversicherung	68
I. Forderung einer Berufsqualifikation	18	b) Sonstige Nachweise	73
1. Berufsqualifikation als rechtliche Voraussetzung für die Leistungserbringung	19	3. Technische und berufliche Leistungsfähigkeit	76
2. Berufsqualifikation als tatsächliche Voraussetzung für die Leistungserbringung	23	II. Beteiligung von kleineren Büroorganisationen und Berufsanfängern	80
3. Weitere Vorgaben für die Anforderung einer Berufsqualifikation	26	D. Referenzen (Abs. 5)	85
II. Form des Nachweises	31	I. Präsentation von Referenzprojekten in der Angebotsphase	86
III. Architekt	34	II. Vergleichbarkeit von Referenzen in der Eignungsprüfung	98
IV. Ingenieur	39	E. Auswahl durch Los (Abs. 6)	114
V. Bewerber aus EU-Mitgliedstaaten	47	F. Bieterschützende Vorschrift	117
VI. Juristische Personen	56		

A. Einführung

I. Literatur

1 *Kulartz/Kus/Marx/Portz/Prieß,* Kommentar zur VgV, 1. Aufl., Köln 2017; *Willenbruch/Wieddekind,* Vergaberecht, 4. Aufl., Köln 2017; *Müller-Wrede,* Kommentar zur VOF, 5. Aufl., München 2014; *Voppel/Osenbrück/Bubert,* VOF – Vergabeordnung für freiberufliche Leistungen, 3. Aufl., München 2012; *Dierks-Oppler,* Wettbewerbe für Architekten und Ingenieure, 1. Aufl., Köln 2013; *Müller-Wrede,* Der Architektenwettbewerb, 1. Aufl., Köln 2012.

II. Entstehungsgeschichte

2 Die Regelungen des § 75 VgV ergänzen im Anwendungsbereich des Abschnitts 6 der VgV[1] die in Abschnitt 2, Unterabschnitt 5 der VgV zusammengefassten allgemeinen Regelungen zu den Anforderungen an Unternehmen und zur Eignung. Das folgt aus § 73 Abs. 1 VgV, wonach für die Vergabe von Architekten- und Ingenieurleistungen die Bestimmungen dieses Abschnitts 6 zusätzlich zu den in den voranstehenden Abschnitten normierten allgemeinen Regelungen gelten. Sollen Architekten- oder Ingenieurleistungen vergeben werden, präzisiert § 75 VgV die Regelungen zur Eignung.

3 Bis zur Vergaberechtsreform 2016 waren die Regelungen für die Vergabe von Architekten- und Ingenieurleistungen in der Vergabeverordnung für freiberufliche Leistungen (VOF[2]) normiert. Diese Vergabeordnung war als Spezialverordnung für geistig-schöpferische Leistungen geschaffen worden, die zwar in den Anwendungsbereich des Vergaberechts fielen, aber nicht dem strengen Regime der für die Vergabe der (sonstigen) Dienstleistungen einschlägigen Vergabe- und Vertragsordnung für Leistungen (VOL[3]) unterstellt werden sollten. Neben den allgemeinen, für alle freiberuflichen Leistungen geltenden Regelungen enthielt die VOF ein besonderes Kapitel 3, das Regelungen ausschließlich für Vergabe von Architekten- und Ingenieurleistungen vorsah. Auch dort waren in den §§ 19 und 20 der VOF ergänzende Regelungen zu den Anforderungen an Unternehmen sowie zur Eignung normiert.

4 **§ 75 Abs. 1 bis 3 VgV** entsprechen den Regelungen des bisherigen § 19 Abs. 1 bis 3 VOF, wobei die Abs. 1 und 2 des § 75 VgV aktualisiert worden sind. Diese Absätze regeln, wie die Bieter ihre jeweiligen Berufsqualifikationen nachweisen können. Dabei wird klargestellt, dass gleichartige Qualifikationen aus anderen Mitgliedstaaten gleich zu behandeln sind, um Diskriminierungen auszuschließen. § 75 Abs. 1 und 2 VgV ergänzen und präzisieren für die Vergabe von Architekten- und Ingenieurleistungen die allgemeine Bestimmung des § 44 VgV, in dem für alle der VgV unterliegenden Vergaben die Anforderungen an die Befähigung und Erlaubnis zur Berufsausübung normiert sind. Zur Vermeidung einer Diskriminierung infolge einer Rechtsformwahl regelt Abs. 3, dass juristische Personen für die Durchführung der Aufgabe einen verantwortlichen Berufsangehörigen nach den Abs. 1 und 2 benennen dürfen.

5 **§ 75 Abs. 4 Satz 1 VgV** betont den seit der Vergaberechtsreform 2016 in § 122 Abs. 4 GWB ausdrücklich normierten Grundsatz, wonach Eignungskriterien mit dem Auftragsgegenstand in Verbindung und zu diesem in einem angemessenen Verhältnis stehen müssen. In der VOF kam dieser Grundsatz in § 5 Abs. 1 S. 1 zum Ausdruck. Auch bei der Vergabe von Architekten- und Ingenieurleistungen wird in der Praxis häufig gegen die Angemes-

---

[1] Siehe zu den Anwendungsvoraussetzungen dieses Abschnitts die Kommentierung von § 73 VgV.
[2] Vergabeordnung für freiberufliche Leistungen – VOF –, ursprünglich am 12.5.1997 (BAnz. Nr. 164a vom 3.9.1997) und zuletzt neugefasst und bekannt gemacht am 18.11.2009 (BAnz. Nr. 185a vom 8.12.2009).
[3] Vergabe- und Vertragsordnung für Leistungen – Teil A (VOL/A) Ausgabe 2009 vom 20.11.2009 (BAnz. Nr. 196a vom 29.12.2009).

senheit der Anforderungen verstoßen und damit der Wettbewerb ohne sachlichen Grund einschränkt, obwohl dieser Grundsatz gerade bei diesen Vergaben von überragender Bedeutung ist. Deshalb hielt es der Verordnungsgeber für geboten, im Abschnitt 6 der VgV auf diesen Grundsatz gesondert hinzuweisen.[4]

Der folgende **Abs. 4 Satz 2** greift den Grundsatz des früheren § 2 Abs. 4 VOF auf. **6** Danach sind die Eignungskriterien bei geeigneten Projekten so zu wählen, dass kleinere Büroorganisationen und Berufsanfänger sich am Wettbewerb beteiligen können. Damit wird der Grundsatz der Angemessenheit von Eignungskriterien konkretisiert. In der Praxis wurde dieser Grundsatz bislang regelmäßig missachtet, wie der Verordnungsgeber in der Gesetzesbegründung moniert hat: *„Zu wenige kleinere Büroorganisationen und Berufsanfänger können sich an den Vergabeverfahren beteiligen, weil sie z. B. die Anforderungen des öffentlichen Auftraggebers an Referenzprojekte nicht erfüllen können. Es entsteht ein Kreislauf, der den zwangsläufigen Ausschluss von kleineren Büros bedeutet: sie können kein Referenzprojekt erarbeiten und demnach in der Folge bei den nächsten Ausschreibungen kein Referenzprojekt vorweisen."* Deshalb hat der Verordnungsgeber § 75 Abs. 4 S. 2 VgV gegenüber der Vorgängerregelung verschärft. Nunmehr „sollen" nicht nur kleinere Büroorganisationen und Berufsanfänger angemessen beteiligt werden, sondern die öffentlichen Auftraggeber **müssen** die Eignungskriterien bei geeigneten Aufgabenstellungen so wählen, dass kleinere Büroorganisationen und Berufsanfänger sich beteiligen können.

§ 75 Abs. 5 Satz 1 VgV entspricht dem bisherigen § 20 Abs. 2 VOF. Normiert ist **7** dort die Vorlage und Beurteilung von Referenzprojekten. Diese spielen bei der Vergabe von Architekten- und Ingenieurleistungen nach wie vor eine herausragende Rolle. **Abs. 5 Satz 2** greift das bereits in Abs. 4 angesprochene Praxisproblem der überzogenen Anforderungen – hier konkret an Referenzprojekte – auf. Es wird – erstmals, weil § 20 Abs. 2 VOF bzw. § 5 Abs. 5b VOF keine solche Vorgabe enthielt – bestimmt, dass die Vergleichbarkeit der Planungs- und Beratungsanforderung gegeben sein muss. Darüber hinaus wird klargestellt, dass es für die Vergleichbarkeit der Referenzprojekte nicht zwangsläufig erforderlich ist, dass das Referenzprojekt die gleiche Nutzungsart wie das zu planende Projekt aufweist. Mit der Regelung will der Verordnungsgeber ein Signal an die Praxis geben, *„das häufig zu beobachtenden „gedankenlose" Fordern der gleichen Nutzungsart, zumindest zu überdenken."* Auch diese Vorgabe hat keine Vorgängernorm und fußt auf früheren Entscheidungen von Vergabekammern.[5]

Wie zu verfahren ist, wenn mehrere Bewerber an einem Teilnahmewettbewerb mit fest- **8** gelegter Höchstzahl gleichermaßen die Anforderungen erfüllen und die Bewerberzahl auch nach einer objektiven Auswahl entsprechend der zugrunde gelegten Eignungskriterien zu hoch ist, regelt **§ 75 Abs. 6 VgV.** Hiernach kann der öffentliche Auftraggeber die Auswahl durch Los treffen, damit er mit einer noch handhabbaren Anzahl von Bewerbern die Verhandlungen aufnehmen kann. Die Regelung entspricht weitgehend dem bisherigen § 10 Abs. 3 VOF und wurde lediglich präzisiert.

III. Rechtliche Vorgaben im EU-Recht

Die Vergaberichtlinie[6], die mit der VgV in deutsches Recht umgesetzt wird, sieht kein **9** Sonderregelungsregime für die Vergabe von Architekten- und Ingenieurleistungen vor. Abschnitt 6 der VgV und § 75 VgV im Besonderen, der spezifische Regelung zu den Anforderung an Unternehmen und zur Eignung für die Vergabe von Architekten- und Ingenieurleistungen enthält, haben mithin kein europarechtliches Vorbild. Gleichwohl schließt die Richtlinie spezifische Regelungen für die Vergabe von Architekten- und Ingenieurleis-

---

[4] Verordnungsbegründung BT-Drs. 18/7318 Seite 205.
[5] *Harr* in Willenbruch/Wieddekind, Vergaberecht 4. Aufl. 2017 § 75 VgV Rn. 1.
[6] Richtlinie 2014/24/EU des Europäischen Parlaments und des Rates vom 26. Februar 2014 über die öffentliche Auftragsvergabe und zur Aufhebung der Richtlinie 2004/18/EG.

tungen nicht aus. In der Richtlinie werden vielmehr in den Erwägungsgründen Besonderheiten derartiger Leistungen hervorgehoben, die Sonderregelungen rechtfertigen, wenn
auch spezifische Regelungen zur Eignung dort nicht explizit genannt werden.[7]

10   § 75 Abs. 1 bis 3 VgV regeln, wie die Bieter ihre jeweiligen Berufsqualifikationen nachweisen können. Diese Regelung ist durch **Art. 58 Abs. 2 Unterabs. 1 der Vergaberichtlinie** gedeckt. Nach Unterabs. 1 können die öffentlichen Auftraggeber im Hinblick
auf die Befähigung zur Berufsausübung den Unternehmen vorschreiben, in einem Berufs-
oder Handelsregister ihres Niederlassungsmitgliedstaats gemäß Anhang XI verzeichnet zu
sein oder jedwede andere in dem Anhang genannte Anforderungen zu erfüllen. Die einschlägigen Berufs- oder Handelsregister in Deutschland sind danach das „Handelsregister",
die „Handwerksrolle" und bei Dienstleistungsaufträgen das „Vereinsregister", das „Partnerschaftsregister" und die „Mitgliederverzeichnisse der Berufskammern der Länder". Zu letzten gehören die Architektenkammern sowie die Ingenieurkammern. Damit konkretisieren
§ 73 Abs. 1 bis 3 VgV den Spielraum zur Festlegung von Eignungsanforderungen, den
Art. 58 Abs. 2 Unterabs. 1 der Vergaberichtlinie den öffentlichen Auftraggebern gewährt.

11   Nicht einschlägig ist demgegenüber Unterabs. 2, der regelt, dass der öffentliche Auftraggeber den Nachweis der Berechtigung oder Mitgliedschaft verlangen kann, wenn Unternehmen eine bestimmte Berechtigung besitzen oder Mitglieder einer bestimmten Organisation sein müssen, um die betreffende Dienstleistung in ihrem Herkunftsmitgliedstaat
erbringen zu können. Das ist bei Architekten und Ingenieuren nicht der Fall.

12   Architekten- und Ingenieurkammern i.e.S. sind bundesdeutsche Einrichtungen. Die
Eignungsanforderung, in einem Verzeichnis einer solchen Kammer aufgenommen zu sein,
verstieße gegen das in Art. 56 AUEV normierte **Verbot der Diskriminierung einer
Bewerbung aufgrund der Staatsangehörigkeit.** Deshalb verweisen § 75 Abs. 1 bis 3
VgV nicht auf bestimmte Kammerverzeichnisse, sondern auf die Berechtigung zur Führung von Berufsbezeichnungen oder zum Tätigwerden nach dem für die Auftragsvergabe
geltenden Landesrecht. Das Landesrecht ist in diesen Fragen wiederum europarechtlich
geprägt: Um europaweit die Qualifikationen vergleichbar zu machen, hat die EU-Kommission Anerkennungsrichtlinien erlassen. Die Architekten-Anerkennungsrichtlinie und die
allgemeine Anerkennungsrichtlinie für Hochschuldiplome sind mittlerweile in der Richtlinie 2005/36/EG des Europäischen Parlaments und des Rates vom 7.9.2005 über die Anerkennung von Berufsqualifikationen (**„Berufsanerkennungsrichtlinie"**) zusammengefasst
worden.[8] Das heißt: Nach dem jeweiligen Landesrecht sind gemäß der Berufsanerkennungsrichtlinie auch die Qualifikationen aus anderen EU-Mitgliedstaaten zu berücksichtigen. Indem § 73 Abs. 1 bis 3 VgV für die Berechtigung zur Führung von Berufsbezeichnungen oder zum Tätigwerden auf das für die Auftragsvergabe geltende Landesrecht
verweist, wird das in Art. 56 AUEV normierte Verbot der Diskriminierung einer Bewerbung aufgrund der Staatsangehörigkeit berücksichtigt.

13   Über § 75 Abs. 3 VgV wird zudem das **Verbot der Diskriminierung wegen der
Rechtsform** gewährleistet, das in Art. 19 Abs. 1 der Vergaberichtlinie normiert ist. Juristische Personen sind danach als Auftragnehmer zuzulassen, wenn sie für die Durchführung
der Aufgabe einen verantwortlichen Berufsangehörigen benennen. Dem öffentlichen Auftraggeber wird auf diese Weise ermöglicht, bei der Vergabe von Architekten- und Ingenieurleistungen unterschiedliche Unternehmereinsatzformen zuzulassen. In jedem Fall soll
aber sichergestellt sein, dass die Berufsqualifikation der verantwortlichen Sachbearbeiter
gegeben ist.

14   § 75 Abs. 4 Satz 1 VgV normiert den vergaberechtlichen Grundsatz, dass Eignungskriterien mit dem Auftragsgegenstand in Verbindung und zu diesem in einem angemessenen

---

[7] Ausdrücklich genannt werden die Durchführung eines Wettbewerblichen Dialogs (Erwägungsgrund 43)
und von Wettbewerben (Erwägungsgrund 120) sowie die Wertung von Organisation, Qualifikation und
Erfahrung der Mitarbeiter, die für die Ausführung des betreffenden Auftrags eingesetzt werden, als Zu-
schlagskriterien(Erwägungsgrund 95).
[8] ABl EG Nr. L 255, 22.

Verhältnis stehen müssen. Dieser Grundsatz findet sich inhaltsgleich in **Art. 58 Abs. 1 Unterabs. 2 der Vergaberichtlinie.**

Die in § 75 Abs. 5 VgV näher geregelte Vorlage und Beurteilung von Referenzprojekten **15** ist eine Ausprägung des in **Art. 58 Abs. 4 Unterabs. 2 der Vergaberichtlinie** normierten Grundsatzes, wonach die öffentlichen Auftraggeber von den Unternehmen insbesondere verlangen können, ausreichende Erfahrung durch geeignete Referenzen aus früher ausgeführten Aufträgen nachzuweisen.

Lediglich § 75 Abs. 6 VgV, wonach öffentliche Auftraggeber die Auswahl zwischen **16** mehreren gleich geeigneten Bewerbern im Teilnahmewettbewerb durch Los treffen können, hat keine europarechtliche Grundlage.

B. Berufsqualifikation (Abs. 1–3)

Die Regelungen des § 75 VgV ergänzen im Anwendungsbereich des Abschnitts 6 der **17** VgV die in Abschnitt 2, Unterabschnitt 5 der VgV zusammengefassten allgemeinen Regelungen zu den Anforderungen an Unternehmen und zur Eignung. Sollen Architekten- oder Ingenieurleistungen vergeben werden, präzisiert § 75 VgV die Regelungen zur Eignung. Das bedeutet, dass neben dem speziellen § 75 VgV auch die §§ 42 ff. VgV bei der Festlegung von Kriterien und bei der Prüfung von Anforderungen an Unternehmen und der Eignung zu berücksichtigen sind. § 75 VgV regelt mit anderen Worten nicht abschließend die Eignung für die Vergabe von Architekten- und Ingenieurleistungen. Vielmehr wird nur einer der drei in § 122 Abs. 2 S. 2 GWB benannten Aspekte, auf die sich Eignungskriterien beziehen dürfen, präzisiert, nämlich die Befähigung und Erlaubnis zur Berufsausübung. Für diesen Bereich ist § 75 VgV abschließend;[9] für die Bereiche der wirtschaftlichen und finanziellen Leistungsfähigkeit sowie der technischen und beruflichen Leistungsfähigkeit kann und wird der öffentliche Auftraggeber in der Regel gesonderte Eignungskriterien aufstellen.

I. Forderung einer Berufsqualifikation

§ 75 Abs. 1 und 2 VgV bestimmt, wer zuzulassen ist, wenn der öffentliche Auftraggeber **18** eine bestimmte Berufsqualifikation fordert. Nicht geregelt ist hingegen, ob und gegebenenfalls unter welchen Voraussetzungen ein öffentlicher Auftraggeber eine Berufsqualifikation fordern darf. Dass ein öffentlicher Auftraggeber – jedenfalls unter bestimmten Voraussetzungen – berechtigt sein muss, eine bestimmte Berufsqualifikation zu fordern, lässt sich zumindest im Umkehrschluss aus der Regelung des § 75 Abs. 1 und 2 VgV herleiten. Andernfalls machte diese Regelung nämlich keinen Sinn. Zu den möglichen Voraussetzungen, die vorliegen müssen, damit ein öffentlicher Auftraggeber dazu berechtigt ist, lassen sich § 75 Abs. 1 und Abs. 2 VgV hingegen keine Anhaltspunkte entnehmen. Solche Anhaltspunkte können jedoch der allgemeinen Regelung des **§ 44 VgV** zu den Anforderungen an die Befähigung und die Erlaubnis zur Berufsausübung entnommen werden. Diese allgemeine Bestimmung gilt neben den speziell für die Vergabe von Architekten- und Ingenieurleistungen normierten Regelungen des Abschnitts 6 der VgV, die nur bei Widersprüchen als leges speciales vorgehen.[10]

1. Berufsqualifikation als rechtliche Voraussetzung für die Leistungserbringung

Einen eindeutigen – wenngleich in Deutschland nicht sehr praxisrelevanten – Anwen- **19** dungsfall regelt **§ 44 Abs. 2 VgV,** der Art. 58 Abs. 2 Unterabs. 2 der Vergaberichtlinie

---

[9] → VgV § 75 Rn. 26.
[10] → VgV § 73 Rn. 54.

umsetzt.[11] Danach ist ein öffentlicher Auftraggeber berechtigt, den Nachweis einer bestimmten Berechtigung oder die Mitgliedschaft einer bestimmten Organisation zu fordern, wenn der Bieter diese Anforderungen erfüllen muss, um die betreffende Dienstleistung in seinem Herkunftsstaat erbringen zu können. In Deutschland sind jedoch nur wenige **Leistungen bestimmten Berufsträgern ausdrücklich vorbehalten.**

20   Einer der wenigen praktischen Anwendungsfälle ist die **Bauvorlageberechtigung** im Rahmen der Objektplanung durch den **Architekten.** Bei der genehmigungsbedürftigen Errichtung von Bauwerken muss der Objektplaner bauvorlageberechtigt sein, um seine Pläne bei der Baugenehmigungsbehörde zur Genehmigung vorlegen zu können. Nach den jeweiligen Landesbauordnungen, in denen die Bauvorlageberechtigung näher geregelt ist, wird vorausgesetzt, dass diese Berechtigung nachgewiesen wird. Dies erfolgt für Architekten, Innenarchitekten, Landschaftsarchitekten und Stadtplaner, wenn sie in die Architektenliste eingetragen sind und somit die jeweilige Berufsbezeichnung tragen dürfen.[12]

21   Ebenso können **Ingenieure bauvorlageberechtigt** sein. In den meisten Bundesländern werden diese Ingenieure in entsprechende Listen bauvorlageberechtigter Ingenieure eingetragen. Diese Liste ist nicht identisch mit derjenigen der beratenden Ingenieure. Einen Anspruch auf Eintragung in die Liste der bauvorlageberechtigten Ingenieure hat in der Regel, wer berechtigt ist, die Berufsbezeichnung „Ingenieur" zu tragen, und den Nachweis einer mehrjährigen praktischen Tätigkeit führen kann, wobei hierfür in den einzelnen Bundesländern ein Tätigkeitszeitraum zwischen zwei und drei Jahren gefordert wird.[13] In den meisten Bundesländern ist der Nachweis der Eintragungsvoraussetzungen für einen bauvorlageberechtigten Ingenieur entbehrlich, wenn dieser bereits in eine entsprechende Liste der bauvorlageberechtigten Ingenieure in einem anderen Bundesland eingetragen ist und für die dortige Eintragung mindestens dieselben Anforderungen zu erfüllen waren.[14]

22   Zu § 19 VOF wurde für den Fall, dass die Berufsqualifikation rechtliche Voraussetzung für die Leistungserbringung war, die Auffassung vertreten, dass der öffentliche Auftraggeber (infolge einer Ermessensreduktion auf Null) verpflichtet ist, als Mindestanforderung für die Eignung zu fordern, dass der Bieter in die einschlägigen, Register eingetragen ist.[15] Diese Auffassung wird sich zu § 75 Abs. 1 und 2 VgV i. V. m. § 44 Abs. 2 VgV nicht mehr aufrechterhalten lassen.[16] Denn nach dem eindeutigen Wortlaut von § 44 Abs. 2 VgV, der durch die speziellere Regelung des § 75 Abs. 1 und 2 VgV nicht eingeschränkt wird, „*kann*" der öffentliche Auftraggeber in diesen Fällen von den Bewerbern oder Bietern den Nachweis der Berechtigung oder Mitgliedschaft verlangen. Der Verordnungsgeber hat dem

---

[11] → § 44 VgV Rn. 21.
[12] *Bluhm* in Müller-Wrede, VOF 5. Aufl. 2014 § 19 Rn. 12.
[13] *Bluhm* in Müller-Wrede, VOF 5. Aufl. 2014 § 19 Rn. 13.
[14] § 43 Abs. 3 Nr. 3 HS 2 Landesbauordnung Baden-Württemberg v. 8.8.1995 (GBl. 1995, 617), zuletzt geändert durch Gesetz v. 11.11.2014 (GBl. 2014, 501); § 66 Abs. 2 Nr. 2 BauO für Berlin v. 29.9.2005 (GVBl. 2005, 495), zuletzt geändert durch Gesetz v. 9.6.2011 (GVBl. 2011, 315); § 4 Abs. 6 Brandenburgisches Ingenieurgesetz v. 25.1.2016 (GVBl. I/16 Nr. 4); § 13 Abs. 2 Unterabs. 2 Bremisches Ingenieurgesetz v. 25.2.2003 (GPl. 2003, 67), zuletzt geändert durch Gesetz v. 1.3.2016 (Brem.GBl. Nr. 23 v. 9.3.2016, S. 96); § 15 Abs. 3, 4 Hamburgisches Gesetz über das Ingenieurwesen v. 10.12.1996 (GVBl. 1996, 321), zuletzt geändert durch Gesetz v. 15.12.2015 (HmbGVBl. S. 362, 367); § 65 Abs. 2 Nr. 2 HS 2 Landesbauordnung Mecklenburg-Vorpommern v. 18.4.2006 (GVBl. 2006, 102), zuletzt geändert durch Gesetz v. 21.12.2015 (GVBl. Im-V S. 590); § 64 Abs. 2 Nr. 2 HS 2 Landesbauordnung Rheinland-Pfalz v. 24.11.1998 (GVBl. 1998, 360), zuletzt geändert durch Gesetz v. 15.6.2015 (GVBl. 2015, 77); § 28 Abs. 2 Saarländisches Architekten- und Ingenieurkammer v. 18.2.2004 (ABl. 2004, 822), zuletzt geändert durch Gesetz v. 15.7.2015 (ABl. I 2015, 632); § 65 Abs. 2 Nr. 2 HS 2 Sächsische Bauordnung v. 28.5.2004 (GVBl. 2004, 200), zuletzt geändert durch Gesetz v. 16.12.2015 (Sächs GVBl. S. 670, 440, 441); zuletzt geändert durch Gesetz v. 17.6.2014 (GVBl. LSA S. 288, 341; § 9 Buchst. a Abs. 1 Nr. 1 Architekten- und Ingenieurkammer Gesetz Schleswig-Holstein v. 9.8.2001 (GVBl. 2001, 116, zuletzt geändert durch Gesetz v. 29.6.2015 (GVBl. Schl.-H. 2015 S. 199); § 65 Abs. 2 Nr. 2 HS 2 Thüringer Bauordnung v. 16.3.2004 (GVBl. 2004, 349), § 64 Abs. 2 Nr. 2 HS 2 Thüringer Bauordnung v. 13.3.2014 (GVBl. 2014, 49), zuletzt geändert durch Gesetz v. 22.3.2016 (DVBl. 2016, 153).
[15] *Bluhm* in Müller-Wrede, VOF 5. Aufl. 2014 § 19 Rn. 9, 11 ff.
[16] **AA** *Harr* in Willenbruch/Wieddekind, Vergaberecht 4. Aufl. 2017 § 75 VgV Rn. 2.

öffentlichen Auftraggeber also speziell für den in § 44 Abs. 2 VgV geregelten Fall, dass die Berufsqualifikation rechtliche Voraussetzung für die Leistungserbringung ist, ein Ermessen eingeräumt. Wäre der Verordnungsgeber in diesem Fall von einer Ermessensreduzierung auf Null ausgegangen, hätte er sinnvollerweise sogleich eine entsprechende Verpflichtung des öffentliche Auftraggebers geregelt. Mit § 44 Abs. 2 VgV hat der Verordnungsgeber Art. 58 Abs. 2 Unterabs. 2 der Vergaberichtlinie eins zu eins umgesetzt, was zeigt, dass auch der europäische Gesetzgeber den öffentlichen Auftraggebern insoweit ein Ermessen einräumen wollte. Schließlich zeigt auch die Regelung des § 73 Abs. 2 Nr. 2 VgV, dass der Verordnungsgeber davon ausgeht, dass eine erforderliche Berufsqualifikation nicht zwingend vom öffentlichen Auftraggeber gefordert wird (und damit gefordert werden muss). In der Praxis dürfte sich dieser Meinungsstreit allerdings nicht auswirken. Sinnvollerweise wird ein öffentlicher Auftraggeber immer dann, wenn die ausgeschriebene Leistung eine bestimmte Berufsqualifikation zwingend voraussetzt, den Nachweis dieser Qualifikation auch als Mindestanforderung für die Eignung festlegen.

2. Berufsqualifikation als tatsächliche Voraussetzung für die Leistungserbringung

Neben dem in § 44 Abs. 2 VgV geregelten Spezialfall, dass die Berufsqualifikation recht- **23** liche Voraussetzung für die Leistungserbringung ist, bestimmt **§ 44 Abs. 1 S. 1 VgV,** der Art. 58 Abs. 2 Unterabs. 2 der Vergaberichtlinie umsetzt[17], allgemein, dass der öffentliche Auftraggeber verlangen kann, dass Bewerber oder Bieter je nach den Rechtsvorschriften des Staates, in dem sie niedergelassen sind, entweder die Eintragung in einem Berufs- oder Handelsregister dieses Staates oder auf andere Weise die erlaubte Berufsausübung nachweisen. Für die jeweiligen Berufs- oder Handelsregister und die Bescheinigungen oder Erklärungen über die Berufsausübung in den Mitgliedstaaten der Europäischen Union verweist § 44 Abs. 1 S. 2 VgV auf Anhang XI der Vergaberichtlinie. Die einschlägigen Berufs- oder Handelsregister in Deutschland sind danach das „Handelsregister", die „Handwerksrolle" und bei Dienstleistungsaufträgen das „Vereinsregister", das „Partnerschaftsregister" und die **„Mitgliederverzeichnisse der Berufskammern der Länder".** Zu letzten gehören u. a. die Architektenkammern sowie die Ingenieurkammern.

Konkrete Vorgaben, in welchen Fällen der öffentliche Auftraggeber die Eintragung in **24** das Mitgliederverzeichnis einer Architekten- oder Ingenieurkammer verlangen kann, enthält § 44 Abs. 1 S. 1 VgV nicht. Durch die Formulierung „kann" in § 44 Abs. 1 S. 1 VgV wird jedoch (ebenso wie in Abs. 2) aufgezeigt, dass der öffentliche Auftraggeber grundsätzlich **nach eigenem Ermessen** entscheiden kann, ob für die Ausführung des Auftrags das Fachwissen und die Qualität eines Architekten oder Ingenieurs gefordert wird oder nicht.[18] Weil es sich hierbei jedoch um ein Eignungskriterium handelt, ist die Forderung gemäß § 75 Abs. 4 S. 1 VgV nur zulässig, wenn die Eintragung in das Mitgliederverzeichnis einer Architekten- oder Ingenieurkammer **mit dem Auftragsgegenstand in Verbindung** und zu diesem in einem angemessenen Verhältnis steht. Auch muss die Entscheidung für die Anforderung solcher Nachweise von **sachlichen Erwägungen** getragen sein, um die damit einhergehende Diskriminierung von Interessenten mit anderen Berufsqualifikationen zu rechtfertigen. Im Ergebnis bedeutet das, dass der öffentliche Auftraggeber im Zeitpunkt der Bekanntmachung des Vergabeverfahrens davon ausgehen durfte, dass für die Ausführung des Auftrags die Berufsqualifikation als Architekt oder Ingenieur erforderlich ist. Hierfür müssen sachliche Gründe bestehen, die der öffentliche Auftraggeber dokumentieren muss.

Eine Ermessensreduktion auf Null mit der Folge, dass der öffentliche Auftraggeber den **25** Nachweis der Berufsqualifikation verlangen muss, kommt selbst dann nicht in Betracht, wenn für die ausgeschriebene Leistung die berufliche Qualifikation des Architekten oder

---

[17] → VgV § 44 Rn. 9.
[18] *Bluhm* in Müller-Wrede, VOF 5. Aufl. 2014 § 19 Rn. 8.

Ingenieurs erforderlich ist (§ 73 Abs. 2 Nr. 2 Alt. 1 VgV).[19] Wenn der öffentliche Auftraggeber nach dem Willen des Verordnungsgebers dann nicht verpflichtet ist, den Nachweis
einer Berufsqualifikation zu fordern, wenn diese Qualifikation rechtliche Voraussetzung für
die spätere Leistung Erbringung ist, ist auch in dem Fall, dass die Berufsqualifikation tatsächliche Voraussetzung für die Leistungserbringung ist, nicht von einer solchen Verpflichtung auszugehen. Auch zeigt § 73 Abs. 2 Nr. 2 VgV, dass in dem Fall, dass die berufliche
Qualifikation des Architekten oder Ingenieurs für die ausgeschriebene Leistung erforderlich
ist, die entsprechende Qualifikation nicht vom öffentlichen Auftraggeber gefordert sein
muss. In der Praxis dürfte sich dieser Meinungsstreit allerdings nicht auswirken. Sinnvollerweise wird ein öffentlicher Auftraggeber immer dann, wenn eine bestimmte Berufsqualifikation zwingend voraussetzt, den Nachweis dieser Qualifikation auch als Mindestanforderung für die Eignung festlegen.

3. Weitere Vorgaben für die Anforderung einer Berufsqualifikation

26   Dieselben Anforderungen an die Begründung und Dokumentation durch den öffentlichen Auftraggeber gelten für die Entscheidung, ob für den Auftrag nur einzelne bestimmte der in § 75 Abs. 1 und 2 VgV genannten Berufsqualifikationen zugelassen werden sollen.[20]

27   § 44 Abs. 1 VgV ist abschließender Natur.[21] Bieter dürfen daher nicht verpflichtet werden, im Zusammenhang mit ihrer Berufsqualifikation noch weitere Eignungsanforderungen zu erfüllen bzw. weitere Eignungsnachweise zu erbringen. Die Befähigung und Erlaubnis zur Berufsausübung (§ 122 Abs. 2 Nr. 1 GWB) wird mithin im Fall der Forderung
einer Berufsqualifikation durch den öffentlichen Auftraggeber gemäß § 75 Abs. 1–3 VgV
durch entsprechenden Nachweis dieser Qualifikation abschließend nachgewiesen.

28   Fordert der öffentliche Auftraggeber eine Berufsqualifikation im Sinne von § 75 Abs. 1
oder 2 VgV als Eignungsanforderungen, muss er diese in der **Vergabebekanntmachungen** angeben.

29   Weil es sich bei dem geforderten Nachweis der Berufsqualifikation um einen Eignungsnachweis handelt, muss die Berufsqualifikation im Zeitpunkt der im Vergabeverfahren vorgesehenen Eignungsprüfung – bei den praxisüblichen zweistufigen Verhandlungsverfahren
im Bereich der Architekten- und Ingenieursvergabe also mit Abgabe des Teilnahmeantrages
– nachweisbar sein. Hat der öffentliche Auftraggeber gemäß § 75 Abs. 1 oder 2 VgV eine
Berufsqualifikation gefordert, genügt es also nicht, wenn der Bewerber oder Bieter diese
Qualifikation erst im Zeitpunkt der Zuschlagserteilung oder sogar erst im Zeitpunkt des
ausgeschriebenen Leistungsbeginns nachweisen kann, weil er erst dann berechtigt ist, die
entsprechende Berufsbezeichnung zu tragen oder entsprechend tätig zu werden. Dazu muss
er bereits im Zeitpunkt der Abgabe des Teilnahmeantrags bzw. des Angebots berechtigt
sein. Das gilt auch dann, wenn der Bewerber den Nachweis der Berufsqualifikation nicht
mit dem Teilnahmeantrag abgegeben hat und vom öffentlichen Auftraggeber zur Nachreichung dieses Nachweises aufgefordert wird. Dann genügt es nicht, wenn der entsprechende
Bewerber im Zeitpunkt des Ablaufs der Frist zur Nachreichung die Berechtigung zum Tragen der entsprechenden Berufsbezeichnungen bzw. zum entsprechenden Tätigwerden erhalten hat, sondern diese Berechtigung muss bereits im Zeitpunkt des Ablaufs der Frist zur
Einreichung des Teilnahmeantrags vorgelegen haben.

30   Hat sich der öffentliche Auftraggeber ermessensfehlerfrei dagegen entschieden, den
Nachweis einer Berufsqualifikation als Eignungsnachweis zu fordern, obwohl die Berufsqualifikation rechtlich oder tatsächlich erforderlich ist für die spätere Leistungserbringung,
muss der öffentliche Auftraggeber hierauf grundsätzlich nicht in der Vergabebekanntma-

---

[19] **AA** *Harr* in Willenbruch/Wieddekind, Vergaberecht 4. Aufl. 2017 § 75 VgV Rn. 2; zu § 19 VOF
Bluhm in Müller-Wrede, VOF 5. Aufl. 2014 § 19 Rn. 8.
[20] *Bluhm* in Müller-Wrede, VOF 5. Aufl. 2014 § 19 Rn. 8.
[21] *Hausmann/von Hoff* in KKMPP, Kommentar zur VgV 1. Aufl. 2017 § 44 Rn. 5.

chung hinweisen.[22] Zwar ist im Einzelfall denkbar, dass nur der öffentliche Auftraggeber für den konkreten Auftragsgegenstand die ausreichende Sachkenntnis besitzt, um eine rechtliche oder tatsächliche Notwendigkeit zur Beauftragung bestimmter Berufsgruppen festzustellen.[23] Hieraus eine Regel zu machen und aus dem so begründeten (angeblichen) regelmäßigen Wissensvorsprung des öffentlichen Auftraggebers die Pflicht herzuleiten, die Bewerber und Bieter zu informieren, überzeugt nicht. Zum einen ist bei Architekten- und Ingenieursvergaben, bei denen die ausgeschriebene Leistung notwendigerweise vorab nicht erschöpfend beschrieben werden kann (§ 73 Abs. 1 VgV), zweifelhaft, ob nur bzw. ob überhaupt der öffentliche Auftraggeber im Zeitpunkt der Vergabebekanntmachung dieses Herrschaftswissen alleine innehat. Zum anderen gehen die vorvertraglichen Informationspflichten des öffentlichen Auftraggebers nicht so weit, die Bewerber und Bieter über Voraussetzungen für die spätere Leistungserbringung zu informieren, die (im Fall der Bauvorlageberechtigung) in den Fachkreisen durchaus bekannten Gesetzen normiert sind bzw. die (im Fall einer tatsächlichen Voraussetzung) von den mit der Ausschreibung angesprochenen Fachkreisen mindestens ebenso gut beurteilt werden können wie von dem öffentlichen Auftraggeber selbst.

II. Form des Nachweises

Gemäß § 48 Abs. 1 VgV hat der öffentliche Auftraggeber in der Auftragsbekanntma- **31** chung neben den Eignungskriterien anzugeben, mit welchen Unterlagen (Eigenerklärungen, Angaben, Bescheinigungen oder sonstige Nachweise) Bewerber oder Bieter ihre Eignung gemäß den §§ 43–47 zu belegen haben. Grundsätzlich hat er gemäß § 48 Abs. 2 VgV die Vorlage von Eigenerklärungen anzufordern. Sind in der Auftragsbekanntmachung keine besonderen Vorgaben für die Form des Eignungsnachweises angegeben worden, darf der Bewerber oder Bieter deshalb grundsätzlich davon ausgehen, dass Eigenerklärungen ausreichend sind.[24]

Sofern der öffentliche Auftraggeber keine besondere Form vorgeschrieben hat, kann der **32** Nachweis der Eintragung in das Mitgliederverzeichnis einer Architekten- oder Ingenieurkammer bspw. durch Vorlage einer Abschrift der Eintragung, einer Bestätigung der entsprechenden Architekten- oder Ingenieurkammer, durch eine Fotokopie des Ausdrucks des Mitgliederverzeichnisses oder eben durch Eigenerklärung über die Eintragung erbracht werden. Maßgeblich ist, dass sich aus der Unterlage ergibt, dass der Bieter oder Bewerber bzw. ein vom Bieter oder Bewerber benannter verantwortlicher Berufsangehöriger im Sinne von § 75 Abs. 3 VgV in das Mitgliederverzeichnis der entsprechenden Architekten- oder Ingenieur, tatsächlich eingetragen ist. Für die Praxis empfiehlt es sich, dass der öffentliche Auftraggeber den Nachweis der Berufsqualifikation durch Eigenerklärung zulässt und sich lediglich vorbehält, weitere Nachweise zur Verifizierung der Eigenerklärung nachzufordern.

In zweistufigen Verfahren wie dem Verhandlungsverfahren mit Teilnahmewettbewerb, **33** das für die Vergabe von Architekten- und Ingenieurleistungen regelmäßig angewendet wird, muss die Vorlage der entsprechenden Nachweise bereits mit Abgabe des Teilnahmeantrags gefordert werden, damit diese noch im Teilnahmewettbewerb geprüft werden können. Denn es handelt sich hierbei um einen Aspekt der Eignungsprüfung, die bei zweistufigen Verfahren im Teilnahmewettbewerb erfolgt.

III. Architekt

§ 75 Abs. 1 VgV regelt den Fall, dass der öffentliche Auftraggeber als Berufsqualifikation **34** den Beruf des Architekten, Innenarchitekten, Landschaftsarchitekten oder Stadtplaner ge-

---

[22] **AA** zu § 19 VOF *Bluhm* in Müller-Wrede, VOF 5. Aufl. 2014 § 19 Rn. 14.
[23] *Bluhm* in Müller-Wrede, VOF 5. Aufl. 2014 § 19 Rn. 14.
[24] *Hausmann/von Hoff* in KKMPP, Kommentar zur VgV 1. Aufl. 2017 § 48 Rn. 9.

fordert hat. In diesem Fall sind Bieter oder Bewerber zuzulassen, die nach dem für die öffentliche Auftragsvergabe geltenden Landesrecht (gemeint ist damit das Recht der Bundesländer) berechtigt sind, die entsprechende Berufsbezeichnung zu tragen oder in der Bundesrepublik Deutschland entsprechend tätig zu werden. Die Vorschrift entspricht damit der Regelung des bisherigen § 19 Absatz 1 VOF. Sie wurde lediglich dahingehend präzisiert, dass neben dem Oberbegriff des Architekten auch die weiteren Berufsbezeichnungen ausdrücklich genannt werden. Hierbei handelt es sich um die gemäß den jeweiligen Gesetzen über die Architekten- und Ingenieurkammern geschützten Berufsbezeichnungen, die nur führen darf, wer in die entsprechende Architekten- oder Stadtplanerliste eingetragen ist oder wer aus anderen Gründen zur Führung der Berufsbezeichnung berechtigt ist.

Zu unterscheiden ist danach zwischen

- dem **Architekt** ohne Zusatzbezeichnung, dessen Aufgabenbereich in der Planung von Bauwerken im Bereich des Hochbaus liegt,
- dem **Innenarchitekt,** der aufgrund seiner Ausbildung auf die Planung von Innenräumen spezialisiert ist,
- dem **Landschaftsarchitekten,** der Freianlagen beplant und gestaltet und
- dem **Stadtplaner,** dessen Aufgabenbereich in der Orts- und Raumplanung, insbesondere in der Ausarbeitung städtebaulicher Pläne, liegt.[25]

Im Rahmen seiner Ermessensentscheidung, ob eine Berufsqualifikation gefordert wird, muss der öffentliche Auftraggeber nicht nur über das „Ob", sondern auch darüber entscheiden, welche konkrete Berufsqualifikation zu fordern ist, ob also die Berufsqualifikation des Architekten, Innenarchitekten, Landschaftsarchitekten oder Stadtplaner gefordert wird.[26]

35   Im Fall der Forderung der Berufsqualifikation als Architekt ist also zuzulassen, wer in das Mitgliederverzeichnis einer Architekten- oder Ingenieurkammer eingetragen oder wer aus anderen Gründen zur Führung der Berufsbezeichnung berechtigt ist. Maßgeblich ist nach dem Wortlaut von § 75 Abs. 1 VgV die Eintragung in das Mitgliederverzeichnis derjenigen Architekten- oder Ingenieurkammer, die in demjenigen Bundesland ansässig ist, in dem der öffentliche Auftraggeber seinen Sitz hat. Denn es kommt darauf an, dass der Bieter *„nach dem für die öffentliche Auftragsvergabe geltenden Landesrecht berechtigt ist, die entsprechende Berufsbezeichnung zu tragen".* In der Regel führen die Architektenkammern eine so genannte Architektenliste, in welche die Architekten mit der entsprechenden Fachrichtung eingetragen werden. In einigen Bundesländern wird daneben eine gesonderte Stadtplanerliste geführt.[27] In Hessen und Nordrhein-Westfalen wird sogar für jede Fachrichtung eine gesonderte Liste geführt.

36   Die Voraussetzungen, unter denen die Eintragung in das Mitgliederverzeichnis einer Architekten- oder Ingenieurkammer beantragt werden kann, ähneln sich in den jeweiligen Landesgesetzen.[28] In der Regel müssen folgende Voraussetzungen kumulativ erfüllt sein:
- Wohnsitz, Niederlassung oder Beschäftigung im jeweiligen Bundesland
- erfolgreicher Abschluss eines Architektur- oder Ingenieurstudiums mit einer mindestens vierjährigen Regelstudienzeit
- Nachweise über eine mehrjährige (in der Regel zweijährige) vollzeitliche praktische Tätigkeit
- Nachweis von Weiter- bzw. Fortbildungsmaßnahmen in einem bestimmten Umfang und/oder in bestimmten Themengebieten

Fehlt es an einer der vorgenannten Voraussetzungen für die Eintragung in die Liste, ist nach den Landesgesetzen trotzdem in Ausnahmefällen eine Eintragung möglich, wenn sich

---

[25] Siehe hierzu auch *Bluhm* in Müller-Wrede, VOF 5. Aufl. 2014 § 19 Rn. 20.

[26] → VgV § 75 Rn. 67.

[27] Bayern, Berlin, Bremen, Hamburg, Mecklenburg-Vorpommern, Sachsen, Sachsen-Anhalt und Schleswig-Holstein.

[28] Für eine vergleichende Übersicht über die Anforderungen in den verschiedenen Bundesländern siehe *Bluhm* in Müller-Wrede, VOF 5. Aufl. 2014 § 19 Rn. 24.

der Antragsteller durch besondere künstlerische Leistungen ausgezeichnet hat oder wenn er über langfristige einschlägige praktische Erfahrungen verfügt.[29]

Aus anderen Gründen zur Führung der Berufsbezeichnung kann der Bieter bzw. Bewer- **37** ber insbesondere dann berechtigt sein, wenn er in einem anderen Bundesland in das Mitgliederverzeichnis einer Architekten- oder Ingenieurkammer eingetragen ist und die dortigen Eintragungsvoraussetzungen mindestens ebenso streng sind wie diejenigen in dem Bundesland, in dem der Auftrag auszuführen ist. Einzelheiten sind in den jeweiligen Landesgesetzen geregelt. Weitere Voraussetzung ist danach in einigen Bundesländern, dass der auswärtige Architekt nicht gleichzeitig auch seinen Hauptwohnsitz, seine Hauptniederlassung oder seine überwiegende Beschäftigung in diesem Bundesland hat. Erfüllt ein Architekt diese Voraussetzung nicht, weil beispielsweise Hauptwohnsitz und überwiegende Beschäftigung in unterschiedlichen Bundesländern liegen, und ist eine Eintragung im Bundesland der überwiegenden Beschäftigung erfolgt, so muss er, um im Bundesland seines Hauptwohnsitzes den Nachweis der Berufsqualifikation führen zu können, dort eine zusätzliche Eintragung in die Architektenliste beantragen.[30] Ein ungerechtfertigter Eingriff in die Berufsfreiheit des Architekten liegt darin nicht.[31]

Architekten, die in einem Bundesland in das jeweilige Mitgliederverzeichnis der Archi- **38** tektenkammer eingetragen sind, sind grundsätzlich in jedem anderen Bundesland berechtigt, die entsprechende Berufsbezeichnung zu führen.[32] Daneben ist auch derjenige zuzulassen, der nach dem für die öffentliche Auftragsvergabe geltenden Landesrecht berechtigt ist, in der Bundesrepublik Deutschland entsprechend tätig zu werden. Insoweit wird vertreten, dass die deutschen **Bauingenieurabschlüsse** als Befähigungsnachweis für Tätigkeiten auf dem Gebiet der Architektur anzuerkennen sind.[33]

IV. Ingenieur

§ 75 Abs. 2 VgV regelt den Fall, dass der öffentliche Auftraggeber als Berufsqualifikation **39** den Beruf des „Beratenden Ingenieurs" oder „Ingenieurs" gefordert hat. In diesem Fall sind Bieter oder Bewerber zuzulassen, die nach dem für die öffentliche Auftragsvergabe geltenden Landesrecht (gemeint ist das Recht der Bundesländer) berechtigt sind, die entsprechende Berufsbezeichnung zu tragen oder in der Bundesrepublik Deutschland entsprechend tätig zu werden. Die Vorschrift entspricht damit der Regelung des bisherigen § 19 Absatz 2 VOF.

Anders als § 75 Abs. 1 VgV wird in Abs. 2 nicht auf die unterschiedlichen Fachrichtun- **40** gen der Ingenieure verwiesen. Grund dafür ist, dass die Fachrichtungen im Ingenieurwesen nicht so homogen und abgrenzbar sind wie bei den Architekten. Das liegt zum einen an der Vielzahl der praktizierten Ingenieurdisziplinen, zum anderen an den unterschiedlichen Organisationsstrukturen von Ingenieurbüros. Auf dem Anbietermarkt von Ingenieurleistungen finden sich alle Organisationsformen, vom traditionell freiberuflich organisierten Büro bis hin zum gewerblich ausgerichteten Unternehmen, das Ingenieurleistungen anbietet.

Die Ingenieurgesetze der Länder, die im Wesentlichen inhaltsgleich sind,[34] erlauben das **41** Führen der Berufsbezeichnung **„Ingenieur"** bereits dann, wenn die Person das Studium der technischen oder naturwissenschaftlichen Fachrichtung an einer deutschen Hochschule oder Fachhochschule bzw. gleichgestellten deutschen Ingenieurschule oder gleichgestellten ausländischen Hochschule erfolgreich absolviert hat oder durch die zuständige Behörde das

---

[29] *Bluhm* in Müller-Wrede, VOF 5. Aufl. 2014 § 19 Rn. 24.
[30] *Bluhm* in Müller-Wrede, VOF 5. Aufl. 2014 § 19 Rn. 25.
[31] BVerfG v. 24.5.1996 – 1 BvR 1691/91, NJW 1997, 50.
[32] *Voppel/Osenbrück/Bubert* VOF, 3. Aufl. 2012 § 19 Rn. 14.
[33] *Fahrenbruch* IBR 2013, 1212.
[34] *Geitel* in KKMPP, Kommentar zur VgV 1. Aufl. 2017 § 75 Rn. 17.

Recht verliehen bekommen hat, die Bezeichnung „Ingenieur (grad.)" zu führen. Der Nachweis kann in diesem Fall durch Vorlage des entsprechenden Hochschulabschlusses geführt werden. Bedenken gegen die Gleichwertigkeit eines Abschlusses können durch die zuständige Ingenieurkammer geprüft und gegebenenfalls ausgeräumt werden.

42   Nicht erforderlich ist also die Eintragung in das Mitgliederverzeichnis der entsprechenden Berufskammer. In einigen Bundesländern ist die Eintragung der Ingenieure in das Mitgliederverzeichnis auch gar nicht vorgesehen, in anderen Bundesländern können die Ingenieure beantragen, als freiwillige Mitglieder in die Mitgliederverzeichnisse aufgenommen zu werden.[35]

43   Die Berufsbezeichnung **„Beratender Ingenieur"** darf hingegen nur führen, wer in die Liste der beratenden Ingenieure, die bei der jeweiligen Ingenieurkammer geführt wird, eingetragen ist. Die Voraussetzungen, unter denen die Eintragung in Liste beratender Ingenieure einer Ingenieurkammer beantragt werden kann, ähneln sich in den jeweiligen Landesgesetzen.[36] In der Regel müssen folgende Voraussetzungen kumulativ erfüllt sein:
- Ein durch die Berufstätigkeit oder den Wohnort begründeter räumlicher Bezug zum Bundesland
- Berechtigung zur Führung der Berufsbezeichnung „Ingenieur"
- mehrjährige praktische Erfahrung[37]
- eigenverantwortliches und unabhängiges bzw. freischaffendes Tätigsein

44   Zu § 19 VOF wurde die Auffassung vertreten, dass die Beschränkung des Teilnehmerkreises auf beratende Ingenieure durch Forderung einer entsprechenden Berufsqualifikation unzulässig sei.[38] Denn der Wettbewerb, der durch das Vergaberecht angestoßen werden solle, sei nicht berufsstandsbezogen, sondern leistungsbezogen. Es dürfe deshalb nicht darauf ankommen, ob Ingenieurleistungen von freiberuflich oder von gewerblich organisierten

---

[35] § 16 Abs. 2 Hamburgisches Gesetz über das Ingenieurwesen; § 41 Abs. 2 Berliner Architekten- und Baukammergesetz.

[36] § 13 Ingenieurkammergesetz Baden-Württemberg; Art. 5 Bayerisches Baukammerngesetz; § 30 ff. Berliner Architekten- und Baukammergesetz; § 14 Brandenburgisches Ingenieurgesetz; § 4 Bremisches Ingenieurgesetz; § 4 Hamburgisches Gesetz über das Ingenieurwesen; § 13 Ingenieurkammergesetz Hessen; § 5 Ingenieurgesetz des Landes Mecklenburg-Vorpommern; § 5 Niedersächsisches Ingenieurgesetz; § 27 Baukammerngesetz Nordrhein-Westfalen; § 1 Ingenieurkammergesetz Rheinland-Pfalz; § 20 Saarländisches Architekten- und Ingenieurkammergesetz; § 15 Sächsisches Ingenieurgesetz; § 8 Ingenieurgesetz des Landes Sachsen-Anhalt; § 7 Architekten- und Ingenieurkammergesetz Schleswig-Holstein; § 3 Thüringer Architekten- und Ingenieurkammergesetz.

[37] § 17 Abs. 2 Nr. 3 Ingenieurkammergesetz Baden-Württemberg (GBl. 2011, 145), zuletzt geändert durch Gesetz v. 19.12.2013 (GBl. 2014, 1, 11); Art. 5 Abs. 2 Nr. 3 Bayerisches Baukammerngesetz v. 9.5.2007 (GVBl. 2007, 308), zuletzt geändert durch Gesetz v. 11.12.2011 (GVBl. 2011, 633); § 35 Abs. 1 Nr. 4 Berliner Architekten- und Baukammergesetz v. 6.7.2006 (GVBl. 2006, 720), zuletzt geändert durch Gesetz v. 18.11.2009 (GVBl. 2009, 674); § 13 Abs. 2 Brandenburgisches Ingenieurgesetz v. 29.6.2004 (GVBl. 2004, 326), zuletzt geändert durch Gesetz v. 5.12.2013 (GVBl. I/13 Nr. 37); § 6 Abs. 1 Nr. 3 Bremisches Ingenieurgesetz v. 25.2.2003 (GBl. 2003, 67), zuletzt geändert durch Gesetz v. 8.5.2012 (GVBl. 2012, 160); § 9 Abs. 2 Nr. 3 Hamburgisches Gesetz über das Ingenieurwesen v. 10.12.1996 (GVBl. 1996, 321), zuletzt geändert durch Gesetz v. 19.6.2012 (GVBl. 2012, 254, 262); § 16 Abs. 2 Nr. 3 Ingenieurkammergesetz Hessen v. 30.9.1986 (GVBl. 1986, 281), zuletzt geändert durch Gesetz v. 12.12.2012 (GVBl. 2012, 581); § 8 Abs. 1 Nr. 2 Ingenieurgesetz des Landes Mecklenburg-Vorpommern v. 18.11.2009 (G-IV Bl. 2009, 646), zuletzt geändert durch Gesetz v. 10.12.2012 (GVBl. 2012, 537, 542); § 4 Abs. 1 Nr. 3 Niedersächsisches Ingenieurgesetz v. 12.7.2007 (GVBl. 2007, 324), zuletzt geändert durch Gesetz v. 12.12.2012 (GVBl. 2012, 591); § 30 Abs. 1 Nr. 2 Baukammerngesetz Nordrhein-Westfalen v. 16.12.2003 (GVBl. 2003, 786), zuletzt geändert durch Gesetz v. 9.12.2008 (GVBl. 2008, 774); § 12 Abs. 2 Nr. 3 Ingenieurkammergesetz Rheinland-Pfalz v. 9.3.2011 (GVBl. 2011, 47), zuletzt geändert durch Gesetz v. 8.10.2013 (GVBl. 2013, 359); § 22 Abs. 1 Nr. 2 Saarländisches Architekten- und Ingenieurkammergesetz v. 18.2.2004 (GVBl. 2004, 822), zuletzt geändert durch Gesetz v. 16.10.2012 (ABl. I 2012, 437); § 17 Abs. 2 Nr. 3 Sächsisches Ingenieurkammergesetz v. 19.10.1993 (GVBl. 1993, 989), zuletzt geändert durch Gesetz v. 17.12.2013 (GVBl. 2013, 874, 883); § 18 Abs. 1 Nr. 3 Ingenieurgesetz des Landes Sachsen-Anhalt v. zweiten 20.1.2009 (GVBl. 2009, 6), zuletzt geändert durch Gesetz v. 2.2.2011 (GVBl. 2011, 58, 59); § 8 Abs. 1 Nr. 3 Architekten- und Ingenieurkammergesetz Schleswig-Holstein v. 9.8.2001 (GVBl. 2001, 116), zuletzt geändert durch Gesetz v. 9.3.2010 (GVBl. 2010, 306 und 50); § 1 Abs. 5 Nr. 2, 3 Thüringer Architekten- und Ingenieurkammergesetz v. 5.2.2008 (GV Bl. 2008, 9).

[38] *Bluhm* in Müller-Wrede, VOF 5. Aufl. 2014 § 19 Rn. 28 f.

Dienstleistungserbringern angeboten würden. Diese Auffassung hat schon zu § 19 VOF nicht überzeugt, da sie die Unterscheidung zwischen einem „Ingenieur" und einem „beratenden Ingenieur" auf das Merkmal der freischaffenden Tätigkeit beschränkte. Die Berufsbezeichnung „beratender Ingenieur" setzt darüber hinaus unter anderem eine mehrjährige praktische Erfahrung voraus, die ein „Ingenieur" noch nicht vorweisen muss. Hinzu kommt, dass die angesprochenen gewerblich organisierten Dienstleistungserbringer, die regelmäßig juristische Personen sind, der Forderung nach der Berufsqualifikation eines „beratenden Ingenieurs" gemäß § 75 Abs. 3 VgV dadurch nachkommen können, dass sie für die Durchführung der ausgeschriebenen Aufgabe einen verantwortlichen „beratenden Ingenieur" benennen. Der öffentliche Auftraggeber ist deshalb – vorbehaltlich der fehlerfreien Ausübung seines Ermessens – grundsätzlich berechtigt, ausschließlich den Nachweis der Qualifikation des beratenden Ingenieurs zu fordern.[39]

Auswärtige beratende Ingenieure müssen in bestimmten Bundesländern in eine Liste für **45** auswärtig beratende Ingenieure eingetragen sein.[40] In den übrigen Bundesländern dürfen beratende Ingenieure, die Mitglied einer Ingenieurkammer sind, ihre Berufsbezeichnung in anderen Bundesländern auch ohne weitere Eintragung in die dortigen Listen führen, wenn sie bereits in ihrem Herkunftsland eingetragen sind.[41]

Neben Architekten können auch Ingenieure bauvorlageberechtigt sein.[42] In den meisten **46** Bundesländern werden diese Ingenieure in entsprechende Listen eingetragen.

V. Bewerber aus EU-Mitgliedstaaten

Auch Unternehmen aus anderen EU-Mitgliedstaaten sind im Falle der Forderung einer **47** bestimmten Berufsqualifikation gemäß § 75 Abs. 1 und 2 VgV nur zu dem Vergabeverfahren zuzulassen, wenn sie nach dem für die öffentliche Auftragsvergabe geltenden Landesrecht berechtigt sind, die entsprechende Berufsbezeichnung zu tragen oder in der Bundesrepublik Deutschland entsprechend tätig zu werden. Um die entsprechende Berufsbezeichnung tragen zu dürfen, müssen nach den jeweiligen Landesgesetzen auch Unternehmen aus anderen EU-Mitgliedstaaten in die entsprechenden Listen der Berufskammern eingetragen sein.

Hierfür ist zunächst von Bedeutung, ob Architekten oder Ingenieure aus anderen Mit- **48** gliedstaaten der Europäischen Union einen **Hauptwohnsitz oder einer Hauptniederlassung** in dem Bundesland, in dem der betreffende Planungsauftrag vergeben werden soll, haben bzw. ob sie dort eine **überwiegende Betätigung** ausüben. Falls ja, muss sich der ausländische Architekt oder Ingenieur nach den Ländergesetzen in die entsprechenden Listen der Berufskammern eintragen lassen, um zur Führung der jeweiligen Berufsbezeichnung berechtigt zu sein. Der gleichwertige Bildungsabschluss kann durch einen Befähigungsnachweis nach Maßgabe des jeweiligen Landesgesetzes belegt werden.[43]

Aber auch dann, wenn ein ausländischer Architekt oder Ingenieur die landesrechtlichen **49** Eintragungsvoraussetzungen nicht erfüllt, darf dieser ggf. unter seiner Berufsbezeichnung tätig werden. Nähere Bestimmungen dazu enthält die Berufsanerkennungsrichtlinie, die in

---

[39] AA *Harr* in Willebruch/Wiederkind, Vergaberecht 4. Aufl. 2017 § 75 VgV Rn. 15. Die ausschließliche Forderung des Nachweises der Qualifikation als Ingenieur ist unproblematisch, weil hiervon der beratende Ingenieur stets umfasst ist.
[40] § 38 Berliner Architekten- und Baukammergesetz; § 10 Abs. 3 S. 1 Bremisches Ingenieurgesetz; § 7 Abs. 4 Hamburgisches Gesetz über das Ingenieurwesen; § 32 Abs. 2 S. 4 Baukammerngesetz Nordrhein-Westfalen; § 25 Abs. 2 S. 5 Saarländisches Architekten- und Ingenieurkammergesetz; § 5a Abs. 4 S. 1 Architekten- und Ingenieurkammer Gesetz Schleswig-Holstein; § 2 Abs. 2 S. 4 Thüringer Architekten- und Ingenieurkammergesetz.
[41] *Voppel/Osenbrück/Bubert* VOF, 3. Aufl. 2012 § 19 Rn. 14.
[42] → VgV § 75 Rn. 21.
[43] ZB gemäß Art. 4 Abs. 4 Bayerisches Baukammerngesetz und § 4 Abs. 3–5 Baukammerngesetz Nordrhein-Westfalen. Siehe zum Ganzen *Bluhm* in Müller-Wrede, VOF 5. Aufl. 2014 § 19 Rn. 35.

den jeweiligen Landesgesetzen umgesetzt worden ist. Die Richtlinie differenziert zwischen Architekten der Fachrichtung Hochbau und sonstigen Planern.

50   Bei **Architekten der Fachrichtung Hochbau** kommt eine automatische Anerkennung von Berufsqualifikationen nach Kap. III der Berufsanerkennungsrichtlinie in Betracht: Erfüllt der Antragsteller die europaweit koordinierten und in Anhang V Nr. 5.7.1 Richtlinie 2005/36/EG niedergelegten Mindestanforderungen – es handelt sich um Ausbildungsnachweise – für die Anerkennung als Architekt oder Ingenieur und weist er nach, dass er zur Ausübung seines Berufs in einem Mitglieds- oder Vertragsstaat niedergelassen ist, erfolgt eine automatische Anerkennung.[44] Damit verbunden ist der Anspruch auf Eintragung in die jeweilige Liste der Architekten- oder Ingenieurkammer.

51   Verfügt der Antragsteller über keinen Ausbildungsnachweis, der im Anhang V aufgeführt ist, muss er darlegen, dass er sich aus "besonderen und außergewöhnlichen Gründen" in dieser Situation befindet. Der Aufnahmemitgliedstaat muss insoweit keine Ausbildungsnachweise prüfen, die dem Antragsteller in seinem Herkunftsmitgliedstaat die Ausübung des Architektenberufs erlauben. Maßstab bei der Prüfung insgesamt ist die berufsrechtliche Definition des entsprechenden Berufsbilds in demjenigen Mitgliedstaat, in dem die Eintragung beantragt wird. Definiert das Berufsrecht dieses Mitgliedstaats den Architektenberuf dahingehend, dass der Berufsträger über eine Ausbildung und über Erfahrung verfügt, die neben technischen Tätigkeiten der Bauplanung, Bauaufsicht und Bauausführung auch künstlerisch-gestaltende, stadtplanerische, wirtschaftliche und gegebenenfalls denkmalpflegerische Tätigkeiten umfassen, dann ist diese Definition der richtige Maßstab im Verfahren der allgemeinen Berufsanerkennung.[45]

52   Die weiteren Architekten – also **Innenarchitekten, Stadtplanern und Landschaftsarchitekten** – sowie die **Ingenieure und beratenden Ingenieure** sind in der Berufsanerkennungsrichtlinie nicht ausdrücklich erwähnt. Auch bei diesen Berufsgruppen kommt eine Anerkennung der Berufsqualifikation in Betracht. Maßgeblich ist dabei, ob der im Aufnahmestaat reglementierte Beruf auch im Herkunftsstaat reglementiert ist. Reglementiert ist eine berufliche Tätigkeit gemäß Art. 3 Abs. 1 Buchst. a, Abs. 2 der Berufsanerkennungsrichtlinie, wenn deren Aufnahme oder Ausübung direkt oder indirekt durch Rechts- oder Verwaltungsvorschriften an den Besitz bestimmter Berufsqualifikationen gebunden ist.

53   Ist der Beruf im Herkunftsland des Bewerbers oder Bieters reglementiert, wird diesem die Ausübung der Tätigkeit im Aufnahmestaat unter denselben Voraussetzungen wie Inländern gewährt. Dementsprechend muss der ausländische Bewerber oder Bieter Ausbildungsnachweise vorlegen, die zumindest unmittelbar unter dem Niveau liegen, dass der Aufnahmestaat fordert. Eine Ausnahme gilt für praktische Tätigkeiten im Anschluss an die Berufsausbildung. Ist die Ausführung einer solchen Tätigkeit keine Zugangsvoraussetzung im Herkunftsstaat, darf der Bewerber oder Bieter auch im Aufnahmestaat ohne vorherige praktische Tätigkeit den Beruf ausüben, selbst wenn das einschlägige Landesgesetz eine praktische Erfahrung fordert.

54   Sind weder die Ausbildung noch der Beruf im Herkunftsland reglementiert, genügt der Nachweis, dass der ausländische Architekt oder Ingenieur einen Beruf mit einer der genannten Berufsbezeichnungen innerhalb der letzten zehn Jahre mindestens zwei Jahre lang im Niederlassungsmitgliedstaats oder Niederlassungs-Vertragsstaat ausgeübt hat, soweit er im Besitz von Ausbildungs- oder Befähigungsnachweisen ist, die ein berufsvorbereitendes dreijähriges Studium an einer Universität, Hochschule oder einer gleichwertigen Einrichtung bestätigen.[46]

55   Nach der Anzeige der erstmaligen Leistungserbringung bei der zuständigen Architekten- oder Ingenieurkammer und nach Vorlage der entsprechenden Nachweise, erhält der Archi-

---

[44] EuGH v. 16.4.2015 – C-477/13 = NZBau 2015, 302, 305 Rn. 51; nachfolgend BVerwG v. 16.11.2015 – 10 C 5.15 = NZBau 2016, 315. Vgl. auch Erwägungsgrund 19 der Richtlinie 2005/36/EG.
[45] EuGH v. 16.4.2015 – C-477/13 = NZBau 2015, 302, 305 Rn. 51.
[46] *Bluhm* in Müller-Wrede, VOF 5. Aufl. 2014 § 19 Rn. 36.

tekt oder Ingenieur die Berechtigung zum Tragen der entsprechenden Berufsbezeichnung und wird in das von den meisten Bundesländern geführte Verzeichnis für „auswärtige Architekten" oder „auswärtige beratende Ingenieure" aufgenommen. Durch die Prüfung und die Eintragung in die jeweiligen Listen durch die Kammern darf dem betreffenden Architekt oder Ingenieur die Erbringung seiner Leistungen nicht erschwert werden. Prüfung und Eintragung müssen daher unverzüglich erfolgen.[47]

VI. Juristische Personen

Zur Vermeidung einer Diskriminierung infolge einer Rechtsformwahl regelt § 75 Abs. 3 **56** VgV, dass juristische Personen für die Durchführung der Aufgabe einen verantwortlichen Berufsangehörigen nach den Abs. 1 und 2 benennen dürfen. Hintergrund ist, dass nur natürliche Personen in die entsprechenden Listen der Architekten- und Ingenieurkammern eingetragen werden. Nur natürliche Personen sind mit anderen Worten berechtigt, die jeweilige Berufsbezeichnung im Sinne von § 75 Abs. 1 und 2 VgV zu tragen. Fordert der öffentliche Auftraggeber als Berufsqualifikation den Beruf des Architekten oder Ingenieurs, sind danach juristische Personen nicht zuzulassen. Deshalb regelt § 75 Abs. 3 VgV, dass juristische Personen als Auftragnehmer zuzulassen sind, wenn sie für die Durchführung der Aufgabe einen verantwortlichen Berufsangehörigen gemäß § 75 Abs. 1 oder 2 VgV benennen.

Diese inhaltlich sinnvolle Regelung leidet unter ihrer unglücklichen Formulierung. Das **57** ist insbesondere deshalb misslich, soweit wortgleiche Formulierungen übernommen worden sind, die bereits in der Vorgängerregelung von § 19 Abs. 3 VOF kritisiert worden sind. Schon bei der Auslegung dieser Regelung wurde darüber diskutiert, ob die Zulassung als Architekt sich auf die Wertungsentscheidung oder bereits auf die **Eignungsprüfung** bezieht.[48] Sinn und Zweck der Regelung legen nahe, sie auf die Eignungsprüfung zu beziehen. Mit der Forderung einer Berufsqualifikation im Sinne von § 75 Abs. 1 und 2 VgV verlangt der öffentliche Auftraggeber einen Nachweis für die Befähigung und Erlaubnis zur Berufsausübung nach § 44 VgV i. V. m. § 122 Abs. 2 Nr. 1 GWB, also einen Eignungsnachweis. Eine juristische Person muss deshalb bereits mit dem Teilnahmeantrag einen verantwortlichen Berufsangehörigen gemäß § 75 Abs. 1 oder 2 VgV benennen, soweit der öffentliche Auftraggeber eine entsprechende Berufsqualifikation fordert.[49]

Weiter hat der Gesetzgeber im Rahmen der Vergaberechtsreform 2016 in dem Verweis **58** auf die Abs. 1 und 2 durch Ersetzung des Wortes „und" durch „oder" klargestellt, dass eine juristische Person nicht stets einen Architekten „und" einen Ingenieur als verantwortlichen Berufsangehörigen benennen muss, wenn sie als Auftragnehmer zugelassen werden will.[50] Ebenso wenig ist es jedoch ausreichend, dass ein Architekt „oder" ein Ingenieur benannt wird, wie es die jetzige Formulierung in § 75 Abs. 3 VgV suggeriert. Vielmehr kommt es – eigentlich selbstverständlich – darauf an, welche Berufsqualifikation der öffentliche Auftraggeber in der Bekanntmachung gefordert hat. Fordert der öffentliche Auftraggeber als Berufsqualifikation den Beruf des Architekten, ist eine juristische Person gemäß § 75 Abs. 3 VgV nur zuzulassen, wenn sie für die Durchführung der Aufgabe einen verantwortlichen Berufsangehörigen im Sinne von Abs. 1 benennt. Entsprechendes gilt für den Fall der Forderung des Berufs des Ingenieurs als Berufsqualifikation. Dann muss die juristische Person einen verantwortlichen Berufsangehörigen im Sinne von Abs. 2 benennen.

Der bloße Hinweis auf die Eintragung in die von einigen Berufskammern geführten Lis- **59** ten für Architekten-GmbHs oder Partnergesellschaften genügt nicht den Anforderungen

---

[47] Vgl. Art. 6 der Berufsanerkennungsrichtlinie.
[48] VK Sachsen v. 24.1.2013 – 1/SVK/043-12 = BauR 2013, 1495 (L); *Blum* in Müller-Wrede, VOF-Kommentar 5. Aufl. 2014 § 19 Rn. 45; *Geitel* in KKMPP, Kommentar zur VgV 1. Aufl. 2017 § 75 Rn. 22.
[49] *Geitel* in KKMPP, Kommentar zur VgV 1. Aufl. 2017 § 75 Rn. 22.
[50] Siehe dazu auch VK Sachsen v. 24.1.2013 – 1/SVK/043-12, BauR 2013, 1495 (L).

von § 75 Abs. 3 VgV.[51] Zum einen existieren solche Listen nicht durchgängig in allen Bundesländern. Der Auftraggeber müsste deshalb seinerseits die jeweilige Gesetzeslage in den einzelnen Bundesländern prüfen. Zum anderen lässt allein der Hinweis auf die Eintragung keinen Rückschluss darauf zu, welcher Berufsangehöriger Sachbearbeiter des Auftragnehmers für die Durchführung der Aufgabe verantwortlich ist.[52]

60   Ein Berufsangehöriger im Sinne von § 75 Abs. 1 und 2 VgV ist, wer nach dem für die öffentliche Auftragsvergabe geltenden Landesrecht berechtigt ist, die entsprechende Berufsbezeichnung zu tragen oder in der Bundesrepublik Deutschland entsprechend tätig zu werden. Die betreffende Person muss also nicht zwingend als Architekt oder Ingenieur in die jeweilige Liste der Berufskammern eingetragen sein. Sondern es genügt, wenn sie aus anderen Gründen zur Führung der Berufsbezeichnung berechtigt ist (VgV § 75 Rn. 34 ff.).

61   Verantwortlich im Sinne von § 75 Abs. 3 VgV ist der Berufsangehörige, wenn er im Fall der Auftragserteilung die Leitung über den zu erteilenden Auftrag wahrnehmen wird. Um eine Führungskraft des Bewerbers oder Bieters muss es sich dabei nicht handeln.[53] Die Verantwortlichkeit im Sinne des Abs. 3 ist rein auftragsbezogen, nicht aber unternehmensbezogen zu verstehen. Anderenfalls wären juristische Personen verpflichtet, stets Führungskräfte als verantwortlicher Projektleiter einzusetzen. Dazu wären insbesondere größere Organisationen jedoch nicht in der Lage und dies würde auch dem Sinn und Zweck einer solchen größeren Organisationsform widersprechen. Das hinter § 75 Abs. 3 VgV stehende **Verbot der Diskriminierung wegen der Rechtsform,** das in Art. 19 Abs. 1 der Vergaberichtlinie normiert ist, würde dadurch unterlaufen.

62   Fordert der öffentliche Auftraggeber eine Berufsqualifikation im Sinne von § 75 Abs. 1 oder 2 VgV und bewirbt sich eine juristische Person als Auftragnehmer, ohne für die Durchführung der Aufgabe einen entsprechenden verantwortlichen Berufsangehörigen gemäß Abs. 1 oder 2 zu benennen, ist sie als ungeeignet auszuschließen.[54]

C. Anforderungen an Eignungskriterien (Abs. 4)

I. Eignungskriterien

63   § 75 Abs. 4 S. 1 VgV wiederholt den in § 122 Abs. 4 GWB niedergelegten Grundsatz, dass Eignungskriterien **mit dem Auftragsgegenstand in Verbindung** und zu diesem in einem angemessenen Verhältnis stehen müssen. Eine eigenständige rechtliche Bedeutung hat diese Vorschrift damit nicht. Ihre Bedeutung beschränkt sich auf eine (faktische) Warn- und Hinweisfunktion. Auch bei der Vergabe von Architekten- und Ingenieurleistungen wird in der Praxis häufig gegen den Grundsatz verstoßen und damit der Wettbewerb ohne sachlichen Grund eingeschränkt. Dabei ist der Grundsatz, dass die Eignungskriterien mit dem Auftragsgegenstand in Verbindung und zu diesem in einem angemessenen Verhältnis stehen müssen, insbesondere bei der Vergabe von Architekten- und Ingenieurleistungen von überragender Bedeutung. Deshalb hielt es der Verordnungsgeber für geboten, im Abschnitt 6 der VgV auf diesen Grundsatz gesondert hinzuweisen.[55]

64   Gemäß § 122 Abs. 1 GWB dürfen Aufträge nur an geeignete Bewerber bzw. Bieter vergeben werden. Der öffentliche Auftraggeber ist deshalb verpflichtet, die Eignung der Bewerber bzw. Bieter zu prüfen. Dazu muss er Eignungskriterien festlegen und die für die Eignungsprüfung erforderlichen Nachweise abfragen. Der öffentliche Auftraggeber hat

---

[51] AA *Voppel/Osenbrück/Bubert* VOF, 3. Aufl. 2012 § 19 Rn. 23.
[52] Ebenso *Bluhm* in Müller-Wrede, VOF 5. Aufl. 2014 § 19 Rn. 48.
[53] AA *Kulartz* in Müller-Wrede, VOF 5. Aufl. 2014 § 5 Rn. 57.
[54] VK Sachsen v. 24.1.2013 – 1/SVK/043-12 = BauR 2013, 1495 (L); *Geitel* in KKMPP, Kommentar zur VgV 1. Aufl. 2017 § 75 Rn. 22.
[55] Verordnungsbegründung BT-Drs. 18/7318 Seite 205.

zwar einen Beurteilungsspielraum, welche Kriterien er festlegt und welche Nachweise erfordert, nicht aber ob er Nachweise fordert.

Folgerichtig muss der öffentliche Auftraggeber bei jedem Vergabeverfahren prüfen und **65** entscheiden, welche Eignungsnachweise er fordert. Im Einzelfall ist es denkbar, dass er nur einen Nachweis fordert; im Regelfall werden es mehrere sein. Eine formularmäßige Abfrage von Eignungsnachweisen ohne Bezug und Anpassung auf den konkret ausgeschriebenen Auftrag ist unzulässig.[56]

Im Übrigen gelten für die Festlegung der Anforderungen an die Unternehmen und die **66** Prüfung der Eignung die **allgemeinen Regelungen** aus dem Abschnitt 2, Unterabschnitt 5 der VgV, die durch die besonderen Regelungen des Abschnitts 6 ergänzt werden, sowie übergeordnet die §§ 122 ff. GWB.[57] Insbesondere können die Nachweise für eine Auswahlentscheidung zur Begrenzung der Anzahl der Bewerber herangezogen werden, wobei nicht alle Nachweise gleichermaßen geeignet sind.[58] Bewährt ist die Auswahlentscheidung anhand der Umsatzzahlen und vor allem der Referenzen. Eine Bewertungsmatrix muss für diese Prüfung nicht erstellt und verwendet werden.[59]

Auf folgende Besonderheiten bei der Vergabe von Architekten- und Ingenieurleistungen ist hinzuweisen:

1. Befähigung und Erlaubnis zur Berufsausübung

Die in § 44 VgV enthaltenen allgemeinen Regelungen über die Anforderungen zum **67** Nachweis der Befähigung und Erlaubnis zur Berufsausübung werden durch die besonderen Regelungen in § 75 Abs. 1–3 VgV ergänzt. Hiernach kann der öffentliche Auftraggeber als Berufsqualifikation den Beruf des Architekten, Innenarchitekten, Landschaftsarchitekten oder Stadtplaner bzw. des beratenden Ingenieurs oder Ingenieurs fordern. Erhebt der öffentliche Auftraggeber diese Forderung, wird die Befähigung und Erlaubnis zur Berufsausübung abschließend durch die geforderte Berufsqualifikation nachgewiesen.

2. Wirtschaftliche und finanzielle Leistungsfähigkeit

a) Berufshaftpflichtversicherung. Als Nachweis der wirtschaftlichen und finanziellen **68** Leistungsfähigkeit im Sinne von § 45 VgV ist (anstelle der sonst üblichen Bankerklärung) für die Vergabe von Architekten- und Ingenieurleistungen insbesondere der Nachweis einer **Berufshaftpflichtversicherung** in bestimmter geeigneter Höhe nach § 45 Abs. 1 Nr. 3 VgV praxisrelevant. Bei Planungsgemeinschaften muss sich der Versicherungsschutz in voller Höhe auf alle Mitglieder erstrecken.

Hinter der Forderung nach einer Berufshaftpflichtversicherung steht das Interesse des **69** Auftraggebers, die Realisierbarkeit eigener Ansprüche für vom Auftragnehmer verursachte Haftpflichtschäden abzusichern. Zudem hat der öffentliche Auftraggeber regelmäßig ein Interesse daran, dass der Auftragnehmer im Fall der Verursachung eines Haftpflichtschadens nicht in wirtschaftliche Schieflage gerät, sondern – seinerseits ebenfalls abgesichert durch die Versicherung – weiterhin leistungsfähig bleibt. Von praktischer Bedeutung für den öffentlichen Auftraggeber ist die Berufshaftpflichtversicherung daher erst im der Phase der Leistungserbringung, und zwar zwischen Leistungsbeginn und Leistungsende (die Gewährleistungsansprüche sind in der Regel durch die so genannte Nachversicherung gedeckt) Den Nachweis, dass für diesen, in der (gegebenenfalls weiten) Zukunft endenden Zeitraum eine Berufshaftpflichtversicherung besteht, kann praktisch keiner führen.[60] Zwar kann ein unbefristeter Versicherungsvertrag vorgelegt werden. Ob dieser Vertrag tatsächlich im Zeit-

---

[56] *Harr* in Willenbruch/Wieddekind, Vergaberecht 4. Aufl. 2017 § 75 VgV Rn. 17.
[57] → VgV § 73 Rn. 54 f.
[58] Siehe dazu *Harr* in Willenbruch/Wieddekind, Vergaberecht 4. Aufl. 2017 § 75 VgV Rn. 19.
[59] AA *Harr* in Willenbruch/Wieddekind, Vergaberecht 4. Aufl. 2017 § 75 VgV Rn. 17.
[60] AA VK Sachsen-Anhalt v. 31.7.2008 – 1 VK LVwA 04/08; *Kulartz* in Müller-Wrede, VOF 5. Aufl. 2014 § 5 Rn. 35.

punkt des Leistungsendes, also in der Regel Monate oder sogar Jahre nach Zuschlagserteilung, noch Bestand hat, ist jedoch faktisch offen. Wollte man sicherstellen, dass der in der Vergabephase bestehende Versicherungsvertrag auch noch im Zeitpunkt der Fertigstellung der Leistungen besteht, müsste beispielsweise der Versicherer auf sämtliche (ordentlichen wie außerordentlichen) Kündigungsrechte verzichten. Dazu wird jedoch kein Versicherer bereit sein, weshalb kein Architekt oder Ingenieur einer entsprechenden Vertrag vorliegen könnte. Sinnvollerweise ist deshalb vergaberechtlich zu fordern, dass – bei dem praxisüblichen zweistufigen Verhandlungsverfahren – **im Zeitpunkt der Abgabe des Teilnahmeantrags** eine bestehende Berufshaftpflichtversicherung nachgewiesen wird. Für den Fall der Zuschlagserteilung kann der Auftragnehmer vertragsrechtlich weiter verpflichtet werden, diese Versicherung bis zum Leistungsende aufrecht halten und dies regelmäßig nachzuweisen.

70   Für die ausgeschriebene Leistung darf der Auftraggeber umfassenden Berufshaftpflichtversicherungsschutz verlangen.[61] Auch ist er berechtigt, einen summenmäßigen Ausweis der Deckungssummen zu verlangen. Hierdurch kann und will der öffentliche Auftraggeber Nachforschungen zur Höhe der Deckung vermeiden.[62] Er ist weiterhin berechtigt, bestimmte Mindestdeckungssummen vorzugeben, wobei die Vorgabe des § 75 Abs. 4 S. 2 VgV zu berücksichtigen ist. Danach sind die Eignungskriterien so zu wählen, dass kleinere Büroorganisationen und Berufsanfänger sich beteiligen können.[63] Soweit der öffentliche Auftraggeber **Mindestdeckungssummen** vorgibt, dürfen diese nicht höher als erforderlich sein. Für die Bestimmung, welche Deckungssummen erforderlich sind, kann auf branchenübliche Werte zurückgegriffen werden. Als Anhaltspunkt wurde bislang immer wieder auf die Richtlinie über die Bemessung des Versicherungsschutzes bei Verträgen mit freiberuflich Tätigen verwiesen, die für die Durchführung von Bauaufgaben des Bundes im Zuständigkeitsbereich der Finanzverwaltungen maßgebend ist und in der gestaffelt nach dem Auftragsvolumen einheitlich für Verträge mit Architekten und Ingenieuren Mindestdeckungssummen festgelegt worden sind; allerdings stets verbunden mit dem Hinweis, dass diese Beträge am unteren Rand dessen liegen dürften, was erforderlich ist.[64] Tatsächlich wurde diese Richtlinie bereits im Jahre 2010 evaluiert. Das dazu veröffentlichte Gutachten empfiehlt folgende (gegenüber der Richtlinie deutlich erhöhte) Mindestdeckungssummen, die in einzelnen Richtlinien der Ländern, beispielsweise der Richtlinien für die Durchführung von Baumaßnahmen des Landes Sachsen-Anhalt im Zuständigkeitsbereich der staatlichen Hochbau- und Liegenschaftsverwaltung (RLBau LSA) bereits umgesetzt worden sind:

Baukosten in Mio. €	Deckungssumme in T. €	Verhältnis in %
0,5	250	50
1,5	500	33
4	1.000	25
10	2.000	20
25	3.000	12
50	5.000	10

71   In der Regel hat der Nachweis des Bestehens einer Berufshaftpflichtversicherung und deren Deckungssummen durch Vorlage einer Abschrift der Versicherungspolice oder einer Erklärung des Versicherers zu erfolgen.[65] Der öffentliche Auftraggeber ist allerdings auch berechtigt, zunächst eine Eigenerklärung des Bewerbers zuzulassen, die er im Bedarfsfall verifiziert.

72   Die praktische Erfahrung zeigt, dass die vom durchschnittlichen Bewerber geschlossenen Versicherungsverträge regelmäßig nicht den vorstehend genannten Anforderungen entspre-

[61] OLG Jena v. 6.6.2007 – 9 Verg 3/07, NZBau 2007, 730, 733.
[62] *Kulartz* in Müller-Wrede, VOF 5. Aufl. 2014 § 5 Rn. 34.
[63] → VgV 75 Rn. 80 ff.
[64] Vgl. *Kulartz* in Müller-Wrede, VOF 5. Aufl. 2014 § 5 Rn. 34; *Voppel/Osenbrück/Bubert* VOF 3. Aufl. 2012 § 5 Rn. 36.
[65] Voppel/Osenbrück/Bubert VOF 3. Aufl. 2012 § 5 Rn. 37.

chen. In der Praxis ist deshalb sorgsam abzuwägen, welche konkreten Anforderungen an die Berufshaftpflichtversicherung gestellt werden.

b) Sonstige Nachweise. Daneben kann als Nachweis für die finanzielle und wirt- **73** schaftliche Leistungsfähigkeit auch ein bestimmter **Mindestjahresumsatz,** einschließlich eines bestimmten Mindestjahresumsatzes in dem Tätigkeitsbereich des Auftrags, verlangt werden (§ 45 Abs. 1 Nr. 1 VgV). Nach § 45 Abs. 2 S. 1 VgV darf der geforderte Mindestjahresumsatz das Zweifache des geschätzten Auftragswerts nur überschreiten, wenn aufgrund der Art des Auftragsgegenstands spezielle Risiken bestehen. Eine darüber hinausgehende Einschränkung, wie sie teilweise von den Kammern und Verbänden der planenden Berufe gefordert wurde, nämlich die Begrenzung mit dem Zusatz „bezogen auf den Mittelabfluss pro Jahr" noch weiter zu verschärfen, hat der Verordnungsgeber nicht vorgenommen.[41] Diese Forderung wurde damit begründet, dass die Erfüllung eines Planungsauftrages in aller Regel über einen längeren Zeitraum von zwei Jahren oder mehr erfolgt, weshalb die mit der Mindestjahresumsatzvorgabe beabsichtigte Sicherung der Auftragserfüllung bei Planungsaufträgen entsprechend zu relativieren sei."[66]

Anstelle der Forderung eines Mindestjahresumsatzes kann der öffentliche Auftraggeber **74** zur Beurteilung der wirtschaftlichen und finanziellen Leistungsfähigkeit der Bewerber oder Bieter in der Regel auch die Erklärung über den **Gesamtumsatz** und gegebenenfalls dem in dem Tätigkeitsbereich des Auftrags erzielten Umsatz verlangen (§ 45 Abs. 4 Nr. 4 VgV). Denn die Höhe des Gesamtumsatzes eines Architekten- oder Ingenieurbüros und insbesondere die Höhe des im Tätigkeitsbereich des Auftrags in der Vergangenheit erzielten Umsatzes sind ein sachgerechtes Indiz für die wirtschaftliche und finanzielle Leistungsfähigkeit.[67] Sowohl stark rückläufige Umsatzzahlen (und Mitarbeiterzahlen), als auch extrem ansteigende Umsatzzahlen in dem maßgeblichen dreijährigen Beurteilungszeitraum können Zweifel an der Leistungsfähigkeit begründen, die vom öffentlichen Auftraggeber dann aufgeklärt werden müssen.[68]

Dabei stellt § 45 Abs. 4 Nr. 4 VgV jedoch klar, dass eine solche Erklärung höchstens für **75** die letzten drei Geschäftsjahre verlangt werden kann, und dies auch nur, sofern entsprechende Angaben verfügbar sind. Soweit ein Bewerber oder Bieter in den letzten drei Geschäftsjahre entsprechende Planungsleistungen im Rahmen einer Planungsgemeinschaft erbracht hat, ist dieser Umsatz entsprechend seinem Leistungsanteil in dieser Planungsgemeinschaft zu berücksichtigen.

3. Technische und berufliche Leistungsfähigkeit

Als Nachweis der technischen und beruflichen Leistungsfähigkeit im Sinne von § 46 **76** Abs. 3 VgV werden bei Vergaben von Architekten- und Ingenieurleistungen in aller Regel **Referenzen** gefordert. Hierzu enthalten § 75 Abs. 5 und 6 VgV besondere Regelungen, welche die allgemeinen Regelungen in § 46 VgV ergänzen. Nach dieser allgemeinen Vorschrift kann der öffentliche Auftraggeber als Beleg der erforderlichen technischen und beruflichen Leistungsfähigkeit des Bewerbers die Vorlage geeigneter Referenzen über früher ausgeführte Dienstleistungsaufträge in Form einer Liste der in den letzten höchstens drei Jahren erbrachten wesentlichen Dienstleistungen, mit Angabe des Werts, des Erbringungszeitpunkts sowie des öffentlichen oder privaten Auftraggebers verlangen. Für Einzelheiten wird auf die Kommentierung zu § 46 sowie zu den Besonderheiten für die Vergabe von Architekten- und Ingenieurleistungen unter Rn. 85 ff. verwiesen.

Hervorzuheben ist an dieser Stelle die in § 46 Abs. 3 Nr. 1 VgV a. E. geregelte Mög- **77** lichkeit, ausnahmsweise einschlägige Dienstleistungen als Referenzen auch dann zu berücksichtigen, wenn diese **mehr als drei Jahre zurückliegen,** um dadurch einen ausreichenden Wettbewerb sicherzustellen. Diese Möglichkeit ist nach Auffassung des Verord-

---

[66] Stolz VergabeR 2016, 351, 359.
[67] OLG Brandenburg v. 9.2.2010 – VergW 9/09.
[68] Siehe dazu *Kulartz* in Müller-Wrede, VOF 5. Aufl. 2014 § 5 Rn. 42.

nungsgebers insbesondere bei der Vergabe von Architekten- und Ingenieurleistungen zu nutzen.[69] Hintergrund ist: Leistungen müssen, um als Referenz gewertet werden zu können, grundsätzlich abgeschlossen bzw. fertiggestellt worden sein.[70] Diese Einschränkung ist für Dienstleistungen, die im Bau- und Immobilienbereich erbracht werden, wo Bauprojekte oftmals mehrere Jahre dauern, ungeeignet. Das gilt erst recht für Architekten, die, wenn sie auch mit der HOAI-Leistungsphase 9 beauftragt sind, noch den Gewährleistungszeitraum abdecken müssen. Auch wenn vergleichbare Referenzen für spezielle Bauvorhaben, die beispielsweise nur selten ausgeführt werden oder eine lange Ausführungsdauer erfordern, verlangt werden, stellt sich dieses Problem. Dieses kann der öffentliche Auftraggeber dadurch entschärfen, dass er in der Auftragsbekanntmachung darauf hinweist, auch einschlägige Leistungen zu berücksichtigen, die mehr als drei Jahre zurückliegen. Bei seiner Ermessensentscheidung über die Verlängerung des grundsätzlich dreijährigen Referenzzeitraums muss er allerdings ebenfalls berücksichtigen, dass die Aussagekraft der Referenzen umso mehr abnimmt, je länger sie zurückliegen.[71] Dabei muss der Auftraggeber dokumentieren, dass dies erforderlich ist, um einen hinreichenden Wettbewerb sicherzustellen. Nicht zuletzt um dies begründen zu können, sollte der öffentliche Auftraggeber vor jeder Ausschreibung eine Bedarfsplanung mit dazugehöriger Marktsondierung durchführen. In diesem Zusammenhang sollte er zugleich ermitteln, welchen Zulassungszeitraum für Referenzen er definieren muss, damit eine hinreichende Anzahl von Unternehmen die Möglichkeit hat, sich durch Vorlage entsprechender Referenzen an dem Vergabeverfahren mit Erfolgsaussichten zu beteiligen.

78   Soweit der öffentliche Auftraggeber im Zusammenhang mit der Forderung von Referenzen **Mindestanforderungen** aufstellt, beispielsweise eine Mindestanzahl vergleichbarer Referenzen verlangt, muss dies bereits nach dem allgemeinen Vergaberecht durch den Auftragsgegenstand gerechtfertigt sein. Die Rechtsprechung ist bei der Anerkennung solcher Rechtfertigungsgründe allerdings großzügig. In Betracht kommen beispielsweise die Komplexität des Vertragswerks,[72] Sensibilität des Vertragszwecks,[73] Gefahrgeneigtheit der Leistung[74] oder auch die Bedeutung des Auftrags für das öffentliche Interesse.[75]

79   Während im Anwendungsbereich der VOF teilweise die Auffassung vertreten wurde, dass Referenzen grundsätzlich und bei öffentlichen Auftraggebern ausnahmslos durch Vorlage entsprechender Bescheinigungen der jeweiligen Auftraggeber nachzuweisen sind,[76] kann der öffentliche Auftraggeber im Anwendungsbereich des Abschnitts 6 der VgV nunmehr zulassen, das auch die geforderten Referenzen grundsätzlich durch **Eigenerklärungen** nachgewiesen werden können. Eine § 5 Abs. 5 Buchst. b VOF vergleichbare Vorschrift enthalten weder die §§ 42 ff. VgV noch die §§ 73 ff. VgV.

II. Beteiligung von kleineren Büroorganisationen und Berufsanfängern

80   Eine Sonderregelung für die Festlegung von Eignungskriterien bei Vergaben von Architekten- und Ingenieurleistungen enthält § 75 Abs. 4 S. 2 VgV. Hiernach sind die Eignungskriterien bei geeigneten Aufgabenstellungen so zu wählen, dass kleinere Büroorganisationen und Berufsanfänger sich beteiligen können. Damit wird die Regelung des früheren § 2 Abs. 4 VOF aufgegriffen. Auf Zuschlagskriterien ist diese Regelung dagegen nicht anwendbar. Der Wortlaut der Norm nimmt ausdrücklich Bezug auf den auf § 122

---

[69] Verordnungsbegründung BT-Drs. 18/7318 Seite 184.

[70] OLG Düsseldorf v, 22.9.2005 – Verg 48/05; VK Sachsen v. 17.6.2014 – 1/SVK/038-04; *Harr* in Willenbruch/Wieddekind, Vergaberecht 4. Aufl. 2017 § 75 VgV Rn. 22.

[71] *Müller-Wrede* in Müller-Wrede, VOF 5. Aufl. 2014 § 5 Rn. 66.

[72] BayObLG v. 9.3.2004 – Verg 20/03; OLG Düsseldorf v. 18.7.2001 – Verg 16/01; *Müller-Wrede* in Müller-Wrede, VOF 5. Aufl. 2014 § 5 Rn. 68 mwN.

[73] BayObLG v. 9.3.2004 – Verg 20/03; OLG Düsseldorf v. 18.7.2001 – Verg 16/01.

[74] OLG Düsseldorf v. 2.1.2006 – VII-Verg 93/05.

[75] OLG Koblenz v. 7.11.2007 – 1 Verg 6/07; VergabeR 2008, 264, 267.

[76] Siehe dazu *Kulartz* in Müller-Wrede, VOF 5. Aufl. 2014 § 5 Rn. 60.

Abs. 4 GWB verweisenden S. 1 und der § 75 VgV selbst trägt die Überschrift „Eignung", wodurch die Regelung des § 75 Abs. 4 S. 2 VgV eindeutig auf den Bereich der Eignungskriterien beschränkt ist.[77]

Danach sind die Eignungskriterien bei geeigneten Projekten so zu wählen, dass kleinere **81** Büroorganisationen und Berufsanfänger sich am Wettbewerb beteiligen können. Damit wird der Grundsatz der Angemessenheit von Eignungskriterien konkretisiert. In der Praxis wurde dieser Grundsatz bislang regelmäßig missachtet, wie der Verordnungsgeber in der Gesetzesbegründung moniert hat: *„Zu wenige kleinere Büroorganisationen und Berufsanfänger können sich an den Vergabeverfahren beteiligen, weil sie z. B. die Anforderungen des öffentlichen Auftraggebers an Referenzprojekte nicht erfüllen können. Es entsteht ein Kreislauf, der den zwangsläufigen Ausschluss von kleineren Büros bedeutet: sie können kein Referenzprojekt erarbeiten und demnach in der Folge bei den nächsten Ausschreibungen kein Referenzprojekt vorweisen."* Deshalb hat der Verordnungsgeber § 75 Abs. 4 S. 2 VgV gegenüber der Vorgängerregelung verschärft. Nunmehr „sollen" nicht nur kleinere Büroorganisationen und Berufsanfänger angemessen beteiligt werden, sondern die öffentlichen Auftraggeber **müssen** die Eignungskriterien bei geeigneten Aufgabenstellungen so wählen, dass kleinere Büroorganisationen und Berufsanfänger sich beteiligen können. Jedenfalls damit handelt es sich nicht mehr um einen bloßen Programmsatz,[78] sondern um eine zwingende Verfahrensregelung, die der öffentliche Auftraggeber zu beachten hat.[79]

Zu einer Besserstellung kleinerer Büroorganisationen oder von Berufsanfängern gegen- **82** über größeren oder erfahreneren Bewerbern/Bietern wird der öffentliche Auftraggeber über § 75 Abs. 4 S. 2 VgV hingegen nicht verpflichtet. Ziel ist es „nur", möglichst gleiche Wettbewerbsbedingungen zu schaffen. So ist es beispielsweise unzulässig, kleineren Büroeinheiten dadurch einen Wettbewerbsvorteil zu verschaffen, dass in der Wertung kleinere Büroeinheiten mit niedrigerer Punktzahl größeren Einheiten mit höherer Punktzahl vorgezogen werden.[80]

Die entsprechende Verpflichtung des öffentlichen Auftraggebers besteht jedoch nur bei **83** **geeigneten Aufgabenstellungen.** Hierbei handelt es sich um einen unbestimmten Rechtsbegriff, der jedoch gerichtlich überprüfbar ist. Vor dem Hintergrund der zitierten Verordnungsbegründung dürfte der Begriff der Geeignetheit so zu verstehen sein, dass der öffentliche Auftraggeber die Eignungskriterien so zu wählen hat, dass kleinere Büroorganisationen und Berufsanfänger sich beteiligen können, wenn die Aufgabenstellung es zulässt und die Festlegung von Eignungskriterien, die möglicherweise nur größere Büroorganisationen oder erfahrene Architekten und Ingenieure erfüllen können, nicht erfordert. Der öffentliche Auftraggeber muss sich mithin bei der Ausgestaltung der Eignungskriterien stets die Frage stellen (und für sich beantworten), ob die Aufgabe, die Gegenstand der auszuschreibenden Architekten- und Ingenieurleistungen sein soll, es zulässt, dass er die Eignungskriterien so wählt, dass kleinere Büroorganisationen und Berufsanfänger sich beteiligen können. Bei Aufgabenstellungen, die erhebliche Erfahrung oder Spezialkenntnisse voraussetzen, ist der öffentliche Auftraggeber daher nach wie vor berechtigt, zur Sicherstellung der ordnungsgemäßen Auftragsausführung Eignungskriterien so festzulegen, dass kleinere Büroeinheiten und/oder Newcomer faktisch ausgeschlossen werden.[81]

---

[77] *Geitel* in KKMPP, Kommentar zur VgV 1. Aufl. 2017 § 75 Rn. 33; wohl auch *Stolz* VergabeR 2016, 351, 359.

[78] Als solcher wurde § 4 Abs. 5 VOF a. F. (Vorgängerregelung zu § 2 Abs. 4 VOF) in Teilen der Rechtsbrechung und Literatur angesehen, beispielsweise von OLG München v. 10.2.2011 – Verg 24/10 = NZBau 2011, 507, 510; *Marx* in Müller-Wrede VOF-Kommentar 5. Aufl. 2014 § 2 Rn. 21. Richtigerweise waren jedoch schon die früheren Regelungen in der VOF Verfahrensregelungen, bei denen dem öffentlichen Auftraggeber lediglich ein weiter Ermessensspielraum eingeräumt wurde (ebenso *Fehling* in Pünder/Schellenberg, Vergaberecht 2. Aufl. 2015 § 2 VOF Rn. 16.

[79] *Stolz* VergabeR 1016, 351, 359.

[80] OLG München v. 10.2.2011 – Verg 24/10 = NZBau 2011, 507, 510; *Fehling* in Pünder/Schellenberg, Vergaberecht 2. Aufl. 2015 § 2 VOF Rn. 14.

[81] *Otting* VergabeR 2016, 316, 317.

84   Die Prüfung und Beantwortung dieser Frage muss der öffentliche Auftraggeber im
Rahmen der Dokumentation des Vergabeverfahrens begründen. Diese Begründungspflicht
betrifft sowohl das „ob", als auch das „wie". Kommt der öffentliche Auftraggeber also bei
der Prüfung zum Ergebnis, dass die Aufgabenstellung geeignet ist, auch von kleineren Büroeinheiten oder Berufsanfängern gelöst zu werden, muss er dokumentieren, inwiefern er
den Vorgaben des § 75 Abs. 4 S. 2 VgV durch die Wahl und Ausgestaltung der Eignungskriterien Rechnung getragen hat.[82]

D. Referenzen (Abs. 5)

85   Die technische und berufliche Leistungsfähigkeit von Architekten und Ingenieuren wird
im Wesentlichen anhand von Referenzen bewertet. Hierdurch unterscheidet sich die Vergabe von Architekten- und Ingenieurleistungen von den Vergaben anderer Dienstleistungen. Wegen dieser herausragenden Bedeutung der Referenzen für die Eignungsprüfung
von Architekten und Ingenieuren hat der Verordnungsgeber ergänzende Regelungen zu
§ 46 Abs. 3 Nr. 1 VgV für erforderlich erachtet, die er in § 75 Abs. 5 S 2 und 3 VgV niedergelegt hat. § 75 Abs. 5 S. 1 VgV regelt demgegenüber – systematisch verfehlt – die Präsentation von Referenzprojekten im Verhandlungsverfahren, also nach der im Teilnahmewettbewerb erfolgten Eignungsprüfung.

I. Präsentation von Referenzprojekten in der Angebotsphase

86   **§ 75 Abs. 5 Satz 1 VgV** bestimmt, dass die Präsentation von Referenzprojekten zugelassen ist. Auf den ersten Blick spricht vieles dafür, dass mit dieser Regelung § 46 Abs. 3
Nr. 1 VgV für die Vergabe von Architekten- und Ingenieurleistungen konkretisiert und
erweitert werden sollte. Nach § 46 Abs. 3 Nr. 1 VgV kann der öffentliche Auftraggeber als
Beleg der erforderlichen technischen und beruflichen Leistungsfähigkeit des Bewerbers
oder Bieters die Vorlage geeigneter Referenzen über früher ausgeführte Leistungen in
Form einer Liste verlangen, in der der Wert dieser Leistung, der Leistungszeitraum sowie
der Auftraggeber zu benennen sind. Diese Regelung scheint § 75 Abs. 5 S. 1 VgV dahingehend zu ergänzen, dass der Bewerber bei der Vergabe von Architekten- und Ingenieurleistungen ein Recht darauf hat, seine Referenzen auch zu präsentieren. Denn die Vorlage
von Referenzen wird ausdrücklich nur als möglicher Beleg für den Nachweis der beruflichen und technischen Leistungsfähigkeit in § 46 Abs. 3 Nr. 1 VgV geregelt, so dass es na-
heliegt, dass sich der Präsentationsanspruch in § 75 Abs. 5 S. 1 VgV auf eben diese Referenzen bezieht. Zum anderen ist § 75 VgV überschrieben mit „Eignung", sämtliche
anderen Regelungen dieses Paragrafen betreffen (folgerichtig) die Eignung und die S. 2
und 3 des § 75 Abs. 5 VgV beziehen sich offensichtlich auch auf die Referenzen im Sinne
von § 46 Abs. 3 Nr. 1 VgV. Zusammengefasst: Aus systematischer Sicht spricht alles dafür,
dass sich § 75 Abs. 5 S. 1 VgV auf die im Rahmen der Eignungsprüfung vorzulegenden
Referenzen bezieht.[83]
87   Neben der Gesetzessystematik sind bei der Auslegung einer Norm allerdings auch der
Wortlaut, der Wille des Gesetzgebers sowie der Sinn und Zweck der Regelung zu berücksichtigen. Diese drei Aspekte sprechen gegen dieses Auslegungsergebnis (oder jedenfalls
nicht dafür) und lassen vielmehr den Schluss zu, dass § 75 Abs. 5 S. 1 VgV die Präsentation
von Referenzen in der Verhandlungsphase regelt. Der Wortlaut dieser Regelung ist insoweit offen. Auffällig ist lediglich, dass S. 1 von „Referenzprojekten" spricht und sich da-

---

[82] *Geitel* in KKMPP, Kommentar zur VgV 1. Aufl. 2017 § 75 Rn. 33.
[83] *Geitel* in KKMPP, Kommentar zur VgV 1. Aufl. 2017 § 75 Rn. 38, der zwar vom „Wortlaut" spricht,
aber offensichtlich die „Gesetzessystematik" meint, die dieses Auslegungsergebnis begründet.

durch von den S. 2 und 3 grammatikalisch abgegrenzt, in denen von „Referenzobjekten" die Rede ist. Weiter fällt auf, dass in Satz 1 – im Gegensatz zur Vorgängerregelung in § 20 Abs. 2 VOF – die ausdrückliche Anforderung, die Referenzen „zum Nachweis der Leistungsfähigkeit" vorzulegen, entfallen ist.

Ganz eindeutig gegen das systematische Auslegungsergebnis spricht der in der Verord- **88** nungsbegründung dokumentierte Wille des Gesetzgebers: „*Absatz 5 Satz 1 entspricht dem bisherigen § 20 Absatz 2 VOF. Bei der Vergabe von Planungsleistungen spielt die Vorlage und Beurteilung von Referenzprojekte eine herausragende Rolle. Dabei soll es* **in der Verhandlung** *mit den Bietern weiterhin möglich bleiben, über die Referenzprojekte* **jenseits der vorher festgestellten Erfüllung der Eignungskriterien** *zu diskutieren.*"[84] Diese Begründung zeigt, dass nach dem Willen des Verordnungsgebers § 75 Abs. 5 S. 1 VgV nicht den Teilnahmewettbewerb, in dem die Eignung geprüft wird, sondern die Verhandlungsphase und damit die Angebotswertung betreffen soll, innerhalb derer Referenzprojekte präsentiert werden können. Dem entspricht auch der Verweis auf § 20 Abs. 2 VOF sowie der Hinweis, dass die Präsentation „*weiterhin möglich bleiben soll*", weil auch zu § 20 Abs. 2 S. 1 VOF zumindest in Teilen der Rechtsprechung sowie in dem überwiegenden Teil der Literatur die Auffassung vertreten wurde, dass dieser sich auf die Angebotswertung beziehe.[85]

Schließlich sprechen auch Sinn und Zweck der Regelung eindeutig dafür, dass die Prä- **89** sentation von Referenzprojekten in der Verhandlungsphase zugelassen sein soll. Im Teilnahmewettbewerb sind Bewerbergespräche gesetzlich nicht (ausdrücklich) vorgesehen und vor allem praxisfremd. Würde nun durch § 75 Abs. 5 S. 1 VgV dem Bewerber ein Anspruch eingeräumt, seine Referenzen im Teilnahmewettbewerb zu präsentieren, stellte dies die bisherige Vergabepraxis auf den Kopf. Ziel eines vorgeschalteten Teilnahmewettbewerbs ist es, den Verfahrensaufwand in dieser Phase zu begrenzen. Dieses Ziel würde konterkariert, wenn jeder Bieter über § 75 Abs. 5 S. 1 VgV praktisch ein Bewerbergespräch, welches aus Gleichbehandlungsgesichtspunkten dann mit jedem Bewerber geführt werden müsste, erzwingen könnte. Auch soll im Teilnahmewettbewerb grundsätzlich nur das „Ob" der Eignung geprüft werden. Ein „Eignungswettbewerb" findet nur ausnahmsweise statt, wenn der öffentliche Auftraggeber angekündigt hat, nur eine bestimmte Anzahl geeigneter Bieter zur Abgabe von Angeboten aufzufordern. Für die Prüfung des „ob" der Eignung ist in aller Regel die Prüfung der schriftlichen Antragsunterlagen ausreichend; auf eine Präsentation der Referenzen ist der öffentliche Auftraggeber für diese Prüfung nicht angewiesen. Schließlich entspricht es bereits heute der Praxis, dass auch in der Angebotswertung Referenzen gefordert und berücksichtigt werden. So wird oftmals die beabsichtigte Herangehensweise und Durchführung der ausgeschriebenen Leistung als Zuschlagskriterium bewertet und der Bieter aufgefordert, dieses Vorgehen im Rahmen der Verhandlungen anhand eines Referenzprojektes darzustellen. Außerdem sieht § 58 Abs. 2 Nr. 2 VgV ausdrücklich die Möglichkeit vor, die Organisation, Qualifikation und Erfahrung des mit der Ausführung des Auftrags betrauten Personals als Zuschlagskriterium vorzusehen. In diesem Zusammenhang können auch personenbezogene Referenzen des für die Auftragsdurchführung vorgesehenen Projektteams berücksichtigt werden, die im Rahmen des Verhandlungsverfahrens ebenfalls präsentiert werden können. Die ursprünglich gehegten Bedenken gegen eine Bewertung der Präsentation von Referenzprojekten[86] findet deshalb keine Grundlage mehr.[87]

Zusammengefasst bestimmt § 75 Abs. 5 S. 1 VgV, dass in der Verhandlungsphase nach **90** erfolgter Eignungsprüfung im Teilnahmewettbewerb die Präsentation von Referenzprojekten zugelassen ist. Hierauf hat der Bieter einen Anspruch, der nicht abbedungen werden

---

[84] Verordnungsbegründung BT-Drs. 18/7318 S. 205 (Hervorhebungen durch den Autor).
[85] *Bluhm* in Müller-Wrede, VOF-Kommentar 5. Aufl. 2014 § 20 Rn. 14; *Voppel/Osenbrück/Bubert*, VOF, 3. Aufl. 2012 § 20 Rn. 8; *Martini* in Pünder/Schellenberg, Vergaberecht 2. Aufl. 2015 § 20 VOF Rn. 11 f.
[86] Vgl. *Stolz* in Ziekow/Völlink, Vergaberecht 2. Aufl. 2013 § 11 VOF Rn. 11.
[87] *Geitel* in KKMPP, Kommentar zur VgV 1. Aufl. 2017 § 75 Rn. 39.

kann.[88] § 75 Abs. 5 S. 1 VgV hat damit einen bieterschützenden Charakter. Systematisch wäre diese Regelung deshalb besser in § 76 Abs. 1 VgV integriert worden; in der VOF befand sich die Vorgängerregelung von § 75 Abs. 5 Satz 1 VgV systematisch zutreffend in § 20 VOF, in dem die Auftragserteilung geregelt war.

91   Die Präsentation von Referenzobjekten dient damit der **Beurteilung der Qualität der angebotenen Dienstleistung** für die Zuschlagsentscheidung. Beurteilt wird also nicht die Leistungsfähigkeit des Bieters, die gemäß nun § 122 Abs. 2 Nr. 3 GWB im Rahmen der Eignung zu prüfen ist, sondern die Qualität der angebotenen Leistung. Diese kann hier durch die Präsentation von Referenzobjekten visualisiert werden. Aufgrund der Darstellung bereits erstellter Planungen für andere Projekte soll der öffentliche Auftraggeber besser nachvollziehen und dadurch beurteilen können, wie der Bieter die hier angebotene Leistung ausführen wird.

92   Eine Trennung von Eignungskriterien und Eignungsprüfung auf der einen Seite und Zuschlagskriterien und Angebotsprüfung auf der anderen Seite ist allerdings auch nach der Vergaberechtsreform 2016 grundsätzlich noch erforderlich.[89] Zwar ist es gemäß § 58 Abs. 2 Nr. 2 VgV zulässig, die Organisation, Qualifikation und Erfahrung des mit der Ausführung des Auftrags betrauten Personals bei der Angebotsprüfung zu berücksichtigen, wenn die Qualität des eingesetzten Personals erheblichen Einfluss auf das Niveau der Auftragsausführung haben kann. Eine Berücksichtigung unternehmensbezogener bzw. personenbezogener Aspekte in der Angebotswertung ist damit ausdrücklich durch den deutschen Gesetzgeber – und auch durch den europäischen Gesetzgeber, der die zugrunde liegende Vorschrift in Art. 67 Abs. 2 Satz 2 lit. b der Vergaberichtlinie geschaffen hat – zugelassen worden. Dies hatte in Folge zweier Entscheidungen des EuGH aus den Jahren 2008[90] und 2009[91] bis zuletzt die überwiegende Meinung in Rechtsprechung und Literatur noch anders beurteilt.[92] Erforderlich ist aber weiterhin, dass klar zwischen Eignungsprüfung und Angebotswertung unterschieden wird. Aspekte, die im Rahmen der Eignungsprüfung berücksichtigt worden sind, dürfen deshalb nicht auch im Rahmen der Angebotswertung berücksichtigt werden.[93]

93   Sofern ein Bieter in der Verhandlungsphase Referenzprojekte präsentiert, ist deshalb darauf zu achten, dass die Präsentation ausschließlich der (Visualisierung der) angebotenen Leistung im Hinblick auf die bekannt gegebenen Zuschlagskriterien dient. Insbesondere dürfen Aspekte, die sich aus der Präsentation ergeben und die aber keinen Bezug zu den bekannt gegebenen Zuschlagskriterien haben, nicht bei der Zuschlagsentscheidung berücksichtigt werden. Besondere Bedeutung kommt hier der **Dokumentation** der Präsentation und der Angebotswertung zu. Hieraus muss die klare Trennung zwischen Eignungsprüfung und Angebotsprüfung ergeben.

94   Nach § 75 Abs. 5 Satz 1 VgV muss der öffentliche Auftraggeber die Präsentation von Referenzprojekten zulassen. Der Bieter hat dementsprechend einen **Anspruch** darauf, dass er in der Verhandlungsphase Referenzprojekte präsentieren darf. Er selbst entscheidet darüber, ob er Referenzprojekte präsentiert oder nicht. Dass die Vorschrift bieterschützend ist, versteht sich von selbst.

95   Der öffentliche Auftraggeber kann ihm diese Möglichkeit nicht entziehen, auch nicht dadurch, dass er in den Vergabeunterlagen und damit allen Bietern gegenüber die Präsenta-

---

[88] Zur entsprechenden Regelung in § 20 Abs. 2 VOF *Martini* in Pünder/Schellenberg, Vergaberecht 2. Aufl. 2015 § 20 VOF Rn. 11; *Stolz* in Ziekow/Völlink, Vergaberecht 2. Aufl. 2013 § 11 VOF Rn. 11; *Voppel/Osenbrück/Bubert* VOF, 3. Aufl. 2012 § 20 Rn. 9.

[89] Vgl. *Bulla* in Willenbruch/Wieddekind, Vergaberecht 4. Aufl. 2017 § 58 VgV Rn. 23 f. Siehe dazu aber auch die Kommentierung von § 76 VgV Rn. 39.

[90] EuGH v. 24.1.2008 – Rs. C-532/06, VergabeR 2008, 496.

[91] EuGH v. 12.11.2009 – Rs. C-199/07, NZBau 2010, 120.

[92] OLG München v. 20.11.2013 – Verg 9/13, VergabeR 2014, 456, 461 f.; OLG Düsseldorf v. 12.6.2013 – Verg 7/13, NZBau 2013, 788, 790 f.; *Voppel/Osenbrück/Bubert* VOF, 3. Auflage 2012 § 20 Rn. 9.

[93] *Röwekamp* in Müller-Wrede, VOF 5. Aufl 2014 § 10 Rn. 9. Siehe dazu auch OLG Frankfurt v. 28.2.2006 – 11 Verg 16/05, VergabeR 2006, 382, 387; VK Bund v. 24.8.2004 – VK 3–92/04.

tion ausschließt.[94] Auf der anderen Seite ist es jedoch zulässig, dass der öffentliche Auftraggeber die Präsentation von Referenzobjekten in den **Vergabeunterlagen** vorgibt, sei es als Mindestanforderung an das Angebot, sei es als ein gesondertes Zuschlagskriterium. Denn hierdurch wird die gesetzliche Verpflichtung des öffentlichen Auftraggebers, Präsentationen zuzulassen, nicht eingeschränkt. Der öffentliche Auftraggeber kann aber auch die Entscheidung, ob Referenzprojekte präsentiert werden, alleine dem jeweiligen Bieter überlassen und in den Vergabeunterlagen dazu überhaupt keine Vor- und Angaben machen. Die Möglichkeit, Referenzobjekte zu präsentieren, muss in den Vergabeunterlagen nicht erwähnt werden.[95] Der Anspruch darauf ergibt sich bereits aus dem Gesetz. Teilweise wird sogar ausdrücklich empfohlen, auf den Hinweis in der Vergabebekanntmachung, Referenzobjekte präsentieren zu können, zu verzichten, um insoweit Verwechslungen mit einer eventuellen Präsentation von Referenzen im Rahmen der Eignungsprüfung zu vermeiden.[96] Nach der hier vertretenen Auffassung ist demgegenüber das Gegenteil empfehlenswert, nämlich die klarstellende Regelung in den Vergabeunterlagen, dass und inwieweit Referenzprojekte präsentiert werden dürfen (dazu näher im Folgenden).

Entziehen kann der öffentliche Auftraggeber das Recht auf Präsentation von Referenz- **96** objekten nicht. Er ist jedoch berechtigt, in den Vergabeunterlagen **Vorgaben für die Präsentation** von Referenzobjekten festzulegen, auch wenn hierdurch das Präsentationsrecht eingeschränkt wird. Zulässig ist beispielsweise die Beschränkung der Anzahl der Referenzobjekte, die präsentiert werden dürfen. Eine solche Beschränkung ist gerechtfertigt, um das Vergabeverfahren für den öffentlichen Auftraggeber noch händelbar und steuerbar zu halten. Weil § 75 Abs. 5 Satz 1 VgV von der *„Präsentation von Referenzprojekten"* spricht, ist die Beschränkung auf ein Projekt, das präsentiert werden darf, unzulässig. Wegen der Pluralformulierung muss die Präsentation von mindestens zwei Referenzprojekten zugelassen werden.[97] Im Ergebnis muss die Anzahl der zur Präsentation zugelassenen Referenzprojekte so sein, dass dem öffentlichen Auftraggeber die sachgerechte inhaltliche Beurteilung der angebotenen Leistung anhand dieser Referenzprojekte möglich ist.[98]

Eine gewisse inhaltliche Beschränkung ergibt sich faktisch außerdem daraus, dass nur **97** Referenzprojekte präsentiert werden dürfen. Referenzprojekt bedeutet, dass es **mit der angebotenen Leistung in Beziehung gesetzt** werden kann. Es muss mit anderen Worten vergleichbar sein. Allerdings ist der Maßstab der Vergleichbarkeit ein anderer als derjenige, der bei der Vergleichbarkeit von Referenzen für die Eignungsprüfung heranzuziehen ist (siehe dazu Rn. 98 ff.). Denn bei der Präsentation von Referenzprojekten im Rahmen des Verhandlungsverfahrens gemäß § 75 Abs. 5 Satz 1 VgV geht es nicht um den unternehmensbezogenen Nachweis der Leistungsfähigkeit, sondern darum, die angebotene Leistung oder auch nur einzelne Aspekte davon dem öffentlichen Auftraggeber zu veranschaulichen. Die Vergleichbarkeit muss sich deshalb auf die zu veranschaulichenden Teile der angebotenen Leistung beziehen. Dafür muss nicht unbedingt das Referenzprojekte mit der ausgeschriebenen Aufgabe vergleichbar sein, wie teilweise in der Literatur gefordert wird.[99] Wenn es beispielsweise dem Bieter darum geht, die Art und Weise seiner Leistungserbringung zu präsentieren, so kann er dies auch an einem Projekt, das mit dem ausgeschriebenen nicht vergleichbar ist. Es muss auch nicht zwingend einen gleich hohen oder höheren Schwierigkeitsgrad als die gestellte Aufgabe aufweisen.[100]

---

[94] *Bluhm* in Müller-Wrede, VOF 5. Aufl. 2014 § 20 Rn. 15 f.
[95] *Bluhm* in Müller-Wrede, VOF 5. Aufl. 2014 § 20 Rn. 15.
[96] *Bluhm* in Müller-Wrede, VOF 5. Aufl. 2014 § 20 Rn. 15.
[97] *Bluhm* in Müller-Wrede, VOF 5. Aufl. 2014 § 20 Rn. 16 (zu § 20 Abs. 2 S. 1 VOF).
[98] *Bluhm* in Müller-Wrede, VOF 5. Aufl. 2014 § 20 Rn. 16; Voppel/Osenbrück/Bubert VOF § 20 Rn. 10.
[99] Bspw. von *Schätzlein* in Heuvels/Höß/Kuß/Wagner, Vergaberecht § 20 VOF Rn. 16 zu § 20 VOF.
[100] AA VK Baden-Württemberg v. 8.10.2011 – 1 VK 54/11 („sollten aufweisen"); VK Sachsen v. 6.1.2007 – 1/SVK/124-06, NJOZ 2007, 1431, 1443.

II. Vergleichbarkeit von Referenzen in der Eignungsprüfung

98   **Abs. 5 Satz 2** enthält eine spezielle Regelung für den Fall, dass der öffentliche Auftraggeber als Beleg der erforderlichen technischen und beruflichen Leistungsfähigkeit des Bewerbers oder Bieters Referenzen im Sinne von § 46 Abs. 3 Nr. 1 VgV verlangt. Diese Vorschrift bezieht sich also auf die **Eignungsprüfung im Teilnahmewettbewerb** (im Gegensatz zu Satz 1, der sich auf die Verhandlungsphase bezieht). Nach § 46 Abs. 3 Nr. 1 VgV kann ein öffentlicher Auftraggeber als Beleg der erforderlichen technischen und beruflichen Leistungsfähigkeit des Bewerbers geeignete Referenzen über früher ausgeführte Dienstleistungsaufträge verlangen. Was unter einer geeigneten Referenz zu verstehen ist, lässt § 46 Abs. 3 Nr. 1 VgV offen. Für die Vergabe von Architekten- und Ingenieurleistungen wird dies hingegen durch § 75 Abs. 5 S. 1 VgV klargestellt. Danach muss die Vergleichbarkeit der Planungs- und Beratungsanforderung gegeben sein. Darüber hinaus wird klargestellt, dass es für die Vergleichbarkeit der Referenzprojekte nicht zwangsläufig erforderlich ist, dass das Referenzprojekt die gleiche Nutzungsart wie das zu planende Projekt aufweist. Damit will der Verordnungsgeber insbesondere ein Signal an die Praxis geben, *„das häufig zu beobachtenden „gedankenlose“ Fordern der gleichen Nutzungsart, zumindest zu überdenken.“* Insoweit steht hinter § 75 Abs. 4 und 5 VgV der übergreifende Gedanke des Verordnungsgebers, angemessene Anforderungen die Bewerber zu stellen.

99   Diese Regelungen sind neu, haben also keine Entsprechung in der VOF. Grund für diese **Neuregelung** ist, dass nach Auffassung des Verordnungsgebers in der Praxis bei der Vergabe von Architekten- und Ingenieurleistungen regelmäßig überzogene Anforderungen an Referenzobjekte gestellt werden. Nicht zuletzt deshalb wurde auch schon zu § 5 Abs. 5 Buchst. b VOF, der die Forderung (nur) wesentlicher Referenzen vorsah, diskutiert, ob der öffentliche Auftraggeber zumindest berechtigt ist, abweichend vom Wortlaut vergleichbare Referenzen zu verlangen. In der vergaberechtlichen Literatur wurde diese Frage überwiegend bejaht.[101] Mit der Neuregelung des § 75 Abs. 5 VgV wird diese Diskussion entbehrlich, weil klargestellt ist, dass vergleichbare Referenzen gefordert werden können.

100   **Vergleichbar** sind Referenzen, wenn sie der ausgeschriebenen Leistung insoweit ähneln, dass sie einen tragfähigen Rückschluss auf die technische und berufliche Leistungsfähigkeit des Bewerbers für den ausgeschriebenen Auftrag zulassen.[102] Damit wird ein Bezug zum Auftragsgegenstand hergestellt und der Kreis möglicher Referenzen eingeschränkt. Hierdurch wird dem öffentlichen Auftraggeber die Beurteilung der Leistungsfähigkeit des Bewerbers oder Bieters in Bezug auf den konkreten Auftrag in der Regel erst ermöglicht.[103] Vergleichbar bedeutet allerdings nicht identisch; es genügt deshalb, wenn die Referenzen dem ausgeschriebenen Auftrag nahegekommen und einen tragfähigen Rückschluss auf die technische und berufliche Leistungsfähigkeit des Bewerbers oder Bieters in Bezug auf den ausgeschriebenen Auftrag eröffnen.[104]

101   Zur weitergehenden Präzisierung der Anforderungen an die Vergleichbarkeit gibt § 75 Abs. 5 S. 2 VgV vor, dass die **Planungs- oder Beratungsanforderungen** an Referenzobjekte mit denen der zu vergebenden Planungs- oder Beratungsleistung vergleichbar sein müssen. Der Begriff „Planungsanforderungen“ soll auf die Definition in § 5 HOAI hinweisen und der Praxis insoweit eine Hilfestellung geben.[105] Dort sind Honorarzonen wie folgt beschrieben, die dazu dienen, die Planungsleistungen nach ihrem Schwierigkeitsgrad zu differenzieren (mit dann preisrechtlichen Folgen, denn die HOAI ist Preisrecht):

---

[101] *Müller-Wrede* in Müller-Wrede, VOF 5. Aufl. 2014 § 5 Rn. 65; *Voppel/Osenbrück/Bubert* VOF 3. Aufl. 2012 § 5 Rn. 66.
[102] OLG München v. 12.11.2012 – Verg 23/12, VergabeR 2013, 508, 510 f.; VK Arnsberg v. 6.8.2013 – VK 11/13; *Müller-Wrede* in Müller-Wrede, VOF 5. Aufl. 2014 § 5 Rn. 65.
[103] *Müller-Wrede* in Müller-Wrede, VOF 5. Aufl. 2014 § 5 Rn. 65.
[104] OLG Frankfurt v. 24.10.2006 – 11 Verg 8/06, NZBau 2007, 468, 469; OLG München v. 12.11.2012 – Verg 23/12 VergabeR 2013, 508, 510 f.; VK Nordbayern v. 2.10.2013 – 21.VK-3194-36/13.
[105] Verordnungsbegründung BT-Drs. 18/7318 S. 205.

§ 5 Honorarzonen

(1) Die Objekt- und Tragwerksplanung wird den folgenden Honorarzonen zugeordnet:
1. Honorarzone I: sehr geringe Planungsanforderungen,
2. Honorarzone II: geringe Planungsanforderungen,
3. Honorarzone III: durchschnittliche Planungsanforderungen,
4. Honorarzone IV: hohe Planungsanforderungen,
5. Honorarzone V: sehr hohe Planungsanforderungen.

(2) Flächenplanungen und die Planung der Technischen Ausrüstung werden den folgenden Honorarzonen zugeordnet:
1. Honorarzone I: geringe Planungsanforderungen,
2. Honorarzone II: durchschnittliche Planungsanforderungen,
3. Honorarzone III: hohe Planungsanforderungen.

Die **Einordnung in eine Honorarzone** erfolgt gemäß § 5 Abs. 3 HOAI anhand der **102** Bewertungsmerkmale in den Honorarregelungen der jeweiligen Leistungsbilder, die in den Teilen 2 bis 4 der HOAI definiert sind. Die Zurechnung zu den einzelnen Honorarzonen ist nach Maßgabe der Bewertungsmerkmale und gegebenenfalls der Bewertungspunkte sowie unter Berücksichtigung der Regelbeispiele in den Objektlisten der Anlagen dieser Honorarordnung vorzunehmen.[106]

Aufgrund der Beschreibung der Anforderungen an Referenzobjekte durch Angabe von **103** Honorarzonen im Sinne von § 5 Abs. 2 HOAI werden die Referenzobjekte mit den ausgeschriebenen Objekten vergleichbar. Der öffentliche Auftraggeber ist gemäß § 75 Abs. 5 S. 2 VgV verpflichtet, diese Vergleichbarkeit herzustellen. Er muss also für die Referenzobjekte **mindestens Honorarzonen angeben.** Will er den Vergleichsmaßstab konkretisieren, muss er dies anhand derjenigen Kriterien tun, die für die Bestimmung der Honorarzonen maßgeblich sind, also anhand der Bewertungsmerkmale und gegebenenfalls der Bewertungspunkte sowie unter Berücksichtigung der Regelbeispiele in den Objektlisten der Anlagen der HOAI.

Eines dieser Kriterien ist die Nutzungsart, zu der § 75 Abs. 5 S. 3 VgV eine Sonderrege- **104** lung enthält (→ VgV § 75 Rn. 111 f.).

Aus dieser Sonderregelung lässt sich allgemein für die Festlegung von Vergleichsbar- **105** keitskriterien der Grundsatz ziehen, dass die Kriterien **erheblich** sein müssen (was die Nutzungsart in der Regel nicht ist). Die Erheblichkeit bezieht sich dabei auf die Prüfung der erforderlichen technischen und beruflichen Leistungsfähigkeit im Sinne von § 46 Abs. 3 Nr. 1 VgV. Zum anderen dürfen die öffentlichen Auftraggeber nach der Verordnungsbegründung nur „*solche Anforderungen an Referenzprojekte* [stellen, die] *sie als* **angemessen und für notwendig erachten.**"[107] In jedem Fall muss der öffentliche Auftraggeber die Kriterien für die (Prüfung der) Vergleichbarkeit bereits **in der Vergabebekanntmachung angeben.** Die Verwendung nicht in der Vergabebekanntmachungen angegebener Kriterien für die Prüfung der Vergleichbarkeit von Referenzobjekten mit dem Ausschreibungsobjekt stellen einen Vergabeverstoß dar.[108]

§ 75 Abs. 5 S. 2 VgV räumt dem öffentlichen Auftraggeber **kein Ermessen** ein. Er **106** muss bzw. **darf nur** Referenzobjekte zulassen, deren Planungsanforderungen mit denen der zu vergebenden Planungsleistung vergleichbar sind. Allerdings ist der Begriff der Planungsanforderungen auslegungsfähig. Zwar hat der Verordnungsgeber seinen eindeutigen Willen dokumentiert, dass die Honorarzonen des § 5 Abs. 2 HOAI Vergleichsmaßstab sein sollen. Auf der anderen Seite spricht er von einer „*Hilfestellung*", die er dadurch geben will. Das spricht dafür, dass die Honorarzonen der HOAI nicht der alleinige Vergleichsmaßstab sein müssen. Der öffentliche Auftraggeber muss die Vergleichbarkeit aber jedenfalls auch über die HOAI-Honorarzonen herstellen.

---

[106] Siehe hierzu bspw. *Seifert* in Fuchs/Berger/Seifert, HOAI 1. Aufl. 2016 § 35 HOAI Rn. 22.
[107] Verordnungsbegründung BT-Drs. 18/7318 S. 205.
[108] Für den Fall der Verwendung einer Matrix siehe OLG Saarbrücken v. 15.10.2014 – 1 Verg 1/14 = ZfBR 2015, 398, 400.

107   Indes erschöpft sich der Regelungsgehalt von § 75 Abs. 2 S. 2 VgV nicht darin, einen Vergleichsmaßstab festlegen und vorzugeben, dass die Anforderungen an Referenzobjekte durch Angabe von Honorarzonen im Sinne von § 5 Abs. 2 HOAI beschrieben werden. Zwar wäre ein solches Verständnis vom Wortlaut des § 75 Abs. 5 S. 2 VgV noch gedeckt. Nach dem Willen des Verordnungsgebers soll § 75 Abs. 5 S. 2 VgV das *„Praxisproblem der überzogenen Anforderungen an Referenzprojekte"* aufgreifen. Dafür **müssen** *„die Honorarstufen der Referenzprojekte* ... *in **Beziehung** **gesetzt** werden zu den Planungsanforderungen der ausgeschriebenen Planungsleistung."*

108   Das In-Beziehung-setzen bedeutet nicht unbedingt, dass der öffentliche Auftraggeber nur Referenzobjekte verlangen darf, die in dieselbe Honorarzone einzuordnen sind wie das ausgeschriebene Objekt. Das kann dem Wortlaut nicht entnommen werden. Zudem hat sich der Verordnungsgeber ausdrücklich dagegen entschieden, weitere, die Vergleichbarkeit eingrenzende Regelungen wie *„höchstens eine Zone darunter"*, *„genau die gleiche Schwierigkeitsstufe"* zu normieren, weil er den Ermessensspielraum des öffentlichen Auftraggebers – richtigerweise muss von einem Beurteilungsspielraum gesprochen werden – im Einzelfall erhalten wollte.[109] Eine Vergleichbarkeit im Sinne von § 75 Abs. 5 S. 2 VgV kann also auch dann noch vorliegen, wenn Referenzobjekt und Ausschreibungsobjekt nicht in dieselbe Honorarzone einzuordnen sind, sondern in eine andere, die höher oder auch niedriger sein kann.[110] Dabei kann der öffentliche Auftraggeber im Einzelfall sowohl Referenzprojekte aus anderen Honorarzonen lediglich zulassen, als auch Referenzprojekte aus anderen Honorarzonen ausdrücklich fordern, sofern im Einzelfall eine Vergleichbarkeit der Planungsanforderungen gegeben ist.

109   Daraus folgt: Der öffentliche Auftraggeber darf zwar Referenzobjekte verlangen, die in **andere Honorarzonen** als die ausgeschriebene Planungsleistung einzuordnen sind. Diese Abweichung darf jedoch nicht willkürlich sein und das Gebot der Angemessenheit der Eignungsanforderungen nicht verletzen. Der öffentliche Auftraggeber muss deshalb seine Entscheidung, ein Referenzobjekt mit abweichender Honorarzone zu verlangen, begründen und dies **dokumentieren.**

110   Sowohl die Entscheidung, welchen Vergleichsmaßstab der öffentliche Auftraggeber möglicherweise neben den HOAI-Honorarzonen festlegt, als auch die Entscheidung, wie er anhand der Honorarzonen und ggf. eines weiteren Maßstabs die Vergleichbarkeit definiert, d. h. welche konkreten Anforderungen er an die Referenzobjekte stellt, die aus seiner Sicht mit der ausgeschriebenen Leistung vergleichbar sind, sind gerichtlich überprüfbar. Allerdings ist die gerichtliche Überprüfbarkeit dieser Entscheidungs- bzw. Beurteilungsspielräume wegen des dem Auftraggeber zuzugestehenden spezifischen Fachwissens und der fachlichen Erfahrung zum Auftragsgegenstand eingeschränkt.[111]

111   Eine Sonderregelung zur Vergleichbarkeit von Referenzobjekten enthält § 75 Abs. 5 S. 3 VgV. Danach ist es für die Vergleichbarkeit in der Regel unerheblich, ob der Bewerber bereits Objekte derselben **Nutzungsart** geplant oder realisiert hat. Mit dieser Regelung will der Verordnungsgeber ein Signal an die Praxis senden, *„das häufig zu beobachtenden „gedankenlose" Fordern der gleichen Nutzungsart, zumindest zu überdenken."*[112] Dieses Überdenken erzwingt der Verordnungsgeber dadurch, dass er in § 75 Abs. 5 S. 3 VgV eine Regelvermutung normiert hat, wonach die Nutzungsart für die Vergleichbarkeit unerheblich ist.[113] Stellt der öffentliche Auftraggeber an Referenzobjekte die Anforderung, dass diese dieselbe Nutzungsart wie das ausgeschriebene Objekt aufweisen müssen, wird ein Verstoß gegen das Gebot, (nur) Kriterien für die Vergleichbarkeit festzulegen (§ 75 Abs. 5 S. 2 VgV) vermutet. Diese Vermutung kann der öffentliche Auftraggeber nur widerlegen, wenn er rechtfer-

---

[109] Verordnungsbegründung BT-Drs. 18/7318 S. 205.
[110] *Stolz* VergabeR 2016, 351, 359.
[111] OLG München v. 19.12.2013 – Verg 12/13 = VergabeR 2014, 466, 471; OLG Brandenburg v. 13.9.2005 – Verg W 8/05 = VergabeR 2006, 261, 263 f.
[112] Verordnungsbegründung BT-Drs. 18/7318 S. 205.
[113] *Stolz* VergabeR 2016, 351, 359.

tigende Umstände darlegt, die es „*erforderlich [machen], dass das Referenzprojekt die gleiche Nutzungsart wie das zu planende Projekt aufweist.*"[114] Diese Ausnahme muss im Vergabevermerk begründet werden.

Die Regelung von § 75 Abs. 5 S. 3 VgV kann schließlich nicht dadurch umgangen werden, dass in dem Fall, dass keine „*rechtfertigenden Umstände*" vorliegen, der öffentliche Auftraggeber neben Referenzobjekten der betreffenden Nutzungsart auch Objekte mit vergleichbaren Planungsanforderungen zulässt.[115] Sprich: Wenn die Nutzungsart nicht als notwendiges Kriterium, sondern nur als hinreichendes Kriterium für die Vergleichbarkeit festgelegt wird. Zwar ist hierdurch ausgeschlossen, dass ein Bewerber, der Referenzobjekte der gleichen Nutzungsart nicht nachweisen kann, ausgeschlossen wird. Umgekehrt ist es aber so, dass ein Bewerber allein durch den Nachweis eines – nach der gesetzlichen Vermutung unerheblichen – Kriteriums seine technische und berufliche Leistungsfähigkeit nachweisen kann. Hierdurch würde nicht nur die Eignungsprüfung ad absurdum geführt, sondern auch die übrigen Bieter in ihren Zuschlagschancen beschnitten. **112**

Für **Beratungsleistungen** kann der Vergleichsmaßstab der HOAI – insbesondere also die Honorarzonen – nur ein Teilaspekt für die Vergleichbarkeit zu sein. Das Objekt, zu dem die Beratungsleistungen erbracht worden sind, ist also bei der Frage der Vergleichbarkeit von Beratungsleistungen zu berücksichtigen. Daneben kommt aber auch dem Umfang der Beratungsleistungen eine große Bedeutung zu. Insoweit sind die allgemeinen Vorgaben für die Vergleichbarkeit von Leistungen[116] zu berücksichtigen. **113**

E. Auswahl durch Los (Abs. 6)

Wie zu verfahren ist, wenn mehrere Bewerber an einem Teilnahmewettbewerb mit festgelegter Höchstzahl gleichermaßen die Anforderungen erfüllen und die Bewerberzahl auch nach einer objektiven Auswahl entsprechend der zugrunde gelegten Eignungskriterien zu hoch ist, regelt **§ 75 Abs. 6 VgV**. Hiernach kann der öffentliche Auftraggeber die Auswahl durch Los treffen, damit er mit einer noch handhabbaren Anzahl von Bewerbern die Verhandlungen aufnehmen kann. Die Regelung entspricht weitgehend dem bisherigen § 10 Abs. 3 VOF und wurde lediglich präzisiert. Das betrifft die Inbezugnahme von § 51 VgV, in dem die Kriterien genannt werden, nach denen eine **Höchstzahl** von Bewerbern, die zur Abgabe eines Angebots aufgefordert werden, festgelegt werden müssen. Für diese Begrenzung des Bieterkreises muss der öffentliche Auftraggeber nach § 51 Abs. 1 S. 2 VgV in der Auftragsbekanntmachung die vorgesehenen objektiven und nicht diskriminierenden Eignungskriterien angeben. Wie zu verfahren ist, wenn mehrere Bewerber gleichermaßen die Anforderungen an die Eignung erfüllen, regelt § 51 VgV jedoch nicht. Diese Lücke wird – bei der Vergabe von Architekten- und Ingenieurleistungen – durch § 75 Abs. 6 VgV geschlossen. Außerhalb der Beschaffung von Architekten- und Ingenieurleistungen wird ein Losverfahren grundsätzlich für unzulässig erachtet.[117] Das ist der Grund dafür, dass der Verordnungsgeber den Losentscheid als Spezialregelung in den Abschnitt 6 der VgV aufgenommen hat. **114**

Der Losentscheid ist ultima ratio. Er kann nur angewendet werden, wenn der Auftraggeber eine Höchstzahl der zur Verhandlung aufzufordernden Bewerber genannt hat und diese mit gleich geeigneten Bewerbern überschritten wird. Die Reduzierung der Bewerberzahl durch Losentscheidung ist nur dann zulässig, wenn der öffentliche Auftraggeber unter den eingegangenen Bewerbungen eine rein objektive Auswahl nach qualitativen Kriterien unter gleich qualifizierten Bewerbern nicht mehr nachvollziehbar durchführen kann.[118] Das ist **115**

---

[114] Verordnungsbegründung BT-Drs. 18/7318 S. 205.
[115] AA *Kulartz/Geitel* in KKMPP, Kommentar zur VgV 1. Auflage 2017 § 75 Rn. 45; *Stolz* VergabeR 2016, 351, 359.
[116] → VgV § 75 Rn. 98 ff.
[117] VK Bund v. 25.1.2012 – VK 1–174/11.
[118] VK Lüneburg v. 31.7.2014 – VgK–26/2014.

der Fall, wenn mehr als die nach § 51 VgV festgelegte Höchstzahl von zuzulassenden Bewerbern objektiv gleich geeignet sind, im Fall der Bewertung nach Punkten also dieselbe Punktzahl erreichen.[119] Nicht zulässig ist es dagegen, wenn der öffentliche Auftraggeber festlegt, dass jeder Bewerber, der mehr als 50 von 100 möglichen Punkten erreicht, automatisch an einem Losverfahren teilnimmt, in dem diejenigen Bewerber, die zur Abgabe eines Angebots aufgefordert werden sollen, ermittelt werden. Denn oberhalb der 50 Punkte findet keine weitere Differenzierung bei der Eignung mehr statt, obwohl dies möglich wäre (denn theoretisch sind ja bis zu 100 Punkte erreichbar). Darin liegt ein Verstoß gegen das Wettbewerbsgebot, das verlangt, dass diejenigen Bewerber auszuwählen sind, die in einer Prognoseentscheidung die bestmögliche Leistung erwarten lassen.[120]

116   Die vom Auftraggeber festgelegten Auswahlkriterien müssen außerdem geeignet sein, eine abgestufte Bewertung der Bewerber zuzulassen. Hat der Auftraggeber in diesem Sinne ungeeignete Auswahlkriterien gebildet, die ursächlich dafür sind, dass der öffentliche Auftraggeber bei der Auswahlprüfung nicht hinreichend zwischen den Bewerbern differenzieren kann, ist ein Losentscheid unzulässig. Denn der öffentliche Auftraggeber hat nicht alles unternommen, um eine eignungs- und leistungsbezogene Auswahl treffen zu können. Das wäre aber, weil der Losentscheid nur ultima ratio sein darf, erforderlich gewesen.[121]

F. Bieterschützende Vorschrift

117   **§ 75 Abs. 1–3 VgV** sind bieterschützend.[122] Sie konkretisieren das Diskriminierungsverbot. Die Abs. 1 und 2 präzisieren darüber hinaus die Dienstleistungs- und Niederlassungsfreiheit. Eine Verletzung von § 75 Abs. 1–3 VgV kann daher vor einer Vergabekammer geltend gemacht werden.[123] Soweit es um die Frage der Zulassung eines Bewerbers oder Bieters geht, ist die Entscheidung des öffentlichen Auftraggebers vollumfänglich überprüfbar. Soweit es hingegen um die Frage der Festlegung der Eignungskriterien, hier also die Forderung einer Berufsqualifikation, geht, ist die Entscheidung des öffentlichen Auftraggebers nur eingeschränkt überprüfbar. Insoweit verfügt der öffentliche Auftraggeber über einen Ermessensspielraum, der nur einer eingeschränkten Kontrolle durch die Nachprüfungsbehörden und Gerichte unterliegt. Die Kontrolle beschränkt sich auf Ermessensfehler.[124] Zunächst muss der Auftraggeber also überhaupt Ermessenserwägungen angestellt haben. Ferner muss er sich Gedanken über die Alternativen zur Forderung der Berufsqualifikation gemacht haben und diese dann sachgerecht und diskriminierungsfrei gegeneinander abgewogen haben.

118   Die Regelung des **§ 75 Abs. 4 VgV** ist bieterschützend.[125] Der Bieter bzw. Bewerber hat also ein subjektives Recht auf entsprechende Ausgestaltung der Eignungskriterien. In diesem Recht verletzt sein können allerdings stets nur kleinere Büroorganisationen und Berufsanfänger. Eine große Büroorganisation kann sich also nicht darauf berufen, dass der öffentliche Auftraggeber die Eignungskriterien so hätte wählen müssen, dass kleinere Büroorganisationen sich an dem Vergabeverfahren beteiligen können. Entsprechendes gilt für den erfahrenen Architekten oder Ingenieur, der nicht geltend machen kann, dass die gewählten Eignungskriterien die Bewerbung von Berufsanfängern unmöglich machten. Jedenfalls kann ein Bewerber oder Bieter das „Ob" der Wahl der Eignungskriterien durch den öffentlichen Auftraggeber überprüfen lassen. Wenn sich der öffentliche Auftraggeber

---

[119] *Röwekamp* in Müller-Wrede, VOF-Kommentar 5. Aufl. 2014 § 10 Rn. 38.
[120] VK Lüneburg v. 31.7.2014 – VgK-26/2014.
[121] *Harr* in Willenbruch/Wieddekind, Vergaberecht 4. Aufl. 2017 § 75 VgV Rn. 27.
[122] Allgemein zum Schutz der Bestimmungen über die Eignungsprüfung die Kommentierung von § 122 GWB Rn. 14.
[123] So auch zu § 19 VOF *Bluhm* in Müller-Wrede, VOF 5. Aufl. 2014 § 19 Rn. 49.
[124] Siehe hierzu statt vieler *Alexy* JZ 1986, S. 701.
[125] *Geitel* in KKMPP, Kommentar zur VgV 1. Aufl. 2017 § 75 Rn. 33.

mit seiner Verpflichtung aus § 75 Abs. 4 S. 2 VgV schlicht nicht auseinandergesetzt hat und infolgedessen die Eignungskriterien nicht so gewählt hat, dass kleinere Büroorganisationen und Berufsanfänger sich beteiligen können, obwohl die Aufgabenstellung dafür geeignet gewesen wäre, stellt dies einen von den betroffenen Bewerbern oder Bietern angreifbaren Vergabeverstoß dar. Nur eingeschränkt überprüfbar ist hingegen das „Wie" der Wahl der Eignungskriterien durch den öffentlichen Auftraggeber. Wenn der öffentliche Auftraggeber beispielsweise unter Berücksichtigung seiner Verpflichtung aus § 75 Abs. 4 S. 2 VgV die Mindestmitarbeiterzahl der Bewerber mit fünf Mitarbeitern oder aber eine mindestens zweijährige praktische Tätigkeit als Architekt oder Ingenieur festgelegt hat, unterliegt diese Wahl lediglich der Willkürkontrolle. In den vorgenannten Beispielfällen kann sich also ein Büro mit nur vier Mitarbeitern oder aber ein Architekt mit nur einjähriger praktischer Erfahrung nur dann auf einen Verstoß des öffentlichen Auftraggebers gegen § 75 Abs. 4 S. 2 VgV berufen, wenn die entsprechende Wahl willkürlich erfolgte.

Auch **§ 75 Abs. 5 VgV** hat einen bieterschützenden Charakter. Soweit die Vorschrift **119** dem öffentlichen Auftraggeber Beurteilungsspielräume einräumt, bspw. bei der Festlegung vergleichbarer Referenzen, unterliegen diese allerdings nur einer eingeschränkten gerichtlichen Kontrolle. In Anlehnung an die verwaltungsrechtliche Beurteilungslehre wird nur die Überschreitung dieses Beurteilungsspielraums kontrolliert. Eine solche Überschreitung liegt vor, wenn

- vorgeschriebene Verfahren nicht eingehalten wurde,
- von einem unzutreffenden oder nicht vollständig ermittelten Sachverhalt ausgegangen worden ist,
- sachwidrige Erwägungen für die Entscheidung verantwortlich waren oder
- gegen allgemeingültige Bewertungsgrundsätze verstoßen worden ist.[126]

Schließlich kommt auch **§ 75 Abs. 6 VgV** bieterschützende Wirkung zu. Die Frage, **120** ob sich der öffentliche Auftraggeber für einen Losentscheid entscheidet, kann dieser allerdings im eigenen Ermessen beantworten. Diese Ermessensentscheidung ist nur eingeschränkt überprüfbar.[127]

---

[126] → GWB § 122 GWB Rn. 19.
[127] → VgV § 75 Rn. 117.

§ 76 Zuschlag

(1) **Architekten- und Ingenieurleistungen werden im Leistungswettbewerb verge-ben. Ist die zu erbringende Leistung nach einer gesetzlichen Gebühren- oder Hono-rarordnung zu vergüten, ist der im Preis dort vorgeschriebene Rahmen zu berück-sichtigen.**

(2) **Die Ausarbeitung von Lösungsvorschlägen der gestellten Aufgabe kann der öf-fentliche Auftraggeber nur im Rahmen eines Planungswettbewerbs, eines Verhand-lungsverfahrens oder eines wettbewerblichen Dialogs verlangen. Die Erstattung der Kosten richtet sich nach § 77. Unaufgefordert eingereichte Ausarbeitungen bleiben unberücksichtigt.**

Übersicht

	Rn.			Rn.
A. Einführung	1		3. Prüfung und Mitteilung der Ho-norarermittlungsparameter durch den Auftraggeber	22
I. Literatur	1			
II. Entstehungsgeschichte	2		4. Rechtsfolgen gebühren- oder honoarordnungswidriger Angebo-te	27
III. Rechtliche Vorgaben im EU-Recht	6			
B. Vergabe im Leistungswettbewerb	11		III. Qualitative Zuschlagskriterien	34
I. Leistungswettbewerb	12		**C. Ausarbeitung von Lösungsvorschlä-gen**	41
II. Zuschlagskriterium Preis	17			
1. Gewichtung des Zuschlagskriteri-ums Preis	17		I. Vorliegen von Lösungsvorschlägen	41
2. Beachtung der einschlägigen Ho-norar- und Gebührenordnung	19		II. Kostenerstattung	46
			III. Unaufgefordert eingereichte Lö-sungsvorschläge	47

A. Einführung

I. Literatur

1 *Kulartz/Kus/Marx/Portz/Prieß,* Kommentar zur VgV, 1. Aufl., Köln 2017; *Willenbruch/Wieddekind,* Vergabe-recht, 4. Aufl., Köln 2017; *Müller-Wrede,* Kommentar zur VOF, 5. Aufl., München 2014; *Voppel/Osenbrück/Bubert,* VOF – Vergabeordnung für freiberufliche Leistungen, 3. Aufl., München 2012; *Dierks-Oppler,* Wett-bewerbe für Architekten und Ingenieure, 1. Aufl., Köln 2013; *Müller-Wrede,* Der Architektenwettbewerb, 1. Aufl., Köln 2012.

II. Entstehungsgeschichte

2 Architekten- und Ingenieurleistungen im Sinne von § 73 Abs. 1 VgV sind Dienstleis-tungen, die zwar dem Vergaberecht unterfallen, für die jedoch ein vergaberechtliches Son-derregime für erforderlich gehalten wird. Dieses bestand bislang in der Vergabeverordnung für freiberufliche Leistungen (VOF[1]), die – neben den allgemeinen, für alle freiberuflichen Leistungen geltenden Regelungen – ein besonderes Kapitel 3 beinhaltete, das Regelungen ausschließlich für Vergabe von Architekten- und Ingenieurleistungen vorsah. Seit der Ver-gaberechtsreform 2016 findet sich dieses vergaberechtliche Sonderregime in Abschnitt 6 der VgV. Die Notwendigkeit dieses Sonderregimes sah der der Hauptausschuss für die Er-arbeitung der VOF[2] insbesondere bei *„bei geistig-schöpferischen Dienstleistungen wie Baupla-*

---

[1] Vergabeordnung für freiberufliche Leistungen – VOF –, ursprünglich am 12.5.1997 (BAnz. Nr. 164a v. 3.9.1997) und zuletzt neugefasst und bekannt gemacht am 18.11.2009 (BAnz. Nr. 185a v. 8.12.2009).
[2] Der Hauptausschuss zur Erarbeitung der Verdingungsordnung für freiberufliche Leistungen (VOF) war für die Erarbeitung, Novellierung und Bekanntmachung der Verdingungsordnung für freiberufliche Leistun-

nungsdienstleistungen, sofern die zu erbringende Dienstleistung so beschaffen ist, dass vertragliche Spezifikationen nicht so genau festgelegt werden können, dass der Auftrag durch die Wahl des besten Angebots in Übereinstimmung mit den Vorschriften über offene und nichtoffene Verfahren vergeben werden kann". Demgemäß ist der Abschnitt 6 der VgV gemäß dessen § 73 Abs. 1 auch nur anwendbar für die Vergabe von Architekten- und Ingenieurleistungen, deren Gegenstand eine Aufgabe ist, deren Lösung vorab nicht eindeutig und erschöpfend beschrieben werden kann.[3] Diese sollen gemäß § 74 VgV im Verhandlungsverfahren oder im wettbewerblichen Dialog vergeben werden, also in einem Verfahren, in dem die Bieter jeweils eigene Lösungen für die ausgeschriebene Aufgabe anbieten können und sollen. Die angebotenen Leistungen der Bieter sind also nicht (unbedingt) gleich. Dann aber müssen, wenn gemäß § 97 Abs. 5 GWB das wirtschaftlichste Angebot bezuschlagt werden soll, die unterschiedlichen Leistungen auch bewertet werden. Deshalb stellt **§ 76 Abs. 1 S. 1 VgV** fest, dass Architekten- und Ingenieurleistungen im **Leistungswettbewerb** vergeben werden. Die VOF enthielt eine entsprechende ausdrückliche Feststellung nicht, was aber auch nicht erforderlich war, weil die Vergabe von Architekten- und Ingenieurleistungen im Leistungswettbewerb letztlich systemimmanent ist. Wohl deshalb spricht der Verordnungsgeber auch von einer „*Feststellung*" und nicht von einer „Regelung".[4] Zumindest zwischen den Zeilen verwies aber auch die VOF in § 20 Abs. 1 Satz 1 auf die Notwendigkeit eines Leistungswettbewerbs, indem in dieser Regelung festgestellt wurde, dass die Auftragsverhandlungen mit den ausgewählten Bietern der Ermittlung desjenigen Bieters dienen, „*der im Hinblick auf die gestellte Aufgabe am ehesten die Gewähr für eine sachgerechte und qualitätsvolle Leistungserfüllung bietet.*"[5] Damit wurde die allgemeine Regelung des § 11 Abs. 6 VOF konkretisiert, wonach derjenige Bieter den Zuschlag erhalten sollte, der die „*bestmögliche Leistung*" erwarten lässt.

Auch wenn im vorgegebenen Leistungswettbewerb die Qualität ein wesentliches Zuschlagkriterium für die Vergabe von Architekten- und Ingenieurleistungen sein soll, so ist immer auch der **Preis** als ein weiteres Zuschlagkriterium anzusetzen. Architekten und Ingenieure sind in der Preisgestaltung jedoch nicht frei, sondern unterliegen, soweit sie einschlägig ist, der **HOAI**.[6] Folgerichtig bestimmt **§ 76 Abs. 1 S. 2 VgV,** dass der Preis, soweit die Leistung nach einer gesetzlichen gesetzliche Gebühren- und Honorarordnung zu vergüten ist, in dem dort beschriebenen Rahmen zu berücksichtigen ist. Eine entsprechende Regelung war vor der Vergaberechtsreform in § 11 Abs. 5 S. 3 VOF enthalten. 3

§ 76 Abs. 2 S. 1 VgV entspricht dem bisherigen § 20 Abs. 2 Satz 2 VOF und stellt klar, dass **Lösungsvorschläge** nur im Rahmen eines **Planungswettbewerbes,** eines **Verhandlungsverfahrens** oder eines **wettbewerblichen Dialogs** gefordert werden dürfen. Zwar stehen dem öffentlichen Auftraggeber für die Vergabe von Architekten- und Ingenieurleistungen grundsätzlich alle Vergabeverfahrensarten offen.[7] Die Ausarbeitung von Lösungsvorschlägen darf er gemäß § 76 Abs. 2 Satz 1 VOF jedoch nur in den drei vorgenannten Verfahren verlangen. 4

§ 76 Abs. 2 S. 2 VgV verweist hinsichtlich der **Vergütungsfolgen** auf § 77 VgV. Danach sind Kosten für die Ausarbeitung von Lösungsvorschlägen zu erstatten. Das gilt gemäß § 76 Abs. 2 Satz 3 VgV aber nur für solche Lösungsvorschläge, die nach entsprechender 5

---

gen (VOF) zuständig. Die VOF regelte die Vergabe von öffentlichen Bau-, Liefer- und Dienstleistungsaufträgen im Bereich der freiberuflichen Tätigkeit. Sie ist inzwischen in der VgV aufgegangen.
[3] Siehe die Kommentierung zu § 73 VgV.
[4] Verordnungsbegründung BT-Drs. 18/7318 Seite 205 f.
[5] Siehe dazu *Bluhm* in Müller-Wrede VOF 5. Aufl. 2014 § 20 Rn. 8.
[6] Die Europäische Kommission hat im Juni 2017 wegen der Honorarordnung für Architekten und Ingenieure (HOAI) gegen Deutschland Klage vor dem Europäischen Gerichtshof erhoben. Die Kommission sieht durch die Mindestsätze der Honorarordnung die Niederlassungsfreiheit von Ingenieuren und Architekten sowie den freien Wettbewerb nachhaltig behindert. Ohne die Vorgaben der HOAI würden sich nach ihrer Ansicht mehr ausländische Büros in Deutschland niederlassen, was perspektivisch günstigere Preise für Verbraucher bringen soll.
[7] → VgV § 74 Rn. 16.

Aufforderung durch den öffentlichen Auftraggeber eingereicht worden sind. Unaufgefordert eingereichte Ausarbeitungen bleiben unberücksichtigt. **§ 76 Abs. 2 S. 3 VgV** greift damit den Inhalt des bisherigen § 20 Abs. 2 Satz 3 VOF auf und erhält diesen Schutzgedanken.

III. Rechtliche Vorgaben im EU-Recht

6   Die Vergaberichtlinie,[8] die mit der VgV in deutsches Recht umgesetzt wird, sieht kein Sonderregelungsregime für die Vergabe von Architekten- und Ingenieurleistungen vor. Abschnitt 6 der VgV und § 76 VgV im Besonderen, der spezifische Regelungen im Zusammenhang mit der Zuschlagserteilung enthält, haben mithin kein europarechtliches Vorbild. Gleichwohl schließt die Richtlinie spezifische Regelungen für die Vergabe von Architekten- und Ingenieurleistungen nicht aus. In der Richtlinie werden vielmehr in den Erwägungsgründen Besonderheiten derartiger Leistungen hervorgehoben, die Sonderregelungen rechtfertigen. So wird im Erwägungsgrund 94 der Richtlinie 2014/24/EU hervorgehoben, dass der öffentliche Auftraggeber insbesondere bei Architekten- und Ingenieurleistungen die Organisation, Qualifikation und Erfahrung der Mitarbeiter, die für die Ausführung des betreffenden Auftrags eingesetzt werden, als Zuschlagskriterien zugrunde legen kann, weil sich dies auf die Qualität der Vertragserfüllung und damit auf den wirtschaftlichen Wert des Angebots auswirken kann. Der deutsche Gesetzgeber wollte diese Möglichkeit den öffentlichen Auftraggebern allerdings nicht ausschließlich für die Vergabe von Architekten- und Ingenieurleistungen einräumen, weshalb er es in der allgemeinen Regelung des § 58 Abs. 2 S. 1 Nr. 2 VgV für zulässig erklärt hat, die Organisation, Qualifikation und Erfahrung des mit der Auftragsausführung betrauten Personals zu berücksichtigen, wenn die Qualität des eingesetzten Personals erheblichen Einfluss auf das Niveau der Auftragsausführung haben kann.

7   Die einzelnen Regelungen des § 76 VgV haben hingegen keine Entsprechung in den EU-Vergaberichtlinien. Für § 76 Abs. 1 S. 2 VgV liegt der Grund offensichtlich darin, dass in den meisten EU-Mitgliedstaaten eine der deutschen HOAI vergleichbare Gebühren- oder Honorarordnung fehlt. Bei der Feststellung in § 76 Abs. 1 S. 1 VgV handelt es sich um eine logische und notwendige Folge aus der Begrenzung des Anwendungsbereichs des Abschnitts 6 VgV. Wenn nur solche Leistungen nach diesem Abschnitt vergeben werden dürfen, deren Gegenstand eine Aufgabe ist, deren Lösung vorab nicht eindeutig und erschöpfend beschrieben werden kann und für die deshalb die Bieter keine leistungsinhaltsgleichen Angebote abgeben (können und werden), kann das wirtschaftlichste Angebot nur im Leistungswettbewerb ermittelt werden. Weil die Vergaberichtlinie kein Sonderregelungsregime und damit keinen dem Abschnitt 6 der VgV vergleichbaren Regelungsabschnitt vorsieht, enthält die Vergaberichtlinie folgerichtig auch keine § 76 Abs. 1 S. 1 VgV entsprechende Regelung.

8   § 76 Abs. 2 S. 2 VgV bestimmt, dass die Ausarbeitung von Lösungsvorschlägen der gestellten Aufgabe nur im Rahmen eines Planungswettbewerbs, eines Verhandlungsverfahrens oder eines wettbewerblichen Dialogs verlangt werden kann. Dass in Vergabeverfahren Lösungsvorschläge verlangt werden, steht mit den Vorgaben der Vergaberichtlinie in Einklang. Allerdings werden dort Lösungsvorschläge nur im Zusammenhang mit den Vergabeverfahren des wettbewerblichen Dialogs und der Innovationspartnerschaft genannt. Dass nur in diesen beiden Vergabeverfahren überhaupt Lösungsvorschläge verlangt werden können, kann der Vergaberichtlinie nicht eindeutig entnommen werden. Dagegen spricht insbesondere, dass der EU-Gesetzgeber das Verhandlungsverfahren mit Teilnahmewettbewerb und den wettbewerblichen Dialog unter dieselben Anwendungsvoraussetzungen gestellt hat.

---

[8] Richtlinie 2014/24/EU des Europäischen Parlaments und des Rates vom 26. Februar 2014 über die öffentliche Auftragsvergabe und zur Aufhebung der Richtlinie 2004/18/EG.

Allerdings geht der EU-Gesetzgeber offensichtlich davon aus, dass der wettbewerbliche Dialog (und die Innovationspartnerschaft, die allerdings eine nochmals andere Zielrichtung hat) die geeigneten Vergabeverfahren sind, wenn Lösungsvorschläge von den Bietern verlangt werden. Tatsächlich nähern sich in der Praxis Verhandlungsverfahren, in denen Lösungsvorschläge von den Bietern verlangt werden, in ihrer konkreten Ausgestaltung dem wettbewerblichen Dialog an. Grundsätzlich steht das mit der Vergaberichtlinie in Einklang.

Eine Verpflichtung des öffentlichen Auftraggebers, für im Vergabeverfahren eingereichte **9** Lösungsvorschläge eine Vergütung, Entschädigung oder Kostenerstattung zu zahlen, sieht die EU-Vergaberichtlinie nicht vor. Der EU-Gesetzgeber stellt jedoch in Art. 30 Abs. 8 der Vergaberichtlinie ausdrücklich fest, dass der öffentliche Auftraggeber in einem wettbewerblichen Dialog Prämien oder Zahlungen an die Teilnehmer vorsehen kann. Dahinter steht der Gedanke, den Teilnehmern eine Kompensation für den Aufwand, den diese im Rahmen des wettbewerblichen Dialogs betreiben und der im Wesentlichen in der Erarbeitung des Lösungsvorschlags oder auch der Lösungsvorschläge besteht, zu gewähren. Dass der EU-Gesetzgeber ausschließlich in den Regelungen zum wettbewerblichen Dialog das Recht der öffentlichen Auftraggeber vorgesehen hat, Prämien oder Zahlungen an die Verfahrens Teilnehmer zu zahlen, bedeutet nicht, dass dies bei anderen Verfahrensarten unzulässig wäre. Dagegen spricht bereits, dass in Art. 5 Abs. 1 Unterabs. 2 der Vergaberichtlinie für alle Vergabeverfahren bestimmt wird, dass der öffentliche Auftraggeber Prämien oder Zahlungen, die er für Bewerber oder Bieter vorsieht, bei der Berechnung des geschätzten Auftragswerts zu berücksichtigen hat. Wenn der EU-Gesetzgeber die Berechtigung, Prämien und Zahlungen zu leisten, auf den wettbewerblichen Dialog hätte begrenzen wollen, ist davon auszugehen, dass er in diesem Zusammenhang, also bei den Regelungen des wettbewerblichen Dialogs, klargestellt hätte, dass die Zahlungen und Prämien bei der Ermittlung des Auftragswerts berücksichtigen muss. Hinzu kommt, dass der EU-Gesetzgeber in Art. 5 Abs. 1 Unterabs. 2 der Vergaberichtlinie von „Bewerbern oder Bietern" spricht, wohingegen er die Teilnehmer eines wettbewerblichen Dialogs ausdrücklich als solche – also als „Teilnehmer" – bezeichnet. Das zeigt, dass die Regelung des Art. 5 Abs. 1 Unterabsatz 2 der Vergaberichtlinie für alle Vergabeverfahren gilt. Im Umkehrschluss müssen öffentliche Auftraggeber dann auch in allen Vergabeverfahren berechtigt sein, Zahlungen und Prämien vorzusehen. Andernfalls machte Art. 5 Abs. 1 Unterabs. 2 der Vergaberichtlinie als allgemeine, die Vergabeverfahrensarten übergreifende Regelung keinen Sinn.

§ 76 Abs. 2 S. 3 VgV regelt unmittelbar, dass unaufgefordert eingereichte Ausarbeitun- **10** gen bei der Ermittlung der Kostenerstattung unberücksichtigt bleiben. Die Regelung betrifft zum einen die Vergütungsfolgen. Das ergibt sich aus dem systematischen Zusammenhang mit § 76 Abs. 2 Satz 2 VgV. Zum anderen soll ausweislich der Verordnungsbegründung zu § 76 Abs. 2 Satz 3 VgV mit dieser Regelung der Schutzgedanke von § 20 Abs. 3 VOF fortgeführt und damit klargestellt werden, dass unaufgefordert eingereichte Angebote nicht bei der Angebotswertung berücksichtigt werden dürfen. Somit ist § 76 Abs. 2 Satz 3 VgV eine Ausprägung des in Art. 65 der Vergaberichtlinie geregelten Rechts der öffentlichen Auftraggebers zur Verringerung der Anzahl der Bewerber, die zur Abgabe eines Angebotes aufgefordert werden.[9]

B. Vergabe im Leistungswettbewerb

§ 76 VgV trifft Regelungen zur Zuschlagsentscheidung in Vergabeverfahren für die Ver- **11** gabe von Architekten- und Ingenieurleistungen. Diese Regelungen ergänzen und konkretisieren die Bestimmungen der für alle Dienstleistungsvergaben geltenden Vorschrift des

---

[9] Siehe hierzu *Geitel* in KKMPP, Kommentar zur VgV 1. Aufl. 2017 § 76 Rn. 19 f.

§ 58 VgV. Die Regelung des § 76 VgV ist damit nicht abschließend, sondern stets im Zusammenhang mit § 58 VgV zu sehen.[10] Soweit sich beide Regelungen widersprechen, gehen die Bestimmungen des § 76 VgV als leges speciales vor.

I. Leistungswettbewerb

12   Architekten- und Ingenieurleistungen, die nach dem Abschnitt 6 der VgV vergeben werden dürfen, sind Dienstleistungen, deren Gegenstand eine Aufgabe ist, deren Lösung vorab nicht eindeutig und erschöpfend beschrieben werden kann. Folge ist, dass sich die von den Bietern angebotenen Lösungen und damit die angebotenen Leistungsinhalte unterscheiden. Um das wirtschaftlichste Angebot zu ermitteln, muss in diesem Fall neben dem Preis auch die Qualität der angebotenen Lösung gewertet werden. Zumal, wie der Verordnungsgeber selbst feststellt, *„der Preis, wie auch aus Absatz 1 Satz 2 deutlich wird, durch die gesetzliche Gebühren- und Honorarordnung (HOAI) weitgehend vorgegeben"* ist.[11] Deshalb stellt § 76 Abs. 1 S. 1 VgV fest, dass Architekten- und Ingenieurleistungen im Leistungswettbewerb vergeben werden.

13   **Leistungswettbewerb** meint, dass insbesondere die **Qualität** der angebotenen Lösung bzw. Leistung das **wesentliche Zuschlagskriterium** sein soll. Für diese Auslegung spricht nicht nur der Wortlaut der Vorschrift, sondern auch der eindeutige dokumentierte Wille des Verordnungsgebers.[12] In Abgrenzung zum Preiswettbewerb,[13] der sich dadurch auszeichnet, dass der Preis in der Regel zwar nicht das einzige, aber das maßgebliche Zuschlagskriterium ist, gilt entsprechendes für den Leistungswettbewerb. Ein anderes Verständnis liefe auch dem Sinn und Zweck des gesamten Abschnitts 6 der VgV zuwider. Die Regelungen dienen dazu, dass der öffentliche Auftraggeber ein Vergabeverfahren durchführt, in dem der konkrete Leistungsinhalt noch unbestimmt ist. Wollte der öffentliche Auftraggeber einen reinen Preiswettbewerb durchführen, müsste er den konkreten Leistungsinhalt vorab festlegen. Sonst würde der öffentliche Auftraggeber bei der Wertung Äpfel mit Birnen vergleichen, nämlich unterschiedliche Leistungsinhalte alleine nach dem Preis beurteilen. Auf diese Weise kann das wirtschaftlichste Angebot nicht ermittelt werden. Zwar ist es auch bei Architekten- und Ingenieurleistungen in der Regel möglich, dass eine Lösung vorab durch den örtlichen Auftraggeber ermittelt wird, auf welche die Bieter lediglich ein Preisangebot abgeben müssen. Das ist jedoch – ebenfalls in der Regel – nicht das Ziel eines Auftraggebers, der Architekten- und Ingenieurleistungen ausschreibt. Dieser will vielmehr auch zwischen unterschiedlichen Lösungen wählen, strebt also einen Lösungswettbewerb – sprich: Leistungswettbewerb – an. Vor allem aber rechtfertigt eine solche Fallkonstellation nicht die Anwendung der Regelungen des Abschnitts 6 der VgV.

14   Nach der Verordnungsbegründung soll die **Qualität der Dienstleistung** wesentliches Zuschlagskriterium sein. Es kommt also nicht allein auf die Qualität der angebotenen Leistungen bzw. des eingereichten Lösungsvorschlags an, sondern auf die Qualität sämtlicher Aspekte der angebotenen Leistung, unter anderem auch der Art und Weise der Leistungserbringung. Damit kann dem besonderen Charakter des Architekten- und Ingenieurvertrags als dynamischer Leistungsbeziehung Rechnung getragen werden. Deshalb dürfen insbesondere sämtliche qualitative Zuschlagskriterien, die in § 58 Abs. 2 Nr. 1–3 VgV (nicht abschließend) genannt werden, für die Vergabe von Architekten- und Ingenieurleistungen angewendet werden, soweit sie in einem Zusammenhang mit dem Auftragsgegenstand ge-

---

[10] *Harr* in Willenbruch/Wieddekind, Vergaberecht 4. Aufl. 2017 § 76 VgV Rn. 1.
[11] Verordnungsbegründung BT-Drs. 18/7318 Seite 206.
[12] Verordnungsbegründung BT-Drs. 18/7318 Seite 206.
[13] AA *Geitel* in KKMPP Kommentar zur VgV 1. Aufl. 2017 § 76 Rn. 11, der außerhalb des Anwendungsbereichs der HOAI einen Preiswettbewerb bei der Vergabe von Architekten- und Ingenieurleistungen für zulässig erachtet.

bracht werden können und insoweit „passen".[14] Die Frage, welche qualitativen Kriterien angewendet werden, unterliegt dem Beurteilungsspielraum des öffentlichen Auftraggebers. Durch § 76 Abs. 1 Satz 1 VgV ist lediglich vorgegeben, dass ein oder mehrere qualitative Kriterien anzuwenden sind. Im Übrigen sind die allgemeinen vergaberechtlichen Bestimmungen zu beachten. Insbesondere müssen die Zuschlagskriterien in den Vergabeunterlagen bekannt gemacht worden sein.

Folglich ist es im Anwendungsbereich dieses Abschnitts 6 der VgV **ausgeschlossen,** 15 **den Preis als alleiniges Zuschlagskriterium** festzulegen.[15] Außerhalb des Abschnitts 6 ist dies zulässig;[16] Sinn und Zweck des Abschnitts 6 verbieten die Festlegung des Preises als alleiniges Zuschlagskriterium jedoch für die Vergabe von Architekten- und Ingenieurleistungen. Hinzu kommt, dass der Preis, wie auch aus § 76 Abs. 1 S. 2 VgV deutlich wird, durch die gesetzliche Gebühren- und Honorarordnung (HOAI) weitgehend vorgegeben ist.[17] Idealerweise ist also der Preiswettbewerb bei der Vergabe von Architekten- und Ingenieurleistungen ohnehin eingeschränkt. Zwar weicht die Realität von diesem Idealbild ab, weil im freien Wettbewerb oftmals Honorare angeboten werden, die unterhalb der Mindestsätze der HOAI liegen. Die öffentlichen Auftraggeber sind jedoch verpflichtet, sich an den Gebührenrahmen der HOAI zu halten und (finale) Angebote, die unter Verstoß gegen das Preisrecht abgegeben werden, auszuschließen.[18] Zwar enthält die VgV keine, dem § 57 VgV entsprechende Regelung, dass gebühren- und honorarordnungswidrige Angebote zwingend auszuschließen sind. Allerdings sind derartige Angebote unklar, weil der öffentliche Auftraggeber nicht rechtssicher ermitteln kann, ob er sich mit Zuschlagserteilung verpflichtet, den Angebotspreis zu zahlen, weil sich der spätere Auftragnehmer daran gebunden fühlt, oder das HOAI-Mindesthonorar, weil sich der spätere Auftragnehmer darauf beruft. Weil damit eine Preisuntergrenze vorgegeben ist, an der sich in der Praxis die Angebote preislich ansiedeln, ist der Preis auch aus diesem Grund kein Kriterium, dass sinnvollerweise einen wesentlichen Einfluss auf die Zuschlagsentscheidung haben sollte.

Vor diesem Hintergrund ist es für den öffentlichen Auftraggeber überdenkenswert, auf 16 die Wertung des Preises vollständig zu verzichten und stattdessen Festpreise bzw. Festkosten vorzugeben. Hierdurch könnte gleichzeitig die Wettbewerbsverzerrung verhindert werden, die dadurch droht, dass nur solche Architekten an das Preisrecht der HOAI gebunden sind, die ihren Sitz im Inland haben und soweit sie die Grundleistungen vom Inland aus erbringen (sog Inländerdiskriminierung).[19] Voraussetzung ist freilich, dass der öffentliche Auftraggeber einen Festpreis bzw. Festkosten vorgibt, der bzw. die zu einer Vergütung des späteren Auftragnehmers führt bzw. führen, die innerhalb des Gebührenrahmens der HOAI liegt. Damit werden zugleich die Anforderungen von § 76 Abs. 1 S. 2 VgV erfüllt. Der öffentliche Auftraggeber muss dafür in der Lage sein, das HOAI-Honorar für die ausgeschriebene Leistung zu ermitteln. Dafür ist erforderlich, dass die Ausschreibung keine oder nur sehr wenige preisrechtlich unverbindlich geregelte Bestandteile enthält.[20] Außerdem ist zu berücksichtigen, dass der öffentliche Auftraggeber durch die **Festlegung von Festpreisen oder Festkosten** den Leistungswettbewerb dahingehend beeinflusst, dass er einen konkreten preislichen Rahmen vorgibt. In der Praxis wird ein preislicher Rahmen allerdings ohnehin oftmals von dem öffentlichen Auftraggeber, der sein Budget für ein (Bau-) Projekt vorab festlegen und genehmigen lassen muss, vorgegeben. Die Festlegung eines Festpreises

---

[14] Bspw. dürfte das in § 58 Abs. 2 Nr. 3 VgV genannte Kriterium der „Verfügbarkeit von Kundendienst" bei Planervergaben in der Regel nicht passen; siehe dazu auch *Voppel/Osenbrück/Bubert* VOF, 3. Aufl. 2012 § 20 Rn. 3.
[15] *Stolz* VergabeR 2016, 351, 362.
[16] Gesetzesbegründung zum Vergaberechts Modernisierungsgesetz BT-Drs. 18/6281 S. 111.
[17] Verordnungsbegründung BT-Drs. 18/7318 Seite 206.
[18] OLG Frankfurt v. 28.2.2006 – 11 Verg 15/05, ZfBR 2006, 383, 388; OLG Stuttgart v. 28.11.2002 – 2 Verg 14/02, NZBau 2003, 517, 518 f.; *Harr* in Willenbruch/Wieddekind, Vergaberecht 4. Aufl. 2017 § 76 VgV Rn. 10.
[19] → VgV § 73 VgV Rn. 22 f.
[20] *Geitel* in KKMPP, Kommentar zur VgV 1. Aufl. 2017 § 76 Rn. 3.

bzw. von Festkosten ist deshalb eine praxistaugliche Alternative zum Zuschlagskriterium Preis bei der Vergabe von Architekten- und Ingenieurleistungen.

II. Zuschlagskriterium Preis

1. Gewichtung des Zuschlagskriteriums Preis

17   Im Anwendungsbereich des Abschnitts 6 der VgV darf der Preis nicht als alleiniges Zuschlagskriterium festgelegt werden.[21] Umgekehrt muss der öffentliche Auftraggeber mindestens ein preis- bzw. kostenorientiertes Zuschlagskriterium vorsehen. Dafür spricht bereits der Wortlaut von § 76 Abs. 1 S. 2 GWB, wonach der Preis im Falle der Anwendbarkeit einer gesetzlichen Gebühren- oder Honorarordnung im darin vorgeschriebenen Rahmen zu berücksichtigen ist. Vor allem aber kann anders die Vorgabe in § 127 Abs. 1 GWB, den Zuschlag auf das wirtschaftlichste Angebot zu erteilen, nicht erfüllt werden, weil die Wirtschaftlichkeit gemäß § 127 Abs. 1 GWB und § 58 Abs. 2 S. 1 VgV nach dem besten Preis-Leistung-Verhältnis bzw. der besten Kosten-Nutzen-Relation zu ermitteln ist. Gegenteiliges ergibt sich auch nicht aus dem Sinn und Zweck von § 76 Abs. 1 VgV sowie dem Willen des Verordnungsgebers. Zwar hat dieser in der Verordnungsbegründung ausgeführt, dass der Preis bei Anwendung der HOAI weitgehend vorgegeben sei und deshalb die Aufstellung und Beurteilung von Qualitätskriterien Wesensmerkmal von Vergabeverfahren nach dem Abschnitt 6 der VgV seien. Zugleich hat der Verordnungsgeber jedoch ausgeführt, dass die Qualität ein wesentliches Zuschlagskriterium sein solle. Offensichtlich soll es jedoch nicht das alleinige sein. Deshalb ist es zulässig, dem Preis eine ganz untergeordnete Rolle bei der Angebotswertung beizumessen – zum Beispiel durch eine Gewichtung von 10%[22] –; ein vollständiger Verzicht auf ein Preis- oder kostenorientiertes Kriterium ist jedoch unzulässig.[23]

18   Die Prüfung des Zuschlagskriteriums Preis erfolgt rechtssicher dadurch, dass das niedrigste Honorarangebot mit der maximalen Punktzahl für das Kriterium gewertet wird und die übrigen Angebote durch Interpolation bepunktet werden. Die von der Gütestelle Honorar- und Vergaberecht e. V. veröffentlichte sog. Mittelwertmethode, nach der dasjenige Honorar, das vom Durchschnittshonorar am wenigsten abweicht, die Maximalpunktzahl erhält, ist, worauf *Harr* hinweist, vergaberechtlich bedenklich.[24] Wenn ein öffentlicher Auftraggeber diese Methode trotzdem anwenden möchte, muss er die Bieter hierauf zusammen mit der Bekanntmachung der Zuschlagskriterien hinweisen.[25]

2. Beachtung der einschlägigen Honorar- und Gebührenordnung

19   In diesem Zusammenhang verpflichtet § 76 Abs. 1 S. 2 VgV den öffentlichen Auftraggeber, den Preis für die zu erbringende Leistung, sofern diese nach einer gesetzlichen Gebühren- oder Honorarordnung zu vergüten ist, im dort vorgeschriebenen Rahmen zu berücksichtigen. Diese Vorschrift entspricht § 11 Abs. 5 S. 3 VOF. Voraussetzung ist, dass die zu erbringende Leistung nach einer gesetzlichen Gebühren- oder Honorarordnung zu vergüten ist. Zum einen muss es sich also um eine **gesetzliche Ordnung** handeln. Zum anderen muss diese Ordnung **bindendes Preisrecht** vorgeben. Praktisch relevant ist hierfür

---

[21] → VgV § 76 Rn. 15.

[22] BayObLG v. 20.8.2001 – Verg 9/01, NZBau 2002, 348, 350; VK Lüneburg v. 7.6.2004 – 203-VgK-16/04.; *Harr* in Willenbruch/Wieddekind, Vergaberecht 4. Aufl. 2017 § 76 VgV Rn. 9.

[23] OLG Stuttgart v. 28.11.2002 – 2 Verg 14/02, NZBau 2003, 517, 518; VK Arnsberg v. 29.8.2003 – VK 3–21/2003; *Harr* in Willenbruch/Wieddekind, Vergaberecht 4. Aufl. 2017 § 76 VgV Rn. 11; aA *Geitel* in KKMPP, Kommentar zur VgV 1. Aufl. 2017 § 76 Rn. 10 sowie zur VOF *Müller-Wrede* in Müller-Wrede, VOF-Kommentar 5. Aufl. 2014 § 11 Rn. 97 und *Ruhland* in Pünder/Schellenberg, Vergaberecht 2 Aufl. 2015 § 11 VOF Rn. 16.

[24] *Harr* in Willenbruch/Wieddekind, Vergaberecht 4. Aufl. 2017 § 76 VgV Rn. 16.

[25] VK Nordbayern v. 1.12.2010 – 21. VK-3194-38/10.

im Anwendungsbereich des Abschnitts 6 der VgV lediglich die Honorarordnung für Architekten und Ingenieure (HOAI). Die vom Ausschuss der Verbände und Kammern der Ingenieure und Architekten für die Honorarordnung e. V. (AHO) in Zusammenarbeit mit dem Deutschen Verband der Projektmanager in der Bau- und Immobilienwirtschaft e. V. (DVP) veröffentlichte Honorarordnung für Projektsteuerungsleistungen fällt nicht hierunter,[26] weil es sich weder um eine gesetzliche Ordnung handelt noch hierdurch bindendes Preisrecht festgelegt wird.

Entscheidet sich der öffentliche Auftraggeber dafür, preis- bzw. kostenorientierte Aspek- **20** te dadurch in der Angebotswertung zu berücksichtigen, dass er gemäß § 58 Abs. 2 S. 3 VgV **Festpreise oder Festkosten** vorgibt, kommt er seiner Verpflichtung aus § 46 Abs. 1 S. 2 VgV dadurch nach, dass diese Festpreise oder Festkosten zu einer Vergütung führen, die innerhalb des durch die einschlägige gesetzliche Gebühren- oder Honorarordnung vorgeschriebenen Rahmens liegt.

Hat der öffentliche Auftraggeber demgegenüber neben qualitativen Kriterien den **Preis** **21** **als ein Zuschlagskriterium** bestimmt, erfolgt die Berücksichtigung des Preisrahmens der gesetzlichen Gebühren- oder Honorarordnung dadurch, dass der öffentliche Auftraggeber sicherstellt, dass die Angebote in preislicher Hinsicht in diesem Rahmen liegen. § 76 Abs. 1 S. 2 VgV enthält also eine unmittelbare Verpflichtung des öffentlichen Auftraggebers, die jedoch mittelbar die Bieter trifft, weil der Auftraggeber nur die im Preisrahmen liegenden Angebote berücksichtigen darf. Wollen die Bieter im Vergabeverfahren Erfolg haben, müssen sie also die Vorgaben der einschlägigen Gebühren- oder Honorarordnungen einhalten. Von praktischer Bedeutung ist hierbei insbesondere die Prüfung, ob die Angebotspreise die Mindestsätze gemäß § 7 Abs. 1 HOAI unterschreiten.

3. Prüfung und Mitteilung der Honorarermittlungsparameter durch den Auftraggeber

Dazu muss der öffentliche Auftraggeber bei der Vorbereitung des Vergabeverfahrens prü- **22** fen, ob und gegebenenfalls welche gesetzliche Gebühren- oder Honorarordnung auf die zu vergebende Leistung Anwendung findet. Wenngleich § 76 Abs. 1 S. 2 VgV das nicht ausdrücklich regelt, muss der öffentliche Auftraggeber nur **deutsche Gebühren- oder Honorarordnungen** auf ihre Einschlägigkeit prüfen. Hinter § 76 Abs. 1 S. 2 VgV steht der Gedanke der Rechtseinheit in Deutschland. Dem Verordnungsgeber geht es darum, dass Gebühren- und Honorarordnungen in Deutschland – vor Augen hatte er lediglich die HOAI – nicht durch das Vergaberecht unterlaufen werden sollen. Das ist auch Sinn und Zweck der Regelung von § 76 Abs. 1 S. 2 VgV.

Stellt der öffentliche Auftraggeber fest, dass die zu erbringende Leistung nach einer Ge- **23** bühren- oder Honorarordnung zu vergüten ist, muss er den dort vorgeschriebenen Rahmen feststellen. Die Parameter für die Ermittlung dieses Honorarrahmens muss der öffentliche Auftraggeber in den Vergabeunterlagen angeben. Die Aufgabenbeschreibung muss alle objektiv ermittelbaren **Eckpunkte für die Honorarermittlung** enthalten.[27] Das ist in Rechtsprechung und Literatur unstreitig.

Streitig ist hingegen die Frage, ob der öffentliche Auftraggeber darüber hinaus die von **24** ihm unter Zugrundelegung der jedenfalls bekanntzumachenden Honorarparameter zu ermittelnde **Honorarzone** in den Vergabeunterlagen angeben muss. Dies wird teilweise für europarechtlich unzulässig,[28] teilweise für nicht notwendig[29] und teilweise für erforderlich

---

[26] Ebenso zu § 11 VOF *Müller-Wrede* in Müller-Wrede, VOF-Kommentar 5. Aufl. 2014 § 11 Rn. 99.
[27] *Harr* in Willenbruch/Wieddekind, Vergaberecht 4. Aufl. 2017 § 76 VgV Rn. 13.
[28] OLG Koblenz v. 29.1.2014 – 1 Verg 14/13, NZBau 2014, 244, 246.
[29] VK Hessen v. 27.7.2015 – 69d-VK-24 / 2015 = NZBau 2016, 190 f.; *Geitel* in KKMPP, Kommentar zur VgV 1. Aufl. 2017 § 76 Rn. 14, 191; wohl auch *Harr* in Willenbruch/Wieddekind, Vergaberecht 4. Aufl. 2017 § 76 VgV Rn. 13.

erachtet.[30] Für eine Verpflichtung zur Bekanntmachung auch der Honorarzone sprechen folgende Gründe: Der Auftraggeber muss, um seiner Verpflichtung gemäß § 76 Abs. 1 S. 2 VgV nachkommen zu können, den Preisrahmen und damit auch die einschlägigen Honorarzonen ermitteln. Hierbei handelt es sich unter verschiedenen Gesichtspunkten um auch für die Bewerber bzw. Bieter relevante Informationen. Zum einen können hieraus relevante Informationen zum Erwartungshorizont des Auftraggebers geschlussfolgert werden. Bei Zurverfügungstellung dieser Informationen werden die Angebote vergleichbarer, was rein praktisch auch die Wertung erleichtert. Soweit der öffentliche Auftraggeber zum Nachweis der beruflichen und technischen Leistungsfähigkeit Referenzen der Bewerber bzw. Bieter verlangt oder aber persönliche Referenzen der für die Auftragsausführung vorgesehenen Mitarbeiter zum Zwecke der Wertung des Zuschlagskriterium „Organisation, Qualität und Erfahrung des Personals" fordert, muss er ohnehin die Honorarzonen für das Ausschreibungsobjekt angeben, um eine Vergleichbarkeit mit den Referenzobjekten zu gewährleisten.[31] Daneben sind diese Informationen relevant für die Kalkulation des Angebotspreises. Die Frage, in welche Honorarzonen ein Objekt einzuordnen ist, ist in der Praxis oftmals diskutabel. Gäbe der öffentliche Auftraggeber nicht die Honorarzone vor, würde das Risiko der richtigen Einordnung – im Vergabeverfahren unnötigerweise[32] – auf die Bieter übertragen. Jedenfalls in der Theorie kann das dazu führen, dass an sich (qualitativ) attraktive Angebote deshalb ausgeschlossen werden müssen, weil der Bieter von einer anderen Honorarzone als der öffentliche Auftraggeber ausgegangen ist und deshalb einen Preis angeboten hat, der die Mindestsätze unter- oder die Höchstsätze überschreitet. Der Streit um die Einordnung in die richtige Honorarzone würde in das Vergabeverfahren bzw. in das Vergabenachprüfungsverfahren gezogen. Dort gehört dieser Streit, der die spätere Vergütung betrifft, jedoch nicht hin, dort ist auch die Kompetenz zur Beantwortung dieser Streitfrage in der Regel nicht gegeben und dort wirken sich die zeitlichen Verzögerungen infolge dieses – hier an sich unnötigen – Streits erheblich aus, wenn infolge eines Vergabenachprüfungsverfahrens die Zuschlagserteilung verschoben werden muss. Eine Diskussion um die Einordnung in die richtige Honorarzone im Vergabeverfahren kann deshalb weder im Interesse des öffentlichen Auftraggebers noch im Interesse der Bieter sein. Das gilt auch dann, wenn der Bieter in Unkenntnis, von welcher Honorarzone der öffentliche Auftraggeber ausgeht, vorsorglich nicht die aus seiner Sicht mögliche (höhere) Honorarzone mit dem Risiko des Ausschlusses seines Angebots, sondern eine niedrigere Honorarzone wählt und auf dieser Grundlage sein Angebot kalkuliert. Zum einen muss es dem öffentlichen Auftraggeber darum gehen, auskömmliche und realistische Preise zu erhalten. Zum anderen würde dieses hypothetische Bietervorgehen im Zweifel zu einer Reduzierung der Qualität der angebotenen Lösung führen. Jedenfalls dann, wenn man in § 76 Abs. 1 S. 2 VgV im Ergebnis einen Ausschlussgrund sieht, der vorliegt, wenn ein angebotener Preis außerhalb des Preisrahmens einer einschlägigen Gebühren- oder Honorarordnung liegt,[33] muss der öffentliche Auftraggeber aus Gründen der Transparenz und Gleichbehandlung die für die zutreffende Kalkulation des Angebotspreises erforderlichen Informationen zur Verfügung stellen. Das gilt insbesondere deshalb, weil der öffentliche Auftraggeber diese Informationen ohnehin selbst ermitteln muss.

25   Die Verpflichtung zur Bekanntgabe der Honorarermittlungsparameter – und nach hier vertretener Auffassung auch der Honorarzone –, steht allerdings unter dem **Vorbehalt,** dass der öffentliche Auftraggeber in der Lage ist, die Aufgabe, die Gegenstand der zur vergebenden Architekten- und Ingenieurleistungen ist, so genau zu beschreiben, dass eine Einordnung in Honorarzonen möglich ist. Diese Frage ist anhand der selben Maßstäbe zu

---

[30] Im Ergebnis ebenso VK Nordbayern v. 22.1.2015 – 21. VK-3194-37/14; VK Lüneburg v. 26.6.2012 – VgK-18/2012; VK Sachsen v. 18.4.2013 – 1/SVK/009–13; *Müller-Wrede* in Müller-Wrede, VOF-Kommentar 5. Aufl. 2014 § 11 Rn. 104; *Haug/Panzer* in juris PK-Vergabe R 4. Aufl. 2013 § 6 VOF Rn. 13.
[31] → VgV § 76 Rn. 36 ff.
[32] → VgV § 76 Rn. 27.
[33] → VgV § 76 Rn. 32.

beantworten, anhand derer die Anwendbarkeit des Abschnitts 6 der VgV und damit die Frage geprüft wird, ob die Lösung der ausgeschriebenen Aufgabe vorab nicht eindeutig und erschöpfend beschrieben werden kann (§ 73 Abs. 1 VgV). Maßstab ist also die objektive ex-ante-Sicht, wobei der öffentliche Auftraggeber nicht verpflichtet ist, die eigentlich zu vergebende Leistung praktisch vorwegzunehmen, um die Aufgabe im Sinne von § 73 Abs. 1 VgV so beschreiben zu können, dass das Ausschreibungsobjekt in eine bestimmte Honorarzone eingeordnet werden kann. Für Einzelheiten wird hierzu auf die Kommentierung von § 73 VgV verwiesen. Wenn die Aufgabe unter Berücksichtigung dieser Aspekte so beschrieben werden kann, dass eine Einordnung in eine Honorarzone möglich ist, folgt eine Verpflichtung zur Bekanntgabe der Honorarzone auch aus § 121 GWB, wonach der öffentliche Auftraggeber die Leistung eindeutig und erschöpfend beschreiben muss.[34]

Ist der öffentliche Auftraggeber lediglich subjektiv nicht in der Lage, die Parameter für **26** die Honorarermittlung selbst zu ermitteln, muss er insoweit auf sachverständige Unterstützung zurückgreifen.[35] Er ist nicht berechtigt, diese Parameter erstmals von den Bietern – d. h. ohne entsprechende Vorgabe in den Vergabeunterlagen – abzufragen.[36] Erst recht ist er nicht berechtigt, über die Parameter selbst zu verhandeln.[37] Weil die Honorarparameter allerdings von der konkreten Lösung für die ausgeschriebene Aufgabe abhängen und Verhandlungen über diese Lösung in dem typischerweise für die Vergabe von Architekten- und Ingenieurleistungen gewählten Verhandlungsverfahren zulässig sind, kann mittelbar eine Anpassung der Honorarparameter im Verhandlungsverfahren noch erfolgen.

4. Rechtsfolgen gebühren- oder honorarordnungswidriger Angebote

Vertragsrechtlich hat die Bekanntgabe der Honorarzone in den Vergabeunterlagen **27** keine Bedeutung. In welche Honorarzone ein Objekt einzuordnen ist, kann weder einseitig vom (öffentlichen) Auftraggeber festgelegt noch einvernehmlich zwischen den Parteien vereinbart werden. Das sollte **in den Vergabeunterlagen klargestellt** werden, denn der öffentliche Auftraggeber kann nicht davon ausgehen, dass dies allen Bietern, insbesondere den kleineren Büroorganisationen und Berufsanfängern, bekannt ist. Auf diese Weise kann zugleich den Bedenken Rechnung getragen werden, dass Bieter aus anderen EU-Mitgliedstaaten durch die Angabe von Honorarzonen verwirrt werden und möglicherweise von der Teilnahme am Vergabeverfahren absehen.

Solange **im laufenden Verhandlungsverfahren** oder im wettbewerblichen Dialog **28** noch über den Preis verhandelt wird, ist ein Unter- oder Überschreiten des Preisrahmens der einschlägigen Gebühren- oder Honorarordnung unschädlich. Der öffentliche Auftraggeber ist berechtigt, nicht aber verpflichtet, die Einhaltung des Preisrahmens der Angebote in diesem Verfahrensstadium zu prüfen, und zwar sowohl in Bezug auf Mindestsatzunterschreitungen, als auch in Bezug auf Höchstsatzüberschreitungen.[38] Eine Prüfpflicht wäre zwar mit dem Wortlaut von § 76 Abs. 1 S. 2 VgV noch in Einklang zu bringen. Sie ist jedoch vom Sinn und Zweck dieser Vorschrift nicht mehr gedeckt.[39] Ziel der Vorschrift ist es nicht, den öffentlichen Auftraggeber zu verpflichten, den Bieter so zu betreuen, dass sein Angebot den Preisrahmen der einschlägigen Gebühren- oder Honorarordnung nicht verlässt. Erst recht soll der Bieter keinen Anspruch gegen den öffentlichen Auftraggeber auf eine solche Betreuung haben, den er notfalls sogar in einem Vergabenachprüfungsverfahren geltend machen könnte. Vielmehr besteht der Zweck von § 76 Abs. 1 S. 2 VgV darin, deutsche Gebühren- und Honorarordnungen nicht durch das Vergaberecht zu umgehen. Dieser Zweck wird erreicht, wenn der öffentliche Auftraggeber die abschließenden Ange-

---

[34] *Müller-Wrede* in Müller-Wrede, VOF-Kommentar 5. Aufl. 2014 § 11 Rn. 104.
[35] *Harr* in Willenbruch/Wieddekind, Vergaberecht 4. Aufl. 2017 § 76 VgV Rn. 13.
[36] *Harr* in Willenbruch/Wieddekind, Vergaberecht 4. Aufl. 2017 § 76 VgV Rn. 13.
[37] VK Bund v. 22.8.2001 – VK 2–24/01.
[38] VK Lüneburg v. 26.6.2012 – VgK 18/2012, BauR 2012, 1999.
[39] AA: *Harr* in Willenbruch/Wieddekind, Vergaberecht 4. Aufl. 2017 § 76 VgV Rn. 15.

bote daraufhin prüft. Freilich muss der öffentliche Auftraggeber alle Bieter gleich behandeln. Entweder prüft er also bei allen Angeboten die Konformität mit der Gebühren- oder Honorarordnung oder aber bei keinem. Auch deshalb ist es sinnvoll, hierzu eine klarstellende Regelung in die Vergabeunterlagen aufzunehmen.

29   Kommt der öffentliche Auftraggeber bei einer von ihm vorgenommenen Prüfung der eingegangenen Angebote auf ihre Konformität mit der einschlägigen Gebühren- oder Honorarordnung zu dem Ergebnis, dass ein gebühren- oder honorarordnungswidriges Angebot vorliegt, muss er den Bieter im Rahmen ohnehin vorgesehener Verhandlungen zur Nachbesserung seines Angebots auffordern und dabei auf die Über- oder Unterschreitung des von der Gebühren- oder Honorarordnung vorgegebenen Honorarrahmens hinweisen. Das heißt: Wenn der öffentliche Auftraggeber die Honorarkonformität prüft und eine Gebühren- oder Honorarordnungswidrigkeit feststellt, muss er den bzw. die betroffenen Bieter darüber informieren.

30   Alternativ soll der öffentliche Auftraggeber nach teilweise vertretener Auffassung berechtigt sein, das gebühren- oder honorarordnungswidrige Angebot auf die Mindest- bzw. Höchstsätze der einschlägigen Gebühren- oder Honorarordnung anzupassen.[40] Dem ist nicht zuzustimmen. Der Verstoß gegen die Gebühren- oder Honorarordnung hat keine vertragsrechtliche, sondern lediglich vergaberechtliche Bedeutung (→ VgV § 76 Rn. 27, 32). Eine Berechtigung des Auftraggebers, die eingegangenen Angebote selbst nachzubessern, nur um vergaberechtliche Ausschlussgründe zu verhindern, kennt das Vergaberecht nicht. Hinzu kommt, dass im Vergabeverfahren nicht rechtssicher feststeht, ob die vom öffentlichen Auftraggeber angenommenen Honorarsätze richtig sind oder nicht. Damit wäre es möglich, dass die Angebote auf nicht zutreffende Höchst- oder Mindestsätze angepasst werden bzw. anzupassen sind.

31   Aus denselben Gründen ist der öffentliche Auftraggeber nicht verpflichtet, Verhandlungen alleine zu dem Zweck zu führen, dass die Bieter eine Gebühren- oder Honorarordnungswidrigkeit ihrer Angebote korrigieren können.[41] Nur dann, wenn der öffentliche Auftraggeber die Angebote auf ihre Übereinstimmung mit einer einschlägigen Gebühren- oder Honorarordnung geprüft und dabei Verstöße festgestellt hat und wenn er ohnehin vorgesehen hatte, mit den Bietern Verhandlungen zu führen, muss er für diese Verhandlungen die betroffenen Bieter entsprechend informieren.

32   Die **finalen Angebote** muss der öffentliche Auftraggeber im Hinblick auf die Einhaltung des Preisrahmens der einschlägigen Gebühren- und Honorarordnungen prüfen. Unterschreitet oder überschreitet der Angebotspreis diesen Rahmen, ist das Angebot zwingend auszuschließen. Zwar enthält die VgV keine dem § 57 VgV entsprechende Regelung, dass gebühren- und honorarordnungswidrige Angebote zwingend auszuschließen sind. Allerdings sind derartige Angebote unklar, weil der öffentliche Auftraggeber nicht rechtssicher ermitteln kann, ob er sich mit Zuschlagserteilung verpflichtet, den Angebotspreis zu zahlen, weil sich der spätere Auftragnehmer daran gebunden fühlt, oder das HOAI-Mindesthonorar, weil sich der spätere Auftragnehmer darauf beruft. Der notwendige Ausschluss folgt außerdem aus der zwingenden Regelung des § 76 Abs. 1 S. 2 VgV. Ein Rückgriff auf § 60 Abs. 3 S. 2 VgV ist dafür nicht erforderlich. Diese Regelung enthält einen fakultativen Ausschlussgrund. Der öffentliche Auftraggeber kann nach Prüfung der Angebote unter anderem in preislicher Hinsicht den Zuschlag auf ein Angebot ablehnen, wenn er bei dieser Prüfung die geringe Höhe des Angebotspreises oder der angebotenen Kosten nicht zufriedenstellend aufklären konnte. Die bei der Prüfung zu berücksichtigenden Aspekte sind in § 60 Abs. 2 VgV beispielhaft genannt. Hierbei handelt es sich um mögliche Umstände, die einen ungewöhnlich niedrigen Angebotspreis tatsächlich-wirtschaftlich

---

[40] *Harr* in Willenbruch/Wieddekind, Vergaberecht 4. Aufl. 2017 § 76 VgV Rn. 14.
[41] Ebenso *Müller-Wrede* in Müller-Wrede, VOF 5. Aufl. 2014 § 11 Rn. 83; aA OLG Brandenburg v. 8.1.2008 – Verg W 16/07, NZBau 2008, 451, 452; *Harr* in Willenbruch/Wieddekind, Vergaberecht 4. Aufl. 2017 § 76 VgV Rn. 15.

rechtfertigen können, beispielsweise günstige Leistungsbedingungen oder staatliche Beihilfen. Daneben ist zwar gemäß § 60 Abs. 6 Nr. 4 VgV auch die Einhaltung der Verpflichtungen nach § 128 Abs. 1 GWB ein Prüfungsinhalt. Danach haben die Unternehmen bei der Ausführung des öffentlichen Auftrags alle für sie geltenden rechtlichen Verpflichtungen einzuhalten, was der öffentliche Auftraggeber im Rahmen der Prüfung gemäß § 60 Abs. 1 bis 3 VgV überprüfen muss. Eine Gebühren- oder Honorarordnung wie die HOAI ist jedoch bereits begriffsnotwendig keine „bei der Ausführung des öffentlichen Auftrags geltenden rechtlichen Verpflichtung". Es handelt sich um reines Preisrecht. Letztlich ist dieser Streit jedoch rein dogmatischer Natur. Selbst wenn auf den fakultativen Ausschlussgrund aus § 60 Abs. 3 VgV zurückgegriffen würde, so wäre doch das Ermessen des öffentlichen Auftraggebers infolge seiner spezialgesetzlich in § 76 Abs. 1 S. 2 VgV normierten Verpflichtung, den Preisrahmen einer einschlägigen Gebühren- oder Honorarordnung zu berücksichtigen, auf Null reduziert.

Tritt während des Vergabeverfahrens eine **neue geänderte Fassung der einschlägi-** **33** **gen Gebühren- oder Honorarordnung** in Kraft, ist der öffentliche Auftraggeber gemäß § 76 Abs. 1 S. 2 VgV verpflichtet, die Einhaltung des sich hieraus ergebenden – gegebenenfalls neuen geänderten – Preisrahmens zu berücksichtigen.[42] Gegebenenfalls kann sich hieraus auch die Notwendigkeit einer Anpassung der Vergabeunterlagen ergeben, sofern die Leistung unter Heranziehung der Gebühren- oder Honorarordnung beschrieben bzw. das Angebot einer Vergütung auf Basis dieser Gebühren- oder Honorarordnung verlangt worden ist und sich diese betreffenden Regelungen in der Neufassung geändert haben.[43] Eine Aufhebung und Neuausschreibung wird in der Regel jedoch nicht erforderlich, sondern eine Änderung der Vergabeunterlagen im laufenden Verfahren, gegebenenfalls verbunden mit einer Zurücksetzung in einen früheren Verfahrensstand, ausreichend sein.[44]

III. Qualitative Zuschlagskriterien

Die Aufstellung und Beurteilung von Qualitätskriterien ist Wesensmerkmal der Vergabe- **34** verfahren im Rahmen des Abschnitts 6 der VgV. Nähere Vorgaben, welche Qualitätskriterien bei der Vergabe von Architekten- und Ingenieurleistungen anzuwenden sind, enthält § 76 Abs. 1 VgV indes nicht. Es gelten damit die allgemeinen Regelungen in § 58 Abs. 2 VgV. Die Vergabe von Architekten- und Ingenieurleistungen weist jedoch Besonderheiten auf, die im Folgenden darzustellen sind.

In der **Wahl der konkreten Zuschlagskriterien** ist der öffentliche Auftraggeber **35** grundsätzlich frei. Sein Beurteilungsspielraum ist nur eingeschränkt überprüfbar. Eine sanktionierbare Überschreitung des Beurteilungsspielraums liegt nur vor, wenn

- vorgeschriebene Verfahren nicht eingehalten wurde,
- von einem unzutreffenden oder nicht vollständig ermittelten Sachverhalt ausgegangen worden ist,
- sachwidrige Erwägungen für die Entscheidung verantwortlich waren oder
- gegen allgemeingültige Bewertungsgrundsätze verstoßen worden ist.[45]

Bei der Vergabe von Architekten- und Ingenieurleistungen ist jedoch die ausdrückliche Vorgabe, einen Leistungswettbewerb durchzuführen und dafür qualitative Kriterien festzulegen, zu beachten.

Für die Vergabe von Architekten- und Ingenieurleistungen kommt insbesondere das in **36** § 58 Abs. 2 S. 1 Nr. 2 VgV geregelte Qualitätskriterium in Betracht. Danach kann der öffentliche Auftraggeber für die Ermittlung des wirtschaftlichsten Angebots (neben dem Preis oder den Kosten) die **Organisation, Qualifikation und Erfahrung des mit der Aus-**

---

[42] KG v. 1.9.2014 – Verg 18/13 = ZfBR 2014, 804, 805.
[43] KG v. 1.9.2014 – Verg 18/13 = ZfBR 2014, 804, 805.
[44] AA *Geitel* in KKMPP, Kommentar zur VgV 1. Aufl. 2017 § 76 Rn. 12.
[45] Siehe dazu die Kommentierung von § 122 GWB Rn. 19 mit zahlreichen Nachweisen.

führung des Auftrags betrauten Personals berücksichtigen. Voraussetzung für die Anwendung dieses Qualitätskriteriums ist nach § 58 Abs. 2 S. 1 Nr. 2 VgV, dass die Qualität des eingesetzten Personals erheblichen Einfluss auf das Niveau der Auftragsausführung haben kann. Diese Voraussetzung ist bei Architekten- und Ingenieurleistungen regelmäßig erfüllt. Folgerichtig hat auch der europäische Gesetzgeber als Anwendungsbereich dieses Qualitätskriteriums unter anderem Architektenleistungen genannt.[46] Auf diese Weise können unternehmensbezogene Aspekte, die vor der Vergaberechtsreform 2016 nach verbreiteter Auffassung nur als Eignungskriterien herangezogen werden durften, bei der Zuschlagsentscheidung berücksichtigt werden.[47]

37   Nicht eindeutig geklärt hat der (europäische wie nationale) Gesetzgeber jedoch die Frage, ob diese unternehmensbezogenen Aspekte **anstatt** in der Eignungsprüfung (als Eignungskriterium) nunmehr in der Angebotswertung (als Zuschlagskriterium) gewertet werden dürfen oder aber ob diese Aspekte **auf beiden Prüfungsstufen** berücksichtigt werden können. Und, falls ja, ob der öffentliche Auftraggeber ein und denselben konkreten Nachweise sowohl für die Eignungs- als auch für Zuschlagsprüfung berücksichtigen darf. Diese Fragen sind insbesondere bei der Vergabe von Architekten- und Ingenieurleistungen von Bedeutung, weil hier zumindest faktisch die Organisation, Qualifikation und Erfahrung des Personals sowohl für die Frage der Eignung, als auch für die Frage der Qualität der Umsetzung der angebotenen Lösung eine entscheidende Rolle spielen. Nach wohl überwiegender und auch richtiger Auffassung ist eine Trennung von Eignungskriterien und Eignungsprüfung auf der einen Seite und Zuschlagskriterien und Angebotsprüfung auf der anderen Seite allerdings auch nach der Vergaberechtsreform 2016 grundsätzlich noch erforderlich.[48]

38   Organisation und Qualifikation von Personal werden in der Regel durch **Studien- und Ausbildungsnachweise sowie durch Bescheinigungen über die Erlaubnis zur Berufsausübung** nachgewiesen. Dazu regelt § 46 Abs. 3 Nr. 6 VgV, dass der öffentliche Auftraggeber diese Nachweise als Beleg der erforderlichen technischen und beruflichen Leistungsfähigkeit verlangen kann, „*sofern diese Nachweise nicht als Zuschlagskriterium bewertet werden.*" Für Studien- und Ausbildungsnachweise sowie für Bescheinigungen über die Erlaubnis zur Berufsausübung hat der Gesetzgeber also das Gebot der Trennung von Eignung- und Zuschlagskriterien ausdrücklich normiert. Nach dem Wortlaut der Norm fallen darunter zwar nur die Nachweise und Bescheinigungen von Inhabern und Führungskräften. Bei diesen Unterlagen muss der öffentliche Auftraggeber sich entscheiden, ob er sie im Teilnahmewettbewerb als Eignungskriterium oder in der Zuschlagsentscheidung als Wertungskriterium verwenden will. Eine Aufteilung dergestalt, dass er Studien- und Ausbildungsnachweise als Eignungsnachweis sowie Bescheinigungen über die Erlaubnis zur Berufsausübung als Zuschlagskriterium wertet, ist nach dem Wortlaut von § 46 Abs. 3 Nr. 6 VgV nicht zulässig, weil dort die Konjunktion „sofern" anstelle der Konjunktion „soweit" verwendet wird. Die Nachweise und Bescheinigungen sonstiger Mitarbeiter fallen nicht in den abschließenden Katalog von § 46 Abs. 3 VgV und sind deshalb, wenn überhaupt, nur bei der Zuschlagsentscheidung zu berücksichtigen. Zum einen ist jedoch zu hinterfragen, ob die dadurch nachzuweisende Organisation, Qualifikation und Erfahrung dieser sonstigen Mitarbeiter erheblichen Einfluss auf das Niveau der Auftragsausführung haben. Das wäre gemäß § 58 Abs. 2 Nr. 2 VgV Voraussetzung dafür, dass der öffentliche Auftraggeber einerseits die Studien- und Ausbildungsnachweise sowie durch die Bescheinigungen über die Erlaubnis zur Berufsausübung der Inhaber und Führungskräfte als Eignungsnachweis berücksichtigen und zugleich die Organisation, Qualifikation und Erfahrung des (übrigen) Personals als Zuschlagskriterium werten will. In jedem Fall dürften nur Qualifikationsnachweise von solchen sonstigen Mitarbeitern verlangt und bewertet werden, die für die

---

[46] Erwägungsgrund 94 der Vergaberichtlinie.
[47] *Geitel* in KKMPP, Kommentar zur VgV 1. Aufl. 2017 § 76 Rn. 4.
[48] Vgl. *Bulla* in Willenbruch/Wieddekind, Vergaberecht 4. Aufl. 2017 § 58 VgV Rn. 23 f. mwN.

Ausführung des Auftrags vorgesehen sind. Zum anderen geht der Verordnungsgeber ausweislich der Regelungen von § 75 Abs. 1 und 2 VgV davon aus, dass sich vornehmlich
natürliche Personen, nämlich Architekten und Ingenieure, um Aufträge nach dem Abschnitt 6 der VgV bewerben werden, weshalb eine Differenzierung zwischen Qualifikationsnachweisen des Inhabers und Qualifikationsnachweisen sonstiger Mitarbeiter bei der
Vergabe von Architekten- und Ingenieurleistungen wenig Sinn macht.

Die Erfahrung von Personal wird in der Regel durch **Referenzen** nachgewiesen. Refe- **39**
renzen werden von dem abschließenden[49] Wortlaut des § 46 Abs. 3 Nr. 6 VgV nicht erfasst
und unterfallen daher nicht dem dort ausdrücklich normierten Gebot der Trennung von
Eignungs- und Zuschlagskriterien. Die Zulässigkeit, Referenzen als Beleg der erforderlichen technischen und beruflichen Leistungsfähigkeit zu verlangen, ist stattdessen in § 46
Abs. 3 Nr. 1 VgV normiert. Dort findet sich gerade nicht die ausdrückliche Vorgabe, dass
Referenzen, sollen sie als Eignungsnachweis dienen, nicht zugleich als Zuschlagskriterium
bewertet werden dürfen. Damit stellt sich die Frage, ob es ein grundsätzliches Gebot der
Trennung von Eignungs- und Zuschlagskriterien gibt, das auch im Anwendungsbereich
von § 46 Abs. 3 Nr. 1 VgV zu berücksichtigen ist. Diese Frage stellt sich insbesondere bei
der Vergabe von Architekten- und Ingenieurleistungen. Grundsätzlich ist zu unterscheiden
zwischen der technischen und beruflichen Leistungsfähigkeit des Bewerbers, die gemäß
§ 46 Abs. 3 Nr. 1 VgV durch geeignete Referenzen des Bewerbers belegt werden kann,
und der Erfahrung des für die Auftragsausführung vorgesehenen Personals gemäß § 58
Abs. 2 Nr. 2 VgV, die notwendigerweise nur mit Referenzen dieses Personals nachgewiesen
werden kann.[50] Mit anderen Worten ist es auch bei Annahme eines Gebot der Trennung
von Eignungs- und Zuschlagskriterien theoretisch denkbar, Referenzen des Bewerbers für
die Eignung und persönliche Referenzen des für die Auftragsausführung vorgesehenen
Personals als Zuschlagskriterium zu werten. Das setzt jedoch voraus, dass zwischen der Person des Bewerbers und der Person, die mit der Ausführung des konkreten Auftrags betraut
ist, differenziert werden kann. Das ist gerade bei der Vergabe von Architekten- und Ingenieurleistungen, an der sich nach den Erwartungen des Verordnungsgebers vornehmlich natürliche Personen, nämlich Architekten und Ingenieure, beteiligen werden, nicht möglich.
Deshalb muss die Frage nach einem Gebot der Trennung von Eignungs- und Zuschlagskriterien insbesondere für die Vergabe von Architekten- und Ingenieurleistungen beantwortet
werden. Weder der Vergaberichtlinie noch den deutschen Vergabegesetzen kann ein solches
Gebot entnommen werden. Im Gegenteil, deutet die Regelung des § 46 Abs. 3 Nr. 6 VgV,
in der ein solches Gebot für den Einzelfall normiert wird, darauf hin, dass der Gesetzgeber
von einem allgemeinen Gebot nicht ausgeht. Jedenfalls im Bereich der Vergabe von Archi-
tekten- und Ingenieurleistungen würde ein solches Gebot der Trennung von Eignungs-
und Ingenieurleistungen im Ergebnis auch dem gesetzgeberischen Willen widersprechen,
der in § 75 Abs. 4 S. 2 VgV zum Ausdruck kommt und besagt, dass kleinere Büroorganisationen und Berufsanfänger angemessen beteiligt werden sollen. Denn kleinere Büroorganisationen und insbesondere Berufsanfänger verfügen in der Regel nicht über eine ausreichende Anzahl qualitativ hinreichender Referenzen, um sowohl die berufliche und
technische Leistungsfähigkeit als auch die Erfahrung des für die Auftragsausführung vorgesehenen Personals nachzuweisen, wenn die einzelne Referenz entweder nur als Eignungsnachweis oder in der Angebotswertung berücksichtigt werden darf.[51] Für Referenzen ist
deshalb eine Ausnahme vom Gebot der Trennung von Eignungs- und Zuschlagskriterien zu machen. Dieselbe Referenz darf sowohl zum Nachweis der Eignung des Bewerbers,
als auch zum Nachweis der Erfahrung des für den Einsatz vorgesehenen Personals gewertet
werden. Zumal es sich bei dieser Referenz streng genommen einmal um die unternehmensbezogene Referenz des Bewerbers (in der Eignungsprüfung) und einmal um die per-

---

[49] Verordnungsbegründung BT-Drs. 18/7318 Seite 183, 184.
[50] *Stolz* VergabeR 2016, 351, 362.
[51] *Geitel* in KKMPP, Kommentar zur VgV 1. Aufl. 2017 § 76 Rn. 8.

sonenbezogene Referenz des Mitarbeiters (in der Zuschlagsprüfung) handelt. Insofern
dient die Referenz unterschiedlichen Personen und unterschiedlichen Zwecken.

40   Zur Wertung der abgefragten Lösungsvorschläge, der eigentlichen Besonderheit von Ar-
chitekten- und Ingenieurvergaben, enthält § 76 VgV keine Aussage. Klar ist nur, dass ein
in die Planervergabe integrierter Planungswettbewerb nicht zulässig ist (→ VgV § 78
Rn. 49). Denn Planungswettbewerbe für Architekten- und Ingenieurleistungen dürfen im
Anwendungsbereich des Abschnitts 6 nur vor (oder ohne) Vergabeverfahren durchgeführt
werden (§ 78 Abs. 2 S. 2 VgV). Sinnvollerweise wird der öffentliche Auftraggeber einen
Katalog qualitativer Kriterien aufstellen, anhand derer er diese Vorschläge – ggf. mit beratender Unterstützung Dritter – prüft und wertet.

C. Ausarbeitung von Lösungsvorschlägen

I. Vorliegen von Lösungsvorschlägen

41   § 76 Abs. 2 S. 1 VgV stellt klar, dass der öffentliche Auftraggeber die Ausarbeitung von
Lösungsvorschlägen im Rahmen eines Planungswettbewerbs, eines Verhandlungsverfahrens
oder eines wettbewerblichen Dialogs verlangen kann. Hierbei handelt es sich zugleich um
die Verfahren, die im Anwendungsbereich des Abschnitts 6 der VgV in der Regel durchzuführen sind (vgl. § 74 und § 78 i. V. m. §§ 69 ff. Abs. 1 VgV). Die Regelung entspricht
§ 20 Abs. 2 S. 2 VOF.

42   Gegenstand der Regelung sind Lösungsvorschläge, die **im Vergabeverfahren** auszuarbeiten sind. Damit kann der öffentliche Auftraggeber von den Bietern bereits vor Zuschlagsentscheidung Leistungen verlangen, die über die eigentliche Angebotserstellung
hinausgehen. Zum einen dienen die ausgearbeiteten Lösungsvorschläge – ebenso wie die
Präsentation von Referenzprojekten – dazu, im Leistungswettbewerb das wirtschaftlichste
Angebot zu ermitteln. Zum anderen wird hierdurch das Soll des späteren Planungsauftrags
festgelegt. Die Ausarbeitung kann nur von Teilnehmern dieses Vergabeverfahrens verlangt
werden. Das Verlangen muss gegenüber allen Teilnehmern geäußert werden, um alle Verfahrensteilnehmer gleich zu behandeln.

43   Die **Beschränkung auf Planungswettbewerbe, Verhandlungsverfahren und wett-**
bewerbliche Dialoge ist vor dem Hintergrund, dass der Verordnungsgeber ausweislich der
Verordnungsbegründung sämtliche Verfahrensarten, also auch das offene Verfahren und das
nicht offene Verfahren für die Vergabe von Architekten- und Ingenieurleistungen als zulässig
erachtet,[52] nicht nachvollziehbar. Denn die Ausarbeitung von Lösungsvorschlägen kann auch
in offenen oder nicht offenen Verfahren zulässig und sinnvoll sein. Sonst würde es die entsprechende Regelung für Bauvorgaben in § 7c EU Abs. 1 VOB A nicht geben. Sinnvoll ist
die Ausarbeitung von Lösungsvorschlägen zwar insbesondere in Vergabeverfahren, die eine
Verhandlung über diese Vorschläge, die Überarbeitung dieser Vorschläge noch im Vergabeverfahren sowie eine Wertung derselben zulassen. Ebenso ist die Ausarbeitung von Lösungsvorschlägen insbesondere dann sinnvoll, wenn der Leistungsinhalt noch nicht fest steht, sondern durch den Lösungsvorschlag, der dem ausgewählten Angebot zu Grunde liegt,
konkretisiert werden soll. Das bedeutet aber nicht, dass die Ausarbeitung von Lösungsvorschlägen im Einzelfall nicht auch in offenen oder nicht offenen Verfahren zweckmäßig sein
kann. Zu § 76 Abs. 2 Satz 1 VgV hat der Verordnungsgeber in der Verordnungsbegründung
jedoch ausdrücklich klargestellt, dass die Ausarbeitung von Lösungsvorschlägen – dem Wortlaut der Norm entsprechend – nur im Rahmen von Planungswettbewerben, Verhandlungsverfahren oder wettbewerblichen Dialogen verlangt werden darf.[53]

---

[52] → VgV § 74 Rn 15 f.
[53] Verordnungsbegründung BT-Drs. 18/7318 Seite 206.

Unter Lösungsvorschlägen sind sämtliche **Planungsleistungen** der Bieter zu verstehen, **44** die diese zum Zwecke der Angebotserstellung zu erbringen haben. Unzweifelhaft gehören dazu neue eigene architektonische Lösungen.[54] Aber auch ein gesamtplanerisches Konzept kann bereits ein Lösungsvorschlag im Sinne von § 76 Abs. 2 S. 1 VgV sein.[55] Die bloße Modifikation bereits vorhandener Lösungsvorschläge fällt hingegen nicht darunter. Erst recht gilt dies für eine projektbezogene Angebotspräsentation.[56] Maßgeblich ist mithin, dass der Lösungsvorschlag eine Planungsleistung enthält und dass er insoweit bereits einen Teil des zu vergebenden Auftrags vorwegnimmt.[57]

Die Forderung nach der Ausarbeitung von Lösungsvorschlägen muss spätestens in der **45** Aufforderung zur Abgabe eines Angebots bzw. zur Aufnahme von Verhandlungen ange-kündigt werden. Dabei müssen Art und Umfang der Ausarbeitungen ebenso angegeben werden wie, soweit möglich, inhaltliche Eckpunkte. Aufgabe ist es, die Beschreibung der zu lösenden Aufgabe so genau wie möglich zu fassen, so dass sie ein klares Bild vom Auf-tragsgegenstand vermittelt und hinreichend vergleichbare Angebote erwarten lässt, die dem öffentlichen Auftraggeber die Erteilung des Zuschlags ermöglicht (§ 31 Abs. 2 Nr. 1 VgV).

II. Kostenerstattung

Für die Erstattung der Kosten für die Ausarbeitung von Lösungsvorschlägen verweist **46** § 76 Abs. 2 S. 2 VgV auf die Regelungen unter § 77 VgV. Dementsprechend wird hier auf die dortige Kommentierung verwiesen.

III. Unaufgefordert eingereichte Lösungsvorschläge

§ 76 Abs. 2 S. 3 VgV stellt klar, dass unaufgefordert eingereichte Ausarbeitungen von **47** Lösungsvorschlägen im Sinne von S. 1 unberücksichtigt bleiben. Die Regelung betrifft zum einen die Vergütungsfolgen. Das ergibt sich aus dem systematischen Zusammenhang mit § 76 Abs. 2 Satz 2 VgV. Zum anderen soll ausweislich der Verordnungsbegründung zu § 76 Abs. 2 Satz 3 VgV mit dieser Regelung der Schutzgedanke von § 20 Abs. 3 VOF fortgeführt und damit klargestellt werden, dass unaufgefordert eingereichte Angebote nicht bei der Angebotswertung berücksichtigt werden dürfen.[58]

Eine Kostenerstattung ist gemäß § 77 Abs. 2 VgV vom öffentlichen Auftraggeber festzu- **48** setzen, wenn und soweit er außerhalb von Planungswettbewerben die Ausarbeitung von Lösungsvorschlägen verlangt. Eine solche Ausarbeitung darf außerhalb von Planungswett-bewerben nur in Verhandlungsverfahren und wettbewerblichen Dialogen verlangt werden (§ 76 Abs. 2 Satz 1 VgV). Diesen Verfahren ist in aller Regel ein Teilnahmewettbewerb vorgeschaltet, in dem der öffentliche Auftraggeber anhand vorab festgelegter Eignungskri-terien diejenigen Architekten oder Ingenieuren herausfiltert, die zur Teilnahme in dem nachgelagerten Verhandlungsverfahren oder wettbewerblichen Dialog eingeladen und da-mit zur Ausarbeitung eines Lösungsvorschlags aufgefordert werden sollen. Architekten und Ingenieure, die entweder im Teilnahmewettbewerb ausgeschlossen wurden oder sich erst gar nicht daran beteiligt haben, werden in dem nachgelagerten Verhandlungsverfahren oder wettbewerblichen Dialog nicht berücksichtigt. Ebenso wenig erhalten Sie für trotzdem eingereichte Lösungsvorschläge eine Kostenerstattung.

---

[54] OLG Koblenz v. 20.12.2013 – 8 U 1341 / 12 = BauR 1014, 741.
[55] OLG München v. 21.7.2015 – 9 U 1676/13 = VergabeR 2016, 107 und 20, 130 (nicht rechtskräftig, Nichtzulassungsbeschwerde anhängig unter X ZR 88/15).
[56] VK Südbayern v. 25.3.2013 – Z3–3-3194-1-06-03/13.
[57] OLG Koblenz v. 6.7.2012 – Ziffer 8 U 45/11 = VergabeR 2013, 636, 641; OLG Koblenz v. 20.12.2013 – Ziffer 8 U 1341/12 = BauR 2014, 741.
[58] Verordnungsbegründung BT-Drs. 18/7318 Seite 206.

49   Die Vorschrift umfasst alle denkbaren Arten unaufgefordert eingereichter **Lösungsvorschläge.** Sie gilt für eingereichte Lösungsvorschläge von Unternehmen, die nicht zur Angebotsabgabe aufgefordert worden sind, ebenso wie für Lösungsvorschläge, die ein Bieter,
der bereits im Rahmen des Verhandlungsverfahrens nicht weiter berücksichtigt wurde,
noch einreicht. Ihr eigentlicher Sinn und Zweck besteht jedoch darin sicherzustellen, dass
die Bieter nur Lösungsvorschläge ausarbeiten und einreichen, deren Ausarbeitung vom
öffentlichen Auftraggeber ausdrücklich verlangt worden ist. Damit soll die Vergleichbarkeit
der Angebote gewährleistet werden. Ein Wettbewerb der Lösungsvorschläge in dem Sinne,
dass über die Forderung des öffentlichen Auftraggebers hinausgehend möglichst detaillierte,
möglichst umfangreiche oder möglichst variantenreiche Ausarbeitungen vorgelegt werden,
soll vermieden werden. Die Angebote sollen vielmehr auf der gleichen, vom Auftraggeber
einheitlich vorgegebenen Grundlage bewertet werden können. Damit dient § 76 Abs. 2
Satz 3 VgV der Gleichbehandlung aller Bewerber und Bieter. Diese müssen sich darauf
verlassen können, dass die von ihnen mit dem Teilnahmeantrag oder dem Angebot einzureichenden Unterlagen in den Vergabeunterlagen abschließend beschrieben sind bzw. eventuell darüber hinaus noch einzureichende Unterlagen von allen am Vergabeverfahren (gegebenenfalls noch) beteiligten Bewerbern oder Bietern diskriminierungsfrei verlangt
werden. In diesem Zusammenhang ist auch die Konkretisierung des Regelungsinhalts von
§ 20 Abs. 3 VOF in § 77 Abs. 2 VgV zu sehen. Nach § 20 Abs. 3 VOF waren die vom
öffentlichen Auftraggeber verlangten Lösungsvorschläge zu vergüten. Wegen des dort nicht
näher konkretisierten Verlangens wurde die Auffassung vertreten, dass jeder Art von planerischer Tätigkeit im Sinne der HOAI bei der Angebotswertung und bei der Vergütung zu
berücksichtigen ist.[59] § 77 Abs. 2 regelt demgegenüber die Vergütungsfestsetzung in dem
Fall, dass der öffentliche Auftraggeber Lösungsvorschläge in Form von Entwürfen, Plänen,
Zeichnungen, Berechnungen oder anderen Unterlagen verlangt. Damit wird zum Ausdruck gebracht, dass der öffentliche Auftraggeber das Recht hat, konkrete Vorgaben für die
Ausarbeitung von Lösungsvorschlägen zu machen. Unter dem beschriebenen Gesichtspunkt der Gleichbehandlung korrespondiert mit diesem Recht sogar eine Pflicht, es sei
denn dass die Festlegung der Form der einzureichenden Lösungsvorschläge nicht möglich
oder nicht zweckmäßig ist.

50   Gleichzeitig dient die Regelung dem dem gesamten Abschnitt 6 der VgV zu Grunde
liegenden und unter anderem auch in § 75 Abs. 4 S. 2 VgV ausdrücklich niedergelegten
Grundsatz, das Vergabeverfahren möglichst so zu gestalten, dass **kleinere Büroorganisationen und Berufsanfänger** sich beteiligen können. Diese sind nämlich in der Regel
nicht in der Lage, überobligatorisch und gemäß § 77 Abs. 2 VgV deshalb unentgeltlich
Lösungsvorschläge zu erarbeiten. Im Ergebnis ist § 76 Abs. 2 S. 3 VgV damit eine Ausprägung des **Gleichbehandlungsgrundsatzes.**[60]

51   Weitere, wenngleich vom Verordnungsgeber wohl nicht bewusst bezweckte Nebeneffek-
te dieser Regelung sind zum einen, dass der öffentliche Auftraggeber gar nicht erst in Ver-
suchung gerät, **Lösungsvorschläge nicht ausdrücklich zu fordern,** diese aber dennoch
zu berücksichtigen, um auf diese Weise die Vergütungsfolgen des § 76 Abs. 2 S. 2, § 77
VgV zu umgehen.[61] Zum anderen herrscht für den öffentlichen Auftraggeber **Rechtsklarheit,** welche Angebotsunterlagen er prüfen und werten muss, und er kann auf diese Weise
zugleich seinen **Aufwand für die Angebotsprüfung reduzieren.** Nicht zuletzt aus diesem Grund empfiehlt es sich, die Regelung des § 76 Abs. 2 S. 3 VgV ausdrücklich in den
Vergabeunterlagen zu wiederholen, die von den Bietern im Zweifel eher gelesen werden
als das Gesetz.

---

[59] *Bluhm* in Müller-Wrede, VOF 5. Aufl. 2014 § 20 Rn. 22.
[60] *Martini* in Pünder/Schellenberg, Vergaberecht 2. Aufl. 2015 § 20 VOF Rn. 17.
[61] *Geitel* in KKMPP, Kommentar zur VgV 1. Aufl. 2017 § 76 Rn. 20 sowie zu § 20 Abs. 2 S. 3 VOF
Voppel/Osenbrück/Bubert VOF, 3. Aufl. 2012 § 20 Rn. 14, 17.

§ 77 Kosten und Vergütung

(1) Für die Erstellung der Bewerbungs- und Angebotsunterlagen werden Kosten nicht erstattet.

(2) Verlangt der öffentliche Auftraggeber außerhalb von Planungswettbewerben darüber hinaus die Ausarbeitung von Lösungsvorschlägen für die gestellte Planungsaufgabe in Form von Entwürfen, Plänen, Zeichnungen, Berechnungen oder anderen Unterlagen, so ist einheitlich für alle Bewerber eine angemessene Vergütung festzusetzen.

(3) Gesetzliche Gebühren- oder Honorarordnungen und der Urheberschutz bleiben unberührt.

Übersicht

	Rn.
A. Einführung	1
I. Literatur	1
II. Entstehungsgeschichte	2
III. Rechtliche Vorgaben im EU-Recht	7
B. Ermächtigungsgrundlage	10
C. Erstellung der Bewerbungs- und Angebotsunterlagen	14
I. Grundsätzlich keine Kostenerstattung	14
II. Keine Kostenerstattung für Bewerbungsunterlagen	15
III. Keine Kostenerstattung für Angebotsunterlagen	17
IV. Unbeachtlichkeit des tatsächlichen Bearbeitungsaufwands	21
V. Freiwillige Kostenerstattung durch den Auftraggeber	22
D. Vergütung für geforderte Lösungsvorschläge	24
I. Grundsätze	24
1. Anspruchsberechtigte	25
2. Vertragsrechtliche Beurteilung des Lösungsvorschlags	29
II. Verlangen von Lösungsvorschlägen	31
1. Verlangen	31
2. Ein oder mehrere Lösungsvorschläge	36

	Rn.
III. Vorgabe von Art, Umfang und Form der Unterlagen	38
IV. Festsetzung einer angemessenen Vergütung	48
1. Lösungsvorschläge in allen Verfahrensstadien	49
2. Vergütung des Zuschlagsempfängers	53
3. Zeitpunkt der Festsetzung	54
4. Höhe der Vergütung	55
5. Keine HOAI-Vergütung	59
6. Umsatzsteuer	63
7. Pauschalsumme	64
V. Durchsetzung der festgesetzten Vergütung	65
1. Vorleistungspflicht des Bewerbers und Bieters	66
2. Einhaltung etwaiger Mindestanforderungen an den Lösungsvorschlag	67
3. Inhaltliche und qualitative Anforderungen an den Lösungsvorschlag	68
4. Einreichung eines wertbaren Angebots	72
VI. Zivilrechtliche Anspruchsgrundlagen	74
VII. Bieterschutz und Rechtsschutz	77
E. Gesetzliche Preisvorschriften	84
F. Urheberrechtsschutz	90

A. Einführung

I. Literatur

Kulartz/Kus/Marx/Portz/Prieß, Kommentar zur VgV, 1. Aufl., Köln 2017; *Willenbruch/Wieddekind*, Vergaberecht, 4. Aufl., Köln 2017; *Stolz*, Die Vergabe von Architekten- und Ingenieurleistungen nach der Vergaberechtsreform 2016, VergabeR 2016, 351; *Fritz*, Die Vergabe von Architekten und Ingenieursleistungen nach der VgV 2016, VergabeR 2017, 267; *Schweer/Heller*, Die Vergütung von Planungsleistungen in VOF-Verfahren, VergabeR 2016, 1; *Müller-Wrede*, Kommentar zur VOF, 5. Aufl., München 2014; *Voppel/Osenbrück/Bubert*, VOF – Vergabeordnung für freiberufliche Leistungen, 3. Aufl., München 2012; *Dierks-Oppler*, Wettbewerbe für Architekten und Ingenieure, 1. Aufl., Köln 2013; *Müller-Wrede*, Der Architektenwettbewerb, 1. Aufl., Köln 2012. **1**

II. Entstehungsgeschichte

2   Im deutschen Vergaberecht gilt der Grundsatz, dass für die Erstellung der Bewerbung-
und Angebotsunterlagen keine Entschädigung gewährt wird. Umgekehrt sollen Aufwendungen für die Ausarbeitung darüber hinausgehender Unterlagen Entwürfe, Pläne, Zeichnungen oder Berechnungen, erstattet werden. Diese Grundsätze waren bereits vor der Vergaberechtsreform 2016 kodifiziert. Für die Vergabe von Bauleistungen fanden sich
entsprechende Regelungen in § 8 Abs. 8 VOB/A sowie in § 8 EG Abs. 8 VOB/A 8; die
Regelungen finden sich nach der Vergaberechtsreform in § 8b Abs. 1 VOB/A bzw. § 8b
EU Abs. 1 VOB/A. Die VOL sah keine entsprechenden Regelungen vor, weshalb wohl
auch die allgemeinen Teile der VgV (Abschnitte 1 bis 4), die sich am 2. Abschnitt der VOL
orientiert, keine solche Regelung enthalten. Für die Vergabe freiberuflicher Leistungen
legte § 13 Abs. 2 VOF fest, dass für die Ausarbeitung der Bewerbungs- und Angebotsunterlagen Kosten nicht erstattet werden. § 13 Abs. 3 S. 1 VOF bestimmte demgegenüber,
dass für die vom Auftraggeber geforderte Ausarbeitung darüber hinausgehender Unterlagen
einheitlich eine angemessene Vergütung festzusetzen ist. In § 77 Abs. 1 VgV wurde die
Vorgängerregelung von § 13 Abs. 2 VOF wortgleich übernommen. § 77 Abs. 2 VgV greift
die Regelung von § 13 Abs. 3 S. 1 VOF auf. Die Abweichungen zwischen § 77 Abs. 2
VgV und § 13 Abs. 3 S. 1 VgV sind weitgehend redaktioneller Natur. Unter anderem ist
durch die Neufassung klargestellt, dass die Entschädigung nicht nur zugunsten von Bewerbern, sondern auch zugunsten von Bieter greift.[1] Ein wesentlicher Unterschied besteht
jedoch darin, dass nach § 13 Abs. 3 S. 1 VOF und § 20 Abs. 3 VOF im Ergebnis sämtliche
vom Auftraggeber verlangte und über die Bewerbungs- und Angebotsunterlagen hinausgehenden Entwürfe, Pläne, Zeichnungen, etc. zu entschädigen bzw. zu vergüten waren. § 77
Abs. 2 VgV beschränkt diese Entschädigungs- bzw. Vergütungspflicht auf die vom öffentlichen Auftraggeber verlangten Lösungsvorschläge. Es sind also nur noch solche Entwürfe,
Pläne, Zeichnungen. etc. entschädigungs- bzw. vergütungspflichtig, die den Lösungsvorschlag für die ausgeschriebene Planungsaufgabe betreffen (→ VgV § 77 Rn. 31 ff.).

3   § 77 Abs. 3 VgV ist schließlich identisch mit § 13 Abs. 3 S. 2 VgV und regelt, dass gesetzliche Gebühren- oder Honorarordnungen und der Urheberrechtsschutz unberührt
bleiben. Dahinter steht der Gedanke der Einheitlichkeit der Rechtsordnung. Die Rechte
der Bewerber und Bieter aus Gebühren- oder Honorarordnungen – von Bedeutung ist hier
die Honorarordnung für Architekten und Ingenieure (HOAI) – und aus dem Urheberrecht
sollen durch das Vergaberecht nicht unterlaufen oder eingeschränkt werden. Zu solchen
Eingriffen in andere Gesetze wäre der Verordnungsgeber auch nicht ermächtigt (siehe dazu
auch Ziffer IV).

4   § 13 VOF befand sich im Kap. 1 und gehörte damit zu den allgemeinen Vorschriften, die
für die Vergabe sämtlicher in den Anwendungsbereich der VOF fallender freiberuflicher
Leistungen galten. Für die Vergabe von Architekten- und Ingenieurleistungen sah die VOF
in Kap. 3 zusätzliche besondere Vorschriften vor. Dazu gehörte § 20 Abs. 3 VOF, in dem geregelt war, dass geforderte Lösungsvorschläge für die Planungsaufgabe außerhalb eines Planungswettbewerbs nach dem Honorarbestimmungen der HOAI zu vergüten sind. Diese
unmittelbare Anspruchsgrundlage hat der Verordnungsgeber in dem neuen Abschnitt 6 der
VgV, der nach der Vergaberechtsreform 2016 die besonderen Regelungen für die Vergabe
von Architekten- und Ingenieurleistungen enthält, nicht übernommen. Im Ergebnis werden
die Bieter dadurch aber nicht schlechter gestellt. Nach § 77 Abs. 2 VgV haben diese einen
Anspruch auch auf Festsetzung einer angemessenen Vergütung für die Ausarbeitung der vom
öffentlichen Auftraggeber verlangten Lösungsvorschläge. § 77 Abs. 3 VgV stellt schließlich
klar, dass die HOAI als gesetzliche Gebühren- oder Honorarordnung unberührt bleibt.

---

[1] Siehe zur Vorgängervorschrift in § 13 Abs. 3 S. 1 VOF *Portz* in Müller-Wrede, VOF 5. Aufl. 2014 § 13
Rn. 21.

Ebenfalls nicht übernommen hat der Verordnungsgeber die Regelung unter § 13 Abs. 1 **5**
VOF, die klarstellte, dass von den Bewerbern oder Bietern Entgelte für die Durchführung
von Vergabeverfahren nicht erhoben werden dürfen mit Ausnahme von Kopierkosten bei
postalischer oder direkter Versendung bei Wettbewerben. Die Gründe dafür, dass eine § 13
Abs. 1 VOF entsprechende Regelung nicht in den § 77 VgV aufgenommen wurde, hat der
Gesetzgeber in der Verordnungsbegründung nicht mitgeteilt. Weil sich der Verordnungsgeber bei der Fassung von § 77 VgV ausweislich der Verordnungsbegründung intensiv mit
der Vorgängerregelung in § 13 VOF auseinandergesetzt hat, darf davon ausgegangen werden, dass die Entscheidung, § 13 Abs. 1 VOF nicht zu übernehmen, bewusst getroffen
wurde. Offensichtlich wollte der Verordnungsgeber also dem öffentlichen Auftraggeber die
Möglichkeit einräumen, gegebenenfalls Entgelte für die Durchführung der Vergabeverfahren zu erheben. Das ist vor dem Hintergrund nachvollziehbar, dass einem öffentlichen
Auftraggeber bei der Durchführung von Vergaben von Architekten- und Ingenieurleistungen Aufwendungen entstehen können, die über die üblichen Verfahrenskosten insbesondere bei offenen und nicht offenen Verfahren hinausgehen.

Für die Vergabe von Bauleistungen findet sich nach der Vergaberechtsreform 2016 eine **6**
vergleichbare Regelung in § 8b EU Abs. 1 Nr. 1 VOB/A. Demgegenüber enthält die VgV
in den allgemeinen Bestimmungen, die für die Vergabe aller Dienst- und Lieferleistungen
gelten, keine § 77 VgV vergleichbare Regelung. Lediglich bestimmt § 18 Abs. 10 VgV für
den Wettbewerblichen Dialog, dass der öffentliche Auftraggeber Prämien oder Zahlungen
an die Dialogteilnehmer vorsehen kann.

III. Rechtliche Vorgaben im EU-Recht

Die Vergaberichtlinie[2], die mit der VgV in deutsches Recht umgesetzt wird, sieht kein **7**
Sonderregelungsregime für die Vergabe von Architekten- und Ingenieurleistungen vor.
Abschnitt 6 der VgV und § 77 VgV im Besonderen, der spezifische Regelungen im Zusammenhang mit der Vergütung von Lösungsvorschlägen enthält, haben mithin kein europarechtliches Vorbild. Gleichwohl schließt die Richtlinie spezifische Regelungen für die
Vergabe von Architekten- und Ingenieurleistungen nicht aus. In der Richtlinie werden
vielmehr in den Erwägungsgründen Besonderheiten derartiger Leistungen hervorgehoben,
die Sonderregelungen rechtfertigen.

Eine Verpflichtung des öffentlichen Auftraggebers, für im Vergabeverfahren eingereichte **8**
Lösungsvorschläge eine Vergütung, Entschädigung oder Kostenerstattung zu zahlen, sieht
die Vergaberichtlinie nicht vor. Weder die frühere Richtlinie 2004/18/EG noch die aktuelle Vergaberichtlinie sehen vor, dass die Kosten für die Erstellung von Bewerbungs- und
Angebotsunterlagen erstattet werden oder aber nicht erstattet werden müssen. § 77 VgV
hat mithin keine europarechtlichen Bezüge. Sein Normgehalt entstammt vielmehr allein
dem deutschen Vergaberecht.[3]

Der EU-Gesetzgeber stellt jedoch in Art. 30 Abs. 8 der Vergaberichtlinie ausdrücklich fest, **9**
dass der öffentliche Auftraggeber in einem wettbewerblichen Dialog Prämien oder Zahlungen
an die Teilnehmer vorsehen kann. Dahinter steht der Gedanke, den Teilnehmern eine Kompensation für den Aufwand, den diese im Rahmen des wettbewerblichen Dialogs betreiben
und der im Wesentlichen in der Erarbeitung des Lösungsvorschlags oder auch der Lösungsvorschläge besteht, zu gewähren. Dass der EU-Gesetzgeber ausschließlich in den Regelungen
zum wettbewerblichen Dialog das Recht der öffentlichen Auftraggeber vorgesehen hat, Prämien oder Zahlungen an die Verfahrensteilnehmer zu zahlen, bedeutet nicht, dass dies bei
anderen Verfahrensarten unzulässig wäre. Dagegen spricht bereits, dass in Art. 5 Abs. 1 Unter-

---

[2] Richtlinie 2014/24/EU des Europäischen Parlaments und des Rates vom 26. Februar 2014 über die öffentliche Auftragsvergabe und zur Aufhebung der Richtlinie 2004/18/EG.
[3] *Portz/Geitel* in KKMPP, Kommentar zur VgV 1. Aufl. 2017 § 77 Rn. 2.

abs. 2 der Vergaberichtlinie für alle Vergabeverfahren bestimmt wird, dass der öffentliche Auftraggeber Prämien oder Zahlungen, die er für Bewerber oder Bieter vorsieht, bei der Berechnung des geschätzten Auftragswerts zu berücksichtigen hat. Wenn der EU-Gesetzgeber die Berechtigung, Prämien und Zahlungen zu leisten, auf den wettbewerblichen Dialog hätte begrenzen wollen, ist davon auszugehen, dass er in diesem Zusammenhang, also bei den Regelungen des wettbewerblichen Dialogs, klargestellt hätte, dass die Zahlungen und Prämien bei der Ermittlung des Auftragswerts berücksichtigen werden müssen. Hinzu kommt, dass der EU-Gesetzgeber in Art. 5 Abs. 1 Unterabs. 2 der Vergaberichtlinie von „Bewerbern oder Bietern" spricht, wohingegen er die Teilnehmer eines wettbewerblichen Dialogs ausdrücklich als solche – also als „Teilnehmer" – bezeichnet. Das zeigt, dass die Regelung des Art. 5 Abs. 1 Unterabsatz 2 der Vergaberichtlinie für alle Vergabeverfahren gilt. Im Umkehrschluss müssen öffentliche Auftraggeber dann auch in allen Vergabeverfahren berechtigt sein, Zahlungen und Prämien vorzusehen. Andernfalls machte Art. 5 Abs. 1 Unterabs. 2 der Vergaberichtlinie als allgemeine, die Vergabeverfahrensarten übergreifende Regelung keinen Sinn.

B. Ermächtigungsgrundlage

10   Schon im Hinblick auf § 20 Abs. 3 VOF, der speziell für die Vergabe von Architekten- und Ingenieurleistungen einen Anspruch der Bieter vorsah, vom öffentlichen Auftraggeber außerhalb eines Planungswettbewerbs geforderte Lösungsvorschläge nach den Honorarbestimmungen der HOAI vergütet zu erhalten,[4] wurde diskutiert, ob eine derartige Vergütungsregelung von der im GWB normierten Ermächtigungsgrundlage, in einer Vergabeverordnung Regelungen über das bei der Vergabe einzuhaltende Verfahren festzulegen, gedeckt war.[5] Im Hinblick auf die ähnliche Regelung in § 13 Abs. 3 S. 1 VgV wurde dieselbe Frage aufgeworfen.[6] Erst recht muss diese Frage dann im Hinblick auf § 77 VgV diskutiert werden. Denn die Ermächtigungsgrundlage für die Vergabeverordnung, die sich in § 113 GWB findet, ist enger gefasst als die vor der Vergaberechtsreform 2016 normierte Ermächtigungsgrundlage in § 97 Abs. 6 GWB a. F. Diese ermächtigte den Verordnungsgeber auch zur Regelung" sonstiger Fragen des Vergabeverfahrens". § 113 GWB beschränkt sich demgegenüber darauf, die Bundesregierung zu ermächtigen, durch Rechtsverordnung mit Zustimmung des Bundesrates nähere Bestimmungen über das bei der Vergabe einzuhaltende Verfahren zu treffen. Die Ermächtigungsgrundlage des § 113 GWB ist demnach beschränkt auf Verfahrensregelungen.

11   Zum einen unterscheidet sich jedoch die Ermächtigungsgrundlage in § 113 GWB gegenüber derjenigen in § 97 Abs. 6 GWB a. F. in einem (weiteren) wichtigen Punkt: Nach den § 113 S. 3 bis 5 GWB ist die Rechtsverordnung, noch bevor sie an den Bundesrat weitergeleitet wird, dem Bundestag zuzuleiten. Dieser hat die Möglichkeit, durch Beschluss die Rechtsverordnung zu ändern oder abzulehnen. Das ermächtigende Organ selbst nimmt nach § 113 S. 3 ff. GWB also an dem Gesetzgebungsprozess zur VgV teil und hat ein Änderungs- und ein Ablehnungsrecht. Die Frage, ob eine einzelne Regelung der VgV von der Ermächtigungsgrundlage des § 113 GWB gedeckt ist, dürfte sich, wenn der Bundestag als ermächtigendes Organ an dieser Norm selbst mitgewirkt hat, indem er sie weder geändert noch abgelehnt hat, nicht mehr stellen.

12   Zum anderen hatte bereits der Bundesgerichtshof festgestellt, dass die Regelung des § 13 Abs. 3 VOF, der die Regelung in § 77 Abs. 2 VgV im Wesentlichen entspricht, als eine Verfahrensbestimmung anzusehen ist.[7] Hinzu kommt, dass die in § 77 Abs. 2 VgV nor-

---

[4] → VgV § 77 Rn. 59.

[5] Siehe dazu *Voppel/Osenbrück/Bubert* VOF, 3. Aufl. 2012 § 20 Rn. 17 mwN sowie *Bluhm* in Müller-Wrede, VOF 5. Aufl 2014 § 20 VOF Rn. 24.

[6] Siehe dazu *Portz* in Müller-Wrede, VOF 5. Aufl. 2014 § 13 Rn. 7 ff.

[7] BGH v. 19.4.2016 – X ZR 77/14, NZBau 2016, 368, 370 ff. Im Ergebnis auch OLG Koblenz v. 20.12.2013 – 8 U 1341/12, BauR 2014, 741 (L) (zur Vorgängervorschrift § 24 Abs. 3 VOF 2006).

mierte Vergütungsregelung der Durchsetzung vergaberechtlicher Grundsätze im Vergabeverfahren dient. Die praktische Erfahrung bei der Forderung öffentlicher Auftraggeber, über die eigentlichen Bewerbungs- und Angebotsunterlagen hinausgehend Lösungsvorschläge auszuarbeiten, zeigt zweierlei: Je geringer die dafür festgesetzte Vergütung ist, desto geringer ist auch die Qualität dieser Lösungsvorschläge. Und je größer die dafür festgesetzte Vergütung ist, desto größer und vielfältiger ist auch der sich an diesem Vergabeverfahren beteiligende Bieterkreis. Insbesondere kleinere Büroeinheiten und Berufsanfänger, deren Beteiligung an Vergabeverfahren gemäß § 75 Abs. 4 S. 2 VgV nach dem ausdrücklichen Willen des Verordnungsgebers ermöglicht werden soll, haben oftmals nicht die finanziellen Spielräume, um sich ohne die Gewährung einer angemessenen Vergütung an einem aufwändigen Vergabeverfahren, in dem sie bereits in der Angebotsphase Planungsleistungen erbringen müssen, zu beteiligen. Durch die Festsetzung einer angemessenen Vergütung gemäß § 77 Abs. 2 VgV werden ihnen diese Spielräume eröffnet. § 77 Abs. 2 VgV kann deshalb als Ausprägung des Wettbewerbs- und des Gleichbehandlungsgrundsatzes sowie des Gebots, mittelständische Interessen zu berücksichtigen, gesehen werden.[8]

Mithin kann der Regelungsgegenstand von § 77 Abs. 2 VgV, der demjenigen von § 13 **13** Abs. 3 VOF entspricht und damit auch als Verfahrensregelung anzusehen ist, unter die Ermächtigungsgrundlage von § 113 GWB subsumiert werden. Zwar ist eine solche Vergütungsregelung in der Aufzählung zulässiger Regelungsgegenstände in § 113 GWB nicht enthalten. Die Formulierung „insbesondere" in § 113 GWB zeigt jedoch, dass diese Aufzählung nicht abschließend ist.

C. Erstellung der Bewerbungs- und Angebotsunterlagen

I. Grundsätzlich keine Kostenerstattung

§ 77 Abs. 1 VgV bestimmt, dass für die Erstellung der Bewerbungs- und Angebotsunter- **14** lagen Kosten nicht erstattet werden. Was unter Bewerbungs- und Angebotsunterlagen zu verstehen ist, definiert § 77 VgV nicht. In der gesamten VgV kommen diese Begriffe außerhalb von § 77 VgV nicht vor. Allerdings differenziert die VgV erkennbar zwischen Bewerbern und Bietern. Wenngleich auch diese Begriffe nicht definiert werden, zeigt die Zusammenschau der Regelungen, dass Bewerber dasjenige Unternehmen ist, das sich in einem Teilnahmewettbewerb darum bewirbt, zur Abgabe eines Angebots zugelassen zu werden. Bieter ist demgegenüber das Unternehmen, das ein Angebot abgegeben hat. Mithin betrifft § 77 Abs. 1 VgV sowohl die Erstellung des **Teilnahmeantrags** im Teilnahmewettbewerb, als auch die Erstellung des Angebots – bzw. bei mehreren Angebotsrunden: der **Angebote** – im Verhandlungsverfahren.

II. Keine Kostenerstattung für Bewerbungsunterlagen

Die **Bewerbungsunterlagen** bestehen in der Regel aus den Erklärungen und Belegen **15** zum Nachweis der Befähigung und Erlaubnis zur Berufsausübung (§ 44 VgV), der wirtschaftlichen und finanziellen Leistungsfähigkeit (§ 45 VgV) sowie der technischen und beruflichen Leistungsfähigkeit (§ 46 VgV). Im Falle der Eignungsleihe (§ 47) müssen Verpflichtungserklärungen der betreffenden Nachunternehmer und im Fall der beabsichtigten Bewerbung als Bewerber- bzw. Bietergemeinschaft eine entsprechende Bewerber- bzw. Bietergemeinschaftserklärung (§ 43 VgV) vorgelegt werden. Nach § 48 Abs. 2 S. 1 VgV fordert der öffentliche Auftraggeber grundsätzlich die Vorlage von Eigenerklärungen an. Als vorläufigen Beleg der Eignung und des Nichtvorliegens von Ausschlussgründen akzep-

---

[8] Ebenso zu § 13 Abs. 3 S. 1 VOF *Portz* in Müller-Wrede, VOF 5. Aufl. 2014 § 13 Rn. 11.

tiert er außerdem gemäß § 48 Abs. 3 VgV die Vorlage einer einheitlichen europäischen Eigenerklärung nach § 50 VgV. In der Regel legt der öffentliche Auftraggeber den Vergabeunterlagen vorformulierte Eigenerklärungen vor, die von den Bewerbern gegebenenfalls auszufüllen, zu unterzeichnen und abzugeben sind. Nicht selten gibt der öffentliche Auftraggeber sogar einen Bewerbungsbogen vor, der von den Bewerbern zu verwenden, das heißt auszufüllen und erforderlichenfalls zu ergänzen ist.

16   Die Verwendung des Begriffs „Bewerbungsunterlagen" – insbesondere anstelle des in der VgV ansonsten verwendeten Begriffs des „Teilnahmeantrags" – zeigt, dass die Regelung von § 77 Abs. 1 VgV **sämtliche im Bewerbungsstadium vorzulegende Unterlagen** umfassen soll. Von der Regelung umfasst sind also beispielsweise auch Unterlagen, die ein öffentlicher Auftraggeber anfordert, um die zunächst nur mittels Eigenerklärung oder einheitlicher europäischer Eignungserklärung nachgewiesene Leistungsfähigkeit überprüfen zu können. In dem Teilnahmewettbewerb ist die Art der zu fordernden Unterlagen, soweit insbesondere die Eignung betroffen ist, abschließend normiert. Eine Vergütung ist insoweit in diesem Stadium gerade nicht vorgesehen.[9]

III. Keine Kostenerstattung für Angebotsunterlagen

17   Die **Angebotsunterlagen** sind die mit dem Angebot – bzw. bei mehreren Verhandlungsrunden: den Angeboten – einzureichenden Unterlagen. § 77 Abs. 1 VgV ist also nicht auf das Ausfüllen des Angebotsformblatts beschränkt, das regelmäßig den Vergabeunterlagen beiliegt, sondern umfasst auch sonstige, zusammen mit dem Angebot beizulegende Unterlagen. Dazu können Preisblätter und sonstige Preisermittlungsgrundlagen gehören, aber auch Konzepte, die darlegen, wie der Bieter den Auftrag im Falle einer Zuschlagserteilung auszuführen beabsichtigt, beispielsweise Termin- oder Personaleinsatzkonzepte. Auch der Nachweis persönlicher Referenzen im Sinne von § 58 Abs. 2 Nr. 2 VgV ist eine Angebotsunterlage.

18   Gemein ist den Bewerbungs- und Angebotsunterlagen im Sinne von § 77 Abs. 1 VgV damit, dass ihre Erstellung **keine Architekten- oder Ingenieurleistungen i. e. S.** darstellt. Es handelt sich hierbei um eine werbende Tätigkeit des Architekten oder Ingenieurs im Rahmen der Anbahnung eines möglichen Vertragsverhältnisses. Der Bieter führt diese Leistungen nicht aus, um dafür eine Vergütung zu verdienen, sondern um eine konkrete **Chance auf Erteilung des Zuschlags** zu erhalten. Die Leistung erfolgt mit anderen Worten im originären Interesses des Bieters. Ein bestimmter werkvertraglicher Erfolg für einen Auftraggeber soll damit nicht erreicht werden.[10] Deshalb stellt die Leistung auch keinen tatsächlich und rechtlich bewertbaren eigenen Vergütungswert dar.[11] Kosten für derartige Leistungen fallen vielmehr unter die allgemeinen Geschäftskosten, die ein Unternehmen nicht auftrags-, sondern unternehmensbezogen kalkuliert.[12]

19   Diese vergaberechtliche Wertung entspricht der **vertragsrechtlichen Beurteilung** von Architekten- und Ingenieurleistungen in der Akquisitionsphase. Danach kann der Architekt oder Ingenieur die zur Anbahnung geschäftlicher Beziehungen getätigten Aufwendungen grundsätzlich nicht ersetzt verlangen, es sei denn, dass hierüber eine ausdrückliche Vereinbarung getroffen worden ist. Dies gilt auch dann, wenn der Architekt oder Ingenieur schlussendlich nicht beauftragt wird, seine Vorarbeiten also vergeblich waren. Ein Vergütungs- bzw. Aufwendungserstattungsanspruch setzt eine vertragliche Beziehung, also den

---

[9] *Portz / Geitel* in KKMPP, Kommentar zur VgV 1. Aufl. 2017 § 77 Rn. 17; *Voppel / Osenbrück / Bubert* VOF, 3. Aufl. 2012 § 13 Rn. 21.
[10] OLG Koblenz v. 20.12.2013 – 8 U 1341/12, BauR 2014, 741 (L); OLG Celle v. 16.3.2000 – 13 U 132/99 = BauR 2000, 1069, 1070; *Harr* in Willenbruch/Wieddekind, Vergaberecht 4. Aufl. 2017 § 77 VgV Rn. 13.
[11] *Portz / Geitel* in KKMPP, Kommentar zur VgV 1. Aufl. 2017 § 77 Rn. 11.
[12] *Portz / Geitel* in KKMPP, Kommentar zur VgV 1. Aufl. 2017 § 77 Rn. 12.

Abschluss eines (Vor-)Planervertrags voraus. Die Annahme eines solchen Vertrags ist wiederum davon abhängig, ob (bereits) ein *wechselseitiger Rechtsbindungswille* der Parteien bejaht werden kann.[13] Der Bewerber bzw. Bieter müsste also sich rechtlich binden und zur Erbringung eines Werkerfolgs, also zur Vorlage – mangelfreier – Bewerbungs- bzw. Angebotsunterlagen verpflichten wollen. Das ist bei öffentlichen Ausschreibungen in der Regel nicht der Fall (→ VgV § 77 Rn 61.). Es liegt vielmehr, wenn der öffentliche Auftraggeber in den Vergabeunterlagen nicht etwas anderes bestimmt hat, ein Akquisitionsrechtsverhältnis vor, das keinerlei vertragliche Primär- oder Sekundärrechtsansprüche begründet.[14]

Das eine wesentliche Kriterium zur Abgrenzung zwischen § 77 Abs. 1 VgV und § 77 **20** Abs. 2 VgV ist also der Inhalt der Unterlagen. Die originäre Erstellung der Bewerbungs- und Angebotsunterlagen ist gemäß Abs. 1 vergütungsfrei, wohingegen die Erbringung von Architekten- oder Ingenieurleistungen, die über die eigentlichen Angebotsunterlagen hinausgehen, vergütungspflichtig ist. Das andere wesentliche Abgrenzungskriterium ist das Verlangen des öffentlichen Auftraggebers. Nur soweit der öffentliche Auftraggeber die Ausarbeitung von Lösungsvorschlägen verlangt hat, muss er hierfür eine angemessene Vergütung festsetzen. Daraus folgt, dass die Ausarbeitung von **Nebenangeboten** unter § 77 Abs. 1 VgV fällt.[15] Zwar ist der Aufwand für die Ausarbeitung – insbesondere technischer – Nebenangebote in aller Regel wesentlich größer als der Aufwand für die Erstellung der Angebotsunterlagen für die konkrete ausgeschriebene Leistung. Auch beinhalten die Angebotsunterlagen von Nebenangeboten oftmals „echte" Architekten- oder Ingenieurleistungen. Zum einen erstellt ein Bieter aber auch ein Nebenangebot nur mit dem Ziel, seine Zuschlagschancen zu verbessern (und nicht mit dem Ziel, dafür eine Vergütung zu verdienen). Zum anderen erstellt der Bieter ein Nebenangebot freiwillig. Darin liegt der entscheidende Unterschied zu den vergütungspflichtigen Unterlagen im Sinne von § 77 Abs. 2 VgV, die auf Verlangen des öffentlichen Auftraggebers ausgearbeitet werden müssen.

IV. Unbeachtlichkeit des tatsächlichen Bearbeitungsaufwands

Die Festlegung in § 77 Abs. 1 VgV gilt unabhängig von dem konkreten Aufwand, den **21** der Bewerber oder Bieter bei der Erstellung der Bewerbungs- oder Angebotsunterlagen hatte. Auch wenn im Einzelfall **umfangreiche und komplexe Tätigkeiten** zu Erstellung dieser Unterlagen erforderlich sind, werden die Kosten für die Erstellung nicht erstattet.[16] Eine Grenzziehung zwischen einem nicht vergütungspflichtigem „normalen" Aufwand und einem vergütungspflichten „außergewöhnlichem" Aufwand wäre rechtssicher auch nicht möglich.[17] Auch hat der Verordnungsgeber mit § 77 Abs. 2 VgV klargestellt, dass eine Vergütung nur bei über die eigentlichen Angebotsunterlagen hinausgehenden Lösungsvorschlagen, die zudem vom öffentlichen Auftraggeber verlangt worden sind, in Betracht kommt. Hält der Bewerber oder Bieter die Anforderungen, die der öffentliche Auftraggeber an die Bewerbungs- oder Angebotsunterlagen stellt und die einen solchen erheblichen Aufwand erfordern, nicht für erforderlich, um klare und vollständige Bewerbungen oder Unterlagen zur Bewertung der bestmöglichen Leistung zu erhalten, muss er dies rügen. Unterlässt der Bewerber oder Bieter eine solche **Rüge** und erstellt er die aufwändigen Bewerbungs- oder Angebotsunterlagen, kann er sich später nicht auf die Unangemessenheit des dafür erforderlichen Aufwands berufen und in Abweichung von § 77 Abs. 1 VgV eine Vergütung dieses Aufwands verlangen. Etwas anderes gilt nur dann, wenn

---

13 BGH v. 24.6.1999 – VII ZR 196/98, NJW 1999, 3554, 3555; *Berger* in Fuchs/Berger/Seifert, HOAI 1. Aufl. 2016 Teil 1 I 2 Rn. 32 m. w. N.
14 Siehe näher *Berger* in Fuchs/Berger/Seifert, HOAI 1. Aufl. 2016 Teil 1 I 2 Rn. 46.
15 *Portz/Geitel* in KKMPP, Kommentar zur VgV 1. Aufl. 2017 § 77 Rn. 12.
16 OLG Koblenz v. 20.12.2013 – 8 U 1341/12, BauR 2014, 741 (L).; *Harr* in Willenbruch/Wieddekind, Vergaberecht 4. Aufl. 2017 § 77 Rn. 4.
17 *Portz/Geitel* in KKMPP Kommentar zur VgV 1. Aufl. 2017 § 77 Rn. 13.

der Aufwand dadurch anfällt, dass der Bieter zusammen mit seinem Angebot einen Lösungsvorschlag für die gestellte Planungsaufgabe abgeben muss. Für diesen Fall sieht § 77 Abs. 2 VgV vor, dass der öffentliche Auftraggeber einheitlich für alle Bieter eine angemessene Vergütung festzusetzen hat.[18]

V. Freiwillige Kostenerstattung durch den Auftraggeber

22   Der öffentliche Auftraggeber ist berechtigt, abweichend von § 77 Abs. 1 VgV **in den Vergabeunterlagen eine Kostenerstattung für die Erstellung der Bewerbung- oder Angebotsunterlagen festzulegen.**[19] Dabei muss er allerdings den Transparenz- und Gleichbehandlungsgrundsatz beachten. Die Festlegung einer nicht näher ausgestalteten Kostenerstattung ist daher unzulässig, weil die Bewerber und Bieter unterschiedliche Kosten und Kostenstrukturen haben können. Diese und damit möglicherweise verbundene Wettbewerbsvorteile dürfen nicht dadurch ausgeglichen werden, dass der öffentliche Auftraggeber die individuell angefallenen Kosten jeweils in voller Höhe erstattet. Vielmehr müsste der öffentliche Auftraggeber entsprechend § 77 Abs. 2 VgV einheitlich für alle Bewerber oder Bieter eine pauschale Kostenerstattung oder Vergütung in angemessener Höhe festsetzen.

23   Aus diesen Gründen sind auch andere Fallkonstellationen, in denen vertragsrechtlich ein Anspruch des Bieters auf Erstattung seiner Bewerbungs- bzw. Angebotskosten zugestanden wird, vergaberechtlich zulässig. Eine solche Fallkonstellation liegt vor, wenn der Bewerber oder Bieter über den vorvertraglichen Bereich hinaus entgeltliche Leistungen im Einvernehmen mit dem Auftraggeber erbringt.[20] Erst recht wird ein Vergütungsanspruch anerkannt, wenn der Bewerber oder Bieter mit dem öffentlichen Auftraggeber ausdrücklich und unmissverständlich die Erstattung von Bewerbungs- oder Angebotskosten oder aber eine **„Bearbeitungsgebühr",** die erst nach Ausarbeitung der Bewerbungs- oder Angebotsunterlagen anfällt, die Kosten dafür faktisch aber abgelten soll, vereinbart hat.[21] Erforderlich ist jedoch eine ausdrückliche oder jedenfalls stillschweigende Vereinbarung zwischen öffentlichem Auftraggeber und Bieter, die auch dadurch zustande kommen kann, dass der öffentliche Auftraggeber eine Bearbeitungsgebühr in den Vergabeunterlagen festlegt und der Bieter auf dieser Grundlage ein Angebot abgibt. Umgekehrt kann der Bieter nicht seinem Angebot eine Geschäftsbedingung beifügen, die eine Bearbeitungsgebühr für die Bewerbungs- und/oder Angebotsunterlagen vorsieht, und auf eine ausdrückliche oder stillschweigende Annahme durch den öffentlichen Auftraggeber hoffen. Vergaberechtlich wäre eine solche Bedingung eine Änderung oder Ergänzung an den Vergabeunterlagen, die den Ausschluss vom Verfahren zur Folge hätte (§ 57 Abs. 1 Nr. 4 VgV). Der öffentliche Auftraggeber könnte einen Ausschluss auch nicht dadurch verhindern, dass er diese Geschäftsbedingung zum Anlass nimmt, gegenüber allen verfahrensbeteiligten Bietern nachträglich eine Bearbeitungsgebühr festzulegen; dies wäre eine nachträgliche Änderung der Vergabebestimmungen, bei der nicht sichergestellt werden kann, dass, wenn diese Änderung bereits in der Vergabebekanntmachung mitgeteilt worden wäre, sich andere bzw. weitere Architekten oder Ingenieure um den Auftrag beworben hätten. Zivilrechtlich wäre eine solche Allgemeine Geschäftsbedingung für den öffentlichen Auftraggeber überraschend und deshalb unwirksam gemäß § 305c BGB.[22]

---

[18] → VgV § 77 Rn. 48 ff.

[19] AA *Portz / Geitel* in KKMPP, Kommentar zur VgV 1. Aufl. 2017 § 77 Rn. 14, wenn in ausreichender Zahl Bewerber ohne das Verlangen einer Kostenerstattung bereit sind, Bewerbungsunterlagen auszuarbeiten.

[20] OLG Celle v. 20.2.2003 – 14 U 195/02, BauR 2004, 361, 362; OLG Düsseldorf v. 20.8.2001 – 23 U 214/00, NZBau 2002, 279, 280 f.; OLG Düsseldorf v. 13.8.1906. 90 – 22 U 212/95, NJW-RR 1998, 1317, 1319 f.

[21] Siehe dazu *Portz / Geitel* in KKMPP, Kommentar zur VgV 1. Aufl. 2017 § 77 Rn. 14.

[22] *Portz* in Müller-Wrede, VOF 5. Aufl. 2014 § 13 VOF Rn. 20.

D. Vergütung für geforderte Lösungsvorschläge

I. Grundsätze

Abweichend von dem in § 77 Abs. 1 VgV geregelten Grundsatz, dass für die Erstellung **24** von Bewerbungs- und Angebotsunterlagen Kosten nicht erstattet werden, bestimmt § 77 Abs. 2 VgV, dass außerhalb von Planungswettbewerben für die vom öffentlichen Auftraggeber geforderte Ausarbeitung von Lösungsvorschlägen einheitlich für alle Bewerber eine angemessene Vergütung festzusetzen ist. Das eine wesentliche Kriterium zur Abgrenzung zwischen § 77 Abs. 1 VgV und § 77 Abs. 2 VgV ist also der **Inhalt der Unterlagen.** Die originäre Erstellung der Bewerbungs- und Angebotsunterlagen ist gemäß Abs. 1 vergütungsfrei, wohingegen die die Ausarbeitung von Lösungsvorschlägen vergütungspflichtig sind. Das andere wesentliche Abgrenzungskriterium ist das **Verlangen** des öffentlichen Auftraggebers. Nur soweit der öffentliche Auftraggeber die Ausarbeitung von Lösungsvorschlägen verlangt hat, muss er hierfür eine angemessene Vergütung festsetzen.

1. Anspruchsberechtigte

Auch wenn § 77 Abs. 2 VgV nur von „**Bewerbern**" spricht, für die eine angemessene **25** Vergütung festzusetzen ist, erstreckt sich der Anwendungsbereich dieser Vorschrift auch auf **Bieter.**[23] Sinn und Zweck der Vorschrift ist es, den besonderen Aufwand, den ein Bewerber oder Bieter auf Verlangen des öffentlichen Auftraggebers erbringt und der darin besteht, einen Lösungsvorschlag für die gestellte Planungsaufgabe auszuarbeiten, d.h. bereits in der Vergabephase Architekten- oder Ingenieurleistungen zu erbringen, angemessen zu vergüten. In der Praxis verlangt der öffentliche Auftraggeber derartige Leistungen nicht im Teilnahmewettbewerb, sondern erst im Verhandlungsstadium. In der Regel haben die Unternehmen, die in diesem Stadium noch am Vergabeverfahren beteiligt sind, bereits ein Angebot abgegeben, sind also bereits Bieter (und keine bloßen Bewerber mehr). Nach ihrem Sinn und Zweck muss die Regelung des § 77 Abs. 2 VgV deshalb erst recht für Bieter gelten.

In einem für die Vergabe von Architekten- und Ingenieurleistungen üblichen Verhand- **26** lungsverfahren mit vorgeschaltetem Teilnahmewettbewerb sind die Verfahrensteilnehmer in dem Zeitraum, in dem sie den besonderen Aufwand erbringen, formal noch „**Bewerber**", weil sie noch kein Angebot abgegeben haben. Wenn nach § 77 Abs. 2 VgV eine Vergütung für alle Bewerber festzusetzen ist, sind davon also auch diejenigen Verfahrensteilnehmer umfasst, die zwar einen Lösungsvorschlag einreichen, nicht aber ein (wertbares) Angebot abgeben. Vom Sinn und Zweck der Regelung des § 77 Abs. 2 VgV ist es jedoch gedeckt, die Vergütung auf diejenigen Bewerber zu beschränken, die zusammen mit dem Lösungsvorschlag ein wertbares Angebot abgegeben haben. Die vergleichbare Vorschrift des § 8b EU Abs. 1 Nr. 1 S. 3 VOB/A sieht das ausdrücklich vor. Danach steht die Entschädigung (§ 8b EU Abs. 1 Nr. 1 VOB/A spricht anstatt einer „Vergütung" von einer „Entschädigung") jedem Bieter zu, der ein der Ausschreibung entsprechendes Angebot mit den geforderten Unterlagen rechtzeitig eingereicht hat. Eine solche Beschränkung muss der öffentliche Auftraggeber aber in der Vergabebekanntmachung oder in den Vergabeunterlagen regeln und mitteilen.

Um dem **Gleichbehandlungsgrundsatz** (§ 97 Abs. 2 GWB) Rechnung zu tragen, **27** muss der öffentliche Auftraggeber Lösungsvorschläge von allen Bieter, die er zur Angebotsabgabe auffordert, verlangen, nicht nur von einzelnen.[24] Durch die Regelung des § 77 Abs. 2 Satz 3 VgV wird sichergestellt, dass nur diejenigen Bewerber, die nach entsprechender Aufforderung durch den öffentlichen Auftraggeber einen Lösungsvorschlag ausgearbei-

---

[23] Ebenso *Harr* in Willenbruch/Wieddekind, Vergaberecht 4. Aufl. 2017 § 77 VgV Rn. 9.
[24] *Schweer/Heller* VergabeR 2016, 1, 3.

tet und eingereicht haben, eine Kostenerstattung verlangen können. Eine Beschränkung der Vergütung auf den Kreis der Bieter mit echten Zuschlagschancen ist unzulässig.[25]

28   § 77 Abs. 2 VgV normiert die Verpflichtung des öffentlichen Auftraggebers, einheitlich für alle Bewerber eine angemessene **Vergütung festzusetzen,** wenn er außerhalb von Planungswettbewerben die Ausarbeitung von Lösungsvorschlägen für die gestellte Planungsaufgabe in Form von Entwürfen, Plänen, Zeichnungen, Berechnungen oder anderen Unterlagen verlangt. Hiervon zu trennen ist die Frage, unter welchen Voraussetzungen der Bewerber oder Bieter einen Anspruch auf die festgesetzte Vergütung hat.

2. Vertragsrechtliche Beurteilung des Lösungsvorschlags

29   Nach einer in Teilen der Rechtsprechung und Literatur vertretenen Auffassung[26] liegt im Verlangen des öffentlichen Auftraggebers nach Ausarbeitung eines Lösungsvorschlags, der über die Erstellung von Bewerbungs- und Angebotsunterlagen hinausgeht, das Angebot auf Abschluss eines Vertrags, das dieser durch Erstellung der entsprechenden Unterlagen annimmt.[27]

30   Diese Auffassung ist abzulehnen. Lösungsvorschläge für die Planungsaufgabe zu verlangen, dient der Vorbereitung der Auftragsgespräche und schlussendlich der Bewertung der angebotenen Leistung. Planungsleistungen, die in dieser Phase der Vertragsanbahnung erbracht werden, sind in der Regel als **Akquisemaßnahmen** zu beurteilen,[28] für die dem Bieter keine Vergütung zusteht, soweit Bieter und potentieller Auftraggeber nichts anderes vereinbart haben.[29] Es handelt sich um ein „Akquiserechtsverhältnis",[30] das vor-vertraglich, nämlich vertragslos, ist mit der rechtlichen Konsequenz, dass u. a. keine vertraglichen Primär- und Sekundäransprüche entstehen können.[31] Der öffentliche Auftraggeber verlangt die Ausarbeitung von Lösungsvorschlägen für die gestellte Planungsaufgabe vorrangig dafür, eine Grundlage für die Bewertung der jeweiligen Angebote zu erhalten. Ziel ist die Vorbereitung einer Vergabeentscheidung, nicht aber ein Werkerfolg im Sinne einer mangelfreien Planung. D. h.: Ohne eine Festsetzung der Vergütung gemäß § 77 Abs. 2 VgV stünde den Bietern, die Lösungsvorschläge ausgearbeitet und eingereicht haben, kein Vergütungsanspruch zu. Zwischen öffentlichem Auftraggeber und Bieter entsteht kein (vor-)vertragliches Schuldverhältnis über die Erbringung von Planungsleistungen im Vergabeverfahren.[32] Vor diesem Hintergrund verwundert der Wortlaut des § 77 Abs. 2 VgV, der von einer Vergütung spricht, die der öffentliche Auftraggeber festzusetzen hat, weil die Formulierung „Vergütung" nach dem allgemeinen Sprachgebrauch die Annahme eines werkvertraglichen Werklohnanspruchs nahelegt. Durch eine Anpassung an den Wortlaut des § 8b EU Abs. 1 Nr. 1 S. 2 VOB/A (und auch schon dessen Vorgängerregelung in § 8 EG Abs. 8 VOB/A),[33] in dem von einer festzusetzenden Entschädigung die Rede ist, hätte der Verordnungsgeber den reinen Akquisecharakter der Ausarbeitung der Lösungsvorschläge klarstellen können. Auf der anderen Seite ist der Begriff der Vergütung nicht falsch. Im Gegenteil wird hierdurch bspw. zutreffend angedeutet, dass der Vorgang umsatzsteuerpflichtig ist (→ VgV § 77 Rn. 63).

---

[25] *Harr* in Willenbruch/Wieddekind, Vergaberecht 4. Aufl. 2017 § 77 VgV Rn. 9.

[26] *Portz* in Müller-Wrede, Kommentar zur VOF, 5. Aufl. 2014, § 13 Rn. 36.

[27] Ebenso OLG Celle v. 20.2.2003 – 14 U 195/02, BauR 2004 361, 361; OLG Düsseldorf v. 13.8.1996 – 22 U 212-95, NJW-RR 1998, 1317, 1319 f.

[28] Zur Abgrenzung zwischen Akquise und vorvertraglichem Schuldverhältnis siehe *Berger* in Fuchs/Berger/Seifert, HOAI 1. Aufl. 2016 Teil 1 A I Rn. 34 ff.

[29] OLG Koblenz v. 6.7.2012 – 8 U 45/11, VergabeR 2013, 636, 639 ff.

[30] Vgl. *Berger* in Fuchs/Berger/Seifert, HOAI 1. Aufl. 2016 Teil 1 A I Rn. 46 ff.

[31] *Berger* in Fuchs/Berger/Seifert, HOAI 1. Aufl. 2016 Teil 1 A I Rn. 46 f. mwN; aus der jüngeren Rechtsprechung etwa OLG Brandenburg v. 29.8.2014 – 11 U 170/11, BauR 2015, 288, 289.

[32] → VgV § 77 Rn. 61 f.

[33] Nach *Portz* in Müller-Wrede, VOF 5. Aufl. 2014 § 13 Rn. 6 sollen sich hieraus aber keine materiellrechtlichen Unterschiede herleiten lassen. Gründe nennt *Portz* allerdings nicht.

II. Verlangen von Lösungsvorschlägen

1. Verlangen

Der öffentliche Auftraggeber muss nur dann eine angemessene Vergütung für die Ausar- **31** beitung von Lösungsvorschlägen festsetzen, soweit er deren Ausarbeitung verlangt. Der öffentliche Auftraggeber muss diese Ausarbeitung **fordern.** Stellt der öffentliche Auftraggeber den Bewerbern oder Bietern lediglich frei, Lösungsvorschläge auszuarbeiten, liegt kein Verlangen im Sinne von § 77 Abs. 2 VgV vor. Auf diese Weise hat es der öffentliche Auftraggeber selbst in der Hand festzulegen, ob er eine Vergütung von Leistungen in der Vergabephase zahlen will oder nicht. Die Bewerber und Bieter können dies durch eigenmächtiges Handeln nicht erzwingen. Erst recht nicht ausreichend ist, wenn die Abfrage von Lösungsvorschlägen für die Planungsaufgabe nur in Aussicht gestellt wird.[34]

Demgegenüber muss das Verlangen **nicht ausdrücklich oder sogar schriftlich** sein, **32** um die Rechtsfolge des § 77 Abs. 2 VgV auszulösen.[35] Schutzzweck der Regelung ist, wie sich aus der Verordnungsbegründung ergibt, nicht der Schutz des Auftraggebers vor versehentlicher Forderung von Lösungsvorschlägen, sondern der Schutz der Bewerber bzw. Bieter davor, *„dass Auftraggeber im Laufe der Verhandlungen von den Bietern Planungsleistungen fordern und diese nicht vergüten".* § 77 Abs. 2 VgV muss aus diesem Grund auch nicht restriktiv ausgelegt werden, u. a. mit der Folge, dass nur ausdrückliches Verlangen genügt. Entscheidend ist vielmehr, ob die Bewerber bzw. Bieter das gesamte Verhalten des Auftraggebers entsprechend §§ 133, 157 BGB so verstehen durften, dass Lösungsvorschläge für die Planungsaufgabe verlangt werden.[36]

Ob die Bewerber bzw. Bieter in Zweifelsfällen verpflichtet sind, eine **Klärung der 33 Vergütungsfrage** herbeizuführen,[37] ist eine akademische Frage. Zum einen wird der Bewerber bzw. Bieter einen Zweifelsfall in der Praxis nicht zugeben. Zum anderen obliegt ihm, wenn der öffentliche Auftraggeber die Ausarbeitung eines Lösungsvorschlags verlangt, ohne dafür eine angemessene Vergütung festzusetzen, den darin liegenden Verstoß gegen § 77 Abs. 2 VgV innerhalb der Fristen des § 160 Abs. 3 GWB – grundsätzlich also innerhalb von zehn Kalendertagen – zu rügen, wenn er eine Präklusion seines Festsetzungsanspruchs vermeiden will. Der Bewerber bzw. Bieter muss mithin binnen zehn Kalendertagen nach dem Verlangen Farbe bekennen, ob er darin die vergütungspflichtige Forderung nach Ausarbeitung eines Lösungsvorschlags im Sinne von § 77 Abs. 2 VgV sieht oder nicht.

Ob der von den Bewerbern bzw. Bietern verlangte Lösungsvorschlag für die zu treffende **34** Vergabeentscheidung **objektiv notwendig, sinnvoll oder auch nur hilfreich** ist, spielt für die Vergütungspflicht keine Rolle.[38] Sinn und Zweck der Vorschrift erfordern eine verlässliche und für den Bieter im Vorhinein beurteilbare Grundlage für die Vergütung. Diese wäre bei der rein subjektiven Einschätzung eines Lösungsvorschlags als hilfreich nicht gegeben. Allerdings kann der öffentliche Auftraggeber die Vergütung daran knüpfen, dass der Bewerber zusammen mit dem Lösungsvorschlag ein wertbares Angebot abgegeben hat.

Die Pflicht zur Vergütungsfestsetzung bezieht sich auch nur auf **diejenigen Unterla- 35 gen, die der öffentliche Auftraggeber verlangt hat.** Verlangt er also ausschließlich die Ausarbeitung eines Lösungsvorschlags in Form von Plänen, übergibt ein Bewerber oder Bieter jedoch zusätzlich eine textliche Beschreibung, so ist für diese Beschreibung keine

---

[34] OLG Koblenz v. 6.7.2012 – 8 U 45/11, VergabeR 2013, 636, 639 ff.

[35] So aber OLG Koblenz v. 20.12.2013 – 8 U 1341/12, BauR 2014, 741 (L); wohl auch OLG München v. 21.7.2015 – 9 U 1676/13 Bau zu § 20 Abs. 3 VOF.

[36] Wie hier *Schweer/Heller* VergabeR 2016, 1, 6 (zu § 20 Abs. 3 VOF).

[37] Dafür So OLG Koblenz v. 20.12.2013 – 8 U 1341/12, BauR 2014, 741 (L).; dagegen *Schweer/Heller* VergabeR 2016, 1, 6 (jeweils zu § 20 Abs. 3 VOF).

[38] *Schweer/Heller* VergabeR 2016, 1, 6.

Vergütung festzusetzen. Ob der öffentliche Auftraggeber die Übergabe einer textlichen Beschreibung ausdrücklich ausgeschlossen, sich dazu nicht geäußert oder aber die Übergabe einer solchen Unterlage den Bewerbern und Bietern freigestellt hat, ist insoweit unerheblich. In diesem Zusammenhang ist auch die Konkretisierung des Regelungsinhalts von § 20 Abs. 3 VOF in § 77 Abs. 2 VgV zu sehen. Nach § 20 Abs. 3 VOF waren die vom öffentlichen Auftraggeber verlangten Lösungsvorschläge zu vergüten. Wegen des dort nicht näher konkretisierten Verlangens wurde die Auffassung vertreten, dass jede Art von planerischer Tätigkeit im Sinne der HOAI bei der Angebotswertung und bei der Vergütung zu berücksichtigen ist.[39] § 77 Abs. 2 regelt demgegenüber die Vergütungsfestsetzung in dem Fall, dass der öffentliche Auftraggeber Lösungsvorschläge in Form von Entwürfen, Plänen, Zeichnungen, Berechnungen oder anderen Unterlagen verlangt. Damit wird zum Ausdruck gebracht, dass der öffentliche Auftraggeber das Recht hat, konkrete Vorgaben für die Ausarbeitung von Lösungsvorschlägen zu machen. Unter dem beschriebenen Gesichtspunkt der Gleichbehandlung korrespondiert mit diesem Recht sogar eine Pflicht, es sei denn dass die Festlegung der Form der einzureichenden Lösungsvorschläge nicht möglich oder nicht zweckmäßig ist.

2. Ein oder mehrere Lösungsvorschläge

36   Bei seinem Verlangen muss der öffentliche Auftraggeber klarstellen, ob die Bewerber oder Bieter nur einen Lösungsvorschlag oder **mehrere Lösungsvorschläge** für die gestellte Planungsaufgabe ausarbeiten sollen. Entgegen dem missverständlichen Wortlaut von § 77 Abs. 2 VgV ist eine Vergütung auch festzusetzen, wenn der öffentliche Auftraggeber nur die Ausarbeitung eines Lösungsvorschlags von jedem Bewerber oder Bieter verlangt. In der Praxis verlangt der öffentliche Auftraggeber (wenn überhaupt) oftmals die Ausarbeitung eines Lösungsvorschlags, äußert sich jedoch nicht zu der Frage, ob die Bewerber oder Bieter auch mehrere Lösungsvorschläge einreichen dürfen. Festsetzen muss er in diesem Fall nur eine angemessene Vergütung für die Ausarbeitung des einen von ihm verlangten Lösungsvorschlags. Unter Berücksichtigung des Gleichbehandlungsgrundsatzes sowie des Gebots, kleinere Büroorganisationen und Berufsanfänger nicht zu benachteiligen, kann der öffentliche Auftraggeber auch die Ausarbeitung mehrerer Lösungsvorschläge verlangen. In diesem Fall erstreckt sich die Vergütungsfestsetzungspflicht auf die mehreren von ihm verlangten Lösungsvorschläge.

37   Verlangt der öffentliche Auftraggeber die Ausarbeitung eines oder gegebenenfalls mehrerer Lösungsvorschläge, beinhaltet dies, dass der öffentliche Auftraggeber möglicherweise **im Verlauf des Verhandlungsverfahrens eine Anpassung oder Überarbeitung** dieser Vorschläge verlangt. Dieses Anpassungs- oder Überarbeitungsverlangen ist nicht als neues Verlangen im Sinne von § 77 Abs. 2 VgV anzusehen, das die Festsetzung einer neuen Vergütung erfordert. Vielmehr gehört zur Ausarbeitung eines Lösungsvorschlags im Sinne von § 77 Abs. 2 VgV auch die Anpassung und Überarbeitung des eingereichten Vorschlags, insbesondere die Berücksichtigung von Aspekten, die zwischen dem öffentlichen Auftraggeber und dem Bewerber bzw. Bieter besprochen worden sind und deren Einarbeitung der öffentliche Auftraggeber zulässt und verlangt.

III. Vorgabe von Art, Umfang und Form der Unterlagen

38   Neben dem Verlangen des öffentlichen Auftraggebers kommt es für die Vergütungsfestsetzungspflicht entscheidend auf den Inhalt der Unterlagen an. Die originäre Erstellung der Bewerbungs- und Angebotsunterlagen ist gemäß Abs. 1 vergütungsfrei. Eine Vergütungsfestsetzungspflicht bezieht sich deshalb nur auf Unterlagen, die, wie der Verordnungsgeber

---

[39] *Bluhm* in Müller-Wrede, VOF 5. Aufl. 2014 § 20 Rn. 22.

klarstellt **„darüber hinaus"** gehen. Kleinere Zeichnungen, die ein öffentlicher Auftraggeber ausdrücklich verlangt, die aber im üblichen Rahmen einer Ausarbeitung von Bewer-
bungs- oder Angebotsunterlagen liegen, lösen daher keine Vergütungspflicht aus.[40]

Hierbei muss es sich inhaltlich um Unterlagen handeln, die zum Zwecke der Ausarbei- **39**
tung von **Lösungsvorschlägen für die gestellte Planungsaufgabe** erstellt werden.
Während der Wortlaut von § 77 Abs. 2 VgV von „Lösungsvorschlägen" spricht, ist die
Norm jedoch auch schon dann einschlägig, wenn der öffentliche Auftraggeber die Ausarbeitung nur eines Lösungsvorschlags von den Bewerbern oder Bietern verlangt (→ VgV
§ 77 Rn. 36). Die Lösungsvorschläge müssen diejenige Planungsaufgabe betreffen, die der
spätere Auftragnehmer endgültig lösen soll. Sie müssen ein Gesamtkonzept für die Lösung
der Planungsaufgabe aufzeigen und auf einer systematischen Planung beruhen.[41] Hiervon
zu trennen sind punktuelle Tätigkeiten wie z. B. die Erstellung eines Kostenvoranschlags
oder die Mitwirkung bei der Finanzierung eines Bauprojekts. Hierbei handelt es sich zwar
um Leistungen, die über die üblichen Bewerbungs- und Angebotsunterlagen hinausgehen,
die aber keinen Lösungsvorschlag für die gestellte Planungsaufgabe enthalten und deshalb
nicht unter § 77 Abs. 2 VgV fallen.[42]

Das bedeutet insbesondere, dass die in § 77 Abs. 2 VgV genannten Unterlagen nur **40**
indiziellen Charakter haben. Nicht jeder Entwurf, Plan, etc. verpflichtet zur Festsetzung
einer Vergütung dafür, sondern nur derjenige, der über die bloße Angebotserstellung hinausgeht und der Erstellung eines Lösungsvorschlags für die gestellte Planungsaufgabe
dient.[43]

Die Ausarbeitung von Lösungsvorschlägen für Planungsaufgaben, die **mit dem späte-** **41**
ren Vertrag in keinem Zusammenhang stehen, fallen nicht in den Anwendungsbereich von § 77 Abs. 2 VgV.[44] Ebenso wenig fallen hierunter Planungsleistungen, die nicht
der Lösung der Planungsaufgabe, sondern vielmehr dem Nachweis der Bewerber- bzw.
Bietereignung dienen. Von letzterem ist auszugehen, wenn die abgerufenen Tätigkeiten
punktuelle Tätigkeiten darstellen (dann bloßer Eignungsnachweis), wohingegen systematische Tätigkeiten (im Sinne einer alle Wechselwirkungen und Belange durchdringenden
Planung, die auch Gegenstand eines Wettbewerbs sein könnte) für einen Lösungsvorschlag
im Sinne von § 77 Abs. 2 VgV sprechen. Projektbezogene Angebotspräsentationen oder
die Abfrage von Konzeptideen, die ausschließlich der Erläuterung einer Bewerbung oder
eines Angebots dienen, lösen keine Vergütungspflicht aus.[45]

Die endgültige Lösung der Planungsaufgabe ist regelmäßig Gegenstand des ausgeschrie- **42**
benen Vertrags. Mit der Ausarbeitung von Lösungsvorschlägen werden damit **Vertragsleis-**
tungen vorweggenommen. Das Ausarbeiten eines Lösungsvorschlags ist damit eine
„echte" Architekten- bzw. Ingenieurleistungen. Der ausgearbeitete Lösungsvorschlag ist ein
vorweggenommener Teil der späteren Vertragsleistung. Nicht selten wird er als Vertragsbestandteil zur Bestimmung des Vertragssolls (Planungssolls) des späteren Auftragnehmers vereinbart. Das gilt aber in der Regel nur für den Vorschlag desjenigen Bieters, dessen Angebot den Zuschlag erhält. Die Lösungsvorschläge der nicht berücksichtigten Bietern werden
in der Regel nicht weiterverfolgt. Diese verbleiben also im Akquisestadium. Welcher Bieter den Zuschlag erhalten wird, ist im Zeitpunkt der Angebotsabgabe unklar. Deshalb sind
alle im Vergabeverfahren erfolgten Planungsleistungen Akquiseleistungen, die lediglich in

---

[40] OLG München v. 21.7.2015 – 9 U 1676/13 Bau, VergabeR 2016, 127, 129; *Portz* in Müller-Wrede,
VOF 5. Aufl. 2014 § 13 Rn. 22.
[41] OLG München v. 21.7.2015 – 9 U 1676/13 Bau, VergabeR 2016, 127, 129.
[42] Im Anwendungsbereich der VOF wäre für solche Leistungen gemäß § 13 Abs. 3 Ss. 1 VOF eine Entschädigung festzusetzen gewesen; siehe dazu *Portz* in Müller-Wrede, VOF 5. Aufl. 2014 § 13 Rn. 27; LG
München v. 21.3.2013 – 11 O 17404/12, VergabeR 2016, 649, 652 ff.; VK Südbayern v. 20.3.2013 – Z3-
3-3194.1.06-03/13.
[43] *Harr* in Willenbruch/Wieddekind, Vergaberecht 4. Aufl. 2017 § 77 VgV Rn. 7.
[44] *Bluhm* in Müller-Wrede, VOF 5. Aufl. 2014 § 20 VOF Rn. 25.
[45] OLG Koblenz v. 20.12.2013 – 8 U 1341/12, BauR 2014, 741 (L.); dass. v. 6.7.2012 – 8 U 45/11, VergabeR 2013, 636, 639 ff.; *Portz* in Müller-Wrede, VOF 5. Aufl. 2014 § 13 Rn. 23.

der Hoffnung auf den Abschluss eines Planervertrags getätigt werden.[46] Trotzdem (bzw. deshalb) erhalten auch diese Bieter eine Vergütung.

43   **Umfang und Planungstiefe** der Unterlagen sind nicht relevant für die Frage, ob hierfür eine Vergütung dem Grunde nach festzusetzen ist oder nicht. Auch kleinere Zeichnungen oder Berechnungen fallen deshalb unter § 77 Abs. 2 VgV, soweit diese vom öffentlichen Auftraggeber verlangt worden und Teil der Ausarbeitung von Lösungsvorschlägen sind.[47] Allerdings muss es sich nach dem Wortlaut von § 77 Abs. 2 VgV schon um die Ausarbeitung eines Lösungsvorschlags handeln. Die Vorlage bloßer Lösungskonzepte genügt dafür nicht (→ VgV § 77 Rn. 41). Einer geringeren Bearbeitungstiefe kann durch Honorarabschläge Rechnung getragen werden, nicht aber durch Versagung des Anspruchs. „Jede noch so bruchstückhafte Einzeltätigkeit" genügt jedoch nicht.[48]

44   Nach dem Gesetzeswortlaut geht der Verordnungsgeber davon aus, dass der öffentliche Auftraggeber Lösungsvorschläge in Form von **Entwürfen, Plänen, Zeichnungen, Berechnungen oder anderen Unterlagen** verlangt. Sprich: Dass der öffentliche Auftraggeber die Form für die Lösungsvorschläge vorgibt. Hierzu ist er sogar verpflichtet, es sei denn dass die Festlegung der Form der einzureichenden Lösungsvorschläge nicht möglich oder nicht zweckmäßig ist. § 77 Abs. 2 VgV ist eine Ausprägung des Gleichbehandlungsgebots. Die Bieter müssen sich darauf verlassen können, dass die von ihnen mit dem Teilnahmeantrag oder dem Angebot einzureichenden Unterlagen in den Vergabeunterlagen abschließend beschrieben sind bzw. eventuell darüber hinaus noch einzureichende Unterlagen von allen am Vergabeverfahren (gegebenenfalls noch) beteiligten Bewerbern oder Bietern diskriminierungsfrei verlangt werden. Gibt er eine bestimmte Form vor, verlangt er also beispielsweise die Ausarbeitung der Lösungsvorschläge in Form von Entwürfen, so muss er auch nur für diese Form eine angemessene Vergütung festsetzen.

45   Macht der öffentliche Auftraggeber dagegen im begründeten Einzelfall keine Formvorgaben, muss bei der Prüfung der Angemessenheit der Vergütung berücksichtigt werden, dass die Bewerber oder Bieter unterschiedliche Formen von Unterlagen für die Ausarbeitung von Lösungsvorschlägen erstellen. Der angemessene Betrag muss in diesem Fall also höher liegen als in jenem Fall, in dem der öffentliche Auftraggeber eine bestimmte Form vorgibt.[49]

46   Verlangen darf der öffentliche Auftraggeber Entwürfe, Pläne, Zeichnungen, Berechnungen oder **anderen Unterlagen.** Diese werden nicht weiter konkretisiert. Der öffentliche Auftraggeber ist deshalb grundsätzlich frei in seiner Entscheidung, welche andere Unterlage er verlangt. Er darf aber nur solche Unterlagen verlangen, die in Leistungsart und Leistungsqualität mit den ausdrücklich genannten Entwürfen, Plänen, Zeichnungen, etc. vergleichbar ist. Insbesondere muss es sich um eine arbeitsmäßig eigenständige und in sich abgeschlossene Leistung handeln, die über die üblicherweise zu erstellenden Bewerbungs- und Angebotsunterlagen hinausgeht.[50]

47   Um die Quantität und Qualität der von den Bewerbern oder Bietern einzureichenden Lösungsvorschläge vergleichen und bewerten zu können, sollte der öffentliche Auftraggeber nicht nur die Form der einzureichenden Lösungsvorschläge, sondern auch deren **Detaillierungsgrad** vorgeben. Denkbar ist beispielsweise eine Begrenzung der Planungsbereiche, Maßstäbe für die Planunterlagen, die Vorgabe inhaltlicher Schwerpunkte, oder Ähnliches. Diese inhaltlich-qualitativen Anforderungen kann der öffentliche Auftraggeber nach eigenem Ermessen, das nur eingeschränkt gerichtlich überprüfbar ist, festlegen. Der Verordnungstext enthält hierzu keine Vorfestlegung. Insbesondere kann aus dem Begriff „Lösungsvorschlag" nicht etwa geschlussfolgert werden, dass der geforderte Detaillierungsgrad über die Planungstiefe einer Vorplanung nicht hinausgehen dürfe. Vielmehr kann der

---

[46] BGH v. 19.4.2016 – X ZR 77/14.
[47] AA *Portz/Geitel* in KKMPP, Kommentar zur VgV 1. Aufl. 2017 § 77 Rn. 16.
[48] LG München v. 21.3.2013 –11 O 17404/12, VergabeR 2013, 649, 652 ff.
[49] Siehe zur Angemessenheit der Vergütung → VgV § 77 Rn. 55 ff.
[50] *Portz* in Müller-Wrede, VOF 5 Aufl. 2014 § 13 Rn. 26.

öffentliche Auftraggeber auch weitergehende Planungsleistungen, beispielsweise die Ausarbeitung von Lösungsvorschlägen der Planungstiefe einer Entwurfsplanung, verlangen. Der Begriff „Lösungsvorschlag" enthält keine Aussage zu einer maximalen Planungstiefe, wohingegen die Formulierung „ausarbeiten" sogar darauf hindeutet, dass auch der Verordnungsgeber davon ausgeht, dass der öffentliche Auftraggeber jedenfalls mehr als bloße Lösungskonzepte verlangt.

IV. Festsetzung einer angemessenen Vergütung

Nach § 77 Abs. 2 VgV ist der öffentliche Auftraggeber verpflichtet, für alle Bewerber **48** einheitlich eine angemessene Vergütung festzusetzen, sofern er die Ausarbeitung von Lösungsvorschlägen verlangt. § 77 Abs. 2 VgV eröffnet also keinen Vergütungsanspruch, sondern lediglich einen **Anspruch auf Festsetzung einer angemessenen Vergütung.**[51]

1. Lösungsvorschläge in allen Verfahrensstadien

Diese Verpflichtung erstreckt sich auf **alle Phasen des Vergabeverfahrens,** in denen **49** der öffentliche Auftraggeber über die Bewerbungs- und Angebotsunterlagen hinaus die Ausarbeitung von Lösungsvorschlägen verlangt. Dass der Verordnungsgeber ausschließlich die „Bewerber" nennt, für die eine Vergütung festzusetzen ist, bedeutet nicht, dass der Anwendungsbereich von § 77 Abs. 2 VgV auf den Teilnahmewettbewerb beschränkt sein soll. Das würde dem Sinn und Zweck dieser Vorschrift, durch eine Vergütung eines außergewöhnlichen Bewerbungsaufwands die Durchsetzung der vergaberechtlichen Grundsätze von Wettbewerb, Gleichbehandlung und Mittelstandsförderung zu stärken, zuwider laufen. In der Regel fällt dieser außergewöhnliche Bewerbungsaufwand nämlich in dem Verhandlungsstadium an. § 77 Abs. 2 VgV liefe deshalb ins Leere, wäre er nur auf den Teilnahmewettbewerb anwendbar.[52] Die Pflicht zur Vergütungsfestsetzung gilt deshalb insbesondere auch im Verhandlungsstadium. Dementsprechend findet § 77 Abs. 2 VgV auch in Verhandlungsverfahren ohne vorgeschalteten Teilnahmewettbewerb, die gemäß § 14 Abs. 4 VgV ausnahmsweise zulässig sind,[53] Anwendung.[54]

Die Pflicht zur Festsetzung einer angemessenen Vergütung erstreckt sich ferner auf das **50** gesamte Vergabeverfahren bis zu dessen Abschluss. In der Regel plant und strukturiert der öffentliche Auftraggeber den Ablauf des Vergabeverfahrens vor dessen Einleitung. Beabsichtigt er, die Bewerber oder Bieter zur Ausarbeitung von Lösungsvorschlägen aufzufordern, sieht er in der Praxis oftmals vor, dass diese Vorschläge zusammen mit dem ersten Angebot eingereicht werden müssen, dann in einer ersten Verhandlungsrunde zusammen mit dem Angebot besprochen werden und die Bieter schließlich aufgefordert werden, ihren **Lösungsvorschlag unter Berücksichtigung der Ergebnisse dieser Verhandlungsrunde zu überarbeiten** und erneut einzureichen. Der gesamte Vorgang gehört zur Ausarbeitung des Lösungsvorschlags im Sinne von § 77 Abs. 2 VgV. Durch die Aufforderung, den ursprünglichen Lösungsvorschlag zu überarbeiten und erneut einzureichen, wird also nicht nochmals eine Pflicht zur Vergütungsfestsetzung begründet. Bei der Angemessenheit der Vergütung müssen jedoch derartige geplante Überarbeitungsschritte berücksichtigt werden. Sinnvollerweise wird der öffentliche Auftraggeber dem dadurch gerecht, dass er **zwei Vergütungspositionen** festsetzt: Eine Vergütungsposition für die Erstausarbeitung des Lösungsvorschlags sowie eine zweite Vergütungsposition für die Überarbeitung des Lösungsvorschlags. Das hat für den öffentlichen Auftraggeber insbesondere den Vorteil, dass ein Bewerber oder Bieter, der nach der Einreichung des ursprünglichen Lösungsvorschlags

---

[51] Anders als noch § 20 Abs. 3 VgV.
[52] → VgV § 77 Rn. 25.
[53] → VgV § 74 VgV Rn. 31.
[54] *Portz/Geitel* in KKMPP, Kommentar zur VgV 1. Aufl. 2017 § 77 Rn. 17.

aus dem Vergabeverfahren ausscheidet, entweder weil er sich nicht weiter um den Auftrag bewerben möchte oder weil der öffentliche Auftraggeber die Zahl der Angebote plangemäß nach § 17 Abs. 12 S. 1 VgV nach der ersten Angebotsrunde verringert hat, den ausgeschiedenen Bewerbern oder Bietern nicht die gesamte Vergütung, die auch eine Überarbeitung abdecken würde, zahlen muss.

51   In diesem Zusammenhang ist klarzustellen, dass der öffentliche Auftraggeber die Vergütung nicht auf die – insbesondere nach der **Verringerung der Angebote gemäß § 17 Abs. 12 S. 1 VgV** – verbliebenen Bewerber bzw. Bieter beschränken darf. Insoweit ist der Wortlaut von § 77 Abs. 2 VgV eindeutig. Für jeden Bewerber (oder Bieter), der auf Verlangen des öffentlichen Auftraggebers einen Lösungsvorschlag für die gestellte Planungsaufgabe erarbeitet hat, ist eine Vergütung festzusetzen, und zwar unabhängig davon, ob dieser Bewerber (oder Bieter) am weiteren Vergabeverfahren beteiligt ist oder nicht. Entsprechendes gilt in dem Fall, dass der öffentliche Auftraggeber die angemessene Vergütung für die (gesamte) Ausarbeitung aufteilt und eine zweite Vergütungsposition für die Überarbeitung der Lösungsvorschläge festsetzt. Dann ist diese Vergütung für alle Bewerber bzw. Bieter festzusetzen, die auf Verlangen einen überarbeiteten Lösungsvorschlag eingereicht haben, unabhängig davon, ob dieser Bewerber (oder Bieter) am weiteren Vergabeverfahren beteiligt ist oder nicht.

52   Entgegen dem missverständlichen Wortlaut von § 77 Abs. 2 VgV ist die Vergütung einheitlich nicht nur für Bewerber, sondern auch für **Bieter** festzusetzen, sofern diese auf Verlangen des öffentlichen Auftraggebers einen Lösungsvorschlag eingereicht haben. Also auch für diejenigen Unternehmen, die nach entsprechender Aufforderung durch den öffentlichen Auftraggeber ein Angebot abgegeben haben. Denn die Vorlage einer Ausarbeitung von Lösungsvorschlägen für die gestellte Planungsaufgabe wird in der Praxis erst im Verhandlungsstadium zusammen mit der Einreichung der Angebotsunterlagen verlangt.[55] Eine Beschränkung der Vergütungsfestsetzungspflicht nur zu Gunsten von Bewerbern widerspreche deshalb dem Sinn und Zweck der Norm.

2. Vergütung des Zuschlagsempfängers

53   Auch derjenige **Bieter, auf dessen Angebot der Zuschlag erteilt wird,** fällt in den Schutzbereich von § 77 Abs. 2 VgV. Auch für ihn ist – wie für die übrigen Bewerber bzw. Bieter, nämlich *„einheitlich"* – eine Vergütung festzusetzen. Weil dieser Bieter, der spätere Auftragnehmer, mit der Ausarbeitung des Lösungsvorschlags bereits einen Teil seiner Vertragsleistung vorweggenommen hat, ist der öffentliche Auftraggeber jedoch berechtigt, die gemäß § 77 Abs. 2 VgV festgesetzte Vergütung bei der Festlegung der Bedingungen für die vertragliche Vergütung zu berücksichtigen. Insbesondere kann der öffentliche Auftraggeber festlegen, dass die gemäß § 77 Abs. 2 VgV festgesetzte (und gezahlte) Vergütung mit der vertraglich vereinbarten Vergütung für die Vertragsleistungen verrechnet wird. Alternativ kann er festlegen, dass die vertragliche Leistung und Vergütung von vornherein um das reduziert wird, was im Vergabeverfahren bereits geleistet wird (also die Ausarbeitung des Lösungsvorschlags nebst der Vergütung dafür). Aus vertragsstrategischer Sicht ist diese zweite Variante für den öffentlichen Auftraggeber allerdings ungünstiger. Das hängt insbesondere damit zusammen, dass unklar ist, ob und gegebenenfalls inwieweit dem öffentlichen Auftraggeber für die Ausarbeitung des Lösungsvorschlags durch den (späteren) Auftragnehmer Mängel- und Gewährleistungsrechte zustehen. Deshalb sollte das vertragliche Leistungsbild „vollständig" bleiben, so dass der (spätere) Auftragnehmer rechtlich betrachtet die Ausarbeitung des Lösungsvorschlags nach Zuschlagserteilung nochmals erbringt und lediglich die gemäß § 47 Abs. 2 VgV erhaltene Vergütung angerechnet wird. Dies muss der öffentliche Auftraggeber bereits in den Vergabeunterlagen, konkret: in den Vertragsbedingungen, vorgeben.

---

[55] → VgV § 77 Rn. 25.

3. Zeitpunkt der Festsetzung

Die Festsetzung der Vergütung muss in demjenigen **Zeitpunkt** erfolgt sein, in dem der 54
Bewerber bzw. Bieter darüber entscheidet, ob er sich (weiter) an dem Vergabeverfahren
beteiligt und dafür den verlangten Lösungsvorschlag ausarbeitet. In diesem Zeitpunkt muss
der der Bewerber bzw. Bieter Gewissheit über Grund und Höhe der Vergütung im Sinne
von § 77 Abs. 2 VgV haben. Sofern bereits im Teilnahmewettbewerb eine Ausarbeitung
von Lösungsvorschlägen verlangt wird, muss die Vergütung deshalb in oder zusammen mit
der Vergabebekanntmachung festgesetzt werden. In der Regel verlangt der öffentliche Auftraggeber derartige Ausarbeitungen jedoch erst in der Verhandlungsphase. In diesem Fall ist
es zulässig, das Verlangen im Sinne von § 77 Abs. 2 VgV sowie die Höhe der Vergütung
erst in der Aufforderung zur Angebotsabgabe bekannt zu geben. Dass der öffentliche Auftraggeber im Fall eines Verlangens der Ausarbeitung von Lösungsvorschlägen zur Festsetzung einer Vergütung verpflichtet ist, ergibt sich für die interessierten Architekten und
Ingenieure bereits aus § 77 Abs. 2 VgV. Rechtlich betrachtet wird deshalb kein potentieller
Bieter dadurch abgeschreckt, dass die Festsetzung einer Vergütung für die (in der Vergabebekanntmachung angekündigte) Ausarbeitung von Lösungsvorschlägen in der Verhandlungsphase noch nicht in der Vergabebekanntmachung erfolgt. Um das Verfahren möglichst
attraktiv zu machen, bietet sich eine Festlegung bereits in der Vergabebekanntmachung
allerdings an, weil möglicherweise tatsächlich nicht jedem potentiellen Bietern die Regelung des § 77 Abs. 2 VgV bekannt ist. Ob der öffentliche Auftraggeber in dem Fall, dass
die Ausarbeitung von Lösungsvorschlägen erst im Verhandlungsstadium erfolgen soll, einen
späten Bekanntgabetermin für die Vergütungsfestsetzung wählt oder sich trotzdem für eine
Bekanntgabe bereits in der Vergabebekanntmachung entscheidet, hängt davon ab, ob er mit
der festgesetzten Vergütung einen breiten Bewerberkreis erreichen möchte.

4. Höhe der Vergütung

Die Vergütung muss auf der einen Seite angemessen sein und auf der anderen Seite ein- 55
heitlich für alle Bewerber bzw. Bieter festgesetzt werden. Daraus folgt, dass die Angemessenheit nicht bezogen auf jeden einzelnen Bewerber bzw. Bieter individuell zu bestimmen
ist. Die Angemessenheit richtet sich vielmehr nach dem **für die konkrete Vergabe typischen Bewerber bzw. Bieter.** Eine Vergütung, die für einen für den ausgeschriebenen
Auftrag typischen Bewerber bzw. Bieter angemessen ist, ist demnach für jeden einzelnen,
sich konkret an dem Vergabeverfahren beteiligenden Bewerber bzw. Bieter angemessen.

Angemessenheit liegt jedenfalls dann vor, wenn die vom öffentlichen Auftraggeber ord- 56
nungsgemäß geschätzten Kosten des Bewerbers bzw. Bieters für die Ausarbeitung des verlangten Lösungsvorschlags gedeckt werden.

Für die **Schätzung** sind diejenigen Maßstäbe anzulegen, die der öffentliche Auftragge- 57
ber auch bei der Schätzung des Auftragswerts gemäß § 3 VgV anzusetzen hat.[56] Die Schätzung darf also nicht zu mit dem Ziel erfolgen, die Kosten „klein- oder großzurechnen".
Maßgeblicher Zeitpunkt für die Schätzung ist derjenige der Bekanntgabe der Vergütung, in
der Regel also der Zeitpunkt der Vergabebekanntmachung oder des Versands der Aufforderung zur Angebotsabgabe.

Die Höhe der festzusetzenden Entschädigung richtet sich nach den üblicherweise kalku- 58
lierten Aufwendungen, die für die überobligationsmäßig erbrachten Leistungen unter normalen Umständen anzusetzen sind. Hierzu sind der voraussichtliche durchschnittliche Zeitaufwand für die geforderte Ausarbeitung sowie die üblicherweise kalkulierten Personal-
und Materialkosten zu ermitteln.[57] Neben den **direkten Kosten,** die bei der Ausarbeitung
von Lösungsvorschlägen unmittelbar anfallen können (insbesondere Lohnkosten, gegebe-

---

[56] Vgl. *Schneider* in Kapellmann/Messerschmidt, VOB 6. Aufl. 2017 § 3 VgV Rn. 21 ff.
[57] OLG Hamm, Urt v. 6.8.2015 – 17 U 130/12, VergabeR 2015, 812, 819.

nenfalls auch Geräte- und Materialkosten) sind auch **allgemeine Geschäftskosten** in Höhe einer praxisüblichen Umlage[58] zu berücksichtigen. Denn der Bewerber bzw. Bieter würde, wenn er nicht einen Lösungsvorschlag ausarbeiten müsste, sein Personal (und gegebenenfalls Gerät und Material) anderweitig einsetzen und damit nicht nur eine Deckung der direkten Kosten, sondern auch eine praxisübliche Umlage für allgemeine Geschäftskosten erwirtschaften. Dafür spricht jedenfalls die Rentabilitätsvermutung. Die Deckung von allgemeinen Geschäftskosten ist deshalb bei der Bemessung einer angemessenen Vergütung zu berücksichtigen. Demgegenüber muss der öffentliche Auftraggeber eine Zulage für **Gewinn oder Wagnis** nicht ansetzen.[59] Auch insofern ist die Formulierung „Vergütung" vom Verordnungsgeber nicht glücklich gewählt,[60] weil sie einen Gewinnanteil suggeriert. Tatsächlich setzt eine Vergütung aber keinen Gewinnanteil voraus. Im Gegenteil: Eine Vergütung kann auch zu einem (bereits kalkulierten) Verlust führen. Der Begriff der Vergütung ist insoweit deshalb bedeutungslos. Hierdurch wird lediglich klargestellt, dass es sich um eine Gegenleistung für die geforderte Ausarbeitung des Lösungsvorschlags handelt. Für die Höhe der Vergütung maßgeblich ist alleine die Forderung der Angemessenheit. Angemessen ist aber auch eine Vergütung ohne Gewinnanteil. Insbesondere ist es tatsächlich und auch nach dem Willen des Verordnungsgebers nicht das Ziel der Bewerber bzw. Bieter, mit der Ausarbeitung des Lösungsvorschlags Gewinn zu erwirtschaften, sondern die eigenen Zuschlagschancen zu wahren bzw. zu verbessern. Wenn die Bewerber bzw. Bieter aber keine Gewinnerzielungsabsicht haben, ist ein Gewinnanteil auch nicht erforderlich für eine angemessene Vergütung.

5. Keine HOAI-Vergütung

59   Nach § 20 Abs. 3 VOF war die Ausarbeitung von Lösungsvorschlägen außerhalb von Planungswettbewerben nach den Honorarbestimmungen der HOAI zu vergüten. Diesen Ansatz hat der Verordnungsgeber nicht weiterverfolgt. Zum einen folgt aus § 77 Abs. 2 VgV keine unmittelbare Vergütungspflicht, sondern lediglich eine Pflicht zur Vergütungsfestsetzung, wie ehemals in § 13 Abs. 3 S. 1 VOF (für Entwürfe, die keine Lösungsvorschläge darstellen) normiert war. Außerdem wird nicht die Anwendung der HOAI bestimmt, sondern lediglich in einem gesonderten Absatz 3 klarstellend normiert, dass die HOAI nicht berührt wird. In der Verordnungsbegründung hat der Verordnungsgeber dazu erklärt, dass Absatz 3 dem bisherigen § 13 Abs. 3 Satz 2 VOF entspricht und klarstellt, dass gesetzliche Gebühren- oder Honorarordnungen (insbesondere die HOAI) bei Vorliegen der Voraussetzungen anzuwenden sind. Maßgeblich ist danach, ob die Anwendungsvoraussetzungen der **HOAI** bei der Ausarbeitung von Lösungsvorschlägen im Sinne von § 77 Abs. 2 VgV erfüllt sind.

60   Der BGH hat in einer Entscheidung vom 16.3.2017 in anderem Zusammenhang festgestellt, dass die HOAI auf rein akquisitorische Tätigkeiten eines Architekten ohne vertragliche Bindung nicht anwendbar ist. Allerdings ende die vergütungsfreie akquisitorische Phase, sobald eine Vergütungsvereinbarung getroffen werde. Für die hiervon erfassten Leistungen könne der Architekt grundsätzlich eine Vergütung nach den Mindestsätzen der HOAI verlangen, wenn und soweit seine Leistungen von den Leistungsbildern der HOAI erfasst sind.[61]

61   Die Festsetzung einer Vergütung im Sinne von § 77 Abs. 2 VgV ist jedoch nicht als eine Vergütungsvereinbarung anzusehen, welche nach dem BGH die eigentliche Akquisitionsphase beendet und zur Anwendung der HOAI führt. In dem vom BGH entschiedenen Fall

---

[58] Veröffentlichte übliche Sätze gibt es nicht. Der Ansatz von 15% für allgemeine Geschäftskosten erscheint jedoch realitätsnah, vgl *Berger* in Fuchs/Berger/Seifert, HOAI 1. Aufl. 2016 Teil 1 A VII Rn. 90.
[59] *Portz/Geitel* in KKMPP, Kommentar zur VgV 1. Aufl. 2017 § 77 Rn. 20; siehe auch zur ähnlichen Entschädigungsregelung in der VOB/A *Höfler* BauR 2000, 337, 341.
[60] Zur Formulierung „Vergütung" siehe auch → VgV § 77 Rn. 30. § 8b EU Abs. 1 Nr. 1 VOB/A spricht demgegenüber von einer „Entschädigung".
[61] BGH v. 16.3.2017 – VII ZR 35/14, NZBau 2017, 482, 483.

vereinbarten der Auftraggeber und der Architekt eine „entgeltliche Akquisition". Der Architekt befand sich also nicht mehr im Wettbewerb um den Planungsauftrag, sondern sollte lediglich gegen aufwandsbezogene Vergütung bis zur endgültigen Entscheidung des Auftraggebers über die Realisierung des Bauvorhabens und Abschluss des Planervertrags weitere Planungsleistungen erbringen. Der BGH hat darin ein Risiko für die Qualität der Planung und die unabhängige Stellung des Planers gesehen, wenn der Auftraggeber auf diesem Wege die Mindestsätze der HOAI umgehen könnte. Der Fall der Ausarbeitung von Lösungsvorschlägen im Sinne von § 77 Abs. 2 VgV ist damit jedoch nicht ohne weiteres vergleichbar. Die Lösungsvorschläge werden primär als Grundlage für die Auswahlentscheidung des öffentlichen Auftraggebers erarbeitet. Zwar können im Einzelfall durch die Ausarbeitung des Lösungsvorschlags Teile der ausgeschriebenen Leistung vorweggenommen werden. Die gemäß § 77 Abs. 2 VgV festgesetzte Vergütung ist jedoch für den späteren Auftragnehmer nicht die abschließende Vergütung für diese Teilleistungen. Vielmehr wird die festgesetzte Vergütung auf die für den Gesamtauftrag angebotene Vergütung angerechnet. Weil diese die Mindestsätze nicht unterschreiten darf, werden die Mindestsätze jedenfalls für den späteren Auftragnehmer im Ergebnis auch für die im Vergabeverfahren zu erbringenden Leistungen vergütet. Hinzu kommt: Wenn, wie überwiegend vertreten wird, bei der Angemessenheit der Vergütung im Sinne von § 77 Abs. 2 VgV Gewinn und Wagnis nicht zu berücksichtigen ist, kann nicht – jedenfalls nicht grundsätzlich – auf die HOAI-Sätze abgestellt werden, weil diese Wagnis und Gewinn enthalten. Zusammengefasst ist die HOAI nur anzuwenden, soweit zwischen öffentlichem Auftraggeber und den Bewerbern bzw. Bietern bereits im Vergabeverfahren ein Planervertrag über die auszuarbeitenden Lösungsvorschläge zustande kommt. Die bloße Vergütungsfestsetzung gemäß § 77 Abs. 2 VgV führt weder zu einem solchen Planervertrag noch beendet sie die Akquisitionsphase im Sinne der beschriebenen BGH-Rechtsprechung.

Die Verpflichtung, die Ausarbeitung von Lösungsvorschlägen mit den Mindestsätzen der **62** HOAI (oder einem vergleichbar hohen Honorar) zu vergüten, würde in der Praxis dazu führen, dass öffentliche Auftraggeber die Ausarbeitung von Lösungsvorschlägen nicht mehr verlangten. Denn die entsprechende Vergütung von bspw. fünf Bietern, die Lösungsvorschläge einreichen, sprengte die meisten Budgets. Dass Lösungsvorschläge auszuarbeiten sind, die Grundlage der Angebotswertung und angemessen vergütet werden, dürfte in der Regel auch kleinen Büroeinheiten und Newcomern dienen, deren Interessen und Schutz nach dem Abschnitt 6 der VgV zu berücksichtigen ist. Sinn und Zweck von § 77 Abs. 2 VgV muss es deshalb sein, dass auf der einen Seite der öffentliche Auftraggeber durch die Höhe der festzusetzenden Vergütung nicht vom Verlangen von Lösungsvorschlagen abgehalten wird und dass auf der anderen Seite die Bewerber bzw. Bieter eine angemessene Vergütung erhalten, wobei zu berücksichtigen ist, dass die Lösungsvorschläge primär der Auftragsakquisition dienen. Vor diesem Hintergrund ist nicht nur eine Unterschreitung der Mindestsätze der (ohnehin nicht anwendbaren) HOAI, sondern im Einzelfall auch eine Unterschreitung der geschätzten Kosten zulässig. Das heißt: Eine angemessene Vergütung im Sinne von § 77 Abs. 2 VgV setzt zwar in der Regel, aber nicht ausnahmslos eine Kostendeckung voraus.

6. Umsatzsteuer

Weil es sich, wie auch die Formulierung zeigt, bei der „Vergütung" um eine Gegenleis- **63** tung für die von den Bewerbern bzw. Bietern geforderte Ausarbeitung von Lösungsvorschlägen handelt, ist dieser Vorgang umsatzsteuerpflichtig. Bei der Festsetzung einer angemessenen Vergütung ist deshalb die **Umsatzsteuer** zu berücksichtigen.

7. Pauschalsumme

Die Einheitlichkeit der Vergütung stellt der öffentliche Auftraggeber dadurch sicher, dass **64** er für alle Bewerber bzw. Bieter eine angemessene **Pauschalsumme** als Vergütung im

Sinne von § 77 Abs. 2 VgV festsetzt.[62] Der Alternativvorschlag von *Portz / Geitel,* zur Vermeidung von Streitigkeiten über die Vergütungshöhe die Pauschalsumme nicht festzusetzen, sondern vorab durch Vereinbarung zwischen den Parteien zu bestimmen, erscheint
jedenfalls in einem Verfahrensstadium, in dem noch mehrere Bewerber bzw. Bieter beteiligt sind, nicht praktikabel. Zwar ist eine in diesem Sinne erfolgende „gemeinsame Festsetzung" vom Wortlaut des § 77 Abs. 2 VgV gedeckt. Aus Auftraggebersicht erscheint es jedoch weder sinnvoll noch erforderlich, sich auf Verhandlungen mit den Bewerbern bzw.
Bietern über eine Vergütungshöhe einzulassen. Was passiert, wenn eine Einigung nicht
zustande kommt? Wenn der öffentliche Auftraggeber, was zulässig wäre, dann einseitig eine
Vergütungshöhe festsetzt, ist ein Streit vorprogrammiert. Sinnvoller erscheint deshalb eine
einseitige Festsetzung durch den öffentlichen Auftraggeber. Erachtet ein Bewerber/Bieter
die festgesetzte Höhe nicht als angemessen, muss er dies rügen. Unterlässt er die Rüge,
kann er später nicht mehr eine höhere Vergütung verlangen, sondern ist insoweit präkludiert. Das von *Portz / Geitel* befürchtete Risiko späterer Streitigkeiten über die Vergütungshöhe ist dadurch ausgeschlossen.

V. Durchsetzung der festgesetzten Vergütung

65   Das eine ist die Pflicht des öffentlichen Auftraggebers zur Festsetzung einer angemessenen Vergütung gemäß § 77 Abs. 2 VgV, das andere ist die Frage, unter welchen Voraussetzungen der Bewerber bzw. Bieter, zu dessen Gunsten eine Vergütung festgesetzt worden
ist, diese in Anspruch nehmen kann.

1. Vorleistungspflicht des Bewerbers und Bieters

66   Dass es sich bei der gemäß § 77 Abs. 2 VgV festzusetzenden Vergütung um eine „Gegenleistung" für die geforderte Ausarbeitung von Lösungsvorschlägen handelt und die Ausarbeitung eine Werkleistung darstellt, lässt den Schluss zu, dass der Bewerber bzw. Bieter
vorleistungspflichtig ist. Sein Vergütungsanspruch setzt also jedenfalls eine erfolgte Ausarbeitung des Lösungsvorschlags voraus. Wobei die Ausarbeitung, wie ausgeführt, die vom
öffentlichen Auftraggeber in einer Verhandlungsrunde geforderte Anpassung bzw. Überarbeitung des Lösungsvorschlags beinhaltet.

2. Einhaltung etwaiger Mindestanforderungen an den Lösungsvorschlag

67   Darüber hinaus muss der ausgearbeitete Lösungsvorschlag entsprechend § 641 BGB im
Wesentlichen die bekannt gegebenen Anforderungen des öffentlichen Auftraggebers an die
Lösungsvorschläge erfüllen. Erst recht muss der Lösungsvorschlag etwaig vom öffentlichen
Auftraggeber aufgestellte **Mindestanforderungen** einhalten. Erfüllt der Lösungsvorschlag
die Anforderungen nicht und ist der betreffende Bewerber bzw. Bieter am weiteren Vergabeverfahren nicht beteiligt, entweder weil er sich nicht weiter um den Auftrag bewerben
möchte oder weil der öffentliche Auftraggeber die Zahl der Angebote plangemäß nach
§ 17 Abs. 12 S. 1 VgV nach der ersten Angebotsrunde verringert hat, erhält er für seinen
Lösungsvorschlag keine Vergütung.

3. Inhaltliche und qualitative Anforderungen an den Lösungsvorschlag

68   Der eingereichte Lösungsvorschlag **muss nicht neuartig** sein.[63] Vielmehr genügt die
Fortentwicklung, Modifikation oder Präzisierung eines bereits entwickelten Lösungsvorschlags (z.B. eines Entwurfs aus einem vorangegangenen Verfahren oder Wettbewerb). Da-

---

[62] *Portz / Geitel* in KKMPP, Kommentar zur VgV 1. Aufl. 2017 § 77 Rn. 17, 20.
[63] BGH v. 15.12.1978 – I ZR 26/77, BGHZ 73, 288, 292; *Bluhm* in Müller-Wrede, VOF 5. Aufl. 2014
§ 20 Rn. 28.

für sprechen insbesondere praktische Gründe sowie Sinn und Zweck der Vorschrift. Durch die Vergütung sollen ähnliche Bewerbungsbedingungen geschaffen werden, insbesondere für kleinere Büroeinheiten und Newcomer, indem der über die Angebotserstellung hinausgehende Aufwand für Planungsleistungen vergütet wird. Von der Neuartigkeit eines Lösungsvorschlags soll die Vergütung hingegen nicht abhängen. Hierdurch würde wiederum die Ausgangsposition insbesondere der kleineren Büroeinheiten und der Newcomer erschwert. Zumal diese zunächst den Planungsaufwand betreiben würden und die Unsicherheit tragen müssten, ob der Lösungsvorschlag im Nachhinein tatsächlich als neuartig angesehen wird. Hierbei würden sich auch Abgrenzungsschwierigkeiten zu anderen Lösungsvorschlägen (anderer Bieter, derselben Bieter in anderen Verfahren, etc.) ergeben.

Aus demselben Grund kann es auch nicht darauf ankommen, ob der von dem Bewerber **69** bzw. Bieter eingereichte Lösungsvorschlag für die zu treffende Vergabeentscheidung **objektiv notwendig, sinnvoll oder auch nur hilfreich** ist.[64] Sinn und Zweck der Vorschrift erfordern eine verlässliche und für den Bieter im Vorhinein beurteilbare Grundlage für die Vergütung. Diese wäre bei der rein subjektiven Einschätzung eines Lösungsvorschlags als hilfreich nicht gegeben. Allerdings kann der öffentliche Auftraggeber die Vergütung daran knüpfen, dass der Bewerber zusammen mit dem Lösungsvorschlag ein wertbares Angebot abgegeben hat (→ VgV § 77 Rn. 72).

Auch stehen **Mängel** der Vergütung für einen eingereichten Lösungsvorschlag nicht **70** grundsätzlich entgegen.[65] Zwischen öffentlichem Auftraggeber und Bieter entsteht kein (vor-)vertragliches Schuldverhältnis über die Erbringung von Planungsleistungen im Vergabeverfahren.[66] Es handelt sich vielmehr um ein „Akquiserechtsverhältnis",[67] das vorvertraglich, nämlich vertragslos, ist mit der rechtlichen Konsequenz, dass u.a. keine vertraglichen Sekundäransprüche, insbesondere keine Mängelrechte des Auftraggebers nach §§ 633ff. BGB, entstehen können.[68] Wenn keine Mängelrechte entstehen, hat der öffentliche Auftraggeber auch keinen Anspruch auf mängelbedingte Kürzung der festgesetzten Vergütung. Zumal er den Bewerber bzw. Bieter zunächst zur Mängelbeseitigung auffordern müsste. Ist der betreffende Bewerber bzw. Bieter dagegen im weiteren Vergabeverfahren beteiligt, räumt ihm der öffentliche Auftraggeber ohnehin ein Recht zur Mängelbeseitigung ein. Der Bewerber bzw. Bieter hat dann die Möglichkeit, im Rahmen einer Überarbeitung seines Lösungsvorschlags die gegebenenfalls aufgestellten Mindestanforderungen vollständig sowie die sonstigen bekannt gegebenen Anforderungen im Wesentlichen zu erfüllen. Wenn er damit die Mängel beseitigt, entsteht ein Minderungsrecht erst gar nicht. Unabhängig davon ist die Ablehnung von Mängelrechten sach- und interessengerecht. Der öffentliche Auftraggeber verlangt die Ausarbeitung von Lösungsvorschlägen für die gestellte Planungsaufgabe vorrangig dafür, eine Grundlage für die Bewertung der jeweiligen Angebote zu erhalten. Ziel ist die Vorbereitung einer Vergabeentscheidung. Mängel an dem Lösungsvorschlag können deshalb vergaberechtlich – in Form von Punktabzügen bzw. einer schlechteren Bewertung des Angebots – berücksichtigt werden.

Sind die Mängel an dem eingereichten Lösungsvorschlag allerdings so gravierend, dass **71** der Vorschlag unbrauchbar ist, muss dafür keine Vergütung festgesetzt werden.[69] Vom Sinn und Zweck der Regelung des § 77 Abs. 2 VgV ist es gedeckt, die Vergütung auf diejenigen Bieter zu beschränken, die einen grundsätzlich brauchbaren Lösungsvorschlag abgegeben haben. Das gilt jedenfalls, wenn der öffentliche Auftraggeber in den Vergabeunterlagen bestimmt hat, dass Angebote mit unbrauchbaren Lösungsvorschlägen ausgeschlossen wer-

---

[64] *Schweer/Heller* VergabeR 2016, 1, 6.
[65] AA: *Portz* in Müller-Wrede, VOF 5. Aufl. 2014 § 13 Rn. 33.
[66] → VgV § 77 Rn. 61 f.
[67] Vgl. *Berger* in Fuchs/Berger/Seifert, HOAI 1. Aufl. 2016 Teil 1 A I Rn. 46 ff.
[68] *Berger* in Fuchs/Berger/Seifert, HOAI 1. Aufl. 2016 Teil 1 A I Rn. 46 f mwN; aus der jüngeren Rechtsprechung etwa OLG Brandenburg v. 29.8.2014 – 11 U 170/11, BauR 2015, 288, 289.
[69] Im Ergebnis ebenso zu § 13 VOF *Portz* in Müller-Wrede, VOF 5. Aufl. 2014 § 13 Rn. 24. AA *Harr* in Willenbruch/Wieddekind, Vergaberecht 4. Aufl. 2017 § 77 VgV Rn. 10.

den. Eine solche Beschränkung der Vergütungspflicht muss der öffentliche Auftraggeber aber in der Vergabebekanntmachung oder in den Vergabeunterlagen regeln und mitteilen.

4. Einreichung eines wertbaren Angebots

72   Eine weitere Voraussetzung für die Fälligkeit des Vergütungsanspruchs ist, dass der Bewerber oder Bieter bzw. dessen Bewerbung oder Angebot nicht bereits aus anderen Gründen als einer Verringerung der Bewerber- bzw. Bieterzahl gemäß § 17 Abs. 12 VgV auszuschließen ist, so dass der ausgearbeitete Lösungsvorschlag vom öffentlichen Auftraggeber in dem Vergabeverfahren nicht berücksichtigt werden kann.[70] Hat der öffentliche Auftraggeber beispielsweise die Einreichung eines ausgearbeiteten Lösungsvorschlags zusammen mit dem Angebot verlangt und reicht der Bewerber bzw. Bieter das Angebot und/oder den Lösungsvorschlag nicht innerhalb der vorgegebenen Angebotsfrist ein, ist er zwingend vom weiteren Vergabeverfahren auszuschließen. In diesem Fall hat er keinen Anspruch auf Vergütung gemäß § 77 Abs. 2 VgV. Denn sein Lösungsvorschlag ist für den öffentlichen Auftraggeber unbrauchbar. Diese Voraussetzung folgt aus dem besonderen Umstand, dass es sich bei dem Lösungsvorschlag um einen Wettbewerbsbeitrag handelt, der in ein Angebot und in einen späteren Vertrag einfließen soll.

73   Eine Ausnahme hiervon wird nur angenommen, wenn von dem einzelnen Bewerber bzw. Bieter eine konkrete eigenständige Leistung als Einzelleistung in Auftrag gegeben wird oder sonst die Vergütung nach §§ 157, 242 BGB dem zum Ausdruck gekommenen Vertrags- oder Parteiwillen entspricht.[71]

VI. Zivilrechtliche Anspruchsgrundlagen

74   Dem Bewerber bzw. Bieter, der den vom öffentlichen Auftraggeber geforderten Lösungsvorschlag ausgearbeitet hat, stehen neben oder anstelle des Anspruchs auf die gemäß § 77 Abs. 2 VgV **festgesetzte Vergütung** keine vertragsrechtlichen Vergütungsansprüche zu.[72] Zum einen erklären die Bewerber bzw. Bieter mit der Einreichung des ausgearbeiteten Lösungsvorschlags in Kenntnis der vom öffentlichen Auftraggeber festgesetzten Vergütung konkludent ihr Einverständnis mit dieser Begrenzung ihrer Vergütungsansprüche in Höhe der festgesetzten Vergütung.[73] Ein **geheimer Vorbehalt** des Bewerbers bzw. Bieters bei der Einreichung des Lösungsvorschlags, im Nachhinein über die gemäß § 77 Abs. 2 VgV festgesetzte Vergütung hinausgehende Vergütungsansprüche noch geltend zu machen, ist entsprechend § 116 BGB unbeachtlich. Ein **ausdrücklicher Vorbehalt** führt dazu, dass der betreffende Bewerber bzw. Bieter von den Vergabeunterlagen abweicht mit der Folge, dass seine Bewerbung bzw. sein Angebot auszuschließen ist. Wenn der Bewerber beziehungsweise Bieter Bedenken hat, dass die vom öffentlichen Auftraggeber gemäß § 77 Abs. 2 VgV festgesetzte Vergütung nicht angemessen ist, muss er dies innerhalb der Fristen des § 160 Abs. 3 Nr. 1 bis 3 GWB rügen. Zum anderen kommt durch Verlangen eines Lösungsvorschlags und Einreichung eines solchen in der Regel zwischen dem öffentlichen Auftraggeber und dem jeweiligen Bewerber bzw. Bieter kein Vertrag, sondern nur ein außervertraglichen Akquiserechtsverhältnis zustande (→ VgV § 77 Rn. 61 f.).

75   Folgerichtig stehen dem Bewerber bzw. Bieter, der den vom öffentlichen Auftraggeber geforderten Lösungsvorschlag ausgearbeitet hat, auch dann keine vertragsrechtlichen Vergütungsansprüche zustehen, wenn der öffentliche Auftraggeber **keine Vergütung gemäß**

---

[70] *Portz/Geitel* in KKMPP, Kommentar zur VgV 1. Aufl. 2017 § 77 Rn. 19. AA *Harr* in Willenbruch/Wieddekind, Vergaberecht 4. Aufl. 2017 § 77 VgV Rn. 10.
[71] *Portz/Geitel* in KKMPP, Kommentar zur VgV 1. Aufl. 2017 § 77 Rn. 19.
[72] BGH v. 19.4.2016 – X ZR 77/14, NZBau 2016, 368, 370 ff.; *Voppel* VergabeR 2017, 486, 487.
[73] BGH v. 19.4.2016 – X ZR 77/14, NZBau 2016, 368, 370 ff.

§ 77 Abs. 2 VgV festgesetzt hat.[74] Zwar können sich die Bewerber bzw. Bieter nicht mit einer Begrenzung ihrer Vergütungsansprüche der Höhe nach einverstanden erklärt haben. Mangels entstandenem Vertragsverhältnis scheiden aber trotzdem vertragliche (ebenso wie gesetzliche, z.B. über § 632 Abs. 2 BGB begründete) Ansprüche aus. Auch Schadensersatzansprüche wegen einer Pflichtverletzung im Rahmen des vorvertraglichen Vertrauensverhältnisses scheiden im Ergebnis aus.[75]

Abschließend sei am Rande festzuhalten, dass der Bewerber bzw. Bieter für den Ab- **76** schluss eines Vertrags über die Ausarbeitung von Lösungsvorschlägen die Darlegungs- und Beweislast trägt.[76]

VII. Bieterschutz und Rechtsschutz

Die in § 77 Abs. 2 VgV normierte Verpflichtung zur Festsetzung einer angemessenen **77** Vergütung schützt die Bewerber und Bieter, insbesondere die kleineren Büros und Berufseinsteiger, die sich die kostenintensive Ausarbeitung von über die üblichen Bewerbungs- und Angebotsunterlagen hinausgehender Lösungsvorschläge nicht leisten können. Es handelt sich daher um eine **bieterschützende** Vorschrift, auf deren Einhaltung die Bewerber und Bieter einen Anspruch haben. Wenn der Bewerber beziehungsweise Bieter Bedenken hat, dass die vom öffentlichen Auftraggeber gemäß § 77 Abs. 2 VgV festgesetzte Vergütung nicht angemessen ist, muss er dies gemäß § 160 Abs. 3 GWB rügen und, soweit der öffentliche Auftraggeber seiner Rüge nicht abhilft, die Einleitung eines Nachprüfungsverfahrens beantragen.[77] Eine – wenn möglich auch einvernehmliche – Klärung der streitigen Frage vor Ausarbeitung der Lösungsvorschläge liegt im Interesse sowohl des öffentlichen Auftraggebers, als auch der Bewerber bzw. Bieter. Der öffentliche Auftraggeber sieht sich im Fall einer zunächst nicht angemessenen Vergütung später nicht nur einer höheren Vergütungsforderung des rügenden bzw. antragstellenden Bewerbers bzw. Bieters ausgesetzt, sondern auch entsprechender Forderungen der übrigen Verfahrensteilnehmer. Umgekehrt will der Bewerber bzw. Bieter auch Gewissheit über die zustehende Vergütung der Höhe nach erhalten, bevor er mit der Ausarbeitung eines Lösungsvorschlags beginnt.[78]

Bei der Frage der Angemessenheit der Vergütung für die Ausarbeitung eines verlangten **78** Lösungsvorschlags handelt es sich nicht um eine bürgerliche Rechtsstreitigkeit, die ausschließlich vor den ordentlichen Gerichten zu entscheiden ist.[79] Zuständig ist vielmehr die **Vergabekammer.** Dagegen spricht auch nicht die Komplexität der Prüfung, ob eine festgesetzte Vergütung angemessen ist, die Spezialwissen erfordert. Vergabekammern verfügen nämlich über ehrenamtliche Beisitzer, die neben mehrjährigen praktischen Erfahrungen auf dem Gebiet des Vergabewesens auch über Erfahrungen speziell bei der Vergabe von Architekten- und Ingenieurleistungen verfügen. Zudem steht es einer Vergabekammer jederzeit offen, die Frage der Angemessenheit der festgesetzten Vergütung mit Hilfe eines Sachverständigengutachtens zu beurteilen, wenn die Kammer die Sachkunde nicht anderweitig

---

[74] AA zu § 13 VOF *Portz* in Müller-Wrede, VOF 5. Aufl. 2014 § 13 Rn. 34. Wie hier *Harr* in Willenbruch/Wieddekind, Vergaberecht 4. Aufl. 2017 § 77 VgV Rn. 12; Voppel/Osenbrück/Bubert VOF 3. Aufl. 2012 § 13 Rn. 28.

[75] Vgl. *Harr* in Willenbruch/Wieddekind Vergaberecht 4. Aufl. 2017 § 77 VgV Rn. 12.

[76] BGH v. 13.9.2001 – VII ZR 380/00, NJW-RR 2002, 159, 160; OLG Düsseldorf v. 20.8.2001 – 23 U 6/01, NJW-RR 2002, 163, 164; *Portz* in Müller-Wrede, VOF 5. Aufl. 2014 § 13 Rn. 38.

[77] *Portz* in Müller-Wrede, Kommentar zur VOF, 5. Aufl. 2014, § 13 Rn. 31; *Franzius* in Pünder/Schellenberg, Vergaberecht, 2. Aufl. 2015, § 13 VOF Rn. 11, der jedoch zu Recht auf den Vorrang der §§ 631 ff. BGB hinweist. AA *Portz* in Müller-Wrede, VOF 5. Aufl. 2014 § 13 Rn. 32, der die Höhe einer vom Auftraggeber festgesetzten Vergütung grundsätzlich nicht für nachprüfbar hält.

[78] BGH v. 19.4.2016 – X ZR 77/14, NZBau 2016, 368, 372; *Portz/Geitel* in KKMPP, Kommentar zur VgV 1. Aufl. 2017 § 77 Rn. 29.

[79] BGH v. 19.4.2016 – X ZR 77/14, NZBau 2016, 368, 370 f.; aA OLG Brandenburg v. 7.5.2009 – Verg W 6/09, NZBau 2009, 734, 735.

erwerben kann.[80] Die Festsetzung einer offenbar unauskömmlichen Vergütung ist keine Zulässigkeitsvoraussetzung;[81] die Höhe der festgesetzten Vergütung ist vielmehr Gegenstand der Begründetheitsprüfung.

79   Zwar ist ebenso wenig der Zivilrechtsweg nach § 13 GVG ausgeschlossen. Eine Spezialrechtszuweisung zu den Vergabenachprüfungsverfahren nach §§ 155 ff. GWB liegt nicht vor. Hat es jedoch der Bewerber bzw. Bieter versäumt, die aus seiner Sicht unangemessene Vergütung zu rügen und gegebenenfalls ein Vergabenachprüfungsverfahren durchzuführen, ist er insoweit präkludiert. Eine Zahlungsklage vor einem ordentlichen Gericht wäre deshalb zwar zulässig, aber unbegründet.[82]

80   Bei der Angemessenheitsprüfung ist der dem öffentlichen Auftraggeber zustehende Beurteilungsspielraum zu beachten, der nur eingeschränkt überprüfbar ist.[83] In Anlehnung an die verwaltungsrechtliche Beurteilungslehre wird nur die Überschreitung dieses Beurteilungsspielraums kontrolliert. Eine solche Überschreitung liegt vor, wenn
- das vorgeschriebene Verfahren nicht eingehalten wurde,
- von einem unzutreffenden oder nicht vollständig ermittelten Sachverhalt ausgegangen worden ist,
- sachwidrige Erwägungen für die Entscheidung verantwortlich waren oder
- gegen allgemeingültige Bewertungsgrundsätze verstoßen worden ist.[84]

81   Kommt die Vergabekammer zu dem Ergebnis, dass die vom öffentlichen Auftraggeber gemäß § 77 Abs. 2 VgV festgesetzte Vergütung nicht angemessen ist, muss sie die Fortsetzung des Vergabeverfahrens unter den angegriffenen Konditionen untersagen. Die Festsetzung einer anderen, angemessenen Vergütung ist von der Entscheidungsbefugnis der Vergabekammer demgegenüber nicht gedeckt.[85] Um dem von der Vergabekammer festgestellten Vergabeverstoß abzuhelfen, hat der öffentliche Auftraggeber nämlich nicht nur die Möglichkeit, eine höhere (angemessene) Vergütung festzusetzen, sondern auch, bei gleichbleibender Vergütung geringere Anforderungen an Qualität und Umfang der verlangten Ausarbeitung von Lösungsvorschlägen zu stellen.[86]

81   Wenn die Vergabekammer lediglich die Unangemessenheit der festgesetzten Vergütung feststellt, ohne zugleich Vorgaben für eine angemessene Höhe zu machen, droht zumindest theoretisch eine Endlosschleife von Nachprüfungsverfahren, wenn der Bieter auch die nach Abschluss des (ersten) Nachprüfungsverfahrens neu festgesetzte Vergütung erneut als unangemessen rügt.[87] Um dies zu verhindern, schlagen *Schweer/Heller* vor, dass die Vergabekammer den öffentlichen Auftraggeber nach § 168 Abs. 1 Satz 1 GWB anweise, den zutreffenden Betrag festzusetzen, den sie auch tenorieren müsse. Anders wäre die Entscheidung nicht verwertbar.[88] Dieser Vorschlag ist nicht nur praxistauglich, sondern auch von § 168 Abs. 1 Satz 1 GWB gedeckt. Daneben ist es ebenfalls möglich, dass die Vergabekammer eine eigene Angabe zu einem angemessenen Preis für den ausgeschriebenen Lösungsvorschlag als „Segelanweisung" in die Entscheidung aufnimmt.

82   Wenn der Auftraggeber eine Vergütung festsetzt, die der Bewerber bzw. Bieter für unangemessen erachtet, und wenn die Nachprüfung der Festsetzung nicht innerhalb des Vergabeverfahrens erreicht werden kann, steht der Bieter vor der Entscheidung, entweder die verlangte Planungslösung abzugeben oder aus dem Wettbewerb auszuscheiden. Gibt der Bewerber bzw. Bieter einen Lösungsvorschlag ab, liegt darin jedoch kein widersprüchliches

---

[80] BGH v. 19.4.2016 – X ZR 77/14, NZBau 2016, 368, 373.
[81] So aber wohl *Portz* in Müller-Wrede, VOF 5. Aufl. 2014 § 13 Rn. 32.
[82] BGH v. 19.4.2016 – X ZR 77/14, NZBau 2016, 368, 371. *Portz* in Müller-Wrede, VOF 5. Aufl. 2014 § 13 Rn. 51.
[83] *Harr* in Willenbruch/Wieddekind, Vergaberecht 4. Aufl. 2017 § 77 VgV Rn. 11.
[84] → GWB § 122 Rn. 19 mit zahlreichen Nachweisen.
[85] AA: *Portz* in Müller-Wrede, VOF 5. Aufl. 2014 § 13 Rn. 51; wie hier *Harr* in Willenbruch/Wieddekind, Vergaberecht 4. Aufl. 2017 § 77 VgV Rn. 12.
[86] BGH v. 19.4.2016 – X ZR 77/14, NZBau 2016, 368, 372.
[87] *Schweer/Heller* VergabeR 2016, 1, 3.
[88] *Schweer/Heller* VergabeR 2016, 1, 3.

Verhalten, das seinen Anspruch auf Festsetzung einer angemessenen Vergütung ausschlösse.[89] In der Abgabe eines verlangten Lösungsvorschlags liegt vorrangig die Willensbetätigung, am Verfahren teilzunehmen, um den Auftrag zu erhalten, nicht aber eine Willenserklärung zur Ausarbeitung des Lösungsvorschlags zu der festgesetzten (vom Bewerber bzw. Bieter als unangemessen erachteten) Vergütung.

Der § 77 Abs. 2 VgV zugrunde liegende Bieterschutz erstreckt sich über den Anspruch **83** auf Festsetzung einer angemessenen Vergütung durch den öffentlichen Auftraggeber hinaus auch auf die **Zahlung** einer angemessenen Vergütung.[90]

E. Gesetzliche Preisvorschriften

§ 77 Abs. 3 Alt. 1 VgV stellt klar, dass gesetzliche Gebühren- oder Honorarordnungen **84** unberührt bleiben. Von Bedeutung ist insoweit die Honorarordnung für Architekten und Ingenieure (HOAI). Diese Honorarordnung beinhaltet bindendes Preisrecht, das durch das Vergaberecht nicht unterlaufen werden soll.

Aus systematischen Gründen beschränkt sich diese Klarstellung auf die von den Bewer **85** bern und Bietern im Vergabeverfahren vorzulegenden Unterlagen, insbesondere die gemäß § 77 Abs. 2 VgV auf Verlangen auszuarbeitenden Lösungsvorschläge. Fallen die entsprechenden Leistungen in den Anwendungsbereich der HOAI, ist die vom öffentlichen Auftraggeber festgesetzte Vergütung nur dann angemessen, wenn sie die Mindestsätze der HOAI nicht unterschreitet.[91]

Die Anwendung der HOAI setzt indes den Abschluss eines Planervertrags voraus. In der **86** Regel stellt die Aufforderung zur Einreichung eines Lösungsvorschlags kein Angebot des öffentlichen Auftraggebers zum Abschluss eines Planervertrags dar. Vielmehr kommt ein außervertragliches „Akquiserechtsverhältnis" zustande, das keinerlei vertragliche Ansprüche begründet und damit auch nicht den Anwendungsbereich der HOAI eröffnet.[92]

Selbst wenn die HOAI Anwendung findet, weil im Einzelfall von einem Planervertrag **87** zwischen Auftraggeber und Bieter auszugehen ist, muss geprüft werden, ob die HOAI im Einzelfall auf die angeforderte Leistung Anwendung findet. Das ist bspw. nicht der Fall, wenn die Tafelwerte der HOAI überschritten sind oder es sich um Besondere Leistungen handelt, für welche die HOAI keine zwingenden preislichen Vorgaben enthält. Weiter wird dann die HOAI nicht auf alle eingereichten Lösungsvorschläge anwendbar sein. Insbesondere fallen Leistungen von Architekten, die ihren Sitz nicht im Inland haben oder die Leistungen nicht vom Inland aus erbringen, nicht unter die HOAI. Weil der öffentliche Auftraggeber gemäß § 77 Abs. 2 VgV eine angemessene Vergütung einheitlich für alle Bewerber bzw. Bieter festzusetzen hat, muss er jedoch den „kleinsten gemeinsamen Nenner" finden.

§ 77 Abs. 3 VgV ist **bieterschützend.** Ein Verstoß gegen diese vergabeverfahrensrecht **88** liche Vorschrift kann mithin vor der Vergabekammer geltend gemacht werden.[93]

Ist der Anwendungsbereich der HOAI eröffnet, setzt das voraus, dass zwischen öffentli **89** chem Auftraggeber und Bieter ein Planervertrag über die Erstellung des Lösungsvorschlags geschlossen wurde. Hieraus resultieren dann vertragliche Vergütungsansprüche, die auch

---

[89] OLG Frankfurt v. 23.7.2014 – 13 U 44/12 –, VergabeR 2015, 827, 829; wie hier *Schweer/Heller* VergabeR 2016, 1, 11.

[90] OLG München v. 20.3.2013 – Verg 5/13 (zu § 20 Abs. 3 VOF), ZfBR 2013, 408; OLG Koblenz v. 6.7.2012 – 8 U 45/11, VergabeR 2013, 636, 639; *Portz* in Müller-Wrede, VOF 5. Aufl. 2014 § 13 Rn. 49.

[91] *Portz/Geitel* in KKMPP, Kommentar zur VgV 1. Aufl. 2017 § 77 Rn. 33. Ebenso *Schweer/Heller* VergabeR 2016, 1, 3 zu § 13 Abs. 3 S. 1 VOF.

[92] *Berger* in Fuchs/Berger/Seifert, HOAI 1. Aufl. 2016 § Teil 1 A I Rn. 46 f. mwN; aus der jüngeren Rechtsprechung etwa OLG Brandenburg v. 29.8.2014 – 11 U 170/11, BauR 2015, 288, 289.

[93] Zu § 20 Abs. 3 VOF ZfBR 2013, 408; OLG Koblenz v. 6.7.2012 – 8 U 45/11, VergabeR 2013, 636, 639; *Bluhm* in Müller-Wrede, VOF 5. Aufl. 2014 § 20 Rn. 33; aA Voppel/Osenbrück Bubert VOF 3. Aufl. 2012 § 20 Rn. 21.

vor den ordentlichen Gerichten durchgesetzt werden können. Eine Spezialrechtszuweisung zu den Vergabenachprüfungsverfahren nach § 155 ff. GWB liegt nicht vor. Hat es jedoch der Bewerber bzw. Bieter versäumt, die aus seiner Sicht unangemessene Vergütung zu rügen und gegebenenfalls ein Vergabenachprüfungsverfahren durchzuführen, ist er insoweit präkludiert. Eine Zahlungsklage vor einem ordentlichen Gericht wäre deshalb zwar zulässig, aber unbegründet.[94] Dem steht § 77 Abs. 3 VgV nicht entgegen. Zwar soll hiernach eine gesetzliche Gebühren- oder Honorarordnung unberührt bleiben. Diese Vorschrift bedeutet jedoch nicht, dass ein etwaiger Verstoß gegen § 77 Abs. 2 VgV unabhängig von einem Vergabenachprüfungsverfahren geltend gemacht werden kann. Die Bewerber bzw. Bieter sind also gehalten, einen etwaigen Verstoß auch gegen § 77 Abs. 3 VgV in demjenigen Vergabenachprüfungsverfahren geltend zu machen, in dem sie die Höhe der festgesetzten Vergütung angreifen.

F. Urheberrechtsschutz

90   § 77 Abs. 3 Alt. 2 VgV stellt klar, dass der Urheberrechtsschutz unberührt bleibt. Dies gilt unabhängig davon, ob der öffentliche Auftraggeber eine Vergütung gemäß § 77 Abs. 2 VgV festgesetzt hat oder nicht. Der Urheberrechtsschutz bleibt also auch im Fall der Festsetzung einer angemessenen Vergütung unberührt.

91   Zu den urheberrechtlich geschützten Werken gehören nach § 2 Abs. 1 Nr. 4 Urheberschutzgesetz unter anderem Werke der Baukunst und Entwürfe solcher Werke sowie nach Nr. 7 Darstellungen technischer Art wie Zeichnungen, Pläne, Karten, Skizzen, Tabellen und plastische Darstellungen. Darüber hinaus muss das Werk auf einer persönlichen geistigen Schöpfung beruhen (§ 2 Abs. 2 UrhG). Das setzt voraus, dass der Architekt oder Ingenieur mit seiner Leistung über das Alltägliche hinausgeht. Die Leistung muss aufgrund ihrer Individualität und Originalität eine eigene schöpferische Gestaltung erkennen lassen. Umgekehrt muss die Leistung nicht neuartig sein.[95] Ebenso wenig ist eine spezifische Eigenart der technischen Lösung erforderlich.

92   Bei statischen Berechnungen und Mengenberechnungen wird regelmäßig eine geistige Schöpfung abgelehnt. Dasselbe gilt für die Erstellung technischer Angebote, die sich streng an den Vorgaben der Vergabestelle orientieren.[96] Auch bei der Planung von Verwaltungsgebäuden sowie von Zweck- und Funktionsbauten wird nur ausnahmsweise ein Urheberschutz anerkannt.[97] Grundsätzlich ist bei Bauten in Gebieten, für die bereits ein Bebauungsplan vorliegt, zu hinterfragen, ob die Vorgaben dieses Bebauungsplans eine eigene persönliche geistige Schöpfung des Architekten oder Ingenieurs überhaupt noch ermöglichen. Falls nein, scheidet ein Urheberrecht grundsätzlich aus, auch wenn es für die Frage des Urheberrechtsschutzes nicht darauf ankommt, ob das spätere Gebäude in Übereinstimmung mit den öffentlich-rechtlichen Vorschriften errichtet worden ist oder nicht.[98]

93   Ob ein urheberrechtlich geschütztes Werk vorliegt, das die vorgenannten Anforderungen erfüllt, kann stets nur im Einzelfall beurteilt werden. Da im vorliegenden Fall der Bewerber beziehungsweise Bieter Lösungsvorschläge für eine Planungsaufgabe ausarbeiten soll, deren Lösung vorab nicht eindeutig und erschöpfend beschrieben werden kann, spricht zunächst einmal eine Vermutung dafür, dass Urheberrechtsschutz bestehen kann.

94   Wird dem öffentlichen Auftraggeber im Vergabeverfahren ein ausgearbeiteter Lösungsvorschlag übergeben, gehen damit auch Nutzungsrechte auf den öffentlichen Auftraggeber über. Maßgeblich ist die § 31 Abs. 1–3 UrhG zu Grunde liegende Zweckübertragungsthe-

---

[94] BGH v. 19.4.2016 – X ZR 77/14, NZBau 2016, 368, 371. *Portz* in Müller-Wrede, VOF 5. Aufl. 2014 § 13 Rn. 51.
[95] BGH v. 15.12.1978 – I ZR 26/77, BGHZ 73, 288, 292.
[96] OLG München v. 4.8.2005 – 8 U 1540/05, VergabeR 2006, 423; *Zirkel* VergabeR 2006, 321, 323.
[97] OLG Frankfurt v. 24.10.1985 – 6 U 69/85, BauR 1986, 466, 467.
[98] OLG München v. 16.3.1995 – 29 U 2496/94, NJWE-MietR 1996, 116, 117.

orie. Bei der Übergabe von urheberrechtlich geschützten Plänen in einem Architektenvertrag liegt der Zweck regelmäßig darin, dass nach den übergebenen Plänen gebaut werden
soll. Dieses Nutzungsrecht wird dem öffentlichen Auftraggeber damit eingeräumt. Im laufenden Vergabeverfahren geht es dem Bewerber bzw. Bieter, der einen Lösungsvorschlag
einreicht, darum, mit diesem Lösungsvorschlag seine Zuschlagschancen zu wahren bzw. zu
verbessern. Darüber hinaus besteht der Zweck darin, dass im Falle der Zuschlagserteilung
der Lösungsvorschlag Vertragsbestandteil und Grundlage der dann auszuführenden vertraglichen Planungsleistungen wird. Insoweit werden dem öffentlichen Auftraggeber Nutzungsrechte übertragen. Daraus folgt, dass der öffentliche Auftraggeber spätestens im Zeitpunkt der Beendigung des Vergabeverfahrens durch Zuschlagserteilung an den Bestbieter
etwaige Nutzungsrechte an den Lösungsvorschlägen der übrigen Bewerber und Bieter verliert.

Der öffentliche Auftraggeber ist jedoch nicht berechtigt, Bewerbungs- und Angebotsun- **95**
terlagen sowie darüber hinausgehende Lösungsvorschläge an Dritte weiterzugeben. Vielmehr darf er diese Unterlagen nur zur internen Prüfung und Wertung verwenden.[99]

Ein Verstoß gegen den Urheberschutz ist in einem vergaberechtlichen Nachprüfungsver- **96**
fahren angreifbar.[100] Hierbei handelt es sich nicht um eine abschließende Spezialzuweisung,
so dass der Bewerber bzw. Bieter seine Urheberrechte auch in einem zivilgerichtlichen
Verfahren geltend machen kann.[101]

Die Verletzung des Urheberrechts begründet nach § 97 Urhebergesetz einen Beseiti- **97**
gungsanspruch sowie bei Wiederholungsgefahr einen Unterlassungsanspruch. Im Fall einer
schuldhaften Verletzung des Urheberrechts durch ein rechtswidriges Gebrauchmachen von
dem urheberrechtlich geschützten Werk können außerdem Schadensersatzansprüche aus
§ 311 Abs. 2, § 241 Abs. 2, § 280 Abs. 1 BGB (culpa in contrahendo) sowie aus § 823
Abs. 2 BGB (Verletzung eines Schutzrechts) entstehen. Daneben kommen Ansprüche auf
Rückgabe des Urheber-Eigentums an den Bewerber bzw. Bieter aus § 985 BGB sowie aus
§§ 812 ff. BGB in Betracht.

---

[99] *Portz* in Müller-Wrede, VOF 5. Aufl. 2014 § 13 Rn. 40.
[100] *Portz* in Müller-Wrede, VOF 5. Aufl. 2014 § 13 Rn. 49.
[101] AA VK Nordbayern v. 4.10.2007 – 21. VK-3194-41/07; *Portz/Geitel* in KKMPP, Kommentar zur
VgV 1. Aufl. 2017 § 77 Rn. 42.

Unterabschnitt 2. Planungswettbewerbe für Architekten und Ingenieurleistungen

§ 78 Grundsätze und Anwendungsbereich für Planungswettbewerbe

(1) Planungswettbewerbe gewährleisten die Wahl der besten Lösung der Planungsaufgabe und sind gleichzeitig ein geeignetes Instrument zur Sicherstellung der Planungsqualität und Förderung der Baukultur.

(2) Planungswettbewerbe dienen dem Ziel, alternative Vorschläge für Planungen, insbesondere auf dem Gebiet der Raumplanung, des Städtebaus und des Bauwesens, auf der Grundlage veröffentlichter einheitlicher Richtlinien zu erhalten. Sie können vor oder ohne Vergabeverfahren ausgerichtet werden. In den einheitlichen Richtlinien wird auch die Mitwirkung der Architekten- und Ingenieurkammern an der Vorbereitung und bei der Durchführung von Planungswettbewerben geregelt. Der öffentliche Auftraggeber prüft bei Aufgabenstellungen im Hoch-, Städte- und Brückenbau sowie in der Landschaft- und frei Raumplanung, ob für diese ein Planungswettbewerb durchgeführt werden soll, und dokumentiert seine Entscheidung.

(3) Die Bestimmungen dieses Unterabschnitts sind zusätzlich zu Abschnitt 5 für die Ausrichtung von Planungswettbewerben anzuwenden. Die auf die Durchführung von Planungswettbewerben anwendbaren Regeln nach Abs. 2 sind in der Wettbewerbsbekanntmachung mitzuteilen.

Übersicht

	Rn.		Rn.
A. Einführung	1	D. Veröffentlichte einheitliche Richtlinien	51
I. Literatur	1	I. Allgemeines	51
II. Entstehungsgeschichte	2	1. Pflicht zur Anwendung	51
III. Rechtliche Vorgaben im EU-Recht	9	2. Ermächtigungsgrundlage und Rechtssatzqualität	55
B. Grundsätze für Planungswettbewerbe	15	3. Bieterschutz und Durchsetzbarkeit	58
I. Begriff des Planungswettbewerbs	15	4. Veröffentliche Einheitliche Richtlinien	62
II. Wettbewerbsregeln	19	5. Bekanntmachung	71
III. Verhältnis zu anderen Vergabeverfahren	22	6. Unveränderlichkeit der Richtlinien	74
1. Verhältnis zum Verhandlungsverfahren	23	II. RPW 2013	77
2. Verhältnis zum wettbewerblichen Dialog	26	1. Ziele und Grundsätze der RPW 2013	79
3. Verfahrenswahlfreiheit	27	2. Wettbewerbsbeteiligte	83
IV. Programmsatz (Abs. 1 und Abs. 2 S. 1)	28	3. Ideenwettbewerbe und Realisierungswettbewerbe	89
		4. Wettbewerbsverfahren	92
C. Anwendungsbereich	32	a) Offene Wettbewerbe	96
I. Anwendungsbereich des Abschnitts 6 VgV	33	b) Nichtoffene Wettbewerbe	99
II. Planungswettbewerb	36	c) Zweiphasige Verfahren	107
III. Für Architekten- oder Ingenieurleistungen	38	5. Anforderungen an die Teilnahme	110
		6. Wettbewerbsdurchführung	113
IV. Auf Grundlage veröffentlichter einheitlicher Richtlinien	40	7. Preisgericht	121
V. Vor oder ohne Vergabeverfahren?	43	a) Zusammensetzungen und Qualifikation	122
1. Planungswettbewerb ohne Vergabeverfahren	44	b) Arbeitsweise des Preisgerichts	127
2. Planungswettbewerb vor einem Vergabeverfahren (Realisierungswettbewerb)	47	c) Überarbeitungsphasen	137
		8. Prämierung	146
		a) Preise und Anerkennung	146
		b) Wettbewerbssumme	149
3. Integrierte Planungswettbewerbe	49	9. Abschluss des Wettbewerbs	154
		a) Ergebnis und Öffentlichkeit	154
		b) Auftrag	158

	Rn.		Rn.
c) Nutzung	164	E. Prüf- und Dokumentationspflicht	173
d) Rückversandt	168	F. Anwendbare Regeln	175
III. Mitwirken der Kammern	170		

A. Einführung

I. Literatur

Kulartz/Kus/Marx/Portz/Prieß, Kommentar zur VgV, 1. Aufl., Köln 2017; *Willenbruch/Wieddekind*, Vergabe- **1** recht, 4. Aufl., Köln 2017; *Stolz*, Die Vergabe von Architekten- und Ingenieurleistungen nach der Vergaberechtsreform 2016, VergabeR 2016, 351; *Fritz*, Die Vergabe von Architekten und Ingenieursleistungen nach der VgV 2016, VergabeR 2017, 267; *Müller-Wrede*, Kommentar zur VOF, 5. Aufl., München 2014; *Voppel/Osenbrück/Bubert*, VOF – Vergabeordnung für freiberufliche Leistungen, 3. Aufl., München 2012; *Dierks-Oppler*, Wettbewerbe für Architekten und Ingenieure, 1. Aufl., Köln 2013; *Müller-Wrede*, Der Architektenwettbewerb, 1. Aufl., Köln 2012; *Weinbrenner/Jochem/Süß*, Der Architektenwettbewerb, 2. Aufl., Berlin 1998.

II. Entstehungsgeschichte

Planungswettbewerbe haben bei Architekten- und Ingenieurleistungen eine lange Tradi- **2** tion.[1] Sie dienen dazu, alternative Vorschläge für einen Plan oder eine Planung insbesondere auf den Gebieten der Raumplanung, des Städtebaus und des Bauwesens zu erhalten, von denen der öffentliche Auftraggeber einen oder mehrere auswählen und umsetzen kann.[2] Wettbewerbe sind damit Beschaffungsverfahren besonderer Art. Zugleich dienen sie auch dazu, den Kreis der Bieter für ein dem Planungswettbewerb (in der Regel) nachgelagertes Vergabeverfahren, in dem der Auftrag für die planerische Umsetzung der Wettbewerbsarbeit(en) ausgeschrieben wird, zu definieren, so dass Wettbewerbe zugleich die Funktion eines Teilnahmewettbewerbs haben.

Auch wenn Wettbewerbe nicht nur Vorteile, sondern auch Nachteile haben[3] – bspw. die **3** längeren Verfahrensdauern, wenn sie Vorstufe einer Planervergabe sein sollen, und die Abfrage von Planungsleistungen mehrerer Wettbewerbsteilnehmer, von denen nur wenige ggf. mit Preisen und schlussendlich nur (in der Regel) einer mit einem Planungsauftrag „belohnt" wird – ist die Förderung der Wettbewerbe „erklärtes baupolitisches Ziel der Bundesregierung."[4] Diversen Architekten- und Ingenieurkammern ist es sogar als gesetzliche Aufgabe zugewiesen, Wettbewerbe zu fördern und bei der Regelung des Wettbewerbswesens mitzuwirken.[5] Gleichwohl hat der Verordnungsgeber davon abgesehen, den Planungswettbewerb – wie von einigen Kammern und Verbänden gefordert sowie von der Bundesstiftung Baukultur empfohlen[6] – als Regelfall zur Lösung von Planungsaufgaben im Hoch-, Städte- und Brückenbau sowie in der Landschaft- und Freiraumplanung festzulegen. Vielmehr stellt der Verordnungsgeber die Entscheidung, ob ein Planungswettbewerb bei diesen Aufgabenstellungen durchgeführt werden soll, wie bisher[7] in das Ermessen des öffentlichen Auftraggebers.

---

[1] *Weinbrenner/Jochem/Süß* Der Architektenwettbewerb S. 58 f.
[2] In § 103 Abs. 6 GWB sind sie definiert als Auslobungsverfahren, die dem Auftraggeber aufgrund vergleichender Beurteilung durch ein Preisgericht mit oder ohne Verteilung von Preisen zu einem Plan oder einer Planung verhelfen sollen.
[3] Siehe dazu *Müller-Wrede* in Müller-Wrede, VOF 5. Aufl. 2014 § 15 Rn. 29.
[4] Verordnungsbegründung BT-Drucks. 18/7318 S. 206.
[5] § 14 Nr. 7 Baukammergesetz NRW.
[6] Siehe dazu *Hartmann* in KKMPP, Kommentar zur VgV 1. Aufl. 2017 § 78 Rn. 7.
[7] auch im Anwendungsbereich von § 15 VOF entschied der öffentliche Auftraggeber hierüber nach eigenem Ermessen. Siehe dazu auch VK Lüneburg v. 23.1.2012 – VgK-57/2011, ZfBR 2012, 624 (L).

4 Vor der Vergaberechtsreform 2016 waren Wettbewerbe in § 3 Abs. 8 VOL/A EG und in den §§ 15–17 VOF geregelt. Sowohl der Zweite Abschnitt der VOL/A, als auch die VOF sind in der im Zuge der Vergaberechtsreform 2016 neugefassten Vergabeverordnung aufgegangen. Diese enthält in einem gesonderten Abschnitt 5 Vorschriften, die für alle Planungswettbewerbe gelten. Besondere Vorschriften zu Planungswettbewerben für Architekten- und Ingenieurleistungen sind in Unterabschnitt 2 des Abschnitts 6, der die besonderen Vorschriften für die Vergabe von Architekten- und Ingenieurleistungen enthält, zusammengefasst. Gemäß § 78 Abs. 3 S. 1 VgV sind diese Bestimmungen zusätzlich zu Abschnitt 5 für die Ausrichtung von Planungswettbewerben anzuwenden.

5 Damit ähnelt die Struktur derjenigen der VOF 2006 sowie früherer Fassungen der VOF. Diese enthielten ein Kapitel, in dem die allgemeinen, für alle Wettbewerbe geltenden Regelungen zusammengefasst waren, und ein Kapitel, das die speziell für Planungswettbewerbe aufgestellten Regelungen enthielt. In der VOF 2012 wurden die Regelungen für allgemeine und für Planungswettbewerbe im Kapitel 2 zusammengefasst, u. a. um eine mit den europäischen Rechtsgrundlagen – der Vergabekoordinierungsrichtlinie (VKR)[8] – einheitliche Struktur zu schaffen. Die VKR enthielt nämlich – ebenso wie die heute geltende Vergaberichtlinie[9] – keine Sonderregelungen für Planungswettbewerbe für Architekten und Ingenieure. In sich schlüssig war diese Struktur in der VOF 2009 allerdings nicht umgesetzt worden.[10] So enthielten die einheitlichen Regelungen für Wettbewerbe doch, bspw. in § 15 Abs. 2 VOF, Sonderregelungen für Architekten- und Ingenieurleistungen, und das Kapitel 3, in dem die besonderen Vorschriften zur Vergabe von Architekten- und Ingenieurleistungen zusammengefasst waren, beinhaltete Regelungen zum Wettbewerb (§ 20 Abs. 3 VOF). Vor allem enthielten die einheitlichen Regelungen für Wettbewerbe im Kapitel 2 Regelungen, die inhaltlich praktisch nur zu Planungswettbewerben für Architekten- und Ingenieurleistungen passten. Vor diesem Hintergrund ist es zu begrüßen, dass der Verordnungsgeber die Sonderregelungen für Planungswettbewerbe als eigenen Unterabschnitt im Abschnitt 6 aufgenommen hat.

6 Kehrseite ist die unübersichtliche **Regelungskaskade:** Anzuwenden auf Planungswettbewerbe sind gemäß § 115 GWB die Regelungen des Abschnitts 2 des 4. Teils des GWB. Der Begriff des Wettbewerbs selbst ist in § 103 Abs. 6 GWB legaldefiniert. Anzuwenden sind weiterhin die Regelungen des Abschnitts 5 sowie des Abschnitts 6, Unterabschnitt 2, der VgV. Hinzu kommen die veröffentlichten einheitlichen Richtlinien im Sinne von § 78 Abs. 2 S. 3 VgV, die ebenfalls zu beachten sind, wobei in der Praxis regelmäßig die sog. Richtlinie für Planungswettbewerbe RPW 2013 herangezogen wird.[11]

7 Im Unterabschnitt 2 legt **§ 78 VgV** die Grundsätze und den Anwendungsbereich für Planungswettbewerbe für Architekten- und Ingenieurleistungen fest. Die Vorschrift entspricht im Wesentlichen dem bisherigen § 15 Abs. 2 S. 1 VOF. **§ 79 VgV** enthält zusätzliche Bestimmungen für die Durchführung solcher Planungswettbewerbe. **§ 80 VgV** trifft Vorgaben für ein etwaiges Verhandlungsverfahren nach Abschluss des Planungswettbewerbs.

8 § 78 VgV unterteilt sich in 3 Absätze. In Abs. 1 wird der Sinn und Zweck von Planungswettbewerben für Architekten- und Ingenieurleistungen programmatisch definiert. § 78 Abs. 2 S. 1 und 2 VgV entsprechen inhaltlich im Wesentlichen der Regelung des § 15 Abs. 2 S. 1 VOF. Bedeutsam ist lediglich, dass nach S. 2 Planungswettbewerbe nur noch vor oder ohne Vergabeverfahren, nicht aber während Vergabeverfahren ausgerichtet werden. Integrierte Planungswettbewerbe in Verfahren für die Vergabe von Architekten- und Ingenieurleistungen sind damit nicht mehr zulässig. § 78 Abs. 2 S. 3 VgV übernimmt aus § 15 Abs. 2 S. 2 VOF die Regelung zur Beteiligung der Architekten- und Ingenieurkammern.

---

[8] Richtlinie 2004/18/EG des Europäischen Parlaments und des Rates vom 31. März 2004 über die Koordinierung der Verfahren zur Vergabe öffentlicher Bauaufträge, Lieferaufträge und Dienstleistungsaufträge.
[9] Richtlinie 2014/24/EU des Europäischen Parlaments und des Rates vom 26. Februar 2014 über die öffentliche Auftragsvergabe und zur Aufhebung der Richtlinie 2004/18/EG.
[10] *Voppel/Osenbrück/Bubert* VOF, 3. Aufl. 2012 § 15 Rn. 2.
[11] → VgV § 78 Rn. 77 ff.

S. 4 des Abs. 2 regelt erstmals eine Pflicht des öffentlichen Auftraggebers zur Prüfung, ob ein Planungswettbewerb für Architekten- und Ingenieurleistungen durchgeführt werden soll. Diese Prüfungspflicht entspricht dem politischen Ziel, Wettbewerbe zu fördern. § 78 Abs. 3 S. 1 VgV bestimmt schließlich die für die Ausrichtung von Planungswettbewerben anzuwendenden Vorschriften. Diese Bestimmung wurde erforderlich, weil die Regelungen über Planungswettbewerbe in der VgV aufgeteilt worden sind. Im Abschnitt 5 der VgV finden sich die allgemeinen Regelungen für sämtliche Planungswettbewerbe, wohingegen im Abschnitt 6, Unterabschnitt 2 die speziellen Regelungen für Planungswettbewerbe für Architekten- und Ingenieurleistungen zusammengefasst sind. § 78 Abs. 3 S. 2 VgV entspricht im wesentlichen § 15 Abs. 3 VOF, in dem die Verpflichtung zur Mitteilung der Wettbewerbsregeln normiert war, und konkretisiert insoweit § 71 Abs. 1 VgV.

III. Rechtliche Vorgaben im EU-Recht

In der Vergaberichtlinie[12] sind die wesentlichen Vorschriften über Wettbewerbe in den **9** Artikeln 78–82 zusammengefasst. Außerdem wird der Begriff des Wettbewerbs in Art. 2 Abs. 1 Nr. 21 der Vergaberichtlinie europarechtlich legaldefiniert. Wettbewerbe sind danach Verfahren, die dazu dienen, dem öffentlichen Auftraggeber insbesondere auf den Gebieten der Raumplanung, der Stadtplanung, der Architektur und des Bauwesens oder der Datenverarbeitung einen Plan oder eine Planung zu verschaffen, deren Auswahl durch ein Preisgericht aufgrund vergleichender Beurteilung mit oder ohne Vergabe von Preisen erfolgt. Auf der Grundlage dieser Definition hat der Gesetzgeber die Legaldefinition des Wettbewerbs in § 103 Abs. 6 GWB und der Verordnungsgeber den Programmsatz des § 78 Abs. 2 VgV entwickelt.

Da die Vergaberichtlinie kein Sonderregelungsregime für die Vergabe von Architekten- **10** und Ingenieurleistungen vorsieht, enthalten die Art. 78–82 der Vergaberichtlinie keine besonderen Regelungen, die ausschließlich für die Vergabe von Architekten- und Ingenieurleistungen gelten. Gleichwohl schließt die Richtlinie spezifische Regelungen für die Vergabe von Architekten- und Ingenieurleistungen nicht aus. In der Richtlinie werden vielmehr in den Erwägungsgründen die Besonderheiten derartiger Leistungen hervorgehoben, die Sonderregelungen rechtfertigen.

§ 78 Abs. 1 VgV ist ein Programmsatz, der keine ausdrückliche Entsprechung in der **11** Vergaberichtlinie findet, aber auch nicht benötigt. Letzteres gilt auch für § 78 Abs. 2 S. 5 VgV. Beide Bestimmungen dienen dazu, die Durchführung von Wettbewerben zu fördern – ein Ziel, das der Verordnungsgeber in der Verordnungsbegründung hervorgehoben hat. Der europäische Gesetzgeber ist insoweit etwas zurückhaltender und hebt im Erwägungsgrund 120 der Vergaberichtlinie lediglich die Flexibilität von Planungswettbewerben ausdrücklich hervor. Explizite Regelungen zur Förderung von Wettbewerben sieht die Vergaberichtlinie jedoch nicht vor.

§ 78 Abs. 2 S. 1 VgV geht auf die Definition des Wettbewerbs in Art. 78 der Vergabe- **12** richtlinie zurück, wobei die Vorgabe, dass das Verfahren auf der Grundlage veröffentlichter einheitlicher Richtlinien durchgeführt wird und in diesen Richtlinien die Mitwirkung der Architekten- und Ingenieurkammern an der Vorbereitung und bei der Durchführung von Planungswettbewerben zu regeln ist (§ 78 Abs. 2 S. 3 VgV), kein Vorbild in der Vergaberichtlinie hat. Das ist, soweit die veröffentlichten einheitlichen Richtlinien der Vergaberichtlinie nicht widersprechen, unter europarechtlichen Gesichtspunkten jedoch unbedenklich. Die Vorgabe in § 78 Abs. 2 S. 2 VgV, dass Wettbewerbe vor oder ohne Vergabeverfahren ausgerichtet werden, kann auf Art. 78 der Vergaberichtlinie zurückgeführt werden. Dort wird unterschieden zwischen Wettbewerben, die *„im Rahmen der Verga-*

---

[12] Richtlinie 2014/24/EU des Europäischen Parlaments und des Rates vom 26. Februar 2014 über die öffentliche Auftragsvergabe und zur Aufhebung der Richtlinie 2004/18/EG.

be eines öffentlichen Dienstleistungsauftrags durchgeführt werden" (Art. 78 Unterabs. 1 Buchst. a)), und Wettbewerben mit Preisgeldern oder Zahlungen an die Teilnehmer (Art. 78 Unterabs. 1 Buchst. b). Dadurch soll sichergestellt werden, dass die Wettbewerbsteilnehmer für ihre Teilnahme entweder die Chance auf einen Dienstleistungsauftrag oder auf einen Preis erhalten. Insoweit greift der europäische Gesetzgeber die in Deutschland übliche Differenzierung zwischen Realisierungswettbewerben, die in einem Planerauftrag münden sollen, und reinen Ideenwettbewerben, deren Ergebnisse – jedenfalls bis auf weiteres – nicht umgesetzt werden sollen, auf. Wettbewerbe, die vor einem Vergabeverfahren ausgerichtet werden, fallen demgemäß unter Buchst. a) des § 78 Unterabs. 1 der Vergaberichtlinie, Wettbewerbe ohne Vergabeverfahren unter Buchst. b) ist. Nachdem § 79 Abs. 1 VgV für jeden Planungswettbewerb vorschreibt, dass Preise auszuloben sind, kommt es unter europarechtlichen Gesichtspunkten auf die Unterscheidung indes nicht an.

13   Der Tatbestand des Art. 78 Unterabs. 1 Buchst. a) setzt nicht voraus, dass der Planungswettbewerb in einem Vergabeverfahren bzw. während eines Vergabeverfahrens durchgeführt wird. Entscheidend ist vielmehr, dass für die Ergebnisse des Planungswettbewerbs eine Realisierungsabsicht besteht und eine Vergabe des Planungsauftrags in einem zeitlichen Zusammenhang mit dem Planungswettbewerb vorgesehen ist. In diesem Sinne wurde auch die inhaltsgleiche Vorgängerregelung in Art. 67 Abs. 2 S. 1 VKR verstanden.[13]

14   Während § 78 Abs. 3 S. 1 VgV eine Verweisungsnorm ohne europarechtliche Grundlage ist, findet § 78 Abs. 3 S. 2 VgV sein Vorbild in Art. 79 Abs. 1 der Vergaberichtlinie.

B. Grundsätze für Planungswettbewerbe

I. Begriff des Planungswettbewerbs

15   Der Begriff des **Wettbewerbs** selbst ist im deutschen Recht in § 103 Abs. 6 GWB legal definiert. Wettbewerbe sind danach Auslobungsverfahren, die dem Auftraggeber aufgrund vergleichender Beurteilung durch ein Preisgericht mit oder ohne Verteilung von Preisen zu einem Plan oder einer Planung verhelfen sollen. Wettbewerbe sind damit Beschaffungsverfahren besonderer Art. Zugleich dienen sie auch dazu, den Kreis der Bieter für ein dem Planungswettbewerb (in der Regel) nachgelagertes Vergabeverfahren, in dem der Auftrag für die planerische Umsetzung der Wettbewerbsarbeit(en) ausgeschrieben wird, zu definieren, so dass Wettbewerbe zugleich die Funktion eines Teilnahmewettbewerbs haben. Für Einzelheiten wird auf die Kommentierung zu § 103 Abs. 6 GWB verwiesen.

16   Maßgeblich für die rechtliche Qualifikation eines Wettbewerbs als **Planungswettbewerbs** ist nach dem Wortlaut von § 69 Abs. 1 VgV das Gebiet, auf dem der Wettbewerb durchgeführt wird. Planungswettbewerbe sind gemäß § 69 Abs. 1 VgV Wettbewerbe nach § 103 Abs. 6 GWB, die insbesondere auf den Gebieten der Raumplanung, des Städtebaus und des Bauwesens oder der Datenverarbeitung durchgeführt werden. Die Aufführung der Gebiete in § 69 Abs. 1 VgV, in denen Planungswettbewerbe durchgeführt werden können, ist allerdings nicht abschließend. Das folgt aus der Formulierung „insbesondere". Infolge des weiten Anwendungsbereichs sind jedenfalls alle von der HOAI erfassten Leistungsbilder grundsätzlich einem Planungswettbewerb im Sinne der §§ 78 ff. VgV zugänglich. Darüber hinaus kann ein Planungswettbewerb auch auf Planungsaufgaben, die nicht von der HOAI erfasst sind, erstreckt werden. Für Einzelheiten wird im Übrigen auf die Kommentierung von § 69 VgV sowie von § 60 SektVO verwiesen, der § 69 VgV inhaltlich entspricht.

17   Wettbewerbe führen damit nicht zu einem Auftrag. Damit unterscheiden sie sich von Vergabeverfahren. Sie führen nur zu einem Plan oder einer Planung. Dementsprechend werden in einem Planungswettbewerb auch keine Angebote abgegeben, sondern nur Wettbewerbsarbeiten eingereicht. Folgerichtig können im Planungswettbewerb auch Verhand-

---

[13] *Voppel/Osenbrück/Bubert* VOF, 3. Aufl. 2012 § 15 Rn. 4.

lungen geführt und keine Angebote beauftragt werden. Mit der Bepreisung der Wettbewerbsbeiträge ist der Planungswettbewerb abgeschlossen.[14] Beabsichtigt der öffentliche Auftraggeber nunmehr, den Wettbewerbsbeitrag des Preissiegers oder eines Preisträgers zu realisieren, muss er den Auftrag zur planerischen Umsetzung des Wettbewerbsbeitrags in einem gesonderten Vergabeverfahren ausschreiben. Das gilt selbst dann, wenn der Auftrag nach den Wettbewerbsbedingungen an den 1. Preisträger des Wettbewerbs zu erteilen ist oder nur ein Wettbewerbsteilnehmer im Wettbewerb verblieben ist;[15] In diesen Fällen ist gemäß § 14 Abs. 4 Nr. 8 VgV ein Verhandlungsverfahren nur mit diesem einen Preisträger durchzuführen. Dazu kann insbesondere im Anschluss an den Planungswettbewerb ein Vergabeverfahren durchgeführt werden (§ 80 Abs. 1 VgV), und zwar auch ohne Teilnahmewettbewerb (§ 14 Abs. 4 Nr. 8 VgV). In diesem Fall darf der Auftraggeber entweder nur den Gewinner des Wettbewerbs, sofern er dies in der Wettbewerbsbekanntmachung oder den Wettbewerbsbedingungen mitgeteilt hat, oder ausschließlich alle Preisträger beteiligen. Die Entscheidung des Preisgerichts ersetzt solche Auftragsverhandlungen nicht. Die im Planungswettbewerb eingereichten Wettbewerbsarbeiten bilden gewissermaßen die Leistungsbeschreibung für dieses Vergabeverfahren.[16]

Nach § 103 Abs. 6 GWB sind Wettbewerbe Auslobungsverfahren. Damit hat der Gesetzgeber einen Bezug zu den zivilrechtlichen Grundlagen eines Wettbewerbsverfahrens, nämlich den Regelungen über die Auslobung (§§ 657 ff. BGB) und über die Preisausschreiben (§ 661 BGB) hergestellt. Diese Vorschriften finden auf Planungswettbewerbe Anwendung,[17] soweit sie nicht durch die spezielleren vergaberechtlichen Vorschriften verdrängt werden.[18] Insoweit kann deshalb auch auf die zu Auslobungen und Preisausschreiben ergangene Rechtsprechung und Literatur bei der Auslegung der vergaberechtlichen Regelungen zu den Wettbewerben zurückgegriffen werden.[19] **18**

II. Wettbewerbsregeln

In der VOF war der Planungswettbewerb für Architekten und Ingenieure nur rudimentär geregelt. Im Wesentlichen gab die VOF nur die Einhaltung der vergaberechtlichen Grundsätze, insbesondere des Diskriminierungsverbots (§ 15 Abs. 4, 5 VOF) und des Transparenzgebots, und damit einen sehr groben Rahmen vor, innerhalb dessen sich ein Wettbewerb bewegen musste.[20] Diese Maxime hat der Verordnungsgeber für die Regelung des Planungswettbewerbs für Architekten- und Ingenieurleistungen in der VgV übernommen. Die einschlägigen Bestimmungen finden sich in Abschnitt 5 sowie in Abschnitt 6, Unterabschnitt 2 der VgV. Auch dort sind im wesentlichen nur die Rahmenbedingungen für einen Wettbewerb normiert. **19**

Die konkrete Ausgestaltung des Wettbewerbs muss der öffentliche Auftraggeber selbst festlegen, insbesondere indem er veröffentlichte einheitliche Richtlinien selbst aufstellt oder aber praxisübliche – wie die **RPW 2013** – auswählt, auf deren Grundlage er den Wettbewerb durchführt. Diese Richtlinien, aus denen sich die konkrete Ausgestaltung des Wettbewerbs näher ergibt, muss der öffentliche Auftraggeber in der Wettbewerbsbekanntmachung mitteilen (§ 78 Abs. 3 S. 2 VgV). Auf die Einhaltung der in den Richtlinien normierten Wettbewerbsregeln haben die Wettbewerbsteilnehmer einen Anspruch. **20**

[14] OLG Düsseldorf v. 31.3.2004 – Verg 4/04.

[15] OLG Naumburg v. 18.7.2006 – Verg 4/06, ZfBR 2006, 707, 712; *Harr* in Willenbruch/Wieddekind Vergaberecht 4. Aufl. 2017 § 78 VgV Rn. 7.

[16] *Harr* in Willenbruch/Wieddekind, Vergaberecht 4. Aufl. 2017 § 78 VgV Rn. 6.

[17] BGH v. 8.5.1967 – VII ZR 328/64; BGH v. 23.9.1982 – III ZR 196/80, NJW 1983, 442.443.

[18] OLG Koblenz v. 16.2.2011 – 1 Verg 2/10, VergabeR 2011, 631, 635; *Sprau* in Palandt BGB, 75. Aufl. 2015 § 661 Rn. 5.

[19] *Hartmann* in KKMPP, Kommentar zur VgV 1. Aufl. 2017 § 78 Rn. 6; *Voppel/Osenbrück/Bubert* VOF, 3. Aufl. 2012 § 15 Rn. 8; aA *Eschenbruch* in Kulartz/Kus/Portz GWB, 3. Aufl. 2014 § 99 Rn. 518.

[20] Siehe dazu *Voppel/Osenbrück/Bubert* VOF, 3. Aufl. 2012 § 15 Rn. 36.

21   Die **Wettbewerbsbekanntmachung** muss der öffentliche Auftraggeber nach dem Muster gemäß Anhang IX der Durchführungsverordnung (EU) Nr. 2015/1986 erstellen. Darin sind Pflichtangaben zu machen, an die sich der öffentliche Auftraggeber halten muss – z.B. zu Terminen –, woraus sich weitere Regeln für die Durchführung des Wettbewerbs ergeben. Durch die Wettbewerbsbekanntmachung wird sichergestellt, dass alle an einer Teilnahme am Planungswettbewerb interessierten Architekten und Ingenieure Kenntnis von diesem Wettbewerb und von seinen Wettbewerbsregeln erlangen können. Ein Überblick auf den Regelablauf eines Planungswettbewerbs für Architekten- und Ingenieurleistungen nach der RPW 2013 wird unter → VgV § 79 Rn. 12 ff. skizziert.

III. Verhältnis zu anderen Vergabeverfahren

22   Nach § 74 VgV werden Architekten- und Ingenieurleistungen in der Regel im Verhandlungsverfahren mit Teilnahmewettbewerb nach § 17 VgV oder im wettbewerblichen Dialog nach § 18 VgV vergeben. Die Regelung findet sich im Unterabschnitt 1, der „Allgemeines" für die Vergabe von Architekten- und Ingenieurleistungen regelt, und gilt daher auch für die im Unterabschnitt 2 geregelten Planungswettbewerbe. Zwar hat der Verordnungsgeber an keiner Stelle eindeutig geregelt, dass die Bestimmungen des Unterabschnitts 1 auch für die Planungswettbewerbe des Unterabschnitts 2 gelten. Vielmehr wird in § 78 Abs. 3 S. 1 VgV lediglich klargestellt, dass zusätzlich zu den Vorschriften des Unterabschnitts 2 die Regelungen des Abschnitts 5 der VgV anzuwenden sind. Neben der Überschrift „Allgemeines", die indiziert, dass die dortigen Regelungen für alle Vergaben von Architekten- und Ingenieurleistungen, also auch die Vergaben im Wege von Planungswettbewerben, gelten, spricht dafür insbesondere auch, dass im Unterabschnitt 1 der Anwendungsbereich für den gesamten Abschnitt 6 – und damit auch für dessen Unterabschnitt 2 – geregelt ist. Daher „müssen" die Vorschriften des Unterabschnitts 1 auch auf die Planungswettbewerbe des Unterabschnitts 2 Anwendung finden.

1. Verhältnis zum Verhandlungsverfahren

23   Aus dem somit anwendbaren § 74 VgV folgt ein Vorrang des Verhandlungsverfahrens und des wettbewerblichen Dialogs vor den übrigen Vergabeverfahren. Nach dem Wortlaut von § 78 VgV handelt es sich bei dem Planungswettbewerb um kein Vergabeverfahren i.e.S. Das folgt aus § 78 Abs. 2 S. 2 VgV, wonach Planungswettbewerbe *„vor oder ohne Vergabeverfahren ausgerichtet werden"* können. Die Vergabe eines Planungsauftrags erfolgt danach in einem dem Planungswettbewerb nachgeschalteten Vergabeverfahren, so dass der Planungswettbewerb, jedenfalls wenn er „vor einem Vergabeverfahren" ausgerichtet wird, eher als ein Teilnahmewettbewerb anzusehen ist.[21] Hätte der Verordnungsgeber in § 74 lediglich den Vorrang vom Verhandlungsverfahren oder wettbewerblichen Dialog geregelt, hätte deshalb argumentiert werden können, dass der öffentliche Auftraggeber damit ein Verhandlungsverfahren mit vorgeschaltetem Planungswettbewerb frei wählen kann. Allerdings hat der Verordnungsgeber tatsächlich in § 74 den Vorrang von „Verhandlungsverfahren mit Teilnahmewettbewerb nach § 17 VgV" normiert.

24   Das bedeutet aber nicht, dass dem Verhandlungsverfahren, wenn es vorrangig sein soll, ein Teilnahmewettbewerb vorangehen muss und nicht ein Planungswettbewerb vorangehen darf. Denn Teilnahmewettbewerb und Planungswettbewerb schließen sich nicht aus. Das zeigt schon die Vorschrift des § 14 Abs. 4 Nr. 8 VgV. Danach kann der öffentliche Auftraggeber Aufträge im Verwaltungsverfahren ohne Teilnahmewettbewerb vergeben, wenn im Anschluss an einen Planungswettbewerb ein Dienstleistungsauftrag nach den Bedingungen dieses Wettbewerbs an den Gewinner oder an einen der Preisträger vergeben werden muss. Daraus folgt: Selbst wenn der öffentliche Auftraggeber einen Planungswettbewerb vorge-

---

[21] OLG Koblenz VergabeR 2011, 631, 635; *Voppel/Osenbrück/Bubert* VOF, 3. Aufl. 2012 § 15 Rn. 25.

schaltet, muss er im Anschluss, wenn ein Wettbewerbsbeitrag realisiert werden soll, grundsätzlich ein Verhandlungsverfahren mit Teilnahmewettbewerb durchführen, es sei denn dass er die Voraussetzungen von § 14 Abs. 4 Nr. 8 VgV erfüllt und ausnahmsweise ein Teilnahmewettbewerb entbehrlich ist. Planungswettbewerb und Teilnahmewettbewerb schließen sich mithin nicht aus, sondern sind grundsätzlich nacheinander durchzuführen. Beide Wettbewerbe verfolgen auch unterschiedliche Zwecke. Im Planungswettbewerb soll ein Plan oder eine Planung beschafft werden, im Teilnahmewettbewerb soll die Eignung der zur Angebotsabgabe aufzufordern den Bewerber vorab geprüft werden.

§ 74 VgV verpflichtet den öffentlichen Auftraggeber aber auch nicht dazu, ein Verhandlungsverfahren mit vorgeschaltetem Planungswettbewerb mit Teilnahmewettbewerb vorrangig vor einem Verhandlungsverfahren mit vorgeschaltetem Planungswettbewerb ohne Teilnahmewettbewerb durchzuführen. Dass dem Verordnungsgeber bewusst war, dass die Regelung des § 74 VgV Bedeutung für die Planungswettbewerbe hat, darf bezweifelt werden. Ausweislich der Verordnungsbegründung sollte in § 74 VgV das Konkurrenzverhältnis der Vergabeverfahren geregelt werden, nicht aber das Verhältnis zu bzw. von Wettbewerben. Andernfalls würde auch die Regelung des § 14 Abs. 4 Nr. 8 VgV weitgehend leerlaufen. Auch würde der Verweis auf den wettbewerblichen Dialog keinen Sinn machen, weil dieser als ein dem Planungswettbewerb nachfolgendes Vergabeverfahren praktisch nicht in Betracht kommt (→ VgV § 74 Rn. 32). Dass der öffentliche Auftraggeber im Anschluss an einen Planungswettbewerb das Vergabeverfahren, in dem er einen Planungsauftrag vergeben will, nicht frei wählen kann, folgt überdies bereits aus § 80 Abs. 1, der unmissverständlich ein Verhandlungsverfahren vorsieht. Die Durchführung zweier Wettbewerbe, nämlich des Planungswettbewerbs und des Teilnahmewettbewerbs, vor dem eigentlichen Verhandlungsverfahren wäre schließlich mit erheblichem, auch zeitlichen, Aufwand verbunden. Das widerspräche auch seiner in der Verordnungsbegründung zu §§ 78 ff. VgV klar zum Ausdruck kommenden Zielsetzung, die Durchführung von Planungswettbewerben zu fördern. Aus diesen Gründen ist § 74 VgV dahingehend auszulegen, dass dort nur das Konkurrenzverhältnis zwischen den Vergabeverfahren für die Vergabe von Architekten- und Ingenieurleistungen außerhalb des Anwendungsbereichs des Unterabschnitts 2 geregelt wird. Diese Auslegung, die auch durch die Überschrift des § 74 VgV („Verfahrensart") gestützt wird, lässt der offenere Wortlaut dieser Norm („in der Regel") zu.

2. Verhältnis zum wettbewerblichen Dialog

Sinn und Zweck eines wettbewerblichen Dialogs verbieten es in der Regel, diesem einen Planungswettbewerb voranzustellen. Nach der Vorstellung des EU-Gesetzgebers ist der wettbewerbliche Dialog ein geeignetes Verfahren in den Fällen, in denen öffentlicher Auftraggeber nicht in der Lage sind, die Mittel zur Befriedigung ihres Bedarfs festzustellen oder zu beurteilen, was der Markt an Lösungen zu bieten hat. Der wettbewerbliche Dialog ist mit anderen Worten ein Verfahren mit dem Ziel, alternative Vorschläge für die Lösung einer Aufgabe, die vorab nicht eindeutig und erschöpfend beschrieben werden kann, zu finden. Das ist – bezogen auf Planungsaufgaben – das Ziel, das auch mit einem Planungswettbewerb erreicht werden soll. Wettbewerbliche Dialog und Planungswettbewerben haben damit dasselbe Ziel, nämlich in bzw. vor dem eigentlichen Vergabe(verhandlungs)verfahren eine Lösung für die gestellte Aufgabe zu finden. Wenn dieses Ziel also im wettbewerblichen Dialog erreicht werden soll, macht es keinen Sinn, dem wettbewerblichen Dialog noch einen Planungswettbewerb, der dasselbe Ziel zum Inhalt hat, voranzustellen. Denn der wettbewerbliche Dialog ist letzten Endes eine Art Verhandlungsverfahren mit vorgeschaltetem (Planung-)Wettbewerb. Der Planungswettbewerb geht deshalb – wenn überhaupt – einem Verhandlungsverfahren voraus. Folgerichtig ist in § 80 VgV auch nur von der Aufforderung zur Teilnahme an den Verhandlungen – also einem Verhandlungsverfahren – die Rede.

3. Verfahrenswahlfreiheit

27   Damit ist festzuhalten: Sofern die Anwendungsvoraussetzungen der §§ 78 ff. VgV vorliegen, kann der öffentliche Auftraggeber, der Architekten- oder Ingenieurleistungen zu vergeben beabsichtigt, deshalb frei wählen, ob er ein Verhandlungsverfahren mit Teilnahmewettbewerb nach § 17 VgV, einen wettbewerblichen Dialog nach § 18 VgV oder einen Planungswettbewerb nach § 78 VgV mit nachgeschaltetem Vergabeverfahren durchgeführt. Wegen des damit verbundenen Aufwands wird der öffentliche Auftraggeber in der Praxis einen Planungswettbewerb jedoch nur durchführen, wenn es sich um ein besonders komplexes Projekt handelt oder wenn gerade auch die Ausarbeitung von Lösungsvorschlägen einem Wettbewerb unterstellt werden soll.[22] Daneben bietet sich ein Wettbewerb an, wenn der öffentliche Auftraggeber von Beginn an gleichwertige alternative Lösungen als möglich erachtet und diese mit Bezug auf unterschiedliche Anforderungen abfragen will.[23]

IV. Programmsätze (Abs. 1 und Abs. 2 S. 1)

28   Die Vorschriften über Planungswettbewerbe für Architekten- und Ingenieurleistungen beginnen mit einer „Darstellung der Vorzüge von Planungswettbewerben"[24] in § 78 Abs. 1 VgV: Planungswettbewerbe gewährleisten die Wahl der besten Lösung der Planungsaufgabe und sind gleichzeitig ein geeignetes Instrument zur Sicherstellung der Planungsqualität und Förderung der Baukultur. Durch diesen Programmsatz[25] sollen öffentliche Auftraggeber *„animiert werden, verstärkt von diesem innovativen, qualitätsfördernden und für kleine und junge Büros chancengebenden Instrument Gebrauch zu machen."*[26] Planungswettbewerben sind damit ein geeignetes Mittel insbesondere zur Umsetzung der durch die Vergaberechtsreform 2016 hervorgehobenen vergaberechtlichen Zielsetzungen, nämlich der Innovationsförderung sowie der Stärkung von kleinen und mittleren Unternehmen (KMU). Letzteres ist auch eine besondere Zielsetzung der Regelungen zur Vergabe von Architekten- und Ingenieurleistungen, die an verschiedener Stelle und prominent in § 75 Abs. 4 S. 2 VgV zum Ausdruck kommt.

29   Die Wettbewerbsförderung ist aus diesen Gründen „erklärtes baupolitisches Ziel der Bundesregierung."[27] Gleichwohl hat der Verordnungsgeber davon abgesehen, den Planungswettbewerben – wie von einigen Kammern und Verbänden gefordert sowie von der Bundesstiftung Baukultur empfohlen[28] – als Regelfall zur Lösung von Planungsaufgaben im Hoch-, Städte- und Brückenbau sowie in der Landschaft- und Freiraumplanung festzulegen. Vielmehr stellt der Verordnungsgeber die Entscheidung, ob ein Planungswettbewerben bei diesen Aufgabenstellungen durchgeführt werden soll, wie bisher[29] in das Ermessen des öffentlichen Auftraggebers. Dieser muss jedoch bei der Ausübung seines Ermessens den Programmsatz gemäß § 78 Abs. 1 VgV berücksichtigen. Deshalb weist der öffentliche Auftraggeber im Abs. 1 auf die Vorteile des Planungswettbewerbs hin.

30   § 78 Abs. 2 S. 1 VgV ergänzt die in § 78 Abs. 1 genannten Ziele.[30] Die Regelung ist daher ebenfalls als Programmsatz anzusehen. Zwar wurde § 15 Abs. 2 VOF, auf dem § 78 Abs. 2 S. 1 VgV basiert, teilweise als Definition des Planungswettbewerben verstanden.

---

[22] *Voppel/Osenbrück/Bubert* VOF, 3. Aufl. 2012 § 15 Rn. 12.
[23] *Voppel/Osenbrück/Bubert* VOF, 3. Aufl. 2012 § 15 Rn. 12.
[24] Verordnungsbegründung BT-Drucks. 18/7318 S. 206.
[25] *Hartmann* in KKMPP, Kommentar zur VgV 1. Aufl. 2017 § 78 Rn. 7.
[26] Verordnungsbegründung BT-Drucks. 18/7318 S. 206.
[27] Verordnungsbegründung BT-Drucks. 18/7318 S. 206.
[28] Siehe dazu *Hartmann* in KKMPP, Kommentar zur VgV 1. Aufl. 2017 § 78 Rn. 7.
[29] Auch im Anwendungsbereich von § 15 VOF entschied der öffentliche Auftraggeber hierüber nach eigenem Ermessen. Siehe dazu auch VK Lüneburg v. 23.1.2012 – VgK-57/2011.
[30] Verordnungsbegründung BT-Drucks. 18/7318 S. 206.

Diese Auffassung lässt sich für die nach der Vergaberechtsreform 2016 neu gefasste VgV jedenfalls nicht aufrechterhalten, weil der Begriff des Planungswettbewerbs bereits (anders) in § 69 Abs. 1 VgV legal definiert ist.

Als Programmsatz kommt § 78 Abs. 1 VgV **keine bieterschützende Wirkung** zu.[31]   **31**

C. Anwendungsbereich

Regelungszweck von § 78 VgV ist – neben der Beschreibung der Grundsätze für Pla- **32** nungswettbewerbe – die Festlegung des Anwendungsbereichs. Damit werden die in den Anwendungsbereich von §§ 78 ff. VgV fallenden Planungswettbewerbe zugleich abgegrenzt von allen sonstigen Planungswettbewerben, auf die lediglich die Regelungen der §§ 69–72 VgV anwendbar sind.

I. Anwendungsbereich des Abschnitts 6 VgV

Der Anwendungsbereich für die im Unterabschnitt 2 geregelten Planungswettbewerbe **33** wird maßgeblich bestimmt durch **§ 73 Abs. 1 VgV.** Dort sind die Anwendungsvoraussetzungen für den Abschnitt 6 der VgV normiert, dessen Unterabschnitt 2 die Regelungen zu den Planungswettbewerben enthält. Diese Regelungen sind danach anwendbar für die Vergabe von Architekten- und Ingenieurleistungen, deren Gegenstand eine Aufgabe ist, deren Lösung vorab nicht eindeutig und erschöpfend beschrieben werden kann.[32] Nur auf solche Vergaben sind die Regelungen der §§ 78 ff. VgV anwendbar.

Zwar hat der Verordnungsgeber an keiner Stelle eindeutig geregelt, dass die Bestimmun- **34** gen des Unterabschnitts 1 auch für die Planungswettbewerbe des Unterabschnitts 2 gelten. Vielmehr wird in § 78 Abs. 3 S. 1 VgV lediglich klargestellt, dass zusätzlich zu den Vorschriften des Unterabschnitts 2 die Regelungen des Abschnitts 5 der VgV anzuwenden sind. Neben der Überschrift „Allgemeines", die indiziert, dass die dortigen Regelungen für alle Vergaben von Architekten- und Ingenieurleistungen, also auch die Vergaben im Wege von Planungswettbewerben, gelten, spricht dafür insbesondere, dass im Unterabschnitt 1 der Anwendungsbereich für den gesamten Abschnitt 6 – und damit auch für dessen Unterabschnitt 2 – geregelt ist. Daher „müssen" die Vorschriften des Unterabschnitts 1 auch auf die Planungswettbewerbe des Unterabschnitts 2 Anwendung finden.

Dass dafür zugleich der Anwendungsbereich der VgV selbst eröffnet sein muss (§ 1 **35** VgV),[33] ist selbstverständlich und sei nur der Vollständigkeit halber noch erwähnt. Insbesondere muss der geschätzte Auftragswert für die zu vergebenden Architekten- oder Ingenieurleistungen den maßgeblichen EU-Schwellenwert übersteigen. Weil Wettbewerbe nicht zwingend in einem Planungsauftrag münden und die zu beschaffenden Leistungen bereits im Rahmen des Wettbewerbs selbst erbracht und gegebenenfalls mit Preisen honoriert werden, kann für die Schwellenwertbeurteilung nicht ohne weiteres auf einen „Auftrags- oder Vertragswert" abgestellt werden. Deshalb enthält § 3 Abs. 12 S. 2 VgV eine Sonderregelung für die Schwellenwertberechnung bei Planungswettbewerben. Bei Realisierungswettbewerben sind gemäß § 3 Abs. 12 S. 2 VgV für die Prüfung, ob der Schwellenwert überschritten wird, der geschätzte Wert des in einem dem Wettbewerb nachfolgenden Vergabeverfahrens zu vergebenden Dienstleistungsauftrags sowie etwaige Preisgelder und Zahlungen an die Wettbewerbsteilnehmer zu berücksichtigen. Schließt der Auftraggeber in der Wettbewerbsbekanntmachung die Realisierung des Wettbewerbsergebnisses aus, ist für die Prüfung, ob der Schwellenwert überschritten wird, lediglich die Summe der

---

[31] *Hartmann* in KKMPP, Kommentar zur VgV 1. Aufl. 2017 § 78 Rn. 12.
[32] siehe dazu die Kommentierung von § 73 VgV.
[33] Siehe dazu *Schneider* in Kapellmann/Messerschmidt, VOB 6. Aufl. 2017, § 1 VgV Rn. 17 ff.

Preisgelder und Zahlungen an die Teilnehmer maßgeblich. Beabsichtigt der Auftraggeber im Zeitpunkt der Wettbewerbsbekanntmachung noch nicht die spätere Realisierung, schließt er diese aber auch nicht ausdrücklich aus, ist zu der Summe der Preisgelder und Zahlungen an die Teilnehmer noch der geschätzte Wert eines Dienstleistungsauftrags, der später noch vergeben werden könnte, zu addieren. Für Einzelheiten wird auf die Kommentierung von § 3 Abs. 12 S. 2 VgV verwiesen.

II. Planungswettbewerb

36   Die §§ 78 ff. VgV gelten nur für Planungswettbewerbe. Zwar gibt es keine eindeutige Definition des Anwendungsbereichs des Unterabschnitts 2, dem die Beschränkung auf Planungswettbewerbs entnommen werden kann. Sowohl den Überschriften des Unterabschnitts 2 und des § 78 VgV, als auch dem gesamten Wortlaut der Regelung lässt sich diese Beschränkung jedoch entnehmen.

37   Was ein Planungswettbewerb ist, wird in § 69 Abs. 1 VgV legal definiert. Hierbei handelt es sich um einen Wettbewerb nach § 103 Abs. 6 GWB, also ein Auslobungsverfahren, das dem öffentlichen Auftraggeber aufgrund vergleichender Beurteilung durch ein Preisgericht mit oder ohne Verteilung von Preisen zu einem Plan oder einer Planung verhelfen soll, wobei dieser Wettbewerb auf den Gebieten der Raumplanung, des Städtebaus und des Bauwesens oder der Datenverarbeitung durchgeführt wird.

III. Für Architekten- oder Ingenieurleistungen

38   Aus der Überschrift des Unterabschnitts 2 ergibt sich weiter, dass sich die Regelungen der §§ 78 ff. VgV auf Planungswettbewerbe für Architekten- oder Ingenieurleistungen beschränken. Das bedeutet, dass in den Wettbewerben nur Architekten- oder Ingenieurleistungen abgefragt werden dürfen. Planungswettbewerbe müssen mit anderen Worten dem Ziel dienen, alternative Vorschläge für Planungen in Form von Architekten- oder Ingenieurleistungen zu erhalten. Diese Wettbewerbe finden, wie § 78 Abs. 2 S. 1 VgV klarstellt, insbesondere auf dem Gebiet der Raumplanung, des Städtebaus und des Bauwesens statt. In der Praxis werden vornehmlich Grundleistungen der Objektplanung insbesondere für Gebäude und Freianlagen, seltener für Ingenieurbauwerke, sowie besondere Leistungen des städtebaulichen Vorentwurfs gemäß § 17 Abs. 2 HOAI im Planungswettbewerben vergeben.[34]

39   Nicht gemeint ist damit, dass die Planungswettbewerbe das Ziel haben müssen, eine Grundlage für die Vergabe von Architekten- oder Ingenieurleistungen zu schaffen. Damit wären Ideenwettbewerbe ausgeschlossen. Der Ausschluss von Ideenwettbewerben widerspräche nicht nur § 78 Unterabs. 1 Buchst. b) der Vergaberichtlinie, sondern auch dem erklärten Willen des Verordnungsgebers.[35]

IV. Auf der Grundlage veröffentlichter einheitlicher Richtlinien

40   Nach § 78 Abs. 2 S. 1 VgV dienen Planungswettbewerbe dem Ziel, alternative Vorschläge für Planungen auf der Grundlage einheitlicher veröffentlichter Richtlinien zu erhalten. Die Vorschrift *„fußt auf dem bisherigen § 15 Absatz 2 Satz 1 VOF."*[36] In § 15 Abs. 2 S. 1 VOF war der Planungswettbewerb definiert als Wettbewerb, der dem Ziel dient, alternative Vorschläge für Planungen auf der Grundlage veröffentlichter einheitlicher Richtlinien zu

---

[34] *Hartmann* in KKMPP, Kommentar zur VgV 1. Aufl. 2017 § 78 Rn. 17.
[35] Verordnungsbegründung BT-Drucks. 18/7318 S. 206.
[36] Verordnungsbegründung BT-Drucks. 18/7318 S. 206.

erhalten. Demgemäß wurde die Durchführung auf der Grundlage veröffentlichter einheitlicher Richtlinien als Tatbestandsmerkmal eines Planungswettbewerbs erachtet.[37] Zwar waren öffentliche Auftraggeber im Anwendungsbereich der VOF nicht verpflichtet, einem Wettbewerb auf dem Gebiet der Raumplanung, des Städtebaus oder des Bauwesens einheitliche Richtlinien zu Grunde zu legen. Hatten sie dies nicht, handelte es sich jedoch nicht um einen Planungswettbewerb, den sie durchführten, sondern um einen allgemeinen Wettbewerb (im Sinne von § 15 Abs. 1 VOF).[38]

§ 78 Abs. 2 S. 1 VgV enthält nicht die Definition des Planungswettbewerbs. Der Pla- **41** nungswettbewerb ist vielmehr in § 69 Abs. 1 VgV legal definiert. Ein Planungswettbewerb ist danach ein Wettbewerb im Sinne von § 103 Abs. 6 GWB, der auf den Gebieten der Raumplanung, des Städtebaus und des Bauwesens oder der Datenverarbeitung durchgeführt wird. Dass der Wettbewerb auf der Grundlage einheitlicher veröffentlichter Richtlinien durchzuführen ist, wird in § 69 Abs. 1 VgV – im Gegensatz zur Definition in § 15 Abs. 2 S. 1 VOF – nicht erwähnt. Die Durchführung auf der Grundlage einheitlicher veröffentlichter Richtlinien ist damit nicht (mehr) Wesensmerkmal eines Planungswettbewerbs im Sinne der VgV. Daraus dass die §§ 78 ff. VgV nur für Planungswettbewerbe gelten, kann deshalb nicht hergeleitet werden, dass die Anwendung dieser Paragrafen voraussetzt, dass der Wettbewerb auf der Grundlage veröffentlichter einheitlicher Richtlinien durchgeführt wird.

Allerdings folgt aus § 78 Abs. 2 S. 1 VgV die Verpflichtung, Planungswettbewerbe für **42** Architekten- und Ingenieurleistungen auf der Grundlage einheitlicher veröffentlichter Richtlinien durchzuführen. Zwar kann dem Wortlaut der Norm eine solche Verpflichtung nicht eindeutig entnommen werden. Der Wortlaut spricht eher dafür, § 78 Abs. 2 S. 1 VgV als Annex zum Programmsatz des Abs. 1 zu sehen, zumal in der Verordnungsbegründung erläutert wird, das Abs. 2 S. 1 die Ziele von Planungswettbewerben gemäß Abs. 1 ergänzt.[39] Zusätzlich hat der Verordnungsgeber jedoch klargestellt, dass § 78 Abs. 2 S. 1 VgV darüber hinaus regelt, *„dass Planungswettbewerbe auf Grundlage der Richtlinien für Planungswettbewerbe (RPW) oder vergleichbarer Richtlinien durchgeführt werden.“*[40] Nach dem Willen des Verordnungsgebers handelt es sich bei dem Hinweis, dass Planungswettbewerbe auf der Grundlage einheitlicher veröffentlichter Richtlinien durchgeführt werden, mithin nicht um einen bloßen Programmsatz, sondern um eine Regelung. Dem entspricht, dass nach der Überschrift von § 78 VgV in dieser Norm auch der Anwendungsbereich für Planungswettbewerbe (im Sinne des Unterabschnitts 2) bestimmt wird. § 78 Abs. 2 S. 1 VgV ist daher so zu verstehen, dass Planungswettbewerbe dem Ziel dienen **müssen,** alternative Vorschläge für Planungen auf der Grundlage veröffentlichter einheitlicher Richtlinien zu erhalten. Die Durchführung auf der Grundlage veröffentlichter einheitlicher Richtlinien ist damit Anwendungsvoraussetzung für die §§ 78 ff. VgV.

Im Gegensatz zur VOF, die dem öffentlichen Auftraggeber bei der Vergabe von Archi- **43** tekten- und Ingenieurleistungen die Wahl ließ, ob er einen allgemeinen Wettbewerb im Sinne von § 15 Abs. 1 VOF oder einen Planungswettbewerb im Sinne von § 15 Abs. 2 VOF durchführte, muss im Anwendungsbereich der VgV ein öffentlicher Auftraggeber, der Architekten- und Ingenieurleistungen im Wege eines Wettbewerbs vergeben will, die §§ 78 ff. VgV anwenden. Das bedeutet, dass er verpflichtet ist, den Wettbewerb auf der Grundlage veröffentlichter einheitlicher Richtlinien durchzuführen.

V. Vor oder ohne Vergabeverfahren

§ 78 Abs. 2 S. 2 VgV bestimmt, dass Planungswettbewerbe vor oder ohne Vergabeverfahren ausgerichtet werden.

---

[37] *Voppel/Osenbrück/Bubert* VOF, 3. Aufl. 2012 § 15 Rn. 12.
[38] *Voppel/Osenbrück/Bubert* VOF, 3. Aufl. 2012 § 15 Rn. 12.
[39] Verordnungsbegründung BT-Drucks. 18/7318 S. 206 f.
[40] Verordnungsbegründung BT-Drucks. 18/7318 S. 206 f.

1. Planungswettbewerb ohne Vergabeverfahren (Ideenwettbewerb)

44   § 78 Abs. 2 S. 2 VgV stellt damit klar, dass Planungswettbewerbe auch ohne Vergabeverfahren durchgeführt werden können. Nach dem Verständnis des Verordnungsgebers fallen also auch Planungswettbewerbe, die nicht in einen Architekten- oder Ingenieurauftrag münden sollen, dem Vergaberecht. Daran zeigt sich, dass der Verordnungsgeber die Erarbeitung der Lösungsvorschläge im Rahmen des Planungswettbewerbs als Beschaffungsvorgang ansieht.

45   Insoweit kommen zwei Fallkonstellationen in Betracht: Zum einen der Fall, in dem der öffentliche Auftraggeber sicher ausschließt, dass das Ergebnis des Planungswettbewerbs – jedenfalls kurzfristig – realisiert werden soll und beabsichtigt ist, einen oder mehrere der Preisträger mit den zu beschaffenden Planungsleistungen zu beauftragen. Das trifft beispielsweise auf **Ideenwettbewerb** zu. Mit Blick auf § 78 Abs. 1 und Abs. 2 S. 1 VgV stellt sich allerdings die Frage, ob Ideenwettbewerbe überhaupt in den Anwendungsbereich von Unterabschnitt 2 fallen. Denn § 78 Abs. 1 und Abs. 2 S. 1 VgV stellen fest, dass Planungswettbewerbe dazu dienen, alternative Lösungsvorschläge für die gestellte Planungsaufgabe zu suchen. Der Ideenwettbewerb dient demgegenüber ausweislich der Definition in § 3 Abs. 1 S. 1 RPW 2013 der Klärung der Grundlagen einer Planungsaufgabe. Der Ideenwettbewerb dient mit anderen Worten nicht der Lösungsfindung, sondern der Aufgabenfindung. Hinzu kommt, dass Vergabeverfahren zu der Erteilung eines Auftrags über die Beschaffung einer Leistung zu Gunsten des öffentlichen Auftraggebers führen sollen. Diese Fallkonstellation ist allerdings ohnehin vergaberechtlich unbedeutend. Denn nach § 3 Abs. 12 S. 2 VgV entspricht in diesen Fällen der Auftragswert der Summe der Preisgelder und Zahlungen an die Teilnehmer. Diese werden in den seltensten Fällen den einschlägigen EU-Schwellenwert erreichen oder überschreiten. Auf diese Fälle ist dann bereits die VgV als solche nicht anwendbar.

46   Zum anderen fällt hierunter der Fall, dass der öffentliche Auftraggeber im Zeitpunkt der Wettbewerbsbekanntmachung noch nicht ausschließt, dass das Ergebnis des Planungswettbewerbs (kurzfristig) realisiert werden soll und beabsichtigt ist, einen oder mehrere Preisträger mit den zu beschaffenden Planungsleistungen zu beauftragen. Diese Fälle sind vergaberechtlich relevant, weil gemäß § 3 Abs. 12 S. 2 VgV in diesen Fällen der Auftragswert der Summe der Preisgelder und Zahlungen an die Teilnehmer einschließlich des Werts des Dienstleistungsauftrags, der vergeben werden könnte, entspricht (*„soweit der öffentliche Auftraggeber diese Vergabe in der Wettbewerbsbekanntmachung des Planungswettbewerbs nicht ausgeschlossen hat"*).

2. Planungswettbewerb vor einem Vergabeverfahren (Realisierungswettbewerb)

47   Praxisrelevant ist der Fall, dass der öffentliche Auftraggeber zu seiner Einkaufsvorbereitung einen Realisierungswettbewerb auslobt, der in Verhandlungen über einen konkreten Planungsauftrag münden soll.[41] In diesem Fall ist zu unterscheiden: Ist beabsichtigt, einen oder mehrere der Preisträger mit den zu beschaffenden Planungsleistungen zu beauftragen, so hat der öffentliche Auftraggeber den oder die Preisträger zur Teilnahme an Verhandlungen aufzufordern (§ 80 Abs. 1 VgV). In diesem Fall führt der öffentliche Auftraggeber diese Verhandlungen ohne (nochmaligen) Teilnahmewettbewerb (§ 14 Abs. 4 Nr. 8 VgV). Zwar muss die Eignung der Bieter in dem Verhandlungsstadium geprüft werden, soweit dies nicht bereits im Rahmen des Planungswettbewerbs erfolgt ist.[42] Ein Teilnahmewettbewerb im eigentlichen Sinne findet jedoch nicht mehr statt. Denn der Teilnahmewettbewerb ist gewissermaßen durch den Planungswettbewerben ersetzt worden. Im Rahmen dieses Wettbewerbs hat der öffentliche Auftraggeber eine Auswahl der Architekten oder Ingeni-

---

[41] *Hartmann* in KKMPP, Kommentar zur VgV 1. Aufl. 2017 § 78 Rn. 70.
[42] → VgV 80 Rn. 62.

eure, mit denen über die Vergabe eines Architekten- oder Ingenieurvertrags verhandelt werden soll, getroffen.

Eine Verpflichtung des öffentlichen Auftraggebers zur Verhandlung ausschließlich mit **48** dem Preissieger im Planungswettbewerb gibt es nicht. Im Gegenteil lässt § 80 Abs. 1 VgV offen, ob einer oder mehrere der Preisträger mit den zu beschaffenden Planungsleistungen beauftragt werden sollen. Vergaberechtlich zulässig wäre es, wenn der öffentliche Auftraggeber bereits in der Wettbewerbsbekanntmachung festlegt, dass Verhandlungen nur mit dem Preissieger im Planungswettbewerb aufgenommen werden sollen. Der Einwand, hierdurch würde eine Eignungsprüfung umgangen, weil im Planungswettbewerb die Eignung nach den Vorstellungen des Verordnungsgebers nicht geprüft werde, geht fehl. Denn im Verhandlungsstadium muss der öffentliche Auftraggeber gemäß § 80 Abs. 1 VgV die Eignungsprüfung nachholen, wenn er diese nicht, was ebenfalls vergaberechtlich zulässig ist, doch bereits im Planungswettbewerb durchgeführt hat.[43] Empfehlenswert ist eine solche Vorfestlegung aus der Auftraggeber Sicht jedoch nicht.

3. Integrierte Planungswettbewerbe

Im Anwendungsbereich der VOF noch zulässig war die Integration des Planungswett- **49** bewerbs in ein Verhandlungsverfahren betreffend die Vergabe von Architekten- und Ingenieurleistungen. In diesen Verfahren wurden die von den beteiligten Architekten oder Ingenieuren eingereichten Entwürfe im Rahmen der Angebotswertung unter beratender Unterstützung einer Jury beurteilt und in der Wertung berücksichtigt. Durch § 78 Abs. 2 S. 2 VgV hat der Verordnungsgeber jedoch klargestellt, dass Planungswettbewerbe für Architekten- und Ingenieurleistungen nur noch ohne oder vor einem Vergabeverfahren, nicht aber mehr integriert in einem Vergabeverfahren durchgeführt werden dürfen. Die Gesetzesbegründung zu § 78 VgV zeigt auch, dass der Verordnungsgeber integrierte Planungswettbewerbe bewusst nicht mehr zugelassen hat, weil er hierfür die praktische Notwendigkeit nicht mehr sah.[44] Eine planwidrige Regelungslücke, die Ausgangspunkt für eine korrigierende Auslegung von § 78 Abs. 2 S. 2 VgV sein könnte, liegt somit nicht vor.

Allerdings gilt der Ausschluss von Planungswettbewerben nur im Anwendungsbereich **50** des Abschnitts 6 der VgV. Nicht mehr zulässig sind also Planungswettbewerbe, die in ein Verfahren betreffend die Vergabe von Architekten- und Ingenieurleistungen integriert werden sollen. Dieses Verbot gilt daher nicht für sonstige Dienst-, Liefer- oder Bauvergabeverfahren, in die ein Planungswettbewerb integriert werden soll. Beispielsweise kann die Ausschreibung von Totalunternehmerleistungen immer noch im Wege eines Bauvergabeverfahrens mit integriertem Planungswettbewerb erfolgen.

D. Veröffentlichte einheitliche Richtlinien

I. Allgemeines

1. Pflicht zur Anwendung

Nach § 78 Abs. 2 S. 1 VgV dienen Planungswettbewerben dem Ziel, alternative Vor- **51** schläge für Planungen *„auf der Grundlage veröffentlichter einheitlicher Richtlinien zu erhalten."* Diese Regelung ist insbesondere mit Blick auf die Verordnungsbegründung so zu verstehen, dass der öffentliche Auftraggeber, der einen Planungswettbewerb für Architekten- oder Ingenieurleistungen durchzuführen beabsichtigt, verpflichtet ist, dies auf der Grundlage veröffentlichter einheitlicher Richtlinien zu tun.[45] Diese **Verpflichtung zur Anwen-**

---

[43] → VgV 78 Rn. 103.
[44] Verordnungsbegründung BT-Drucks. 18/7318 S. 206.
[45] Verordnungsbegründung BT-Drucks. 18/7318 S. 206 f. Mit einem Planungswettbewerb, dem keine veröffentlichten einheitlichen Richtlinien zugrunde gelegt worden sind, befasst sich BGH v. 26.2.1987 – III ZR 73/86. A.A: *Harr* in Willenbruch/Wieddekind, Vergaberecht 4. Aufl. 2017 § 78 VgV Rn. 12.

dung veröffentlichter einheitlicher Richtlinien kann zwar nicht dem Wortlaut von § 78 Abs. 2 S. 1 und 3 VgV eindeutig entnommen werden. Der entsprechende gesetzgeberische Wille ist jedoch in der Verordnungsbegründung unmissverständlich dokumentiert. Zudem fußt § 78 Abs. 2 S. 1 VgV auf dem bisherigen § 15 Absatz 2 Satz 1 VOF, dem – wenngleich mit anderer Begründung[46] – ebenfalls eine Verpflichtung zur Anwendung einheitlicher Richtlinien entnommen wurde.[47]

52 Eine Verpflichtung zur Anwendung einer **bestimmten Richtlinie** gibt es nicht, weil § 78 Abs. 2 S. 1 VgV nicht eine bestimmte Richtlinie vorgibt. Der öffentliche Auftraggeber wird lediglich verpflichtet, den Wettbewerb auf der Grundlage (irgend)einer veröffentlichten einheitlichen Richtlinie durchzuführen.[48] Insbesondere folgt aus § 78 Abs. 2 S. 1 VgV daher keine Verpflichtung zur Heranziehung der RPW 2013.[49]

53 Ebenso wenig kann aus § 78 Abs. 2 S. 1 VgV der Schluss gezogen werden, dass nur solche Auftraggeber, die ihrerseits zur Anwendung einer veröffentlichten einheitlichen Richtlinie verpflichtet wären, berechtigt seien, einen Planungswettbewerb für Architekten- und Ingenieurleistungen durchzuführen.[50] **§ 78 Abs. 2 S. 1 VgV setzt nicht eine bestehende Verpflichtung zur Anwendung einer veröffentlichten einheitlichen Richtlinie voraus,** sondern begründet vielmehr diese Verpflichtung erst. Das heißt, dass ein öffentlicher Auftraggeber, der einen Planungswettbewerb für Architekten- oder Ingenieurleistungen durchführen will, zur Durchführung des Wettbewerbs auf der Grundlage einer solchen Richtlinie verpflichtet ist (und nicht verpflichtet sein muss).

54 Schließlich kann § 78 Abs. 2 S. 1 VgV auch keine Verpflichtung und kein Auftrag entnommen werden, einheitliche Richtlinien zu entwickeln und zu veröffentlichen.[51]

2. Ermächtigungsgrundlage und Rechtssatzqualität

55 Die in § 78 Abs. 2 S. 3 VgV enthaltene Vorgabe, das Verfahren auf der Grundlage einheitlicher veröffentlichter Richtlinien durchzuführen, findet **in der Vergaberichtlinie keine Entsprechung.** Solange und soweit der deutsche Gesetzgeber vergaberechtliche Regelungen aufstellt, die den Vorgaben der Vergaberichtlinie nicht widersprechen, ist dies europarechtlich unbedenklich. Die Vorgabe zur Anwendung veröffentlichter einheitlicher Richtlinien löst als solche daher keine europarechtlichen Bedenken aus.

56 Fraglich ist hingegen, ob der Verordnungsgeber zu einer solchen Regelung ermächtigt war. Nach **§ 113 S. 1 GWB** wird die Bundesregierung ermächtigt, durch Rechtsverordnung mit Zustimmung des Bundesrates die Einzelheiten zur Ausrichtung von Wettbewerben zu regeln. Von dieser Ermächtigung hat die Bundesregierung Gebrauch gemacht und die Regelungen der Abschnitts 5 und 6, 2. Unterabschnitt, geschaffen. Zugleich hat sie die Ermächtigung gewissermaßen weiterdelegiert und bestimmt, dass die nähere Ausgestaltung in veröffentlichten einheitlichen Richtlinien festzulegen ist, wobei grundsätzlich jeder öffentliche Auftraggeber berechtigt ist, für sich eigene einheitliche Richtlinien zu veröffentlichen.[52] Diese Weiterdelegation führt aber nicht dazu, dass die jeweils angewendeten veröffentlichten einheitlichen Richtlinien Rechtsnormcharakter erhielten. Anders gewendet, haben veröffentlichte einheitliche Richtlinien für sich keine Außenwirkung. In der Regel handelt es sich um Verwaltungsvorschriften, die zunächst nur den jeweiligen öffentlichen Auftraggeber binden und reines Binnenrecht sind. Insoweit unterscheiden sich die veröf-

---

[46] § 15 Abs. 2 S. 1 VOF war als Legaldefinition des Planungswettbewerbs ausgestaltet. Die Durchführung „auf der Grundlage veröffentlichter einheitlicher Richtlinien" war deshalb Wesensmerkmal und Voraussetzung für die Annahme eines Planungswettbewerbs im Sinne von § 15 VOF.
[47] Siehe dazu *Voppel/Osenbrück/Bubert* VOF, 3. Aufl. 2012 § 15 Rn. 14.
[48] → VgV § 78 Rn. 64 ff.
[49] *Diercks-Oppler* Wettbewerbe S. 29.
[50] Siehe dazu *Voppel/Osenbrück/Bubert* VOF, 3. Aufl. 2012 § 15 Rn. 15.
[51] *Voppel/Osenbrück/Bubert* VOF, 3. Aufl. 2012 § 15 Rn. 17 zu dem ähnlich formulierten § 15 Abs. 2 VOF.
[52] → VgV § 78 Rn. 64 ff.

fentlichten einheitlichen Richtlinien im Sinne von § 78 Abs. 2 S. 1 VgV von der VOB/A-EU, die durch die statische Verweisung in § 2 S. 2 VgV Rechtsnormqualität erhält.

Daraus folgt zugleich, dass die veröffentlichten einheitlichen Richtlinien den vergabe- **57** rechtlichen Normen, insbesondere also dem 4. Teil des GWB und der VgV, nicht widersprechen dürfen. Weil diese Richtlinien gerade nicht durch Verweisung in § 78 Abs. 2 S. 1 GWB Rechtssatzqualität erhalten, handelt es sich um untergesetzliche Regelungen, die **vergabegesetzkonform** ausgestaltet sein müssen und selbst kein Vergabegesetz darstellen. Die Richtlinien können und dürfen also die §§ 78 ff. VgV nur ergänzen und ausfüllen, ihnen aber nicht widersprechen.

3. Bieterschutz und Durchsetzbarkeit

Erst durch Mitteilung in der Auftragsbekanntmachung (§ 78 Abs. 3 S. 2 VgV) erlangen **58** die veröffentlichten einheitlichen Richtlinien Außenwirkung. Bewerber und Bieter haben dadurch im Vergabeverfahren einen Anspruch auf ihre Einhaltung. Die Richtlinien werden durch Bekanntmachung zu Teilnahme- bzw. Wettbewerbsbedingungen, die von allen Wettbewerbsbeteiligten, insbesondere dem öffentlichen Auftraggeber, aber auch den Wettbewerbsteilnehmern sowie dem Preisgericht zu beachten sind.[53]

Dem schließt sich die Frage an, ob der Anspruch auf Beachtung der veröffentlichten **59** einheitlichen Richtlinien im **Vergabenachprüfungsverfahren** verfolgt werden kann. Zwar ist diskutabel, ob es sich bei diesen Richtlinien um Bestimmungen über das Vergabeverfahren im Sinne von § 97 Abs. 6 GWB handelt. Bestimmungen über das Vergabeverfahren sind nach hiesigem Verständnis die Vorschriften der Vergabe- und Vertragsordnungen, die durch Verweisung in der Vergabeverordnung und die §§ 97 Abs. 6 und Abs. 7 und 127 GWB Rechtssatzqualität erlangt haben, ferner die das Verfahren betreffenden Gebote des Wettbewerbs, der Transparenz und der Gleichbehandlung (§ 97 Abs. 1 und Abs. 2 GWB) sowie bestimmte ungeschriebene Vergaberegeln, wie das Gebot der Fairness in Vergabeverfahren.[54] Nach § 156 Abs. 2 GWB können jedoch nicht nur Rechte aus § 97 Abs. 6 GWB, sondern auch sonstige Ansprüche gegen Auftraggeber, die auf Vornahme oder das Unterlassen einer Handlung in einem Vergabeverfahren gerichtet sind, geltend gemacht werden. Jedenfalls als vorvertragliche Pflicht ist der Anspruch auf Einhaltung der in der Wettbewerbsbekanntmachung mitgeteilten veröffentlichten einheitlichen Richtlinien deshalb durchsetzbar.

Erst recht durchsetzbar ist der Anspruch, dass der öffentliche Auftraggeber veröffentlich- **60** te einheitliche Richtlinien in der Wettbewerbsbekanntmachung mitteilt und dem Wettbewerb zugrunde legt. Unterlässt er dies, ist der der Planungswettbewerb vergaberechtswidrig.[55]

Eine nachträgliche Änderung der mitgeteilten Richtlinien ist grundsätzlich vergabe- **61** rechtswidrig.[56] Nur ausnahmsweise kann eine nachträgliche Änderung vorgenommen werden, sofern diese transparent und diskriminierungsfrei erfolgt. Das setzt unter anderem voraus, dass alle Teilnehmer unverzüglich über die Änderung informiert werden und eine Manipulationsgefahr ausgeschlossen ist.[57]

---

[53] *Hartmann* in KKMPP, Kommentar zur VgV 1. Aufl. 2017 § 78 Rn. 25; *Voppel/Osenbrück/Bubert* VOF, 3. Aufl. 2012 § 15 Rn. 8, 42; *Dierks-Oppler* Wettbewerbe für Architekten und Ingenieure Seite 28.

[54] Siehe die Kommentierung von § 97 Abs. 6 GWB Rn. 20 ff.

[55] Anders war dies noch im zeitlichen Anwendungsbereich der VOF, wo der öffentliche Auftraggeber ein Wahlrecht hatte, ob er einen allgemeinen Wettbewerb (ohne einheitliche Richtlinien) oder einen Planungswettbewerb (mit einheitlichen Richtlinien) durchführte; siehe dazu *Voppel/Osenbrück/Bubert* VOF, 3. Aufl. 2012 § 15 Rn. 15.

[56] OLG Dresden v. 6.6.2002 – WVerg 4/02, WuW 2003, 215.

[57] OLG Rostock v. 9.10.2013 – 17 Verg 6/13, VergabeR 2014, 442; OLG Düsseldorf v. 4.2.2013 – Verg 31/12, VergabeR 2014, 188.

4. Veröffentlichte einheitliche Richtlinien

62   Was der Verordnungsgeber unter veröffentlichten einheitlichen Richtlinien versteht, kann der Vorschrift des § 78 Abs. 2 VgV nicht entnommen werden. Weiterführend ist die Verordnungsbegründung, aus der sich ergibt, dass *„Planungswettbewerbe auf Grundlage der Richtlinien für Planungswettbewerbe (RPW) oder vergleichbarer Richtlinien durchgeführt werden"* müssen.[58]

63   Ausweislich der Verordnungsbegründung hatte der Verordnungsgeber vornehmlich die **Richtlinien für Planungswettbewerben (RPW),** die aktuell in der Fassung aus dem Jahr 2013 veröffentlicht sind, im Blick. Die Bundesbehörden sind durch Erlass des Bundesbauministeriums vom 28.2.2013 verpflichtet, bei Planungswettbewerben für Architekten- und Ingenieurleistungen, die seit dem 1.3.2013 ausgelobt werden, die RPW 2013 anzuwenden. Die meisten Bundesländer sind – zum Teil mit kleineren Abweichungen – dem Bund gefolgt und geben ebenfalls die Anwendung der RPW 2013 verbindlich vor.[59] Die Bundesländer haben ihrerseits den Kommunen entsprechendes empfohlen.[60]

64   Aus der Verordnungsbegründung ergibt sich allerdings auch, dass der Verordnungsgeber den öffentlichen Auftraggebern die Möglichkeit einräumen wollte, anstelle der RPW auf **vergleichbare Richtlinien** zurückzugreifen. Veröffentlichte einheitliche Richtlinien, die ein öffentlicher Auftraggeber anstelle der RPW 2013 anwenden kann, um auf deren Grundlage alternative Planungsvorschläge zu erhalten, sind insbesondere die Richtlinie für Planungswettbewerbe in der Fassung vom 12.9.2008 (RPW 2008), die RAW 2004 und die Grundsätze und Richtlinien für Wettbewerbe auf den Gebieten der Raumplanung, des Städtebaus und des Bauwesens in ihren Fassungen aus den Jahren 1952, 1977 und 1995 (GRW 1952, 1977, 1995).

65   Darüber hinaus ist der öffentliche Auftraggeber berechtigt, **eigene Richtlinien** für die Durchführung von Planungswettbewerben zu entwickeln.[61] Voraussetzung ist, dass diese Richtlinien einheitlich und veröffentlicht sind. Außerdem müssen sie inhaltlich und strukturell mit der RPW 2013 vergleichbar sein.

66   Eine Richtlinie im Sinne von § 78 Abs. 2 S. 1 VgV muss also **kein Gesetz** sein – das zeigt schon die Verordnungsbegründung, die vornehmlich auf die RPW 2013 verweist, die keinen Gesetzesrang hat.

67   Eine Richtlinie ist nicht erst dann **einheitlich,** wenn sie von allen unter die VgV fallenden öffentlichen Auftraggebern angewendet wird bzw. angewendet werden muss. Dagegen spricht der unbestimmte Verweis auf Richtlinien (im Plural) in § 78 Abs. 2 S. 1 VgV. Vor allem wäre dieser Verweis absurd, wenn nur eine Richtlinie, die von allen Adressaten der §§ 78 ff. VgV angewendet werden müsste, in Betracht kommt. Sinn und Zweck des Verweises ist, dass dem jeweiligen öffentlichen Auftraggeber Freiheiten bei der konkreten Ausgestaltung des Wettbewerbs eingeräumt und er aus Gründen der Gleichbehandlung und Transparenz lediglich dazu verpflichtet wird, die von ihm durchgeführten Wettbewerbe einheitlich auszugestalten und die jeweiligen Ausgestaltungsregeln zu veröffentlichen. Diesem Sinn und Zweck liefe es zuwider, wenn dann nur eine einzige Richtlinie in Betracht käme. Dann hätte der Verordnungsgeber die nähere Ausgestaltung der Wettbewerbe auch unmittelbar im Unterabschnitt 2 regeln können. Dem steht auch nicht die Formulierung in der Verordnungsbegründung entgegen, wonach Planungswettbewerbe *„auf Grundlage der Richtlinien für Planungswettbewerbe (RPW) oder vergleichbarer Richtlinien"* durchgeführt werden. Zwar ist nicht eindeutig, ob der Verordnungsgeber damit auf eine formale und/oder eine

---

[58] Verordnungsbegründung BT-Drucks. 18/7318 S. 229.
[59] Beispielsweise Bekanntmachung der obersten Baubehörde im Bayerischen Staatsministerium des Innern v. 1.10.2013, Az.: IIZV-4634-001/13.
[60] Beispielsweise Bekanntmachung der obersten Baubehörde im Bayerischen Staatsministerium des Innern v. 1.10.2013, Az.: IIZV-4634-001/13.
[61] *Hartmann* in KKMPP, Kommentar zur VgV 1. Aufl. 2017 § 78 Rn. 64; *Müller-Wrede* in Müller-Wrede, VOF 5. Aufl. 2014 § 15 Rn. 21. AA *Voppel/Osenbrück/Bubert* VOF, 3. Aufl. 2012 § 15 Rn. 21 f.

materielle Vergleichbarkeit abstellen wollte. D. h. ob der Verordnungsgeber eine vergleichbar legitimierte Richtlinie, eine vergleichbar verbreitete Richtlinie bzw. eine Richtlinie mit vergleichbarem Adressatenkreis im Auge hatte (formale Vergleichbarkeit) und/oder eine inhaltlich vergleichbar ausgestaltete. Viel spricht für eine nur materielle (inhaltliche) Vergleichbarkeit. Zum einen sind die Kriterien für die Annahme einer formalen Vergleichbarkeit unbestimmt, so dass eine rechtssichere Einordnung nicht möglich ist: Setzt eine einheitliche Richtlinie (wie die RPW 2013) den Erlass durch das Bundesministerium für Verkehr, Bau und Stadtentwicklung (BMVBS) oder jedenfalls einer anderen (Bundes-)Behörde voraus? Muss ihre Anwendung von einer (oder mehrerer) Architektenkammer (für ihre Mitglieder) verbindlich vorgegeben werden? Zum anderen gibt es keinen nachvollziehbaren Grund, auf eine formale Vergleichbarkeit abzustellen. Nicht die Form, sondern der Inhalt der Richtlinie ist entscheidend. Das Gebot der Einheitlichkeit steht daher einer Entwicklung eigener Richtlinien durch einen öffentlichen Auftraggeber nicht entgegen, sofern diese mit der RPW 2013 materiell/inhaltlich vergleichbar sind. Mithin kann es zeitlich parallel mehrere einheitliche Richtlinien im Sinne von § 78 Abs. 1 S. 2 VgV geben.

Eine einheitliche Richtlinie setzt damit zum einen voraus, dass sie inhaltlich vergleichbar **68** mit der RPW 2013 ausgestaltet ist. Zum anderen muss der öffentliche Auftraggeber diese Richtlinie sämtlichen von ihm durchgeführten Wettbewerben zugrunde legen.[62] Richtlinien, die der öffentliche Auftraggeber für einen bestimmten Auftrag konzipiert hat, sind deshalb keine einheitlichen Richtlinien. Etwas anderes gilt nur dann, wenn der Auftraggeber beabsichtigt, die neu konzipierten Richtlinien sämtlichen zukünftigen Wettbewerben zugrunde zu legen.

Die einheitlichen Richtlinien müssen außerdem **veröffentlicht** sein. Damit ist nicht die **69** Mitteilung in der Wettbewerbsbekanntmachung gemäß § 78 Abs. 3 S. 2 VgV gemeint. Sondern die Richtlinien müssen auftragsunabhängig veröffentlicht sein, wobei die Veröffentlichung bereits im Vorfeld eines Wettbewerbs erfolgt sein muss.

Zusammengefasst muss der öffentliche Auftraggeber Planungswettbewerbe im Sinne von **70** § 78 VgV entweder auf der Grundlage eigener veröffentlichter einheitlicher Richtlinien oder auf der Grundlage sonstiger veröffentlichter einheitlicher Richtlinien, insbesondere der RPW 2013, durchführen. Insbesondere ist es einem öffentlichen Auftraggeber untersagt, mit dem Argument, nicht über eigene veröffentlichte einheitliche Richtlinien zu verfügen, einen allgemeinen Planungswettbewerb gemäß den §§ 69 ff. VgV durchzuführen. Entsprechendes wurde im Anwendungsbereich der VOF noch diskutiert.[63]

5. Bekanntmachung

Die auf die Durchführung von Planungswettbewerben anwendbaren Regeln nach Abs. 2 **71** sind in der Wettbewerbsbekanntmachung mitzuteilen (§ 78 Abs. 3 S. 2 VgV). Damit konkretisiert § 78 Abs. 3 S. 2 VgV die allgemeine Bestimmung in § 71 Abs. 1 VgV, wonach vor Wettbewerbsbeginn über die geltenden Durchführungsregeln zu informieren ist.[64] Hiervon zu trennen ist die Veröffentlichung der einheitlichen Richtlinien, die im Vorfeld einer Wettbewerbsbekanntmachung erfolgt sein muss.[65]

Durch die Mitteilung der Wettbewerbsregeln in der Bekanntmachung wird sicherge- **72** stellt, dass alle an dem Wettbewerb möglicherweise interessierten Architekten und Ingenieure vorab über die Wettbewerbsregeln informiert werden. Die Architekten und Ingenieure sind also in der Lage, unter Berücksichtigung der ihnen bekannt gemachten Wettbewerbsregeln zu entscheiden, ob sie sich an dem Wettbewerb beteiligen wollen oder nicht.

---

[62] *Müller-Wrede* in Müller-Wrede, VOF 5. Aufl. 2014 § 15 Rn. 21

[63] *Müller-Wrede* in Müller-Wrede, VOF 5. Aufl. 2014 § 15 Rn. 23.

[64] Siehe dazu die Kommentierung von der vergleichbaren Vorschrift in § 62 SektVO Rn. 9.

[65] → VgV § 78 Rn. 69.

73   Sofern die einheitlichen Richtlinien nicht zu umfangreich sind, können sie in die Wettbewerbsbekanntmachung selbst aufgenommen werden. Anderenfalls muss eine Stelle angegeben werden, bei der die einheitlichen Richtlinien angefordert werden können. Das kann auch die Angabe einer Internetadresse sein, unter der die Bedingungen abgerufen werden können.[66]

6. Unveränderlichkeit der Richtlinien

74   Weil der öffentliche Auftraggeber den Wettbewerb auf der Grundlage veröffentlichter einheitlicher Richtlinien durchführen muss (§ 78 Abs. 2 S. 1 VgV) und hierdurch eine Rechtssicherung und Rechtsklarheit hergestellt werden soll, muss der öffentliche Auftraggeber diese Richtlinien unverändert zugrunde legen.[67]

75   Von diesem Grundsatz abweichend bestimmt § 2 Abs. 4 Uabs. 2 RPW 2013, dass der Auslober „in Ausnahmefällen aus sachlich zwingenden Gründen im Einvernehmen mit der zuständigen Architekten- oder Ingenieurkammer von einzelnen Vorschriften dieser Richtlinie abweichen" kann. Weil diese ausnahmsweise Anpassung der RPW 2013 an die besonderen Anforderungen eines Planungswettbewerbs in der Richtlinie selbst verankert ist, ist die Verwendung einer nach dieser Maßgabe geänderten RPW 2013 im Einzelfall zulässig. Erforderlich ist jedoch stets die Zustimmung der jeweils zuständigen Kammer. Liegt diese Zustimmung nicht vor, stellt die Abweichung von der Richtlinie einen Vergabeverstoß dar, den ein Wettbewerbsteilnehmer in einem Vergabenachprüfungsverfahren angreifen kann. Stimmt die zuständige Architekten- oder Ingenieurkammer nachträglich, beispielsweise im Vergabenachprüfungsverfahren, der Abweichung zu, wird der Vergabeverstoß ex nunc geheilt.

76   In der Praxis hat dieser Streit allerdings eine nur untergeordnete Rolle, weil die praxisüblichen Richtlinien, auf deren Grundlage Planungswettbewerbe für Architekten und Ingenieure durchgeführt werden, insbesondere die RPW 2013, dem öffentlichen Auftraggeber große Spielräume für die konkrete Ausgestaltung der Wettbewerbsverfahren lassen.

II. RPW 2013

77   Die RPW 2013 ist nicht nur die aktuellste, sondern auch die gängigste veröffentlichte einheitliche Richtlinie. Planungswettbewerbe für Architekten- und Ingenieurleistungen werden mittlerweile deshalb überwiegend auf der Grundlage der RPW 2013 ausgestaltet. Diese ist gegenüber ihren Vorgängerinnen, insbesondere der GRW 1995, vereinfacht und eingeschränkt worden. Damit sollten die öffentlichen Auftraggeber zugleich mehr Spielräume bei der Ausgestaltung der Planungswettbewerben erhalten. Diese sahen sich durch das relativ enge Korsett, das die früheren Richtlinien vorsahen, zu sehr eingeengt, zumal jeder Verstoß hiergegen zugleich einen Vergabeverstoß darstellte, der in einem Vergabenachprüfungsverfahren angegriffen werden konnte.

78   Die RPW 2013 gilt für private und öffentliche Auslober. Selbst wenn vereinzelt klargestellt wird, dass bestimmte Regelungen nur für private gelten, ist die RPW 2013 insgesamt vergaberechtskonform auszulegen.

1. Ziele und Grundsätze der RPW 2013

79   In der **Präambel** zur RPW 2013 werden die definierten elementaren Grundsätzen und Prinzipien für Planungswettbewerbe in Deutschland hervorgehoben, hierunter die Gleichbehandlung aller Teilnehmer im Wettbewerb, auch im Bewerbungsverfahren, die klare und

---

[66] *Voppel/Osenbrück/Bubert* VOF, 3. Aufl. 2012 § 15 Rn. 41.
[67] Diese Regelung ist auf öffentliche Auftraggeber im Anwendungsbereich des Abschnitts 6, Unterabschnitt 2 der VgV nicht anwendbar.

eindeutige Aufgabenstellung, das angemessene Preis-Leistungs-Verhältnis, ein kompetentes Preisgericht, die Anonymität der Wettbewerbsbeiträge und das Auftragsversprechen. Auf diesen Grundsätzen basierend sollen nach der Zielsetzung der RPW 2013 Auftraggeber und Auftragnehmer in einem klar strukturierten, transparenten Verfahren auf faire und partnerschaftliche Weise zueinander finden. Bei der Bestimmung der Ziele des Wettbewerbs können die Bürgerinnen und Bürger beteiligt werden.

Hervorgehoben werden unter § 1 RPW 2013 der Grundsatz der Gleichbehandlung und **80** der Anonymität. Nach § 1 Abs. 3 RPW 2013 werden die Bewerber beim Zugang zum Wettbewerb und im Verfahren **gleich behandelt.** Für alle Teilnehmer gelten die gleichen Bedingungen und Fristen. Ihnen werden die gleichen Informationen jeweils zum gleichen Zeitpunkt übermittelt. § 1 Abs. 4 RPW 2013 bestimmt, dass die Wettbewerbsbeiträge bis zur Entscheidung des Preisgerichts **anonym** bleiben, bei mehrphasigen Wettbewerben bis zum Abschluss des gesamten Verfahrens. Hierbei handelt es sich um Vorgaben, die sich gleichermaßen aus den vergaberechtlichen Grundsätzen der Gleichbehandlung und Neutralität herleiten.

Daneben gibt § 1 Abs. 5 RPW 2013 vor, dass **kleineren Büroorganisationen und 81 Berufsanfängern** durch geeignete Zugangsbedingungen angemessen beteiligt werden. Diese Vorgabe ist mit Blick auf die (höherrangige) Regelung in § 75 Abs. 4 S. 3 VgV für Planungswettbewerbe im Anwendungsbereich des Unterabschnitts 2 auf geeignete Aufgabenstellungen zu beschränken. Nur bei geeigneten Aufgabenstellungen ist der öffentliche Auftraggeber also verpflichtet, die Zugangsbedingungen für den Planungswettbewerb so zu gestalten, dass kleinere Büroorganisationen und Berufsanfänger angemessen beteiligt werden. Für Einzelheiten wird auf die Kommentierung von § 75 Abs. 4 S. 2 VgV verwiesen.[68]

In geeigneten Fällen sollen Wettbewerbsverfahren interdisziplinär durchgeführt werden **82** (§ 1 Abs. 1 Unterabsatz 2 RPW 2013). Interdisziplinär meint beispielsweise Wettbewerbe, an denen Architekten und Ingenieure teilnehmen. Hierbei sind die besonderen Vorgaben der RPW 2013 für interdisziplinäre Wettbewerbe – beispielsweise die interdisziplinäre Zusammensetzung des Preisgerichts gemäß § 6 Abs. 1 Unterabsatz 5 RPW 2013 – zu beachten.[69]

2. Wettbewerbsbeteiligte

§ 2 der RPW 2013 führt die Beteiligten des Wettbewerbs auf. Auch diese Vorschrift ist **83** vergaberechtskonform auszulegen. **Auslober** im Sinne von § 2 Abs. 1 RPW 2013 ist der öffentliche Auftraggeber, der zur Lösung einer Aufgabe einen Wettbewerb ausschreibt. Der Auslober definiert die Aufgabe, lobt den Wettbewerb aus, bestimmt die Verfahrensart und beruft das Preisgericht.

Teilnehmer im Sinne von § 2 Abs. 2 RPW 2013 sind die Bewerber, die den in § 4 **84** RPW 2013 definierten Anforderungen an die Teilnahme genügen. Hervorzuheben ist, dass gemäß § 5 Abs. 2 S. 1 RPW 2013 jeder Teilnehmer nur eine Wettbewerbsarbeit einreichen darf. Reicht ein Teilnehmer mehr als eine Wettbewerbsarbeit ein, ist er vom Wettbewerb auszuschließen. Nicht zulässig ist es, dass der öffentliche Auftraggeber diesen Teilnehmer im Wettbewerb belässt und lediglich bestimmt, mit welcher der von ihm eingereichten Arbeiten der Wettbewerb fortgeführt wird. Hierdurch drohte eine Besserstellung größerer Büros, die finanziell und personell eher in der Lage sind, mehrere Wettbewerbsarbeiten zu erstellen, und dadurch eine größere Chance haben, eine Arbeit einzureichen, die den Erwartungen des öffentlichen Auftraggebers am besten entspricht. Auch im allgemeinen Vergaberecht gilt der Grundsatz, dass ein Bieter, der unzulässiger Weise zwei Hauptangebote einreicht, mit beiden Angeboten vom Vergabeverfahren auszuschließen ist.

Eine Besonderheit, die den Planungswettbewerben von den übrigen Vergabeverfahren **85** unterscheidet, ist die Einsetzung eines **Preisgerichts.** Dieses ist gemäß § 2 Abs. 3 RPW

---

[68] → VgV § 75 Rn. 80 f.
[69] *Hartmann* in KKMPP, Kommentar zur VgV 1. Aufl. 2017 § 78 Rn. 63.

2013 unabhängiger Berater des öffentlichen Auftraggebers. Es wirkt bei der Vorbereitung und Auslobung des Wettbewerbs, z. B. in Form einer Preisrichtervorbesprechung, mit, und entscheidet über die Wettbewerbsarbeiten. Die Letztentscheidung verbleibt allerdings beim öffentlichen Auftraggeber. Das ist nicht nur vergaberechtlich geboten, sondern folgt auch aus Abs. 3 S. 1, in dem das Preisgericht unmissverständlich als Berater des öffentlichen Auftraggebers bezeichnet wird. Schließlich soll das Preisgericht an der Vermittlung der Ergebnisse in der Öffentlichkeit beteiligt werden. Hierzu müssen die Wettbewerbsarbeiten im Anschluss an die Entscheidung des Preisgerichts zwingend öffentlich ausgestellt werden (§ 8 Abs. 1 Unterabsatz 1 RPW 2013). Praxisüblich ist außerdem die Vorstellung der Wettbewerbsarbeiten in den politischen Gremien des öffentlichen Auftraggebers, die allerdings die öffentliche Ausstellung nicht ersetzt.

86   Neben dem Preisgericht als unabhängigen Berater muss der öffentliche Auftraggeber gemäß § 2 Abs. 4 RPW 2013 die jeweilige **Architekten- oder Ingenieurkammer** beteiligen. Diese Kammern wirken vor, während und nach einem Wettbewerb an den Beratungen mit. Außerdem registrieren sie den Wettbewerb. Mit der Registrierung wird bestätigt, dass die Teilnahme- und Wettbewerbsbedingungen dieser Richtlinie entsprechen.[70] Insbesondere im Interesse ihrer Kammermitglieder, den Architekten und Ingenieuren, sollen die Kammern sicherstellen (dürfen), dass der öffentliche Auftraggeber sich an die Vorgaben der von ihm ausgewählten RPW 2013 hält. Nur in Ausnahmefällen aus sachlich zwingenden Gründen kann der öffentliche Auftraggeber im Einvernehmen mit der zuständigen Architekten- oder Ingenieurkammer von einzelnen Vorschriften dieser Richtlinie abweichen. Erforderlich ist also die Zustimmung der jeweils zuständigen Kammer. Liegt diese Zustimmung nicht vor, stellt die Abweichung von der Richtlinie einen Vergabeverstoß dar, den ein Wettbewerbsteilnehmer in einem Vergabenachprüfungsverfahren angreifen kann. Stimmt die zuständige Architekten- oder Ingenieurkammer nachträglich, beispielsweise im Vergabenachprüfungsverfahren, der Abweichung zu, wird der Vergabeverstoß ex nunc geheilt. Die Bundesarchitekten- und Bundesingenieurkammer berichten dem Bundesministerium für Verkehr, Bau und Stadtentwicklung jährlich über Zahl und Inhalte der getroffenen Abweichungen. Damit soll das Ministerium in die Lage versetzt werden, einen möglichen Reform- oder Anpassungsbedarf der RPW 2013 zu erkennen und zu prüfen.

87   Schließlich sind die öffentlichen Auftraggeber berechtigt, Dritte mit der Wettbewerbsbetreuung zu beteiligen. Solche **Wettbewerbsbetreuer** nehmen gemäß § 2 Abs. 5 RPW 2013 die Interessen des öffentlichen Auftraggebers wahr. Sie wirken bei der Erstellung der Auslobung, bei der Organisation und Durchführung des Verfahrens mit und übernehmen in der Regel die Vorprüfung. Wettbewerbsbetreuer müssen die fachliche Qualifikation der Teilnehmer haben. Das bedeutet nicht, dass es sich um Architekten oder Ingenieure handeln muss, weil ausdrücklich nicht eine berufliche Qualifikation, sondern eine fachliche Qualifikation gefordert wird. Gleichwohl werden in der Praxis üblicherweise Architekten oder Ingenieure – oftmals in der Funktion eines Projektsteuerers – mit der Wettbewerbsbetreuung betraut. Fachkundige Auftraggeber können, wie § 2 Abs. 5 RPW 2013 bestimmt, die Wettbewerbsbetreuung auch selbst erbringen. Diese entscheiden also nach eigenem Ermessen darüber, die Wettbewerbsbetreuung auszulagern oder nicht. Entscheiden sie sich dagegen, müssen sie dann aber auch sicherstellen, dass die Aufgaben der Wettbewerbsbetreuung tatsächlich auch erbracht werden. Öffentliche Auftraggeber, die nicht fachkundig sind, steht diese Ermessensentscheidung nicht zu. Diese sind vielmehr verpflichtet, einen fachkundigen Dritten mit der Wettbewerbsbetreuung zu beauftragen. Unterlassen nichtfachkundige öffentliche Auftraggeber dies, begehen sie einen Vergabeverstoß, der von den Teilnehmern des Wettbewerbs in einem Vergabenachprüfungsverfahren angegriffen werden kann. Denn die Wettbewerbsbetreuer nehmen gemäß § 2 Absatz RPW 2013 zwar die In-

---

[70] Die Teilnahme an einem nicht registrierten Planungswettbewerben kann für die Architekten und Ingenieure berufsrechtliche Sanktionen nach sich ziehen, vgl. zB § 22 Abs. 2 Nr. 7 Baukammergesetz NRW.

teressen des öffentlichen Auftraggebers wahr, sollen aber gleichzeitig auch Sachwalter der Teilnehmer sein.[71]

Neben den Wettbewerbsbetreuern kann der öffentliche Auftraggeber auch **Sachver-** 88 **ständige** zur Beratung bei der Vorbereitung des Wettbewerbs, bei der Vorprüfung und im Preisgericht hinzuziehen. Diese müssen anerkannte Fachleute ihres Fachgebietes sein.

3. Ideenwettbewerbe und Realisierungswettbewerbe

Noch vor der Beschreibung der zulässigen Wettbewerbsverfahren wird in § 3 Abs. 1 89 RPW 2013 zwischen den zwei möglichen Bedarfszielen unterschieden. Zur Findung konzeptioneller Lösungen, beispielsweise zur Klärung der Grundlagen einer Planungsaufgabe, kann ein Wettbewerb ohne Realisierungsabsicht durchgeführt werden **(Ideenwettbewerb).** Dem gegenüber steht der **Realisierungswettbewerb,** dem die Realisierungsabsicht der Planungsaufgabe zu Grunde liegt.

Praxisrelevant ist der **Realisierungswettbewerb.** In diesem Wettbewerb werden alter- 90 native Lösungsvorschläge für die gestellte Planungsaufgabe gesucht. Bei der Umsetzung des Projekts ist einer der Preisträger, in der Regel der Gewinner, unter Berücksichtigung der Empfehlung des Preisgerichts mit den weiteren Planungsleistungen zu beauftragen.

Ideenwettbewerbe sind demgegenüber in der Praxis die Ausnahme. Mit Blick auf § 78 91 VgV stellt sich außerdem die Frage, ob Ideenwettbewerbe überhaupt in den Anwendungsbereich von Unterabschnitt 2 fallen. Denn § 78 Abs. 1 und Abs. 2 S. 1 VgV stellen fest, dass Planungswettbewerbe dazu dienen, alternative Lösungsvorschläge für die gestellte Planungsaufgabe zu suchen. Der Ideenwettbewerb dient demgegenüber ausweislich der Definition in § 3 Abs. 1 S. 1 RPW 2013 der Klärung der Grundlagen einer Planungsaufgabe. Der Ideenwettbewerb dient mit anderen Worten nicht der Lösungsfindung, sondern der Aufgabenfindung. Hinzu kommt, dass Vergabeverfahren zu der Erteilung eines Auftrags über die Beschaffung einer Leistung zu Gunsten des öffentlichen Auftraggebers führen sollen. Der Ideenwettbewerb soll jedoch nicht zu einer Auftragserteilung führen. Die Beschaffung erfolgt hierbei im Vergabeverfahren selbst, nämlich in Form der Wettbewerbsarbeiten. Auf der anderen Seite spricht § 78 Abs. 2 S. 2 VgV davon, dass Planungswettbewerbe vor oder ohne Vergabeverfahren ausgerichtet werden können. Als Planungswettbewerb ohne Vergabeverfahren, den die VgV ausdrücklich vorsieht, kommt letztlich nur der Ideenwettbewerb in Betracht. Nach dem Willen des Verordnungsgebers fällt daher auch der Ideenwettbewerb grundsätzlich in den Anwendungsbereich der §§ 78 ff. VgV. In der Praxis dürfte sich dieser Streit allerdings selten als bedeutsam herausstellen. Wenn die Beschaffung beim Ideenwettbewerb in den Wettbewerbsarbeiten besteht, ist entsprechend § 3 Abs. 12 S. 2 VgV für die Schätzung des Auftragswerts alleine die Summe der Preisgelder und Zahlungen an die Teilnehmer maßgeblich. Diese werden in aller Regel nicht die maßgeblichen EU-Schwellenwerte erreichen bzw. überschreiten.[72] Jedenfalls ist in der Wettbewerbsbekanntmachung im Falle eines Ideenwettbewerbs eindeutig darauf hinzuweisen, dass eine Realisierung der Wettbewerbsergebnisse nicht beabsichtigt ist.

4. Wettbewerbsverfahren

In § 3 RPW 2013 werden die Wettbewerbsverfahren beschrieben, die im Anwendungs- 92 bereich der RPW 2013 zulässig sind. Hierbei handelt es sich um den **Offenen Wettbewerb** (Abs. 2) und den **Nichtoffenen Wettbewerb** (Abs. 3), die jeweils ein- oder zweiphasig ausgestaltet werden können (Abs. 4). In ihrer Struktur ist der Offene Wettbewerb

---

[71] *Hartmann* in KKMPP, Kommentar zur VgV 1. Aufl. 2017 § 78 Rn. 32. Siehe hierzu auch die Kommentierung und Handlungsempfehlungen des Bund Deutscher Architekten (BDA) zu den Richtlinien für Planungswettbewerbe RPW 2013 (im Folgenden BDA RPW 2013) S. 21.
[72] *Hartmann* in KKMPP, Kommentar zur VgV 1. Aufl. 2017 § 78 Rn. 38.

mit dem Offenen Verfahren und der Nichtoffene Wettbewerb mit dem Nichtoffenen Verfahren vergleichbar.[73]

93 Daneben wird in § 3 Abs. 5 RPW 2013 noch das sog. Kooperative Verfahren beschrieben, dass jedoch gemäß S. 5 *„bei Wettbewerben der öffentlichen Auslober im Anwendungsbereich der Vergabeordnung für freiberufliche Leistungen (VOF) ... nicht anzuwenden"* ist. Grund dafür ist, dass das kooperative Verfahren gegen den Grundsatz der Anonymität verstößt. Dieser Grundsatz muss jedoch in vergaberechtlichen Verfahren gewahrt werden. Nicht zuletzt daraus folgt, dass das kooperative Verfahren auch bei Planungswettbewerben für Architekten- und Ingenieurleistungen gemäß § 78 VgV nicht angewendet werden darf.

94 Weder der Offene Wettbewerb noch der Nichtoffene Wettbewerb finden eine ausdrückliche Erwähnung in den §§ 78 ff. VgV. Für den offenen Wettbewerb, der sich an jeden interessierten Architekten oder Ingenieur wendet, ist dies unproblematisch. Anders ist das für den Nichtoffenen Wettbewerb, bei dem eine Vorauswahl derjenigen Architekten und Ingenieure, die zum Planungswettbewerb eingeladen werden, getroffen wird. Aus **§ 71 Abs. 3 VgV,** der gemäß § 78 Abs. 3 S. 2 VgV auf Planungswettbewerbe für Architekten- und Ingenieurleistungen anwendbar ist, lässt sich allerdings entnehmen, dass der Verordnungsgeber einen dem Planungswettbewerb vorgeschalteten Teilnahmewettbewerb, wie ihn das Nichtoffene Verfahren vorsieht,[74] für zulässig erachtet. § 71 Abs. 3 VgV setzt Art. 80 Abs. 3 der Vergaberichtlinie um, woraus sich auch die europarechtliche Konformität des Nichtoffenen Wettbewerbs ergibt.

95 Nach der RPW 2013 ist **keiner dieser beiden Wettbewerbsverfahren vorrangig** anzuwenden. Eine Präferenz des VgV-Verordnungsgebers (zu Gunsten des offenen Wettbewerbs) besteht ebenfalls nicht.[75] Ebenso wie ein öffentlicher Auftraggeber zwischen offenem und nicht offenem Verfahren wählen darf, so darf er gleichermaßen zwischen offenem Wettbewerb und nicht offenem Wettbewerb wählen. Insbesondere kann auch der nichtoffene Wettbewerb als *„innovatives, qualitätsfremden und für kleine und junge Büros Chancen ergebendes"*[76] Verfahren ausgestaltet werden.

96 **a) Offene Wettbewerbe.** Offene Wettbewerbe zeichnen sich dadurch aus, dass öffentliche Auftraggeber den Wettbewerb öffentlich ausschreiben und interessierte Fachleute, welche die fachlichen und persönlichen Anforderungen an die Teilnahme gemäß § 4 RPW 2013 erfüllen, einen Lösungsvorschlag einreichen können. Darin unterscheiden sich offene Wettbewerbe von den nichtoffenen Wettbewerben, denen ein Teilnahmewettbewerb vorausgeht. Strukturell entspricht der offene Wettbewerb damit offenen Verfahren und der nichtoffene Wettbewerb dem nichtoffenen Verfahren.

97 In der Praxis entscheiden sich öffentliche Auftraggeber in der Regel für den nichtoffenen Wettbewerb. Zum einen kann der öffentliche Auftraggeber dadurch den zeitlichen und finanziellen Aufwand reduzieren. Denn im offenen Wettbewerb, an dem sich jeder interessierte und gemäß § 4 RPW 2013 geeignete Fachmann beteiligen kann, muss der öffentliche Auftraggeber mit einer unbegrenzten Zahl von Wettbewerbsarbeiten rechnen, die er bewerten muss. Zum anderen zeigt die Praxis, dass renommierte Architekten und Ingenieure sich seltener an offenen Wettbewerben beteiligen. Weil der Aufwand der Teilnehmer im offenen Wettbewerb und im nichtoffenen Wettbewerb gleich ist, muss die Scheu der renommierten Architekten und Ingenieure vor dem offenen Wettbewerb darin liegen, dass sie wegen der größeren Konkurrenz eine geringere Chance auf einen Preis und damit erst recht auf einen Zuschlag im ggf. nachfolgenden Vergabeverfahren sehen.

98 § 3 Abs. 2 RPW 2013 enthält darüber hinaus keine Vorgaben für die Ausgestaltung des offenen Wettbewerbs. Derartige Vorgaben finden sich in den §§ 69 ff. VgV, die gemäß § 78

---

[73] Siehe hierzu → VgV § 78 Rn. 96 ff. (Offener Wettbewerb) und → VgV § 78 Rn 99 ff. (Nichtoffener Wettbewerb).

[74] → VgV 78 Rn. 99, 101.

[75] AA *Hartmann* in KKMPP, Kommentar zur VgV 1. Aufl. 2017 § 78 Rn. 41.

[76] Verordnungsbegründung BT-Drucks. 18/7318 S. 229.

Abs. 3 VgV auch auf Planungswettbewerben für Architekten- und Ingenieurleistungen anzuwenden sind. Für Einzelheiten wird auf die Kommentierung dieser Vorschriften verwiesen. Lediglich weist § 3 Abs. 1 S. 3 RPW darauf hin, dass *„private Auslober … den Teilnehmerkreis einschränken (z. B. regional)"* können. Im Umkehrschluss können öffentliche Auftraggeber dies nicht, was aber ohnehin eine vergaberechtliche Selbstverständlichkeit ist.

b) Nichtoffene Wettbewerbe. Der nichtoffene Wettbewerb unterscheidet sich vom **99** offenen Wettbewerb dadurch, dass der eigentliche Realisierungswettbewerb nur mit einer bestimmten Anzahl von Fachleuten durchgeführt wird, die dazu eingeladen worden sind. Private Auslober können gemäß § 3 Abs. 3 S. 8 Buchst. RPW 2013 die Teilnehmer direkt bestimmen **(Einladungswettbewerb).** Öffentliche Auftraggeber müssen dem eigentlichen Realisierungswettbewerb hingegen einen öffentlichen Teilnahmewettbewerb vorschalten. Strukturell ähnelt der Nichtoffene Wettbewerb damit dem Nichtoffenen Verfahren. Es handelt sich um ein zweistufiges Verfahren. In der ersten Stufe werden die späteren Teilnehmer für den Realisierungswettbewerb, der auf der zweiten Stufe erfolgt, anhand nicht diskriminierender Kriterien ausgewählt.

In der Terminologie der VgV wird der Nichtoffene Wettbewerb als Planungswettbewerben mit beschränkter Teilnehmerzahl bezeichnet. Regelungen hierzu finden sich insbesondere in §§ 71 Abs. 3 S. 1, 78 Abs. 3 S. 1 VgV. Die dortigen Regelungen gehen, soweit sie Regelungen in der RPW 2013 widersprechen, vor. Insgesamt sind für Planungswettbewerbe für Architekten- und Ingenieurleistungen die Regelungen der RPW 2013 im Lichte der höherrangigen vergaberechtlichen Regelungen insbesondere der VgV sowie unter Berücksichtigung der vergaberechtlichen Grundsätze auszulegen.

Der **Teilnahmewettbewerb** hat gemäß S. 1 mit einer öffentlichen Aufforderung zur **101** Teilnahme zu erfolgen. Hierzu hat der öffentliche Auftraggeber eine Wettbewerbsbekanntmachung zu veröffentlichen. Das folgt auch aus § 78 Abs. 3 S. 2 VgV. In dieser Wettbewerbsbekanntmachung sind gemäß § 3 Abs. 4 S 2 und 3 RPW 2013 *„die angestrebte Zahl an Teilnehmern, die vorzulegenden Nachweise, das zur Auswahl der Teilnehmer angewandte Verfahren … anzugeben. Die Teilnehmerzahl soll der Größe und Bedeutung der Wettbewerbsaufgabe angemessen sein."* Die Teilnehmer sind *„anhand eindeutiger, nicht diskriminierender, angemessener und qualitativer Kriterien aus dem Kreis der Bewerber"* auszuwählen.

Nach der Vorstellung des Verordnungsgebers handelt es sich bei dieser Auswahlprüfung **102** noch **nicht um die Eignungsprüfung.**[77] Denn nach § 80 Abs. 1 VgV hat der örtliche Auftraggeber erst *„in der Aufforderung zur Teilnahme an den Verhandlungen die zum Nachweis der Eignung erforderlichen Unterlagen für die gemäß § 70 Abs. 2 bereits in der Vergabebekanntmachung genannten Eignungskriterien zu verlangen."* Zwar sind damit in der Wettbewerbsbekanntmachung bereits die Auswahlkriterien im Sinne von § 3 Abs. 3 RPW 2013, als auch die Eignungskriterien im Sinne von § 80 Abs. 1 VgV zu benennen. Die Nachweise für die Erfüllung der Auswahlkriterien müssen jedoch schon im Teilnahmewettbewerb, die Nachweise für die Erfüllung der Eignungskriterien hingegen erst nach Abschluss des eigentlichen Realisierungswettbewerbs im Verhandlungsstadium vorgelegt werden. Daraus folgt zugleich, dass der Planungswettbewerb nicht mehr als Teil der Eignungsprüfung, sondern als vorgeschaltetes eigenes Verfahren anzusehen ist. Dem entspricht, dass § 78 Abs. 2 S. 2 VgV klarstellt, dass Planungswettbewerbe vor oder ohne Vergabeverfahren ausgerichtet werden können. Daher handelt es sich hierbei gerade nicht um ein *„bloßes Redaktionsversehen",*[78] sondern um eine bewusste Entscheidung des Verordnungsgebers. Darin unterscheiden sich Planungswettbewerbe nach der VgV von den Planungswettbewerben nach der VOF, die nach allgemeiner Auffassung Teil der Eignungsprüfung waren, weshalb die in § 16 Abs. 3 S. 1 VOF genannten Auswahlkriterien auch den Eignungskriterien im Sinne von § 10 Abs. 1 VOF gleichgesetzt wurden.[79]

---

[77] Siehe dazu auch *Voitl/Morlock* Deutsches Architektenblatt 05/2016, 36.
[78] So aber *Hartmann* in KKMPP, Kommentar zur VgV 1. Aufl. 2017 § 78 Rn. 53.
[79] Siehe dazu Müller-Wrede Der Architektenwettbewerb Rn. 192 f.

103 Die Unterscheidung zwischen der Auswahlprüfung im Sinne von § 3 Abs. 3 RPW 2013 und der Eignungsprüfung im Sinne von § 80 Abs. 1 VgV ist darauf zurückzuführen, dass der öffentliche Auftraggeber einen Planungswettbewerb auch ohne Vergabeverfahren und auch ohne feste Realisierungsabsicht durchführen darf. Das zeigt sich insbesondere anhand der Regelung in § 80 Abs. 1 VgV, wonach in der Aufforderung zur Teilnahme an den Verhandlungen die Eignungsnachweise zu verlangen sind, *„soweit und sobald das Ergebnis des Planungswettbewerben realisiert werden soll und beabsichtigt ist, einen oder mehrere der Preisträger mit den zu beschaffenden Planungsleistungen zu beauftragen“*. Insbesondere wenn jedoch für den öffentlichen Auftraggeber bereits im Zeitpunkt der Wettbewerbsbekanntmachung feststeht, dass das Ergebnis des Planungswettbewerbs realisiert werden soll und die Verhandlungen in einem engen zeitlichen Zusammenhang mit dem Abschluss des Planungswettbewerbs aufgenommen werden sollen, erscheint es zulässig, dass der öffentliche Auftraggeber – wie bereits zu Zeiten der Geltung der VOF – **Auswahl- und Eignungsprüfung verknüpft.** Ein ausdrückliches Verbot, die Eignungsprüfung bereits im Teilnahmewettbewerb vorzunehmen, kann weder den §§ 78 ff. VgV noch den Regelungen der RPW 2013 entnommen werden. Es spricht auch viel dafür, dass der Verordnungsgeber, wenn er ein solches Verbot beabsichtigte, hierauf in der Verordnungsbegründung hingewiesen hätte.[80] Auch der den gesamten Regelungen für die Vergabe von Architekten- und Ingenieurleistungen zu Grunde liegende Grundsatz, kleineren Büroorganisationen und Berufsanfängern die Beteiligung an Planungswettbewerben zu ermöglichen, erfordert kein solches Verbot, weil dieser Grundsatz auch dann zu berücksichtigen ist, wenn die Auswahlprüfung mit der Eignungsprüfung verknüpft wird. In der Praxis sprechen schließlich erhebliche Erwägungen für die Verknüpfung von Auswahlprüfung und Eignungsprüfung: Andernfalls ist denkbar, dass erst im Verhandlungsverfahren festgestellt wird, dass die Sieger des vorangegangenen Planungswettbewerben die von Beginn an festgelegten Eignungskriterien nicht erfüllen. Der öffentliche Auftraggeber wäre praktisch gezwungen, den Planungswettbewerb zu wiederholen. Dies kann auch nicht im Sinne der Architekten und Ingenieure sein, denen es im Ergebnis nicht um einen Sieg im Planungswettbewerb, sondern um die spätere Beauftragung geht.[81]

104 Bei der Auswahl im Teilnahmewettbewerb können gemäß § 3 Abs. 3 S. 4 RPW 2013 vom öffentlichen Auftraggeber unabhängige, nicht dem Preisgericht angehörende Fachleute mit der Qualifikation der Teilnehmer **beratend einbezogen** werden. Die Auswahlentscheidung muss freilich der öffentliche Auftraggeber selbst treffen.[82]

105 Daneben hat der öffentliche Auftraggeber gemäß § 3 Abs. 3 S. 2, 6 RPW 2013 das Recht, **Fachkundige vorauszuwählen.** Diese vorausgewählten Teilnehmer müssen die gestellten Anforderungen und Kriterien freilich ebenfalls erfüllen. Der Vorteil, den diese Teilnehmer haben, liegt also alleine darin, dass sie nicht auf ihr Losglück vertrauen müssen, sondern jedenfalls an dem eigentlichen Realisierungswettbewerb teilnehmen können. Zwar liegt auch darin eine Diskriminierung der übrigen Wettbewerbsteilnehmer. Gleichwohl wird das Setzen vorausgewählter Teilnehmer mittlerweile in Rechtsprechung und Literatur für vergaberechtskonform erachtet.[83] Allerdings muss die Anzahl der vorausgewählten Teilnehmer in einem angemessenen Verhältnis stehen zur Anzahl der Teilnehmer, die zum eigentlichen Realisierungswettbewerb zugelassen werden. Dazu vertreten *Voppel/Osenbrück/Bubert* die Auffassung, dass jedenfalls die Anzahl von Teilnehmern, die nach den vergaberechtlichen Grundsätzen für einen Wettbewerb erforderlich ist – nach § 10 Abs. 4 S. 3 VOF waren dies drei, nach § 51 Abs. 2 S. 1 VgV sind dies fünf – nicht vorausgewählt sein darf.[84] Diese Auffassung ist jedoch mit dem Gleichheitsgebot nicht in Einklang zu bringen,

---

[80] Darauf weist auch *Hartmann* in KKMPP, Kommentar zur VgV 1. Aufl. 2017 § 78 Rn. 52 hin.
[81] Im Ergebnis ebenso *Harr* in Willenbruch/Wieddekind, Vergaberecht 4. Aufl. 2017 § 80 VgV Rn. 8.
[82] VK Berlin v. 15.4.2011 – VK B 2 12 / 11.
[83] VK Lüneburg v. 29.9.2014 – VgK-36/2014; VK Sachsen v. 5.5.2014 – 1/SVK/010–14; *Hartmann* in KKMPP, Kommentar zur VgV 1. Aufl. 2017 § 78 Rn. 55; *Voppel/Osenbrück/Bubert* VOF, 3. Aufl. 2012 § 16 Rn. 21.
[84] *Voppel/Osenbrück/Bubert* VOF, 3. Aufl. 2012 § 16 Rn. 21.

das gemäß der Präambel zur RPW 2013 „die Gleichbehandlung aller Teilnehmer im Wettbewerb, auch im Bewerbungsverfahren" voraussetzt. *Hartmann* weist im Hinblick auf die Regelung unter Nr. 2.4.2 Abs. 1 S. 2 GRW 1995, wonach bei größeren nicht offenen Wettbewerben die Teilnehmerzahl 25 möglichst nicht unterschritten werden soll, zutreffend darauf hin, dass nach *Voppel/Osenbrück/Bubert* der eigentliche Realisierungswettbewerb mit 22 vorausgewählten und drei sonstigen Teilnehmern begonnen werden könne.[85] Ebenso wenig überzeugt jedoch die von *Hartmann* aufgestellte „wettbewerbsfreundliche Faustregel" – richtigerweise müsste von einer architektenfreundlichen Faustregel gesprochen werden –, dass bei einer Teilnehmerzahl von 25 höchstens vier Teilnehmer gesetzt werden sollten.[86] Eine erzwungen hohe Anzahl von Wettbewerbsbeiträgen reduziert sowohl die Gewinnchancen im Planungswettbewerb, als auch die Zuschlagschancen in einem nachfolgenden Vergabeverfahren. Angemessen und praxistauglich erscheint demgegenüber die von *Müller-Wrede* vertretene Auffassung, dass jedenfalls mehr nicht-vorausgewählte als vorausgewählte Teilnehmer zum eigentlichen Realisierungswettbewerb zugelassen werden müssen.[87]

Ist die Bewerberanzahl nach einer objektiven Auswahl entsprechend dieser Kriterien zu **106** hoch, kann die Auswahl unter den verbleibenden Bewerbern gemäß § 3 Abs. 3 S. 7 RPW 2013 durch **Los** getroffen werden. Diese Regelung entspricht weitestgehend der entsprechenden Regelung zur Begrenzung der Teilnehmerzahl gemäß § 75 Abs. 6 VgV. Auf die dortige Kommentierung wird verwiesen.[88]

c) Zweiphasige Verfahren. Nach § 3 Abs. 4 RPW 2013 können sowohl der Offene **107** Wettbewerb, als auch der Nichtoffene Wettbewerb ein- oder zweiphasig ausgestaltet werden. Hierdurch soll der öffentliche Auftraggeber in die Lage versetzt werden, die Vorteile des Offenen und des Nichtoffenen Wettbewerbs zu kombinieren und die Nachteile der beiden Verfahren zu reduzieren.[89]

Dazu wird der eigentliche Realisierungswettbewerb in zwei Phasen aufgeteilt. In der **108** **ersten Phase** reichen alle teilnahmeberechtigten Personen Wettbewerbsarbeiten ein, die aber auf grundsätzliche Lösungsansätze beschränkt sein sollen. Modelle sollen beispielsweise in dieser Phase noch nicht gefordert werden.[90] Ziel ist es, den Aufwand für die Wettbewerbsbeteiligten möglichst gering zu halten. Dadurch sollen öffentliche Auftraggeber ermutigt werden, auch einen Offenen Wettbewerb in Betracht zu ziehen. Für die Praxis erscheint dieser Versuch des Verordnungsgebers jedoch nicht erfolgversprechend.

Auf der Grundlage der in der ersten Phase eingereichten Arbeiten entscheidet nach dem **109** Wortlaut von § 3 Abs. 4 RPW ein vom öffentlichen Auftraggeber eingesetztes Preisgericht,[91] welche Lösungsansätze in der **zweiten Phase** vertieft und – gegebenenfalls nach den Empfehlungen des Preisgerichts aus der ersten Phase – überarbeitet werden sollen. Diese Regelung ist vergaberechtskonform dahingehend auszulegen, dass die Entscheidung selbst nicht durch das Preisgericht, sondern durch den öffentlichen Auftraggeber getroffen wird, der allerdings vom Preisgericht beraten werden kann. Die Zahl der Teilnehmer in der zweiten Phase muss der Bedeutung der Wettbewerbsaufgabe angemessen sein. Dass dies in der Regel 25 Teilnehmer sein sollen, wie *Hartmann* annimmt,[92] überzeugt nicht. Nach Nr. 2.4.2 Abs. 1 S. 2 GRW 1995 soll bei größeren nicht offenen Wettbewerben die Teilnehmerzahl 25 möglichst nicht unterschritten werden. Wenn danach der eigentliche Realisierungswettbewerb mit 25 Teilnehmern begonnen wird, von diesen Teilnehmern nicht alle für die zweite Phase ausgewählt werden sollen, muss die Regelanzahl erheblich unter

[85] *Hartmann* in KKMPP, Kommentar zur VgV 1. Aufl. 2017 § 78 Rn. 56.
[86] *Hartmann* in KKMPP, Kommentar zur VgV 1. Aufl. 2017 § 78 Rn. 56.
[87] Müller-Wrede in Müller-Wrede, VOF § 16 Rn. 43.
[88] → VgV § 75 Rn. 114 ff.
[89] Müller-Wrede Der Architektenwettbewerb Rn. 154.
[90] *Hartmann* in KKMPP, Kommentar zur VgV 1. Aufl. 2017 § 78 Rn. 61.
[91] → VgV § 79 Rn 36, 111 ff.
[92] *Hartmann* in KKMPP, Kommentar zur VgV 1. Aufl. 2017 § 78 Rn. 61.

25 liegen dürfen. Eine Halbierung der für die erste Phase zugelassenen Teilnehmeranzahl wird in jedem Fall vergaberechtlich zulässig sein. Die Besetzung des Preisgerichts darf und muss in der zweiten Phase unverändert bleiben. Lediglich bei interdisziplinären Wettbewerben kann eine Ergänzung um Fachpreisrichter weiterer Fachrichtungen vorgenommen werden, falls erst in der zweiten Phase der Teilnehmerkreis auf diese weiteren Fachrichtungen ausgedehnt wird. Diese Fachpreisrichter müssen bereits in der Auslobung benannt sein. Die zweite Phase endet mit der Prämierung der Preisträger durch das Preisgericht. Auch bei zweiphasigen Wettbewerben sind alle eingereichten Wettbewerbsarbeiten auszustellen, wobei die Beiträge aus der ersten Phase verkleinert dargestellt werden dürfen.[93]

5. Anforderungen an die Teilnahme

110   Die Anforderungen für die Teilnahme an einem Planungswettbewerb für Architekten- und Ingenieurleistungen werden in § 4 RPW 2013 bestimmt. Diese Bestimmung ergänzt § 71 Abs. 2 VgV. Dort ist geregelt, welche Anforderungen nicht aufgestellt werden dürfen. Danach darf die Zulassung von Teilnehmern zu einem Planungswettbewerb nicht beschränkt werden unter Bezugnahme auf das Gebiet oder ein Teilgebiet eines Mitgliedstaats der Europäischen Union (§ 71 Abs. 2 Nr. 1 VgV).[94] Ebenso ist eine Beschränkung auf nur natürliche oder nur juristische Personen unzulässig (§ 71 Abs. 2 Nr. 2 VgV).[95] § 4 RPW bestimmt demgegenüber positiv, welche Anforderung gestellt werden dürfen und sollen. Teilnahmeberechtigt sind danach natürliche und juristische Personen, welche die in der Auslobung geforderten fachlichen Anforderungen sowie die sonstigen Zulassungsvoraussetzungen erfüllen. Die Anforderungen sollen mithin aus der Aufgabe und der dafür erforderlichen fachlichen Qualifikation abgeleitet werden. Dieser relativ große Spielraum für die Bestimmung von Teilnahmeanforderungen wird im weiteren jedoch wieder eingeschränkt, wenn § 4 Abs. 1 RPW 2013 regelt, dass bei natürlichen Personen die fachlichen Anforderungen schon dann erfüllt sind, wenn sie die in der Auslobung genannte Berufsbezeichnung führen dürfen. Bei juristischen Personen sind danach die fachlichen Anforderungen erfüllt, wenn der satzungsgemäße Geschäftszweck Planungsleistungen sind, die der Wettbewerbsaufgabe entsprechen; außerdem müssen der zu benennende bevollmächtigte Vertreter und der Verfasser der Wettbewerbsarbeit die fachlichen Anforderungen, die an natürliche Personen gestellt werden, erfüllen. In der Praxis führt das dazu, dass als Teilnahmeanforderung für natürliche Personen lediglich die Berufsqualifikation, also das Recht zum Führen der Berufsbezeichnung Architekt oder Ingenieur, abgefragt wird (§ 4 Abs. 1 RPW 2013, § 75 Abs. 1–3 VgV).[96] Für juristische Personen wird verlangt, dass der bevollmächtigte Vertreter und der Verfasser der Wettbewerbsarbeit diese Berufsqualifikation besitzen und außerdem der satzungsmäßige Geschäftszweck in der Erbringung von Architekten- und Ingenieurleistungen (§ 73 Abs. 2 VgV) bestehen muss. Damit wird die Teilnahmeanforderung auf ein Minimum begrenzt. Dies ist jedoch weder richtig noch sinnvoll. Richtig ist es deshalb nicht, weil nach § 4 Abs. 1 S 1 RPW 2013 die Anforderung aus *„der Aufgabe und der dafür erforderlichen fachlichen Qualifikation"* abzuleiten ist. Mit der Forderung der Berufsqualifikation wird, wie § 4 Abs. 1 S. 3 RPW 2013 klarstellt, nur die „fachliche Qualifikation" abgefragt, ohne aber einen konkreten Bezug zur „Aufgabe" herzustellen. Richtig und jedenfalls von § 4 Abs. 1 RPW 2013 gedeckt ist es deshalb, über die Berufsqualifikation hinaus Anforderungen, die einen konkreten Bezug zur Aufgabe haben, aufzustellen. Dafür spricht übrigens auch, dass nach § 4 Abs. 1 S. 2 RPW 2013 die Teilnahme voraussetzt, dass die „in der Auslobung geforderten fachlichen Anforderungen sowie die sonstigen Zulassungsvoraussetzungen" erfüllt werden. Die RPW 2013 geht mithin selbst davon aus, dass über die Berufsqualifikation hinausgehende Zulassungsvoraussetzungen aufgestellt

---

[93] *Hartmann* in KKMPP, Kommentar zur VgV 1. Aufl. 2017 § 78 Rn. 61.
[94] → VgV § 71 Rn. 6, 16.
[95] → VgV § 71 Rn. 6, 16.
[96] Vgl. *Schnabel* in Ziekow/Völlink, Vergaberecht 2. Aufl. 2013 § 15 VOF Rn. 19.

werden. Es erscheint zum anderen auch sinnvoll, auf diese Weise „ungeeignete" Architekten und Ingenieure vom Wettbewerb auszuschließen. Zwar handelt es sich bei den Teilnahmeanforderungen nicht um die Eignungskriterien. Die Eignungsprüfung erfolgt erst in einem etwaig nachgelagerten Vergabeverfahren, was sich aus § 80 Abs. 1 VgV ergibt.[97] Weder öffentliche Auftraggeber noch Architekten und Ingenieure haben jedoch etwas davon, wenn solche Architekten und Ingenieure sich am Planungswettbewerb beteiligen dürfen, die mangels Eignung sicher nicht den späteren Planungsauftrag erhalten werden. Das bedeutet zwar nicht, dass die Prüfung der Teilnahmevoraussetzungen durch die Eignungsprüfung ersetzt werden soll (was, wie gesagt, § 80 Abs. 1 VgV widerspräche). Die Festlegung über die bloße Berufsqualifikation hinausgehender Teilnahmeanforderungen, die auch die konkrete Aufgabe berücksichtigen, erscheint jedoch sinnvoll.

§ 4 Abs. 1 Unterabs. 2 RPW 2013 stellt klar, dass **Bewerbergemeinschaften natürli-** **111** **cher und juristischer Personen** teilnahmeberechtigt sind, wenn jedes Mitglied der Bewerbergemeinschaft die fachlichen Anforderungen und die Bewerbergemeinschaft insgesamt die sonstigen Zulassungsvoraussetzungen erfüllt.

In § 4 Abs. 2 RPW 2013 ist schließlich der Ausschluss vorbefasster Personen geregelt. **112** Die Regelung ist inhaltsgleich mit § 79 Abs. 2 VgV.[98]

6. Wettbewerbsdurchführung

§ 5 RPW 2013 beinhaltet detaillierte Regelungen zur Durchführung des Planungswett- **113** bewerbs. Hierbei handelt es sich um das Herzstück der Richtlinie. Weder der Abschnitt 5 noch der Abschnitt 6, Unterabschnitt 2, der VgV enthalten dazu Regelungen. Diese sollen vielmehr den veröffentlichten einheitlichen Richtlinien wie der RPW 2013 vorbehalten sein, die der öffentliche Auftraggeber auszuwählen und auf deren Grundlage er dann den Planungswettbewerb durchzuführen hat.

§ 5 Abs. 1 RPW 2013 trifft hierbei nähere Bestimmungen zur **Auslobung.** Danach hat **114** der öffentliche Auftraggeber in der Auslobung die Aufgabe und die Wettbewerbsbedingungen klar und eindeutig zu beschreiben. Hierzu enthält Anlage I zur RPW 2013 eine Liste der notwendigen Angaben in der Auslobung von Wettbewerben. Darin sind diejenigen Angaben aufgeführt, die eine Auslobung enthalten soll. Nach dem Wortlaut handelt es sich hierbei also nicht um Muss-Vorgaben, sondern um Soll-Vorgabe. Allerdings ist der öffentliche Auftraggeber bereits aus den auch im Planungswettbewerb für Architekten und Ingenieure zu beachtenden Grundsätzen der Transparenz und Gleichbehandlung verpflichtet, die in der Anlage I benannten Angaben, soweit sie im konkreten Fall einschlägig sind, zu machen. Zu diesen Angaben gehören

1. Anlass und Zweck des Wettbewerbs;
2. die Bezeichnung des Auslobers und seiner Vertretung;
3. die Angabe der Registriernummer bei der zuständigen Architekten- und Ingenieurkammer der jeweiligen Bundesländer;
4. Gegenstand und Art des Wettbewerbs;
5. den Zulassungsbereich;
6. die Beschreibung der Wettbewerbsaufgabe;
7. bei interdisziplinären Wettbewerben die erforderlichen Fachbeiträge mit ihren jeweiligen Anforderungen;
8. die wirtschaftlichen Rahmenbedingungen des Wettbewerbes;
9. die Teilnahmeberechtigung;
10. die Namen von außerhalb des Zulassungsbereiches eingeladenen Teilnehmern, ggf. die Namen aller Teilnehmer;
11. die Namen der Preisrichter, stellvertretenden Preisrichter, Vorprüfer und Sachverständigen unter Angabe des Geschäfts- oder Dienstsitzes;
12. die Schutzgebühr und die Frist, bis zu deren Ablauf die unbeschädigten Wettbewerbsunterlagen zur Erstattung der Schutzgebühr zurückgegeben sein müssen;

---

[97] Kritisch *Schnabel* in Ziekow/Völlink, Vergaberecht 2. Aufl. 2013 § 17 VOF Rn. 12.
[98] → VgV § 79 Rn. 81 ff.

13. den Einlieferungstermin; die Art der Kennzeichnung der Wettbewerbsarbeit und die Anschrift für die Ablieferung der Wettbewerbsarbeit;
14. die Termine für Rückfragen; Antworten und Kolloquien;
15. die geforderten Wettbewerbsleistungen;
16. die als bindend bezeichneten Vorgaben sowie die Anregungen des Auslobers;
17. die für das Preisgericht bindenden Beurteilungskriterien;
18. die Anzahl und Höhe der Preise, Anerkennungen und ggf. Aufwandsentschädigungen;
19. die Wettbewerbsbedingungen mit dem Hinweis darauf, dass die Auslobung nach dieser Richtlinie erfolgt;
20. den Inhalt der Erklärung der Wettbewerbsteilnehmer;
21. die Sprache, in welcher der Wettbewerb durchgeführt wird und in der ggf. die weitere Planung erfolgt;
22. die für die Lösung der Wettbewerbsaufgabe maßgeblichen Rechtsgrundlagen und technischen Regelwerke;
23. Art, Umfang und allgemeine Bedingungen der vorgesehenen Beauftragung einer oder mehrerer Preisträger sowie die Honorarzone, wie sie sich nach der jeweils geltenden Honorarordnung auf der Grundlage der Anforderungen der Auslobung ergibt, es sei denn, die Honorarzone lässt sich danach nicht eindeutig ermitteln.
24. die Gewichtung des Wettbewerbsergebnisses im Falle eines anschließenden Verhandlungsverfahrens.

115   Im Zusammenhang mit der Wettbewerbsaufgabe muss der öffentliche Auftraggeber die Anforderungen und die Zielvorstellungen definieren, seine Anregungen benennen und festlegen, ob und ggf. welche als bindend bezeichneten Vorgaben es gibt, deren Nichteinhaltung zum Ausschluss führt. An diese Festlegung ist das Preisgericht gemäß § 79 Abs. 4 S. 1 VgV gebunden.[99] In diesem Zusammenhang muss der öffentliche Auftraggeber auch die Kriterien zur Beurteilung der Entwurfsvorschläge benennen.

116   Weiter hat der öffentliche Auftraggeber die zu erbringenden Leistungen zu benennen, wobei er diese auf das für die Lösung der Wettbewerbsaufgabe erforderliche Maß beschränken muss. Diese Regelung dient insbesondere dem Schutz kleinerer Büroeinheiten sowie von Berufsanfängern. Sie findet ihre Entsprechung in § 79 Abs. 4 S. 2 VgV, der regelt, dass über das geforderte Maß hinausgehende Teilleistungen von der Wertung auszuschließen sind.[100]

117   Zur Klärung von Rückfragen sowie der Präzisierung der Aufgabe darf der öffentliche Auftraggeber Kolloquien durchführen. Diese Begrifflichkeit ist missverständlich, weil sie suggeriert, dass gemeinsame Veranstaltungen des öffentlichen Auftraggebers mit allen Wettbewerbsteilnehmern stattfinden. Das würde jedoch bereits dem Grundsatz der Anonymität und dem Wettbewerbsgebot widersprechen. Stattdessen werden daher Rückfragen und Präzisierungen im Dialog zwischen Auslober und Teilnehmern geklärt (vgl. auch § 72 Abs. 4 S. 2 VgV). Die Antworten sind dann aber anonymisiert allen Wettbewerbsteilnehmern mitzuteilen, um einen gleichen Wettbewerb zu gewährleisten. Das kommt in der RPW 2013 durch die Regelung zum Ausdruck, dass das Protokoll (über das jeweilige Teilnehmergespräch) Bestandteil der Auslobung wird.

118   § 5 Abs. 2 RPW 2013 enthält nähere Bestimmungen zu den von den Wettbewerbsteilnehmern einzureichenden **Wettbewerbsbeiträgen.** Hiernach darf bzw. muss jeder Teilnehmer nur eine Wettbewerbsarbeit einreichen. Diese Regelung dient dem Schutz kleinerer Büroeinheiten und von Berufsanfängern, die regelmäßig nicht über die finanziellen und personellen Kapazitäten verfügen, mehrere Beiträge zu erstellen und einzureichen.[101] Um diesen Schutzzweck nicht leerlaufen zu lassen, ist die Vorschrift weit auszulegen, nämlich dahingehend, dass ein Architekt bzw. ein Ingenieur (sowie ein Architekten- und ein Ingenieurbüro) immer nur einen Wettbewerbsbeitrag einreichen dürfen. Andernfalls bestünde die Gefahr, dass sich ein Architektenbüro an mehreren Planungsgemeinschaften beteiligt und auf diese Weise mehrere Wettbewerbsbeiträge einreicht.[102]

---

[99] → VgV § 79 Rn. 122 f.

[100] → VgV § 79 Rn. 154 f.

[101] *Voppel/Osenbrück/Bubert* VOF, 3. Aufl. 2012 § 15 Rn. 49; *Martini* in Pünder/Schellenberg, Vergaberecht 2. Aufl. 2015 § 15 Rn. 44.

[102] Zur Frage der Zulässigkeit von Doppelbewerbungen durch einen Architekten als Mitglied einer Bewerbergemeinschaft und als Einzelbieter siehe *Voppel/Osenbrück/Bubert* VOF, 3. Aufl. 2012 § § 4 Rn. 18 f

§ 5 Abs. 2 S. 2 RPW 2013 konkretisiert die Regelung des § 79 Abs. 4 S. 2 VgV und **119** bestimmt, dass Art und Umfang des Wettbewerbsbeitrags nicht über das geforderte Maß hinausgehen dürfen. Wettbewerbsarbeiten mit Minderleistungen können vom Preisgericht zugelassen werden, wenn eine Beurteilung möglich ist. Mehrleistungen werden von der Beurteilung ausgeschlossen.

§ 5 Abs. 2 S. 3 RPW 2013 trifft nähere Bestimmungen, die der Wahrung der Anonymi- **120** tät der Wettbewerbsteilnehmer und -beiträge im Planungswettbewerb dienen, und ergänzt damit die Bestimmungen des § 72 Abs. 2 S. 2 und 3 VgV, die gemäß § 78 Abs. 3 S. 1 VgV auch auf Planungswettbewerbe für Architekten- und Ingenieurleistungen Anwendung finden. Die dem Preisgericht vorgelegten Wettbewerbsbeiträge dürfen keine Hinweise auf die Identität des Verfassers und keinen Bezug zum Wettbewerbsteilnehmer aufweisen.[103] Gleichwohl muss der Wettbewerbsbeitrag nach Abschluss der Beurteilung durch das Preisgericht dem Wettbewerbsteilnehmer zuordenbar sein. Deshalb müssen die Wettbewerbsteilnehmer eine Verfassererklärung abgegeben. Diese muss die Namen von beteiligten Mitarbeitern und Sachverständigen angeben; im Falle der Teilnahme von Gesellschaften oder Bewerbergemeinschaften sind ergänzend der bevollmächtigte Vertreter und Verfasser zu benennen. Die Verfassererklärung ist von den Teilnehmern, bei Gesellschaften und Bewerbergemeinschaften durch den bevollmächtigten Vertreter zu unterzeichnen. Zudem müssen Bewerbergemeinschaften in diesem Zusammenhang eine Verpflichtungserklärung abgeben, dass sie im Falle der Auftragserteilung die Planungsleistung gemeinsam erbringen werden.

7. Preisgericht

§ 6 RPW 2013 trifft nähere Bestimmungen über das Preisgericht, und zwar über dessen **121** Zusammensetzung und Qualifikation (Abs. 1), über die notwendige Qualifikation der Preisrichter (Abs. 2) sowie über den eigentlichen Beurteilungsprozess (Abs. 3).

a) Zusammensetzung und Qualifikation. § 6 Abs. 1 S. 1 RPW 2013 bestimmt, dass **122** das Preisgericht nur aus natürlichen Personen bestehen darf, die von den Teilnehmern des Wettbewerbs unabhängig sind. Diese Regelung entspricht § 72 Abs. 1 S. 1 VgV. Unabhängig vom öffentlichen Auftraggeber muss gemäß § 79 Abs. 3 S. 1 VgV mindestens die Mehrheit der Preisrichter sein. § 6 Abs. 1 S. 2 RPW 2013 regelt eine Selbstverständlichkeit, nämlich dass die Mitglieder des Preisgerichts ihr Amt persönlich und unabhängig allein nach fachlichen Gesichtspunkten auszuüben haben. Dem entspricht, dass das Preisgericht gemäß § 72 Abs. 2 S. 2 VgV seine Entscheidung nur auf Grund von Kriterien trifft, die in der Wettbewerbsbekanntmachung genannt sind.

Die Preisrichter werden vom öffentlichen Auftraggeber bestimmt (Satz 3). Zur Sicher- **123** stellung der Beschlussfähigkeit beruft der Auftraggeber zudem eine ausreichende Anzahl von Stellvertretern. Eine Mindestanzahl an Preisrichtern und Stellvertretern gibt die RPW 2013 nicht vor. Die Zahl sollte von der jeweiligen Wettbewerbsaufgabe abhängig gemacht werden. In der Regel erscheint eine Zusammensetzung aus 7 bis 11 Preisrichtern sinnvoll. Bei einem kleineren Teilnehmerfeld kann auch eine geringere (ungerade) Zahl, also drei oder fünf Preisrichter, ausreichend sein.[104] Operativ gilt, dass „zu viele Köche den Brei verderben."

Die Preisrichter unterteilen sich nochmals in Fach- und Sachpreisrichter. **Fachpreis-** **124** **richter** besitzen die fachliche Qualifikation der Teilnehmer, wobei eine gleichwertige Qualifikation ausreicht. Die Regelung der RPW 2013, die für die Fachpreisrichter „die

---

[103] Eine faktische Aufhebung der Anonymität dadurch, dass eine Wettbewerbsarbeit die für Fachkundige erkennbare „Handschrift" eines Architekten trägt oder dass der Beitrag bereits in einem früheren Wettbewerb an anderer Stelle eingereicht wurde und daher einem Preisrichter bekannt ist, führt nicht zum Ausschluss des Wettbewerbsteilnehmers (vgl. OLG Düsseldorf VergabeR 2006, 137, 141; *Voppel/Osenbrück/Bubert* VOF, 3. Aufl. 2012 § 15 Rn. 51).

[104] → VgV § 79 Rn. 106.

fachliche Qualifikation der Teilnehmer" verlangt, ist insoweit im Lichte von § 79 Abs. 3 S. 1 VgV und auch Art. 81 der Vergaberichtlinie auszulegen.[105] Dadurch dass gemäß § 6 Abs. 1 S. 6 RPW 2013 bei Planungswettbewerben nach der VgV mindestens die Mehrheit der Preisrichter Fachpreisrichter sein müssen und diese die fachliche Qualifikation der Teilnehmer haben müssen, entspricht die RPW 2013 im Ergebnis der Anforderung von § 79 Abs. 3 S. 1 VgV, wonach die Mehrheit der Preisrichter über diese Qualifikation verfügen muss.

125   **Sachpreisrichter** sollen mit der Wettbewerbsaufgabe und den örtlichen Verhältnissen besonders vertraut sein. Hierbei handelt es sich ausdrücklich nicht um eine Muss-Bestimmung. In der Praxis werden oftmals die politischen Entscheidungsträger als Sachpreisrichter einbezogen. Das ist grundsätzlich zulässig. Voraussetzung für einen Sachpreisrichter ist, dass er in irgendeiner Weise prädestiniert ist, an dem Preisgericht beteiligt zu sein. Gründe können die besondere Vertrautheit mit der Aufgabe oder den örtlichen Verhältnissen, aber auch die politisch legitimierte Interessenvertretung sein. Über dieselbe oder eine gleichwertige Qualifikation wie die Teilnehmer müssen die Sachpreisrichter nicht verfügen.

126   Bei Wettbewerben der öffentlichen Auftraggeber setzt sich das Preisgericht in der Mehrzahl aus Fachpreisrichtern zusammen, von denen die Mehrheit unabhängig vom öffentlichen Auftraggeber sein muss. Insgesamt muss gemäß § 79 Abs. 3 S. 2 VgV allerdings die Mehrheit der Preisrichter (also Fach- und Sachpreisrichter) unabhängig vom öffentlichen Auftraggeber sein. Weil in der Praxis insbesondere die Sachpreisrichter oftmals diese Unabhängigkeit nicht besitzen, muss, um der Anforderung des § 79 Abs. 3 S. 2 VgV gerecht zu werden, weit mehr als die Mehrheit der Fachpreisrichter unabhängig vom Auftraggeber sein. Aus dem Kreis dieser unabhängigen Fachpreisrichter wählt das Preisgericht seinen Vorsitz. Die Zahl der Preisrichter muss schließlich ungerade sein.

127   **b) Arbeitsweise des Preisgerichts.**[106] § 6 Abs. 2 RPW 2013 konkretisiert die allgemeinen Grundsätze gemäß § 72 Abs. 2 VgV. Hiernach tagt das Preisgericht in der Regel **nicht öffentlich.** Findet ausnahmsweise eine öffentliche Tagung des Preisgerichts statt, muss die Anonymität der Wettbewerbsbeiträge sichergestellt werden.

128   Die Preisrichter haben bis zum Beginn der Preisgerichtssitzung keine Kenntnisse von den eingereichten Wettbewerbsarbeiten. Die **Fachpreisrichter** müssen während der gesamten Preisgerichtssitzung anwesend sein. Bei Ausfall eines Fachpreisrichters beruft das Preisgericht für die gesamte weitere Dauer der Preisgerichtssitzung, bei mehrphasigen Wettbewerben für die Dauer aller Preisgerichtssitzungen, einen stellvertretenden Fachpreisrichter an seine Stelle, der während der bisherigen Sitzung des Preisgerichts ständig anwesend war. Damit soll sichergestellt werden, dass jeder Preisrichter persönlich die Kenntnisse aus dem gesamten Verfahren hat und auf dieser Grundlage die Entscheidung treffen kann. In der Praxis wird deshalb höchstvorsorglich jede (jedenfalls jede ausfallgefährdete) Fachpreisrichterposition von Beginn an doppelt, nämlich mit einem Stellvertreter, besetzt. Fällt ein Fachpreisrichter aus, ohne dass ein Stellvertreter zur Verfügung steht, der an dem Wettbewerb von Beginn der Preisgerichtssitzungen an beteilig war, müssen diese wiederholt werden.

129   **Sachpreisrichter** können demgegenüber vorübergehend von ihren Stellvertretern ersetzt werden, wenn sie in den Meinungsbildungsprozess eingebunden bleiben, bei mehrphasigen Wettbewerben gilt dies für die Dauer aller Preisgerichtssitzungen. Sie müssen auch nicht durchgängig anwesend sein.[107] Hintergrund ist, dass Sachpreisrichter besondere Aspekte in die Wertung miteinbringen (z.B. besondere Ortskenntnisse, aber auch den politischen Willen), so dass hier eine ständige Anwesenheit nicht erforderlich – und oftmals bei politischen Entscheidungsträgern auch nicht möglich – ist.

---

[105] *Hartmann* in KKMPP, Kommentar zur VgV 1. Aufl. 2017 § 79 Rn. 65.
[106] → VgV § 79 Rn. 111 ff.
[107] *Harr* in Willenbruch/Wieddekind, Vergaberecht 4. Aufl. 2017 § 79 VgV Rn. 19; *Wachendorf* VergabeR 2009, 869, 878.

Das **Preisgericht lässt alle Arbeiten zu,** die   130

- den formalen Bedingungen der Auslobung entsprechen,
- die als bindend bezeichneten Vorgaben der Auslobung erfüllen,
- in wesentlichen Teilen dem geforderten Leistungsumfang entsprechen,
- termingerecht eingegangen sind und
- keinen Verstoß gegen den Grundsatz der Anonymität erkennen lassen.[108]

Das Preisgericht bewertet die Wettbewerbsarbeiten nach den in der Auslobung bezeich-   131
neten Vorgaben des öffentlichen Auftraggebers und den dort bzw. in der Bekanntmachung
genannten Entscheidungskriterien (siehe auch § 79 Abs. 4 S. 1 VgV). Es wählt die Arbeiten
aus, die den Anforderungen der Auslobung am besten gerecht werden.

Das Preisgericht hat die für eine Preisverleihung in Betracht zu ziehenden Arbeiten in   132
ausreichender Zahl (engere Wahl) schriftlich zu bewerten und eine Rangfolge unter ihnen
festzulegen. In der **engeren Wahl** sind nicht bereits diejenige Wettbewerbsbeiträge, die
vom Preisgericht für den Wettbewerb zugelassen werden. Vielmehr ergibt sich aus § 6
Abs. 2 Unterabs. 3 S. 6 RPW 2013, dass in die engere Wahl nur diejenigen Beiträge fallen,
die für eine Preisverleihung in Betracht zu ziehen sind. Operativ sinnvoll und vergaberechtlich zulässig ist, bereits in der Wettbewerbsbekanntmachung eine Höchstzahl von Beiträgen, die in die engere Wahl kommen, festzulegen. § 6 Abs. 2 Unterabs. 3 S. 6 RPW
2013 gibt insoweit vor, dass eine ausreichende Zahl von Wettbewerbsbeiträgen in die engere Wahl kommen soll. Ausreichend ist in einem dem Vergaberecht unterfallenden Verfahren eine Zahl, die einen Wettbewerb zulässt. Hierzu enthält § 51 Abs. 2 VgV eine
Einschätzung des Verordnungsgebers. Mit Blick darauf sind möglichst in offenen Wettbewerben mindestens drei und in nichtoffenen Wettbewerben mindestens fünf Wettbewerbsarbeiten in die engere Wahl zu nehmen, wobei in jedem Fall sichergestellt sein muss,
dass die vorgesehene Mindestzahl hinreichend hoch ist, damit ein Wettbewerb gewährleistet ist.

Das Preisgericht soll eine Empfehlung für die zweckmäßige weitere Entwicklung und   133
Bearbeitung der Aufgabe aussprechen. Diese Vorgabe gilt unabhängig davon, ob die in die
engere Wahl kommenden Wettbewerbsbeiträge aus Sicht des Preisgerichts bereits in ihrer
vorgelegten Fassung grundsätzlich empfehlenswert sind und das Preisgericht nur noch
(weitere) Optimierungsmöglichkeiten sieht oder ob die Wettbewerbsbeiträge in ihrer vorgelegten Fassung noch optimiert werden müssen, damit das Preisgericht sie empfehlen
kann, das Preisgericht also Optimierungsbedarf sieht. Die Vorgabe gilt mit anderen Worten
sowohl für die „Pflicht", als auch für die „Kür", wobei die erste Alternative, nämlich dass
das Preisgericht Optimierungsbedarf sieht, in § 6 Abs. 3 RPW 2013 näher geregelt ist. Der
operative Unterschied besteht darin, dass die Empfehlung von Optimierungsmöglichkeiten
erst nach Abschluss des Wettbewerbs – ggf. im Rahmen eines nachfolgenden Verhandlungsverfahrens – in die Arbeit eingearbeitet werden und demzufolge für die Wertung der
Wettbewerbsbeiträge durch das Preisgericht keine Bedeutung haben, wohingegen die Empfehlung von Optimierungsbedarf noch im Rahmen des Planungswettbewerbs in einer ein-
geschobenen Überarbeitungsphase (siehe § 6 Abs. 3 RPW 2013) eingearbeitet werden
muss und dementsprechend auch bei der Preisgerichtsentscheidung von Bedeutung ist.

Das Preisgericht erteilt Preise und Anerkennungen auf der Grundlage der Rangfolge der   134
Arbeiten der engeren Wahl. Der Entscheidungsprozess wird nachvollziehbar dokumentiert
(Protokoll), bei mehrphasigen Wettbewerben nach jeder Phase.

Bei der **Entscheidung des Preisgerichts** ist im ersten Wertungsrundgang Einstimmig-   135
keit erforderlich. Diese wird regelmäßig nicht erreicht, weshalb das Preisgericht mit den
Worten der RPW 2013 *„grundsätzlich mit einfacher Mehrheit"* entscheidet, die ab dem zweiten Wertungsrundgang ausreicht.

Für Preisrichter besteht Abstimmungszwang, sie dürfen sich also nicht ihrer Stimme ent-   136
halten und erst recht nicht der Abstimmung fernbleiben. Um eine Pattsituation zu vermei-

---

[108] → VgV § 79 Rn. 112.

den, müssen öffentliche Auftraggeber gemäß § 6 Abs. 1 RPW 2013 das Preisgericht mit einer ungeraden Zahl Preisrichter besetzen.[109]

137   **c) Überarbeitungsphasen.** Kann das Preisgericht keine der in die engere Wahl (→ VgV § 78 Rn. 132) gezogenen Arbeiten ohne eine den Entwurf maßgeblich verändernde Überarbeitung zur Ausführung empfehlen, kann es gemäß § 6 Abs. 3 S. 1 RPW 2013 vor einer Zuerkennung der Preise eine Überarbeitung von in die engere Wahl gezogenen Arbeiten empfehlen. Gemeint ist damit der Fall, dass dem Preisgericht zwar Wettbewerbsbeiträge vorliegen, die zum Wettbewerb zuzulassen waren (→ VgV § 78 Rn. 132) – denn sonst hätten sie nicht in die engere Wahl genommen werden dürfen –, die aber trotzdem vom Preisgericht ohne eine den Entwurf maßgebliche Überarbeitung nicht zur Realisierung empfohlen werden können. Die Gründe, aus denen das Preisgericht die vorgelegte Arbeit nicht empfehlen kann, müssen in der Arbeit selbst liegen, denn sonst machte die Empfehlung zur Überarbeitung keinen Sinn. Gründe, die in der Person des Wettbewerbsteilnehmers oder in äußeren Umständen (z. B. unsicheres Budget) liegen, fallen nicht hierunter. Offensichtlich geht der Richtlinienersteller davon aus, dass es hierbei weniger um die Beseitigung von Mängeln im Rechtssinne (z. B. handwerkliche Fehler), sondern um sonstige Mängel (z. B. ästhetischer Art) geht, die das Preisgericht davon abhalten, die Umsetzung des jeweiligen Entwurfs zu empfehlen. Andernfalls wäre nicht nachvollziehbar, dass gemäß § 6 Abs. 3 RPW 2013 für die Überarbeitung „in der Regel" eine (ggf. weitere) Entschädigung durch den öffentlichen Auftraggeber zu gewähren ist.

138   Über den Wortlaut von § 6 Abs. 3 S. 1 RPW 2013 hinaus kann das Preisgericht jedoch auch dann Empfehlungen im Sinne von § 6 Abs. 3 S. 1 VgV aussprechen, wenn keine der eingereichten Wettbewerbsarbeiten zum Wettbewerb zugelassen werden kann, weil sie die als bindend bezeichneten Vorgaben der Auslobung nicht erfüllen oder weil sie in wesentlichen Teilen dem geforderten Leistungsumfang nicht entsprechen. Im Gegensatz zu einer ansonsten erforderlichen Aufhebung des Wettbewerbs ist die Aufforderung an die Wettbewerbsteilnehmer zur grundsätzlichen Überarbeitung ihrer Arbeit das mildeste Mittel. Voraussetzung ist jedoch eine Mangelidentität der Wettbewerbsbeiträge in dem Sinne, dass eben alle Wettbewerbsbeiträge nicht zum Wettbewerb zuzulassen sind, und zwar aus den o. g. Gründen. Ist eine Wettbewerbsarbeit zusätzlich nicht zuzulassen, weil sie verspätet eingereicht wurde, ist der betreffende Teilnehmer (im Gegensatz zu den anderen) nicht zu einer Überarbeitung aufzufordern. Sobald eine Wettbewerbsarbeit zum Wettbewerb zuzulassen ist, können andere, nicht zuzulassende Wettbewerbsarbeiten, nicht mehr entsprechend § 6 Abs. 3 S. 1 RPW 2013 (mit dem Ziel der Erreichung der Zulassungsfähigkeit) überarbeitet werden.

139   Fraglich ist schließlich, ob das Preisgericht in einem Fall, in dem es bei allen in die engere Wahl kommenden Arbeiten nur noch Optimierungsmöglichkeiten (und keinen Optimierungsbedarf) sieht, die das Preisgericht also bereits in der vorgelegten Fassung zur Realisierung empfehlen könnte, aber noch weitere Verbesserungsmöglichkeiten sieht, den Wettbewerbsteilnehmern eine Überarbeitung entsprechend § 6 Abs. 3 S. 1 RPW 2013 empfehlen kann. Das führte dazu, dass die endgültigen, auf Basis der Empfehlungen des Preisgerichts überarbeiteten Wettbewerbsarbeiten vom Preisgericht gewertet werden. Vom Wortlaut des § 6 Abs. 3 S. 1 VgV ist das allerdings nicht mehr gedeckt. Im Gegenteil lässt sich auch aus der Gegenüberstellung von § 6 Abs. 2 Unterabs. 3 und Abs. 3 RPW 2013 der Wille des Richtlinienerstellers erkennen, Überarbeitungen der Wettbewerbsbeiträge im Planungswettbewerb auf die Fälle zu beschränken, in denen alle in die engere Wahl gekommenen Beiträge überarbeitet werden müssen, damit sie vom Preisgericht überhaupt zur Realisierung empfohlen werden können. Die Umsetzung empfohlener Optimierungsmöglichkeiten erfolgt daher erst im nachgelagerten Vergabeverfahren. Dort ist die Umsetzung allerdings zwingend, was sich aus § 8 Abs. 2 S. 1 RPW 2013 ergibt.

---

[109] Bei Wettbewerben der privaten Auslober hat in Pattsituationen der Vertreter des Auslobers die Entscheidungskompetenz.

Ob das Preisgericht die betreffenden Wettbewerbsteilnehmer in diesem Fall zur Überar- **140** beitung ihrer Arbeiten auffordert, steht im freien Ermessen des Preisgerichts. Verpflichtet ist das Preisgericht nach § 6 Abs. 3 S. 1 RPW 2013 dazu nicht. Erfolgt keine Überarbeitungsphase, beurteilt das Preisgericht die eingereichten Wettbewerbsbeiträge in ihrer eingereichten (nicht überarbeiteten Form). Ob Preise vergeben werden, hängt davon ab, ob eine Arbeit trotz der Defizite eine Grundlage für die Realisierung der Aufgabe darstellt (siehe § 7 Abs. 1 RPW 2013).

Wenn sich das Preisgericht dazu entscheidet, den Wettbewerbsteilnehmern eine Überar- **141** beitung ihrer Angebote zu empfehlen (und dadurch auch zu ermöglichen), muss es aus Gründen der Gleichbehandlung allen betroffenen Wettbewerbsteilnehmern gegenüber eine Empfehlung aussprechen. Art und Umfang der Überarbeitung sind freilich gesondert für jede Arbeit unter Wahrung der Anonymität festzulegen und nur dem betroffenen Verfasser mitzuteilen.

Ebenso wenig wie das Preisgericht zur Empfehlung einer Überarbeitung verpflichtet ist, **142** ist der Wettbewerbsteilnehmer rechtlich verpflichtet, einer solchen Empfehlung nachzukommen. Faktisch wird er der Empfehlung freilich Folge leisten müssen, wenn er seine Chance auf Erhalt des Planungsauftrags erhalten will, weil die Umsetzung der Empfehlungen des Preisgerichts erforderlich ist, damit dieses eine Umsetzung des Wettbewerbsentwurfs empfiehlt. Die Umsetzbarkeit eines Entwurfs ist wiederum die Voraussetzung für die Zuerkennung eines Preises (siehe § 7 Abs. 1 S. 2 RPW 2013), die wiederum Voraussetzung für eine Beauftragung ist (siehe § 8 Abs. 2 S. 1 RPW 2013).

Die Empfehlung zur Überarbeitung des Wettbewerbsbeitrags in einer Überarbeitungs- **143** phase gemäß § 7 Abs. 3 S. 1 RPW 2013 darf durch das Preisgericht allerdings nur unter zwei Voraussetzungen ausgesprochen werden. Zum einen muss der öffentliche Auftraggeber dem zustimmen. Zum anderen muss die Finanzierung gesichert sein. Diese in § 7 Abs. 3 S. 1 RPW 2013 normierte Voraussetzung lässt erkennen, dass der Richtlinienersteller davon ausgeht, dass der Aufwand für die Überarbeitung der Wettbewerbsbeiträge entschädigt wird. Eine Verpflichtung des öffentlichen Auftraggebers zur Entschädigung des Aufwands der Teilnehmer in der Überarbeitungsphase besteht nicht. Allerdings hat der öffentliche Auftraggeber – wie § 6 Abs. 3 S. 2 RPW 2013 klarstellt – *„in der Regel"* in Abhängigkeit vom Umfang der Überarbeitung einheitlich für alle Teilnehmer ein angemessenes Bearbeitungshonorar zu gewähren, das nicht der Wettbewerbssumme entnommen werden darf. Rechtlich überzeugt diese Bestimmung nicht. Wenn nach § 7 Abs. 2 RPW 2013 a. E. schon für die Erstellung der Wettbewerbsarbeit eine Aufwandsentschädigung nicht erfolgen muss, so ist nicht nachvollziehbar, warum eine entsprechende Verpflichtung in der Überarbeitungsphase bestehen sollte, in der es auch um die Beseitigung von Mängeln an dem Ausgangsentwurf gehen kann, damit dieser vom Preisgericht zur Umsetzung empfohlen werden kann. Strategisch kann und wird in der Regel eine (ggf. weitere) Entschädigung freilich sinnvoll sein, um die Wettbewerbsteilnehmer bei der Stange zu halten. In der Praxis wird es auf die Frage, in welchem Fall der öffentliche Auftraggeber – außerhalb der Regel – von einer Entschädigung absehen kann, deshalb kaum ankommen. Ein solcher Fall dürfte jedenfalls dann vorliegen, wenn die empfohlene Überarbeitung bei den Wettbewerbsteilnehmern nur dazu dient, Mängel (im Rechtssinne) an ihren Arbeiten zu beheben.

Sofern sich der öffentliche Auftraggeber daher für eine Entschädigung entscheidet und **144** deren Finanzierung gesichert ist, erfolgt die Entschädigung nicht aufwandsbezogen, sondern die Gesamtsumme wird zu gleichen Teilen auf diejenigen Wettbewerber verteilt, denen die Überarbeitung ihres Wettbewerbsbeitrags gemäß § 6 Abs. 3 VgV empfohlen wurde und diese dieser Empfehlung folgend in der Überarbeitungsphase einen überarbeiteten wertbaren Wettbewerbsentwurf ordnungsgemäß eingereicht haben.

Nach einer Prüfung der erneut eingereichten Arbeiten durch die Vorprüfung setzt das **145** Preisgericht seine Beratung über die Zuerkennung der Preise fort. Die Anonymität der Verfasser aller Wettbewerbsarbeiten ist bis zur Zuerkennung der Preise aufrecht zu halten.

8. Prämierung

146   **a) Preise und Anerkennungen.** Für die besten Arbeiten werden Preise und gegebenenfalls Anerkennungen ausgelobt (vgl. auch § 79 Abs. 1 VgV). Bei der Wertung sind zum einen die vom öffentlichen Auftraggeber in der Wettbewerbsbekanntmachung als bindend bezeichneten Vorgaben zu beachten (§ 78 Abs. 4 S. 1 VgV). Hierbei handelt es sich um Mindestkriterien, welche die Wettbewerbsarbeit erfüllen muss, um wertbar zu sein.[110] Zum anderen darf die Entscheidung, welche Arbeit die beste ist bzw. welche Arbeiten die besten sind, nur auf Grund der Kriterien getroffen werden, die in der Wettbewerbsbekanntmachung vom öffentlichen Auftraggeber genannt worden sind (§ 72 Abs. 2 S. 2 VgV). Besondere Vorgaben für die Wahl dieser Kriterien enthält die RPW 2013 nicht. Bei der Festlegung der Entscheidungskriterien, anhand derer die Wettbewerbsarbeiten zu bewerten sind, ist der öffentliche Auftraggeber daher nur an die allgemeinen vergaberechtlichen Grundsätze, insbesondere den Grundsatz der Gleichbehandlung (§ 97 Abs. 2 GWB) gebunden. Eine Orientierungshilfe für den öffentlichen Auftraggeber findet sich – neben den allgemeinen vergaberechtlichen Bestimmungen zu den Zuschlagskriterien im § 58 Abs. 2 VgV, die auch für Planungswettbewerbe herangezogen werden können (soweit sie passen) – in Nr. 5.1.5 GRW 1995.[111]

147   **Preise**[112] werden Arbeiten zuerkannt, auf deren Grundlage die Aufgabe realisiert werden kann. Sowohl nach dem allgemeinen, als auch nach dem spezifisch architekten- und ingenieurrechtlichen Sprachgebrauch ist unter einem Preis eine ideelle und materielle Auszeichnung zu verstehen, mit dem der oder die Gewinner eines Wettbewerbs gewürdigt wird bzw. werden.[113] Der Gewinn eines Wettbewerbs setzt voraus, dass auf der Grundlage der eingereichten Arbeit die gestellte Aufgabe realisiert werden kann. In einem Planungswettbewerb für Architekten- und Ingenieurleistungen muss der öffentliche Auftraggeber mindestens zwei Preise ausloben. Das zeigt die Verwendung des Plurals „Preise" in § 7 Abs. 1 S. 1 RPW 2013. Praxisüblich ist die Ausschreibung von drei Preisen.

148   **Anerkennungen**[114] werden für bemerkenswerte Teilleistungen vergeben. Eine Anerkennung erhält also eine Wettbewerbsarbeit, die insgesamt nicht die beste Lösung für die gestellte Aufgabe darstellt oder zu den besten Lösungen gehört und deshalb keinen Preis erhält, die aber dem Auslober besondere Anregungen für die Realisierung der Aufgabe liefert oder hervorragende Teillösungen beinhaltet.[115] Voraussetzung für die Zuerkennung einer Anerkennung ist nicht die Realisierbarkeit des Lösungsvorschlags. Umgekehrt setzt die Zuerkennung einer Anerkennung die Nicht-Realisierbarkeit aber auch nicht voraus.[116] denn es wäre nicht nachvollziehbar, einer Wettbewerbsarbeit, die eine hervorragende Teillösung beinhaltet, insgesamt aber nicht gut genug ist für die Zuerkennung eines Preises, nur deshalb eine Anerkennung zu verweigern, weil sie realisierbar ist. Der öffentliche Auftraggeber ist – im Gegensatz zu Preisen, die er ausloben muss – zur Auslobung von Anerkennungen nicht verpflichtet. Soweit der öffentliche Auftraggeber Anerkennungen zuerkennen will, muss er das spätestens in den Auslobungsbedingungen mitteilen. Er ist also insbesondere nicht berechtigt, erst in Ansehung der Wettbewerbsbeiträge zu entscheiden, ob er Anerkennungen zusprechen möchte oder nicht.

149   **b) Wettbewerbssumme.** Preise und Anerkennungen sollen also jeweils nicht nur einen ideellen, sondern auch einen materiellen Ausgleich für den im Planungswettbewerb geleis-

---

[110] → VgV § 79 Rn. 122 ff.
[111] → VgV § 79 Rn. 113.
[112] Zur Anerkennung von Preisen → VgV § 79 Rn. 47 ff.
[113] *Voppel/Osenbrück/Bubert* VOF, 3. Aufl. 2012 § 16 Rn. 2.
[114] Zur Anerkennung von Preisen → VgV § 79 Rn. 47 ff.
[115] *Müller-Wrede* in Müller-Wrede, VOF 5. Auflage 2014 § 16 Rn. 5.
[116] OLG Koblenz v. 26.5.2010 – 1 Verg 2/10; VergabeR 2011, 631, 635 f.; *Müller-Wrede* in Müller-Wrede, VOF 5. Aufl. 2014 § 16 Rn. 5; aA *Voppel/Osenbrück/Bubert* VOF, 3. Aufl. 2012 § 16 Rn. 3.

teten Aufwand gewähren. Sowohl mit einem Preis, als auch mit einer Anerkennung ist daher die Zahlung eines Geldbetrags verbunden. Dazu muss der öffentliche Auftraggeber gemäß § 7 Abs. 2 RPW 2013 als verbindlichen Rahmen einen Gesamtbetrag (Wettbewerbssumme) zur Verfügung stellen. Aus diesem „Geldtopf" werden die mit zuerkannten Preisen und Anerkennungen verbundenen Zahlungen geleistet.

Die Höhe der Wettbewerbssumme muss der Bedeutung und Schwierigkeit der Aufgabe **150** und der geforderten Leistungen angemessen sein.[117] Für die Bemessung gibt § 7 Abs. 2 S. 2 RPW 2013 eine Regelvermutung vor. Danach entspricht eine angemessene Wettbewerbssumme in der Regel mindestens dem Honorar der Vorplanung – nach der jeweils geltenden Honorarordnung – für alle in den Wettbewerb einbezogenen Fachdisziplinen. Hiervon darf der öffentliche Auftraggeber abweichen, muss dafür aber nachvollziehbar begründen (können) und dies auch dokumentieren, dass Bedeutung und Schwierigkeit der Aufgabe oder die geforderte Leistung eine Abweichung von der Regelvermutung rechtfertigen. Das gilt sowohl für Abweichungen nach unten wie auch nach oben, wobei für den Fall, dass im Planungswettbewerb ausnahmsweise über die in der Anlage II aufgeführten Wettbewerbsleistungen hinausgehende Leistungen gefordert werden, § 7 Abs. 2 S. 3 RPW 2013 vorgibt, dass sich die Wettbewerbssumme angemessen erhöht. Ebenfalls ist gemäß § 7 Abs. 2 S. 7 RPW 2013 das Preisgeld zu erhöhen, wenn eine Umsetzung des Projekts von vornherein nicht vorgesehen (Ideenwettbewerb) ist. Seinem Wortlaut nach ist nur die Erhöhung des Preisgelds, nicht aber der Wettbewerbssumme geboten. Dafür könnte von vornherein auf Anerkennungen verzichtet und dadurch der für die Preisgelder zur Verfügung stehende Teil der (unveränderten) Wettbewerbssumme erhöht werden. Das widerspräche jedoch Sinn und Zweck der Vorschrift. Bei Durchführung eines Ideenwettbewerbs ist das von den Wettbewerbsteilnehmern grundsätzlich verfolgte Ziel, einen Auftrag zu erhalten, nicht erreichbar. Um das zu kompensieren, sollen die jeweiligen Preisgelder erhöht werden, auch um die Architekten oder Ingenieure trotzdem zur Teilnahme an dem Verfahren zu motivieren. Das gelingt aber nicht durch Streichung von Anerkennungen und damit durch Konzentration der Preisgelder auf einen oder wenige Wettbewerbsteilnehmer, sondern durch Erhöhung der Wettbewerbssumme.

Die ausgelobte Wettbewerbssumme ist auszuschöpfen. Bereits in der Wettbewerbsbe- **151** kanntmachung ist durch den öffentlichen Auftraggeber festzulegen, wie viele Preise vergeben werden sollen und welche Teilbeträge von der Wettbewerbssumme – in absoluten Beträgen oder in Prozent – auf diese Preise entfallen. Außerdem ist festzulegen, ob und ggf. in welcher Höhe ein Teilbetrag der Wettbewerbssumme für Anerkennungen vorbehalten bleibt. Das ergibt sich aus § 79 Abs. 1 VgV. Um das Gebot, die Wettbewerbssumme auszuschöpfen, realisieren zu können, muss außerdem festgelegt werden, wie sich die Wettbewerbssumme verteilt, wenn weniger als die in der Wettbewerbsbekanntmachung vorgesehene Anzahl von Preisen oder Anerkennungen zuerkannt werden kann, schlicht weil die eingereichten Arbeiten nicht preis- oder anerkennungswürdig sind. In diesem Fall muss in der Wettbewerbsbekanntmachung bspw. angegeben werden, dass in dem Fall, dass keine Anerkennung ausgesprochen wird, der dafür vorgesehene Teilbetrag aus der Wettbewerbssumme zu gleichen Teilen oder in einem bestimmten Verhältnis auf die Preisträger verteilt wird.

Die in der Wettbewerbsbekanntmachung vorgegebene Aufteilung der Wettbewerbs- **152** summe kann gemäß § 7 Abs. 2 S. 6 RPW 2013 durch einstimmigen Beschluss des Preisgerichts neu festgelegt werden. Diese Regelung ist allerdings bei Planungswettbewerben im Sinne der §§ 78 ff. VgV einschränkend auszulegen. Jedenfalls muss ausgeschlossen sein, dass, wenn die geänderte Aufteilung ursprünglich bekannt gemacht worden wäre, sich der Teilnehmerkreis geändert hätte.

Die Wettbewerbssumme kann teilweise als Aufwandsentschädigung ausgezahlt werden, **153** die dann nicht nur die Preisträger, sondern alle Wettbewerbsteilnehmer, die eine grundsätz-

---

[117] Siehe dazu umfassend *Dierks-Oppler* Wettbewerbe für Architekten und Ingenieure S. 94 ff.

lich wertbare Arbeit eingereicht haben, erhalten. Erwägenswert ist das in der Praxis, wenn von den Teilnehmern eine große Bearbeitungstiefe verlangt wird. Dies ist häufiger bei mehrphasigen Wettbewerben der Fall, wenn der Wettbewerb in der zweiten Phase nur mit einer beschränkten Zahl ausgewählter Teilnehmer fortgeführt und in dieser Phase eine Überarbeitung und Vertiefung der Wettbewerbsarbeit verlangt wird. Ein weiterer Anwendungsfall sind interdisziplinäre Wettbewerbe. Die Summe der Aufwandsentschädigungen darf die Summe der Preis- und Anerkennungsgelder nur im Ausnahmefall übersteigen, weil sonst der Wettbewerbsgrundsatz konterkariert würde.[118]

9. Abschluss des Wettbewerbs

154   **a) Ergebnis und Öffentlichkeit.** Zur Sicherstellung eines transparenten Wettbewerbs hat das Preisgericht über jede Preisgerichtssitzung einen Bericht zu erstellen, in dem die – bei mehrphasigen Wettbewerben ggf. noch vorläufige – Rangfolge der Wettbewerbsarbeiten festgehalten wird. Der Bericht muss außerdem eine Beurteilung der Wettbewerbsarbeiten und damit zugleich eine inhaltliche Begründung der Rangfolge, enthalten (§ 79 Abs. 5 S. 1 VgV). Der Bericht ist bestenfalls bereits im Rahmen der Preisgerichtssitzung, jedenfalls aber unverzüglich zu erstellen und von den Preisrichtern zu unterzeichnen.

155   Gemäß § 8 Abs. 1 S. 1 RPW 2013 muss der öffentliche Auftraggeber sodann die Teilnehmer unverzüglich über das Ergebnis der Preisgerichtssitzung durch Versendung des entsprechenden Protokolls informieren. Diese Regelung entspricht § 79 Abs. 5 S. 2 VgV, auf dessen Kommentierung verwiesen wird.[119] Lediglich enthält § 8 Abs. 1 S. 1 RPW 2013 die – mit Blick auf das Transparenzgebot und die daraus resultierenden vergaberechtlichen Dokumentationspflichten selbstverständliche – Klarstellung, dass bei mehrphasigen Wettbewerben nach jeder Phase das Preisgerichtsprotokoll zu versenden ist. Inzidenter wird damit bestätigt, dass das Preisgericht nach jeder Sitzung auch ein Protokoll zu erstellen hat. Diese Protokolle müssen anonymisiert sein.

156   Die Anonymität wird erst nach der Entscheidung des Preisgerichts aufgehoben. Hierzu bestimmt § 8 Abs. 1 S. 2 RPW, dass der öffentliche Auftraggeber möglichst innerhalb eines Monats nach der endgültigen Entscheidung des Preisgerichts alle eingereichten Wettbewerbsarbeiten mit Namensangaben der Verfasser unter Auslegung des Protokolls/der Protokolle öffentlich auszustellen hat. Die Regelung entspricht inhaltlich § 79 Abs. 5 S. 3 VgV, ist allerdings eindeutiger formuliert, weil klargestellt wird, dass eine Veröffentlichungspflicht besteht und dass sämtliche Preisgerichtsprotokolle zu veröffentlichen sind. Für Einzelheiten wird auf die Kommentierung von § 79 Abs. 5 S. 3 VgV verwiesen.[120]

157   § 8 Abs. 1 S. 3 RPW 2013 regelt den Fall, dass ein Preisträger wegen mangelnder Teilnahmeberechtigung oder Verstoßes gegen Wettbewerbsregeln nicht berücksichtigt werden kann. In diesem Fall rücken die übrigen Preisträger in der Rangfolge des Preisgerichts nach, soweit das Preisgericht ausweislich seines Protokolls nichts anderes bestimmt hat. Die Regelung entspricht inhaltlich § 79 Abs. 5 S. 4 VgV, so dass auf die dortige Kommentierung verwiesen wird. Beide Vorschriften weichen nur insoweit voneinander ab, als dass nach dem Wortlaut von § 8 Abs. 1 S. 3 RPW 2013 nur die Preisträger nachrücken, wohingegen gemäß § 79 Abs. 5 S. 4 VgV Preisträger und sonstige Teilnehmer nachrücken. Auswirkungen hat dieser Unterschied (bei wortgetreuer Anwendung von § 8 Abs. 1 S. 3 RPW 2013) bspw. beim Ausschluss des dritten Preisträgers bei drei ausgelobten Preisen. Nach der RPW 2013 dürfte der frei gewordene dritte Preisrang nicht durch einen Nachrücker neu besetzt werden, weil der Nachrücker zwingend kein (bisheriger) Preisträger war (die beiden verbliebenen Preisträger bleiben auf ihren höheren Rängen). Sinnvoll ist das auch vor dem Hintergrund eines dem Wettbewerb evtl. nachfolgenden Verfahrens nicht. Von ihrem Sinn und Zweck muss § 8 Abs. 1 S. 3 RPW 2013 dahingehend ausgelegt wer-

---

[118] *Hartmann* in KKMPP, Kommentar zur VgV 1. Aufl. 2017 § 79 Rn. 21.
[119] → § 79 Rn. 175 ff.
[120] → § 79 Rn. 179 ff.

den, dass auch eine bepreisungsfähige Wettbewerbsarbeit eines Teilnehmers, der bislang kein Preisträger war, nachrücken kann. Für Planungswettbewerbe im Sinne von §§ 78 ff VgV gilt das ohnehin, weil § 79 Abs. 5 S. 4 VgV der Regelung des § 8 Abs. 1 S. 3 RPW 2013 vorgeht.

b) Auftrag. Für den Fall der Umsetzung des Projekts bestimmt § 8 Abs. 2 S. 1 RPW **158** 2013, dass einer der Preisträger, in der Regel der Gewinner, unter Berücksichtigung der Empfehlung des Preisgerichts mit den weiteren Planungsleistungen zu beauftragen ist, sofern kein wichtiger Grund der Beauftragung entgegensteht.

Diese Regelung konkretisiert auf der einen Seite die Bestimmung des § 80 Abs. 1 VgV. Zunächst ist – anders als im missverständlichen § 80 Abs. 1 VgV[121] – klargestellt, dass der öffentliche Auftraggeber im Falle einer Realisierungsabsicht zwingend einen der Preisträger beauftragen muss. Dies gilt – anders als dies § 80 Abs. 1 VgV vorsieht – nicht nur im Fall der beabsichtigten Realisierung des Wettbewerbsergebnisses, sondern auch im Fall der Realisierung der Wettbewerbsaufgabe überhaupt. Der öffentliche Auftraggeber darf mit anderen Worten im Anwendungsbereich der RPW 2013 nicht dieselbe Wettbewerbsaufgabe nochmals ausloben, sondern muss, wenn er das betreffende Projekt umsetzen will, einen der Preisträger beauftragen. Das durch § 80 Abs. 1 VgV eingeräumte Wahlrecht des öffentlichen Auftraggebers, ob er die weiteren Planungsleistungen vollumfänglich von einem einzigen Preisträger ausführen lässt oder ob er die Leistungen unter mehreren Preisträgern aufteilt,[122] wird dadurch eingeschränkt, dass nach § 8 Abs. 2 S. 1 RPW 2013 einer der Preisträger zu beauftragen ist, und zwar in der Regel der Gewinner. Eine Beauftragung mehrerer Preisträger kommt nach dem eindeutigen Wortlaut nicht in Betracht.[123] Wenn der öffentliche Auftraggeber nicht den Gewinner beauftragen will, muss er diese Abweichung von der Regel nachvollziehbar begründen (können).

Auf der anderen Seite ist § 8 Abs. 2 S. 1 RPW 2013 bei Planungswettbewerben im Sin- **159** ne der §§ 78 ff. VgV vergaberechtskonform auszulegen. Ein wichtiger Grund, der dazu berechtigt, nicht einen der Preisträger zu beauftragen, liegt u.a. vor, wenn die Preisträger zu einem nachfolgenden Vergabeverfahren – bspw. mangels Eignung – nicht zugelassen werden können oder aber – bspw. wegen Abgabe einer nicht wertbaren Angebot – vom Vergabeverfahren ausgeschlossen werden müssen. Auch ist die Beauftragung eines anderen Preisträgers als des Gewinners (und damit eine Abweichung von der Regelvorgabe des § 8 Abs. 2 S. 1 RPW 2013) dann zulässig, wenn dieser andere Preisträger im nachfolgenden Vergabeverfahren das insgesamt wirtschaftlichste Angebot abgibt. Insbesondere kann aus § 8 Abs. 2 S. 1 RPW 2013 nicht geschlussfolgert werden, dass der öffentliche Auftraggeber verpflichtet wäre, die Zuschlagskriterien für das dem Planungswettbewerb nachfolgende Vergabeverfahren so zu wählen, dass in der Regel der Gewinner den Zuschlag erhält. Sprich: Der öffentliche Auftraggeber muss das Ergebnis des Preisgerichts nicht als ausschlaggebendes Zuschlagskriterium festlegen. Dann würde ein nachgelagertes Vergabeverfahren praktisch entbehrlich, weil der Zuschlagsdestinatär bereits nach dem Planungswettbewerb feststünde.

§ 8 Abs. 2 S. 2 RPW 2013 bestimmt, dass bei Bewerbergemeinschaften, z.B. bei inter- **160** disziplinären Wettbewerben, die Mitglieder der Bewerbergemeinschaft zu beauftragen sind. Diese Regelung dürfte durch die Anerkennung der Rechtsfähigkeit der Gesellschaft bürgerlichen Rechts (GbR), als die eine Bewerbergemeinschaft rechtlich anzusehen ist, und nach Anerkennung des – wenngleich dogmatisch bislang nicht nachvollziehbar begründbaren – Übergangs der Bewerbergemeinschaft in die Bietergemeinschaft und später in die Arbeits- bzw. Planungsgemeinschaft überholt sein. Bei Bewerbergemeinschaften ergeht der Auftrag grundsätzlich an die Bewerbergemeinschaft selbst. Das sollte der Verwender der RPW 2013 in seinen Wettbewerbsbedingungen vorsorglich jedoch klarstellen.

---

[121] → VgV § 80 Rn. 27 ff.
[122] → VgV § 80 Rn. 31.
[123] VK Lüneburg v. 23.1.2012 – VgK-57/2011.

161   § 8 Abs. 2 S. 3 RPW 2013 bestimmt, dass im Falle einer weiteren Bearbeitung durch den Wettbewerb bereits erbrachte Leistungen des Preisträgers bis zur Höhe des zuerkannten Preises nicht erneut vergütet werden, wenn und soweit der Wettbewerbsentwurf in seinen wesentlichen Teilen unverändert der weiteren Bearbeitung zugrunde gelegt wird. Hierdurch soll eine Doppelvergütung des Planers ausgeschlossen werden. Dieser muss sich im Ergebnis also die erhaltenen Preisgelder bei seiner Vergütung anrechnen lassen. Das gilt nicht, wenn der Wettbewerbsentwurf nicht in seinen wesentlichen Teilen unverändert der weiteren Bearbeitung zugrunde gelegt wird, sondern nur mit nicht unwesentlichen Änderungen und Anpassungen umgesetzt werden kann. Der dafür erforderliche zusätzliche Aufwand ist zu vergüten. In der Praxis legt der öffentliche Auftraggeber regelmäßig im Verhandlungsverfahren fest, ob und gegebenenfalls inwieweit das Preisgeld bei der Vergütung des zu beauftragenden Planers angerechnet wird. Ist der Bieter im Verhandlungsverfahren der Auffassung, dass diese Festlegung den vergaberechtlichen Vorschriften bzw. den Vorschriften der RPW 2013 widerspricht, muss er dies rügen und gegebenenfalls in einem vergaberechtlichen Nachprüfungsverfahren überprüfen lassen.[124] Nach Zuschlagserteilung ist er insoweit auf seine vertragsrechtlichen Rechte beschränkt; praktisch kann er insoweit das vertraglich vereinbarte Honorar lediglich im Hinblick auf die Einhaltung der HOAI-Mindestsätze überprüfen lassen.

162   Durch § 8 Abs. 2 S. 4 RPW 2013 wird der öffentliche Auftraggeber verpflichtet, Art und Umfang der Beauftragung so zu wählen, dass sichergestellt ist, dass die Qualität des Wettbewerbsentwurfs umgesetzt wird. Das soll dadurch gewährleistet werden, dass der öffentliche Auftraggeber die Beauftragung in der Regel mindestens bis zur abgeschlossenen Ausführungsplanung erstrecken muss.

163   Schließlich stellt § 8 Abs. 2 S. 5 RPW 2013 klar, dass Preisrichter, Sachverständige, Wettbewerbsbetreuer/-vorprüfer und Berater später keine Planungsleistungen für die Wettbewerbsaufgabe übernehmen dürfen. Hierdurch soll die Neutralität des vorgenannten Personenkreises sichergestellt werden.

164   **c) Nutzung.** § 8 Abs. 3 S. 1 RPW 2013 bestimmt, dass Wettbewerbsarbeiten vom Auslober veröffentlicht werden dürfen. Vor dem Hintergrund, dass der Auslober gemäß § 8 Abs. 1 S. 2 RPW 2013 ausdrücklich verpflichtet ist, möglichst innerhalb eines Monats nach der endgültigen Entscheidung des Preisgerichts alle eingereichten Wettbewerbsarbeiten mit Namensangaben der Verfasser unter Auslegung des Protokolls/der Protokolle öffentlich auszustellen, handelt es sich bei Abs. 3 S. 1 nur um eine Klarstellung.

165   Von Bedeutung sind demgegenüber die Regelungen zum Nutzungsrecht in § 8 Abs. 3 S. 2 – 4 RPW 2013. Häufig sind die im Planungswettbewerb erbrachten Leistungen urheberrechtlich oder jedenfalls wettbewerbsrechtlich geschützt.[125] Der- bzw. diejenigen Preisträger, die in dem dem Planungswettbewerb nachfolgenden Verhandlungsverfahren den Zuschlag erhalten und mit der Erbringung von Planungsleistungen auf der Grundlage ihrer Lösungsvorschläge beauftragt werden, sind in der Regel nicht schutzbedürftig. Deshalb regelt § 8 Abs. 3 S. 2 RPW 2013, dass die Wettbewerbsarbeiten für den vorgesehenen Zweck – die Realisierung des Wettbewerbsergebnisses – genutzt werden dürfen, wenn der Verfasser mit der weiteren Bearbeitung beauftragt ist. Nach dem Wortlaut der Norm genügt das „Ob" einer Beauftragung"; inwieweit die Beauftragung erfolgt, ist unerheblich.

166   Ansonsten verbleiben alle Rechte nach dem Urheberrechtsgesetz bei den Verfassern, wie § 8 Abs. 3 S. 3 RPW 2013 klarstellt. S. 4 regelt, dass die mit Preisen ausgezeichneten Arbeiten und Anerkennungen Eigentum des Auslobers werden. Damit wird § 661 Abs. 4 BGB umgesetzt, wonach der Auslober die Übertragung des Eigentums an einem Werk nur verlangen kann, wenn er in der Auslobung festgelegt hat, dass die Übertragung erfolgen soll.

---

[124] VK Lüneburg v. 29.9.2014 – VgK-36/2014.
[125] OLG Oldenburg v. 17.4.2008 – 1 U 50/07, NZBau 2008, 715 ff.

Urheberrechtlich und wettbewerbsrechtlich geschützte Teillösungen von Wettbewerbs- 167
teilnehmern, die bei der Auftragserteilung nicht berücksichtigt worden sind, dürfen gemäß
§ 8 Abs. 3 S. 5 RPW 2013 nur gegen eine angemessene Vergütung genutzt werden. Weil
in der Regel die Wettbewerbsarbeiten urheberrechtlich und wettbewerbsrechtlich geschützt
sind, betrifft diese Regelung praktisch alle Teillösungen. Solche Lösungen darf der öffentliche Auftraggeber gegen Zahlung einer angemessenen Vergütung nutzen, ohne den Verfasser mit weiteren Planungsleistungen beauftragen zu müssen. Umgekehrt bedeutet das, dass
der Wettbewerbsteilnehmer bereits durch die Teilnahme am Wettbewerb auf sein Urheber-
und Wettbewerbsrecht teilweise verzichtet, indem er sich unwiderruflich bereit erklärt,
dem öffentlichen Auftraggeber die Nutzung von Teillösungen gegen Zahlung einer angemessenen Vergütung zu erlauben.

d) Rückversand. Nicht prämierte Arbeiten werden vom Auslober nur auf Anforde- 168
rung der Teilnehmer, die innerhalb von 4 Wochen nach Zugang des Protokolls eingegangen sein muss, zurückgesandt. Hierauf sollte aus Gründen der Transparenz ausdrücklich in
den Wettbewerbsbedingungen nochmals hingewiesen werden.

Erfolgt keine Anforderung innerhalb dieser Frist, erklärt damit der Teilnehmer, auf sein 169
Eigentum an der Wettbewerbsarbeit zu verzichten.

III. Mitwirken der Kammern

§ 78 Abs. 2 S. 3 VgV legt fest, dass in den einheitlichen Richtlinien auch die Mitwir- 170
kung der Architekten- und Ingenieurkammern an der Vorbereitung und bei der Durchführung von Planungswettbewerben geregelt werden. Hierbei handelt es sich um eine zwingende Vorgabe des Verordnungsgebers an die einheitlichen Richtlinien im Sinne von § 78
Abs. 2 S. 1 VgV.[126] Hintergrund ist, dass der Verordnungsgeber davon ausgeht, dass durch
die Mitwirkung der Architekten- und Ingenieurkammern an der Vorbereitung und bei der
Durchführung von Planungswettbewerben die Interessen der Architekten und Ingenieure
hinreichend gewahrt werden. Einheitliche Richtlinien, die einseitig vom öffentlichen Auftraggeber erstellt werden können, unterliegen damit einem Korrektiv. Führt der öffentliche
Auftraggeber einen Planungswettbewerb auf der Grundlage veröffentlichter einheitlicher
Richtlinien durch, die nicht eine Mitwirkung der Architekten- oder Ingenieurkammer
regeln, begeht er mithin einen Vergabeverstoß, den die Wettbewerbsteilnehmer – nicht
aber die übergangene Architekten- oder Ingenieurkammer – rügen und in einem Vergabenachprüfungsverfahren angreifen kann.[127] Voraussetzung ist freilich, dass sich die Chancen
des Wettbewerbsteilnehmers im Planungswettbewerb dadurch, dass eine Mitwirkung der
Architekten- und Ingenieurkammer nicht geregelt ist, verschlechtert haben.

In der **RPW 2013** wird in § 2 Abs. 4 die Mitwirkung der Architekten- und Ingenieur- 171
kammern an der Vorbereitung und bei der Durchführung von Planungswettbewerben geregelt. Die RPW 2013 entspricht damit – ebenso wie ihre Vorgänger – den Anforderungen
von § 78 Abs. 2 S. 3 VgV,[128] wobei in der GRW 1995 die Beteiligung weitaus umfangreicher normiert war. Inhaltlich geht die Verpflichtung zur Beteiligung der Architekten- und
Ingenieurkammern der RPW 2013 über die Vorgaben des § 78 Abs. 2 S. 3 VgV hinaus.
Vorgeschrieben ist dort auch die Mitwirkung nach dem Wettbewerb – d. h. insbesondere in
der Vorbereitung und ggf. Durchführung eines sich an den eigentlichen Wettbewerb anschließenden Verhandlungsverfahrens – und vor allem die Registrierung des Wettbewerbs.
Durch diese **Registrierung** wird bestätigt, dass die Teilnahme- und Wettbewerbsbedin-

---

[126] AA Voppel/Osenbrück/Bubert VOF, 3. Aufl. 2012 § 15 Rn. 17 („Hinweis- und Appellfunktion").
Wie hier *Hartmann* in KKMPP, Kommentar zur VgV 1. Aufl. 2017 § 78 Rn. 76.
[127] AA *Hartmann* in KKMPP, Kommentar zur VgV 1. Aufl. 2017 § 78 Rn. 76, der einen Bieterschutz ablehnt.
[128] *Hartmann* in KKMPP, Kommentar zur VgV 1. Aufl. 2017 § 78 Rn. 70.

gungen der RPW 2013 entsprechen. Hierdurch erhalten die Architekten- und Ingenieur-kammern eine wesentliche Einflussmöglichkeit auf die Ausgestaltung des Wettbewerbs. Denn nach den von Ihnen aufgestellten Berufsordnungen dürfen Architekten und Ingenieure in der Regel nur an registrierten Wettbewerben teilnehmen. Im Umkehrschluss bedeutet das, dass eine Architekten- oder Ingenieurkammer durch Verweigerung der Registrierung die Durchführung eines Planungswettbewerbs für Architekten oder Ingenieure faktisch unterbinden kann, weil sie den Teilnehmerkreis auf solche Architekten oder Ingenieure, die nicht Angehörige einer Architekten oder Ingenieurkammer sind – das sind in der Regel ausländische Architekten oder Ingenieure – beschränken kann.[129]

172   Vorgaben für die inhaltliche Ausgestaltung der Mitwirkung enthält § 78 Abs. 2 S. 3 VgV nicht. Der Regelung kann lediglich entnommen werden, dass eine Mitwirkung der Architekten- und Ingenieurkammern an der Vorbereitung und bei der Durchführung von Planungswettbewerben vorzusehen ist. Wie die Mitwirkung auszusehen hat, steht im Ermessen des Erstellers der Richtlinien. Die vergaberechtlichen Grundsätze müssen dabei freilich berücksichtigt werden.

E. Prüf- und Dokumentationspflicht

173   Nach § 78 Abs. 2 S. 4 VgV prüft der öffentliche Auftraggeber bei Aufgabenstellungen im Hoch-, Städte- und Brückenbau sowie in der Landschaft- und Freiraumplanung, ob für diese ein Planungswettbewerb durchgeführt werden soll, und dokumentiert seine Entscheidung. Diese Vorschrift begründet der Verordnungsgeber wie folgt: *„Dem liegt die sich aus Abs. 1 ergebende Erkenntnis der Vorteilhaftigkeit von Planungswettbewerben zugrunde. Damit sollen sich öffentliche Auftraggeber grundsätzlich zumindest bei Planungsaufgaben in den genannten Bereichen Gedanken über die Ausrichtung eines Planungswettbewerbs machen."[130]* Die Regelung dient somit der Umsetzung des Programmsatzes aus § 78 Abs. 1 VgV, wonach öffentliche Auftraggeber *„animiert werden, verstärkt von diesem innovativen, qualitätsfördernden und für kleine und junge Büros chancengebenden Instrument"* – gemeint ist der Planungswettbewerb – *„Gebrauch zu machen."[131]*

174   Zwar hat der Verordnungsgeber mithin davon abgesehen, den Planungswettbewerb – wie von einigen Kammern und Verbänden gefordert sowie von der Bundesstiftung Baukultur empfohlen[132] – als Regelfall zur Lösung von Planungsaufgaben im Hoch-, Städte- und Brückenbau sowie in der Landschaft- und Freiraumplanung festzulegen. Vielmehr stellt der Verordnungsgeber die Entscheidung, ob ein Planungswettbewerb bei diesen Aufgabenstellungen durchgeführt werden soll, wie bisher[133] in das Ermessen des öffentlichen Auftraggebers. Dieser muss jedoch bei der Ausübung seines Ermessens den Programmsatz gemäß § 78 Abs. 1 VgV berücksichtigen. Diese Ermessensentscheidung ist auch gerichtlich auf Ermessensfehler überprüfbar. Nur so macht die Regelung der Begründungs- und Dokumentationspflicht und ihre ausführliche Erwähnung in der Verordnungsbegründung Sinn. Der öffentliche Auftraggeber muss also dokumentiertermaßen sein Ermessen ausgeübt und darf insbesondere keine sachfremden Überlegungen bei seiner Entscheidung für oder gegen einen Planungswettbewerben einbezogen haben. Zwar muss er keine überwiegenden oder besonderen Gründe für die Entscheidung gegen einen Planungswettbewerben anführen können.[134] Er muss jedoch die in Betracht zu ziehenden Umstände umfassend berücksichtigt haben.

---

[129] *Müller-Wrede* in Müller-Wrede, VOF 5. Aufl. 2014 § 15 Rn. 34.
[130] Verordnungsbegründung BT-Drucks. 18/7318 S. 229.
[131] Verordnungsbegründung BT-Drucks. 18/7318 S. 229.
[132] Siehe dazu *Hartmann* in KKMPP, Kommentar zur VgV 1. Aufl. 2017 § 78 Rn. 7.
[133] Auch im Anwendungsbereich von § 15 VOF entschied der öffentliche Auftraggeber hierüber nach eigenem Ermessen. Siehe dazu auch VK Lüneburg v. 23.1.2012 – VgK-57/2011.
[134] *Hartmann* in KKMPP, Kommentar zur VgV 1. Aufl. 2017 § 78 Rn. 82; *Stolz* VergabeR 2016, 351, 364.

F. Anwendbare Regeln

Die Bestimmungen der §§ 78–80 VgV, die den Unterabschnitt 2 des Abschnitts 6 der 175
VgV bilden, sind gemäß § 78 Abs. 3 VgV zusätzlich zu Abschnitt 5 für die Ausrichtung
von Planungswettbewerben anzuwenden. Im Abschnitt 5, der aus den §§ 69–72 VgV besteht, sind die für alle Planungswettbewerbe anzuwendenden Regeln normiert. Die §§ 78–
80 VgV enthalten entsprechend der Überschrift des Unterabschnitt 2 zusätzlich die besonderen Regelungen für Planungswettbewerbe für Architekten- und Ingenieurleistungen.
Diese Regelungen sind leges speciales gegenüber den allgemeinen Bestimmungen des Abschnitts 5.[135] Das bedeutet, dass sie die allgemeinen Regelungen des Abschnitts 5 ergänzen
und dort vorrangig sind, wo Regelungen des Abschnitts 5 im Widerspruch zu Regelungen
im Unterabschnitt 2 stehen.[136]

Weiter sind die Vorschriften des Teil 4 des GWB auf Planungswettbewerbe anzuwenden. 176
Gemäß § 106 Abs. 1 GWB gilt dessen Teil 4 unter anderem für die Ausrichtung von Wettbewerben im Sinne von § 103 Abs. 6 GWB, deren (gemäß § 3 Abs. 12 VgV) geschätzte
Auftragswerte die jeweils festgelegten Schwellenwerte erreichen oder überschreiten. Nur
solche Abschnitte im Teil 4 des GWB, für die ein gegenüber § 106 Abs. 1 GWB abweichender Anwendungsbereich ausdrücklich normiert ist, der Planungswettbewerbe von öffentlichen Auftraggebern ausschließt, finden keine Anwendung.[137] Dabei handelt es sich
um Kap. 1, Abschnitt 3, Unterabschnitt 2 und Unterabschnitt 3. Alle übrigen Regelungen
des Teil 4 des GWB, insbesondere die im Kap. 1, Abschnitt 1 normierten Grundsätze, Definitionen und Anwendungsbereiche, die im Kap. 1, Abschnitt 2, Unterabschnitt 2 enthaltenen Regelungen zu Vergabeverfahren und Auftragsausführung sowie sämtliche im Kap. 2
enthaltenen Rechtsschutzbestimmungen sind auf Planungswettbewerbe im Anwendungsbereich der VgV anzuwenden.

Neben den gesetzlichen Bestimmungen im Abschnitt 5 sowie im Abschnitt 6, Unterab- 177
schnitt 2, muss der öffentliche Auftraggeber die veröffentlichten einheitlichen Richtlinien
im Sinne von § 78 Abs. 2 S. 1 VgV anwenden, auf deren Grundlage er den Planungswettbewerb auszuführen hat. Diese Richtlinien sind in der Wettbewerbsbekanntmachung, die
der öffentliche Auftraggeber gemäß § 70 Abs. 1 S. 2 VgV nach dem Muster gemäß Anhang IX der Durchführungsverordnung (EU) Nr. 2015/1986 zu erstellen hat, gemäß § 78
Abs. 3 S. 2 VgV mitzuteilen. Weil dieses Muster hierfür keine gesonderte Rubrik vorsieht,
bietet es sich an, die Richtlinien im Abschnitt VI „weitere Angaben" mitzuteilen. Hat sich
der öffentliche Auftraggeber dazu entschieden, den Planungswettbewerb auf der Grundlage
der RPW 2013 durchzuführen, genügt der bloße Hinweis darauf, weil diese Richtlinien
frei zugänglich sind.[138] Hat der öffentliche Auftraggeber demgegenüber eigene einheitliche
Richtlinien veröffentlicht, empfiehlt es sich, diese den Wettbewerbsunterlagen beizulegen.
Wenn diese Richtlinien frei zugänglich sind, reicht es allerdings auch aus, wenn der öffentliche Auftraggeber deren Fundstelle benennt.

Die Bestimmung des § 78 Abs. 3 S. 2 VgV ist **bieterschützend.** Die Wettbewerbsteil- 178
nehmer haben einen Anspruch darauf, dass die veröffentlichten einheitlichen Richtlinien,
auf deren Grundlage der Planungswettbewerb durchgeführt wird, in der Wettbewerbsbekanntmachung mitgeteilt werden. Denn sie enthalten, wie ein Blick in die RPW 2013
zeigt, wesentliche Verfahrensregelungen, die Rechte der Wettbewerbsteilnehmer und

---

[135] *Stolz* VergabeR 2016, 351.
[136] *Hartmann* in KKMPP, Kommentar zur VgV 1. Aufl. 2017 § 78 Rn. 87.
[137] AA *Harr* in Willenbruch/Wieddekind, Vergaberecht 4. Aufl. 2017 § 69 VgV Rn. 8, der nur solche
Abschnitte des GWB für anwendbar erachtet, die von der Anwendung auf Wettbewerbe ausdrücklich
geregelt ist. Dabei übersieht Harr die Regelung des § 106 Abs. 1 GWB und kommt insoweit in Erklärungsnot, als er das den Rechtsschutz umfassende 2. Kapitel für auf Wettbewerbe anwendbar erklärt, obgleich dies
gerade nicht ausdrücklich geregelt ist.
[138] *Hartmann* in KKMPP, Kommentar zur VgV 1. Aufl. 2017 § 78 Rn. 88 hält zusätzlich die Angabe der
Fundstelle für erforderlich.

Pflichten des öffentlichen Auftraggebers normieren, die der Wettbewerbsteilnehmer kennen muss, um seine Verfahrensrechte waren zu können.

179   Für den übrigen **Inhalt der Wettbewerbsbekanntmachung** wird auf die Kommentierung von § 70 Abs. 1 VgV verwiesen.[139] Lediglich auf eine Besonderheit ist hinzuweisen: Insbesondere für die Vergabe von Architekten- und Ingenieurleistungen war im Zuge der Vergaberechtsreform 2016 gefordert worden, nicht nur – wie ausdrücklich in § 70 Abs. 2 VgV bestimmt – die Eignungskriterien, sondern auch die Zuschlagskriterien für ein dem Planungswettbewerb gegebenenfalls nachfolgendes Verhandlungsverfahren festzulegen. Mit dieser Forderung ging die Hoffnung einher, dass dadurch dem Ergebnis des Planungswettbewerbs zu einer höheren Gewichtung unter den Zuschlagskriterien verholfen werde.[140] Dieser Forderung ist der Verordnungsgeber nicht nachgekommen. Indem er die Benennung der Zuschlagskriterien in der Wettbewerbsbekanntmachung nicht ausdrücklich normiert hat, gelten § 80 Abs. 1 i. V.m. § 52 Abs. 2 Nr. 5 VgV. Danach sind die Zuschlagskriterien sowie deren Gewichtung oder gegebenenfalls die Kriterien in der Reihenfolge ihrer Bedeutung in der Regel in der Aufforderung zur Einreichung eines Angebots für das Verhandlungsverfahren anzugeben. Dem entspricht, dass das gemäß § 70 Abs. 1 S. 2 VgV für die Wettbewerbsbekanntmachung zu verwendende Muster gemäß Anhang IX der Durchführungsverordnung (EU) Nr. 2015/1986 eine Rubrik für die Angabe der Zuschlagskriterien nicht enthält. Lediglich die Eignungskriterien (§ 70 Abs. 2 VgV), die Auswahlkriterien (§ 71 Abs. 3 VgV) und die Entscheidungskriterien des Preisgerichts (§ 72 Abs. 2 VgV) sind in der Wettbewerbsbekanntmachung anzugeben.[141]

180   Allerdings gilt der Grundsatz gemäß § 80 Abs. 1 i. V.m. § 52 Abs. 2 Nr. 5 VgV, wonach die Zuschlagskriterien erst in der Aufforderung zur Angebotsabgabe im Verhandlungsverfahren zu benennen sind, nur, *„wenn diese Angaben nicht bereits in der Auftragsbekanntmachung oder in der Aufforderung zur Interessensbestätigungen enthalten sind."* Das zeigt, dass der öffentliche Auftraggeber zwar nicht verpflichtet, wohl aber berechtigt ist, die Zuschlagskriterien bereits in der Wettbewerbsbekanntmachung mitzuteilen.[142] Legt der öffentliche Auftraggeber dem Planungswettbewerb uneingeschränkt die RPW 2013 zugrunde, muss er die Frage, ob er die Zuschlagskriterien bereits in der Wettbewerbsbekanntmachung mitteilt, prüfen und seine mögliche Entscheidung hiergegen begründen und dokumentieren. Denn nach Nr. 24 der Anl. I zur RPW 2013 soll die Auslobung des Wettbewerbs die Gewichtung des Wettbewerbsergebnisses im Falle eines anschließenden Verhandlungsverfahrens enthalten. Hieran hat sich der öffentliche Auftraggeber durch die Mitteilung der RPW 2013 in der Wettbewerbsbekanntmachung gebunden. Zwar handelt es sich bei Nr. 24 der Anl. I zur RPW 2013 nur um eine Soll-Vorschrift. Dies führt aber mindestens zu der beschriebenen Prüf- und Begründungspflicht.

---

[139] → VgV § 70 Rn. 8 ff.
[140] *Hartmann* in KKMPP, Kommentar zur VgV 1. Aufl. 2017 § 78 Rn. 91.
[141] Voitl/Morlock Deutsches Architektenblatt 05/2016, 36.
[142] *Hartmann* in KKMPP, Kommentar zur VgV 1. Aufl. 2017 § 78 Rn. 92.

§ 79 Durchführung von Planungswettbewerben

(1) **Mit der Ausrichtung eines Planungswettbewerbs sind Preise oder neben Preisen Anerkennungen auszuloben, die der Bedeutung und Schwierigkeit der Bauaufgabe sowie dem Leistungsumfang nach der jeweils geltenden Honorarordnung angemessen sind.**

(2) **Ausgeschlossen von Planungswettbewerben sind Personen, die infolge ihrer Beteiligung an der Vorbereitung oder Durchführung des Planungswettbewerbs bevorzugt sein oder Einfluss auf die Entscheidung des Preisgerichts nehmen können. Das gleiche gilt für Personen, die sich durch Angehörige oder ihnen wirtschaftlich verbundene Personen einen entsprechenden Vorteil oder Einfluss verschaffen können.**

(3) **Abweichend von § 72 Abs. 1 S. 2 muss die Mehrheit der Preisrichter über dieselbe oder eine gleichwertige Qualifikation verfügen, wie sie von den Teilnehmern verlangt wird. Auch muss die Mehrheit der Preisrichter unabhängig vom Ausrichter sein.**

(4) **Das Preisgericht hat in seinen Entscheidungen die in der Wettbewerbsbekanntmachung als bindend bezeichneten Vorgaben des Ausrichters zu beachten. Nicht zugelassene oder über das geforderte Maß hinausgehende Teilleistungen sind von der Wertung auszuschließen.**

(5) **Das Preisgericht hat einen von den Preisrichtern zu unterzeichnenden Bericht über die Rangfolge und hierin eine Beurteilung der von ihm ausgewählten Wettbewerbsarbeiten zu erstellen. Der Ausrichter informiert die Teilnehmer unverzüglich über das Ergebnis durch Versendung des Protokolls der Preisgerichtssitzung. Der Ausrichter soll spätestens einen Monat nach der Entscheidung des Preisgerichts alle eingereichten Wettbewerbsarbeiten mit Namensangaben der Verfasser unter Auslegung des Protokolls öffentlich ausstellen. Soweit ein Preisträger wegen mangelnder Teilnahmeberechtigung oder Verstoßes gegen Wettbewerbsregeln nicht berücksichtigt werden kann, rücken die übrigen Preisträger sowie sonstige Teilnehmer in der Rangfolge des Preisgerichts nach, soweit das Preisgericht ausweislich seines Protokolls nichts anderes bestimmt hat.**

Übersicht

Rn.

A. Einführung 1
  I. Literatur 1
  II. Entstehungsgeschichte 2
  III. Rechtliche Vorgaben im EU-Recht 12

B. Regelablauf eines Planungswettbewerbs 10
  I. Vorbereitung des Planungswettbewerbs 15
    1. Festlegung durch den Auftraggeber 15
    2. Bekanntmachung und Auslobungsunterlagen 28
    3. Einbindung Dritter in die Vorbereitung 30
  II. Durchführung des Planungswettbewerbs 32
    1. Bekanntmachung und Bereitstellung der Auslobungsunterlagen 32
    2. Vorprüfung 34
    3. Sitzung des Preisgerichts 36
    4. Beendigung des Planungswettbewerbs 45
  III. Abweichung vom Regelablauf 46

C. Preise und Anerkennung 47
  I. Preise oder Preise und Anerkennung .. 48
    1. Preise 48

Rn.

    2. Anerkennung 52
    3. Wettbewerbssumme 55
    4. Sonderpreise 56
    5. Aufwandsentschädigung 57
  II. Angemessenheit der Preise und Anerkennung 58
    1. Vorgaben der RPW 2013 zur Bemessung der Wettbewerbssumme 62
    2. Verteilung der Wettbewerbssumme . 69
    3. Keine Berücksichtigung der HOAI-Mindestsätze 75
    4. Anrechenbarkeit eines Preises auf eine spätere Vergütung 78
  III. Bieterschutz 79

D. Vermeidung von Interessenkonflikten 81
  I. Ausgeschlossene Personen 82
    1. Beteiligung an der Vorbereitung oder Durchführung eines Planungswettbewerbs 82
    2. Mögliche Wettbewerbsverzerrung .. 67
  II. Erstreckung auf Angehörige 90
  III. Rechtsfolge 93

E. Qualifikation und Unabhängigkeit der Preisrichter 97
  I. Qualifikation der Preisrichter 98

	Rn.		Rn.
II. Unabhängigkeit der Preisrichter	103	2. Nicht zugelassene Teilleistungen	147
III. Weitere Vorgaben	106	3. Überschießende Teilleistungen	154
IV. Bieterschutz	108	4. Nachfordern von Unterlagen	156
F. Entscheidung des Preisgerichts	111	5. Bieterschutz	159
I. Grundlagen	112	IV. Inhaltliche Beurteilung der Wettbewerbsarbeiten	160
1. Allgemeine Grundsätze der Preisgerichtsentscheidung	112	V. Weitere Vorgaben für die Entscheidung	125
2. Grundsätze der Preisgerichtsentscheidung nach RPW 2013	115	1. Forum von Bericht und Beurteilung	166
II. Beachtung der Vorgaben des Ausrichters	122	2. Information der Teilnehmer	175
III. Ausschluss nicht zugelassener oder überschießender Teilleistungen	141	3. Veröffentlichung der Ergebnisse	179
1. Teilleistungen	144	4. Nachrücken	185

A. Einführung

I. Literatur

1 *Kulartz/Kus/Marx/Portz/Prieß*, Kommentar zur VgV, 1. Aufl., Köln 2017; *Willenbruch/Wieddekind,* Vergaberecht, 4. Aufl., Köln 2017; *Stolz,* Die Vergabe von Architekten- und Ingenieurleistungen nach der Vergaberechtsreform 2016, VergabeR 2016, 351; *Fritz,* Die Vergabe von Architekten und Ingenieurleistungen nach der VgV 2016, VergabeR 2017, 267; *Müller-Wrede,* Kommentar zur VOF, 5. Aufl., München 2014; *Voppel/ Osenbrück/Bubert,* VOF – Vergabeordnung für freiberufliche Leistungen, 3. Aufl., München 2012; *Dierks-Oppler,* Wettbewerbe für Architekten und Ingenieure, 1. Aufl., Köln 2013; *Müller-Wrede,* Der Architektenwettbewerb, 1. Aufl., Köln 2012; *Wachendorf,* RPW 2008 – Die neuen Richtlinien für Planungswettbewerbe im Überblick, VergabeR 2009, 869; *Weinbrenner/Jochem/Süß,* Der Architektenwettbewerb, 2. Aufl., Berlin 1998.

II. Entstehungsgeschichte

2 § 79 VgV entspricht im Wesentlichen dem bisherigen § 16 VOF. Allerdings hat der Verordnungsgeber einzelne Bestimmungen aus dieser Vorschrift, die nicht ausschließlich auf Planungswettbewerbe für Architekten- und Ingenieurleistungen, sondern allgemein auf Planungswettbewerbe Anwendung finden sollen, in den Abschnitt 5 der VgV, der die allgemeinen, für sämtliche Planungswettbewerbe geltenden Vorschriften enthält, auf- und in § 79 VgV gerade nicht übernommen. Hierbei handelt es sich zum einen um die Regelung des § 16 Abs. 3 VOF, welche die Auswahl- bzw. Eignungskriterien bei Planungswettbewerben mit beschränkter Teilnahmezahl regelte und die sich nunmehr in § 71 Abs. 3 VgV wiederfindet.[1] Zum anderen wurde die Bestimmung des § 16 Abs. 5 Unterabsatz 1 S. 2 VOF, wonach das Preisgericht an die bekannt gemachten Beurteilungskriterien gebunden ist, in § 72 Abs. 2 S. 2 VgV übernommen. Beide Vorschriften finden über § 78 Abs. 3 S. 1 VgV Anwendung auf Planungswettbewerben für Architekten- und Ingenieure.

3 Demgemäß enthält § 79 VgV die ausschließlich auf Planungswettbewerbe für Architekten- und Ingenieurleistungen anzuwendenden Vorschriften aus dem bisherigen § 16 VOF. In Abs. 1 wird vorgegeben, dass mit der Ausrichtung eines Planungswettbewerbs Preise oder Preise und Anerkennungen auszuloben sind. Die „Anerkennung" im Sinne von § 79 Abs. 1 VgV war in § 25 Abs. 3 VOF 2006 und in den GRW 1995 noch als „Ankauf" bezeichnet worden. Mittlerweile wurde dieser Begriff durch den Begriff der „Anerkennung" ersetzt, weil aus dem Begriff des „Ankaufs" vielfach gefolgt wurde, dass der Auslober ein Nutzungsrecht ohne weitere Pflicht zur Vergütung erwirbt.[2]

---

[1] → VgV § 71 Rn. 17 f.

[2] Siehe Einführungserlass zur RPW 2008 v. 21.11.2008 – B 10 – 8111.7/2 S. 9.

Abs. 2 enthält spezielle Regelungen zur Vermeidung von Interessenkonflikten, die ne- 4
ben den allgemeinen Regelungen des § 6 VgV anzuwenden sind. Während § 6 VgV den
Ausschluss von Personen, die einem Interessenkonflikt unterliegen, auf der Auftraggeberseite regelt, sieht § 70 Abs. 2 VgV den Ausschluss von Teilnehmern am Planungswettbewerb vor.

Anforderungen an die Qualifikationen und die Unabhängigkeit der Preisrichter werden 5
in Abs. 3 normiert. Die Regelung entspricht damit dem bisherigen § 16 Absatz 4 VOF,
wonach die Mehrheit der Preisrichter über dieselbe oder eine gleichwertige Qualifikation
wie die Teilnehmer verfügen muss. Gegenüber der für alle Planungswettbewerbe geltenden
allgemeinen Bestimmung des § 72 Abs. 1 S. 2 VgV, nach der nur mindestens ein Drittel der
Preisrichter über dieselbe oder eine gleichwertige Qualifikation verfügen muss, stellt § 79
Abs. 3 VgV eine Verschärfung für Planungswettbewerbe für Architekten- und Ingenieurleistungen auf. Des Weiteren wird festgelegt, dass die Mehrheit der Preisrichter unabhängig
vom öffentlichen Auftraggeber sein muss. Ob hierdurch tatsächlich die Attraktivität von
Planungswettbewerben für den öffentlichen Auftraggeber geschmälert wird,[3] erscheint fraglich. Zwar ist rechtlich betrachtet richtig, dass der öffentliche Auftraggeber durch die Einsetzung einer unabhängigen Jury die Festlegung des konkreten Beschaffungsgegenstand in
einem etwaigen, dem Wettbewerb nachfolgenden Vergabeverfahren aus der Hand gibt.
Tatsächlich hat der öffentliche Auftraggeber durch die Auswahl der (auch unabhängigen)
Preisrichter sowie durch den Einsatz prägender abhängiger Preisrichter faktisch nach wie
vor die Möglichkeit, den Wettbewerb in gewisser Weise zu steuern. Zumal das Preisgericht
gemäß § 79 Abs. 4 S. 1 VgV in seinen Entscheidungen die in der Wettbewerbsbekanntmachung als bindend bezeichneten Vorgaben des öffentlichen Auftraggebers zu beachten hat.

Abs. 4 enthält bestimmte Vorgaben, die das Preisgericht bei seiner Entscheidung beach- 6
ten muss. Die Vorschrift entspricht dem bisherigen § 16 Abs. 5 S. 3 und 4 VOF.

Abs. 5 enthält schließlich besondere Verfahrensbestimmungen für die Durchführung von 7
Planungswettbewerben. Die Vorschrift entspricht dem bisherigen § 16 Abs. 6 VOF.

III. Rechtliche Vorgaben im EU-Recht

Die Vergaberichtlinie[4], die mit der VgV in deutsches Recht umgesetzt wird, gilt auch 8
für Planungswettbewerbe. Das wird in Art. 1 Abs. 1 der Vergaberichtlinie klargestellt, wonach mit dieser Richtlinie *„Regeln für die Verfahren öffentlicher Auftraggeber bei der Vergabe öffentlicher Aufträge und der Durchführung von Wettbewerben festgelegt"* werden. Unter Art. 2
Abs. 1 Ziffer 21 wird der Begriff des Wettbewerbs auch legaldefiniert. Hiernach sind Wettbewerbe *„Verfahren, die dazu dienen, dem öffentlichen Auftraggeber insbesondere auf den Gebieten
der Raumplanung, der Stadtplanung, der Architektur und des Bauwesens oder der Datenverarbeitung
einen Plan oder eine Planung zu verschaffen, deren Auswahl durch ein Preisgericht aufgrund vergleichender Beurteilung mit oder ohne Vergabe von Preisen erfolgt"*. Diese Definition zeigt bereits,
dass der europäische Gesetzgeber die (Planungs-)Wettbewerbe nicht auf die Vergabe von
Architekten- und Ingenieurleistungen begrenzen wollte. Deutlich wird dies auch anhand
des Erwägungsgrunds 120 zur Vergaberichtlinie, wo ausdrücklich darauf hingewiesen wird,
dass Wettbewerbe nicht nur *„im Bereich der Stadt- und Raumplanung, der Architektur und des
Bauwesens"* durchgeführt werden können, sondern *„auch für andere Zwecke verwendet werden
könnten, etwa für Pläne für Finanzierungstechnik, die die Unterstützung von KMU im Kontext der
gemeinsamen europäischen Ressourcen für kleinste bis mittlere Unternehmen (Jeremie) oder anderen
KMU-Unterstützungsprogrammen der Union in einem bestimmten Mitgliedstaat optimieren würden."* Offenbar sieht der europäische Gesetzgeber in Wettbewerben ein Instrument für die

---

[3] *Hartmann* in KKMPP, Kommentar zur VgV 1. Aufl. 2017 § 79 Rn. 70.
[4] Richtlinie 2014/24/EU des Europäischen Parlaments und des Rates vom 26. Februar 2014 über die öffentliche Auftragsvergabe und zur Aufhebung der Richtlinie 2004/18/EG.

Unterstützung von KMU. Diese Intention ist bei der Auslegung der europäischen – und der darauf basierenden nationalen – Vergaberegelungen zu (Planungs-)Wettbewerben zu berücksichtigen.

9   Vorschriften für Wettbewerbe enthält die Vergaberichtlinie in den **Artikeln 78–82.** Dort wird in Art. 78 zunächst der Anwendungsbereich definiert. Daraus ergibt sich, dass Wettbewerbe im Rahmen eines Vergabeverfahrens oder auch ohne Vergabeverfahren ausgerichtet werden können. Diese beiden Varianten finden sich in § 78 Abs. 2 S. 2 VgV wieder. Daneben enthält Art. 78 Vorgaben für die Schätzung des Auftragswerts bei Wettbewerben, die der Verordnungsgeber in § 3 Abs. 12 VgV übernommen hat. Art. 79 bestimmt, dass öffentliche Auftraggeber, welche die Durchführung eines Wettbewerbs planen, ihre Absicht in einer Wettbewerbsbekanntmachung mitteilen müssen. Entsprechend müssen die Ausrichter die Ergebnisse eines durchgeführten Wettbewerbs bekanntmachen. Zu beiden Bekanntmachungen werden in Art. 79 bestimmte Anforderungen definiert. Zudem enthält die Vergaberichtlinie im Anhang V Teil E und F eine Aufzählung über die in diesen Bekanntmachungen aufzuführenden Angaben. Art. 79 der Vergaberichtlinie wird mit § 70 VgV umgesetzt. Entsprechendes gilt für Art. 80, der Vorschriften für die Ausrichtung von Wettbewerben und die Auswahl der Teilnehmer enthält und der mit § 71 VgV umgesetzt wird. § 72 Abs. 1 VgV ist identisch mit Art. 81 der Vergaberichtlinie, in dem die Zusammensetzung des Preisgerichts geregelt wird. In § 72 Abs. 2–4 VgV wird schließlich Art. 82 der Vergaberichtlinie umgesetzt. Sämtliche Vorgaben für Wettbewerbe in der Vergaberichtlinie wurden mithin in § 3 Abs. 12 sowie §§ 69–72 VgV übernommen.

10   Spezielle Regelungen für Wettbewerbe für **Architekten- und Ingenieurleistungen** enthält die Vergaberichtlinie nicht. Da die Vergaberichtlinie grundsätzlich kein Sonderregelungsregime für die Vergabe von Architekten- und Ingenieurleistungen vorsieht, ist dies folgerichtig und entspricht auch dem Ansatz des europäischen Gesetzgebers, den Anwendungsbereich der Wettbewerbe nicht nur rechtlich, sondern auch faktisch zu öffnen und über die Architekten- und Ingenieurleistungen hinaus zu erweitern.

11   Hervorzuheben wegen ihrer zukünftig möglicherweise großen praktischen Bedeutung insbesondere für die Vergabe von Architekten- und Ingenieurleistungen ist jedoch die Regelung in Art. 22 Abs. 4 der Vergaberichtlinie, wenngleich es sich hierbei weder eine speziell für Wettbewerbe noch speziell für Architekten- und Ingenieurleistungen normierte Regelung handelt. Danach können die Mitgliedstaaten für öffentliche Bauaufträge und Wettbewerbe *„die Nutzung spezifischer elektronischer Instrumente, wie z. B. elektronischer Instrumente für die **Gebäudedatenmodellierung** oder dergleichen, verlangen. In diesem Fall bieten die öffentlichen Auftraggeber alternative Zugänge gemäß Absatz 5 bis zu dem Zeitpunkt, zu dem diese Instrumente im Sinne von Absatz 1 Unterabsatz 1 Satz 2 allgemein zur Verfügung stehen."* Damit wurde vergaberechtlich die Tür geöffnet für die – spätestens durch den Bericht der Reformkommission für Großprojekte angestoßene – derzeit breit diskutierte und politisch geforderte Nutzung des Building Information Modeling (BIM).[5]

B. Regelablauf eines Planungswettbewerbs

12   Die Überschrift von § 79 VgV suggeriert, dass diese Vorschrift die Durchführung von Planungswettbewerben regelt. Tatsächlich enthält diese Vorschrift nur die punktuelle Regelung von Einzelfragen, hierunter der Auslobung von Preisen, der Vermeidung von Interessenkonflikten sowie der Entscheidung des Preisgerichts. Das liegt nicht daran, dass § 79 VgV gemäß § 78 Abs. 3 S. 2 VgV nur die speziellen Regelungen für Planungswettbewerbe für Architekten- und Ingenieurleistungen normieren soll. Denn auch die allgemeinen Regelungen zu Planungswettbewerben im Abschnitt 5 der VgV enthalten keine umfassenden Vorgaben für die Strukturierung und Durchführung eines Planungswettbewerbs, ebenso

---

[5] Siehe hierzu *Fandrey* in Eschenbruch/Leupertz, BIM und Recht 1. Aufl. 2016 S. 234 ff.

wenig wie die Vergaberichtlinie, die in Art. 80 Abs. 1 lediglich vorschreibt, dass die öffentlichen Auftraggeber bei der Durchführung von Wettbewerben Verfahren anwenden müssen, welche „*Titel I und diesem Kapitel entsprechen*".

Der öffentliche Auftraggeber unterliegt deshalb bei der Strukturierung und Durchführung eines Planungswettbewerbs nicht so strikten Vorgaben wie bei einem anderen Vergabeverfahren. Freilich muss er die in den §§ 69–72 VgV sowie §§ 78–80 VgV enthaltenen Vorgaben zu dort geregelten Einzelfragen einhalten. Ebenso ist er zur Beachtung der vergaberechtlichen Grundsätze – insbesondere Wettbewerb und Gleichbehandlung – verpflichtet. Darüber hinausgehende inhaltliche Vorgaben enthält die VgV nicht. Lediglich ist der öffentliche Auftraggeber zur Erfüllung des vergaberechtlichen Transparenzgebots verpflichtet, den Wettbewerb veröffentlichten einheitlichen Richtlinien zu unterstellen, wobei es sich hierbei um von ihm selbst erstellte Richtlinien oder aber um Richtlinien Dritter handeln kann. **13**

In der Praxis führen öffentliche Auftraggeber Planungswettbewerbe für Architekten- und Ingenieurleistungen auf der Grundlage der RPB 2013 durch. Diesen Richtlinien liegt folgender Verfahrensablauf zugrunde: **14**

I. Vorbereitung des Planungswettbewerbs

1. Festlegungen durch den Auftraggeber

Die Vorbereitung des Planungswettbewerbs hat unter Mitwirkung der zuständigen Architekten- oder Ingenieurkammer zu erfolgen. Dabei sind insbesondere folgende Festlegungen zu treffen: **15**

Beschreibung der Wettbewerbsaufgabe. Im Zusammenhang mit der Wettbewerbsaufgabe muss der öffentliche Auftraggeber die Anforderungen und die Zielvorstellungen definieren, seine Anregungen benennen und festlegen, ob und ggf. welche als bindend bezeichneten Vorgaben es gibt, deren Nichteinhaltung zum Ausschluss führt. An diese Festlegung ist das Preisgericht gemäß § 79 Abs. 4 S. 1 VgV gebunden.[6] **16**

Wahl des Wettbewerbsverfahren (offener oder nichtoffener Wettbewerb und einphasiges oder zweiphasiges Verfahren; zu den einzelnen Verfahren vgl. → VgV § 78 Rn. 92 ff.). Ob ein offener oder nichtoffener Wettbewerb durchgeführt wird, muss zwingend in der Wettbewerbsbekanntmachung angegeben werden. Das ist in dem gemäß § 78 Abs. 3 i. V. m. § 70 Abs. 1 VgV zu verwendenden Muster gemäß Anhang IX der Durchführungsverordnung (EU) Nr. 2015/1986 auch vorgesehen. Für die Frage der Ein- oder Zweiphasigkeit des Wettbewerbs muss der öffentliche Auftraggeber nur die Absicht, einen zweiphasigen Wettbewerb durchzuführen, bekanntmachen. Enthält die Wettbewerbsbekanntmachung keinen Hinweis zu der Frage, ob ein ein- oder zweiphasiger Wettbewerb durchgeführt werden soll, liegt darin die Festlegung für einen einphasigen Wettbewerb. Darüber hinaus ist festzulegen, ob ein Ideenwettbewerb durchgeführt wird oder ob eine Weiterbeauftragung des oder eines Preisträgers vorgesehen ist (Realisierungswettbewerb). **17**

Festlegung der Teilnahmebedingungen. Diese müssen mit der Wettbewerbsaufgabe in einem Zusammenhang stehen und die für die Erfüllung der Aufgabe erforderliche fachliche Qualifikation abbilden. Teilnahmebedingungen können daher fachliche Anforderungen und sonstige Zulassungsvoraussetzungen sein. Die RPW 2013 sehen apodiktisch vor, dass bei natürlichen Personen die fachlichen Anforderungen erfüllt sind, wenn sie die in der Auslobung genannte Berufsbezeichnung führen dürfen. Das erscheint selbst vor dem Hintergrund, dass im Anschluss an den Wettbewerb die Eignung separat geprüft wird (§ 80 Abs. 1 VgV) und hier nur die Teilnahmevoraussetzungen für den Wettbewerb festgelegt werden, zu weitgehend. Der öffentliche Auftraggeber muss die Möglichkeit haben, über die Berufszulassung hinaus weitere, im Zusammenhang mit der Wettbewerbsaufgabe ste- **18**

---

[6] → VgV § 79 Rn. 122 ff.

hende fachliche Anforderungen als Teilnahmevoraussetzung zu fordern (→ § VgV 78 Rn. 110).

19   Festlegung von **Auswahlkriterien** für den Teilnahmewettbewerb im nichtoffenen Wettbewerb. Beabsichtigt der öffentliche Auftraggeber die Durchführung eines nichtoffenen Wettbewerbs, sind in der Wettbewerbsbekanntmachung gemäß § 3 Abs. 4 S 2 und 3 RPW 2013 *„die angestrebte Zahl an Teilnehmern, die vorzulegenden Nachweise, das zur Auswahl der Teilnehmer angewandte Verfahren … anzugeben. Die Teilnehmerzahl soll der Größe und Bedeutung der Wettbewerbsaufgabe angemessen sein.“* Die Teilnehmer sind *„anhand eindeutiger, nicht diskriminierender, angemessener und qualitativer Kriterien aus dem Kreis der Bewerber“* auszuwählen (→ VgV § 78 Rn. 99 ff.).

20   **Bestimmung gesetzter Wettbewerbsteilnehmer** im nichtoffenen Wettbewerb. Der nichtoffene Wettbewerb unterscheidet sich vom offenen Wettbewerb dadurch, dass der eigentliche Realisierungswettbewerb nur mit einer bestimmten Anzahl von Fachleuten durchgeführt wird, die dazu eingeladen worden sind. Öffentliche Auftraggeber müssen dem eigentlichen Realisierungswettbewerb dafür einen öffentlichen Teilnahmewettbewerb vorschalten. Strukturell ähnelt der Nichtoffene Wettbewerb damit dem Nichtoffenen Verfahren. Es handelt sich damit um ein zweistufiges Verfahren. In der ersten Stufe werden die späteren Teilnehmer für den Realisierungswettbewerb, der auf der zweiten Stufe erfolgt, anhand nicht diskriminierender Kriterien ausgewählt. Gemäß § 3 Abs. 3 S. 2, 6 RPW 2013 hat der öffentliche Auftraggeber das Recht, Fachkundige vorauszuwählen, die sich nicht auf der ersten Stufe im Wettbewerb durchsetzen müssen, sondern die unmittelbar zur Teilnahme aufgefordert werden. Allerdings müssen mehr nicht-vorausgewählte als vorausgewählte Teilnehmer zum eigentlichen Realisierungswettbewerb zugelassen werden (vgl. im Einzelnen → VgV § 78 Rn. 105).[7] Entscheidet sich der öffentliche Auftraggeber dazu, Fachkundige vorauszuwählen, muss er diese in der Wettbewerbsbekanntmachung bekannt geben.

21   **Bestimmung von Terminen und Fristen** für die Einreichung der Wettbewerbsarbeiten und ggf. für die Einreichung eines Teilnahmeantrags beim nichtoffenen Wettbewerb. Die Benennung einer Frist für die Einreichung der Wettbewerbsarbeiten ist konstitutiv für eine Auslobung im Sinne von § 661 BGB.[8] Die Dauern der bei Planungswettbewerben für Architekten- und Ingenieurleistungen relevanten Fristen sind in der VgV (und auch in der RPW 2013) nicht geregelt. Das bedeutet freilich nicht, dass der öffentliche Auftraggeber in der Festlegung der Fristen vollkommen frei wäre. Vielmehr muss er die Fristen unter Berücksichtigung des Nichtdiskriminierungsgebots festlegen. Insbesondere mit Blick auf kleinere Büroeinheiten und Berufsanfänger, aber auch auf ausländische Architekten und Ingenieure darf die Frist nicht zu kurz bemessen sein. Es bietet sich – jedenfalls als Faustregel – an, für die Bestimmung der Teilnahmefristen die entsprechenden Fristen für das nichtoffene Verfahren heranzuziehen. Für den nichtoffenen Wettbewerb bedeutet das, dass für den Eingang der Teilnahmeanträge eine Frist von mindestens 30 Tagen, gerechnet ab dem Tag nach der Absendung der Wettbewerbsbekanntmachung, zu setzen ist (§ 16 Abs. 2 VgV). Für die Angebotsfrist kann demgegenüber nicht auf die entsprechenden Fristen des offenen oder nichtoffenen Verfahrens zurückgegriffen werden. Denn der im Planungswettbewerb einzureichende Wettbewerbsbeitrag ist etwas fundamental anderes als ein Angebot, mit dem im wesentlichen die ausgeschriebene Leistung kalkuliert und bepreist wird. Dementsprechend hat der Verordnungsgeber auch bei dem insoweit ähnlich gelagerten Wettbewerblichen Dialog eine Teilnahmefrist (mindestens 30 Tage), nicht aber eine Frist für die Einreichung der Dialogbeiträge vorgegeben (vgl. § 18 Abs. 3, 5 VgV). Die Frist zur Einreichung der Wettbewerbsbeiträge muss in der Regel so gewählt werden, dass auch kleinere Büroeinheiten und Berufsanfänger (zeitlich) in der Lage sind, eine wertbare Arbeit abzugeben. Insofern kann die Frist auch nicht allgemein vorgegeben werden, da hierfür Art und

---

[7] *Müller-Wrede* in Müller-Wrede. VOF 5. Aufl. 2014 § 16 Rn. 43.
[8] *Sprau* in Palandt BGB, 75. Aufl. 2015 § 661 Rn. 1.

Umfang des Wettbewerbs und insbesondere die Wettbewerbsaufgabe berücksichtigt werden müssen.[9] Eine Überschreitung der bekanntgemachten Teilnahme- oder Angebotsfrist führt zum Ausschluss vom Planungswettbewerb.

Festlegung der bindenden Vorgaben, die das Preisgericht bei der Bewertung der 22 Wettbewerbsarbeiten und in seiner Entscheidung beachten muss, sowie der Form der Einreichung von Wettbewerbsarbeiten. Dazu können beispielsweise gehören:

- Angabe von Form und Frist für die Abgabe von Wettbewerbsarbeiten;
- Angabe der fachlich-technischen und inhaltlichen Anforderungen an die Wettbewerbsarbeiten
- Angabe der mit der Wettbewerbsarbeit abzugebenden Erklärungen und Unterlagen (auch Modelle);

Es empfiehlt sich außerdem, Festlegungen über die Zulässigkeit und die Zahl von Wettbewerbsarbeiten sowie von Varianten zu treffen. Die Nichteinhaltung bindender Vorgaben führt zwingend zum Angebotsausschluss (→ VgV § 79 Rn. 122 ff.).

Festlegung der Beurteilungskriterien. Nach **§ 72 Abs. 2 VgV,** der gemäß § 78 23 Abs. 3 S. 1 VgV auch für die Durchführung von Planungswettbewerben für Architekten- und Ingenieurleistungen gilt, trifft das Preisgericht seine Entscheidungen aufgrund von Kriterien, die in der Wettbewerbsbekanntmachung genannt sind. Besondere Vorgaben für die Wahl dieser Kriterien enthält die VgV nicht. Auch die RPW 2013 enthält solche Vorgaben nicht. Bei der Festlegung der **Entscheidungskriterien,** anhand derer die Wettbewerbsarbeiten zu bewerten sind, ist der öffentliche Auftraggeber daher nur an die allgemeinen vergaberechtlichen Grundsätze, insbesondere den Grundsatz der Gleichbehandlung (§ 97 Abs. 2 GWB) gebunden (→ VgV § 79 Rn. 113).

Auswahl der Preisrichter. Hierbei muss der öffentliche Auftraggeber insbesondere die 24 Anforderungen an die Qualifikation und Unabhängigkeit der Preisrichter beachten (→ VgV § 79 Rn. 97). Die Preisrichter unterteilen sich in Fach- und Sachpreisrichter (→ VgV § 78 Rn. 124). **Fachpreisrichter** besitzen die fachliche Qualifikation der Teilnehmer, wobei eine gleichwertige Qualifikation ausreicht. Die Regelung der RPW 2013, die für die Fachpreisrichter „die fachliche Qualifikation der Teilnehmer" verlangt, ist insoweit im Lichte von § 79 Abs. 3 S. 1 VgV und auch Art. 81 der Vergaberichtlinie auszulegen.[10] **Sachpreisrichter** sollen mit der Wettbewerbsaufgabe und den örtlichen Verhältnissen besonders vertraut sein. Hierbei handelt es sich ausdrücklich nicht um eine Muss-Bestimmung. In der Praxis werden oftmals die politischen Entscheidungsträger als Sachpreisrichter einbezogen. Das ist grundsätzlich zulässig. Voraussetzung für einen Sachpreisrichter ist, dass er in irgendeiner Weise prädestiniert ist, an dem Preisgericht beteiligt sein. Gründe können die besondere Vertrautheit mit der Aufgabe oder den örtlichen Verhältnissen, aber auch die politisch legitimierte Interessenvertretung sein. Über dieselbe oder eine gleichwertige Qualifikation wie die Teilnehmer müssen die Sachpreisrichter nicht verfügen.

Berechnung der Wettbewerbssumme. Nach der Definition des Wettbewerbs in § 103 25 Abs. 6 GWB handelt es sich dabei um Auslobungsverfahren, die dem Auftraggeber mit oder ohne Verteilung von Preisen zu einem Plan oder einer Planung verhelfen sollen. Führt der öffentliche Auftraggeber einen Planungswettbewerb für Architekten- und Ingenieurleistungen aus, ist er gemäß § 79 Abs. 1 VgV (und bei Zugrundelegung der RPW 2013 ebenfalls nach der jedoch nachrangigen Vorschrift des § 7 Abs. 2 S. 1) zur Honorierung von Wettbewerbsbeiträgen durch Preise verpflichtet (→ VgV § 79 Rn. 48 ff.). Dazu legt der öffentliche Auftraggeber bereits in der Wettbewerbsbekanntmachung einen Gesamtbetrag fest, der für Preise und Anerkennungen als verbindlicher Rahmen zur Verfügung gestellt wird (vgl. auch Teil E Nr. 7 zu Art. 79 Abs. 1 der Vergaberichtlinie). Dieser Betrag wird als Wettbewerbssumme bezeichnet (→ VgV § 79 Rn. 55 und → VgV § 78 Rn. 149 ff.). Die Höhe der Wettbewerbssumme soll sich gemäß § 7 Abs. 2 RPW 2013 an der HOAI orientieren und Bezug zur Schwierigkeit der Aufgabe aufweisen. In Anl. II zur RPW 2013 wird aufgezeigt, wie die Wettbewerbssumme ermittelt werden kann. Eine Ver-

---

9 *Voppel/Osenbrück/Bubert* VOF, 3. Aufl. 2012 § 15 Rn. 38.
10 *Hartmann* in KKMPP, Kommentar zur VgV 1. Aufl. 2017 § 79 Rn. 65.

pflichtung zur Anwendung dieser Anlage besteht nach § 7 Abs. 2 RPW 2013 jedoch nicht. In der Wettbewerbsbekanntmachung muss die Wettbewerbssumme genannt und dargelegt werden, wie diese ermittelt wurde.

26   Angaben zu **Preisen** und zu einer **eventuellen Kostenerstattung.** Bereits in der Wettbewerbsbekanntmachung ist durch den öffentlichen Auftraggeber festzulegen, wie viele Preise vergeben werden sollen und welche Teilbeträge von der Wettbewerbssumme – in absoluten Beträgen oder in Prozent – auf diese Preise entfallen. Außerdem ist festzulegen, ob und ggf. in welcher Höhe ein Teilbetrag der Wettbewerbssumme für Anerkennungen vorbehalten bleibt. Das ergibt sich aus § 79 Abs. 1 VgV. Um das Gebot, die Wettbewerbssumme auszuschöpfen, realisieren zu können, muss außerdem festgelegt werden, wie sich die Wettbewerbssumme verteilt, wenn weniger als die in der Wettbewerbsbekanntmachung vorgesehene Anzahl von Preisen oder Anerkennungen zuerkannt werden kann, schlicht weil die eingereichten Arbeiten nicht preis- oder anerkennungswürdig sind. In diesem Fall muss in der Wettbewerbsbekanntmachung bspw. angegeben werden, dass in dem Fall, dass keine Anerkennung ausgesprochen wird, der dafür vorgesehene Teilbetrag aus der Wettbewerbssumme zu gleichen Teilen oder in einem bestimmten Verhältnis auf die Preisträger verteilt wird. Die Wettbewerbssumme kann teilweise auch als Aufwandsentschädigung ausgezahlt werden, die dann nicht nur die Preisträger, sondern alle Wettbewerbsteilnehmer, die eine grundsätzlich wertbare Arbeit eingereicht haben, erhalten. Erwägenswert ist das in der Praxis, wenn von den Teilnehmern eine große Bearbeitungstiefe verlangt wird. Dies ist häufiger bei mehrphasigen Wettbewerben der Fall, wenn der Wettbewerb in der zweiten Phase nur mit einer beschränkten Zahl ausgewählter Teilnehmer fortgeführt und in dieser Phase eine Überarbeitung und Vertiefung der Wettbewerbsarbeit verlangt wird. Ein weiterer Anwendungsfall sind interdisziplinäre Wettbewerbe. Die Summe der Aufwandsentschädigungen darf die Summe der Preis- und Anerkennungsgelder nur im Ausnahmefall übersteigen, weil sonst der Wettbewerbsgrundsatz konterkariert würde.[11]

27   Festlegung, ob **Eigentum oder Urheberrecht** an den Wettbewerbsarbeiten auf den öffentlichen Auftraggeber übergehen. Wird dem öffentlichen Auftraggeber im Vergabeverfahren ein ausgearbeiteter Lösungsvorschlag übergeben, gehen nach hier vertretener Auffassung (→ VgV § 77 Rn. 94) damit auch Nutzungsrechte auf den öffentlichen Auftraggeber über. Maßgeblich ist die § 31 Abs. 1–3 UrhG zu Grunde liegende Zweckübertragungstheorie. Bei der Übergabe von urheberrechtlich geschützten Plänen in einem Architektenvertrag liegt der Zweck regelmäßig darin, dass nach den übergebenen Plänen gebaut werden soll. Dieses Nutzungsrecht wird dem öffentlichen Auftraggeber damit eingeräumt. Eine darüber hinausgehende Einräumung von Nutzungsrechten muss ausdrücklich zwischen Auftraggeber und Wettbewerbsteilnehmer vereinbart werden. Dazu dient gegebenenfalls die Mitteilung in der Wettbewerbsbekanntmachung. Außerdem muss dort geregelt werden, wer Eigentum an den eingereichten Wettbewerbsarbeiten nach Abschluss des Planungswettbewerbs erhält. § 8 Abs. 3 S. 4 RPW 2013 regelt dazu, dass die mit Preisen ausgezeichneten Arbeiten und Anerkennungen Eigentum des Auslobers werden. Für nicht prämierte Arbeiten wird regelmäßig festgelegt, dass diese nur auf Anforderung der Teilnehmer, die innerhalb von 4 Wochen nach Abschluss des Planungswettbewerbs eingegangen sein muss, zurückgesandt werden, und dass der Teilnehmer durch Nicht-Ausübung dieses Rechts auf sein Eigentum an der Wettbewerbsarbeit verzichtet (→ VgV § 78 Rn. 168 f.).

2. Bekanntmachung und Auslobungsunterlagen

28   **Erstellung der Wettbewerbsbekanntmachung.** Unter Berücksichtigung der vorgenannten Aspekte erstellt der Auftraggeber die Wettbewerbsbekanntmachung nach dem Muster gemäß Anhang IX der Durchführungsverordnung (EU) Nr. 2015/1986 (§ 70

---

[11] *Hartmann* in KKMPP, Kommentar zur VgV 1. Aufl. 2017 § 79 Rn. 21.

Abs. 1 S. 1 VgV). Für Einzelheiten wird auf die Kommentierung zu § 70 VgV verwiesen. Ein wesentlicher Aspekt ist an dieser Stelle indes hervorzuheben: Nach Anhang V Teil E Nr. 2, der gemäß Art. 79 Abs. 3 Satz 1 der Vergaberichtlinie zwingende Vorgaben für die Wettbewerbsbekanntmachung enthält, ist anzugeben die *„E-Mail- oder Internet-Adresse, über die die Auftragsunterlagen unentgeltlich, uneingeschränkt, vollständig und unmittelbar abgerufen werden können."* Nach der Vergaberichtlinie müssen mithin im Zeitpunkt der Bekanntmachung eines Realisierungswettbewerbs (denn nur in dessen Anschluss soll ein Planerauftrag vergeben werden) bereits die Auftragsunterlagen zur Verfügung gestellt werden. Denn es erscheint naheliegend, dass ein Interessent die Entscheidung, ob er einen Teilnahmeantrag einreicht, nicht zuletzt von den Auftragsunterlagen abhängig macht. In Rechtsprechung und Literatur wird allerdings zutreffend darauf hingewiesen, dass diese Verpflichtung nur gilt, *„soweit diese Unterlagen bei Auftragsbekanntmachung in einer finalisierten Form vorliegen können."*[12] Weil der Planungswettbewerb dazu dient, eine Planung zu beschaffen, auf deren Grundlage ein Planungsauftrag vergeben werden soll, die mithin der Leistungsbeschreibung dient, werden jedenfalls nicht die vollständigen Auftragsunterlagen im Zeitpunkt der Wettbewerbsbekanntmachung finalisierbar sein.

Erstellung der Auslobungsunterlagen in Abstimmung mit den Mitgliedern des **29** Preisgerichts. Für Planungswettbewerbe, die auf der Grundlage der RPW 2013 durchgeführt werden, sind in der Anl. I die Angaben für die Auslobung von Wettbewerben aufgezählt. Die Auslobung entspricht der Aufforderung zur Angebotsabgabe. Die Angaben aus der Anl. I müssen in den Auslobungsunterlagen erfolgen, soweit sie nicht in der Wettbewerbsbekanntmachung selbst aufgeführt sind. Ausweislich der Überschrift der Anl. I handelt es sich um „notwendige Angaben"; im Text der Anlage heißt es jedoch, dass die Auslobung folgende Angaben enthalten „soll". Unter dem Gesichtspunkt des im Vergaberecht zu beachtenden Transparenzgebotes handelt es sich um Angaben, die der öffentliche Auftraggeber machen muss. Dabei handelt es sich um folgende Angaben:

1. Anlass und Zweck des Wettbewerbs;
2. die Bezeichnung des Auslobers und seiner Vertretung;
3. die Angabe der Registriernummer bei der zuständigen Architekten- und Ingenieurkammer der jeweiligen Bundesländer;
4. Gegenstand und Art des Wettbewerbs;
5. den Zulassungsbereich;
6. die Beschreibung der Wettbewerbsaufgabe;
7. bei interdisziplinären Wettbewerben die erforderlichen Fachbeiträge mit ihren jeweiligen Anforderungen;
8. die wirtschaftlichen Rahmenbedingungen des Wettbewerbes;
9. die Teilnahmeberechtigung;
10. die Namen von außerhalb des Zulassungsbereiches eingeladenen Teilnehmern, ggf. die Namen aller Teilnehmer;
11. die Namen der Preisrichter, stellvertretenden Preisrichter, Vorprüfer und Sachverständigen unter Angabe des Geschäfts- oder Dienstsitzes;
12. die Schutzgebühr und die Frist, bis zu deren Ablauf die unbeschädigten Wettbewerbsunterlagen zur Erstattung der Schutzgebühr zurückgegeben sein müssen;
13. den Einlieferungstermin; die Art der Kennzeichnung der Wettbewerbsarbeit und die Anschrift für die Ablieferung der Wettbewerbsarbeit;
14. die Termine für Rückfragen; Antworten und Kolloquien;
15. die geforderten Wettbewerbsleistungen;
16. die als bindend bezeichneten Vorgaben sowie die Anregungen des Auslobers;
17. die für das Preisgericht bindenden Beurteilungskriterien;
18. die Anzahl und Höhe der Preise, Anerkennungen und ggf. Aufwandsentschädigungen;
19. die Wettbewerbsbedingungen mit dem Hinweis darauf, dass die Auslobung nach dieser Richtlinie erfolgt;
20. den Inhalt der Erklärung der Wettbewerbsteilnehmer;
21. die Sprache, in welcher der Wettbewerb durchgeführt wird und in der ggf. die weitere Planung erfolgt;
22. die für die Lösung der Wettbewerbsaufgabe maßgeblichen Rechtsgrundlagen und technischen Regelwerke;

---

[12] OLG München v. 13.3.2017 – Verg 15/16, NZBau 2017, 371, 372 f.

23. Art, Umfang und allgemeine Bedingungen der vorgesehenen Beauftragung einer oder mehrerer Preisträger sowie die Honorarzone, wie sie sich nach der jeweils geltenden Honorarordnung auf der Grundlage der Anforderungen der Auslobung ergibt, es sei denn, die Honorarzone lässt sich danach nicht eindeutig ermitteln.
24. die Gewichtung des Wettbewerbsergebnisses im Falle eines anschließenden Verhandlungsverfahrens.

In Anl. III zur RPW 2013 werden darüber hinaus sonstige erforderliche Unterlagen, insbesondere Planunterlagen, genannt, die den Wettbewerbsteilnehmer neben den eigentlichen Auslobungsunterlagen zur Verfügung zu stellen sind.

3. Einbindung Dritter in die Vorbereitung

30   **Preisrichtervorbesprechung** zur inhaltlichen Besprechung und Festlegung der verbindlichen Auslobungsunterlagen. Richtet der öffentliche Auftraggeber den Planungswettbewerb auf der Grundlage der RPW 2013 aus, ist er gemäß § 2 Abs. 3 verpflichtet, das Preisgericht bei der Vorbereitung und Auslobung des Wettbewerbs zu beteiligen. Dies kann im Rahmen einer so genannten Preisrichtervorbesprechung erfolgen. Außerhalb des Anwendungsbereichs der RPW 2013 wird das Preisgericht in der Praxis indes nur selten frühzeitig eingebunden.

31   Übersendung der Auslobung an die zuständige Architekten- oder Ingenieurkammer zur **Registrierung des Wettbewerbs.** Aus § 78 Abs. 2 S. 3 VgV ergibt sich, dass der zuständigen Architekten- oder Ingenieurkammer die Mitwirkung an der Vorbereitung und bei der Durchführung eines Planungswettbewerbs ermöglicht werden muss (→ VgV § 78 Rn. 170 f). Nach § 2 Abs. 4 S. 2 RPW 2013 wird das dadurch sichergestellt, dass der Wettbewerb bei der Kammer registriert wird. Dafür meldet der Ausrichter den Wettbewerb an und überlässt die Wettbewerbsunterlagen der Architekten- bzw. Ingenieurkammer. Mit der Registrierung bestätigt die Kammer, dass diese Unterlagen der RPW 2013 entsprechen. Fehlt es an einer solchen Bestätigung, dann verbieten in der Regel die länderrechtlichen Vorschriften den Architekten und Ingenieuren ihre Teilnahme am Wettbewerb.

II. Durchführung des Planungswettbewerbs

1. Bekanntmachung und Bereitstellung der Auslobungsunterlagen

32   **Veröffentlichung der Wettbewerbsbekanntmachung.** Wann ein Wettbewerb beginnt, ist weder in der Vergaberichtlinie noch in den einschlägigen deutschen Vergabegesetzen bestimmt. Viel spricht dafür, den Beginn eines Wettbewerbs mit dem Beginn eines Vergabeverfahrens gleichzusetzen. Mit Blick auf § 3 Abs. 3 VgV ist das der Tag, an dem die Wettbewerbsbekanntmachung abgesendet wird. Gemäß § 70 Abs. 1 S. 2 VgV hat der öffentliche Auftraggeber bei der Wettbewerbsbekanntmachung die Vorgaben aus § 40 VgV zu beachten. Für Einzelheiten wird auf die diesbezüglichen Kommentierungen verwiesen.

33   **Versand der Auslobung an die Teilnehmer.** Wann und wie Auslobungsunterlagen sowie gegebenenfalls weitere Wettbewerbsunterlagen den Wettbewerbsteilnehmern zur Verfügung gestellt werden müssen, ist weder in der VgV noch in der RPW 2013 normiert. In der Praxis hat der öffentliche Auftraggeber bislang die Wettbewerbsbekanntmachung veröffentlicht, bevor die Auslobungsunterlagen erstellt, geschweige denn fertiggestellt worden sind.[13] Dieser Ablauf ist vergaberechtlich nicht mehr zulässig. Zwar findet § 41 VgV, der den öffentlichen Auftraggeber verpflichtet, Unternehmen bereits im Zeitpunkt der Bekanntmachung den Abruf der Vergabeunterlagen zu ermöglichen, auf Planungswettbewerben keine Anwendung. In den §§ 69–72 sowie §§ 78–80 VgV hat der Verordnungsgeber konkret benannt, welche Regelungen aus den übrigen Abschnitten der VgV auf Planungswettbewerben anzuwenden sind. Dabei verweist der Verordnungsgeber unter an-

---

[13] *Hartmann* in KKMPP, Kommentar zur VgV 1. Aufl. 2017 § 79 Rn. 4; *Schabel* in Ziekow/Völlink, Vergaberecht 2. Aufl. 2014 R § 16 VOF Rn. 26.

derem auf § 39 Abs. 6 VgV sowie auf § 40 VgV, nicht aber auf § 41 VgV. Dass der öffentliche Auftraggeber die Anwendung bestimmter Regelungen vorgegeben hat, lässt den Rückschluss zu, dass die übrigen Regelungen, auf die er nicht verweist, keine Anwendung finden sollen. Das bedeutet jedoch nicht dass die Auslobungsunterlagen nicht unentgeltlich, uneingeschränkt, vollständig und direkt mit der Wettbewerbsbekanntmachung abrufbar sein müssen. Denn auch § 70 Abs. 1 Satz 1 VgV i. V. m. Muster gem. Anhang IX der VO(EU) Nr. 2015/1986 folgt die entsprechende Verpflichtung. Auch europarechtlich wird die Veröffentlichung der Auslobungsunterlagen bereits im Zeitpunkt der Wettbewerbsbekanntmachung gefordert. Denn auch in der Vergaberichtlinie wird zwar für die Wettbewerbsbekanntmachung auf die Art. 51 und 52, nicht aber auf Art. 53 verwiesen, dem § 41 VgV entspricht und der die Zurverfügungstellung der Auftragsunterlagen regelt. Aus Art. 79 Abs. 1 i. V. m. Anhang E Nr. 2 der Vergaberichtlinie folgt indes die entsprechende Verpflichtung.

2. Vorprüfung

Die eingereichten Wettbewerbsarbeiten werden zunächst einer Vorprüfung unterzogen. **34** Sinn und Zweck der **Vorprüfung** ist es, sachliche und fachliche Feststellungen zur Vorbereitung der Preisgerichtssitzung zu treffen. Gegenstand ist also nicht die Bewertung der Wettbewerbsarbeiten, sondern deren Vorprüfung. Hierzu wird ein Vorprüfungsbericht erstellt, der den Ablauf der Vorprüfung aufzeigt und Empfehlungen zum Ausschluss von Wettbewerbsarbeiten beinhaltet. Außerdem enthält der Vorprüfungsbericht eine Darstellung jeder Wettbewerbsarbeit mit Kenndaten und einer grafischen Darstellung von Verhältniswerten sämtlicher Arbeiten im Zusammenhang.[14] Der Regelablauf einer Vorprüfung wird in Anl. VI zur RPW 2013 stichpunktartig wie folgt beschrieben:

a) Kontrolle der fristgemäßen Ablieferung der Wettbewerbsarbeiten;
b) Anlegen und Aufbewahren der Sammelliste zusammen mit den Briefumschlägen mit den Namen der Wettbewerbsteilnehmer;
c) Öffnen der Wettbewerbsarbeiten;
d) Überkleben der Kennzahlen durch Tarnzahlen;
e) Anlegen von Prüflisten;
f) Prüfen der Wettbewerbsarbeiten auf:
  – Erfüllung der formalen Wettbewerbsforderungen;
  – Erfüllung des Programms;
  – Einhaltung der nach Art und Umfang quantifizierbaren Beurteilungskriterien;
  – Einhaltung baurechtlicher Festlegungen;
g) Prüfen aller geforderten Unterlagen (Rauminhalt, Flächen, Nutzungswerte, technische Berechnungen, Kostenangaben etc.) sowie sonstiger als bindend bezeichneter Vorgaben des Auslobers;
h) Kennzeichnen und Absondern nicht prüfbarer Arbeiten und von Mehrleistungen;
i) Fertigen der Niederschrift über das Ergebnis der Vorprüfung;
j) Vervielfältigen der ausgefüllten Prüflisten für alle Preisrichter;
k) Vorschläge für die Zulassung der Wettbewerbsarbeiten;
l) Aufhängen der Wettbewerbsarbeiten.

Die Vorprüfung wird durch die Wettbewerbsbetreuer (→ VgV § 78 Rn. 87) vorge- **35** nommen. Diese treffen selbst keine Entscheidungen, sondern erstellen einen Bericht über ihre Prüfung, den sie dem Preisgericht überlassen. Auf dieser Grundlage entscheidet das Preisgericht über die Zulassung der Wettbewerbsarbeiten.

3. Sitzung des Preisgerichts

Die Preisgerichtssitzung beginnt mit einer **Konstituierung des Preisgerichts,** in der **36** in aller Regel der Vorsitzende und sein Stellvertreter gewählt werden. Die wesentlichen Inhalte dieser konstituierenden Sitzung werden in der Anl. VII zur RPW 2013 unter Ziffer 1 wie folgt beschrieben:

---

[14] *Hartmann* in KKMPP, Kommentar zur VgV 1. Aufl. 2017 § 79 Rn. 105.

a) Feststellung der Vollzähligkeit des Preisgerichts
b) Wahl des Vorsitzes und seiner Stellvertretung
c) Prüfung der Anwesenheitsberechtigung weiterer nicht zum Preisgericht gehörender Personen einschließlich eventueller Zulassung von Hilfskräften sowie Bestimmung eines Protokollführers
d) Versicherung jedes Anwesenden, dass er außerhalb von Kolloquien
 – keinen Meinungsaustausch mit Wettbewerbsteilnehmern über die Wettbewerbsaufgabe und deren Lösung geführt hat
 – während der Dauer des Preisgerichts nicht führen wird
 – bis zum Preisgericht keine Kenntnis der Wettbewerbsarbeiten erhalten hat, sofern er nicht an der Vorprüfung mitgewirkt hat
 – das Beratungsgeheimnis gewahrt wird
 – die Anonymität aller Arbeiten aus seiner Sicht gewahrt ist und
 – es unterlassen wird, Vermutungen über den Verfasser einer Arbeit zu äußern
e) Erläuterung des Wettbewerbsverfahrens, der Preisgerichtssitzung und der Wettbewerbsaufgabe, insbesondere der Beurteilungskriterien und der sonstigen als bindend bezeichneten Vorgaben anhand der Auslobung und der Protokolle über Rückfragenbeantwortung und Kolloquien
f) Persönliche Verpflichtung der Preisrichter auf eine objektive, allein an der Auslobung orientierte Beurteilung

37   Hierauf folgt die Grundsatzberatung, in deren Rahmen ein Informationsrundgang durchgeführt wird. Die weiteren Inhalte der Grundsatzberatung werden in der Anl. VII zur RPW 2013 unter Ziffer 2 wie folgt beschrieben:

a) Übernahme des Vorsitzes des Preisgerichts
b) Bericht der Vorprüfung sowie Stellungnahme der Sachverständigen zum Ergebnis der Vorprüfung
c) Ausführliche, wertungsfreie Erläuterung aller Arbeiten in einem Informationsrundgang durch die Vorprüfung, wobei dem Preisgericht die wesentlichen funktionalen und wirtschaftlichen Merkmale der Wettbewerbsarbeit aufzuzeigen sind.
d) Besichtigung des Wettbewerbsgebietes oder des Baugrundstückes und schriftliche Festlegung evtl. gewonnener zusätzlicher Erkenntnisse

38   Im Anschluss daran wird auf der Grundlage des Vorprüfungsberichts sowie der eventuellen Stellungnahme von Sachverständigen über die Zulassung bzw. Nichtzulassung der Wettbewerbsarbeiten entschieden. Nach Ziffer 3. c) der Anl. VII zur RPW 2013 wird das Preisgericht alle Wettbewerbsarbeiten zur Beurteilung zulassen, die

 – den formalen Bedingungen der Auslobung entsprechen,
 – die als bindend bezeichneten Vorgaben des Auslobers erfüllen,
 – in wesentlichen Teilen dem geforderten Leistungsumfang entsprechen,
 – termingemäß eingegangen sind und
 – keinen Verstoß gegen den Grundsatz der Anonymität erkennen lassen.
Von der Beurteilung auszuschließen sind Teilleistungen, die über das geforderte Maß nach Art und Umfang hinausgehen.

39   Sobald feststeht, welche Arbeiten auszuschließen sind und welche im Wettbewerb verbleiben, sind die zugelassenen Arbeiten in den wertenden Rundgängen zu beurteilen. Um eine differenzierte Beurteilung der Wettbewerbsarbeiten zu ermöglichen, soll die Anzahl der wertenden Rundgängen von der Anzahl der eingereichten Arbeiten abhängen. Das erfolgt dadurch in der Praxis, dass beispielsweise bei mehr als 15 Wettbewerbsarbeiten mindestens drei Rundgänge und bei zweiphasigen Wettbewerben in der ersten Phase mindestens zwei wertende Rundgänge durchgeführt werden.[15]

40   Ziel des ersten Rundgangs ist es, die Wettbewerbsarbeiten auf grundsätzliche und schwerwiegende Mängel in einzelnen Bereichen hin zu prüfen und gegebenenfalls erste **Arbeiten bereits auszuscheiden.** Im Anwendungsbereich der RPW 2013 muss dies im ersten Rundgang gemäß § 6 Abs. 2 Unterabsatz 2 RPW 2013 einstimmig geschehen, wobei für Preisrichter Abstimmungszwang besteht. Im zweiten Rundgang erfolgt eine detaillierte Prüfung der Wettbewerbsarbeiten. Wettbewerbsarbeiten können hier mit mehrheitlichem Beschluss der Preisrichter ausgeschieden werden. Idealtypisch werden dann in einem dritten Rundgang die verbliebenen Wettbewerbsarbeiten auf ihre besonderen Vorzüge hin

---

[15] *Hartmann* in KKMPP, Kommentar zur VgV 1. Aufl. 2017 § 79 Rn. 124 unter Verweis auf das Merkblatt Preisgerichtssitzung der Bayerischen Architektenkammer sowie auf Anl. VII zur RPW 2013.

geprüft und Arbeiten ohne solche Vorzüge ausgeschieden, bis dann in einem vierten Rundgang die in der engeren Wahl verbliebenen Arbeiten ausführlich auf der Grundlage der in der Wettbewerbsbekanntmachung veröffentlichten Beurteilungskriterien beurteilt werden. Gegebenenfalls nach Durchführung einer Überarbeitungsphase, in der die Wettbewerbsteilnehmer die Möglichkeit haben, ihre eingereichte Wettbewerbsarbeit unter Berücksichtigung von Anmerkungen und Fragen des Preisgerichts, die ihnen mitgeteilt worden sind, zu überarbeiten, legt das Preisgericht dann auf der Grundlage der vorgenannten Beurteilung die Rangfolge der Arbeiten sowie die Preise und Anerkennungen fest. Weitere Vorgaben können für Planungswettbewerbe, die auf der Grundlage der RPW 2013 ausgerichtet werden, 4 der Anl. VII entnommen werden:

a) Wertende Rundgänge je nach Zahl der Arbeiten mit schriftlicher Festlegung der auszuscheidenden Arbeiten, Angabe der Stimmenverhältnisse und zusammenfassender schriftlicher Begründung unter Heranziehung der Erläuterungsberichte der Verfasser und der Stellungnahme der Vorprüfung und der Sachverständigen, Ausschluss im 1. Rundgang nur bei einstimmigem Beschluss
b) Bestimmung der in der engeren Wahl verbleibenden Wettbewerbsarbeiten mit individueller schriftlicher Beurteilung
c) Festlegung der Rangfolge der Arbeiten
d) Festlegung der Preise und Anerkennungen
e) Beschlussfassung über Empfehlungen für die weitere Bearbeitung und zu sonstigen vom Auslober zu berücksichtigenden Fragen (evtl. nach Beschlussfassung über Empfehlungen für eine Überarbeitungsphase, nach Überarbeitung und erneuten Bericht der Vorprüfung)

Das Preisgericht ist berechtigt, in den wertenden Rundgängen getroffene **Entscheidun-** 41 **gen** bis zur Bildung der engeren Wahl **zu korrigieren** und gegebenenfalls rückgängig zu machen. Insbesondere können durch Mehrheitsbeschluss bereits ausgeschiedene Arbeiten wieder in den Wettbewerb genommen werden. Für die engere Wahl wird empfohlen, eine so große Anzahl von Wettbewerbsarbeiten im Wettbewerb zu belassen, welche die Anzahl der ausgelobten Preise und Anerkennungen um das ca. 1,5-fache überschreitet.

Die Prüfung und Beurteilung der Wettbewerbsarbeiten bei den wertenden Rundgängen 42 kann zum einen vertikal und zum anderen horizontal erfolgen. **Vertikal** bedeutet, dass die Arbeiten nacheinander abschließend hinsichtlich aller Entscheidungskriterien geprüft werden. **Horizontal** bedeutet demgegenüber, dass alle Wettbewerbsarbeiten nacheinander hinsichtlich eines Entscheidungskriteriums oder eines Teils der Entscheidungskriterien beurteilt werden. Beide Prüfungsverfahren sind zulässig. Für komplexere Wettbewerbsaufgaben bietet sich das horizontale Verfahren an, wohingegen bei weniger komplexen Aufgaben das vertikale Verfahren vorzugswürdig ist.[16]

Nach § 72 Abs. 4 VgV sowie nach § 5 Abs. 1 Unterabsatz 2 RPW 2013 ist ein Dialog 43 zwischen Preisgericht und Teilnehmern zur Klärung von Rückfragen sowie zur Präzisierung der Aufgabe zulässig (sog. **Rückfragekolloquium**). Ob das Preisgericht ein solches Kolloquium durchführt, steht gemäß § 5 Abs. 1 Unterabsatz 2 RPW 2013 in seinem Ermessen. Auch dürfen die Wettbewerbsteilnehmer nur „bei Bedarf" zur Klärung aufgefordert werden, was sich aus Art. 82 Abs. 5 der Vergaberichtlinie ergibt. Ein Dialog und die damit verbundene teilweise Aufhebung der Anonymität (→ VgV § 79 Rn. 112) muss also sachlich gerechtfertigt und erforderlich sein. Ferner darf sich die Aufklärung nur auf bestimmte, nämlich die aufklärungsbedürftigen Aspekte der Wettbewerbsarbeiten beziehen. Daraus folgt, dass die Wettbewerbsteilnehmer im Planungswettbewerb nicht zu einer allgemeinen (aufklärungsbedarfsunabhängigen) Präsentation ihrer Wettbewerbsarbeiten vor dem Preisgericht aufgefordert werden dürfen. Eine solche Präsentation ist von § 73 Abs. 4 VgV nicht gedeckt und würde eine teilweise Aufhebung der Anonymität nicht rechtfertigen. Das Preisgericht kann festlegen, dass der Dialog im schriftlichen Verfahren erfolgt. Dadurch kann die Anonymität im Planungswettbewerb gewahrt werden. Dies würde allerdings das Verfahren verzögern und verkomplizieren. Auch lassen sich im Einzelfall Fragen besser in einem Gespräch klären, weil weitere unmittelbare Rückfragen möglich sind.

---

[16] *Hartmann* in KKMPP, Kommentar zur VgV 1. Aufl. 2017 § 79 Rn. 126.

Operativ vorzugswürdig ist deshalb die Anberaumung von Gesprächsterminen, an denen stellvertretend für das Preisgericht ein Preisrichter und jeweils ein Wettbewerbsteilnehmer teilnehmen. Das ist trotz der damit verbundenen teilweisen Aufhebung der Anonymität zulässig. Selbstverständlich darf der Dialog stets nur zwischen Preisrichtern (bzw. einem Preisrichter) und einem Wettbewerbsteilnehmer geführt werden. Trotz der insoweit nicht ganz eindeutigen Formulierung in § 72 Abs. 4 S. 2 SektVO wird dies durch den Begriff „Dialog" hinreichend klar zum Ausdruck gebracht. Zudem ergibt sich dies zwingend aus dem Wettbewerbsgrundsatz und der Anonymitätspflicht. Wenn das Preisgericht ein Rückfragekolloquium durchführt, sollte dies im ersten Drittel der Bearbeitungszeit stattfinden, damit die Wettbewerbsteilnehmer hinreichend Möglichkeit haben, die Ergebnisse des Kolloquiums zu berücksichtigen. Allgemeine Wettbewerbsbedingungen dürfen durch die im Kolloquium getroffenen Festlegungen nicht verändert werden. Die Ergebnisse sind zu protokollieren; das Ergebnisprotokoll wird verbindlicher Bestandteil der Auslobung. Es wird an alle Beteiligten des Wettbewerbs versandt.

44   Nach Abschluss der Rundgänge wird die Anonymität der Wettbewerbsarbeiten aufgehoben, indem die Umschläge mit den Verfassererklärungen geöffnet und die **Verfasser festgestellt** werden. Sodann ist die **Teilnahmeberechtigung** der einzelnen Entwurfsverfasser durch den öffentlichen Auftraggeber zu prüfen. Die Preisgerichtssitzung endet schließlich mit der Entlastung der Vorprüfer und der Bekanntgabe von Ort und Zeit der öffentlichen Ausstellung der Wettbewerbsarbeiten.[17]

4. Beendigung des Planungswettbewerbs

45   Der Planungswettbewerb endet schließlich mit dem Versand des Preisgerichtsprotokolls sowie der Veröffentlichung des Ergebnisses und Ausstellung der eingereichten Arbeiten durch den öffentlichen Auftraggeber.

III. Abweichung vom Regelablauf

46   Der öffentliche Auftraggeber ist frei, von diesem Regelablauf abzuweichen, solange und soweit er die zwingenden Vorgaben von VgV und der veröffentlichten einheitlichen Richtlinie, auf deren Grundlage er den Planungswettbewerb durchführt, beachtet. Beide Regelwerke räumen dem öffentlichen Auftraggeber große Spielräume für die konkrete Ausgestaltung des Planungswettbewerbs ein. Dadurch ist der öffentliche Auftraggeber insbesondere in der Lage, einen beschleunigten Wettbewerb durchzuführen, indem er die Wettbewerbsarbeiten auf einfache Darstellungen und Schemazeichnungen beschränkt und die Bearbeitungstiefe und/oder die Anzahl der Preisrichter für das Preisgericht reduziert.[18]

C. Preise und Anerkennungen

47   In § 79 Abs. 1 VgV hat der Verordnungsgeber festgelegt, dass mit der Ausrichtung eines Planungswettbewerbs Preise oder aber Preise und Anerkennungen auszuloben sind. Diese müssen der Bedeutung und Schwierigkeit der Bauaufgabe sowie dem Leistungsumfang nach der jeweiligen Honorarordnung angemessen sein. Damit sollen die besten Lösungsvorschläge gewürdigt und zugleich ein geldwerter Ausgleich für den Aufwand, den die Teilnehmer durch die Beteiligung am Wettbewerb hatten, gewährt werden.

---

[17] *Hartmann* in KKMPP, Kommentar zur VgV 1. Aufl. 2017 § 79 Rn. 106.
[18] *Voppel/Osenbrück/Bubert* VOF, 3. Aufl. 2012 § 15 Rn. 30.

I. Preise oder Preise und Anerkennungen

1. Preise

§ 79 Abs. 1 VgV definiert nicht, was unter einem Preis und einer Anerkennung zu verstehen ist. Auch die Verordnungsbegründung enthält keinen Hinweis dazu. Sowohl nach dem allgemeinen, als auch nach dem spezifisch architekten- und ingenieurrechtlichen Sprachgebrauch ist unter einem **Preis** eine ideelle und materielle Auszeichnung zu verstehen, mit der der oder die Gewinner eines Wettbewerbs gewürdigt wird bzw. werden.[19] Der Gewinn eines Wettbewerbs setzt voraus, dass auf der Grundlage der eingereichten Arbeit die gestellte Aufgabe realisiert werden kann. Gewinner eines Wettbewerbs kann damit nur eine mit einem Preis bedachte Wettbewerbsarbeit sein.[20] Nur diese Wettbewerbsarbeiten kommen für eine Zuschlagserteilung in einem eventuell nachfolgenden Vergabeverfahren in Betracht.[21] Das wird durch § 80 Abs. 1 VgV klargestellt. 48

In einem Planungswettbewerb für Architekten- und Ingenieurleistungen muss der öffentliche Auftraggeber **mindestens zwei Preise** ausloben. Das zeigt die Verwendung des Plurals „Preise" in § 79 Abs. 1 VgV. Praxisüblich ist die Ausschreibung von drei Preisen. Mit diesen Preisen werden mithin diejenigen Wettbewerbsarbeiten ausgezeichnet, welche die gestellte Aufgabe am besten lösen und auf deren Grundlage die Aufgabe realisiert werden kann. 49

Freilich kann ein öffentlicher Auftraggeber auch **mehr als drei Preise** ausloben.[22] Dabei ist jedoch zu beachten, dass sich mit zunehmender Zahl von Preisen die einzelnen Preisgelder bei gleichbleibender Wettbewerbssumme reduzieren. Die Preisgelder sollen jedoch der Bedeutung und Schwierigkeit der Bauaufgabe sowie dem Leistungsumfang angemessen sein. Dieser ist jedoch von der Anzahl der Preise unabhängig. Das bedeutet praktisch, dass der öffentliche Auftraggeber die Summe aller Preisgelder von der Anzahl der ausgelobten Preise abhängig machen muss. Je mehr Preise der öffentliche Auftraggeber auslobt, desto größer muss die Wettbewerbssumme sein. 50

Für den Fall, dass Wettbewerbsarbeiten als gleichwertig bewertet werden, kann der öffentliche Auftraggeber **Preisgruppen** bilden, das heißt mehreren Wettbewerbsteilnehmern gleichstufige Preise zuerkennen. Die GRW 1995 regelte die Bildung von Preisgruppen noch ausdrücklich. Seit der RAW 2004 sehen die marktgängigen veröffentlichten einheitlichen Richtlinien im Sinne von § 78 Abs. 2 S. 3 VgV, hierunter auch die RPW 2013, die Bildung von Preisgruppen nicht mehr ausdrücklich vor. Die Bildung von Preisgruppen steht jedoch nicht im Widerspruch zur RPW 2013, zumal dessen § 7 Abs. 1 lediglich verlangt, dass Preise auf Wettbewerbsarbeiten verteilt werden, auf deren Grundlage die Aufgabe realisiert werden kann. Einzige ausdrückliche Voraussetzung nach der RPW 2013 für den Erhalt eines Preises ist also die Realisierbarkeit des Lösungsvorschlags, nicht aber dessen Rangfolge im Wettbewerb. Deshalb kann auch ein öffentlicher Auftraggeber, der einen Planungswettbewerb auf der Grundlage der RPW 2013 durchführt, Preisgruppen bilden. Eines ausdrücklichen Vorbehalts in den einheitlichen veröffentlichten Regelungen, Preisgruppen zu bilden, bedarf es nicht.[23] 51

---

[19] *Voppel/Osenbrück/Bubert* VOF, 3. Aufl. 2012 § 16 Rn. 2.

[20] *Müller-Wrede* in Müller-Wrede, VOF 5. Aufl. 2014 § 16 Rn. 5.

[21] VK Lüneburg v. 23.1.2012 – VgK-57/2011, ZfBR 2012, 624 (L); VK Düsseldorf v. 12.11.2009 – VK-21/2009 – L –: *Voppel/Osenbrück/Bubert* VOF, 3. Aufl. 2012 § 16 Rn. 3.

[22] In Anlage II zur RPW 2013 wird bei der beispielhaften Verteilung der Wettbewerbssumme von fünf Preisen ausgegangen.

[23] Für die RPW 2008 OLG Koblenz v. 26.5.2010 – 1 Verg 2/10; aA *Voppel/Osenbrück/Bubert* VOF, 3. Aufl. 2012 § 16 Rn. 2.

2. Anerkennungen

52 Demgegenüber sind **Anerkennungen „Trostpreise"**,[24] die für bemerkenswerte Teilleistungen vergeben werden können. Eine Anerkennung erhält also eine Wettbewerbsarbeit, die insgesamt nicht die beste Lösung für die gestellte Aufgabe darstellt oder zu den besten Lösungen gehört und deshalb keinen Preis erhält, die aber dem Auslober besondere Anregungen für die Realisierung der Aufgabe liefert oder hervorragende Teillösungen beinhaltet.[25] Voraussetzung für die Zuerkennung einer Anerkennung ist nicht die Realisierbarkeit des Lösungsvorschlags. Umgekehrt setzt die Zuerkennung einer Anerkennung die Nicht-Realisierbarkeit aber auch nicht voraus.[26] Denn es wäre nicht nachvollziehbar, einer Wettbewerbsarbeit, die eine hervorragende Teillösungen beinhaltet, insgesamt aber nicht gut genug ist für die Zuerkennung eines Preises, nur deshalb eine Anerkennung zu verweigern, weil sie realisierbar ist. Wie das OLG Koblenz feststellt, ist es auch *„durchaus möglich – und auch üblich –, dass eine grundsätzlich preiswürdige Arbeit infolge der Rangfolgenmethode bei der Preisvergabe hinter besser bewerteten Arbeiten zurückstehen muss und statt eines Preises eine Anerkennung wegen einer bemerkenswerten Teilleistung erhält. Die Gleichsetzung Anerkennung = preisunwürdig gibt es nicht. "*[27]

53 Realisierbare Wettbewerbsarbeiten, denen zunächst nur eine Anerkennung zugesprochen wurde, können deshalb noch einen Preis erhalten, wenn sie gemäß § 79 Abs. 5 S. 4 VgV in der Rangfolge des Preisgerichts nachrücken, nachdem ein Preisträger wegen mangelnder Teilnahmeberechtigung oder Verstoßes gegen Wettbewerbsregeln nicht berücksichtigt werden kann (→ VgV § 79 Rn. 185). Das Preisgericht muss deshalb für jeden Wettbewerbsbeitrag feststellen, ob auf dessen Grundlage die gestellte Aufgabe realisiert werden kann oder nicht. Außerdem muss der gemäß § 79 Abs. 5 S. 1 VgV von den Preisrichtern zu unterzeichnende Bericht über die Rangfolge alle Wettbewerbsbeiträge erfassen. Auch Nicht-Preisträgern muss deshalb ein Rang zugewiesen werden. Ist dies zunächst unterblieben, ist der öffentliche Auftraggeber verpflichtet und berechtigt, diesen Fehler in vergaberechtskonformer Weise zu korrigieren.[28]

54 Der öffentliche Auftraggeber ist – im Gegensatz zu Preisen, die er ausloben muss – zur Auslobung von Anerkennungen nicht verpflichtet. Soweit der öffentliche Auftraggeber Anerkennungen zuerkennen will, muss er das spätestens in den Auslobungsbedingungen mitteilen. Er ist also insbesondere nicht berechtigt, erst in Ansehung der Wettbewerbsbeiträge zu entscheiden, ob er Anerkennungen zusprechen möchte oder nicht.

3. Wettbewerbssumme

55 Preise und Anerkennungen sollen also jeweils nicht nur einen ideellen, sondern auch einen materiellen Ausgleich für den im Planungswettbewerben geleisteten Aufwand gewähren. Sowohl mit einem Preis, als auch mit einer Anerkennung ist daher die Zahlung eines Geldbetrags verbunden. In der Praxis legt der öffentliche Auftraggeber bereits in der Wettbewerbsbekanntmachung einen Gesamtbetrag fest, der für Preise und Anerkennungen als verbindlicher Rahmen zur Verfügung gestellt wird. Führt der öffentliche Auftraggeber den Planungswettbewerb auf der Grundlage der RPW 2013 durch, ist er gemäß § 7 Abs. 2 S. 1 dazu sogar verpflichtet. Dieser Betrag wird als **Wettbewerbssumme** bezeichnet. Nr. 4.2 Abs. 1 S. 1 GRW 1995 gab – ebenso wie Nr. 4 Abs. 3 S. 1 RA W2 1004 – als Regel eine Aufteilung der Wettbewerbssumme im Verhältnis 4:1 auf Preise und Anerkennungen vor.

---

[24] OLG Koblenz v. 16.2.2011 – 1 Verg 2/10, VergabeR 2011, 631, 636.

[25] *Müller-Wrede* in Müller-Wrede, VOF 5. Aufl. 2014 § 16 Rn. 5.

[26] OLG Koblenz v. 26.5.2010 – 1 Verg 2/10; *Müller-Wrede* in Müller-Wrede VOF 5. Aufl. 2014 § 16 Rn. 5; aA *Voppel/Osenbrück/Bubert* VOF, 3. Aufl. 2012 § 16 Rn. 3.

[27] OLG Koblenz v. 26.5.2010 – 1 Verg 2/10.

[28] OLG Koblenz v. 26.5.2010 – 1 Verg 2/10; *Hartmann* in KKMPP, Kommentar zur VgV 1. Aufl. 2017 § 79 Rn. 4.

Die RPW 2013 enthält – ebenso wie bereits die RPW 2008 – keine solchen Vorgaben mehr, so dass der öffentliche Auftraggeber die Wettbewerbssumme nach eigenem Ermessen auf Preise und Anerkennungen verteilen darf.[29] Die Höhe der Wettbewerbssumme ist damit maßgeblich für die Höhe und somit Angemessenheit der Preise und Anerkennungen (→ VgV § 79 Rn. 58 ff.).

4. Sonderpreise

Sonderpreise, wie sie beispielsweise noch Nr. 5.6.6 GRW 1995 für Arbeiten vorsah, **56** die besonders bemerkenswerte Anregungen geben, aber gegen bindende Vorgaben des öffentlichen Auftraggebers verstoßen, dürfen in Planungswettbewerben für Architekten- und Ingenieurleistungen nicht vergeben werden. Derartige Arbeiten sind nach § 79 Abs. 4 S. 2 VgV nicht zuzulassen. Es widerspricht den vergaberechtlichen Grundsätzen, insbesondere dem Wettbewerbsgrundsatz und dem Gleichbehandlungsgebot, Arbeiten, die vom Wettbewerb auszuschließen sind, mit einem Preis auszuzeichnen. Erst recht können derartige Arbeiten nicht in einem gegebenenfalls nachlaufenden Vergabeverfahren berücksichtigt und bezuschlagt werden.[30]

5. Aufwandsentschädigung

Die Festsetzung von **Bearbeitungshonorar bzw. Aufwandsentschädigungen,** die **57** jeder Wettbewerbsteilnehmer alleine dafür erhält, dass er einen – zuzulassenden – Lösungsvorschlag eingereicht hat, sieht § 79 Abs. 1 VgV nicht vor. Daraus kann allerdings nicht der Schluss gezogen werden, dass die Festsetzung derartiger Honorare bzw. Entschädigungen unzulässig wäre. Der öffentliche Auftraggeber kann vielmehr solche Honorare bzw. Entschädigungen festsetzen. Dann haben die Wettbewerbsteilnehmer einen entsprechenden Honorar- bzw. Entschädigungsanspruch. Die GRW 1995 sah für bestimmte Fälle – Einladungswettbewerb, Überarbeitung von Wettbewerbsarbeiten auf Empfehlung des Preisgerichts – Bearbeitungshonorare vor. Auch die RPW 2008 sah zumindest die Möglichkeit einer Aufwandsentschädigung vor. In deren Einführungserlass war darüber hinausgehend festgelegt worden, dass bei großer Bearbeitungstiefe und insbesondere bei interdisziplinären Wettbewerben und mehreren Bearbeitungsphasen Aufwandsentschädigungen auszuschütten sind. Auch die RAW 2004 sah die Möglichkeit der Festsetzung von Bearbeitungshonoraren bei begrenzten Wettbewerbern vor. Auch die RPW 2013 regelt unter § 7 Abs. 2, dass die Wettbewerbssumme teilweise als Aufwandsentschädigung ausgeschüttet werden kann. Führt ein öffentlicher Auftraggeber den Planungswettbewerb für Architekten- bzw. Ingenieurleistungen auf der Grundlage der RPW 2013 durch, hat er demgemäß die Möglichkeit, in der Wettbewerbsbekanntmachung oder spätestens in den Auslobungsbedingungen festzulegen, dass die Wettbewerbssumme teilweise als Aufwandsentschädigung ausgeschüttet werden kann. Erwägenswert ist das in der Praxis, wenn von den Teilnehmern eine große Bearbeitungstiefe verlangt wird. Dies ist häufiger bei mehrphasigen Wettbewerben der Fall, wenn der Wettbewerb in der zweiten Phase nur mit einer beschränkten Zahl ausgewählter Teilnehmer fortgeführt und in dieser Phase eine Überarbeitung und Vertiefung der Wettbewerbsarbeit verlangt wird. Ein weiterer Anwendungsfall sind interdisziplinäre Wettbewerbe. Die Summe der Aufwandsentschädigungen darf die Summe der Preis- und Anerkennungsgelder nur im Ausnahmefall übersteigen, weil sonst der Wettbewerbsgrundsatz konterkariert würde.[31]

---

[29] *Müller-Wrede* in Müller-Wrede, VOF 5. Aufl. 2014 § 16 Rn. 7; *Voppel/Osenbrück/Bubert* VOF, 3. Aufl. 2012 § 16 Rn. 4; *Wachendorf* VergabeR 2009, 869, 880.
[30] *Voppel/Osenbrück/Bubert* VOF, 3. Aufl. 2012 § 16 Rn. 4; *Wachendorf* VergabeR 2009, 869, 879.
[31] *Hartmann* in KKMPP, Kommentar zur VgV 1. Aufl. 2017 § 79 Rn. 21.

II. Angemessenheit der Preise und Anerkennungen

58   Die Preise und gegebenenfalls Anerkennungen, die mit der Ausrichtung eines Planungswettbewerbs auszuloben sind, müssen der Bedeutung und Schwierigkeit der Bauaufgabe sowie dem Leistungsumfang nach der jeweils geltenden Honorarordnung angemessen sein. Kriterien sind also zum einen die Bauaufgabe und zum anderen der Leistungsumfang. Diese Kriterien sind an die Kriterien für die Ermittlung einer Vergütung nach der Honorarordnung für Architekten und Ingenieure (HOAI) angelehnt, wonach die Planervergütung maßgeblich anhand der anrechenbaren Kosten, der Honorarzone („Schwierigkeit") sowie den Leistungsbildern („Leistungsumfang") zu ermitteln ist.

59   Die **Bauaufgabe** bezieht sich auf das Bauvorhaben, für dessen Planung im Planungswettbewerb Lösungsvorschläge erarbeitet werden sollen (vgl. § 78 Abs. 1 VgV). Maßstab sind demnach nicht Bedeutung und Schwierigkeit der im Planungswettbewerb zu erbringenden Leistung (Wettbewerbsarbeit) oder der im Rahmen eines gegebenenfalls nachlaufenden Planungsauftrags zu erbringenden Leistung (Planungsleistung), sondern die Bedeutung und Schwierigkeit der Realisierung des zu planenden Bauvorhabens.

60   Das zweite Kriterium, der **Leistungsumfang nach der jeweils geltenden Honorarordnung,** bezieht sich auf die im Planungswettbewerb zu erbringenden Leistungen (und nicht etwa auf die in einem eventuellen Planungsauftrag zu erbringenden Leistungen). Zwar ist der Wortlaut von § 79 Abs. 1 VgV insoweit nicht eindeutig und auslegungsbedürftig. Die Verordnungsbegründung bietet in diesem Fall keine Auslegungshilfe, weil sie sich mit dieser Frage nicht befasst. Weil die Preise und Anerkennungen jedoch auch einen materiellen Ausgleich für den im Planungswettbewerb zu erbringenden Aufwand bieten sollen, muss sich die Angemessenheit der Preise und Anerkennungen auch nach dem dortigen Leistungsumfang richten. Dem steht nicht entgegen, dass die derzeit für die hier maßgeblichen Architekten- und Ingenieurleistungen in Betracht kommende Honorarordnung, die HOAI, auf die im Planungswettbewerben zu erbringenden Leistungen nicht anwendbar ist, es im Planungswettbewerben also keine „geltende Honorarordnung" gibt, anhand derer der Leistungsumfang zu bestimmen wäre. Denn die HOAI ist gemäß § 79 Abs. 1 VgV nicht als Honorarermittlungsgrundlage, sondern als Grundlage für die Bestimmung des Leistungsumfangs heranzuziehen.[32] Auf die Frage, ob die HOAI als zwingendes Preisrecht im Planungswettbewerb anzuwenden ist, kommt es daher nicht an, so dass dies auch kein Argument in der Frage, ob der Leistungsumfang im Planungswettbewerb oder in einem eventuellen späteren Auftrag maßgeblich ist, sein kann. Hinzu kommt schließlich, dass im Zeitpunkt der Wettbewerbsbekanntmachung zum Teil noch nicht feststeht und rechtlich auch nicht feststehen muss, ob und ggf. in welchem Umfang nachlaufend zu dem Planungswettbewerb ein Planungsauftrag geschlossen wird. Insbesondere können gemäß § 78 Abs. 2 S. 2 VgV Planungswettbewerbe auch ohne Vergabeverfahren – und damit ohne späteren Planungsauftrag – durchgeführt werden.

61   Entsprechend § 3 Abs. 2 S. 1 VgV darf der öffentliche Auftraggeber nicht in der Absicht, die Anforderungen an die Angemessenheit zu reduzieren, die Bedeutung und Schwierigkeit der Bauaufgabe gering schätzen und/oder den Leistungsumfang nach der geltenden Honorarordnung reduziert ansetzen.

1. Vorgaben der RPW 2013 zur Bemessung der Wettbewerbssumme

62   Sofern sich der öffentliche Auftraggeber dazu entscheidet, den Planungswettbewerb auf der Grundlage der RPW 2013 durchzuführen, konkretisiert § 7 Abs. 2 i.V.m. Anl. II zur RPW 2013 die Vorgaben von § 79 Abs. 1 VgV vergaberechtskonform.[33] Hiernach stellt der öffentliche Auftraggeber für Preise und Anerkennungen als **verbindlichen Rahmen**

---

[32] *Voppel/Osenbrück/Bubert* VOF, 3. Aufl. 2012 § 16 Rn. 8.
[33] *Hartmann* in KKMPP, Kommentar zur VgV 1. Aufl. 2017 § 79 Rn. 15.

einen Gesamtbetrag (Wettbewerbssumme) zur Verfügung. Dieser Rahmen ist in der Wettbewerbsbekanntmachung mitzuteilen. Zu Lasten der Bieter darf der öffentliche Auftraggeber von diesem Rahmen nicht mehr abweichen, er darf diesen also nicht mehr reduzieren. Eine Erhöhung ist demgegenüber zulässig, jedoch nur, wenn sich der Leistungsumfang im Planungswettbewerb erhöht und deshalb der erhöhten Wettbewerbssumme ein erhöhter Aufwand gegenübersteht. Andernfalls bestünde die Gefahr, dass Unternehmen wegen einer zu geringen Wettbewerbssumme von einer Beteiligung am Planungswettbewerb absehen, an dem sie sich aber beteiligt hätten, wenn ihnen von vornherein die spätere Erhöhung der Wettbewerbssumme bekannt gewesen wäre.

Die Höhe der Wettbewerbssumme ist abhängig von den im Planungswettbewerb zu **63** erbringenden Leistungen. Diese umfassen in der Regel die in der Anlage II zur RPW 2013 aufgeführten Wettbewerbsleistungen. Diese sind nach § 7 Abs. 2 RPW 2013 in der Regel mindestens mit dem Honorar der **Vorplanung** zu vergüten. Bei interdisziplinären Wettbewerben ist Grundlage der Ermittlung der Wettbewerbssumme die Summe der Honorierung aller beteiligten Fachdisziplinen. Soweit *Hartmann* darauf hinweist, dass der Maßstab des Vorplanungshonorars eine rechnerische Größe sei, die auch dann beachtet werden müssen, wenn − wie üblich − nicht alle Grundleistungen der Vorplanung im Planungswettbewerb abgefragt werden,[34] verkennt er, dass die RPW 2013 insoweit ohnehin nicht auf den Leistungsumfang nach der HOAI, sondern auf die im Anhang II zur RPW 2013 beschriebenen Regelleistungen abstellt. Fragt der öffentliche Auftraggeber diese Regelleistungen jedoch im Planungswettbewerben nicht vollumfänglich ab, ist er berechtigt, auch eine das hypothetische Vorplanungshonorar unterschreitende Wettbewerbssumme festzusetzen. Das ergibt sich eindeutig aus der Festlegung in der RPW 2013, wonach die Wettbewerbssumme abhängig von den zu erbringenden Leistungen ist.

Wenn keine Honorarordnung mit Definition der Vorplanung vorliegt, entspricht die **64** Wettbewerbssumme mindestens der üblichen Vergütung für die zu erbringenden Leistungen. Üblich ist gemäß § 632 Abs. 2 BGB ein ortsübliches und angemessenes Honorar.

Umfassen die Wettbewerbsleistungen ausnahmsweise Leistungen, die über die gemäß der **65** Anlage II zur RPW 2013 regelmäßig abgefragten Wettbewerbsleistungen hinausgehen, so erhöht sich die Wettbewerbssumme angemessen. Dazu gehören insbesondere die im Anhang II beschriebenen *„darüber hinausgehenden Leistungen"*. Dies sind bspw. Renderings (fotorealistische Darstellungen der Planung) oder bauteilbezogene Kostenschätzungen nach DIN 276. Aber auch sonstige im Planungswettbewerb abgefragte Leistungen, die im Anhang II weder als Regelleistung noch als „darüber hinausgehende Leistung" beschrieben worden sind, müssen zu einer angemessenen Erhöhung der Wettbewerbssumme führen. Praxisrelevant ist in städtebaulichen Wettbewerben der „städtebauliche Vorentwurf", der gemäß Anl. 9 zur HOAI 2013 eine besondere Leistung ist. Zur Ermittlung der Wettbewerbssumme wird in der Praxis regelmäßig auf das Merkblatt Nr. 51 „städtebaulicher Entwurf als besondere Leistung in der Flächenplanung" der Architektenkammer Baden-Württemberg zurückgegriffen, das über die Homepage der Kammer frei verfügbar ist. Angemessen ist die Erhöhung der Wettbewerbssumme wegen solcher Leistungen nicht erst dann, wenn die Wettbewerbssumme um die für solche Leistungen ortsübliche und angemessene Vergütung im Sinne von § 632 Abs. 2 BGB erhöht wurde. Eine solche Erhöhung verlangt die RPW 2013 nur in Fällen, in denen grundsätzlich keine Honorarordnung mit Definition der Vorplanung vorliegt, wohingegen die RPW 2013 für die Erbringung bspw. besonderer Leistungen nur eine angemessene Erhöhung der Wettbewerbssumme vorsieht. Tatsächlich wirkt sich dieser eher dogmatische Streit jedoch nicht aus. Weil die RPW 2013 offen lässt, was unter einer angemessenen Erhöhung zu verstehen ist, wird der öffentliche Auftraggeber sicherheitshalber die Wettbewerbssumme auch in diesen Fällen um die ortsübliche und angemessene Vergütung erhöhen.

---

[34] *Hartmann* in KKMPP, Kommentar zur VgV 1. Aufl. 2017 § 79 Rn. 16.

66   Bei der Festlegung einer angemessenen Wettbewerbssumme insbesondere auf der Grundlage eines Vorplanungshonorars kann der öffentliche Auftraggeber bei Bedarf sich sachverständiger Unterstützung bedienen. Hierzu kann er auch auf die Architekten- und Ingenieurkammern, die er ohnehin in die Vorbereitung des Planungswettbewerbs einbeziehen muss (§ 78 Abs. 2 S. 3 VgV), zurückgreifen.[35]

67   Mindestens muss die Wettbewerbssumme gemäß Anhang II zur RPW 2013 10.000 EUR betragen.

68   Ist eine Umsetzung des Projekts von vornherein nicht vorgesehen (Ideenwettbewerb), wird das Preisgeld angemessen erhöht. Empfohlen wird eine Erhöhung um bis zu 50%. Aus rechtlicher Sicht erscheint eine solche Erhöhung nicht erforderlich. Tatsächlich muss der öffentliche Auftraggeber beim Ideenwettbewerb aber berücksichtigen, dass die vorrangige Motivation der Teilnehmer nicht der Erhalt eines (gerade nicht vorgesehenen) Planungsauftrags, sondern – neben „Ruhm und Ehre" – das Preisgeld sein wird. Um den vom öffentlichen Auftraggeber anzustrebenden und regelmäßig auch tatsächlich angestrebten Wettbewerb sicherzustellen, muss das Preisgeld deshalb eine hinreichende Motivation bieten. Tatsächlich erscheint die Erhöhung um bis zu 50% vor diesem Hintergrund geboten.

2. Verteilung der Wettbewerbssumme

69   Weder § 79 Abs. 1 VgV noch die RPW 2013 regeln ausdrücklich die Verteilung der Wettbewerbssumme. Offen bleiben damit die Fragen, wie viele Preise und ggf. wie viele Anerkennungen auszuloben sind und wie die Wettbewerbssumme auf diese Preise und ggf. Anerkennungen zu verteilen ist.

70   Hinsichtlich der Anzahl der Preise kann § 79 Abs. 1 VgV lediglich entnommen werden, dass der öffentliche Auftraggeber mindestens zwei Preise auszuloben hat. Ob er darüber hinaus weitere Preise und ob er daneben Anerkennungen – und wie viele – auslobt, kann der öffentliche Auftraggeber nach eigenem Ermessen entscheiden. Bedeutung und Schwierigkeit der Bauaufgabe sowie der Leistungsumfang nach der jeweils geltenden Honorarordnung schränken diese Ermessensentscheidung nicht ein. Die Angemessenheit im Sinne von § 79 Abs. 1 VgV bezieht sich also nicht auf die Anzahl der Preise und gegebenenfalls Anerkennungen, sondern lediglich auf deren Höhe.[36] Insoweit hat die Anzahl der Preise und gegebenenfalls Anerkennungen dann aber doch Einfluss. Denn je größer die Anzahl der ausgelobten Preise und gegebenenfalls Anerkennungen ist, auf desto mehr Preise und gegebenenfalls Anerkennungen ist die Wettbewerbssumme zu verteilen. Prinzipiell ist also der auf den einzelnen Preis bzw. Anerkennung entfallende Geldbetrag umso geringer, desto größer die Anzahl der ausgelobten Preise und Anerkennungen ist.

71   In der Verteilung der Wettbewerbssumme auf die Preise und Anerkennungen ist der öffentliche Auftraggeber frei. Für die Preise muss der öffentliche Auftraggeber spätestens in den Auslobungsunterlagen mitteilen, mit welchem Preis welcher Geldbetrag zuerkannt wird. Für die Anerkennungen genügt es, wenn der öffentliche Auftraggeber spätestens in den Auslobungsunterlagen mitteilt, welcher betragsmäßige Anteil von der Wettbewerbssumme für Anerkennungen vorbehalten ist. Denn mit der Anerkennung sollen Wettbewerbsarbeiten prämiert werden, die zwar keinen Preis erhalten, die aber dem Auslober besondere Anregungen für die Realisierung der Aufgabe liefern oder hervorragende Teillösungen beinhalten.[37] Ob und ggf. inwieweit anerkennenswerte Wettbewerbsarbeiten eingereicht werden, ist jedoch nicht vorhersehbar. Eine Anerkennung darf nicht den für einen Preis festgelegten Geldbetrag übersteigen. Das würde dem Charakter eines „Trostpreises" für eine nur in Teilen anerkennenswerte, insgesamt aber nicht preisfähige und ggf. noch nicht einmal realisierbare Wettbewerbsarbeit widersprechen.

---

[35] *Hartmann* in KKMPP, Kommentar zur VgV 1. Aufl. 2017 § 79 Rn. 21.
[36] AA *Hartmann* in KKMPP, Kommentar zur VgV 1. Aufl. 2017 § 79 Rn. 20; *Voppel/Osenbrück/Bubert* VOF, 3. Aufl. 2012 § 16 Rn. 8.
[37] *Müller-Wrede* in Müller-Wrede, VOF 5. Aufl. 2014 § 16 Rn. 5.

Das führt zu der Frage, ob die ausgelobte Wettbewerbssumme auch dann auszuschöpfen **72** ist, wenn keine anerkennenswerte Arbeit eingegangen ist und der öffentliche Auftraggeber einen bestimmten Anteil der Wettbewerbssumme für Anerkennungen ausgelobt hatte. Die Frage stellt sich gleichermaßen, wenn der öffentliche Auftraggeber drei Preise ausgelobt hat, jedoch nur zwei realisierbare Wettbewerbsarbeiten eingereicht werden. Die RPW 2013 sehen im Anhang II zwingend vor, dass die Wettbewerbssumme auszuschöpfen ist. In den vorgenannten Fällen bedeutete das, dass die Gelder für die nicht zuerkannten Anerkennungen bzw. den nicht zuerkannten dritten Preis auf die tatsächlich zuerkannten Preise (und gegebenenfalls Anerkennungen) zu verteilen sind, so dass sich deren Preisgelder erhöhen.

Ein öffentlicher Auftraggeber, der den Planungswettbewerb nicht auf der Grundlage der **73** RPW 2013 durchführt, ist dazu jedoch nicht verpflichtet. Nach § 79 Abs. 1 VgV haben die Wettbewerbsteilnehmer einen Anspruch auf Auslobung von Preisen, die der Bedeutung und Schwierigkeit der Bauaufgabe sowie dem Leistungsumfang nach der jeweils geltenden Honorarordnung angemessen sind. Gehen preiswürdige Wettbewerbsarbeiten ein, muss der öffentliche Auftraggeber diese ausgelobten Preise vergeben. Einen Anspruch auf Auszahlung der Wettbewerbssumme weist § 79 Abs. 1 VgV den Wettbewerbsteilnehmern hingegen nicht zu. Auch muss das einzelne Preisgeld unter dem Angemessenheitsgesichtspunkt gemäß § 9 und 70 Abs. 1 VgV nicht deshalb erhöht werden, nur weil nicht alle ausgelobten Preise vergeben werden können.

In Anhang II zur RPW 2013 findet sich lediglich ein Vorschlag der Verteilung der **74** Wettbewerbssumme auf die Preise und gegebenenfalls Anerkennungen. Die Verteilung der Wettbewerbssumme auf die ausgelobten Preise (und den vorbehaltenen Anteil für Anerkennungen) muss der öffentliche Auftraggeber spätestens in der Wettbewerbsbekanntmachung mitteilen. An diese Aufteilung ist der öffentliche Auftraggeber und grundsätzlich auch das Preisgericht gebunden. Im Anwendungsbereich der RPW 2013 ist allerdings das Preisgericht berechtigt, durch einstimmigen Beschluss die Aufteilung der Wettbewerbssumme neu festzulegen. Dieser Beschluss ist nicht angreifbar. In der Praxis ist eine Neuverteilung der Wettbewerbssumme erwägenswert, wenn beispielsweise anstelle eines zweiten Preises zwei dritte Preise vergeben werden.[38]

3. Keine Berücksichtigung der HOAI-Mindestsätze

Mittlerweile ist allgemein anerkannt, dass der öffentliche Auftraggeber nicht verpflichtet **75** ist, für die im Planungswettbewerb abgefragten Planungsleistungen die Mindestsätze der HOAI zu vergüten. Sowohl das Bundesverfassungsgericht als auch der Bundesgerichtshof haben festgestellt, dass die preisrechtlichen Bestimmungen der HOAI in Planungswettbewerben keine Anwendung finden.[39] Ob der Planungswettbewerb rechtmäßig oder rechtswidrig durchgeführt wird, ist dafür unbeachtlich.

Das maßgebliche zivilrechtliche Argument lautet, dass die HOAI nur auf vertraglich vereinbarte Planungsleistungen anzuwenden sei, der Planungswettbewerb hingegen einseitig **76** durch eine Auslobung des öffentlichen Auftraggebers im Sinne von § 661 BGB initiiert werde.[40] Hinzu kommt: Sinn und Zweck der Mindestsatzvorschrift ist die Qualitätssicherung der Planungsleistung, die sowohl im Interesse des Planers, als auch im Interesse des Auftraggebers liegt. Allein die Qualitätssicherung rechtfertigt die im Mindestsatz liegende Verletzung der Berufsfreiheit. In Planungswettbewerben sind Planungsleistungen von geringerer Qualität jedoch nur in Form der eingereichten Lösungsvorschläge zu befürchten.

---

[38] *Hartmann* in KKMPP, Kommentar zur VgV 1. Aufl. 2017 § 79 Rn. 20.

[39] Vgl. BGH v. 10.10.1996 – I ZR 129/94, NJW 1997, 2180, 2181; BVerwG v. 13.4.1999 – 1 C 11/98, NJW-RR 1999, 1542f.; OLG Dresden v. 22.5.2008 – 9 U 2062/05, BauR 2008, 1654, 1655f.; OLG München v. 25.1.2005 – 28 U 2235/03, BauR 2006, 1491, 1492f.; etwas anders BVerfG v. 26.9.2005 – 1 BvR 82/03, NJW 2006, 495f.; zur Einstufung als Preisausschreiben BGH v. 9.6.1983 – III ZR 74/82, NJW 1984, 1118f.

[40] BGH v. 10.10.1996 – I ZR 129/94, NJW 1997, 2180, 2181.

Die Realisierung dieser Vorschläge ist nicht zu erwarten, denn es ist gerade das Ziel des Wettbewerbs, aus den eingereichten Vorschlägen die besten und realisierbaren auszuwählen. Die Gefahr, dass die Wettbewerbsteilnehmer einen geringeren Aufwand betreiben, wenn die Aufwandsentschädigung geringer ausfällt, ist nahezu auszuschließen, weil ihr eigentliches Ziel ohnehin nicht im Erhalt eines Preisgelds, sondern des Zuschlags in einem nachlaufenden Vergabeverfahren besteht.[41]

77   Anders zu beurteilen sind so genannte **Gutachterverfahren,** die im Einzelfall in tatsächlicher Hinsicht nicht ohne weiteres von einem Planungswettbewerben unterschieden werden können. In rechtlicher Hinsicht sind die Unterschiede hingegen eindeutig: Bei einem Gutachterverfahren wird eine bestimmte, meist besonders schwierige Planungsaufgabe mehrfach vergeben. Die Teilnehmer an diesem Verfahren sind nicht zur Einreichung von Lösungsvorschlägen, sondern zur Erbringung von Planungsleistungen verpflichtet. Mit jedem teilnehmenden Architekten oder Ingenieur kommt ein Planervertrag mit beiderseitigen Leistungspflichten zu Stande. Damit liegt dem Gutachterverfahren keine Auslobung im Sinne von § 661 BGB, sondern eine mehrfach Beauftragung zu Grunde. Deshalb sind in Gutachterverfahren die preisrechtlichen Bestimmungen der HOAI zwingend anzuwenden.

4. Anrechenbarkeit eines Preises auf eine spätere Vergütung

78   § 8 Abs. 2 S. 3 RPW 2013 bestimmt, dass im Falle einer weiteren Bearbeitung durch den Wettbewerb bereits erbrachte Leistungen des Preisträgers bis zur Höhe des zuerkannten Preises nicht erneut vergütet werden, wenn und soweit der Wettbewerbsentwurf in seinen wesentlichen Teilen unverändert der weiteren Bearbeitung zugrunde gelegt wird. Hierdurch soll eine Doppelvergütung des Planers ausgeschlossen werden. Dieser muss sich im Ergebnis also die erhaltenen Preisgelder bei seiner Vergütung anrechnen lassen. Das gilt nicht, wenn der Wettbewerbsentwurf nicht in seinen wesentlichen Teilen unverändert der weiteren Bearbeitung zugrunde gelegt wird, sondern nur mit nicht unwesentlichen Änderungen und Anpassungen umgesetzt werden kann. Der dafür erforderliche zusätzliche Aufwand ist zu vergüten.

III. Bieterschutz

79   § 79 Abs. 1 VgV ist bieterschützend.[42] Die gegenteilige Auffassung,[43] die einen Bieterschutz ablehnt, weil es sich bei dem Preisgeld um eine freiwillige Leistung des öffentlichen Auftraggebers an bestimmte Wettbewerbsteilnehmer handele, ist mit § 79 Abs. 1 VgV nicht in Einklang zu bringen.

80   Ein Architekt oder Ingenieur, der sich an einem Planungswettbewerb im Sinne von § 78 VgV beteiligt hat, in dem Geldbeträge für Preise, Anerkennungen und/oder Aufwandsentschädigungen vorgegeben worden sind, kann die Bindung an diese Vergütung nur durch Rüge gegenüber dem öffentlichen Auftraggeber und Einleitung eines vergaberechtlichen Nachprüfungsverfahrens beseitigen.

D. Vermeidung von Interessenkonflikten

81   Nach § 79 Abs. 2 VgV S. 1 Absatz dürfen Personen, die infolge ihrer Beteiligung an der Vorbereitung oder Durchführung des Planungswettbewerbs bevorzugt sein oder Einfluss auf die Entscheidung des Preisgerichts nehmen können, an dem Planungswettbewerb nicht

---

[41] BVerfG v. 26.9.2005 – 1 BvR 82/03, NJW 2006, 495 f.
[42] *Hartmann* in KKMPP, Kommentar zur VgV 1. Aufl. 2017 § 79 Rn. 32.
[43] VK Düsseldorf v. 12.11.2009 – VK –21/2009 – L.

teilnehmen. Sie sind ausgeschlossene Personen. Abs. 2 entspricht dem bisherigen § 16 Abs. 2 VOF und konkretisiert für Planungswettbewerbe die allgemeine Regelung des § 6 VgV. Anders als in § 6 VgV, der bei Interessenkonflikten einen Ausschluss auf der Auftraggeberseite vorsieht, regelt § 79 Abs. 2 VgV den Ausschluss von Teilnehmern am Planungswettbewerb.

I. Ausgeschlossene Personen

1. Beteiligung an der Vorbereitung oder Durchführung eines Planungswettbewerbs

Die erste Fallgruppe betrifft die so genannte **Projektantenproblematik**.[44] Als Projek- 82 tant wird bezeichnet, wer den öffentlichen Auftraggeber bei der Vorbereitung eines Planungswettbewerbs beraten oder in anderer Weise unterstützt hat.[45] In der Praxis handelt es sich hierbei regelmäßig um Leistungen der so genannten „Leistungsphase Null", welche die Bedarfsplanung betrifft und beispielsweise die Erstellung einer Machbarkeitsstudie, die Definition des Wettbewerbsgegenstands, die Festlegung der Auslobungsbedingungen und die Zusammenstellung der Wettbewerbsunterlagen umfasst.[46] Dieser hat infolge seiner Unterstützungstätigkeit regelmäßig einen Wissensvorsprung gegenüber Architekten oder Ingenieuren, die nicht **vorbefasst** sind, sondern sich erstmals infolge einer Wettbewerbsbekanntmachung mit dem Wettbewerb befassen. Hierdurch droht eine Wettbewerbsverzerrung.

Die zweite Fallgruppe behandelt die *„aktuelle Befasstheit"*, also den Fall, dass ein Wett- 83 bewerbsteilnehmer auf Seiten des öffentlichen Auftraggebers an der Durchführung des Wettbewerbs beteiligt ist. Das können beispielsweise Preisrichter im Sinne von § 2 Abs. 3 RPW 2013 oder Wettbewerbsbetreuer im Sinne von § 2 Abs. 5 RPW 2013 sein.[47] Vor- oder aktuell befasst können **natürliche oder auch juristische Personen** sein.[48]

Die Befasstheit resultiert aus der **Beteiligung** an der Vorbereitung oder Durchführung. 84 Dieser Begriff ist weit zu verstehen. So setzt eine Beteiligung nicht aktives Tätigsein der befassten Person voraus. Die bloße Informationserteilung genügt bereits. Wenn der Architekt oder Ingenieur zwar Sitzungen im Rahmen des Vergabeverfahrens beiwohnt, sich an der Sitzung aber nicht aktiv beteiligt ist er bereits befasst, selbst wenn seine bloße Anwesenheit keinen nachweisbaren Einfluss auf Sitzung und Sitzungsergebnisse hat. Ob sich die Beteiligung unmittelbar auf zu treffende Entscheidung selbst (etwa über den Inhalt der Planungsaufgabe, den Ausschluss eines Wettbewerbsbeitrags oder die Aufhebung der Wettbewerbs) oder nur auf deren Vorbereitung bezieht, spielt für die Geltung des § 79 Abs. 2 VgV keine Rolle.

In **zeitlicher Hinsicht** ist die Beteiligung zu irgendeinem Zeitpunkt ausreichend. Ins- 85 besondere führt auch eine bereits abgeschlossene Beteiligung zu einer Befasstheit im Sinne von § 79 Abs. 2 VgV.

Im Vergabenachprüfungsverfahren liegt die **Darlegungs- und Feststellungslast** dafür, 86 dass eine Person im Sinne von § 79 Abs. 2 VgV an der Vorbereitung oder Durchführung eines Planungswettbewerbs beteiligt war, beim Wettbewerbsteilnehmer, der einen Verstoß gegen § 79 Abs. 2 VgV rügt. Da er regelmäßig allerdings keinen Einblick in die Verfahrensabläufe bei dem öffentlichen Auftraggeber besitzt, wird es im Allgemeinen genügen, wenn er anhand von Indizien zumindest die ernsthafte Möglichkeit einer unzulässigen Beteiligung betreffender Personen aufzeigt. Dies muss insbesondere dann genügen, wenn der

---

[44] OLG München v. 11.4.2013 – Verg 2/13, NZBau 2013, 661, 664.
[45] OLG Brandenburg v. 19.12.2011 – Verg W 17/11, ZfBR 2012, 182, 187.
[46] *Hartmann* in KKMPP, Kommentar zur VgV 1. Aufl. 2017 § 79 Rn. 36.
[47] *Hartmann* in KKMPP, Kommentar zur VgV 1. Aufl. 2017 § 79 Rn. 37.
[48] OLG München v. 11.4.2013 – Verg 2/13, NZBau 2013, 661, 663.

betreffende Sachverhalt in den Vergabeakten nicht oder nur unzureichend dokumentiert ist, so dass der Antragsteller des Nachprüfungsverfahrens mit Hilfe des Akteneinsichtsrechts nach § 165 Abs. 1 GWB keinen sicheren Aufschluss gewinnen kann. Es ist dann Sache des öffentlichen Auftraggebers, den vorgetragenen Indizien entgegen zu treten und die wahren Vorgänge im Einzelnen darzulegen. Jenen Geschehensablauf hat der Wettbewerbsteilnehmer sodann zu widerlegen. Liegen Dokumentationsmängel vor, kann im Übrigen auch darauf alleine ein Nachprüfungsbegehren gestützt werden. Denn § 8 VgV ist bieterschützende Vorschrift im Sinne von § 97 Abs. 6 GWB.[49]

2. Mögliche Wettbewerbsverzerrung

87   Ausgeschlossen vom Planungswettbewerb ist eine befasste Person jedoch nur, wenn infolge ihrer Befasstheit eine Wettbewerbsverzerrung droht, entweder weil die Befasstheit zu ihrer Bevorzugung führen oder weil die Person Einfluss auf die Entscheidung des Preisgerichts nehmen kann.

88   Eine **Bevorzugung** liegt vor, wenn ein Wettbewerbsteilnehmer ohne sachlichen Grund anders, nämlich besser, als andere Teilnehmer behandelt wird.[50] Der Ausschluss setzt eine tatsächliche Bevorzugung jedoch nicht voraus.[51] Ausreichend ist vielmehr die bloße Möglichkeit einer Bevorzugung infolge der Beteiligung an der Vorbereitung oder Durchführung des Planungswettbewerbs. Eine kausale Verknüpfung zwischen der Beteiligung einer ausgeschlossenen Person und einer konkreten Ungleichbehandlung eines Wettbewerbsteilnehmers ist also nicht erforderlich.

89   Vor einem Ausschluss des Teilnehmers vom Wettbewerb muss diesem die Möglichkeit eingeräumt werden, die abstrakte Gefahr einer Wettbewerbsverzerrung zu widerlegen.[52]

II. Erstreckung auf Angehörige

90   Nach § 79 Abs. 2 S. 2 VgV sind ebenfalls von Planungswettbewerben ausgeschlossen Personen, die sich durch Angehörige oder ihnen wirtschaftlich verbundene Personen einen entsprechenden Vorteil oder Einfluss verschaffen können.

91   Der Begriff der **Angehörigen** ist in § 6 Abs. 4 S. 2 VgV legaldefiniert. Angehörige sind danach der Verlobte, der Ehegatte, Lebenspartner, Verwandte und Verschwägerte gerader Linie, Geschwister, Kinder der Geschwister, Ehegatten und Lebenspartner der Geschwister und Geschwister der Ehegatten und Lebenspartner, Geschwister der Eltern sowie Pflegeeltern und Pflegekinder. In diesem Sinne ist auch der Angehörigen Begriff in § 79 Abs. 2 S. 2 VgV zu verstehen.[53] Eine Erstreckung des Angehörigenbegriffs über die Legaldefinition des § 6 Abs. 4 S. 2 VgV hinaus auf Organe oder Vertreter juristischer Personen ist nicht geboten.[54] Dahinter steht der Gedanke, dass durch eine Zwischenschaltung juristischer Personen ein Ausschluss befasster Personen nicht umgangen werden können soll. Um das zu verhindern, muss aber nicht die Legaldefinition des § 6 Abs. 4 VgV erweitert werden. Vorteil oder Einfluss verschaffen können ohnehin nur natürliche Personen. Vielmehr ist auf der Teilnehmerseite der Begriff der „Person" weit auszulegen. Ist ein Wettbewerbsteilnehmer eine juristische Person, ist diese vom Planungswettbewerb ausgeschlossen,

---

[49] *Schneider* in Kapellmann/Messerschmidt, VOB 6. Aufl. 2017 § 6 VgV Rn. 33.
[50] *Müller-Wrede* in Müller-Wrede, VOF 5. Aufl. 2014 § 16 Rn. 22.
[51] *Müller-Wrede* in Müller-Wrede, VOF 5. Aufl. 2014 § 16 Rn. 25.
[52] EuGH vom 3.3.2005 – Rs. C – 34/03, VergabeR 2005, 319, 324 ff.; *Harr* in Willenbruch/Wieddekind, Vergaberecht 4. Aufl. 2017 § 79 VgV Rn. 16.
[53] *Hartmann* in KKMPP, Kommentar zur VgV 1. Aufl. 2017 § 79 Rn. 41; zur Vorgängernorm § 16 Abs. 2 S. 2 VgV OLG München v. 11.4.2013 – Verg 2/13, NZBau 2013, 661 zur Problematik, dass der Bruder eines Wettbewerbteilnehmers in der Jury sitzt.
[54] AA OLG München v. 11.4.2013 – Verg 2/13, NZBau 2013, 661, 663; *Hartmann* in KKMPP, Kommentar zur VgV 1. Aufl. 2017 § 79 Rn. 42.

wenn ein Organ oder Vertreter dieser juristischen Person einen Angehörigen oder eine wirtschaftliche Person im Lager des öffentlichen Auftraggebers hat, die dem Wettbewerbsteilnehmer einen Vorteil oder Einfluss verschaffen kann.

Zur Auslegung des Begriffs **„wirtschaftlich verbundene Person"** kann auf die entsprechende Regelung in Nr. 3.2.3 Abs. 1 S. 2 GRW 1995 zurückgegriffen werden. [55] Wirtschaftlich verbunden sind danach ständige Geschäfts- oder Projektpartner des Wirtschaftsteilnehmers sowie seine unmittelbaren Vorgesetzten und Mitarbeiter. Eine nur punktuelle Zusammenarbeit – entschieden ist das für zwei gemeinsame Projekte – begründet noch keine wirtschaftliche Verbundenheit.[56] Die Verbundenheit muss noch andauern, so dass eine in der Vergangenheit liegende, aber mittlerweile beendete Geschäftsbeziehung nicht schadet. Ausreichend ist eine rein tatsächliche Geschäftsbeziehung; eine (gesellschafts)rechtliche Verflechtung der Projektpartner – beispielsweise in Form einer Planungsgemeinschaft – ist nicht erforderlich. **92**

III. Rechtsfolge

Nach dem unmissverständlichen Wortlaut von § 79 Abs. 2 VgV sind vor- und aktuell befasste Personen sowie solche Personen, die sich durch Angehörige oder ihnen wirtschaftlich verbundene Personen einen entsprechenden Vorteil oder Einfluss verschaffen können, vom Planungswettbewerb ausgeschlossen. **93**

Im Hinblick auf den zwingenden Ausschluss von **Projektanten** weicht § 79 Abs. 2 VgV von der allgemeinen Bestimmung des § 7 VgV ab, die einen Ausschluss des Projektanten nur als ultima ratio vorsieht und vorrangig den öffentlichen Auftraggeber verpflichtet, andere Maßnahmen zur Vermeidung einer Wettbewerbsverzerrung zu ergreifen.[57] Diese Regelung geht zurück auf die Fabricom-Entscheidung des EuGH,[58] der in einem zwingenden Ausschluss einen Verstoß gegen den vergaberechtlichen Gleichbehandlungsgrundsatz sah. Damit stellt sich die Frage der Konformität des § 79 Abs. 2 VgV mit den allgemeinen vergaberechtlichen Grundsätzen der Gleichbehandlung und der Verhältnismäßigkeit, die in Art. 18 Abs. 1 der Vergaberichtlinie sowie § 97 Abs. 2 GWB normiert sind und die gemäß Art. 80 Abs. 1 der Vergaberichtlinie auch auf Planungswettbewerbe anzuwenden sind.[59] Fest steht, dass der Verordnungsgeber bewusst nicht auf § 7 VgV verwiesen und stattdessen den zwingenden Ausschluss auch von Projektanten geregelt hat. Das zeigt der eindeutige Wortlaut von § 79 Abs. 2 VgV sowie der Umstand, dass er gemäß § 78 Abs. 3 S. 1 i. V. m. § 69 Abs. 2 VgV die Anwendung u. a. von §§ 5, 6 und 43 VgV, nicht aber die von § 7 VgV festgelegt hat. Eine auslegungsbedürftige Regelungslücke liegt daher nicht vor. Für eine die Entscheidung des Verordnungsgebers korrigierende europarechtskonforme Auslegung besteht kein Bedürfnis. Denn der EuGH hat in der erwähnten Fabricom-Entscheidung lediglich festgestellt, dass ein Projektant nicht ausgeschlossen werden dürfe, ohne dass ihm zuvor die Möglichkeit eingeräumt worden sei zu beweisen, dass nach den Umständen des Einzelfalls seine Vorbefasstheit nicht den Wettbewerb habe verzerren können. Diese Möglichkeit hat ein Projektant im Anwendungsbereich des § 79 Abs. 2 VgV jedoch. Denn ausgeschlossen ist er nur, sofern er infolge seiner Beteiligung an der Vorbereitung des Wettbewerbs bevorzugt oder Einfluss auf die Entscheidung des Preisgerichts nehmen kann. Widerlegt der Projektant beweisbar diese Möglichkeit einer Wettbewerbsverzerrung, darf er am Planungswettbewerb teilnehmen. Insofern ist § 79 Abs. 2 VgV auch nicht mit § 7 **94**

---

[55] VK Sachsen v. 5.5.2014 – 1/SVK/010–14, ZfBR 2014, 826 (L); *Hartmann* in KKMPP, Kommentar zur VgV 1. Aufl. 2017 § 79 Rn. 43.
[56] VK Sachsen v. 5.5.2014 – 1/SVK/010–14, ZfBR 2014, 826 (L).
[57] *Schneider* in Kapellmann/Messerschmidt, VOB 6. Aufl. 2017 § 7 VgV Rn. 2.
[58] EuGH v. 3.3.2005 – C-21/03 und C-34/03, NZBau 2005, 351.
[59] Siehe dazu *Hartmann* in KKMPP, Kommentar zur VgV 1. Aufl. 2017 § 79 Rn. 45 ff. sowie zu § 16 VOF *Voppel/Osenbrück/Bubert* VOF, 3. Aufl. 2012 § 16 Rn. 15; *Müller-Wrede* in Müller-Wrede, VOF 5. Aufl. 2014 § 16 Rn. 19.

VgV vergleichbar. Nach § 7 VgV wird bei Vorbefassung eine daraus folgende Wettbewerbsverzerrung vermutet, die der betroffene Projektant beweisbar widerlegen kann (§ 7 Abs. 3 VgV). Nach § 79 Abs. 2 VgV ist hingegen die aus der Vorbefasstheit resultierende drohende Wettbewerbsverzerrung ein Tatbestandsmerkmal des Ausschlussgrunds und damit vom öffentlichen Auftraggeber zu beweisen.

95   Im Hinblick auf den zwingenden Ausschluss aktuell befasster Wettbewerbsteilnehmer weicht § 79 Abs. 2 VgV von § 6 VgV ab, der auf der Auftraggeberseite ansetzt und nicht den Ausschluss der befassten Person im Vergabeverfahren als Bieter oder Bewerber, sondern ein Mitwirkungsverbot dieser Person auf Seiten des öffentlichen Auftraggebers regelt. Auch insoweit handelt es sich um eine bewusste Entscheidung des Verordnungsgebers. Zwar ist § 6 VgV über § 78 Abs. 3 S. 1 i. V. m. § 69 Abs. 2 VgV grundsätzlich auch in Planungswettbewerben für Architekten- und Ingenieurleistungen anwendbar, wird jedoch durch den spezielleren § 79 Abs. 2 VgV verdrängt. Das hat der Verordnungsgeber erkannt und in der Verordnungsbegründung festgestellt, dass § 79 Abs. 2 VgV *„anders als in § 6, der bei Interessenkonflikten einen Ausschluss auf Auftraggeberseite vorsieht, ... den Ausschluss von Teilnehmern am Planungswettbewerben"* regelt.[60] Ein Verstoß gegen Art. 24 der Vergaberichtlinie, der gemäß Art. 80 Abs. 1 dieser Richtlinie bei der Durchführung von Wettbewerben anzuwenden ist, liegt darin nicht. Nach der Richtlinie stellen die Mitgliedstaaten sicher, *„dass die öffentlichen Auftraggeber **geeignete Maßnahmen zur wirksamen Verhinderung, Aufdeckung und Behebung von Interessenkonflikten** treffen, die sich bei der Durchführung von Vergabeverfahren ergeben, **um Wettbewerbsverzerrungen zu vermeiden und eine Gleichbehandlung aller Wirtschaftsteilnehmer zu gewährleisten.* "*[61] Zweifellos ist der Ausschluss aktuell befasster Personen eine geeignete Maßnahme, um Wettbewerbsverzerrungen zu vermeiden. Ebenfalls ist diese Maßnahme geeignet, um eine Gleichbehandlung aller Wirtschaftsteilnehmer zu gewährleisten. Dass diese Maßnahme auch erforderlich sein muss, um eine Gleichbehandlung sicherzustellen, verlangt Art. 24 der Vergaberichtlinie gerade nicht. Mit Blick auf die Fabricom-Entscheidung des EuGH ist aber auch dieses Merkmal als erfüllt anzusehen, weil der öffentliche Auftraggeber für den Ausschluss des befassten Wettbewerbsteilnehmers die Kausalität zwischen Befassung und drohender Wettbewerbsverzerrung beweisen muss und dem betroffenen Teilnehmer erst recht der Gegenbeweis möglich ist. Auch wird § 79 Abs. 2 VgV nicht durch den höherrangigen § 124 Abs. 1 Nr. 5 GWB verdrängt,[62] der für den Fall eines Interessenkonflikts einen fakultativen Ausschlussgrund normiert unter der Voraussetzung, dass der Konflikt nicht durch andere, weniger einschneidende Maßnahmen beseitigt werden kann. Insoweit ist zunächst zu berücksichtigen, dass dessen europarechtliche Grundlage, Art. 57 Abs. 4 lit. e) der Vergaberichtlinie gemäß Art. 80 Abs. 1 der Vergaberichtlinie nicht auf Wettbewerbe anzuwenden ist. Demgegenüber erklärt zwar § 115 GWB die Regelung des § 124 Abs. 1 Nr. 5 GWB für auf Wettbewerbe anwendbar. Hierdurch wird dem Verordnungsgeber jedoch nicht untersagt, den Ausschluss des befassten Teilnehmers auch als zwingenden Ausschlussgrund für den speziellen Fall des Wettbewerbs für Architekten und Ingenieure zu normieren.

96   In weiten Teilen der Rechtsprechung und Literatur wurde jedenfalls in der Vorgängerregelung in § 16 Abs. 2 VOF ein Verstoß gegen die europarechtlichen sowie höherrangige Vorgaben des nationalen Rechts gesehen. Gegenüber dem (vor-)befassten Bieter besteht der sicherste Weg für den öffentlichen Auftraggeber deshalb darin, vor einem Ausschluss die Möglichkeit weniger einschneidenden Maßnahmen zur Verhinderung einer möglichen Wettbewerbsverzerrung zu prüfen und ggf. durchzuführen. Gegenüber den übrigen Wettbewerbsteilnehmern macht sich der öffentliche Auftraggeber hierdurch freilich angreifbar. Denn § 79 Abs. 2 VgV ist eine bieterschützende Vorschrift.[63] Sollte sich die hier vertretene

---

[60] Verordnungsbegründung BT-Drucks. 18/7318 S. 206 f.
[61] Hervorhebung durch den Bearbeiter.
[62] So aber *Hartmann* in KKMPP, Kommentar zur VgV 1. Aufl. 2017 § 79 Rn. 56 ff.
[63] *Hartmann* in KKMPP, Kommentar zur VgV 1. Aufl. 2017 § 79 Rn. 58. Zur Vorgängernorm § 16 Abs. 2 VOF OLG München v. 13.4.2013 – Verg 2/13, NZBau 2013, 661, 662 f.; VK Sachsen v. 5.5.2014 – 1/SVK/010–14.

Auffassung durchsetzen, hätten dritte Wettbewerbsteilnehmer daher einen Anspruch auf Ausschluss des (vor-)befassten Teilnehmers.

E. Qualifikation und Unabhängigkeit der Preisrichter

§ 79 Abs. 3 VgV verschärft die Anforderungen an die Preisrichter gegenüber der allge- 97 meinen Regelung in § 73 Abs. 1 S. 2 VgV. Hiernach muss die Mehrheit der Preisrichter über dieselbe oder eine gleichwertige Qualifikation verfügen, wie sie von den Teilnehmern verlangt wird. Auch muss die Mehrheit der Preisrichter unabhängig vom Ausrichter sein.

I. Qualifikation der Preisrichter

Nach § 79 Abs. 3 S. 1 VgV, der dem bisherigen § 16 Absatz 4 VOF entspricht, muss die 98 Mehrheit der Preisrichter über dieselbe oder eine gleichwertige Qualifikation verfügen, wie sie von den Teilnehmern verlangt wird. Damit wird ein Bezug hergestellt zu § 75 Abs. 1 und 2 VgV, wonach als Berufsqualifikation der Beruf des Architekten, Innenarchitektin, Landschaftsarchitekten oder Stadtplaner bzw. der Beruf des „beratenden Ingenieurs" oder „Ingenieurs" als Eignungsnachweis gefordert werden können. Hierauf zielt § 79 Abs. 3 S. 1 VgV ab. **Dieselbe Qualifikation** hat demnach ein Preisrichter, wenn er die von den Teilnehmern zum Nachweis ihrer Eignung geforderte Berufsbezeichnung im Sinne von § 75 Abs. 1 oder 2 VgV führen darf.[64]

Eine **gleichwertige Qualifikation** kann unter unterschiedlichen Voraussetzungen zu 99 bejahen sein. Gleichwertigkeit ist eine Qualifikation bspw. dann, wenn der Preisrichter zwar sämtliche Voraussetzungen für die erfolgreiche Beantragung der Eintragung in die Architekten- oder Ingenieurliste vorweisen kann, er einen solchen Antrag bislang aber noch nicht gestellt hat.[65]

Für die Prüfung der Gleichwertigkeit der Qualifikation eines **ausländischen Preisrich-** 100 **ter** bieten die Regelungen in den Baukammern- und Architektengesetzen der Bundesländer zu den so genannten „auswärtigen Architekten" bzw. „auswärtigen beratenden Ingenieuren" Anhaltspunkte.

Dieselbe oder eine gleichwertige Qualifikation muss die **Mehrheit der Preisrichter** 101 vorweisen können. Öffentliche Auftraggeber, die einen Planungswettbewerb auf der Grundlage der RPW 2013 durchführen, müssen gemäß § 6 Abs. 1 RPW 2013 das Preisgericht mit einer ungeraden Zahl Preisrichter besetzen. Dort kann die Mehrheit demnach in einer Person bestehen. Operativ empfiehlt es sich jedoch, eine komfortable Mehrheit von Preisrichtern einzusetzen, die über dieselbe oder eine gleichwertige Qualifikation verfügen. Maßgeblich ist, dass diese Mehrheit durchgängig besteht, denn in allen Phasen, in denen das Preisgericht tätig ist – seien es Anhörungen, Beratungen oder Entscheidungen –, ist eine fachlich qualifizierte Jury vonnöten. Weil nicht ausgeschlossen werden kann, dass im Verlauf eines Wettbewerbs ein Preisrichter ersetzt werden muss und möglicherweise nicht ohne weiteres adäquater (also mindestens gleichwertig qualifizierter) Ersatz zur Verfügung steht, bietet es sich an, von vornherein für eine komfortable Mehrheit an hinreichend qualifizierten Preisrichtern zu sorgen.

In der Verordnungsbegründung hat der Verordnungsgeber darauf hingewiesen, dass § 79 102 Abs. 3 den Richtlinienbestimmungen für Planungswettbewerbe entspreche. Offenbar meint er damit die RPW 2013. Denn von den **Vorgaben des Art. 81 S. 2 der Vergabericht-** **linie,** der mit § 72 Abs. 1 S. 2 VgV in deutsches Recht umgesetzt wurde, weicht § 79

---

[64] *Hartmann* in KKMPP, Kommentar zur VgV 1. Aufl. 2017 § 79 Rn. 62; *Diercks-Oppler* Wettbewerbe für Architekten und Ingenieure S. 112.
[65] *Hartmann* in KKMPP, Kommentar zur VgV 1. Aufl. 2017 § 79 Rn. 63.

Abs. 3 S. 1 VgV ab. Nach der Vergaberichtlinie muss nämlich lediglich mindestens ein Drittel der Preisrichter die zumindest gleichwertige Qualifikation der Teilnehmer haben. Die in § 79 Abs. 3 S. 1 VgV vorgenommene Verschärfung der Anforderungen an die Zusammensetzung des Preisgerichts gegenüber der europarechtlichen Vorgabe in Art. 81 S. 2 der Vergaberichtlinie begegnet jedoch keinen rechtlichen Bedenken. Denn die Richtlinie spricht ausdrücklich davon, dass *„mindestens ein Drittel der Preisrichter über dieselbe oder eine gleichwertige Qualifikation verfügen"* muss. Die in § 79 Abs. 3 Satz 1 VgV geforderte Mehrheit an qualifizierten Preisrichtern entspricht dem, weil die Mehrheit „mindestens ein Drittel" ist.[66]

II. Unabhängigkeit der Preisrichter

103   Während die allgemeine Regelung in § 72 Abs. 1 S. 1 VgV klargestellt, dass Preisrichter von den Teilnehmern des Planungswettbewerbs unabhängig sein müssen, regelt § 79 Abs. 3 S. 2 VgV, dass die Mehrheit der Preisrichter außerdem unabhängig vom Ausrichter, also dem öffentlichen Auftraggeber, sein muss. Hierbei handelt es sich nicht um dieselbe Mehrheit, die gemäß S. 1 dieselbe oder eine gleichwertige Qualifikation wie die Teilnehmer vorweisen muss. § 79 Abs. 3 S. 2 VgV verlangt also nicht, dass alle hinreichend qualifizierten Preisrichter unabhängig vom öffentlichen Auftraggeber sind. Vielmehr genügt es, dass eine Mehrheit der Preisrichter diese Unabhängigkeit besitzt, wobei es unbedeutend ist, ob sich diese Mehrheit wiederum mehrheitlich aus hinreichend qualifizierten Preisrichtern zusammensetzt oder nicht.

104   Unabhängig ist ein Preisrichter, wenn er nicht in einer beamtenrechtlichen, arbeitsrechtlichen oder sonstigen abhängigen Beziehung zum öffentlichen Auftraggeber steht.[67] Der unabhängige Preisrichter darf also mit anderen Worten nicht im Lager des öffentlichen Auftraggebers stehen.[68]

105   § 79 Abs. 3 S. 2 VgV konkretisiert damit die Vorgabe aus Art. 82 Abs. 1 der Vergaberichtlinie, die in § 72 Abs. 2 S. 1 VgV umgesetzt wurde, wonach das Preisgericht in seinen Entscheidungen und Stellungnahmen unabhängig ist. Die Unabhängigkeit in den Entscheidungen und Stellungnahmen wird dadurch sichergestellt, dass die Mehrheit der Preisrichter (auch) vom öffentlichen Auftraggeber unabhängig sind. Diese Konkretisierung ist rechtlich unbedenklich.

III. Weitere Vorgaben aus der RPW 2013

106   Die **RPW 2013** enthält über § 79 Abs. 3 VgV hinausgehende Anforderungen an die Preisrichter. Nach § 6 Abs. 1 RPW 2013 darf das Preisgericht darf nur aus natürlichen Personen bestehen, die von den Teilnehmern des Wettbewerbs unabhängig sind (siehe auch § 72 Abs. 1 VgV). Die Mitglieder des Preisgerichts haben ihr Amt persönlich und unabhängig allein nach fachlichen Gesichtspunkten auszuüben. Die Unabhängigkeit von den Teilnehmern wird zusätzlich dadurch sichergestellt, dass gemäß § 8 Abs. 2 Unterabs. 3 RPW 2013 Preisrichter, aber auch Sachverständige, Wettbewerbsbetreuer/-vorprüfer und Berater (auch) nach Abschluss des Planungswettbewerbs keine Planungsleistungen für die Wettbewerbsaufgabe übernehmen dürfen. Der öffentliche Auftraggeber bestimmt die Preisrichter und Stellvertreter. Zur Sicherstellung der Beschlussfähigkeit beruft der Auslober eine ausreichende Anzahl von Stellvertretern. Eine Mindestanzahl an Preisrichtern und

---

[66] *Hartmann* in KKMPP, Kommentar zur VgV 1. Aufl. 2017 § 79 Rn. 61; *Müller-Wrede* Der Architektenwettbewerb Rn. 118.

[67] *Voppel/Osenbrück/Bubert* VOF, 3. Aufl. 2012 § 16 Rn. 28.

[68] *Hartmann* in KKMPP, Kommentar zur VgV 1. Aufl. 2017 § 79 Rn. 66.

Stellvertretern gibt die RPW 2013 nicht vor. Die Zahl sollte von der jeweiligen Wettbewerbsaufgabe abhängig gemacht werden. In der Regel erscheint eine Zusammensetzung aus 7 bis 11 Preisrichtern sinnvoll. Bei einem kleineren Teilnehmerfeld kann auch eine geringere (ungerade) Zahl, also drei oder fünf Preisrichter, ausreichend sein.[69] Operativ gilt, dass „zu viele Köche den Brei verderben." Des Weiteren differenziert die RPW 2013 zwischen **Fach- und Sachpreisrichtern.** Fachpreisrichter besitzen die fachliche Qualifikation der Teilnehmer, wobei eine gleichwertige Qualifikation ausreicht. Die Regelung der RPW 2013, die für die Fachpreisrichter „*die fachliche Qualifikation der Teilnehmer*" verlangt, ist insoweit im Lichte von § 79 Abs. 3 S. 1 VgV und auch Art. 81 der Vergaberichtlinie auszulegen.[70] Sachpreisrichter sollen mit der Wettbewerbsaufgabe und den örtlichen Verhältnissen besonders vertraut sein. Hierbei handelt es sich ausdrücklich nicht um eine Muss-Bestimmung. In der Praxis werden oftmals die politischen Entscheidungsträger als Sachpreisrichter einbezogen. Das ist grundsätzlich zulässig.[71] Voraussetzung für einen Sachpreisrichter ist, dass er in irgendeiner Weise prädestiniert ist, an dem Preisgericht beteiligt sein. Gründe können die besondere Vertrautheit mit der Aufgabe oder den örtlichen Verhältnissen, aber auch die politisch legitimierte Interessenvertretung sein. Über dieselbe oder eine gleichwertige Qualifikation wie die Teilnehmer müssen die Sachpreisrichter nicht verfügen. Bei Wettbewerben der öffentlichen Auftraggeber setzt sich das Preisgericht in der Mehrzahl aus Fachpreisrichtern zusammen, von denen die Mehrheit unabhängig vom öffentlichen Auftraggeber sein muss. Insgesamt muss gemäß § 79 Abs. 3 S. 2 VgV allerdings die Mehrheit der Preisrichter (also Fach- und Sachpreisrichter) unabhängig vom öffentlichen Auftraggeber sein (→ VgV § 79 Rn. 103 ff.). Weil in der Praxis insbesondere die Sachpreisrichter oftmals diese Unabhängigkeit nicht besitzen, muss, um der Anforderung des § 79 Abs. 3 S. 2 VgV gerecht zu werden, weit mehr als die Mehrheit der Fachpreisrichter unabhängig vom Auftraggeber sein. Die Zahl der Preisrichter muss außerdem ungerade sein. Bei **interdisziplinären Wettbewerben,** die verschiedene Leistungsbilder betreffen, ist jede Fachrichtung vertreten. Dabei sollte der Schwerpunkt der Planungsaufgabe berücksichtigt werden, so dass beispielsweise bei einem Hochbauprojekt die Zusammensetzung des Preisgerichts aus mindestens drei Fachpreisrichtern für Architektur, einem Fachpreisrichter für Landschaftsarchitektur soweit sowie einem Fachpreisrichter für technische Ausrüstung empfehlenswert wäre.[72]

Die Regelung der RPW 2013 in § 6 Abs. 1 Unterabs. 4 zur Unabhängigkeit der Preis- **107** richter vom Auslober ist im Lichte von § 79 Abs. 3 S. 2 VgV auszulegen und umzusetzen. § 6 Abs. 1 Unterabs. 4 RPW 2013 bestimmt: „*Bei Wettbewerben öffentlicher Auslober setzt sich das Preisgericht in der Mehrzahl aus Fachpreisrichtern zusammen; hiervon ist die Mehrheit unabhängig vom Auslober*". Zur Unabhängigkeit der Sachpreisrichter regelt die RPW 2013 nichts. Das darf nicht zu dem Schluss verleiten, dass von den insgesamt eingesetzten Preisrichtern nur die Mehrzahl der Fachpreisrichter unabhängig vom öffentlichen Auftraggeber sein müsse. Das kann nämlich dazu führen, dass insgesamt weniger als die Hälfte aller Preisrichter diese Unabhängigkeit vorweist, zumal, wie ausgeführt, die Sachpreisrichter oftmals politisch und damit aus dem Lager des öffentlichen Auftraggebers besetzt sind.[73] § 6 Abs. 1 Unterabs. 4 RPW 2013 ist daher so zu verstehen, dass es ausreicht, wenn die Mehrzahl der Fachpreisrichter vom öffentlichen Auftraggeber unabhängig ist, wenn insgesamt die Mehrzahl aller Preisrichter diese Unabhängigkeit vorweist.

---

[69] *Hartmann* in KKMPP, Kommentar zur VgV 1. Aufl. 2017 § 79 Rn. 75.
[70] *Hartmann* in KKMPP, Kommentar zur VgV 1. Aufl. 2017 § 79 Rn. 65.
[71] Im Ergebnis ebenso *Harr* in Willenbruch/Wieddekind, Vergaberecht 4. Aufl. 2017 § 79 VgV Rn. 18.
[72] *Budiner/Voitl* in Thode/Wirth/Kuffer, Architektenrecht § 2 Rn. 68.
[73] *Hartmann* in KKMPP, Kommentar zur VgV 1. Aufl. 2017 § 79 Rn. 69 veranschaulicht das wie folgt: Bei einem Preisgericht, das aus neun Preisrichtern bestehen soll, sind mehrheitlich mindestens fünf Fachpreisrichter zu berufen, von denen mindestens drei Fachpreisrichter vom öffentlichen Auftraggeber unabhängig sein müssen.

IV. Bieterschutz

108 § 79 Abs. 3 S. 1 und 2 VgV sind nicht bieterschützend. Sinn und Zweck dieser Regelungen sind, eine fachlich qualifizierte Jury zu gewährleisten.[74]

109 Nicht ausgeschlossen sind demgegenüber Schadensersatzansprüche des Bieters. Insoweit kommt auch eine Haftung des öffentlichen Auftraggebers für Fehler des Preisgerichts in Betracht. Schuldhaftes Fehlverhalten der Preisrichter muss sich der öffentliche Auftraggeber gemäß § 278 BGB zurechnen lassen.[75] Dasselbe gilt für entsprechendes Verhalten der Vorprüfer, die in der Regel aus den Reihen der Wettbewerbsbetreuer stammen. Zwar können die Entscheidungen des Preisgerichts nicht auf ihre sachliche Richtigkeit hin überprüft werden. Schwerwiegende Verfahrensfehler, die sich offensichtlich auf die Preisgerichtsentscheidung ausgewirkt haben, können demgegenüber eine Schadensersatzpflicht begründen. Ein solcher Verfahrensfehler kann beispielsweise der ungerechtfertigte Ausschluss einer Wettbewerbsarbeit wegen angeblicher Versäumung des Abgabetermins sein.[76] Siehe allgemein zum Rechtsschutz gegen Entscheidungen des Preisgerichts → VgV § 80 Rn. 78 ff.

110 In Betracht kommt auch eine Haftung der Preisrichter gegenüber dem öffentlichen Auftraggeber. Der BGH greift hierzu auf § 826 BGB zurück.[77] In der Literatur wird teilweise eine Haftung befürwortet.[78]

F. Entscheidungen des Preisgerichts

111 Nach § 79 Abs. 4 S. 1 VgV hat das Preisgericht in seinen Entscheidungen die in der Wettbewerbsbekanntmachung als bindend bezeichneten Vorgaben des öffentlichen Auftraggebers zu beachten. Der Regelablauf der Preisgerichtssitzung wird unter → VgV § 79 Rn. 36 ff. beschrieben.

I. Grundlagen

1. Allgemeine Grundsätze der Preisgerichtsentscheidung

112 § 79 Abs. 4 S. 1 und 2 VgV entspricht dem früheren § 16 Abs. 5 Unterabs. 2 S. 1 und 2 VOF. § 16 Abs. 5 Unterabsatz 1 VOF normierte allgemeine Grundsätze der Entscheidung des Preisgerichts. Diese wurden in die allgemeine Regelung von § 72 **Abs. 2 VgV** aufgenommen, die gemäß § 78 Abs. 3 S. 1 VgV auch für die Durchführung von Planungswettbewerben für Architekten- und Ingenieurleistungen gilt. Danach ist das Preisgericht in seinen Entscheidungen und Stellungnahmen unabhängig und trifft diese aufgrund von Wettbewerbsarbeiten, die anonym vorgelegt werden, und nur aufgrund von Kriterien, die in der Wettbewerbsbekanntmachung genannt sind. Ein Nachschieben von (Unter-)Kriterien in späteren Wettbewerbsstadien, insbesondere im Zuge oder nach Abschluss der wertenden Rundgänge, ist unzulässig.[79]

113 Besondere Vorgaben für die Wahl dieser Kriterien enthält die VgV nicht. Auch die RPW 2013 enthält solche Vorgaben nicht. Bei der Festlegung der **Entscheidungskriterien,** anhand derer die Wettbewerbsarbeiten zu bewerten sind, ist der öffentliche Auftrag-

[74] *Hartmann* in KKMPP, Kommentar zur VgV 1. Aufl. 2017 § 79 Rn. 59. Zur Vorgängernorm § 16 Abs. 4 VOF siehe *Müller-Wrede* in Müller-Wrede, VOF 5. Aufl. 2014 § 16 Rn. 100.
[75] *Hartmann* in KKMPP, Kommentar zur VgV 1. Aufl. 2017 § 79 Rn. 78.
[76] BGH v. 23.9.1982 – III – ZR – 196/80, NJW 1983, 442, 443.
[77] BGH v. 6.4.1966 – I b ZR 82 / 64, MDR 66, 572 ff.
[78] *Sprau* in Palandt, BGB 75. Aufl. 2016 § 661 BGB Rn. 2.
[79] *Hartmann* in KKMPP, Kommentar zur VgV 1. Aufl. 2017 § 79 Rn. 125; *Voppel/Osenbrück/Bubert* VOF, 3. Aufl. 2012 § 16 Rn. 38.

geber daher nur an die allgemeinen vergaberechtlichen Grundsätze, insbesondere den Grundsatz der Gleichbehandlung (§ 97 Abs. 2 GWB) gebunden. Eine Orientierungshilfe für den öffentlichen Auftraggeber findet sich – neben den allgemeinen vergaberechtlichen Bestimmungen zu den Zuschlagskriterien im § 58 Abs. 2 VgV, die auch für Planungswettbewerbe herangezogen werden können (soweit sie passen) – in **Nr. 5.1.5 GRW 1995.** Danach hatte der öffentliche Auftraggeber die Aufnahme folgender Kriterien zu prüfen:

- Entwicklungsziele
- Raumprogramm und funktionale Anforderungen
- qualitative Bedarfsanforderungen (baulicher Standard)
- gestalterische und räumliche Qualität
- Investition und Folgekosten, Investitionskostenrahmen
- Wirtschaftlichkeit (anhand von Orientierungs-, Kenn- und Planungsdaten zum Beispiel BGF/HNF; BRI/BGF)
- ökologische, insbesondere energetische Anforderungen und Umweltverträglichkeit
- Barrierefreiheit
- Bauabschnitte und Bereichsbeziehungen
- Möglichkeiten von Nutzungsänderungen und baulichen Erweiterungen
- Art des Umfangs mit Bestand und Denkmalpflege
Darüber hinaus kommen in der Praxis folgende Kriterien in Betracht:[80]
- Städtebaulich-räumliches Konzept
- Gestaltqualität
- funktionale Qualität
- Realisierbarkeit und Nachhaltigkeit der Konzeption
- Wirtschaftlichkeit

Im Übrigen wird auf die Kommentierung von § 72 Abs. 2 VgV verwiesen.

114 In § 25 Abs. 5 S. 2 VOF 2006 war noch vorgeschrieben, dass die Preisrichter stets persönlich an den Gremiensitzungen bzw. an der Entscheidung teilnehmen müssen. § 79 VgV sieht dies nicht mehr vor. Hierdurch leidet die Qualität der Beurteilungen durch das Preisgericht.[81] Bei Zugrundelegung der RPW 2013 ist eine durchgängige persönliche Anwesenheit zumindest der Fachpreisrichter hingegen vorgeschrieben (→ VgV § 79 Rn. 117).

2. Grundsätze der Preisgerichtsentscheidung nach RPW 2013

115 Für Planungswettbewerbe, die auf der Grundlage der RPW 2013 durchgeführt werden, finden sich Bestimmungen über die Arbeitsweise des Preisgerichts in § 6 Abs. 2 RPW 2013, die teilweise die allgemeinen Grundsätze gemäß § 72 Abs. 2 VgV konkretisieren.

116 Das Preisgericht tagt gemäß § 6 Abs. 2 S. 1 RPW 2013 in der Regel **nicht öffentlich.** Findet ausnahmsweise eine öffentliche Tagung des Preisgerichts statt, muss die Anonymität der Wettbewerbsbeiträge sichergestellt werden. Zur Wahrung der Anonymität der Wettbewerbsbeiträge bis zu einer Entscheidung des Preisgerichts enthält Anlage V zur RPW 2013 weitere Hinweise, zur Aufhebung der Anonymität nach Abschluss der Preisgerichtssitzung Nr. 5 der Anlage VII zur RPW 2013.

117 Die Preisrichter haben bis zum Beginn der Preisgerichtssitzung keine Kenntnisse von den eingereichten Wettbewerbsarbeiten. Die **Fachpreisrichter** müssen während der gesamten Preisgerichtssitzung anwesend sein. Bei Ausfall eines Fachpreisrichters beruft das Preisgericht für die gesamte weitere Dauer der Preisgerichtssitzung, bei mehrphasigen Wettbewerben für die Dauer aller Preisgerichtssitzungen, einen stellvertretenden Fachpreisrichter an seine Stelle, der während der bisherigen Sitzung des Preisgerichts ständig anwesend war. Damit soll sichergestellt werden, dass jeder Preisrichter persönlich die Kenntnisse aus dem gesamten Verfahren hat und auf dieser Grundlage die Entscheidung treffen kann. In der Praxis wird deshalb höchstvorsorglich jede (jedenfalls jede ausfallgefährdete) Fachpreisrichterposition von Beginn an doppelt, nämlich mit einem Stellvertreter, besetzt. Fällt

---

[80] *Hartmann* in KKMPP, Kommentar zur VgV 1. Aufl. 2017 § 79 Rn. 87.
[81] Vgl. *Greb* in Greb/Müller, SektVO 2. Aufl. 2017 § 63 SektVO Rn. 5.

ein Fachpreisrichter aus, ohne dass ein Stellvertreter zur Verfügung steht, der an dem Wettbewerb von Beginn der Preisgerichtssitzungen an beteilig war, müssen diese wiederholt werden.

118 **Sachpreisrichter** können demgegenüber vorübergehend von ihren Stellvertretern ersetzt werden, wenn sie in den Meinungsbildungsprozess eingebunden bleiben, bei mehrphasigen Wettbewerben gilt dies für die Dauer aller Preisgerichtssitzungen. Sie müssen auch nicht durchgängig anwesend sein.[82] Hintergrund ist, dass Sachpreisrichter besondere Aspekte in die Wertung miteinbringen (z.B. besondere Ortskenntnisse, aber auch den politischen Willen), so dass hier eine ständige Anwesenheit nicht erforderlich – und oftmals bei politischen Entscheidungsträgern auch nicht möglich – ist.

119 Das **Preisgericht lässt alle Arbeiten zu,** die

- den formalen Bedingungen der Auslobung entsprechen,
- die als bindend bezeichneten Vorgaben der Auslobung erfüllen,
- in wesentlichen Teilen dem geforderten Leistungsumfang entsprechen,
- termingerecht eingegangen sind und
- keinen Verstoß gegen den Grundsatz der Anonymität erkennen lassen.

120 Das Preisgericht bewertet die Wettbewerbsarbeiten nach den in der Auslobung bezeichneten Vorgaben des öffentlichen Auftraggebers und den dort bzw. in der Bekanntmachung genannten Entscheidungskriterien. Es wählt die Arbeiten aus, die den Anforderungen der Auslobung am besten gerecht werden. Das Preisgericht hat die für eine Preisverleihung in Betracht zu ziehenden Arbeiten in ausreichender Zahl (engere Wahl) schriftlich zu bewerten und eine Rangfolge unter ihnen festzulegen. Es soll eine Empfehlung für die zweckmäßige weitere Entwicklung und Bearbeitung der Aufgabe aussprechen. Das Preisgericht erteilt Preise und Anerkennungen auf der Grundlage der Rangfolge der Arbeiten der engeren Wahl. Der Entscheidungsprozess wird nachvollziehbar dokumentiert (Protokoll), bei mehrphasigen Wettbewerben nach jeder Phase.

121 Bei der **Entscheidung des Preisgerichts** ist im ersten Wertungsrundgang Einstimmigkeit erforderlich. Diese wird regelmäßig nicht erreicht, weshalb das Preisgericht mit den Worten der RPW 2013 *„grundsätzlich mit einfacher Mehrheit"* entscheidet. Für Preisrichter besteht Abstimmungszwang. Um eine Pattsituation zu vermeiden, müssen öffentliche Auftraggeber gemäß § 6 Abs. 1 RPW 2013 das Preisgericht mit einer ungeraden Zahl Preisrichter besetzen.[83]

II. Beachtung der Vorgaben des Ausrichters

122 Nach § 79 Abs. 4 S. 1 VgV hat das Preisgericht in seinen Entscheidungen die in der Wettbewerbsbekanntmachung als bindend bezeichneten Vorgaben des öffentlichen Auftraggebers zu beachten.

123 Ausweislich der Verordnungsbegründung entspricht § 79 Abs. 4 S. 1 VgV inhaltlich dem § 16 Abs. 5 S. 3 VOF. Dort wurde unter den als bindend bezeichneten Vorgaben der zwingend einzuhaltende Teil der Wettbewerbsaufgabe verstanden. In diesem Sinne sind daher die **Vorgaben** gemäß § 79 Abs. 4 S. 1 VgV zu verstehen. Ebenso wie der Beschaffer von Bauleistungen den Auftragsgegenstand teilweise durch zwingend einzuhaltende Vorgaben beschreibt, legt der Auslober von Planungswettbewerben die Wettbewerbsaufgabe teilweise durch als bindend bezeichnete Vorgaben fest. Vertragsrechtlich wird hierdurch das Soll definiert. Vergaberechtlich handelt es sich um Mindestanforderungen, die, wenn sie nicht eingehalten werden, zum Ausschluss des Angebots bzw. Wettbewerbsbeitrag führen. Bin-

---

[82] *Harr* in Willenbruch/Wieddekind, Vergaberecht 4. Aufl. 2017 § 79 VgV Rn. 19; *Wachendorf* VergabeR 2009, 869, 878.
[83] Bei Wettbewerben der privaten Auslober hat in Pattsituationen der Vertreter des Auslobers die Entscheidungskompetenz.

dende Vorgaben können beispielsweise Baugrenzen[84] oder Kostenobergrenzen[85] sein. Verstößt das Preisgericht bei seiner Entscheidung gegen diese Vorgaben, ist seine Entscheidung unverbindlich und kann insbesondere in einem Nachprüfungsverfahren angegriffen werden.[86]

Die **Wettbewerbsbekanntmachung** ist gemäß § 70 Abs. 1 VgV nach dem Muster **124** gemäß Anhang IX der Durchführungsverordnung (EU) 2015/1986 zu erstellen. Darin ist die Angabe bindender Vorgaben nicht vorgesehen. Das zeigt auch Anhang V Teil E der Vergaberichtlinie, in dem die in einer Wettbewerbsbekanntmachung aufzuführenden Angaben benannt werden.[87] Teilweise wird alleine daraus geschlussfolgert, der Verordnungsgeber meine offensichtlich nicht die Wettbewerbsbekanntmachung, sondern die Auslobung des Wettbewerbs.[88] Das allein überzeugt nicht, weil das Bekanntmachungsmuster unter VI zusätzliche Angaben des öffentlichen Auftraggebers zulässt und in der VgV eine gesonderte „Auslobung" des Wettbewerbs nicht ausdrücklich vorgesehen ist. Im Ergebnis ist trotzdem jener Rechtsauffassung zuzustimmen. Zum einen hat der Verordnungsgeber in der Verordnungsbegründung angegeben, dass der § 79 Abs. 4 VgV „*dem bisherigen § 16 Absatz 5 Satz 3 und 4 VOF*" entspreche.[89] Dort war geregelt, dass das Preisgericht „*in seinen Entscheidungen die in der Auslobung als bindend bezeichneten Vorgaben*" zu beachten habe. Weil gemäß § 16 Abs. 5 S. 2 VOF die Entscheidungskriterien in der „Bekanntmachung" anzugeben waren, folgt daraus, dass die VOF bewusst zwischen der „Auslobung" und der „Bekanntmachung" unterschieden hat. Zum anderen handelt es sich bei den als bindend bezeichneten Vorgaben um einen bindenden Teil der Definition der Wettbewerbsaufgabe. Diese erfolgt nicht bereits in der Wettbewerbsbekanntmachung, sondern erst in den Auslobungsunterlagen. Die als bindend bezeichneten Vorgaben im Sinne von § 79 Abs. 4 VgV entsprechen damit beispielsweise Mindestanforderungen an die Leistung bei Bauvergaben. Auch diese müssen nicht bereits in der Vergabebekanntmachung benannt werden. Es gibt mit anderen Worten keine allgemeine vergaberechtliche Regel, wonach Mindestanforderungen, deren Nichteinhaltung zum Angebotsausschluss führen, zwingend in der Vergabebekanntmachung aufzunehmen wären. Aus diesen Gründen ist § 79 Abs. 4 S. 1 VgV dahingehend auszulegen, dass die bindenden Vorgaben nicht nur in der Wettbewerbsbekanntmachung, sondern auch in den Auslobungsbedingungen, in denen die Wettbewerbsaufgabe näher definiert wird, beschrieben werden können.

Die Vorgaben müssen von dem öffentlichen Auftraggeber als *„bindend bezeichnet"* **125** worden sein. Nach dem Wortlaut der Norm, der insoweit dem der Vorgängerregelung in § 16 Abs. 5 S. 3 VOF entspricht, muss eine bindende Vorgabe ausdrücklich als solche bezeichnet werden. Demgegenüber sind Rechtsprechung und Literatur bereits dann von einer bindenden Vorgabe ausgegangen, wenn sich aus der Beschreibung der Wettbewerbsaufgabe aus der Sicht eines objektiven Empfängers klar ergebe, dass eine Vorgabe zwingend einzuhalten sei.[90] Soll-Formulierungen können damit keinesfalls bindende Vorgaben im Sinne von § 79 Abs. 4 S. 1 VgV sein. Gibt der öffentliche Auftraggeber in den Auslobungsbedingungen an, dass eine bestimmte Kostenobergrenze nicht überschritten werden „*solle*", führt dies nicht zur Anwendung von § 79 Abs. 4 S. 1 VgV.[91] Zweifelhaft ist der Fall aber, wenn vorgegeben wird, dass eine bestimmte Kostenobergrenze nicht überschritten werden „*dürfe*", ohne dass zugleich darauf hingewiesen wird, dass es sich hierbei um eine bindende Vorgabe handele. Nach seinem Wortlaut wäre § 79 Abs. 4 S. 1 VgV nicht an-

---

84 OLG Nürnberg v. 8.10.1997 – 9 U 4273/96, BauR 1998, 360; VK Saarland v. 20.2.2008 – 1 VK 7 / 2007.
85 OLG Hamm v. 21.3.2000 – 24 U 64/99, NZBau 2000, 345, 347.
86 OLG Hamm v. 21.3.2000 – 24 U 64/99, NZBau 2000, 345, 347.
87 *Hartmann* in KKMPP, Kommentar zur VgV 1. Aufl. 2017 § 79 Rn. 81.
88 So aber *Hartmann* in KKMPP, Kommentar zur VgV 1. Aufl. 2017 § 79 Rn. 81.
89 Verordnungsbegründung BT-Drucks. 18/7318 S. 206 f.
90 VK Sachsen v. 22.2.2013 – 1/SVK/047-12.
91 Vgl OLG Hamm v. 21.3.2000 – 24 U 64/99, NJW-RR 2000, 1038. 1039.

wendbar, weil die Einhaltung der Kostenobergrenze nicht als bindende Vorgabe bezeichnet worden ist. Vor dem Hintergrund der verfahrensrechtlichen Probleme, die mit der Anwendung von Mindestanforderungen immer wieder auftreten, spricht viel dafür, eine eng am Wortlaut orientierte Auslegung dieser Norm vorzunehmen. In der Praxis stehen öffentliche Auftraggeber immer wieder vor dem Problem, dass sie erst im Nachhinein feststellen, wie viele Mindestanforderungen sie versehentlich in die Aufgabenbeschreibung aufgenommen haben, weil sie „Muss-Vorgaben" gemacht haben. Entweder müssen dann interessante Wettbewerbsbeiträge ausgeschlossen oder aber den Wettbewerbsteilnehmern im Nachhinein mitgeteilt werden, dass es sich bei diesen Vorgaben doch nicht um Mindestanforderungen handelt, was jedoch vor dem Hintergrund des Gleichbehandlungs- und Transparenzgrundsatzes problematisch ist. Alternativ verzichten öffentliche Auftraggeber in Kenntnis dessen, dass „Muss-Vorgaben" als Mindestanforderungen angesehen werden, bei der Aufgabenbeschreibung von vornherein weitestgehend auf „Muss-Vorgaben" und verwenden stattdessen „Soll-Formulierungen" verwendet. Dies führt jedoch oftmals bereits in der Vergabephase, spätestens aber im Ausführungsstadium zu Auslegungsproblemen, weil das Planungssoll anhand von „Soll-Formulierungen" definiert werden muss. Operativ erscheint es deshalb sinnvoll, nur solche Muss-Formulierungen vergaberechtlich als Mindestanforderungen zu werten, die ausdrücklich als bindende Vorgabe bezeichnet worden sind. Praktisch kann ein öffentlicher Auftraggeber das so handhaben, dass er eine Liste mit den als bindend bezeichneten Vorgaben erstellt.

126   Enthalten die Auslobungsbedingungen keine als bindend bezeichneten Vorgaben des öffentlichen Auftraggebers, ist das Preisgericht folgerichtig auch nicht hieran gebunden. Klarzustellen ist soweit, dass der öffentliche Auftraggeber **nicht verpflichtet ist, bindende Vorgaben zu machen.**[92]

127   Erfüllt eine Wettbewerbsarbeit die als bindend bezeichneten Vorgaben nicht, ist diese vom Wettbewerb **auszuschließen.** Für öffentliche Auftraggeber, die den Planungswettbewerb auf der Grundlage der RPW 2013 durchführen, ergibt sich diese Folge eindeutig aus § 6 Abs. 2 Unterabs. 3 RPW 2013. Für alle übrigen Wettbewerbe folgt dies aus Sinn und Zweck von § 79 Abs. 4 S. 1 VgV. Damit soll die Regelung aus § 16 Abs. 5 S. 3 VOF in der neuen VgV fortgeführt werden. Die in § 16 Abs. 5 S. 3 VOF genannten „Vorgaben" wurden allgemein als Mindestanforderungen, deren Nichterfüllung zum Angebotsausschluss führt, angesehen.[93] Das sieht offenbar auch die VK Sachsen so, auch wenn sie feststellt, dass § 6 Abs. 2 Unterabs. 3 RPW 2013 mit der dort normierten Ausschlusswirkung den § 79 Abs. 4 S. 1 VgV „*ergänze*"[94] – richtigerweise müsste von einer „Klarstellung" gesprochen werden. Auch der systematische Zusammenhang von § 79 Abs. 4 S. 1 und S. 2 VgV, wo der Ausschluss nicht zugelassener Teilleistungen normiert ist, spricht für die Annahme eines Ausschlussgrunds. Hinzu kommt, dass das Preisgericht grundsätzlich alle inhaltlichen Vorgaben des öffentlichen Auftraggebers in seinen Entscheidungen berücksichtigen muss. Die besondere Regelung zur Beachtung der als bindend bezeichneten Vorgaben muss deshalb eine darüber hinausgehende Bedeutung haben, die nur in der Ausschlussfunktion liegen kann. Dafür spricht im Übrigen auch die Parallelität zu den Mindestanforderungen bei sonstigen Beschaffungsvergaben, die im Ergebnis nichts anderes sind als die als bindend bezeichneten Vorgaben des jeweiligen öffentlichen Auftraggebers. Schließlich steht dem nicht entgegen, dass das Preisgericht die als bindend bezeichneten Vorgaben erst „*in seinen Entscheidungen*" berücksichtigen muss. Denn auch die Entscheidung über den Ausschluss einer Wettbewerbsarbeit ist eine Entscheidung des Preisgerichts im Sinne von § 79 Abs. 4 S. 1 VgV.

128   Ob der Verstoß gegen die als bindend bezeichnete Vorgabe erheblich ist oder nicht, ist für die Frage des Ausschlusses der Wettbewerbsarbeit unerheblich. Jede auch nur **unwe-**

---

[92] *Hartmann* in KKMPP, Kommentar zur VgV 1. Aufl. 2017 § 79 Rn. 96.
[93] Siehe *Voppel/Osenbrück/Bubert* VOF, 3. Aufl. 2012 § 16 Rn. 39.
[94] VK Sachsen v. 22.2.2013 – 1/SVK/047-12.

sentliche Abweichung von diesen Vorgaben führt zum Ausschluss der Wettbewerbsarbeit.

Ebenso unerheblich ist es, wenn die als bindend bezeichneten Vorgaben tatsächlich nicht **129** eingehalten werden können. Trotzdem darf sich das Preisgericht nicht über diese Vorgaben hinwegsetzen und die Wettbewerbsarbeiten zulassen. Allerdings ist das Preisgericht gegenüber dem öffentlichen Auftraggeber verpflichtet, ihn auf die **Nichterfüllbarkeit** der als bindend bezeichneten Vorgaben hinzuweisen, um den öffentlichen Auftraggeber dadurch in die Lage zu versetzen, die Auslobungsbedingungen – soweit vergaberechtlich zulässig – noch anzupassen.

Schließlich darf das Preisgericht eine Wettbewerbsarbeit, die gegen als bindend bezeich- **130** nete Vorgaben verstößt, nicht deshalb im Wettbewerb belassen, weil diese durch eine etwaige **Überarbeitung** noch in Übereinstimmung mit diesen Vorgaben gebracht werden kann. Denn die Wettbewerbsarbeiten sind in dem Zustand zu beurteilen, in dem sie eingereicht worden sind.[95] Allerdings ist der öffentliche Auftraggeber berechtigt, von diesem Grundsatz abweichend den Wettbewerb zu strukturieren und vorzusehen, dass beispielsweise die in einer ersten Runde eingereichten Wettbewerbsarbeiten noch nicht ausgeschlossen, sondern noch überarbeitet werden können, um diese gegebenenfalls in Übereinstimmung mit den als bindend bezeichneten Vorgaben zu bringen. Hierbei muss der öffentliche Auftraggeber selbstverständlich die Grundsätze der Gleichbehandlung und Transparenz beachten. Dazu gehört es, dass der öffentliche Auftraggeber eine solche Festlegung grundsätzlich nicht im Nachhinein nach Einreichung der Wettbewerbsarbeiten, sondern nur vor Einreichung treffen kann.

Die Regelung des § 79 Abs. 4 S. 1 VgV ist **bieterschützend**.[96] Sobald die Anonymität **140** der Wettbewerbsarbeiten aufgehoben wurde, ist eine Wiederholung der Preisgerichtsentscheidung nicht mehr möglich. In einem wegen eines Verstoßes gegen § 79 Abs. 4 S. 1 VgV eingeleiteten Nachprüfungsverfahren kann dann nur noch die Entscheidung des Preisgerichts für unverbindlich erklärt werden.[97]

III. Ausschluss nicht zugelassener oder überschießender Teilleistungen

Nach § 79 Abs. 4 S. 2 VgV sind nicht zugelassene oder über das geforderte Maß hinaus- **141** gehende Teilleistungen von der Wertung auszuschließen. Die Prüfung der Zulassung von Wettbewerbsarbeiten entspricht damit der formalen Prüfung von Angeboten nach den §§ 56 und 57 VgV. Wenngleich § 79 VgV keine ausdrücklichen Nichtzulassungstatbestände regelt, folgt nach der herrschenden Rechtsprechung aus dem Gleichbehandlungsgebot und dem Transparenzgrundsatz, dass Wettbewerbsbeiträge, welche die vom öffentlichen Auftraggeber aufgestellten bindenden Anforderungen nicht erfüllen, zwingend ausgeschlossen werden müssen.[98]

Diese Entscheidung trifft das Preisgericht nach dem Informationsrundgang. Grundlage **142** der Entscheidung ist der Bericht der Vorprüfung, der Vorschläge über die Zulassung der Wettbewerbsarbeiten enthält. Hinzu kommen gegebenenfalls die Stellungnahmen von Sachverständigen. Das Preisgericht ist weder an die Vorschläge aus der Vorprüfung noch an die Stellungnahmen der Sachverständigen gebunden.[99] Vielmehr hat sich das Preisgericht

---

[95] OLG Koblenz v. 26.5.2010 – 1 Verg 2/10; *Müller-Wrede* in Müller-Wrede, VOF 5. Aufl. 2014 § 16 Rn. 67; *Voppel/Osenbrück/Bubert* VOF, 3. Aufl. 2012 § 16 Rn. 39.

[96] VK Rheinland-Pfalz v. 27.4.2010 – VK 1–4/10; *Hartmann* in KKMPP, Kommentar zur VgV 1. Aufl. 2017 § 79 Rn. 101.

[97] VK Sachsen v. 22.2.2013 – 1/SVK/047-12.

[98] OLG Koblenz v. 26.5.2010 – 1 Verg 2/10; OLG Düsseldorf v. 21.10.2009 – Verg 28/09; OLG München v. 29.9.2009 – Verg 12/09, VergabeR 2010, 238, 246; *Harr* in Willenbruch/Wieddekind, Vergaberecht 4. Aufl. 2017 § 79 VgV Rn. 26.

[99] *Voppel/Osenbrück/Bubert* VOF, 3. Aufl. 2012 § 16 Rn. 34.

auf der Grundlage dieser Unterlagen eine eigene Meinung zu bilden und hierauf seine Entscheidung zu gründen. Für die Ausschlussentscheidung gelten die beschriebenen Grundsätze für Entscheidungen des Preisgerichts. Demgemäß setzt ein Ausschluss eine Mehrheitsentscheidung des Preisgerichts voraus. Die Ausschlussgründe sind sorgfältig zu protokollieren und werden Teil des Abschlussberichts.

143   Nach der Entscheidung über den Ausschluss von Wettbewerbsarbeiten und deren Vollzug beginnen die wertenden Rundgänge des Preisgerichts.

1. Teilleistungen

144   Dem Wortlaut nach regelt § 79 Abs. 4 S. 2 VgV den Ausschluss von Teilleistungen. Damit weicht § 79 Abs. 4 S. 2 VgV vom Wortlaut des § 16 Abs. 5 S. 4 VOF ab, obwohl er diesem nach der Verordnungsbegründung entsprechen soll. Offensichtlich hat der Verordnungsgeber insoweit mit der Neufassung des Wortlauts in § 79 Abs. 4 S. 2 VgV lediglich eine Klarstellung bewirken wollen. Das ist dem Verordnungsgeber jedoch nur mit mäßigem Erfolg geglückt.

145   Nachvollziehbar ist die Regelung des Ausschlusses von Teilleistungen für § 79 Abs. 4 S. 2 Alt. 2 VgV. Dazu wurde bereits zu § 16 Abs. 5 S. 4 VOF vertreten, dass das Preisgericht diejenigen Leistungsteile, die über das geforderte Maß hinausgehen, bei der Bewertung der im Übrigen zugelassenen „Restleistung" außer Betracht lassen müssen.[100] Ausgeschlossen werden musste also lediglich die überschießende Teilleistungen.

146   Für § 79 Abs. 4 S. 2 Alt. 1 VgV passt der Ausschluss von Teilleistungen hingegen regelmäßig nicht. Gründe, die dazu führen, dass eine Wettbewerbsarbeit nicht zuzulassen ist, betreffen in der Regel die gesamte Wettbewerbsarbeit, beispielsweise weil diese zu spät eingereicht wurde. Unterstellt, die Wettbewerbsteilnehmer wären aufgefordert worden, Planunterlagen und gesondert ein Modell zu einem bestimmten Zeitpunkt einzureichen und ein Wettbewerbsteilnehmer hätte nur die Planunterlagen, nicht aber das Modell rechtzeitig eingereicht, könnte § 79 Abs. 4 S. 2 VgV dahingehend verstanden werden, dass lediglich das Modell nicht zugelassen ist. Oder schlimmer: Die Fassadenplanung einer im Übrigen fehlerfreien Wettbewerbsarbeit verstößt gegen als bindend bezeichnete Vorgaben des öffentlichen Auftraggebers. Ist gemäß § 79 Abs. 4 S. 2 VgV deshalb lediglich die Teilleistung „Fassadenplanung" nicht zugelassen? Weil, wie man hieran sieht, Nichtzulassungsgründe regelmäßig die gesamte Wettbewerbsarbeit betreffen, ist § 79 Abs. 4 S. 2 Alt. 1 VgV dahingehend auszulegen, dass bei nicht zugelassenen Leistungen oder Teilleistungen die Wettbewerbsarbeit von der Wertung auszuschließen ist.

2. Nicht zugelassene Teilleistungen

147   In § 79 Abs. 4 VgV sowie im gesamten Abschnitt 5 und 6 der VgV sind keine Zulassungsvoraussetzungen für Wettbewerbe normiert. Maßgeblich sind daher die vom öffentlichen Auftraggeber in der Wettbewerbsbekanntmachung sowie in den Auslobungsbedingungen unter Beachtung der vergaberechtlichen Grundsätze festgelegten Zulassungsvoraussetzungen.

148   Für öffentliche Auftraggeber, die einen Planungswettbewerb auf der Grundlage der RPW 2013 durchführen, regelt § 6 Abs. 2 Unterabs. 3 RPW 2013 positiv, unter welchen Regelungen Arbeiten zuzulassen sind. Diese müssen

- den formalen Bedingungen der Auslobung entsprechen,
- die als bindend bezeichneten Vorgaben der Auslobung erfüllen,
- in wesentlichen Teilen dem geforderten Leistungsumfang entsprechen,
- termingerecht eingegangen sein und
- keinen Verstoß gegen den Grundsatz der Anonymität erkennen lassen.

149   Zu den **formalen Bedingungen** der Auslobung gehören beispielsweise die Plangrößen, die Darstellungsart oder die Vorgabe der Verwendung beigefügter Planunterlagen.

---

[100] *Voppel/Osenbrück/Bubert* VOF, 3. Aufl. 2012 § 16 Rn. 40.

Zum Verstoß gegen als **bindend bezeichnete Vorgaben** des öffentlichen Auftragge- 150
bers wird auf die Kommentierung von § 79 Abs. 4 S. 1 VgV verwiesen.

In wesentlichen Teilen entspricht eine Wettbewerbsarbeit dem **geforderten Leistungs-** 151
umfang nicht, wenn wegen fehlender Unterlagen eine Bewertung der Arbeit durch das
Preisgericht nicht möglich ist, weil notwendige Informationen fehlen.[101] Wenn dagegen
eine Beurteilung möglich ist, kann das Preisgericht Wettbewerbsarbeiten mit Minderleistungen zulassen (§ 5 Abs. 2 S. 2 RPW 2013).

Unter IV.2.2 des Musters gemäß Anhang IX der Durchführungsverordnung (EU) 2015/ 152
1986 für die Wettbewerbsbekanntmachung ist ein **Termin für die Einreichung** der
Wettbewerbsarbeit anzugeben. Nur solche Wettbewerbsarbeiten, die zu diesem Termin
beim öffentlichen Auftraggeber tatsächlich vorliegen, sind termingerecht eingegangen. Das
gilt auch für solche Wettbewerbe, die auf der Grundlage der RPW 2013 durchgeführt
werden. Zwar regelt Anl. V zu RPW 2013, dass als Zeitpunkt der Einlieferung das auf
dem Einlieferungsschein angegebene Datum unabhängig von der Uhrzeit gilt, wenn die
Arbeit bei der Post oder einem anderen Transportunternehmen aufgegeben wird. Diese
Regelung tritt jedoch hinter die zwingende vergaberechtliche Vorgabe – gemäß § 70
Abs. 1 S. 2 VgV ist das Muster gemäß Anhang IX der Durchführungsverordnung (E)
2015/1986 anzuwenden – zurück. Hinzu kommt, dass die vergaberechtliche Vorgehensweise auch operativ vorzugswürdig ist, weil sie Unsicherheiten betreffend den terminge-
rechten Eingang beim Postversand von Arbeiten vermeidet.[102]

Nicht zugelassen sind schließlich Wettbewerbsarbeiten, die gegen den Grundsatz der 153
Anonymität verstoßen.

3. Überschießende Teilleistungen

Nicht zugelassen sind gemäß § 79 Abs. 4 S. 2 Alt. 2 VgV auch so genannte überschie- 154
ßende Leistungen, die über das geforderte Maß hinausgehen. Das gilt sowohl für ein Überschreiten der geforderten Bearbeitungstiefe, als auch des geforderten Bearbeitungsaufwands.
Praxisübliche überschießende Leistungen sind nicht geforderte Perspektiven, Darstellungen
im größeren Maßstab als gefordert oder farbliche Darstellungen, obgleich nur Darstellungen in schwarz-weiß verlangt worden sind.[103]

Durch diese Regelung soll dem ausdrücklich in § 75 Abs. 4 S. 2 VgV niedergelegten, 155
aber dem gesamten Abschnitt 6 der VgV zu Grunde liegenden Grundsatz Rechnung getragen werden, wonach geeignete Aufgabenstellungen so zu wählen sind, dass kleinere Büroorganisationen und Berufsanfänger sich beteiligen können. Es soll mit anderen Worten
verhindert werden, dass größere Büroorganisationen sich durch ein „Mehr an Leistung"
Vorteile im Wettbewerb verschaffen können. Deshalb sind die überschießenden Leistungen
nicht zugelassen. In der Praxis wird dies so umgesetzt, dass die betreffenden Teilleistungen
ab- oder zugehängt oder dass beispielsweise nicht geforderte farbige Darstellungen
schwarz-weiß kopiert und so dem Preisgericht vorgelegt werden.[104]

4. Nachfordern von Unterlagen

Stellt das Preisgericht fest, dass mit der Wettbewerbsarbeit nicht alle verlangten Unterla- 156
gen vorgelegt worden sind, stellt sich die Frage, ob es diese nachfordern kann. Für Vergabeverfahren ist das Recht des öffentlichen Auftraggebers zur Nachforderung fehlender Unterlagen in § 56 Abs. 2 VgV normiert. Diese Regelung findet gemäß § 69 Abs. 2 VgV
sowie gemäß § 78 Abs. 3 VgV keine Anwendung auf Planungswettbewerbe für Architek-
ten- und Ingenieurleistungen. Auch auf europarechtlicher Ebene befindet sich die Rege-

---

101 AA *Harr* in Willenbruch/Wieddekind, Vergaberecht 4. Aufl. 2017 § 79 VgV Rn. 26, der einen Ausschluss aus inhaltlichen Gründen nur bei einem Verstoß gegen bindende Vorgaben zulassen will.
102 *Hartmann* in KKMPP, Kommentar zur VgV 1. Aufl. 2017 § 79 Rn. 113.
103 *Hartmann* in KKMPP, Kommentar zur VgV 1. Aufl. 2017 § 79 Rn. 115.
104 *Hartmann* in KKMPP, Kommentar zur VgV 1. Aufl. 2017 § 79 Rn. 116.

lung zur Nachforderung von Unterlagen (Art. 56 Abs. 3) nicht in denjenigen Teilen der Vergaberichtlinie, die gemäß Art. 80 Abs. 1 der Vergaberichtlinie bei der Durchführung von Wettbewerben anzuwenden sind. Nach dem Gesetz besteht deshalb kein Nachforderungsrecht des Auftraggebers.[105]

157   Allerdings ist der Auftraggeber berechtigt, in der Wettbewerbsbekanntmachung oder in den Durchführungsregeln die entsprechende Anwendung von § 56 Abs. 2 VgV zu bestimmen. Die Festlegung über § 56 Abs. 2 VgV hinausgehender Nachforderungsrechte ist unzulässig.

158   In der praktischen Umsetzung muss die Wahrung der Anonymität sichergestellt werden. Das gelingt, wenn der öffentliche Auftraggeber ein aus idealerweise zwei Personen bestehendes Gremium bestimmt, das die Verfassererklärung öffnet, dadurch die Wettbewerbsarbeiten den Verfassern zuordnen und zu diesen Kontakt aufnehmen kann. Die Mitglieder dieses Gremiums dürfen keine Preisrichter sein. Sie müssen vielmehr vom Preisgericht eine Aufstellung über die nachzufordernden Unterlagen erhalten, die sie dann an den bzw. die betroffenen Verfasser weiterleiten. Die Mitglieder müssen – ähnlich wie die Preisrichter – zur Unabhängigkeit und zur Verschwiegenheit verpflichtet werden.

5. Bieterschutz

159   Auch § 79 Abs. 4 S. 2 VgV ist bieterschützend.[106] Wird eine nicht zugelassene Arbeit nicht ausgeschlossen, sondern erhält diese sogar einen Preis, wird bei Einleitung eines Nachprüfungsverfahrens nicht der Wettbewerb aufgehoben. Vielmehr wird dem öffentlichen Auftraggeber aufgegeben, dass dieser Preis im weiteren Verfahren nicht mehr berücksichtigt werden darf mit der Folge, dass die übrigen Preisträger und Teilnehmer nachrücken, soweit das Preisgericht im Protokoll keine abweichenden Festlegungen getroffen hat (§ 79 Abs. 5 S. 4 VgV).[107] Eine solche abweichende Festlegung kann insbesondere darin bestehen, dass das Preisgericht einer Arbeit von vornherein die Preiswürdigkeit abgesprochen hat.[108]

IV. Inhaltliche Beurteilung der Wettbewerbsarbeiten und Preisentscheidung

160   Das Preisgericht bewertet die Wettbewerbsarbeiten nach den in der Auslobung bezeichneten Vorgaben des öffentlichen Auftraggebers und den dort bzw. in der Bekanntmachung genannten Entscheidungskriterien. Es wählt die Arbeiten aus, die den Anforderungen der Auslobung am besten gerecht werden. Weitere Vorgaben enthält die VgV nicht.

161   Zum regelmäßigen Ablauf der Beurteilung durch das Preisgericht wird auf die Kommentierung unter → VgV § 79 Rn. 36 ff. verwiesen. Um eine differenzierte Beurteilung der Wettbewerbsarbeiten zu ermöglichen, werden hiernach bis zu vier Rundgänge durchgeführt. Ziel des ersten Rundgangs ist es, die Wettbewerbsarbeiten auf grundsätzliche und schwerwiegende Mängel in einzelnen Bereichen hin zu prüfen und gegebenenfalls erste Arbeiten bereits auszuscheiden. Im Anwendungsbereich der RPW 2013 muss dies im ersten Rundgang gemäß § 6 Abs. 2 Unterabs. 2 RPW 2013 einstimmig geschehen, wobei für Preisrichter Abstimmungszwang besteht. Im zweiten Rundgang erfolgt eine detaillierte Prüfung der Wettbewerbsarbeiten. Wettbewerbsarbeiten können hier mit mehrheitlichem Beschluss der Preisrichter ausgeschieden werden. Idealtypisch werden dann in einem dritten Rundgang die verbliebenen Wettbewerbsarbeiten auf ihre besonderen Vorzüge hin geprüft und Arbeiten ohne solche Vorzüge ausgeschieden, bis dann in einem vierten

---

[105] AA *Harr* in Willenbruch/Wieddekind, Vergaberecht 4. Aufl. 2017 § 71 Rn. 13.
[106] VK Rheinland-Pfalz v. 27.4.2010 – VK 1–4/10; *Hartmann* in KKMPP, Kommentar zur VgV 1. Aufl. 2017 § 79 Rn. 117.
[107] VK Saarland v. 20.2.2008 – 1 VK 07/2007.
[108] OLG Koblenz v. 16.2.2011 – 1 Verg 2/10, VergabeR 2011, 631, 634 ff.

Rundgang die in der engeren Wahl verbliebenen Arbeiten ausführlich auf der Grundlage der in der Wettbewerbsbekanntmachung veröffentlichten Beurteilungskriterien beurteilt werden.

In der engeren Wahl sind nur diejenigen Beiträge zu ziehen, die für eine Preisverleihung **162** in Betracht kommen. Operativ sinnvoll und vergaberechtlich zulässig ist, bereits in der Wettbewerbsbekanntmachung eine Höchstzahl von Beiträgen, die in die engere Wahl kommen, festzulegen. Ausreichend ist in einem dem Vergaberecht unterfallenden Verfahren eine Zahl, die einen Wettbewerb zulässt. Hierzu enthält § 51 Abs. 2 VgV eine Einschätzung des Verordnungsgebers. Mit Blick darauf sind möglichst in offenen Wettbewerben mindestens drei und in nichtoffenen Wettbewerben mindestens fünf Wettbewerbsarbeiten in die engere Wahl zu nehmen, wobei in jedem Fall sichergestellt sein muss, dass die vorgesehene Mindestzahl hinreichend hoch ist, damit ein Wettbewerb gewährleistet ist.

Im Rahmen des Planungswettbewerbs kann das Preisgericht die Wettbewerbsteilnehmer **163** auch zur Überarbeitung ihrer Wettbewerbsbeiträge auffordern (→ VgV § 78 Rn. 137 ff.). In diesem Zusammenhang soll es eine Empfehlung für die zweckmäßige weitere Entwicklung und Bearbeitung der Aufgabe aussprechen. Diese Vorgabe gilt unabhängig davon, ob die in die engere Wahl kommenden Wettbewerbsbeiträge aus Sicht des Preisgerichts bereits in ihrer vorgelegten Fassung grundsätzlich empfehlenswert sind und das Preisgericht nur noch (weitere) Optimierungsmöglichkeiten sieht oder ob die Wettbewerbsbeiträge in ihrer vorgelegten Fassung noch optimiert werden müssen, damit das Preisgericht sie empfehlen kann, das Preisgericht also Optimierungsbedarf sieht (→ VgV § 78 Rn. 133).

Das Preisgericht erteilt Preise und Anerkennungen auf der Grundlage der Rangfolge der **164** Arbeiten der engeren Wahl. Der Entscheidungsprozess wird nachvollziehbar dokumentiert (Protokoll), bei mehrphasigen Wettbewerben nach jeder Phase.

V. Weitere Vorgaben für die Entscheidung

§ 79 Abs. 5 VgV enthält weitere Vorgaben für die Durchführung eines Planungswettbe- **165** werbs für Architekten- und Ingenieurleistungen. Die Regelung entspricht weitestgehend § 16 Abs. 6 VOF.

1. Form von Bericht und Beurteilung

Nach § 79 Abs. 5 S. 1 VgV hat das Preisgericht einen von den Preisrichtern zu unter- **166** zeichnenden Bericht über die Rangfolge und hierin eine Beurteilung der von ihm ausgewählten Wettbewerbsarbeiten zu erstellen. Insoweit **ergänzt** (und wiederholt teilweise) § 79 Abs. 5 S. 1 VgV für Planungswettbewerbe für Architekten- und Ingenieurleistungen die allgemeine Regelung von § 72 Abs. 3 VgV. Der Bericht muss bei den hier maßgeblichen Wettbewerben also neben der in § 79 Abs. 5 S. 1 VgV zum Ausdruck kommenden detaillierten und abschließenden Beurteilung der Wettbewerbsarbeiten auch die in § 72 Abs. 3 VgV genannten Bemerkungen sowie noch zu klärende Fragen des Preisgerichts enthalten.

Die Regelung nimmt damit Bezug auf § 72 Abs. 3 VgV, der allgemein für Planungs- **167** wettbewerbe Anforderungen an deren Durchführung normiert. Danach erstellt das Preisgericht gemäß § 72 Abs. 3 S. 1 VgV einen Bericht über die Rangfolge der von ihm ausgewählten Wettbewerbsarbeiten, *„indem es auf die einzelnen Projekte eingeht und seine Bemerkungen sowie noch zu klärende Fragen aufführt"*. Diese Regelung ist – ebenso wie die Vorgängerregelung in § 16 Abs. 6 Unterabs. 1 S. 2 VOF – so zu verstehen, dass in dem Bericht (neben Bemerkungen sowie der Angabe noch zu klärender Fragen) auf die einzelnen Wettbewerbsarbeiten eingegangen werden muss, indem zu jeder Wettbewerbsarbeit die für die Beurteilung maßgeblichen Gesichtspunkte zusammengestellt werden.[109]

---

[109] *Voppel/Osenbrück/Bubert* VOF, 3. Aufl. 2012 § 16 Rn. 43.

168   Auch wenn sich die Verordnungsbegründung weder zum Inhalt von § 72 Abs. 3 VgV und von § 79 Abs. 5 S. 1 VgV noch zum Verhältnis beider Vorschriften zueinander verhält, darf davon ausgegangen werden, dass dem Verordnungsgeber bei Abfassung von § 79 Abs. 5 S. 1 VgV der Inhalt von § 72 Abs. 3 VgV bekannt war. Das wiederum kann nur bedeuten, dass der Verordnungsgeber mit § 79 Abs. 5 S. 1 VgV über die allgemeine Regelung in § 72 Abs. 3 VgV hinausgehen wollte. Der Verordnungsgeber hat mit anderen Worten die Pflicht zur Dokumentation der Beurteilung der vom Preisgericht ausgewählten Wettbewerbsarbeiten gegenüber der allgemeinen Dokumentationspflicht in § 72 Abs. 3 VgV hervorgehoben. Bei Planungswettbewerben für Architekten- und Ingenieurleistungen muss der Bericht des Preisgerichts also nicht nur die für die Beurteilung der Wettbewerbsarbeiten maßgeblichen Gesichtspunkte enthalten, sondern **eine detaillierte und abschließende Beurteilung der Wettbewerbsarbeiten** selbst.

169   Neben der Nachvollziehbarkeit der Entscheidung des Preisgerichts bezweckt diese Regelung vor allem, dem Auftraggeber eine Wissensgrundlage für die Weiterverfolgung und Weiterentwicklung der Wettbewerbsarbeiten zu geben. In der Praxis werden die Wettbewerbsteilnehmer oftmals nicht im Planungswettbewerb, sondern erst vor oder in einem nachgelagerten Vergabeverfahren zur Weiterentwicklung ihrer Wettbewerbsbeiträge aufgefordert.[110] Das Preisgericht ist in diesem Zeitpunkt bereits aufgelöst. Grundlage für die Aufforderung zur Weiterentwicklung der Wettbewerbsbeiträge durch den Auftraggeber ist daher der Bericht des Preisgerichts. Darüber hinaus kann dieser Bericht dem Auftraggeber auch Anhaltspunkte für die Wertung der Angebote, die auf den Wettbewerbsbeiträgen basieren, in einem eventuell nachgelagerten Vergabeverfahren bieten. Aus diesen Gründen bestimmt auch § 72 Abs. 3 VgV, dass das Preisgericht in dem Bericht auf die einzelnen Projekte eingehen und seine Bemerkungen sowie noch zu klärende Fragen aufführen muss.

170   Darin, also in der Schaffung einer Grundlage für ein gegebenenfalls nachfolgendes Vergabeverfahren, in dem die Wettbewerbsbeiträge weiterentwickelt werden können und bei der Zuschlagsentscheidung berücksichtigt werden müssen, liegt auch der Hauptzweck dieser Regelung. Daneben soll durch diesen Bericht jedoch auch dokumentiert werden, dass der Wettbewerb vergaberechtskonform erfolgt ist. Der Bericht ergänzt damit im Hinblick auf den dem Vergabeverfahren vorgelagerten Wettbewerb die Dokumentation im Sinne von § 8 VgV. Das bedeutet aber nicht, dass die dortigen Vorgaben an eine ordnungsgemäße Dokumentation auf den gemäß § 79 Abs. 5 S. 1 VgV zu erstellenden Bericht ohne weiteres übertragbar sind.[111] Das zeigt sich bereits am Umfang der Dokumentationspflicht. Nach § 72 Abs. 3 S. 1 VgV ist der Bericht auf die vom Preisgericht ausgewählten Wettbewerbsarbeiten beschränkt.[112] Nach einer Entscheidung des OLG Koblenz[113] können Berichte auch

---

[110] Soweit nicht die Identität der Wettbewerbsaufgabe geändert wird, kann der Auftraggeber auch die Weiterentwicklung der Wettbewerbsbeiträge im Hinblick auf von ihm erst im Verhandlungsverfahren festgelegte veränderte Nutzungsanforderungen verlangen. Denn Verhandlungsverfahren ist es immanent, dass Verhandlungen und insoweit auch Anpassungen im Hinblick auf den Beschaffungsgegenstand erfolgen (*Harr* in Willenbruch/Wieddekind, Vergaberecht 4. Aufl. 2017 § 72 VgV Rn. 11 mit Verweis auf OLG Dresden v. 21.10.2005 – WVerg 0005/05; OLG Dresden v. 11.4.2005 – WVerg 05/05). Voraussetzung ist jedoch, dass der Auftraggeber in der Wettbewerbsbekanntmachung und in den Durchführungsregeln solche Verhandlungen und Anpassungen nicht ausgeschlossen hat, beispielsweise indem er die Verhandlungen auf die baulich-technische Umsetzung der Wettbewerbsentwürfe beschränkt. Eine weitere Frage in diesem Zusammenhang ist, ob die im Verhandlungsverfahren weiterentwickelten Entwürfe für die Zuschlagsentscheidung nochmals durch das Preisgericht bewertet werden müssen (der Wettbewerb also als integrierter Planungswettbewerb im Vergabeverfahren fortgesetzt wird) oder aber ob und ggf. wie eine Bewertung durch den Auftraggeber unter Bezugnahme auf die Beurteilung der im Wettbewerb eingereichten Entwürfe durch das Preisgericht erfolgt. Der Entscheidung des OLG Dresden v. 25.2.2014 – Verg 9/13 (ZfBR 2014, 414 L) ist zu entnehmen, dass der Auftraggeber dies unter Beachtung der vergaberechtlichen Grundsätze in der Wettbewerbsbekanntmachung und den Durchführungsregeln selbst festlegen kann – und m. E. muss, um transparente Wettbewerbsregeln zu schaffen.
[111] AA zur Parallelvorschrift des § 72 VgV *Harr* in Willenbruch/Wieddekind, Vergaberecht 4. Aufl. 2017 § 72 VgV Rn. 11.
[112] Auch nach Art. 98 Abs. 3 S. 1 der Sektorenrichtlinie erstellt das Preisgericht einen Bericht über die Rangfolge der von ihm ausgewählten Projekte.
[113] OLG Koblenz v. 16.2.2011 – 1 Verg 2/10, VergabeR 2011, 631, 635 f.

in weitergehendem Umfang nachträglich korrigiert oder ergänzt werden als Vergabevermerke. Den wesentlichen Grund dafür sieht das OLG Koblenz in der Unabhängigkeit des Preisgerichts. Dieses ist ein aus mehreren Personen bestehendes Gremium, das von den Bietern unabhängig ist und seine Entscheidungen und Stellungnahmen unabhängig vom Auftraggeber trifft. Die Gefahr einer ergebnisorientierten bzw. interessengerichteten Nachbesserung des Berichts sieht das OLG Koblenz deshalb als gering an, zumal die Preisrichter in der Regel kein persönliches oder berufliches Interesse am Ausgang des Wettbewerbs haben (dürften). Hinzu kommt, dass die Wiederholung einer unzureichend dokumentierten Preisgerichtssitzung praktisch ausgeschlossen ist. Wenn der Bericht veröffentlicht wird, ist der Planungswettbewerb in der Regel abgeschlossen und die Anonymität aufgehoben. Eine neutrale und diskriminierungsfreie Neubeurteilung der Wettbewerbsbeiträge ist dann nicht mehr möglich.

Nach § 79 Abs. 5 S. 1 VgV ist der Bericht von den Preisrichtern zu unterzeichnen. Unterzeichnen müssen alle Preisrichter, die an der Entscheidung mitgewirkt haben. Damit übernimmt jeder Preisrichter die Verantwortung führt die Entscheidung des Preisgerichts. **171**

Öffentliche Auftraggeber, die einen Planungswettbewerb auf der Grundlage der RPW 2013 durchführen, haben die § 79 Abs. 5 S. 1 sowie § 72 Abs. 3 VgV konkretisierende Regelung in § 6 Abs. 2 Unterabs. 4 RPW 2013 zu beachten. Diese lautet: *„Das Preisgericht bewertet die Wettbewerbsarbeiten nach den in der Auslobung bezeichneten Vorgaben des Auslobers und den dort bzw. in der Bekanntmachung genannten Entscheidungskriterien. Es wählt die Arbeiten aus, die den Anforderungen der Auslobung am besten gerecht werden. Das Preisgericht hat die für eine Preisverleihung in Betracht zu ziehenden Arbeiten in ausreichender Zahl (engere Wahl) schriftlich zu bewerten und eine Rangfolge unter ihnen festzulegen. Es soll eine Empfehlung für die zweckmäßige weitere Entwicklung und Bearbeitung der Aufgabe aussprechen. Das Preisgericht erteilt Preise und Anerkennungen auf der Grundlage der Rangfolge der Arbeiten der engeren Wahl. Der Entscheidungsprozess wird nachvollziehbar dokumentiert (Protokoll), bei mehrphasigen Wettbewerben nach jeder Phase.“* **172**

Bei mehrphasigen Wettbewerben und mehrfachen Sitzungen muss jede Sitzung protokolliert werden (vgl. auch § 8 Abs. 1 RPW) **173**

§ 79 Abs. 5 S. 1 VgV ist **bieterschützend.**[114] Allerdings erachtet es die Rechtsprechung für zulässig, dass der öffentliche Auftraggeber im Nachhinein, auch noch in einem Nachprüfungsverfahren, das Protokoll ergänzt oder sogar neu fasst.[115] Nur wenn das Risiko bestehe, dass die Berücksichtigung der nachgeschobenen Dokumentation nicht ausreicht, um eine wettbewerbskonforme Auftragserteilung zu gewährleisten, solle ein Nachschieben unzulässig sein.[116] **174**

2. Information der Teilnehmer

Nach § 79 Abs. 5 S. 2 VgV informiert der öffentliche Auftraggeber die Teilnehmer unverzüglich über das Ergebnis durch Versendung des Protokolls der Preisgerichtssitzung. Bei mehrphasigen Wettbewerben muss über jede Phase ein Protokoll erstellt und unverzüglich an die Teilnehmer versendet werden. Die Klarnamen der Verfasser werden in den Protokollen nicht genannt, so dass die Anonymität gewahrt bleibt. **175**

Daneben ist der öffentliche Auftraggeber gemäß § 78 Abs. 3 S. 1 i.V.m. § 70 Abs. 3 VgV zur EU-weiten Bekanntmachung der Ergebnisse des Planungswettbewerbs verpflichtet. **176**

Darüber hinaus treffen den öffentlichen Auftraggeber nach der mittlerweile herrschenden Meinung auch im Planungswettbewerb für Architekten- und Ingenieurleistungen die **177**

[114] Siehe zu § 16 Abs. Abs. 6 Unterabsatz 1 S. 1 VOF OLG Koblenz v. 16.2.2011 – 1 Verg 2/10, VergabeR 2011, 631, 635 f.; *Müller-Wrede* in Müller-Wrede, VOF 5. Aufl. 2014 § 16 Rn. 102 f.
[115] OLG Koblenz v. 16.2.2011 – 1 Verg 2/10, VergabeR 2011, 631, 636.
[116] *Hartmann* in KKMPP, Kommentar zur VgV 1. Aufl. 2017 § 79 Rn. 128 unter Verweis auf BGH v. 8.2.2011 – X ZB 4/10.

Unterrichtungspflichten nach § 62 VgV und § 134 GWB.[117] Richtigerweise finden diese Regelungen jedoch nicht im eigentlichen Planungswettbewerb, sondern nur in einem ggf. nachfolgenden Verhandlungsverfahren Anwendung.[118] Dafür spricht bereits der eindeutige Wortlaut von § 62 VgV sowie von § 134 GWB, in denen – anders als in anderen Vorschriften – gerade nicht Planungswettbewerbe in Bezug genommen werden. Dafür besteht auch kein Bedürfnis angesichts der speziellen Informationspflichten aus § 79 Abs. 5 S 2 VgV sowie § 78 Abs. 3 S. 1 i.V.m. § 70 Abs. 3 VgV. Erst recht besteht eine Informationspflicht gemäß § 62 VgV und § 134 GWB nicht zwischen den einzelnen Phasen mehrphasiger Wettbewerbe. Neben den bereits genannten Argumenten spricht dagegen auch, dass hierdurch die Anonymität der Wettbewerbsarbeiten, die bis zur letzten Preisgerichtsentscheidung gewahrt werden soll, verletzt würde.[119]

178   § 79 Abs. 5 S. 2 VgV ist **bieterschützend**. Wettbewerbsteilnehmer müssen die Möglichkeit haben, Entscheidungen des Preisgerichts nachprüfen zu lassen. Das setzt voraus, dass die Wettbewerbsteilnehmer über die Entscheidung des Preisgerichts rechtzeitig informiert werden.[120]

3. Veröffentlichung der Ergebnisse

179   Nach § 79 Abs. 5 S. 3 VgV soll der öffentliche Auftraggeber sämtliche eingereichten Arbeiten spätestens einen Monat nach der Entscheidung des Preisgerichts öffentlich ausstellen. Hierdurch soll die Öffentlichkeit über das Wettbewerbsergebnis informiert werden. Auszustellen sind nach dem eindeutigen Wortlaut alle eingereichten Arbeiten, unabhängig davon, ob sie zugelassen sind oder nicht sowie ob sie einen Preis oder eine Anerkennung erhalten haben oder nicht. Die ausgestellten Arbeiten sind mit den Namensangaben der Verfasser zu kennzeichnen. Außerdem ist das Protokoll des Preisgerichts auszulegen.

180   § 16 Abs. 6 Unterabsatz 1 S. 3 VOF, dem § 79 Abs. 5 S. 3 VgV nach dem Willen des Verordnungsgebers entsprechen soll,[121] regelte die Verpflichtung des Auslobers zur öffentlichen Ausstellung möglichst innerhalb eines Monats. Nach § 79 Abs. 5 S. 3 VgV „soll" der Ausrichter spätestens einen Monat nach der Preisgerichtsentscheidung die Wettbewerbsarbeiten ausstellen. Wenn der Verordnungsgeber mit der Regelung von § 79 Abs. 5 S. 3 VgV eine inhaltliche Änderung gegenüber § 16 Abs. 6 Unterabsatz 1 S. 3 VOF nicht bezweckte, wofür die Verordnungsbegründung spricht, bezieht sich das „soll" nicht auf das „Ob" der Ausstellung, sondern nur auf das „wann". Sprich: Der öffentliche Auftraggeber ist auch gemäß § 79 Abs. 5 S. 3 VgV verpflichtet, alle Wettbewerbsarbeiten auszustellen, und soll dies spätestens einen Monat nach der Preisgerichtsentscheidung tun. In diesem Sinne ist die Ausstellungsverpflichtung des öffentlichen Auftraggebers auch in der RPW 2013 geregelt. Die RPW 2013 war zumindest Vorbild für den Verordnungsgeber bei der Regelung der §§ 78 ff. VgV, so dass auch dies für die o. g. Auslegung spricht.

181   Darüber hinaus enthält die RPW 2013 die Klarstellung, dass nicht nur „das Protokoll", sondern alle Preisgerichtsprotokolle zu veröffentlichen sind. Hintergrund ist, dass bei mehrphasigen Wettbewerben[122] das Preisgericht mehrfach zusammenkommt und über jede Sitzung ein Protokoll zu erstellen hat. In diesem Fall sind alle Protokolle zu veröffentlichen. Zur Sicherstellung eines transparenten Wettbewerbs ist das erforderlich, so dass die Verpflichtung zur Veröffentlichung aller Preisgerichtsprotokolle auch außerhalb des Anwendungsbereichs der RPW 2013 gilt und als ungeschriebene Pflicht § 79 Abs. 5 S. 3 VgV zu entnehmen ist.

---

[117] OLG Düsseldorf v. 2.12.2009 – VII-Verg 39/09, NZBau 2010, 393, 395 f.; *Prieß/Hölzl* NZBau 2010, 354. 355 f.

[118] Ebenso wohl *Voppel/Osenbrück/Bubert* VOF, 3. Aufl. 2012 § 16 Rn. 43.

[119] *Hartmann* in KKMPP, Kommentar zur VgV 1. Aufl. 2017 § 79 Rn. 135.

[120] OLG Düsseldorf v. 2.12.2009 – VII-Verg 39/09, NZBau 2010, 393, 395 f.

[121] Verordnungsbegründung BT-Drucks. 18/7318 S. 207.

[122] → VgV § 78 Rn. 107 ff.

Im Anwendungsbereich der RPW 2013 ist die Pflicht zur Ausstellung in § 8 Abs. 1 Un- **182**
terabsatz 1 RPW 2013 eindeutig normiert.

Wie lange die Wettbewerbsarbeiten ausgestellt werden müssen, regelt § 79 Abs. 5 S. 3 **183**
VgV nicht. Auch die RPW 2013 enthält dazu keine Vorgabe. Um eine effektive Information der Öffentlichkeit sicherzustellen, darf der Ausstellungszeitraum eine Woche nicht
unterschreiten.[123] Auch Nr. 6.3 GRW 1995 sah eine Wochenfrist für die Ausstellung vor.
Längere Zeiträume, beispielsweise von zwei Wochen, wie in der RAW 2004 vorgesehen,
werden teilweise empfohlen, jedoch nicht für erforderlich erachtet.[124]

Bieterschützend ist die Regelung in § 79 Abs. 5 S. 3 VgV **nicht**.[125] Hierdurch soll nur **184**
das Interesse der Öffentlichkeit an einer Information über den Wettbewerb, nicht aber das
Interesse der Wettbewerbsteilnehmer an der Ausstellung ihrer Arbeiten geschützt werden.

4. Nachrücken

§ 79 Abs. 5 S. 4 VgV regelt die Vorgehensweise bei einem notwendigen Ausschluss eines **185**
Preisträgers wegen mangelnder Teilnahmeberechtigung oder Verstoßes gegen Wettbewerbsregeln. In diesem Fall rücken gemäß Abs. 5 S. 4 die übrigen Preisträger sowie sonstige Teilnehmer in der Rangfolge des Preisgerichts nach, soweit das Preisgericht ausweislich
seines Protokolls nichts anderes bestimmt hat.

Hintergrund dieser Regelung ist, dass zur Wahrung der Anonymität der Wettbewerbs- **186**
beiträge erst nach Bekanntgabe des Wettbewerbsergebnisses vollumfänglich geprüft werden
kann, ob die Preisträger überhaupt teilnahmeberechtigt waren und die von ihnen eingereichten Arbeiten zur Beurteilung zugelassen werden durften (→ VgV § 79 Rn. 44).[126] Es
ist deshalb eine **verfahrenstypische Besonderheit** von Planungswettbewerben, dass sich
erst nach Veröffentlichung der Preisgerichtsentscheidung herausstellt, ob der betreffende
Wettbewerbsteilnehmer wegen mangelnder Teilnahmeberechtigung oder Verstoßes gegen
Wettbewerbsregeln auszuschließen ist.[127]

Die Anforderungen an die **Teilnahmeberechtigung** legt der öffentliche Auftraggeber **187**
in der Wettbewerbsbekanntmachung fest. Hierzu gehören jedenfalls die fachliche Anforderung der Berufsqualifikation gemäß § 75 Abs. 1 und Abs. 3 VgV. Darüber hinaus kann der
öffentliche Auftraggeber weitere Anforderungen stellen. Ausdrücklich ausgeschlossen ist
gemäß § 71 Abs. 2 VgV lediglich die Bezugnahme auf das Gebiet eines Mitgliedstaats der
Europäischen Union und die Beschränkung auf nur natürliche oder nur juristische Personen.[128] Bei den Anforderungen an die Teilnahmeberechtigung handelt es sich jedoch nicht
zugleich um die Eignungskriterien. Vielmehr handelt es sich bei der Teilnahmeberechtigung um „*Mindestanforderungen im Hinblick auf die finanzielle und wirtschaftliche Leistungsfähigkeit und die fachliche Eignung der Bewerber*".[129] Denn im Planungswettbewerb geht es nicht
darum, die Eignung für die Ausführung eines gegebenenfalls nachfolgend vergebenen Planungsauftrag zu werten, sondern um die Prüfung der Preiswürdigkeit. Die Anforderungen
an die Preiswürdigkeit können geringer und anders sein als die Eignungskriterien. Die Eignung ist demgegenüber gemäß § 80 Abs. 1 VgV[130] erst vor dem Eintritt in die Verhandlungen mit den Preisträgern zu prüfen.[131]

Kommt es danach zum Ausschluss eines Preisträgers, ist vorrangig zu prüfen, ob das **188**
Preisgericht für diesen Fall Handlungsanweisungen vorgesehen und im Protokoll dokumentiert hat. Hierbei kann es sich um ausdrückliche Handlungsanweisungen handeln, bei-

[123] *Voppel/Osenbrück/Bubert* VOF, 3. Aufl. 2012 § 16 Rn. 48.
[124] *Hartmann* in KKMPP, Kommentar zur VgV 1. Aufl. 2017 § 79 Rn. 137.
[125] *Hartmann* in KKMPP, Kommentar zur VgV 1. Aufl. 2017 § 79 Rn. 138.
[126] VK Lüneburg v. 23.1.2012 – VgK-57/2011.
[127] OLG Düsseldorf v. 2.12.2009 – VII-Verg 39/09, NZBau 2010, 393, 396.
[128] → VgV § 71 Rn. 6.
[129] OLG Düsseldorf v. 2.12.2009 – VII-Verg 39/09, NZBau 2010, 393, 397.
[130] → VgV § 80 VgV Rn. 62 ff.
[131] VK Sachsen v. 10.9.2015 – 1/SVK/022-15.

spielsweise dass ein Nachrücken ausdrücklich ausgeschlossen wird. Praxisüblich sind dem-gegenüber mittelbare Handlungsanweisungen, die sich insbesondere dadurch ergeben, dass das Preisgericht Wettbewerbsteilnehmer, die keinen Preis erhalten haben, als preisunwürdig beurteilt hat. Derartige Teilnehmer können nicht nachrücken und dadurch zu Preisträgern werden.

189   Nicht als mittelbare Handlungsanweisungen anzusehen ist es, wenn das Preisgericht kei-ne Rangfolge (hinter den Preisträgern) gebildet und auch sonst keine ausdrückliche Hand-lungsanweisungen im Protokoll festgehalten hat.[132] In diesem Fall hat das Preisgericht aus-weislich des Protokolls nichts anderes bestimmt, so dass gemäß § 79 Abs. 5 S. 4 VgV im Fall des Ausschlusses eines Preisträgers die übrigen Preisträger sowie sonstigen Teilnehmer nachrücken. Mangels Rangfolge kann dieses Nachrücken aber nicht vollzogen werden. Weder der öffentliche Auftraggeber noch eine Vergabekammer kann die Beurteilung über die nachzurückenden Wettbewerbsarbeiten ersetzen. Eine Vergabekammer kann lediglich die Entscheidung des Preisgerichts wegen des Vergaberechtsverstoßes für unverbindlich erklären (vgl. zum Rechtsschutz → VgV § 80 VgV Rn. 78 ff.). Da eine Zurückversetzung des Wettbewerbs in das Verfahrensstadium vor der Preisgerichtsentscheidung nicht mehr möglich ist, weil die Anonymität der Verfasser aufgehoben wurde, kann die Preisgerichts-sitzung nicht vergaberechtskonform wiederholt werden. In diesem Fall erscheint es jeden-falls dann sachgerecht und vergaberechtskonform, das Sitzungsprotokoll durch das Preisge-richt nachträglich ergänzen zu lassen, wenn zumindest die Bemerkungen, Beurteilungen oder Abstimmungsergebnisse des Preisgerichts zu den einzelnen Wettbewerbsbeiträgen protokolliert waren, so dass die nachträgliche Ergänzung des Protokolls um die Rangfolge einer Plausibilitätskontrolle unterzogen werden kann.

190   Ein Nachrücken ist nur bei dem Ausschluss von Preisträgern zugelassen. Zwar muss auch bei Wettbewerbsteilnehmern, denen lediglich eine **Anerkennung** zugesprochen wird, geprüft werden, ob deren Teilnahmeberechtigung vorliegt und diese die Wettbewerbsregeln eingehalten haben. Falls nicht, ist die Anerkennung abzuerkennen. Ein „Nachrücken in die Anerkennung"[133] sieht § 79 Abs. 5 S. 4 VgV jedoch nicht vor.

191   Umgekehrt regelt § 79 Abs. 5 S. 4 VgV nicht, dass nur bestehende Preisträger nachrü-cken können. § 8 Abs. 1 Unterabsatz 2 RPW 2013, der dies vorsieht, wird bei der An-wendung durch öffentliche Auftraggeber durch § 79 Abs. 5 S. 4 VgV überlagert. Auch bei Planungswettbewerben, die auf der Grundlage der RPW 2013 durchgeführt werden, rü-cken deshalb nicht nur Preisträger, sondern sämtliche Wettbewerbsteilnehmer nach, soweit diese nicht durch das Preisgericht für preisunwürdig erachtet wurden.

---

[132] Über einen solchen Sachverhalt entschied die VK Sachsen v. 22. 3.2.2013 – 1/SVK/047-12.
[133] *Hartmann* in KKMPP, Kommentar zur VgV 1. Aufl. 2017 § 79 Rn. 143.

§ 80 Aufforderung zur Verhandlung; Nutzung der Ergebnisse des Planungswettbewerbs

(1) Soweit und sobald das Ergebnis des Planungswettbewerbs realisiert werden soll und beabsichtigt ist, einen oder mehrere der Preisträger mit den zu beschaffenden Planungsleistungen zu beauftragen, hat der öffentliche Auftraggeber in der Aufforderung zur Teilnahme an den Verhandlungen die zum Nachweis der Eignung erforderlichen Unterlagen für die gemäß § 70 Abs. 2 bereits in der Wettbewerbsbekanntmachung genannten Eignungskriterien zu verlangen.

(2) Gesetzliche Vorschriften, nach denen Teillösungen von Teilnehmern des Planungswettbewerbs, die bei der Auftragserteilung nicht berücksichtigt worden sind, nur mit deren Erlaubnis genutzt werden dürfen, bleiben unberührt.

Übersicht

	Rn.			Rn.
A. Einführung	1		c) Ausnahme bei wichtigem Grund	41
I. Literatur	1		3. Keine Bindung an Entscheidungen und Empfehlungen des Preisgerichts	47
II. Entstehungsgeschichte	2		4. Umsetzung der Qualität des Wettbewerbsentwurfs	48
III. Rechtliche Vorgaben im EU-Recht	6		5. Vergütung bereits im Wettbewerb erbrachter Leistungen	52
B. Selbstbestimmung und Selbstbindung	10		IV. Bieterschutz	56
C. Realisierung durch Dritte	13		E. Durchführung des Verhandlungsverfahrens	59
D. Aufforderung zur Verhandlung	18		I. Verpflichtung zur Durchführung eines Verhandlungsverfahrens	61
I. Realisierung des Wettbewerbsergebnisses	19		II. Eignungsprüfung	62
1. Umsetzung der Qualität des Wettbewerbsentwurfs	19		III. Gewichtung des Wettbewerbsergebnisses	65
2. Zulässigkeit eines neuen Planungswettbewerbs	24		F. Nutzung der Ergebnisse	66
3. Aufgabe der Absicht zur Realisierung der Wettbewerbsaufgabe	25		I. Allgemeines	66
4. Ermessensentscheidung	26		II. § 80 Abs. 2 VgV	69
II. Absicht der Beauftragung eines oder mehrerer Preisträger	27		III. RPW 2013	73
1. Beauftragung von Preisträgern überhaupt	27		IV. Bieterschutz	77
2. Beauftragung eines bestimmten Preisträgers	30		G. Rechtsschutz	78
3. Beauftragung mehrerer Preisträger	31		I. Primärrechtsschutz	79
4. Beauftragung von Teilleistungen	32		II. Sekundärrechtsschutz	87
5. Ermessensentscheidung	34		1. Während des Planungswettbewerbs	89
III. RPW 2013	35		a) Fehlverhalten	90
1. Keine Einschränkung des Rechts, die Wettbewerbsaufgabe nicht zu realisieren	36		b) Verschulden	91
			c) Schaden	93
2. Einschränkung des Rechts, keinen Preisträger zu beauftragen	37		d) Sonderfälle	96
a) Regelungsinhalt	37		2. Nach Abschluss des Planungswettbewerbs	98
b) Beauftragung eines Preisträgers	40			

A. Einführung

I. Literatur

Kulartz / Kus / Marx / Portz / Prieß, Kommentar zur VgV, 1. Aufl., Köln 2017; *Willenbruch / Wieddekind*, Vergaberecht, 4. Aufl., Köln 2017; *Stolz*, Die Vergabe von Architekten- und Ingenieurleistungen nach der Vergaberechtsreform 2016, VergabeR 2016, 351; *Fritz*, Die Vergabe von Architekten und Ingenieurleistungen nach

VgV § 80 Aufforderung zur Verhandlung; Nutzung d. Ergebnisse d. Planungswettbewerbs

der VgV 2016, VergabeR 2017, 267; *Müller-Wrede,* Kommentar zur VOF, 5. Aufl., München 2014; *Voppel/Osenbrück/Bubert,* VOF – Vergabeordnung für freiberufliche Leistungen, 3. Aufl., München 2012; *Dierks-Oppler,* Wettbewerbe für Architekten und Ingenieure, 1. Aufl., Köln 2013; *Müller-Wrede,* Der Architektenwettbewerb, 1. Aufl., Köln 2012; *Wachendorf,* RPW 2008 – Die neuen Richtlinien für Planungswettbewerbe im Überblick, VergabeR 2009, 869; *Weinbrenner/Jochem/Süß,* Der Architektenwettbewerb, 2. Aufl., Berlin 1998.

II. Entstehungsgeschichte

2   § 80 VgV enthält Regelungen für den Fall, dass nach Abschluss des Planungswettbewerbs ein oder mehrere Preisträger mit den zu beschaffenden Planungsleistungen beauftragt werden sollen. Dazu ist ein öffentlicher Auftraggeber nicht verpflichtet. Er ist vielmehr berechtigt, reine Ideenwettbewerbe durchzuführen, deren Ergebnis also nicht oder jedenfalls zunächst nicht realisiert werden soll.[1] Soweit und sobald jedoch das Ergebnis des Planungswettbewerbs realisiert werden soll, der öffentliche Auftraggeber also einen so genannten **Realisierungswettbewerb** durchführt, muss der öffentliche Auftraggeber die zu beschaffenden Planungsleistungen in einem nachfolgenden Vergabeverfahren vergeben und hierbei die Regelungen von § 80 VgV beachten.

3   § 80 Abs. 1 VgV greift die Formulierung des bisherigen § 17 Abs. 1 VOF auf und präzisiert diese. Klargestellt wird nunmehr, dass der öffentliche Auftraggeber in der Aufforderung zur Teilnahme an den Verhandlungen die zum Nachweis der Eignung erforderlichen Unterlagen verlangen muss. Hieraus folgt, dass der öffentliche Auftraggeber die verlangten Nachweise zu prüfen und die Eignung der Preisträger für das Verhandlungsverfahren festzustellen hat, bevor er in die Verhandlungen eintritt.

4   Die Eignungskriterien sind bereits in der Wettbewerbsbekanntmachung nach § 70 Abs. 2 VgV zu benennen. Damit sollen die interessierten Architekten und Ingenieure jedoch nur über die Eignungsanforderungen in dem dem Planungswettbewerb nachfolgenden Vergabeverfahren vorinformiert werden. Hintergrund dieser Regelung ist folgender: Das eigentliche Ziel, das ein Wettbewerbsteilnehmer im Planungswettbewerb verfolgt, besteht nicht in der Zuerkennung eines Preises oder eine Anerkennung, sondern in dem Erhalt des entsprechenden nachfolgenden Planungsauftrags. Mit der Regelung des § 80 Abs. 1 VgV soll sichergestellt werden, dass die Architekten und Ingenieure die (Eignungs-)Voraussetzungen für die etwaige Teilnahme an einem dem Planungswettbewerb nachfolgenden Vergabeverfahren kennen, bevor sie sich an dem aufwendigen Wettbewerb beteiligen. Zugleich soll sichergestellt werden, dass der öffentliche Auftraggeber nicht in Kenntnis der Preisträger, die zur Teilnahme an den Verhandlungen aufzufordern sind, die Eignungsvoraussetzungen für das Verhandlungsverfahren festlegt. § 80 Abs. 1 VgV setzt damit das **Transparenzgebot** und das **Diskriminierungsverbot** um.

5   § 80 Abs. 2 VgV wurde zwar neu formuliert, entspricht inhaltlich aber vollständig dem bisherigen § 17 Abs. 2 VOF. Die Nutzung von Teillösungen, die ein anderer als der beauftragte Wettbewerbsteilnehmer entwickelt hat, kann aufgrund gesetzlicher Vorschriften von dessen Zustimmung abhängig sein. Dieses Zustimmungserfordernis kann sich insbesondere aus dem Urheberrechtsgesetz (urheberrechtlicher Schutz) und dem Gesetz gegen den unlauteren Wettbewerb (ergänzender wettbewerbsrechtlicher Leistungsschutz) ergeben. In diesem Fall muss der öffentliche Auftraggeber eine entsprechende Zustimmung des betreffenden Wettbewerbsteilnehmers einholen. Dafür wird der Teilnehmer in der Regel eine angemessene Vergütung verlangen. Die Höhe der Vergütung richtet sich nach den einschlägigen gesetzlichen Vorschriften einschließlich der Gebühren- und Honorarordnungen.[2]

---

[1] → VgV § 78 Rn. 91.
[2] Verordnungsbegründung BT-Drucks. 18/7318 S. 230.

III. Rechtliche Vorgaben im EU-Recht

In der Vergaberichtlinie[3] sind die wesentlichen Vorschriften über Wettbewerbe in den **6** Artikeln 78 bis 82 zusammengefasst. Außerdem wird der Begriff des Wettbewerbs in Art. 2 Abs. 1 Nr. 21 der Vergaberichtlinie europarechtlich legaldefiniert. Da die Vergaberichtlinie kein Sonderregelungsregime für die Vergabe von Architekten- und Ingenieurleistungen vorsieht, enthalten die Art. 78 bis 82 keine besonderen Regelungen, die ausschließlich für die Vergabe von Architekten- und Ingenieurleistungen gelten. Gleichwohl schließt die Richtlinie spezifische Regelungen für die Vergabe von Architekten- und Ingenieurleistungen nicht aus. In der Vergaberichtlinie werden vielmehr in den Erwägungsgründen Besonderheiten derartiger Leistungen hervorgehoben, die Sonderregelungen rechtfertigen.

Weder nach dem europäischen noch nach dem deutschen Vergaberecht ist der öffentli- **7** che Auftraggeber von vornherein verpflichtet, in Verhandlungen über die Vergabe des Auftrags über die zu beschaffenden Planungsleistungen einzutreten, geschweige denn, einen solchen Planungsauftrag zu vergeben.[4] Das folgt aus der Darstellung der Wettbewerbsvarianten in Art. 78 der Vergaberichtlinie. Danach kann ein Wettbewerb mit fester Realisierungsabsicht, mit nicht ausgeschlossener Realisierungsabsicht und ohne Realisierungsabsicht bekanntgemacht und durchgeführt werden.

Nicht eindeutig ist in der Vergaberichtlinie geregelt, ob die Eignungsprüfung bereits im **8** Wettbewerb oder, wie es § 80 Abs. 1 VgV vorgibt, erst vor bzw. im Rahmen eines etwaig nachfolgenden Verhandlungsverfahrens erfolgen soll. Nach Art. 80 Abs. 3 S. 1 der Vergaberichtlinie haben die öffentlichen Auftraggeber für die Auswahl der Bewerber im nichtoffenen Wettbewerb „klare und nichtdiskriminierende Eignungskriterien" festzulegen. Damit wird scheinbar Bezug genommen auf Art. 58 der Vergaberichtlinie, der mit dem Begriff „Eignungskriterien" überschrieben ist und der die Anforderungen an Eignungskriterien regelt. Allerdings passen diese Regelungen inhaltlich nicht auf Wettbewerbe, weil sie sicherstellen sollen, dass der einzelne Bewerber *„über die rechtlichen und finanziellen Kapazitäten sowie die technischen und beruflichen Fähigkeiten zur Ausführung des zu vergebenden Auftrags verfügt"*. Im Wettbewerb wird jedoch – jedenfalls in Deutschland – kein Auftrag vergeben (allenfalls im Anschluss daran). Deshalb ist es auch nicht erforderlich, bereits im Wettbewerb die Eignung für die Auftragsausführung zu prüfen; bei Ideenwettbewerben wäre dies sogar sinnlos. Viel spricht deshalb dafür, dass die Vergaberichtlinie dahingehend auszulegen ist, dass die Auswahl der Bewerber im nichtoffenen Wettbewerb jedenfalls dann nicht anhand von Eignungskriterien im Sinne des Art. 58 der Vergaberichtlinie erfolgen muss, wenn der dazugehörige Planungsauftrag in einem Vergabeverfahren im Anschluss des Planungswettbewerbs vergeben werden soll, in dem die Eignungsprüfung stattfindet. Dafür spricht auch, dass Art. 58 gemäß Art. 80 Abs. 1 der Vergaberichtlinie nicht zu den im Wettbewerb anzuwenden Vorschriften gehört, weil er weder im Teil I noch im Kapitel III (des Teil III) der Vergaberichtlinie steht. Zudem ist in dem Anhang V Teil F Nr. 10c), der die für Wettbewerbsbekanntmachungen erforderlichen Angaben regelt und der gemäß Art. 79 Abs. 3 S. 2 der Vergaberichtlinie anzuwenden ist, nicht die Mitteilung von „Eignungskriterien", sondern die Mitteilung von „Kriterien für die Auswahl der Teilnehmer" vorgesehen.

§ 80 Abs. 2 VgV hat kein europarechtliches Vorbild. Er fußt alleine im nationalen **9** Recht.

---

[3] Richtlinie 2014/24/EU des Europäischen Parlaments und des Rates vom 26. Februar 2014 über die öffentliche Auftragsvergabe und zur Aufhebung der Richtlinie 2004/18/EG.
[4] *Hartmann* in KKMPP, Kommentar zur VgV 1. Aufl. 2017 § 80 Rn. 1; *Voppel/Osenbrück/Bubert* VOF, 3. Aufl. 2012 § 17 Rn. 2.

B. Selbstbestimmung und Selbstbindung

10   Der große ideelle und materielle Aufwand der Teilnehmer eines Planungswettbewerbs für Architekten- oder Ingenieurleistungen führt dazu, dass *„bei Architektenwettbewerben ein errungener Geldpreis den materiellen Aufwand des Teilnehmers bei weitem nicht ausgleicht, so dass ein erhebliches wirtschaftliches Interesse des (der) Preisträger daran besteht, auch mit der weiteren Bearbeitung beauftragt zu werden."*[5] Anliegen der Architekten und Ingenieure ist es daher, die Chancen für den Erhalt eines Planungsauftrag möglichst sicher und möglichst genau ermitteln zu können. Ob und inwieweit die Architekten und Ingenieure dazu in der Lage sind, hängt davon ab, welche Informationen über ein dem Planungswettbewerb gegebenenfalls nachfolgendes Vergabeverfahren sie vom öffentlichen Auftraggeber erhalten und inwieweit der öffentliche Auftraggeber daran gebunden ist. Anliegen des öffentlichen Auftraggebers ist es zum einen, solche Informationen verbindlich zu erteilen, um den Planungswettbewerb für möglichst viele gute Architekten und Ingenieure attraktiv zu gestalten. Auf der anderen Seite möchte sich der öffentliche Auftraggeber die Flexibilität erhalten, je nach Eignung der Wettbewerbsteilnehmer und Qualität der Wettbewerbsbeiträge darüber zu entscheiden, ob, inwieweit und wann er die Ergebnisse des Planungswettbewerbs realisiert. Dieses Dilemma nimmt § 80 Abs. 1 VgV auf und regelt, inwieweit der öffentliche Auftraggeber an Verfahrensinformationen, die er im Planungswettbewerb erteilt hat, gebunden ist oder nicht.

11   Nach § 17 VOF war der öffentliche Auftraggeber bei Durchführung eines Realisierungswettbewerbs verpflichtet, einem oder mehreren Preisträgern die weitere Bearbeitung der Leistungen zu übertragen, soweit und sobald die Wettbewerbsaufgabe realisiert werden sollte. Hiervon durfte er nur aus wichtigem Grund absehen. Ein solcher wichtiger Grund wurde angenommen, wenn es dem öffentlichen Auftraggeber aus erheblichen, erst nach der Auslobung entstandenen oder bekannt gewordenen Umständen unzumutbar war, einen der Preisträger zu beauftragen.[6] Dabei wurde in der Sache unterschieden zwischen Gründen, die in der Person des bzw. der Preisträger(s) lagen – konkret die in § 17 Abs. 1 VOF ausdrücklich genannte fehlende Eignung – und Gründen, die im Zusammenhang mit dem eingereichten Lösungsvorschlag standen. So wurde als wichtiger Grund im Sinne von § 17 Abs. 1 VOF angesehen, dass wegen unvorhergesehener nachträglicher Kürzung von Zuschüssen die preisgekrönten Entwürfe nicht realisierbar waren und stattdessen eine günstigere Lösung ausgeführt werden sollte.[7]

12   In § 80 VgV hat der Verordnungsgeber die Selbstbindung des öffentlichen Auftraggebers wesentlich entschärft. Eine Bindung an die Ergebnisse des vorangegangenen (Realisierung-)Wettbewerbs besteht nur, *„soweit und sobald das Ergebnis des Planungswettbewerbs realisiert werden soll."* D.h.: Der öffentliche Auftraggeber ist nicht schon dann an die Ergebnisse des Realisierungswettbewerbs gebunden, sobald und soweit er die Wettbewerbs<u>aufgabe</u> realisieren will, sondern nur, soweit und sobald er das Wettbewerbs<u>ergebnis</u> umsetzen möchte. Folgerichtig musste der Verordnungsgeber in § 80 VgV nicht regeln, dass der öffentliche Auftraggeber aus wichtigen Gründen, die im Zusammenhang mit dem Wettbewerbsergebnis stehen, von einer Selbstbindung befreit wird, weil der öffentliche Auftraggeber in seiner Entscheidung, ob und gegebenenfalls wann und inwieweit er das Wettbewerbsergebnis realisiert, frei ist und insbesondere auch berechtigt ist, die Wettbewerbsaufgabe auf Grundlage anderer als der im Realisierungswettbewerb gefundenen Lösungsvorschläge umzusetzen.[8] Folgerichtig beschränkt sich § 80 VgV darauf zu regeln, dass,

[5] BGH v. 3.11.1983 – III ZR 125/82, NJW 1984, 1533, 1536.
[6] BGH v. 3.11.1983 – III ZR 125/82, BauR 1984, 196, 200; VK Niedersachsen v. 18.6.2010 – VgK-22/2010. ZfBR 2010, 830 (L); *Voppel/Osenbrück/Bubert* VOF, 3. Aufl. 2012 § 17 Rn. 6.
[7] BGH v. 3.11.1983 – III ZR 125/82, BauR 1984, 196, 200; BGH v. 27.5.2004 – III ZR 433/02, NZBau 2004, 450, 452; *Voppel/Osenbrück/Bubert* VOF, 3. Aufl. 2012 § 17 Rn. 7.
[8] → VgV § 80 Rn. 20; aA *Hartmann* in KKMPP, Kommentar zur VgV 1. Aufl. 2017 § 80 Rn. 14 ff., 30 ff.

sobald und soweit das Wettbewerbsergebnis realisiert werden soll, der öffentliche Auftraggeber den bzw. die Preisträger nicht mit der Umsetzung beauftragen muss, wenn ein wichtiger Grund (in deren Person) vorliegt, nämlich wenn diese die geforderten Eignungsanforderungen nicht erfüllen.[9]

C. Realisierung durch Dritte

Ungeklärt ist, ob sich der öffentliche Auftraggeber dadurch von der (Selbst-)Bindung an **13** die Ergebnisse des Realisierungswettbewerbs befreien kann, dass er das Ergebnis des Wettbewerbs durch einen Dritten realisieren lässt.

Nach Art. 10 Abs. 3 MRVG ist eine Vereinbarung unwirksam, durch die ein Grund- **14** stückserwerber im Zusammenhang mit dem Erwerb verpflichtet wird, bei der Planung oder bei der Ausführung eines Bauwerks auf dem erworbenen Grundstück die Leistungen eines bestimmten Ingenieurs oder Architekten in Anspruch zu nehmen. Dieses Koppelungsverbot gilt nach der bisherigen Rechtsprechung des BGH auch für den Fall, dass ein Architekt in einem kommunalen Planungswettbewerb als Sieger gekürt wurde, die Gemeinde ihm zur Realisierung des Wettbewerbsergebnisses die Grundstücke an die Hand gegeben und die Bauwilligen an ihn verwiesen hat.[10] Zwar hat der BGH in einer aktuellen Entscheidung vom 22.7.2010 Zweifel an der Erstreckung des Koppelungsverbots auf Architektenwettbewerbe geäußert.[11] In der Literatur wird das Koppelungsverbot jedenfalls im Rahmen von Architektenwettbewerben auch für verfassungswidrig gehalten.[12] Ausdrücklich abgerückt ist der BGH von seiner oben genannten Entscheidung bislang aber nicht. Die Ausführungen in der Entscheidung vom 22.7.2010 waren ein bloßes obiter dictum. Operativ müssen sich Architekten und Ingenieure deshalb darauf einstellen, dass sich öffentliche Auftraggeber durch Veräußerung des Wettbewerbsgrundstücks ihrer Selbstbindung entziehen können.

Beabsichtigt der öffentliche Auftraggeber von vornherein, das Wettbewerbsgrundstück **15** nach der Durchführung des Planungswettbewerbs zu veräußern, muss er in der Wettbewerbsbekanntmachung darauf hinweisen. Gerade wegen des beschriebenen Entfalls der Selbstbindung im Fall der Veräußerung ist dies ein entscheidender Gesichtspunkt für die Frage, ob sich ein Architekt oder Ingenieur an dem Planungswettbewerb beteiligt oder nicht. Ein entsprechender Vergabeverstoß kann deshalb insbesondere Schadensersatzansprüche desjenigen Architekten oder Ingenieurs begründen, der plausibel darlegt, dass er sich an dem Planungswettbewerb nicht beteiligt hätte, wenn ihm die Veräußerungsabsicht bekannt gewesen wäre. Der Schadensersatzanspruch richtet sich in diesem Fall auf das negative Interesse, insbesondere also die Aufwendungen für die Beteiligung am Wettbewerb.

Hat der öffentliche Auftraggeber in der Wettbewerbsbekanntmachung mitgeteilt, dass **16** das Wettbewerbsgrundstück veräußert werden soll, können die sich am Planungswettbewerb beteiligenden Architekten oder Ingenieuren zwar erwarten, dass sich der öffentliche Auftraggeber ernsthaft bemüht, den späteren Erwerber zu veranlassen, den beziehungsweise die Preisträger des Wettbewerbs mit den späteren Architektenleistungen zu beauftragen.[13] Für den Erfolg seiner Bemühungen haftet der öffentliche Auftraggeber gegenüber den Teilnehmern am Planungswettbewerb jedoch nicht, so dass insoweit keine Schadensersatzansprüche in Betracht kommen.[14]

Aber auch dann, wenn der öffentliche Auftraggeber – gegebenenfalls sogar missbräuch- **17** lich – sich nach Durchführung des Planungswettbewerbs ohne vorherige Ankündigung

---

[9] → VgV § 80 Rn. 61.
[10] BGH v. 24.6.1982 – VII ZR 253/81, NJW 1982, 2189, 2190.
[11] BGH v. 22.7.2010 – VII ZR 144 / 09, NJW 2010, 3154, 3157.
[12] *Werner/Pastor* Der Bauprozess 15. Aufl. 2015 Rn. 696 ff.
[13] *Hartmann* in KKMPP, Kommentar zur VgV 1. Aufl. 2017 § 80 Rn. 43.
[14] BGH v. 22.11.1987 – III ZR 271 / 85, NJW 1987, 2369, 2370.

dazu entscheidet, das Wettbewerbsgrundstück zu veräußern, kommen Schadensersatzansprüche der Wettbewerbsteilnehmer nicht in Betracht.[15] Soweit der Erwerber auf dem Grundstück die Ergebnisse des Realisierungswettbewerbs umsetzen möchte, sind die Preisträger bereits durch das Urheberrecht geschützt. Soweit der Erwerber die Wettbewerbsaufgabe anderweitig umsetzen möchte, stehen die Wettbewerbsteilnehmer nicht schlechter, als wenn der öffentliche Auftraggeber das Wettbewerbsgrundstück nicht veräußert hätte, weil auch dieser berechtigt ist, die Wettbewerbsaufgabe ohne wichtigen Grund mittels anderer als der im Realisierungswettbewerb gefundenen Ergebnisse zu realisieren.[16]

D. Aufforderung zur Verhandlung

18 Soweit und sobald das Ergebnis des Planungswettbewerbs realisiert werden soll und beabsichtigt ist, einen oder mehrere der Preisträger mit den zu beschaffenden Planungsleistungen zu beauftragen, hat der öffentliche Auftraggeber nach § 80 Abs. 1 VgV in der Aufforderung zur Teilnahme an den Verhandlungen die zum Nachweis der Eignung erforderlichen Unterlagen für die bereits in der Wettbewerbsbekanntmachung genannten Eignungskriterien zu verlangen.

I. Realisierung des Wettbewerbsergebnisses

1. Umsetzung der Qualität des Wettbewerbsentwurfs

19 Aus § 78 Abs. 2 S. 2 VgV ergibt sich, dass öffentliche Auftraggeber Planungswettbewerbe für Architekten- und Ingenieurleistungen vor oder ohne Vergabeverfahren ausrichten können. Daraus wird das Recht des öffentlichen Auftraggebers hergeleitet, im Vorfeld eines Planungswettbewerbs festzulegen, ob dieser als Realisierungswettbewerb ausgerichtet wird mit dem Ziel, das Ergebnis des Wettbewerbs umzusetzen und einen oder mehrere der Preisträger mit den erforderlichen Planungsleistungen zu beauftragen, oder ob der Wettbewerb als reiner Ideenwettbewerb ausgelobt wird, dessen Ergebnis von vornherein nicht oder jedenfalls zunächst nicht realisiert werden soll.

20 Durch § 80 Abs. 1 S. 1 VgV wird klargestellt, dass der öffentliche Auftraggeber auch bei Durchführung eines Realisierungswettbewerbes nicht verpflichtet ist, das Ergebnis des Planungswettbewerbs zu realisieren und einen oder mehrere der Preisträger mit den zu beschaffenden Planungsleistungen zu beauftragen. § 80 Absatz ein S. 1 VgV ist anzuwenden, *„soweit und sobald das Ergebnis des Planungswettbewerbs realisiert werden soll"*. Das zeigt, dass der Verordnungsgeber davon ausgeht, dass das Ergebnis eines Planungswettbewerbs im Einzelfall auch nicht, nicht vollständig oder vorerst nicht (vollständig) realisiert werden soll, und dass der Verordnungsgeber dies offensichtlich für zulässig erachtet. In der Auslobung bzw. Wettbewerbsbekanntmachung liegt mithin kein Antrag auf Abschluss eines Planervertrags.[17] Auch ist § 80 Abs. 1 VgV nicht dahingehend zu verstehen, dass der öffentliche Auftraggeber bereits in der Wettbewerbsbekanntmachung mitteilen müsse, wann und inwieweit das Ergebnis des Planungswettbewerbs realisiert werden soll. Vielmehr soll er erst in Ansehung des Wettbewerbsergebnisses darüber entscheiden (müssen).

21 Folgerichtig muss der öffentliche Auftraggeber seine Realisierungsabsicht auch nicht in der Wettbewerbsbekanntmachung unter einen Vorbehalt oder eine Bedingung stellen, um nach Abschluss des Wettbewerbs von der Realisierung Abstand nehmen zu können.[18] Stellt der öffentlicher Auftraggeber seine Realisierungsabsicht indes in der Wettbewerbsbekannt-

---

[15] AA *Hartmann* in KKMPP, Kommentar zur VgV 1. Aufl. 2017 § 80 Rn. 42.
[16] → VgV § 80 Rn. 20.
[17] OLG Düsseldorf v. 19.12.1996 – 12 U 220/95, BauR 1998, 163, 164.
[18] Siehe zu einem solchen Fall OLG Celle v. 15.7.2010 – 13 – Verg 9/10, NZBau 2010, 641 ff.

machung unter eine Bedingung, bringt er damit zum Ausdruck, dass er nur in dem Fall, dass die Bedingung nicht eintritt, von der Realisierung des noch zu findenden Wettbewerbsergebnisses Abstand nehmen will. In diesen Fällen, in denen der öffentliche Auftraggeber nach dem objektiven Empfängerhorizont klar zum Ausdruck bringt, dass er das Ergebnis des Planungswettbewerbs unbedingt oder unter bestimmten Voraussetzungen realisieren wird, ist er daran auch gebunden. Denn es ist zu vermuten, dass die Wettbewerbsteilnehmer im Vertrauen darauf sich an dem Planungswettbewerb beteiligt haben. Operativ kann eine solche Festlegung für den öffentlichen Auftraggeber sinnvoll sein. In der Regel beteiligen sich Architekten und Ingenieure an Planungswettbewerben nicht um des Wettbewerbs und auch nicht um der Preise bzw. Anerkennungen willen, sondern mit dem Ziel, einen nachfolgenden Planerauftrag zu erhalten. Legt der öffentliche Auftraggeber verbindlich fest, dass er – gegebenenfalls unter bestimmten Voraussetzungen – einen solchen Auftrag auch erteilen wird, erhöht er die Aussichten, dass sich auch renommierte Büros beteiligen werden.

Ohne eine solche Festlegung ist der öffentliche Auftraggeber nach Abschluss des Pla- **22** nungswettbewerbs frei in seiner Entscheidung, ob, inwieweit und wann er das Ergebnis des Planungswettbewerbs realisiert. Aus der Formulierung „soweit" kann nicht geschlussfolgert werden, dass jedenfalls ein Teil des Wettbewerbsergebnisses realisiert werden muss. Ebenso wenig folgt aus der Formulierung „sobald", dass das Wettbewerbsergebnis zumindest irgendwann realisiert werden müsse.[19] Über das „Ob" der Realisierung kann der öffentliche Auftraggeber vielmehr nach Abschluss des Planungswettbewerbs frei entscheiden.

Auf den ersten Blick widerspricht diese Wahlfreiheit des öffentlichen Auftraggebers der **23** in § 63 VgV zum Ausdruck kommenden Bindung an Bekanntmachung und Ausschreibung. Zwar ist auch danach ein öffentlicher Auftraggeber nicht verpflichtet, einen ausgeschriebenen Auftrag zu erteilen. Er setzt sich jedoch Schadensersatzansprüchen der Bewerber bzw. Bieter aus, wenn er ein Vergabeverfahren ohne Zuschlagserteilung beendet und kein Aufhebungsgrund im Sinne von § 63 Abs. 1 S. 1 VgV vorliegt. Beendet der öffentliche Auftraggeber das Vergabeverfahren ohne Zuschlagserteilung, um ein Unternehmen zu diskriminieren oder ohne dass ein sachlich gerechtfertigter Grund dafür vorliegt, kann er bei im Übrigen unverändert fortbestehendem Vergabewillen im Einzelfall sogar zur Zuschlagserteilung verpflichtet sein.[20] Hiervon unterscheidet sich die Situation des öffentlichen Auftraggebers nach Abschluss eines Planungswettbewerbs in zwei Aspekten: Zum einen ist der Planungswettbewerb kein Vergabeverfahren, was durch § 78 Abs. 2 S. 2 VgV klargestellt wird. § 63 VgV ist jedenfalls unmittelbar auf Planungswettbewerbe nicht anwendbar. Nichts anderes folgt aus § 78 Abs. 3 S. 2 VgV. Die Vergaberichtlinie enthält ohnehin keine ausdrücklichen Bestimmungen zur Verfahrensaufhebung, die zu berücksichtigen wären. Zum anderen dient der Planungswettbewerb der Findung einer Lösung für die dem Wettbewerb gestellte Planungsaufgabe. Der Auftragsgegenstand des späteren Planungsauftrags steht im Zeitpunkt der Wettbewerbsbekanntmachung noch nicht fest. Deshalb kann der öffentliche Auftraggeber nicht zur Realisierung des Auftragsgegenstands verpflichtet sein. Vergleichbar ist diese Situation mit dem Wettbewerblichen Dialog, für den ebenfalls anerkannt ist, dass der öffentliche Auftraggeber den Dialog beenden (und damit das Vergabeverfahren aufheben) kann, wenn offensichtlich ist, dass keine Lösung gefunden wird, die den Bedürfnissen und Anforderungen an die zu beschaffende Leistung entspricht.[21] Darin unterscheidet sich der Planungswettbewerb (ebenso wie der Wettbewerbliche Dialog) maßgeblich von den übrigen Vergabeverfahren, in denen der Auftraggeber Verfahrensgegenstand und Verfahrensbedingungen von vornherein selbst festgelegt hat und sich deshalb nicht ohne sachlich gerechtfertigten Grund von seiner Ausschreibung lösen

---

[19] VK Mecklenburg-Vorpommern v. 21.11.2013 – 2 VK 14/13, ZfBR 2014, 415 (L).
[20] → VgV § 63 VgV Rn. 83 ff.
[21] → VgV § 18 Rn. 26 sowie *Schneider* in Kapellmann/Messerschmidt, VOB 6. Aufl. 2017 § 3b VOB/A-EU Rn. 45.

können soll. Das ist auch der Grund dafür, dass vorgesehen ist, dass der öffentliche Auftraggeber nur für den Wettbewerblichen Dialog (§ 18 Abs. 10 VgV) und den Planungswettbewerb in Form von Preisen und Anerkennungen (§ 103 Abs. 6 GWB) eine Entschädigung für die Verfahrensaufwendungen festsetzen kann, und beim Planungswettbewerb für Architekten- und Ingenieurleistungen gemäß § 79 Abs. 1 VgV sogar festsetzen muss.

2. Zulässigkeit eines neuen Planungswettbewerbs

24   Der öffentliche Auftraggeber ist auch nicht gehindert, nach seiner Entscheidung, das Ergebnis des Planungswettbewerbs nicht zu realisieren, die Planungsaufgabe einem neuen Planungswettbewerb zu unterstellen. Im Anwendungsbereich der Vorgängernorm, des § 17 Abs. 1 VOF, wurde diese Frage kontrovers diskutiert. Denn § 17 Abs. 1 VOF bestimmte, dass ein oder mehrere der Preisträger mit den Planungsleistungen zu beauftragen ist bzw. sind, soweit und sobald *„die Wettbewerbsaufgabe"* realisiert werden soll. Nach dem Wortlaut dieser Norm konnte sich der öffentliche Auftraggeber also nicht von dem konkreten Ergebnis des Planungswettbewerbs, sondern nur von der zugrundeliegenden Planungsaufgabe lösen. Wollte der öffentliche Auftraggeber an der Planungsaufgabe festhalten, musste er deshalb grundsätzlich das Wettbewerbsergebnis realisieren. Praxisrelevant war deshalb die Frage, unter welchen Voraussetzungen noch von derselben Planungsaufgabe ausgegangen werden musste bzw. unter welchen Voraussetzungen von einer anderen Planungsaufgabe ausgegangen werden durfte.[22] Anschaulich ist dazu die Entscheidung des OLG Celle, das den „Realisierungswettbewerb – niedersächsischer Landtag in Hannover – Neukonzeption des Plenarbereichs" mit dem „Realisierungswettbewerb zur Neukonzeption des Plenarbereichs – niedersächsischer Landtag in Hannover" vergleichen musste (und im Ergebnis von einer anderen Planungsaufgabe ausgegangen ist).[23] § 80 Abs. 1 VgV stellt jedoch nicht mehr auf die *„Wettbewerbsaufgabe"*, sondern auf *„das Ergebnis des Planungswettbewerbs"* ab.[24] Die schwierige Abgrenzung zwischen derselben und einer anderen Wettbewerbsaufgabe muss deshalb für § 80 Abs. 1 VgV nicht vorgenommen werden.

3. Aufgabe der Absicht zur Realisierung der Wettbewerbsaufgabe

25   Schließlich ist der öffentliche Auftraggeber nicht verpflichtet, die Wettbewerbsaufgabe überhaupt zu realisieren.[25] Wenn der öffentliche Auftraggeber schon berechtigt ist, keines der Wettbewerbsergebnisse zu realisieren, hat ohnehin keiner der Wettbewerbsteilnehmer (und sonstige Dritte ohnehin nicht) ein berechtigtes Interesse daran, dass der öffentliche Auftraggeber seine Absicht zur Realisierung der Wettbewerbsaufgabe aufrechterhält.

4. Ermessensentscheidung

26   Die zuvor aufgeworfenen Fragen, ob, inwieweit und wann der öffentliche Auftraggeber ein Wettbewerbsergebnis realisiert, ob er die Wettbewerbsaufgabe einem neuen Planungswettbewerb unterstellt oder ob er die Absicht zur Realisierung der Wettbewerbsaufgabe grundsätzlich aufgibt, entscheidet der öffentliche Auftraggeber nach eigenem Ermessen. Die Entscheidung kann dementsprechend auch nur eingeschränkt, das heißt insbesondere im Hinblick auf ihre Angemessenheit und ihre Willkürfreiheit sowie die Übereinstimmung mit den vergaberechtlichen Grundsätzen, überprüft werden.[26]

---

[22] Siehe hierzu die Nachweise bei *Hartmann* in KKMPP, Kommentar zur VgV 1. Aufl. 2017 § 80 Rn. 19 ff.
[23] OLG Celle v. 15.7.2010 – 13 Verg 9/10, NZBau 2010, 641, 643.
[24] Das verkennt offenbar *Hartmann* in KKMPP, Kommentar zur VgV 1. Aufl. 2017 § 80 Rn. 19 ff.
[25] *Harr* in Willenbruch/Wieddekind, Vergaberecht 4. Aufl. 2017 § 80 VgV Rn. 2.
[26] Vgl. zur Überprüfung von Ermessensentscheidungen OLG Celle v. 10.6.2010 – 13 Verg 18/09; OLG Karlsruhe v. 27.7.2009 – 15 Verg 3/09, ZfBR 2010, 196, 197.

II. Absicht der Beauftragung eines oder mehrerer Preisträger

1. Beauftragung von Preisträgern überhaupt

Der Wortlaut von § 80 Abs. 1 VgV kann so verstanden werden, dass dem öffentlichen **27** Auftraggeber neben der Freiheit, darüber zu entscheiden, ob, inwieweit und wann das Ergebnis des Planungswettbewerbs realisiert werden soll, auch ein Wahlrecht zu der Frage eingeräumt wird, ob, und gegebenenfalls inwieweit er einen oder mehrere der Preisträger mit den zu beschaffenden Planungsleistungen beauftragt.

Diese Auslegung von § 80 Abs. 1 VgV korrespondiert schließlich mit der Regelung des **28** § 14 Abs. 4 Nr. 8 VgV. Danach ist der öffentliche Auftraggeber berechtigt, im Anschluss an einen Planungswettbewerb ein Verhandlungsverfahren ohne Teilnahmewettbewerb durchzuführen, wenn der Auftrag nach den Bedingungen dieses Wettbewerbs an den Gewinner oder an einen der Preisträger vergeben werden muss. Eine Verpflichtung zur Wahl dieser Verfahrensart ist damit nicht verbunden. Der öffentliche Auftraggeber ist mithin berechtigt, ein Verhandlungsverfahren mit Teilnahmewettbewerb durchzuführen, in dem der Planungsauftrag, wie sich im Umkehrschluss aus § 14 Abs. 4 Nr. 8 VgV ergibt, gerade nicht an den Gewinner oder an einen der Preisträger des Wettbewerbs vergeben werden muss. Bei Planungswettbewerben, die nicht auf der Grundlage der RPW 2013 durchgeführt werden, muss der öffentliche Auftraggeber eine entsprechende Verpflichtung zur Vergabe des nachlaufenden Planungsauftrags an den Gewinner oder an einen der Preisträger selbst in der Wettbewerbsbekanntmachung oder den Auslobungsbedingungen regeln, wenn er den Auftrag im Verhandlungsverfahren ohne Teilnahmewettbewerb vergeben will.[27] Eine definitive Festlegung auf den ersten Preisträger wäre allerdings nicht vergaberechtskonform, weil die Auftragsvergabe an diesen zumindest vom Nachweis der Eignung gemäß § 80 Abs. 1 VgV abhängig gemacht werden muss.[28] Die Festlegung auf den ersten Preisträger unter dem Vorbehalt des Nachweises seiner Eignung dürfte demgegenüber zulässig sein (→ VgV § 80 Rn. 61).

Tatsächlich können beide Wahlrechte aber nicht unabhängig voneinander ausgeübt wer- **29** den. Das liegt schon daran, dass die Leistungen, die Teilnehmer im Planungswettbewerb erbringen, häufig urheberrechtlich oder, soweit sie nicht urheberrechtsschutzfähig sind, wettbewerbsrechtlich geschützt sind.[29] Rein tatsächlich muss der öffentliche Auftraggeber also, soweit er das Ergebnis des Planungswettbewerbs realisieren will, die entsprechenden Preisträger beauftragen. Die jeweiligen Ergebnisse des Planungswettbewerbs sind also mit ihren Verfassern gewissermaßen verknüpft. Beabsichtigt der öffentliche Auftraggeber, das Wettbewerbsergebnis eines Preisträgers zu realisieren, muss er gleichermaßen beabsichtigen, diesen Preisträger mit den zu beschaffenden Planungsleistungen zu beauftragen. In diesem Sinne ist deshalb § 80 Abs. 1 VgV auszulegen, nämlich: *„Soweit und sobald das Ergebnis des Planungswettbewerbs realisiert werden soll und [deshalb und insoweit] beabsichtigt ist, einen oder mehrere der Preisträger mit den zu beschaffenden Planungsleistungen zu beauftragen ..."*

2. Beauftragung eines bestimmten Preisträgers

§ 80 Abs. 1 VgV räumt dem öffentlichen Auftraggeber ein Wahlrecht ein, ob er die wei- **30** teren Planungsleistungen vollumfänglich von einem einzigen Preisträger ausführen lässt oder ob er die Leistungen unter mehreren Preisträgern aufteilt.[30] Welchen Preisträger der öffentliche Auftraggeber mit der Realisierung des Wettbewerbsergebnisses beauftragen möchte, kann er nach freiem Ermessen entscheiden. Dabei ist der öffentliche Auftraggeber

---

[27] Bei Zugrundelegung der RPW 2013 ist der öffentliche Auftraggeber nach § 8 Abs. 2 RPW 2013 ohnehin verpflichtet, den Planungsauftrag an einen der Preisträger zu erteilen (→ VgV § 80 Rn. 40).

[28] VK Südbayern v. 13.10.2014 – Z3–3-3194-1-37-08/14, BauR 2015, 879 (L).

[29] *Hartmann* in KKMPP, Kommentar zur VgV 1. Aufl. 2017 § 80 Rn. 54.

[30] VK Lüneburg v. 23.1.2012 – VgK-57/2011, ZfBR 2012, 624 (L) zu § 17 Abs. 1 VOF.

insbesondere nicht an die Reihenfolge der Preisgerichtsentscheidung und an die Empfehlungen des Preisgerichts gebunden.[31] Die VgV verpflichtet den öffentlichen Auftraggeber noch nicht einmal (anders als bspw. § 8 Abs. 2 RPW 2013; → VgV § 80 Rn. 40 und 65), die Wertung des Preisgerichts bei der Zuschlagsentscheidung zu berücksichtigen.

3. Beauftragung mehrerer Preisträger

31   Die Beauftragung mehrerer Preisträger kommt faktisch insbesondere dann in Betracht, wenn sich mehrere Preisträger zu einer **Bietergemeinschaft** zusammenschließen und gemeinsam die für die Realisierung des Wettbewerbsergebnisses erforderlichen Planungsleistungen anbieten. Ein praktischer Anwendungsfall sind interdisziplinäre Wettbewerbe. Zwar wird hier – nach rechtsdogmatischer Betrachtung – keiner der Preisträger (unmittelbar) beauftragt, weil die Bietergemeinschaft als eigene Rechtsperson den Auftrag erhält.[32] Tatsächlich sind jedoch über die Bieter- bzw. spätere Arbeitsgemeinschaft einer oder mehrere der Preisträger (als deren Gesellschafter) mit dem Planungsauftrag befasst. Damit wird dem Sinn und Zweck von § 80 Abs. 1 VgV hinreichend Rechnung getragen.

4. Beauftragung von Teilleistungen

32   Nur im Ausnahmefall können Teillösungen von Teilnehmern des Planungswettbewerbs, die bei der Auftragserteilung nicht berücksichtigt worden sind, realisiert werden. Erforderlichenfalls muss der öffentliche Auftraggeber dafür deren Erlaubnis zur Nutzung dieser Teillösungen einholen (§ 80 Abs. 2 VgV).

33   Zulässig ist es dann auch, dass der mögliche Auftraggeber die Planungsleistung horizontal stückelt, indem er beispielsweise einen Preisträger mit den Leistungsphasen 1 und 2 nach der HOAI und einen weiteren Preisträger mit den Leistungsphasen 3–5 beauftragt.[33] Ursprünglich war eine solche horizontale Stückelung noch als unpraktikabel bzw. unzweckmäßig bezeichnet worden;[34] mittlerweile ist es insbesondere bei größeren Bauvorhaben nicht unüblich, Planungsaufträge horizontal stückeln und verschiedener Planer in unterschiedlichen Leistungsphasen einzubinden.[35]

5. Ermessensentscheidung

34   Auch bei den zuvor beschriebenen Entscheidungen handelt es sich um Ermessensentscheidungen des öffentlichen Auftraggebers, die nur eingeschränkt, das heißt insbesondere im Hinblick auf ihre Angemessenheit und ihre Willkürfreiheit sowie die Übereinstimmung mit den vergaberechtlichen Grundsätzen, überprüft werden können.[36]

III. RPW 2013

35   Öffentliche Auftraggeber, die einen Planungswettbewerb auf der Grundlage der RPW 2013 durchführen, haben neben § 80 Abs. 1 VgV die Bestimmung von § 8 Abs. 2 RPW 2013 zu beachten. Danach ist *„bei der Umsetzung des Projekts ... einer der Preisträger, in der*

---

[31] OLG Düsseldorf v. 19.12.1996 – 12 U 22095 12 U 220/95, BauR 1998, 163, 164; VK Lüneburg v. 23.1.2012 – VgK-57/2011, ZfBR 2012, 624 (L) zu § 17 Abs. 1 VOF; *Harr* in Willenbruch/Wieddekind, Vergaberecht 4. Aufl. 2017 § 80 VgV Rn. 4.

[32] Unklar *Hartmann* in KKMPP, Kommentar zur VgV 1. Aufl. 2017 § 80 Rn. 50, der davon spricht, dass in diesem Fall „mehrere Preisträger beauftragt werden".

[33] OLG Düsseldorf v. 19.12.1996 – 12 U 220/95, BauR 1998, 163, 166 (zur GRW 1997); *Hartmann* in KKMPP, Kommentar zur VgV 1. Aufl. 2017 § 80 Rn. 46.

[34] *V Rintelen* BauR 1998, 167 mwN, der eine horizontale Stückelung sogar als rechtswidrig erachtete.

[35] *Hartmann* in KKMPP, Kommentar zur VgV 1. Aufl. 2017 § 80 Rn. 47.

[36] Vgl. zur Überprüfung von Ermessensentscheidungen OLG Celle v. 10.6.2010 – 13 Verg 18/09; OLG Karlsruhe v. 27.7.2009 – 15 Verg 3/09, ZfBR 2010, 196, 197.

Regel der Gewinner, unter Berücksichtigung der Empfehlung des Preisgerichts mit den weiteren Planungsleistungen zu beauftragen, sofern kein wichtiger Grund entgegensteht. "

1. Keine Einschränkung des Rechts, die Wettbewerbsaufgabe nicht zu realisieren

§ 8 Abs. 2 RPW 2013 trifft Regelungen für den Fall der Umsetzung des Projekts, d. h. **36** der Realisierung der Wettbewerbsaufgabe. Zu der Frage, ob die Wettbewerbsaufgabe realisiert werden muss bzw. ob und ggf. unter welchen Voraussetzungen der öffentliche Auftraggeber von einer Realisierung der Wettbewerbsaufgabe Abstand nehmen darf, verhält sich § 8 Abs. 2 RPW 2013 nicht. Der Regelung kann deshalb keine Einschränkung des entsprechenden Wahlrechts der öffentlichen Auftraggebers entnommen werden.

2. Einschränkung des Rechts, keinen Preisträger zu beauftragen

a) Regelungsinhalt. Das durch § 80 Abs. 1 VgV eingeräumte Wahlrecht des öffentli- **37** chen Auftraggebers, ob er die weiteren Planungsleistungen vollumfänglich von einem einzigen Preisträger ausführen lässt oder ob er die Leistungen unter mehreren Preisträgern aufteilt,[37] wird hierdurch eingeschränkt: Nach § 8 Abs. 2 Unterabs. 1 S. 1 RPW 2013 ist einer der Preisträger zu beauftragen; eine Beauftragung mehrerer Preisträger kommt nach dem eindeutigen Wortlaut nicht in Betracht.

Öffentliche Auftraggeber, die den Planungswettbewerb auf der Grundlage der RPW **38** 2013 durchführen, erfüllen damit ohne weiteres die Voraussetzungen des § 14 Abs. 4 Nr. 8 VgV und sind berechtigt, den Planungsauftrag im Anschluss an den Wettbewerb in einem Verhandlungsverfahren ohne Teilnahmewettbewerb zu vergeben. Denn § 8 Abs. 2 RPW 2013 bestimmt, dass bei der Umsetzung des Projekts einer der Preisträger, in der Regel der Gewinner, unter Berücksichtigung der Empfehlung des Preisgerichts mit den weiteren Planungsleistungen zu beauftragen ist, sofern kein wichtiger Grund entgegensteht.

Soweit die Regelung dahingehend verstanden wird, dass eine Beauftragung eines Preis- **39** trägers ohne Verhandlung stattfinden kann, widerspricht sie § 14 Abs. 4 Nr. 8 VgV, der wiederum Art. 32 Abs. 4 der Vergaberichtlinie umsetzt. Der Auftrag muss also in einem dem Planungswettbewerb nachfolgenden Verhandlungsverfahren vergeben werden. Die Vergabe des Planerauftrags ohne Verhandlungsverfahren wäre eine vergaberechtswidrige Direktvergabe.[38]

b) Beauftragung eines Preisträgers. Im Gegensatz zu § 80 Abs. 1 VgV ist die Beauf- **40** tragung mehrerer Preisträger nicht zugelassen.[39] Das gilt nicht in dem Fall, in dem sich mehrere Preisträger zu einer Bietergemeinschaft zusammenschließen und gemeinsam die für die Realisierung des Wettbewerbsergebnisses erforderlichen Planungsleistungen anbieten. Zwar wird hier – nach rechtsdogmatischer Betrachtung – keiner der Preisträger (unmittelbar) beauftragt, weil die Bietergemeinschaft als eigene Rechtsperson den Auftrag erhält.[40] Tatsächlich ist jedoch über die Bieter- bzw. spätere Arbeitsgemeinschaft einer der Preisträger (als deren Gesellschafter) mit dem Planungsauftrag befasst. Damit wird dem Sinn und Zweck von § 8 Ab. 2 Unterabs. 1 S. 1 RPW 2013 hinreichend Rechnung getragen.[41]

c) Ausnahme bei wichtigem Grund. Von dieser Verpflichtung, bei der Umsetzung **41** des Projekts einen der Preisträger zu berücksichtigen, ist der öffentliche Auftraggeber nur

---

[37] → VgV § 80 Rn. 30 f.

[38] VK Sachsen v. 3.12.2004 – 1/SVK/104-04.

[39] AA *Harr* in Willenbruch/Wieddekind, Vergaberecht 4. Aufl. 2017 § 80 VgV Rn. 5, der bei Vorliegen eines wichtigen Grundes auch die Beauftragung mehrerer Preisträger für zulässig erachtet(anders, und zwar richtig dann aber in Rn. 6). Mit dem Wortlaut lässt sich dies jedoch nicht in Einklang bringen. Danach ist nur einer der Preisträger zu beauftragen, und zwar in der Regel der Gewinner und nur bei Vorliegen eines wichtigen Grundes ein anderer Preisträger als jener.

[40] Unklar *Hartmann* in KKMPP, Kommentar zur VgV 1. Aufl. 2017 § 80 Rn. 50, der davon spricht, dass in diesem Fall „mehrere Preisträger beauftragt werden".

[41] Im Ergebnis ebenso *Hartmann* in KKMPP, Kommentar zur VgV 1. Aufl. 2017 § 80 Rn. 50.

bei Vorliegen eines **wichtigen Grundes** entbunden. § 8 Abs. 2 Unterabs. 1 S. 1 RPW 2013 ist im Lichte von § 80 Abs. 1 VgV dahingehend auszulegen, dass ein wichtiger Grund die fehlende Eignung der Preisträger ist, die erst im Anschluss an den Planungswettbewerb abschließend geprüft wird.[42] Welche Umstände daneben einen wichtigen Grund im Sinne von § 8 Abs. 2 Unterabs. 1 S. 1 RPW 2013 begründen können, ist streitig. Zu Nr. 1 Abs. 1 Unterabsatz 1 GRW 1995 hatte der BGH in einem obiter dictum festgestellt, dass nur schwerwiegende Umstände den öffentlichen Auftraggeber von seiner Verpflichtung befreien, bei der Umsetzung des Projekts einen der Preisträger mit der Planung zu beauftragen; dies müsste unzumutbar sein.[43] Allein durch die Neuregelung von § 80 Abs. 1 VgV wird diese Rechtsprechung nicht obsolet. Zwar normiert § 80 Abs. 1 VgV eine wesentlich weniger strenge Selbstbindung des öffentlichen Auftraggebers (→ VgV § 80 Rn. 10). Es ist jedoch nicht ersichtlich, warum sich der öffentliche Auftraggeber durch Heranziehung veröffentlichter einheitlicher Regelungen für die nähere Verfahrensausgestaltung nicht freiwillig einer strengeren Selbstbindung unterwerfen könnte.[44] Die Frage, wie der „wichtige Grund" im Sinne von § 8 Abs. 2 Unterabsatz 1 S. 1 RPW 2013 auszulegen ist, stellt sich deshalb nach wie vor und insbesondere auch unabhängig von § 80 Abs. 1 VgV.

42   Einvernehmen besteht darüber, dass der wichtige Grund erst nach der Wettbewerbsbekanntmachung entstanden oder jedenfalls dem öffentlichen Auftraggeber bekannt geworden sein darf und auch nicht hätte vorher bekannt sein müssen.[45] Darüber hinaus ist der öffentliche Auftraggeber nur an solche Wettbewerbsergebnisse gebunden, soweit der Wettbewerb durch das Preisgericht unter Beachtung der in der Wettbewerbsbekanntmachung als bindend bezeichneten Vorgaben des Ausrichters durchgeführt wurde (§ 79 Abs. 4 S. 1 VgV). Nur eine Preisgerichtsentscheidung, welche die Vorgaben des öffentlichen Auftraggebers insbesondere zum Beschaffungsbedarf, zur den Wettbewerbsvoraussetzungen und zur Verfahrensgestaltung beachtet hat, kann eine Selbstbindung des öffentlichen Auftraggebers begründen.[46]

43   Inhaltlich genügt es, wenn der wichtige Grund von solchem Gewicht ist, dass er – nach Auftragserteilung – eine außerordentliche Kündigung aus wichtigem Grund rechtfertigte. Darüber hinausgehende Anforderungen, die der BGH in seinem obiter dictum angenommen hat, wenn er nur „schwerwiegendste Umstände" lässt, sind an den wichtigen Grund im Sinne von § 8 Abs. 2 Unterabs. 1 S. 1 RPW 2013 nicht zu stellen. Bereits im Hinblick auf Nr. 7.1 Abs. 1 GRW 1995 überzeugte diese Rechtsprechung nicht. Zwar war der öffentliche Auftraggeber danach zur Weiterbeauftragung eines Preisträgers verpflichtet, allerdings nur unter dem Vorbehalt, dass dem ein wichtiger Grund nicht entgegensteht, wobei insbesondere der Fall hervorgehoben wurde, dass die Wettbewerbsaufgabe nicht realisiert werden solle. Wenn damit schon die Aufgabe der Realisierungsabsicht einen wichtigen Grund darstellte, überzeugt es nicht, als wichtigen Grund nur „schwerwiegendste Umstände" anzuerkennen, die über die Anforderungen an einen wichtigen Grund zur außerordentlichen Kündigung sogar hinausgehen müssen. Dieser Gedanke lässt sich auf § 8 Abs. 2 Unterabs. 1 S. 1 RPW übertragen. Insbesondere ist nicht ersichtlich, dass die Anforderungen an die Selbstbindung in der RPW 2013 gegenüber der GRW 1995 verschärft werden sollten.

44   Demgemäß stellt die Überschreitung eines vorgegeben Kostenrahmens durch den Preisträger trotz mehrfacher Überarbeitung des Planungsentwurfs jedenfalls dann einen wichtigen Grund dar, wenn dem öffentlichen Auftraggeber nur dieser Kostenrahmen zur Ver-

---

[42] → VgV § 80 Rn. 62.

[43] BGH v. 27.5.2004 – III ZR 433/02, NZBau 2004, 450, 451 f.

[44] AA *Hartmann* in KKMPP, Kommentar zur VgV 1. Aufl. 2017 § 80 Rn. 32.

[45] BGH v. 3.11.1983 – III ZR 125/82, BauR 1984, 196, 200; BGH v. 27.5.2004 – III ZR 433/02, NZBau 2004, 450, 452; VK Sachsen v. 10.9.2015 – 1/SVK/022-15; OLG München v. 2.7.2009 – 29 U 4218/08, (ZUM 2009, 971, 974; *Voppel/Osenbrück/Bubert* VOF, 3. Aufl. 2012 § 17 Rn 7 mwN.

[46] OLG Hamm v. 21.3.2000 – 24 U 64/99, NJW-RR 2000, 1038, 1039.

fügung steht. Auch der nachträgliche Ausfall von eingeplanten Subventionen[47] oder Steuereinnahmen[48] können einen wichtigen Grund darstellen, wenn der öffentliche Auftraggeber deshalb nur einen günstigeren als den preisgekrönten Entwurf realisieren kann.[49] Voraussetzung ist allerdings, dass dem öffentlichen Auftraggeber die Gründe für den nachträglichen Wegfall der Subventionen bzw. Steuereinnahmen nicht zuzurechnen sind.[50] Zudem muss der Preisträger in geeigneten Fällen zuvor aufgefordert werden, seinen Entwurf so anzupassen, dass der neue Kostenrahmen eingehalten werden kann.[51]

Ein wichtiger Grund wird auch darin gesehen, dass die Wettbewerbsaufgabe nicht **45** (mehr) vom öffentlichen Auftraggeber, sondern von einem Dritten realisiert wird. Denn zwischen diesem Dritten und dem öffentlichen Auftraggeber bestünden weder vergabe- noch (vor-)vertragsrechtliche Verpflichtungen.[52] Vor dem Hintergrund, dass der öffentliche Auftraggeber berechtigt ist, die Realisierung der Wettbewerbsaufgabe aufzugeben (→ VgV § 80 Rn. 25), ist die Weiterverfolgung des Projekts durch einen Dritten als „wichtiger Grund" im Sinne des § 8 Abs. 2 VgV anzuerkennen.

Daneben sind Umstände, die einen zwingenden oder fakultativen Ausschlussgrund im **46** Sinne von § 123 und § 124 GWB begründen, ein wichtiger Grund im Sinne von § 8 Abs. 2 Unterabs. 1 S. 1 RPW 2013. Das gilt insbesondere für den Fall, dass sich nach Durchführung der Prüfung der Teilnahmeberechtigung gemäß § 79 Abs. 5 S. 4 VgV herausstellt, dass ein Preisträger falsche Angaben zu seiner Teilnahmeberechtigung gemacht hat und deshalb als unzuverlässig zu beurteilen ist.[53]

3. Keine Bindung an Entscheidungen und Empfehlungen des Preisgerichts

§ 8 Abs. 2 S. 1 RPW 2013 schreibt vor, dass *„einer der Preisträger, in der Regel der Gewin-* **47** *ner, unter Berücksichtigung der Empfehlung des Preisgerichts mit den weiteren Planungsleistungen zu beauftragen"* ist. Das bedeutet nicht, dass der öffentliche Auftraggeber an die Entscheidung oder jedenfalls die Empfehlungen des Preisgerichts gebunden wäre.[54] Er muss jedoch die Ergebnisse der Beurteilung der Wettbewerbsarbeiten durch das Preisgericht bei der Zuschlagsentscheidung angemessen berücksichtigen, d.h. als Zuschlagskriterium werten.[55] Dieses Zuschlagskriterium muss allerdings nicht das gewichtigste sein. Auch kann sich der öffentliche Auftraggeber eine Überprüfung der Beurteilung vorbehalten.[56] Ein Automatismus von der Empfehlung des Preisgerichts zur Auftragsvergabe besteht mithin nicht.

4. Umsetzung der Qualität des Wettbewerbsentwurfs

Nach § 8 Abs. 2 Unterabsatz 2 RPW 2013 muss der öffentliche Auftraggeber durch Art **48** und Umfang der Beauftragung sicherstellen, *„dass die Qualität des Wettbewerbsentwurfs umgesetzt wird."* Dafür soll der öffentliche Auftraggeber die Beauftragung *„in der Regel mindestens bis zur abgeschlossenen Ausführungsplanung"* erstrecken.

Der Abschluss eines Stufenvertrags verstößt nicht per se gegen diese Verpflichtung, und **49** zwar auch dann nicht, wenn, wie üblich, nur die HOAI-Leistungsphasen 1 und 2 zunächst fest beauftragt werden.[57] Zum einen handelt es sich bei § 8 Abs. 2 Unterabs. 2 S. 2 RPW 2013 nur um eine Soll-Vorschrift. Zum anderen hat es der öffentliche Auftraggeber auch beim Stufenvertrag, in dem ihm ein einseitiges Optionsrecht zur Beauftragung der weiteren

---

47 VK Lüneburg v. 23.1.2012 – VgK-57/2011, ZfBR 2012, 624 (L).
48 BGH v. 27.5.2004 – III ZR 433/02, NZBau 2004, 450, 451 f.
49 *Hartmann* in KKMPP, Kommentar zur VgV 1. Aufl. 2017 § 80 Rn. 35.
50 *Harr* in Willenbruch/Wieddekind, Vergaberecht 4. Aufl. 2017 § 80 VgV Rn. 3.
51 Ähnlich Müller-Wrede in Müller-Wrede, VOF 5. Aufl. 2014 § 17 Rn. 32.
52 *Harr* in Willenbruch/Wieddekind, Vergaberecht 4. Aufl. 2017 § 80 VgV Rn. 3.
53 OLG Düsseldorf v. 2.12.2009 – VII-Verg 39/09, NZBau 2010, 393, 398.
54 VK Lüneburg v. 23.1.2012 – VgK-57/2011, ZfBR 2012, 624 (L).
55 *Harr* in Willenbruch/Wieddekind, Vergaberecht 4. Aufl. 2017 § 80 VgV Rn. 4.
56 OLG München v. 5.4.2012 – Verg 3/12, NZBau 2012, 456, 459.
57 A. A. *Hartmann* in KKMPP, Kommentar zur VgV 1. Aufl. 2017 § 80 Rn. 45.

Leistungsstufen eingeräumt wird, noch in der Hand, seiner Verpflichtung aus § 8 Abs. 2 Unterabs. 2 RPW 2013 nachzukommen. Sprich: Wenn der öffentliche Auftraggeber zunächst die aus den Leistungsphasen 1 und 2 bestehende erste Leistungsstufe abgerufen hat und nach Fertigstellung dieser Leistungen durch den Planer feststellt, dass zur Umsetzung der Qualität des Wettbewerbsentwurfs die Beauftragung weiterer Leistungsphasen durch diesen Planer erforderlich ist, kann und muss er seiner Verpflichtung aus § 8 Abs. 2 Unterabs. 2 RPW 2013 durch den Abruf der nächsten Leistungsstufe nachkommen. Insoweit setzt sich die Verpflichtung aus § 8 Abs. 2 und Unterabs. 2 RPW 2013 auch nach Zuschlagserteilung fort.

50   Wenn der öffentliche Auftraggeber im Einzelfall berechtigt ist, die Ausführungsplanung zum Wettbewerbsergebnis nicht durch den betreffenden Preisträger, sondern durch einen Dritten erstellen zu lassen, soll er nach einer in der Literatur vertretenen Auffassung jedoch verpflichtet sein, den betreffenden Preisträger mit qualitätssichernden Leistungen im Hinblick auf die Drittvergabe der Ausführungsplanung zu beauftragen.[58] Die Annahme einer solchen generellen Verpflichtung geht über die Vorgaben des § 8 Abs. 2 Unterabsatz 2 RPW 2013 hinaus. Denn im Einzelfall kann die qualitativ ordnungsgemäße Umsetzung des Wettbewerbsergebnisses auch anderweitig sichergestellt sein. Jedoch ist eine etwaige Beauftragung des Preisträgers mit qualitätssichernden Leistungen zumindest ein Gesichtspunkt, der bei der Frage, ob der Auftraggeber im Einzelfall davon absehen darf, den Preisträger, dessen Wettbewerbsergebnisses realisiert werden soll, mit der Ausführungsplanung zu beauftragen, zu berücksichtigen ist.

51   Die Vorschrift des § 8 Abs. 2 Unterabsatz 2 RPW 2013 ist – weder vor noch nach Zuschlagserteilung – bieterschützend. Der bzw. die Preisträger haben mithin keinen Anspruch gegen den öffentlichen Auftraggeber auf Sicherstellung der Qualität des Wettbewerbsentwurfs durch Art und Umfang der Beauftragung.[59]

5. Vergütung bereits im Wettbewerb erbrachter Leistungen

52   § 8 Abs. 2 Unterabs. 1 S. 3 RPW 2013 bestimmt, dass im Falle einer weiteren Bearbeitung durch den Wettbewerb bereits erbrachte Leistungen des Preisträgers bis zur Höhe des zuerkannten Preises nicht erneut vergütet werden, wenn und soweit der Wettbewerbsentwurf in seinen wesentlichen Teilen unverändert der weiteren Bearbeitung zugrunde gelegt wird. Hierdurch soll eine Doppelvergütung des Planers ausgeschlossen werden. Dieser muss sich im Ergebnis also die erhaltenen Preisgelder bei seiner Vergütung anrechnen lassen.

53   Das gilt nicht, wenn der Wettbewerbsentwurf nicht in seinen wesentlichen Teilen unverändert der weiteren Bearbeitung zugrunde gelegt wird, sondern nur mit nicht unwesentlichen Änderungen und Anpassungen umgesetzt werden kann. Der dafür erforderliche zusätzliche Aufwand ist zu vergüten.

54   Soweit sich der Planungswettbewerb aus einem Realisierungswettbewerb und einem Ideenwettbewerb zusammengesetzt hat (zum Beispiel ein Realisierungswettbewerb mit städtebaulichem Ideenanteil) wird das Preisgeld, soweit es den Ideenwettbewerb betrifft, nicht angerechnet.[60]

55   In der Praxis legt der öffentliche Auftraggeber regelmäßig im Verhandlungsverfahren fest, ob und gegebenenfalls inwieweit das Preisgeld bei der Vergütung des zu beauftragenden Planers angerechnet wird. Ist der Bieter im Verhandlungsverfahren der Auffassung, dass diese Festlegung den vergaberechtlichen Vorschriften bzw. den Vorschriften der RPW 2013 widerspricht, muss er dies rügen und gegebenenfalls in einem vergaberechtlichen Nachprüfungsverfahren überprüfen lassen.[61] Nach Zuschlagserteilung ist er insoweit auf seine ver-

---

[58] So *Harr* in Willenbruch/Wieddekind, Vergaberecht 4. Aufl. 2017 § 80 VgV Rn. 7.
[59] AA BGH v. 3.11.1983 – III ZR 125/82, BauR 1984, 196 (zur GWR 1977); VK Lüneburg v. 23.1.2013 – VgK-57/2011 (zur RPW 2008).
[60] Vgl. *Budiner/Voitl* in Thode/Wirth/Kuffer, Architektenrecht 2. Aufl. 2016 § 2 Rn. 91.
[61] VK Lüneburg v. 29.9.2014 – VgK-36/2014.

tragsrechtlichen Rechte beschränkt; praktisch kann er insoweit das vertragliche vereinbarte Honorar lediglich im Hinblick auf die Einhaltung der HOAI-Mindestsätze überprüfen lassen.

IV. Bieterschutz

§ 80 Abs. 1 VgV ist insoweit bieterschützend, als er in den Fällen, in denen sich der öf- **56** fentliche Auftraggeber auf eine Realisierung des Wettbewerbsergebnisses festgelegt hat, den Kreis der Preisträger, die eine einwandfreie Ausführung der zu übertragenden Planungsleistungen gewährleisten, schützt.[62]

Reduziert sich der Auftragswert des Planungsauftrags nach Abschluss des Planungswett- **57** bewerbs und vor Einleitung des Vergabeverfahrens durch Aufforderung zur Teilnahme an Verhandlungen gemäß § 80 Abs. 1 VgV dergestalt, dass der EU-Schwellenwert nicht (mehr) überschritten wird, kann ein Verstoß des öffentlichen Auftraggebers gegen § 80 Abs. 1 VgV allerdings nicht mehr vor der Vergabekammer geltend gemacht werden.[63]

Verstößt der öffentliche Auftraggeber schuldhaft gegen die Vorgaben aus § 80 Abs. 1 **58** VgV, macht er sich schadensersatzpflichtig.[64] In Planungswettbewerben, die auf der Grundlage der RPW 2013 durchgeführt werden, lässt sich regelmäßig wegen der Verpflichtung aus § 8 Abs. 2 RPW 2013, den Planungsauftrag in der Regel an den Gewinner des Wettbewerbs zu erteilen, feststellen, welchem Wettbewerbsteilnehmer ein Schaden entstanden sein kann. Anders ist dies bei Planungswettbewerben, denen nicht die RPW 2013 zugrunde gelegt wurde. Dort kommen zumindest sämtliche Preisträger als Geschädigte in Betracht. Aus diesem Grund können nur alle Preisträger gemeinsam den Schadensersatzanspruch geltend machen. Dieser Anspruch steht allen Preisträgern gemeinsam zu und ist im Innenverhältnis zwischen den Preisträgern gleichmäßig aufzuteilen.[65] Sofern nicht alle Preisträger zur Geltendmachung dieses Schadensersatzanspruchs bereit sind, kann einer der Preisträger den Schadensersatzanspruch zu Gunsten aller Preisträger im Wege einer „actio pro socio" geltend machen.[66]

E. Durchführung des Verhandlungsverfahrens

Soweit und sobald das Ergebnis des Planungswettbewerbs realisiert werden soll und be- **59** absichtigt ist, einen oder mehrere der Preisträger mit den zu beschaffenden Planungsleistungen zu beauftragen, hat der öffentliche Auftraggeber diese Leistungen im Verhandlungsverfahren zu vergeben. Das ergibt sich aus § 80 Abs. 1 VgV, wonach der öffentliche Auftraggeber den oder die Preisträger zur Teilnahme an Verhandlungen aufzufordern hat.

Dieses Verhandlungsverfahren ist grundsätzlich nach Maßgabe der allgemeinen Vor- **60** schriften des Abschnitts 1 und 2 der VgV sowie unter Beachtung der besonderen Vorschriften des Abschnitts 6, Unterabschnitt 1 der VgV durchzuführen. Das ergibt sich aus § 73 Abs. 1 VgV. Der Planungswettbewerb ist mit Verteilung der Preise abgeschlossen.[67] Die §§ 78 ff. VgV sind damit auf das im Anschluss an den Planungswettbewerb durchzuführende Vergabeverfahren nicht mehr anwendbar. Dieses Verfahren fällt vielmehr in den Anwendungsbereich der §§ 73 ff. VgV. Daraus folgt beispielsweise, dass Angebote, die zwin-

---

[62] VK Lüneburg v. 23.1.2012 – VgK-57/2011.
[63] Vgl. VK Lüneburg v. 22.4.2015 – VgK-06/2015.
[64] *Budiner/Voitl* in Thode/Wirth/Kuffer, Architektenrecht 2. Aufl. 2016 § 2 Rn. 89, die den Anspruch auf § 326 BGB stützen.
[65] BGH v. 3.11.1983 – III ZR 125/82, BauR 1984, 196, 201; *Harr* in Willenbruch/Wiededkind, Vergaberecht 4. Aufl. 2017 § 80 VgV Rn. 10.
[66] *Müller-Wrede* in Müller-Wrede, VOF 5. Aufl. 2014 § 17 VgV Rn. 36.
[67] OLG Düsseldorf v. 31.3.2004 – Verg 4/04; *Harr* in Willenbruch/Wiededkind, Vergaberecht 4. Aufl. 2017 § 78 VgV Rn. 6.

gende Vorgaben aus den Vergabeunterlagen nicht einhalten, z.B. die Einhaltung einer Kostenobergrenze, vom weiteren Vergabeverfahren auszuschließen sind.[68] Insoweit kann daher insbesondere auf die Kommentierung von §§ 73–77 VgV sowie § 17 VgV verwiesen werden. Nachfolgenden Besonderheiten sind jedoch zu berücksichtigen:

I. Verpflichtung zur Durchführung eines Verhandlungsverfahrens

61   Soweit sich der öffentliche Auftraggeber entschieden hat, das Wettbewerbsergebnis durch den Gewinner oder einen der Preisträger des Planungswettbewerbs realisieren zu lassen, muss er den entsprechenden Planungsauftrag einem Verhandlungsverfahren vergeben. Die unmittelbare Beauftragung des Gewinner oder eines der Preisträger wäre eine vergaberechtswidrig Direktvergabe.[69] Das gilt auch dann, wenn der öffentliche Auftraggeber in der Wettbewerbsbekanntmachung mitgeteilt hat, dass ein Auftrag zur Realisierung des Wettbewerbsergebnisses an den Gewinner erteilt werden soll. Auch in diesem Fall muss ein Verhandlungsverfahren geführt werden, an dem lediglich nur ein Bieter beteiligt ist.[70] Ist dessen Angebot oder der Bieter selbst, z.B. mangels Eignung, in dem Verhandlungsverfahren auszuschließen, darf der Auftrag an ihn nicht erteilt werden. In entsprechender Anwendung von § 79 Abs. 5 S. 4 VgV ist der öffentliche Auftraggeber, soweit er an seiner Entscheidung zur Realisierung festhält, berechtigt und verpflichtet, den nachrückenden Preisträger zur Teilnahme an Verhandlungen gemäß § 80 Abs. 1 VgV aufzufordern. Ein rechtliches Interesse an der Einhaltung der vergaberechtlichen Bestimmungen in diesem Verfahren hat neben dem Bieter selbst deshalb auch der potentiell nachrückende Preisträger des Planungswettbewerbs, der nicht zu der Teilnahme an Verhandlungen aufgefordert worden ist.

II. Eignungsprüfung

62   Im Anwendungsbereich der VOF war diskutiert worden, in welchem Zeitpunkt und in welcher Tiefe im Planungswettbewerb nebst anschließendem Vergabeverfahren die Mindestanforderungen für die Teilnahme am Wettbewerb einerseits und die Anforderungen an die Eignung zur Leistungsausführung andererseits zu prüfen waren.[71] Der Verordnungsgeber hat dazu mit der Neuregelung der VgV folgende Klarstellungen getroffen: Nach § 70 Abs. 2 VgV hat der öffentliche Auftraggeber die Eignungskriterien und die zum Nachweis der Eignung erforderlichen Unterlagen hierfür bereits in der Wettbewerbsbekanntmachung anzugeben. Diese Unterlagen muss der öffentliche Auftraggeber nach § 80 Abs. 1 VgV jedoch erst mit der Aufforderung zur Teilnahme an den Verhandlungen fordern, um – wie in der Verordnungsbegründung erläutert – *„die Nachweise zu prüfen und die Eignung der Preisträger für das Verhandlungsverfahren festzustellen, bevor er in die Verhandlungen eintritt"*.[72] Operativ bedeutet das: Im Planungswettbewerb – konkret: nach Veröffentlichung der Preisgerichtsentscheidung und Auflösung der Anonymität der Wettbewerbsteilnehmer – wird die Teilnahmeberechtigung geprüft. Hierbei handelt es sich um *„Mindestanforderungen im Hinblick auf die finanzielle und wirtschaftliche Leistungsfähigkeit und die fachliche Eignung der Bewerber"*.[73] Die Eignung derjenigen Wettbewerbsteilnehmer, mit denen Verhandlungen geführt

---

[68] VK Sachsen v. 10.9.2015 – 1/SVK/022-15.
[69] VK Sachsen v. 3.12.2004 – 1/SVK/104-04.
[70] VK Nordbayern v. 12.8.2004 – 320.VK-3194-29/04; *Harr* in Willenbruch/Wieddekind, Vergaberecht 4. Aufl. 2017 § 80 VgV Rn. 5; *Müller-Wrede* in Müller-Wrede, VOF 5. Aufl. 2014 § 17 Rn. 13.
[71] Siehe hierzu *Hartmann* in KKMPP, Kommentar zur VgV 1. Aufl. 2017 § 80 Rn. 23 mwN.
[72] Verordnungsbegründung BT-Drucks. 18/7318 S. 207.
[73] OLG Düsseldorf v. 2.12.2009 – VII-Verg 39/09, NZBau 2010, 393, 397. Siehe dazu auch → VgV § 79 Rn 185 ff.

werden sollen, wird demgegenüber vor Aufnahme dieser Verhandlungen auf der Grundlage der mit der Aufforderung zur Verhandlung angeforderten Eignungsnachweise geprüft.

Die positive Feststellung der Eignung durch den öffentlichen Auftraggeber ist Vorausset- **63** zung für die Aufnahme von Verhandlungen. Das folgt bereits aus § 122 Abs. 1 GWB, wonach öffentliche Aufträge nur an geeignete Unternehmen vergeben werden dürfen, und im Übrigen auch aus der Verordnungsbegründung sowie aus Sinn und Zweck der Eignungsprüfung.[74] Das gilt auch dann, wenn der öffentliche Auftraggeber gemäß § 14 Abs. 4 Nr. 8 VgV ein Verhandlungsverfahren ohne Teilnahmewettbewerb durchführt. Auch in diesem Fall muss er zunächst die Eignung des Gewinners bzw. der Preisträger, der bzw. die zur Teilnahme an Verhandlungen aufgefordert werden sollen, prüfen und positiv feststellen.[75]

Im Übrigen unterscheidet sich die Eignungsprüfung im Anschluss an einen Planungs- **64** wettbewerb nicht von der Eignungsprüfung in einem Vergabeverfahren, das Architekten- und Ingenieurleistungen betrifft. Das gilt insbesondere auch für die Frage, ob und inwieweit der öffentliche Auftraggeber die ihm zulässigerweise in Form von Eigenerklärungen vorgelegten Eignungsnachweise hinterfragen muss.[76] Auch können Unterlagen, die der Bieter zunächst nicht vorgelegt hat, gemäß § 56 Abs. 2 S. 1 VgV nachgefordert werden.

III. Gewichtung des Wettbewerbsergebnisses

Praxisrelevant ist die Frage, ob und gegebenenfalls inwiefern die Entscheidung des Preis- **65** gerichts als Zuschlagskriterium zu bewerten und zu gewichten ist. Festzuhalten ist zunächst, dass der Planungswettbewerb auf der einen und das eventuell anschließende Vergabeverfahren auf der anderen Seite zwei unterschiedliche Verfahren sind. Das folgt bereits aus der Regelung des § 78 Abs. 2 S. 2 VgV. Zwar ist der Planungswettbewerb darauf angelegt, dass sich ihm – bei Realisierungsabsicht des öffentlichen Auftraggebers – ein Vergabeverfahren anschließt, an dem die Preisträger des Wettbewerbs beteiligt sind. Vorgaben, die Beurteilung der Wettbewerbsarbeiten der Preisträger durch das Preisgericht in dem Vergabeverfahren bei der Zuschlagsentscheidung zu berücksichtigen, finden sich in der VgV (ebenso wie in der VOF) nicht. Erst recht ist *„an keiner Stelle dem Normtext der VOF zu entnehmen noch aus sonstigen Gründen erforderlich, dass das Wettbewerbsergebnis so hoch gewichtet werden muss, dass der Wettbewerbsgewinner des vorhergehenden Architektenwettbewerbs regelmäßig auch den Auftrag im Verhandlungsverfahren erhalten muss."*[77] In der Praxis fließt die Beurteilung der Wettbewerbsarbeiten durch das Preisgericht, die sich in der Rangfolge der Arbeiten widerspiegelt, regelmäßig mit einer Gewichtung zwischen 30% und 60% in die Zuschlagsentscheidung ein.[78] Anhaltspunkte dafür, dass die Beurteilung mit 80% gegenüber 20% für die übrigen Kriterien (Honorar und andere) gewichtet werden müsse, sind nicht ersichtlich.[79] Im Gegenteil: Es gibt keinerlei Anhaltspunkte dafür, dass die Beurteilung überhaupt in der Zuschlagsentscheidung berücksichtigt werden muss. Rechtmäßig wäre es daher auch, für die Zuschlagsentscheidung ausschließlich andere Kriterien heranzuziehen.[80] Sinnvoll wäre dies freilich nicht. Der Anreiz der Wettbewerbsteilnehmer, eine Wettbewerbsarbeit vorzulegen, die von dem Preisgericht möglichst positiv gewertet wird und dementsprechend auch mög-

---

[74] *Hartmann* in KKMPP, Kommentar zur VgV 1. Aufl. 2017 § 80 Rn. 26.

[75] *Harr* in Willenbruch/Wieddekind, Vergaberecht 4. Aufl. 2017 § 80 VgV Rn. 8.

[76] *Hartmann* in KKMPP, Kommentar zur VgV 1. Aufl. 2017 § 80 Rn. 28 mit Verweis auf OLG Düsseldorf v. 2.12.2009 – VII Verg 39/09, NZBau 2010, 393, 398.

[77] VK Südbayern v. 13.10.2014 – Z3-3-3194-1-37-08/14, BauR 2015, 879 (L).

[78] Vgl. VK Südbayern v. 13.10.2014 – Z3-3-3194-1-37-08/14, BauR 2015, 879 (L); VK Lüneburg v. 29.9.2014 – VgK-36/2014; VK Baden-Württemberg v. 11.4.2014 – 1 VK 10/14.

[79] Ebenso VK Südbayern v. 13.10.2014 – Z3-3-3194-1-37-08/14.

[80] Lediglich bei Planungswettbewerben, die auf der Grundlage der RPW 2013 durchgeführt werden, dürfte dies nicht zulässig sein, weil der öffentliche Auftraggeber gemäß § 8 Abs. 2 RPW 2013 die Empfehlung des Preisgerichts zu berücksichtigen hat. Siehe dazu *Voppel/Osenbrück/Bubert* VOF, 3. Aufl. 2012 § 17 Rn. 18.

lichst „gut" ist, würde genommen. Das Preisgericht selbst würde auch entwertet. Der Planungswettbewerb würde auf eine Art vorangestellten Teilnahmewettbewerb reduziert. Empfehlenswert ist deshalb eine Gewichtung des Wettbewerbsergebnisses mit mindestens 30%. Vergaberechtlich zulässig ist aber auch eine weitaus höhere Gewichtung des Wettbewerbsergebnisses. Insbesondere droht bei der Vergabe von Architekten- und Ingenieurleistungen kein Konflikt mit dem Zuschlagskriterium Preis, das bei diesen Vergaben eine untergeordnete Gewichtung haben darf. Bereits im Anwendungsbereich der VOF wurde eine Gewichtung des Preises i. H. v. 10% bis 15% nicht beanstandet.[81] Nunmehr hebt § 76 Abs. 1 VgV sogar ausdrücklich hervor, dass Architekten- und Ingenieurleistungen im Leistungswettbewerb vergeben werden. Und der Verordnungsgeber hat in der Verordnungsbegründung darauf hingewiesen, dass der Preis durch die HOAI weitgehend vorgegeben sei, weshalb die Qualität das wesentliche Zuschlagskriterium sein solle.[82] Ein gänzliches Verzicht auf den Preis als Zuschlagskriterium ist allerdings nicht zulässig.[83] Für Einzelheiten wird auf die Kommentierung von § 76 VgV verwiesen.

F. Nutzung der Ergebnisse

I. Allgemeines

66 Die im Planungswettbewerb erbrachten Leistungen sind häufig urheberrechtlich oder jedenfalls wettbewerbsrechtlich geschützt.[84] Dem urheberrechtlichen Schutz unterfällt ein Bauwerk oder Bauwerksteil, wenn es als Werk der Baukunst im Sinne von § 2 Abs. 1 Nr. 4 UrhG qualifiziert wird. Dazu muss es eine ausreichende schöpferische Individualität aufweisen.[85] Dafür ist es nicht notwendig, dass der künstlerische Zweck gegenüber dem Gebrauchszweck überwiegt. Auch ist der Urheberschutz nicht auf Gebäude beschränkt; schützenswert können auch Brücken, Türme oder Freianlagen sein. Auch die Gestaltung von Innenräumen kann unter den Urheberrechtsschutz fallen, soweit die Gestaltung integraler Bestandteil des Gebäudes ist.[86]

67 Kommen die individuellen Züge, die das Bauwerk als persönliche geistige Schöpfung qualifizieren, bereits im Entwurf zum Ausdruck, ist dieser bereits urheberrechtlich geschützt. Das Werk der Baukunst muss dafür bereits in den Plänen verkörpert sein.[87]

68 Neben dem Urheberrechtsschutz können Planungsleistungen auch wettbewerbsrechtlichen Leistungsschutz genießen. Praxisrelevant ist § 18 UWG. Schutzobjekt können Architektenpläne, aber auch Konstruktion- bzw. Bauzeichnungen und Modelle sein.[88]

II. § 80 Abs. 2 VgV

69 Der- bzw. diejenigen Preisträger, die in dem dem Planungswettbewerb nachfolgenden Verhandlungsverfahren den Zuschlag erhalten und mit der Erbringung von Planungsleistungen auf der Grundlage ihrer Lösungsvorschläge beauftragt werden, sind in der Regel nicht schutzbedürftig. Üblicherweise legt der öffentliche Auftraggeber fest, dass diejenigen Wettbewerbsarbeiten, die mit Preisen oder Anerkennungen ausgezeichnet werden, in sein

---

[81] *Voppel/Osenbrück/Bubert* VOF, 3. Aufl. 2012 § 11 Rn. 25.
[82] Verordnungsbegründung BT-Drucks. 18/7318 S. 205 f.
[83] AA *Hartmann* in KKMPP, Kommentar zur VgV 1. Aufl. 2017 § 80 Rn. 12.
[84] OLG Oldenburg v. 17.4.2008 – 1 U 50/07, GRUR-RR 2009, 6.
[85] OLG Düsseldorf v. 8.9.2015 – I-20 U 75/14, ZUM-RD 2016, 368, 371.
[86] BGH v. 19.3.2008 – I ZR 166/05, NJW 2008, 3784, 3785 f..
[87] BGH v. 15.12.1978 – I ZR 26/77, NJW 1979, 1548, 1549; *Hartmann* in KKMPP, Kommentar zur VgV 1. Aufl. 2017 § 80 Rn. 55.
[88] *Hartmann* in KKMPP, Kommentar zur VgV 1. Aufl. 2017 § 80 Rn. 56.

Eigentum übergehen. Eine entsprechende Übertragung sieht beispielsweise § 8 Abs. 3 RPW 2013 vor (→ VgV § 79 Rn. 27). Damit wird § 661 Abs. 4 BGB umgesetzt, wonach der Auslober die Übertragung des Eigentums an einem Werk nur verlangen kann, wenn er in der Auslobung festgelegt hat, dass die Übertragung erfolgen soll.

Die Erstreckung der Übertragungspflicht auch auf solche Wettbewerbsarbeiten, die nicht **70** mit Preisen oder Anerkennungen ausgezeichnet werden, wäre unwirksam.[89] Schutzbedürftig sind damit in erster Linie diejenigen Wettbewerbsteilnehmer, deren Wettbewerbsarbeiten keinen Preis und keine Anerkennung erhalten haben und die keinen Planungsauftrag erhalten. Vor diesem Hintergrund stellt § 80 Abs. 2 VgV klar, dass deren Schutzrechte durch das Vergaberecht nicht eingeschränkt werden, konkret: Dass gesetzliche Vorschriften unberührt bleiben, nach denen Teillösungen von Teilnehmern des Planungswettbewerbs, die bei der Auftragserteilung nicht berücksichtigt worden sind, nur mit deren Erlaubnis genutzt werden dürfen.

Das bedeutet allerdings nicht, dass der Urheberrechtsschutz und der wettbewerbsrechtli- **71** che Leistungsschutz auf die Wettbewerbsteilnehmer, die keinen Planungsauftrag erhalten, beschränkt wird. § 80 Abs. 2 VgV stellt keine Beschränkung von Schutzrechten dar. Vielmehr wird der allgemeine Grundsatz, dass diese Schutzrechte nicht durch das Vergaberecht eingeschränkt werden, anhand der praxisrelevanten Fallkonstellation, dass sich im Verbundverfahren nicht berücksichtigte Wettbewerbsteilnehmer darauf berufen, aufgezeigt.

Eine Ausnahme von diesem Grundsatz regelt § 79 Abs. 5 S. 3 VgV. Danach soll der öf- **72** fentliche Auftraggeber *„spätestens einen Monat nach der Entscheidung des Preisgerichts alle eingereichten Wettbewerbsarbeiten mit Namensangaben der Verfasser unter Auslegung des Protokolls öffentlich ausstellen."* Hierdurch wird die Regelung des Veröffentlichungsrechts nach § 12 UrhG abbedungen.

III. RPW 2013

Eine weitere Abweichung regelt § 8 Abs. 3 RPW 2013. Hiernach dürfen urheberrecht- **73** lich und/oder[90] wettbewerbsrechtlich geschützte Teillösungen von Wettbewerbsteilnehmern, die bei der Auftragserteilung nicht berücksichtigt worden sind, nur gegen eine angemessene Vergütung genutzt werden. Die Regelung ist auf Teillösungen beschränkt.[91] Komplettlösungen von Wettbewerbsteilnehmern, die bei der Auftragserteilung nicht berücksichtigt worden sind, kann der öffentliche Auftraggeber also nicht eigenmächtig gegen eine angemessene Vergütung nutzen. Vielmehr ist er darauf angewiesen, hierüber mit dem betreffenden Wettbewerbsteilnehmer eine Vereinbarung zu treffen.

Auch gewährt § 8 Abs. 3 RPW 2013 lediglich ein Nutzungs-, nicht aber ein Ände- **74** rungsrecht. Die Änderung und Anpassung von Teillösungen ist mithin über § 8 Abs. 3 RPW 2013 nicht gestattet.[92]

Im Anwendungsbereich der HOAI bestimmt sich die Angemessenheit der Vergütung im **75** Sinne von § 8 Abs. 3 RPW 2013 nach den dortigen Honorarregelungen.[93] Im Hinblick auf die besondere Leistung „städtebaulicher Vorentwurf" kann für die Bestimmung der Angemessenheit der Vergütung auf das Merkblatt Nr. 51 der Architektenkammer Baden-Württemberg zurückgegriffen werden.[94]

Daneben regelt § 8 Abs. 3 RPW 2013 über § 80 Abs. 2 VgV hinausgehend, dass die **76** Wettbewerbsarbeiten vom öffentlichen Auftraggeber für den vorgesehenen Zweck genutzt

---

[89] Laukemann in juris-PK-BGB, 7. Auflage 2014 § 662 Rn. 23.
[90] Formulierung „und" in § 8 Abs. 3 RPW 2013 ist ein Redaktionsversehen und als „oder" zu verstehen, vgl. *Schabel* in Ziekow/Völlink, Vergaberecht 2. Aufl. 2013 § 17 VOF Rn. 16.
[91] *Hartmann* in KKMPP, Kommentar zur VgV 1. Aufl. 2017 § 80 Rn. 62; *Harr* in Willenbruch/Wieddekind, Vergaberecht 4. Aufl. 2017 § 80 VgV Rn. 13.
[92] *Harr* in Willenbruch/Wieddekind, Vergaberecht 4. Aufl. 2017 § 80 VgV Rn. 13.
[93] *Hartmann* in KKMPP, Kommentar zur VgV 1. Aufl. 2017 § 80 Rn. 62.
[94] *Hartmann* in KKMPP, Kommentar zur VgV 1. Aufl. 2017 § 80 Rn. 62.

werden dürfen, wenn der Verfasser der Arbeiten mit der weiteren Bearbeitung beauftragt ist. Hiermit wird die in § 31 Abs. 5 UrhG zum Ausdruck kommende Zweckübertragungslehre konkretisiert. Danach überträgt der Urheber im Zweifel nicht mehr Rechte, als zur Zweckerreichung des jeweiligen Vertrags erforderlich. Zur Zweckerreichung eines Planervertrags, der im Anschluss an einen Realisierungswettbewerb regelmäßig vergeben werden soll, ist es erforderlich, dass der Auftragnehmer dem Auftraggeber das Recht zur einmaligen Ausführung des Werks auf der Grundlage der von ihm erstellten Pläne überträgt. Im Übrigen verbleibt das Urheberrecht beim Planer.

IV. Bieterschutz

77   § 80 Abs. 2 VgV ist nicht bieterschützend. Ein Verstoß gegen diese Vorschrift kann also nicht vor den vergaberechtlichen Nachprüfungsinstanzen verfolgt werden.[95] Bei Verletzungen gegen das Urheberrecht kann der Planer insbesondere nach § 97 UrhG vorgehen. Wettbewerbsrechtlicher Leistungsschutz erfolgt insbesondere über § 18 UWG.

G. Rechtsschutz

78   Vergaberechtlicher Rechtsschutz kann oberhalb der EU-Schwellenwerte grundsätzlich als Primärrechtsschutz vor den Vergabekammern und -senaten und als Sekundärrechtsschutz vor den ordentlichen Gerichten geltend gemacht werden. Dabei ist Primärrechtsschutz auf den Erhalt des Zuschlags und Sekundärrechtsschutz auf den Ersatz von infolge von Vergaberechtsverstößen eingetretenen Schäden gerichtet.[96]

I. Primärrechtsschutz

79   Die Bestimmungen des 2. Kapitels des 4. Teils des GWB, die das Nachprüfungsverfahren betreffen, sind grundsätzlich auf Planungswettbewerbe anwendbar (→ VgV § 78 Rn. 176). Nach § 155 GWB unterliegt der Nachprüfung durch die Vergabekammern allerdings nur die Vergabe öffentlicher Aufträge. Wettbewerbe sind jedoch keine Vergaben öffentlicher Aufträge. Das zeigt die ausdrückliche Differenzierung zwischen öffentlichen Aufträgen auf der einen Seite und Wettbewerben auf der anderen Seite bspw. in § 103 GWB und § 106 GWB. Wettbewerbe sind gemäß § 103 Abs. 6 GWB Auslobungsverfahren, die dem Auftraggeber aufgrund vergleichender Beurteilung durch ein Preisgericht mit oder ohne Verteilung von Preisen zu einem Plan oder einer Planung verhelfen sollen.

80   Wenngleich Planungswettbewerbe damit nicht unmittelbar zur Vergabe eines Auftrags führen,[97] sondern dem Vergabeverfahren im engeren Sinne vorgeschaltet sind, unterliegen sie der vergaberechtlichen Nachprüfung.[98] Jedenfalls der Realisierungswettbewerb ist mit dem OLG Koblenz als Teilnahmewettbewerb eigener Art zu qualifizieren, welcher der Auswahl der Architekten dient, mit denen über die Vergabe eines bestimmten Planungsauftrag verhandelt werden soll.[99] Ebenso wie der klassische Teilnahmewettbewerb unterliegt deshalb auch der Realisierungswettbewerb der vergaberechtlichen Nachprüfung, weil er Bestandteil der Vergabe öffentlicher Aufträge ist. Nicht zuletzt im Hinblick auf das Verfas-

---

[95] VK Nordbayern v. 3.8.2012 – 21.VK-3194-12/12; VK Südbayern v. 19.10.2004 – 60-08/04.

[96] Siehe hierzu *Schneider* Primärrechtsschutz nach Zuschlagserteilung bei einer Vergabe öffentlicher Aufträge, 1. Aufl. 2007 S. 67 ff.

[97] VK Rheinland-Pfalz v. 27.4.2010 – VK 1–4/10.

[98] VK Sachsen v. 22.2.2013 – 1/SVK/047-12, BauR 2013, 1495 (L).

[99] OLG Koblenz v. 16.2.2011 – 1 Verg 2/10, VergabeR 2011, 631, 635.

sung- und europarechtliche Gebot, Primärrechtsschutz zu gewähren,[100] ist § 155 GWB dahingehend auszulegen, dass auch Planungswettbewerbe jedenfalls in der Form des Realisierungswettbewerbs zur Vergabe öffentlicher Aufträge gehören.

Ist der Realisierungswettbewerb demgemäß nicht als eigenständiges Vergabeverfahren zu **81** qualifizieren, endet dessen Nachprüfbarkeit auch nicht mit der Veröffentlichung der Preisgerichtsentscheidung entsprechend § 168 Abs. 2 GWB.[101] Zwar ist diese Entscheidung gemäß § 661 Abs. 2 S. 2 BGB verbindlich.[102] Sowohl aus § 16 Abs. 6 Unterabs. 2 VOF als auch aus der zu § 661 Absatz 2 Satz 2 BGB ergangenen Rechtsprechung folgt jedoch, dass die Entscheidung des Preisgerichts nicht unumstößlich ist. Verbindlich sind die fachlich-subjektiven Wertungsentscheidungen, die sich naturgemäß einer (gerichtlichen) Kontrolle entziehen. Die davon losgelöste Frage, ob das Preisgericht bei oder im Vorfeld seiner Entscheidung die Spielregeln des Wettbewerbs beachtet hat, kann demgegenüber zur Nachprüfung gestellt werden. Dafür spricht auch die Regelung des § 79 Abs. 5 S. 4 VgV. Daraus ergibt sich, dass der öffentliche Auftraggeber nach Abschluss des Teilnahmewettbewerbs das Verfahren im Hinblick auf etwaige Verstöße gegen Wettbewerbsregeln prüfen muss. Wenn der öffentliche Auftraggeber dazu verpflichtet ist, muss ein Wettbewerbsteilnehmer die Möglichkeit haben, etwaige Verstöße des öffentlichen Auftraggebers gegen diese Verpflichtung – und damit inzident die Einhaltung der Wettbewerbsregeln durch die Beteiligten des Wettbewerbs – nachprüfen zu lassen.[103] Die Preisgerichtsentscheidung ist mithin nicht mit einem Zuschlag gleichzusetzen, der nicht aufgehoben werden kann und deshalb zur Unzulässigkeit bzw. Erledigung eines Nachprüfungsverfahrens führt.[104]

Aus alledem folgt, dass Rechtsschutz vor den Vergabekammern gegen Fehler im Pla- **82** nungswettbewerb nicht erst nach Abschluss des Planungswettbewerbs und damit im bzw. im Übergang zum Verhandlungsverfahren nachgesucht werden kann.[105] Sondern dass der Weg zur Vergabekammer – bei Einhaltung der übrigen Zulässigkeitsvoraussetzungen für ein Nachprüfungsverfahren – auch schon im Planungswettbewerb selbst offen steht.

Weitere Folge ist, dass die im Planungswettbewerb nicht berücksichtigten Teilneh- **83** mer rechtzeitig, d. h. vor dem Ausschluss von Primärrechtsschutz durch Erteilung des Zuschlags in dem dem Planungswettbewerb nachfolgenden Vergabeverfahren über ihre Nichtberücksichtigung informiert werden müssen. Die Bestimmung des § 79 Abs. 5 S. 2 VgV, dass die Wettbewerbsteilnehmer unverzüglich über das Ergebnis des Wettbewerbs durch Versendung des Protokolls zu informieren sind, ist daher im Zusammenhang mit § 134 GWB zu verstehen.[106] Erteilt der öffentliche Auftraggeber die Information gemäß § 79 Abs. 5 S. 2 VgV, hat er gegenüber den nicht berücksichtigten Teilnehmern des Planungswettbewerbs seine Informationspflichten erfüllt. Wurde die Information gemäß § 79 Abs. 5 S. 2 VgV dagegen nicht oder nicht ordnungsgemäß erteilt, muss der öffentliche Auftraggeber vor Erteilung des Zuschlags in einem dem Planungswettbewerb nachfolgenden Vergabeverfahren auch alle Teilnehmer des Wettbewerbs gemäß § 134 GWB informieren.[107]

Somit sind die Regelungen über das Nachprüfungsverfahren im 2. Kapitel des 4. Teils **84** des GWB auf Planungswettbewerbe für Architekten und Ingenieure anwendbar. Ihren Anspruch gemäß § 97 Abs. 6 GWB auf Einhaltung der Bestimmungen über das Vergabeverfahren können Architekten und Ingenieure somit vor den Vergabekammern und Vergabe-

[100] Siehe hierzu *Schneider* Primärrechtsschutz nach Zuschlagserteilung bei einer Vergabe öffentlicher Aufträge, 1. Aufl. 2007 S. 75 ff., 106 f.
[101] So aber OLG Düsseldorf v. 31.3.2004 – Verg 4/04.
[102] OLG Düsseldorf v. 31.3.2004 – Verg 4/04; VK Bund v. 1.9.2005 – 1–98/05.
[103] VK Saarland v. 20.2.2008 – 1 VK 7/07; *Harr* in Willenbruch/Wieddekind, Vergaberecht 4. Aufl. 2017 § 79 VgV Rn. 40.
[104] OLG Koblenz v. 16.2.2011 – 1 Verg 2/10, VergabeR 2011, 631, 635; *Hartmann* in KKMPP, Kommentar zur VgV 1. Aufl. 2017 § 80 Rn. 66.
[105] So aber wohl *Harr* in Willenbruch/Wieddekind, Vergaberecht 4. Aufl. 2017 § 79 VgV Rn. 41.
[106] *Harr* in Willenbruch/Wieddekind, Vergaberecht 4. Aufl. 2017 § 79 VgV Rn. 46.
[107] *Harr* in Willenbruch/Wieddekind, Vergaberecht 4. Aufl. 2017 § 79 VgV Rn. 46.

senaten in einem Nachprüfungsverfahren geltend machen. Die Rügeobliegenheiten gemäß § 160 Abs. 3 GWB sind dabei zu beachten.

85   Zu den Bestimmungen über das Vergabeverfahren im Sinne von § 97 Abs. 6 GWB gehören die Regelungen des GWB und der VgV, aber auch die veröffentlichten einheitlichen Richtlinien, auf deren Grundlage ein Planungswettbewerb für Architekten und Ingenieure durchgeführt wird.[108] Durch die Festlegung auf die veröffentlichten einheitlichen Richtlinien in der Wettbewerbsbekanntmachung bindet sich der öffentliche Auftraggeber hieran. Diese Bindung hat nicht nur eine vorvertragliche, sondern auch eine vergaberechtliche Grundlage, weil der öffentliche Auftraggeber gemäß § 78 Abs. 2 VgV zur Durchführung eines Planungswettbewerbs auf der Grundlage veröffentlichter einheitlicher Richtlinien verpflichtet ist.[109] Die Vertreter der gegenteiligen Auffassung, welche die Regelungen in den veröffentlichten einheitlichen Richtlinien nicht als rügefähig ansieht, müssten in einer Verletzung dieser Regelungen jedenfalls die Verletzung vorvertraglicher Pflichten erkennen und den Wettbewerbsteilnehmer insoweit einen dem Rechtsschutz unterhalb der EU-Schwellenwerte entsprechenden Rechtsschutz zuerkennen.

86   Die eigentliche Entscheidung des Preisgerichts ist allerdings nur eingeschränkt überprüfbar. Hierbei handelt es sich um *„fachlich-subjektive Wertentscheidungen, die sich naturgemäß einer (gerichtlichen) Kontrolle entziehen. Die davon losgelöste Frage, ob das Preisgericht bei oder im Vorfeld seiner Entscheidung die Spielregeln des Wettbewerbs beachtet hat, kann demgegenüber zur Nachprüfung gestellt werden."*[110] Das ist beispielsweise der Fall, wenn das Preisgericht bei seiner Entscheidung den bindend vorgegebenen Kostenrahmen gemäß § 79 Abs. 4 S. 1 VgV nicht berücksichtigt hat.[111] Weitere rügefähige Vergabefehler sind:
- die Zulassung eines unzulässigen Wettbewerbsbeitrags.[112]
- der unrechtmäßige Ausschluss eines Teilnehmers.[113]
- die Bepreisung eines auszuschließenden Wettbewerbsbeitrags.[114]
- der Verstoß gegen das Mehrheitsprinzip bei der Preisgerichtsentscheidung.[115]

II. Sekundärrechtsschutz

87   Auch bei Vergaberechtsverstößen im Zusammenhang mit Planungswettbewerben für Architekten und Ingenieure steht den Unternehmen der vergaberechtliche Sekundärrechtsschutz zu. Die allgemeinen Vorgaben für vergaberechtlichen Sekundärrechtsschutz gelten auch für den Sekundärrechtsschutz im Zusammenhang mit Planungswettbewerben für Architekten und Ingenieure. Das gilt insbesondere für das Erfordernis, einen Vergabeverstoß, auf den ein Sekundäranspruch gestützt werden soll, im Vergabeverfahren unter Berücksichtigung der Vorgaben § 160 Abs. 3 GWB gerügt und damit dem öffentlichen Auftraggeber die Möglichkeit eingeräumt zu haben, den Vergabeverstoß zu beseitigen und den Eintritt eines Schadens zu vermeiden.[116]

88   Über diese allgemeinen Vorgaben des vergaberechtlichen sekundären Rechtsschutzes hinaus gibt es Besonderheiten für den Sekundärrechtsschutz im Zusammenhang mit Planungswettbewerben für Architekten und Ingenieure, die nachfolgend erläutert werden.

---

[108] AA *Hartmann* in KKMPP, Kommentar zur VgV 1. Aufl. 2017 § 80 Rn. 67.
[109] → VgV § 78 Rn. 51 ff.
[110] OLG Koblenz v. 16.2.2011 – 1 Verg 2 / 10, VergabeR 2011, 631, 635.
[111] OLG Hamm v. 21.3.2000 – 24 U 64/99, NJW-RR 2000, 1038, 1039.
[112] VK Rheinland-Pfalz v. 27.4.2010 – VK 1–4/10.
[113] BGH v. 23.9.1982 – III ZR 196/80, NJW 1983, 442, 443.
[114] *Hartmann* in KKMPP, Kommentar zur VgV 1. Aufl. 2017 § 80 Rn. 69.
[115] *Voppel/Osenbrück/Bubert* VOF, 3. Aufl. 2012 § 16 Rn. 46.
[116] Siehe hierzu *Voppel/Osenbrück/Bubert* VOF, 3. Aufl. 2012 § 17 Rn. 32 und Anhang § 20 VOF Rn. 153, wonach in diesem Fall eine Anspruchskürzung wegen Mitverschuldens in Betracht kommt.

1. Während des Planungswettbewerbs

In Betracht kommen vor allem Schadensersatzansprüche wegen schuldhaften Fehlverhal- **89** tens des öffentlichen Auftraggebers im Vorfeld und während eines Planungswettbewerbs. Die Ansprüche stützen sich auf §§ 311 Abs. 2, 241 Abs. 2, 280 Abs. 1 BGB („culpa in contrahendo").[117]

a) Fehlverhalten. Voraussetzung für einen Schadensersatzanspruch ist stets ein schuld- **90** haftes **Fehlverhalten.** Ein solches Fehlverhalten kann insbesondere in der Verletzung von Verfahrensregelungen liegen, die entweder gesetzlich vorgegeben waren oder denen sich der öffentliche Auftraggeber freiwillig unterworfen hat – bspw. den RPW 2013 –,[118] und die bieterschützend sein müssen. Verfahrensfehler können beispielsweise in einem zu Un- recht vorgenommenen Ausschluss vom Planungswettbewerb, in einer zu Unrecht ange- nommenen Teilnahmeberechtigung, in der Nichtberücksichtigung von Teilnahmehinder- nissen, in der Nichtbeachtung von bindenden Vorgaben der Aufgabenbeschreibung sowie bei Verstößen gegen den Anonymitätsgrundsatz vorliegen.[119] Der Inhalt einer Preisge- richtsentscheidung als solcher stellt demgegenüber grundsätzlich keinen Vergabeverstoß dar. Preisgerichtsentscheidungen, jedenfalls soweit die darin enthaltene fachlich-subjektive Wer- tungsentscheidung betroffen ist, sind verbindlich und unangreifbar. Anders ausgedrückt, ist angreifbar nicht das Ergebnis, sondern nur der Weg dorthin.[120]

b) Verschulden. Ein **Verschulden** der Preisrichter muss sich der öffentliche Auftrag- **91** geber wie eigenes Verschulden gemäß § 278 S. 1 BGB zurechnen lassen.[121] Dasselbe gilt für Verschulden der Vorprüfer.[122]

In diesem Zusammenhang ist streitig, ob und gegebenenfalls auf welcher Grundlage der **92** öffentliche Auftraggeber Preisrichter oder Vorprüfer in Regress nehmen kann. Teilweise wird auf die Grundsätze der Amtsträger Haftung zurückgegriffen,[123] teilweise ein Regress- anspruch auf § 826 BGB gestützt.[124]

c) Schaden. Der **Schaden** eines Architekten oder Ingenieurs, der geltend macht, dass **93** er sich wegen eines schuldhaften Vergabeverstoßes nicht an dem Planungswettbewerb be- teiligt hat, kann (nur) in dem entgangenen Auftrag liegen. Ein darauf gerichteter Schadens- ersatzanspruch ist jedoch praktisch nicht durchsetzbar. Zum einen müsste der Architekt oder Ingenieur nachweisen, dass er ohne den Vergabeverstoß sich nicht nur am Planungs- wettbewerb beteiligt hätte, sondern dass sein Wettbewerbsbeitrag auch bepreist worden wäre und er in einem anschließenden Vergabeverfahren den Zuschlag auf sein dort einge- reichtes Angebot erhalten hätte. Zum anderen müsste er nachweisen, welchen finanziellen Schaden er dadurch erlitten hat, dass er den Planungsauftrag nicht erhalten hat.

Die größte und praktisch unüberwindbare Hürde für den Schadensersatzanspruch liegt **94** darin, dass der Architekt oder Ingenieur nachweisen muss, dass sein Wettbewerbsbeitrag bepreist worden wäre. Denn die Preisgerichtsentscheidung ist inhaltlich nicht überprüfbar und erst recht nicht vorhersehbar. Das müsste sie im Ergebnis aber sein, wenn der Archi- tekt oder Ingenieur nachweisen wollte, dass sein Wettbewerbsbeitrag bepreist worden wäre. Aus diesem Grund ist auch die nur selten diskutierte Frage, ob der vom Architekt oder Ingenieur geltend zu machende Schaden auch „nur" in einem entgangenen Preisgeld lie- gen kann, akademischer Natur und nicht praxisrelevant. Zwar müsste der Architekt oder

[117] *Hartmann* in KKMPP, Kommentar zur VgV 1. Aufl. 2017 § 80 Rn. 71.
[118] OLG Dresden v. 10.2.2004 – 20 U 1697/03, VergabeR 2004, 500, 501; *Harr* in Willenbruch/ Wieddekind, Vergaberecht 4. Aufl. 2017 § 79 VgV Rn. 43.
[119] *Harr* in Willenbruch/Wieddekind, Vergaberecht 4. Aufl. 2017 § 79 VgV Rn. 43.
[120] *Hartmann* in KKMPP, Kommentar zur VgV 1. Aufl. 2017 § 80 Rn. 73.
[121] *Hartmann* in KKMPP, Kommentar zur VgV 1. Aufl. 2017 § 80 Rn. 72.
[122] *Hartmann* in KKMPP, Kommentar zur VgV 1. Aufl. 2017 § 80 Rn. 72.
[123] *Sprau* in Palandt BGB, 75. Aufl. 2016 § 661 Rn. 2.
[124] BGH v. 6.4.1966 – Ib ZR 82/64; *Müller-Wrede* in Müller-Wrede, VOF 5. Aufl. 2014 § 16 Rn. 57.

Ingenieur dann nicht mehr den Nachweis führen, dass er in einem sich an den Planungswettbewerb anschließenden Vergabeverfahren den Zuschlag erhalten hätte. Der (noch) schwierigere Nachweis, dass sein Wettbewerbsbeitrag bepreist worden wäre, müsste von ihm aber noch immer geführt werden. Hinzu kommt, dass Preisgelder in der Praxis (wenn überhaupt) geeignet sind, den Investitionsaufwand der Wettbewerbsteilnehmer für die Teilnahme am Wettbewerb zu kompensieren. Sprich: In der Praxis führen die Preisgelder auf Seiten der Wettbewerbsteilnehmer meist allenfalls zu einer Deckung der Kosten für die Teilnahme am Wettbewerb, nicht aber zu einem Gewinn. In diesen Fällen aber kann einem Architekt oder Ingenieur, der sich wegen eines Vergabeverstoßes nicht am Planungswettbewerb beteiligt hat, dadurch, dass er demzufolge auch keinen Preis erzielt hat, nicht ein finanzieller Schaden entstanden sein.

95 Dem schließt sich die Frage an, ob ein Architekt oder Ingenieur, der sich infolge eines Vergabeverstoßes des öffentlichen Auftraggebers vergeblich an dem Planungswettbewerb beteiligt hat, seinen Aufwand dafür als Schaden ersetzt verlangen kann. Typischer Fall ist der rechtswidrige Ausschluss eines Architekten oder Ingenieurs vom Planungswettbewerb. Ursprünglich hatte der BGH hierzu die Auffassung vertreten, dass finanzielle Aufwendungen für die Beteiligung an einem Planungswettbewerb grundsätzlich kein ersatzfähiger Schaden seien. Offengelassen hat das der BGH nur für den Fall, dass solche Aufwendungen bereits durch fehlerhafte Vergabeunterlagen veranlasst worden sind.[125] Nach der jüngeren vergaberechtlichen Rechtsprechung sind derartige Aufwendungen hingegen ersatzfähig. Zwar beziehen sich diese Entscheidungen nicht auf Planungswettbewerbe für Architekten und Ingenieure. Allerdings sind die Erwägungen und Wertungen ohne weiteres auf Planungswettbewerbe übertragbar.

96 **d) Sonderfälle.** Hat der öffentliche Auftraggeber den Planungswettbewerb rechtswidrig aufgehoben, stehen den Wettbewerbsteilnehmern Schadensersatzansprüche zu.[126] Sofern der Wettbewerb von Anfang an fehlerbehaftet war, ist jeder Wettbewerbsteilnehmer berechtigt, seine vergeblichen Aufwendungen erstattet zu verlangen, wobei dieser Anspruch nicht auf die in dem Wettbewerbsverfahren vorgesehene Aufwandsentschädigung begrenzt ist.[127]

97 Trifft der öffentliche Auftraggeber seine Entscheidung, ob und gegebenenfalls welches Wettbewerbsergebnis mit welchem Preisträger realisiert werden soll, nicht ermessensfehlerfrei, kommen ebenfalls Schadensersatzansprüche in Betracht. In Planungswettbewerben, die auf der Grundlage der RPW 2013 durchgeführt werden, lässt sich regelmäßig wegen der Verpflichtung aus § 8 Abs. 2 RPW 2013, den Planungsauftrag in der Regel an den Gewinner des Wettbewerbs zu erteilen, feststellen, welchem Wettbewerbsteilnehmer ein Schaden entstanden sein kann. Anders ist dies bei Planungswettbewerben, denen nicht die RPW 2013 zugrunde gelegt wurde. Dort kommen zumindest sämtliche Preisträger als Geschädigte in Betracht. Aus diesem Grund können nur alle Preisträger gemeinsam den Schadensersatzanspruch geltend machen. Dieser Anspruch steht allen Preisträgern gemeinsam zu und ist im Innenverhältnis zwischen den Preisträgern gleichmäßig aufzuteilen.[128] Sofern nicht alle Preisträger zur Geltendmachung dieses Schadensersatzanspruchs bereit sind, kann einer der Preisträger den Schadensersatzanspruch zu Gunsten aller Preisträger im Wege einer „actio pro socio" geltend machen.[129]

2. Nach Abschluss des Planungswettbewerbs

98 Vergabeverstöße, die nach Abschluss des Planungswettbewerbs erfolgen, können regelmäßig nur diejenigen Wettbewerbsteilnehmer in ihren Rechten verletzen, deren Wettbe-

---

[125] BGH v. 23.9.1982 – III ZR 196/80, NJW 1983, 442, 443.
[126] *Harr* Willenbruch/Wieddekind, Vergaberecht 4. Aufl. 2017 § 80 VgV Rn. 11.
[127] OLG Dresden v. 10.2.2004 – 20 U 1697/03, VergabeR 2004, 500, 504.
[128] BGH v. 3.11.1983 – III ZR 125/82, BauR 1984, 196, 201; *Harr* in Willenbruch/Wieddekind, Vergaberecht 4. Aufl. 2017 § 80 VgV Rn. 10.
[129] *Müller-Wrede* in Müller-Wrede, VOF 5. Aufl. 2014 § 17 VgV Rn. 53.

werbsarbeiten mit einem Preis ausgezeichnet worden sind und die damit eine echte Chance auf Beteiligung an einem anschließenden Vergabeverfahren und auf Erhalt des Zuschlags in demselben haben.

Auch nach Abschluss des Planungswettbewerbs können sich Schadensersatzansprüche **99** zum einen darauf stützen, dass der Architekt oder Ingenieur den Zuschlag wegen eines Vergabeverstoßes nicht erhalten hat. Der Vergabeverstoß kann zum einen in einer rechtswidrigen Aufhebung des Vergabeverfahrens liegen[130] (wobei zu berücksichtigen ist, dass der öffentliche Auftraggeber nach Abschluss des Planungswettbewerbs nicht verpflichtet ist, das Wettbewerbsergebnis zu realisieren[131]) und zum anderen im rechtswidrigen Ausschluss vom Vergabeverfahren.

Grundlage eines solchen Schadensersatzanspruches sind auch nach Abschluss des Pla- **100** nungswettbewerbs die §§ 311 Abs. 2, 241 Abs. 2, 280 Abs. 1 BGB („culpa in contrahendo").[132] Voraussetzung ist unter anderem, dass der den Anspruch geltend machende Architekt oder Ingenieur darlegen und beweisen kann, dass er in dem sich an den Planungswettbewerb anschließenden Vergabeverfahren den Zuschlag erhalten hätte bzw. hätte erhalten müssen. Das setzt in der Regel voraus, dass das Vergabeverfahren bereits weit fortgeschritten und sich der öffentliche Auftraggeber bereits auf denjenigen Bieter festgelegt hatte, der dann nach rechtswidrigem Ausschluss oder rechtswidriger Aufhebung des Verfahrens Schadensersatzansprüche geltend macht.[133] Praktisch ausgeschlossen sind solche Fallkonstellationen nicht.[134] Denkbar ist, dass der öffentliche Auftraggeber nach der Vorabinformation bspw. auf eine (unbegründete) Rüge eines Bieters den Zuschlagsdestinatär austauscht oder aber das Verfahren (rechtswidrig) aufhebt. Dasselbe ist auch im Zeitraum zwischen der internen Festlegung auf einen Bieter und der Vorabinformation denkbar; in diesem Fall ist die Festlegung den Bietern zwar nicht bekannt, kann ggf. aber durch Akteneinsicht bekannt werden.

Ist das Vergabeverfahren im Zeitpunkt des Vergabeverstoßes noch nicht so weit fortge- **101** schritten bzw. hat sich der öffentliche Auftraggeber in diesem Zeitpunkt noch nicht auf einen Bieter festgelegt, sollen nach überwiegender Auffassung die Preisträger verpflichtet, aber auch berechtigt sein, Schadensersatzansprüche gemeinsam geltend zu machen (→ VgV § 80 Rn. 58, 97).[135]

Gelingt dem Bieter der Nachweis, ermittelt sich die Höhe des Schadens entsprechend **102** § 649 S. 2 BGB. Der Architekt oder Ingenieur hat also einen Anspruch auf die (voraussichtlich) vereinbarte Vergütung abzüglich ersparter Aufwendungen. Dabei ist für die Höhe der vereinbarten Vergütung der Umfang der beabsichtigten Beauftragung zu berücksichtigen. Im Hochbau spricht eine widerlegbare Vermutung dafür, dass Planungsleistungen bis einschließlich der Leistungsphase 5 beauftragt werden (vgl. § 8 Abs. 2 Unterabs. 2 RPW 2013). Anzurechnen sind allerdings bereits im Planungswettbewerb erbrachte und durch das Preisgeld abgegoltene Leistungen.[136]

---

[130] Die VOF eröffnete dem Auftraggeber keine Möglichkeit, ein Vergabeverfahren aufzuheben. In Betracht kam nur ein Verzicht auf die Beschaffung gemäß § 11 Abs. 7 VOF, der aber die Aufgabe der Realisierungsabsicht voraussetzte.

[131] → VgV § 80 Rn. 20

[132] *Hartmann* in KKMPP, Kommentar zur VgV 1. Aufl. 2017 § 80 Rn. 78.

[133] Vgl. OLG Nürnberg v. 31.7.2002 – 4 U 391/02, NJOZ 2002, 2588, 2590.

[134] AA *Hartmann* in KKMPP, Kommentar zur VgV 1. Aufl. 2017 § 80 Rn. 80. Wie hier *von Rintelen* BauR 1998, 167.

[135] *Hartmann* in KKMPP, Kommentar zur VgV 1. Aufl. 2017 § 80 Rn. 80.

[136] VK Lüneburg v. 29.9.2014 – VgK-36/2014; *Hartmann* in KKMPP, Kommentar zur VgV 1. Aufl. 2017 § 80 Rn. 79.

Abschnitt 7. Übergangs- und Schlussbestimmungen

§ 81 Übergangsbestimmungen

Zentrale Beschaffungsstellen im Sinne von § 120 Absatz 4 Satz 1 des Gesetzes gegen Wettbewerbsbeschränkungen können bis zum 18. April 2017, andere öffentliche Auftraggeber bis zum 18. Oktober 2018, abweichend von § 53 Abs. 1 die Übermittlung der Angebote, Teilnahmeanträge und Interessensbestätigungen auch auf dem Postweg, anderem geeigneten Weg, Fax oder durch die Kombination dieser Mittel verlangen. Dasselbe gilt für die sonstige Kommunikation im Sinne des § 9 Abs. 1, soweit sie nicht die Übermittlung von Bekanntmachungen und die Bereitstellung der Vergabeunterlagen betrifft.

Übersicht

	Rn.			Rn.
A. Einführung	1	**C. Übergangsbestimmungen für die Kommunikation**		9
I. Literatur	1	I. Angebote und Teilnahmeanträge		10
II. Entstehungsgeschichte	2	II. Sonstige Kommunikation		14
III. Rechtliche Vorgaben im EU-Recht	6			
B. Zeitlicher Geltungsbereich der VgV	7			

A. Einführung

I. Literatur

1 *Kulartz/Kus/Marx/Portz/Prieß*, Kommentar zur VgV, 1. Aufl., Köln 2017; *Willenbruch/Wieddekind*, Vergaberecht, 4. Aufl., Köln 2017; *Müller-Wrede*, Kommentar zur VOF, 5. Aufl., München 2014; *Voppel/Osenbrück/Bubert*, VOF – Vergabeordnung für freiberufliche Leistungen, 3. Aufl., München 2012.

II. Entstehungsgeschichte

2 Bis zur Vergaberechtsreform 2016 waren die öffentlichen Auftraggeber frei in ihrer Entscheidung, ob Informationen im Vergabeverfahren auf dem Postweg, mittels Telefax, direkt, elektronisch oder durch eine Kombination dieser Kommunikationsmittel übermittelt werden (z.B. § 11 Abs. 1 VOB/A 2012, § 8 Abs. 1 VOF). Gleichermaßen war der öffentliche Auftraggeber berechtigt, die Bekanntmachung dem Amt für amtliche Veröffentlichen der Europäischen Gemeinschaften auf elektronischem oder auf anderem Weg zu übermitteln. In der Praxis wurde bis zuletzt nicht selten die Verwendung nicht-elektronischer Kommunikationsmittel bestimmt oder jedenfalls zugelassen, insbesondere auch um einen möglichst großen Interessentenkreis anzusprechen.

3 Nach § 53 Abs. 1 VgV sind nunmehr die Unternehmen verpflichtet, ihre Interessensbekundungen, Interessensbestätigungen, Teilnahmeanträge und Angebote in Textform nach § 126b des Bürgerlichen Gesetzbuchs mithilfe elektronischer Mittel gemäß § 10 VgV zu übermitteln.[1] Für das Senden, Empfangen, Weiterleiten und Speichern von Daten in einem Vergabeverfahren müssen darüber hinaus der öffentliche Auftraggeber und die Unternehmen grundsätzlich Geräte und Programme für die elektronische Datenübermittlung (elektronische Mittel) verwenden.[2]

---

[1] → VgV § 53 Rn. 8 ff.
[2] → VgV § 9 Rn. 18 ff., 22.

Die VgV und mit ihr § 53 Abs. 1 VgV sowie § 9 Abs. 1 VgV sind ohne Übergangsfris- 4
ten gemäß Artikel 7 der Mantelverordnung zum 18.4.2016 in Kraft getreten. Vergabeverfahren, die ab dem 18.4.2016 bekanntgemacht worden sind, richten sich daher bereits nach
dem reformierten Vergaberecht.

Um sowohl den öffentlichen Auftraggebern, als auch den potentiellen Bewerbern und 5
Bietern eine Möglichkeit zu gewähren, die Voraussetzungen für die Verwendung elektronischer Mittel zu schaffen, enthält § 81 VgV nur insoweit Übergangsbestimmungen.

III. Rechtliche Vorgaben im EU-Recht

Die Verpflichtung zur Beschränkung der Kommunikation in Vergabeverfahren auf elekt- 6
ronische Mittel findet ihre Grundlage in der Vergaberichtlinie.[3] Diese erlaubt in Art. 90
Abs. 2 den Mitgliedstaaten, diese Verpflichtung erst zu einem späteren Zeitpunkt einzuführen. Von dieser Möglichkeit hat der Verordnungsgeber mit § 81 VgV Gebrauch gemacht.

B. Zeitlicher Geltungsbereich der VgV

Die Vergabeverordnung ist gemäß Art. 7 der Mantelverordnung zum 18.4.2016 in Kraft 7
getreten. Eine Vorschrift, die den zeitlichen Geltungsbereich der VgV für neue und insbesondere für bereits begonnene Vergabeverfahren regelt, enthält die Mantelverordnung
nicht. In der Verordnungsbegründung hat der Verordnungsgeber jedoch klargestellt, dass
sich der zeitliche Geltungsbereich der VgV nach der Regelung des § 186 GWB bestimmt.
Hierdurch wird ein Gleichlauf der zeitlichen Geltungsbereiche von GWB und VgV erreicht.

§ 186 bestimmt, dass Vergabeverfahren, die vor dem 18. April 2016 begonnen haben, 8
nach dem Recht zu Ende geführt werden, das zum Zeitpunkt der Einleitung des Verfahrens galt. Im Umkehrschluss ist das 2016 reformierte Vergaberecht auf diejenigen Vergabeverfahren anzuwenden, die vor dem 18.4.2016 noch nicht begonnen haben. Der Beginn
eines Vergabeverfahrens wird in der Regel an der Bekanntmachung festgemacht.[4] Für Einzelheiten wird auf die Kommentierung zu § 186 GWB verwiesen.

C. Übergangsbestimmungen für die Kommunikation

Die VgV ist mithin auf alle Vergabeverfahren, die nicht vor dem 18.04.2016 begonnen 9
waren, anzuwenden. Hiervon ausgenommen sind lediglich § 53 Abs. 1 VgV sowie § 9
Abs. 1 VgV.

I. Angebote und Teilnahmeanträge

Nach § 53 Abs. 1 VgV sind die Unternehmen verpflichtet, ihre Interessensbekundun- 10
gen, Interessensbestätigungen, Teilnahmeanträge und Angebote in Textform nach § 126b
des Bürgerlichen Gesetzbuchs mithilfe elektronischer Mittel gemäß § 10 VgV zu übermitteln.[5] Hieraus folgt die ungeschriebene entsprechende Verpflichtung der öffentlichen Auftraggeber, nur solche Interessensbekundungen, Interessensbestätigungen, Teilnahmeanträge

---

[3] Richtlinie 2014/24/EU des Europäischen Parlaments und des Rates vom 26. Februar 2014 über die öffentliche Auftragsvergabe und zur Aufhebung der Richtlinie 2004/18/EG.
[4] Siehe auch *Fandrey* in KKMPP, Kommentar zur VgV 1. Aufl. 2017 § 81 Rn. 4 ff.
[5] → VgV § 53 Rn. 8 ff.

und Angebote zuzulassen, die in Textform nach § 126b des Bürgerlichen Gesetzbuchs mithilfe elektronischer Mittel gemäß § 10 VgV übermittelt werden. Diese Verpflichtung wird gemäß § 81 S. 1 VgV für zentrale Beschaffungsstellen (§ 120 Abs. 4 GWB[6]) bis zum 18. April 2017, für alle anderen öffentlichen Auftraggeber bis zum 18. Oktober 2018 verschoben. Bis zu diesen Zeitpunkten kann der öffentliche Auftraggeber auch noch z.B. die papierbasierte Übermittlung von Angeboten vorgeben oder (neben der elektronischen Übermittlung) zulassen.

11   Streng genommen wird gemäß § 81 S. 1 VgV nur der öffentliche Auftraggeber von der (ungeschriebenen) Verpflichtung befreit, die Übermittlung von Interessensbekundungen, Interessensbestätigungen, Teilnahmeanträgen und Angeboten auf elektronischem Weg zu verlangen. Die (geschriebene) gesetzliche Verpflichtung der Bewerber und Bieter, derartige Unterlagen auf elektronischem Weg zu übermitteln, wird demgegenüber nicht ausdrücklich aufgehoben. § 81 S. 1 VgV kann insbesondere mit Blick auf die Verordnungsbegründung jedoch nur so verstanden werden, dass die Übermittlungsform maßgeblich ist, die der öffentliche Auftraggeber verlangt, so dass Bewerber und Bieter Teilnahmeanträge und Angebote, deren Übermittlung in Papierform vom öffentlichen Auftraggeber bis zum 18.4.2017 bzw. bis zum 18.10.2018 noch zugelassen werden, auch in Papierform zulässigerweise abgeben dürfen.

12   Allerdings wird auch klargestellt, dass öffentliche Auftraggeber auch schon vor Ablauf dieser Übergangsfristen berechtigt sind, die Einreichung von Teilnahmeanträgen und Angeboten ausschließlich mit elektronischen Mitteln vorzuschreiben. Die öffentlichen Auftraggeber sind also lediglich berechtigt, nicht aber verpflichtet, die ihnen gemäß § 81 S. 1 VgV gewährten Übergangszeiträume zu nutzen. In diesen Fällen ist der Bewerber oder Bieter verpflichtet, die Dokumente entsprechend elektronisch (in der Regel über entsprechende Vergabeplattformen) einzureichen. Die Übermittlung in Papierform wäre in diesen Fällen ein Formfehler, der zum Ausschuss des Teilnahmeantrags oder Angebots führte.

13   Spätestens ab dem 18. Oktober 2018 sind für die Vergabe von öffentlichen Aufträgen oberhalb der EU-Schwellenwerte elektronische Mittel von allen Beteiligten des Vergabeverfahrens verbindlich vorzugeben und zu verwenden.

II. Sonstige Kommunikation

14   § 81 S. 2 VgV berechtigt die öffentlichen Auftraggeber dazu, im Rahmen der vorgenannten Übergangsfristen auch die sonstige Kommunikation anders als auf elektronischem Wege zu führen. Ihrem Sinn und Zweck nach erstreckt sich diese Berechtigung auch auf die Unternehmen. Wenn sich der öffentliche Auftraggeber zunächst noch dagegen entscheidet, die Kommunikation über eine Vergabeplattform zu führen, können die Bewerber und Bieter nicht verpflichtet sein, diesen Kommunikationsweg (den der öffentliche Auftraggeber nicht zur Verfügung stellt) zu nutzen.

15   Von dieser Berechtigung ausgenommen ist allerdings die Übermittlung von Bekanntmachungen und die Bereitstellung der Vergabeunterlagen, die ab dem 18.4.2016 zwingend einheitlich elektronisch zu erfolgen hat.

16   Die vorübergehende Befreiung des § 81 S. 2 VgV beschränkt sich allerdings auf die sonstige Kommunikation im Sinne des § 9 Abs. 1 VgV. Das bedeutet, dass ein öffentlicher Auftraggeber, der bis zum 18.4.2017 bzw. bis zum 18.10.2017 zulässigerweise mit den Bietern per E-Mail kommuniziert, ohne eine elektronische Vergabeplattform zu nutzen, insbesondere die Vorgaben aus § 11 Abs. 2 VgV[7] zu beachten hat. Danach dürfen für das Senden, Empfangen, Weiterleiten und Speichern von Daten in einem Vergabeverfahren ausschließlich solche elektronischen Mittel verwendet werden, welche die Unversehrtheit,

---

[6] → GWB § 124 Rn. 21.
[7] → VgV § 11 Rn. 24 ff.

die Vertraulichkeit und die Echtheit der Daten gewährleisten. Übliche Mailprogramme, bei denen eingehende und ausgehende E-Mails nachträglich gelöscht werden können, erfüllen diese Voraussetzungen nicht.[8] Ein öffentlicher Auftraggeber, der sich insoweit vergaberechtskonform verhalten will, müsste deshalb die Papierform wählen, auf die § 11 Abs. 2 VgV nicht anwendbar ist. Dies ist zwar nicht nachvollziehbar, weil auch in Papierform abgegebene Unterlagen nachträglich manipuliert werden können, folgt aber aus dem eindeutigen Wortlaut von § 11 Abs. 2 VgV und entspricht Art. 90 der Vergaberichtlinie.

---

[8] *Fandrey* in KKMPP, Kommentar zur VgV 1. Aufl. 2017 § 81 Rn. 9.

§ 82 Fristenberechnung

Die Berechnung der in dieser Verordnung geregelten Fristen bestimmt sich nach der Verordnung (EWG, Euratom) Nr. 1182/71 des Rates vom 3. Juni 1971 zur Festlegung der Regeln für die Fristen, Daten und Termine (ABl. L 124 vom 8.6.1971, S. 1).

Übersicht

	Rn.		Rn.
A. Einführung	1	B. Anwendungsbereich	7
I. Literatur	1	C. Fristbeginn	11
II. Entstehungsgeschichte	2	D. Fristende	14
III. Rechtliche Vorgaben im EU-Recht	5	E. Fristdauer	16

A. Einführung

I. Literatur

1 *Willenbruch/Wieddekind,* Vergaberecht, 4. Aufl., Köln 2017; *Müller-Wrede,* Kommentar zur VOF, 5. Aufl., München 2014; *Voppel/Osenbrück/Bubert,* VOF – Vergabeordnung für freiberufliche Leistungen, 3. Aufl., München 2012.

II. Entstehungsgeschichte

2 Vergaberecht ist Verfahrensrecht. Ein Verfahren ist ein geregelter, in Verfahrensschritte zerlegbarer, nachvollziehbarer und wiederholbarer Ablauf. Die einzelnen Verfahrensschritte müssen binnen geregelter Fristen erfolgen. Allein in der VgV wird die Verwendung „Frist" knapp achtzigmal verwendet. Wegen dieser Bedeutung muss definiert werden, was das Vergaberecht unter Fristen, aber auch Daten und Terminen, versteht.

3 Das erfolgt im Vergaberecht über die Verordnung (EWG, Euratom) Nr. 1182/71 des Rates vom 3. Juni 1971 zur Festlegung der Regeln für die Fristen, Daten und Termine. Grund dafür sind die europarechtlichen Wurzeln des Vergaberechts, nämlich die Vergaberichtlinien, die für die Definition von Fristen, Daten und Terminen auf die Verordnung Nr. 1182/71 verweisen.

4 Bereits die VOL/A und die VOF, die in der VgV im Zuge der Vergaberechtsreform 2016 aufgegangen sind, sahen vor, dass die Fristen über die Verordnung Nr. 1182/71 bestimmt werden. Zwar war die Anwendung dieser Verordnung – anders als nunmehr in § 82 VgV – nicht ausdrücklich normiert. Sowohl zu § 7 VOF, als auch zu § 12 EG VOL/A enthielten die jeweiligen Verordnungen jedoch einen amtlichen Hinweis, dass die Berechnung der Fristen nach der Verordnung (EWG/Euratom) Nr. 1182/71 des Rates vom 3. Juni 1971 zur Festlegung der Regeln für die Fristen, Daten und Termine (ABl. EG Nr. L 124 S. 1) erfolge. In Anhang III zur VOL/A war diese Verordnung sogar enthalten.

III. Rechtliche Vorgaben im EU-Recht

5 Zahlreiche Rechtsakte des Rates und der Kommission setzen Fristen, Daten oder Termine fest und verwenden die Begriffe des Arbeitstags oder des Feiertags. Für diesen Bereich mussten einheitliche allgemeine Regeln festgelegt werden, um eine einheitliche Anwendung des Gemeinschaftsrechts zu gewährleisten. Aus diesem Grund hat der Rat die

Verordnung (EWG/Euratom) Nr. 1182/71 vom 3. Juni 1971 zur Festlegung der Regeln für die Fristen, Daten und Termine (ABl. EG Nr. L 124 S. 1) erlassen.

Europarechtliche Grundlage für die VgV ist die Vergaberichtlinie,[1] die mit der VgV in **6** deutsches Recht umgesetzt wird. Im Erwägungsgrund 106 hat der europäische Gesetzgeber klargestellt, *„dass die Verordnung (EWG, Euratom) Nr. 1182/71 des Rates (1) vom 3. Juni 1971 für die Berechnung der Fristen in der vorliegenden Richtlinie gilt."* Folgerichtig hat auch der nationale Gesetzgeber die Verordnung Nr. 1182/71 der VgV zugrunde gelegt und dies in § 82 VgV ausdrücklich klargestellt.

B. Anwendungsbereich

Die Verordnung (EWG/Euratom) Nr. 1182/71 des Rates vom 3. Juni 1971 zur Festle- **7** gung der Regeln für die Fristen, Daten und Termine bestimmt für sämtliche in der VgV geregelten Fristen, wie diese zu berechnen sind. In den Anwendungsbereich fallen somit insbesondere die Teilnahme- und Angebotsfristen, die Fristen zur Übermittlung von Vorinformationen und Vergabebekanntmachungen, Fristen zur Erteilung von zusätzlichen Informationen, zur Nachreichung von Unterlagen sowie Vorabinformations- und Wartefristen.

Die Fristen in der VgV werden z.T. in „Tagen" und z.T. in „Arbeitstagen" angegeben. **8** Nach allgemeinem Verständnis zur VOF,[2] das auch auf die VgV zu übertragen ist,[3] handelt es sich bei den „Tagen" um „Kalendertage".

Die Verordnung Nr. 1181/71 enthält Regelungen nicht nur für die Berechnung von **9** Fristen, sondern auch von Terminen. Nach § 82 VgV soll die Verordnung jedoch nur für die Berechnung von Fristen Anwendung finden. Zwar werden in den Bestimmungen der VgV vereinzelt auch Termine in Bezug genommen bzw. geregelt. Hierbei handelt es sich jedoch nicht um zu berechnende, sondern um vom öffentlichen Auftraggeber regelmäßig in Form eines konkreten Kalendertags vorzugebende Termine. Vor diesem Hintergrund ist die Beschränkung auf Fristen in § 82 VgV erklärlich. Sollte im Einzelfall ein Termin berechnet werden müssen, ist jedoch die Verordnung Nr. 1182/71 entsprechend heranzuziehen. Zum einen gibt es, insbesondere auch in der Verordnungsbegründung, keine Hinweise darauf, dass der Verordnungsgeber den Anwendungsbereich der Verordnung Nr. 1182/71 bewusst beschränken und Termine anderweitig berechnen lassen wollte. Zum anderen fordert das Ziel einer einheitlichen Rechtsanwendung die entsprechende Heranziehung der Verordnung Nr. 1182/71 auch auf Termine.

Im Anwendungsbereich der VgV werden die Fristen ausschließlich nach der Verordnung **10** Nr. 1182/71 berechnet. Diese Verordnung geht damit § 186 BGB sowie § 31 VwVfG, die für die in Gesetzen, gerichtlichen Verfügungen und Rechtsgeschäften enthaltenen Frist- und Terminbestimmungen auf die §§ 187–193 BGB verweisen, vor.[4]

C. Fristbeginn

Ist für den Anfang einer nach Tagen bemessenen Frist der Zeitpunkt maßgebend, in **11** welchem ein Ereignis eintritt oder eine Handlung vorgenommen wird, so wird bei der Berechnung dieser Frist der Tag nicht mitgerechnet, auf den das Ereignis oder die Handlung fällt. Soweit nach der VgV Fristen für die Abgabe von Angeboten oder Teilnahmean-

---

[1] Richtlinie 2014/24/EU des Europäischen Parlaments und des Rates vom 26. Februar 2014 über die öffentliche Auftragsvergabe und zur Aufhebung der Richtlinie 2004/18/EG.
[2] Vgl. *Voppel/Osenbrück/Bubert* VOF 3. Aufl. 2012 § 7 Rn. 47.
[3] Vgl *Schubert* in *Willenbruch/Wieddekind*, Vergaberecht 4. Aufl. 2017 § 82 VgV Rn. 1.
[4] *Schubert* in *Willenbruch/Wieddekind*, Vergaberecht 4. Aufl. 2017 § 82 VgV Rn. 1.

trägen „gerechnet ab dem Tag nach der Absendung der Bekanntmachung" zu berechnen sind, wird gemäß Art. 3 Abs. 1 S. 2 der Verordnung Nr. 1182/71 der Tag der Absendung nicht mitgerechnet.

12   Entsprechendes gilt für den Anfang einer nach Stunden bemessenen Frist. Nach Art. 3 Abs. 1 S. 1 der Verordnung Nr. 1182/71 wird bei der Berechnung dieser Frist die Stunde nicht mitgerechnet, in die das Ereignis oder die Handlung fällt.

13   Eine nach Tagen bemessene Frist beginnt am Anfang der ersten Stunde des ersten Tages der Frist (Art. 3 Abs. 2b) der Verordnung Nr. 1182/71). Wird bspw. eine Auftragsbekanntmachung für ein offenes Verfahren am 15.5. versandt, beginnt die Frist für die Angebotsabgabe ab 16.5. um 00:00 Uhr. Entsprechend beginnt eine nach Stunden bemessene Frist am Anfang der ersten Stunde der Frist (Art. 3 Abs. 2a) der Verordnung Nr. 1182/71).

D. Fristende

14   Eine nach Tagen bemessene Frist endet mit Ablauf der letzten Stunde des letzten Tages der Frist (Art. 3 Abs. 2b) der Verordnung Nr. 1182/71). Entsprechend endet eine nach Stunden bemessene Frist mit Ablauf der letzten Stunde der Frist (Art. 3 Abs. 2a) der Verordnung Nr. 1182/71). Das gilt entsprechend auch dann, wenn der öffentliche Auftraggeber das Fristende zu einer bestimmten Uhrzeit festgelegt hat, auch wenn es sich hierbei nicht um eine „nach Stunden bemessene Frist" handelt.[5]

15   Fällt der letzte Tag einer nicht nach Stunden bemessenen Frist auf einen Feiertag, einen Sonntag oder einen Sonnabend, so endet die Frist mit Ablauf der letzten Stunde des folgenden Arbeitstags (Art. 3 Abs. 4 der Verordnung Nr. 1182/71). Maßgebend sind allerdings nur die Feiertage in demjenigen Mitgliedstaat, in dem die unter der Frist stehende Handlung vorgenommen werden soll. Hat ein deutscher öffentlicher Auftraggeber einen Auftrag im offenen Verfahren ausgeschrieben, sind für die Berechnung der Frist zur Angebotsabgabe nur die in Deutschland vorgesehenen Feiertage zu berücksichtigen. Zu diesem Zweck übermittelt gemäß Art. 2 Abs. 1 S. 2 der Verordnung Nr. 1182/71 jeder Mitgliedstaat der Kommission die Liste der Tage, die nach seinen Rechtsvorschriften als Feiertage vorgesehen sind. Die Kommission veröffentlicht im Amtsblatt der Europäischen Gemeinschaften die von den Mitgliedstaaten übermittelten Listen, die durch Angabe der in den Organen der Gemeinschaften als Feiertage vorgesehenen Tage ergänzt worden sind.

E. Fristdauer

16   Die Fristen umfassen gemäß Art. 3 Abs. 3 der Verordnung Nr. 1182/71 die Feiertage (→ VgV § 82 Rn 15), die Sonntage und die Sonnabende, soweit diese nicht ausdrücklich ausgenommen oder die Fristen nach Arbeitstagen bemessen sind. Die Fristen in der VgV werden z. T. in „Tagen" und z. T. in „Arbeitstagen" angegeben. Wird eine Frist nach Arbeitstagen bestimmt, werden somit Feiertage, Sonntage und Sonnabende nicht mitgezählt. Wird demgegenüber eine Frist schlicht nach „Tagen" bestimmt, werden Feiertage, Sonntage und Sonnabende mitgezählt. Das deckt sich mit dem allgemeinen Verständnis von dem Begriff „Tagen" in der VOF,[6] das auch auf die VgV zu übertragen ist,[7] wonach es sich bei den „Tagen" um „Kalendertage" handelt.

---

[5] *Schubert* in *Willenbruch/Wieddekind*, Vergaberecht 4. Aufl. 2017 § 82 VgV Rn. 1.

[6] Vgl. *Voppel/Osenbrück/Bubert* VOF 3. Aufl. 2012 § 7 Rn. 47.

[7] Vgl *Schubert* in *Willenbruch/Wieddekind*, Vergaberecht 4. Aufl. 2017 § 82 VgV Rn. 1.

2. Verordnung über die Vergabe von öffentlichen Aufträgen im Bereich des Verkehrs, der Trinkwasserversorgung und der Energieversorgung (Sektorenverordnung – SektVO)

Vom 12. April 2016

(BGBl. I S. 624, 657)

Abschnitt 1. Allgemeine Bestimmungen und Kommunikation

Unterabschnitt 1. Allgemeine Bestimmungen

§ 1 Anwendungsbereich

(1) Diese Verordnung trifft nähere Bestimmungen über das einzuhaltende Verfahren bei der dem Teil 4 des Gesetzes gegen Wettbewerbsbeschränkungen unterliegenden Vergabe von Aufträgen und die Ausrichtung von Wettbewerben zum Zwecke von Tätigkeiten auf dem Gebiet der Trinkwasser- oder Energieversorgung oder des Verkehrs (Sektorentätigkeiten) durch Sektorenauftraggeber.

(2) Diese Verordnung ist nicht anzuwenden auf die Vergabe von verteidigungs- oder sicherheitsspezifischen öffentlichen Aufträgen.

(3) Für die Beschaffung im Wege von Konzessionen im Sinne des § 105 des Gesetzes gegen Wettbewerbsbeschränkungen gilt die Verordnung über die Vergabe von Konzessionen.

Übersicht

	Rn.			Rn.
A. Einführung	1		II. Objektiver Anwendungsbereich	8
I. Literatur	1		1. Sektorentätigkeit	8
II. Entstehungsgeschichte	2		2. Schwellenwert	10
III. Rechtliche Vorgaben im EU-Recht	5		III. Abgrenzungen	11
			1. Verteidigungs- oder sicherheitsspezifische Aufträge	11
B. Regelungsinhalt	7		2. Konzessionen	12
I. Subjektiver Anwendungsbereich	7		IV. Bieterschützender Charakter	13

A. Einführung

I. Literatur

Sitsen, Die Sektorenauftraggebereigenschaft privater Eisenbahnverkehrsunternehmen nach der Vergabe- **1** rechtsreform 2016, VergabeR 2016, 553; *Schröder,* Rechtlich privilegierte Sektorenauftraggeber nach § 98 Nr. 4 GWB, NZBau 2012, 541.

II. Entstehungsgeschichte

§ 1 SektVO enthält die maßgeblichen Regelungen für die Anwendbarkeit der Vorschrif- **2** ten der SektVO. Die Norm stellt seit Einführung der SektVO zum einen den subjektiven (persönlichen) Anwendungsbereich klar und verweist hierzu nunmehr auf den Sektorenauftraggeberbegriff des GWB. Daneben regelt die Norm auch den objektiven (sachlichen) Anwendungsbereich der SektVO. Dieser umfasst wie in der Vorgängerfassung die Vergabe von Aufträgen zum Zwecke von Sektorentätigkeiten, ist aber klarstellend um die Ausrichtung von Wettbewerben zu diesem Zwecke ergänzt worden. Weggefallen ist die Bezugnahme auf die für den Sektorenbereich geltenden EU-Schwellenwerte des § 1 Abs. 2 SektVO a. F.

3   Die in Absatz 2 klargestellte Nichtanwendbarkeit der SektVO auf die Vergabe von verteidigungs- oder sicherheitsspezifischen öffentlichen Aufträgen ist die nahezu wörtliche Übernahme des bisherigen § 1 Abs. 3 SektVO a. F.

4   Der neue Absatz 3, der die Anwendbarkeit der SektVO auf die Vergabe von Konzessionen ausschließt, war vor der Neufassung inhaltlich in § 1 Abs. 1 Satz 3 SektVO a. F. geregelt, freilich ohne den Verweis auf die neu hinzugekommene KonzVgV.

III. Rechtliche Vorgaben im EU-Recht

5   Die unionsrechtliche Determinierung des § 1 Abs. 1 SektVO folgt im Wesentlichen aus dem Anwendungsbereich des Art. 1 RL 2014/25/EU. Indirekt gehen auch die Vorgaben zum (Sektoren)Auftraggeberbegriff gemäß Art. 3f. RL 2014/25/EU sowie zu den Sektorentätigkeiten nach Art. 7ff. RL 2014/25/EU und den Schwellenwerten gemäß Art. 15 RL 2014/25/EU in den Regelungsumfang des § 1 SektVO ein.

6   Art. 1 Abs. 2 SektVO dient der Umsetzung der Abgrenzungsvorschrift des Art. 24 RL 2014/25/EU. Die Abgrenzung zum Konzessionsvergaberecht in § 1 Abs. 3 SektVO setzt Art. 1 RL 2014/23/EU um.

B. Regelungsinhalt

I. Subjektiver Anwendungsbereich

7   § 1 SektVO regelt zum einen den subjektiven Anwendungsbereich für die Vorgaben der SektVO. Hierfür ist erforderlich, dass es sich bei dem Beschaffenden um einen Sektorenauftraggeber handelt. Anders als § 1 SektVO a. F. verweist die Vorschrift nicht mehr enumerativ auf einzelne Auftraggeberkategorien des GWB, sondern belässt es bei dem Verweis auf den 4. Teil des GWB sowie auf den dort in § 100 GWB definierten Begriff des Sektorenauftraggebers insgesamt. Mit Blick auf die Verselbständigung dieses Auftraggeberbegriffs durch die Vergaberechtsreform 2016 sowie den gesetzgeberischen Zweck der einfacheren und anwenderfreundlicheren Struktur des Vergaberechts[1] ist der knappe Verweis angemessen und konsequent.

Zu Einzelheiten über den Begriff des Sektorenauftraggebers vgl. die Kommentierung zu § 100 GWB (Rdn. 16ff.).

II. Objektiver Anwendungsbereich

1. Sektorentätigkeit

8   § 1 Abs. 1 SektVO stellt klar, dass es für die Anwendbarkeit der SektVO nicht ausreicht, als Sektorenauftraggeber einen Auftrag zu vergeben oder einen Wettbewerb auszurichten. Diese müssen vielmehr zusätzlich „zum Zwecke von Tätigkeiten auf dem Gebiet der Trinkwasser- oder Energieversorgung oder des Verkehrs (Sektorentätigkeit)" erfolgen. Da-

---

[1] Vgl. die Begründung zum Entwurf des VergModG 2016, BT-Drs. 18/6281, 2.

mit unterstreicht § 1 SektVO, dass die Anwendbarkeit des Sektorenvergaberechts – anders als bei den „klassischen" Auftraggebern gemäß § 99 GWB – nicht (nur) institutionalisierten Kriterien folgt, sondern darüber hinaus eine konkrete Tätigkeit verlangt.[2] Für die Vergabe von Aufträgen für nicht-sektorenbezogene Tätigkeiten eines Sektorenauftraggebers gilt die SektVO nicht und richtet sich die Ausschreibungspflicht danach, ob er zugleich Auftraggeber gemäß § 99 GWB ist (dann gilt die VgV) oder nicht.[3]

Im Unterschied zum Begriff des Sektorenauftraggebers (vgl. hierzu Rdn. 7) verweist § 1 **9** Abs. 1 SektVO bezüglich des Begriffs der Sektorentätigkeit nicht lediglich auf den 4. Teil des GWB, sondern definiert diesen als „Tätigkeiten auf dem Gebiet der Trinkwasser- oder Energieversorgung oder des Verkehrs" selbst. Dies ist verwunderlich, da § 102 GWB deutlich ausführlichere Regelungen zum Inhalt von Sektorentätigkeiten enthält als § 1 SektVO und sich somit die allgemeinere Definition auf der Ebene der Rechtsverordnung findet, auf der nach der Verordnungsermächtigung des § 113 GWB eigentlich nähere Einzelheiten zu den Vorgaben des GWB geregelt werden sollen (und nicht umgekehrt). Ein über den Inhalt des § 102 GWB hinausgehender Gehalt ist der Definition der Sektorentätigkeit in § 1 Abs. 1 SektVO jedenfalls nicht zu entnehmen.

Zu Einzelheiten über die verschiedenen Inhalte von Sektorentätigkeiten vgl. die Kommentierung zu § 102 GWB (Rdn. 8 ff.).

2. Schwellenwert

Entfallen ist durch die Vergabereform 2016 die bislang in § 1 Abs. 2 SektVO a. F. enthal- **10** tene Anforderung des Erreichens oder Übersteigens des jeweiligen EU-Schwellenwerts. Diese Anforderung findet sich nun einheitlich in § 106 GWB, ohne dadurch ihre Gültigkeit als Voraussetzung für die Anwendbarkeit (auch) der SektVO verloren zu haben.[4]

III. Abgrenzungen

1. Verteidigungs- oder sicherheitsspezifische Aufträge

§ 1 Abs. 2 SektVO stellt klar, dass die SektVO nicht auf die Vergabe von verteidigungs- **11** oder sicherheitsspezifischen öffentlichen Aufträgen anwendbar ist.

Die Vorschrift äußert sich nicht zur Einordnung von Aufträgen, die sowohl zum Zwecke einer Sektorentätigkeit als auch zu verteidigungs- oder sicherheitsspezifischen Zwecken vergeben werden. Hierfür enthalten § 111 Abs. 3 und § 112 Abs. 3 GWB entsprechende Regelungen.

2. Konzessionen

Gemäß § 1 Abs. 3 SektVO gelten die Vorschriften der SektVO nicht für die Vergabe **12** von Bau- und Dienstleistungskonzessionen. Die SektVO enthielt zu Konzessionen seit ihrem erstmaligen Inkrafttreten keine Regelungen. Da mit der Vergabereform 2016 aber auch diese „weitgehende Regelungsfreiheit"[5] für Sektorenauftraggeber beendet worden ist, stellt § 1 Abs. 3 SektVO nun klar, dass für die Vergabe von Bau- und Dienstleistungskonzessionen durch Sektorenauftraggeber (nur) die KonzVgV gilt. Mit Blick auf die einheitliche Behandlung von „klassischen" Auftraggebern und Sektorenauftraggebern in § 101 GWB ist diese Regelung konsequent.

---

[2] Vgl. OLG Düsseldorf Beschl. v. 7.11.2012 – VII-Verg 11/12; OLG Düsseldorf Beschl. v. 21.7.2010 – VII-Verg 19/10; VK Rheinland-Pfalz Beschl. v. 17.11.2014 – VK 1–28/14.
[3] Vgl. EuGH Urt. v. 10.4.2008 – C-393/06 „Fernwärme Wien".
[4] Vgl. die Begründung zum Entwurf der VergModVO 2016, BR-Drs. 87/16, 235.
[5] Vgl. die Begründung zum Entwurf der VergModVO 2016, BR-Drs. 87/16, 235.

IV. Bieterschützender Charakter

13 § 1 SektVO legt den Anwendungsbereich der SektVO fest und grenzt diesen objektiv ab. Liegen die Voraussetzungen des § 1 SektVO vor, sind die Vorschriften der SektVO zwingend anzuwenden.[6] Liegen die Voraussetzungen nicht vor, können die Vorgaben der SektVO allenfalls zum Verständnis der allgemeinen Vergabeprinzipien der Gleichbehandlung, Transparenz und wettbewerbsorientierten Auftragsvergabe herangezogen werden.[7] Eine bieterschützende Wirkung entfaltet diese objektive Abgrenzung grundsätzlich nicht.

14 § 1 SektVO kann jedoch indirekt bieterschützende Wirkung entfalten.[8] Im Vergleich zum nicht sektorenprivilegierten Vergaberecht enthält die SektVO zahlreiche Erleichterungen vor allem mit Blick auf die Wahl der Verfahrensart. Wählt ein öffentlicher Auftraggeber aufgrund einer Fehleinschätzung über die Eröffnung des Anwendungsbereiches der SektVO eine falsche Verfahrensart, kann sich ein Bieter unter Berufung auf das Nichtvorliegen der Voraussetzungen des § 1 SektVO hiergegen wenden. Gleiches gilt für den Fall, dass etwa ein privater Sektorenauftraggeber, der nach § 1 SektVO ein Vergabeverfahren durchführen müsste, einen Auftrag ohne ein Vergabeverfahren nach der SektVO vergibt.

---

[6] OLG Düsseldorf Beschl. v. 18.4.2012 – VII-Verg 9/12.
[7] OLG Düsseldorf Beschl. v. 17.12.2014 – VII-Verg 18/14.
[8] Ebenso *Müller-Wrede* in Müller-Wrede, SektVO § 1, Rn. 107 f.

§ 2 Schätzung des Auftragswerts

(1) Bei der Schätzung des Auftragswerts ist vom voraussichtlichen Gesamtwert der vorgesehenen Leistung ohne Umsatzsteuer auszugehen. Zudem sind etwaige Optionen oder Vertragsverlängerungen zu berücksichtigen. Sieht der Auftraggeber Prämien oder Zahlungen an den Bewerber oder Bieter vor, sind auch diese zu berücksichtigen.

(2) Die Wahl der Methode zur Berechnung des geschätzten Auftragswerts darf nicht in der Absicht erfolgen, die Anwendung der Bestimmungen des Teils 4 des Gesetzes gegen Wettbewerbsbeschränkungen oder dieser Verordnung zu umgehen. Eine Auftragsvergabe darf nicht so unterteilt werden, dass sie nicht in den Anwendungsbereich der Bestimmungen des Teils 4 des Gesetzes gegen Wettbewerbsbeschränkungen oder dieser Verordnung fällt, es sei denn, es liegen objektive Gründe dafür vor, etwa wenn eine eigenständige Organisationseinheit selbständig für ihre Auftragsvergabe oder bestimmte Kategorien der Auftragsvergabe zuständig ist.

(3) Maßgeblicher Zeitpunkt für die Schätzung des Auftragswerts ist der Tag, an dem die Auftragsbekanntmachung abgesendet wird oder das Vergabeverfahren auf sonstige Weise eingeleitet wird.

(4) Der Wert einer Rahmenvereinbarung oder eines dynamischen Beschaffungssystems wird auf der Grundlage des geschätzten Gesamtwertes aller Einzelaufträge berechnet, die während der gesamten Laufzeit einer Rahmenvereinbarung oder eines dynamischen Beschaffungssystems geplant sind.

(5) Der zu berücksichtigende Wert im Falle einer Innovationspartnerschaft entspricht dem geschätzten Gesamtwert der Forschungs- und Entwicklungstätigkeiten, die während sämtlicher Phasen der geplanten Partnerschaft stattfinden sollen, sowie der Bau-, Liefer- oder Dienstleistungen, die zu entwickeln und am Ende der geplanten Partnerschaft zu beschaffen sind.

(6) Bei der Schätzung des Auftragswerts von Bauleistungen ist neben dem Auftragswert der Bauaufträge der geschätzte Gesamtwert aller Liefer- und Dienstleistungen zu berücksichtigen, die für die Ausführung der Bauleistungen erforderlich sind und vom Auftraggeber zur Verfügung gestellt werden. Die Möglichkeit des Auftraggebers, Aufträge für die Planung und die Ausführung von Bauleistungen entweder getrennt oder gemeinsam zu vergeben, bleibt unberührt.

(7) Kann das beabsichtigte Bauvorhaben oder die vorgesehene Erbringung einer Dienstleistung zu einem Auftrag führen, der in mehreren Losen vergeben wird, ist der geschätzte Gesamtwert aller Lose zugrunde zu legen. Bei Planungsleistungen gilt dies nur für Lose über gleichartige Leistungen. Erreicht oder überschreitet der geschätzte Gesamtwert den maßgeblichen Schwellenwert, gilt diese Verordnung für die Vergabe jedes Loses.

(8) Kann ein Vorhaben zum Zweck des Erwerbs gleichartiger Lieferungen zu einem Auftrag führen, der in mehreren Losen vergeben wird, ist der geschätzte Gesamtwert aller Lose zugrunde zu legen.

(9) Der Auftraggeber kann bei der Vergabe einzelner Lose von Absatz 7 Satz 3 sowie Absatz 8 abweichen, wenn der geschätzte Nettowert des betreffenden Loses bei Liefer- und Dienstleistungsaufträgen unter 80.000 Euro und bei Bauleistungen unter 1 Million Euro liegt und die Summe der Nettowerte dieser Lose 20 Prozent des Gesamtwertes aller Lose nicht übersteigt.

(10) Bei regelmäßig wiederkehrenden Aufträgen oder Daueraufträgen über Liefer- oder Dienstleistungen sowie bei Liefer- oder Dienstleistungsaufträgen, die innerhalb eines bestimmten Zeitraums verlängert werden sollen, ist der Auftragswert zu schätzen

1. auf der Grundlage des tatsächlichen Gesamtwertes entsprechender aufeinanderfolgender Aufträge aus dem vorangegangenen Haushaltsjahr oder Geschäftsjahr; dabei sind voraussichtliche Änderungen bei Mengen oder Kosten möglichst zu berücksichtigen, die während der zwölf Monate zu erwarten sind, die auf den ursprünglichen Auftrag folgen; oder

2. auf der Grundlage des geschätzten Gesamtwertes aufeinanderfolgender Aufträge, die während der auf die erste Lieferung folgenden zwölf Monate oder während des auf die erste Lieferung folgenden Haushaltsjahres oder Geschäftsjahres, wenn dieses länger als zwölf Monate ist, vergeben werden.

(11) Bei Aufträgen über Liefer- oder Dienstleistungen, für die kein Gesamtpreis angegeben wird, ist Berechnungsgrundlage für den geschätzten Auftragswert

1. bei zeitlich begrenzten Aufträgen mit einer Laufzeit von bis zu 48 Monaten der Gesamtwert für die Laufzeit dieser Aufträge und

2. bei Aufträgen mit unbestimmter Laufzeit oder mit einer Laufzeit von mehr als 48 Monaten der 48-fache Monatswert.

(12) Bei einem Planungswettbewerb nach § 60, der zu einem Dienstleistungsauftrag führen soll, ist der Wert des Dienstleistungsauftrags zu schätzen zuzüglich etwaiger Preisgelder und Zahlungen an Teilnehmer. Bei allen übrigen Planungswettbewerben entspricht der Auftragswert der Summe der Preisgelder und Zahlungen an die Teilnehmer einschließlich des Wertes des Dienstleistungsauftrags, der vergeben werden könnte, soweit der Auftraggeber diese Vergabe in der Wettbewerbsbekanntmachung des Planungswettbewerbs nicht ausschließt.

Übersicht

	Rn.			Rn.
A. Einführung	1		VII. Losteilungen bei Bau- und Dienstleistungsaufträgen (Abs. 7)	34
I. Literaturliste	1			
II. Entstehungsgeschichte	2		VIII. Losteilungen bei Lieferaufträgen (Abs. 8)	37
III. Rechtliche Vorgaben im EU-Recht	4		IX. Ausnahmen für einzelne Lose (Abs. 9)	38
B. Regelungsinhalt	8		X. Regelmäßig wiederkehrende Liefer- und Dienstleistungsaufträge sowie Daueraufträge (Abs. 10)	40
I. Gesamtwert (Abs. 1)	14			
II. Umgehungsverbot (Abs. 2)	17			
III. Maßgeblicher Zeitpunkt (Abs. 3)	24		XI. Liefer- und Dienstleistungsaufträge, für die kein Gesamtwert angegeben ist (Abs. 11)	43
IV. Rahmenvereinbarungen und dynamische Beschaffungssysteme (Abs. 4)	28			
V. Innovationspartnerschaften (Abs. 5)	29		XII. Planungswettbewerbe (Abs. 12)	44
VI. Bauleistungen (Abs. 6)	30		XIII. Bieterschützender Charakter	47

A. Einführung

I. Literaturliste

1   *Greb/Müller*, Kommentar zur SektVO, 2. Aufl. 2016; Juris-Praxiskommentar zum Vergaberecht, 5. Aufl. 2016; *Kalte/Übelacker/Zimmermann*, Niedernhausen, Elze, München – Stationen auf dem Weg nach Luxemburg, ZfBR 2017, 647; *Matuschak*, Auftragswertermittlung bei Architekten- und Ingenieurleistungen nach neuem Vergaberecht, NZBau 2016, 613; *Müller-Wrede*, Kommentar zur SektVO, 2010; *Portz*, Addition verschiedener Planungsleistungen zur Wertermittlung, NZBau 2017, 408.

II. Entstehungsgeschichte

2   Die Vorschrift des § 2 SektVO ist im Rahmen der Vergabereform zwar um weitere drei auf nunmehr 12 Absätze erweitert, inhaltlich jedoch weit gehend lediglich redaktionell neu gefasst worden. Dies entspricht den ebenfalls nur geringen Änderungen in den Regelungen der Sektorenrichtlinie zur Auftragswertberechnung (Art. 15 f. Richtlinie 2014/25/EU), die aufgrund des Ziels einer „Eins-zu-Eins"-Umsetzung in das nationale Recht[1] einen direkteren Einfluss auf die Neufassung hatten. Neu ist vor allem § 2 Abs. 5 SektVO, der die Auf-

---

[1] Vgl. die Begründung zum Entwurf der VergModVO 2016, BR-Drs. 87/16, 150.

tragswertschätzung bei einer Innovationspartnerschaft im Sektorenbereich regelt und damit der Einführung dieser neuen Verfahrensart geschuldet ist.

Die Umstellungen innerhalb des bisherigen Normaufbaus sind Während § 2 Abs. 1 **3** und 2 SektVO a. F. im Wesentlichen um Präzisierungen und Klarstellungen ergänzt wurden, ihre Stellung innerhalb der Norm aber beibehalten haben, sind § 2 Abs. 3 (jetzt § 2 Abs. 10 SektVO) und Abs. 4 SektVO a. F. (jetzt § 2 Abs. 11 SektVO) an das Ende der Norm versetzt worden. Zudem ist der bisherige § 2 Abs. 6 SektVO a. F. auf vier Absätze aufgeteilt und konkretisiert worden (vgl. Abs. 4, 7, 8 und 9).

III. Rechtliche Vorgaben im EU-Recht

Die Vorgaben zur Schätzung des Auftragswerts in § 2 Abs. 1 bis 11 SektVO setzen die **4** europarechtlichen Anforderungen des Art. 16 RL 2014/25/EU um. Dieser hat die umfassende Berücksichtigung sämtlicher Einnahmen zum Ziel, die mit einem Auftrag in Verbindung stehen.[2]

Im Einzelnen setzen die Vorgaben zum Umgehungsverbot in § 2 Abs. 2 SektVO den **5** Art. 16 Abs. 3 RL 2014/25/EU um, die zum maßgeblichen Zeitpunkt in § 2 Abs. 3 SektVO den Art. 16 Abs. 4 RL 2014/25/EU. Die Regelungen für Rahmenvereinbarungen in § 2 Abs. 4 SektVO beruhen auf Art. 16 Abs. 5 RL 2014/25/EU, die für Innovationspartnerschaften in § 2 Abs. 5 SektVO auf Art. 16 Abs. 6 RL 2014/25/EU. Die in § 2 Abs. 6 geregelte Schätzung des Auftragswerts für Bauleistungen hat ihre Grundlage in Art. 16 Abs. 7 RL 2014/25/EU. Die Schätzung bei in Lose teilbaren Bau- und Dienstleistungsaufträgen nach § 2 Abs. 7 SektVO entspringt Art. 16 Abs. 8 RL 2014/25/EU, die für in Lose teilbare Lieferaufträge nach § 2 Abs. 8 SektVO Art. 16 Abs. 9 RL 2014/25/EU. Die „80/20-Regel" des § 2 Abs. 9 SektVO entstammt Art. 16 Abs. 10 RL 2014/25/EU, die Anforderungen an regelmäßig wiederkehrende und Daueraufträge sowie an Aufträge ohne angegebenen Gesamtwert im Liefer- und Dienstleistungsbereich nach § 2 Abs. 10 und 11 SektVO folgen aus Art. 16 Abs. 11 und 12 RL 2014/25/EU.

Zusätzlich dient die Regelung zur Bestimmung des Auftragswerts bei Planungswettbe- **6** werben in § 2 Abs. 12 SektVO der Umsetzung der entsprechenden Vorgaben des Art. 95 RL 2014/25/EU.

Zu den EU-rechtlichen Vorgaben für die Regelung der Schwellenwerte insgesamt vgl. **7** die Kommentierung zu § 106 GWB, Rn. 4 ff.

B. Regelungsinhalt

§ 2 SektVO enthält die Bestimmungen zur ordnungsgemäßen Schätzung des Auftrags- **8** wertes. Da der geschätzte Auftragswert gemäß § 106 GWB über die Anwendbarkeit des Vergaberechts entscheidet, kommt den Grundsätzen der ordnungsgemäßen Schätzung eine erhebliche Bedeutung zu.

Die Vorschrift des § 2 SektVO enthält zum einen allgemein gültige Grundsätze wie die **9** Bestimmung des zu berücksichtigenden Umfanges (Abs. 1), das Verbot der Umgehung des Vergaberechts (Abs. 2) und den für die Schätzung maßgeblichen Zeitpunkt (Abs. 3). Zudem enthält § 2 SektVO besondere Bestimmungen im Fall von Rahmenvereinbarungen und dynamischen Beschaffungssystemen (Abs. 4) sowie Innovationspartnerschaften (Abs. 5). Ebenso umfasst die Norm Vorgaben zur Wertschätzung bei Bauaufträgen (Abs. 6), bei in Lose teilbaren Bau- und Dienstleistungsaufträgen (Abs. 7) und Lieferaufträgen (Abs. 8) sowie die „80/20-Regel" bei Losvergaben (Abs. 9). Schließlich enthält die Norm Anforderungen an die Schätzung des Auftragswerts bei regelmäßig wiederkehrenden und

---

[2] Vgl. die Begründung zum Entwurf der VergModVO 2016, BR-Drs. 87/16, 230.

Daueraufträgen sowie bei Aufträgen ohne angegebenen Gesamtwert im Liefer- und Dienstleistungsbereich (Abs. 10 und 11)sowie bei Wettbewerben (Abs. 12).

10 Die Parallelnorm zu § 2 SektVO ist § 3 VgV. Die Vorschrift über die Schätzung von Auftragswerten in Vergabeverfahren, die nicht der Sektorenprivilegierung unterliegen, weist deutliche Parallelen zu § 2 SektVO auf. Daher lassen sich die Grundsätze der zu § 3 VgV ergangenen Rechtsprechung weitestgehend auf das Verständnis des § 2 SektVO übertragen (vgl. hierzu die Kommentierung zu § 3 VgV).

11 Bei der Schätzung des Auftragswertes durch Sektorenauftraggeber handelt es sich um eine Prognose, da die Schätzung bereits zu Beginn des Verfahrens, in dem der tatsächliche Preis erst gebildet wird, vorliegen muss (Abs. 3). Die Prognose des Sektorenauftraggebers muss auf der Grundlage objektiver Kriterien erstellt werden.[3] An die Prognose sind jedoch keine übertriebenen Anforderungen zu stellen; insbesondere muss der Sektorenauftraggeber nicht mit sachverständiger Hilfe vorab eine detaillierte Kostenschätzung in Form einer Preiskalkulation für alle Einzelpositionen der Leistungsbeschreibung vornehmen.[4] Allerdings ist vom Sektorenauftraggeber zu verlangen, dass er eine seriöse Prognose des voraussichtlichen Gesamtauftragswerts anhand objektiver Kriterien vornimmt, dabei Umsicht und Sachkunde walten lässt und die wesentlichen Kostenfaktoren berücksichtigt.[5] Als Maßstab gilt eine Schätzung, die ein umsichtiger und sachkundiger Sektorenauftraggeber nach einer sorgfältigen Prüfung des relevanten Marktsegmentes und auf der Grundlage einer sorgfältigen betriebswirtschaftlichen Planung erstellen würde.[6] Anknüpfungspunkt für den geschätzten Auftragswert ist der Verkehrs- bzw. Marktwert der Lieferungen oder Leistungen. Bei der Schätzung sind realistische Mengen zugrunde zu legen.[7]

12 Die Grundlagen für die Schätzung des Auftragswertes sind von Sektorenauftraggebern in der Vergabeakte zu dokumentieren. Sie sind notwendiger Bestandteil des Vergabevermerkes, auch wenn dies nicht explizit in den Vorgaben an die Dokumentation des § 8 SektVO gefordert ist.[8] Dabei ist nicht nur die Angabe des geschätzten Auftragswertes erforderlich, sondern auch Ausführungen zu dessen Ermittlung. Der Zeitpunkt der Schätzung gemäß Abs. 9 muss sich ebenfalls aus der Dokumentation ergeben. Die Anforderungen an die Genauigkeit der Wertermittlung sowie deren Dokumentation steigen, je mehr sich der geschätzte Auftragswert dem maßgeblichen EU-Schwellenwert annähert.[9]

13 Innerhalb des so skizzierten Rahmens steht Sektorenauftraggebern ein Beurteilungsspielraum zu. Dieser ist von den Nachprüfungsinstanzen zu beachten.[10]

I. Gesamtwert (Abs. 1)

14 § 2 Abs. 1 SektVO verlangt, bei der Schätzung der Auftragswerte den voraussichtlichen Gesamtwert der vorgesehenen Leistung ohne Umsatzsteuer, aber mit etwaigen Optionen oder Vertragsverlängerungen sowie Prämien oder Zahlungen zu berücksichtigen. Die Schätzung des Auftragswertes muss daher zunächst auf dem Gesamtnettowert aufbauen. Diese Bestimmung setzt die Vorgabe des Art. 16 Abs. 1 der Richtlinie 2014/25/EU um. Hintergrund für die Nichtberücksichtigung der Umsatzsteuer sind die in den verschiede-

---

[3] Vgl. OLG Düsseldorf Beschl. v. 8.5.2002 – Verg 5/02.
[4] OLG München Beschl. v. 11.4.2013 – Verg 03/13.
[5] BGH Urt. v. 20.11.2012 – X ZR 108/10; OLG München Beschl. v. 7.3.2013 – Verg 36/12.
[6] OLG Celle Beschl. v. 19.8.2009 – 13 Verg 4/09; OLG Naumburg Beschl. v. 16.10.2007 – 1 Verg 6/07; OLG Düsseldorf Beschl. v. 30.7.2003 – Verg 5/03.
[7] OLG Celle Beschl. v. 19.8.2009 – 13 Verg 4/09.
[8] Vgl. VK Bund Beschl. v. 27.5.2014 – VK 2–31/14.
[9] VK Bund Beschl. v. 27.5.2014 – VK 2–31/14; VK Bund Beschl. v. 6.8.2010 – VK 3–72/10; OLG Celle Beschl. v. 19.8.2009 – 13 Verg 4/09.
[10] OLG München Beschl. v. 11.4.2013 – Verg 03/13; OLG Celle Beschl. v. 19.8.2009 – 13 Verg 4/09.

nen Mitgliedsstaaten unterschiedlich hohen Umsatzsteuersätze, die einer einheitlichen Anwendung des Vergaberechts entgegenstünden.[11]

§ 2 Abs. 1 S. 2 SektVO verlangt, bei der Schätzung auch etwaige Optionen oder Vertragsverlängerungen zu berücksichtigen. Letzteres betrifft insbesondere die vielfach vorzufindenden Klauseln, die eine automatische Verlängerung bei ausbleibender Kündigung vorsehen. Auch derartige Verlängerungsoptionen sind in die Berechnung des Auftragswertes einzubeziehen.[12] Darüber hinaus sind auch Eventual- und Bedarfspositionen erfasst.[13] **15**

Zudem sind Prämien oder Zahlungen an Bewerber oder Bieter, die der Auftraggeber für das Vergabeverfahren vorsieht, bei der Schätzung des Gesamtwerts zu berücksichtigen. Maßgebend für die Schätzung ist somit die Betrachtung des größtmöglichen Auftragswertes. **16**

II. Umgehungsverbot (Abs. 2)

§ 2 Abs. 2 SektVO verbietet es Sektorenauftraggebern, absichtlich von einem zu niedrigen Auftragswert auszugehen, um dadurch die Anwendbarkeit der Vorschriften der SektVO und – vor allem – die Nachprüfungsmöglichkeiten des GWB auszuschließen. § 2 Abs. 2 SektVO nennt hierfür zwei Erscheinungsformen einer unzulässigen Umgehung. Zum einen dürfen Sektorenauftraggeber die Methode zur Berechnung des Werts der zu beauftragenden Leistung nicht in der Absicht der Umgehung des 4. Teils des GWB und der SektVO wählen (Satz 1). Zum anderen dürfen sie einen Auftrag auch nicht in der Absicht aufteilen, hierdurch den maßgeblichen Schwellenwert zu unterschreiten, ohne dass hierfür objektive Gründe bestehen (Satz 2). **17**

§ 2 Abs. 2 SektVO verbietet nicht per se eine Anschaffungsmaßnahme unterhalb der Schwellenwerte.[14] Ebenfalls ist nach dieser Vorschrift grundsätzlich nicht zu beanstanden, wenn der Auftraggeber den Nebengedanken hegt, eine finanziell aufwendige Ausschreibung zu vermeiden.[15] § 2 Abs. 2 SektVO verlangt vielmehr eine absichtliche Manipulation des Auftragswertes, die Umgehung des Sektorenvergaberechts muss also das bewusste und gewollte Ziel der fehlerhaften Schätzung oder Aufteilung darstellen. Bei der Beantwortung dieser Frage ist zu berücksichtigen, dass Sektorenauftraggebern bei der Schätzung ein Beurteilungsspielraum zukommt (vgl. Rdn. 11). **18**

Eine unzulässige Umgehung des Sektorenvergaberechts kann in Kürzungen oder Befristungen von Vertragslaufzeiten liegen und kommt etwa bei unüblich kurzen Laufzeiten oder dem praxisfremden Verzicht auf eine Verlängerungsklausel in Betracht.[16] Allein die Befristung eines Auftrages ist indes noch kein Indiz für eine unzulässige Umgehung. Ein Sektorenauftraggeber kann eine unüblich kurze Laufzeit im Einzelfall ebenso plausibel begründen wie ein Abweichen von einer üblichen Verlängerungspraxis. Lediglich dann, wenn ein Sektorenauftraggeber sachwidrig, insbesondere ohne erkennbaren Grund und nachträglich die Laufzeit verkürzt oder auf eine Verlängerungsklausel verzichtet, ist an einen Verstoß gegen das Umgehungsverbot im Sinne des § 2 Abs. 2 SektVO zu denken.[17] Der Dokumentation des Vorgehens und der Gründe hierfür kommt in diesem Fall eine besondere Bedeutung zu. **19**

Auch die sachwidrige Aufteilung eines Gesamtvorhabens in mehrere Einzelaufträge kann eine unzulässige Umgehung des Sektorenvergaberechts darstellen, wenn die aufgeteilte **20**

---

11 *Zeiss* in JurisPK-VergabeR SektVO § 2 Rdn. 8.
12 OLG Düsseldorf Beschl. v. 10.11.2008 – Verg 45/08; VK Arnsberg Beschl. v. 16.12.2009 – VK 36/09.
13 BayObLG v. 18.6.2002 – Verg 8/02; VK Baden-Württemberg v. 27.6.2003 – 1 VK 29/03.
14 OLG Düsseldorf Beschl. v. 9.11.2001 – Verg 38/01.
15 OLG Frankfurt Beschl. v. 7.9.2004 – 11 Verg 11/04.
16 OLG Düsseldorf Beschl. v. 30.7.2003 – Verg 5/03; VK Düsseldorf Beschl. v. 31.8.2006 – VK-38/2006-L;
VK Münster Beschl. v. 17.1.2002 – VK 23/01.
17 OLG Düsseldorf Beschl. v. 25.3.2002 – Verg 5/02; VK Düsseldorf Beschl. v. 31.8.2006 – VK-38/2006-L.

Leistung im Hinblick auf ihre wirtschaftliche und technische Funktion einen einheitlichen Charakter aufweist.[18] Einzelaufträge im Baubereich sind etwa dann lediglich als Lose einer Gesamtmaßnahme anzusehen, wenn zwischen den verschiedenen Bauabschnitten ein zwingender technischer Zusammenhang besteht, weil einzelne Abschnitte ohne die anderen keine sinnvollen Funktionen erfüllen können.[19] Maßgeblich für das Vorliegen eines Loses im Unterschied zu einem Einzelauftrag ist daher eine funktionale Betrachtung. Dabei sind alle Aufträge zusammenzurechnen, die für die Herstellung oder Durchführung des Vorhabens sowohl in technischer, wirtschaftlicher und organisatorischer Hinsicht als auch im Hinblick auf die sachgerechte Nutzung erteilt werden müssen. Kriterien hierfür sind
- Vollständigkeit und Benutzbarkeit des jeweiligen Teilbereiches,
- die Länge der Bauzeit,
- die (abstandsweise) Finanzierung,
- der Zeitpunkt der Einleitung des Vergabeverfahrens,
- die Koordinierung durch denselben Auftraggeber,
- die Einheitlichkeit des Gebietes.[20]

21   Neben dem funktionalen Zusammenhang der Einzelaufträge ist daher für eine Umgehungsabsicht auch ein zeitlicher Zusammenhang zwischen diesen funktional zusammenhängenden Aufträgen notwendig. Er kann fehlen, wenn Einzelaufträge erst in einer ferneren Planung befindliche Arbeiten betreffen oder deren Ausführung aufgrund von Genehmigungsverfahren noch ungewiss ist.[21] Je komplexer ein Bauvorhaben ist oder in je mehr verschiedenen Phasen es realisiert werden soll, desto höhere Anforderungen sind an den Nachweis eines funktionalen und zeitlichen Zusammenhangs zu stellen. Die bloße konsekutive Erbringung verschiedener Leistungen allein genügt indes nicht, um den funktionalen Zusammenhang zu verneinen.[22]

22   Ein objektiver Grund für die Aufteilung in mehrere Aufträge kann insbesondere darin liegen, dass eine eigenständige Organisationseinheit innerhalb des Auftraggebers selbständig für ihre Auftragsvergabe oder bestimmte Kategorien der Auftragsvergabe zuständig ist. In Erwägungsgrund 30 der Richtlinie 2014/25/EU ist hierfür beispielhaft genannt, dass diese Organisationseinheit selbständig Vergabeverfahren durchführt und Kaufentscheidungen trifft, wenn sie über eine getrennte Haushaltslinie für die entsprechenden Auftragsvergaben verfügt, die Aufträge unabhängig vergibt und aus einem vom Auftraggeber bereitgestellten Budget zur Mittelbewirtschaftung finanziert.

23   Eine bloße dezentrale Vergabeorganisation reicht hierfür jedoch nicht aus (vgl. Erwägungsgrund 30 der Richtlinie 2014/25/EU). Als eigenständige Organisationseinheiten können etwa Schulen und Kindergärten angesehen werden.[23]

III. Maßgeblicher Zeitpunkt (Abs. 3)

24   § 2 Abs. 3 SektVO bestimmt den maßgeblichen Zeitpunkt für die Schätzung des Auftragswertes. Hierbei handelt es sich um den Tag, an dem die Bekanntmachung der beabsichtigten Auftragsvergabe abgesendet oder auf sonstige Art eingeleitet wird.

---

[18] EuGH Urt. v. 15.3.2012 – C-574/10; EuGH Urt. v. 5.10.2000 – C-16/98; Begründung zum Entwurf der VergModVO 2016, BR-Drs. 87/16, 235.

[19] OLG Brandenburg Beschl. v. 20.8.2002 – Verg W 4/02; VK Schleswig-Holstein Beschl. v. 30.8.2006 – VK-SH 20/06.

[20] EuGH Urt. v. 15.3.2012 – C-574/10; EuGH Urt. v. 5.10.2000 – C-16/98; OLG Brandenburg Beschl. v. 20.8.2002 – Verg W 4/02; VK Rheinland-Pfalz Beschl. v. 6.4.2005 – VK 9/05; VK Baden-Württemberg Beschl. v. 22.10.2002 – 1 VK 51/02; VK Düsseldorf Beschl. v. 14.8.2006 – VK-32/2006-B.

[21] OLG Düsseldorf Beschl. v. 31.3.2004 – Verg 74/03; VK Schleswig-Holstein Beschl. v. 30.8.2006 – VK-SH 20/06.

[22] OLG München Beschl. v. 13.3.2017 – Verg 15/16; vgl. auch die Begründung zum Entwurf der VergModVO 2016, BR-Drs. 87/16, 230.

[23] Vgl. Begründung zum Entwurf der VergModVO 2016, BR-Drs. 87/16, 230.

Bei Vergabeverfahren mit Bekanntmachung lässt sich der Tag der Absendung der Be- 25 kanntmachung ohne Weiteres bestimmen und kann entsprechend unproblematisch dokumentiert werden.

Bei Vergabeverfahren ohne Bekanntmachung ist die sonstige Einleitung des Vergabe- 26 verfahrens maßgeblich. Hierbei ist nicht auf die interne Entscheidung des Sektorenauftraggebers, eine Vergabeverfahren durchführen zu wollen, abzustellen. Entscheidend sind vielmehr erste planerische bzw. organisatorische Schritte, die sich auf die konkrete Durchführung des Beschaffungsvorhabens richten.[24] Auch eine Kontaktaufnahme mit potentiellen Anbietern kann mit dem Ziel einer verbindlichen rechtsgeschäftlichen Einigung, die über eine bloße Markterkundung oder -beobachtung hinausgeht, nach außen erkennbar den Beginn eines Vergabeverfahrens manifestieren.[25]

Hat ein Sektorenauftraggeber bereits frühzeitig eine Kostenberechnung erstellt, ist 27 grundsätzlich eine Aktualisierung zum Zeitpunkt der Einleitung des Vergabeverfahrens erforderlich. Dies ist indes nur in den Fällen zwingend, in denen zweifelhaft ist, ob der Schwellenwert über- oder unterschritten wird.[26]

IV. Rahmenvereinbarungen und dynamische Beschaffungssysteme (Abs. 4)

§ 2 Abs. 4 SektVO enthält eine Bestimmung über die Wertberechnung bei Rahmen- 28 vereinbarungen oder dynamischen Beschaffungssystemen. Hierfür ist der geschätzte kumulierte Gesamtwert aller Einzelaufträge maßgeblich, die während der Laufzeit der Rahmenvereinbarung oder des dynamischen Beschaffungssystems geplant sind.

V. Innovationspartnerschaften (Abs. 5)

Die Berechnung des Auftragswertes von Aufträgen, die in der Verfahrensart der mit der 29 Vergabereform 2016 neu eingeführten Innovationspartnerschaft vergeben werden, ist in § 2 Abs. 5 SektVO geregelt. Die Vorschrift spiegelt die Verknüpfung von Forschungs- und Entwicklungsleistungen und Erwerbselementen im Rahmen der Innovationspartnerschaft wider. Entsprechend ist die Vergütung aller Forschungs- und Entwicklungsleistungen einschließlich des Wertes der durch den Auftraggeber nach Abschluss der Innovationspartnerschaft zu beschaffenden innovativen Leistungen.[27]

VI. Bauleistungen (Abs. 6)

Nach § 2 Abs. 6 SektVO ist bei der Schätzung des Auftragswerts von Bauleistungen 30 auch der geschätzte Wert aller Liefer- und Dienstleistungen zu berücksichtigen, die für die Ausführung der Bauleistungen erforderlich sind und vom Auftraggeber zur Verfügung gestellt werden.

Beschafft sich ein Sektorenauftraggeber mithin Baumaterialien selbst oder erbringt ge- 31 wisse Dienstleistungen mit eigenem Personal oder Gerät, hat dies keinen mindernden Einfluss auf die Schätzung des Auftragswertes. Unabhängig davon, ob sich der Sektorenauftraggeber für den Bau erforderliche Liefer- oder Dienstleistungen selbst beschafft oder vom Bauauftragnehmer beschaffen lässt, ist deren Wert in den Gesamtauftragswert einzubeziehen.

---

[24] OLG Düsseldorf Beschl. v. 20.6.2001 – Verg 3/01.
[25] OLG Frankfurt Beschl. v. 7.9.2004 – 11 Verg 11/04.
[26] OLG Celle Beschl. v. 19.8.2009 – 13 Verg 4/09; VK Baden-Württemberg Beschl. v. 15.7.2002 – VK 35/02.
[27] Begründung zum Entwurf der VergModVO 2016, BR-Drs. 87/16, 230.

32   Umfasst sind indes nur für die Ausführung der Bauleistungen unmittelbar erforderliche Liefer- und Dienstleistungen.[28] Hierzu gehören nicht die Baunebenkosten, Grundstückskosten oder Kosten für bewegliche Ausstattungsgegenstände.[29]

33   Planungsleistungen wie Architekten-, Ingenieur- und Statikerleistungen fallen nicht unter den Begriff der Bauleistung und bleiben somit bei der Berechnung des Gesamtwertes außer Acht, wenn der zu vergebende Auftrag nicht gleichzeitig Planung und Ausführung beinhaltet.[30] Ob dies der Fall ist, steht nach § 2 Abs. 6 Satz 2 SektVO im Ermessen des Auftraggebers. Damit soll klargestellt werden, dass Planungs- und Bauleistungen nicht zwingend gemeinsam vergeben werden müssen.[31]

VII. Losteilungen bei Bau- und Dienstleistungsaufträgen (Abs. 7)

34   § 2 Abs. 7 SektVO enthält Regelungen zur Auftragswertschätzung bei möglicher losweiser Vergabe im Bau- und Dienstleistungsbereich. In diesem Fall bildet gemäß Satz 1 der addierte geschätzte Gesamtwert sämtlicher Lose den maßgeblichen Auftragswert.

35   Die in Satz 2 enthaltene Maßgabe, dass dies bei Planungsleistungen lediglich für diejenigen Leistungen gilt, die gleichartig sind, ist jüngst in den Verdacht geraten, mit Blick auf die europarechtlichen Vorgaben bedenklich zu sein.[32] Denn die zugrunde liegende Richtlinie 2014/25/EU enthält eine derartige Einschränkung für Planungsleistungen nicht, sondern lediglich für Lieferleistungen. Sofern man mit dem Verordnungsgeber davon ausgeht, dass angesichts der o. g. Anforderungen an die Aufteilung von Gesamtvorhaben (vgl. Randnummer 19 f.) der Verweis auf die „Gleichartigkeit" bei Planungsleistungen lediglich deklaratorisch sei,[33] lassen sich die Bedenken über die Frage nach dem funktionalen Zusammenhang auflösen. Jedoch dürfte damit die früher wohl herrschende Sichtweise, die die Leistungsbilder der HOAI als Indiz dahingehend verwendete, dass (nur) Leistungen innerhalb des jeweiligen Leistungsbildes gleichartig und somit bei der Ausschreibung von Planungsleistungen wertmäßig zu addieren sind,[34] in dieser Pauschalität nicht haltbar sein.[35]

36   Übersteigt der so geschätzte Gesamtwert den hierfür geltenden EU-Schwellenwert, gelten die Vorgaben der SektVO nach Satz 3 für jedes Los.

VIII. Losteilungen bei Lieferaufträgen (Abs. 8)

37   § 2 Abs. 8 SektVO stellt das Pendant zu Abs. 7 für den Bereich der Lieferleistungen dar. Bei möglicher losweiser Vergabe in Vorhaben, die den Erwerb gleichartiger Lieferungen zum Zweck haben, ist der geschätzte Gesamtwert aller Lose maßgeblich. Der Begriff der „gleichartigen Lieferungen" meint Waren für gleiche oder gleichartige Verwendungszwecke, wie etwa Nahrung oder Büromöbel (vgl. Erwägungsgrund 29 der Richtlinie 2014/25/EU).

---

[28] Vgl. Begründung zum Entwurf der VergModVO 2016, BR-Drs. 87/16, 230.

[29] OLG Stuttgart Beschl. v. 12.8.2002 – 2 Verg 9/02; OLG Celle Beschl. v. 14.11.2002 – 13 Verg 8/02; OLG Brandenburg Beschl. v. 20.8.2002 – Verg W 4/02; VK Baden-Württemberg Beschl. v. 15.7.2001 – 1 VK 35/02.

[30] VK Düsseldorf Beschl. v. 11.9.2001 – VK-19/01-B; VK Münster Beschl. v. 15.11.2006 – VK 13/06.

[31] Vgl. Begründung zum Entwurf der VergModVO 2016, BR-Drs. 87/16, 230.

[32] OLG München Beschl. v. 13.3.2017 – Verg 15/16.

[33] Vgl. Begründung zum Entwurf der VergModVO 2016, BR-Drs. 87/16, 230.

[34] Vgl. die Nachweise des OLG München Beschl. v. 13.3.2017 – Verg 15/16; *Matuscak* NZBau 2016, 613.

[35] Ebenso, wenngleich im Ergebnis nicht entschieden, OLG München Beschl. v. 13.3.2017 – Verg 15/16; zustimmend *Portz* NZBau 2017, 408; kritisch hierzu *Kalte/Übelacker/Zimmermann* ZfBR 2017, 647.

IX. Ausnahmen für einzelne Lose (Abs. 9)

§ 2 Abs. 9 SektVO beinhaltet die sogenannten „80/20-Regel". Sie legt fest, dass Sekto- **38** renauftraggeber bei Losvergaben einzelne Lose bis zu einem bestimmten Wert nicht nach den Vorschriften für Oberschwellenvergaben ausschreiben müssen, sofern die Summe der Nettowerte der freigestellten Lose nicht die Schwelle von 20% des Gesamtauftragswertes übersteigt. Die Befreiung von der EU-Ausschreibungspflicht unterliegt damit zwei kumulativ wirkenden Deckelungsgrenzen: einer auf das individuelle Los bezogenen und einer auf den freigestellten Teil des Gesamtauftrags bezogenen Grenze.

Im Liefer- und Dienstleistungsbereich beträgt der Wert, bis zu dem einzelne Lose für **39** eine Befreiung von der EU-Ausschreibungspflicht in Betracht kommen, EUR 80.000 netto. Im Baubereich darf der Wert des einzelnen Loses die Grenze von EUR 1 Mio. netto nicht übersteigen.

X. Regelmäßig wiederkehrende Liefer- und Dienstleistungsaufträge sowie Daueraufträge (Abs. 10)

§ 2 Abs. 10 SektVO betrifft die Schätzung des Auftragswertes bei regelmäßig wieder- **40** kehrenden Aufträgen sowie bei Daueraufträgen über Liefer- oder Dienstleistungen. Die Vorschrift erfasst nur solche regelmäßig wiederkehrende Aufträge und Daueraufträge, die innerhalb eines bestimmten Zeitraums verlängert werden sollen.[36]

Bei der Schätzung des Auftragswertes von regelmäßigen Aufträgen oder Daueraufträ- **41** gen ist danach zu differenzieren, ob im vorangegangenen Haushaltsjahr oder Geschäftsjahr bereits gleichartige Aufträge vergeben worden sind oder nicht. Ist dies der Fall, ist der Auftragswert auf der Grundlage des tatsächlichen Gesamtwertes entsprechender aufeinanderfolgender Aufträge aus dem vorangegangenen Haushaltsjahr oder Geschäftsjahr zu schätzen. Dabei sind voraussichtliche Änderungen bei Mengen oder Kosten, die während der folgenden zwölf Monate zu erwarten sind, möglichst zu berücksichtigen.

Hat der Sektorenauftraggeber im vorangegangenen Haushaltsjahr oder Geschäftsjahr **42** keine gleichartigen Aufträge vergeben, ist bei der Schätzung auf den voraussichtlichen Gesamtwert während der auf die erste Lieferung folgenden zwölf Monate abzustellen. Falls das auf die erste Lieferung folgende Haushaltsjahr oder Geschäftsjahr länger als zwölf Monate ist, ist dieses maßgeblich.

XI. Liefer- und Dienstleistungsaufträge, für die kein Gesamtwert angegeben ist (Abs. 11)

§ 2 Abs. 11 SektVO betrifft Aufträge über Liefer- oder Dienstleistungen, für die kein **43** Gesamtpreis angegeben wird. Die Regelung des § 2 Abs. 11 SektVO differenziert in diesem Fall bezüglich der Berechnungsgrundlage nach der Vertragslaufzeit. Die entscheidende Grenze stellt eine Laufzeit von 48 Monaten dar. Liegt die jeweilige Vertragslaufzeit darunter, ist der Gesamtwert für die Laufzeit dieses Auftrages als Berechnungsgrundlage maßgeblich (Nr. 1). Beträgt die Vertragslaufzeit mehr als 48 Monate oder handelt es sich um eine unbestimmte Laufzeit, ist für die Berechnungsgrundlage der 48-fache Monatswert entscheidend (Nr. 2). Hierunter fallen auch Verträge mit Klauseln, nach denen sich bei Nichtkündigung der Vertrag automatisch verlängert.[37]

---

36 Vgl. Begründung zum Entwurf der VergModVO 2016, BR-Drs. 87/16, 231.
37 VK Lüneburg Beschl. v. 17.4.2009 – VgK – 12/09.

XII. Planungswettbewerbe (Abs. 12)

44　In § 2 Abs. 12 SektVO ist die Schätzung des Auftragswertes bei Planungswettbewerben im Sinne des § 60 SektVO geregelt. Die Vorschrift ist gegenüber der vorigen Fassung lediglich redaktionell geändert worden.

45　Beabsichtigt ein Sektorenauftraggeber die Durchführung eines Wettbewerbs, der zu einem Dienstleistungsauftrag führen soll, muss er zum einen den Wert dieses Dienstleistungsauftrages schätzen. Zum anderen muss er etwaige Preisgelder und Zahlungen an Teilnehmer des Wettbewerbs berücksichtigen.

46　Die Bestimmungen für alle übrigen Planungswettbewerbe betreffen Fälle, in denen das Verfahren nicht zwingend zu einem Vertragsschluss führen soll. In diesen Fällen ist der maßgebliche Auftragswert anhand der Summe der Preisgelder und Zahlungen an Teilnehmer des Verfahrens einschließlich des Wertes des Dienstleistungsauftrags zu ermitteln, der vergeben werden könnte. Der Wert dieses möglichen Dienstleistungsauftrags muss jedoch nicht hinzugerechnet werden, wenn der Sektorenauftraggeber eine direkte Beauftragung im Anschluss an den Planungswettbewerb schon vorab in der Bekanntmachung ausschließt.

XIII. Bieterschützender Charakter

47　Die Schätzung des Auftragswertes durch den Sektorenauftraggeber ist entscheidend dafür, ob der Auftrag in einem europaweiten Vergabeverfahren auszuschreiben ist und den Bietern der vergaberechtliche Primärrechtsschutz zugutekommt. In einem Nachprüfungsverfahren trägt der Bieter die Darlegungs- und Beweislast dafür, dass der Auftragswert den Schwellenwert erreicht oder überschreitet.

48　In diesem Rahmen kommen gleichwohl die Berechnungsgrundsätze des § 2 SektVO zur Geltung. Kann ein Bieter schlüssig darlegen, dass der Wert des streitgegenständlichen Auftrages den Schwellenwert überschreitet, ist es Sache des Sektorenauftraggebers, eine nachvollziehbare und ordnungsgemäße Schätzung des Auftragswertes unterhalb des Schwellenwertes nachzuweisen.

§ 3 Antragsverfahren für Tätigkeiten, die unmittelbar dem Wettbewerb ausgesetzt sind

(1) Auftraggeber können bei der Europäischen Kommission beantragen festzustellen, dass die Vorschriften des Teils 4 des Gesetzes gegen Wettbewerbsbeschränkungen sowie der Sektorenverordnung auf die Auftragsvergabe oder Ausrichtung von Wettbewerben für die Ausübung dieser Tätigkeit keine Anwendung finden. Dem Antrag ist eine Stellungnahme des Bundeskartellamtes beizufügen. Dem Antrag sind alle sachdienlichen Informationen beizufügen, insbesondere Gesetze, Verordnungen, Verwaltungsvorschriften oder Vereinbarungen, die darlegen, dass die betreffende Tätigkeit unmittelbar dem Wettbewerb auf Märkten ausgesetzt ist, die keiner Zugangsbeschränkung unterliegen. Eine Kopie des Antrags ist dem Bundesministerium für Wirtschaft und Energie zu übermitteln.

(2) Der Antrag des Auftraggebers an das Bundeskartellamt auf Stellungnahme muss die in § 39 Absatz 3 Satz 2 Nummer 1 bis 4 des Gesetzes gegen Wettbewerbsbeschränkungen bezeichneten Angaben enthalten. § 39 Absatz 3 Satz 4 und 5 des Gesetzes gegen Wettbewerbsbeschränkungen gilt entsprechend. Der Antrag nach Absatz 1 kann auch von einem Verband der Auftraggeber gestellt werden. In diesem Fall gelten für die Verbände die Regelungen für Auftraggeber.

(3) Das Bundeskartellamt soll die Stellungnahme innerhalb von vier Monaten nach Antragseingang abgeben. Für die Erarbeitung der beantragten Stellungnahme hat das Bundeskartellamt die Ermittlungsbefugnisse nach den §§ 57 bis 59 des Gesetzes gegen Wettbewerbsbeschränkungen. Das Bundeskartellamt holt eine Stellungnahme der Bundesnetzagentur ein. § 50c Absatz 1 des Gesetzes gegen Wettbewerbsbeschränkungen gilt entsprechend.

(4) Die Stellungnahme des Bundeskartellamtes besitzt keine Bindungswirkung für seine Entscheidungen nach den Teilen 1 bis 3 des Gesetzes gegen Wettbewerbsbeschränkungen.

(5) Einen Antrag nach Absatz 1 kann auch das Bundesministerium für Wirtschaft und Energie stellen. In diesem Fall teilt es der Europäischen Kommission sachdienliche Informationen nach Absatz 1 Satz 3 mit. Es holt zur wettbewerblichen Beurteilung eine Stellungnahme des Bundeskartellamtes ein, die ebenfalls der Kommission der Europäischen Union übermittelt wird. Dies gilt auch für den Fall, dass die Europäische Kommission auf eigene Veranlassung für eine der Sektorentätigkeiten in Deutschland ein solches Verfahren einleitet.

(6) Die Feststellung, dass die betreffende Tätigkeit unmittelbar dem Wettbewerb auf Märkten ausgesetzt ist, die keiner Zugangsbeschränkung unterliegen, gilt als getroffen, wenn die Europäische Kommission dies bestätigt hat oder wenn sie innerhalb der Frist nach Artikel 35 in Verbindung mit Anhang IV der RL 2014/25/EU des Europäischen Parlaments und des Rates vom 26. Februar 2014 über die Vergabe von Aufträgen durch Auftraggeber im Bereich der Wasser-, Energie- und Verkehrsversorgung sowie der Postdienste und zur Aufhebung der RL 2004/17/EG (ABl. L 94 vom 28.3.2014, S. 243) keine Feststellung getroffen hat und das Bundesministerium für Wirtschaft und Energie die Feststellung oder den Ablauf der Frist im Bundesanzeiger bekanntgemacht hat.

(7) Die Absätze 1 bis 6 gelten für Auftraggeber im Sinne des § 143 des Gesetzes gegen Wettbewerbsbeschränkungen entsprechend.

Übersicht

	Rn.		Rn.
A. Einführung	1	C. Allgemeine Antragsvoraussetzungen	5
I. Literatur	1	I. Antragsberechtigung	5
II. Entstehungsgeschichte	2	II. Antragsinhalt	8
III. Rechtliche Vorgaben im EU-Recht	3	III. Beteiligung des Bundeskartellamts	10
B. Allgemeiner Hintergrund	4		

Rn.

D. Besondere Antragsvoraussetzungen für
Auftraggeber und Auftraggeberver-
bände 13
  I. Beteiligung des BMWi 13
  II. Weitere Vorgaben für die Beteiligung
    des BKartA 14
    1. Notwendiger Antragsinhalt des An-
    trags an das Bundeskartellamt Abs. 2
    S. 1 und 2 15

Rn.

  2. Verfahren vor dem BKartA Abs. 3 18
E. Einleitung durch die EU-Kommission   23
F. Verfahren bei der EU-Kommission 24
  I. Verfahrensvorgaben 25
  II. Entscheidung der EU-Kommission 29

A. Einführung

I. Literatur

1 *Eggers*, Europäisches Vergaberecht, 1. Aufl. 2008, Rn. 548 ff.; *Opitz*, Die neue Sektorenverordnung, VergabeR 2009, 689; *Rosenkötter/Plantiko*, Die Befreiung der Sektorentätigkeiten vom Vergaberechtsregime, NZBau 2010, 78; *Müller*, Verordnung über die Vergabe von Aufträgen im Bereich des Verkehrs, der Trinkwasserversorgung und der Energieversorgung Sektorenverordnung (SektVO) – Ein Überblick, VergabeR 2010, 302.

II. Entstehungsgeschichte

2 § 3 aF bestand bereits im alten Recht und beruhte auf Art. 30 der RL 2004/17/EG. Er regelte die Herausnahme bestimmter ganzer Sektoren aus dem Anwendungsbereich des Sektorenvergaberechts vollständig. § 3 nF regelt hingegen **nur das Verfahren**. Der Ausnahmetatbestand befindet sich nun in § 140 Abs. 1 GWB. Dies stellt die größte Veränderung gegenüber § 3 aF dar, der in Abs. 1 und Abs. 2 den Ausnahmetatbestand des § 100b Abs. 4 Nr. 4 GWB aF wiederholte und teilweise konkretisierte.[1] Darüber hinaus wurde die Kostenregelung des § 3 Abs. 5a aF gestrichen. Sie findet sich jetzt in § 140 Abs. 2 GWB. Die übrigen Regelungen wurden größtenteils wortgleich übernommen[2] (siehe aber noch → Rn. 21); geändert wurden jedoch zum Teil die Reihenfolge und die Aufteilung auf die Absätze und Sätze. Diese Neuaufteilung ändert jedoch nichts an der teilweisen Unübersichtlichkeit der Regelung, die stets im Zusammenhang mit den unionsrechtlichen Vorgaben zu lesen ist (→ Rn. 3).[3] Alle Entscheidungen, die auf Grundlage des alten Rechts getroffen worden sind, gelten fort.[4]

III. Rechtliche Vorgaben im EU-Recht

3 § 3 setzt **Art. 35 der RL 2014/25/EU** um[5] und nicht auch noch Art. 34 Abs. 2 und 3,[6] die den Ausnahmetatbestand des Art 34 Abs. 1 konkretisieren – diese finden, wie auch Teile der Vorgaben in Art. 35 – keine Entsprechung im deutschen Umsetzungsrecht,[7] was aber angesichts ihrer ausschließlichen Adressierung an die EU-Kommission und ihres Inhalts, der Regelung des Verfahrens vor der EU-Kommission, auch nicht geboten ist.[8] Zu-

---

[1] Vgl. hierzu *Sudbrock* in Müller-Wrede GWB § 140 Rn. 6.

[2] Anders insoweit *Wieddekind* in Willenbruch/Wieddekind SektVO § 3 Rn. 1; wie hier *Zeiss* in Juris-PK SektVO § 3 Rn. 2.

[3] Kritisch auch *Zeiss* in Juris-PK SektVO § 3 Rn. 41.

[4] Dies stellt Erwägungsgrund 43 der RL 2014/25/EU aus Gründen der Rechtssicherheit klar.

[5] BT-Drs. 18/7318, 210; BR-Drs. 87/16, 231; → GWB § 140 Rn. 4.

[6] So aber *Dietrich* in Greb/Müller, SektVO, § 3 Rn. 5.

[7] Vgl. auch → GWB § 140 Rn. 18; *Sudbrock* in Müller-Wrede GWB § 140 Rn. 6.

[8] *Zeiss* in Juris-PK SektVO § 3 Rn. 4, 6. Vgl. ebenfalls in diese Richtung zu § 3 aF *Rosenkötter/Plantiko* NZBau 2010, 78 (80) mwN; *Schulz* in Gabriel/Krohn/Neun § 49, Rn. 32.

dem betreffen die Erwägungsgründe 48 bis 50 sowie der Anhang IV der RL 2014/25/EU das Verfahren. Darüber hinaus ist der auf Grundlage von Art. 35 Abs. 6 der RL 2014/25/EU ergangene **Durchführungsbeschluss 2016/1804/EU** der EU-Kommission[9] zu beachten, der das Verfahren bei der EU-Kommission ergänzend zu Art. 35 regelt und in den Anhängen Muster für den Antrag und Bekanntmachungen der EU-Kommission enthält.

B. Allgemeiner Hintergrund

Grundgedanke des Sektorenvergaberechts ist das **Bestehen von Marktabschottungen** 4 auf bestimmten Märkten, die deshalb ein spezielles **Sondervergaberecht** erfordern;[10] bestehen solche Zugangsbeschränkungen nicht, ist also die Sektorentätigkeit durch erfolgte Liberalisierung unmittelbar dem Wettbewerb ausgesetzt, soll das Sektorenvergaberecht gem. § 140 Abs. 1 GWB nicht gelten.[11] Dies erfolgt jedoch nicht automatisch, sondern bedarf eines **Freistellungsbeschlusses** durch die EU-Kommission (vgl. Abs. 6 S. 1).[12] Die formellen Voraussetzungen des hierzu nötigen Verfahrens regelt § 3.[13]

C. Allgemeine Antragsvoraussetzungen

I. Antragsberechtigung

Antragsberechtigt sind: 5
1. Sektorenauftraggeber iSv § 100 GWB iVm § 1[14] (§ 3 Abs. 1 S. 1),
2. ein Verband von Sektorenauftraggebern (§ 3 Abs. 2 S. 3),
3. Sektorenauftraggeber iSv § 143 GWB, d. h. solche, die nach dem Bundesberggesetz berechtigt sind, Erdöl, Gas, Kohle oder andere feste Brennstoffe aufzusuchen oder zu gewinnen[15] (§ 3 Abs. 7) und
4. das Bundesministerium für Wirtschaft und Energie (BMWi) (§ 3 Abs. 5 S. 1).

Für diese vier Antragsberechtigten gelten grundsätzlich die gleichen weiteren formellen 6 Antragsvoraussetzungen über den Inhalt des Antrags und die Beteiligung des BKartA (vgl. Abs. 2 S. 4, Abs. 5 S. 2 und 3 und Abs. 7). Die **Antragsberechtigung der Verbände** stellt eine überschießende, aber angesichts der Betroffenheit der ganzen Branche bei einem Freistellungsantrag, eine sachgerechte Umsetzung der RL dar.[16] Sie lässt sich zudem durchaus auf die Verwendung des Plurals („die Auftraggeber") in Art. 35 Abs. 1 der RL 2014/25/EU stützen.[17]

---

[9] Durchführungsbeschluss 2016/1804/EU vom 10.10.2016 über die Durchführungsmodalitäten für die Anwendung der Artikel 34 und 35 der RL 2014/25/EU des Europäischen Parlaments und des Rates über die Vergabe von Aufträgen durch Auftraggeber im Bereich der Wasser-, Energie- und Verkehrsversorgung sowie der Postdienste, ABl. 2016, L275, 39.

[10] Erwägungsgrund 43 der RL 2014/25/EU; *Burgi* § 23, Rn. 2.

[11] → GWB § 100 Rn. 9. Zu den Voraussetzungen im Einzelnen → GWB § 140 Rn. 7 ff.; *Dietrich* in Greb/Müller GWB § 140 Rn. 15 ff.; *Zeiss* in Juris-PK GWB § 140 Rn. 10 ff.

[12] → GWB § 140 Rn. 8.

[13] Zur Notwendigkeit der Antragstellung vgl. *Dietrich* in Greb/Müller GWB § 140 Rn. 4.

[14] Ausführlich zu den Voraussetzungen → GWB § 100 Rn. 6 ff.

[15] Zum Hintergrund dieser Sonderregelung → GWB § 143 Rn. 2.

[16] So bereits zu § 3 aF *Rosenkötter/Plantiko* NZBau 2010, 78 (80); *Sudbrock* in Eschenbruch/Opitz Sekt-VO § 3 Rn. 13. Im Übrigen wurden die beiden Freistellungsverfahren in Deutschland (bzgl. bestimmter Teile der Energiewirtschaft) von einem Auftraggeberverband (dem Bundesverband der Energie- und Wasserwirtschaft) beantragt: vgl. dazu die Entscheidungen der EU-Kommission vom 24.2.2012, COM (2012), 2426 und vom 15.9.2016, COM (2016) 1674. Einen Überblick über alle bisher durchgeführten Verfahren bietet *Debas* in Ziekow/Völlink SektVO § 3 Rn. 17.

[17] *Zeiss* in Juris-PK SektVO § 3 Rn. 11.

7   Darüber hinaus kann die **Europäische Kommission** auf eigene Veranlassung ein Freistellungsverfahren einleiten (vgl. Abs. 5 S. 4) (→ Rn. 23).

II. Antragsinhalt

8   Nach Abs. 1 S. 3 sind dem Antrag an die EU-Kommission **alle sachdienlichen Informationen** beizufügen, die darlegen, dass die betreffende Tätigkeit unmittelbar dem Wettbewerb auf Märkten ausgesetzt ist, die keiner Zugangsbeschränkung unterliegen. Dies sind insbesondere Gesetze, Verordnungen, Verwaltungsvorschriften oder Vereinbarungen. Gem. Art. 1 Abs. 1 iVm Anhang I des Durchführungsbeschlusses 2016/1804/EU muss ein Antrag detaillierte Angaben u. a. über den relevanten Markt, zum Markteintritt und zum Wettbewerb enthalten. Der Antrag sollte so ausführlich wie möglich sein, da der Antragsteller die **Beweislast** für die Erfüllung des Ausnahmetatbestandes trägt.[18]
9   Der Antrag ist der EU-Kommission grundsätzlich über ihr, zu diesem Zweck eingerichtetes, **elektronisches Postfach** zu übermitteln (Art. 1 Abs. 3 des Durchführungsbeschlusses 2016/1804/EU).[19]

III. Beteiligung des Bundeskartellamts

10   Gem. Abs. 1 S. 2 (ggf. iVm Abs. 2 S. 3 oder Abs. 7) bzw. Abs. 5 S. 3 ist dem Antrag an die EU-Kommission eine **Stellungnahme des BKartA beizufügen.** Auftraggeber und Auftraggeberverbände haben diese zu „beantragen"; das BMWi kann sie als oberste Bundesbehörde „einholen" (zu möglichen Konsequenzen dieser Unterscheidung → Rn. 21 f.). Diese Stellungnahme enthält eine wettbewerbliche Beurteilung des jeweiligen Sektors (vgl. Abs. 5 S. 3). Die Zweckmäßigkeit einer solchen Stellungnahme wird zu Recht damit begründet, dass „Wettbewerbsbehörden [...] in der Regel über spezialisiertes Fachwissen, Informationen und Kenntnisse [verfügen], die bei der Bewertung, ob eine Tätigkeit oder Teile davon unmittelbar dem Wettbewerb auf Märkten mit unbeschränktem Zugang ausgesetzt sind, sachdienlich sind."[20] Fehlt die Stellungnahme des BKartA hat der Mitgliedstaat gem. Art. 35 Abs. 2 der RL 2014/25/EU die sachdienlichen Informationen der Kommission zu übermitteln. Zwar bindet die Stellungnahme die EU-Kommission nicht, sie dürfte jedoch, auch aufgrund der Wertung des Erwägungsgrundes 48 der RL 2014/25/EU, großen Einfluss auf die Entscheidung haben.[21]
11   Stellt ein Auftraggeber oder ein Auftraggeberverband (vgl. Abs. 2 S. 4) den Antrag an die EU-Kommission, sind für den Antrag an das BKartA die **Vorgaben des Abs. 2 S. 1 und 2 sowie Verfahrensregeln der Abs. 3 und 4** zu beachten (→ Rn. 13 ff.). Es ist fraglich, ob die Verfahrensvorgaben des Abs. 3 auch für die Einholung einer Stellungnahme durch das BMWi gelten (→ Rn. 21 f.).
12   Für künftige **wettbewerbsrechtliche Entscheidungen** des BKartA im Rahmen des GWB besitzt die Stellungnahme **keine Bindungswirkung** (Abs. 4),[22] was der Unterschiedlichkeit der Verfahren Rechnung trägt.[23]

---

[18] EuG 27.4.2016 – T-463/154, ECLI:EU:T:2016:243 = BeckRS 2016, 80756 Rn. 41. Zur Hemmung der Frist bei unvollständigen Anträge vgl. Nr. 2 des Anhangs IV zur RL 2014/25/EU und *Zeiss* in Juris-PK SektVO § 3 Rn. 15.
[19] Dies trägt der Umstellung auf die grundsätzliche E-Vergabe Rechnung, siehe dazu bündig *Burgi*, § 13 Rn. 31 ff.
[20] Erwägungsgrund 48 der RL 2014/25/EU; vgl. auch *Zeiss* in Juris-PK SektVO § 3 Rn. 18.
[21] Siehe auch *Opitz* VergabeR 2009, 689 (692); *Dietrich* in Greb/Müller SektVO § 3 Rn. 14.
[22] Das Gleiche gilt auch für das europäische Wettbewerbsrecht: Art. 34 Abs. 1 S. 3 der RL 2014/25/EU, Erwägungsgrund 4 und Anhang II des Durchführungsbeschlusses 2016/1804/EU.
[23] Dazu ausführlich *Opitz* VergabeR 2009, 689 (693); *Sudbrock* in Eschenbruch/Opitz SektVO § 3 Rn. 23; *Kolpatzik* in HHKW SektVO, § 3 Rn. 19.

D. Besondere Antragsvoraussetzungen für Auftraggeber und Auftraggeberverbände

I. Beteiligung des BMWi

Gem. Abs. 1 S. 4 ist dem BMWi eine **Kopie des Antrages** an die EU-Kommission zu 13 ermitteln.

II. Weitere Vorgaben für die Beteiligung des BKartA

Die Abs. 2 und 3 enthalten im Falle der Antragsstellung durch Auftraggeber oder Auf- 14 traggeberverbände weitere Vorgaben.

1. Notwendiger Antragsinhalt des Antrags an das Bundeskartellamt Abs. 2 S. 1 und 2

Die Anträge müssen gem. Abs. 2 S. 1 die **Angaben des § 39 Abs. 3 S. 2 Nr. 1 bis 4** 15 **GWB** enthalten.[24] Dies sind:[25]
1. die Firma oder sonstige Bezeichnung und den Ort der Niederlassung oder den Sitz,
2. die Art des Geschäftsbetriebes,
3. die Umsatzerlöse im Inland, in der Europäischen Union und weltweit und
4. die Marktanteile einschließlich der Grundlagen für ihre Berechnung oder Schätzung.

Bei **verbundenen Unternehmen** (vgl. § 138 GWB)[26] sind gem. Abs. 2 S. 2 iVm § 39 16 Abs. 2 S. 4 GWB die Angaben nach § 39 Abs. 2 S. Nr. 1 und 2 GWB auch über die verbundenen Unternehmen und die Angaben nach § 39 Abs. 2 S. 2 Nr. 3 und Nr. 4 GWB über jedes am Zusammenschluss beteiligte Unternehmen und die mit ihm verbundenen Unternehmen insgesamt zu machen sowie die Konzernbeziehungen, Abhängigkeits- und Beteiligungsverhältnisse zwischen den verbundenen Unternehmen mitzuteilen.

Des Weiteren dürfen in dem Antrag **keine unrichtigen oder unvollständigen Anga-** 17 **ben** gemacht oder benutzt werden (Abs. S. 3 iVm § 39 Abs. 2 S. 5 GWB). Sollte ein Antragsteller dies doch tun, dürfte dies in entsprechender Anwendung des § 39 Abs. 2 S. 5 GWB, eine negative Stellungnahme des BKartA zum Freistellungsverfahren zur Folge haben; der Verweis auf die Maßnahmen nach § 36 Abs. 1 GWB und § 40 Abs. 1 GWB passt mE nämlich nicht, da dies spezielle Befugnisse im Rahmen der wettbewerbsrechtlichen Zusammenschlusskontrolle nach §§ 35 ff. GWB sind.[27]

2. Verfahren vor dem BKartA Abs. 3

Innerhalb von vier Monaten nach Antragseingang soll das BKartA gem. Abs. 3 S. 1 18 eine Stellungnahme abgeben. Eine längere Prüfungsfrist muss gerechtfertigt werden.[28]

Das BKartA holt in diesem Zeitraum[29] eine **Stellungnahme der BNetzA** ein (Abs. 3 19 S. 3). Diese Regelung trägt dem Erwägungsgrund 48 der RL 2014/25/EU (dazu schon

---

[24] Möglicherweise wäre ein Verweis auf Anhang I des Durchführungsbeschluss 2016/1804/EU hier sachnäher (so zu § 3 aF *Opitz* VergabeR 2009, 689 [693]).

[25] Vgl. zu den Vorgaben im Detail *Thomas* in Immenga/Mestmäcker, WettbewerbsR, 5. Aufl. 2014, GWB § 39 Rn. 60 ff.

[26] Zu den Voraussetzungen für ein verbundenes Unternehmen → GWB, § 138 Rn. 8 ff.

[27] AA *Dietrich* in Greb/Müller SektVO § 3 Rn. 14; *Müller-Wrede* in Müller-Wrede SektVO § 3 Rn. 19; allerdings beide in bloßer Übernahme des Wortlauts ohne nähere Begründung.

[28] *Zeiss* in Juris-PK SektVO § 3 Rn. 17.

[29] Zwar ist für die Stellungnahme der BNetzA keine Frist genannt, aus Rücksicht auf die Interessen des Antragstellers, hat die BNetzA innerhalb der 4-Monatsfrist Stellung zu nehmen; so auch *Zeiss* in Juris-PK SektVO § 3 Rn. 22 und für § 3 aF *Seidel* in Dreher/Motzke SektVO § 3 Rn. 24.

→ Rn. 10) Rechnung, der neben den Wettbewerbsbehörden auch den sektoralen Regulierungsbehörden ein besonderes Fachwissen, Informationen und Kenntnisse bei der Bewertung zuspricht, ob eine Tätigkeit oder Teile davon unmittelbar dem Wettbewerb auf Märkten mit unbeschränktem Zugang ausgesetzt sind. Die BNetzA verfügt als Regulierungsbehörde über ein Sonderwissen über den Zustand des Wettbewerbs in den Sektoren, sodass erst mit ihrer Beteiligung ein Gesamtbild erzeugt werden kann.[30] Die Stellungnahme kann auch personenbezogene Daten und Betriebs- und Geschäftsgeheimnisse enthalten, soweit dies erforderlich ist, und diese kann das BKartA auch verwerten (Abs. 3 S. 4 iVm § 50c Abs. 1 GWB).

20   Für die Erarbeitung der beantragten Stellungnahme hat das BKartA die **Ermittlungsbefugnisse nach den §§ 57 bis 59 GWB**[31] (Abs. 3 S. 2). Das BKartA kann also gem. dem Untersuchungsgrundsatz des § 57 Abs. 1 GWB alle Ermittlungen führen und alle Beweise erheben, die erforderlich sind. Hierzu kann es u. a. Zeugen oder Sachverständige befragen (§ 57 Abs. 2 GWB), Beschlagnahmen durchführen (§ 58 GWB) und ausführliche Auskunftsverlangen gegenüber Unternehmen und Berufsverbänden stellen (§ 59 GWB). Analog §§ 63 ff. GWB dürfte gegen Verfügungen im Verfahren die Beschwerde zum OLG statthaft sein.[32] Im Übrigen ist der Rechtsschutz in den §§ 57 bis 59 GWB speziell geregelt.

21   **Es ist fraglich ob diese Vorgaben auch im Falle in der Einholung einer Stellungnahme durch das BMWi (Abs. 5 S. 3) gelten** (siehe schon → Rn. 10). Die Frage stellt sich gerade aufgrund der Veränderungen der Norm im Vergleich mit § 3 aF: Dieser regelte in Abs. 3 aF das Verfahren im Falle der Antragsstellung durch das BMWi, in Abs. 4 aF das Verfahren bei Antragstellung durch einen Auftraggeber oder einen Auftraggeberverband. Abs. 5 aF regelte sodann: „Für die Erarbeitung der Stellungnahme *nach den Absätzen 3 und 4* hat das Bundeskartellamt die Ermittlungsbefugnisse (…)". Die Verfahrensvorgaben bezogen sich also sowohl aufgrund der systematischen Stellung des Abs. 5 hinter den Antragsberechtigungsabsätzen, als auch aufgrund des eindeutigen Wortlautes, auch auf Anträge des BMWi. Im neuen Recht steht Antragsberechtigung des BMWi systematisch hinter den Verfahrensvorgaben und auch der Wortlaut des Verfahrensvorgabenabsatzes Abs. 3 wurde geändert: „Für die Erarbeitung der *beantragten* Stellungnahme hat das Bundeskartellamt die Ermittlungsbefugnisse (…)". Anträge müssen nur die Auftraggeber und die Auftraggeberverbände stellen (vgl. Abs. 2), das BMWi holt sie ein (vgl. Abs. 5 S. 3).[33] Diese Veränderungen sprechen eindeutig dafür, dass die Ermittlungsbefugnisse des BKartA und die Notwendigkeit der Einholung der Stellungnahme der BNetzA – die 4-Monatsfrist galt auch im alten Recht nur für Anträge der Auftraggeber und Auftraggeberverbände (vgl. Abs. 4 S. 4 aF) – nicht mehr gelten im Falle der „Einholung" einer Stellungnahme des BKartA durch das BMWi gem. Abs. 5 S. 2.

22   **Es erscheint fragwürdig, ob diese Änderung sinnvoll ist,** da es für die Erstellung der Stellungnahme keinen Unterschied macht von wem der Antrag gestellt wurde: In beiden Fällen ist eine ausreichende Sachverhaltsaufklärung notwendig, wozu die Ermittlungsbefugnisse benötigt werden.[34] Auch die Stellungnahme der BNetzA aufgrund ihres Fachwissen (dazu schon → Rn. 10, 19) ist stets sinnvoll. Angesichts des eindeutigen Wortlauts, kann leider schwerlich von einem bloßen Redaktionsversehen ausgegangen werden.[35] Der Verordnungsgeber ist daher aufgefordert dies klarzustellen.

---

[30] Vgl. ausführlich *Zeiss* in Juris-PK SektVO § 3 Rn. 21.

[31] Bündig zu diesen *Dreher/Kulka* Wettbewerbs- und Kartellrecht, 9. Aufl. 2016, Rn. 1699 ff; zu den unterschiedlichen Ausgangslagen bei Anwendung der Befugnisse, je nachdem ob sie direkt oder, wie hier, „entsprechend" angewendet werden dürfen *Sudbrock* in Eschenbruch/Opitz SektVO § 3 Rn. 21.

[32] So auch zu § 3 aF *Müller-Wrede* in Müller-Wrede SektVO § 3 Rn. 20.

[33] Vgl. dazu auch schon → Rn. 10.

[34] So hieß es in der amtliche Begründung zu § 3 aF (BR-Drs. 522/09, 40) auch noch: „Um die Stellungnahme abgeben zu können, erhält das Bundeskartellamt die *erforderlichen* Befugnisse (Absatz 5)."

[35] Allgemein zur Kategorie des Redaktionsversehens: *Röhl/Röhl* Allgemeine Rechtslehre, 3. Aufl. 2008, S. 615.

E. Einleitung durch die EU-Kommission

Die EU-Kommission kann **auch selbst von Amts wegen** ein Freistellungsverfahren 23
für eine Sektorentätigkeit einleiten.[36] Dies regelt Abs. 5 S. 4 nur indirekt und im Gegensatz zu Art. 30 Abs. 5 UAbs. 3 der RL 2004/17/EG befindet sich in der RL 2014/25/EU
keine explizite Regelung.[37] Die Berechtigung lässt sich jedoch aus der Stellung der EU-
Kommission als Herrin des Verfahrens[38] des Freistellungsverfahrens herleiten. In Falle der
Einleitung eines Freistellungsverfahrens durch die EU-Kommission hat das BMWi gem.
Abs. 5 S. 4 **ebenfalls eine Stellungnahme des BKartA** einzuholen und der EU-Kommission zu übermitteln.[39]

F. Verfahren bei der EU-Kommission

Das Verfahren bei der EU-Kommission[40] nach Antragstellung durch einen Antrags- 24
berechtigten (→ Rn. 5 f.) wird in Art. 35 Abs. 2 bis 5 und im Anhang IV der RL 2014/
25/EU und durch den auf Grundlage von Art. 35 Abs. 6 der RL 2014/25/EU erlassenen
Durchführungsbeschluss 2016/1804/EU der EU-Kommission geregelt.[41] § 3 regelt in
Abs. 6 hingegen nur wann die Freistellungsentscheidung als getroffen gilt (zur Sinnhaftigkeit dieser Regelung → Rn. 30).

I. Verfahrensvorgaben

Mit **Eingang des Antragschreibens** veröffentlicht die EU-Kommission eine **Be-** 25
kanntmachung mit den in Anhang II des Durchführungsbeschlusses 2016/1804/EU genannten Angaben (u. a. Name des Antragsteller, Antragsgegenstand, Fristende).
Während des Verfahrens kann die **EU-Kommission** gem. Nr. 2 des Anhangs IV der 26
RL 2014/25/EU **vom Mitgliedsstaat, vom Antragsteller oder vom BKartA verlan-**
gen, dass innerhalb einer angemessenen Frist alle erforderlichen Informationen
für das Verfahren bereitgestellt werden oder übermittelte Informationen ergänzt oder
erläutert werden.[42]
Anhang IV der RL 2014/25/EU regelt in Nr. 1 die **Bearbeitungsfristen** für die Anträ- 27
ge sowie Verlängerungsgründe für die Frist:[43] Sie beträgt grundsätzlich 130 Arbeitstage; im
Falle eines Antrags eines aufgrund einer in Anhang III der RL 2014/25/EU genannten
EU-Richtlinien liberalisierten Marktes beträgt sie 90 Arbeitstage.[44] Sie beginnt am ersten
Arbeitstag nach Eingang der vollständigen Informationen zu laufen.[45]

---

[36] In der Praxis wäre ein solcher Antrag die Ausnahme vgl. *Eggers* Europäisches Vergaberecht, Rn. 549.
[37] Dazu auch *Schulz* in Gabriel/Krohn/Neun § 49, Rn. 37.
[38] Zur Verfahrenshoheit der EU-Kommission vgl. *Debus* in Ziekow/Völlink SektVO § 3 Rn. 5.
[39] Vgl. *Müller-Wrede* in Müller-Wrede SektVO § 3 Rn. 17; *Sudbrock* in Eschenbruch/Opitz SektVO § 3 Rn. 17.
[40] Zur alleinigen Entscheidungsbefugnis der EU-Kommission *Kolpatzik* in HHKW SektVO, § 3 Rn. 20.
[41] Die Entscheidung der Kommission 2005/15/EG vom 7.1.2005 zum alten Recht ist hingegen durch Art. 3 des Durchführungsbeschlusses 2016/1804/EU aufgehoben und kann daher einzig vgl. *Dietrich* in Greb/Müller, SektVO, § 3 Rn. 9 Fn. 4 und Rn. 15 ff. nicht mehr als Auslegungshilfe herangezogen werden.
[42] Vgl. dazu auch Erwägungsgrund 50 der RL 2014/25/EU. Eine verspätete oder unvollständige Antwort auf Begehren der Kommission führt zur Hemmung der Bearbeitungsfrist (→ Rn. 27).
[43] Vgl. zur Möglichkeit der Fristverlängerung auch Art. 35 Abs. 4 der RL 2014/25/EU, die Erwägungsgründe 48 Abs. 2 und 49 der RL 2014/25/EU und Anhang III A des Durchführungsbeschlusses 2016/1804/EU. Anträge während eines bereits laufenden Verfahrens gelten nicht als Neuanträge und werden innerhalb der Frist des laufenden Verfahren bearbeitet (Art. 35 Abs. 5 der RL 2014/25/EU).
[44] Im Falle der Umsetzung der RL fingiert Art. 34 Abs. 3 der RL 2014/25/EU auch grundsätzlich die Nichtbeschränkung des Marktzugangs. Siehe dazu auch → GWB § 140 Rn. 12.
[45] Zum Unterschied zur alten Rechtslage vgl. *Zeiss* in Juris-PK SektVO § 3 Rn. 37.

28   Der Antragsteller kann den **Antrag** auch **zurückzunehmen** (vgl. Art. 2 Abs. 5 und Anhang III D des Durchführungsbeschlusses 2016/1804/EU).

II. Entscheidung der EU-Kommission

29   Die EU-Kommission hat gem. Art. 35 Abs. 3 UAbs. 2 lit. a der RL 2014/25/EU innerhalb der jeweiligen Bearbeitungsfrist (→ Rn 27) über den Freistellungsantrag zu entscheiden. Eine positive Entscheidung wird idR mit einem Widerrufsvorbehalt versehen.[46] Gegen eine ablehnende Entscheidung können der Mitgliedstaat und die Auftraggeber und deren Verbände **Nichtigkeitsklage** (Art. 263 f. AEUV) erheben.[47] **Entscheidet die EU-Kommission nicht** innerhalb der Frist, **fingiert** Art. 35 Abs. 3 UAbs. 2 lit. b der RL 2014/25/EU die Freistellung von der RL.[48] Diese Entscheidung und alle anderen Bekanntmachungen der EU-Kommission im Verfahren werden im **Amtsblatt der EU** veröffentlicht (Art. 2 des Durchführungsbeschlusses 2016/1804/EU). Allerdings hat dies rein deklaratorischen Charakter und dient der Rechtssicherheit und Transparenz.[49]

30   Hat die EU-Kommission festgestellt, dass eine Tätigkeit unmittelbar dem Wettbewerb ausgesetzt ist oder wurde diese Entscheidung wegen Fristablaufs fingiert, gibt das **BMWi** dies im **Bundesanzeiger** bekannt (Abs. 6). Damit soll die Freistellung von der SektVO als erteilt gelten. Diese Bekanntmachung wird von der RL 2014/25/EU nicht gefordert, sodass sich angesichts der Bekanntmachung im Amtsblatt der EU an der Sinnhaftigkeit einer solchen zusätzlichen Bekanntmachungspflicht zweifeln lässt.[50] Jedenfalls ist die Bekanntmachung auch **keine konstitutive Voraussetzung für die Freistellung** vom Sektorenvergaberecht, da die Bekanntmachung durch die EU-Kommission ausreichend ist und sie damit abschließend von ihrer Kompetenz zur Regelung des Verfahrens Gebrauch gemacht hat.[51]

---

[46] *Eggers* Europäisches Vergaberecht, Rn. 550 mwN.

[47] Ausführlich insb. zur Klageberechtigung der Auftraggeber *Debus* in Ziekow/Völlink SektVO § 3 Rn. 20 f.

[48] Dies wird entgegen der bisherigen Rechtslage auch durch die EU-Kommission gem. Art. 2 Abs. 5 des Durchführungsbeschlusses 2016/1804/EU. bekanntgemacht, sodass auch insoweit (vgl. → Rn. 30) die Regelung des Abs. 6 überflüssig ist (anders aber *Zeiss* in Juris-PK SektVO § 3 Rn. 32, der diese Neuregelung zu übersehen scheint).

[49] Erwägungsgrund 2 des Durchführungsbeschlusses 2016/1804/EU.

[50] *Zeiss* in Juris-PK SektVO § 3 Rn. 30 nennt sie einen „überflüssigen zusätzlichen Formalismus".

[51] So aber *Müller* VergabeR 2010, 302 (304); *Dietrich* in Greb/Müller, SektVO, § 3 Rn. 18; wie hier *Debus* in Ziekow/Völlink SektVO § 3 Rn. 15 mwN.

§ 4 Gelegentliche gemeinsame Auftragsvergabe

(1) Mehrere Auftraggeber können vereinbaren, bestimmte Aufträge gemeinsam zu vergeben. Dies gilt auch für die Auftragsvergabe gemeinsam mit Auftraggebern aus anderen Mitgliedstaaten der Europäischen Union. Die Möglichkeiten zur Nutzung von zentralen Beschaffungsstellen bleiben unberührt.

(2) Soweit das Vergabeverfahren im Namen und im Auftrag aller Auftraggeber insgesamt gemeinsam durchgeführt wird, sind diese für die Einhaltung der Bestimmungen über das Vergabeverfahren gemeinsam verantwortlich. Das gilt auch, wenn ein Auftraggeber das Verfahren in seinem Namen und im Auftrag der anderen Auftraggeber allein ausführt. Bei nur teilweise gemeinsamer Durchführung sind die Auftraggeber nur für jene Teile gemeinsam verantwortlich, die gemeinsam durchgeführt wurden. Wird ein Auftrag durch Auftraggeber aus verschiedenen Mitgliedstaaten der Europäischen Union gemeinsam vergeben, legen diese die Zuständigkeiten und die anwendbaren Bestimmungen des nationalen Rechts durch Vereinbarung fest und geben das in den Vergabeunterlagen an.

Übersicht

	Rn.
A. Einführung	1
B. Kommentierung	2
I. § 4 Abs. 1 SektVO	2
II. § 4 Abs. 2 SektVO	3

A. Einführung

§ 4 SektVO dient der Umsetzung der Art. 56 und 57 RL 2014/25/EU.[1]   **1**

B. Kommentierung

I. § 4 Abs. 1 SektVO

§ 4 Abs. 1 SektVO entspricht nahezu wortgleich § 4 Abs. 1 VgV. Der einzige Unterschied ist die fehlende Verwendung des Wortes „öffentlich" im Zusammenhang mit Auftraggeber und Auftrag. In der Sache ändert das jedoch nichts, so dass auf die Kommentierung zu § 4 Abs. 1 VgV verwiesen wird.   **2**

II. § 4 Abs. 2 SektVO

§ 4 Abs. 2 SektVO entspricht nahezu wortgleich § 4 Abs. 2 VgV. Der einzige Unterschied ist die fehlende Verwendung des Wortes „öffentlich" im Zusammenhang mit Auftraggeber und Auftrag. In der Sache ändert das jedoch nichts, so dass auf die Kommentierung zu § 4 Abs. 2 VgV verwiesen wird.   **3**

---

[1] BT-Drucks. 18/7318, S. 210 f.

§ 5 Wahrung der Vertraulichkeit

(1) **Sofern in dieser Verordnung oder anderen Rechtsvorschriften nichts anderes bestimmt ist, darf der Auftraggeber keine von den Unternehmen übermittelten und von diesen als vertraulich gekennzeichneten Informationen weitergeben. Dazu gehören insbesondere Betriebs- und Geschäftsgeheimnisse und die vertraulichen Aspekte der Angebote einschließlich ihrer Anlagen.**

(2) **Bei der gesamten Kommunikation sowie beim Austausch und bei der Speicherung von Informationen muss der Auftraggeber die Integrität der Daten und die Vertraulichkeit der Interessensbekundungen, Interessensbestätigungen, Teilnahmeanträge und Angebote einschließlich ihrer Anlagen gewährleisten. Die Interessensbekundungen, Interessensbestätigungen, Teilnahmeanträge und Angebote einschließlich ihrer Anlagen sowie die Dokumentation über Öffnung und Wertung der Teilnahmeanträge und Angebote sind auch nach Abschluss des Vergabeverfahrens vertraulich zu behandeln.**

(3) **Der Auftraggeber kann Unternehmen Anforderungen vorschreiben, die auf den Schutz der Vertraulichkeit der Informationen im Rahmen des Vergabeverfahrens abzielen, einschließlich der Informationen, die in Verbindung mit der Verwendung eines Qualifizierungssystems zur Verfügung gestellt werden. Hierzu gehört insbesondere die Abgabe einer Verschwiegenheitserklärung.**

Übersicht

	Rn.		Rn.
A. Einführung	1	III. Rechtliche Vorgaben im EU-Recht	3
I. Literatur	1	**B. Erläuterung**	6
II. Entstehungsgeschichte	2		

A. Einführung

I. Literatur

1 Siehe die Literaturangaben zu § 5 VgV.

II. Entstehungsgeschichte

2   § 5 hat den gleichen Hintergrund wie → § 5 VgV (→ VgV § 5 Rn. 2). Die Vorschrift wurde im Zuge der Vergaberechtsmodernisierung 2016 im Wesentlichen neu eingeführt und basiert überwiegend auf Art. 39 und 40 Abs. 3 Satz 1 SRL bzw. entsprechenden Vorgängerregelungen der SKR (→ III.). Die in Abs. 2 Satz 1 vorgeschriebene Wahrung der Integrität und Vertraulichkeit der Angebote bei der Kommunikation und Datenspeicherung war bereits durch § 5 Abs. 3 SektVO 2009 geschützt. § 5 Abs. 2 Satz 2 hat im Sektorenbereich keinen unmittelbaren Vorgänger, sondern ist an § 5 Abs. 2 Satz 2 VgV angelehnt.

III. Rechtliche Vorgaben im EU-Recht

3   Abs. 1, der den Grundsatz der Vertraulichkeit enthält, dient der Umsetzung von Artikel 39 Absatz 1 SRL.[1] Die Vorschrift entspricht inhaltlich dem Konzept der „Eins-zu-Eins-Umsetzung" der Richtlinien. Das gilt auch für die Einschränkung, dass der Vertraulichkeitsgrundsatz nur gilt, soweit in anderen Rechtsvorschriften nichts anderes bestimmt ist. Die Klarstellung in Art. 39 Abs. 1 SRL, wonach der Vertraulichkeitsgrundsatz nur un-

---

[1] Begründung zu § 5 Abs. 1, BR-Drs. 87/16, 232.

beschadet der Bekanntmachungs- und Unterrichtungspflichten des Auftraggebers gemäß Art. 70 SRL (Vergabebekanntmachung) und Art. 75 SRL (Unterrichtung nicht berücksichtigter Bieter) gilt, wird in § 5 Abs. 1 – ebenso wie in § 5 VgV – indes nicht explizit erwähnt (→ näher VgV § 5 Rn. 3 und 24 f.).

Abs. 2 Satz 1 basiert auf Art. 40 Abs. 3 Satz 1 SRL.[2] Diese Regelung gehört (ebenso wie **4** die in § 5 Abs. 2 VgV umgesetzte Parallelvorschrift des Art. 22 Abs. 3 VRL) zu den Vorschriften über die Kommunikation im Vergabeverfahren und betrifft nicht nur die Wahrung der Vertraulichkeit, sondern auch den Schutz der Datenintegrität bei Kommunikation und Datenspeicherung (→ VgV § 5 Rn. 4 und 30 ff.). Art. 48 Abs. 3 SKR enthielt bereits eine im Wesentlichen gleichlautende Regelung, die in § 5 Abs. 3 SektVO 2009 umgesetzt war. § 5 Abs. 2 Satz 2 hat keine EU-rechtliche Grundlage, sondern wurde aus § 5 Abs. 2 Satz 2 VgV übernommen.[3]

Abs. 3 Satz 1 dient der Umsetzung von Art. 39 Abs. 2 VRL.[4] Die Vorschrift gestattet **5** dem Auftraggeber, den Unternehmen Vorgaben zum Schutz der Vertraulichkeit von Informationen zu machen, die er ihnen im Rahmen des Vergabeverfahrens zur Verfügung stellt. Satz 2, der die Abgabe einer Verschwiegenheitserklärung als mögliche Schutzmaßnahme hervorhebt, hat keine direkte EU-rechtliche Grundlage, sondern dient vor allem der praktischen Klarstellung.

B. Erläuterung

Die Regelung entspricht fast wörtlich → § 5 VgV, auf dessen Kommentierung daher **6** verwiesen wird. Das gilt insbesondere für Abs. 1 und 2, die den Schutz der Vertraulichkeit von Informationen der Unternehmen betreffen (→ § 5 Rn. 10 ff.).

Die Umsetzung der zugrunde liegenden Richtlinienvorschriften ist allerdings insoweit **7** lückenhaft, als die Regelung des Art. 40 Abs. 3 Satz 2 SRL, wonach der Auftraggeber die Angebote und Teilnahmeanträge erst nach Ablauf der Angebots- bzw. Bewerbungsfrist prüfen darf, in der SektVO nicht explizit umgesetzt wurde. Anders als in der VgV, wo die Parallelvorschrift des Art. 22 Abs. 3 Satz 2 VRL im Zusammenhang mit der Aufbewahrung und Öffnung der Angebote und Teilnahmeanträge in §§ 54, 55 Abs. 1 VgV aufgegriffen wurde, fehlt eine entsprechende Regelung in der SektVO.

Abs. 3, der Anforderungen des Auftraggebers zum **Schutz der Vertraulichkeit von** **8** **Informationen des Auftraggebers** betrifft, ist zwar vom Wortlaut her weitgehend identisch mit § 5 Abs. 3 VgV. Er hat jedoch praktisch einen etwas anderen Anwendungsbereich. Während bei öffentlichen Auftraggebern im Bereich der VgV typischerweise die Vertraulichkeit amtlich geheimzuhaltender oder aus sonstigen Gründen des öffentlichen Interesses schützenswerter Informationen im Mittelpunkt steht, geht es im Sektorenbereich in vielen Fällen um den **Schutz von Betriebs- und Geschäftsgeheimnissen des Auftraggebers.**

Die Vorschrift unterscheidet sich vom Wortlaut her im übrigen nur insoweit von der Pa- **9** rallelvorschrift des § 5 Abs. 3 VgV, als sie explizit auch für Informationen gilt, die der Auftraggeber den Unternehmen im Rahmen eines Qualifizierungssystems iSv § 48 SektVO zur Verfügung stellt. Das entspricht Art. 39 Abs. 2 SRL, versteht sich jedoch auch von selbst. Von praktischer Bedeutung ist dagegen die in Abs. 3 nicht ausdrücklich umgesetzte Regelung des Art. 39 Abs. 2 Hs. 2 SRL, wonach der Auftraggeber bei einem Qualifizierungssystem besondere Anforderungen an die Vertraulichkeit auch dann stellen kann, wenn er in der Bekanntmachung des Qualifizierungssystems nicht auf die besonderen Anforderungen hingewiesen hat. Inhaltlich entspricht die Vorschrift im Übrigen § 5 Abs. 3 VgV (→ VgV § 5 Rn. 42 ff.).

---

[2] In der sehr knappen Begründung (BR-Drs. 87/16, 232) wird dieser Umstand allerdings nicht erwähnt.
[3] → näher VgV § 5 Rn. 4.
[4] Begründung zu § 5 Abs. 3, BR-Drs. 87/16, 232.

§ 6 Vermeidung von Interessenkonflikten

(1) Organmitglieder oder Mitarbeiter des öffentlichen Auftraggebers oder eines im Namen des öffentlichen Auftraggebers handelnden Beschaffungsdienstleisters, bei denen ein Interessenkonflikt besteht, dürfen in einem Vergabeverfahren nicht mitwirken.

(2) Ein Interessenkonflikt besteht für Personen, die an der Durchführung des Vergabeverfahrens beteiligt sind oder Einfluss auf den Ausgang eines Vergabeverfahrens nehmen können und die ein direktes oder indirektes finanzielles, wirtschaftliches oder persönliches Interesse haben, das ihre Unparteilichkeit und Unabhängigkeit im Rahmen des Vergabeverfahrens beeinträchtigen könnte.

(3) Es wird vermutet, dass ein Interessenkonflikt besteht, wenn die in Absatz 1 genannten Personen

1. Bewerber oder Bieter sind,
2. einen Bewerber oder Bieter beraten oder sonst unterstützen oder als gesetzliche Vertreter oder nur in dem Vergabeverfahren vertreten,
3. beschäftigt oder tätig sind

   a) bei einem Bewerber oder Bieter gegen Entgelt oder bei ihm als Mitglied des Vorstandes, Aufsichtsrates oder gleichartigen Organs oder
   b) für ein in das Vergabeverfahren eingeschaltetes Unternehmen, wenn dieses Unternehmen zugleich geschäftliche Beziehungen zum öffentlichen Auftraggeber und zum Bewerber oder Bieter hat.

(4) Die Vermutung des Absatzes 3 gilt auch für Personen, deren Angehörige die Voraussetzungen nach Absatz 3 Nummer 1 bis 3 erfüllen. Angehörige sind der Verlobte, der Ehegatte, Lebenspartner, Verwandte und Verschwägerte gerader Linie, Geschwister, Kinder der Geschwister, Ehegatten und Lebenspartner der Geschwister und Geschwister der Ehegatten und Lebenspartner, Geschwister der Eltern sowie Pflegeeltern und Pflegekinder.

Kommentierung

1   § 6 SektVO untersagt natürlichen Personen ein Mitwirken bei Entscheidungen in einem Vergabeverfahren auf Seiten des Auftraggebers, die in einem Näheverhältnis zu einem Bieter oder Bewerber stehen. Die Regelung soll eine Verzerrung des Vergabewettbewerbs verhindern, die durch die Beteiligung von Personen entstehen könnte, die einem Interessenkonflikt unterliegen. Das dient wiederum dazu, die Neutralität des öffentlichen Auftraggebers sicherzustellen und so die Gleichbehandlung aller Bieter zu gewährleisten. Letztendlich konkretisiert die Norm das vergaberechtliche **Gleichbehandlungsgebot** (§ 97 Abs. 2 GWB) sowie das **Wettbewerbs-** und das **Transparenzprinzip** (§ 97 Abs. 1 GWB).

2   Der Tatbestand setzt zum einen **Artikel 42 der Richtlinie 2014/25/EU (SRL)** um und greift zum anderen die bisherige Regelung des § 16 VgV a.F.[1] auf.[2] Da die Richtlinienvorgaben des Art. 42 SRL mit denen des Art. 24 RL 2014/24/EU (VRL), der § 6 VgV zugrunde liegt, inhaltlich übereinstimmen, hat der deutsche Verordnungsgeber die Tatbestände von § 6 SektVO und § 6 VgV wortlautidentisch ausgestaltet. Daher ist an dieser Stelle auf die **Kommentierung zu § 6 VgV** zu verweisen.

3   Die bis zum 17.4.2016 geltende **Sektorenverordnung** kannte keine dem § 6 SektVO vergleichbare Regelung. Stattdessen war die Mitwirkung voreingenommener Personen im Vergabeverfahren am Gleichbehandlungsgebot des § 97 Abs. 2 GWB zu messen.[3]

---

[1] Vergabeverordnung vom 11.2.2003 (BGBl. 2003 I S. 169), aufgehoben durch Art. 7 Abs. 2 Vergaberechtsmodernisierungsverordnung vom 12.4.2016 (BGBl. 2016 I S. 624).

[2] Vgl. BT-Drs. 18/7318, S. 212.

[3] Vgl. *Opitz* in Dreher/Motzke Beck'scher Vergaberechtskommentar 2. Aufl. 2013 § 26 SektVO Rn. 3 f.; für eine sinngemäße Anwendung von § 16 VgV aF *Röwekamp* in Eschenbruch/Opitz SektVO § 26 Rn. 13.

Neben § 6 SektVO tritt **§ 7 SektVO,** der – übereinstimmend mit § 7 VgV – die Be- 4
handlung von sog. **vorbefassten Unternehmen**[4] regelt, die den öffentlichen Auftraggeber
vor Einleitung des förmlichen Vergabeverfahrens beraten haben oder auf andere Art und
Weise an der Vorbereitung des Vergabeverfahrens beteiligt waren. § 6 SektVO tritt gemäß
dem **lex specialis**-Grundsatz hinter § 7 SektVO, der die Projektanten-Problematik erfasst,
zurück.[5]

Zum Gleichbehandlungsgebot des § 97 Abs. 2 GWB und der Beteiligung voreingenommener Personen vgl.
Dreher in Immenga/Mestmäcker GWB § 97 Rn. 88 ff.

[4] Auch als „Projektanten" bezeichnet.

[5] Vgl. hierzu ausführlich § 6 VgV Rn. 55 ff. und Rn. 70.

§ 7 Mitwirkung an der Vorbereitung des Vergabeverfahrens

(1) **Hat ein Unternehmen oder ein mit ihm in Verbindung stehendes Unternehmen den Auftraggeber beraten oder war auf andere Art und Weise an der Vorbereitung des Vergabeverfahrens beteiligt (vorbefasstes Unternehmen), so ergreift der Auftraggeber angemessene Maßnahmen, um sicherzustellen, dass der Wettbewerb durch die Teilnahme dieses Unternehmens nicht verzerrt wird.**

(2) **Die Maßnahmen nach Absatz 1 umfassen insbesondere die Unterrichtung der anderen am Vergabeverfahren teilnehmenden Unternehmen in Bezug auf die einschlägigen Informationen, die im Zusammenhang mit der Einbeziehung des vorbefassten Unternehmens in der Vorbereitung des Vergabeverfahrens ausgetauscht wurden oder daraus resultieren, und die Festlegung angemessener Fristen für den Eingang der Angebote und Teilnahmeanträge.**

(3) **Vor einem Ausschluss nach § 124 Absatz 1 Nummer 6 des Gesetzes gegen Wettbewerbsbeschränkungen ist dem vorbefassten Unternehmen die Möglichkeit zu geben, nachzuweisen, dass seine Beteiligung an der Vorbereitung des Vergabeverfahrens den Wettbewerb nicht verzerren kann.**

Übersicht

	Rn.		Rn.
A. Einführung	1	III. Rechtliche Vorgaben im EU-Recht	3
I. Literatur	1	**B. Inhalt der Regelung des § 7 SektVO**	4
II. Entstehungsgeschichte	2		

A. Einführung

I. Literatur

1   Aufgrund der wörtlichen Übereinstimmung der Regelungen wird vollumfänglich auf die Literaturliste des § 7 VgV verwiesen.

II. Entstehungsgeschichte

2   Die Regelung des § 7 VgV betrifft die sog. Projektantenproblematik, die zuvor in § 6 EG Abs. 6 und 7 VOL/A und § 6 EG Abs. 7 VOB/A bzw. § 4 Abs. 5 VOF geregelt war. Der EuGH stellte in seiner Fabricom Entscheidung[1] aus dem Jahr 2003 erstmals auf die Projektantenproblematik ab. In Übereinstimmung mit der EuGH-Entscheidung wurde im deutschen Recht zunächst eine Regelung in § 4 Abs. 5 VgV geschaffen. Diese Vorschrift wurde im Jahr 2010 aus der VgV gestrichen und dann in die einzelnen Vergabe- und Vertragsordnungen übernommen. Eine vergleichbare Vorschrift war vor der Vergaberechtsreform im Jahre 2016 nicht in der SektVO enthalten.

III. Rechtliche Vorgaben im EU-Recht

3   Die Regelung des § 7 Abs. 1 SektVO setzt Art. 59 der Richtlinie 2014/25/EU um und stellt Anforderungen an den Sektorenauftraggeber dahingehend, welche Maßnahmen dieser im Falle einer Vorbefassung zur Vermeidung von Wettbewerbsverzerrungen zu ergreifen hat. Dabei enthält § 7 Abs. 2 SektVO einen nicht abschließenden Katalog von Maßnahmen, die der Sektorenauftraggeber im Falle einer Vorbefassung treffen kann. Nach

---

[1] EuGH Urt. v. 3.3.2005, Rs. C-21/03 und C-34/03.

§ 7 Abs. 3 SektVO besteht eine Anhörungspflicht auf Seiten des Sektorenauftraggebers als notwendige Voraussetzung für den Ausschluss eines Bieters aus Gründen der Vorbefassung.

B. Inhalt der Regelung des § 7 SektVO

Aufgrund der wörtlichen Übereinstimmung der Regelungen wird vollumfänglich auf **4** die Kommentierung des § 7 VgV verwiesen.

§ 8 Dokumentation

(1) Der Auftraggeber ist verpflichtet, den Fortgang des Vergabeverfahrens jeweils zeitnah zu dokumentieren. Hierzu stellt er sicher, dass er über eine ausreichende Dokumentation verfügt, um Entscheidungen in allen Phasen des Vergabeverfahrens, insbesondere zu den Verhandlungs- oder Dialogphasen, der Auswahl der Teilnehmer sowie der Zuschlagsentscheidung, nachvollziehbar zu begründen.

(2) Der Auftraggeber bewahrt die sachdienlichen Unterlagen zu jedem Auftrag auf. Die Unterlagen müssen so ausführlich sein, dass zu einem späteren Zeitpunkt mindestens folgende Entscheidungen nachvollzogen und gerechtfertigt werden können:

1. Qualifizierung und Auswahl der Teilnehmer sowie Zuschlagserteilung,
2. Rückgriff auf Verhandlungsverfahren ohne vorherigen Teilnahmewettbewerb,
3. Nichtanwendung dieser Verordnung aufgrund der Ausnahmen nach Teil 4 des Gesetzes gegen Wettbewerbsbeschränkungen und
4. Gründe, aus denen andere als elektronische Kommunikationsmittel für die elektronische Einreichung von Angeboten verwendet wurden.

(3) Die Dokumentation ist bis zum Ende der Vertragslaufzeit oder Rahmenvereinbarung aufzubewahren, mindestens jedoch für drei Jahre ab dem Tag des Zuschlags. Gleiches gilt für Kopien aller abgeschlossenen Verträge, die mindestens den folgenden Auftragswert haben:

1. 1 Million Euro im Falle von Liefer- oder Dienstleistungsaufträgen,
2. 10 Millionen Euro im Falle von Bauaufträgen.

(4) Die Dokumentation oder deren Hauptelemente ist der Europäischen Kommission sowie den zuständigen Aufsichts- oder Prüfbehörden auf deren Anforderung hin zu übermitteln.

Übersicht

	Rn.		Rn.
A. Einführung	1	III. Zeitnahe Dokumentation	10
I. Literatur	1	IV. Dokumentation – Regelungsinhalt des Abs. 1	11
II. Entstehungsgeschichte	2		
III. Rechtliche Vorgaben im EU-Recht	3	V. Sachdienliche Unterlagen – Regelungsinhalt des Abs. 2	14
B. Umfang der Dokumentationspflicht	4	VI. Aufbewahrungspflicht	23
I. Sinn und Zweck der Vorschrift	4	C. Anwendungsbereich und Bieterschutz	24
II. Erstellung eines Vergabevermerks	6		

A. Einführung

I. Literatur

1 *Pauka/Kemper,* Eignung und Datenschutz im Vergaberecht, NZBau 2017, 71; *Glahs* Akteneinsichts- und Informationsfreiheitsansprüche im Vergabe- und Nachprüfungsverfahren, NZBau 2014, 75; *Nelskamp/ Dahmen* Dokumentation im Vergabeverfahren, KommJur 2010, 20; *Otting,* Neues Verfahrensrecht für Sektorenauftraggeber, CuR 2010, 153; *Pooth/Sudbrock,* Auswirkungen der Sektorenverordnung auf die Vergabepraxis in kommunalen Unternehmen, KommJur 2010, 446.

II. Entstehungsgeschichte

2   § 8 SektVO lehnt sich an die strengeren Vorgaben in § 8 VgV und § 6 KonzVgV an. Nach dem Wortlaut von § 8 SektVO ist der Auftraggeber verpflichtet, die einzelnen Stufen des Verfahrens zeitnah zu dokumentieren (Abs. 1) und dafür sachdienliche Unterlagen auf-

zubewahren (Abs. 2). Im Gegensatz zu § 8 Abs. 2 VgV und § 6 Abs. 2 KonzVgV fordert § 8 SektVO nicht ausdrücklich die Erstellung eines Vergabevermerks.

III. Rechtliche Vorgaben im EU-Recht

§ 8 SektVO setzt Art. 100 der Richtlinie 2014/25/EU um und entspricht im Grundsatz **3** dem bisherigen § 32 SektVO. Die Vorschrift deckt sich zu großen Teilen mit den Vorschriften der §§ 8 VgV (VgV § 8) und 6 KonzVgV (KonzVgV § 6).

B. Umfang der Dokumentationspflicht

I. Sinn und Zweck der Vorschrift

Die Dokumentationspflicht in § 8 SektVO ist Ausprägung des **Transparenzgebotes 4** und damit wesentlicher Teil eines ordnungsgemäßen Vergabeverfahrens.

Sinn und Zweck der Vergabedokumentation ist es, sowohl für Bewerber bzw. Bieter als **5** auch für Nachprüfungsinstanzen im Rahmen des Primärrechtsschutzes die Entscheidungen des Auftraggebers und die einzelnen Schritte des Verfahrens nachzuvollziehen und nachprüfen zu können.[1]

II. Erstellung eines Vergabevermerks

§ 8 SektVO enthält keine strikten Vorgaben an die Erstellung und den Inhalt von Ver- **6** gabevermerken, wie z.B. § 8 Abs. 2 VgV oder § 6 Abs. 2 KonzVgV. Teilweise wird daher die Ansicht vertreten, dass im Anwendungsbereich der SektVO niedrigere Anforderungen an die Dokumentationspflicht des Auftraggebers gestellt werden. Ausführliche Vergabevermerke seien nicht erforderlich.[2]

Dieser Ansicht ist aber nicht zu folgen. Denn auch wenn § 8 SektVO nicht ausdrücklich **7** die Erstellung eines förmlichen Vergabevermerks unter Einhaltung bestimmter Mindestanforderungen fordert, bedeutet dies nicht zwangsläufig geringere Anforderungen an die Dokumentationspflicht. Vielmehr ist davon auszugehen, dass aus den zahlreichen Privilegien, die die SektVO für Auftraggeber vorsieht, jeweils eine Begründungs- und damit auch eine Dokumentationspflicht folgt, wie der Sektorenauftraggeber seine nach der SektVO zulässigen Gestaltungsspielräume nutzt und/oder sein Ermessen ausübt.

Diese Ansicht wird auch dadurch gestützt, dass § 8 Abs. 1 S. 2 SektVO als **zwingende 8 Verpflichtung** formuliert ist. Der Auftraggeber „stellt sicher", dass ihm die notwendigen Unterlagen zur Verfügung stehen, um sämtliche Entscheidungen „in allen Phasen" des Verfahrens „nachvollziehbar zu begründen".

Zudem ist Art. 100 der Richtlinie 2014/25/EU mit „Vermerke über Vergabeverfahren" **9** überschrieben und auch der nationale Gesetzgeber geht wie selbstverständlich von der Pflicht zur Erstellung eines Vergabevermerks aus. In den Erläuterungen zur Vergaberechtsmodernisierungsverordnung – VergRModVO so heißt es zu § 8 Abs. 4, dass der „Vergabevermerk" der Europäischen Kommission und den zuständigen nationalen Behörden auf deren Anforderung hin übermittelt werden muss.

---

[1] Vgl. OLG Düsseldorf 14.8.2003, Verg 46/03; OLG München 2.11.2012, Verg 26/12.
[2] Pooth/Sudbrock KommJur 2010, 446.

III. Zeitnahe Dokumentation

10   Die Dokumentation muss ausweislich des Wortlauts von § 8 SektVO **„zeitnah"** erfolgen. An dieser Stelle wird auf die Ausführungen zu § 8 VgV verwiesen.

IV. Dokumentation – Regelungsinhalt des Abs. 1

11   Abs. 1 enthält die Forderung, dass der Auftraggeber den Fortgang des Verfahrens zeitnah
dokumentiert und über die entsprechenden Unterlagen verfügt. Der Gang des Verfahrens
muss daher aus den Unterlagen beim Auftraggeber (Vergabeakte) erkennbar sein. Insoweit
ergibt sich kein Unterschied zu §§ 8 VgV bzw. 6 KonzVgV.

12   Der Auftraggeber erfüllt seine **Dokumentationspflicht** nach Abs. 1, wenn der Verfahrensablauf und der materielle Inhalt der im Laufe des Verfahrens getroffenen Entscheidungen nebst Begründung aus der Vergabeakte erkennbar sind. Dabei ist auch im Rahmen der
SektVO die Dokumentation chronologisch („Fortgang des Verfahrens") aufzubauen. Zum
Zwecke der Beweissicherung sollten die einzelnen relevanten Schritte mit einem Datum
versehen werden, bei Öffnung der Angebote o.ä. zusätzlich dazu auch mit der Uhrzeit,
soweit es darauf ankommt.

13   Die Dokumentation muss „Entscheidungen in allen Phasen des Vergabeverfahrens" umfassen. Ausdrücklich genannt sind die Verhandlungs- und Dialogphase, die Auswahl der
Teilnehmer und die Zuschlagsentscheidung. Damit umfasst § 8 Abs. 1 S. 2 SektVO alle
wesentlichen Verfahrensschritte bis hin zur Entscheidung über den Zuschlag. Diese Kern-
inhalte des Vergabeverfahrens sind in der Vergabeakte nachvollziehbar darzustellen.

V. Sachdienliche Unterlagen – Regelungsinhalt des Abs. 2

14   Der Auftraggeber muss „sachdienliche Unterlagen" zu jedem Auftrag aufbewahren. Unter welchen Voraussetzungen Unterlagen **sachdienlich** sind, regeln weder Art. 100 der
Richtlinie 2014/25/EU noch § 8 SektVO.

15   Der Auftraggeber kann daher selbst entscheiden, welche Unterlagen aus seiner Sicht
sachdienlich sind, um den konkreten Ablauf des Vergabeverfahrens **aktenmäßig festzuhalten** und seine Entscheidungen zu dokumentieren. § 8 Abs. 2 S. 2 SektVO nennt Min-
destvoraussetzungen, damit aus den Unterlagen folgende Entscheidungen des Auftraggebers
(sofern erfolgt) nachvollzogen und begründet werden können:
– Qualifizierung und Auswahl der Teilnehmer sowie Zuschlagserteilung,
– Rückgriff auf Verhandlungsverfahren ohne vorherigen Teilnahmewettbewerb,
– Nichtanwendung der Sektorenverordnung aufgrund der Ausnahmen nach Teil 4 des
  Gesetzes gegen Wettbewerbsbeschränkungen und
– Gründe, aus denen andere als elektronische Kommunikationsmittel für die elektronische
  Einreichung von Angeboten verwendet wurden.

16   Diese Vorgaben sind als **Mindestvorgaben** zu verstehen. Darüber hinaus steht es dem
Auftraggeber frei, das Verfahren tiefergehend zu dokumentieren. Empfehlenswert ist es,
zunächst neben Angaben zum Auftraggeber selbst, den Gegenstand und Umfang der Leistung, inklusive Auftragswert bzw. Wert der Rahmenvereinbarung zu dokumentieren, damit
Dritte als Adressat der Dokumentation das Verfahren von Beginn an nachvollziehen
können.

17   Bei der „Qualifizierung und Auswahl der Teilnehmer" und der „Zuschlagserteilung"
(§ 8 Abs. 2 Nr. 1 SektVO) handelt es sich um die Dokumentation der **Kernaufgaben** des
Auftraggebers im Rahmen des Verfahrens. Aus dem Vergabevermerk muss daher erkennbar
sein, auf Grundlage welcher Tatsachen, Umstände und Überlegungen der Auftraggeber

seine Entscheidung, einen Bewerber bzw. Bieter im Verfahren weiter zu berücksichtigen oder auszuschließen, getroffen hat. Insbesondere muss der Auftraggeber darlegen, dass er alle Angebote formal und inhaltlich auf deren Richtigkeit und auf Übereinstimmung mit den Vorgaben aus den Vergabeunterlagen überprüft hat.

Im Rahmen der „Qualifizierung und Auswahl der Teilnehmer" sowie der „Zuschlagser- **18** teilung" sind – entsprechend **§ 8 Abs. 2 Nr. 2 und 3 VgV** – daher auch nach § 8 Sekt-VO die Namen der berücksichtigten Bewerber bzw. Bieter und die Namen der nicht berücksichtigten Bewerber oder Bieter, bei beiden unter Angabe der Gründe für ihre Auswahl bzw. ihre Ablehnung, anzugeben. Der Auftraggeber muss seine Entscheidungen im Teilnahmewettbewerb – soweit ein solcher durchgeführt wird – dokumentieren und klarstellen, welche Bewerber zur Abgabe eines Angebots aufgefordert werden. In der Angebotsphase umfasst die Dokumentation dann auch die gesamte **Wertung** bis hin zur Entscheidung, welcher Bieter den Zuschlag erhalten soll.

Wählt der Auftraggeber das Verhandlungsverfahren ohne Teilnahmewettbewerb, muss er **19** gemäß § 8 Abs. 2 Nr. 2 SektVO begründen, warum ausnahmsweise die Anwendung dieses Verfahrens gerechtfertigt ist.

§ 8 Abs. 2 Nr. 3 SektVO setzt Art. 100 Abs. 1c) der Richtlinie 2014/25/EU um und **20** fordert – eigentlich selbstverständlich – dass eine Dokumentation erfolgen muss, wenn die Verordnung aufgrund einer Ausnahme aus dem 4. Teil des GWB nicht angewandt wird.

Nach § 8 Abs. 2 Nr. 4 SektVO muss der Auftraggeber angeben, warum er – anders als **21** gemäß § 9 SektVO vorgesehen – andere als **elektronische Mittel** für die Einreichung der Angebote zulässt.

Ergänzend zu den in § 8 Abs. 2 SektVO genannten vier Mindestinhalten gilt aus den **22** o. g. Gründen, dass immer dann ein besonderer Begründungsbedarf im Rahmen des Vergabevermerks besteht, wenn im Verfahren vom Regelfall abgewichen werden soll, der Auftraggeber seinen Gestaltungsspielraum nutzt, eine Ermessensentscheidung trifft etc. Nicht hingegen besteht die Pflicht, Selbstverständlichkeiten zu dokumentieren. Insbesondere ist es daher nicht notwendig, die Vorgaben der Vergabeunterlagen zu wiederholen, um zu dokumentieren, dass ein Bieter diese Anforderung eingehalten hat (VgV § 8).

VI. Aufbewahrungspflicht

Nach § 8 Abs. 3 SektVO sind die Dokumentation sowie die Kopien aller abgeschlosse- **23** nen Verträge, die mindestens einen Auftragswert von € 1 Mio. (Liefer- und Dienstleistungen) bzw. € 10 Mio. (Bauaufträge) haben, bis zum Ende der Laufzeit des Vertrags oder der Rahmenvereinbarung aufzubewahren. Als **Mindestaufbewahrungsfrist** werden drei Jahre ab dem Tag des Zuschlags vorgeschrieben. In der Praxis existieren in der Regel weitergehende interne Aufbewahrungsfristen beim Auftraggeber, die von der Vergabestelle zu beachten sind. Ungeachtet von § 8 SektVO können im Falle von Zuwendungen etc. zudem ggf. gesonderte Fristen aus dem Zuwendungsbescheid gelten.

C. Anwendungsbereich und Bieterschutz

Für den Anwendungsbereich gelten die Ausführungen zu § 8 VgV entsprechend (VgV **24** § 8).

§ 8 SektVO vermittelt den am Vergabeverfahren beteiligten Bieter ein subjektives Recht auf Einhaltung der Dokumentationspflicht gemäß § 97 Abs. 6 GWB (GWB § 97 Abs. 6 Rn 34).

Unterabschnitt 2. Kommunikation

§ 9 Grundsätze der Kommunikation

(1) **Für das Senden, Empfangen, Weiterleiten und Speichern von Daten in einem Vergabeverfahren verwenden Auftraggeber und Unternehmen grundsätzlich Geräte und Programme für die elektronische Datenübermittlung (elektronische Mittel).**

(2) **Die Kommunikation in einem Vergabeverfahren kann mündlich erfolgen, wenn sie nicht die Vergabeunterlagen, die Teilnahmeanträge, die Interessensbestätigungen oder die Angebote betrifft und wenn sie ausreichend und in geeigneter Weise dokumentiert wird.**

(3) **Der Auftraggeber kann von jedem Unternehmen die Angabe einer eindeutigen Unternehmensbezeichnung sowie einer elektronischen Adresse verlangen (Registrierung). Für den Zugang zur Auftragsbekanntmachung und zu den Vergabeunterlagen darf der Auftraggeber keine Registrierung verlangen; eine freiwillige Registrierung ist zulässig.**

Übersicht

	Rn.
A. Einführung	1
B. Kommentierung	2

A. Einführung

1 § 9 SektVO dient der Umsetzung des Art. 40 Abs. 1 UA 1 S. 1, Abs. 2 RL 2014/25/EU.[1]

B. Kommentierung

2 § 9 SektVO entspricht nahezu wortgleich dem § 9 VgV, so dass auf die Kommentierung zu § 9 VgV verwiesen wird.

---

[1] BT-Drucks. 18/7318, S. 213.

§ 10 Anforderungen an die verwendeten elektronischen Mittel

(1) Der Auftraggeber legt das erforderliche Sicherheitsniveau für die elektronischen Mittel fest. Elektronische Mittel, die vom Auftraggeber für den Empfang von Angeboten, Teilnahmeanträgen und Interessensbestätigungen sowie von Plänen und Entwürfen für Planungswettbewerbe verwendet werden, müssen gewährleisten, dass

1. die Uhrzeit und der Tag des Datenempfanges genau zu bestimmen sind,
2. kein vorfristiger Zugriff auf die empfangenen Daten möglich ist,
3. der Termin für den erstmaligen Zugriff auf die empfangenen Daten nur von den Berechtigten festgelegt oder geändert werden kann,
4. nur die Berechtigten Zugriff auf die empfangenen Daten oder auf einen Teil derselben haben,
5. nur die Berechtigten nach dem festgesetzten Zeitpunkt Dritten Zugriff auf die empfangenen Daten oder auf einen Teil derselben einräumen dürfen,
6. empfangene Daten nicht an Unberechtigte übermittelt werden und
7. Verstöße oder versuchte Verstöße gegen die Anforderungen gemäß den Nummern 1 bis 6 eindeutig festgestellt werden können.

(2) Die elektronischen Mittel, die vom Auftraggeber für den Empfang von Angeboten, Teilnahmeanträgen und Interessensbestätigungen sowie von Plänen und Entwürfen für Planungswettbewerbe genutzt werden, müssen über eine einheitliche Datenaustauschschnittstelle verfügen. Es sind die jeweils geltenden Interoperabilitäts- und Sicherheitsstandards der Informationstechnik gemäß § 3 Absatz 1 des Vertrags über die Errichtung des IT-Planungsrats und über die Grundlagen der Zusammenarbeit beim Einsatz der Informationstechnologie in den Verwaltungen von Bund und Ländern vom 1. April 2010 zu verwenden.

Übersicht

	Rn.
A. Einführung	1
B. Kommentierung	2

A. Einführung

§ 10 SektVO dient der Umsetzung von Art. 40 Abs. 6 lit. b) und Anhang V[1] RL 2014/ **1** 25/EU.

B. Kommentierung

§ 10 SektVO entspricht nahezu wortgleich dem § 10 VgV, so dass auf die Kommentie- **2** rung zu § 10 VgV verwiesen wird.

---

[1] BT-Drucks. 18/7318, S. 214.

§ 11 Anforderungen an den Einsatz elektronischer Mittel im Vergabeverfahren

(1) Elektronische Mittel und deren technische Merkmale müssen allgemein verfügbar, nichtdiskriminierend und mit allgemein verbreiteten Geräten und Programmen der Informations- und Kommunikationstechnologie kompatibel sein. Sie dürfen den Zugang von Unternehmen zum Vergabeverfahren nicht einschränken. Der Auftraggeber gewährleistet die barrierefreie Ausgestaltung der elektronischen Mittel nach den §§ 4 und 12 des Behindertengleichstellungsgesetzes vom 27. April 2002 (BGBl. I S. 1467, 1468) in der jeweils geltenden Fassung.

(2) Der Auftraggeber verwendet für das Senden, Empfangen, Weiterleiten und Speichern von Daten in einem Vergabeverfahren ausschließlich solche elektronischen Mittel, die die Unversehrtheit, die Vertraulichkeit und die Echtheit der Daten gewährleisten.

(3) Der Auftraggeber muss den Unternehmen alle notwendigen Informationen zur Verfügung stellen über

1. die in einem Vergabeverfahren verwendeten elektronischen Mittel,
2. die technischen Parameter zur Einreichung von Teilnahmeanträgen, Angeboten und Interessensbestätigungen mithilfe elektronischer Mittel und
3. verwendete Verschlüsselungs- und Zeiterfassungsverfahren.

Übersicht

	Rn.
A. Einführung	1
B. Kommentierung	2

A. Einführung

1   § 11 SektVO dient der Umsetzung von Art. 40 Abs. 1 UA 1 S. 2, Abs. 3 S. 1, Abs. 6 UA 1 lit. b) RL 2014/25/EU.[1]

B. Kommentierung

2   § 11 SektVO entspricht nahezu wortgleich dem § 11 VgV, so dass auf die Kommentierung zu § 11 VgV verwiesen wird.

---

[1] BT-Drucks. 18/7318, S. 214 f.

§ 12 Einsatz alternativer elektronischer Mittel bei der Kommunikation

(1) Der Auftraggeber kann im Vergabeverfahren die Verwendung elektronischer Mittel, die nicht allgemein verfügbar sind (alternative elektronische Mittel), verlangen, wenn er

1. Unternehmen während des gesamten Vergabeverfahrens unter einer Internetadresse einen unentgeltlichen, uneingeschränkten, vollständigen und direkten Zugang zu diesen alternativen elektronischen Mitteln gewährt und
2. diese alternativen elektronischen Mittel selbst verwendet.

(2) Der Auftraggeber kann im Rahmen der Vergabe von Bauleistungen und für Planungswettbewerbe die Nutzung elektronischer Mittel für die Bauwerksdatenmodellierung verlangen. Sofern die verlangten elektronischen Mittel für die Bauwerksdatenmodellierung nicht allgemein verfügbar sind, bietet der Auftraggeber einen alternativen Zugang zu ihnen gemäß Absatz 1 an.

Übersicht

	Rn.
A. Einführung	1
B. Kommentierung	2
I. § 12 Abs. 1 SektVO	2
II. § 12 Abs. 2 SektVO	3

A. Einführung

§ 12 SektVO dient der Umsetzung von Art. 40 Abs. 5 RL 2014/25/EU.[1]   **1**

B. Kommentierung

I. § 12 Abs. 1 SektVO

§ 12 Abs. 1 Sekt VO entspricht nahezu wortgleich dem § 12 Abs. 1 VgV, sodass auf die **2** Kommentierung zu § 12 Abs. 1 VgV verwiesen wird.

II. § 12 Abs. 2 SektVO

§ 12 Abs. 2 SektVO entspricht nahezu wortgleich dem § 12 Abs. 2 VgV. § 12 Abs. 2 **3** SektVO spricht von Planungswettbewerben, wohingegen § 12 Abs. 2 VgV lediglich von Wettbewerben spricht. In der Sache macht dies keinen Unterschied, denn sowohl die Verordnungsbegründung zu § 12 Abs. 2 VgV als auch zu § 12 Abs. 2 SektVO sprechen von Planungswettbewerben.[2] Übrigen wird deshalb auf die Kommentierung zu § 12 Abs. 2 VgV verwiesen.

---

[1] BT-Drucks. 18/7318, S. 215.
[2] Vgl. BT-Drucks. 18/7318, S. 155 f. zu § 12 Abs. 2 VgV und S. 215 zu § 12 Abs. 2 SektVO.

Abschnitt 2. Vergabeverfahren

Unterabschnitt 1. Verfahrensarten, Fristen

§ 13 Wahl der Verfahrensart

(1) Dem Auftraggeber stehen zur Vergabe von Aufträgen das offene Verfahren, das nicht offene Verfahren und das Verhandlungsverfahren mit Teilnahmewettbewerb sowie der wettbewerbliche Dialog nach seiner Wahl zur Verfügung. Die Innovationspartnerschaft steht nach Maßgabe dieser Verordnung zur Verfügung.

(2) Der Auftraggeber kann Aufträge im Verhandlungsverfahren ohne Teilnahmewettbewerb vergeben,

1. wenn im Rahmen eines Verhandlungsverfahrens mit Teilnahmewettbewerb keine oder keine geeigneten Angebote oder keine geeigneten Teilnahmeanträge abgegeben worden sind, sofern die ursprünglichen Bedingungen des Auftrags nicht grundlegend geändert werden; ein Angebot gilt als ungeeignet, wenn es ohne Abänderung den in der Auftragsbekanntmachung oder den Vergabeunterlagen genannten Bedürfnissen und Anforderungen des Auftraggebers offensichtlich nicht entsprechen kann; ein Teilnahmeantrag gilt als ungeeignet, wenn das Unternehmen aufgrund des § 142 Nummer 2 des Gesetzes gegen Wettbewerbsbeschränkungen auszuschließen ist oder ausgeschlossen werden kann oder wenn es die objektiven Kriterien bezüglich der Eignung nicht erfüllt;

2. wenn ein Auftrag rein den Zwecken von Forschung, Experimenten, Studien oder der Entwicklung dient und nicht den Zwecken einer Gewinnerzielungsabsicht oder Abdeckung von Forschungs- und Entwicklungskosten und sofern der Zuschlag dem Zuschlag für Folgeaufträge nicht abträglich ist, die insbesondere diesen Zwecken dienen;

3. wenn der Auftrag nur von einem bestimmten Unternehmen erbracht oder bereitgestellt werden kann,

   a) weil ein einzigartiges Kunstwerk oder eine einzigartige künstlerische Leistung erschaffen oder erworben werden soll,

   b) weil aus technischen Gründen kein Wettbewerb vorhanden ist oder

   c) wegen des Schutzes von ausschließlichen Rechten, einschließlich der Rechte des geistigen Eigentums;

4. wenn äußerst dringliche, zwingende Gründe im Zusammenhang mit Ereignissen, die der betreffende Auftraggeber nicht voraussehen konnte, es nicht zulassen, die Mindestfristen einzuhalten, die für das offene und das nicht offene Verfahren sowie für das Verhandlungsverfahren mit Teilnahmewettbewerb vorgeschriebenen sind; die Umstände zur Begründung der äußersten Dringlichkeit dürfen dem Auftraggeber nicht zuzurechnen sein;

5. wenn zusätzliche Lieferleistungen des ursprünglichen Auftragnehmers beschafft werden sollen, die entweder zur teilweisen Erneuerung oder Erweiterung bereits erbrachter Leistungen bestimmt sind, und ein Wechsel des Unternehmens dazu führen würde, dass der Auftraggeber eine Leistung mit unterschiedlichen technischen Merkmalen kaufen müsste und dies eine technische Unvereinbarkeit oder unverhältnismäßige technische Schwierigkeiten bei Gebrauch und Wartung mit sich bringen würde;

6. wenn eine Bau- oder Dienstleistung beschafft werden soll, die in der Wiederholung gleichartiger Leistungen besteht, die durch denselben Auftraggeber an das Unternehmen vergeben werden, das den ersten Auftrag erhalten hat, sofern sie einem Grundprojekt entsprechen und dieses Projekt Gegenstand des ersten Auftrags war, das im Rahmen eines Vergabeverfahrens mit Ausnahme eines Verhandlungsverfahrens ohne Teilnahmewettbewerb vergeben wurde; die Möglichkeit der Anwendung des Verhandlungsverfahrens muss bereits in der Auftragsbekanntmachung des ersten Vorhabens angegeben werden; darüber hinaus

sind im Grundprojekt bereits der Umfang möglicher Bau- oder Dienstleistungen sowie die Bedingungen, unter denen sie vergeben werden, anzugeben; der für die nachfolgenden Bau- oder Dienstleistungen in Aussicht genommene Gesamtauftragswert wird vom Auftraggeber bei der Berechnung des Auftragswerts berücksichtigt;

7. wenn es sich um eine auf einer Warenbörse notierte und gekaufte Lieferleistung handelt;

8. bei Gelegenheitsbeschaffungen, bei denen es möglich ist, Lieferungen zu beschaffen, indem eine besonders vorteilhafte Gelegenheit genutzt wird, die nur kurzfristig besteht und bei der ein Preis erheblich unter den üblichen Marktpreisen liegt;

9. wenn Liefer- oder Dienstleistungen zu besonders günstigen Bedingungen bei Lieferanten, die ihre Geschäftstätigkeit endgültig einstellen, oder bei Insolvenzverwaltern im Rahmen eines Insolvenzverfahrens oder eines in den Vorschriften eines anderen Mitgliedstaats der Europäischen Union vorgesehenen gleichartigen Verfahrens erworben werden; oder

10. wenn im Anschluss an einen Planungswettbewerb im Sinne des § 60 ein Dienstleistungsauftrag nach den Bedingungen dieses Wettbewerbs an den Gewinner oder an einen der Preisträger vergeben werden muss; im letzteren Fall müssen alle Preisträger des Wettbewerbs zur Teilnahme an den Verhandlungen aufgefordert werden.

(3) Die in Absatz 2 Nummer 3 Buchstabe b und c genannten Voraussetzungen für die Anwendung des Verhandlungsverfahrens ohne Teilnahmewettbewerb gelten nur dann, wenn es keine vernünftige Alternative oder Ersatzlösung gibt und der mangelnde Wettbewerb nicht das Ergebnis einer künstlichen Einschränkung der Auftragsvergabeparameter ist.

Übersicht

	Rn.			Rn.
A. Einführung	1		IV. Zwingende Dringlichkeit aufgrund unvorhersehbarer, dem Auftraggeber nicht zuzurechnender Ereignisse (Abs. 2 Nr. 4)	21
I. Literatur	1			
II. Entstehungsgeschichte	2			
III. Rechtliche Vorgaben im EU-Recht	6			
			V. Beschaffung zusätzlicher Lieferleistungen des ursprünglichen Auftragnehmers ((Abs. 2 Nr. 5)	23
B. Wahlfreiheit bei Verfahrensarten (Abs. 1)	7			
			VI. Wiederholung gleichartiger Dienstleistungen (Abs. 2 Nr. 6)	25
C. Verhandlungsverfahren ohne Teilnahmewettbewerb (abs. 2)	9			
			VII. Auf Warenbörse notierte und gekaufte Lieferleistung (Abs. 2 Nr. 7)	27
I. Keine oder keine geeigneten Angebote oder keine geeigneten Teilnahmeanträge im Verhandlungsverfahren mit Teilnahmewettbewerb (Abs. 2 Nr. 1)	11		VIII. Besonderes vorteilhafte Gelegenheitsbeschaffungen (Abs. 2 Nr. 8)	28
			IX. Liefer- oder Dienstleistungen zu besonders günstigen Bedingungen (Abs. 2 Nr. 9)	31
II. Aufträge zu Forschungs-, Experimenten-, Studien oder Entwicklungszwecken (Abs. 2 Nr. 2)	14		X. Aufträge im Anschluss an Planungswettbewerb (Abs. 2 Nr. 10)	32
III. Auftragsdurchführung nur durch ein bestimmtes Unternehmen möglich (Abs. 2 Nr. 3)	20		D. Zusätzliche Voraussetzungen für Verhandlungsverfahren nach Abs. 2 Nr. 3 Buchst. a und b (Abs. 3)	33

A. Einführung

I. Literatur

Konarr-Serr, Die intelligente Umsetzung des Rollouts im Rahmen des MsbG, N&R 2017, 14; *Strauß,* Die Beschaffung von Fahrzeugen für den ÖPNV, VergabeR 2016, 23; *Schröder,* Das Verfahren zur Vergabe von
1

Wasserkonzessionen, NVwZ 2017, 504; vgl. ferner die Literaturhinweise zu § 14 VgV sowie die Literatur-angaben zu § 119 GWB Rn. 1 und § 141 GWB, Rn. 1 im Beck'schen Vergaberechtskommentar Bd. 1.

II. Entstehungsgeschichte

2   § 13 SektVO bildet systematisch den Anfang des 2. Abschnitts „Vergabeverfahren" und eröffnet zudem den 1. Unterabschnitt „Verfahrensarten, Fristen". In diesem Unterabschnitt werden die verschiedenen Verfahrensarten detailliert beschrieben. Solch detaillierte Be-schreibungen fanden sich nicht in der bisherigen Sektorenverordnung (vgl. dort § 6 Sekt-VO a. F.). § 13 SektVO regelt die **Wahl der Verfahrensart** und stellt damit einen wichti-gen **Grundpfeiler** für die Durchführung des Vergabeverfahrens dar.

3   **§ 13 Abs. 1 SektVO** ist inhaltlich identisch mit **§ 141 Abs. 1 GWB.** Er nennt die verschiedenen Verfahrensarten, die in den folgenden Paragrafen des Unterabschnitts „Ver-fahrensarten, Fristen" jeweils in ihren wesentlichen Zügen definiert werden. In der Umset-zung wird so der Zielsetzung der Vergaberechtsmodernisierung, der übersichtlicheren und anwenderfreundlicheren Ausgestaltung des gesamten Verfahrens, gefolgt.[1]

4   Die weiteren Absätze des § 13 SektVO sowie die novellierte Sektorenverordnung insge-samt konkretisieren die einzelnen Verfahrensschritte im Einklang und ergänzend zu § 141 GWB.[2] Die einzelnen Verfahrensarten entsprechen folglich denen des § 141 GWB, wobei der Auftraggeber zwischen offenem, nicht offenem Verfahren, Verhandlungsverfahren mit Teilnahmewettbewerb sowie wettbewerblichem Dialog frei wählen kann. Die Innovations-partnerschaft steht dem Auftraggeber nur nach Maßgabe der Sektorenverordnung zur Ver-fügung, § 13 Abs. 1 Satz 2 SektVO. Das Verhandlungsverfahren ohne Teilnahmewettbe-werb kann ebenfalls nur dann vom Auftraggeber gewählt werden, wenn zumindest einer der in § 13 Abs. 2 SektVO genannten Ausnahmetatbestände erfüllt ist.

5   Diese **Wahlfreiheit zwischen offenem, nicht offenem Verfahren** sowie **Verhand-lungsverfahren mit Teilnahmewettbewerb** bestand schon vor der Reform. Neu hin-zugekommen zur Wahlfreiheit ist der **wettbewerbliche Dialog,** der bislang nicht als Ver-fahrensart zur Verfügung stand. Mit der Vergaberechtsmodernisierung wurde ferner die **Innovationspartnerschaft als neue Verfahrensart** eingeführt, die aber nur unter den Voraussetzungen des § 18 SektVO zur Wahl steht. Sie soll die Beschaffung noch nicht auf dem Markt zugänglicher, innovativer Leistungen ermöglichen.

III. Rechtliche Vorgaben im EU-Recht

6   § 13 SektVO setzt **Art. 44** der **RL 2014/25/EU** um. So ist insbesondere auch die Ein-führung der Innovationspartnerschaft als neue Verfahrensart auf diese Richtlinie zurück-zuführen. Die nunmehr normierte Wahlfreiheit des Auftraggebers auch für den im Sekto-renbereich erstmals eingeführten wettbewerblichen Dialog basiert auf dem Umstand, dass die RL 2014/25/EU keine besonderen Voraussetzungen für diesen vorsieht.[3]

B. Wahlfreiheit bei Verfahrensarten (Abs. 1)

7   § 13 Abs. 1 SekVO normiert die Wahlfreiheit für den Auftraggeber zwischen offenem, nicht offenem, wettbewerblichen Dialog sowie Verhandlungsverfahren mit Teilnahme-wettbewerb. Die Innovationspartnerschaft ist nach Maßgabe des § 18 SektVO und das Ver-handlungsverfahren ohne Teilnahmewettbewerb ist nach Maßgabe des § 13 Abs. 2 SektVO

---

[1] → GWB § 141 Rn. 2.
[2] Näher hierzu → GWB § 141 Rn. 2 ff.
[3] Näher hierzu → GWB § 141 Rn. 3.

zulässig. Insoweit wird auf die Ausführungen im Band 1 des Beck'schen Vergaberechtskommentars verwiesen.[4]

Auch im Fall der Wahlfreiheit sollte der Auftraggeber dokumentieren, vgl. § 8 SektVO, **8** weshalb er sich für eine bestimmte Verfahrensart entscheidet.

Im Hinblick auf die einzelnen Verfahrensarten und deren Vor- und Nachteile wird auf die Kommentierung zu § 14 VgV verwiesen.[5]

C. Verhandlungsverfahren ohne Teilnahmewettbewerb (Abs. 2)

§ 13 Abs. 2 SektVO setzt Art. 50 der RL 2014/25/EU um und benennt abschließend **9** die Voraussetzungen zur Anwendung des Verhandlungsverfahrens ohne Teilnahmewettbewerb. Wie im Bereich der Vergabeverordnung trägt auch hier derjenige die (materielle) **Beweislast, der sich auf** das Vorliegen der jeweiligen Zulässigkeitsvoraussetzungen der Verfahrensarten beruft, mithin in der Regel der Auftraggeber.[6]

Zu berücksichtigen ist Erwägungsgrund 61 der RL 2014/25/EU, wonach angesichts **10** der negativen Auswirkungen auf den Wettbewerb Verhandlungsverfahren ohne Teilnahmewettbewerb nur unter sehr außergewöhnlichen Umständen zur Anwendung kommen soll.

I. Keine oder keine geeigneten Angebote oder keine geeigneten Teilnahmeanträge im Verhandlungsverfahren mit Teilnahmewettbewerb (Abs. 2 Nr. 1)

Abs. 2 Nr. 1 regelt in Umsetzung von Art. 50 lit. a) der RL 2014/25/EU die Zulässig- **11** keit des Verhandlungsverfahrens ohne Teilnahmewettbewerb in Fällen, in denen keine oder keine geeigneten Angebote oder keine geeigneten Teilnahmeanträge im Verhandlungsverfahren mit Teilnahmewettbewerb abgegeben worden sind. Die Vorschrift ist nicht ganz korrekt umgesetzt worden. Art 50 lit. a) der RL 2014/25/EU erfasst ausdrücklich auch die Fälle, in denen kein Teilnahmeantrag eingereicht wurde. § 13 Abs. 2 Nr. 1 SektVO hingegen spricht insoweit nur von keinen geeigneten Teilnahmeanträgen. Im Ergebnis sollte das Verhandlungsverfahren ohne Teilnahmewettbewerb auch in dem Fall für anwendbar erachtet werden, in dem kein Teilnahmeantrag eingereicht wurde. Den Fall der fehlenden Teilnahmeanträge herauszunehmen erscheint inhaltlich nicht überzeugend. Denn bei fehlenden Teilnahmeanträgen wird auch es an Angeboten fehlen und dieser Fall ist vom Wortlaut des § 13 Abs. 2 Nr. 1 SektVO ausdrücklich erfasst. Dieses Ergebnis kann mittels einer richtlinienkonformen Auslegung erzielt werden. Denn die Ausnahmetatbestände sind nach der Rechtsprechung des EuGH als erschöpfend einzustufen[7] und nicht als bloße Mindestvorschriften. Ferner führt die Begründung zur SektVO aus, dass die Nummer 1 der Umsetzung des Artikels 50 Buchstabe a) der Richtlinie 2014/25/EU dient.[8] Der Verordnungsgeber wollte daher offenbar keine Abweichung von dieser Regelung, so dass auch die Fälle der fehlenden Teilnahmeanträge erfasst werden sollte.

Die Vorschrift entspricht inhaltlich im Wesentlichen § 14 Abs. 4 Nr. 1 VgV, so dass auf deren Kommentierung grundsätzlich verwiesen wird.[9]

Im Gegensatz zu § 14 Abs. 4 Nr. 1 VgV definiert § 13 Abs. 2 Nr. 1 SektVO die Un- **12** geeignetheit des Angebots weiter. Nach § 14 Abs. 4 Nr. 1 VgV gilt ein Angebot als unge-

---

[4] → GWB Rn. 10.
[5] VgV 14 Rn. 15 ff. sowie VgV § 18 Rn. 18.
[6] Vgl. EuGH 15.10.2009 – C-275/08 – BeckEuRS 2009, 505136.
[7] EuGH 17.11.1993 – C-71/92.
[8] BT-Drs. 18/7318, S. 216.
[9] VgV § 14 Rn. 33 ff.

eignet, wenn es ohne Abänderung den in den Vergabeunterlagen genannten Bedürfnissen und Anforderungen des öffentlichen Auftraggebers offensichtlich nicht entsprechen kann. Nach § 13 Abs. 2 Nr. 1 SektVO gilt ein Angebot als ungeeignet, wenn es ohne Abänderung den in der Auftragsbekanntmachung oder den Vergabeunterlagen genannten Bedürfnissen und Anforderungen des Auftraggebers offensichtlich nicht entsprechen kann. Somit wird im Sektorenbereich auch die Nichterfüllung der in der Auftragsbekanntmachung genannten Bedürfnissen und Anforderungen erfasst. Art. 50 lit. a) 1. Uabs. der Richtlinie 2014/25/EU spricht (nur) von „Auftragsunterlagen", die nach Art. 2 Nr. 9 der Richtlinie 2014/25/EU auch die „Vergabebekanntmachung" erfasst. Insoweit ist der Wortlaut der Richtlinie mit „Vergabebekanntmachung" etwas missglückt, weil die „Vergabebekanntmachung" grundsätzlich die Bekanntmachung nach Vergabe meint, vgl. Art. 70 der Richtlinie 2014/25/EU. Die englische Fassung spricht daher zutreffend von „contract notice" und nicht von „contract award notice", so dass die Auftragsbekanntmachung vom Begriff der Auftragsunterlagen mit umfasst wird und die Regelung in § 14 Abs. 4 Nr. 1 SektVO richtlinienkonform ist. Im Ergebnis dürfte die Erweiterung auf die Auftragsbekanntmachung im Vergleich zur Regelung in der Vergabeverordnung in der Praxis keinen großen Unterschied nach sich ziehen, weil in den Vergabeunterlagen die detaillierteren Angaben enthalten sind.

13   Der (deutsche) Wortlaut des Art. 50 lit. a) der Richtlinie 2014/25/EU ist ferner auch missglückt, als hier davon die Rede ist, dass ein Angebot als ungeeignet gilt, wenn *„es irrelevant für den Auftrag ist und ohne wesentliche Abänderung den in den Auftragsunterlagen genannten Bedürfnissen und Anforderungen des Auftraggebers offensichtlich nicht entsprechen kann."* Insoweit wird der Begriff der Irrelevanz als eigenständiges Tatbestandmerkmal ausgewiesen, was in der englischen Fassung nicht der Fall ist. Die Richtlinie 2014/24/EU spricht in der vergleichbaren Vorschrift des Art. 32 Abs. 2 lit. a) davon, dass ein Angebot als ungeeignet gilt, *„wenn es irrelevant für den Auftrag ist, das heißt ohne wesentliche Abänderung den in den Auftragsunterlagen genannten Bedürfnissen und Anforderungen des öffentlichen Auftraggebers offensichtlich nicht entsprechen kann."* Danach wird der Begriff Irrelevanz somit definiert, dass das Angebot ohne wesentliche Abänderung den in den Auftragsunterlagen genannten Bedürfnissen und Anforderungen des öffentlichen Auftraggebers offensichtlich nicht entsprechen kann. Vor diesem Hintergrund kann die Umsetzung in § 13 Abs. 2 Nr. 1 SektVO als richtlinienkonform eingestuft werden.

II. Aufträge zu Forschungs-, Experimenten-, Studien oder Entwicklungszwecken (Abs. 2 Nr. 2)

14   § 13 Abs. 2 Nr. 2 SektVO erlaubt ein Verhandlungsverfahren ohne Teilnahmewettbewerb, wenn ein Auftrag rein den Zwecken von Forschung, Experimenten, Studien oder der Entwicklung dient und nicht den Zwecken einer Gewinnerzielungsabsicht oder Abdeckung von Forschungs- und Entwicklungskosten und sofern der Zuschlag dem Zuschlag für Folgeaufträge nicht abträglich ist, die insbesondere diesen Zwecken dienen.

15   Im Hinblick auf Aufträge über Forschungs- und Entwicklungsdienstleistungen ist auch § 137 Abs. 1 Nr. 2 GWB zu beachten. In dem dort geregeltem Ausnahmefall findet das Kartellvergaberecht gar keine Anwendung.[10] Somit ist in diesen Fällen zunächst zu prüfen, ob der jeweilige Auftrag unter diesem Ausnahmetatbestand fällt. Sofern dies nicht der Fall ist und damit das Kartellvergaberecht grundsätzlich Anwendung findet, ist festzustellen, ob der Auftrag im Wege eines Verhandlungsverfahrens ohne Teilnahmewettbewerb nach § 13 Abs. 2 Nr. 2 SektVO vergeben werden kann. Zielsetzung ist hier die Förderung solcher Projekte (Innovation und Forschung), vgl. Erwägungsgrund 57 der Richtlinie 2014/25/EU.

---

[10] Vgl. hierzu im Einzelnen → § 137 GWB, Rn. 34 ff.

Voraussetzungen für den Ausnahmetatbestand des § 13 Abs. 2 Nr. 2 VgV sind: **16**

1. ein Auftrag, der den Zwecken von Forschung, Experimenten, Studien oder der Entwicklung dient,
2. nicht dem Zweck einer Gewinnerzielungsabsicht oder Abdeckung von Forschungs- und Entwicklungskosten dient und
3. der Zuschlag über diesen Auftrag dem Zuschlag für Folgeaufträge nicht abträglich ist, die insbesondere diesen Zwecken (Forschung, Experimenten, Studien oder der Entwicklung) dienen.

Mit der letzten Voraussetzung soll verhindert werden, dass nachfolgend kontinuierlich **17** der Wettbewerb bei Folgeaufträgen durch ein Verhandlungsverfahren ohne Teilnahmewettbewerb eingeschränkt wird.

Im Hinblick auf die Begriffe der Forschung und Entwicklung kann auf die Kommentie- **18** rung zu § 137 GWB[11] sowie die entsprechende Rechtsprechung[12] verwiesen werden. In erster Linie sollen danach öffentliche Beiträge zur Finanzierung von Forschungsprogrammen vom Anwendungsbereich des Vergaberechtsregimes freigestellt werden. Grundsätzlich fallen deshalb nur forschungspolitisch motivierte Forschungs- und Entwicklungsvorhaben unter den Ausnahmetatbestand.[13]

Der Wortlaut des § 13 Abs. 2 Nr. 2 SektVO entspricht nahezu dem aus Art 50 lit. b) der **19** Richtlinie 2014/25/EU. Er ähnelt teilweise auch dem Ausnahmetatbestand des 14 Abs. 4 Nr. 4 VgV. Dort werden aber nur Lieferaufträge erfasst, wohingegen § 13 Abs. 2 Nr. 2 eine solche Beschränkung auf Lieferaufträge nicht enthält.

III. Auftragsdurchführung nur durch ein bestimmtes Unternehmen möglich (Abs. 2 Nr. 3)

§ 13 Abs. 2 Nr. 3 SektVO setzt Art. 50 lit. c) der Richtlinie 2014/25/EU um. Bei der **20** Anwendung dieses Ausnahmetatbestandes ist in den Fällen des § 13 Abs. 2 Nr. 3 lit. a) und lit. b) SektVO stets § 13 Abs. 3 SekVO zu beachten, wonach es keine vernünftige Alternative oder Ersatzlösung geben und der mangelnde Wettbewerb nicht das Ergebnis einer künstlichen Einschränkung der Auftragsvergabeparameter sein darf.

§ 13 Abs. 2 Nr. 3 SektVO entspricht inhaltlich § 14 Abs. 4 Nr. 2 VgV, so dass auf die dortige Kommentierung verwiesen wird.[14]

IV. Zwingende Dringlichkeit aufgrund unvorhersehbarer, dem Auftraggeber nicht zuzurechnender Ereignisse (Abs. 2 Nr. 4)

§ 13 Abs. 2 Nr. 4 SektVO setzt Art. 50 lit. d) der Richtlinie 2014/25/EU um. Er ent- **21** spricht inhaltlich dem § 14 Abs. 4 Nr. 3 VgV, so dass auf die dortige Kommentierung verwiesen wird.[15]

Die in Bezug genommenen Mindestfrist ergibt sich zum einen aus § 14 Abs. 3 SektVO, **22** wonach bei hinreichend begründeter Dringlichkeit in einem offenen Verfahren die Angebotsfrist bei mindestens 15 Tagen gerechnet ab dem Tag nach der Versendung der Auftragsbekanntmachung liegen muss. In einem nicht offenen Verfahren und Verhandlungsverfahren mit Teilnahmewettbewerb muss die Teilnahmefrist ebenfalls mindestens 15 Tage gerechnet ab dem Tag nach der Absendung der Auftragsbekanntmachung umfassen, § 15

---

[11] → GWB § 137 Rn. 36 f.
[12] BayObLG 27.2.2003 – Verg 25/02, NZBau 2003, 634.
[13] BayObLG 27.2.2003 – Verg 25/02, NZBau 2003, 634.
[14] VgV § 14 Rn. 41 ff.
[15] VgV § 14 Rn. 45 ff.

Abs. 2 S. 2 SektVO. Die Angebotsfrist muss in diesen beiden Verfahrensarten mindestens 10 Tage gerechnet ab dem Tag nach der Versendung der Aufforderung zur Angebotsabgabe betragen. Der Ausnahmetatbestand der Dringlichkeit kommt somit nur dann in Betracht, wenn es nicht möglich ist, die Leistung innerhalb dieser (verkürzten) Fristen zu beschaffen.

V. Beschaffung zusätzlicher Lieferleistungen des ursprünglichen Auftragnehmers (Abs. 2 Nr. 5)

23   In Umsetzung von Art. 50 lit. e der Richtlinie 2014/25/EU regelt Abs. 2 Nr. 5 das Verhandlungsverfahren ohne Teilnahmewettbewerb für den Fall, dass zusätzliche Lieferleistungen des ursprünglichen Auftragnehmers beschafft werden sollen. Diese Regelung entspricht inhaltlich dem § 14 Abs. 4 Nr. 5 VgV auf deren Kommentierung insoweit verwiesen wird.[16]

24   Im Gegensatz zum § 14 Abs. 4 Nr. 5 VgV besteht bei § 13 Abs. 2 Nr. 5 SektVO keine zeitlich Beschränkung des zu vergebenden Auftrags in Höhe von regelmäßig drei Jahren. Insoweit ist der Anwendungsbereich des Ausnahmefalls im Sektorenbereich etwas größer.

VI. Wiederholung gleichartiger Dienstleistungen (Abs. 2 Nr. 6)

25   § 13 Abs. 2 Nr. 6 setzt Art. 50 lit. f) der Richtlinie 2014/25/EU um. Die Vorschrift lässt unter den in der Norm genannten Voraussetzungen das Verhandlungsverfahren ohne Teilnahmewettbewerb bei der Wiederholung gleichartiger Dienst- oder Bauleistungen durch dasselbe Unternehmen zu. Die Vorschrift entspricht im Wesentlichen § 14 Abs. 4 Nr. 9 VgV, auf deren Kommentierung verwiesen wird.[17]

26   § 13 Abs. 2 Nr. 6 SektVO ist im Vergleich zu § 14 Abs. 4 Nr. 9 VgV insoweit weiter als er auch Bauleistungen erfasst und keine zeitliche Beschränkung vorsieht. Denn § 14 Abs. 4 Nr. 9 VgV ist auf Dienstleistungen beschränkt und das Verhandlungsverfahren ohne Teilnahmewettbewerb darf nur innerhalb von drei Jahren nach Abschluss des ersten Auftrags angewandt werden. Beide Einschränkungen gelten nicht im Sektorenbereich.

VII. Auf Warenbörse notierte und gekaufte Lieferleistung (Abs. 2 Nr. 7)

27   Art. 50 lit. g) der Richtlinie 2014/25/EU findet seine Umsetzung in deutsches Recht in § 13 Abs. 2 Nr. 7 SektVO, der das Verhandlungsverfahren ohne Teilnahmewettbewerb für die Beschaffung von auf Warenbörsen notierten und gekauften Lieferleistungen vorsieht. Diese Regelung entspricht inhaltlich § 14 Abs. 4 Nr. 6 VgV. Auf die dortige Kommentierung wird verwiesen.[18]

VIII. Besonderes vorteilhafte Gelegenheitsbeschaffungen (Abs. 2 Nr. 8)

28   § 13 Abs. 2 Nr. 8 SektVO setzt Art. 50 lit. h) der Richtlinie 2014/25/EU um. Dieser Ausnahmetatbestand hat keinen unmittelbaren Pendant in der Vergabeverordnung. Dieser Ausnahmetatbestand findet bei Gelegenheitsbeschaffungen Anwendung, bei denen es mög-

---

[16] VgV § 14 Rn. 55 ff.
[17] VgV § 14 Rn. 61 ff.
[18] VgV § 14 Rn. 58.

lich ist, Lieferungen zu beschaffen, indem eine besonders vorteilhafte Gelegenheit genutzt wird, die nur kurzfristig besteht und bei der ein Preis erheblich unter den üblichen Marktpreisen liegt.

Nicht erfasst wird von diesem Tatbestand Beschaffungen im Rahmen eines Insolvenzver- **29** fahrens. Hier findet § 13 Abs. 2 Nr. 9 SektVO Anwendung.

Eine „vorteilhafte Gelegenheit" liegt nur dann vor, wenn es sich um eine einmalige **30** oder nur sehr kurzfristig sich bietende Beschaffungsmöglichkeit handelt, die zudem noch Verkaufspreise unterhalb der üblichen Einkaufspreise für den Auftraggeber verspricht.[19] Somit reicht ein äußerst günstiges Angebot allein nicht aus, wenn es an der Einmaligkeit der Beschaffungsmöglichkeit fehlt.[20] Es ist somit darzulegen, dass der Angebotspreis sich außerhalb eines Verhandlungsverfahrens ohne Teilnahmewettbewerb nicht erzielt werden kann.[21]

IX. Liefer- oder Dienstleistungen zu besonders günstigen Bedingungen (Abs. 2 Nr. 9)

In § 13 Abs. 2 Nr. 9 SektVO wird Art. 50 lit. i) der Richtlinie 2014/25/EU umgesetzt, **31** indem das Verhandlungsverfahren ohne Teilnahmewettbewerb zugelassen wird für Liefer- und Dienstleistungen, die zu besonders günstigen Bedingungen bei Lieferanten, die ihre Geschäftätigkeit endgültig einstellen oder bei Insolvenzverwalten im Rahmen von Insolvenzverfahren (oder vergleichbaren Verfahren eines anderen EU-Mitgliedstaates) erworben werden. Besonders günstige Bedingungen liegen nur vor, wenn die Preise **erheblich unter den marktüblichen Preisen** liegen, die Beschaffung günstiger ist als bei Durchführung eines offenen Verfahrens, nicht offenen Verfahrens oder Verhandlungsverfahrens mit Teilnahmewettbewerb und es sich um einmalige oder nur sehr kurzfristig vorhandene Beschaffungsmöglichkeiten handelt.[22] Die Vorschrift ist inhaltgleich mit § 14 Abs. 4 Nr. 7 VgV, auf deren Kommentierung ergänzend verwiesen wird.[23]

X. Aufträge im Anschluss an Planungswettbewerb (Abs. 2 Nr. 10)

In Umsetzung von Art. 50 lit. j der Richtlinie 2014/25/EU regelt § 13 Abs, 2 Nr. 10 **32** SektVO den Fall, dass ein Dienstleistungsauftrag an einen Gewinner oder an einen Preisträger eines Planungswettbewerbs iSd § 60 SektVO vergeben werden muss. Sofern mehrere Preisträger aus dem Planungswettbewerb hervorgegangen sind und sie alle noch Aussicht auf den Planungsauftrag haben, müssen alle Preisträger zur Teilnahme an den Verhandlungen aufgefordert werden.[24] Das Verhandlungsverfahren ohne Teilnahmewettbewerb ist in diesen Fällen zulässig, da im Rahmen des Planungswettbewerbs – unter Berücksichtigung der Grundsätze der Transparenz und des Wettbewerbs und einer entsprechenden Bekanntmachung – bereits der passende Leistungserbringer ausgewählt werden konnte. Die Vorschrift ist inhaltgleich mit § 14 Abs. 4 Nr. 8 VgV, auf deren Kommentierung ergänzend verwiesen wird.[25]

---

[19] OLG Düsseldorf 8.5.2002 – Verg 5/02, NZBau 2002, 697, 698.
[20] OLG Düsseldorf 8.5.2002 – Verg 5/02, NZBau 2002, 697, 698.
[21] Vgl. OLG Düsseldorf 8.5.2002 – Verg 5/02, NZBau 2002, 697, 698.
[22] Vgl. OLG Düsseldorf 8.5.2002 – VII-Verg 5/02, NZBau 2002, 697 ff.; *Pünder* in Pünder/Schellenberg § 3 EG VOL/A Rn. 28.
[23] VgV § 14 Rn. 59.
[24] Vgl. VK Südbayern Urt. v. 28.1.2003 – 320.VK-3194-42/02, BeckRS 2003, 32440; vgl. auch *Weyand*, VergabeR VOF § 3 Rn. 16.
[25] VgV § 14 Rn. 60.

D. Zusätzliche Voraussetzungen für Verhandlungsverfahren nach Abs. 2 Nr. 3 Buchst. a und b (Abs. 3)

33   Abs. 3 stellt zusätzliche Voraussetzungen für das Verhandlungsverfahren ohne Teilnahmewettbewerb nach Abs. 2 Nr. 3 lit. b (aus technischen Gründen kein Wettbewerb vorhanden) und lit. c (wegen des Schutzes von ausschließlichen Rechten, einschließlich der Rechte des geistigen Eigentums) auf. Demnach sind die beiden Ausnahmetatbestände nur einschlägig, wenn es

1. keine vernünftige Alternative oder Ersatzlösung gibt *und*
2. der mangelnde Wettbewerb nicht das Ergebnis einer künstlichen Einschränkung der Auftragsvergabeparameter ist.

34   Die Regelung dient der Umsetzung von Art. 50 lit. c letzter Halbsatz der Richtlinie 2014/25/EU. Diese Regelung entspricht inhaltsgleich § 14 Abs. 6 VgV, auf deren Kommentierung verwiesen wird.[26]

---

[26] VgV § 14 Rn. 65 ff.

§ 14 Offenes Verfahren, Fristen

(1) **In einem offenen Verfahren kann jedes interessierte Unternehmen ein Angebot abgeben.**

(2) **Die Frist für den Eingang der Angebote (Angebotsfrist) beträgt mindestens 35 Tage, gerechnet ab dem Tag nach der Absendung der Auftragsbekanntmachung.**

(3) **Für den Fall, dass eine hinreichend begründete Dringlichkeit die Einhaltung der Frist gemäß Absatz 2 unmöglich macht, kann der Auftraggeber eine Frist festlegen, die 15 Tage, gerechnet ab dem Tag nach der Absendung der Auftragsbekanntmachung, nicht unterschreiten darf.**

(4) **Der Auftraggeber kann die Frist gemäß Absatz 2 um fünf Tage verkürzen, wenn er die elektronische Übermittlung der Angebote akzeptiert.**

Übersicht

	Rn.		Rn.
A. Einführung	1	C. Angebotsfrist (Abs. 2–4)	12
I. Literatur	1	I. Regelfrist von mind. 35 Tagen (Abs. 2)	12
II. Entstehungsgeschichte	2	II. Verkürzte Frist von mind. 15 Tagen bei Dringlichkeit (Abs. 3)	15
III. Rechtliche Vorgaben im EU-Recht	7	III. Fristverkürzung bei elektronischen Angeboten (Abs. 4)	19
B. Legaldefinition und Ablauf (Abs. 1)	9		

A. Einführung

I. Literatur

Vgl. hierzu die Literatur zu § 14 VgV und § 15 VgV sowie ferner § 141 GWB und § 119 GWB im **1** Beck'schen Vergaberechtskommentar Band 1.

II. Entstehungsgeschichte

Über die Definition in § 119 Abs. 3 GWB hinaus regelt § 14 SektVO den Inhalt des **2** offenen Verfahrens und die Fristen. § 14 SektVO setzt im Wesentlichen Art. 45 der RL 2014/25/EU um. In **systematischer Hinsicht** befinden sich die **Fristenregelungen** für das offene Verfahren nunmehr in Abs. 2 bis 4, angegliedert an das offene Verfahren und nicht mehr wie bisher in einer gesonderten Vorschrift in § 17 SektVO a. F. Zwecks Übersichtlichkeit sind die jeweiligen Mindestfristen nun direkt den einzelnen Verfahrensarten zugeordnet. Zu beachten ist allerdings § 16 SektVO, der mit der Angemessenheitsprüfung der Fristen eine weitere Voraussetzung schafft, die zuvor ebenfalls in § 17 Abs. 4 SektVO a. F. geregelt war. Zudem ist in § 36 Abs. 3 SektVO die Möglichkeit der Fristverkürzung durch Verwendung einer regelmäßig nicht verbindlichen Bekanntmachung geregelt.

Inhaltlich sind die Fristen im Vergleich zu den Vorgängerregelungen, in Anbetracht der **3** Zielsetzung der jüngsten Reform, schnellere und flexiblere Verfahren zu ermöglichen, **gekürzt** worden.[1] So beträgt die Regelmindestfrist anstatt bislang mindestens 52 Tagen nunmehr 35 Tage. Auch wurde die Möglichkeit der Fristverkürzung um fünf Tage geschaffen, wenn der Auftraggeber die Übermittlung elektronischer Angebote akzeptiert, § 14 Abs. 4 SektVO.

Diese Reduzierungen sind insbesondere zurückzuführen auf die erweiterten Regelungen **4** gen zur elektronischen Kommunikation im Rahmen der Auftragsbekanntmachung, welche die Zeitspanne zwischen Absendung und Veröffentlichung der Auftragsbekanntmachung

---

[1] Vgl. Erwägungsgrund 89 der RL 2014/25/EU.

verkürzt. Die Nutzung elektronischer Informations- und Kommunikationsmittel im Rahmen des Vergabeverfahrens bewirkt nicht nur eine Zeitersparnis, sondern auch mehr Transparenz für die Wirtschaftsteilnehmer und Bieter. Nach Erwägungsgrund 89 der RL 2014/25/EU sollen die Fristen für die Teilnahme an Vergabeverfahren so kurz wie möglich gehalten werden, ohne unzulässige Hürden für den Zugang von Wirtschaftsteilnehmern im Binnenmarkt und insbesondere für KMU zu schaffen.

5   Zudem stellt die Regelung der Möglichkeit der Fristverkürzung bei Dringlichkeit in Abs. 3 eine Neuregelung dar. Nunmehr soll im offenen Verfahren der Auftraggeber die Möglichkeit haben, die Fristen für den Eingang der Angebote weiter zu verkürzen, wenn aufgrund der Dringlichkeit die regulären Fristen nicht praktikabel sind, aber dennoch ein offenes Verfahren mit Bekanntmachung nicht unmöglich ist.[2]

6   Eine Regelung wie in § 15 Abs. 5 VgV zur Zulässigkeit der Aufklärung des Angebotsinhaltes und zum Verhandlungsverbot enthält § 14 SektVO jedoch nicht. Gleichwohl gilt das **Verhandlungsverbot im offenen Verfahren auch im Sektorenbereich,** so dass nur eine Aufklärung über das Angebot nach Ablauf der Angebotsfrist, nicht jedoch eine Verhandlung darüber zulässig ist. Denn das Verhandlungsverbot folgt aus den allgemeinen Grundsätzen des Wettbewerbs, der Transparenz und der Gleichbehandlung im Sinne des § 97 Abs. 1 und Abs. 2 GWB. So hat die Vergabekammer Bund festgestellt, dass aus dem allgemeinen vergaberechtlichen Wettbewerbsgrundsatz nach § 97 Abs. 1 GWB ableitend auch im Anwendungsbereich der SektVO ein Nachverhandeln zwischen dem Auftraggeber und einem Bieter verboten sei.[3] Nur so könne der Wettbewerb unter gleichen Bedingungen für alle Bieter gewährleistet und nachträgliche Manipulationen durch Nachbessern einzelner Angebote verhindert werden.[4]

III. Rechtliche Vorgaben im EU-Recht

7   Die Vorgaben zum offenen Verfahren finden sich im EU-Recht in Art. 45 RL 2014/25/EU, der Teil des zweiten Titels „Vorschriften über Aufträge" im Kapitel „Verfahren" ist. Die Definition des offenen Verfahrens ist in Art. 45 Abs. 1 Uabs. 1 RL 2014/25/EU enthalten und inhaltlich entsprechend in § 119 Abs. 3 GWB und § 14 Abs. 1 SektVO übernommen worden. Ebenfalls schreibt Art. 45 Abs. 1 Uabs. 2 RL 2014/25/EU die Regelmindestfrist von 35 Tagen, gerechnet ab dem Tag der Absendung der Auftragsbekanntmachung, vor, die in § 14 Abs. 2 SektVO ihre Umsetzung in das deutsche Vergaberecht gefunden hat. Des Weiteren stellt Art. 45 Abs. 1 Uabs. 3 RL 2014/25/EU klar, dass dem Angebot die vom Auftraggeber verlangten Informationen im Hinblick auf die Eignung beizufügen sind. Diese Formulierung ist nicht in § 14 SektVO übernommen worden. Sie enthält keinen spezifischen Regelungsgehalt. So dürfte der Gesetzgeber die Formulierung nicht ebenfalls in den Paragrafen zum offenen Verfahren eingefügt haben, da es offenkundig sein dürfte, dass dem Angebot die vom Auftraggeber geforderten Informationen beizufügen sind, um ein vollständiges Angebot einzureichen. Das Fehlen von Unterlagen und die Konsequenz daraus betreffen die Prüfung und Wertung von Angeboten und sind somit unter dem Aspekt der Systematik dem Kapitel III Ablauf des Verfahrens der Richtlinie zuzuordnen.

8   Die Neuregelung zur Möglichkeit der Fristverkürzung bei Dringlichkeit im offenen Verfahren (beschleunigtes Verfahren) ist in Art. 45 Abs. 3 RL 2014/25/EU statuiert und in § 14 Abs. 3 SektVO inhaltsgleich eingeführt worden. Die in Art. 45 Abs. 2 RL 2014/25/EU außerdem enthaltenen Vorschriften zur regelmäßige nicht verbindliche Bekannt-

---

[2] Vgl. Erwägungsgrund 89 der RL 2014/25/EU.
[3] VK Bund Beschl. v. 14.3.2017 – VK 1-15/17 unter Berufung auf EuGH Urt. v. 10.10.2013 – C-336/12 und v. 29.3.2012 – C-599/10; OLG Düsseldorf Beschl. v. 9.6.2010 – VII-Verg 5/10.
[4] VK Bund Beschl. v. 14.3.2017 – VK 1-15/17 unter Berufung auf EuGH Urt. v. 10.10.2013 – C-336/12 und v. 29.3.2012 – C-599/10; OLG Düsseldorf Beschl. v. 9.6.2010 – VII-Verg 5/10.

machung und der mit dieser verbundenen Möglichkeit der Fristverkürzung sind in der deutschen Umsetzung aus dem Paragrafen zum offenen Verfahren ausgelagert worden in § 36 Abs. 3 SektVO.

Art. 45 Abs. 4 RL 2014/25/EU gibt zudem die Möglichkeit der Fristverkürzung um fünf Tage vor, wenn der Auftraggeber die Übermittlung elektronischer Angebote akzeptiert.

B. Legaldefinition und Ablauf (Abs. 1)

Da Abs. 1 im Wesentlichen inhaltsgleich zu § 15 VgV ist wird auf die dortige Kommentierung verwiesen.[5] **9**

Die nach außen gerichtete Aufforderung **zur Angebotsabgabe** erfolgt grundsätzlich **10** durch die Veröffentlichung der **europaweiten Auftragsbekanntmachung** nach § 35 SektVO, der eine sog. regelmäßige nicht verbindliche Bekanntmachung gemäß § 36 SektVO vorausgehen kann.

Das offene Verfahren ist als einphasiges Verfahren zu charakterisieren, da Eignungsprü- **11** fung und Zuschlagsentscheidung Teil eines einheitlichen Prüfungs- und Wertungsvorgangs in vier Stufen sind. Das Verfahren endet mit dem **Zuschlag** oder im Ausnahmefall mit der Aufhebung des Verfahrens.[6] In formeller Hinsicht muss der Auftraggeber zudem spätestens 30 Tage nach der Vergabe des Auftrags dem Amt für Veröffentlichungen der Europäischen Union eine Vergabebekanntmachung mit den Ergebnissen des Vergabeverfahrens übermitteln, § 38 Abs. 1 SektVO. Für die Vergabebekanntmachung ist das Muster im Anhang VI der Durchführungsverordnung (EU) 2015/1986 zu verwenden, § 38 Abs. 2 SektVO.

C. Angebotsfrist (Abs. 2–4)

I. Regelfrist von mind. 35 Tagen (Abs. 2)

Die Frist für den Eingang der Angebote beträgt mindestens 35 Tage (Angebotsfrist). **12** Abs. 2 steht zu Abs. 3 und 4 im Regel-Ausnahme-Verhältnis. In Abs. 2 wird die Regelmindestfrist statuiert, Abs. 3 und 4 erlauben unter den dort dargelegten Voraussetzungen eine Fristverkürzung.

Die Fristenregelung in Abs. 2 ist wie auch die weiteren Fristenregelungen in Abs. 3 **13** und 4 und den folgenden Paragrafen stets unter dem Vorbehalt des § 16 SektVO zu sehen, der die **Angemessenheit** der jeweiligen festzusetzenden **Frist** im konkreten Vergabeverfahren vorschreibt. Bei der Bestimmung einer angemessenen Frist sind insbesondere die Komplexität der Leistung und die Zeit für die Ausarbeitung der Angebote als wesentliche Kriterien zu berücksichtigen. § 16 Abs. 3 VgV und § 41 Abs. 3 und 4 SektVO sehen zudem die Fristverlängerung in bestimmten Fallkonstellationen vor.

Bei der **Berechnung** der Frist wird der Tag der Absendung der Auftragsbekanntma- **14** chung nicht mitgerechnet.[7] Der erste Tag der Frist ist der Tag nach Absendung der Auftragsbekanntmachung. Gemäß § 65 SektVO i. V. m. Art. 3 Abs. 1 Uabs. 2 der VO (EWG, EURATOM) Nr. 1182/71 ist Fristende am letzten Tag um 24 Uhr. Legt die Vergabestelle für das Fristende also eine Uhrzeit vor 24 Uhr, etwa 18 Uhr, fest, so muss sie den letzten Tag der Frist auf den Tag nach Ablauf der Frist legen, um die Mindestfristen einzuhalten. Von der Bezeichnung *Tage* in Abs. 2 bis 4 sind alle Kalendertage erfasst, also nicht nur

---

[5] VgV 15 Rn. 10 ff.
[6] → GWB § 119 Rn. 21.
[7] Vgl. Art. 3 Abs. 1 Uabs. 2 der VO (EWG, EURATOM) Nummer 1182/71 des Rates vom 3.6.1971 zur Festlegung der Regeln für Fristen, Daten und Termine; insoweit missverständlich gefasst RL 2014/24/EU, vgl. BT-Drs. 18/7318, 159.

Werktage, sondern auch Wochenend- und Feiertage.[8] Im Hinblick auf die weiteren Einzelheiten wird auf die Ausführungen zu § 15 VgV verwiesen.[9]

II. Verkürzte Frist von mind. 15 Tagen bei Dringlichkeit (Abs. 3)

15   Abs. 3 setzt Art. 45 Abs. 3 RL 2014/25/EU um und eröffnet erstmalig auch beim offenen Verfahren die Möglichkeit der Kürzung der Regelmindestfrist bei hinreichend begründeter Dringlichkeit der Beschaffung (sog. **beschleunigtes Verfahren**).

16   Bei Vorliegen der Dringlichkeit kann der Auftraggeber von der Mindestfrist von 15 Tagen Gebrauch machen. Der Wortlaut der Norm „nicht unterschreiten darf" macht deutlich, dass es sich um eine **absolute Mindestfrist** handelt, die nicht weiter reduziert werden darf, etwa durch Reduzierung um weitere fünf Tage nach Abs. 4. Dies ist ebenso unzulässig wie auch die Analogiebildung zu Abs. 4. Auch bei der Anwendung von Abs. 3 muss zudem stets die Angemessenheit der Frist nach § 16 Abs. 1 SektVO gegeben sein.

17   Bei der Abgrenzung von Verhandlungsverfahren ohne Teilnahmewettbewerb wegen Dringlichkeit nach § 13 Abs. 2 Nr. 4 SektVO und dem offenen Verfahren mit gekürzten Fristen wegen Dringlichkeit nach diesem Absatz, ist stets zu beachten, dass der Ausnahmetatbestand des § 13 Abs. 2 Nr. 4 SektVO ausgeschlossen ist, wenn die Durchführung eines offenen Verfahrens mit verkürzten Fristen möglich ist.[10]

18   Darüber hinaus besteht die Möglichkeit durch die Verwendung der regelmäßig nicht verbindlichen Bekanntmachung im offenen Verfahren die Frist auf 15 Tage zu verkürzen, sofern die weiteren Voraussetzungen des § 36 Abs. 3 SektVO erfüllt sind.

Aufgrund der Inhaltsgleichheit wird auf die Kommentierung zu § 15 VgV verwiesen.[11]

III. Fristverkürzung bei elektronischen Angeboten (Abs. 4)

19   Abs. 4 ermöglicht in Umsetzung von Art. 45 Abs. 4 RL 2014/25/EU die Fristverkürzung der Frist nach Abs. 2 (Regelmindestfrist von 35 Tagen) um fünf Tage, wenn der Auftraggeber die elektronische Übermittlung der Angebote akzeptiert. Die elektronische Übermittlung richtet sich nach § 43 Abs. 1 SektVO i. V. m. § 10 SektVO. Die Abgabe der Angebote auf elektronischem Wege wird mit Ablauf der Übergangsfrist am 18.10.2018 für alle Auftraggeber (für zentrale Beschaffungsstellen bereits seit 18.4.2017) der Regelfall sein, vgl. § 64 SektVO.[12] Doch auch dann wird es für die Fristkürzung nach Abs. 4 genügen, wenn die Vergabestelle die elektronische Übermittlung neben anderen Übermittlungsarten zulässt. Eine ausschließliche elektronische Übermittlung der Angebote ist auch dann Ende der Übergangszeit in diesem Zusammenhang nicht erforderlich.[13] Der Gesetzgeber lässt kürzere Fristen bei elektronischen Angeboten zu, da die Versandzeit für die auf postalischem Weg eingereichten Angebote wegfällt.

---

[8] Vgl. Art. 3 Abs. 3 VO (EWG, EURATOM) Nummer 1182/71 des Rates vom 3.6.1971 zur Festlegung der Regeln für Fristen, Daten und Termine und § 10a EU VOB/A.
[9] VgV 15 Rn. 16 ff.
[10] Vgl. VK Südbayern Beschl. v. 12.8.2016 – Z3–3-3194-1-27-07-16, IBRRS 2016, 2124.
[11] VgV § 15 Rn. 21 ff.
[12] BT-Drs. 18/7318, 159.
[13] Vgl. *Rechten* in KKMPP VgV § 15 Rn. 22.

§ 15 Nicht offenes Verfahren und Verhandlungsverfahren mit vorherigem Teilnahmewettbewerb; Fristen

(1) **In einem nicht offenen Verfahren sowie einem Verhandlungsverfahren mit vorherigem Teilnahmewettbewerb kann jedes interessierte Unternehmen einen Teilnahmeantrag abgeben.**

(2) **Die Frist für den Eingang der Teilnahmeanträge (Teilnahmefrist) beträgt mindestens 30 Tage, gerechnet ab dem Tag nach der Absendung der Auftragsbekanntmachung oder der Aufforderung zur Interessensbekundung. Sie darf auf keinen Fall weniger als 15 Tage betragen.**

(3) **Die Angebotsfrist kann im gegenseitigen Einvernehmen zwischen dem Auftraggeber und ausgewählten Bewerbern festgelegt werden. Allen ausgewählten Bewerbern muss dieselbe Angebotsfrist eingeräumt werden. Unterbleibt eine einvernehmliche Fristfestlegung, beträgt die Angebotsfrist mindestens zehn Tage, gerechnet ab dem Tag nach der Versendung der Aufforderung zur Angebotsabgabe.**

(4) **Der Auftraggeber kann im Verhandlungsverfahren den Auftrag auf der Grundlage der Erstangebote vergeben, ohne in Verhandlungen einzutreten, wenn er sich diese Möglichkeit in der Auftragsbekanntmachung oder in der Aufforderung zur Interessensbestätigung vorbehalten hat.**

Übersicht

	Rn.		Rn.
A. Einführung	1	C. Teilnahmefrist (Abs. 2)	11
I. Literatur	1	D. Angebotsfrist (Abs. 3)	13
II. Entstehungsgeschichte	2	E. Vergabe auf der Grundlage von Erstangeboten ohne Verhandlung (Abs. 4)	17
III. Rechtliche Vorgaben im EU-Recht	4		
B. Legaldefinition und Ablauf (Abs. 1)	8		

A. Einführung

I. Literatur

Vgl. hierzu die Literatur zu § 16 VgV und § 17 VgV sowie im Band 1 des Beck'schen Vergaberechtskommentars zu § 119 GWB und § 141 GWB. **1**

II. Entstehungsgeschichte

§ 15 SektVO regelt das nicht offene Verfahren und das Verhandlungsverfahren mit vorherigem Teilnahmewettbewerb, welche bereits in § 119 Abs. 4 und Abs. 5 GWB definiert sind und greift den Begriff des Teilnahmewettbewerbs in Abs. 1 auf. **2**

Die Mindestteilnahmefrist für das nicht offene Verfahren als auch für das Verhandlungsverfahren mit vorherigem Teilnahmewettbewerb ist von 37 Tagen auf 30 Tagen gekürzt worden. Die Verkürzung der Mindestfrist ist zurückzuführen auf die stärker genutzte elektronische Kommunikation und die damit einhergehende Zeitersparnis. Für die Angebotsfrist, deren regelmäßige Mindestlänge 24 Kalendertagen betrug (vgl. § 17 Abs. 3 Nr. 2 SektVO) sieht die SektVO nunmehr keine konkrete Frist mehr vor. Für den Fall, dass eine einvernehmliche Fristfestlegung nicht erfolgt, beträgt die Angebotsfrist mindestens 10 Tage, gerechnet ab dem Tag nach der Versendung der Aufforderung zur Angebotsabgabe. Diese Frist entspricht der Höhe nach § 17 Abs. 3 Nr. 2 SektVO a. F. **3**

III. Rechtliche Vorgaben im EU-Recht

4   § 15 SektVO beruht auf den europarechtlichen Vorgaben des Art. 46 und 47 der RL 2014/25/EU. § 15 Abs. 1 setzt Art 46 Abs. 1 Uabs. 1 und Art. 47 Abs. 1 Uabs. 1 der RL 2014/25/EU um, wonach jedes interessierte Unternehmen einen Teilnahmeantrag abgeben kann und eine vorherige Beschränkung der Teilnehmerzahl nicht zulässig ist.

5   § 15 Abs. 2 SektVO setzt Art. 46 Abs. 1 Uabs. 2 und Art. 47 Abs. 1 Uabs. 2 RL 2014/25/EU um. Danach beträgt die regelmäßige Mindestteilnahmefrist 30 Tage. Auch nach einer Fristverkürzung muss eine Mindestteilnahmefrist von 15 Tagen verbleiben.
§ 15 Abs. 3 SektVO setzt Art. 46 Abs. 2 Uabs. 2 und 3 sowie Art. 47 Abs. 2 Uabs. 2 und 3 RL 2014/25/EU um.

6   § 15 Abs. 4 SektVO hat keine Entsprechung in Art. 47 RL 2014/25/EU. Diese Regelung ermöglicht es Auftraggebern auch ohne Verhandlung über die Erstangebote den Auftrag zu vergeben. Voraussetzung dafür ist, dass der Auftraggeber sich diese Möglichkeit in der Auftragsbekanntmachung oder in der Aufforderung zur Interessenbestätigung vorbehalten hat. Eine vergleichbare Regelung befindet sich Art. 29 Abs. 4 der RL 2014/24/EU. Da dies somit ausdrücklich im klassischen Auftragsbereich zulässig ist, besteht kein hinreichender Grund anzunehmen, dass dies im Sektorenbereich unzulässig sein soll.

7   Nicht umgesetzt in § 15 SektVO ist Art. 46 Abs. 2 Uabs. 1 sowie Art 47 Abs. 2 Uabs. 1 RL 2014/25/EU. Diese bestimmen, dass lediglich jene Wirtschaftsteilnehmer, die vom Auftraggeber infolge seiner Bewertung der bereitgestellten Informationen dazu aufgefordert werden, ein Angebot übermitteln können und die Auftraggeber die Zahl geeigneter Bewerber, die zur Teilnahme am Verfahren aufgefordert werden gemäß Artikel 78 Absatz 2 RL 2014/25/EU begrenzen können. Diese Begrenzungsmöglichkeit ist in § 45 Abs. 3 SektVO geregelt.

B. Legaldefinition und Ablauf (Abs. 1)

8   Die Begriffsdefinition des Teilnahmewettbewerbs wurde aus § 119 Abs. 4 und Abs. 5 GWB übernommen.[1] Demnach werden beim nicht offenen Verfahren sowie beim Verhandlungsverfahren mit vorherigem Teilnahmewettbewerb die Unternehmen zunächst im vorgeschalteten **Teilnahmewettbewerb** öffentlich zur Abgabe eines Teilnahmeantrags aufgefordert. Eine Beschränkung der Anzahl, die einen Teilnahmeantrag einreichen, ist insoweit nicht zulässig. Jedes interessierte Unternehmen kann einen Teilnahmeantrag einreichen.

9   Sodann hat der Auftraggeber im nächsten Schritt aus dem gesamten Teilnehmerkreis die geeigneten Unternehmen gemäß den bekannt gemachten Eignungskriterien zu ermitteln. In den Fällen des § 45 Abs. 3 SektVO hat der Auftraggeber die Möglichkeit, die Zahl der grundsätzlich geeigneten Bewerber zu begrenzen, die zur Angebotsabgabe oder zu Verhandlungen aufgefordert werden.
Auch nur die Unternehmen, die zur Angebotsabgabe aufgefordert werden, dürfen ein Angebot einreichen. Unaufgefordert eingereichte Angebote sind nicht zu berücksichtigen.

10   Diese **Zweistufigkeit** des nicht offenen Verfahrens sowie des Verhandlungsverfahrens mit vorherigem Teilnahmewettbewerb stellt den wesentlichen Unterschied zum offenen Verfahren dar. Während die Teilnahme am offenem Verfahren stets sämtlichen interessierten Unternehmen offensteht und damit den größtmöglichen Grad an Wettbewerb bietet, ist beim nicht offenen Verfahren und dem Verhandlungsverfahren mit vorherigem Teilnahmewettbewerb nur der öffentliche Teilnahmewettbewerb als erste Phase des Vergabeverfahrens allgemein zugänglich; die **Angebotsphase** findet hingegen im eingeschränkten

---

[1] Näher zu Definition in § 119 → GWB § 119 Rn. 22 ff. und Rn. 24 ff.

Wettbewerb statt. Das nicht offene Verfahren hat jedoch mit dem offenen Verfahren insbesondere das Verhandlungsverbot gemein. Verhandlungen sind insoweit nur im Verhandlungsverfahren zulässig.

Im Übrigen ist auf die Kommentierung zu § 16 und § 17 VgV zu verweisen.[2]

C. Teilnahmefrist (Abs. 2)

Die Mindestteilnahmefrist beträgt 30 Tage, gerechnet ab dem Tag nach der Absendung **11** der Auftragsbekanntmachung oder der Aufforderung zur Interessenbekundung. Da es sich um eine Mindestfrist handelt, ist diese im Bedarfsfall auch länger festzusetzen. Insoweit ist § 16 Abs. 1 SektVO zu beachten, wonach bei der Festlegung der Teilnahmefrist die Komplexität der Leistung zu berücksichtigen ist.

Eine Fristverkürzung ist möglich, sie darf aber auf keinen Fall weniger als 15 Tage betra- **12** gen. Offen bleibt, welche Voraussetzungen erfüllt sein müssen, damit diese Fristverkürzung zulässig ist. Im Gegensatz zum offenen Verfahren nach § 14 Abs. 3 SektVO, nimmt § 15 Abs. 2 SektVO keinen Bezug auf eine wie auch immer geartete Dringlichkeit. Die Gründe, die eine Reduzierung der Mindestteilnahmefrist rechtfertigen sollen, müssen jedenfalls objektiv nachvollziehbar sein und dürfen regelmäßig nicht zurechenbar im Verhalten des Auftraggebers liegen.[3]

D. Angebotsfrist (Abs. 3)

§ 15 Abs. 3 SektVO legt im Gegensatz zur Teilnahmefrist keine konkrete Angebotsfrist **13** für das nicht offene Verfahren und Verhandlungsverfahren mit vorherigem Teilnahmewettbewerb fest. Insoweit bestimmt § 15 Abs. 3 SektVO, dass die Angebotsfrist im gegenseitigen Einvernehmen zwischen dem Auftraggeber und den ausgewählten Bewerbern festgelegt werden kann. Allen ausgewählten Bewerbern muss dem Gleichbehandlungsgrundsatz entsprechend dieselbe Angebotsfrist eingeräumt werden. Unterbleibt eine einvernehmliche Fristfestlegung, beträgt die Angebotsfrist jedoch mindestens zehn Tage, gerechnet ab dem Tag nach der Versendung der Aufforderung zur Angebotsabgabe.

Die im gegenseitigen Einvernehmen festgelegte Frist kann auch weniger als 10 Tage be- **14** tragen. Dies ist sachgerecht, weil sich die Bewerber damit einverstanden erklären müssen. In der Praxis dürfte eine im gegenseitigen Einvernehmen festgelegte Angebotsfrist von weniger als 10 Tagen aber die Ausnahme darstellen und dürfte regelmäßig nur bei wenig komplexen Leistungen in Betracht kommen.

Keine ausdrückliche Regelung wird getroffen, (bis) wann und auf welche Art und Weise **15** diese einvernehmliche Festlegung erfolgen soll. Da § 15 Abs. 3 SektVO von „ausgewählten Bewerbern" spricht, kann die Festlegung jedenfalls erst nach Ablauf der Teilnahmefrist mit den Bewerbern erfolgen, die zur Angebotsabgabe aufgefordert werden und nicht zu einem früheren Zeitpunkt. In diesem Fall kann in den Vergabeunterlagen, die ja bereits mit der Auftragsbekanntmachung grundsätzlich unmittelbar, uneingeschränkt und vollständig zur Verfügung zu stellen sind, vgl. § 41 Abs. 1 SektVO, noch keine Angebotsfrist aufgenommen werden, sondern es ist zweckmäßig, in den Unterlagen aufzunehmen, dass die Angebotsfrist erst noch im gegenseitigen Einvernehmen mit den ausgewählten Bewerbern festgelegt wird.

Unklar bleibt, inwieweit die einvernehmliche Festlegung der Angebotsfrist im Rahmen **16** eines Verhandlungsverfahrens mit mehreren Angebotsrunden zulässig ist. Zulässig dürfte es sein, wenn vor der ersten Angebotsabgabe/-runde einvernehmlich mit allen ausgewählten

---

[2] VgV § 16 Rn. 8 ff., VgV § 17 Rn. 5 ff.
[3] *Müller* in Müller/Greb Sektorenvergaberecht SektVO § 15 Rn. 23.

Bewerbern die Fristen für alle Angebotsrunden festgelegt werden würde. Kritischer ist die Situation, wenn die Angebotsfrist für das erste Angebot einvernehmlich festgelegt oder auch einseitig vom Auftraggeber festgelegt wird und dann nach der ersten, aber vor der zweiten Angebotsabgabe eine einvernehmliche Festlegung erfolgt. Vom Wortlaut wäre diese Vorgehensweise nicht erfasst, weil sie von ausgewählten Bewerbern und nicht von Bietern spricht. Eine sukzessive Festlegung sollte aber schon aus Praktikabilitätsgründen zulässig sein, sofern dabei stets der Gleichbehandlungsgrundsatz beachtet wird. Schließlich kann sich im Rahmen der Verhandlungen ergeben, dass die Leistung angepasst werden muss und somit der Aufwand zur Erstellung des weiteren Angebots wesentlich umfangreicher ist als ursprünglich geplant. In solchen Fällen kann der Bewerber bzw. zu diesem Zeitpunkt Bieter, nicht an die ursprünglich einvernehmliche festgelegte Angebotsfrist für das zweite Angebot festgehalten werden.

Im Übrigen wird auf die Kommentierung zu § 16 VgV verwiesen.[4]

E. Vergabe auf der Grundlage von Erstangeboten ohne Verhandlung (Abs. 4)

17   § 15 Abs. 4 SektVO ermöglicht die Vergabe eines Auftrags auf der Grundlage der Erstangebote ohne Verhandlung, wenn sich der Auftraggeber in der Auftragsbekanntmachung oder in der Aufforderung zur Interessenbestätigung dies vorbehalten hat. Zwar entspricht dies nicht dem Grundgedanken eines Verhandlungsverfahrens, dessen Ziel es ja regelmäßig ist, durch Verhandlungen das aus seiner Sicht wirtschaftlichste Angebot zu erhalten. Es wäre aber auch verfehlt, eine Verhandlung nur des Verhandlungswillens durchzuführen.

Im Übrigen wird auf die Kommentierung zu der vergleichbaren Vorschrift des § 17 VgV verwiesen.[5]

---

[4] VgV § 16 Rn. 33 ff.
[5] VgV § 12 Rn. 31.

§ 16 Fristsetzung; Pflicht zur Fristverlängerung

(1) Bei der Festlegung der Fristen für den Eingang der Angebote und der Teilnahmeanträge berücksichtigt der Auftraggeber die Komplexität der Leistung und die Zeit, die für die Ausarbeitung der Angebote erforderlich ist.

(2) Können die Angebote nur nach einer Ortsbesichtigung oder Einsichtnahme in Anlagen zu den Vergabeunterlagen beim Auftraggeber erstellt werden, so ist die Mindestangebotsfrist erforderlichenfalls so zu bemessen, dass die Bewerber im Besitz aller Informationen sind, die sie für die Angebotserstellung benötigen.

(3) Die Angebotsfristen sind zu verlängern,

1. wenn zusätzliche Informationen trotz rechtzeitiger Anforderung durch ein Unternehmen nicht spätestens sechs Tage vor Ablauf der Angebotsfrist zur Verfügung gestellt werden; in Fällen hinreichend begründeter Dringlichkeit nach § 14 Absatz 3 beträgt dieser Zeitraum vier Tage, oder
2. wenn der Auftraggeber wesentliche Änderungen an den Vergabeunterlagen vornimmt.

Die Fristverlängerung muss in einem angemessenen Verhältnis zur Bedeutung der Information oder Änderung stehen und gewährleisten, dass alle Unternehmen Kenntnis von den Informationen oder Änderungen nehmen können. Dies gilt nicht, wenn die Information oder Änderung nicht rechtzeitig angefordert wurde oder ihre Bedeutung für die Erstellung des Angebots unerheblich ist.

Übersicht

	Rn.		Rn.
A. Einführung	1	II. Angebots- und Teilnahmefristen	7
I. Literatur	1	III. Bindefristen	10
II. Entstehungsgeschichte	2	IV. Fristenfestlegung bei Ortsbesichtigung und Einsichtnahme in Unterlagen (Abs. 2)	11
III. Rechtliche Vorgaben im EU-Recht	4	V. Fristenverlängerung (Abs. 3)	12
B. Bedeutung und Bemessung der Frist	5		
I. Grundsatz der angemessenen Fristsetzung (Abs. 1)	5		

A. Einführung

I. Literatur

Greb/Ruhland, Praxisrelevante Änderungen im Vergabeprozess, KommunalPraxis spezial 2016, 64.   **1**

II. Entstehungsgeschichte

§ 16 SektVO normiert die Verpflichtung des Auftraggebers bei der Festlegung aller **2** Fristen im Vergabeverfahren die Komplexität der Leistung und die Zeit, die für die Ausarbeitung der Angebote erforderlich ist, zu berücksichtigen. Das GWB enthält zwar zentrale Normen zum Vergabeverfahren im 1. Kapitel des 4. Teils, jedoch wurden dort keine Regelungen zu den Fristen getroffen. Allein maßgeblich sind somit die Fristenregelungen in der SektVO. Die Regelung über die Fristen in § 16 SektVO ist in systematischer Hinsicht getrennt von den **verfahrensspezifischen Mindestfristen,** welche sich in der jeweiligen zentralen Norm der verschiedenen Verfahrensarten wiederfinden (§§ 14, 15, 17, 18 SektVO). In der Vorgängerregelung in der SektVO waren die Fristvorschriften zentral in §§ 17–19 SektVO a. F. aufgestellt. § 16 SektVO ist im Gegensatz zur Pendant Regelung in der VgV (dort § 20 Vgv) nicht als „Schlusslicht" in dem Unterabschnitt 1 (Verfahrensarten, Fristen) innerhalb des 2. Abschnitts (Vergabeverfahren) aufgenommen. Aus systematischer

Sicht stellt sich insoweit die Frage, ob § 16 SektVO für alle Verfahrensarten und deren Fristen gilt, insbesondere auch für systematisch nachfolgend aufgeführten Verfahrensarten (Wettbewerbliche Dialog und Innovationspartnerschaft). Im Ergebnis ist dies zu bejahen (vgl. hierzu nachfolgend Rn. 6).

3 Inhaltlich deckt sich § 16 Abs. 1 SektVO im Wesentlichen mit 17 Abs. 1 SektVO a. F. Zwar spricht § 16 Abs. 1 SektVO nicht mehr von „angemessenen" Fristen wie in § 17 Abs. 1 SektVO a. F. Jedoch hat sich dadurch in der Sache nichts geändert. Denn auch in der Vorgängerregelung war die Angemessenheit der Frist für den Eingang von Angeboten oder der Teilnahmeanträge insbesondere vor dem Hintergrund der Komplexität des Auftrags und der Zeit, die für die Ausarbeitung der Angebote erforderlich ist, zu bestimmen.

III. Rechtliche Vorgaben im EU-Recht

4 § 16 SektVO dient der Umsetzung von Art. 66 RL 2014/25/EU, der mit geringfügigen sprachlichen Anpassungen übernommen worden ist. Die Systematik der Fristenvorschriften in der SektVO knüpft nunmehr an diejenige der RL 2014/25/EU an, die auch die verfahrensspezifischen Mindestfristen im jeweiligen Artikel der Verfahrensart regelt und den Grundsatz der Angemessenheit in einer separaten Norm festsetzt.

B. Bedeutung und Bemessung der Frist

I. Grundsatz der angemessenen Fristsetzung (Abs. 1)

5 In Abs. 1 ist der **Grundsatz** der **Angemessenheit der Teilnahme- und Angebotsfristen** geregelt. Danach muss der öffentliche Auftraggeber bei der Festlegung der Teilnahme- und Angebotsfristen **zwingend** die Komplexität des Auftrags und die Zeit für die Ausarbeitung der Angebote und Teilnahmeanträge berücksichtigen. So sind die Fristen etwa für einen komplexen Dienstleistungsauftrag regelmäßig von längerer Dauer als Fristen für die Beschaffung marktgängiger Waren.

6 Der Grundsatz gilt für alle Verfahrensarten, auch wenn die Regelung systematisch vor den Regelungen des Wettbewerblichen Dialoges, § 17 SektVO, sowie der Innovationspartnerschaft, § 18 SektVO, angeordnet ist. Sie ist somit im Gegensatz zur Pendant-Regelung in § 20 VgV nicht am Ende positioniert. Gleichwohl ist daraus nicht abzuleiten, dass sie sich nur auf die vorgehenden Regelungen §§ 13–15 SektVO bezieht. Denn Art 66 RL 2014/25/EU bezieht sich ausdrücklich auf die Art 45–49 RL 2014/25/EU und erfasst somit das offene Verfahren, nicht offene Verfahren, Verhandlungsverfahren mit vorherigem Teilnahmewettbewerb sowie die Innovationspartnerschaft.

Aufgrund der Inhaltsgleichheit wird auf die entsprechenden Ausführungen zu § 20 VgV verwiesen.[1]

II. Angebots- und Teilnahmefristen

7 Die **Angebotsfrist** wird definiert als die Frist für den Eingang der Angebote, vgl. die Legaldefinition in § 14 Abs. 2 SektVO. Sie beträgt beim offenen Verfahren mindestens 35 Tage (§ 14 Abs. 2 SektVO) und beim nicht offenen Verfahren sowie beim Verhandlungsverfahren mit vorherigem Teilnahmewettbewerb ist sie im Fall des Unterbleibens einer einvernehmlichen Fristfestlegung beträgt sie mindestens 10 Tage (§ 15 Abs. 3 SektVO). In den Fällen hinreichend begründeter Dringlichkeit besteht die Möglichkeit eine kürzere Angebotsfrist von mindestens 15 Tagen beim offenen Verfahren festzusetzen.

---

[1] VgV 20 Rn. 5 ff.

Die **Teilnahmefrist** ist die Frist für den Eingang der Teilnahmeanträge, vgl. § 15 Abs. 2   **8**
SektVO. Sie beträgt regelmäßig mindestens 30 Tage für das nicht offene Verfahren sowie für das Verhandlungsverfahren, vgl. § 15 Abs. 2 SektVO, für den wettbewerblichen
Dialog, vgl. § 17 Abs. 3 Satz 1 SektVO sowie für die Innovationspartnerschaft, vgl. § 18
Abs. 3 S. 1 SektVO.

Der Auftraggeber wird das **Ende der Frist** regelmäßig in der Bekanntmachung bzw.   **9**
in der Aufforderung zur Angebotsabgabe **datumsmäßig festsetzen.** Es entspricht den
Belangen der Rechtssicherheit, das Fristende mit Angabe eines konkreten Datums zu bezeichnen und nicht lediglich in einer Tage- bzw. Wochenzahl o. ä. anzugeben. Zudem bietet sich die Nennung einer konkreten Uhrzeit an. Ohne Uhrzeitangabe endet die Frist
mangels besonderer Vereinbarung gemäß § 193 BGB am letzten Tag der Frist um 24 Uhr.
Wenn der Ablauf der Angebots- oder Teilnahmefrist und des Eröffnungstermins zusammenfallen sollten, muss der Auftraggeber eine genaue Uhrzeit angeben.[2]

Im Übrigen wird auf die Ausführungen zu § 20 VgV verwiesen.[3]

III. Bindefristen

§ 16 SektVO enthält keine Regelung zu Bindefristen. Insoweit gelten sinngemäß die   **10**
Ausführungen zu § 20 VgV entsprechend.[4]

IV. Fristenfestlegung bei Ortsbesichtigung und Einsichtnahme in Unterlagen (Abs. 2)

In Abs. 2 ist das an den Auftraggeber gerichtete Fristverlängerungsgebot normiert für   **11**
Fälle, in denen die Angebote nur nach einer **Ortsbesichtigung** oder nach **Einsichtnahme** in Unterlagen beim Auftraggeber erstellt werden können. Aufgrund der Inhaltsgleichheit wird die Kommentierung zu § 20 VgV entsprechend verwiesen.[5]

V. Fristenverlängerung (Abs. 3)

Die Notwendigkeit, sicherzustellen, dass die Unternehmen über genügend Zeit für die   **12**
ordnungsgemäße Erstellung der Angebote verfügen, kann unter Umständen dazu führen,
dass die **ursprünglich festgesetzten Fristen nachträglich verlängert** werden müssen.[6]
So enthält Abs. 3 S. 1 eine **Fristverlängerungspflicht** des Auftraggebers für die beiden
Fälle, in denen zusätzliche Informationen vom Auftraggeber nicht rechtzeitig zur Verfügung gestellt werden oder in denen der Auftraggeber wesentliche Änderungen an den
Vergabeunterlagen vornimmt. Die Fristverlängerungspflicht steht gemäß Abs. 3 S. 3 unter
dem Vorbehalt, dass die Informationen bzw. Änderungen rechtzeitig angefordert worden
sind und nicht unerheblich sind. Aufgrund der Inhaltsgleichheit wird die Kommentierung
zu § 20 VgV entsprechend verwiesen.[7]

---

[2] Vgl. *Rechten* in KKMPP VgV § 20 Rn. 10.
[3] VgV § 20 Rn. 16 ff.
[4] VgV § 20 Rn. 21 ff.
[5] VgV § 20 Rn. 25 f.
[6] Vgl. Erwägungsgrund 81 RL 2014/24/EU.
[7] VgV § 20 Rn. 22 ff.

§ 17 Wettbewerblicher Dialog

(1) In der Auftragsbekanntmachung oder den Vergabeunterlagen zur Durchführung eines wettbewerblichen Dialogs beschreibt der Auftraggeber seine Bedürfnisse und Anforderungen an die zu beschaffende Leistung. Gleichzeitig nennt und erläutert er die hierbei zugrunde gelegten Zuschlagskriterien und legt einen vorläufigen Zeitrahmen für den Dialog fest.

(2) Der Auftraggeber fordert eine unbeschränkte Anzahl von Unternehmen im Rahmen eines Teilnahmewettbewerbs öffentlich zur Abgabe von Teilnahmeanträgen auf. Jedes interessierte Unternehmen kann einen Teilnahmeantrag abgeben. Mit dem Teilnahmeantrag übermitteln die Unternehmen die vom Auftraggeber geforderten Informationen für die Prüfung ihrer Eignung.

(3) Die Frist für den Eingang der Teilnahmeanträge beträgt mindestens 30 Tage, gerechnet ab dem Tag nach der Absendung der Auftragsbekanntmachung. Sie darf auf keinen Fall weniger als 15 Tage betragen.

(4) Nur diejenigen Unternehmen, die vom Auftraggeber nach Prüfung der übermittelten Informationen dazu aufgefordert werden, können am Dialog teilnehmen. Der Auftraggeber kann die Zahl geeigneter Bewerber, die zur Teilnahme am Dialog aufgefordert werden, gemäß § 45 Absatz 3 begrenzen.

(5) Der Auftraggeber eröffnet mit den ausgewählten Unternehmen einen Dialog, in dem er ermittelt und festlegt, wie seine Bedürfnisse und Anforderungen am besten erfüllt werden können. Dabei kann er mit den ausgewählten Unternehmen alle Aspekte des Auftrags erörtern. Er sorgt dafür, dass alle Unternehmen bei dem Dialog gleichbehandelt werden, gibt Lösungsvorschläge oder vertrauliche Informationen eines Unternehmens nicht ohne dessen Zustimmung an die anderen Unternehmen weiter und verwendet diese nur im Rahmen des jeweiligen Vergabeverfahrens. Eine solche Zustimmung darf nicht allgemein, sondern nur in Bezug auf die beabsichtigte Mitteilung bestimmter Informationen erteilt werden.

(6) Der Auftraggeber kann vorsehen, dass der Dialog in verschiedenen aufeinanderfolgenden Phasen geführt wird, sofern der Auftraggeber darauf in der Auftragsbekanntmachung oder in den Vergabeunterlagen hingewiesen hat. In jeder Dialogphase kann die Zahl der zu erörternden Lösungen anhand der vorgegebenen Zuschlagskriterien verringert werden. Der Auftraggeber hat die Unternehmen zu informieren, wenn deren Lösungen nicht für die folgende Dialogphase vorgesehen sind. In der Schlussphase müssen noch so viele Lösungen vorliegen, dass ein echter Wettbewerb gewährleistet ist, sofern ursprünglich eine ausreichende Anzahl von Lösungen oder geeigneten Bietern vorhanden war.

(7) Der Auftraggeber schließt den Dialog ab, wenn er die Lösungen ermittelt hat, mit denen die Bedürfnisse und Anforderungen an die zu beschaffende Leistung befriedigt werden können. Die im Verfahren verbliebenen Teilnehmer sind hierüber zu informieren.

(8) Nach Abschluss des Dialogs fordert der Auftraggeber die Unternehmen auf, auf der Grundlage der eingereichten und in der Dialogphase näher ausgeführten Lösungen ihr endgültiges Angebot vorzulegen. Die Angebote müssen alle Einzelheiten enthalten, die zur Ausführung des Projekts erforderlich sind. Der Auftraggeber kann Klarstellungen und Ergänzungen zu diesen Angeboten verlangen. Diese Klarstellungen oder Ergänzungen dürfen nicht dazu führen, dass wesentliche Bestandteile des Angebots oder des öffentlichen Auftrags einschließlich der in der Auftragsbekanntmachung oder in den Vergabeunterlagen festgelegten Bedürfnisse und Anforderungen grundlegend geändert werden,

wenn dadurch der Wettbewerb verzerrt wird oder andere am Verfahren beteiligte Unternehmen diskriminiert werden.

(9) Der Auftraggeber hat die Angebote anhand der in der Auftragsbekanntmachung oder in den Vergabeunterlagen festgelegten Zuschlagskriterien zu bewerten. Der Auftraggeber kann mit dem Unternehmen, dessen Angebot als das wirtschaftlichste ermittelt wurde, mit dem Ziel Verhandlungen führen, im Angebot enthaltene finanzielle Zusagen oder andere Bedingungen zu bestätigen, die in den Auftragsbedingungen abschließend festgelegt werden. Dies darf nicht dazu führen, dass wesentliche Bestandteile des Angebots oder des öffentlichen Auftrags einschließlich der in der Auftragsbekanntmachung oder den Vergabeunterlagen festgelegten Bedürfnisse und Anforderungen grundlegend geändert werden, der Wettbewerb verzerrt wird oder andere am Verfahren beteiligte Unternehmen diskriminiert werden.

(10) Der Auftraggeber kann Prämien oder Zahlungen an die Teilnehmer am Dialog vorsehen.

Übersicht

	Rn.		Rn.
A. Einführung	1	III. Rechtliche Vorgaben im EU-Recht	4
I. Literatur	1	**B. Vergleich zu § 18 VgV**	6
II. Entstehungsgeschichte	2		

A. Einführung

I. Literatur

Vgl. hierzu die Literatur zu § 14 und § 18 VgV sowie zu § 119 GWB im Band 1 des Beck'schen Vergaberechtskommentars. **1**

II. Entstehungsgeschichte

Der wettbewerbliche Dialog ist mit der Vergaberechtsnovelle erstmals in die Sektorenverordnung aufgenommen worden. Zuvor war er nur in Ansätzen in der RL 2004/18/EG (Vergabekoordinierungsrichtlinie) geregelt. Er wurde im Zuge der RL 2004/18/EG eingeführt, um dem Bedürfnis der Praxis nach einem **Dialog zwischen dem öffentlichen Auftraggeber und den interessierten Unternehmen** zwecks Definition der zu erbringenden Leistung entgegenzukommen.[1] Vor der Neuregelung fanden sich in § 3 EG Abs. 7 VOL/A für Liefer- und Dienstleistungsaufträge und in § 3 EG Abs. 7 VOB/A für Bauaufträge Regelungen zum wettbewerblichen Dialog. Da diese Regelungen in der Vergabekoordinierungsrichtlinie zum Teil unbestimmt und vage waren und insbesondere der Ablauf des eigentlichen Dialogs nur fragmentarisch geregelt war, lag es in der Verantwortung der Auftraggeber, die Vorteile dieser Verfahrensart unter Wahrung der Grundsätze des Wettbewerbs, der Transparenz und der Gleichbehandlung zu nutzen. **2**

Nunmehr existieren detaillierte Vorschriften für den wettbewerblichen Dialog, die nun auch Eingang in das Sektorenvergaberecht gefunden haben. In § 119 Abs. 6 GWB ist die Legaldefinition enthalten. Danach ist der wettbewerbliche Dialog ein Verfahren zur Vergabe öffentlicher Aufträge mit dem Ziel der Ermittlung und Festlegung der Mittel, mit denen die Bedürfnisse des Auftraggebers am besten erfüllt werden können. Nach dem Teilnahmewettbewerb wird mit ausgewählten Unternehmen der Dialog durchgeführt, in dem **3**

---

[1] *Weyand* GWB § 101 Rn. 97.

alle Aspekte der Auftragsgabe erörtert werden. Nicht mehr erforderlich für den wettbewerblichen Dialog ist das Merkmal des **besonders komplexen Auftrags.**[2] Nach wie vor besteht der wettbewerbliche Dialog aus **drei Stufen,** dem Teilnahmewettbewerb, der Dialogphase und der Angebotsphase.[3] § 17 SektVO enthält über die Definition in § 119 Abs. 6 GWB hinausgehende **Verfahrensregeln.** Auch nach der Vergaberechtsnovelle 2016 kann der Dialog pragmatisch als eine Art **„Vorverfahren zur Bestimmung des Auftragsgegenstandes"** bezeichnet werden.[4] Der Auftraggeber genießt in der Dialogphase nach wie vor weitgehende Freiheit, wie er mit den Unternehmen über seinen Beschaffungsbedarf kommuniziert und welche Aspekte des Auftrags er (näher) erörtern möchte. Denn er kann mit den ausgewählten Unternehmen gemäß § 17 Abs. 5 S. 2 SektVO alle Aspekte des Auftrags erörtern.

III. Rechtliche Vorgaben im EU-Recht

4   Grundlage für § 17 SektVO ist Art. 48 der RL 2014/25/EU. Die europarechtlichen Vorgaben aus Art. 48 RL 2014/25/EU sind vollständig in das deutsche Regelwerk überführt worden. Darüber hinausgehende Regelungen sind in § 17 SektVO nicht enthalten.
5   Gemäß Erwägungsgrund 60 RL 2014/25/EU hat die Erfahrung gezeigt, dass der in der Richtlinie 2014/24/EU vorgesehene wettbewerbliche Dialog sich in Fällen als nützlich erwiesen hat, in denen Auftraggeber nicht in der Lage sind, die Mittel zur Befriedigung ihres Bedarfs zu definieren oder zu beurteilen, was der Markt an technischen, finanziellen oder rechtlichen Lösungen zu bieten hat. Diese Situation kann insbesondere bei innovativen Projekten, bei der Realisierung großer, integrierter Verkehrsinfrastrukturprojekte oder großer Computer-Netzwerke oder bei Projekten mit einer komplexen, strukturierten Finanzierung eintreten.

B. Vergleich zu § 18 VgV

6   § 17 SektVO ist nahezu wortlautidentisch mit § 18 VgV. Daher wird insoweit vollständig auf die dortige Kommentierung verwiesen.[5]
7   Der Unterschied zwischen § 17 SektVO und § 18 VgV liegt zum einen darin, dass der Auftraggeber im Sektorenbereich frei ist, auch den wettbewerblichen Dialog als Verfahrensart zu wählen, wohingegen der öffentliche Auftraggeber im Bereich der Vergabeverordnung diesen nur unter den Voraussetzungen des § 14 Abs. 3 VgV als Verfahrensart wählen darf. Ferner bestimmt § 17 Abs. 3 Satz 2 VgV, dass die Teilnahmefrist in keinem Fall weniger als 15 Tage betragen darf. Eine solche Regelung fehlt in § 18 VgV.
8   Im Hinblick auf § 17 Abs. 3 Satz 2 SektVO bleibt offen, wie auch bei § 15 Abs. 2 Satz 2 SektVO, welche Voraussetzungen erfüllt sein müssen, damit diese Fristverkürzung zulässig ist. Im Gegensatz zum offenen Verfahren nach § 14 Abs. 3 SektVO, nimmt § 17 Abs. 3 Satz 2 SektVO keinen Bezug auf eine wie auch immer geartete Dringlichkeit. Die Gründe, die eine Reduzierung der Mindestteilnahmefrist rechtfertigen sollen, müssen jedenfalls objektiv nachvollziehbar sein und dürfen regelmäßig nicht zurechenbar im Verhalten des Auftraggebers liegen.[6]

---

[2] → GWB § 119 Rn. 27.
[3] Näher *Jasper* in Beck'scher Vergaberechtskommentar GWB § 119 Rn. 30.
[4] Vgl. VK Brandenburg 8.4.2009 – VK 17/09.
[5] VgV § 18 Rn. 1 ff.
[6] Vgl. *Müller* in Müller/Greb Sektorenvergaberecht SektVO § 15 Rn. 23.

§ 18 Innovationspartnerschaft

(1) Der Auftraggeber kann für die Vergabe eines Auftrags eine Innovationspartnerschaft mit dem Ziel der Entwicklung einer innovativen Leistung und deren anschließenden Erwerb eingehen. Der Beschaffungsbedarf, der der Innovationspartnerschaft zugrunde liegt, darf nicht durch auf dem Markt bereits verfügbare Leistungen befriedigt werden können. Der Auftraggeber beschreibt in der Auftragsbekanntmachung, der Bekanntmachung über das Bestehen eines Qualifizierungssystems oder den Vergabeunterlagen die Nachfrage nach der innovativen Leistung. Dabei ist anzugeben, welche Elemente dieser Beschreibung Mindestanforderungen darstellen. Es sind Eignungskriterien vorzugeben, die die Fähigkeiten der Unternehmen auf dem Gebiet der Forschung und Entwicklung sowie die Ausarbeitung und Umsetzung innovativer Lösungen betreffen. Die bereitgestellten Informationen müssen so genau sein, dass die Unternehmen Art und Umfang der geforderten Lösung erkennen und entscheiden können, ob sie eine Teilnahme an dem Verfahren beantragen.

(2) Der Auftraggeber fordert eine unbeschränkte Anzahl von Unternehmen im Rahmen eines Teilnahmewettbewerbs öffentlich zur Abgabe von Teilnahmeanträgen auf. Jedes interessierte Unternehmen kann einen Teilnahmeantrag abgeben. Mit dem Teilnahmeantrag übermitteln die Unternehmen die vom Auftraggeber geforderten Informationen für die Prüfung ihrer Eignung.

(3) Die Frist für den Eingang der Teilnahmeanträge beträgt mindestens 30 Tage, gerechnet ab dem Tag nach der Absendung der Bekanntmachung nach Absatz 1. Sie darf auf keinen Fall weniger als 15 Tage betragen.

(4) Nur diejenigen Unternehmen, die vom Auftraggeber infolge einer Bewertung der übermittelten Informationen dazu aufgefordert werden, können ein Angebot in Form von Forschungs- und Innovationsprojekten einreichen. Der Auftraggeber kann die Zahl geeigneter Bewerber, die zur Angebotsabgabe aufgefordert werden, gemäß § 45 Absatz 3 begrenzen.

(5) Der Auftraggeber verhandelt mit den Bietern über die von ihnen eingereichten Erstangebote und alle Folgeangebote, mit Ausnahme der endgültigen Angebote, mit dem Ziel, die Angebote inhaltlich zu verbessern. Dabei darf über den gesamten Auftragsinhalt verhandelt werden mit Ausnahme der vom Auftraggeber in den Vergabeunterlagen festgelegten Mindestanforderungen und Zuschlagskriterien. Sofern der Auftraggeber in der Auftragsbekanntmachung oder in den Vergabeunterlagen darauf hingewiesen hat, kann er die Verhandlungen in verschiedenen aufeinanderfolgenden Phasen abwickeln, um so die Zahl der Angebote, über die verhandelt wird, anhand der vorgegebenen Zuschlagskriterien zu verringern.

(6) Der Auftraggeber trägt dafür Sorge, dass alle Bieter bei den Verhandlungen gleichbehandelt werden. Insbesondere enthält er sich jeder diskriminierenden Weitergabe von Informationen, durch die bestimmte Bieter gegenüber anderen begünstigt werden könnten. Er unterrichtet alle Bieter, deren Angebote gemäß Absatz 5 nicht ausgeschieden wurden, in Textform nach § 126b des Bürgerlichen Gesetzbuchs über etwaige Änderungen der Anforderungen und sonstigen Informationen in den Vergabeunterlagen, die nicht die Festlegung der Mindestanforderungen betreffen. Im Anschluss an solche Änderungen gewährt der Auftraggeber den Bietern ausreichend Zeit, um ihre Angebote zu ändern und gegebenenfalls überarbeitete Angebote einzureichen. Der Auftraggeber darf vertrauliche Informationen eines an den Verhandlungen teilnehmenden Bieters nicht ohne dessen Zustimmung an die anderen Teilnehmer weitergeben. Eine solche Zustimmung darf nicht allgemein, sondern nur in Bezug auf die beabsichtigte Mitteilung bestimmter Informationen erteilt werden. Der Auftraggeber muss in den Vergabeunterlagen die zum Schutz des geistigen Eigentums geltenden Vorkehrungen festlegen.

(7) Die Innovationspartnerschaft wird durch Zuschlag auf Angebote eines oder mehrerer Bieter eingegangen. Eine Erteilung des Zuschlags allein auf der Grundlage des niedrigsten Preises oder der niedrigsten Kosten ist ausgeschlossen. Der Auftraggeber kann eine Innovationspartnerschaft mit einem Partner oder mit mehreren

Partnern, die getrennte Forschungs- und Entwicklungstätigkeiten durchführen, eingehen.

(8) Die Innovationspartnerschaft wird entsprechend dem Forschungs- und Innovationsprozess in zwei aufeinanderfolgenden Phasen strukturiert:

1. einer Forschungs- und Entwicklungsphase, die die Herstellung von Prototypen oder die Entwicklung der Dienstleistung umfasst, und
2. einer Leistungsphase, in der die aus der Partnerschaft hervorgegangene Leistung erbracht wird.

Die Phasen sind durch die Festlegung von Zwischenzielen zu untergliedern, bei deren Erreichen die Zahlung der Vergütung in angemessenen Teilbeträgen vereinbart wird. Der Auftraggeber stellt sicher, dass die Struktur der Partnerschaft und insbesondere die Dauer und der Wert der einzelnen Phasen den Innovationsgrad der vorgeschlagenen Lösung und der Abfolge der Forschungs- und Innovationstätigkeiten widerspiegeln. Der geschätzte Wert der Liefer- oder Dienstleistung darf in Bezug auf die für ihre Entwicklung erforderlichen Investitionen nicht unverhältnismäßig sein.

(9) Auf der Grundlage der Zwischenziele kann der Auftraggeber am Ende jedes Entwicklungsabschnittes entscheiden, ob er die Innovationspartnerschaft beendet oder, im Fall einer Innovationspartnerschaft mit mehreren Partnern, die Zahl der Partner durch die Kündigung einzelner Verträge reduziert, sofern der Auftraggeber in der Bekanntmachung oder in den Vergabeunterlagen darauf hingewiesen hat, dass diese Möglichkeiten bestehen und unter welchen Umständen davon Gebrauch gemacht werden kann.

(10) Nach Abschluss der Forschungs- und Entwicklungsphase ist der Auftraggeber zum anschließenden Erwerb der innovativen Liefer- oder Dienstleistung nur dann verpflichtet, wenn das bei Eingehung der Innovationspartnerschaft festgelegte Leistungsniveau und die Kostenobergrenze eingehalten werden.

Da § 18 SektVO und § 19 VgV nahezu wortlautidentisch gefasst sind, wird auf die Leitkommentierungen zu → VgV § 19 Rn. 1 ff. sowie zu → GWB § 119 Abs. 7 Rn. 1 ff. verwiesen.

Unterabschnitt 2. Besondere Methoden und Instrumente im Vergabeverfahren

§ 19 Rahmenvereinbarungen

(1) **Der Abschluss einer Rahmenvereinbarung erfolgt im Wege einer nach dieser Verordnung geltenden Verfahrensart. Das in Aussicht genommene Auftragsvolumen ist so genau wie möglich zu ermitteln und bekanntzugeben, braucht aber nicht abschließend festgelegt zu werden. Eine Rahmenvereinbarung darf nicht missbräuchlich oder in einer Art angewendet werden, die den Wettbewerb behindert, einschränkt oder verfälscht.**

(2) **Auf einer Rahmenvereinbarung beruhende Einzelaufträge werden nach vom Auftraggeber festzulegenden objektiven und nichtdiskriminierenden Regeln und Kriterien vergeben. Dazu kann auch die Durchführung eines erneuten Wettbewerbs zwischen denjenigen Unternehmen, die zum Zeitpunkt des Abschlusses Vertragspartei der Rahmenvereinbarung sind, gehören. Die Regeln und die Kriterien sind in den Vergabeunterlagen oder der Bekanntmachung für die Rahmenvereinbarung festzulegen.**

(3) **Mit Ausnahme angemessen begründeter Sonderfälle, in denen dies insbesondere aufgrund des Gegenstands der Rahmenvereinbarung gerechtfertigt werden kann, beträgt die Laufzeit einer Rahmenvereinbarung maximal acht Jahre.**

Übersicht

	Rn.		Rn.
A. Einführung	1	I. Vergabe von Rahmenvereinbarungen (Abs. 1 S. 1)	7
I. Literatur	1	II. Geschätztes Auftragsvolumen (Abs. 1 S. 2)	10
II. Entstehungsgeschichte	2	III. Inhalt einer Rahmenvereinbarung	11
III. Rechtliche Vorgaben im EU-Recht	3	IV. Missbrauchsverbot (Abs. 1 S. 3) und Sperrwirkungen	16
B. Zweck und Begriff von Rahmenvereinbarungen	5	V. Vergabe der Einzelaufträge (Abs. 2)	17
I. Zweck einer Rahmenvereinbarung	5	VI. Laufzeit einer Rahmenvereinbarung (Abs. 3)	21
II. Begriff	6	D. Rechtsschutz	24
C. Die einzelnen Anforderungen an Rahmenvereinbarungen	7		

A. Einführung

I. Literatur

Gröning, Das Konzept der neuen Koordinierungsrichtlinie für die Beschaffung durch Rahmenver- **1** einbarungen, VergabeR 2005, 156; *Haak/Degen*, „Rahmenvereinbarungen nach dem neuen Vergaberecht" – Zur Umsetzung der Regelungen über Rahmenvereinbarungen der Richtlinien 2004/17/EG und 2004/18/EG durch die geplante Verordnung über die Vergabe öffentlicher Aufträge, VergabeR 2005, 164; *Graef*, Rahmenvereinbarungen bei der Vergabe von öffentlichen Aufträgen de lege lata und de lege ferenda, NZBau 2005, 561; *Dicks*, Vergabe- und kartellrechtliche Aspekte von Rahmenvereinbarungen, Tagungsband 7. Düsseldorfer Vergaberechtstag 2006, 93; *Franke*, Rechtsschutz bei der Vergabe von Rahmenvereinbarungen, ZfBR 2006, 546; *Rosenkötter/Seidler*, Praxisprobleme bei Rahmenvereinbarungen, NZBau 2007, 684; *Jaeger*, Vertragsänderungen und Vergaberecht, EuZW 2008, 492; *Krohn*, Vertragsänderungen und Vergaberecht – Wann besteht eine Pflicht zur Neuausschreibung?, NZBau 2008, 619; *Kulartz/Duikers*, Ausschreibungspflicht bei Vertragsänderungen, VergabeR 2008, 728; *Scharen*, Vertragslaufzeit und Vertragsverlängerung als vergaberechtliche Herausforderung?, NZBau 2009, 679; *Rosenkötter*, Rahmenvereinbarungen mit Miniwettbewerb – Zwischenbilanz eines neuen Instruments, VergabeR 2010, 368; *Gehlen/Hirsch*, Verbindliche Abnahmemengen auch bei Rahmenvereinbarungen?, NZBau 2011, 736; *Greb/Stenzel*, Die nachträgliche Vertragsanpassung als vergaberechtsrelevanter Vorgang, NZBau 2012, 404; *Fischer/Fongern*, Rahmenvereinbarungen im Vergaberecht, NZBau 2013, 550; *Portz*, Flexible Vergaben durch Rahmenvereinbarungen: Klarstellungen durch die EU-Vergaberichtlinie 2014, VergabeR 2014, 523; *Wichmann,* Die Vergabe von Rahmenvereinbarungen und die Durchführung nachgelagerter Wettbewerbe nach neuem Recht, VergabeR 2017, 1; *Frenz,* Ausschreibungspflicht wesentlicher Vertragsverlängerungen und -änderungen, VergabeR 2017, 323.

II. Entstehungsgeschichte

2   § 19 SektVO ist nach seinem Wortlaut grundlegend anders als die Vorgängernorm des § 9 SektVO aF. Die Regelung des § 9 Abs. 1 SektVO aF ist nun im Wesentlichen in § 103 Abs. 5 GWB abgebildet, während der missverständliche § 9 Abs. 2 SektVO aF ersatzlos weggefallen ist. Die neue Vorschrift zu Rahmenvereinbarungen in § 19 SektVO ist sehr nah an die vergleichbaren Regelungen in § 21 VgV und § 4a VOB/A-EU angelehnt und stimmt jeweils in den Abs. 1 fast wörtlich überein. Für die Vergabe der Einzelaufträge schreibt § 19 Abs. 2 SektVO allerdings nicht detailliert die Abläufe vor, sondern nennt lediglich die allgemeinen Grundsätze. Der neue § 19 Abs. 3 SektVO begrenzt die maximale Vertragslaufzeit auf acht Jahre. Insgesamt sorgt § 19 SektVO damit für eine stärkere Vereinheitlichung der Vergabevorschriften. Gleichzeitig verbleiben Sektorenauftraggebern aber weiterhin größere Spielräume bei der Ausgestaltung der Rahmenvereinbarungen und insbesondere der Einzelauftragsvergabe.

III. Rechtliche Vorgaben im EU-Recht

3   § 19 SektVO setzt wesentliche Teile des Art. 51 der Richtlinie 2014/25/EU – teils mit sprachlichen Anpassungen – um. Die Definition einer Rahmenvereinbarung in Art. 51 Abs. 1 Unterabs. 2 der Richtlinie 2014/25/EU übernahm der deutsche Gesetzgeber in § 103 Abs. 5 GWB.[1] Die Laufzeitbeschränkung einer Rahmenvereinbarung, die in Art. 51 Abs. 1 Unterabs. 3 der Richtlinie 2014/25/EU dargestellt ist, wird in § 19 SektVO erst im dritten Absatz genannt. Die Abs. 1 und 2 des § 19 SektVO folgen im Kern Art. 51 Abs. 1 und 2 der Richtlinie 2014/25/EU. Die Vorgaben zur Bestimmung des Auftragsvolumens in § 19 Abs. 1 S. 2 SektVO findet allerdings keine Grundlage in Art. 51 der Richtlinie 2014/25/EU, ist aber ebenso in § 21 VgV und § 4a VOB/A-EU abgebildet. Die in Art. 51 Abs. 2 Unterabs. 2 der Richtlinie 2014/25/EU dargestellten näheren Regelungen zur Ausgestaltung des Miniwettbewerbs bei einer Rahmenvereinbarung mit mehreren Rahmenvertragspartnern sind nicht ausdrücklich in die SektVO übernommen worden.[2] Aus den allgemeinen Vergabegrundsätzen wie Transparenz und Gleichbehandlung lassen sich aber diese Verfahrensvorschriften ebenso herleiten.

4   Erwägungsgrund 71 der Richtlinie 2014/25/EU stellt klar, dass das Instrument der Rahmenvereinbarung europaweit als eine **effiziente Beschaffungsmethode** angesehen wird. Der Richtliniengeber macht in den Erwägungsgründen gleichzeitig sehr deutlich, dass er den öffentlichen Auftraggebern ein **hohes Maß an Flexibilität bei der Konzeption von Rahmenvereinbarungen** an die Hand geben möchte, gleichzeitig aber insbesondere das **Transparenzgebot** stets gewahrt sein muss.[3] Bereits 2005 hatte die EU-Kommission mit „Erläuterungen der Europäischen Kommission zu Rahmenvereinbarungen der klassischen Richtlinie" genauer dargestellt, welche Arten von Rahmenvereinbarungen möglich

---

[1] Siehe dazu *Biemann* in BeckGWB § 103 Abs. 5 und 6 Rn. 3 ff.

[2] Der Unterabs. 2 lautet wörtlich: „Die in Unterabsatz 1 genannten objektiven Regeln und Kriterien gewährleisten die Gleichbehandlung der Wirtschaftsteilnehmer, die Vertragspartei der Vereinbarung sind. Ist eine Neueröffnung des Wettbewerbs einbegriffen, so setzen die Auftraggeber eine hinreichend lang bemessene Frist fest, damit für jeden einzelnen Auftrag Angebote eingereicht werden können, und vergeben jeden Auftrag an den Bieter, der nach den in den Spezifikationen der Rahmenvereinbarung festgelegten Zuschlagskriterien das beste Angebot eingereicht hat.

[3] Vgl. Erwägungsgrund 71 der Richtlinie 2014/25/EU.

sind und was öffentliche Auftraggeber bei der Vergabe von Rahmenvereinbarungen sowie der anschließenden Einzelaufträge beachten müssen.[4] Diese Erläuterungen lassen sich im Wesentlichen auch auf Rahmenvereinbarungen im Sektorenbereich übertragen, wobei Sektorenauftraggebern für Rahmenvereinbarungen weitreichendere Handlungsspielräume zustehen.

B. Zweck und Begriff von Rahmenvereinbarungen

I. Zweck einer Rahmenvereinbarung

In der Praxis besteht insbesondere bei **regelmäßig wiederkehrenden Lieferungen** 5 **oder Leistungen** (zB Wartungsaufträgen, Pflege von IT-Systemen, Ersatzteil- oder Sukzessivlieferungen) das Bedürfnis, anstelle von Einzelaufträgen für konkret zu erbringende Leistungen Vereinbarungen über die Bedingungen zukünftiger Aufträge, die im Laufe eines bestimmten Zeitraumes vergeben werden sollen, zu treffen.[5] Diesem Bedürfnis kommt der Abschluss von Rahmenvereinbarungen entgegen, der es dem Auftraggeber ermöglicht, in einer generellen Vereinbarung mit einem oder mehreren Unternehmen die Bedingungen für später abrufbare Einzelaufträge festzulegen. Für den Sektorenbereich bieten sich weitere Einsatzmöglichkeiten an, etwa für die Leistungen zur Erhaltung der Versorgungsnetze (zB Wartung, Instandhaltung, Ausbau). Durch Rahmenvereinbarungen können Auftraggeber gerade in diesen Bereichen deutlich effizienter und schneller die erforderlichen Maßnahmen beauftragen. Siehe vertiefend zum Zweck einer Rahmenvereinbarung die Kommentierung zu § 21 VgV Rn. 5 ff.

II. Begriff

§ 19 SektVO enthält keine eigene Definition von Rahmenvereinbarungen. Nach der 6 **Legaldefinition des § 103 Abs. 5 S. 1 GWB** sind Rahmenvereinbarungen Vereinbarungen zwischen einem oder mehreren öffentlichen Auftraggebern oder Sektorenauftraggebern und einem oder mehreren Unternehmen.[6] Rahmenvereinbarungen selbst sind keine eigenen öffentlichen Aufträge, sondern dienen dazu, die Bedingungen für die öffentlichen Aufträge, die während eines bestimmten Zeitraums vergeben werden sollen (Einzelaufträge), festzulegen (vgl. § 103 Abs. 5 S. 1 GWB). Gleichzeitig ordnet der Gesetzgeber an, dass für die Vergabe von Rahmenvereinbarungen dieselben Vorschriften wie für die Vergabe entsprechender öffentlicher Aufträge gelten, soweit nichts anderes bestimmt ist (vgl. § 103 Abs. 5 S. 2 GWB). Siehe vertiefend zum Begriff einer Rahmenvereinbarung die Kommentierung zu § 21 VgV Rn. 7 ff.

---

[4] Siehe dazu die Erläuterungen der Europäischen Kommission zu Rahmenvereinbarungen der klassischen Richtlinie, Dok. CC/2005/03 vom 14.7.2005, nochmals nur in englischer Sprache veröffentlicht als „Explanatory Note – Framework Agreements – Classic Directive" unter Ref. Ares(2016)810203 vom 16.2.2016.

[5] Vgl. *Rosenkötter* VergabeR 2010, 368; *Haak/Degen* VergabeR 2005, 164 ff.

[6] Die EU-Kommission schlägt unter Ziffer 1.1 ihrer Erläuterungen zu Rahmenvereinbarungen der klassischen Richtlinie, Dok. CC/2005/03 vom 14.7.2005, vor, Rahmenvereinbarungen, in denen alle Bedingungen festgelegt sind, als „Rahmenvertrag" zu bezeichnen. Rahmenvereinbarungen, in denen noch nicht alle Bedingungen fixiert sind, sollen hingegen „Rahmenvereinbarungen im engeren Sinne" sein. Diese Differenzierung hat sich in der Praxis allerdings nicht durchgesetzt und die Begriffe „Rahmenvertrag" und „Rahmenvereinbarung" werden häufig synonym verwendet.

C. Die einzelnen Anforderungen an Rahmenvereinbarungen

I. Vergabe von Rahmenvereinbarungen (Abs. 1 S. 1)

7   Die Auftragsvergabe bei einer Rahmenvereinbarung ist zweistufig gegliedert: Auf der ersten Stufe wird die Rahmenvereinbarung geschlossen, während erst auf der zweiten Stufe auf Grundlage der Rahmenvereinbarung die Einzelaufträge vergeben werden. § 103 Abs. 5 S. 2 GWB stellt klar, dass für die **Vergabe von Rahmenvereinbarungen dieselben Vorschriften wie für die Vergabe entsprechender öffentlicher Aufträge gelten,** soweit nichts anderes bestimmt ist. Das bedeutet, dass ein Sektorenauftraggeber regelmäßig zunächst die Rahmenvereinbarung in einem Vergabeverfahren nach den jeweils geltenden Vorschriften vergeben muss. Die Vergabe der späteren öffentlichen Aufträge (Einzelaufträge) wird durch das transparente, vorgeschaltete Vergabeverfahren über die Rahmenvereinbarung legitimiert.

8   § 19 Abs. 1 S. 1 SektVO fordert folglich, dass der Abschluss einer Rahmenvereinbarung im Wege einer **nach der SektVO geltenden Verfahrensart** erfolgt. Die Rahmenvereinbarung selbst ist keine eigene Verfahrensart, sondern lediglich eine besondere Vertragsart.[7] Gemäß § 13 Abs. 1 SektVO stehen dem Sektorenauftraggeber für die Vergabe einer Rahmenvereinbarung das offene Verfahren, das nicht offene Verfahren, das Verhandlungsverfahren mit Teilnahmewettbewerb und der wettbewerbliche Dialog nach seiner Wahl zur Verfügung. Die Innovationspartnerschaft (§ 18 SektVO) sowie das Verhandlungsverfahren ohne Teilnahmewettbewerb (§ 13 Abs. 2 SektVO) darf der Sektorenauftraggeber nur nach Maßgabe der jeweiligen Vorschrift wählen. Ferner sind für jede Verfahrensart die entsprechenden Verfahrensvorschriften (zB Fristen) und weiteren vergaberechtlichen Anforderungen zu beachten.

9   Über die allgemeinen Transparenzanforderungen hinaus muss der Sektorenauftraggeber bei Vergabefahren über Rahmenvereinbarungen beachten, dass nicht nur die Vergabe der Rahmenvereinbarung, sondern **gleichfalls das Verfahren zur Vergabe der späteren Einzelaufträge allen Teilnehmern am Vergabeverfahren klar bekanntzugeben** ist.[8] Dies ergibt sich ausdrücklich aus § 19 Abs. 2 S. 3 SektVO.

II. Geschätztes Auftragsvolumen (Abs. 1 S. 2)

10   Das in Aussicht genommene **Auftragsvolumen** muss der Sektorenauftraggeber gemäß § 19 Abs. 1 S. 2 SektVO **so genau wie möglich ermitteln und bekanntgeben,** ohne dies abschließend festzulegen. Der nationale Gesetzgeber ist damit über den Wortlaut des Art. 51 der Richtlinie 2014/25/EU hinausgegangen, der diese konkrete Vorgabe nicht enthält. Aufgrund der wortgleichen Vorschrift dazu in der VgV siehe vertiefend die Kommentierung zu § 21 VgV Rn. 16 ff.

III. Inhalt einer Rahmenvereinbarung

11   Bei der inhaltlichen Ausgestaltung der Rahmenvereinbarungen steht den Sektorenauftraggebern ein **relativ weiter Spielraum** zu. Noch nicht alle Modalitäten, sondern nur die wesentlichen Bedingungen für die später zu erteilenden Einzelaufträge müssen bereits vorab festgelegt sein.[9] Zu den wesentlichen Bedingungen gehören insbesondere die ausdrücklich in § 103 Abs. 5 S. 1 GWB genannten Bedingungen in Bezug auf den Preis.

---

[7] Vgl. bereits *Schrotz* in Pünder/Schellenberg § 4 EG VOL/A Rn. 51; *Graef* NZBau 2005, 561 (562).
[8] Vgl. VK Südbayern 3.5.2016 – Z3-3-3194-1-61-12/15, BeckRS 2016, 118857.
[9] Vgl. EuGH 11.6.2009 – Rs. C-300/07, ZfBR 2009, 601; VK Bund 20.5.2003 – VK 1-35/03, IBR 2003, 491; *Müller* in Greb/Müller § 9 Rn. 12; *Franke* ZfBR 2006, 546 (547).

Der Leistungsgegenstand muss vom Auftraggeber bei einer Rahmenvereinbarung **ein-** 12 **deutig und erschöpfend beschrieben** werden, wobei für Rahmenvereinbarungen die **Gebote der Bestimmtheit, Eindeutigkeit und Vollständigkeit nur eingeschränkt** gelten.[10] Die naturgemäßen Ungewissheiten einer Rahmenvereinbarung, beispielsweise über die genauen Leistungszeitpunkte und die Volumina der Einzelaufträge, sind zu berücksichtigen.[11] Darin liegt nicht unmittelbar ein Verstoß gegen das Gebot der eindeutigen und erschöpfenden Leistungsbeschreibung.[12] Insgesamt ist den Bietern bei Rahmenvereinbarungen ein Mehr an Risiko zumutbar, da Rahmenvereinbarungen per se erhebliche Kalkulationsrisiken innewohnen, die typischerweise vom Bieter zu tragen sind.[13] Damit erhöht sich die Zumutbarkeitsschwelle bei Vergaben von Rahmenvereinbarungen zu Lasten der Bieter.[14] Die Leistung muss aber dennoch so genau bestimmt sein, dass alle Bieter die Leistungsbeschreibung im gleichen Sinne verstehen können und eine angemessene Kalkulationsbasis erhalten.[15] Eine nur vage Beschreibung der zu erbringenden Leistungen genügt nicht.

Die gemäß § 103 Abs. 5 S. 1 GWB festzulegenden Bedingungen über den Preis betref- 13 fen die **Vergütung des Auftragnehmers.** Der genaue Preis für die späteren Einzelaufträge braucht nicht abschließend angegeben zu werden. Vielmehr ist diese Formulierung so zu verstehen, dass der Sektorenauftraggeber die Berechnungsmethode zur Preisermittlung für die späteren Einzelaufträge bestimmen muss.[16] Er muss also die preisbildenden Kriterien, wie beispielsweise den Preis pro Menge, pro Stunde oder pro Arbeitskraft, vorgeben.[17] Bei einer Rahmenvereinbarung mit mehreren Auftragnehmern ist gemäß § 23 Abs. 1 S. 4 SektVO sogar zulässig, statt eines Miniwettbewerbs eine elektronische Auktion im Sinne der §§ 23, 24 SektVO durchzuführen.[18] In vielen Fällen wird außerdem die Abfrage von Staffelpreisen zu wirtschaftlicheren Ergebnissen für den Sektorenauftraggeber führen. Preis- und Materialgleitklauseln können gerade bei längerfristigen Rahmenvereinbarungen zukünftige Änderungen der Preisermittlungsgrundlagen auffangen.[19] Ein Anspruch auf eine Preisgleitklausel wird den Auftragnehmern – zumindest bei kürzeren Vertragslaufzeiten – regelmäßig nicht zustehen.[20]

Die **rechtliche Bindung** der Vertragspartner kann der Sektorenauftraggeber **in unter-** 14 **schiedlicher Weise** in der Rahmenvereinbarung gestalten. Im Regelfall wird er den Auftragnehmer einseitig fest verpflichten, so dass der Auftragnehmer auf Abruf leisten muss.[21] Gleichzeitig steht dem Auftragnehmer kein Anspruch auf Beauftragung zu.[22] Als Alternative kann der Sektorenauftraggeber sich neben dem Auftragnehmer verbindlich verpflichten,

---

[10] Vgl. OLG Düsseldorf 2.11.2016 – VII-Verg 27/16, NZBau 2017, 565; 11.5.2016 – VII-Verg 2/16, IBRRS 2016, 2511; 20.2.2013 – VII-Verg 44/12, ZfBR 2013, 510; 18.4.2012 – VII-Verg 93/11, IBRRS 2012, 2297.
[11] OLG Düsseldorf 30.11.2009 – VII-Verg 43/09, BeckRS 2010, 03480; engere Grenzen mit einer Mindestabnahmepflicht des Auftraggebers sehen OLG Jena 22.8.2011 – 9 Verg 2/11, NZBau 2011, 771; OLG Dresden 2.8.2011 – Verg 4/11, NZBau 2011, 775.
[12] Vgl. OLG Düsseldorf 21.10.2015 – VII-Verg 28/14, ZfBR 2016, 83; VK Bund 15.11.2007 – VK 2-102/07, IBRRS 2013, 4743.
[13] VK Bund 21.1.2016 – VK 1–132/15, VPR 2016, 178.
[14] OLG Düsseldorf 11.5.2016 – VII-Verg 2/16, IBRRS 2016, 2511.
[15] *Graef* NZBau 2005, 561 (564).
[16] Vgl. auch VK Südbayern 3.5.2016 – Z3-3-3194-1-61-12/15, BeckRS 2016, 118857.
[17] VK Münster 7.10.2009 – VK 18/09, IBRRS 2009, 3455; ähnlich VK Bund 20.5.2003 – VK 1-35/03, IBRRS 2003, 1542.
[18] Vgl. dazu *Wanderwitz* in Beck'scher Vergaberechtskommentar, § 23 SektVO.
[19] *Rosenkötter/Seidler* NZBau 2007, 684 (687).
[20] VK Bund 21.6.2010 – VK 2-53/10, IBRRS 2010, 3559.
[21] Zivilrechtlich sind solche einseitig verpflichtenden Verträge statthaft, vgl. BGH 18.1.1989 – VIII ZR 311/87, NJW 1990, 1233.
[22] Vgl. zur Zulässigkeit von Rahmenvereinbarungen ohne Abrufverpflichtung OLG Düsseldorf 21.10.2015 – VII-Verg 28/14, ZfBR 2016, 83; BayObLG 17.2.2005 – Verg 27/04, NZBau 2005, 595; OLG Celle 10.7.2003 – 14 U 263/02, IBRRS 2004, 0557; VK Bund 21.6.2010 – VK 2-53/10, IBRRS 2010, 3559; 29.4.2010 – VK 2-20/10, VPRRS 2010, 0457; VK Düsseldorf 23.5.2008 – VK-7/2008-L, IBRRS 2008, 2604; *Zeise* in KKMPP, VgV, § 21 Rn. 3; zweifelnd KG 15.4.2004 – 2 Verg 22/03, IBRRS 2004, 3531.

so dass beispielsweise ein Mindestauftragsvolumen vertraglich zugesichert wird.[23] Dies kann in Ausnahmefällen, in denen der Auftragnehmer zB sehr hohe Vorhaltekosten zu tragen hat, ein probates Mittel für eine interessengerechte Risikoverteilung sein. Die Rechtsprechung befasste sich insbesondere bei Vergabeverfahren über die Lieferung von Streusalz mit solchen Unzumutbarkeitserwägungen.[24] Grundsätzlich besteht ferner die Möglichkeit, eine beidseitig unverbindliche Rahmenvereinbarung abzuschließen. In diesem Fall verpflichtet sich weder der Auftraggeber zur Beauftragung noch der Auftragnehmer zur Leistungserfüllung. Da bei dieser Konstellation der Auftraggeber stets von der Entscheidung des Auftragnehmers abhängig ist, sollte ein Auftraggeber dies allenfalls bei einer Rahmenvereinbarung mit mehreren Auftragnehmern in Betracht ziehen.

15   Dem Sektorenauftraggeber steht grundsätzlich frei, ob er eine Rahmenvereinbarung mit einem oder mehreren Auftragnehmern schließen will. Er muss sich jedoch **zu Beginn des Vergabeverfahrens,** im Regelfall in der EU-Bekanntmachung und den Vergabeunterlagen, entsprechend **auf einen oder mehrere Rahmenvertragspartner festlegen.**[25] Für die Angebotskalkulation der Bieter ist diese Festlegung relevant, da sie die späteren Chancen auf Einzelaufträge erheblich beeinflusst. Teilweise wird verlangt, dass der Auftraggeber von Beginn an die genaue Anzahl der Rahmenvertragspartner festlegen muss.[26] Diese strenge Vorgabe findet weder in der SektVO noch in den Formularen für EU-Bekanntmachungen Halt. Die Formulare für EU-Bekanntmachungen sehen lediglich die Angabe der „geplanten Höchstanzahl an Beteiligten an der Rahmenvereinbarung" vor. Daher reicht es aus, wenn der Auftraggeber die voraussichtliche Höchstanzahl der Rahmenvertragspartner bekanntgibt.[27] Der Auftraggeber wird zudem allen Bietern mitteilen müssen, nach welchen Kriterien die finale Festlegung der Anzahl der Rahmenvertragspartner erfolgen wird.[28] Soweit weniger Angebote wertbar sind als die geplante, bekanntgegebene Höchstanzahl an Rahmenvertragspartnern, darf der Auftraggeber selbstverständlich mit weniger Bietern eine Rahmenvereinbarung schließen. Überschreiten darf der Auftraggeber die Höchstanzahl an Rahmenvertragspartnern aber nicht.[29]

IV. Missbrauchsverbot (Abs. 1 S. 3) und Sperrwirkungen

16   § 19 Abs. 1 S. 3 SektVO verbietet Sektorenauftraggebern, eine Rahmenvereinbarung missbräuchlich oder in einer Art anzuwenden, die den **Wettbewerb behindert, einschränkt oder verfälscht.** Das Missbrauchsverbot dient der Gewährung eines fairen Wettbewerbs und wird durch das Wettbewerbsgebot des § 97 Abs. 1 S. 1 GWB flankiert. In der Vorgängernorm des § 9 SektVO aF war dieses Missbrauchsverbot noch nicht ausdrücklich geregelt. Aufgrund der wortgleichen Vorschrift zum Missbrauchsverbot in der VgV siehe vertiefend die Kommentierung zu § 21 VgV Rn. 23 ff. sowie zu Sperrwirkungen von Rahmenvereinbarungen als Unterfall des Missbrauchsverbotes die Kommentierung zu § 21 VgV Rn. 26 ff.

V. Vergabe der Einzelaufträge (Abs. 2)

17   § 19 Abs. 2 SektVO trifft grundsätzliche Aussagen zur Vergabe der Einzelaufträge, die für alle Arten von Rahmenvereinbarungen gelten. Sektorenauftraggeber müssen objektive und

---

[23] Vgl. *Rosenkötter/Seidler* NZBau 2007, 684 (685 ff.).

[24] Vgl. OLG Jena 22.8.2011 – 9 Verg 2/11, NZBau 2011, 771; OLG Dresden 2.8.2011 – Verg 4/11, NZBau 2011, 775; *Zeise* in KKMPP, VgV, § 21 Rn. 19 ff.; *Gehlen/Hirsch* NZBau 2011, 736.

[25] *Fischer/Fongern* NZBau 2013, 550 (554 ff.); *Dicks* Tagungsband 7. Düsseldorfer Vergaberechtstag 2006, 93 (103); *Gröning* VergabeR 2005, 156 (159).

[26] So zB *Portz* VergabeR 2014, 523 (529).

[27] Ebenso *Fischer/Fongern* NZBau 2013, 550 (554 ff.).

[28] *Wichmann* VergabeR 2017, 1 (5).

[29] OLG Brandenburg 14.1.2013 – Verg W 13/12, ZfBR 2013, 818.

nichtdiskriminierende Regeln und Kriterien zur Vergabe der Einzelaufträge festlegen (§ 19 Abs. 2 S. 1 SektVO) und in den Vergabeunterlagen oder der Bekanntmachung für die Rahmenvereinbarung bekanntgeben (§ 19 Abs. 2 S. 3 SektVO). Dieses Transparenzerfordernis soll **spätere Manipulationsmöglichkeiten der Sektorenauftraggeber einschränken** und den Bietern bereits im Vergabeverfahren um die Rahmenvereinbarung ermöglichen, ihre Erfolgschancen für die späteren Einzelaufträge einschätzen zu können. Ein Sektorenauftraggeber darf die Einzelaufträge nicht willkürlich vergeben, sondern ist an seine bekanntgegebenen Auswahlbedingungen gebunden, wobei ihm gewisse Spielräume und Einflussmöglichkeiten verbleiben (zB bei der Liefermenge, Zeitpunkt des Abrufs etc.).[30]

Anders als die Regelungen zu Rahmenvereinbarungen in § 21 VgV und § 4a VOB/A- **18** EU gibt § 19 SektVO den Sektorenauftraggebern **keine detaillierten Verfahrensregelungen zur Vergabe der Einzelaufträge** vor. Daraus ist allerdings nicht zu schließen, dass Sektorenauftraggeber die Einzelaufträge nach willkürlichen Verfahren beauftragen dürfen. Vielmehr gelten stets die **allgemeinen Vergabegrundsätze des Wettbewerbs, der Transparenz und der Gleichbehandlung** und setzen somit **Mindeststandards.**[31] Gleichwohl ist ein Sektorenauftraggeber nicht an die engen Verfahrensvorschriften des § 21 VgV gebunden, sollte aber jede Abweichung davon an den genannten Vergabegrundsätzen messen. So verlangt Art. 51 Abs. 2 Unterabs. 2 der Richtlinie 2014/25/EU, der nicht in § 19 SektVO übernommen wurde, etwa, dass bei einer Rahmenvereinbarung mit mehreren Rahmenvertragspartnern in einem Miniwettbewerb hinreichend lang bemessene Angebotsfristen für die Einzelaufträge gelten müssen. Zur möglichen Ausgestaltung der Einzelauftragsvergaben wird ergänzend auf die Kommentierung zu § 21 VgV Rn. 31 ff. verwiesen.

§ 19 SektVO enthält keine dem § 21 Abs. 2 S. 2 VgV entsprechende Vorgabe, dass die **19** Einzelaufträge nur von den in der Auftragsbekanntmachung oder der Aufforderung zur Interessenbestätigung genannten öffentlichen Auftraggebern an die Rahmenvertragspartner vergeben werden dürfen. Diese Begrenzung einer Rahmenvereinbarung lässt sich allerdings bereits aus dem Transparenzgebot herleiten, weshalb eine Rahmenvereinbarung auch im Sektorenbereich ein **geschlossenes System** ist, in das nachträglich keine neuen Auftraggeber aufgenommen werden dürfen.[32]

Bei der Vergabe der Einzelaufträge darf der Auftraggeber **keine wesentlichen Änderungen an den Bedingungen der Rahmenvereinbarung** vornehmen. Auch dies ist, **20** anders als in § 21 Abs. 2 S. 3 VgV, in § 19 SektVO nicht ausdrücklich normiert. Bereits die Grundsätze der Transparenz, des Wettbewerbs und der Gleichbehandlung gebieten, dass der Auftraggeber nur die von der Rahmenvereinbarung klar umfassten Leistungen über die Einzelaufträge beschaffen darf, weshalb diese Vorgabe ebenso im Sektorenbereich gilt. Damit soll gewährleistet werden, dass der Sektorenauftraggeber lediglich die Leistungen über die Einzelaufträge beschafft, die Gegenstand der im förmlichen Vergabeverfahren ausgeschriebenen Rahmenvereinbarung waren.

VI. Laufzeit einer Rahmenvereinbarung (Abs. 3)

Gemäß § 103 Abs. 5 S. 1 GWB ist die Laufzeit der Rahmenvereinbarung festzulegen, **21** die für Rahmenvereinbarungen nach § 19 Abs. 3 SektVO **höchstens acht Jahre** betragen darf. Nur in **Sonderfällen** kann eine **längere Vertragslaufzeit** zulässig sein, die insbesondere aufgrund des Gegenstands der Rahmenvereinbarung gerechtfertigt sein kann. Die

---

[30] Vgl. VK Bund 20.4.2006 – VK 1-19/06, IBRRS 2013, 4592, bestätigt durch OLG Düsseldorf 27.7.2006 – VII-Verg 23/06, IBRRS 2006, 4391.

[31] Ähnlich *Haak/Koch* in Willenbruch/Wieddekind § 19 SektVO Rn. 4 sowie zur Vorgängernorm *Opitz/Hackstein* in Eschenbruch/Opitz SektVO § 9 Rn. 28.

[32] Siehe dazu auch *Wichmann* VergabeR 2017, 1 (5); *Fischer/Fongern* NZBau 2013, 550 (554); *Dicks* Tagungsband 7. Düsseldorfer Vergaberechtstag 2006, 93 (101).

Rahmenvereinbarung erfasst nur Einzelaufträge, die innerhalb eines eindeutig definierten Zeitraumes vergeben werden. Rahmenvereinbarungen dürfen daher nicht auf unbegrenzte Dauer geschlossen werden. Auftraggeber müssen bei der Festlegung der Dauer der Rahmenvereinbarung berücksichtigen, dass eine zu lange Vertragslaufzeit wettbewerbsbeschränkend wirkt.[33]

22 Anders als nach den vergleichbaren Reglungen in VgV und VOB/A-EU müssen die **Sonderfälle** für eine längere Laufzeit **nicht zwingend aufgrund des Gegenstands der Rahmenvereinbarung gerechtfertigt** sein, da nach dem Wortlaut des § 19 Abs. 3 SektVO „insbesondere" diese Fälle umfasst sind. Weitere Sonderfälle sind somit im Sektorenbereich möglich, die eine längere Laufzeit begründen können. Ein Sonderfall für eine längere Vertragslaufzeit kann beispielsweise vorliegen, wenn der Auftraggeber **erhebliche Aufwendungen bei der Entwicklung des Vertragsgegenstandes hatte und sich diese Investitionen erst nach längerer Zeit amortisieren.**[34] In Erwägungsgrund 72 der Richtlinie 2014/25/EU nennt der Normgeber einen vergleichbaren Sonderfall, wenn der Auftragnehmer Ausrüstung benötigt, deren Amortisierungszeitraum mehr als acht Jahre beträgt und die während der gesamten Laufzeit der Rahmenvereinbarung jederzeit verfügbar sein muss. Für den Sektorenbereich erweitert der genannte Erwägungsgrund die möglichen Sonderfälle auf **laufende Wartungsmaßnahmen und außerordentliche Instandhaltungsarbeiten für Netze,** wozu teure Ausrüstung benötigt wird und die von eigens geschulten hochspezialisierten Fachkräften bedient werden müssen, um die Kontinuität der Dienstleistungen und eine Minimierung etwaiger Störungen zu gewährleisten. Damit eröffnet der Normgeber gerade bei Sektorenaufträgen über Leistungen zum Netzbetrieb verlängerte Laufzeiten, die insbesondere an die jeweilige Dauer der Konzession zur Energie- oder Wasserversorgung gebunden sein können. Die maximale Laufzeit einer Energiekonzession von 20 Jahren (vgl. § 46 Abs. 2 S. 1 EnWG) wird eine Rahmenvereinbarung allerdings nicht erreichen dürfen, sondern vielmehr soll der Sonderfall einer verlängerten Laufzeit der Rahmenvereinbarung geringe Überschreitungen abfedern. Besondere Vorteile für den Auftraggeber, wie etwa steuerliche Vorteile, rechtfertigen keine Erhöhung der maximalen Regellaufzeit.[35] In allen Fällen, in denen Auftraggeber sich auf längere als die vergaberechtlich normierten Laufzeiten berufen wollen, müssen sie die Gründe – möglichst vor Verfahrensbeginn – entsprechend dokumentieren.[36] Den Auftraggebern steht dabei kein Beurteilungsspielraum zu, sondern die Gründe sind durch die Nachprüfungsinstanzen vollständig überprüfbar.[37]

23 Die Erwägungsgründe zu den neuen EU-Vergaberichtlinien stellen klar, dass die **Laufzeit der Einzelaufträge nicht konform mit der Laufzeit der Rahmenvereinbarung** sein muss. Die Einzelaufträge sind zwar vor Ablauf der Laufzeit der Rahmenvereinbarung zu vergeben, jedoch dürfen die Einzelaufträge kürzer oder länger als die Rahmenvereinbarung laufen.[38] Die Verlängerung einer Rahmenvereinbarung über die ursprünglich festgelegte Laufzeit hinaus mit entsprechenden Einzelauftragsvergaben ist allerdings grundsätzlich als neuer Auftrag zu werten, der im Wettbewerb vergeben werden muss.[39] Dies gilt insbesondere aus Gründen der Transparenz selbst dann, wenn die vorgese-

---

[33] OLG Düsseldorf 11.4.2012 – VII-Verg 95/11, BeckRS 2012, 10051; VK Bund vom 2.8.2017 – VK 2-74/17, VPRRS 2017, 0274.

[34] VK Bund 2.8.2017 – VK 2-74/17, VPRRS 2017, 0274; ähnlich BayObLG 17.2.2005 – Verg 27/04, NZBau 2005, 595.

[35] Vgl. VK Arnsberg 13.11.2009 – VK 26/09, BeckRS 2013, 57393.

[36] Vgl. OLG Düsseldorf 11.4.2012 – VII-Verg 95/11, BeckRS 2012, 10051.

[37] Vgl. OLG Düsseldorf 11.4.2012 – VII-Verg 95/11, BeckRS 2012, 10051; *Zeise* in KKMPP, VgV, § 21 Rn. 66.

[38] Vgl. Erwägungsgrund 72 der Richtlinie 2014/25/EU und Erwägungsgrund 62 der Richtlinie 2014/24/EU.

[39] Vgl. OLG Düsseldorf vom 14.2.2001 – Verg 13/00, NZBau 2002, 54; allgemein zur Ausschreibungspflicht von Vertragsverlängerungen *Frenz* VergabeR 2017, 323; *Greb/Stenzel* NZBau 2012, 404 (405 ff.); *Scharen* NZBau 2009, 679 (683 ff.); *Krohn* NZBau 2008, 619 (623 ff.); *Kulartz/Duikers* VergabeR 2008, 728 (737); *Jaeger* EuZW 2008, 492 (495).

hene Gesamtlaufzeit der Rahmenvereinbarung die zeitliche Obergrenze von acht Jahren nicht überschreitet.

D. Rechtsschutz

Das **Vergabeverfahren zum Abschluss einer Rahmenvereinbarung** können die 24 beteiligten Unternehmen vergaberechtlich überprüfen lassen. § 103 Abs. 5 GWB stellt Rahmenvereinbarungen mit öffentlichen Aufträgen gleich, wovon für den Rechtsschutz durch Nachprüfungsverfahren bereits Art. 1 Abs. 1 Unterabs. 2 der Richtlinie 89/665/EWG in der Fassung von Art. 1 Abs. 1 der Richtlinie 2007/66/EG ausging. Auch bei der späteren **Vergabe der Einzelaufträge** auf Grund einer Rahmenvereinbarung kann der Rechtsweg zu den Vergabekammern eröffnet sein. Die **beteiligten Rahmenvertragspartner** können zB die Abweichung von den bekanntgegebenen und vereinbarten Verfahrensvorschriften für den Miniwettbewerb rügen. **Nicht an der Rahmenvereinbarung beteiligten Unternehmen** stehen ebenfalls bei der Vergabe der Einzelaufträge – innerhalb bestimmter Grenzen – Rechtsschutzmöglichkeiten vor den Nachprüfungsinstanzen zu. Dies gilt insbesondere, wenn der Auftraggeber über den Inhalt der Rahmenvereinbarung hinausgeht und einen grundsätzlich ausschreibungspflichtigen Auftrag rechtswidrig an einen Rahmenvertragspartner vergibt.[40] Ergänzend wird auf die Kommentierung zu § 21 VgV Rn. 41 ff. verwiesen.

---

[40] Vgl. OLG Düsseldorf 20.6.2001 – Verg 3/01, NZBau 2001, 696; VK Bund 20.5.2003 – VK 1-35/03, IBRRS 2003, 1542.

§ 20 Grundsätze für den Betrieb dynamischer Beschaffungssysteme

(1) Der Auftraggeber kann für die Beschaffung marktüblicher Leistungen ein dynamisches Beschaffungssystem nutzen.

(2) Bei der Auftragsvergabe über ein dynamisches Beschaffungssystem befolgt der Auftraggeber die Vorschriften für das nicht offene Verfahren.

(3) Ein dynamisches Beschaffungssystem wird mithilfe elektronischer Mittel eingerichtet und betrieben. Die §§ 11 und 12 finden Anwendung.

(4) Ein dynamisches Beschaffungssystem steht im gesamten Zeitraum seiner Einrichtung allen Bietern offen, die die im jeweiligen Vergabeverfahren festgelegten Eignungskriterien erfüllen. Die Zahl der zum dynamischen Beschaffungssystem zugelassenen Bewerber darf nicht begrenzt werden.

(5) Der Zugang zu einem dynamischen Beschaffungssystem ist für alle Unternehmen kostenlos.

Übersicht

Rn.

A. Einführung 1
B. Kommentierung 2

A. Einführung

1 § 20 SektVO dient der Umsetzung von Art. 52 Abs. 1 S. 1 und S. 2, Abs. 2 S. 1, Abs. 9 RL 2014/25/EU.[1]

B. Kommentierung

2 Die Regelungen des § 20 SektVO entsprechen nahezu wortgleich den Regelungen des § 22 VgV. Einzige Unterschiede sind zum einen die fehlende Verwendung des Ausdrucks „öffentlich" im Zusammenhang mit dem Auftraggeber in § 20 Abs. 1 und 2 SektVO, was jedoch in der Sache keinen Unterschied macht. Zum anderen fehlt in § 21 Abs. 3 SektVO vor „mithilfe" das Wort „ausschließlich", was jedoch ebenfalls in der Sache keinen Unterschied macht. Denn Art. 52 Abs. 3 RL 2014/25/EU bestimmt, dass die gesamte Kommunikation im Zusammenhang mit dem dynamischen Beschaffungssystem ausschließlich elektronisch im Einklang mit Art. 40 Abs. 1, 3, 5 und 6 RL 2014/25/EU erfolgt. Im Wege einer richtlinienkonformen Auslegung muss dieses Ausschließlichkeitskriterium somit auch für die nationalen Regelungen zu dynamischen Beschaffungssystemen gelten, durch die Art. 52 RL 2014/25/EU umgesetzt werden soll. Deshalb wird im Übrigen auf die Kommentierung zu § 22 VgV verwiesen.

---

[1] BT-Drucks. 18/7318, S. 221.

§ 21 Betrieb eines dynamischen Beschaffungssystems

(1) Der Auftraggeber gibt in der Auftragsbekanntmachung an, dass er ein dynamisches Beschaffungssystem nutzt und für welchen Zeitraum es betrieben wird.

(2) Auftraggeber informieren die Europäische Kommission wie folgt über eine Änderung der Gültigkeitsdauer:

1. Wird die Gültigkeitsdauer ohne Einstellung des dynamischen Beschaffungssystems geändert, ist das in Anhang V der Durchführungsverordnung (EU) 2015/1986 der Kommission vom 11. November 2015 zur Einführung von Standardformularen für die Veröffentlichung von Vergabebekanntmachungen für öffentliche Aufträge und zur Aufhebung der Durchführungsverordnung (EU) Nr. 842/2011 (ABl. L 296 vom 12.11.2015, S. 1) in der jeweils geltenden Fassung enthaltene Muster zu verwenden.

2. Wird das dynamische Beschaffungssystem eingestellt, ist das in Anhang VI der Durchführungsverordnung (EU) 2015/1986 enthaltene Muster zu verwenden.

(3) In den Vergabeunterlagen sind mindestens die Art und die geschätzte Menge der zu beschaffenden Leistung sowie alle erforderlichen Daten des dynamischen Beschaffungssystems anzugeben.

(4) In den Vergabeunterlagen ist anzugeben, ob ein dynamisches Beschaffungssystem in Kategorien von Leistungen untergliedert wurde. Gegebenenfalls sind die objektiven Merkmale jeder Kategorie anzugeben.

(5) Hat ein Auftraggeber ein dynamisches Beschaffungssystem in Kategorien von Leistungen untergliedert, legt er für jede Kategorie die Eignungskriterien gesondert fest.

(6) Die zugelassenen Bewerber sind für jede einzelne, über ein dynamisches Beschaffungssystem stattfindende Auftragsvergabe gesondert zur Angebotsabgabe aufzufordern. Wurde ein dynamisches Beschaffungssystem in Kategorien von Leistungen untergliedert, werden jeweils alle für die einem konkreten Auftrag entsprechende Kategorie zugelassenen Bewerber aufgefordert, ein Angebot zu unterbreiten.

Übersicht

	Rn.		Rn.
A. Einführung	1	III. § 21 Abs. 3 und 4 SektVO	4
B. Kommentierung	2	IV. § 21 Abs. 5 SektVO	5
I. § 21 Abs. 1 SektVO	2	V. § 21 Abs. 6 SektVO	6
II. § 21 Abs. 2 SektVO	3		

A. Einführung

§ 21 SektVO dient der Umsetzung von Art. 52 Abs. 2 S. 3, Abs. 4 lit. a) bis c), Abs. 6 **1** UA 1, Abs. 8 S. 1 und 2 RL 2014/25/EU.[1]

B. Kommentierung

I. § 21 Abs. 1 SektVO

§ 21 Abs. 1 SektVO entspricht nahezu wortgleich § 23 Abs. 1 VgV. Einziger Unter- **2** schied ist, dass in § 23 Abs. 1 VgV vom öffentlichen Auftraggeber, in § 21 Abs. 1 SektVO vom Auftraggeber die Rede ist. In der Sache macht dies keinen Unterschied. Deshalb wird auf die Kommentierung zu § 23 Abs. 1 VgV verwiesen.

---

[1] BT-Drucks. 18/7318, S. 221.

II. § 21 Abs. 2 SektVO

3   § 21 Abs. 2 SektVO entspricht nahezu wortgleich § 23 Abs. 2 VgV. Wesentlicher Unterschied ist zum einen, dass in § 23 Abs. 2 VgV vom öffentlichen Auftraggeber, in § 21 Abs. 2 SektVO von den Auftraggebern die Rede ist. In der Sache macht dies keinen Unterschied. Zum anderen wird in § 23 Abs. 2 Nr. 1 und 2 VgV auf die Anhänge II und III der DVO (EU) 2015/1986 verwiesen, wohingegen in § 21 Abs. 2 Nr. 1 und 2 SektVO auf die Anhänge V und VI der DVO (EU) 2015/1986 Bezug nimmt. Auch dies macht in der Sache keinen Unterschied, weil Anhang V der DVO (EU) 2015/1986 das Pendant zu Anhang II der DVO (EU) 2015/1986 und Anhang VI der DVO (EU) 2015/1986 das Pendant zu Anhang VI der DVO (EU) 2015/1986 im Sektorenbereich ist. Deshalb wird auf die Kommentierung zu § 23 Abs. 2 VgV verwiesen.

III. § 21 Abs. 3 und 4 SektVO

4   § 21 Abs. 3 und 4 SektVO entspricht wortgleich § 23 Abs. 3 und 4 VgV, weshalb auf die Kommentierung zu § 23 Abs. 3 und 4 VgV verwiesen wird.

IV. § 21 Abs. 5 SektVO

5   § 21 Abs. 5 SektVO entspricht nahezu wortgleich § 23 Abs. 5 VgV. Einziger Unterschied ist, dass in § 23 Abs. 5 VgV vom öffentlichen Auftraggeber, in § 21 Abs. 5 SektVO vom Auftraggeber die Rede ist. In der Sache macht dies keinen Unterschied. Deshalb wird auf die Kommentierung zu § 23 Abs. 5 VgV verwiesen.

V. § 21 Abs. 6 SektVO

6   § 21 Abs. 6 SektVO entspricht nahezu wortgleich § 23 Abs. 6 VgV. Wesentlicher Unterschied ist allerdings, dass der Passus „§ 16 Absatz 4 [VgV] und § 51 Absatz 1 [VgV] finden mit der Maßgabe Anwendung, dass" des § 23 Abs. 6 VgV in § 21 Abs. 6 SektVO komplett fehlt. In der Sache macht dies jedoch keinen Unterschied, denn durch diesen Passus wird lediglich erläutert, welche Regelungen über das nicht offene Verfahren hier im Rahmen des dynamischen Beschaffungssystems eine Modifikation erfahren. Dass Regelungen des nicht offenen Verfahrens beim Betrieb eines dynamischen Beschaffungssystems modifiziert werden, folgt jedoch ohnehin schon aus anderen Vorschriften zum dynamischen Beschaffungssystem, insbesondere aus § 20 Abs. 2 SektVO. Darüber hinaus modifiziert die Formulierung in § 21 Abs. 6 SektVO direkt die Regelungen über das nicht offene Verfahren, so dass es einer expliziten Benennung derjenigen Regelungen, die modifiziert werden, letztendlich nicht bedarf. Deshalb wird hier auf die Kommentierung zu § 23 Abs. 6 VgV verwiesen.

§ 22 Fristen beim Betrieb eines dynamischen Beschaffungssystems

(1) Abweichend von § 15 gelten bei der Nutzung eines dynamischen Beschaffungssystems die Bestimmungen der Absätze 2 bis 5.

(2) **Die Frist für den Eingang der Teilnahmeanträge beträgt mindestens 30 Tage, gerechnet ab dem Tag nach der Absendung der Auftragsbekanntmachung oder im Falle einer regelmäßigen nicht verbindlichen Bekanntmachung nach § 36 Absatz 4 nach der Absendung der Aufforderung zur Interessensbestätigung.** Sobald die Aufforderung zur Angebotsabgabe für die erste einzelne Auftragsvergabe im Rahmen eines dynamischen Beschaffungssystems abgesandt worden ist, gelten keine weiteren Fristen für den Eingang der Teilnahmeanträge.

(3) **Der Auftraggeber bewertet den Antrag eines Unternehmens auf Teilnahme an einem dynamischen Beschaffungssystem unter Zugrundelegung objektiver Kriterien innerhalb von zehn Arbeitstagen nach dessen Eingang.** In begründeten Einzelfällen, insbesondere wenn Unterlagen geprüft werden müssen oder um auf sonstige Art und Weise zu überprüfen, ob die Eignungskriterien erfüllt sind, kann die Frist auf 15 Arbeitstage verlängert werden. Wurde die Aufforderung zur Angebotsabgabe für die erste einzelne Auftragsvergabe im Rahmen eines dynamischen Beschaffungssystems noch nicht versandt, kann der Auftraggeber die Frist verlängern, sofern während der verlängerten Frist keine Aufforderung zur Angebotsabgabe versandt wird. Die Fristverlängerung ist in den Vergabeunterlagen anzugeben. Jedes Unternehmen wird unverzüglich darüber informiert, ob es zur Teilnahme an einem dynamischen Beschaffungssystem zugelassen wurde oder nicht.

(4) **Die Frist für den Eingang der Angebote beträgt mindestens zehn Tage, gerechnet ab dem Tag nach der Absendung der Aufforderung zur Angebotsabgabe.** § 15 Absatz 3 findet Anwendung.

Übersicht

	Rn.			Rn.
A. Einführung	1		II. § 22 Abs. 2 SektVO	3
B. Kommentierung	2		III. § 22 Abs. 3 SektVO	4
I. § 22 Abs. 1 SektVO	2		IV. § 22 Abs. 4 SektVO	5

A. Einführung

§ 22 SektVO dient der Umsetzung von Art. 52 Abs. 2 UA 2 lit. a) und lit. b) S. 1 und 2, **1** Abs. 5 UA 1 S. 2 und 3, UA 2 und 3 RL 2014/25/EU.[1]

B. Kommentierung

I. § 22 Abs. 1 SektVO

§ 22 Abs. 1 SektVO entspricht nahezu wortgleich § 24 Abs. 1 VgV. Einziger Unter- **2** schied ist, dass § 24 Abs. 1 VgV auf § 16 VgV verweist, § 22 Abs. 1 SektVO hingegen auf § 15 SektVO. Dies ist dem Umstand geschuldet, dass in § 16 VgV und in § 15 SektVO jeweils die Vorschriften über das nicht offene Verfahren niedergelegt sind, und macht in der Sache keinen Unterschied. Deshalb wird auf die Kommentierung zu § 24 Abs. 1 VgV verwiesen.

---

[1] BT-Drucks. 18/7318, S. 222 f.

II. § 22 Abs. 2 SektVO

3   § 22 Abs. 2 SektVO entspricht § 24 Abs. 2 VgV. Wesentlicher Unterschied ist, dass § 24 Abs. 2 VgV auf die „Vorinformation nach § 38 Absatz 4 [VgV]" Bezug nimmt, § 22 Abs. 2 SektVO hingegen auf den „Falle einer regelmäßigen nicht verbindlichen Bekanntmachung nach § 36 Absatz 4 [SektVO]". In der Sache macht dies jedoch keinen Unterschied, denn die regelmäßige nicht verbindliche Bekanntmachung nach § 36 SektVO ist das Pendant zu der Vorinformation nach § 38 VgV. Deshalb wird auf die Kommentierung zu § 24 Abs. 2 VgV verwiesen.

III. § 22 Abs. 3 SektVO

4   § 22 Abs. 3 SektVO entspricht nahezu wortgleich dem § 24 Abs. 3 VgV. Einziger Unterschied ist, dass in § 24 Abs. 3 VgV vom öffentlichen Auftraggeber, in § 22 Abs. 3 SektVO hingegen nur vom Auftraggeber die Rede ist. In der Sache macht dies keinen Unterschied, weshalb auf die Kommentierung zu § 24 Abs. 3 VgV verwiesen wird.

IV. § 22 Abs. 4 SektVO

5   § 22 Abs. 4 SektVO entspricht § 24 Abs. 4 VgV. Wesentlicher Unterschied ist, dass in § 24 Abs. 4 S. 2 VgV die Regelung des § 16 Abs. 6 VgV für anwendbar erklärt wird, hingegen in § 22 Abs. 4 S. 2 SektVO die Regelung des § 15 Abs. 3 SektVO. § 16 Abs. 6 VgV und § 15 Abs. 3 VgV weichen zwar inhaltlich voneinander ab, für die Auslegung des § 22 Abs. 4 SektVO ist dies jedoch nicht von Belang, vielmehr ist insoweit auf die Kommentierungen zu § 16 Abs. 6 VgV und § 15 Abs. 3 SektVO zurückzugreifen. Deshalb wird auf die Kommentierung zu § 24 Abs. 4 VgV verwiesen.

§ 23 Grundsätze für die Durchführung elektronischer Auktionen

(1) Der Auftraggeber kann im Rahmen eines offenen, eines nicht offenen oder eines Verhandlungsverfahrens vor der Zuschlagserteilung eine elektronische Auktion durchführen, sofern der Inhalt der Vergabeunterlagen hinreichend präzise beschrieben und die Leistung mithilfe automatischer Bewertungsmethoden eingestuft werden kann. Geistig-schöpferische Leistungen können nicht Gegenstand elektronischer Auktionen sein. Der elektronischen Auktion hat eine vollständige erste Bewertung aller Angebote anhand der Zuschlagskriterien und der jeweils dafür festgelegten Gewichtung vorauszugehen. Die Sätze 1 und 2 gelten entsprechend bei einem erneuten Vergabeverfahren zwischen den Parteien einer Rahmenvereinbarung nach § 19 und bei einem erneuten Vergabeverfahren während der Laufzeit eines dynamischen Beschaffungssystems nach § 20. Eine elektronische Auktion kann mehrere, aufeinanderfolgende Phasen umfassen.

(2) Im Rahmen der elektronischen Auktion werden die Angebote mittels festgelegter Methoden elektronisch bewertet und automatisch in eine Rangfolge gebracht. Die sich schrittweise wiederholende, elektronische Bewertung der Angebote beruht auf

1. neuen, nach unten korrigierten Preisen, wenn der Zuschlag allein aufgrund des Preises erfolgt, oder

2. neuen, nach unten korrigierten Preisen oder neuen, auf bestimmte Angebotskomponenten abstellenden Werten, wenn das Angebot mit dem besten Preis Leistungs-Verhältnis oder, bei Verwendung eines Kosten- Wirksamkeits-Ansatzes, mit den niedrigsten Kosten den Zuschlag erhält.

(3) Die Bewertungsmethoden werden mittels einer mathematischen Formel definiert und in der Aufforderung zur Teilnahme an der elektronischen Auktion bekanntgemacht. Wird der Zuschlag nicht allein aufgrund des Preises erteilt, muss aus der mathematischen Formel auch die Gewichtung aller Angebotskomponenten nach Absatz 2 Satz 2 Nummer 2 hervorgehen. Sind Nebenangebote zugelassen, ist für diese ebenfalls eine mathematische Formel bekanntzumachen.

(4) Angebotskomponenten nach Absatz 2 Satz 2 Nummer 2 müssen numerisch oder prozentual beschrieben werden.

Übersicht

	Rn.
A. Einführung	1
B. Kommentierung	2

A. Einführung

§ 23 SektVO dient der Umsetzung von Art. 53 Abs. 1 UA 2 2. HS, UA 3, Abs. 2 UA 1 **1** und 2, Abs. 3, Abs. 5 UA 1 und UA 5 S. 2, Abs. 6 UA 2 und 3, Anhang VII lit. a) RL 2014/25/EU.[1]

B. Kommentierung

§ 23 SektVO entspricht nahezu wortgleich § 25 VgV. Der eine Unterschied besteht dar- **2** in, dass in § 25 VgV vom öffentlichen Auftraggeber, in § 23 SektVO lediglich vom Auftraggeber die Rede ist. Der andere Unterschied besteht darin, dass in § 25 Abs. 1 S. 4 VgV die Normen zu Rahmenvereinbarung bzw. dynamischem Beschaffungssystem mit § 21

---

[1] BT-Drucks. 18/7318, S. 222.

VgV bzw. § 22 VgV angegeben werden, wohingegen § 23 Abs. 1 S. 4 SektVO die Normen § 19 SektVO bzw. § 20 SektVO erwähnt. In der Sache sind diese Unterschiede nicht relevant, weshalb auf die Kommentierung zu § 25 VgV verwiesen wird.

§ 24 Durchführung elektronischer Auktionen

(1) Der Auftraggeber kündigt in der Auftragsbekanntmachung oder in der Aufforderung zur Interessensbestätigung an, dass er eine elektronische Auktion durchführt.

(2) Die Vergabeunterlagen müssen mindestens folgende Angaben enthalten:

1. alle Angebotskomponenten, deren Werte Grundlage der automatischen Neureihung der Angebote sein werden,
2. gegebenenfalls die Obergrenzen der Werte nach Nummer 1, wie sie sich aus den technischen Spezifikationen ergeben,
3. eine Auflistung aller Daten, die den Bietern während der elektronischen Auktion zur Verfügung gestellt werden,
4. den Termin, an dem die Daten nach Nummer 3 den Bietern zur Verfügung gestellt werden,
5. alle für den Ablauf der elektronischen Auktion relevanten Daten und
6. die Bedingungen, unter denen die Bieter während der elektronischen Auktion Gebote abgeben können, insbesondere die Mindestabstände zwischen den der automatischen Neureihung der Angebote zugrunde liegenden Preisen oder Werten.

(3) Der Auftraggeber fordert alle Bieter, die zulässige Angebote unterbreitet haben, gleichzeitig zur Teilnahme an der elektronischen Auktion auf. Ab dem genannten Zeitpunkt ist die Internetverbindung gemäß den in der Aufforderung zur Teilnahme an der elektronischen Auktion genannten Anweisungen zu nutzen. Der Aufforderung zur Teilnahme an der elektronischen Auktion ist jeweils das Ergebnis der vollständigen Bewertung des betreffenden Angebots nach § 23 Absatz 1 Satz 3 beizufügen.

(4) Eine elektronische Auktion darf frühestens zwei Arbeitstage nach der Versendung der Aufforderung zur Teilnahme gemäß Absatz 3 beginnen.

(5) Der Auftraggeber teilt allen Bietern im Laufe einer jeden Phase der elektronischen Auktion unverzüglich zumindest den jeweiligen Rang ihres Angebotes innerhalb der Reihenfolge aller Angebote mit. Er kann den Bietern weitere Daten nach Absatz 2 Nummer 3 zur Verfügung stellen. Die Identität der Bieter darf in keiner Phase einer elektronischen Auktion offengelegt werden.

(6) Der Zeitpunkt des Beginns und des Abschlusses einer jeden Phase ist in der Aufforderung zur Teilnahme an einer elektronischen Auktion ebenso anzugeben wie gegebenenfalls die Zeit, die jeweils nach Eingang der letzten neuen Preise oder Werte nach § 23 Absatz 2 Satz 2 Nummer 1 und 2 vergangen sein muss, bevor eine Phase einer elektronischen Auktion abgeschlossen wird.

(7) Eine elektronische Auktion wird abgeschlossen, wenn

1. der vorher festgelegte und in der Aufforderung zur Teilnahme an einer elektronischen Auktion bekanntgemachte Zeitpunkt erreicht ist,
2. von den Bietern keine neuen Preise oder Werte nach § 23 Absatz 2 Satz 2 Nummer 1 und 2 mitgeteilt werden, die die Anforderungen an Mindestabstände nach Absatz 2 Nummer 6 erfüllen, und die vor Beginn einer elektronischen Auktion bekanntgemachte Zeit, die zwischen dem Eingang der letzten neuen Preise oder Werte und dem Abschluss der elektronischen Auktion vergangen sein muss, abgelaufen ist oder
3. die letzte Phase einer elektronischen Auktion abgeschlossen ist.

(8) Der Zuschlag wird nach Abschluss einer elektronischen Auktion entsprechend ihrem Ergebnis mitgeteilt.

Übersicht

Rn.

A. Einführung 1

B. Kommentierung 2

A. Einführung

1   § 24 SektVO dient der Umsetzung von Art. 53 Abs. 4 S. 1 und S. 2, Abs. 5 UA 5 S. 1 und 3, Abs. 6 UA 1, Abs. 7, Abs. 8, Abs. 9, Anhang VII lit. b) bis f) RL 2014/25/EU.[1]

B. Kommentierung

2   § 24 SektVO entspricht nahezu wortgleich § 26 VgV. Einzige Unterschiede sind zum einen die Nennung des öffentlichen Auftraggebers in § 26 VgV, wohingegen in § 24 Sekt-VO lediglich vom Auftraggeber die Rede ist, und zum anderen abweichend nummerierte Normen, auf die verwiesen wird. In der Sache ist dies jedoch nicht relevant, insbesondere die unterschiedlich nummerierten Normen, auf die verwiesen wird, sind lediglich Folge der abweichenden Nummerierung der Vorschriften in der SektVO. Deshalb wird auf die Kommentierung zu § 26 VgV verwiesen.

---

[1] BT-Drucks. 18/7318, S. 222 f.

§ 25 Elektronische Kataloge

(1) Der Auftraggeber kann festlegen, dass Angebote in Form eines elektronischen Kataloges einzureichen sind oder einen elektronischen Katalog beinhalten müssen. Angeboten, die in Form eines elektronischen Kataloges eingereicht werden, können weitere Unterlagen beigefügt werden.

(2) Akzeptiert der Auftraggeber Angebote in Form eines elektronischen Kataloges oder schreibt er vor, dass Angebote in Form eines elektronischen Kataloges einzureichen sind, so weist er in der Auftragsbekanntmachung oder, sofern eine regelmäßige nichtverbindliche Bekanntmachung als Auftragsbekanntmachung dient, in der Aufforderung zur Interessensbestätigung darauf hin.

(3) Schließt der Auftraggeber mit einem oder mehreren Unternehmen eine Rahmenvereinbarung im Anschluss an die Einreichung der Angebote in Form eines elektronischen Kataloges, kann er vorschreiben, dass ein erneutes Vergabeverfahren für Einzelaufträge auf der Grundlage aktualisierter elektronischer Kataloge erfolgt, indem er:

1. die Bieter auffordert, ihre elektronischen Kataloge an die Anforderungen des zu vergebenden Einzelauftrages anzupassen und erneut einzureichen, oder
2. die Bieter informiert, dass sie den bereits eingereichten elektronischen Katalogen zu einem bestimmten Zeitpunkt die Daten entnehmen, die erforderlich sind, um Angebote zu erstellen, die den Anforderungen des zu vergebenden Einzelauftrages entsprechen; dieses Verfahren ist in der Auftragsbekanntmachung oder den Vergabeunterlagen für den Abschluss einer Rahmenvereinbarung anzukündigen; der Bieter kann diese Methode der Datenerhebung ablehnen.

(4) Vor der Erteilung des Zuschlags sind dem jeweiligen Bieter die gesammelten Daten vorzulegen, sodass dieser die Möglichkeit zum Einspruch oder zur Bestätigung, dass das Angebot keine materiellen Fehler enthält, hat.

Übersicht

	Rn.		Rn.
A. Einführung	1	II. § 25 Abs. 2 SektVO	3
B. Kommentierung	2	III. § 25 Abs. 3 SektVO	4
I. § 25 Abs. 1 SektVO	2	IV. § 25 Abs. 4 SektVO	5

A. Einführung

§ 25 SektVO dient der Umsetzung von Art. 54 Abs. 1 UA 1 und UA 3, Abs. 3 lit. a), **1** Abs. 4, Abs. 5 UA 1 und UA 3 RL 2014/25/EU.[1]

B. Kommentierung

I. § 25 Abs. 1 SektVO

§ 25 Abs. 1 SektVO entspricht nahezu wortgleich § 27 Abs. 1 VgV. Einziger Unter- **2** schied ist, dass in § 27 Abs. 1 VgV vom öffentlichen Auftraggeber, in § 25 Abs. 1 SektVO hingegen vom Auftraggeber die Rede ist. In der Sache ist dies nicht relevant, so dass auf die Kommentierung zu § 27 Abs. 1 VgV verwiesen wird.

---

[1] BT-Drucks. 18/7318, S. 223.

II. § 25 Abs. 2 SektVO

3   § 25 Abs. 2 SektVO entspricht § 27 Abs. 2 VgV. Wesentlicher Unterschied ist, dass in § 25 Abs. 2 SektVO vor der Aufforderung zur Interessensbestätigung der Passus „sofern eine regelmäßige nichtverbindliche Bekanntmachung als Auftragsbekanntmachung dient" eingefügt wurde. In der Sache macht dies jedoch keinen Unterschied, denn die regelmäßige nicht verbindliche Bekanntmachung nach § 36 SektVO ist das Pendant zu der Vorinformation nach § 38 VgV. Deshalb wird auf die Kommentierung zu § 27 Abs. 2 VgV verwiesen.

III. § 25 Abs. 3 SektVO

4   § 25 Abs. 3 SektVO entspricht nahezu wortgleich § 27 Abs. 3 VgV. Einziger Unterschied ist, dass in § 27 Abs. 3 VgV vom öffentlichen Auftraggeber, in § 25 Abs. 3 SektVO hingegen vom Auftraggeber die Rede ist. In der Sache ist dies nicht relevant, so dass auf die Kommentierung zu § 27 Abs. 3 VgV verwiesen wird.

IV. § 25 Abs. 4 SektVO

5   § 25 Abs. 4 SektVO stellt das Pendant zu § 27 Abs. 4 VgV dar. Allerdings weichen die Formulierungen voneinander ab. So fehlt die in § 27 Abs. 4 VgV enthaltene Bezugnahme auf „Absatz 3 Nummer 2" in § 25 Abs. 4 SektVO. Allerdings bezieht sich § 25 Abs. 4 SektVO ausschließlich auf den Fall des § 25 Abs. 3 Nr. 2 SektVO, denn die in § 25 Abs. 4 SektVO angesprochenen „gesammelten Daten" sind diejenigen Daten, die der öffentliche Auftraggeber nach § 25 Abs. 3 Nr. 2 SektVO entnommen hat, um Angebote zu erstellen. Damit bedarf es in § 25 Abs. 4 SektVO nicht einer ausdrücklichen Bezugnahme auf den Fall des § 25 Abs. 3 Nr. 2 SektVO, denn dass nur dieser gemeint sein kann, folgt schon aus der systematischen Auslegung der Formulierung. Deshalb wird auf die Kommentierung zu § 27 Abs. 4 VgV verwiesen.

Unterabschnitt 3. Vorbereitung des Vergabeverfahrens

§ 26 Markterkundung

(1) **Vor der Einleitung eines Vergabeverfahrens darf der Auftraggeber eine Markterkundung zur Vorbereitung der Auftragsvergabe und zur Unterrichtung der Marktteilnehmer über seine Auftragsvergabepläne und -anforderungen durchführen.**

(2) **Die Durchführung von Vergabeverfahren lediglich zur Markterkundung und zum Zwecke der Kosten- oder Preisermittlung ist unzulässig.**

Übersicht

	Rn.		Rn.
A. Einführung	1	III. Rechtliche Vorgaben im EU-Recht	6
I. Literatur	2	**B. Regelungsgehalt**	9
II. Entstehungsgeschichte	3		

A. Einführung

§ 26 SektVO regelt, inwieweit **Markterkundungen** zulässig sind.   **1**

I. Literatur

Greb/Müller, Kommentar zum Sektorenvergaberecht, 2. Auflage 2017; *Opitz,* Was bringt die neue Sektoren- **2** vergaberichtlinie?, VergabeR 2014, 369; *Prieß/Stein,* Die neue EU-Sektorenrichtlinie, NZBau 2014, 323.[1]

II. Entstehungsgeschichte

Die bisherige Fassung der SektVO enthielt **keine Regelung** zur Markterkundung. § 26 **3** SektVO wurde mit seinem aktuellen Inhalt erst im Zuge der Vergaberechtsreform 2016 in die SektVO eingeführt.

Die Regelung des § 26 Abs. 1 SektVO ist im deutschen Vergaberecht **gänzlich neu.** **4** Hingegen gab es eine dem § 26 Abs. 2 SektVO vergleichbare Regelung bereits in § 2 EG Abs. 3 VOL/A 2009. Die Gesetzesbegründung weist darauf hin, dass § 26 Abs. 2 SektVO den Regelungsgehalt des bisherigen § 2 EG Abs. 3 VOL/A in die Sektorenverordnung überführt.[2]

Die Regelung des § 26 SektVO ist **nahezu identisch** mit § 28 VgV. Dies spiegelt sich **5** auch in der Gesetzesbegründung wider, die im Wesentlichen derjenigen des § 28 VgV entspricht.[3]

III. Rechtliche Vorgaben im EU-Recht

§ 26 SektVO setzt die Vorgaben des Art. 58 SRL in nationales Recht um, der ebenfalls **6** **erstmals** eine Regelung zu Markterkundungen enthält. Die zuvor geltende SKR enthielt keine entsprechende Vorschrift.

Nicht in das deutsche Recht übernommen wurde Art. 58 UAbs. 2 SRL, der **mögliche** **7** **Methoden von Marktkonsultationen** durch Rat von unabhängigen Experten, Be-

---

[1] Vgl. auch die Literaturhinweise zu → VgV § 28.
[2] BT-Drs. 18/7318 v. 20.1.2016 S. 223.
[3] Vgl. daher i. E. → VgV § 28 Rn. 4.

hörden oder Marktteilnehmern nennt. Die deutsche Gesetzesbegründung verweist hierauf,[4] so dass Art. 58 UAbs. 2 SRL bei der Auslegung des § 26 SektVO stets zu beachten ist.[5] Insoweit kann auf die Kommentierung zu § 28 VgV verwiesen werden.[6]

8   Bei der Umsetzung des Art. 58 Abs. 1 SRL wurde schließlich der Begriff „Marktkonsultationen" an das in Deutschland üblichere Wort **„Marktuntersuchungen"** angepasst.[7] Daraus ergeben sich keinerlei Anwendungsunterschiede.

B. Regelungsgehalt

9   § 26 SektVO ist **nahezu identisch** mit § 28 VgV. Die Abweichung in § 26 Abs. 1 SektVO „eine Markterkundung" zu „Markterkundungen" in § 28 Abs. 1 VgV ist lediglich sprachlicher Art und hat keine Auswirkungen auf die inhaltliche Bedeutung.

10   Entsprechend der Unterscheidung der §§ 99 f. GWB heißt es zudem in § 26 Abs. 1 SektVO „Auftraggeber" statt „öffentlicher Auftraggeber" wie in § 28 Abs. 1 VgV. Die SektVO gilt für **Sektorenauftraggeber** gem. § 100 GWB. Aufgrund der Inkongruenz der Begriffe wird in der SektVO folgerichtig lediglich vom „Auftraggeber" gesprochen.[8]

11   Eine dem Vergabeverfahren vorgeschaltete Markterkundung dürfte im Sektorenbereich **besonders nützlich** sein, da Sektorenauftraggeber oftmals spezielle Leistungen nachfragen, die nur mit Spezialgeräten ausgeführt werden können, und aus diesem Grunde erfahrungsgemäß mitunter nur eine geringe Beteiligung an den Vergabeverfahren stattfindet.[9] Eine Markterkundung kann deswegen insbesondere in diesem Bereich dafür sorgen, dass sich mehr Bieter im Rahmen eines Vergabeverfahrens bewerben. Dies wiederum regt den Wettbewerb in dieser Branche an.

12   Im Übrigen kann angesichts des **identischen Regelungsgehalts** vollumfänglich auf die Kommentierung zu § 28 VgV verwiesen werden.[10]

---

[4] BT-Drs. 18/7318 vom 20.1.2016 S. 169.
[5] Vgl. *Weyand* in Greb/Müller, § 26 SektVO, Rn. 8 f.
[6] → VgV § 28 Rn. 6.
[7] Ebenso bei § 28 Abs. 1 VgV.
[8] Hierzu vertieft → GWB § 99, → GWB § 100, → § 1. Vgl. auch *Prieß/Stein* NZBau 2014, 323 (324).
[9] *Opitz* VergabeR 2014, 369 (370).
[10] → VgV § 28.

§ 27 Aufteilung nach Losen

(1) Unbeschadet des § 97 Abs. 4 des Gesetzes gegen Wettbewerbsbeschränkungen kann der Auftraggeber festlegen, ob die Angebote nur für ein Los, für mehrere oder für alle Lose eingereicht werden dürfen. Er kann, auch wenn Angebote für mehrere oder alle Lose eingereicht werden dürfen, die Zahl der Lose auf eine Höchstzahl beschränken, für die ein einzelner Bieter den Zuschlag erhalten kann.

(2) Der Auftraggeber gibt die Vorgaben nach Absatz 1 in der Auftragsbekanntmachung, der Aufforderung zur Interessensbestätigung oder im Falle einer Bekanntmachung über das Bestehen eines Qualifizierungssystems in der Aufforderung zu Verhandlungen oder zur Angebotsabgabe bekannt. Er gibt die objektiven und nichtdiskriminierenden Kriterien an, die er bei der Vergabe von Losen anzuwenden beabsichtigt, wenn die Anwendung der Zuschlagskriterien dazu führen würde, dass ein einzelner Bieter den Zuschlag für eine größere Zahl von Losen als die Höchstzahl erhält.

(3) In Fällen, in denen ein einziger Bieter den Zuschlag für mehr als ein Los erhalten kann, kann der Auftraggeber Aufträge über mehrere oder alle Lose vergeben, wenn er in der Auftragsbekanntmachung oder in der Aufforderung zur Interessensbestätigung angegeben hat, dass er sich diese Möglichkeit vorbehält und die Lose oder Losgruppen angibt, die kombiniert werden können.

Übersicht

	Rn.		Rn.
A. Einführung	1	III. Rechtliche Vorgaben im EU-Recht	4
I. Literatur	2	**B. Regelungsgehalt**	6
II. Entstehungsgeschichte	3		

A. Einführung

§ 27 SektVO regelt die **Modalitäten der Losvergabe.** Die Vorschrift ist im Zusammenhang mit § 97 Abs. 4 GWB zu lesen, der bestimmt, ob eine losweise Vergabe zu erfolgen hat. § 27 SektVO ist nur dann relevant, wenn eine Aufteilung in Lose erfolgt. **1**

I. Literatur

Greb/Müller, Kommentar zum Sektorenvergaberecht, 2. Auflage 2017; *Opitz,* Was bringt die neue Sektorenvergaberichtlinie?, VergabeR 2014, 369; *Prieß/Stein,* Die neue EU-Sektorenrichtlinie, NZBau 2014, 323.[1] **2**

II. Entstehungsgeschichte

§ 27 SektVO mit seinem jetzigen Regelungsgehalt gelangte erst durch die Vergaberechtsreform 2016 in die SektVO. Lediglich § 97 Abs. 4 GWB galt auch bislang schon in der vorangegangenen Fassung des § 97 Abs. 3 GWB. **Anlass für die Neuregelung** des § 27 SektVO gab die SRL, deren Vorschriften in der SektVO umgesetzt worden sind.[2] **3**

III. Rechtliche Vorgaben im EU-Recht

Wie die Gesetzesbegründung bestätigt, dient § 27 SektVO der Umsetzung des Art. 65 **4** SRL. Dabei macht § 27 Abs. 3 SektVO von der **Option** des Art. 65 Abs. 3 SRL Ge-

---

[1] Vgl. auch die Literaturhinweise unter → VgV § 63 Rn. 2.
[2] Rn. 4 ff.

brauch, wonach die Mitgliedstaaten bestimmen können, dass sich der Auftraggeber vorbehalten kann, mehrere oder alle Lose an einen Bieter zu vergeben.

5   Die relevanten Regelungen in Art. 65 SRL und Art. 46 VRL sind ebenso wie die Umsetzungsvorschriften in § 27 SektVO und § 30 VgV **inhaltlich annähernd gleich;** das gilt dementsprechend auch für die deutsche Gesetzesbegründung zu § 27 SektVO.[3] Ergänzend sind die Erwägungsgründe 87 und 88 zur SRL zu beachten, die den Erwägungsgründen 78 und 79 zur VRL entsprechen. Es kann daher insoweit auf die Kommentierung des § 30 VgV verwiesen werden.[4]

B. Regelungsgehalt

6   § 27 SektVO regelt **in Ergänzung zu § 97 Abs. 4 GWB** („Unbeschadet des § 97 Absatz 4 des Gesetzes gegen Wettbewerbsbeschränkungen", § 27 Abs. 1 S. 1 SektVO) das Verfahren bei Losaufteilung. § 27 SektVO ist im Wesentlichen identisch mit § 30 VgV. Vereinzelt gibt es Wortlautunterschiede zwischen den beiden Vorschriften.

7   Entsprechend der Unterscheidung der verschiedenen Auftraggeber in den §§ 99 f. GWB heißt es in § 26 Abs. 1 SektVO „Auftraggeber" statt „öffentlicher Auftraggeber" wie in § 30 VgV. Die SektVO gilt für **Sektorenauftraggeber** gem. § 100 GWB. Aufgrund der Inkongruenz der Begriffe wird in der SektVO folgerichtig lediglich vom „Auftraggeber" gesprochen.[5]

8   Abweichungen weist insbesondere § 27 Abs. 2 SektVO auf:

9   Zunächst ergänzt § 27 Abs. 2 S. 1 SektVO gegenüber § 30 Abs. 2 VgV, dass die Vorgaben nach Abs. 1 „im Falle einer **Bekanntmachung über das Bestehen eines Qualifizierungssystems** in der Aufforderung zu Verhandlungen oder zur Angebotsabgabe" bekanntzumachen sind. Eine solche Bekanntmachung über das Bestehen eines Qualifizierungssystems kennt nur § 37 SektVO.[6] In der VgV ist dieses Instrument hingegen nicht geregelt. Hieraus erklärt sich der Zusatz in § 27 SektVO. Dementsprechend sind dann, wenn eine solche Bekanntmachung über das Bestehen eines Qualifizierungssystems veröffentlicht wurde, die Vorgaben zu Loslimitierungen in der Aufforderung zu Verhandlungen oder zur Angebotsabgabe anzugeben.

10   Weiter fehlt in § 27 Abs. 2 SektVO gegenüber § 30 Abs. 2 VgV die Vorgabe, wonach die objektiven und nichtdiskriminierenden Kriterien „in den **Vergabeunterlagen**" anzugeben sind. Dies erklärt sich dadurch, dass die SektVO – anders als die VgV in § 28[7] – keine Regelung zu den Vergabeunterlagen enthält. In § 41 nimmt die SektVO jedoch Bezug auf die Vergabeunterlagen und setzt darin quasi voraus, dass der Begriff der Vergabeunterlagen bekannt ist.[8] Damit gilt letztlich, dass die Kriterien den Bietern transparent bekanntzumachen sind. Dies wird regelmäßig über die Bekanntmachung oder über diejenigen Unterlagen erfolgen, die § 28 VgV als Vergabeunterlagen definiert.[9]

11   Im Übrigen kann angesichts des identischen Regelungsgehalts vollumfänglich auf die Kommentierung zu § 30 VgV verwiesen werden. Besonders hinzuweisen ist auf die Regelung des § 27 Abs. 3 SektVO zur **Loskombination,** der wortidentisch ist mit § 30 Abs. 3 VgV und die Verpflichtung zur Losaufteilung relativiert.[10]

---

[3] BT-Drs. 18/7318 20.1.2016 S. 224.
[4] → VgV § 30 Rn. 9.
[5] Hierzu vertieft → GWB § 99, → GWB § 100. Vgl. auch *Prieß/Stein* NZBau 2014, 323 (324).
[6] Hierzu die Kommentierung → 37.
[7] → VgV § 28.
[8] → § 41.
[9] → VgV § 28.
[10] → VgV § 30; vgl. auch Greb/Müller § 27 Rn. 13 ff.

§ 28 Leistungsbeschreibung

(1) Der Auftraggeber fasst die Leistungsbeschreibung (§ 121 des Gesetzes gegen Wettbewerbsbeschränkungen) in einer Weise, dass sie allen Unternehmen den gleichen Zugang zum Vergabeverfahren gewährt und die Öffnung des nationalen Beschaffungsmarktes für den Wettbewerb nicht in ungerechtfertigter Weise behindert.

(2) In der Leistungsbeschreibung sind die Merkmale des Auftragsgegenstandes zu beschreiben:

1. in Form von Leistungs- oder Funktionsanforderungen, die auch Umweltmerkmale umfassen können, oder einer Beschreibung der zu lösenden Aufgabe, die so genau wie möglich zu fassen sind, dass sie ein klares Bild vom Auftragsgegenstand vermitteln und hinreichend vergleichbare Angebote erwarten lassen, die dem öffentlichen Auftraggeber die Erteilung des Zuschlags ermöglichen,
2. unter Bezugnahme auf die in Anlage 1 definierten technischen Anforderungen in der Rangfolge:
   a) nationale Normen, mit denen europäische Normen umgesetzt werden,
   b) Europäische technische Bewertungen,
   c) gemeinsame technische Spezifikationen,
   d) internationale Normen und andere technische Bezugssysteme, die von den europäischen Normungsgremien erarbeitet wurden, oder
   e) falls solche Normen und Spezifikationen fehlen, nationale Normen, nationale technische Zulassungen oder nationale technische Spezifikationen für die Planung, Berechnung und Ausführung von Bauwerken und den Einsatz von Produkten, oder
3. als Kombination von Nummer 1 und 2
   a) in Form von Leistungs- oder Funktionsanforderungen unter Bezugnahme auf die technischen Anforderungen gemäß Nummer 2 als Mittel zur Vermutung der Konformität mit diesen Leistungs- und Funktionsanforderungen oder
   b) mit Bezugnahme auf die technischen Anforderungen gemäß Nummer 2 hinsichtlich bestimmter Merkmale und mit Bezugnahme auf die Leistungs- und Funktionsanforderungen gemäß Nummer 1 hinsichtlich anderer Merkmale.

Jede Bezugnahme auf eine Anforderung nach Satz 1 Nummer 2 Buchstabe a bis e ist mit dem Zusatz „oder gleichwertig" zu versehen.

(3) Die Merkmale können auch Aspekte der Qualität und der Innovation sowie soziale und umweltbezogene Aspekte betreffen. Sie können sich auch auf den spezifischen Prozess oder die spezifische Methode zur Herstellung oder Erbringung der Leistung oder auf ein anderes Stadium im Lebenszyklus des Auftragsgegenstandes einschließlich der Produktions- und Lieferkette beziehen, auch wenn derartige Faktoren keine materiellen Bestandteile der Leistung sind, sofern diese Merkmale in Verbindung mit dem Auftragsgegenstand stehen und zu dessen Wert und Beschaffungszielen verhältnismäßig sind.

(4) In der Leistungsbeschreibung kann ferner festgelegt werden, ob Rechte des geistigen Eigentums übertragen oder dem Auftraggeber daran Nutzungsrechte eingeräumt werden müssen.

(5) Werden verpflichtende Zugänglichkeitserfordernisse im Sinne des § 121 Absatz 2 des Gesetzes gegen Wettbewerbsbeschränkungen mit einem Rechtsakt der Europäischen Union erlassen, so muss die Leistungsbeschreibung, soweit die Kriterien der Zugänglichkeit für Menschen mit Behinderungen oder der Konzeption für alle Nutzer betroffen sind, darauf Bezug nehmen.

(6) In der Leistungsbeschreibung darf nicht auf eine bestimmte Produktion oder Herkunft oder ein besonderes Verfahren oder auf gewerbliche Schutzrechte, Typen oder einen bestimmten Ursprung verwiesen werden, wenn dadurch bestimmte Unternehmen oder bestimmte Produkte begünstigt oder ausgeschlossen werden, es sei denn, dieser Verweis ist durch den Auftragsgegenstand gerechtfertigt. Solche Verweise sind ausnahmsweise zulässig, wenn der Auftragsgegenstand anderenfalls

nicht hinreichend genau und allgemein verständlich beschrieben werden kann; diese
Verweise sind mit dem Zusatz „oder gleichwertig" zu versehen.

Übersicht

	Rn.		Rn.
A. Einführung	1	D. Beschreibung der Merkmale des Auf-	
I. Literatur	1	tragsgegenstandes (Abs. 2)	14
II. Entstehungsgeschichte	2	E. Anforderungen an Merkmale des Auf-	
III. Rechtliche Vorgaben im EU-Recht	4	tragsgegenstandes (Abs. 3)	16
B. Systematische Stellung	6	F. Übertragung gewerblicher Schutzrech-	
		te, Einräumung von Nutzungsrechten	
C. Wettbewerbsoffene Formulierung der		(Abs. 4)	17
Leistungsbeschreibung (Abs. 1)	9	G. Verpflichtende Zugänglichkeitskriterien	
I. Regelungsinhalt	9	(Abs. 5)	18
II. Gleicher Zugang zum Vergabeverfahren	12	H. Produkt- und herkunftsneutrale Aus-	
III. Wettbewerbsoffenen Ausschreibung	13	schreibung (Abs. 6)	19

A. Einführung

I. Literatur

1 *Trautner/Schwabe,* Praxishandbuch Sektorenverordnung. Anwendungsbereich – Verfahren – Rechtsschutz,
2011; *Hausmann,* Beschaffungsautonomie und Produktneutralität, Fünfzehnte forum vergabe Gespräche
2012, 183; *Kern,* Anmerkung zu VK Bund VK 1–54/13, VPR 2014, 1014 (nur online); *Opitz,* Was bringt
die neue Sektorenvergaberichtlinie?, VergabeR 2014, 369; *Lampe-Helbig/Jagenburg/Baldringer,* Handbuch der
Bauvergabe, 3. Aufl. 2014; *Prieß/Stein,* Die neue EU-Sektorenrichtlinie, NZBau 2014, 323.

II. Entstehungsgeschichte

2   Die Vorschrift hat den früheren § 7 SektVO abgelöst, der zu den zentralen Normen des
Sektorenvergaberechts gezählt wurde.[1] Sie ist § 31 VgV nachgebildet. Die Regelungen für
die Beschaffung energieverbrauchsrelevanter Leistungen und von Straßenfahrzeugen (§ 7
Abs. 4– 6 SektVO aF), bisher schon ein „Fremdkörper",[2] wurden in einen eigenen Abschnitt verschoben (§§ 58, 59 SektVO). Die Fälle, in denen ein Bieter abweichend, aber
gleichwertig zu technischen Anforderungen anbietet, wurden nach dem Vorbild von § 32
VgV in § 29 SektVO zu einer eigenen Vorschrift verselbständigt. Wie bei § 31 VgV wurde Abs. 3 im Verordnungsverfahren um die Klarstellung ergänzt, dass die Merkmale des
Auftragsgegenstandes auch Aspekte der Qualität und der Innovation sowie soziale und
umweltbezogene Aspekte umfassen können (→ § 31 VgV Rn. 2). Daneben kam es zu
geringfügigen redaktionellen Änderungen in Abs. 2 und 6.

3   Der Verordnungsgeber hat davon abgesehen, das Verbot der Überbürdung „ungewöhnlicher Wagnisse" zu regeln. Seit der Vergabereform 2009 war umstritten, ob es als ungeschriebener Grundsatz in der SektVO gilt.[3] Davon kann jedenfalls seit Inkrafttreten der
VergRModVO nicht mehr ausgegangen werden (→ § 31 VgV Rn. 3). Davon unberührt

---

[1] *Hertwig/Slawinski* in Beck VOB/A § 7 Rn. 1 („zentrale Norm"); *Ruff* in Müller-Wrede, Kompendium
des Vergaberechts, 2. Aufl. 2013, 34 Rn. 82 („Kernstück der Vergabeunterlagen").
[2] *Trautner/Schwabe* Praxishandbuch 89.
[3] Ausführlich *Kolpatzik* in HKKW § 7 SektVO Rn. 9 ff. Gegen ein „ungeschriebenes" Gebot mit be-
achtlichen Gründen *Haupt/Baldringer* in HdB Bauvergabe, 3. Aufl. 2014, F Rn. 122 ff.; *Schulz* in Gabriel/
Krohn/Neun VergabeR-HdB, 2. Aufl. 2017, § 52 Rn. 20; für den Gleichlauf mit der VOB/A *Leinemann,*
Vergabe öffentlicher Aufträge, 6. Aufl. 2016, Rn. 1692, 1694.

ist auch in der SektVO zu prüfen, ob die Verlagerung von Risiken im Einzelfall noch die Zumutbarkeitsgrenze wahrt (→ § 121 GWB Rn. 89 ff.).[4]

III. Rechtliche Vorgaben im EU-Recht

Anfänglich waren die Richtlinienvorgaben über technische Spezifikationen und Nor-   **4** men für die Sektoren von geringerer Regelungstiefe als in den allgemeinen Vergaberichtlinien.[5] Seit dem Legislativpaket 2004 sind die Unterscheide entfallen.[6] Seither besteht auf der Ebene der Leistungsbeschreibung ein Gleichlauf der vergaberechtlichen Anforderungen, so dass sich für Sektorenauftraggeber keine Abstriche bei der Formulierung der Leistungsbeschreibung, aber auch keine strengeren Anforderungen begründen lassen.[7] Art. 60 SVR iVm Anhang VIII führt dieses Konzept fort. Die Sektorenrichtlinie 2014/25/EU unterscheidet sich bei den Bestimmungen zu technischen Spezifikationen nicht von der Allgemeinen Richtlinie 2014/24/EU. Es kann daher auf die dortigen Erläuterungen verwiesen werden (→ § 31 VgV Rn. 3 ff.).

Der Regelungsansatz der Vergaberichtlinien und deutschen Vergabe- und Vertragsord-   **5** nungen ist nicht deckungsgleich, was schon bislang zu Verständnisproblemen führte.[8] Die Vergaberichtlinien heben den Wettbewerbsgrundsatz hervor. Die technischen Spezifikationen sollen die öffentlichen Beschaffungsmärkte für den Wettbewerb öffnen (Art. 60 Abs. 2 SVR).[9] Im deutschen Vergaberecht steht dagegen die Bestimmtheit der Leistungsbeschreibung im Mittelpunkt (→ § 31 VgV Rn. 3). Das wirkt sich beim Verständnis des zentralen Systembegriffs der „technischen Spezifikationen" (technische Anforderungen) aus (→ Anlage 1 VgV Rn. 8).

B. Systematische Stellung

Die Vorschrift beruht auf der Verordnungsermächtigung in § 113 Nr. 2 GWB. Sie   **6** nimmt in Abs. 1 auf die gemäß § 142 GWB anzuwendende „Basisregelung"[10] des § 121 GWB Bezug und präzisiert, auf welche Weise und in welche Richtung der Auftraggeber die Merkmale des Auftragsgegenstandes in der Leistungsbeschreibung umschreiben kann (→ § 31 VgV Rn. 6). Auch im Sektorenvergaberecht ist die **Bestimmung des Auftragsgegenstandes** die vorgelagerte und vom Auftraggeber autonom zu treffende Entscheidung.[11] Die zu beschaffende Bau-, Liefer- oder Dienstleistung muss er sodann in den Vergabeunterlagen nach Art, Güte und Umfang mittels technischer Anforderungen umschreiben und damit verbindlich festlegen.[12] Die SektVO unterscheidet bei den Rege-

---

[4] Ausführlich *Hertwig/Slawinski* in Beck VOB/A § 7 Rn. 13 ff., 19.

[5] Vgl. Art. 13 Richtlinie 90/351/EWG und Art. 18 Richtlinie 98/38/EWG gegenüber Art. 14 Richtlinie 92/50/EWG. Das wirkte sich auch auf die Umsetzung in § 6 SKR VOL/A und § 6 SKR VOB/A aus, die zu Regelungen zu technischen Spezifikationen, produktspezifischen Angaben und Mitteilungen der Spezifikationen beschränkten.

[6] Art. 34 Richtlinie 2004/17/EG („Technische Spezifikationen") iVm Anhang XXI Nr. 1 entsprach – bis auf geringfügige Formulierungsunterschiede in Abs. 1 S 2 – Art. 23 Richtlinie 2004/18/EG iVm Anhang VI Nr. 1.

[7] Das wurde bei der SektVO aF bei produktspezifischen Ausschreibungen diskutiert, vgl. *Haupt/Baldringer* in HdB Bauvergabe, 3. Aufl. 2014, F Rn. 113.

[8] *Wolters* in Eschenbruch/Opitz § 7 Rn. 3.

[9] Bereits Art. 34 Abs. 2 Richtlinie 2004/17/EG iVm Erwägungsgrund (42).

[10] Begründung der VergRModVO, BR-Drs. 87/16, 247.

[11] Zum Bestimmungsrecht des Sektorenauftraggebers OLG Düsseldorf 14.4.2005 – VII-Verg 93/04, VergabeR 2005, 513 (515); 3.4.2008 – Verg 54/07, BeckRS 2009, 05462; *Ruff* in Müller-Wrede § 7 Rn. 17, *Trautner/Schwabe* Praxishandbuch 79; *Haupt/Baldringer* in HdB Bauvergabe, 3. Aufl. 2014, F Rn. 107 f.; *Leinemann* Vergabe öffentlicher Aufträge, 6. Aufl. 2016, Rn. 1685, 1686.

[12] VK Sachsen 17.8.2012 – 1/SVK/021-12, IBRRS 2013, 1135.

lungen zur Leistungsbeschreibung nicht, ob es sich um Bau-, Liefer- oder Dienstleistung handelt.[13] An die **Bestimmtheit der Leistungsbeschreibung** wurden schon bislang von den Nachprüfungsinstanzen keine Abstriche gemacht;[14] dies folgt nunmehr unmittelbar aus § 121 Abs. 1 iVm § 142 GWB. Die Anforderungen an die **Herstellung der Ausschreibungsreife** (Vergabereife) gelten auch für Sektorenauftraggeber.[15] Angebote, die von **Mindestanforderungen in den Vergabeunterlagen** („Musskriterien", „Ausschlusskriterien", „KO"-Kriterien, „Muss-" oder „need-to-have"-Anforderungen) **abweichen** sind nach ganz üA auch in der SektVO zwingend auszuschließen.[16] Das wird idR mit dem Grundsatz der Gleichbehandlung der Bieter begründet (§ 97 Abs. 2 GWB) und ergibt sich bei Abweichungen von technischen Anforderungen bereits aus der Regelungssystematik der §§ 28 ff. SektVO, da abweichende Angebote nur dann zu werten sind, wenn sie entweder ausdrücklich als Nebenangebote zugelassen sind (§ 33 SektVO) oder in den Fällen des § 29 SektVO als Hauptangebote berücksichtigt werden können. Auch in den Sektoren setzt der Angebotsausschluss eine eindeutige Auftraggebervorgabe voraus (→ § 121 GWB Rn. 82).[17]

7   Die in der Leistungsbeschreibung festgelegten **technischen Anforderungen** (Beschreibungen technischer Art) sind technisch-tatsächlicher Art. Sie beziehen sich zu Art, Güte und Umfang der zu erbringenden Leistung und damit immer auf konkrete Merkmale oder Eigenschaften des Leistungsgegenstandes (→ Anlage 1 VgV Rn. 16) und sind daher von **Ausführungsbedingungen** iSv § 128 Abs. 2 GWB abzugrenzen (→ § 31 VgV Rn. 14).

8   Die Vorschrift ergänzt § 121 Abs. 1 iVm § 142 GWB und soll die Vergleichbarkeit der Angebote und damit die Chancengleichheit der Bieter schützen, so dass sie **bieterschützend** ist.[18]

C. Wettbewerbsoffene Formulierung der Leistungsbeschreibung (Abs. 1)

I. Regelungsinhalt

9   Abs. 1 setzt Art. 60 Abs. 2 SVR um und entspricht § 31 Abs. 1 VgV (→ § 31 VgV Rn. 19). Die Bestimmung enthält im 1. Halbsatz einen klarstellenden Verweis auf § 121 Abs. 1 GWB, der bereits nach § 142 GWB anzuwenden ist, und verlangt nach dem Vorbild der Richtlinie zweierlei: Die Leistungsbeschreibung ist so zu formulieren, dass allen Unternehmen **„der gleiche Zugang"** zum Vergabeverfahren gewährt wird. Zudem dürfen durch sie keine künstlichen Wettbewerbshindernisse geschaffen werden. Das stand schon in Vorgängerrichtlinie,[19] war aber vom Verordnungsgeber in § 7 Abs. 2 S. 1 SektVO

---

[13] *Kolpatzik* in HKKW § 7 SektVO Rn. 2.

[14] OLG Düsseldorf 7.8.2013 – VII-Verg 15/13, BeckRS 2014, 14201; 27.11.2013 – Verg 20/13, ZfBR 2014, 205 (Ls.).

[15] OLG Düsseldorf 27.11.2013 – Verg 20/13, ZfBR 2014, 205 (Ls.); VK Bund 19.7.2013 – VK 1-54/13, BeckRS 2014, 00422 = VPR 2014, 1014 mAnm *Kern* – Ausschreibungsbeginn vor Bestandskraft eines Planfeststellungsbeschlusses.

[16] OLG Düsseldorf 14.7.2003 – VII-Verg 11/03, BeckRS 2003, 17901(zu Anforderungen an Referenzen); 7.8.2013 – VII-Verg 15/13, BeckRS 2014, 14201(fehlende Erläuterung zu einem Kalkulationsvorblatt); 30.4.2014 – VII Verg 35/13, NZBau 2014, 589 (592); VK Bund 3.2.2017 – VK 2-139/16, IBRRS 2017, 1043 (abweichende Vertragsklauseln); 15.3.2007 – VK 2-12/07, IBRRS 2007, 2543; VK Sachsen 9.3.2012 – 1/SVK/003-12, IBRRS 2012, 1258; 17.8.2012 – 1/SVK/021-12, BeckRS 2013, 04353; 20.12.2012 – 1/SVK/036-12, BeckRS 2013, 10926; *Trautner/Schwabe* Praxishandbuch 79; *Röwekamp* in Eschenbruch/Opitz § 26 Rn. 44.

[17] Deutlich zuletzt OLG Celle 12.5.2016 – 13 Verg 10/15, NZBau 2016, 711 Rn. 36.

[18] So bereits die bisherige üA zu § 7 SektVO aF *Trautner/Schwabe* Praxishandbuch 85; *Leinemann* Vergabe öffentlicher Aufträge, 6. Aufl. 2016, Rn. 1685.

[19] Art. 34 Abs. 2 Richtlinie 2004/17/EG.

aF nur für den Teilaspekt der Zugänglichkeit technischer Anforderungen geregelt worden und wurde von der üA zudem nur auf technische Regelwerke bezogen.[20]

Dem Wortlaut nach umfasst Abs. 1 alle Anforderungen des Auftraggebers in der Leis- **10** tungsbeschreibung, also **technische, wirtschaftliche und finanzielle Spezifikationen** gleichermaßen.[21] Es spricht nach der systematischen Stellung, dem Verweis auf § 121 GWB und der dahinterstehenden Richtlinienbestimmung (Art. 60 Abs. 2 SVR) Überwiegendes dafür, den Anwendungsbereich der Bestimmung auf technische Anforderungen zu beschränken (→ § 31 VgV Rn. 16). Entsprechendes gilt bei Abs. 6 (→ Rn. 19). „Technische Anforderung" ist in Anlage 1 definiert und mit „technischer Spezifikation" iSv Art. 60 Abs. 1 UA 1 SVR iVm Anhang VIII Nr. 1 deckungsgleich. Darunter sind sämtliche Vorgaben („Spezifikationen") zu verstehen, die der Auftraggeber zu Art, Güte und Umfang der beschafften Leistung festlegt; die in Anlage 1 zur SektVO genannten Aspekte sind nur beispielhaft zu verstehen (→ Anlage 1 VgV Rn. 13).[22] Auf welche Weise die Spezifikation formuliert ist, ob durch Bezugnahme auf eine Norm (zB „Rillenschienen entsprechend DIN EN 14811"), als Leistungs-, Funktionsanforderung oder mittels einer deskriptiven Beschreibung ggfs. ergänzt durch Zeichnungen, Plänen, Muster usw. ist bei Abs. 1 nicht relevant (→ Anlage 1 VgV Rn. 9).[23]

Hält die Leistungsbeschreibung die grundlegenden Anforderungen in § 121 GWB/§ 28 **11** SektVO nicht ein, kann auf ihrer Grundlage der Zuschlag nicht erteilt werden (→ § 31 VgV Rn. 15). Stellt der Auftraggeber **Unklarheiten oder Fehler** der Leistungsbeschreibung fest, muss er sie im Vergabeverfahren ausräumen oder die Ausschreibung aufheben.[24] Nach üA ist der Bieter gehalten, den Auftraggeber auf offensichtliche Fehler hinzuweisen, andernfalls verliert er etwaige Mehrvergütung- oder Schadensersatzansprüche (→ § 121 GWB Rn. 85 f.).[25]

II. Gleicher Zugang zum Vergabeverfahren

Den „gleichen Zugang" iSv Abs. 1 vermittelt eine Leistungsbeschreibung nur, wenn sie **12** allen Auftragsinteressenten in gleichlautender Fassung als **Bestandteil der Vergabeunterlagen** (§ 121 Abs. 3 GWB) zugänglich ist und von ihnen **einheitlich verstanden** werden kann.[26] Die technischen Anforderungen müssen so klar festgelegt sein, dass ein fachkundiges Unternehmen erkennen kann, welches die geforderten Merkmale der nachgefragten Bau-, Liefer- oder Dienstleistung sind.[27] Das gilt im Grundsatz auch im Verhandlungsverfahren und für die funktionale Ausschreibung (mit verfahrensimmanenten Abstrichen).[28] Mit Abs. 1 unvereinbar sind Leistungsbeschreibungen, die ohne hinreichenden Grund auf ein **bestimmtes Produkt** eines bestimmten Unternehmens zugeschnitten sind (→ § 31 VgV Rn. 23). Die Vorschrift ist ferner von Bedeutung bei **Standortvorgaben** (→ § 31 VgV Rn. 24) und hat Rückwirkungen auf die Einbindung Privater bei der Vorbereitung der Ausschreibung (→ § 31 VgV Rn. 25).

---

[20] *Hattig* in Müller-Wrede, 2. Aufl. 2006, § 6 SKR Rn. 8; *Ruff* in Müller-Wrede § 7 SektVO Rn. 28; *Greb/Müller* § 7 Rn. 49; *Haupt/Baldringer* in HdB Bauvergabe, 3. Aufl. 2014, F Rn. 125; wohl auch *Wolters* in Eschenbruch/Opitz § 7 Rn. 3. Zu der dahinterstehenden einschränkenden Auslegung von „technischen Anforderungen" → Anlage 1 VgV Rn. 9.

[21] Vgl. zu dieser Dreiteilung Art. 2 Abs. 1 Buchst. b) Richtlinie 92/13/EWG.

[22] Dieses weite Verständnis findet sich schon bislang im Sektorenvergaberecht, etwa bei *Ruff* in Müller-Wrede, Kompendium des Vergaberechts, 2. Aufl. 2013, 34 Rn. 85.

[23] Wie hier VK Sachsen-Anhalt 16.4.2014 – 2 VK LSA 25/13, IBRRS 2014, 2169 (zu § 7 Abs. 3 SektVO aF). Anders die bisher üA zur SektVO *Ruff* in Müller-Wrede § 7 Rn. 33; *Kolpatzik* in HKKW § 7 SektVO Rn. 15; *Haupt/Baldringer* in HdB Bauvergabe, 3. Aufl. 2014, F Rn. 125. Das entspricht der üA zu den übrigen Vergabe- und Vertragsordnungen → Anlage 1 VgV Rn. 9.

[24] *Leinemann* Vergabe öffentlicher Aufträge, 6. Aufl. 2016, Rn. 1688.

[25] *Trautner/Schwabe* Praxishandbuch 84/85.

[26] *Leinemann* Vergabe öffentlicher Aufträge, 6. Aufl. 2016, Rn. 1687.

[27] Das galt schon nach der Vorgängerregelung, vgl. *Ruff* in Müller-Wrede § 7 Rn. 2 aE.

[28] *Leinemann* Vergabe öffentlicher Aufträge, 6. Aufl. 2016, Rn. 1685, 1687.

III. Wettbewerbsoffene Ausschreibung

13   Abs. 1 verlangt zusätzlich, dass durch die technischen Anforderungen keine künstlichen Wettbewerbshindernisse geschaffen werden. Das ist nichts grundsätzlich Neues: Schon mit der Vorgängervorschrift (§ 7 Abs. 1 SektVO aF) strebte der Verordnungsgeber an, dass Angebote eingereicht werden, die die **Vielfalt technischer Lösungsmöglichkeiten** widerspiegeln.[29] Mittels nationaler Normen, nationaler technischer Zulassungen oder nationalen technischen Spezifikationen für die Planung, Berechnung und Ausführung von Bauwerken und den Einsatz von Produkten darf daher nur beschrieben werden, falls europäische Spezifikationen fehlen oder sie nur Teilaspekte der technischen Anforderungen abbilden (→ § 31 VgV Rn. 26).[30] Der Auftraggeber kann sich am technischen Datenblatt eines Herstellers orientieren, darf aber dadurch keine künstlichen Wettbewerbshindernisse schaffen (→ § 31 VgV Rn. 27). Zu einer **wettbewerbsöffnenden Ausschreibung** verpflichtet Abs. 1 nicht. Der Auftraggeber ist – wie bisher schon[31] – nicht gezwungen, die Ausschreibung so zu gestalten, dass sich jedes Unternehmen mit seinem Konzept bewerben kann oder den Wettbewerb sonst aktiv zu fördern (→ § 121 GWB Rn. 28).

D. Beschreibung der Merkmale des Auftragsgegenstandes (Abs. 2)

14   Abs. 2 verlangt, dass der Auftraggeber die Merkmale des Auftragsgegenstandes in der Leistungsbeschreibung angibt und regelt die dafür zugelassenen Beschreibungsarten (→ § 31 VgV Rn. 29). Damit wird Art. 60 Abs. 3 Buchst. a)–d) Richtlinie 2014/25/EU umgesetzt.[32] Der Auftraggeber hatte schon nach bisheriger Rechtslage die Wahl, ob er die technischen Anforderungen mittels Normen und obligatorischem Gleichwertigkeitszusatz (zB „Stahlsorte XY 1. Wahl, gem. DIN EN 14811 o. glw.“)[33], mittels Leistungs- oder Funktionsanforderungen (zB „Arbeits- und Lagertemperatur −40 °C bis −70 °C“) oder in einer Kombination dieser Beschreibungsarten vorgibt (§ 7 Abs. 2 SektVO aF).[34] Die VergRModVO hat Leistungs- oder Funktionsanforderungen wie bei § 31 VgV an die Spitze gestellt, um diese als besonders innovationsfördernd geltenden Beschreibungsarten hervorzuheben und ihnen die aus der VOF übernommene Aufgabenbeschreibung gleichgestellt. Ein normatives Rangverhältnis, bei dem die Wahl einer nachrangigen Alternative begründungsbedürftig wäre, folgt daraus aber nicht (→ § 31 VgV Rn. 32).[35] Die (deskriptive) Beschreibung mittels verkehrsüblicher Bezeichnungen mit Beschreibung des Auftragsgegenstandes nach Abmessungen, Ausgangsmaterialien, Design, Form, Farbe, Grundstoffen usw. ist in Abs. 2 nicht ausdrücklich angeführt, aber ebenfalls zulässig (→ § 31 VgV Rn. 32).[36] In früheren Sektorenrichtlinien war diese Beschreibungsart ausdrücklich vorgehen, wenngleich mit Nachrang gegenüber Beschreibungen mittels Normen oder Leistungsanforderungen.[37]

---

[29] Begründung zur SektVO 2009, BR-Drs. 522/09, 43; *Trautner/Schwabe* Praxishandbuch 80; *Ruff* in Müller-Wrede § 7 Rn. 2.

[30] *Trautner/Schwabe* Praxishandbuch 87.

[31] *Ruff* in Müller-Wrede § 7 Rn. 18; *Haupt/Baldringer* in HdB Bauvergabe, 3. Aufl. 2014, F Rn. 109.

[32] Begründung der VergRModVO, BR-Drs. 87/16, 248.

[33] Nach VK Sachsen-Anhalt 16.4.2014 – 2 VK LSA 25/13, IBRRS 2014, 2169 (zu § 7 Abs. 3 SektVO aF).

[34] Begründung zur SektVO 2009, BR-Drs. 522/09, 43.

[35] Bislang üA, vgl. *Horn* in jurisPK-VergabeR 4. Aufl. 2013, § 7 SektVO Rn. 22 (der darin eine Privilegierung des Sektorenauftraggebers sah); *Trautner/Schwabe* Praxishandbuch 83/84; *Leinemann* Vergabe öffentlicher Aufträge, 6. Aufl. 2016, Rn. 1700.

[36] Umstritten. Die üA geht von einer abschließenden Regelung der Formulierungsmöglichkeiten aus, vgl. *Ruff* in Müller-Wrede § 7 SektVO Rn. 31.

[37] Art. 13 Abs. 4 S. 2 Richtlinie 90/351/EWG.

Von diesen Beschreibungsarten der einzelnen technischen Anforderungen ist die Frage zu trennen, ob der Auftraggeber nach § 121 Abs. 1 S. 2 GWB eine funktionale Leistungsbeschreibung und den Bietern konzeptionell-planerische Aufgaben überträgt oder ob er die geforderte Leistung im Detail auf Basis einer abgeschlossenen eigenen Planung umschreibt (→ § 121 GWB Rn. 97). Diese Entscheidung ist in § 121 Abs. 1 S. 2 GWB vorausgesetzt und steht im Ermessen des Auftraggebers.[38]

Die SektVO enthält wie die VgV keine Gliederungsvorgaben für die Leistungsbeschreibung. **15** bung. Die üA überträgt die Anforderungen an den Inhalt und die Unterteilung der Positionen (Grund-, Normal-, Bedarfs-, Eventual-, Zuschlagspositionen) aus der VgV bzw. der VOB/A.[39] Die Anforderungen sind für Sektorenauftraggeber auch in diesem Punkt weder erleichtert noch verschärft. Das gilt auch für die Aufnahme von Bedarfs- bzw. Wahlpositionen (→ § 121 GWB Rn. 53f., 56f.).

E. Anforderungen an Merkmale des Auftragsgegenstandes (Abs. 3)

Abs. 3 S. 1 stellt klar, dass bei der Formulierung der technischen Anforderungen auch **16** qualitäts-, innovationsbezogene, umwelt- und sozialpolitische und Erwägungen berücksichtigt werden können. Das ist eine Ausprägung von § 97 Abs. 3 GWB für die Ebene der Leistungsbeschreibung (→ § 31 VgV Rn. 60). Abs. 3 S. 2 enthält eine Regelung mit teils bestätigender, teils erweiterter Wirkung, wonach die technischen Anforderungen (technische Spezifikationen) auch Merkmale umfassen können, die sich auf den spezifischen Prozess oder die spezifische Methode zur Herstellung von Produkten beziehen, selbst wenn „derartige Faktoren nicht materielle Bestandteile von ihnen sind." Die Vorschrift geht auf Art. 60 Abs. 1 UA 2 SVR zurück und erlaubt Festlegungen, wie „Strom aus erneuerbaren Energiequellen" oder „Holz aus nachhaltiger Forstwirtschaft",[40] die aber nach üA schon bislang möglich waren (→ § 31 VgV Rn. 73). Bei ihnen ist das Bestehen einer Verbindung mit dem Auftragsgegenstand, die sonst bei den technischen Spezifikationen regelmäßig gegeben ist,[41] vom Auftraggeber nachzuweisen (→ § 31 VgV Rn. 80). Von praktischer Bedeutung ist Abs. 3 S. 2 vor allem bei sozialen Festlegungen, wie einer Festlegung auf Verweis auf die Einhaltung von ILO-Kernarbeitsnormen bereits auf der Ebene der Leistungsbeschreibung (→ § 31 VgV Rn. 74).[42]

F. Übertragung gewerblicher Schutzrechte, Einräumung von Nutzungsrechten (Abs. 4)

Mit Abs. 4 wird Art. 60 Abs. 1 UA 2 SVR umgesetzt und klargestellt, dass der Auftrag- **17** geber die Übertragung gewerblicher Schutzrechte oder die Einräumung von Nutzungsrechten verlangen kann.[43] Das muss aber verhältnismäßig iSd § 97 Abs. 1 S. 2 GWB sein, also unumgänglich für die Erreichung der Beschaffungszwecke (→ § 31 VgV Rn. 89).[44]

---

[38] Zum Teil geht die Literatur von erweiterten Handlungsmöglichkeiten von Sektorenauftraggebern aus, die in § 121 Abs. 1 GWB und der SektVO nicht zum Ausdruck kommen, etwa *Leinemann* Vergabe öffentlicher Aufträge, 6. Aufl. 2016, Rn. 1708. Dafür gibt es aber im Richtlinientext und der Verordnungsbegründung keine Anhaltspunkte.
[39] *Trautner/Schwabe* Praxishandbuch 81; *Leinemann* Vergabe öffentlicher Aufträge, 6. Aufl. 2016, Rn. 1701 f.
[40] *Opitz* VergabeR 2014, 369 (379); *Prieß/Stein* NZBau 2014, 323 (326).
[41] *Ruff* in Müller-Wrede § 7 Rn. 35.
[42] *Leinemann* Vergabe öffentlicher Aufträge, 6. Aufl. 2016, Rn. 1710.
[43] Begründung der VergRModVO, BR-Drs. 87/16, 249.
[44] *Leinemann* Vergabe öffentlicher Aufträge, 6. Aufl. 2016, Rn. 1711.

G. Verpflichtende Zugänglichkeitskriterien (Abs. 5)

18   An sich hatten Ausschreibungen in den Sektoren bereits seit dem Legislativpaket 2004 den Zugangskriterien für Behinderte oder der Konzeption für alle Nutzer (Design für Alle) „wenn möglich" Rechnung zu tragen.[45] Das war allerdings in der SektVO 2009 nicht umgesetzt worden. Diese Verpflichtung ergibt sich nunmehr unmittelbar aus § 121 Abs. 2 iVm § 142 GWB, wobei die Anforderungen verschärft wurden und eine behindertengerechte Ausschreibung nur noch in begründeten Ausnahmefällen entbehrlich ist (→ § 121 GWB Rn. 126). Abs. 5 ergänzt § 121 Abs. 2 GWB und setzt Art. 60 Abs. 1 UA 5 VVR um.[46] Verpflichtende Zugänglichkeitskriterien sind zwingend in der Leistungsbeschreibung vorzugeben (→ § 31 VgV Rn. 90).

H. Produkt- und herkunftsneutrale Ausschreibung (Abs. 6)

19   Abs. 6 verpflichtet Sektorenauftraggeber in Umsetzung von Art. 60 Abs. 4 SVR zu einer **produktneutralen Beschreibung** „in der Leistungsbeschreibung" und sieht davon zwei Ausnahmen vor (→ § 31 VgV Rn. 94). Die Vorschrift entspricht fast wörtlich § 7 Abs. 11 SektVO aF. Allerdings stellte § 7 Abs. 11 S. 1 SektVO aF, wie die übrigen Vergabe- und Vertragsordnungen,[47] ausdrücklich auf die „technischen Anforderungen" ab, was den Richtlinientext präziser umsetzte und – wie bei Abs. 1 – die Regelungsinhalt besser trifft (→ Rn. 10). Eine weitere Änderung besteht darin, dass Satz 1 nunmehr produktspezifische Ausschreibungen ausdrücklich zulässt. Bereits zur Vorgängervorschrift war anerkannt, dass ein Sektorenauftraggeber aus anerkennenswerten Gründen, die im Auftragsgegenstand liegen mussten, bestimmte Produkt oder Fabrikate beschaffen konnte und insoweit nicht hinter einem klassischen Auftraggeber zurückstehen musste, bei dem sich dies bereits aus dem Wortlaut der früheren §§ 7 EG Abs. 8 VOB/A, 8 EG Abs. 7 VOL/A und § 6 Abs. 7 VOF ergab.[48] Die dafür herangezogenen Sachgründe (zB Schnittstellenrisiken, Aufwand für Mitarbeiterschulungen, Fördermittel usw.) sind gemäß § 8 Abs. 1 SektVO zu dokumentieren.

---

[45] Art. 34 Abs. 1 S. 2 Richtlinie 2004/17/EG.

[46] Begründung der VergRModVO, BR-Drs. 87/16, 249.

[47] §§ 8 EG Abs. 7 S. 1 VOL/A; 6 Abs. 7 S. 1 VOF; 7 EG Abs. 8 S. 1 VOB/A 2012 verwies dagegen auf die „technischen Spezifikationen".

[48] *Hausmann* Beschaffungsautonomie und Produktneutralität 188; *Horn* in jurisPK-VergabeR 4. Aufl. 2013, § 7 SektVO Rn. 78; *Trautner/Schwabe* Praxishandbuch 88; *Wolters* in Eschenbruch/Opitz § 7 Rn. 98 f.; für ein Redaktionsversehen in § 7 Abs. 11 SektVO aF. *Schellenberg* in Pünder/Schellenberg, 2. Aufl. 2015, § 7 SektVO Rn. 10.

§ 29 Technische Anforderungen

(1) Verweist der Auftraggeber in der Leistungsbeschreibung auf technische Anforderungen nach § 28 Absatz 2 Nummer 2, so darf er ein Angebot nicht mit der Begründung ablehnen, dass die angebotenen Liefer- und Dienstleistungen nicht den von ihm herangezogenen technischen Anforderungen der Leistungsbeschreibung entsprechen, wenn das Unternehmen in seinem Angebot dem Auftraggeber mit geeigneten Mitteln nachweist, dass die vom Unternehmen vorgeschlagenen Lösungen diesen technischen Anforderungen gleichermaßen entsprechen.

(2) Legt der Auftraggeber die technischen Anforderungen in Form von Leistungs- oder Funktionsanforderungen fest, so darf der Auftraggeber ein Angebot nicht ablehnen, das Folgendem entspricht:

1. einer nationalen Norm, mit der eine europäische Norm umgesetzt wird,
2. einer Europäischen Technischen Bewertung,
3. einer gemeinsamen technischen Spezifikation,
4. einer internationalen Norm oder
5. einem technischen Bezugssystem, das von den europäischen Normungsgremien erarbeitet wurde, wenn diese Anforderungen die von ihm geforderten Leistungs- und Funktionsanforderungen betreffen.

Das Unternehmen muss in seinem Angebot belegen, dass die jeweilige der Norm entsprechende Liefer- oder Dienstleistung den Leistungs- oder Funktionsanforderungen des Auftraggebers entspricht. Belege können insbesondere eine technische Beschreibung des Herstellers oder ein Prüfbericht einer anerkannten Stelle sein.

Übersicht

	Rn.		Rn.
A. Einführung	1	C. Alternativer Nachweis der Erfüllung technischer Anforderungen bei Leistungs- und Funktionsanforderungen (Abs. 2)	6
I. Literatur	1		
II. Entstehungsgeschichte	2		
III. Rechtliche Vorgaben im EU-Recht	3		
B. Alternative Erfüllung technischer Anforderungen bei Beschreibung mittels Normen (Abs. 1)	4		

A. Einführung

I. Literatur

Trautner/Schwabe, Praxishandbuch Sektorenverordnung. Anwendungsbereich – Verfahren – Rechtsschutz, **1** 2011.

II. Entstehungsgeschichte

Vor der VergRModVO enthielt der frühere § 7 Abs. 7, 8 SektVO aF inhaltsgleiche Be- **2** stimmungen.[1] Die Verselbständigung zu einer eigenen Vorschrift übernimmt die Regelungskonzeption des § 32 VgV. Geringfügige Abweichungen in der Formulierung zu § 32 VgV in Abs. 2 Satz 1 und Satz 2 Nr. 5 sind redaktionell bedingt. Im Zuge der Redaktion der Vorschrift wurde vergessen, „Liefer- und Dienstleistung" konsequent durch „Leistung" zu ersetzen (wie zB in § 31 Abs. 1 SektVO), um auch die Bauleistungen zu erfassen.[2]

---

[1] Vgl. *Ruff* in Müller-Wrede, Kompendium des Vergaberechts, 2. Aufl. 2013, 34 Rn. 98, 99.
[2] Zutreffend dagegen insbesondere noch § 7 Abs. 8 S. 2 SektVO aF.

III. Rechtliche Vorgaben im EU-Recht

3   Dem Verordnungsgeber geht es mit der Vorschrift um die Umsetzung von Art. 60 Abs. 5 und 6 SVR[3]. Diese Bestimmungen waren in der Vorgängerrichtlinie[4] inhaltsgleich enthalten und gehen auf das Legislativpaket 2004 zurück. Die Regelungen stehen im Zusammenhang mit der generellen Zulassung der Beschreibungsart Leistungs- und Funktionsanforderungen. Die Bieter sollen nach den Vergaberichtlinien nicht dadurch schlechter gestellt werden, dass der Auftraggeber die technischen Anforderungen nicht mittels Normen umschreibt, obwohl es ihm möglich wäre (→ § 32 VgV Rn. 4). Sie können sich nach Art. 60 Abs. 5 SVR mit einem Angebot beteiligen, sofern sie nachweisen, dass es einer ansich einschlägigen Norm konform ist. Werden technische Spezifikationen unter Verweis auf Normen umschrieben, kann es vorkommen, dass die Norm der technischen Entwicklung hinterherläuft. Für diesen Fall hatte erstmals das Legislativpaket 2004[5] den Bietern die Möglichkeit des Nachweises eröffnet, dass die vorgeschlagene Lösung den technischen Spezifikationen, auf die der Auftraggeber Bezug genommen hat, gleichermaßen entspricht (nunmehr Art. 60 Abs. 5 SVR).

B. Alternative Erfüllung technischer Anforderungen bei Beschreibung mittels Normen (Abs. 1)

4   Die Vorschrift entspricht dem früheren § 7 Abs. 7 SektVO 2009. Sie setzt von ihrem Anwendungsbereich her voraus, dass der Auftraggeber die betreffende technische Anforderung gemäß „§ 28 Abs. 2 Satz 1 Nummer 2", also abstrakt-normativ, beschrieben hat. Abs. 1 ermöglicht es den Bietern, trotz unterschiedlichen nationalen Normierungen, Maßeinheiten, Umweltgütezeichnen, Prüfmethoden o. ä. ein Angebot abgeben zu können und nachzuweisen, dass es der dahinterstehenden technischen Anforderung entspricht.[6] Auch von einer (nationalen) Normierung oder Zulassung bislang nicht erfasste technische Lösungen sollen nicht mit der Begründung abgelehnt werden können, sie ließen sich nicht unter die angegebene Norm fassen. Nicht erfasst sind Abweichungen von konkreten Vorgaben des Auftraggebers, wie „Brettstapelwand, mit Brandschutzanforderung F 30, Holzart Fichte/Tanne, gedübelt, Dicke 12 cm".[7] Weicht das Angebot von einer derartigen Vorgabe ab, kann es nicht über einen Gleichwertigkeitsnachweis gewertet werden, sondern allenfalls als Nebenangebot, wenn die nach § 33 SektVO erforderlichen Voraussetzungen vorliegen (→ § 32 VgV Rn. 11).

5   Der Nachweis der Gleichwertigkeit muss mit dem Angebot geführt werden. Der Bieter trägt die Darlegungs- und Beweislast (→ § 32 VgV Rn. 15).[8]

C. Alternativer Nachweis der Erfüllung technischer Anforderungen bei Leistungs- und Funktionsanforderungen (Abs. 2)

6   Werden technische Anforderungen mittels Leistungs- oder Funktionsanforderungen umschrieben darf der Auftraggeber ein Angebot nicht zurückweisen, wenn der Bieter den

---

[3] Begründung der VergRModVO, BR-Drs. 87/16, 225/226.
[4] Art. 34 Richtlinie 2004/17/EG.
[5] Art. 34 Abs. 4 Richtlinie 2004/17/EG.
[6] Instruktiv VK Sachsen 17.8.2012 – 1/SVK/021-12, BeckRS 2013, 04353 (zu § 7 Abs. 5, 6 SektVO 2009).
[7] VK Sachsen (o. Fn. 4).
[8] *Ruff* in Müller-Wrede § 7 SektVO Rn. 103; *Wolters* in Eschenbruch/Opitz § 7 SektVO Rn. 76; Von einer Pflicht des Auftraggebers zur „Entkräftung" der vom Bieter vorgelegten Nachweise gehen *Trautner/Schwabe* Praxishandbuch 87 aus.

Nachweis führt, dass es einer Norm entspricht, die die verlangten Anforderungen abbildet. Abs. 2 verhindert, dass den Bietern dadurch Nachteile entstehen, dass der Auftraggeber die technischen Anforderungen nicht mittels Normen umschrieben hat, obwohl ihm dies möglich gewesen wäre. Der Bieter kann sein „normgemäßes" Angebot dadurch im Wettbewerb halten, dass er mit dem Angebot einen Konformitätsnachweis führt und die Gleichwertigkeit seiner Lösung belegt (→ § 32 VgV Rn. 3). Es ist dann als Hauptangebot zu werten.

Diese Nachweismöglichkeit war bereits im früheren § 7 Abs. 8 SektVO 2009 enthalten. **7** Sie ist nicht, wie der Wortlaut nahelegt, auf Liefer- oder Dienstleistungen beschränkt, da es sich insoweit um ein offensichtliches Redaktionsversehen handelt (→ Rn. 2). Der Bieter trägt auch bei dieser Alternative die Darlegungs- und Beweislast (→ § 32 VgV Rn. 25).

§ 30 Bekanntmachung technischer Anforderungen

(1) **Der Auftraggeber stellt den interessierten Unternehmen auf deren Anfrage die technischen Anforderungen zur Verfügung, auf die er sich in seinen Aufträgen regelmäßig bezieht oder die er anzuwenden beabsichtigt.**

(2) **Diese technischen Anforderungen sind elektronisch uneingeschränkt, vollständig, unentgeltlich und unmittelbar zugänglich zu machen.**

(3) **Können die technischen Anforderungen nicht gemäß Absatz 2 elektronisch zugänglich gemacht werden, so wählt der Auftraggeber einen anderen Weg, um die technischen Anforderungen zugänglich zu machen. Dies gilt auch für den Fall, dass der Auftraggeber Anforderungen an die Vertraulichkeit von durch ihn den Bewerbern oder Bietern zur Verfügung gestellten Unterlagen oder Dokumenten nach § 45 Absatz 4 stellt.**

Übersicht

	Rn.		Rn.
A. Einführung	1	I. Regelungsinhalt	5
I. Literatur	1	II. Voraussetzungen	7
II. Entstehungsgeschichte	2	1. Regelmäßig verwendete technische Anforderungen	7
III. Rechtliche Vorgaben im EU-Recht	3	2. Anfrage	8
B. Systematische Stellung	4	III. Elektronische Zugänglichmachung (Abs. 2)	9
C. Zuverfügungstellung verwendeter technischer Anforderungen (Abs. 1)	5	IV. Andere Wege der Zugänglichmachung (Abs. 3)	10

A. Einführung

I. Literatur

1 Europäische Kommission, Das öffentliche Beschaffungswesen in den ausgenommenen Sektoren, KOM (88) 377 endg.

II. Entstehungsgeschichte

2 Der frühere § 7 Abs. 2 S. 2 SektVO aF sah vor, dass der Auftraggeber jedem interessierten Unternehmen auf Antrag die von ihm regelmäßig verwendeten technischen Anforderungen *„benennen"* musste. Das hatte in der Praxis keine große Bedeutung, da der Auftraggeber nicht verpflichtet war, von ihm als Werknormen aufgestellte oder regelmäßig in Bezug genommene Regelwerke (zB VdS-/DWGV-Regeln) unentgeltlich zugänglich zu machen (→ Rn. 6). Durch die VergRModVO wurden die Auftraggeberpflichten nach dem Vorbild des Art. 63 SVR in einer eigenen Vorschrift mit drei Absätzen geregelt und verschärft. Ursprünglich enthielt der Entwurf als Abs. 4 noch eine Bestimmung zu zusätzlichen Auskünften, die im Gesetzgebungsverfahren entfiel.

III. Rechtliche Vorgaben im EU-Recht

3 Unionsrechtliche Grundlage ist nunmehr Art. 63 SVR. In den Sektoren besteht die Besonderheit, dass die Auftraggeber in ihrer Beschaffungspraxis oft betriebsübliche Spezifikationen verwenden. Dadurch werden Unternehmen bevorzugt, die mit der Beschaffungspraxis vertraut sind, da sie sich länger und zielgenauer auf die Ausschreibungen vorbereiten können.[1] Deshalb sahen die Richtlinien in den Sektoren schon immer vor, dass die Auftraggeber diese technischen Spezifikationen auf Antrag mitzuteilen haben.[2] Soweit sie sich aus den Vergabeunterlagen ergaben, genügte eine Bezugnahme. Gegenüber der Vorgängerbestimmung[3] unterscheidet sich die neue Richtlinie dadurch, dass der Auftraggeber die Spezifikationen den Bietern nicht nur mitteilen, sondern „zur Verfügung" stellen muss, was zudem (wie bei den Vergabeunterlagen) grundsätzlich elektronisch, vollständig, unentgeltlich und unmittelbar zu geschehen hat.[4] Ergeben sich die Informationen aus den Vergabeunterlagen, die ohnehin zur elektronisch zu Verfügung stehen, genügt es, wenn der Auftraggeber auf sie verweist.[5]

B. Systematische Stellung

Die Vorschrift ist eine Besonderheit des Sektorenvergaberechts. Der Verordnungsgeber **4** sieht sie als Ausprägung des Transparenzgrundsatzes an,[6] weil sie den Unternehmen ermöglicht, sich außerhalb einer laufenden Ausschreibung über die regelmäßig verwendeten technischen Spezifikationen eines Auftraggebers zu informieren. Ihr eigentlicher Zweck liegt in der Öffnung der Beschaffungsmärkte für den unionsweiten Wettbewerb,[7] da von den Auftraggebern in der Praxis oft auf umfangreiche Regelwerke Bezug genommen wird, die von Normungsorganisationen erarbeitet und kommerziell vertrieben werden und daher für ausländische Bieter oder Newcomer nicht ohne weiteres zugänglich sind.[8]

C. Zurverfügungstellung verwendeter technischer Anforderungen (Abs. 1)

I. Regelungsinhalt

Abs. 1 regelt als Eingangsbestimmung **die Verpflichtung des Auftraggebers,** die von **5** ihm regelmäßig verwendeten technische Anforderungen auf Anfrage jedem Auftragsinteressenten **zur Verfügung zu stellen,** dh auf geeignete Weise unmittelbar Kenntnis von ihrem Inhalt zu verschaffen. Es genügt daher nicht mehr, sie zu bezeichnen und den Bietern eine externe Bezugsquelle anzugeben (wie bisher in § 7 Abs. 2 S. 2 SektVO aF). Die Vorschrift soll interessierten Unternehmen die Angebotsabgabe erleichtern (→ Rn. 4) und ist daher bieterschützend.[9]

Die Zurverfügungstellung muss nicht kostenfrei erfolgen.[10] Die Auftraggeber dürfen aber **6** nur solche Kosten verlangen, die ihnen durch die Zurverfügungstellung kausal entstehen (zB Scan-, Kopierkosten). Sie dürfen in der Höhe nicht wettbewerbsbeschränkend sein.

---

[1] Europäische Kommission, Das öffentliche Beschaffungswesen in den ausgenommenen Sektoren, KOM (88) 377 endg. Tz. 55, 78.
[2] Art. 14 Richtlinie 90/351/EWG; sodann Art. 19 Richtlinie 93/38/EWG. Erstmals umgesetzt in § 7b Nr. 7 VOL/A 1993, § 6 SKR Nr. 8 VOL/A 1993; sodann u. a. §§ 8b Nr. 7 VOL/A 2000, 6 Nr. 8 SKR VOL/A, 9b VOBA 2006.
[3] Art. 35 Richtlinie 2004/17/EG.
[4] Art. 63 Abs. 1 S. 2 Richtlinie 2014/25/EU.
[5] Art. 63 Abs. 2 Richtlinie 2014/25/EU (bereits Art. 35 Abs. 2 Richtlinie 2004/17/EG).
[6] Begründung der VergRModVO, BR-Drs. 87/16, 250.
[7] Vgl. Erwägungsgrund (42) zur Richtlinie 2004/17/EG.
[8] Zur Praxis der Deutsche Bahn AG instruktiv *Wolters* in Eschenbruch/Opitz SektVO § 7 Rn. 34.
[9] *Wolters* in Eschenbruch/Opitz SektVO § 7 Rn. 35; *Müller* in Greb/Müller, 2. Aufl. 2017, § 31 Rn. 16.
[10] Bereits Europäische Kommission, Das öffentliche Beschaffungswesen in den ausgenommenen Sektoren, KOM (88) 377 endg. Tz. 55, 78.

II. Voraussetzungen

1. Regelmäßig verwendete technische Anforderungen

7   Regelmäßig verwendete technische Anforderungen iSv Abs. 1 sind alle betriebseigenen technischen Spezifikationen des Auftraggebers. Darunter fallen nicht nur regelmäßig verwendete Normen, die von einer anerkannten Normungsorganisation stammen (zB ISO, DIN, VDI), sondern auch „auftraggeberinterne" Produkt-, Prüf-, Verfahrens- oder Bezeichnungsstandards, dh sog. „Werknormen" (zur Abgrenzung → Anlage 1 VgV Rn. 24). Abs. 1 umfasst auch solche Anforderungen, deren Verwendung noch erst bevorsteht (etwa im Rahmen einer regelmäßigen nicht verbindlichen Bekanntmachung nach § 36 SektVO).[11]

2. Anfrage

8   Der Informationsanspruch setzt einen Antrag eines interessierten Unternehmens voraus,[12] der formlos gestellt werden kann. Sind die technischen Anforderungen bereits in der Leistungsbeschreibung enthalten, die ohnehin zur elektronisch zu Verfügung steht, genügt es, wenn der Auftraggeber anfragende Unternehmen auf die Leistungsbeschreibung verweist.[13]

III. Elektronische Zugänglichmachung (Abs. 2)

9   Der Auftraggeber muss die technischen Anforderungen entweder auf einer Internet-Adresse bereitstellen (zB im Beschafferprofil)[14] oder auf Anfrage elektronisch übermitteln. Ausreichend ist es, wenn er eine **Internet-Adresse** angibt, unter der sie elektronisch, uneingeschränkt, unentgeltlich und unmittelbar, also direkt, abrufbar sind. Diese Anforderungen sind kumulativ und wie bei § 41 Abs. 1 SektVO (§ 41 Abs. 1 VgV) zu verstehen.[15] Für die Zugänglichmachung genügt es, wenn eine Anzeige- und Kenntnisnahmemöglichkeit besteht. Download-, Speicher- oder Ausdrucksfunktionen müssen nicht bereitgestellt werden. Die Unterlagen müssen aber vollständig abgerufen werden können.[16]

IV. Andere Wege der Zugänglichmachung (Abs. 3)

10   Abs. 3 S. 1 regelt den Fall, dass der Auftraggeber die technischen Anforderungen nicht zugänglich machen kann. Gemeint sind damit technische Gründe iSd Art. 30 Abs. 1 UA 2 SVR (zB Lizenzkonflikte oder fehlende elektronische Übermittelbarkeit bei physischen oder maßstabsgetreuen Modellen).[17] Kosten oder praktische Schwierigkeiten reichen nicht aus. Die zweite Ausnahme sind Ausschreibungen, bei der Auftraggeber nach § 41 Abs. 4 SektVO Vertraulichkeitsanforderungen stellen will. In beiden Konstellationen muss der Auftraggeber die technischen Anforderungen „auf anderem Wege" zugänglich machen (zB als Ausdruck). Der Verweis auf eine externe kostenpflichtige Bezugsquelle genügt nicht.

---

[11] Dazu *Müller* in Greb/Müller, 2. Aufl. 2017, § 30 Rn. 9.
[12] *Ruff* in Müller-Wrede SektVO § 7 Rn. 29; *ders.* in Müller-Wrede, Kompendium des Vergaberechts, 2. Aufl. 2013, 34 Rn. 83; bereits *Zdzieblo* in Daub/Eberstein, 5. Aufl. 2000, § 8b Rn. 22.
[13] Art. 63 Abs. 2 Richtlinie 2014/25/EU (bereits Art. 35 Abs. 2 Richtlinie 2004/17/EG).
[14] *Horn* in jurisPK-VergabeR 4. Aufl. 2013, SektVO § 7 Rn. 20.
[15] *Wirner* in Willenbruch/Wieddekind, 4. Aufl. 2017, SektVO § 30 Rn. 3. Zu den Veröffentlichungsanforderungen *Rechten* in KKMPP, 4. Auf. 2017, § 41 VgV Rn. 18.
[16] (Zu § 41 Abs. 1 SektVO) OLG München 13.3.2017 – Verg 15/16, IBRRS 2017, 1097.
[17] *Below* in jurisPK-VergR, 5. Aufl. 2016, § 30 Rn. 9; *Müller* in Greb/Müller, 2. Aufl. 2017, § 30 Rn. 14.

§ 31 Nachweisführung durch Bescheinigungen
von Konformitätsbewertungsstellen

(1) **Als Beleg dafür, dass eine Leistung bestimmten, in der Leistungsbeschreibung geforderten Merkmalen entspricht, kann der Auftraggeber die Vorlage von Bescheinigungen, insbesondere Testberichten oder Zertifizierungen, einer Konformitätsbewertungsstelle verlangen. Wird die Vorlage einer Bescheinigung einer bestimmten Konformitätsbewertungsstelle verlangt, hat der Auftraggeber auch Bescheinigungen gleichwertiger anderer Konformitätsbewertungsstellen zu akzeptieren.**

(2) **Der Auftraggeber akzeptiert auch andere als die in Absatz 1 genannten geeigneten Unterlagen, insbesondere ein technisches Dossier des Herstellers, wenn das Unternehmen keinen Zugang zu den in Absatz 1 genannten Bescheinigungen oder keine Möglichkeit hatte, diese innerhalb der einschlägigen Fristen einzuholen, sofern das Unternehmen den fehlenden Zugang nicht zu vertreten hat. In den Fällen des Satzes 1 hat das Unternehmen durch die vorgelegten Unterlagen zu belegen, dass die von ihm zu erbringende Leistung die angegebenen Anforderungen erfüllt.**

(3) **Eine Konformitätsbewertungsstelle ist eine Stelle, die gemäß der Verordnung (EG) Nr. 765/2008 des Europäischen Parlaments und des Rates vom 9. Juli 2008 über die Vorschriften für die Akkreditierung und Marktüberwachung im Zusammenhang mit der Vermarktung von Produkten und zur Aufhebung der Verordnung (EWG) Nr. 339/93 des Rates (ABl. L 218 vom 13.8.2008, S. 30) akkreditiert ist und Konformitätsbewertungstätigkeiten durchführt.**

Übersicht

	Rn.		Rn.
A. Einführung		C. Bescheinigungen einer Konformitätsbewertungsstelle (Abs. 1)	4
I. Literatur			
II. Entstehungsgeschichte	1	D. Alternative Nachweise (Abs. 2)	5
III. Rechtliche Vorgaben im EU-Recht	2	E. Definition der Konformitätsbewertungsstelle (Abs. 3)	6
B. Systematische Stellung	3		

A. Einführung

I. Literatur

Zu § 31 SektVO existiert, soweit ersichtlich, jenseits der einschlägigen Kommentierungen keine spezifische Literatur.

II. Entstehungsgeschichte

Nach der früheren Regelung in § 7 Abs. 10 iVm Abs. 7, 8 und 9 SektVO aF musste der **1** Auftraggeber als Nachweise technische Angaben der Hersteller und „anerkannter Stellen" akzeptieren. Anerkannte Stellen waren die Prüf- und Eichlaboratorien im Sinne des Eichgesetzes und die Inspektions- und Zertifizierungsstellen, die die jeweils anwendbaren europäischen Normen erfüllen. Die Regelung galt als misslungen[1] und ist vom Verordnungsgeber durch eine § 33 VgV nachgebildete Regelung ersetzt worden, die sich nur in Abs. 1 durch die Verwendung des Begriffs „Leistung" unterscheidet (um auch die Bauleistungen einzubeziehen).

---

[1] *Wolters* in Eschenbruch/Opitz SektVO § 7 Rn. 95.

III. Rechtliche Vorgaben im EU-Recht

2   Die Regelung hat ihren Ursprung in Art. 62 SVR. Ausgangspunkt für die Regelung ist die Unterscheidung des Richtliniengebers zwischen **Konformität,** verstanden als Prüfung und Bescheinigung der Erfüllung festgelegter Anforderungen oder Kriterien, und **Akkreditierung** (→ § 33 VgV Rn. 3). Ist eine Konformitätsbewertung in der vom Auftraggeber verlangten Weise nicht möglich, muss der Auftraggeber andere Nachweise akzeptieren.

B. Systematische Stellung

3   Die Vorschrift stellt wie in der VgV die Basisregelung für die Leistungsbeschreibung bereit, auf die sodann für die Zuschlagskriterien (§ 52 Abs. 4 SektVO) und die Ausführungsbedingungen (§ 52 Abs. 5 SektVO) verwiesen wird. Wie bisher ist sie daneben bei Abweichungen technischen Anforderungen (§ 28 Abs. 2 SektVO) und bei Gütezeichen (§ 32 Abs. 5 SektVO) heranzuziehen.

C. Bescheinigungen einer Konformitätsbewertungsstelle (Abs. 1)

4   Abs. 1 gestattet es, dem Auftraggeber zum Nachweis der Konformität mit Merkmalen der Leistung Bescheinigungen einer Konformitätsbewertungsstelle zu verlangen. Das Vorlageverlangen des Auftraggebers begründet für die Bieter eine Vorlagepflicht (→ § 33 VgV Rn. 9 f.).

D. Alternative Nachweise (Abs. 2)

5   Abs. 2 regelt die Voraussetzungen, unter denen sich der Auftraggeber mit anderen geeigneten Unterlagen begnügen muss, wobei die Vorschrift als Ausnahmevorschrift eng auszulegen ist (→ § 33 VgV Rn. 17 f.).

E. Definition der Konformitätsbewertungsstelle (Abs. 3)

6   Abs. 3 entspricht inhaltlich § 33 Abs. 3 VgV (→ § 33 VgV Rn. 20). Konformitätsbewertungsstellen können auch in den Sektoren staatliche oder private Stellen sein.

§ 32 Nachweisführung durch Gütezeichen

(1) **Als Beleg dafür, dass eine Leistung bestimmten, in der Leistungsbeschreibung geforderten Merkmalen entspricht, kann der Auftraggeber die Vorlage von Gütezeichen nach Maßgabe der Absätze 2 bis 5 verlangen.**

(2) **Das Gütezeichen muss allen folgenden Bedingungen genügen:**

1. **Alle Anforderungen des Gütezeichens sind für die Bestimmung der Merkmale der Leistung geeignet und stehen mit dem Auftragsgegenstand nach § 31 Absatz 3 in Verbindung.**
2. **Die Anforderungen des Gütezeichens beruhen auf objektiv nachprüfbaren und nichtdiskriminierenden Kriterien.**
3. **Das Gütezeichen wurde im Rahmen eines offenen und transparenten Verfahrens entwickelt, an dem alle interessierten Kreise teilnehmen können.**
4. **Alle betroffenen Unternehmen müssen Zugang zum Gütezeichen haben.**
5. **Die Anforderungen wurden von einem Dritten festgelegt, auf den das Unternehmen, das das Gütezeichen erwirbt, keinen maßgeblichen Einfluss ausüben konnte.**

(3) **Für den Fall, dass die Leistung nicht allen Anforderungen des Gütezeichens entsprechen muss, hat der Auftraggeber die betreffenden Anforderungen anzugeben.**

(4) **Der Auftraggeber muss andere Gütezeichen akzeptieren, die gleichwertige Anforderungen an die Leistung stellen.**

(5) **Hatte ein Unternehmen aus Gründen, die ihm nicht zugerechnet werden können, nachweislich keine Möglichkeit, das vom Auftraggeber angegebene oder ein gleichwertiges Gütezeichen innerhalb einer einschlägigen Frist zu erlangen, so muss der Auftraggeber andere geeignete Belege akzeptieren, sofern das Unternehmen nachweist, dass die von ihm zu erbringende Leistung die Anforderungen des geforderten Gütezeichens oder die vom Auftraggeber angegebenen spezifischen Anforderungen erfüllt.**

Übersicht

	Rn.		Rn.
A. Einführung		III. Rechtliche Vorgaben im EU-Recht	2
I. Literatur		**B. Vorlage von Gütezeichen**	3
II. Entstehungsgeschichte	1		

A. Einführung

I. Literatur

Zu § 32 SektVO existiert, soweit ersichtlich, jenseits der einschlägigen Kommentierungen keine spezifische Literatur.

II. Entstehungsgeschichte

§ 7 Abs. 9 SektVO aF enthielt nur eine Regelung zu Umweltzeichen. Der Auftraggeber **1** konnte nach § 7 Abs. 9 S. 1 SektVO aF Umwelteigenschaften in Form von Leistungs- oder Funktionsanforderungen festlegen und dafür diejenigen Spezifikationen oder Teile davon verwenden, die in europäischen, multinationalen oder anderen Umweltzeichen definiert waren.[1] Er konnte ferner bestimmen, dass bei Waren oder Dienstleistungen, die mit einem Umweltzeichen ausgestattet sind, vermutet wurde, dass sie den technischen Spezifikationen

---

[1] *Ruff* in Müller-Wrede, Kompendium des Vergaberechts, 2. Aufl. 2013, 34 Rn. 101.

entsprachen (§ 7 Abs. 9 S. 2 SektVO aF). Dagegen war es auch in den Sektoren nicht möglich vorzuschreiben, dass die Unternehmen ein bestimmtes Umweltzeichen (zB „EU Ecolabel") zu führen hatten.[2]

Die Vorschrift hat die Erleichterungen in den Richtlinien bei der Verwendung von Gütezeichen umgesetzt.[3] Sie entspricht – bis auf eine nicht erklärliche Formulierungsabweichung in Abs. 2 Nr. 4 – § 34 VgV, was konsequent ist, weil sich die Richtlinienvorgaben nicht unterscheiden.

III. Rechtliche Vorgaben im EU-Recht

2   Die Regelung setzt Art. 61 SVR um, der Art. 43 AVR entspricht. Die Vergaberichtlinien haben die Nachweisführung durch Gütezeichen im Anschluss an die „Max-Havelaar"-Rechtsprechung erleichtert, aber auch ihre Verbindlichkeit gestärkt (→ § 34 VgV Rn. 4).

B. Vorlage von Gütezeichen

3   Der Auftraggeber kann ein bestimmtes Gütezeichen als Beleg dafür verlangen, dass die Leistung den in der Leistungsbeschreibung geforderten Merkmalen entspricht, sofern dafür in Abs. 2 genannten Bedingungen erfüllt sind. Er kann auch wie bisher die Gütezeichenanforderungen zu technischen Anforderungen ausformulieren und ist dazu nach Abs. 3 verpflichtet, wenn die Leistung nicht allen Anforderungen des Gütezeichens entsprechen muss. Da die Vorschriften identisch sind, kann auf die Kommentierung zu § 34 VgV verwiesen werden.

---

[2] *Hattig* in Müller-Wrede, 2. Aufl. 2006, § 6 SKR Rn. 23; *Ruff* in Müller-Wrede SektVO § 7 Rn. 118; *Wolters* in Eschenbruch/Opitz § 7 SektVO Rn. 92.
[3] Begründung der VergRModVO, BR-Drs. 87/16, 227.

§ 33 Nebenangebote

(1) Der Auftraggeber kann Nebenangebote zulassen oder vorschreiben. Dabei legt er Mindestanforderungen, denen die Nebenangebote genügen müssen, fest.

(2) Die entsprechenden Angaben machen die Auftraggeber in der Bekanntmachung oder den Vergabeunterlagen. Fehlt eine entsprechende Angabe, sind keine Nebenangebote zugelassen. Es ist auch anzugeben, ob ein Nebenangebot unabhängig oder nur in Verbindung mit einem Hauptangebot eingereicht werden darf. Fehlt eine solche Angabe, sind Nebenangebote auch ohne ein Hauptangebot zugelassen.

(3) Die Zuschlagskriterien sind gemäß § 127 Absatz 4 des Gesetzes gegen Wettbewerbsbeschränkungen so festzulegen, dass sie sowohl auf Hauptangebote als auch auf Nebenangebote anwendbar sind. Nebenangebote können auch zugelassen oder vorgeschrieben werden, wenn der Preis oder die Kosten das alleinige Zuschlagskriterium sind.

(4) Der Auftraggeber berücksichtigt nur Nebenangebote, die die Mindestanforderungen erfüllen. Bei den Verfahren zur Vergabe von Liefer- oder Dienstleistungsaufträgen dürfen Auftraggeber, die Nebenangebote zu gelassen oder vorgeschrieben haben, ein Nebenangebot nicht allein deshalb zurückweisen, weil es, wenn darauf der Zuschlag erteilt werden sollte, entweder zu einem Dienstleistungsauftrag anstatt zu einem Lieferauftrag oder zu einem Lieferauftrag anstatt zu einem Dienstleistungsauftrag führen würde.

Übersicht

	Rn.		Rn.
A. Einführung	1	II. Mindestanforderungen	11
I. Literatur	1	E. Angaben durch den Auftraggeber (Abs. 2)	12
II. Entstehungsgeschichte	2		
III. Rechtliche Vorgaben im EU-Recht	4	F. Festlegung von Zuschlagskriterien (Abs. 3)	15
B. Nebenangebote in der VgV und der EU VOB/A	6	G. Preis als einziges Zuschlagskriterium	16
C. Definition	8	H. Berücksichtigung von Nebenangeboten (Abs. 4)	17
D. Zulassen von Nebenangeboten und Mindestanforderungen (Abs. 1)	9		
I. Zulassen von Nebenangeboten	9	I. Rechtsschutz	20

A. Einführung

I. Literatur

Conrad, Alte und neue Fragen zu Nebenangeboten, ZfBR 2014, 342; *Dicks,* Nebenangebote nach der Vergabemodernisierung 2016: Lösung oder Perpetuieren eines Dilemmas? VergabeR 2016, 309; *Kirch,* Weg mit alten Zöpfen: Die Wertung von Nebenangeboten, NZBau 2014, 212; *Kues/Kirch,* Nebenangebote und Zuschlagskriterien: Das Offensichtliche (v)erkannt?, NZBau 2011, 335; *Luber,* Das Aussterben der Nebenangebote bei der Bauvertragsvergabe und der daraus resultierende volkswirtschaftliche Schaden, ZfBR 2014, 448; *Stoye/Plantiko,* Der reine Preiswettbewerb − wann ist er sinnvoll, wann verboten? VergabeR 2015, 309, *Willner,* Zulässige Abweichungen von technischen Spezifikationen im Hauptangebot, VergabeR 2014, 741.
1

II. Entstehungsgeschichte

Mit der Vergaberechtsreform im April 2016 wurde erstmalig eine eigene Vorschrift für **2** Nebenangebote in die SektVO aufgenommen. Bis zur Vergaberechtsreform waren die Vorgaben an Nebenangebote nicht so detailliert geregelt. Als Vorgängervorschrift zu § 33

SektVO enthielt § 8 Abs. 2 und 3 SektVO allgemeinere Anforderungen. So waren gemäß § 8 Abs. 2 S. 1 SektVO a. F. Auftraggeber berechtigt, Nebenangebote zuzulassen. Dies musste nach § 8 Abs. 2 S. 2 SektVO a. F. in der Bekanntmachung oder den Vergabeunterlagen angegeben werden. Fehlte in der Bekanntmachung oder in den Vergabeunterlagen eine entsprechende Angabe, waren Nebenangebote gemäß § 8 Abs. 1 S. 5 SektVO a. F. nicht zugelassen. Sofern Auftraggeber Nebenangebote zugelassen haben, mussten nach § 8 Abs. 1 S. 3 SektVO a. F. in der Bekanntmachung oder in den Vergabeunterlagen Mindestanforderungen festgelegt werden. Nach § 8 Abs. 2 SektVO a. F. durfte der Auftraggeber bei der Vergabe von Liefer- oder Dienstleistungen ein Nebenangebot nicht allein deshalb zurückweisen, weil daraus ein Dienstleistungs- anstelle eines Lieferauftrags oder ein Liefer- anstelle eines Dienstleistungsauftrags wurde. § 33 SektVO n. F. enthält weitergehende Regelungen. So muss der Auftraggeber nach § 33 Abs. 2 S. 3 SektVO n. F. ferner in der Bekanntmachung oder den Vergabeunterlagen angeben, ob ein Nebenangebot unabhängig oder nur in Verbindung mit einem Hauptangebot eingereicht werden darf. Fehlt eine solche Angabe, sind gemäß § 33 Abs. 2 S. 4 SektVO n. F. Nebenangebote auch ohne Hauptangebot zugelassen. **Vollkommen neu** ist ferner die Möglichkeit nach § 33 Abs. 1 S. 1 SektVO n. F. für Auftraggeber, **Nebenangebote verbindlich von den Bietern zu fordern.** Bis zur Vergaberechtsreform konnten die Bieter selbst entscheiden, ob sie Nebenangebote einreichen wollten oder nicht, sofern Auftraggeber diese in einem Vergabeverfahren zugelassen hatten. Ebenso neu sind die Vorgaben zur Festlegung von Zuschlagskriterien, die in § 33 Abs. 3 SektVO enthalten sind.

3   § 33 SektVO ist die neue zentrale Vorschrift zum Umgang mit Nebenangeboten. Allerdings ist § 33 SektVO nicht die einzige Vorschrift, die bei Nebenangeboten zu beachten ist. **Erstmalig gibt es nun auch eine Regelung im GWB.** Nach § 127 Abs. 4 S. 2 GWB sind Zuschlagskriterien so festzulegen, dass sie sowohl auf Haupt- als auch auf Nebenangebote anwendbar sind, sofern Auftraggeber Nebenangebote zugelassen haben. Eine gleichlautende Regelung enthält § 33 Abs. 3 S. 1 SektVO. Darüber hinaus finden Nebenangebote nur noch in § 23 Abs. 3 SektVO (elektronische Auktionen) Erwähnung.

III. Rechtliche Vorgaben im EU-Recht

4   Mit § 33 SektVO wird **Art. 64 der Richtlinie 2014/25/EU umgesetzt.** Dabei wird in der Richtlinie nicht der Begriff „Nebenangebot", sondern **„Variante"** verwendet. Inhaltliche Unterschiede ergeben sich hieraus jedoch nicht. § 33 SektVO ist bezogen auf den Regelungsinhalt weitestgehend identisch mit Art. 64 der Richtlinie 2014/25/EU. Allerdings geht § 33 SektVO über die Vorgaben des Art. 64 der Richtlinie 2014/25/EU hinaus. Die Fiktionen des § 33 Abs. 2 S. 2 und S. 4 SektVO gibt es in der Richtlinie nicht. Darüber hinaus sieht § 33 Abs. 3 S. 2 SektVO vor, dass Nebenangebote auch dann zugelassen oder vorgeschrieben werden können, wenn der Preis oder die Kosten das alleinige Zuschlagskriterium sind. Gleichwohl stehen diese ergänzenden Regelungen im Einklang mit der Richtlinie 2014/25/EU. Insbesondere bei § 33 Abs. 3 S. 2 SektVO hat der Verordnungsgeber einen Umsetzungsspielraum der Richtlinie genutzt.[1]

5   Im Erwägungsgrund 58 der Richtlinie 2014/25/EU wird der Zweck von Nebenangeboten erwähnt: zur **Förderung von Innovation** sollen Auftraggeber so oft wie möglich Varianten zulassen.[2] Mit der Entscheidung für Nebenangebote räumt der Auftraggeber den Bietern in den von ihm festgelegten Grenzen Flexibilität bei der Angebotserstellung ein. Auf diese Weise kann der Auftraggeber das besondere Know-how der Bieter nutzen, um die für ihn vorteilhafteste Lösung zu ermitteln. Daher bietet es sich vor allem beim **offe-**

---

[1] Vgl. zu dem Umsetzungsspielraum bei der Richtlinie 2014/24/EU: OLG Düsseldorf 28.1.2015 – VII-Verg 31/14 = NZBau 2015, 503 (506).
[2] Ebenso die Begründung zum Referentenentwurf: BT-Drs. 18/7318, 228.

nen und nicht offenen Verfahren an, Nebenangebote zuzulassen bzw. zu fordern, weil bei diesen Verfahren jeweils Bieterverhandlungen unzulässig sind und somit nicht durch Verhandlungen das Know-how in das Verfahren eingebracht werden kann.[3]

B. Nebenangebote in der VgV und der EU VOB/A

Eine mit § 33 SektVO weitestgehend vergleichbare Regelung findet sich in **§ 35 VgV.** 6 Die beiden Vorschriften unterscheiden sich in zweifacher Hinsicht. Zum einen enthält nur § 35 Abs. 1 S. 3 VgV die Vorgabe, dass Nebenangebote mit dem Auftragsgegenstand in Verbindung stehen müssen. § 33 SektVO orientiert sich insofern an Art. 64 der Richtlinie 2014/25/EU, der ebenfalls keine mit § 35 Abs. 1 S. 3 VgV vergleichbare Forderung enthält. Zum anderen fehlt in § 35 VgV eine mit § 33 Abs. 2 S. 3 und 4 SektVO vergleichbare Regelung. Hiernach hat der Auftraggeber in der Bekanntmachung oder den Vergabeunterlagen anzugeben, ob ein Nebenangebot unabhängig oder nur in Verbindung mit einem Hauptangebot eingereicht werden darf; fehlt eine solche Angabe, sind Nebenangebote auch ohne Hauptangebote zugelassen.

Nebenangebote sind zudem in **§ 8 Abs. 2 Nr. 3 EU VOB/A** geregelt. § 8 Abs. 2 7 Nr. 3 EU VOB/A und § 33 SektVO entsprechen sich inhaltlich weitestgehend. Naturgemäß fehlt in § 8 EU VOB/A eine mit § 33 Abs. 4 S. 2 SektVO vergleichbare Regelung, da sich diese nur auf Liefer- und Dienstleistungen bezieht.

C. Definition

Ein Nebenangebot liegt vor, wenn die angebotene Leistung von der in den Vergabeun- 8 terlagen vorgesehenen Leistung **in technischer, wirtschaftlicher oder rechtlicher Hinsicht abweicht.**[4] Im Übrigen wird auf die Ausführungen in → § 35 VgV Rn. 8 f. verwiesen.

D. Zulassen von Nebenangeboten und Mindestanforderungen (Abs. 1)

I. Zulassen von Nebenangeboten

Gemäß § 33 Abs. 1 S. 1 SektVO *kann* der Auftraggeber Nebenangebote zulassen oder 9 vorschreiben. Letztlich liegt es damit in seinem **Ermessen,** von dieser Möglichkeit Gebrauch zu machen.[5]

Offen lässt die SektVO, wie mit Bietern umzugehen ist, die **trotz der zwingen-** 10 **den Vorgabe, Nebenangebote einzureichen, nur ein Hauptangebot abgeben.** Ein zwingender Ausschlussgrund bzw. eine sonstige Sanktionsmöglichkeit für Auftraggeber gegenüber Bietern ist für diesen Fall in der SektVO nicht vorgesehen. Auftraggeber sollten daher in den Vergabeunterlagen ausdrücklich die Rechtsfolgen festlegen, sollte ein Bieter nur ein Hauptangebot einreichen.

II. Mindestanforderungen

Entscheidet sich der Auftraggeber dazu, Nebenangebote zuzulassen, ist er gemäß § 33 11 Abs. 1 S. 2 SektVO dazu verpflichtet, Mindestanforderungen der Auftragsbekanntmachung

---

[3] *Conrad* ZfBR 2014, 342.
[4] OLG Düsseldorf 2.11.2011 – VII-Verg 22/11 = NZBau 2012, 194 (196); OLG Jena 21.9.2009 – 9 Verg 7/09 = BeckRS 2009, 86482.
[5] Vgl. hierzu die Ausführungen in → § 35 VgV Rn. 10 ff.

oder in den Vergabeunterlagen festzulegen.[6] Vgl. zu den Mindestanforderungen die Ausführungen in → § 35 VgV Rn. 18 ff.

E. Angaben durch den Auftraggeber (Abs. 2)

12   § 33 Abs. 2 S. 1 SektVO sieht vor, dass der Auftraggeber *die entsprechenden Angaben* in der
Bekanntmachung oder in den Vergabeunterlagen vorzunehmen hat. Welche Angaben hiermit gemeint sind, lässt diese Regelung offen. Offensichtlich bezieht sich § 33 Abs. 2 S. 1
SektVO auf Abs. 1, wonach der Auftraggeber Nebenangebote zulassen oder vorschreiben
kann sowie die Mindestanforderungen festzulegen hat. Demnach ist § 33 Abs. 2 S. 1 SektVO
so auszulegen, dass er sich auf diese Angaben bezieht. Nach § 33 Abs. 2 S. 2 SektVO sind
Nebenangebote nicht zugelassen, wenn *eine entsprechende Angabe* fehlt. Folglich genügt es,
wenn der Auftraggeber entweder keine Angaben zur Zulässigkeit von Nebenangeboten oder
zu den Mindestanforderungen macht. In beiden Fällen sind Nebenangebote nicht zugelassen. Insbesondere für die Situation, dass keine Mindestanforderungen aufgestellt werden,
stimmt dieses Ergebnis mit der **Rechtsprechung des EuGH** überein: Legt der Auftraggeber keine Mindestanforderungen fest, sind **Nebenangebote auszuschließen,** auch wenn
sie nach der Bekanntmachung bzw. den Vergabeunterlagen zugelassen sind.[7]

13   Daneben bestimmt § 33 Abs. 2 S. 2 SektVO, dass der Auftraggeber ebenso anzugeben
hat, ob ein Nebenangebot nur in Verbindung mit einem Hauptangebot eingereicht werden
darf. Fehlt eine solche Angabe, sind Nebenangebote auch ohne ein Hauptangebot gemäß
§ 33 Abs. 2 S. 3 SektVO zugelassen. **Offen** bleibt, wie mit Nebenangeboten umzugehen
ist, die trotz der ausdrücklichen Vorgabe nicht in Verbindung mit einem Hauptangebot
vorgelegt werden. Diese Regelungslücke sollte der Auftraggeber in den Vergabeunterlagen
durch eine eindeutige Vorgabe schließen, indem er beispielsweise festlegt, dass in diesem
Fall das Nebenangebot ausgeschlossen wird.

14   **Nicht geregelt** ist in § 33 SektVO, welche **formalen Vorgaben** die Nebenangebote
einzuhalten haben. Anders als in § 57 Abs. 1 Nr. 1 VgV i. V. m. § 53 Abs. 7 S. 3 VgV ist
nicht vorgesehen, dass die Nebenangebote als solche gekennzeichnet sein müssen. Gleichwohl steht es dem Auftraggeber frei, in den Vergabeunterlagen diese formale Vorgabe verbindlich vorzugeben. Dies wäre vor allem auch aus Praktikabilitätsgründen sinnvoll, damit
der Auftraggeber Nebenangebote sofort erkennen kann. Daneben kann er ebenso vorsehen, dass Nebenangebote in einer gesonderten Anlage einzureichen sein.

F. Festlegung von Zuschlagskriterien (Abs. 3)

15   § 33 Abs. 3 S. 1 SektVO bestimmt, dass die Zuschlagskriterien nach § 127 Abs. 4 GWB so
festzulegen sind, dass sie sowohl auf Haupt- als auch auf Nebenangebote anwendbar sind.
Damit wiederholt § 33 Abs. 3 S. 1 SektVO die Regelung des § 127 Abs. 4 S. 2 GWB.[8]

G. Preis als einziges Zuschlagskriterium

16   § 33 Abs. 3 S. 2 SektVO bestimmt, dass Nebenangebote auch zugelassen oder vorgeschrieben werden können, wenn der Preis oder die Kosten das alleinige Zuschlagskriterium
sind. Vgl. hierzu die Ausführungen in → § 35 VgV Rn. 26 ff.

---

[6] Anders im Unterschwellenbereich, für den es diese Pflicht nicht gibt: BGH 10.5.2016 − X ZR 66/15 =
NZBau 2016, 576 (577); BGH 30.8.2011 − X ZR 55/10 = ZfBR 2012, 25 (27); a. A. *Dicks* in KKMPP
VgV § 35 Rn. 40.
[7] EuGH 16.10.2003 − C-421/01 = NZBau 2004, 279 (280).
[8] Vgl. hierzu → § 127 GWB Rn. 141 ff.

H. Berücksichtigung von Nebenangeboten (Abs. 4)

Nach § 33 Abs. 4 S. 1 SektVO berücksichtigt der Auftraggeber nur diejenigen Neben- **17** angebote, **die die Mindestanforderungen erfüllen.** Sofern ein Nebenangebot nicht alle festgelegten Mindestanforderungen erfüllt, ist es mithin **zwingend auszuschließen.**

Des Weiteren stellt § 33 Abs. 4 S. 2 SektVO klar, dass es **kein Ausschlussgrund** für ein **18** Nebenangebot ist, wenn im Zuschlagsfall anstelle eines Dienstleistungsauftrags ein Lieferauftrag oder ein Dienstleistungsauftrag anstelle eines Lieferauftrags abgeschlossen werden würde. Ob es sich um einen Liefer- oder um einen Dienstleistungsauftrag handelt, richtet sich nach § 103 Abs. 2 und 4 GWB. Bei gemischten Verträgen richtet sich die Zuordnung nach § 110 GWB.

Die praktische Relevanz von § 33 Abs. 4 S. 2 SektVO dürfte überschaubar sein. Jeden- **19** falls ist davon auszugehen, dass durch die Leistungsbeschreibung sowie die Festlegung der Mindestkriterien es eher unwahrscheinlich ist, dass die Bieter ausreichend Spielräume haben, um anstelle einer Liefer- eine Dienstleistung oder umgekehrt anzubieten.

I. Rechtsschutz

§ 33 SektVO ist **bieterschützend.** Vgl. hierzu die Ausführungen in → § 35 VgV **20** Rn. 37 ff.

§ 34 Unteraufträge

(1) Der Auftraggeber kann Unternehmen in der Auftragsbekanntmachung oder den Vergabeunterlagen auffordern, bei Angebotsabgabe die Teile des Auftrags, die sie im Wege der Unterauftragsvergabe an Dritte zu vergeben beabsichtigen, sowie, falls zumutbar, die vorgesehenen Unterauftragnehmer zu benennen. Vor Zuschlagserteilung kann der Auftraggeber von den Bietern, deren Angebote in die engere Wahl kommen, verlangen, die Unterauftragnehmer zu benennen und nachzuweisen, dass ihnen die erforderlichen Mittel dieser Unterauftragnehmer zur Verfügung stehen.

(2) Die Haftung des Hauptauftragnehmers gegenüber dem Auftraggeber bleibt von Absatz 1 unberührt.

(3) Bei der Vergabe von Bau- oder Dienstleistungsaufträgen, die in einer Einrichtung des Auftraggebers unter dessen direkter Aufsicht zu erbringen sind, schreibt der Auftraggeber in den Vertragsbedingungen vor, dass der Auftragnehmer spätestens bei Beginn der Auftragsausführung die Namen, die Kontaktdaten und die gesetzlichen Vertreter seiner Unterauftragnehmer mitteilt und dass jede im Rahmen der Auftragsausführung eintretende Änderung auf der Ebene der Unterauftragnehmer mitzuteilen ist. Der Auftraggeber kann die Mitteilungspflichten nach Satz 1 auch als Vertragsbedingungen bei der Vergabe anderer Dienstleistungsaufträge oder bei der Vergabe von Lieferaufträgen vorsehen. Des Weiteren können die Mitteilungspflichten auch auf Lieferanten, die an Dienstleistungsaufträgen beteiligt sind, sowie auf weitere Stufen in der Kette der Unterauftragnehmer ausgeweitet werden.

(4) Für Unterauftragnehmer aller Stufen gilt § 128 Absatz 1 des Gesetzes gegen Wettbewerbsbeschränkungen.

(5) Der öffentliche Auftraggeber im Sinne des § 100 Absatz 1 Nummer 1 des Gesetzes gegen Wettbewerbsbeschränkungen überprüft vor der Erteilung des Zuschlags, ob Gründe für den Ausschluss des Unterauftragnehmers vorliegen. Bei Vorliegen zwingender Ausschlussgründe verlangt der öffentliche Auftraggeber die Ersetzung des Unterauftragnehmers. Bei Vorliegen fakultativer Ausschlussgründe kann der öffentliche Auftraggeber verlangen, dass dieser ersetzt wird. Der öffentliche Auftraggeber kann dem Bewerber oder Bieter dafür eine Frist setzen.

Übersicht

	Rn.		Rn.
A. Einführung	1	II. Austausch des Unterauftragnehmers	10
I. Literatur	1	III. Doppelbeteiligung im Vergabeverfahren	11
II. Entstehungsgeschichte	2	F. Haftung des Hauptauftragnehmers (Abs. 2)	12
III. Rechtliche Vorgaben im EU-Recht	3		
B. Unteraufträge in der VgV, KonzVgV und der EU VOB/A	5	G. Mitteilungspflichten während der Auftragsausführung (Abs. 3)	13
C. Systematik des § 34 SektVO und Abgrenzung	6	H. Anwendbarkeit des § 128 Abs. 1 GWB (Abs. 4)	14
D. Kein generelles Selbstausführungsgebot bzw. Fremdaufführungsverbot	8	I. Ausschluss des Unterauftragnehmers (Abs. 5)	15
E. Auskunftsverlangen (Abs. 1)	9	J. Rechtsschutz	17
I. Gestuftes Auskunftsverlangen	9		

A. Einführung

I. Literatur

1 *Burgi,* Nachunternehmerschaft und wettbewerbliche Untervergabe, NZBau 2010, 593; *Conrad,* Die vergaberechtliche Unterscheidung zwischen Nachunternehmereinsatz und Eignungsleihe, VergabeR 2012, 15;

Rosenkötter/Bary, Eignungsleihe doch nur als Nachunternehmer? NZBau 2012, 486; *Stoye/Hoffmann*, Nachunternehmerbenennung und Verpflichtungserklärung im Lichte der neuesten BGH-Rechtsprechung und
der VOB/A 2009, VergabeR 2009, 569.

II. Entstehungsgeschichte

Mit der Vergaberechtsreform im April 2016 wurde erstmalig eine eigene Vorschrift für 2
Unteraufträge in die SektVO aufgenommen. Bislang waren Vorgaben für Unteraufträge
nur in § 8 Abs. 3 SektVO a. F. enthalten.

III. Rechtliche Vorgaben im EU-Recht

Mit § 34 SektVO wird Art. 88 der Richtlinie 2014/25/EU umgesetzt. Weitergehende 3
Ausführungen zu Unteraufträgen finden sich in Erwägungsgrund 110 wieder. Sie erläutern
näher die Bestimmungen des Art. 88 der Richtlinie 2014/25/EU.

§ 34 SektVO setzt allerdings Art. 88 der Richtlinie 2014/25/EU nicht vollständig um. 4
Dies gilt für die Absätze 3 und 7. Diese Vorschriften berechtigen die Mitgliedsstaaten vorzusehen, dass der Auftraggeber auf Wunsch des Unterauftragnehmers fällige Zahlungen
nicht an den Auftragnehmer, sondern unmittelbar an den Unterauftragnehmer entrichtet.
Von dieser Berechtigung hat der Verordnungsgeber keinen Gebrauch gemacht und in § 34
SektVO auf die Möglichkeit einer **direkten Zahlung an Unterauftragnehmer** verzichtet.

B. Unteraufträge in der VgV, KonzVgV und der EU VOB/A

Sowohl § 36 VgV als auch § 33 KonzVgV enthalten mit § 34 SektVO vergleichbare 5
Regelungen, die ebenfalls im Zuge der Vergaberechtsreform im April 2016 neu hinzu-
gekommen sind. Einzig die EU VOB/A enthält keine vergleichbare Vorschrift. Hier gibt
es nur sehr rudimentäre Vorgaben zu Unteraufträgen in § 5 Abs. 2 Nr. 1 EU VOB/A
(Losvergabe), § 6a Nr. 3i) EU VOB/A (Eignungsnachweise), § 8 Abs. 2 Nr. 2 EU VOB/A
(Vergabeunterlagen) und § 22 Abs. 2 Nr. 4 lit. c) EU VOB/A (Auftragsänderungen
während der Vertragslaufzeit). Eine umfassende Regelung wie in der VgV, SektVO und
KonzVgV wäre allein schon aus Gründen der Harmonisierung und Vereinheitlichung des
Vergaberechts wünschenswert.

C. Systematik des § 34 SektVO und Abgrenzung

Die Systematik des § 34 SektVO weist eine Besonderheit auf. Grundsätzlich regelt die 6
SektVO den Ablauf des Vergabeverfahrens. § 34 SektVO enthält darüber hinaus in seinen
Abs. 2, 3 und 4 Vorgaben für die Phase der Auftragsausführung, also für die Zeit nach Abschluss des Vergabeverfahrens. Diese Besonderheit ist Art. 88 der Richtlinie 2014/25/EU
geschuldet, der mit § 34 SektVO umgesetzt wird und der vergleichbare Regelungen für
die Phase der Auftragsausführungen enthält.

Unterauftragnehmer (Subunternehmer, Nachunternehmer) sind von reinen Hilfsleis- 7
tungen wie beispielsweise Zulieferleistungen und der Eignungsleihe gemäß § 47 SektVO
zu unterscheiden.[1]

---

[1] → § 36 VgV Rn. 7f.

D. Kein generelles Selbstausführungsgebot bzw. Fremdausführungsverbot

8   Grundsätzlich steht es den Bietern frei zu entscheiden, ob und in welchem Umfang sie Unterauftragnehmer im Auftragsfall einsetzen wollen. Dieses Recht kann durch den Auftraggeber in der Regel nicht eingeschränkt werden. Das Vergaberecht kennt also (bislang) **kein Selbstausführungsgebot bzw. Fremdausführungsverbot** des Bieters.[2] Durch die Vergaberechtsreform im April 2016 ist indes für bestimmte Ausnahmefälle ein Selbstausführungsgebot eingeführt worden. So dürfen nach → § 47 Abs. 5 SektVO Auftraggeber vorgeben, dass bestimmte kritische Aufgaben vom Bieter selbst zu erbringen sind.

E. Auskunftsverlangen (Abs. 1)

I. Gestuftes Auskunftsverlangen

9   § 34 Abs. 1 SektVO sieht ein **gestuftes Auskunftsverlangen** des Auftraggebers vor. So kann er von den Bietern gemäß Abs. 1 S. 1 verlangen, *mit Angebotsabgabe* anzugeben, welche Leistungsteile von einem Unterauftragnehmer erbracht werden sollen. Nur wenn es ausnahmsweise zumutbar ist, kann schon in diesem Stadium verlangt werden, die Unterauftragnehmer namentlich zu benennen. Bei der Frage der Zumutbarkeit sind die Interessen des Auftraggebers und der Bieter zu berücksichtigen, wobei der Bieter, der sich auf die Unzumutbarkeit beruft, die dafür maßgeblichen Umstände dartun muss.[3] *Vor Zuschlagserteilung* ist der Auftraggeber nach Abs. 1 S. 2 in jedem Fall dazu berechtigt, von den Bietern, die in die engere Auswahl gekommen sind, zu verlangen, die Unterauftragnehmer zu benennen und deren Eignung nachzuweisen.[4] Diese Auskunft dient vor allem dem Zweck, dass der Auftraggeber die Eignung des Unterauftragnehmers prüfen kann.[5]

II. Austausch des Unterauftragnehmers

10   Sofern Bieter Unterauftragnehmer benannt haben, ist ein **nachträglicher Austausch des Unterauftragnehmers** im Vergabeverfahren **nicht zulässig**.[6]

III. Doppelbeteiligung im Vergabeverfahren

11   Doppelbeteiligungen durch Unterauftragnehmer an einem Vergabeverfahren sind **nicht generell unzulässig**.[7]

F. Haftung des Hauptauftragnehmers (Abs. 2)

12   In § 34 Abs. 2 SektVO wird klargestellt, dass der Bieter bzw. Hauptauftragnehmer gegenüber dem Auftraggeber uneingeschränkt haftet, auch wenn er Unterauftragnehmer einsetzen will. Für das Vergabeverfahren hat diese Regelung keine Bedeutung. Vielmehr

---

[2] → § 36 VgV Rn. 9 ff.
[3] BGH 3.4.2012 – X ZR 130/10 = NZBau 2012, 513 (515).
[4] → § 36 VgV Rn. 12 ff.
[5] → § 36 VgV Rn. 14 ff.
[6] → § 36 VgV Rn. 17 f.
[7] → § 36 VgV Rn. 19.

betrifft sie die **Auftragsausführung,** also die Phase nach Zuschlagserteilung. Da nur der Auftragnehmer in einem vertraglichen Verhältnis zum Auftraggeber steht, haftet dieser naturgemäß uneingeschränkt bzw. für seine Unterauftragnehmer nach § 278 BGB.

G. Mitteilungspflichten während der Auftragsausführung (Abs. 3)

Auch die Regelung des § 34 Abs. 3 SektVO richtet sich in erster Linie an die **Phase** **13** **der Auftragsausführung nach Zuschlagserteilung.** Dabei dient diese Vorschrift der **Transparenz** hinsichtlich der eingesetzten Unterauftragnehmerkette und Lieferanten.[8]

H. Anwendbarkeit des § 128 Abs. 1 GWB (Abs. 4)

§ 34 Abs. 4 SektVO stellt klar, dass § 128 Abs. 1 GWB auch für Unterauftragnehmer **14** gilt. Hiernach haben Unternehmen bei der Auftragsausführung alle für sie geltenden rechtlichen Verpflichtungen einzuhalten, insbesondere Steuern, Abgaben und Beiträge zur Sozialversicherung zu entrichten, die arbeitsschutzrechtlichen Regelungen einzuhalten und Mindestarbeitsbedingungen und den Mindestlohn zu gewähren.[9]

I. Ausschluss des Unterauftragnehmers (Abs. 5)

Während die Abs. 2, 3 und 4 die Auftragsausführung betreffen, macht Abs. 5 wiederum **15** Vorgaben für das Vergabeverfahren. Dabei knüpft Abs. 5 an den Zeitpunkt vor Zuschlagserteilung an, der auch für Abs. 1 S. 2 entscheidend ist. Während nach Abs. 1 S. 2 zu diesem Zeitpunkt die namentliche Benennung der Unterauftragnehmer und die Vorlage von Verpflichtungserklärungen von den Bietern gefordert werden können, bestimmt Abs. 5, dass der Auftraggeber die Unterauftragnehmer auf mögliche Ausschlussgründe zu prüfen hat. Darüber hinaus hat er ebenso die **Eignung** der Unterauftragnehmer zu prüfen, auch wenn dies in § 34 SektVO nicht ausdrücklich geregelt ist.[10]

Eine Besonderheit ist, das sich Abs. 5 nur an **öffentliche Sektorenauftraggeber** i. S. v. **16** § 100 Abs. 1 Nr. 1 GWB richtet.[11] Private Sektorenauftraggeber trifft die Pflicht, Unterauftragnehmer anhand von §§ 123, 124 GWB zu prüfen, nicht. Grund hierfür ist, dass sich Art. 88 Abs. 6 lit. b) der Richtlinie 2014/25/EU, der durch § 34 Abs. 5 SektVO umgesetzt wird, ebenfalls nur an öffentliche Sektorenauftraggeber richtet.[12]

J. Rechtsschutz

Nur § 34 Abs. 5 SektVO ist **bieterschützend.**[13]   **17**

---

[8] → § 36 VgV Rn. 21 ff.
[9] → § 128 GWB Rn. 8 ff.
[10] → § 36 VgV Rn. 14.
[11] → § 100 GWB Rn. 16 ff.
[12] → zur Prüfungspflicht: § 36 VgV Rn. 26 f.
[13] → § 36 VgV Rn. 28.

Unterabschnitt 4. Veröffentlichung, Transparenz

§ 35 Auftragsbekanntmachungen, Beschafferprofil

(1) **Der Auftraggeber teilt seine Absicht, einen Auftrag zu vergeben oder eine Rahmenvereinbarung abzuschließen, in einer Auftragsbekanntmachung mit. § 13 Absatz 2, § 36 Absatz 4 und § 37 bleiben unberührt.**

(2) **Die Auftragsbekanntmachung wird nach dem im Anhang V der Durchführungsverordnung (EU) 2015/1986 enthaltenen Muster erstellt.**

(3) **Der Auftraggeber benennt in der Auftragsbekanntmachung die Vergabekammer, an die sich die Unternehmen zur Nachprüfung geltend gemachter Vergabeverstöße wenden können.**

(4) **Der Auftraggeber kann im Internet zusätzlich ein Beschafferprofil einrichten. Dieses kann regelmäßige nicht verbindliche Bekanntmachungen, Angaben über laufende oder aufgehobene Vergabeverfahren, über vergebene Aufträge sowie alle sonstigen Informationen von allgemeinem Interesse wie Kontaktstelle, Telefon- und Faxnummer, Anschrift und E-Mail-Adresse des Auftraggebers enthalten.**

Übersicht

	Rn.		Rn.
A. Einführung	1	B. Auftragsbekanntmachung (Abs. 1)	4
I. Literatur	1	C. Muster zur Bekanntmachung (Abs. 2)	5
II. Entstehungsgeschichte	2	D. Zuständige Vergabekammer (Abs. 3)	6
III. Rechtliche Vorgaben im EU-Recht	3	E. Beschafferprofil (Abs. 4)	8

A. Einführung

I. Literatur

1 *Eschenbruch, Klaus/Opitz, Marc* (Hrsg.), Kommentar zur Sektorenverordnung, 1. Auflage 2012; *Gabriel/Krohn/Neun,* Handbuch des Vergaberechts, 1. Auflage 2014; *Greb, Klaus/Müller, Hans-Peter* (Hrsg.), Kommentar zur SektVO, 2. Auflage, 2017; *Müller-Wrede* (Hrsg.), Sektorenverordnung – SektVO Kommentar, 2010; *Ziekow/Völlink,* Vergaberecht, 2. Auflage 2013.

II. Entstehungsgeschichte

2   Die Vorschriften zur Veröffentlichung und Bekanntgabe fanden sich bislang in §§ 14 Abs. 1 und 12 Abs. 3 SektVO a. F. Mit dem VergRModG fasste der Gesetzgeber die Vorschriften zur Veröffentlichung und Transparenz neu. § 35 SektVO n. F. erfasst nun die Regelungen der §§ 14 Abs. 1 und 12 Abs. 3 SektVO a. F. Der § 35 Abs. 1 SektVO enthält die Pflicht des Auftraggebers, eine geplante Auftragsvergabe bekanntzumachen. Dies soll im Wege einer europaweit veröffentlichten Auftragsbekanntmachung geschehen. Alternativ kann der Auftraggeber den Auftrag nach § 36 Abs. 4 und § 37 SektVO bekannt machen. Eine Ausnahme von der allgemeinen Bekanntmachungspflicht ist bei einer Vergabe nach § 13 Abs. 2 SektVO (Verhandlungsverfahren ohne Teilnahmewettbewerb) möglich. § 35 Abs. 2 SektVO verweist auf das bei der Auftragsvergabe zu verwendende Muster. Nach § 35 Abs. 3 SektVO muss der Auftraggeber bei der Bekanntmachung die zuständige Vergabekammer zur Nachprüfung von Vergabeverstößen nennen. § 35 Abs. 4 SektVO ermöglicht die Einrichtung eines Beschafferprofils und macht hierzu inhaltliche Vorgaben.[1]

---

[1] *Schulz* in Gabriel/Krohn/Neun § 51 Rn. 16.

III. Rechtliche Vorgaben im EU-Recht

Der § 35 SektVO setzt die RL 2014/25/EU um. Der Abs. 1 dient der Umsetzung der **3**
Art. 44 und 69 der Richtlinie. § 35 Abs. 2 SektVO verweist auf das zu verwendende Musterformular im Anhang V der Durchführungsverordnung (EU) 2015/1986, welches wiederum die Informationen enthält, die in Anhang XI RL 2014/15/EU benannt sind. Die
Pflicht aus Abs. 3 zur Nennung der zuständigen Vergabekammer folgt aus Anhang XI
der Richtlinie 2014/25/EU. Die Möglichkeit und Ausgestaltung eines Beschafferprofils
ermöglicht die Umsetzung des Art. 67 Abs. 1 Satz 3 und Anhang IX zur Richtlinie 2014/
25/EU in § 35 Abs. 4 SektVO.

B. Auftragsbekanntmachung (Abs. 1)

Nach § 35 Abs. 1 SektVO können Vergabeverfahren aller Verfahrensarten durch Auf- **4**
tragsbekanntmachung in Gang gesetzt werden. Dies soll der Transparenz, Gleichbehandlung und dem Wettbewerb dienen.[2] Von einer Bekanntmachung darf allein dann abgesehen
werde, wenn die Voraussetzungen des § 13 Abs. 2 SektVO erfüllt sind.

Grundsätzlich sind drei Alternativen der Bekanntmachung möglich. Sie stehen in keinem Rangverhältnis. Der Auftraggeber kann unter den Alternativen frei wählen.[3] Jedoch
leitet allein die Auftragsbekanntmachung nach § 35 Abs. 1 SektVO das Vergabeverfahren
für die jeweilige Verfahrensart ein.[4] Nach § 35 Abs. 2 SektVO ist für die Bekanntmachung
das im Anhang V der Durchführungsverordnung (EU) 2015/1986 genannte Muster zu
verwenden. Bei der Veröffentlichung sind die in den Anhängen IV bis XII der RL 2014/
25/EU enthaltenen Muster zu verwenden. Neben der Auftragsbekanntmachung nach § 35
Abs. 1 SektVO gibt es zudem die regelmäßige nicht verbindliche Bekanntmachung nach
§ 36 Abs. 4 SektVO[5] und die Bekanntmachung über das Bestehen eines Qualifizierungssystems nach § 37 SektVO.[6]

C. Muster zur Bekanntmachung (Abs. 2)

Die Auftragsbekanntmachung muss nach dem Muster des Anhang V der Durchfüh- **5**
rungsverordnung (EU) 2015/1986 erstellt werden und die Informationen nach Anhang XI
der RL 2014/25/EU enthalten.[7]

D. Zuständige Vergabekammer (Abs. 3)

Der Auftraggeber muss in der Auftragsbekanntmachung die zuständige Vergabekammer **6**
benennen, an die sich Unternehmen zur Nachprüfung geltend gemachter Vergabeverstöße
wenden können. Die Vorschrift ist bieterschützend, da sie den effektiven Rechtsschutz der
Bieter gewährleisten soll.[8] Dies folgt aus Anhang XI Abschnitt A Nr. 25 der RL 2014/
25/EU.[9] Die zuständige Vergabekammer ergibt sich aus §§ 156 und 158 GWB. Sind meh-

---

[2] Begr. VergRModG, BR-Drucksache 87/16, 253.
[3] *Fülling* in Greb/Müller SektVO § 35 Rn. 5.
[4] Begr. VergRModG, BR-Drucksache 87/16, 254.
[5] Vgl. → § 36.
[6] Vgl. → § 37.
[7] Begr. VergRModG, BR-Drucksache 87/16, 254.
[8] So bereits OLG Naumburg, Beschl. v. 16.9.2002 – 1 Verg 2/02 zu § 14 SektVO a. F.; *Gnittke/Hattig*
in Müller-Wrede SektVO § 14 Rn. 17.
[9] Begr. VergRModG, BR-Drs. 87/16, 254.

rere Vergabekammern zuständig, müssen alle Nachprüfungsbehörden genannt werden.[10] Der Auftraggeber muss dabei den Name und Anschrift der Vergabekammer, Postanschrift, E-Mail, Internetadresse, Telefonnummer sowie sämtliche Hinweise auf Fristen für die Einlegung von Rechtsbehelfen angeben.

7   § 35 Abs. 3 SektVO regelt nicht die Rechtsfolgen eines Verstoßes gegen die Mitteilungspflicht. Gibt der Auftraggeber in der Bekanntmachung eine falsche Vergabekammer an, begründet dies nicht die Zuständigkeit einer ansonsten unzuständigen Nachprüfungsbehörde.[11] Auch die Verweisung eines bei der unzuständigen Vergabekammer eingereichten Nachprüfungsantrags ist nicht möglich. § 17a Abs. 2 Satz 1 GVG ist nicht einschlägig, da dieser allein die Verweisung an ein Gericht betrifft.[12]

E. Beschafferprofil (Abs. 4)

8   Nach § 35 Abs. 4 SektVO haben Auftraggeber die Möglichkeit, im Internet ein sog. Beschafferprofil zu hinterlegen, in dem auftragsrelevante Informationen hinterlegt werden können.[13] Das Beschafferprofil enthält regelmäßig allgemeine Informationen des Auftraggebers. Die Aufzählung in § 35 Abs. 4 Satz 2 a. E. ist dabei nicht abschließend. Zudem kann der Auftraggeber Angaben zu Vergabeverfahren sowie geplanten und bereits vergebenen Aufträgen machen. Des Weiteren können auf dem Beschafferprofil regelmäßige nicht verbindliche Bekanntmachungen nach § 36 Abs. 1 SektVO bekanntgemacht werden.[14] Nutzt der Auftraggeber das Beschafferprofil zur Bekanntmachung nach § 36 Abs. 1 SektVO, muss er dem Amt für Veröffentlichungen der Europäischen Union eine Mitteilung über eine solche Veröffentlichung machen. Hierzu muss der Auftraggeber das Muster gemäß Anhang VIII der Durchführungsverordnung (EU) 2015/1986 nutzen, § 36 Abs. 2 Satz 2 SektVO. Die Einrichtung eines Beschafferprofils berührt nicht die Pflichten des Auftraggebers bei der Bekanntmachung.[15]

[10] Begr. VergRModG, BR-Drs. 87/16, 254.
[11] *Fülling* in Greb/Müller SektVO § 35 Rn. 7.
[12] OLG Düsseldorf Beschl. v. 11.3.2002 – Verg 43/01; *Fülling* in Greb/Müller SektVO § 35 Rn. 7.
[13] *Völlink* in Ziekow/Völlink SektVO § 12 Rn. 6; *Finke* in Eschenbruch/Opitz SektVO § 12 Rn. 16.
[14] Begr. VergRModG, BR-Drs. 87/16, 254.
[15] *Fülling* in Greb/Müller SektVO § 35 Rn. 9.

§ 36 Regelmäßige nicht verbindliche Bekanntmachung

(1) Der Auftraggeber kann die Absicht einer geplanten Auftragsvergabe mittels Veröffentlichung einer regelmäßigen nicht verbindlichen Bekanntmachung nach dem in Anhang IV der Durchführungsverordnung (EU) 2015/1986 enthaltenen Muster bekanntgeben.

(2) Die regelmäßige nicht verbindliche Bekanntmachung kann durch das Amt für Veröffentlichungen der Europäischen Union oder im Beschafferprofil veröffentlicht werden. Erfolgt die Veröffentlichung im Beschafferprofil, übermittelt der Auftraggeber die Mitteilung dieser Veröffentlichung dem Amt für Veröffentlichungen der Europäischen Union nach dem Muster gemäß Anhang VIII der Durchführungsverordnung (EU) 2015/1986.

(3) Hat der Auftraggeber eine regelmäßige nicht verbindliche Bekanntmachung nach Absatz 1 veröffentlicht, kann die Mindestfrist für den Eingang von Angeboten im offenen Verfahren auf 15 Tage verkürzt werden, sofern

1. die regelmäßige nicht verbindliche Bekanntmachung alle nach Anhang IV der Durchführungsverordnung (EU) 2015/1986 geforderten Informationen enthält, soweit diese zum Zeitpunkt der Veröffentlichung der regelmäßigen nicht verbindlichen Bekanntmachung vorlagen, und

2. die regelmäßige nicht verbindliche Bekanntmachung wenigstens 35 Tage und nicht mehr als zwölf Monate vor dem Tag der Absendung der Auftragsbekanntmachung zur Veröffentlichung an das Amt für Veröffentlichungen der Europäischen Union übermittelt wurde.

(4) Der Auftraggeber kann im nicht offenen Verfahren und im Verhandlungsverfahren auf eine Auftragsbekanntmachung nach § 35 verzichten, sofern die regelmäßige nicht verbindliche Bekanntmachung

1. die Liefer- oder Dienstleistungen benennt, die Gegenstand des zu vergebenden Auftrages sein werden,

2. den Hinweis enthält, dass dieser Auftrag im nicht offenen Verfahren oder Verhandlungsverfahren ohne gesonderte Auftragsbekanntmachung vergeben wird,

3. die interessierten Unternehmen auffordert, ihr Interesse mitzuteilen (Interessensbekundung),

4. alle nach Anhang IV der Durchführungsverordnung (EU) 2015/1986 geforderten Informationen enthält und

5. wenigstens 35 Tage und nicht mehr als zwölf Monate vor dem Zeitpunkt der Absendung der Aufforderung zur Interessensbestätigung veröffentlicht wird.

Ungeachtet der Verpflichtung zur Veröffentlichung der Bekanntmachung können solche regelmäßigen nicht verbindlichen Bekanntmachungen zusätzlich in einem Beschafferprofil veröffentlicht werden.

(5) Der Auftraggeber fordert alle Unternehmen, die auf die Veröffentlichung einer regelmäßigen nicht verbindlichen Bekanntmachung nach Absatz 4 eine Interessensbekundung übermittelt haben, zur Bestätigung ihres Interesses an einer weiteren Teilnahme auf (Aufforderung zur Interessensbestätigung). Mit der Aufforderung zur Interessensbestätigung wird der Teilnahmewettbewerb eingeleitet. Die Frist für den Eingang der Interessensbestätigung beträgt 30 Tage, gerechnet ab dem Tag nach der Absendung der Aufforderung zur Interessensbestätigung.

(6) Der von der regelmäßigen nicht verbindlichen Bekanntmachung abgedeckte Zeitraum beträgt höchstens zwölf Monate ab dem Tag der Übermittlung der regelmäßigen nicht verbindlichen Bekanntmachung an das Amt für Veröffentlichungen der Europäischen Union.

Übersicht

	Rn.		Rn.
A. Einführung	1	D. Verzicht auf Auftragsbekanntmachung (Abs. 4)	7
I. Literatur	1		
II. Entstehungsgeschichte	2	E. Weiteres Verfahren nach Abs. 5	8
III. Rechtliche Vorgaben im EU-Recht	3	F. Geltungsdauer der regelmäßigen nicht verbindlichen Bekanntmachung (Abs. 6)	9
B. Regelmäßige nicht verbindliche Bekanntmachung (Abs. 1 und 2)	4		
C. Verkürzung der Veröffentlichungsfrist im offenen Verfahren (Abs. 3)	6		

A. Einführung

I. Literatur

1 *Eschenbruch, Klaus/Opitz, Marc* Hrsg.), Kommentar zur Sektorenverordnung, 1. Auflage 2012; *Greb, Klaus/ Müller, Hans-Peter* (Hrsg.), Kommentar zur Sektorenverordnung, 2. Auflage, 2017; *Hölz* in: Münchner Kommentar zum Europäischen und Deutschen Wettbewerbsrecht (Kartellrecht), 2. Auflage 2015; *Müller-Wrede* (Hrsg.), Sektorenverordnung – SektVO Kommentar, 2010; *Pünder/Schellenberg*, Vergaberecht, 2. Auflage 2015; *Ziekow/Völlink*, Vergaberecht, 2. Auflage 2013.

II. Entstehungsgeschichte

2   Die Regelung des § 36 SektVO sind vergleichbar mit §§ 12 Abs. 2. 13, 14 Abs. 2 und 18 Abs. 1 SektVO a. F. Der § 36 SektVO n. F. fasst die Vorschriften zur regelmäßigen nicht verbindlichen Bekanntmachung in einer Vorschrift zusammen. Der Gesetzgeber gestaltete die Vorschrift dabei weitaus übersichtlicher und einfacher. Der § 36 SektVO setzt Art. 67 der RL 2014/25/EU um und bietet dem Auftraggeber die Möglichkeit der regelmäßigen nicht verbindlichen Bekanntmachung. Dadurch soll der Markt frühzeitig über eine beabsichtigte Auftragsvergabe informiert und die Transparenz erhöht werden.[1] Im Gegenzug verkürzt sich die Bekanntmachungsfrist des Auftraggebers im offenen Verfahren.[2] Die regelmäßige nicht verbindliche Bekanntmachung entspricht sachlich der Vorinformation nach § 38 VgV.[3]

Der § 36 SektVO enthält keine Definition einer regelmäßigen nicht verbindlichen Bekanntmachung.[4] Sie ist die vom Sektorenauftraggeber in regelmäßigen Abständen vorgenommene Veröffentlichung über die wesentlichen Merkmale der in der Planung befindlichen Aufträge oberhalb der EU-Schwellenwerte.[5]

Zur nicht verbindlichen Bekanntmachung sollte der Auftraggeber das im Anhang IV der Durchführungsverordnung (EU) 2015/1986 angehängte Standardformular verwenden.

III. Rechtliche Vorgaben im EU-Recht

3   Der § 36 SektVO setzt inhaltlich die Regelungen der Art. 67 und Art. 45 Abs. 2 der RL 2014/25/EU zur regelmäßigen nicht verbindlichen Bekanntmachung um.

---

[1] *Finke* in Eschenbruch/Opitz SektVO § 12 Rn. 16; *Völlink* in Ziekow/Völlink SektVO § 12 Rn. 1; *Gnittke/Hattig* in Müller-Wrede SektVO § 13 Rn. 1.

[2] Begr. VergRModG, BR-Drs. 87/16, 254.

[3] *Fülling* in Greb/Müller SektVO § 36 Rn. 2.

[4] *Franzius* in Pünder/Schellenberg SektVO § 13 Rn. 4; *Fülling* in Greb/Müller SektVO § 36 Rn. 2.

[5] *Fülling* in Greb/Müller SektVO § 36 Rn. 2.

B. Regelmäßige nicht verbindliche Bekanntmachung (Abs. 1 und 2)

Nach § 36 Abs. 1 SektVO kann der Sektorenauftraggeber eine geplante Auftragsvergabe   **4**
mittels Veröffentlichung einer regelmäßig nicht verbindlichen Bekanntmachung bekanntgeben. Für den Sektorenauftraggeber besteht keine Pflicht die regelmäßige nicht verbindliche Bekanntmachung zu verwenden. Macht er von ihr Gebrauch, ist er nicht verpflichtet
das in Aussicht gestellte Verfahren auch wirklich durchzuführen. Die Bekanntmachung
dient lediglich der frühzeitigen Information von interessierten Unternehmen.[6]

Die Bekanntmachung kann durch Verwendung des Musterformulars des Anhangs IV zur   **5**
Durchführungsverordnung (EU) 2015/1986 erfolgen. Dabei müssen lediglich die obligatorischen Angaben des Anhang VI Abschnitt I RL 2014/25/EU gemacht werden.

Nach Abs. 2 ist auch eine Veröffentlichung auf dem Beschafferprofil möglich. Dann
muss jedoch gemäß § 36 Abs. 2 Satz 2 SektVO das Muster des Anhangs VIII zur Durchführungsverordnung (EU) 2015/1986 verwendet werden, welches an das Amt für Veröffentlichungen der Europäischen Union übermittelt werden muss. Die regelmäßige nicht
verbindliche Bekanntmachung darf gemäß Art. 72 Abs. 3 der RL 2014/25/EU erst dann
auf dem Beschafferprofil veröffentlicht werden, wenn das Musterformular an das Amt für
Veröffentlichung der Europäischen Union versandt wurde. Eine weitere Veröffentlichung
– etwa in Tageszeitungen – bleibt davon unberührt.[7]

C. Verkürzung der Veröffentlichungsfrist im offenen Verfahren (Abs. 3)

Nach § 36 Abs. 3 SektVO kann der Sektorenauftraggeber die Mindestangebotsfrist im   **6**
offenen Verfahren auf 15 Tage verkürzen und das Verfahren beschleunigen. Hierzu muss
er eine regelmäßige nicht verbindliche Bekanntmachung veröffentlichen (→ Rn. 4–5). Die
Bekanntmachung muss alle nach Anhang IV der Durchführungsverordnung (EU) 2015/
1986 geforderten Informationen enthalten (§ 36 Abs. 3 Nr. 1 SektVO). Hierzu sollte das
entsprechende Standardformular des Anhangs verwendet werden. In dieses sind dann auch
die Angaben nach Anhang VI Abschnitt II der RL 2014/25/EU einzutragen. Der Sektorenauftraggeber muss jedoch nur solche Informationen veröffentlichen, die zum Zeitpunkt
der Bekanntmachung auch vorlagen (§ 36 Abs. 3 Nr. 1 a. E SektVO). Zudem muss die
regelmäßige nicht verbindliche Bekanntmachung mindestens 35 Tage und nicht mehr als
zwölf Monate vor dem Tag der Abgabe der Auftragsbekanntmachung zur Veröffentlichung
an das Amt für Veröffentlichungen der EU übermittelt worden sein (§ 36 Abs. 3 Nr. 2
SektVO). Der Zeitpunkt der Abgabe der Auftragsbekanntmachung zur Veröffentlichung ist
die Absendung des Antrags an das Amt für Veröffentlichungen der Europäischen Union.

D. Verzicht auf Auftragsbekanntmachung (Abs. 4)

Unter den Voraussetzungen des § 36 Abs. 4 SektVO kann der Sektorenauftraggeber im   **7**
nicht offenen Verfahren und im Verhandlungsverfahren gänzlich auf eine gesonderte Auftragsbekanntmachung nach § 35 Abs. 1 SektVO verzichten. Hierzu muss er eine regelmäßige nicht verbindliche Bekanntmachung veröffentlichen, die den Voraussetzungen der
§ 36 Abs. 4 Nr. 1–5 SektVO genügt. Anders als eine regelmäßige nicht verbindliche Bekanntmachung nach § 36 Abs. 1 und 3 SektVO, setzt die Bekanntmachung nach § 36

---

[6] Begr. VergRModG, BR-Drs. 87/16, 254; *Hölz* in MüKo § 14 SektVO Rn. 5; *Fülling* in Greb/Müller
SektVO § 36 Rn. 7.
[7] *Völlink* in Ziekow/Völlink SektVO § 12 Rn. 6; *Fülling* in Greb/Müller SektVO § 36 Rn. 8.

Abs. 4 SektVO das Vergabeverfahren in Gang.[8] Die nach Abs. 4 geforderten Informationen sind umfangreicher als solche die bei einer regelmäßigen nicht verbindliche Bekanntmachung nach Abs. 3 gefordert werden.[9] Auch § 36 Abs. 4 Nr. 4 SektVO fordert alle Informationen nach Anhang IV der Durchführungsverordnung (EU) 2015/1986). Hierzu sollte das entsprechende Standardformular des Anhangs verwendet werden. In dieses sind dann auch die Angaben nach Anhang VI Abschnitt II der RL 2014/25/EU einzutragen. Der § 36 Abs. 4 Nr. 1 SektVO verlangt zudem, dass der Lieferungs- und Dienstleistungsauftrag benannt wird, der Gegenstand der Auftragsvergabe ist. Nach § 36 Abs. 4 Nr. 2 SektVO muss die Bekanntmachung den Hinweis enthalten, dass der Auftrag im nicht offenen Verfahren oder im Verhandlungsverfahren durchgeführt wird, ohne dass eine gesonderte Auftragsbekanntmachung erfolgt. Nach Abs. 4 Nr. 5 darf die Bekanntmachung wenigstens 35 Tage und nicht mehr als zwölf Monate vor Absendung der Aufforderung zur Interessensbekundung veröffentlicht werden.

Ein Verzicht auf eine gesonderte Auftragsbekanntmachung nach Abs. 4 ist nur möglich, wenn der Sektorenauftraggeber das Verfahren nach § 36 Abs. 5 SektVO einhält (→ Rn. 8). Der § 36 Abs. 4 Satz 2 SektVO setzt Art. 67 Abs. 2 UAbs. 2 RL 2014/25/EU um und bestätigt, dass die regelmäßig nicht verbindliche Bekanntmachung unbedingt über das Amt für Veröffentlichungen der Europäischen Union veröffentlicht werden muss, wenn der Sektorenauftraggeber auf eine gesonderte Auftragsbekanntmachung verzichten will. Die Veröffentlichung auf dem Beschafferprofil kann die Veröffentlichung durch das Amt für Veröffentlichungen nicht ersetzen.

E. Weiteres Verfahren nach Abs. 5

8   Der Auftraggeber hat, nachdem er die regelmäßige nicht verbindliche Bekanntmachung nach Abs. 4 veröffentlicht hat, nach Abs. 5 Satz 1 alle Unternehmen zur Interessensbestätigung aufzufordern, die nach § 36 Abs. 4 Nr. 3 SektVO eine Interessensbekundung übermittelt haben. Mit dieser Aufforderung wird auch der Wettbewerb beim nicht offenen Verfahren und dem Verhandlungsverfahren eingeleitet (§ 36 Abs. 5 Satz 2 SektVO). Sollten diese Unternehmen weiterhin Interesse an einer Teilnahme am Verfahren haben, müssen sie eine Interessensbekundung an den Auftraggeber übermitteln. Mit dieser reichen sie auch die in der regelmäßigen nicht verbindlichen Bekanntmachung veröffentlichten Informationen ein. Die Eignungsprüfung der Interessenten erfolgt auf Grundlage dieser Informationen.[10] Die Frist zur Interessensbekundung beträgt 30 Tage ab Absendung der Aufforderung zur Interessensbekundung durch den Sektorenauftraggeber (§ 36 Abs. 5 Satz 3 SektVO). Maßgeblich ist der Zeitpunkt des Eingangs der Interessensbekundung beim Auftraggeber.[11]

F. Geltungsdauer der regelmäßigen nicht verbindlichen Bekanntmachung (Abs. 6)

9   Gemäß § 36 Abs. 6 SektVO deckt die regelmäßige nicht verbindliche Bekanntmachung einen Zeitraum von höchstens 12 Monaten ab. Der Geltungszeitraum beginnt an dem Tag, an dem die Bekanntmachung an das Amt für Veröffentlichungen der Europäischen Union übermittelt wurde. Die Höchstdauer von zwölf Monaten war erforderlich, da die Veröffentlichung der regelmäßig nicht verbindlichen Bekanntmachung abweichend von früheren Regelungen nicht mehr an den Beginn des Haushaltsjahres geknüpft ist.[12]

---

[8] Begr. VergRModG, BR-Drs. 87/16, 257.
[9] *Finke* in Eschenbruch/Opitz SektVO § 12 Rn. 12.
[10] Begr. VergRModG, BR-Drs. 87/16, 259.
[11] Begr. VergRModG, BR-Drs. 87/16, 259.
[12] Begr. VergRModG, BR-Drs. 87/16, 259.

§ 37 Bekanntmachung über das Bestehen eines Qualifizierungssystems

(1) **Der Auftraggeber kann die Absicht einer Auftragsvergabe mittels der Bekanntmachung über das Bestehen eines Qualifizierungssystems bekanntmachen.**

(2) **Die Bekanntmachung über das Bestehen eines Qualifizierungssystems wird nach dem in Anhang VII der Durchführungsverordnung (EU) 2015/1986 enthaltenen Muster erstellt. Der Auftraggeber gibt in der Bekanntmachung den Zweck und die Gültigkeitsdauer des Systems an.**

(3) **Änderungen der Gültigkeitsdauer, ohne das System zu ändern, werden nach dem in Anhang XI der Durchführungsverordnung (EU) 2015/1986 enthaltenen Muster erstellt. Bei Beendigung des Systems wird das in Anhang VI der Durchführungsverordnung (EU) 2015/1986 enthaltene Muster für Vergabebekanntmachungen nach § 38 verwendet.**

Übersicht

	Rn.		Rn.
A. Einführung	1	III. Rechtliche Vorgaben im EU-Recht	3
I. Literatur	1	**B. Bekanntmachung über das Bestehen**	
II. Entstehungsgeschichte	2	**eines Qualifizierungssystems**	4

A. Einführung

I. Literatur

Eschenbruch, Klaus/Opitz, Marc Hrsg.), Kommentar zur Sektorenverordnung, 1. Auflage 2012; *Greb,* **1** *Klaus/Müller, Hans-Peter* (Hrsg.), Kommentar zur Sektorenverordnung, 2. Auflage, 2017; *Müller-Wrede* (Hrsg.), Sektorenverordnung – SektVO Kommentar, 2010; *Pünder/Schellenberg,* Vergaberecht, 2. Auflage 2015.

II. Entstehungsgeschichte

Bislang regelte § 14 Abs. 1 Nr. 3 SektVO a. F. die Bekanntmachung über das Bestehen **2** eines Qualifizierungssystems. Anforderungen an das Qualifizierungssystem fanden sich in § 24 SektVO a. F. Diese Regelungssystematik wird durch §§ 37, 48 SektVO n. F. fortgesetzt. Allein die Bezeichnung „Prüfungssystem" wurde der Richtlinienbezeichnung angepasst und lautet nun „Qualifizierungssystem". Sektorenauftraggeber können mittels Bekanntmachung über das Bestehen eines Qualifizierungssystems einen Auftrag veröffentlichen. Das Qualifizierungssystem hat zum einen den Zweck einer vorgezogenen Eignungsprüfung und zum anderen dient es der Bekanntmachung des zu vergebenen Auftrags.[1] Damit soll den Besonderheiten von Aufträgen im Sektorenbereich hinreichend Rechnung getragen werden. Zugleich ermöglicht es die Beschleunigung der Verfahren.[2] Durch das Qualifizierungssystem schafft der Sektorenauftraggeber sich einen Kreis von geeigneten Unternehmen.[3] Der Auftraggeber prüft die Eignung der Unternehmen auftragsunabhängig.[4] Näheres zum Verfahren und zum Qualifizierungssystem regelt § 48 SektVO (→ § 48). Die Nutzung eines Qualifizierungssystems steht im Ermessen des Auftraggebers. Der Sektorenauftraggeber legt die Anforderungen für die Aufnahme in das Qualifizie-

---

[1] BR-Drs. 87/16, 259.
[2] *Fülling* in Greb/Müller SektVO § 37 Rn. 1; *Franzius* in Pünder/Schellenberg SektVO § 14 Rn. 7.
[3] *Völlink* in Ziekow/Völlink SektVO § 14 Rn. 5.
[4] *Gnittke/Hattig* in Müller-Wrede SektVO § 14 Rn. 11. *Finke* in Eschenbruch/Opitz SektVO § 14 Rn. 10.

rungssystem fest. Die Bekanntmachung über das Bestehen eines Qualifizierungssystems kann der Sektorenauftraggeber zur Bekanntmachung eines Auftrages nutzen.[5]

III. Rechtliche Vorgaben im EU-Recht

3   Der § 37 SektVO setzt Art. 68 Abs. 1 und Art. 44 Abs. 4 lit. b RL 2014/25/EU zur Bekanntmachung des Bestehens eines Qualifizierungssystems um. Die Anforderungen an ein Qualifizierungssystem regelt Art. 77 RL 2014/25/EU. Entsprechend der RL 2014/25/EU regelte der Gesetzgeber die Bekanntmachung und die Anforderungen an das Qualifizierungssystem in unterschiedlichen Vorschriften. Während sich § 37 SektVO allein mit der Bekanntmachung befasst, benennt § 48 die Vorgaben und Anforderungen an ein Qualifizierungssystem.

B. Bekanntmachung über das Bestehen eines Qualifizierungssystems

4   § 37 Abs. 1 SektVO gibt Sektorenauftraggebern die Möglichkeit, ihre Absicht zur Vergabe eines Auftrages mittels der Bekanntmachung über das Bestehen eines Qualifizierungssystems zu veröffentlichen. Hierzu müssen gemäß § 37 Abs. 2 Satz 1 SektVO die in Anhang VII der Durchführungsverordnung (EU) 2015/1986 enthaltenen Standardformulare verwendet werden. Die Bekanntmachung über das Bestehen eines Qualifizierungssystems kann zur Auftragsbekanntmachung nur genutzt werden, wenn Aufträge anschließend im nicht offenen Verfahren oder mittels Verhandlungsverfahren bzw. wettbewerblichem Dialog vergeben werden.[6] Dies ergibt sich aus Art. 77 Abs. 5 RL 2014/25/EU. Das weitere Verfahren regelt § 48 SektVO. Bei der Bekanntmachung über das Bestehen eines Qualifizierungssystems muss der Auftraggeber den Zweck und die Gültigkeitsdauer des Qualifizierungssystems mitteilen (§ 37 Abs. 2 Satz 2 SektVO). Ändert sich die Gültigkeitsdauer, ohne dass sich dabei das Qualifizierungssystem ändert, muss der Auftraggeber eine Änderungsbekanntmachung veröffentlichen (§ 37 Abs. 3 Satz 1 SektVO). Hierzu hat der das Formular für Änderungsbekanntmachungen gemäß Anhang XI der Durchführungsverordnung (EU) 2015/1986 zu verwenden. Bei Beendigung des Qualifizierungssystems muss gemäß § 37 Abs. 3 Satz 2 SektVO eine Vergabebekanntmachung veröffentlicht werden.

---

[5] BR-Drs. 87/16, 259; *Fülling* in Greb/Müller SektVO § 37 Rn. 1.
[6] *Fülling* in Greb/Müller SektVO § 37 Rn. 3; *Franzius* in Pünder/Schellenberg SektVO § 14 Rn. 8.

§ 38 Vergabebekanntmachungen; Bekanntmachung über Auftragsänderungen

(1) Der Auftraggeber übermittelt spätestens 30 Tage nach Zuschlagserteilung oder nach dem Abschluss einer Rahmenvereinbarung eine Vergabebekanntmachung mit den Ergebnissen des Vergabeverfahrens an das Amt für Veröffentlichungen der Europäischen Union.

(2) Die Vergabebekanntmachung wird nach dem in Anhang VI der Durchführungsverordnung (EU) 2015/1986 enthaltenen Muster erstellt.

(3) Ist das Vergabeverfahren durch eine regelmäßige nicht verbindliche Bekanntmachung in Gang gesetzt worden und hat der Auftraggeber beschlossen, keine weitere Auftragsvergabe während des Zeitraums vorzunehmen, der von der regelmäßigen nicht verbindlichen Bekanntmachung abgedeckt ist, muss die Vergabebekanntmachung einen entsprechenden Hinweis enthalten.

(4) Die Vergabebekanntmachung umfasst die abgeschlossenen Rahmenvereinbarungen, aber nicht die auf ihrer Grundlage vergebenen Einzelaufträge. Bei Aufträgen, die im Rahmen eines dynamischen Beschaffungssystems vergeben werden, umfasst die Vergabebekanntmachung eine vierteljährliche Zusammenstellung der Einzelaufträge, die Zusammenstellung muss spätestens 30 Tage nach Quartalsende versendet werden.

(5) Auftragsänderungen gemäß § 132 Absatz 2 Nummer 2 und 3 des Gesetzes gegen Wettbewerbsbeschränkungen sind gemäß § 132 Absatz 5 des Gesetzes gegen Wettbewerbsbeschränkungen unter Verwendung des Musters gemäß Anhang XVII der Durchführungsverordnung (EU) 2015/1986 bekanntzumachen.

(6) Der Auftraggeber ist nicht verpflichtet, einzelne Angaben zu veröffentlichen, wenn deren Veröffentlichung

1. den Gesetzesvollzug behindern,
2. dem öffentlichen Interesse zuwiderlaufen,
3. den berechtigten geschäftlichen Interessen eines Unternehmens schaden oder
4. den lauteren Wettbewerb zwischen Unternehmen beeinträchtigen

würde.

(7) Bei vergebenen Dienstleistungsaufträgen auf dem Gebiet der Forschung und Entwicklung (F&E-Dienstleistungen) können die Angaben zur Art und Menge der Dienstleistung auf Folgendes beschränkt werden:

1. auf die Angabe „F&E-Dienstleistungen", sofern der Auftrag im Zuge eines Verhandlungsverfahrens ohne vorherigen Teilnahmewettbewerb vergeben wurde,
2. auf Angaben in der Auftragsbekanntmachung, die mindestens ebenso detailliert sind wie in der Auftragsbekanntmachung.

Übersicht

	Rn.		Rn.
A. Einführung	1	D. Ausnahmsweise nicht zu veröffentlichende Informationen (Abs. 6)	18
I. Literatur	1		
II. Entstehungsgeschichte	2	E. Bekanntmachung über die Vergabe von F&E-Dienstleistungen (Abs. 7)	21
III. Rechtliche Vorgaben im EU-Recht	5		
B. Vergabebekanntmachung	10	I. Einschränkung der Bekanntmachungspflicht	21
I. Grundsätze der Vergabebekanntmachung (Abs. 1 und 2)	11	II. Vergabe ohne vorherige Auftragsbekanntmachung	23
II. Hinweis in Bezug auf eine regelmäßige nicht verbindliche Bekanntmachung (Abs. 3)	14	III. Vergabe mit vorheriger Auftragsbekanntmachung	24
III. Ausnahmen von der Erforderlichkeit der Bekanntmachung (Abs. 4)	15	F. Veröffentlichung	25
C. Bekanntmachung über Auftragsänderungen (Abs. 5)	17	G. Rechtsschutzfragen	26

A. Einführung

I. Literatur

1 *Höfler,* Transparenz bei der Vergabe öffentlicher Aufträge, NZBau 2010, 73 ff.; *Prieß/Hölzl,* Auf Nummer sicher gehen! Zum Rechtsschutz bei der Beschaffung von Sicherheitsdienstleistungen, LKV 2006, 481 ff.

II. Entstehungsgeschichte

2 Das GWB-Vergaberecht wird grundlegend bestimmt durch den **Grundsatz der Transparenz,** der als Programmsatz an prominenter Stelle in § 97 Abs. 1 S. 1 GWB verankert ist.[1] Dabei lässt sich im Vergabeverfahren die ex-ante-Transparenz und die ex-post-Transparenz unterscheiden. Die Unternehmen sollen vorab anhand der bereitgestellten Informationen einschätzen können, welche Chancen sie auf einen Zuschlag haben (ex-ante-Transparenz) und sie sollen im Nachhinein die einzelnen Schritte des abgeschlossenen Verfahrens nachvollziehen können (ex-post-Transparenz). Die Nachvollziehbarkeit der Entscheidungen des Auftraggebers bei der Auftragsvergabe ist zudem unabdingbare Voraussetzung für eine **effektive Nachprüfung.**[2] Rückverfolgbarkeit und Transparenz von Entscheidungen in Vergabeverfahren sind entscheidend, um solide Verfahren, einschließlich einer effizienten Bekämpfung von Korruption und Betrug, zu gewährleisten.[3] Zusätzlich gewährleistet die ex-post-Transparenz von Vergabeentscheidungen eine Information interessierter Kreise über das Marktgeschehen.[4]

3 Für Auftragsvergaben im Sektorenbereich stellt insbesondere § 38 SektVO als Bestandteil der Transparenzvorgaben die ex-post-Transparenz sicher. Die im Zuge der Reform des Jahres 2016 neugeschaffene Vorschrift knüpft in ihrem Kerngehalt an § 15 SektVO aF[5] an, der ebenfalls eine Bekanntmachung über vergebene öffentliche Aufträge vorsah. Die Neuregelung ist ausführlicher und enthält nunmehr auch Vorgaben für die Veröffentlichung von **Auftragsänderungen** gem. § 132 Abs. 2 Nr. 2 und 3 GWB und zur Mitteilung über den Umstand, dass der Auftraggeber während der höchstens zwölfmonatigen Laufzeit einer **regelmäßigen nicht verbindlichen Bekanntmachung** keine weiteren Auftragsvergaben beabsichtigt. Die Frist, innerhalb derer die Vergabebekanntmachung zu erfolgen hat, ist auf 30 Tage reduziert worden (vormals zwei Monate).

4 § 38 SektVO entspricht in den Absätzen 1 bis 6 weitgehend den Vorgaben in § 39 Abs. 1 bis 6 VgV, weshalb insoweit bezüglich der Einzelheiten auf die dortige Kommentierung verwiesen wird (*Krohn* in VgV § 39). Für Bauaufträge außerhalb des Sektorenbereichs ist die Vergabebekanntmachung mit vergleichbarem Inhalt in § 18 EU Abs. 3 VOB/A geregelt.

III. Rechtliche Vorgaben im EU-Recht

5 § 38 SektVO dient der Umsetzung von **Art. 70 der Richtlinie 2014/25/EU.** Die Bestimmung des § 38 Abs. 1 über die Übermittlung der Vergabebekanntmachung binnen 30 Tagen nach Zuschlagserteilung oder nach Abschluss einer Rahmenvereinbarung ent-

---

[1] Ausführlich → *Dörr* in GWB § 97 Rn. 30 ff.
[2] Vgl. *Höfler* NZBau 2010, 73 (76).
[3] Erwägungsgrund 132 der Richtlinie 2014/25/EU.
[4] *Prieß/Hölzl* LKV 2006, 481 (484).
[5] Verordnung über die Vergabe von Aufträgen im Bereich des Verkehrs, der Trinkwasserversorgung und der Energieversorgung (Sektorenverordnung – SektVO) vom 23.9.2009 (BGBl. 2009 I 3110), zuletzt geändert durch Verordnung vom 12.4.2016 (BGBl. 2016 I 624), aufgehoben mit Ablauf des 17.4.2016.

spricht inhaltlich Art. 70 Abs. 1 UAbs. 1 der Richtlinie 2014/25/EU.[6] Die Konkretisierung der nach Art. 70 der Richtlinie 2014/25/EU erforderlichen Angaben erfolgt in Anhang XII der Richtlinie, dessen Inhalt in das Standardformular nach Anhang VI der Durchführungsverordnung (EU) 2015/1986[7] überführt worden ist, auf welches § 38 Abs. 2 SektVO verweist.

Die Regelung in § 38 Abs. 3 setzt Art. 70 Abs. 2 UAbs. 1 der Richtlinie 2014/25/EU **6** um. Danach muss die Vergabebekanntmachung in den Fällen, in denen eine regelmäßige nicht verbindliche Bekanntmachung nach § 36 Abs. 4 SektVO vorliegt, einen entsprechenden Hinweis enthalten, wenn der Auftraggeber während des zwölfmonatigen Zeitraums, der von der regelmäßigen nicht verbindlichen Bekanntmachung abgedeckt ist, keine weitere Vergabe vornehmen wird.

§ 38 Abs. 4 SektVO dient der Umsetzung von Art. 70 Abs. 2 UAbs. 2 der Richtlinie **7** 2014/25/EU und entspricht inhaltlich dem früheren § 15 Absatz 2 SektVO aF.[8] Er sorgt beim Abschluss von **Rahmenvereinbarungen** insofern für eine Verfahrenserleichterung, als nur deren Abschluss einer Vergabebekanntmachung bedarf, nicht aber auch der Abschluss jedes Einzelauftrags. Auftragsvergaben im Rahmen von dynamischen Beschaffungssystemen nach §§ 20 ff. SektVO können in einer quartalsweisen Zusammenstellung gebündelt werden.

Die Gewährleistung der Transparenz gemäß § 38 Abs. 5 SektVO bei Auftragsänderungen **8** während der Vertragslaufzeit nach § 132 Abs. 2 Nr. 2 und 3 GWB setzt die Vorgaben des **Art. 89 Abs. 1 UAbs. 2 der Richtlinie 2014/25/EU** um.

Die Einschränkungen zu den erforderlichen Angaben nach § 38 Abs. 6 SektVO aus den **9** dort genannten Gründen und nach § 38 Abs. 7 SektVO für die Vergabe von Dienstleistungsaufträgen auf dem Gebiet der Forschung und Entwicklung (F&E-Dienstleistungen) entsprechen Art. 70 Abs. 3 der Richtlinie 2014/25/EU.

B. Vergabebekanntmachung

Die Mitteilungspflicht über vergebene Aufträge sowie über Auftragsänderungen dient **10** der **Transparenz und Marktbeobachtung.**[9] Durch die beabsichtigte ex-post-Transparenz soll eine Überprüfung der Wahrung des Vergaberechts sowie eine höhere Markttransparenz einschließlich einer Sensibilisierung für Vergaberechtsverstöße erreicht werden.

I. Grundsätze der Vergabebekanntmachung (Abs. 1 und 2)

Die **Bekanntmachungspflicht** gilt grundsätzlich für jedes Vergabeverfahren unabhän- **11** gig von der gewählten Verfahrensart. Voraussetzung ist aber, dass ein Zuschlag erfolgt ist. Die Beendigung des Verfahrens auf andere Art und Weise, insbesondere durch eine Aufhebung oder Einstellung nach § 57 SektVO, löst keine Pflicht zur Absendung einer Vergabebekanntmachung aus.

Die Frist von 30 Tagen für die Übermittlung der Vergabebekanntmachung beginnt mit **12** der Zuschlagserteilung. Damit ist das Zustandekommen des Vertrages gemeint. Entscheidend für die Einhaltung der Frist ist die Absendung der Bekanntmachung, nicht deren Zugang beim Amt für Veröffentlichungen der Europäischen Union.

---

[6] BT-Drs. 18/7318, 232.
[7] Durchführungsverordnung (EU) 2015/1986 der Kommission vom 11.11.2015 zur Einführung von Standardformularen für die Veröffentlichung von Vergabebekanntmachungen für öffentliche Aufträge und zur Aufhebung der Durchführungsverordnung (EU) Nr. 842/2011 (ABl. 2015 L 296, 1).
[8] BT-Drs. 18/7318, 233.
[9] BT-Drs. 18/7318, 232.

13   Die Vergabebekanntmachung wird gem. § 38 Abs. 2 SektVO nach dem in Anhang VI der Durchführungsverordnung (EU) 2015/1986 enthaltenen Muster erstellt. Die Übermittlung an das **Amt für Veröffentlichungen der Europäischen Union** erfolgt ausschließlich elektronisch, § 40 Abs. 1 SektVO (→ § 40 Rn. 8 ff.). Ein anderer Übermittlungsweg, z.B. per Briefpost, Fax oder E-Mail, ist nicht mehr zulässig. Das Muster kann online unter http://simap.ted.europa.eu mit Hilfe der dort zur Verfügung gestellten Online-Tools „eNotices" oder „eSender" ausgefüllt und direkt über die Internetseite an das Amt für Veröffentlichungen der Europäischen Union übermittelt werden. Es ist aus Gründen der Übersichtlichkeit und Anwenderfreundlichkeit zu begrüßen, dass § 38 SektVO anders als die Vorgängerregelung des § 15 Abs. 1 SektVO aF nicht mehr auf einen Anhang zur Sektorenverordnung verweist, der einem Anhang der EU-Richtlinie entspricht, der wiederum dem Muster der Durchführungsverordnung zugrunde liegt, sondern unmittelbar auf dieses Muster selbst.

II. Hinweis in Bezug auf eine regelmäßige nicht verbindliche Bekanntmachung (Abs. 3)

14   Nach § 36 Abs. 4 SektVO kann der Auftraggeber im nicht offenen und im Verhandlungsverfahren auf eine Auftragsbekanntmachung gem. § 35 SektVO verzichten, sofern die regelmäßige nicht verbindliche Bekanntmachung die Liefer- oder Dienstleistungen benennt, die Gegenstand des zu vergebenden Auftrages sein werden, den Hinweis enthält, dass dieser Auftrag im nicht offenen Verfahren oder Verhandlungsverfahren ohne gesonderte Auftragsbekanntmachung vergeben wird, die interessierten Unternehmen auffordert, ihr Interesse mitzuteilen (Interessensbekundung), alle nach Anhang IV der Durchführungsverordnung (EU) 2015/1986 geforderten Informationen enthält und wenigstens 35 Tage und nicht mehr als zwölf Monate vor dem Zeitpunkt der Absendung der Aufforderung zur Interessensbestätigung veröffentlicht wird. In diesen Fällen muss die Vergabebekanntmachung einen entsprechenden Hinweis enthalten, wenn der Auftraggeber während des zwölfmonatigen Zeitraums, der von der regelmäßigen nicht verbindlichen Bekanntmachung abgedeckt ist, keine weitere Vergabe vornehmen wird. Die Regelung ist **Ausfluss des Transparenzgrundsatzes** und soll die Planungssicherheit bei interessierten Unternehmen erhöhen, die ihre Kapazitäten aufgrund dieses Hinweises anderweitig einplanen können.

III. Ausnahmen von der Erforderlichkeit der Bekanntmachung (Abs. 4)

15   Bei der Beschaffung mittels Rahmenvereinbarung ist nur deren Abschluss, nicht aber der Abschluss der auf ihrer Grundlage vergebenen Einzelaufträge bekannt zu machen. Dies gilt hingegen nicht für Einzelaufträge, die von den Vorgaben der Rahmenvereinbarung abweichen – also etwa ein anderer Preis vereinbart wird – und damit nicht mehr auf der Grundlage der Rahmenvereinbarung vergeben werden. Für sie gilt uneingeschränkt die Bekanntmachungspflicht des § 38 Abs. 1 SektVO.

16   Nach § 38 Abs. 4 S. 2 SektVO umfasst die Vergabebekanntmachung bei Aufträgen, die im Rahmen eines dynamischen Beschaffungssystems vergeben werden, eine **vierteljährliche Zusammenstellung der Einzelaufträge**. Die Zusammenstellung muss spätestens 30 Tage nach Quartalsende versendet werden.

C. Bekanntmachung über Auftragsänderungen (Abs. 5)

17   Mit dem neuen § 132 GWB enthält das Vergaberecht erstmals klare Vorgaben, wann Auftragsänderungen während der Vertragslaufzeit ein neues Vergabeverfahren erfordern.

§38 Abs. 5 SektVO greift die in §132 Abs. 5 GWB angelegten Transparenzpflichten auf. Nach §132 Abs. 5 GWB sind Auftragsänderungen, die nach §132 Abs. 2 S. 1 Nr. 2 und 3 GWB **ohne Durchführung eines erneuten Vergabeverfahrens** zulässig sind, im Amtsblatt der Europäischen Union bekannt zu machen. Dabei handelt es sich um Auftragsänderungen, bei denen zusätzliche Bau-, Liefer- oder Dienstleistungen erforderlich geworden sind, die nicht in den ursprünglichen Vergabeunterlagen vorgesehen waren, und ein Wechsel des Auftragnehmers aus wirtschaftlichen oder technischen Gründen nicht erfolgen kann oder mit erheblichen Schwierigkeiten oder beträchtlichen Zusatzkosten für den öffentlichen Auftraggeber verbunden wäre, oder um Auftragsänderungen, bei denen die Änderung aufgrund von Umständen erforderlich geworden ist, die der öffentliche Auftraggeber im Rahmen seiner Sorgfaltspflicht nicht vorhersehen konnte, und sich aufgrund der Änderung der Gesamtcharakter des Auftrags nicht verändert (zu den Voraussetzungen und Vorgaben des §132 GWB → *Hüttinger* in GWB §132 Rn. 48ff., 52ff. und 72f.). Die Bekanntmachung muss die Informationen nach Anhang XVI der Richtlinie 2014/25/EU enthalten. Für sie ist das Standardformular gemäß Anhang XVII der Durchführungsverordnung (EU) 2015/1986 zu verwenden. Siehe zur inhaltsgleichen Regelung der Vergabeverordnung *Krohn* in VgV §39.

D. Ausnahmsweise nicht zu veröffentlichende Informationen (Abs. 6)

Nach §38 Abs. 6 SektVO ist der Auftraggeber nicht verpflichtet, einzelne Angaben 18 zu veröffentlichen, wenn deren Veröffentlichung den Gesetzesvollzug behindern (Nr. 1), dem öffentlichen Interesse zuwiderlaufen (Nr. 2), den berechtigten geschäftlichen Interessen eines Unternehmens schaden (Nr. 3) oder den lauteren Wettbewerb zwischen Unternehmen beeinträchtigen (Nr. 4) würde. Die genannten Gründe entsprechen eins zu eins den in Art. 70 Abs. 3 S. 2 der Richtlinie 2014/25/EU aufgezählten Gründen. Die Ausnahmegründe dienen dazu, einen im Einzelfall angemessenen Ausgleich zwischen **Publizitätsinteressen einerseits und Geheimhaltungsinteressen andererseits** herzustellen.

Der Wortlaut des §38 Abs. 6 SektVO spricht anders als die Vorgängerregelung des §15 19 Abs. 3 SektVO aF nicht mehr davon, dass die Angaben „unterlassen" werden dürfen. Dies war insoweit irreführend, als die Angaben keinesfalls in der an das Amt für Veröffentlichungen der Europäischen Union zu übermittelnden Vergabebekanntmachung offengelassen werden dürfen.[10] Vielmehr sind sie in das Formular aufzunehmen und als nicht zu veröffentlichen zu kennzeichnen. Dies geschieht durch die Beantwortung der Frage „Sind Sie mit der Veröffentlichung einverstanden?" unter Ziffern V.2.2) (Angaben zu den Angeboten), V.2.3) (Name und Anschrift des Wirtschaftsteilnehmers, zu dessen Gunsten der Zuschlag erteilt wurde) und V.2.4) (Angaben zum Wert des Auftrags/Loses) des Bekanntmachungsformulars[11] mit „Nein". Die Angaben unter Ziffern V.2.7) (Zahl der vergebenen Aufträge), V.2.8) (Ursprungsland der Ware oder Dienstleistung), V.2.9) (Der Auftrag wurde an einen Bieter vergeben, der ein Alternativangebot vorgelegt hat) und V.2.10) (Angebote wurden ausgeschlossen, weil sie ungewöhnlich niedrig waren) werden ohnehin nicht veröffentlicht, sind aber gleichwohl als Pflichtangaben einzutragen.

Zum Vorliegen der Voraussetzungen für ein Absehen von der Veröffentlichung *Krohn* in 20 VgV §39.

---

[10] Vgl. hierzu die Vorauflage *Diehr/Reidt* in Beck Vergaberecht SektVO §15 Rn. 13.
[11] Anhang VI der Durchführungsverordnung (EU) 2015/1986.

E. Bekanntmachung über die Vergabe von F&E-Dienstleistungen (Abs. 7)

I. Einschränkung der Bekanntmachungspflicht

21   Für die Vergabe von Dienstleistungsaufträgen auf dem Gebiet der Forschungs- und Entwicklung (sog. **F&E-Dienstleistungen**) gilt zusätzlich die Sonderregelung des § 38 Abs. 7 SektVO. Sie erlaubt bei Sektorenauftragsvergaben über Absatz 6 hinausgehend, bei der Vergabe spezieller Dienstleistungen die Angaben über Art und Menge in der Vergabebekanntmachung zu begrenzen. Nach § 38 Abs. 7 Nr. 1 SektVO ist die Angabe „F&E-Dienstleistung" in der Vergabebekanntmachung ausreichend, sofern der Auftrag im Zuge eines **Verhandlungsverfahrens ohne vorherigen Teilnahmewettbewerb** vergeben wurde. Sofern das Verfahren durch eine **Auftragsbekanntmachung** publiziert worden ist, genügt gemäß § 38 Abs. 7 Nr. 2 SektVO eine Beschränkung auf diese Angaben auch in der Vergabebekanntmachung. Daneben bestehen die Ausnahmeregelungen des § 38 Abs. 6 SektVO uneingeschränkt, insbesondere dessen Nr. 3 und 4.

22   Gegenstand der Vorschrift sind nur bestimmte F&E-Dienstleistungen. Dies ergibt sich nicht aus dem Wortlaut des § 38 Abs. 7 SektVO, wohl aber aus einer systematischen Auslegung in Zusammenschau mit den Regelungen des GWB. Nach §§ 137 Abs. 1 Nr. 2 iVm 116 Abs. 1 Nr. 2 GWB sind Forschungs- und Entwicklungsdienstleistungen grundsätzlich vom Anwendungsbereich des GWB-Vergaberechts ausgenommen. Einen Anwendungsbefehl für die §§ 97 ff. GWB und damit eine Rückausnahme enthält aber § 116 Abs. 1 Nr. 2 GWB für Forschungs- und Entwicklungsdienstleistungen, die unter die Referenznummern des Common Procurement Vocabulary 73000000-2 bis 73120000-9, 73300000-5, 73420000-2 und 73430000-5[12] fallen, und bei denen die Ergebnisse ausschließlich Eigentum des Auftraggebers für seinen Gebrauch bei der Ausübung seiner eigenen Tätigkeit werden und die Dienstleistung vollständig durch den Auftraggeber vergütet wird.[13]

II. Vergabe ohne vorherige Auftragsbekanntmachung

23   Wie bereits die Vorgängerregelung des § 15 Abs. 4 SektVO aF weicht auch § 38 Abs. 7 Nr. 1 SektVO von seiner unionsrechtlichen Grundlage ab. Ihrem Wortlaut nach setzt die nationale Regelung lediglich voraus, dass der Auftrag im Zuge eines Verhandlungsverfahrens ohne vorherigen Teilnahmewettbewerb vergeben wurde. Aus welchem der in § 13 Abs. 2 SektVO aufgeführten Gründe auf einen Teilnahmewettbewerb verzichtet wurde, ist nach dem Wortlaut unerheblich. Hingegen verlangt die unionsrechtliche Grundlage des Art. 70 Abs. 3 UAbs. 2 lit. a der Richtlinie 2014/25/EU, dass die Vergabe im Rahmen eines *„Verhandlungsverfahrens ohne Aufruf zum Wettbewerb gemäß Artikel 50 Buchstabe b"* erfolgt ist. Danach ist ein Verhandlungsverfahren ohne vorherigen Aufruf zum Wettbewerb[14] zulässig, wenn ein Auftrag rein den Zwecken von Forschung, Experimenten, Studien oder Entwicklung dient und nicht den Zwecken von Gewinnsicherung oder Abdeckung von Forschungs- und Entwicklungskosten und sofern der Zuschlag dem Zuschlag für Folgeauf-

---

[12] Vgl. zu den Referenznummern des Common Procurement Vocabulary den Anhang I der Verordnung (EG) Nr. 213/2008 der Kommission vom 28.11.2007 zur Änderung der Verordnung (EG) Nr. 2195/2002 des Europäischen Parlaments und des Rates über das Gemeinsame Vokabular für öffentliche Aufträge (CPV) und der Vergaberichtlinien der Europäischen Parlaments und des Rates 2004/17/EG und 2004/18/EG im Hinblick auf die Überarbeitung des Vokabulars (ABl. 2008 L 74, 1).

[13] Diese Ausnahme- und Rückausnahmeregelungen entsprechen Art. 32 der Richtlinie 2014/25/EU. Zu den Einzelheiten → *Lausen* in GWB § 116 Rn. 37 ff.

[14] In der deutschen Terminologie ein Verhandlungsverfahren ohne Teilnahmewettbewerb.

träge nicht abträglich ist, die insbesondere diesen Zwecken dienen. Umgesetzt wird dies durch **§ 13 Abs. 2 Nr. 2 SektVO**.[15] Somit ist § 38 Abs. 7 Nr. 1 SektVO unionsrechtskonform einschränkend dahin auszulegen, dass der Auftragserteilung ein Verhandlungsverfahren ohne Teilnahmewettbewerb nach § 13 Abs. 2 Nr. 2 SektVO vorausgegangen sein muss. § 38 Abs. 7 Nr. 1 SektVO findet hingegen keine Anwendung, wenn die Verfahrenswahl auf einem anderen Tatbestand des § 13 Abs. 2 SektVO beruht.[16]

III. Vergabe mit vorheriger Auftragsbekanntmachung

Anders als in der Vorgängerregelung des § 15 Abs. 4 SektVO aF hat der Verordnungsgeber in § 38 Abs. 7 Nr. 2 SektVO eine Einschränkung der Transparenzpflichten auch bei einer Auftragsvergabe im Rahmen eines Vergabeverfahrens mit Auftragsbekanntmachung eingeführt. Die Vorschrift reduziert die Anforderungen an die **Angaben zur Art und Menge der F&E-Dienstleistung,** wenn die Vergabe in einem Verfahren mit Auftragsbekanntmachung erfolgt ist. Die Mitteilung muss dann nicht über die in dieser Bekanntmachung veröffentlichten Angaben hinausgehen, dürfen diese aber auch nicht unterschreiten. Die bloße Angabe „F&E-Dienstleistungen" genügt hier nicht.[17] 24

F. Veröffentlichung

Die Vergabebekanntmachung wird dem Amt für Veröffentlichungen der Europäischen Union übermittelt und gemäß Anhang IX der Richtlinie 2014/25/EU im Supplement zum Amtsblatt der Europäischen Union veröffentlicht. Das von der Kommission festgelegte Muster und die Modalitäten für die **elektronische Übermittlung** der Bekanntmachungen sind unter der Internetadresse „http://simap.europa.eu" abrufbar. Die Bekanntmachung wird spätestens fünf Tage nach ihrer Übermittlung veröffentlicht. Die **Kosten** für die Veröffentlichung der Bekanntmachungen durch das Amt für Veröffentlichungen der Europäischen Union trägt die Union. 25

G. Rechtsschutzfragen

Da die Vergabebekanntmachung erst nach der Zuschlagserteilung erfolgt, können Verstöße des Auftraggebers gegen § 38 SektVO die Auftragserteilung nicht mehr beeinflussen. 26

Ein Verstoß kann gegebenenfalls von der Kommission oder auch von Aufsichtsbehörden der Vergabestelle beanstandet werden. Ein **subjektives Recht** von Unternehmen, das einen einklagbaren Anspruch auf die Vergabebekanntmachung begründen könnte, besteht hingegen nicht. 27

Denkbar ist ein Anspruch des beauftragten Unternehmens darauf, dass gemäß § 38 Abs. 6 Nr. 3 SektVO bestimmte Angaben von der Veröffentlichung ausgenommen werden (vgl. → Rn. 18 ff.). Es geht mithin um Fälle, in denen die Veröffentlichung den berechtig- 28

---

[15] Vgl. hierzu → *Dörn* in SektVO § 13 Rn. 14.

[16] Siehe zur bisherigen Rechtslage des § 15 Abs. 4 SektVO aF *Diehr/Reidt* in Beck Vergaberecht SektVO § 15 Rn. 20. Ebenso *Finke* in Eschenbruch/Opitz, SektVO, 1. Aufl. 2012, § 15 Rn. 25.

[17] Es bleibt unklar, ob der nationale Verordnungsgeber in § 38 Abs. 7 Nr. 2 SektVO bewusst nur auf die Auftragsbekanntmachung abstellt. Art. 70 Abs. 3 UAbs. 2 lit. b der Richtlinie 2014/25/EU spricht von Angaben, *„die mindestens so detailliert sind wie im Aufruf zum Wettbewerb"*. Der Aufruf zum Wettbewerb kann nach Art. 44 Abs. 4 der Richtlinie 2014/25/EU ebenso mittels einer Auftragsbekanntmachung wie mittels einer regelmäßigen nicht verbindlichen Bekanntmachung und einer Bekanntmachung in Bezug auf das Bestehen eines Qualifizierungssystems erfolgen. Diese Bekanntmachungsformen sind durch §§ 36 und 37 SektVO in nationales Recht umgesetzt worden. Die Regierungsbegründung schweigt insoweit, vgl. BT-Drs. 18/7318, 233.

ten geschäftlichen Interessen eines Unternehmens schaden würde. Welche Interessen dies sein können, ist vom Einzelfall abhängig. Der Auftraggeber hat pflichtgemäß zu beurteilen, ob die Geheimhaltungsinteressen des betreffenden Unternehmens die Publizitätsinteressen eindeutig überwiegen. Besondere **Gründe für die Annahme eines Beurteilungsspielraums sind nicht ersichtlich,** die Entscheidung ist daher gerichtlich voll überprüfbar.[18] Voraussetzung für die Geltendmachung eines solchen Anspruchs dürfte sein, dass der Bieter den Auftraggeber bereits in seinem Angebot oder spätestens unverzüglich nach der Zuschlagserteilung über sein Geheimhaltungsbedürfnis in Kenntnis setzt und der Veröffentlichung bestimmter Angaben widerspricht. Für die Durchsetzung eines möglichen **Unterlassungsanspruchs** ist der ordentliche Rechtsweg eröffnet.

29   Trägt ein öffentlicher Auftraggeber gleichwohl nicht Sorge für das Unterbleiben der Veröffentlichung, kommt ein **Schadensersatzanspruch** des betreffenden Unternehmens in Betracht. Da die Pflichtverletzung erst nach Zuschlagserteilung erfolgt, kann Schadensersatz wegen der Verletzung einer vertraglichen Nebenpflicht nach §§ 280 Abs. 1, 241 Abs. 2 BGB geltend gemacht werden. Dabei dürfte eine besondere Schwierigkeit in der Bezifferung eines kausal auf die Veröffentlichung zurückzuführenden Schadens bestehen.

---

[18] Zu den Anforderungen für die Annahme eines gerichtlich nur eingeschränkt überprüfbaren Beurteilungsspielraums *Ricken*, Beurteilungsspielräume und Ermessen im Vergaberecht, 2014, S. 189 ff.

§ 39 Bekanntmachungen über die Vergabe sozialer und anderer besonderer Dienstleistungen

(1) Der Auftraggeber teilt seine Absicht, einen Auftrag zur Erbringung sozialer oder anderer besonderer Dienstleistungen im Sinne von § 130 Absatz 1 des Gesetzes gegen Wettbewerbsbeschränkungen zu vergeben, mittels

1. einer Auftragsbekanntmachung gemäß § 35,
2. einer regelmäßigen nicht verbindlichen Bekanntmachung gemäß § 36 Absatz 4 oder
3. einer Bekanntmachung über das Bestehen eines Qualifizierungssystems gemäß § 37

mit.
Dies gilt nicht, wenn ein Verhandlungsverfahren ohne vorherigen Teilnahmewettbewerb nach § 13 Absatz 2 zulässig wäre; § 13 Absatz 2 bleibt unberührt.

(2) Die Bekanntmachungen nach Absatz 1 werden nach dem Muster gemäß Anhang XIX der Durchführungsverordnung (EU) 2015/1986 erstellt.

(3) Der Auftraggeber, der einen Auftrag zur Erbringung von sozialen und anderen besonderen Dienstleistungen vergeben hat, teilt die Ergebnisse des Vergabeverfahrens unter Verwendung des in Anhang XIX der Durchführungsverordnung (EU) 2015/1986 enthaltenen Musters mit. Er kann die Vergabebekanntmachungen quartalsweise bündeln. In diesem Fall versendet er die Zusammenstellung spätestens 30 Tage nach Quartalsende.

Übersicht

	Rn.		Rn.
A. Einführung	1	II. Bekanntmachung der Vergabeabsicht	11
I. Literatur	1	C. Veröffentlichung (Abs. 2)	14
II. Entstehungsgeschichte	2	D. Vergabebekanntmachung (Abs. 3)	15
III. Rechtliche Vorgaben im EU-Recht	5		
B. Bekanntmachungspflicht (Abs. 1)	8		
I. Soziale und andere besondere Dienstleistungen	8		

A. Einführung

I. Literatur

Höfer/Nolte, Das neue EU Vergaberecht und die Erbringung sozialer Leistungen, NZS 2015, 441 ff.   **1**

II. Entstehungsgeschichte

Durch die Verordnung zur Modernisierung des Vergaberechts[1] wurde § 39 SektVO neu geschaffen. Er findet im bis zum 17.4.2016 geltenden Sektorenvergaberecht keine Entsprechung. Mit der Reform des Vergaberechts hat der Gesetzgeber in Umsetzung der unionsrechtlichen Vorgaben die Struktur des Sonderregimes für bestimmte Auftragsgegenstände des Dienstleistungsbereichs (sog. soziale und andere besondere Dienstleistungen) neu geordnet.   **2**

Die SektVO aF[2] unterschied nach der grenzüberschreitenden Relevanz zwischen **vorrangigen Dienstleistungen des Anhangs 1 Teil A und nachrangigen Dienst-**   **3**

---

[1] Verordnung zur Modernisierung des Vergaberechts (Vergaberechtsmodernisierungsverordnung – VergRModVO) vom 12.4.2016 (BGBl. 2016 I 624).
[2] Verordnung über die Vergabe von Aufträgen im Bereich des Verkehrs, der Trinkwasserversorgung und der Energieversorgung (Sektorenverordnung – SektVO) vom 23.9.2009 (BGBl. 2009 I 3110), zuletzt geändert durch Verordnung vom 12.4.2016 (BGBl. 2016 I 624), aufgehoben mit Ablauf des 17.4.2016.

leistungen des Anhangs 1 Teil B. Nach § 4 Abs. 1 SektVO aF fanden auf die Vergabe von vorrangigen Dienstleistungen die Vorschriften der Verordnung uneingeschränkt Anwendung, während bei der Vergabe nachrangiger Dienstleistungen nur die §§ 7 (Leistungsbeschreibung, technische Anforderungen), 12 Abs. 1 und 15 SektVO aF (Pflicht zur Bekanntmachung vergebener Aufträge) anzuwenden waren. Die eingeschränkte Anwendung der Sektorenverordnung befreite die Vergabe nachrangiger Dienstleistungen weitgehend von den formalisierten Anforderungen des Vergaberechts, ohne aber die wesentlichen Grundsätze der Transparenz, des Wettbewerbs und der Nichtdiskriminierung völlig aufzugeben.[3] Welche Anforderungen eine rechtssichere Vergabe solcher Dienstleistungen erfüllen musste, war im Einzelnen vielfach ungewiss.[4]

4   In Umsetzung der Art. 91 ff. der Richtlinie 2014/25/EU gibt es **keine Unterscheidung zwischen vorrangigen und nachrangigen Dienstleistungen** mehr. Grundsätzlich gilt die neue Sektorenverordnung für alle Vergaben von Dienstleistungen oberhalb der Schwellenwerte. Im Zusammenspiel mit § 130 GWB sind aber zahlreiche **Verfahrenserleichterungen** für die in Anhang XVII der Richtlinie 2014/25/EU katalogisierten Dienstleistungskategorien (siehe weiterführend → *Rixen*, in: GWB § 130 Rn. 10 ff. und 119 ff.) vorgesehen.[5] Hierzu zählt die spezielle Bekanntmachungsregelung des § 39 SektVO. In der Vergabeverordnung sind die sozialen und anderen besonderen Dienstleistungen mit einem eigenen Abschnitt bedacht.[6] Dabei bildet § 66 VgV mit inhaltlichen Abweichungen eine Parallelvorschrift zu § 39 SektVO (vgl. → *Rixen* in VgV § 66).

III. Rechtliche Vorgaben im EU-Recht

5   Die Vorschrift dient der Umsetzung von **Art. 92 der Richtlinie 2014/25/EU** (Sonderregime). Welche Dienstleistungen von dem Sonderregime erfasst sind, ergibt sich aus **Anhang XVII der Richtlinie 2014/25/EU.**

6   § 39 Abs. 1 SektVO setzt Art. 92 Abs. 1 der Richtlinie 2014/25/EU um und legt fest, wie eine Ausschreibung über soziale oder andere besondere Dienstleistungen bekanntzumachen ist. Eine Pflicht zur Mitteilung der Beschaffungsabsicht des Auftraggebers mittels einer Auftragsbekanntmachung, einer regelmäßigen nicht verbindlichen Bekanntmachung oder einer Bekanntmachung über das Bestehen eines Prüfungssystems besteht nach Art. 92 Abs. 1 UAbs. 2 der Richtlinie 2014/25/EU nicht, wenn ein Verhandlungsverfahren ohne vorherigen Aufruf zum Wettbewerb gemäß **Art. 50 der Richtlinie 2014/25/EU** für die Vergabe eines Dienstleistungsauftrags hätte verwendet werden können. Ihre Umsetzung findet diese Ausnahmeregelung in § 39 Abs. 1 S. 2 SektVO.

7   § 39 Abs. 2 SektVO setzt Art. 92 Abs. 3 der Richtlinie 2014/25/EU in nationales Recht um, § 39 Abs. 3 SektVO Art. 92 Abs. 2 der Richtlinie 2014/25/EU. Inhaltlich handelt es sich um eine Übernahme der unionsrechtlichen Vorgaben **1:1 in deutsches Recht.**

---

[3] Zu den unionsrechtlichen Anforderungen an die Vergabe nachrangiger Dienstleistungen EuGH 13.11.2007 – C-507/03, Slg. 2007, I-9797 Rn. 30 ff. = NZBau 2008, 71 – An Post.

[4] Siehe zum Meinungsstand im Einzelnen *Stalmann* in Eschenbruch/Opitz, SektVO, 1. Aufl. 2012, § 4 Rn. 34 ff.; *Winnes* in Pünder/Schellenberg, Vergaberecht, SektVO § 4 Rn. 3 ff.

[5] Regelungssystematisch kommen die Vorschriften des GWB und der SektVO daher grundsätzlich uneingeschränkt zur Anwendung, soweit nicht Erleichterungen ausdrücklich zugelassen sind; vgl. die Regierungsbegründung in BT-Drs. 18/6281, 116. Insbesondere können Auftraggeber nach § 130 Abs. 1 GWB zwischen den wettbewerblichen Verfahren des offenen Verfahrens, des nicht offenen Verfahrens, des Verhandlungsverfahrens mit Teilnahmewettbewerb, des wettbewerblichen Dialogs und der Innovationspartnerschaft frei wählen. Für das Verhandlungsverfahren ohne Teilnahmewettbewerb verbleibt es hingegen bei den besonderen Verfahrensvoraussetzungen des § 13 Abs. 2 SektVO. Der Schwellenwert für die Anwendung des GWB-Vergaberechts liegt für die Vergabe von sozialen und anderen besonderen Dienstleistungen im Sektorenbereich bei 1.000.000 Euro, § 106 Abs. 2 Nr. 2 GWB iVm Art. 15 lit. c der Richtlinie 2014/25/EU.

[6] Abschnitt 3 der VgV über Besondere Vorschriften für die Vergabe von sozialen und anderen besonderen Dienstleistungen.

B. Bekanntmachungspflicht (Abs. 1)

I. Soziale und andere besondere Dienstleistungen

Die **Bekanntmachungspflichten** nach § 39 SektVO gelten für die Vergabe sozialer **8** und anderer besonderer Dienstleistungen im Sinne von § 130 Abs. 1 des Gesetzes gegen Wettbewerbsbeschränkungen.[7] Der Verweis ist ungeschickt, da § 130 Abs. 1 GWB seinerseits auf die „Vergabe von öffentlichen Aufträgen über soziale und andere besondere Dienstleistungen im Sinne des Anhangs XIV der Richtlinie 2014/24/EU" verweist und nicht auf den Anhang der der Sektorenverordnung zugrundeliegenden Richtlinie 2014/25/EU. Diese definiert soziale und andere besondere Dienstleistungen in ihrem Anhang XVII eigenständig. Aufgrund des **unionsrechtlichen Anwendungsvorrangs** ist damit der Katalog der Richtlinie 2014/25/EU für § 39 SektVO maßgeblich. Die unsaubere Verweisung bleibt im Ergebnis ohne Folgen, da Anhang XVII der Richtlinie 2014/25/EU inhaltlich dem Anhang XIV der Richtlinie 2014/24/EU entspricht.

Nach **Anhang XVII der Richtlinie 2014/25/EU** zählen folgende Dienstleistungs- **9** kategorien zu den sozialen und anderen besonderen Dienstleistungen im Sinne des § 39 SektVO:

CPV-Code[8]	Beschreibung
75200000-8; 75231200-6; 75231240-8; 79611000-0;79622000-0 [Überlassung von Haushaltshilfen]; 79624000-4 [Überlassung von Pflegepersonal] und 79625000-1 [Überlassung von medizinischem Personal] von 85000000-9 bis 85323000-9; 98133100-5, 98133000-4, 98200000-5 und 98500000-8 [Privathaushalte mit Hausangestellten] und 98513000-2 bis 98514000-9 [Bereitstellung von Arbeitskräften für private Haushalte, Vermittlung von Arbeitskräften für private Haushalte, Bereitstellung von Bürokräften für private Haushalte, Bereitstellung von Zeitarbeitskräften für private Haushalte, Dienstleistungen von Haushaltshilfen und Haushaltungsdienste]	Dienstleistungen des Gesundheits- und Sozialwesens und zugehörige Dienstleistungen
85321000-5 und 85322000-2, 75000000-6 [Dienstleistungen der öffentlichen Verwaltung, Verteidigung und Sozialversicherung], 75121000-0, 75122000-7, 75124000-1; von 79995000-5 bis 79995200-7; von 80000000-4 [Allgemeine und berufliche Bildung] bis 80660000-8;	Administrative Dienstleistungen im Sozial-, Bildungs-, Gesundheits- und kulturellen Bereich

---

[7] Ausführlich zum Begriff der sozialen und anderen besonderen Dienstleistungen nach dem Anhang der Richtlinie → *Rixen* in GWB § 130 Rn. 13 ff.
[8] Vgl. zu den Referenznummern des Common Procurement Vocabulary den Anhang I der Verordnung (EG) Nr. 213/2008 der Kommission vom 28.11.2007 zur Änderung der Verordnung (EG) Nr. 2195/2002 des Europäischen Parlaments und des Rates über das Gemeinsame Vokabular für öffentliche Aufträge (CPV) und der Vergaberichtlinien des Europäischen Parlaments und des Rates 2004/17/EG und 2004/18/EG im Hinblick auf die Überarbeitung des Vokabulars (ABl. 2008 L 74, 1).

CPV-Code	Beschreibung
von 92000000-1 bis 92700000-8; 79950000-8 [Veranstaltung von Ausstellungen, Messen und Kongressen], 79951000-5 [Veranstaltung von Seminaren], 79952000-2 [Event-Organisation], 79952100-3 [Organisation von Kulturveranstaltungen], 79953000-9 [Organisation von Festivals], 79954000-6 [Organisation von Parties], 79955000-3 [Organisation von Modenschauen], 79956000-0 [Organisation von Messen und Ausstellungen]	
75300000-9	Dienstleistungen im Rahmen der gesetzlichen Sozialversicherung[1]
75310000-2, 75311000-9, 75312000-6, 75313000-3, 75313100-4, 75314000-0, 75320000-5, 75330000-8, 75340000-1	Beihilfen, Unterstützungsleistungen und Zuwendungen
98000000-3, 98120000-0; 98132000-7; 98133110-8 und 98130000-3	Sonstige gemeinschaftliche, soziale und persönliche Dienstleistungen, einschließlich Dienstleistungen von Gewerkschaften, von politischen Organisationen, von Jugendverbänden und von sonstigen Organisationen und Vereinen
98131000-0	Dienstleistungen von religiösen Vereinigungen
55100000-1 bis 55410000-7; 55521000-8 bis 55521200-0 [55521000-8 Verpflegungsdienste für Privathaushalte, 55521100-9 Essen auf Rädern, 55521200-0 Auslieferung von Mahlzeiten] 55510000-8 Dienstleistungen von Kantinen, 55511000-5 Dienstleistungen von Kantinen und anderen nicht öffentlichen Cafeterias, 55512000-2 Betrieb von Kantinen, 55523100-3 Auslieferung von Schulmahlzeiten 55520000-1 [Verpflegungsdienste], 55522000-5 [Verpflegungsdienste für Transportunternehmen], 55523000-2 [Verpflegungsdienste für sonstige Unternehmen oder andere Einrichtungen], 55524000-9 [Verpflegungsdienste für Schulen]	Gaststätten und Beherbergungsgewerbe
79100000-5 bis 79140000-7; 75231100-5	Dienstleistungen im juristischen Bereich, sofern sie nicht nach Artikel 21 Buchstabe c ausgeschlossen sind
75100000-7 bis 75120000-3; 75123000-4;75125000-8 bis 75131000-3	Sonstige Dienstleistungen der Verwaltung und für die öffentliche Verwaltung
75200000-8 bis 75231000-4	Kommunale Dienstleistungen

CPV-Code	Beschreibung
75231210-9 bis75231230-5; 75240000-0 bis 75252000-7; 794300000-7; 98113100-9	Dienstleistungen für den Strafvollzug, Dienstleistungen im Bereich öffentliche Sicherheit, Rettungsdienste, soweit sie nicht nach Artikel 21 Buchstabe h ausgeschlossen sind
79700000-1 bis 79721000-4 [Dienstleistungen von Detekteien und Sicherheitsdiensten, Dienstleistungen von Sicherheitsdiensten, Überwachung von Alarmanlagen, Bewachungsdienste, Überwachungsdienste, Dienstleistungen in Verbindung mit Suchsystemen, Fahndung nach Flüchtigen, Streifendienste, Ausgabe von Mitarbeiterausweisen, Ermittlungsdienste und Dienstleistungen von Detekteien] 79722000-1 [Dienstleistungen von Grafologen], 79723000-8 [Abfallanalyse]	Dienstleistungen von Detekteien und Sicherheitsdiensten
98900000-2 [Von extraterritorialen Organisationen und Körperschaften erbrachte Leistungen] und 98910000-5 [Dienstleistungen von internationalen Organisationen und Körperschaften]	Internationale Dienstleistungen
64000000-6 [Post- und Fernmeldedienste], 64100000-7 [Post- und Kurierdienste], 64110000-0 [Postdienste], 64111000-7 [Postdienste im Zusammenhang mit Zeitungen und Zeitschriften], 64112000-4 [Briefpostdienste], 64113000-1 [Paketpostdienste], 64114000-8 [Post-Schalterdienste], 64115000-5 [Vermietung von Postfächern], 64116000-2 [Dienste im Zusammenhang mit postlagernden Sendungen], 64122000-7 [Interne Bürobotendienste]	Postdienste
50116510-9 [Reifenrunderneuerung], 71550000-8 [Schmiedearbeiten]	Verschiedene Dienstleistungen

[1] Diese Dienstleistungen unterliegen nicht dieser Richtlinie, wenn sie als nichtwirtschaftliche Dienstleistungen von allgemeinem Interesse organisiert werden. Es steht den Mitgliedstaaten frei, die Erbringung von Dienstleistungen im Rahmen der gesetzlichen sozialen Dienstleistungen oder anderer Dienstleistungen als Dienstleistungen von allgemeinem Interesse oder als nichtwirtschaftliche Dienstleistungen von allgemeinem Interesse zu organisieren.

Bei der Zuordnung des Beschaffungsgegenstandes zu den sozialen und anderen besonderen Dienstleistungen ist zu beachten, dass nach Erwägungsgrund 125 der Richtlinie 2014/25/EU eine Bezugnahme auf eine CPV-Abteilung nicht automatisch eine Bezugnahme auf untergeordnete Unterteilungen der **CPV-Nummern** bedeutet. Insofern gilt das erleichterte Regime ausschließlich für die in Anhang XVII der Richtlinie 2014/25/EU aufgeführten Dienste. Es sind ausdrücklich alle einschlägigen Posten, erforder- **10** lichenfalls als Abfolge von Codes angegeben. Sofern die aufgeführten Dienste die zu vergebende Leistung nicht umfassen, gilt das strengere, vollumfängliche Vergaberecht.[9]

II. Bekanntmachung der Vergabeabsicht

11   Oberhalb des Schwellenwertes von 1.000.000 Euro für soziale und andere besondere Dienstleistungen, die in Anhang XVII der Richtlinie 2014/25/EU aufgeführt sind, sind Auftraggeber nach § 39 Abs. 1 SektVO dazu verpflichtet, die beabsichtigte Vergabe europaweit entweder in einer **Auftragsbekanntmachung** gemäß § 35 SektVO (Nr. 1), einer **regelmäßigen nicht verbindlichen Bekanntmachung** gemäß § 36 Abs. 4 SektVO (Nr. 2) oder einer **Bekanntmachung über bestehende Qualifizierungssysteme** gemäß § 37 SektVO (Nr. 3) zu veröffentlichen. Siehe zu den Einzelheiten der Bekanntmachungsformen → *Jasper* in SektVO § 35 Rn. 4, SektVO § 36 Rn. 4 und SektVO § 37 Rn. 4.

12   Eine Ausnahme von den Bekanntmachungsvorgaben ist nur unter den engen Voraussetzungen des § 13 Abs. 2 SektVO möglich, wenn also ein **Verhandlungsverfahren ohne vorherigen Teilnahmewettbewerb zulässig** wäre. Die Formulierung im Konjunktiv verdeutlicht, dass es nicht darauf ankommt, ob der Auftraggeber ein Verhandlungsverfahren ohne Teilnahmewettbewerb auch tatsächlich gewählt hat. In diesem Fall ist eine unterbliebene Bekanntmachung der Vergabeabsicht folglich unschädlich.

13   In Bezug auf die Bekanntmachung mittels **einer regelmäßigen nicht verbindlichen Bekanntmachung** ist dabei nicht das Formular nach Anhang IV der Durchführungsverordnung (EU) 2015/1986[10] zu verwenden, sondern das **Formular nach Anhang XIX der Durchführungsverordnung,** vgl. auch § 39 Abs. 2 SektVO. Das Formular mit der Überschrift „Soziale und anderen besondere Dienstleistungen – Versorgungseinrichtungen" enthält die Auswahloption *„Diese Bekanntmachung ist ein Aufruf zum Wettbewerb. Interessierte Wirtschaftsteilnehmer müssen den Auftraggeber von ihrem Interesse an dem Auftrag/den Aufträgen in Kenntnis setzen. Der Auftrag wird/Die Aufträge werden ohne Veröffentlichung eines weiteren Aufrufs zum Wettbewerb vergeben"*. Im Übrigen muss die regelmäßige nicht verbindliche Bekanntmachung die in § 36 Abs. 4 Nr. 1 bis 5 SektVO geforderten Angaben enthalten, nämlich die Dienstleistungen benennen, die Gegenstand des zu vergebenden Auftrags sein werden, den Hinweis enthalten, dass dieser Auftrag im nicht offenen Verfahren oder Verhandlungsverfahren ohne gesonderte Auftragsbekanntmachung vergeben wird, die interessierten Unternehmen auffordern, ihr Interesse mitzuteilen (Interessenbekundung), und wenigstens 35 Tage und nicht mehr als zwölf Monate vor dem Zeitpunkt der Absendung der Aufforderung zur Interessensbestätigung veröffentlicht werden. Insoweit schafft § 39 SektVO keine Erleichterungen für die Vergabe sozialer oder anderer besonderer Dienstleistungen.

C. Veröffentlichung (Abs. 2)

14   Für die Bekanntmachung nach § 39 Abs. 1 SektVO ist das Muster gemäß Anhang XIX der Durchführungsverordnung (EU) 2015/1986 zu verwenden. Das von der Kommission festgelegte Muster und die Modalitäten für die elektronische Übermittlung der Bekanntmachungen sind unter der **Internetadresse „http://simap.europa.eu"** abrufbar. Die Bekanntmachung wird spätestens fünf Tage nach ihrer Übermittlung veröffentlicht. Die **Kosten für die Veröffentlichung** der Bekanntmachungen durch das Amt für Veröffentlichungen der Europäischen Union trägt die Union.

---

[9] BT-Drs. 18/6281, 115.
[10] Durchführungsverordnung (EU) 2015/1986 der Kommission vom 11.11.2015 zur Einführung von Standardformularen für die Veröffentlichung von Vergabebekanntmachungen für öffentliche Aufträge und zur Aufhebung der Durchführungsverordnung (EU) Nr. 842/2011 (ABl. 2015 L 296, 1).

D. Vergabebekanntmachung (Abs. 3)

Die Vergabe von Aufträgen über soziale oder andere besondere Dienstleistungen ist 15 ebenso wie die Vergabe anderer öffentlicher Aufträge **aus Gründen der Transparenz und Marktbeobachtung** bekanntzumachen. Die Ergebnisse des Vergabeverfahrens sind unter Verwendung des in Anhang XIX der Durchführungsverordnung (EU) 2015/1986 enthaltenen Musters an das Amt für Veröffentlichungen der Europäischen Union zu übermitteln. In Umsetzung von Art. 92 Abs. 2 S. 2 und 3 der Richtlinie 2014/25/EU kann der Auftraggeber die ex-post-Transparenz bei der Vergabe von sozialen und anderen besonderen Dienstleistungen auch **quartalsweise** bündeln. Der Abschnitt V des Musters in Anhang XIX der Durchführungsverordnung (EU) 2015/1986 ist hierfür mehrfach auszufüllen. Der Auftraggeber ist damit in Abweichung von § 38 Abs. 1 SektVO nicht angehalten, die Vergabebekanntmachung für jede einzelne Auftragsvergabe spätestens 30 Tage nach Zuschlagserteilung zu übermitteln. Entscheidet er sich für die gebündelte Übermittlung, ist die Zusammenstellung der vergebenen Aufträge spätestens 30 Tage nach Quartalsende zu versenden.

§ 40 Veröffentlichung von Bekanntmachungen

(1) **Auftragsbekanntmachungen, regelmäßige nicht verbindliche Bekanntmachungen nach § 36 Absatz 4, Bekanntmachungen über das Bestehen von Qualifikationssystemen und Vergabebekanntmachungen (Bekanntmachungen) sind dem Amt für Veröffentlichungen der Europäischen Union mit elektronischen Mitteln zu übermitteln. Der Auftraggeber muss den Tag der Absendung nachweisen können.**

(2) **Bekanntmachungen werden durch das Amt für Veröffentlichungen der Europäischen Union veröffentlicht. Als Nachweis der Veröffentlichung dient die Bestätigung der Veröffentlichung der übermittelten Informationen, die der Auftraggeber vom Amt für Veröffentlichungen der Europäischen Union erhält.**

(3) **Bekanntmachungen auf nationaler Ebene dürfen nach der Veröffentlichung durch das Amt für Veröffentlichungen der Europäischen Union oder 48 Stunden nach der Bestätigung über den Eingang der Bekanntmachung durch das Amt für Veröffentlichungen der Europäischen Union veröffentlicht werden. Die Veröffentlichung darf nur Angaben enthalten, die in den an das Amt für Veröffentlichungen der Europäischen Union übermittelten Bekanntmachungen enthalten sind oder in einem Beschafferprofil veröffentlicht wurden. In der nationalen Bekanntmachung ist der Tag der Übermittlung an das Amt für Veröffentlichungen der Europäischen Union oder der Tag der Veröffentlichung im Beschafferprofil anzugeben.**

(4) **Der Auftraggeber kann auch Bekanntmachungen über Bau-, Liefer- oder Dienstleistungsaufträge, die nicht der Bekanntmachungspflicht unterliegen, an das Amt für Veröffentlichungen der Europäischen Union übermitteln.**

Übersicht

	Rn.			Rn.
A. Einführung	1	C. Veröffentlichung der Bekanntmachungen (Abs. 2)		12
I. Literatur	1			
II. Entstehungsgeschichte	2	D. Nationale Bekanntmachungen durch den Auftraggeber (Abs. 3)		14
III. Rechtliche Vorgaben im EU-Recht	6	I. Allgemeine Zulässigkeit		14
B. Elektronische Übermittlung von Bekanntmachungen (Abs. 1)	8	II. Zeitpunkt der nationalen Bekanntmachung		16
I. Bekanntmachungen	8	III. Inhalt der nationalen Bekanntmachung		17
II. Elektronische Mittel	10	E. Freiwillige Bekanntmachungen (Abs. 4)		19
III. Nachweis des Absendedatums	11			

A. Einführung

I. Literatur

1 *Höfler,* Transparenz bei der Vergabe öffentlicher Aufträge, NZBau 2010, 73 ff.; *Schäfer,* Perspektiven der eVergabe, NZBau 2015, 131 ff.

II. Entstehungsgeschichte

2   Das GWB-Vergaberecht sieht zur Verwirklichung des **Grundsatzes der Transparenz** eine Reihe von Bekanntmachungspflichten vor. Mit ihnen soll sowohl die ex-ante-Transparenz zur Förderung des Wettbewerbs etwa durch Auftragsbekanntmachungen als auch die ex-post-Transparenz insbesondere durch Vergabebekanntmachungen (siehe hierzu → *Ricken* in SektVO § 38 Rn. 2) hergestellt werden. § 40 SektVO regelt die Veröffentlichung dieser Bekanntmachungen.

§ 40 Abs. 1 S. 1 SektVO enthält eine **Legaldefinition** des Begriffs „Bekanntmachun- **3** gen". Darunter sind Auftragsbekanntmachungen, regelmäßige nicht verbindliche Bekanntmachungen nach § 36 Abs. 4 SektVO, Bekanntmachungen über das Bestehen von Qualifikationssystemen und Vergabebekanntmachungen zu verstehen. Zudem enthält Absatz 1 Satz 1 den Grundsatz, dass solche Bekanntmachungen dem Amt für Veröffentlichungen der Europäischen Union mit elektronischen Mitteln zu übermitteln sind. Damit wird der **Grundsatz der elektronischen Kommunikation** im Vergabeverfahren nach § 97 Abs. 5 GWB konkretisiert (siehe hierzu → *Koch* GWB § 97 Abs. 5 Rn. 10 ff.). Nach diesem nunmehr an prominenter Stelle geregelten allgemeinen Grundsatz des GWB-Vergaberechts verwenden Auftraggeber und Unternehmen für das Senden, Empfangen, Weiterleiten und Speichern von Daten in einem Vergabeverfahren grundsätzlich elektronische Mittel nach Maßgabe der aufgrund des § 113 GWB erlassenen Verordnungen. Neben den §§ 9 ff. SektVO zur (elektronischen) Kommunikation im Vergabeverfahren stellt § 40 SektVO einen weiteren Baustein dar und bestimmt, dass elektronische Kommunikationsmittel auch in der Kommunikation mit dem Amt für Veröffentlichungen der Europäischen Union Standard für den Informationsaustausch im Vergabeverfahren sind.

Die Vorgängerregelung des § 16 SektVO aF[1] gestattete neben der elektronischen Über- **4** mittlung von Bekanntmachungen auch die Übermittlung „auf anderem Weg", insbesondere also per Brief oder Fax. Im Übrigen regelte auch § 16 SektVO aF das Verhältnis von europaweiten Bekanntmachungen und nationalen Bekanntmachungen.

Eine weitgehend inhaltsgleiche Regelung für Auftragsvergabe außerhalb des Sektoren- **5** bereichs enthält § 40 VgV. Zu den Einzelheiten wird auf die dortige Kommentierung verwiesen (→ *Krohn* VgV § 40). Für die Vergabe von Bauleistungen außerhalb des Sektorenbereichs finden sich entsprechende Vorgaben in §§ 11 EU Abs. 2, 12 EU Abs. 3 Nr. 5 VOB/A (→ *Wandenvitz* VOB/A § 11 EU Rn. 8 und *Krohn* in VOB/A § 12 EU).

III. Rechtliche Vorgaben im EU-Recht

§ 40 SektVO dient der Umsetzung von **Art. 71 und 72 der Richtlinie 2014/25/EU,** **6** welche die Modalitäten der Veröffentlichung der Bekanntmachungen unionsrechtlich vorgeben. Nach der Überzeugung des Richtliniengebers können elektronische Informations- und Kommunikationsmittel die Bekanntmachung von Aufträgen vereinfachen und **Effizienz und Transparenz** der Vergabeverfahren steigern. Sie sollen zum Standard für Kommunikation und Informationsaustausch im Rahmen von Vergabeverfahren werden, da sie die Möglichkeiten von Wirtschaftsteilnehmern zur Teilnahme an Vergabeverfahren im gesamten Binnenmarkt stark verbessern. Zu diesem Zweck wird unter anderem die Übermittlung von Bekanntmachungen in elektronischer Form verbindlich vorgeschrieben.[2] In **Erwägungsgrund 63 der Richtlinie 2014/25/EU** wird aber auch klargestellt, dass die verbindliche Verwendung elektronischer Kommunikationsmittel nach dieser Richtlinie Auftraggeber nicht zur elektronischen Verarbeitung von Angeboten verpflichten oder eine elektronische Bewertung oder automatische Verarbeitung vorschreiben soll. Des Weiteren sollen nach der Richtlinie 2014/25/EU weder Bestandteile des Verfahrens der öffentlichen Auftragsvergabe, die auf die Vergabe des Auftrags folgen, noch die interne Kommunikation des Auftraggebers unter die Verpflichtung zur Verwendung elektronischer Kommunikationsmittel fallen.

Neben den Vorgaben der Art. 71 und 72 der Richtlinie 2014/25/EU sind die Vorgaben **7** für die Veröffentlichung nach **Anhang IX der Richtlinie** zu beachten. Dieser enthält nähere Vorgaben zur Veröffentlichung der Bekanntmachung, zur Veröffentlichung zusätzli-

---

[1] Verordnung über die Vergabe von Aufträgen im Bereich des Verkehrs, der Trinkwasserversorgung und der Energieversorgung (Sektorenverordnung – SektVO) vom 23.9.2009 (BGBl. 2009 I 3110), zuletzt geändert durch Verordnung vom 12.4.2016 (BGBl. 2016 I 624), aufgehoben mit Ablauf des 17.4.2016.
[2] Siehe Erwägungsgrund 63 der Richtlinie 2014/25/EU.

cher beziehungsweise ergänzender Informationen und zu Format und Modalitäten für die Übermittlung der Bekanntmachungen auf elektronischem Weg.

B. Elektronische Übermittlung von Bekanntmachungen (Abs. 1)

I. Bekanntmachungen

8   Für die Bekanntmachung sind die **Standardformulare der Durchführungsverordnung (EU) Nr. 2015/1986**[3] in der jeweils geltenden Fassung zu verwenden. Diese stehen **online unter http://simap.europa.eu** zur Verfügung. Durch den Verweis auf die jeweiligen Standardformulare in den einzelnen Vorschriften der SektVO[4] werden die darin geforderten Angaben konkretisiert. Die zwingende Verwendung der Standardformulare dient der **Publizität** der Bekanntmachungen. Der vorgegebene Aufbau der Bekanntmachungen erlaubt es den interessierten Unternehmen, die einzelnen Informationen einfach und schnell aufzufinden und zuzuordnen. Ein Abweichen hiervon würde dem Transparenzgrundsatz zuwiderlaufen und Unternehmen aus anderen Mitgliedstaaten benachteiligen, da die Bekanntmachung vollständig nur in der von dem Auftraggeber gewählten Amtssprache veröffentlicht wird. In anderen Amtssprachen wird lediglich eine Zusammenfassung mit den wichtigsten Angaben zur Verfügung gestellt (→ Rn. 12). Eine Bekanntmachung, die nicht in der Form eines Standardformulars erfolgt, genügt den Publizitätsanforderungen daher nicht, auch wenn sie alle nach den Standardformularen geforderten Angaben enthält.[5]

9   Mit der Übermittlung der Auftragsbekanntmachung beginnt das Vergabeverfahren. Der Begriff **„Beginn des Vergabeverfahrens"** in § 186 Abs. 2 GWB ist dahin auszulegen, dass er in förmlichen Vergabeverfahren mit Auftragsbekanntmachung die elektronische Absendung derselben an das Veröffentlichungsorgan, in Fällen der EU-weiten Ausschreibungspflicht die Absendung an das Amt für Veröffentlichungen der Europäischen Union nach § 40 Abs. 1 SektVO meint. Demgegenüber wird ein Vergabeverfahren nicht schon begonnen durch die Vornahme von Maßnahmen zur Markterkundung, von Machbarkeitsstudien, von vergleichende Wirtschaftlichkeitsberechnungen, durch Selbstauskünfte der Vergabestelle über künftige Beschaffungsvorhaben, z.B. im Rahmen eines so genannten „Beschafferprofils" und grundsätzlich auch nicht durch die Bekanntmachung einer Vorinformation bzw. einer regelmäßigen nicht verbindlichen Bekanntmachung.[6] Mit der Auftragsbekanntmachung beginnt zugleich die **E-Vergabe,** verstanden als die elektronische Durchführung des Verfahrens von der Ausschreibung bis zum Zuschlag.[7]

II. Elektronische Mittel

10   Nach der Begriffsbestimmung des **Art. 2 Nr. 15 der Richtlinie 2014/25/EU** sind elektronische Mittel elektronische Vorrichtungen für die Verarbeitung (einschließlich digitaler Kompression) und Speicherung von Daten, die über Kabel, per Funk oder auf optischem oder einem anderen elektromagnetischen Weg übertragen, weitergeleitet und empfangen werden. Anders als § 16 Abs. 2 Satz 2 SektVO aF, der ausdrücklich auf Anhang XX

---

[3] Durchführungsverordnung (EU) 2015/1986 der Kommission vom 11.11.2015 zur Einführung von Standardformularen für die Veröffentlichung von Vergabebekanntmachungen für öffentliche Aufträge und zur Aufhebung der Durchführungsverordnung (EU) Nr. 842/2011 (ABl. 2015 L 296, 1).
[4] Siehe etwa § 38 Abs. 2 SektVO für die Vergabebekanntmachung (→ *Ricken* SektVO § 38 Rn. 13).
[5] Hierzu die Vorauflage *Diehr/Reidt* in Beck Vergaberecht SektVO § 16 Rn. 9.
[6] OLG Naumburg 8.10.2009 – 1 Verg 9/09, BeckRS 2009, 28647 = ZfBR 2010, 312 (Ls.).
[7] *Zimmermann* in BeckOK Vergaberecht 5. Ed. 31.7.2017, GWB § 97 Abs. 5 Rn. 9; *Schäfer* NZBau 2015, 131.

der Richtlinie 2004/17/EG hingewiesen hat, fehlt ein klarstellender Hinweis auf Anhang IX der Richtlinie 2014/25/EU, der die Regelungen der alten Sektorenkoordinierungsrichtlinie im Wesentlichen übernommen hat. Gleichwohl sind diese Vorgaben des
vorrangigen EU-Sekundärrechts uneingeschränkt zu beachten. Hinsichtlich des Formats
und der Modalitäten für die Übermittlung der Bekanntmachungen auf elektronischem
Weg verweist Ziff. 3 des Anhangs IX der Richtlinie 2014/25/EU auf die Internetadresse
http://simap.europa.eu. Dort steht für elektronische Veröffentlichungen einmal das **Online-Tool „eNotices"** zur Verfügung, mit dem **Standardformulare** online ausgefüllt und
unmittelbar an das Amt für Veröffentlichungen der Europäischen Union übermittelt werden können. Zudem kann eine elektronische Übermittlung dadurch erfolgen, dass dem
Amt für Veröffentlichungen der Europäischen Union XML-Dateien übersandt werden
können. Hierfür ist das unter http://simap.europa.eu abrufbare **Online-Tool „eSender"**
zu verwenden. Mit der Bereitstellung dieser Online-Tools hat die Europäische Kommission
im Sinne von Art. 71 Abs. 2 der Richtlinie 2014/25/EU **Form und Modalitäten für
die elektronische Übermittlung** bestimmt. Nur bei Übersendung der Bekanntmachung
über „eNotices" oder „eSender" liegt daher eine elektronische Übermittlung der Bekanntmachung im Sinne der Richtlinie und daher auch im Sinne der SektVO vor. Eine
Übersendung per Fax oder selbst per E-Mail erfüllt daher – obgleich es sich dabei
um elektronische Verfahren im Sinne von Art. 2 Nr. 15 der Richtlinie 2014/25/EU handelt – die Voraussetzungen für eine elektronische Bekanntmachung nicht.[8]

III. Nachweis des Absendedatums

Die verwendeten elektronischen Mittel müssen über eine Funktion verfügen, die es Auf-	**11**
traggebern erlaubt, das Datum der Übersendung eines Bekanntmachungsformulars an das
Amt für Veröffentlichungen der Europäischen Union zu ermitteln und zu speichern, sodass
es gegebenenfalls im späteren Verlauf eines öffentlichen Vergabeverfahrens, beispielsweise
wenn dessen Rechtmäßigkeit angegriffen wird, nachgewiesen werden kann.[9] Dies ist insbesondere deshalb von Bedeutung, weil der Tag der Absendung für die **Fristberechnung**
maßgeblich ist. Die Angebots- oder Teilnahmefrist beginnt mit dem Tag nach der Absendung der Auftragsbekanntmachung oder der Aufforderung zur Interessenbekundung.[10]
Hierüber muss auch der Auftraggeber Klarheit haben. Nach Art. 71 Abs. 5 der Richtlinie
2014/25/EU stellt das Amt für Veröffentlichungen der Europäischen Union dem Auftraggeber eine Bestätigung über den Erhalt der Bekanntmachung und die Veröffentlichung der
übermittelten Informationen aus, in der das Datum dieser Veröffentlichung angegeben ist.
Diese Bestätigung dient als Nachweis der Veröffentlichung (siehe auch Ziff. 1 lit. b des
Anhangs IX der Richtlinie 2014/25/EU). Zudem speichert das elektronische generierte
Bekanntmachungsformular unter http://simap.europa.eu das Datum der Absendung einer
Bekanntmachung automatisch ab.

C. Veröffentlichung der Bekanntmachungen (Abs. 2)

Bekanntmachungen werden nach § 40 Abs. 2 S. 1 SektVO durch das **Amt für Veröf-**	**12**
fentlichungen der Europäischen Union[11] veröffentlicht. Die Veröffentlichung durch

---

[8] Zur alten Rechtslage *Graef* Rechtsfragen zur Kommunikation und Informationsübermittlung im neuen
Vergaberecht, NZBau 2008, 34 (36).
[9] Regierungsbegründung in BT-Drs. 18/7318, 234.
[10] Siehe für das offene Verfahren § 14 Abs. 2 SektVO, für das nicht offene Verfahren und das Verhandlungsverfahren mit vorherigem Teilnahmewettbewerb § 15 Abs. 2 SektVO, für den wettbewerblichen Dialog
§ 17 Abs. 3 SektVO und für die Innovationspartnerschaft § 18 Abs. 3 SektVO.
[11] Siehe zu den Aufgaben des Amtes für Veröffentlichungen der Europäischen Union den Beschluss des
Europäischen Parlaments, des Europäischen Rates, des Rates, der Kommission, des Gerichtshofs der Europä-

eine Einrichtung der Europäischen Union und nicht durch die Auftraggeber selbst dient der Erhöhung der Publizität des Vergabeverfahrens. Die Veröffentlichung der Bekanntmachungen erfolgt im Supplement zum Amtsblatt der Europäischen Union (Reihe S). Dies geschieht in der Originalsprache, deren Wortlaut verbindlich ist. Eine Zusammenfassung der wichtigsten Bestandteile einer jeden Bekanntmachung wird in den anderen Amtssprachen der Organe der Union veröffentlicht. Die Veröffentlichung erfolgt gem. Art. 71 Abs. 2 S. 2 der Richtlinie 2014/25/EU spätestens fünf Tage nach ihrer Übermittlung. Da der Auftraggeber mit der Erstellung und Übermittlung der Bekanntmachung seinen unionsrechtlichen Pflichten grundsätzlich genügt und die Veröffentlichung der Bekanntmachung der Europäischen Union obliegt, gehen die Kosten für die Veröffentlichung der Bekanntmachungen durch das Amt für Veröffentlichungen der Europäischen Union konsequenterweise zulasten der Union, Art. 71 Abs. 2 S. 3 der Richtlinie 2014/25/EU.

13   Satz 2 setzt Artikel 71 Abs. 5 UAbs. 2 der Richtlinie 2014/25/EU um. Danach dient die Bestätigung des Amtes für Veröffentlichungen der Europäischen Union über die Veröffentlichung der übermittelten Inhalte gegenüber dem Auftraggeber als Nachweis der Veröffentlichung. In der Bestätigung hat das Amt den Tag der Veröffentlichung anzugeben.

D. Nationale Bekanntmachungen durch den Auftraggeber (Abs. 3)

I. Allgemeine Zulässigkeit

14   Durch die Erstellung der Bekanntmachung und ihre Übersendung an das Amt für Veröffentlichungen der Europäischen Union genügt der Auftraggeber seinen Publizitätspflichten.[12] Aus § 40 Abs. 3 SektVO lässt sich in Übereinstimmung mit Art. 72 der Richtlinie 2014/25/EU entnehmen, dass er darüber hinaus zusätzlich auch **nationale Bekanntmachungen** veröffentlichen darf. Die Anforderungen an solche nationalen Bekanntmachungen bestimmt § 40 Abs. 3 SektVO. Als Bekanntmachungsmedien kommen etwa Veröffentlichungsblätter, Tageszeitungen und Internetportale in Betracht. Zur Wahrung der Grundsätze von Wettbewerb und Gleichbehandlung schützt § 40 Abs. 3 SektVO die unionsweit gleichen Möglichkeiten der Kenntnisnahme von Bekanntmachungen in Vergabeverfahren dadurch, dass parallele nationale Bekanntmachung durch den Auftraggeber zwar nicht ausgeschlossen werden, aber weder in inhaltlicher Hinsicht über die Veröffentlichung im Amtsblatt der Europäischen Union hinausgehen noch dieser in zeitlicher Hinsicht wesentlich vorgreifen dürfen.

15   Zu den Einzelheiten wird auf die Kommentierung zur inhaltsgleichen Parallelvorschrift des § 40 Abs. 3 VgV verwiesen (→ *Krohn* VgV § 40).

II. Zeitpunkt der nationalen Bekanntmachung

16   Nach § 40 Abs. 3 S. 1 SektVO dürfen in Umsetzung von Art. 72 Abs. 1 der Richtlinie 2014/25/EU Bekanntmachungen auf nationaler Ebene grundsätzlich nicht vor der Veröffentlichung durch das Amt für Veröffentlichungen der Europäischen Union erfolgen, es sei denn, zwischen der Bestätigung über den Erhalt der Bekanntmachung und der Bestätigung über die Veröffentlichung durch diese Behörde liegen mehr als 48 Stunden. Anders als nach § 16 Abs. 3 S. 1 SektVO aF darf der Auftraggeber mithin die nationale Bekanntmachung nicht mehr am selben Tag veröffentlichen, an dem die im Amtsblatt zu veröffent-

---

ischen Union, des Rechnungshofes, des Europäischen Wirtschafts- und Sozialausschusses und des Ausschusses der Regionen vom 26.6.2009 über den Aufbau und die Arbeitsweise des Amts für Veröffentlichungen der Europäischen Union (2009/496/EG, Euratom) (ABl. 2009 L 168, 41).

[12] Bei vorgeschriebener EU-weiter Ausschreibung eines Dienstleistungsauftrags besteht generell keine Pflicht zur auch inländischen Veröffentlichung, BayObLG 4.2.2003 – Verg 31/02, IBRRS 2003, 0908.

lichende Bekanntmachung an das Amt für Veröffentlichungen der Europäischen Union gesandt wird. Da gemäß Art. 71 Abs. 2 S. 2 der Richtlinie 2014/25/EU eine Bekanntmachung im Amtsblatt spätestens fünf Tage nach ihrer Übermittlung veröffentlicht wird, nimmt das nationale Recht in Übereinstimmung mit den unionsrechtlichen Vorgaben aber weiterhin in Kauf, dass eine nationale Bekanntmachung früher (bis zu drei Tage) veröffentlicht werden kann als die Veröffentlichung im Amtsblatt der Europäischen Union. Das Verbot der vorzeitigen Veröffentlichung nationaler Bekanntmachungen erfasst jede Form der Mitteilung über Details des zu vergebenden Auftrags. Auf die Bezeichnung (zB „Pressemitteilung") kommt es nicht an. Allgemeine Hinweise auf eine anstehende Bekanntmachung über die Durchführung eines Vergabeverfahrens sind hingegen wohl zulässig.

III. Inhalt der nationalen Bekanntmachung

Nationale Bekanntmachungen durch den Auftraggeber dürfen nach § 40 Abs. 3 S. 2 **17** SektVO nur Angaben enthalten, die in den an das Amt für Veröffentlichungen der Europäischen Union übermittelten Bekanntmachungen enthalten sind oder in einem Beschafferprofil veröffentlicht wurden. Im Umkehrschluss ist eine nationale Bekanntmachung, die inhaltlich hinter der Bekanntmachung im Amtsblatt der Europäischen Union oder in dem Beschafferprofil zurückbleibt, hingegen zulässig.

§ 40 Abs. 3 S. 3 SektVO bestimmt darüber hinaus, dass in der nationalen Bekanntma- **18** chung der **Tag der Übermittlung** an das Amt für Veröffentlichungen der Europäischen Union oder der Tag der Veröffentlichung im Beschafferprofil zu nennen sind. Dies dient erstens der Kontrolle einer Einhaltung der zeitlichen Vorgaben für die nationale Bekanntmachung.[13] Zweitens erleichtert diese Angabe ein Auffinden der Bekanntmachung im Amtsblatt der Europäischen Union oder im Beschafferprofil des Auftraggebers.

E. Freiwillige Bekanntmachungen (Abs. 4)

§ 40 Abs. 4 SektVO basiert auf der Bestimmung in Art. 71 Abs. 6 der Richtlinie 2014/ **19** 25/EU, wonach der Auftraggeber eine europaweite Bekanntmachung auch dann wählen kann, wenn die Auftragsvergabe nicht der Richtlinie 2014/25/EU unterfällt. Die Bieter haben in diesem Fall einen Anspruch auf Gleichbehandlung, Transparenz und die Einhaltung der Bestimmungen über das Vergabeverfahren (§ 97 Abs. 2 und 6 GWB). Die freiwillige Selbstbindung des Auftraggebers führt jedoch nicht automatisch dazu, dass den Bietern der Primärrechtsschutz eröffnet ist. Eine etwaige Selbstbindung beschränkt sich auf das eigene Verhalten des Auftraggebers.[14] Eine inhaltsgleiche Regelung enthält § 40 Abs. 4 VgV (siehe dort → *Krohn* VgV § 40).

---

[13] So auch zur Vorgängerregelung *Finke* in Eschenbruch/Opitz, SektVO, 1. Aufl. 2012, § 16 Rn. 13.
[14] VK Brandenburg 7.12.2010 – VK 60/10, IBRRS 2011, 0467; VK Bund 8.6.2006 – VK 2–114/05, ZfBR 2007, 194; VK Baden-Württemberg 19.4.2005 – 1 VK 11/05, IBRRS 2005, 2188.

§ 41 Bereitstellung der Vergabenunterlagen

(1) Der Auftraggeber gibt in der Auftragsbekanntmachung oder der Aufforderung zur Interessensbestätigung eine elektronische Adresse an, unter der die Vergabeunterlagen unentgeltlich, uneingeschränkt, vollständig und direkt abgerufen werden können.

(2) Im Falle einer Bekanntmachung über das Bestehen eines Qualifizierungssystems nach § 37 ist dieser Zugang unverzüglich, spätestens zum Zeitpunkt der Absendung der Aufforderung zur Angebotsabgabe oder zu Verhandlungen anzubieten. Der Text der Bekanntmachung oder dieser Aufforderung muss die Internetadresse, über die diese Vergabeunterlagen abrufbar sind, enthalten.

(3) Der Auftraggeber kann die Vergabeunterlagen auf einem anderen geeigneten Weg zur Verfügung stellen oder übermitteln, wenn die erforderlichen elektronischen Mittel zum Abruf der Unterlagen

1. aufgrund der besonderen Art der Auftragsvergabe nicht mit allgemein verfügbaren oder verbreiteten Geräten und Programmen der Informations- und Kommunikationstechnologie kompatibel sind,
2. Dateiformate zur Beschreibung der Angebote verwenden, die nicht mit allgemein verfügbaren oder verbreiteten Programmen verarbeitet werden können oder die durch andere als kostenlose und allgemein verfügbare Lizenzen geschützt sind, oder
3. die Verwendung von Bürogeräten voraussetzen, die Auftraggebern nicht allgemein zur Verfügung stehen.

Die Angebotsfrist wird in diesen Fällen um fünf Tage verlängert, sofern nicht ein Fall hinreichend begründeter Dringlichkeit gemäß § 14 Absatz 3 vorliegt oder die Frist gemäß § 15 Absatz 3 im gegenseitigen Einvernehmen festgelegt wurde.

(4) Der Auftraggeber gibt in der Auftragsbekanntmachung oder der Aufforderung zur Interessensbestätigung oder, sofern eine Bekanntmachung über das Bestehen eines Qualifizierungssystems erfolgt, in den Vergabeunterlagen an, welche Maßnahmen er zum Schutz der Vertraulichkeit von Informationen anwendet und wie auf die Vergabeunterlagen zugegriffen werden kann. Die Angebotsfrist wird in diesen Fällen um fünf Tage verlängert, es sei denn, die Maßnahme zum Schutz der Vertraulichkeit besteht ausschließlich in der Abgabe einer Verschwiegenheitserklärung, es liegt ein Fall hinreichend begründeter Dringlichkeit gemäß § 14 Absatz 3 vor oder die Frist wurde gemäß § 15 Absatz 3 im gegenseitigen Einvernehmen festgelegt.

Übersicht

	Rn.		Rn.
A. Einführung	1	C. Bereitstellung der Vergabeunterlagen bei Bestehen eines Qualifizierungssystems (Abs. 2)	25
I. Literatur	1		
II. Entstehungsgeschichte	2		
III. Rechtliche Vorgaben im EU-Recht	5	D. Ausnahme von der elektronischen Bereitstellung (Abs. 3)	26
B. Elektronische Bereitstellung der Vergabeunterlagen (Abs. 1)	10	I. Vorgesehene Ausnahmen von Abs. 1	26
I. Vergabeunterlagen	10	II. Spezielle elektronische Mittel (Nr. 1)	29
II. Art der Bereitstellung	13	III. Spezielle Dateiformate (Nr. 2)	30
1. Unentgeltlichkeit	14	IV. Spezielle Bürogeräte (Nr. 3)	31
2. Uneingeschränkt und direkt	15	V. Verlängerung der Angebotsfrist	32
3. Vollständigkeit	19		
III. Änderungen an den Vergabeunterlagen	23	E. Schutz der Vertraulichkeit (Abs. 4)	33

A. Einführung

I. Literatur

Höfler, Transparenz bei der Vergabe öffentlicher Aufträge, NZBau 2010, 73 ff.; *Neun/*Otting, Die EU-Ver- **1** gaberechtsreform 2014, EuZW 2014, 446 ff.; *Prieß/Stein,* Die neue EU-Sektorenrichtlinie, NZBau 2014, 323 ff.; *Schäfer,* Perspektiven der eVergabe, NZBau 2015, 131 ff.

II. Entstehungsgeschichte

Durch die Verordnung zur Modernisierung des Vergaberechts[1] wurde § 41 SektVO neu **2** geschaffen. In Abweichung von der bisherigen Rechtslage sieht die Vorschrift die elektronische Bereitstellung der Vergabeunterlagen als Regelfall vor. Bislang konnte der Auftraggeber wählen, ob er die Vergabeunterlagen und alle zusätzlichen Unterlagen auf elektronischem Weg vollständig verfügbar machte oder sie auf einen entsprechenden Antrag eines Unternehmens hin binnen einer Frist von sechs Kalendertagen übersandte, § 19 Abs. 1 SektVO aF.[2] Der entsprechende Antrag musste rechtzeitig innerhalb der Angebotsfrist bei dem Auftraggeber eingegangen sein. Die Übersendung erfolgt in der Regel postalisch oder per E-Mail. Als Anreiz für die elektronische Bereitstellung der Vergabeunterlagen sah § 18 Abs. 3 SektVO aF die Möglichkeit einer Verkürzung der für den Eingang der Angebote vorgesehenen Frist[3] um fünf Kalendertage vor, wenn der Auftraggeber ab der Veröffentlichung der Bekanntmachung sämtliche Vergabeunterlagen elektronisch vollständig verfügbar machte und die Frist nicht einvernehmlich abweichend festgelegt wurde. In der Bekanntmachung musste der Auftraggeber die Internetadresse angeben, unter der die Vergabeunterlagen abrufbar waren.

Diese Wahlmöglichkeit zur Bereitstellung der Vergabeunterlagen besteht unter dem neu- **3** en § 41 SektVO nicht mehr. Vielmehr wird die elektronische Bereitstellung zum Regelfall (Absatz 1), von dem nur noch bei Vorliegen besonderer Voraussetzungen abgewichen werden kann (Absätze 3 und 4).[4] Absatz 2 gewährleistet den elektronischen Zugang bei Bestehen eines Qualifizierungssystems nach § 37 SektVO.[5] Die Pflicht zur elektronischen Bereitstellung der Vergabeunterlagen bildet einen in der Praxis überaus relevanten Teilaspekt des elektronischen Vergabeverfahrens **(E-Vergabe)** nach § 97 Abs. 5 GWB (→ *Koch* GWB § 97 Abs. 5 Rn. 10 ff.). Danach verwenden Auftraggeber und Unternehmen für das Senden, Empfangen, Weiterleiten und Speichern von Daten in einem Vergabeverfahren grundsätzlich elektronische Mittel nach näherer Maßgabe der aufgrund des § 113 GWB erlassenen Verordnungen. Anders als die Angebotsannahme, die nach der Übergangsbestimmung des § 64 S. 1 SektVO für zentrale Beschaffungsstellen bis zum 18.4.2017 und für alle übrigen Auftraggeber bis zum 18.10.2018 auf anderem als elektronischem Weg, insbesondere Postweg, erfolgen kann, gilt die Pflicht zur elektronischen Bereitstellung der Vergabeunterlagen seit dem Inkrafttreten der Sektorenverordnung am 18.4.2016. Dies stellt § 64 S. 2 SektVO ausdrücklich klar.[6]

---

[1] Verordnung zur Modernisierung des Vergaberechts (Vergaberechtsmodernisierungsverordnung – VergRModVO) vom 12.4.2016 (BGBl. 2016 I 624).

[2] Verordnung über die Vergabe von Aufträgen im Bereich des Verkehrs, der Trinkwasserversorgung und der Energieversorgung (Sektorenverordnung – SektVO) vom 23.9.2009 (BGBl. 2009 I 3110), zuletzt geändert durch Verordnung vom 12.4.2016 (BGBl. 2016 I 624), aufgehoben mit Ablauf des 17.4.2016.

[3] Nach § 17 Abs. 2 SektVO aF betrug die Frist für den Eingang der Angebote beim offenen Verfahren 52 Kalendertage.

[4] Siehe hierzu auch → Rn. 26 ff. und 33.

[5] Zu diesem neuen Regel-Ausnahme-Verhältnis *Schäfer* NZBau 2015, 131 (135).

[6] Hierzu auch *Neun/Otting* EuZW 2014, 446 (450); *Schäfer* NZBau 2015, 131 (134).

4   § 41 SektVO entspricht weitgehend § 41 VgV, weshalb weitergehend auf die dortige Kommentierung verwiesen wird (→ *Krohn* VgV § 41).

III. Rechtliche Vorgaben im EU-Recht

5   § 41 SektVO dient der Umsetzung von **Art. 73 der Richtlinie 2014/25/EU**. Mit den Vorschriften zum Einsatz elektronischer Mittel bei der Kommunikation und bei der Datenübermittlung vollzieht die Richtlinie 2014/25/EU auch für den Sektorenbereich einen Paradigmenwechsel. Leitgedanke ist der vollständige Übergang von einer papierbasierten und -gebundenen Auftragsvergabe zu einer durchgängig auf der Verwendung elektronischer Mittel basierenden, medienbruchfreien Auftragsvergabe. Dies bedingt eine Neuorganisation der Abläufe im Rahmen einer öffentlichen Auftragsvergabe – bei den Auftraggebern ebenso wie bei den Unternehmen. Weiterhin ist mit diesem Paradigmenwechsel eine erhöhte Verantwortung der Auftraggeber und der Unternehmen verbunden, die Möglichkeiten der auf dem Einsatz elektronischer Medien basierenden öffentlichen Auftragsvergabe bewusst zu nutzen.[7] Nach der Überzeugung des Richtliniengebers können elektronische Informations- und Kommunikationsmittel die Bekanntmachung von Aufträgen erheblich vereinfachen und Effizienz und Transparenz der Vergabeverfahren steigern. Sie sollten zum **Standard für Kommunikation und Informationsaustausch** im Rahmen von Vergabeverfahren werden, da sie die Möglichkeiten von Wirtschaftsteilnehmern zur Teilnahme an Vergabeverfahren im gesamten Binnenmarkt stark verbessern. Zu diesem Zweck wird unter anderem die elektronische Verfügbarkeit der Auftragsunterlagen verbindlich vorgeschrieben.[8] Weiterhin nicht vorgeschrieben sind hingegen die elektronische Verarbeitung von Angeboten, eine elektronische Bewertung oder eine automatische Verarbeitung.[9]

6   § 41 Abs. 1 SektVO setzt Art. 73 Abs. 1 UAbs. 1 der Richtlinie 2014/25/EU in nationales Recht um und enthält die grundlegende Aussage, dass die Vergabeunterlagen unentgeltlich, uneingeschränkt, vollständig und direkt vom Tag der Veröffentlichung einer Bekanntmachung an für jeden Interessenten mithilfe elektronischer Mittel unter einer Internetadresse zum Abruf bereitstehen müssen.

7   Absatz 2 regelt Pflichten des Auftraggebers im Falle der Bekanntmachung eines Qualifizierungssystems. Damit wird Art. 73 Abs. 1 UAbs. 2 der Richtlinie 2014/25/EU umgesetzt.

8   § 41 Abs. 3 SektVO setzt Art. 73 Abs. 1 UAbs. 3 iVm Art. 40 Abs. 1 UAbs. 2 der Richtlinie 2014/25/EU um. Es wird klargestellt, dass die Pflicht, die Vergabeunterlagen grundsätzlich mithilfe elektronischer Mittel zur Verfügung zu stellen, nicht angemessen wäre, wenn dies in besonderem Maße aufwändig wäre. Dies gilt insbesondere dann, wenn kein unentgeltlicher, uneingeschränkter, vollständiger und direkter Zugang zu den Vergabeunterlagen angeboten werden kann.[10]

9   Mit § 41 Abs. 4 SektVO wird Art. 73 Abs. 1 UAbs. 3 der Richtlinie 2014/25/EU umgesetzt. Es wird klargestellt, dass in Fällen, in denen zwar bei Verwendung allgemein verfügbarer elektronischer Mittel das erforderliche Datenschutzniveau nicht sichergestellt werden, in denen jedoch die kombinierte Verwendung elektronischer, alternativer elektronischer und/oder anderer als elektronischer Mittel dieses sichern kann, es den Auftraggebern gestattet ist, so zu verfahren.[11]

---

[7] Regierungsbegründung, BT-Drs. 18/7318, 235.
[8] Siehe Erwägungsgrund 63 der Richtlinie 2014/25/EU.
[9] *Prieß/Stein* NZBau 2014, 323 (326).
[10] BT-Drs. 18/7318, 235.
[11] BT-Drs. 18/7318, 236.

B. Elektronische Bereitstellung der Vergabeunterlagen (Abs. 1)

I. Vergabeunterlagen

Die Sektorenverordnung enthält keine Legaldefinition des Begriffes „Vergabeunterlagen" **10** oder eine Aufzählung der Dokumente, die hierunter zu verstehen sind. Aus § 13 Abs. 2 Nr. 1 SektVO, der den Übergang von einem Verhandlungsverfahren mit Teilnahmewettbewerb zu einem Verhandlungsverfahren ohne Teilnahmewettbewerb regelt, kann lediglich entnommen werden, dass in der Auftragsbekanntmachung oder den Vergabeunterlagen die *„Bedürfnisse und Anforderungen des Auftraggebers"* genannt werden müssen.

Zur Auslegung ist das europäische Sekundärrecht heranzuziehen. Nach **Art. 2 Nr. 9** **11** **der Richtlinie 2014/25/EU** sind Auftragsunterlagen[12] sämtliche Unterlagen, die von dem Auftraggeber erstellt werden oder auf die er sich bezieht, um Bestandteile der Auftragsvergabe oder des Verfahrens zu beschreiben oder festzulegen; dazu zählen die Vergabebekanntmachung, die regelmäßige nicht verbindliche Bekanntmachung oder die Informationen über ein bestehendes Qualifizierungssystem, sofern sie als Aufruf zum Wettbewerb dienen, die technischen Spezifikationen, die Beschreibung, die vorgeschlagenen Vertragsbedingungen, Formate für die Einreichung von Unterlagen durch Bewerber und Bieter, Informationen über allgemeingültige Verpflichtungen sowie etwaige zusätzliche Unterlagen. Der unionsrechtliche Begriff der „Auftragsunterlagen" umfasst dabei auch die Auftragsbekanntmachung, während im nationalen Vergaberecht die Auftragsbekanntmachung unter Anlehnung an die bisherige Terminologie der VOL/A nicht als Bestandteil der Vergabeunterlagen gesehen wird, vgl. § 29 Abs. 1 S. 2 Nr. 2 VgV *(„sofern nicht bereits in der Auftragsbekanntmachung genannt").* Da die Bereitstellung der Vergabeunterlagen den vergaberechtlichen Grundsätzen von Transparenz und Wettbewerb dient,[13] gehören zu ihnen sämtliche Unterlagen, die von Auftraggebern erstellt werden oder auf die sie sich beziehen, um Teile des Vergabeverfahrens zu definieren. Sie umfassen alle Angaben, die erforderlich sind, um interessierten Unternehmen eine Entscheidung zur Teilnahme am Vergabeverfahren zu ermöglichen.[14]

Der Auftraggeber hat den Vergabeunterlagen nach §§ 121 Abs. 3 iVm 142 GWB zwin- **12** gend die **Leistungsbeschreibung** beizufügen.[15] Des Weiteren kann auch im Bereich der Sektorenauftragsvergabe auf **§ 29 Abs. 1 S. 2 VgV** zurückgegriffen werden. Danach bestehen die Vergabeunterlagen in der Regel aus dem Anschreiben, insbesondere der Aufforderung zur Abgabe von Teilnahmeanträgen oder Angeboten oder Begleitschreiben für die Abgabe der angeforderten Unterlagen, der Beschreibung der Einzelheiten der Durchführung des Verfahrens (Bewerbungsbedingungen), einschließlich der Angabe der Eignungs- und Zuschlagskriterien, sofern nicht bereits in der Auftragsbekanntmachung genannt, und den Vertragsunterlagen, die aus der Leistungsbeschreibung und den Vertragsbedingungen bestehen. Der Rückgriff auf § 29 Abs. 1 S. 2 VgV ist insbesondere deshalb gerechtfertigt, weil sich die Begriffsbestimmung an Art. 2 Nr. 13 der Richtlinie 2014/24/EU anlehnt,[16] der weitgehend mit Art. 2 Nr. 9 der Richtlinie 2014/25/EU übereinstimmt.

II. Art der Bereitstellung

In Umsetzung von Art. 73 Abs. 1 UAbs. 1 der Richtlinie 2014/25/EU verlangt § 41 **13** Abs. 1 SektVO einen **unentgeltlichen, uneingeschränkten, vollständigen und direk-**

---

[12] Das Unionsrecht verwendet den Begriff „Auftragsunterlagen" anstatt „Vergabeunterlagen". Die unionsrechtliche Terminologie ist mit der nationalen weitgehend, aber nicht vollständig deckungsgleich.
[13] Vgl. Erwägungsgrund 63 der Richtlinie 2014/25/EU.
[14] Regierungsbegründung, BT-Drs. 18/7318, 234.
[15] Hierzu *Stein/Wolf* in BeckOK Vergaberecht, 5. Ed. 31.1.2017, GWB § 121 Rn. 72.
[16] BT-Drs. 18/7318, 169.

ten elektronischen Zugang zu den Vergabeunterlagen. Der Auftraggeber hat zu diesem Zweck eine elektronische Adresse zu benennen, unter der die Vergabeunterlagen abgerufen werden können. Eine inhaltsgleiche Regelung enthält § 41 Abs. 1 VgV, weshalb zu den Einzelheiten auf die dortige Kommentierung verwiesen wird (→ *Krohn* VgV § 41). Für Verhandlungsverfahren ohne Teilnahmewettbewerb enthält § 41 Abs. 1 SektVO keine Vorgaben. Da in diesen Verfahren keine Auftragsbekanntmachung erfolgt, müssen die Vergabeunterlagen mit der Aufforderung zur Angebotsabgabe zu Verfügung gestellt werden.

1. Unentgeltlichkeit

14   Unentgeltlich abrufbar sind die Vergabeunterlagen dann, wenn kein an den Vergabeunterlagen Interessierter für das Auffinden, den Empfang und das Anzeigen von Vergabeunterlagen einem Auftraggeber oder einem Unternehmen ein Entgelt entrichten muss. Von dem Merkmal der Unentgeltlichkeit sind sämtliche Funktionen elektronischer Mittel, die nach dem jeweils aktuellen Stand der Technik erforderlich sind, um auf Vergabeunterlagen zuzugreifen, umfasst. Der Unentgeltlichkeit steht nicht entgegen, wenn Auftraggeber oder Unternehmen über das Auffinden, den Empfang und das Anzeigen von Vergabeunterlagen sowie die dafür erforderlichen Funktionen elektronischer Mittel hinaus **weitere, entgeltpflichtige Dienste** anbieten, die zum Beispiel das Auffinden von Bekanntmachungen im Internet erleichtern. Allerdings darf nicht ausgeschlossen werden, dass solche entgeltpflichtigen Dienste auch unentgeltlich angeboten werden.[17]

2. Uneingeschränkt und direkt

15   Der Auftraggeber hat die Vergabeunterlagen uneingeschränkt und direkt zum elektronischen Abruf zur Verfügung zu stellen. Die Auftragsbekanntmachung oder die Aufforderung zur Interessensbestätigung muss mit der angegebenen **Internetadresse** einen eindeutig und vollständig beschriebenen medienbruchfreien elektronischen Weg zu den Vergabeunterlagen enthalten.[18]

16   Obgleich der Wortlaut des § 41 Abs. 1 SektVO (*„elektronischen Adresse, unter der die Vergabeunterlagen unentgeltlich, uneingeschränkt, vollständig und direkt abgerufen werden können"*) nicht ausdrücklich die Angabe einer Internetadresse fordert und Ziffer 10 des Anhangs XI Teil A der Richtlinie 2014/25/EU die Angabe einer Internet- oder **E-Mail-Adresse** in der Auftragsbekanntmachung fordert, ist letztere nicht ausreichend. Mit Blick auf Art. 73 Abs. 1 der Richtlinie 2014/25/EU dürfte es sich bei der Formulierung im Anhang der Richtlinie um ein Redaktionsversehen handeln. Dieser verlangt einen *„vollständigen elektronischen Zugang"*. Es wäre mit dieser Vorgabe unvereinbar, wenn die Vergabestelle ein Anfordern der Vergabeunterlagen bei ihr oder einer von ihr benannten Stelle durch interessierte Unternehmen vorsehen könnte. Gegen die Option eines Anforderns der Vergabeunterlagen spricht zudem, dass Ziffer I.3) des Anhangs V der Durchführungsverordnung (EU) 2015/1986[19] (Auftragsbekanntmachung – Sektoren) nur die Angabe einer URL für den Zugang zu den Vergabeunterlagen vorsieht, nicht aber die Angabe einer E-Mail-Adresse. Die nationale Verordnungsbegründung sieht ebenso nur die Angabe einer Internetadresse vor.[20] § 41 Abs. 2 S. 2 SektVO spricht dann auch in Übereinstimmung mit Art. 73 Abs. 1 UAbs. 2 S. 2 der Richtlinie 2014/25/EU unmissverständlich von der anzugebenden Internetadresse. Die in § 19 Abs. 1 SektVO aF vorgesehen Wahlmöglichkeit[21] besteht nicht mehr.

---

[17] BT-Drs. 18/7318, 235.
[18] BT-Drs. 18/7318, 235.
[19] Durchführungsverordnung (EU) 2015/1986 der Kommission vom 11.11.2015 zur Einführung von Standardformularen für die Veröffentlichung von Vergabebekanntmachungen für öffentliche Aufträge und zur Aufhebung der Durchführungsverordnung (EU) Nr. 842/2011 (ABl. 2015 L 296, 1).
[20] Vgl. auch *Prieß/Stein* NZBau 2014, 323 (326).
[21] Hierzu oben → Rn. 2.

Die Vergabeunterlagen sind demnach uneingeschränkt und direkt abrufbar, wenn die 17
Bekanntmachung mit der anzugebenden Internetadresse einen **eindeutig und vollständig beschriebenen medienbruchfreien elektronischen Weg** zu den Vergabeunterlagen enthält. In der Bekanntmachung sind alle Informationen anzugeben, die es einem Unternehmen ohne wesentliche Zwischenschritte und ohne wesentlichen Zeitverlust
ermöglichen, mit elektronischen Mitteln an die Vergabeunterlagen zu gelangen. Die angegebene Internetadresse muss potenziell erreichbar sein und die Vergabeunterlagen enthalten.[22]

Diese Vorgaben müssen von der durch den Auftraggeber genutzten **Vergabeplattform** 18
umgesetzt werden. Uneingeschränkt und direkt abrufbar sind Vergabeunterlagen im Rahmen der auf elektronische Mittel gestützten Auftragsvergabe ausschließlich dann, wenn
weder interessierte Bürger noch interessierte Unternehmen sich auf einer elektronischen
Vergabeplattform mit ihrem Namen, mit einer Benutzerkennung oder mit ihrer E-Mail-
Adresse registrieren müssen, bevor sie sich über bekanntgemachte öffentliche Auftragsvergaben informieren oder Vergabeunterlagen abrufen können. Beides muss interessierten
Bürgern oder interessierten Unternehmen ohne vorherige Registrierung möglich sein. Aus
dieser neuen Freiheit resultiert allerdings auch die grundsätzliche Pflicht zur selbstständigen, eigenverantwortlichen Information interessierter Unternehmen über etwaige Änderungen der Vergabeunterlagen oder die Bereitstellung zusätzlicher Informationen (siehe
dazu unten → Rn. 23 f.).[23]

3. Vollständigkeit

Vollständig abrufbar sind die Vergabeunterlagen dann, wenn über die Internetadresse in 19
der Bekanntmachung **sämtliche Vergabeunterlagen** und nicht nur Teile derselben abgerufen werden können.[24]

Das Erfordernis der Vollständigkeit verhindert die Fortsetzung einer bisher gängigen 20
Praxis bei der Durchführung zweistufiger Vergabeverfahren. Bislang nutzten Auftraggeber
häufig die Zeit während des Teilnahmewettbewerbs und der Auswahl der zur Angebotsabgabe aufzufordernden Bewerber noch dazu, die Vergabeunterlagen für die Angebotsphase
fertigzustellen. Erst mit der Aufforderung zur Angebotsabgabe standen diese Unterlagen
zur Verfügung und wurden den ausgewählten Bewerber zur Verfügung gestellt. § 41 Abs. 1
SektVO differenziert nicht nach den einzelnen Verfahrensarten, insbesondere nicht nach
ein- und zweistufigen Verfahren.[25] Sämtliche Vergabeunterlagen einschließlich einer
vollständigen Leistungsbeschreibung und der Vertragsbedingungen müssen im Zeitpunkt
der Auftragsbekanntmachung bereitgestellt werden.[26] Der Umstand, dass die Aufforderung
an die ausgewählten Bewerber, ein Angebot (nicht offenes Verfahren) oder ein Erstangebot
(Verhandlungsverfahren) abzugeben bzw. am wettbewerblichen Dialog oder an Verhandlungen im Rahmen einer Innovationspartnerschaft teilzunehmen gem. § 42 Abs. 2 S. 1
Nr. 1 SektVO einen Hinweis auf die veröffentlichte Auftragsbekanntmachung mit der bekanntgegebenen Internetadresse enthalten muss, rechtfertigt nicht die Annahme, damit
weise der Auftraggeber auf den Abruf neu eingestellter Vergabeunterlagen für die zweite
Stufe des Verfahrens hin. Unbedenklich ist eine spätere Bereitstellung von Informationen
zum Vergabeverfahren nur dort, wo die Sektorenverordnung dies ausdrücklich gestattet. So
muss der Auftraggeber erst in der Aufforderung zur Abgabe eines (Erst-)Angebotes oder
zur Aufnahme von Verhandlungen nach einem Teilnahmewettbewerb gem. § 42 Abs. 2
S. 1 Nr. 4 SektVO die vom Bieter seinem Angebot beizufügenden Unterlagen bezeichnen,

---

[22] BT-Drs. 18/7318, 235.
[23] BT-Drs. 18/7318, 235.
[24] BT-Drs. 18/7318, 235.
[25] OLG München 13.3.2017 – Verg 15/16, IBRRS 2017, 1097.
[26] So auch für die Vergabe von Bauleistungen nach der VOB/A der Erlass des *Bundesministeriums für Umwelt, Naturschutz, Bau und Reaktorsicherheit* Auslegung des reformierten Vergaberechts für die Vergabe von
Bauleistungen vom 16.5.2017, Az.: B I 7 – 81063.6/1.

sofern diese Angabe nicht bereits in der Auftragsbekanntmachung enthalten ist. Nach § 42 Abs. 2 S. 1 Nr. 5 SektVO gibt der Auftraggeber in dieser Aufforderung auch die Gewichtung der Zuschlagskriterien oder gegebenenfalls die Kriterien in der absteigenden Rangfolge ihrer Bedeutung an, sofern nicht bereits in der Auftragsbekanntmachung oder der Aufforderung zur Interessensbestätigung enthalten. Diese Angaben müssen folglich noch nicht zu Beginn des Teilnahmewettbewerbs zum elektronischen Abruf bereitstehen.

21   Die strenge Auslegung der Transparenzanforderung wird auch in der jüngsten Rechtsprechung zum reformierten Vergaberecht verfolgt. Nach Auffassung des OLG München hat der Auftraggeber bereits in der Auftragsbekanntmachung oder Aufforderung zur Interessensbestätigung eine elektronische Adresse anzugeben, unter der die Vergabeunterlagen uneingeschränkt und vollständig abgerufen werden können. Das gilt auch für zweistufige Vergabeverfahren. Die Unterlagen sind erst dann vollständig abrufbar, wenn über die Internetadresse in der Bekanntmachung sämtliche Vergabeunterlagen und nicht nur Teile derselben abgerufen werden können. Das OLG München hat seine Aussage lediglich dahingehend eingeschränkt, dies gelte jedenfalls, soweit diese Unterlagen bei Auftragsbekanntmachung in einer finalisierten Form vorliegen können.[27] Von einer Fortsetzung der bisher oft geübten Praxis einer späteren Bereitstellung weiterer Vergabeunterlagen für die Angebotsphase ist daher unbedingt abzuraten.[28]

22   Abweichungen vom Grundsatz der vollständigen Bereitstellung sind mit ausreichender Begründung **zu dokumentieren.** Dabei ist zu bedenken, dass durch die Veröffentlichung der Vergabeunterlagen hierin enthaltene Verstöße gegen Vergabevorschriften, die weder aus Entscheidungen des Auftraggebers noch aus der Bekanntmachung ersichtlich sind, für die Bewerber oder Bieter erkennbar werden, und damit die Rügepflicht nach § 160 Abs. 3 S. 1 Nr. 3 GWB bis zum Ablauf der Frist zur Bewerbung oder zur Angebotsabgabe entsteht (zu Rügepflicht und Präklusion → *Horn/Hofmann,* in: GWB § 160 Rn. 55 f. und 82 f.).

III. Änderungen an den Vergabeunterlagen

23   Auch nach der Bereitstellung der Vergabeunterlagen unter der bekanntgemachten elektronischen Adresse kann der Auftraggeber noch Änderungen an den Vergabeunterlagen vornehmen.[29] Der Auftraggeber muss jedoch jede Änderung und jede zusätzliche Information direkt und uneingeschränkt verfügbar machen wie die ursprünglichen Vergabeunterlagen.[30] Dies ergibt sich zwar nicht unmittelbar aus § 41 Abs. 1 SektVO, folgt aber aus den vergaberechtlichen Grundsätzen der **Gleichbehandlung und Transparenz** nach § 97 Abs. 1 und 2 GWB. Hier wird die Bedeutung der Pflicht auf Seiten der Unternehmen zur selbstständigen, eigenverantwortlichen Information über etwaige Änderungen der Vergabeunterlagen oder zur Bereitstellung zusätzlicher Informationen besonders deutlich. Als zusätzliche Informationen kommen insbesondere Antworten des Auftraggebers auf Bieterfragen in Betracht.

24   Der Auftraggeber erfüllt seine Pflicht grundsätzlich mit der uneingeschränkten und direkten Bereitstellung der Änderungen und zusätzlichen Informationen. Für eine **tatsächli-**

---

[27] OLG München 13.3.2017 – Verg 15/16, IBRRS 2017, 1097.

[28] So war der Auftraggeber in der Entscheidung OLG München Beschl. v. 13.3.2017 – Verg 15/16, IBRRS 2017, 1097 noch vorgegangen.

[29] Selbst eine grundlegende Änderung der Bedingungen der Auftragsvergabe ist möglich; VK Lüneburg 26.11.2015 – VgK-43/2015, VPR 2016, 87 zur Änderung der Vergabeunterlagen, insbesondere des Leistungsverzeichnisses, der Bewertungsmatrix und des Preisblattes, nach Zurückversetzung des Vergabeverfahrens in das Stadium vor der Aufforderung zur Abgabe des finalen Angebots, sofern diese geänderten Unterlagen den Bietern ordnungsgemäß bekanntgegeben werden.

[30] BT-Drs. 18/7318, 235.

che Kenntnisnahme durch die interessierten Unternehmen muss er nicht sorgen[31] und kann dies regelmäßig auch gar nicht, weil ihm diese Unternehmen nicht bekannt sind. Die Rechtsprechung sieht diese „Holschuld" allerdings nicht uneingeschränkt bei den Unternehmen. Bei der elektronischen Durchführung eines Vergabeverfahrens müssen danach auf einer Vergabeplattform registrierte Bieter über Änderungen an den Vergabeunterlagen zumindest dann gesondert informiert werden,[32] wenn die konkrete Gefahr besteht, dass sie Änderungen, die lediglich auf der Plattform eingestellt werden, nicht zur Kenntnis nehmen, weil sie beispielsweise bereits ihren Teilnahmeantrag oder ihr Angebot hochgeladen haben oder die Änderungsmitteilung irreführend war.[33] Vergabeplattformen können dem dadurch begegnen, dass sie alle registrierten Unternehmen automatisch per E-Mail über das Hochladen neuer Dokumente oder das Einstellen neuer Nachrichten des Auftraggebers benachrichtigen. In diesem Fall wird auch der Bieter, der seinen Teilnahmeantrag oder sein Angebot bereits abgegeben hat, auf die neuen Informationen hingewiesen. Lediglich Unternehmen, die von der Möglichkeit der **freiwilligen Registrierung** keinen Gebrauch machen, müssen sich selbstständig informieren, ob Vergabeunterlagen zwischenzeitlich geändert wurden oder ob die öffentlichen Auftraggeber Fragen zum Vergabeverfahren beantwortet haben.[34] Dies lässt sich insbesondere auf die Regierungsbegründung zu § 9 Abs. 3 SektVO stützen, die davon ausgeht, dass eine freiwillige Registrierung den Unternehmen den Vorteil bietet, dass sie automatisch über Änderungen an den Vergabeunterlagen oder über Antworten auf Fragen zum Vergabeverfahren informiert werden.[35]

C. Bereitstellung der Vergabeunterlagen bei Bestehen eines Qualifizierungssystems (Abs. 2)

§ 41 Abs. 2 SektVO regelt die Pflichten des Auftraggebers im Falle der Bekanntma- **25** chung eines Qualifizierungssystems nach § 37 SektVO (→ *Jasper* SektVO § 37). Der Zugang ist bei der Nutzung eines Qualifizierungssystems unverzüglich, spätestens aber zum Zeitpunkt der Absendung der Aufforderung zur Angebotsabgabe oder zu Verhandlungen anzubieten. Der Text der Bekanntmachung oder dieser Aufforderung muss die Internetadresse, über die diese Vergabeunterlagen abrufbar sind, enthalten, § 41 Abs. 2 S. 2 SektVO. Die Vorschrift setzt Art. 73 Abs. 1 UAbs. 2 der Richtlinie 2014/25/EU um. Qualifizierungssysteme haben zum einen den Zweck einer vorgezogenen Eignungsprüfung und zum anderen dienen sie der Bekanntmachung von zu vergebenden Aufträgen.[36] Die Auftraggeber müssen in der Bekanntmachung eines Qualifizierungssystems[37] ausdrücklich angeben, ob es sich bei der Bekanntmachung um einen Aufruf zum Wettbewerb handelt. Ziff. I.3) der Bekanntmachung nach Anhang VII der Durchführungsverordnung (EU) 2015/1986, in der die URL einzutragen ist, unter der ein gebührenfreier uneingeschränkter und vollständiger direkter Zugang zu den Vergabeunterlagen eröffnet ist, enthält in der Fußnote in Übereinstimmung mit Art. 73 Abs. 1 Abs. 2 S. 1 der Richtlinie 2014/25/EU den Hinweis, dass die Angabe entweder dort oder in der Aufforderung zur Angebotsabgabe oder Verhandlung erfolgt, wenn es sich bei der Bekanntmachung um einen Aufruf zum Wettbewerb handelt. Der deutsche Verordnungstext stellt mit dem Terminus „unverzüglich" auf § 121 Abs. 1 S. 1 BGB ab. Der Zugang ist **ohne schuldhaftes Zögern** anzubieten. Der Auftraggeber muss die Vergabeunterlagen daher elektronisch bereitstellen, sobald ihm dies

---

[31] BT-Drs. 18/7318, 235.
[32] Aufgrund von § 9 Abs. 1 SektVO grundsätzlich mit elektronischen Mitteln; → *Wanderwitz* SektVO § 9 Rn. 22.
[33] VK Südbayern 17.10.2016 – Z3–3-3194-1-36-09/16, IBRRS 2016, 3347.
[34] VK Südbayern 17.10.2016 – Z3–3-3194-1-36-09/16, IBRRS 2016, 3347.
[35] BT-Drs. 18/7318, 213.
[36] BT-Drs. 18/7318, 232.
[37] Standardformular gem. Anhang VII der Durchführungsverordnung (EU) 2015/1986.

möglich ist. Spätestens, wenn die Bewerber ihre Angebote abgeben sollen oder Verhandlungen geführt werden sollen, müssen die Vergabeunterlagen notwendig zur Verfügung stehen, weshalb § 41 Abs. 2 SektVO dies als spätesten Zeitpunkt der Mitteilung definiert. Andernfalls wären die vergaberechtlichen Grundsätze von Transparenz und Gleichbehandlung verletzt.

D. Ausnahme von der elektronischen Bereitstellung (Abs. 3)

I. Vorgesehene Ausnahmen von Abs. 1

26   In Abweichung vom Grundsatz der elektronischen Bereitstellung nach Absatz 1 kann der Auftraggeber die Vergabeunterlagen auf einem anderen geeigneten Weg zur Verfügung stellen oder übermitteln, wenn einer der Gründe aus § 41 Abs. 3 S. 1 Nr. 1 bis 3 SektVO vorliegt. Die Vorschrift will den Auftraggeber von der Pflicht zur elektronischen Bereitstellung der Vergabeunterlagen entbinden, wenn dies in besonderem Maße aufwändig und daher **unverhältnismäßig** wäre. Dies gilt insbesondere dann, wenn kein unentgeltlicher, uneingeschränkter, vollständiger und direkter Zugang zu den Vergabeunterlagen angeboten werden kann.[38] Eine parallele Regelung findet sich in § 41 Abs. 2 VgV (zu den Einzelheiten insbesondere hinsichtlich der aufgeführten Ausnahmefälle siehe daher → *Krohn* VgV § 41).

27   Der Wortlaut des § 41 Abs. 3 S. 1 SektVO ist missverständlich. Danach scheint es dem Auftraggeber gestattet zu sein, die gesamten Vergabeunterlagen auf einem anderen geeigneten Weg zur Verfügung stellen oder übermitteln zu können, wenn einer der aufgeführten Gründe vorliegt. Art. 73 Abs. 1 UAbs. 3 der Richtlinie 2014/25/EU formuliert hingegen einschränkender, dass *„die betreffenden Auftragsunterlagen im Einklang mit Absatz 2 nicht elektronisch, sondern durch andere Mittel übermittelt werden"*. Der Auftraggeber muss folglich alle Vergabeunterlagen, hinsichtlich derer kein Grund für ein Absehen von der elektronischen Bereitstellung vorliegt, nach dem Grundsatz des § 41 Abs. 1 SektVO zur Verfügung stellen. Entsprechend stellt die Regierungsbegründung klar, dass andere als elektronische Mittel ausschließlich in Bezug auf jene **Bestandteile der Vergabeunterlagen** verwendet werden sollen, die ausdrücklich zu den in den Nummern 1, 2 und 3 geregelten Fällen zu zählen sind.[39] § 41 Abs. 3 S. 1 SektVO ist in diesem Sinne unionsrechtskonform einschränkend auszulegen.

28   Auch in einem weiteren Punkt ist § 41 Abs. 3 S. 1 SektVO unvollständig. Art. 73 Abs. 1 UAbs. 3 S. 1 der Richtlinie 2014/25/EU bestimmt, dass der Auftraggeber in der Bekanntmachung oder der Aufforderung zur Interessensbestätigung ein Abweichen vom Grundsatz der elektronischen Bereitstellung für bestimmte Auftragsunterlagen angeben und bekanntgeben muss, wie die Auftragsunterlagen abgerufen werden können.[40] Diese Transparenzverpflichtung findet sich weder in § 41 SektVO noch in § 35 SektVO zur Auftragsbekanntmachung. Unter Ziff. I.3) der Auftragsbekanntmachung für den Sektorenbereich[41] ist in Übereinstimmung mit Art. 73 der Richtlinie 2014/25/EU vorgesehen, dass der Auftraggeber eine URL angibt, unter der weitere Auskünfte erhältlich sind, sofern der **Zugang zu den Auftragsunterlagen** eingeschränkt ist.

II. Spezielle elektronische Mittel (Nr. 1)

29   Nach § 41 Abs. 3 S. 1 Nr. 1 SektVO kann der Auftraggeber die Vergabeunterlagen auf anderem Wege zur Verfügung stellen oder übermitteln, wenn die erforderlichen elektroni-

---

[38] BT-Drs. 18/7318, 235 f.
[39] BT-Drs. 18/7318, 235.
[40] Siehe auch Ziff. 10 des Anhangs XI Teil A der Richtlinie 2014/25/EU.
[41] Anhang V der Durchführungsverordnung (EU) 2015/1986.

schen Mittel zum Abruf der Unterlagen aufgrund der besonderen Art der Auftragsvergabe nicht mit allgemein verfügbaren oder verbreiteten Geräten und Programmen der Informations- und Kommunikationstechnologie kompatibel sind. Damit sind Fälle gemeint, in denen der Auftraggeber spezielle elektronische Mittel verwendet, die nicht allgemein verfügbar sind.

III. Spezielle Dateiformate (Nr. 2)

§ 41 Abs. 3 S. 1 Nr. 2 SektVO regelt Fälle, in denen die erforderlichen elektronischen Mit- **30** tel zum Abruf der Unterlagen Dateiformate zur Beschreibung der Angebote verwenden, die nicht mit allgemein verfügbaren oder verbreiteten Programmen verarbeitet werden können oder die durch andere als kostenlose und allgemein verfügbare Lizenzen geschützt sind.

IV. Spezielle Bürogeräte (Nr. 3)

Schließlich erfasst § 41 Abs. 3 S. 1 Nr. 3 SektVO Fälle, in denen die erforderlichen **31** elektronischen Mittel zum Abruf der Unterlagen die Verwendung von Bürogeräten voraussetzen, die Auftraggebern nicht allgemein zur Verfügung stehen. Hiervon erfasst sind beispielsweise Bürogeräte wie Großformatdrucker oder Plotter.[42]

V. Verlängerung der Angebotsfrist

Sofern einer der vorgenannten Fälle vorliegt und der Auftraggeber deshalb auf eine **32** vollständige und uneingeschränkte elektronische Bereitstellung der Vergabeunterlagen verzichtet, ist die Angebotsfrist nach § 41 Abs. 3 S. 2 SektVO zwingend **um fünf Tage** zu verlängern. Dies gilt für das offene Verfahren, das nicht offene Verfahren und das Verhandlungsverfahren mit vorherigem Teilnahmewettbewerb gleichermaßen.[43] Dies gilt lediglich dann nicht, wenn ein Fall hinreichend begründeter Dringlichkeit gemäß § 14 Abs. 3 Sekt-VO vorliegt oder die Frist gemäß § 15 Abs. 3 SektVO im gegenseitigen Einvernehmen festgelegt wurde. Zu den Einzelheiten der Fristberechnung für die jeweiligen Verfahren siehe → *Dörn* in § 14 Rn. 15, § 15 Rn. 13 und § 16 Rn. 7 ff.

E. Schutz der Vertraulichkeit (Abs. 4)

Nach § 41 Abs. 4 SektVO ist eine Ausnahme von der elektronischen Bereitstellung der **33** Vergabeunterlagen auch aus Gründen der Vertraulichkeit möglich. Die Vorschrift versucht, den Konflikt zwischen einem transparenten Verfahren und den Bedürfnissen des Auftraggebers nach dem Schutz vertraulicher Informationen auszugleichen. Mit der direkten und uneingeschränkten Bereitstellung der Vergabeunterlagen hat der Auftraggeber keine Kontrolle mehr darüber, wer seine Unterlagen zu welchem Zweck einsieht und aus dem Internet herunterlädt. Hiermit können erhebliche **Sicherheitsrisiken** verbunden sein. Man denke etwa an die Vergabe von Gebäudereinigungsleistungen durch eine Bank. Für die Angebotserstellung müssen die Bieter Informationen über die räumlichen Gegebenheiten der Bank erhalten. Ein ungehinderter Zugriff eröffnet aber auch jedem Dritten diese Informationen. Angesichts des an diesem kleinen Beispiel aufscheinenden Interessenkonflikts

---

[42] BT-Drs. 18/7318, 236.
[43] Für den wettbewerblichen Dialog nach § 17 SektVO und die Innovationspartnerschaft nach § 18 Sekt-VO bestehen keine Vorgaben zu Angebotsfristen.

sind angesichts der recht dürftigen Regelungen in den vergaberechtlichen Vorschriften Zweifel angebracht, ob die Bedürfnisse der Auftraggeber nach Vertraulichkeit hinreichend Beachtung gefunden haben. § 41 Abs. 4 SektO ist in Zusammenhang mit § 5 Abs. 3 SektVO zu sehen, welcher dem Auftraggeber gestattet, Anforderungen für den Schutz der Vertraulichkeit von Informationen im Rahmen des Vergabeverfahrens festzulegen. Eine vergleichbare Regelung findet sich in § 41 Abs. 3 VgV (→ *Krohn* VgV § 41).

34   Nach § 41 Abs. 4 S. 1 SektVO gibt der Auftraggeber in der Auftragsbekanntmachung, der Aufforderung zur Interessensbestätigung oder bei der Bekanntmachung über das Bestehen eines Qualifizierungssystems in den Vergabeunterlagen an, welche **Maßnahmen er zum Schutz der Vertraulichkeit** von Informationen er anwendet und wie auf die Vergabeunterlagen zugegriffen werden kann. Der mit § 41 Abs. 4 SektVO umgesetzte Art. 73 Abs. 1 UAbs. 4 der Richtlinie 2014/25/EU verweist auf Art. 39 Abs. 2 der Richtlinie 2014/25/EU, wonach Auftraggeber Wirtschaftsteilnehmern Anforderungen vorschreiben können, die auf den Schutz der Vertraulichkeit der Informationen abzielen, die diese Auftraggeber im Rahmen des Auftragsvergabeverfahrens zur Verfügung stellen, einschließlich Informationen, die in Verbindung mit der Verwendung eines Qualifizierungssystems zur Verfügung gestellt werden.

35   Auftraggeber können aus Gründen der Vertraulichkeit alternative elektronische und andere als elektronische Mittel sowie Kombinationen aus diesen Mitteln verwenden. Allerdings besteht keine vollkommene Wahlfreiheit. Obgleich § 41 Abs. 4 S. 1 SektVO hierzu keine näheren Ausführungen enthält, ist der Auftraggeber zur Wahrung des vergaberechtlichen Transparenzgrundsatzes nach § 97 Abs. 1 GWB gehalten, sofern eine kombinierte Verwendung elektronischer, alternativer elektronischer und/oder anderer als elektronischer Mittel sein Sicherheitsbedürfnis abdecken kann, die Mittel entsprechend einzusetzen. Genügt der Rückgriff auf alternative elektronische Mittel, um das nötige Schutzniveau zu sichern, müssen grundsätzlich diese Mittel genutzt werden. Das ist beispielsweise der Fall, wenn der Auftraggeber die Verwendung spezieller, sicherer elektronischer Kommunikationskanäle vorschreibt, zu denen er den Zugang gewährt.[44] Zu denken ist etwa an einen partiellen Zugang zum Intranet des Auftraggebers. Keineswegs soll der Auftraggeber bei Bestehen eines Vertraulichkeitsinteresses auf den Einsatz elektronischer Mittel uneingeschränkt verzichten dürfen. Das ist ihm nur dann gestattet, wenn der **Schutz besonders sensibler Daten** in Rede steht.[45] Dann kann in jedem Fall eine Übermittlung per Post oder Boten gewählt werden. Wann ein solches Schutzniveau erreicht ist, muss der Auftraggeber auf dieser Grundlage selbst bestimmen, wobei seine Entscheidung einer uneingeschränkten gerichtlichen Kontrolle zugänglich ist, da Gründe für einen gerichtlich nur eingeschränkt überprüfbaren Beurteilungsspielraum nicht ersichtlich sind.[46] Die Beurteilung des erforderlichen Schutzniveaus kann durch die Nachprüfungsinstanzen nachvollzogen und geprüft werden. Dies verlangt, ein besonderes Augenmerk auf die Dokumentation des Sicherheitsbedürfnisses und der daraus resultierenden Einschränkungen beim Zugriff auf die Vergabeunterlagen zu legen.

36   Die **Angebotsfrist** verlängert sich grundsätzlich zwingend um fünf Tage. Etwas anderes gilt, wenn ein Fall hinreichend begründeter Dringlichkeit nach § 14 Abs. 3 SektVO vorliegt oder wenn die Frist gemäß § 15 Abs. 3 SektVO im gegenseitigen Einvernehmen festgelegt wird.[47] Zudem verlangt § 41 Abs. 4 S. 2 SektVO keine Fristverlängerung, wenn die Maßnahme zum Schutz der Vertraulichkeit (lediglich) ausschließlich in der Abgabe einer **Verschwiegenheitserklärung** besteht. Hier erscheint ein zwingendes Gebot zur Fristverlängerung überzogen, weil die Abgabe einer solchen Erklärung für den Bewerber oder Bieter mit sehr geringem Mehraufwand verbunden ist.[48]

---

[44] Siehe Erwägungsgrund 65 der Richtlinie 2014/25/EU.
[45] BT-Drs. 18/7318, 236.
[46] Hierzu *Ricken*, Beurteilungsspielräume und Ermessen im Vergaberecht, S. 189 ff.
[47] Vgl. hierzu → *Dörn* § 14 Rn. 15 und → § 15 Rn. 13.
[48] BT-Drs. 18/7318, 236.

§ 42 Aufforderung zur Interessensbestätigung, zur Angebotsabgabe, zur
Verhandlung oder zur Teilnahme am Dialog

(1) Ist ein Teilnahmewettbewerb durchgeführt worden, wählt der Auftraggeber
Bewerber aus, die er auffordert, in einem nicht offenen Verfahren ein Angebot oder
in einem Verhandlungsverfahren ein Erstangebot einzureichen und darüber zu verhandeln, am wettbewerblichen Dialog teilzunehmen oder an Verhandlungen im
Rahmen einer Innovationspartnerschaft teilzunehmen.

(2) Die Aufforderung nach Absatz 1 enthält mindestens:

1. einen Hinweis auf die veröffentlichte Auftragsbekanntmachung,
2. den Tag, bis zu dem ein Angebot eingehen muss, die Anschrift der Stelle, bei der
   es einzureichen ist, die Art der Einreichung sowie die Sprache, in der es abzufassen ist,
3. beim wettbewerblichen Dialog den Termin und den Ort des Beginns der Dialogphase sowie die verwendete Sprache,
4. die Bezeichnung der gegebenenfalls beizufügenden Unterlagen, sofern nicht bereits in der Auftragsbekanntmachung enthalten,
5. die Gewichtung der Zuschlagskriterien oder gegebenenfalls die Kriterien in
   der absteigenden Rangfolge ihrer Bedeutung, sofern nicht bereits in der Auftragsbekanntmachung oder der Aufforderung zur Interessensbestätigung enthalten.

Bei öffentlichen Aufträgen, die in einem wettbewerblichen Dialog oder im Rahmen einer Innovationspartnerschaft vergeben werden, sind die in Satz 1 Nummer 2
genannten Angaben nicht in der Aufforderung zur Teilnahme am Dialog oder an
den Verhandlungen aufzuführen, sondern zu einem späteren Zeitpunkt in der Aufforderung zur Angebotsabgabe.

(3) Im Falle einer regelmäßigen nicht verbindlichen Bekanntmachung nach § 36
Absatz 4 fordert der Auftraggeber gleichzeitig alle Unternehmen, die eine Interessensbekundung übermittelt haben, nach § 36 Absatz 5 auf, ihr Interesse zu bestätigen. Diese Aufforderung umfasst zumindest folgende Angaben:

1. Umfang des Auftrags, einschließlich aller Optionen auf zusätzliche Aufträge,
   und, sofern möglich, eine Einschätzung der Frist für die Ausübung dieser Optionen; bei wiederkehrenden Aufträgen Art und Umfang und, sofern möglich,
   das voraussichtliche Datum der Veröffentlichung zukünftiger Auftragsbekanntmachungen für die Liefer- oder Dienstleistungen, die Gegenstand des Auftrags
   sein sollen,
2. Art des Verfahrens,
3. gegebenenfalls Zeitpunkt, an dem die Lieferleistung erbracht oder die Dienstleistung beginnen oder abgeschlossen sein soll,
4. Internetadresse, über die die Vergabeunterlagen unentgeltlich, uneingeschränkt
   und vollständig direkt verfügbar sind,
5. falls kein elektronischer Zugang zu den Vergabeunterlagen bereitgestellt werden
   kann, Anschrift und Schlusstermin für die Anforderung der Vergabeunterlagen
   sowie die Sprache, in der diese abgefasst sind,
6. Anschrift des öffentlichen Auftraggebers, der den Zuschlag erteilt,
7. alle wirtschaftlichen und technischen Anforderungen, finanziellen Sicherheiten
   und Angaben, die von den Unternehmen verlangt werden,
8. Art des Auftrags, der Gegenstand des Vergabeverfahrens ist, und
9. die Zuschlagskriterien sowie deren Gewichtung oder gegebenenfalls die Kriterien in der Rangfolge ihrer Bedeutung, wenn diese Angaben nicht in der regelmäßigen nicht verbindlichen Bekanntmachung oder den Vergabeunterlagen enthalten sind.

Übersicht

Rn.   Rn.

A. Einführung 1
  I. Literatur 1
  II. Entstehungsgeschichte 2
  III. Rechtliche Vorgaben im EU-Recht 5
B. Aufforderung zur Angebotsabgabe/
Verhandlung/Teilnahme am Dialog
(Abs. 1 und 2) 7
  I. Abschluss des Teilnahmewettbewerbs 7
  II. Inhalt der Aufforderung 12
    1. Hinweis zur Angebotsabgabe 14
    2. Beizufügende Unterlagen 17
    3. Mitteilung über Zuschlagskriterien 18

  4. Einschränkung des Mitteilungsum-
    fangs für den wettbewerblichen Dialog
    und die Innovationspartnerschaft 22
C. Interessensbestätigung (Abs. 3) 23
  I. Einleitung des Vergabeverfahrens durch
    eine regelmäßige nicht verbindliche Be-
    kanntmachung 23
  II. Aufforderung zur Interessensbestätigung 24
    1. Angabe des Auftragsumfangs 28
    2. Elektronische Bereitstellung der Ver-
     gabeunterlagen 30
    3. Anschrift des Auftraggebers 31

A. Einführung

I. Literatur

1   *Otting,* Die EU-Vergaberechtsreform 2014, EuZW 2014, 446 ff.; *Prieß/Stein,* Die neue EU-Sektoren-richtlinie, NZBau 2014, 323 ff.

II. Entstehungsgeschichte

2   Auftraggebern stehen zur Vergabe von Aufträgen im Anwendungsbereich der Sektoren-verordnung das offene Verfahren, das nicht offene Verfahren und das Verhandlungsverfah-ren mit Teilnahmewettbewerb sowie der wettbewerbliche Dialog nach ihrer Wahl zur Ver-fügung. Die vorgenannten Verfahrensarten können als Regelverfahren gem. § 141 Abs. 1 GWB gewählt werden, ohne dass spezielle Zulässigkeitsgründe die **Verfahrenswahl** recht-fertigen müssen.[1] Die Innovationspartnerschaft ist nach Maßgabe und unter den Voraus-setzungen des § 18 SektVO anwendbar, das Verhandlungsverfahren ohne Teilnahmewett-bewerb setzt das Vorliegen einer der in § 13 Abs. 2 Nr. 1 bis 10 SektVO aufgezählten Gründe voraus.[2] Während das offene Verfahren einstufig ausgestaltet ist und der Auftragge-ber eine unbeschränkte Anzahl von Unternehmen direkt zur Abgabe von Angeboten auf-fordert, beinhalten alle übrigen Verfahrensarten zwei Verfahrensstufen. In der ersten Stufe wird eine unbeschränkte Anzahl von Unternehmen im Rahmen eines Teilnahmewettbe-werbs öffentlich zur Abgabe von Teilnahmeanträgen aufgefordert, anhand derer der Auf-traggeber das Nichtvorliegen von Ausschlussgründen und die Eignung prüft. Aus diesem Kreis von Unternehmen fordert der Auftraggeber (alle geeigneten oder eine begrenzte Anzahl der) Bewerber zur Angebotsabgabe oder zur Teilnahme am Dialog bzw. zur Auf-nahme von Verhandlungen auf. Den Übergang vom Teilnahmewettbewerb in die Ange-bots- bzw. Verhandlungs-/Dialogphase regelt § 42 SektVO. Die in § 42 Abs. 1 SektVO geregelte Aufforderung an die ausgewählten Bewerber markiert den Übergang in die zwei-te Stufe des Verfahrens.

3   Den **Mindestinhalt** der Aufforderung legt § 42 Abs. 2 SektVO enumerativ fest. Im Fal-le eines wettbewerblichen Dialogs oder einer Innovationspartnerschaft sind die Angaben zur Angebotsabgabe noch nicht in der Aufforderung nach Absatz 1 aufzuführen, sondern zu einem späteren Zeitpunkt in der gesondert erfolgenden Aufforderung zur Angebotsab-gabe, § 42 Abs. 2 S. 2 SektVO. § 42 Abs. 3 SektVO regelt den Sonderfall der regelmäßigen

---

[1] Ausführlich zur Verfahrenswahl bei Auftragsvergaben von Sektorenauftraggebern → *Jansen* in GWB § 141 Rn. 6 ff.
[2] Hierzu → *Jansen* in GWB § 141 Rn. 10 ff.

nicht verbindlichen Bekanntmachung nach § 36 Abs. 4 SektVO und legt enumerativ fest, welchen Inhalt die Aufforderung zur Interessensbestätigung nach § 36 Abs. 5 SektVO mindestens haben muss (→ *Jasper* § 36 Rn. 8). Im zeitlichen Verlauf eines Vergabeverfahrens erfolgt die Aufforderung zur Interessensbestätigung nach § 42 Abs. 3 SektVO vor der Aufforderung nach § 42 Abs. 1 SektVO, da die Aufforderung zur Interessensbestätigung erst den Teilnahmewettbewerb einleitet, nach dessen Abschluss die Aufforderung zur Abgabe eines (Erst-)Angebots erfolgt. Die Parallelvorschrift für Vergabeverfahren außerhalb des Sektorenbereichs ist § 52 VgV. Auf die dortige Kommentierung wird ergänzend verwiesen (→ *Koch* VgV § 52 Rn. 7 ff.).

Der durch die Vergaberechtsmodernisierungsverordnung[3] neugefasste § 42 SektVO lehnt **4** sich an den Inhalt des § 25 SektVO aF[4] an. Ein wesentlicher Unterschied besteht darin, dass dem Auftraggeber neben dem nicht offenen Verfahren und dem Verhandlungsverfahren mit Teilnahmewettbewerb[5] nunmehr auch der wettbewerbliche Dialog und die Innovationspartnerschaft zur Verfügung stehen.[6] § 42 SektVO erfasst zudem nur noch Verhandlungsverfahren mit Teilnahmewettbewerb (*"Ist ein Teilnahmewettbewerb durchgeführt worden, …"*), während § 25 Abs. 1 SektVO aF nicht zwischen Verhandlungsverfahren mit oder ohne vorherige Bekanntmachung differenzierte. Das Verhandlungsverfahren ohne Teilnahmewettbewerb bleibt, abgesehen von seinen Zulässigkeitsvoraussetzungen (§ 13 Abs. 2 und 3 SektVO; dazu → *Dörn* § 13 Rn. 9 ff.), anders als außerhalb des Sektorenbereichs (§ 17 VgV) in der Sektorenverordnung ohne ausdrückliche Regelung. Anders als nach § 25 Abs. 1 Hs. 2 SektVO aF sieht § 42 Abs. 1 SektVO nicht mehr vor, dass in Verhandlungsverfahren anstelle einer Aufforderung zur Angebotsabgabe zunächst zu Verhandlungen aufgefordert werden kann. Vielmehr ist stets zunächst ein Erstangebot vorzulegen und darüber zu verhandeln. Die Wahlfreiheit des Auftraggebers, gleich zu Beginn der Verhandlungsphase ein Angebot zu fordern und dieses zum Gegenstand der Verhandlungen zu machen oder das Angebot erst als Ergebnis der Verhandlungen zu verlangen,[7] besteht unter der neuen Sektorenverordnung damit nicht mehr. Der Auftraggeber kann allerdings – sofern er sich diese Möglichkeit in der Auftragsbekanntmachung oder in der Aufforderung zur Interessensbestätigung vorbehalten hat – den Zuschlag auf das Erstangebot erteilen, ohne in Verhandlungen einzutreten, § 15 Abs. 4 SektVO.[8]

III. Rechtliche Vorgaben im EU-Recht

§ 42 SektVO dient der Umsetzung des **Art. 74 der Richtlinie 2014/25/EU.** Während **5** das Unionsrecht die Vorgaben zum Inhalt der Aufforderung zur Angebotsabgabe, zur Teilnahme am Dialog, zu Verhandlungen oder zur Interessensbestätigung in **Anhang XIII der Richtlinie 2014/25/EU** und nicht in der Richtlinienbestimmung selbst regelt, sind diese Vorgaben im nationalen Recht unmittelbar in § 42 Abs. 2 SektVO niedergelegt worden. Bei öffentlichen Aufträgen, die in einem wettbewerblichen Dialog oder im Rahmen einer Innovationspartnerschaft vergeben werden, sind die in § 42 Abs. 2 S. 1 Nr. 2 SektVO genannten Angaben zur Angebotseinreichung erst in der Aufforderung zur Angebotsabgabe und nicht schon in der Aufforderung zur Teilnahme am Dialog zu nennen. Dies

---

[3] Verordnung zur Modernisierung des Vergaberechts (Vergaberechtsmodernisierungsverordnung – VergR-ModVO) vom 12.4.2016 (BGBl. 2016 I 624).

[4] Verordnung über die Vergabe von Aufträgen im Bereich des Verkehrs, der Trinkwasserversorgung und der Energieversorgung (Sektorenverordnung – SektVO) vom 23.9.2009 (BGBl. 2009 I 3110), zuletzt geändert durch Verordnung vom 12.4.2016 (BGBl. 2016 I 624), aufgehoben mit Ablauf des 17.4.2016.

[5] Verhandlungsverfahren mit Bekanntmachung nach der Terminologie der bisherigen Fassung, vgl. § 6 Abs. 1 SektVO aF.

[6] *Prieß/Stein* NZBau 2014, 323 (326).

[7] *Röwekamp* in Eschenbruch/Opitz, SektVO, 1. Aufl. 2012, § 25 Rn. 7.

[8] Zur Gestaltung des Verhandlungsverfahrens mit Teilnahmewettbewerb unter der Sektorenverordnung → *Dörn* § 15 Rn. 17.

entspricht Anhang XIII Nr. 1 lit. a der Richtlinie 2014/25/EU.[9] Inhaltlich erfolgt eine 1:1-Umsetzung der unionsrechtlichen Vorgaben.

6   § 42 Abs. 3 SektVO dient der Umsetzung von Art. 74 Abs. 1 UAbs. 2 der Richtlinie 2014/25/EU. Absatz 3 Satz 2 regelt in Anlehnung an Anhang XIII Nr. 2 der Richtlinie 2014/25/EU, welche Angaben die Aufforderung zur Interessensbestätigung enthalten muss. Auch insoweit hat der Verordnungsgeber die Vorgaben der Richtlinie ohne Abweichungen übernommen.

B. Aufforderung zur Angebotsabgabe/Verhandlung/Teilnahme am Dialog (Abs. 1 und 2)

I. Abschluss des Teilnahmewettbewerbs

7   Mit dem Abschluss des Teilnahmewettbewerbs stehen die Bewerber fest, die ein Angebot abgeben sollen oder mit denen der Auftraggeber Verhandlungen bzw. einen Dialog führen will. Die Zahl dieser Bewerber kann der Auftraggeber anhand objektiver Kriterien begrenzen, § 45 Abs. 3 SektVO (→ *Mager* § 45 Rn. 14 ff.). Eine Mindestzahl einzuladender Bewerber besteht anders als nach § 51 Abs. 2 VgV nicht. Die Zahl der beteiligten Unternehmen muss allerdings so bemessen sein, dass ein angemessener Wettbewerb gewährleistet ist.

8   Der **Gegenstand der Aufforderung** ist abhängig von der gewählten Verfahrensart. In einem nicht offenen Verfahren fordert der Auftraggeber die ausgewählten Bewerber zur Abgabe eines wertbaren Angebotes auf. Im Verhandlungsverfahren sollen die Bewerber ein Erstangebot einreichen. Will der Auftraggeber nicht gem. § 15 Abs. 4 SektVO bereits auf das Erstangebot den Zuschlag erteilen, verhandelt er mit den Bietern über deren Erstangebote. Im wettbewerblichen Dialog nach § 17 SektVO eröffnet der Auftraggeber im Anschluss an den Teilnahmewettbewerb zunächst die Dialogphase mit dem Ziel der Ermittlung und Festlegung, wie seine Bedürfnisse und Anforderungen am besten erfüllt werden können. Die Bieter reichen hierzu Lösungsvorschläge ein, die Grundlage der später einzureichenden endgültigen Angebote sind.[10] Im Rahmen einer Innovationspartnerschaft fordert der Auftraggeber die ausgewählten Bewerber zur Einreichung von Angeboten in Form von Forschungs- und Innovationsprojekten auf. Die Erstangebote und alle Folgeangebote mit Ausnahme der endgültigen Angebote werden zum Gegenstand von Verhandlungen mit den Bietern mit dem Ziel, die Angebote inhaltlich zu verbessern.[11]

9   Weder die §§ 97 ff. GWB noch die Sektorenverordnung verpflichten den Auftraggeber, neben der Aufforderung an die ausgewählten Bewerber auch eine Information an die nicht ausgewählten Bewerber über ihre **Nichtberücksichtigung** zu schicken. Wenn der Auftraggeber diese Bewerber nicht unmittelbar nach Abschluss des Teilnahmewettbewerbs über ihre Nichtberücksichtigung informiert, muss er sie im Rahmen der Information über die beabsichtigte Zuschlagserteilung nach § 134 Abs. 1 S. 1 GWB in Kenntnis setzen, § 134 Abs. 1 S. 2 GWB. Dies gewährleistet, dass kein Bewerber über den Ausgang des Verfahrens im Unklaren bleibt. Schon angesichts der Beurteilung von Erfolgsaussichten in einem Nachprüfungsverfahren ist dies unerlässlich. Im Sinne eines rationellen Verfahrensablaufs sollten die nichtberücksichtigten Bewerber aber schon nach der Entscheidung im Teilnahmewettbewerb unterrichtet werden. Dabei sind die Gründe für die Nichtberücksichtigung mitzuteilen. Obgleich gesetzlich nicht vorgesehen, empfiehlt sich außerdem in der Information über die Ablehnung der Bewerbung ein Hinweis an den Bewerber, dass er darüber hinaus keine Information nach § 134 GWB mehr erhalten wird.[12]

---

[9] BT-Drs. 18/7318, 237.
[10] Zu den Einzelheiten des wettbewerblichen Dialogs → *Dörn* § 17 Rn. 2 ff.
[11] Zu den Einzelheiten der Innovationspartnerschaft → *Krönke* VgV § 19 Rn. 5 ff.
[12] Vgl. hierzu die Vorauflage *Dreher* in Beck Vergaberecht GWB § 101a Rn. 23 ff.

Obgleich in § 42 Abs. 1 und 2 SektVO nicht ausdrücklich erwähnt, sind die Auftrag- 10
geber verpflichtet, alle ausgewählten Bewerber **gleichzeitig** zur Angebotsabgabe oder zu
Verhandlungen aufzufordern. Dies folgt ebenso aus dem vergaberechtlichen Gleichbehandlungsgrundsatz des § 97 Abs. 2 GWB wie aus Art. 74 Abs. 1 der Richtlinie 2014/25/EU.

Die **Form** der Aufforderung ist in § 42 Abs. 1 und 2 SektVO nicht näher bestimmt, er- 11
gibt sich aber aus einer Zusammenschau mit anderen Vorschriften der Sektorenverordnung.
Nach § 9 Abs. 1 SektVO erfolgt die Kommunikation in einem Vergabeverfahren grundsätzlich mit elektronischen Mitteln. Die mündliche Kommunikation ist in § 9 Abs. 2 Sekt-
VO ausgeschlossen, sofern es um die Vergabeunterlagen, die Teilnahmeanträge, die Interessensbestätigungen oder die Angebote geht.[13] Die Vorgabe einer schriftlichen Aufforderung
in Art. 74 Abs. 1 der Richtlinie 2014/25/EU steht nur scheinbar in einem Widerspruch
zum Grundsatz der elektronischen Kommunikation. Gemeint ist nicht die Schriftform
iSd § 126 BGB, sondern „schriftlich" iSv Art. 2 Nr. 14 der Richtlinie 2014/25/EU als
eine aus Wörtern oder Ziffern bestehende Darstellung, die gelesen, reproduziert und
mitgeteilt werden kann, einschließlich anhand elektronischer Mittel übermittelter und
gespeicherter Informationen.

II. Inhalt der Aufforderung

§ 42 Abs. 2 SektVO bestimmt den Mindestinhalt der Aufforderung nach Absatz 1. Die 12
Formulierung „mindestens" stellt klar, dass die Aufforderung weitergehende Informationen
enthalten kann. Wenn der Auftraggeber hiervon Gebrauch macht, muss er zur Wahrung
des Gleichbehandlungsgrundsatzes aus § 97 Abs. 2 GWB allen Bewerbern gleichermaßen
die zusätzlichen Angaben zur Verfügung stellen.

Die Mindestanforderungen an die Aufforderung in § 42 Abs. 2 S. 1 Nr. 1 bis 5 SektVO 13
sind inhaltsgleich mit den Vorgaben in § 52 Abs. 2 S. 1 Nr. 1 bis 5 VgV. Daher wird auf
die dortige Kommentierung verwiesen (→ *Koch* VgV § 52 Rn. 10 ff.). Im Folgenden sei
nur auf einige Besonderheiten der Sektorenverordnung hingewiesen.

1. Hinweise zur Angebotsabgabe

Für die nach § 42 Abs. 2 S. 1 Nr. 2 SektVO festzulegende **Angebotsfrist** gelten die 14
Vorgaben des § 16 SektVO. Anders als bei Verfahren außerhalb des Sektorenbereichs[14]
sehen §§ 15, 17 und 18 SektVO keine festen Mindestfristen vor. Nach § 15 Abs. 3 SektVO
kann die Angebotsfrist im nicht offenen Verfahren und im Verhandlungsverfahren einvernehmlich zwischen dem Auftraggeber und ausgewählten Bewerbern festgelegt werden,
wobei allen ausgewählten Bewerbern dieselbe Angebotsfrist eingeräumt werden muss. Lediglich, wenn eine einvernehmliche Festlegung unterbleibt, beträgt die Angebotsfrist mindestens zehn Tage, gerechnet ab dem Tag nach der Versendung der Aufforderung zur Angebotsabgabe (→ *Dörn* § 15 Rn. 13 ff.). Im Übrigen gilt alleine der Grundsatz des § 16
SektVO, wonach der Auftraggeber bei der Festlegung der Fristen für den Eingang der Angebote die Komplexität der Leistung und die Zeit, die für die Ausarbeitung der Angebote
erforderlich ist, berücksichtigt (→ *Dörn* § 16 Rn. 5 f.). Wenn der Auftraggeber nur den
Kalendertag ohne Uhrzeit angibt, an dem die Angebote vorliegen müssen, endet die Angebotsfrist mit Ablauf des Tages (24:00 Uhr). Um Unklarheiten und Nachweisschwierigkeiten zu vermeiden, empfiehlt sich die Angabe einer bestimmten Uhrzeit.[15] Ein verspätet
eingegangenes Angebot ist auszuschließen, auch wenn die Sektorenverordnung anders als
die VgV und die VSVgV keine ausdrückliche Regelung zum Ausschluss von Angeboten

---

[13] Hierzu → *Wandenvitz* VgV § 9 Rn. 23.
[14] Siehe §§ 16 Abs. 5, 17 Abs. 6 VgV für das nicht offene Verfahren und das Verhandlungsverfahren:
grundsätzlich mindestens 30 Tage (→ *Dörn* VgV § 16 Rn. 33 und VgV § 17 Rn. 16).
[15] *Röwekamp* in Eschenbruch/Opitz, SektVO, 1. Aufl. 2012, § 25 Rn. 27.

vorsieht, die nicht fristgerecht eingegangen sind. Auch in den Vergabeverfahren, die in den Anwendungsbereich der SektVO fallen, sind aber die grundlegenden Prinzipien des Vergaberechts, nämlich Wettbewerbs- und Transparenzgrundsatz sowie Gleichbehandlungsgebot zu beachten. Diese vergaberechtlichen Grundsätze gebieten, dass, wenn den Bietern mit Aufforderung zur Angebotsabgabe nach § 42 Abs. 2 S. 1 Nr. 2 SektVO eine Angebotsfrist mitgeteilt wurde, diese für alle Bieter verbindlich ist und ein Verstoß gegen diese Vorgabe, das heißt ein nicht fristgerechter Eingang eines Angebots, zu dessen Ausschluss führt.[16]

15   Die Angebote sind nach § 43 Abs. 1 SektVO grundsätzlich mithilfe **elektronischer Mittel** einzureichen. Nach der Übergangsbestimmung des § 64 S. 1 SektVO können Auftraggeber noch bis zum 18.10.2018 eine Einreichung der Angebote auf dem Postweg, anderem geeigneten Weg, Fax oder durch die Kombination dieser Mittel verlangen. Zudem nennt § 43 Abs. 2 SektVO Gründe, bei deren Vorliegen der Auftraggeber auch unabhängig von der Übergangsfrist des § 64 SektVO auf die elektronische Einreichung verzichten kann (→ *Ricken* § 43 Rn. 20 ff.).

16   Ebenso wie § 52 Abs. 2 S. 1 Nr. 2 VgV fordert § 42 Abs. 2 S. 1 Nr. 2 SektVO eine Angabe der **Sprache,** in der das Angebot abzufassen ist. Anders als der Wortlaut vorzugeben scheint, können Auftraggeber auch mehrere Sprachen für die Abfassung der Angebote zulassen. Nach Ziff. 1 lit. a des Anhangs XIII der Richtlinie 2014/25/EU enthält die Aufforderung *„die Sprache / Sprachen, in der / denen sie abzufassen sind“.* Dies kann zur Förderung des Wettbewerbs sinnvoll sein, um ausländische Bieter zur Angebotsabgabe zu ermuntern. Entsprechend sieht das Standardformular für die Auftragsbekanntmachung unter Ziff. IV.2.4)[17] vor, dass mehrere Sprachen zugelassen werden können, in denen die Angebote eingereicht werden können. Der Auftraggeber kann auch nur für bestimmte Angebotsunterlagen die deutsche Sprache vorgeben. Die Vorgabe einer Angebotsabgabe in deutscher Sprache schließt nicht von vornherein die Vorlage fremdsprachiger, nicht von einer Übersetzung in das Deutsche begleiteter Nachweise aus. Es wäre eine unnötige Verteuerung, von vornherein Übersetzungen technischer Unterlagen zu verlangen, obwohl Auftraggeber und Bieter der benutzten Sprache (insbesondere des Englischen) hinreichend mächtig sind.[18] Nichts anderes gilt für die Angabe der in der Dialogphase verwendeten Sprache gem. § 42 Abs. 2 S. 1 Nr. 3 SektVO.[19]

2. Beizufügende Unterlagen

17   Ebenso wie in der VgV kann der Auftraggeber die entgegen seiner Aufforderung nach § 42 Abs. 2 S. 1 Nr. 4 SektVO fehlenden, unvollständigen oder fehlerhaften unternehmensbezogenen Unterlagen nachfordern. Die **Nachforderung** von leistungsbezogenen Unterlagen, die die Wirtschaftlichkeitsbewertung der Angebote anhand der Zuschlagskriterien betreffen, ist hingegen ausgeschlossen, es sei denn, es handelt sich um Preisangaben zu unwesentlichen Einzelpositionen, deren Einzelpreise den Gesamtpreis nicht verändern oder die Wertungsreihenfolge und den Wettbewerb beeinträchtigen, § 51 Abs. 2 und 3 SektVO (→ *Haak / Hageweg* § 51 Rn. 8 ff.).

3. Mitteilung über Zuschlagskriterien

18   Nach § 42 Abs. 2 S. 1 Nr. 5 SektVO enthält die Aufforderung nach Absatz 1 die Gewichtung der **Zuschlagskriterien** oder gegebenenfalls die Kriterien in der absteigenden

---

[16] VK Bund 26.10.2016 – VK 1–92/16, IBRRS 2017, 0722 noch zur inhaltsgleichen Vorgängerregelung des § 25 Abs. 4 Nr. 3 SektVO aF.
[17] Anhang V der Durchführungsverordnung (EU) 2015/1986 der Kommission vom 11.11.2015 zur Einführung von Standardformularen für die Veröffentlichung von Vergabebekanntmachungen für öffentliche Aufträge und zur Aufhebung der Durchführungsverordnung (EU) Nr. 842/2011 (ABl. 2015 L 296, 1).
[18] OLG Düsseldorf 30.11.2009 – VII-Verg 41/09, BeckRS 2010, 03380 = ZfBR 2010, 726 (Ls.).
[19] Siehe Ziff. 1 lit. b des Anhangs XIII der Richtlinie 2014/25/EU, wonach *„die verwendete(n) Sprache(n)“* anzugeben sind.

Reihenfolge ihrer Bedeutung, sofern nicht bereits in der Auftragsbekanntmachung oder der Aufforderung zur Interessensbestätigung enthalten. Die Abweichung vom Wortlaut des § 52 Abs. 2 S. 1 Nr. 5 VgV, der die Angabe der *„Zuschlagskriterien sowie deren Gewichtung"* fordert, dürfte eher redaktioneller Natur sein, da beide Vorschriften inhaltsgleiche Richtlinienbestimmungen umsetzen.[20]

Die Pflicht zur Mitteilung der Zuschlagskriterien und ihrer Gewichtung oder Rangfolge **19** beruht auf den Grundsätzen der Transparenz und Gleichbehandlung. Alle Kriterien, die vom Auftraggeber bei der Bestimmung des wirtschaftlich günstigsten Angebots berücksichtigt werden, und ihre relative Bedeutung müssen den potenziellen Bietern zum Zeitpunkt der Vorbereitung ihrer Angebote bekannt sein.[21] § 42 Abs. 2 S. 1 Nr. 5 SektVO soll die Bereitstellung dieser Informationen in den Fällen gewährleisten, in denen die Bekanntmachung keine oder unzureichende Angaben zur Wertung der Angebote enthält. Die für eine transparente Wertung erforderlichen Angaben sind dann in die Aufforderung zur Angebotsabgabe aufzunehmen. Unter Ziffer II.2.5) des Standardformulars V der Durchführungsverordnung (EU) 2015/1986 (Auftragsbekanntmachung – Sektoren) genügt zunächst die Angabe *„Der Preis ist nicht das einzige Zuschlagskriterium; alle Kriterien sind nur in den Beschaffungsunterlagen aufgeführt".* Die Angabe, wie der Auftraggeber die einzelnen Zuschlagskriterien gewichtet, um das wirtschaftlichste Angebot zu ermitteln, kann nach § 52 Abs. 3 S. 1 SektVO auch in den Vergabeunterlagen erfolgen. Die Vergabeunterlagen müssen ab dem Zeitpunkt der Veröffentlichung der Auftragsbekanntmachung bereitgestellt werden (§ 41 Abs. 1 SektVO). In zweistufigen Verfahren sichert der Verordnungsgeber mit § 42 Abs. 2 S. 1 Nr. 5 SektVO die Transparenz des Verfahrens zusätzlich durch die Mitteilung der für die Angebotswertung wesentlichen Informationen in der Aufforderung nach § 42 Abs. 1 SektVO, sofern diese noch nicht in einer anderen Bekanntmachung oder Aufforderung ausdrücklich mitgeteilt worden sind.

Der Auftraggeber hat die **Gewichtung** der Zuschlagskriterien oder gegebenenfalls die **20** Kriterien in der absteigenden Rangfolge ihrer Bedeutung anzugeben. Die Gewichtung kann auch mittels einer Spanne angegeben werden, deren Bandbreite angemessen sein muss (§ 52 Abs. 3 S. 2 SektVO). Die Angabe einer absteigenden Rangfolge ist gem. § 52 Abs. 3 S. 3 SektVO nur zulässig, wenn eine Gewichtung aus objektiven Gründen nicht möglich ist. Hieran sind strenge Anforderungen zu stellen. Die Rechtsprechung verlangt, dass es sich um vernünftige Gründe handeln muss, die objektiv mit dem Auftragsgegenstand zusammenhängen müssen. Subjektives Unvermögen oder bloße Zeitnot, in die sich der Auftraggeber selbst gebracht hat, genügen für die Annahme einer Befreiung von der Bekanntmachungspflicht nicht.[22] Näher hierzu → *Lausen* VgV § 58 Rn. 97 f. Die Gründe für die Angabe einer Rangfolge sind zu dokumentieren und den Bietern mitzuteilen.[23] Diese Mitteilung ist dann ebenfalls Bestandteil der Aufforderung nach § 42 Abs. 2 S. 1 Nr. 5 SektVO.

Für die Erfüllung der Transparenzpflichten genügt nicht die Angabe der für den Zu **21** schlag maßgeblichen Haupt- und Unterkriterien und ihrer jeweiligen Gewichtung. Auch eine aufgestellte Wertungsmatrix gehört zur Gewichtung der Zuschlagskriterien, die gegenüber den ausgewählten Bewerbern bekanntzumachen ist, sofern nicht auszuschließen ist, dass sie ihre Angebote hieran ausrichten.[24] Insbesondere die Transparenzanforderungen an die Wertung von Angeboten anhand von Schulnoten ist Gegenstand einer umfangreichen Judikatur geworden.[25]

---

[20] § 52 Abs. 2 S. 1 Nr. 5 VgV beruht auf Ziffer 1 lit. e des Anhangs IX iVm Art. 54 der Richtlinie 2014/24/EU. In § 42 Abs. 2 S. 1 Nr. 5 SektVO wird die inhaltsgleiche Ziffer 1 lit. f des Anhangs XIII iVm Art. 74 der Richtlinie 2014/25/EU umgesetzt.
[21] EuGH 24.1.2008 – C-532/06, Slg. 2008, I-254 Rn. 36 = NVwZ 2008, 400, 401 = NZBau 2008, 262, 264 – Lianakis AE.
[22] OLG Düsseldorf 23.1.2008 – VII-Verg 31/07, IBRRS 2008, 0867.
[23] *Röwekamp* in Eschenbruch/Opitz, SektVO, 1. Aufl. 2012, § 29 Rn. 72.
[24] *Röwekamp* in Eschenbruch/Opitz, SektVO, 1. Aufl. 2012, § 25 Rn. 36.
[25] Die strenge Auffassung verlangt, dass ein Bieter bei der Angebotserstellung auch bestimmen können muss, welchen Erfüllungsgrad (Zielerreichungsgrad) sein Angebot aufweisen muss, um mit den festgelegten

4. Einschränkung des Mitteilungsumfangs für den wettbewerblichen Dialog und die Innovationspartnerschaft

22   Da im Rahmen eines wettbewerblichen Dialogs und einer Innovationspartnerschaft zunächst keine zuschlagsfähigen Angebote einzureichen sind, sieht § 42 Abs. 2 S. 2 SektVO vor, dass die Angaben zur Einreichung der Angebote noch nicht in der Aufforderung zur Teilnahme am Dialog oder an den Verhandlungen aufzuführen sind, sondern zu einem späteren Zeitpunkt in der Aufforderung zur Angebotsabgabe.

C. Interessensbestätigung (Abs. 3)

I. Einleitung des Vergabeverfahrens durch eine regelmäßige nicht verbindliche Bekanntmachung

23   Im nicht offenen Verfahren und im Verhandlungsverfahren kann der Auftraggeber gem. § 36 Abs. 4 SektVO auf eine Auftragsbekanntmachung nach § 35 SektVO verzichten, wenn die regelmäßige nicht verbindliche Bekanntmachung die in der Vorschrift aufgezählten Voraussetzungen kumulativ erfüllt.[26] Sie bietet vergleichbar der Vorinformation außerhalb des Sektorenbereichs[27] die Möglichkeit, die Marktteilnehmer frühzeitig über anstehende Beschaffungsvorhaben zu informieren (ex-ante-Transparenz), um insbesondere deren Ressourceneinsatz planbarer zu machen und zugleich den Aufwand einer weiteren Auftragsbekanntmachung zu ersparen. Zudem steht mit den übermittelten Interessensbekundungen ein Kreis von Unternehmen fest, mit denen der Teilnahmewettbewerb fortgesetzt werden kann. Diese Vorteile „erkauft" sich der Auftraggeber durch den zeitlichen Mehraufwand der Interessensbekundungsphase. Zudem müssen die Bewerber, die sich an dem anschließenden Teilnahmewettbewerb beteiligen, aus dem Kreis der Unternehmen stammen, die ihr Interesse auf der Grundlage der regelmäßigen nicht verbindlichen Bekanntmachung bekundet haben. Dies ergibt sich aus dem Wortlaut des § 42 Abs. 3 S. 1 SektVO *(„alle Unternehmen, die eine Interessensbekundung übermittelt haben")* und entspricht der Intention der Europäischen Kommission.[28]

Punktwerten bewertet zu werden (OLG Düsseldorf 16.12.2015 – VII-Verg 25/15, ZfBR 2016, 411). Nach einer großzügigeren Ansicht ist der Auftraggeber nicht dazu verpflichtet, den potenziellen Bietern in der Auftragsbekanntmachung oder den Vergabeunterlagen die Bewertungsmethode, die er zur konkreten Bewertung und Einstufung der Angebote anwenden wird, zur Kenntnis geben muss (EuGH 14.7.2016 – C-6/15, EuZW 2016, 751 = NZBau 2016, 772 – Dimarso; OLG Dresden 2.2.2017 – Verg 7/16, VergabeR 2017, 377 = IBRRS 2017, 1128). Vor dem Hintergrund der vorgenannten Rechtsprechung des EuGH hat das OLG Düsseldorf (8.3.2017 – VII-Verg 39/16, NZBau 2017, 296) seine strenge Linie gelockert, wobei die Entscheidung noch zum Vergaberecht in der Fassung vor dem 18.4.2016 ergangen ist. Der BGH hat hingegen bereits zum derzeit geltenden Vergaberecht festgestellt, es stehe einer transparenten und wettbewerbskonformen Auftragsvergabe regelmäßig nicht entgegen, wenn der öffentliche Auftraggeber für die Erfüllung qualitativer Wertungskriterien Noten mit zugeordneten Punktwerten vergebe, ohne dass die Vergabeunterlagen weitere konkretisierende Angaben dazu enthalten würden, wovon die jeweils zu erreichende Punktzahl konkret abhängen soll (BGH 4.4.2017 – X ZB 3/17, NZBau 2017, 366).

[26] Die regelmäßige nicht verbindliche Bekanntmachung muss die zu vergebende Liefer- oder Dienstleistung benennen, den Hinweis enthalten, dass keine gesonderte Auftragsbekanntmachung ergeht, die Marktteilnehmer zu einer Interessensbekundung auffordern, alle nach Anhang IV der Durchführungsverordnung (EU) 2015/1986 geforderten Informationen enthalten und wenigstens 35 Tage und nicht mehr als zwölf Monate vor dem Zeitpunkt der Absendung der Aufforderung zur Interessensbestätigung veröffentlicht werden; vgl. § 36 Abs. 4 S. 1 Nr. 1 bis 5 SektVO und dazu → *Jasper* § 36 Rn. 7.

[27] Siehe § 38 VgV für Liefer- und Dienstleistungsaufträge sowie § 12 EU Abs. 1 und 2 VOB/A für Bauaufträge. Zur Vorinformation *Otting* EuZW 2014, 446 (449).

[28] Europäische Kommission, Grünbuch über die Modernisierung der europäischen Politik im Bereich des öffentlichen Auftragswesens – Wege zu einem effizienteren europäischen Markt für öffentliche Aufträge vom 27.1.2011, KOM(2011) 15 endg., 21.

II. Aufforderung zur Interessensbestätigung

Nach der Veröffentlichung der regelmäßigen nicht verbindlichen Bekanntmachung sind 24
die interessierten Unternehmen aufgefordert, ihr Interesse an einer Teilnahme am weiteren
Verfahren zu bekunden und zu diesem Zweck eine sog. **Interessensbekundung** an den
Auftraggeber zu übermitteln, § 36 Abs. 5 SektVO. Für die Form der Übermittlung gilt
§ 43 SektVO. Die Interessenbekundung begründet für die Unternehmen keine Verpflichtungen. Sie können auf eine spätere Interessensbestätigung oder Angebotsabgabe verzichten. Der Auftraggeber muss hingegen nach § 36 Abs. 5 S. 1 SektVO alle Unternehmen,
die eine Interessensbekundung übermittelt haben, in dem folgenden Vergabeverfahren auffordern, ihr Interesse an einer weiteren Teilnahme zu bestätigen.

Mit der Aufforderung zur **Interessensbestätigung** wird zugleich der Teilnahmewett- 25
bewerb des nicht offenen Verfahrens bzw. des Verhandlungsverfahrens eingeleitet. Mit ihrer
Interessensbestätigung übermitteln die Unternehmen gleichzeitig auch die (in der regelmäßigen nicht verbindlichen Bekanntmachung bereits veröffentlichen und vom Auftraggeber
geforderten) Informationen für die Prüfung ihrer Eignung. Die Frist für den Eingang der
Interessensbestätigung bestimmt § 36 Abs. 5 S. 3 SektVO auf 30 Tage, gerechnet ab dem
Tag nach der Absendung der Aufforderung zur Interessensbestätigung. Den Mindestinhalt
dieser Aufforderung legt § 42 Abs. 3 S. 2 Nr. 1 bis 9 SektVO fest.

Der Auftraggeber kann nachträglich von den Angaben in der Aufforderung zur Interes- 26
sensbestätigung abweichen, sofern dies sachlich gerechtfertigt ist. Er muss allerdings erneut
alle Unternehmen, die ihr Interesse bekundet haben, zur Interessensbestätigung auffordern.
Dies kann allenfalls dann unterbleiben, wenn ausgeschlossen ist, dass weitere oder andere
Unternehmen in Kenntnis der neuen Umstände ihr Interesse bestätigt hätten. Dies dürfte
nur in Ausnahmefällen vorkommen oder dann, wenn alle Unternehmen ihr Interesse bestätigt haben. Sofern der Auftraggeber von den Angaben in der regelmäßigen nicht verbindlichen Bekanntmachung nach § 36 Abs. 4 SektVO abweichen will, muss er zur Wahrung
der Transparenz des Vergabeverfahrens den Aufruf zum Wettbewerb durch eine Auftragsbekanntmachung oder eine angepasste regelmäßige nicht verbindliche Bekanntmachung
wiederholen.[29]

Da die in § 42 Abs. 3 S. 2 Nr. 1 bis 9 SektVO geforderten Mindestinhalte mit den An- 27
forderungen des § 52 Abs. 3 S. 2 Nr. 1 bis 9 VgV weitgehend übereinstimmen, wird auf
die dortige Kommentierung verwiesen (→ *Koch* VgV § 52 Rn. 13 ff.). Nachfolgend soll
nur auf einige Einzelpunkte eingegangen werden.

1. Angabe des Auftragsumfangs

Die Pflicht zur Darstellung aller **Optionen und wiederkehrenden Aufträge** in der 28
Aufforderung zur Interessensbestätigung nach § 42 Abs. 3 S. 2 Nr. 1 SektVO ist durch die
Vergaberechtsmodernisierungsverordnung aus Ziff. 2 lit. a des Anhangs XIII der Richtlinie
2014/25/EU in die Sektorenverordnung übernommen worden.[30]

Es fällt auf, dass § 42 Abs. 3 S. 2 Nr. 1 Hs. 2 und Nr. 3 SektVO nur von Liefer- und 29
Dienstleistungen sprechen. Bauleistungen werden hingegen nicht erwähnt. Dies entspricht
den Formulierungen in § 52 Abs. 3 S. 2 Nr. 1 und 3 VgV. Die Sektorenverordnung gilt
anders als die VgV aber in ihrer Gesamtheit für alle Arten von Leistungen, auch für **Bauleistungen**. Es ist nicht anzunehmen, dass der Verordnungsgeber die Möglichkeit der regelmäßigen nicht verbindlichen Bekanntmachung ohne weitere Auftragsbekanntmachung
für Bauleistungen im Sektorenbereich ausschließen wollte. Dagegen spricht insbesondere,

---

[29] Siehe auch *Röwekamp* in Eschenbruch/Opitz, SektVO, 1. Aufl. 2012, § 25 Rn. 55.
[30] § 25 Abs. 5 S. 2 Nr. 1 SektVO aF hatte nur knapp Angaben zu „*Art und Umfang des Auftrags*" verlangt,
obgleich Art. 47 Abs. 5 lit. a der Richtlinie 2004/17/EG bereits der heutigen Regelung entsprach. Es dient
der Nutzerfreundlichkeit, dass die Vorgaben nunmehr direkt in der SektVO zu finden sind.

dass in § 12 EU Abs. 1 und 2 VOB/A die Vorinformation für sonstige Bauleistungen vergleichbar den Liefer- und Dienstleistungen nach der VgV und der SektVO vorgesehen ist. Ziffer 2 lit. a und c des Anhangs XIII der Richtlinie 2014/25/EU nennen ausdrücklich auch Bauleistungen. Deutlich wahrscheinlicher ist daher ein Redaktionsversehen.[31] Bauleistungen sind daher unionsrechtskonform in die §§ 36 und 42 SektVO „hineinzulesen".

2. Elektronische Bereitstellung der Vergabeunterlagen

30   Die Aufforderung zur Interessensbestätigung muss die Internetadresse enthalten, über die die Vergabeunterlagen unentgeltlich, uneingeschränkt und vollständig direkt verfügbar sind, siehe auch § 41 Abs. 1 SektVO. Wenn der Auftraggeber die Internetadresse nicht bereits in der regelmäßigen nicht verbindlichen Bekanntmachung mitgeteilt hat, erhält in diesem Fall somit nur ein eingeschränkter Kreis von Unternehmen Kenntnis, wo die Vergabeunterlagen elektronisch bereitgestellt werden und dies auch noch nicht zum Zeitpunkt der regelmäßigen nicht verbindlichen Bekanntmachung. In dem Unterlassen der Mitteilung nach Nr. 4 in der Aufforderung zur Interessensbestätigung liegt eine Verletzung des § 41 Abs. 1 SektVO.[32] Gründe für ein Absehen von der elektronischen Bereitstellung der Vergabeunterlagen finden sich in § 41 Abs. 3 und 4 SektVO (→ *Ricken* § 41 Rn. 18 ff. und 25 ff.).

3. Anschrift des Auftraggebers

31   Nach § 42 Abs. 3 S. 2 Nr. 6 SektVO ist die **Anschrift des Auftraggebers** mitzuteilen, der den Zuschlag erteilt. Der Bewerber braucht diese Information, um seine Interessensbestätigung, seine Teilnahmeunterlagen und sein Angebot an die zuständige Stelle adressieren zu können und soll nicht mit unnötigem Rechercheaufwand belastet werden. Die Formulierung *„öffentliche Auftraggeber"* ist ein Redaktionsversehen. Die Sektorenverordnung gilt nicht nur für die Auftragsvergabe von öffentlichen Auftraggebern im Sektorenbereich, sondern auch von natürlichen und juristischen Personen des Privatrechts unter den Voraussetzungen des § 100 Abs. 1 Nr. 2 GWB.

---

[31] Die Nichtnennung von Bauleistungen in §§ 38 Abs. 4 S. 1 Nr. 1 und 52 Abs. 3 S. 2 Nr. 1 und 3 VgV zur Vorinformation ist hingegen kein Redaktionsversehen, weil die VgV abgesehen von Abschnitt 1 und Abschnitt 2, Unterabschnitt 2 nicht für die Vergabe von Bauaufträgen gilt. Außerhalb des Sektorenbereichs regeln §§ 12 EU Abs. 1 und 2, 12a EU Abs. 1 VOB/A die Vorinformation und die Möglichkeit des Verzichts auf eine weitere Auftragsbekanntmachung bei Auftragsvergaben.

[32] OLG München 13.3.2017 – Verg 15/16, IBRRS 2017, 1097 zur Parallelvorschrift des § 41 Abs. 1 VgV.

§ 43 Form und Übermittlung der Angebote, Teilnahmeanträge, Interessensbekundungen und Interessensbestätigungen

(1) **Die Unternehmen übermitteln ihre Angebote, Teilnahmeanträge, Interessensbekundungen und Interessensbestätigungen in Textform nach § 126b des Bürgerlichen Gesetzbuchs mithilfe elektronischer Mittel.**

(2) **Der Auftraggeber ist nicht verpflichtet, die Einreichung von Angeboten, Teilnahmeanträgen, Interessensbekundungen und Interessensbestätigungen mithilfe elektronischer Mittel zu verlangen, wenn auf die zur Einreichung erforderlichen elektronischen Mittel einer der in § 41 Absatz 3 genannten Gründe zutrifft oder wenn zugleich physische oder maßstabsgetreue Modelle einzureichen sind, die nicht elektronisch übermittelt werden können. In diesen Fällen erfolgt die Kommunikation auf dem Postweg oder auf einem anderen geeigneten Weg oder in Kombination von postalischem oder einem anderen geeigneten Weg und unter Verwendung elektronischer Mittel.**

(3) **Der Auftraggeber gibt im Vergabevermerk die Gründe an, warum die Angebote mithilfe anderer als elektronischer Mittel eingereicht werden können.**

Übersicht

	Rn.			Rn.
A.Einführung	1		II. Übergangsbestimmung	16
I. Literatur	1		III. Ausnahme von der elektronischen Übermittlung (Abs. 2)	20
II. Entstehungsgeschichte	2		1. Anwendungsbereich der Ausnahmetatbestände	23
III. Rechtliche Vorgaben im EU-Recht	9		2. Gründe nach § 41 Abs. 3 SektVO	25
B. Form und Übermittlung	11		3. Einreichung physischer oder maßstabsgetreuer Modelle	26
I. Grundsatz der elektronischen Übermittlung in Textform (Abs. 1)	11		C. Dokumentation (Abs. 3)	27
1. Textform nach § 126b BGB	12		D. Rechtsschutz	30
2. Anforderungen an die Übermittlung	14			

A. Einführung

I. Literatur

Höfler, Transparenz bei der Vergabe öffentlicher Aufträge, NZBau 2010, 73 ff.; *Schäfer,* Perspektiven der **1** eVergabe, NZBau 2015, 131 ff.

II. Entstehungsgeschichte

Mit dem Erlass der Verordnung zur Modernisierung des Vergaberechts[1] wurde § 43 **2** SektVO neu geschaffen. Inhaltlich knüpft die Regelung an § 5 SektVO aF[2] an, welcher die Form der Übermittlung von Teilnahmeanträgen und Angeboten in das Ermessen des Auftraggebers stellte. Die Nutzung elektronischer Kommunikationsmittel stand danach gleichrangig neben einer Übermittlung durch einen Boten, per Post, per Telefax oder auf einem vergleichbaren Weg.

---

[1] Verordnung zur Modernisierung des Vergaberechts (Vergaberechtsmodernisierungsverordnung – VergRModVO) vom 12.4.2016 (BGBl. 2016 I 624).
[2] Verordnung über die Vergabe von Aufträgen im Bereich des Verkehrs, der Trinkwasserversorgung und der Energieversorgung (Sektorenverordnung – SektVO) vom 23.9.2009 (BGBl. 2009 I 3110), zuletzt geändert durch Verordnung vom 12.4.2016 (BGBl. 2016 I 624), aufgehoben mit Ablauf des 17.4.2016.

3　Die Wahlfreiheit des Übermittlungsweges hat nicht wie gewünscht zu einer Durchsetzung der **E-Vergabe** im europäischen Binnenmarkt geführt.[3] Während die elektronische Bereitstellung von Vergabeunterlagen im Laufe der Jahre deutlich zugenommen hat, haben sich insbesondere die interaktive Kommunikation und die elektronische Angebotsabgabe nicht flächendeckend durchsetzen können. Die weit überwiegende Mehrzahl der Vergabeverfahren wird bisher nicht vollelektronisch durchgeführt.[4]

4　Um den Prozess der Umstellung auf die E-Vergabe zu beschleunigen und die dabei vermuteten positiven Effekte für Effizienz und Transparenz der Auftragsvergabe zu heben,[5] sieht das Vergaberecht nunmehr ein Regel-Ausnahme-Verhältnis zugunsten der **elektronischen Übermittlung** anstelle der bisherigen Wahlfreiheit vor. Grundsätzlich ist die Nutzung elektronischer Mittel bei der Übermittlung von Angeboten, Teilnahmeanträgen, Interessensbekundungen und Interessensbestätigungen vorgesehen, § 43 Abs. 1 SektVO. Lediglich bei Vorliegen gesetzlich definierter Ausnahmegründe darf der Auftraggeber von der Einreichung mithilfe elektronischer Mittel absehen. Einige dieser Ausnahmegründe sind in § 43 Abs. 2 SektVO genannt, der unter anderem auf die Ausnahmen zur elektronischen Bereitstellung von Vergabeunterlagen nach § 41 Abs. 3 SektVO verweist.[6] Weitere Ausnahmen von der Pflicht zur elektronischen Übermittlung enthält § 44 Abs. 2 SektVO zum Schutz besonders schutzwürdiger Daten bei der Einreichung der Angebote (→ *Ricken* § 44 Rn. 13 ff.).

5　Die dahinterstehende Intention ist offensichtlich. Die Europäische Kommission hat frühzeitig die Durchsetzung der E-Vergabe zu einem wesentlichen Ziel der Überarbeitung des Vergaberechts erklärt.[7] Die Auftraggeber werden nunmehr dazu angehalten, der E-Vergabe volle Geltung zu verschaffen. Die dabei anfallenden Umsetzungskosten werden sich nach Ansicht der Europäischen Kommission durch Verwaltungseinsparungen zügig amortisieren.

6　Erfolg wird dieses Projekt aber nur haben, wenn die teilweise fehlende **Interoperabilität** der technischen Mittel für die Angebotsabgabe in den diversen auf dem Markt befindlichen Lösungen hergestellt werden kann. Solange hier deutliche Unterschiede bestehen, führt die E-Vergabe nicht zu einer Erleichterung für die Wirtschaftsteilnehmer, sondern im Gegenteil zu einem Mehraufwand für die Unternehmen, die sich mit divergierenden Lösungen konfrontiert sehen.[8] Die Folge wäre nicht mehr Wettbewerb auf dem Binnenmarkt, sondern neue Wettbewerbshemmnisse. Aufgrund der unterschiedlichen Umsetzungen der E-Vergabe innerhalb der öffentlichen Verwaltung und den differierenden Anforderungen der beteiligten Bieter ist eine Standardisierung von Softwarelösungen kaum

---

[3] Die Richtlinie 2004/17/EG des Europäischen Parlaments und des Rates vom 31.3.2004 zur Koordinierung der Zuschlagserteilung durch Auftraggeber im Bereich der Wasser-, Energie- und Verkehrsversorgung sowie der Postdienste (ABl. 2004 L 134, 1) betont die Vorzüge der elektronischen Vergabe ausdrücklich, siehe Erwägungsgrund 46: *„Angesichts der neuen Informations- und Kommunikationstechnologie und der Erleichterungen, die sie für die Bekanntmachung von Aufträgen und die Effizienz und Transparenz der Vergabeverfahren mit sich bringen können, ist es angebracht, die elektronischen Mittel den klassischen Mitteln zur Kommunikation und zum Informationsaustausch gleichzusetzen."*
[4] *Schäfer* NZBau 2015, 131 (132) geht von einer Zahl kleiner 20% aller Vergabeverfahren aus.
[5] Die Europäische Kommission geht in ihrer Mitteilung der Kommission an das Europäische Parlament, den Rat, den Europäischen Wirtschafts- und Sozialausschuss und den Ausschuss der Regionen „Eine Strategie für die e-Vergabe" vom 20.4.2012 (KOM[2012] 179 endg., 1) von einem Einsparpotenzial von 5 bis 20% der Verfahrenskosten aus. Angesichts der Größe des Vergabemarktes der EU könnten je 5% an Einsparungen etwa 100 Mrd. Euro in die öffentlichen Kassen zurückfließen.
[6] Dazu → *Ricken* § 41 Rn. 26 ff.
[7] Im Grünbuch zum Ausbau der e-Beschaffung in der EU vom 18.10.2010 (KOM[2010] 571 endg., 3) heißt es: *„Nach Auffassung der Kommission ist dies der richtige Zeitpunkt, um die Gemeinschaftsmaßnahmen zur Förderung der Einführung von e-Procurement durch staatliche Stellen auf nationaler, regionaler und lokaler Ebene neu auszurichten. Die Technologie ist nun ausgereift. In vielen Regionen und Mitgliedstaaten sind erfolgreiche e-Procurement-Plattformen fest etabliert. Der über diese Systeme abgewickelte Verkehr hat eine kritische Masse erreicht und wächst rasch an. Das ist die Gelegenheit zur Verbreitung der besten Verfahren und zur Korrektur der Unzulänglichkeiten im rechtlichen und politischen Umfeld der EU, die andernfalls diese Entwicklungen abwürgen könnten."*
[8] Hierzu ausführlich *Schäfer* NZBau 2015, 131 (133 f.).

umsetzbar. Um die Akzeptanz der E-Vergabe zu erhöhen und die Effizienz- und Kostenvorteile für alle Verfahrensbeteiligten zu heben, gibt es Bestrebungen, einen einheitlichen
Bieterzugang in die unterschiedlichen Vergabeplattformen zu schaffen und einen platt-
formübergreifenden Daten- und Austauschprozessstandard zu definieren.[9]

Auftraggeber können das festgelegte Mindestmaß der elektronischen Kommunikation **7**
insbesondere durch die Nutzung sog **Vergabeplattformen** erfüllen, auf denen Vergabeunterlagen unter Einhaltung der Vorgaben des § 41 Abs. 1 SektVO bereitgestellt werden können, über die mit den Bewerbern und Bietern kommuniziert werden kann und über die
die elektronischen Angebote entgegengenommen werden können. Umfassendere elektronische Lösungen bieten sog. Vergabemanagementsysteme, die das Beschaffungsvorhaben
von der Erstellung des Leistungsverzeichnisses bis zur Zuschlagserteilung und Vergabebekanntmachung abbilden. Erwägungsgrund 63 der Richtlinie 2014/25/EU weist ausdrücklich darauf hin, dass die Pflicht zur Verwendung elektronischer Kommunikationsmittel nach Art. 40 der Richtlinie 2014/25/EU Auftraggeber nicht zur elektronischen
Verarbeitung von Angeboten verpflichtet oder eine elektronische Bewertung oder automatische Verarbeitung vorschreibt. Des Weiteren sollen nach der Richtlinie weder Bestandteile des Verfahrens der öffentlichen Auftragsvergabe, die auf die Vergabe des Auftrags folgen,
noch die interne Kommunikation des Auftraggebers unter die Verpflichtung zur Verwendung elektronischer Kommunikationsmittel fallen. Auftraggeber können aber freiwillig
über die Vorgaben der Richtlinie hinausgehen.

Die übrigen bisher in § 5 Abs. 2 bis 6 SektVO aF geregelten Vorgaben zur Infor- **8**
mationsübermittlung im Vergabeverfahren finden sich – an die neuen Grundsätze zur
E-Vergabe angepasst – nunmehr in §§ 9 ff. SektVO.[10] Die in § 43 SektVO geregelte elektronische Übermittlung erfasst nur einen einzelnen Verfahrensschritt der E-Vergabe und
muss in Zusammenschau mit den weiteren Vorschriften über das elektronische Vergabeverfahren, insbesondere den §§ 9 ff. SektVO, gesehen werden. Die Parallelvorschriften für
Vergabeverfahren außerhalb des Sektorenbereichs finden sich in § 53 VgV und § 13 EU
VOB/A.

III. Rechtliche Vorgaben im EU-Recht

§ 43 SektVO setzt die Vorgaben des **Art. 40 Abs. 1 UAbs. 1 und 2 der Richtli- 9**
nie 2014/25/EU um. Art. 40 der Richtlinie 2014/25/EU kann als Zentralvorschrift für
die E-Vergabe im Sektorenbereich angesehen werden und verlangt, dass die gesamte
Kommunikation und der gesamte Informationsaustausch in Sektorenvergabeverfahren, insbesondere die elektronische Einreichung von Angeboten, unter Anwendung elektronischer
Kommunikationsmittel erfolgen. Anders als in Art. 40 der Richtlinie 2014/25/EU hat der
deutsche Verordnungsgeber die Ausnahmefälle nicht unmittelbar im Zusammenhang mit
der Vorgabe der gesamten Kommunikation und des gesamten Informationsaustauschs unter
Anwendung elektronischer Mittel geregelt. Weitere Anforderungen an die Instrumente
und Vorrichtungen für die elektronische Entgegennahme von Angeboten, Teilnahmeanträgen, Interessensbekundungen und Interessensbestätigungen enthält **Anhang V der Richt-**
linie 2014/25/EU. So verlangt etwa Anhang V lit. c die Gewährleistung der Sicherstellung, dass niemand vor den festgesetzten Terminen Zugang zu den gemäß den festgelegten
Anforderungen übermittelten Daten haben kann.

Art. 40 Abs. 1 UAbs. 1 der Richtlinie 2014/25/EU legt fest, dass die für die elektroni- **10**
sche Übermittlung zu verwendenden **Instrumente und Vorrichtungen** und ihre technischen Merkmale diskriminierungsfrei und allgemein zugänglich sowie mit den allgemein

---

[9] Diesem Ziel folgt in Deutschland das Projekt „XVergabe" unter Federführung des Beschaffungsamtes
des Bundesministeriums des Innern, vgl. unter https://www.xvergabe.org/confluence/display/xv/Home
(zuletzt aufgerufen am 5.6.2017).
[10] Dazu → *Wandenvitz* VgV § 9 Rn. 6 ff.

verbreiteten Erzeugnissen der Informations- und Kommunikationstechnik (IKT) kompatibel sein müssen und den Zugang der Wirtschaftsteilnehmer zum Vergabeverfahren nicht einschränken dürfen. Dies gilt etwa für die Dateiformate der elektronisch zur Verfügung gestellten Vergabeunterlagen. Die nationale Umsetzung dieser Vorgaben erfolgt in § 11 SektVO.

B. Form und Übermittlung

I. Grundsatz der elektronischen Übermittlung in Textform (Abs. 1)

11   Mit § 43 Abs. 1 SektVO wird die elektronische Übermittlung von Angeboten, Teilnahmeanträgen, Interessensbekundungen und Interessensbestätigungen[11] zum Regelfall erklärt. Die Vorschrift ist inhaltsgleich zu § 53 Abs. 1 VgV, weshalb zu den Einzelheiten auf die dortige Kommentierung verwiesen wird (→ *Koch* VgV § 53 Rn. 8 ff.).

1. Textform nach § 126b BGB

12   Vorgesehen ist die Einreichung in Textform nach § 126b BGB. Die aktuelle Regelung verlangt damit anders als § 5 Abs. 1 S. 2 SektVO aF nicht mehr zwingend die Verwendung einer elektronischen Signatur, deren Eigenschaften durch den Auftraggeber vorgegeben werden müssen.[12] Die Möglichkeit der Textform soll Vorbehalte abbauen, die hinsichtlich der als kompliziert, anwenderunfreundlich und teuer empfundenen **elektronischen Signatur** bislang bestanden und wohl ein wesentlicher Grund für die Verhinderung einer flächendeckenden Durchsetzung der E-Vergabe waren.[13]

13   Textform nach § 126b BGB verlangt eine lesbare Erklärung, in der die Person des Erklärenden genannt ist, die auf einem dauerhaften Datenträger abgegeben werden muss. Ein dauerhafter Datenträger ist jedes Medium, das es dem Empfänger ermöglicht, eine auf dem Datenträger befindliche, an ihn persönlich gerichtete Erklärung so aufzubewahren oder zu speichern, dass sie ihm während eines für ihren Zweck angemessenen Zeitraums zugänglich ist, und geeignet ist, die Erklärung unverändert wiederzugeben. Eine Unterschrift ist nicht erforderlich. Wenn der Erklärende hinreichend genau bezeichnet ist, ist auch die Nennung beispielsweise im Kopf einer E-Mail oder eines Briefes oder als Absender eines Telefaxes ausreichend.[14] Bei juristischen Personen und Handelsgesellschaften muss die Firma (§ 17 Abs. 1 HGB) genannt werden.

2. Anforderungen an die Übermittlung

14   Für das Vergabeverfahren reicht eine **E-Mail** zur Abgabe des Teilnahmeantrags oder des Angebotes richtigerweise dennoch nicht aus.[15] Sie genügt zwar den Anforderungen des § 126b BGB und wird mithilfe elektronischer Mittel übermittelt. Den Anforderungen des Geheimwettbewerbs genügt sie hingegen nicht. Anders als §§ 54, 55 VgV und § 29

---

[11] Mit der Interessensbekundung erklären Unternehmen ihr Interesse an einem in einer regelmäßigen nicht verbindlichen Bekanntmachung nach § 36 Abs. 4 SektVO angekündigten Vergabeverfahren. Der Auftraggeber fordert diese Unternehmen im weiteren Verlauf nach §§ 36 Abs. 5 und 42 Abs. 3 SektVO dazu auf, mittels einer Interessensbestätigung zu erklären, ob sie an dem nunmehr beginnenden Vergabeverfahren teilnehmen wollen; → *Jasper* § 36 Rn. 8, → *Ricken* § 42 Rn. 23 ff.

[12] Zur alten Rechtslage *Stalmann* Eschenbruch/Opitz, SektVO, 1. Aufl. 2012, § 5 Rn. 16.

[13] So die Analyse der Europäischen Kommission im Grünbuch zum Ausbau der e-Beschaffung in der EU vom 18.10.2010 (KOM[2010] 571 endg., 13): „*Durch die Entscheidung zur Förderung qualifizierter elektronischer Signaturen im Aktionsplan wurde die Messlatte für e-Procurement-Anwendungen möglicherweise zu hoch gehängt, und die Kosten und der Aufwand für die elektronische Einreichung von Angeboten wurden gesteigert.*"

[14] *Junker* in Herberger/Martinek/Rüßmann u. a., jurisPK-BGB, 7. Aufl. 2014, § 126b BGB Rn. 18.

[15] Bisher galt dies schon aufgrund der Pflicht zur Verwendung einer elektronischen Signatur, vgl. VK Sachsen-Anhalt 22.12.2011 – 1 VK LSA 32/11, IBRRS 2012, 1549.

KonzVgV enthält die Sektorenverordnung zwar keine Regelung zum Umgang mit ungeöffneten Teilnahmeanträgen und Angeboten vor Ablauf der Teilnahme- oder Angebotsfrist.
Zur Wahrung des Wettbewerbsgrundsatzes aus § 97 Abs. 1 GWB sind mithilfe elektronischer Mittel eingehende Angebote zu kennzeichnen und verschlüsselt zu speichern, um
einer Manipulation des Vergabeverfahrens von vornherein vorzubeugen. Denn wesentliches
und unverzichtbares Kennzeichen einer Auftragsvergabe im Wettbewerb ist die Gewährleistung eines **Geheimwettbewerbs** zwischen den an der Ausschreibung teilnehmenden
Bietern.[16] Eine Übersendung der elektronischen Angebote per E-Mail kann dies nicht gewährleisten, da eine Kenntnisnahme vom Inhalt des Angebots vor Ablauf der Angebotsfrist
möglich wäre. Dies soll auch dann gelten, wenn eine Einreichung über eine an das Internet
angebundene Plattform aufgrund technischer Schwierigkeiten nicht fristgerecht möglich
ist.[17] Der Bieter hat in einem solchen Fall die Möglichkeit, den Auftraggeber zur Verlängerung der Abgabefrist aufzufordern und, sofern dieser sich weigert, die Störung der Vergabeplattform als Verstoß gegen § 10 SektVO zu rügen.[18] Es obliegt dem Auftraggeber
gemäß § 10 Abs. 1 S. 2 Nr. 2 SektVO sicherzustellen, dass die von ihm verwendeten elektronischen Mittel einen vorfristigen Zugriff auf die empfangenen Daten nicht zulassen
(→ *Wanderwitz* § 10 Rn. 15). Sofern in der Übergangszeit bis zum 18.10.2018 (→ Rn. 19)
eine Einreichung per Post verlangt wird, sind auch hier strenge Anforderungen an die Integrität der Angebote zu stellen. Angebote müssen immer in einem verschlossenen Umschlag eingereicht werden.[19]

Diese technischen Anforderungen greifen die derzeit in Deutschland verbreiteten Platt- **15**
formlösungen auf. Verschiedene Anbieter stellen ihre Vergabeplattformen als sog. Software as a Service (SaaS-Modelle) zur Verfügung. Bei solchen Modellen wird die Software
und die IT-Infrastruktur bei einem externen Dienstleister betrieben und vom Kunden als
Dienstleistung genutzt. Es handelt sich um einen Teilbereich des Cloud Computing. Vorteil für den Auftraggeber ist, dass er nur einen geringen Aufwand hat, um den Anforderungen der E-Vergabe gerecht zu werden. Durch das SaaS-Modell werden dem Servicenehmer
die Anschaffungs- und Betriebskosten teilweise erspart, da der Servicegeber die komplette
IT-Administration und weitere Dienstleistungen wie Wartungsarbeiten und Updates übernimmt. Der Zugriff auf die Vergabeplattformen erfolgt mit einem internetfähigen Computer mit Webbrowser sowie einer Internetanbindung an den externen Dienstleister. Für
die Nutzung und den Betrieb zahlt der Auftraggeber ein Nutzungsentgelt. Komplexer sind
hingegen sog. Vergabemanagementsysteme, die den Beschaffungsprozess umfassend elektronisch abbilden. Sie erfordern zumeist eine Einpassung in die IT-Umgebung des Auftraggebers und gegebenenfalls die Ausgestaltung von Schnittstellen zu anderen IT-Systemen,
etwa der Einkaufssoftware.

II. Übergangsbestimmung

In besonderen Fällen ist die Verwendung elektronischer Mittel bereits ab Inkrafttreten **16**
der Sektorenverordnung verbindlich vorgeschrieben. Hierzu zählen der Betrieb dynamischer Beschaffungssysteme gem. §§ 20 ff. SektVO, die Durchführung elektronischer Auktionen gem. §§ 23 f. SektVO und die Einreichung von Angeboten in Form eines elektronischen Katalogs gem. § 25 SektVO.

---

[16] OLG Naumburg 2.8.2012 – 2 Verg 3/12, BeckRS 2012, 21447 = VergabeR 2013, S. 123; OLG Düsseldorf 11.5.2011 – VII-Verg 8/11, IBR 2011, 600; OLG Thüringen 29.8.2008 – 9 Verg 5/08.
[17] Ein unverschlüsselt per E-Mail übersandtes Angebot ist daher regelmäßig vom Vergabeverfahren auszuschließen, vgl. OLG Karlsruhe 17.3.2017 – 15 Verg 2/17, IBRRS 2017, 1781; anders noch die Vorinstanz
VK Baden-Württemberg 30.12.2016 – 1 VK 51/16, wonach bei technischen Schwierigkeiten aus der
Sphäre des Auftraggebers eine Übermittlung des Angebots per E-Mail durchaus in Betracht komme.
[18] *Tews* VPR 2017, 2813.
[19] Angebote, die in einem nicht verschlossenen Umschlag eingereicht werden, sind vom Verfahren auszuschließen. Dies gilt selbst dann, wenn der Umschlag auf dem Postweg derart beschädigt wird, dass er als
unverschlossen anzusehen ist; vgl. VK Baden-Württemberg 4.9.2014 – 1 VK 40/14, IBRRS 2015, 2979.

17   Im Übrigen sieht § 64 S. 1 SektVO einen **Übergangszeitraum** für die Umstellung auf das vollständige elektronische Vergabeverfahren einschließlich elektronischem Einreichungsverfahren vor. Unionsrechtliche Grundlage hierfür ist Art. 106 Abs. 2 der Richtlinie 2014/25/EU. Nach § 64 S. 1 SektVO ist die Anwendung des § 43 Abs. 1 SektVO bis zum Ablauf der Übergangsfristen in das Ermessen der Auftraggeber gestellt. Innerhalb dieser Fristen können Auftraggeber noch von § 43 Abs. 1 SektVO abweichen und wählen, ob sie den Unternehmen die Übermittlung der Angebote, Teilnahmeanträge, Interessensbekundungen und Interessensbestätigungen auf dem Postweg, einem anderen geeigneten Weg oder einer Kombination von postalischem oder einem anderen geeigneten Weg und Verwendung elektronischer Mittel vorgeben.[20]

18   Für **zentrale Beschaffungsstellen** gem. § 120 Abs. 4 S. 1 GWB ist die Umsetzungsfrist bereits abgelaufen. Sie müssen seit dem 18.4.2017 die elektronische Einreichung der Unterlagen ermöglichen. Eine zentrale Beschaffungsstelle ist ein öffentlicher Auftraggeber, der für andere öffentliche Auftraggeber dauerhaft Liefer- und Dienstleistungen beschafft, öffentliche Aufträge vergibt oder Rahmenvereinbarungen abschließt (zentrale Beschaffungstätigkeit). Die zentrale Beschaffungsstelle kann dabei auf zwei Arten tätig sein. Entweder kann sie selbst Waren oder Dienstleistungen beschaffen und anschließend weiterverkaufen, oder im Auftrag und auf Rechnung anderer öffentlicher Auftraggeber Vergabeverfahren für diese durchführen (zu den Einzelheiten → *Seidel* in GWB § 120 Rn. 21 ff.). Ein Auftraggeber hat eigenverantwortlich zu prüfen, ob diese Voraussetzungen auf ihn zutreffen und er bereits seit dem 18.4.2017 vollständige elektronische Vergabeverfahren durchführen muss.

19   Für alle übrigen Auftraggeber läuft die Übergangsfrist noch bis zum 18.10.2018. Ab diesem Tag ist die elektronische Angebotsannahme der gesetzliche Regelfall für alle Sektorenauftraggeber.

III. Ausnahme von der elektronischen Übermittlung (Abs. 2)

20   Die Pflicht zur Entgegennahme der Angebote, Teilnahmeanträge, Interessensbekundungen und Interessensbestätigungen mithilfe elektronischer Mittel ist den Auftraggebern nicht ausnahmslos auferlegt. In Umsetzung von Art. 40 Abs. 1 UAbs. 2 der Richtlinie 2014/25/EU besteht diese Pflicht nach § 43 Abs. 2 SektVO nicht, wenn einer der in § 41 Abs. 3 SektVO genannten Gründe zutrifft oder wenn zugleich physische oder maßstabsgetreue Modelle einzureichen sind, die nicht elektronisch übermittelt werden können. Eine Parallelregelung findet sich in § 53 Abs. 2 VgV (→ *Koch* VgV § 53 Rn. 13 ff.).

21   Die Sektorenverordnung folgt der Überzeugung des europäischen Gesetzgebers, dass in den genannten Fällen die Verpflichtung zur Verwendung elektronischer Mittel in allen Phasen des Vergabeverfahrens unangemessen wäre. Der Ausnahmecharakter wird durch die als abschließend zu betrachtende Aufzählung der **Fallgruppen** unterstrichen. Da es sich um eine Abweichung vom Grundsatz der elektronischen Vergabe handelt, der in Art. 40 und 73 der Richtlinie 2014/25/EU vorgegeben und in § 97 Abs. 5 GWB als Programmsatz des GWB-Vergaberechts niedergelegt ist, sind die Ausnahmefälle zur Wahrung des unionsrechtlichen *effet utile* restriktiv auszulegen. Dies sollen auch die Dokumentationspflichten nach Absatz 3 sicherstellen (→ Rn. 27 ff.).

22   Seiner Formulierung nach dispensiert § 43 Abs. 2 SektVO lediglich von der Pflicht zur Entgegennahme der Angebote und Teilnahmeanträge mithilfe elektronischer Mittel, lässt sie aber auch bei Vorliegen eines Ausnahmetatbestandes nach dem Ermessen des Auftraggebers zu.[21]

---

[20] BT-Drs. 18/7318, 238.

[21] Die Vorschrift ist gerade nicht in dem Sinne formuliert, dass dem Auftraggeber bei Vorliegen eines Ausnahmetatbestandes eine Einreichung mithilfe elektronischer Mittel verwehrt wäre. Im Sinne des Verhältnismäßigkeitsgrundsatzes entlastet sie den Auftraggeber und dient nicht dem Schutz der Bieter.

Die Entscheidung muss sich an den Grundsätzen des Wettbewerbs und der Gleichbehandlung orientieren.

1. Anwendungsbereich der Ausnahmetatbestände

Die Ausnahmetatbestände des § 43 Abs. 2 SektVO gelten sowohl für die Einreichung **23** von Angeboten als auch von Teilnahmeanträgen, Interessensbekundungen und Interessensbestätigungen. Damit weicht die Vorschrift in ihrem Wortlaut von Art. 40 Abs. 1 UAbs. 2 der Richtlinie 2014/25/EU ab, der ein Absehen von der elektronischen Übermittlung nur für die *„Einreichung von Angeboten"* nennt. Es handelt sich jedoch nur scheinbar um eine Aufweitung in der nationalen Vorschrift gegenüber der unionsrechtlichen Vorgabe. Die unterschiedliche Formulierung erklärt sich aus einer Ungenauigkeit der Übersetzung des Richtlinientextes. In der englischen Fassung spricht Art. 40 Abs. 1 UAbs. 2 der Richtlinie 2014/25/EU vom *„submission process"*, was zutreffend mit „Einreichungsverfahren" zu übersetzen wäre. Der deutsche Richtlinientext spricht hingegen verkürzend von *„Einreichung von Angeboten"*. Dass der europäische Gesetzgeber diese Einschränkung keineswegs beabsichtigt hat, ergibt sich insbesondere aus Erwägungsgrund 64 der Richtlinie 2014/25/EU, wonach Auftraggeber in bestimmten Fällen nicht verpflichtet werden sollen, die Nutzung elektronischer Kommunikationsmittel *„im Einreichungsverfahren"* zu verlangen.[22]

Die Verwendung anderer als elektronischer Mittel ist auf die Bestandteile beschränkt, für **24** die die Verwendung elektronischer Mittel nicht verlangt wird. In diesen Fällen werden diese dem Auftraggeber per Post oder auf einem anderen geeigneten Weg oder in Kombination des postalischen mit einem anderen geeigneten Weg und mit elektronischen Mitteln übermittelt.[23] Im Übrigen bleibt es bei der elektronischen Einreichung der Unterlagen.

2. Gründe nach § 41 Abs. 3 SektVO

Von einer elektronischen Übermittlung der Angebote, Teilnahmeanträge, Interessensbe- **25** kundungen und Interessensbestätigungen kann abgesehen werden, wenn **spezielle elektronische Mittel, spezielle Dateiformate** oder **spezielle Bürogeräte** erforderlich sind, um die Unterlagen abzurufen und zu verarbeiten. Zu diesen Ausnahmetatbeständen → § 41 Rn. 26 ff. Es ist folgerichtig, dass in Fällen, in denen aufgrund technischer Schwierigkeiten die Vergabeunterlagen nicht elektronisch bereitgestellt werden müssen, auch die Einreichung der Unterlagen durch die Bewerber oder Bieter nicht auf elektronischem Wege erfolgen muss.

3. Einreichung physischer oder maßstabsgetreuer Modelle

Die Ausnahmeregelung folgt der rein praktischen Überlegung, dass physische oder maß- **26** stabsgetreue Modelle nicht mithilfe elektronischer Mittel eingereicht werden können. Hierfür muss ein anderer Übermittlungsweg zugelassen werden. Das physische oder maßstabsgetreue Modell kann dem Auftraggeber daher auf dem Post- oder auf einem anderen geeigneten Weg übermittelt werden. Die Einreichung eines physischen oder maßstabgetreuen Modells per Post oder direkt darf aber nicht dazu führen, dass auf die elektronische Einreichung des Angebotes als Ganzes verzichtet wird. Denn die Willenserklärung des Angebotes kann ohne Weiteres auch elektronisch übermittelt werden.[24] Die Regelung findet sich entsprechend für die Vergabe von Aufträgen außerhalb des Sektorenbereichs in § 53 Abs. 2 S. 1 VgV (→ *Koch* VgV § 53 Rn. 15).

---

[22] Offenbar ist dem Verordnungsgeber dies nur bei § 43 Abs. 2 S. 1 SektVO und § 28 Abs. 2 S. 1 KonzVgV bewusst gewesen. Die Parallelvorschrift des § 53 Abs. 2 S. 1 VgV nennt in Übereinstimmung mit dem Wortlaut des Art. 22 Abs. 1 UAbs. 2 der Richtlinie 2014/24/EU die Einreichung der Angebote.

[23] Vgl. Erwägungsgrund 64 der Richtlinie 2014/25/EU und BT-Drs. 18/7318, 238.

[24] Dazu Erwägungsgrund 64 der Richtlinie 2014/25/EU.

C. Dokumentation (Abs. 3)

27   Nach § 43 Abs. 3 SektVO muss der Auftraggeber im Vergabevermerk die Gründe angeben, warum die Angebote und Teilnahmeanträge mithilfe anderer als elektronischer Mittel eingereicht werden können. Die **Begründungs- und Dokumentationspflichten** sollen den Auftraggeber dazu anhalten, sich mit einer vorgesehenen Abweichung vom Grundsatz der elektronischen Vergabe auseinanderzusetzen und seine Gründe nachvollziehbar zu belegen, um einer ausufernden Berufung auf die Ausnahmen entgegenzuwirken.[25]

28   Systematisch unklar ist der Hinweis in § 43 Abs. 3 SektVO auf die Dokumentation der Abweichung im **Vergabevermerk**. Denn anders als in der Vergabeverordnung vorgesehen (§ 8 Abs. 2 VgV, hierzu → *Langenbach* VgV § 8 Rn. 17 ff.), verpflichtet § 8 SektVO den Auftraggeber im Rahmen seiner Dokumentationspflichten nicht, nach Abschluss des Vergabeverfahrens einen gesonderten Vergabevermerk anzufertigen. Der Auftraggeber ist lediglich verpflichtet, die maßgeblichen Aspekte eines Vergabeverfahrens im Sektorenbereich von Beginn an fortlaufend zu dokumentieren, um Entscheidungen in allen Phasen des Vergabeverfahrens, insbesondere zu den Verhandlungs- oder Dialogphasen, der Auswahl der Teilnehmer sowie der Zuschlagsentscheidung, nachvollziehbar zu begründen, § 8 Abs. 1 SektVO. Nach dem Verständnis des Verordnungsgebers sind Dokumentationspflicht und Vergabevermerk voneinander zu trennen. Die Dokumentationspflicht ist übergreifend, eine Teilmenge davon bildet der Vergabevermerk.[26] In § 8 SektVO ist der Vergabevermerk nicht erwähnt. Diese Differenzierung entspricht den unionsrechtlichen Vorgaben. Während Art. 84 der Richtlinie 2014/24/EU für Auftragsvergaben außerhalb des Sektorenbereichs in Absatz 1 die Erstellung eines Vergabevermerks[27] mit dem genannten Mindestinhalt verlangt und in Absatz 2 die allgemeine Dokumentationspflicht statuiert, sieht Art. 100 Abs. 2 der Richtlinie 2014/25/EU nur die Dokumentation des Verfahrens vor und beinhaltet keine Vorgaben zu einem Vergabevermerk. Das Verlangen einer Angabe der Gründe für ein Abweichen von § 43 Abs. 1 SektVO in einem Vergabevermerk geht damit über die Vorgaben des Unionsrechts hinaus.[28] Denn Art. 40 Abs. 1 UAbs. 5 der Richtlinie 2014/25/EU verweist wörtlich auf den *„Einzelbericht gemäß Art. 100“*, der bei vergleichender Betrachtung mit Art. 84 der Richtlinie 2014/24/EU nicht mit einem Vergabevermerk gleichzusetzen ist.

29   Angesichts dieses Regelungshintergrundes dürfte es sich bei § 43 Abs. 3 SektVO um ein **Redaktionsversehen** handeln, möglicherweise durch Übernahme der Formulierung aus § 53 Abs. 2 S. 3 VgV, der ebenfalls eine Dokumentation im nach § 8 Abs. 2 VgV anzufertigenden Vergabevermerk verlangt. Es erscheint nicht nachvollziehbar, wenn Auftraggeber abweichend von § 8 SektVO einen Vergabevermerk erstellen müssten, wenn sie von einer elektronischen Übermittlung der Angebote und Teilnahmeanträge absehen. Da die Nichterfüllung von Dokumentationspflichten eine besonders schwerwiegende Verletzung des Transparenzgrundsatzes darstellt,[29] sollte der Verordnungsgeber hier für Klarheit sorgen. Bis dahin sollte vor dem dargestellten Regelungshintergrund der Verweis in § 43 Abs. 3 SektVO als Bezug auf die Dokumentationspflichten des § 8 SektVO ausgelegt und die Gründe für die Nichteinhaltung des § 43 Abs. 1 SektVO in der allgemeinen Verfahrensdokumentation niedergelegt werden.

---

[25] *Schäfer* NZBau 2015, 131 (134).

[26] BT-Drs. 18/7318, 151.

[27] Die Terminologie „Vergabevermerk" stimmt in der Richtlinie 2014/24/EU und in der Vergabeverordnung überein.

[28] Die Regierungsbegründung (BT-Drs. 18/7318) schweigt hierzu.

[29] Bieter haben einen selbstständigen Anspruch auf eine ordnungsgemäße Dokumentation des Vergabeverfahrens, weshalb ein unzureichend dokumentiertes Verfahren fehlerbehaftet ist; vgl. *Weyand* Vergaberecht § 97 GWB Rn. 227. Die Auftragsvergabe ist im Falle der unzureichenden Dokumentation selbst dann angreifbar, wenn sie im Übrigen ordnungsgemäß durchgeführt worden ist. OLG Celle 11.2.2010 – 13 Verg 16/09, IBRRS 2010, 0427.

D. Rechtschutz

Bewerber und Bieter haben einen aus § 97 Abs. 6 GWB folgenden Anspruch darauf, **30** dass der Auftraggeber die Anforderungen an die Form und Übermittlung von Informationen im Vergabeverfahren einhält. § 43 SektVO hat **bieterschützenden Charakter.** Die Vorschrift dient der Gewährleistung eines chancengleichen Wettbewerbs sowie der Sicherstellung eines transparenten und integren Vergabeverfahrens.[30]

Auftraggeber müssen Angebote und Teilnahmeanträge, die nicht mithilfe elektronischer **31** Mittel übermittelt werden, ausschließen, sofern sie nicht selbst einen anderen Übertragungsweg eröffnet haben. Mitbewerber können die Einhaltung dieser Vorgaben vor dem Hintergrund des Gleichbehandlungsgebots verlangen, da eine Abweichung von den gesetzlichen Formvorgaben zugunsten einzelner Verfahrensbeteiligter als willkürlich erscheinen muss.[31]

---

[30] Zur Vorgängervorschrift des § 5 SektVO aF *Völlink* in Ziekow/Völlink Vergaberecht SektVO § 5 Rn. 1.

[31] Zur Schutzfunktion des Vergaberechts vor willkürlichen Entscheidungen öffentlicher Auftraggeber EuGH 11.8.1995 – Rs. C-433/93, Slg. I-2303 – Kommission gegen Deutschland.

§ 44 Erhöhte Sicherheitsanforderungen bei der Übermittlung der Angebote, Teilnahmeanträge, Interessensbekundungen und Interessensbestätigungen

(1) Der Auftraggeber prüft im Einzelfall, ob zu übermittelnde Daten erhöhte Anforderungen an die Sicherheit stellen. Soweit es erforderlich ist, kann der Auftraggeber verlangen, dass Interessensbekundungen, Interessensbestätigungen, Teilnahmeanträge und Angebote zu versehen sind mit
1. einer fortgeschrittenen elektronischen Signatur,
2. einer qualifizierten elektronischen Signatur,
3. einem fortgeschrittenen elektronischen Siegel oder
4. einem qualifizierten elektronischen Siegel.

(2) Der Auftraggeber kann festlegen, dass Angebote mithilfe anderer als elektronischer Mittel einzureichen sind, wenn sie besonders schutzwürdige Daten enthalten, die bei Verwendung allgemein verfügbarer oder alternativer elektronischer Mittel nicht angemessen geschützt werden können, oder wenn die Sicherheit der elektronischen Mittel nicht gewährleistet werden kann. Der Auftraggeber dokumentiert die Gründe, warum er die Einreichung der Angebote mithilfe anderer als elektronischer Mittel für erforderlich hält.

Übersicht

	Rn.			Rn.
A. Einführung	1		II. Zeitliche Geltung	12
I. Literatur	1		**C. Nutzung anderer als elektronischer**	
II. Entstehungsgeschichte	2		**Mittel aus Sicherheitsgründen (Abs. 2)**	13
III. Rechtliche Vorgaben im EU-Recht	6		I. Voraussetzungen	13
B. Übermittlung mit elektronischer Sig-			II. Dokumentation	16
natur (Abs. 1)	8			
I. Voraussetzungen	8			

A. Einführung

I. Literatur

1 *Müller/Ernst,* Elektronische Vergabe ante portas – Übersicht über aktuelle und zukünftige Rechtsfragen, NJW 2004, 1768 ff.; *Schäfer,* Perspektiven der eVergabe, NZBau 2015, 131 ff.

II. Entstehungsgeschichte

2 Die Festlegung auf eine elektronische Einreichung von Angeboten, Teilnahmeanträgen, Interessensbekundungen und Interessensbestätigungen in § 43 Abs. 1 SektVO (*Ricken* § 43 Rn. 2 ff.) erfordert die besondere Berücksichtigung von **Datensicherheit** und **Vertraulichkeit** im Vergabeverfahren. Insbesondere können Daten bei der Übermittlung abgefangen und/oder manipuliert werden oder der Absender kann seine Identität verschleiern.[1] Den Vorteilen des elektronischen Vergabeverfahrens stehen insbesondere Sicherheitsrisiken gegenüber, die in einen Ausgleich gebracht werden müssen. Diesem Ziel dient § 44 SektVO, der zusammen mit § 43 SektVO zu lesen ist. Gemeinsam legen beide Vorschriften den Rahmen für die elektronische Übermittlung von Angeboten, Teilnahmeanträgen, Interessensbekundungen und Interessensbestätigungen fest und bestimmen die zulässigen Ausnahmen.

---

[1] Zu den speziellen Risiken der E-Vergabe *Müller/Ernst* NJW 2004, 1768 (1769).

Der neu geschaffene § 44 SektVO findet nur eine rudimentäre Anknüpfung in der bis- **3** herigen Rechtslage. Nach § 5 Abs. 1 SektVO aF[2] war die Einreichung von Angeboten und Teilnahmeanträgen mithilfe elektronischer Mittel als Option ausgestaltet, nicht als Pflicht (→ *Ricken* § 43 Rn. 2 und 8). Der Auftraggeber musste in der Bekanntmachung oder den Vergabeunterlagen angeben, welche elektronische Signatur für die Angebote im Fall der elektronischen Übermittlung zu verwenden war (§ 5 Abs. 1 S. 2 SektVO aF). Außerdem musste der Auftraggeber gemäß § 5 Abs. 4 S. 2 SektVO aF gewährleisten, dass für die Teilnahmeanträge und Angebote die von ihm vorgeschriebene elektronische Signatur verwendet werden konnte. Da der Auftraggeber jederzeit einen anderen Übertragungsweg vorgeben konnte, waren weitergehende Regelungen nicht erforderlich. Sicherheitsbedenken konnte stets mit der Wahl anderer Übermittlungsarten begegnet werden.

Da die elektronische Übermittlung nunmehr zum gesetzlichen Regelfall aufgestiegen ist, **4** kommt der Berücksichtigung von Datenschutz und Vertraulichkeit deutlich größeres Gewicht zu. Parallelvorschriften zu § 44 SektVO finden sich für öffentliche Dienstleistungs- und Lieferaufträge außerhalb des Sektorenbereichs in § 53 Abs. 3 und 4 VgV sowie für Bauaufträge in §§ 11 EU Abs. 5, 11b EU Abs. 4 VOB/A sowie für Konzessionen in § 28 Abs. 3 und 4 der neugeschaffenen KonzVgV.[3] Damit gelten gleiche Voraussetzungen für den Schutz der Abgabe von Angeboten, Teilnahmeanträgen, Interessensbekundungen und Interessensbestätigungen in allen Vergabeverfahren.[4] Aufgrund der inhaltlichen Übereinstimmung mit § 53 Abs. 3 und 4 VgV wird zu den Einzelheiten auch auf die dortige Kommentierung verwiesen (→ *Koch* VgV § 53 Rn. 18 ff. und 29 ff.).

Der in § 44 Abs. 1 S. 2 SektVO ursprünglich enthaltene Verweis auf § 2 Nr. 2 und 3 **5** Signaturgesetz (SigG) ist durch Gesetz vom 18.7.2017 weggefallen.[5] Das Signaturgesetz ist mit Ablauf des 28.7.2017 aufgehoben worden. Die maßgeblichen Regelungen finden sich nunmehr in der Verordnung (EU) Nr. 910/2014[6] und im Vertrauensdienstegesetz (VDG).[7] Da die neuen Verordnungsregelungen keiner Umsetzung in nationales Recht bedürfen, beschränkt sich das VDG auf die Präzisierung der Verordnungsregelungen und macht von Regelungsoptionen der Verordnung (EU) Nr. 910/2014 Gebrauch. Es schafft damit die Voraussetzungen für einen effektiven Vollzug der unionsrechtlichen Regelungen und orientiert sich dabei weitgehend an den vergleichbaren Vorschriften des aufgehobenen SigG.[8] § 44 SektVO nennt in der geänderten Fassung enumerativ die Möglichkeiten der elektronischen Sicherung zu übermittelnder Dokumente. Diese Änderungen sind gleichermaßen in § 53 Abs. 3 S. 2 VgV und § 28 Abs. 3 S. 2 KonzVgV vorgenommen worden.

---

[2] Verordnung über die Vergabe von Aufträgen im Bereich des Verkehrs, der Trinkwasserversorgung und der Energieversorgung (Sektorenverordnung – SektVO) vom 23.9.2009 (BGBl. 2009 I 3110), zuletzt geändert durch Verordnung vom 12.4.2016 (BGBl. 2016 I 624), aufgehoben mit Ablauf des 17.4.2016.

[3] Insoweit ist der deutsche Verordnungsgeber über die Anforderungen des Art. 29 Abs. 1 Richtlinie 2014/23/EU hinausgegangen, der außer für bestimmte Bekanntmachungen im Konzessionsverfahren nach Art. 33 Abs. 2 der Richtlinie 2014/23/EU und für die elektronische Bereitstellung der Konzessionsunterlagen gemäß Art. 34 der Richtlinie 2014/23/EU die Wahl des Übermittlungsweges den Konzessionsgebern überlässt. Art. 29 Abs. 1 UAbs. 2 der Richtlinie 2014/23/EU gestattet eine weitergehende Umsetzung des elektronischen Vergabeverfahrens bei der Konzessionsvergabe ausdrücklich. Zu den Einzelheiten → *Koch* KonzVgV § 28 Rn. 3.

[4] Mit ausdrücklichem Verweis auf die Umsetzung von Art. 22 der Richtlinie 2014/24/EU in § 53 VgV in der Regierungsbegründung zu § 28 KonzVgV BT-Drs. 18/7318, 266.

[5] Siehe Art. 9 Nr. 3 des Gesetzes zur Durchführung der Verordnung (EU) Nr. 910/2014 des Europäischen Parlaments und des Rates vom 23. Juli 2014 über elektronische Identifizierung und Vertrauensdienste für elektronische Transaktionen im Binnenmarkt und zur Aufhebung der Richtlinie 1999/93/EG (eIDAS-Durchführungsgesetz) vom 18.7.2017.

[6] Verordnung (EU) Nr. 910/2014 des Europäischen Parlaments und des Rates vom 23. Juli 2014 über elektronische Identifizierung und Vertrauensdienste für elektronische Transaktionen im Binnenmarkt und zur Aufhebung der Richtlinie 1999/93/EG (ABl. 2014 L 257, 73).

[7] Vertrauensdienstegesetz (VDG) vom 18.7.2017 (BGBl. 2017 I 2745). Das VDG enthält insbesondere Regelungen zu Zuständigkeiten und Befugnissen der beteiligten Behörden sowie zu Ordnungswidrigkeiten.

[8] BT-Drs. 18/12494, 2.

III. Rechtliche Vorgaben im EU-Recht

6   § 44 Abs. 1 SektVO setzt **Art. 40 Abs. 6 UAbs. 1 lit. b und c und UAbs.** 2 der **Richtlinie 2014/25/EU** um, welcher die unionsrechtlichen Vorgaben für die Verwendung **elektronischer Signaturen** sowie **elektronischer Siegel** bei der Einreichung von Angeboten, Teilnahmeanträgen, Interessensbekundungen und Interessensbestätigungen beinhaltet. Die nationale Vorschrift muss unter Einbeziehung der Verordnung (EU) Nr. 910/ 2014 gelesen werden. Die sog. eIDAS-Verordnung bildet den neuen europäischen Rechtsrahmen für die elektronische Identifizierung und Vertrauensdienste. Danach sind elektronische Signaturen Daten in elektronischer Form, die anderen elektronischen Daten beigefügt oder logisch mit ihnen verbunden werden und die der Unterzeichner zum Unterzeichnen verwendet (Art. 3 Nr. 10 der Verordnung (EU) Nr. 910/2014). Elektronische Siegel sind Daten in elektronischer Form, die anderen Daten in elektronischer Form beigefügt oder logisch mit ihnen verbunden werden, um deren Ursprung und Unversehrtheit sicherzustellen (Art. 3 Nr. 25 der Verordnung (EU) Nr. 910/2014). Durch Erfüllung weiterer in der Verordnung definierter Anforderungen werden die Daten zu fortgeschrittenen oder qualifizierten elektronischen Signaturen bzw. Siegeln (vgl. insbesondere Art. 26 und 36 der Verordnung (EU) Nr. 910/2014). Mit dem eIDAS-Durchführungsgesetz hat der nationale Gesetzgeber die erforderlichen Anpassungen an die neue europäische Rechtslage vorgenommen.[9]

7   Mit § 44 Abs. 2 SektVO werden die Bestimmungen zur **Berücksichtigung besonderer Sicherheitsanforderungen** bei der elektronischen Abgabe von Angeboten und Teilnahmeanträgen aus Art. 40 Abs. 1 UAbs. 4 der Richtlinie 2014/25/EU in nationales Recht umgesetzt. Die deutsche Regelung übernimmt mit terminologischer Anpassung die beiden Alternativen für ein Absehen von der Nutzung elektronischer Mittel aus dem Unionsrecht, nämlich den **Schutz besonders schutzwürdiger Daten** und die **fehlende Sicherstellung der Sicherheit elektronischer Mittel.** Die unionsrechtlich unklare Begrifflichkeit der *„besonderen Empfindlichkeit von Informationen"*[10] transformiert der Verordnungsgeber in die Umschreibung der *„besonders schutzwürdigen Daten"* und folgt damit dem Ansatz in den anderen Verordnungen und der VOB/A.[11]

B. Übermittlung mit elektronischer Signatur (Abs. 1)

I. Voraussetzungen

8   Der Auftraggeber kann nach § 44 Abs. 1 SektVO verlangen, dass Interessensbekundungen, Interessensbestätigungen, Teilnahmeanträge und Angebote mit einer fortgeschrittenen elektronischen Signatur, einer qualifizierten elektronischen Signatur, einem fortgeschrittenen elektronischen Siegel oder einem qualifizierten elektronischen Siegel versehen werden. Voraussetzung hierfür ist die Feststellung des Auftraggebers im konkreten Einzelfall, dass die zu übermittelnden Daten erhöhten Anforderungen an die Sicherheit unterliegen. Die Zulassung des fortgeschrittenen bzw. qualifizierten elektronischen Siegels neben der fortgeschrittenen bzw. qualifizierten elektronischen Signatur soll das Verfahren vereinfachen. Für Unternehmen besteht der Vorteil, dass das elektronische Siegel nicht an eine natürliche Person gebunden ist, sondern an die jeweilige juristische Person. Dies ermöglicht es, unternehmensinterne Prozesse zu vereinfachen. Hinsichtlich der technischen Anforderun-

---

[9] *Roßnagel* Neue Regeln für sichere elektronische Transaktionen, NJW 2014, 3686 (3691 f.).
[10] Hierzu *Schäfer* NZBau 2015, 131 (135).
[11] Die Terminologie findet sich identisch in Art. 22 Abs. 1 UAbs. 4 der Richtlinie 2014/24/EU, umgesetzt in § 53 Abs. 4 VgV und § 11b EU Abs. 4 VOB/A.

gen unterscheiden sich elektronische Siegel und elektronische Signaturen nur unwesentlich.[12]

Die Formulierung einer Prüfung *„im Einzelfall"* (§ 44 Abs. 1 S. 1 SektVO) findet sich **9** nicht in § 53 Abs. 3 S. 1 VgV und § 28 Abs. 3 S. 1 KonzVgV.[13] Der Prüfungsmaßstab dürfte hierdurch aber unverändert bleiben, da die Entscheidung zur Verwendung elektronischer Signaturen notwendig stets nur im konkreten Vergabeverfahren und damit **im Einzelfall** getroffen werden kann. Dafür spricht auch, dass es in allen Regelwerken gleichermaßen sodann heißt, der Auftraggeber verlange die elektronische Signatur, *„soweit es erforderlich ist"*, mithin abgestimmt auf den Einzelfall. Auch die Regierungsbegründung zu § 53 VgV geht von einer Einzelfallabwägung aus.[14] Die Festlegung des erforderlichen Sicherheitsniveaus durch den Auftraggeber muss stets das Ergebnis einer Verhältnismäßigkeitsprüfung zwischen den zur Sicherung einer richtigen und zuverlässigen Authentifizierung der Datenquelle und der zur Unversehrtheit der Daten erforderlichen Maßnahmen einerseits und den von nicht berechtigten Datenquellen stammenden und/oder von fehlerhaften Daten ausgehenden Gefahren andererseits im Einzelfall sein.[15]

Schreiben die Auftraggeber vor, dass elektronische Signaturen oder elektronische Siegel **10** zu verwenden sind, so müssen sie die technischen Rahmenbedingungen so gestalten, dass gültige fortgeschrittene elektronische Signaturen und gültige qualifizierte Zertifikate, die von Unternehmen aus anderen Mitgliedstaaten der Europäischen Union ausgestellt wurden, akzeptiert werden. Eine **Diskriminierung** von Unternehmen aus anderen Mitgliedstaaten der Europäischen Union aufgrund der Vorgabe ausschließlich deutscher elektronischer Signaturen und qualifizierter Zertifikate ist nicht zulässig. Die Auftraggeber können auch ihre Zuschlagserklärung mit einer fortgeschrittenen elektronischen Signatur oder einer qualifizierten elektronischen Signatur versehen, soweit dies die Kenntnisnahme des Erklärungsinhaltes durch die Bieter nicht beeinträchtigt.[16]

Aufgrund der weitgehenden inhaltlichen Übereinstimmung des § 44 Abs. 1 SektVO **11** mit § 53 Abs. 3 VgV wird zu den weiteren Einzelheiten auf die dortige Kommentierung verwiesen (→ *Koch* VgV § 53 Rn. 18 ff.).

II. Zeitliche Geltung

Wegen der gemäß § 64 S. 1 SektVO übergangsweise bis zum 18.10.2018 zulässigen **12** Nutzung anderer als elektronischer Übertragungswege für die Übermittlung der Angebote, Teilnahmeanträge, Interessensbekundungen und Interessensbestätigungen an Sektorenauftraggeber, die keine zentrale Beschaffungsstelle sind,[17] findet auch § 44 Abs. 1 SektVO erst ab diesem Zeitpunkt Anwendung. Freiwillig können Sektorenauftraggeber bereits vor Ablauf der Umsetzungsfrist eine elektronische Übermittlung verlangen und die Nutzung einer elektronischen Signatur vorgeben, sofern die Voraussetzungen erfüllt sind.

---

[12] BT-Drs. 18/12494, 48 zum eIDAS-Durchführungsgesetz.

[13] Hingegen findet sich die Formulierung des § 44 Abs. 1 SektVO auch in § 11 EU Abs. 5 VOB/A.

[14] BT-Drs. 18/7318, 190.

[15] In der Verordnungsbegründung wird beispielhaft darauf hingewiesen, dass unter ansonsten gleichen Bedingungen das Sicherheitsniveau, dem eine E-Mail genügen muss, die ein Unternehmen an einen Auftraggeber sendet, um sich nach der Postanschrift des Auftraggebers zu erkundigen, deutlich niedriger einzuschätzen ist als das Sicherheitsniveau, dem das von einem Unternehmen eingereichte Angebot genügen muss. In gleicher Weise kann Ergebnis einer Einzelfallabwägung sein, dass bei der erneuten Einreichung elektronischer Kataloge oder bei der Einreichung von Angeboten im Rahmen von Kleinstwettbewerben bei einer Rahmenvereinbarung oder beim Abruf von Vergabeunterlagen nur ein niedriges Sicherheitsniveau zu gewährleisten ist; vgl. BT-Drs. 18/7318, 238.

[16] BT-Drs. 18/7318, 239.

[17] Für zentrale Beschaffungsstellen ist die Übergangsfrist gemäß § 64 S. 1 SektVO bereits am 18.4.2017 abgelaufen.

C. Nutzung anderer als elektronischer Mittel
aus Sicherheitsgründen (Abs. 2)

I. Voraussetzungen

13   Mit § 44 Abs. 2 SektVO lässt der Verordnungsgeber neben § 43 Abs. 2 SektVO weitere Gründe zu, bei deren Vorliegen der Auftraggeber von einer elektronischen Übermittlung der Angebote, Teilnahmeanträge, Interessensbekundungen und Interessensbestätigungen absehen kann. Da § 43 Abs. 2 SektVO seinerseits auch auf die Gründe des § 41 Abs. 3 SektVO verweist, sind die einzelnen Ausnahmebestimmungen wenig anwenderfreundlich über mehrere Vorschriften verstreut. Wie der Auftraggeber im konkreten Einzelfall bei Annahme eines **Ausnahmegrundes** nach § 44 Abs. 2 SektVO vorgeht, steht in seinem pflichtgemäßen Ermessen (*„kann festlegen"*).

14   Die Vorschrift nennt zwei Varianten, bei deren Vorliegen der Auftraggeber eine Einreichung der Angebote mithilfe anderer als elektronischer Mittel vorgeben kann. Erstens ist dies möglich, wenn die Angebote **besonders schutzwürdige Daten** enthalten, die bei Verwendung allgemein verfügbarer oder alternativer elektronischer Mittel nicht angemessen geschützt werden können. Und zweitens kann der Auftraggeber andere als elektronische Mittel vorgeben, wenn die **Sicherheit der elektronischen Mittel** nicht gewährleistet werden kann. Dabei nennt § 44 Abs. 2 SektVO als Anwendungsbereich nur die Angebotsabgabe, nicht die Übermittlung von Teilnahmeanträgen, Interessensbekundungen und Interessensbestätigungen. Hinsichtlich der Übermittlung und des Eingangs von Teilnahmeanträgen dürfte die Regelung unvollständig sein.[18] Die Verwendung ausschließlich anderer als elektronischer Mittel ist auf die Angebotsbestandteile beschränkt, für welche die Verwendung elektronischer Mittel nicht verlangt wird.[19]

15   Die Vorschrift entspricht § 53 Abs. 4 VgV, weshalb hinsichtlich der Einzelheiten auf die dortige Kommentierung verwiesen wird (→ *Koch* VgV § 53 Rn. 29 ff.).

II. Dokumentation

16   Um einen allzu großzügigen Umgang mit der Ausnahmeregelung für Sicherheitsgründe zu verhindern und um die Entscheidung des Auftraggebers nachvollziehbar überprüfen zu können, verlangt § 44 Abs. 2 S. 2 SektVO eine Dokumentation der Gründe, warum der Auftraggeber die Einreichung der Angebote mithilfe anderer als elektronischer Mittel **für erforderlich hält.** Anders als in § 43 Abs. 3 SektVO verlangt der Verordnungsgeber aber nicht die Dokumentation in einem – für Auftragsvergaben im Sektorenbereich auch nicht vorgesehenen – Vergabevermerk (→ *Ricken* § 43 Rn. 28 f.).

---

[18] Nach Art. 40 Abs. 6 UAbs. 1 der Richtlinie 2014/25/EU gelten die Vorgaben für die Instrumente und Vorrichtungen zur elektronischen Übermittlung und für den elektronischen Eingang von Angeboten sowie für die Instrumente und Vorrichtungen für den elektronischen Eingang der Teilnahmeanträge. In der Regierungsbegründung (BT-Drs. 18/7318) findet sich kein Hinweis, dass diese Abweichung bewusst erfolgt ist.
[19] BT-Drs. 18/7318, 191.

Unterabschnitt 5. Anforderungen an Unternehmen

§ 45 Grundsätze

(1) Bei der Auswahl der Teilnehmer an Vergabeverfahren beachtet der Auftraggeber die in den Absätzen 2 und 3 genannten Grundsätze.

(2) Bei einem nicht offenen Verfahren, Verhandlungsverfahren, wettbewerblichen Dialog oder einer Innovationspartnerschaft darf der Auftraggeber bezüglich seiner Auswahlentscheidung Unternehmen keine administrativen, technischen oder finanziellen Anforderungen stellen, die er anderen Unternehmen nicht stellt, sowie bei der Aktualisierung von Kriterien keine Nachweise fordern, die sich mit bereits vorhandenen Nachweisen decken.

(3) In Fällen, in denen der Auftraggeber ein angemessenes Gleichgewicht zwischen bestimmten Merkmalen des Vergabeverfahrens und den notwendigen Ressourcen für dessen Durchführung sicherstellen muss, kann er bei nicht offenen Verfahren, Verhandlungsverfahren, wettbewerblichen Dialogen oder Innovationspartnerschaften objektive Kriterien festlegen, die es ermöglichen, die Zahl der Bewerber, die zur Angebotsabgabe oder zur Aufnahme von Verhandlungen aufgefordert werden, zu begrenzen. Die Zahl der ausgewählten Bewerber muss jedoch der Notwendigkeit Rechnung tragen, dass ein angemessener Wettbewerb gewährleistet sein muss.

Übersicht

	Rn.		Rn.
A. Einführung	1	II. Begrenzung der Bewerberzahl nach § 45 Abs. 3 SektVO	14
I. Literatur	1	1. Erforderlichkeit einer Teilnehmerbegrenzung	16
II. Entstehungsgeschichte	2	2. Auswahl nach objektiven im Vorfeld festgelegten Kriterien	20
III. Rechtliche Vorgaben im EU-Recht	3	3. Gewährleistung eines angemessenen Wettbewerbs	24
B. Allgemeines	6	4. Zwischenverfahren ist der Nachprüfung zugänglich	27
I. Vorgaben für die Bewerberauswahl nach § 45 Abs. 2 SektVO	7		
1. Gleichbehandlung	8		
2. Verhältnismäßigkeitsgrundsatz nach § 45 Abs. 2 Alt. 2 SektVO	11		

A. Einführung

I. Literatur

Dreher/Hoffmann, Der Marktzutritt von Newcomernals Herausforderung für das Kartellvergaberecht NZBau **1** 2008, 545–551; *Eschenbruch/Opitz,* Sektorenverordnung – Kommentar, 2012; *Greb/Müller,* Kommentar zum Sektorenvergaberecht, 2. Aufl. 2017; *Heiermann/Zeiss/Summa,* juris Praxiskommentar Vergaberecht, 5. Aufl. 2016; *Müller/Wrede,* Sektorenverordnung – Kommentar, 2010 Neuauflage Oktober 2017.

II. Entstehungsgeschichte

Die Neuregelung des § 45 SektVO legt Grundsätze fest, die bei der Auswahl der Teil- **2** nehmer am Vergabeverfahren zu beachten sind. Dabei entspricht § 45 Abs. 2 SektVO der Altregelung des § 24 Abs. 11 SektVO a. F. Die Vorgängernorm bezog sich jedoch nur auf Prüfsysteme. Bei § 45 Abs. 3 SektVO handelt es sich in Bezug auf die Begrenzung der Bewerberzahl um die Nachfolgeregelung zu § 20 Abs. 2 SektVO a. F. Die Neuregelung wurde um die neu eingeführten Verfahrensarten erweitert.

III. Rechtliche Vorgaben im EU-Recht

3   Die Neuregelung des § 45 Abs. 1 SektVO dient der Umsetzung der Art. 76, und 78 der RL 2014/25/EU, indem für die Auswahl von Unternehmen bestimmte Grundsätze festgelegt werden, welche vom Sektorenauftraggeber zu beachten sind.[1]

4   § 45 Abs. 2 SektVO setzt die Vorgaben des Art. 76 Abs. 3 RL 2014/25/EU um. Im Gegensatz zur nationalen Regelung bezieht sich die zugrundeliegende Richtlinienregelung auch auf die Anforderung von Tests. Danach dürfen keine Tests oder Nachweise gefordert werden, die sich bereits mit vorliegenden Nachweisen überschneiden. In der nationalen Regelung wurde von einer expliziten Aufnahme abgesehen, diese werden auch von den „Nachweisen" umfasst. Die zugrundeliegende Richtlinienvorschrift stellt dem Wortlaut nach insbesondere auf eine Entscheidung über die Qualifizierung oder die Aktualisierung der Kriterien und Vorschriften ab. Die Regelung bezieht sich daher primär auf Qualifizierungssysteme. Aus systematischen Gründen wäre eine Einordnung des § 45 Abs. 2 SektVO im Rahmen der Neuregelung des § 48 SektVO stringenter gewesen.

5   Die Richtlinienvorgabe des Art. 78 Abs. 2 RL 2014/25/EU wird in § 45 Abs. 3 SektVO umgesetzt. Die Bezugnahme auf Art. 39 RL 2014/25/EU, der die Vertraulichkeit regelt, wird in die nationale Regelung nicht umgesetzt.

B. Allgemeines

6   Die Regelung des § 45 SektVO legt Grundsätze für die Auswahl der Teilnahme am Vergabeverfahren fest, die in den Absätzen 2 und 3 näher konkretisiert werden.

I. Vorgaben für die Bewerberauswahl nach § 45 Abs. 2 SektVO

7   Der Neuregelung sind allgemeine Vorgaben zur Bewerberauswahl zu entnehmen. Der Sektorenauftraggeber darf nach § 45 Abs. 2 SektVO bezüglich seiner Auswahlentscheidung einem Unternehmen keine administrativen, technischen oder finanziellen Anforderungen stellen, die er anderen Unternehmen nicht stellt. Bei der Aktualisierung der Kriterien dürfen ebenfalls keine Nachweise gefordert werden, die sich mit bereits vorhandenen Nachweisen decken. Diese allgemeinen Vorgaben beziehen sich auf das nicht offene Verfahren, das Verhandlungsverfahren, den wettbewerblichen Dialog oder die Innovationspartnerschaft.

1. Gleichbehandlung

8   Die Regelung des § 45 Abs. 2 Alt. 1 SektVO betrifft die Gleichbehandlung der Bewerber oder Bieter bei der Festlegung von Eignungsanforderungen. Eigentlich ist die Regelung überflüssig; sie enthält Selbstverständlichkeiten, die sich aus den allgemeinen Vergabegrundsätzen, insbesondere dem allgemeinen Gleichbehandlungsgrundsatz nach § 97 Abs. 2 GWB ergeben.

9   Ein Verstoß gegen den Gleichbehandlungsgrundsatz ist nicht darin zu sehen, wenn die vom Sektorenauftraggeber aufgestellten Eignungsanforderungen nur von wenigen Unternehmen erfüllt werden,[2] sofern hohe Anforderungen an die Eignung gestellt werden und diese aufgrund der Schwierigkeit oder Komplexität des Auftrags gerechtfertigt sind.[3] Dies

---

[1] BT-Drs. 87/16, S. 265.
[2] *Weyand* in Greb/Müller, SektVO, § 45, Rn. 10.
[3] *Dreher/Hoffmann* Der Marktzutritt von Newcomern als Herausforderung für das Kartellvergaberecht, NZBau 2008, 545, 547.

kann dazu führen, dass die für neu gegründete Unternehmen (Newcomer) erschwerten Marktzutrittschancen vergaberechtlich gerechtfertigt sind.

In Bezug auf das Qualifizierungssystem, welches in § 48 SektVO geregelt ist, lässt sich **10** der Neuregelung des § 45 Abs. 2 Alt. 1 SektVO entnehmen, dass von allen Unternehmen, welche sich um eine Qualifizierung bewerben, die gleichen Anforderungen zu erfüllen sind. Werden die Vorgaben in Bezug auf die Qualifizierung verschärft, müssen auch bereits qualifizierte Unternehmen nachweisen, dass sie die verschärften Vorgaben erfüllen, um die Eignungsanforderungen einzuhalten.[4]

2. Verhältnismäßigkeitsgrundsatz nach § 45 Abs. 2 Alt. 2 SektVO

Aufgrund der Regelung des § 45 Abs. 2 Alt. 2 SektVO darf der Sektorenauftraggeber **11** bei der Aktualisierung von Kriterien keine Nachweise fordern, die sich mit bereits vorhandenen Nachweisen decken. Eine doppelte Forderung von Eignungsnachweisen soll vermieden werden, wenn die Nachweise bereits beim Sektorenauftraggeber vorhanden sind. Die zweite Alternative setzt demzufolge den allgemeinen Verhältnismäßigkeitsgrundsatz des § 97 Abs. 1 S. 2 GWB bezüglich der Forderung von Eignungsnachweisen um. Die Regelung statuiert die Verpflichtung des Sektorenauftraggebers, bei einer Aktualisierung der Qualifizierungsgrundlagen zu prüfen, ob die eingereichten Unterlagen weiterhin ausreichen, oder ob weitere neuere Nachweise nachzufordern sind.

Der hier statuierte Verhältnismäßigkeitsgrundsatz ist speziell bei bereits qualifizierten **12** Unternehmen zu beachten. Bei diesen darf der öffentliche Sektorenauftraggeber nur zusätzliche und nicht bereits vorhandene Nachweise verlangen. Weitergehende Eignungsnachweise dürfen hingegen gefordert werden. Allerdings setzt das Vorliegen bereits vorhandener Eignungsnachweise voraus, dass diese aktuell sind.[5] Sollten diese nicht mehr gültig sein, kann der Sektorenauftraggeber nicht auf die Vorlage der aktuellen Nachweise verzichten.

Hervorzuheben ist, dass der Begriff der „vorhandenen Nachweise" sich wie in § 50 **13** Abs. 3 VgV auf die zuschlagserteilende Stelle bezieht. Große öffentliche Sektorenauftraggeber, die über mehrere zuschlagserteilende Stellen verfügen, sind nicht zur Einrichtung eines Registers zur zentralen Archivierung von Eignungsnachweisen für sämtliche zuschlagserteilende Stellen verpflichtet. Will sich ein Bewerber/Bieter auf die Regelung berufen, muss er den Sektorenauftraggeber darauf hinweisen, in welchem Zusammenhang die geforderten Unterlagen ihm bereits vorgelegt wurden und in seinem Besitz sein müssten.

II. Begrenzung der Bewerberzahl nach § 45 Abs. 3 SektVO

Nach § 45 Abs. 3 SektVO kann der Sektorenauftraggeber bei nicht offenen Verfahren, **14** Verhandlungsverfahren, wettbewerblichen Dialogen oder Innovationspartnerschaften objektive Kriterien festlegen, die es ihm ermöglichen, die Zahl der Bewerber, die zur Angebotsabgabe oder zur Aufnahme von Verhandlungen aufgefordert werden, zu begrenzen. Die Regelung stellt eine wettbewerbsbeschränkende Maßnahme dar, die als Ausnahmevorschrift restriktiv auszulegen ist.

Die Norm regelt ein Zwischenverfahren. Dieses findet nach der Eignungsprüfung statt.[6] **15** Aufgrund des Zwischenverfahrens werden Unternehmen nicht zur Angebotsabgabe oder zu den Verhandlungen zugelassen, obwohl sie ihre Eignung bereits in einem vorgeschalteten Teilnahmewettbewerb bzw. Präqualifizierung nachgewiesen haben.[7] Der Sektorenauftraggeber ist demzufolge nicht verpflichtet alle Unternehmen, welche die Eignung nach-

---

[4] *Summa* in Heiermann/Zeiss/Summa, jurisPK-VergR, § 45 SektVO Rn. 7.
[5] BT-Drs. 87/16, S. 203 zu § 50 Abs. 3 Nr. 2 VgV.
[6] Vgl. *Summa* in Heiermann/Zeiss/Summa, jurisPK-VergR, § 6 EG VOB/A Rn. 28.
[7] *Summa* in Heiermann/Zeiss/Summa, jurisPK-VergR, § 45 SektVO Rn. 10.

gewiesen haben, am weiteren Vergabeverfahren zu beteiligen. Folgende Voraussetzungen müssen kumulativ erfüllt sein:

1. Erforderlichkeit einer Teilnehmerbegrenzung

16   Nach § 45 Abs. 3 S. 1 SektVO ist die Möglichkeit der Begrenzung der Teilnehmerzahl gegeben, wenn der öffentliche Sektorenauftraggeber ein angemessenes Gleichgewicht zwischen bestimmten Merkmalen des Vergabeverfahrens und den notwendigen Ressourcen für dessen Durchführung sicherstellen muss.

17   Die Erforderlichkeit zur Verringerung der Bewerberzahl muss demnach objektiv gegeben sein und ist vom Sektorenauftraggeber einzelfallbezogen zu prüfen.[8] In die Erwägungen des Sektorenauftraggebers hat insbesondere einzufließen, ob es sich um eine Standardleistung oder einen komplexen Auftragsgegenstand handelt.[9] Die Erforderlichkeit ist gegeben, wenn es viele geeignete Unternehmen gibt und es dem Sektorenauftraggeber aufgrund seiner Ressourcen nicht möglich wäre, sämtliche Angebote zeitnah zu prüfen bzw. mit allen zeitnah zu verhandeln. Dies ist speziell der Fall, wenn beim Sektorenauftraggeber im konkreten Fall mit einer hohen Zahl von Bewerbern gerechnet werden muss. Dabei hat der Sektorenauftraggeber die Besonderheiten des Vergabeverfahrens und den entstehenden Verfahrensaufwand zu berücksichtigen.[10] Insbesondere beim Verhandlungsverfahren und wettbewerblichen Dialog sind die Verhandlungen mit allen Unternehmen sehr zeitintensiv. Der öffentliche Sektorenauftraggeber kann nicht verpflichtet werden, alle geeigneten Unternehmen zum Wettbewerb zuzulassen.

18   Anderseits gelten für große Sektorenauftraggeber speziell im nichtoffenen Verfahren aufgrund der Einzelfallbetrachtung strengere Vorgaben. Ihnen sollte es möglich sein, eine größere Anzahl von Angeboten zu prüfen, wobei speziell bei Routinebeschaffungen die mögliche Grenze nicht allzu restriktiv gesehen werden sollte. Allerdings können im Falle einer funktionalen Leistungsbeschreibung oder der Zulassung von Nebenangeboten geringere Anforderungen an die Erforderlichkeit gestellt werden.[11]

19   Sollte der Sektorenauftraggeber ein Qualifizierungssystem nach § 48 SektVO zur Eignungsfeststellung von Unternehmen errichtet haben, bestehen Bedenken, ob eine Teilnehmerbegrenzung zusätzlich möglich ist.[12] Aufgrund der standardisierten Vorgaben ist fraglich, ob der Sektorenauftraggeber zusätzlich auf den konkreten Einzelfall abstellen kann, da dadurch die standardisierten Vorgaben konterkariert würden.

2. Auswahl nach objektiven im Vorfeld festgelegten Kriterien

20   Die Kriterien für die Auswahl müssen im Vorfeld bekanntgegeben werden. Diese müssen mit dem Auftragsgegenstand in Verbindung stehen und müssen eindeutig und nicht diskriminierend sein. So sieht das Standardformular 5 – Auftragsbekanntmachung – Sektoren der RL 2014/25/EU unter Punkt II.2.9. (Angabe zur Beschränkung der Zahl der Bewerber, die zur Angebotsabgabe bzw. Teilnahme aufgefordert werden) vor, dass objektive Kriterien für die Auswahl der begrenzten Zahl von Bewerbern als zusätzliche Angaben einzutragen sind.

21   Der Sektorenauftraggeber kann weiterhin ein „Mehr an Eignung" verlangen, beispielsweise bezüglich der Qualität der vorzulegenden Referenzen.[13] Die Auswahlkriterien hat der Sektorenauftraggeber aus Gründen der Gleichbehandlung und Transparenz bekannt zu machen.[14]

---

[8] *Summa* in Heiermann/Zeiss/Summa, jurisPK-VergR, § 45 SektVO Rn. 14.

[9] *Weyand* in Greb/Müller, SektVO, § 45, Rn. 17; Müller-Wrede, SektVO, 2010, § 20 Rn. 30; *Opitz* in Eschenbruch/Opitz, SektVO, 2012, § 20 Rn. 37.

[10] *Weyand* in Greb/Müller, SektVO, § 45, Rn. 17; Müller-Wrede, SektVO, 2010, § 20 Rn. 30.

[11] *Summa* in Heiermann/Zeiss/Summa, jurisPK-VergR, § 45 SektVO Rn. 19.

[12] Vgl. *Summa* in Heiermann/Zeiss/Summa, jurisPK-VergR, § 45 SektVO, Rn. 20.

[13] BT-Drs. 18/7318, S. 187 zu § 51 VgV; *Summa* in Heiermann/Zeiss/Summa, jurisPK-VergR, § 45 SektVO Rn. 23.

[14] VK Münster Beschl. v. 18.3.2015 – VK 1-6/15.

Bereits vor der Vergaberechtsreform 2016 urteilte die Rechtsprechung, dass die Be- 22
grenzung der Bewerber auf objektiven und nicht diskriminierenden Kriterien beruhen
müsse.[15] Durch die Festlegung dieser Kriterien wird eine intransparente Verfahrensgestaltung verhindert. Legt der öffentliche Sektorenauftraggeber keine objektiven und nichtdiskriminierenden Kriterien fest, ist darin ein Verstoß gegen den Wettbewerbsgrundsatz
zu sehen.

In der Praxis empfiehlt es sich, nur einzelne Aspekte der Eignung als Auswahlkriterium 23
für § 45 Abs. 3 SektVO zu nutzen. Beispielsweise kann die besondere Fachkunde durch
Vorlage vergleichbarer Referenzprojekte oder die finanzielle Leistungsfähigkeit durch die
Höhe des Umsatzes belegt werden, so dass die Auswahlentscheidung anhand dieser objektiv nachvollziehbaren Kriterien durchgeführt wird.

3. Gewährleistung eines angemessenen Wettbewerbs

Nach § 45 Abs. 3 S. 1 SektVO muss die Zahl der ausgewählten Bewerber jedoch der 24
Notwendigkeit Rechnung tragen, dass ein angemessener Wettbewerb gewährleistet sein
muss. Wie viele Bewerber zur Angebotsabgabe oder zur Aufnahme von Verhandlungen
aufgefordert werden müssen, wird vom Verordnungsgeber in § 45 Abs. 3 S. 2 SektVO
nicht vorgegeben. Vielmehr sind vom öffentlichen Sektorenauftraggeber stets die Ein-
zelfallumstände zu berücksichtigen.

Allerdings empfiehlt es sich, sich an den Vorgaben des § 51 Abs. 2 S. 1 VgV in Bezug 25
auf eine Untergrenze zu orientieren.[16] Danach darf die vom öffentlichen Sektorenauftraggeber vorgesehene Mindestzahl nicht niedriger als drei sein, beim nicht offenen Verfahren
nicht niedriger als fünf.[17] Sofern die Zahl der geeigneten Bewerber die Mindestzahl unterschreitet, kann das Verfahren vom Sektorenauftraggeber fortgeführt werden. Allerdings darf
er nur die Bewerber einladen, die über die geforderte Eignung verfügen und am Teilnahmeverfahren teilgenommen haben.

Legt der Sektorenauftraggeber in der Bekanntmachung eine Höchstzahl von Bewerbern 26
fest, die zur Angebotsabgabe aufgefordert werden, ist er an diese gebunden. Eine nachträgliche Missachtung der festgelegten Höchstzahl stellt eine Verletzung des Transparenz- und
Gleichbehandlungsgebotes dar. Es ist nicht auszuschließen, dass Unternehmen aufgrund
einer niedrigen Höchstzahl von der Bewerbung Abstand genommen haben. Auch würden
dann die Wettbewerbschancen der Unternehmen, die sich im Rahmen der festgelegten
Rangfolge befinden, geschmälert.

4. Zwischenverfahren ist der Nachprüfung zugänglich

Das Zwischenverfahren ist Teil eines förmlichen Vergabeverfahrens und der vergabe- 27
rechtlichen Nachprüfung zugänglich. Hervorzuheben ist, dass dem öffentlichen Sektorenauftraggeber bei der Auswahlentscheidung, wer zur Angebotsabgabe oder zur Aufnahme
von Verhandlungen aufgefordert werden soll, ein Beurteilungsspielraum zusteht, wobei er
insbesondere an die allgemeinen vergaberechtlichen Grundsätze speziell das Gleichbehandlungsgebot und Transparenzgebot gebunden ist. Der öffentliche Sektorenauftraggeber muss
daher seine Erwägungen zum Zwischenverfahren im Vergabevermerk dokumentieren, um
sich in einem möglichen Nachprüfungsverfahren besser verteidigen zu können.

---

[15] OLG Bremen Beschl. v. 14.4.2005 – Verg 1/2005.
[16] *Summa* in Heiermann/Zeiss/Summa, jurisPK-VergR, § 45 SektVO Rn. 25.
[17] VgV § 51.

§ 46 Objektive und nichtdiskriminierende Kriterien

(1) Der Auftraggeber wählt die Unternehmen anhand objektiver Kriterien aus, die allen interessierten Unternehmen zugänglich sein müssen.

(2) Die objektiven und nichtdiskriminierenden Kriterien für die Auswahl der Unternehmen, die eine Qualifizierung im Rahmen eines Qualifizierungssystems beantragen, sowie für die Auswahl der Bewerber und Bieter im offenen Verfahren, nicht offenen Verfahren, Verhandlungsverfahren, wettbewerblichen Dialog oder in einer Innovationspartnerschaft können nach § 142 Nummer 2 des Gesetzes gegen Wettbewerbsbeschränkungen die Anwendung des § 123 des Gesetzes gegen Wettbewerbsbeschränkungen beinhalten. Handelt es sich um einen Auftraggeber nach § 100 Absatz 1 Nummer 1 des Gesetzes gegen Wettbewerbsbeschränkungen, beinhalten diese Kriterien nach § 142 Nummer 2 des Gesetzes gegen Wettbewerbsbeschränkungen die Anwendung des § 123 des Gesetzes gegen Wettbewerbsbeschränkungen.

Übersicht

	Rn.			Rn.
A. Einführung	1		II. Wahl der Eignungskriterien gem. § 46 Abs. 1 SektVO	5
I. Literatur	1		III. Bekanntmachung durch den öffentlichen Sektorenauftraggeber	9
II. Entstehungsgeschichte	2		IV. Anwendbarkeit der zwingenden Ausschlussgründe gemäß § 123 GWB im Sektorenbereich, § 46 Abs. 2 SektVO	10
III. Rechtliche Vorgaben im EU-Recht	3			
B. Anforderungen des § 46 SektVO	4			
I. Objektive und nichtdiskriminierende Kriterien nach § 46 Abs. 1 SekVO	4			

A. Einführung

I. Literatur

1 *Eschenbruch/Opitz*, Sektorenverordnung – Kommentar, 2012; *Greb/Müller*Kommentar zum Sektorenvergaberecht, 2. Aufl. 2017; *Opitz*, Die neue Sektorenverordnung VergabeR 2009, 689–701.

II. Entstehungsgeschichte

2 Die Neuregelung des § 46 Abs. 1 SektVO entspricht § 20 Abs. 1 SektVO aF. Der Regelungsgehalt des § 46 Abs. 2 SektVO, der sich auf den Umgang mit zwingenden Ausschlussgründen nach § 123 GWB bezieht, ist insofern neu, als dass in der alten Fassung der SektVO keine entsprechende Regelung enthalten war. § 46 Abs. 2 SektVO ähnelt allerdings § 21 Abs. 1 SektVO aF, wonach Sektorenauftraggeber entscheiden konnten, ob sie die Ausschlusskriterien des § 21 Abs. 1 SektVO aF zur Anwendung bringen wollten oder nicht.[1]

III. Rechtliche Vorgaben im EU-Recht

3 § 46 SektVO setzt Art 78 Abs. 1 der RL2014/25/EU um. Die Regelung des § 46 Abs. 2 SektVO setzt den Regelungsgehalt des Art. 80 Abs. 1, Unterabs. 1 und 2 der Richtlinie in nationales Recht um.

---

[1] *Opitz* in Eschenbruch/Opitz, SektVO, 2012, § 21 Rn. 8.

B. Anforderungen des § 46 SektVO

I. Objektive und nichtdiskriminierende Kriterien nach § 46 Abs. 1 SektVO

§ 46 SektVO enthält Vorgaben für die Eignungskriterien und die Anwendung von Aus- **4** schlusstatbeständen im Sektorenbereich und stellt einen Ausfluss des allgemeinen Gleichbehandlungs- und Transparenzgrundsatzes dar. Aus § 46 Abs. 2 SektVO ergibt sich, dass die Vorgaben sich auf alle im Sektorenbereich zulässigen Verfahrensarten beziehen. Im Unterschied zu den strengen Voraussetzungen des § 122 GWB ermöglicht § 46 SektVO dem Sektorenauftraggeber einen größeren Spielraum. Der Sektorenauftraggeber wählt Unternehmen anhand objektiver Kriterien aus, die allen interessierten Unternehmen zugänglich gemacht werden müssen.[2] Der aus Art. 78 Abs. 1 der Richtlinien 2014/25/EU übernommene Begriff der *„objektiven Kriterien"* meint ausweislich der Gesetzesbegründung, dass die Kriterien nichtdiskriminierend sein müssen.[3] § 46 Abs. 1 SektVO sieht vor, dass die Kriterien allen interessierten Unternehmen zugänglich sein müssen, d. h. transparent und hindernisfrei abrufbar.[4]

II. Wahl der Eignungskriterien gem. § 46 Abs. 1 SektVO

Gemäß § 46 Abs. 1 SektVO wählt der Sektorenauftraggeber die Unternehmen anhand **5** objektiver Kriterien aus, die allen interessierten Unternehmen zugänglich sein müssen. Abs. 1 gilt für alle in der SektVO für zulässig erachtete Verfahrensarten. § 46 Abs. 1 SektVO dient letztlich der Sicherstellung des Gleichbehandlungsgrundsatzes, der sich bereits aus § 97 Abs. 2 GWB ergibt.[5] Vor diesem Hintergrund ist es sinnvoll auf die Eignungskriterien des § 122 GWB zurückzugreifen.[6] Gem. § 122 Abs. 2 Nr. 2 GWB dürfen die Eignungskriterien ausschließlich die Befähigung und Erlaubnis zu Berufsausübung, die wirtschaftliche, finanzielle, technische und berufliche Leistungsfähigkeit betreffen. Neben den vorgenannten Kriterien kann der Sektorenauftraggeber weitere objektive Kriterien für die Auswahl der Bieter festsetzen. Dies ergibt sich aus dem von der EU-Kommission zur Verfügung gestellten Standardformular 5 für Auftragsbekanntmachungen im Sektorenbereich.[7] Soweit die Punkte III.1.1) bis III.1.3) mit den Eignungskriterien des § 122 Abs. 2 S. 2 GWB korrespondieren, besteht ausweislich der Ziffer III.1.4) die Möglichkeit, weitere „objektive Teilnahmeregeln und -kriterien" festzusetzen. Dabei darf es sich ausschließlich um nichtdiskriminierende Eignungskriterien handeln. Insoweit scheiden Kriterien aus, die das Vergabeverfahren auf Unternehmen einer bestimmten Region beschränken.[8] Die Ortsansässigkeit ist kein hinreichendes Eignungskriterium und infolgedessen vergabefremd.[9] Darunter fallen jedwede Beschränkungen auf Bewerber aus einem Bundesland, einem Regierungsbezirk, einem Kreis oder einem Ort.[10]

Ferner ist bei der Auswahl der Eignungskriterien § 122 Abs. 4 S. 1 GWB zu beachten. **6** Danach müssen die Eignungskriterien mit dem Auftragsgegenstand in Verbindung und zu

---

[2] BT-Drs. 18/6281, S. 125; BT-Drs. 87/16, S. 265.
[3] *Opitz* VergabeR 2009, 689, 696; BT-Drs. 87/16, S. 265.
[4] BT-Drs. 87/16, S. 265; *Opitz* VergabeR 2009, 689, 696.
[5] *Weyand* in Greb/Müller, SektVO, § 46 Rn. 11; *Opitz* in Eschenbruch/Opitz, SektVO, 2012, § 20 Rn. 13.
[6] *Weyand* in Greb/Müller, SektVO, § 46 Rn. 8.
[7] Standardformular Nr. 5 – Auftragsbekanntmachung Versorgungssektoren nach der Richtlinie 2014/25/EU.
[8] *Opitz* in Eschenbruch/Opitz, SektVO, 2012, § 20 Rn. 13; *Weyand* in Greb/Müller, SektVO, § 46 Rn. 11.
[9] VK Südbayern, Beschl. v. 17.6.2009 – Z3-3-3194-1-22-05/09.
[10] EuGH Urt. v. 27.10.2005 – Rs. C-234/03.

diesem in einem angemessenen Verhältnis stehen.[11] Welche Anforderung als angemessen gelten, hängt ausweislich der Gesetzesbegründung maßgeblich von der Art des Auftrags, vom Auftragsgegenstand und von den Bedingungen der Auftragsausführung ab.[12]

7   Zwar gilt § 46 Abs. 1 SektVO für alle in der SektVO aufgeführten Verfahrensarten. Zu beachten sind jedoch stets die besonderen Vorgaben für einzelne Verfahrensarten. So ergibt sich beispielsweise aus § 18 Abs. 1 S. 5 SektVO für die Innovationspartnerschaft die Vorgabe hinsichtlich der Wahl der Eignungskriterien, dass diese die Fähigkeiten der Unternehmen auf dem Gebiet der Forschung und Entwicklung sowie die Ausarbeitung und Umsetzung innovativer Lösungen betreffen müssen.

8   Die SektVO beinhaltet keine den §§ 44 ff. VgV entsprechende Regelungen bezogen auf die vorzulegende Eignungsnachweise. Eine enumerative Aufzählung zulässiger Eignungsnachweise wurde nicht aufgenommen. Im Sektorenbereich kommt dem Sektorenauftraggeber daher ein größerer Spielraum zu Gute. Es ist durchaus zulässig, Eignungsnachweise einzufordern, die dem § 45 Abs. 3 VgV fremd sind. Der Sektorenauftraggeber ist nicht daran gehindert, sich an den Vorgaben der VgV zu orientieren. Dies ergibt sich bereits aus Art. 80 Abs. 2 der RL 2014/25/EU. Ein Auftragsbezug muss indes stets gegeben sein.

III. Bekanntmachung durch den öffentlichen Sektorenauftraggeber

9   Nach § 46 Abs. 1 SektVO müssen die objektiven Kriterien allen interessierten Unternehmen zugänglich sein. Die Gesetzesbegründung stellt darauf ab, dass die Kriterien transparent und hindernisfrei abrufbar sein müssen.[13] Das bedeutet, dass der Sektorenauftraggeber auch die technischen Voraussetzungen schaffen muss, um diesem Transparenzgebot Rechnung zu tragen. Die Eignungskriterien sind daher klar und widerspruchsfrei bekanntzugeben. Es muss für den Bieter eindeutig erkennbar sein, welche Eignungsnachweise der Sektorenauftraggeber fordert.[14] Der Bieter muss sich darauf einstellen und sich rechtzeitig die entsprechenden Nachweise beschaffen können.[15] Unter Berücksichtigung des § 122 Abs. 4 S. 2 GWB ist dem Transparenzgebot Genüge getan, sofern die Eignungskriterien in der Auftragsbekanntmachung, der Vorinformation oder der Aufforderung zur Interessensbetätigung aufgeführt wurden und die interessierten Unternehmen diese abrufen können.

IV. Anwendbarkeit der zwingenden Ausschlussgründe gemäß § 123 GWB im Sektorenbereich, § 46 Abs. 2 SektVO

10   Der Regelungsgehalt des § 46 Abs. 2 SektVO bezieht sich auf die Einbeziehung der zwingenden Ausschlussgründe des § 123 GWB in den Sektorenbereich. Sofern es sich um einen öffentlichen Sektorenauftraggeber im Sinne des § 100 Abs. 1 Nr. 1 GWB handelt, ist die Anwendung des § 123 GWB obligatorisch. Handelt es sich hingegen um einen privaten Sektorenauftraggeber im Sinne des § 100 Abs. 1 Nr. 2 GWB ist die Anwendung des § 123 GWB über § 142 Nr. 2 GWB fakultativ.[16] Durch das Wort *„können"* wird dem privaten Sektorenauftraggeber ein weiter Beurteilungsspielraum zugestanden.

11   Es sprechen gute Argumente dafür, dass auch private Sektorenauftraggeber von der Möglichkeit der Einbeziehung der Vorgaben des § 123 GWB Gebrauch machen sollten.[17]

---

[11] BT-Drs. 18/6281, S. 101; *Weyand* in Greb/Müller, SektVO, § 46 Rn. 12.
[12] BT-Drs. 18/6281, S. 101; *Weyand* in Greb/Müller, SektVO, § 46 Rn. 12.
[13] BT-Drs. 87/16, S. 265.
[14] OLG Düsseldorf Beschl. v. 26.3.2012 – VII-Verg 4/12; OLG Düsseldorf Beschl. v. 15.8.2011 – VII-Verg 71/11; *Weyand* in Greb/Müller, SektVO, § 46 Rn. 15.
[15] OLG Düsseldorf Beschl. v. 26.3.2012 – VII-Verg 4/12; OLG Düsseldorf Beschl. v. 15.8.2011 – VII-Verg 71/11; OLG Frankfurt a. M. Beschl. v. 15.7.2009 – 11 Verg 4/08.
[16] BT-Drs. 18/6281, S. 125.
[17] *Weyand* in Greb/Müller, SektVO, § 46 Rn. 18.

Insbesondere liegt es im Interesse des Sektorenauftraggebers, dass ein Unternehmen, welches durch vorheriges Verhalten einen Tatbestand des § 123 GWB erfüllt hat, von dem Vergabeverfahren ausgeschlossen wird. So liegt es in der Natur der Sache, dass ein Unternehmen, welches beispielsweise in der Vergangenheit schwere Straftaten begangen hat, nicht den Zuschlag erhalten soll.[18] Macht der Sektorenauftraggeber im Sinne des § 100 Abs. 1 Nr. 2 GWB von der Anwendung des § 123 GWB Gebrauch, ist dies im Vorfeld festzulegen und bekanntzumachen.

---

[18] *Weyand* in Greb/Müller, SektVO, § 46 Rn. 19.

§ 47 Eignungsleihe

(1) **Ein Bewerber oder Bieter kann für einen bestimmten Auftrag im Hinblick auf die erforderliche wirtschaftliche und finanzielle sowie die technische und berufliche Leistungsfähigkeit die Kapazitäten anderer Unternehmen in Anspruch nehmen, wenn er nachweist, dass ihm die für den Auftrag erforderlichen Mittel tatsächlich zur Verfügung stehen werden, indem er beispielsweise eine entsprechende Verpflichtungserklärung dieser Unternehmen vorlegt. Diese Möglichkeit besteht unabhängig von der Rechtsnatur der zwischen dem Bewerber oder Bieter und den anderen Unternehmen bestehenden Verbindungen. Ein Bewerber oder Bieter kann jedoch im Hinblick auf Nachweise für die erforderliche berufliche Leistungsfähigkeit wie Ausbildungs- und Befähigungsnachweise oder die einschlägige berufliche Erfahrung die Kapazitäten anderer Unternehmen nur dann in Anspruch nehmen, wenn diese die Leistung erbringen, für die diese Kapazitäten benötigt werden.**

(2) **Der Auftraggeber überprüft im Rahmen der Eignungsprüfung, ob die Unternehmen, deren Kapazitäten der Bewerber oder Bieter für die Erfüllung bestimmter Eignungskriterien in Anspruch nehmen will, die entsprechenden Kriterien erfüllen, und ob Ausschlussgründe vorliegen, sofern er solche festgelegt hat. Hat der Auftraggeber auf zwingende Ausschlussgründe nach § 123 des Gesetzes gegen Wettbewerbsbeschränkungen Bezug genommen, schreibt er vor, dass der Bewerber oder Bieter ein Unternehmen, das das entsprechende Eignungskriterium nicht erfüllt oder bei dem zwingende Ausschlussgründe nach § 123 des Gesetzes gegen Wettbewerbsbeschränkungen vorliegen, ersetzen muss. Hat der Auftraggeber auf fakultative Ausschlussgründe nach § 124 des Gesetzes gegen Wettbewerbsbeschränkungen Bezug genommen, kann er vorschreiben, dass der Bewerber oder Bieter auch ein Unternehmen, bei dem fakultative Ausschlussgründe nach § 124 des Gesetzes gegen Wettbewerbsbeschränkungen vorliegen, ersetzen muss. Der Auftraggeber kann dem Bewerber oder Bieter dafür eine Frist setzen.**

(3) **Nimmt ein Bewerber oder Bieter die Kapazitäten eines anderen Unternehmens im Hinblick auf die erforderliche wirtschaftliche und finanzielle Leistungsfähigkeit in Anspruch, so kann der Auftraggeber eine gemeinsame Haftung des Bewerbers oder Bieters und des anderen Unternehmens für die Auftragsausführung entsprechend dem Umfang der Eignungsleihe verlangen.**

(4) **Die Absätze 1 bis 3 gelten auch für Bewerber- oder Bietergemeinschaften.**

(5) **Der Auftraggeber kann vorschreiben, dass bestimmte kritische Aufgaben bei Bauaufträgen, Dienstleistungsaufträgen oder kritische Verlege- oder Installationsarbeiten im Zusammenhang mit einem Lieferauftrag direkt vom Bieter selbst oder im Fall einer Bietergemeinschaft von einem Teilnehmer der Bietergemeinschaft ausgeführt werden müssen.**

Übersicht

	Rn.		Rn.
A. Einführung	1	B. Vorgaben des § 47 SektVO	6
I. Literatur	1	C. Unterschiede zwischen § 47 Abs. 2	
II. Entstehungsgeschichte	2	SektVO und § 47 Abs. 2 VgV	7
III. Rechtliche Vorgaben im EU-Recht	4		

A. Einführung

I. Literatur

1 Aufgrund der wörtlichen Übereinstimmung der Regelungen wird vollumfänglich auf die Literaturliste des § 47 VgV verwiesen.

II. Entstehungsgeschichte

Das Institut der Eignungsleihe hat seine Ursprünge in der Rechtsprechung des EuGH. **2** Bereits 1994 entschied dieser auf eine belgische Vorlagefrage, dass ein Unternehmen seine technische, finanzielle und wirtschaftliche Leistungsfähigkeit durch Verweis auf die Referenzen eines verbundenen Unternehmens nachweisen kann.[1] Dazu müsse es belegen, dass es zur Ausführung der Aufträge tatsächlich über die diesen zustehenden Mittel verfügen kann. Die Rechtsprechung des EuGH wurde in der RL 2004/17/EG umgesetzt, so dass die Einbeziehung von Drittunternehmen bereits unter Anwendung des alten Vergaberechts zulässig und möglich war.

Die Vorgängernorm des § 20 Abs. 3 SektVO enthielt im Gegensatz zur Neuregelung des **3** § 47 SektVO weniger Vorgaben zur Eignungsleihe. Die Vorgängernorm diente der Umsetzung der Regelungen des Art. 54 Abs. 5 und 6 der RL 2004/17/EG.

III. Rechtliche Vorgaben im EU-Recht

Mit § 47 SektVO wird Art. 79 der RL 2014/25/EU, der die Inanspruchnahme der Kapazitäten anderer Unternehmen regelt, in nationales Recht umgesetzt.

Die Regelung des § 47 Abs. 1 SektVO setzt die Vorschrift des Art. 79 Abs. 1 Unter- **4** abs. 1 der RL 2014/25/EU um. § 47 Abs. 2 SektVO regelt in Umsetzung von Art. 79 Abs. 1 Unterabs. 2 der RL 2014/25/EU, die Eignungsprüfung des Unternehmens, auf deren Kapazitäten sich berufen wird.

Der dritte Absatz der Neuregelung dient der Umsetzung des Art. 79 Abs. 1 Unterabs. 3 **5** RL 2014/25/EU und gibt dem Sektorenauftraggeber die Möglichkeit eine gemeinsame Haftung zu verlangen. Abs. 4 setzt Art. 79 Abs. 1 Unterabs. 4 um. Die Regelung des Abs. 5 dient der Umsetzung von Art. 79 Abs. 3 der RL 2014/25/EU.

B. Vorgaben des § 47 SektVO

Die Regelung des § 47 SektVO stimmt im Wesentlichen mit der Kommentierung des **6** § 47 VgV überein, so dass auf die Kommentierung des § 47 VgV verwiesen wird.

C. Unterschiede zwischen § 47 Abs. 2 SektVO und § 47 Abs. 2 VgV

Allerdings bestehen auch Divergenzen zwischen § 47 Abs. 2 SektVO und § 47 Abs. 2 **7** VgV.

Die Besonderheiten des § 47 Abs. 2 SektVO beziehen sich auf die Ausschlussgründe der **8** §§ 123 und 124 SektVO. Die privaten Sektorenauftraggeber nach § 100 Abs. 1 Nr. 2 GWB, welche nicht zugleich öffentliche Auftraggeber i. S. v. § 99 Nr. 1 bis 3 GWB sind, werden in Bezug auf die Ausschlussgründe des § 123 GWB privilegiert.

Aufgrund der Regelung des § 142 Nr. 2 GWB können private Sektorenauftraggeber **9** nach § 100 Abs. 1 Nr. 2 GWB diese Regelungen anwenden, sind aber nicht zur Anwendung verpflichtet. Dementsprechend legen die zwingenden Ausschlussgründe für private Sektorenauftraggeber nur im Fall ihrer optionalen Anwendung fest, wann ein Bewerber oder Bieter im Rahmen der Teilnehmerauswahl vom Vergabeverfahren ausgeschlossen werden muss. Etwas anderes gilt für die staatlichen bzw. öffentlichen Sektorenauftraggeber

---

[1] EuGH Urt. v. 14.4.1994, Rs. C-389/92, Ballast Nedam Groep I, Rn. 17.

nach § 100 Abs. 1 Nr. 1 GWB, die zur entsprechenden Anwendung des § 123 GWB verpflichtet sind.[2]

10   Hat der Sektorenauftraggeber auf die zwingenden Ausschlussgründe nach § 123 GWB Bezug genommen, schreibt er nach § 47 Abs. 2 S. 2 SektVO vor, dass der Bewerber oder Bieter ein Unternehmen, bei dem die zwingenden Ausschlussgründe des § 123 GWB vorliegen, ersetzt werden muss. Bei Bezugnahme auf die Regelung des § 123 GWB entspricht die Regelung demnach § 47 Abs. 2 S. 3 VgV.

11   Hat der Sektorenauftraggeber nicht auf § 123 GWB Bezug genommen und folglich die Regelung nicht für anwendbar erklärt, muss er im Rahmen der Eignungsleihe auch Unternehmen akzeptieren, bei denen ein zwingender Ausschlussgrund des § 123 GWB vorliegt. Die Möglichkeit einer Ersetzung des Unternehmens besteht dann nicht.

12   Ansonsten entspricht die Regelungssystematik des § 47 Abs. 2 SektVO dem § 47 Abs. 2 VgV: Wenn das Unternehmen, deren Kapazitäten der Bewerber oder Bieter in Anspruch nehmen will, das entsprechende Eignungskriterium nicht erfüllt oder ein Ausschlussgrund nach § 123 vorliegt, fordert der Sektorenauftraggeber den Bewerber oder Bieter auf, das Unternehmen zu ersetzen. Aufgrund von § 47 Abs. 2 S. 4 SektVO kann der Sektorenauftraggeber dem Bewerber oder Bieter hierfür eine Frist setzen, wovon er in der Praxis zwingend Gebrauch machen sollte. Sollten die Vorgaben nach Fristablauf nicht erfüllt werden, führt dies zwingend zum Ausschluss.

13   Nach § 47 Abs. 3 S. 3 SektVO kann der Sektorenauftraggeber bei Bezugnahme auf einen fakultativen Ausschlussgrund nach § 124 GWB vorschreiben, dass der Bewerber oder Bieter das Unternehmen bei dem der fakultative Ausschlussgrund vorliegt, ersetzen muss.

14   Problematisch erscheint, wieso der Sektorenauftraggeber nach § 47 Abs. 3 S. 3 SektVO auf die fakultativen Ausschlussgründe des § 124 GWB Bezug genommen haben muss. Aus der Regelung des § 142 GWB ergibt sich nämlich für die fakultativen Ausschlussgründe des § 124 GWB keine Einschränkung. Allerdings dient die Regelung der Umsetzung der Richtlinienvorgabe des Art. 79 Abs. 2 Unterabs. 2 RL 2014/25/EU, wonach ebenfalls eine Bezugnahme auf fakultative Ausschlussgründe vorliegen muss. Eine solche Bezugnahme auf § 124 GWB bewirkt nicht, dass der Sektorenauftraggeber die fakultativen Ausschlussgründe zwingend anzuwenden hat. Diesbezüglich steht ihm trotz einer Bezugnahme auf die Regelung des § 124 GWB weiterhin ein Ermessen zu, so dass er im Einzelfall entscheiden kann, ob er auf die fakultativen Ausschlussgründe des § 124 GWB zurückgreift.

15   Konsequenz ist, dass der private Sektorenauftraggeber sich während der Vorbereitung des Vergabeverfahrens zu entscheiden hat, ob er die zwingenden Ausschlussgründe des § 123 GWB anwenden wird. Falls dies der Fall ist, hat er die Anwendbarkeit des § 123 GWB in der Bekanntmachung mitzuteilen. In der Praxis ist dem privaten Sektorenauftraggebern nach § 100 Abs. 1 Nr. 2 GWB zu empfehlen, die Regelungen der §§ 123 und 124 GWB in der Bekanntmachung im Sektorenbereich für die Eignungsleihe für anwendbar zu erklären. Der Sektorenauftraggeber dürfte kein Interesse daran haben, dass bei einem Dritten, auf deren Kapazitäten sich berufen wird, ein zwingender Ausschlussgrund nach § 123 GWB vorliegt. Bei Vorliegen eines zwingenden Ausschlussgrundes empfiehlt es sich in der Regel diese Unternehmen auch nicht aufgrund einer Eignungsleihe indirekt am Vergabeverfahren zu beteiligen.

---

[2] *Jansen* in Burgi/Dreher, Beck'scher Vergaberechtskommentar, Band 1, § 142, GWB, Rn. 16.

§ 48 Qualifizierungssysteme

(1) Der Auftraggeber kann zur Eignungsfeststellung ein Qualifizierungssystem für Unternehmen einrichten und betreiben. Unternehmen müssen jederzeit die Zulassung zum Qualifizierungssystem beantragen können. Das Qualifizierungssystem kann verschiedene Qualifizierungsstufen umfassen.

(2) Der Auftraggeber legt für den Ausschluss und die Eignung von Unternehmen objektive Kriterien fest. Enthalten diese Kriterien technische Anforderungen, so gelten die §§ 28 und 29.

(3) Für die Funktionsweise des Qualifizierungssystems, wie etwa die Aufnahme in das System, die Aktualisierung der Kriterien und dessen Dauer, legt der Auftraggeber objektive Vorschriften fest.

(4) Die nach den Absätzen 2 und 3 festgelegten Kriterien und Vorschriften werden den Unternehmen auf Antrag zur Verfügung gestellt. Aktualisierungen sind diesen Unternehmen mitzuteilen. Entspricht nach Ansicht des Auftraggebers das Qualifizierungssystem bestimmter anderer Auftraggeber, Stellen oder Einrichtungen seinen Anforderungen, so teilt er den Unternehmen deren Namen und Adressen mit.

(5) Enthalten die Kriterien gemäß Absatz 2 Anforderungen an die wirtschaftliche und finanzielle Leistungsfähigkeit oder die fachliche und berufliche Befähigung des Unternehmens, kann das Unternehmen auch die Kapazitäten eines anderen Unternehmens in Anspruch nehmen, unabhängig von dem Rechtsverhältnis, in dem es zu ihm steht.

(6) Bezüglich der Kriterien Ausbildungsnachweise und Bescheinigungen über die berufliche Befähigung des Unternehmens einschließlich der einschlägigen beruflichen Erfahrung können Unternehmen nur die Kapazitäten anderer Unternehmen in Anspruch nehmen, wenn diese auch die Leistung erbringen, für die die Kapazitäten benötigt werden.

(7) Beabsichtigt ein Unternehmen die Kapazitäten eines anderen Unternehmens in Anspruch zu nehmen, weist es dem Auftraggeber beispielsweise durch eine entsprechende Verpflichtungserklärung des anderen Unternehmens nach, dass es während der gesamten Gültigkeitsdauer des Qualifizierungssystems auf dessen Kapazitäten zurückgreifen kann.

(8) Der Auftraggeber führt ein Verzeichnis der geprüften Unternehmen. Dieses kann nach Auftragsarten, für die die Prüfung Gültigkeit hat, aufgegliedert werden.

(9) Ist eine Bekanntmachung über das Bestehen eines Qualifizierungssystems gemäß § 37 erfolgt, werden die Aufträge im Wege eines nicht offenen Verfahrens oder eines Verhandlungsverfahrens unter den gemäß diesem System qualifizierten und im Verzeichnis nach Absatz 8 geführten Bewerber vergeben.

(10) Der Auftraggeber kann im Zusammenhang mit Anträgen auf Qualifizierung, der Aktualisierung oder der Aufrechterhaltung einer bereits bestehenden Qualifizierung für das System Gebühren erheben. Die Gebühr muss im Verhältnis zu den angefallenen Kosten stehen.

(11) Der Auftraggeber teilt seine Entscheidung hinsichtlich der Qualifizierung den Unternehmen innerhalb von sechs Monaten nach Eingang der Beantragung zur Aufnahme in das Qualifizierungssystem mit. Kann eine Entscheidung nicht innerhalb von vier Monaten getroffen werden, so teilt der Auftraggeber innerhalb von zwei Monaten nach Eingang des Antrags dies sowie den voraussichtlichen Entscheidungszeitpunkt den Unternehmen mit.

(12) Eine Ablehnung ist dem Unternehmen innerhalb von 15 Tagen nach der Entscheidung unter Angabe der Gründe mitzuteilen. Dabei darf sich eine Ablehnung nur auf die gemäß Absatz 2 festgelegten objektiven Kriterien beziehen. Dasselbe gilt für die Beendigung einer Qualifizierung. Die beabsichtigte Beendigung ist dem Unternehmen 15 Tage vor dem vorgesehenen Ausschluss unter Angabe der Gründe mitzuteilen.

Übersicht

	Rn.			Rn.
A. Einführung	1		V. Eignungsleihe, § 48 Abs. 5–7 SektVO	27
I. Literatur	1		VI. Qualifizierungsverzeichnis, § 48 Abs. 8	
II. Entstehungsgeschichte	2		SektVO	29
III. Rechtliche Vorgaben im EU-Recht	4		VII. Vergabe im Rahmen eines Qualifizie-	
B. Kommentierung	5		rungssystems, § 48 Abs. 9 SektVO	31
I. Einrichtung eines Qualifizierungssys-			VIII. Erhebung von Gebühren, § 48 Abs. 10	
tems, § 48 Abs. 1 SektVO	7		SektVO	33
II. Festlegung objektiver Eignungskrite-			IX. Bescheidung des Qualifizierungsan-	
rien, § 48 Abs. 2 SektVO	11		trags, § 48 Abs. 11 SektVO	34
III. Funktionsweise eines Qualifizierungs-			X. Entziehung der Qualifizierung, § 48	
system, § 48 Abs. 3 SektVO	13		Abs. 12 S. 3, 4 SektVO	38
IV. Bekanntmachung, § 48 Abs. 4 SektVO	24		XI. Rechtsschutz für Unternehmen	45

A. Einführung

I. Literatur

1 *Braun/Petersen*, Präqualifikation und Prüfungssysteme, VergabeR 2010, 433–441; *Dreher/Motzke*, Beck'scher Vergaberechtskommentar, 2. Aufl. 2013; *Eschenbruch/Opitz*, Sektorenverordnung – Kommentar, 2012; *Greb/ Müller*, Kommentar zum Sektorenvergaberecht, 2. Aufl. 2017; *Heiermann/Zeiss/Summa*, juris Praxiskommentar Vergaberecht, 5. Aufl. 2016; *Opitz*, Die neue Sektorenverordnung, VergabeR 2009, 689–701.

II. Entstehungsgeschichte

2 Ausweislich der Gesetzesbegründung haben Sektorenauftraggeber die Möglichkeit zu entscheiden, ob sie im Rahmen einer Auftragsvergabe gem. § 48 SektVO auf ein Qualifizierungssystem zurückgreifen oder nicht. Ein Qualifizierungssystem dient der vorgezogenen Eignungsprüfung von Unternehmen.[1] Der Sektorenauftraggeber kann dieses System auf seine eigenen Bedürfnisse zuschneiden.[2]

3 Inhaltlich stimmt § 48 SektVO im Wesentlichen mit § 24 SektVO a. F. überein. Die neue Regelung übernimmt dabei lediglich die Terminologie des Art. 77 der Richtlinie 2014/25/EU. Im Gegensatz zu § 24 SektVO a. F., der insoweit von „Prüfungssystemen" sprach, spricht § 48 SektVO nunmehr von „Qualifizierungssystemen". Einen abweichenden Inhalt umschreibt der neue Begriff jedoch nicht. Entfallen sind die Ausschlussgründe, die in § 24 Abs. 4 SektVO a. F. noch enthalten waren.[3] Es gelten vielmehr die allgemeinen Regelungen der §§ 123, 124 und 142 Nr. 2 GWB.

III. Rechtliche Vorgaben im EU-Recht

4 § 48 SektVO übernimmt den Regelungsgehalt der Art. 75, 77 und 79 der Richtlinie 2014/25/EU. Im Grundsatz sind die Regelungen der Richtlinie 2014/25/EU deckungsgleich mit Art. 53 der Richtlinie 2004/17/EG. Neu ist jedoch, dass Art. 77 Abs. 6 der Richtlinie 2014/25/EU Vorgaben zu den Gebühren, die im Zusammenhang mit der Qualifizierung stehen, macht.

---

[1] BT-Drs. 87/16, S. 266 f; VK Südbayern Beschl. v. 7.3.2017 – Z 3-3-3194-1-45-11/16.
[2] VK Hessen Beschl. v. 19.11.2014 – 69d VK-19/2014.
[3] Vgl. zur alten Rechtslage *Opitz* in Eschenbruch/Opitz, SektVO, 2012, § 24 Rn. 11.

B. Kommentierung

Ein Qualifizierungssystem dient der von einem konkreten Vergabeverfahren unabhängi- **5**
gen Eignungsprüfung nach standardisierten Kriterien.[4] Der Sektorenauftraggeber ist so in
der Lage, für bestimmte Auftragskategorien die Eignungsprüfung vorzuziehen, um so – bei
positiver Eignungsprüfung – im Rahmen des darauffolgenden Vergabeverfahrens auf die
nochmalige Eignungsprüfung verzichten zu können.[5] Die Installation eines Qualifizierungssystems dient also dem Beschleunigungsgrundsatz.[6] Zudem können im Rahmen eines
Qualifizierungssystems Vergabeverfahren bekanntgemacht werden, sodass eine nochmalige
Ausschreibungsbekanntmachung entfällt.[7]

Ob der Sektorenauftraggeber von der Möglichkeit des §48 SektVO Gebrauch macht, ist **6**
im Rahmen einer Abwägungsentscheidung zu treffen. Dabei sollte der Kosten-Nutzen-
Faktor des Sektorenauftraggebers im Mittelpunkt der Begutachtung stehen.[8] Die Installation eines Qualifizierungssystems stellt hohe Anforderungen an den Betrieb und die fortlaufende Aktualisierung, sodass vor allem für kleinere Sektorenauftraggeber die Installation
eines Qualifizierungssystems ggf. nicht ausreichend vorhandene Ressourcen in Anspruch
nehmen würde.[9] Daher sollte die Implementierung eine solchen Systems immer unter
Zweckmäßigkeitserwägungen beschieden werden.[10]

I. Einrichtung eines Qualifizierungssystems, §48 Abs. 1 SektVO

Die Implementierung eines Qualifizierungssystems im Sinne des §48 Abs. 1 SektVO **7**
obliegt alleine dem Sektorenauftraggeber.[11] Eine Pflicht besteht nicht.[12] Implementiert der
Sektorenauftraggeber ein solches System, ist er vollumfänglich an die Maßgaben der
SektVO gebunden.[13] Dabei kann der Sektorenauftraggeber sich auch bei Betrieb und Einrichtung der Hilfe privater Dienstleister bedienen.

Gemäß §48 Abs. 1 S. 2 SektVO müssen Unternehmen jederzeit die Zulassung zu **8**
einem Qualifizierungssystem beantragen können.[14] Es besteht also ein bedingungsloser
Anspruch auf die Eignungsprüfung. Eine Begrenzung der Teilnehmeranzahl ist stets unzulässig. Um diesem Erfordernis gerecht zu werden, kann die Zulassung zum Qualifizierungsverfahren nicht an Ausschlussfristen geknüpft werden. Folge eines solchen Qualifizierungsverfahrens ist jedoch, dass der Sektorenauftraggeber jederzeit sowohl personell als
auch strukturell in der Lage sein muss, Prüfungsanträge zu bescheiden.

Zwar muss nach dem Wortlaut des §48 Abs. 1 S. 2 SektVO eine bedingungslose Zulas- **9**
sung gewährleistet sein, jedoch ergibt sich aus dem Sinn und Zweck dieser Vorschrift, dass
von diesem Grundsatz in den Fällen abgewichen werden darf, wenn aus zeitlicher Hinsicht
keinerlei Erfolgschancen auf den Zuschlag bestehen.[15] Ist das Qualifizierungssystem auf

---

[4] VK Bund Beschl. v. 27.1.2015 – VK 2-123/14; *Weyand* in Greb/Müller, SektVO 2017, §48 Rn. 3.
[5] *Summa* in Heiermann/Zeiss, jurisPK-VergR, SektVO 2016, §48 Rn. 7.
[6] *Summa* in Heiermann/Zeiss, jurisPK-VergR, SektVO 2016, §48 Rn. 5.
[7] *Braun/Petersen* VergabeR 2010, 433 (435).
[8] *Summa* in Heiermann/Zeiss, jurisPK-VergR, SektVO 2016, §48 Rn. 9; *Weyand* in Greb/Müller, Sekt-
VO 2017, §48 Rn. 4.
[9] *Weyand* in Greb/Müller, SektVO 2017, §48 Rn. 7.
[10] *Weyand* in Greb/Müller, SektVO 2017, §48 Rn. 6.
[11] *Summa* in Heiermann/Zeiss, jurisPK-VergR, SektVO 2016, §48 Rn. 10.
[12] VK Hessen Beschl. v. 19.11.2014 – 69d VK – 19/2014.
[13] *Summa* in Heiermann/Zeiss, jurisPK-VergR, SektVO 2016, §48 Rn. 11.
[14] *Braun/Petersen* VergabeR 2010, 433 (436); *Summa* in Heiermann/Zeiss, jurisPK-VergR, SektVO 2016,
§48 Rn. 16.
[15] *Weyand* in Greb/Müller, SektVO 2017, §48 Rn. 8; *Hüttinger* in Dreher/Motzke, Beck'scher Vergaberechtskommentar, SektVO 2012, §24 Rn. 23; *Summa* in Heiermann/Zeiss, jurisPK-VergR, SektVO 2016,
§48 Rn. 18.

eine Dauer von 12 Monaten angelegt, so kann der Sektorenauftraggeber Anträge ablehnen, die nach 11 Monaten eingehen, sofern die Eignungsprüfung in diesem Fall länger als einen Monat in Anspruch nimmt. In diesem Zusammenhang kann der Sektorenauftraggeber auch die Möglichkeit von Widerholungsprüfungen beschränken.[16] Hat ein Unternehmen erfolglos einen Antrag gestellt, so kann es regelmäßig geboten sein, einer erneuten Prüfung durch angemessene Sperrfristen zu begegnen, um die Funktionsfähigkeit solcher Qualifizierungssysteme zu erhalten. Als Richtwert kann dabei auf eine Sperrfrist von 6 Monaten zurückgegriffen werden.

10   Gemäß § 48 Abs. 1 S. 3 SektVO steht es im Ermessen des Sektorenauftraggebers, ob das Qualifizierungssystem verschiedene Qualifizierungsstufen enthält. Sinn und Zweck ist es, dem Sektorenauftraggeber die Möglichkeit zu unterbreiten, eine gestufte Qualifizierung nach „Unterkategorien" zu implementieren. Ausgehend von einer „Grundeignung" kann der Sektorenauftraggeber weitere Eignungsanforderungen für bestimmte Unterkategorien festlegen.[17] Es kann beispielsweise geboten sein, dass der Sektorenauftraggeber bei der Ausschreibung von IT-Dienstleistungen andere Eignungsanforderungen stellt, die für anderweitige Dienstleistungsaufträge nicht erforderlich sind.

II. Festlegung objektiver Eignungskriterien, § 48 Abs. 2 SektVO

11   Gemäß § 48 Abs. 2 SektVO legt der Sektorenauftraggeber für den Ausschluss und die Eignung von Unternehmen objektive Kriterien fest. Die Auswahl solcher Kriterien muss dem Transparenz- und dem Gleichbehandlungsgebot Rechnung tragen.[18] Die Festlegung solcher Qualifizierungskriterien beziehen sich sowohl auf das Qualifizierungsverfahren, enthalten ferner jedoch auch inhaltliche Vorgaben für die Qualifizierung. Sofern diese Kriterien technischer Natur sind, gelten über § 48 Abs. 2 S. 2 SektVO die §§ 28 und 29 SektVO.

12   In Anlehnung an die Eignungsprüfung ohne Qualifizierungssystem gem. § 46 Abs. 1 SektVO müssen die Kriterien auch im Rahmen eines Qualifizierungssystem sachlich und diskriminierungsfrei sein.[19] Der Unterschied besteht lediglich darin, dass ein Qualifizierungssystem die Anforderungen an die Eignung für eine Vielzahl von Fällen standardisiert und nicht an einem konkreten Auftrag ausrichtet.[20]

III. Funktionsweise eines Qualifizierungssystem, § 48 Abs. 3 SektVO

13   § 48 Abs. 3 SektVO führt aufgrund seiner sprachlichen Fassung zu Missverständnissen. Nach dem Wortlaut der deutschen Fassung könnte § 48 Abs. 3 SektVO dahingehend verstanden werden, dass der Sektorenauftraggeber verpflichtet ist, für die „Aufnahme in das System, die Aktualisierung der Kriterien und dessen Dauer" objektive Kriterien festlegen muss. Das hat der Richtliniengeber jedoch nicht gemeint. Vielmehr spricht Art. 77 Abs. 2 Unterabsatz 2 der Richtlinie 2014/25/EU davon, dass „die Aufnahme in das System, die regelmäßige Aktualisierung etwaiger Qualifizierungen und die Dauer der Aufrechterhaltung des Systems" zu den beispielhaft aufgeführten Vorschriften über die Funktionsweise des Qualifizierungssystems sind.

---

[16] *Opitz* in Eschenbruch/Opitz, SektVO, 2012, § 24 Rn. 9; *Weyand* in Greb/Müller, SektVO 2017, § 48 Rn. 9.
[17] *Weyand* in Greb/Müller, SektVO 2017, § 48 Rn. 13; *Summa* in Heiermann/Zeiss, jurisPK-VergR, SektVO 2016, § 48 Rn. 13 f.
[18] *Summa* in Heiermann/Zeiss, jurisPK-VergR, SektVO 2016, § 48 Rn. 22.
[19] *Opitz* VergabeR 2009, 689 (696).
[20] *Summa* in Heiermann/Zeiss, jurisPK-VergR, SektVO 2016, § 48 Rn. 24.

In diesem Sinne ist auch § 48 Abs. 3 SektVO auszulegen. Der Sektorenauftraggeber **14** muss also keine objektiven Vorschriften für die Laufzeit eines Qualifizierungssystems festlegen. Die Festlegung selbst ist bereits eine solche objektive Vorschrift im Sinne des § 48 Abs. 3 SektVO.[21]

Der Sektorenauftraggeber legt somit vor Implementierung eines Qualifizierungssystems **15** die Laufzeit fest. Aus der SektVO ergibt sich keine Vorschrift, die eine Aussage über die Dauer eines solchen Systems trifft. Der Sektorenauftraggeber ist daher in seiner Entscheidung über die Dauer des Systems frei. Diese Entscheidung unterliegt lediglich der Bekanntmachungspflicht des § 37 Abs. 2 S. 2 SektVO. Eine nachträgliche Abänderung der Laufzeit ist zulässig, bedarf jedoch gem. § 37 Abs. 3 S. 1 SektVO einer eigenen Bekanntmachung. In Ermangelung einer entsprechenden Vorschrift kann der Sektorenauftraggeber auch zeitlich unbefristete Qualifizierungssysteme implementieren.

Die Aktualisierungsermächtigung des Sektorenauftraggebers dient dazu, ihm die Mög- **16** lichkeit zu geben, die Eignung eines Teilnehmers in zeitlichen Abständen abermals zu überprüfen. Die Eignungsprüfung im Sinne des § 48 SektVO gibt lediglich die Leistungsfähigkeit des Teilnehmers zum Zeitpunkt der Antragstellung wieder.[22] Aufgrund der Tatsache, dass die Laufzeiten von Qualifizierungssystemen regelmäßig mehrere Jahre betragen, ist der erneute Nachweis der Eignung erforderlich.[23]

Darüber hinaus kann der Sektorenauftraggeber die Qualifizierungskriterien ändern. Auf- **17** grund der längeren Laufzeiten solcher Systeme, kann es notwendig sein, auch die Qualifizierungskriterien zu aktualisieren. Die Aktualisierung von Qualifizierungskriterien kann für die Wirtschaftsteilnehmer weitreichende Folgen haben. Wird einem teilnehmenden Unternehmen die erfolgreiche Qualifizierung bescheinigt, so stellt dies einen Vertrauenstatbestand dar.[24] Diese positive Eignungsprüfung ist ein wesentlicher Verfahrensabschnitt eines Vergabeverfahrens. Die Änderung der Qualifizierungskriterien bedeutet demnach einen Eingriff in ein laufendes Vergabeverfahren, der im schlimmsten Fall die Aberkennung der Qualifizierung zur Folge hat.

Daher bedarf es objektiver Gründe, um eine Kriterienanpassung rechtfertigen zu kön- **18** nen. Der Sektorenauftraggeber darf sich nicht von Willkür leiten lassen. Vielmehr ist er dazu angehalten, Anpassungen erst dann vorzunehmen, wenn dies aus Rechtsgründen geboten ist oder aber, wenn sich die bisherigen Maßgaben als unzureichend bzw. untauglich erwiesen haben.[25]

Die Anpassung der Qualifizierungskriterien ist zum einen im Sinne einer Verschärfung **19** der Kriterien, zum anderen im Sinne einer Absenkung der Anforderungen denkbar.[26]

Verschärft der Sektorenauftraggeber die Eignungskriterien, so hat dies zur Folge, dass alle **20** bisher qualifizierten Unternehmen einer erneuten Prüfung unterzogen werden, ob sie die neuen Anforderungen ebenfalls erfüllen.[27] § 48 Abs. 4 SektVO dient dabei dem Transparenz- und Gleichbehandlungsgebot. Der Sektorenauftraggeber ist dazu verpflichtet, die qualifizierten Unternehmen detailliert über die Änderungen zu unterrichten.[28] Dabei muss den Unternehmen unter angemessener Fristsetzung die Möglichkeit eingeräumt werden, ihre eingereichten Unterlagen am Maßstab der verschärften Kriterien anzupassen.

Nimmt der Sektorenauftraggeber eine Absenkung der Anforderungen vor, so kann dies **21** zu einer Erhöhung der Zahl der interessierten Wirtschaftsteilnehmer führen. So kann es sein, dass Unternehmen an den bisherigen Anforderungen gescheitert waren, unter den

---

[21] *Summa* in Heiermann/Zeiss, jurisPK-VergR, SektVO 2016, § 48 Rn. 30.
[22] *Summa* in Heiermann/Zeiss, jurisPK-VergR, SektVO 2016, § 48 Rn. 34.
[23] *Weyand* in Greb/Müller, SektVO 2017, § 48 Rn. 17; *Summa* in Heiermann/Zeiss, jurisPK-VergR, SektVO 2016, § 48 Rn. 5.
[24] *Summa* in Heiermann/Zeiss, jurisPK-VergR, SektVO 2016, § 48 Rn. 37.
[25] *Summa* in Heiermann/Zeiss, jurisPK-VergR, SektVO 2016, § 48 Rn. 38.
[26] *Weyand* in Greb/Müller, SektVO 2017, § 48 Rn. 19.
[27] *Summa* in Heiermann/Zeiss, jurisPK-VergR, SektVO 2016, § 48 Rn. 40.
[28] *Weyand* in Greb/Müller, SektVO 2017, § 48 Rn. 19.

neuen – abgesenkten Bedingungen – aber gute Chancen auf eine Qualifizierung hätten. Es ist jedoch auch der Fall denkbar, dass es Wirtschaftsteilnehmer gibt, die aufgrund der hohen Anforderungen an die Eignung keinen Antrag gestellt haben, unter den neuen Bedingungen jedoch Interesse an einer Eignungsprüfung haben könnten.[29]

22   Die Unternehmen, die an den bisherigen Anforderungen gescheitert waren, sind über die abgesenkten Anforderungen zu informieren, sodass eine erneute Antragstellung gewährleistet ist. Diejenigen Unternehmen, die auch unter den vormaligen Bedingungen keinen Antrag gestellt haben, sind dem Sektorenauftraggeber jedoch in der Regel unbekannt. Gleichwohl ist der Sektorenauftraggeber verpflichtet, solche Unternehmen im Wege einer Änderungsbekanntmachung zu informieren.[30] Es ist jedoch ausreichend, dass der Sektorenauftraggeber auf das bestehende Qualifizierungssystem samt Bekanntmachung hinweist und die Änderungen mitteilt.[31]

23   Dabei kann es sich auch um Änderungen in Bezug auf die Funktionsweise des Qualifizierungssystems handeln, etwa eine Laufzeitverkürzung bzw. Laufzeitverlängerung oder eine Anpassung von Fristen.

IV. Bekanntmachung, § 48 Abs. 4 SektVO

24   § 48 Abs. 4 S. 1 SektVO schreibt dem Sektorenauftraggeber vor, dass dieser die Kriterien nach Absatz 2 und die Vorschriften nach Abs. 3 den Unternehmen auf Antrag zur Verfügung zu stellen hat. Zu beachten sind dabei Art. 68 der Richtlinie 2014/25/EU und § 37 Abs. 2 SektVO. Nach Art. 68 Abs. 1 der Richtlinie muss der Sektorenauftraggeber die Implementierung des Qualifizierungssystems gemäß Anhang X der Richtlinie bekanntgeben. Die Bekanntmachung muss alle Angaben enthalten, die in Anhang X aufgeführt sind. Dabei ist das Standardformular 7 zu verwenden.[32] Insbesondere hat der Sektorenauftraggeber zu beschreiben, welche Art von Aufträgen im Rahmen des Systems vergeben werden sollen. Dies gilt auch für Anforderungen, die die Wirtschaftsteilnehmer im Hinblick auf ihre Qualifikation entsprechend dem System erfüllen müssen, sowie die Methoden, mit denen die Erfüllung der einzelnen Anforderungen überprüft werden.[33]

25   Nach § 48 Abs. 3 S. 3 SektVO kann der Sektorenauftraggeber auf Qualifizierungssysteme anderer Auftraggeber zurückgreifen, sofern dieses System den Anforderungen des Sektorenauftraggebers entspricht. Ist dies der Fall, so hat der Sektorenauftraggeber den Unternehmen den Namen und die Adresse des anderen Sektorenauftraggebers zur Verfügung zu stellen. Der genaue Regelungsgehalt dieser Vorschrift bleibt jedoch ungeklärt. Es ist zu entnehmen, dass es sich bei dem geliehenen Qualifizierungssystem nicht um ein System eines öffentlichen Auftraggebers bzw. eines Sektorenauftraggebers handeln muss.[34] Vielmehr kann der Sektorenauftraggeber auch auf Qualifizierungssysteme privater Unternehmen zurückgreifen mit der Einschränkung, dass es den Vorstellungen des Sektorenauftraggebers genügt.[35]

26   Der Sinn und Zweck dieser Regelung besteht darin, dass die auszuschreibenden Leistungen der Sektorenauftraggeber eine große Schnittmenge aufweisen und sich in ihrem Charakter stark ähneln. Das Zurückgreifen auf ein anderes Qualifizierungssystem soll dementsprechend überflüssige Mehrfachprüfungen verhindern.[36] Dies entbindet den Entleiher

[29] *Summa* in Heiermann/Zeiss, jurisPK-VergR, SektVO 2016, § 48 Rn. 42 f.
[30] *Summa* in Heiermann/Zeiss, jurisPK-VergR, SektVO 2016, § 48 Rn. 44.
[31] *Summa* in Heiermann/Zeiss, jurisPK-VergR, SektVO 2016, § 48 Rn. 44.
[32] *Summa* in Heiermann/Zeiss, jurisPK-VergR, SektVO 2016, § 48 Rn. 50 f.; http://simap.ted.euro pa.eu/documents/10184/99158/DE_F07.pdf.
[33] *Summa* in Heiermann/Zeiss, jurisPK-VergR, SektVO 2016, § 48 Rn. 51 f.
[34] *Summa* in Heiermann/Zeiss, jurisPK-VergR, SektVO 2016, § 48 Rn. 57; *Weyand* in Greb/Müller, SektVO 2017, § 48 Rn. 15.
[35] *Weyand* in Greb/Müller, SektVO 2017, § 48 Rn. 15.
[36] *Summa* in Heiermann/Zeiss, jurisPK-VergR, SektVO 2016, § 48 Rn. 58.

jedoch nicht davon, die Einhaltung vergaberechtlicher Bestimmung zu kontrollieren. Entscheidungen, die das Verfahren betreffen, hat der entleihende Sektorenauftraggeber eigenverantwortlich zu treffen.[37]

V. Eignungsleihe, § 48 Abs. 5–7 SektVO

Die Absätze 5 bis 7 beschäftigen sich inhaltlich mit der Eignungsleihe. Warum im Rah- **27** men des § 48 SektVO auf die Eignungsleihe Bezug genommen wird, erschließt sich vor dem Hintergrund des § 47 SektVO, der sich maßgeblich mit der Eignungsleihe beschäftigt, nicht. Aus § 48 Abs. 7 SektVO ergibt sich lediglich die Neuerung, dass das Unternehmen nachweisen muss, „dass es während der gesamten Gültigkeitsdauer des Qualifizierungssystems auf dessen Kapazitäten zurückgreifen kann".[38] Dieser Nachweis gilt als zwingende Voraussetzung für einen positiv ausfallenden Qualifizierungsantrag. Vor dem Hintergrund, dass zum Zeitpunkt der Antragstellung oftmals keine Informationen, weder über die Anzahl der zu vergebenden Aufträge noch über die Art und Umfang dieser Aufträge vorhanden sind,[39] erscheint diese Maßgabe unzumutbar bzw. die Erfüllung dieser Maßgabe unmöglich.[40] Dies gilt gerade für Bietergemeinschaften, die insoweit dem Einzelbieter gem. § 50 Abs. 2 S. 1 SektVO gleichgestellt sind. Aufgrund der Tatsache, dass die SektVO keine Regelung über eine Befristung eines Qualifizierungssystems enthält, müsste eine Bietergemeinschaft verbindlich zusichern, dass die Kooperationspartner auf unabsehbare Zeit zusammenarbeiten würden. Dies wird für einen redlichen Unternehmer objektiv unmöglich sein.

Dem kann der Sektorenauftraggeber vorbeugen, indem er die Gültigkeitsdauer solcher **28** Verpflichtungserklärungen begrenzt und von Unternehmen in regelmäßigen Abständen den Nachweis der Verfügbarkeit fremder Kapazitäten verlangt.

VI. Qualifizierungsverzeichnis, § 48 Abs. 8 SektVO

Nach dem Wortlaut des § 48 Abs. 8 SektVO ist der Sektorenauftraggeber dazu ver- **29** pflichtet, ein Verzeichnis der geprüften Unternehmen zu führen. Die Aufgliederung nach Auftragsarten, für die die Prüfung Gültigkeit besitzt, ist jedoch fakultativ, § 48 Abs. 8 S. 2 SektVO. Eine solche Aufgliederung ist eine Frage der Zweckmäßigkeit, die der Sektorenauftraggeber selbst zu beantworten hat.

Entgegen dem Wortlaut führt der Sektorenauftraggeber jedoch ein Verzeichnis mit denje- **30** nigen Unternehmen, bei denen die Eignung positiv festgestellt wurde.[41] Es werden also nicht die Unternehmen aufgeführt, die erfolglos an dem Qualifizierungsverfahren teilgenommen haben. Die Aufnahme in das Qualifizierungsverzeichnis ist lediglich deklaratorischer Natur, ihr kommt keine konstitutive Wirkung zu.[42] Es obliegt dem Sektorenauftraggeber, welche Form und welchen Inhalt das Verzeichnis aufweist. Die Wirtschaftsteilnehmer haben keinen Anspruch auf Einsichtnahme in das Qualifizierungsverzeichnis, da ein solches System in erster Linie dem Auftraggeber zu dienen bestimmt ist.

---

[37] VK Südbayern Beschl. v. 29.7.2008 – Z3-3-3194-1-18-05/08; *Braun/Petersen* VergabeR 2010, 433 (437).

[38] *Summa* in Heiermann/Zeiss, jurisPK-VergR, SektVO 2016, § 48 Rn. 63.

[39] *Weyand* in Greb/Müller, SektVO 2017, § 48 Rn. 21; *Opitz* in Eschenbruch/Opitz, SektVO, 2012, § 24 Rn. 16.

[40] *Summa* in Heiermann/Zeiss, jurisPK-VergR, SektVO 2016, § 48 Rn. 65.

[41] VK Hessen Beschl. v. 19.11.2014 – 69d VK-19/2014.

[42] VK Hessen Beschl. v. 19.11.2014 – 69d VK-19/2014; *Summa* in Heiermann/Zeiss, jurisPK-VergR, SektVO 2016, § 48 Rn. 68.

VII. Vergabe im Rahmen eines Qualifizierungssystems, § 48 Abs. 9 SektVO

31   Durch den Verweis in § 48 Abs. 9 SektVO ist die Implementierung eines Qualifizierungssystems entsprechend § 37 SektVO EU-weit bekanntzumachen.[43] Ist das Qualifizierungssystem gem. § 37 SektVO veröffentlicht, so werden die Aufträge im Wege eines nicht offenen Verfahrens oder eines Verhandlungsverfahrens unter den gemäß diesem System qualifizierten und im Qualifizierungsverzeichnis aufgeführten Bewerbern vergeben. Dem Sektorenauftraggeber steht insoweit ein Wahlrecht zu.

32   Die Verpflichtung, ein qualifiziertes Unternehmen zu beauftragen, besteht nur dann, wenn der Sektorenauftraggeber die Bekanntmachung eines Qualifizierungssystems mit dem Aufruf zum Wettbewerb verbunden hat.[44] Korrespondiert die Bekanntmachung hingegen nicht mit einem Wettbewerbsaufruf, so kann nicht von einer Selbstbindung ausgegangen werden. Vielmehr hat der Sektorenauftraggeber weiterhin das Recht der freien Verfahrenswahl nach § 13 SektVO.[45]

VIII. Erhebung von Gebühren, § 48 Abs. 10 SektVO

33   Gemäß § 48 Abs. 10 SektVO kann der Sektorenauftraggeber im Zusammenhang mit Anträgen auf Qualifizierung, der Aktualisierung oder der Aufrechterhaltung einer bereits bestehenden Qualifizierung für das System Gebühren erheben. Diese Gebühr muss nach § 48 Abs. 10 S. 2 SektVO zu den angefallenen Kosten im Verhältnis stehen. Ausweislich der Gesetzesbegründung handelt es sich nicht um eine Gebühr im gebührenrechtlichen Sinne, gleichwohl kann das dem öffentlichen Gebührenrecht zugrundeliegende Äquivalenzprinzip als Maßstab für die geforderte Festlegung einer verhältnismäßigen Gebühr dienen.[46] Die erhobene Gebühr dient ausschließlich der Kostendeckung. Eine Gewinnmarge darf nicht mit einfließen.[47]

IX. Bescheidung des Qualifizierungsantrags, § 48 Abs. 11 SektVO

34   § 48 Abs. 11 SektVO trägt dem Beschleunigungsgrundsatz dadurch Rechnung, dass der Sektorenauftraggeber dazu verpflichtet wird, innerhalb einer angemessenen Frist den Qualifizierungsantrag zu bescheiden und dem Antragsteller das Ergebnis mitzuteilen. Sinn und Zweck ist es, dem Unternehmen zeitnah Rechtssicherheit zu gewähren.[48] Die Frist beträgt höchstens 6 Monate. § 48 Abs. 11 S. 2 SektVO enthält detaillierte Maßgaben für die Fälle, in denen der Sektorenauftraggeber nicht in der Lage ist, die Anträge innerhalb von 4 Monaten zu bescheiden. Der Sektorenauftraggeber ist verpflichtet, einen Qualifizierungsantrag nach Eingang unverzüglich einer ersten Prüfung zu unterziehen. Innerhalb von 2 Monaten nach Eingang des Antrags hat der Sektorenauftraggeber zu entscheiden, ob eine endgültige Entscheidung innerhalb von 4 Monaten nach Eingang ergehen kann. Ist dies nicht der Fall, so hat der Sektorenauftraggeber den Antragsteller innerhalb der ersten beiden Monaten nach Antragseingang davon in Kenntnis zu setzen. Zudem muss er dem Antragsteller den voraussichtlichen Termin des Prüfungsabschlusses mitteilen.[49]

---

[43] *Weyand* in Greb/Müller, SektVO 2017, § 48 Rn. 23.
[44] *Summa* in Heiermann/Zeiss, jurisPK-VergR, SektVO 2016, § 48 Rn. 75.
[45] *Summa* in Heiermann/Zeiss, jurisPK-VergR, SektVO 2016, § 48 Rn. 76.
[46] BT-Drs. 87/16, S. 267.
[47] *Summa* in Heiermann/Zeiss, jurisPK-VergR, SektVO 2016, § 48 Rn. 77.
[48] VK Bund Beschl. v. 12.1.2015 – VK 2-111/14.
[49] *Summa* in Heiermann/Zeiss, jurisPK-VergR, SektVO 2016, § 48 Rn. 78 ff; *Weyand* in Greb/Müller, SektVO 2017, § 48 Rn. 24.

Erhält der Antragsteller innerhalb der ersten beiden Monate nach Antragseingang keine 35
Rückmeldung vom Sektorenauftraggeber, so kann er mit dem Prüfungsergebnis innerhalb
von weiteren zwei Monaten rechnen.[50] Daraus ergibt sich, dass eine Entscheidung im Regelfall innerhalb von 2 bis 4 Monaten getroffen werden muss. Nur in Ausnahmefällen darf
der Sektorenauftraggeber von der 6-monatigen Frist Gebrauch machen.[51] Die Fristen werden in Gang gesetzt, sofern der Antragsteller einen vollständigen, also prüffähigen Antrag
gestellt hat.[52] Reicht der Antragsteller hingegen ein unvollständiges Angebot ab, so kann
der Antragsteller aus verfahrensökonomischen Gründen unter Fristsetzung aufgefordert
werden, sein Angebot zu vervollständigen. Bringt der Antragsteller die fehlenden Unterlagen nicht innerhalb der gesetzten Frist bei, so muss der Antrag abgelehnt werden.

Im Rahmen der Prüfung der Qualifizierungsanträge hat der Sektorenauftraggeber den 36
Gleichbehandlungsgrundsatz zu beachten.[53] Die Dauer der Bearbeitung der eingegangenen
Anträge darf nicht zu einer Benachteiligung einzelner Antragsteller führen. Daher hat der
Sektorenauftraggeber dafür Sorge zu tragen, dass zeitgleich eingegangene Anträge auch
zeitgleich ihrer abschließenden Prüfung unterzogen werden. Es muss gewährleistet sein,
dass alle Unternehmen die gleichen Chancen haben, am Wettbewerb teilnehmen zu können. Dies gilt nur dann nicht, wenn die Gründe der Verzögerung in der Person des Antragstellers selbst liegen.[54]

Grundlage der Entscheidung sind die vom Sektorenauftraggeber bekanntgegebenen Eig- 37
nungskriterien. Ein Unternehmen darf also nur eine Qualifizierung erhalten, sofern es den
aktuellen Eignungskriterien vollumfänglich entspricht. Ist dies der Fall, hat das Unternehmen einen Anspruch auf eine positive Entscheidung. Dieser Anspruch kann im Wege eines
Nachprüfungsverfahrens durchgesetzt werden.[55]

X. Entziehung der Qualifizierung, § 48 Abs. 12 S. 3, 4 SektVO

Negiert der Sektorenauftraggeber die Qualifizierung eines Antragstellers, so richtet sich 38
das Verfahren nach § 48 Abs. 12 SektVO. Eine ablehnende Entscheidung ist dem Unternehmen unverzüglich, spätestens innerhalb von 15 Tagen nach der Entscheidung unter
Angabe der Gründe mitzuteilen.[56] Dabei darf die Ablehnung nur auf die nach Abs. 2
festgelegten objektiven Kriterien rekurrieren. Eine bestimmte Form bedarf die Entschei-
dungsbekanntgabe nicht. So kann dem Unternehmen die Entscheidung auch mündlich mitgeteilt werden. Gleichwohl ist es sinnvoll, dem Unternehmen die Entscheidung in Textform
im Sinne des § 126b BGB mitzuteilen.[57] Aufgrund der weitreichenden Folgen und einer ggf.
vom Unternehmen angestrengten Überprüfung im Wege eines Nachprüfungsverfahrens ist
dem Sektorenauftraggeber zu raten, die Entscheidung in Textform mitzuteilen.

Der Sektorenauftraggeber hat dem Unternehmen jedwede Gründe mitzuteilen, warum 39
das Unternehmen die Hürde der Qualifizierung nicht überwunden hat.[58] Dies ist ebenfalls
in einem Vergabevermerk niederzulegen.[59]

---

[50] *Weyand* in Greb/Müller, SektVO 2017, § 48 Rn. 24.
[51] *Weyand* in Greb/Müller, SektVO 2017, § 48 Rn. 24.
[52] *von Wietersheim* in Müller/Wrede, SektVO 2010, § 24 Rn. 96; *Opitz* in Eschenbruch/Opitz, SektVO,
2012, § 24 Rn. 29.
[53] *Summa* in Heiermann/Zeiss, jurisPK-VergR, SektVO 2016, § 48 Rn. 84; *Weyand* in Greb/Müller,
SektVO 2017, § 48 Rn. 26.
[54] *Summa* in Heiermann/Zeiss, jurisPK-VergR, SektVO 2016, § 48 Rn. 84.
[55] *Summa* in Heiermann/Zeiss, jurisPK-VergR, SektVO 2016, § 48 Rn. 86.
[56] *Braun/Petersen* VergabeR 2010, 433 (436); *Summa* in Heiermann/Zeiss, jurisPK-VergR, SektVO 2016,
§ 48 Rn. 89.
[57] *Summa* in Heiermann/Zeiss, jurisPK-VergR, SektVO 2016, § 48 Rn. 90; *Weyand* in Greb/Müller,
SektVO 2017, § 48 Rn. 27.
[58] *Weyand* in Greb/Müller, SektVO 2017, § 48 Rn. 28; *Opitz* in Eschenbruch/Opitz, SektVO, 2012,
§ 24 Rn. 32 f.
[59] *Summa* in Heiermann/Zeiss, jurisPK-VergR, SektVO 2016, § 48 Rn. 92.

40   Bejaht der Sektorenauftraggeber die Qualifizierung des Antragstellers, so kann er dies dem Unternehmen formlos mitteilen. Daran anknüpfend wird das qualifizierte Unternehmen mit in das Qualifizierungsverzeichnis aufgenommen. Die Qualifizierung ist als Voraussetzung für die Teilnahme an den nachfolgenden vergabeverfahren konstitutiv.⁶⁰

41   Entsprechend werden diese Maßgaben auf die Beendigung der Qualifizierung angewandt. Der Wortlaut erscheint missverständlich. Richtigerweise ist hier die nachträgliche Aberkennung der Qualifizierung gemeint. Die Aberkennung darf nur auf die nach § 48 Abs. 2 SektVO festgelegten Kriterien gestützt werden. Zum Zeitpunkt der Aberkennung muss also feststehen, dass das qualifizierte die bekanntgemachten Eignungskriterien nicht mehr erfüllt. Dabei kann dahinstehen, ob die Eignung des Unternehmens im Nachhinein entfallen ist oder ob sich herausstellt, dass schon zum Zeitpunkt der Antragstellung die Eignung nicht vorgelegen hat, etwa weil zwingende Ausschlussgründe vom Sektorenauftraggeber verkannt worden sind.⁶¹

42   Steht der Vergabestelle bei der Entscheidung über den Ausschluss des Angebots demgegenüber ein Beurteilungsspielraum zu und hat sie in Ausübung dieses Spielraums die Zuverlässigkeit, fachliche Eignung oder Leistungsfähigkeit des Bieters bejaht, ist sie daran grundsätzlich gebunden. Sie ist nach Treu und Glauben im Allgemeinen gehindert, im weiteren Verlauf des Vergabeverfahrens von ihrer ursprünglichen Beurteilung abzurücken und bei unveränderter Sachlage die Zuverlässigkeit, fachliche Eignung oder Leistungsfähigkeit des Bieters nunmehr zu verneinen.⁶²

43   Liegen konkrete Verdachtsmomente vor, die die Eignung eines qualifizierten Unternehmens entfallen lassen können, so ist der Sektorenauftraggeber verpflichtet, dieser geänderten Sachlage nachzugehen. Dabei kann es aus Sicht des Sektorenauftraggebers geboten sein, das in Rede stehende Unternehmen um Aufklärung zu bitten. Die Einleitung eines Aberkennungsverfahrens bedarf aber genügend Anhaltspunkte, die diesen Verdacht bestätigen. Kommt der Sektorenauftraggeber zu dem Ergebnis, ein Aberkennungsverfahren einzuleiten, muss er das betroffene Unternehmen unter Angabe von den Gründen in Textform gem. § 126b BGB über dieses Vorhaben informieren.⁶³ Der Sektorenauftraggeber hat die konkreten Gründe mitzuteilen, die die Eignung zu Fall bringen und auf welcher Grundlage diese beruhen. Dabei ist dem betroffenen Unternehmen die Möglichkeit zu geben, zu den angegebenen Gründen Stellung zu beziehen und diese auszuräumen.⁶⁴

44   Kann das betroffene Unternehmen die angegebenen Gründe für die Aberkennung nicht ausräumen, so zieht dies den Verlust der Qualifizierung nach sich. Damit erlischt das Recht des Unternehmens, an Vergabeverfahren teilzunehmen, die auf qualifizierte Unternehmen beschränkt sind.⁶⁵ Der Sektorenauftraggeber hat das Unternehmen aus dem Qualifizierungsverzeichnis zu entfernen. Nimmt das Unternehmen dennoch an einem Vergabeverfahren im Sinne des § 48 Abs. 9 SektVO teil, so ist dies als Vergaberechtsverstoß zu werten und durch Wettbewerber im Rahmen eines Nachprüfungsverfahrens zu beanstanden.⁶⁶

XI. Rechtsschutz für Unternehmen

45   § 48 SektVO ist Ausfluss des Transparenzgebotes und des Gleichbehandlungsgrundsatzes. Die auftragsunabhängige Eignungsprüfung ist ein wesentlicher Verfahrensabschnitt und ist als Vorbereitung konkreter Vergabeverfahren anzuerkennen. § 48 SektVO kann daher unter

---

⁶⁰ VK Bund Beschl. v. 12.1.2015 – VK 2-111/14.
⁶¹ OLG Düsseldorf Beschl. v. 28.5.2003 – VII-Verg 16/03.
⁶² BGH Beschl. v. 18.2.2003 – X ZB 43/02; OLG Düsseldorf Beschl. v. 28.5.2003 – Verg 16/03; OLG Frankfurt Beschl. v. 20.12.2000 – 11 Verg 1/00.
⁶³ *Summa* in Heiermann/Zeiss, jurisPK-VergR, SektVO 2016, § 48 Rn. 102 ff.
⁶⁴ *Opitz* in Eschenbruch/Opitz, SektVO, 2012, § 24 Rn. 33.
⁶⁵ *Summa* in Heiermann/Zeiss, jurisPK-VergR, SektVO 2016, § 48 Rn. 106.
⁶⁶ *Summa* in Heiermann/Zeiss, jurisPK-VergR, SektVO 2016, § 48 Rn. 107.

§ 97 Abs. 6 GWB als Bestimmung über das Vergabeverfahren subsumiert werden mit der Folge, dass Unternehmen einen subjektiven Anspruch auf Einhaltung dieser Vorschrift haben. Dieser subjektive Anspruch ist im Rahmen eines Nachprüfungsverfahrens durchzusetzen. Die VK Bund hat in ihrem Beschluss vom 27.1.2015 ausgeführt:

> *„Die Präqualifikation selbst ist zwar kein Vergabeverfahren, sondern eine vorweggenommen Eig-* **46**
> *nungsprüfung. Dies ändert aber nichts daran, dass insbesondere die Ablehnung eines Antrags auf*
> *Aufnahme in ein Präqualifikationssystem zum Gegenstand eines Nachprüfungsverfahrens gemacht*
> *werden kann. Hiervon geht auch der Gemeinschaftsgesetzgeber aus, indem er im 2. Erwägungsgrund*
> *der Richtlinie 2007/66 EG ausführt: „Die Richtlinien 89/665/EWG und 92/13/EWG gel-*
> *ten daher nur für Aufträge, die in den Anwendungsbereich der Richtlinien 2004/18/EG und*
> *2004/17/EG gemäß der Auslegung des Gerichtshofs der Europäischen Gemeinschaften fallen, und*
> *zwar unabhängig von dem gewählten Vergabeverfahren … einschließlich der Wettbewerbe, Prüfungs-*
> *systeme oder …“ (Hänsel, in: Ziekow/Völlink, Vergaberecht, a.a.O., § 24, Fußnote 10).“*[67]

Gegenstand eines Nachprüfungsantrages kann daher insbesondere die Weigerung des **47** Sektorenauftraggebers zur Annahme eines Qualifizierungsantrags, die Ablehnung eines solchen oder die Aberkennung der Qualifizierung sein. Darüber hinaus können auch Entscheidungen des Sektorenauftraggebers im Vorfeld angegriffen werden, beispielsweise unzumutbare Anforderungen an die Eignung oder die Nichteinhaltung der Höchstfrist von 6 Monaten.[68]

Aufgrund der Tatsache, dass die Einleitung eines Nachprüfungsverfahrens vor den Ver- **48** gabekammern nur möglich ist, sofern der Schwellenwert erreicht ist, hat die VK Bund in ihrem Beschluss vom 27.1.2015 wie folgt ausgeführt:

> *„Wie vorstehend bereits erläutert, stellt die Präqualifikation selbst kein Vergabeverfahren dar. Ein* **49**
> *Auftragswert im Sinne des § 100 Abs. 1 GWB bzw. § 2 SektVO gibt es nicht. Es kann auch*
> *nicht ersatzweise auf den Wert des von einem antragstellenden Unternehmen benannten Referenzpro-*
> *jektes abgestellt werden, zumal es sich bei diesen typischerweise um bereits abgeschlossene Arbeiten*
> *handelt. Zur Gewährleistung eines effektiven Rechtsschutzes ist es daher geboten, bei der Ablehnung*
> *eines Antrags auf Aufnahme in ein Präqualifikationssystem die Anwendbarkeit des vierten Teiles des*
> *GWB auch dann zu bejahen, wenn nicht festgestellt werden kann, ob der maßgebliche Schwellenwert*
> *erreicht ist.“*[69]

Es gelten die allgemeinen Regeln. Insbesondere hat das Unternehmen seiner Rügeob- **50** liegenheit aus § 160 Abs. 3 GWB nachzukommen.[70]

---

[67] VK Bund Beschl. v. 27.1.2015 – VK 2-123/14.
[68] *Summa* in Heiermann/Zeiss, jurisPK-VergR, SektVO 2016, § 48 Rn. 109 ff.
[69] VK Bund Beschl. v. 27.1.2015 – VK 2-123/14.
[70] *Summa* in Heiermann/Zeiss, jurisPK-VergR, SektVO 2016, § 48 Rn. 112.

§ 49 Beleg der Einhaltung von Normen der Qualitätssicherung und des Umweltmanagements

(1) Verlangt der Auftraggeber als Beleg dafür, dass Bewerber oder Bieter bestimmte Normen der Qualitätssicherung erfüllen, die Vorlage von Bescheinigungen unabhängiger Stellen, so bezieht er sich auf Qualitätssicherungssysteme, die

1. den einschlägigen europäischen Normen genügen und
2. von akkreditierten Stellen zertifiziert sind.

Der Auftraggeber erkennt auch gleichwertige Bescheinigungen von akkreditierten Stellen aus anderen Staaten an. Konnte ein Bewerber oder Bieter aus Gründen, die er nicht zu vertreten hat, die betreffenden Bescheinigungen nicht innerhalb einer angemessenen Frist einholen, so muss der Auftraggeber auch andere Unterlagen über gleichwertige Qualitätssicherungssysteme anerkennen, sofern der Bewerber oder Bieter nachweist, dass die vorgeschlagenen Qualitätssicherungsmaßnahmen den geforderten Qualitätssicherungsnormen entsprechen.

(2) Verlangt der Auftraggeber als Beleg dafür, dass Bewerber oder Bieter bestimmte Systeme oder Normen des Umweltmanagements erfüllen, die Vorlage von Bescheinigungen unabhängiger Stellen, so bezieht er sich

1. entweder auf das Gemeinschaftssystem für das Umweltmanagement und die Umweltbetriebsprüfung EMAS der Europäischen Union oder
2. auf andere nach Artikel 45 der Verordnung (EG) Nr. 1221/2009 des Europäischen Parlaments und des Rates vom 25. November 2009 über die freiwillige Teilnahme von Organisationen an einem Gemeinschaftssystem für Umweltmanagement und Umweltbetriebsprüfung und zur Aufhebung der Verordnung (EG) Nr. 761/2001, sowie der Beschlüsse der Kommission 2001/681/EG und 2006/193/EG (ABl. L 342 vom 22.12.2009, S. 1) anerkannte Umweltmanagementsysteme oder
3. auf andere Normen für das Umweltmanagement, die auf den einschlägigen europäischen oder internationalen Normen beruhen und von akkreditierten Stellen zertifiziert sind.

Der Auftraggeber erkennt auch gleichwertige Bescheinigungen von Stellen in anderen Staaten an. Hatte ein Bewerber oder Bieter aus Gründen, die ihm nicht zugerechnet werden können, nachweislich keinen Zugang zu den betreffenden Bescheinigungen oder aus Gründen, die es nicht zu vertreten hat, keine Möglichkeit, diese innerhalb der einschlägigen Fristen zu erlangen, so muss der Auftraggeber auch andere Unterlagen über gleichwertige Umweltmanagementmaßnahmen anerkennen, sofern der Bewerber oder Bieter nachweist, dass diese Maßnahmen mit denen, die nach dem geltenden System oder den geltenden Normen für das Umweltmanagement erforderlich sind, gleichwertig sind.

Übersicht

	Rn.		Rn.
A. Einführung	1	III. Rechtliche Vorgaben im EU-Recht	6
I. Literatur	1	B. Kommentierung	7
II. Entstehungsgeschichte	2		

A. Einführung

I. Literatur

1 Aufgrund der wörtlichen Übereinstimmung der Regelungen wird vollumfänglich auf die Literaturliste des § 49 VgV verwiesen.

II. Entstehungsgeschichte

§ 49 SektVO enthält Bestimmungen darüber, welche Nachweismöglichkeiten der Auf-   2
traggeber verlangen darf, wenn der Auftraggeber zum Nachweis der technischen Leistungsfähigkeit, die Erfüllung bestimmter Normen der Qualitätssicherung und des Umweltmanagements abverlangt. Dieser Nachweis dient ausweislich des Erwägungsgrundes 93 der
Richtlinie 2014/25/EU für die für den Auftrag erforderliche technische Leistungsfähigkeit
im Sinne des § 122 Abs. 2 Nr. 3 GWB.[1]

§ 49 SektVO trifft keine Aussagen über die vergaberechtliche Zulässigkeit von Anforde-   3
rungen hinsichtlich der Qualitätssicherung und des Umweltmanagements. Regelungsgehalt
des § 49 SektVO ist vielmehr, dass der Auftraggeber, sofern er Bescheinigungen unabhängiger Stellen zum Nachweis der Erfüllung von Qualitätssicherungsnormen bzw. Umweltmanagementsystemen einfordert, sich auf solche Qualitätssicherungssysteme beziehen muss,
die den einschlägigen europäischen Normen genügen und von akkreditierten Stellen zertifiziert sind. Zudem hat der Auftraggeber gem. § 49 Abs. 1 S. 2 SektVO gleichwertige Bescheinigungen von akkreditierten Stellen anderer Staaten anzuerkennen. Diese Regelung
gewährleistet die Gleichbehandlung ausländischer Bewerber bzw. Bieter.

§ 49 SektVO hat in der Vorgängerregelung des § 23 SektVO a. F. seinen Ursprung.   4
Lediglich § 49 Abs. 1 S. 3, Abs. 2 S. 3 SektVO weisen Neuerungen zur Altregelung auf.
Sofern ein Bewerber bzw. Bieter aus Gründen, die er nicht zu vertreten hat, die betreffenden Bescheinigungen nicht innerhalb einer angemessenen Frist einholen konnte, so muss
der Auftraggeber auch andere Unterlagen über gleichwertige Qualitätssicherungssysteme
anerkennen, wenn der Bewerber oder Bieter den Nachweis darüber führt, dass die vorgelegten Qualitätssicherungsmaßnahmen den geforderten Qualitätssicherungsnormen entsprechen.

Die gilt gem. § 49 Abs. 2 S. 3 SektVO auch für den Fall, wenn der Bewerber bzw.   5
Bieter nachweislich keinen Zugang zu den betreffenden Bescheinigungen hatte.

III. Rechtliche Vorgaben im EU-Recht

§ 49 SektVO dient der Umsetzung des Art. 81 der Richtlinie 2014/25/EU. Der natio-   6
nale Gesetzgeber hat dabei den Richtlinientext bis auf kleine redaktionelle Änderungen
wortlautgetreu übernommen. Flankiert wird der Regelungsgehalt durch Erwägungsgrund 93 der Richtlinie 2014/25/EU.

B. Kommentierung

Aufgrund der wörtlichen Übereinstimmung der Regelungen wird vollumfänglich auf   7
die Kommentierung des § 49 VgV verwiesen.

---

[1] Erwägungsgrund 93 der RL 2014/25/EU.

§ 50 Rechtsform von Unternehmen und Bietergemeinschaften

(1) **Bewerber oder Bieter, die gemäß den Rechtsvorschriften des Staates, in dem sie niedergelassen sind, zur Erbringung der betreffenden Leistung berechtigt sind, dürfen nicht allein deshalb zurückgewiesen werden, weil sie gemäß den deutschen Rechtsvorschriften eine natürliche oder juristische Person sein müssten. Juristische Personen können jedoch bei Dienstleistungsaufträgen sowie bei Lieferaufträgen, die zusätzlich Dienstleistungen umfassen, verpflichtet werden, in ihrem Antrag auf Teilnahme oder in ihrem Angebot die Namen und die berufliche Befähigung der Personen anzugeben, die für die Erbringung der Leistung als verantwortlich vorgesehen sind.**

(2) **Bewerber- und Bietergemeinschaften sind wie Einzelbewerber und -bieter zu behandeln. Der Auftraggeber darf nicht verlangen, dass Gruppen von Unternehmen eine bestimmte Rechtsform haben müssen, um einen Antrag auf Teilnahme zu stellen oder ein Angebot abzugeben. Sofern erforderlich kann der Auftraggeber in den Vergabeunterlagen Bedingungen festlegen, wie Gruppen von Unternehmen die Eignungskriterien zu erfüllen und den Auftrag auszuführen haben; solche Bedingungen müssen durch sachliche Gründe gerechtfertigt und angemessen sein.**

(3) **Unbeschadet des Absatzes 2 kann der Auftraggeber verlangen, dass eine Bietergemeinschaft nach Zuschlagserteilung eine bestimmte Rechtsform annimmt, soweit dies für die ordnungsgemäße Durchführung des Auftrags erforderlich ist.**

Übersicht

	Rn.		Rn.
A. Einführung	1	III. Rechtliche Vorgaben im EU-Recht	5
I. Literatur	1	**B. Kommentierungen**	7
II. Entstehungsgeschichte	2		

A. Einführung

I. Literatur

1 Aufgrund der wörtlichen Übereinstimmung der Regelungen wird vollumfänglich auf die Literaturliste des § 43 VgV verwiesen.

II. Entstehungsgeschichte

2 Ausweislich der Gesetzesbegründung regelt § 50 SektVO die Anforderungen an die Rechtsform von Unternehmen und Bietergemeinschaften.[1] Sie dient der Konkretisierung des Diskriminierungsverbots, das sich aus § 97 Abs. 2 GWB ableitet. Nach § 50 Abs. 1 S. 1 SektVO dürfen ausländische Bewerber oder Bieter nicht deshalb zurückgewiesen werden, weil sie gemäß den deutschen Rechtsvorschriften eine natürliche oder juristische Person sein müssten. Daraus ergibt sich, dass die Wahl der Rechtsform kein Kriterium dafür sein darf, einen Bewerber oder Bieter von einem Vergabeverfahren auszuschließen. Nach § 50 Abs. 2 S. 1 SektVO gilt dies auch für Bewerber- und Bietergemeinschaften, die insoweit Einzelbewerbern gleichgestellt sind.

3 Im Vergleich zur alten Rechtslage ergeben sich aus § 50 SektVO keine wesentlichen Änderungen. Zwar gab es keine entsprechende Regelung in der SektVO a. F., der Regelungsgehalt ergab sich jedoch aus Art. 11 Abs. 1 Unterabsatz 1 der Richtlinie 2004/17/EG und der Rechtsprechung des EuGH.

---

[1] BT-Drs. 87/16, S. 268.

Die Vorgaben des § 50 Abs. 2 und 3 SektVO weisen nunmehr eine erhöhte Regelungs- 4
dichte auf, als es bei dem vergleichbaren § 22 SektVO a. F. der Fall war.

Die Vorgaben des § 50 Abs. 1 S. 2 SektVO waren ebenfalls bereits in § 20 Abs. 4 Sekt-
VO a. F. verankert.

III. Rechtliche Vorgaben im EU-Recht

§ 50 SektVO dient der Umsetzung des Art. 37 der Richtlinie 2014/25/EU. Entgegen 5
des Wortlautes des Art. 37 Abs. 1 Unterabsatz 1 der Richtlinie enthält § 50 Abs. 1 S. 2
SektVO keinen Verweis auf *Bauaufträge*. Ein sachlicher Grund dafür, dass Bauaufträge von
§ 50 SektVO nicht umfasst werden sollen, besteht nicht. Vielmehr bedarf es einer richtlinienkonformen Auslegung, sodass Bauaufträge auch vom Schutzbereich des § 50 SektVO
umfasst werden

Zudem klammert § 50 Abs. 1 S. 2 SektVO die Alternative *„Lieferaufträge, die Arbeiten wie* 6
Verlegen und Anbringen umfassen" im Gegensatz zu Art. 37 Abs. 1 Unterabsatz 1 der Richt-
linie aus. Da die vorgenannte Alternative jedoch auch unter den Begriff der *„sonstigen*
Dienstleistung" zu fassen ist, ist dies unschädlich.

B. Kommentierung

Aufgrund der wörtlichen Übereinstimmung der Regelungen wird vollumfänglich auf 7
die Kommentierung des § 43 VgV verwiesen.

Unterabschnitt 6. Prüfung und Wertung der Angebote

§ 51 Prüfung und Wertung der Angebote; Nachforderung von Unterlagen

(1) Die Angebote werden geprüft und gewertet, bevor der Zuschlag erteilt wird.

(2) Der Auftraggeber kann den Bewerber oder Bieter unter Einhaltung der Grundsätze der Transparenz und der Gleichbehandlung auffordern, fehlende, unvollständige oder fehlerhafte unternehmensbezogene Unterlagen, insbesondere Eigenerklärungen, Angaben, Bescheinigungen oder sonstige Nachweise, nachzureichen, zu vervollständigen oder zu korrigieren, oder fehlende oder unvollständige leistungsbezogene Unterlagen nachzureichen oder zu vervollständigen. Der Auftraggeber ist berechtigt, in der Auftragsbekanntmachung oder den Vergabeunterlagen festzulegen, dass er keine Unterlagen nachfordern wird.

(3) Die Nachforderung von leistungsbezogenen Unterlagen, die die Wirtschaftlichkeitsbewertung der Angebote anhand der Zuschlagskriterien betreffen, ist ausgeschlossen. Dies gilt nicht für Preisangaben, wenn es sich um unwesentliche Einzelpositionen handelt, deren Einzelpreise den Gesamtpreis nicht verändern oder die Wertungsreihenfolge und den Wettbewerb beeinträchtigen.

(4) Die Unterlagen sind vom Bewerber oder Bieter nach Aufforderung durch den Auftraggeber innerhalb einer von diesem festzulegenden angemessenen, nach dem Kalender bestimmten Frist vorzulegen.

(5) Die Entscheidung zur und das Ergebnis der Nachforderung sind zu dokumentieren.

Übersicht

	Rn.		Rn.
A. Einführung	1	3. Aufklärung zu vorgelegten Unterlagen	21
I. Literatur	1	4. Keine zeitliche Befristung für Nachforderungs- und Korrekturmöglichkeiten	22
II. Entstehungsgeschichte	2		
III. Rechtliche Vorgaben im EU-Recht	5		
B. Prüfung, Wertung und Nachforderung	6	5. Wesentliche und unwesentliche Preise	24
I. Prüfung und Wertung	6	III. Ermessen	28
II. Nachforderung und Korrektur	8	IV. Fristsetzung für die Nachforderung/Korrektur	33
1. Nachforderung von Erklärung, Nachweisen und Unterlagen	8	V. Dokumentation	34
2. Korrektur von Unterlagen, Nachweisen und Erklärungen	18		

A. Einführung

I. Literatur

1 *Maier,* Der Ausschluss eines unvollständigen Angebots im Vergabeverfahren, NZBau 2005, 374 ff.; *Möllenkamp,* Ausschluss unvollständiger Angebote, NZBau 2005, 557 ff.; *Weihrauch,* Unvollständige Angebote, VergabeR 2007, 430 ff.; *Bode,* Zwingender Angebotsausschluss wegen fehlender Erklärungen und Angaben – Inhalt, Grenzen und Möglichkeiten zur Reduzierung der Ausschlussgründe, VergabeR 2009, 729 ff.; *Luber,* Der formalistische Angebotsausschluss, das Wettbewerbsprinzip und der Grundsatz der sparsamen Mittelverwendung im Vergaberecht, VergabeR 1/2009, 14 ff.; *Rechten/Junker,* Das Gesetz zur Modernisierung des Vergaberechts – oder: Nach der Reform ist vor der Reform, NZBau 2009, 490 ff.; *Stoye/Hoffmann,* Nachunternehmerbenennung und Verpflichtungserklärung im Lichte der neusten BGH-Rechtsprechung und der VOB/A 2009, VergabeR 2009, 569 ff.; *von Münchhausen,* Die Nachforderung von Unterlagen nach der VOB/A 2009, VergabeR 2010, 374 ff.; *Franzius,* Die formelle Angebotsprüfung nach VOB/A, VOL/A 2009, IBR 2010, 1466; *Stapelfeldt,* Aktuelle Entwicklungen im Vergaberecht – Die Neufassung von VOB/A und VOL/A, KommJur 2010, 241 ff.; *Röwekamp/Fandrey,* Ein Schritt vor, ein Schritt zurück, NZBau 2011, 463 ff.; *Bode,* Muss die Vergabestelle fehlende Erklärungen und Nachweise auch ein zweites Mal anfordern?,

IBR 2012, 1229; *Schwabe/John,* Über die Nachforderungspflicht für fehlende Erklärungen oder Nachweise und einen Versuch des BMVBS, den Geist wieder in die Flasche zu bekommen, VergabeR 2012, 559 ff.; *Dittmann,* Was tun mit unvollständigen Angeboten nach der neuen VOB/A und VOL/A?, VergabeR 2012, 292 ff.; *Lauterbach,* Vom Umgang mit dem Unvollständigen, VergabeNavigator 2012, 9 ff.; *Macht/Städler,* Brennende Fragen des Vergaberechts – Immer Ärger mit der Eignung, NZBau 2013, 14 ff.; *Völlink,* Die Nachforderung von Nachweisen und Erklärungen – eine Zwischenbilanz fünf Jahre nach ihrer Einführung, VergabeR 2015, 355 ff.; *von Wietersheim,* Aufbau und Struktur des neuen Vergaberechts, VergabeR 2016, 269 ff.; *Burgi,* Europa- und verfassungsrechtlicher Rahmen der Vergaberechtsreform, VergabeR 2016, 261 ff.; *Franke/Brugger,* Die Umsetzung der Vergaberichtlinien in Italien, VergabeR 2016, 400 ff.; *Otting,* Die Entwicklung des europäischen Vergaberechts in den Jahren 2015/2016, EuZW 2016, 486 ff.; *Kirch/Jentzsch,* Der Austausch von Referenzen nach der Vergabeverordnung, VergabeNews 2016, 114 ff.

II. Entstehungsgeschichte

Bereits die Sektorenverordnung vom 23. September 2009 enthielt die Möglichkeit, feh- **2** lende Unterlagen gemäß § 19 Abs. 3 SektVO 2009 nachzufordern.

Wie auch in der VOL/A EG 2012 stand die Nachforderung nach der bisherigen Sekt- **3** VO 2009 im Ermessen des öffentlichen Auftraggebers. Allerdings hielt das OLG Düsseldorf eine Vorabfestlegung in den Vergabeunterlagen, ob fehlende Unterlagen nachgefordert werden, für angreifbar, da das Ermessen immer nur in Kenntnis des konkreten Sachverhaltes ausgeübt werden dürfe.[1]

Versäumte ein Bieter die Möglichkeit zur Nachreichung fehlender Unterlagen innerhalb **4** der gesetzten Frist, führte dies zum Ausschluss. Eine weitere Nachforderung war unzulässig.[2]

III. Rechtliche Vorgaben im EU-Recht

Das Recht zur Nachforderung von fehlenden Unterlagen ist in Art. 76 Abs. 4 der **5** Sektorenrichtlinie kodifiziert.[3] Danach steht es im Ermessen der Mitgliedstaaten, bei der Vergabe von Aufträgen im Bereich des Verkehrs, der Trinkwasserversorgung und der Energieversorgung eine Nachforderungsmöglichkeit in der Sektorenverordnung aufzunehmen. Der Verordnungsgeber hat sich hier entschieden – wie auch in der Vergabeverordnung – ein Nachforderungsrecht zu kodifizieren. Der Wortlaut von § 56 VgV und § 51 SektVO ist – mit Ausnahme des ersten Absatzes – insoweit wortgleich. Die deutsche Umsetzung in § 51 SektVO übernimmt die Vorgabe, dass eine Nachforderung nur unter Einhaltung der Grundsätze von Transparenz und Gleichbehandlung möglich sein soll. Da Artikel 74 Abs. 4 der Sektorenrichtlinie auch eine „Nachforderung" bei „fehlerhaften Unterlagen" vorsieht, lässt der Verordnungsgeber nunmehr auch eine Korrektur vorgelegter Unterlagen ausdrücklich zu. Die Nachreichung von leistungsbezogenen Inhalten und Korrekturen vorgelegter Unterlagen dient dem Gebot der Wirtschaftlichkeit, ist aber nur in bestimmten Fallgruppen mit dem Grundsatz der Gleichbehandlung vereinbar. Zwar regeln sowohl § 56 Abs. 1 VgV als auch § 51 Abs. 1 SektVO die Pflicht zur Prüfung und Wertung. § 56 Abs. 1 VgV stellt darüber hinaus jedoch auch auf Interessenbeurkundungen, Teilnahmeanträge und Angebote ab, während § 51 SektVO sich dem Wortlaut nach nur auf Angebote bezieht (vgl. hierzu II.1), wobei jedoch in § 51 Abs. 2 Satz 1 SektVO explizit von Bewerbern oder Bietern die Rede ist. Hierbei dürfte es sich demnach wohl um ein redaktionelles Versehen handeln.

---

[1] OLG Düsseldorf Beschl. v. 7.8.2013 – VII-Verg 15/13 = IBRRS 2014, 1938.
[2] OLG Düsseldorf Beschl. v. 7.8.2013 – VII-Verg 15/13 = IBRRS 2014, 1938.
[3] RL 2014/25/EU des Europäischen Parlaments und des Rates vom 26.2.2014 über die Vergabe von Aufträgen durch Auftraggeber im Bereich Wasser-, Energie- und Verkehrsversorgung sowie der Postdienste und zur Aufhebung der Richtlinie 2004/17/EG, ABl. L 94/243 vom 26.2.2014.

B. Prüfung, Wertung und Nachforderung

I. Prüfung und Wertung

6   Die Vollständigkeit und rechnerische Richtigkeit der Angebote ist von der Vergabestelle zu prüfen und zu dokumentieren Die Prüfung dient der Vorbereitung der Wertung und ist notwendige Voraussetzung für eine mögliche Nachforderung. Erst dann folgt die wirtschaftliche Auswertung. Damit gibt die SektVO die Prüfungsreihenfolge vor.[4]

7   Fehlen Unterlagen, die nicht nachgefordert werden sollen oder dürfen und behaupten sowohl die Vergabestelle als auch der Bieter, dass die entsprechende Unterlage fehlte bzw. vorlag, ist in einer non liquet Situation zu Lasten der beweisbelasteten Partei, in der Regel also des Bieters zu entscheiden.[5] Über den Zuschlag entscheiden dann die gemäß § 52 SektVO zulässigen und transparent bekannt gemachten Kriterien.

II. Nachforderung und Korrektur

1. Nachforderung von Erklärungen, Nachweisen und Unterlagen

8   Wesentlicher Unterschied zwischen § 56 VgV und § 51 SektVO ist, dass § 56 VgV ausdrücklich auch Interessenbestätigungen und Teilnahmeanträge einbezieht, während § 51 SektVO nur auf Angebote abstellt. Ungeachtet dessen wird man wohl davon ausgehen müssen, dass die Vorschrift auch für Teilnahmeanträge und Interessenbestätigungen gilt. Für die SektVO 2009, die ebenfalls nur auf Angebote abstellte, wurde dies vom OLG Düsseldorf bestätigt.[6]

9   Die Möglichkeit, Unterlagen nachzufordern, dient einer wirtschaftlichen Vergabe, denn dadurch dürfen Bieter, die das wirtschaftlichste Angebot abgegeben haben, berücksichtigt werden, obwohl der Teilnahmeantrag bzw. das Angebot formale Fehler enthält, die erst nachträglich ausgebessert werden.

10   Durch die Nachreichungsmöglichkeit fehlender Unterlagen wird den Bietern aber auch ein Manipulationsspielraum eingeräumt, da sie alleine entscheiden, ob sie ein Angebot „wertbar" machen oder eine zwischenzeitlich entstandene andere günstige Gelegenheit nutzen und das Angebot formal unvollständig belassen mit der Folge eines Ausschlusses.[7] Durch die Nachforderung wird den Bietern ein „faktisches Rücktrittsrecht" eingeräumt. In der Praxis wurde deshalb auch über eine „schwarze Liste" derjenigen Bieter nachgedacht, die regelmäßig unvollständige Angebote abgeben und von der Nachreichung keinen Gebrauch machen. Hier soll ein Fall der Unzuverlässigkeit vorliegen.[8] Ferner sind mögliche Schadensersatzansprüche aus vorvertraglicher Pflichtverletzung zu prüfen.[9]

11   Allerdings dürfte die Missbrauchsgefahr in der VOB/A aufgrund der Submission und damit der Kenntnis der Angebotspreise sowie der verpflichtenden Nachforderung deutlich größer sein als bei der Vergabe von Liefer- und Dienstleistungen nach der SektVO.[10] Denn der Bieterkreis und die Angebotspreise bleiben hier geheim. Bei der Vergabe von Lie-

---

[4] Referentenentwurf des Bundesministeriums für Wirtschaft und Energie zur Verordnung zur Modernisierung des Vergaberechts vom 9.11.2015, S. 242.

[5] OLG Düsseldorf Beschl. v. 19.11.2003 – Verg 47/03 = IBRRS 2003, 3192; VK Baden-Württemberg Beschl. v. 13.11.2013 – 1 VK 38/13.

[6] OLG Düsseldor, Beschl. v. 25.4.2012 – VII-Verg 9/12 = BeckRS 2012, 16053.

[7] Vgl. insoweit *Röwekamp/Fandrey* NZBau 2011, 463 ff.; *Schwabe/John* VergabeR 2012, 559, 560; *Dittmann* VergabeR 2012, 292, 294; *Bode* VergabeR 2009, 729, 737; *Weyand* § 16 VOL/A, Rn. 148 mit Verweis auf OLG Düsseldorf Beschl. v. 9.3.2011 – VII-Verg 52/10 = BeckRS 2011, 08605.

[8] Kritisch hierzu: *Schwabe/John* VergabeR 2012, 559, 562.

[9] *Röwekamp/Fandrey* NZBau 2011, 463, 466.

[10] Vgl. insbesondere zu Kartellabsprachen: *Röwekamp/Fandrey* NZBau 2011, 463 ff.

fer- und Dienstleistungen nach der SektVO kann ein missbräuchliches Verhalten bei der Abgabe mehrerer Hauptangebote vorliegen, bei denen der Bieter nachträglich entscheidet, welches der Hauptangebote er „wertbar" macht.

Was genau „fehlende Unterlagen" gemäß § 51 SektVO sind, wird nicht legal definiert. **12** Laut Gesetzesbegründung soll es sich in erster Linie um Unterlagen zur Eignung handeln.[11] Nach wohl herrschender Meinung war der Begriff der Erklärung und Nachweise bislang weit zu verstehen. Deshalb dürften auch unter dem neuen Begriff jedwede Unterlagen mit Ausnahme der wesentlichen Preisangaben und der leistungsbezogenen Unterlagen, die der Wirtschaftlichkeitsbewertung dienen, gemeint sein.[12]

§ 51 Abs. 2 VgV stellt ausdrücklich klar, dass auch leistungsbezogene Unterlagen nach- **13** gereicht oder vervollständigt werden dürfen, wenn diese Unterlagen nicht der Wirtschaftlichkeitsbewertung dienen. Anders kann der Fall nur dann liegen, wenn alle Angebote unvollständig sind und deshalb alle Bieter nochmals die Chance erhalten, die fehlenden Unterlagen nachzureichen.[13] Einschränkend wird man aber aufgrund des Gleichbehandlungsgrundsatzes davon ausgehen müssen, dass in diesem Fall alle Angebote über einen gleichwertigen Mangel verfügen müssen.[14]

Eine Nachforderung dürfte insbesondere bei fehlenden Referenzen, Umsatzzahlen, **14** Formblättern, Nachunternehmererklärungen,[15] Versicherungsnachweisen, Deckungssummen in Versicherungsbestätigungen, Nachweisen zum Geräteeinsatz, Ablaufkonzepten und Mustern, Erklärungen zur Verhinderung der Schwarzarbeit, Registerauszügen und Beschäftigungsnachweisen sowie steuerlichen Unbedenklichkeitsbescheinigungen zulässig sein.[16]

Neben fehlenden Unterlagen soll es im Rahmen einer Nachforderung auch möglich **15** sein, einen formalen Fehler in einer tatsächlich vorhandenen Unterlage korrigieren zu lassen, so dass der Auftraggeber für eine Datei, die mit einfacher Signatur versehen ist, die geforderte qualifizierte elektronische Signatur nachfordern darf.[17]

Offen bleibt, ob die Nachforderung nur bei Angeboten – so der Wortlaut – möglich ist, **16** oder auch bei Teilnahmeanträgen.[18] Denn in der Sache kann es keinen Unterschied machen, ob eine fehlende Erklärung zur Eignung in einem einstufigen Verfahren oder aber in einem zweistufigen Verfahren gefordert wird. Zur SektVO 2009 hat das OLG Düsseldorf deshalb entschieden, dass auch eine Nachforderungsmöglichkeit bei Teilnahmeanträgen besteht.[19] Es ist davon auszugehen, dass diese Rechtsprechung fortbesteht.

Entscheidend für einen Ausschluss bei Nichtvorlage trotz Nachforderung ist, dass die **17** vorzulegenden Unterlagen eindeutig in der Bekanntmachung bzw. den Vergabeunterlagen benannt waren.[20] Ohne wirksame Forderung ist ein Ausschluss unzulässig.[21] Deshalb ist der

---

[11] Vergaberechtsmodernisierungsverordnung, Fassung Kabinett v. 20.1.2016, S. 271.
[12] OLG Karlsruhe Beschl. v. 23.3.2011 – 15 Verg 2/11 = BeckRS 2012, 07521.
[13] OLG Rostock Beschl. v. 30.6.2010 – 17 Verg 2/10 = BeckRS 2011, 03823.
[14] Vgl. insoweit BGH Beschl. v. 26.9.2006 – X ZB 14/06 = IBR 2006, 688.
[15] Kritisch hierzu: *Lauterbach* VergabeNavigator, 2012, 9, 10.
[16] *Völlink* VergabeR 2015, 355, 359 mit weiteren Nachweisen.
[17] OLG Düsseldorf Beschl. v. 9.5.2011 – VII-Verg 40/11 = BeckRS 2011, 14071, vgl. hierzu auch: OLG Düsseldorf Beschl. v. 13.4.2016 – VII-Verg 52/15 = VPRRS 2016, 0221.
[18] Gegen eine Nachforderung von Erklärungen im Teilnahmewettbewerb: *v. Münchhausen* VergabeR 2010, 374, 377; für die analoge Anwendung: *Franzius* IBR 2010, 1466; *Stoye/Hoffmann* VergabeR 2009, 569, 581; *Dittmann* VergabeR 2012, 292, 300; *Macht/Städler* NZBau 2013, 14, 15.
[19] OLG Düsseldorf Beschl. v. 25.4.2012 – VII-Verg 9/12 = BeckRS 2012, 16053.
[20] *Weyand* § 16 VOL/A Rn. 209 ff.; *Bode* VergabeR 2009, 729, 732. VK Bund Beschl. v. 9.8.2012 – VK 1-79/12; VK Westfalen Beschl. v. 29.7.2016 – VK 2-25/17 = IBRRS 2016, 2940.
[21] BGH, Urt. v. 3.4.2012 – X ZR 130/10; OLG Celle Beschl. v. 24.4.2014 – 13 Verg 2/14 = IBRRS 2014, 1268; OLG Düsseldorf Beschl. v. 28.11.2012 – VII-Verg 8/12 = BeckRS 2013, 02326; OLG Düsseldorf Beschl. v. 31.10.2012 – VII-Verg 17/12 = BeckRS 2012, 24284; OLG Naumburg Beschl. v. 23.2.2012 – 2 Verg 15/11, OLG München Beschl. v. 7.4.2011 – Verg 5/11; OLG Düsseldorf Beschl. v. 3.8.2011 – VII-Verg 30/11; VK Lüneburg Beschl. v. 12.6.2015 – VgK-16/2015 = BeckRS 2015, 12750; VK Arnsberg Beschl. v. 26.3.2013 – VK 4/13 = *VPRRS 2013, 0741* zur Mehrdeutigkeit der Formblatterklärung Tariftreue nach dem TVgG-NRW. Vgl. insoweit auch *Völlink* VergabeR 2015, 355, 358.

Vergabestelle anzuraten, die von den Bietern vorzulegenden Unterlagen detailliert und transparent zu benennen.[22]

2. Korrektur von Unterlagen, Nachweisen und Erklärungen

18   Neu ist die Möglichkeit zur Korrektur von Unterlagen, wenn hierdurch nicht der Transparenz- und Gleichbehandlungsgrundsatz verletzt wird. Bislang ging die ganz herrschende Meinung davon aus, dass nur eine Nachforderung, nicht jedoch eine Nachbesserung zulässig sei.[23] Im Spannungsfeld zwischen einer diskriminierungsfreien Korrekturmöglichkeit und der nachträglichen Manipulation von Angeboten hat der Verordnungsgeber eine Korrekturmöglichkeit deshalb nur für unternehmensbezogene Unterlagen vorgesehen, nicht aber für leistungsbezogene Unterlagen.[24] Unternehmensbezogene Unterlagen sind in der Regel Erklärungen und Unterlagen zur Eignung, nicht aber Angebotsunterlagen, Leistungsverzeichnisse, etc.[25] Hätte der Verordnungsgeber auch eine Nachbesserungsmöglichkeit für leistungsbezogene Unterlagen vorgesehen, wäre die Manipulationsgefahr zu groß gewesen.

19   Die Nachbesserung von unternehmensbezogenen Unterlagen entspricht dem Wettbewerbsgrundsatz, da hierdurch viele Bieter beteiligt werden und damit tatsächlich das wirtschaftlich günstigste Angebot bezuschlagt werden kann, auch wenn darin geringe formale Mängel enthalten sind.[26] So führte es nach der SektVO 2009 zum Ausschluss, wenn ein Bieter den Konzern- statt des eigenen Unternehmensumsatzes[27] angab oder zwar Referenzen vorgelegt wurden, diese aber nicht die geforderten Mindestanforderungen[28] erfüllten. Die Rechtsprechung ging aufgrund des eindeutigen Wortlauts vom § 19 Abs. 3 SektVO 2009 davon aus, dass eine Nachbesserung unzulässig sei. Nunmehr lässt § 51 SektVO Korrekturen ausdrücklich zu. Es erscheint im Sinne einer wirtschaftlichen Vergabe sinnvoll und geboten, Korrekturmöglichkeiten für unternehmensbezogene Erklärungen zuzulassen und zum Beispiel nach einem entsprechenden Hinweis den eigenen Unternehmensumsatz statt des Konzernumsatzes anzugeben oder aber einzelne Referenzangaben nachzubessern. Denn faktisch erhält der Bieter keinen Wettbewerbsvorteil, wenn er bereits vorhandene und nicht veränderbare Unternehmensangaben korrigiert.

20   Dagegen widerspräche es dem Gleichbehandlungsgrundsatz, nachträgliche Korrekturen in den weiteren Angebotsunterlagen zuzulassen.[29] Denn dadurch könnte das Wertungsergebnis verfälscht werden, Bieter hätten durch die Korrektur im Ergebnis mehr Zeit zur Erstellung der Angebote bzw. durch Änderung von technischen Daten im Leistungsverzeichnis die Möglichkeit, die Wertungsreihenfolge zu verändern. Hierdurch würden andere Bieter diskriminiert. Gerade deshalb ist eine Korrektur richtigerweise bereits nach dem Wortlaut ausgeschlossen, wenn es sich um wertungsrelevante Unterlagen handelt.

3. Aufklärung zu vorgelegten Unterlagen

21   Abzugrenzen sind die Fallgruppen der Nachforderung bzw. Korrektur von der Aufklärung. Gerade wenn sich die Vergabestelle vorbehält, nachträglich Unterlagen zu fordern

---

[22] VK Sachsen-Anhalt Beschl. v. 27.4.2015 – 3 VK LSA 12/15 = IBRRS 2016, 0212.
[23] *Weyand* § 16 VOL/A Rn. 195 ff.
[24] Vgl. hierzu: Vergaberechtsmodernisierungsverordnung, Fassung Kabinett v. 20.1.2016, S. 221.
[25] *Kirch/Jentsch* VergabeNews 2016, 114, 116.
[26] *Luber* VergabeR 2009, 14, 25.
[27] VK Brandenburg Beschl. v. 24.8.2012 – VK 25/12 = BeckRS 2012, 22279; vgl. insoweit gegen eine Nachbesserung nach alter Rechtslage: OLG München Beschl. v. 15.3.2012 – Verg 2/12 = NZBau 2012, 460, 462.
[28] OLG Düsseldorf Beschl. v. 12.9.2012 – VII-Verg 106/12; vgl. insoweit auch OLG Celle Beschl. v. 24.4.2014 – 13 Verg 2/14 = IBRRS 2014, 1268, dagegen war und ist die Nachforderung einer formal fehlenden Referenz zulässig, vgl. OLG Düsseldorf Beschl. v. 17.3.2011 – VII-Verg 56/10 = BeckRS 2013, 12285, OLG Düsseldorf Beschl. v. 7.11.2012 – VII-Verg 12/12 = BeckRS 2012, 25113.
[29] Vgl. insoweit: EuGH Urt. v. 10.10.2013 – C 336/12 = IBBRS 2013, 4143; a. A. VK Baden-Württemberg Beschl. v. 10.2.2014 – 1 VK 2/14 = BeckRS 2016, 4068.

und diese Unterlagen in teilweisem Widerspruch zum Angebot stehen, ist vor einem Ausschluss eine Aufklärung erforderlich.[30] So ist es z. B. zulässig, wenn ein Bieter im Angebot eine Liste von Nachunternehmerleistungen benennt und nach Aufforderung durch die Vergabestelle, die Nachunternehmer namentlich zu benennen, eine Nachunternehmerleistung als Eigenleistung deklariert, wenn hierfür nachvollziehbare Gründe im Rahmen der Aufklärung genannt werden.

4. Keine zeitliche Befristung für Nachforderungs- und Korrekturmöglichkeiten

Zudem ist fraglich, wie mit Fallgruppen umzugehen ist, in denen ein öffentlicher Auf- **22** traggeber sich die Vorlage von Nachweisen zur Prüfung der Eigenerklärungen vorbehält – kann nach erfolgloser Aufforderung eine zweite Nachforderung auf § 51 VgV gestützt werden? Dies wurde von Rechtsprechung und Literatur in der Vergangenheit überwiegend verneint.[31] Denn nach dem Wortlaut der SektVO 2009 war die Nachforderung nur *„bis zum Ablauf der Frist für den Eingang der Teilnahmeanträge oder der Angebote"* möglich. Nach dem Sinn und Zweck von § 19 Abs. 3 SektVO 2009 wäre es sinnvoll gewesen, eine weitere Nachforderung zuzulassen. Denn in der Sache kann es keinen Unterschied machen, ob eine Anlage bei Angebotsabgabe fehlt und nachgereicht wird oder aber ob die Vergabestelle von vorne herein ankündigt, Anlagen nach Angebotsabgabe zu fordern und bei fehlender Vorlage eine Nachfrist zu setzen.[32] Aufgrund des Wortlautes war in diesen Fallgruppen eine Nachforderung bei Vergaben nach der SektVO 2009 aber ausgeschlossen.

Deshalb wurde in der SektVO die zeitliche Begrenzung für die Nachforderung nicht **23** übernommen. Damit ist die Nachforderung nach § 51 SektVO auch möglich, wenn es sich um Unterlagen handelt, die auf gesondertes Verlangen vorzulegen sind.

5. Wesentliche und unwesentliche Preise

Der Verordnungsgeber hat in § 51 Abs. 2 SektVO klargestellt, dass nur unwesentliche **24** Preisangaben nachgefordert werden dürfen. Die SektVO 2009 kannte diese Einschränkung nicht – hier war die Nachforderung aller „Unterlagen" möglich. Das OLG Düsseldorf entschied zur SektVO 2009, dass auch fehlende Preisangaben nachgefordert werden dürfen, und zwar unabhängig von der Frage, ob es sich um wesentliche oder unwesentliche Preisangaben handelt.[33] Denn anders als in der VOL/A EG 2012 fand sich in der SektVO 2009 nicht die Einschränkung, dass Preisangaben nur nachgefordert werden dürfen, soweit sie unwesentlich sind. Vielmehr wurde pauschal auf „Erklärungen und Nachweise" verwiesen. Der Wortlaut wurde so ausgelegt, dass unter den Begriff der Erklärungen und Nachweise auch Preise fielen. Die Nachforderungsmöglichkeit wurde hier also nur durch den Wettbewerbsgrundsatz begrenzt. Diese Rechtsprechung ist nun durch die Klarstellung in § 51 SektVO hinfällig. Nunmehr dürfen – wie auch in der VgV – nur unwesentliche Preisangaben nachgefordert werden.

Wann ein Preis (un-)wesentlich ist, muss im jeweiligen Einzelfall geprüft werden. Die **25** Schwelle der Unwesentlichkeit ist jedenfalls dann überschritten, wenn die Preise mehr als 6 % oder 10 % des angebotenen Gesamtentgeltes ausmachen.[34]

---

[30] OLG Düsseldorf Beschl. v. 21.10.2015 – VII-Verg 35/15.

[31] *Bode* VergabeR 2009, 729, 733, *Bode* IBR 2012, 1229; *Dittmann* VergabeR 2012, 292, 295; VK Rheinland-Pfalz Beschl. v. 10.11.2015 – VK 1-26/15; VK Rheinland-Pfalz Beschl. v. 10.11.2015 – VK 1-26/15 = VPRRS 2016, 0002; OLG Düsseldorf Beschl. v. 21.10.2015 – VII-Verg 35/15; VK Bund Beschl. v. 25.8.2016 – VK 2-71/16.

[32] OLG Frankfurt Beschl. v. 21.2.2012 – 11 Verg 11/11 = BeckRS 2012, 16589; OLG Celle Beschl. v. 16.6.2011 – 13 Verg 3/11; *Schwabe/John* VergabeR 2012, 559, 563.

[33] OLG Düsseldorf Beschl. v. 25.4.2012 – VII-Verg 9/12 = BeckRS 2012, 16053.

[34] OLG Brandenburg Beschl. v. 1.11.2011 – Verg W 12/11 = BeckRS 2011, 25289; *Vavra* in *Ziekow/Völlink*, Vergaberecht, 2. Auflage 2013, § 16 VOL/A Rn. 4c; für eine prozentuale Grenze in Höhe von 3 %: *Bode* VergabeR 2009, 723, 737.

26   Eine Veränderung des Gesamtpreises kann dagegen ausgeschlossen werden, wenn der Preis für die Einzelposition durch Subtraktion der Summe aller Einzelpositionen vom Gesamtpreis ermittelt werden kann oder der Einzelpreis bei EUR 0,00 liegt.

27   Eine Nachforderung der Preisangabe ist ferner zulässig, wenn hierdurch die Wertungsreihenfolge nicht verändert wird – bei der fehlenden Position würden also die Preise des günstigsten und teuersten Bieters eingesetzt. Verändert sich die Rangfolge, ist die Nachforderung ausgeschlossen.[35]

Zudem ist es zulässig, Preise nachzufordern, die nicht wertungsrelevant sind.[36]

III. Ermessen

28   Anders als in der VOB/A besteht bei der Vergabe von Liefer- und Dienstleistungen nach der SektVO kein Anspruch auf die Nachforderung fehlender Unterlagen, vielmehr besteht ein Anspruch auf ordnungsgemäße Ausübung des Ermessens.[37] Die Vergabekammer kann nur prüfen, ob ein Ermessensnichtgebrauch oder ein Ermessensfehlgebrauch vorliegen.[38]

29   Es ist ausreichend, die Nachforderung auf diejenigen Bieter oder Bewerber zu beschränken, deren Teilnahmeanträge oder Angebote in die engere Wahl kommen. Er ist nicht verpflichtet, von allen Bietern oder Bewerbern gleichermaßen Unterlagen nachzufordern.[39]

30   Der Verzicht auf die Nachforderung soll insbesondere aus Zeitgründen zulässig sein. Allerdings ist zu empfehlen, in derartigen Fallkonstellationen nochmals explizit in der Dokumentation herauszustellen, dass die Forderung der Unterlagen transparent in der Bekanntmachung bzw. den Vergabeunterlagen dargelegt war und ungeachtet dessen ein formal unvollständiges Angebot eingegangen ist.[40]

31   Der Gesetzgeber hat in § 51 Abs. 2 Satz 2 SektVO festgelegt, dass öffentliche Auftraggeber bereits in der Bekanntmachung oder den Vergabeunterlagen festlegen dürfen, ob fehlende Unterlagen nachgefordert werden. Allerdings besteht keine Pflicht zur Festlegung.[41] Die frühzeitige Festlegung, fehlende Unterlagen nicht nachzufordern, birgt die Gefahr, im Falle von unvollständigen Teilnahmeanträgen oder Angeboten zur Aufhebung gezwungen zu sein oder ein unwirtschaftliches Angebot bezuschlagen zu müssen. Insoweit sind derartige Festlegungen im Vorfeld sorgfältig zu prüfen und etwaige Vor- und Nachteile abzuwägen.[42] Denn die Festlegung in den Vergabeunterlagen, fehlende Unterlagen (nicht) nachzufordern, ist bindend.[43] Zudem dürfte eine Festlegung im Vorfeld auch deshalb angreifbar sein, weil in diesen Fällen das Ermessen nicht in Kenntnis des konkreten Sachverhaltes ausgeübt wird.[44]

32   Hat der Auftraggeber die Nachforderung gemäß § 51 Abs. 2 Satz 2 SektVO ausgeschlossen, darf er für die Eignungsprüfung nur die vorgelegten Erklärungen und Nachweise zu Grunde legen. Nachträgliche Ergänzungen sind unbeachtlich und können allenfalls als

---

[35] OLG Brandenburg Beschl. v. 1.11.2011 – Verg W 12/11 = BeckRS 2011, 25289; VK Westfalen Beschl. v. 29.7.2016, VK 2-25/16; *Völlink* VergabeR 2015, 355, 361, für eine deutlich niedrigere Schwelle von bis zu 1%: *Stapelfeldt* KommJur 2010, 241, 244.

[36] VK Westfalen Beschl. v. 29.7.2016 – VK 2-25/16.

[37] OLG Karlsruhe Beschl. v. 23.3.2011 – 15 Verg 2/11 = ZfBR 2012, 301.

[38] OLG Düsseldorf Beschl. v. 9.5.2011 – Verg 41/11 = BeckRS 2011, 14072.

[39] Vergaberechtsmodernisierungsverordnung, Fassung Kabinett vom 20.1.2016, S. 212.

[40] OLG Düsseldorf Beschl. v. 9.5.2011 – VII-Verg 40/11 = BeckRS 2011, 14071.

[41] Für eine sachverhaltsbezogene Prüfung ohne Vorfestlegung: OLG Düsseldorf, Beschl. v. 28.11.2012 – VII-Verg 8/12 = BeckRS 2013, 02326, aA: OLG Brandenburg Beschl. v. 20.9.2011 – Verg W 11/1 = BeckRS 2011, 23533 und OLG Celle Beschl. v. 13.1.2014 – 13 Verg 11/13; VK Münster Beschl. v. 17.1.2014 3 – VK 22/12 und VK Bund Beschl. v. 4.10.2011 VK 1 120/11 = IBRRS 2012, 1449.

[42] Vgl. insoweit noch zur VOL/A: OLG Brandenburg Beschl. v. 20.9.2011 – Verg W 11/11, 3; VK Münster Beschl. v. 17.1.2013 – VK 22/12, kritisch: OLG Düsseldorf Beschl. v. 7.8.2013 – VII-Verg 15/13 = BeckRS 2014, 14201; VK Bund Beschl. v. 23.12.2010 – VK 3-132/10 = BeckRS 2013, 14290.

[43] OLG Düsseldorf Beschl. v. 11.4.2011 – VII-Verg 27/11; kritisch hinsichtlich eines Ermessensnichtgebrauchs bei vorzeitiger Bindung: *Dittmann* VergabeR 2012, 292, 298.

[44] OLG Düsseldorf Beschl. v. 7.8.2013 – VII-Verg 15/13.

Auslegungshilfe berücksichtigt werden, wenn sie an den Inhalt der vorgelegten Unterlagen anknüpfen.[45]

IV. Fristsetzung für die Nachforderung/Korrektur

Während § 16a Satz 2 VOB/A EU festlegt, dass fehlende Unterlagen innerhalb von **33** sechs Kalendertagen nach Aufforderung durch den öffentlichen Auftraggeber vorzulegen sind und die Frist mit dem Tag nach der Absendung beginnt, fehlt in der SektVO – wie auch in der VgV – die Fristvorgabe. Damit steht die zu setzende Frist im Ermessen des Auftraggebers, wobei zu beachten ist, dass die Frist kurz bemessen sein darf, wenn nur wenige Unterlagen einzureichen sind, die kurzfristig zusammengestellt werden können, während für die Zusammenstellung aufwändigerer Unterlagen eine längere Zeitspanne vorzusehen ist. Zudem ist bei der Fristsetzung auch zu prüfen, ob die fehlenden Unterlagen per Post oder z.B. elektronisch eingehen. Bei Festlegung der Nachforderungsfrist ist ferner zu beachten, dass der Bieter bei sorgfältiger Prüfung der Angebotsunterlagen bereits im Vorfeld hätte erkennen können, was einzureichen ist, so dass für die Nachforderung eine entsprechend kürzere Frist ausreicht.[46] In der Rechtsprechung wird – zumindest für Unterlagen, die ohnehin erst auf Nachfrage vorzulegen sind – eine Frist von mindestens einer Woche gefordert. Dem ist im Ergebnis für alle Nachforderungen zuzustimmen, also auch für Unterlagen, die nicht mit dem Angebot, sondern nur auf gesondertes Verlangen vorzulegen waren.[47] Denn der Bieter muss die Möglichkeit haben, die fehlenden Unterlagen herauszusuchen und zu versenden. Dies gilt umso mehr, da eine „Wiedereinsetzung" bzw. eine automatische Verlängerung der zu kurzen Frist in eine angemessene Frist im Vergaberecht nicht möglich ist.[48]

V. Dokumentation

Die Ermessensentscheidung über die Nachforderung muss mit Abwägung aller Gründe **34** in der Vergabeakte dokumentiert sein. Insoweit sind auch die jeweiligen Nachforderungsschreiben und vom Bieter nachgereichten Erklärungen und Nachweise nebst Eingangsvermerk Teil der Vergabeakte.

---

[45] OLG Koblenz Beschl. v. 4.1.2017 – Verg 7/16.
[46] *Dittmann* VergabeR 2012, 292, 299.
[47] OLG Celle Beschl. v. 14.12.2015 – 13 Verg 9/15 = BeckRS 2016, 06064.
[48] OLG Celle Beschl. v. 14.12.2015 – 13 Verg 9/15 = BeckRS 2016, 06064; VK Nordbayern Beschl. v. 29.6.2016 – 21.VK-3194-07/16 = IBRRS 2016, 2013; LG Koblenz Beschl. v. 25.7.2012 – 1 O 334/12, insbesondere auch zur Frage, inwieweit § 193 BGB Anwendung findet.

§ 52 Zuschlag und Zuschlagskriterien

(1) Der Zuschlag wird nach Maßgabe des § 127 des Gesetzes gegen Wettbewerbsbeschränkungen auf das wirtschaftlichste Angebot erteilt.

(2) Die Ermittlung des wirtschaftlichsten Angebots erfolgt auf der Grundlage des besten Preis-Leistungs-Verhältnisses. Neben dem Preis oder den Kosten können auch qualitative, umweltbezogene oder soziale Zuschlagskriterien berücksichtigt werden, insbesondere:

1. die Qualität, einschließlich des technischen Werts, Ästhetik, Zweckmäßigkeit, Zugänglichkeit der Leistung insbesondere für Menschen mit Behinderungen, ihrer Übereinstimmung mit Anforderungen des „Designs für Alle", soziale, umweltbezogene und innovative Eigenschaften sowie Vertriebs- und Handelsbedingungen,
2. die Organisation, Qualifikation und Erfahrung des mit der Ausführung des Auftrags betrauten Personals, wenn die Qualität des eingesetzten Personals erheblichen Einfluss auf das Niveau der Auftragsausführung haben kann, oder
3. die Verfügbarkeit von Kundendienst und technischer Hilfe sowie Lieferbedingungen wie Liefertermin, Lieferverfahren sowie Liefer- oder Ausführungsfristen.

Der öffentliche Auftraggeber kann auch Festpreise oder Festkosten vorgeben, sodass das wirtschaftlichste Angebot ausschließlich nach qualitativen, umweltbezogenen oder sozialen Zuschlagskriterien nach Satz 1 bestimmt wird.

(3) Der öffentliche Auftraggeber gibt in der Auftragsbekanntmachung oder den Vergabeunterlagen an, wie er die einzelnen Zuschlagskriterien gewichtet, um das wirtschaftlichste Angebot zu ermitteln. Diese Gewichtung kann auch mittels einer Spanne angegeben werden, deren Bandbreite angemessen sein muss. Ist die Gewichtung aus objektiven Gründen nicht möglich, so gibt der öffentliche Auftraggeber die Zuschlagskriterien in absteigender Rangfolge an.

(4) Für den Beleg, ob und inwieweit die angebotene Leistung den geforderten Zuschlagskriterien entspricht, gelten die §§ 31 und 32 entsprechend.

(5) Für den Beleg, dass die angebotene Leistung den geforderten Ausführungsbedingungen gemäß § 128 Absatz 2 des Gesetzes gegen Wettbewerbsbeschränkungen entspricht, gelten die §§ 31 und 32 entsprechend.

Übersicht

	Rn.		Rn.
A. Einführung	1	B. Zuschlag und Zuschlagskriterien	5
I. Literatur	1	I. Abs. 1 bis 4 SektVO	5
II. Entstehungsgeschichte	2	II. Abs. 5: Nachweise in Bezug auf die Aus-	
III. Rechtliche Vorgaben im EU-Recht	3	führungsbedingungen	7

A. Einführung

I. Literatur

1   Es wird auf die Literatur zu § 58 VgV (A. I.) verwiesen.

II. Entstehungsgeschichte

2   Wegen der Entstehungsgeschichte wird **auf die Kommentierung zu § 58 VgV (A. II.) verwiesen.**

III. Rechtliche Vorgaben im EU-Recht

3   Die rechtlichen Vorgaben entsprechen denjenigen, die für **§ 58 VgV** gelten, so dass **auf die dortige Kommentierung (A. III.) verwiesen wird.**

Auch die Richtlinie 2004/17/EG[1] sah in Art. 55 Abs. 1 vor, dass der Zuschlag auf das 4 durch vorgegebene Zuschlagskriterien des öffentlichen Auftraggebers definierte „wirtschaftlich günstigste Angebot" oder auf das Angebot mit dem niedrigsten Preis zu erteilen war. In Umsetzung dieser Richtlinie hatte der deutsche Gesetzgeber auch im Sektorenbereich geregelt, dass das wirtschaftlichste Angebots den Zuschlag erhalten sollte. **Die Richtlinie 2014/25/EU[2] sieht in Art. 82 Abs. 1** – entsprechend Art. 67 Abs. 1 der Richtlinie 2014/24/EU – **nunmehr vor, dass der Zuschlag auf das wirtschaftlich günstigste Angebot zu erteilen ist.** Der gleichen Systematik wie Art. 67 der Richtlinie 2014/24/EU folgt Art. 82 der Richtlinie 2014/25/EU, d.h. das wirtschaftlichste Angebot wird anhand einer Bewertung auf der Grundlage des Preises oder der Kosten und der von dem Auftraggeber vorgegebenen Zuschlagskriterien, die mit dem Auftragsgegenstand in Verbindung stehen, ermittelt (Art. 82 Abs. 2 und 3 der Richtlinie 2025/14/EU). Die Regelung über das beste Preis-Leistungs-Verhältnis und die Zuschlagskriterien ist in § 52 Abs. 1 und 2 SektVO übernommen worden, während sich die Bestimmung über den Zusammenhang zwischen Zuschlagskriterien und Auftragsgegenstand in der übergeordneten Norm des § 127 Abs. 3 Satz 1 GWB findet.

B. Zuschlag und Zuschlagskriterien

I. § 52 Abs. 1 bis 4 SektVO

Der Regelungsgehalt des § 52 Abs. 1 bis 4 ist nahezu wortgleich mit § 58 Abs. 1 bis 4 5 VgV, so dass **auf die dortige Kommentierung verwiesen wird (B I. bis IV).**

Soweit § 58 Abs. 4 VgV auf die §§ 33 und 34 VgV Bezug nimmt und § 52 Abs. 4 auf 6 die §§ 31 und 32 SektVO verweist, gilt die Kommentierung zu § 58 VgV ebenfalls entsprechend, weil die §§ 33 und 34 VgV inhaltsgleich mit den §§ 31 und 32 SektVO sind.

II. Abs. 5: Nachweise in Bezug auf die Ausführungsbedingungen

§ 128 Abs. 1 GWB regelt, dass Unternehmen bei der Ausführung eines öffentlichen 7 Auftrags konkrete **Ausführungsbedingungen,** namentlich rechtliche Verpflichtungen aus den Bereichen der Steuer-, Sozialversicherungs- und Mindestlohngesetze, verbindlich zu beachten haben. Darüber hinaus **können Auftraggeber nach § 128 Abs. 2 Satz 1 GWB besondere Ausführungsbedingungen festlegen,** sofern diese mit dem Auftragsgegenstand in Verbindung stehen. Die Ausführungsbedingungen müssen sich gemäß § 128 Abs. 2 Satz 2 GWB aus der Auftragsbekanntmachung oder den Vergabeunterlagen ergeben.[3]

Für den **Beleg,** dass die angebotene Leistung den **Ausführungsbedingungen nach** 8 **§ 128 Abs. 2 GWB** entspricht, verweist § 52 Abs. 5 auf die entsprechende Geltung der §§ 31 und 32. Danach kann der Auftraggeber als Beleg für die Einhaltung der von ihm vorgegebenen Ausführungsbedingungen die Vorlage von Bescheinigungen einer Konformitätsbewertungsstelle oder die Vorlage von Gütezeichen verlangen.[4]

---

[1] Richtlinie v. 31.3.2004 zur Koordinierung der Zuschlagserteilung durch Auftraggeber im Bereich der Wasser-, Energie und Verkehrsversorgung sowie der Postdienste, ABl. L 134, 1.

[2] Richtlinie über die Vergabe von Aufträgen durch Auftraggeber im Bereich der Wasser-, Energie- und Verkehrsversorgung sowie der Postdienste und zur Aufhebung der Richtlinie 2004/17/EG, ABl. L 94/242.

[3] Vgl. wegen Einzelheiten *Opitz* § 128 GWB.

[4] Wegen der Einzelheiten wird auf *Lampert* § 31 und *Lampert* § 32 verwiesen.

§ 53 Berechnung von Lebenszykluskosten

(1) Der Auftraggeber kann vorgeben, dass das Zuschlagskriterium „Kosten" auf der Grundlage der Lebenszykluskosten der Leistung berechnet wird.

(2) Der Auftraggeber gibt die Methode zur Berechnung der Lebenszykluskosten und die zur Berechnung vom Unternehmen zu übermittelnden Informationen in der Auftragsbekanntmachung oder den Vergabeunterlagen an. Die Berechnungsmethode kann umfassen

1. die Anschaffungskosten,
2. die Nutzungskosten, insbesondere den Verbrauch von Energie und anderen Ressourcen,
3. die Wartungskosten,
4. Kosten am Ende der Nutzungsdauer, insbesondere die Abholungs-, Entsorgungs- oder Recyclingkosten, oder
5. Kosten, die durch die externen Effekte der Umweltbelastung entstehen, die mit der Leistung während ihres Lebenszyklus in Verbindung stehen, sofern ihr Geldwert nach Absatz 3 bestimmt und geprüft werden kann; solche Kosten können Kosten der Emission von Treibhausgasen und anderen Schadstoffen sowie sonstige Kosten für die Eindämmung des Klimawandels umfassen.

(3) Die Methode zur Berechnung der Kosten, die durch die externen Effekte der Umweltbelastung entstehen, muss folgende Bedingungen erfüllen:

1. Sie beruht auf objektiv nachprüfbaren und nichtdiskriminierenden Kriterien; ist die Methode nicht für die wiederholte oder dauerhafte Anwendung entwickelt worden, darf sie bestimmte Unternehmen weder bevorzugen noch benachteiligen,
2. sie ist für alle interessierten Beteiligten zugänglich, und
3. die zur Berechnung erforderlichen Informationen lassen sich von Unternehmen, die ihrer Sorgfaltspflicht im üblichen Maße nachkommen, einschließlich Unternehmen aus Drittstaaten, die dem Übereinkommen über das öffentliche Beschaffungswesen von 1994 (ABl. C 256 vom 3.9.1996, S. 1), geändert durch das Protokoll zur Änderung des Übereinkommens über das öffentliche Beschaffungswesen (ABl. L 68 vom 7.3.2014, S. 2) oder anderen, für die Europäische Union bindenden internationalen Übereinkommen beigetreten sind, mit angemessenem Aufwand bereitstellen.

(4) Sofern eine Methode zur Berechnung der Lebenszykluskosten durch einen Rechtsakt der Europäischen Union verbindlich vorgeschrieben worden ist, hat der öffentliche Auftraggeber diese Methode vorzugeben.

Übersicht

	Rn.		Rn.
A. Einführung	1	III. Rechtliche Vorgaben im EU-Recht	3
I. Literatur	1	**B. Berechnung von Lebenszykluskosten**	4
II. Entstehungsgeschichte	2		

A. Einführung

I. Literatur

1   Es wird auf die Literaturliste zu § 59 VgV (A. I.) verwiesen.

II. Entstehungsgeschichte

2   Wegen der Entstehungsgeschichte wird **auf die Kommentierung zu § 59 VgV (A. II.) verwiesen.**

III. Rechtliche Vorgaben im EU-Recht

Die rechtlichen Vorgaben entsprechen denjenigen, die für **§ 59 VgV gelten, so dass** 3
auf die dortige Kommentierung (A. III.) verwiesen wird. Die Vorschrift über die
Lebenszykluskostenrechnung, die Art. 68 der Richtlinie 2014/24/EU entspricht, findet
sich in **Art. 83 der Richtlinie 2014/25/EU.**

B. Berechnung von Lebenszykluskosten

§ 53 SektVO enthält identische Regelungen wie § 59 VgV, so dass **auf die dortige** 4
Kommentierung verwiesen wird (B I. bis IV.).

§ 54 Ungewöhnlich niedrige Angebote

(1) Erscheinen der Preis oder die Kosten eines Angebots im Verhältnis zu der zu erbringenden Leistung ungewöhnlich niedrig, verlangt der Auftraggeber vom Bieter Aufklärung.

(2) Der Auftraggeber prüft die Zusammensetzung des Angebots und berücksichtigt die übermittelten Unterlagen. Die Prüfung kann insbesondere betreffen:
1. die Wirtschaftlichkeit des Fertigungsverfahrens einer Lieferleistung oder der Erbringung der Dienstleistung,
2. die gewählten technischen Lösungen oder die außergewöhnlich günstigen Bedingungen, über die das Unternehmen bei der Lieferung der Waren oder bei der Erbringung der Dienstleistung verfügt,
3. die Besonderheiten der angebotenen Liefer- oder Dienstleistung,
4. die Einhaltung der Verpflichtungen nach § 128 Absatz 1 des Gesetzes gegen Wettbewerbsbeschränkungen, insbesondere der für das Unternehmen geltenden umwelt-, sozial- und arbeitsrechtlichen Vorschriften, oder
5. die etwaige Gewährung einer staatlichen Beihilfe an das Unternehmen.

(3) Kann der Auftraggeber nach der Prüfung gemäß den Absätzen 1 und 2 die geringe Höhe des angebotenen Preises oder der angebotenen Kosten nicht zufriedenstellend aufklären, darf er den Zuschlag auf dieses Angebot ablehnen. Er lehnt das Angebot ab, wenn er festgestellt hat, dass der Preis oder die Kosten des Angebots ungewöhnlich niedrig sind, weil Verpflichtungen nach Absatz 2 Satz 2 Nummer 4 nicht eingehalten werden.

(4) Stellt der Auftraggeber fest, dass ein Angebot ungewöhnlich niedrig ist, weil der Bieter eine staatliche Beihilfe erhalten hat, so lehnt der Auftraggeber das Angebot ab, wenn der Bieter nicht fristgemäß nachweisen kann, dass die staatliche Beihilfe rechtmäßig gewährt wurde. Der Auftraggeber teilt die Ablehnung der Europäischen Kommission mit.

Übersicht

	Rn.		Rn.
A. Einführung	1	III. Rechtliche Vorgaben im EU-Recht	3
I. Literatur	1	B. Berechnung von Lebenszykluskosten	4
II. Entstehungsgeschichte	2		

A. Einführung

I. Literatur

1 Es wird **auf die Literaturliste zu § 60 VgV (A. I.) verwiesen.**

II. Entstehungsgeschichte

2 Wegen der Entstehungsgeschichte wird **auf die Kommentierung zu § 60 VgV (A. II.) verwiesen.**

III. Rechtliche Vorgaben im EU-Recht

3 Die rechtlichen Vorgaben entsprechen denjenigen, die für **§ 60 VgV gelten, so dass auf die dortige Kommentierung (A. III.) verwiesen wird.** Die Vorschrift über unge-

wöhnlich niedrige Angebote, die der in der Richtlinie 2014/24/EU entspricht, findet sich in **Art. 84 der Richtlinie 2014/25/EU.**

B. Ungewöhnlich niedrige Angebote

§ 54 SektVO ist inhaltsgleich mit § 60 VgV, so dass **auf die dortige Kommentierung**   4 **verwiesen wird (B I. bis IV.).**

§ 55 Angebote, die Waren aus Drittländern umfassen

(1) Der Auftraggeber eines Lieferauftrags kann Angebote zurückweisen, bei denen der Warenanteil zu mehr als 50 Prozent des Gesamtwertes aus Ländern stammt, die nicht Vertragsparteien des Abkommens über den Europäischen Wirtschaftsraum sind und mit denen auch keine sonstigen Vereinbarungen über gegenseitigen Marktzugang bestehen. Das Bundesministerium für Wirtschaft und Energie gibt im Bundesanzeiger bekannt, mit welchen Ländern und auf welchen Gebieten solche Vereinbarungen bestehen.

(2) Sind zwei oder mehrere Angebote nach den Zuschlagskriterien gleichwertig, so ist dasjenige Angebot zu bevorzugen, das nicht nach Absatz 1 zurückgewiesen werden kann. Die Preise sind als gleichwertig anzusehen, wenn sie nicht um mehr als 3 Prozent voneinander abweichen. Satz 1 ist nicht anzuwenden, wenn die Bevorzugung zum Erwerb von Ausrüstungen führen würde, die andere technische Merkmale als die vom Auftraggeber bereits genutzten Ausrüstungen aufweisen und dadurch bei Betrieb und Wartung zu Inkompatibilität oder technischen Schwierigkeiten oder zu unverhältnismäßigen Kosten führen würde.

(3) Software, die in der Ausstattung für Telekommunikationsnetze verwendet wird, gilt als Ware im Sinne des Absatzes 1.

Übersicht

	Rn.			Rn.
A. Einführung	1		II. Zurückweisungsmöglichkeit	7
I. Literatur	1		III. Betroffene Unternehmen	8
II. Entstehungsgeschichte	2		D. Privilegierungen (Abs. 2)	9
III. Rechtliche Vorgaben im EU-Recht	3		I. Gleichwertigkeit (Satz 2)	10
B. Regelungsinhalt	4		II. Ausnahme bei Ausrüstung (Satz 3)	11
C. Anwendungsvoraussetzungen (Abs. 1)	5		E. Software (Abs. 3)	12
I. Drittländer	5		F. Rechtsfolgen	13

A. Einführung

I. Literatur

1 *von Bogdandy/Wernicke,* Transatlantischer Streit um das öffentliche Auftragswesen, EuZW 1993, S. 216 ff.; *Leinemann,* „Das neue Vergaberecht", 2010; *Zillmann,* NZBau 2003, 480 ff.

II. Entstehungsgeschichte

2 Der Text der Vorgängervorschrift (§ 28 SektVO a. F.) wurde nahezu wortgleich in § 55 SektVO übernommen.

III. Rechtliche Vorgaben im EU-Recht

3 Die Vorschrift beruht auf Art. 85 der Richtlinie 2014/25/EU und setzt die europäischen Vorgaben in nationales Recht um. Die Richtlinien 2014/24/EU und 2014/23/EU sehen keine vergleichbaren Vorschriften vor. Die **Drittlandsklausel** gilt damit ausschließlich im **Sektorenbereich**.

B. Regelungsinhalt

§ 55 SektVO ist nach seinem Wortlaut nur im Rahmen von Lieferaufträgen anwendbar; 4
insbesondere findet er nicht auf Aufträge über Bauleistungen Anwendung.[1] Bei **gemischten Verträgen,** die sowohl den Einkauf von Waren als auch die Beschaffung von Dienstleistungen zum Gegenstand haben, ist nach dem Schwerpunkt der Leistung zu differenzieren. Nur wenn die Warenlieferung wertmäßig den Schwerpunkt bildet, kann § 55 SektVO greifen.

C. Anwendungsvoraussetzungen (Abs. 1)

I. Drittländer

Drittländer, sind die Länder, die nicht Vertragsparteien des Abkommens über den 5
europäischen Wirtschaftsraum (EWR-Abkommen vom 2.5.1992, ABl. EG 1994, Nr. L 1, S. 1 ff.) sind und mit denen auch keine sonstigen Vereinbarungen über den Marktzugang innerhalb der europäischen Union abgeschlossen wurden.

Keine Drittländer sind daher alle Staaten der Europäischen Union sowie Island, Lichten- 6
stein und Norwegen,[2] die Schweiz,[3] Israel, Japan, Kanada Korea, Singapur, Taiwan sowie die USA.[4] Das Bundesministerium für Wirtschaft und Technologie hat im Bundesanzeiger eine Aufstellung der Länder, auf deren Gebieten solche Vereinbarungen bestehen, bekanntgegeben.[5] Diese hat aber nur deklaratorischen Charakter. Zudem hat die EU-Kommission 2009 einen Bericht verfasst, der den Stand der Verhandlungen über weitere Vereinbarungen aufzeigt.[6]

II. Zurückweisungsmöglichkeit

Angebote, bei denen der Warenanteil zu mehr als 50 % des Gesamtwertes aus Drittlän- 7
dern stammt, können zurückgewiesen werden. Die Zurückweisung nach Abs. 1 steht also im Ermessen des Auftraggebers. Zur Bestimmung des Wertes ist Art. 85 Abs. 2 S. 1 der Richtlinie 2014/25/EU zu beachten, der auf die Verordnung (EU) Nr. 952/2013 des Europäischen Parlaments und des Rates vom 9. Oktober 2013 zur Festlegung des Zollkodex der Union verweist.[7] Maßgeblich ist der im Zollkodex geregelte **Zollwert der Waren.** Dabei kommt es nicht auf den gesamten Auftragswert, sondern allein auf den Warenwert an.[8]

III. Betroffene Unternehmen

Anknüpfungspunkt für die Bestimmung der Drittlandseigenschaft ist allein die **Herkunft** 8
der Ware selbst, nach dem Wortlaut der Vorschrift und nicht etwa der Firmensitz des

---

[1] *Schranner* in Vygen/Kratzenberg VOB Kommentar, 17. Aufl., § 28 SektVO Rn. 1.
[2] EWR-Abkommen vom 2.5.1992, in der Fassung des Anpassungsprotokolls vom 17.3.1993.
[3] Abkommen vom 21.6.1999 zwischen der Schweizerischen Eidgenossenschaft und der Europäischen Gemeinschaft über bestimmte Aspekte des öffentlichen Beschaffungswesens.
[4] ABl. EG C 256 v. 3.9.1996 GPA, Beschaffungsübereinkommen.
[5] Zuletzt BAnz. Nr. 77, 8529 v. 24.4.2003; siehe auch NZBau 2003, S. 491.
[6] KOM(2009)592 endgültig v. 28.10.2009.
[7] Verordnung (EU) Nr. 952/2013 des Europäischen Parlaments und des Rates vom 9.10.2013 zur Festlegung des Zollkodex der Union (ABl. L 269 vom 10.10.2013, S. 1).
[8] *Summa* in juris-PK, § 28 SektVO Rn. 5.

Bieters. Aus diesem Grund können auch Bieter aus EU-Mitgliedstaaten oder sonstigen Nichtdrittländern vom Anwendungsbereich des § 55 SektVO betroffen werden, wenn ihr Angebot Waren aus Drittländern enthält.[9]

D. Privilegierungen (Abs. 2)

9 Ergibt die Wertung, dass zwei oder mehrere Angebote nach den Zuschlagskriterien als gleichwertig einzustufen sind, muss nach § 55 Abs. 2 S. 1 SektVO dasjenige Angebot bevorzugt werden, das nicht gem. § 55 Abs. 1 SektVO zurückgewiesen werden kann. Bei der Regelung handelt es sich um einen **Privilegierungszwang**. Während Abs. 1 also im Ermessen des Auftraggebers steht ist er nach Abs. 2 nicht in seiner Entscheidung frei, welches Angebote er bei Gleichwertigkeit bevorzugt.

I. Gleichwertigkeit (Satz 2)

10 Der Privilegierungszwang gilt auch für solche Angebote, die bis zu 3% teurer sind, als das Angebot, das nach § 55 Abs. 1 SektVO zurückgewiesen werden könnte. Denn bis zu dieser Grenze gelten Angebote nach § 55 Abs. 2 S. 2 SektVO als gleichwertig. Die Gleichwertigkeit gemäß Abs. 2 S. 2 wird nur anhand des Preises bestimmt. Andere Kriterien sind für die Gleichwertigkeit nicht heranzuziehen.

II. Ausnahme bei Ausrüstung (Satz 3)

11 Der Privilegierungszwang aus § 55 Abs. 2 S. 1 SektVO gilt lediglich dann nicht, wenn der Auftraggeber so gezwungen wäre, Ausrüstungsgegenstände zu beziehen, die Merkmale aufweisen, die zu technischen Schwierigkeiten, Inkompatibilität oder unverhältnismäßigen Kosten führen. Dies ist dann der Fall, wenn der Auftraggeber, ein Angebot annehmen müsste, welches Waren beinhaltet, die er zur Erfüllung der von ihm erstrebten Zwecke nicht verwenden kann, die Ausrüstung also unbrauchbar für ihn ist. Es ist aber davon auszugehen, dass die Ausnahme von § 55 Abs. 2 S. 3 SektVO eher selten eintritt. Denn eine solche Situation entsteht bereits nicht, wenn der Auftraggeber eine ordnungsgemäße Leistungsbeschreibung erstellt sowie auf die Leistung zugeschnittene Zuschlagskriterien wählt.

E. Software (Abs. 3)

12 § 55 Abs. 3 SektVO legt fest, dass Software, die in der Ausstattung für Telekommunikationsnetze verwendet wird, als Ware im Sinne von Abs. 1 anzusehen ist. Nachdem Telekommunikationsunternehmen mittlerweile nicht mehr als Sektorenauftraggeber zählen, ist dieser Absatz der Vorschrift quasi bedeutungslos.

F. Rechtsfolgen

13 § 55 SektVO manifestiert den Sinn und Zweck der europäischen Vergaberechtsregelungen. Diese dienen dem Wettbewerbsschutz und der Gleichbehandlung in Bezug auf europäische Unternehmen. § 55 SektVO stellt klar, dass die Regelungen nur im europäischen Wirtschaftsraum gelten sollen, sowie für Staaten, die sich durch Abkommen dem gleichen

---

[9] *Summa* in juris-PK § 28 SektVO Rn. 7.

Regelungsregime unterworfen haben. Dies entspricht dem Prinzip der Gegenseitigkeit, wonach der europäische Markt nur für Waren aus Drittstaaten geöffnet werden soll, die ihrerseits ihre Märkte für Waren aus der EU geöffnet haben. Eine **Diskriminierung** von Drittstaaten wird aus handelspolitischen Gründen daher ausdrücklich geregelt und als unproblematisch gewertet.[10]

Neben der Verfolgung handelspolitischer Ziele hat § 55 SektVO aber auch bieterschüt- **14** zenden Charakter.[11] Bietern steht der Vergaberechtsweg offen, wenn der Auftraggeber ihre Waren unberechtigt ausschließt oder zurückweist, ohne sich auf § 55 SektVO berufen zu können.[12] Gleiches gilt, wenn ein Auftraggeber ein zurückweisbares Angebot annehmen will, obwohl ein gleichwertiges Angebot vorliegt, das nicht zurückweisbar ist.

---

[10] *Verfürth* SektVO, Rn. 269.
[11] *von Wietersheim* in Müller-Wrede, SektVO, § 28, Rn. 100.
[12] *Zillmann* NZBau 2003, 480 (482); *Debus* in SektVO, § 28 Rn. 13.

§ 56 Unterrichtung der Bewerber und Bieter

(1) Unbeschadet des § 134 des Gesetzes gegen Wettbewerbsbeschränkungen teilt der Auftraggeber jedem Bewerber und jedem Bieter unverzüglich seine Entscheidungen über den Abschluss einer Rahmenvereinbarung, die Zuschlagserteilung oder die Zulassung zur Teilnahme an einem dynamischen Beschaffungssystem mit. Gleiches gilt für die Entscheidung, ein Vergabeverfahren aufzuheben oder erneut einzuleiten, einschließlich der Gründe dafür, sofern eine Bekanntmachung veröffentlicht wurde.

(2) Der Auftraggeber unterrichtet auf Verlangen des Bewerbers oder Bieters unverzüglich, spätestens innerhalb von 15 Tagen nach Eingang des Antrags in Textform,

1. jeden nicht erfolgreichen Bewerber über die Gründe für die Ablehnung seines Teilnahmeantrags,
2. jeden nicht erfolgreichen Bieter über die Gründe für die Ablehnung seines Angebots,
3. jeden Bieter über die Merkmale und Vorteile des erfolgreichen Angebots sowie den Namen des erfolgreichen Bieters und
4. jeden Bieter über den Verlauf und die Fortschritte der Verhandlungen und des wettbewerblichen Dialogs mit den Bietern.

(3) § 38 Absatz 6 gilt entsprechend.

Übersicht

	Rn.		Rn.
A. Einführung	1	III. Rechtliche Vorgaben im EU-Recht	4
I. Literatur	2	B. Regelungsgehalt	8
II. Entstehungsgeschichte	3		

A. Einführung

1   § 56 SektVO regelt **Informationspflichten** des öffentlichen Auftraggebers gegenüber den Bewerbern und Bietern.

I. Literatur

2   *Greb/Müller*, Kommentar zum Sektorenvergaberecht, 2. Auflage 2017; *Opitz*, Die neue Sektorenverordnung, VergabeR 2009, 689; *Prieß/Stein*, Die neue EU-Sektorenrichtlinie, NZBau 2014, 323.[1]

II. Entstehungsgeschichte

3   § 56 SektVO mit seinem jetzigen Regelungsgehalt gelangte **erst durch die Vergaberechtsreform** 2016 in die SektVO. Zuvor regelte § 31 SektVO a. F. ganz allgemein die Ausnahmen von bestehenden Informationspflichten; eine ähnliche Regelung trifft heute § 38 Abs. 6 SektVO,[2] auf welchen § 56 Abs. 3 SektVO verweist. Weiter enthielten § 24 Abs. 9 und 10 SektVO a. F. Vorschriften betreffend eines Qualifizierungssystems, die nunmehr in § 48 Abs. 11 und 12 SektVO[3] zu finden sind. Im Übrigen galt im Bereich der Sektorenvergaben lediglich die Informationspflicht gem. § 101a GWB a. F. Wegen dieser

---

[1] Vgl. auch die Literaturhinweise zu → VgV § 62 Rn. 1.
[2] → § 38.
[3] → § 48.

Regelung empfand der deutsche Gesetzgeber es als entbehrlich, Art. 49 SKR, der ebenfalls eine Unterrichtungspflicht des Auftraggebers vorsah, vollständig umzusetzen.[4]

III. Rechtliche Vorgaben im EU-Recht

§ 56 SektVO setzt Art. 75 SRL in nationales Recht um.[5] Es bestehen einige **Wortlaut-** **4** **unterschiede** zwischen den Vorschriften: Die SRL spricht beispielsweise von „so bald wie möglich" (Art. 75 Abs. 1 und 2 SRL), § 56 Abs. 1 und 2 SektVO dagegen von „unverzüglich". In § 75 Abs. 2 SRL heißt es außerdem „Auf Antrag", in § 56 Abs. 2 SektVO hingegen „auf Verlangen". Insoweit entspricht die Terminologie des § 56 SektVO übrigens der Vorgängervorschrift des Art. 75 SRL in Art. 29 SKR.

Weiter benennt Art. 75 Abs. 2 lit. a) und b) SRL die „nicht berücksichtigten" Bewerber **5** bzw. Bieter, § 56 Abs. 2 Nr. 1 und 2 SektVO bezeichnet diese als **„nicht erfolgreich".** Wo § 56 Abs. 2 Nr. 3 und 4 SektVO schlicht von „Bieter" spricht, stellt Art. 75 Abs. 2 lit. c und d SRL klar, dass nur solche Bieter erfasst werden, die ein **ordnungsgemäßes Angebot eingereicht** haben. Insoweit ist auf die Kommentierung zu § 62 VgV zu verweisen.[6]

Art. 75 Abs. 2 lit. d) SRL, der in § 56 Abs. 2 Nr. 4 SektVO umgesetzt worden ist, ist **6** auch auf EU-Ebene eine **neue Vorschrift.** Die Vorgängervorschrift von Art. 75 SRL, Art. 49 SKR,[7] beinhaltete in ihrem Abs. 2 lediglich drei Fälle.

Schließlich weicht § 56 Abs. 3 SektVO vom Wortlaut des Art. 75 Abs. 3 SRL ab, indem **7** er die Ausnahmen von der Unterrichtungspflicht über § 38 Abs. 6 SektVO **uneingeschränkt** für entsprechend anwendbar erklärt.

B. Regelungsgehalt

§ 56 SektVO ist **weitgehend identisch** mit § 62 VgV. **8**

Sowohl in § 62 Abs. 1 S. 2 VgV als auch in § 56 Abs. 1 S. 2 SektVO heißt es, dass eine **9** unverzügliche Unterrichtung auch im Hinblick auf eine Entscheidung über die **Aufhebung** eines Vergabeverfahrens oder eine Entscheidung über die **erneute Einleitung** eines Vergabeverfahrens, einschließlich der Gründe dafür, zu erfolgen hat. Hinsichtlich der Bedingung für die Unterrichtungspflicht unterscheiden sich die beiden Vorschriften jedoch. In § 56 Abs. 1 S. 2 SektVO heißt es lediglich „sofern eine Bekanntmachung veröffentlicht wurde". § 62 Abs. 1 S. 2 VgV lautet am Ende: „sofern eine Auftragsbekanntmachung oder Vorinformation veröffentlicht wurde". Dies lässt sich jedoch ganz einfach damit begründen, dass die VgV in den §§ 37, 38 Regelungen über die Auftragsbekanntmachung und die Vorinformation trifft, wohingegen die SektVO keine Vorinformation kennt (vgl. §§ 35 ff. SektVO).

Weiter konkretisiert § 56 Abs. 2 SektVO das **Formerfordernis der Textform** im Ge- **10** gensatz zu § 62 Abs. 2 VgV nicht durch Verweis auf § 126b BGB. Aufgrund der Einheit der Rechtsordnung dürfte jedoch mit Textform in beiden Fällen die Form gem. **§ 126b BGB** gemeint sein.

Zudem weicht die **Formulierung in Abs. 3** der beiden Vorschriften voneinander ab. **11** § 56 Abs. 3 SektVO erklärt § 38 Abs. 6 SektVO[8] für entsprechend anwendbar. § 62 Abs. 3 VgV verweist auf § 39 Abs. 6 VgV, der mit § 38 Abs. 6 SektVO inhaltlich identisch ist, schränkt den Verweis aber auf die in den Abs. 1 und 2 des § 62 VgV genannten Angaben

---

[4] *Müller* in Greb/Müller § 56 SektVO Rn. 4.
[5] BT-Drs. 18/7318 v. 20.1.2016 S. 246 f.
[6] → VgV § 62 Rn. 57 ff.
[7] Sektorenkoordinierungsrichtlinie 2004/17/EG.
[8] Für Einzelheiten zu § 38 Abs. 6 SektVO siehe die Kommentierung dort → § 38 Rn. 18 ff.

über die Zuschlagserteilung, den Abschluss von Rahmenvereinbarungen oder die Zulassung zu einem dynamischen Beschaffungssystem ein. Wie in der Kommentierung zu § 62 VgV hergeleitet wurde, ist § 62 Abs. 3 VgV ungeachtet der einschränkenden **Formulierung richtlinienkonform** dahin gehend auszulegen, dass die Richtlinie die Gründe des Verzichts auf eine Vergabe als Teil der Entscheidung über die Vergabe ansieht.[9] Dies gilt analog für die insoweit gleiche Formulierung des Art. 75 SRL. Indem Art. 55 Abs. 3 SRL auf Angaben über die Zuschlagserteilung, den Abschluss von Rahmenvereinbarungen oder die Zulassung zu einem dynamischen Beschaffungssystem verweist, bezieht er darin die Gründe für den Verzicht auf die Vergabe mit ein. Damit entspricht die deutsche Normierung des § 56 SektVO dem Inhalt des Art. 75 SRL besser als die Parallelvorschrift des § 62 VgV dem Art. 55 VRL. Im Ergebnis **gilt die Unterrichtungspflicht auch bei Aufhebung nicht in den Fällen des § 38 Abs. 6 SektVO.**

12   Schließlich heißt es in § 26 Abs. 1 SektVO entsprechend der Unterscheidung der §§ 99f. GWB „Auftraggeber" statt „öffentlicher Auftraggeber" wie in § 28 Abs. 1 VgV. Die SektVO gilt für **Sektorenauftraggeber** gem. § 100 GWB. Aufgrund der Inkongruenz der Begriffe wird in der SektVO folgerichtig lediglich vom „Auftraggeber" gesprochen.[10]

13   Im Übrigen sind die beiden Vorschriften jedoch **identisch,** sodass auf die Kommentierung zu § 62 VgV verwiesen werden kann.[11]

---

[9] → VgV § 62 Rn. 77f.
[10] Hierzu vertieft → GWB § 99, → GWB § 100. Vgl. auch *Prieß/Stein* NZBau 2014, 323 (324).
[11] → VgV § 62.

§ 57 Aufhebung und Einstellung des Verfahrens

Ein Vergabeverfahren kann ganz oder bei Losvergabe für einzelne Lose aufgehoben werden oder im Fall eines Verhandlungsverfahrens eingestellt werden. In diesen Fällen hat der Auftraggeber den am Vergabeverfahren beteiligten Unternehmen unverzüglich die Aufhebung oder Einstellung des Verfahrens und die Gründe hierfür sowie seine etwaige Absicht, ein neues Vergabeverfahren durchzuführen, in Textform mitzuteilen.

Übersicht

	Rn.		Rn.
A. Einführung	1	B. Regelungsgehalt	5
I. Literatur	2	1. Aufhebung und Einstellung (S. 1)	5
II. Entstehungsgeschichte	3	2. Unterrichtung der Bieter bzw. Bewerber	
III. Rechtliche Vorgaben im EU-Recht	4	(S. 2)	11

A. Einführung

§ 57 SektVO regelt die Beendigung des Vergabeverfahrens durch **Aufhebung** oder **Einstellung** von Vergabeverfahren sowie die Mitteilung an die Bewerber und Bieter darüber nebst der Gründe hierfür und über die Absicht, ein neues Vergabeverfahren durchzuführen. **1**

I. Literatur

Greb/Müller, Kommentar zum Sektorenvergaberecht, 2. Auflage 2017; *Opitz,* Was bringt die neue Sektorenvergaberichtlinie?, VergabeR 2014, 369; *Prieß/Stein,* Die neue EU-Sektorenrichtlinie, NZBau 2014, 323.[1] **2**

II. Entstehungsgeschichte

§ 57 SektVO übernimmt unverändert die Regelung des § 30 SektVO aF. Eine Anpassung an die Vorschrift des § 63 VgV, der ebenfalls die Aufhebung des Vergabeverfahrens regelt,[2] hat an dieser Stelle im Zuge der Vergaberechtsreform 2016 nicht stattgefunden. Demnach ist es dabei geblieben, dass die **SektVO keine Aufhebungsgründe im Einzelnen definiert.** Aus der Gesetzesbegründung ergibt sich hierzu lediglich, dass der Auftraggeber nach § 57 S. 1 SektVO ein **Vergabeverfahren jederzeit aufheben bzw. einstellen kann** und diese Vorschrift auf sämtliche Verfahrensarten anwendbar ist. § 57 S. 2 SektVO setzt die Vorschrift des Art. 75 Abs. 1 der SRL in nationales Recht um, soweit darin die Mitteilung über die Aufhebung sowie die Neueinleitung des Vergabeverfahrens geregelt ist.[3] **3**

III. Rechtliche Vorgaben im EU-Recht

Wie soeben dargestellt, hat bereits § 30 SektVO a. F. die in § 57 SektVO enthaltene Mitteilungspflicht geregelt. Die SektVO a. F. wurde aufgrund der SKR erlassen, die in Art. 49 bereits eine dem Art. 75 Abs. 1 SRL sehr ähnliche Vorschrift enthielt. § 57 SektVO ist folglich weniger das Ergebnis einer Umsetzung des Art. 75 Abs. 1 SRL, sondern vielmehr **4**

---

[1] Vgl. auch die Literaturhinweise zu → VgV § 63 Rn. 2.
[2] → VgV § 63.
[3] BT-Drs. 18/7318, S. 247.

der **Fortführung der SektVO a. F.** Da die nationale Rechtslage demnach bereits mit der SRL übereinstimmte, war ein darüber hinausgehender Umsetzungsakt entbehrlich.

B. Regelungsgehalt

1. Aufhebung und Einstellung (S. 1)

5 Die SektVO regelt in § 57 S. 1, dass ein Vergabeverfahren aufgehoben bzw. eingestellt werden kann. Von einer **Aufhebung** spricht man grundsätzlich bei einem offenen und nicht offenen Verfahren, von einer **Einstellung** bei einem Verhandlungsverfahren. Der Begriff „Aufhebung" dient als Oberbegriff für beides.[4]

6 Welche **Gründe** hierfür vorliegen müssen, ist **nicht geregelt.** Es folgen auch keine Aufhebungsgründe aus anderen Vorschriften der SektVO. Sowohl § 57 S. 2 SektVO als auch Art. 75 Abs. 1 SRL sprechen lediglich ganz allgemein von Gründen für die Aufhebung, die den Unternehmen bzw. den Bewerbern und Bietern mitzuteilen sind. Die Gesetzesbegründung zieht sich insoweit darauf zurück, dass die Aufhebung eines Vergabeverfahrens in Art. 75 Abs. 1 SRL zwar erwähnt wird, die SRL jedoch keine weiteren Vorgaben hinsichtlich möglicher Gründe für eine Aufhebung beinhalte; ungeachtet dessen seien die **aus dem Primärrecht und den Richtlinien folgenden allgemeinen Grundsätze zu beachten.**[5] Dieser Hinweis ist deshalb bemerkenswert, weil er – bis auf die Richtlinienbezeichnung – wortgleich ist mit der Begründung zur Parallelvorschrift des § 63 VgV, die VgV aber im Gegensatz zu § 57 SektVO detaillierte Aufhebungsgründe regelt.

7 Ein Vergabeverfahren kann demnach auch im Rahmen des § 57 SektVO nicht grundlos aufgehoben und neu eingeleitet werden, sondern es bedarf dafür **sachlicher Gründe.**[6] Wie diese Gründe genauer zu qualifizieren sind, ist anhand der allgemeinen Vergabegrundsätze und unter Berücksichtigung des EU-Rechts zu ermitteln. Damit gelten letztlich die durch die Rechtsprechung des EuGH aufgestellten Rahmenbedingungen für Aufhebungen. Sie wurden im Zuge der Kommentierung des § 63 VgV dargestellt.[7] Zusammengefasst ist der **Auftraggeber nicht verpflichtet, ein begonnenes Vergabeverfahren zu Ende zu führen.**[8] Die Befugnis, auf die Vergabe zu verzichten, ist **weder auf Ausnahmefälle begrenzt, noch muss sie auf schwerwiegende Gründe gestützt werden.**[9] Auch **selbstverschuldete** Aufhebungsgründe[10] und **Zweckmäßigkeitserwägungen** können nach Ansicht des EuGH ausreichen, um ein Vergabeverfahren aufzuheben.[11]

8 Als Hilfen zur weiteren Konkretisierung der EuGH-Rechtsprechung wird man die im deutschen Recht normierten und durch die nationale Rechtsprechung ausgeformten **Aufhebungsgründe heranziehen** können. § 63 VgV und § 32 KonzVgV formulieren identische und § 17 EU VOB/A diesen ähnliche Aufhebungsgründe. Einem direkten Rückgriff auf die Kataloge dieser Normen steht jedoch die Spezialität der SektVO entgegen. Zwar dürfte es angesichts der offenen Formulierung in § 57 SektVO nicht in Betracht kommen, die in den anderen Verfahrensordnungen genauer definierten Gründe zu fordern. Schließlich ist auch nach diesen Verfahrensordnungen eine Aufhebung aus anderen Gründen grundsätzlich möglich.[12] Kann der Auftraggeber einen Aufhebungsgrund vorweisen, der

---

[4] *Dietrich* in Greb/Müller § 57 Rn. 5.
[5] BT-Drs. 18/7318 v. 20.1.2016, S. 247.
[6] *Dietrich* in Greb/Müller § 57 SektVO Rn. 11.
[7] → VgV § 63 Rn. 16 ff.
[8] EuGH 18.6.2002 C-92/00 Rn. 41 EuZW 2002, 497.
[9] EuGH 16.9.1999 C-27/98 „Fracasso und Leitschutz" Rn. 23, 25, NZBau 2000, 153.
[10] Vgl. EuGH 16.10.2003 – Rs. C-244/02 Rn. 36, IBRRS 2004, 1227.
[11] EuGH 11.12.2014 – Rs. C-440/13, VergabeR 2015, 416.
[12] → VgV § 63 Rn. 14 ff.

diesen Vorgaben genügt, spricht aber viel dafür, dass eine Aufhebung vorliegt, die den aus dem Primärrecht und den Richtlinien folgenden allgemeinen Grundsätzen genügt.[13] Jedoch ist es auch außerhalb dieser in den anderen Verfahrensordnungen normierten Aufhebungsgründe denkbar, dass eine gemeinschaftsrechtskonforme Aufhebung anzunehmen ist. Nähere Leitlinien hierzu wird die Rechtsprechung aufstellen müssen. Jedenfalls eine **willkürliche Aufhebung ist nicht mehr als rechtmäßig anzusehen;** zudem sind der **Transparenz- und Gleichbehandlungsgrundsatz** zu beachten.[14]

Im Ergebnis gelten weit **weniger strenge Anforderungen** an eine Aufhebung des **9** Vergabeverfahrens im Sektorenbereich als an Aufhebungen in den anderen Verfahrensordnungen.[15]

Im Übrigen gilt die Kommentierung zu **§ 63 VgV.**[16] **10**

2. Unterrichtung der Bieter bzw. Bewerber (S. 2)

§ 57 SektVO sieht wie § 63 VgV eine **Unterrichtungspflicht in Textform** vor. Inso- **11** weit kann auf die Kommentierung zu § 63 VgV verwiesen werden.[17]

Entsprechend der Unterscheidung der verschiedenen Auftraggeber in den §§ 99 f. GWB **12** spricht § 57 S. 2 SektVO vom „Auftraggeber" statt vom „öffentlichen Auftraggeber" wie § 63 VgV. Die SektVO gilt für **Sektorenauftraggeber** gem. § 100 GWB. Aufgrund der Inkongruenz der Begriffe wird in der SektVO folgerichtig lediglich vom „Auftraggeber" gesprochen.[18]

---

[13] So auch *Dietrich* in Greb/Müller § 57 SektVO Rn. 12; *Ruhland* in Pünder/Schellenberg, § 30 Rn. 4 mwN.

[14] VK Sachsen 5.6.2012 – 1/SVK/012-12, BeckRS 2013, 8594.

[15] Ebenso *Wichmann* in Eschenbruch/Opitz § 30 Rn. 30.

[16] → VgV § 63 Rn. 58 ff.

[17] → VgV § 63.

[18] Hierzu vertieft → GWB § 99, → GWB § 100. Vgl. auch *Prieß/Stein* NZBau 2014, 323 (324).

Abschnitt 3. Besondere Vorschriften für die Beschaffung energieverbrauchsrelevanter Leistungen und von Straßenfahrzeugen

§ 58 Beschaffung energieverbrauchsrelevanter Leistungen

(1) Mit der Leistungsbeschreibung sind im Rahmen der technischen Spezifikationen von den Bietern Angaben zum Energieverbrauch von technischen Geräten und Ausrüstungen zu fordern. Bei Bauleistungen sind diese Angaben dann zu fordern, wenn die Lieferung von technischen Geräten und Ausrüstungen Bestandteil dieser Bauleistungen sind. Dabei ist in geeigneten Fällen eine Analyse minimierter Lebenszykluskosten oder eine vergleichbare Methode zur Gewährleistung der Wirtschaftlichkeit vom Bieter zu fordern.

(2) Bei technischen Geräten und Ausrüstungen kann deren Energieverbrauch bei der Entscheidung über den Zuschlag berücksichtigt werden, bei Bauleistungen jedoch nur dann, wenn die Lieferung der technischen Geräte oder Ausrüstungen ein wesentlicher Bestandteil der Bauleistung ist.

Übersicht

	Rn.		Rn.
A. Einführung	1	C. Anwendungsbereich und Regelungsinhalt	8
I. Literatur	1	I. Abs. 1: Leistungsbeschreibung	8
II. Entstehungsgeschichte	2	1. S. 1: Liefer- und Dienstleistungsaufträge	10
III. Rechtliche Vorgaben im EU-Recht	3	2. S. 2: Bauleistungen	16
B. Allgemeines	4	3. S. 3: Analyse minimierter Lebenszykluskosten	17
I. Überblick und Normenkontext	4	II. Informationen und Kontrolle	18
II. Bieterschützender Charakter	7	III. Abs. 2: Energieverbrauch als Zuschlagskriterium	19

A. Einführung

I. Literatur

1 *Haak,* Vergaberecht in der Energiewende – Teil I, Energieeffiziente Beschaffung und Ausschreibungsmodelle nach dem EEG 2014, NZBau 2015, 11; *Krohn,* Leistungsbeschreibung, in Gabriel/Krohn/Neun (Hrsg.) Handbuch des Vergaberechts, 2. Aufl. 2017, § 19; *Zeiss,* Energieeffizienz in der Beschaffungspraxis, NZBau 2012, 201; *Zeiss,* Weniger Energieverbrauch! – Beschaffung energieeffizienter Geräte und Ausrüstung, NZBau 2011, 658.

II. Entstehungsgeschichte

2 § 58 SektVO steht in engem Zusammenhang mit den (Neu-)Regelungen in Bezug auf die Berücksichtigung von Umweltaspekten bei der Beschaffung[1] in § 97 Abs. 3, § 142 iVm § 127 Abs. 1 S. 3, § 128 Abs. 2 S. 3 GWB, § 28 Abs. 3, § 52 Abs. 2 SektVO und konkretisiert diese bereichsspezifisch. Der Regelungsgehalt von § 58 SektVO entspricht demjenigen von § 7 Abs. 4, § 29 Abs. 2 S. 3 SektVO (2009).

---

[1] Allgemein dazu auf Grundlage des neuen Rechts *Burgi* NZBau 2015, 597; *Funk/Tomerius* KommJur 2016, 1 (47 ff.).

III. Rechtliche Vorgaben im EU-Recht

Die Vorschrift soll Art. 6 Abs. 1 Richtlinie 2012/27/EU des Europäischen Parlaments **3** und des Rates vom 25.10.2012 zur Energieeffizienz, zur Änderung der Richtlinien 2009/125/EG und 2010/30/EU und zur Aufhebung der Richtlinien 2004/8/EG und 2006/32/EG (ABl. 2012 L 315, 1) in nationales Recht umsetzen;[2] allerdings bezieht sich diese Bestimmung ausschließlich auf Beschaffungen der „Zentralregierungen", die nicht als Sektorenauftraggeber zu qualifizieren sind, so dass § 58 SektVO über die europarechtlichen Anforderungen hinausgeht.

B. Allgemeines

I. Überblick und Normenkontext

§ 58 SektVO regelt die Beschaffung energieverbrauchsrelevanter Leistungen durch Sek- **4** torenauftraggeber, wobei zwischen Bauleistungen und – ungeachtet einer fehlenden expliziten Differenzierung – Liefer- und Dienstleistungen unterschieden wird.

Gegenüber § 59 SektVO tritt § 58 SektVO im Hinblick auf die Beschaffung von Stra- **5** ßenfahrzeugen als allgemeinere Vorschrift zurück.[3] Gleiches gilt vor dem Hintergrund von Art. 1 Abs. 3 lit. b RL 2010/20/EU („Verkehrsmittel zur Personen- oder Güterbeförderung") nach hier vertretener Auffassung für die Bestellung von damit durchzuführenden Verkehrsdienstleistungen,[4] nicht aber für sonstige Leistungen, die zwar unter Verwendung von Fahrzeugen durchgeführt werden, diese aber die Leistung nicht prägen.[5]

Eine Parallelregelung zu § 58 SektVO besteht nicht. § 67 VgV und § 8c EU VOB/A **6** sind anspruchsvoller ausgestaltet. KonzVgV, VSVgV und UVgO thematisieren den Energieverbrauch bei Beschaffungen nicht.

II. Bieterschützender Charakter

Die Frage, ob § 58 SektVO bieterschützend iSv § 97 Abs. 6 GWB ist, ist ebenso wie **7** bei § 67 VgV unklar und in gleicher Weise zu beantworten.[6] Während § 58 Abs. 1 SektVO als energieeffizienzrechtliche Regelung nicht drittschützend ist, bezieht sich § 58 Abs. 2 SektVO auf das Vergabeverfahren und vermittelt daher Drittschutz.[7]

C. Anwendungsbereich und Regelungsinhalt

I. Abs. 1: Leistungsbeschreibung

Für energieverbrauchsrelevante Leistungen ergänzt § 58 Abs. 1 SektVO die allgemeinen **8** Anforderungen an die Leistungsbeschreibung nach § 142 iVm § 121 GWB, § 28 SektVO

---

[2] BR-Drs. 87/16, 274.

[3] *Hertwig/Slawinski* in Dreher/Motzke BeckVOB/A § 7 Rn. 30; parallel *Fandrey* in KKMPP VgV § 67 Rn. 7.

[4] Vgl. OLG Celle Beschl. v. 24.2.2015 – 13 Verg 1/15; *Greb* in Ziekow VergR § 4 VgV Rn. 23; aA *Hertwig/Slawinski* in Dreher/Motzke BeckVOB/A § 7 Rn. 30; *Zeiss* NZBau 2012, 201 (202, 204); *Haak* NZBau 2015, 11 (15).

[5] Vgl. Vergabekammer bei der Bezirksregierung Münster Beschl. v. 3.2.2015 – VK 1-1/15.

[6] Dazu → VgV § 67 Rn. 6.

[7] Überzeugend *Zeiss* NZBau 2012, 201 (204 f.).

dahingehend, dass im Rahmen der technischen Spezifikationen iSv Nr. 1 Anlage 1 zur SektVO von den Bietern Angaben zum Energieverbrauch von technischen Geräten und Ausrüstungen zu fordern sind; für Bauleistungen wird dies näher spezifiziert. Zudem enthält die Vorschrift eine Grundlage für die Erlangung energieeffizienzbezogener Erkenntnisse hinsichtlich der angebotenen Produkte.

9   Eine Sperrwirkung gegenüber einer Aufnahme weitergehender energieeffizienzbezogener Anforderungen in die Leistungsbeschreibung entfaltet § 58 Abs. 1 SektVO nicht.[8] Den Maßstab für derartige Anforderungen bilden die allgemeinen Bestimmungen über die Leistungsbeschreibung, insbesondere im Hinblick auf die Zulässigkeit ökologischer Aspekte.

1. S. 1: Liefer- und Dienstleistungsaufträge

10   § 58 Abs. 1 S. 1 SektVO unterscheidet nicht zwischen verschiedenen Auftragsarten. Systematisch ergibt sich aber im Hinblick auf den nachfolgenden Satz, der spezifisch auf Bauleistungen bezogen ist, dass die Vorschrift nur für sonstige Leistungen gelten kann.

11   Der Anwendungsbereich der Vorschrift bezieht sich dabei unproblematisch auf Lieferaufträge iSv § 103 Abs. 2 GWB, deren Gegenstand technische Geräte oder Ausrüstungen sind. Anders als in § 67 Abs. 1 VgV fehlt es im Normtext an einer zusätzlichen Bezugnahme auf energieverbrauchsrelevante Waren bzw. Produkte iSv § 2 EVPG. Im Hinblick darauf, dass § 67 VgV und § 58 SektVO parallel vom Verordnungsgeber in der Vergaberechtsmodernisierungsverordnung geschaffen wurden, kann unter Berücksichtigung des differenzierenden Regelungskonzepts nicht davon ausgegangen werden, dass es sich dabei um ein Redaktionsversehen handelt. Dies gilt umso mehr, als § 58 Abs. 1 SektVO explizit nur auf den Energieverbrauch abstellt, Einsparwirkungen jedoch nicht anspricht. Eine Gleichsetzung der Begriffe technische Geräte und Ausrüstungen mit dem weiteren Begriff des energieverbrauchsrelevanten Produkts[9] verbietet sich daher.[10] Als technisches Gerät iSv § 58 Abs. 1 SektVO ist jeder Gegenstand anzusehen, der seine bestimmungsgemäße Funktion unter Verbrauch von Energie erfüllt und dabei eine gegenständliche Eigenständigkeit bewahrt (z.B. Computer). Letztere fehlt den daneben genannten Ausrüstungen, die sich durch ihre dienende Funktion im Rahmen eines Gesamtzusammenhangs auszeichnen (z.B. Sensoren). Im Hinblick auf die Formulierung der Norm sowie ihres Zwecks bezieht sich das vor den Geräten stehende Attribut ebenfalls auf Ausrüstungen, so dass es sich bei diesen um technische und damit energieverbrauchende Ausrüstungen handeln muss.

12   § 58 Abs. 1 S. 1 SektVO gibt nicht klar zu erkennen, ob neben Lieferaufträgen auch Dienstleistungsaufträge erfasst werden. Diesbezüglich ist zu berücksichtigen, dass die Verwendung technischer Geräte und Ausrüstungen vielfach Voraussetzung für die Erbringung von Dienstleistungen ist. Anders als bei § 67 Abs. 1 VgV legt der Wortlaut des § 58 Abs. 1 S. 1 SektVO deren Einbeziehung nicht nahe und normiert auch keine Differenzierungsmaßstäbe. Dieser bedürfte es aber vor dem Hintergrund des rechtsstaatlichen Bestimmtheitsgebots im Hinblick auf die Verpflichtungswirkung des § 58 Abs. 1 S. 1 SektVO, da es keinen Anhaltspunkt dafür gibt, dass der Verordnungsgeber im Sektorenbereich strengere Anforderungen als im Anwendungsbereich des § 67 VgV etablieren und alle Dienstleistungen erfassen wollte, die unter Einsatz technischer Geräte erfolgen, wie etwa Beratungsleistungen im Hinblick auf die dabei einzusetzenden Computer. Zudem verweist die Begründung zu § 7 Abs. 4 SektVO (2009) darauf, „dass Bieter möglichst viel Spielraum haben [sollen], energieeffiziente Produkte anzubieten."[11] Eine Bezugnahme auf Dienstleistungen erfolgt dagegen nicht. Zudem grenzt auch § 58 Abs. 1 S. 2 SektVO nur Lieferun-

---

[8] Vgl. *Ruff* in Müller-Wrede SektVO § 7 Rn. 98.
[9] Dazu → VgV § 67 Rn. 8.
[10] AA *Hertwig/Slawinski* in Dreher/Motzke BeckVOB/A § 7 Rn. 23; *Rusch* in Montag/Säcker Rn. 4 ff.
[11] BR-Drs. 552/09, 44.

gen von Bauleistungen ab. Infolge dessen ist davon auszugehen, dass § 58 Abs. 1 S. 1 Sekt-VO Dienstleistungsaufträge nicht erfasst.[12]

Anders als § 67 VgV stellt § 58 Abs. 1 S. 1 SektVO keine Mindestanforderungen an die **13** Energieeffizienz zu beschaffender Lieferleistungen auf. Insbesondere besteht damit keine Pflicht[13] zur Beschaffung von Produkten mit dem höchsten Leistungsniveau in Bezug auf die Energieeffizienz oder die Forderung der höchsten Energieeffizienzklasse.[14]

Gleichwohl fordert § 58 Abs. 1 S. 1 SektVO zwingend,[15] dass bei der Beschaffung von **14** technischen Geräten und Ausrüstungen in der Leistungsbeschreibung der Energieverbrauch der angebotenen Produkte abzufragen ist. Dies gilt nach dem Wortlaut auch dann, wenn die Energieeffizienz nicht als Zuschlagskriterium nach § 58 Abs. 2 SektVO dienen soll.[16]

Hinsichtlich der Rechtsfolge entspricht der Regelungsgehalt der Vorschrift ungeachtet **15** der abweichenden Formulierung demjenigen des § 67 Abs. 3 Nr. 1 VgV.[17] Nicht vorgesehen ist allerdings die Verzichtbarkeit der Abfrage, wenn die auf dem Markt angebotenen technischen Geräte oder Ausrüstungen sich in ihrem Energieverbrauch nur geringfügig unterscheiden. Allerdings setzt eine Ausschreibung, bei der § 58 SektVO zu berücksichtigen ist, anderes als eine solche im Anwendungsbereich des § 67 VgV mangels Verpflichtung auf das höchste Leistungsniveau an Energieeffizienz keine energieeffizienzbezogene Marktanalyse voraus, so dass der Auftraggeber regelmäßig bereits keine Kenntnis darüber hat und haben kann, ob alle Produkte, die seinem Beschaffungsbedarf genügen, über eine ähnliche Energieeffizienz verfügen. Die mangels Geltung der Ausnahme intensivere Verpflichtung der Sektorenauftraggeber im Vergleich zu öffentlichen Auftraggebern widerspricht daher nur scheinbar dem Verhältnis von allgemeinem und Sektorenvergaberecht.[18] Vielmehr werden Sektorenauftraggeber durch die geringeren materiellen Anforderungen an die Beschaffung energieeffizienter Produkte deutlich entlastet und bietet die uneingeschränkte Pflicht zur Einholung über die energetischen Eigenschaften hierzu einen gewissen Ausgleich, um eine uneingeschränkt informierte Auswahlentscheidung zu ermöglichen. Damit ist zugleich die Erteilung der angeforderten Informationen zwingender Bestandteil des Angebots, das mithin ohne diese unvollständig ist und wegen § 51 Abs. 2 SektVO ausgeschlossen werden kann.

2. S. 2: Bauleistungen

In Bezug auf Bauleistungen schränkt § 58 Abs. 1 S. 2 SektVO die aus dem vorstehenden **16** Satz folgende Verpflichtung dahingehend ein, dass es Angaben hinsichtlich der Energieeffizienz von technischen Geräten und Ausrüstungen nur dann bedarf, wenn deren Lieferung Bestandteil der Bauleistung ist. Dies ist bei Produkten der Fall, die – wie die Gebäudetechnik oder Deckenlampen – mit dem Bauwerk fest verbunden werden (vgl. § 94 Abs. 2 BGB).[19] Darüber hinaus werden nach Sinn und Zweck der Norm jedoch auch Lieferungen von technischen Geräten und Ausrüstungen erfasst, die – wie etwa Schreibtischlampen – zur Verwendung im Bauwerk vorgesehen sind und zu dessen Inneneinrichtung gehören, jedoch nicht fest mit diesem verbunden sind. Zwar werden sie damit nicht physisch zu dessen „Bestandteil"; die aus § 110 Abs. 1 GWB folgende Wertung, dass Lieferleistungen

---

[12] So wohl auch *Willenbruch* in Willenbruch/Wieddekind VergR Rn. 2; aA *Rusch* in Montag/Säcker Rn. 9 ff, mit der Einschränkung, dass energieverbrauchsrelevante Gegenstände zum Einsatz kommen, die wesentlich für die Dienstleistungserbringung sind.

[13] Zur Zulässigkeit *Ruff* in Müller-Wrede SektVO § 7 Rn. 98.

[14] Wie hier wohl *Willenbruch* in Willenbruch/Wieddekind VergR Rn. 3; tendenziell aA *Müller* in Greb/Müller Rn. 11.

[15] *Rusch* in Montag/Säcker Rn. 1; *Ruff* in Müller-Wrede SektVO § 7 Rn. 98; *Wolter* in Eschenbruch/Opitz SektVO § 7 Rn. 61.

[16] Vgl. auch *Schellenberg* in Pünder/Schellenberg VergR § 7 Rn. 8.

[17] Dazu → VgV § 67 Rn. 19 f.

[18] Vgl. auch *Fett* in Willenbruch/Wieddekind Vergaberecht, 3. Aufl., § 29 Rn. 32.

[19] *Rusch* in Montag/Säcker Rn. 12; *Bernhardt* in Ziekow VergR § 7 Rn. 5; *Hertwig/Slawinski* in Dreher/Motzke BeckVOB/A, § 7 Rn. 22; *Müller* in Greb/Müller Rn. 10; *Zeiss* NZBau 2011, 658 (659).

von wirtschaftlich untergeordneter Bedeutung Gegenstand eines (gemischten) Bauauftrags iSv § 103 Abs. 3 GWB sein können, ist jedoch bei der Auslegung des § 58 Abs. 1 S. 2 SektVO zu beachten. Der Anforderung von Angaben zur Energieeffizienz bedarf es daher in allen Fällen, in denen die Lieferleistung Bestandteil eines Bauauftrags ist.[20] Nur dadurch lässt sich auch eine Lücke vermeiden, die bei einem abweichenden Verständnis in Bezug auf Lieferungen im Zusammenhang mit Bauaufträgen entstünde, da für diese wegen des Spezialitätsgrundsatzes § 58 Abs. 1 S. 1 SektVO keine Anwendung findet.

3. S. 3: Analyse minimierter Lebenszykluskosten

17   In geeigneten Fällen hat der öffentliche Auftraggeber zudem gemäß § 58 Abs. 1 S. 3 SektVO eine Analyse minimierter Lebenszykluskosten oder die Ergebnisse einer vergleichbaren Methode zur Gewährleistung der Wirtschaftlichkeit anzufordern. Dies betrifft sowohl Liefer- als auch Bauleistungen[21] und setzt ihre Zuschlagsrelevanz voraus.[22] Der Regelungsgehalt der Vorschrift entspricht demjenigen des § 67 Abs. 3 Nr. 2 VgV.[23]

II. Informationen und Kontrolle

18   Anders als § 67 VgV enthält § 58 SektVO keine Regelungen in Bezug auf die Einholung von Informationen in Bezug auf die energieeffizienzbezogenen Angaben der Bieter sowie deren Überprüfung. Unter der Voraussetzung, dass keine Wettbewerbsverzerrungen dadurch bewirkt werden können, sind jedoch auch Sektorenauftraggebern Nachfragen hinsichtlich energieeffizienzbezogener Angaben von Bietern nach den allgemeinen Regeln möglich. Auch eine Kontrolle der Einhaltung der Vorgaben ist ungeachtet einer dahingehenden Normierung stets möglich und geboten.[24]

III. Abs. 2: Energieverbrauch als Zuschlagskriterium

19   Ergänzend zu § 142 iVm § 127 GWB und § 52 SektVO bestimmt § 58 Abs. 2 SektVO, dass der Energieverbrauch bei der Angebotswertung als Zuschlagskriterium Verwendung finden kann. Dies gilt uneingeschränkt bei der Lieferung von technischen Geräten und Ausrüstungen, bei Bauleistungen in Bezug auf damit verbundene derartige Lieferungen[25] jedoch nur,[26] wenn diese ein wesentlicher Bestandteil der Bauleistung, mithin des (gemischten) Bauauftrags[27] sind. Hinsichtlich der Wesentlichkeit[28] gilt nichts anderes als bei § 67 Abs. 1 VgV, so dass ein Anteil von mindestens 15 % am gesamten Auftragswert gegeben sein muss.[29] Davon unberührt bleibt die Befugnis des Auftraggebers, Anforderungen an den Energieverbrauch eines zu errichtenden Gebäudes insgesamt aufzustellen.[30]

20   Anders als § 67 Abs. 5 VgV stellt § 58 Abs. 2 SektVO nicht auf die Energieeffizienz, sondern auf den Energieverbrauch als Zuschlagskriterium ab. Abweichungen in der Sache

---

[20] Für ein nicht auf § 94 BGB abstellendes Verständnis auch *Krohn* in Gabriel/Krohn/Neun HdB VergR § 19 Rn. 103, die jedoch auf die Ausführung der Bauleistung abstellen.
[21] *Wirner* in Willenbruch/Wieddekind VergR, 3. Aufl., § 7 Rn. 11.
[22] Vgl. *Bernhardt* in Ziekow VergR § 7 Rn. 5.
[23] → VgV § 67 Rn. 21.
[24] Vgl. EuGH Urt. v. 4.12.2003 – C-448/01, Slg. 2003, I-14527 Rn. 50 ff. – Wienstrom.
[25] *Von Wietersheim* in Müller-Wrede SektVO § 29 Rn. 49, verweist zutreffend darauf, dass diese nicht die bei der Erstellung der Bauleistung zu verwendenden Geräte erfassen.
[26] Einen Widerspruch zum heutigen § 53 Abs. 2 SektVO sieht darin *Opitz* VergabeR 2009, 689 (699).
[27] → Rn. 16.
[28] Abweichend für ein Verständnis iSv § 94 Abs. 2 BGB *Rusch* in Montag/Säcker Rn. 17.
[29] Dazu → VgV § 67 Rn. 10.
[30] *Von Wietersheim* in Müller-Wrede SektVO § 29 Rn. 49.

ergeben sich hieraus jedoch nicht, da der Energieverbrauch eines technischen Gerätes wesentlich von seiner Energieeffizienz bestimmt wird und sich letztlich in den Betriebskosten niederschlägt.[31]

Nach dem Wortlaut von § 58 Abs. 2 SektVO kommt dem Auftraggeber ein Ermessen **21** hinsichtlich der Verwendung des Energieverbrauchs als Zuschlagskriterium zu. Entgegen einer in der Literatur unter einem insoweit nicht zielführenden Hinweis auf das Europarecht vertretenen Auffassung[32] begründet die Norm nach der zutreffenden herrschenden Auffassung keine diesbezügliche Verpflichtung.[33]

Soweit der Energieverbrauch bei der Zuschlagerteilung berücksichtigt werden soll, ist **22** die Gewichtung im Verhältnis zu Preis und anderen zulässigen Wertungskriterien in der Bewertungsmatrix vom Auftraggeber einzelfallspezifisch festzulegen. In Betracht kommt dabei auch eine Berücksichtigung im Rahmen der Lebenszykluskosten.[34] Anders als § 67 Abs. 5 VgV, wonach eine „angemessene" Berücksichtigung erfolgen muss, enthält § 58 Abs. 2 SektVO auch keine Verpflichtung hinsichtlich der Bedeutung des Kriteriums. Der Auftraggeber ist daher diesbezüglich frei.[35] Entsprechend den allgemeinen Regeln sind allein die Transparenz und eindeutige Handhabbarkeit des energieverbrauchsbezogenen Teilkriteriums sicherzustellen, etwa durch Vorgaben in Bezug auf Laufzeiten und angenommene Energiepreise.[36]

---

[31] *Herrmann* in Ziekow VergR § 29 Rn. 3.

[32] *Zeiss* NZBau 2011, 658 (661 f.).

[33] *Rusch* in Montag/Säcker Rn. 16; *Hertwig/Slawinski* in Dreher/Motzke BeckVOB/A § 29 Rn. 20; *Herrmann* in Ziekow VergR § 29 Rn. 3.

[34] *Fandrey* in KKMPP VgV § 67 Rn. 20.

[35] *Zeiss* NZBau 2011, 658 (662).

[36] *Von Wietersheim* in Müller-Wrede SektVO § 29 Rn. 47; vgl. auch *Müller* in Greb/Müller Rn. 15.

§ 59 Beschaffung von Straßenfahrzeugen

(1) Der Auftraggeber muss bei der Beschaffung von Straßenfahrzeugen Energieverbrauch und Umweltauswirkungen berücksichtigen. Zumindest müssen folgende Faktoren, jeweils bezogen auf die Gesamtkilometerleistung des Straßenfahrzeugs im Sinne der Tabelle 3 der Anlage 2, berücksichtigt werden:

1. Energieverbrauch,
2. Kohlendioxid-Emissionen,
3. Emissionen von Stickoxiden,
4. Emissionen von Nichtmethan-Kohlenwasserstoffen und
5. partikelförmige Abgasbestandteile.

(2) Der Auftraggeber erfüllt die Verpflichtung, indem er

1. Vorgaben zu Energieverbrauch und Umweltauswirkungen in der Leistungsbeschreibung oder in den technischen Spezifikationen macht oder
2. den Energieverbrauch und die Umweltauswirkungen von Straßenfahrzeugen als Zuschlagskriterien berücksichtigt.

Sollen der Energieverbrauch und die Umweltauswirkungen von Straßenfahrzeugen finanziell bewertet werden, ist die in Anlage 3 definierte Methode anzuwenden. Soweit die Angaben in Anlage 2 dem Auftraggeber einen Spielraum bei der Beurteilung des Energiegehaltes oder der Emissionskosten einräumen, nutzt er diesen Spielraum entsprechend den lokalen Bedingungen am Einsatzort des Fahrzeugs.

Anlage 2 (zu § 59)

Daten zur Berechnung der über die Lebensdauer von Straßenfahrzeugen anfallenden externen Kosten

(BGBl. I 2016, 681)

Tabelle 1 Energiegehalt von Kraftstoffen

Kraftstoff	Energiegehalt in Megajoule (MJ)/Liter bzw. Megajoule (MJ)/Normkubikmeter (Nm³)
Dieselkraftstoff	36 MJ/Liter
Ottokraftstoff	32 MJ/Liter
Erdgas	33–38 MJ/Nm³
Flüssiggas (LPG)	24 MJ/Liter
Ethanol	21 MJ/Liter
Biodiesel	33 MJ/Liter
Emulsionskraftstoff	32 MJ/Liter
Wasserstoff	11 MJ/Nm³

Tabelle 2 Emissionskosten im Straßenverkehr (Preise von 2007)

Kohlendioxid (CO_2)	Stickoxide (NO_x)	Nichtmethan-Kohlenwasserstoffe	Partikelförmige Abgasbestandteile
0,03–0,04 EUR/kg	0,0044 EUR/g	0,001 EUR/g	0,087 EUR/g

Knauff

Tabelle 3 Gesamtkilometerleistung von Straßenfahrzeugen

Fahrzeugklasse (Kategorien M und N gemäß der Richtlinie 2007/46/EG)	Gesamtkilometerleistung
Personenkraftwagen (M_1)	200.000 km
Leichte Nutzfahrzeuge (N_1)	250.000 km
Schwere Nutzfahrzeuge (N_2, N_3)	1.000.000 km
Busse (M_2, M_3)	800.000 km

Anlage 3 (zu § 59 Absatz 2)

Methode zur Berechnung der über die Lebensdauer von Straßenfahrzeugen anfallenden Betriebskosten

(BGBl. I 2016, 682)

1. Für die Zwecke von § 59 werden die über die Lebensdauer eines Straßenfahrzeugs durch dessen Betrieb verursachten Energieverbrauchs- und Emissionskosten (Betriebskosten) nach der im Folgenden beschriebenen Methode finanziell bewertet und berechnet:

   a) Die Energieverbrauchskosten, die für den Betrieb eines Straßenfahrzeugs über dessen Lebensdauer anfallen, werden wie folgt berechnet:

      aa) Der Kraftstoffverbrauch je Kilometer eines Straßenfahrzeugs gemäß Nummer 2 wird in Energieverbrauch je Kilometer (Megajoule/Kilometer, MJ/km) gerechnet. Soweit der Kraftstoffverbrauch in anderen Einheiten angegeben ist, wird er nach den Umrechnungsfaktoren in Tabelle 1 der Anlage 2 in MJ/km umgerechnet.

      bb) Je Energieeinheit muss im Rahmen der Angebotswertung ein finanzieller Wert festgesetzt werden (EUR/MJ). Dieser finanzielle Wert wird nach einem Vergleich der Kosten je Energieeinheit von Ottokraftstoff oder Dieselkraftstoff vor Steuern bestimmt. Der jeweils günstigere Kraftstoff bestimmt den in der Angebotswertung zu berücksichtigenden finanziellen Wert je Energieeinheit (EUR/MJ).

      cc) Zur Berechnung der Energieverbrauchskosten, die für den Betrieb eines Straßenfahrzeugs über dessen Lebensdauer anfallen, werden die Gesamtkilometerleistung gemäß Nummer 3 (gegebenenfalls unter Berücksichtigung der bereits erbrachten Kilometerleistung), der Energieverbrauch je Kilometer (MJ/km) gemäß Doppelbuchstabe aa und die Kosten in Euro je Energieeinheit (EUR/MJ) gemäß Doppelbuchstabe bb miteinander multipliziert.

   b) Zur Berechnung der Kohlendioxid-Emissionen, die für den Betrieb eines Straßenfahrzeugs über dessen Lebensdauer anfallen, werden die Gesamtkilometerleistung gemäß Nummer 3 (gegebenenfalls unter Berücksichtigung der bereits erbrachten Kilometerleistung), die Kohlendioxid-Emissionen in Kilogramm je Kilometer (kg/km) gemäß Nummer 2 und die Emissionskosten je Kilogramm (EUR/kg) gemäß Tabelle 2 der Anlage 2 miteinander multipliziert.

   c) Zur Berechnung der in Tabelle 2 der Anlage 2 aufgeführten Kosten für Schadstoffemissionen, die für den Betrieb eines Straßenfahrzeugs über dessen Lebensdauer anfallen, werden die Kosten für Emissionen von Stickoxiden, Nichtmethan-Kohlenwasserstoffen und partikelförmigen Abgasbestandteilen addiert. Zur Berechnung der über die Lebensdauer anfallenden Kosten für jeden einzelnen Schadstoff werden die Gesamtkilometerleistung gemäß Nummer 3 (gegebenenfalls unter Berücksichtigung der bereits erbrachten Kilometerleistung), die Emissionen in Gramm je Kilometer (g/km) gemäß Nummer 2 und die jeweiligen Kosten je Gramm (EUR/g) miteinander multipliziert.

d) Auftraggeber dürfen bei der Berechnung der Emissionskosten nach den Buchstaben b und c höhere Werte zugrunde legen als diejenigen, die in Tabelle 2 der Anlage 2 angegeben sind, sofern die Werte in Tabelle 2 der Anlage 2 um nicht mehr als das Doppelte überschritten werden.

2. Die Werte für den Kraftstoffverbrauch je Kilometer sowie für Kohlendioxid-Emissionen und Schadstoffemissionen je Kilometer basieren auf den genormten gemeinschaftlichen Testverfahren der Gemeinschaftsvorschriften über die Typgenehmigung. Für Straßenfahrzeuge, für die keine genormten gemeinschaftlichen Testverfahren bestehen, werden zur Gewährleistung der Vergleichbarkeit verschiedener Angebote allgemein anerkannte Testverfahren, die Ergebnisse von Prüfungen, die für den Auftraggeber durchgeführt wurden, oder die Angaben des Herstellers herangezogen.

3. Die Gesamtkilometerleistung eines Fahrzeugs ist der Tabelle 3 der Anlage 2 zu entnehmen.

Übersicht

	Rn.		Rn.
A. Einführung	1	**C. Die einzelnen Anforderungen an die Beschaffung von Straßenfahrzeugen**	6
I. Literatur	1		
II. Entstehungsgeschichte	2	I. Abs. 1: Verpflichtung zur Berücksichtigung von Umweltauswirkungen bei der Fahrzeugbeschaffung	6
III. Rechtliche Vorgaben im EU- Recht	3		
B. Überblick, Normkontext, Bieterschutz	4	II. Abs. 2: Durchführungsvorgaben	8

A. Einführung

I. Literatur

1 → Siehe Angaben bei § 68 VgV.

II. Entstehungsgeschichte

2 § 59 SektVO steht in engem Zusammenhang mit den (Neu-)Regelungen in Bezug auf die Berücksichtigung von Umweltaspekten bei der Beschaffung[1] in § 97 Abs. 3, § 142 iVm § 127 Abs. 1 S. 4, § 128 Abs. 2 S. 3 GWB, § 28 Abs. 3 S. 1, § 52 Abs. 2 SektVO und konkretisiert diese bereichsspezifisch. Der Regelungsgehalt von § 59 SektVO entspricht inhaltlich demjenigen von § 7 Abs. 5 und 6, § 29 Abs. 2 S. 3 ff. SektVO[2] in der Fassung der Verordnung zur Änderung der Vergabeverordnung sowie der Sektorenverordnung.[3]

III. Rechtliche Vorgaben im EU–Recht

3 Die Vorschrift setzt die Richtlinie 2009/33/EG des Europäischen Parlaments und des Rates vom 23.4.2009 über die Förderung sauberer und energieeffizienter Straßenfahrzeuge (ABl. 2009 L 120, 5) in nationales Recht um.

---

[1] Allgemein dazu auf Grundlage des neuen Rechts *Burgi* NZBau 2015, 597; *Funk/Tomerius* KommJur 2016, 1 (47 ff.).
[2] BR–Drs. 87/16, 274.
[3] BGBl. 2011 I 800.

B. Überblick, Normkontext, Bieterschutz

§ 59 SektVO regelt die Beschaffung von Straßenfahrzeugen durch Sektorenauftraggeber. **4** Gegenüber § 58 SektVO geht § 59 SektVO als speziellere Vorschrift vor.[4] Eine **Parallel-regelung** zu § 59 SektVO enthält § 68 VgV. Die dort in Abs. 4 vorgesehene Ausnahme für Einsatzfahrzeuge enthält § 59 SektVO nicht, da Sektorenauftraggeber keine diese begründenden hoheitlichen Aufgaben wahrnehmen.

§ 59 SektVO ist ebenso wie § 68 VgV **bieterschützend** iSv § 97 Abs. 6 GWB.[5] **5**

C. Die einzelnen Anforderungen an die Beschaffung von Straßenfahrzeugen

I. Abs. 1: Verpflichtung zur Berücksichtigung von Umweltauswirkungen bei der Fahrzeugbeschaffung

§ 59 Abs. 1 VgV statuiert eine uneingeschränkte **Verpflichtung** von Sektorenauftrag- **6** gebern zur Berücksichtigung von Energieverbrauch und Umweltauswirkungen bei der Beschaffung von Straßenfahrzeugen, die im Zusammenhang mit einer Sektorentätigkeit steht,[6] und konkretisiert diese im Hinblick auf einige Faktoren näher. Das Leistungsbestimmungsrecht des Auftraggebers wird hierdurch beschränkt.[7]

Die Vorschrift ist **inhaltsgleich mit § 68 Abs. 1 VgV** und unterscheidet sich allein **7** durch den abweichenden Adressatenkreis. Hinsichtlich des Regelungsgehalts wird daher auf die diesbezügliche Kommentierung verwiesen.[8]

II. Abs. 2: Durchführungsvorgaben

Die Realisierung der aus § 59 Abs. 1 SektVO folgenden Verpflichtungen ist Gegenstand **8** der Vorgaben in Abs. 2 der Vorschrift. Die Regelungen betreffen sowohl die verfahrensrechtliche Verankerung als auch die anzulegenden Bewertungsmaßstäbe und entsprechen § 68 Abs. 2 und 3 VgV.

§ 59 Abs. 2 S. 1 VgV normiert die verfahrensrechtlichen Anknüpfungspunkte für eine **9** Berücksichtigung des Energieverbrauchs und der Umweltauswirkungen bei der Beschaffung von Straßenfahrzeugen. Entsprechende Vorgaben können danach entweder in der Leistungsbeschreibung oder in den technischen Spezifikationen enthalten sein (Nr. 1) oder als Zuschlagskriterien berücksichtigt werden (Nr. 2). Eine Abweichung zu § 68 Abs. 2 VgV besteht nach dem Wortlaut insoweit, als Nr. 1 zusätzlich zur Leistungsbeschreibung (§ 28 SektVO) auf die technischen Spezifikationen (Nr. 1 Anlage 1 zur SektVO) verweist. Da diese allerdings Bestandteil der Leistungsbeschreibung sind, folgt hieraus kein sachlicher Unterschied. Hinsichtlich des Regelungsgehalts wird daher auf die diesbezügliche Kommentierung verwiesen.[9]

Für den Fall, dass Energieverbrauch und Umweltauswirkungen von Straßenfahrzeugen **10** im Rahmen der Zuschlagskriterien finanziell bewertet werden sollen, gibt § 59 Abs. 2 S. 2 und 3 SektVO iVm den Anlagen 2 und 3 eine Berechnungsmethode vor. Diese entspricht der in § 68 Abs. 3 VgV vorgesehenen, so dass auch insoweit auf die diesbezügliche Kommentierung verwiesen werden kann.[10]

---

[4] Siehe nur *Rusch* in Montag/Säcker Rn. 1.
[5] Näher → VgV § 68 Rn. 6.
[6] *Müller* in Greb/Müller Rn. 6.
[7] *Rusch* in Montag/Säcker Rn. 1.
[8] → VgV § 68 Rn. 7 ff.
[9] → VgV § 68 Rn. 14 ff.
[10] → VgV § 68 Rn. 22 ff.

Abschnitt 4. Planungswettbewerbe

§ 60 Anwendungsbereich

(1) **Wettbewerbe nach § 103 Absatz 6 des Gesetzes gegen Wettbewerbsbeschränkungen werden insbesondere auf den Gebieten der Raumplanung, des Städtebaus und des Bauwesens oder der Datenverarbeitung durchgeführt (Planungswettbewerbe).**

(2) **Bei der Durchführung eines Planungswettbewerbs wendet der Auftraggeber die §§ 5, 6, 50 und die Vorschriften dieses Abschnitts an.**

Übersicht

	Rdn.		Rdn.
A. Einführung	1	2. Realisierungswettbewerbe	21
I. Literatur		3. Ideenwettbewerbe	22
II. Entstehungsgeschichte	2	II. Integrierte Planungswettbewerbe	23
III. Rechtliche Vorgaben im EU-Recht	8	III. Schwellenwerte	26
B. Vergleich zur VgV	15	D. Anzuwendende Vorschriften	27
C. Anwendungsbereich	16	1. Vergaberechtliche Vorschriften	27
I. Planungswettbewerbe	17	2. Zivilrechtliche Vorschriften	31
1. Definition	17	3. Durchführungsregeln	32

A. Einführung

I. Literatur

1 *Greb/Müller,* Kommentar zum Sektorenvergaberecht, 2. Aufl., Köln 2017; *Willenbruch/Wieddekind,* Vergaberecht, 4. Aufl., Köln 2017; *Dierks-Oppler,* Wettbewerbe für Architekten und Ingenieure, 1. Aufl., Köln 2013; *Eschenbruch/Opitz* SektVO 1. Aufl., München 2012; *Müller-Wrede,* Der Architektenwettbewerb, 1. Aufl., Köln 2012; *Voppel/Osenbrück/Bubert,* VOF, 3. Aufl., München 2012.

II. Entstehungsgeschichte

2   Die §§ 60 ff. SektVO nebst den dort in Bezug genommenen Vorschriften (§§ 5, 6 und 50 SektVO) enthalten die Verfahrensregelungen zur Durchführung von Planungswettbewerben. Vor der Vergaberechtsreform 2016 waren diese Regelungen in einer Norm, nämlich in § 11 SektVO a. F. zusammengefasst. Diese Regelungen werden in den §§ 60 ff. SektVO inhaltlich vollständig übernommen und in Teilen ergänzt. Durch die Aufteilung auf vier Paragrafen, nämlich die §§ 61–63 SektVO, wird die Regelungsstruktur allerdings geändert.

3   Die Regelungen zu Planungswettbewerben beginnen mit einer Legaldefinition des Planungswettbewerbs in § 60 Abs. 1 SektVO. Planungswettbewerbe sind danach Wettbewerbe im Sinne von § 103 Abs. 6 GWB, die insbesondere auf den Gebieten der Raumplanung, des Städtebaus und des Bauwesens oder der Datenverarbeitung durchgeführt werden. Wettbewerbe im Sinne des § 103 Abs. 6 GWB sind Auslobungsverfahren, die dem Auftraggeber aufgrund vergleichender Beurteilung durch ein Preisgericht mit oder ohne Verteilung von Preisen zu einem Plan oder einer Planung verhelfen sollen. Die Legaldefinition des § 60 Abs. 1 SektVO setzt sich somit zusammen aus dem Verweis auf die Definition des Wettbewerbs in § 103 Abs. 6 GWB sowie einer Aufzählung praktischer Anwendungsfälle für Wettbewerbe. Die Begriffsbestimmung erfolgte vor der Vergaberechtsreform 2016 über

§ 11 Abs. 1 SektVO a. F. Dort war nicht von Planungswettbewerben, sondern von (allgemeinen) Wettbewerben die Rede. Dies ging zurück auf die begriffliche Differenzierung in der VOF 2006 zwischen allgemeinen Wettbewerben, die schlicht als „Wettbewerbe" bezeichnet wurden, und Wettbewerben für Architekten- und Ingenieurleistungen, die als „Planungswettbewerbe" definiert wurden. Weil die SektVO a. F. (anders als die VOF) keine speziellen Regelungen für Wettbewerbe für Architekten- und Ingenieurleistungen enthielt, wurde nur die Formulierung „Wettbewerbe" verwendet. Diese Differenzierung wurde mit der Vergaberechtsreform 2016 in der VgV, in der die VOF aufgegangen ist, aufgegeben. In der VgV wird nicht mehr zwischen „Wettbewerben" und „Planungswettbewerben" unterschieden. Sowohl die allgemeinen Wettbewerbe, als auch die Wettbewerbe für Architekten- und Ingenieurleistungen werden als „Planungswettbewerbe" bezeichnet. Diese Formulierung wurde auch in der SektVO n. F. übernommen. Dementsprechend ist der Abschnitt 4 der SektVO mit der Formulierung „Planungswettbewerbe" überschrieben. Im Übrigen gibt es keine inhaltlichen Unterschiede zwischen der Definition des „Wettbewerbs" in § 11 Abs. 1 SektVO a. F. und der Definition des „Planungswettbewerbs" in § 60 Abs. 1 SektVO.

Neben der Begriffsbestimmung des Planungswettbewerbs enthielt § 11 Abs. 1 SektVO **4** a. F. die Regelung, dass Wettbewerbe im Sinne dieser Norm in einem Verfahren gemäß § 6 SektVO a. F. durchgeführt werden. Nach dessen Absatz 1 konnten Auftraggeber bei der Vergabe öffentlicher Aufträge zwischen offenem Verfahren, nicht offenem Verfahren mit Bekanntmachung und Verhandlungsverfahren mit Bekanntmachung wählen. Unter besonderen, in § 6 Abs. 2 SektVO a. F. definierten Voraussetzungen war darüber hinaus ein Verhandlungsverfahren ohne Bekanntmachung zulässig. Relevant für Wettbewerbe war insbesondere der in § 6 Abs. 2 Nr. 12 SektVO a. F. geregelte Ausnahmefall, dass im Anschluss an ein Auslobungsverfahren der Dienstleistungsauftrag nach den in § 11 festgelegten Bestimmungen an den Gewinner oder an einen der Gewinner des Auslobungsverfahrens vergeben werden musste. Mithin konnten Wettbewerbe nach der SektVO a. F. sowohl innerhalb eines Vergabeverfahrens gemäß § 6 Abs. 1 SektVO a. F., als auch vor einem solchen Vergabeverfahren durchgeführt werden, wobei in dem Fall, dass nach den Bedingungen des Auslobungsverfahrens der Planungsauftrag an einen der Gewinner vergeben werden musste, sogar ein Verhandlungsverfahren ohne Bekanntmachung durchgeführt werden durfte.

§ 60 Abs. 1 SektVO enthält im Gegensatz zu seiner Vorgängernorm in § 11 Abs. 1 **5** SektVO a. F. keine Festlegung zu den Vergabeverfahren, mit denen ein Planungswettbewerb kombiniert werden kann. Diese inhaltliche Abweichung gegenüber § 11 Abs. 1 SektVO a. F. hat der Verordnungsgeber in der Verordnungsbegründung nicht erläutert. Hieraus kann allerdings nicht der Schluss gezogen werden, dass der Verordnungsgeber die Wahlfreiheit des Auftraggebers, mit welchem Vergabeverfahren er einen Wettbewerb kombiniert, einschränken wollte. Nach § 13 SektVO, der § 6 SektVO a. F. weitestgehend entspricht, kann der Auftraggeber für die Vergabe von Aufträgen zwischen dem offenen Verfahren, dem nicht offenen Verfahren, dem Verhandlungsverfahren mit Teilnahmewettbewerb sowie dem wettbewerblichen Dialog (und unter bestimmten Voraussetzungen der Innovationspartnerschaft) frei wählen. Darüber hinaus kann er bei Vorliegen der in § 13 Abs. 2 SektVO näher beschriebenen Voraussetzungen auch ein Verhandlungsverfahren ohne Teilnahmewettbewerb durchführen. Wollte der Verordnungsgeber diese Wahlfreiheit für die Durchführung von Wettbewerben einschränken, müsste er dies regeln. Eine fehlende Regelung bedeutet daher, dass die Wahlfreiheit nicht eingeschränkt ist. Der Auftraggeber kann deshalb Wettbewerbe mit offenen Verfahren, nicht offenen Verfahren, Verhandlungsverfahren mit Teilnahmewettbewerb und wettbewerblichen Dialogen frei sowie mit Innovationspartnerschaften und Verhandlungsverfahren ohne Teilnahmewettbewerb unter bestimmten Voraussetzungen kombinieren.

Der in § 6 Abs. 2 Nr. 12 SektVO a. F. geregelte Fall, dass ausnahmsweise ein Verhand- **6** lungsverfahren ohne Bekanntmachung zulässig ist, wenn im Anschluss an einen Wettbewerb ein Dienstleistungsauftrag an einen der Gewinner zu vergeben ist, ist auch in der aktuellen SektVO erfasst. Nach § 13 Abs. 2 Nr. 10 SektVO kann der Auftraggeber einen

Auftrag im Verhandlungsverfahren ohne Teilnahmewettbewerb vergeben, wenn im Anschluss an einen Planungswettbewerb im Sinne von § 60 SektVO ein Dienstleistungsauftrag nach den Bedingungen dieses Wettbewerbs an den Gewinner oder einen der Preisträger vergeben werden muss. Weitere Zulässigkeitsvoraussetzung ist gemäß § 61 Abs. 2 SektVO, dass der Auftraggeber die Eignungskriterien und die zum Nachweis der Eignung erforderlichen Unterlagen in diesem Fall bereits in der Wettbewerbsbekanntmachung angegeben haben muss.

7   § 60 Abs. 2 SektVO basiert nicht auf einer Regelung der SektVO a. F., sondern ist eine inhaltlich neue Regelung. Hintergrund ist, dass die für Planungswettbewerbe geltenden Regelungen abschließend in den §§ 60 ff. SektVO nebst den dort in Bezug genommenen Vorschriften geregelt sind. Die frühere Regelung des §§ 11 SektVO a. F. enthielt demgegenüber nicht abschließend sämtliche Regelungen für Wettbewerbe. Dort konnten deshalb ohne weiteres Regelungen der SektVO, die nicht in § 11 SektVO a. F. erwähnt worden sind, trotzdem auf Wettbewerbe angewendet werden. Nach der abschließenden Konzeption der §§ 60 ff. SektVO ist das nicht mehr möglich. Alle auf Planungswettbewerbe anzuwendenden Regelungen müssen in den §§ 60 ff. SektVO entweder unmittelbar geregelt oder zumindest ausdrücklich in Bezug genommen worden sein.

III. Rechtliche Vorgaben im EU-Recht

8   Die im Abschnitt 4 der SektVO zusammengefassten §§ 60–63 SektVO dienen der Umsetzung von Titel III Kap. II der Richtlinie 2014/25/EU. Inhaltliche Vorlage von § 60 SektVO ist Art. 95 der Sektorenrichtlinie[1]. Diese Vorschrift legt ebenso wie § 60 SektVO den Anwendungsbereich der Regelungen für Planungswettbewerbe fest. Danach beschränkt sich der Anwendungsbereich auf Wettbewerbe, die im Rahmen eines Vergabeverfahrens für einen Dienstleistungsauftrag organisiert werden, sofern der Netto-Auftragswert ohne Mehrwertsteuer und einschließlich aller Preisgelder oder Zahlungen an Teilnehmer dem in Artikel 15 Buchstabe a genannten Betrag – dem sog. Schwellenwert – entspricht oder darüber liegt (Art. 95 Abs. 1 Sektorenrichtlinie). Darüber hinaus gelten die Regelungen für Planungswettbewerbe für solche Wettbewerbe, bei denen die Gesamthöhe der Preisgelder und Zahlungen an Teilnehmer, einschließlich des veranschlagten Werts des Dienstleistungsauftrags ohne Mehrwertsteuer, der möglicherweise gemäß Artikel 50 Buchstabe j in der Folge erteilt wird, sofern der Auftraggeber diesen Zuschlag in der Bekanntmachung nicht ausschließt, dem in Artikel 15 Buchstabe a genannten Betrag (Schwellenwert) entspricht oder darüber liegt.

9   Von dem Prinzip, das EU-Richtlinienpaket 2014 im Rahmen der Vergaberechtsreform 2016 eins zu eins umzusetzen, ist der Verordnungsgeber bei § 60 SektVO abgewichen. Im Gegensatz zu Art. 95 der Sektorenrichtlinie enthält § 60 SektVO die Legaldefinition des Planungswettbewerbs. Den Begriff des Planungswettbewerbs kennt die Sektorenrichtlinie nicht. Sie enthält lediglich in Art. 2 Nr. 17, der in § 103 Abs. 6 GWB in deutsches Recht umgesetzt worden ist, eine Bestimmung des Wettbewerbsbegriffs. Darüber hinaus wird im Erwägungsgrund 126 zur Sektorenrichtlinie klargestellt, dass Wettbewerbe seit jeher überwiegend im Bereich der Stadt- und Raumplanung, der Architektur und des Bauwesens oder der Datenverarbeitung durchgeführt werden. Inhaltlich entspricht dies wiederum der Definition des Planungswettbewerbs in § 60 Abs. 1 SektVO. Die Bereiche, die in Art. 95 der Sektorenrichtlinie als praktische Anwendungsfälle für Wettbewerbe beschrieben werden, dienen in § 60 Abs. 1 SektVO mithin zur Legaldefinition des Planungswettbewerbs.

10   Darüber hinaus wird im Erwägungsgrund 126 der Sektorenrichtlinie ausdrücklich darauf hingewiesen, dass Wettbewerbe auch für andere Zwecke bzw. in anderen Bereichen ange-

---

[1] Richtlinie 2014/25/EU des europäischen Parlaments und des Rates vom 26.2.2014 über die Vergabe von Aufträgen durch Auftraggeber im Bereich der Wasser-, Energie- und Verkehrsversorgung sowie der Postdienste und zur Aufhebung der Richtlinie 2004/17/EG, ABl. 2014 L 94/243.

wendet werden können und dass auch festgelegt werden kann, dass die an Wettbewerbe anschließenden Dienstleistungsaufträge im Rahmen eines Verhandlungsverfahrens ohne vorherige Veröffentlichung an den Gewinner oder einen der Gewinner des Wettbewerbs vergeben werden. Der erste Aspekt findet in § 60 Abs. 1 SektVO dadurch Berücksichtigung, dass die dort genannten Gebiete, in denen Wettbewerbe durchgeführt werden, als Regelbeispiele genannt werden. Darauf weist unmissverständlich die Formulierung „insbesondere" hin. Der zweite Aspekt wurde mit der Regelung des § 13 Abs. 2 Nr. 10 SektVO i. V. m. § 61 Abs. 2 SektVO in der SektVO berücksichtigt.

Weiter weicht § 60 Abs. 1 SektVO dadurch von Art. 95 der Sektorenrichtlinie ab, dass **11** die Regelungen zur Schätzung des Auftragswerts bei Wettbewerben in die allgemeine Bestimmung des § 2 SektVO, dort in Abs. 12, aufgenommen worden sind. Relevante inhaltliche Abweichungen zwischen den Vorgaben in Art. 95 der Sektorenrichtlinie gibt es in § 2 Abs. 12 SektVO nicht.[2]

Schließlich differenziert Art. 95 der Sektorenrichtlinie unmissverständlich zwischen **12** Wettbewerben, die im Rahmen von Vergabeverfahren organisiert werden (Abs. 1), und Wettbewerben, die im Vorfeld von Vergabeverfahren durchgeführt werden (Abs. 2). Beide Varianten fallen in den Anwendungsbereich der Regelungen über Wettbewerbe in der Sektorenrichtlinie (Art. 95 ff.). Dazu verhält sich § 60 Abs. 1 SektVO nicht. Lediglich aus § 61 Abs. 2 SektVO und aus § 13 Abs. 10 SektVO folgt, dass Planungswettbewerbe jedenfalls vor Vergabeverfahren durchgeführt werden können. Ob aber auch Planungswettbewerbe in Vergabeverfahren − so genannte integrierte Planungswettbewerbe − durchgeführt werden können, ist in der SektVO nicht geregelt. Von Bedeutung ist diese Frage deshalb, weil der Verordnungsgeber für Planungswettbewerbe im Sinne der § 78 ff. VgV die Möglichkeit, integrierte Planungswettbewerbe durchzuführen, ausdrücklich gestrichen hat.[3] Für Planungswettbewerbe im Anwendungsbereich der SektVO hat der Verordnungsgeber integrierte Wettbewerbe nicht ausdrücklich ausgeschlossen. Ein solcher Ausschluss widerspräche auch Art. 95 der Sektorenrichtlinie, der die dortigen Regelungen für Wettbewerbe ausdrücklich auch auf integrierte Wettbewerbe bezieht.

Mit § 60 Abs. 2 SektVO soll ausweislich der Verordnungsbegründung Art. 97 Abs. 1 der **13** Sektorenrichtlinie umgesetzt werden. Diese Vorschrift besagt, dass Auftraggeber bei der Durchführung von Wettbewerben Verfahren anzuwenden haben, die Titel I und Kapitel II (im Titel III) der Sektorenrichtlinie entsprechen. Das bedeutet jedoch nicht, dass für Planungswettbewerbe weitere Vorschriften der Sektorenrichtlinie, mit denen die im Titel I zusammengefassten Art. 1–42 der Sektorenrichtlinie umgesetzt werden, anzuwenden sind.[4] Im Wesentlichen sind diese Artikel nämlich im Teil 4 des GWB umgesetzt. Die Vorschriften dieses Teils 4 des GWB sind ganz überwiegend auf Planungswettbewerbe im Anwendungsbereich der SektVO anzuwenden (→ SektVO § 60 Rn. 29).

Daneben sind ohnehin stets die vergaberechtlichen Grundsätze − zuvorderst der Wett- **14** bewerbsgrundsatz und das Gleichbehandlungsgebot − bei Wettbewerben, die dem Vergaberecht unterliegen, zu berücksichtigen, ohne dass es dafür einer ausdrücklichen Regelung in der SektVO bedarf. In § 60 Abs. 2 SektVO hat der Verordnungsgeber drei Ausprägungen dieser Grundsätze, nämlich die Bestimmungen zur Vertraulichkeit (§ 5 SektVO), zum Umgang mit Interessenkonflikten (§ 6 SektVO) sowie die Vorgaben für die Rechtsform von Unternehmen und Bietergemeinschaften (§ 50 SektVO) ausdrücklich herausgegriffen. Das bedeutet jedoch nicht, dass nur diejenigen konkreten Ausprägungen der vergaberechtlichen Grundsätze in Wettbewerben zu berücksichtigen sind. Zu berücksichtigen sind vielmehr sämtliche Ausprägungen der Vergabegrundsätze, es sei denn, dass die §§ 60 ff. SektVO davon abweichende bzw. diese konkretisierende Regelungen enthalten.

---

[2] Siehe hierzu die Kommentierung von § 2 SektVO.
[3] Siehe hierzu die Kommentierung von § 78 VgV.
[4] So aber wohl *Greb* in Greb/Müller SektVO 2. Aufl. 2017 § 61 SektVO Rn. 10.

B. Vergleich zur VgV

15   § 60 Abs. 1 SektVO ist wortgleich mit § 69 Abs. 1 VgV. § 60 Abs. 2 SektVO entspricht inhaltlich § 69 Abs. 2 VgV. Deshalb kann ergänzend auf die Kommentierungen zu § 69 Abs. 1 und 2 VgV verwiesen werden.

C. Anwendungsbereich

16   § 60 SektVO bestimmt, welche Vorschriften bei der Durchführung eines Planungswettbewerbs im Sektorenbereich anzuwenden sind. Dafür wird in § 60 Abs. 1 SektVO der Planungswettbewerb legal definiert. § 60 Abs. 2 SektVO regelt sodann, welche Vorschriften auf diese Wettbewerbe Anwendung finden.

I. Planungswettbewerbe

1. Definition

17   Was ein Wettbewerb im vergaberechtlichen Sinne ist, definiert § 103 Abs. 6 GWB. Wettbewerbe sind danach Auslobungsverfahren, die dem Auftraggeber aufgrund vergleichender Beurteilung durch ein Preisgericht mit oder ohne Verteilung von Preisen zu einem Plan oder einer Planung verhelfen sollen. Für Einzelheiten wird auf die Kommentierung zu § 103 Abs. 6 GWB verwiesen.

18   Maßgeblich für die rechtliche Qualifikation eines Wettbewerbs als Planungswettbewerbs ist nach dem Wortlaut von § 60 Abs. 1 SektVO das Gebiet, auf dem der Wettbewerb durchgeführt wird. Planungswettbewerbe sind gemäß § 60 Abs. 1 SektVO Wettbewerbe nach § 103 Abs. 6 GWB, die insbesondere auf den Gebieten der Raumplanung, des Städtebaus und des Bauwesens oder der Datenverarbeitung durchgeführt werden. Die Aufführung der Gebiete in § 60 Abs. 1 SektVO, in denen Planungswettbewerbe durchgeführt werden können, ist allerdings nicht abschließend. Das folgt aus der Formulierung „insbesondere". Planungswettbewerbe können also auch in anderen, insbesondere freiberuflichen, Beschaffungsbereichen durchgeführt werden, beispielsweise der Innenarchitektur, der Museumsgestaltung, des Möbeldesigns, etc.[5] Das führt wiederum zu der Frage, ob § 60 Abs. 1 SektVO wirklich eine Legaldefinition sein soll. Denn die in Abs. 1 genannten Gebiete, jedenfalls die Raumplanung, Städtebau und Bauwesen auf der einen Seite und Datenverarbeitung auf der anderen Seite, stehen in keinem inhaltlichen Zusammenhang. Das Bindeglied ist, dass in allen Gebieten der Wettbewerb dem Auftraggeber zu einem Plan oder einer Planung verhelfen soll. Diese Zielsetzung ist jedoch bereits dem allgemeinen Wettbewerbsbegriff gemäß § 103 Abs. 6 GWB immanent und nicht die Besonderheit von Planungswettbewerben. Hinzu kommt, dass gemäß der Verordnungsbegründung § 60 Abs. 1 SektVO „*die praktischen Anwendungsfälle für Wettbewerbe nach § 103 Abs. 6 GWB*" aufführt, nicht aber eine Legaldefinition des Planungswettbewerbs enthalten soll.[6] Das bedeutet, dass der Planungswettbewerb keine eigenständige rechtliche Kategorie ist und dass deshalb sämtliche Wettbewerbe gemäß § 103 Abs. 6 GWB, die im Anwendungsbereich der SektVO durchgeführt werden, sich nach den Vorschriften des Abschnitts 4 der SektVO sowie den §§ 5, 6 und 50 SektVO richten müssen.

19   Wenngleich damit Wettbewerbe in unterschiedlichsten Sachgebieten zugelassen sind, sofern ein Plan oder eine Planung benötigt wird, werden in der Praxis Planungswettbewerbe bislang nur in den in § 60 Abs. 1 SektVO aufgeführten Gebieten durchgeführt.

---

[5] Siehe auch *Haak/Koch* in Willenbruch/Wieddekind Vergaberecht 4. Aufl. 2017 § 61 SektVO Rn. 1.
[6] Verordnungsbegründung BT-Drucks. 18/7318 S. 275.

Wettbewerbe sind nach ihrer Definition Beschaffungsverfahren. Beschaffungsgegenstand **20** ist ausschließlich ein Plan oder eine Planung. Die zu beschaffende Leistung besteht daher in einer Dienstleistung; Bau- oder Lieferleistungen können per Definitionen keine Wettbewerbsarbeiten sein. Diese Dienstleistung erfolgt im Gegensatz zu einem Vergabeverfahren im Wettbewerb selbst. Die Wettbewerbsteilnehmer haben im Rahmen des Wettbewerbs einen Plan oder eine Planung für die ausgeschriebene Wettbewerbsaufgabe vorzulegen, der bzw. die sodann durch ein Preisgericht gewertet und gegebenenfalls mit einem Preis honoriert wird. Daraus folgt: Wettbewerbe sind zwar Beschaffungsverfahren, nicht aber Vergabeverfahren im Sinne des Vergaberechts.

2. Realisierungswettbewerbe

In der Regel beabsichtigt der Auftraggeber aber auch die Realisierung der im Wettbe- **21** werb gewonnenen Planung bzw. des im Wettbewerb gewonnenen Plans. Dabei meint Realisierung die Weiterentwicklung, Vervollständigung und Fertigstellung der Planungsleistung. Bei den im Wettbewerb abgefragten und eingereichten Arbeiten handelt es sich regelmäßig um „Entwürfe". Bezogen auf den praxisrelevanten Bereich der Architekten- und Ingenieurleistungen werden mithin höchstens Leistungen der Entwurfsplanung (Leistungsphase 3 der HOAI 2013), in aller Regel nur Leistungen der Grund- und Vorplanung (Leistungsphasen 1 und 2 der HOAI) abgefragt. Bevor mit der Realisierung des Projekts – mit den Bauarbeiten – begonnen werden kann, sind weitere Planungsleistungen (Leistungsphasen 4–7 der HOAI 2013) erforderlich. Diese Planungsleistungen werden nicht im Wettbewerb abgefragt, sondern, wenn das Projekt realisiert werden soll, in einem dem Wettbewerb nachfolgenden Vergabeverfahren vergeben. Diese Wettbewerbe, bei denen die Realisierung der Wettbewerbsaufgabe und deshalb die nachfolgende Beauftragung weiterer Planungsleistungen beabsichtigt ist, werden **Realisierungswettbewerbe** genannt.

3. Ideenwettbewerbe

Daneben ist auch die Durchführung eines Planungswettbewerbs ohne ein anschließendes **22** Vergabeverfahren – als reiner **Ideenwettbewerb** – zulässig. Der Ideenwettbewerb ist zwar in der SektVO nicht ausdrücklich geregelt. Bereits nach der Definition des Wettbewerbs in § 103 Abs. 6 GWB ist das Ziel eines solchen Verfahrens jedoch nicht die Auftragsvergabe, sondern die Verschaffung eines Plans oder einer Planung für den öffentlichen Auftraggeber. Auch ist kein Grund ersichtlich, warum ein Ideenwettbewerb für Architekten- und Ingenieurleistungen nach § 78 Abs. 2 S. 2 VgV zugelassen sein soll, im Anwendungsbereich der SektVO hingegen nicht. Schließlich suggeriert Art. 95 Abs. 2 der Vergaberichtlinie die Zulässigkeit von Ideenwettbewerben. Dort wird die Möglichkeit des Auftraggebers angesprochen, den Zuschlag in der Bekanntmachung auszuschließen. Das kann nur bedeuten, dass der Auftraggeber berechtigt ist, die Vergabe eines Dienstleistungsauftrags im Anschluss an einen Wettbewerb bereits in der Vergabebekanntmachung auszuschließen. Anders ausgedrückt folgt daraus die Zulässigkeit von Ideenwettbewerben im Anwendungsbereich der Sektorenrichtlinie.

II. Integrierte Planungswettbewerbe

§ 61 Abs. 2 SektVO zeigt (ebenso wie § 13 Abs. 10 SektVO), dass zwischen Planungs- **23** wettbewerben und Vergabeverfahren zu differenzieren ist. Diese Vorschrift regelt nämlich den Fall, dass der Auftraggeber beabsichtigt, im Anschluss an einen Planungswettbewerb ein Verhandlungsverfahren durchzuführen. Daraus folgt, dass Planungswettbewerbe, ähnlich wie Teilnahmewettbewerbe, einem Vergabeverfahren vorangestellt werden können.

Das ist jedoch nicht die einzige Möglichkeit, wie Planungswettbewerbe mit Vergabever- **24** fahren kombiniert werden können. Art. 95 der Sektorenrichtlinie, der als Bestandteil des

Titels III Kap. II der Sektorenrichtlinie mit den §§ 60 ff. SektVO in deutsches Recht um-
gesetzt werden sollte, differenziert unmissverständlich zwischen Wettbewerben, die im
Rahmen von Vergabeverfahren organisiert werden (Abs. 1), und Wettbewerben, die im
Vorfeld von Vergabeverfahren durchgeführt werden (Abs. 2). Beide Varianten fallen in den
Anwendungsbereich der Regelungen über Wettbewerbe in der Sektorenrichtlinie
(Art. 95 ff.). Zwar werden in § 60 SektVO (ebenso wie in den Folgeparagrafen) diese bei-
den Möglichkeiten nicht ausdrücklich vorgesehen. Ebenso wenig werden sie jedoch aus-
drücklich ausgeschlossen. Darin unterscheidet sich § 60 SektVO von § 78 Abs. 2 S. 2 VgV,
der für Planungswettbewerbe für Architekten- und Ingenieurleistungen festlegt, dass solche
Wettbewerbe vor oder ohne Vergabeverfahren ausgerichtet werden können, nicht aber im
Rahmen von Vergabeverfahren. Diesen Ausschluss integrierter Planungswettbewerbe für
Architekten- und Ingenieurleistungen in der VgV hat der Verordnungsgeber ausweislich
der Verordnungsbegründung bewusst normiert. In der Begründung zur SektVO äußert
sich der Verordnungsgeber, weil die SektVO einen solchen Ausschluss nicht regelt, dazu
folgerichtig auch nicht. Aus alledem ist der Rückschluss zu ziehen, dass der Verordnungsgeber den Ausschluss integrierter Planungswettbewerbe auf die Vergabe von Architekten-
und Ingenieurleistungen gem. VgV beschränkt hat. Im Übrigen, und damit auch im Anwendungsbereich der SektVO, sind integrierte Planungswettbewerbe nach wie vor zulässig.
Sie werden auch – anders als dies der Verordnungsgeber für integrierter Planungswettbewerbe bei Architekten- und Ingenieurleistungen gem. VgV annimmt – in der Praxis tatsächlich durchgeführt.

25   Beschaffungsgegenstand eines Planungswettbewerbs gemäß § 103 Abs. 6 GWB ist ein
Plan oder eine Planung. Daraus folgt, dass die Realisierung eines Wettbewerbsergebnisses
in der Regel unmittelbar durch eine Planungsleistung, also eine Dienstleistung, erfolgt. Bei
reinen Bau- und Lieferaufträgen sind Wettbewerbe deshalb nicht denkbar. Bei gemischten
Aufträgen, beispielsweise der Vergabe von „Planen und Bauen im Paket" in Form von To-
talunternehmermodelle können jedoch Planungswettbewerbe durchgeführt werden, selbst
wenn sich das Vergabeverfahren wegen des bauvertraglichen Schwerpunktes des Auftrags
nach dem Bauvergaberecht richtet.

III. Schwellenwerte

26   Teil 4 der SektVO ist schließlich nur auf solche Wettbewerbe anwendbar, deren geschätzter Auftrags- oder Vertragswert ohne Umsatzsteuer die jeweils festgelegten Schwellenwerte erreicht oder überschreitet. Das folgt aus § 106 Abs. 1 S. 1 GWB i. V. m. § 1
Abs. 1 SektVO. Weil Wettbewerbe nicht zwingend in einem Planungsauftrag münden und
die zu beschaffenden Leistungen bereits im Rahmen des Wettbewerbs selbst erbracht und
gegebenenfalls mit Preisen honoriert werden, kann für die Schwellenwertbeurteilung nicht
ohne weiteres auf einen „Auftrags- oder Vertragswert" abgestellt werden. Deshalb enthält
§ 2 Abs. 12 SektVO eine Sonderregelung für die Schwellenwertberechnung bei Planungswettbewerben. Bei Realisierungswettbewerben sind gemäß § 2 Abs. 12 S. 1 SektVO für die
Prüfung, ob der Schwellenwert überschritten wird, der geschätzte Wert des in einem dem
Wettbewerb nachfolgenden Vergabeverfahren zu vergebenden Dienstleistungsauftrags sowie
etwaige Preisgelder und Zahlungen an die Wettbewerbsteilnehmer zu berücksichtigen.
Schließt der Auftraggeber in der Wettbewerbsbekanntmachung die Realisierung des Wettbewerbsergebnisses aus, ist für die Prüfung, ob der Schwellenwert überschritten wird, lediglich die Summe der Preisgelder und Zahlungen an die Teilnehmer maßgeblich. Beabsichtigt der Auftraggeber im Zeitpunkt der Wettbewerbsbekanntmachung noch nicht die
spätere Realisierung, schließt er diese aber auch nicht ausdrücklich aus, ist zu der Summe
der Preisgelder und Zahlungen an die Teilnehmer noch der geschätzte Wert eines Dienstleistungsauftrags, der später noch vergeben werden könnte, zu addieren. Für Einzelheiten
wird auf die Kommentierung von § 2 Abs. 12 SektVO verwiesen.

D. Anzuwendende Vorschriften

1. Vergaberechtliche Vorschriften

§ 60 Abs. 2 SektVO bestimmt, dass bei der Durchführung eines Planungswettbewerbs **27** der Auftraggeber die §§ 5, 6, 50 SektVO und die Vorschriften des Abschnitts 4 (§§ 60–63 SektVO) anwendet. Diese Regelung ist als Anwendungsbefehl zu verstehen. Der Auftraggeber muss also, wenn er im Anwendungsbereich der SektVO Planungswettbewerbe durchführt, die §§ 5, 6, 50, 60–63 SektVO anwenden. § 5 SektVO enthält Regelungen, welche die Vertraulichkeit der von Teilnehmern am Verfahren übermittelten Informationen betreffen, § 6 SektVO regelt Mitwirkungsverbote von Personen auf Seiten des Auftraggebers wegen Interessenkonflikten und § 50 SektVO behandelt die Zulässigkeit von Bietergemeinschaften und verschiedenen Rechtsformen von Bietern. Diese Regelungen gelten, auch wenn sich ihr Wortlaut auf Vergabeverfahren bezieht und deshalb nicht immer auf Planungswettbewerbe „passt", unmittelbar auch für Planungswettbewerbe.

Die Vorschriften der §§ 5, 6, 50, 60–63 SektVO enthalten jedoch nicht abschließend alle **28** Regelungen für Planungswettbewerbe im Anwendungsbereich der SektVO. Für die Schätzung des Auftragswerts im Zusammenhang mit der Prüfung, ob das Verfahren den einschlägigen EU-Schwellenwert erreicht oder übersteigt, enthält § 2 Abs. 12 SektVO eine Sonderregelung. Danach ist bei einem Planungswettbewerb, der zu einem Dienstleistungsauftrag führen soll, der Wert des Dienstleistungsauftrags zuzüglich etwaiger Preisgelder und Zahlungen an die Teilnehmer für die Auftragswertschätzung maßgeblich. Unerheblich ist dabei, ob es sich um einen vorgelagerten Planungswettbewerb oder um einen integrierten Planungswettbewerb handelt. Entscheidend ist lediglich, dass die Vergabe eines Dienstleistungsauftrags beabsichtigt ist. Ist die Vergabe eines solchen Auftrags demgegenüber ausdrücklich nicht beabsichtigt, hat der Auftraggeber also in der Wettbewerbsbekanntmachung die Vergabe eines Auftrags im Anschluss an den Planungswettbewerb ausgeschlossen, ist für die Schätzung des Auftragswerts nur die Summe der Preisgelder und Zahlungen an die Teilnehmer zu berücksichtigen. Hat der öffentliche Auftraggeber hingegen die Frage, ob ein Dienstleistungsauftrag im Anschluss an den Planungswettbewerb vergeben werden soll oder nicht, im Zeitpunkt der Wettbewerbsbekanntmachung noch nicht abschließend entschieden, ist für die Auftragswertschätzung neben der Summe der ausgelobten Preisgelder und Zahlungen an die Wettbewerbsteilnehmer der Wert des Dienstleistungsauftrags, der vergeben werden könnte, maßgeblich.

Weiter sind die Vorschriften des Teil 4 des GWB auf Planungswettbewerbe anzuwenden. **29** Gemäß § 106 Abs. 1 GWB gilt dessen Teil 4 unter anderem für die Ausrichtung von Wettbewerben im Sinne von § 103 Abs. 6 GWB, deren (gemäß § 2 Abs. 12 SektVO) geschätzter Auftragswert die jeweils festgelegten Schwellenwerte erreicht oder überschreitet. Nur solche Abschnitte im Teil 4 des GWB, für die ein gegenüber § 106 Abs. 1 GWB abweichender Anwendungsbereich ausdrücklich normiert ist, der Planungswettbewerbe von Sektorenauftraggeber ausschließt, finden keine Anwendung.[7] Dabei handelt es sich um Kap. 1, Abschnitt 3, Unterabschnitt 2 und Unterabschnitt 3. Alle übrigen Regelungen des Teil 4 des GWB, insbesondere die im Kap. 1, Abschnitt 1 normierten Grundsätze, Definitionen und Anwendungsbereiche, die im Kap. 1, Abschnitt 2, Unterabschnitt 2 enthaltenen Regelungen zu Vergabeverfahren und Auftragsausführung, die im Kap. 1, Abschnitt 3, Unterabschnitt 1 zusammengefassten Regelungen zur Vergabe von öffentlichen Auftraggebern durch Sektorenauftraggeber sowie sämtliche im Kap. 2 enthaltenen Rechtsschutzbe-

---

[7] A. A. *Harr* in Willenbruch/Wieddekind Vergaberecht 4. Aufl. 2017 § 69 VgV Rn. 8, der nur solche Abschnitte des GWB für anwendbar erachtet, in denen die Anwendung auf Wettbewerbe ausdrücklich geregelt ist. Dabei übersieht Harr die Regelung des § 106 Abs. 1 GWB und kommt insoweit in Erklärungsnot, als er das den Rechtsschutz umfassende 2. Kapitel für Wettbewerbe anwendbar erklärt, obgleich dies gerade nicht ausdrücklich geregelt ist.

stimmungen sind auf Planungswettbewerbe im Anwendungsbereich der SektVO anzuwenden.

30   Weitere Vorschriften der SektVO sind über die §§ 5, 6, 50, 60–63 SektVO hinaus nicht unmittelbar anzuwenden.[8] Insoweit ist § 60 Abs. 2 SektVO abschließend.

2. Zivilrechtliche Vorschriften

31   Nach § 103 Abs. 6 GWB sind Wettbewerbe Auslobungsverfahren. Damit hat der Gesetzgeber einen Bezug zu den zivilrechtlichen Grundlagen eines Wettbewerbsverfahrens, nämlich den Regelungen über die Auslobung (§§ 657 ff. BGB) und über die Preisausschreiben (§ 661 BGB) hergestellt. Diese Vorschriften finden auf Planungswettbewerbe Anwendung,[9] soweit sie nicht durch die spezielleren vergaberechtlichen Vorschriften verdrängt werden.[10] Insoweit kann deshalb auch auf die zu Auslobungen und Preisausschreiben ergangene Rechtsprechung und Literatur bei der Auslegung der vergaberechtlichen Regelungen zu den Wettbewerben zurückgegriffen werden.[11]

3. Durchführungsregeln

32   Aus § 62 Abs. 1 SektVO ergibt sich, dass der Auftraggeber für den Wettbewerb Durchführungsregeln festlegen muss. Diese Vorgabe hat den Hintergrund, dass die Durchführung von Planungswettbewerben in den einschlägigen Vergabegesetzen, also dem GWB und der SektVO, praktisch nicht normiert ist. Die Regelungen beschränken sich im Wesentlichen auf die Zusammensetzung und die Tätigkeit des Preisgerichts (§ 63 SektVO). Regelungen zu Fristen, Verfahrensabläufen, Beurteilungskriterien, etc. enthält die SektVO hingegen nicht. Dadurch ist der Auftraggeber in der Lage, einen Planungswettbewerb nach seinen konkreten Bedürfnissen zu strukturieren und zu gestalten. Über diese Struktur und Gestaltung muss er jedoch aus Gründen der Transparenz und der Gleichbehandlung potentielle Wettbewerbsteilnehmer vor Wettbewerbsbeginn informieren.

33   Als Durchführungsregeln kann der Auftraggeber auf veröffentlichte Regelwerke zurückgreifen. Für den relevanten Bereich der Architekten- und Ingenieurleistungen ist dies insbesondere die Richtlinie für Planungswettbewerbe (RPW), die aktuell in der Fassung aus dem Jahr 2013 veröffentlicht ist.[12] Nimmt der Auftraggeber auf solche veröffentlichten einheitlichen Richtlinien Bezug, finden diese für die Ausgestaltung des Wettbewerbs jedoch nur insoweit Anwendung, wie sie dem höherrangigen Vergaberecht, insbesondere dem Teil 4 des GWB, den §§ 60 ff. SektVO sowie den vergaberechtlichen Grundsätzen, nicht widersprechen.[13]

---

[8] So aber wohl *Greb* in Greb/Müller SektVO 2. Aufl. 2017 § 61 SektVO Rn. 10.
[9] BGH v. 8.5.1967 – VII ZR 328/64; BGH vom 23.9.1982 – III ZR 196/80, NJW 1983, 442.443.
[10] OLG Koblenz v. 16.2.2011 – 1 Verg 2/10, VergabeR 2011, 631, 635; *Sprau* in Palandt BGB 75. Aufl. 2015 § 661 Rn. 5.
[11] *Hartmann* in KKMPP Kommentar zur VgV 1. Auflage 2017 § 78 Rn. 6; *Voppel/Osenbrück/Bubert,* VOF, 3. Auflage 2012 § 15 Rn. 8; a. A. *Eschenbruch* in Kulartz/Kus/Portz GWB 3. Aufl. 2014 § 99 Rn. 518.
[12] → VgV § 78 Rn. 77 ff.
[13] *Harr* in Willenbruch/Wieddekind Vergaberecht 4. Aufl. 2017 § 69 VgV Rn. 9.

§ 61 Veröffentlichung, Transparenz

(1) Der Auftraggeber teilt seine Absicht, einen Planungswettbewerb auszurichten, in einer Wettbewerbsbekanntmachung mit. Die Wettbewerbsbekanntmachung wird nach dem in Anhang IX der Durchführungsverordnung (EU) 2015/1986 enthaltenen Muster erstellt.

(2) Beabsichtigt der Auftraggeber im Anschluss an einen Planungswettbewerb einen Dienstleistungsauftrag im Verhandlungsverfahren ohne Teilnahmewettbewerb zu vergeben, hat der Auftraggeber die Eignungskriterien und die zum Nachweis der Eignung erforderlichen Unterlagen hierfür bereits in der Wettbewerbsbekanntmachung anzugeben.

(3) Die Ergebnisse des Planungswettbewerbs sind bekanntzumachen und innerhalb von 30 Tagen an das Amt für Veröffentlichungen der Europäischen Union zu übermitteln. Die Bekanntmachung wird nach dem Muster gemäß Anhang X der Durchführungsverordnung (EU) 2015/1986 erstellt.

(4) § 38 Absatz 6 gilt entsprechend.

Übersicht

	Rdn.		Rdn.
A. Einführung	1	3. Angaben für ein Verhandlungsverfahren	17
I. Literatur	1	II. Vorgaben aus § 40 SektVO	21
II. Entstehungsgeschichte	2	D. Angaben der Eignungsanforderungen in der Wettbewerbsbekanntmachung	23
III. Rechtliche Vorgaben im EU-Recht	5		
B. Vergleich zur VgV	9	E. Bekanntmachung der Wettbewerbsergebnisse	33
C. Wettbewerbsbekanntmachung	10		
I. Bekanntmachungsinhalt	11	F. Ausnahmen von der Bekanntmachungspflicht	37
1. Angaben für den Wettbewerb	11		
2. Durchführungsregeln	16		

A. Einführung

I. Literatur

Greb/Müller, Kommentar zum Sektorenvergaberecht, 2. Aufl., Köln 2017, *Willenbruch/Wieddekind,* Vergaberecht, 4. Aufl., Köln 2017; *Dierks-Oppler,* Wettbewerbe für Architekten und Ingenieure, 1. Aufl., Köln 2013; Eschenbruch/Opitz SektVO 1. Aufl., München 2012; *Müller-Wrede,* Der Architektenwettbewerb, 1. Aufl., Köln 2012; *Voppel/Osenbrück/Bubert,* VOF, 3. Aufl., München 2012. **1**

II. Entstehungsgeschichte

§ 61 SektVO enthält Regelungen zur Veröffentlichung und Transparenz in Planungs- **2** wettbewerben. In Abs. 1 wird klargestellt, dass Planungswettbewerbe auf der Grundlage des im Anhang IX der Durchführungsverordnung (EU) Nr. 2015/1986 enthaltenen Musters bekanntzumachen sind. Ein entsprechende Vorschrift enthielt § 11 SektVO a. F., in dem die Regelungen zu Wettbewerben im Sektorenbereich zusammengefasst waren, nicht. Allerdings bestimmte § 11 Abs. 2 S. 2 SektVO a. F., dass Interessierte, die an einem Wettbewerb teilnehmen mochten, vor Beginn des Wettbewerbs über die geltenden Regeln informiert werden mussten. Daraus konnte bereits der Rückschluss auf die Notwendigkeit einer Bekanntmachung des Wettbewerbs als solchem geschlossen werden. Unabhängig davon war nach einhelliger Auffassung bei Wettbewerben im Anwendungsbereich der SektVO a. F. das

Transparenzgebot zu berücksichtigen.[1] Eine der wesentlichen Ausprägungen dieses Gebots ist die Verpflichtung zur vorherigen rechtzeitigen Bekanntmachung eines Vergabeverfahrens oder Wettbewerbs. Auch ohne dass dies ausdrücklich in der SektVO a. F. normiert war, bestand deshalb Einvernehmen darüber, dass Wettbewerbe bekanntzumachen sind.[2] Konkrete Vorgaben für den Inhalt der Bekanntmachung oder die Verwendung eines Bekanntmachungsmuster, wie es § 61 Abs. 1 S. 2 SektVO vorsieht, gab es in der SektVO nicht.[3] Gleichwohl waren die Bekanntmachungen von Wettbewerben europarechtlich vorgegeben, und zwar auch ihre Inhalte. Anhang XII der Durchführungsverordnung (EU) Nr. 842/2011 enthielt das dafür zu verwendende Muster.

3   Auch für § 61 Abs. 2 SektVO findet sich keine Vorlage in § 11 SektVO a. F. Die in § 61 Abs. 2 HS 1 SektVO zum Ausdruck kommende Möglichkeit, im Anschluss an einen Planungswettbewerb einen Dienstleistungsauftrag im Verhandlungsverfahren ohne Teilnahmewettbewerb zu vergeben, bestand allerdings auch nach der SektVO a. F. Dort bestimmte § 6 Abs. 2 Nr. 12 SektVO a. F., dass ein Verhandlungsverfahren ohne Bekanntmachung zulässig war, wenn im Anschluss an einen Wettbewerb der Dienstleistungsauftrag nach den in § 11 festgelegten Bestimmungen an den Gewinner bzw. an einen der Gewinner vergeben werden musste, wobei im letztgenannten Fall alle Gewinner des Wettbewerbs zur Teilnahme an den Verhandlungen aufgefordert werden mussten. Diese Regelung entspricht § 13 Abs. 2 Nr. 10 SektVO. Neu ist demgegenüber die Regelung des § 61 Abs. 2 HS 2 SektVO, dass der Auftraggeber, wenn er im Anschluss an einen Planungswettbewerb einen Auftrag im Verhandlungsverfahren ohne Teilnahmewettbewerb vergeben will, die Eignungskriterien und die zum Nachweis der Eignung erforderlichen Unterlagen hierfür bereits in der Wettbewerbsbekanntmachung anzugeben hat. Dadurch wird sichergestellt, dass Unternehmen bereits vor der Teilnahme an einem Planungswettbewerb erkennen können, ob sie die Eignungskriterien in dem nachfolgenden Vergabeverfahren erfüllen können und damit eine Chance auf Erhalt des Dienstleistungsauftrags, mit dem das Ergebnis des Planungswettbewerbs realisiert werden soll, haben. Auch diese konkrete Verpflichtung zur Bekanntmachung der Eignungskriterien und Eignungsnachweise ist eine unmittelbare Ausprägung des Transparenzgebots.

4   § 61 Abs. 3 SektVO regelt die Bekanntmachung der Ergebnisse des Planungswettbewerbs. Eine solche Ex-Post-Bekanntmachungspflicht sah die SektVO a. F. weder § 11 noch in § 15 für abgeschlossene Wettbewerbe vor. Folgerichtig enthielt die SektVO a. F. auch keine Regelung, die Ausnahmen von der Pflicht zur Bekanntmachung erteilter Aufträge bestimmte. Solche Ausnahmen sind nunmehr in Art. 38 Abs. 6 SektVO normiert, der gemäß § 61 Abs. 4 SektVO auch bei Wettbewerben Anwendung findet. Gleichwohl war die Bekanntmachung von Wettbewerbsergebnissen europarechtlich vorgegeben. Anhang XIII der Durchführungsverordnung (EU) Nr. 842/2011 enthielt das dafür zu verwendende Muster.

III. Rechtliche Vorgaben im EU-Recht

5   Mit § 61 SektVO soll Art. 96 der Sektorenrichtlinie[4] umgesetzt werden. Mit § 61 Abs. 1 und 3 SektVO erfolgt eine Umsetzung der europarechtlichen Vorgaben für die Bekanntmachung von Wettbewerben und Wettbewerbsergebnissen nach dem vom Verordnungsgeber grundsätzlich gewählten Ansatz der Eins-zu-Eins-Umsetzung. Auf diese Weise werden Art. 96 Abs. 1 Unterabsatz 1 und 3 sowie Abs. 2 Unterabsatz 1 und 2 der Sektorenrichtli-

---

[1] *Vavra* in Ziekow/Völlink Vergaberecht 2. Aufl. 2013 § 11 SektVO Rn. 2.
[2] *Stalmann* in Eschenbruch/Opitz SektVO 1. Aufl. 2012 § 11 Rn. 14.
[3] *Stalmann* in Eschenbruch/Opitz SektVO 1. Aufl. 2012 § 11 Rn. 14.
[4] Richtlinie 2014/25/EU des europäischen Parlaments und des Rates vom 26. Februar 2014 über die Vergabe von Aufträgen durch Auftraggeber im Bereich der Wasser-, Energie- und Verkehrsversorgung sowie der Postdienste und zur Aufhebung der Richtlinie 2004/17/EG, ABl. 2014 L 94/243.

nie umgesetzt. Ein konkreter Verweis auf die zu verwendenden Muster in der Durchführungsverordnung (EU) 2015/1986 konnte in der Sektorenrichtlinie noch nicht erfolgen, weil im Zeitpunkt des Erlasses dieser Richtlinie die Standardformulare noch nicht von der Kommission durch Durchführungsrechtsakte festgelegt worden waren. Deshalb enthält Art. 96 Abs. 2 Unterabsatz 1 der Sektorenrichtlinie lediglich einen Hinweis auf diese im Zeitpunkt des Erlasses der Richtlinie noch zu veröffentlichenden Muster.

In § 61 Abs. 2 SektVO weicht der Verordnungsgeber von den Vorgaben des Art. 96 **6** Abs. 1 Unterabsatz 2 der Sektorenrichtlinie ab. Nach Art. 96 Abs. 1 Unterabsatz 2 der Sektorenrichtlinie müssen Auftraggeber, die beabsichtigen, im Anschluss an den Wettbewerb einen Dienstleistungsauftrag ohne Teilnahmewettbewerb gemäß Art. 50 lit. j der Sektorenrichtlinie[5] zu vergeben, hierauf bereits in der Wettbewerbsbekanntmachung hinweisen. § 61 Abs. 2 SektVO legt demgegenüber fest, dass bei beabsichtigter Durchführung eines Verhandlungsverfahrens ohne Teilnahmewettbewerb im Anschluss an den Planungswettbewerb die Eignungskriterien und die zum Nachweis der Eignung erforderlichen Unterlagen in der Wettbewerbsbekanntmachung anzugeben sind. Bei wortgetreuer Auslegung von § 61 Abs. 2 SektVO müsste eine Wettbewerbsbekanntmachung also nicht den Hinweis auf ein im Anschluss daran beabsichtigtes Verhandlungsverfahren ohne Teilnahmewettbewerb enthalten. Dies würde aber der Vorgabe aus Art. 96 Abs. 1 Unterabsatz 2 der Sektorenrichtlinie widersprechen. Art. 61 Abs. 2 SektVO ist deshalb europarechtskonform dahingehend auszulegen, dass in der Wettbewerbsbekanntmachung sowohl die beabsichtigte Durchführung eines Verhandlungsverfahrens ohne Teilnahmewettbewerb im Anschluss an den Planungswettbewerb, als auch in diesem Fall die Eignungskriterien und die zum Nachweis der Eignung erforderlichen Unterlagen anzugeben sind.

Mit § 61 Abs. 4 SektVO, der die entsprechende Anwendung von § 38 Abs. 6 SektVO **7** bestimmt, wird Art. 96 Abs. 2 Unterabsatz 3 der Sektorenrichtlinie praktisch „eins zu eins" umgesetzt.

Nicht in § 61 SektVO umgesetzt wurde Art. 96 Abs. 3 der Sektorenrichtlinie. Dort ist **8** bestimmt, dass Art. 71 Abs. 2–6 auch für Bekanntmachungen im Zusammenhang mit Wettbewerben gelten. Art. 71 Abs. 2–6 der Sektorenrichtlinie wurde mit § 40 SektVO in deutsches Recht umgesetzt. Anders als beispielsweise § 70 Abs. 1 S. 3 VgV bestimmt § 61 SektVO nicht die entsprechende Anwendung von § 40 SektVO. Gleichwohl ist diese Regelung auf Planungswettbewerbe entsprechend anzuwenden. Neben dem Umstand, dass nur so Art. 96 Abs. 3 der Sektorenrichtlinie umgesetzt wird, hat der Verordnungsgeber in der Verordnungsbegründung zu § 61 Abs. 1 SektVO klargestellt, dass die Veröffentlichung entsprechend § 40 SektVO erfolgt. Die entsprechende Anwendung dieser Norm auf Planungswettbewerbe entspricht also eindeutig dem Willen des Verordnungsgebers.

B. Vergleich zur VgV

§ 61 SektVO ist nahezu wortgleich mit § 70 VgV. Der einzige inhaltliche Unterschied **9** besteht darin, dass § 70 Abs. 1 S. 3 VgV für die Veröffentlichung der Wettbewerbsbekanntmachung auf die Regelungen zur Veröffentlichung von Bekanntmachungen in § 40 VgV verweist, die damit auch bei Planungswettbewerben Anwendung findet. In § 61 Abs. 1 SektVO fehlt ein entsprechender Verweis. Allerdings wird in der Verordnungsbegründung zu § 61 Abs. 1 SektVO klargestellt, dass die Veröffentlichung der Wettbewerbsbekanntmachung entsprechend § 40 SektVO erfolgt.[6] Damit gibt es keine rechtlichen Unterschiede zwischen § 61 SektVO und § 70 VgV. Deshalb kann ergänzend auf die Kommentierungen zu § 70 VgV verwiesen werden.

---

[5] Art. 50 Buchst. j der Sektorenrichtlinie wurde mit § 13 Abs. 2 Nr. 10 SektVO „eins zu eins" in deutsches Recht umgesetzt.
[6] Verordnungsbegründung BT-Drucks. 18/7318 S. 275.

C. Wettbewerbsbekanntmachung

10   Nach § 61 Abs. 1 SektVO ist der Auftraggeber verpflichtet, seine Absicht, einen Planungswettbewerb auszurichten, bekanntzumachen und dafür das im Anhang IX der Durchführungsverordnung (EU) Nr. 2015/1986 enthaltene Muster zu verwenden. Dieses Muster kann unter der Internetadresse http://simap.ted.europa.eu im Reiter eNotice abgerufen und ausgefüllt werden. eNotice ist ein online-Tool, mit dem Bekanntmachungen erstellt und Supplement zum Amtsblatt der EU veröffentlicht werden können. Dazu ist eine vorherige Registrierung erforderlich.

I. Bekanntmachungsinhalt

1. Angaben für den Wettbewerb

11   Anzugeben ist unter anderem die **Art des Wettbewerbs.** In Betracht kommt insbesondere ein Offener Wettbewerb und ein Nichtoffener Wettbewerb. In seiner Struktur ist der Offene Wettbewerb mit dem Offenen Verfahren und der Nichtoffene Wettbewerb mit dem Nichtoffenen Verfahren vergleichbar.[7] Der nichtoffene Wettbewerb wird in § 62 Abs. 3 SektVO ausdrücklich angesprochen. Danach hat der Auftraggeber bei einem Planungswettbewerb mit beschränkter Teilnehmerzahl Auswahlkriterien festzulegen. Der Auftraggeber kann mithin dem Planungswettbewerb eine Art Teilnahmewettbewerb vorschalten, in dem diejenigen am Wettbewerb Interessierten ausgewählt werden, die zur Einreichung eines Wettbewerbsentwurfs aufgefordert werden sollen.

12   Daran zeigt sich, dass in Wettbewerben so genannte Anforderungen an die Teilnahme am Wettbewerb geprüft werden, und zwar entweder innerhalb des (offenen) Wettbewerbs oder aber vor dem (nichtoffenen) Wettbewerb im Rahmen einer Art Teilnahmewettbewerb. Hierbei handelt es sich **nicht um die Eignung** für die mögliche spätere Realisierung des Wettbewerbsergebnisses, die, was sich aus § 61 Abs. 2 SektVO (und noch klarer aus der Parallelvorschrift des § 80 Abs. 1 VgV) ergibt, erst im Rahmen des eventuell nachfolgenden Vergabeverfahrens geprüft wird. Sondern es handelt sich um **Zulassungsbedingungen** zum Wettbewerb, die allerdings – vergleichbar mit Eignungskriterien – im Zusammenhang mit der Wettbewerbsaufgabe stehen müssen. Zulassungsbedingung für Planungswettbewerbe, die Architekten- oder Ingenieurleistungen betreffen, kann beispielsweise sein, dass die Wettbewerbsteilnehmer die berufliche Qualifikation des Architekten oder Ingenieurs (bzw. eine vergleichbare Qualifikation) haben müssen (siehe auch § 63 Abs. 1 S. 2 SektVO). Diese Teilnahmebedingungen sind in der Wettbewerbsbekanntmachung anzugeben. Dabei darf die Zulassung von Teilnehmern nicht beschränkt werden unter Bezugnahme auf das Gebiet eines Mitgliedstaats der Europäischen Union oder eines Teils davon oder auf nur natürliche oder nur juristische Personen (§ 62 Abs. 2 SektVO).

13   Von den Zulassungskriterien bzw. -bedingungen zu trennen sind die bereits angesprochenen **Auswahlkriterien,** anhand derer im nichtoffenen Wettbewerb ausgewählt wird, wer zur Einreichung eines Wettbewerbsentwurfs aufgefordert werden soll. Diese Kriterien müssen gemäß § 62 Abs. 3 S. 1 SektVO eindeutig und nichtdiskriminierend sein. Das ist ein vergaberechtlicher Allgemeinplatz. Eine gewisse Einschränkung der Kriterien kann Abschnitt III des Musters in Anhang IX der Durchführungsverordnung (EU) 2015/1986, auf dessen Grundlage der Auftraggeber gemäß § 61 Absatz ein SektVO die Wettbewerbsbekanntmachung zu erstellen hat, entnommen werden. Danach können rechtliche, wirtschaftliche, finanzielle und technische Angaben von dem Wettbewerbsteilnehmer verlangt

---

[7] Siehe zu den möglichen Wettbewerbsarten die Kommentierung von → VgV § 78 Rn. 92 ff.

werden, um eine Auswahl zu treffen. Weiterhin ist zu verlangen, dass die Auswahlkriterien im Zusammenhang mit dem Wettbewerbsgegenstand stehen müssen. Ferner verlangt das Nichtdiskriminierungsgebot, dass die Teilnehmer an denselben Auswahlkriterien zu messen sind.[8] Der Auftraggeber muss mit anderen Worten einheitliche Auswahlkriterien, die für alle Wettbewerbsteilnehmer gelten, festlegen (zur möglichen Festlegung vorausgewählter Teilnehmer → SektVO § 62 Rn. 29 ff.). Weitere Anhaltspunkte können den wenigen einschlägigen Entscheidungen der vergaberechtlichen Rechtsprechung entnommen werden. Nicht eindeutig sind danach Kriterien wie „gestalterische Qualifikation" oder „gestalterisches Können."[9] Die Auswahlkriterien im Sinne von § 62 Abs. 3 S. 1 SektVO sind ebenso wie die Zulassungskriterien bereits in der Wettbewerbsbekanntmachung mitzuteilen. Das wird zwar in § 62 SektVO nicht ausdrücklich geregelt, folgt aber daraus, dass der Auftraggeber die Wettbewerbsbekanntmachung nach dem in Anhang IX der Durchführungsverordnung (EU) 2015/1986 enthaltenen Muster zu erstellen hat und dieses Muster unter III.1.10) die Mitteilung der Auswahlkriterien bei nicht offenen Wettbewerben vorsieht. Zudem gilt auch hier, dass die am Planungswettbewerb Interessierten vorab über die Wettbewerbsbedingungen, zu denen auch die Auswahlkriterien gehören, informiert werden müssen, damit sie auf dieser Grundlage entscheiden können, ob sie sich an einem in der Regel zeit- und kostenintensiven Wettbewerb beteiligen wollen.

Anzugeben sind des Weiteren die Kriterien, anhand derer das vom öffentlichen Auftrag- **14** geber einzusetzende Preisgericht die im Wettbewerb eingereichten Arbeiten bewertet (§ 63 Abs. 2 S. 2 SektVO), also die **Wertungs- bzw. Entscheidungskriterien** für den Wettbewerb. Sofern der Auftraggeber beabsichtigt, in Wettbewerb **Preise** zu verteilen, wozu er gemäß § 103 Abs. 6 GWB berechtigt, aber nicht verpflichtet ist, muss er auch darauf in dem Bekanntmachungsformular hinweisen.

Die übrigen Pflichtangaben können XIX der Sektorenrichtlinie sowie dem in Anhang IX der Durchführungsverordnung (EU) Nr. 2015/1986 enthaltenen Muster entnommen werden. In diesem Muster werden diejenigen Angaben abgebildet, die im Anhang XIX der Sektorenrichtlinie gemäß deren Art. 96 Abs. 2 S. 1 in der Wettbewerbsbekanntmachung mitzuteilen sind. Hierbei handelt es sich um folgende Angaben:

1. Name, Identifikationsnummer (soweit nach nationalem Recht vorgesehen), Anschrift einschließlich NUTS-Code, Telefon- und Fax-Nummer, E-Mail- und Internet-Adresse des Auftraggebers und, falls abweichend, der Dienststelle, bei der weitere Informationen erhältlich sind.
2. Ausgeübte Haupttätigkeit.
3. Beschreibung des Projekts (CPV-Codes).
4. Art der Wettbewerbe: offen oder nichtoffen.
5. Bei offenen Wettbewerben: Schlusstermin für den Eingang der Projektvorschläge.
6. Bei nichtoffenen Wettbewerben:
   a) voraussichtliche Zahl der Teilnehmer oder Marge
   b) gegebenenfalls Namen der bereits ausgewählten Teilnehmer
   c) Kriterien für die Auswahl der Teilnehmer
   d) Schlusstermin für den Eingang der Teilnahmeanträge.
7. Gegebenenfalls Angabe, ob die Teilnahme einem bestimmten Berufsstand vorbehalten ist.
8. Kriterien für die Bewertung der Projekte.
9. Gegebenenfalls Namen der Mitglieder des Preisgerichts.
10. Angabe darüber, ob die Entscheidung des Preisgerichts für die Behörde verbindlich ist.
11. Gegebenenfalls Anzahl und Wert der Preise.
12. Gegebenenfalls Angabe der Zahlungen an alle Teilnehmer.
13. Angabe, ob die Preisgewinner zu Folgeaufträgen zugelassen sind.
14. Name und Anschrift des für Rechtsbehelfsverfahren und gegebenenfalls für Vermittlungsverfahren zuständigen Organs. Genaue Hinweise auf die Fristen für die Einlegung von Rechtsbehelfen oder erforderlichenfalls Name, Anschrift, Telefonnummer, Faxnummer und E-Mail-Adresse des Dienstes, bei dem diese Informationen erhältlich sind.
15. Tag der Absendung der Bekanntmachung.
16. Sonstige einschlägige Angaben.

---

[8] *Greb* in Greb/Müller SektVO 2. Aufl 2017 § 62 SektVO Rn. 10.
[9] *Greb* in Greb/Müller SektVO 2. Aufl 2017 § 62 SektVO Rn. 9.

15   Im Falle eines Widerspruchs zwischen dem in der Durchführungsverordnung festgelegten Muster und den nach Anhang XIX der Sektorenrichtlinie mitzuteilenden Angaben ist dieser Anhang XIX vorrangig. Das aktuelle Muster aus dem Anhang IX der Durchführungsverordnung (EU) Nr. 2015/1986 entspricht jedoch den Vorgaben des Anhangs XIX der Sektorenrichtlinie.

2. Durchführungsregeln

16   Aus § 62 Abs. 1 SektVO ergibt sich, dass der Auftraggeber für den Wettbewerb Durchführungsregeln festlegen muss. Diese Vorgabe hat den Hintergrund, dass die Durchführung von Planungswettbewerben in den einschlägigen Vergabegesetzen, also dem GWB und der SektVO, praktisch nicht normiert ist. Die Regelungen beschränken sich im Wesentlichen auf die Zusammensetzung und die Tätigkeit des Preisgerichts (§ 63 SektVO). Regelungen zu Fristen, Verfahrensabläufen, Beurteilungskriterien, etc. enthält die SektVO hingegen nicht. Dadurch ist der Auftraggeber in der Lage, einen Planungswettbewerb nach seinen konkreten Bedürfnissen zu strukturieren und zu gestalten. Über diese Struktur und Gestaltung muss er jedoch aus Gründen der Transparenz und der Gleichbehandlung potentielle Wettbewerbsteilnehmer „vor Wettbewerbsbeginn" informieren. Dafür genügt eine Information im Rahmen oder jedenfalls in einem engen zeitlichen Zusammenhang mit der Wettbewerbsbekanntmachung.[10]

3. Angaben für ein Verhandlungsverfahren

17   Führt der Auftraggeber einen Realisierungswettbewerb durch, ist er gemäß § 13 Abs. 2 Nr. 10 SektVO berechtigt, im Anschluss an diesen Wettbewerb einen Planungsauftrag im Verhandlungsverfahren ohne Teilnahmewettbewerb zu vergeben, wenn dieser Auftrag nach den Bedingungen dieses Wettbewerbs an den Gewinner oder an einen der Preisträger vergeben werden muss. In der Praxis wählt der Auftraggeber üblicherweise das Verhandlungsverfahren ohne Teilnahmewettbewerb. In diesem Fall muss der Auftraggeber darauf achten, dass die „Bedingungen dieses Wettbewerbs" auch auf das Vergabeverfahren Anwendung finden müssen. Anders gewendet muss der Auftraggeber entweder in der Wettbewerbsbekanntmachung oder spätestens in den Durchführungsregeln für den Wettbewerb Vorgaben für das Verhandlungsverfahren ohne Teilnahmewettbewerb machen.

18   Dem steht die Regelung des § 61 Abs. 2 SektVO nicht entgegen. Danach ist der Auftraggeber in dem Fall, dass er im Anschluss an einen Planungswettbewerb einen Dienstleistungsauftrag im Verhandlungsverfahren ohne Teilnahmewettbewerb vergeben will, verpflichtet, die Eignungskriterien und die zum Nachweis der Eignung erforderlichen Unterlagen hierfür in der Wettbewerbsbekanntmachung anzugeben. Zum einen kann daraus nicht zwingend der Rückschluss gezogen werden, dass weitere für das Vergabeverfahren relevante Informationen nicht in der Wettbewerbsbekanntmachung mitgeteilt werden müssen. Zum anderen ist in § 13 Abs. 2 Nr. 10 SektVO auch nicht von der Wettbewerbsbekanntmachung, sondern von den „Bedingungen dieses Wettbewerbs" die Rede, die auch in den Durchführungsregeln festgelegt werden können.

19   In diesem Zusammenhang hat der Auftraggeber auch Angaben zu machen, ob und gegebenenfalls inwieweit die Wettbewerbsarbeiten nach Abschluss des Wettbewerbs in einem nachfolgenden Vergabeverfahren weiterentwickelt werden können bzw. sollen und wie die Wertung dieser weiterentwickelten Arbeiten erfolgen soll. Soweit nicht die Identität der Wettbewerbsaufgabe geändert wird, kann der Auftraggeber die Weiterentwicklung der Wettbewerbsbeiträge im Hinblick auf von ihm erst im Verhandlungsverfahren festgelegte

---

[10] → SektVO § 62 Rn. 9 ff. AA *Harr* in Willenbruch/Wieddekind Vergaberecht 4. Aufl. 2017 § 71 VgV Rn. 4, der die Bekanntmachung der wesentlicher Vorgaben und Grundsätze zum Wettbewerb für erforderlich hält und dafür auf die Entscheidung der VK Sachsen vom 10.4.2002 – 1/SVK/23-02 verweist. Die VK Sachsen fordert in dieser Entscheidung aber nur die Bekanntmachung der Teilnahmebedingungen für das (nachfolgende) Vergabeverfahren.

veränderte Nutzungsanforderungen verlangen. Denn Verhandlungsverfahren ist es immanent, dass Verhandlungen und insoweit auch Anpassungen im Hinblick auf den Beschaffungsgegenstand erfolgen.[11] Macht der Auftraggeber in der Wettbewerbsbekanntmachung und in den Durchführungsregeln keine Angaben zum Umfang der Weiterentwicklung der Wettbewerbsbeiträge im Verhandlungsverfahren, ist – unter der beschriebenen Einhaltung der Identität der Wettbewerbsaufgabe – deshalb eine Weiterentwicklung uneingeschränkt zulässig. Nimmt der Auftraggeber jedoch in der Wettbewerbsbekanntmachung oder in den Durchführungsregeln eine Beschränkung der Verhandlungsmöglichkeiten über die Wettbewerbsarbeiten vor, beispielsweise indem er die Verhandlungen auf die baulich-technische Umsetzung der Wettbewerbsentwürfe beschränkt, ist auch nur insoweit später eine Weiterentwicklung zulässig.

Eine weitere Frage in diesem Zusammenhang ist, ob die im Verhandlungsverfahren **20** weiterentwickelten Entwürfe für die Zuschlagsentscheidung nochmals durch das Preisgericht bewertet werden müssen (der Wettbewerb also als integrierter Planungswettbewerb im Vergabeverfahren fortgesetzt wird) oder aber ob und ggf. wie eine Bewertung durch den Auftraggeber unter Bezugnahme auf die Beurteilung der im Wettbewerb eingereichten Entwürfe durch das Preisgericht erfolgt. Einer Entscheidung des OLG Dresden[12] ist zu entnehmen, dass der Auftraggeber dies unter Beachtung der vergaberechtlichen Grundsätze in der Wettbewerbsbekanntmachung und den Durchführungsregeln selbst festlegen kann. In Verhandlungsverfahren ohne Teilnahmewettbewerb widerspricht dies jedoch der Vorgabe des § 13 Abs. 2 Nr. 10 SektVO, wonach der Planungsauftrag nach den Bedingungen des Wettbewerbs zu vergeben ist. Hiernach ist der Auftraggeber also verpflichtet, die weiterentwickelten Wettbewerbsarbeiten durch das Preisgericht – bzw. einer mit denselben Preisrichtern besetzten Bewertungskommission, um den Begriff des Preisgerichts dem Wettbewerb vorzuhalten – nach den in der Wettbewerbsbekanntmachung angegebenen Entscheidungskriterien bewerten zu lassen. Diese Bewertung muss dann – gegebenenfalls mit anderen Zuschlagskriterien, die andere Aspekte des Angebots betreffen – in die Zuschlagsentscheidung einfließen.

II. Vorgaben aus § 40 SektVO

Die Veröffentlichung der Wettbewerbsbekanntmachung erfolgt, auch wenn dies in § 61 **21** Abs. 1 SektVO nicht ausdrücklich bestimmt ist, nach § 40 SektVO, der entsprechend anzuwenden ist (→ SektVO § 61 Rn. 8 f.). Hiernach ist die Bekanntmachung dem Amt für Veröffentlichungen der Europäischen Union mithilfe elektronischer Mittel zu übermitteln und von diesem zu veröffentlichen.

Der Auftraggeber ist an den Inhalt der Wettbewerbsbekanntmachung gleichermaßen ge- **22** bunden wie an den Inhalt einer Auftragsbekanntmachung gemäß § 40 SektVO.[13] Für Einzelheiten wird auf die Kommentierung zu § 40 SektVO verwiesen.

D. Angabe der Eignungsanforderungen in der Wettbewerbsbekanntmachung

Gemäß § 13 Abs. 2 Nr. 10 SektVO kann der Auftraggeber im Anschluss an einen Pla- **23** nungswettbewerb den Planungsauftrag in einem Verhandlungsverfahren ohne Teilnahme-

---

[11] *Harr* in Willenbruch/Wieddekind Vergaberecht 4. Aufl. 2017 § 72 VgV Rn. 11 mit Verweis auf OLG Dresden vom 21.10.2005 – WVerg 0005/05; OLG Dresden v. 11.4.2005 – WVerg 05/05.
[12] OLG Dresden v. 25.2.2014 – Verg 9/13.
[13] Ebenso zur Parallelvorschrift des § 71 VgV *Schubert* in Willenbruch/Wieddekind Vergaberecht 4. Aufl. 2017 § 71 VgV Rn. 4.

wettbewerb vergeben, wenn er alle Preisträger des Wettbewerbs zur Teilnahme an den Verhandlungen auffordert und die Vergabe nach den Bedingungen des Wettbewerbs erfolgt. § 61 Abs. 2 SektVO fordert darüber hinaus, dass der Auftraggeber die Eignungskriterien und die zum Nachweis der Eignung erforderlichen Unterlagen hierfür bereits in der Wettbewerbsbekanntmachung (→ SektVO § 61 Rn. 3) angegeben hat. Das kann in dem für die Wettbewerbsbekanntmachung gemäß § 61 Abs. 1 SektVO zu verwendenden Muster gemäß Anhang IX der Durchführungsverordnung (EU) 2015/1986 unter Abschnitt VI.3 (zusätzliche Angaben) erfolgen.

24   Hintergrund dieser Regelung ist, dass im Planungswettbewerb eine Eignungsprüfung nicht stattfindet (→ SektVO § 61 Rn. 12). Weil gemäß § 122 Abs. 1 GWB öffentliche Aufträge nur an geeignete Unternehmen vergeben werden dürfen, muss die Eignungsprüfung deshalb im dem Planungswettbewerb nachgelagerten Vergabeverfahren erfolgen. Das kommt durch die Regelung des § 61 Abs. 2 SektVO zum Ausdruck. Zur Eignungsprüfung und den in der Bekanntmachung anzugebenden Eignungskriterien und zum Nachweis der Eignung erforderlichen Unterlagen wird auf die Kommentierung des § 122 GWB verwiesen.

25   Unternehmen beteiligen sich an einem für sie in der Regel zeit- und kostenintensiven Wettbewerb nicht aus Idealismus und auch nicht, um einen der vom Auftraggeber gegebenenfalls ausgelobten Preise zu erhalten.[14] Das vorrangige und oftmals allein maßgebliche Ziel, das Unternehmen mit der Beteiligung an einem (Realisierungs-)Wettbewerb verfolgen, besteht vielmehr darin, den in einem dem Wettbewerb nachgelagerten Vergabeverfahren ausgeschriebenen Planungsauftrag zu erhalten. Ein Unternehmen, das in Betracht zieht, sich an einem Wettbewerb zu beteiligen, muss deshalb, soweit möglich, bereits für diese Entscheidung seine Chancen, schlussendlich den Planungsauftrag zu erhalten, beurteilen können. Sofern ein Unternehmen vom Auftraggeber nicht dazu in die Lage versetzt wird, wird es möglicherweise davon Abstand nehmen, sich an dem Wettbewerb zu beteiligen. Ein Auftraggeber, der einen breiten und hochwertigen Wettbewerb durchführen möchte, wird deshalb im eigenen Interesse den potenziellen Wettbewerbsteilnehmern, soweit möglich, die relevanten Informationen zur Verfügung stellen.

26   Trotzdem sah sich der Verordnungsgeber veranlasst, die Angabe der Eignungskriterien und der zum Nachweis der Eignung erforderlichen Unterlagen in der Wettbewerbsbekanntmachung ausdrücklich als Verpflichtung des Auftraggebers zu normieren. Zum einen hielt der Verordnungsgeber diese Regelung zur Wahrung des vergaberechtlichen Transparenzgrundsatzes für geboten. Zum anderen wollte er sicherstellen, dass die Unternehmen bereits vor der Teilnahme an einem Planungswettbewerbe erkennen können, ob sie den späteren Planungsauftrag erbringen können. Und schließlich wollte der Verordnungsgeber damit bewirken, dass sich Auftraggeber frühzeitig mit der Frage nach den zu fordernden Eignungskriterien und Nachweisen auseinandersetzen.[15] Zugleich hat der Verordnungsgeber damit die Gefahr gebannt, dass der Auftraggeber die Eignungskriterien und Eignungsnachweise in Kenntnis der am Verhandlungsverfahren zu beteiligenden Preisträger des Wettbewerbs und damit nicht mehr objektiv, sondern – gegebenenfalls nur unterbewusst – mit dem Ziel der Bevorteilung bestimmter Unternehmen festlegt.[16]

27   Ihrem Wortlaut nach bestimmt § 61 Abs. 2 SektVO die Verpflichtung zur Angabe der Eignungskriterien und Eignungsnachweise in der Wettbewerbsbekanntmachung nur für den Fall, dass der Auftraggeber die Vergabe eines Dienstleistungsauftrags im Verhandlungsverfahren ohne Teilnahmewettbewerb beabsichtigt. Hintergrund ist, dass die Realisierung des Ergebnisses des Planungswettbewerbs eine Planung und damit eine Dienstleistung ist. Im Einzelfall zulässig ist aber auch die Durchführung integrierter Planungswettbewerbe,

---

[14] Gemäß § 103 Abs. 6 GWB ist der Auftraggeber berechtigt, aber nicht verpflichtet, Preise auszuloben. Siehe dazu auch → SektVO § 61 Rn. 14.
[15] Verordnungsbegründung BT-Drucks. 18/7318 S. 275.
[16] So auch *Stolz* VergabeR 2016, 351.

beispielsweise bei Totalunternehmervergaben, bei denen die Planungs- und Ausführungsleistung zusammen ausgeschrieben wird. Den Schwerpunkt des späteren Auftrags bildet in der Regel die Ausführungsleistung, so dass im Anschluss an den Planungswettbewerbe gegebenenfalls nicht ein Dienstleistungsauftrag, sondern beispielsweise ein Bauauftrag (mit Dienstleistungs-, nämlich-Planungsanteil) ausgeschrieben wird. Diesen Anwendungsfall hatte der Verordnungsgeber offensichtlich nicht bedacht. Es handelt sich damit um eine planwidrige Regelungslücke. In Fällen wie dem vorstehenden Beispielsfall ist § 61 Abs. 2 SektVO deshalb analog heranzuziehen.

Nach § 61 Abs. 2 SektVO löst die Absicht, im Anschluss an einen Planungswettbewerbe **28** einen Dienstleistungsauftrag im Verhandlungsverfahren ohne Teilnahmewettbewerb zu vergeben, die Angabepflicht aus. Der Auftraggeber muss sich deshalb vor der Wettbewerbsbekanntmachung mit der Frage auseinandersetzen, ob er einen Ideen- oder Realisierungswettbewerb durchführen will und ob er gegebenenfalls den Planungsauftrag im Anschluss an den Planungswettbewerb im Verhandlungsverfahren ohne Teilnahmewettbewerb zu vergeben beabsichtigt oder nicht. Die Entscheidung über diese Fragen muss dokumentiert werden.

Beabsichtigte der Auftraggeber im Zeitpunkt der Wettbewerbsbekanntmachung die spä- **29** tere Durchführung eines Verhandlungsverfahrens ohne Teilnahmewettbewerb, und hat er entgegen § 60 Abs. 2 SektVO die Eignungskriterien und Eignungsnachweise nicht in der Wettbewerbsbekanntmachung angegeben, stellt dies einen Vergabeverstoß dar, der von denjenigen Wettbewerbsteilnehmer, die später zu den Verhandlungen aufgefordert und dann mangels Eignung ausgeschlossen werden, vor den Vergabekammern geltend gemacht werden kann. Den geeigneten Unternehmen fehlt demgegenüber ebenso wie denjenigen Wettbewerbsteilnehmern, die nicht zu den Verhandlungen aufgefordert worden sind, das notwendige Rechtsschutzinteresse. Geeignete Maßnahmen, welche die Vergabekammern treffen könnten, um die Rechtsverletzung zu beseitigen, kommen in der Regel jedoch nicht in Betracht. Eine Zurückversetzung des Vergabeverfahrens in den Stand vor der Wettbewerbsbekanntmachung machte keinen Sinn, wenn der Auftraggeber dann den Wettbewerb wiederholt und die Eignungskriterien und Eignungsnachweise angibt, an denen der Antragsteller des Nachprüfungsverfahrens gescheitert ist. Auch kann die Vergabekammer nicht entscheiden, dass der Auftraggeber auf eine Eignungsprüfung verzichtet oder dass er die Eignung nur anhand bestimmter, von der Vergabekammer festgelegter Kriterien und Nachweise prüft. Derartige Maßnahmen kämen allenfalls bei missbräuchlicher Festlegung eines bestimmten Eignungskriterium oder Eignungsnachweises in Betracht. Das Rechtsschutzziel kann und wird deshalb in aller Regel darin bestehen, den vergeblichen Aufwand im Wettbewerb erstattet zu erhalten. Der Antrag vor der Vergabekammer wird sich deshalb in der Regel auf Feststellung der Rechtsverletzung gemäß § 168 Abs. 2 Satz 2 GWB richten. Der eigentliche Erstattungsanspruch ist dann vor den Zivilgerichten durchzusetzen.

Beabsichtigte der Auftraggeber im Zeitpunkt der Wettbewerbsbekanntmachung die spä- **30** tere Durchführung eines Verhandlungsverfahrens ohne Teilnahmewettbewerb, und ändert er seine Absicht später und führt ein anderes Vergabeverfahren durch, schadet die Angabe oder Nicht-Angabe von Eignungskriterien und Eignungsnachweises in der Wettbewerbsbekanntmachung nicht. Hat der Auftraggeber allerdings Eignungskriterien und Eignungsnachweises bekannt gemacht, muss er sich freilich auch in einem anstelle des Verhandlungsverfahrens ohne Teilnahmewettbewerb durchgeführten Vergabeverfahrens hieran halten, weil die Wettbewerbsteilnehmer und Bieter auf die Angaben in der Wettbewerbsbekanntmachung vertrauen durften.

Beabsichtigte der Auftraggeber im Zeitpunkt der Wettbewerbsbekanntmachung nicht **31** die spätere Durchführung eines Verhandlungsverfahrens ohne Teilnahmewettbewerb, und hat er trotzdem in der Wettbewerbsbekanntmachung die Eignungskriterien und Eignungsnachweises angegeben, kann er nach Abschluss des Planungswettbewerbs noch seine Absicht ändern und ein Verhandlungsverfahren ohne Teilnahmewettbewerb durchführen. Dies gilt nur dann nicht, wenn der Auftraggeber in der Wettbewerbsbekanntmachung bereits die Durchführung eines anderen Vergabeverfahrens angekündigt hatte.

32   Beabsichtigte der Auftraggeber im Zeitpunkt der Wettbewerbsbekanntmachung nicht die spätere Durchführung eines Verhandlungsverfahrens ohne Teilnahmewettbewerb, und hat er demzufolge in der Wettbewerbsbekanntmachung die Eignungskriterien und Eignungsnachweises nicht angegeben, kann er nach Abschluss des Planungswettbewerbs seine Absicht auch nicht mehr ändern. Er muss also ein anderes Vergabeverfahren als das Verhandlungsverfahren ohne Teilnahmewettbewerb durchführen.

E. Bekanntmachung der Wettbewerbsergebnisse

33   Gemäß § 61 Abs. 3 SektVO sind die Ergebnisse des Wettbewerbs zum Zweck der Sicherstellung von transparenten Vergabeverfahren und der Marktbeobachtung innerhalb von 30 Tagen an das Amt für Veröffentlichungen der Europäischen Union zu versenden. Hierfür ist das Muster gemäß Anhang X der Durchführungsverordnung (EU) 2015/1986 verwenden. Dieses Muster kann unter der Internetadresse http://simap.ted.europa.eu im Reiter eNotice abgerufen und ausgefüllt werden. eNotice ist ein online-Tool, mit dem Bekanntmachungen erstellt und im Supplement zum Amtsblatt der EU veröffentlicht werden können. Dazu ist eine vorherige Registrierung erforderlich.

34   In diesem Muster werden diejenigen Angaben abgebildet, die im Anhang XX der Sektorenrichtlinie gemäß deren Art. 96 Abs. 2 S. 1 in der Wettbewerbsbekanntmachung mitzuteilen sind. Hierbei handelt es sich um folgende Angaben:

1. Name, Identifikationsnummer (soweit nach nationalem Recht vorgesehen), Anschrift einschließlich NUTS-Code, Telefon- und Fax-Nummer, E-Mail- und Internet-Adresse des Auftraggebers und, falls abweichend, der Dienststelle, bei der weitere Informationen erhältlich sind.
2. Ausgeübte Haupttätigkeit.
3. Beschreibung des Projekts (CPV-Codes).
4. Gesamtzahl der Teilnehmer.
5. Zahl ausländischer Teilnehmer.
6. Gewinner des Wettbewerbs.
7. Gegebenenfalls Preis/e.
8. Sonstige Auskünfte.
9. Referenz der Bekanntmachung der Wettbewerbe.
10. Name und Anschrift der Rechtsbehelfsverfahren und gegebenenfalls für Vermittlungsverfahren zuständigen Organs. Genaue Hinweise auf die Fristen für die Einlegung von Rechtsbehelfen oder erforderlichenfalls Name, Anschrift, Telefonnummer, Faxnummer und E-Mail-Adresse des Dienstes, bei dem diese Informationen erhältlich sind.
11. Tag der Absendung der Bekanntmachung.

35   Im Falle eines Widerspruchs zwischen dem in der Durchführungsverordnung festgelegten Muster und den nach Anhang XX der Sektorenrichtlinie mitzuteilenden Angaben ist dieser Anhang XX vorrangig. Das aktuelle Muster aus dem Anhang X der Durchführungsverordnung (EU) Nr. 2015/1986 entspricht jedoch den Vorgaben des Anhangs XX der Sektorenrichtlinie.

36   Die 30-Tage-Frist beginnt, was sich zwar nicht ausdrücklich aus § 61 Abs. 3 SektVO, aber jedenfalls aus 96 Abs. 2 UAbs. 2 der Richtlinie 2014/25/EU unmissverständlich ergibt, mit Abschluss des Planungswettbewerbs. Abgeschlossen ist der Planungswettbewerb, wenn das Preisgericht seine Entscheidungen abschließend getroffen und einen Bericht über die Rangfolge der von ihm ausgewählten Wettbewerbsarbeiten erstellt hat, der von den Preisrichtern unterzeichnet worden ist (vergleiche § 63 Abs. 3 SektVO). Die Berechnung der Frist bestimmt sich gemäß § 65 SektVO nach der Verordnung (EWG, Euratom) Nr. 1182/71 des Rates vom 3. Juni 1971 zur Festlegung der Regeln für die Fristen, Daten und Terminen (ABl. L 124 vom 8.6.1971, S. 1). Für Einzelheiten wird auf die Kommentierung von § 65 SektVO verwiesen.

F. Ausnahmen von der Bekanntmachungspflicht

Gemäß § 61 Abs. 4 SektVO gilt § 38 Abs. 6 SektVO entsprechend. Danach ist der Auf- **37** traggeber nicht verpflichtet, einzelne Angaben zu veröffentlichen, wenn deren Veröffentlichung

- den Gesetzesvollzug behindern,
- dem öffentlichen Interesse zuwiderlaufen,
- den berechtigten geschäftlichen Interessen eines Unternehmens schaffen oder
- den lauteren Wettbewerb zwischen Unternehmen beeinträchtigen würde.

Für die Auslegung dieser Ausnahmetatbestände wird auf die Kommentierung von § 38 Abs. 6 SektVO verwiesen. Hinzuweisen ist an dieser Stelle nochmals darauf, dass nach § 38 Abs. 6 SektVO nicht die Pflicht zur Bekanntmachung insgesamt, sondern nur die Pflicht zur Bekanntmachung einzelner Angaben entfallen kann.

Unklar ist, auf welche Bekanntmachungspflichten des Wettbewerbsausrichters gemäß **38** § 61 SektVO sich der Hinweis auf die entsprechende Anwendung von § 38 Abs. 6 SektVO beziehen soll. Wortlaut und Gesetzesbegründung zu § 61 Abs. 4 SektVO geben keinen Aufschluss darüber. § 38 SektVO enthält ausschließlich Regelungen zur Bekanntmachung der Wettbewerbsergebnisse. Das könnte dafür sprechen, dass § 38 Abs. 6 SektVO nur im Zusammenhang mit der Bekanntmachung der Wettbewerbsergebnisse gemäß § 61 Abs. 3 SektVO zu beachten ist. Dem widerspricht hingegen, dass der Verordnungsgeber den Hinweis auf die entsprechende Anwendung von § 38 Abs. 6 SektVO nicht als einen Satz 3 in § 61 Abs. 3 SektVO, sondern als eigenständigen Absatz in § 61 SektVO normiert hat. Das indiziert, dass die Ausnahmetatbestände des § 38 Abs. 6 SektVO sowohl bei der Wettbewerbsbekanntmachung gemäß § 61 Abs. 1 SektVO, als auch bei der Bekanntmachung der Wettbewerbsergebnisse gemäß § 61 Abs. 3 SektVO zu berücksichtigen sind.[17]

---

[17] Im Ergebnis wohl auch *Greb* in Greb/Müller SektVO 2. Aufl. 2017 § 61 Rn. 9, allerdings ohne die Frage zu problematisieren und das Ergebnis zu begründen.

§ 62 Ausrichtung

(1) Die an einem Planungswettbewerb Interessierten sind vor Wettbewerbsbeginn über die geltenden Durchführungsregeln zu informieren.

(2) Die Zulassung von Teilnehmern an einem Planungswettbewerb darf nicht beschränkt werden

1. unter Bezugnahme auf das Gebiet eines Mitgliedstaats der Europäischen Union oder einen Teil davon oder

2. auf nur natürliche oder nur juristische Personen.

(3) Bei einem Planungswettbewerb mit beschränkter Teilnehmerzahl hat der Auftraggeber eindeutige und nichtdiskriminierende Auswahlkriterien festzulegen. Die Zahl der Bewerber, die zur Teilnahme aufgefordert werden, muss ausreichen, um einen echten Wettbewerb zu gewährleisten.

Übersicht

	Rdn.		Rdn.
A. Einführung	1	**D. Zulassungsbeschränkungen**	15
I. Literatur		I. Allgemeine Vorgaben für Zulassungs-	
II. Entstehungsgeschichte	2	bedingungen	15
III. Rechtliche Vorgaben im EU-Recht	3	II. Zulassungsbeschränkungen gemäß	
		Abs. 2	18
B. Vergleich zur VgV	6	**E. Planungswettbewerbe mit beschränkter**	
C. Durchführungsregeln	7	**Teilnehmerzahl**	19
I. Festlegung von Durchführungsregeln	8	I. Nichtoffene Wettbewerbe	19
II. Zeitpunkt der Information über die		II. Auswahlkriterien	23
Durchführungsregeln	9	III. Anzahl der auszuwählenden Teilneh-	
III. Anwendung veröffentlichter einheitli-		mer	27
cher Richtlinien	12	IV. Setzen von Teilnehmern	29
IV. Inhalt der Durchführungsregeln	13	V. Auswahlentscheidung	32
V. Änderung bekanntgemachter Durch-		VI. Losentscheid	36
führungsregeln	14		

A. Einführung

I. Literatur

1 *Greb/Müller,* Kommentar zum Sektorenvergaberecht, 2. Aufl., Köln 2017; *Willenbruch/Wieddekind,* Vergaberecht, 4. Aufl., Köln 2017; *Dierks-Oppler,* Wettbewerbe für Architekten und Ingenieure, 1. Aufl., Köln 2013; *Eschenbruch/Opitz* SektVO 1. Aufl., München 2012; *Müller-Wrede,* Der Architektenwettbewerb, 1. Aufl., Köln 2012; *Voppel/Osenbrück/Bubert,* VOF, 3. Aufl., München 2012.

II. Entstehungsgeschichte

2 § 62 SektVO enthält die gesetzlichen Vorgaben für die Ausrichtung von Wettbewerben durch den Sektorenauftraggeber. Bis zu der Vergaberechtsreform 2016 waren diese Vorgaben in § 11 Abs. 2 S. 2 und Abs. 3 SektVO a. F. zusammengefasst. Diese Vorgaben wurden nunmehr in § 62 SektVO n. F. übernommen. Inhaltlich wurden die Vorgaben dabei unverändert gelassen.

III. Rechtliche Vorgaben im EU-Recht

Mit § 62 Abs. 2 und 3 SektVO werden Art. 97 Abs. 2 und 3 der Richtlinie 2014/ **3**
25/EU (Sektorenrichtlinie)[1] umgesetzt. Kleinere Abweichungen im Wortlaut zwischen
dem Richtlinientext und dem Verordnungstext haben rein sprachliche bzw. redaktionelle
Hintergründe. Inhaltlich wird Art. 97 Abs. 2 und 3 der Sektorenrichtlinie eins zu eins umgesetzt.

§ 62 Abs. 1 SektVO hat kein unmittelbares europarechtliches Vorbild in der Sektoren- **4**
richtlinie. Die inzidente Vorgabe, dass der Planungswettbewerb auf der Grundlage bestimmter, über die Vorschriften in der SektVO hinausgehender Regelungen durchzuführen
ist, und die ausdrückliche Vorgabe, dass die am Planungswettbewerb Interessierten vorab
über diese Regelungen zu informieren sind, sind jedoch unter europarechtlichen Gesichtspunkten unbedenklich. Im Gegenteil: Zur Sicherstellung eines transparenten und diskriminierungsfreien Planungswettbewerbs, also zur Sicherstellung der auch europarechtlich fun-
diertem Grundsätze der Transparenz und Gleichbehandlung im Vergaberecht, ist es
erforderlich, konkrete Durchführungsregeln für den beabsichtigten Planungswettbewerb
festzulegen und die potentiellen Wettbewerbsteilnehmer hierüber vor Wettbewerbsbeginn
zu informieren.

Dabei versteht sich von selbst, dass diese Durchführungsregeln den europarechtlichen **5**
Vorgaben für die Planungswettbewerbe nicht widersprechen dürfen. Neben den europarechtlich fundierten Grundsätzen von Wettbewerb, Gleichbehandlung und Transparenz
haben Auftraggeber nach Art. 97 Abs. 1 der Sektorenrichtlinie bei der Durchführung von
Planungswettbewerben die Verfahren anzuwenden, die Titel I und III, Kap. II, der Sektorenrichtlinie entsprechen. Im Wesentlichen sind diese Artikel im Teil 4 des GWB umgesetzt. Die Vorschriften dieses Teils 4 des GWB sind ganz überwiegend auf Planungswettbewerbe im Anwendungsbereich der SektVO anzuwenden (→ SektVO § 60 Rn. 29).

B. Vergleich zur VgV

§ 62 SektVO ist inhalts- und sogar nahezu wortgleich mit § 71 VgV. Deshalb kann er- **6**
gänzend auf die Kommentierung zu § 71 VgV verwiesen werden.

C. Durchführungsregeln

Nach § 62 Abs. 1 SektVO sind die an einem Planungswettbewerb Interessierten vor **7**
Wettbewerbsbeginn über die geltenden Durchführungsregeln zu informieren. Damit enthält § 62 Abs. 1 SektVO zwei Vorgaben für die Ausrichtung von Planungswettbewerben,
nämlich die inzidente Vorgabe, dass der Planungswettbewerb auf der Grundlage bestimmter, über die Vorschriften in der SektVO hinausgehender Regelungen durchzuführen ist,
und die ausdrückliche Vorgabe, dass die am Planungswettbewerb Interessierten vorab über
diese Regelungen zu informieren sind.

I. Festlegung von Durchführungsregeln

Die Vorgabe, **Durchführungsregeln für den Planungswettbewerb festzulegen**, hat **8**
den Hintergrund, dass die Durchführung von Planungswettbewerben in den einschlägigen

---

[1] Richtlinie 2014/25/EU des europäischen Parlaments und des Rates vom 26.2.2014 über die Vergabe
von Aufträgen durch Auftraggeber im Bereich der Wasser-, Energie- und Verkehrsversorgung sowie der
Postdienste und zur Aufhebung der Richtlinie 2004/17/EG, ABl. 2014 L 94/243.

Vergabegesetzen, also dem GWB und der SektVO, praktisch nicht normiert ist. Die Regelungen beschränken sich im Wesentlichen auf die Zusammensetzung und die Tätigkeit des Preisgerichts (§ 63 SektVO). Regelungen zu Fristen, Verfahrensabläufen, Beurteilungskriterien, etc. enthält die SektVO hingegen nicht. Dadurch ist der Auftraggeber in der Lage, einen Planungswettbewerb nach seinen konkreten Bedürfnissen zu strukturieren und zu gestalten. Über diese Struktur und Gestaltung muss er jedoch aus Gründen der Transparenz und der Gleichbehandlung potentielle Wettbewerbsteilnehmer vor Wettbewerbsbeginn informieren.

II. Zeitpunkt der Information über die Durchführungsregeln

9   Nach § 62 Abs. 1 SektVO ist *„vor Wettbewerbsbeginn"* über die geltenden Durchführungsregeln zu informieren. Wann ein Wettbewerb beginnt, ist weder in der Sektorenrichtlinie noch in den einschlägigen deutschen Vergabegesetzen bestimmt. Viel spricht dafür, den **Beginn eines Wettbewerbs** mit dem Beginn eines Vergabeverfahrens entsprechend gleichzusetzen. Mit Blick auf § 2 Abs. 3 SektVO ist das der Tag, an dem die Auftragsbekanntmachung abgesendet wird oder das Vergabeverfahren auf sonstige Weise eingeleitet wird. Bei wortgetreuer Auslegung von § 62 Abs. 1 SektVO müssten die an einem Wettbewerb Interessierten somit vor der eigentlichen Wettbewerbsbekanntmachung über die Durchführungsregeln informiert werden. Das machte keinen Sinn. Dies kann jedoch nicht dazu führen, einen anderen Zeitpunkt als Wettbewerbsbeginn anzunehmen, beispielsweise die Einreichung der Wettbewerbsarbeiten. Dagegen spricht zum einen, dass in diesem Zeitpunkt nicht mehr von den *„an einem Planungswettbewerb Interessierten"* gesprochen werden kann, weil die Unternehmen zu diesem Zeitpunkt bereits Leistungen im Wettbewerb erbringen, nämlich die Wettbewerbsarbeiten erstellen. Zum anderen müssen die potentiellen Wettbewerbsteilnehmer frühzeitig die Durchführungsregeln kennen, um eine Entscheidung treffen zu können, ob sie sich an einem in der Regel zeit- und kostenintensiven Wettbewerb beteiligen wollen. § 62 Abs. 1 SektVO ist deshalb dahingehend auszulegen, dass eine Veröffentlichung der Durchführungsregeln in der Wettbewerbsbekanntmachung jedenfalls ausreichend ist.[2] Auch § 78 Abs. 3 S. 2 VgV gibt beispielsweise für Planungswettbewerbe für Architekten- und Ingenieurleistungen vor, dass die auf die Durchführung von Planungswettbewerben anwendbaren Regeln in der Wettbewerbsbekanntmachung mitzuteilen sind. Dass weder § 41 Abs. 1 SektVO noch dessen europarechtliches Vorbild, Art. 73 Abs. 1 Unterabsatz 1 der Sektorenrichtlinie auf Planungswettbewerbe Anwendung finden, spricht dafür, dass sogar eine der Wettbewerbsbekanntmachung nachfolgende Information der am Wettbewerb Interessierten ausreicht, sofern diese in einem engen zeitlichen Zusammenhang mit der Wettbewerbsbekanntmachung erfolgt. Wegen der damit verbundenen Rechtsunsicherheit ist dem Auftraggeber jedoch die Information in der Wettbewerbsbekanntmachung selbst zu empfehlen.

10   Die Verpflichtung des Auftraggebers zur Information über die Durchführungsregeln vor Wettbewerbsbeginn gilt unabhängig von der Wahl der Wettbewerbsart. Auch bei nicht offenen Wettbewerben, denen ein Teilnahmewettbewerb vorausgeht, müssen die Durchführungsregeln bereits vor Wettbewerbsbeginn mitgeteilt werden. Das entspricht wiederum dem Rechtsgedanken des § 41 Abs. 1 SektVO, sämtliche für das Vergabeverfahren (und den vorangehenden Wettbewerb) relevante Informationen vorab bekanntzugeben.

11   Freilich könnte § 62 Abs. 1 SektVO auch dahingehend verstanden werden, dass der Auftraggeber die Durchführungsregeln unabhängig von dem konkreten beabsichtigten Planungswettbewerb vorab veröffentlicht haben muss. Das verlangt § 78 Abs. 2 S. 1 VgV für Planungswettbewerbe für Architekten- und Ingenieurleistungen, wenn dort bestimmt wird, dass Planungswettbewerbe *„auf der Grundlage veröffentlichter einheitlicher Richtlinien"* durchzu-

---

[2] Ebenso *Greb* in Greb/Müller SektVO 2. Aufl. 2017 § 62 SektVO Rn. 4.

führen sind.[3] Gerade weil der Verordnungsgeber in den allgemeinen, nämlich nicht auf die Vergabe von Architekten- und Ingenieurleistungen spezialisierten Vorschriften des § 62 Abs. 1 SektVO und der Parallelvorschrift des § 71 Abs. 1 VgV einen anderen Wortlaut gewählt hat und nicht von veröffentlichten einheitlichen Richtlinien, sondern nur von Durchführungsregeln spricht, ist davon auszugehen, dass die Durchführungsregeln nicht unabhängig von dem konkreten beabsichtigten Planungswettbewerb vorab veröffentlicht worden sein müssen. Dafür spricht auch, dass die gemäß § 62 Abs. 1 SektVO zu informierenden „an einem Planungswettbewerb Interessierten" bereits einen konkreten Planungswettbewerb voraussetzen.

III. Anwendung veröffentlichter einheitlicher Richtlinien

Nach § 62 Abs. 1 SektVO ist der Auftraggeber mithin nicht verpflichtet, einen Pla- **12** nungswettbewerb auf der Grundlage veröffentlichter einheitlicher Richtlinien (im Sinne von § 78 Abs. 2 VgV) durchzuführen. Insbesondere muss er einem Planungswettbewerb deshalb nicht die Richtlinie für Planungswettbewerbe (RPW), die aktuell in der Fassung aus dem Jahr 2013 veröffentlicht sind, zu Grunde legen. Gleichwohl macht es für einen Auftraggeber Sinn, sich bei der Zusammenstellung und Festlegung von Durchführungsregeln für einen Planungswettbewerb an der Struktur der RPW 2013 zu orientieren. Damit kann er sicherstellen, dass er alle für einen Planungswettbewerb regelungsbedürftigen Inhalte erfasst. Ob der Auftraggeber sich darüber hinaus auch inhaltlich an der RPW 2013 orientieren sollte, kann nur im Einzelfall entschieden werden. Dafür spricht, dass die RPW 2013 ein für die Vergabe von Architekten- und Ingenieurleistungen – also dem Hauptanwendungsfall von Planungswettbewerben – be- und anerkanntes Regelwerk darstellt. Dagegen kann sprechen, dass sich der Auftraggeber damit in ein (in Teilen) enges Korsett zwängt, das ihm § 61 Abs. 1 SektVO gerade nicht aufzwingen will. Für Einzelheiten zur RPW 2013 wird auf die Kommentierungen von § 78 VgV und § 79 VgV verwiesen.

IV. Inhalt der Durchführungsregeln

Sinnvollerweise orientiert sich der Auftraggeber bei der Festlegung der Durchführungs- **13** regeln an Struktur und Inhalt der RPW 2013. Darüber hinaus lassen sich Mindestinhalte den §§ 60 ff. SektVO entnehmen. Danach müssen die Zulassungsbedingungen zum Wettbewerb (vgl. § 62 Abs. 2 SektVO) geregelt werden. Bei nicht offenen Wettbewerben sind darüber hinaus die Auswahlkriterien für den vorangeschalteten Teilnahmewettbewerb zu veröffentlichen (vgl. § 62 Abs. 3 SektVO). Anzugeben sind auch die Kriterien, auf deren Grundlage das Preisgericht entscheidet (vgl. § 63 Abs. 2 S. 2 SektVO). Über die SektVO hinaus sind unter anderem zu folgenden Aspekten Angaben zu machen:
- Abgabe etwaiger Nachweise und Erklärungen
- Recht zur Nachforderung fehlender Unterlagen im Teilnahmewettbewerb bei einem nicht offenen Wettbewerb[4]
- Beachtung von Normen
- Vorsehung einer Überarbeitungsphase im Wettbewerb
- Vorsehung eines Rückfragekolloquiums (Dialog zwischen Preisrichter und einzelnem Wettbewerbsteilnehmer)
- Festlegung von Wettbewerbssumme, Preisgeldern, Bearbeitungshonorar
- Festlegung, ob für den Fall einer Realisierung mit der Durchführung weiterer Planungsleistungen nur der Gewinner oder einer der Preisträger beauftragt werden soll

---

[3] → VgV § 78 Rn. 51 ff.
[4] → SektVO § 62 Rn. 34 f.

- Regeln für die Einreichung der Wettbewerbsarbeiten (Form, Frist, Modelle, Datenformate, etc.)
- Ausstellung der Wettbewerbsarbeiten
- Eigentum und Rückgabe der Wettbewerbsarbeiten, Urheberrecht

V. Änderung bekanntgemachter Durchführungsregeln

14   Eine nachträgliche Änderung der mitgeteilten Regeln ist grundsätzlich vergaberechtswidrig.[5] Nur ausnahmsweise kann eine nachträgliche Änderung vorgenommen werden, sofern diese transparent und diskriminierungsfrei erfolgt. Das setzt unter anderem voraus, dass alle Teilnehmer unverzüglich über die Änderung informiert werden und eine Manipulationsgefahr ausgeschlossen ist.[6]

D. Zulassungsbeschränkungen

I. Allgemeine Vorgaben für Zulassungsbedingungen

15   Nach § 62 Abs. 2 SektVO darf die Zulassung von Teilnehmern an einem Planungswettbewerb nicht beschränkt werden

- unter Bezugnahme auf das Gebiet eines Mitgliedstaats der Europäischen Union oder einen Teil davon oder
- auf natürliche oder juristische Personen.

Hieraus folgt zunächst, dass grundsätzlich die Zulassung von Teilnehmern in einem Planungswettbewerb beschränkt werden darf. Sonst wäre die Regelung von Ausnahmen in § 62 Abs. 2 SektVO nicht erforderlich. Das ist deshalb hervorzuheben, weil das Muster in Anhang IX der Durchführungsverordnung (EU) 2015/1986, auf dessen Grundlage der Auftraggeber gemäß § 61 Abs. 1 SektVO die Wettbewerbsbekanntmachung zu erstellen hat, die Vorgabe von Zulassungskriterien nicht ausdrücklich vorsieht. Dort ist lediglich unter III.2.1) vorgesehen, dass der Auftraggeber festlegen kann, dass die Teilnahme einem bestimmten Berufsstand vorbehalten ist. Hierbei handelt es sich um ein (zulässiges) Zulassungskriterium. Das zeigt auch ein Blick in § 4 RPW 2013. Teilnahmeberechtigt an einem Planungswettbewerb sind danach natürliche und juristische Personen, welche die in der Auslobung geforderten fachlichen Anforderungen sowie die sonstigen Zulassungsvoraussetzungen erfüllen, wobei bei natürlichen Personen die fachlichen Anforderungen schon dann als erfüllt gelten, wenn sie die in der Auslobung genannte Berufsbezeichnung führen dürfen. Bei der Vorgabe eines bestimmten Berufsstands gemäß III.2.1) des Musters in Anhang IX der Durchführungsverordnung (EU) 2015/1986 handelt es sich aber nur um ein mögliches Zulassungskriterium, auf das der Auftraggeber jedoch nicht beschränkt ist. Zusätzliche oder andere Zulassungskriterien sind daher unter VI.3) des Musters („Zusätzliche Angaben") mitzuteilen.

16   Die einzige ausdrückliche Vorgabe für die Festlegung von Zulassungskriterien enthält § 62 Abs. 2 SektVO. Danach darf der Auftraggeber als Kriterium für die Zulassung der Teilnehmer nicht den Bezug auf das Gebiet eines Mitgliedstaats der Europäischen Union oder eines Teils davon festlegen oder aber bestimmen, dass nur natürliche oder juristische Personen teilnehmen dürfen. Aus dieser Regelung nur zweier Ausnahmen von dem Recht, Kriterien für die Zulassung der Teilnehmer festzulegen, kann nicht der Rückschluss gezogen werden, dass der Auftraggeber im Übrigen bei der Festlegung der Kriterien frei wäre.

---

[5] OLG Dresden v. 6.6.2002 – WVerg 4/02, WuW 2003, 215.
[6] OLG Rostock v. 9.10.2013 – 17 Verg 6/13, VergabeR 2014, 442, 451 f.; *Greb* in Greb/Müller SektVO 2. Aufl. 2017 § 62 SektVO Rn. 6.

Vielmehr ist er darüber hinaus verpflichtet, grundsätzlich diskriminierungsfreie Kriterien festzulegen.[7] Darüber hinaus müssen die Kriterien einen Bezug zum Gegenstand des Planungswettbewerbs haben. Diese Anforderungen an die Festlegung der Auswahlkriterien sind zwar in § 62 SektVO nicht normiert, ergeben sich aber aus den im Vergaberecht zu beachtenden Vergabegrundsätze. Insbesondere kann also aus § 62 Abs. 2, Nr. 1 SektVO, der die Zulassung von Teilnehmern unter Bezugnahme auf das Gebiet <u>eines</u> Mitgliedstaats verbietet, nicht der Umkehrschluss gezogen werden, dass die Zulassung von Teilnehmern beschränkt werden darf unter Bezugnahme auf das Gebiet <u>mehrerer</u> Mitgliedstaaten.

Von den Zulassungskriterien gemäß § 62 Abs. 2 SektVO zu trennen sind schließlich die **17** Auswahlkriterien für den Fall der Durchführung eines nichtoffenen Wettbewerbs (→ Sekt-VO § 62 Rn. 19, 23). Hierbei handelt es sich um die rechtlichen, wirtschaftlichen, finanziellen und technischen Vorgaben, die der Auftraggeber gemäß Abschnitt III des Musters in Anhang IX der Durchführungsverordnung (EU) 2015/1986, auf dessen Grundlage er gemäß § 61 Absatz ein SektVO die Wettbewerbsbekanntmachung zu erstellen hat, machen darf. Nach III.1.10) darf der Auftraggeber Kriterien für die Auswahl der Teilnehmer vorgeben. Dies gilt ausweislich des Musters jedoch nur für den Fall der Durchführung eines eines nichtoffenen Wettbewerbs, in dessen Rahmen der Auftraggeber ggf. eine <u>Auswahl</u> zwischen „Bewerbern" treffen muss.

II. Zulassungsbeschränkungen gemäß Abs. 2

Der Inhalt der gemäß § 62 Abs. 2 SektVO untersagten Zulassungsbeschränkungen versteht sich von selbst und ist nicht weiter kommentierungsbedürftig. Hinzuweisen ist nur darauf, dass über die in Nr. 1 genannten Fälle hinaus jedwede räumliche Beschränkung vergaberechtswidrig ist. Das gilt insbesondere auch für den Fall einer beabsichtigten Inländerdiskriminierung, wonach ausländische Bewerber unbeschränkt, inländische jedoch nur zugelassen werden, wenn diese aus einer bestimmten Region kommen.[8] **18**

E. Planungswettbewerbe mit beschränkter Teilnehmerzahl

I. Nichtoffene Wettbewerbe

In der Praxis finden zwei unterschiedliche Wettbewerbsverfahren Anwendung. Hierbei **19** handelt es sich um den **Offenen Wettbewerb** und den **Nichtoffenen Wettbewerb.** In ihrer Struktur ist der Offene Wettbewerb mit dem Offenen Verfahren und der Nichtoffene Wettbewerb mit dem Nichtoffenen Verfahren vergleichbar.[9]

Weder der Offene Wettbewerb noch der Nichtoffene Wettbewerb finden eine ausdrück- **20** liche Erwähnung in den §§ 60 ff. SektVO (ebenso wenig wie in der VgV). Für den offenen Wettbewerb, der sich an jeden Interessierten wendet, ist dies unproblematisch. Anders ist das für den Nichtoffenen Wettbewerb, bei dem eine Vorauswahl derjenigen Interessierten, die zum Planungswettbewerb eingeladen werden, getroffen wird. Aus **§ 62 Abs. 3 Sekt-VO** lässt sich allerdings entnehmen, dass der Verordnungsgeber einen dem Planungswettbewerb vorgeschalteten Teilnahmewettbewerb, wie ihn das Nichtoffene Verfahren vorsieht, für zulässig erachtet. § 62 Abs. 3 SektVO setzt Art. 97 Abs. 3 der Sektorenrichtlinie um, woraus sich auch die europarechtliche Konformität des Nichtoffenen Wettbewerbs ergibt. Für Einzelheiten zum offenen und zum nichtoffenen Wettbewerb wird auf die Kommentierung von § 78 VgV verwiesen.

---

[7] Ebenso *Greb* in Greb/Müller SektVO 2. Aufl. 2017 § 63 SektVO Rn. 7.
[8] Siehe dazu *Harr* in Willenbruch/Wieddekind Vergaberecht 4. Aufl. 2017 § 71 VgV Rn. 8 mwN.
[9] → VgV § 78 Rn. 96 ff. (Offener Wettbewerb) und Rn. 99 ff. (Nichtoffener Wettbewerb).

21   In der Praxis entscheiden sich öffentliche Auftraggeber in der Regel für den nichtoffenen Wettbewerb. Zum einen kann der öffentliche Auftraggeber dadurch den zeitlichen und finanziellen Aufwand reduzieren. Denn im offenen Wettbewerb, an dem sich jeder interessierte geeignete Fachmann beteiligen kann, muss der öffentliche Auftraggeber mit einer unbegrenzten Zahl von Wettbewerbsarbeiten rechnen, die er bewerten muss. Zum anderen zeigt die Praxis, dass renommierte Unternehmen sich seltener an offenen Wettbewerben beteiligen. Weil der Aufwand der Teilnehmer im offenen Wettbewerb und im nichtoffenen Wettbewerb gleich sind, muss die Scheu vor dem offenen Wettbewerb darin liegen, dass wegen der größeren Konkurrenz eine geringere Chance auf einen Preis und damit schlussendlich auf den Planungsauftrag besteht.

22   Nur bei nicht offenen Wettbewerben findet mithin ein Teilnahmewettbewerb statt, in dem die Teilnehmer des Planungswettbewerbs anhand von Auswahlkriterien ausgewählt werden. Mithin ist § 71 Abs. 3 SektVO nur auf nichtoffene Planungswettbewerbe anwendbar.

II. Auswahlkriterien

23   Die Kriterien, anhand derer die Auswahl im nichtoffenen Wettbewerb erfolgt, müssen gemäß § 62 Abs. 3 S. 1 SektVO **eindeutig und nichtdiskriminierend** sein. Das ist ein vergaberechtlicher Allgemeinplatz. Eine gewisse Einschränkung der Kriterien kann Abschnitt III des Musters in Anhang IX der Durchführungsverordnung (EU) 2015/1986, auf dessen Grundlage der Auftraggeber gemäß § 61 Absatz 1 SektVO die Wettbewerbsbekanntmachung zu erstellen hat, entnommen werden. Danach können rechtliche, wirtschaftliche, finanzielle und technische Angaben von dem Wettbewerbsteilnehmer verlangt werden, um eine Auswahl zu treffen. Weiterhin ist zu verlangen, dass die Auswahlkriterien im Zusammenhang mit dem Wettbewerbsgegenstand stehen müssen.[10] Ferner verlangt das Nichtdiskriminierungsgebot, dass die Teilnehmer an denselben Auswahlkriterien zu messen sind.[11] Der Auftraggeber muss mit anderen Worten einheitliche Auswahlkriterien, die für alle Wettbewerbsteilnehmer gelten, festlegen (zur möglichen Festlegung vorausgewählter Teilnehmer siehe → SektVO § 62 Rn. 29 ff.). Weitere Anhaltspunkte können den wenigen einschlägigen Entscheidungen der vergaberechtlichen Rechtsprechung entnommen werden. Nicht eindeutig sind danach Kriterien wie „gestalterische Qualifikation" oder „gestalterisches Können."[12]

24   Damit ähneln die Auswahlkriterien den Kriterien, anhand derer die Eignung geprüft wird. Nach der Vorstellung des Verordnungsgebers handelt es sich bei dieser Auswahlprüfung jedoch noch nicht um die Eignungsprüfung. Denn nach § 61 Abs. 2 SektVO hat der Auftraggeber die Eignungskriterien und die zum Nachweis der Eignung erforderlichen Unterlagen dann bereits in der Wettbewerbsbekanntmachung anzugeben, wenn er im Anschluss an den Planungswettbewerb die Vergabe eines Dienstleistungsauftrags im Verhandlungsverfahren ohne Teilnahmewettbewerb beabsichtigt. Das indiziert, dass der Verordnungsgeber die Eignungsprüfung in dem einem Planungswettbewerb nachgelagerten Vergabeverfahren ansiedelt. Ganz deutlich wird dies aus der Verordnungsbegründung zu § 61 Abs. 2 SektVO, in der von den *„erst im Rahmen der späteren Eignungsprüfung zu erfüllenden Eignungskriterien"* die Rede ist.[13]

25   Die Auswahlkriterien im Sinne von § 62 Abs. 3 S. 1 SektVO sind ebenso wie die Zulassungskriterien bereits **in der Wettbewerbsbekanntmachung mitzuteilen.** Das wird zwar in § 62 SektVO nicht ausdrücklich geregelt, folgt aber daraus, dass der Auftraggeber die Wettbewerbsbekanntmachung nach dem in Anhang IX der Durchführungsverordnung

[10] Vgl. LG Stuttgart vom 2.10.2014 – 11 O 182/14, EnWZ 2015, 93.
[11] *Greb* in Greb/Müller SektVO 2. Aufl 2017 § 62 SektVO Rn. 10.
[12] *Greb* in Greb/Müller SektVO 2. Aufl 2017 § 62 SektVO Rn. 9.
[13] Verordnungsbegründung BT-Drucks. 18/7318 S. 275.

(EU) 2015/1986 enthaltenen Muster zu erstellen hat und dieses Muster unter III.1.10) die Mitteilung der Auswahlkriterien bei nicht offenen Wettbewerben vorsieht. Zudem gilt auch hier, dass die am Planungswettbewerb Interessierten vorab über die Wettbewerbsbedingungen, zu denen auch die Auswahlkriterien gehören, informiert werden müssen, damit sie auf dieser Grundlage entscheiden können, ob sie sich an einem in der Regel zeit- und kostenintensiven Wettbewerb beteiligen wollen.

Zwar sind damit jedenfalls bei beabsichtigter Vergabe des Planungsauftrag nach Abschluss des Wettbewerbs im Verhandlungsverfahren ohne Teilnahmewettbewerb in der Wettbewerbsbekanntmachung bereits die Zulassungskriterien, die Auswahlkriterien und die Eignungskriterien zu benennen. Die Nachweise für die Erfüllung der Zulassungs- und Auswahlkriterien müssen jedoch schon im Teilnahmewettbewerb, die Nachweise für die Erfüllung der Eignungskriterien hingegen erst nach Abschluss des eigentlichen Realisierungswettbewerbs im Verhandlungsstadium vorgelegt werden. Daraus folgt zugleich, dass der Planungswettbewerb nicht mehr als Teil der Eignungsprüfung, sondern als vorgeschaltetes eigenes Verfahren anzusehen ist. **26**

III. Anzahl der auszuwählenden Teilnehmer

Nach IV.1.2) des in Anhang IX der Durchführungsverordnung (EU) 2015/1986 enthaltenen Musters muss der Auftraggeber bei einem nichtoffenen Wettbewerb außerdem **die Anzahl der in Erwägung gezogenen Teilnehmer oder die Mindestzahl bzw. die Höchstzahl** angeben. Der Auftraggeber muss mit anderen Worten eine Zahl oder zumindest einen Rahmen angeben, mit wie vielen Unternehmen der Wettbewerb durchgeführt werden soll. Dazu bestimmt § 62 Abs. 3 S. 2 SektVO, dass die Zahl der Bewerber, die zur Teilnahme aufgefordert werden, ausreichen muss, um einen echten Wettbewerb zu gewährleisten. Einen Anhaltspunkt für die Anzahl von Teilnehmern, die für einen echten Wettbewerb erforderlich ist, bietet § 51 Abs. 2 S. 1 VgV.[14] Danach sind bei einem nichtoffenen Verfahren fünf Teilnehmer erforderlich, bei einem Verhandlungsverfahren drei. **27**

Dass nach § 62 Abs. 3 S. 2 die Anzahl der ausgewählten Bewerber ausreichend sein muss, um einen *„echten Wettbewerb"* zu gewährleisten, stellt keine Verschärfung gegenüber § 11 Abs. 3 S. 3 SektVO a. F. dar, wonach nur „ein Wettbewerb" (also kein „echter Wettbewerb") gewährleistet sein musste. Hierbei handelt es sich offenbar nur um ein Redaktionsversehen des Verordnungsgebers. Während beispielsweise in § 16 Abs. 3 VOF noch von der Gewährleistung eines „echten Wettbewerbs" die Rede war, spricht der Verordnungsgeber in der Nachfolgeregelung in § 71 Abs. 3 VgV sowie in § 51 Abs. 2 VgV nur noch von „einem Wettbewerb". Dass dahinter eine bewusste Entscheidung des Verordnungsgebers liegt, im nichtoffenen Planungswettbewerb nach der SektVO n. F. einen gegenüber den Planungswettbewerben nach der SektVO a. F. und auch gegenüber den Planungswettbewerben der VgV höheren Wettbewerb gewährleisten zu wollen, ist nicht ersichtlich. Hinzu kommt, dass eine Unterscheidung zwischen einem „echten Wettbewerb" und einem „normalen Wettbewerb" ohnehin nicht eindeutig möglich wäre.[15] **28**

IV. Setzen von Teilnehmern

In diesem Zusammenhang sieht das in Anhang IX der Durchführungsverordnung (EU) 2015/1986 enthaltene Muster schließlich die Möglichkeit vor, bereits ausgewählte Teilnehmer zu benennen, die also ohne Auswahlprüfung zum nichtoffenen Wettbewerb zugelassen werden. Diese vorausgewählten Teilnehmer müssen die **gestellten Anforderungen** **29**

---

[14] Unklar insoweit *Harr* in Willenbruch/Wieddekind Vergaberecht 4. Aufl. 2017 § 71 VgV Rn. 9 einerseits und Rn. 15 andererseits.
[15] *Harr* in Willenbruch/Wieddekind Vergaberecht 4. Aufl. 2017 § 71 VgV Rn. 15.

und Kriterien freilich ebenfalls erfüllen. Der Vorteil, den diese Teilnehmer haben, liegt also alleine darin, dass sie nicht auf ihr Losglück vertrauen müssen (→ Rn. 36), sondern jedenfalls an dem eigentlichen Realisierungswettbewerb teilnehmen können. Zwar liegt darin eine Diskriminierung der übrigen Wettbewerbsteilnehmer. Gleichwohl wird das Setzen vorausgewählter Teilnehmer mittlerweile in Rechtsprechung und Literatur für vergaberechtskonform erachtet.[16]

30   Allerdings muss die **Anzahl der vorausgewählten Teilnehmer** in einem angemessenen Verhältnis stehen zur Anzahl der Teilnehmer, die zum eigentlichen Realisierungswettbewerb zugelassen werden. Dazu vertreten *Voppel/Osenbrück/Bubert*, dass jedenfalls die Anzahl von Teilnehmern, die nach den vergaberechtlichen Grundsätzen für einen Wettbewerb erforderlich ist, nicht vorausgewählt sein darf.[17] Diese Auffassung ist jedoch mit dem Gleichheitsgebot nicht in Einklang zu bringen, das auch im Bewerbungsverfahren gilt. *Hartmann* weist im Hinblick auf die Regelung unter Nr. 2.4.2 Abs. 1 S. 2 GRW 1995, wonach bei größeren nicht offenen Wettbewerben die Teilnehmerzahl 25 möglichst nicht unterschritten werden soll, zutreffend darauf hin, dass nach *Voppel/Osenbrück/Bubert* der eigentliche Realisierungswettbewerb mit 22 vorausgewählten und drei sonstigen Teilnehmern begonnen werden könne.[18] Ebenso wenig überzeugt jedoch die von *Hartmann* aufgestellte „wettbewerbsfreundliche Faustregel" – richtigerweise müsste von einer architektenfreundlichen Faustregel gesprochen werden –, dass bei einer Teilnehmerzahl von 25 höchstens vier Teilnehmer gesetzt werden sollten.[19] Eine erzwungen hohe Anzahl von Wettbewerbsbeiträgen reduziert sowohl die Gewinnchancen im Planungswettbewerben, als auch die Zuschlagschancen in einem nachfolgenden Vergabeverfahren. Angemessen und praxistauglich erscheint demgegenüber die von *Müller-Wrede* vertretene Auffassung, dass jedenfalls mehr nicht-vorausgewählte als vorausgewählte Teilnehmer zum eigentlichen Realisierungswettbewerb zugelassen werden müssen.[20]

31   Darüber hinaus wird in Teilen der Literatur verlangt, dass die Vorauswahl von Teilnehmern einer besonderen projektspezifischen Rechtfertigung bedarf.[21] Das erscheint zu weitgehend. Richtig ist jedoch, dass sowohl die Entscheidung, ob Teilnehmer gesetzt werden, als auch die Entscheidung, welche Teilnehmer gesetzt werden, frei von Willkür und möglichst diskriminierungsfrei getroffen werden muss. Davon gedeckt ist es, wenn unabhängig von den projektspezifischen Bedürfnissen kleinere Büros gesetzt werden, die nach dem Willen des Verordnungsgebers jedenfalls im Bereich der Architekten- und Ingenieurvergabe möglichst beteiligt werden sollen (vgl. § 75 Abs. 4 S. 2 VgV).

V. Auswahlentscheidung

32   Der Prüfungsablauf der Auswahlentscheidung orientiert sich an demjenigen des vergaberechtlichen Teilnahmewettbewerbs im nichtoffenen Verfahren oder im Verhandlungsverfahren. Danach ist auf der ersten Prüfungsstufe das Vorliegen von Ausschlussgründen und die formale Wertbarkeit des Teilnahmeantrags zu prüfen. Auf einer zweiten Stufe erfolgt die Prüfung der Erfüllung der Zulassungsbedingungen. Auf der dritten Prüfungsstufe werden schließlich diejenigen Teilnehmer ausgewählt, die nach der Bewertung der Auswahlkriterien am besten abschneiden und deshalb zur Teilnahme am Wettbewerb aufgefordert werden.

---

[16] VK Lüneburg v. 29.9.2014 – VgK-36/2014; VK Sachsen vom 5.5.2014 – 1/SVK/010-14, ZfBR 2014, 826 (L); *Hartmann* in KKMPP Kommentar zur VgV 1. Auflage 2017 § 78 Rn. 55; *Voppel/Osenbrück/Bubert*, VOF, 3. Auflage 2012 § 16 Rn. 21. Kritisch demgegenüber *Harr* in Willenbruch/Wieddekind Vergaberecht 4. Aufl. 2017 § 71 VgV Rn. 14.
[17] *Voppel/Osenbrück/Bubert*, VOF, 3. Auflage 2012 § 16 Rn. 21.
[18] *Hartmann* in KKMPP Kommentar zur VgV 1. Auflage 2017 § 78 Rn. 56.
[19] *Hartmann* in KKMPP Kommentar zur VgV 1. Auflage 2017 § 78 Rn. 56.
[20] *Müller-Wrede* in Müller-Wrede VOF § 16 Rn. 43.
[21] *Harr* in Willenbruch/Wieddekind Vergaberecht 4. Aufl. 2017 § 71 VgV Rn. 14 mit Verweis auf VK Bremen vom 25.9.2001 – VK 5/01, die dazu aber keine Aussage trifft.

Die Auswahlentscheidung muss **vom Auftraggeber** selbst getroffen werden. Er darf sie **33** also nicht an ein Gremium, das mit ihm nicht identisch ist, insbesondere also nicht an das Preisgericht delegieren. Dritte dürfen an dieser Entscheidung ausschließlich beratend mitwirken.[22] Da die Auswahlentscheidung vor Beginn und erst recht vor Abschluss des eigentlichen Wettbewerbs getroffen werden soll, dürfen Angehörige des Preisgerichts hieran nicht, auch nicht als beratende Dritte, beteiligt werden, weil sonst die Anonymität aufgehoben würde. Verstößt der Auftraggeber hiergegen und wird dies von einem Bewerber erkannt, kann und muss dieser den Vergabeverstoß rügen.[23]

Stellt der Auftraggeber auf der ersten Prüfungsstufe fest, dass dem Teilnahmeantrag nicht **34** alle verlangten Unterlagen beiliegen, stellt sich die Frage, ob er diese nachfordern kann. Für Vergabeverfahren ist das Recht des Auftraggebers zur Nachforderung fehlender Unterlagen in § 51 Abs. 2 SektVO normiert. Diese Regelung findet gemäß § 60 Abs. 2 SektVO keine Anwendung auf Planungswettbewerbe. Auch auf europarechtlicher Ebene befindet sich die Regelung zur Nachforderung von Unterlagen (Art. 76) nicht in denjenigen Teilen der Sektorenrichtlinie, die gemäß Art. 97 Abs. 1 der Sektorenrichtlinie bei der Durchführung von Wettbewerben anzuwenden sind. Nach dem Gesetz besteht deshalb kein Nachforderungsrecht des Auftraggebers.[24]

Allerdings ist der Auftraggeber berechtigt, in der Wettbewerbsbekanntmachung oder in **35** den Durchführungsregeln die entsprechende Anwendung von § 51 SektVO zu bestimmen. Die Festlegung über § 51 SektVO hinausgehender Nachforderungsrechte ist unzulässig.

VI. Losentscheid

Ist die Bewerberanzahl nach einer objektiven Auswahl entsprechend der Auswahlkriterien zu hoch, kann die Auswahl unter den verbleibenden Bewerbern durch Los getroffen **36** werden. Voraussetzung ist, dass anhand der Auswahlkriterien eine Rangfolge zwischen den verbliebenen Bewerbern nicht ermittelt werden kann, weil diese die Auswahlkriterien gleichermaßen erfüllen.[25]

---

[22] Ebenso *Harr* in Willenbruch/Wieddekind Vergaberecht 4. Aufl. 2017 § 71 VgV Rn. 14.
[23] VK Berlin v. 15.4.2011 – VK-B2–12/11.
[24] AA *Harr* in Willenbruch/Wieddekind Vergaberecht 4. Aufl. 2017 § 71 Rn. 13.
[25] Im Ergebnis ebenso für § 71 VgV *Harr* in Willenbruch/Wieddekind Vergaberecht 4. Aufl. 2017 § 71 Rn. 13.

§ 63 Preisgericht

(1) Das Preisgericht darf nur aus Preisrichtern bestehen, die von den Teilnehmern des Planungswettbewerbs unabhängig sind. Wird von den Wettbewerbsteilnehmern eine bestimmte berufliche Qualifikation verlangt, muss mindestens ein Drittel der Preisrichter über dieselbe oder eine gleichwertige Qualifikation verfügen.

(2) Das Preisgericht ist in seinen Entscheidungen und Stellungnahmen unabhängig. Es trifft seine Entscheidungen nur aufgrund von Kriterien, die in der Wettbewerbsbekanntmachung genannt sind. Die Wettbewerbsarbeiten sind ihm anonym vorzulegen. Die Anonymität ist bis zu den Stellungnahmen oder Entscheidungen des Preisgerichts zu wahren.

(3) Das Preisgericht erstellt einen Bericht über die Rangfolge der von ihm ausgewählten Wettbewerbsarbeiten, indem es auf die einzelnen Projekte eingeht und seine Bemerkungen sowie noch zu klärende Fragen aufführt. Dieser Bericht ist von den Preisrichtern zu unterzeichnen.

(4) Die Teilnehmer können zur Klärung bestimmter Aspekte der Wettbewerbsarbeiten aufgefordert werden, Fragen zu beantworten, die das Preisgericht in seinem Protokoll festzuhalten hat. Der Dialog zwischen Preisrichtern und Teilnehmern ist zu dokumentieren.

Übersicht

	Rdn.			Rdn.
A. Einführung	1	D. Arbeitsweise des Preisgerichts		25
I. Literatur		I. Stellungnahmen und Entscheidungen		26
II. Entstehungsgeschichte	2	II. Entscheidungskriterien		30
III. Rechtliche Vorgaben im EU-Recht	6	III. Anonymität		36
B. Vergleich zur VgV	7	E. Berichtspflichten		43
C. Zusammensetzung des Preisgerichts	8	F. Dialog zwischen Preisrichtern und Teilnehmern		48
I. Unabhängigkeit der Preisrichter	8			
II. Berufliche Qualifikation der Preisrichter	15	G. Rechtsschutz		55

A. Einführung

I. Literatur

1 *Greb/Müller,* Kommentar zum Sektorenvergaberecht, 2. Aufl., Köln 2017; *Willenbruch/Wieddekind,* Vergaberecht, 4. Aufl., Köln 2017; *Dierks-Oppler,* Wettbewerbe für Architekten und Ingenieure, 1. Aufl., Köln 2013; *Eschenbruch/Opitz* SektVO 1. Aufl., München 2012; *Müller-Wrede,* Der Architektenwettbewerb, 1. Aufl., Köln 2012; *Voppel/Osenbrück/Bubert,* VOF, 3. Aufl., München 2012.

II. Entstehungsgeschichte

2   In § 63 SektVO sind die Regelungen über die Zusammensetzung und die Arbeitsweise des Preisgerichts zusammengefasst. Diese Regelungen wurden nahezu wortgleich aus der Vorgängervorschrift des § 11 Abs. 4–7 SektVO aF Übernommen.

3   § 63 Abs. 1 SektVO weicht von § 11 Abs. 4 SektVO aF nur insoweit ab, als von den Preisrichtern nicht bloß eine wirtschaftliche Unabhängigkeit im Verhältnis zu den Wettbewerbsteilnehmern gefordert wird, sondern eine generelle Unabhängigkeit. Vom Wortlaut her sind damit nunmehr bspw. auch wirtschaftlich unabhängige Verwandtschaftsverhältnisse umfasst.

§ 63 Abs. 2 S. 1–3 SektVO ist inhaltsgleich mit § 11 Abs. 5 SektVO aF. § 63 Abs. 2 S. 4 **4** SektVO entspricht § 11 Abs. 6 S. 3 SektVO aF. Diese Regelung, wonach die im Wettbewerb zu gewährleistende Anonymität bis zu den Stellungnahmen oder Entscheidungen des Preisgerichts zu wahren ist, wurde lediglich aus systematischen Gründen innerhalb der Regelungen zu der Arbeitsweise des Preisgerichts verschoben. § 63 Abs. 3 SektVO ist inhaltsgleich mit § 11 Abs. 6 S. 1 und 2 SektVO aF.

§ 63 Abs. 4 SektVO enthält schließlich gegenüber § 11 Abs. 7 SektVO aF redaktionelle **5** und klarstellende Anpassungen. Insbesondere wird geregelt, dass im Planungswettbewerb nicht der Auftraggeber, sondern auch das Preisgericht die Wettbewerbsteilnehmer zur Klärung bestimmter Aspekte ihrer Wettbewerbsarbeiten auffordern kann. Nach § 11 Abs. 7 SektVO aF stand dieses Recht nur dem Auftraggeber zu. Sinnvoll war dies jedoch nicht, weil die Aufklärung dazu dienen soll(te), Fragen, die sich dem Preisgericht bei der Bewertung der Wettbewerbsarbeiten gestellt haben und die das Preisgericht in seinem Protokoll festgehalten hat, zu beantworten. Die Vorgabe, dass nur der Auftraggeber diese Fragen gegenüber dem Wettbewerbsteilnehmer stellen darf, wie § 11 Abs. 7 SektVO aF dies vorsah, stellte einen unnötigen und das Verfahren verkomplizierenden Umweg dar, der nunmehr durch § 63 Abs. 4 SektVO behoben wurde. Danach kann das Preisgericht selbst diese Fragen stellen.

III. Rechtliche Vorgaben im EU-Recht

Mit § 63 SektVO werden Art. 97 Abs. 4 und Art. 98 der Richtlinie 2014/25/EU **6** (Sektorenrichtlinie)[1] umgesetzt. Kleinere Abweichungen im Wortlaut zwischen dem Richtlinientext und dem Verordnungstext haben rein sprachliche bzw. redaktionelle Hintergründe. Inhaltlich werden Art. 97 Abs. 4 und Art. 98 der Sektorenrichtlinie eins zu eins umgesetzt.

Art. 98 der Sektorenrichtlinie entspricht inhaltlich Art. 66 der Richtlinie 2004/17/EG **7** (frühere Sektorenrichtlinie). In dessen Abs. 6 war ebenso wie in Art. 98 Abs. 6 der Sektorenrichtlinie bereits ein Dialog zwischen Preisgericht und Wettbewerbsteilnehmer vorgesehen. Diese Regelung ist allerdings nicht in § 11 SektVO a. F. umgesetzt worden.

B. Vergleich zur VgV

§ 63 SektVO ist wortgleich mit § 72 VgV. Deshalb kann ergänzend auf die Kommentierung zu § 72 VgV verwiesen werden.

C. Zusammensetzung des Preisgerichts

I. Unabhängigkeit der Preisrichter

§ 63 Abs. 1 SektVO regelt die Zusammensetzung des Preisgerichts.[2] Dieses soll als unab- **8** hängiger Berater des Auftraggebers im Planungswettbewerb fungieren. Das Preisgericht wirkt in der Regel bei der Vorbereitung und Auslobung des Wettbewerbs mit, entscheidet über die Wettbewerbsarbeiten und wird an der Vermittlung der Ergebnisse beteiligt.

Um diese Funktion ausüben zu können, muss das Preisgericht, bestehend aus den Preis- **9** richtern, unabhängig sein. Deshalb bestimmt § 63 Abs. 1 S. 1 SektVO, dass das Preisgericht

---

[1] Richtlinie 2014/25/EU des Europäischen Parlaments und des Rates vom 26.2.2014 über die Vergabe von Aufträgen durch Auftraggeber im Bereich der Wasser-, Energie- und Verkehrsversorgung sowie der Postdienste und zur Aufhebung der Richtlinie 2004/17/EG, ABl. 2014 L 94/243.
[2] Verordnungsbegründung BT-Drucks. 18/7318 S. 275.

nur aus Preisrichtern bestehen darf, die von den Teilnehmern des Planungswettbewerbs unabhängig sind. Der Auftraggeber, der das Preisgericht bestellt und die Mitglieder des Preisgerichts – die Preisrichter – bestimmt, darf dafür mithin nur Personen vorsehen, die von den Teilnehmern des Wettbewerbs unabhängig sind. Im Zeitpunkt der Bestellung des Preisgerichts, das den Auftraggeber auch bei der Vorbereitung des Planungswettbewerbs unterstützen soll, stehen die Wettbewerbsteilnehmer freilich noch nicht fest. Zwar wird der Auftraggeber bei der Auswahl der Preisrichter diese befragen, ob sie, soweit in diesem Zeitpunkt bereits möglich, eine Unabhängigkeit gewährleisten können. Garantieren kann das ein Preisrichter in der Regel jedoch nicht. Deshalb muss der Auftraggeber die Prüfung der Unabhängigkeit seiner Preisrichter nach Ablauf der Frist zur Einreichung der Wettbewerbsbeiträge, d. h. wenn die Wettbewerbsteilnehmer feststehen, nochmals prüfen.

10   Ein Problem stellt sich für den Auftraggeber, wenn sich ein von ihm bestellter Preisrichter nach Veröffentlichung der Wettbewerbsbekanntmachung dazu entscheidet, sich doch selbst mit einem Wettbewerbsbeitrag zu bewerben. Nach § 63 Abs. 1 S. 1 SektVO wäre er nicht als Wettbewerbsteilnehmer, sondern als Preisrichter auszuschließen. Zugleich hätte er durch seine bisherige Teilnahme an dem Preisgericht einen von den übrigen Wettbewerbsteilnehmern praktisch kaum einholbaren Wissensvorsprung und damit einen Wettbewerbsvorteil. § 7 SektVO, der den Umgang mit derart vorbefassten Personen regelt, ist jedoch zumindest unmittelbar nicht auf Planungswettbewerbe anwendbar (vgl. § 60 Abs. 2 SektVO). Praktisch sollte der Auftraggeber das Problem dadurch lösen, dass er sich von den ausgewählten Preisrichtern schriftlich – ggf. sogar unter Androhung einer Vertragsstrafe – bestätigen lässt, dass sich diese nicht am Planungswettbewerb beteiligen werden.

11   Im Gegensatz zu § 11 Abs. 4 S. 1 SektVO aF genügt nicht mehr eine bloß wirtschaftliche Unabhängigkeit im Verhältnis zu den Wettbewerbsteilnehmern. Erforderlich ist vielmehr eine generelle, insbesondere auch persönliche Unabhängigkeit. Deshalb kann beispielsweise auch eine familiäre Verbindung eines Preisrichters mit einem Wettbewerbsteilnehmer trotz einer wirtschaftlichen Unabhängigkeit zum notwendigen Ausschluss des Preisrichters führen.

12   Alleine die fehlende Unabhängigkeit des Preisrichters erfordert seinen Ausschluss. Weitere Voraussetzungen wie die Möglichkeit einer Einflussnahme auf den Ausgang des Planungswettbewerbs müssen nicht ausdrücklich erfüllt sein. Dass der Verordnungsgeber keine weiteren Voraussetzungen aufgestellt hat, liegt daran, dass bei einem Preisrichter die Möglichkeit einer Beeinflussung des Ausgangs des Planungswettbewerbs grundsätzlich nicht ausgeschlossen werden kann. Das hängt damit zusammen, dass die Anzahl der Preisrichter eines Preisgerichts regelmäßig gering ist, das Preisgericht qualitative und damit nicht verobjektivierbare (errechenbare) Kriterien beurteilt und schließlich dass das Preisgericht sich in der Regel einer Meinung durch interne Diskussionen und das gegenseitige Abwägen von positiven und negativen Aspekten der einzelnen Wettbewerbsbeiträge bildet.

13   Damit erweitert § 63 Abs. 1 SektVO das Neutralitätsgebot des § 6 SektVO. Diese Norm findet zwar gemäß § 60 Abs. 2 SektVO auf Planungswettbewerbe Anwendung.[3] Nach § 6 Abs. 1 SektVO ist allerdings nur Organmitgliedern oder Mitarbeitern des öffentlichen Auftraggebers oder eines im Namen des öffentlichen Auftraggebers handelnden Beschaffungsdienstleisters die Mitwirkung in einem Vergabeverfahren verboten.[4] Das Preisgericht fällt nicht in den persönlichen Anwendungsbereich von § 6 Abs. 1 SektVO. Schon wegen der erforderlichen Qualifikation der Preisrichter (→ SektVO § 63 Rn. 15 ff.) ist es praktisch ausgeschlossen, dass sich das Preisgericht nur aus Organmitglieder oder Mitarbeitern des öffentlichen Auftraggebers zusammensetzt. Um Beschaffungsdienstleister handelt es sich bei

---

[3] Dass § 6 Abs. 1 SektVO die Mitwirkung in einem Vergabeverfahren verbietet, der Planungswettbewerb jedoch kein Vergabeverfahren ist, ist wegen der in § 60 Abs. 2 SektVO bestimmten entsprechenden Anwendbarkeit des § 6 SektVO auf Planungswettbewerbe deshalb unbeachtlich.

[4] Wenn diese ein direktes oder indirektes finanzielles, wirtschaftliches oder persönliches Interesse haben, dass ihre Unparteilichkeit und Unabhängigkeit im Rahmen des Vergabeverfahrens beeinträchtigen könnte, vgl. § 6 Abs. 1 SektVO.

den Preisrichtern ebenfalls nicht. Das Preisgericht führt keine Beschaffung durch, sondern soll, wie sich aus der Definition des Wettbewerbs in § 103 Abs. 6 GWB ergibt, dem Auftraggeber zu einer Planung oder einem Plan verhelfen. Hinzu kommt, dass das Preisgericht gemäß § 63 Abs. 2 S. 1 SektVO unabhängig entscheidet und die Preisrichter auch deshalb nicht der Sphäre im Sinne von § 6 Abs. 1 SektVO zuzurechnen sind.[5] Deshalb war es erforderlich, eine entsprechende Neutralitätspflicht für die Preisrichter vorzusehen. Für die Frage, ob ein Preisrichter unabhängig ist, können die Regelungen des § 6 SektVO entsprechend herangezogen werden. Das gilt insbesondere für die gesetzlichen Vermutungen in § 6 Abs. 3 und 4 SektVO. Auf die entsprechenden Kommentierungen wird an dieser Stelle verwiesen.

Die in § 63 Abs. 1 SektVO geforderte Unabhängigkeit bezieht sich ausschließlich auf **14** das Verhältnis zu den Wettbewerbsteilnehmern. Zu den übrigen Wettbewerbsbeteiligten, insbesondere also zum Auftraggeber, muss hiernach keine Unabhängigkeit bestehen (siehe aber § 63 Abs. 2 S. 3 SektVO, → SektVO § 63 Rn. 63). Insoweit unterscheiden sich die Anforderungen an das Preisgericht in der SektVO von den Anforderungen an das Preisgericht für Planungswettbewerbe für Architekten- und Ingenieurleistungen gemäß §§ 78 ff. VgV, weil gemäß § 78 Abs. 3 S. 2 VgV eine Unabhängigkeit der Mehrheit der Preisrichter auch vom Auftraggeber gefordert wird. Für Planungswettbewerbe von Sektorenauftraggebern ist dies nicht erforderlich. Deshalb ist es beispielsweise zulässig, dass der Auftraggeber eigene Beschäftigte in das Preisgericht beruft.[6]

II. Berufliche Qualifikation der Preisrichter

Damit das Preisgericht als Berater des Auftraggebers fungieren kann, muss es jedoch **15** nicht nur unabhängig sein, sondern auch über den erforderlichen Sachverstand verfügen, um die Wettbewerbsarbeiten anhand der vom Auftraggeber vorgegebenen und in der Wettbewerbsbekanntmachung veröffentlichten Kriterien zu bewerten. Deshalb bestimmt § 63 Abs. 1 S. 2 SektVO, dass mindestens ein Drittel der Preisrichter dieselbe oder eine gleichwertige berufliche Qualifikation aufweisen müssen, wenn von den Wettbewerbsteilnehmern eine bestimmte berufliche Qualifikation verlangt wird.

In der Praxis werden Preisgerichte daher mit Fach- und Sachpreisrichtern besetzt. Fach- **16** preisrichter besitzen die fachliche berufliche Qualifikation der Teilnehmer, wobei eine gleichwertige Qualifikation ausreicht. Sachpreisrichter sollen zumindest mit der Wettbewerbsaufgabe besonders vertraut sein. In der Praxis werden oftmals die politischen Entscheidungsträger als Sachpreisrichter einbezogen. Das ist grundsätzlich zulässig. Voraussetzung für einen Sachpreisrichter ist, dass er in irgendeiner Weise prädestiniert ist, an dem Preisgericht beteiligt sein. Gründe können die besondere Vertrautheit mit der Aufgabe oder den örtlichen Verhältnissen, aber auch die politisch legitimierte Interessenvertretung sein. Über dieselbe oder eine gleichwertige Qualifikation wie die Teilnehmer müssen die Sachpreisrichter nicht verfügen. Allerdings müssen alle Preisrichter, egal ob Fach- oder Sachpreisrichter, wie ausgeführt für diese Aufgabe prädestiniert sein. „Hinz und Kunz" können also nicht als Preisrichter eingesetzt werden.

Bei interdisziplinären Wettbewerben, die verschiedene Leistungsbilder betreffen, ist jede **17** Fachrichtung vertreten. Dabei sollte der Schwerpunkt der Planungsaufgabe berücksichtigt werden, so dass beispielsweise bei einem Hochbauprojekt die Zusammensetzung des Preisgerichts aus mindestens drei Fachpreisrichtern für Architektur, einem Fachpreisrichter für Landschaftsarchitektur soweit sowie einem Fachpreisrichter für technische Ausrüstung empfehlenswert wäre.[7]

---

[5] Ebenso *Harr* in Willenbruch/Wiedderkind Vergaberecht 4. Aufl. 2017 § 72 VgV Rn. 2.
[6] *Haak/Koch* in Willenbruch/Wieddekind Vergaberecht 4. Aufl. 2017 § 63 SektVO Rn. 2.
[7] *Budiner/Voitl* in Thode/Wirth/Kuffer Architektenrecht § 2 Rn. 68.

18   Berufliche Qualifikationen oder Berufsqualifikationen sind Qualifikationen, die durch einen Ausbildungsnachweis, einen Befähigungsnachweis und/oder Berufserfahrung nachgewiesen werden (Art. 3 Abs. 1 Buchst. b) der Richtlinie 2005/36/EG des Europäischen Parlaments und des Rates vom 7.9.2005 über die Anerkennung von Berufsqualifikationen („Berufsanerkennungsrichtlinie")[8]). Ausbildungsnachweise sind die Diplome, Prüfungszeugnisse und sonstige Befähigungsnachweise, die von einer Behörde eines Mitgliedstaats, die entsprechend dessen Rechts- und Verwaltungsvorschriften benannt wurde, für den Abschluss einer überwiegend in der Gemeinschaft absolvierten Berufsausbildung ausgestellt werden (Art. 3 Abs. 1 Buchst. c) der Berufsanerkennungsrichtlinie. In der Praxis wird für Planungswettbewerbe, die hauptsächlich im Zusammenhang mit der Vergabe von Architekten- und Ingenieurleistungen durchgeführt werden, regelmäßig als Berufsqualifikationen der Beruf des Architekten, Innenarchitekten, Landschaftsarchitekten oder Stadtplaners bzw. des beratenden Ingenieurs oder Ingenieurs gefordert. Für Einzelheiten kann auf die Kommentierung zu § 75 VgV verwiesen werden.

19   **Dieselbe Qualifikation** hat demnach ein Preisrichter, wenn er die von den Teilnehmern zum Nachweis ihrer Eignung geforderte Berufsbezeichnung führen darf.[9]

20   Eine **gleichwertige Qualifikation** kann unter unterschiedlichen Voraussetzungen zu bejahen sein. Gleichwertigkeit ist eine Qualifikation bspw. dann, wenn der Preisrichter zwar sämtliche Voraussetzungen für die erfolgreiche Beantragung der Eintragung in die Architekten- oder Ingenieurliste vorweisen kann, er einen solchen Antrag bislang aber noch nicht gestellt hat.[10]

21   Für die Prüfung der Gleichwertigkeit der Qualifikation eines **ausländischen Preisrichter** bieten die Regelungen in den Baukammern- und Architektengesetzen der Bundesländer zu den so genannten „auswärtigen Architekten" bzw. „auswärtigen beratenden Ingenieuren" Anhaltspunkte.

22   Dieselbe oder eine gleichwertige Qualifikation muss die **Mehrheit der Preisrichter** vorweisen können. Sofern das Preisgericht mit einer ungeraden Zahl Preisrichter besetzt wird, kann die Mehrheit in einer Person bestehen. Operativ empfiehlt es sich jedoch, eine komfortable Mehrheit von Preisrichtern einzusetzen, die über dieselbe oder eine gleichwertige Qualifikation verfügen. Maßgeblich ist, dass diese Mehrheit durchgängig besteht, denn in allen Phasen, in denen das Preisgericht tätig ist – seien es Anhörungen, Beratungen oder Entscheidungen –, ist eine fachlich qualifizierte Jury vonnöten. Weil nicht ausgeschlossen werden kann, dass im Verlauf eines Wettbewerbs ein Preisrichter ersetzt werden muss und möglicherweise nicht ohne weiteres adäquater (also mindestens gleichwertig qualifizierter) Ersatz zur Verfügung steht, bietet es sich an, von vornherein für eine komfortable Mehrheit an hinreichend qualifizierten Preisrichtern zu sorgen.

23   Das führt zu der Frage, mit wie vielen Preisrichtern ein Preisgericht besetzt werden muss. Hierzu enthalten weder Vergabegesetze (insbesondere die §§ 69 ff., §§ 78 ff. VgV sowie §§ 60 ff. SektVO) noch die RPW 2013 Vorgaben. Die Zahl sollte von der jeweiligen Wettbewerbsaufgabe abhängig gemacht werden. In der Regel erscheint eine Zusammensetzung aus 7 bis 11 Preisrichtern sinnvoll. Bei einem kleineren Teilnehmerfeld kann auch eine geringere (bestenfalls ungerade) Zahl, also drei oder fünf Preisrichter, ausreichend sein.[11] Operativ gilt, dass „zu viele Köche den Brei verderben." Außerdem sollte aus operativen Gründen ein Preisgerichtsvorsitzender gewählt werden, der die Sitzungen strukturiert und steuert. § 6 Abs. 1 RPW 2013 bestimmt dazu, dass das Preisgericht seinen Vorsitz aus dem Kreis der unabhängigen Fachpreisrichter wählt. Diese Regelung ist sinnvoll und sollte deshalb vom Auftraggeber bei der Festlegung der Durchführungsregeln für den konkreten Wettbewerb (vgl. § 62 Abs. 1 SektVO) berücksichtigt werden.

---

[8] ABl EG Nr. L 255, 22.
[9] *Hartmann* in KKMPP Kommentar zur VgV 1. Auflage 2017 § 79 Rn. 62; *Diercks-Oppler* Wettbewerbe für Architekten und Ingenieure S. 112.
[10] *Hartmann* in KKMPP Kommentar zur VgV 1. Auflage 2017 § 79 Rn. 63.
[11] *Hartmann* in KKMPP Kommentar zur VgV 1. Auflage 2017 § 79 Rn. 75.

Dass die Preisrichter natürliche Personen sein müssen, ist schließlich eine Selbstverständ- **24** lichkeit, die der Verordnungsgeber in § 63 SektVO nicht ausdrücklich geregelt hat. In Art. 97 Abs. 4 S. 1 der Sektorenrichtlinie wird darauf ausdrücklich hingewiesen.

D. Arbeitsweise des Preisgerichts

§ 63 Abs. 2 SektVO enthält rudimentäre Regelungen zur Arbeitsweise und Entschei- **25** dungsfindung des Preisgerichts. Neben den wenigen Grundsätzen, die in dieser Regelung normiert sind, geben die §§ 60 ff. SektVO weder Vorgaben noch Anhaltspunkte für die Strukturierung und Ausgestaltung des Planungswettbewerbs im Allgemeinen und die Arbeitsweise des Preisgerichts im Besonderen. Eine Orientierungshilfe bietet dem Auftragge- ber die Richtlinie für Planungswettbewerbe in der Fassung vom 31.1.2013 (RPW 2013). Diese muss der Auftraggeber nicht anwenden, kann sie aber als Orientierungshilfe heran- ziehen. Einzelheiten zur Ausgestaltung eines Planungswettbewerbs auf der Grundlage der RPW 2013 können der Kommentierung zu den §§ 78 und 79 VgV entnommen werden, auf die hier verwiesen wird.

I. Stellungnahmen und Entscheidungen

Originäre Aufgabe des Preisgerichts im Planungswettbewerb ist es, die Wettbewerbsar- **26** beiten nach den in der Wettbewerbsbekanntmachung bezeichneten Vorgaben des öffent- lichen Auftraggebers und den dort genannten Entscheidungskriterien (siehe auch § 79 Abs. 4 S. 1 VgV) zu beurteilen. Es wählt die Arbeiten aus, die den Anforderungen der Auslobung am besten gerecht werden und trifft demgemäß **Entscheidungen.**

Daneben wird das Preisgericht regelmäßig damit betraut, eine Empfehlung für die **27** zweckmäßige weitere Entwicklung und Bearbeitung der Wettbewerbsarbeit aussprechen (vgl. § 6 Abs. 3 RPW 2013). Diese Empfehlung ist entweder in einer Überarbeitungsphase im Rahmen des Planungswettbewerbs oder aber nach Abschluss des Planungswettbewerbs in oder vor einem ggf. nachfolgenden Vergabeverfahren umzusetzen. Diese Aufgabe gilt unabhängig davon, ob die Wettbewerbsbeiträge aus Sicht des Preisgerichts bereits in ihrer vorgelegten Fassung grundsätzlich empfehlenswert sind und das Preisgericht nur noch (weitere) Optimierungsmöglichkeiten sieht oder ob die Wettbewerbsbeiträge in ihrer vor- gelegten Fassung noch optimiert werden müssen, damit das Preisgericht sie empfehlen kann, das Preisgericht also Optimierungsbedarf sieht. Diese Empfehlungen werden in Form von **Stellungnahmen** dokumentiert und ausgesprochen.

Als unabhängiger Berater des Auftraggebers (→ SektVO § 63 Rn. 8 ff.) trifft das Preisge- **28** richt diese Entscheidungen und Stellungnahmen unabhängig (§ 63 Abs. 2 S. 1 SektVO). Während § 63 Abs. 1 S. 1 SektVO die generelle Unabhängigkeit der Preisrichter von den Wettbewerbsteilnehmern vorschreibt, regelt § 63 Abs. 2 S. 1 SektVO die Unabhängigkeit des Preisgerichts im Verhältnis zum Auftraggeber. Diese Unabhängigkeit setzt jedoch nicht voraus, dass die Preisrichter grundsätzlich unabhängig vom Auftraggeber sein müssen. Das zeigt insbesondere ein Vergleich zwischen der mit § 63 Abs. 1 S. 1 SektVO inhaltsgleichen Regelung des § 72 Abs. 2 S. 1 VgV mit § 79 Abs. 3 S. 2 VgV. § 72 Abs. 2 S. 1 VgV be- stimmt ebenso wie § 63 Abs. 2 S. 1 SektVO, dass das Preisgericht in seinen Entscheidungen und Stellungnahmen unabhängig ist. § 79 Abs. 3 S. 2 VgV stellt speziell für Planungs- wettbewerbe für Architekten- und Ingenieurleistungen nach der VgV die zusätzliche An- forderung auf, dass die Mehrheit der Preisrichter unabhängig vom Auftraggeber sein muss. Diese Zusatzregelung in § 79 Abs. 3 S. 2 VgV macht nur Sinn, wenn sich die generelle Unabhängigkeit der Preisrichter vom Auftraggeber nicht bereits aus § 72 Abs. 2 S. 1 VgV (bzw. § 63 Abs. 2 S. 1 VgV) ergibt. Die hier in § 63 Abs. 2 S. 1 VgV geforderte Unabhän- gigkeit bezieht sich daher ausschließlich auf den Entscheidungs- bzw. Stellungnahmeprozess. Das Preisgericht trifft mit anderen Worten seine Entscheidung dann unabhängig, wenn der Auftraggeber auf die konkrete Entscheidung bzw. auf die konkrete Stellungnahme keinen Einfluss genommen hat. Ob dem Preisgericht Preisrichter angehören, die im Lager des Auftraggebers stehen und möglicherweise bei ihm unmittelbar beschäftigt sind, ist unerheblich, solange der Auftraggeber auf diese Preisrichter nicht unmittelbar im konkreten Entscheidungs- bzw. Stellungnahmeprozess eingewirkt hat. Insbesondere dann, wenn der Auftraggeber eigenes Personal in das Preisgericht entsandt hat, stellt er die vorgeschriebene Unabhängigkeit am besten dadurch sicher, dass alle Preisrichter in einer Vorbesprechung darüber aufgeklärt werden, dass sie in ihren Entscheidungen und Stellungnahmen unabhängig sind, dass sie mögliche Versuche einer Einflussnahme dem Vorsitzenden des Preisgerichts melden müssen und dass der Auftraggeber dem von ihm entsandten Personal eine „Freistellungserklärung" überlässt, in der er bestätigt, dass diese im Preisgericht unabhängig entscheiden sollen und müssen. Alle Preisrichter, auch die aus dem Bereich des Auftraggebers stammenden, dürfen mithin keiner Weisung des Auftraggebers unterliegen.

29   Soweit der Auftraggeber in den Durchführungsregeln für den Planungswettbewerb keine anderweitige Regelung getroffen hat, entscheidet das Preisgericht mit der Mehrheit der Stimmen seiner Mitglieder. Eine einstimmige Entscheidung ist nicht erforderlich.[12]

II. Entscheidungskriterien

30   Seine Entscheidungen hat das Preisgericht aufgrund der Kriterien zu treffen, die der Auftraggeber in der Wettbewerbsbekanntmachung genannt hat (§ 63 Abs. 2 S. 2 SektVO). Mit dieser Regelung verfolgt der Verordnungsgeber zwei Ziele. Zum einen dient § 63 Abs. 2 S. 2 SektVO der Wahrung des Wettbewerbsgrundsatzes, des Gleichbehandlungsgrundsatzes und des Vertrauensschutzes. Die Wettbewerbsteilnehmer müssen, bevor sie mit der Erarbeitung ihrer Wettbewerbsbeiträge beginnen, wissen, welche Kriterien für die Beurteilung der Beiträge maßgeblich sind, um eine optimale und wettbewerbsfähige Wettbewerbsarbeit zu erstellen. Sie müssen auch darauf vertrauen dürfen, dass diese Kriterien nicht mehr im Nachhinein verändert werden, sondern verbindlich sind. Zugleich wird hierdurch ausgeschlossen, dass diese Kriterien im Nachhinein in Kenntnis der einzelnen Wettbewerbsarbeiten geändert werden, um bestimmte Arbeiten zu bevorteilen. Zum anderen wird durch § 63 Abs. 2 S. 2 SektVO sichergestellt, dass das Preisgericht die Wettbewerbsarbeiten nicht nach eigenem Gusto beurteilen kann, sondern dass der Auftraggeber die maßgeblichen Entscheidungsgrundlagen festlegt. Der Auftraggeber muss sich dafür frühzeitig mit der Frage auseinandersetzen, welche Anforderungen er an die Wettbewerbsarbeiten (und im Ergebnis an das Gesamtprojekt) stellen will und welche Kriterien für die Beurteilung der Wettbewerbsarbeiten er dafür festlegt.

31   Bei der inhaltlichen Festlegung der Entscheidungskriterien, anhand derer die Wettbewerbsarbeiten zu bewerten sind, ist der öffentliche Auftraggeber grundsätzlich frei und nur an die allgemeinen vergaberechtlichen Grundsätze, insbesondere den Grundsatz der Gleichbehandlung (§ 97 Abs. 2 GWB) gebunden. Eine Orientierungshilfe für den Auftraggeber findet sich – neben den allgemeinen vergaberechtlichen Bestimmungen zu den Zuschlagskriterien im § 52 Abs. 2 SektVO, die auch für Planungswettbewerbe herangezogen werden können (soweit sie passen) – in Nr. 5.1.5 GRW 1995.[13]

32   Mit den Zuschlagskriterien dürfen die Kriterien, auf deren Grundlage die Wettbewerbsarbeiten beurteilt werden, nicht verwechselt werden.[14] Zwar ist § 63 Abs. 2 S. 2 VgV mit den – wesentlich detaillierten – §§ 51 f. SektVO systematisch vergleichbar, betrifft aber einen anderen Regelungssachverhalt. Die Zuschlagskriterien sind maßgeblich für die Ent-

---

[12] *Harr* in Willenbruch/Wieddekind Vergaberecht 4. Aufl. 2017 § 72 VgV Rn. 9.
[13] Siehe hierzu → VgV § 79 Rn. 113.
[14] AA wohl *Haak/Koch* in Willenbruch/Wieddekind Vergaberecht 4. Aufl. 2017 § 63 SektVO Rn. 5.

scheidung, welches Angebot bezuschlagt, also beauftragt werden soll. Im Planungswettbewerb geht es jedoch nicht um Angebote, sondern um Wettbewerbsarbeiten. Der Preis für die spätere Realisierung des Wettbewerbsergebnisses, also der Angebotspreis, ist in den Wettbewerbsarbeiten regelmäßig nicht ausgewiesen, weil es sich gerade noch nicht um Angebote, sondern um Wettbewerbsentwürfe handelt. Gemäß § 127 Abs. 1 GWB müssen jedoch der Preis oder zumindest die Kosten bei der Zuschlagsentscheidung berücksichtigt werden, also ein Zuschlagskriterium sein. In der Regel ist die Beurteilung der Wettbewerbsarbeiten durch das Preisgericht ein Zuschlagskriterium (neben anderen Zuschlagskriterien, wie insbesondere dem Preis). Daraus folgt zugleich, dass die Kriterien, aufgrund derer die Wettbewerbsarbeiten beurteilt werden, nicht zugleich die Zuschlagskriterien sind. Dem entspricht im Übrigen, dass im Planungswettbewerb noch nicht die Eignung geprüft wird, sondern diese Prüfung erst im nachgelagerten Vergabeverfahren erfolgt. An einen Wettbewerbsteilnehmer, dessen Eignung nicht geprüft wurde, darf ein Zuschlag jedoch nicht erteilt werden. Das folgt aus § 122 Abs. 1 GWB.

Nach hier vertretener Auffassung ist der Auftraggeber auch nicht berechtigt, in der **33** Wettbewerbsbekanntmachung verbindlich festzulegen, dass dem Preisträger im Planungswettbewerb der Planungsauftrag erteilt wird. Zwar könnte die Vorgabe des § 122 Abs. 1 GWB, dass der Zuschlag nur an geeignete Unternehmen erteilt werden darf, dadurch erfüllt werden, dass der Auftraggeber in den Durchführungsregeln festlegt, dass vor oder im Rahmen des Planungswettbewerbs – als Zulassungsvoraussetzung – die Eignung der Wettbewerbsteilnehmer für die spätere Auftragsausführung geprüft wird. Auch könnte die Vorgabe des § 127 Abs. 1 GWB, wonach der Zuschlag auf das wirtschaftlichste Angebot erteilt wird, dadurch erfüllt werden, dass die Wettbewerbsarbeiten den Angebotspreis oder die Kosten für die Umsetzung dieser Arbeiten ausweisen müssen und dieser Preis beziehungsweise die Kosten bei der Beurteilung der Wettbewerbsarbeiten zu berücksichtigt sind. Nicht zu lösen ist jedoch das Problem, dass der Auftraggeber, wenn er die Zuschlagsentscheidung alleine an die Beurteilung der Wettbewerbsarbeiten durch das Preisgericht knüpft, seine Verantwortlichkeit für die Zuschlagsentscheidung aufgibt. Denn das Preisgericht entscheidet gemäß § 63 Abs. 2 S. 1 SektVO unabhängig. Der Auftraggeber muss jedoch die Letztverantwortung für die Zuschlagsentscheidung tragen und darf diese nicht auf ein Preisgericht übertragen.[15] Deshalb darf das Preisgericht auch nur beratendes Organ, nicht aber Zuschlagsentscheider sein. Zulässig ist lediglich folgender, in § 13 Abs. 2 Nr. 10 SektVO angelegter Weg: Der Auftraggeber kann in der Wettbewerbsbekanntmachung festlegen, dass im Anschluss an den Planungswettbewerb ein Dienstleistungsauftrag nach den Bedingungen dieses Wettbewerbs an den Gewinner im Verhandlungsverfahren ohne Teilnahmewettbewerb vergeben werden muss. Diese Muss-Regelung ist dahingehend auszulegen, dass die Erfüllung der Selbstverpflichtung zur Zuschlagserteilung unter der Bedingung steht, dass die Wettbewerbsbedingungen erfüllt werden. Eine maßgebliche Wettbewerbsbedingungen ist, dass der Gewinner des Planungswettbewerbs die in der Wettbewerbsbekanntmachung gemäß § 61 Abs. 2 SektVO anzugebenden Eignungskriterien und Eignungsnachweise erfüllt beziehungsweise vorlegt. Eine andere Bedingung, die der Auftraggeber in der Wettbewerbsbekanntmachung festlegen muss, ist, dass das Angebot, das der Gewinner des Planungswettbewerbs in dem Verhandlungsverfahren vorlegen muss, wertbar ist, etwaige vom Auftraggeber festgelegte Mindestbedingungen erfüllt und keinen Ausschlussgrund aufweist, den der Auftraggeber berücksichtigen muss (zwingende Ausschlussgründe) oder ermessensfehlerfrei berücksichtigen will (fakultative Ausschlussgründe).

Neben der Beurteilung auf Grundlage der Entscheidungskriterien, die systematisch den **34** Zuschlagskriterien für die Beurteilung der Angebote entsprechen, müssen die Wettbewerbsarbeiten auch der Prüfung unterzogen werden, ob sie überhaupt zum Wettbewerb zuzulassen sind. Zwar ist eine solche Prüfung in den §§ 60 ff. SektVO nicht ausdrücklich

---

[15] Vgl. VK Arnsberg v. 3.9.2009 – Az.: VK 19/09; VK Bund v. 19.7.2005 – VK 3-58/05; VK Sachsen v. 28.8.2013 – 1/SVK/026-13.

vorgesehen. Auch verweist § 60 Abs. 2 SektVO nicht auf eine entsprechende Anwendung von Vorschriften, die Ausschlussgründe beinhalten. Gleichwohl ist in der Rechtsprechung anerkannt, dass Wettbewerbsbeiträge, die vom Auftraggeber der Wettbewerbsbekanntmachung oder den Wettbewerbsbedingungen aufgestellten Mindestanforderungen nicht erfüllen, zwingend auszuschließen sind.[16] Das gebieten das Gleichbehandlungs- und Transparenzgebot. In Ansehung des (wenngleich unverbindlichen) § 6 Abs. 2 Unterabs. 3 RPW 2013 sind deshalb solche Wettbewerbsarbeiten vom Planungswettbewerb auszuschließen, die

- den formalen Bedingungen der Auslobung widersprechen,
- die als bindend bezeichneten Vorgaben der Auslobung nicht erfüllen,
- in wesentlichen Teilen dem geforderten Leistungsumfang widersprechen,
- nicht termingerecht eingegangen sind oder
- gegen den Grundsatz der Anonymität verstoßen.

35   Dies impliziert, dass der Auftraggeber in der Wettbewerbsbekanntmachung oder in den Wettbewerbsbedingungen entsprechende Mindestanforderungen an die Wettbewerbsbeiträge festlegt. Auch das ist in den §§ 60 ff. SektVO nicht ausdrücklich geregelt, folgt aber aus den übergeordneten Vergabegrundsätzen des Wettbewerbs, der Gleichbehandlung und der Transparenz. Wie soll beispielsweise ein diskriminierungsfreier Wettbewerb durchgeführt werden, wenn der Auftraggeber keine Frist für die Einreichung der Wettbewerbsbeiträge festlegt? Gleiches gilt für zwingende inhaltliche Vorgaben an die Wettbewerbsarbeiten und etwaige mit der Wettbewerbsarbeit abzugebende Erklärungen und Unterlagen.[17]

III. Anonymität

36   Um die Unabhängigkeit der Entscheidungsfindung durch das Preisgericht zu gewährleisten (§ 63 Abs. 2 S. 1 SektVO), bestimmt § 63 Abs. 2 S. 3 SektVO, dass die Wettbewerbsarbeiten dem Preisgericht anonym vorzulegen sind. Nach S. 4 ist die Anonymität bis zu den Stellungnahmen oder Entscheidungen des Preisgerichts zu wahren.

37   Die dem Preisgericht vorgelegten Wettbewerbsbeiträge dürfen somit keine Hinweise auf die Identität des Verfassers und keinen Bezug zu Wettbewerbsteilnehmer aufweisen.[18] Gleichwohl muss der Wettbewerbsbeitrag nach Abschluss der Beurteilung durch das Preisgericht dem Wettbewerbsteilnehmer zuordnenbar sein. In der Praxis wird das dadurch sichergestellt, dass die Wettbewerbsteilnehmer eine Verfassererklärung abgegeben müssen. Diese muss die Namen von beteiligten Mitarbeitern und Sachverständigen angeben; im Falle der Teilnahme von Gesellschaften oder Bewerbergemeinschaften sind ergänzend der bevollmächtigte Vertreter und Verfasser zu benennen. Die Verfassererklärung ist von den Teilnehmern, bei Gesellschaften und Bewerbergemeinschaften durch den bevollmächtigten Vertreter zu unterzeichnen. Zudem müssen Bewerbergemeinschaften in diesem Zusammenhang eine Verpflichtungserklärung abgeben, dass sie im Falle der Auftragserteilung die Planungsleistung gemeinsam erbringen werden.

38   Der Wettbewerbsbeitrag ist dann in einem so genannten 2-Umschlag-Verfahren einzureichen. Der eine „Umschlag" enthält die Verfassererklärung und sonstige personifizierte Unterlagen, die der Wettbewerbsteilnehmer mit seinem Beitrag einreichen muss. Bei integrierten Planungswettbewerben enthält dieser „Umschlag" auch den kommerziellen Teil

---

[16] OLG Koblenz v. 26.5.2010 – 1 Verg 2/10; OLG Düsseldorf v. 21.10.2009 – Verg 28/09; OLG München v. 29.9.2009 – Verg 12/09, VergabeR 2010, 238, 242. Siehe auch *Harr* in Willenbruch/Wieddekind Vergaberecht 4. Aufl. 2017 § 72 VgV Rn. 9.

[17] Ebenso *Harr* in Willenbruch/Wieddekind Vergaberecht 4. Aufl. 2017 § 72 VgV Rn. 9.

[18] Eine faktische Aufhebung der Anonymität dadurch, dass eine Wettbewerbsarbeit die für Fachkundige erkennbare „Handschrift" eines Architekten trägt oder dass der Beitrag bereits in einem früheren Wettbewerb an anderer Stelle eingereicht wurde und daher einem Preisrichter bekannt ist, führt nicht zum Ausschluss des Wettbewerbsteilnehmers (vgl. OLG Düsseldorf v. 25.10.2005 – VII Verg 67/05, VergabeR 2006, 137, 141; *Voppel/Osenbrück/Bubert*, VOF, 3. Auflage 2012 § 15 Rn. 51).

des einzureichenden Angebots. Der andere „Umschlag" umfasst demgegenüber sämtliche anonymisierten Unterlagen, insbesondere den Wettbewerbsentwurf selbst. Beide „Umschläge" sind zusammenhängend, also in einem „Paket" einzureichen. Dieses Paket wird in der Regel und bestenfalls von einem vom Auftraggeber bestimmten kleinstmöglichen Gremium (bestehend aus Mitarbeitern oder Beauftragten des Auftraggebers) geöffnet. Pro Paket werden die beiden Umschläge mit derselben Kennziffer versehen. In der Regel wird der „Umschlag" mit den anonymisierten Unterlagen geöffnet und sämtliche Unterlagen ebenfalls mit dieser Kennziffer versehen. Dadurch können sämtliche Unterlagen nach Abschluss des Planungswettbewerbs dem „Umschlag" mit den personifizierte Unterlagen, die von dem Gremium unter Verschluss gehalten und aufbewahrt werden, und damit schlussendlich dem Verfasser zugeordnet werden. Die Umschläge mit den (gekennzeichneten) anonymisierten Unterlagen werden sodann von diesem Gremium – gegebenenfalls über den Auftraggeber – an das Preisgericht übermittelt.

Stellungnahmen und Zwischenentscheidungen des Preisgerichts werden unter Verwendung der Kennziffern, mit denen die Wettbewerbsarbeiten versehen sind und durch die sie nach Abschluss des Planungswettbewerbs den Verfassern zugeordnet werden können, getroffen und protokolliert. Soweit diese Stellungnahmen und Zwischenentscheidungen Überarbeitungshinweise des Preisgerichts enthalten (→ SektVO § 63 Rn. 27), die den Wettbewerbsteilnehmern noch im Planungswettbewerb mit der Aufforderung, den Wettbewerbsbeitrag entsprechend zu überarbeiten und neu einzureichen, übergeben werden sollen,[19] muss dies über das Gremium, das die „Umschläge" geöffnet hat, erfolgen. Die Überarbeitungshinweise müssen vom Preisgericht deshalb in einem gesonderten Protokoll pro Wettbewerbsbeitrag zusammengefasst und dem o. g. Gremium zur Weiterleitung an den betreffenden Verfasser übermittelt werden. Auf diese Weise kann die Anonymität gewahrt bleiben. **39**

Ausnahmsweise aufgehoben werden muss die Anonymität, wenn ein gemäß § 63 Abs. 4 SektVO zwischen Preisrichtern und Teilnehmern zulässiger Dialog zur Klärung bestimmter Aspekte der Wettbewerbsarbeiten unter Wahrung der Anonymität geführt werden soll. Denn ein anonymer Dialog „ohne Blickkontakt" erscheint praktisch ausgeschlossen und nicht sinnvoll. Auch ist der in § 63 Abs. 4 SektVO erwähnte Dialog nicht als rein schriftlicher Dialog zwischen Preisgericht und Wettbewerbsteilnehmer, der anonymisiert über das o. g. Gremium geführt werden könnte, zu verstehen. Dann hätte der Verordnungsgeber dem Dialog keinen eigenen Abs. 4 zugewiesen, sondern die Regelung sinnvollerweise in den Abs. 3 integriert. Hinzu kommt, dass ein schriftlicher Dialog das Verfahren verzögern und verkomplizieren würde. Auch lassen sich im Einzelfall Fragen besser in einem Gespräch klären, weil weitere unmittelbare Rückfragen möglich sind. Dieser Dialog ist dann aber, worauf § 63 Abs. 4 S. 2 SektVO hinweist, nicht zwischen einem Wettbewerbsteilnehmer und allen Preisrichtern, sondern, um die Anonymität möglichst zu wahren, bestenfalls zwischen einem Wettbewerbsteilnehmer und einem Preisrichter zu führen, der stellvertretend für das Preisgericht die Fragen stellt, die Antworten protokolliert und sich schriftlich zur Wahrung der Anonymität des Wettbewerbsteilnehmers gegenüber den übrigen Preisrichtern verpflichten muss. In der Regel nimmt diese Aufgabe der Vorsitzende des Preisgerichts war. Zwingend ist das jedoch nicht. **40**

Weitere Hinweise zur Wahrung der Anonymität der Wettbewerbsbeiträge bis zu einer Entscheidung des Preisgerichts können Anlage V zur RPW 2013 entnommen werden. Zur Aufhebung der Anonymität nach Abschluss der Preisgerichtssitzung enthält Nr. 5 der Anlage VII zur RPW 2013 zusätzliche Hinweise. **41**

Sobald die Anonymität der Wettbewerbsarbeiten unzulässig aufgehoben wurde, ist eine Wiederholung der Preisgerichtsentscheidung nicht mehr möglich. In einem wegen eines Verstoßes gegen § 63 Abs. 2 S. 4 SektVO eingeleiteten Nachprüfungsverfahren kann dann nur noch die Entscheidung des Preisgerichts für unverbindlich erklärt werden.[20] **42**

---

[19] Vgl. zur Zulässigkeit solcher Überarbeitungen BGH v. 9.6.1983 – III ZR 74/82, WM 1983, 1268 f.
[20] VK Sachsen v. 22.2.2013 – 1/SVK/047-12, BauR 2013, 1495 L.

E. Berichtspflichten

43   Zur Sicherstellung der Transparenz auch in einem Planungswettbewerb bestimmt § 63 Abs. 3 SektVO, dass das Preisgericht einen Bericht über die Rangfolge der von ihm ausgewählten Wettbewerbsarbeiten erstellen muss, indem es auf die einzelnen Projekte eingeht und seine Bemerkungen sowie noch zu klärende Fragen aufführt. Zu jeder Wettbewerbsarbeit müssen mithin die für die Beurteilung maßgeblichen Gesichtspunkte zusammengestellt werden.[21]

44   Neben der Nachvollziehbarkeit der Entscheidung des Preisgerichts bezweckt diese Regelung vor allem, dem Auftraggeber eine Wissensgrundlage für die Weiterverfolgung und Weiterentwicklung der Wettbewerbsarbeiten zu geben. In der Praxis werden die Wettbewerbsteilnehmer oftmals nicht im Planungswettbewerb, sondern erst vor oder in einem nachgelagerten Vergabeverfahren zur Weiterentwicklung ihrer Wettbewerbsbeiträge aufgefordert.[22] Das Preisgericht ist in diesem Zeitpunkt bereits aufgelöst. Grundlage für die Aufforderung zur Weiterentwicklung der Wettbewerbsbeiträge durch den Auftraggeber ist daher der Bericht des Preisgerichts. Darüber hinaus kann der Auftraggeber diesem Bericht auch Anhaltspunkte für die Wertung der Angebote, die auf den Wettbewerbsbeiträgen basieren, in einem eventuell nachgelagerten Vergabeverfahren bieten. Aus diesen Gründen bestimmt § 63 Abs. 3 SektVO, dass das Preisgericht in dem Bericht auf die einzelnen Beiträge eingehen und seine Bemerkungen sowie noch zu klärende Fragen aufführen muss.

45   Darin, also in der Schaffung einer Grundlage für ein gegebenenfalls nachfolgendes Vergabeverfahren, in dem die Wettbewerbsbeiträge weiterentwickelt werden können und bei der Zuschlagsentscheidung berücksichtigt werden müssen, liegt auch der Hauptzweck dieser Regelung. Daneben soll durch diesen Bericht jedoch auch dokumentiert werden, dass der Wettbewerb vergaberechtskonform erfolgt ist. Der Bericht ergänzt damit im Hinblick auf den dem Vergabeverfahren vorgelagerten Wettbewerb die Dokumentation im Sinne von § 8 SektVO. Das bedeutet aber nicht, dass die dortigen Vorgaben an eine ordnungsgemäße Dokumentation auf den gemäß § 63 Abs. 3 SektVO zu erstellenden Bericht ohne weiteres übertragbar sind.[23] Das zeigt sich bereits am Umfang der Dokumentationspflicht. Nach § 63 Abs. 3 S. 1 SektVO ist der Bericht auf die vom Preisgericht ausgewählten Wettbewerbsarbeiten beschränkt.[24] Nach einer Entscheidung des OLG Koblenz[25] können Berichte auch in weitergehendem Umfang nachträglich korrigiert oder ergänzt werden als

---

[21] *Voppel/Osenbrück/Bubert*, VOF, 3. Auflage 2012 § 16 Rn. 43.

[22] Soweit nicht die Identität der Wettbewerbsaufgabe geändert wird, kann der Auftraggeber auch die Weiterentwicklung der Wettbewerbsbeiträge im Hinblick auf von ihm erst im Verhandlungsverfahren festgelegte veränderte Nutzungsanforderungen verlangen. Denn Verhandlungsverfahren ist es immanent, dass Verhandlungen und insoweit auch Anpassungen im Hinblick auf den Beschaffungsgegenstand erfolgen (*Harr* in Willenbruch/Wieddekind Vergaberecht 4. Aufl. 2017 § 72 VgV Rn. 11 mit Verweis auf OLG Dresden v. 21.10.2005 – WVerg 0005/05; OLG Dresden v. 11.4.2005 – WVerg 05/05). Voraussetzung ist jedoch, dass der Auftraggeber in der Wettbewerbsbekanntmachung und in den Durchführungsregeln solche Verhandlungen und Anpassungen nicht ausgeschlossen hat, beispielsweise indem er die Verhandlungen auf die baulich-technische Umsetzung der Wettbewerbsentwürfe beschränkt. Eine weitere Frage in diesem Zusammenhang ist, ob die im Verhandlungsverfahren weiterentwickelten Entwürfe für die Zuschlagsentscheidung nochmals durch das Preisgericht bewertet werden müssen (der Wettbewerb also als integrierter Planungswettbewerb im Vergabeverfahren fortgesetzt wird) oder aber ob und ggf. wie eine Bewertung durch den Auftraggeber unter Bezugnahme auf die Beurteilung der im Wettbewerb eingereichten Entwürfe durch das Preisgericht erfolgt. Der Entscheidung des OLG Dresden v. 25.2.2014 – Verg 9/13 (ZfBR 2014, 414 L) ist zu entnehmen, dass der Auftraggeber dies unter Beachtung der vergaberechtlichen Grundsätze in der Wettbewerbsbekanntmachung und den Durchführungsregeln selbst festlegen kann - und m. E. muss, um transparente Wettbewerbsregeln zu schaffen.

[23] AA zur Parallelvorschrift des § 72 VgV *Harr* in Willenbruch/Wieddekind Vergaberecht 4. Aufl. 2017 § 72 VgV Rn. 11.

[24] Auch nach Art. 98 Abs. 3 S. 1 der Sektorenrichtlinie erstellt das Preisgericht einen Bericht über die Rangfolge der von ihm ausgewählten Projekte.

[25] OLG Koblenz v. 16.2.2011 – 1 Verg 2/10, VergabeR 2011, 631, 635 f.

Vergabevermerke. Den wesentlichen Grund dafür sieht das OLG Koblenz in der Unabhängigkeit des Preisgerichts. Dieses ist ein aus mehreren Personen bestehendes Gremium, das von den Bietern unabhängig ist und seine Entscheidungen und Stellungnahmen unabhängig vom Auftraggeber trifft. Die Gefahr einer ergebnisorientierten bzw. interessengerichteten Nachbesserung des Berichts sieht das OLG Koblenz deshalb als gering an, zumal die Preisrichter in der Regel kein persönliches oder berufliches Interesse am Ausgang des Wettbewerbs haben (dürften). Hinzu kommt, dass die Wiederholung einer unzureichend dokumentierten Preisgerichtssitzung praktisch ausgeschlossen ist. Wenn der Bericht veröffentlicht wird, ist der Planungswettbewerb in der Regel abgeschlossen und die Anonymität aufgehoben. Eine neutrale und diskriminierungsfreie Neubeurteilung der Wettbewerbsbeiträge ist dann nicht mehr möglich.

Trotz dieser Unterschiede zu § 8 SektVO verlangt 63 Abs. 3 S. 1 SektVO eine detaillier- **46** te und abschließende Beurteilung der Wettbewerbarbeiten, wenngleich aus der systematischen Gegenüberstellung der Regelungen zu den Berichtspflichten in Planungswettbewerben auf den ersten Blick das Gegenteil folgt: § 63 Abs. 3 S. 1 SektVO ist wortgleich mit § 72 Abs. 3 VgV, der die Berichtspflicht für Planungswettbewerbe im Anwendungsbereich der VgV regelt. Für Planungswettbewerbe für Architekten- und Ingenieurleistungen enthält § 79 Abs. 5 S. 1 VgV eine Sonderregelung, wonach das Preisgericht einen *„Bericht über die Rangfolge und hierin eine Beurteilung der von ihm ausgewählten Wettbewerbarbeiten zu erstellen“* hat. Wenn es der Verordnungsgeber für erforderlich gehalten hat, in § 79 Abs. 5 S. 1 VgV ausdrücklich zu regeln, dass der Bericht eine Beurteilung der vom Preisgericht ausgewählten Wettbewerbarbeiten enthalten muss, kann das auf den ersten Blick nur bedeuten, dass der Verordnungsgeber davon ausgeht, dass der nach § 72 Abs. 3 VgV (und dementsprechend auch nach § 63 Abs. 3 S. 1 SektVO) zu erstellende Bericht eine solche Beurteilung nicht enthält. Ein zweiter Blick in die Verordnungsbegründung zu § 72 Abs. 3 VgV und zu § 79 Abs. 5 VgV offenbart jedoch, dass der Verordnungsgeber beide Vorschriften als inhaltsgleich erachtet. Mit beiden Vorschriften soll danach die vor der Vergaberechtsreform 2016 in § 16 Abs. 6 VOF normierte Berichtspflicht umgesetzt werden. Unterschiede im Wortlaut von § 72 Abs. 3 VgV und § 79 Abs. 5 VgV sind insoweit unbeachtlich und rechtfertigen insbesondere nicht den Schluss, dass die gemäß § 72 Abs. 3 VgV und diesem entsprechenden § 63 Abs. 3 S. 1 SektVO zu erstellenden Berichte keine Beurteilung der Wettbewerbarbeiten erforderten.

Nach § 63 Abs. 3 S. 2 SektVO ist der Bericht von den Preisrichtern zu unterzeich- **47** nen. Unterzeichnen müssen alle Preisrichter, die an der Entscheidung mitgewirkt haben. Damit übernimmt jeder Preisrichter die Verantwortung für die Entscheidung des Preisgerichts.

F. Dialog zwischen Preisrichtern und Teilnehmern

Hält das Preisgericht bestimmte Aspekte einer Wettbewerbarbeit für aufklärungsbedürf- **48** tig, kann es den betreffenden Wettbewerbsteilnehmer auffordern, entsprechende Fragen zu beantworten (§ 63 Abs. 4 S. 1 SektVO). Dafür ist gemäß § 63 Abs. 4 S. 2 SektVO ein Dialog zwischen Preisrichtern und Teilnehmern vorgesehen.

Nach § 11 Abs. 7 SektVO a. F. stand dieses Recht nur dem Auftraggeber zu. Sinnvoll **49** war dies jedoch nicht, weil die Aufklärung dazu dienen soll, Fragen, die sich dem Preisgericht bei der Bewertung der Wettbewerbarbeiten gestellt haben und die das Preisgericht in seinem Protokoll festgehalten hat, zu beantworten. Die Vorgabe, dass nur der Auftraggeber diese Fragen gegenüber dem Wettbewerbsteilnehmer stellen darf, wie § 11 Abs. 7 SektVO aF dies vorsah, stellte einen unnötigen und das Verfahren verkomplizierenden Umweg dar, der nunmehr durch § 63 Abs. 4 SektVO behoben wurde.

Ob das Preisgericht die Wettbewerbsteilnehmer zur Beantwortung von Fragen zur **50** Klärung bestimmter Aspekte der Wettbewerbarbeiten auffordert, entscheidet dieses nach eigenem Ermessen. Diese Entscheidung ist nur auf Ermessensfehler überprüfbar.[26] Ermessensfehlerhaft wäre die Entscheidung, wenn das Preisgericht die Entscheidung, Wettbewerbsteilnehmer zur Klärung bestimmter Aspekte der Wettbewerbsarbeiten aufzufordern, nicht einheitlich träfe.

51   Auch dürfen die Wettbewerbsteilnehmer nur „bei Bedarf" zur Klärung aufgefordert werden, was sich aus Art. 98 Abs. 5 der Sektorenrichtlinie ergibt. Ein Dialog und die damit verbundene teilweise Aufhebung der Anonymität (→ SektVO § 63 Rn. 36 ff.) muss also sachlich gerechtfertigt und erforderlich sein. Ferner darf sich die Aufklärung nur auf bestimmte, nämlich die aufklärungsbedürftigen Aspekte der Wettbewerbsarbeiten beziehen. Daraus folgt, dass die Wettbewerbsteilnehmer im Planungswettbewerb nicht zu einer allgemeinen (aufklärungsbedarfsunabhängigen) Präsentation ihrer Wettbewerbsarbeiten vor dem Preisgericht aufgefordert werden dürfen. Eine solche Präsentation ist von § 63 Abs. 4 SektVO nicht gedeckt und würde eine teilweise Aufhebung der Anonymität nicht rechtfertigen.

52   Das Preisgericht kann festlegen, dass der Dialog im schriftlichen Verfahren erfolgt. Dadurch kann die Anonymität im Planungswettbewerb gewahrt werden. Dies würde allerdings das Verfahren verzögern und verkomplizieren. Auch lassen sich im Einzelfall Fragen besser in einem Gespräch klären, weil weitere unmittelbare Rückfragen möglich sind. Operativ vorzugswürdig ist deshalb die Anberaumung von Gesprächsterminen, an denen stellvertretend für das Preisgericht ein Preisrichter und jeweils ein Wettbewerbsteilnehmer teilnehmen. Das ist trotz der damit verbundenen teilweisen Aufhebung der Anonymität zulässig (→ SektVO § 63 Rn. 40).

53   Selbstverständlich darf der Dialog stets nur zwischen Preisrichtern (bzw. einem Preisrichter) und einem Wettbewerbsteilnehmer geführt werden. Trotz der insoweit nicht ganz eindeutigen Formulierung in § 63 Abs. 4 S. 2 SektVO wird dies durch den Begriff „Dialog" hinreichend klar zum Ausdruck gebracht. Zudem ergibt sich dies zwingend aus dem Wettbewerbsgrundsatz und der Anonymitätspflicht

54   Zur Wahrung der Transparenz und zur Festhaltung der Antworten der Wettbewerbsteilnehmer ist der Dialog zwischen den Preisrichtern (oder dem Preisrichter) und dem jeweiligen Wettbewerbsteilnehmer in einem Protokoll zu dokumentieren. In diesem Protokoll sollen sowohl die Fragen des Preisgerichts als auch die Antworten des jeweiligen Wettbewerbsteilnehmers dokumentiert werden. Das Protokoll muss, wie Art. 98 Abs. 6 der Sektorenrichtlinie klargestellt, umfassend sein, also den gesamten Dialog beinhalten. Dieses Protokoll ist, wie der Verordnungsgeber in der Verordnungsbegründung klargestellt hat, neben dem in § 63 Abs. 3 SektVO genannten Bericht zu führen.[27]

G. Rechtsschutz

55   Zum Rechtsschutz gegen Vergabeverstöße im Planungswettbewerb wird auf die Kommentierung zu § 80 VgV verwiesen.

---

[26] Siehe zum Rechtsschutz in Planungswettbewerben die Kommentierung von → VgV § 80 Rn. 78 ff.
[27] Verordnungsbegründung BT-Drucks. 18/7318 S. 276.

Abschnitt 5. Übergangs- und Schlussbestimmungen

§ 64 Übergangsbestimmungen

Zentrale Beschaffungsstellen im Sinne von § 120 Absatz 4 Satz 1 des Gesetzes gegen Wettbewerbsbeschränkungen können bis zum 18. April 2017, andere Auftraggeber bis zum 18. Oktober 2018, abweichend von § 43 Absatz 1 die Übermittlung der Angebote, Teilnahmeanträge und Interessensbestätigungen auch auf dem Postweg, anderem geeigneten Weg, Fax oder durch die Kombination dieser Mittel verlangen. Dasselbe gilt für die sonstige Kommunikation im Sinne des § 9 Absatz 1, soweit sie nicht die Übermittlung von Bekanntmachungen und die Bereitstellung der Vergabeunterlagen betrifft.

Übersicht

	Rn.		Rn.
A. Einführung	1	B. Objektiver Anwendungsbereich	4
I. Literatur	1	C. Subjektiver Anwendungsbereich	5
II. Entstehungsgeschichte	2	I. Zentrale Beschaffungsstellen	5
III. Rechtliche Vorgaben im EU-Recht	3	II. Sonstige Auftraggeber	6

A. Einführung

I. Literatur

Zu § 64 SektVO existiert, soweit ersichtlich, jenseits der einschlägigen Kommentierungen keine spezifische **1** Literatur.

II. Entstehungsgeschichte

§ 64 SektVO ist neu in die Sektorenverordnung aufgenommen worden. **2**

III. Rechtliche Vorgaben im EU-Recht

§ 64 SektVO hat seine Grundlage in Art. 106 Abs. 2 der Richtlinie 2014/25/EU, **3** wonach die Mitgliedstaaten dazu berechtigt sind, die Verpflichtung des Art. 40 Abs. 1 der Richtlinie 2014/25/EU zur Verwendung elektronischer Mittel bis zum 18.10.2018 bzw. bei zentralen Beschaffungsstellen bis zum 18.4.2017 aufzuschieben. Entscheidet sich ein Mitgliedstaat für eine solche Aufschiebung, muss er gemäß Art. 106 Abs. 2 3. Unterabs. der Richtlinie 2014/25/EU regeln, dass die Auftraggeber zwischen den folgenden Kommunikationsmitteln wählen können: elektronische Mittel, Postweg oder ein anderer geeigneter Weg, Fax oder eine Kombination dieser Mittel.

B. Objektiver Anwendungsbereich

§ 64 Satz 1 SektVO regelt die Übergangsfristen für die Übermittlungsweise von Ange- **4** boten, Teilnahmeanträgen und Interessenbestätigungen. Nach § 64 Satz 2 SektVO gelten diese Übergangsfristen auch für die sonstige Kommunikation nach § 9 Abs. 1 SektVO, soweit sie nicht die Übersendung von Bekanntmachungen und die Bereitstellung der Vergabeunterlagen betrifft. Somit kann neben der Übermittlung von Angeboten etc. auch die Kommunikation zwischen dem Auftraggeber sowie den Bewerbern und Bietern in einem Vergabeverfahren innerhalb der vorgesehenen Fristen in einer anderen als der elektronischen Form erfolgen.

C. Subjektiver Anwendungsbereich

I. Zentrale Beschaffungsstellen

5 Für zentrale Beschaffungsstellen nach § 120 Abs. 4 Satz 1 GWB endete die Frist des § 64 SektVO bereits am 18.4.2017, so dass diese Ausnahmeregelung für sie keine Anwendung mehr findet. Für zentrale Beschaffungsstellen ist es daher schon jetzt verpflichtend, § 43 Abs. 1 SektVO einzuhalten und die elektronische Übermittlung von Angeboten, Teilnahmeanträgen und Interessensbestätigungen zu fordern. In der Regel wird dies über eine Internetplattform erfolgen. Die Übermittlung in Papierform ist für zentrale Beschaffungsstellen seit dem 18.4.2017 ausnahmsweise nur noch dann zulässig, wenn die Voraussetzungen des § 43 Abs. 2 SektVO vorliegen. Dabei ist die Dokumentationspflicht des § 43 Abs. 3 SektVO zu beachten.

II. Sonstige Auftraggeber

6 Alle sonstigen Auftraggeber mit Ausnahme der zentralen Beschaffungsstellen haben noch bis zum 18.10.2018 die Wahl, welche Form der Übermittlung von Angeboten, Teilnahmeanträgen und Interessenbestätigungen sie in dem jeweiligen Vergabeverfahren zulassen. Sobald sich ein Auftraggeber für eine bestimmte Übermittlungsweise entschieden hat, ist er an diese Entscheidung gebunden. Bewerber oder Bieter, die ihre Teilnahmeanträge oder Angebote in einer anderen Form vorlegen, sind vom Vergabeverfahren aus formalen Gründen auszuschließen.[1] Dabei steht es Auftraggebern auch schon vor dem 18.10.2018 frei, ausschließlich die elektronische Einreichung von Interessenbestätigungen, Teilnahmeanträgen und Angeboten zu fordern.

7 § 64 SektVO lässt offen, wie Auftraggeber mit Vergabeverfahren umzugehen haben, die vor dem Stichtag 18.10.2018 begonnen haben. Da die Entscheidung für die Übermittlungsform von Angeboten, Teilnahmeanträgen und Interessenbestätigungen vom Auftraggeber vor Einleitung des Vergabeverfahrens getroffen werden muss und sich Auftraggeber mit dieser Entscheidung selbst binden, sollten bereits laufende Vergabeverfahren auch nach dem 18.10.2018 unverändert fortgesetzt werden; während des laufenden Verfahrens müssen Auftraggeber also nicht zum 18.10.2018 hin die Vorgaben an die Übermittlung von Angeboten, Teilnahmeanträgen und Interessensbestätigungen ändern.[2] § 43 SektVO ist somit erst für Vergabeverfahren zwingend anwendbar, die ab dem 18.10.2018 eingeleitet werden. Dies entspricht im Übrigen auch § 186 Abs. 2 GWB, der für die Anwendbarkeit des neuen GWB ebenfalls auf den Beginn des Vergabeverfahrens abstellt. Dabei ist indes zu beachten, dass die vergaberechtlichen Vorschriften keine Definition für den Begriff des Verfahrensbeginns kennen. Allerdings wurden zu dieser Frage in der Rechtsprechung und Literatur einheitliche Grundsätze entwickelt.[3] Auf Basis dieser Grundsätze kann eindeutig ermittelt werden, ob bzw. wann ein Vergabeverfahren eingeleitet worden ist.

---

[1] BT-Drs. 18/7318, 249.
[2] Ebenso zu § 81 VgV: *Hartmann/Fandrey* in KKMPP VgV § 81 Rn. 3.
[3] Vgl. hierzu ausführlich → GWB § 186 Rn. 8 ff.

§ 65 Fristberechnung

Die Berechnung der in dieser Verordnung geregelten Fristen bestimmt sich nach der Verordnung (EWG, Euratom) Nr. 1182/71 des Rates vom 3. Juni 1971 zur Festlegung der Regeln für die Fristen, Daten und Termine (ABl. L 124 vom 8.6.1971, S. 1).

Übersicht

	Rn.		Rn.
A. Einführung	1	III. Rechtliche Vorgaben im EU-Recht	3
I. Literatur	1	B. Berechnung von Fristen	4
II. Entstehungsgeschichte	2		

A. Einführung

I. Literatur

Zu 65 SektVO existiert, soweit ersichtlich, jenseits der einschlägigen Kommentierungen keine spezifische **1** Literatur.

II. Entstehungsgeschichte

§ 65 SektVO ist neu in die Sektorenverordnung aufgenommen worden. **2**

III. Rechtliche Vorgaben im EU-Recht

In der Richtlinie 2014/25/EU gibt es keine vergleichbare Vorschrift. Einzig in Erwä- **3** gungsgrund 112 wird darauf hingewiesen, dass die VO (EWG, Euratom) Nr. 1182/71 für die Fristberechnung gilt.

B. Berechnung von Fristen

Da die Fristen in der SektVO weitestgehend in Tage bemessen werden (vgl. §§ 14, 15, **4** 17, 22, 36, 38), ist Art. 3 Abs. 2 lit. b) der Verordnung (EWG, Euratom) Nr. 1182/71 von besonderer Relevanz. Hiernach beginnt eine nach Tagen bemessene Frist am Anfang der ersten Stunde des ersten Tages und endet mit Ablauf der letzten Stunde des letzten Tages. Ebenso ist Art. 3 Abs. 1 Unterabs. 2 VO (EWG, Euratom) Nr. 1182/71 zu beachten, der für die Berechnung von Fristen gilt, für deren Beginn der Zeitpunkt maßgeblich ist, in welchem ein Ereignis eintritt oder eine Handlung vorgenommen wird. In der Regel betreffen die Fristen der SektVO solche Ereignisse oder Handlungen wie z.B. den Versand der Bekanntmachung. In diesem Fall ist bei der Berechnung der Tag nicht mitzurechnen, auf den das Ereignis oder die Handlung fällt. Wenn also beispielsweise ein Auftraggeber eine Bekanntmachung zur Veröffentlichung an einem Montag verschickt, beginnt die Frist zur Angebotsabgabe erst an dem Dienstag zu laufen. Für die Berechnung eines Fristendes, wenn der letzte Tag auf einen Feiertag, einen Sonntag oder einen Sonnabend fällt, greift Art. 3 Abs. 4 VO (EWG, Euratom) Nr. 1182/71. Hiernach endet die Frist erst mit Ablauf der letzten Stunde des folgenden Arbeitstags. Der Begriff „Arbeitstag" ist wiederum in Art. 3 Abs. 2 der VO (EWG, Euratom) Nr. 1182/71 definiert: erfasst werden alle Tage außer Feiertage, Sonntage und Sonnabende.

3. Verordnung über die Vergabe von Konzessionen (Konzessionsvergabeverordnung – KonzVgV)

Vom 12. April 2016
(BGBl. I S. 624, 683)

Abschnitt 1. Allgemeine Bestimmungen und Kommunikation

Unterabschnitt 1. Allgemeine Bestimmungen

§ 1 Gegenstand und Anwendungsbereich

Diese Verordnung trifft nähere Bestimmungen über das einzuhaltende Verfahren bei der dem Teil 4 des Gesetzes gegen Wettbewerbsbeschränkungen unterliegenden Vergabe von Konzessionen durch einen Konzessionsgeber.

Übersicht

	Rn.		Rn.
A. Einführung	1	B. Einzelkommentierung	5
I. Literatur	1	I. Bestimmung des Anwendungsbereichs der KonzVgV	5
II. Entstehungsgeschichte	2	II. Bestimmung des Gegenstands der KonzVgV	7
III. Rechtliche Vorgaben im EU-Recht	4		

A. Einführung

I. Literatur

Siehe die Literatur zu § 105 GWB.   **1**

II. Entstehungsgeschichte

§ 1 KonzVgV bestimmt, wie auch der Normtitel verdeutlicht, Anwendungsbereich und **2** Gegenstand der KonzVgV.[1] Der Anwendungsbereich der KonzVgV entspricht demjenigen des GWB-Konzessionsvergaberechts (siehe → Rn. 5); ihr die Vorgaben im GWB konkretisierendes Regelungsprogramm (zu diesem → Rn. 7f.) gibt die Verordnungsermächtigung des § 113 GWB vor (hierzu, auch kritisch → § 113 GWB Rn. 6ff.). Es konkretisiert die Regelungen im GWB.

Eine (partielle) Überschneidung besteht schließlich mit § 148 GWB, der eine Teildefini- **3** tion des Anwendungsbereichs des GWB-Konzessionsvergaberechts enthält.

III. Rechtliche Vorgaben im EU-Recht

Insoweit greift § 1 KonzVgV auch die im GWB umgesetzten Vorgaben des EU-Rechts **4** auf. Wie das GWB beruht auch die KonzVgV auf „dem Grundsatz einer ‚Eins-zu-Eins-

---

[1] Siehe auch Begründung des Entwurfs der Bundesregierung einer Verordnung zur Modernisierung des Vergaberechts (Vergaberechtsmodernisierungsverordnung – VergRModVO), BR-Drs. 87/16, 277.

Umsetzung' in nationales Recht".[2] Die Notwendigkeit, Anwendungsbereich und Regelungsgegenstand der KonzVgV eigenständig zu bestimmen, ist freilich Konsequenz der mehrstufigen Rechtsetzung auf nationaler Ebene (Regelung im GWB und im Verordnungsrecht; dazu allgemein Einführung → Rn. 23, 52 ff.; → § 113 GWB Rn. 4) und beruht daher nicht auf unionsrechtlichen Vorgaben (zu den unionsrechtlichen Anforderungen an eine Richtlinienumsetzung im Verordnungswege → § 113 GWB Rn. 5).

B. Einzelkommentierung

I. Bestimmung des Anwendungsbereichs der KonzVgV

5   § 1 KonzVgV bestimmt zum einen den Anwendungsbereich der KonzVgV und übernimmt hierfür die entsprechenden Regelungen im GWB. Mithin findet die KonzVgV Anwendung auf die Vergabe von Konzessionen (§ 105 GWB) durch einen Konzessionsgeber (§ 101 GWB), die dem vierten Teil des GWB unterliegt. Letzteres setzt positiv das Erreichen des Schwellenwerts von derzeit 5,548 Mio. € voraus (§ 106 Abs. 1, Abs. 2 Nr. 4 GWB i. V. m. Art. 8 RL 2014/23/EU; zur Berechnung → § 2 KonzVgV) und negativ, dass kein Ausnahmetatbestand einschlägig ist.[3] Es darf folglich keine allgemeine Ausnahme (§ 107 GWB), keine Ausnahme bei öffentlich-öffentlicher Zusammenarbeit (§ 108 GWB), keine Ausnahme für Vergaben auf der Grundlage internationaler Verfahrensregeln (§ 109 GWB), keine besondere Ausnahme für den Konzessionsbereich (§ 149 GWB) respektive keine besondere Ausnahme für die Vergabe von Konzessionen in den Bereichen Verteidigung und Sicherheit (§ 150 GWB) greifen. Hervorzuheben ist, dass – trotz Fortgeltung der VOB/A (siehe Einführung → Rn. 23 ff., → 71 ff.) – die KonzVgV auch Baukonzessionen auf untergesetzlicher Ebene abschließend regelt; die frühere Regelung in § 22 EG VOB/A (2012) ist entfallen (siehe auch § 1 EU VOB/A).[4]

6   Aus **systematischer Perspektive** ist freilich anzumerken, dass die KonzVgV Regelungen enthält, die nicht zu dieser Engführung ihres Anwendungsbereichs passen. So greift die Regelung des § 2 KonzVgV zur Methode der Berechnung des geschätzten Vertragswerts unabhängig vom Erreichen des Schwellenwerts, da sie diese Frage erst beantwortet (siehe auch → § 2 KonzVgV Rn. 12); auch haben entsprechende Dokumentationspflichten in Erweiterung des § 6 KonzVgV Anerkennung gefunden (→ § 2 KonzVgV Rn. 43 f.).

II. Bestimmung des Gegenstands der KonzVgV

7   Zum anderen bestimmt § 1 KonzVgV den Gegenstand der KonzVgV, nämlich „nähere Bestimmungen über das einzuhaltende Verfahren bei der" Konzessionsvergabe zu treffen, und somit die Rahmenvorgaben der §§ 151 ff. GWB in Einklang mit der Ermächtigungsgrundlage des § 113 GWB zu konkretisieren. Diese Verfahrensregelungen enthält vor allem Abschnitt 2 der KonzVgV. Normiert finden sich allgemeine Verfahrensvorschriften (§§ 12 ff. KonzVgV) und Regelungen zur Vorbereitung des Vergabeverfahrens (§§ 15 ff. KonzVgV), zu Bekanntmachungen (§§ 19 ff. KonzVgV) sowie zu Auswahlverfahren und Zuschlag (§§ 24 ff. KonzVgV). Des Weiteren enthält die KonzVgV im ersten Unterab-

---

[2] Begründung des Entwurfs der Bundesregierung einer Verordnung zur Modernisierung des Vergaberechts (Vergaberechtsmodernisierungsverordnung – VergRModVO), BR-Drs. 87/16, 2.

[3] Siehe auch Begründung des Entwurfs der Bundesregierung einer Verordnung zur Modernisierung des Vergaberechts (Vergaberechtsmodernisierungsverordnung – VergRModVO), BR-Drs. 87/16, 277.

[4] Siehe auch Begründung des Entwurfs der Bundesregierung einer Verordnung zur Modernisierung des Vergaberechts (Vergaberechtsmodernisierungsverordnung – VergRModVO), BR-Drs. 87/16, 3.

schnitt ihres ersten Abschnitts Bestimmungen zur Berechnung des geschätzten Vertragswerts (§ 2 KonzVgV), zur Laufzeit von Konzessionen (§ 3 KonzVgV), zur Wahrung der Vertraulichkeit (§ 4 KonzVgV), zur Vermeidung von Interessenkonflikten (§ 5 KonzVgV), zu Dokumentation und Vergabevermerk (§ 6 KonzVgV), im zweiten Unterabschnitt Regelungen zur Kommunikation (§§ 7 ff. KonzVgV) und im dritten Abschnitt Vorgaben für die Vergabe von Unteraufträgen (§ 33 KonzVgV).

Die mit der KonzVgV erfolgte Strukturierung der Konzessionsvergabe soll ausweislich **8** der Verordnungsbegründung „dem Rechtsanwender ein möglichst übersichtliches und leicht handhabbares Regelwerk zur Vergabe von öffentlichen Aufträgen und Konzessionen zur Verfügung [stellen]. Durch eine stärkere Gliederung und Strukturierung der Regelungen auf Verordnungseëne soll es künftig einfacher werden, die für den jeweiligen Verfahrensschritt im Vergabeprozess anzuwendenden Vorschriften zu ermitteln. Die jeweiligen Verordnungen zur Vergabe öffentlicher Aufträge und von Konzessionen spiegeln daher in ihrer Struktur den jeweiligen Ablauf der Vergabeverfahren wider."[5]

---

[5] Begründung des Entwurfs der Bundesregierung einer Verordnung zur Modernisierung des Vergaberechts (Vergaberechtsmodernisierungsverordnung – VergRModVO), BR-Drs. 87/16, 2; ferner 148.

§ 2 Berechnung des geschätzten Vertragswerts

(1) Der Konzessionsgeber berechnet den geschätzten Vertragswert nach einer objektiven Methode, die in den Vergabeunterlagen anzugeben ist.

(2) [1]Die Wahl der Methode zur Berechnung des geschätzten Vertragswerts darf nicht in der Absicht erfolgen, die Anwendung der Bestimmungen des Teils 4 des Gesetzes gegen Wettbewerbsbeschränkungen oder dieser Verordnung zu umgehen. [2]Eine Konzession darf insbesondere nicht so aufgeteilt werden, dass sie nicht in den Anwendungsbereich des Teils 4 des Gesetzes gegen Wettbewerbsbeschränkungen fällt, es sei denn, es liegen objektive Gründe für eine solche Aufteilung vor.

(3) Bei der Berechnung des geschätzten Vertragswerts geht der Konzessionsgeber von dem voraussichtlichen Gesamtumsatz ohne Umsatzsteuer aus, den der Konzessionsnehmer während der Vertragslaufzeit als Gegenleistung erzielt
1. für die Bau- oder Dienstleistungen, die Gegenstand der Konzession sind, und
2. für Lieferungen, die mit diesen Bau- oder Dienstleistungen verbunden sind.

(4) Der Konzessionsgeber berücksichtigt dabei nach den Umständen des jeweiligen Einzelfalls insbesondere
1. den Wert aller Arten von Optionen und möglichen Vertragsverlängerungen,
2. die Einkünfte aus Gebühren oder Entgelten sowie Geldbußen oder Vertragsstrafen, die von den Nutzern der Bauwerke oder Dienstleistungen gezahlt werden, soweit diese nicht im Auftrag des Konzessionsgebers erhoben werden,
3. die Zahlungen des Konzessionsgebers oder jeder anderen Behörde an den Konzessionsnehmer oder weitere finanzielle Vorteile jedweder Art, einschließlich Gegenleistungen für die Erfüllung von Gemeinwohlverpflichtungen sowie staatlicher Investitionsbeihilfen,
4. den Wert von Zuschüssen oder sonstigen finanziellen Vorteilen jeglicher Art, die von Dritten für die Durchführung der Konzession gewährt werden,
5. die Einkünfte aus dem Verkauf von Vermögensgegenständen, die Teil der Konzession sind,
6. den Wert aller Lieferungen und Dienstleistungen, die der Konzessionsgeber für den Konzessionsnehmer bereitstellt, sofern sie für die Erbringung der Bau- oder Dienstleistungen erforderlich sind,
7. Prämien oder Zahlungen an Bewerber oder Bieter.

(5) [1]Maßgeblicher Zeitpunkt für die Berechnung des geschätzten Vertragswerts ist der Zeitpunkt, zu dem die Konzessionsbekanntmachung abgesendet oder das Vergabeverfahren auf sonstige Weise eingeleitet wird. [2]Abweichend davon ist der Zeitpunkt des Zuschlags maßgeblich, falls der Vertragswert zu diesem Zeitpunkt mehr als 20 Prozent über dem nach Satz 1 geschätzten Wert liegt.

(6) [1]Kann ein Bauvorhaben oder eine geplante Dienstleistung zur Vergabe von Konzessionen in Form mehrerer Lose führen, ist der geschätzte Gesamtwert aller Lose zu berücksichtigen. [2]Erreicht oder übersteigt der geschätzte Gesamtwert den maßgeblichen Schwellenwert, ist diese Verordnung für die Vergabe jedes Loses anzuwenden.

Übersicht

	Rn.			Rn.
A. Einführung	1		II. Gebot einer objektiven und transparenten Berechnung, § 2 Abs. 1 KonzVgV	18
I. Literatur	1			
II. Entstehungsgeschichte	2		III. Umgehungsverbot, § 2 Abs. 2 KonzVgV	22
III. Rechtliche Vorgaben im EU-Recht	8			
B. Verhältnis zum GWB und zur VgV	11		IV. Maßgeblichkeit des Netto-Gesamtumsatzes, § 2 Abs. 3 KonzVgV	25
C. Einzelkommentierung	14			
I. Maßgeblichkeit einer Schätzung, § 2 Abs. 1 KonzVgV	17		V. Bewertungsparameter, § 2 Abs. 4 KonzVgV	28

	Rn.		Rn.
1. Optionen und Vertragsverlängerungen, § 2 Abs. 4 Nr. 1 KonzVgV	29	6. Für die Leistungserbringung erforderliche und vom Konzessionsgeber bereitgestellte Lieferungen und Dienstleistungen, § 2 Abs. 4 Nr. 6 KonzVgV	36
2. Refinanzierungsmöglichkeiten bei den Nutzern, § 2 Abs. 4 Nr. 2 KonzVgV	30	7. Prämien oder Zahlungen an Bewerber oder Bieter, § 2 Abs. 4 Nr. 7 KonzVgV	37
3. Zahlungen und weitere finanzielle Vorteile seitens des Konzessionsgebers und anderer Behörden, § 2 Abs. 4 Nr. 3 KonzVgV	31	VI. Maßgeblicher Zeitpunkt, § 2 Abs. 5 KonzVgV	38
4. Zuschüsse und sonstige finanzielle Vorteile durch Dritte, § 2 Abs. 4 Nr. 4 KonzVgV	34	VII. Maßgeblichkeit des Gesamtwerts bei Losvergabe, § 2 Abs. 6 KonzVgV	41
5. Veräußerungserlöse, § 2 Abs. 4 Nr. 5 KonzVgV	35	VIII. Dokumentationspflicht	43
		IX. Rechtsschutz	45

A. Einführung

I. Literatur

Donhauser, Die Anwendung des EU-Vergaberechts auf die Beschaffungspraxis der Bayerischen Kommunen – **1** Wesentliche Neuerungen der Vergaberechtsmodernisierung 2016, KommP BY 2016, 238; *Goldbrunner,* Das neue Recht der Konzessionsvergabe, VergabeR 2016, 365.

II. Entstehungsgeschichte

Diskussionen in der **Genese des Verordnungsrechts** sind nicht verzeichnet. Indes hat **2** die Berechnungsregelung des Art. 8 Abs. 2 ff. RL 2014/23/EU, die § 2 KonzVgV umsetzt (näher → Rn. 8 ff.), im EU-Gesetzgebungsverfahren mehrere Änderungen erfahren.

Der ursprüngliche **Entwurf der Europäischen Kommission** vom 20.12.2011 ent- **3** hielt mit seinem Art. 6[1] eine eigenständige Bestimmung zu „Methoden zur Berechnung des geschätzten Werts von Konzessionen":

1. Die Berechnung des geschätzten Wertes einer Konzession basiert auf dem vom öffentlichen Auftraggeber bzw. von der Vergabestelle geschätzten zahlbaren Gesamtbetrag ohne Mehrwertsteuer, einschließlich aller Optionen und etwaigen Verlängerungen der Konzession.
2. Der geschätzte Wert einer Konzession wird als Wert der Gesamtheit der Bauarbeiten oder Dienstleistungen berechnet, auch wenn sie im Rahmen verschiedener Verträge erworben werden, sofern die Verträge Teil eines einzigen Projekts sind. Anhaltspunkte dafür, dass es sich um ein einziges Projekt handelt, können beispielsweise eine vorausgehende Gesamtplanung und Gesamtkonzeption durch den öffentlichen Auftraggeber oder die Vergabestelle sein oder auch der Umstand, dass die verschiedenen Bestandteile ein und demselben wirtschaftlichen und technischen Zweck dienen oder anderweitig logisch miteinander verknüpft sind. Wenn der öffentliche Auftraggeber oder die Vergabestelle Prämien oder Zahlungen an Bewerber oder Bieter vorsieht, hat er diese bei der Berechnung des geschätzten Konzessionswerts zu berücksichtigen.
3. Die Wahl der Methode zur Berechnung des geschätzten Konzessionswerts darf nicht in der Absicht erfolgen, die Anwendung dieser Richtlinie zu umgehen. Ein Bauvorhaben oder eine Gesamtheit von Dienstleistungen darf daher nicht so unterteilt werden, dass es bzw. sie nicht in den Anwendungsbereich der Richtlinie fällt, es sei denn, es liegen objektive Gründe dafür vor.
4. Diese Schätzung gilt zu dem Zeitpunkt, zu dem die Konzessionsbekanntmachung versandt wird, bzw. in Fällen, in denen eine solche Bekanntmachung nicht vorgesehen ist, zu dem Zeitpunkt, zu dem der öffentliche Auftraggeber oder die Vergabestelle mit dem Konzessionsvergabeverfahren beginnt, insbesondere durch Festlegung der wesentlichen Merkmale der vorgesehenen Konzession.
5. Hinsichtlich öffentlicher Baukonzessionen bzw. Baukonzessionen werden bei der Berechnung des geschätzten Werts sowohl die Kosten der Bauarbeiten als auch der geschätzte Gesamtwert der Lieferungen

---

[1] Vorschlag der Kommission für eine Richtlinie des Europäischen Parlaments und des Rates über die Konzessionsvergabe, KOM(2011) 897 endg.

und Dienstleistungen, die die öffentlichen Auftraggeber oder die Vergabestellen für den Konzessionsnehmer bereitstellen bzw. erbringen, berücksichtigt, sofern sie für die Ausführung der Bauarbeiten erforderlich sind.

6. Kann ein Bauvorhaben oder der vorgesehene Erwerb von Dienstleistungen zur gleichzeitigen Vergabe von Konzessionen in Form mehrerer Lose führen, ist der geschätzte Gesamtwert aller dieser Lose zu berücksichtigen.

7. Erreicht oder übersteigt der kumulierte Wert der Lose den in Artikel 5 genannten Schwellenwert, so gilt die Richtlinie für die Vergabe jedes Loses.

8. Öffentliche Auftraggeber oder Vergabestellen können Konzessionen für einzelne Lose vergeben, ohne die in dieser Richtlinie festgelegten Vergabeverfahren anzuwenden, wenn der geschätzte Wert des jeweiligen Loses ohne Mehrwertsteuer weniger als 1 Mio. EUR beträgt. Der Gesamtwert der ohne Anwendung dieser Richtlinie vergebenen Lose darf jedoch 20 % des Gesamtwerts aller Lose, in die das Bauvorhaben oder der vorgesehene Erwerb von Dienstleistungen unterteilt wurde, nicht überschreiten.

9. Der Wert von Dienstleistungskonzessionen ist der geschätzte Gesamtwert der vom Konzessionsnehmer während der gesamten Laufzeit der Konzession zu erbringenden Dienstleistungen, der anhand einer objektiven Methode berechnet wird, die in der Konzessionsbekanntmachung oder in den Konzessionsunterlagen angegeben ist. Die Berechnung des geschätzten Konzessionswerts erfolgt gegebenenfalls wie folgt:

a) bei Versicherungsdienstleistungen: auf der Basis der zahlbaren Prämie und anderer Entgelte;

b) bei Bank- und sonstigen Finanzdienstleistungen: auf der Basis der Gebühren, Provisionen und Zinsen sowie sonstiger Entgelte;

c) bei Planungsdienstleistungen: auf der Basis der Gebühren, der zahlbaren Provision und sonstiger Entgelte.

10. Der Wert der Konzessionen umfasst sowohl die voraussichtlichen Einnahmen seitens Dritter als auch die vom öffentlichen Auftraggeber oder von der Vergabestelle zu zahlende Beträge.

4   Hinsichtlich struktureller Änderungen ist zunächst festzuhalten, dass die eigenständige Methodenbestimmung auf Vorschlag des Europäischen Parlaments **mit der Schwellenwertbestimmung zusammengeführt** wurde, die sich nunmehr in Art. 8 Abs. 1 RL 2014/23/EU findet, wohingegen die Folgeabsätze die Berechnungsmethoden regeln.[2]

5   Im Gesetzgebungsverfahren hat sich des Weiteren **Kritik an der Komplexität der Regelung sowie an der Differenzierung zwischen Bau- und Dienstleistungskonzessionen** entzündet. So waren nach der Auffassung des Europäischen Parlaments die Regelungen im Richtlinienvorschlag

zu komplex [sowie] unklar und bewirken eine ungerechtfertigte Unterscheidung zwischen Bau- und Dienstleistungskonzessionen. Es wäre besser, auf eine einfache, einheitliche und vom Konzessionsgegenstand unabhängige Berechnungsmethode zurückzugreifen, weil für Bau- und Dienstleistungskonzessionen die gleichen Regeln gelten sollten und weil viele Konzessionen gemischte Konzessionen sind (Bau- und Dienstleistungskonzessionen), was die Festlegung des anwendbaren Schwellenwerts erschwert. Die neue vorgeschlagene Berechnungsmethode beruht im Wesentlichen auf dem über die Konzessionslaufzeit kumulierten Vorsteuerumsatz. Sie bietet den Vorteil, klar und für Bau- und Dienstleistungskonzessionen identisch zu sein.[3]

6   Dementsprechend hat namentlich das Europäische Parlament eine **einheitliche Berechnungsmethode für Bau- und Dienstleistungskonzessionen** gefordert, die sich durchgesetzt hat.[4] Des Weiteren hat das Europäische Parlament eine Regelung zu Wertän-

---

[2] Siehe namentlich Europäisches Parlament, Bericht des Ausschusses für Binnenmarkt und Verbraucherschutz, Dokumentennr. A7–0030/2013, abrufbar unter http://www.europarl.europa.eu/sides/getDoc.do?pubRef=-//EP//TEXT+REPORT+A7–2013-0030+0+DOC+XML+V0//DE (13.7.2017). Umgesetzt mit dem im Trialog erarbeiteten Kompromisstext vom 12.7.2013, siehe Proposal for a Directive of the European Parliament and of the Council on the award of concession contracts ("Concessions" Directive) (First reading) – Approval of the final compromise text, Dokumentennr. 11748/13 LIMITE MAP 61 MI 596 CODEC 1642, abrufbar unter http://www.forum-vergabe.de/fileadmin/user_upload/Richtlinien/st11748_en13_-_Konzessions-RL.pdf (13.7.2017).

[3] Europäisches Parlament, Bericht des Ausschusses für Binnenmarkt und Verbraucherschutz, Dokumentennr. A7–0030/2013, abrufbar unter http://www.europarl.europa.eu/sides/getDoc.do?pubRef=-//EP//TEXT+REPORT+A7–2013-0030+0+DOC+XML+V0//DE (13.7.2017), Allgemeine Begründung, S. 213 f.

[4] Siehe Europäisches Parlament, Bericht des Ausschusses für Binnenmarkt und Verbraucherschutz, Dokumentennr. A7–0030/2013, abrufbar unter http://www.europarl.europa.eu/sides/getDoc.do?pubRef=-//EP//TEXT+REPORT+A7–2013-0030+0+DOC+XML+V0//DE (13.7.2017), Änderungsantrag 92, S. 74 ff. Umgesetzt mit dem im Trialog erarbeiteten Kompromisstext vom 12.7.2013, siehe Proposal for a

derungen während des Vergabeverfahrens vorgeschlagen, die Eingang in Art. 8 Abs. 2 UAbs. 3 RL 2014/23/EU gefunden hat.[5] Auf die Allgemeine Ausrichtung des **Rats** vom 10.12.2012 geht die – heute in Art. 8 Abs. 3 RL 2014/23/EU (etwas modifiziert) zu findende – **exemplarische Aufzählung von Bewertungsparametern** zurück.[6] Des Weiteren verzichten sowohl die Allgemeine Ausrichtung des Rats vom 10.12.2012 als auch der auf den 1.2.2013 datierte Bericht des Ausschusses für Binnenmarkt und Verbraucherschutz des Europäischen Parlaments auf die in Art. 6 Abs. 8 des ursprünglichen Kommissionsentwurfs vorgesehene **Ausnahme von der Ausschreibungspflicht bei geringwertigen Teillosen** (die allgemeine VergabeRL 2014/24/EU kennt in Art. 5 Abs. 10 einen derartigen Ausnahmetatbestand, umgesetzt in § 3 Abs. 9 VgV).

Ihre endgültige Fassung hat die Richtlinienbestimmung durch den **im Trilog erarbei-** 7 **teten** und (abgesehen von der aktualisierten Nummerierung) Richtlinie gewordenen **Kompromisstext** vom 12.7.2013 gefunden,[7] der die Vorstellungen von Kommission, Rat und Parlament zusammenführt.

III. Rechtliche Vorgaben im EU-Recht

§ 2 KonzVgV setzt Art. 8 Abs. 2 bis 6 RL 2014/23/EU im Wesentlichen inhaltsgleich 8 um (allgemein zum unionsrechtlichen Hintergrund der Vertragswertbestimmung → § 3 VgV Rn. 4f.).[8] Letzterer bestimmt:

(2) Der Wert der Konzession entspricht dem vom öffentlichen Auftraggeber oder vom Auftraggeber geschätzten Gesamtumsatz ohne MwSt., den der Konzessionsnehmer während der Vertragslaufzeit erzielt, als Gegenleistung für die Bau- und Dienstleistungen, die Gegenstand der Konzession sind, sowie für die damit verbundenen Lieferungen.

Diese Schätzung gilt zu dem Zeitpunkt, zu dem die Konzessionsbekanntmachung versandt wird, oder in Fällen, in denen keine Bekanntmachung vorgesehen ist, zu dem Zeitpunkt, zu dem der öffentliche Auftraggeber oder der Auftraggeber das Konzessionsvergabeverfahren einleitet, beispielsweise durch Kontaktaufnahme mit Wirtschaftsteilnehmern im Zusammenhang mit der Konzession.

Liegt der Wert der Konzession zum Vergabezeitpunkt mehr als 20 % über dem geschätzten Wert, so ist für die Zwecke des Absatzes 1 der Konzessionswert zum Zeitpunkt des Zuschlags als geltende Schätzung zu betrachten.

(3) Der geschätzte Konzessionswert wird nach einer in den Konzessionsunterlagen angegebenen objektiven Methode berechnet. Bei der Berechnung der Schätzung des Konzessionswerts berücksichtigen die öffentlichen Auftraggeber und Auftraggeber gegebenenfalls insbesondere

a) den Wert aller Arten von Optionen und etwaigen Verlängerungen der Konzession;

b) die Einkünfte aus von den Nutzern der Bauwerke oder Dienstleistungen gezahlten Gebühren und Bußgeldern, soweit diese nicht im Auftrag des öffentlichen Auftraggebers oder des Auftraggebers erhoben werden;

Directive of the European Parliament and of the Council on the award of concession contracts („Concessions" Directive) (First reading) – Approval of the final compromise text, Dokumentennr. 11748/13 LIMITE MAP 61 MI 596 CODEC 1642, abrufbar unter http://www.forum-vergabe.de/fileadmin/user_upload/Richtlinien/st11748_en13__-_Konzessions-RL.pdf (13.7.2017).

[5] Siehe Art. 6 Abs. 1 Satz 3 i.d. F. von Europäisches Parlament, Bericht des Ausschusses für Binnenmarkt und Verbraucherschutz, Dokumentennr. A7–0030/2013, abrufbar unter http://www.europarl.europa.eu/sides/getDoc.do?pubRef=-//EP//TEXT+REPORT+A7-2013-0030+0+DOC+XML+V0//DE (13.7.2017), Änderungsantrag 92, S. 74ff.

[6] Siehe Art. 6 Abs. 2 i.d. F. der Allgemeinen Ausrichtung des Rates zum Vorschlag für eine Richtlinie des Europäischen Parlaments und des Rates über die Konzessionsvergabe, Dokumentennr. 18007/12 MAP 79 MI 842 CODEC 3106.

[7] Proposal for a Directive of the European Parliament and of the Council on the award of concession contracts ("Concessions" Directive) (First reading) – Approval of the final compromise text, Dokumentennr. 11748/13 LIMITE MAP 61 MI 596 CODEC 1642, abrufbar unter http://www.forum-vergabe.de/fileadmin/user_upload/Richtlinien/st11748_en13__-_Konzessions-RL.pdf (13.7.2017).

[8] Zu dieser Intention des Verordnungsgebers Begründung des Entwurfs der Bundesregierung einer Verordnung zur Modernisierung des Vergaberechts (Vergaberechtsmodernisierungsverordnung – VergRModVO), BR-Drs. 87/16, 277.

c) die Zahlungen des öffentlichen Auftraggebers oder des Auftraggebers oder seitens jeder anderen Behörde an den Konzessionsnehmer oder finanzielle Vorteile jedweder Art, einschließlich Gegenleistungen für die Erfüllung von Gemeinwohlverpflichtungen sowie staatlicher Investitionsbeihilfen;

d) den Wert von Zuschüssen oder sonstigen finanziellen Vorteilen jeglicher Art, die von Dritten für die Durchführung der Konzession gewährt werden;

e) die Einkünfte aus dem Verkauf von Vermögensgegenständen, die Teil der Konzession sind;

f) den Wert aller Lieferungen und Dienstleistungen, die die öffentlichen Auftraggeber oder Auftraggeber für den Konzessionsnehmer bereitstellen, sofern sie für die Erbringung der Bauleistungen oder der Dienstleistungen erforderlich sind;

g) Prämien oder Zahlungen an Bewerber oder Bieter.

(4) Die Wahl der Methode zur Berechnung des geschätzten Konzessionswerts darf nicht in der Absicht erfolgen, die Anwendung dieser Richtlinie zu umgehen. Eine Konzession darf nicht so unterteilt werden, dass sie nicht in den Anwendungsbereich der Richtlinie fällt, es sei denn, es liegen objektive Gründe dafür vor.

(5) Kann ein Bauvorhaben oder eine geplante Dienstleistung zur Vergabe von Konzessionen in Form mehrerer Lose führen, ist der geschätzte Gesamtwert aller Lose zu berücksichtigen.

(6) Erreicht oder übersteigt der kumulierte Wert der Lose den in diesem Artikel genannten Schwellenwert, so gilt die Richtlinie für die Vergabe jedes Loses.

9   § 2 KonzVgV weicht von der Richtlinienbestimmung im Wesentlichen hinsichtlich der Aufgliederung ab. Des Weiteren verlagert die KonzVgV das in Art. 8 Abs. 2 UAbs. 2 RL 2014/23/EU genannte Beispiel der sonstigen Einleitung des Vergabeverfahrens in die Verordnungsbegründung (siehe → Rn. 38).

10   Schließlich enthält **Erwägungsgrund 23** RL 2014/23/EU (wenig weiterführende) **Erläuterungen** zu Art. 8 RL 2014/23/EU (zur rechtlichen Bedeutung der Erwägungsgründe bereits → § 105 GWB Rn. 14):

[1]Diese Richtlinie sollte nur für Konzessionen ab einem bestimmten Schwellenwert gelten, aus dem die klare länderübergreifende Bedeutung der Konzessionen für Wirtschaftsteilnehmer ersichtlich ist, die ihren Sitz in einem anderen Mitgliedstaat als dem des öffentlichen Auftraggebers oder des Auftraggebers haben. [2]Demzufolge muss die Methode zur Berechnung des geschätzten Werts einer Konzession festgelegt werden, und sie sollte für Bau- und Dienstleistungskonzessionen gleich sein, da beide Verträge oftmals Aspekte von Bau- und Dienstleistungen erfassen. [3]Die Berechnung sollte Bezug nehmen auf den Gesamtumsatz des Konzessionsnehmers als Gegenleistung für die Bau- und Dienstleistungen, die Gegenstand der Konzession sind, wie er vom öffentlichen Auftraggeber oder dem Auftraggeber für die gesamte Vertragsdauer ohne Mehrwertsteuer veranschlagt wird.

B. Verhältnis zum GWB und zur VgV

11   § 2 KonzVgV, der die Berechnung des geschätzten Vertragswerts regelt, knüpft an § 106 GWB an, der den sachlichen **Anwendungsbereich des GWB-Vergaberechts** auf Konzessionen beschränkt, die einen bestimmten **Schwellenwert** erreichen (→ § 3 VgV Rn. 3). Dieser liegt derzeit einheitlich für Bau- und Dienstleistungskonzessionen gemäß § 106 Abs. 1, 2 Nr. 4 GWB i. V. m. Art. 8 Abs. 1 RL 2014/23/EU bei 5,548 Mio. Euro.

12   **Systematisch** ist die Vorschrift freilich **falsch in der KonzVgV verortet,** da deren Anwendbarkeit gemäß § 1 KonzVgV das Erreichen des Schwellenwerts voraussetzt, § 2 KonzVgV indes eine Regelung zur Berechnung des geschätzten Vertragswerts trifft, die dem vorausliegt und vor allem unabhängig von der Höhe des Vertragswerts greift (siehe auch zur schwellenwertunabhängig bestehenden Dokumentationspflicht hinsichtlich der Schätzung in Erweiterung des § 6 KonzVgV unten → Rn. 43 f.).

13   Parallelvorschrift zu § 2 KonzVgV in der **VgV** ist deren § 3, der die Schätzung des Auftragswerts für öffentliche Aufträge regelt und teils wortlautgleiche Regelungen enthält.

C. Einzelkommentierung

14   Nachdem die sachliche Anwendbarkeit des GWB-Konzessionsvergaberechts und damit die Realisierung von dessen Zielen, namentlich einer Vergabe „im Wettbewerb und im Wege transparenter Verfahren" (§ 97 Abs. 1 Satz 1 GWB), mit dem Erreichen des Schwel-

lenwerts steht und fällt (§ 106 Abs. 1, 2 Nr. 4 GWB), dürfen Methode und Parameter der Berechnung des insoweit maßgeblichen Vertragswerts nicht im freien Ermessen des Konzessionsgebers stehen. Vielmehr stellt das Konzessionsvergaberecht hierfür Vorgaben auf, um den Vertragswert korrekt zu erfassen, Objektivität und Transparenz sicherzustellen und einer Umgehung entgegenzuwirken (siehe auch Erwägungsgrund 23 Sätze 1 f. RL 2014/23/EU; → § 3 VgV Rn. 2 f., 10).[9] Relevanz erlangt der Vertragswert auch mit Blick auf nachträgliche Änderungen (§ 154 Nr. 3 i. V. m. § 132 GWB).

Die **Anforderungen** sind **einheitlich für Bau- und Dienstleistungskonzessionen** 15 formuliert (zur Abgrenzung → § 105 GWB Rn. 72), was Erwägungsgrund 23 Satz 2 RL 2014/23/EU mit den oftmals anzutreffenden Überschneidungen begründet (siehe auch zu den Vorstößen im Gesetzgebungsverfahren → Rn. 6).[10] Die Regelung in der VgV differenziert demgegenüber partiell zwischen den einzelnen Auftragsarten (siehe § 3 Abs. 4 ff. VgV).

Hinsichtlich seiner **Regelungsstruktur** erklärt der erste Absatz des § 2 KonzVgV zu- 16 nächst eine Schätzung für maßgeblich (I.) und formuliert das Gebot einer objektiven und transparenten Berechnung (II.); der zweite Absatz normiert ein Umgehungsverbot (III.). § 2 Abs. 3 KonzVgV verlangt sodann, auf den Netto-Gesamtumsatz abzustellen (IV.), wofür Absatz 4 Bewertungsparameter exemplarisch aufzählt (V.). § 2 Abs. 5 KonzVgV bestimmt den maßgeblichen Berechnungszeitpunkt (VI.). Absatz 6 enthält eine Sonderregelung hinsichtlich der Maßgeblichkeit des Gesamtwerts bei der Losvergabe (VII.). Schließlich bestehen eine Dokumentationspflicht (VIII.) und Rechtsschutzmöglichkeiten (IX.).

I. Maßgeblichkeit einer Schätzung, § 2 Abs. 1 KonzVgV

Der Vertragswert ist gemäß § 2 Abs. 1 KonzVgV in Einklang mit Art. 8 Abs. 2 ff. RL 17 2014/23/EU zu **schätzen** (allgemein → § 3 VgV Rn. 11 ff.). Hierfür stellen § 2 Abs. 1 KonzVgV ein Objektivitäts- und Transparenzgebot (näher, auch zum Beurteilungsspielraum des Konzessionsgebers → Rn. 18 ff.) sowie § 2 Abs. 2 KonzVgV ein Umgehungsverbot auf (→ Rn. 22 ff.). § 2 Abs. 5 KonzVgV erklärt grundsätzlich die Ex-ante-Perspektive für maßgeblich, statuiert aber eine Korrekturpflicht, so ursprünglich geschätzter Wert und Wert zum Zuschlagszeitpunkt um mehr als 20 % divergieren (→ Rn. 39).

II. Gebot einer objektiven und transparenten Berechnung, § 2 Abs. 1 KonzVgV

§ 2 Abs. 1 KonzVgV setzt Art. 8 Abs. 3 Satz 1 RL 2014/23/EU um und enthält ein 18 **Objektivitäts- und Transparenzgebot.** Er verpflichtet den Konzessionsgeber, den geschätzten Vertragswert nach einer objektiven Methode zu berechnen und diese in den Vergabeunterlagen (§ 16 KonzVgV) anzugeben. Weder Erwägungsgrund 23 RL 2014/23/EU noch die Verordnungsbegründung[11] enthalten Hinweise zur Konkretisierung.

Das **Gebot einer objektiven Berechnung** hat bereits vor Inkrafttreten der KonzVgV 19 im Kontext der Vergabe öffentlicher Aufträge Anerkennung gefunden.[12] Demnach ist die Schätzung „nach objektiven Kriterien, ausgehend von der zu beschaffenden Leistung und

---

[9] Siehe ferner Begründung des Entwurfs der Bundesregierung einer Verordnung zur Modernisierung des Vergaberechts (Vergaberechtsmodernisierungsverordnung – VergRModVO), BR-Drs. 87/16, 277.
[10] Siehe ferner Begründung des Entwurfs der Bundesregierung einer Verordnung zur Modernisierung des Vergaberechts (Vergaberechtsmodernisierungsverordnung – VergRModVO), BR-Drs. 87/16, 277.
[11] Siehe ferner Begründung des Entwurfs der Bundesregierung einer Verordnung zur Modernisierung des Vergaberechts (Vergaberechtsmodernisierungsverordnung – VergRModVO), BR-Drs. 87/16, 277.
[12] Siehe VK Südbayern 14.2.2017 – Z3–3-3194-1-54-12/16, juris Rn. 222.

der aktuellen Marktlage aufgrund einer sorgfältigen betriebswirtschaftlichen Finanzplanung durchzuführen" (siehe im Einzelnen → § 3 VgV Rn. 13ff.).[13]

20   Die **Transparenzpflicht,** die das allgemeine Transparenzgebot (§ 97 Abs. 1 GWB, näher → § 97 GWB Rn. 30ff.) konkretisiert, bezieht sich nach dem Wortlaut allein auf die Methode, nicht aber auf die Berechnung (siehe im Einzelnen → § 3 VgV Rn. 19f.).[14] Daneben verpflichtet § 6 Abs. 2 Satz 1, Satz 2 Nr. 1 KonzVgV den Konzessionsgeber, den Vertragswert im Vergabevermerk festzuhalten (zur Dokumentationspflicht auch bei Nichterreichen des Schwellenwerts → Rn. 43f.).

21   Hierbei kommt dem Konzessionsgeber ein **Beurteilungsspielraum** zu (näher → § 3 VgV Rn. 18).[15] Dabei steigen „[d]ie Anforderungen an die Genauigkeit der Wertermittlung und der Dokumentation ..., je mehr sich der Auftragswert dem Schwellenwert annähert".[16]

III. Umgehungsverbot, § 2 Abs. 2 KonzVgV

22   § 2 Abs. 2 KonzVgV setzt Art. 8 Abs. 4 RL 2014/23/EU um und enthält ein **Umgehungsverbot.**[17] Zunächst verbietet Satz 1 dem Konzessionsgeber, die Berechnungsmethode in der Absicht zu wählen, die Anwendbarkeit des GWB-Vergaberechts zu umgehen. Satz 2 konkretisiert diese Vorgabe dahin, dass namentlich keine sachlich **nicht zu rechtfertigende Aufteilung** der zu erbringenden Bau- oder Dienstleistungen erfolgen darf, die zu einer Absenkung des Wertes der Einzelaufträge unter den Schwellenwert führt.

23   § 2 Abs. 2 KonzVgV **entspricht § 3 Abs. 2 VgV** (ohne dessen letzten HS, der als Beispiel für eine Rechtfertigung nennt, dass „eine eigenständige Organisationseinheit selbstständig für ihre Auftragsvergabe oder bestimmte Kategorien der Auftragsvergabe zuständig ist"), weshalb auf die dortige Kommentierung verwiesen werden kann (siehe → § 3 VgV Rn. 30ff., ferner 28f.).

24   Die Vergabekammer Südbayern hat § 2 Abs. 2 KonzVgV den Rechtsgedanken entnommen, dass „bei Nichtaufklärbarkeit des Widerspruchs über die Vertragslaufzeit in den Vergabeunterlagen ... von der längeren Vertragsdauer auszugehen" ist.[18]

IV. Maßgeblichkeit des Netto-Gesamtumsatzes, § 2 Abs. 3 KonzVgV

25   § 2 Abs. 3 KonzVgV setzt Art. 8 Abs. 2 UAbs. 1 RL 2014/23/EU um und erklärt den **voraussichtlichen Netto-Gesamtumsatz** als **maßgeblichen Vertragswert,** präziser den „voraussichtlichen Gesamtumsatz ohne Umsatzsteuer ..., den der Konzessionsnehmer während der Vertragslaufzeit als Gegenleistung erzielt 1. für die Bau- oder Dienstleistungen, die Gegenstand der Konzession sind, und 2. für Lieferungen, die mit diesen Bau- oder Dienstleistungen verbunden sind." Absatz 4 konkretisiert den Gegenleistungsbegriff exemplarisch weiter (siehe → Rn. 28ff.).

---

[13] VK Südbayern 14.2.2017 – Z3–3-3194-1-54-12/16, juris Rn. 222. Näher auch *Wenzel* in BeckOK Vergaberecht KonzVgV § 2 Rn. 5ff.

[14] *Wenzel* in BeckOK Vergaberecht KonzVgV § 2 Rn 13.

[15] VK Südbayern 14.2.2017 – Z3–3-3194-1-54-12/16, juris Rn. 223; *Siegel* in Völlink/Ziekow KonzVgV § 2 Rn. 9; *Wenzel* in BeckOK Vergaberecht KonzVgV § 2 Rn. 10. Vgl. auch *Craven* in PFLR 2014, 188 (192).

[16] VK Südbayern 14.2.2017 – Z3–3-3194-1-54-12/16, juris Rn. 222.

[17] Siehe auch Begründung des Entwurfs der Bundesregierung einer Verordnung zur Modernisierung des Vergaberechts (Vergaberechtsmodernisierungsverordnung – VergRModVO), BR-Drs. 87/16, 277 f.: Verbot der „willkürlichen Unterschreitung des maßgeblichen Schwellenwertes". Näher *Wenzel* in BeckOK Vergaberecht KonzVgV § 2 Rn. 15ff.

[18] VK Südbayern 14.2.2017 – Z3–3-3194-1-54-12/16, juris Rn. 228.

Diese Regelung korrespondiert mit **§ 3 Abs. 1 Satz 1 VgV,** der für öffentliche Aufträ- **26** ge den „voraussichtlichen Gesamtwert der vorgesehenen Leistung ohne Umsatzsteuer" für maßgeblich erklärt (dazu und zur gebotenen, Aufteilungen begrenzenden **funktionellen Betrachtungsweise** → § 3 VgV Rn. 21 ff., 37). Anders als dort (siehe § 3 Abs. 11 Nr. 2 VgV: Deckelung auf den 48-fachen Monatswert; → § 3 VgV Rn. 65 ff.) kennt § 2 KonzVgV keine Deckelung für langfristige Verträge, so dass der Berechnung die **gesamte Vertragslaufzeit** zugrundezulegen ist.[19] **Kostensteigerungen** sind als Teil der anzustellenden Prognoseentscheidung zu berücksichtigen.[20]

Die **Schwierigkeit der Ermittlung des Konzessionswerts** besteht in der oftmals nur **27** schwer einzuschätzenden Kalkulation des Konzessionsnehmers.[21]

V. Bewertungsparameter, § 2 Abs. 4 KonzVgV

§ 2 Abs. 4 KonzVgV setzt Art. 8 Abs. 3 Satz 2 RL 2014/23/EU um und enthält eine **28** **beispielhafte („insbesondere") Aufzählung wertbildender Faktoren,** die „nach den Umständen des jeweiligen Einzelfalls" bei der Berechnung des Vertragswertes zu berücksichtigen sind, und nennt Optionen (Nr. 1; dazu 1.), Refinanzierungsmöglichkeiten bei den Nutzern (Nr. 2; dazu 2.), durch den Konzessionsgeber und andere Behörden geleistete Zahlungen und weitere finanzielle Vorteile (Nr. 3; dazu 3.), von Dritten gewährte Zuschüsse und sonstige finanzielle Vorteile (Nr. 4; dazu 4.), Veräußerungserlöse (Nr. 5; dazu 5.), für die Leistungserbringung erforderliche und vom Konzessionsgeber bereitgestellte Lieferungen und Dienstleistungen (Nr. 6; dazu 6.) sowie Prämien oder Zahlungen an Bewerber oder Bieter (Nr. 7; dazu 7.). Die Vielzahl der Parameter erklärt sich daraus, dass die Gegenleistung des Konzessionsgebers, anders als diejenige des öffentlichen Auftraggebers, nicht (in erster Linie) in einer Zahlung besteht, sondern vielgestaltig sein kann.[22]

1. Optionen und Vertragsverlängerungen, § 2 Abs. 4 Nr. 1 KonzVgV

Bei der Berechnung des Vertragswerts ist gemäß § 2 Abs. 4 Nr. 1 KonzVgV der Wert al- **29** ler Arten von Optionen und möglichen Vertragsverlängerungen zu berücksichtigen. Abzustellen ist mithin auf die nach den Vertragsbestimmungen maximal mögliche Laufzeit.[23] Diese Regelung korrespondiert mit **§ 3 Abs. 1 Satz 2 VgV,** der für öffentliche Aufträge verlangt, „etwaige Optionen oder Vertragsverlängerungen zu berücksichtigen" (näher → § 3 VgV Rn. 25 ff. und speziell zu sog. **Bedarfspositionen** → § 3 VgV Rn. 27). Wegen der mit Optionen einhergehenden Unsicherheit erkennt die Rechtsprechung einen dies berücksichtigenden **angemessenen Wertabschlag** an (→ § 3 VgV Rn. 26).

2. Refinanzierungsmöglichkeiten bei den Nutzern, § 2 Abs. 4 Nr. 2 KonzVgV

§ 2 Abs. 4 Nr. 2 KonzVgV verpflichtet den Konzessionsgeber zur Berücksichtigung von **30** **Refinanzierungsmöglichkeiten bei den Nutzern.** Diese stehen oftmals im Zentrum der Wertberechnung, besteht die **konzessionstypische Gegenleistung** des Konzessionsgebers doch in der Einräumung des Rechts zur Nutzung des Bauwerks (§ 105 Abs. 1 Nr. 1 GWB) respektive zur Verwertung der Dienstleistung (§ 105 Abs. 1 Nr. 2 GWB; zum Nutzungsrecht → § 105 GWB Rn. 57 ff.). § 2 Abs. 4 Nr. 2 KonzVgV bezieht sich auf durch Zahlungen der Nutzer generierte Einkünfte des Konzessionsnehmers nicht nur aus Gebüh-

---

[19] VK Südbayern 14.2.2017 – Z3-3-3194-1-54-12/16, juris Rn. 224; *Donhauser* KommP BY 2016, 238 (245).
[20] Vgl. VK Südbayern 14.2.2017 – Z3-3-3194-1-54-12/16, juris Rn. 231 ff.
[21] *Braun* in Hettich/Soudry Das neue Vergaberecht 155 (170); *Schenek* BWGZ 2014, 327 (328).
[22] Siehe auch Begründung des Entwurfs der Bundesregierung einer Verordnung zur Modernisierung des Vergaberechts (Vergaberechtsmodernisierungsverordnung – VergRModVO), BR-Drs. 87/16, 278.
[23] *Wenzel* in BeckOK Vergaberecht KonzVgV § 2 Rn. 45, 50.

ren oder Entgelten, sondern auch aus Geldbußen oder Vertragsstrafen.[24] Beachtlich sind diese Einkünfte freilich nur, „soweit diese nicht im Auftrag des Konzessionsgebers erhoben werden". Letzteres klammert durchlaufende Posten aus, womit etwa beim Konzessionsnehmer verbleibende Provisionen oder Vergütungen hinsichtlich dieser Einkünfte nicht von der Ausnahme erfasst sind.[25]

3. Zahlungen und weitere finanzielle Vorteile seitens des Konzessionsgebers und anderer Behörden, § 2 Abs. 4 Nr. 3 KonzVgV

31   Wie die Definition des Konzessionsbegriffs in § 105 Abs. 1 Nr. 1 und 2 GWB zeigt, besteht die **Gegenleistung des Konzessionsgebers** für die Erbringung der Bau- oder Dienstleistung durch den Konzessionsnehmer mitunter nicht (nur) in der Einräumung eines entsprechenden Nutzungs- respektive Verwertungsrechts, sondern **auch in Zahlungen.** Diesen kommt gerade bei nur defizitär am Markt erbringbaren Leistungen – namentlich aufgrund ihres Daseinsvorsorgecharakters, der etwa mit besonderen Qualitäts- oder Preisvorgaben einhergeht – eine besondere Bedeutung zu (näher → § 105 GWB Rn. 66 ff.), wobei das Betriebsrisiko gemäß § 105 Abs. 2 GWB stets beim Konzessionsnehmer verbleiben muss (dazu → § 105 GWB Rn. 75 ff.).

32   Vor diesem Hintergrund sind gemäß § 2 Abs. 4 Nr. 3 KonzVgV des Weiteren in die Berechnung einzubeziehen „die Zahlungen des Konzessionsgebers oder jeder anderen Behörde an den Konzessionsnehmer oder weitere finanzielle Vorteile jedweder Art, einschließlich Gegenleistungen für die Erfüllung von Gemeinwohlverpflichtungen sowie staatlicher Investitionsbeihilfen". Obgleich nicht ausdrücklich im Wortlaut erwähnt, ist – wie bei Nr. 4 auch – ein Konzessionsbezug erforderlich.[26]

33   Hierzu rechnen ein (beschränkter) Defizitausgleich, Zuschüsse, Garantien (wie etwa eine bestimmte Nutzung durch den Konzessionsgeber) oder die unentgeltliche Überlassung von Räumlichkeiten (siehe zu diesen Beispielen → § 105 GWB Rn. 105, 110 f.).

4. Zuschüsse und sonstige finanzielle Vorteile durch Dritte, § 2 Abs. 4 Nr. 4 KonzVgV

34   Gemäß § 2 Abs. 4 Nr. 4 KonzVgV rechnen zum Vertragswert auch der „Wert von Zuschüssen oder sonstigen finanziellen Vorteilen jeglicher Art, die von Dritten für die Durchführung der Konzession gewährt werden". Nachdem § 2 Abs. 4 Nr. 3 KonzVgV bereits „Zahlungen des Konzessionsgebers oder jeder anderen Behörde an den Konzessionsnehmer oder weitere finanzielle Vorteile jedweder Art" erfasst, sind **Dritte i. S. d. § 2 Abs. 4 Nr. 4 KonzVgV** weder der Konzessionsgeber noch andere Behörden. Im Ergebnis hat die Abgrenzung wegen des umfassenden Anwendungsbereichs der Nr. 3 und 4 freilich keine Bedeutung.

5. Veräußerungserlöse, § 2 Abs. 4 Nr. 5 KonzVgV

35   Zu beachten sind gemäß § 2 Abs. 4 Nr. 5 KonzVgV des Weiteren alle „Einkünfte aus dem Verkauf von Vermögensgegenständen, die Teil der Konzession sind".

6. Für die Leistungserbringung erforderliche und vom Konzessionsgeber bereitgestellte Lieferungen und Dienstleistungen, § 2 Abs. 4 Nr. 6 KonzVgV

36   Zum Vertragswert rechnet gemäß § 2 Abs. 4 Nr. 6 KonzVgV ebenfalls der „Wert aller Lieferungen und Dienstleistungen, die der Konzessionsgeber für den Konzessionsnehmer bereitstellt, sofern sie für die Erbringung der Bau- oder Dienstleistungen erforderlich sind".

---

[24] Für eine Konkretisierung dieser Begriffe *Wenzel* in BeckOK Vergaberecht KonzVgV § 2 Rn. 60 ff.
[25] *Wenzel* in BeckOK Vergaberecht KonzVgV § 2 Rn. 61.
[26] *Wenzel* in BeckOK Vergaberecht KonzVgV § 2 Rn. 68.

Diese Regelung korrespondiert mit **§ 3 Abs. 6 Satz 1 VgV**, der für öffentliche Bauaufträge vorgibt, dass „[b]ei der Schätzung des Auftragswerts von Bauleistungen ... neben dem
Auftragswert der Bauaufträge der geschätzte Gesamtwert aller Liefer- und Dienstleistungen
zu berücksichtigen [ist], die für die Ausführung der Bauleistungen erforderlich sind und
vom öffentlichen Auftraggeber zur Verfügung gestellt werden" (näher, insbesondere zum
Erforderlichkeitsbegriff → § 3 VgV Rn. 50 ff.).

7. Prämien oder Zahlungen an Bewerber oder Bieter, § 2 Abs. 4 Nr. 7 KonzVgV

Schließlich sind gemäß § 2 Abs. 4 Nr. 7 KonzVgV „Prämien oder Zahlungen an Be- **37**
werber oder Bieter" in die Wertberechnung einzubeziehen. Diese Regelung korrespondiert mit **§ 3 Abs. 1 Satz 3 VgV,** der für öffentliche Aufträge verlangt, wenn „der öffentliche Auftraggeber Prämien oder Zahlungen an den Bewerber oder Bieter vor[sieht], ...
auch diese zu berücksichtigen" (dazu → § 3 VgV Rn. 28 f.). Diese Regelung ist auch vor
dem Hintergrund des Umgehungsverbots zu sehen (→ § 3 VgV Rn. 28 f.).

VI. Maßgeblicher Zeitpunkt, § 2 Abs. 5 KonzVgV

Für die Berechnung des geschätzten Vertragswerts ist im **Regelfall** gemäß § 2 Abs. 5 **38**
Satz 1 KonzVgV auf den Zeitpunkt abzustellen, „zu dem die Konzessionsbekanntmachung
abgesendet oder das Vergabeverfahren auf sonstige Weise eingeleitet wird." Ein Beispiel für
die zweite Variante der sonstigen Einleitung findet sich in Art. 8 Abs. 2 UAbs. 2 RL
2014/23/EU, der die „Kontaktaufnahme mit Wirtschaftsteilnehmern im Zusammenhang
mit der Konzession" nennt; dieses Beispiel greift der Verordnungstext nicht auf, nennt es
aber in der Verordnungsbegründung.[27]

Als **Abweichung von diesem Regelfall** erklärt § 2 Abs. 5 Satz 2 KonzVgV den **Zeit-** **39**
punkt des Zuschlags für maßgeblich, wenn nämlich „der Vertragswert zu diesem Zeitpunkt mehr als 20 Prozent über dem nach Satz 1 geschätzten Wert liegt." Diese Vorschrift
begründet folglich eine Korrekturpflicht von sich als unzutreffend erweisenden Prognosen
und verpflichtet bei erstmaligem Erreichen des Schwellenwerts aufgrund der Neubetrach-
tung zur Durchführung eines GWB-vergaberechtskonformen Konzessionsvergabeverfahrens.[28] Hierfür soll ausreichen, dass das günstigste eingegangene Angebot 20 % über der
Schätzung liegt.[29] Wegen des mit dieser Ausnahmeregelung einhergehenden Risikos eines
erfolgreichen Angriffs der Vergabeentscheidung bei Fehlprognosen kann sich in der Praxis
bei Konzessionsvergaben, deren Vertragswert dem Schwellenwert nahekommt und die mit
Bewertungsunsicherheiten einhergehen, empfehlen, ein GWB-Konzessionsvergabeverfah-
ren durchzuführen.[30]

§ 2 Abs. 5 KonzVgV setzt Art. 8 Abs. 2 UAbs. 2 und 3 RL 2014/23/EU um. § 2 Abs. 5 **40**
Satz 1 KonzVgV entspricht **§ 3 Abs. 3 VgV** (dazu → § 3 VgV Rn. 40 ff.), eine Parallelre-
gelung zur nachträglichen Korrekturpflicht gemäß Satz 2 kennt die VgV nicht (→ § 3 VgV
Rn. 11, 40 ff.).

---

[27] Siehe Begründung des Entwurfs der Bundesregierung einer Verordnung zur Modernisierung des Vergaberechts (Vergaberechtsmodernisierungsverordnung – VergRModVO), BR-Drs. 87/16, 278: „Beispielhaft
wird in Artikel 8 Absatz 2 Unterabsatz 2 der Richtlinie 2014/23/EU für die anderweitige Einleitung des
Vergabeverfahrens die Kontaktaufnahme mit Unternehmen im Zusammenhang mit der Konzession angeführt."

[28] Strenger (aber abzulehnen) *Diemon-Wies* VergabeR 2016, 162 (165), nach der bei erstmaligem Erreichen des Schwellenwerts das 20 %-Kriterium nicht gelten soll. Für eine Deutung als Regelung zum Schutz
vor Umgehungen *Wenzel* in BeckOK Vergaberecht KonzVgV § 2 Rn. 42 – mit Zweifeln an der Kontrol-
lierbarkeit (Rn. 43); *Donhauser* KommP BY 2016, 238 (245).

[29] *Goldbrunner* VergabeR 2016, 365 (371). Anders *Wenzel* in BeckOK Vergaberecht KonzVgV § 2
Rn. 41, nach dem „Durchschnittswerte oder zweit- oder nachrangig platzierte bzw. aus anderen Gründen
nicht zuschlagsfähige Angebote Dritter" irrelevant sind.

[30] *Donhauser* KommP BY 2016, 238 (245).

VII. Maßgeblichkeit des Gesamtwerts bei Losvergabe, § 2 Abs. 6 KonzVgV

41   § 2 Abs. 6 KonzVgV regelt die Wertbestimmung bei Losvergaben und erklärt in seinem Satz 1, entsprechend der Grundregel des § 2 Abs. 3 KonzVgV, den Gesamtwert für maßgeblich: „Kann ein Bauvorhaben oder eine geplante Dienstleistung zur Vergabe von Konzessionen in Form mehrerer Lose führen, ist der geschätzte Gesamtwert aller Lose zu berücksichtigen." Satz 2 ordnet an, dass bei Erreichen oder Überschreiten des Schwellenwerts aufgrund dieser addierenden Gesamtbetrachtung jedes (auch isoliert nicht den Schwellenwert erreichende) Los nach dem GWB-Vergaberecht zu vergeben ist.

42   § 2 Abs. 6 KonzVgV setzt Art. 8 Abs. 5 f. RL 2014/23/EU um und entspricht § 3 Abs. 7 Satz 1 und 3 **VgV** (näher daher → § 3 VgV Rn. 54 ff.). Es bestehen freilich Unterschiede zum allgemeinen Vergaberecht. So verzichtet § 2 Abs. 6 KonzVgV auf die in § 3 Abs. 7 Satz 2 VgV enthaltene Sonderregelung für Planungsleistungen, nach der eine Zusammenrechnung „nur für Lose über gleichartige Leistungen" erfolgt (dazu → § 3 VgV Rn. 55 f.; siehe für Lieferungen auch § 3 Abs. 8 VgV, dazu → § 3 VgV Rn. 58). Ebenso wenig findet sich eine § 3 Abs. 9 VgV entsprechende Ausnahmeregelung. Nach dieser kann „[d]er öffentliche Auftraggeber … bei der Vergabe einzelner Lose von Absatz 7 Satz 3 sowie Absatz 8 abweichen, wenn der geschätzte Nettowert des betreffenden Loses bei Liefer- und Dienstleistungen unter 80.000 Euro und bei Bauleistungen unter 1 Million Euro liegt und die Summe der Nettowerte dieser Lose 20 Prozent des Gesamtwertes aller Lose nicht übersteigt" (→ § 3 VgV Rn. 59 ff.).[31]

VIII. Dokumentationspflicht

43   Die Dokumentationspflicht des § 6 Abs. 1 KonzVgV gilt gemäß § 1 KonzVgV nur für Konzessionsvergaben, die den Schwellenwert des § 106 Abs. 1, 2 Nr. 4 GWB i. V. m. Art. 8 Abs. 1 RL 2014/23/EU erreichen (siehe → § 1 KonzVgV Rn. 5). Nachdem das Erreichen des Schwellenwerts über die Anwendbarkeit des GWB-Vergaberechts entscheidet, besteht indes eine **wertunabhängige Dokumentationspflicht** (auch) jenseits des § 6 Abs. 1 KonzVgV: So hat „die Vergabestelle die ordnungsgemäße Ermittlung des geschätzten Auftragswertes in einem **Aktenvermerk**" festzuhalten;[32] „[d]abei steigen die Anforderungen an die Genauigkeit der Wertermittlung und Dokumentation an, je mehr sich der Auftragswert dem Schwellenwert annähert"[33] (allgemein, auch zu Heilungsmöglichkeiten von Dokumentationsmängeln → § 3 VgV Rn. 19 f.).

44   Fehlt es an einer derartigen Dokumentation, haben die Nachprüfungsinstanzen „den Vertragswert eigenständig unter Berücksichtigung des Sachverhaltes zu schätzen".[34] Dabei kann die Wahl eines EU-weiten Vergabeverfahrens indizieren, dass der Konzessionsgeber vom Erreichen des Schwellenwerts ausgegangen ist.[35]

IX. Rechtsschutz

45   Die korrekte Schätzung des Vertragswerts ist einem **Nachprüfungsverfahren** zugänglich, gerade auch bei Annahme eines unter dem Schwellenwert (→ Rn. 11) liegenden Vertragswerts (→ § 3 VgV Rn. 9). Von Relevanz für den Rechtsschutz sind namentlich der im

---

[31] Siehe auch *Donhauser* KommP BY 2016, 238 (245).
[32] Vgl. VK Südbayern 14.2.2017 – Z3–3-3194-1-54-12/16, juris Rn. 225. Zustimmend *Siegel* jurisPR-VergR 6/2017 Anm. 4, D. II.
[33] VK Südbayern 14.2.2017 – Z3–3-3194-1-54-12/16, juris Rn. 225.
[34] VK Südbayern 14.2.2017 – Z3–3-3194-1-54-12/16, juris Rn. 226.
[35] VK Südbayern 14.2.2017 – Z3–3-3194-1-54-12/16, juris Rn. 227.

Rahmen der Schätzung bestehende **Beurteilungsspielraum** (→ Rn. 21) sowie die **nachträgliche Korrekturpflicht** bei erheblichen Fehlschätzungen gemäß § 2 Abs. 5 Satz 2 KonzVgV (→ Rn. 39).

Bei vertretbarer Annahme eines oberschwelligen Konzessionswerts „hat die Tatsache, **46** dass einige der eingegangenen Angebote den Schwellenwert nicht erreichen, auf die Wahl des Vergabeverfahrens keinen Einfluss und beseitigt nicht die Zulässigkeit der Anrufung der Vergabekammer".[36]

---

[36] VK Südbayern 14.2.2017 – Z3–3-3194-1-54-12/16, juris Rn. 227; ferner Rn. 248.

§ 3 Laufzeit von Konzessionen

(1) [1]Die Laufzeit von Konzessionen ist beschränkt. [2]Der Konzessionsgeber schätzt die Laufzeit je nach den geforderten Bau- oder Dienstleistungen.

(2) [1]Bei Konzessionen mit einer Laufzeit von über fünf Jahren darf die Laufzeit nicht länger sein als der Zeitraum, innerhalb dessen der Konzessionsnehmer nach vernünftigem Ermessen die Investitionsaufwendungen für die Errichtung, die Erhaltung und den Betrieb des Bauwerks oder die Erbringung der Dienstleistungen zuzüglich einer Rendite auf das investierte Kapital unter Berücksichtigung der zur Verwirklichung der spezifischen Vertragsziele notwendigen Investitionen wieder erwirtschaften kann. [2]Die dabei zugrunde zu legenden Investitionsaufwendungen umfassen sowohl die zu Anfang als auch die während der Laufzeit der Konzessionen vorzunehmenden Investitionen. [3]In diesem Rahmen kann der Konzessionsgeber für bestimmte Konzessionstypen durchschnittliche Investitionsaufwendungen und durchschnittliche Renditen zugrunde legen, soweit es die Besonderheiten des jeweiligen Konzessionstyps rechtfertigen.

Übersicht

	Rn.			Rn.
A. Einführung	1		2. Schätzung der zulässigen Laufzeit (§ 3 Abs. 1 Satz 2 KonzVgV)	23
I. Literatur	1			
II. Entstehungsgeschichte	2	III.	Determinanten für längerfristige Konzessionen (§ 3 Abs. 2 KonzVgV)	26
III. Rechtliche Vorgaben im EU-Recht	8		1. Maßgeblichkeit der Investitionsaufwendungen zuzüglich einer Rendite (§ 3 Abs. 2 Sätze 1 und 2 KonzVgV)	27
B. Verhältnis zum GWB und zur VgV	15			
C. Einzelkommentierung	18			
I. Befristung kein Begriffsmerkmal, sondern Rechtmäßigkeitsanforderung	19		2. Durchschnittsbetrachtung (§ 3 Abs. 2 Satz 3 KonzVgV)	42
II. Generelles Befristungserfordernis (§ 3 Abs. 1 Satz 1 KonzVgV)	22		3. Bemessungsregel kein Widerspruch zum Erfordernis der Übernahme des Betriebsrisikos	44
1. Befristungserfordernis (§ 3 Abs. 1 Satz 1 KonzVgV)	22			

A. Einführung

I. Literatur

1 *Craven,* The EU's 2014 Concessions Directive, P.P.L.R. 2014, 188; *Opitz,* Die Zukunft der Dienstleistungskonzession, NVwZ 2014, 753; *Goldbrunner,* Das neue Recht der Konzessionsvergabe, VergabeR 2016, 365; *Schröder,* Die neue Konzessionsvergabeverordnung im Überblick, KommP spezial 2016, 69; *Siegel,* Das neue Konzessionsvergaberecht, NVwZ 2016, 1672.

II. Entstehungsgeschichte

2 Diskussionen in der **Genese des Verordnungsrechts** sind nicht verzeichnet. Indes hat die Laufzeitregelung des Art. 18 RL 2014/23/EU, die § 3 KonzVgV umsetzt (näher → Rn. 8 ff.), im EU-Gesetzgebungsverfahren mehrere Änderungen erfahren.

3 Der ursprüngliche **Entwurf der Europäischen Kommission** vom 20.12.2011 enthielt in seinem Art. 16[1] lediglich eine pauschale Regelung zur Bemessung der Laufzeit nach dem Amortisierungs- und Renditeinteresse:

> Die Laufzeit der Konzession ist auf den Zeitraum beschränkt, den der Konzessionsnehmer voraussichtlich benötigt, um die getätigten Investitionen für den Bau bzw. den Betrieb des Bauwerks oder die Erbringung der Dienstleistungen wieder hereinzuholen, zuzüglich einer angemessenen Rendite auf das investierte Kapital.

---

[1] Vorschlag der Kommission für eine Richtlinie des Europäischen Parlaments und des Rates über die Konzessionsvergabe, KOM(2011) 897 endg.

In seiner Allgemeinen Ausrichtung vom 10.12.2012 hat der **Rat,** teils Vorschläge des Rechtsausschusses des Europäischen Parlaments vom 3.12.2012 aufgreifend,[2] die Einführung eines erläuternden Erwägungsgrunds vorgeschlagen[3] und das Erfordernis einer am Amortisierungs- und Renditeinteresse orientierten Befristung lediglich auf Konzessionen bezogen, die eine Mindestlaufzeit von fünf Jahren aufweisen. Von Interesse ist auch, dass der Rat in den Erwägungsgründen,[4] wie übrigens der Ausschuss für Beschäftigung und soziale Angelegenheiten des Europäischen Parlaments im Richtlinientext,[5] die Berücksichtigungsfähigkeit weiterer Gesichtspunkte als das Amortisierungs- und Renditeinteresse für die Bemessung der Laufzeit vorgeschlagen hat. Der Änderungsvorschlag für Artikel 16 lautete:

> Die Laufzeit von Konzessionen, die für mehr als fünf Jahre vergeben werden, darf grundsätzlich nicht länger sein als der Zeitraum, den der Konzessionsnehmer voraussichtlich benötigt, um die Investitionsaufwendungen für den Betrieb des Bauwerks oder die Erbringung der Dienstleistungen zuzüglich einer Rendite auf das investierte Kapital wieder zu erwirtschaften.

Das **Europäische Parlament** ist in seinem auf den 1.2.2013 datierten Bericht des Ausschusses für Binnenmarkt und Verbraucherschutz[6] einer auf mindestens fünfjährige Konzessionsvergaben beschränkten Laufzeitregelung entgegen getreten und hat ein generelles, am Amortisierungs- und Renditeinteresse orientiertes Befristungserfordernis für jedwede Konzessionsvergabe gefordert,[7] ebenso wie die Hinzufügung eines knappen Erwägungsgrundes.[8] Überdies hat das Europäische Parlament die Bemessungsparameter für zu eng erachtet: So „wurden in der ursprünglichen Definition nur die ‚getätigten Investitionen für den Bau bzw. den Betrieb' berücksichtigt, wobei sowohl die anfänglichen Investitionen als auch Konzessionen ohne amortisierbare materielle Investitionen ausgeschlossen waren (deshalb wurden weitere vertraglich vereinbarte Kriterien wie die Leistungsanforderungen aufgenommen).“[9] Daher schlug das Parlament einen wie folgt geänderten Artikel 16 vor: **4**

---

[2] Stellungnahme des Rechtsausschusses, abrufbar unter http://www.europarl.europa.eu/sides/getDoc.do?type=REPORT&reference=A7–2013-0030&language=DE#title8 (12.7.2017).

[3] Siehe Erwägungsgrund 19a i. d. F. der Allgemeinen Ausrichtung des Rates zum Vorschlag für eine Richtlinie des Europäischen Parlaments und des Rates über die Konzessionsvergabe, Dokumentennr. 18007/12 MAP 79 MI 842 CODEC 3106: „Konzessionen mit sehr langer Vertragslaufzeit führen meist zur Abschottung des Marktes und behindern damit möglicherweise den freien Dienstleistungsverkehr und die Niederlassungsfreiheit. Eine lange Vertragslaufzeit kann allerdings gerechtfertigt sein, wenn der Konzessionsnehmer nur auf diese Weise die Kosten der zur Durchführung des Konzessionsvertrags geplanten Investitionen wieder erwirtschaften und außerdem eine Rendite des eingesetzten Kapitals erzielen kann, die der unter normalen Marktbedingungen erzielbaren Rendite entsprechen sollte. Der Gesamtwert der Investitionen sollte zum Zeitpunkt der Konzessionsvergabe feststehen, kann allerdings auch zuvor frühere Investitionen, die für die Konzessionserfüllung als notwendig erachtet werden, einschließen. Ferner können auch Aufwendungen für Infrastruktur, Urheberrechte, Patente, Ausrüstung, Logistik, Anstellung und Schulung von Personal sowie die Anschubkosten für die Konzessionsausübung berücksichtigt werden. Die Höchstdauer des Konzessionsvertrags sollte in den Konzessionsunterlagen angegeben werden, sofern die Vertragsdauer nicht selbst ein Vergabekriterium ist. In Ausnahmefällen darf die Vertragslaufzeit länger sein als nach den vorstehend genannten Kriterien zulässig, wenn der öffentliche Auftraggeber oder die Vergabestelle nachweist, dass beispielsweise branchenspezifische Vorschriften im Einklang mit dem Vertrag und gemäß dem Sekundärrecht der Union die betreffende Dauer vorschreiben.“

[4] Siehe → Fn. 3.

[5] Siehe Art. 16 Satz 2 i. d. F. der Stellungnahme des Ausschusses für Beschäftigung und soziale Angelegenheiten, abrufbar unter http://www.europarl.europa.eu/sides/getDoc.do?type=REPORT&reference=A7–2013-0030&language=DE#title4 (12.7.2017): „Daneben können weitere objektive Kriterien berücksichtigt werden, wie das öffentliche Interesse an einer konstanten und hochwertigen Versorgung bzw. einer ökologisch und sozial nachhaltigen Erbringung der Leistung sowie der für die Auswahl eines Konzessionärs anfallende Aufwand und der Zeitraum, der voraussichtlich zum Erreichen der vom öffentlichen Auftraggeber festgelegten Leistungsvorgaben benötigt wird.“

[6] Bericht des Ausschusses für Binnenmarkt und Verbraucherschutz, Dokumentennr. A7–0030/2013, abrufbar unter http://www.europarl.europa.eu/sides/getDoc.do?pubRef=-//EP//TEXT+REPORT+A7–2013-0030+0+DOC+XML+V0//DE (13.7.2017).

[7] Ausdrücklich betont in der Begründung des Änderungsantrags 141, S. 108: „Der Artikel wurde so geändert, dass die zeitliche Begrenztheit von Konzessionen betont wird.“ Siehe ferner allgemeine Begründung, S. 214.

[8] Der neue Erwägungsgrund 17c sollte lauten (Änderungsantrag 29, S. 30): „Die Laufzeit der Konzession sollte begrenzt sein, damit der Markt nicht abgeschottet und der Wettbewerb nicht verhindert wird.“

[9] Begründung des Änderungsantrags 141, S. 108; ferner allgemeine Begründung, S. 214: „Die Bestimmungen über die Laufzeit der Konzession wurden geändert, um … Fälle vorzusehen, in denen keine Inves-

(1) Die Laufzeit von Konzessionen ist beschränkt. Sie wird vom Konzessionsgeber in Abhängigkeit von den geforderten Bau- oder Dienstleistungen geschätzt.

Gehen die Investitionen zu Lasten des Konzessionsnehmers, werden bei der Konzessionslaufzeit Art und Höhe sowohl der zu Beginn als auch der im späteren Verlauf der Konzession getätigten Investitionen berücksichtigt, und unter diesen Umständen darf die Konzessionslaufzeit die normale Amortisationszeit nicht übersteigen.

Bei der Konzessionslaufzeit wird unabhängig davon, ob der Konzessionsnehmer Investitionen tätigen muss, außerdem berücksichtigt, wie viel Zeit als notwendig erachtet wird, um die vertraglich vereinbarten Ziele – vor allem in Bezug auf die Erbringung der betreffenden Dienstleistung – zu verwirklichen.

(2) Die normale Amortisationszeit entspricht dem Zeitraum, der normalerweise dafür angesetzt wird, dass der Konzessionsnehmer seine Investitionskosten wieder hereinholen und eine angemessene Rendite auf das investierte Kapital erzielen kann.

5   Der **im Trilog erarbeitete** und (abgesehen von der aktualisierten Nummerierung) Richtlinie gewordene **Kompromisstext** vom 12.7.2013[10] führt die Vorstellungen von Kommission, Rat und Parlament zusammen. Erwägungsgrund 19a kombiniert die Vorschläge von Parlament und (leicht modifiziert) Rat. Art. 16 Abs. 1 UAbs. 1 des Parlamentsvorschlags wird zum ersten Absatz des neuen Art. 16, womit ein generelles Befristungserfordernis eingeführt wird. Art. 16 Abs. 2 UAbs. 1 übernimmt die Formulierung des Rates für eine Bemessung der Laufzeit von mindestens fünfjährigen Konzessionen nach dem Amortisierungs- und Renditeinteresse, ergänzt um die Bezugnahme auf die Maßgeblichkeit (auch) der Vertragsziele aus dem Parlamentsvorschlag. Art. 16 Abs. 2 UAbs. 2 greift schließlich Art. 16 Abs. 1 UAbs. 2 des Parlamentsvorschlags auf und betont die Berücksichtigungsfähigkeit sowohl der zu Anfang als auch während der Laufzeit der Konzession getätigten Investitionen.

6   Vermerkt sei schließlich, dass sich der **Bundesrat** in seiner (insgesamt ablehnenden) Stellungnahme zum Richtlinienentwurf **gegen die Laufzeitregelung** ausgesprochen hat:

Zum einen führt sie beispielsweise in der Frage, was unter einer angemessenen Rendite zu verstehen ist und welche Investitionen sich bei der Erbringung einer Dienstleistung amortisieren sollen, eher zu Rechtsunsicherheit. Zum anderen stellt sie eine unangemessene Einschränkung der Handlungsfreiheit der öffentlichen Auftraggeber dar. Gerade bei den unterschiedlichen Fallgestaltungen von Dienstleistungskonzessionen muss der öffentliche Auftraggeber auch andere Aspekte bei der Laufzeit berücksichtigen können als die reine Amortisation von Investitionen.

Eine Beschränkung der Laufzeit kann dazu führen, dass die Investitionen so gestaltet werden, dass am Ende der Laufzeit kein nennenswerter wirtschaftlicher Restwert übrig bleibt; dies widerspräche auch den europäischen Zielen einer Nachhaltigkeit im Rahmen der Daseinsvorsorge. Überdies sind die Auftraggeber bei Beginn des Vergabeverfahrens kaum in der Lage, die erforderliche Laufzeit zuverlässig festzulegen, da sich der Umfang der Investitionsbereitschaft der Bieter erst aus deren Angeboten ergibt.[11]

7   Das Antwortschreiben der Europäischen Kommission vom 19.10.2012 geht auf diesen spezifischen Einwand nicht ein.[12]

III. Rechtliche Vorgaben im EU-Recht

8   Die gemäß § 3 KonzVgV gebotene Beschränkung der Laufzeit von Konzessionen stellt bereits eine **Anforderung des EU-Primärrechts,** namentlich der EU-Marktfreiheiten,

---

titionen zu Lasten des Konzessionsnehmers getätigt werden. Die Laufzeit sollte auf der Grundlage anderer Bestandteile als der Amortisationszeit dieser Investitionen (beispielsweise anhand der Verwirklichung der vertraglichen Ziele) festgelegt werden."

[10] Proposal for a Directive of the European Parliament and of the Council on the award of concession contracts ("Concessions" Directive) (First reading) – Approval of the final compromise text, Dokumentennr. 11748/13 LIMITE MAP 61 MI 596 CODEC 1642, abrufbar unter http://www.forum-vergabe.de/fileadmin/user_upload/Richtlinien/st11748_en13__-_Konzessions-RL.pdf (13.7.2017).

[11] Stellungnahme des Bundesrates vom 30.3.2012 zum Vorschlag für eine Richtlinie des Europäischen Parlaments und des Rates über die Konzessionsvergabe COM(2011) 897 final; Ratsdok. 18960/11, BR-Drs. 874/11 (Beschluss), 2.

[12] C (2012) 7317 final, abrufbar unter http://www.forumvergabe.de/fileadmin/user_upload/Rechtsvorschriften/Annahme_Modernisierung/com20110897_bundesrat_reply_de.pdf (13.7.2017).

dar. Diese hat der Unionsgesetzgeber **in Art. 18 RL 2014/23/EU konkretisiert, den §3 KonzVgV umsetzt.**

Mit zunehmender Laufzeit von Konzessionen reduzieren sich die **Marktzugangschan-** 9 **cen von Neubewerbern.** Vor diesem Hintergrund ist die Bemessung der Laufzeit von Konzessionen als Beschränkung der **EU-Marktfreiheiten**[13] respektive vor dem Hintergrund einer Teilhabedimension der **unternehmerischen EU-Grundrechtsgarantien** (Art. 15 f. GRC)[14] **rechtfertigungsbedürftig** (siehe auch Erwägungsgrund 52 RL 2014/23/EU), und hat der Gerichtshof die Vergabe unbefristeter oder mit einer unangemessen langen Laufzeit verbundener Konzessionen als primärrechtswidrig qualifiziert.[15] Als für die Angemessenheit der Laufzeit relevanten Maßstab hat der Gerichtshof insbesondere die **Amortisationsdauer** von Investitionen erachtet.[16] Vor diesem Hintergrund hat der EuGH die Vergabe einer Konzession für Seeverkehrsdienstleistungen in der Ria von Vigo mit einer Laufzeit von 20 Jahren sowie einer Verlängerungsoption von weiteren zehn Jahren u.a. deshalb als Verletzung der Dienstleistungsfreiheit qualifiziert, weil eine derart lange Vertragsdauer nicht zur Sicherung der Rentabilität des Seeverkehrs erforderlich war.[17] Nicht verschwiegen sei freilich, dass der EuGH in der Rs. pressetext die Vergabe eines unbefristeten Dienstleistungsauftrags nicht für unionsrechtswidrig erklärt hat, trotz Betonung des Widerspruchs zu „der Systematik und den Zielen der Gemeinschaftsvorschriften über öffentliche Dienstleistungsaufträge" (siehe → Rn. 22).[18]

Angemessene Vertragslaufzeiten erweisen sich schließlich als **beihilfenrechtlich rele-** 10 **vant,** da sie die Marktüblichkeit der Vertragsbeziehung garantieren.[19]

§3 Abs. 1 und Abs. 2 Sätze 1 und 2 KonzVgV setzen das in Art. 18 RL 2014/23/EU 11 normierte Erfordernis einer Beschränkung von Konzessionslaufzeiten und die Vorgaben für die Laufzeitberechnung **weitgehend wortgleich** (zu Abweichungen sogleich → Rn. 12 und → 13) um.[20] Die Richtlinienbestimmung lautet:

(1) Die Laufzeit von Konzessionen ist beschränkt. Sie wird vom öffentlichen Auftraggeber oder von dem Auftraggeber je nach den geforderten Bau- oder Dienstleistungen geschätzt.

(2) Bei Konzessionen mit einer Laufzeit von über fünf Jahren darf die Laufzeit der Konzession nicht länger sein als der Zeitraum, innerhalb dessen der Konzessionsnehmer nach vernünftigem Ermessen die Investitionsaufwendungen für den Betrieb des Bauwerks oder die Erbringung der Dienstleistungen zuzüglich einer Rendite auf das investierte Kapital unter Berücksichtigung der zur Verwirklichung der spezifischen Vertragsziele notwendigen Investitionen wieder erwirtschaften kann.

---

[13] Deutlich EuGH 9.3.2006 – C-323/03, Slg. 2006, I-2161 Rn. 43 ff. – EK/Spanien; 9.9.2010 – C-64/08, Slg. 2010, I-8219 Rn. 46 ff. – Engelmann.

[14] Zur Teilhabedimension der Berufsfreiheit und unternehmerischen Freiheit *F. Wollenschläger* in von der Groeben/Schwarze Europäisches Unionsrecht, 7. Aufl. 2015, Art. 15 GRC Rn. 26 bzw. Art. 16 GRC Rn. 9; zur Abgrenzung dieser beiden Gewährleistungen ebd., Vor Art. 15–16 GRC Rn. 4 ff.

[15] Siehe namentlich EuGH 9.3.2006 – C-323/03, Slg. 2006, I-2161 Rn. 47 f. – EK/Spanien; 25.3.2010 – C-451/08, Slg. 2010, I-2673 Rn. 79 = NJW 2010, 2189 – Helmut Müller: „Jedenfalls geben, was die Dauer der Konzessionen anbelangt, gewichtige Gründe, zu denen insbesondere die Aufrechterhaltung des Wettbewerbs gehört, Grund zur Annahme, dass die unbefristete Erteilung von Konzessionen entsprechend den Ausführungen des Generalanwalts in den Nrn. 96 und 97 seiner Schlussanträge gegen die Rechtsordnung der Union verstoßen würde"; 9.9.2010 – C-64/08, Slg. 2010, I-8219 Rn. 46 ff. – Engelmann; ferner *Frenz* Beihilfe- und Vergaberecht Rn. 1849; *ders.* EWS 2006, 347 (349); *Leinemann* Die Vergabe öffentlicher Aufträge Rn. 1985; *Schröder* NVwZ 2017, 504 (508); *F. Wollenschläger* Verteilungsverfahren 126 (ebd., 94, zum entsprechenden verfassungsrechtlichen Erfordernis); *ders.* REALaw 8 (2015), 205 (221); *Wolswinkel* REALaw 2 (2009), 61 (98 ff.).

[16] EuGH 9.3.2006 – C-323/03, Slg. 2006, I-2161 Rn. 48 – EK/Spanien; 9.9.2010 – C-64/08, Slg. 2010, I-8219 Rn. 48 – Engelmann.

[17] EuGH 9.3.2006 – C-323/03, Slg. 2006, I-2161 Rn. 47 f. – EK/Spanien.

[18] EuGH 19.6.2008 – C-454/06, Slg. 2008, I-4401 Rn. 73 f. – pressetext. Siehe auch *Knauff/Badenhausen* NZBau 2014, 395 (396).

[19] Entscheidung der EK vom 2.10.2002 in Sachen London Underground PPP, N 264/2002 Rn. 104 f.; *Dreher* ZWeR 2005, 121 (133); *F. Wollenschläger* Verteilungsverfahren, 142.

[20] Siehe zu dieser Intention auch Begründung des Entwurfs der Bundesregierung einer Verordnung zur Modernisierung des Vergaberechts (Vergaberechtsmodernisierungsverordnung – VergRModVO), BR-Drs. 87/16, 278 f.

Die für die Berechnung zugrunde gelegten Investitionsaufwendungen umfassen sowohl die zu Anfang getätigten Investitionen, wie auch die während der Laufzeit der Konzession getätigten Investitionen.

12   **Zwei Abweichungen vom Richtlinientext** sind zu konstatieren. Zum einen enthält § 3 Abs. 2 Satz 1 KonzVgV eine **Weitung** im Vergleich zu Art. 18 Abs. 2 UAbs. 1 RL 2014/23/EU, indem er **hinsichtlich Investitionsaufwendungen bei Bauwerken** nicht nur solche für den Betrieb des Bauwerks für berücksichtigungsfähig erklärt, sondern auch solche für dessen Errichtung und Erhaltung. Die Verordnungsbegründung sieht hierin (zu Recht) eine sekundärrechtskonforme Klarstellung:

> Da eine Baukonzession im Sinne des Artikels 5 Nummer 1 Buchstabe a) der Richtlinie 2014/23/EU im Hinblick auf die Investitionsaufwendungen des Wirtschaftsteilnehmers infolge der Betrauung mit der Erbringung von Bauleistungen nicht nur Investitionsaufwendungen für den Betrieb des Bauwerks, sondern auch für dessen Errichtung und Erhaltung betreffen kann, wird der Wortlaut des Absatzes 2 zur Klarstellung um Investitionsaufwendungen zur Errichtung und Erhaltung des Bauwerks ergänzt. Siehe dazu auch den Erwägungsgrund 52 der Richtlinie 2014/23/EU, in dem der Unionsgesetzgeber ausdrücklich darauf hinweist, dass die Schätzung die zu Beginn und im späteren Verlauf getätigten Investitionen, die voraussichtlich für den Betrieb der Konzession erforderlich sind, umfassen können sollte.[21]

13   Zum anderen ist die in § 3 Abs. 2 Satz 3 KonzVgV normierte Möglichkeit einer **Berechnung der Laufzeit nach Durchschnittswerten in Art. 18 RL 2014/23/EU nicht enthalten.** Die Verordnungsbegründung sieht hierin eine Konkretisierung der „Vorgehensweise bei der Schätzung der Laufzeit der Konzession",[22] gegen die ebenfalls keine unionsrechtlichen Bedenken bestehen (näher → Rn. 43).

14   Schließlich enthält **Erwägungsgrund 52** RL 2014/23/EU **Erläuterungen** zu Art. 18 RL 2014/23/EU (zur rechtlichen Bedeutung der Erwägungsgründe bereits → § 105 GWB Rn. 14):

> [1]Die Laufzeit einer Konzession sollte begrenzt sein, damit der Markt nicht abgeschottet und der Wettbewerb nicht eingeschränkt wird. [2]Konzessionen mit sehr langer Vertragslaufzeit führen zudem meist zur Abschottung des Marktes und behindern damit möglicherweise den freien Dienstleistungsverkehr und die Niederlassungsfreiheit. [3]Eine lange Vertragslaufzeit kann allerdings gerechtfertigt sein, wenn der Konzessionsnehmer nur auf diese Weise die zur Durchführung des Konzessionsvertrags geplanten Investitionen wieder erwirtschaften und außerdem eine Rendite des eingesetzten Kapitals erzielen kann. [4]Die Laufzeit von Konzessionen, die für mehr als fünf Jahre vergeben werden, sollte daher nicht länger sein als der Zeitraum, innerhalb dessen der Konzessionsnehmer nach vernünftigem Ermessen die Investitionsaufwendungen für den Betrieb des Bauwerks oder die Erbringung der Dienstleistungen zuzüglich einer Rendite des eingesetzten Kapitals unter normalen Betriebsbedingungen wieder ... erwirtschaften kann; dabei werden spezifische Vertragsziele berücksichtigt, die für den Konzessionsnehmer beispielsweise in Anforderungen beispielsweise hinsichtlich der Qualität oder des Preises für die Nutzer zu erfüllen. [5]Die Schätzung sollte zum Zeitpunkt der Konzessionsvergabe feststehen. [6]Sie sollte die zu Beginn und im späteren Verlauf getätigten Investitionen, die voraussichtlich für den Betrieb der Konzession erforderlich sind, umfassen können, insbesondere Aufwendungen für Infrastruktur, Urheberrechte, Patente, Ausrüstung, Logistik, Anstellung und Schulung von Personal und Anschubkosten. [7]Die Höchstdauer des Konzessionsvertrags sollte in den Konzessionsunterlagen angegeben werden, sofern die Vertragsdauer nicht selbst ein Zuschlagskriterium ist. [8]Öffentliche Auftraggeber und Auftraggeber sollten jederzeit eine Konzession für einen kürzeren als für die Wiedererwirtschaftung der Investitionen erforderlichen Zeitraum vergeben können, wenn der damit verbundene Ausgleich das Betriebsrisiko nicht beseitigt.

B. Verhältnis zum GWB und zur VgV

15   Das Befristungserfordernis ist nicht im GWB, sondern **ausschließlich in § 3 KonzVgV geregelt.**[23] Anders als unter Geltung des § 99 Abs. 6 GWB a. F. stellt die **Befristung** des Nutzungsrechts **kein Begriffsmerkmal der Baukonzession** mehr dar (siehe → Rn. 19; ferner → § 105 GWB Rn. 7, 18).

---

[21] Begründung des Entwurfs der Bundesregierung einer Verordnung zur Modernisierung des Vergaberechts (Vergaberechtsmodernisierungsverordnung – VergRModVO), BR-Drs. 87/16, 279.

[22] Begründung des Entwurfs der Bundesregierung einer Verordnung zur Modernisierung des Vergaberechts (Vergaberechtsmodernisierungsverordnung – VergRModVO), BR-Drs. 87/16, 279.

[23] Siehe dazu auch die Begründung des Entwurfs der Bundesregierung eines Gesetzes zur Modernisierung des Vergaberechts (Vergaberechtsmodernisierungsgesetz – VergRModG), BT-Drs. 18/6281, 75.

Das **allgemeine Vergaberecht** kennt in Abweichung von § 3 KonzVgV kein generelles **16** Befristungserfordernis für öffentliche Aufträge (vgl. auch § 3 Abs. 11 VgV), was der EuGH für unionsrechtskonform erklärt hat (siehe → Rn. 9). Spezifische Höchstgrenzen finden sich für bestimmte Zusatzlieferaufträge, die im Verhandlungsverfahren ohne Teilnahmewettbewerb vergeben werden (§ 14 Abs. 4 Nr. 5 VgV: in der Regel höchstens drei Jahre),[24] und für Rahmenvereinbarungen.[25]

Fixe Laufzeitvorgaben finden sich demgegenüber teils im **Sondervergaberecht** (zu die- **17** sem → Einführung Rn. 42, 77 ff.). So werden gemäß § 7 Abs. 4 Bodenabfertigungsdienst-Verordnung „[d]ie Dienstleister und die Selbstabfertiger ... für die Dauer von höchstens sieben Jahren ausgewählt", Wegenutzungsverträge hinsichtlich eines Energieversorgungsnetzes dürfen gemäß § 46 Abs. 2 Satz 1 EnWG höchstens für 20 Jahre abgeschlossen werden und Dienstleistungsaufträge im Bereich des ÖPNV gemäß Art. 4 Abs. 3 und 4, Art. 5 Abs. 6 VO (EG) 1370/2007 grundsätzlich zehn bis 15 Jahre (zur Relevanz für Konzessionsvergaben → Einführung Rn. 80)[26].[27]

C. Einzelkommentierung

§ 3 KonzVgV verlangt, die Laufzeit von Konzessionen zu befristen. Hierbei handelt es sich **18** um eine Rechtmäßigkeitsanforderung, womit die Befristung seit der Vergaberechtsreform

---

[24] § 14 Abs. 4 Nr. 5 VgV lässt die Vergabe im Verhandlungsverfahren ohne Teilnahmewettbewerb zu, „wenn zusätzliche Lieferleistungen des ursprünglichen Auftragnehmers beschafft werden sollen, die entweder zur teilweisen Erneuerung oder Erweiterung bereits erbrachter Leistungen bestimmt sind, und ein Wechsel des Unternehmens dazu führen würde, dass der öffentliche Auftraggeber eine Leistung mit unterschiedlichen technischen Merkmalen kaufen müsste und dies eine technische Unvereinbarkeit oder unverhältnismäßige technische Schwierigkeiten bei Gebrauch und Wartung mit sich bringen würde; die Laufzeit dieser öffentlichen Aufträge darf in der Regel drei Jahre nicht überschreiten".

[25] Die Laufzeit von Rahmenvereinbarungen darf im allgemeinen Vergaberecht grundsätzlich höchstens vier Jahre betragen (§ 21 Abs. 6 VgV), bei sozialen und anderen besonderen Dienstleistungen grundsätzlich höchstens sechs Jahre (§ 65 Abs. 2 VgV), im Sektorenvergaberecht grundsätzlich höchstens acht Jahre (§ 19 Abs. 3 SektVO), für Unterschwellenvergaben nach der UVgO grundsätzlich höchstens 6 Jahre (§ 15 Abs. 4 UVgO), im Baubereich grundsätzlich höchstens 4 (§ 4a Abs. 1 Satz 4 VOB/A) bzw. 4 Jahre (§ 4a Abs. 6 VOB/A-EU).

[26] Art. 4 Abs. 3 und 4 VO (EG) 1370/2007 bestimmen:
„(3) Die öffentlichen Dienstleistungsaufträge sind befristet und haben eine Laufzeit von höchstens zehn Jahren für Busverkehrsdienste und von höchstens 15 Jahren für Personenverkehrsdienste mit der Eisenbahn oder anderen schienengestützten Verkehrsträgern. Die Laufzeit von öffentlichen Dienstleistungsaufträgen, die mehrere Verkehrsträger umfassen, ist auf 15 Jahre beschränkt, wenn der Verkehr mit der Eisenbahn oder anderen schienengestützten Verkehrsträgern mehr als 50 % des Werts der betreffenden Verkehrsdienste ausmacht.
(4) Falls erforderlich kann die Laufzeit des öffentlichen Dienstleistungsauftrags unter Berücksichtigung der Amortisierungsdauer der Wirtschaftsgüter um höchstens 50 % verlängert werden, wenn der Betreiber eines öffentlichen Dienstes einen wesentlichen Anteil der für die Erbringung der Personenverkehrsdienste, die Gegenstand des öffentlichen Dienstleistungsauftrags sind, insgesamt erforderlichen Wirtschaftsgüter bereitstellt und diese vorwiegend an die Personenverkehrsdienste gebunden sind, die von dem Auftrag erfasst werden.
Falls dies durch Kosten, die aus der besonderen geografischen Lage entstehen, gerechtfertigt ist, kann die Laufzeit der in Absatz 3 beschriebenen öffentlichen Dienstleistungsaufträge in den Gebieten in äußerster Randlage um höchstens 50 % verlängert werden.
Falls dies durch die Abschreibung von Kapital in Verbindung mit außergewöhnlichen Investitionen in Infrastruktur, Rollmaterial oder Fahrzeuge gerechtfertigt ist und der öffentliche Dienstleistungsauftrag in einem fairen wettbewerblichen Vergabeverfahren vergeben wurde, kann ein öffentlicher Dienstleistungsauftrag eine längere Laufzeit haben. Zur Gewährleistung der Transparenz in diesem Fall muss die zuständige Behörde der Kommission innerhalb von einem Jahr nach Abschluss des Vertrags den öffentlichen Dienstleistungsauftrag und die Elemente, die seine längere Laufzeit rechtfertigen, übermitteln."
Art. 5 Abs. 6 VO (EG) 1370/2007 bestimmt: „Sofern dies nach nationalem Recht untersagt ist, können die zuständigen Behörden entscheiden, öffentliche Dienstleistungsaufträge im Eisenbahnverkehr – mit Ausnahme anderer schienengestützter Verkehrsträger wie Untergrund- oder Straßenbahnen – direkt zu vergeben. Abweichend von Artikel 4 Absatz 3 haben diese Aufträge eine Höchstlaufzeit von zehn Jahren, soweit nicht Artikel 4 Absatz 4 anzuwenden ist."

[27] Zum nicht geregelten Wassersektor *Schröder* NVwZ 2017, 504 (508).

2014/2016 kein Begriffsmerkmal der (Bau-)Konzession mehr darstellt (I.). Das Befristungserfordernis gilt für jedwede Konzessionsvergabe (II.), wobei § 3 Abs. 2 KonzVgV für Konzessionen mit einer Laufzeit von mehr als fünf Jahren eine Bemessung der Laufzeit ausschließlich nach dem Amortisierungs- und Renditeinteresse des Konzessionsnehmers zulässt (III.).

I. Befristung kein Begriffsmerkmal, sondern Rechtmäßigkeitsanforderung

19   Im Zuge der Vergaberechtsmodernisierung des Jahres 2009 hat der deutsche Gesetzgeber in Reaktion auf expansive Rechtsprechungstendenzen hinsichtlich Ausschreibungspflichten bei der Investorenauswahl im städtebaulichen Bereich (Stichwort: Ahlhorn-Rechtsprechung des OLG Düsseldorf)[28] eine **Befristung des Nutzungsrechts als Begriffsmerkmal der Baukonzession eingeführt,** um namentlich Veräußerungsvorgänge auszuschließen (dazu auch → § 105 GWB Rn. 50 ff.; ferner → § 103 GWB Rn. 145 ff.). Der im Jahre 2009 geänderte § 99 Abs. 6 GWB a. F. definierte die Baukonzession seitdem als „ein[en] Vertrag über die Durchführung eines Bauauftrags, bei dem die Gegenleistung für die Bauarbeiten statt in einem Entgelt in dem *befristeten Recht auf Nutzung* der baulichen Anlage, gegebenenfalls zuzüglich der Zahlung eines Preises besteht."[29] Mit dieser „Klarstellung" sollte ausweislich der Gesetzesbegründung

bestimmt werden, dass bei einer Baukonzession das Nutzungsrecht befristet ist. Hierdurch soll verdeutlicht werden, dass das Konzessionsverhältnis ein Rechtsverhältnis darstellt, das auf eine gewisse Zeitdauer ausgelegt ist. Grund für diese Klarstellung ist ebenfalls die Rechtsprechung des OLG Düsseldorf zur Ausschreibungspflicht städtebaulicher Verträge …

Neben dem Bauauftragsbegriff stellt auch der „weite Baukonzessionsbegriff" eine wichtige Grundlage der Entscheidungen des OLG Düsseldorf dar. Nach dessen Auslegung soll auch die Veräußerung vom Baukonzessionsbegriff mit umfasst sein. Wesenstypisch für das Institut der Baukonzession ist aber die Übertragung eines Rechts, das dem Konzessionsgeber zusteht, für einen bestimmten Zeitraum. Es handelt sich um ein Vertragsverhältnis, in dessen Verlauf der Konzessionsnehmer von seinem Nutzungsrecht Gebrauch macht. Die Veräußerung gehört damit nicht zur Rechtsfigur der Konzession.[30]

20   Dieses Verständnis hat der deutsche Gesetzgeber im Zuge der Vergaberechtsmodernisierung 2014/2016 aufgegeben und die **Notwendigkeit einer Befristung von Konzessionen** in Einklang mit dem unionsrechtlichen Verständnis **als Rechtmäßigkeitsanforderung** in § 3 KonzVgV formuliert (siehe zu Folgequalifikationsfragen → § 105 GWB Rn. 53 ff., → Rn. 64 f.).[31]

21   Für – vor der Vergaberechtsmodernisierung 2014/2016 ohnehin nicht im nationalen Recht definierte (siehe → § 105 GWB Rn. 5) – **Dienstleistungskonzessionen** stellte das Befristungserfordernis zu keiner Zeit ein Begriffsmerkmal dar.

II. Generelles Befristungserfordernis (§ 3 Abs. 1 Satz 1 KonzVgV)

1. Befristungserfordernis (§ 3 Abs. 1 Satz 1 KonzVgV)

22   In Einklang mit Art. 18 Abs. 1 Satz 1 RL 2014/23/EU fordert § 3 Abs. 1 Satz 1 KonzVgV eine **Befristung jedweder Konzessionsvergabe,** um marktfreiheitlich und

---

[28] Siehe nur OLG Düsseldorf NZBau 2007, 530 (531).

[29] Hervorhebung nicht im Original.

[30] Begründung des Entwurfs der Bundesregierung eines Gesetzes zur Modernisierung des Vergaberechts, BT-Drs. 16/10117, 18.

[31] Siehe Begründung des Entwurfs der Bundesregierung eines Gesetzes zur Modernisierung des Vergaberechts (Vergaberechtsmodernisierungsgesetz – VergRModG), BT-Drs. 18/6281, 75: „Die beschränkte Laufzeit der Konzession wird nach dem Vorbild des Artikel 18 der Richtlinie 2014/23/EU nicht mehr als Bestandteil der Definition im GWB, sondern neu im Rahmen der Vorschriften zur Auftragsausführung in der auf Grundlage dieses Gesetzes erlassenen Verordnung zur Vergabe von Konzessionen (Konzessionsverordnung) geregelt."

grundrechtlich verbürgte Marktzugangschancen von Neubewerbern nicht auf unabsehbare Zeit auch zum Nachteil des Wettbewerbs zu sperren, wobei freilich auch dem Amortisierungs- und Renditeinteresse des Konzessionsnehmers Rechnung zu tragen ist (dazu → Rn. 9 und Erwägungsgrund 52 Sätze 1–3 RL 2014/23/EU). Eine **unbefristete Konzessionsvergabe** ist demnach **unzulässig.**[32] Schon um Umgehungen zu vermeiden, rechnen Verlängerungsoptionen zur Laufzeit und sind Kündigungsmöglichkeiten unbeachtlich.[33] Angesichts des verfassungs- und unionsrechtlichen Befristungsgebots greift das Befristungserfordernis im Übrigen auch für nicht vom GWB-Konzessionsvergaberecht erfasste Konzessionsvergaben.[34]

2. Schätzung der zulässigen Laufzeit (§ 3 Abs. 1 Satz 2 KonzVgV)

Gemäß § 3 Abs. 1 Satz 2 KonzVgV, der Art. 18 Abs. 1 Satz 2 RL 2014/23/EU entspricht, schätzt der Konzessionsgeber die Laufzeit je nach den geforderten Bau- oder Dienstleistungen. **23**

Demnach ist die Laufzeit nach der **Natur der zu beschaffenden Leistung** zu bestimmen. Die Fünf-Jahres-Schwelle des § 3 Abs. 2 Satz 1 KonzVgV kann daher auch nicht als „Regelobergrenze" in dem Sinne verstanden werden, dass Laufzeiten von bis zu fünf Jahren frei bestimmbar sind.[35] Einige Vorentwürfe zu Art. 18 RL 2014/23/EU verzichteten demgegenüber auf eine Befristungsregel für Konzessionen mit einer Laufzeit von bis zu fünf Jahren, was indes keinen Eingang in Art. 18 RL 2014/23/EU fand (siehe → Rn. 3 ff.). **24**

Der Wortlaut („schätzt") verweist auf eine **Einschätzungsprärogative des Konzessionsgebers.**[36] **25**

III. Determinanten für längerfristige Konzessionen (§ 3 Abs. 2 KonzVgV)

Für Konzessionen mit einer fünf Jahre übersteigenden Laufzeit erklärt § 3 Abs. 2 KonzVgV ausschließlich das Amortisierungs- und Renditeinteresse für maßgeblich (1.), wobei § 3 Abs. 2 Satz 3 KonzVgV zur Vereinfachung eine Durchschnittsbetrachtung für möglich erklärt (2.). In dieser Bemessungsregel liegt kein Widerspruch zum Erfordernis der Übernahme des Betriebsrisikos gemäß § 105 Abs. 2 GWB (3.). **26**

1. Maßgeblichkeit der Investitionsaufwendungen zuzüglich einer Rendite (§ 3 Abs. 2 Sätze 1 und 2 KonzVgV)

§ 3 Abs. 2 Satz 1 KonzVgV normiert eine **variable Höchstlaufzeit** für Konzessionen mit einer fünf Jahre übersteigenden Laufzeit und bemisst diese nach dem **Zeitraum**, der **für** eine **Amortisierung getätigter Investitionsaufwendungen** und für die **Erzielung einer (angemessenen) Rendite** notwendig ist: „Bei Konzessionen mit einer Laufzeit von über fünf Jahren darf die Laufzeit nicht länger sein als der Zeitraum, innerhalb dessen der Konzessionsnehmer nach vernünftigem Ermessen die Investitionsaufwendungen für die **27**

---

[32] So ausdrücklich auch Begründung des Entwurfs der Bundesregierung einer Verordnung zur Modernisierung des Vergaberechts (Vergaberechtsmodernisierungsverordnung – VergRModVO), BR-Drs. 87/16, 279; *Wenzel* in BeckOK Vergaberecht KonzVgV § 3 Rn. 11; *Craven* PPLR 2014, 188 (194); *Goldbrunner* VergabeR 2016, 365 (372); *Leinemann* Die Vergabe öffentlicher Aufträge Rn. 1985; *Siegel* NVwZ 2016, 1672 (1677).

[33] *Wenzel* in BeckOK Vergaberecht KonzVgV § 3 Rn. 12.

[34] Siehe allgemein nur *F. Wollenschläger* Verteilungsverfahren 94, 126, 142; *ders.* REALaw 8 (2015), 205 (221). Für Wasserkonzessionen *Schröder* NVwZ 2017, 504 (508).

[35] Restriktiv auch *Wenzel* in BeckOK Vergaberecht KonzVgV § 3 Rn. 42. A. A. wohl *Dobmann* Das neue Vergaberecht Rn. 245; *Goldbrunner* VergabeR 2016, 365 (372); *Schröder* NVwZ 2014, 753 (759); *Siegel* NVwZ 2016, 1672 (1677); *Wagner/Pfohl* ZfBR 2014, 745 (751).

[36] *Goldbrunner* VergabeR 2016, 365 (372).

Errichtung, die Erhaltung und den Betrieb des Bauwerks oder die Erbringung der Dienstleistungen zuzüglich einer Rendite auf das investierte Kapital unter Berücksichtigung der zur Verwirklichung der spezifischen Vertragsziele notwendigen Investitionen wieder erwirtschaften kann." Hierin ist auch die Rechtfertigung für längerfristige Vertragslaufzeiten zu sehen (siehe auch Erwägungsgrund 52 Satz 3 RL 2014/23/EU).

28   Wichtige Parameter für die Berechnung sind demnach die berücksichtigungsfähigen Investitionsaufwendungen und Renditeerwartungen (a) sowie die Frage der Berücksichtigungsfähigkeit anderer Gesichtspunkte als das Amortisierungs- und Renditeinteresse (b). Bedeutsam ist überdies der bestehende Einschätzungsspielraum des Konzessionsgebers und die damit einhergehende Zurücknahme der gerichtlichen Kontrolle, was aber nicht mit einer Freizeichnung von derselben zu verwechseln ist (c). In Blick zu nehmen sind ferner die Transparenzanforderungen (d) sowie der maßgebliche Bestimmungszeitpunkt (e). Schließlich handelt es sich um die Bestimmung der Höchstfrist, was kürzere Laufzeiten zulässt (f). Zweifelsohne handelt es sich bei der Laufzeitbestimmung um eine komplexe Entscheidung.[37]

29   **a) Berücksichtigungsfähige Investitionsaufwendungen und Rendite.** Der **berücksichtigungsfähige Investitionsaufwand** bezieht sich auf die „für die Errichtung, die Erhaltung und den Betrieb des Bauwerks oder die Erbringung der Dienstleistungen" notwendigen Investitionen. Erfasst sind damit und in Einklang mit Art. 18 Abs. 2 UAbs. 2 RL 2014/23/EU „sowohl die zu Anfang als auch die während der Laufzeit der Konzessionen vorzunehmenden Investitionen".[38] Erwägungsgrund 52 Satz 6 RL 2014/23/EU enthält eine exemplarische Aufzählung berücksichtigungsfähiger Positionen und nennt „insbesondere Aufwendungen für Infrastruktur, Urheberrechte, Patente, Ausrüstung, Logistik, Anstellung und Schulung von Personal und Anschubkosten".

30   Mit erfasst gemäß § 3 Abs. 2 Satz 1 KonzVgV sind auch die „zur **Verwirklichung der spezifischen Vertragsziele** notwendigen Investitionen". Hierbei handelt es sich um eine Klarstellung, da diese Investitionen konzessionsbedingt anfallen. Erwägungsgrund 52 Satz 4 2. HS RL 2014/23/EU enthält eine beispielhafte Konkretisierung und verweist auf „spezifische Vertragsziele ..., auf die der Konzessionsnehmer sich verpflichtet hat, um Anforderungen beispielsweise hinsichtlich der Qualität oder des Preises für die Nutzer zu erfüllen." Ist etwa besonders qualifiziertes Personal erforderlich, ist dies als laufender Personalaufwand zu berücksichtigen. Teils wird der limitierende Charakter des Notwendigkeitskriteriums betont.[39]

31   Nicht näher spezifiziert ist die Höhe der berücksichtigungsfähigen **Rendite auf das investierte Kapital**.[40] Es gilt eine **Angemessenheitsgrenze.** Orientierung kann der vergleichbare Maßstab im Rahmen der telekommunikationsrechtlichen Entgeltregulierung bieten (§ 32 TKG), aus dem zunächst die Gewährleistung einer **angemessenen Verzinsung** des eingesetzten Kapitals folgt (siehe zu weiteren Konkretisierungen § 32 Abs. 3 TKG).

32   Etwaige **Zahlungspflichten des Konzessionsnehmers,** wie Konzessionsabgaben (zu deren Zulässigkeit → § 105 GWB Rn. 71), sind in die Kalkulation einzustellen. Dies gilt auch dann, wenn sie als Zuschlagskriterium fungieren; hier ist mit Schätzungen zu arbeiten. Nicht (mehr) zulässig ist es demnach, eine vom Amortisierungs- und Renditeinteresse unabhängige Laufzeit vorzugeben und als Rechtfertigung auf einen Zuschlag nach dem wirtschaftlichen Gesamtvorteil für den Konzessionsgeber zu verweisen.

33   **b) Berücksichtigungsfähigkeit anderer Gesichtspunkte als das Amortisierungs- und Renditeinteresse.** Der Wortlaut des § 3 Abs. 2 Satz 1 KonzVgV und von Art. 18

---

[37] *Goldbrunner* VergabeR 2016, 365 (372); *Schenek* BWGZ 2014, 327 (330).
[38] Begründung des Entwurfs der Bundesregierung einer Verordnung zur Modernisierung des Vergaberechts (Vergaberechtsmodernisierungsverordnung – VergRModVO), BR-Drs. 87/16, 279.
[39] *Wenzel* in BeckOK Vergaberecht KonzVgV § 3 Rn. 40.
[40] Siehe auch *Craven* PPLR 2014, 188 (194).

Abs. 2 UAbs. 1 RL 2014/23/EU („darf") schließt die **Berücksichtigung anderer Ge-sichtspunkte** als das Amortisierungs- und Renditeinteresse aus (siehe auch die englische Fassung „shall" und die indikative französische Fassung „n'excède pas").[41] Auch im Gesetz-gebungsverfahren unternommene Vorstöße hinsichtlich der Berücksichtigungsfähigkeit weiterer Gesichtspunkte (siehe → Rn. 3) haben keine explizite Übernahme in den Richt-linientext gefunden. Erwägungsgrund 52 Satz 4 RL 2014/23/EU ist demgegenüber offe-ner formuliert („sollte", siehe auch „should" in der englischen Fassung respektive „devrait" in der französischen), was auch dem primärrechtlichen Befund entspricht, wonach eine Rechtfertigung der mit langen Laufzeiten einhergehenden Marktzugangsbeschränkung nicht nur aus dem genannten Grund möglich ist. **Flexibilität** eröffnet jedenfalls die – im Gesetzgebungsverfahren eingeführte (siehe → Rn. 4) Möglichkeit der Formulierung spezi-fischer Vertragsziele (siehe → Rn. 30).

c) Einschätzungsspielraum des Konzessionsgebers und gerichtliche Kontrolle. 34
Die **Einschätzung** des für die Amortisierung notwendigen Zeitraums hat – in Übernah-me der unionsrechtlichen Terminologie (vgl. Art. 18 Abs. 2 UAbs. 1 RL 2014/23/EU) – **„nach vernünftigem Ermessen"** des Konzessionsgebers zu erfolgen.[42] Nach deutscher Verwaltungsrechtsdogmatik handelt es sich freilich um keine rechtsfolgenbezogene Ermes-sensentscheidung, sondern um die (teils mit Beurteilungsspielräumen einhergehende Aus-füllung von Tatbestandsmerkmalen.[43] Namentlich fordert die zu treffende Laufzeitbestim-mung **Schätzungen und Prognosen** hinsichtlich des anfallenden Investitionsaufwands und seiner Amortisierung, etwa mit Blick auf die notwendigen Investitionen des Konzessi-onsnehmers, die zukünftige Entwicklung der Kosten hierfür oder die spätere Nutzung des Bauwerks respektive der Dienstleistung nach Zahl und Erlös.[44]

Prognosen sind nur – aber immerhin[45] – **beschränkt gerichtlich überprüfbar.** So 35
„kommt dem Entscheidungsträger ein Prognosespielraum zu, der vom Gericht nur auf Prognosefehler hin überprüft werden kann. Das findet seinen Grund in den Sachgegeben-heiten einer Prognose. Prognoseentscheidungen, die sich nicht lediglich auf die allgemeine Lebenserfahrung stützen, beruhen auf der Anwendung statistischer Methoden, die Aussa-gen über die Wahrscheinlichkeit zukünftiger Entwicklungen ermöglichen. Ausgehend von gegenwärtigen Gegebenheiten, der sog. Prognosebasis, wird das Ergebnis der Prognose dabei mit Hilfe mathematischer Verfahren gewonnen und in einem Zahlenwert ausge-drückt. Daher ist die Überprüfung durch das Gericht darauf begrenzt, ob zutreffende Aus-gangswerte zugrunde gelegt wurden, ob sich die Prognose methodisch auf ein angemesse-nes Prognoseverfahren stützen lässt und ob dieses Verfahren konsequent verfolgt wurde".[46] Nichts anderes gilt für Schätzungen.

Prognosespielräume bedeuten freilich **keine Freizeichnung von gerichtlicher Kon-** 36
trolle, wie auch das Bundesverfassungsgericht in anderem Kontext betont hat: „Denn prognostische Urteile gründen auf Tatsachenfeststellungen, die ihrerseits einer Prüfung und Bewertung zugänglich sind".[47] Diese Grundsätze gelten auch im vorliegenden Kontext. So ist hinsichtlich der der Prognoseentscheidung zugrunde liegenden Tatsachenfeststellung „[ü]berprüfbar …, ob der Gesetzgeber [hier: der Konzessionsgeber] seine Entscheidung auf möglichst vollständige Ermittlungen gestützt oder ob er relevante Tatsachen übersehen hat. Dabei kann sich die Forderung nach möglichst ‚vollständigen' Ermittlungen vernünftiger-

---

[41] Strikt *Wenzel* in BeckOK Vergaberecht KonzVgV § 3 Rn. 30.
[42] *Goldbrunner* VergabeR 2016, 365 (372); *Siegel* NVwZ 2016, 1672 (1677): Vertretbarkeitskontrolle.
[43] Siehe auch *Wenzel* in BeckOK Vergaberecht KonzVgV § 3 Rn. 26. Zu dieser für das deutsche (nicht aber unionale) Verwaltungsrecht fundamentalen Unterscheidung nur *Hoffmann-Riem* GVwR I § 10 Rn. 73 ff.; *Maurer/Waldhoff*, Allgemeines Verwaltungsrecht § 7 Rn. 7 ff., 26, 55 ff.
[44] *Siegel* NVwZ 2016, 1672 (1677).
[45] Zu Recht wird eine objektive Betrachtung für maßgeblich erklärt, siehe *Braun* in Hettich/Soudry Das neue Vergaberecht 155 (180); *Siegel* NVwZ 2016, 1672 (1677).
[46] BVerwG LKV 2010, 133 (135).
[47] BVerfGE 106, 62 (151).

weise nur auf Tatsachen beziehen, die für den jeweiligen Regelungsbereich gewichtig sind
…, und dem Gesetzgeber muss in gewissen Grenzen überlassen sein, auf welche Weise er
die relevanten Tatsachen ermittelt … Soweit hingegen Unsicherheiten der Prognose durch
gesicherte empirische Daten und verlässliche Erfahrungssätze ausgeräumt werden können,
scheidet ein Prognosespielraum aus".[48]

37   Mithin bedarf es einer **vertretbaren Einschätzung** der anfallenden Posten und des
hierfür notwendigen finanziellen Aufwands sowie der aus der Nutzung des Bauwerks respektive der Dienstleistung erzielbaren Erlöse (Marktpreis und Nutzungserwartung).

38   Eine sich nicht bewahrheitende Schätzung respektive Prognose, die den skizzierten Anforderungen entspricht, ist rechtmäßig.[49] Freilich bestehen **Beobachtungs- und ggf.
Korrekturpflichten.**[50] Bei deren Umsetzung sind die Grenzen für Laufzeitänderungen
gemäß § 154 Nr. 3 i.V.m. § 132 GWB zu beachten, ebenso wie das Vertragsrisiko des
Konzessionsnehmers. Überdies besteht eine Einschätzungsprärogative hinsichtlich der Angemessenheit der Rendite, ferner hinsichtlich der Wahl zwischen mehreren sachgerechten
Kalkulationsverfahren.

39   **d) Transparenz (Vergabeunterlagen).** Die **Vergabeunterlagen** (§ 16 KonzVgV)
sollten die Höchstlaufzeit gemäß Erwägungsgrund 52 Satz 7 RL 2014/23/EU nennen,
sofern die Vertragsdauer nicht als **Zuschlagskriterium** (§ 152 Abs. 3 GWB; § 31
KonzVgV) fungiert.[51] Letzteres bietet sich an, um Effizienzsteigerungen hinsichtlich notwendiger Investitionen sowie einen Preiswettbewerb zu generieren. Denn je niedriger der
Investitionsaufwand und die Renditevorstellungen des Konzessionsnehmers sind, desto
geringer fällt die für die Amortisierung sowie die Erzielung einer angemessenen Rendite
erforderliche Vertragslaufzeit aus.

40   **e) Maßgeblicher Zeitpunkt.** Erwägungsgrund 52 Satz 5 RL 2014/23/EU verlangt
(lediglich), dass „[d]ie Schätzung … zum Zeitpunkt der Konzessionsvergabe feststehen"
sollte, was eine nachträgliche Bestimmung im Ausnahmefall zuzulassen scheint. Nachdem
die Laufzeit ein auch für die Kalkulation der potentiellen Konzessionsnehmer wesentliches
Merkmal darstellt, ist ein Anwendungsbereich für Ausnahmefälle – jenseits der Vorgabe
lediglich einer Höchstlaufzeit (siehe → Rn. 27) – mit Blick auf die Sicherung von Transparenz und Wettbewerb fraglich.

41   **f) Zulässigkeit kürzerer Fristen (Höchstlaufzeit).** Nachdem es sich um eine
Höchstlaufzeit handelt, sind **kürzere Fristen zulässig.** Dies ermöglicht zunächst, wie
soeben ausgeführt (siehe → Rn. 39), die (möglichst kurze) Laufzeit als Zuschlagskriterium
einzusetzen. Darüber hinaus können kürzere Laufzeiten festgesetzt werden, worunter die
wirtschaftliche Attraktivität der Konzession leiden kann, weshalb kürzere Laufzeiten in der
Regel mit Ausgleichszahlungen (oder einer anderweitigen Kompensation) seitens des Konzessionsgebers einhergehen werden. Hierbei ist freilich zu berücksichtigen, dass ein derartiger Ausgleich das vom Konzessionsnehmer zu übernehmende Betriebsrisiko nicht beseitigen darf, da dieses für das Vorliegen einer Konzession gemäß § 105 Abs. 2 GWB
konstitutiv ist (im Einzelnen zu dieser Anforderung → § 105 GWB Rn. 75 ff.). Erwägungsgrund 52 Satz 8 RL 2014/23/EU hält insoweit fest, dass Konzessionsgeber „jederzeit
eine Konzession für einen kürzeren als für die Wiedererwirtschaftung der Investitionen
erforderlichen Zeitraum vergeben können [sollten], wenn der damit verbundene Ausgleich
das Betriebsrisiko nicht beseitigt."

---

[48] BVerfGE 106, 62 (151).
[49] Siehe nur BVerwG LKV 2010, 133 (135).
[50] Vgl. BVerfGE 110, 141 (169); BVerwG LKV 2010, 133 (135).
[51] Bekräftigend Begründung des Entwurfs der Bundesregierung einer Verordnung zur Modernisierung
des Vergaberechts (Vergaberechtsmodernisierungsverordnung – VergRModVO), BR-Drs. 87/16, 279.

2. Durchschnittsbetrachtung (§ 3 Abs. 2 Satz 3 KonzVgV)

§ 3 Abs. 2 Satz 3 KonzVgV gestattet eine im Wortlaut des Art. 18 Abs. 2 RL 2014/ **42** 23/EU nicht vorgesehene (siehe → Rn. 13) **Durchschnittsbetrachtung** und damit eine Vereinfachung für die Laufzeitberechnung. So „kann der Konzessionsgeber für bestimmte Konzessionstypen durchschnittliche Investitionsaufwendungen und durchschnittliche Renditen zugrunde legen, soweit es die Besonderheiten des jeweiligen Konzessionstyps rechtfertigen." Nach der Verordnungsbegründung kann der Konzessionsgeber demnach „beispielsweise **Erfahrungswerte** berücksichtig[en], die in der Vergangenheit zu Konzessionen eines bestimmten Konzessionstyps gewonnen wurden."[52]

Nachdem es sich bei einer Durchschnittsbetrachtung, gerade auf der Basis von Erfah- **43** rungswerten, um eine grundsätzlich sachgerechte Kalkulationsmethode handelt, bestehen **keine unionsrechtlichen Bedenken** gegen die (nicht ausdrücklich in der Richtlinie normierte) Regelung des § 3 Abs. 2 Satz 3 KonzVgV; sollten freilich Besonderheiten im Einzelfall vorliegen, die für Abweichungen vom Ergebnis einer Durchschnittsbetrachtung sprechen, darf dieser Weg nicht gewählt werden.[53]

3. Bemessungsregel kein Widerspruch zum Erfordernis der Übernahme des Betriebsrisikos

Die Laufzeit nach dem Amortisierungs- und Renditeinteresse zu berechnen, könnte als **44** **Widerspruch zur** von § 105 Abs. 2 GWB **geforderten Übernahme des Betriebsrisikos** als Tatbestandsmerkmal der Konzession (dazu im Einzelnen → § 105 GWB Rn. 75 ff.) verstanden werden, zumal § 105 Abs. 2 Satz 2 Nr. 1 GWB explizit fordert, dass „unter normalen Betriebsbedingungen nicht gewährleistet [sein darf], dass die Investitionsaufwendungen oder die Kosten für den Betrieb des Bauwerks oder die Erbringung der Dienstleistungen wieder erwirtschaftet werden können."[54] Im Regelfall dürfte aufgrund von Prognoseunsicherheiten und Variablen auf der Erlösseite (z. B. Nutzerzahl, Höhe des zu erzielenden Entgelts) sowie entsprechend offenen Zuschlagskriterien (z. B. Höhe des Nutzungsentgelts) oder einer Durchschnittsbetrachtung (§ 3 Abs. 2 Satz 3 KonzVgV) eine derartige Gewährleistung indes ausgeschlossen sein. § 3 Abs. 2 Satz 1 und 2 KonzVgV ist daher als Erfordernis der Möglichkeit einer Amortisierung zu verstehen, § 105 Abs. 2 GWB als Verbot von deren Gewährleistung (etwa durch eine unangemessen lange Laufzeit).[55]

---

[52] Bekräftigend Begründung des Entwurfs der Bundesregierung einer Verordnung zur Modernisierung des Vergaberechts (Vergaberechtsmodernisierungsverordnung – VergRModVO), BR-Drs. 87/16, 279 – Hervorhebung nicht im Original.

[53] Grenzen betonend *Wenzel* in BeckOK Vergaberecht KonzVgV § 3 Rn. 48 ff.

[54] Vgl. *Mohr* RdE 2016, 269 (277); ferner *Opitz* NVwZ 2014, 753 (759).

[55] Siehe auch *Mohr* RdE 2016, 269 (277), nach dem „eine Deckung der Investitionskosten (nur) möglich sein muss." Für tendenziell kurz bemessene Laufzeiten *Wenzel* in BeckOK Vergaberecht KonzVgV § 3 Rn. 37.

§ 4 Wahrung der Vertraulichkeit

(1) **Sofern in dieser Verordnung oder anderen Rechtsvorschriften nichts anderes bestimmt ist, darf der Konzessionsgeber keine von den Unternehmen übermittelten und von diesen als vertraulich gekennzeichneten Informationen weitergeben. Dazu gehören insbesondere Betriebs- und Geschäftsgeheimnisse und die vertraulichen Aspekte der Angebote einschließlich ihrer Anlagen.**

(2) **Bei der gesamten Kommunikation sowie beim Austausch und bei der Speicherung von Informationen muss der Konzessionsgeber die Integrität der Daten sowie die Vertraulichkeit der Teilnahmeanträge und Angebote einschließlich ihrer Anlagen gewährleisten. Die Teilnahmeanträge und Angebote einschließlich ihrer Anlagen sowie die Dokumentation über die Angebotsöffnung sind auch nach Abschluss des Vergabeverfahrens vertraulich zu behandeln.**

(3) **Der Konzessionsgeber kann Unternehmen Anforderungen vorschreiben, die auf den Schutz der Vertraulichkeit der Informationen im Rahmen des Vergabeverfahrens abzielen. Hierzu gehört insbesondere die Abgabe einer Verschwiegenheitserklärung.**

Übersicht

	Rn.		Rn.
A. Einführung	1	III. Rechtliche Vorgaben im EU-Recht	3
I. Literatur	1	B. Erläuterung	6
II. Entstehungsgeschichte	2		

A. Einführung

I. Literatur

1   Siehe die Literaturangaben zu § 5 VgV.

II. Entstehungsgeschichte

2   Die Regelungen zur Vertraulichkeit basieren auf den Vorgaben der KRL (→ III.) Inhaltlich haben die Regelungen den gleichen Hintergrund wie § 5 VgV (→ VgV § 5 Rn. 2) und § 5 SektVO.

III. Rechtliche Vorgaben im EU-Recht

3   § 4 Abs. 1, der den Grundsatz der Vertraulichkeit enthält, dient der Umsetzung von Artikel 28 Abs. 1 KRL.[1] Die Vorschrift entspricht im Wesentlichen dem Konzept der „Eins-zu-Eins-Umsetzung" der Richtlinien. Allerdings ist die Öffnungsklausel für abweichende Bestimmungen deutlich knapper gefasst als in der Richtlinie. So wird die Klarstellung in Art. 28 Abs. 1 SRL, dass der Vertraulichkeitsgrundsatz nur unbeschadet der Bekanntmachungs- und Unterrichtungspflichten des Auftraggebers gemäß Art. 32 KRL (Vergabebekanntmachung) und Art. 40 KRL (Unterrichtung nicht berücksichtigter Bieter) gilt, in § 4 Abs. 1 – ebenso wie in der Parallelvorschrift des § 5 VgV – nicht erwähnt (→ näher VgV § 5 Rn. 3 und 24 f.). Zudem wurde bei der Umsetzung auf die Klarstellung in Art. 28 Abs. 1 Unterabs. 2 KRL verzichtet, dass die Bestimmung einer Offenlegung der nicht vertraulichen Teile der abgeschlossenen Konzessionsverträge und der späteren Änderungen nicht entgegensteht.

---

[1] Begründung zu § 4 Abs. 1, BR-Drs. 87/16, 279.

§ 4 Abs. 2 Satz 1 basiert auf Art. 29 Abs. 2 Unterabs. 2 Satz 1 KRL.[2] Diese Regelung 4 gehört zu den Vorschriften über die Kommunikation im Vergabeverfahren. Sie betrifft nicht nur die Wahrung der Vertraulichkeit, sondern auch den Schutz der Datenintegrität bei Kommunikation und Datenspeicherung (→ VgV § 5 Rn. 4 und 30 ff., zur weitgehend identischen Umsetzung der Parallelvorschrift des Art. 22 Abs. 3 VRL in § 5 Abs. 2 VgV). Laut Verordnungsbegründung wurde bei der Regelung zur Klarstellung auf die Umsetzung von Art. 21 Abs. 2 VRL (gemeint ist wohl Art. 22 Abs. 3 Satz 1 VRL) in § 5 Abs. 2 VgV zurückgegriffen.[3] Dieser Hinweis ist nicht ganz klar, dürfte sich aber darauf beziehen, dass sich die Umsetzungsvorschrift nicht nur auf Angebote und Teilnahmeanträge, sondern auch deren Anlagen bezieht. § 5 Abs. 2 Satz 2 hat keine EU-rechtliche Grundlage, sondern ist an § 5 Abs. 2 Satz 2 VgV angelehnt.[4]

§ 4 Abs. 3 Satz 1 dient der Umsetzung von Art. 28 Abs. 2 KRL.[5] Die Vorschrift gestattet 5 dem Auftraggeber, den Unternehmen Vorgaben zum Schutz der Vertraulichkeit von Informationen zu machen, die er im Rahmen des Vergabeverfahrens zur Verfügung stellt. Satz 2, der die Abgabe einer Verschwiegenheitserklärung als mögliche Schutzmaßnahme hervorhebt, hat keine direkte EU-rechtliche Grundlage, sondern dient vor allem der praktischen Klarstellung.

B. Erläuterung

Die Regelung entsprich fast wörtlich → VgV § 5, auf dessen Kommentierung daher 6 verwiesen werden kann.

Abs. 1, der den **Vertraulichkeitsgrundsatz** enthält, stimmt im Wesentlichen wörtlich 7 mit § 5 Abs. 1 VgV überein. In der Verordnungsbegründung fällt allerdings auf, dass in Bezug auf die Einschränkung des Grundsatzes durch andere Rechtsvorschriften, die eine Offenlegung von Informationen gestatten – anders als bei den Parallelvorschriften der §§ 5 VgV und 5 SektVO – ausdrücklich auf die Informationsfreiheitsgesetze des Bundes und der Länder verwiesen wird.[6] Das unterstreicht den Umstand, dass das öffentliche Interesse an Konzessionsvergaben aufgrund der oft großen politischen und wirtschaftlichen Bedeutung der Projekte häufig stärker ausgeprägt ist als bei gewöhnlichen Aufträgen. In der Sache ergibt sich daraus kein Unterschied. Auch im Konzessionsbereich eröffnen die Informationsfreiheitsgesetze des Bundes und der Länder einen Zugang zu Betriebs- und Geschäftsgeheimnissen der Beteiligten nur mit deren Einwilligung bzw. in engen Grenzen (→ VgV § 5 Rn. 28).

Abs. 2, der die **Integrität der Daten und die Vertraulichkeit** der Angebote und 8 Teilnahmeanträge **im Rahmen der Kommunikation** schützt, stimmt fast wörtlich mit § 5 Abs. 2 VgV überein (→ VgV § 5 Rn. 36 ff.). Soweit die Vorschrift im Gegensatz zu § 5 VgV und § 5 SektVO nicht auch Interessensbekundungen und Aufforderungen zur Interessensbestätigung erwähnt, liegt das daran, dass förmliche Interessensbekundungen und Interessensbestätigungen im Konzessionsbereich nicht vorgesehen sind. Inhaltliche Unterschiede zu den Parallelvorschriften bestehen nicht.

Abs. 3, der Anforderungen zum **Schutz der Vertraulichkeit von Informationen des** 9 **Auftraggebers** betrifft, unterscheidet sich ebenfalls nicht von den Parallelvorschriften in § 5 Abs. 3 VgV (→ VgV § 5 Rn. 42 ff.) und § 5 Abs. 3 SektVO. Ein geringfügiger Unterschied besteht nur insoweit, als Konzessionsgeber die Vergabeunterlagen gem. § 17 Abs. 1 KonzVgV nur dann bereits ab der Veröffentlichung der Konzessionsbekanntmachung allen Interessenten direkt elektronisch zum Abruf bereitstellen müssen, wenn die Bekanntma-

---

[2] Begründung zu § 4 Abs. 2, BR-Drs. 87/16, 280.
[3] Begründung zu § 4 Abs. 2, BR-Drs. 87/16, 280.
[4] → näher VgV § 5 Rn. 4.
[5] Begründung zu § 4 Abs. 3, BR-Drs. 87/16, 280.
[6] Begründung zu § 4 Abs. 1, BR-Drs. 87/16, 280

chung bereits eine Aufforderung zur Angebotsabgabe enthält. Das entspricht bei Konzessionen allerdings nicht der Praxis; in der Regel wird vielmehr zunächst ein Teilnahmewettbewerb durchgeführt. Nach § 17 Abs. 1 KonzVgV werden die Vergabeunterlagen in diesem Fall nur den zur Angebotsabgabe ausgewählten Unternehmen zur Verfügung gestellt, was Vorab-Maßnahmen zum Schutz der Vertraulichkeit, etwa die Einholung einer Vertraulichkeitserklärung bereits im Teilnahmewettbewerb, erleichtert.

§ 5 Vermeidung von Interessenkonflikten

(1) **Organmitglieder und Mitarbeiter des Konzessionsgebers oder eines im Namen des Konzessionsgebers handelnden Beschaffungsdienstleisters, bei denen ein Interessenkonflikt besteht, dürfen in einem Vergabeverfahren nicht mitwirken.**

(2) **Ein Interessenkonflikt besteht für Personen, die an der Durchführung des Vergabeverfahrens beteiligt sind oder Einfluss auf den Ausgang eines Vergabeverfahrens nehmen können und die ein direktes oder indirektes finanzielles, wirtschaftliches oder persönliches Interesse haben, das ihre Unparteilichkeit und Unabhängigkeit im Rahmen des Vergabeverfahrens beeinträchtigen könnte.**

(3) **Es wird vermutet, dass ein Interessenkonflikt besteht, wenn die in Absatz 1 genannten Personen**

1. **Bewerber oder Bieter sind,**
2. **einen Bewerber oder Bieter beraten oder sonst unterstützen oder als gesetzlicher Vertreter oder nur in dem Vergabeverfahren vertreten oder**
3. **beschäftigt oder tätig sind**
   a) **bei einem Bewerber oder Bieter gegen Entgelt oder als Organmitglied oder**
   b) **für ein in das Vergabeverfahren eingeschaltetes Unternehmen, wenn dieses Unternehmen zugleich geschäftliche Beziehungen zum Konzessionsgeber und zum Bewerber oder Bieter hat.**

(4) **Die Vermutung des Absatzes 3 gilt auch für Personen, deren Angehörige die Voraussetzungen nach Absatz 3 Nummer 1 bis 3 erfüllen. Angehörige sind der Verlobte, der Ehegatte, Lebenspartner, Verwandte und Verschwägerte gerader Linie, Geschwister, Kinder der Geschwister, Ehegatten und Lebenspartner der Geschwister und Geschwister der Ehegatten und Lebenspartner, Geschwister der Eltern sowie Pflegeeltern und Pflegekinder.**

Kommentierung

§ 5 KonzVgV untersagt natürlichen Personen ein Mitwirken bei Entscheidungen in einem Vergabeverfahren auf Seiten des Konzessionsgebers, die in einem Näheverhältnis zu einem Bieter oder Bewerber stehen. Die Regelung soll eine Verzerrung des Vergabewettbewerbs verhindern, die durch die Beteiligung von Personen entstehen könnte, die einem Interessenkonflikt unterliegen. Das dient wiederum dazu, die Neutralität des Konzessionsgebers sicherzustellen und so die Gleichbehandlung aller Bieter zu gewährleisten. Letztendlich konkretisiert die Norm das vergaberechtliche **Gleichbehandlungsgebot** (§ 97 Abs. 2 GWB) sowie das **Wettbewerbs-** und das **Transparenzprinzip** (§ 97 Abs. 1 GWB). **1**

Der Tatbestand setzt zum einen **Artikel 35 der Richtlinie 2014/23/EU (KVR)** um und greift zum anderen die bisherige Regelung des § 16 VgV a.F.[1] auf.[2] Da die Richtlinienvorgaben des Art. 35 KVR mit denen des Art. 24 RL 2014/24/EU (VRL), der § 6 VgV zugrunde liegt, inhaltlich weitestgehend übereinstimmen, hat der deutsche Verordnungsgeber die Tatbestände von § 5 KonzVgV und § 6 VgV inhaltsgleich und weitestgehend wortlautidentisch ausgestaltet.[3] Daher kann an dieser Stelle auf die **Kommentierung zu § 6 VgV** verwiesen werden. **2**

Anders als § 7 VgV und § 7 SektVO, kennt die Konzessionsvergabeverordnung keinen vergleichbaren Tatbestand, der als lex specialis die Behandlung von sog. **vorbefassten Unternehmen** in einer eigenen Vorschrift regelt.[4] Die auch als **Projektanten** bezeichneten Unternehmen beraten den Konzessionsgeber vor Einleitung des förmlichen Vergabeverfah- **3**

---

[1] Vergabeverordnung vom 11.2.2003 (BGBl. 2003 I S. 169), aufgehoben durch Art. 7 Abs. 2 Vergaberechtsmodernisierungsverordnung vom 12.4.2016 (BGBl. 2016 I S. 624).
[2] Vgl. BT-Drs. 18/7318, S. 252.
[3] Es wird lediglich anstelle des öffentlichen Auftraggebers auf den Konzessionsgeber abgestellt.
[4] Vgl. zum lex specialis-Grundsatz bei § 6 VgV Rn. 55 ff. und Rn. 70 sowie bei § 6 SektVO Rn. 4.

rens oder sind auf andere Art und Weise an der Vorbereitung des Vergabeverfahrens beteiligt. Vertritt man richtigerweise ein materielles Begriffsverständnis,[5] beginnt ein Vergabeverfahren im Sinne des § 5 KonzVgV, wenn der Konzessionsgeber von der reinen Markterkundung übergeht zu der Konkretisierung eines spezifischen Beschaffungsvorhabens. Erfasst sind damit zugleich alle Handlungen, die der Vorbereitung und Einleitung des förmlichen Vergabeverfahrens dienen; mithin auch Handlungen von vorbefassten Unternehmen. Des Weiteren erklärt § 154 Nr. 2 GWB die fakultativen Ausschlussgründe des § 124 Abs. 1 Nr. 5 und 6 GWB für anwendbar, die die von § 5 KonzVgV bzw. § 6 VgV und § 7 VgV umfassten Sachverhalte regeln. Der Ausschluss eines Bieters aufgrund eines Interessenkonflikts vom Vergabeverfahren kommt aber nur als ultima ratio in Betracht.[6]

4 Ergänzend zu § 5 KonzVgV hat der Konzessionsgeber einen aufgedeckten Interessenkonflikt und getroffene Abhilfemaßnahmen gem. **§ 6 Abs. 2 Nr. 7 KonzVgV** im entsprechenden Vergabevermerk zu dokumentieren.

---

[5] Zum materiellen Begriff des Vergabeverfahrens vgl. § 6 VgV Rn. 14 ff.
[6] Vgl. § 6 VgV Rn. 57.

§ 6 Dokumentation und Vergabevermerk

(1) **Der Konzessionsgeber dokumentiert das Vergabeverfahren von Beginn an fortlaufend in Textform nach § 126b des Bürgerlichen Gesetzbuchs, soweit dies für die
Begründung von Entscheidungen auf jeder Stufe des Vergabeverfahrens erforderlich
ist. Dazu gehört zum Beispiel die Dokumentation der Kommunikation mit Unternehmen und internen Beratungen, der Vorbereitung der Konzessionsbekanntmachung und der Vergabeunterlagen, der Öffnung der Teilnahmeanträge und Angebote, der Verhandlungen mit den Bewerbern und Bietern sowie der Gründe für
Auswahlentscheidungen und den Zuschlag.**

(2) **Der Konzessionsgeber fertigt über jedes Vergabeverfahren einen Vermerk in
Textform nach § 126b des Bürgerlichen Gesetzbuchs an. Dieser Vergabevermerk
umfasst mindestens Folgendes:**

1. **den Namen und die Anschrift des Konzessionsgebers sowie Gegenstand und Vertragswert der Konzession,**
2. **die Namen der berücksichtigten Bewerber oder Bieter und die Gründe für ihre
Auswahl,**
3. **die nicht berücksichtigten Teilnahmeanträge und Angebote sowie die Namen der
nicht berücksichtigten Bewerber oder Bieter und die Gründe für ihre Nichtberücksichtigung,**
4. **den Namen des erfolgreichen Bieters und die Gründe für die Auswahl seines Angebots sowie, falls bekannt, den Anteil an der Konzession, den der erfolgreiche
Bieter an Dritte weiterzugeben beabsichtigt, und die Namen der Unterauftragnehmer,**
5. **die Gründe, aus denen der Konzessionsgeber auf die Vergabe einer Konzession
verzichtet hat,**
6. **die Gründe, aus denen andere als elektronische Mittel für die Einreichung der Angebote verwendet wurden, und**
7. **Angaben zu aufgedeckten Interessenkonflikten und getroffenen Abhilfemaßnahmen.**

(3) **Die Dokumentation, der Vergabevermerk, die Teilnahmeanträge und die Angebote einschließlich ihrer Anlagen sind bis zum Ende der Vertragslaufzeit vertraulich zu behandeln und aufzubewahren, mindestens jedoch für drei Jahre ab dem Tag
des Zuschlags.**

(4) **§ 4 bleibt unberührt.**

Übersicht

	Rn.		Rn.
A. Einführung	1	II. Vergabevermerk – Regelungsinhalt des Abs. 2	6
I. Literatur	1	III. Aufbewahrungspflicht	12
II. Entstehungsgeschichte	2	IV. Wahrung der Vertraulichkeit	13
III. Rechtliche Vorgaben im EU-Recht	3		
B. Umfang der Dokumentationspflicht	4	**C. Anwendungsbereich und Bieter-schutz**	14
I. Dokumentation – Regelungsinhalt des Abs. 1	4		

A. Einführung

I. Literatur

Pauka/Kemper, Eignung und Datenschutz im Vergaberecht, NZBau 2017, 71; *Glahs* Akteneinsichts- und **1**
Informationsfreiheitsansprüche im Vergabe- und Nachprüfungsverfahren, NZBau 2014, 75; *Nelskamp/
Dahmen* Dokumentation im Vergabeverfahren, KommJur 2010, 208.

II. Entstehungsgeschichte

2   Wie auch § 8 VgV unterscheidet § 6 KonzVgV zwischen der Dokumentation der einzelnen Stufen des Verfahrens (Abs. 1) und dem eigentlichen „Vergabevermerk" (Abs. 2)
und regelt die Dokumentationspflicht des Konzessionsgebers (→ VgV § 8, Rn. 2 ff.).

III. Rechtliche Vorgaben im EU-Recht

3   § 6 KonzVgV setzt Art. 37 Abs. 5 der Richtlinie 2014/23/EU um und ergänzt die Anforderungen an die Dokumentation und die Erstellung eines Vergabevermerks durch öffentliche Auftraggeber und Sektorenauftraggeber gemäß Art. 84 der Richtlinie 2014/
24/EU und Art. 100 der Richtlinie 2014/25/EU. Die Vorschrift deckt sich weitgehend
mit den Vorschriften der §§ 8 VgV und 8 SektVO.

B. Umfang der Dokumentationspflicht

I. Dokumentation – Regelungsinhalt des Abs. 1

4   Abs. 1 enthält statt der Begriffe „Auftraggeber", „Auftragsbekanntmachung" etc. die für
die Konzession entsprechenden Begrifflichkeiten, entspricht inhaltlich aber § 8 Abs. 1 VgV,
so dass auf die dortigen Ausführungen verwiesen wird (→ VgV § 8, Rn. 2 ff.).
5   § 6 Abs. 1 S. 2 KonzVgV zählt als Inhalte der Vergabeakte die Dokumentation der
Kommunikation mit Unternehmen und der internen Beratungen, die Dokumentation der
Vorbereitung der Konzessionsbekanntmachung und der Vergabeunterlagen, der Öffnung
der Teilnahmeanträge und Angebote, der Verhandlungen mit Bewerbern und Bietern sowie die Dokumentation der Gründe für die Auswahlentscheidungen und den Zuschlag,
auf.

II. Vergabevermerk – Regelungsinhalt des Abs. 2

6   Auch § 6 KonzVgV ist als zwingende Bestimmung formuliert („Der Konzessionsgeber
fertigt ...", „Dieser Vergabevermerk umfasst mindestens ..."). Der Konzessionsgeber ist
daher verpflichtet, den konkreten Ablauf des Vergabeverfahrens **aktenmäßig festzuhalten**, wobei § 6 KonzVgV wie § 8 VgV nur die **Mindestanforderungen** an die Dokumentation normiert (→ VgV § 8, Rn. 2 ff.).
7   Neben Angaben zum Konzessionsgeber selbst, muss dieser im ersten Schritt den Gegenstand und den **Vertragswert** der Konzession dokumentieren. Dazu muss er den Vertragswert der Konzession beschreiben und darlegen, dass er den Gesamtwert der Konzession anhand von nachvollziehbaren, objektiven Kriterien geschätzt hat und dabei alle wesentlichen
Kostenbestandteile berücksichtigt hat. Der Vergabevermerk sollte umso ausführlicher sein, je
näher der Auftragswert am maßgeblichen Schwellenwert liegt.[1] § 6 Abs. 2 Nr. 2 und 3
KonzVgV entsprechen inhaltlich § 8 VgV Abs. 2 Nr. 2 und Nr. 3 VgV.
8   Nach § 8 Abs. 2 Nr. 4 VgV müssen im Vergabevermerk die Gründe für die Ablehnung
von ungewöhnlich niedrigen Preisen, genannt werden. § 6 Abs. 2 KonzVgV enthält keine
entsprechende Vorschrift. Es ist aber davon auszugehen, dass bei ungewöhnlich niedrigen
Angeboten auch im Rahmen des Konzessionsvergaberechts eine Dokumentation erfolgen
muss. Anknüpfungspunkt wäre § 6 Abs. 2 Nr. 4 KonzVgV wonach der Name des erfolg-

---

[1] VK Bund 27.5.2014 – VK 2 – 31/14; OLG München 11.4.2013 – Verg 3/13.

reichen Bieters und die **Gründe für die Auswahl seines Angebots** zu nennen sind. Im Rahmen der Auswahl des besten Angebots ist zu dokumentieren, warum dieses Angebot im Vergleich zu den anderen eingereichten Angeboten obsiegt. Teil dieser Dokumentation ist selbstverständlich auch die Prüfung der Auskömmlichkeit der Angebote und ggf. der Ausschluss eines Angebots wegen eines ungewöhnlich niedrigen Preises. Dies war auch vor der Vergaberechtsreform überall gängige Praxis. Es ist nicht erkennbar, dass im Konzessionsvergaberecht etwas anderes gelten soll.

§ 6 Abs. 2 Nr. 5 KonzVgV fordert einen Vergabevermerk über die Entscheidung des **9** Konzessionsgebers, auf die Vergabe der Konzession zu verzichten. Aus dem Vergabevermerk muss in diesem Fall – soweit zutreffend - hervorgehen, inwieweit z.B. ein **Aufhebungsgrund** vorliegt, der die Aufhebung des Verfahrens rechtfertigt (→ KonzVgV § 32).

Zur Umsetzung der elektronischen Vergabe muss der Konzessionsgeber gemäß § 6 **10** Abs. 2 Nr. 6 KonzVgV angeben, warum er – anders als gemäß § 7 KonzVgV vorgesehen – andere als elektronische Mittel für die Einreichung der Angebote zulässt.

§ 6 Abs. 2 Nr. 7 KonzVgV normiert wie § 8 Abs. 2 Nr. 10 VgV erstmals – wie von der **11** Rechtsprechung schon früher gefordert – Angaben zu **Interessenkonflikten und ggf. getroffenen Abhilfemaßnahmen** (→ KonzVgV § 5).

§ 8 Abs. 2 Nr. 11 und Nr. 12 VgV entsprechende Vorgaben enthält § 6 KonzVgV nicht.

III. Aufbewahrungspflicht

Nach § 6 Abs. 3 KonzVgV sind die Dokumentation, der Vergabevermerk, die Teilnah- **12** meanträge und die Angebote einschließlich ihrer Anlagen bis zum Ende Vertragslaufzeit aufzubewahren. Zudem fordert § 6 Abs. 3 KonzVgV – anders als § 8 VgV - ausdrücklich, dass diese Unterlagen während der Aufbewahrung zudem vertraulich behandelt werden. § 8 VgV enthält bezüglich der Vertraulichkeit nur den Verweis auf § 6 VgV (vgl. auch den Verweis in § 6 Abs. 4 KonzVgV auf § 4 KonzVgV). Als **Mindestaufbewahrungsfrist** werden drei Jahre ab dem Tag des Zuschlags vorgeschrieben. Dabei handelt es sich um eine Mindestfrist. Überschreitet die Laufzeit des Vertrages diese drei Jahre, muss eine längere Aufbewahrung erfolgen.

IV. Wahrung der Vertraulichkeit

§ 6 Abs. 4 KonzVgV stellt im Einklang mit Art. 37 Abs. 5 der Richtlinie 2014/23/EU **13** („unter Einhaltung des Artikel 28 Absatz 1 der Richtlinie 2014/23/EU") klar, dass die Vorgaben des § 4 KonzVgV zur Wahrung der Vertraulichkeit unberührt bleiben. Diese Klarstellung betrifft in der Sache nicht nur den Regelungsgehalt des § 4 Abs. 1 KonzVgV, der Artikel 28 Abs. 1 der Richtlinie 2014/23/EU umsetzt, sondern auch die weiteren in § 4 KonzVgV geregelten Vertraulichkeitstatbestände.

C. Anwendungsbereich und Bieterschutz

Für den Anwendungsbereich gelten die Ausführungen zu § 8 VgV entsprechend **14** (→ VgV 8). Auch § 6 KonzVgV vermittelt den am Vergabeverfahren beteiligten Bieter ein subjektives Recht auf Einhaltung der Dokumentationspflicht gemäß § 97 Abs. 6 GWB (→ GWB § 97 Abs. 6 Rn. 34).

Unterabschnitt 2. Kommunikation

§ 7 Grundsätze der Kommunikation

(1) **Für das Senden, Empfangen, Weiterleiten und Speichern von Daten in einem Vergabeverfahren verwenden der Konzessionsgeber und die Unternehmen grundsätzlich Geräte und Programme für die elektronische Datenübermittlung (elektronische Mittel).**

(2) **Die Kommunikation kann mündlich erfolgen, wenn sie nicht die Vergabeunterlagen, die Teilnahmeanträge oder die Angebote betrifft und sie ausreichend und in geeigneter Weise dokumentiert wird.**

(3) **Der Konzessionsgeber kann von jedem Unternehmen die Angabe einer eindeutigen Unternehmensbezeichnung sowie einer elektronischen Adresse verlangen (Registrierung). Für den Zugang zur Konzessionsbekanntmachung und zu den Vergabeunterlagen darf der Konzessionsgeber keine Registrierung verlangen; eine freiwillige Registrierung ist zulässig.**

Übersicht

	Rn.		Rn.
A. Einführung	1	B. Die Grundsätze im Einzelnen	6
I. Literatur	1	I. Abs. 1: Grundsatz (elektronische Mittel)	6
II. Entstehungsgeschichte	2	II. Abs. 2: Ausnahme (mündliche Kommunikation)	10
III. Rechtliche Vorgaben im EU-Recht	3	III. Abs. 3: Registrierung	13

A. Einführung

I. Literatur

1 Siehe die Literaturhinweise in Band 1 zu §§ 151 bis 154 GWB. Weiterhin *Goldbrunner*, Das neue Recht der Konzessionsvergabe, VergabeR 2016, 365.

II. Entstehungsgeschichte

2 § 7 KonzVgV ist Teil der Konzessionsvergabeverordnung, die als Artikel 3 der Verordnung zur Modernisierung des Vergaberechts (Vergaberechtsmodernisierungsverordnung – VergRModVO) vom 12. April 2016[1] erlassen worden ist. § 7 KonzVgV ist wie auch das deutsche GWB-Konzessionsvergaberecht **ohne historisches Normvorbild**.[2] Im Verordnungsgebungsverfahren ist § 7 KonzVgV im Wesentlichen unverändert geblieben.[3]

III. Rechtliche Vorgaben im EU-Recht

3 Als Teil von Artikel 3 VergRModVO dient auch § 7 KonzVgV, wie die amtliche Fußnote 1 zur VergRModVO belegt, der Umsetzung der EU-Konzessionsrichtlinie,[4] speziell Ar-

---

[1] BGBl. I 2016, 624, 683.
[2] Hierzu *Burgi/Wolff*, Band 1, § 152 Rn. 2.
[3] BT-Drs. 18/7318, Anlage 1; BT-Drs. 87/16.
[4] Richtlinie 2014/23/EU des Europäischen Parlaments und des Rates vom 26. Februar 2014 über die Konzessionsvergabe (ABl. L 94 v. 28.3.2014, S. 1).

tikel 29 der Richtlinie 2014/23/EU nach Maßgabe von deren Erwägungsgrund 74.[5] Der
Verordnungsgeber betont, dass die Umsetzung der Konzessionsrichtlinie wie im GWB
auch in der KonzVgV dem Grundsatz einer „1:1-Umsetzung" in nationales Recht folgt.[6]

Die **Konzessionsrichtlinie** sieht, anders als die Vergaberichtlinie 2014/24/EU und die   **4**
Sektorenrichtlinie 2014/25/EU, **keine grundsätzliche Verpflichtung** zur elektronischen
Kommunikation vor.

Artikel 29 Absatz 1 UAbs 2 der **Konzessionsrichtlinie erlaubt** es den Mitgliedstaaten,   **4a**
die Verwendung elektronischer Mittel generell für das Vergabeverfahren verbindlich
vorzuschreiben. Aus den vom Unionsgesetzgeber in Erwägungsgrund 74 der Konzessionsrichtlinie genannten Gründen (erhebliche Vereinfachung der Bekanntmachung, Steigerung
der Effizienz, Schnelligkeit und Transparenz der Vergabeverfahren, verbesserte Möglichkeit
von Wirtschaftsteilnehmern zur Teilnahme an Vergabeverfahren im gesamten Binnenmarkt) hat sich der deutsche Verordnungsgeber mit § 7 KonzVgV dazu entschieden, den
Grundsatz der elektronischen Kommunikation (Artikel 22 der Vergaberichtlinie und Artikel 40 der Sektorenrichtlinie) auch in der KonzVgV festzuschreiben.[7]

Als **„Vorbild der Vorschrift"** in allen Absätzen von § 7 KonzVgV verweist der Ver-   **5**
ordnungsgeber daher auf die **Umsetzung von Artikel 22 der Vergaberichtlinie in § 9**
VgV und die Verordnungsbegründung zu § 9 VgV.

B. Die Grundsätze im Einzelnen

I. Abs. 1: Grundsatz (elektronische Mittel)

Der Wortlaut von Abs. 1 ähnelt dem in § 97 Abs. 5 GWB. § 97 Abs. 5 GWB gilt, als   **6**
Bestandteil von „Abschnitt 1 Grundsätze, Definitionen und Anwendungsbereich" der
§§ 97 ff. GWB und etwa im Gegensatz zu den §§ 115 bis 135 GWB im „Abschnitt 2 Vergabe von öffentlichen Aufträgen durch öffentliche Auftraggeber" auch für Konzessionsvergaben.[8] Auch nach dem Willen des Verordnungsgebers konkretisiert die KonzVgV die im
GWB festgelegten wesentlichen Vorgaben für das Konzessionsvergabeverfahren.[9] Deshalb
wird zunächst auf die Kommentierung zu § 97 Abs. 5 GWB verwiesen.[10]

Der Wortlaut von Abs. 1 ist überdies identisch mit dem Wortlaut von § 9 Abs. 1 VgV.   **7**
§ 7 KonzVgV regelt ebenso wie § 9 VgV die „Grundsätze der Kommunikation" und steht
ebenso systematisch eingangs von „Unterabschnitt 2 Kommunikation". Wegen der vom
Verordnungsgeber gewollten Vorbildfunktion von § 9 Abs. 1 VgV (nach Maßgabe von § 22
Abs. 1 UAbs. 1 Satz 1 der Richtlinie 2014/24/EU) für § 7 Abs. 1 KonzVgV[11] wird daher
weiterhin auf die Kommentierung von § 9 Abs. 1 VgV verwiesen.[12]

Was hier wie dort im nationalen Umsetzungsrecht **„elektronische Mittel"** bedeutet,   **8**
ist durch die identischen Legaldefinitionen in Artikel 5 Nr. 9 der Konzessionsrichtlinie und
Artikel 2 Abs. 1 Nr. 19 der Vergaberichtlinie 2014/24/EU **europarechtlich präfor-**
miert. Erkennbar einer **übersetzerischen Ungenauigkeit** in der deutschen Sprachfassung der Konzessionsrichtlinie ist es geschuldet, wenn in Artikel 29 und Erwägungsgrund
74 der Konzessionsrichtlinie statt von „elektronischen Mitteln" von **„elektronischen**
Kommunikationsmitteln" die Rede ist.[13]

---

[5] Begründung der Bundesregierung auf BT-Drs. 18/7318 zu § 7, S. 254.
[6] Begründung der Bundesregierung auf BT-Drs. 18/7318 Allgemeiner Teil zu Art. 3, S. 142.
[7] Begründung der Bundesregierung auf BT-Drs. 18/7318 zu § 7, S. 254.
[8] Siehe auch *Bergmann* Band 1, § 151 Rn. 15.
[9] Begründung der Bundesregierung auf BT-Drs. 18/7318 Allgemeiner Teil zu Art. 3, S. 142.
[10] → Band 1, § 97 Abs. 5 GWB.
[11] Dazu oben, A. III.
[12] → § 9 Abs. 1 VgV.
[13] Dagegen in der englischen Sprachfassung der Richtlinien 2014/23, 2014/24 und 2014/25 durchgängig
„electronic means" (of communication), in der französischen Sprachfassung „moyen(s) électronique(s)" (de
communication) oder „moyens de communication électroniques".

9   Wie auch § 9 Abs. 1 VgV zählt § 7 Abs. 1 KonzVgV neben „Geräten" auch **„Programme"** zu elektronischen Mitteln und weicht damit scheinbar von Art. 5 Nr. 9 der Konzessionsrichtlinie ab. „Programme" sind jedoch von den „Instrumenten und Vorrichtungen" in Art. 29 Abs. 2 der Konzessionsrichtlinie[14] umfasst, die ihrerseits erläutern, was unter „Geräten" i. S. v. Art. 5 Nr. 9 der Konzessionsrichtlinie zu verstehen ist.[15]

II. Abs. 2: Ausnahme (mündliche Kommunikation)

10   Der Wortlaut von Abs. 2 ist nahezu identisch mit dem Wortlaut von § 9 Abs. 2 VgV. § 7 KonzVgV regelt ebenso wie § 9 VgV die „Grundsätze der Kommunikation" und steht ebenso systematisch eingangs von „Unterabschnitt 2 Kommunikation". Wegen der vom Verordnungsgeber gewollten Vorbildfunktion von § 9 Abs. 2 VgV (nach Maßgabe von § 22 Abs. 2 der Vergaberichtlinie) für § 7 Abs. 2 KonzVgV[16] wird daher zunächst auf die Kommentierung von § 9 Abs. 2 VgV verwiesen.[17]

11   Anders als § 9 Abs. 2 VgV erwähnt § 7 Abs. 2 KonzVgV nicht **Interessensbestätigungen** als Fälle, in denen mündliche Kommunikation unzulässig ist. Das ist konsequente Folge der Freiheit des Konzessionsgebers zur Ausgestaltung des Vergabeverfahrens (§ 151 GWB),[18] mithin des Fehlens ausdrücklicher Regelungen über die Vorinformation iSv § 38 VgV, in deren Rahmen der öffentliche Auftraggeber alle Unternehmen, die auf die Veröffentlichung einer Vorinformation hin eine Interessensbekundung übermittelt haben, zur Bestätigung ihres Interesses an einer weiteren Teilnahme auffordert (Aufforderung zur Interessensbestätigung, § 38 Abs. 4 VgV). Zwar kennt auch die KonzVgV eine Vorinformation, nämlich zur Bekanntmachung der Absicht des Konzessionsgebers, eine Konzession zur Erbringung sozialer Dienstleistungen oder anderer besonderer Dienstleistungen zu vergeben (§ 22 KonzVgV). Im Rahmen dieser Vorinformation ist jedoch eine Aufforderung zur Interessensbestätigung nicht vorgesehen.[19]

12   Wenn der Konzessionsgeber dennoch im Rahmen seiner Freiheit zur Ausgestaltung des Vergabeverfahrens von Interessenten an der Konzession eine Art „Interessensbestätigung" verlangt, kann diese „Interessensbestätigung" daher auch mündlich verfolgen, so lange es sich bei ihr nicht um die ausdrücklich in § 7 Abs. 2 KonzVgV von der Mündlichkeitsoption ausgenommenen Teilnahmeanträge oder Angebote handelt.

III. Abs. 3: Registrierung

13   Der Wortlaut von Abs. 3 ist identisch mit dem Wortlaut von § 9 Abs. 3 VgV. § 7 KonzVgV regelt ebenso wie § 9 VgV die „Grundsätze der Kommunikation" und steht ebenso systematisch eingangs von „Unterabschnitt 2 Kommunikation". Wegen der vom Verordnungsgeber gewollten Vorbildfunktion von § 9 Abs. 3 VgV (nach Maßgabe von § 22 der Vergaberichtlinie) für § 7 Abs. 3 KonzVgV[20] wird daher auf die Kommentierung von § 9 Abs. 3 VgV verwiesen.[21]

---

[14] Klarer die englische Sprachfassung: „tools and devices to be used for communicating by electronic means".
[15] Ähnlich *Müller* in KKMPP, Kommentar zur VgV, § 9 VgV Rn. 26.
[16] Dazu oben, A. III.
[17] → § 9 Abs. 2 VgV.
[18] → Band 1, § 151 GWB Rn. 14 ff.
[19] → § 22 KonzVgV.
[20] Dazu oben, A. III.
[21] → § 9 Abs. 3 VgV.

§ 8 Anforderungen an die verwendeten elektronischen Mittel

(1) Der Konzessionsgeber legt das erforderliche Sicherheitsniveau für die elektronischen Mittel fest. Elektronische Mittel, die der Konzessionsgeber für den Empfang von Teilnahmeanträgen und Angeboten verwendet, müssen gewährleisten, dass

1. die Uhrzeit und der Tag des Datenempfangs genau zu bestimmen sind,
2. kein vorfristiger Zugriff auf die empfangenen Daten möglich ist,
3. der Termin für den erstmaligen Zugriff auf die empfangenen Daten nur von dem oder den Berechtigten festgelegt oder geändert werden kann,
4. nur die Berechtigten Zugriff auf die empfangenen Daten oder auf einen Teil derselben haben,
5. nur die berechtigten Dritten Zugriff auf die empfangenen Daten oder auf einen Teil derselben einräumen dürfen,
6. empfangene Daten nicht an Unberechtigte übermittelt werden und
7. Verstöße oder versuchte Verstöße gegen die Anforderungen gemäß den Nummern 1 bis 6 eindeutig festgestellt werden können.

(2) Die elektronischen Mittel, die der Konzessionsgeber für den Empfang von Teilnahmeanträgen und Angeboten verwendet, müssen über eine einheitliche Datenaustauschschnittstelle verfügen. Es sind die jeweils geltenden IT-Interoperabilitäts- und IT-Sicherheitsstandards der Informationstechnik gemäß § 3 Absatz 1 des Vertrags über die Errichtung des IT-Planungsrats und über die Grundlagen der Zusammenarbeit beim Einsatz der Informationstechnologie in den Verwaltungen von Bund und Ländern vom 1. April 2010 zu verwenden.

Übersicht

	Rn.		Rn.
A. Einführung	1	B. Die Anforderungen im Einzelnen	5
I. Literatur	1	I. Abs. 1: Einzelne Anforderungen	5
II. Entstehungsgeschichte	2	II. Abs. 2: Einheitliche Datenaustausch-	
III. Rechtliche Vorgaben im EU-Recht	3	schnittstelle	12

A. Einführung

I. Literatur

Siehe die Hinweise zur Literatur zu § 7 KonzVgV.[1]   **1**

II. Entstehungsgeschichte

Siehe die Hinweise zur Entstehungsgeschichte von § 7 KonzVgV.[2]   **2**

III. Rechtliche Vorgaben im EU-Recht

Als Teil von Artikel 3 VergRModVO dient auch § 8 KonzVgV, wie die amtliche Fuß-   **3** note 1 zur VergRModVO belegt, der Umsetzung der EU-Konzessionsrichtlinie.[3] Die Konzessionsrichtlinie schreibt den Grundsatz der Verwendung elektronischer Mittel nicht generell verbindlich vor. Deutschland hat mit § 7 KonzVgV zwar von dem in der Konzes-

---

[1] → § 7 KonzVgV.
[2] → § 7 KonzVgV.
[3] Richtlinie 2014/23/EU des Europäischen Parlaments und des Rates 26. Februar 2014 über die Konzessionsvergabe (ABl. L 94 v. 28.3.2014, S. 1).

sionsrichtlinie eingeräumten Ermessen Gebrauch gemacht, die Verwendung elektronischer Mittel für das Vergabeverfahren verbindlich vorzuschreiben.[4] Die **Konzessionsrichtlinie** enthält aber **keine spezifischen Regeln über Anforderungen an die Verwendung elektronischer Mittel.**

4   Der deutsche Verordnungsgeber hat sich in § 8 KonzVgV zur Ausfüllung dieser Lücke an den Vorgaben des Anhangs IV der Vergaberichtlinie 2014/24/EU über „Anforderungen an Instrumente und Vorrichtungen für die elektronische Entgegennahme von Angeboten, Teilnahmeanträgen sowie Plänen und Entwürfen für Wettbewerbe" orientiert. Anhang IV wird – unter anderem – mit § 10 VgV umgesetzt.[5] Als „Vorbild der Vorschrift" in § 8 KonzVgV verweist der Verordnungsgeber daher zurecht auf die Umsetzung von Anhang IV der Richtlinie 2014/24/EU in § 10 VgV.[6]

B. Die Anforderungen im Einzelnen

I. Abs. 1: Einzelne Anforderungen

5   Der Wortlaut von Abs. 1 ist nahezu identisch mit dem Wortlaut in § 10 VgV. § 8 KonzVgV regelt ebenso wie § 10 VgV die „Anforderungen an die verwendeten elektronischen Mittel" und steht ebenso systematisch im „Unterabschnitt 2 Kommunikation". Wegen der vom Verordnungsgeber gewollten Vorbildfunktion von § 10 Abs. 1 VgV nach Maßgabe von Anhang IV der Richtlinie 2014/24/EU für § 8 Abs. 1 KonzVgV[7] wird daher auf die Kommentierung von § 10 Abs. 1 VgV verwiesen.[8]

6   Während § 10 Abs. 1 S. 2 VgV Anforderungen an die vom Auftraggeber verwendeten elektronischen Mittel „für den Empfang von Angeboten, Teilnahmeanträgen und Interessensbestätigungen sowie von Plänen und Entwürfen für Planungswettbewerbe" festlegt, stellt § 8 Abs. 1 S. 2 KonzVgV diese Anforderungen lediglich an „den Empfang von Teilnahmeanträgen und Angeboten". § 8 KonzVgV enthält **keine Vorgaben** für elektronische Mittel, die der Konzessionsgeber für den Empfang von **Interessensbestätigungen** sowie von **Plänen und Entwürfen für Planungswettbewerbe** verwendet.

7   Im Hinblick auf die im Vergleich zu § 10 Abs. 1 S. 2 VgV fehlenden Vorgaben für den Empfang von **Interessensbestätigungen** wird auf die Kommentierung derselben Thematik in § 7 Abs. 2 KonzVgV (im Verhältnis zu § 9 VgV) verwiesen.[9]

8   Die im Vergleich zu § 10 Abs. 1 S. 2 VgV fehlenden Vorgaben für die Verwendung elektronischer Mittel für den Empfang von **Plänen und Entwürfen für Planungswettbewerbe** (Legaldefinition in § 69 Abs. 1 VgV; vom Verordnungsgeber verstanden als praktische Anwendungsfälle für Wettbewerbe nach § 103 Abs. 6 GWB[10]) erklären sich daraus, dass Pläne und Entwürfe als solche kein denkbarer Gegenstand einer Konzession sind. Denn Pläne und Entwürfe stehen nicht, wie der Begriff der Konzession verlangen würde, dem Konzessionsnehmer zur Nutzung oder Verwertung zur Verfügung (vgl. § 105 Abs. 1 GWB), sondern sollen dem Auftraggeber zu einem Plan oder einer Planung verhelfen (§ 103 Abs. 6 GWB).

9   Der Wortlaut von **§ 8 Abs. 1 S. 2 Nr. 5 KonzVgV** weicht in mehrfacher Hinsicht vom Vorbild des § 10 Abs. 1 S. 2 Nr. 5 VgV ab.

---

[4] Siehe dazu die Kommentierung der rechtlichen Vorgaben im EU-Recht zu § 7 KonzVgV. → § 7 KonzVgV.

[5] Begründung der Bundesregierung auf BT-Drs. 18/7318 zu § 8, S. 255.

[6] Begründung der Bundesregierung auf BT-Drs. 18/7318 zu § 8, S. 255.

[7] Dazu oben, A. III.

[8] → § 10 Abs. 1 VgV Rn. 4–20.

[9] → § 7 Abs. 2 KonzVgV.

[10] → § 103 Abs. 6 GWB und § 69 Abs. 1 VgV Rn. 7 ff. und 19 ff.; Begründung der Bundesregierung auf BT-Drs. 18/7318 zu § 69 Abs. 1 VgV, S. 203.

Es fehlt die in § 10 VgV enthaltene Klarstellung, dass die Berechtigten erst „**nach dem** 10 **festgesetzten Zeitpunkt**" Dritten Zugriff einräumen dürfen. In der Sache ergibt sich hieraus kein Unterschied zu § 10 VgV bzw. die Vorgabe aus Anlage IV der Richtlinie 2014/24/EU. Denn § 8 Abs. 1 S. 2 Nr. 2 KonzVgV („kein vorfristiger Zugriff") schließt bereits aus, dass vor dem „festgesetzten Zeitpunkt" Zugriff auf die Daten genommen werden darf.

Ein sinnentstellendes **Redaktionsversehen** ist der Grund für die „**berechtigten Drit-** 11 **ten**". Es sind nicht „berechtigte Dritte", sondern „Berechtigte", die „Dritten Zugriff auf die empfangenen Daten" einräumen. So ist es in § 10 VgV, dem Vorbild für § 8 KonzVgV, geregelt und entspricht es der Regelung in Anhang IV, Buchstabe e) der Richtlinie 2014/24/EU. Im Verordnungsentwurf für § 8 Abs. 1 Nr. 5 KonzVgV[11] ist zwar ebenfalls von „berechtigten Dritten" die Rede. Richtig waren aber noch in der Vorabfassung des Verordnungsentwurfs die „Berechtigten" groß geschrieben.[12]

II. Abs. 2: Einheitliche Datenaustauschschnittstelle

Der Wortlaut von Abs. 2 ist nahezu identisch mit dem Wortlaut von § 10 Abs. 2 VgV. 12 § 8 KonzVgV regelt ebenso wie § 10 VgV die „Grundsätze der Kommunikation" und steht ebenso systematisch im „Unterabschnitt 2 Kommunikation". Wegen der vom Verordnungsgeber gewollten Vorbildfunktion von § 10 Abs. 2 VgV (nach Maßgabe von Anhang IV der Richtlinie 2014/24/EU) für § 8 Abs. 2 KonzVgV[13] wird daher zunächst auf die Kommentierung von § 10 Abs. 2 VgV verwiesen.[14]

Im Hinblick auf die in § 8 Abs. 2 KonzVgV im Vergleich zu § 10 Abs. 2 VgV **fehlen-** 13 **den Vorgaben** für elektronische Mittel, die der Konzessionsgeber für den Empfang von **Interessensbestätigungen** sowie von **Plänen und Entwürfen für Planungswettbe-** **werbe** verwendet, wird auf die Kommentierung derselben Frage in § 8 Abs. 1 S. 2 KonzVgV verwiesen.[15]

---

[11] BT-Drs. 18/7318 Anhang 1, S. 100.
[12] Vorabfassung der BT-Drs. 18/7318 Anhang 1, S. 109.
[13] Dazu oben, A. III.
[14] → § 10 Abs. 2 VgV.
[15] → Oben, Rn. 6 ff.

§ 9 Anforderungen an den Einsatz elektronischer Mittel im Vergabeverfahren

(1) Elektronische Mittel und deren technische Merkmale müssen allgemein verfügbar, nichtdiskriminierend und mit allgemein verbreiteten Geräten und Programmen der Informations- und Kommunikationstechnologie kompatibel sein. Sie dürfen den Zugang von Unternehmen zum Vergabeverfahren nicht unangemessen einschränken. Der Konzessionsgeber gewährleistet die barrierefreie Ausgestaltung der elektronischen Mittel nach den §§ 4 und 12 des Behindertengleichstellungsgesetzes vom 27. April 2002 (BGBl. I S. 1467, 1468) in der jeweils geltenden Fassung.

(2) Der Konzessionsgeber verwendet für das Senden, Empfangen, Weiterleiten und Speichern von Daten ausschließlich solche elektronischen Mittel, die die Unversehrtheit, die Vertraulichkeit und die Echtheit der Daten gewährleisten.

(3) Der Konzessionsgeber muss den Unternehmen alle notwendigen Informationen zur Verfügung stellen über

1. die in einem Vergabeverfahren verwendeten elektronischen Mittel,

2. die technischen Parameter zur Einreichung von Teilnahmeanträgen und Angeboten mithilfe elektronischer Mittel und

3. die verwendeten Verschlüsselungs- und Zeiterfassungsverfahren.

Übersicht

	Rn.		Rn.
A. Einführung	1	II. Abs. 2: Anforderungen an die Unversehrtheit, Vertraulichkeit und Echtheit der Daten	15
I. Literatur	1		
II. Entstehungsgeschichte	2	III. Abs. 3: Zur Verfügung zu stellende Informationen	18
III. Rechtliche Vorgaben im EU-Recht	3		
B. Die Anforderungen im Einzelnen	7		
I. Abs. 1: Allgemeine Anforderungen	7		

A. Einführung

I. Literatur

1 Siehe die Hinweise zur Literatur zu § 7 KonzVgV.[1]

II. Entstehungsgeschichte

2 Siehe die Hinweise zur Entstehungsgeschichte von § 7 KonzVgV.[2]

III. Rechtliche Vorgaben im EU-Recht

3 Als Teil von Artikel 3 VergRModVO dient auch § 9 KonzVgV, wie die amtliche Fußnote 1 zur VergRModVO belegt, der Umsetzung der EU-Konzessionsrichtlinie.[3]

4 **Die Verweisung** durch den Verordnungsgeber **auf** das „Vorbild der Vorschrift", das in Umsetzung von Art. 22 der **Vergaberichtlinie 2014/24/EU** in § 11 VgV zu finden sei[4]

---

[1] → § 7 KonzVgV.
[2] → § 7 KonzVgV.
[3] Richtlinie 2014/23/EU des Europäischen Parlaments und des Rates vom 26. Februar 2014 über die Konzessionsvergabe (ABl. L 94 v. 28.3.2014, S. 1).
[4] Begründung der Bundesregierung auf BT-Drs. 18/7318 zu § 9, S. 255 f.

und also **nicht auf Art. 29 der Konzessionsrichtlinie 2014/23/EU, ist** im Hinblick auf § 9 Absätze 1 und 2 KonzVgV **verfehlt und** im Hinblick auf Absatz 3 **zutreffend.**

Zwar schreibt die Konzessionsrichtlinie den Grundsatz der Verwendung elektronischer **5** Mittel nicht generell verbindlich vor. Deutschland hat mit § 7 KonzVgV aber von dem in Art. 29 Abs. 1 der Konzessionsrichtlinie eingeräumten Ermessen Gebrauch gemacht, die Verwendung elektronischer Mittel für das Vergabeverfahren verbindlich vorzuschreiben.[5] In der Folge gelten die Vorgaben für die „gewählten Kommunikationsmittel" gemäß Art. 29 Abs. 2 der Konzessionsrichtlinie. Die **Konzessionsrichtlinie** enthält darin **spezifische Regeln über Anforderungen an den Einsatz elektronischer Mittel im Vergabeverfahren.** Diese sind erkennbar eng an die Regeln in Art. 22 Abs. 1 und 3 der Vergaberichtlinie 2014/24/EU angelehnt. Wegen der Spezialität gegenüber der Vergaberichtlinie 2014/24/EU ist **Rechtsmaßstab für** die Anwendung und Auslegung von **§ 9 Absätze 1 und 2 KonzVgV zunächst Art. 29 der Konzessionsrichtlinie.**

Demgegenüber fehlen in Art. 29 der Konzessionsrichtlinie Vorgaben über die den Un- **6** ternehmen zur Verfügung zu stellenden Informationen betreffend die Kommunikation, die in **§ 9 Abs. 3 KonzVgV** in enger Anlehnung an § 11 Abs. 3 VgV geregelt sind. Im Hinblick auf Absatz 3 von § 9 KonzVgV ist die **Verweisung** durch den Verordnungsgeber **auf** das „Vorbild der Vorschrift", das in Umsetzung von Art. 22 der **Vergaberichtlinie 2014/24/EU** in § 11 VgV zu finden sei,[6] daher berechtigt.

B. Die Anforderungen im Einzelnen

I. Abs. 1: Allgemeine Anforderungen

Der Wortlaut von Abs. 1 ist nahezu identisch mit dem Wortlaut in § 11 Abs. 1 VgV. § 9 **7** KonzVgV regelt ebenso wie § 11 VgV die „Anforderungen an den Einsatz elektronischer Mittel im Vergabeverfahren" und steht ebenso systematisch im „Unterabschnitt 2 Kommunikation". Deswegen, und nicht wegen der vom Verordnungsgeber gewollten Vorbildfunktion von § 11 Abs. 1 VgV nach Maßgabe von Art. 22 der Richtlinie 2014/24/EU für § 9 Abs. 1 KonzVgV,[7] welche Vergaberichtlinie unzutreffender Weise unter Verkennung der speziellen Regelungen der Konzessionsrichtlinie vom Verordnungsgeber als Rechtsmaßstab angesehen wird,[8] soll daher zunächst auf die Kommentierung von § 11 Abs. 1 VgV verwiesen werden.[9]

Während § 11 Abs. 1 S. 2 VgV verlangt, dass elektronische Mittel den Zugang von Un- **8** ternehmen zum Vergabeverfahren „nicht einschränken" dürfen, ist der Wortlaut von § 9 Abs. 1 S. 2 KonzVgV etwas weniger streng und verlangt lediglich, dass sie den Zugang **„nicht unangemessen einschränken"** dürfen. Die Verordnungsbegründung zu § 9 Abs. 1 KonzVgV schweigt zur Frage, was hier anders als in § 11 Abs. 1 S. 2 VgV unter „unangemessen" zu verstehen sei. Der vom Verordnungsgeber übersehene[10] europarechtlich maßgebliche Rechtsmaßstab in Art. 29 Abs. 2 UAbs. 1 Satz 1 der Konzessionsrichtlinie verbietet einschränkungslos, dass „die gewählten Kommunikationsmittel" dazu führen, dass „der Zugang der Wirtschaftsteilnehmer zum Konzessionsvergabeverfahren beschränkt wird." Darin liegt **kein Unterschied** zur Regelung in Art. 22 Abs. 1 UAbs. 1 S. 2 der Vergaberichtlinie 2014/24/EU. Auch die englischen und französischen Sprachfassungen

---

[5] Siehe dazu die Kommentierung der rechtlichen Vorgaben im EU-Recht zu § 7 KonzVgV. → § 7 KonzVgV.

[6] Begründung der Bundesregierung auf BT-Drs. 18/7318 zu § 9, S. 256.

[7] Dazu oben, A. III.

[8] Dazu oben, A. III.

[9] → § 11 Abs. 1 VgV.

[10] Dazu oben, A. III.

beider EU-Richtlinien lassen **keine Relativierung des Verbots der Zugangseinschränkung** erkennen.[11]

9 Für die Aufweichung des Verbots der Zugangseinschränkung in § 9 Abs. 1 S. 2 KonzVgV (nicht „unangemessen" einschränken) ist somit keine Motivation und keine Rechtsgrundlage erkennbar. Das Wort **„unangemessen"** in § 9 Abs. 1 S. 2 KonzVgV **muss daher europarechtskonform unangewendet bleiben.**[12]

10 Das Verbot, dass elektronische Mittel und deren technische Merkmale den Zugang von Unternehmen zum Vergabeverfahren nicht einschränken dürfen, bedeutet, dass das **Risiko für** das technisch einwandfreie **Funktionieren der** vom Konzessionsgeber eingesetzten **elektronischen Mittel beim Konzessionsgeber** liegt. Er eröffnet mit dem Vergabeverfahren ein Schuldverhältnis zu den Interessenten am Auftrag (§ 311 Abs. 2 Nr. 1 BGB), das ihn zur Rücksichtnahme auf deren Rechte, Rechtsgüter und Interessen verpflichtet (§ 241 Abs. 2 BGB).[13]

11 Wenn der Konzessionsgeber keinen uneingeschränkten Zugang zu elektronischen Mitteln gewährleisten kann, steht ihm im Sonderfall, dass es sich um nicht allgemein verfügbare elektronische Mittel handelt, zunächst die Möglichkeit offen, **alternative elektronische Mittel** einzusetzen (§ 10 KonzVgV).

12 Wenn diese Möglichkeit nicht eröffnet ist, muss der Konzessionsgeber **anderweitig Zugang zum Vergabeverfahren** gewähren.[14] Im Anwendungsbereich der Vergaberichtlinie folgt dies explizit aus Art. 22 Abs. 5 Buchst. b) und c) der Vergaberichtlinie 2014/24/EU.

13 In jedem Fall gilt zusätzlich nach den zivilrechtlichen Grundsätzen über die **Obliegenheit des Empfängers von Willenserklärungen, funktionierende Empfangsvorrichtungen vorzuhalten,**[15] dass der Konzessionsgeber sich bei **Funktionsstörungen** der von ihm zur Verwendung vorgegebenen elektronischen Mittel so behandeln lassen muss, als ob die aus diesem Grund nicht oder nicht rechtzeitig oder nicht formgerecht zugegangene Willenserklärung des Interessenten am Auftrag ihm form- und fristgerecht zugegangen ist. Das gilt insbesondere für das Funktionieren der Vergabeplattform zum Download der Vergabeunterlagen (§ 17 KonzVgV) und zum Upload der Teilnahmeanträge und Angebote (§ 28 KonzVgV), aber grundsätzlich für jedwede Kommunikation (§ 7 Abs. 1 KonzVgV), wenn und soweit hierfür vom Konzessionsgeber zur Verfügung gestellte elektronische Mittel eingesetzt werden.

14 Ein **elektronisches Angebot,** das entgegen der Vorgabe des Konzessionsgebers nicht oder **unverschlüsselt eingereicht** wurde, darf deshalb **nicht ausgeschlossen** werden, wenn die Nichteinreichung oder unverschlüsselte Einreichung **nicht vom Bieter zu vertreten** ist, z.B. weil er allein durch eine Funktionsstörung der vom Konzessionsgeber zur Verwendung vorgegebenen Vergabeplattform daran gehindert war, frist- und formgerecht anzubieten.[16] Das kann allenfalls anders zu beurteilen sein, wenn der Konzessionsgeber im Einzelfall begründete Zweifel an der Unversehrtheit, Vertraulichkeit oder Echtheit der Daten hat.[17]

---

[11] „not restrict"; „n'ont pas pour objet de restreindre l'accès"/„ne restreignent pas l'accès".
[12] Vgl. EuGH 28.1.2010 – C-406/08, VergabeR 2010, 451 Rn. 49 – Uniplex; 9.3.1978 – Rs. 106/77, NJW 1978, 1741 Rn. 21 – Simmenthal; *Hübner* VergabeR 2010, 414 (420).
[13] St. Rspr.; vgl. BGH 9.6.2011 – X ZR 143/10 = BGHZ 190, 89 = VergabeR 2011, 703, Rn. 11.
[14] Begründung der Bundesregierung auf BT-Drs. 18/7318 zu § 10 KonzVgV, S. 256.
[15] *Einsele* in MüKoBGB § 130 BGB Rn. 34 ff.
[16] AA zu § 13 EU Abs. 1 Nr. 2 VOB/A: OLG Karlsruhe 17.3.2017, 15 Verg 2/17, VergabeR 2017, 512 (521). Unentschieden *Herrmann* in Ziekow/Völlink § 13 VOB/A-EU Rn. 8.
[17] Vgl. zu diesen Aspekten OLG Karlsruhe 17.3.2017, 15 Verg 2/17, VergabeR 2017, 512.

II. Abs. 2: Anforderungen an die Unversehrtheit, Vertraulichkeit und Echtheit der Daten

Der Wortlaut von Abs. 2 ist nahezu identisch mit dem Wortlaut von § 11 Abs. 2 VgV. **15** § 9 KonzVgV regelt ebenso wie § 11 VgV die „Grundsätze der Kommunikation" und steht ebenso systematisch im „Unterabschnitt 2 Kommunikation". Deswegen, und nicht wegen der vom Verordnungsgeber gewollten Vorbildfunktion von § 11 Abs. 2 VgV nach Maßgabe von Art. 22 der Richtlinie 2014/24/EU für § 9 Abs. 2 KonzVgV,[18] welche Vergaberichtlinie unzutreffender Weise unter Verkennung der speziellen Regelungen der Konzessionsrichtlinie vom Verordnungsgeber als Rechtsmaßstab angesehen wird,[19] kann auf die Kommentierung von § 11 Abs. 2 VgV verwiesen werden.[20]

Der Verordnungsgeber verkennt wie bereits in seiner Begründung zu Abs. 1[21] auch in **16** seiner Begründung zu Abs. 2, dass der **europarechtlich maßgebliche Rechtsmaßstab in der Konzessionsrichtlinie,** nämlich in deren **Art. 29 Abs. 2 UAbs. 2 Satz 1,** zu finden ist und nicht in dem − allerdings insoweit regelungsähnlichen − Art. 22 Abs. 3 S. 1 der Vergaberichtlinie 2014/24/EU mit der Umsetzung in § 11 Abs. 2 VgV.

Die im Vergleich zum „Vorbild" des § 11 Abs. 2 VgV fehlenden Wörter **„in einem** **17** **Vergabeverfahren"** in § 9 Abs. 2 KonzVgV begründen **keinen inhaltlichen Unterschied.** Aus der Überschrift des § 9 („im Vergabeverfahren") wird deutlich, dass auch Abs. 2 „in einem Vergabeverfahren" Anwendung findet.

III. Abs. 3: Zur Verfügung zu stellende Informationen

Der Wortlaut von Abs. 3 ist nahezu identisch mit dem Wortlaut von § 11 Abs. 3 VgV. **18** § 9 KonzVgV regelt ebenso wie § 11 VgV die „Grundsätze der Kommunikation" und steht ebenso systematisch eingangs von „Unterabschnitt 2 Kommunikation". Wegen der vom Verordnungsgeber (in Bezug auf Absatz 3 zurecht[22]) gewollten Vorbildfunktion von § 11 Abs. 3 VgV (nach Maßgabe von § 22 Abs. 2 der Richtlinie 2014/24/EU) für § 9 Abs. 3 KonzVgV wird daher zunächst auf die Kommentierung von § 11 Abs. 3 VgV verwiesen.

Anders als § 11 Abs. 3 VgV erwähnt § 9 Abs. 3 KonzVgV nicht **Interessensbestäti-** **19** **gungen** als Fälle, über deren technische Parameter zur Einreichung der Konzessionsgeber Informationen zur Verfügung stellen muss. Zu den Gründen und der Rechtmäßigkeit dieser gesetzgeberischen Entscheidung wird auf die parallele Situation unter § 7 Abs. 2 KonzVgV und die dortige Kommentierung verwiesen.[23]

---

[18] Dazu oben, A. III.
[19] Dazu oben, A. III.
[20] → § 11 Abs. 2 VgV.
[21] Dazu oben, B. I.
[22] Anders als in Absätzen 1 und 2, siehe die Kommentierung dort.
[23] → § 7 Abs. 2 KonzVgV.

§ 10 Einsatz alternativer elektronischer Mittel bei der Kommunikation

Der Konzessionsgeber kann im Vergabeverfahren die Verwendung elektronischer Mittel, die nicht allgemein verfügbar sind (alternative elektronische Mittel), verlangen, wenn der Konzessionsgeber

1. Unternehmen während des gesamten Vergabeverfahrens unter einer Internetadresse einen unentgeltlichen, uneingeschränkten, vollständigen und direkten Zugang zu diesen alternativen elektronischen Mitteln gewährt und
2. diese alternativen elektronischen Mittel selbst verwendet.

Übersicht

	Rn.			Rn.
A. Einführung	1		II. Keine Entsprechung zu § 12 Abs. 2 VgV	7
I. Literatur	1			
II. Entstehungsgeschichte	2		III. Ungeregelt: Fehlender Zugang zu alternativen elektronischen Mitteln ...	10
III. Rechtliche Vorgaben im EU-Recht	3			
B. Die Regelung im Einzelnen	6			
I. Vorbild in § 12 Abs. 1 VgV	6			

A. Einführung

I. Literatur

1 Siehe die Hinweise zur Literatur zu § 7 KonzVgV.[1]

II. Entstehungsgeschichte

2 Siehe die Hinweise zur Entstehungsgeschichte von § 7 KonzVgV.[2]

III. Rechtliche Vorgaben im EU-Recht

3 Als Teil von Artikel 3 VergRModVO dient auch § 10 KonzVgV, wie die amtliche Fußnote 1 zur VergRModVO belegt, der Umsetzung der EU-Konzessionsrichtlinie.[3]

4 Die Konzessionsrichtlinie schreibt den Grundsatz der Verwendung elektronischer Mittel nicht generell verbindlich vor. Deutschland hat mit § 7 KonzVgV zwar von dem in der Konzessionsrichtlinie eingeräumten Ermessen Gebrauch gemacht, die Verwendung elektronischer Mittel für das Vergabeverfahren verbindlich vorzuschreiben.[4] Die **Konzessionsrichtlinie** enthält aber **keine spezifischen Regeln über den Einsatz alternativer elektronischer Mittel bei der Kommunikation.**

5 Der deutsche Verordnungsgeber hat sich in § 10 KonzVgV zur Ausfüllung dieser Lücke an Art. 22 Abs. 5 der Vergaberichtlinie 2014/24/EU über „alternative Zugänge" orientiert. Diese Regelung wird mit § 12 VgV umgesetzt.[5] Als **„Vorbild der Vorschrift"** in § 10

---

[1] → § 7 KonzVgV.

[2] → § 7 KonzVgV.

[3] Richtlinie 2014/23/EU des Europäischen Parlaments und des Rates vom 26. Februar 2014 über die Konzessionsvergabe (ABl. L 94 v. 28.3.2014, S. 1).

[4] Siehe dazu die Kommentierung der rechtlichen Vorgaben im EU-Recht zu § 7 KonzVgV. → § 7 KonzVgV.

[5] Begründung der Bundesregierung auf BT-Drs. 18/7318 zu § 10, S. 256.

KonzVgV verweist der Verordnungsgeber daher zurecht auf die Umsetzung von Art. 22 Abs. 5 der Vergaberichtlinie in § 12 VgV.[6]

B. Die Regelung im Einzelnen

I. Vorbild in § 12 Abs. 1 VgV

Der Wortlaut von § 10 KonzVgV ist identisch mit dem Wortlaut in § 12 Abs. 1 VgV. **6** § 10 KonzVgV regelt ebenso wie § 12 Abs. 1 VgV den „Einsatz alternativer elektronischer Mittel bei der Kommunikation" und steht ebenso systematisch im „Unterabschnitt 2 Kommunikation". Wegen der vom Verordnungsgeber gewollten Vorbildfunktion von § 12 Abs. 1 VgV nach Maßgabe von Art. 22 Abs. 5 der Richtlinie 2014/24/EU für § 10 KonzVgV[7] wird daher auf die Kommentierung von § 12 Abs. 1 VgV verwiesen.[8]

II. Keine Entsprechung zu § 12 Abs. 2 VgV

§ 10 KonzVgV enthält keine entsprechende Vorschrift zu § 12 Abs. 2 VgV (alternative **7** elektronische Mittel für Systeme der **Bauwerksdatenmodellierung** im Rahmen der Vergabe von **Bauleistungen** und für **Wettbewerbe**).

Zum Fehlen einer entsprechenden Vorschrift über die Verwendung von Systemen zur **8** **Bauwerksdatenmodellierung** bei der Vergabe einer Baukonzession schweigt der Verordnungsgeber des § 10 KonzVgV. Offensichtlich sollte insoweit vom Grundsatz, dass § 10 KonzVgV nach dem „Vorbild des § 12 VgV"[9] umgesetzt wird, im Interesse einer **Vereinfachung** des Konzessionsvergabeverfahrens abgewichen werden. Das ist **europarechtlich unbedenklich**. Während § 12 Abs. 2 VgV die Vorgaben aus Art. 22 Abs. 4 der Vergaberichtlinie 2014/24/EU über die Nutzung spezifischer elektronischer Instrumente wie z.B. für die Gebäudedatenmodellierung umsetzen musste, schreibt die Konzessionsrichtlinie den Grundsatz der Verwendung elektronischer Mittel nicht generell verbindlich vor und insbesondere nicht die Verwendung alternativer elektronischer Mittel.

Zum Fehlen einer Vorschrift über **Wettbewerbe** wird auf die Kommentierung der pa- **9** rallelen Fragestellung in § 8 Abs. 1 KonzVgV verwiesen.[10]

III. Ungeregelt: Fehlender Zugang zu alternativen elektronischen Mitteln

Nicht ausdrücklich in § 10 KonzVgV geregelt sind – wie auch in § 12 VgV nicht – die **10** Rechtsfolgen, wenn der Konzessionsgeber keinen Zugang zu den alternativen elektronischen Mitteln einräumen kann.

Mit identischem Wortlaut erläutert der Verordnungsgeber von § 10 KonzVgV wie auch **11** von § 12 VgV hierzu:

„Können Konzessionsgeber keinen uneingeschränkten, vollständigen und direkten Zugang zu den verwendeten alternativen elektronischen Mitteln einräumen und beruht das Fehlen eines solchen Zuganges nicht auf dem Verschulden des betreffenden Unternehmens, so müssen sie zu den verwendeten alternativen elektronischen Mitteln anderweitig Zugang gewähren. Konzessionsgeber können beispielsweise Zugang zu

---

[6] Begründung der Bundesregierung auf BT-Drs. 18/7318 zu § 10, S. 256.
[7] Dazu oben, A. III.
[8] → § 12 Abs. 1 VgV.
[9] Dazu oben, A. III.
[10] → § 8 Abs. 1 KonzVgV.

den verwendeten alternativen elektronischen Mitteln gewähren, indem sie spezielle sichere Kanäle zur Nutzung vorschreiben, zu denen sie individuellen Zugang gewähren."[11]

12 Der Verordnungsgeber orientiert sich dabei unausgesprochen, aber erkennbar und **europarechtskonform** an der **europarechtlichen Vorgabe** in Art. 22 Abs. 5 Buchst. b) und c) der Vergaberichtlinie 2014/24/EU.[12]

---

[11] Begründung der Bundesregierung auf BT-Drs. 18/7318 zu § 10 KonzVgV, S. 256, und zu § 12 Abs. 1 VgV, S. 155.

[12] So auch *Grünhagen* in Müller-Wrede VgV/UVgO, § 12 VgV Rn. 20. Ohne jede Begründung ähnlich *Wichmann* in Ziekow/Völlink § 12 VgV Rn. 3. Siehe im Übrigen → § 12 VgV Rn. 16.

§ 11 Allgemeine Verwaltungsvorschriften

Die Bundesregierung kann mit Zustimmung des Bundesrates allgemeine Verwaltungsvorschriften über die zu verwendenden elektronischen Mittel (Basisdienste für die elektronische Konzessionsvergabe) sowie über die einzuhaltenden technischen Standards erlassen.

Übersicht

	Rn.		Rn.
A. Einführung	1	II. Ermächtigungsgrundlage	7
I. Literatur	1	III. Zweck der Verwaltungsvorschriften	8
II. Entstehungsgeschichte	2	IV. Gesetzesvorrang	9
III. Rechtliche Vorgaben im EU-Recht	3	V. Vorrang der europarechtlichen Vorgaben	10
B. Die Regelung im Einzelnen	6		
I. Vorbild des § 13 VgV	6		

A. Einführung

I. Literatur

Siehe die Hinweise zur Literatur zu § 7 KonzVgV.[1] Ausführlich *Grünhagen* in Müller-Wrede VgV/UVgO § 13. **1**

II. Entstehungsgeschichte

Siehe die Hinweise zur Entstehungsgeschichte von § 7 KonzVgV.[2] **2**

III. Rechtliche Vorgaben im EU-Recht

Als Teil von Artikel 3 VergRModVO dient auch § 11 KonzVgV, wie die amtliche Fußnote 1 zur VergRModVO belegt, der Umsetzung der EU-Konzessionsrichtlinie.[3] **3**

Die Konzessionsrichtlinie schreibt den Grundsatz der Verwendung elektronischer Mittel nicht generell verbindlich vor. Deutschland hat mit § 7 KonzVgV zwar von dem in der Konzessionsrichtlinie eingeräumten Ermessen Gebrauch gemacht, die Verwendung elektronischer Mittel für das Vergabeverfahren verbindlich vorzuschreiben.[4] **Weder die Vergaberichtlinie noch die Konzessionsrichtlinie enthalten spezifischen Regeln über Allgemeine Verwaltungsvorschriften.** **4**

Der deutsche Verordnungsgeber richtet sich mit § 11 KonzVgV ausdrücklich an dem **Vorbild** der im Wortlaut identischen Regelung in § 13 VgV aus.[5] Rechtliche Vorgaben des EU-Rechts werden vom Verordnungsgeber weder in der Begründung zu § 11 KonzVgV noch zu § 13 VgV erwähnt.[6] Jegliches Umsetzungsrecht, nicht nur in der KonzVgV selbst, sondern auch in etwaigen Verwaltungsvorschriften, muss jedoch den **eu-** **5**

---

[1] → § 7 KonzVgV.

[2] → § 7 KonzVgV.

[3] Richtlinie 2014/23/EU des Europäischen Parlaments und des Rates vom 26. Februar 2014 über die Konzessionsvergabe (ABl. L 94 v. 28.3.2014, S. 1).

[4] Siehe dazu die Kommentierung der rechtlichen Vorgaben im EU-Recht zu § 7 KonzVgV. → § 7 KonzVgV.

[5] Begründung der Bundesregierung auf BT-Drs. 18/7318 zu § 11, S. 257.

[6] Begründung der Bundesregierung auf BT-Drs. 18/7318 zu § 11 KonzVgV, S. 257, und zu § 13 VgV, S. 156.

roparechtlichen Anforderungen an elektronische Mittel **aus Art. 29 der Konzessionsrichtlinie** genügen. Wegen der vom Verordnungsgeber gewählten Vorbildfunktion von § 13 VgV, der Art. 22 der Vergaberichtlinie 2014/24 umsetzt, gelten die **europarechtlichen Vorgaben aus Art. 22 der Vergaberichtlinie 2014/24** dann auch für allgemeine Verwaltungsvorschriften auf der Grundlage von § 11 KonzVgV.

B. Die Regelung im Einzelnen

I. Vorbild des § 13 VgV

6   Der Wortlaut von § 11 KonzVgV ist identisch mit dem Wortlaut in § 13 Abs. 1 VgV. § 11 KonzVgV regelt ebenso wie § 13 VgV „Allgemeine Verwaltungsvorschriften" und steht ebenso systematisch im „Unterabschnitt 2 Kommunikation". Wegen der vom Verordnungsgeber gewollten Vorbildfunktion von § 13 VgV wird daher auf die Kommentierung von § 13 VgV verwiesen.[7]

II. Ermächtigungsgrundlage

7   Ermächtigungsgrundlage für die in § 11 KonzVgV eingeräumte Befugnis der Bundesregierung, mit Zustimmung des Bundesrates Allgemeine Verwaltungsvorschriften zu erlassen, ist im Verhältnis zur Bundesverwaltung Art. 86 Satz 1 GG und im Verhältnis zu den Ländern Art. 84 Abs. 2 GG.[8]

III. Zweck der Verwaltungsvorschriften

8   Nachdem mit den §§ 7–10 KonzVgV detaillierte Vorgaben für Anforderungen und Standards beim Einsatz elektronischer Mittel in Vergabeverfahren getroffen sind, stellt sich die Frage nach Sinn und Zweck einer Ermächtigung zum Erlass diesbezüglicher allgemeiner Verwaltungsvorschriften. Der Bund sieht offenbar einen **Nachholbedarf auf Länder- und kommunaler Ebene,** dass nicht nur überhaupt die Voraussetzungen für den Einsatz elektronischer Mittel geschaffen werden, sondern dass die vom Bund gesetzten **Standards für elektronische Ausschreibungsplattformen** und Server, die zur Durchführung von Vergabeverfahren zentral zur Verfügung gestellt werden, beispielsweise **Schnittstellenstandards** wie die XVergabe, auch in den Ländern und Kommunen erfüllt werden.[9]

IV. Gesetzesvorrang

9   Für Verwaltungsvorschriften, die auf der Grundlage von § 11 KonzVgV erlassen werden, gilt der **Vorrang des Gesetzes** (Art. 20 Abs. 3 GG). Verwaltungsvorschriften müssen sich somit insbesondere an dem **Gesetz zum Vertrag über die Errichtung des IT-Planungsrats und über die Grundlagen der Zusammenarbeit beim Einsatz der Informationstechnologie in den Verwaltungen von Bund und Ländern** – Vertrag zur Ausführung von Artikel 91c GG – messen lassen.[10] Hieran erinnert der Verordnungsgeber im Hinblick auf IT-Interoperabilitäts- und -Sicherheitsstandards nicht nur mit § 8 Abs. 2

---

[7] → § 13 VgV.
[8] So auch die Begründung der Bundesregierung auf BT-Drs. 18/7318 zu § 11, S. 257.
[9] Begründung der Bundesregierung auf BT-Drs. 18/7318 zu § 11, S. 257.
[10] BGBl. 2010 I S. 663.

S. 2 KonzVgV, sondern auch in der amtlichen Begründung zu § 13 VgV, dem „Vorbild für § 11 KonzVgV".[11]

V. Vorrang der europarechtlichen Vorgaben

Für Verwaltungsvorschriften und Gesetze gilt der **Vorrang der europarechtlichen** 10 **Vorgaben,** insbesondere in Art. 22 der Vergaberichtlinie 2014/24 und Art. 29 der Konzessionsrichtlinie.[12]

Die **Befugnis der Kommission** zum Erlass delegierter Rechtsakte 11

im Hinblick auf die Änderung der technischen Einzelheiten und Merkmale des Anhangs IV;
wenn technische Entwicklungen weiter bestehende Ausnahmen von der Nutzung elektronischer Kommunikationsmittel unangemessen erscheinen lassen oder – in Ausnahmefällen – wenn aufgrund technischer Entwicklungen neue Ausnahmen vorgesehen werden müssen; oder
um die Interoperabilität technischer Formate sowie der Standards für die Verfahren und Mitteilungen vor allem auch im grenzüberschreitenden Zusammenhang zu gewährleisten

gemäß Art. 22 Abs. 7 der Vergaberichtlinie 2014/24/EU gilt mangels entsprechender Be- 12 fugnisermächtigungen im Rahmen der **Konzessionsrichtlinie nicht für diese.**

---

[11] Begründung der Bundesregierung auf BT-Drs. 18/7318 zu § 13 VgV, S. 156.
[12] Oben, unter A. III. Zum Vorrang des EU-Vergaberechts EuGH 28.1.2010 – C-406/08, VergabeR 2010, 451 Rn. 49 – Uniplex; 9.3.1978 – Rs. 106/77, NJW 1978, 1741 Rn. 21 – Simmenthal; *Hübner* VergabeR 2010, 414 (420).

Abschnitt 2. Vergabeverfahren

Unterabschnitt 1. Allgemeine Verfahrensvorschriften

§ 12 Allgemeine Grundsätze

(1) Der Konzessionsgeber darf das Verfahren zur Vergabe von Konzessionen nach Maßgabe dieser Verordnung frei ausgestalten. Der Konzessionsgeber kann das Verfahren an den Vorschriften der Vergabeverordnung zum Ablauf des Verhandlungsverfahrens mit Teilnahmewettbewerb ausrichten.

(2) Das Verfahren kann ein- oder mehrstufig durchgeführt werden. Der Konzessionsgeber darf mit Bewerbern und Bietern Verhandlungen führen. Während der Verhandlungen dürfen der Konzessionsgegenstand, die Mindestanforderungen an das Angebot und die Zuschlagskriterien nicht geändert werden.

(3) Der Konzessionsgeber darf Bewerber oder Bieter bei der Weitergabe von Informationen nicht diskriminieren.

Übersicht

	Rn.			Rn.
A. Einführung	1		II. Abs. 2: Gestaltungsoptionen für das Konzessionsvergabeverfahren	12
I. Literatur	1			
II. Entstehungsgeschichte	2		III. Abs. 3: Diskriminierungsverbot bei der Informationsweitergabe	18
III. Rechtliche Vorgaben im EU-Recht	3			
B. Die Anforderungen im Einzelnen	7			
I. Abs. 1: Der Grundsatz der freien Verfahrensgestaltung bei der Konzessionsvergabe	8			

A. Einführung

I. Literatur

1 *Goldbrunner,* Das neue Recht der Konzessionsvergabe, VergabeR 2016, 365; *Siegel,* Das neue Konzessionsvergaberecht, NVwZ 2016, 1672.

II. Entstehungsgeschichte

2 § 12 KonzVgV ist **im alten Recht ohne Vorbild** und wurde im Zuge der Vergabereform aufgrund zwingender unionsrechtlicher Vorgaben in die neu geschaffene KonzVgV eingefügt.

III. Rechtliche Vorgaben im EU-Recht

3 § 12 KonzVgV enthält allgemeine Grundsätze des Konzessionsvergabeverfahrens, die sich in der **RL 2014/23/EU** und dort vornehmlich in **Art. 30** finden. Während die wesentlichen Verfahrensvorschriften der Art. 3, 30, 32 und 37 der RL 2014/23/EU bereits im GWB, insbesondere in § 97 Abs. 1 und 2 sowie in § 151 umgesetzt wurden, enthält § 12 KonzVgV neben Wiederholungen einige Spezifizierungen der noch allgemeiner gehaltenen GWB-Vorschriften. Gleichwohl hat sich der Verordnungsgeber für eine äußerst zurückhaltende Normierung des Konzessionsvergabeverfahrens entschieden. Dies korrespondiert mit der aus Erwägungsgrund 68 der RL 2014/23/EU ersichtlichen Intention des Unionsrechtsgesetzgebers, Konzessionsgebern vorbehaltlich der Einhaltung der Richtlinie, der Grundsätze der Transparenz und der Gleichbehandlung bei der Festlegung und Durchführung des Verfahrens zur Auswahl von Konzessionsnehmern großen Spielraum zu gewähren. Darüber hinaus dient § 12 KonzVgV der Umsetzung von Art. 37 Abs. 6 der RL 2014/23/EU, der Verfahrensgarantien enthält, die in die KonzVgV vornehmlich in § 13 KonzVgV überführt wurden.[1] Insgesamt handelt es sich bei § 12 KonzVgV weitgehend um eine 1:1-Umsetzung der unionsrechtlichen Vorgaben.

§ 12 Abs. 1 S. 1 KonzVgV gibt klarstellend den Inhalt von **Art. 30 Abs. 1 der RL 4 2014/23/EU** wieder, der als wesentlicher allgemeiner Grundsatz bereits in § 151 S. 3 GWB umgesetzt wurde. Danach kann der Konzessionsgeber das Konzessionsvergabeverfahren grundsätzlich frei ausgestalten. § 12 Abs. 1 S. 2 KonzVgV stellt klar, dass sich die Konzessionsgeber an den Vorschriften der VgV zum Ablauf des Verhandlungsverfahrens mit Teilnahmewettbewerb ausrichten können. Hintergrund ist die bisherige Vergabepraxis, wonach Konzessionsgeber in der Vergangenheit bei der Vergabe von Dienstleistungskonzessionen das Verhandlungsverfahren mit Teilnahmewettbewerb zugrunde gelegt haben.[2]

§ 12 Abs. 2 S. 1 KonzVgV ist ohne Vorbild im Unionsrecht und weist wie § 12 Abs. 1 5 S. 1 KonzVgV nur deklaratorischen Charakter auf. Danach kann der Konzessionsgeber das Vergabeverfahren als einstufiges oder als zweistufiges Verfahren mit vorgeschaltetem Teilnahmewettbewerb durchführen. § 12 Abs. 2 S. 2 und 3 setzen Art. 37 Abs. 6 der RL 2014/23/EU um und betreffen Verfahrensgarantien.[3]

§ 12 Abs. 3 KonzVgV enthält ein Diskriminierungsverbot für die Weitergabe von In- 6 formationen und setzt **Art. 30 Abs. 2 S. 2 der RL 2014/23/EU** um. Da Art. 30 Abs. 2 S. 2 seinerseits nur eine klarstellende Ausformung der allgemeinen Verfahrensgrundsätze des Art. 30 Abs. 2 S. 1 in Verbindung mit Art. 3 der RL 2014/23/EU darstellt, die ihrerseits als wesentliche Vorschriften zum Vergabeverfahren in § 97 Abs. 1 und 2 GWB mit Wirkung (auch) für die Konzessionsvergabe umgesetzt wurden, teilt § 12 Abs. 3 KonzVgV diesen deklaratorischen Charakter.[4]

B. Die Anforderungen im Einzelnen

Das GWB enthält sich detaillierter Verfahrensregeln über das Vergabeverfahren bei der 7 Vergabe von Konzessionen.[5] Es enthält in § 97 Abs. 1 und 2 GWB lediglich – auch für die Konzessionsvergabe geltende – allgemeine Verfahrensgrundsätze, in § 151 S. 3 GWB den Grundsatz der freien Ausgestaltung des Vergabeverfahrens sowie einen Verweis auf die KonzVgV für Einschränkungen dieses Grundsatzes.[6] Entsprechend finden sich Verfahrens-

---

[1] Siehe zum Ganzen BT-Drs. 18/7318, 257.
[2] BT-Drs. 18/7318, 257.
[3] So auch *Wagner/Pott* in Heiermann/Zeiss/Summa, jurisPK-VergR, 5. Aufl. 2016, § 12 KonzVgV Rn. 26; dies verkennend *Dicks* in KKPP, GWB, 4. Aufl. 2016, § 152 Rn. 18, der für § 12 Abs. 2 S. 3 KonzVgV weder in den Richtlinienartikeln noch in den Erwägungsgründen eine unionsrechtliche Entsprechung dieser Norm finden will. Das von ihm angeregte Vorabentscheidungsverfahren zum EuGH erübrigt sich angesichts des insoweit eindeutigen Wortlauts der Richtlinie. Bedenkenswert ist hingegen seine rechtspolitische Kritik an dieser Norm, wonach § 12 Abs. 2 Nr. 3 deshalb „fragwürdig" sei, weil sich gerade in Verhandlungen mit den Bietern herausstellen könne, dass einzelne Zuschlagskriterien rechtswidrig oder unzweckmäßig sind und deswegen geändert werden müssten. In einem solchen Fall bliebe dem Auftraggeber nur die Möglichkeit, das Vergabeverfahren komplett aufzuheben und es von vorne zu beginnen.
[4] Vgl. BT-Drs. 18/7318, 257 f.
[5] BT-Drs. 18/7318, 1.
[6] Kritisch zum Begriff der „freien" Verfahrensgestaltung *Wagner/Pott* in Heiermann/Zeiss/Summa, jurisPK-VergR, 5. Aufl. 2016, § 12 KonzVgV Rn. 16, da Konzessionsgeber im Bereich des Konzessionsvergabeverfahrens neben bestimmten Rahmenbedingungen auch konkrete Vorgaben zu beachten hätten.

regeln für die Konzessionsvergabe in der KonzVgV, die in ihrer Struktur den Ablauf des Vergabeverfahrens bei der Vergabe von Konzessionen widerspiegelt.[7] Als **Vorschrift für die „Allgemeine(n) Grundsätze"** bildet § 12 KonzVgV die erste Norm des bis § 32 KonzVgV reichenden Abschnitts 2 über das Vergabeverfahren bei der Konzessionsvergabe. Neben § 12 KonzVgV finden sich grundlegende Anforderungen an das Vergabeverfahren auch an anderer Stelle in der KonzVgV, wie beispielsweise in § 13 KonzVgV, dem allgemeine Verfahrensgarantien zu entnehmen sind. Inhaltlich nimmt § 12 KonzVgV insbesondere den bereits im GWB geregelten Grundsatz der freien Verfahrensgestaltung nach § 151 S. 3 GWB auf. Ferner finden sich in § 12 KonzVgV Ergänzungen und Klarstellungen gegenüber den Regelungen des GWB.[8]

I. Abs. 1: Der Grundsatz der freien Verfahrensgestaltung bei der Konzessionsvergabe

8   § 12 Abs. 1 KonzVgV spiegelt den kompromisshaften Charakter des Konzessionsvergaberechts wieder. Auf der einen Seite sah es der europäische Gesetzgeber (richtigerweise) als zweckmäßig an, für Konzessionen oberhalb eines bestimmten Schwellenwertes ein Mindestmaß an Koordinierung der nationalen Verfahren für die Vergabe vorzusehen, um die Öffnung der Vergabeverfahren für den Wettbewerb sicherzustellen und Rechtssicherheit zu gewährleisten. Gleichwohl sollten diese Koordinierungsbestimmungen nicht über das für die Erreichung der vorstehend genannten Ziele erforderliche Maß hinausgehen und für ein gewisses Maß an Flexibilität sorgen.[9] Entsprechend ist die KonzVgV insgesamt als eine bewusst mit im Vergleich zur Auftragsvergabe eher geringer Regelungsdichte ausgestattete Kodifikation zu verstehen,[10] insbesondere im Bereich der Verfahrensgestaltung.[11] Ausdruck dessen ist § 12 KonzVgV als zentrale Verfahrensvorschrift[12] der KonzVgV, die es, im Wesentlichen der Regelung des § 151 Satz 3 GWB entsprechend,[13] Konzessionsgebern erlaubt, das Verfahren zur Vergabe von Konzessionen nach den Maßgaben der KonzVgV frei auszugestalten.[14] Entsprechend ist für die Konzessionsvergabe im Gegensatz zur Auftragsvergabe (vgl. § 119 GWB) **keine „Regelverfahrensart"** vorgegeben.[15]

9   Aufgrund der bereits erfolgten Regelung auf der Ebene des GWB in § 151 S. 3 GWB kommt § 12 Abs. 1 S. 1 KonzVgV **vornehmlich deklaratorischer Charakter** zu.[16] Der Grundsatz der freien Verfahrensgestaltung bei der Konzessionsvergabe ist unionsrechtlich im Unterschied zur Auftragsvergabe gewollt. Entsprechend finden sich weder in der RL 2014/23/EU noch in der KonzVgV Verfahrensarten definiert oder gar bindend vorgegeben.[17]

10   Entgegen dem insoweit missverständlichen Wortlaut von § 12 Abs. 1 S. 1 KonzVgV und § 151 S. 3 GWB ergeben sich **Einschränkung** des Grundsatzes der freien Verfahrensgestaltung nicht nur aus der KonzVgV, dort vor allem aus §§ 13 bis 32 KonzVgV, sondern **auch aus dem GWB,** insbesondere aus § 152 und § 154 Nr. 1 und Nr. 2 sowie den

---

[7] Vgl. BT-Drs. 18/7318, 2.

[8] Vgl. *Wagner/Pott* in Heiermann/Zeiss/Summa, jurisPK-VergR, 5. Aufl. 2016, § 12 KonzVgV Rn. 5 f.

[9] *Bergmann* in Beck VergabRK § 151 Rn. 5.

[10] Vgl. *Siegel* NVwZ 2016, 1672 (1675).

[11] Ausnahmen betreffen die Fehlerfolgen und den Rechtsschutz, siehe *Siegel* NVwZ 2016, 1672 (1677).

[12] *Wagner/Pott* in Heiermann/Zeiss/Summa, jurisPK-VergR, 5. Aufl. 2016, § 12 KonzVgV Rn. 2 sprechen von der „Kernnorm" zum Verfahren.

[13] Darauf ebenfalls hinweisend *Bergmann* in Beck VergabRK, § 151 GWB Rn. 14.

[14] Vgl. *Noch* Vergaberecht kompakt, 7. Aufl. 2016, Rn. 1015.

[15] *Siegel* NVwZ 2016, 1672 (1675).

[16] *Wagner/Pott* in Heiermann/Zeiss/Summa, jurisPK-VergR, 5. Aufl. 2016, § 12 KonzVgV Rn. 8.

[17] Von einem nicht vorhandenen „numerus clausus" der Verfahrensarten sprechend *Haak/Sang* in Willenbruch/Wieddekind, Vergaberecht, 4. Aufl. 2017, § 12 KonzVgV Rn. 2; siehe ferner *Wagner/Pott* in Heiermann/Zeiss/Summa, jurisPK-VergR, 5. Aufl. 2016, § 12 KonzVgV Rn. 11; *Goldbrunner* VergabeR 2016, 365 (374).

übergeordneten allgemeinen Grundsätzen des § 97 Abs. 1 bis 3, 5 und 6 GWB.[18] Auch der Verordnungsgeber selbst geht ausweislich der Verordnungsbegründung nicht davon aus, dass der Grundsatz der freien Verfahrensgestaltung allein durch die Vorgaben der KonzVgV eingeschränkt wird.[19] Dafür spricht ferner, dass § 12 Abs. 1 S. 1 KonzVgV lediglich deklaratorisch den Inhalt des Art. 30 Abs. 1 RL 2014/23/EU wiedergibt, der seinerseits den Grundsatz der freien Verfahrensgestaltung unter den Vorbehalt der Einhaltung der Richtlinie (insgesamt) stellt.[20] Zu bedenken ist allerdings, dass die allgemeinen Vergabegrundsätze des § 97 GWB nicht zu extensiv ausgelegt werden dürfen, da dies den Grundsatz der freien Verfahrensgestaltung relativieren und zugleich eine vom Unions- sowie vom Bundesgesetzgeber gerade nicht intendierte Annäherung an die allgemeine Vergabe bewirken würde.[21]

§ 12 Abs. 1 S. 2 KonzVgV sieht vor, dass der Konzessionsgeber das Verfahren an den **11** Vorschriften der VgV zum Ablauf des Verhandlungsverfahrens mit Teilnahmewettbewerb im Sinne des § 17 Abs. 1 VgV ausrichten kann. Hierbei handelt es sich ausweislich der Gesetzesbegründung um eine bloße Empfehlung,[22] die deshalb aufgenommen wurde, weil Konzessionsgeber in der Vergangenheit bei der Vergabe von Dienstleistungskonzessionen oftmals das Verhandlungsverfahren mit Teilnahmewettbewerb gewählt haben.[23] Diese Praxis scheint insbesondere auf den diesem Verfahren eigenen Freiheiten zu beruhen, die sich besonders gut für die Konzessionsvergabe eignen.[24] Unter Beachtung der Vorgaben des GWB und der §§ 12 bis 32 KonzVgV kann der Konzessionsgeber das Verfahren aber auch an anderen in § 119 GWB definierten Verfahrensarten ausrichten oder Verfahrensarten kombinieren.[25] Schließlich ist es dem Konzessionsgeber unbenommen, die aus der Auftragsvergabe bekannten Verfahrensarten umzugestalten oder sogar ganz neue Verfahrensarten zu entwerfen.[26]

II. Abs. 2: Gestaltungsoptionen für das Konzessionsvergabeverfahren

Nach § 12 Abs. 2 S. 1 KonzVgV kann das **Verfahren** zur Vergabe einer Konzes- **12** sion nach Wahl des Konzessionsgebers **ein- oder mehrstufig** durchgeführt werden.[27] Teilnehmer können also – und dies im Gegensatz zur Auftragsvergabe[28] – zur Teilnahme und gleichzeitiger Abgabe eines Angebots aufgefordert werden, oder aber nur zur Abgabe eines Teilnahmeantrags in der Teilnahmephase, an die sich dann die Angebotsphase anschließt.[29]

§ 12 Abs. 2 S. 2 KonzVgV erlaubt ausdrücklich, dass Konzessionsgeber mit Bewerbern **13** und Bietern **Verhandlungen** führen. Bewerber sind nach Art. 5 Nr. 3 RL 2014/23/EU

---

[18] Siehe dazu und zur Geltung des § 97 GWB auch für das Konzessionsverfahren *Bergmann* in Beck VergabRK, § 151 GWB Rn. 15–16; siehe ferner *Wagner/Pott* in Heiermann/Zeiss/Summa, jurisPK-VergR, 5. Aufl. 2016, § 12 KonzVgV Rn. 17, wonach gerade dort, wo sich Konzessionsgeber nicht an konkrete Verfahrensvorgaben zu halten haben, die Grundsätze des § 97 GWB von besonderer Relevanz seien.

[19] Siehe BT-Drs. 18/7318, 257.

[20] Insgesamt *Wagner/Pott* in Heiermann/Zeiss/Summa, jurisPK-VergR, 5. Aufl. 2016, § 12 KonzVgV Rn. 7 und 9 f.

[21] So auch *Siegel* NVwZ 2016, 1672 (1674).

[22] Dies ebenfalls ausdrücklich feststellend *Haak/Sang* in Willenbruch/Wieddekind, Vergaberecht, 4. Aufl. 2017, § 12 KonzVgV Rn. 2.

[23] Siehe oben → Rn. 4.

[24] So auch *Kirch/Janitzek/Mieruszewski* in Leinemann, Die Vergabe öffentlicher Aufträge, 6. Aufl. 2016, Rn. 2005.

[25] Ähnlich *Goldbrunner* VergabeR 2016, 365 (374).

[26] Vgl. *Wagner/Pott* in Heiermann/Zeiss/Summa, jurisPK-VergR, 5. Aufl. 2016, § 12 KonzVgV Rn. 12.

[27] Im Sinne der wettbewerbsrechtlichen Ausrichtung der Konzessionsvergabe gegen die Wahl von ein- und für diejenige zweistufiger Verfahren plädierend *Siegel* NVwZ 2016, 1672 (1675).

[28] Darauf ebenfalls hinweisend *Haak/Sang* in Willenbruch/Wieddekind, Vergaberecht, 4. Aufl. 2017, § 12 KonzVgV Rn. 3.

[29] *Wagner/Pott* in Heiermann/Zeiss/Summa, jurisPK-VergR, 5. Aufl. 2016, § 12 KonzVgV Rn. 25.

Wirtschaftsteilnehmer, die sich um eine Aufforderung zur Teilnahme an einem Konzessionsvergabeverfahren beworben oder eine solche Aufforderung erhalten haben. Hingegen werden Bieter in Art. 5 Nr. 4 RL 2014/23/EU als Wirtschaftsteilnehmer definiert, die ein Angebot eingereicht haben. Es ist davon auszugehen, dass Konzessionsgeber von dieser Verhandlungsoption rege Gebrauch machen werden.[30]

14   Nach § 12 Abs. 2 S. 3 KonzVgV dürfen während der Verhandlungen der Konzessionsgegenstand, die **Mindestanforderungen** an das Angebot und die Zuschlagskriterien **nicht geändert** werden. Es darf mit anderen Worten im Vergleich zur Ausschreibung keine substantiell andere Konzession zu substantiell anderen Bedingungen vergeben werden.[31] Aufgrund dieser Limitierung der grundsätzlichen Verfahrensfreiheit dürfte es insbesondere bei sehr komplexen Verfahren für den Konzessionsgeber ratsam sein, die Bestimmung des Konzessionsgegenstands möglichst weit zu fassen und die Mindestanforderungen an das Angebot möglichst gering zu halten.[32]

15   Das hinter § 12 Abs. 2 S. 3 KonzVgV stehende vergaberechtliche Grundprinzip findet sich im **Gleichbehandlungs- und im Transparenzgebot** nach § 97 Abs. 1 und Abs. 2 GWB,[33] denen ein Abweichen von einmal wirksam (als bindend) bekanntgegebenen Zuschlagskriterien und Mindestanforderungen widerspräche. Die Aufstellung der Zuschlagskriterien und Mindestbedingungen bindet den Konzessionsgeber deshalb, weil er gemäß § 13 Abs. 2 Nr. 2 KonzVgV u. a. besagte Zuschlagskriterien und etwaige Mindestanforderungen in der Konzessionsbekanntmachung, der Aufforderung zur Angebotsabgabe oder in anderen Vergabeunterlagen mitzuteilen hat.[34]

16   Die „**Verhandlungsgrenze**" des § 12 Abs. 2 S. 3 KonzVgV entspricht inhaltlich weitgehend der des § 17 Abs. 10 S. 2 VgV. Anders als in der VgV, verbietet § 12 Abs. 2 S. 3 KonzVgV explizit auch Verhandlungen über den Konzessionsgegenstand. Ob damit von Seiten des Verordnungsgebers allerdings tatsächlich eine striktere Vorgabe als in Bezug auf die Vergabe öffentlicher Aufträge intendiert war, erscheint vor dem Hintergrund des Regelungsziels des Unionrechtsgesetzgebers, nämlich bei der Konzessionsvergabe im Vergleich zur Auftragsvergabe größere Spielräume zu gewähren, äußerst zweifelhaft.[35] Indes erscheint etwa eine Änderung der Teilnahmebedingungen – die weder nach § 12 Abs. 2 S. 3 KonzVgV noch nach § 17 Abs. 1 S. 2 VgV unzulässig wäre – im Hinblick auf den Gleichbehandlungs- und Transparenzgrundsatz bedenklich.[36]

17   Eine explizite Ausnahme zu § 12 Abs. 2 S. 3 KonzVgV enthält **§ 31 Abs. 2 KonzVgV**.[37] Enthält ein Angebot eine innovative Lösung mit außergewöhnlich hoher funktioneller Leistungsfähigkeit, die der Konzessionsgeber nicht vorhersehen konnte, kann der Konzessionsgeber die Reihenfolge der Zuschlagskriterien nach Maßgabe von § 31 Abs. 2 KonzVgV entsprechend ändern.[38]

III. Abs. 3: Diskriminierungsverbot bei der Informationsweitergabe

18   § 12 Abs. 3 KonzVgV regelt in Konkretisierung von § 97 Abs. 1 und 2 GWB[39] einen weiteren allgemeinen Verfahrensgrundsatz des Konzessionsvergabeverfahrens,[40] wonach

---

[30] Ähnliche Einschätzung bei *Noch* Vergaberecht kompakt, 7. Aufl. 2016, Rn. 1016.
[31] So prägnant *Noch* Vergaberecht kompakt, 7. Aufl. 2016, Rn. 1017.
[32] So *Goldbrunner* VergabeR 2016, 365 (374 f.).
[33] Vgl. *Goldbrunner* VergabeR 2016, 365 (374 f.).
[34] *Wagner/Pott* in Heiermann/Zeiss/Summa, jurisPK-VergR, 5. Aufl. 2016, § 12 KonzVgV Rn. 27.
[35] Zu diesem Punkt ähnlich *Wagner/Pott* in Heiermann/Zeiss/Summa, jurisPK-VergR, 5. Aufl. 2016, § 12 KonzVgV Rn. 28 f.
[36] So auch *Goldbrunner* VergabeR 2016, 365 (374 f.).
[37] *Wagner/Pott* in Heiermann/Zeiss/Summa, jurisPK-VergR, 5. Aufl. 2016, § 12 KonzVgV Rn. 31.
[38] Siehe dazu *Burgi/Wolff* in Beck VergabeRK, § 31 KonzVgV Rn. 12 ff.
[39] *Haak/Sang* in Willenbruch/Wieddekind, Vergaberecht, 4. Aufl. 2017, § 12 KonzVgV Rn. 4.
[40] Siehe dazu *Goldbrunner* VergabeR 2016, 365 (375).

Konzessionsgeber Bewerber oder Bieter bei der Weitergabe von Informationen nicht diskriminieren dürfen. Danach sind beispielsweise die selektive Bedienung der Bieter mit Informationen im Verhandlungsverfahren und die Weitergabe von Geschäftsgeheimnissen an konkurrierende Bieter verboten.[41]

---

[41] *Noch* Vergaberecht kompakt, 7. Aufl. 2016, Rn. 1019.

§ 13 Verfahrensgarantien

(1) Konzessionen werden auf der Grundlage der von dem Konzessionsgeber gemäß § 31 festgelegten Zuschlagskriterien vergeben, sofern alle folgenden Bedingungen erfüllt sind:

1. Der Bieter erfüllt die von dem Konzessionsgeber festgelegten Eignungskriterien und weiteren Teilnahmebedingungen sowie die gegebenenfalls festgelegten Mindestanforderungen, die insbesondere technische, physische, funktionelle und rechtliche Bedingungen und Merkmale umfassen, die jedes Angebot erfüllen sollte, und

2. der Bieter ist vorbehaltlich des § 154 Nummer 2 in Verbindung mit § 125 des Gesetzes gegen Wettbewerbsbeschränkungen nicht gemäß § 154 Nummer 2 in Verbindung mit den §§ 123 und 124 des Gesetzes gegen Wettbewerbsbeschränkungen von der Teilnahme am Vergabeverfahren ausgeschlossen.

(2) Der Konzessionsgeber erteilt folgende Angaben:

1. in der Konzessionsbekanntmachung gemäß § 19 eine Beschreibung der Konzession sowie der Teilnahmebedingungen und

2. in der Konzessionsbekanntmachung gemäß § 19, der Aufforderung zur Angebotsabgabe oder in anderen Vergabeunterlagen die Zuschlagskriterien sowie die gegebenenfalls festgelegten Mindestanforderungen.

(3) Der Konzessionsgeber übermittelt den Teilnehmern an einem Vergabeverfahren einen Organisations- und Zeitplan des Vergabeverfahrens einschließlich eines unverbindlichen Schlusstermins. Der Konzessionsgeber teilt sämtliche Änderungen allen Teilnehmern mit. Sofern diese Änderungen Inhalte der Konzessionsbekanntmachung betreffen, sind sie bekanntzumachen.

(4) Die Zahl der Bewerber oder Angebote kann auf eine angemessene Zahl begrenzt werden, sofern dies anhand objektiver Kriterien und in transparenter Weise geschieht. Die Zahl der zur Teilnahme oder Angebotsabgabe aufgeforderten Bewerber oder Bieter muss ausreichend hoch sein, dass der Wettbewerb gewährleistet ist.

Übersicht

	Rn.		Rn.
A. Einführung	1	II. Abs. 2: Bekanntzumachende Angaben	13
I. Literatur	1		
II. Entstehungsgeschichte	2	III. Abs. 3: Pflicht zur transparenten Verfahrensgestaltung	16
III. Rechtliche Vorgaben im EU-Recht	3		
		IV. Abs. 4: Möglichkeit zur Begrenzung der Anzahl der Angebote	18
B. Die Anforderungen im Einzelnen	5		
I. Abs. 1: Die Angebotswertung im engeren Sinne	6		

A. Einführung

I. Literatur

1   *Goldbrunner*, Das neue Recht der Konzessionsvergabe, VergabeR 2016, 365; *Mieruszewski/Janitzek*, Die Vergabe von Bau- und Dienstleistungskonzessionen nach der Konzessionsvergabeverordnung (KonzVgV), VergabeNews 2016, 82; *Schröder*, Die neue Konzessionsvergabeverordnung im Überblick, KommP spezial 2016, 73.

II. Entstehungsgeschichte

2   § 13 KonzVgV ist im alten Recht **ohne Vorbild** und wurde im Zuge der Vergabereform aufgrund zwingender unionsrechtlicher Vorgaben in die neu geschaffene KonzVgV eingefügt.

III. Rechtliche Vorgaben im EU-Recht

§ 13 KonzVgV setzt **Art. 37 Abs. 1 bis 4 der RL 2014/23/EU** um. Ausgehend von **3** der in Erwägungsgrund 68 der RL 2014/23/EU enthaltenen Intention des Unionrechtsgesetzgebers, Konzessionsgebern angesichts der Spezifika der Konzessionsvergabe einen besonders großen Spielraum bei der Verfahrensgestaltung einzuräumen, erfordert das Unionsrecht nichtsdestotrotz die Beachtung der Grundsätze der Gleichbehandlung und Transparenz während des gesamten Vergabeverfahrens. Dementsprechend sollen grundlegende Verfahrensgarantien auch für Konzessionsvergaben vorgeschrieben werden. Zu diesen grundlegenden Garantien gehören nach den Ausführungen des Unionrechtsgesetzgebers in Erwägungsgrund 68 der RL 2014/23/EU die Information über Art und Umfang der Konzession, die eventuelle Beschränkung der Bewerberzahl, die nichtdiskriminierende Weitergabe von Informationen an Bewerber und Bieter sowie die Verfügbarkeit geeigneter Aufzeichnungen im Rahmen der Dokumentationspflicht. Die weiteren unionsrechtlich in Art. 37 Abs. 5 und 6 der RL 2014/23/EU statuierten und mit einer Umsetzungsverpflichtung vorgesehenen Verfahrensgarantien wurden vom Verordnungsgeber im jeweiligen sachlichen Zusammenhang in § 6 und § 12 Abs. 2 S. 2 und 3 KonzVgV niedergelegt.[1]

§ 13 Abs. 1 KonzVgV setzt Art. 37 Absatz 1 der RL 2014/23/EU um, wonach Kon **4** zessionen auf der Grundlage der von den Konzessionsgebern festgelegten Zuschlagskriterien vergeben werden, sofern die in Art. 37 Abs. 1 Buchstabe a) bis c) der RL 2014/23/EU genannten Anforderungen erfüllt sind. § 13 Abs. 2 Nr. 1 und 2 KonzVgV implementiert die Vorgaben des Art. 37 Abs. 2 Buchstabe a) und b) der RL 2014/23/EU zu den grundlegenden Angaben ins deutsche Recht, welche Konzessionsgeber in der Konzessionsbekanntmachung oder in den Vergabeunterlagen zu erteilen haben. § 13 Abs. 3 KonzVgV beinhaltet die in Art. 37 Abs. 4 der RL 2014/23/EU festgelegten Verfahrensgarantien und § 13 Abs. 4 KonzVgV setzt Art. 37 Abs. 3 der RL 2014/23/EU um, der die Begrenzung der Bewerber bzw. der Angebote betrifft.[2] Insgesamt stellt § 13 KonzVgV weitgehend eine 1:1-Umsetzung des Art. 37 der RL 2014/23/EU dar.[3]

B. Die Anforderungen im Einzelnen

§ 13 KonzVgV zählt ebenso wie § 12 und 14 KonzVgV zu den **allgemeinen Verfah-** **5** **rensvorschriften** für die Konzessionsvergabe. In sachgerechter Limitierung des in § 12 Abs. 1 KonzVgV enthaltenen Grundsatzes der freien Ausgestaltung des Konzessionsvergabeverfahrens regelt § 13 KonzVgV Verfahrensgarantien, die im Konzessionsvergabeverfahren durchgehend zu beachten sind.[4]

I. Abs. 1: Die Angebotswertung im engeren Sinne

§ 13 Abs. 1 Halbs. 1 KonzVgV bestimmt, dass Konzessionen auf der Grundlage der vom **6** Konzessionsgeber festgelegten Zuschlagskriterien vergeben werden. Die Norm regelt also

---

[1] BT-Drs. 18/7318, 258.
[2] BT-Drs. 18/7318, 258 f.
[3] So auch *Willenbruch* in Willenbruch/Wieddekind, Vergaberecht, § 13 KonzVgV Rn. 2.
[4] *Wagner/Pott* in Heiermann/Zeiss/Summa, jurisPK-VergR, 5. Aufl. 2016, § 13 KonzVgV Rn. 1; siehe auch *Willenbruch* in Willenbruch/Wieddekind, Vergaberecht, § 13 KonzVgV Rn. 1, der darauf hinweist, dass die vom Verordnungsgeber für die Konzessionsvergabe gewählte Regelungstechnik in den beiden anderen Vergabeverordnungen keine Parallele findet.

die **Angebotswertung „im engeren Sinne"** und wiederholt damit die gesetzlichen Vorgaben aus § 152 Abs. 3 GWB i. V. m. § 31 KonzVgV.[5]

7 § 13 Abs. 1 Halbs. 2 Nr. 1 und Nr. 2 KonzVgV statuiert weitergehende (Verfahrens-) Bedingungen, die bei der Angebotsprüfung und -wertung einzuhalten sind und die sich im Wesentlichen bereits aus dem GWB ergeben.[6]

8 § 13 Abs. 1 Halbs. 2 Nr. 1 KonzVgV behandelt Eignungskriterien, weitere Teilnahmebedingungen und gegebenenfalls festgelegte **Mindestanforderungen,** die jedes Angebot „erfüllen sollte". Obwohl der Wortlaut („sollte") der KonzVgV ebenso wie die Richtlinienvorlage in Abgrenzung zu „müssen" gelesen werden könnte, sind Angebote, die die festgelegten Mindestbedingungen nicht erfüllen, richtigerweise zwingend auszuschließen.[7] Dafür spricht zum einen der Begriff der „Mindestanforderungen", der ein zwingendes Element nahelegt. Für dieses Auslegungsergebnis spricht ferner der systematische Zusammenhang mit § 12 Abs. 2 S. 3 KonzVgV. Das darin enthaltene Verhandlungsverbot entspricht wertungsmäßig der Notwendigkeit der Erfüllung von festgelegten Mindestanforderungen.[8]

9 Nach § 13 Abs. 1 Halbs. 2 Nr. 1 KonzVgV sind zunächst die vom Konzessionsgeber festgelegten **Eignungskriterien** zu erfüllen, wie sich bereits aus § 152 Abs. 2 i. V. m. § 122 GWB ergibt. Eine Konkretisierung des § 122 GWB für das Konzessionsvergabeverfahren findet sich auf Verordnungsebene in §§ 24 ff. KonzVgV.[9]

10 Ferner müssen nach § 13 Abs. 1 Halbs. 2 Nr. 1 KonzVgV „weitere Teilnahmebedingungen" vorliegen. Der Begriff der **Teilnahmebedingungen** umfasst nach dem nicht abschließenden Katalog des Anhangs V Nr. 7 Buchstabe a) bis c) der RL 2014/23/EU Anforderungen, die Konzessionsgeber an Bewerber oder Bieter im Vergabeverfahren stellen können. Der Terminus der Teilnahmebedingungen ist dabei der Oberbegriff, unter welchen neben Anforderungen an das Angebot auch die festzulegenden Eignungskriterien zu fassen sind.[10] Darüber hinaus gehört dazu u. a. die Möglichkeit, die Konzession geschützten Werkstätten vorzuhalten oder die Ausführung nur im Rahmen von Programmen für geschützte Beschäftigungsverhältnisse vorzusehen (Buchstabe b)) oder die Erbringung der Dienstleistung aufgrund von Rechts- und Verwaltungsvorschriften einem bestimmten Berufsstand vorzubehalten (Buchstabe c)).[11]

11 Schließlich betrifft § 13 Abs. 1 Halbs. 2 Nr. 1 KonzVgV in Ergänzung des § 31 KonzVgV auch die **Zuschlagsprüfung,** sofern als etwaig festgelegte Mindestbedingungen zu erfüllen sind.[12] Die ausgeführten Beispiele sind Art. 37 Abs. 1 Unterabs. 2 RL 2014/23/EU entnommen und betreffen technische, physische, funktionelle und rechtliche Bedingungen und Merkmale.[13]

12 § 13 Abs. 1 Halbs. 2 Nr. 2 KonzVgV betrifft zwingende und fakultative **Ausschlussgründe** (§ 26 Abs. 1 KonzVgV), deren Nichtvorliegen der Konzessionsgeber anhand von Eigenerklärungen oder von Nachweisen zu überprüfen hat. Sie sind in den §§ 123, 124 GWB aufgelistet.[14]

---

[5] So auch *Wagner/Pott* in Heiermann/Zeiss/Summa, jurisPK-VergR, 5. Aufl. 2016, § 13 KonzVgV Rn. 5 und 11.

[6] *Wagner/Pott* in Heiermann/Zeiss/Summa, jurisPK-VergR, 5. Aufl. 2016, § 13 KonzVgV Rn. 5 f.

[7] *Goldbrunner* VergabeR 2016, 365 (381); siehe ferner *Tugendreich/Heller* in Müller-Wrede, GWB Vergaberecht, 2016, § 152 Rn. 14, die deshalb für komplexe Beschaffungsvorhaben dazu raten, den Konzessionsgegenstand „hinreichend weit und die Mindestanforderungen nicht zu streng" zu formulieren.

[8] *Wagner/Pott* in Heiermann/Zeiss/Summa, jurisPK-VergR, 5. Aufl. 2016, § 13 KonzVgV Rn. 13 f.

[9] *Wagner/Pott* in Heiermann/Zeiss/Summa, jurisPK-VergR, 5. Aufl. 2016, § 13 KonzVgV Rn. 7.

[10] *Kirch/Janitzek/Mieruszewski* in Leinemann, Die Vergabe öffentlicher Aufträge, 6. Aufl. 2016, Rn. 1993; *Wagner/Pott* in Heiermann/Zeiss/Summa, jurisPK-VergR, 5. Aufl. 2016, § 13 KonzVgV Rn. 15.

[11] BT-Drs. 18/7318, 258.

[12] *Wagner/Pott* in Heiermann/Zeiss/Summa, jurisPK-VergR, 5. Aufl. 2016, § 13 KonzVgV Rn. 6 und 12.

[13] BT-Drs. 18/7318, 258.

[14] Siehe dazu *Schröder* KommP spezial 2016, 69 (73).

II. Abs. 2: Bekanntzumachende Angaben

§ 13 Abs. 2 KonzVgV beinhaltet die **grundlegenden Angaben,** die Konzessionsgeber 13
in der Konzessionsbekanntmachung oder in den Vergabeunterlagen zu erteilen,[15] d. h. bekanntzumachen haben.[16] Die Norm betrifft damit die Pflicht des Konzessionsgebers, den
interessierten Unternehmen bestimmte grundlegende Informationen mitzuteilen.[17]

Nach Abs. 2 Nr. 1 haben die Beschreibung der Konzession, d. h. die **Leistungsbe-** 14
schreibung i. S. v. § 15 KonzVgV, und die **Angabe der Teilnahmebedingungen** (zum
Begriff siehe Abs. 1 Nr. 1) in der Konzessionsbekanntmachung zu erfolgen, bei der es sich
nach § 19 KonzVgV um die Absichtsbekundung des Konzessionsgebers handelt, eine Konzession zu vergeben. Hinsichtlich der unter den Begriff der Teilnahmebedingungen fallenden Eignungskriterien sind nach § 26 Abs. 2 KonzVgV alle Unterlagen anzugeben, mit
welchen die Unternehmen die Eignung und das Nichtvorliegen von Ausschlussgründen zu
belegen haben.[18]

Gemäß Abs. 2 Nr. 2 sind Konzessionsgeber ferner verpflichtet, die **Zuschlagskrite-** 15
rien und die gegebenenfalls vorgeschriebenen **Mindestanforderungen** in der Konzessionsbekanntmachung, der Aufforderung zur Angebotsabgabe oder in den Vergabeunterlagen anzugeben.[19]

III. Abs. 3: Pflicht zur transparenten Verfahrensgestaltung

§ 13 Abs. 3 KonzVgV enthält eine weitere, in diesem Fall aus anderen Vergabeverord- 16
nungen nicht bekannte[20] Verfahrensgarantie, die insgesamt als **Pflicht zur transparenten**
Verfahrensgestaltung bezeichnet werden kann.[21] Zugrunde liegt die Überlegung, dass im
Anschluss an die weitgehend freie Wahl eines Verfahrens durch den Konzessionsgeber, dieser sich im weiteren Verlauf aus Gründen des Transparenz- und Gleichbehandlungsgebots
grundsätzlich an das vorgegebene Verfahren zu halten hat. So verpflichtet S. 1 den Konzessionsgeber dazu, den Teilnehmern an einem Vergabeverfahren einen Organisations- und
Zeitplan des Vergabeverfahrens einschließlich eines unverbindlichen Schlusstermins zu
übermitteln. Dies gewährleistet „eine gewisse Durchschaubarkeit" des Konzessionsvergabeverfahrens.[22] Allerdings ist nicht unmittelbar einsichtig, was die Vorschrift unter einem
„Schlusstermin" versteht, da es sich diesbezüglich nicht um einen Terminus technicus des
Vergaberechts handelt und es im Laufe eines Verfahrens mehrere Schlusstermine geben
kann, wenn man diese als verbindliche Fristen versteht, bspw. für die Abgabe eines Teilnahmeantrages, eines indikativen Angebots oder eines verbindlichen weiteren Angebots.[23]
Mit Blick auf § 18 KonzVgV, wo von einem „Schlusstermin für den Eingang der Angebote" die Rede ist, spricht allerdings viel dafür, als Schlusstermin den Termin für den Eingang
des verbindlichen Angebots zu verstehen.

Schließlich müssen Konzessionsgeber sämtliche **Änderungen** allen Teilnehmern **mit-** 17
teilen (S. 2) und diese – sofern Inhalte der Konzessionsbekanntmachung betroffen sind –
bekanntmachen (S. 3).

---

15 BT-Drs. 18/7318, 258.
16 *Willenbruch* in Willenbruch/Wieddekind, Vergaberecht, § 13 KonzVgV Rn. 7.
17 So *Goldbrunner* VergabeR 2016, 365 (375).
18 Vgl. *Mieruszewski/Janitzek* Vergabe News 2016, 82 (85).
19 BT-Drs. 18/7318, 258.
20 *Willenbruch* in Willenbruch/Wieddekind, Vergaberecht, § 13 KonzVgV Rn. 8.
21 So *Goldbrunner* VergabeR 2016, 365 (375).
22 *Wagner/Pott* in Heiermann/Zeiss/Summa, jurisPK-VergR, 5. Aufl. 2016, § 13 KonzVgV Rn. 20 f.
23 So *Willenbruch* in Willenbruch/Wieddekind, Vergaberecht, § 13 KonzVgV Rn. 8.

IV. Abs. 4: Möglichkeit zur Begrenzung der Anzahl der Angebote

18   § 13 Abs. 4 KonzVgV eröffnet dem Konzessionsgeber in Anlehnung an § 51 VgV und ähnlich wie in § 18 Abs. 4 und § 17 Abs. 12 VgV sowie § 45 Abs. 3 SektVO die Möglichkeit, die **Zahl der Bewerber oder Angebote** auf eine angemessene Zahl zu **begrenzen**, freilich unter der Voraussetzung, dass dies anhand objektiver Kriterien und in transparenter Weise geschieht (S. 1).[24] Allerdings muss nach S. 2 die Zahl der zur Teilnahme oder Angebotsabgabe aufgeforderten Bewerber oder Bieter ausreichend hoch sein, sodass der Wettbewerb gewährleistet ist.[25]

19   Im Gegensatz zu § 51 Abs. 1 S. 2 VgV erlaubt § 13 Abs. 4 KonzVgV, neben der Teilnehmerzahl auch die Zahl der Angebote zu beschränken.[26] Dieser Unterschied überzeugt mit Blick auf Erwägungsgrund 68 der RL 2014/23/EU, wonach den Konzessionsgebern vorbehaltlich der Einhaltung der Richtlinie und der vergaberechtlichen Grundsätze ein großer Spielraum hinsichtlich der Verfahrensgestaltung gelassen werden sollte.[27]

20   Der Begriff der **„objektiven Kriterien"** wird weder in der Richtlinie noch im deutschen Recht einer genauen Definition zugeführt. Während mit Transparenz gemeint sein wird, dass die Kriterien den Teilnehmern zur Kenntnis gebracht werden müssen, kann hinsichtlich der Objektivität rechtssicher nur festgestellt werden, dass die Kriterien soweit verobjektiviert sein müssen, dass Willkür effektiv ausgeschlossen werden kann.[28]

21   Im Unterschied zu § 51 Abs. 2 VgV ist § 13 Abs. 4 S. 2 KonzVgV (und dies in Parallelität zu § 45 Abs. 3 SektVO) **keine spezifische Mindestzahl** der verbleibenden Bieter bzw. Bewerber zu entnehmen. Vielmehr muss lediglich eine „angemessene Zahl" verbleiben, die Wettbewerb gewährleistet. Mit Blick auf § 51 Abs. 2 VgV und Erwägungsgrund 68 der RL 2014/23/EU wird beim Verbleiben von drei bzw. im nicht offenen Verfahren von fünf Bewerbern das Vorliegen einer angemessenen Zahl zweifellos zu bejahen sein. Darüber hinaus erscheint es mit Blick auf diesen systematischen Zusammenhang naheliegend, dass im Einzelfall bereits zwei Teilnehmer für besagte Angemessenheit ausreichen können, sofern das Wettbewerbsprinzip gewahrt ist.[29]

22   Zu beachten ist schließlich, dass, wenn die Zahl geeigneter Bewerber unter der vom Konzessionsgeber festgelegten Mindestzahl liegt, das Vergabeverfahren mit Blick auf § 13 Abs. 1 Nr. 1 und 2 KonzVgV sowie § 97 Abs. 2 GWB gleichwohl nur mit den geeigneten Bewerbern fortgeführt werden darf. Unternehmen, die sich nicht um die Teilnahme beworben haben oder Bewerber, die nicht über die geforderte Eignung verfügen, dürfen nicht zu dem Verfahren zugelassen werden.[30]

---

[24] Vgl. BT-Drs. 18/7318, 259.

[25] Siehe dazu *Willenbruch* in Willenbruch/Wieddekind, Vergaberecht, § 13 KonzVgV Rn. 9, der aufgrund der Ähnlichkeit zu den aufgeführten Vorschriften in der VgV auf die zu diesen Normen ergangene Rechtsprechung und Literatur der letzten Jahre verweist.

[26] Ob die Anforderung des § 51 Abs. 1 S. 2 VgV, wonach „objektive und nichtdiskriminierende Eignungskriterien" anzugeben sind, wirklich eine Verschärfung gegenüber § 13 Abs. 4 KonzVgV darstellt (so *Wagner/Pott* in Heiermann/Zeiss/Summa, jurisPK-VergR, 5. Aufl. 2016, § 13 KonzVgV Rn. 25), kann angesichts des ohnehin bestehenden Diskriminierungsverbots des § 97 Abs. 2 GWB dahinstehen.

[27] *Wagner/Pott* in Heiermann/Zeiss/Summa, jurisPK-VergR, 5. Aufl. 2016, § 13 KonzVgV Rn. 25.

[28] Vgl. *Wagner/Pott* in Heiermann/Zeiss/Summa, jurisPK-VergR, 5. Aufl. 2016, § 13 KonzVgV Rn. 26.

[29] *Wagner/Pott* in Heiermann/Zeiss/Summa, jurisPK-VergR, 5. Aufl. 2016, § 13 KonzVgV Rn. 27 f.

[30] So auch *Goldbrunner* VergabeR 2016, 365 (375).

§ 14 Umgehungsverbot

Das Verfahren zur Vergabe einer Konzession darf nicht in einer Weise ausgestaltet werden, dass es vom Anwendungsbereich des Teils 4 des Gesetzes gegen Wettbewerbsbeschränkungen ausgenommen wird oder bestimmte Unternehmen oder bestimmte Bauleistungen, Lieferungen oder Dienstleistungen auf unzulässige Weise bevorzugt oder benachteiligt werden.

Übersicht

	Rn.		Rn.
A. Einführung	1	III. Rechtliche Vorgaben im EU-Recht	3
I. Literatur	1	B. Die Anforderungen im Einzelnen	4
II. Entstehungsgeschichte	2		

A. Einführung

I. Literatur

Siehe die Literatur zu § 12 KonzVgV. **1**

II. Entstehungsgeschichte

Das Umgehungsverbot des § 14 KonzVgV ist im alten Vergaberecht **ohne Vorbild** **2** und wurde im Zuge der Vergabereform aufgrund zwingender unionsrechtlicher Vorgaben in die neu geschaffene KonzVgV eingefügt. Weitere Umgehungsverbote finden sich in der KonzVgV in § 2 Abs. 2 sowie im GWB in § 111 Abs. 5 und § 112 Abs. 4.

III. Rechtliche Vorgaben im EU-Recht

§ 14 KonzVgV setzt **Art. 3 Abs. 1 Unterabs. 2 der RL 2014/23/EU** um,[1] ohne **3** das in der Richtlinienbestimmung enthaltene grundlegende Umgehungsverbot zu modifizieren. Es handelt sich inhaltlich um eine 1:1-Umsetzung.

B. Die Anforderungen im Einzelnen

Als letzte der allgemeinen Verfahrensvorschriften der Konzessionsvergabe stellt § 14 **4** KonzVgV in seinem Halbs. 1 ein **allgemeines Umgehungsverbot** auf, mit dem der Verordnungsgeber die Wichtigkeit der Einhaltung der Regelungen zur Konzessionsvergabe betont.[2] Das Umgehungsverbot erfasst die Konzeption des gesamten Vergabeverfahrens, d. h. neben der Schwellenwertberechnung, für die darüber hinaus ein gesondertes Missbrauchsverbot gemäß § 2 Abs. 2 KonzVgV gilt,[3] zeitigt § 14 Halbs. 1 KonzVgV für jede Stufe des Konzessionsvergabeverfahrens Wirkung.[4] So sind Fallkonstellationen denkbar, in denen die Konzession in der Weise rechtlich oder tatsächlich ausgestaltet wird, dass sie den

---

[1] BT-Drs. 18/7318, 259.
[2] Vgl. *Wagner/Pott* in Heiermann/Zeiss/Summa, jurisPK-VergR, 5. Aufl. 2016, § 14 KonzVgV Rn. 2.
[3] BT-Drs. 18/7318, 259.
[4] Anzumerken ist allerdings, dass es rechtssystematisch erstaunlich anmutet, dass § 14 KonzVgV als Verfahrensvorschrift, die ihrerseits die Eröffnung des Anwendungsbereichs des Konzessionsvergaberechts voraussetzt, Rechtswirkungen entfalten soll, wenn besagter Anwendungsbereich gar nicht eröffnet ist.

persönlichen oder sachlichen Anwendungsbereich umgeht oder einen der Ausnahmetatbestände der §§ 149, 150 GWB verwirklicht.[5]

5   Die Beachtung von § 14 Halbs. 1 KonzVgV ist **vollumfänglich gerichtlich überprüfbar.**[6] Die Norm ist als bieterschützend i. S. d. § 97 Abs. 6 GWB einzustufen.[7]

6   In § 14 Halbs. 2 KonzVgV wird ferner dem sogar explizit auch für die Konzessionsvergabe geltenden **Gleichbehandlungsgebot** nach § 97 Abs. 2 GWB Nachdruck verliehen, ohne dass dieser Bestimmung eine über ihre deklaratorische Funktion hinausgehende Bedeutung zukäme.[8]

---

[5] *Noch* Vergaberecht kompakt, 7. Aufl. 2016, Rn. 1021; *Wagner/Pott* in Heiermann/Zeiss/Summa, jurisPK-VergR, 5. Aufl. 2016, § 14 KonzVgV Rn. 7.

[6] BT-Drs. 18/7318, 259.

[7] *Wieddekind* in Willenbruch/Wieddekind, Vergaberecht, 4. Aufl. 2017, § 14 KonzVgV Rn. 2; siehe aber *Wagner/Pott* in Heiermann/Zeiss/Summa, jurisPK-VergR, 5. Aufl. 2016, § 14 KonzVgV Rn. 1, die § 14 KonzVgV dennoch eine geringe Relevanz vorhersagen.

[8] Vgl. *Wieddekind* in Willenbruch/Wieddekind, Vergaberecht, 4. Aufl. 2017, § 14 KonzVgV Rn. 1 f.

Unterabschnitt 2. Vorbereitung des Vergabeverfahrens

§ 15 Leistungsbeschreibung

(1) In der Leistungsbeschreibung werden die für die vertragsgegenständlichen Bau- oder Dienstleistungen geforderten Merkmale durch technische und funktionelle Anforderungen festgelegt. Der Konzessionsgeber fasst die Leistungsbeschreibung gemäß § 152 Absatz 1 in Verbindung mit § 121 Absatz 1 und 3 des Gesetzes gegen Wettbewerbsbeschränkungen in einer Weise, dass allen Unternehmen der gleiche Zugang zum Vergabeverfahren gewährt wird und die Öffnung des nationalen Beschaffungsmarkts für den Wettbewerb nicht in ungerechtfertigter Weise behindert wird.

(2) Die Merkmale können Aspekte der Qualität und Innovation sowie soziale und umweltbezogene Aspekte betreffen. Sie können sich auch auf den Prozess oder die Methode zur Herstellung oder Erbringung der Bau- oder Dienstleistungen oder auf ein anderes Stadium im Lebenszyklus des Gegenstands der Konzession einschließlich der Produktions- und Lieferkette beziehen, auch wenn derartige Faktoren keine materiellen Bestandteile des Gegenstands der Konzession sind, sofern diese Merkmale in Verbindung mit dem Gegenstand der Konzession stehen und zu dessen Wert und Beschaffungszielen verhältnismäßig sind.

(3) In der Leistungsbeschreibung darf nicht auf eine bestimmte Produktion oder Herkunft oder ein besonderes Verfahren, das die Erzeugnisse oder Dienstleistungen eines bestimmten Unternehmens kennzeichnet, oder auf gewerbliche Schutzrechte, Typen oder eine bestimmte Erzeugung verwiesen werden, wenn dadurch bestimmte Unternehmen oder bestimmte Produkte begünstigt oder ausgeschlossen werden, es sei denn, dieser Verweis ist durch den Konzessionsgegenstand gerechtfertigt. Solche Verweise sind ausnahmsweise zulässig, wenn der Konzessionsgegenstand andernfalls nicht hinreichend genau und allgemein verständlich beschrieben werden kann; diese Verweise sind mit dem Zusatz „oder gleichwertig" zu versehen.

(4) Ein Angebot darf nicht mit der Begründung abgelehnt werden, dass die angebotenen Bau- oder Dienstleistungen nicht den in der Leistungsbeschreibung genannten technischen und funktionellen Anforderungen entsprechen, wenn der Bieter in seinem Angebot mit geeigneten Mitteln nachgewiesen hat, dass die von ihm vorgeschlagenen Lösungen diese Anforderungen in gleichwertiger Weise erfüllen.

Übersicht

	Rn.		Rn.
A. Einführung	1	schreibung festgelegt werden können	10
I. Literatur	1		
II. Entstehungsgeschichte	2	III. Abs. 3: Der Grundsatz der hersteller- und produktneutralen Leistungsbeschreibung	13
III. Rechtliche Vorgaben im EU-Recht	3		
B. Die Anforderungen im Einzelnen	8	IV. Abs. 4: Gleichwertige Angebote und Nebenangebote	15
I. Abs. 1: Gegenstand und Grundprinzipien der Leistungsbeschreibung	9		
II. Abs. 2: Mögliche Gegenstände der Merkmale, die in der Leistungsbe-			

A. Einführung

I. Literatur

Goldbrunner, Das neue Recht der Konzessionsvergabe, VergabeR 2016, 365; *Kruse,* Die Vergabe von Konzes- **1** sionen, 2017; *Schröder,* Die neue Konzessionsvergabeverordnung im Überblick, KommP spezial 2016, 73.

II. Entstehungsgeschichte

2   § 15 KonzVgV findet **keine Vorgängernorm** im bisherigen Vergaberecht und wurde im Zuge der Vergabereform aufgrund zwingender unionsrechtlicher Vorgaben in die neu geschaffene KonzVgV eingefügt.

III. Rechtliche Vorgaben im EU-Recht

3   § 15 dient der Umsetzung von **Art. 36 der RL 2014/23/EU.** Die wesentlichen Vorgaben zur Leistungsbeschreibung aus Art. 36 Abs. 1 der RL 2014/23/EU wurden bereits in § 152 Abs. 1 i.V.m. § 121 Abs. 1 und 3 GWB umgesetzt. Als weitere Inspirationsquelle für den Verordnungsgeber diente Erwägungsgrund 67 der RL 2014/23/EU, wonach die technischen und funktionellen Anforderungen, d.h. die konkreten Vorgaben an die Leistungsbeschreibung, in den Vergabeunterlagen dargelegt werden und mit den Grundsätzen der Transparenz und der Gleichbehandlung im Einklang stehen sollten. Der Wortlaut des § 15 orientiert sich im Einklang mit Art. 36 der RL 2014/23/EU an § 31 VgV.[1]

4   Abs. 1 S. 1 gibt Funktion bzw. Inhalt von Leistungsbeschreibungen **in Wiederholung von § 152 Abs. 1 i.V.m. § 121 Abs. 1 und 3 GWB** wieder und setzt Art. 36 Abs. 1 Unterabs. 1 der RL 2014/23/EU um.[2] § 15 Abs. 1 S. 2 KonzVgV bestimmt als „übergeordnetes Gestaltungsprinzip" für die Leistungsbeschreibung, dass allen Unternehmen der gleiche Zugang zum Vergabeverfahren gewährt wird und die Öffnung des nationalen Beschaffungsmarktes für den Wettbewerb nicht in ungerechtfertigter Weise behindert wird.[3] Vorbild für Abs. 1 S. 2 ist § 31 Abs. 1 VgV, der seinerseits Art. 42 Abs. 2 der RL 2014/24/EU umsetzt. Der Unionsgesetzgeber hebt darüber hinaus in Erwägungsgrund 67 der RL 2014/23/EU hervor, dass die technischen und funktionellen Anforderungen es erlauben müssen, die Konzession in einem wettbewerblichen Verfahren zu vergeben.[4]

5   Durch § 15 Abs. 2 KonzVgV wird Art 36 Abs. 1 Unterabs. 2 S. 1 der RL 2014/23/EU **nach dem Vorbild von § 31 Abs. 3 VgV** umgesetzt. In die Formulierung von § 15 Abs. 2 S. 1 KonzVgV ist ferner die in Erwägungsgrund 66 der RL 2014/23/EU enthaltene Klarstellung eingegangen, dass Konzessionsgeber solche sozialen Anforderungen vorsehen können, die die betreffende Ware oder die betreffende Dienstleistung unmittelbar charakterisieren, wie das Kriterium der Barrierefreiheit für Menschen mit Behinderungen oder das Kriterium „Design für Alle". § 15 Abs. 2 S. 2 KonzVgV enthält in Umsetzung von Art. 36 Abs. 1 Unterabs. 2 S. 2 der RL 2014/23/EU eine beispielhafte Auflistung von Merkmalen, die die Leistungsbeschreibung umfassen kann.[5]

6   § 15 Abs. 3 KonzVgV implementiert Art. 36 Abs. 2 der RL 2014/23/EU ins deutsche Recht und verarbeitet ferner Erwägungsgrund 67 der RL 2014/23/EU.[6] Die Vorschrift des § 15 Abs. 3 KonzVgV **entspricht** inhaltlich weitgehend **§ 31 Abs. 6 VgV** und § 7 Abs. 4 VOL/A.[7]

7   Bei § 15 Abs. 4 KonzVgV handelt es sich um eine nahezu wortlautidentische Überführung des Art. 36 Abs. 3 der RL 2014/23/EU in deutsches Recht.[8] Insgesamt orientiert sich § 15 KonzVgV in Inhalt und Formulierung sehr eng an den unionsrechtlichen Vorgaben.

---

[1] Vgl. BT-Drs. 18/7318, 259.
[2] Vgl. BT-Drs. 18/7318, 259.
[3] *Tugendreich/Heller* in Müller-Wrede, GWB Vergaberecht, 2016, § 152 Rn. 13.
[4] BT-Drs. 18/7318, 259.
[5] BT-Drs. 18/7318, 259 f.
[6] BT-Drs. 18/7318, 260.
[7] *Wirner* in Willenbruch/Wieddekind, Vergaberecht, 4. Aufl. 2017, § 15 KonzVgV Rn. 12.
[8] BT-Drs. 18/7318, 260.

B. Die Anforderungen im Einzelnen

§ 15 KonzVgV enthält **Detailregelungen** zur bereits in **§ 152 Abs. 1 i. V. m. § 121** **8** **Abs. 1 und 3 GWB** im Grundsatz normierten Leistungsbeschreibung.[9] In der Leistungsbeschreibung, die das Kernstück der Vergabeunterlagen bildet,[10] werden die technischen und funktionellen Anforderungen für die Bau- und Dienstleistungskonzessionsvergaben normiert,[11] d. h. die Leistungsbeschreibung legt den vertraglich geschuldeten Leistungsumfang fest und stellt für Unternehmen die Grundlage ihres Angebotes dar.[12] Die Anforderungen an die Leistungsbeschreibung im Rahmen der Konzessionsvergabe entsprechen im Grundsatz denjenigen für die Vergabe öffentlicher Aufträge, auch wenn unter Berücksichtigung der Erwägungsgrund 68 der RL 2014/23/EU zu entnehmenden Grundentscheidung des Unionsrechtsgesetzgebers im Zusammenhang mit Konzessionsvergaben in der KonzVgV eine geringere Regelungstiefe als in der VgV anzutreffen ist.[13]

I. Abs. 1: Gegenstand und Grundprinzipien der Leistungsbeschreibung

In der Leistungsbeschreibung sind nach § 15 Abs. 1 S. 1 KonzVgV i. V. m. § 152 Abs. 1, **9** 121 Abs. 1 GWB die für die vertragsgegenständlichen Bau- oder Dienstleistungen geforderten Merkmale durch technische und funktionelle Anforderungen festzulegen sowie die Umstände und Bedingungen der Leistungserbringung zu beschreiben. Über den Verweis in § 15 Abs. 1 S. 2 KonzVgV auf § 152 Abs. 1 i. V. m. § 121 Abs. 1 S. 1 GWB gilt auch das Gebot der eindeutigen und erschöpfenden Leistungsbeschreibung für Konzessionsvergaben. Die Vorschrift des § 15 Abs. 1 S. 2 KonzVgV hebt ferner mit dem **Gleichbehandlungsgebot** (§ 97 Abs. 2 GWB) und dem **Wettbewerbsprinzip** (§ 97 Abs. 1 GWB) zwei zentrale Grundsätze des Vergaberechts hervor. Danach muss die Leistungsbeschreibung so gefasst sein, dass allen Unternehmen der gleiche Zugang zum Vergabeverfahren gewährt (Diskriminierungsverbot) und die Öffnung des nationalen Beschaffungsmarktes für den Wettbewerb nicht in ungerechtfertigter Weise behindert wird (Wettbewerbsprinzip).[14]

II. Abs. 2: Mögliche Gegenstände der Merkmale, die in der Leistungsbeschreibung festgelegt werden können

§ 15 Abs. 2 S. 1 KonzVgV nennt **mögliche technische und funktionelle Anforde-** **10** **rungen,** durch die die Festlegung der Merkmale der vertragsgegenständlichen Bau- oder Dienstleistungen zu erfolgen hat. Dies können nach § 15 Abs. 2 S. 1 KonzVgV sowohl Aspekte der Qualität und Innovation als auch soziale und umweltbezogene Aspekte sein. Auch wenn sich nicht unmittelbar aus der Lektüre des Art 36 Abs. 1 der RL 2014/23/EU ergeben mag, dass unionsrechtlich soziale, umweltbezogene und Kriterien der Qualität und Innovation überhaupt in die Leistungsbeschreibung eingehen dürfen, lässt sich dies richtigerweise mit einem systematischen Argument begründen. So setzt die ausnahmsweise nach

---

[9] Siehe zu den Anforderungen an die Leistungsbeschreibung im Rahmen der Auftragsvergabe *Lampert* in Beck VergabRK, § 121 GWB sowie *Lampert* in Beck VergabRK, § 31 VgV Rn. 16 ff.

[10] *Schröder* KommP spezial 2016, 69 (73); ähnlich *Kirch/Janitzek/Mieruszewski* in Leinemann, Die Vergabe öffentlicher Aufträge, 6. Aufl. 2016, Rn. 2004.

[11] *Noch* Vergaberecht kompakt, 7. Aufl. 2016, Rn. 1022; *Goldbrunner* VergabeR 2016, 365 (376).

[12] *Kirch/Janitzek/Mieruszewski* in Leinemann, Die Vergabe öffentlicher Aufträge, 6. Aufl. 2016, Rn. 2004.

[13] So auch *Goldbrunner* VergabeR 2016, 365 (376), der darauf hinweist, dass etwa die Berücksichtigung von Zugänglichkeitskriterien für Menschen mit Behinderungen oder die Konzeption für alle Nutzer bei der Beschaffung von Leistungen, die zur Nutzung durch natürliche Personen vorgesehen sind, in der KonzVgV im Gegensatz zur VgV nicht zwingend, sondern fakultativ ausgestaltet ist.

[14] Vgl. *Goldbrunner* VergabeR 2016, 365 (376).

Art. 36 Abs. 1 Unterabs. 2 S. 1 der RL 2014/23/EU zulässige Berücksichtigung des spezifischen Prozesses oder der spezifischen Methode zur Herstellung oder Erbringung der Bau- oder Dienstleistungen oder eines anderen Stadiums im Lebenszyklus des Gegenstandes der Konzession einschließlich der Produktions- und Lieferkette voraus, dass soziale, umweltbezogene und Kriterien der Qualität und Innovation überhaupt in die Leistungsbeschreibung eingehen dürfen.[15]

11 § 12 Abs. 2 S. 2 KonzVgV nimmt die beispielhafte Aufzählung zulässiger Merkmale der abgeforderten Leistungen in Art. 36 Abs. 1 Unterabs. 2 der RL 2014/23/EU auf und bringt zum Ausdruck, dass sich soziale und umweltbezogene Merkmale auch auf **andere Stadien des Lebenszyklus** des Konzessionsgegenstandes beziehen dürfen, auch wenn derartige Faktoren keine materiellen Bestandteile des Gegenstands der Konzession sind.[16] Art. 36 Abs. 1 Unterabs. 2 der RL 2014/23/EU benennt als zulässige Merkmale Qualitätsstufen, Umwelt- und Klimaleistungsstufen, „Design für Alle" (einschließlich des Zugangs von Menschen mit Behinderungen) und Konformitätsbewertungsstufen, Leistung, Sicherheit oder Abmessungen des Erzeugnisses, Terminologie, Symbole, Prüfungen und Prüfverfahren, Kennzeichnung und Beschriftung oder Gebrauchsanleitungen.[17]

12 Wie auch bei Auftragsvergaben müssen die in der Leistungsbeschreibung festgelegten Merkmale **in Verbindung** mit dem Gegenstand der Konzession stehen und zu dessen Wert und Beschaffungszielen **verhältnismäßig** sein.[18]

III. Abs. 3: Der Grundsatz der hersteller- und produktneutralen Leistungsbeschreibung

13 § 15 Abs. 3 KonzVgV enthält in Satz 1 den **Grundsatz der hersteller- und produktneutralen Leistungsbeschreibung.** Dieser findet seine Wurzeln im Gleichbehandlungsgrundsatz und im Wettbewerbsprinzip und zielt darauf ab zu verhindern, dass durch die Vorgabe bestimmter Erzeugnisse oder Verfahren bestimmte Marktteilnehmer bevorzugt werden. Entsprechend darf in der Leistungsbeschreibung nicht auf eine bestimmte Machart oder Herkunft oder ein besonderes Verfahren, das die Erzeugnisse oder Dienstleistungen eines bestimmten Wirtschaftsteilnehmers kennzeichnet, oder auf Marken, Patente, Typen, oder eine bestimmte Erzeugung verwiesen werden, wenn dadurch bestimmte Unternehmen oder bestimmte Erzeugnisse begünstigt oder ausgeschlossen werden.

14 Der **Grundsatz** der hersteller- und produktneutralen Leistungsbeschreibung wird durch § 15 Abs. 3 S. 2 KonzVgV **durchbrochen.** Danach sind die in Satz 1 aufgeführten Verweise ausnahmsweise zulässig, wenn der Konzessionsgegenstand nicht hinreichend genau und allgemein verständlich beschrieben werden kann. In diesen Fällen sind besagte Verweise mit dem Zusatz „oder gleichwertig" zu versehen. Konzessionsgeber können somit im Einzelfall sog. Leitfabrikate oder -produkte vorgeben, die von den an der Konzession interessierten Unternehmen entweder anzubieten, oder durch ein gleichwertiges Produkt zu substituieren sind.[19] Entscheiden sich interessierte Wirtschaftsteilnehmer sodann dagegen, das Leitprodukt anzuführen, haben sie in ihren Angeboten mit geeigneten Mitteln nachzuweisen, dass die offerierten Lösungen die technischen Anforderungen und Funktionsanforderungen in gleichwertiger Weise erfüllen. Die Gleichwertigkeit wird dabei zuvorderst an dem in der Leistungsbeschreibung zum Ausdruck gekommenen Willen des Konzessionsgebers zu messen sein.[20]

---

[15] Vgl. BT-Drs. 18/7318, 259 f.
[16] Vgl. auch *Wirner* in Willenbruch/Wieddekind, Vergaberecht, 4. Aufl. 2017, § 15 KonzVgV Rn. 9.
[17] Vgl. zum Ganzen BT-Drs. 18/7318, 259 f.
[18] Vgl. *Kirch/Janitzek/Mieruszewski* in Leinemann, Die Vergabe öffentlicher Aufträge, 6. Aufl. 2016, Rn. 2006.
[19] Vgl. *Kirch/Janitzek/Mieruszewski* in Leinemann, Die Vergabe öffentlicher Aufträge, 6. Aufl. 2016, Rn. 2008.
[20] Siehe zum Grundsatz der produktneutralen Leistungsbeschreibung *Lampert* in Beck VergabRK, § 121 GWB sowie *Lampert* in Beck VergabRK, § 31 VgV Rn. 92 ff.

IV. Abs. 4: Gleichwertige Angebote und Nebenangebote

Nach § 15 Abs. 4 KonzVgV darf ein Angebot, das nicht den in der Leistungsbeschrei-   **15**
bung genannten technischen und funktionellen Anforderungen entspricht, nicht abgelehnt
werden, wenn der Bieter in seinem Angebot mit geeigneten Mitteln nachgewiesen hat,
dass die von ihm vorgeschlagene Lösung diese Anforderungen in gleichwertiger Weise erfüllt. Ausweislich des Wortlauts des § 15 Abs. 4 KonzVgV obliegt die Nachweispflicht hinsichtlich der **Gleichwertigkeit** ihrer Lösung zu den vom Konzessionsgeber aufgestellten
Anforderungen dem Bieter. Entsprechend haben die Bieter bereits „in ihrem Angebot" die
notwendigen Nachweise unaufgefordert mit dem Angebot einzureichen.[21] Richtiger Auffassung nach haben die Bieter insoweit keinen Anspruch auf Aufklärung uneindeutiger
oder auf Nachbesserung unzureichender Nachweise, d.h. die eingereichten Nachweise
müssen für einen durchschnittlichen Auftraggeber aus sich heraus und ohne Hinzuziehung
externen Sachverstands nachvollziehbar sein.[22] Wie sich aus dem Wortlaut des § 15 Abs. 4
KonzVgV ergibt („diese Anforderungen"), ist die Gleichwertigkeitsprüfung anhand der
Anforderungen der Leistungsbeschreibung durchzuführen. Dabei ist davon auszugehen,
dass die Gleichwertigkeitsprüfung in der Praxis nur schwer rechtssicher durchgeführt werden kann und deshalb vor dem Hintergrund des Transparenzprinzips (§ 97 Abs. 1 GWB)
nicht unproblematisch ist.[23]

Richtigerweise können § 15 Abs. 4 KonzVgV schließlich auch Aussagen zu **Nebenan-**   **16**
geboten entnommen werden, die weder auf unionaler noch auf nationaler Ebene im Bereich der Konzessionsvergabe und dies im Gegensatz zur Auftragsvergabe (siehe § 35 VgV)
einer Regelung zugeführt wurden.[24]

Soweit ein Nebenangebot durch **Abweichungen von den in der Leistungsbe-**   **17**
schreibung genannten technischen und funktionellen Anforderungen charakterisiert ist, wird es durch die Regelung des § 15 Abs. 4 KonzVgV erfasst. Entsprechend sind
solche Nebenangebote ohne die nach § 35 Abs. 1 VgV für die Auftragsvergabe erforderliche ausdrückliche Zulassung durch den Konzessionsgeber zulässig. In der Folge ist auch die
Statuierung von in § 35 Abs. 2 VgV vorgesehenen Mindestanforderungen oder der komplette Ausschluss von Nebenangeboten durch den Konzessionsgeber unstatthaft, da dies
Sinn und Zweck der Regelung des § 15 Abs. 4 KonzVgV zuwiderliefe, die darin bestehen,
dem Bieter die Möglichkeit zu eröffnen, in Abweichung von den Vorgaben der Leistungsbeschreibung eine gleichwertige Lösung anzubieten.[25]

Fraglich ist hingegen, was § 15 Abs. 4 KonzVgV hinsichtlich **sonstiger Nebenangebo-**   **18**
te zu entnehmen ist, also solchen, die sich nicht durch eine Abweichung von den technischen und funktionellen Anforderungen in der Leistungsbeschreibung auszeichnen. Teilweise wird vertreten, dass auch solche Nebenangebote grundsätzlich zulässig sind. § 15
Abs. 4 KonzVgV sei Ausdruck einer grundsätzlich positiven Entscheidung zugunsten von
Nebenangeboten, aus der aber nicht der Umkehrschluss gezogen werden könne, dass Nebenangebote grundsätzlich – soweit nicht ausdrücklich zugelassen – unzulässig seien. Fer-

---

[21] *Wirner* in Willenbruch/Wieddekind, Vergaberecht, 4. Aufl. 2017, § 15 KonzVgV Rn. 15; *Tugend-
reich/Heller* in Müller-Wrede, GWB Vergaberecht, 2016, § 152 Rn. 17.

[22] So auch *Wirner* in Willenbruch/Wieddekind, Vergaberecht, 4. Aufl. 2017, § 15 KonzVgV Rn. 15 f.,
der dem Konzessionsgeber bei der Prüfung, ob die von den Bietern vorgelegten Unterlagen inhaltlich ausreichen, um nachzuweisen, dass die vorgeschlagenen Lösungen tatsächlich den Anforderungen der in Bezug
genommenen Spezifikationen gleichermaßen entsprechen, überdies einen Beurteilungsspielraum einräumt
und ihm für den Fall einer Verneinung der Gleichwertigkeit eine Begründungspflicht auferlegt; aA *Kirch/*
Janitzek/Mieruszewski in Leinemann, Die Vergabe öffentlicher Aufträge, 6. Aufl. 2016, Rn. 2009, wonach
die erforderlichen Unterlagen ggf. durch den Konzessionsgeber nachzufordern sind.

[23] Vgl. *Tugendreich/Heller* in Müller-Wrede, GWB Vergaberecht, 2016, § 152 Rn. 17.

[24] Zum Folgenden *Tugendreich/Heller* in Müller-Wrede, GWB Vergaberecht, 2016, § 152 Rn. 18 bis 22;
zu Nebenangeboten bei der Auftragsvergabe siehe *Liebschwager* in Beck VergabRK, § 35 VgV.

[25] So auch *Tugendreich/Heller* in Müller-Wrede, GWB Vergaberecht, 2016, § 152 Rn. 18 bis 20.

ner sei zu berücksichtigen, dass § 15 Abs. 4 KonzVgV Nebenangebote im Gegensatz zu § 35 VgV sogar ohne zuvor aufgestellte Mindestanforderungen für zulässig erklärt, sodass die Hürde für die Zulassung dieser Nebenangebote sehr viel niedriger als im Bereich der Vergabe öffentlicher Aufträge sei. Hierzu stünde es im Widerspruch, wenn alle nicht von § 15 Abs. 4 KonzVgV erfassten Nebenangebote von vornherein unzulässig wären, obwohl sie im Bereich der öffentlichen Auftragsvergabe zulässig sind. Im Ergebnis seien nicht von § 15 Abs. 4 KonzVgV erfasste Nebenangebote somit auch im Rahmen der Vergabe von Konzessionen zuzulassen, wenn der Konzessionsgeber Mindestanforderungen festgelegt hat. So würden die Anforderungen an ein transparentes und diskriminierungsfreies Verfahren gewahrt, ebenso wie die grundsätzlich positive Wertungsentscheidung des Gesetzgebers zu Nebenangeboten.[26]

19   Gegen diese Auffassung spricht neben dem klaren Wortlaut des § 15 Abs. 4 KonzVgV ein Umkehrschluss aus § 35 VgV. Ferner ist zu bedenken, dass nach der gesetzgeberischen Regelungsstruktur die Zulassung von Nebenangeboten eine Ausnahme vom Grundsatz der Unzulässigkeit von Nebenangeboten und entsprechend restriktiv auszulegen ist, was dem oben gefundenen Auslegungsergebnis, das faktisch auf einen Analogieschluss zu § 35 VgV hinauslaufen würde, entgegensteht. Ferner führt die Möglichkeit für den Konzessionsgeber, Mindestbedingungen einzuführen, nicht dazu, dass die mit der Zulassung von Nebenangeboten verbundenen Transparenzeinbußen vollständig beseitigt werden. Dass sich der Gesetzgeber im Rahmen der Auftragsvergabe und bei den unter § 15 Abs. 4 KonzVgV fallenden Nebenangeboten dazu entschieden hat, besagte Einschränkungen des Transparenzgrundsatzes hinzunehmen, bedeutet nicht zwangsläufig, dass dies auch für Nebenangebote außerhalb des § 15 Abs. 4 KonzVgV zu gelten hat. Im Ergebnis kann der oben skizzierten Interpretation mit Blick auf **Erwägungsgrund 68 der RL 2014/23/EU** allerdings dennoch gefolgt werden. Danach soll dem Konzessionsgeber bei der Konzessionsvergabe grundsätzlich ein größerer Spielraum bei der Festlegung des Vergabeverfahrens als bei der Auftragsvergabe zukommen. Da mit Blick auf die Frage der Zulassung von Nebenangeboten das erstgenannte Auslegungsergebnis einen solchen größeren Spielraum eröffnet und gleichzeitig keine in der Natur der Konzessionsvergabe liegenden entgegenstehenden Sachgründe sowie keine entgegenstehende gesetzgeberische Intention ersichtlich sind,[27] sprechen die besseren Argumente für eine Zulassung von nicht unter § 15 Abs. 4 KonzVgV fallenden Nebenangeboten unter den Voraussetzungen des § 31 VgV.

---

[26] *Tugendreich/Heller* in Müller-Wrede, GWB Vergaberecht, 2016, § 152 Rn. 21 f.
[27] Dies gilt für die Richtlinie, das GWB und die KonzVgV sowie die diesen Regelungskomplexen zugehörigen Begründungen bzw. Erwägungsgründe.

§ 16 Vergabeunterlagen

Die Vergabeunterlagen umfassen jede Unterlage, die vom Konzessionsgeber erstellt wird oder auf die er sich bezieht, um Bestandteile der Konzession oder des Verfahrens zu beschreiben oder festzulegen. Dazu zählen insbesondere die Leistungsbeschreibung, der Entwurf der Vertragsbedingungen, Vorlagen für die Einreichung von Unterlagen durch Bewerber oder Bieter sowie Information über allgemeingültige Verpflichtungen.

Übersicht

	Rn.		Rn.
A. Einführung	1	2. Entwurf der Vertragsbedingungen	10
I. Literatur	1	3. Vorlagen für die Einreichung von Unterlagen	15
II. Entstehungsgeschichte	2	II. Weitere inhaltliche Vorgaben	16
III. Rechtliche Vorgaben im EU-Recht	5		
B. Vergabeverfahren	8		
I. Bestandteile der Vergabeunterlagen ...	8		
1. Leistungsbeschreibung	9		

A. Einführung

I. Literatur

Burgi, Die Vergabe von Dienstleistungskonzessionen: Verfahren, Vergabekriterien, Rechtsschutz, NZBau **1** 2005, 610; *Goldbrunner*, Das neue Recht der Konzessionsvergabe, VergabeR 2016, 365; *Kruse*, Die Vergabe von Konzessionen, 2017; *Mieruszewski/Janitzek*, Die Vergabe von Bau- und Dienstleistungskonzessionen nach der Konzessionsvergabeverordnung (KonzVgV), VergabeNews 2016, 82; *Siegel*, Das neue Konzessionsvergaberecht, NVwZ 2016, 1672; *Schröder*, Das Konzessionsvergabeverfahren nach der RL 2014/23/EU, NZBau 2015, 351; *Stein*, Mehr Regeln (und Ausnahmen): Die neue Konzessionsvergaberichtlinie, in: Pünder/Prieß (Hrsg.), Vergaberecht im Umbruch II – Die neuen EU-Vergaberichtlinien und ihre Umsetzung, 2015, 101.

II. Entstehungsgeschichte

Die Konzessionsvergabeverordnung (KonzVgV)[1] regelt zusammen mit den die Konzessi- **2** onsvergabe betreffenden, vorrangig geltenden Regelungen im Vierten Teil des GWB[2] erstmals einheitlich und umfassend das Verfahren zur Vergabe von Bau- und Dienstleistungskonzessionen, die den Schwellenwert[3] erreichen oder überschreiten. Damit wird die RL 2014/23/EU (Konzessionsvergaberichtlinie)[4] in das deutsche Recht umgesetzt.

Vor Inkrafttreten der RL 2014/23/EU war die Vergabe von **Baukonzessionen,** die den **3** Schwellenwert erreichen oder überschreiten, in Art. 56 ff. RL 2004/18/EG[5] geregelt. Die Vorgaben wurden im nationalen Recht u. a. dadurch umgesetzt, dass nach § 22 EG Abs. 2 Nr. 1 VOB/A a. F. bei der Vergabe von Baukonzessionen die Regelungen des ersten Ab-

---

[1] Verordnung über die Vergabe von Konzessionen (Konzessionsvergabeverordnung – KonzVgV), BGBl. 2016 I S. 624, 683.

[2] §§ 148–154 GWB sowie weitere in Bezug genommener Regelungen.

[3] § 106 Abs. 2 Nr. 4 GWB, Art. 8 Abs. 1 RL 2014/23/EU. Für Bau- und Dienstleistungskonzessionen gilt derselbe Schwellenwert, der von der Kommission alle zwei Jahre überprüft und ggf. neu festgesetzt wird, Art. 9 RL 2014/23/EU.

[4] Richtlinie 2014/23/EU des Europäischen Parlaments und des Rates vom 26.2.2014 über die Konzessionsvergabe (ABl. 2014 L 94, S. 1).

[5] Richtlinie 2004/18/EG des Europäischen Parlaments und des Rates vom 31.3.2004 über die Koordinierung der Verfahren zur Vergabe öffentlicher Bauaufträge, Lieferaufträge und Dienstleistungsaufträge (ABl. 2004 L 134, S. 114, Vergabekoordinierungsrichtlinie).

schnitts der VOB/A a. F. sinngemäß anzuwenden waren.[6] Sinngemäß anzuwenden waren daher auch die die Vergabeunterlagen betreffenden Regelungen des § 8 VOB/A a. F. Nach § 8 Abs. 1 VOB/A bestanden die Vergabeunterlagen aus einem Anschreiben (Aufforderung zur Angebotsabgabe), ggf. Bewerbungsbedingungen sowie den in § 7 und § 8 Abs. 3 bis 6 VOB/A a. F. geregelten Vertragsunterlagen. Zu den Vertragsunterlagen zählten die Leistungsbeschreibung (§ 7 VOB/A a. F.) sowie die allgemeinen, zusätzlichen und besonderen Vertragsbedingungen einschließlich der VOB/B und der VOB/C (§ 8 Abs. 3 bis 6 VOB/A a. F.). Einzelne Vertragsbedingungen waren zudem in § 9 VOB/A a. F. geregelt. Mit der Vorgabe, dass die Vergabeunterlagen die Leistungsbeschreibung, die Vertragsbedingungen und ggfs. die Bewerbungsbedingungen umfassen, wurde sichergestellt, dass die auch für Baukonzessionen geltenden allgemeinen Grundsätze des Vergaberechts,[7] insbesondere der Wettbewerbs- und Transparenzgrundsatz (§ 97 Abs. 1 GWB a. F.) und der Gleichbehandlungsgrundsatz (§ 97 Abs. 2 GWB a. F.) beachtet werden.[8]

4   **Dienstleistungskonzessionen** waren nach Art. 17 RL 2004/18/EG vom Anwendungsbereich der RL 2004/18/EG ausgenommen.[9] Anders als bei Baukonzessionen enthielt daher das bis zum Inkrafttreten des Vergaberechtsmodernisierungsgesetzes[10] und der Vergaberechtsmodernisierungsverordnung[11] geltende Vergaberecht keine Regelung zur Ausgestaltung der Vergabeunterlagen für Dienstleistungskonzessionen. Nach ständiger Rechtsprechung des EuGH waren jedoch auch bei der Vergabe von Dienstleistungskonzessionen, an denen ein grenzüberschreitendes Interesse besteht, die Grundfreiheiten des AEUV[12] und die hieraus abgeleiteten allgemeinen Grundsätze des Vergaberechts, d. h. der Gleichbehandlungsgrundsatz, der Transparenzgrundsatz, der Wettbewerbsgrundsatz und der Verhältnismäßigkeitsgrundsatz zu beachten.[13] Aus den allgemeinen Grundsätzen des Vergaberechts folgt, dass die Vergabeunterlagen alle Informationen umfassen müssen, die erforderlich sind, damit alle an der Dienstleistungskonzession interessierten Unternehmen auf derselben Grundlage ein Angebot ausarbeiten können.

III. Rechtliche Vorgaben im EU-Recht

5   § 16 KonzVgV übernimmt die Definition der Konzessionsunterlagen in Art. 5 Nr. 12 RL 2014/23/EU in das deutsche Recht. Die Konzessionsunterlagen werden in der KonzVgV jedoch als Vergabeunterlagen bezeichnet. Dass die Vergabeunterlagen i. S. v. § 16 KonzVgV jede Unterlage umfassen, die vom Konzessionsgeber erstellt wird oder auf die er sich bezieht, um Bestandteile der Konzession oder des Verfahrens zu beschreiben oder festzulegen, entspricht der Definition in Art. 5 Nr. 12 RL 2014/23/EU. Zu den Konzessionsunterlagen zählen nach Art. 5 Nr. 12 RL 2015/23/EU die Konzessionsbekanntmachung,

---

[6] § 22 EG Abs. 2 Nr. 1 VOB/A a. F.

[7] *Kulartz* in KMPP, VOB Teil A § 22 Rn. 8; *Eschenbruch* in Kulartz/Kus/Portz, GWB-Vergaberecht, 3. Aufl. 2014, § 99 Rn. 695; *Düsterdiek* in Ingenstau/Korbion, 19. Aufl. 2015, § 22 EG VOB/A Rn. 34.

[8] Für Baukonzessionen, an denen ein grenzüberschreitendes Interesse besteht, folgte der Verpflichtung zur Beachtung der allgemeinen Grundsätze des Vergaberechts auch aus den Grundfreiheiten des AEUV, *Eschenbruch* in Kulartz/Kus/Portz, GWB-Vergaberecht, 3. Aufl. 2014, § 99 Rn. 659; *Düsterdiek* in Ingenstau/Korbion, 19. Aufl. 2015, § 22 EG VOB/A Rn. 34; Nr. 3 der Mitteilung der Kommission zu Auslegungsfragen im Bereich Konzession im Gemeinschaftsrecht (ABl. 2000 C 121, S. 2).

[9] Nur bei der Zuerkennung besonderer oder ausschließlicher Rechte war die Nichtdiskriminierungsklausel des Art. 3 RL 2004/18/EG zu beachten.

[10] Gesetz zur Modernisierung des Vergaberechts vom 17.2.2016 (BGBl. 2016 I S. 203).

[11] Verordnung zur Modernisierung des Vergaberechts (Vergaberechtsmodernisierungsverordnung – VergRModVO) vom 12.4.2016 (BGBl. 2016 I S. 624).

[12] Insbesondere die Niederlassungsfreiheit (Art. 49 AEUV) und die Dienstleistungsfreiheit (Art. 56 AEUV).

[13] EuGH 7.12.2000 – C–324/98, NZBau 2001, 148 Rn. 60 ff. – Telaustria; EuGH 13.10.2005 – C–458/03, NVwZ 2005, 1407 Rn. 46 ff. – Parking Brixen; EuGH 13.4.2010 – C–91/08, NZBau 2010, 382 Rn. 33 ff. – Wall AG; EuGH 10.3.2011 – C–274/09, NZBau 2011, 239 Rn. 49 – Rettungsdienst Stadler; EuGH 14.11.2013 – C–221/12, NZBau 2014, 53 Rn. 28 – Belgacom.

die technischen Anforderungen und Funktionsanforderungen, die vorgeschlagenen Konzessionsbedingungen, Formate für die Einreichung von Unterlagen durch Bewerber und Bieter, Informationen über allgemeingültige Verpflichtungen sowie etwaige zusätzliche Unterlagen. Abweichend hiervon zählt die Konzessionsbekanntmachung nach § 16 KonzVgV nicht zu den Vergabeunterlagen. Damit differenziert § 16 KonzVgV ebenso wie § 29 Abs. 1 VgV[14] für die Vergabe öffentlicher Aufträge zwischen der Konzessionsbekanntmachung bzw. der Auftragsbekanntmachung und den Vergabeunterlagen. Weder die Aufzählung in § 16 S. 2 KonzVgV („insbesondere"), noch die Aufzählung in Art. 5 Nr. 12 RL 2014/23/EU („sowie etwaige zusätzliche Unterlagen") ist abschließend.

Art. 5 Nr. 12 RL 2014/23/EU regelt, dass auch „die technischen Anforderungen und **6** Funktionsanforderungen" Bestandteil der Konzessionsunterlagen sind. § 16 S. 2 KonzVgV verwendet insofern den Begriff der Leistungsbeschreibung, in der nach § 15 Abs. 1 S. 1 KonzVgV „die für die vertragsgegenständlichen Bau- oder Dienstleistungen geforderten Merkmale durch technische und funktionelle Anforderungen festgelegt" werden.[15]

Zu berücksichtigen ist ferner, dass sowohl die RL 2014/23/EU als auch die KonzVgV **7** inhaltliche Mindestanforderungen für die Vergabeunterlagen definieren, die nicht in Art. 5 Nr. 12 RL 2014/23/EU bzw. § 12 KonzVgV geregelt sind. Hierauf wird unter B. ebenfalls eingegangen.

B. Vergabeverfahren

I. Bestandteile der Vergabeunterlagen

Die Vergabeunterlagen umfassen nach § 16 S. 1 KonzVgV jede Unterlage, die vom **8** Konzessionsgeber erstellt wird oder auf die er sich bezieht, um Bestandteile der Konzession oder des Verfahrens zu beschreiben oder festzulegen. Zu den Vergabeunterlagen zählen nach § 16 S. 2 KonzVgV insbesondere die Leistungsbeschreibung, der Entwurf der Vertragsbedingungen, Vorlagen für die Einreichung von Unterlagen durch Bewerber oder Bieter sowie Informationen über allgemeingültige Verpflichtungen. Wie bereits dargelegt ist die Aufzählung nicht abschließend.[16] Die Konzessionsbekanntmachung zählt nicht zu den Vergabeunterlagen.[17]

1. Leistungsbeschreibung

Hinsichtlich der **Leistungsbeschreibung,** in der nach § 15 Abs. 1 S. 1 KonzVgV auch **9** die für die vertragsgegenständlichen Bau- oder Dienstleistungen geforderten Merkmale durch technische und funktionelle Anforderungen festzulegen sind, wird auf die Kommentierung zu § 15 KonzVgV verwiesen.[18]

2. Entwurf der Vertragsbedingungen

Die KonzVgV enthält keine näheren Regelungen zum Entwurf der **Vertragsbedin- 10 gungen.** In den Vertragsbedingungen müssen alle wesentlichen Rechte und Pflichten des Konzessionsnehmers und des Konzessionsgebers definiert werden, um eine ordnungsgemäße Aufgabenerfüllung des Konzessionsnehmers zu gewährleisten.[19] Hauptgegenstand der Vertragsbedingungen ist die **Betrauung**[20] des Konzessionsnehmers mit der **Erbringung**

---

[14] → § 29 VgV Rn. 11; BT-Drs. 18/7318, 169.
[15] BT-Drs. 18/7318, 260.
[16] → Rn. 5.
[17] → Rn. 5.
[18] → § 15 Rn. 9.
[19] *Kruse,* Die Vergabe von Konzessionen, 2017, S. 96.
[20] → § 105 GWB Rn. 37 ff.

von **Bauleistungen**[21] (Baukonzession) oder der **Erbringung und Verwaltung von Dienstleistungen**[22] (Dienstleistungskonzession). Der Konzessionsnehmer muss verpflichtet werden, die Bauleistungen bzw. Dienstleistungen zu erbringen, die Gegenstand der Konzession sind.[23] In die Vertragsbedingungen müssen ferner etwaige **fachgesetzliche Vorgaben** aufgenommen werden, die der Konzessionsnehmer bei der Aufgabenerfüllung beachten muss. Dies dürfte mit den in § 16 S. 2 KonzVgV genannten „**Informationen über allgemeingültige Verpflichtungen**" gemeint sein. Zudem müssen das Recht des Konzessionsnehmers **zur Nutzung** des von ihm zu errichtenden Bauwerks (Baukonzession) bzw. zur Verwertung der von ihm zu erbringenden Dienstleistungen (Dienstleistungskonzession),[24] der **Übergang des Betriebsrisikos** auf den Konzessionsnehmer[25] und etwaige **Vorgaben** geregelt werden, die der Konzessionsnehmer bei der **Festlegung des Entgelts** beachten muss, das er von Dritten für seine Leistungen erheben darf.[26] Soll der Konzessionsnehmer ergänzend zu dem ihm eingeräumten Verwertungs- bzw. Nutzungsrecht noch eine Zahlung des Konzessionsgebers erhalten,[27] muss dies ebenfalls in den Vertragsbedingungen geregelt werden. Ergänzend wird auf die Kommentierung zu § 29 Abs. 1 VgV verwiesen.[28]

11   Die **Laufzeit des Konzessionsvertrages** muss ebenfalls in den Vertragsbedingungen geregelt werden. Die Laufzeit von Konzessionen ist nach § 3 Abs. 1 KonzVgV beschränkt. Der Konzessionsgeber ist verpflichtet, die Laufzeit je nach den geforderten Bau- oder Dienstleistungen zu schätzen.[29] § 3 Abs. 2 S. 1 KonzVgV regelt, dass die Laufzeit bei Konzessionen mit einer Laufzeit von über fünf Jahren nicht länger sein darf als der Zeitraum, innerhalb dessen der Konzessionsnehmer nach vernünftigem Ermessen die Investitionsaufwendungen für die Errichtung, die Erhaltung und den Betrieb des Bauwerks oder die Erbringung der Dienstleistungen zuzüglich einer Rendite auf das investierte Kapital unter Berücksichtigung der zur Verwirklichung der spezifischen Vertragsziele notwendigen Investitionen wieder erwirtschaften kann.[30] Ausweislich des Erwägungsgrundes 52 der RL 2014/23/EU sollte in den Vergabeunterlagen die **Höchstdauer des Konzessionsvertrages** angegeben werden, sofern diese nicht selbst ein Zuschlagskriterium ist.

12   Beim Entwurf der Vertragsbedingungen sollte zudem § 132 GWB berücksichtigt werden, der mit den in § 154 Nr. 3 GWB geregelten Modifikationen auch auf Konzessionsverträge anwendbar ist. § 132 Abs. 1 GWB regelt, dass wesentliche Änderungen eines Konzessionsvertrages während der Vertragslaufzeit ein neues Vergabeverfahren erfordern, wenn keine der in § 132 Abs. 2 bis 5 GWB geregelten Ausnahmen vorliegt. Die Änderung eines Konzessionsvertrages ist nach § 132 Abs. 2 S. 1 Nr. 1 GWB ohne Durchführung eines neuen Vergabeverfahrens zulässig, wenn in den ursprünglichen Vergabeunterlagen klare, genaue und eindeutig formulierte **Überprüfungsklauseln** oder **Optionen** vorgesehen sind, die Angaben zu Art, Umfang und Voraussetzungen möglicher Änderungen des Konzessionsvertrages enthalten, und sich aufgrund der Änderung der Gesamtcharakter der Konzession nicht ändert. Bei Bedarf müssen daher entsprechende Überprüfungsklauseln oder Optionen in den Entwurf der Vertragsbedingungen aufgenommen werden.

13   § 33 Abs. 4 S. 1 KonzVgV verpflichtet den Konzessionsgeber, bei Baukonzessionen und in Bezug auf Dienstleistungen, die in der Einrichtung des Konzessionsgebers unter dessen

---

[21] → § 105 GWB Rn. 71.
[22] → § 105 GWB Rn. 72.
[23] → § 105 GWB Rn. 40.
[24] → § 105 GWB Rn. 57 ff..
[25] Nach § 105 Abs. 2 GWB muss bei einer Bau- oder Dienstleistungskonzession das Betriebsrisiko für die Nutzung des Bauwerks oder die Verwertung der Dienstleistung auf den Konzessionsnehmer übergehen; → § 105 GWB Rn. 75 ff.
[26] *Burgi* NZBau 2005, 610, 616; *Kruse* Die Vergabe von Konzessionen, 2017, S. 96.
[27] → § § 105 GWB Rn. 66 ff.
[28] → § 29 VgV Rn. 42 ff.
[29] → § 3 Rn. 23 f.
[30] →§ 3 Abs. 2 Rn. 24.

direkter Aufsicht zu erbringen sind, dem Konzessionsnehmer in den Vertragsbedingungen vorzuschreiben, dass dieser spätestens bei Beginn der Durchführung der Konzession die Namen, die Kontaktdaten und die gesetzlichen Vertreter der **Unterauftragnehmer** mitteilt und dass jede im Rahmen der Durchführung der Konzession eintretende Änderung auf der Ebene der Unterauftragnehmer mitzuteilen ist.[31] Dies muss in den Vertragsbedingungen geregelt werden. Nach § 33 Abs. 4 S. 2 KonzVgV kann der Konzessionsgeber die Mitteilungspflichten auch als Vertragsbedingungen für die Vergabe von Dienstleistungskonzessionen vorsehen, bei denen die Dienstleistungen nicht in der Einrichtung des Konzessionsgebers unter dessen direkter Aufsicht zu erbringen sind.[32] Die Mitteilungspflichten können nach § 33 Abs. 4 S. 3 KonzVgV auch auf Lieferanten, die bei Bau- oder Dienstleistungskonzessionen beteiligt sind, sowie auf weitere Stufen in der Kette der Unterauftragnehmer ausgeweitet werden.[33] Soll hiervon Gebrauch gemacht werden, muss dies ebenfalls in den Vertragsbedingungen geregelt werden.

§ 25 Abs. 3 S. 1 KonzVgV regelt, dass ein Unternehmen zur Erfüllung der Eignungskriterien Kapazitäten anderer Unternehmen einbeziehen darf, unabhängig davon, welche rechtlichen Beziehungen zwischen ihm und diesem Unternehmen bestehen. Nach § 25 Abs. 3 S. 2 KonzVgV kann der Konzessionsgeber hinsichtlich der finanziellen Leistungsfähigkeit verlangen, dass die Unternehmen **gemeinschaftlich für die Vertragsdurchführung haften.** Dies muss ebenfalls in den Vergabeunterlagen – als Bestandteil der Vertragsbedingungen – geregelt werden. **14**

3. Vorlagen für die Einreichung von Unterlagen

Zu den Vergabeunterlagen zählen nach § 16 S. 2 KonzVgV ferner **Vorlagen für die Einreichung von Unterlagen durch Bewerber oder Bieter.** Insbesondere für die Eignungsprüfung hat es sich bewährt, Formblätter zu erstellen, in denen die von den Bewerbern bzw. Bietern abzugebenden Eigenerklärungen bereits vorformuliert sind. Dadurch wird zum einen das Risiko minimiert, dass Teilnahmeanträge oder Angebote unvollständig oder fehlerhaft sind und zum anderen wird dem Konzessionsgeber die Auswertung der Teilnahmeanträge und Angebote erleichtert. Bei der Vergabe von Konzessionen kommt hinzu, dass Konzessionsgeber – anders als öffentliche Auftraggeber bei der Vergabe öffentlicher Aufträge – das Konzessionsverfahren innerhalb der durch den Vierten Teil des GWB und die KonzVgV gezogenen Grenzen frei ausgestalten können.[34] § 13 Abs. 3 S. 1, 2 KonzVgV verpflichtet Konzessionsgeber daher, den Teilnehmern an einem Vergabeverfahren einen **Organisations- und Zeitplan des Vergabeverfahrens** einschließlich eines **unverbindlichen Schlusstermins** zu übermitteln und sämtliche Änderungen allen Teilnehmern mitzuteilen.[35] Der Organisations- und Zeitplan sollte sinnvollerweise Bestandteil der Vergabeunterlagen werden. **15**

II. Weitere inhaltliche Vorgaben

Die KonzVgV stellt zudem weitere inhaltliche Mindestanforderungen an die Vergabeunterlagen, die nicht in § 16 KonzVgV geregelt sind. § 13 Abs. 2 Nr. 1 KonzVgV verpflichtet den Konzessionsgeber, in der Konzessionsbekanntmachung (§ 19 KonzVgV) eine Beschreibung der Konzession sowie der Teilnahmebedingungen anzugeben. Die Teilnahmebedingungen einschließlich der **Eignungskriterien** sind daher nach § 25 Abs. 1 S. 1 KonzVgV[36] in der Konzessionsbekanntmachung anzugeben. Ist eine Konzessionsbekannt- **16**

---

[31] → § 33 Rn. 12.
[32] → § 33 Rn. 12.
[33] → § 33 Rn. 12.
[34] → § 151 GWB Rn. 14 ff.
[35] Damit wird Art. 37 Abs. 4 RL 2014/23/EU umgesetzt; → § 13 Abs. 3 Rn. 16.
[36] Dadurch wird Art. 37 Abs. 2b RL 2014/23/EU umgesetzt, → § 25 Rn. 16 ff.

machung nach § 20 KonzVgV nicht erforderlich, sind die Eignungskriterien in die Vergabeunterlagen aufzunehmen, § 25 Abs. 1 S. 2 KonzVgV. Zudem kann der Konzessionsgeber
nach § 24 Abs. 2 S. 3 KonzVgV in den Vergabeunterlagen Bedingungen festlegen, wie
Gruppen von Unternehmen die Eignungskriterien zu erfüllen und die Konzession auszuführen haben. Solche Bedingungen müssen durch sachliche Gründe gerechtfertigt und
angemessen sein.[37] Sofern es für die ordnungsgemäße Aufgabenerfüllung erforderlich ist,
dass Bietergemeinschaften nach der Zuschlagserteilung eine bestimmte Rechtsform annehmen (§ 24 Abs. 3 KonzVgV[38]), muss dies in der Konzessionsbekanntmachung oder in
den Vergabeunterlagen geregelt werden.

17   Nach § 13 Abs. 4 KonzVgV kann die **Zahl der Bewerber oder Angebote** auf eine
angemessene Zahl **begrenzt** werden, sofern dies anhand objektiver Kriterien und in transparenter Weise geschieht. Dabei muss die Zahl der zur Teilnahme oder Angebotsabgabe
aufgeforderten Bewerber oder Bieter ausreichend sein, um einen Wettbewerb zu gewährleisten.[39] Zwar regelt weder § 13 Abs. 4 KonzVgV, noch Art. 37 Abs. 3 RL 2014/23/EU
explizit, dass die Kriterien zur Begrenzung der Bewerber oder Bieter in der Konzessionsbekanntmachung oder den Vergabeunterlagen anzugeben sind. Dies folgt jedoch aus der Verpflichtung, dass die Auswahl in transparenter Weise erfolgen muss.[40]

18   In den Vergabeunterlagen sind nach § 13 Abs. 2 Nr. 2 KonzVgV ferner die **Zuschlagskriterien** sowie etwaige **Mindestanforderungen** anzugeben, sofern diese nicht bereits in
der Konzessionsbekanntmachung oder in der Aufforderung zur Angebotsabgabe angegeben
werden.[41]

19   § 2 Abs. 1 KonzVgV verpflichtet den Konzessionsgeber zudem, die **objektive Methode zur Berechnung des geschätzten Konzessionswertes** in den Vergabeunterlagen
anzugeben.[42]

20   Nach § 33 Abs. 1 S. 1 KonzVgV kann der Konzessionsgeber Unternehmen in der Konzessionsbekanntmachung oder den Vergabeunterlagen auffordern, bei Angebotsabgabe die
Teile der Konzession zu benennen, die sie im Wege der **Unterauftragsvergabe** an Dritte
zu vergeben beabsichtigen und – falls zumutbar – die vorgesehenen Unterauftragnehmer zu
benennen.[43] Der Konzessionsgeber kann in jedem Fall vor Zuschlagserteilung von den
Bietern, deren Angebote in die engere Wahl kommen, verlangen, die Unterauftragnehmer
zu benennen und nachzuweisen, dass ihnen die erforderlichen Mittel dieser Unterauftragnehmer zur Verfügung stehen, § 33 Abs. 1 S. 2 KonzVgV.[44] Hierauf sollte ebenfalls entweder in der Konzessionsbekanntmachung oder in den Vergabeunterlagen hingewiesen werden.

21   Zudem muss entweder in der Konzessionsbekanntmachung oder in den Vergabeunterlagen festgelegt werden, wie **Teilnahmeanträge und Angebote** einzureichen sind. Nach
§ 28 Abs. 1 KonzVgV[45] sind Teilnahmeanträge und Angebote grundsätzlich in Textform
nach § 126b BGB mithilfe elektronischer Mittel einzureichen, sofern keine der in § 28
Abs. 2 und 4 KonzVgV geregelten Ausnahmen vorliegt. Abweichend hiervon können
Konzessionsgeber jedoch nach § 34 S. 1 KonzVgV bis zum 18.10.2018 festlegen, dass Teilnahmeanträge und Angebote auf dem Postweg, einem anderen geeigneten Weg, per Fax
oder durch Kombination dieser Mittel zu übermitteln sind.

22   Der Konzessionsgeber muss ferner in der Konzessionsbekanntmachung oder den Vergabeunterlagen die **Anforderungen an elektronische Mittel** i. S. v. §§ 8 bis 11 KonzVgV

---

[37] Dadurch wird Art. 38 RL 2014/23/EU umgesetzt; → § 24 Rn. 20 f.
[38] → § 24 Abs. 3 Rn. 23 f.
[39] →§ 13 Rn. 18 ff.
[40] *Stein* in Pünder/Prieß, Vergaberecht im Umbruch II, 101 (118).
[41] Vgl. Art. 31 Abs. 2 RL 2014/23/EU iVm Anhang V. Nr. 9; *Wagner/Pfohl* in juris PK-VergR § 16
Rn. 11.
[42] Vgl. Art. 8 Abs. 3 S. 1 RL 2014/23/EU.
[43] → § 33 Rn. 8.
[44] § 33 Abs. 1 KonzVgV setzt Art. 42 Abs. 2 RL 2014/23/EU um.
[45] → § 28 Rn. 6.

festlegen. § 7 Abs. 1 KonzVgV regelt, dass für das Senden, Empfangen, Weiterleiten und Speichern von Daten in einem Vergabeverfahren grundsätzlich elektronische Mittel zu verwenden sind. Allerdings kann auch insofern bis zum 18.10.2018 von der Übergangsregelung des § 34 S. 2 KonzVgV Gebrauch gemacht werden, soweit nicht die Übermittlung von Bekanntmachungen (§ 23 KonzVgV) und die Bereitstellung der Vergabeunterlagen (§ 17 VgV) betroffen ist.

§ 17 Bereitstellung der Vergabeunterlagen

(1) **Der Konzessionsgeber gibt in der Konzessionsbekanntmachung oder – sofern die Konzessionsbekanntmachung keine Aufforderung zur Angebotsabgabe enthält – in der Aufforderung zur Angebotsabgabe eine elektronische Adresse an, unter der die Vergabeunterlagen unentgeltlich, uneingeschränkt, vollständig und direkt abgerufen werden können.**

(2) **Der Konzessionsgeber kann die Vergabeunterlagen auf einem anderen geeigneten Weg übermitteln, wenn aufgrund hinreichend begründeter Umstände aus außergewöhnlichen Sicherheitsgründen oder technischen Gründen oder aufgrund der besonderen Sensibilität von Handelsinformationen, die eines sehr hohen Datenschutzniveaus bedürfen, ein unentgeltlicher, uneingeschränkter und vollständiger elektronischer Zugang nicht angeboten werden kann. In dieses Fall gibt der Konzessionsgeber in der Konzessionsbekanntmachung oder der Aufforderung zur Angebotsabgabe an, dass die Vergabeunterlagen auf einem anderen geeigneten Weg übermittelt werden können und die Frist für den Eingang der Angebote verlängert wird.**

Übersicht

	Rn.		Rn.
A. Einführung	1	B. Bereitstellung der Vergabeunterlagen	6
I. Literatur	1	I. Elektronische Bereitstellung	6
II. Entstehungsgeschichte	2	II. Übermittlung auf anderem geeigneten Weg	10
III. Rechtliche Vorgaben im EU-Recht	5		

A. Einführung

I. Literatur

1 *Bergmann/Vetter,* Das Vergaberechtsmodernisierungsgesetz und die Vergaberechtsmodernisierungsverordnung, VBlBW 2016, 221; *Goldbrunner,* Das neue Recht der Konzessionsvergabe, VergabeR 2016, 365; *Kruse,* Die Vergabe von Konzessionen, 2017; *Mieruszewski/Janitzek,* Die Vergabe von Bau- und Dienstleistungskonzessionen nach der Konzessionsvergabeverordnung (KonzVgV), VergabeNews 2016, 82.

II. Entstehungsgeschichte

2 Die Konzessionsvergabeverordnung (KonzVgV)[1] normiert zusammen mit den die Konzessionsvergabe betreffenden, vorrangig geltenden Regelungen im Vierten Teil des GWB[2] erstmals einheitlich und umfassend das Verfahren zur Vergabe von Bau- und Dienstleistungskonzessionen, die den Schwellenwert[3] erreichen oder überschreiten. Damit wird die RL 2014/23/EU (Konzessionsvergaberichtlinie)[4] in das deutsche Recht umgesetzt.

3 Vor Inkrafttreten der RL 2014/23/EU war die Vergabe von **Baukonzessionen,** die den Schwellenwert erreichen oder überschreiten, in Art. 56 ff. RL 2004/18/EG[5] geregelt. Die

---

[1] Verordnung über die Vergabe von Konzessionen (Konzessionsvergabeverordnung – KonzVgV), BGBl. 2016 I S. 624, 683.

[2] §§ 148–154 GWB sowie weitere in Bezug genommene Regelungen.

[3] § 106 Abs. 2 Nr. 4 GWB, Art. 8 Abs. 1 RL 2014/23/EU. Für Bau- und Dienstleistungskonzessionen gilt derselbe Schwellenwert, der von der Kommission alle zwei Jahre überprüft und ggf. neu festgesetzt wird, Art. 9 RL 2014/23/EU.

[4] Richtlinie 2014/23/EU des Europäischen Parlaments und des Rates vom 26.2.2014 über die Konzessionsvergabe (ABl. 2014 L 94, S. 1).

[5] Richtlinie 2004/18/EG des Europäischen Parlaments und des Rates vom 31.3.2004 über die Koordinierung der Verfahren zur Vergabe öffentlicher Bauaufträge, Lieferaufträge und Dienstleistungsaufträge (ABl. 2004 L 134, S. 114, Vergabekoordinierungsrichtlinie).

Vorgaben wurden im nationalen Recht u. a. dadurch umgesetzt, dass nach § 22 EG Abs. 2 Nr. 1 S. 1 VOB/A a. F. die Regelungen des ersten Abschnitts der VOB/A a. F. und damit auch § 12 Abs. 4 Nr. 1 VOB/A a. F. entsprechend anzuwenden waren. § 12 Abs. 4 Nr. 1 VOB/A a. F. regelte nur, dass die Vergabeunterlagen den Bewerbern unverzüglich in geeigneter Weise zu übermitteln waren. Es bestand keine Verpflichtung, die Vergabeunterlagen elektronisch bereit zu stellen.

Dienstleistungskonzessionen waren nach Art. 17 RL 2004/18/EG vom Anwen- **4** dungsbereich der RL 2004/18/EG ausgenommen.[6] Anders als bei Baukonzessionen umfasste daher das bis zum Inkrafttreten des Vergaberechtsmodernisierungsgesetzes[7] und der Vergaberechtsmodernisierungsverordnung[8] geltende Vergaberecht für Dienstleistungskonzessionen keine Regelung zur Bereitstellung der Vergabeunterlagen. Nach ständiger Rechtsprechung des EuGH waren zwar auch bei der Vergabe von Dienstleistungskonzessionen, an denen ein grenzüberschreitendes Interesse besteht, die Grundfreiheiten des AEUV[9] und die hieraus abgeleiteten allgemeinen Grundsätze des Vergaberechts, d. h. der Gleichbehandlungsgrundsatz, der Transparenzgrundsatz, der Wettbewerbsgrundsatz und der Verhältnismäßigkeitsgrundsatz zu beachten.[10] Aus den allgemeinen Grundsätzen des Vergaberechts folgt jedoch keine Verpflichtung, die Vergabeunterlagen elektronisch bereit zu stellen.

III. Rechtliche Vorgaben im EU-Recht

§ 17 Abs. 1 KonzVgV setzt Art. 34 RL 2014/23/EU um, der die elektronische Verfüg- **5** barkeit der Konzessionsunterlagen regelt. Die Konzessionsunterlagen werden in der KonzVgV als Vergabeunterlagen bezeichnet, § 16 KonzVgV. Art. 34 Abs. 1 RL 2014/23/ EU verpflichtet Konzessionsgeber, ab dem Datum der Veröffentlichung einer Konzessionsbekanntmachung oder – sofern die Konzessionsbekanntmachung keine Aufforderung zur Angebotsabgabe enthält – ab dem Datum der Absendung einer Aufforderung zur Angebotsabgabe mittels elektronischer Mittel kostenlos einen uneingeschränkten und vollständigen Zugang zu den Konzessionsunterlagen anzubieten. Der Text der Konzessionsbekanntmachung oder der Aufforderung zur Angebotsabgabe muss die Internetadresse enthalten, über die die Antragsunterlagen abrufbar sind. Art. 34 Abs. 2 RL 2014/23/EU regelt Ausnahmen von der Verpflichtung, die Vergabeunterlagen elektronisch bereit zu stellen. Die Ausnahmen werden vollständig durch § 17 Abs. 2 KonzVgV umgesetzt.

B. Bereitstellung der Vergabeunterlagen

I. Elektronische Bereitstellung

§ 17 Abs. 1 KonzVgV verpflichtet Konzessionsgeber, in der Konzessionsbekannt- **6** machung eine elektronische Adresse anzugeben, unter der die Vergabeunterlagen unent-

---

[6] Nur bei der Zuerkennung besonderer oder ausschließlicher Rechte war die Nichtdiskriminierungsklausel des Art. 3 RL 2004/18/EG zu beachten.

[7] Gesetz zur Modernisierung des Vergaberechts vom 17.2.2016 (BGBl. 2016 I S. 203).

[8] Verordnung zur Modernisierung des Vergaberechts (Vergaberechtsmodernisierungsverordnung – VergRModVO) vom 12.4.2016 (BGBl. 2016 I S. 624).

[9] Insbesondere die Niederlassungsfreiheit (Art. 49 AEUV) und die Dienstleistungsfreiheit (Art. 56 AEUV).

[10] EuGH 7.12.2000 – C–324/98, NZBau 2001, 148 Rn. 60 ff. – Telaustria; EuGH 13.10.2005 – C–458/03, NVwZ 2005, 1407 Rn. 46 ff. – Parking Brixen; EuGH 13.4.2010 – C–91/08, NZBau 2010, 382 Rn. 33 ff. – Wall AG; EuGH 10.3.2011 – C–274/09, NZBau 2011, 239 Rn. 49 – Rettungsdienst Stadler; EuGH 14.11.2013 – C–221/12, NZBau 2014, 53 Rn. 28 – Belgacom.

geltlich, uneingeschränkt, vollständig und direkt abgerufen werden können. Sofern die Konzessionsbekanntmachung keine Aufforderung zur Angebotsabgabe enthält, muss die elektronische Adresse in der Aufforderung zur Angebotsabgabe angegeben werden. Die Verpflichtung, eine elektronische Adresse in der Konzessionsbekanntmachung bzw. der Aufforderung zur Angebotsabgabe anzugeben, gilt seit Inkrafttreten der KonzVgV am 18.4.2016, da § 17 KonzVgV von der Übergangsregelung des § 34 KonzVgV ausdrücklich ausgenommen wird.[11]

7   Die Verpflichtung, eine **elektronische Adresse** anzugeben, unter der die **Vergabeunterlagen unentgeltlich, uneingeschränkt, vollständig** und **direkt** abgerufen werden können, entspricht der Regelung für öffentliche Aufträge in § 41 Abs. 1 VgV, die als Vorbild diente.[12] Insofern wird daher auf die Kommentierung zu § 41 Abs. 1 VgV verwiesen.[13]

8   § 17 Abs. 1 KonzVgV unterscheidet sich insofern von § 41 Abs. 1 VgV, als in der Konzessionsbekanntmachung nur dann eine elektronische Adresse zum Abruf der Vergabeunterlagen angegeben werden muss, wenn die Konzessionsbekanntmachung eine Aufforderung zur Angebotsabgabe enthält. Nach § 151 S. 3 GWB und § 12 Abs. 1 S. 1 KonzVgV können Konzessionsgeber das Verfahren zur Vergabe von Konzessionen vorbehaltlich der Regelung des Vierten Teil des GWB und der KonzVgV frei ausgestalten. Weder im Vierten Teil des GWB, noch in der KonzVgV werden Verfahrensarten definiert oder gar bindend vorgegeben.[14] Der Konzessionsgeber kann das Verfahren daher auch zweistufig ausgestalten und mittels der Konzessionsbekanntmachung zunächst nur einen Teilnahmewettbewerb einleiten und noch nicht zur Abgabe von Angeboten auffordern. In diesem Fall ist der Konzessionsgeber nach § 17 Abs. 1 KonzVgV nicht verpflichtet, bereits in der Konzessionsbekanntmachung eine elektronische Adresse zum Abruf der Vergabeunterlagen anzugeben. Wird in der **Konzessionsbekanntmachung** gleichwohl eine **elektronische Adresse** zum Abruf der Vergabeunterlagen angegeben, müssen die **Vergabeunterlagen spätestens zum Zeitpunkt der Veröffentlichung der Konzessionsbekanntmachung im EU-Amtsblatt fertiggestellt sein.** Macht der Konzessionsgeber dagegen von der ihm bei einem zweistufigen Vergabeverfahren eingeräumten Möglichkeit Gebrauch, die elektronische Adresse zum Abruf der Vergabeunterlagen noch nicht in der Konzessionsbekanntmachung, sondern erst in der Aufforderung zur Angebotsabgabe anzugeben, müssen die Vergabeunterlagen noch nicht zum Zeitpunkt der Veröffentlichung der Konzessionsbekanntmachung im EU-Amtsblatt fertiggestellt sein. Damit kann der Konzessionsgeber den Teilnahmewettbewerb, d. h. den Zeitraum bis zum Eingang der Teilnahmeanträge (§ 27 KonzVgV) nutzen, um die Vergabeunterlagen fertigzustellen. Wird ein zweistufiges Verfahren durchgeführt, hat dies zudem den Vorteil, dass die elektronische Adresse zum Abruf der Vergabeunterlagen erst in der Aufforderung zur Angebotsabgabe und damit nur einem dem Konzessionsgeber namentlich bekannten Kreis von Unternehmen mitgeteilt werden muss. Wird die elektronische Adresse zum Abruf der Vergabeunterlagen dagegen bereits in der Konzessionsbekanntmachung angegeben, hat der Konzessionsgeber keinen vollständigen Überblick über die Unternehmen, die die Vergabeunterlagen angesehen oder heruntergeladen haben, da es nach § 7 Abs. 3 Satz 2 KonzVgV unzulässig ist, für den Zugang zu den Vergabeunterlagen eine Registrierung zu verlangen. Zulässig ist nur eine freiwillige Registrierung. Dies führt insbesondere zu Problemen bei der Beantwortung von Rückfragen oder der Erteilung zusätzlicher Auskünfte. Insofern wird auf die Kommentierung zu § 18 KonzVgV verwiesen.[15]

9   Diese Möglichkeit besteht bei der Vergabe öffentlicher Aufträge nicht, da § 41 Abs. 1 VgV öffentliche Auftraggeber auch dann verpflichtet, bereits in der Auftragsbekanntmachung eine elektronische Adresse für den Abruf der Vergabeunterlagen anzugeben, wenn

---

[11] § 34 S. 2 KonzVgV.
[12] BT-Drs. 18/7318, 260.
[13] → § 41 Abs. 1 VgV 13 ff.
[14] § 151 GWB Rn. 13 ff.
[15] → § 18 Rn. 14.

ein zweistufiges Verfahren durchgeführt wird und mittels der Auftragsbekanntmachung zunächst nur der Teilnahmewettbewerb eingeleitet wird. Das Verbot, für den Zugang zu den Vergabeunterlagen eine Registrierung zu verlangen, gilt auch im Anwendungsbereich der VgV.[16] Insofern wird auf die Kommentierung zu § 41 Abs. 1 VgV verwiesen.[17]

II. Übermittlung auf anderem geeigneten Weg

Der Konzessionsgeber darf nur dann von einer elektronischen Bereitstellung der Verga- **10** beunterlagen absehen und die Vergabeunterlagen auf **einem anderen geeigneten Weg übermitteln,** wenn einer der in § 17 Abs. 2 Satz 1 KonzVgV geregelten Ausnahmen vorliegt. Dies ist nur der Fall, wenn ein unentgeltlicher, uneingeschränkter und vollständiger elektronischer Zugang aus folgenden Gründen nicht angeboten werden kann:
– aufgrund hinreichend begründeter Umstände aus **außergewöhnlichen Sicherheitsgründen,**
– aufgrund hinreichend begründeter Umstände aus **technischen Gründen** oder
– aufgrund der **besonderen Sensibilität von Handelsinformationen,** die eines **sehr hohen Datenschutzniveaus** bedürfen.
§ 41 Abs. 2 VgV kann als Orientierung bei der Frage dienen, unter welchen Vorausset- **11** zungen **technische Gründe** den Verzicht auf eine elektronische Bereitstellung der Vergabeunterlagen aufgrund hinreichend begründeter Umstände rechtfertigen.[18] Nach § 41 Abs. 2 Satz 1 VgV können die Vergabeunterlagen auf einem anderen geeigneten Weg übermittelt werden, wenn die erforderlichen elektronischen Mittel zum Abruf der Vergabeunterlagen
– aufgrund der besonderen Art der Auftragsvergabe nicht mit allgemein verfügbaren oder verbreiteten Geräten und Programmen der Informations- und Kommunikationstechnologie kompatibel sind,
– Dateiformate zur Beschreibung der Angebote verwenden, die nicht mit allgemein verfügbaren oder verbreiteten Programmen verarbeitet werden können oder die durch andere als kostenlose und allgemein verfügbare Lizenzen geschützt sind, oder
– die Verwendung von Bürogeräten voraussetzen, die dem öffentlichen Auftraggeber nicht allgemein zur Verfügung stehen.
Insofern wird auf die Kommentierung zu § 41 Abs. 2 Satz 1 VgV verwiesen.[19]
Die Vergabeunterlagen müssen auch dann nicht elektronisch bereitgestellt werden, wenn **12** dies aufgrund der **besonderen Sensibilität von Handelsinformationen,** die eines **sehr hohen Datenschutzniveaus** bedürfen, nicht möglich ist. Insofern kann § 53 Abs. 4 Satz 1 VgV zur Orientierung herangezogen werden.[20] Nach § 53 Abs. 4 Satz 1 VgV kann festgelegt werden, dass Angebote mit Hilfe anderer als elektronischer Mittel einzureichen sind, wenn sie besonders schutzwürdige Daten enthalten, die bei Verwendung allgemein verfügbarer oder alternativer elektronischer Mittel nicht angemessen geschützt werden können, oder wenn die Sicherheit der elektronischen Mittel nicht gewährleistet werden kann. Der Ausnahmetatbestand der besonders sensiblen Handelsinformationen dürfte sich mit dem Ausnahmetatbestand der **außergewöhnlichen Sicherheitsgründe** überschneiden, der ebenfalls einen Verzicht auf die elektronische Bereitstellung der Vergabeunterlagen rechtfertigt. Nach Ansicht von *Wagner/Pott* müssen sich außergewöhnliche Sicherheitsgründe auf den Leistungsgegenstand selbst beziehen. Es darf aus Sicherheitsgründen nicht möglich sein, Einzelheiten der zu beschaffenden Leistung allgemein zur Verfügung zu stellen. Als Beispiel wird eine Konzession zum Transport wertvoller Museumsbilder ge-

---

[16] § 9 Abs. 3 Satz 2 VgV; *Bergmann/Vetter* VBlBW 2016, 221, 230.
[17] → § 41 Abs. 1 VgV 19.
[18] *Wagner/Pott* in jurisPK-VergR § 17 Rn. 12.
[19] → § 41 VgV Rn. 47 ff.
[20] *Wagner/Pott* in jurisPK-VergR § 17 Rn. 16.

nannt.[21] Die Ausnahme der besonders sensiblen Handelsinformationen stellt darauf ab, dass der Datenschutz bei der Übermittlung nicht gewährleistet werden kann und daher unberechtigte Dritte auf die sensiblen Handelsinformationen zugreifen können. Müssen Informationen vor dem unberechtigten Zugriff Dritter geschützt werden, muss jedoch im Vorfeld geprüft werden, welchen Unternehmen die Information überhaupt zur Verfügung gestellt werden können. Gleiches gilt, wenn Einzelheiten des Leistungsgegenstandes aufgrund außergewöhnlicher Sicherheitsgründe nicht allgemein zur Verfügung gestellt werden können. Damit dürfte auch der Ausnahmetatbestand der außergewöhnlichen Sicherheitsgründe vorliegen. Wird der Ausnahmetatbestand der außergewöhnlichen Sicherheitsgründe und/oder der besonders sensiblen Handelsinformationen bejaht, dürfte es in der Regel erforderlich sein, von interessierten Unternehmen zunächst eine **Verschwiegenheitsverpflichtung** zu fordern, bevor die Vergabeunterlagen übermittelt werden.[22]

13   Liegt einer der Ausnahmetatbestände des § 17 Abs. 2 Satz 1 KonzVgV vor, können Konzessionsgeber die Vergabeunterlagen auf **einem anderen geeigneten Weg** übermitteln. Da dieser Begriff auch in § 41 Abs. 2 Satz 1 VgV verwendet wird, wird insofern auf die Kommentierung zu § 41 VgV verwiesen.[23] Übermittelt der Konzessionsgeber die Vergabeunterlagen auf einem anderen geeigneten Weg, ist er verpflichtet, in der Konzessionsbekanntmachung oder der Aufforderung zur Angebotsabgabe anzugeben, dass die Vergabeunterlagen auf einem anderen geeigneten Weg übermittelt werden und die **Frist für den Eingang der Angebote verlängert** wird. Hierzu muss der Konzessionsgeber ermitteln, wie aufwändig es für interessierte Unternehmen ist, an die Vergabeunterlagen zu gelangen, und diesen Aufwand zusätzlich zur Komplexität der Konzession und der Zeit, die für die Ausarbeitung der Angebote erforderlich ist, bei der Bemessung der Angebotsfrist nach § 27 Abs. 1 KonzVgV berücksichtigen.[24] Die Mindestfrist für den Eingang von Erstangeboten, die nach § 27 Abs. 4 Satz 1 KonzVgV 22 Tage beträgt, muss entsprechend verlängert werden.

---

[21] *Wagner/Pott* in jurisPK-VergR § 17 Rn. 8.
[22] *Wagner/Pott* in jurisPK-VergR § 17 Rn. 11, 18.
[23] → § 41 VgV Rn. 47 ff.
[24] *Schubert* in Willenbruch/Wieddekind § 17 Rn. 5.

§ 18 Zusätzliche Auskünfte zu den Vergabeunterlagen

Der Konzessionsgeber erteilt allen Unternehmen, die sich an den Vergabeverfahren beteiligen, spätestens sechs Tage vor dem Schlusstermin für den Eingang der Angebote zusätzliche Auskünfte zu den Vergabeunterlagen, sofern die Unternehmen diese zusätzlichen Auskünfte rechtzeitig angefordert haben.

Übersicht

	Rn.		Rn.
A. Einführung	1	II. Zusätzliche Auskünfte	8
I. Literatur	1	III. Rechtzeitig beantragte Auskünfte	10
II. Entstehungsgeschichte	2	IV Auskunftserteilung	13
III. Rechtliche Vorgaben im EU-Recht	5	V. Fristberechnung	16
B. Zusätzliche Auskünfte zu den Vergabeunterlagen	6		
I. Vergleichbare Regelungen	6		

A. Einführung

I. Literatur

Bergmann/Vetter, Das Vergaberechtsmodernisierungsgesetz und die Vergaberechtsmodernisierungsverord- **1** nung, VBlBW 2016, 221; *Goldbrunner,* Das neue Recht der Konzessionsvergabe, VergabeR 2016, 365; *Kruse*, Die Vergabe von Konzessionen, 2017.

II. Entstehungsgeschichte

Die Konzessionsvergabeverordnung (KonzVgV)[1] regelt zusammen mit den die Konzessi- **2** onsvergabe betreffenden, vorrangig geltenden Regelungen im Vierten Teil des GWB[2] erstmals einheitlich und umfassend das Verfahren zur Vergabe von Bau- und Dienstleistungskonzessionen, die den Schwellenwert[3] erreichen oder überschreiten. Damit wird die RL 2014/23/EU (Konzessionsvergaberichtlinie)[4] in das deutsche Recht umgesetzt.

Vor Inkrafttreten der RL 2014/23/EU war die Vergabe von **Baukonzessionen,** die den **3** Schwellenwert erreichen oder überschreiten, in Art. 56ff. RL 2004/18/EG[5] geregelt. Die Vorgaben wurden im nationalen Recht u.a. dadurch umgesetzt, dass nach § 22 EG Abs. 2 Nr. 1 S. 1 VOB/A a.F. die Regelungen des ersten Abschnitts der VOB/A a.F. und damit auch § 12 Abs. 7 VOB/A a.F. entsprechend anzuwenden waren. § 12 Abs. 7 VOB/A a.F. verpflichtete öffentliche Auftraggeber, von Bewerbern erbetene zusätzliche sachdienliche Auskünfte über die Vergabeunterlagen unverzüglich allen Bewerbern in gleicher Weise zu erteilen. Eine entsprechende Verpflichtung folgte zudem aus den auch für Baukonzessionen

---

[1] Verordnung über die Vergabe von Konzessionen (Konzessionsvergabeverordnung – KonzVgV), BGBl. 2016 I S. 624, 683.

[2] §§ 148–154 GWB einschließlich weiterer, in Bezug genommener Regelungen.

[3] § 106 Abs. 2 Nr. 4 GWB, Art. 8 Abs. 1 RL 2014/23/EU. Für Bau- und Dienstleistungskonzessionen gilt derselbe Schwellenwert, der von der Kommission alle zwei Jahre überprüft und ggf. neu festgesetzt wird, Art. 9 RL 2014/23/EU.

[4] Richtlinie 2014/23/EU des Europäischen Parlaments und des Rates vom 26.2.2014 über die Konzessionsvergabe (ABl. 2014 L 94, S. 1).

[5] Richtlinie 2004/18/EG des Europäischen Parlaments und des Rates vom 31.3.2004 über die Koordinierung der Verfahren zur Vergabe öffentlicher Bauaufträge, Lieferaufträge und Dienstleistungsaufträge (ABl. 2004 L 134, S. 114, Vergabekoordinierungsrichtlinie).

geltenden allgemeinen Grundsätzen des Vergaberechts,[6] insbesondere dem Wettbewerbs-grundsatz und dem Transparenzgrundsatz (§ 97 Abs. 1 GWB a. F.) sowie dem Gleichbe-handlungsgrundsatz (§ 97 Abs. 2 GWB a. F.).[7]

4   **Dienstleistungskonzessionen** waren nach Art. 17 RL 2004/18/EG vom Anwen-dungsbereich der RL 2004/18/EG ausgenommen.[8] Anders als bei Baukonzessionen um-fasste daher das bis zum Inkrafttreten des Vergaberechtsmodernisierungsgesetzes[9] und der Vergaberechtsmodernisierungsverordnung[10] geltende Vergaberecht keine das Verfahren zur Vergabe von Dienstleistungskonzessionen betreffenden Regelungen. Nach ständiger Rechtsprechung des EuGH waren jedoch auch bei der Vergabe von Dienstleistungskonzes-sionen, an denen ein grenzüberschreitendes Interesse besteht, die Grundfreiheiten des AEUV[11] und die hieraus abgeleiteten allgemeinen Grundsätze des Vergaberechts, d. h. der Gleichbehandlungsgrundsatz, der Transparenzgrundsatz, der Wettbewerbsgrundsatz und der Verhältnismäßigkeitsgrundsatz zu beachten.[12] Wie bereits dargelegt folgte aus den all-gemeinen Grundsätzen des Vergaberechts die Verpflichtung, von einem Bewerber erbetene Auskünfte, die für die Erstellung eines Angebots erforderlich sind, allen an der Vergabe einer Dienstleistungskonzession interessierten Unternehmen so rechtzeitig zu erteilen, dass diese noch bei der Angebotserstellung berücksichtigt werden können.

III. Rechtliche Vorgaben im EU-Recht

5   Durch § 18 KonzVgV wird Art. 34 Abs. 3 RL 2014/23/EU vollständig in das deutsche Recht umgesetzt.

B. Zusätzliche Auskünfte zu den Vergabeunterlagen

I. Vergleichbare Regelungen

6   § 18 KonzVgV verpflichtet Konzessionsgeber, allen Unternehmen, die sich an den Ver-gabeverfahren beteiligen, zusätzliche Auskünfte zu den Vergabeunterlagen spätestens sechs Tage vor dem Schlusstermin für den Eingang der Angebote zu erteilen, sofern die Unter-nehmen diese zusätzlichen Auskünfte rechtzeitig angefordert haben. Inhaltlich entspricht die Regelung **§ 12a EU Abs. 3 S. 1 VOB/A,** der ebenfalls eine Frist von sechs Kalen-dertagen für die Auskunftserteilung vorsieht. § 12a EU Abs. 3 S. 2 VOB/A regelt, dass bei beschleunigten Verfahren,[13] d. h. in Fällen, in denen die Angebotsfrist verkürzt werden

---

[6] *Kulartz* in KMPP, VOB Teil A § 22 Rn. 8; *Eschenbruch* in Kulartz/Kus/Portz, GWB-Vergaberecht, 3. Aufl. 2014, § 99 Rn. 695; *Düsterdiek* in Ingenstau/Korbion, 19. Aufl. 2015, § 22 EG VOB/A Rn. 34.

[7] Für Baukonzessionen, an denen ein grenzüberschreitendes Interesse besteht, folgt der Verpflichtung zur Beachtung der allgemeinen Grundsätze des Vergaberechts auch aus den Grundfreiheiten des AEUV, → § 151 GWB Rn. 3; *Eschenbruch* in Kulartz/Kus/Portz, GWB-Vergaberecht, 3. Aufl. 2014, § 99 Rn. 659; *Herrmann* in Ziekow/Völlink, Vergaberecht § 22 VOB/A Rn. 14; *Düsterdiek* in Ingenstau/Korbion § 22 EG VOB/A Rn. 34; Nr. 3 der Mitteilung der Kommission zu Auslegungsfragen im Bereich Konzession im Gemeinschaftsrecht (ABl. 2000 C 121, S. 2).

[8] Nur bei der Zuerkennung besonderer oder ausschließlicher Rechte war die Nichtdiskriminierungsklau-sel des Art. 3 RL 2004/18/EG zu beachten.

[9] Gesetz zur Modernisierung des Vergaberechts vom 17.2.2016 (BGBl. 2016 I S. 203).

[10] Verordnung zur Modernisierung des Vergaberechts (Vergaberechtsmodernisierungsverordnung – VergRModVO) vom 12.4.2016 (BGBl. 2016 I S. 624).

[11] Insbesondere die Niederlassungsfreiheit (Art. 49 AEUV) und die Dienstleistungsfreiheit (Art. 56 AEUV); → § 151 GWB Rn. 4.

[12] EuGH 7.12.2000 – C–324/98, NZBau 2001, 148 Rn. 60 ff. – Telaustria; EuGH 13.10.2005 – C–458/03, NVwZ 2005, 1407 Rn. 46 ff. – Parking Brixen; EuGH 13.4.2010 – C–91/08, NZBau 2010, 382 Rn. 33 ff. – Wall AG; EuGH 10.3.2011 – C–274/09, NZBau 2011, 239 Rn. 49 – Rettungsdienst Stadler; EuGH 14.11.2013 – C–221/12, NZBau 2014, 53 Rn. 28 – Belgacom.

[13] § 10a EU Abs. 3 VOB/A, § 10b EU Abs. 5 VOB/A.

kann, die Auskünfte spätestens vier Kalendertage vor Ablauf der Angebotsfrist erteilt werden müssen. Eine entsprechende Regelung fehlt in § 18 KonzVgV, da § 27 KonzVgV – ebenso wie Art. 39 RL 2014/23/EU – keine Verkürzung der Mindestfristen in Fällen besonderer Eilbedürftigkeit vorsieht. Daher ist es konsequent, dass Art. 34 Abs. 3 RL 2014/23/EU für Fälle besonderer Eilbedürftigkeit auch keine Verkürzung der Frist für die Erteilung zusätzlicher Auskünfte regelt. Hieran war der Verordnungsgeber bei der Umsetzung in die KonzVgV gebunden.

Die in § 18 KonzVgV geregelte Verpflichtung, allen an einem Vergabeverfahren beteilig- 7 ten Unternehmen rechtzeitig beantragte zusätzliche Auskünfte zu den Vergabeunterlagen spätestens sechs Tage vor dem Schlusstermin für den Eingang der Angebote zu erteilen, ergibt sich mittelbar auch aus **§ 20 Abs. 3 S. 1 Nr. 1 VgV**.[14] Nach § 20 Abs. 3 S. 1 Nr. 1 VgV sind die Angebotsfristen, abgesehen von den in § 41 Abs. 2 und 3 VgV geregelten Fällen, zu verlängern, wenn zusätzliche Informationen trotz rechtzeitiger Anforderung durch ein Unternehmen nicht spätestens sechs Tage vor Ablauf der Angebotsfrist zur Verfügung gestellt werden.[15] Ergänzend wird daher auf die Kommentierung zu § 20 Abs. 3 Nr. 1 VgV verwiesen.[16]

II. Zusätzliche Auskünfte

§ 18 KonzVgV soll die Gleichbehandlung aller an einem Vergabeverfahren beteiligten 8 Unternehmen sicherstellen sowie ein transparentes und wettbewerbliches Vergabeverfahren gewährleisten. § 18 KonzVgV dient damit der Umsetzung der auch für die Vergabe von Konzessionen geltenden allgemeinen Grundsatze des Vergaberechts, insbesondere des Wettbewerbs-, Transparenz- und Gleichbehandlungsgrundsatzes.[17] Zusätzliche Auskünfte sind daher alle Informationen, die geeignet sind, einem Unternehmen einen Vorteil bei der Angebotserstellung zu verschaffen. Der Begriff ist weit auszulegen und verpflichtet Konzessionsgeber grundsätzlich, **alle Informationen,** die einem Unternehmen erteilt werden, **zeitgleich** auch **allen anderen an dem Vergabeverfahren beteiligten Unternehmen zu erteilen.**[18]

Eine Ausnahme wird in der Literatur teilweise für den Fall gemacht, dass die von einem 9 Unternehmen angeforderten Auskünfte erkennbar auf einem subjektiven Fehlverständnis der Vergabeunterlagen beruhen. Da die Auskunft in diesem Fall nur dem Ausgleich des individuellen Informationsdefizits eines Unternehmens dient, soll es sich nicht um eine zusätzliche Auskunft i. S. v. § 18 KonzVgV handeln und daher keine Verpflichtung bestehen, diese allen Unternehmen zu erteilen, die sich an dem Vergabeverfahren beteiligen.[19] Zwar wird zu Recht darauf hinwiesen, dass der Konzessionsgeber sorgfältig prüfen muss, ob tatsächlich nur ein subjektives Fehlverständnis eines Unternehmens vorliegt oder ob die Vergabeunterlagen unklar, unvollständig oder unrichtig sind und es sich deshalb um zusätzliche Auskünfte handelt, die allen Unternehmen erteilt werden müssen.[20] Abgesehen von Ausnahmefällen, in denen offensichtlich ist, dass ein Unternehmen die Vergabeunterlagen gar nicht richtig gelesen hat, weil beispielsweise gefragt wird, wann die Angebotsabgabefrist

---

[14] *Rechten* in KKMPP, Kommentar zur VgV, § 20 VgV Rn. 30; *Wagner/Pott* in jurisPK-VergR, § 18 Rn. 3.

[15] In den Fällen, in denen eine hinreichend begründete Dringlichkeit zur Verkürzung der Angebotsfrist berechtigt (§ 15 Abs. 3 VgV, § 16 Abs. 7 VgV, § 17 Abs. 8 VgV), reduziert sich die Frist von sechs auf vier Kalendertage.

[16] → § 20 VgV Rn. 29 ff.

[17] § 97 Abs. 1, 2 GWB; → § 151 GWB Rn. 15.

[18] *Schubert* in Willenbruch/Wieddekind § 18 Rn. 3; *Rechten* in KKMPP, Kommentar zur VgV, § 20 VgV Rn. 32.

[19] *Schubert* in Willenbruch/Wieddekind § 18 Rn. 3; *Rechten* in KKMPP, Kommentar zur VgV, § 20 VgV Rn. 32; a. A. VK Bund 27.1.2017 – VK 2-131/16.

[20] *Schubert* in Willenbruch/Wieddekind § 18 Rn. 3.

abläuft, obwohl dies eindeutig und nicht nur an versteckter Stelle in den Vergabeunterlagen geregelt ist, wird der Konzessionsgeber jedoch nicht ausschließen können, dass nicht auch andere Unternehmen die Vergabeunterlagen falsch verstehen. Ist der Konzessionsgeber unzutreffender Weise davon ausgegangen, dass es sich nur um ein subjektives Fehlverständnis eines Unternehmens handelt und verzichtet er deshalb darauf, die Auskunft zeitgleich allen Unternehmen zu erteilen, verstößt er gegen § 18 KonzVgV sowie den Gleichbehandlungs-, Wettbewerbs- und Transparenzgrundsatz. Kann in diesem Fall nicht ausnahmsweise ausgeschlossen werden, dass die nicht informierten Unternehmen ein anderes Angebot abgegeben hätten, wenn ihnen die Auskunft auch erteilt worden wäre, muss die Angebotsabgabe wiederholt werden. Um dieses Risiko auszuschließen, sollte grundsätzlich jede Auskunft zeitgleich allen Unternehmen erteilt werden.[21] Die VK Bund hat daher zu Recht unterschieden, dass ein Auftraggeber eine aus seiner Sicht nicht relevante Frage entweder gar nicht beantworten darf oder die Antwort allen zur Verfügung stelle muss.[22]

III. Rechtzeitig beantragte Auskünfte

10   § 18 KonzVgV verpflichtet Konzessionsgeber nur dann, zusätzliche Auskünfte spätestens sechs Tage vor dem Schlusstermin für den Eingang der Angebote zu, wenn diese rechtzeitig angefordert wurden. Die Anforderung ist nur dann rechtzeitig, wenn dem Konzessionsgeber zwischen der Auskunftsanforderung und dem Tag, an dem die Auskünfte zur Einhaltung der Sechs-Tages-Frist spätestens erteilt werden müssen, noch ausreichend Zeit bleibt, um die Auskünfte zu beschaffen. Der hierfür erforderliche Zeitraum ist abhängig vom Umfang und der Komplexität der geforderten Auskunft.[23]

11   **Konzessionsgeber** sollten deshalb in den Vergabeunterlagen eine **Frist setzen,** innerhalb der zusätzliche Auskünfte angefordert werden müssen, damit diese noch unter Einhaltung der Sechs-Tages-Frist beantwortet werden können.[24] Werden zusätzliche Auskünfte erst nach Ablauf der Frist oder sogar erst weniger als sechs Tage vor dem Schlusstermin für den Eingang der Angebote angefordert, besteht zwar nach § 18 KonzVgV keine Pflicht zur Auskunftserteilung.[25] Gleichwohl darf der Konzessionsgeber eine Auskunftserteilung nicht einfach mit dem Argument ablehnen, dass diese nicht rechtzeitig angefordert wurden. Er muss vielmehr im eigenen Interesse prüfen, ob die Vergabeunterlagen insofern unklar, widersprüchlich oder ergänzungsbedürftig sind und daher nicht geeignet sind, um vergleichbare und damit wertbare Angebote zu erhalten. Nach § 121 Abs. 1 S. 1 GWB, der nach 152 Abs. 1 GWB auf Konzessionsvergaben entsprechend anwendbar ist, obliegt es dem Konzessionsgeber, den Konzessionsgegenstand in der Leistungsbeschreibung so eindeutig und erschöpfend zu beschreiben, dass die Beschreibung für alle Unternehmen im gleichen Sinne verständlich ist und die Angebote miteinander verglichen werden können.[26] Entspricht die Leistungsbeschreibung diesen Anforderungen nicht, müsste der Konzessionsgeber die Leistungsbeschreibung auch dann korrigieren oder ergänzen, wenn er dies bemerkt, ohne dass dies von einem Unternehmen beanstandet wird, und ggfs. die Angebotsfrist angemessen verlängern. Gleiches gilt, wenn er dies aufgrund einer Rückfrage bzw. einer Anforderung zusätzlicher Auskünfte bemerkt, die erst nach Ablauf der in den Vergabeunterlagen gesetzten Frist für Rückfragen oder erst weniger als sechs Tage vor Ablauf der Angebotsfrist eingeht. In diesem Fall muss der Konzessionsgeber die erforderlichen Auskünfte

---

[21] *Schubert* in Willenbruch/Wieddekind § 20 VgV Rn. 30.

[22] VK Bund 27.1.2017 – VK 2-131/16; vgl. auch *Wichmann/Völlink* in Ziekow/Völlink, Vergaberecht § 18 KonzVgV Rn. 2.

[23] *Rechten* in KKMPP, Kommentar zur VgV, § 20 VgV Rn. 32.

[24] *Völlink* in Ziekow/Völlink, Vergaberecht § 12 VOB/A Rn. 47; → § 20 VgV Rn. 20: VK Sachsen 24.4.2008 – 1/SVK/015-08, ZfBR 2008, 527.

[25] *Schubert* in Willenbruch/Wieddekind § 20 VgV Rn. 23.

[26] → § 20 VgV Rn. 31; VK Bund 28.1.2017 – VK 2 - 131/16; → § 121 GWB Rn. 41 ff., 82 f.; → § 15 Rn. 9.

im eigenen Interesse erteilen und ggf. die Angebotsfrist entsprechend verlängern, um vergleichbare und damit wertbare Angebote zu erhalten.

Der Konzessionsgeber muss die Angebotsfrist auch dann angemessen verlängern, wenn **12** er rechtzeitig beantragte Auskünfte nicht unter Einhaltung der Sechs-Tages-Frist beantworten kann. Dies ist zwar in § 18 KonzVgV – anders als in § 20 Abs. 3 S. 1, 2 VgV – nicht ausdrücklich geregelt, folgt jedoch aus dem Wettbewerbs- und Transparenzgrundsatz (§ 97 Abs. 1 GWB).[27] Zur Bemessung der erforderlichen Fristverlängerung kann § 20 Abs. 3 S. 2 VgV herangezogen werden, der regelt, dass die Fristverlängerung in einem angemessenen Verhältnis zur Bedeutung der Information oder Änderung stehen und gewährleisten muss, dass alle Unternehmen Kenntnis von den Informationen oder Änderungen nehmen können.[28] Eine Fristverlängerung ist in entsprechender Anwendung von § 20 Abs. 3 S. 3 VgV nicht erforderlich, wenn die Information oder Änderung für die Angebotserstellung unerheblich ist.[29]

IV Auskunftserteilung

Nach § 7 Abs. 1 KonzVgV sind zusätzliche Auskünfte **elektronisch zu übermitteln**. **13** Nach der Übergangsregelung des § 34 KonzVgV ist zwar bis zum 18.10.2018 auch eine Übermittlung auf dem Postweg, einem anderen geeigneten Weg oder per Fax zulässig. Der Postweg ist jedoch ungeeignet, da maßgebend für die Einhaltung der Sechs-Tages-Frist nicht die Absendung durch den Konzessionsgeber, sondern der Zugang bei den Unternehmen ist.[30] Dies folgt bereits aus dem Wortlaut, dass die zusätzlichen Auskünfte „erteilt" werden müssen. Sollte nicht der Zugang, sondern die Absendung der zusätzlichen Auskünfte maßgebend sein, müsste § 18 KonzVgV regeln, dass es für die Einhaltung der Frist nicht auf den Tag des Zugangs ankommt. Anders als in § 134 Abs. 2 S. 3 GWB fehlt eine entsprechende Regelung jedoch in § 18 KonzVgV. Zusätzliche Auskünfte sollten daher grundsätzlich per Email oder alternativ bis zum Ablauf der Übergangsfrist per Telefax übermittelt werden, da andernfalls zusätzlich zu der Sechs-Tages-Frist noch die Postlaufzeiten berücksichtigt werden müssen.

Bei einer **einstufigen Ausgestaltung des Vergabeverfahrens,** bei der die **Konzessi-** **14** **onsbekanntmachung die Aufforderung zur Angebotsabgabe** enthält, muss nach § 17 Abs. 1 KonzVgV bereits in der Konzessionsbekanntmachung eine elektronische Adresse angegeben werden, unter der die Vergabeunterlagen abgerufen werden können. Da der Konzessionsgeber nach § 7 Abs. 3 S. 2 KonzVgV für den Zugang zu den Vergabeunterlagen **keine Registrierung** verlangen darf, sondern nur eine **freiwillige Registrierung** vorsehen kann, hat der Konzessionsgeber keine verlässliche Kenntnis der Unternehmen, die die Vergabeunterlagen angesehen oder heruntergeladen haben. Der Konzessionsgeber kann daher zusätzliche Auskünfte nur den Unternehmen per Email oder Fax mitteilen, die von der Möglichkeit der freiwilligen Registrierung Gebrauch gemacht haben. Daher muss der Konzessionsgeber zusätzliche Auskünfte unter Einhaltung der Sechs-Tages-Frist auch unter der elektronischen Adresse bereitstellen, unter der die Vergabeunterlagen abgerufen werden können. Unternehmen, die sich nicht haben registrieren lassen, müssen sich deshalb regelmäßig selbst unter der angegebenen elektronischen Adresse darüber informieren, ob dort zusätzliche Auskünfte bereitgestellt wurden.[31] Für nicht re-

---

[27] *Schubert* in Willenbruch/Wieddekind § 18 KonzVgV Rn. 5; *Wagner/Pott* in jursPK-VergR, § 18 Rn. 4.
[28] → § 20 VgV Rn. 29 ff.
[29] → § 20 VgV Rn. 32.
[30] *Planker* in Kapellmann/Messerschmidt § 13 EU VOB/A-EU Rn. 4, a. A. *von Wietersheim* in Ingenstau/Korbion § 12a EU VOB/A Rn. 21; offen gelassen von *Schubert* in Willenbruch/Wieddekind § 20 VgV Rn. 23.
[31] BT-Drs. 18/7318, 153; *Bergmann/Vetter* VBlBW 2016, 221, 230, *Goldbrunner* VergabeR 2016, 365, 374.

gistrierte Unternehmen besteht daher ein Holpflicht. Ob die Holpflicht nur für nicht registrierte Unternehmen gilt, ist bisher nicht geklärt. Nach Ansicht der VK Südbayern müssen registrierte Unternehmen jedenfalls dann informiert werden, wenn die konkrete Gefahr besteht, dass Änderungen nicht mehr zur Kenntnis genommen werden, bspw. weil
Unternehmen bereits ihr Angebot hochgeladen haben.[32] Der Verordnungsgeber nennt in
der Begründung zu § 9 Abs. 3 VgV, der als Vorbild für § 7 Abs. 3 KonzVgV diente,[33] dass
eine freiwillige Registrierung den Vorteil hat, dass Unternehmen automatisch über Änderungen der Vergabeunterlagen oder über Antworten auf Fragen zum Vergabeverfahren
informiert werden.[34] Dies spricht für eine Informationspflicht gegenüber registrierten Unternehmen. Dagegen wird in der Begründung zu § 7 Abs. 3 KonzVgV ausgeführt, dass
Konzessionsgeber eine freiwillige Registrierung dazu nutzen können (und nicht nutzen
müssen), um Unternehmen zu informieren.[35] Da es für Konzessionsgeber von Vorteil ist,
einen Überblick über die Unternehmen zu haben, die sich die Vergabeunterlagen angesehen oder heruntergeladen haben, sollten sie im eigenen Interesse eine freiwillige Registrierung beim Zugang zu den Vergabeunterlagen anbieten und Unternehmen dadurch dazu
motivieren, sich registrieren zu lassen, dass sie dann automatisch informiert werden, wenn
zusätzliche Auskünfte, Änderungen oder Rückfragenbeantwortungen unter der elektronischen Adresse zum Abruf bereitgestellt wurden, unter der die Vergabeunterlagen abgerufen
werden können.

15   Wird das **Vergabeverfahren zweistufig ausgestaltet,** muss die elektronische Adresse,
unter der die Vergabeunterlagen abgerufen werden können, noch nicht in der Konzessionsbekanntmachung angegeben werden. Nach § 17 Abs. 1 KonzVgV reicht es aus, die
elektronische Adresse in der Aufforderung zur Angebotsabgabe anzugeben. Wird die elektronische Adresse nicht in der Konzessionsbekanntmachung, sondern nur in der Aufforderung zur Angebotsabgabe angegeben, kennt der Konzessionsgeber aufgrund des Teilnahmewettbewerbs alle Unternehmen, die an dem Vergabeverfahren beteiligt sind, und kann
daher allen Unternehmen zusätzliche Auskünfte per Email oder bis zum Ablauf der Übergangsfrist des § 34 KonzVgV per Fax übermitteln. Da der Konzessionsgeber nach § 18
Abs. 1 KonzVgV verpflichtet ist, zusätzliche Auskünfte allen Unternehmen zu erteilen, die
sich an dem Vergabeverfahren beteiligen, dürfte es bei einem zweistufigen Vergabeverfahren nicht ausreichen, zusätzliche Informationen nur unter der elektronischen Adresse zur
Verfügung zu stellen, unter der die Vergabeunterlagen abgerufen werden können, wenn die
an dem Vergabeverfahren beteiligten Unternehmen nicht zusätzlich per Email oder Fax
unter Einhaltung der Sechs-Tages-Frist darauf hingewiesen werden, dass zusätzliche Auskünfte unter der elektronischen Adresse bereitgestellt wurden.

V. Fristberechnung

16   Nach § 36 KonzVgV richtet sich die **Fristberechnung** nach der Verordnung
(EWG/Euratom) Nr. 1182/71 des Rates vom 3.6.1971 zur Festlegung der Regeln für die
Fristen, Daten und Termine.[36] Art. 3 Abs. 1 S. 2 VO 1182/71 regelt, dass bei einer nach
Tagen bemessenen Frist, bei der für den Anfang der Zeitpunkt maßgebend ist, in welchem
eine Handlung vorgenommen wird, bei der Fristberechnung der Tag nicht mitgerechnet
wird, in den die Handlung fällt. Bei der Berechnung der Sechs-Tages-Frist wird daher der
Schlusstermin für den Eingang der Angebote nicht mitgerechnet. Eine nach Tagen bemes-
sene Frist beginn nach Art. 3 Abs. 2b VO 1182/71 am Anfang der ersten Stunde des ersten
Tages und endet mit Ablauf der letzten Stunde des letzten Tages der Frist. Daher sind von

---

[32] VK Südbayern 17.10.2016 – Z 3-3194-1-36-09/16; → § 9 VgV Rn. 32.
[33] BT-Drs. 18/7318, 254.
[34] BT-Drs. 18/7318, 153.
[35] BT-Drs. 18/7318, 255.
[36] ABl. 1971 L 124, S. 1.

dem Tag, der dem Schlusstermin für den Eingang der Angebote (Angebotsfrist) vorausgeht, sechs Tage zurückzurechnen. Zusätzlich Auskünfte müssen spätestens einen Tag davor, d. h. am siebten Tag erteilt werden. Endet beispielsweise die Angebotsfrist am 10.6., sind vom 9.6. sechs Tage bis zum 4.6.2017 zurückzurechnen. Zusätzliche Auskünfte müssen daher spätestens am 3.6.2017 erteilt werden.[37]

---

[37] *Schubert* in Willenbruch/Wieddekind § 18 Rn. 5; *Völlink* in Ziekow/Völlink, Vergaberecht § 20 VgV Rn. 13; *Planker* in Kapellmann/Messerschmidt § 13 EU VOB/A-EU Rn. 4.

Unterabschnitt 3. Bekanntmachungen

§ 19 Konzessionsbekanntmachung

(1) **Der Konzessionsgeber teilt seine Absicht, eine Konzession zu vergeben, in einer Konzessionsbekanntmachung mit.**

(2) **Die Konzessionsbekanntmachung wird nach dem Muster gemäß Anhang XXI der Durchführungsverordnung (EU) 2015/1986 der Kommission vom 11.** November 2015 zur Einführung von Standardformularen für die Veröffentlichung von Vergabebekanntmachungen für öffentliche Aufträge und zur Aufhebung der Durchführungsverordnung (EU) Nr. 842/2011 in der jeweils geltenden Fassung erstellt (ABl. L 296 vom 12.11.2015, S. 1).

(3) **Der Konzessionsgeber benennt in der Konzessionsbekanntmachung die Vergabekammer, an die sich die Unternehmen zur Nachprüfung geltend gemachter Vergabeverstöße wenden können.**

Übersicht

	Rn.			Rn.
A. Einführung	1	III. Abschnitt III: Rechtliche, wirtschaftliche, finanzielle und technische Angaben		16
I. Literatur	1			
II. Entstehungsgeschichte	2	IV. Abschnitt IV: Verfahren		18
III. Unionsrechtliche Vorgaben	3	V. Abschnitt VI: Weitere Angaben		20
B. Bedeutung der Bekanntmachungspflicht	4	D. Angabe der Vergabekammer (Abs. 3)		23
C. Inhalt der Bekanntmachung	7	E. Sprache der Bekanntmachung		24
I. Abschnitt I: Öffentlicher Auftraggeber/Auftraggeber	8	F. Freiwillige Konzessionsbekanntmachung		25
II. Abschnitt II: Gegenstand der Konzession	10			

A. Einführung

I. Literatur

1 Siehe die Literaturangaben zu § 37 VgV.

II. Entstehungsgeschichte

2 Die Regelungen über die EU-weite Bekanntmachung von Konzessionsvergaben wurden mit der Vergaberechtsmodernisierung 2016 neu eingeführt. Für Baukonzessionen ist die Bekanntmachungspflicht allerdings nicht neu. § 22 EG Abs. 2 Nr. 2 VOB/A 2012 enthielt bereits eine im Wesentlichen gleichlautende Pflicht. Die echte Neuerung ist die Ausweitung der Bekanntmachungspflicht auch auf Dienstleistungskonzessionen. Die Regelungen basieren auf den Vorgaben der KRL (→ III.). Die gesonderte Erwähnung der Pflicht zur Benennung der zuständigen Vergabekammer in Abs. 3 ist an § 37 Abs. 3 VgV angelehnt.

III. Unionsrechtliche Vorgaben

3 § 19 setzt Art. 31 Abs. 1 und 2 KRL um. Die Bekanntmachungspflicht gemäß § 19 Abs. 1 entspricht unmittelbar Art. 31 Abs. 1 KRL. Die Verpflichtung, die Bekanntmachung gemäß dem Standardformular in Anhang XXI der DVO (EU) Nr. 2015/1986 zu erstellen, beruht auf Art. 31 Abs. 2 KRL. Die Richtlinienvorschrift verweist wegen der Mindestinhalte zunächst auf Anhang V KRL und erst in zweiter Linie auf das Standardformular. Die Umsetzung verweist demgegenüber direkt auf das Standardformular, was praktisch aber nur wenig Unterschied macht. Der Verweis auf das Standardformular ist richtigerweise dynamisch, d. h. geht auf das Standardformular in der jeweils geltenden Fassung. Das entspricht auch der Vorgabe aus Art. 31 Abs. 2 KRL. Die Umsetzung ist in dem Punkt treffgenauer als die Parallelvorschriften in §§ 37 bis 39 VgV, die statische Verweise enthalten. Die Pflicht in Abs. 3 zur Benennung der zuständigen Vergabekammer basiert auf Anhang V Nr. 11 KRL bzw. Abschnitt VI.4 des Standardformulars. Mit Blick auf die Vorgabe im Standardformular hätte es der gesonderten Regelung zwar nicht bedurft; die Regelung unterstreicht aber die besondere Bedeutung des Vergaberechtsschutzes auch im Bereich der Konzessionsvergabe.

B. Bedeutung der Bekanntmachungspflicht

Die Pflicht zur Bekanntmachung beabsichtigter Konzessionsvergaben ist von fundamen- **4** taler Bedeutung für die Herstellung eines EU-weiten Wettbewerbs um Konzessionen. Erst die Bekanntmachung schafft die notwendige Transparenz, die eine wettbewerbliche und nichtdiskriminierende Vergabe ermöglicht. Insoweit gilt im Ausgangspunkt dasselbe wie für Auftragsvergaben (→ VgV § 37 Rn. 11 f.).

Im Konzessionsbereich kommt der Bekanntmachungspflicht allerdings eine nochmals **5** gesteigerte Bedeutung zu. Für **Dienstleistungskonzessionen** ist die Einführung einer förmlichen EU-weiten Bekanntmachungspflicht ein **Paradigmenwechsel.** Zwar galt für die Vergabe von Dienstleistungskonzessionen mit sog. Binnenmarktrelevanz aufgrund des EU-rechtlichen Grundsatzes der Nichtdiskriminierung aus Gründen der Staatsangehörigkeit sowie dem daraus folgenden Transparenzgebot seit jeher eine Pflicht zu einer angemessenen Publizität.[1] Eine förmliche Pflicht zur EU-weiten Bekanntmachung, insbesondere mit einem eigenen Standardformular, bestand jedoch nicht.

Im Konzessionsbereich ist die Veröffentlichung einer **Vorinformation** (iSv § 38 VgV) **6** im Normalfall **nicht vorgesehen,** auch nicht zu reinen Informationszwecken. Anders verhält es sich nur bei Konzessionen über soziale und andere besondere Dienstleistungen im Sinne von § 153 GWB; solche Konzessionen werden ausschließlich mittels Vorinformation bekannt gemacht (→ § 22).

C. Inhalt der Bekanntmachung

Die Konzessionsbekanntmachung ist gemäß dem Standardformular in Anhang XXI der **7** DVO (EU) Nr. 2015/1986 („Konzessionsbekanntmachung") zu erstellen. Dieses Formular entspricht in den meisten Punkten der Auftragsbekanntmachung nach § 37 VgV. Insoweit kann zunächst auf die dortige Kommentierung verwiesen werden (→ VgV § 37 Rn. 20 ff. und 25 ff.). Allerdings gibt es einige auf den Besonderheiten des Konzessionsvergaberechts beruhende Abweichungen.

---

[1] EuGH 21.7.2005 C-231/03 „Coname", Rn. 16 bis 19; EuGH 13.10.2005, C-458/03 „Parking Brixen" Rn. 48 bis 50. Siehe dazu näher die Mitteilung der Kommission zu Auslegungsfragen in Bezug auf das Gemeinschaftsrecht, das für die Vergabe öffentlicher Aufträge gilt, die nicht oder nur teilweise unter die Vergaberichtlinien fallen (2006/C 179/02), ABl. EU Nr. C 179 v. 1.8.2006, 2 ff., unter 2.1. Diese Mitteilung bezieht sich zwar ausdrücklich nur auf *Aufträge,* die nicht unter die Vergabevorschriften fallen; die aus dem EU-Primärrecht abgeleiteten Transparenzanforderungen galten jedoch seit jeher gerade auch für Dienstleistungskonzessionen.

I. Abschnitt I: Öffentlicher Auftraggeber/Auftraggeber

8   Abschnitt I enthält Angaben zum Konzessionsgeber. Da die Konzessionsvergabevorschriften für alle Arten von Auftraggebern, d. h. auch für Sektorenauftraggeber gelten, wird in der Abschnittsüberschrift – begrifflich korrekt, aber etwas umständlich – sowohl auf „öffentliche Auftraggeber" als auch (Sektoren-)„Auftraggeber" Bezug genommen. Im Übrigen stimmt Abschnitt I weitgehend mit dem betreffenden Abschnitt der Auftragsbekanntmachungen nach § 37 VgV bzw. § 37 SektVO überein (→ VgV § 37, Rn. 27 ff.).

9   Abschnitt I.3 mit den Angaben zur Kommunikation entspricht vollständig dem entsprechenden Abschnitt der Auftragsbekanntmachung. Insbesondere ist anzugeben, ob die Vergabeunterlagen für einen uneingeschränkten, vollständigen, direkten und unentgeltlichen Zugang zur Verfügung stehen, und ggf. die Internetadresse anzugeben. Allerdings ist dabei § 17 zu beachten, wonach die elektronische Adresse für den direkten Abruf der Vergabeunterlagen nur dann in der Konzessionsbekanntmachung angegeben werden muss, wenn diese bereits eine Aufforderung zur Angebotsabgabe enthält. Hierin liegt ein signifikanter Unterschied zum Auftragsvergaberecht, das den Auftraggeber stets, d. h. auch beim zweistufigen Verfahren, verpflichtet, die Vergabeunterlagen schon ab Veröffentlichung der Auftragsbekanntmachung zum direkten elektronischen Abruf bereitzustellen und die Internetadresse für den Abruf anzugeben (→ VgV § 41, Rn. 28 ff.).

II. Abschnitt II: Gegenstand der Konzession

10   Abschnitt II enthält Angaben zum Gegenstand der Konzession, d. h. der zu erbringenden Leistung und dem weiteren Inhalt der Konzession. Die Angaben unter II.1 zum Umfang der Beschaffung entsprechen denen aus der Auftragsbekanntmachung (→ VgV § 37, Rn. 35 ff.). Unter II.2 ist eine nähere Beschreibung des Inhalts der Konzession, ggf. gegliedert nach Losen, zu geben; auch diese Angaben entsprechen weitgehend denen der Auftragsbekanntmachung (→ § 37 VgV, Rn. 41 ff.). Das gilt insbesondere für die Bezeichnung des Auftrags und etwaiger Einzellose nebst CPV-Code(s) und den Ort der Ausführung mit dem NUTS-Code (Abschnitte II.2.1, II.2.2 und II.2.3).

11   Unter II.2.4 ist ferner eine Beschreibung der Beschaffung zu geben. Das betrifft zum einen Art und Umfang der vom Konzessionär zu erbringenden Bau- oder Dienstleistung. Da bei einer Konzession die Gegenleistung für den Konzessionär vorrangig im Recht zur Nutzung bzw. Verwertung der Leistung besteht (§ 105 Abs. 1 GWB), sind in dem Abschnitt aber auch Angaben zu den wesentlichen Merkmalen dieses Nutzungsrechts zu machen, insbesondere zu Inhalt, Umfang und etwaigen Beschränkungen des Nutzungsrechts.

12   Unter II.2.5 sind Angaben zu den Zuschlagskriterien vorgesehen. Anders als die Auftragsbekanntmachung verweist das Formular dabei primär auf die Vergabeunterlagen. Alternativ kann der Konzessionsgeber die Kriterien bereits in der Bekanntmachung angeben. In diesem Fall sind sie in absteigender Reihenfolge ihrer Bedeutung zu nennen, d. h. nicht notwendigerweise mit konkreter Gewichtung. Das entspricht der Vorgabe des § 31 Abs. 1 bzw. Art. 41 Abs. 3 KRL.

13   Unter II.2.6 ist ferner der Wert der Konzession anzugeben. Wie sich aus Anhang V Nr. 4 KRL ergibt, kommt es dabei auf den Wert der Bau- bzw. Dienstleistungen an. Das schließt den Teil des Leistungswerts ein, den der Konzessionär über die Nutzung bzw. Verwertung seiner Leistung abdeckt. Gemäß Anhang V Nr. 4 genügt allerdings die Angabe der Größenordnung oder eines indikativen Werts. Das trägt dem Umstand Rechnung, dass sich der Wert einer Konzession in vielen Fällen im Voraus nicht genau abschätzen lässt.

14   Unter II.2.7 ist ferner die Laufzeit der Konzession anzugeben, und zwar entweder in Monaten oder Tagen oder mit Anfangs- und Enddatum. Gemäß Anhang V Nr. 4 VRL ist

die Laufzeit allerdings nur anzugeben „soweit möglich"; im Formular wird die Angabe durch eine Fußnotenerläuterung – rechtlich nicht ganz korrekt – als „optional" bezeichnet. Bei der Laufzeitangabe ist zu beachten, dass die Vergabe unbefristeter Konzessionen (im Sinne einer „ewigen" Laufzeit) nach der EuGH-Rechtsprechung unzulässig ist.[2]

Nicht vorgesehen sind in der Konzessionsbekanntmachung – im Gegensatz zur Auf- **15** tragsbekanntmachung – Angaben zu einer etwaigen Beschränkung der Zahl der Bewerber, die zur Angebotsabgabe bzw. Verfahrensteilnahme aufgefordert werden (vgl. II.9 der Auftragsbekanntmachung), zur Zulässigkeit von Nebenangeboten (Abschnitt II.2.10 der Auftragsbekanntmachung) und zu etwaigen Optionen (Abschnitt II.2.11 der Auftragsbekanntmachung).

III. Abschnitt III: Rechtliche, wirtschaftliche, finanzielle und technische Angaben

Abschnitt III enthält Angaben zu den Teilnahme- und Ausführungsbedingungen. Der **16** Abschnitt entspricht vollständig demjenigen der Auftragsbekanntmachung (→ VgV § 37 Rn. 53 ff.). In Abschnitt III.1 sind die Teilnahmebedingungen anzugeben. Das betrifft zunächst die Anforderungen an die berufliche Befähigung und eine Eintragung ins Handels- oder Berufsregister (III.1.1) sowie die Eignungskriterien (III.1.2 und III.1.3). Die Eignung umfasst wie bei der Auftragsvergabe die wirtschaftliche und finanzielle Leistungsfähigkeit (III.1.2) und die technische und berufliche Leistungsfähigkeit (III.1.3). Ebenso wie das Standardformular für die Auftragsbekanntmachung sieht auch das Formular für die Konzessionsbekanntmachung die Möglichkeit vor, ein Feld anzukreuzen, dass die Eignungskriterien sich aus den Vergabeunterlagen ergeben. Ein **Verweis auf die Vergabeunterlagen** ist nach § 25 Abs. 1 jedoch **unzulässig.** Nach dieser Vorschrift muss der Konzessionsgeber die Eignungskriterien in allen Fällen, in denen eine Konzessionsbekanntmachung obligatorisch ist, bereits in der Bekanntmachung angeben. Das ist aus Bietersicht auch praktisch bedeutsam. Denn ein Konzessionsgeber muss die Vergabeunterlagen in dem Fall, dass die Bekanntmachung noch keine Aufforderung zur Angebotsabgabe enthält, noch nicht ab dem Tag der Bekanntmachung zum direkten elektronischen Abruf bereit stellen (§ 17 Abs. 1). Interessenten können sich darum in diesem Fall auch nicht aus den Vergabeunterlagen Kenntnis von den Eignungskriterien verschaffen.

Unter III.2 sind weitere Bedingungen für die Konzession anzugeben. Auch diese Anga- **17** ben entsprechen denen aus Abschnitt III.2 der Auftragsbekanntmachung (→ VgV § 37 Rn. 63 ff.). Unter III.2.2 sind insbesondere etwaige Bedingungen für die Konzessionsausführung anzugeben. Das können neben allgemeinen Ausführungsbedingungen, wie etwa Anforderungen ökologischer oder sozialer Art, auch Vorgaben zur künftigen Nutzung bzw. Verwertung der Leistung sein, sofern diese nicht schon in der Beschreibung des Beschaffungsvorhabens in Abschnitt II.2.4 genannt wurden.

IV. Abschnitt IV: Verfahren

Die Angaben in Abschnitt IV zu den Einzelheiten des Vergabeverfahrens sind deutlich **18** knapper als im Standardformular für die Auftragsbekanntmachung. Insbesondere sind weder eine konkrete Verfahrensart noch Einzelheiten zum Verfahrensablauf anzugeben. Das beruht darauf, dass das Konzessionsvergaberecht keine speziellen Verfahrensarten vorgibt, sondern dem Konzessionsgeber die Ausgestaltung des Verfahrens in gewissen Grenzen freistellt (§ 151 GWB, §§ 12 ff. KonzVgV). Macht der Konzessionsgeber von der in § 12 Abs. 1 Satz 2 vorgesehenen Möglichkeit Gebrauch, das Verfahren am Verhandlungsverfah-

---

[2] EuGH 25.3.2010, C-451/08 „Helmut Müller" Rn. 79.

ren mit Teilnahmewettbewerb nach der VgV auszurichten, empfiehlt sich in der Bekanntmachung (unter VI.3 „Zusätzliche Angaben") aber ein entsprechender Hinweis.

19   In der Bekanntmachung ist lediglich anzugeben, ob die Konzessionsvergabe unter das
WTO-Beschaffungsübereinkommen (GPA) fällt (IV.1.8; → näher VgV § 37 Rn. 70). Unter IV.2.2 und IV.2.4 sind zudem die Bewerbungs- oder Angebotsfrist mit Tag und Uhrzeit
anzugeben (→ VgV § 37 Rn. 72 f.), sowie die Sprache(n), in denen die Teilnahmeanträge
oder Angebote eingereicht werden können (→ VgV § 37 Rn. 75).

V. Abschnitt VI: Weitere Angaben

20   In Abschnitt VI sind weitere Angaben zum Beschaffungsvorhaben und zum Verfahren
vorgesehen machen. Diese Angaben entsprechen denen in Abschnitt VI der Auftragsbekanntmachung (→ VgV § 37 Rn. 78 ff.). Insbesondere können unter VI.3 zusätzliche Angaben zum Vorhaben oder zum Verfahren gemacht werden. Angesichts der sehr knappen
Pflichtangaben zum Verfahren in Abschnitt IV bietet es sich hier insbesondere an, nähere
Hinweise zum Verfahrensablauf zu geben, soweit diese zum Zeitpunkt der Bekanntmachung schon feststehen.

21   Unter VI.4 sind Angaben zum Rechtsschutz zu machen. Insbesondere ist – wie es auch
Abs. 3 ausdrücklich fordert – die zuständige Vergabekammer anzugeben (VI.4.1). Ferner
sind die Fristen für die Einlegung von Rechtsbehelfen anzugeben (VI.4.3). Diese Angaben
entsprechen denen nach Abschnitt VI.4 der Auftragsbekanntmachung (→ VgV § 37
Rn. 82 ff.).

22   Unter Ziffer VI.5 ist schließlich der Tag der Absendung der Bekanntmachung an das
Amt für Veröffentlichungen der EU anzugeben. Diese Angabe wird bei der Übermittlung
über das eNOTICES-Onlineportal oder die TED-eSender-Funktion automatisch eingetragen; der Konzessionsgeber muss dieses Feld daher nicht selbst ausfüllen (→ VgV § 37
Rn. 85).

D. Angabe der Vergabekammer (Abs. 3)

23   Nach Abs. 3 muss der Konzessionsgeber in der Konzessionsbekanntmachung die Vergabekammer benennen, die für die Nachprüfung behaupteter Vergabeverstöße zuständig ist.
Diese Regelung ist mit Blick auf Abs. 2, dem zufolge die Bekanntmachung nach Maßgabe
des Standardformulars in Anhang XXI der DVO 2015/1986 zu erstellen ist, welches unter
VI.4.1 die Angabe der Vergabekammer fordert, an sich redundant. Die eigentliche Bedeutung der Regelung liegt vor allem darin, dass die Möglichkeit, Rechtsschutz vor der Vergabekammer zu suchen – die für Dienstleistungskonzessionen neu ist – dadurch besonders
hervorgehoben wird.

E. Sprache der Bekanntmachung

24   Die KonzVgV enthält keine Vorgabe zur **Sprache,** in der die Bekanntmachung zu
erstellen ist. Aus Art. 33 Abs. 3 KRL ergibt jedoch, dass der Konzessionsgeber die Sprache
aus den **Amtssprachen der EU frei wählen** kann. Er kann dabei nicht nur eine Sprache
als Originalsprache wählen, sondern **auch mehrere Sprachen.** Hierin liegt eine Neuerung der Richtlinien von 2014. Nach altem Recht mussten sich Auftraggeber und Baukonzessionsgeber stets für *eine* Originalsprache entscheiden; in den anderen Sprachen wurden nur Zusammenfassungen der Bekanntmachung veröffentlicht. Gerade für große und
langfristige Konzessionen, bei denen ein internationaler Wettbewerb zu erwarten oder

wünschenswert ist, kann eine Bekanntmachung in mehreren Sprachen – z. B. auf Deutsch und Englisch – durchaus zweckmäßig sein. Entscheidet sich der Konzessionsgeber für mehrere Originalsprachen, wird die Bekanntmachung in allen diesen Sprachen vollständig veröffentlicht (so ausdrücklich Art. 33 Abs. 3 KRL). Die Regelung wurde im deutschen Recht allerdings nicht umgesetzt. Die Neuerung wird dadurch nicht deutlich.

F. Freiwillige Konzessionsbekanntmachung

Der Konzessionsgeber kann eine beabsichtigte Konzessionsvergabe auch freiwillig be- **25** kanntmachen. Eine freiwillige Bekanntmachung kommt insbesondere bei Konzessionen in Betracht, die den einschlägigen Schwellenwert nicht erreichen oder unter eine gesetzliche Ausnahme zB nach §§ 109, 149 oder 150 Nr. 2 bis 5 oder Nr. 7 GWB fallen, wenn der Konzessionsgeber gleichwohl einen EU-weiten Wettbewerb herstellen will. Zwar sieht die KonzVgV – anders als § 40 Abs. 4 VgV – freiwillige Bekanntmachungen nicht ausdrücklich vor. Sie sind aber auch nicht ausgeschlossen. Eine freiwillige Konzessionsbekanntmachung kann in der gleichen Weise und unter Verwendung des gleichen Standardformulars erfolgen wie eine Pflichtbekanntmachung nach § 19. Allerdings empfiehlt es sich in diesem Fall, in Abschnitt VI.3 der Bekanntmachung („Zusätzliche Angaben") auf den freiwilligen Charakter der Bekanntmachung hinzuweisen. Im Übrigen gilt das Gleiche wie für freiwillige Vergabebekanntmachungen und Vorinformationen nach § 40 Abs. 4 VgV (→ VgV § 40 Rn. 25 f.).

§ 20 Ausnahmen von der Konzessionsbekanntmachung

(1) Von einer Konzessionsbekanntmachung kann abgesehen werden, wenn die Bau- oder Dienstleistung nur von einem bestimmten Unternehmen erbracht werden kann, weil

1. das Ziel der Konzession die Erschaffung oder der Erwerb eines einzigartigen Kunstwerks oder einer einzigartigen künstlerischen Leistung ist,
2. Wettbewerb aus technischen Gründen nicht entstehen kann,
3. ein ausschließliches Recht besteht oder
4. Rechte des geistigen Eigentums oder andere als die in § 101 Absatz 2 in Verbindung mit § 100 Absatz 2 Satz 1 des Gesetzes gegen Wettbewerbsbeschränkungen definierten ausschließlichen Rechte zu beachten sind.

Satz 1 Nummer 2 bis 4 ist nur anzuwenden, wenn es keine sinnvolle Alternative oder Ersatzlösung gibt und der fehlende Wettbewerb nicht das Ergebnis einer künstlichen Einengung der Parameter der Konzessionsvergabe ist.

(2) Von einer neuen Konzessionsbekanntmachung kann abgesehen werden, wenn bei einem vorausgegangenen Vergabeverfahren keine oder keine geeigneten Teilnahmeanträge oder Angebote eingereicht wurden, sofern die ursprünglichen Bedingungen des Konzessionsvertrags nicht grundlegend geändert werden und der Europäischen Kommission auf Anforderung ein Verfahrensbericht vorgelegt wird. Ungeeignet sind

1. ein Teilnahmeantrag, wenn
   a) der Bewerber gemäß § 154 Nummer 2 in Verbindung mit den §§ 123 bis 126 des Gesetzes gegen Wettbewerbsbeschränkungen aufgrund eines zwingenden oder fakultativen Ausschlussgrunds auszuschließen ist oder ausgeschlossen werden könnte oder der Bewerber die gemäß § 152 Absatz 2 in Verbindung mit § 122 des Gesetzes gegen Wettbewerbsbeschränkungen festgelegten Eignungskriterien nicht erfüllt oder
   b) der Teilnahmeantrag ein ungeeignetes Angebot enthält, weil dieses ohne wesentliche Abänderung den in den Vergabeunterlagen genannten Bedürfnissen und Anforderungen des Konzessionsgebers offensichtlich nicht entsprechen kann, und
2. ein Angebot, wenn es ohne wesentliche Abänderung den in den Vergabeunterlagen genannten Bedürfnissen und Anforderungen des Konzessionsgebers offensichtlich nicht entsprechen kann.

Übersicht

	Rn.		Rn.
A. Einführung	1	D. Nach erfolglosem regulären Verfahren	10
I. Literatur	1		
II. Entstehungsgeschichte	2	E. Keine weiteren Fallgruppen	16
III. Unionsrechtliche Vorgaben	3	F. Ex-post-Bekanntmachungspflicht	18
B. Vergabeverfahren ohne Konzessionsbekanntmachung	5	G. Rechtsfolgen bei Verstößen; freiwillige Ex-ante-Bekanntmachung	19
C. Fehlender Wettbewerb wegen Alleinstellung	7		

A. Einführung

I. Literatur

1 Siehe die Literaturangaben zu § 14 Abs. 4 VgV, sowie *Boesen* Der Übergang vom offenen Verfahren zum Verhandlungsverfahren VergabeR 2008, 385; *Pünder/Terbrack* Das vergabeverfahrensrechtliche Grundmodell und die Gründe für seine Modifikationen – Ein normübergreifender Überblick, in Prieß/Lau/Kratzenberg

(Hrsg.), Festschrift Marx (2013), 585; *Quidisch* Das Verhandlungsverfahren – ein Irrgarten? NZBau 2003, 249; *Willenbruch* Die Praxis des Verhandlungsverfahrens nach § 3a Nr. 1 VOB/A und VOL/A NZBau 2003, 422; *Butler* Offenes Verfahren, nichtoffenes Verfahren, Verhandlungsverfahren, in Gabriel/Krohn/Neun (Hrsg.) Handbuch Vergaberecht (2. Aufl.) § 10, S. 235 ff.

II. Entstehungsgeschichte

Die Regelungen über die Ausnahmen von der Bekanntmachungspflicht beruhen auf den **2** Vorgaben der KRL (→ III.). Die Regelungen sind an die weitgehend vergleichbaren Vorschriften zur Zulässigkeit des Verhandlungsverfahrens ohne Teilnahmewettbewerb gemäß § 14 Abs. 4 Nr. 1 und 2 VgV angelehnt.[1]

III. Unionsrechtliche Vorgaben

§ 20 beruht auf Art. 31 Abs. 4 und 5 KRL. Die Umsetzung folgt sehr eng den Richtli- **3** nienbestimmungen.

Abs. 1, der eine Konzessionsvergabe ohne Bekanntmachung wegen Alleinstellung eines **4** einzelnen Anbieters zulässt, setzt Art. 31 Abs. 4 KRL um.[2] Abs. 1 Satz 2, der für diesen Fall verlangt, dass es keine sinnvolle Alternative gibt und der fehlende Wettbewerb nicht auf einer künstlichen Einengung der Konzessionsvergabeparameter beruht, entspricht Art. 31 Abs. 4 UAbs. 2 KRL. Erwägungsgrund 51 KRL enthält dazu den Hinweis, dass der fehlende Wettbewerb nicht durch den Konzessionsgeber selbst im Hinblick auf das anstehende Vergabeverfahren herbeigeführt worden sein darf. Der Erwägungsgrund hebt zudem den besonderen Ausnahmecharakter der Vorschrift hervor; die Regelung soll nur für Fälle gelten, in denen von Beginn an klar ist, dass eine Veröffentlichung nicht zu mehr Wettbewerb führt. In Bezug auf die Suche nach Alternativen oder Ersatzlösungen wird im Erwägungsgrund 51 außerdem eine eingehende Prüfung angemahnt, ob keine alternativen Lösungen zur Verfügung stehen. Der Erwägungsgrund ist in diesem Punkt allerdings knapper gefasst als Erwägungsgrund 50 VRL, der für Auftragsvergaben im Verhandlungsverfahren ohne Teilnahmewettbewerb wegen Alleinstellung eines Bieters vom Auftraggeber ausdrücklich eine Begründung verlangt, warum es keine vernünftigen Alternativen oder Ersatzlösungen gibt, und recht ausführlich beschreibt, auf welche Umstände in der Begründung einzugehen ist.

Abs. 2, der eine Vergabe ohne Konzessionsbekanntmachung nach einem erfolglosen ordentlichen Verfahren mit Konzessionsbekanntmachung zulässt, setzt Art. 31 Abs. 5 KRL um.

B. Vergabeverfahren ohne Konzessionsbekanntmachung

§ 20 regelt den Ausnahmefall einer Konzessionsvergabe **ohne vorherige EU-weite** **5** **Bekanntmachung.** Angesichts der zentralen Bedeutung der Bekanntmachung für den Wettbewerb handelt es sich um eine **absolute Ausnahme.** In dieser Hinsicht gilt das gleiche wie für Auftragsvergaben im Verhandlungsverfahren ohne Teilnahmewettbewerb nach § 14 Abs. 4 VgV (→ *Dörn* VgV § 14 Rn. 32). Bei Konzessionsvergaben ist der Ausnahmecharakter von Vergaben ohne Bekanntmachung freilich **noch stärker ausgeprägt.** Denn die KonzVgV regelt das Vergabeverfahren als solches nur rudimentär, so dass die übrigen Verfahrensgarantien für Unternehmen deutlich schwächer ausgeprägt sind. Der EU-weiten Bekanntmachung kommt daher bei der Konzessionsvergabe unter Transparenzgesichts-

---

[1] Begründung zu § 20 KonzVgV, BR-Drs. 87/16, 290.
[2] Begründung zu § 20 Abs. 1 KonzVgV, BR-Drs. 87/16, 290.

punkten im Vergleich zur allgemeinen Auftragsvergabe ein **noch höherer Stellenwert** zu. Erwägungsgrund 51 KRL stellt dazu klar, dass Konzessionsvergaben ohne Bekanntmachung aufgrund der negativen Auswirkungen auf den Wettbewerb „nur unter außergewöhnlichen Umständen zulässig sein" sollen. Der besondere Ausnahmecharakter von Konzessionsvergaben ohne Bekanntmachung wird auch daran deutlich, dass § 20 überhaupt **nur zwei Fallgruppen** kennt, in denen ein solches Vergaben zulässig ist, nämlich Alleinstellungsfälle und den Fall, dass ein vorheriges reguläres Verfahren ergebnislos geblieben ist. Die Vorschrift dient insoweit auch dem **Bieterschutz**.

6   Die Vorschrift ähnelt in vieler Hinsicht § 14 Abs. 4 Nr. 1 und 2 VgV zum Verhandlungsverfahren ohne Teilnahmewettbewerb, auf dessen Grundlage sie modelliert wurde.[3] Allerdings enthält die KonzVgV – im Gegensatz zur VgV – kaum Vorgaben **zum Ablauf des eigentlichen Vergabeverfahrens**. § 12 Abs. 1 Satz 2 legt dem Konzessionsgeber bei regulären Vergaben *mit* Bekanntmachung insoweit nahe, das Verfahren an den Vorschriften der VgV zum Ablauf des Verhandlungsverfahrens mit Teilnahmewettbewerb auszurichten. Für Konzessionsvergaben ohne Bekanntmachung ist dieser Ansatz indes nicht immer praxisgerecht. Denn Konzessionsvergaben ohne Bekanntmachung sind nur in Sonderkonstellationen zulässig, für die der Ablauf eines normalen wettbewerbliches Verhandlungsverfahren oftmals nicht passt. Das gilt insbesondere für den Fall des Abs. 1, dass ein Wettbewerb wegen Alleinstellung eines Bieters von vorherein ausgeschlossen ist.

C. Fehlender Wettbewerb wegen Alleinstellung

7   Abs. 1 gestattet eine Vergabe ohne Konzessionsbekanntmachung, wenn die Bau- oder Dienstleistung aus bestimmten Gründen **nur von einem bestimmten Unternehmen** erbracht werden kann. Eine solche **Alleinstellung** kann sich aus einem der vier folgenden Gründe ergeben:

Einzigartiges Kunstwerk: Nr. 1 regelt den Fall, dass das Ziel der Konzession die Erschaffung oder der Erwerb eines einzigartigen Kunstwerks oder einer einzigartigen künstlerischen Leistung ist. Dieser Fall entspricht § 14 Abs. 4 Nr. 2 lit. a VgV (→ *Dörn* VgV § 14 Rn. 42).

Technische Gründe: Nr. 2 regelt den Fall, dass ein Wettbewerb aus technischen Gründen ausgeschlossen ist. Dieser Fall entspricht § 14 Abs. 4 Nr. 2 lit. b VgV (→ *Dörn* VgV § 14 Rn. 43).

Ausschließliche Rechte: Nr. 3 regelt den Fall, dass das betreffende Unternehmen über ein ausschließliches Recht verfügt, aufgrund dessen es als einziges in der Lage ist, die Leistung auszuführen. Dieser Fall entspricht zusammen mit den in Nr. 4 genannten Fällen der geistigen Eigentumsrechte und anderer Ausschließlichkeitsrechte § 14 Abs. 4 Nr. 2 lit. c VgV (→ *Dörn* VgV § 14 Rn. 44).

Geistiges Eigentum und andere Ausschließlichkeitsrechte: Nr. 4 gestattet eine Vergabe ohne Bekanntmachung ferner, wenn ein Wettbewerb ausgeschlossen ist, weil geistige Eigentumsrechte oder andere ausschließliche Rechte zu beachten sind; dabei muss es sich um andere als die ausschließlichen Rechte im Sektorenbereich gemäß § 101 Abs. 2 iVm § 100 Abs. 2 Satz 1 GWB handeln. Die Rechte nach Nr. 4 sind von denen nach Nr. 3 kaum abzugrenzen. Rechte des geistigen Eigentums sind ein Unterfall der ausschließlichen Rechte nach Nr. 3. Die weiteren in Nr. 4 genannten ausschließlichen Rechte lassen sich schon begrifflich nicht von den in Nr. 3 genannten Rechten unterscheiden. Wichtig ist jedoch die – nach Sinn und Zweck auch für die Rechte nach Nr. 3 geltende – Klarstellung, dass Ausschließlichkeitsrechte iSv § 100 Abs. 2 Satz 1 GWB, die die Auftraggebereigenschaft nichtstaatlicher Sektorenauftraggeber begründen, für sich genommen nicht ausreichen, um eine Konzessionsvergabe ohne Bekanntmachung zu recht-

---

[3] Begründung zu § 20 KonzVgV, BR-Drs. 87/16, 290.

fertigen. Die Regelung unterscheidet sich insoweit von der Parallelvorschrift in § 13 Abs. 2 Nr. 3 lit. c SektVO, die eine entsprechende Klarstellung nicht enthält. In der Sache besteht allerdings kein Unterschied; vielmehr stellt Erwägungsgrund 20 SRL im vierten Absatz klar, dass es sich auch bei den „ausschließlichen Rechten" im Sinne von § 13 Abs. 2 Nr. 3 lit. c SektVO um etwas anderes als die ausschließlichen Rechte iSv § 100 Abs. 2 GWB handelt.

Die Ausnahmen nach Satz 1 Nr. 2 bis 4 setzen gem. Abs. 1 Satz 2 setzen voraus, dass es **8** **keine sinnvolle Alternative oder Ersatzlösung** gibt und der fehlende Wettbewerb **nicht das Ergebnis einer künstlichen Einengung der Parameter** der Konzessionsvergabe ist. Der Auftraggeber darf den fehlenden Wettbewerb **nicht selbst dadurch verursacht** haben, dass er sich ohne zwingenden Grund auf eine bestimmte Lösung festgelegt hat oder künstlich einengende Vorgaben für das Vorhaben aufgestellt hat. Erwägungsgrund 51 KRL fordert in diesem Zusammenhang eine „eingehende Prüfung", ob keine geeigneten alternativen Lösungen zur Verfügung stehen. Die Vorschrift entspricht inhaltlich fast vollständig § 14 Abs. 6 VgV, auf dessen Kommentierung daher im Übrigen verwiesen werden kann (→ *Dörn* VgV § 14 Rn. 65 ff.).

Ein Unterschied zu § 14 Abs. 6 VgV besteht nur insoweit, als die Einschränkung nach **9** Abs. 1 Satz 2 ausschließlich für die Ausnahmen nach Abs. 1 Satz 1 Nr. 2 bis 4 gilt, d.h. wenn ein Wettbewerb aus technischen Gründen oder wegen ausschließlicher Rechte ausgeschlossen ist, nicht dagegen für die Beschaffung einzigartiger Kunstwerke. Die Parallelvorschrift in § 14 Abs. 6 VgV gilt demgegenüber für die Ausnahmefälle des § 14 Abs. 4 Nr. 2 lit. a und lit. b, d.h. für die Beschaffung einzigartiger Kunstwerke und den Fall, dass ein Wettbewerb aus technischen Gründen ausgeschlossen ist. Für den Ausnahmefall des § 14 Abs. 4 Nr. 2 lit. c VgV, dass ein Wettbewerb wegen ausschließlicher Rechte unmöglich ist, gilt sie dagegen nicht. Die unterschiedliche Ausgestaltung geht auf die jeweiligen Richtlinienvorschriften zurück; der Grund für die Abweichung jedoch liegt im Dunkeln. Die Regelung für den Konzessionsbereich in Abs. 1 Satz 2 ist allerdings praxisgerechter, da Konzessionen zur Beschaffung einzigartiger Kunstwerke kaum vorkommen dürften. Der Fall, dass ein Wettbewerb wegen ausschließlicher Rechte nicht stattfinden kann, ist jedenfalls deutlich praxisrelevanter.

D. Nach erfolglosem regulären Verfahren

Abs. 2 gestattet eine Vergabe ohne Konzessionsbekanntmachung, wenn bei einem vor- **10** ausgegangenen Vergabeverfahren mit Teilnahmewettbewerb keine oder keine geeigneten Teilnahmeanträge oder Angebote eingereicht wurden. Hierbei geht es um den Fall, dass ein reguläres Vergabeverfahren mit Konzessionsbekanntmachung erfolglos geblieben ist. Die Regelung entspricht im Kern § 14 Abs. 4 Nr. 1 VgV, der ein Verhandlungsverfahren ohne Teilnahmewettbewerb nach einem erfolglosen offenen oder nichtoffenen Verfahren gestattet. Insoweit kann zunächst auf die Kommentierung von § 14 Abs. 4 Nr. 1 VgV verwiesen werden (→ *Dörn* VgV § 14 Rn. 33 ff.).

Als erfolglos gilt ein Konzessionsvergabeverfahren mit Teilnahmewettbewerb dann, wenn **11** keine oder **keine geeigneten Teilnahmeanträge** oder **Angebote** eingereicht wurden. Als ungeeignet gilt ein **Teilnahmeantrag,** wenn der Bewerber wegen eines zwingenden oder fakultativen Ausschlussgrundes nach § 154 Nr. 2 iVm §§ 123 bis 126 GWB **auszuschließen ist** oder **ausgeschlossen werden kann,** oder die **Eignungskriterien nicht erfüllt** (Abs. 2 Satz 2 Nr. 1 lit. a). Dieser Fall entspricht § 14 Abs. 4 Nr. 1 Hs. 3 VgV. Ein Teilnahmeantrag ist nach Abs. 2 Satz 2 Nr. 1 lit. b auch dann ungeeignet, wenn er ein ungeeignetes Angebot im Sinne von Abs. 2 Satz 2 Nr. 2 enthält (→ dazu Rn. 12). Dass der Teilnahmeantrag bereits das Angebot enthält, ist die Ausnahme; die Regelung trägt lediglich dem Umstand Rechnung, dass eine solche Verfahrensweise im Konzessionsbereich nicht ausgeschlossen ist.

12   **Angebote** sind nach Abs. 2 Satz 2 Nr. 2 ungeeignet, wenn sie den Anforderungen und Bedürfnissen des Konzessionsgebers **ohne wesentliche Änderungen** offensichtlich **nicht entsprechen** können. Die Regelung ähnelt § 14 Abs. 4 Nr. 1 Hs. 2 VgV. Ein Unterschied besteht allerdings insoweit, als Angebote im Konzessionsbereich nur dann ungeeignet sind, wenn sie auch im Rahmen von Verhandlungen nicht ohne wesentliche Änderungen so angepasst werden können, dass sie den Vorgaben des Konzessionsgebers entsprechen. Der Unterschied beruht darauf, dass § 14 Abs. 4 Nr. 1 VgV nur für offene und nichtoffene Verfahren gilt, in denen über die Angebote nicht verhandelt werden darf; Angebote sind dort daher immer schon dann ungeeignet, wenn sie in ihrer ursprünglichen Gestalt den Vorgaben nicht entsprechen. Bei Konzessionsvergaben kann über die Angebote dagegen stets verhandelt werden. Angebote sind darum nur dann ungeeignet, wenn sie auch im Verhandlungswege nicht ohne weiteres zuschlagsfähig gemacht werden können.

13   Wann eine Änderung im Sinne von Abs. 2 Satz 2 Nr. 2 als **wesentlich** anzusehen ist, ergibt sich aus der Regelung nicht. Eine **Analogie** zur Wesentlichkeitsgrenze für Auftrags-änderungen nach § 132 Abs. 1 Satz 2 und 3 GWB ist **nicht zielführend.** Die Regelung in § 132 Abs. 1 Satz 2 GWB, wonach die Grenze überschritten ist, wenn sich geänderte Auftrag vom ursprünglichen Auftrag „erheblich unterscheidet", ist unergiebig. Eine analoge Heranziehung der Beispielsfälle des § 132 Abs. 1 Satz 3 GWB scheidet wegen nicht vergleichbarer Interessenlage aus. Bei § 20 Abs. 2 Satz 2 Nr. 2 KonzVgV geht es darum, wann ein Auftraggeber ein Vergabeverfahren ohne einen (ggf. weiteren) Versuch einer An-passung der vorhandenen Angebote als gescheitert behandeln und ein neues Vergabeverfah-ren ohne EU-weite Bekanntmachung durchführen darf. Die Abgrenzungskriterien § 132 Abs. 1 Satz 3 GWB betreffen demgegenüber den Fall, dass der Auftraggeber nach Ab-schluss des Wettbewerbs Änderungen zulässt, durch die das Wettbewerbsergebnis verzerrt wird. Für die Frage, ob Änderungen eines Angebots im Rahmen des laufenden Wettbe-werbs möglich oder zumutbar sind, ergibt sich daraus nichts. Richtigerweise dürfte es im Rahmen von § 20 Abs. 2 Satz 2 Nr. 2 KonzVgV darauf ankommen, ob Verhandlungen über eine Anpassung des Angebots mit dem Ziel, dieses mit den Anforderungen des Kon-zessionsgebers in Deckung zu bringen, nach den im Einzelfall geltenden **Verfahrensrege-lungen zulässig** und nach den **Umständen des Falles aussichtsreich** sind.

14   Die Ungeeignetheit des Angebots muss zudem „offensichtlich" sein. Das entspricht der Vorgabe in § 14 Abs. 4 Nr. 1 Hs. 2 VgV.

15   Ein Vergabeverfahren ohne Konzessionsbekanntmachung nach Abs. 2 setzt schließlich voraus, dass die ursprünglichen Bedingungen der Konzessionsvertrags nicht grundlegend geändert werden. Damit soll verhindert werden, dass nach einem erfolglosen Vergabever-fahren mit Bekanntmachung durch die Hintertür ein ganz anderer Konzessionsvertrag ver-geben wird, auf dessen Grundlage möglicherweise auch ein neues reguläres Verfahren mit Bekanntmachung erfolgversprechend wäre. Auch diese Regelung entspricht der Parallel-vorschrift in § 14 Abs. 4 Nr. 1 VgV (→ *Dörn* VgV § 14 Rn. 35 ff.).

E. Keine weiteren Fallgruppen

16   Die Aufzählung der Ausnahmefälle in § 20 ist abschließend. Die weiteren Ausnahmen aus der Parallelvorschrift des § 14 Abs. 4 VgV gelten im Konzessionsbereich nicht. Insbe-sondere gibt es keine Ausnahme für Fälle der zwingenden Dringlichkeit entsprechend § 14 Abs. 4 Nr. 3 VgV. Grund ist, dass Konzessionen kein tauglicher Gegenstand von Dringlich-keitsbeschaffungen sind. Konzessionen sind aufgrund der Übertragung des Nutzungs- bzw. Verwertungsrechts auf den Konzessionär stets komplexer Natur. Konzessionsvergaben be-dürfen daher einer sorgfältigen Vorbereitung und ggf. Verhandlung. Das schließt eine Dringlichkeitsvergabe regelmäßig aus.[4]

---

[4] Vollständig ausgeschlossen ist ein Fall einer zwingenden Dringlichkeit zwar nicht. So ist es z. B. denkbar, dass eine Behörde ihrem Kantinenbetreiber wegen Unzuverlässigkeit fristlos kündigt oder der Betreiber

Auch die übrigen Fälle des § 14 Abs. 4 VgV sind ihrer Art nicht mit dem Konzessions- 17
gedanken vereinbar. Eine Konzessionsvergabe ohne Bekanntmachung ist daher auch in
diesen Fällen nicht vorgesehen.

F. Ex-post-Bekanntmachungspflicht

Die Befugnis zur Konzessionsvergabe ohne vorherige Konzessionsbekanntmachung ent- 18
hebt den Konzessionsgeber nicht der Pflicht, im Anschluss an die Vergabe gemäß § 21
Abs. 1 eine Vergabebekanntmachung mit dem Ergebnis des Vergabeverfahrens zu veröffentlichen. Auf diese Weise wird auch in den Fällen des § 20 zumindest ein gewisses Maß
an **Ex-post-Transparenz** sichergestellt (→ § 21 Rn. 4).

G. Rechtsfolgen bei Verstößen; freiwillige Ex-ante-Bekanntmachung

Vergibt ein Konzessionsgeber eine Konzession ohne EU-weite Bekanntmachung, ohne 19
dass einer der Fälle des § 20 vorliegt, handelt es sich um eine unzulässige De-facto-Vergabe
im Sinne von § 135 Abs. 1 Nr. 2 GWB. Eine solche kann auf Antrag eines an der Konzession interessierten Unternehmens von der Vergabekammer gemäß § 135 Abs. 2 GWB im
Rahmen eines Nachprüfungsverfahrens für unwirksam erklärt werden (→ *Dreher/Hoffmann*
GWB § 135 Rn. 29 ff., 40 ff.).

Der Konzessionsgeber kann jedoch vor Vertragsschluss eine **freiwillige Ex-ante-** 20
Transparenzbekanntmachung veröffentlichen, mit der die Vergabe mindestens 10 Tage
vor dem Zuschlag angekündigt wird. Die KonzVgV enthält zwar (anders als § 40 Abs. 4
VgV) keine Regelungen über freiwillige Bekanntmachungen. Die Möglichkeit einer freiwilligen Ex-ante-Bekanntmachung ergibt sich aber aus § 135 Abs. 3 GWB, der gemäß
§ 154 Nr. 4 GWB **auch für Konzessionen** gilt. Auch das Standardformular für Freiwillige Ex-ante-Transparenzbekanntmachungen in Anhang XII der DVO (EU) Nr. 2015/1986
verweist explizit auf Vergaben nach der KRL. Veröffentlicht der Konzessionsgeber eine
solche Bekanntmachung, löst das unter den Voraussetzungen des § 135 Abs. 3 GWB die
10-tägige Frist aus, nach deren Ablauf die Konzession ohne das Risiko einer nachträglichen
Feststellung der Unwirksamkeit vergeben werden kann (→ *Dreher/Hoffmann* GWB § 135
Rn. 35 ff.).

---

wegen Insolvenz überraschend seine Tätigkeit einstellt. In diesem Fall ist es durchaus möglich, dass die Behörde zur Aufrechterhaltung der Versorgung der Mitarbeiter sofort einen Ersatz benötigt. Derartige Vergaben dürften allerdings typischerweise nur für eine Übergangsfrist erfolgen, die dann zumeist auch unterhalb
des Konzessions-Schwellenwerts bleiben.

§ 21 Vergabebekanntmachung, Bekanntmachung über Änderungen einer Konzession

(1) Der Konzessionsgeber übermittelt spätestens 48 Tage nach der Vergabe einer Konzession eine Vergabebekanntmachung mit dem Ergebnis des Vergabeverfahrens an das Amt für Veröffentlichungen der Europäischen Union. Die Vergabebekanntmachung wird nach dem Muster gemäß Anhang XXII der Durchführungsverordnung (EU) 2015/1986 erstellt.

(2) Bekanntmachungen über Änderungen einer Konzession gemäß § 154 Nummer 3 in Verbindung mit § 132 Absatz 5 des Gesetzes gegen Wettbewerbsbeschränkungen werden nach dem Muster gemäß Anhang XVII der Durchführungsverordnung (EU) 2015/1986 erstellt.

Übersicht

	Rn.		Rn.
A. Einführung	1	2. Abschnitt IV (Verfahren)	8
I. Literatur	1	3. Abschnitt V (Vergabe einer Konzession)	12
II. Entstehungsgeschichte	2	4. Abschnitt VI (Weitere Angaben)	16
III. EU-rechtliche Vorgaben	3	IV. Keine Ausnahmen von der Veröffentlichungspflicht	17
B. Vergabebekanntmachung für Konzessionen	4	V. Freiwillige Vergabebekanntmachung	18
I. Allgemeines	4		
II. Verwendung des Standardformulars	5	C. Bekanntmachung von Änderungen einer Konzession	19
III. Inhalt der Bekanntmachung	6		
1. Abschnitte I und II (Auftraggeber; Gegenstand)	7		

A. Einführung

I. Literatur

1 Siehe die Literaturangaben zu § 39 VgV.

II. Entstehungsgeschichte

2 Die Regelung in Abs. 1 über die nachträgliche Veröffentlichung einer Vergabebekanntmachung über die Vergabe einer Konzession basiert auf den Vorgaben der KRL (→ III.). Die Vorschrift ist an § 39 Abs. 1 und 2 VgV angelehnt. Die Regelung in Abs. 2 zur Bekanntmachung bestimmter Änderungen einer Konzession gemäß § 154 Nr. 3 GWB iVm § 132 Abs. 5 GWB basiert ebenfalls auf den Vorgaben der KRL (→ III.). Sie ist an § 39 Abs. 5 VgV angelehnt.

III. EU-rechtliche Vorgaben

3 Die Pflicht in Abs. 1 zur nachträglichen Veröffentlichung einer Vergabebekanntmachung geht auf Art. 32 KRL zurück. Die Regelungen in Abs. 1 Satz 2 und Abs. 2 zur Verwendung der Standardformulare beruht auf Art. 33 Abs. 1 iVm Anhang VII und VIII KRL. Allerdings verweist die Richtlinie wegen des Mindestinhalts der Bekanntmachungen zunächst auf die Richtlinienanhänge VII und VIII und erst in zweiter Linie auf die Standardformulare; praktisch ergibt sich daraus aber kaum ein Unterschied. Eine Ausnahme von der

Veröffentlichungspflicht für bestimmte sensible Informationen, wie sie Art. 50 Abs. 4 VRL für Auftragsvergaben vorsieht, enthält die KRL nicht. Dementsprechend enthält auch die KonzVgV keine § 39 Abs. 6 VgV entsprechende Ausnahme.

B. Vergabebekanntmachung für Konzessionen

I. Allgemeines

Die Pflicht nach Abs. 1 Satz 1 zur nachträglichen Bekanntmachung von Konzessionsver- **4** gaben dient der Ex-post-Transparenz. Die Regelung entspricht im Wesentlichen § 39 Abs. 1 VgV, auf dessen Kommentierung daher verwiesen werden kann (→ VgV § 39 Rn. 10 ff.). Ein Unterschied besteht lediglich insoweit, als die Frist für die Übermittlung der Bekanntmachung an das Amt für Veröffentlichungen 48 Tage beträgt, d. h. etwas länger ist als die 30-tägige Frist für Aufträge gemäß § 39 Abs. 1 VgV.

II. Verwendung des Standardformulars

Die Vergabebekanntmachung für Konzessionen hat gemäß Abs. 1 Satz 2 gemäß dem **5** Standardformular in Anhang XXII der DVO (EU) Nr. 2015/1986 („Zuschlagsbekanntmachung – Konzession: Ergebnisse des Vergabeverfahrens") zu erfolgen. Dieses Formular sieht die Mindestangaben gem. Art. 33 Abs. 1 iVm Anhang VII KRL vor.

III. Inhalt der Bekanntmachung

Die Angaben in der Vergabebekanntmachung für Konzessionen entsprechen weitestge- **6** hend denen aus der Vergabebekanntmachung für Aufträge gemäß § 39 Abs. 2 VgV; auf die dortige Kommentierung kann daher verwiesen werden (→ VgV 39 Rn. 14 ff.). Soweit sich Unterschiede ergeben, entsprechen diese im Wesentlichen denen, die auch zwischen der Konzessionsbekanntmachung nach § 19 und der Auftragsbekanntmachung nach § 37 VgV bestehen. Von besonderem Interesse sind insbesondere folgende Abschnitte und Angaben:

1. Abschnitte I und II (Auftraggeber; Gegenstand)

Abschnitte I und II betreffen den Konzessionsgeber und den Konzessionsgegenstand. **7** Diese Abschnitte entsprechen den jeweiligen Abschnitten der Vergabebekanntmachung für Aufträge gem. § 39 Abs. 1 und 2 VgV (→ VgV § 39 Rn. 14).

2. Abschnitt IV (Verfahren)

In Abschnitt IV sind Angaben zum Vergabeverfahren zu machen. Das ist deshalb von be- **8** sonderer Relevanz, weil die Konzessionsbekanntmachung zum Verfahrensablauf mit Ausnahme der Bewerbungs- bzw. Angebotsfrist und der Sprache nichts enthält, und der Konzessionsgeber das Verfahren in den von §§ 12 bis 18 und §§ 24 bis 31 gezogenen Grenzen frei ausgestalten kann. Der Konzessionsgeber hat daher in Abschnitt IV.1 („Verfahrensart") insbesondere anzugeben, ob eine Vergabe ohne vorherige Veröffentlichung einer Konzessionsbekanntmachung stattgefunden hat; in dem Fall sind in Anhang D.4 die Gründe anzugeben (→ Rn. 10).

Abschnitt IV.1.1 enthält dazu zwei Ankreuzmöglichkeiten, die sich seltsamerweise *beide* **9** auf ein „Vergabeverfahren ohne vorherige Veröffentlichung einer Konzessionsbekanntmachung" beziehen; dabei verweist allerdings nur die zweite Ankreuzmöglichkeit auf eine Angabe der Gründe gemäß Anhang D.4. Die erste Ankreuzmöglichkeit kommt daher rich-

tigerweise nur in Betracht, wenn die Vergabe nicht in den Anwendungsbereich der Richtlinie fällt und die Bekanntmachung dementsprechend freiwillig erfolgt. Denn aus Anhang
VII Nr. 6 KRL ergibt sich, dass bei Konzessionsvergaben ohne vorherige Bekanntmachung
stets die Gründe mitzuteilen sind. Demgemäß ist bei einer Vergabe ohne Bekanntmachung, die in den Anwendungsbereich der Richtlinie fällt, immer die zweite Ankreuzmöglichkeit zu wählen, die eine Angabe der Gründe vorsieht.

10   Anhang D.4, in dem die Gründe für eine Vergabe ohne Konzessionsbekanntmachung
anzugeben sind, entspricht im Kern dem Anhang D.1 der Vergabebekanntmachung für
Aufträge nach § 39 Abs. 2 VgV (Anhang III der DVO (EU) Nr. 2015/1986). Allerdings ist
die Liste der möglichen Gründe im Konzessionsbereich deutlich kürzer. Das beruht darauf,
dass § 20 KonzVgV sehr viel weniger Ausnahmefälle enthält als § 14 Abs. 4 VgV. Im Übrigen stimmen die Anhänge überein, so dass insoweit auf die Kommentierung zu § 39 VgV
verwiesen werden kann (→ VgV § 39 Rn. 23 ff.).

11   Unter Abschnitt IV.1.11 der Vergabebekanntmachung („Hauptmerkmale des Vergabeverfahrens") sind die **wesentlichen Eckpunkte** des Verfahrens anzugeben. Hierzu gehört
insbesondere, ob ein Verhandlungsverfahren durchgeführt wurde, ob dieses in mehreren
Stufen durchgeführt wurde, mit wie vielen Bietern verhandelt wurde, und sonstige Aspekte, die unter dem Gesichtspunkt der Verfahrenstransparenz von Bedeutung sind.

3. Abschnitt V (Vergabe einer Konzession)

12   Das Kernstück der Vergabebekanntmachung ist **Abschnitt V,** wo die Angaben zum **Ergebnis des Vergabeverfahrens** zu machen sind. Anzugeben ist insbesondere, ob überhaupt eine Konzession bzw. ein Los vergeben wurde; im Fall der **Nichtvergabe** sind unter
V.1 die Gründe anzugeben.

13   Unter V.2 sind **nähere Angaben zur Vergabe** zu machen. Insbesondere ist der Tag der
Entscheidung über die Konzessionsvergabe anzugeben (V.2.1); ferner, die Zahl der einge-
gangenen Angebote samt Aufschlüsselung, inwieweit es sich um Angebote von KMU, von
Bietern aus anderen EU-Mitgliedsstaaten oder Bietern aus Drittstaaten handelt, und ob die
Konzession an eine Bietergemeinschaft vergeben wurde (V.2.2).

14   Unter V.2.3 sind **Name und Anschrift des Konzessionärs** anzugeben und ob es sich
um ein KMU handelt.

15   Unter V.2.4 sind **Angaben zum Wert** der Konzession und den **wesentlichen Finanzierungsbedingungen** zu machen. Dabei sind ggf. der ursprünglich veranschlagte Gesamtwert der Konzession bzw. des Loses, der tatsächliche Gesamtwert der Konzession bzw.
des Loses sowie die **Einnahmen des Konzessionärs auf der Nutzung bzw. Verwertung der Leistung** und etwaige **Zahlungen des Konzessionsgebers** anzugeben. Darüber hinaus sind weitere für den Wert der Konzession relevante Einzelheiten gemäß Art. 8
Abs. 3 KRL anzugeben; das betrifft insbesondere etwaige Verlängerungsoptionen.

4. Abschnitt VI (Weitere Angaben)

16   Die Angaben unter Abschnitt VI (zusätzliche Angaben und Angaben zum Rechtsschutz) entsprechen den betreffenden Angaben der Konzessionsbekanntmachung (→ § 19
Rn. 20 ff.).

IV. Keine Ausnahmen von der Veröffentlichungspflicht

17   § 21 enthält im Gegensatz zu § 39 Abs. 6 VgV keine Ausnahmen von der Veröffentlichungspflicht für einzelne besonders sensible Angaben. Das Fehlen einer Ausnahmeregelung beruht darauf, dass auch die KRL keine entsprechende Ausnahme enthält. Sofern
nicht allgemeine Ausnahmegründe gemäß §§ 107 bis 109 GWB oder §§ 149 f. GWB vorliegen, muss die Vergabebekanntmachung dementsprechend sämtliche im Standardformular
zwingend vorgesehenen Angaben enthalten.

V. Freiwillige Vergabebekanntmachung

Konzessionsvergaben können auch **freiwillig nachträglich bekanntgemacht** werden. **18** Die Möglichkeit einer freiwilligen **Ex-post-Transparenz** ergibt sich aus Anhang D.4 des Standardformulars der Vergabebekanntmachung. Dieser Anhang sieht bei einer Vergabe ohne vorherige Veröffentlichung einer Konzessionsbekanntmachung explizit die Möglichkeit vor, als Grund anzugeben, dass die Konzession nicht in den Anwendungsbereich des EU-Vergaberechts fällt (Nr. 2). In diesem Fall ist die Bekanntmachung freiwillig. Durch eine solche Ex-post-Bekanntmachung kann jedoch frühzeitig Rechtssicherheit über den Bestand der Konzession herbeigeführt werden, da sich in diesem Fall die Angriffsfrist wegen einer eventuellen De-facto-Vergabe gemäß § 132 Abs. 2 Satz 2 GWB von 6 Monaten auf 30 Kalendertage nach der Veröffentlichung der Bekanntmachung verkürzt.

C. Bekanntmachung von Änderungen einer Konzession

Abs. 2 regelt die Bekanntmachung bestimmter **Änderungen einer laufenden Konzession** gemäß § 154 Nr. 3 iVm § 132 Abs. 5 GWB, d. h. Änderungen auf Grundlage von **19** § 154 Nr. 3 iVm § 132 Abs. 2 Satz 1 Nr. 2 und 3 GWB (ggf. nach Maßgabe der Modifikationen für Konzessionen im Sektorenbereich gem. § 154 Nr. 3 lit. a GWB).

Die **Bekanntmachungspflicht** beruht direkt auf dem **Gesetz** (§ 154 Nr. 3 iVm § 132 **20** Abs. 5 GWB bzw. Art. 43 Abs. 1 UAbs. 2 KRL). § 21 Abs. 2 KonzVgV regelt nur die Einzelheiten der Bekanntmachung. Diese entsprechen denen der **Bekanntmachung über Änderungen bestehender Aufträge** gemäß § 39 Abs. 5 VgV. Insbesondere ist **dasselbe Standardformular** gem. Anhang XVII der DVO (EU) 2015/1986 zu verwenden wie für die Bekanntmachung von Auftragsänderungen. Wegen der Einzelheiten kann daher auf die Kommentierung zu § 39 Abs. 5 VgV verwiesen werden (→ VgV § 39 Rn. 34 ff.).

§ 22 Konzessionen, die soziale und andere besondere Dienstleistungen betreffen

(1) Der Konzessionsgeber teilt seine Absicht, eine Konzession zur Erbringung sozialer Dienstleistungen oder anderer besonderer Dienstleistungen im Sinne des § 153 des Gesetzes gegen Wettbewerbsbeschränkungen zu vergeben, durch eine Vorinformation mit.

(2) Auf Vergabebekanntmachungen ist § 21 Absatz 1 anzuwenden. Der Konzessionsgeber kann Vergabebekanntmachungen vierteljährlich zusammenfassen. In diesem Fall ist die Veröffentlichung der zusammengefassten Bekanntmachungen innerhalb von 48 Tagen nach dem Ende des Quartals zu veranlassen.

(3) Für Bekanntmachungen nach den Absätzen 1 und 2 ist das Muster gemäß Anhang XX der Durchführungsverordnung (EU) 2015/1986 zu verwenden.

(4) Auf Bekanntmachungen über Änderungen einer Konzession gemäß § 154 Nummer 3 in Verbindung mit § 132 Absatz 5 des Gesetzes gegen Wettbewerbsbeschränkungen ist § 21 Absatz 2 anzuwenden.

Übersicht

	Rn.		Rn.
A. Einführung	1	II. Inhalt der Vorinformation	6
I. Literatur	1	C. Vergabebekanntmachung (Abs. 2 und 3)	9
II. Entstehungsgeschichte	2		
III. Unionsrechtliche Vorgaben	3	D. Bekanntmachung von Änderungen einer Konzession (Abs. 4)	11
B. Bekanntmachung durch Vorinformation (Abs. 1 und 3)	4		
I. Verwendung des Standardformulars	5		

A. Einführung

I. Literatur

1 Siehe die Literaturangaben zu § 37 und § 66 VgV.

II. Entstehungsgeschichte

2 Die Bekanntmachungsvorschriften für Konzessionen über soziale und andere besondere Dienstleistungen basieren auf den Vorgaben der KRL (→ III.). Die Regelungen sind von ihrer Struktur her an die Parallelvorschriften für Aufträge in § 38 Abs. 1 und § 66 VgV angelehnt.

III. Unionsrechtliche Vorgaben

3 Die Verpflichtung in Abs. 1 zur Bekanntmachung beabsichtigter Konzessionsvergaben über soziale und andere besondere Dienstleistungen mittels einer Vorinformation setzt Art. 31 Abs. 3 KRL um. Die Regelung in Abs. 2 über die Veröffentlichung von Vergabebekanntmachungen einschließlich der Befugnis, diese Bekanntmachungen vierteljährlich zusammenzufassen, beruht auf Art. 32 Abs. 1 KRL. Die Regelung in Abs. 3 über das zu verwendende Standardformular setzt Art. 31 Abs. 3 iVm Anhang VI, Art. 32 Abs. 2 und Art. 33 Abs. 1 iVm mit der DVO (EU) Nr. 2015/1986 um. Abs. 4, der die Einzelheiten der Bekanntmachung bestimmter Änderungen bestehender Konzessionen regelt, basiert auf

Art. 43 Abs. 1 UAbs. 2 iVm Anhang XI sowie Art. 33 Abs. 1 KRL iVm der DVO (EU) Nr. 2015/1986.

B. Bekanntmachung durch Vorinformation (Abs. 1 und 3)

Die beabsichtigte Vergabe von Konzessionen über soziale oder andere besondere Dienst- **4** leistungen ist **ausschließlich mittels Vorinformation** bekanntzugeben. Hierbei handelt es sich in eine **Besonderheit** des Sonderregimes für besondere Dienstleistungen im **Konzessionsbereich.** Die Regelung unterscheidet sich in diesem Punkt auch vom Sonderregime für Auftragsvergaben über soziale und andere besondere Dienstleistungen gemäß § 130 GWB, §§ 64 ff. VgV.[1] Die Sonderregelung macht das Rechtsregime noch unübersichtlicher, als es ohnehin schon ist. Welchen Vorteil der EU-Gesetzgeber sich davon versprochen hat, ist nicht erkennbar.

I. Verwendung des Standardformulars

Für die Vorinformation für Konzessionsvergaben im Bereich sozialer und anderer beson- **5** derer Dienstleistungen ist ein **eigenes Bekanntmachungsmuster** gemäß Anhang XX der DVO (EU) Nr. 2015/1986 zu verwenden. Dieses Formular ähnelt im Ausgangspunkt dem Standardformular für Konzessionsbekanntmachungen gemäß § 19. weist jedoch die **Besonderheit** auf, dass es **zugleich auch für die Vergabebekanntmachung,** d.h. die Zuschlagsinformation im Anschluss an die Vergabe dient. Es enthält daher auch die dafür erforderlichen Abschnitte. Durch Fußnoten wird bei den einzelnen Abschnitten erläutert, welche Angaben im Fall einer Vorinformation und welche im Fall einer Zuschlagsbekanntmachung zu machen sind. Das kombinierte Formular ist daher etwas komplizierter in der Anwendung als die Einzelformulare für gewöhnliche Konzessionen. Andererseits wird dadurch ein weiteres Standardformular eingespart..

II. Inhalt der Vorinformation

Die Angaben in der Vorinformation entsprechen im Wesentlichen denen einer normalen **6** Konzessionsbekanntmachung gemäß § 19. Ein Unterschied besteht allerdings insoweit, als in Abschnitt II.2 **keine Angaben** zu den **Zuschlagskriterien** vorgesehen sind. Auch die Angaben in Abschnitt III.1 zu den **Teilnahmebedingungen** sind – entsprechend den vereinfachten Verfahrensvorschriften – sehr viel knapper. Anstelle der für gewöhnliche Konzessionen vorgesehenen Angaben zur beruflichen Befähigung und zum Registereintrag sowie zur Eignung sind unter III.1.4 lediglich **objektive Teilnahmeregeln und -kriterien** anzugeben. Dabei hat der Konzessionsgeber allerdings § 153 iVm § 152 Abs. 2 GWB zu beachten, wonach auch Konzessionen im Bereich besonderer Dienstleistungen nur an Unternehmen vergeben werden dürfen, die im Sinne von § 122 GWB geeignet sind. Die objektiven Teilnahmebedingungen und Kriterien müssen also zumindest auch die Eignungskriterien nach § 122 einschließen.

Eine Angabe zur Anwendbarkeit des WTO-Beschaffungsübereinkommens (GPA) ist in **7** dem Formular nicht vorgesehen, da das GPA auf Dienstleistungen, die unter das Sonderregime fallen, nicht anwendbar ist. Im Übrigen bestehen keine Unterschiede zu den Angaben, die in der regulären Konzessionsbekanntmachung zu machen sind (→ 19 Rn. 7 ff.).

---

[1] Auftragsvergaben im Sonderbereich sind grundsätzlich mittels Auftragsbekanntmachung bekannt zu geben; der Auftraggeber kann aber alternativ auf kontinuierlicher Basis eine Vorinformation als Aufruf zum Wettbewerb veröffentlichen (§ 66 Abs. 1 und 2 VgV; → näher *Rixen* VgV § 66 Rn. 5).

8   Da die KonzVgV keine detaillierten Vorgaben für das konkrete Verfahren macht, sollte die Vorinformation auch dazu Informationen enthalten. Diese Angaben sollten passenderweise in Abschnitt VI.3 („Zusätzliche Angaben") gemacht werden. Insbesondere sollte der Konzessionsgeber mitteilen, in welcher Weise Unternehmen sich um die Teilnahme bewerben können. Denn hier kommen verschiedene Möglichkeiten in Betracht. Zum einen kann der Konzessionsgeber – wenn er gleichzeitig entsprechende Vergabeunterlagen bereitstellt – bereits konkrete Angebote abfordern. Er kann aber auch lediglich zu Teilnahmeanträgen aufrufen. Schließlich kann der Konzessionsgeber – ähnlich wie bei einer Vorinformation nach § 38 Abs. 4 VgV – lediglich zu Interessensbekundungen aufrufen und die Unternehmen, die darauf ihr Interesse bekunden, zu einem späteren Zeitpunkt zur Interessensbestätigung auffordern. Für welches Prozedere der Konzessionsgeber sich entscheidet, sollte bereits in der Vorinformation bekanntgegeben werden.

C. Vergabebekanntmachung (Abs. 2 und 3)

9   Gemäß Abs. 2 hat der Konzessionsgeber nach Vergabe der Konzession eine Vergabebekanntmachung gemäß § 21 Abs. 1 zu veröffentlichen. Diese Vergabebekanntmachung ist gemäß Abs. 3 mittels des gleichen Standardformulars wie die Vorinformation zu erstellen (→ Rn. 5). Inhaltlich entspricht die Bekanntmachung im Wesentlichen der Vergabebekanntmachung für gewöhnliche Konzessionen gemäß § 21 Abs. 1; auf die dortige Kommentierung kann daher verwiesen werden (→ § 21 Rn. 6 ff.).

10   Die Vergabebekanntmachung ist gemäß Abs. 2 iVm § 21 Abs. 1 grundsätzlich spätestens 48 Tage nach der Vergabe dem EU-Amtsblatt zu übermitteln. Bei Konzessionen im Bereich besonderer und sozialer Dienstleistungen können die Vergabebekanntmachungen jedoch auch vierteljährlich zusammengefasst werden. Die Frist für die Übermittlung der zusammengefassten Bekanntmachungen beträgt in diesem Fall 48 Tage nach Quartalsende. Diese Regelung ist als Vereinfachung gedacht. Angesichts des Umstands, dass Konzessionen im Bereich sozialer und anderer besonderer Dienstleistungen – zumal oberhalb des Schwellenwert von 5,225 Mio. Euro (Stand Januar 2018) – ohnehin eine Ausnahmeerscheinung sein dürften, erscheint der praktische Nutzen einer gebündelten Bekanntmachung allerdings verschwindend.

D. Bekanntmachung von Änderungen einer Konzession (Abs. 4)

11   Abs. 4 betrifft die Bekanntmachung von Änderungen von Konzessionen im Bereich sozialer und anderer besonderer Dienstleistungen, die der Bekanntmachungspflicht nach § 154 Nr. 3 iVm § 132 Abs. 5 GWB unterliegen. Die Bekanntmachungspflicht ergibt sich hier direkt aus dem Gesetz und entspricht derjenigen für gewöhnliche Konzessionen. § 22 Abs. 4 KonzVgV regelt nur die Einzelheiten der Bekanntmachung. Die Vorschrift verweist vollständig auf § 21 Abs. 2, der die Bekanntmachung von Änderungen gewöhnlicher Konzessionen regelt. Inhaltlich bestehen daher keine Unterschiede. Insbesondere ist für die Bekanntmachung dasselbe Standardformular gem. Anhang XVII der DVO (EU) Nr. 2015/1986 zu verwenden wie bei Änderungen normaler Konzessionen. Wegen der Einzelheiten kann daher auf die Kommentierung von § 21 Abs. 2 verwiesen werden (→ § 21 Rn. 19 f.).

§ 23 Form und Modalitäten der Veröffentlichung von Bekanntmachungen

(1) Konzessionsbekanntmachungen, Vorinformationen, Vergabebekanntmachungen und Bekanntmachungen zu Änderungen einer Konzession (Bekanntmachungen) sind dem Amt für Veröffentlichungen der Europäischen Union mit elektronischen Mitteln zu übermitteln.

(2) **Als Nachweis der Veröffentlichung dient die Bestätigung des Eingangs der Bekanntmachung und der Veröffentlichung der übermittelten Information, die der Konzessionsgeber vom Amt für Veröffentlichungen der Europäischen Union erhält.**

(3) **Bekanntmachungen dürfen frühestens 48 Stunden nach der Bestätigung des Amtes für Veröffentlichungen der Europäischen Union über die Veröffentlichung der übermittelten Informationen auf nationaler Ebene veröffentlicht werden. Die Veröffentlichung darf nur die Angaben enthalten, die in der an das Amt für Veröffentlichungen der Europäischen Union übermittelten Bekanntmachung enthalten sind. In der nationalen Bekanntmachung ist das Datum der Übermittlung an das Amt für Veröffentlichungen der Europäischen Union anzugeben.**

Übersicht

	Rn.		Rn.
A. Einführung	1	C. Veröffentlichung der Bekanntmachungen (Abs. 2)	7
I. Literatur	1		
II. Entstehungsgeschichte	2	D. Zusätzliche Veröffentlichungen auf nationaler Ebene (Abs. 3)	10
III. Unionsrechtliche Vorgaben	3		
B. Übermittlung der Bekanntmachungen (Abs. 1)	6	E. Freiwillige Bekanntmachungen	11

A. Einführung

I. Literatur

Siehe die Literaturangaben zu § 37 VgV. **1**

II. Entstehungsgeschichte

Die Regelungen zur Form und den Modalitäten der Veröffentlichung von Bekanntmachungen basieren auf den Vorgaben der KRL (→ III.). Die Regelungen sind an § 40 Abs. 1 bis 3 VgV angelehnt. § 23 KonzVgV enthält allerdings keinen expliziten Hinweis auf die Veröffentlichung der Bekanntmachungen durch das EU-Amtsblatt. Die Vorschrift enthält im Gegensatz zu § 40 Abs. 4 VgV auch keine ausdrückliche Regelung zur Möglichkeit freiwilliger Bekanntmachungen. **2**

III. Unionsrechtliche Vorgaben

§ 23 dient der Umsetzung von Art. 33 KRL. Die Vorschrift erstreckt sich auf alle Arten von Bekanntmachungen im Konzessionsbereich, einschließlich Vorinformationen über Konzessionen für soziale und andere besondere Dienstleistungen nach § 22. Das ist deshalb erwähnenswert, weil vom Richtlinientext her zweifelhaft sein könnte, ob auch Art. 33 KRL sich auf solche Vorinformationen bezieht. Diese Zweifel gründen sich darauf, dass Art. 33 KRL nur „Konzessionsbekanntmachungen" erwähnt und auch nur auf die Anhänge V, VII und VIII zur KRL verweist, nicht aber auf Anhang VI, der die Mindestinhalte **3** der Vorinformation nach Art. 31 Abs. 3 bzw. § 22 KonzVgV für Konzessionen über soziale und andere besondere Dienstleistungen regelt. Der deutsche Verordnungsgeber ist jedoch – zutreffend – davon ausgegangen, der Begriff der „Konzessionsbekanntmachung" in Art. 33 Abs. 1 KRL auch Vorinformationen im Sinne von Art. 31 Abs. 3 KRL bzw. § 22 KonzVgV umfasst.[1] Für diese Annahme spricht zum einen, dass Art. 31 KRL, der in seinen Absätzen 1 und 3 sowohl Konzessionsbekanntmachungen im Sinne von § 19 als auch Vorinformationen im Sinne von § 22 regelt, einheitlich die Überschrift „Konzessionsbekanntmachungen" trägt, so dass sich dieser Begriff ohne weiteres auch auf Vorinformationen beziehen lässt. Zum anderen wäre es unlogisch, wenn sich Art. 33 nicht auch auf Vorinformationen beziehen würde. Soweit Art. 33 Abs. 1 KRL nur auf die Anhänge V, VII und VIII zur KRL verweist, nicht aber auch auf Anhang VI, scheint es sich daher um ein Redaktionsversehen des Richtliniengebers zu handeln.

4   § 23 setzt lediglich die Richtlinienbestimmungen zur **Übermittlung der Bekanntmachung** an das Amt für Veröffentlichung der EU und den Nachweis der Übermittlung um, nicht aber die in Art. 33 Abs. 2 KRL ebenfalls geregelten **Einzelheiten der Veröffentlichung** durch das Amt, einschließlich der Fristen und Kosten. Da die Veröffentlichung der Bekanntmachungen durch das EU-Amtsblatt nicht in die Regelungskompetenz des deutschen Verordnungsgebers fällt, ist das systematisch konsequent (→ § 40 VgV, Rn. 16). Ebenfalls nicht umgesetzt wurde die Neuregelung in Art. 33 Abs. 3 KRL, wonach der Konzessionsgeber die Bekanntmachung auch in **mehreren Originalsprachen** abfassen kann, in denen die Bekanntmachung dann auch jeweils vollständig und verbindlich veröffentlicht wird (→ Rn. 8).

5   Die Vorgaben in Abs. 3 zu etwaigen parallelen Bekanntmachungen auf nationaler Ebene setzen Art. 33 Abs. 4 KRL um. Die deutsche Regelung erstreckt sich dabei im Gegensatz zu Art. 33 Abs. 4 KRL ausdrücklich auch auf Bekanntmachungen der Änderung von Konzessionen. Der Verordnungsgeber wollte damit einen Gleichlauf zur Parallelvorschrift des § 40 Abs. 3 VgV herstellen.[2]

B. Übermittlung der Bekanntmachungen (Abs. 1)

6   Gemäß Abs. 1 sind sämtliche Bekanntmachungen nach §§ 19, 21 und 22 dem Amt für Veröffentlichungen der EU mit elektronischen Mitteln zu übermitteln. Gemäß Art. 6 der DVO (EU) Nr. 2015/1986 ist dafür die online-Anwendung eNOTICES oder die Funktion TED-eSender zu verwenden. Die Regelung entspricht § 40 Abs. 1 Satz 1 VgV; auf dessen Kommentierung kann daher verwiesen werden (→ VgV § 40 Rn. 8 ff.). Eine Pflicht des Konzessionsgebers, den Tag der Absendung der Bekanntmachung nachweisen zu können (wie sie sich für Aufträge aus § 40 Abs. 1 Satz 2 VgV ergibt) enthält § 23 ebenso wie die KRL nicht. Gleichwohl ist es für den Konzessionsgeber ratsam, bis zur Veröffentlichung der Bekanntmachung einen Nachweis über den Tag der Absendung vorzuhalten. Nach der Veröffentlichung bedarf es keines Nachweises mehr, da der Tag der Absendung in der Bekanntmachung angegeben ist.

C. Veröffentlichung der Bekanntmachungen (Abs. 2)

7   § 23 enthält trotz seiner Überschrift („Form und Modalitäten der Veröffentlichung") nichts zur eigentlichen Veröffentlichung der Bekanntmachung. Art. 33 Abs. 2 KRL regelt diesbezüglich, dass die Bekanntmachungen spätestens fünf Tage nach der Übermittlung vom EU-Amtsblatt veröffentlicht werden, und die Kosten von der EU getragen werden.

---

[1] So ausdrücklich Begründung zu § 23, BR-Drs. 87/16, 292.
[2] Begründung zu § 23 Abs. 3, BR-Drs. 87/16, 293.

Der deutsche Verordnungsgeber hat von der Umsetzung dieser Vorschriften abgesehen. Das ist zwar systematisch konsequent (→ Rn. 4); eine Erwähnung der Tatsache, dass die Bekanntmachungen vom Amt für Veröffentlichungen im EU-Amtsblatt veröffentlicht werden (wie sie § 40 Abs. 2 Satz 1 VgV für Aufträge enthält) wie auch ein Hinweis auf die Fünf-Tages-Frist wären aber praktisch sinnvoll gewesen.

Auch die Neuregelung in Art. 33 Abs. 3 KRL, der zufolge die Bekanntmachungen **8** nicht nur in einer, sondern auch in **mehreren EU-Amtssprachen** abgefasst werden können, die dann in allen Originalsprachen **vollständig veröffentlicht** werden und **verbindlich sind,** wurde nicht umgesetzt. Das ist bedauerlich, da diese durchaus praxisrelevante Neuerung damit nicht deutlich wird (→ VgV § 40 Rn. 14).

Abs. 2 regelt, dass die Bestätigung des Eingangs der Bekanntmachung und der Veröffent- **9** lichung, die das Amt für Veröffentlichungen der EU dem Konzessionsgeber übermittelt, als **Nachweis der Veröffentlichung** gilt. Die Regelung basiert auf Art. 33 Abs. 2 Satz 2 KRL; sie entspricht inhaltlich im wesentlichen → VgV § 40 Abs. 2 Satz 2. Allerdings ist der Sinn des Nachweises schwer erkennbar, weil die Veröffentlichungen auf der TED-Plattform öffentlich zugänglich sind (→ VgV § 40 Rn. 15).

D. Zusätzliche Veröffentlichungen auf nationaler Ebene (Abs. 3)

Abs. 3 regelt die zusätzliche Veröffentlichung von Bekanntmachungen im Inland. Wie **10** die Parallelvorschrift des § 40 Abs. 3 VgV soll durch die Vorschrift sichergestellt werden, dass der EU-weite Wettbewerb nicht dadurch unterlaufen wird, dass der Konzessionsgeber eine beabsichtigte Konzessionsvergabe im Inland bereits zu einem früheren Zeitpunkt bekannt gibt oder in inländischen Medien weitergehende Informationen über das Vorhaben bereitstellt als auf EU-Ebene und auf diese Weise inländischen Bietern einen Vorteil verschafft. Die Regelung entspricht im Wesentlichen § 40 Abs. 3 VgV, auf dessen Kommentierung daher verwiesen werden kann (→ VgV § 40 Rn. 18 ff.). Ein Unterschied besteht nur insoweit, als die Besonderheiten, die sich bei Auftragsvergaben nach der VgV bei Veröffentlichung einer Vorinformation in einem Beschafferprofil ergeben (→ VgV § 40 Rn. 21), in der KonzVgV entfallen.

E. Freiwillige Bekanntmachungen

Anders als § 40 Abs. 4 VgV enthält die KonzVgV keine ausdrückliche Regelung zur **11** Möglichkeit freiwilliger Bekanntmachungen. Allerdings kann ein Konzessionsgeber auch Konzessionsvergaben, die keiner Veröffentlichungspflicht unterliegen (etwa weil sie den Schwellenwert nicht erreichen oder unter eine Ausnahme fallen), freiwillig nach § 19 bzw. § 22 bekanntmachen (→ näher § 19 Rn. 25) Auch eine freiwillige Ex-ante-Transparenzbekanntmachung im Sinne von § 135 Abs. 3 GWB ist möglich (→ § 20 Rn. 20), ebenso wie eine freiwillige Vergabebekanntmachung zwecks Ex-post-Transparenz (→ § 21 Rn. 18).

Unterabschnitt 4. Auswahlverfahren und Zuschlag

§ 24 Rechtsform von Unternehmen und Bietergemeinschaften

(1) Bewerber oder Bieter, die gemäß den Rechtsvorschriften des Staats, in dem sie niedergelassen sind, zur Erbringung der betreffenden Leistung berechtigt sind, dürfen nicht allein deshalb zurückgewiesen werden, weil sie gemäß den deutschen Rechtsvorschriften eine natürliche oder juristische Person sein müssten. Juristische Personen können verpflichtet werden, in ihrem Antrag auf Teilnahme oder in ihrem Angebot die Namen und die berufliche Befähigung der Personen anzugeben, die für die Durchführung des Konzessionsvertrags als verantwortlich vorgesehen sind.

(2) Bewerber- und Bietergemeinschaften sind wie Einzelbewerber und -bieter zu behandeln. Der Konzessionsgeber darf nicht verlangen, dass Gruppen von Unternehmen eine bestimmte Rechtsform haben müssen, um einen Antrag auf Teilnahme zu stellen oder ein Angebot abzugeben. Sofern erforderlich kann der Konzessionsgeber in den Vergabeunterlagen Bedingungen festlegen, wie Gruppen von Unternehmen die Eignungskriterien zu erfüllen und die Konzession auszuführen haben; solche Bedingungen müssen durch sachliche Gründe gerechtfertigt und angemessen sein.

(3) Unbeschadet des Absatzes 2 kann der Konzessionsgeber verlangen, dass eine Bietergemeinschaft nach Zuschlagserteilung eine bestimmte Rechtsform annimmt, soweit dies für die ordnungsgemäße Durchführung der Konzession erforderlich ist.

Übersicht

	Rn.			Rn.
			c) Sinn und Zweck der Regelung	9
A. Einführung	1			
I. Literatur	1		III. Anforderungen an Bewerber- und Bietergemeinschaften bis zur Zuschlagserteilung (Abs. 2)	13
II. Entstehungsgeschichte	2			
III. Rechtliche Vorgaben im EU-Recht	3		1. Grundsatz: Verbot der Diskriminierung von Bewerber- und Bietergemeinschaften (Abs. 2 Satz 1 und 2)	13
B. Die Regelung im Einzelnen	4			
I. Grundsatz: Verbot der Diskriminierung von natürlichen oder juristischen Personen (Abs. 1 Satz 1)	4		2. Soweit erforderlich: Besondere Bedingungen für die Erfüllung von Eignungskriterien und zur Konzessionsausführung für Bewerber- und Bietergemeinschaften (Abs. 2 Satz 3)	14
II. Vergleichbare Anforderungen an natürliche und juristische Personen (Abs. 1 Satz 2)	5			
1. Angabe der Namen der für Konzessionsdurchführung verantwortlichen Personen	5		a) Besondere Anforderungen an die Erfüllung von Eignungskriterien	15
2. Angabe der „beruflichen Befähigung" der für Konzessionsdurchführung verantwortlichen Personen	6		b) Besondere Anforderungen an die Konzessionsausführung	20
a) europarechtskonforme Auslegung	6		IV. Anforderungen an die Rechtsform von Bewerber- und Bietergemeinschaften nach Zuschlagserteilung (Abs. 3)	23
b) Eignungsnachweis für Eignungskriterium der „beruflichen Befähigung"	8			

A. Einführung

I. Literatur

1 Siehe die Literaturhinweise in Band 1 zu §§ 151 bis 154 GWB.

II. Entstehungsgeschichte

Siehe die Hinweise zur Entstehungsgeschichte von § 7 KonzVgV.[1] 2

III. Rechtliche Vorgaben im EU-Recht

Als Teil von Artikel 3 VergRModVO dient auch § 24 KonzVgV, wie die amtliche Fuß- 3
note 1 zur VergRModVO belegt, der Umsetzung der EU-Konzessionsrichtlinie,[2] speziell
Artikel 26 der Konzessionsrichtlinie 2014/23/EU.[3] Der Verordnungsgeber betont, dass die
Umsetzung der Konzessionsrichtlinie wie im GWB auch in der KonzVgV dem Grundsatz
einer „1:1-Umsetzung" in nationales Recht folgt.[4]

B. Die Regelung im Einzelnen

I. Grundsatz: Verbot der Diskriminierung von natürlichen oder juristischen Personen (Abs. 1 Satz 1)

Der Wortlaut von § 24 Abs. 1 S. 1 KonzVgV entspricht beinahe vollständig dem Wort- 4
laut von Art. 26 Abs. 1 UAbs. 1 der Konzessionsrichtlinie über Wirtschaftsteilnehmer, der
wiederum sehr eng an Art. 19 Abs. 1 UAbs. 1 der Vergaberichtlinie 2014/24 über Wirtschaftsteilnehmer angelehnt ist. Es wird daher auf die Kommentierung von § 43 Abs. 1 S. 1
VgV verwiesen, der Art. 19 der Vergaberichtlinie umsetzt und im Wortlaut nahezu identisch mit 24 Abs. 1 S. 1 KonzVgV ist.[5]

II. Vergleichbare Anforderungen an natürliche und juristische Personen (Abs. 1 Satz 2)

1. Angabe der Namen der für Konzessionsdurchführung verantwortlichen Personen

Natürliche Personen nennen zwangsläufig ihren Namen, wenn sie sich an einem Kon- 5
zessionsvergabeverfahren beteiligen. Damit auch im (Normal-)Fall der Teilnahme juristischer Personen am Konzessionsvergabeverfahren der Konzessionsgeber **denselben Informationsstand** wie bei teilnehmenden natürlichen Personen hat, darf auch von juristischen
Personen die **Angabe der Namen der Personen** verlangt werden, die **für die Konzessionsdurchführung verantwortlich** sind. Es wird auf die Kommentierung von § 43
Abs. 1 S. 2 VgV verwiesen, der Art. 19 der Vergaberichtlinie umsetzt und im Wortlaut
nahezu identisch mit 24 Abs. 1 S. 2 KonzVgV ist.[6]

2. Angabe der „beruflichen Befähigung" der für Konzessionsdurchführung ver- antwortlichen Personen

a) europarechtskonforme Auslegung. Von juristischen Personen darf daneben auch 6
die Angabe der **„beruflichen Befähigung"** der für die Konzessionsdurchführung verantwortlichen Personen verlangt werden.

---

[1] → KonzVgV § 7.
[2] Richtlinie 2014/23/EU des Europäischen Parlaments und des Rates vom 26. Februar 2014 über die
Konzessionsvergabe (ABl. L 94 vom 28.3.2014, S. 1).
[3] Begründung der Bundesregierung auf BT-Drs. 18/7318, zu § 24, S. 263.
[4] Begründung der Bundesregierung auf BT-Drs. 18/7318, Allgemeiner Teil, zu Artikel 3, S. 142.
[5] → VgV § 43 Abs. 1 S. 1.
[6] → VgV § 43 Abs. 1 S. 2.

7   Diese Angabe der „beruflichen Befähigung" meint **nicht** das Eignungskriterium der „**beruflichen Befähigung**" iSv Art. 38 Abs. 1 Satz 1 der Konzessionsrichtlinie. Die Angabe der „beruflichen Befähigung" in § 24 Abs. 1 S. 2 KonzVgV ist in **europarechtskonformer Auslegung** anhand von Art. 26 Abs. 1 UAbs. 2 der Konzessionsrichtlinie, den § 24 Abs. 1 S. 2 KonzVgV umsetzt, zu lesen als Angabe der „**beruflichen Qualifikationen**" der für die Konzessionsdurchführung verantwortlichen Personen. Das bestätigt der Vergleich mit den englischen und französischen Sprachfassungen von Art. 26 und Art. 38 der Konzessionsrichtlinie.[7]

8   **b) Eignungsnachweis für Eignungskriterium der „beruflichen Befähigung".** Die Angabe der beruflichen Qualifikationen („berufliche Befähigung", § 24 Abs. 1 S. 2 KonzVgV) ist ein zulässiger **Eignungsnachweis** für das Eignungskriterium der „**beruflichen Befähigung**" in Art. 38 Abs. 1 Satz 1 der Konzessionsrichtlinie. In der Konzessionsbekanntmachung ist deshalb anzugeben, mit welchen Unterlagen, aus denen sich die Angabe der beruflichen Qualifikationen der für die Konzessionsdurchführung verantwortlichen Personen (§ 24 Abs. 1 S. 2 KonzVgV) ergibt, die Erfüllung des Eignungskriteriums der „beruflichen Befähigung" des an der Konzession interessierten Wirtschaftsteilnehmers zu belegen ist (§ 26 Abs. 2 S. 1 KonzVgV).[8]

9   **c) Sinn und Zweck der Regelung.** Der Sinn und Zweck der Regelung in § 24 Abs. 1 S. 2 KonzVgV für juristische Personen ist ein **Gleichlauf mit** den zulässiger Weise forderbaren **Nachweisen über die beruflichen Qualifikationen natürlicher Personen,** die sich am Konzessionsvergabeverfahren beteiligen.

10   Von **natürlichen Personen** kann ohnehin verlangt werden, dass sie das Eignungskriterium „berufliche Befähigung" durch Nachweise der beruflichen Qualifikationen der ausführenden Personen belegen (Art. 38 Abs. 1 Satz 1 der Konzessionsrichtlinie). Denn „berufliche und fachliche Befähigung" in Art. 38 Abs. 1 Satz 1 der Konzessionsrichtlinie meint das Eignungskriterium **„technische und berufliche Leistungsfähigkeit"** wie in Art. 58 Abs. 1 Buchst. c) der Vergaberichtlinie 2014/24.[9]

11   Zum Nachweis der Erfüllung dieses Eignungskriteriums kann im Anwendungsbereich der Vergaberichtlinie 2014/24 verlangt werden, dass **„Studiennachweise und Bescheinigungen über die berufliche Befähigung** des Dienstleisters oder Unternehmers **und/oder der Führungskräfte** des Unternehmens" vorgelegt werden (Anhang XII Buchst. f) der Vergaberichtlinie 2014/24). **Im Anwendungsbereich der Konzessionsrichtlinie besteht zwar kein numerus clausus der zulässigen Nachweise** der technischen und beruflichen Leistungsfähigkeit wie in Art. 60 Abs. 4 iVm Anhang XII Teil II der Vergaberichtlinie 2014/24 (vgl. dagegen Art. 38 Abs. 1 S. 1 iVm Anhang V Nr. 7 Buchst. c) der Konzessionsrichtlinie). Jedoch wird auch für die Konzessionsrichtlinie gelten, dass **Anforderungen an die Eignung** grundsätzlich **nur den Interessenten am Auftrag als solchen** betreffen dürfen und **nicht Eigenschaften von (natürlichen) Personen (Personal),** deren sich der Interessent am Auftrag zur Auftragsdurchführung bedient.

12   Im (Normal-)Fall der Beteiligung **juristischer Personen** am Konzessionsvergabeverfahren könnten somit nur die Studiennachweise und Bescheinigungen über die berufliche Befähigung der für die Konzessionsausführung verantwortlichen Personen verlangt werden, bei denen es sich um Führungskräfte der juristischen Person handelt. Damit im Gleichlauf zum Informationsstand über die beruflichen Qualifikationen von natürlichen Personen, die sich am Konzessionsvergabeverfahren beteiligen, auch bei juristischen Personen die **berufliche Qualifikation des ausführenden Personals** geprüft werden kann, bei dem es sich

---

[7] „Professional qualifications" bzw. „qualifications professionnelles" (Art. 26 der Konzessionsrichtlinie) im Unterschied zu „professional ability" bzw. „capacités professionnelles" (Art. 38 der Konzessionsrichtlinie). Mit gleichem Ergebnis, im Anwendungsbereich der VgV: *Hausmann/von Hoff* in KKMPP Kommentar zur VgV, § 43 Rn. 5 („Regelung in § 46 VgV wäre naheliegender gewesen.").

[8] → KonzVgV § 26 Abs. 2 S. 1.

[9] Zur sprachlichen Ungenauigkeit der deutschen Sprachfassung in Art. 38 Abs. 1 der Konzessionsrichtlinie → KonzVgV § 25 Abs. 1 S. 1.

nicht um Führungskräfte der juristischen Person handelt, lässt § 24 Abs. 1 S. 2 KonzVgV in Übereinstimmung mit Art. 26 Abs. 1 UAbs. 2 der Konzessionsrichtlinie die Forderung nach diesem Eignungsnachweis ausdrücklich zu.

III. Anforderungen an Bewerber- und Bietergemeinschaften bis zur Zuschlagserteilung (Abs. 2)

1. Grundsatz: Verbot der Diskriminierung von Bewerber- und Bietergemeinschaften (Abs. 2 Satz 1 und 2)

§ 24 Abs. 2 S. 1 und 2 KonzVgV setzen mit erkennbar ähnlichem Wortlaut Art. 26 **13** Abs. 2 UAbs. 1 der Konzessionsrichtlinie um, der wiederum sehr eng an den Wortlaut von Art. 19 Abs. 2 UAbs. 1 der Vergaberichtlinie 2014/24 angelehnt ist. Es wird daher auf die Kommentierung von § 43 Abs. 2 S. 1 und 2 VgV verwiesen, die Art. 19 der Vergaberichtlinie umsetzen und im Wortlaut nahezu identisch mit 24 Abs. 2 S. 1 und 2 KonzVgV sind.[10]

2. Soweit erforderlich: Besondere Bedingungen für die Erfüllung von Eignungskriterien und zur Konzessionsausführung für Bewerber- und Bietergemeinschaften (Abs. 2 Satz 3)

§ 24 Abs. 2 S. 3 KonzVgV ähnelt im Wortlaut sehr stark § 43 Abs. 2 S. 3 VgV, auf des- **14** sen Kommentierung zunächst verwiesen wird.[11] Trotz des hier wie dort identischen Wortlauts der Bedingungen, wie Gruppen von Unternehmen „die Eignungskriterien" zu erfüllen haben, gelten **konzessionsvergaberechtliche Besonderheiten.**

a) Besondere Anforderungen an die Erfüllung von Eignungskriterien. „Die **15** Eignungskriterien", zu denen der Konzessionsgeber die Bedingungen festlegen können soll, wie sie Gruppen von Unternehmen zu erfüllen haben, sind diejenigen **Eignungskriterien,** die der Konzessionsgeber gemäß § 152 Absatz 2 GWB in Verbindung mit § 122 GWB festlegt (§ 25 Abs. 1 S. 1 KonzVgV).

Es handelt sich dabei jedoch **nicht** um die **Befähigung und Erlaubnis zur Be- 16 rufsausübung** (§ 122 Abs. 2 S. 2 Nr. 1 GWB), sondern **nur** um die **wirtschaftliche und finanzielle Leistungsfähigkeit** (§ 122 Abs. 2 S. 2 Nr. 2 GWB) und die **technische und berufliche Leistungsfähigkeit** (§ 122 Abs. 2 S. 2 Nr. 3 GWB).[12]

Denn Art. 26 Abs. 2 UAbs. 2 S. 1 der Konzessionsrichtlinie, der mit § 24 KonzVgV **17** umgesetzt wird, verweist lediglich auf **„die in Artikel 38 genannte wirtschaftliche und finanzielle Leistungsfähigkeit oder die technische und berufliche Eignung".** In Artikel 38 der Konzessionsrichtlinie ist nicht von Eignungskriterien die Rede, sondern von „Teilnahmebedingungen hinsichtlich der beruflichen und fachlichen Befähigung sowie der finanziellen und wirtschaftlichen Leistungsfähigkeit". Dass es sich hierbei um Eignungskriterien handelt, belegt Artikel 31 Abs. 5 Buchst. a) der Konzessionsrichtlinie, der von den „gemäß Artikel 38 Absatz 1 festgelegten Eignungskriterien" spricht, sowie Anhang V der Konzessionsrichtlinie mit den Angaben, die in Konzessionsbekanntmachungen gemäß Artikel 31 der Konzessionsrichtlinie zu machen sind. In Ziff. 7 Buchst. c) von Anhang V werden Eignungskriterien als eine Fallgruppe der Kategorie „Teilnahmebedingungen" genannt, die in der Konzessionsbekanntmachung anzugeben sind. In Erwägungsgrund 63 der Konzessionsrichtlinie ist schließlich klar festgelegt, dass sich in Konzessionsvergabever-fahren die Eignungskriterien **ausschließlich** auf die **„berufliche und fachliche Befähi-**

---

[10] → VgV § 43 Abs. 2 S. 1 und 2.
[11] → VgV § 43 Abs. 2 S. 3.
[12] → KonzVgV § 25 Abs. 1 S. 1.

gung" und die **finanzielle und wirtschaftliche Leistungsfähigkeit** der Wirtschaftsteilnehmer beziehen sollen.

18   Das Eignungskriterium der **„beruflichen und fachlichen Befähigung"** in Art. 38 Abs. 1 Satz 1 der Konzessionsrichtlinie meint die **„technische und berufliche Leistungsfähigkeit"**.[13]

19   Der Konzessionsgeber kann mithin, sofern erforderlich, lediglich festlegen, wie Gruppen von Unternehmen die technische und berufliche Leistungsfähigkeit sowie die finanzielle und wirtschaftliche Leistungsfähigkeit zu erfüllen haben (§ 24 Abs. 2 Satz 3 KonzVgV).

20   **b) Besondere Anforderungen an die Konzessionsausführung.** Gemäß § 24 Abs. 2 S. 3 KonzVgV kann, sofern erforderlich, der Konzessionsgeber auch Bedingungen festlegen, wie Gruppen von Unternehmen die Konzession auszuführen haben; solche Bedingungen müssen durch sachliche Gründe gerechtfertigt und angemessen sein.

21   Zur Erläuterung heißt es in Erwägungsgrund 9 der Konzessionsrichtlinie: Bei der Ausführung der Konzession durch Gruppen von Wirtschaftsteilnehmern kann es erforderlich sein, Bedingungen festzulegen, die für Einzelteilnehmer nicht gelten. Solche Bedingungen, die durch objektive Gründe gerechtfertigt und verhältnismäßig sein müssen, könnten beispielsweise die **Ernennung eines gemeinsamen Vertreters** oder eines **federführenden Gesellschafters** für die Zwecke des Konzessionsvergabeverfahrens oder die **Vorlage von Informationen über die Zusammensetzung der Gruppe** sein.[14]

22   Nach dem Wortlaut von § 24 Abs. 2 S. 3 KonzVgV soll es ausdrücklich zulässig sein, dass Ausführungsbedingungen für Gruppen von Unternehmen erst **in den Vergabeunterlagen angegeben** werden. Die **europarechtskonforme Auslegung** ergibt sich Art. 26 Abs. 2 UAbs. 2 S. 2 und 3 der Konzessionsrichtlinie, der mit § 24 Abs. 2 S. 3 KonzVgV umgesetzt werden soll, hierüber ausschweigt. Lediglich für die besonderen Bedingungen für die Erfüllung von Eignungskriterien lässt Art. 26 Abs. 2 UAbs. 2 S. 1 der Konzessionsrichtlinie zu, dass diese in den Konzessionsunterlagen näher festgelegt werden. Im **Grundsatz** fordert die Konzessionsrichtlinie, dass Bedingungen für die Konzessionsausführung **in der Konzessionsbekanntmachung** angegeben werden müssen (Art. 31 Abs. 2 iVm Anhang V Nr. 12 der Konzessionsrichtlinie). Zur **Vermeidung eines Wertungswiderspruchs** mit der Festlegung von Bedingungen, wie Gruppen von Unternehmen die Erfüllung von Eignungskriterien nachzuweisen haben, die nämlich in Ausnahme vom Grundsatz der Angabe in der Konzessionsbekanntmachung (Art. 38 Abs. 1 der Konzessionsrichtlinie) auch zulässig ist, wenn sie erst in den Konzessionsunterlagen erfolgt (Art. 26 Abs. 2 UAbs. 2 S. 1 der Konzessionsrichtlinie), ist es daher ausreichend, dass auch besondere Ausführungsbedingungen für Gruppen von Unternehmen erst **in den Vergabeunterlagen angegeben** werden.

IV. Anforderungen an die Rechtsform von Bewerber- und Bietergemeinschaften nach Zuschlagserteilung (Abs. 3)

23   Der Wortlaut von § 24 Abs. 3 KonzVgV orientiert sich eng am Wortlaut von Art. 26 Abs. 3 der Konzessionsrichtlinie, der wiederum sehr eng an Art. 19 Abs. 3 der Vergaberichtlinie 2014/24 angelehnt ist. Es wird daher zunächst auf die Kommentierung von § 43 Abs. 3 VgV verwiesen, der Art. 19 Abs. 3 der Vergaberichtlinie umsetzt und im Wortlaut nahezu identisch mit 24 Abs. 3 KonzVgV ist.[15]

24   Als **Beispiel** für eine nach Absatz 3 zulässige Forderung des Konzessionsgebers, dass eine Bietergemeinschaft nach Zuschlagserteilung eine bestimmte Rechtsform annehmen muss,

---

[13] → KonzVgV § 25 Abs. 1 S. 1.
[14] Erwägungsgrund 9 der Konzessionsrichtlinie, auf die auch die Begründung der Bundesregierung, auf BT-Drs. 18/7318, zu § 24, S. 263 verweist.
[15] → VgV § 43 Abs. 3.

soweit dies für die ordnungsgemäße Durchführung der Konzession erforderlich ist, nennt Erwägungsgrund 9 der Konzessionsrichtlinie die Forderung nach **gesamtschuldnerischer Haftung.**[16]

---

[16] Auf Erwägungsgrund 9 der Konzessionsrichtlinie verweist auch die Begründung der Bundesregierung auf BT-Drs. 18/7318, zu § 24, S. 263.

§ 25 Anforderungen an die Auswahl geeigneter Unternehmen; Eignungsleihe

(1) Der Konzessionsgeber legt die Eignungskriterien gemäß § 152 Absatz 2 in Verbindung mit § 122 des Gesetzes gegen Wettbewerbsbeschränkungen fest und gibt die Eignungskriterien in der Konzessionsbekanntmachung an. Ist eine Konzessionsbekanntmachung gemäß § 20 nicht erforderlich, sind die Eignungskriterien in die Vergabeunterlagen aufzunehmen.

(2) Die Eignungskriterien müssen nichtdiskriminierend sein und dem Zweck dienen,

1. sicherzustellen, dass der Konzessionsnehmer zur Durchführung der Konzession in Anbetracht des Konzessionsgegenstands fähig ist, sowie
2. den Wettbewerb zu gewährleisten.

(3) Zur Erfüllung der Eignungskriterien darf ein Unternehmen Kapazitäten anderer Unternehmen einbeziehen, unabhängig davon, welche rechtlichen Beziehungen zwischen ihm und diesen Unternehmen bestehen. Hinsichtlich der finanziellen Leistungsfähigkeit kann der Konzessionsgeber verlangen, dass die Unternehmen gemeinschaftlich für die Vertragsdurchführung haften.

Übersicht

	Rn.		Rn.
A. Einführung	1	2. Festlegung der Eignungskriterien (Abs. 1 Satz 1)	24
I. Literatur	1	3. Bekanntmachung bzw. Mitteilung der Eignungskriterien (Abs. 1 Satz 1 und 2)	25
II. Entstehungsgeschichte	2	4. Bekanntmachung der Teilnahmebedingungen	27
III. Rechtliche Vorgaben im EU-Recht	3	II. Anforderungen an Eignungskriterien (Abs. 2)	28
1. Insbesondere: Die EU-rechtlichen Begriffe der Teilnahmebedingungen und Eignungskriterien	4	III. Eignungsleihe und Teilnahmebedingungsleihe (Abs. 3)	33
2. Teilnahmebedingungen im GWB-Konzessionsvergaberecht	8	1. Grundsatz: Uneingeschränkte Zulässigkeit der Zurechnung von Kapazitäten Dritter (Satz 1)	34
a) GWB	8	2. Vertragsdurchführung durch den/ gemeinsam mit dem Dritten (Satz 2)	35
b) KonzVgV	11	a) Leihe der beruflichen Leistungsfähigkeit oder der beruflichen Erfahrung	35
c) Unvollkommene Umsetzung der „Teilnahmebedingungsleihe" (Artikel 38 Abs. 2 und 3 Konzessionsrichtlinie) im GWB-Konzessionsvergaberecht	14	b) Leihe der wirtschaftlichen Leistungsfähigkeit	37
B. Die Regelung im Einzelnen	16	c) Leihe der finanziellen Leistungsfähigkeit	39
I. Festlegung und Bekanntmachung der Eignungskriterien (Abs. 1)	16	d) Leihe anderer Teilnahmebedingungen	40
1. Zulässige Eignungskriterien (Abs. 1 Satz 1)	16	aa) Leihe der technischen Leistungsfähigkeit	40
a) Befähigung und Erlaubnis zur Berufsausübung	17	bb) Teilnahmebedingungsleihe	43
b) „Berufliche und fachliche Befähigung"	19		
c) Kein numerus clausus der Nachweisarten hinsichtlich der technischen und beruflichen Leistungsfähigkeit	21		

A. Einführung

I. Literatur

1 Siehe die Literaturhinweise in Band 1 zu §§ 151 bis 154 GWB.

II. Entstehungsgeschichte

Siehe die Hinweise zur Entstehungsgeschichte von § 7 KonzVgV.[1] 2

III. Rechtliche Vorgaben im EU-Recht

Als Teil von Artikel 3 VergRModVO dient auch § 25 KonzVgV, wie die amtliche Fuß- 3
note 1 zur VergRModVO belegt, der Umsetzung der EU-Konzessionsrichtlinie,[2] speziell
Artikel 38 Absatz 1 und 2 der Konzessionsrichtlinie 2014/23/EU.[3] Der Verordnungsgeber
betont, dass die Umsetzung der Konzessionsrichtlinie wie im GWB auch in der KonzVgV
dem Grundsatz einer „1:1-Umsetzung" in nationales Recht folgt.[4]

1. Insbesondere: Die EU-rechtlichen Begriffe der Teilnahmebedingungen und Eignungskriterien

Indes wird mit § 25 KonzVgV das **Normprogramm des Artikel 38 Absatz 1 und 2** 4
der Konzessionsrichtlinie nur teilweise umgesetzt. Artikel 38 der Konzessionsrichtlinie
umfasst nicht nur Regelungen über die Festlegung und Bekanntmachung sowie die Anforderungen von Eignungskriterien (der „beruflichen und fachlichen Befähigung sowie der finanziellen und wirtschaftlichen Leistungsfähigkeit"), sondern auch anderer, weiterer **Teilnah-**
mebedingungen. Um Teilnahmebedingungen geht es in § 25 KonzVgV nach dessen
Wortlaut nicht, sondern um Eignungskriterien als Teilaspekt der Teilnahmebedingungen.

Der in Artikel 38 der Konzessionsrichtlinie verwendete **Oberbegriff der Teilnahme-** 5
bedingungen umfasst die **Eignungskriterien als praktisch wichtigsten Unterfall.**[5]
Teilnahmebedingungen iSv Artikel 38 der Konzessionsrichtlinie umfassen gemäß dem Katalog in Anhang V Nr. 7 Buchstabe a) bis c) der Konzessionsrichtlinie auch weitere Anforderungen, die Konzessionsgeber an Bewerber oder Bieter im Vergabeverfahren stellen können. Dazu gehören neben der Erfüllung der Eignungskriterien (Buchstabe c) die
Möglichkeit des **Vorbehalts der Konzession zugunsten geschützter Werkstätten**
oder die Ausführung nur im Rahmen von **Programmen für geschützte Beschäfti-**
gungsverhältnisse vorzusehen (Buchstabe a) oder des **Vorbehalts der Dienstleistung**
aufgrund von Rechts- und Verwaltungsvorschriften zugunsten eines bestimmten
Berufsstands (Buchstabe b).[6]

Der Wortlaut „Teilnahmebedingungen, darunter" eingangs des Katalogs der Teilnahme- 6
bedingungen in Anhang V Nr. 7 der Konzessionsrichtlinie verdeutlicht, dass es sich um
eine **nicht abschließende Aufzählung** handelt. Der EU-rechtliche Begriff der Teilnahmebedingungen schließt mithin **weitere Unterfälle** von Teilnahmebedingungen nicht
grundsätzlich aus.[7] Der im Konzessionsvergaberecht praktisch relevanteste weitere unge-
nannte Unterfall einer zulässigen Teilnahmebedingung ist die **Befähigung und Erlaubnis**
zur Berufsausübung.[8]

Auf den Begriff der „Teilnahmebedingungen" rekurriert auch das **Formular „Konzes-** 7
sionsbekanntmachung"[9] im Abschnitt „III.1) Teilnahmebedingungen", in dem neben

---

[1] → KonzVgV § 7.
[2] Richtlinie 2014/23/EU des Europäischen Parlaments und des Rates vom 26. Februar 2014 über die
Konzessionsvergabe (ABl. L 94 vom 28.3.2014, S. 1).
[3] Begründung der Bundesregierung auf BT-Drs. 18/7318, zu § 25, S. 264.
[4] Begründung der Bundesregierung auf BT-Drs. 18/7318, Allgemeiner Teil, zu Artikel 3, S. 142.
[5] Begründung der Bundesregierung auf BT-Drs. 18/7318, zu § 25 Absatz 1, S. 264.
[6] Begründung der Bundesregierung auf BT-Drs. 18/7318, zu § 25, S. 264.
[7] Begründung der Bundesregierung auf BT-Drs. 18/7318, zu § 25, S. 264.
[8] Dazu unten, unter B. I. 1. a).
[9] Standardformular 24: „Konzessionsbekanntmachung" gemäß Anhang XXI zur Durchführungsverordnung (EU) 2015/1986 der Kommission vom 11. November 2015 zur Einführung von Standardformularen

der Befähigung zur Berufsausübung (III.1.1) und den Eignungskriterien (III.1.2) auch Angaben über vorbehalte Konzessionen (III.1.5) getroffen werden können.

2. Teilnahmebedingungen im GWB-Konzessionsvergaberecht

8 **a) GWB.** Regelungen speziell zu Teilnahmebedingungen enthält das GWB nicht.

9 Die §§ 152 Abs. 2, 122 GWB betreffen die Eignung als praktisch wichtigsten Unterfall der Teilnahmebedingungen.

10 § 118 GWB setzt Artikel 24 der Konzessionsrichtlinie über den möglichen Vorbehalt von Konzessionsvergabeverfahren zugunsten **geschützter Werkstätten** als weiteren Unterfall von Teilnahmebedingungen um.[10] Regelungen über den dritten Unterfall von Teilnahmebedingungen, nämlich über den gemäß Anhang V Nr. 7 Buchstabe b) der Konzessionsrichtlinie zulässigen **Vorbehalt** der Dienstleistungskonzession aufgrund von Rechts- und Verwaltungsvorschriften **zugunsten eines bestimmten Berufsstands** enthält das GWB nicht.

11 **b) KonzVgV.** Nach § 13 Abs. 1 Nr. 1 KonzVgV kann eine Konzession nur an Bieter vergeben werden, die die von dem Konzessionsgeber festgelegten Eignungskriterien und weiteren Teilnahmebedingungen erfüllen. Die Norm bestätigt, dass **Eignungskriterien ein Unterfall der Teilnahmebedingungen** sind.

12 § 25 KonzVgV regelt die Festlegung der Eignungskriterien (Abs. 1 Satz 1 Halbsatz 1), deren Bekanntmachung im Regelfall (Abs. 1 Satz 1 Halbsatz 2) und, wenn eine Konzessionsbekanntmachung ausnahmsweise nicht erforderlich ist, deren Mitteilung in den Vergabeunterlagen (Abs. 1 Satz 2) und stellt Anforderungen an Eignungskriterien (Abs. 2) und die Eignungsleihe (Abs. 3) auf.

13 Demgegenüber geht es in § 26 KonzVgV um die Nachweise, die vom Konzessionsnehmer im Hinblick auf die in § 25 KonzVgV festgelegten und bekanntgemachten Eignungskriterien vorgelegt und vom Konzessionsgeber überprüft werden (Abs. 1 und 2) sowie um Nachweise, die der Konzessionsgeber im Fall einer Eignungsleihe (§ 25 Abs. 3 KonzVgV) vom Konzessionsnehmer verlangen darf.

14 **c) Unvollkommene Umsetzung der „Teilnahmebedingungsleihe" (Artikel 38 Abs. 2 und 3 Konzessionsrichtlinie) im GWB-Konzessionsvergaberecht. Anforderungen** gemäß Artikel 38 der Konzessionsrichtlinie **an und Regelungen über die Inanspruchnahme von Kapazitäten Dritter im Hinblick auf Teilnahmebedingungen,** bei denen es sich nicht um Eignungskriterien handelt, enthalten weder das GWB noch die KonzVgV.

15 Zur Notwendigkeit der insoweit erforderlichen **unionsrechtskonformen ergänzenden Auslegung** von § 25 Abs. 3 und § 26 Abs. 3 KonzVgV wird auf die dortige Kommentierung verwiesen.[11]

B. Die Regelung im Einzelnen

I. Festlegung und Bekanntmachung der Eignungskriterien (Abs. 1)

1. Zulässige Eignungskriterien (Abs. 1 Satz 1)

16 Der Verweis von § 25 Abs. 1 S. 1 KonzVgV auf § 152 Abs. 2 i.V.m. § 122 GWB scheint nahezulegen, dass der Konzessionsgeber sämtliche in § 122 Abs. 2 GWB genannten

---

für die Veröffentlichung von Vergabebekanntmachungen für öffentliche Aufträge und zur Aufhebung der Durchführungsverordnung (EU) Nr. 842/2011, ABl. L 296 vom 12.11.2015, S. 1, in der Fassung der Berichtigung in ABl. L 172 vom 5.7.2017, S. 36.

[10] → GWB § 118 Rn. 9 ff.

[11] → KonzVgV § 25 Abs. 3 unten, unter B. III. 2. d) und → KonzVgV § 26 Abs. 3 unter B.III.3.

Eignungskriterien festlegen darf. Nach § 122 Abs. 2 S. 2 Nr. 1 bis 3 GWB dürfen Eignungskriterien ausschließlich (1.) die Befähigung und Erlaubnis zur Berufsausübung, (2.) die wirtschaftliche und finanzielle Leistungsfähigkeit und (3.) die technische und berufliche Leistungsfähigkeit betreffen.

a) Befähigung und Erlaubnis zur Berufsausübung. Anders als Art. 58 Abs. 1 **17** Buchst. a) der Vergaberichtlinie 2014/24/EU erwähnt Art. 38 der Konzessionsrichtlinie, dessen Umsetzung § 152 Abs. 2 GWB dient, nicht das Eignungskriterium der Befähigung zur Berufsausübung. Entsprechend legt sich Erwägungsgrund 63 der Konzessionsrichtlinie darauf fest, „dass sich die Eignungskriterien ausschließlich auf die berufliche und fachliche Befähigung und die finanzielle und wirtschaftliche Leistungsfähigkeit der Wirtschaftsteilnehmer beziehen".[12] Der **im Wortlaut zu weit gehende Vollverweis** in § 152 Abs. 2 GWB auf § 122 GWB ist daher im Hinblick auf die zulässigen Eignungskriterien nach § 122 Abs. 2 S. 2 GWB **europarechtskonform zu reduzieren** auf die dort genannten Eignungskriterien der wirtschaftlichen und finanziellen Leistungsfähigkeit (§ 122 Abs. 2 S. 2 GWB Nr. 2) und der technischen und beruflichen Leistungsfähigkeit (§ 122 Abs. 2 S. 2 GWB Nr. 3).

Die **Befähigung und Erlaubnis zur Berufsausübung** (§ 122 Abs. 2 S. 2 Nr. 1 **18** GWB) ist **kein zulässiges Eignungskriterium** im Anwendungsbereich der Konzessionsrichtlinie und der KonzVgV.[13] Die **Befähigung und Erlaubnis zur Berufsausübung** (§ 122 Abs. 2 S. 2 Nr. 1 GWB) ist, wenn auch im Konzessionsvergaberecht nicht als Eignungskriterium, jedoch eine **zulässige Teilnahmebedingung**.[14] Die begriffliche Unterscheidung bedeutet wohl keinen Unterschied für die praktische Anwendung und vergaberechtliche Zulässigkeit dieser Teilnahmebedingung im Konzessionsvergabeverfahren.

b) „Berufliche und fachliche Befähigung". Die **„berufliche und fachliche Be-** **19** **fähigung"** in Art. 38 Abs. 1 Satz 1 der Konzessionsrichtlinie geht auf eine **sprachliche Ungenauigkeit** der deutschen Sprachfassung der Konzessionsrichtlinie zurück und meint die **„technische und berufliche Leistungsfähigkeit"** wie in Art. 58 Abs. 1 Buchst. c) der Vergaberichtlinie 2014/24.

Das ergibt sich noch nicht aus einem systematischen Abgleich mit dem – wiederum an- **20** deren, unklaren – Begriff „technische und berufliche Eignung", den Artikel 26 Absatz 2 UAbs. 2 Satz 1 der Konzessionsrichtlinie unter Verweis auf Artikel 38 der Konzessionsrichtlinie verwendet.[15] Das ergibt sich aber klar aus einem Vergleich mit den englischen und französischen Sprachfassungen, die in Erwägungsgrund 63 und Artikel 26 Absatz 2 UAbs. 2 Satz 1 sowie Artikel 38 der Konzessionsrichtlinie denselben Begriff für „technische und berufliche Leistungsfähigkeit" verwenden wie in Art. 58 der Vergaberichtlinie 2014/24.[16]

c) Kein numerus clausus der Nachweisarten hinsichtlich der technischen und **21** **beruflichen Leistungsfähigkeit.** Mit ihren knappen Regelungen über Eignungskriterien (und Teilnahmebedingungen) unterscheiden sich die §§ 25, 26 KonzVgV wesentlich von den ausführlichen Regelungen der VgV über zulässige Nachweisarten hinsichtlich der Befähigung und Erlaubnis zur Berufsausübung (§ 44 VgV), der wirtschaftlichen und finanziellen Leistungsfähigkeit (§ 45 VgV) und der technischen und beruflichen Leistungsfähigkeit (§ 46 VgV).

Wie unter der VgV besteht damit auch eine **Freiheit des Konzessionsgebers bei der** **22** **Art der Nachweise,** die er im Hinblick auf die **Befähigung und Erlaubnis zur Be-**

---

[12] Insoweit zutreffend die Begründung der Bundesregierung auf BT-Drs. 18/7318, zu § 25, S. 264.

[13] A. A. → GWB § 152 Rn. 12 und 14; ohne Begründung a. A. auch: die Begründung der Bundesregierung auf BT-Drs. 18/7318, zu § 25 Absatz 1, S. 264; *Haak/Sang* in: Willenbruch/Wieddekind, Vergaberecht Kompaktkommentar, § 152 Rn. 1; *Kulartz* in KKPP Kommentar zum GWB-Vergaberecht, § 152 Rn. 6; *Ruhland* in Gabriel/Krohn/Neun, Handbuch Vergaberecht, 2. Auflage 2017, § 66 Rn. 7.

[14] Dazu oben, unter A. IV.

[15] So aber *Rafii* in Reidt/Stickler/Glahs, Vergaberecht Kommentar, § 152 Rn. 11.

[16] „professional and technical ability" bzw. „capacités professionnelles et techniques". Im Ergebnis so auch *Rafii* in Reidt/Stickler/Glahs, Vergaberecht Kommentar, § 152 Rn. 11.

rufsausübung (§ 44 VgV) und die **wirtschaftliche und finanzielle Leistungsfähigkeit** (§ 45 VgV) verlangt.

23   Anders als in § 46 Abs. 3 VgV, demzufolge der öffentliche Auftraggeber „ausschließlich die Vorlage von einer oder mehreren der folgenden Unterlagen verlangen" kann und somit andere Nachweise als gemäß dem abgeschlossenen Katalog in § 46 Abs. 3 Nr. 1 bis 11 VgV nicht verlangt werden dürfen,[17] besteht für den Konzessionsgeber **auch** die **Freiheit bei der Art der Nachweise hinsichtlich der technischen und beruflichen Leistungsfähigkeit (kein numerus clausus).**

2. Festlegung der Eignungskriterien (Abs. 1 Satz 1)

24   In seinem Halbsatz 1 erinnert § 25 Abs. 1 S. 1 KonzVgV deklaratorisch an die Regelungen über die Festlegung der Eignungskriterien in §§ 152 Abs. 2 i. V. m. 122 GWB. Auf die dortige Kommentierung wird verwiesen.[18]

3. Bekanntmachung bzw. Mitteilung der Eignungskriterien (Abs. 1 Satz 1 und 2)

25   In Halbsatz 2 erinnert § 25 Abs. 1 S. 1 KonzVgV für den Regelfall deklaratorisch an die Regelungen über die zwingende Bekanntmachung der Eignungskriterien in §§ 152 Abs. 2 i. V. m. 122 GWB. Auf die dortige Kommentierung wird verwiesen.[19]

26   Nur für den Ausnahmefall, dass eine Konzessionsbekanntmachung nach § 20 KonzVgV nicht erforderlich ist, lässt § 25 Abs. 1 S. 2 KonzVgV zu, aber verlangt in diesem Fall auch, dass die Eignungskriterien in die Vergabeunterlagen (§ 16 KonzVgV) aufgenommen werden.

4. Bekanntmachung der Teilnahmebedingungen

27   Die Beschreibung der Teilnahmebedingungen, d.h. auch derjenigen, bei denen es sich nicht um Eignungskriterien handelt,[20] erfolgt in der Konzessionsbekanntmachung.[21]

II. Anforderungen an Eignungskriterien (Abs. 2)

28   Absatz 2 stellt mehrere Anforderungen an Eignungskriterien auf.

29   Mit der Anforderung, dass Eignungskriterien (als Unterfall der Teilnahmebedingungen) **nichtdiskriminierend** sein müssen, wird Artikel 38 Abs. 1 S. 1 der Konzessionsrichtlinie umgesetzt, die ihrerseits damit das EU-primärrechtliche Gebot der Nichtdiskriminierung aus dem AEUV meint.[22] Zum Gleichbehandlungsgebot nach § 97 Abs. 2 GWB wird auf die Kommentierung dort verwiesen.[23]

30   Die Anforderung, dass Eignungskriterien (als Unterfall der Teilnahmebedingungen) in einem **angemessenen Verhältnis zum Konzessionsgegenstand** stehen müssen (Artikel 38 Abs. 1 S. 1 der Konzessionsrichtlinie), ist in § 25 KonzVgV nicht wiederholt, weil sie sich bereits aus §§ 152 Abs. 2, 122 Abs. 4 S. 1 GWB ergibt.[24]

31   Die Anforderung, dass Eignungskriterien (als Unterfall der Teilnahmebedingungen) „**in Bezug** (...) zu der **Notwendigkeit, die Fähigkeit des Konzessionsnehmers, die Konzession in Anbetracht des Konzessionsgegenstands durchzuführen, sicherzustellen,** (...) stehen" müssen, (Artikel 38 Abs. 1 S. 2 Konzessionsrichtlinie), ist in § 25

---

[17] VgV § 46 Abs. 3; Begründung der Bundesregelung auf BT-Drs. 18/7318 zu § 46 VgV S. 184.
[18] → GWB § 152 Abs. 2; → GWB § 122.
[19] → GWB § 152 Abs. 2; → GWB § 122.
[20] KonzVgV § 25 Rn. 5 ff.
[21] KonzVgV § 13 Abs. 2 Nr. 1.
[22] Erwägungsgrund 4 der Konzessionsrichtlinie.
[23] → GWB § 97 Abs. 2.
[24] Begründung der Bundesregierung auf BT-Drs. 18/7318, zu § 25 Absatz 2, S. 264. → GWB § 152 Abs. 2; → GWB § 122 Abs. 4 Satz 1.

Abs. 2 Nr. 1 KonzVgV umgesetzt und meint die bereits in §§ 152 Abs. 2, 122 Abs. 4 S. 1 GWB aufgestellte Anforderung, dass Eignungskriterien mit dem Konzessionsgegenstand in Verbindung stehen müssen. Auf die Kommentierung dort wird verwiesen.[25]

Die Anforderung, dass Eignungskriterien (als Unterfall der Teilnahmebedingungen) „in **32** Bezug (…) zu (…) dem **Zweck, echten Wettbewerb zu garantieren,** stehen" müssen, (Artikel 38 Abs. 1 S. 2 der Konzessionsrichtlinie), ist in § 25 Abs. 2 Nr. 2 KonzVgV umgesetzt. Es ist nicht erkennbar, dass damit anderes verlangt wird als mit dem Gebot zur Vergabe von Konzessionen im Wettbewerb (§ 97 Abs. 1 S. 1 GWB). Auf die Kommentierung zu § 97 Abs. 1 S. 1 GWB wird verwiesen.[26]

III. Eignungsleihe und Teilnahmebedingungsleihe (Abs. 3)

§ 25 Absatz 3 KonzVgV setzt in Satz 1 Artikel 38 Abs. 2 S. 1 der Konzessionsrichtlinie **33** und in Satz 2 den Artikel 38 Abs. 2 S. 3 der Konzessionsrichtlinie um, in beiden Fällen allerdings nur im Hinblick auf die **Eignungsleihe als Unterfall** der **Teilnahmebedingungsleihe,** um die es in Artikel 38 Abs. 2 der Konzessionsrichtlinie umfassend geht.[27]

1. Grundsatz: Uneingeschränkte Zulässigkeit der Zurechnung von Kapazitäten Dritter (Satz 1)

§ 25 Abs. 3 Satz 1 KonzVgV eröffnet Teilnehmern an Konzessionsvergabeverfahren im **34** Ausgangspunkt grundsätzlich umfassend die Möglichkeit, sich zur Erfüllung der Eignungskriterien auf Kapazitäten anderer Unternehmen zu berufen. Auf die Kommentierung zur Zulässigkeit der Eignungsleihe nach § 47 Abs. 1 S. 1 VgV wird verwiesen.[28] Ebenso wie bei der Eignungsleihe nach § 47 Abs. 1 S. 2 VgV besteht diese grundsätzlich umfassend zulässige Möglichkeit unabhängig davon, welche rechtlichen Beziehungen zwischen dem Teilnehmer und dem Unternehmen bestehen.[29] Das Recht des Teilnehmers an einem Vergabeverfahren, sich zur Inanspruchnahme der Kapazitäten eines Dritten auf diesen zu berufen und dazu den rechtlichen Charakter der Verbindungen, die er zu diesem herzustellen beabsichtigt, frei zu wählen, hatte der EuGH schon unter Geltung der EG-Vergaberichtlinien aus dem Jahr 2004 mehrfach bestätigt.[30]

2. Vertragsdurchführung durch den/gemeinsam mit dem Dritten (Satz 2)

a) Leihe der beruflichen Leistungsfähigkeit oder der beruflichen Erfahrung. **35**
Anders als gemäß § 47 Abs. 1 S. 3 VgV enthält § 25 Abs. 3 Satz 2 KonzVgV keine Regelung, wonach dann, wenn von Bewerbern oder Bietern die Kapazitäten eines anderen Unternehmens im Hinblick auf Nachweise für die erforderliche **berufliche Leistungsfähigkeit wie Ausbildungs- und Befähigungsnachweise oder die einschlägige berufliche Erfahrung** in Anspruch genommen werden, dieses auch die Leistung erbringen muss, für die diese Kapazitäten benötigt werden. Das wirft die Frage auf, ob deshalb im Konzessionsvergabeverfahren ein Unternehmen, wenn es von einem Bewerber oder Bieter derart in Anspruch genommen wird, nicht auch die Leistung erbringen muss, für die diese Kapazitäten benötigt werden.

Die Frage beantwortet sich nach Maßgabe der EuGH-Rechtsprechung zur Eignungslei- **36** he unter dem bis 18.4.2016 geltenden Vergaberecht auf der Grundlage der EG-Vergabe-

---

[25] → GWB § 152 Abs. 2; → GWB § 122 Abs. 4 Satz 1.

[26] → GWB § 97 Abs. 1 S. 1.

[27] Dazu oben, unter A. IV. und V.

[28] → VgV § 47 Abs. 1 S. 1.

[29] → VgV § 47 Abs. 1 S. 2.

[30] EuGH, Urteil vom 4.5.2017, C-387/14 Esaprojekt, Rn. 82; 5.4.2017, C-298/15 Borta, Rn. 85; 7.4.2016, C-324/14 – Partner Apelski Dariusz, Rn. 52 14.1.2016, C-234/14 – Ostas celtnieks, Rn. 28.

richtlinien aus dem Jahr 2004, d. h. nach GWB a. F., also unter einem Rechtsregime, das ebenso wie § 25 Abs. 3 KonzVgV keine ausdrücklichen Regelungen über Zulässigkeit und Grenzen der Eignungsleihe kennt. Danach kann die grundsätzlich bestehende **Möglichkeit der Eignungsleihe im Einzelfall eingeschränkt** sein. „Dies ist namentlich der Fall, wenn sich die Kapazitäten, über die ein Drittunternehmen verfügt und die für die Ausführung des Auftrags erforderlich sind, nicht auf den Bewerber oder Bieter übertragen lassen, so dass dieser sich nur dann auf die genannten Kapazitäten berufen kann, wenn sich das betreffende Drittunternehmen unmittelbar und persönlich an der Ausführung des Auftrags beteiligt."[31] Im Fall der Zurechnung erforderlicher **beruflicher Leistungsfähigkeit wie Ausbildungs- und Befähigungsnachweise oder einschlägiger berufliche Erfahrung,** d. h. im praktisch relevanten Fall der Eignungsleihe geforderter **Referenzen,** ist es daher auch im Konzessionsvergabeverfahren erforderlich, dass ein Unternehmen, wenn es von einem Bewerber oder Bieter wegen seiner Kapazitäten im Hinblick auf solche Nachweise in Anspruch genommen wird, auch die Leistung erbringen muss, für die diese Kapazitäten benötigt werden.

37   **b) Leihe der wirtschaftlichen Leistungsfähigkeit.** Entsprechendes wie bei der Leihe der der beruflichen Leistungsfähigkeit oder der beruflichen Erfahrung (oben, Buchstabe a) wird daher auch bei der Eignungsleihe im Hinblick auf die **wirtschaftliche Leistungsfähigkeit** gelten.

38   Auch diese Form der Eignungsleihe ist, anders als in § 47 Abs. 3 VgV, in § 25 Abs. 3 KonzVgV nicht ausdrücklich geregelt. Es ist somit fraglich, ob der Konzessionsgeber nach § 25 Abs. 3 Satz 2 KonzVgV nicht ebenso wie unter § 47 Abs. 3 VgV verlangen darf, dass ein Bewerber oder Bieter, der die Kapazitäten eines anderen Unternehmens im Hinblick auf die erforderliche **wirtschaftliche Leistungsfähigkeit** in Anspruch nimmt, gemeinsam mit dem anderen Unternehmen für die Auftragsausführung entsprechend dem Umfang der Eignungsleihe haftet. Die Grundsätze der EuGH-Rechtsprechung im Urteil Partner Apelski Dariusz scheinen auch insoweit übertragbar zu sein.[32] Es erscheint daher naheliegend, dass ein Konzessionsgeber auch nach § 25 Abs. 3 Satz 2 KonzVgV ebenso wie unter § 47 Abs. 3 VgV verlangen darf, dass ein Bewerber oder Bieter, der die Kapazitäten eines anderen Unternehmens im Hinblick auf die erforderliche **wirtschaftliche Leistungsfähigkeit** in Anspruch nimmt, gemeinsam mit dem anderen Unternehmen für die Auftragsausführung entsprechend dem Umfang der Eignungsleihe haftet, wenn die Voraussetzungen für eine solche Einschränkung des Rechts der Eignungsleihe nach dem EuGH-Urteil Partner Apelski Dariusz vorliegen.[33]

39   **c) Leihe der finanziellen Leistungsfähigkeit.** Lediglich im Hinblick auf die finanzielle Leistungsfähigkeit enthält § 25 Abs. 3 S. 2 KonzVgV in Umsetzung von Artikel 38 Abs. 2 S. 3 der Konzessionsrichtlinie eine dem § 47 Abs. 3 VgV vergleichbare Regelung. Danach kann der Konzessionsgeber verlangen, dass, wenn der Konzessionsnehmer die Kapazitäten eines anderen Unternehmens im Hinblick auf die erforderliche **finanzielle Leistungsfähigkeit** in Anspruch nimmt, beide gemeinschaftlich für die Vertragsdurchführung haften. Auf die Kommentierung von § 47 Abs. 3 VgV wird verwiesen.[34]

40   **d) Leihe anderer Teilnahmebedingungen. aa) Leihe der technischen Leistungsfähigkeit.** Über die Leihe der technischen Leistungsfähigkeit enthalten weder die Konzessionsvergaberichtlinie noch die KonzVgV genau so wie weder die Vergaberichtlinie 2014/24 noch die VgV spezifische ausdrückliche Regelungen.

41   Eine solche Eignungsleihe ist nach dem allgemeinen Grundsatz in § 25 Abs. 3 S. 1 KonzVgV **zulässig.**

---

[31] EuGH Urteil vom 4.5.2017, C-387/14 Esaprojekt, Rn. 82; 5.4.2017, C-29/15 Borta, Rn. 87 ff; 7.4.2016, C-324/14 – Partner Apelski Dariusz, Rn. 49.
[32] EuGH Urteil vom 7.4.2016, C-324/14 – Partner Apelski Dariusz, Rn. 53–58.
[33] EuGH Urteil vom 7.4.2016, C-324/14 – Partner Apelski Dariusz, Rn. 53–58.
[34] → VgV § 47 Abs. 3.

Grundsätzlich muss der **technische Eignungsleihgeber** die geliehenen Kapazitäten im 42
Auftragsfall **nicht selbst in die Konzessionsausführung einbringen.** In dem in der
Praxis typischen Fall der Berufung auf die Ausstattung, Geräte und technische Ausrüstung
(vgl. § 46 Abs. 3 Nr. 9 VgV) kann daher weder der Konzessionsgeber verlangen, noch
muss der Konzessionsnehmer dafür sorgen, dass die Konzession mit der Ausstattung, mit
den Geräten oder der technischen Ausrüstung des technischen Eignungsleihgebers ausgeführt wird.

bb) Teilnahmebedingungsleihe. Anforderungen gemäß Artikel 38 der Konzessions- 43
richtlinie **an und Regelungen über die Inanspruchnahme von Kapazitäten Dritter
im Hinblick auf Teilnahmebedingungen,** bei denen es sich nicht um Eignungskriterien handelt, enthalten weder das GWB noch die KonzVgV.

Insbesondere ist Artikel 38 der Konzessionsrichtlinie weder in §§ 13, 25, 26 KonzVgV 44
noch im GWB umgesetzt im Hinblick auf die etwaige Teilnahmebedingung des Vorbehalts
des Konzessionsvergabeverfahrens zugunsten **geschützter Werkstätten (§ 118 GWB).**

§ 25 Abs. 3 KonzVgV über die Inanspruchnahme von Kapazitäten Dritter im Hinblick 45
auf Eignungskriterien ist daher **unionsrechtskonform** nach Maßgabe von Artikel 38 Absatz 2 der Konzessionsrichtlinie über die **Inanspruchnahme von Kapazitäten Dritter**
im Hinblick auf solche **Teilnahmebedingungen,** bei denen es sich nicht um Eignungskriterien handelt, **ergänzend auszulegen.**

Unter den in Artikel 38 Abs. 2 und – für eine Gruppe von Wirtschaftsteilnehmern als 46
Bieter oder Bewerber – in Abs. 3 der Konzessionsrichtlinie geregelten Bedingungen können Interessenten an einer Konzession daher auch die Teilnahmebedingung, dass der Konzessionsnehmer eine **geschützte Werkstatt** sein muss (§ 118 GWB) im Wege der Teilnahmebedingungsleihe in Anspruch nehmen. Es liegt in der Natur der Sache und
entspricht der Logik der EuGH-Rechtsprechung in Partner Apelski Dariusz,[35] dass die geschützte Werkstatt, von der diese Kapazität als Teilnahmebedingung in Anspruch genommen wird, dann **auch die Konzession ausführen muss.**

---

[35] EuGH, Urteil vom 4.5.2017, C-387/14 Esaprojekt, Rn. 82; 5.4.2017, C-298/15 Borta, Rn. 87 ff;
7.4.2016, C-324/14 – Partner Apelski Dariusz, Rn. 49.

§ 26 Beleg für die Eignung und das Nichtvorliegen von Ausschlussgründen

(1) **Der Konzessionsgeber prüft die Eignung und das Nichtvorliegen von Ausschlussgründen aufgrund der Vorlage von Eigenerklärungen oder von Nachweisen.**

(2) **In der Konzessionsbekanntmachung ist anzugeben, mit welchen Unterlagen Unternehmen die Eignung und das Nichtvorliegen von Ausschlussgründen zu belegen haben. Ist eine Konzessionsbekanntmachung gemäß § 20 nicht erforderlich, sind diese Angaben in die Vergabeunterlagen aufzunehmen.**

(3) **Bei Einbeziehung von Kapazitäten anderer Unternehmen gemäß § 25 Absatz 3 können Konzessionsgeber den Nachweis verlangen, dass die zur Erfüllung der Eignungskriterien erforderlichen Mittel während der gesamten Konzessionslaufzeit zur Verfügung stehen werden.**

Übersicht

	Rn.		Rn.
A. Einführung	1	b) Zulässige Unterlagen zum Beleg der Eignung	13
I. Literatur	1	c) Zulässige Unterlagen zum Beleg des Nichtvorliegens der Ausschlussgründe	16
II. Entstehungsgeschichte	2	d) Einheitliche Europäische Eigenerklärung	17
III. Rechtliche Vorgaben im EU-Recht	3	3. Teilnahmebedingungen	19
B. Die Regelung im Einzelnen	4	4. Vervollständigung; Erläuterung	21
I. Prüfung der Eignung und des Nichtvorliegens von Ausschlussgründen (Abs. 1)	4	a) Regelungslücke; Grundsätze des Unionsrechts	21
1. Prüfung der Eignung	4	b) Recht zur Vervollständigung und Erläuterung aufzufordern	24
2. Prüfung des Nichtvorliegens von Ausschlussgründen	5	c) Schranken des Rechts	26
3. Prüfung aufgrund von Eigenerklärungen und Nachweisen	6	d) Teilnahmebedingungen	34
4. Teilnahmebedingungen	8	III. Nachweis der Verfügung über Mittel zur Eignungsleihe (Abs. 3)	36
II. Angabe der Unterlagen zum Beleg der Eignung und des Nichtvorliegens von Ausschlussgründen (Abs. 2)	9	1. Können oder Müssen des Nachweisverlangens	37
1. Bekanntmachung bzw. Mitteilung der Unterlagen (Abs. 2 Satz 1 und 2)	10	2. Freiheit der Nachweisform	39
2. Unterlagen (Abs. 2 Satz 1)	12	3. Teilnahmebedingungsleihe	43
a) Unterlagen	12		

A. Einführung

I. Literatur

1 Siehe die Literaturhinweise in Band 1 zu §§ 151 bis 154 GWB.

II. Entstehungsgeschichte

2 Siehe die Hinweise zur Entstehungsgeschichte von § 7 KonzVgV.[1]

III. Rechtliche Vorgaben im EU-Recht

3 Als Teil von Artikel 3 VergRModVO dient auch § 26 KonzVgV, wie die amtliche Fußnote 1 zur VergRModVO belegt, der Umsetzung der EU-Konzessionsrichtlinie[2] speziell

---

[1] → § 7 KonzVgV.

[2] Richtlinie 2014/23/EU des Europäischen Parlaments und des Rates vom 26. Februar 2014 über die Konzessionsvergabe (ABl. L 94 vom 28.3.2014, S. 1).

Artikel 38 Absatz 1 S. 1 (Eignungsprüfung) und Artikel 38 Absatz 2 S. 2 (Nachweis der im Wege der Eignungsleihe zur Verfügung stehenden Mittel).

B. Die Regelung im Einzelnen

I. Prüfung der Eignung und des Nichtvorliegens von Ausschlussgründen (Abs. 1)

1. Prüfung der Eignung

Die Prüfung der Eignung meint die Prüfung nach §§ 152 Nr. 2, 122 Abs. 1 GWB, § 13 **4** Abs. 1 Nr. 1 KonzVgV, ob der Bieter die Eignungskriterien erfüllt, die der Konzessionsgeber gemäß §§ 152 Nr. 2, 122 GWB, § 25 Abs. 1 KonzVgV festgelegt hat.[3]

2. Prüfung des Nichtvorliegens von Ausschlussgründen

Die Prüfung des Nichtvorliegens von Ausschlussgründen meint die Prüfung nach **5** §§ 152 Nr. 2, 122 Abs. 1 GWB, § 13 Abs. 1 Nr. 2 KonzVgV, ob der Bieter aus den Gründen des § 154 Nr. 2 i. V. m. §§ 123 und 124 GWB von der Teilnahme am Vergabeverfahren auszuschließen ist. Mit § 154 Nr. 2 und §§ 123, 124 GWB werden die Regelungen über den Ausschluss von Bietern im Konzessionsvergabeverfahren gemäß Artikel 38 Absätze 4 bis 9 der Konzessionsrichtlinie umgesetzt, wozu Artikel 38 Absatz 10 der Konzessionsrichtlinie ausdrücklich ermächtigt.[4]

3. Prüfung aufgrund von Eigenerklärungen und Nachweisen

Indem Absatz 1 von „Eigenerklärungen" und „Nachweisen" spricht, anhand deren der **6** Konzessionsgeber die Eignung und das Nichtvorliegen der Ausschlussgründe prüft, weicht die KonzVgV vom scheinbar engeren Wortlaut des Artikel 38 Abs. 1 der Konzessionsrichtlinie ab („Eigenerklärungen oder Referenzen").

Wie der Vergleich mit der englischen und französischen Sprachfassung[5] zeigt, ist der Begriff der **„Referenzen"** in der deutschen Sprachfassung von Artikel 38 der Konzessionsrichtlinie jedoch **weit auszulegen.** Auf dieser Grundlage wird in Absatz 1 anstelle der Formulierung „Referenzen, die als Nachweis einzureichen sind" der Oberbegriff der „Nachweise" verwendet, der inhaltlich auch Referenzen i.S.v. § 46 Abs. 3 Nr. 1 VgV umfasst.[6] Nach Ansicht des Verordnungsgebers umfasst der Begriff der Referenzen, also der Nachweise, folgerichtig zum Beispiel auch die Vorlage eines Führungszeugnisses aus dem Bundeszentralregister.[7]

4. Teilnahmebedingungen

Die Beschreibung der Teilnahmebedingungen, d.h. auch derjenigen, bei denen es sich **8** nicht um Eignungskriterien handelt,[8] setzt § 13 Abs. 1 Nr. 1 KonzVgV stillschweigend voraus.[9]

---

[3] → GWB § 152; → GWB § 122; → KonzVgV § 25 Abs. 1.
[4] → GWB § 154; → GWB §§ 123, 124.
[5] „reference or references to be submitted as proof" bzw. „la ou les références à présenter comme preuve".
[6] Begründung der Bundesregierung auf BT-Drs. 18/7318, zu § 26 Absatz 1, S. 265.
[7] Begründung der Bundesregierung auf BT-Drs. 18/7318, zu § 26 Absatz 1, S. 265.
[8] → KonzVgV § 25 Rn. 5 ff.
[9] → KonzVgV § 13 Abs. 1 Nr. 1.

II. Angabe der Unterlagen zum Beleg der Eignung und des Nichtvorliegens von Ausschlussgründen (Abs. 2)

8   § 26 Abs. 2 KonzVgV ergänzt mit Bestimmungen über die Bekanntmachung der Unterlagen zum Nachweis der Eignung die Regelungen in § 25 Abs. 1 KonzVgV über die Festlegung und Bekanntmachung der Eignungskriterien. § 26 Abs. 2 S. 1 KonzVgV entspricht der Regelung in § 48 Abs. 1 VgV.

1. Bekanntmachung bzw. Mitteilung der Unterlagen (Abs. 2 Satz 1 und 2)

10   Grundsätzlich müssen die Unterlagen zum Nachweis der Eignung in der Konzessionsbekanntmachung angegeben werden (Abs. 2 S. 1). Lediglich im Ausnahmefall, dass eine Konzessionsbekanntmachung nach § 20 KonzVgV nicht erforderlich ist, lässt § 26 Abs. 2 S. 2 KonzVgV zu, aber verlangt in diesem Fall auch, dass diese Unterlagen in den Vergabeunterlagen (§ 16 KonzVgV) zu benennen sind.

11   Dasselbe Grundsatz-/Ausnahmeverhältnis gilt auch für die Unterlagen zum Nachweis des Nichtvorliegens der Ausschlussgründe.

2. Unterlagen (Abs. 2 Satz 1)

12   **a) Unterlagen.** Der Begriff der Unterlagen umfasst die in Absatz 1 erwähnten Eigenerklärungen und Nachweise und entspricht damit dem Begriff der Unterlagen in § 48 Abs. 1 VgV, der „Eigenerklärungen, Angaben, Bescheinigungen und sonstige Nachweise" umfasst.

13   **b) Zulässige Unterlagen zum Beleg der Eignung.** Mit ihren knappen Regelungen über Eignungskriterien (und Teilnahmebedingungen) unterscheiden sich die §§ 25, 26 KonzVgV wesentlich von den ausführlichen Regelungen der VgV über zulässige Nachweisarten hinsichtlich der Befähigung und Erlaubnis zur Berufsausübung (§ 44 VgV), der wirtschaftlichen und finanziellen Leistungsfähigkeit (§ 45 VgV) und der technischen und beruflichen Leistungsfähigkeit (§ 46 VgV), auf die § 48 Abs. 1 VgV verweist.

14   Wie unter §§ 44, 45 VgV besteht auch nach Maßgabe von § 26 Abs. 2 S. 1 KonzVgV die **Freiheit des Konzessionsgebers bei der Angabe der Unterlagen,** die er im Hinblick auf die **Befähigung und Erlaubnis zur Berufsausübung** und die **wirtschaftliche und finanzielle Leistungsfähigkeit** verlangt. Entsprechend gibt Anhang V Nr. 7 Buchstabe c) der Konzessionsrichtlinie lediglich vor, dass eine „Angabe der Informationserfordernisse (Eigenerklärungen, Unterlagen)" in der Konzessionsbekanntmachung zu erfolgen hat, nicht aber, welcher Art diese Eigenerklärungen oder Unterlagen zu sein haben.

15   Anders als in § 46 Abs. 3 VgV, demzufolge der öffentliche Auftraggeber „ausschließlich die Vorlage von einer oder mehreren der folgenden Unterlagen verlangen" kann und somit andere Nachweise als gemäß dem abgeschlossenen Katalog in § 46 Abs. 3 Nr. 1 bis 11 VgV nicht verlangt werden dürfen,[10] besteht für den Konzessionsgeber **auch die Freiheit bei der Art der Unterlagen, die er zum Beleg der technischen und beruflichen Leistungsfähigkeit** verlangt **(kein numerus clausus).**

16   **c) Zulässige Unterlagen zum Beleg des Nichtvorliegens der Ausschlussgründe.** Anders als § 48 Abs. 4 und 5 VgV schreibt die KonzVgV nicht vor, welche Unterlagen zum Nachweis des Nichtvorliegens von Ausschlussgründen zu akzeptieren und damit vom Konzessionsgeber verlangbar sind. Auch die Konzessionsrichtlinie macht hierzu keine Vorgaben. Es wird sich in der Praxis empfehlen, sich an den Regelungen des § 48 VgV zu orientieren.

---

[10] → VgV § 46 Abs. 3; Begründung der Bundesregierung auf BT-Drs. 18/7318, zu § 46 VgV, S. 1840.

d) Einheitliche Europäische Eigenerklärung. Anders als § 48 Abs. 3 VgV, der von   17
öffentlichen Auftraggebern verlangt, eine Einheitliche Europäische Eigenerklärung als vorläufigen Beleg der Eignung und des Nichtvorliegens von Ausschlussgründen zu akzeptieren, schweigt die KonzVgV zum Stichwort „EEE" genau so wie die Konzessionsrichtlinie.

Wenn der Konzessionsgeber mithin die Vorlage der Einheitlichen Europäischen Eig-   18
nungserklärung als Unterlage zum vorläufigen Beleg verlangen möchte, steht ihm dies nach
§ 26 Abs. 2 KonzVgV frei. Wenn der Konzessionsgeber jedoch hierzu nicht auffordert,
muss er eine gleichwohl von einem Interessenten an der Konzession vorgelegte EEE nicht
akzeptieren.

3. Teilnahmebedingungen

Über die Art der Unterlagen zum Nachweis einer Teilnahmebedingung, bei der es sich   19
nicht um ein Eignungskriterium handelt,[11] schweigen sich die §§ 97 ff. GWB, die
KonzVgV und die Konzessionsrichtlinie aus. Insbesondere § 26 Abs. 1 KonzVgV und § 13
Abs. 1 KonzVgV enthalten dazu keine Regelungen. Der **Konzessionsgeber kann somit
angemessene, erforderliche Nachweise frei bestimmen.** Beispielsweise zum Nachweis, dass ein Interessent an der Konzession eine **geschützte Werkstätte** (§ 118 GWB)
ist,[12] dürfte sowohl eine Eigenerklärung als auch ein konkreter Beleg einer dritten Stelle,
die diese Anforderung bestätigt, gefordert werden können.

Auch zu der Frage, ob die Art des Nachweises einer Teilnahmebedingung, bei der es   20
sich nicht um ein Eignungskriterium handelt, bereits in der Konzessionsbekanntmachung
anzugeben ist, schweigen sich die §§ 97 ff. GWB, die KonzVgV und die Konzessionsrichtlinie aus. Insbesondere § 26 Abs. 2 KonzVgV und § 13 Abs. 2 KonzVgV enthalten dazu
keine Regelungen. Somit muss der Konzessionsgeber **in der Konzessionsbekanntmachung** zwar die Teilnahmebedingung beschreiben (§ 13 Abs. 2 Nr. 1 KonzVgV), **nicht
aber zwingend auch die Art des Nachweises der Teilnahmebedingung** angeben.

4. Vervollständigung; Erläuterung

a) Regelungslücke; Grundsätze des Unionsrechts. Weder § 26 noch andere Be-   21
stimmungen der KonzVgV regeln, wie der Konzessionsgeber sich verhalten muss oder gegebenenfalls welche Spielräume er hat, wenn geforderte Unterlagen zum Beleg der Eignung oder des Nichtvorliegens von Ausschlussgründen nicht oder nicht in der geforderten
Weise vorgelegt werden. Und auch weder Artikel 38 der Konzessionsrichtlinie, der mit
§ 26 KonzVgV umgesetzt werden soll, noch andere Bestimmungen der Konzessionsrichtlinie regeln diese Frage. Es liegt eine **Regelungslücke** vor.

In der Regelungslücke gelangt der allgemeine Grundsatz zum Ausdruck, dass der Kon-   22
zessionsgeber das Konzessionsvergabeverfahren, soweit die Konzessionsrichtlinie schweigt
und die allgemeinen **Grundsätze des Unionsrechts** der Bietergleichbehandlung, der
Nichtdiskriminierung, der Transparenz und der Verhältnismäßigkeit dem nicht entgegenstehen, frei gestalten kann.[13]

Der Normbefund unter Geltung des neuen Konzessionsvergaberechts ist damit vergleich-   23
bar mit der Situation unter Geltung der Vergaberichtlinie 2004/18. Diese enthielt immerhin
mit Artikel 51 eine ausdrückliche Regelung zum Recht des öffentlichen Auftraggebers im
Rahmen des Vergabeverfahrens, die Wirtschaftsteilnehmer dazu aufzufordern, Nachweise
über Eignungskriterien und das Nichtvorliegen von Ausschlussgründen zu vervollständigen
oder zu erläutern. Weder diese Vorschrift noch andere Bestimmungen der Vergaberichtlinie
2004/18 enthielten aber Angaben darüber, wie solche Berichtigungen erfolgen oder von
welchen Voraussetzungen sie gegebenenfalls abhängig gemacht werden können.[14]

---

[11] → KonzVgV § 25 Rn 5 ff.
[12] → KonzVgV § 25 Rn. 5; → § 118 GWB.
[13] Art. 30 und 3 Absatz 1 der Konzessionsrichtlinie; § 12 Absatz 1 KonzVgV; → KonzVgV § 12.
[14] EuGH, Urteil vom 28.2.2018, verb. Rs. C-523/16 und C-536/16 – MA. T. I. SUD, Rn. 45.

24 **b) Recht, zur Vervollständigung und Erläuterung aufzufordern.** Ein Recht des Konzessionsgebers, zur Vervollständigung und Erläuterung mangelhafter Nachweise über Eignungskriterien und das Nichtvorliegen von Ausschlussgründen aufzufordern, ist nicht ausdrücklich in der KonzVgV oder der Konzessionsrichtlinie geregelt. Sowohl das Regelvergaberecht[15] als auch das Sektorenvergaberecht[16] sehen aber entsprechende Rechte des Auftraggebers vor.

25 Das Konzessionsvergaberecht, das das Ziel verfolgt, **einfach** zu sein und **keinen übermäßigen bürokratischen Aufwand** zu verursachen[17] und deshalb dem Konzessionsgeber grundsätzlich zugesteht, das **Vergabeverfahren frei zu gestalten,**[18] kann daher in dieser Frage **nicht strenger** sein. Der Konzessionsgeber hat somit im Ausgangspunkt das ungeschriebene Recht, zur Vervollständigung und Erläuterung mangelhafter Nachweise über Eignungskriterien und das Nichtvorliegen von Ausschlussgründen aufzufordern.

26 **c) Schranken des Rechts.** Das Konzessionsvergaberecht kann auch bei den Schranken des Rechts des Konzessionsgebers, zur Berichtigung mangelhafter Eignungs- und Nichtausschlussnachweise aufzufordern, **nicht strenger sein als** die entsprechenden Bestimmungen des **Regel- und des Sektorenvergaberechts.**[19] Lediglich zur ersten Orientierung wird auf die Kommentierung des dort positivierten Rechts verwiesen.[20] Die rechtlichen Schranken ergeben sich, da das Konzessionsvergaberecht schweigt und auch die Gesetzgebungsgeschichte keine Hinweise auf eine etwaige Orientierung an den positivierten Bestimmungen des Regel- und Sektorenvergaberechts gibt, jedoch allein aus dem vorrangigen Unionsrecht.

27 Zur Rechtslage vor Inkrafttreten der EU-Konzessions- und Vergaberichtlinien aus dem Jahr 2014 hat der EuGH aus den **Grundprinzipien des Unionsrechts** Schranken des Rechts des öffentlichen Auftraggebers abgeleitet, eine Berichtigung (Vervollständigung und Erläuterung) mangelhafter Nachweise über Eignungskriterien oder über das Nichtvorliegen von Ausschlussgründen zu verlangen. Die überkommene EuGH-Rechtsprechung gilt, weil sie auf den unveränderten, vorrangigen Prinzipien des Unionsrechts gründet, entsprechend auch unter dem neuen Konzessionsvergaberecht.

28 Wenn der Konzessionsgeber sich zur Aufforderung an die Teilnehmer des Vergabeverfahrens entschließt, Nachweise über Eignungskriterien oder das Nichtvorliegen von Ausschlussgründen zu vervollständigen oder zu erläutern, hat er darauf zu achten, dass die Erreichung der Ziele der Konzessionsrichtlinie nicht gefährdet wird und weder die praktische Wirksamkeit ihrer Bestimmungen noch die anderen maßgebenden Bestimmungen und **Grundsätze des Unionsrechts,** insbesondere die Grundsätze der Gleichbehandlung und der Nichtdiskriminierung, der Transparenz und der Verhältnismäßigkeit, beeinträchtigt werden.[21]

29 Der Konzessionsgeber muss daher wegen des Grundsatzes der **Bietergleichbehandlung,** wenn er zur Erläuterung eines Angebots auffordert, was allerdings erst nach Kenntnisnahme von sämtlichen Angeboten erfolgen darf, grundsätzlich **in gleicher Weise alle Bieter** dazu **auffordern,** die sich in derselben Situation befinden. Die Aufforderung hat sich auf alle Punkte des Angebots zu erstrecken, die einer Erläuterung bedürfen.[22]

30 Der Konzessionsgeber darf unter keinen Umständen die Behebung von Mängeln in Dokumenten eines Wirtschaftsteilnehmers zulassen, die nach den Bestimmungen der Ausschreibungsunterlagen ausdrücklich zum Ausschluss des Wirtschaftsteilnehmers führen müssen.[23] **Wenn** der Konzessionsgeber also z. B. die Vorlage bestimmter Nachweise bei

---

[15] Art. 56 Absatz 3 der Richtlinie 2014/24/EU; § 15 Absatz 5 S. 1, § 16 Absatz 9, § 48 Absatz 7, § 56 VgV.
[16] Art. 76 Absatz 4 der Richtlinie 2014/25/EU; § 51 Absatz 2 SektVO.
[17] Erwägungsgrund 2 der Konzessionsrichtlinie; ausdrücklich unter Bezug darauf auch die Begründung der Bundesregierung auf BT-Drs. 18/7318, zu Artikel 3 (KonzVgV), Seite 142.
[18] Artikel 30 und 3 Absatz 1 der Konzessionsrichtlinie; § 12 Absatz 1 KonzVgV; → KonzVgV § 12.
[19] Siehe die Nachweise oben (Buchst. b).
[20] → VgV § 15 Absatz 5 S. 1; → VgV § 16 Absatz 9; → VgV § 48 Absatz 7; → VgV § 56; → SektVO § 51 Absatz 2.
[21] Vgl. EuGH, Urteil vom 28.2.2018, verb. Rs. C-523/16 und C-536/16 – MA. T. I. SUD, Rn. 48 m. w. N.
[22] Vgl. EuGH, Urteil vom 11.5.2017, C-131/16 – Archus und Gama, Rn. 30 m. w. N.
[23] Vgl. EuGH, Urteil vom 28.2.2018, verb. Rs. C-523/16 und C-536/16 – MA. T. I. SUD, Rn. 49 m. w. N.

Meidung des Ausschlusses vom Vergabeverfahren gefordert und **verdeutlicht hat, dass er keine Ergänzungen erlauben wird,** handelt der Konzessionsgeber **vergaberechtswidrig, wenn er gleichwohl zur Ergänzung des fehlenden Nachweises auffordert.**[24]

Im Übrigen darf der Konzessionsgeber zur Berichtigung (Ergänzung und Erläuterung) 31 eingereichter Nachweise in einzelnen Punkten auffordern, **insbesondere wegen einer offensichtlich gebotenen bloßen Klarstellung oder zur Behebung offensichtlicher sachlicher Fehler,** vorausgesetzt jedoch, dass eine Reihe von Erfordernissen beachtet wird:[25]

Eine Aufforderung zur **Erläuterung** kann das **Fehlen eines Dokuments oder einer** 32 **Information, deren Übermittlung durch die Vergabeunterlagen** gefordert war, **nicht beheben,** da der Konzessionsgeber die von ihm selbst festgelegten Kriterien strikt einzuhalten hat. Denn eine solche **Aufforderung darf nicht darauf hinauslaufen, dass** einer der betroffenen Wirtschaftsteilnehmer **in Wirklichkeit ein neues Angebot einreicht.**[26]

Nach dem im Unionsrecht verankerten **Grundsatz der Verhältnismäßigkeit** darf eine 33 von den Mitgliedstaaten erlassene Maßnahme nicht über das hinausgehen, was zur Erreichung des mit ihr verfolgten Ziels erforderlich ist.[27] Wenn ein Konzessionsgeber z. B. in den Vergabeunterlagen vorsieht, dass er Bieter, deren Angebot unter einem wesentlichen Mangel leidet, vorbehaltlich der Zahlung einer finanziellen Sanktion zur Berichtigung ihres Angebots auffordern kann, dann ist eine solche Regelung insbesondere nur dann zulässig, wenn diese **Sanktion verhältnismäßig, insbesondere zur Schwere des Mangels ist.**[28]

d) Teilnahmebedingungen. In gleicher Weise wie bei geforderten Nachweisen über 34 Eignungskriterien kann es vorkommen, dass geforderte Nachweise über Teilnahmebedingungen, bei denen es sich nicht um Eignungskriterien handelt,[29] nicht oder mangelhaft von Teilnehmern an Konzessionsvergabeverfahren vorgelegt werden.

Auch zu der daraus erwachsenden Frage, ob dem Konzessionsgeber ein Recht zusteht, 35 Berichtigung (Ergänzung und Erläuterung) zu verlangen, enthält das Konzessionsvergaberecht keine Regelung, sondern weist eine Lücke auf.[30] Dieselben Gründe, aus denen der Konzessionsgeber berechtigt ist, zur Berichtigung mangelhafter Nachweise über Eignungskriterien aufzufordern,[31] begründen auch das entsprechende Recht des Konzessionsgebers im Fall mangelhafter Nachweise von Teilnahmebedingungen, bei denen es sich nicht um Eignungskriterien handelt. Dieselben Grundsätze des Unionsrechts, die im Fall mangelhafter Nachweise über Eignungskriterien das Recht des Konzessionsgebers beschränken, Berichtigung zu verlangen,[32] gelten auch im Fall mangelhafter Nachweise von Teilnahmebedingungen, bei denen es sich nicht um Eignungskriterien handelt.

III. Nachweis der Verfügung über Mittel zur Eignungsleihe (Abs. 3)

§ 26 Absatz 3 KonzVgV setzt Artikel 38 Abs. 2 S. 2 der Konzessionsrichtlinie um, aller- 36 dings nur im Hinblick auf die **Eignungsleihe als Unterfall** der **Teilnahmebedingungsleihe,** um die es in Artikel 38 Abs. 2 der Konzessionsrichtlinie umfassend geht.[33]

---

[24] Vgl. EuGH, Urteil vom 10.11.2016, C-199/15 – Ciclat, Rn. 30.
[25] Vgl. EuGH, Urteil vom 28.2.2018, verb. Rs. C-523/16 und C-536/16 – MA. T. I. SUD, Rn. 50 m. w. N.
[26] Vgl. EuGH, Urteil vom 28.2.2018, verb. Rs. C-523/16 und C-536/16 – MA. T. I. SUD, Rn. 51 und 52 m. w. N.
[27] Vgl. EuGH, Urteil vom 28.2.2018, verb. Rs. C-523/16 und C-536/16 – MA. T. I. SUD, Rn. 53 m. w. N.
[28] Vgl. EuGH, Urteil vom 28.2.2018, verb. Rs. C-523/16 und C-536/16 – MA. T. I. SUD, Rn. 57 ff.
[29] Zum Verhältnis von Eignungskriterien als Unterfall zum Oberbegriff der Teilnahmebedingungen → KonzVgV § 25 Rn. 4 ff.
[30] Vgl. dazu oben, unter Buchst. a).
[31] Vgl. dazu oben, unter Buchst. b).
[32] Vgl. dazu oben, unter Buchst. c).
[33] → KonzVgV § 25, unter A. IV. und V.

1. Können oder Müssen des Nachweisverlangens

37   Nach dem Wortlaut in Absatz 3 „können", müssen Konzessionsgeber aber nicht den Nachweis verlangen, dass die zur Erfüllung der Eignungskriterien erforderlichen Mittel während der gesamten Konzessionslaufzeit zur Verfügung stehen werden.

38   Damit wird die unbedingte Vorgabe in Artikel 38 Abs. 2 Satz 2 der Konzessionsrichtlinie relativiert, wonach ein Interessent an der Konzession, der sich auf Kapazitäten Dritter berufen möchte, dem Konzessionsgeber „nachweist", dass ihm die Mittel des Dritten zur Verfügung stehen. Im Interesse echten, nichtdiskriminierenden Bieterwettbewerbs ist das **„Können"** in Absatz 3 daher **europarechtskonform als „Müssen"** zu verstehen. Auch der Verordnungsgeber geht unproblematisch davon aus, dass der Nachweis gegenüber dem Konzessionsgeber erbracht werden „muss".[34]

2. Freiheit der Nachweisform

39   In welcher Form und auf welche Weise der Nachweis erbracht werden muss, dass die zur Erfüllung der Eignungskriterien erforderlichen Mittel während der gesamten Konzessionslaufzeit dem Konzessionsnehmer zur Verfügung stehen werden, regelt Absatz 3 nicht.

40   Artikel 38 Abs. 2 S. 2 der Konzessionsrichtlinie stellt hierzu klar, dass der Nachweis „beispielsweise" dadurch erbracht werden kann, dass der Interessent an der Konzession eine diesbezügliche Zusage der betreffenden Unternehmen vorlegt. Dies betont auch der Verordnungsgeber.[35]

41   Ergänzend kann auf die EuGH-Rechtsprechung zur Eignungsleihe unter dem bis 18.4.2016 geltenden Vergaberecht auf der Grundlage der EG-Vergaberichtlinien aus dem Jahr 2004, d.h. nach GWB a.F., also unter einem Rechtsregime, das ebenso wie § 26 Abs. 3 KonzVgV keine ausdrücklichen Regelungen über die Art des Nachweises kennt, zurückgegriffen werden. Danach muss der Interessent an der Konzession zwar nachweisen, dass er über die anderen Unternehmen gehörenden Mittel, die er nicht selbst besitzt und die zur Ausführung eines bestimmten Auftrags erforderlich sind, tatsächlich verfügt.

42   Er kann jedoch zum einen den rechtlichen Charakter der Verbindungen, die er zu den Unternehmen herzustellen beabsichtigt, auf deren Kapazitäten er sich für die Zwecke der Ausführung dieses Auftrags stützt, frei wählen. **Und zum anderen kann er auch die Art und Weise des Nachweises des Bestehens dieser Verbindungen frei** wählen.[36] Unter bestimmten Umständen kann diese Freiheit jedoch **eingeschränkt** sein.[37]

3. Teilnahmebedingungsleihe

43   Auch in den Regelungen über den Nachweis geliehener Eignungsanforderungen in § 26 Abs. 3 KonzVgV sind die Vorgaben von Artikel 38 Abs. 2 S. 1 und 2 der Konzessionsrichtlinie über den Nachweis im Fall der Leihe von Teilnahmebedingungen, bei denen es sich nicht um Eignungskriterien handelt, nicht umgesetzt. Dessen ist sich auch der Verordnungsgeber bewusst.[38] Auch § 26 Abs. 3 KonzVgV ist insoweit **unionsrechtskonform** nach Maßgabe von Artikel 38 Absatz 2 S. 1 und 2 der Konzessionsrichtlinie über den **Nachweis, dass die zur Erfüllung der Teilnahmebedingungen,** bei denen es sich nicht um Eignungskriterien handelt, erforderlichen Mittel während der gesamten Konzessionslaufzeit zur Verfügung stehen werden, **ergänzend auszulegen.** Auf die Kommentierung zum Verhältnis von Teilnahmebedingungen zu Eignungskriterien, die den wichtigsten Unterfall zum übergeordneten Begriff der Teilnahmebedingungen darstellen, wird verwiesen.[39]

---

[34] Begründung der Bundesregierung auf BT-Drs. 18/7318, zu § 26 Absatz 3, S. 265.

[35] Begründung der Bundesregierung auf BT-Drs. 18/7318, zu § 26 Absatz 3, S. 265.

[36] EuGH Urteil vom 7.4.2016, C-324/14 – Partner Apelski Dariusz, Rn. 52, unter Verweis auf Urteil vom 14. Januar 2016, Ostas celtnieks, C-234/14, Rn. 28.

[37] EuGH Urteil vom 7.4.2016, C-324/14 – Partner Apelski Dariusz, Rn. 53–58.

[38] Begründung der Bundesregierung auf BT-Drs. 18/7318, zu § 26 Absatz 2, S. 265.

[39] → KonzVgV § 25, unter A. IV. und V. sowie B. III. 2. d) bb).

§ 27 Fristen für den Eingang von Teilnahmeanträgen und Angeboten

(1) Der Konzessionsgeber berücksichtigt bei der Festsetzung von Fristen insbesondere die Komplexität der Konzession und die Zeit, die für die Einreichung der Teilnahmeanträge und für die Ausarbeitung der Angebote erforderlich ist.

(2) Auf ausreichend lange Fristen ist insbesondere zu achten, wenn eine Ortsbesichtigung oder eine persönliche Einsichtnahme in nicht übermittelte Anlagen zu den Vergabeunterlagen vor Ort erforderlich ist.

(3) Die Mindestfrist für den Eingang von Teilnahmeanträgen mit oder ohne Angebot beträgt 30 Tage ab dem Tag nach der Übermittlung der Konzessionsbekanntmachung.

(4) Findet das Verfahren in mehreren Stufen statt, beträgt die Mindestfrist für den Eingang von Erstangeboten 22 Tage ab dem Tag nach der Aufforderung zur Angebotsabgabe. Der Konzessionsgeber kann die Frist für den Eingang von Angeboten um fünf Tage verkürzen, wenn diese mit elektronischen Mitteln eingereicht werden.

Übersicht

	Rn.		Rn.
A. Einführung	1	II. Fristsetzung bei Ortsbesichtigungen und persönlicher Einsichtnahme, § 27 Abs. 2 KonzVgV	7
I. Literatur	1		
II. Entstehungsgeschichte	2		
III Rechtliche Vorgaben im EU-Recht	4	III. Mindestfristen, § 27 Abs. 3 KonzVgV	9
B. Regelungsgehalt der Vorschrift	5	IV. Fristen bei mehrstufigen Vergabeverfahren, § 27 Abs. 4 KonzVgV	11
I. Festsetzung der Fristen für den Eingang von Teilnahmeanträgen und Angeboten, § 27 Abs. 1 KonzVgV	5		

A. Einführung

I. Literatur

Noch, Vergaberecht kompakt, 7. Auflage 2016.   1

II. Entstehungsgeschichte

Anders als im Bereich der Lieferleistungen findet sich für § 27 KonzVgV freilich **keine** **2** **direkte Vorgängervorschrift,** da Dienstleistungskonzessionen im (EU-)Vergaberecht bislang nicht explizit normiert waren.[1] Das Erfordernis angemessener Fristen galt über die im EU-Primärrecht wurzelnden **Vergabegrundsätze** jedoch auch im Bereich der Konzessionsvergaben. Mit dem Erlass der Konzessionsvergaberichtlinie 2014/23/EU wurde die Vergabe von Dienstleistungskonzessionen einem eigenständigen Regelungsregime unterstellt, so dass im Zuge der nationalen Vergaberechtsreform erstmalig eine eigene Fristenregelung für die Vergabe von Dienstleistungskonzessionen in die VgV integriert wurde.

Im Hinblick auf die Anforderungen zur Fristsetzung für den Eingang von Teilnahmean- **3** trägen und Angeboten hat der Konzessionsgeber unter Beachtung der in § 27 Abs. 3 KonzVgV festgelegten Mindestfrist insbesondere der **Komplexität der Konzession und dem Aufwand für die Angebotsausarbeitung** Rechnung zu tragen und demnach auf **angemessene Fristen** zu achten. Ist zur Angebotserstellung eine Ortsbesichtigung oder die Einsichtnahme in Unterlagen erforderlich, bedeutet dies, dass die Fristen entsprechend des gestiegenen Verfahrensaufwands zu verlängern sind (§ 27 Abs. 2 KonzVgV).

---

[1] Vgl. nur GWB § 151 Rn. 4.

III Rechtliche Vorgaben im EU-Recht

4   Im Interesse von mehr Rechtssicherheit und Klarheit normiert § 27 KonzVgV die Fristenregelung des **Art. 39 der Richtlinie 2014/23/EU.**[2] In Präzisierung der Vergabegrundsätze statuiert Art. 39 der Richtlinie 2014/23/EU die **Mindestfristen für den Eingang von Teilnahmeanträgen und Angeboten** sowie das **Gebot angemessener Fristen.** Die Fristberechnung richtet sich gemäß § 36 KonzVgV nach der Verordnung (EWG) Nr. 1182/71.

B. Regelungsgehalt der Vorschrift

I. Festsetzung der Fristen für den Eingang von Teilnahmeanträgen und Angeboten, § 27 Abs. 1 KonzVgV

5   Nach § 27 Abs. 1 KonzVgV hat der Konzessionsgeber bei der Festlegung der Fristen für den Eingang von Teilnahmeanträgen und Angeboten die Komplexität der Konzession und die Zeit für die Einreichung der Teilnahmeanträge und die Ausarbeitung der Angebote zu berücksichtigen. Diese Vorschrift dient zunächst dem Schutz der Bewerber und Bieter, indem sie **ausreichend angemessene Fristen** im Konzessionsvergabeverfahren sicherstellt.[3] Die angemessene Fristsetzung soll die Bieter in die Lage versetzen, ordnungsgemäß kalkulierte und allen im Einzelfall vorhandenen Risiken Rechnung tragende Angebote abzugeben.[4] Umgekehrt soll der Konzessionsgeber vor unauskömmlichen, nicht wirtschaftlichen oder nicht ausreichend ausgearbeiteten Teilnahmeanträgen und Angeboten geschützt werden.

6   § 27 Abs. 1 KonzVgV selbst hält nur ein grobes normatives Gerüst für die zu bestimmende Frist bereit. Bei der – nur eingeschränkt überprüfbaren – Fristengestaltung durch den Auftraggeber ist der den Bietern zur Verfügung gestellte Zeitraum, um die Vergabeunterlagen zu prüfen, zu bearbeiten und sich anschließend durch Einreichung eines Angebots am Vergabeverfahren zu beteiligen, zu berücksichtigen.[5] Die Fristen müssen daher ausreichend lang sein, um ein Angebot abgeben zu können, weshalb bei der Fristsetzung der voraussichtliche Arbeitsaufwand für die Ausarbeitung des Angebots zu prognostizieren und zu berücksichtigen ist.[6] Einen Anhaltspunkt für die einzuhaltenden Frist geben zudem die in **§ 27 Abs. 3, 4 KonzVgV** geregelten **Mindestfristen.**[7] Soweit der Konzessionsgeber die von Europarechts wegen vorgegebenen Mindestfristen beachtet, obliegt es dem Bieter, im Nachprüfungsverfahren darzulegen, dass die festgesetzten Fristen zu kurz bemessen sind und das Fristenmanagement des Konzessionsgebers Bieter davon abhält, sich am Wettbewerb zu beteiligen oder ihre Auftragschancen schwächt.[8] Ist dies der Fall,[9] liegt ein Vergabeverstoß vor. Bedenken gegen die Länge der Frist sind aber noch nicht allein gerechtfertigt, wenn die Bieter beispielsweise Standortnachweise für Rettungswachen beibringen, Vorverträge abschließen müssen oder vor anderweitigen Herausforderungen stehen.[10] Andererseits kann eine Frist aber unangemessen kurz sein, wenn die Bieter mit ihren Angeboten fertige Planungen, außerordentlich detaillierte Konzepte oder gar Baugenehmigungen beibringen müssen.[11]

---

[2] Begr. KonzVgV, 38; *Völlink* in Ziekow/Völlink, Vergaberecht, § 27 KonzVgV Rn. 1.
[3] *Leinemann,* Die Vergabe öffentlicher Aufträge Rn. 2028.
[4] OLG Brandenburg 15.3.2011 – Verg W 5/11.
[5] OLG Celle 19.3.2015 – 13 Verg 1/15; *Horn* in Müller-Wrede VOL/A § 10 Rn. 15.
[6] OLG Celle 19.3.2015 – 13 Verg 1/15; *Horn* in Müller-Wrede VOL/A § 10 Rn. 15.
[7] Begr. KonzVgV, 38; *Völlink* in Ziekow/Völlink, Vergaberecht, § 27 KonzVgV Rn. 5.
[8] OLG Celle 15.3.2015 – 13 Verg 1/15 (zu VOL/A); OLG Düsseldorf 19.6.2013 – VII-Verg 4/13.
[9] OLG Düsseldorf 19.6.2013 – VII-Verg 4/13.
[10] OLG Celle 15.3.2015 – 13 Verg 1/15 (zu VOL/A).
[11] OLG Celle 15.3.2015 – 13 Verg 1/15.

II. Fristsetzung bei Ortsbesichtigungen und persönlicher Einsichtnahme, § 27 Abs. 2 KonzVgV

§ 27 Abs. 2 KonzVgV setzt Art. 39 Abs. 2 der Richtlinie 2014/23/EU in nationales **7** Vergaberecht um. Den Grundsatz angemessener Fristen nach § 27 Abs. 1 KonzVgV bekräftigend, verlangt § 27 Abs. 2 KonzVgV eine **Fristverlängerung** bei Erforderlichkeit einer **Ortsbesichtigung oder der persönlichen Einsichtnahme** in nicht übermittelte Anlagen zu den Vergabeunterlagen. Eine Ortsbesichtigung oder die Einsichtnahme in Unterlagen vor Ort sind typischerweise in besonders komplexen Vergabeverfahren notwendig, damit die Bieter ein besseres Verständnis über die Konzessionsvergabe und das an sie gestellte Anforderungsprofil erlangen können.[12] Durch die Vorgabe einer örtlichen Besichtigung der Verhältnisse können Bieter die verbal beschriebenen Anforderungen der Leistungsbeschreibung besser nachvollziehen und etwaigenfalls drohende Schwierigkeiten bei der Auftragsabarbeitung beurteilen und einschätzen.[13] Die Einsichtnahme in Unterlagen stellt zudem sicher, dass die Unternehmen von allen Informationen Kenntnis nehmen können, die für die Erstellung von Teilnahmeanträgen oder Angeboten notwendig sind.[14] Der durch die Ortsbesichtigung oder Einsichtnahme in Unterlagen gesteigerte Zeitaufwand sowie die hierdurch indizierte Komplexität der Konzessionsvergabe hat in Anwendung des Grundsatzes über die Fristsetzung nach § 27 Abs. 1 KonzVgV zur Folge, dass die Fristen angemessen zu verlängern sind.[15]

Wichtig ist bei der Anwendung des § 27 Abs. 2 KonzVgV, dass die festgesetzten Fristen **8** in jedem Fall länger sind als die in § 27 Abs. 3 und Abs. 4 KonzVgV geregelten Mindestfristen.[16]

III. Mindestfristen, § 27 Abs. 3 KonzVgV

§ 27 Abs. 3 KonzVgV setzt Art. 39 Abs. 3 der Richtlinie 2014/23/EU um.[17] Danach **9** beträgt die **Mindestfrist** für den Eingang von Teilnahmeanträgen mit oder ohne Angebot beträgt **30 Tage** ab dem Tag nach der Übermittlung der Konzessionsbekanntmachung. Aus Sicht des europäischen Gesetzgebers ist die normierte Mindestfrist geboten, um allen interessierten Unternehmen die Verfahrensteilnahme zu ermöglichen.[18] Damit bildet § 27 Abs. 3 KonzVgV eine wichtige Säule für die Förderung grenzüberschreitenden Wettbewerbs.

Der **Fristlauf** beginnt unter Zugrundelegung der allgemeinen Regelungen über die **10** Fristberechnung am Folgetag des Tages der Absendung der Konzessionsbekanntmachung.[19]

IV. Fristen bei mehrstufigen Vergabeverfahren, § 27 Abs. 4 KonzVgV

Handelt es sich beim Konzessionsverfahren um ein **mehrstufiges Verfahren**, in dessen **11** Verlauf der Konzessionsgeber mehrere Angebote von den Bietern einholt, beträgt die **Mindestfrist für den Eingang von Erstangeboten** nach § 27 Abs. 4 S. 1 KonzVgV **22 Tage** ab dem Tag nach der Aufforderung zur Angebotsabgabe. Das Unterschreiten die-

---

[12] OLG Brandenburg 15.3.2011 – Verg W 5/11; *Noch* Vergaberecht kompakt Rn. 1031.
[13] OLG Brandenburg 15.3.2011 – Verg W 5/11.
[14] Vgl. Art. 39 Abs. 2 Richtlinie 2014/23/EU.
[15] *Noch* Vergaberecht kompakt Rn. 1031.
[16] Begr. KonzVgV, 38.
[17] Begr. KonzVgV, 38.
[18] Vgl. Erwägungsgrund Nr. 62 Richtlinie 2014/23/EU.
[19] Vgl. entsprechend § 36 KonzVgV, der auf Art. 3 Abs. 1 UAbs. 2 VO 1182/711 verweist; Art. 3 Abs. 1 UAbs. 2 VO 1182/711; *Völlink* in Ziekow/Völlink, Vergaberecht, § 27 KonzVgV Rn. 9.

ser Mindestfrist ist – abgesehen von der Rückausnahme nach § 27 Abs. 4 S. 2 KonzVgV – grundsätzlich nicht zulässig.

12   Der **Lauf der Frist** beginnt im Fall des § 27 Abs. 4 S. 1 KonzVgV mit dem Tag, der auf die Aufforderung zur Angebotsabgabe folgt. Entsprechend Art. 3 Abs. 1 UAbs. 2 der Verordnung 1182/711 wird für die Berechnung der Angebotsfrist der Tag der Absendung der Angebotsaufforderung nicht mitgerechnet (vgl. → Rn. 10).

13   In Umsetzung von Art. 39 Abs. 4 und 5 der Richtlinie 2014/23/EU knüpft § 27 Abs. 4 S. 2 KonzVgV unmittelbar an die Vorgabe des § 28 KonzVgV an, wonach die Einreichung von Angeboten grundsätzlich mit elektronischen Mitteln erfolgt.[20] Bei der **elektronischen Einreichung der Angebote** kann die Mindestfrist für die Abgabe der Erstangebote um 5 Tage wegen des eintretenden Beschleunigungseffekts verkürzt werden.[21] Die nach § 27 Abs. 4 S. 2 KonzVgV **gekürzte Mindestfrist** beträgt dann **17 Tage** und beginnt am Folgetag des Tages, an dem der Konzessionsgeber die Bieter zur Angebotsabgabe aufgefordert hat. Wie der Verordnungsgeber in der Begründung zutreffend feststellt, berücksichtigt der Wortlaut von § 27 Abs. 4 S. 2 (*„wenn…eingereicht werden"*), dass *„Ausnahmen von der Einreichung von Angeboten mit elektronischen Mitteln gemäß § 28 Abs. 2 und 4 zulässig sind."*[22]

---

[20] Begr. KonzVgV, 38.
[21] *Leinemann* Die Vergabe öffentlicher Aufträge, Rn. 2029.
[22] Begr. KonzVgV, 38.

§ 28 Form und Übermittlung der Teilnahmeanträge und Angebote

(1) Bewerber oder Bieter übermitteln ihre Teilnahmeanträge und Angebote grundsätzlich in Textform nach § 126b des Bürgerlichen Gesetzbuchs mithilfe elektronischer Mittel.

(2) Der Konzessionsgeber ist nicht verpflichtet, die Einreichung von Teilnahmeanträgen und Angeboten mithilfe elektronischer Mittel zu verlangen, wenn auf die zur Einreichung erforderlichen elektronischen Mittel einer der in § 17 Absatz 2 genannten Gründe zutrifft oder wenn zugleich physische oder maßstabsgetreue Modelle einzureichen sind, die nicht elektronisch übermittelt werden können. In diesen Fällen erfolgt die Kommunikation auf dem Postweg oder auf einem anderen geeigneten Weg oder in Kombination von postalischem oder einem anderen geeigneten Weg und der Verwendung elektronischer Mittel. Der Konzessionsgeber gibt im Vergabevermerk die Gründe an, warum die Angebote mithilfe anderer als elektronischer Mittel eingereicht werden können.

(3) Der Konzessionsgeber prüft, ob zu übermittelnde Daten erhöhte Anforderungen an die Sicherheit der Datenübermittlung stellen. Soweit es erforderlich ist, kann der Konzessionsgeber verlangen, dass Teilnahmeanträge und Angebote zu versehen sind mit

1. einer fortgeschrittenen elektronischen Signatur,
2. einer qualifizierten elektronischen Signatur,
3. einem fortgeschrittenen elektronischen Siegel oder
4. einem qualifizierten elektronischen Siegel.

(4) Der Konzessionsgeber kann festlegen, dass Angebote mithilfe anderer als elektronischer Mittel einzureichen sind, wenn sie besonders schutzwürdige Daten enthalten, die bei Verwendung allgemein verfügbarer oder alternativer elektronischer Mittel nicht angemessen geschützt werden können. Der Konzessionsgeber gibt im Vergabevermerk die Gründe an, warum er die Einreichung der Angebote mithilfe anderer als elektronischer Mittel für erforderlich hält.

Übersicht

	Rn.		Rn.
A. Einführung	1	II. Ausnahme vom Grundsatz der Nutzung elektronischen Übermittlung, § 28 Abs. 2 KonzVgV	10
I. Literatur	1		
II. Entstehungsgeschichte	2		
III. Rechtliche Vorgaben im EU-Recht	3	III. Sicherheit der Datenübermittlung und elektronische Signaturen, § 28 Abs. 3 KonzVgV	16
B. Regelungsgehalt der Vorschrift	6		
I. Grundsatz der elektronischen Übermittlung der Teilnahmeanträge und Angebote, § 28 Abs. 1 KonzVgV	6	IV. Übermittlung mit anderen als elektronischen Mittelns bei besonderer Schutzwürdigkeit von Daten, § 28 Abs. 4 VgV	17

A. Einführung

I. Literatur

Noch, Vergaberecht kompakt, 7. Auflage 2016.　　　　　　　　　　　　　　　　1

II. Entstehungsgeschichte

Vorbild und Parallelnorm von § 28 KonzVgV ist **§ 53 VgV** der die Richtlinienvor- 2
schriften über die Kommunikation im Vergabeverfahren umsetzt. Zentral ist die Erkennt-

nis, dass die Bewerber- und Bieterunterlagen nach der Grundentscheidung des deutschen Gesetzgebers – zum Ausdruck kommend über den Grundsatz der elektronischen Kommunikation gemäß § 97 Abs. 5 GWB – in *allen* Vergabeverfahren[1] und damit auch im Bereich der Konzessionsvergaben vollelektronisch zu übermitteln sind.

III. Rechtliche Vorgaben im EU-Recht

3   Obwohl mit Art. 29 der Konzessionsrichtlinie 2014/23/EU aus europarechtlicher Sicht Wahlfreiheit beim Kommunikations- und Informationsaustausch herrscht und die Verwendung elektronischer Mittel nur bei Konzessionsbekanntmachungen und der Bereitstellung der Vergabeunterlagen zwingend vorgeschrieben ist,[2] sollen **Teilnahmeanträge und Angebote im Konzessionsvergabeverfahren** gemäß § 28 Abs. 1 KonzVgV **grundsätzlich elektronisch übermittelt** werden. Damit hat der Umsetzungsgesetzgeber von der in Art. 29 Abs. 1 UAbs. 2 Richtlinie 2014/23/EU vorgesehenen Möglichkeit Gebrauch gemacht und über die Vorgaben des Artikels 33 Abs. 2 und des Art. 34 Richtlinie 2014/23/EU hinausgehend die Verwendung elektronischer Kommunikationsmittel für die Konzessionsvergabe **verbindlich** vorgeschrieben.

4   Bei der Anwendung des § 28 KonzVgV ist § 34 KonzVgV zu beachten, der in Anlehnung an Art. 90 Abs. 2 der Richtlinie 2014/24/EU, § 81 VgV die für die Vergabepraxis wichtigen Übergangsbestimmungen für die elektronische Kommunikation und elektronische Übermittlung von Teilnahmeanträgen und Angeboten enthält.[3] Die für Konzessionsvergaben maßgebliche **Übergangsfrist** läuft zum 18. Oktober 2018 aus. Bis dahin bleibt ein Absehen von der vollelektronischen Kommunikation schon *per se* zulässig.

5   Abseits der Übergangsbestimmung des § 34 KonzVgV, normiert § 28 Abs. 2 KonzVgV die Gründe, aus denen Konzessionsgeber vom Grundsatz des § 28 Abs. 1 KonzVgV abweichen und den Bewerbern und Bietern **die Einreichung ihrer Bewerbungsunterlagen auf dem Postweg, auf anderem geeigneten Weg oder in Kombination von postalischem oder anderem geeigneten Weg und Verwendung elektronischer Mittel** vorschreiben kann. Damit entspricht § 28 Abs. 2 KonzVgV dem § 53 Abs. 2 VgV.

B. Regelungsgehalt der Vorschrift

I. Grundsatz der elektronischen Übermittlung der Teilnahmeanträge und Angebote, § 28 Abs. 1 KonzVgV

6   Ausgehend von der grundsätzlichen Verpflichtung zur Verwendung elektronischer Kommunikationsmittel gemäß § 8 KonzVgV verpflichtet § 28 KonzVgV die Unternehmen folgerichtig zur **vorrangig elektronischen Übermittlung ihrer Teilnahmeanträge und Angebote,**[4] wobei die Teilnahmeanträge und Angebote unter Verwendung **elektronischer Mittel**[5] (vgl. §§ 7 ff. KonzVgV) in **Textform nach § 126b BGB** einzureichen sind.[6]

7   Die **Textform gemäß § 126b BGB** ist gewahrt, wenn die von den Bewerbern und Bietern im Vergabeverfahren einzureichenden Interessenbekundungen, Interessenbestätigungen, Teilnahmeanträge oder Angebote eine lesbare Erklärung enthalten, in der die Person des Erklärenden genannt ist. Zudem muss der Teilnahmeantrag oder das Angebot auf

---

[1] Vgl. GWB Vor 97 Rn. 4.
[2] Vgl. Art. 33 Abs. 2, 34 Richtlinie 2014/23/EU.
[3] Begr. KonzVgV, 38.
[4] Begr. KonzVgV, 38.
[5] Zum Begriff der elektronischen Mittel vgl. GWB § 97 Rn. 6.
[6] Begr. KonzVgV, 38.

einem dauerhaften Datenträger abgegeben werden. „**Dauerhaft**" ist jedes Medium, das es dem Konzessionsgeber ermöglicht, die auf dem Datenträger befindliche Erklärung so aufzubewahren oder zu speichern, dass sie ihm während eines für ihren Zweck angemessenen Zeitraums zugänglich ist und er die Erklärung ohne Inhaltsveränderung dauerhaft wiedergeben kann.

„**Übermittelt**" i. S. v. § 28 Abs. 1 KonzVgV bedeutet, dass der Konzessionsgeber die **8** Teilnahmeanträge und Angebote lesen, speichern und ausdrucken, d. h. dauerhaft wiedergeben und reproduzieren kann. Ob der Konzessionsgeber tatsächlich Kenntnis von der ihm zugegangenen Erklärung nimmt, diese speichert oder ausdruckt, ist für die Übermittlung i. S. v. § 28 Abs. 1 KonzVgV grundsätzlich nicht bedeutsam. Entscheidend ist, dass die Erklärung in den Machtbereich des Konzessionsgebers gelangt. Insofern genügt auch das Einstellen auf der vom Konzessionsgeber genutzten Plattform.[7]

Da § 28 Abs. 1 KonzVgV § 53 Abs. 1 VgV nachgebildet ist, wird im Übrigen auf die **9** Kommentierung zu § 53 VgV verwiesen.[8]

II. Ausnahme vom Grundsatz der Nutzung elektronischen Übermittlung, § 28 Abs. 2 KonzVgV

§ 28 Abs. 2 KonzVgV deckt sich mit der Umsetzung von Art. 22 Abs. 1 UAbs. 2, 3 der **10** Richtlinie 2014/24/EU in § 53 Abs. 2 VgV.[9] Insoweit bildet **§ 53 Abs. 2 VgV** die für die Auslegung und das Verständnis von § 28 Abs. 2 KonzVgV maßgebliche Grundlage.

Ist der öffentliche Konzessionsgeber unter Beachtung des § 34 S. 1 KonzVgV zur An- **11** wendung des § 28 Abs. 1 KonzVgV verpflichtet, kann er auf Grundlage von § 28 Abs. 2 KonzVgV **ausnahmsweise dennoch von der elektronischen Übermittlung von Teilnahmeanträgen und Angeboten absehen**, wenn ein **Grund i. S. v. § 17 Abs. 2 KonzVgV** vorliegt. So kann der Konzessionsgeber auf die elektronische Übermittlung verzichten, wenn aufgrund hinreichend begründeter Umstände aus außergewöhnlichen Sicherheitsgründen oder technischen Gründen oder aufgrund der Sensibilität von Handelsinformationen, die ein sehr hohes Datenschutzniveau bedürfen, **keine elektronischen Mittel eingesetzt werden können**. In diesem Zusammenhang wird auf die Kommentierung zu § 17 KonzVgV verwiesen.

Darüber hinaus ist das Absehen von der Angebotseinreichung mit elektronischen Mit- **12** teln nach § 28 Abs. 2 KonzVgV legitimiert, wenn zugleich **physische oder maßstabsgetreue Modelle** einzureichen sind, deren elektronische Übermittlung unmöglich ist. Im Gegensatz zu § 53 Abs. 2 VgV findet § 28 Abs. 2 KonzVgV ausdrücklich auch auf **Teilnahmeanträge** Anwendung.[10]

Liegt ein Ausnahmefall i. S. v. § 28 Abs. 2 VgV vor, erfolgt die Übermittlung der Teil- **13** nahmeanträge und Angebote nach Wahl des Konzessionsgebers entweder auf dem Postweg, einem anderen geeigneten Weg oder in Kombination der alternativen Übermittlungswege. Dabei beschränkt sich die **Verwendung anderer als elektronischer Mittel** ausschließlich auf die Bestandteile des Teilnahmeantrages oder Angebotes, für die die Verwendung elektronischer Mittel explizit nicht verlangt wird. Nur diese Bestandteile dürfen dem Konzessionsgeber auf einem anderen geeigneten Weg übermittelt werden.[11]

§ 28 Abs. 2 S. 3 KonzVgV hält den Konzessionsgeber im Interesse der Transparenz dazu **14** an, die Gründe, aus denen die elektronische Übermittlung von Angeboten ausnahmsweise nicht in Betracht kommt, im Vergabevermerk zu dokumentieren. Das **Dokumentationserfordernis** besteht wegen des Ausnahmecharakters von § 28 Abs. 2 KonzVgV selbst

[7] *Verfürth* in KKMPP VgV § 53 Rn. 7.
[8] Vgl. die Kommentierung zu § 53 VgV.
[9] Begr. KonzVgV, 38.
[10] *Verfürth* in KKMPP VgV § 53 Rn. 14.
[11] Begr. VgV, 113.

dann, wenn sich die Unmöglichkeit der vollelektronischen Übermittlung der Angebote geradezu aufdrängt, wie dies beispielsweise bei der Einreichung von physischen Modellen gemäß § 28 Abs. 2 2. Var. KonzVgV der Fall ist. Durch die Dokumentation soll zuverlässig verhindert werden, dass der Konzessionsgeber die gesetzgeberische Grundentscheidung zugunsten der elektronischen Übermittlung missachtet oder – vorsätzlich oder unbewusst – unterläuft.

15   Da § 28 Abs. 2 S. 1, 2 KonzVgV ausdrücklich für Teilnahmeanträge gilt, ist § 28 Abs. 2 S. 3 KonzVgV dahingehend auszulegen, dass den Konzessionsgeber die Dokumentationspflichten im Falle von nicht elektronisch übermittelten **Teilnahmeanträgen** ebenfalls treffen. Dies folgt ergänzend aus dem Ausnahmecharakter des § 28 Abs. 2 KonzVgV, der einen reflektierten und insgesamt restriktiven Umgang gebietet.

III. Sicherheit der Datenübermittlung und elektronische Signaturen, § 28 Abs. 3 KonzVgV

16   In Umsetzung von Art. 22 Abs. 6 UAbs. 1 lit. b) und c) sowie UAbs. 2 der Richtlinie 2014/24/EU entspricht § 28 Abs. 3 KonzVgV inhaltlich § 53 Absatz 3 VgV.[12] Ebenso wie seine Parallelnorm steht § 28 Abs. 3 (S. 2) KonzVgV im engen Zusammenhang mit der Verordnung (EU) Nr. 910/2014 über elektronische Identifizierung und Vertrauensdienste für elektronische Transaktionen im Binnenmarkt und zur Aufhebung der Richtlinie 1999/93/EG (eIDAS-VO)[13] sowie dem eIDAS-Durchführungsgesetz als nationalem Umsetzungsakt.[14] Nach § 28 Abs. 3 S. 1 KonzVgV prüft der Konzessionsgeber, ob zu übermittelnde Daten **erhöhte Anforderungen an die Sicherheit der Datenübermittlung** stellen. Ist dies der Fall und unter Würdigung der Umstände des Vergabeverfahrens erforderlich (*„soweit erforderlich"*), kann der Konzessionsgeber verlangen, dass die Teilnahmeanträge und Angebote mit einer **fortgeschrittenen elektronischen Signatur oder mit einer qualifizierten elektronischen Signatur** versehen sein müssen. Im Normalfall ist die Verwendung einer einfachen Signatur beispielsweise in Gestalt einer eingescannten Unterschrift ausreichend. Nur bei besonderen Sicherheitsanforderungen kann der Konzessionsgeber die fortgeschrittene oder qualifizierte elektronische Signatur anordnen.[15] Gleichsam steht dem Auftraggeber seit Inkrafttreten des eIDAS-Durchführungsgesetzes (vgl. Art. 10 eIDAS-Durchführungsgesetz) gemäß § 28 Abs. 3 S. 2 KonzVgV auch die Möglichkeit offen, die Bieter bei entsprechenden Sicherheitsanforderungen zur Verwendung eines **qualifizierten oder fortgeschrittenen elektronisches Siegels** zu verpflichten. In Bezug auf die weiteren Einzelheiten zu § 28 Abs. 3 KonzVgV wird auf die Kommentierung zu § 53 Abs. 3 VgV verwiesen.

IV. Übermittlung mit anderen als elektronischen Mittelns bei besonderer Schutzwürdigkeit von Daten, § 28 Abs. 4 VgV

17   Nach der Begründung des Gesetzgebers deckt sich § 28 Abs. 4 KonzVgV mit der Umsetzung von Art. 22 Abs. 1 UAbs. 4 der Richtlinie 2014/24/EU in **§ 53 Abs. 4 VgV,**[16] auf dessen Kommentierung ergänzend verwiesen wird.

---

[12] Begr. KonzVgV, 39.
[13] Vgl. § 53 VgV Rn. 4 f. und 18 f.
[14] Vgl. Gesetz zur Durchführung der Verordnung (EU) Nr. 910/2014 des Parlaments und des Rates vom 23. Juli 2014 über elektronische Identifizierung und Vertrauensdienste für elektronische Transaktionen im Binnenmarkt und zur Aufhebung der Richtlinie 1999/93/EG („eIDAS-Durchführungsgesetz") vom 18. Juli 2017, BGBl. 2017 I, 2745.
[15] *Noch* Vergaberecht kompakt, Rn. 1034.
[16] Begr. KonzVgV, 39.

Nach § 28 Abs. 4 KonzVgV kann der Konzessionsgeber festlegen, dass Angebote mithil- **18** fe anderer als elektronischer Mittel einzureichen sind, wenn dies **zum Schutz besonders empfindlicher Daten** geboten ist. Bieter dürfen ihre Angebote nur dann auf anderem als dem elektronischen Weg übermitteln, wenn die betroffenen Angebotsdaten derart schutzbedürftig sind, dass diese bei der Verwendung der allgemein verfügbaren oder alternativen elektronischen Mittel nicht angemessen geschützt wären. Wie § 53 Abs. 4 VgV bezieht sich der Ausnahmefall des § 28 Abs. 4 KonzVgV ausschließlich auf die **Einreichung von Angeboten** und gilt nicht für die Übermittlung von Teilnahmeanträgen.[17] Dies ist folgerichtig, weil Teilnahmeanträge schon ihrer Natur nach nicht in demselben Maße schutzbedürftige Daten enthalten wie Angebote.

Als Ausnahmevorschrift unterliegt § 28 Abs. 4 KonzVgV einer **restriktiven Auslegung** **19** **und Handhabung.** Aus § 28 Abs. 4 S. 2 KonzVgV folgt, dass ein alternativer Übermittlungsweg ausschließlich in Betracht kommt, wenn der Konzessionsgeber dies für *„erforderlich"* hält. Demnach darf der Konzessionsgeber einen alternativen Zugang der Angebote oder Angebotsbestandteile als *„ultima ratio"* nur unter strikter Beachtung des Verhältnismäßigkeitsgrundsatzes eröffnen.[18] Soll die Angebotseinreichung ganz oder teilweise gemäß § 28 Abs. 4 KonzVgV auf alternativem Weg erfolgen, sind die Gründe hierfür im Vergabevermerk festzuhalten, vgl. § 28 Abs. 4 S. 2 KonzVgV. Auch dieses **Dokumentationserfordernis** hält den Konzessionsgeber zu einer restriktiven Auslegung an.

---

[17] *Verfürth* in KKMPP VgV § 53 Rn. 43.
[18] *Verfürth* in KKMPP VgV § 53 Rn. 46.

§ 29 Prüfung und Aufbewahrung der ungeöffneten Teilnahmeanträge und Angebote

Der Konzessionsgeber prüft den Inhalt der Teilnahmeanträge und Angebote erst nach Ablauf der Frist für ihre Einreichung. Bei der Aufbewahrung der ungeöffneten Teilnahmeanträge und Angebote sind die Integrität und die Vertraulichkeit der Daten zu gewährleisten.

Übersicht

	Rn.		Rn.
A. Einführung	1	B. Regelungsgehalt der Vorschrift	8
I. Literatur	1	I. Keine vorfristige Einsichtnahme in die Teilnahmeanträge und Angebote, § 29 S. 1 KonzVgV	8
II. Entstehungsgeschichte	2	II. Aufbewahrung und Kennzeichnung der Teilnahmeanträge und Angebote, § 29 S. 2 KonzVgV	10
III. Rechtliche Vorgaben im EU-Recht	7		

A. Einführung

I. Literatur

1 *Noch,* Vergaberecht kompakt, 7. Auflage 2016.

II. Entstehungsgeschichte

2 Seinem Inhalt nach ähnelt § 29 KonzVgV sowohl **§ 55 VgV als auch § 54 VgV,** wobei der Gesetzgeber allein letzteren Paragrafen als einzige Parallelvorschrift im Bereich klassischer Aufträge benennt.[1] Richtigerweise verhält es sich so, dass § 29 KonzVgV Vorgaben aus beiden Vorschriften (§§ 54, 55 VgV) in sich vereint und darüber hinaus konkrete Vorgaben für die **Prüfung und Aufbewahrung der ungeöffneten Teilnahmeanträge und Angebote in Konzessionsvergabeverfahren** statuiert.

3 § 29 KonzVgV dient im Wesentlichen der **Sicherstellung der Vertraulichkeit der Teilnahmeanträge und Angebote.**[2] Darüber hinaus ist § 29 KonzVgV wichtig für die Gewährleistung des Geheimwettbewerbs und die Einhaltung der weiteren Vergabegrundsätze, allen voran des **Gleichbehandlungsgrundsatzes.**[3] Denn über § 29 S. 1 KonzVgV soll verhindert werden, dass der Auftraggeber Einsicht in einzelne Angebote nimmt und die Einsichtnahme zu Manipulationen nutzt.

4 § 29 S. 1 KonzVgV verankert die Grundregeln, die der Konzessionsgeber beim **Umgang mit den bei ihm eingegangenen Angeboten und Teilnahmeanträgen** zu beachten hat. Damit entspricht Satz 1 der Vorschrift im Wesentlichen dem im Wortlaut geringfügig anders formulierten § 55 Abs. 1 VgV. Anders als § 55 Abs. 1 VgV ist § 29 S. 1 KonzVgV jedoch nicht auf Interessenbestätigungen anwendbar, da es bei Konzessionsvergaben keine Interessenbestätigungen gibt.

5 § 29 S. 2 KonzVgV ähnelt seinem Inhalt nach § 54 VgV, schreibt mit der **Vertraulichkeit und Datenintegrität** allerdings nur die **Grundvoraussetzungen** fest, die bei der Aufbewahrung der ungeöffneten Teilnahmeanträge und Angebote einzuhalten sind. Demgegenüber sind die Vorgaben des § 54 VgV ausführlicher, schon allein, weil die Norm im Hinblick auf die Übermittlungsform differenzierte Aufbewahrungsregelungen enthält.

---

[1] Vgl. Begr. KonzVgV, 39.
[2] *Noch* Vergaberecht kompakt, 7. Aufl. 2016 Rn. 1035.
[3] *Verfürth* in KKMPP VgV § 55 Rn. 3; *Leinemann* Die Vergabe öffentlicher Aufträge Rn. 2033.

Bei der Auslegung der Norm kann gleichwohl in weiten Teilen auf die Kommentierun- 6
gen zu § 54 und § 55 VgV zurückgegriffen werden.

III. Rechtliche Vorgaben im EU-Recht

§ 29 S. 1 KonzVgV – systematisch geregelt in Unterabschnitt 4 der KonzVgV über das 7
Auswahlverfahren und den Zuschlag – setzt Art. 29 Abs. 2 UAbs. 2 S. 2 der Konzessionsrichtlinie 2014/23/EU eingängig in deutsches Vergaberecht um, während § 29 S. 2
KonzVgV der Umsetzung von Art. 29 Abs. 2 UAbs. 2 S. 1 der Richtlinie 2014/23/EU
dient und die **Gewährleistung der Integrität der Daten und der Vertraulichkeit bei
der Aufbewahrung der Teilnahmeanträge und Angebote** zum Gegenstand hat.[4] Damit lehnt sich § 29 VgV zugleich an Art. 22 Abs. 3 der Richtlinie 2014/24/EU an.

B. Regelungsgehalt der Vorschrift

I. Keine vorfristige Einsichtnahme in die Teilnahmeanträge und Angebote, § 29 S. 1 KonzVgV

Nach § 29 S. 1 KonzVgV prüft der Konzessionsgeber den Inhalt der Teilnahmeanträge 8
und Angebote erst nach Ablauf der jeweiligen Einreichungsfrist. Hieraus folgt in Zusammenschau mit Satz 2 der Norm, dass die Teilnahmeanträge und Angebote – wie es § 55
Abs. 1 VgV für den Bereich der Vergabe klassischer Aufträge anordnet – bis zum jeweiligen
Fristablauf **ungeöffnet bleiben und unter Verschluss** gehalten werden müssen (vgl.
hierzu sogleich unter Rn. 11 ff.).

Aufgrund seiner Bedeutung für die Vertraulichkeit des Vergabeverfahrens und den Ge- 9
heimwettbewerb hat der Konzessionsgeber im Vergabevermerk die Einhaltung der Pflichten gemäß § 29 S. 1 KonzVgV sorgfältig zu dokumentieren. Aus der **Dokumentation**
muss demnach hervorgehen, ob die Angebote vor Ablauf der Frist für ihre Einreichung
unter Verschluss gehalten wurden.[5] Im Falle eines Nachprüfungsverfahrens oder bei entsprechenden Beschwerden der Bewerber und Bieter kann der Konzessionsgeber auf
Grundlage dieser Dokumentation belegen, dass es im jeweiligen Vergabeverfahren keine
Anhaltspunkte für etwaige Manipulationsversuche gibt. Wie bei einem Verstoß gegen § 55
VgV reichen reine Dokumentationsversäumnisse des Konzessionsgebers ohne Hinzutreten
weiterer Anhaltspunkte für Manipulation gleichwohl nicht aus, um eine Rechtsverletzung
i. S. v. § 160 Abs. 2 i. V. m. § 97 Abs. 6 GWB zu begründen.[6]

II. Aufbewahrung und Kennzeichnung der Teilnahmeanträge und Angebote, § 29 S. 2 KonzVgV

Detaillierte Vorgaben zur Art und Weise der Aufbewahrung der ungeöffneten Teilnah- 10
meanträge und Angebote sind § 29 S. 2 KonzVgV – anders als der Parallelnorm des § 54
VgV – nicht zu entnehmen. § 29 S. 2 KonzVgV beschränkt sich darauf, dass bei der Aufbewahrung der Bewerbungsunterlagen der Bieter die **Integrität und Vertraulichkeit der
Daten** zu gewährleisten sind. Damit gibt die Vorschrift dem Konzessionsgeber lediglich ein

---

[4] Begr. KonzVgV, 39, sowie *Herrmann* in Ziekow/Völlink, Vergaberecht, § 30 KonzVgV Rn. 1.
[5] VK Südbayern Beschl. v. 16.3.2017, Z 3–3-3194-1-54-12/16.
[6] VK Westfalen 8.2.2017 – VK 1–50/16 zu § 55 VgV unter Argumentation mit BGH 8.2.2011 – X-ZB
4/10 sowie OLG Düsseldorf 5.10.2010 – Verg 10/10 und vom 21.10.2015 – Verg 28/14; a. A. VK Südbayern 16.3.2017 – Z 3–3-3194-1-54-12/16.

Grundgerüst an die Hand, was der bei Konzessionsvergaben gebotenen Flexibilität angemessen Rechnung trägt.

11   Der Konzessionsgeber beachtet die Grundprinzipien der Integrität und Vertraulichkeit der Daten, wenn er die ungeöffneten Teilnahmeanträge und Angebote der Bieter unter Orientierung an § 54 VgV aufbewahrt. Sofern die Teilnahmeanträge und Angebote beim Konzessionsgeber gemäß § 28 Abs. 1 KonzVgV elektronisch eingehen, die verschlüsselte Speicherung unter Verwendung eines Passworts den Erfordernissen des § 29 S. 2 KonzVgV.[7] Mit dem Erfordernis der **verschlüsselten Speicherung** lässt sich wirksam verhindern, dass Unbefugte Kenntnis vom Inhalt der übermittelten Bewerbungsunterlagen erhalten. Zwingend erforderlich dürfte auch im Bereich der Konzessionsvergaben die Kombination aus verschlüsselter Datenspeicherung und **Passwortverwendung** sein. Denn Vertraulichkeit und Datenintegrität sind beim Einsatz elektronischer Mittel nur gewährleistet, wenn ausschließlich die Passwortinhaber Zugriff auf die Bewerbungsunterlagen haben und eine Kenntnisnahme durch Unbefugte ausgeschlossen ist.

12   Bei postalischer oder direkter Übermittlung der Teilnahmeanträge und Angebote ist es ausreichend, wenn der Konzessionsgeber die Unterlagen der Bieter bis zum Submissionstermin **durch geeignete Maßnahmen unter Verschluss** hält und sicherstellt, dass die Angebote **ungeöffnet** bleiben. Aus diesem Grund müssen die Umschläge, mit denen die Bewerber und Bieter ihre Teilnahmeanträge und Angebote typischerweise einreichen, verschlossen und die idealerweise verwendete Klebevorrichtung unversehrt bleiben. Darüber hinaus sollten die ungeöffneten Teilnahmeanträge und Angebote in einem verschlossenen Schrank oder anderem Behältnis verwahrt werden, zu dem nur wenige Berechtigte Zugriff haben. Im Falle von elektronisch übermittelten Teilnahmeanträgen und Angeboten erfüllt der Konzessionsgeber seine Aufbewahrungspflichten durch die verschlüsselte Speicherung und Passwortverwendung (s. Rn. 11).

13   Zwar enthält § 29 S. 2 KonzVgV keine ausdrücklichen Vorgaben zur **Kennzeichnung der Teilnahmeanträge und Angebote.** Gleichwohl ist diese dem Konzessionsgeber aus Gründen der Nachprüfbarkeit des Vergabeverfahrens und im Interesse reibungsloser und schneller Prüfprozesse anzuempfehlen. Wie im Bereich klassischer öffentlicher Aufträge durch § 54 VgV sichergestellt, sollten Teilnahmeanträge und Angebote im Falle ihrer postalischen Übersendung oder ihrer direkten Einreichung stets mit einem **Eingangsvermerk** gekennzeichnet werden. Zur Fristenkontrolle sind insbesondere das Datum und die Uhrzeit des Eingangs beim Konzessionsgeber zu vermerken. Etwaige Besonderheiten wie beispielsweise der verspätete Eingang oder der Eingang an einem anderen Ort als der bezeichneten Stelle sind zu dokumentieren. Name und Anschrift des Unternehmens oder die Art der Unterlagen (Teilnahmeantrag, Angebot) sind typischerweise auf dem Umschlag der Teilnahmeanträge und Angebote vermerkt, so dass kein Bedürfnis besteht, diese Informationen erneut im Eingangsvermerk zu notieren. Gleichwohl erleichtert die Aufnahme dieser Angaben die Zuordnung beim Konzessionsgeber. Bei elektronischer Übermittlung gilt § 54 VgV das zu § 53 VgV Gesagte.[8]

---

[7] Vgl. die Kommentierung zu § 54 VgV.
[8] Vgl. → § 54 Rn. 6 ff.

§ 30 Unterrichtung der Bewerber oder Bieter

(1) Unbeschadet § 134 des Gesetzes gegen Wettbewerbsbeschränkungen unterrichtet der Konzessionsgeber alle Bewerber oder Bieter unverzüglich über die Entscheidungen hinsichtlich des Zuschlags, einschließlich des Namens des erfolgreichen Bieters, der Gründe für die Ablehnung ihrer Teilnahmeanträge oder Angebote sowie die Gründe für eine Entscheidung, Konzessionen, für die eine Konzessionsbekanntmachung veröffentlicht wurde, nicht zu vergeben oder das Verfahren neu einzuleiten.

(2) Auf Anfrage der Betroffenen in Textform gemäß § 126b des Bürgerlichen Gesetzbuchs unterrichtet der Konzessionsgeber unverzüglich, in jedem Fall binnen 15 Tagen, jeden Bieter, der ein ordnungsgemäßes Angebot eingereicht hat, über die Merkmale und relativen Vorteile des ausgewählten Angebots.

(3) Der Konzessionsgeber kann beschließen, bestimmte in Absatz 1 genannte Angaben zur Konzession nicht mitzuteilen, soweit die Offenlegung dieser Angaben
1. den Gesetzesvollzug behindern,
2. dem öffentlichen Interesse auf sonstige Weise zuwiderlaufen,
3. die berechtigten geschäftlichen Interessen von Unternehmen schädigen oder den Wettbewerb zwischen ihnen beeinträchtigen
würde.

Übersicht

	Rn.			Rn.
A. Einführung	1		sichtlich des Zuschlags, § 30 Abs. 1 KonzVgV	6
I. Literatur	1		II. Unterrichtung auf Anfrage der Bieter, § 30 Abs. 2 KonzVgV	8
II. Entstehungsgeschichte	2		III. Ausnahme von der Offenlegung bestimmter Angaben, § 30 Abs. 3 KonzVgV	11
III. Rechtliche Vorgaben im EU-Recht	3			
B. Regelungsgehalt der Vorschrift	6			
I. Unterrichtung der Bewerber und Bieter über die Entscheidungen hin-				

A. Einführung

I. Literatur

Noch, Vergaberecht kompakt, 7. Auflage 2016.   **1**

II. Entstehungsgeschichte

Da Konzessionsvergaben im alten Vergaberecht nicht ausdrücklich geregelt waren, gibt **2** es keine unmittelbare Vorgängervorschrift zu § 30 KonzVgV. Die Norm steht im Kontext zu den **Mitteilungspflichten gemäß § 134 GWB** und sorgt für die auch bei Konzessionsvergaben grundlegend gebotene **Nachprüfbarkeit und Transparenz.**

III. Rechtliche Vorgaben im EU-Recht

Nach der Begründung des Verordnungsgebers dient § 30 KonzVgV der **Umsetzung 3 von Art. 40 der Richtlinie 2014/23/EU.**[1] Die Vorschrift betrifft diejenigen Informationsrechte der Bewerber und Bieter, die unabhängig von der Mitteilungspflicht nach

---

[1] Begr. KonzVgV, 39.

§ 134 GWB bestehen. Dem Vorbild der Richtlinie entsprechend unterscheidet § 30 KonzVgV im Hinblick auf die Unterrichtungspflichten des Konzessionsgebers nach den **von sich aus mitzuteilenden Informationen** (Abs. 1) und den **Angaben, die nur auf besondere Anfrage des Bieters mitgeteilt werden müssen** (Abs. 2). Darüber hinaus eröffnet § 30 Abs. 3 KonzVgV dem Konzessionsgeber die Möglichkeit, bestimmte Angaben nicht offenzulegen.

4   § 30 KonzVgV dient der besseren **Nachprüfbarkeit und Nachvollziehbarkeit der Vergabeentscheidung.** Gleichsam kann der (anfragende) unterlegene Bieter die ihm mitgeteilten Informationen für zukünftige Vergabeverfahren nutzen.

5   Schon vor dem Inkrafttreten der Vergaberechtsreform und des § 30 Abs. 2 KonzVgV ging die Rechtsprechung vereinzelt davon aus, dass der Konzessionsgeber bei der Entscheidung über die Konzession dem nicht für den Zuschlag vorgesehenen Bieter die inhaltliche Prüfung der Auswahlentscheidung ermöglichen und ihm zu diesem Zweck auch **Einzelheiten des Angebotes des siegreichen Konkurrenten** mitteilen musste.[2] Dieses Verständnis war in der Sache zutreffend, denn nur bei einem solch transparenten Vorgehen kann der unterlegene Bewerber nachvollziehen, ob die Auswahlentscheidung tatsächlich anhand der bekannt gemachten Kriterien getroffen wurde und nicht auf sachwidrigen Erwägungen beruht.[3]

B. Regelungsgehalt der Vorschrift

I. Unterrichtung der Bewerber und Bieter über die Entscheidungen hinsichtlich des Zuschlags, § 30 Abs. 1 KonzVgV

6   § 30 Abs. 1 VgV setzt Art. 40 Abs. 1 UAbs. 1 der Richtlinie 2014/23/EU in nationales Vergaberecht um. Unbeschadet der Informationspflichten gemäß § 134 GWB unterrichtet der Konzessionsgeber die Bewerber oder Bieter **unverzüglich** über den Zuschlag, nennt den erfolgreichen Bieter namentlich sowie die Gründe für die Ablehnung des Teilnahmeantrages oder des Angebotes oder die Gründe für die Nicht- oder Neuvergabe einer Konzession. Anders als § 30 Abs. 2 KonzVgV enthält § 30 Abs. 1 KonzVgV keine Klarstellungen oder Definitionen zur Unverzüglichkeit. Auch die europarechtliche Anknüpfungsregelung des Art. 40 Abs. 1 der Richtlinie 2014/23/EU lautet lediglich dahingehend, dass eine Unterrichtung *„so bald wie möglich"* erfolgt. Vor diesem Hintergrund und in Anbetracht des vergaberechtlichen Beschleunigungsgebotes ist davon auszugehen, dass sich die Unverzüglichkeit i. S. v. § 30 Abs. 1 KonzVgV nach den allgemeinen zivilrechtlichen Grundsätzen beurteilt (§ 121 BGB) und der Konzessionsgeber den Bietern grundsätzlich eine **Unterrichtung innerhalb weniger Tage nach Abschluss der Entscheidung** schuldet.[4] Hierfür spricht auch, dass der Konzessionsgeber gemäß § 134 Abs. 1 GWB ohnehin zu einer schnellen Unterrichtung der nichtberücksichtigten Bieter verpflichtet ist.

7   **Zur Vorbeugung von Manipulationsvorwürfen und im Interesse des europarechtlich geforderten effektiven Rechtsschutzes** sind **alle unterlegene Bieter unverzüglich** nach der relevanten Entscheidung des Konzessionsgebers über den Zuschlag, die Gründe für die Nichtberücksichtigung oder die Gründe für eine etwaige Nicht- oder Neuvergabe der Konzession zu informieren. Die von Europarechts wegen angeordneten Mitteilungspflichten bestehen unbeschadet der Informationspflichten, denen der Konzessionsgeber gemäß § 134 GWB unterworfen ist. Aus Gründen der Gleichbehandlung der Bieter hat die Mitteilung grundsätzlich **zeitgleich** an alle unterlegenen Bieter zu erfolgen. Dabei muss das Informationsschreiben der **Textform** gemäß § 126b BGB entsprechen.

---

[2] LG Stuttgart 30.6.2016 – 11 O 78/16 (Gaskonzessionen).
[3] LG Stuttgart 30.6.2016 – 11 O 78/16.
[4] *Völlink* in Ziekow/Völlink, Vergaberecht, § 30 KonzVgV Rn. 4.

Aus diesem Grund genügt weder die mündliche noch die telefonische Inkenntnissetzung der Bieter den Erfordernissen des § 30 Abs. 1 KonzVgV. Auch die Verbreitung der Information über die Auftragserteilung auf der Internetseite des Auftraggebers oder die Veröffentlichung im Amtsblatt der EU kann eine Information nach § 30 Abs. 1 KonzVgV nicht adäquat ersetzen.[5]

II. Unterrichtung auf Anfrage der Bieter, § 30 Abs. 2 KonzVgV

Die europarechtliche Anknüpfungsregel der Informationspflicht nach § 30 Abs. 2 **8** KonzVgV ist Art. 40 Abs. 1 UAbs. 2 der Konzessionsrichtlinie (Richtlinie 2014/23/EU). § 30 Abs. 2 KonzVgV betrifft nach der Begründung des Verordnungsgebers die Informationen, die der Konzessionsgeber nur **auf besondere, schriftliche Anfrage** der unterlegenen Bieter hinsichtlich der **Merkmale und relativen Vorteile des ausgewählten Angebotes** mitzuteilen hat.[6] Danach hat der Konzessionsgeber dem unterlegenen Bieter auf seine Nachfrage hin die Vorteile des Angebots des Bestbieters zu benennen. Eine knappe Begründung ohne konkrete Bezugnahme auf Einzelheiten des Angebots oder die Zuschlagskriterien/das Bewertungssystem reicht indes nicht aus. Vielmehr ist es erforderlich, dass der nachfragende Bieter erkennen kann, warum und inwieweit sein Angebot bei Anwendung der geltenden Ausschreibungsbedingungen schlechter zu bewerten war als das Angebot des für den Zuschlag vorgesehenen Bieters.[7]

Berechtigt, eine Anfrage nach § 30 Abs. 2 KonzVgV zu stellen, sind Bieter, die zumin- **9** dest ein **formal ordnungsgemäßes Angebot** abgegeben haben, aber deren Angebot aus fachlichen Gründen nicht berücksichtigt wurde. Bieter, deren Angebot bereits aus formellen Gründen aus dem Wettbewerb ausgeschieden sind, müssen gemäß § 30 Abs. 1 KonzVgV unverzüglich nach der Formalprüfung über die Gründe für die Nichtberücksichtigung informiert werden.[8] Wichtig ist, dass die Anfrage i.S.v. § 30 Abs. 2 KonzVgV schriftlich (**Textform** des § 126b BGB) erfolgt, vgl. § 30 Abs. 2 KonzVgV. Mündliche Anfragen lösen keine detaillierten Informationspflichten des Konzessionsgebers nach § 30 Abs. 2 KonzVgV aus.

Der Vergleich mit Art. 40 Abs. 1 UAbs. 2 der Richtlinie 2014/23/EU zeigt, dass § 30 **10** Abs. 2 KonzVgV dahingehend zu verstehen ist, dass der Konzessionsgeber nur den jeweils nachfragenden Bieter auf seine **explizite Anfrage** hin (*„auf Anfrage des Betroffenen"; nicht wie in § 30 Abs. 2 KonzVgV: „Auf Anfrage der Betroffenen"*) **unverzüglich** über die Vorteile des ausgewählten Angebots zu unterrichten hat, vorausgesetzt der nachfragende Bieter hat ein formal ordnungsgemäßes Angebot eingereicht. „Unverzüglich" i.S.v. § 30 Abs. 2 KonzVgV bedeutet, dass dem betreffenden Bieter die Antwort des Konzessionsgebers **so schnell wie möglich**, spätestens jedoch **15 Tage nach Eingang seiner schriftlichen Anfrage** zugehen muss.[9]

III. Ausnahme von der Offenlegung bestimmter Angaben, § 30 Abs. 3 KonzVgV

§ 30 Abs. 3 KonzVgV überführt die Vorgaben des Art. 40 Abs. 2 der Richtlinie 2014/ **11** 23/EU über die **Ausnahmen von der Offenlegung bestimmter Angaben** in die Konzessionsvergabeverordnung. Die Norm trägt dem Umstand Rechnung, dass der Konzessi-

---

[5] Vgl. *Hattig* in Hattig/Maibaum GWB § 101a Rn. 62; EuGH 28.1.2010 – C-456/08, ECLI:EU:C:2010:46 zur Informations- und Wartefrist.
[6] *Leinemann* Die Vergabe öffentlicher Aufträge Rn. 2052; *Noch* Vergaberecht kompakt Rn. 1036.
[7] In diese Richtung LG Stuttgart 30.6.2016 – 11 O 78/16 zu Gaskonzessionen.
[8] *Noch* Vergaberecht kompakt Rn. 1036.
[9] Vgl. Art. 40 Abs. 1 UAbs. 2 Richtlinie 2014/23/EU.

onsgeber aus bestimmten Gründen ein nachvollziehbares und berechtigtes Interesse daran haben kann, bestimmte Angaben trotz der nach § 30 Abs. 1, 2 KonzVgV bestehenden Informationspflichten nicht zu offenbaren.

12   Soweit bei Offenlegung der Angaben der Gesetzesvollzug behindert wäre (Nr. 1), die Offenlegung dem öffentlichen Interesse anderweitig zuwiderlaufen würde (Nr. 2), berechtigte geschäftliche Interessen der Privatwirtschaft geschädigt würden oder der Wettbewerb beeinträchtigt wäre (Nr. 3), kann der Konzessionsgeber ausnahmsweise darauf verzichten, den unterlegenen Bieter die Informationen i. S. v. § 30 Abs. 1, 2 KonzVgV mitzuteilen. Zu den Gründen, die eine Ausnahme von der Offenlegungspflicht rechtfertigen vgl. die Kommentierung zu § 39 VgV.

13   Die Entscheidung über die **Nichtoffenlegung der Informationen** steht im **Ermessen** des Konzessionsgebers *(„kann")* und ist damit nur eingeschränkt überprüfbar. Nichtsdestotrotz hat der Konzessionsgeber bei seiner Entscheidung die Informationsinteressen der unterlegenen Bieter eingehend zu würdigen und sorgfältig gegen die aus seiner Sicht bei Offenlegung der Informationen drohenden Gefahren (für das öffentliche Interesse, den Gesetzesvollzug oder den Wettbewerb) abzuwägen. Dem Konzessionsgeber ist anzuempfehlen, die Gründe für die Nichtoffenlegung bestimmter Angaben im **Vergabevermerk** zu nennen. Auf diese Weise kann er in einem etwaigenfalls drohenden Nachprüfungsverfahren dokumentieren, dass er den ihm zustehenden Ermessenspielraum erkannt und unter Berücksichtigung der Vergabegrundsätze ausgeübt und ausgeschöpft hat.

§ 31 Zuschlagskriterien

(1) **Die Zuschlagskriterien nach § 152 Absatz 3 des Gesetzes gegen Wettbewerbsbeschränkungen sind in absteigender Rangfolge anzugeben.**

(2) **Enthält ein Angebot eine innovative Lösung mit außergewöhnlich hoher funktioneller Leistungsfähigkeit, die der Konzessionsgeber nicht vorhersehen konnte, kann die Reihenfolge der Zuschlagskriterien entsprechend geändert werden. In diesem Fall hat der Konzessionsgeber die Bieter über die geänderte Reihenfolge der Zuschlagskriterien zu unterrichten und unter Wahrung der Mindestfrist nach § 27 Absatz 4 Satz 1 eine neue Aufforderung zur Angebotsabgabe zu veröffentlichen. Wurden die Zuschlagskriterien zu demselben Zeitpunkt wie die Konzessionsbekanntmachung veröffentlicht, ist eine neue Konzessionsbekanntmachung unter Wahrung der Mindestfrist gemäß § 27 Absatz 3 zu veröffentlichen.**

(3) **Der Konzessionsgeber überprüft nach § 152 Absatz 3 des Gesetzes gegen Wettbewerbsbeschränkungen, ob die Angebote die Zuschlagskriterien tatsächlich erfüllen.**

Übersicht

	Rn.		Rn.
A. Einführung	1	II. Abs. 2: Nachträgliche Änderung der Rangfolge der Zuschlagskriterien	12
I. Literatur	1		
II. Entstehungsgeschichte	2	III. Abs. 3: Prüfungspflicht hinsichtlich der Erfüllung der Zuschlagskriterien	18
III. Rechtliche Vorgaben im EU-Recht	3		
B. Die Anforderungen im Einzelnen	6		
I. Abs. 1: Angabe der Zuschlagskriterien in absteigender Rangfolge	6		

A. Einführung

I. Literatur

Goldbrunner, Das neue Recht der Konzessionsvergabe, VergabeR 2016, 365; *Kruse,* Die Vergabe von Konzessionen, 2017; *Siegel,* Das neue Konzessionsvergaberecht, NVwZ 2016, 1672. **1**

II. Entstehungsgeschichte

§ 31 KonzVgV dient der Ausgestaltung der Vorgaben des GWB zu Zuschlagskriterien, **2** die sich in § 152 Abs. 3 GWB finden. Die Norm ist im bisherigen Vergaberecht **ohne Vorbild.**

III. Rechtliche Vorgaben im EU-Recht

§ 31 KonzVgV setzt die nicht bereits in § 152 Abs. 3 GWB überführten Regelungen **3** des **Art. 41 der RL 2014/23/EU** auf Verordnungsebene ins deutsche Recht um.[1] § 31 KonzVgV ergänzt § 152 Abs. 3 GWB insbesondere um Vorgaben zur Bekanntgabe und Bedeutung der Zuschlagskriterien. Die Regelung trägt damit dem Transparenz- und Gleichbehandlungsgrundsatz Rechnung.[2] Eine Konkretisierung des § 152 Abs. 3 GWB im Hinblick auf die in Betracht kommenden Zuschlagskriterien enthält § 31 KonzVgV ebenso

---

[1] BT-Drs. 18/7318, 266 f.
[2] Vgl. *Wagner/Pott* in Heiermann/Zeiss/Summa, jurisPK-VergR, 5. Aufl. 2016, § 31 KonzVgV Rn. 3.

wie die unionsrechtlichen Vorgaben nicht.[3] Insgesamt werden die Vorgaben der Konzessionsvergaberichtlinie eins zu eins umgesetzt.[4]

4   § 31 Abs. 1 KonzVgV implementiert die unionsrechtlich in Art. 41 Abs. 1 Unterabs. 2 der RL 2014/23/EU enthaltenen Bekanntmachungspflichten zu den Zuschlagskriterien. Danach sind die Zuschlagskriterien in absteigender Rangfolge nach Art. 41 Abs. 3 Unterabs. 1 und Anhang V Nummer 9 der RL 2014/23/EU in die Konzessionsbekanntmachung aufzunehmen, soweit nicht in anderen Vergabeunterlagen genannt.[5] Im Unterschied zur Richtlinienvorlage enthält § 31 Abs. 1 KonzVgV nicht den Hinweis, dass die absteigende Reihenfolge nach der Bedeutung der Zuschlagskriterien zu ermitteln ist. Ausweislich des Erwägungsgrunds 73 der RL 2014/23/EU sollen die Zuschlagskriterien im Sinne der Gleichbehandlung potentieller Bieter in absteigender Reihenfolge ihrer Wichtigkeit angegeben werden, weil die Bieter „dann alle Elemente kennen, die bei der Ausarbeitung ihrer Angebote zu berücksichtigen sind".[6] Eine Gewichtung ist im Unterschied zum Grundsatz bei der Auftragsvergabe (§ 58 Abs. 3 S. 1 VgV), aber in Parallelität zu § 58 Abs. 3 S. 3 VgV und § 52 Abs. 3 S. 3 SektVO nicht vorgesehen, wobei beide Vergleichsvorschriften die Nichtgewichtung der Zuschlagskriterien unter die Voraussetzung stellen, dass eine Gewichtung aus objektiven Gründen nicht möglich ist.[7] Der europäische Gesetzgeber hat auf das Gewichtungserfordernis im Rahmen der Konzessionsvergabe verzichtet, weil er eine Gewichtung der Zuschlagskriterien angesichts der notwendigen verfahrensrechtlichen Flexibilität für ungeeignet hielt.[8]

5   In § 31 Abs. 2 KonzVgV werden die Vorgaben des Art. 41 Abs. 3 Unterabs. 2 und 3 der RL 2014/23/EU zur ausnahmsweisen Änderung der Reihenfolge der Zuschlagskriterien umgesetzt. Abs. 3 überführt Art. 41 Abs. 2 Unterabs. 3 der RL 2014/23/EU in das deutsche Recht.[9]

B. Die Anforderungen im Einzelnen

I. Abs. 1: Angabe der Zuschlagskriterien in absteigender Rangfolge

6   Nach § 31 Abs. 1 KonzVgV sind die Zuschlagskriterien nach § 152 Abs. 3 GWB in **absteigender Reihenfolge** anzugeben. Die Norm ist dem in § 97 Abs. 1 GWB enthaltenen Transparenzprinzip geschuldet.

7   Abs. 1 kann zunächst entnommen werden, dass Zuschlagskriterien **bekannt gegeben** werden müssen. Da weder der RL 2014/23/EU noch der KonzVgV zu entnehmen ist, wann genau die Bekanntgabe zu erfolgen hat, gehören die Zuschlagskriterien nach dem zu verwendenden Standardformular nur dann zum zwingenden Inhalt der Konzessionsbekanntmachung nach § 19 KonzVgV, wenn sie nicht in anderen Konzessionsunterlagen enthalten sind. Allerdings müssen die Zuschlagskriterien den Bietern spätestens zum Zeitpunkt der Aufforderung zur (finalen) Angebotsabgabe zur Kenntnis gebracht worden sein, da andernfalls dem Transparenzgrundsatz nicht Genüge getan wäre.[10]

---

[3] Vgl. *von Hoff* in BeckOK VergabeR, Stand: 31.10.2016, § 152 GWB Rn. 13.

[4] *Kruse* Die Vergabe von Konzessionen, 2017, S. 177.

[5] BT-Drs. 18/7318, 267.

[6] Siehe dazu *Wagner/Pott* in Heiermann/Zeiss/Summa, jurisPK-VergR, 5. Aufl. 2016, § 31 KonzVgV Rn. 12.

[7] Siehe dazu *Wagner/Pott* in Heiermann/Zeiss/Summa, jurisPK-VergR, 5. Aufl. 2016, § 31 KonzVgV Rn. 16; *Tugendreich/Heller* in Müller-Wrede, GWB Vergaberecht, 2016, § 152 Rn. 65.

[8] Siehe dazu *Kruse* Die Vergabe von Konzessionen, 2017, S. 167, der für die Intention des Richtliniengebers auf das Plenarsitzungsdokument des Europäischen Parlaments verweist; siehe dazu ferner *Wagner/Pott* in Heiermann/Zeiss/Summa, jurisPK-VergR, 5. Aufl. 2016, § 31 KonzVgV Rn. 13.

[9] BT-Drs. 18/7318, S. 267.

[10] So auch *Wagner/Pott* in Heiermann/Zeiss/Summa, jurisPK-VergR, 5. Aufl. 2016, § 31 KonzVgV Rn. 7; siehe ferner *Kruse* Die Vergabe von Konzessionen, 2017, S. 159.

Darüber hinaus erfordert § 31 Abs. 1 KonzVgV, dass die Zuschlagskriterien „in absteigender Rangfolge anzugeben" sind, wobei sich die **Rangfolge** – wie sich aus einer Zusammenschau mit Art. 41 Abs. 1 Unterabs. 2 und Erwägungsgrund 73 der RL 2014/23/EU ergibt – nach der Wichtigkeit bemisst. Konkret heißt dies, dass Zuschlagskriterien mit der größten Bedeutung als erstes anzugeben sind und dann absteigend in der Wertung die als weniger bedeutend angesehenen Zuschlagskriterien.[11]   **8**

Im Unterschied zur Auftragsvergabe (vgl. § 58 Abs. 3 S. 1 VgV) müssen die Zuschlagskriterien bei der Konzessionsvergabe allerdings **nicht (konkret) gewichtet** werden, was auf den ersten Blick erstaunlich anmuten mag.[12] Eine solche Gewichtung anhand einer detaillierten Bewertungsmatrix ist den einzelnen Konzessionsgebern gleichwohl möglich, und vor dem Hintergrund des Transparenzgebots aus § 97 Abs. 1 GWB auch zu begrüßen.[13] Sie ermöglicht den Bietern eine realistischere Einschätzung ihrer Zuschlagschancen und damit eine optimale Vorbereitung ihrer Angebote.[14] Demgegenüber ist aus der bloßen Angabe der Zuschlagskriterien in absteigender Rangfolge für potentielle Bieter nicht vollumfänglich erkennbar, wo die Präferenzen und Schwerpunktsetzungen des Konzessionsgebers tatsächlich liegen.[15] Ferner wird durch die offengelegte konkrete Gewichtung etwaigen Willkürvorwürfen gegenüber den Konzessionsgebern vorgebeugt.[16] Außerdem spricht das Gleichbehandlungsgebot aus § 97 Abs. 2 GWB für eine solche Vorgehensweise, indem verhindert wird, dass die Auftraggeber die Zuschlagskriterien an die erhaltenen Angebote anpassen.[17] Schließlich profitiert auch der Konzessionsgeber, da die bewährte Methode der Gewichtung von Zuschlagskriterien und Unterkriterien gewährleistet, die Unterschiede zwischen den Angeboten in differenzierter Art und Weise herauszuarbeiten und zu bewerten.[18]   **9**

Über diese unstreitig gegebene Option des Konzessionsgebers, eine konkrete Gewichtung der Zuschlagskriterien vorzusehen, hinaus, wird teilweise argumentiert, dass eine **primärrechtskonforme Auslegung** der Umsetzungsverordnung sogar zu einer (grundsätzlichen) Pflicht zur Gewichtung und Bekanntgabe besagter Gewichtung der Zuschlagskriterien führe. Begründet wird dies mit dem vergaberechtlichen Transparenz- sowie mit dem Gleichbehandlungsgrundsatz (§ 97 Abs. 1 und 2 GWB), die dem grundsätzlichen und umfassenden Verzicht auf eine Gewichtung durch den Sekundärrechtsgesetzgeber vorgingen. Gewichtung und Bekanntgabe der Gewichtung vor (finaler) Angebotserstellung seien essenzielle Bausteine eines transparenten Vergabeverfahrens, was auch für die Konzessionsvergabe gelte. Dafür spreche schließlich auch die bisherige Rechtsprechung europäischer und deutscher Gerichte zur Auftragsvergabe.[19]   **10**

Nach hier vertretener Auffassung überschätzt diese Auffassung den Einfluss des Transparenzprinzips. Dieser erfordert nicht vollumfängliche Transparenz, sondern ist mit anderen Zielen und Prinzipien des Vergaberechts in Einklang zu bringen und dies zuvorderst durch den (Unions-)Gesetzgeber und nicht im Wege juristischer Auslegung. Da durch die Anga-   **11**

---

[11] Vgl. *Werner* in Willenbruch/Wieddekind, Vergaberecht, 4. Aufl. 2017, § 31 KonzVgV Rn. 2.

[12] So *Noch* Vergaberecht Kompakt, 7. Aufl. 2016, Rn. 1037.

[13] *Siegel* NVwZ 2016, 1672 (1676).

[14] Vgl. *Kruse* Die Vergabe von Konzessionen, 2017, S. 159 und 167.

[15] Vgl. *von Hoff* in BeckOK VergabeR, Stand: 31.10.2016, § 152 GWB Rn. 22.

[16] Vgl. *Wagner/Pott* in Heiermann/Zeiss/Summa, jurisPK-VergR, 5. Aufl. 2016, § 31 KonzVgV Rn. 15.

[17] Vgl. *Kruse* Die Vergabe von Konzessionen, 2017, S. 159; so auch *Tugendreich/Heller* in Müller-Wrede, GWB Vergaberecht, 2016, § 152 Rn. 68.

[18] Vgl. *Dicks* in KKPP, GWB, 4. Aufl. 2016, § 152 Rn. 15; siehe ferner *Tugendreich/Heller* in Müller-Wrede, GWB Vergaberecht, 2016, § 152 Rn. 67, die den Verzicht auf eine Gewichtung für „praktisch ausgeschlossen" halten, da eine Bewertung der Angebote auf der Grundlage verschiedener Zuschlagskriterien gedanklich eine – auch genaue – Festlegung voraussetze, mit welchem Gewicht die jeweiligen Kriterien in die Bewertung einfließen.

[19] So *Tugendreich/Heller* in Müller-Wrede, GWB Vergaberecht, 2016, § 152 Rn. 66 bis 72; eine solche Gewichtungs- und Bekanntgabepflicht hingegen verneinend *Kruse* Die Vergabe von Konzessionen, 2017, S. 167 sowie *Wagner/Pott* in Heiermann/Zeiss/Summa, jurisPK-VergR, 5. Aufl. 2016, § 31 KonzVgV Rn. 15.

be der Zuschlagskriterien in der Rangfolge ihrer Bedeutung bereits die Übermittlung der maßgeblichen Informationen zur Angebotsvorbereitung an potentielle Bieter gewährleistet ist und sich der Unionsrechtsgesetzgeber aus Sachgründen für einen großen Spielraum des Konzessionsgebers bei der Verfahrensgestaltung entschieden hat, der eine gewisse Flexibilität bei der Gewichtung der Zuschlagskriterien erfordert, ist die sekundärrechtliche Ausgestaltung und die entsprechende Umsetzung durch den deutschen Verordnungsgeber im Ergebnis **primärrechtlich nicht zu beanstanden.**

II. Abs. 2: Nachträgliche Änderung der Rangfolge der Zuschlagskriterien

12   Nach § 31 Abs. 2 S. 1 KonzVgV kann die Rangfolge der Zuschlagskriterien – wenn auch nicht die Zuschlagskriterien selbst (vgl. dazu auch § 12 Abs. 1 S. 3 KonzVgV)[20] – **im Nachhinein geändert** werden, wenn ein Angebot eine innovative Lösung mit außergewöhnlich hoher funktioneller Leistungsfähigkeit enthält, die der Konzessionsgeber nicht vorhersehen konnte.[21] Damit stellt § 31 Abs. 2 S. 1 KonzVgV eine Ausnahme vom Grundsatz der (strikten) Bindung an die bekannt gemachte Reihenfolge der Zuschlagskriterien dar, der seinerseits Ausfluss des sich aus § 97 Abs. 1 GWB ergebenden Transparenzprinzips ist.[22]

13   Der **Begriff der Innovation** wird weder in GWB noch KonzVgV, sondern lediglich in der RL 2014/23/EU und dort in Art. 5 Nr. 13 definiert.[23] „Innovation" ist danach die Einführung von neuen oder deutlich verbesserten Waren, Dienstleistungen oder Verfahren, einschließlich - aber nicht beschränkt auf - Produktions-, Bau- oder Konstruktionsverfahren, einer neuen Vermarktungsmethode oder eines neuen Organisationsverfahrens in Bezug auf Geschäftspraktiken, Abläufe am Arbeitsplatz oder externe Beziehungen, u.a. mit dem Zweck zur Meisterung gesellschaftlicher Herausforderungen beizutragen oder die Strategie Europa 2020 zu unterstützen.[24] Hintergrund der Bestimmung ist die Unterstützung der Ziele der Strategie Europa 2020 für intelligentes, nachhaltiges und integratives Wachstum. Die nachhaltige Stärkung innovativer Beschaffungen ist zudem von der Erkenntnis getragen, dass diese unerlässlich für die Verbesserung der Qualität und Effizienz öffentlicher Dienstleistungen in einer Zeit schwieriger Haushaltslagen sind.[25] Um dem Ausnahmecharakter der Norm gerecht zu werden, müssen an das Vorliegen einer innovativen Lösung hohe Anforderungen gestellt werden. Richtigerweise trägt der Konzessionsgeber die materielle Beweislast.[26]

14   Weiterhin muss es sich nach § 31 Abs. 2 S. 1 KonzVgV bei der innovativen Lösung, um eine solche mit **hoher funktioneller Leistungsfähigkeit** handeln.

15   Schließlich erfordert § 31 Abs. 2 S. 1 KonzVgV, dass der Konzessionsgeber die innovative Lösung auch bei aller Umsicht **nicht vorhersehen konnte,**[27] d.h. der Grund für die

---

[20] Dies verkennen *Tugendreich/Heller* in Müller-Wrede, GWB Vergaberecht, 2016, § 152 Rn. 75, wenn sie zwischen der bisherigen Rechtsprechung des EuGH zur Auftragsvergabe, wonach Zuschlagskriterien nach den primärrechtlichen Grundsätzen der Gleichbehandlung und Transparenz nach der ersten Prüfung der Angebote nicht mehr geändert werden dürfen, und § 31 Abs. 2 KonzVgV einen Widerspruch erkennen.

[21] Vgl. *Wagner/Pott* in Heiermann/Zeiss/Summa, jurisPK-VergR, 5. Aufl. 2016, § 31 KonzVgV Rn. 9 und 17.

[22] Vgl. *Goldbrunner* VergabeR 2016, 365 (382f.); siehe ferner *Kruse* Die Vergabe von Konzessionen, 2017, S. 160; siehe schließlich *Dörr* in Beck VergabRK, § 97 GWB Rn. 38f.

[23] Siehe zum Folgenden *Optiz* in Beck VergabRK, § 97 Abs. 3 GWB Rn. 16 sowie *Krönke* in Beck VergabRK, § 119 Abs. 7 GWB Rn. 3.

[24] Siehe dazu *Tugendreich/Heller* in Müller-Wrede, GWB Vergaberecht, 2016, § 152 Rn. 76.

[25] Siehe dazu *Wagner/Pott* in Heiermann/Zeiss/Summa, jurisPK-VergR, 5. Aufl. 2016, § 31 KonzVgV Rn. 21.

[26] So *Tugendreich/Heller* in Müller-Wrede, GWB Vergaberecht, 2016, § 152 Rn. 79.

[27] Siehe *Wagner/Pott* in Heiermann/Zeiss/Summa, jurisPK-VergR, 5. Aufl. 2016, § 31 KonzVgV Rn. 18; *Goldbrunner* VergabeR 2016, 365 (382f.).

Änderung der Reihenfolge der Zuschlagskriterien darf nicht aus der Sphäre des Konzessionsgebers stammen.[28]

Nach § 31 Abs. 2 S. 2 KonzVgV müssen die Bieter nach einer Änderung der Reihenfolge der Zuschlagskriterien unter Mitteilung der geänderten Reihenfolge und unter Wahrung der Mindestfrist **erneut zur Angebotsabgabe aufgefordert** werden. Wurden die Zuschlagskriterien bereits in der Bekanntmachung mitgeteilt, ist nach § 31 Abs. 2 S. 3 KonzVgV eine neue Konzessionsbekanntmachung unter Wahrung der Mindestfrist zu veröffentlichen. **16**

Wie sich aus Art. 41 Abs. 3 UAbs. 3 der RL 2014/23/EU ergibt, darf die Änderung der Reihenfolge **nicht zu einer Diskriminierung führen.** Die Vorschrift darf also insbesondere nicht herangezogen werden, um ein bestimmtes Angebot bzw. eine bestimmte Lösung zu bevorzugen, ohne dass die übrigen Voraussetzungen der Regelung erfüllt sind.[29] **17**

III. Abs. 3: Prüfungspflicht hinsichtlich der Erfüllung der Zuschlagskriterien

§ 31 Abs. 3 KonzVgV enthält die grundsätzliche Anweisung zu prüfen, ob Angebote **18** **tatsächlich die Zuschlagskriterien erfüllen,** wie sich bereits aus § 13 Abs. 1 KonzVgV sowie vor dem Hintergrund des Transparenz- und Gleichbehandlungsgebots aus der sich daraus ergebenden Selbstbindung des Konzessionsgebers ergibt.[30] Entgegen dem insoweit missverständlichen Wortlaut überprüft der Konzessionsgeber nach § 152 Abs. 3 GWB nicht, ob die Angebote die Zuschlagskriterien tatsächlich erfüllen.[31] Vielmehr stellt § 152 Abs. 3 GWB Vorgaben auf, die in Bezug auf die Aufstellung von Zuschlagskriterien zu beachten sind, d. h. im GWB werden Inhalt und Zusammenstellung der Kriterien geregelt. In § 31 Abs. 3 KonzVgV normiert der Verordnungsgeber demgegenüber nicht die Kriterien, sondern deren Wertung, d. h. die Prüfung ihres Vorliegens.[32] Ferner prüft der Konzessionsgeber nicht nur das „Ob" der Erfüllung, sondern auch das Ausmaß des Vorliegens der Zuschlagskriterien. Genauer wäre somit die Formulierung gewesen, „ob und inwieweit" die Angebote die Zuschlagskriterien erfüllen, wie sie auch in § 152 Abs. 3 S. 4 GWB Eingang gefunden hat.[33]

---

[28] Vgl. *Werner* in Willenbruch/Wieddekind, Vergaberecht, 4. Aufl. 2017, § 31 KonzVgV Rn. 3.

[29] Kritisch zur praktischen Umsetzbarkeit dieser Voraussetzung *Kruse* Die Vergabe von Konzessionen, 2017, S. 160.

[30] Vgl. *Wagner/Pott* in Heiermann/Zeiss/Summa, jurisPK-VergR, 5. Aufl. 2016, § 31 KonzVgV Rn. 4 und 25.

[31] Siehe zu § 152 Abs. 3 GWB *Burgi/Wolff* in Beck VergabRK § 152 GWB Rn. 16 ff.

[32] Vgl. auch *Wagner/Pott* in Heiermann/Zeiss/Summa, jurisPK-VergR, 5. Aufl. 2016, § 31 KonzVgV Rn. 24.

[33] So richtig *Goldbrunner* VergabeR 2016, 365 (383).

§ 32 Aufhebung von Vergabeverfahren

(1) Der Konzessionsgeber ist berechtigt, ein Vergabeverfahren ganz oder teilweise aufzuheben, wenn

1. kein Angebot eingegangen ist, das den Bedingungen entspricht,
2. sich die Grundlage des Vergabeverfahrens wesentlich geändert hat,
3. kein wirtschaftliches Ergebnis erzielt wurde oder
4. andere schwerwiegende Gründe bestehen.

Im Übrigen ist der Konzessionsgeber grundsätzlich nicht verpflichtet, den Zuschlag zu erteilen.

(2) Der Konzessionsgeber teilt den Bewerbern oder Bietern nach Aufhebung des Vergabeverfahrens unverzüglich die Gründe für seine Entscheidung mit, auf die Vergabe einer Konzession zu verzichten oder das Verfahren erneut einzuleiten. Auf Antrag teilt er ihnen dies in Textform nach § 126b des Bürgerlichen Gesetzbuchs mit.

Übersicht

	Rn.		Rn.
A. Einführung	1	III. Rechtliche Vorgaben im EU-Recht ..	4
I. Literatur	2	B. Regelungsgehalt	5
II. Entstehungsgeschichte	3		

A. Einführung

1 § 32 KonzVgV trifft Regelungen zur **Aufhebung** des Vergabeverfahrens sowie zur **Mitteilung** über die Gründe der Aufhebung und der etwaigen Neueinleitung des Vergabeverfahrens an die Bewerber und Bieter.

I. Literatur

2 *Gabriel/Mertens/Prieß/Stein,* BeckOK Vergaberecht, 3. Edition, Stand: 15.4.2017; *Siegel,* Das neue Konzessionsvergaberecht, NVwZ 2016, 1672; *Schröder,* Das Konzessionsvergabeverfahren nach der RL 2014/23/EU, NZBau 2015, 351.[1]

II. Entstehungsgeschichte

3 Die KonzVgV wurde im Rahmen der Vergaberechtsreform 2016 als Umsetzungsakt für die KVR erstmals eingeführt. Laut Gesetzesbegründung übernimmt § 32 KonzVgV den Inhalt des § 63 VgV, um für den Konzessionsgeber sowie die Bewerber und Bieter eine ebenso **interessengerechte Lösung** zu gewähren.[2]

III. Rechtliche Vorgaben im EU-Recht

4 § 32 KonzVgV hat keine konkrete Grundlage in der KVR. Art. 40 Abs. 1 UAbs. 1 KVR setzt voraus, dass ein Vergabeverfahren vom öffentlichen Auftraggeber oder Auftraggeber (zur Definition siehe Artt. 6 und 7 KVR) aufgehoben werden kann und dass dafür Gründe vorliegen müssen. **Voraussetzungen für die Aufhebung werden dort nicht bestimmt.** Die Regelung ist insofern vergleichbar mit Art. 55 VRL, welcher im Rahmen

---

[1] Siehe im Übrigen die Literaturhinweise zu → VgV § 63 Rn. 2.
[2] BT-Drs. 18/7318, S. 267.

der Kommentierung zu § 63 VgV herangezogen wird. Abgesehen von Anpassungen im Wortlaut auf die Besonderheiten der Konzessionsvergabe sind die Richtlinienvorschriften hinsichtlich der Unterrichtung bzgl. der Aufhebung des Vergabeverfahrens inhaltsgleich. Es kann deswegen insoweit auf die Kommentierung zu § 63 VgV verwiesen werden.[3]

B. Regelungsgehalt

Die Regelung entspricht im Wesentlichen § 63 VgV. Die KonzVgV spricht jedoch nicht **5** vom „öffentlichen Auftraggeber", sondern vom „Konzessionsgeber". Der Begriff „Auftrag" wird außerdem durch das Wort „Konzession" ersetzt. Dies ist angesichts der Systematik des GWB folgerichtig. §§ 98 ff., 103 ff. GWB unterscheiden u. a. zwischen öffentlichen Auftraggebern und Konzessionsgebern sowie zwischen öffentlichen Aufträgen und Konzessionen.[4] Bei der Anwendung der Norm **wirkt sich dieser Unterschied nicht weiter aus.** Es kann demnach vollumfänglich auf die Kommentierung zu § 63 VgV verwiesen werden.[5]

---

[3] → VgV § 63 Rn. 9 ff.
[4] Hierzu vertieft *Siegel* NVwZ 2016, 1672.
[5] → VgV § 63.

Abschnitt 3. Ausführung der Konzession

§ 33 Vergabe von Unteraufträgen

(1) Der Konzessionsgeber kann Unternehmen in der Konzessionsbekanntmachung oder den Vergabeunterlagen auffordern, bei Angebotsabgabe die Teile der Konzession, die sie im Wege der Unterauftragsvergabe an Dritte zu vergeben beabsichtigen, sowie, falls zumutbar, die vorgesehenen Unterauftragnehmer zu benennen. Vor Zuschlagserteilung kann der Konzessionsgeber von den Bietern, deren Angebote in die engere Wahl kommen, verlangen, die Unterauftragnehmer zu benennen und nachzuweisen, dass ihnen die erforderlichen Mittel dieser Unterauftragnehmer zur Verfügung stehen. Wenn ein Bewerber oder Bieter die Vergabe eines Teils der Konzession an einen Dritten im Wege der Unterauftragsvergabe beabsichtigt und sich zugleich im Hinblick auf seine Leistungsfähigkeit auf die Kapazitäten dieses Dritten beruft, ist auch § 25 Abs. 3 anzuwenden.

(2) Die Haftung des Hauptauftragnehmers gegenüber dem Konzessionsgeber bleibt von Absatz 1 unberührt.

(3) Der Konzessionsnehmer einer Baukonzession, der im Rahmen dieser Baukonzession Aufträge an Dritte vergibt, deren Gegenstand die Erbringung von Bauleistungen im Sinne des § 103 Absatz 3 des Gesetzes gegen Wettbewerbsbeschränkungen ist, hat in der Regel Teil B der Vergabe- und Vertragsordnung für Bauleistungen, die Allgemeinen Vertragsbedingungen für die Ausführung von Bauleistungen, und Teil C der Vergabe- und Vertragsordnung für Bauleistungen, die Allgemeinen Technischen Vertragsbedingungen für Bauleistungen, zum Vertragsgegenstand zu machen.

(4) Im Falle von Baukonzessionen und in Bezug auf Dienstleistungen, die in einer Einrichtung des Konzessionsgebers unter dessen direkter Aufsicht zu erbringen sind, schreibt der Konzessionsgeber in den Vertragsbedingungen vor, dass dieser spätestens bei Beginn der Durchführung der Konzession die Namen, die Kontaktdaten und die gesetzlichen Vertreter der Unterauftragnehmer mitteilt und dass jede im Rahmen der Durchführung der Konzession eintretende Änderung auf der Ebene der Unterauftragnehmer mitzuteilen ist. Der Konzessionsgeber kann die Mitteilungspflichten auch als Vertragsbedingungen für die Vergabe von Dienstleistungskonzessionen vorsehen, bei denen die Dienstleistungen nicht in der Einrichtung des Konzessionsgebers unter dessen direkter Aufsicht zu erbringen sind. Des Weiteren können die Mitteilungspflichten auch auf Lieferanten, die bei Bau- und Dienstleistungskonzessionen beteiligt sind, sowie auf weitere Stufen in der Kette der Unterauftragnehmer ausgeweitet werden.

(5) Für Unterauftragnehmer aller Stufen ist § 152 Absatz 4 in Verbindung mit § 128 Absatz 1 des Gesetzes gegen Wettbewerbsbeschränkungen anzuwenden.

(6) Der Konzessionsgeber überprüft vor der Erteilung des Zuschlags, ob Gründe für den Ausschluss der Unterauftragnehmer vorliegen. Bei Vorliegen zwingender Ausschlussgründe verlangt der Konzessionsgeber, dass der Unterauftragnehmer ersetzt wird, bei Vorliegen fakultativer Ausschlussgründe kann der Konzessionsgeber verlangen, dass der Unterauftragnehmer ersetzt wird. Der Konzessionsgeber kann dem Bewerber oder Bieter dafür eine Frist setzen.

Übersicht

	Rn.		Rn.
A. Einführung	1	B. Unteraufträge in der VgV, SektVO	
I. Literatur	1	und der EU VOB/A	4
II. Entstehungsgeschichte	2	C. Systematik des § 33 KonzVgV und	
III. Rechtliche Vorgaben im EU-Recht	3	Abgrenzung	5

	Rn.		Rn.
D. Kein generelles Selbstausführungs-gebot bzw. Fremdausführungsver-bot	7	G. Vertragsbedingungen bei Baukon-zessionen (Abs. 3)	12
E. Auskunftsverlangen (Abs. 1)	8	H. Mitteilungspflichten während der Auftragsausführung (Abs. 4)	13
I. Gestuftes Auskunftsverlangen	8	I. Anwendbarkeit des § 128 Abs. 1 GWB (Abs. 5)	14
II. Austausch des Unterauftragnehmers	9		
III. Doppelbeteiligung im Vergabeverfah-ren	10	J. Ausschluss des Unterauftragnehmers (Abs. 6)	15
F. Haftung des Hauptauftragnehmers (Abs. 2)	11	K. Rechtsschutz	16

A. Einführung

I. Literatur

Burgi, Nachunternehmerschaft und wettbewerbliche Untervergabe, NZBau 2010, 593; *Conrad,* Die verga- **1**
berechtliche Unterscheidung zwischen Nachunternehmereinsatz und Eignungsleihe, VergabeR 2012, 15;
Heuvels NZBau 2013, 485; Bedeutung und Rechtsfolgen des Nachunternehmeraustauschs bei der Vergabe
von Dienstleistungskonzessionen; *Rosenkötter/Bary,* Eignungsleihe doch nur als Nachunternehmer? NZBau
2012, 486; *Stoye/Hoffmann,* Nachunternehmerbenennung und Verpflichtungserklärung im Lichte der neuesten BGH-Rechtsprechung und der VOB/A 2009, VergabeR 2009, 569.

II. Entstehungsgeschichte

Da es bislang keine KonzVgV gab, liegt nun auch erstmals mit der Vergaberechtsreform **2**
im April 2016 eine Regelung für Unteraufträge bei Konzessionen vor.

III. Rechtliche Vorgaben im EU-Recht

Mit § 33 KonzVgV wird Art. 142 der Richtlinie 2014/23/EU umgesetzt. Weitergehen- **3**
de Ausführungen zu Unteraufträgen finden sich in Erwägungsgrund 72 wieder. Sie erläutern näher die Bestimmungen des Art. 142 der Richtlinie 2014/23/EU.

B. Unteraufträge in der VgV, SektVO und der EU VOB/A

Sowohl § 36 VgV als auch § 34 SektVO enthalten mit § 33 KonzVgV vergleichbare **4**
Regelungen, die ebenfalls im Zuge der Vergaberechtsreform im April 2016 neu hinzugekommen sind. Einzig die EU VOB/A enthält keine vergleichbare Vorschrift. Hier gibt es
nur sehr rudimentäre Vorgaben zu Unteraufträgen in § 5 Abs. 2 Nr. 1 EU VOB/A (Losvergabe), § 6a Nr. 3i) EU VOB/A (Eignungsnachweise), § 8 Abs. 2 Nr. 2 EU VOB/A
(Vergabeunterlagen) und § 22 Abs. 2 Nr. 4 lit. c) EU VOB/A (Auftragsänderungen während der Vertragslaufzeit). Eine umfassende Regelung wie in der VgV, SektVO und
KonzVgV wäre allein schon aus Gründen der Harmonisierung und Vereinheitlichung des
Vergaberechts wünschenswert.

C. Systematik des § 33 KonzVgV und Abgrenzung

Die Systematik des § 33 KonzVgV weist eine Besonderheit auf. Grundsätzlich regelt die **5**
KonzVgV den Ablauf des Vergabeverfahrens. § 33 KonzVgV enthält darüber hinaus in sei-

nen Abs. 2 bis 5 Vorgaben für die Phase der Auftragsausführung, also für die Zeit nach Abschluss des Vergabeverfahrens. Diese Besonderheit ist Art. 142 der Richtlinie 2014/23/EU geschuldet, der durch § 33 KonzVgV umgesetzt wird und der vergleichbare Regelungen für die Phase der Auftragsausführungen enthält.

6   Unterauftragnehmer (Subunternehmer, Nachunternehmer) sind von reinen Hilfsleistungen wie beispielsweise Zulieferleistungen und der Eignungsleihe gemäß § 25 Abs. 3 KonzVgV zu unterscheiden.[1]

D. Kein generelles Selbstausführungsgebot bzw. Fremdausführungsverbot

7   Grundsätzlich steht es den Bietern frei zu entscheiden, ob und in welchem Umfang sie Unterauftragnehmer im Auftragsfall einsetzen wollen. Dieses Recht kann durch den Konzessionsgeber in der Regel nicht eingeschränkt werden. Das Vergaberecht kennt also **kein Selbstausführungsgebot bzw. Fremdausführungsverbot** des Bieters.[2]

E. Auskunftsverlangen (Abs. 1)

I. Gestuftes Auskunftsverlangen

8   § 33 Abs. 1 KonzVgV sieht ein **gestuftes Auskunftsverlangen** des Konzessionsgebers vor. So kann er von den Bietern gemäß Abs. 1 S. 1 verlangen, *mit Angebotsabgabe* anzugeben, welche Leistungsteile von einem Unterauftragnehmer erbracht werden sollen. Nur wenn es ausnahmsweise zumutbar ist, kann schon in diesem Stadium verlangt werden, die Unterauftragnehmer namentlich zu benennen. Bei der Frage der Zumutbarkeit sind die Interessen des Konzessionsgebers und der Bieter zu berücksichtigen, wobei der Bieter, der sich auf die Unzumutbarkeit beruft, die dafür maßgeblichen Umstände dartun muss.[3] *Vor Zuschlagserteilung* ist der Konzessionsgeber nach Abs. 1 S. 2 in jedem Fall dazu berechtigt, von den Bietern, die in die engere Auswahl gekommen sind, zu verlangen, die Unterauftragnehmer zu benennen und deren Eignung nachzuweisen.[4] Diese Auskunft dient vor allem dem Zweck, dass der Konzessionsgeber die Eignung des Unterauftragnehmers prüfen kann.[5]

II. Austausch des Unterauftragnehmers

9   Sofern Bieter Unterauftragnehmer benannt haben, ist ein **nachträglicher Austausch des Unterauftragnehmers** im Vergabeverfahren **nicht zulässig.**[6]

III. Doppelbeteiligung im Vergabeverfahren

10 Doppelbeteiligungen durch Unterauftragnehmer an einem Vergabeverfahren sind **nicht generell unzulässig.**[7]

---

[1] → § 36 VgV Rn. 7 f.
[2] → § 36 VgV Rn. 9 ff.
[3] BGH 3.4.2012 – X ZR 130/10 = NZBau 2012, 513 (515).
[4] → § 36 VgV Rn. 12 ff.
[5] → § 36 VgV Rn. 14 ff.
[6] → § 36 VgV Rn. 17 f. Ausführlich für den Austausch nach Zuschlagserteilung bei Dienstleistungskonzessionen: *Heuvels* NZBau 2013, 485.

F. Haftung des Hauptauftragnehmers (Abs. 2)

In § 33 Abs. 2 KonzVgV wird klargestellt, dass der Bieter bzw. Hauptauftragnehmer ge- **11** genüber dem Konzessionsgeber uneingeschränkt haftet, auch wenn er Unterauftragnehmer einsetzen will. Für das Vergabeverfahren hat diese Regelung keine Bedeutung. Vielmehr betrifft sie die **Auftragsausführung,** also die Phase nach Zuschlagserteilung. Da nur der Auftragnehmer in einem vertraglichen Verhältnis zum Konzessionsgeber steht, haftet dieser naturgemäß uneingeschränkt bzw. für seine Unterauftragnehmer nach § 278 BGB.

G. Vertragsbedingungen bei Baukonzessionen (Abs. 3)

§ 33 Abs. 3 KonzVgV betrifft ebenso die **Phase nach Zuschlagserteilung.** Speziell für **12** Baukonzessionen stellt diese Vorschrift klar, dass bei einer Unterauftragsvergabe von Bauleistungen der Konzessionsnehmer die VOB/B und die VOB/C zum Vertragsgegenstand zu machen sind. Hiermit wird § 22 Abs. 2 Nr. 1 EG VOB/A i. V. m. § 8 Abs. 3 EG VOB/A in die KonzVgV überführt, denn bis zur Vergaberechtsreform im April 2016 waren die Vorgaben für Baukonzessionen in § 22 EG VOB/A geregelt.

H. Mitteilungspflichten während der Auftragsausführung (Abs. 4)

Auch die Regelung des § 33 Abs. 4 KonzVgV richtet sich in erster Linie an die **Phase 13 der Auftragsausführung nach Zuschlagserteilung.** Dabei dient diese Vorschrift der **Transparenz** hinsichtlich der eingesetzten Unterauftragnehmerkette und Lieferanten.[8]

I. Anwendbarkeit des § 128 Abs. 1 GWB (Abs. 5)

§ 33 Abs. 5 KonzVgV stellt klar, dass § 128 Abs. 1 GWB auch für Unterauftragnehmer **14** gilt. Hiernach haben Unternehmen bei der Auftragsausführung alle für sie geltenden rechtlichen Verpflichtungen einzuhalten, insbesondere Steuern, Abgaben und Beiträge zur Sozialversicherung zu entrichten, die arbeitsschutzrechtlichen Regelungen einzuhalten und Mindestarbeitsbedingungen und den Mindestlohn zu gewähren.[9]

J. Ausschluss des Unterauftragnehmers (Abs. 6)

Während die Abs. 2 bis 5 die Auftragsausführung betreffen, macht Abs. 6 wiederum **15** Vorgaben für das Vergabeverfahren. Dabei knüpft Abs. 6 an den Zeitpunkt vor Zuschlagserteilung an, der auch für Abs. 1 S. 2 entscheidend ist. Während nach Abs. 1 S. 2 zu diesem Zeitpunkt die namentliche Benennung der Unterauftragnehmer und die Vorlage von Verpflichtungserklärungen von den Bietern gefordert werden können, bestimmt Abs. 6, dass der Konzessionsgeber die Unterauftragnehmer auf mögliche Ausschlussgründe zu prüfen hat. Darüber hinaus hat er ebenso die **Eignung** der Unterauftragnehmer zu prüfen, auch wenn dies in § 33 KonzVgV nicht ausdrücklich geregelt ist.[10]

---

[7] → § 36 VgV Rn. 19.
[8] → § 36 VgV Rn. 21 ff.
[9] → § 128 GWB Rn. 9 ff.
[10] → § 36 VgV Rn. 14.

K. Rechtsschutz

16   Nur § 33 Abs. 5 KonzVgV ist **bieterschützend.**[11]

---

[11] → § 36 VgV Rn. 28.

Abschnitt 4. Übergangs- und Schlussbestimmungen

§ 34 Übergangsbestimmung für die elektronische Kommunikation und elektronische Übermittlung von Teilnahmeanträgen und Angeboten

Abweichend von § 28 Absatz 1 kann der Konzessionsgeber bis zum 18. Oktober 2018 die Übermittlung der Teilnahmeanträge und Angebote auch auf dem Postweg, einem anderen geeigneten Weg, Fax oder durch die Kombination dieser Mittel verlangen. Dasselbe gilt für die sonstige Kommunikation im Sinne des § 7 Absatz 1, soweit sie nicht die Übermittlung von Bekanntmachungen gemäß § 23 und die Bereitstellung der Vergabeunterlagen gemäß § 17 betrifft.

Übersicht

	Rn.		Rn.
A. Einführung	1	B. Die Regelungen im Einzelnen	5
I. Literatur	1	I. Parallele zu § 81 VgV	5
II. Entstehungsgeschichte	2	II. Grundsatz: Übergangsfrist	6
III. Rechtliche Vorgaben im EU-Recht	3	III. Ausnahmen: Keine Übergangsfrist	9

A. Einführung

I. Literatur

Siehe die Hinweise zur Literatur zu § 7 KonzVgV.[1] **1**

II. Entstehungsgeschichte

Siehe die Hinweise zur Entstehungsgeschichte von § 7 KonzVgV.[2] **2**

III. Rechtliche Vorgaben im EU-Recht

Als Teil von Artikel 3 VergRModVO dient auch § 34 KonzVgV, wie die amtliche Fuß- **3** note 1 zur VergRModVO belegt, der Umsetzung der EU-Konzessionsrichtlinie.[3]

Die Konzessionsrichtlinie schreibt den Grundsatz der Verwendung elektronischer Mittel **4** nicht generell verbindlich vor. Deshalb **fehlt in der Konzessionsrichtlinie auch eine Übergangsbestimmung** wie Art. 90 der Vergaberichtlinie 2014/24, die die Verpflichtung zur Verwendung elektronischer Mittel der Kommunikation bis längstens 18. Oktober 2018 aufzuschieben erlaubt. Allerdings hat Deutschland mit § 7 KonzVgV von dem in Art. 29 Abs. 1 UAbs. 2 der Konzessionsrichtlinie eingeräumten Ermessen Gebrauch gemacht, die Verwendung elektronischer Mittel für das Konzessionsvergabeverfahren verbindlich vorzuschreiben.[4] Mit § 34 KonzVgV eröffnet der Verordnungsgeber Konzessionsgebern dieselbe Übergangsfrist, wie sie öffentlichen Auftraggebern, die nicht zentrale Beschaffungsstellen sind, in § 81 VgV eingeräumt wird, so dass sie bis längstens 18. Oktober 2018 – außer in den in Satz 2 genannten Ausnahmen – davon absehen können, elektronische Mittel zu

---

[1] → § 7 KonzVgV.

[2] → § 7 KonzVgV.

[3] Richtlinie 2014/23/EU des Europäischen Parlaments und des Rates vom 26. Februar 2014 über die Konzessionsvergabe (ABl. L 94 v. 28.3.2014, S. 1).

[4] Siehe dazu die Kommentierung der rechtlichen Vorgaben im EU-Recht zu § 7 KonzVgV. → § 7 KonzVgV.

verwenden. Dennoch ist die **Übergangsbestimmung in Art. 90 der Vergaberichtlinie 2014/24** im Anwendungsbereich der KonzVgV **nicht anwendbar.**

B. Die Regelungen im Einzelnen

I. Parallele zu § 81 VgV

5   Der Wortlaut von § 34 KonzVgV ist eng am Wortlaut in § 81 VgV angelehnt. § 34 KonzVgV regelt als „Übergangsbestimmung für die elektronische Kommunikation und elektronische Übermittlung von Teilnahmeanträgen und Angeboten" vergleichbar wie § 81 VgV „Übergangsbestimmungen" und steht ebenso systematisch im Abschnitt „Übergangs- und Schlussbestimmungen". Es wird daher zunächst auf die Kommentierung von § 81 VgV verwiesen.[5]

II. Grundsatz: Übergangsfrist

6   Ebenso wie § 81 S. 1 VgV für Vergabeverfahren öffentlicher Auftraggeber, die keine zentralen Beschaffungsstellen sind, gesteht § 34 S. 1 Konzessionsgebern für eine **Übergangsfrist bis 18. Oktober 2018** das Recht zu, abweichend von § 28 Abs. 1 KonzVgV von Bietern und Bewerbern zu verlangen, dass sie **Angebote und Teilnahmeanträge** nicht mithilfe elektronischer Mittel übermitteln, sondern stattdessen auf dem Postweg, einem anderen geeigneten Weg, Fax oder durch die Kombination dieser Mittel.

7   Dasselbe gilt, ebenso wie es § 81 S. 2 VgV für § 9 Abs. 1 VgV zulässt, auch gemäß § 34 S. 2 VgV für die **sonstige Kommunikation** im Sinne von § 7 Abs. 1 KonzVgV.

8   Mit Blick auf die in § 34 S. 1 KonzVgV im Vergleich zu § 81 S. 1 VgV fehlende Regelung für **Interessenbestätigungen** wird auf die Kommentierung derselben Frage in § 7 Abs. 2 KonzVgV verwiesen.[6]

III. Ausnahmen: Keine Übergangsfrist

9   Ebenso wie § 81 S. 2 VgV für Vergabeverfahren öffentlicher Auftraggeber lässt auch § 34 S. 2 KonzVgV **keine Übergangsfrist** zu für die Pflicht, **Bekanntmachungen**, gemäß der Legaldefinition in § 23 Abs. 1 KonzVgV also Konzessionsbekanntmachungen, Vorinformationen, Vergabebekanntmachungen und Bekanntmachungen zu Änderungen einer Konzession, dem Amt für Veröffentlichungen der Europäischen Union mit elektronischen Mitteln **zu übermitteln.**

10   Ebenso wie § 81 S. 2 VgV lässt § 34 S. 2 KonzVgV weiterhin auch **keine Übergangsfrist** für die Pflicht nach § 17 KonzVgV zu, die **Vergabeunterlagen** unter einer elektronischen Adresse **zum Abruf bereitzustellen.**

11   Die Pflichten zur Übermittlung von Bekanntmachungen an das Amt für Veröffentlichungen der Europäischen Union mit elektronischen Mitteln gemäß § 23 KonzVgV und zur Bereitstellung der Vergabeunterlagen zum Abruf unter einer elektronischen Adresse gemäß § 17 KonzVgV gelten für Konzessionsgeber somit **uneingeschränkt seit Inkrafttreten der KonzVgV als Art. 3 der VergRModVO am 18.4.2016** (Art. 7 Abs. 1 VergRModVO).

---

[5] → § 81 VgV.
[6] → § 7 Abs. 2 KonzVgV.

§ 35 Elektronische Kommunikation durch Auslandsdienststellen

Auslandsdienststellen sind bei der Vergabe von Konzessionen nicht verpflichtet, elektronische Mittel nach den §§ 7 bis 11 und 28 dieser Verordnung anzuwenden.

Übersicht

	Rn.		Rn.
A. Einführung	1	II. Persönlicher Anwendungsbereich – Auslandsdienststellen	8
I. Literatur	1		
II. Entstehungsgeschichte	2	III. Sachlicher Anwendungsbereich – Keine Pflicht zur Anwendung bestimmter elektronischer Mittel	9
III. Rechtliche Vorgaben im EU-Recht	3		
B. Die Regelungen im Einzelnen	6	IV. Zwingende Pflichten zur Anwendung elektronischer Mittel	11
I. Anwendbarkeit des Vergaberechts für Auslandsdienststellen?	6		

A. Einführung

I. Literatur

Siehe die Hinweise zur Literatur zu § 7 KonzVgV[1] sowie Ollmann, VergabeR 2016, 687 (692 f.).　　**1**

II. Entstehungsgeschichte

Siehe die Hinweise zur Entstehungsgeschichte von § 7 KonzVgV.[2]　　**2**

III. Rechtliche Vorgaben im EU-Recht

Als Teil von Artikel 3 VergRModVO dient auch § 35 KonzVgV, wie die amtliche Fuß- **3** note 1 zur VergRModVO belegt, der Umsetzung der EU-Konzessionsrichtlinie.[3]

Die Konzessionsrichtlinie schreibt, anders als die Vergaberichtlinie 2014/24, den **4** **Grundsatz der Verwendung elektronischer Mittel nicht generell verbindlich** vor. Artikel 29 Abs. 1 UAbs. 1 der Konzessionsrichtlinie stellt allerdings klar, dass von der Pflicht zur Verwendung elektronischer Mittel gemäß Artikel 33 Absatz 2 und Artikel 34 nicht abgewichen werden kann, d. h. **Bekanntmachungen zwingend mit elektronischen Mitteln** an das Amt für Veröffentlichungen der Europäischen Union **zu übersenden** sind und **zwingend** auch die **Vergabeunterlagen unter einer elektronischen Adresse zum Abruf bereitzustellen** sind.

Die Konzessionsrichtlinie enthält hingegen **keine Vorgaben für** die elektronische **5** Kommunikation durch **Auslandsdienststellen**.

---

[1] → § 7 KonzVgV.
[2] → § 7 KonzVgV.
[3] Richtlinie 2014/23/EU des Europäischen Parlaments und des Rates vom 26. Februar 2014 über die Konzessionsvergabe (ABl. L 94 v. 28.3.2014, S. 1).

B. Die Regelungen im Einzelnen
I. Anwendbarkeit des Vergaberechts für Auslandsdienststellen?

6   Die Regelung unterstellt die **Anwendbarkeit des EU-Vergaberechts auf Auslandsdienststellen** des EU-Mitgliedstaats Deutschland. Dies wird in der Fachliteratur teilweise bestritten.[4]

7   Richtig ist, dass die Konzessionsrichtlinie und in ihrer Umsetzung das GWB-Vergaberecht Ausnahmen von der Anwendbarkeit des Vergaberechts z. B. für Vergaben auf der Grundlage internationaler Verfahrensregeln in § 109 GWB[5] und in § 117 GWB[6] für Vergaben, die Verteidigungs- oder Sicherheitsaspekte von im Ausland stationierten Truppen betreffen, vorsehen. Abgesehen von den gesetzlichen Ausnahmen ist allerdings nicht erkennbar, woraus sich die Nichtanwendbarkeit des Vergaberechts für Auslandsdienststellen ergeben sollte. Abgesehen von den gesetzlichen Ausnahmen ist daher das **EU-Vergaberecht und das deutsche Konzessionsvergaberecht** (GWB und KonzVgV), **für Auslandsdienststellen,** die Konzessionsgeber sind, **anwendbar.**

II. Persönlicher Anwendungsbereich – Auslandsdienststellen

8   Die Freistellung von der Pflicht, elektronische Mittel nach den §§ 7 bis 11 und 28 der KonzVgV anzuwenden, betrifft **Auslandsdienststellen,** bei denen es sich um Konzessionsgeber i. S. v. § 101 GWB handelt. Als Beispiele nennt die amtliche Begründung des Verordnungsgebers **Auslandsvertretungen im Zuständigkeitsbereich des Auswärtigen Amtes,**[7] d. h. Botschaften, Generalkonsulate, Konsulate sowie ständige Vertretungen bei zwischenstaatlichen und überstaatlichen Organisationen[8] und, aufgrund von Vereinbarungen mit anderen Staaten, gemeinsame diplomatische oder konsularische Auslandsvertretungen in Drittstaaten.[9] Weiterhin nennt die amtliche Begründung des Verordnungsgebers beispielhaft **außerhalb Deutschlands stationierte Einheiten der Bundeswehr.**[10]

III. Sachlicher Anwendungsbereich – Keine Pflicht zur Anwendung bestimmter elektronischer Mittel

9   Alle Auslandsdienststellen sind **von der Pflicht zur Anwendung elektronischer Mittel nach den §§ 7 bis 11 und 28 KonzVgV befreit.** Dies, da sich die Möglichkeiten zur elektronischen Kommunikation von Auslandsdienststellen weltweit je nach Dienstort technisch stark unterscheiden könnten, weil teilweise nur Satelliten-Verbindung möglich sei.[11] Ob diese amtliche Begründung überzeugt, da es durchaus Auslandsvertretungen, z. B. deutsche Botschaften, auch in den EU-Mitgliedstaaten oder anderen kommunikationstechnisch modern versorgten Gebieten gibt, mag dahingestellt sein. Art. 29 Abs. 1 UAbs. 1 der Konzessionsrichtlinie räumt den Mitgliedstaaten aber ohne weitere Bedingungen die Möglichkeit ein, Ausnahmen von der Pflicht zur Anwendung elektronischer Mittel

---

[4] *Ollmann* VergabeR 2016, 687 (693), unter Verweis (in Fn. 24) auf *Eckebrecht* Auftragsvergaben extraterritorialer Einrichtungen, 2015, S. 338 ff.
[5] → § 109 GWB.
[6] → § 117 GWB Rn. 24.
[7] Begründung der Bundesregierung auf BT-Drs. 18/7318 zu § 35, S. 268.
[8] § 3 Abs. 1 des Gesetzes über den Auswärtigen Dienst (GAD).
[9] § 4 Abs. 1 GAD.
[10] Begründung der Bundesregierung auf BT-Drs. 18/7318 zu § 35, S. 268.
[11] Begründung der Bundesregierung auf BT-Drs. 18/7318 zu § 35, S. 268.

vorzusehen. Hiervon macht § 35 KonzVgV **europarechtskonform** für Auslandsdienststellen Gebrauch.[12]

Die Ausnahme von der Pflicht zur Anwendung elektronischer Mittel betrifft die §§ 7 bis **10**
11 und 28 KonzVgV. Das bedeutet:

- Auslandsdienststellen, bei denen es sich um Konzessionsgeber handelt, können für alle
  Mitteilungen und für den gesamten Kommunikations- und Informationsaustausch statt
  der elektronischen Mittel sämtliche der in Art. 29 Abs. 1 UAbs. 1 der Konzessionsrichtlinie genannten Kommunikationsmittel nutzen, wie zum Beispiel Post oder Fax oder die
  mündliche Mitteilung, sofern der Inhalt der mündlichen Mitteilung auf einem dauerhaften Datenträger hinreichend dokumentiert wird.
- Darüber hinaus sind Bewerber und Bieter in Vergabeverfahren durch Auslandsdienststellen nicht verpflichtet, Teilnahmeanträge und Angebote elektronisch einzureichen.[13]

IV. Zwingende Pflichten zur Anwendung elektronischer Mittel

§ 35 KonzVgV bedeutet keine umfassende Freistellung der Auslandsdienststellen von der **11**
Pflicht zur Anwendung elektronischer Mittel.

Auch Auslandsdienststellen müssen **Bekanntmachungen** (§ 23 Abs. 1 KonzVgV), **12**
wenn und soweit sie erforderlich sind (§§ 19–23 KonzVgV), **mit elektronischen Mitteln
an das Amt für Veröffentlichungen der Europäischen Union übersenden** (§ 23
Abs. 1 KonzVgV) und eine **elektronische Adresse** gemäß § 17 KonzVgV angeben, unter
der die **Vergabeunterlagen zum Abruf** bereitstehen.[14]

Dieses Verständnis entspricht **europarechtskonform** den zwingenden Vorgaben in **13**
Art. 29 Abs. 1 UAbs. 1 der Konzessionsrichtlinie.[15]

---

[12] Begründung der Bundesregierung auf BT-Drs. 18/7318 zu § 35, S. 268.
[13] Begründung der Bundesregierung auf BT-Drs. 18/7318 zu § 35, S. 268.
[14] Begründung der Bundesregierung auf BT-Drs. 18/7318 zu § 35, S. 268 f.
[15] Dazu oben, A. III.

§ 36 Fristberechnung

Die Berechnung der in dieser Verordnung geregelten Fristen bestimmt sich nach der Verordnung (EWG, Euratom) Nr. 1182/71 des Rates vom 3. Juni 1971 zur Festlegung der Regeln für die Fristen, Daten und Termine (ABl. L 124 vom 8.6.1971, S. 1).

Übersicht

	Rn.		Rn.
A. Einführung	1	III. Rechtliche Vorgaben im EU-Recht	3
I. Literatur	1	**B. Die Regelung im Einzelnen**	6
II. Entstehungsgeschichte	2		

A. Einführung

I. Literatur

1   Siehe die Literaturhinweise in Band 1 zu §§ 151 bis 154 GWB.

II. Entstehungsgeschichte

2   Siehe die Hinweise zur Entstehungsgeschichte von § 7 KonzVgV.[1] Die amtliche Begründung des Verordnungsgebers gibt keine weitergehenden Anhaltspunkte zum Verständnis von § 36 KonzVgV.[2]

III. Rechtliche Vorgaben im EU-Recht

3   Als Teil von Artikel 3 VergRModVO dient auch § 36 KonzVgV, wie die amtliche Fußnote 1 zur VergRModVO belegt, der Umsetzung der EU-Konzessionsrichtlinie.[3]

4   Die **Konzessionsrichtlinie schweigt zur** Frage der Anwendbarkeit der **Verordnung Nr. 1182/71.** Darin unterscheidet sie sich von der Vergaberichtlinie 2014/24 und der Sektorenrichtlinie 2014/25, die in Erwägungsgrund 106 bzw. 112 die Anwendung der VO 1182/71 ausdrücklich vorschreiben.

5   Die VO 1182/71 enthält einheitliche allgemeine Regeln für die Fristen, Daten und Termine, die in den Rechtsakten des Rates der Europäischen Union oder der Kommission der Europäischen Gemeinschaften festgelegt werden.[4] Die **Konzessionsrichtlinie** ist ein Rechtsakt des Europäischen Parlaments und des Rates der Europäischen Union und **fällt** mithin **in den Anwendungsbereich der VO 1182/71.** Die **VO 1182/71** hat allgemeine Geltung, ist in allen ihren Teilen verbindlich und **gilt unmittelbar in jedem Mitgliedstaat** (Art. 288 AEUV). Der Verweis auf die Anwendbarkeit der VO 1182/71 bei der Fristenberechnung in § 36 KonzVgV ist mithin **deklaratorisch;** die VO 1182/71 ist ohnehin anzuwenden.

---

[1] → § 7 KonzVgV.
[2] Begründung der Bundesregierung auf BT-Drs. 18/7318 zu § 36, S. 269.
[3] Richtlinie 2014/23/EU des Europäischen Parlaments und des Rates vom 26. Februar 2014 über die Konzessionsvergabe (ABl. L 94 v. 28.3.2014, S. 1).
[4] EuGH 11.11.2004 – C 173/03, Rn. 3 – Toeters und Verberk.

B. Die Regelung im Einzelnen

Der Wortlaut von § 36 KonzVgV ist identisch mit dem Wortlaut von § 82 VgV. § 36 **6**
KonzVgV regelt die „Fristberechnung" genauso wie § 82 VgV die „Fristenberechnung"
und steht ebenso systematisch im Abschnitt der „Übergangs- und Schlussbestimmungen".
Es wird daher auf die Kommentierung von § 82 VgV verwiesen.[5]

Nicht überzeugend ist die Ansicht, die Wartepflicht während der Stillhaltefrist nach
§§ 154 Nr. 4, 134 Abs. 2 S. 1 GWB bemesse sich nach Art. 3 Abs. 4 Satz 2 der VO
1182/71.[6] Zunächst gilt der Verweis in § 82 KonzVgV auf die VO 1182/1 nur für die Berechnung der in der KonzVgV geregelten Fristen. Außerdem handelt es sich bei der Stillhaltefrist nach §§ 154 Nr. 4, 134 Abs. 2 S. 1 GWB nicht um eine Frist, „die von einem
bestimmten Datum oder einem bestimmten Ereignis an rückwirkend berechnet" wird.
Auch teleologisch kann nichts anderes gelten: Die Wartepflicht während der Stillhaltefrist
dient, bis zum letzten Tag, dem Bieterrechtsschutz. Dieser ist an einem Sonnabend, Sonntag und Feiertag vor den Vergabekammern nicht zu erreichen.

---

[5] → § 82 VgV.
[6] A. A. *Völlink* in Ziekow/Völlink § 82 VgV Rn. 6. Im Ergebnis auch offenbar a. A. OLG Düsseldorf,
14.5.2008, Verg 11/08, BeckRS 2009, 05987.

4. Vergabe- und Vertragsordnung für Bauleistungen Teil A (VOB/A) Allgemeine Bestimmungen für die Vergabe von Bauleistungen

Ausgabe 2016

Vom 7. Januar 2016

(BAnz AT 19.1.2016 B3, 3)

Abschnitt 2. Vergabebestimmungen im Anwendungsbereich der Richtlinie 2014/24/EU (VOB/A-EU)

§ 1 Anwendungsbereich

(1) **Bauaufträge sind Verträge über die Ausführung oder die gleichzeitige Planung und Ausführung**

1. **eines Bauvorhabens oder eines Bauwerks für einen öffentlichen Auftraggeber, das**
   a) **Ergebnis von Tief- oder Hochbauarbeiten ist und**
   b) **eine wirtschaftliche oder technische Funktion erfüllen soll oder**

2. **einer dem öffentlichen Auftraggeber unmittelbar wirtschaftlich zugutekommen-den Bauleistung, die Dritte gemäß den vom öffentlichen Auftraggeber genannten Erfordernissen erbringen, wobei der öffentliche Auftraggeber einen entscheiden-den Einfluss auf die Art und die Planung des Vorhabens hat.**

(2) **Die Bestimmungen dieses Abschnittes sind von öffentlichen Auftraggebern im Sinne von § 99 GWB für Bauaufträge anzuwenden, bei denen der geschätzte Ge-samtauftragswert der Baumaßnahme oder des Bauwerkes (alle Bauaufträge für eine bauliche Anlage) mindestens dem im § 106 GWB geregelten Schwellenwert für Bau-aufträge ohne Umsatzsteuer entspricht. Die Schätzung des Auftragswerts ist gemäß § 3 VgV vorzunehmen.**

Übersicht

	Rn.		Rn.
A. Einführung	1	II. Dem öffentlichen Auftraggeber unmittelbar wirtschaftlich zugutekommenden Bauleistung	8
I. Literatur	1		
II. Entstehungsgeschichte	2	III. Persönlicher Anwendungsbereich	10
III. Rechtliche Vorgaben im EU-Recht	5	IV. Überschreitung des EU-Schwellen-	
B. Inhalt der Vorschrift	6	wertes	11
I. Begriff des Bauauftrages	6		

A. Einführung

I. Literatur

Abele Die neue Vergabe- und Vertragsordnung für Bauleistungen (VOB) 2016, BWGZ 2017, 473; *Gartz* **1** Das Ende der „*Ahlhorn*"-Rechtsprechung, NZBau 2010, 293 ff. – Besprechung von EuGH, Urteil vom 25.3.2010 – Rs.C-451/08, NZBau 2010, 321 – „*Helmut Müller*"; *von Gehlen* Das neue Bauvergaberecht 2016, NZBau 2016, 129; *Haak* Jenseits von „*Ahlhorn*" – Die vergaberechtliche Beurteilung kommunaler Grundstücksgeschäfte, VergabeR 2011, 351 ff.; *Klar* Abgrenzungsprobleme bei der Bestimmung der Auftragsarten des Kartellvergaberechts, NVwZ 2014, 185; *Matuschak*, Auftragswertermittlung bei Architekten- und Ingenieurleistungen nach neuem Vergaberecht, NZBau 2016, 613; *Portz* Addition verschiedener Planungsleistungen zur Wertermittlung, NZBau 2017, 408; *Wilke* Vergaberechtliche Aspekte städtebaulicher Verträge, ZfBR 2004.

II. Entstehungsgeschichte

2   Die Neufassung des Abschnitts 2 der VOB/A dient dem Ziel der Umsetzung der Richtlinie 2014/24/EU des Europäischen Parlaments und des Rates vom 26. Februar 2014 über die öffentliche Auftragsvergabe.

3   Weiterhin werden die Regelungen für die Vergabe von Bauaufträgen durch den Deutschen Vergabe- und Vertragsausschuss für Bauleistungen (DVA) in der VOB/A erarbeitet. Der Schwerpunkt der Überarbeitung der VOB/A lag auf dem zweiten Abschnitt der VOB/A (VOB/A EU). Dabei führte der hohe Detaillierungsgrad der EU-Richtlinien dazu, dass der Abschnitt 2 der VOB/A weitaus ausführlicher als die Vorgängervorschriften in der VOB/A EG formuliert wurde.

4   Auch wegen des ohnehin wachsenden Umfangs der Regelungen war es ein Ziel des DVA, zumindest die Struktur der VOB/A übersichtlich zu gestalten. Dies geschieht zum einen dadurch, dass die bisherigen Zwischenüberschriften nun als eigenständige Paragraphen ausgestaltet wurden. Zum anderen wurde darauf geachtet, dem Anwender – soweit möglich – viel Bekanntes zu erhalten. Daher entschied der DVA, auf eine neue, durchgehende Nummerierung zu verzichten. Stattdessen ist in der VOB/A EU das bekannte Paragraphengerüst erhalten geblieben. Zusätzlich enthält die VOB/A EU nun Paragraphen mit dem Zusatz a, b usw., die die neuen, zusätzlichen Regelungen enthalten.

III. Rechtliche Vorgaben im EU-Recht

5   Wie im Einführungserlass zur VOB/A 2016 des Bundesministeriums für Umwelt, Naturschutz, Bau und Reaktorsicherheit vom 7.4.2016 bereits angekündigt, lag der Schwerpunkt der Überarbeitung der VOB/A auf dem zweiten Abschnitt (VOB/A EU). Die Vorgaben des europäischen Rechts sind in der VOB/A EU aber nur insoweit umgesetzt worden, wie sie nicht bereits auf gesetzlicher Ebene im 4. Teil des GWB oder in den übergreifend geltenden Vorschriften der VgV geregelt sind. § 1 VOB/A EU wiederholt daher zum Teil wörtlich, zum Teil inhaltlich höherrangige Normen des GWB oder der VgV bzw. verweist unmittelbar auf diese.

B. Inhalt der Vorschrift

I. Begriff des Bauauftrages

6   Aus den genannten Gründen enthält die VOB/A EU keine materiell wirksame eigene Begriffsdefinition des **Bauauftrages** oder legt selbstständig einen eigenen Anwendungsbereich fest. Damit verbleibt nach der Gesetzessystematik kein Spielraum für eine (weitere) Definition des Bauauftrags und eine solche ist auch nicht gewollt.

7   § 1 Abs. 1 EU VOB/A und § 103 Abs. 3 S. 1 Nr. 2 GWB enthalten wortgleich die gesetzliche Definition des Bauauftrages, so dass auf die Kommentierung von § 103 Abs. 3 S. 1 Nr. 2 GWB verwiesen (**vgl. → GWB 103 Rn. 133 ff.**) wird. Einzige Abweichung ist insoweit nur, dass § 1 Abs. 1 Nr. 1 EU VOB/A neben „**Bauwerken**" auch „**Bauvorhaben**" nennt. Dies ist wohl auf die (neue) Formulierung in Art. 2 Abs. 1 Nr. 7 der RL 2014/24/EU zurückzuführen. Dort hat der Richtliniengeber den Begriff „Bauwerk" aus der RL 2004/18/EU durch „Bauvorhaben" ersetzt. Weder aus der RL 2014/24/EU noch aus ihren Erwägungsgründen geht aber hervor, dass damit eine Änderung der Reichweite des Begriffs verbunden sein sollte. § 1 Abs. 1 Nr. 1 EU VOB/A stellt auf beide Begriffe ab, um zu signalisieren, dass weder eine inhaltliche Abweichung zur Reichweite der Richtlinie noch zur Reichweite des GWB beabsichtigt ist. Damit wird deutlich, dass die VOB/A EU keine materiell wirksame eigene Begriffsdefinition des Bauauftrages oder einen eigenen Anwendungsbereich festlegt.

II. Dem öffentlichen Auftraggeber unmittelbar wirtschaftlich zugutekommende Bauleistung

§ 1 Abs. 1 Nr. 2 EU VOB/A und § 103 Abs. 3 S. 1 Nr. 2 GWB enthalten – wenn auch **8** nicht wortgleich – die Regelung, dass Bauaufträge auch solche Bauleistungen sind, die dem öffentlichen Auftraggeber **unmittelbar wirtschaftlich zugutekommen** und von Dritten gemäß den vom öffentlichen Auftraggeber genannten **Erfordernissen** erbracht werden. Maßgeblich ist dabei, dass der öffentliche Auftraggeber einen entscheidenden Einfluss auf die Art und die Planung des **Vorhabens** hat. Unklarheiten in Bezug auf die Rechtsprechung des EuGH in der Rechtssache *„Helmut Müller"*[1] und der Europarechtskonformität der *„Alhorn-Rechtsprechung"* des OLG Düsseldorf[2] werden durch die gesetzliche Regelung beseitigt.

Der unterschiedliche Wortlaut von § 1 Abs. 1 Nr. 2 EU VOB/A und § 103 Abs. 3 S. 1 **9** Nr. 2 GWB bedingt keine Änderung der Gesetzessystematik. Der Begriff des Bauauftrags der VOB/A EU entspricht dem des GWB. Die Tatbestandsvoraussetzungen sind dieselben. Das GWB regelt gleichzeitig noch die Vergabe von Bauleistungen durch Sektorenauftraggeber **(vgl. → GWB 103 Rn. 124 ff.).**

III. Persönlicher Anwendungsbereich

Nach § 1 Abs. 2 S. 1 EU VOB/A müssen die Regelungen der VOB/A EU bei der Ver- **10** gabe von Bauaufträgen nur von **öffentlichen Auftraggebern** im Sinne von § 99 GWB **(vgl. → GWB 99 Rn. 6 ff.)** eingehalten werden.

IV. Überschreitung des EU-Schwellenwertes

Der Anwendungsbereich der VOB/A EU ist nur dann eröffnet, wenn der geschätzte **11** Gesamtauftragswert der Baumaßnahme oder des Bauwerkes mindestens dem im § 106 GWB geregelten **Schwellenwert für Bauaufträge** ohne Umsatzsteuer entspricht **(vgl. → GWB 106 Rn. 15 ff.).** § 1 Abs. 2 Satz 1 EU VOB/A definiert zusätzlich durch den Klammerzusatz, dass der Begriff **„Bauwerk"** dabei alle Bauaufträge einer bauliche Anlage umfasst.

Nach § 1 Abs. 2 Satz 2 EU VOB/A muss die **Schätzung des Auftragswerts** gemäß **12** § 3 VgV **(vgl. → VgV 3 Rn. 1 ff.)** erfolgen. Regelungen zur Schätzung des Auftragswertes entfallen in der VOB/A EU daher und wurden durch einen **Verweis** auf die entsprechende Bestimmung in der VgV ersetzt.

---

[1] EuGH 25.3.2010 – C 451/08, NZBau 2010, 321 = VergabeR 2010, 441 Rn. 57 – Müller.
[2] OLG Düsseldorf 13.6.2007 – Verg 2/07, später 9.6.2010 – Verg 9/10.

§ 2 Grundsätze

(1) Öffentliche Aufträge werden im Wettbewerb und im Wege transparenter Verfahren vergeben. Dabei werden die Grundsätze der Wirtschaftlichkeit und der Verhältnismäßigkeit gewahrt. Wettbewerbsbeschränkende und unlautere Verhaltensweisen sind zu bekämpfen.

(2) Die Teilnehmer an einem Vergabeverfahren sind gleich zu behandeln, es sei denn, eine Ungleichbehandlung ist aufgrund des GWB ausdrücklich geboten oder gestattet.

(3) Öffentliche Aufträge werden an fachkundige und leistungsfähige (geeignete) Unternehmen vergeben, die nicht nach § 6e EU ausgeschlossen worden sind.

(4) Mehrere öffentliche Auftraggeber können vereinbaren, einen bestimmten Auftrag gemeinsam zu vergeben. Es gilt § 4 VgV.

(5) Die Regelungen darüber, wann natürliche Personen bei Entscheidungen in einem Vergabeverfahren für einen öffentlichen Auftraggeber als voreingenommen gelten und an einem Vergabeverfahren nicht mitwirken dürfen, richten sich nach § 6 VgV.

(6) Öffentliche Auftraggeber, Bewerber, Bieter und Auftragnehmer wahren die Vertraulichkeit aller Informationen und Unterlagen nach Maßgabe dieser Vergabeordnung oder anderen Rechtsvorschriften.

(7) Vor der Einleitung eines Vergabeverfahrens kann der öffentliche Auftraggeber Marktkonsultationen zur Vorbereitung der Auftragsvergabe und zur Unterrichtung der Unternehmer über seine Pläne zur Auftragsvergabe und die Anforderungen an den Auftrag durchführen. Die Durchführung von Vergabeverfahren zum Zwecke der Markterkundung ist unzulässig.

(8) Der öffentliche Auftraggeber soll erst dann ausschreiben, wenn alle Vergabeunterlagen fertig gestellt sind und wenn innerhalb der angegebenen Fristen mit der Ausführung begonnen werden kann.

(9) Es ist anzustreben, die Aufträge so zu erteilen, dass die ganzjährige Bautätigkeit gefördert wird.

A. Einführung

I. Literaturliste

1 *Dörr* in Burgi/Dreher, Beck'scher Vergaberechtskommentar, Band 1: GWB 4. Teil, 3. Aufl. 2017, § 97 Abs. 1 GWB; *Opitz* in Burgi/Dreher, Beck'scher Vergaberechtskommentar, Band 1: GWB 4. Teil, 3. Aufl. 2017, § 122 GWB; *Osseforth* in Gabriel/Krohn/Neun, Handbuch Vergaberecht, 2. Aufl. 2017, § 13; *Weiner* in Gabriel/Krohn/Neun, Handbuch Vergaberecht, 2. Aufl. 2017, § 1.

II. Entstehungsgeschichte

2 Diese Vorschrift umfasst eine Vielzahl an allgemeinen vergaberechtlichen und besonderen bauvergaberechtlichen Grundsätzen sowie Verweise auf die Vergabeverordnung (VgV). Historisch waren diese Grundsätze bereits in den Vorgängerregelungen in § 2 VOB/A-EG und davor in § 2a VOB/A im Wesentlichen geregelt. Neu sind die Verweisungen auf einzelne Regelungen der VgV. Diese Verweisungen sind übrigens nur deklaratorisch, denn die Normen, auf die verwiesen wird (§ 4 VgV und § 6 VgV), gelten bereits über § 3 Satz 1 VgV für die Vergabe von Bauaufträgen im Oberschwellenbereich.

III. Rechtliche Vorgaben im EU-Recht

3 Die Regelungen in § 2 EU Abs. 1 bis 7 VOB/A können auf Bestimmungen der Allgemeinen Vergaberichtlinie 2014/24/EU (AVR) zurückgeführt werden.

Die Umsetzung lehnt sich weit überwiegend eng an den Richtlinientext an.[1] Für das **4** OLG Düsseldorf bestanden Umsetzungsspielräume, so dass der Richtlinienbestimmung vor dem Inkrafttreten der Verordnung zur Modernisierung des Vergaberechts (VergRModVO) keine Vorwirkung zukam.[2]

– Mit § 2 EU Abs. 1 und 2 VOB/A hat der Verordnungsgeber vornehmlich Art. 18 Abs. 1 und Art. 56 Abs. 2 und 3 AVR iVm Erwägungsgründen (1) (45) (52) (58) (59) (61) (68) (73) (80) (82) (90) (105) (110) (126) umgesetzt.

– § 2 EU Abs. 3 VOB/A setzt wesentlich Art. 56 bis Art. 65 AVR iVm Erwägungsgründen (15) (63) (64) (65) (66) (83) (84) (85) (101) (102) um.

– Mit § 2 EU Abs. 4 VOB/A hat der Verordnungsgeber vornehmlich Art. 38 und 39 AVR iVm Erwägungsgründen (71) (73) umgesetzt.

– § 2 EU Abs. 5 VOB/A findet seine Grundlage vornehmlich in Art. 24 und Art. 57 Abs. 4 lit. e) AVR iVm Erwägungsgrund (16).

– § 2 EU Abs. 6 VOB/A wurde weit überwiegend aus Art. 21 AVR iVm Erwägungsgründen (51) (128) entwickelt.

– § 2 EU Abs. 7 VOB/A hat seinen Ursprung in Art. 40 AVR.

Die Regelungen in § 2 EU Abs. 8 und 9 VOB/A beruhen hingegen nicht auf Bestim- **5** mungen der AVR. Der Grundsatz der Vergabereife findet sich in § 2 EU Abs. 8 VOB/A. Abschließend beinhaltet § 2 EU Abs. 9 VOB/A den Programmsatz der Förderung der ganzjährigen Bautätigkeit.

B. Grundsätze des Wettbewerbs, der Transparenz, der Wirtschaftlichkeit und der Verhältnismäßigkeit sowie wettbewerbsbeschränkende und unlautere Verhaltensweisen (Abs. 1)

I. Grundsätze des Wettbewerbs, der Transparenz, der Wirtschaftlichkeit und der Verhältnismäßigkeit

Abs. 1 Satz 1 und 2 umfasst die Grundsätze des **Wettbewerb**s, der **Transparenz**, der **6** **Wirtschaftlichkeit** und der **Verhältnismäßigkeit** und ist damit vom Regelungsgehalt fast identisch wie § 97 Abs. 1 GWB. Insoweit kann hier auf die ausführliche Kommentierung von *Dörr* in *Burgi/Dreher*, Beck'scher Vergaberechtskommentar, Band 1: GWB 4. Teil, 3. Aufl. 2017, § 97 Abs. 1 GWB verwiesen werden.[3]

Der **Verhältnismäßigkeitsgrundsatz** wurde erstmalig durch das Vergaberechtsmoder- **7** nisierungsgesetz 2016 in das Vergaberecht normativ aufgenommen. Dieser Grundsatz gehört als Ausprägung des Rechtsstaatsprinzips zu den Grundpfeilern des normativen Rahmens für das Handeln der öffentlichen Hand in Deutschland.[4]

Nach dem **Grundsatz der Verhältnismäßigkeit,** der zu den allgemeinen Grundsätzen **8** des Unionsrechts gehört, dürfen die **Handlungen** des öffentlichen Auftraggebers nicht die Grenzen dessen überschreiten, was zur Erreichung des mit der fraglichen Regelung zulässigerweise verfolgten Zwecks geeignet und erforderlich ist.[5] Eine **Beschränkung** kann beispielsweise gerechtfertigt sein, wenn sie ein **legitimes Ziel** des Allgemeininteresses verfolgt

---

[1] Für eine Eins-zu-eins-Umsetzung siehe Verordnung zur Modernisierung des Vergaberechts (Vergaberechtsmodernisierungsverordnung – VergRModVO) vom 20.01.2016; Drucksache 18/7318; Seite 140.

[2] OLG Düsseldorf 14.12.2016 – VII-Verg 20/16.

[3] Vgl. EuGH 11.7.1989 – C-265/87 „Schräder/Hauptzollamt Gronau", Rn. 21; EuGH 12.9.1996 – C-254/94, „Fattoria autonoma tabacchi, Rn. 55; EuGH 5.5.1998 – C-157/96 „National Farmers' Union u.a.", Rn. 60; EuGH 7.9.2006 – C-310/04 „Spanien/Rat, Rn. 97; EuG 23.9.2009 – T-341/05 „Spanien/Kommission", Rn. 83.

[4] *Weiner* in *Gabriel/Krohn/Neun*, Handbuch Vergaberecht, 2. Aufl. 2017, § 1, Rn. 45.

[5] Vgl EuGH, 8.6.2017 – C-296/15 „Medisanus", Rn. 82, 94; VK Thüringen 12.7.2017 – 250–4003-5533/2017-E-016-EF.

und soweit sie den Verhältnismäßigkeitsgrundsatz wahrt, d. h. geeignet ist, die Erreichung dieses Ziels zu gewährleisten, und nicht über das hinausgeht, was hierzu erforderlich ist.[6] Dabei ist, wenn mehrere geeignete Maßnahmen zur Auswahl stehen, die am wenigsten belastende für die Wirtschaftsteilnehmer zu wählen. Schließlich müssen die verursachten Nachteile in einem angemessenen Verhältnis zu den angestrebten (legitimen) Zielen stehen.[7]

9   Die Prüfung des Verhältnismäßigkeitsprinzips erfolgt dreistufig:
– Geeignetheit,
– Erforderlichkeit und
– Angemessenheit

10   Hierbei wird im Lichte der sogenannten Zweck-Mittel-Relation geprüft, ob die betreffende Maßnahme (das Mittel) überhaupt **geeignet** ist, das legitime Ziel (den Zweck) zu erreichen.

11   Die Maßnahme (das Mittel) muss zudem **erforderlich** sein; dies ist dann der Fall, wenn nicht andere geeignete Mittel zur Verfügung stehen, die die Wirtschaftsteilnehmer und die Allgemeinheit weniger beeinträchtigen.[8]

12   Schließlich muss die Maßnahme **angemessen** sein. Die Maßnahme darf nicht außer Verhältnis zu dem angestrebten Erfolg stehen.[9] Das bedeutet, dass das Ziel in seiner Wertigkeit nicht außer Verhältnis zu den Eingriffsauswirkungen stehen darf. Je intensiver der Eingriff durch das Mittel, umso gewichtiger und dringlicher muss das Ziel sein, das gefördert wird.[10]

13   Beispielsweise verwehrt der Grundsatz der Verhältnismäßigkeit den Ausschluss eines Wirtschaftsteilnehmers von dem Verfahren zur Vergabe eines öffentlichen Auftrags wegen Nichterfüllung einer Verpflichtung, die sich nicht ausdrücklich aus den Vergabeunterlagen oder den anwendbaren nationalen Rechtsvorschriften ergibt. Der öffentliche Auftraggeber hat in einem solchen Fall vielmehr dem Wirtschaftsteilnehmer zu gestatten, seine Situation zu bereinigen und dieser Verpflichtung innerhalb einer vom Auftraggeber festgelegten angemessenen Frist nachzukommen.[11]

14   Die Ausübung von Ermessen unter Beachtung des Grundsatzes der Verhältnismäßigkeit erfordert eine zeitnahe und angemessene Dokumentation der Ermessensausübung.[12]

II. Wettbewerbsbeschränkende und unlautere Verhaltensweisen

15   § 2 EU Abs. 1 Satz 3 VOB/A regelt, dass **wettbewerbsbeschränkende und unlautere Verhaltensweisen** zu bekämpfen, und somit **Manipulationsversuche** sowie **Umgehungen vergaberechtlicher Regelungen** zu unterbinden sind.

16   Diese Pflicht zur Bekämpfung wettbewerbswidriger Verhaltensweisen konstituiert nicht lediglich eine Verpflichtung des öffentlichen Auftraggebers, sich selbst wettbewerbskonform zu verhalten, sondern enthält auch die Verpflichtung, gegen wettbewerbswidriges Verhalten anderer einzuschreiten. Wie der öffentliche Auftraggeber im Einzelfall tätig wird, liegt in seinem Ermessen, welches er verhältnismäßig auszuüben und zeitnahe sowie angemessene zu dokumentieren hat.[13]

17   Damit ein Wirtschaftsteilnehmer einen Vergaberechtsverstoß im Wege eines Nachprüfungsverfahrens geltend machen kann, bedarf es einer Verletzung eigener Rechte. Eine etwaige Verletzung von Urheberrechten eines Bieters, von Vorschriften des UWG[14]

---

[6] Vgl. EuGH 5.4.2017 – C-298/15 „Borta", Rn. 51.
[7] *Dörr* in *Burgi/Dreher,* Beck'scher Vergaberechtskommentar, Band 1: GWB 4. Teil, 3. Aufl. 2017, § 97 Abs. 1 GWB.
[8] Vgl. EuGH 16.12.2008 – C-213/07 „Michaniki", Rn. 48.
[9] Vgl. EuGH 10.5.2012 – C-359/10 „Irtel", Rn. 42.
[10] Vgl. OLG Düsseldorf 20.7.2015 – Verg 37/15; OLG Celle 23.2.2016 – 13 U 148/15.
[11] Vgl. EuGH 2.6.2016 – C-27/15 „Pizzo", Rn. 51.
[12] Vgl. VK Südbayern 16.9.2010 – Z3-3-3194-1-48-07/10.
[13] Vgl. VK Südbayern a. a. O.
[14] Gesetz gegen den unlauteren Wettbewerb.

oder beispielsweise des MRVG[15] kann für die von der Vergabekammer zu prüfende Rechtmäßigkeit des Vergabeverfahrens ausnahmsweise dann dahingestellt bleiben, wenn unter der Annahme der grundsätzlichen Rechtsverletzung, unter keinen Umständen gleichzeitig gegen Vergaberecht verstoßen werden würde.[16] Es bedarf vielmehr einer **vergaberechtlichen Anknüpfungsnorm,** gegen die der öffentliche Auftraggeber verstoßen hat.

Ausgehend von diesen Voraussetzungen kann die Verletzung eigener Rechte nicht **18** allein damit begründet werden, dass beispielsweise die in einem Vertragsentwurf vorgesehene vertragliche Bindung des Bestbieters im Falle der Auftragserteilung an die Sieger des zuvor durchgeführten Architektenwettbewerbs gegen das gesetzliche Kopplungsverbot des Art. 10 § 3 MRVG verstoßen würde und infolgedessen gemäß § 134 BGB nichtig sei. Als **vergaberechtliche Anknüpfungsnorm** kann jedoch das aus § 242 BGB abzuleitende normative Prinzip in Betracht kommen, wonach die Vertragspartner schon bei der Vertragsanbahnung zu einer gegenseitigen Rücksichtnahme verpflichtet sind. Die Vertragspartner haben sich danach so zu verhalten, dass Person, Eigentum und sonstige Rechtsgüter des anderen Teils nicht verletzt werden. Hier erscheint die Verletzung einer Schutzpflicht durch die Antragsgegnerin möglich.[17] Sollte die vorgesehene Architektenbindung nämlich gegen Art. 10 § 3 MRVG verstoßen und folglich unwirksam sein, würde es bei der Durchführung des Vertrages an einer vertraglichen Grundlage für die Zusammenarbeit mit den Architekten fehlen. Damit würde sich der im Vergabeverfahren erfolgreiche Bieter der Gefahr aussetzen, dass bei etwaigen Unstimmigkeiten die Grundlagen der Zusammenarbeit gerichtlich geklärt werden müssten und dieser Bestbieter (Auftragnehmer) hierdurch Vermögensnachteile erleiden könnte.[18] Damit entsteht mittelbar durch eine Verletzung des Art. 10 § 3 MRVG auch eine Verletzung einer vergaberechtlichen Anknüpfungsnorm, mithin der aus § 242 BGB abgeleiteten Rücksichtnahmepflicht.

Das unlautere Verhalten eines Bieters kann grundsätzlich nicht zu einer rechtmäßigen **19** Aufhebung der Ausschreibung führen. Vielmehr ist eine Entscheidung zu seinen Lasten zu treffen, wie etwa der Ausschluss seines Angebots, nicht aber zulasten aller Bieter, die sich ihrerseits nicht wettbewerbswidrig verhalten haben.[19]

Das Ausnutzen eines Fehlers im Leistungsverzeichnis stellt in aller Regel keine unlautere **20** Verhaltensweise des Bieters dar, da es primär die Obliegenheit des öffentlichen Auftraggebers darstellt, ein ordnungsgemäßes Leistungsverzeichnis zu erstellen.[20] Das Transparenzgebot erfordert vielmehr, dass der öffentliche Auftraggeber alle Bedingungen und Modalitäten des Vergabeverfahrens in der Bekanntmachung und in den Vergabeunterlagen klar, genau und eindeutig formuliert, damit alle durchschnittlich fachkundigen Wirtschaftsteilnehmer bei Anwendung der üblichen Sorgfalt deren genaue Bedeutung verstehen und sie in gleicher Weise auslegen können.[21]

Geboten ist hingegen der Ausschluss von Angeboten, denen in Bezug auf die Vergabe **21** eine wettbewerbsbeschränkende Abrede unter Bietern zugrunde liegt.[22] Beispielsweise kann es im Einzelfall eine wettbewerbsbeschränkende und unlautere Verhaltensweise darstellen, wenn sich ein Einzelunternehmen und eine Bietergemeinschaft, deren Mitglied dieses Einzelunternehmen ist, parallel an dem Vergabeverfahren auf Bieterseite beteiligen.

---

[15] Mietrechtsverbesserungsgesetz.
[16] VK Bund 5.3.2007 – VK 1–139/06.
[17] OLG Düsseldorf 28.6.2017 – Verg 2/17.
[18] OLG Düsseldorf a. a. O.
[19] OLG München 4.4.2013 – Verg 4/13.
[20] Vgl. OLG München a. a. O.
[21] Vgl. EuGH 14.12.2016 – C-171/15 „Connexxion Taxi Services", Rn. 40; EuGH 2.6.2016 – C-27/15 „Pizzo", Rn. 36.
[22] OLG Düsseldorf 11.11.2011 – VII-Verg 92/11.

C. Der Grundsatz der Gleichbehandlung (Abs. 2)

22   Abs. 2 regelt den **Gleichbehandlungsgrundsatz,** der dem **Grundsatz der Nichtdis-**
kriminierung entspricht. Danach sind die Teilnehmer an einem Vergabeverfahren gleich
zu behandeln, es sei denn, eine Benachteiligung ist aufgrund eines Gesetzes ausdrücklich
geboten oder gestattet.

23   Bei dem Verbot der Diskriminierung aus Gründen der Staatsangehörigkeit handelt es
sich um eine spezielle Ausprägung des allgemeinen Gleichbehandlungsgrundsatzes. Der
Grundsatz der Gleichbehandlung der Bieter bedeutet, dass alle Bieter unabhängig von ihrer
Staatsangehörigkeit bei der Aufstellung ihrer Angebote über die gleichen Chancen verfügen müssen. Demnach ist der Grundsatz der Gleichbehandlung der Bieter selbst dann anwendbar, wenn keine Diskriminierung aus Gründen der Staatsangehörigkeit vorliegt.[23]

24   Der Grundsatz der Gleichbehandlung verlangt zum einen, dass die Bieter bei der Abfassung ihrer Angebote die gleichen Chancen haben müssen, was voraussetzt, dass die Angebote aller Bieter den gleichen Bedingungen unterworfen sein müssen. Das damit einhergehende Transparenzgebot soll die Gefahr von Günstlingswirtschaft oder von willkürlichen
Entscheidungen des Auftraggebers ausschließen.[24]

25   Der Grundsatz der Gleichbehandlung gebietet zum anderen, dass die materiell- und die
verfahrensrechtlichen Voraussetzungen einer Teilnahme an einem Vergabeverfahren, insbesondere die Pflichten der Bieter, im Voraus eindeutig festgelegt und öffentlich bekannt
gegeben werden, damit diese genau erkennen können, welche Bedingungen sie in dem
Verfahren zu beachten haben, und damit sie die Gewissheit haben können, dass für alle
Wirtschaftsteilnehmer die gleichen Bedingungen gelten.[25]

26   Weitere Einzelheiten finden sich in der ausführlichen Kommentierung von *Dörr* in *Burgi/*
Dreher, Beck'scher Vergaberechtskommentar, Band 1: GWB 4. Teil, 3. Aufl. 2017, § 97
Abs. 2 GWB.[26]

D. Vergabe an geeignete Unternehmen (Abs. 3)

27   Ausweislich Abs. 3 werden Öffentliche Aufträge an fachkundige und leistungsfähige (geeignete) Unternehmen vergeben, die nicht nach § 6e VOB/A-EU ausgeschlossen worden
sind.

28   § 2 EU Abs. 3 VOB/A entspricht § 122 Abs. 1 GWB, der wiederum auf §§ 123, 124
GWB verweist, § 6e EU Abs. 1 bis 5 VOB/A entspricht seinem Regelungsgehalt dem
kompletten § 123 GWB. § 6e EU Abs. 6 bis 9 VOB/A spiegelt demgegenüber § 124
Abs. 1 GWB wider. Lediglich § 124 Abs. 2 GWB, der auf die Regelungen des
 – § 21 des Arbeitnehmer-Entsendegesetzes,
 – § 98c des Aufenthaltsgesetzes,
 – § 19 des Mindestlohngesetzes und
 – § 21 des Schwarzarbeitsbekämpfungsgesetzes
verweist, ist nicht in § 6e VOB/A-EU übernommen worden. Dennoch sind diese höherrangigen Normen auch und besonders bei der Vergabe von Bauleistungen zu beachten.

29   Die **Prüfung der Eignung** stellt eine **Prognoseentscheidung** dar. Hierbei wird geprüft, ob der Bieter die Leistung voraussichtlich ordnungsgemäß ausführen wird. Da es sich
bei dieser Beurteilung, welcher Bewerber/Bieter die ausgeschriebene Leistung wohl am
besten erbringen wird, um eine Prognose handelt und damit eine gewisse Unsicherheit

---

[23] Vgl. EuGH 13.10.2005 – C-458/03 „Parking Brixen", Rn. 48.
[24] Vgl. EuGH 2.6.2016 – C-27/15 „Pizzo", Rn. 36.
[25] Vgl. EuGH 2.6.2016 – C-27/15 „Pizzo", Rn. 37.
[26] *Dörr* in *Burgi/Dreher,* Beck'scher Vergaberechtskommentar, Band 1: GWB 4. Teil, 3. Aufl. 2017, § 97
Abs. 2 GWB.

hinsichtlich der tatsächlichen Leistungsausführung immanent ist, steht dem öffentlichen Auftraggeber ein **weiter Beurteilungsspielraum** zu.

Dieser **weite Beurteilungsspielraum** kann nur eingeschränkt von den Nachprüfungs- **30** instanzen überprüft werden[27], nämlich dahingehend, ob der Auftraggeber
– das vorgeschriebene Verfahren nicht eingehalten hat,
– von einem unzutreffenden bzw. nicht hinreichend überprüften Sachverhalt ausgegangen worden ist,
– sachwidrige Erwägungen für die Entscheidung verantwortlich waren oder
– der (ggf. nur intern festgelegte) Beurteilungsmaßstab nicht zutreffend angewandt wurde.

Hinsichtlich der weiteren Anwendung und Auslegung von § 2 EU Abs. 3 VOB/A wird **31** auf die Kommentierung von *Opitz* in *Burgi/Dreher*, Beck'scher Vergaberechtskommentar, Band 1: GWB 4. Teil, 3. Aufl. 2017, § 122 GWB verwiesen.[28]

E. Gemeinsame Auftragsvergabe (Abs. 4)

§ 2 EU Abs. 4 Satz 1 VOB/A legt fest, dass mehrere öffentliche Auftraggeber vereinba- **32** ren können, einen bestimmten Auftrag gemeinsam zu vergeben. In Satz 2 findet sich dann ein Verweis zur Anwendung des § 4 VgV, der bereits aufgrund der Regelung des § 2 Satz 1 VgV auch für die Vergabe von Bauleistungen gilt. Insoweit kann hier auf die Kommentierung des § 4 VgV in diesem Band verwiesen werden.

Zwei oder mehr öffentliche Auftraggeber können sich darauf verständigen, eine be- **33** stimmte Auftragsvergabe gemeinsam durchzuführen. Nicht erlaubt ist es hingegen, wenn ein öffentlicher Auftraggeber[29] und ein nicht-öffentlicher Auftraggeber gemeinsam ein Vergabeverfahren durchführen wollen. Beispielsweise dürfen Feuerwehrzweckverbände als öffentliche Auftraggeber nur für öffentlich-rechtliche Feuerwehren Digitalfunkgeräte mittels Rahmenvereinbarungen beschaffen, nicht aber auch für privatrechtliche Betriebsfeuerwehren. Privatwirtschaftliche Unternehmen, die selbst nicht öffentliche Auftraggeber oder Sektorenauftraggeber sind, können also nicht an günstigen Einkaufsbedingungen von Rahmenvereinbarungen der öffentlichen Hand partizipieren.[30]

Gemeinsame Beschaffungen können viele verschiedene Formen annehmen; diese reichen **34** von einer koordinierten Beschaffung durch die Erstellung gemeinsamer technischer Spezifikationen für Bauleistungen, die durch mehrere öffentliche Auftraggeber beschafft werden, von denen jeder ein getrenntes Vergabeverfahren durchführt, bis hin zu Fällen, in denen die betreffenden öffentlichen Auftraggeber gemeinsam ein Vergabeverfahren durchführen und dabei entweder gemeinsam handeln oder einen öffentlichen Auftraggeber mit der Verwaltung des Vergabeverfahrens im Namen aller öffentlichen Auftraggeber beauftragen.

Wird ein Vergabeverfahren im Namen und im Auftrag aller betreffenden öffentlichen **35** Auftraggeber zur Gänze gemeinsam durchgeführt, sind die öffentlichen Auftraggeber für die Erfüllung ihrer vergaberechtlichen Verpflichtungen gemeinsam verantwortlich. Dies gilt auch, wenn ein öffentlicher Auftraggeber das Verfahren in seinem eigenen Namen und im Auftrag der anderen betreffenden öffentlichen Auftraggeber allein ausführt.

Wird ein Vergabeverfahren nicht zur Gänze im Namen und im Auftrag aller betreffen- **36** den öffentlichen Auftraggeber gemeinsam durchgeführt, so sind die öffentlichen Auftraggeber nur für jene Teile gemeinsam verantwortlich, die gemeinsam durchgeführt wurden. Jeder öffentliche Auftraggeber ist allein für die Erfüllung der vergaberechtlichen Pflichten für die Teile verantwortlich, die er in eigenem Namen und Auftrag durchführt.

---

[27] Vgl. OLG München 10.8.2017 – Verg 3/17; OLG München 5.10.2012 – Verg 15/12; BayObLG 21.4.2006 – Verg 8/06; OLG Düsseldorf 5.10.2005 – Verg 55/05; OLG Celle 11.3.2004 – 13 Verg 3/04.
[28] *Opitz* in *Burgi/Dreher*, Beck'scher Vergaberechtskommentar, Band 1: GWB 4. Teil, 3. Aufl. 2017, § 122 GWB.
[29] Vgl. OLG München 20.3.2014 – Verg 17/13.
[30] *Osseforth* in *Gabriel/Krohn/Neun*, Handbuch Vergaberecht, 2. Aufl. 2017, § 13, Rn. 12.

37   Der Zusammenschluss öffentlicher Auftraggeber zur Vergabe eines bestimmten Auftrags ist somit in aller Regel möglich. Einschränkungen können allenfalls durch das Kartellrecht erfolgen.

F. Vermeidung von Interessenkonflikten (Abs. 5)

38   Abs. 5 verweist hinsichtlich etwaiger voreingenommener natürlicher Personen, die dem öffentlichen Auftraggeber zuzurechnen sind, und damit im Falle eines etwaigen Interessenkonflikts und deren Folgen vollständig auf § 6 VgV. Über die Verweisungsnorm des § 2 Satz 1 VgV findet § 6 VgV bereits ohnehin Anwendung. Insoweit wird hier auf die Kommentierung des § 6 VgV in diesem Band verwiesen.

39   Ziel dieser Regelung ist es, Wettbewerbsverzerrungen bei den Verfahren zur Vergabe öffentlicher Aufträge zu verhindern. Außerdem soll damit die Gleichbehandlung aller Wirtschaftsteilnehmer gewährleistet werden.

40   Die Begrifflichkeit „Interessenkonflikt" deckt jedenfalls alle Situationen ab, in denen

- Mitarbeiter des öffentlichen Auftraggebers;
- rechtliche Organmitglieder des öffentlichen Auftraggebers (bspw. Bürgermeister, Gemeinderatsmitglied, Geschäftsführer, Vorstand oder Verwaltungsratsmitglied);
- Mitarbeiter eines im Namen des öffentlichen Auftraggebers handelnden Beschaffungsdienstleisters (bspw. ein Projektsteuerer oder der Anbieter des konkret genutzten eVergabe-Portals);
oder
- rechtliche Organmitglieder eines im Namen des öffentlichen Auftraggebers handelnden Beschaffungsdienstleisters
die
- an der Durchführung des Vergabeverfahrens beteiligt sind (bspw. Mitarbeiter oder Berater der Fachabteilung bzw. der Vergabestelle)
oder
- Einfluss auf den Ausgang des Verfahrens nehmen können (bspw. Gemeinderatsmitglieder, Vorgesetzte),
direkt oder indirekt

ein finanzielles, wirtschaftliches oder sonstiges persönliches Interesse haben, von dem man annehmen könnte, dass es ihre Unparteilichkeit und Unabhängigkeit im Rahmen des Vergabeverfahrens beeinträchtigen könnte.

41   Ein indirektes sonstiges persönliches Interesse ist in Abgrenzung zu finanziellen und wirtschaftlichen Interessen beispielsweise dann gegeben, wenn sich die fragliche Person einen nichtfinanziellen Vorteil, oder Gefallen verspricht oder einen nichtfinanziellen Nachteil abwenden will.

42   Das Interesse kann rechtlicher, wirtschaftlicher, ideeller oder anderer Art sein. Ob die Voraussetzungen vorliegen muss unter Berücksichtigung aller Umstände des Einzelfalls entschieden werden. Dabei ist zu beachten, dass bereits die Möglichkeit eines unmittelbaren Vorteils oder Nachteils zum Interessenkonflikt führt. Der Vorteil oder Nachteil selbst muss unmittelbar sein, das bedeutet, dass die Auswirkung der Entscheidung direkt die fragliche Person trifft.

43   Beispielsweise ist bereits von einem Interessenkonflikt auszugehen, wenn der Gemeinderat zu entscheiden hat, ob er bestimmte Leistungen zukünftig beschränkt oder öffentlich ausschreibt, hinsichtlich desjenigen Gemeinderatsmitglieds, dessen Schwiegermutter ein auf ebenjene Leistungen eingereichtes Unternehmen hat, obwohl nicht feststeht, ob das Unternehmen aufgefordert werden wird, überhaupt ein Angebot abzugeben oder gar den Zuschlag erhalten wird.

G. Vertraulichkeit (Abs. 6)

Ausweislich Abs. 6 haben öffentliche Auftraggeber, Bewerber, Bieter und Auftragneh- **44** mer die Vertraulichkeit aller Informationen und Unterlagen zu wahren nach Maßgabe der VOB/A-EU und anderen Rechtsvorschriften.

Beispielswiese darf ein öffentlicher Auftraggeber keine ihm von den Wirtschaftsteilneh- **45** mern übermittelten und von diesen als vertraulich eingestuften Informationen weiterge- ben, wozu insbesondere technische und handelsbezogene Geschäftsgeheimnisse sowie die vertraulichen Aspekte der Angebote selbst gehören.

Der Angebotspreis ist in aller Regel nicht geheimhaltungsbedürftig, weil sich daraus in **46** aller Regel keine dahinter stehenden geheimhaltungsbedürftigen Ideen erkennen lassen.

Der öffentliche Auftraggeber kann den Wirtschaftsteilnehmern Anforderungen vor- **47** schreiben, die den Schutz der Vertraulichkeit von Informationen bezwecken, die diese öf- fentlichen Auftraggeber im Rahmen des Vergabeverfahrens zur Verfügung stellen.

In einem Nachprüfungsverfahren erhält der Antragsteller in aller Regel eine begrenzte **48** Akteneinsicht im Sinne des § 165 GWB.[31] Wertungsentscheidungen des öffentlichen Auf- traggebers können unter Umständen allerdings geheimhaltungsbedürftige Aspekte enthal- ten, insbesondere wenn dieser verschriftlichten Wertungsentscheidungen in weiten Teilen die von den Bietern vorgelegten Konzepte paraphrasieren. Eine Offenlegung dieser Bewer- tungen ist nicht erlaubt, soweit diese zugleich die geheimhaltungsbedürftigen Konzepte der Bieter erkennbar werden lassen würde. Dann ansonsten würde dies einen empfindlichen Eingriff in die Berufsausübung und das (geistige) Eigentum der Unternehmen darstellen. Insbesondere Arbeits- und Organisationskonzepte lassen grundsätzliche Arbeits- und Orga- nisationsstrukturen und dahinter verborgene Ideen des Unternehmens erkennen, die nicht nur für die ausgeschrieben Bauleistungen relevant, das heißt singulär sind, sondern die Ar- beitsweise als solche am Markt betreffen. Eine Offenlegung der Bewertungen wäre unzu- lässig, soweit bestehende Geheimnisse für immer verloren gehen würden und damit die Gefahr dauerhafter Nachteile im Wettbewerb einhergehen würde.[32]

Die Einsicht in die verschriftlichte Bewertung von Auswahlkriterien (oftmals handelt es **49** sich hierbei um Eignungskriterien) ist in aller Regel zulässig. Denn aus dem Grad der Er- füllung von Eignungsanforderungen dürften sich regelmäßig keine Unternehmensgeheim- nisse ableiten lassen.

H. Marktkonsultationen (Abs. 7)

Gemäß § 2 EU Abs. 7 Satz 1 VOB/A kann der öffentliche Auftraggeber vor der Einlei- **50** tung eines Vergabeverfahrens Marktkonsultationen zur Vorbereitung der Auftragsvergabe und zur Unterrichtung der Unternehmer über seine Pläne zur Auftragsvergabe und die Anforderungen an den Auftrag durchführen.

Ausweislich Art. 40 der Richtlinie 2014/24/EU können die öffentlichen Auftraggeber **51** hierzu beispielsweise den Rat von unabhängigen Sachverständigen oder Behörden bezie- hungsweise von Marktteilnehmern einholen oder annehmen.

Der mittels Markkonsultationen gewonnene Rat kann für die Planung und Durchfüh- **52** rung des Vergabeverfahrens genutzt werden, sofern dieser Rat nicht wettbewerbsverzerrend ist und nicht zu einem Verstoß gegen die Grundsätze der Nichtdiskriminierung und der Transparenz führt. Vor diesem Hintergrund hat der öffentliche Auftraggeber sorgfältig zu prüfen, ob der Rat von Marktteilnehmern nicht dazu führt, dass hierdurch insbeson- dere

---

[31] BGH 31.1.2017 – X ZB 10/16.
[32] OLG Düsseldorf 29.6.2017 – Verg 7/17.

– der kalkulatorische Auftragswert zu niedrig geschätzt oder die Auftragsvergabe so unterteilt wird, dass hierdurch vergaberechtliche Vorgaben umgangen werden (vgl. § 3 Abs. 1 und 2 VgV);

– die Auftragsvergabeparameter künstlich eingeschränkt werden und hierdurch ein mangelnder Wettbewerb entsteht (vgl. § 3a EU Abs. 3 Satz 2 VOB/A);

– Eignungskriterien nicht mit dem Auftragsgegenstand in Verbindung stehen oder unangemessen gewählt werden (vgl. § 122 Abs. 4 Satz 1 GWB);

– mit Blick auf die Leistungsbeschreibung auf eine bestimmte Produktion oder Herkunft oder ein besonderes Verfahren, das die von einem bestimmten Unternehmen bereitgestellten Produkte charakterisiert, oder auf Marken, Patente, Typen oder einen bestimmten Ursprung oder eine bestimmte Produktion verwiesen werden, wenn dadurch bestimmte Unternehmen oder bestimmte Produkte begünstigt oder ausgeschlossen werden (vgl. § 7 EU Abs. 2 Satz 1 VOB/A);

– wettbewerbsbeschränkende besondere Bedingungen an die Auftragsausführung aufgestellt werden (vgl. § 128 Abs. 2 Satz 1 GWB);

– die Zuschlagskriterien und deren Gewichtung nicht angemessen gewählt oder sogar auf den Marktteilnehmer zugeschnitten werden (vgl. § 127 Abs. 4 Satz 1 GWB).

53   Holt der öffentliche Auftraggeber Rat von Marktteilnehmern ein, muss er die **gesamte**[33] **Kommunikation** mit den Marktteilnehmern in Vorbereitung auf das Vergabeverfahren dokumentieren (vgl. § 8 Abs. 1 Satz 2 VgV).

54   Gemäß § 2 EU Abs. 7 Satz 2 VOB/A ist die Durchführung von Vergabeverfahren zum Zwecke der Markterkundung unzulässig. Das bedeutet, dass ein öffentlicher Auftraggeber nicht ein Vergabeverfahren durchführen darf, um Konzepte für die Auftragsausführung oder Preise zu erhalten, ohne dass er die Absicht verfolgt, das Vergabeverfahren mit einem Zuschlag zu beenden.

I. Vergabereife (Abs. 8)

55   Der öffentliche Auftraggeber soll gemäß § 2 EU Abs. 8 VOB/A erst dann ausschreiben, wenn alle Vergabeunterlagen fertig gestellt sind und wenn innerhalb der angegebenen Fristen mit der Ausführung begonnen werden kann. Diese Vorschrift regelt die sogenannte **Vergabereife.** Dabei handelt es sich um eine vom Auftraggeber einzuhaltende Schutzvorschrift zu Gunsten der am Auftrag interessierten Unternehmen.[34]

56   Die erste Voraussetzung der Vergabereife erfordert die Fertigstellung aller Vergabeunterlagen vor Beginn des Vergabeverfahrens; hierzu zählen insbesondere die klar, genau und eindeutig zu formulierende Leistungsbeschreibung und der Vertragsentwurf, damit alle durchschnittlich fachkundigen Wirtschaftsteilnehmer bei Anwendung der üblichen Sorgfalt deren genaue Bedeutung verstehen und sie in gleicher Weise auslegen können.[35] In der Leistungsbeschreibung ist die Leistung eindeutig und so erschöpfend zu beschreiben, dass alle Bewerber die Beschreibung im gleichen Sinn verstehen müssen und ihre Preise ohne umfangreiche Vorarbeiten berechnen können, so dass vergleichbare Angebote zu erwarten sind (§ 7 EU Abs. 1 Nr. 1 VOB/A).

57   Einer Ausschreibung mangelt es an der konzeptionellen Vergabereife, wenn eine dem Wettbewerbs- und dem Transparenzgebot genügenden Leistungsbeschreibung nicht vorliegt.[36]

---

[33] § 8 Abs. 1 Satz 2 VgV spricht zwar nicht von der „gesamten" Kommunikation mit den Wirtschaftsteilnehmern; dieses Adjektiv ist jedoch in diese Regelung in richtlinienkonformer Auslegung des Art. 84 Abs. 2 Satz 2 der Richtlinie 2014/24/EU hineinzulesen.

[34] OLG Düsseldorf 27.11.2013 – VII Verg 20/13 „Bahnstrecke".

[35] Vgl. EuGH 14.12.2016 – C-171/15 „Connexxion Taxi Services", Rn. 40; EuGH 2.6.2016 – C-27/15 „Pizzo", Rn. 36.

[36] OLG Brandenburg 13.9.2011 – Verg W 10/11.

Bei einer (teil-)funktionalen Leistungsbeschreibung muss ebenfalls die Vergabereife vor- **58** liegen. Denn auch eine (teil-)funktionale Leistungsbeschreibung unterliegt gewissen Anforderungen an die Bestimmtheit, weil ein Auftraggeber nicht von jeder Planungstätigkeit absehen und diese gänzlich den Bietern übertragen darf.[37] Auch eine (teil-)funktionalen Leistungsbeschreibung muss klar, genau und eindeutig formuliert sein. Soweit keine konstruktiven Beschreibungen vorliegen, müssen insoweit die Ziele des öffentlichen Auftraggebers klar vorgegeben werden. Außerdem sind die Zuschlagskriterien so zu wählen, dass die Zielerreichung bewertet wird. Insoweit schreiben die Zuschlagskriterien die funktionale Leistungsbeschreibung fort.

Einzelheiten der Vergabeunterlagen, die zu Beginn des Vergabeverfahrens (Bekanntma- **59** chung) noch nicht feststehen, aber für die Bieter kalkulationsrelevant sind, stehen einer Vergabereife in aller Regel entgegen.[38]

Nachträgliche Änderungen der Vergabeunterlagen können nur dann zu einer rechtmäßi- **60** gen Aufhebung führen, wenn vor der Ausschreibung alle Vergabeunterlagen fertig gestellt waren (vgl. § 17 EU Abs. 1 Nr. 2 VOB/A).[39]

Zweite Voraussetzung einer Ausschreibungsreife ist, dass die rechtlichen und tatsächli- **61** chen Anforderungen an den Beginn der Leistungsausführung gegeben sind. Dazu gehört zum Beispiel eine gesicherte Finanzierung, aber nicht nur diese. Der öffentliche Auftraggeber muss vor der Ausschreibung vielmehr alle rechtlichen – gleichviel ob privat- oder öffentlich-rechtlichen – Voraussetzungen dafür schaffen, dass mit den ausgeschriebenen Leistungen innerhalb der in den Vergabeunterlagen angegebenen Fristen begonnen werden kann.[40]

Bieter dürfen darauf vertrauen, dass der öffentliche Auftraggeber das Vergabeverfahren **62** zulässigerweise mit einem Zuschlag beenden kann und wird. Und dass dies innerhalb der überschaubaren zeitlichen Frist geschehen kann, die für den Zuschlag in einem vergleichbaren Vergabeverfahren im Allgemeinen zu gelten hat.[41]

Sofern die tatsächlichen und rechtlichen Voraussetzungen dafür, dass die ausgeschriebe- **63** nen Leistungen fristgemäß aufgenommen werden können, nicht gegeben sind, ist dies nicht gewährleistet. Das dient dem Schutz aller am Auftrag interessierten Unternehmen. So können die tatsächlichen und rechtlichen Voraussetzungen einer Ausschreibung auch die Angebotsbindefristen berühren. Sind die Voraussetzungen nicht gesichert, und zwar weil der Auftraggeber ihn treffende notwendige Vorbereitungen nicht erbracht hat, können sich die am Auftrag interessierten Unternehmen zum Beispiel tatsächlichen Zwängen ausgesetzt sehen, sich an Angebotspreise zu binden, obwohl die preisliche Entwicklung inzwischen darüber hinweggegangen ist. Dies kennzeichnet Vergabereife der Sache nach als einen Umstand, der vom Auftraggeber in jedem Vergabeverfahren vor der Ausschreibung (Bekanntmachung) herzustellen ist, gleichviel, welchem Rechtsregime das Verfahren unterliegt und ob die jeweilige Verfahrensordnung dies ausdrücklich bestimmt.[42]

J. Ganzjährige Bautätigkeit (Abs. 9)

Gemäß § 2 EU Abs. 9 VOB/A ist anzustreben, die Aufträge so zu erteilen, dass die **64** ganzjährige Bautätigkeit gefördert wird. Diese Regelung beinhaltet den Programmsatz der Förderung der ganzjährigen Bautätigkeit. Die Baumaßnahmen des öffentlichen Auftraggebers sind in aller Regel kontinuierlich durchzuführen. Zu diesem Zweck hat der öffentliche Auftraggeber im Rahmen der haushaltsrechtlichen und technischen Möglichkeiten

---

[37] Vgl. KG 14.8.2003 – 27 U 264/02.
[38] Vgl. VK Bund 17.8.2015 – VK 2–35/15.
[39] Vgl. OLG Köln 18.6.2010 – 19 U 98/09.
[40] Vgl. OLG Düsseldorf 27.11.2013 – VII Verg 20/13 „Bahnstrecke".
[41] OLG Düsseldorf a. a. O.
[42] OLG Düsseldorf a. a. O.

sowie des wirtschaftlich Vertretbaren dafür zu sorgen, dass Bauarbeiten im Winter aus- oder weitergeführt werden können. Die hierfür erforderlichen Maßnahmen sind rechtzeitig zu treffen.

65   Der öffentliche Auftraggeber hat bei der Vorbereitung von Baumaßnahmen die Arbeiten festzustellen, die sich – gegebenenfalls mit besonderen Schutzvorkehrungen – für die Ausführung im Winter eignen. Für den Winterbau sind insbesondere solche Bauarbeiten geeignet, bei denen die Mehrkosten in einem angemessenen Verhältnis zur Winterbauleistung stehen.

66   Der Bauablauf ist so zu planen, dass witterungsempfindliche Arbeiten möglichst vor Beginn der Frostperiode abgeschlossen werden. Außerdem sollen während des Winters überwiegend witterungsunempfindliche Arbeiten ausgeführt werden.

67   Schutzvorkehrungen sind möglich,
   – als **Vollschutz,** indem ein Bauwerk oder Teile eines Bauwerks voll vor Witterungseinflüssen gesichert werden (z. B. durch Winterbauhallen);
   – als **Teilschutz,** indem ein Bauwerk oder Teile eines Bauwerks so hergerichtet werden, dass ein Weiterarbeiten im Bauwerksinnern möglich wird (z. B. durch Überdachungen, Abdeckungen, die Schließung, provisorisches Verschließen von Bauöffnungen, das Beheizen des Rohbaus);
   – als **Einzelschutz,** indem Arbeits- und Fertigungsstätten sowie Lagerplätze außerhalb eines Bauwerks so ausgestattet werden, dass ein Weiterarbeiten möglich ist.

68   Schutzvorkehrungen sind dann ausreichend, wenn sie die Fortführung der Bauarbeiten bei solchen ungünstigen Witterungsverhältnissen gewährleisten, mit deren Eintritt im Allgemeinen zu rechnen ist.

69   Bei der Entwurfsplanung ist festzulegen, in welchem Umfang Schutzvorkehrungen vorgesehen werden sollen. Dabei hat der öffentliche Auftraggeber (bzw. der ihn beratende externe Architekt) im Einzelfall zu prüfen, welche Schutzvorkehrungen unter Berücksichtigung der vorgegebenen Termine erforderlich und wirtschaftlich vertretbar sind.

§ 3 Arten der Vergabe

Die Vergabe von öffentlichen Aufträgen erfolgt im offenen Verfahren, im nicht offenen Verfahren, im Verhandlungsverfahren, im wettbewerblichen Dialog oder in der Innovationspartnerschaft.

1. Das offene Verfahren ist ein Verfahren, in dem der öffentliche Auftraggeber eine unbeschränkte Anzahl von Unternehmen öffentlich zur Abgabe von Angeboten auffordert.
2. Das nicht offene Verfahren ist ein Verfahren, bei dem der öffentliche Auftraggeber nach vorheriger öffentlicher Aufforderung zur Teilnahme eine beschränkte Anzahl von Unternehmen nach objektiven, transparenten und nichtdiskriminierenden Kriterien auswählt (Teilnahmewettbewerb), die er zur Abgabe von Angeboten auffordert.
3. Das Verhandlungsverfahren ist ein Verfahren, bei dem sich der öffentliche Auftraggeber mit oder ohne Teilnahmewettbewerb an ausgewählte Unternehmen wendet, um mit einem oder mehreren dieser Unternehmen über die Angebote zu verhandeln.
4. Der wettbewerbliche Dialog ist ein Verfahren zur Vergabe öffentlicher Aufträge mit dem Ziel der Ermittlung und Festlegung der Mittel, mit denen die Bedürfnisse des öffentlichen Auftraggebers am besten erfüllt werden können.
5. Die Innovationspartnerschaft ist ein Verfahren zur Entwicklung innovativer, noch nicht auf dem Markt verfügbarer Bauleistungen und zum anschließenden Erwerb der daraus hervorgehenden Leistungen.

A. Einführung

I. Literatur

Badenhausen-Fähnle, VergabeR 2015, 743 „Die neue Vergabeart der Innovationspartnerschaft – Fünftes Rad **1** am Wagen?"; *Püstow/Meiners,* NZBau 2016, 406 „Die Innovationspartnerschaft – Mehr Rechtssicherheit für ein innovatives Vertragsmodell"; *Rosenkötter,* VergabeR 2016, 196 „Die Innovationspartnerschaft"; *Schaller,* LKV 2017, 62 „Neues EU-Vergabeverfahren Innovationspartnerschaft – Forschungsförderung und Deckung des innovativen Beschaffungsbedarfs".

II. Entstehungsgeschichte

Diese Vorschrift bestimmt die verschiedenen Vergabeverfahrensarten. **2**

Vor der Vergaberechtsmodernisierung waren die Arten der Vergabe in § 3 VOB/A-EG **3** und § 101 GWB-Alt geregelt. § 3 VOB/A-EU löst § 3 VOB/A-EG ab; § 119 Abs. 1 GWB ist die Nachfolgeregelung zu § 101 GWB-Alt.

Die Vergabeverfahrensart „Innovationspartnerschaft" wurde mit Wirkung zum 18.04. **4** 2016 neu in das Vergaberechtsregime eingeführt. Diese neue Vergabeverfahrensart der Innovationspartnerschaft soll dem öffentlichen Auftraggeber ermöglichen, innovative und noch nicht auf dem Markt verfügbare Leistungen zu beschaffen.

Neu ist auch, dass das Regelverfahren nicht mehr ausschließlich das offene Verfahren ist **5** sondern daneben auch das nicht offene Verfahren umfasst. Diese beiden letztgenannten Vergabeverfahrensarten stehen dem öffentlichen Auftraggeber immer nach seiner freien Wahl zur Verfügung. Das bedeutet, dass hierfür keine Rechtfertigung erforderlich ist oder gar Ermessen auszuüben wäre, weil von der Regel nicht abgewichen wird.

Vor der jüngsten Vergaberechtsreform war dem öffentlichen Auftraggeber nur aus- **6** nahmsweise das Verhandlungsverfahren gestattet und lediglich absolut ausnahmsweise der wettbewerbliche Dialog. Seit dem 18.04.2016 sind die rechtlichen Anforderungen für die Wahl des Verhandlungsverfahrens mit vorherigem Teilnahmewettbewerb und des wettbewerblichen Dialogs identisch. Neu ist auch, dass die öffentlichen Auftraggeber leichter begründen können, warum ausnahmsweise ein Verhandlungsverfahrens mit vorherigem Teilnahmewettbewerb und der wettbewerblichen Dialogs gewählt werden darf.

7   Der europäische Gesetzgeber hat bei der Abfassung der EU-Richtlinie 2014/24/EU (AVR), die für die jüngste Reform des nationalen Vergaberechts Pate stand, erkannt, dass es für die öffentlichen Auftraggeber äußerst wichtig ist, über zusätzliche Flexibilität zu verfügen, um ein Vergabeverfahren auszuwählen, das Verhandlungen vorsieht. Der europäische Gesetzgeber erwartet durch eine stärkere Anwendung des Verhandlungsverfahrens mit vorherigem Teilnahmewettbewerb und des wettbewerblichen Dialogs, dass dies den grenzüberschreitenden Handel fördert. Denn es hat sich gezeigt, dass bei Aufträgen, die im Wege des Verhandlungsverfahrens mit vorheriger Veröffentlichung einer Bekanntmachung vergeben werden, die Erfolgsquote von grenzüberschreitenden Angeboten besonders hoch ist (vgl. Erwägungsgrund 42 AVR). Erklärtes Ziel des europäischen Gesetzgebers und auch der EU-Kommission ist es, dass der grenzüberschreitende Handel auch bei Vergabeverfahren zunimmt. Dies lässt sich gerade durch die Wahl des Verhandlungsverfahrens mit vorherigem Teilnahmewettbewerb und des wettbewerblichen Dialogs erreichen, indem teilfunktional ausgeschrieben wird und Konzepte abgefragt und verhandelt werden, mit dem Ziel, eine möglichst innovative Lösung zu erreichen.

8   Insgesamt stehen dem öffentlichen Auftraggeber folgende Vergabeverfahrensarten zur Verfügung:
– Das offenes Verfahren,
– Das nichtoffenes Verfahren (mit vorherigem Teilnahmewettbewerb),
– Das Verhandlungsverfahren (mit oder ohne vorherigen Teilnahmewettbewerb),
– Der wettbewerbliche Dialog (mit vorherigem Teilnahmewettbewerb)
– Die Innovationspartnerschaft (mit vorherigem Teilnahmewettbewerb).

III. Rechtliche Vorgaben im EU-Recht

9   Die Wahl der Vergabeverfahrensart wird in Art. 26 der Allgemeinen Vergaberichtlinie 2014/24/EU (AVR) geregelt. Die konkrete Ausgestaltung des offenen Verfahrens findet sich in Art. 27 AVR. Im Anschluss in Art. 28 AVR ist das nicht offene Verfahren geregelt. In Art. 29 AVR iVm Erwägungsgründen (42) (43) (44) (45) (82) finden sich Regelungen zum Verhandlungsverfahren mit vorherigem Teilnahmewettbewerb und ergänzend in Art. 32 iVm Erwägungsgrund (50) ohne vorherigen Teilnahmewettbewerb. Die Grundlagen zum wettbewerblichen Dialog finden sich in Art. 30 AVR iVm Erwägungsgründen (42) (43) (82). Schließlich sind die Regelungen zu den Innovationspartnerschaften in Art. 31 AVR iVm Erwägungsgrund (49) festgelegt.

10   Die Umsetzung lehnt sich weit überwiegend eng an den Richtlinientext an.[1]

B. Die verschiedenen Vergabeverfahrensarten

11   Gemäß § 3 EU Satz 1 VOB/A erfolgt die Vergabe von öffentlichen Aufträgen im offenen Verfahren, im nicht offenen Verfahren, im Verhandlungsverfahren, im wettbewerblichen Dialog oder in der Innovationspartnerschaft.

12   Diese Vergabeverfahrensarten sind abschließend.[2] Der öffentliche Auftraggeber darf öffentliche Aufträge nicht im Wege einer anderen Vergabeverfahrensart vergeben. Beispielsweise ist es vergaberechtswidrig, ein nicht offenes Verfahren im Gewand eines Verhand-

---

[1] Für eine Eins-zu-eins-Umsetzung siehe Verordnung zur Modernisierung des Vergaberechts (Vergaberechtsmodernisierungsverordnung – VergRModVO) vom 20.1.2016; Drucksache 18/7318; Seite 140.
[2] Vgl. EuGH 10.12.2009 – C-299/08 „Kommission/Frankreich", Rn. 28 f.

lungsverfahrens durchzuführen, indem der öffentliche Auftraggeber ein Verhandlungsverfahren wählt ohne überhaupt Verhandlungen vorzusehen. Hiervon zu unterscheiden ist
ein zulässiges Verhandlungsverfahren, bei dem sich der öffentliche Auftraggeber lediglich
vorbehält, nicht zu verhandeln (vgl. § 3b EU Abs. 3 Nr. 7 VOB/A). Bei dem letzten Fall
sieht der öffentliche Auftraggeber Verhandlungen konkret vor, behält sich aber dennoch
vor, später sein Ermessen aufgrund der konkreten Erstangebote zur Erreichung eines legitimen Zwecks (beispielsweise wenn aufgrund konkreter Umstände mit einer Verbesserung
des Erstangebots nicht mehr zu rechnen ist) unter Beachtung des Verhältnismäßigkeitsgrundsatzes dahingehend auszuüben, dass er ausnahmsweise nicht verhandelt und bereits
auf das Erstangebot den Zuschlag erteilt. Der Vorbehalt, auf das Erstangebot den Zuschlag
zu erteilen stellt jedoch kein Persilschein dar, willkürlich zu entscheiden, dass bereits auf
das Erstangebot der Zuschlag erteilt wird.

Einem Bieter, der sich an dem beanstandeten Vergabeverfahren durch die Abgabe eines **13**
Gebots beteiligt hat, droht regelmäßig auch dann im Sinne von § 160 Abs. 2 Satz 2 GWB
ein Schaden durch eine Verletzung von Vergabevorschriften, wenn das eingeleitete Vergabeverfahren aufgrund der Wahl der falschen Vergabeverfahrensart (weil vergaberechtswidrig
nicht eines der beiden Regelverfahren angewendet worden ist) durch Zuschlag nicht beendet werden darf und zur Bedarfsdeckung eine Neuausschreibung in Betracht kommt.[3]

C. Das offene Verfahren

Gemäß § 3 EU Satz 1 Nr. 1 VOB/A handelt es sich bei dem **offenen Verfahren** um **14**
ein Verfahren, in dem der öffentliche Auftraggeber eine unbeschränkte Anzahl von Unternehmen öffentlich zur Abgabe von Angeboten auffordert. Jedes interessierte Unternehmen
kann ein Angebot abgeben (vgl. § 3b EU Abs. 1 Satz 2 VOB/A). Der Betrieb des Unternehmens muss nicht auf die ausgeschriebenen Leistungen eingerichtet sein.

Mit Unternehmen ist in richtlinienkonformer Auslegung jeder Wirtschaftsteilnehmer **15**
gemeint; Art. 27 Abs. 1 AVR. Nach der Definition handelt es sich bei einem „Wirtschaftsteilnehmer" um eine **natürliche** oder **juristische** Person oder öffentliche Einrichtung oder eine Gruppe solcher Personen und/oder Einrichtungen, einschließlich jedes
vorübergehenden Zusammenschlusses von Unternehmen, die beziehungsweise der auf dem
Markt die Ausführung von Bauleistungen, die Errichtung von Bauwerken, die Lieferung
von Waren beziehungsweise die Erbringung von Dienstleistungen anbietet (vgl. Art. 2
Abs. 1 Nr. 10 AVR).

Der öffentliche Auftraggeber darf das offene Verfahren wählen ohne begründen zu müs- **16**
sen, warum er sich für das offene Verfahren entschieden hat (vgl. § 3a EU Abs. 1 Satz 1
VOB/A).

D. Das nicht offene Verfahren

Gemäß § 3 EU Satz 1 Nr. 2 VOB/A ist das **nicht offene Verfahren** ein Verfahren, bei **17**
dem der öffentliche Auftraggeber nach vorheriger öffentlicher Aufforderung zur Teilnahme
eine beschränkte Anzahl von Unternehmen (→ Rn. 15) nach objektiven, transparenten
und nichtdiskriminierenden Kriterien auswählt **(Teilnahmewettbewerb),** die er zur Abgabe von Angeboten auffordert. Die Ausgestaltung des nicht offenen Verfahrens ist in § 3b
EU Abs. 2 VOB/A geregelt.

Der öffentliche Auftraggeber darf das nicht offene Verfahren wählen ohne begründen zu **18**
müssen, warum er sich für das nicht offene Verfahren entschieden hat (vgl. § 3a EU Abs. 1
Satz 1 VOB/A).

---

[3] Vgl. BGH 10.11.2009 – X ZB 8/09.

E. Das Verhandlungsverfahren

19   **Das Verhandlungsverfahren ist nach** § 3 EU Satz 1 Nr. 3 VOB/A ein Verfahren, bei dem sich der öffentliche Auftraggeber **mit** oder **ohne vorherigen Teilnahmewettbewerb** an ausgewählte Unternehmen (Rn. 15) wendet, um mit einem oder mehreren dieser Unternehmen über die Angebote zu verhandeln.

20   Die Verhandlungsverfahren steht dem öffentlichen Auftraggeber nur zur Verfügung, soweit dies durch gesetzliche Bestimmungen oder nach § 3a EU Abs. 2 und Abs. 3 VOB/A gestattet ist.

21   Der öffentliche Auftraggeber muss die Gründe für die Wahl des Verhandlungsverfahrens zeitnah dokumentieren.

I. Das Verhandlungsverfahren mit vorherigem Teilnahmewettbewerb

22   Das Verhandlungsverfahren mit vorherigem Teilnahmewettbewerb ist ausnahmsweise zulässig, wenn entweder mindestens eines der vier Regelbeispiele des § 3a EU Abs. 2 Nr. 1 VOB/A erfüllt ist oder wenn ein offenes Verfahren oder ein nicht offenes Verfahren wegen nicht ordnungsgemäßer oder nicht annehmbarer Angebote aufgehoben worden ist (§ 3a EU Abs. 2 Nr. 2 VOB/A). Der öffentliche Auftraggeber hat die Gründe für die Wahl des Verhandlungsverfahrens zeitnah zu dokumentieren.

23   Der Ablauf des Verhandlungsverfahrens mit vorherigem Teilnahmewettbewerb ist in § 3b EU Abs. 3 Nr. 1 bis 3 sowie Nr. 5 bis 10 VOB/A geregelt.

II. Das Verhandlungsverfahren ohne vorherigen Teilnahmewettbewerb

24   Das Verhandlungsverfahren ohne vorherigen Teilnahmewettbewerb ist nur absolut ausnahmsweise zulässig, wenn mindestens einer der Ausnahmetatbestände des § 3a EU Abs. 3 VOB/A gegeben sind. Hierbei ist zu beachten, dass diese Ausnahmeregelungen sehr eng ausgelegt werden und ein sorgfältige Abwägung, Begründung und umfassende Dokumentation erforderlich wird, wenn sich der öffentliche Auftraggeber auf diese Vergabeverfahrensart berufen möchte.

25   Der Ablauf des Verhandlungsverfahrens ohne vorherigen Teilnahmewettbewerb ist in § 3b EU Abs. 3 Nr. 4 bis 6 sowie Nr. 8 bis 10 VOB/A geregelt.

F. Der wettbewerbliche Dialog

26   Gemäß § 3 EU Satz 1 Nr. 4 VOB/A handelt es sich bei dem **wettbewerblichen Dialog** um ein Verfahren zur Vergabe öffentlicher Aufträge mit dem Ziel der Ermittlung und Festlegung der Mittel, mit denen die Bedürfnisse des öffentlichen Auftraggebers am besten erfüllt werden können.

27   Der wettbewerbliche Dialog ist ausnahmsweise zulässig, wenn entweder mindestens eines der vier Regelbeispiele des § 3a EU Abs. 2 Nr. 1 und Abs. 4 VOB/A erfüllt ist oder wenn ein offenes Verfahren oder ein nicht offenes Verfahren wegen nicht ordnungsgemäßer oder nicht annehmbarer Angebote aufgehoben worden ist (§ 3a EU Abs. 2 Nr. 2 und Abs. 4 VOB/A). Der öffentliche Auftraggeber muss die Gründe für die Wahl des wettbewerblichen Dialogs zeitnah dokumentieren.

28   Der Ablauf des wettbewerblichen Dialogs ist in § 3b EU Abs. 4 VOB/A geregelt.

G. Die Innovationspartnerschaft

Gemäß § 3 EU Satz 1 Nr. 5 VOB/A ist die **Innovationspartnerschaft** ein Verfahren **29** zur Entwicklung innovativer, noch nicht auf dem Markt verfügbarer Bauleistungen und zum anschließenden Erwerb der daraus hervorgehenden Leistungen. Mit dem Verfahren der Innovationspartnerschaft soll der Bedeutung des öffentlichen Sektors als Nachfrager innovativer Waren und Dienstleistungen und „Innovationsquelle" der Wirtschaftsförderung in der Europäischen Union Rechnung getragen werden.[4] Durch die Innovationspartnerschaft wird neben einem Wettbewerb eine Gegenleistung für die öffentliche Hand angestrebt. Insbesondere soll es den öffentlichen Auftraggebern ermöglicht werden, eine langfristige Partnerschaft für die Entwicklung und den anschließenden Erwerb neuer innovativer Geräte, Ausrüstungen, Waren und Dienstleistungen zu begründen.[5] Der öffentliche Auftraggeber kann für die Vergabe eines öffentlichen Auftrags eine Innovationspartnerschaft mit dem Ziel der Entwicklung einer innovativen Leistung und deren anschließenden Erwerb eingehen. Die Innovationspartnerschaft soll vornehmlich einen Market-Pull für Forschungs- und Entwicklungsleistungen erreichen. Sie darf als Vergabeverfahrensart allerdings auch für andere Leistungen genutzt werden. Für Auftraggeber kann die Innovationspartnerschaft zum interessanten Beschaffungsmodell für komplexe Projekte werden. Diese zeichnen sich dadurch aus, dass zwar die Ziele, nicht aber der genaue Leistungsinhalt und -umfang bei Verfahrensbeginn feststeht.[6] Der Beschaffungsbedarf, der der Innovationspartnerschaft zugrunde liegt, darf nicht durch auf dem Markt bereits verfügbare Bauleistungen befriedigt werden können (vgl. § 3a EU Abs. 5 VOB/A). Gerade wenn der Markt derzeit noch nicht über die Produkte verfügt, die für eine Bedarfsdeckung erforderlich sind, ist es durchaus denkbar, dass durch überschaubare Anpassungen/Fortentwicklungen von vorhandenen Produkten eine Lösung gefunden wird, um den Bedarf zu decken. Hierbei hat der öffentliche Auftraggeber zu entscheiden, ob er die Innovationspartnerschaft oder den wettbewerblichen Dialog als Vergabeverfahrensart wählt. Beim wettbewerblichen Dialog können die notwendigen Anpassungen entweder in der Dialogphase erarbeitet werden oder im Rahmen einer Anpassung zu Beginn der Ausführungsphase.[7] Der öffentliche Auftraggeber muss die Gründe für die Wahl der Innovationspartnerschaft zeitnah dokumentieren.

Der Ablauf der Innovationspartnerschaft findet sich in § 3b EU Abs. 5 VOB/A. **30**

---

[4] *Badenhausen-Fähnle* VergabeR 2015, 743 „Die neue Vergabeart der Innovationspartnerschaft – Fünftes Rad am Wagen?".

[5] *Schaller* in LKV 2017, 62, 64 „Neues EU-Vergabeverfahren Innovationspartnerschaft – Forschungsförderung und Deckung des innovativen Beschaffungsbedarfs".

[6] *Püstow/Meiners* NZBau 2016, 406, 412 „Die Innovationspartnerschaft – Mehr Rechtssicherheit für ein innovatives Vertragsmodell".

[7] *Rosenkötter* VergabeR 2016, 196, 198 „Die Innovationspartnerschaft".

§ 3a Zulässigkeitsvoraussetzungen

(1) Dem öffentlichen Auftraggeber stehen nach seiner Wahl das offene und das nicht offene Verfahren zur Verfügung. Die anderen Verfahrensarten stehen nur zur Verfügung, soweit dies durch gesetzliche Bestimmungen oder nach den Absätzen 2 bis 5 gestattet ist.

(2) Das Verhandlungsverfahren mit Teilnahmewettbewerb ist zulässig,

1. wenn mindestens eines der folgenden Kriterien erfüllt ist:
   a) die Bedürfnisse des öffentlichen Auftraggebers können nicht ohne die Anpassung bereits verfügbarer Lösungen erfüllt werden;
   b) der Auftrag umfasst konzeptionelle oder innovative Lösungen;
   c) der Auftrag kann aufgrund konkreter Umstände, die mit der Art, der Komplexität oder dem rechtlichen oder finanziellen Rahmen oder den damit einhergehenden Risiken zusammenhängen, nicht ohne vorherige Verhandlungen vergeben werden;
   d) die technischen Spezifikationen können von dem öffentlichen Auftraggeber nicht mit ausreichender Genauigkeit unter Verweis auf eine Norm, eine europäische technische Bewertung (ETA), eine gemeinsame technische Spezifikation oder technische Referenzen im Sinne des Anhangs TS Nummern 2 bis 5 der Richtlinie 2014/24/EU erstellt werden.
2. wenn ein offenes Verfahren oder nicht offenes Verfahren wegen nicht ordnungsgemäßer oder nicht annehmbarer Angebote aufgehoben wurde. Nicht ordnungsgemäß sind insbesondere Angebote, die nicht den Vergabeunterlagen entsprechen, nicht fristgerecht eingegangen sind, nachweislich auf kollusiven Absprachen oder Korruption beruhen oder nach Einschätzung des öffentlichen Auftraggebers ungewöhnlich niedrig sind. Unannehmbar sind insbesondere Angebote von Bietern, die nicht über die erforderlichen Qualifikationen verfügen und Angebote, deren Preis das vor Einleitung des Vergabeverfahrens festgelegte und schriftlich dokumentierte Budget des öffentlichen Auftraggebers übersteigt.

(3) Das Verhandlungsverfahren ohne Teilnahmewettbewerb ist zulässig,

1. wenn bei einem offenen Verfahren oder bei einem nicht offenen Verfahren
   a) keine ordnungsgemäßen oder nur unannehmbare Angebote abgegeben worden sind und
   b) in das Verhandlungsverfahren alle – und nur die – Bieter aus dem vorausgegangenen Verfahren einbezogen werden, die fachkundig und leistungsfähig (geeignet) sind und die nicht nach § 6e EU ausgeschlossen worden sind.
2. wenn bei einem offenen Verfahren oder bei einem nicht offenen Verfahren
   a) keine Angebote oder keine Teilnahmeanträge abgegeben worden sind oder
   b) nur Angebote oder Teilnahmeanträge solcher Bewerber oder Bieter abgegeben worden sind, die nicht fachkundig oder leistungsfähig (geeignet) sind oder die nach § 6e EU ausgeschlossen worden sind oder
   c) nur solche Angebote abgegeben worden sind, die den in den Vergabeunterlagen genannten Bedingungen nicht entsprechen und die ursprünglichen Vertragsunterlagen nicht grundlegend geändert werden. Der Europäischen Kommission wird auf Anforderung ein Bericht vorgelegt.
3. wenn die Leistungen aus einem der folgenden Gründe nur von einem bestimmten Unternehmen erbracht werden können:
   a) Erschaffung oder Erwerb eines einzigartigen Kunstwerks oder einer einzigartigen künstlerischen Leistung als Ziel der Auftragsvergabe;
   b) nicht vorhandener Wettbewerb aus technischen Gründen;
   c) Schutz von ausschließlichen Rechten, einschließlich der Rechte des geistigen Eigentums.
   Die in Buchstabe a und b festgelegten Ausnahmen gelten nur dann, wenn es keine vernünftige Alternative oder Ersatzlösung gibt und der mangelnde Wettbewerb nicht das Ergebnis einer künstlichen Einschränkung der Auftragsvergabeparameter ist.
4. wenn wegen der äußersten Dringlichkeit der Leistung aus zwingenden Gründen infolge von Ereignissen, die der öffentliche Auftraggeber nicht verursacht hat und

nicht voraussehen konnte, die in § 10a EU, § 10b EU und § 10c EU Absatz 1 vorgeschriebenen Fristen nicht eingehalten werden können.

5. wenn gleichartige Bauleistungen wiederholt werden, die durch denselben öffentlichen Auftraggeber an den Auftragnehmer vergeben werden, der den ursprünglichen Auftrag erhalten hat, und wenn sie einem Grundentwurf entsprechen und dieser Gegenstand des ursprünglichen Auftrags war, der in Einklang mit § 3a EU vergeben wurde. Der Umfang der nachfolgenden Bauleistungen und die Bedingungen, unter denen sie vergeben werden, sind im ursprünglichen Projekt anzugeben. Die Möglichkeit, dieses Verfahren anzuwenden, muss bereits bei der Auftragsbekanntmachung der Ausschreibung für das erste Vorhaben angegeben werden; der für die Fortsetzung der Bauarbeiten in Aussicht gestellte Gesamtauftragswert wird vom öffentlichen Auftraggeber bei der Anwendung von § 3 VgV berücksichtigt. Dieses Verfahren darf jedoch nur innerhalb von drei Jahren nach Abschluss des ersten Auftrags angewandt werden.

(4) Der wettbewerbliche Dialog ist unter den Voraussetzungen des Absatzes 2 zulässig.

(5) Der öffentliche Auftraggeber kann für die Vergabe eines öffentlichen Auftrags eine Innovationspartnerschaft mit dem Ziel der Entwicklung einer innovativen Leistung und deren anschließenden Erwerb eingehen. Der Beschaffungsbedarf, der der Innovationspartnerschaft zugrunde liegt, darf nicht durch auf dem Markt bereits verfügbare Bauleistungen befriedigt werden können.

A. Einführung

I. Literatur

Arrowsmith, Common Market Law Review (CML) Volume 37 (2000), 709; vgl. *Müller-Wrede,* Kommentar **1** zur VOF, 5. Auflage, 2014.

II. Entstehungsgeschichte

Diese Vorschrift regelt die Zulässigkeitsvoraussetzungen der verschiedenen Vergabever- **2** fahrensarten.

Vor der Vergaberechtsmodernisierung waren die Zulässigkeitsvoraussetzungen der ver- **3** schiedenen Vergabeverfahrensarten in § 3 VOB/A-EG geregelt.

Die Vergabeverfahrensart „Innovationspartnerschaft" wurde mit Wirkung zum 18.04. **4** 2016 neu in das Vergaberechtsregime eingeführt. Die neue Vergabeverfahrensart der Innovationspartnerschaft soll dem öffentlichen Auftraggeber ermöglichen, innovative und noch nicht auf dem Markt verfügbare Leistungen zu beschaffen.

Vor der jüngsten Vergaberechtsreform war dem öffentlichen Auftraggeber nur aus- **5** nahmsweise das Verhandlungsverfahren gestattet und lediglich absolut ausnahmsweise der wettbewerbliche Dialog. Seit dem 18.4.2016 sind die rechtlichen Anforderungen für die Wahl des Verhandlungsverfahrens mit vorgeschaltetem Teilnahmewettbewerb und des wettbewerblichen Dialogs identisch. Neu ist auch, dass die öffentlichen Auftraggeber leichter begründen können, warum ausnahmsweise ein Verhandlungsverfahrens mit vorgeschaltetem Teilnahmewettbewerb und der wettbewerblichen Dialogs gewählt worden ist.

Der europäische Gesetzgeber hat bei der Abfassung der EU-Richtlinie 2014/24/EU **6** (AVR), die für die jüngste Reform des nationalen Vergaberechts Pate stand, erkannt, dass es für die öffentlichen Auftraggeber äußerst wichtig ist, über zusätzliche Flexibilität zu verfügen, um ein Vergabeverfahren auszuwählen, das Verhandlungen vorsieht. Der europäische Gesetzgeber erwartet durch eine stärkere Anwendung des Verhandlungsverfahrens mit vorgeschaltetem Teilnahmewettbewerb und des wettbewerblichen Dialogs, dass dies den grenzüberschreitenden Handel fördert. Denn es hat sich gezeigt, dass bei Aufträgen, die im Wege des Verhandlungsverfahrens mit vorheriger Veröffentlichung einer Bekannt-machung vergeben werden, die Erfolgsquote von grenzüberschreitenden Angeboten be-sonders hoch ist (vgl. Erwägungsgrund 42 AVR). Erklärtes Ziel des europäischen Gesetz-gebers und auch der EU-Kommission ist es, dass der grenzüberschreitende Handel auch bei Vergabeverfahren zunimmt. Dies lässt sich gerade durch die Wahl des Verhandlungsverfah-rens mit vorgeschaltetem Teilnahmewettbewerb und des wettbewerblichen Dialogs errei-chen, indem teilfunktional ausgeschrieben wird und Konzepte abgefragt und verhandelt werden, mit dem Ziel, eine möglichst innovative Lösung zu erreichen.

7   Insgesamt stehen dem öffentlichen Auftraggeber folgende Vergabeverfahrensarten zur Verfügung:
– Das offenes Verfahren,
– Das nichtoffenes Verfahren (mit vorherigem Teilnahmewettbewerb),
– Das Verhandlungsverfahren (mit oder ohne vorherigen Teilnahmewettbewerb),
– Der wettbewerbliche Dialog (mit vorherigem Teilnahmewettbewerb)
– Die Innovationspartnerschaft (mit vorherigem Teilnahmewettbewerb).

III. Rechtliche Vorgaben im EU-Recht

8   Die Wahl der Vergabeverfahrensart wird in Art. 26 der Allgemeinen Vergaberichtlinie 2014/4/EU (AVR) geregelt. Die Umsetzung lehnt sich weit überwiegend eng an den Richtlinientext an.[1]

B. Die beiden Regelverfahren

9   Gemäß § 3a EU Abs. 1 Satz 1 VOB/A stehen dem öffentlichen Auftraggeber nach seiner Wahl das offene Verfahren und das nicht offene Verfahren zur Verfügung. Neu ist, dass das Regelverfahren nicht mehr ausschließlich das offene Verfahren ist, sondern daneben auch das nicht offene Verfahren umfasst. Das offene Verfahren und das nicht offene Verfahren stehen dem öffentlichen Auftraggeber immer nach seiner freien Wahl zur Verfügung. Das bedeutet, dass hierfür keine Rechtfertigung erforderlich ist oder gar Ermessen auszuüben wäre, weil von der Regel nicht abgewichen wird. Bei beiden Vergabeverfahrensarten darf weder über die Leistung noch über den Preis verhandelt werden (vgl. § 15 EU Abs. 3 VOB/A).

10   Die anderen Verfahrensarten (Verhandlungsverfahren, wettbewerbliche Dialog und Inno-vationspartnerschaft) stehen dem öffentlichen Auftraggeber ausweislich § 3a EU Abs. 1 Satz 2 VOB/A nur nachrangig zur Verfügung, soweit diese durch gesetzliche Bestimmun-gen oder nach den Absätzen 2 bis 5 gestattet sind.

C. Das Verhandlungsverfahren mit vorherigem Teilnahmewettbewerb

11   Gemäß § 3a EU Abs. 2 VOB/A ist das Verhandlungsverfahren mit vorherigem Teilnah-mewettbewerb nur ausnahmsweise zulässig, wenn entweder mindestens eines der vier Re-gelbeispiele des § 3a EU Abs. 2 Nr. 1 VOB/A erfüllt ist oder wenn ein offenes Verfahren oder ein nicht offenes Verfahren wegen nicht ordnungsgemäßer oder nicht annehmbarer Angebote aufgehoben worden ist (§ 3a EU Abs. 2 Nr. 2 VOB/A). Der öffentliche Auftrag-geber hat die Gründe für die Wahl des Verhandlungsverfahrens zeitnah zu dokumentieren.

12   Der Ablauf des Verhandlungsverfahrens mit vorherigem Teilnahmewettbewerb ist in § 3b EU Abs. 3 Nr. 1 bis 3 sowie Nr. 5 bis 10 VOB/A geregelt.

---

[1] Für eine Eins-zu-eins-Umsetzung siehe Verordnung zur Modernisierung des Vergaberechts (Vergabe-rechtsmodernisierungsverordnung – VergRModVO) vom 20.1.2016; Drucksache 18/7318; Seite 140.

I. Anpassung bereits verfügbarer Lösungen

Gemäß § 3b EU Abs. 2 Nr. 1 lit. a) VOB/A ist das Verhandlungsverfahren mit Teilnah- **13** mewettbewerb (oder der wettbewerbliche Dialog; vgl. Abs. 4) zulässig, wenn die Bedürfnisse des öffentlichen Auftraggebers nicht ohne die Anpassung bereits verfügbarer Lösungen erfüllt werden können. Die Regelung setzt Art. 26 Abs. 4 lit. a) Nr. i) der Richtlinie 2014/24/EU (AVR) iVm Erwägungsgrund (42) in nationales Recht um. Danach ist das Verhandlungsverfahren mit Teilnahmewettbewerb (oder der wettbewerbliche Dialog; vgl. Abs. 4) dann statthaft, wenn nicht damit zu rechnen ist, dass ein Regelverfahren (offene Verfahren oder nicht offene Verfahren) ohne Verhandlungen zu einem zufriedenstellenden Ergebnis führen wird. Dies ist beispielsweise dann der Fall, wenn der öffentliche Auftraggeber Bauleistungen beschafft, bei denen keine Normbauten errichtet werden (vgl. Erwägungsgrund 43 Satz 1 der Richtlinie 2014/24/EU).

Der öffentliche Auftraggeber ist bei der **Beschaffungsentscheidung,** dass er keine **14** Normbauten beschaffen möchte im rechtlichen Ansatz ungebunden und weitestgehend frei. Die Entscheidung wird von zahlreichen Faktoren beeinflusst, unter anderem von technischen, wirtschaftlichen, gestalterischen oder solchen der (sozialen, ökologischen oder ökonomischen) Nachhaltigkeit. Die Wahl unterliegt der **Bestimmungsfreiheit** des Auftraggebers, deren Ausübung dem Vergabeverfahren vorgelagert ist auch wenn dies zwangsläufig zu einer Beschränkung des Wettbewerbs führt.[2] Die Beschaffungsentscheidung muss zunächst getroffen werden, um eine Nachfrage zu bewirken. Das Vergaberecht regelt nicht, was der öffentliche Auftraggeber beschafft, sondern nur die Art und Weise der Beschaffung. Einer besonderen vergaberechtlichen Ermächtigungsgrundlage bedarf die Bestimmung des Auftragsgegenstands durch den Auftraggeber nicht. Sie ergibt sich aus der Vertragsfreiheit. Der öffentliche Auftraggeber darf grundsätzlich auch qualitativ schlechte oder wenig sinnvolle Leistungen beschaffen. Die im jeweiligen Einzelfall vorgenommene Bestimmung des Beschaffungsgegenstands ist von den Vergabenachprüfungsinstanzen in aller Regel nicht zu kontrollieren.[3] Im Interesse einer Öffnung des Beschaffungsmarkts der öffentlichen Hand für den Wettbewerb unterliegt die Bestimmungsfreiheit jedoch vergaberechtlichen Grenzen. Solche Grenzen werden beispielsweise markiert durch das Gebot der Produktneutralität oder auch durch das Erfordernis, dass der öffentliche Auftraggeber je nach Intensität der Einschränkung des Wettbewerb sich Gedanken über eine vernünftige Alternative oder Ersatzlösung zu machen hat (vgl. § 3a Abs. 3 Nr. 3 Satz 2 VOB/A).

Die wettbewerbsbeschränkenden sachlichen Gründe sind zeitnah zu dokumentieren. Aus **15** der **Dokumentation** muss sich die sachliche Rechtfertigung für die wettbewerbsbegrenzende Beschaffungsentscheidung ableiten lassen.[4] Bereits das Gebot der Transparenz (§ 97 Abs. 1 GWB) gebietet es, dass der öffentliche Auftraggeber den Gang und die wesentlichen Entscheidungen des Vergabeverfahrens in den Vergabeakten dokumentiert, um seine Entscheidungsfindung nachvollziehbar zu machen. Eine Dokumentation der zugrunde liegenden Erwägungen im Vergabevermerk ist jedoch nur insoweit zu verlangen, wie die Kontrollbefugnis im Nachprüfungsverfahren reicht, weil das Erfordernis einer weitergehenden Dokumentation reine Förmelei wäre. Zudem können je nach Umständen des Einzelfalls sogar nicht dokumentierte, im Nachprüfungsverfahren nachgeschobene Erwägungen des Auftraggebers berücksichtigungsfähig sein.[5] Der öffentliche Auftraggeber sollte trotzdem sicherheitshalber bereits vor Einleitung des Vergabeverfahrens die wesentlichen Gründe für die Begrenzung des Wettbewerbs im Vergabevermerk dokumentieren.

---

[2] Vgl. OLG Karlsruhe 15.11.2013 – 15 Verg 5/13.

[3] Vgl. OLG Düsseldorf 12.2.2014 – Verg 29/13; 22.5.2013 – Verg 16/12; 1.8.2012, VII-Verg 10/12; 27.6.2012 – Verg 7/12; 17.2.2010, Verg 42/09; 22.1.2009 – Verg 25/09; OLG Karlsruhe 16.11.2012 – 15 Verg 9/12; OLG Naumburg 5.12.2008 – 1 Verg 9/08 –.

[4] Vgl. OLG Karlsruhe 15.11.2013 – 15 Verg 5/13; 21.7.2010 – 15 Verg 6/10.

[5] Vgl. BGH 8.2.2011 – X ZB 4/10; OLG Karlsruhe 15.11.2013 – 15 Verg 5/13.

II. Konzeptionelle oder innovative Lösungen

16   § 3b EU Abs. 2 Nr. 1 lit. b) VOB/A erlaubt das Verhandlungsverfahren mit Teilnahme-wettbewerb (oder der wettbewerbliche Dialog; vgl. Abs. 4), wenn der Auftrag konzeptio-nelle oder innovative Lösungen umfasst. Die Regelung setzt Art. 26 Abs. 4 lit. a) Nr. ii) der Richtlinie 2014/24/EU (AVR) iVm Erwägungsgrund (43) in nationales Recht um.

17   Entscheidend ist, dass der Auftrag und damit die zu beschaffenden Bauleistungen konzep-tionelle oder innovative Lösungen umfassen. Nicht ausreichend ist es demgegenüber, wenn das Verhandlungsverfahren ausschließlich die Bewertung von Konzepten oder Lösungsent-würfen zur Erreichung bestimmter Ziele im Rahmen einer (teil-)funktionalen Ausschreibung erfordert, ohne dass darüber hinaus auch ein Verhandeln über die Konzepte oder Lösungs-entwürfe voraussichtlich erforderlich sein wird. Innovative Lösungen lassen sich am besten im Wege eines wettbewerblichen Dialogs oder mittels Innovationspartnerschaft erreichen.

18   Fordert der öffentliche Auftraggeber über die reine Ausarbeitung des Angebots hinaus die Beibringung von Unterlagen, beispielsweise die arbeitsintensive Ausarbeitung von Kon-zepten oder Lösungsentwürfen, hat er gemäß § 8b EU Abs. 1 Nr. 1 Satz 2 VOB/A bereits in den Vergabeunterlagen einheitlich für alle Bieter eine angemessene Entschädigung in Form einer Vergütung festzusetzen. Gehört zu den Vergabeunterlagen eine Vergütungsre-gelung, erklärt der Bieter konkludent mit der Abgabe seines Angebots sein Einverständnis mit dieser Regelung. Ist die Höhe der Vergütung aus seiner Sicht nicht angemessen, hat er die Höhe der Vergütung vor Angebotsabgabe zu rügen und im Falle der Nichtabhilfe in einem Nachprüfungsverfahren zu beanstanden.[6] Dies gilt auch für den Fall, dass der öffent-liche Auftraggeber überhaupt keine Vergütung festgesetzt hat. Die Angemessenheit bemisst sich nach der über die reine Ausarbeitung des Angebots verlangte Arbeitsintensität. Hierbei wird jedoch die Arbeit nicht eins-zu-eins im Sinne des § 632 Abs. 2 BGB vergütet, weil ein Angebot nicht bereits die vertraglich geschuldete Leistung darstellt sondern diesem immer ein akquisitorisches Element innewohnt.

III. Bestimmte konkrete Umstände, die Verhandlungen erfordern

19   Gemäß § 3b EU Abs. 2 Nr. 1 lit. c) VOB/A ist das Verhandlungsverfahren mit Teilnah-mewettbewerb (oder der wettbewerbliche Dialog; vgl. Abs. 4) zulässig, wenn der Auftrag nicht ohne vorherige Verhandlungen vergeben werden kann **aufgrund konkreter Um-stände,** die mit der
– Art,
– der Komplexität oder
– dem rechtlichen oder finanziellen Rahmen oder
– den damit einhergehenden Risiken
zusammenhängen.

20   Die Regelung beruht auf Art. 26 Abs. 4 lit. a) Nr. iii) der Richtlinie 2014/24/EU (AVR). Die konkreten Umstände, die das Verhandlungsverfahren erfordern, sind zu doku-mentieren.

21   Der Ausnahmetatbestand greift dann ein, wenn die Kalkulation eines Gesamtpreises durch die Bieter aufgrund der **Art des Auftrags** nicht ohne Spekulation erfolgen kann, sodass es unbillig erscheint, ihre Folgen ohne weiteres allein dem Bieter aufzubürden. Zu denken ist hierbei beispielsweise an den Bau eines Tunnels, dessen Beschaffenheit zwar im Einzelnen beschrieben werden kann, bei dem aber bereits abzusehen ist, dass die Erfüllung des Auftrags durch unbekannte geologische Gegebenheiten beeinflusst wird,[7] oder an die

---

[6] Vgl. BGH 19.4.2016 – X ZR 77/14.
[7] Vgl. EU-Kommission, Grünbuch ÖPP, KOM (2004) 327 Rn. 24; *Arrowsmith,* CML Volume 37 (2000), 709, 724.

Entsorgung von Altlasten eines Grundstücks, wenn verhandelt werden muss, wer das Risiko von etwaigen Zusatzkosten trägt.[8]

Konkrete Umstände, die mit dem **rechtlichen Rahmen** zusammenhängen und dafür 22 verantwortlich sind, dass der Auftrag nicht ohne vorherige Verhandlungen vergeben werden kann, sind insbesondere dann gegeben, wenn sich der Markt auf die Geltung der VOB/B nicht einlässt. Dies ist beispielsweise dann der Fall wenn die Bieter erst dann verbindliche Angebote abgeben, wenn zuvor angemessenen Haftungsbeschränkungen ausgehandelt worden sind.

Konkrete Umstände, die aufgrund der **Komplexität** oder dem **finanziellen Rahmen** 23 Verhandlungen erfordern, tauchen in aller Regel bei komplexen **ÖPP-Projekten** auf. Aufgrund der komplexen Projektstrukturen erfordern Projektfinanzierungen eine kritische Mindestgröße, die es ermöglicht, die hohen Transaktions- und Finanzierungskosten durch Effizienzvorteile zu kompensieren. Bei solchen ÖPP-Projekten hat die Finanzierungsform einen maßgeblichen Einfluss auf die möglichen Effizienzpotenziale. Denn die Projektkosten lassen sich durch eine dem Projekt angepasste Finanzierungsstruktur erheblich senken. Hierfür eignet sich in besonderer Weise die Projektfinanzierung, die den ganzheitlichen Lebenszyklus und die optimale Verteilung von Risiken bedeutsam berücksichtigt. Bei der Projektfinanzierung handelt es sich um die Finanzierung einer juristisch und wirtschaftlich selbstständigen Einheit, bei der sich die Kreditgeber vornehmlich auf den zukünftig erwirtschafteten Cash Flow für die Rückzahlung des Fremdkapitals verlassen. Die Aktiva des Projektes dienen als Sicherheit. Die Verhandlungen sind erforderlich, um die Risiken bei einer Projektfinanzierung in wirtschaftlich sinnvoller Weise auf die Projektbeteiligten optimal zu verteilen, wobei jeweils derjenige das Risiko tragen soll, der dieses am besten kontrollieren kann.

IV. Keine ausreichende Genauigkeit bei der Erstellung der technischen Spezifikationen

§ 3b EU Abs. 2 Nr. 1 lit. d) VOB/A erlaubt das Verhandlungsverfahren mit Teilnahme- 24 wettbewerb (oder der wettbewerbliche Dialog; vgl. Abs. 4), wenn die technischen Spezifikationen von dem öffentlichen Auftraggeber nicht mit ausreichender Genauigkeit unter Verweis auf eine Norm, eine europäische technische Bewertung (ETA), eine gemeinsame technische Spezifikation oder technische Referenzen im Sinne des Anhangs TS Nummern 2 bis 5 der Richtlinie 2014/24/EU erstellt werden können.

Die Regelung beruht auf Art. 26 Abs. 4 lit. a) Nr. iv) der Richtlinie 2014/24/EU 25 (AVR). Die konkreten Umstände, die das Verhandlungsverfahren erfordern, sind zu dokumentieren.

In Bezug auf Standarddienstleistungen oder Standardlieferungen, die von vielen ver- 26 schiedenen Marktteilnehmern erbracht werden können, ist das Verhandlungsverfahren und der wettbewerbliche Dialog gerade nicht statthaft. (vgl. Erwägungsgrund 43 Satz 5 der Richtlinie 2014/24/EU).

§ 3b EU Abs. 2 Nr. 1 lit. d) VOB/A ist somit lediglich bei der Beschaffung von Leistun- 27 gen mittels (teil-)funktionaler Leistungsbeschreibung statthaft, allerdings nur wenn auch Verhandlungen erforderlich sind. In der (teil-)funktionalen Leistungsbeschreibung sind die technischen Spezifikationen gemäß § 7a EU Abs. 2 Nr. 2 VOB/A in aller Regel zu formulieren in Form von Leistungs- oder Funktionsanforderungen, die so genau zu fassen sind, dass sie den Unternehmen ein klares Bild vom Auftragsgegenstand vermitteln und dem Auftraggeber die Erteilung des Zuschlags ermöglichen. Ist es dem öffentlichen Auftraggeber jedoch objektiv nicht möglich, die Leistungsbeschreibung in der Form zu erstellen, dass sie den Unternehmen ein klares Bild vom Auftragsgegenstand vermitteln und dem

---

[8] Vgl. BGH 10.11.2009 – X ZB 8/09.

Auftraggeber die Erteilung des Zuschlags ermöglichen, sind Verhandlungen geradezu erforderlich. Im Falle einer lediglich subjektiven Unmöglichkeit hat sich der öffentliche Auftraggeber der Hilfe von Experten zu bedienen.

V. Nach rechtmäßiger Aufhebung eines Regelverfahrens

28 Gemäß § 3b EU Abs. 2 Nr. 2 VOB/A ist das Verhandlungsverfahren mit Teilnahmewettbewerb (oder der wettbewerbliche Dialog; vgl. Abs. 4) ausnahmsweise zulässig, wenn ein offenes Verfahren oder ein nicht offenes Verfahren wegen nicht ordnungsgemäßer oder nicht annehmbarer Angebote aufgehoben wurde. Diese Regelung findet ihren Ursprung in 26 Abs. 4 lit. b) der Richtlinie 2014/24/EU (AVR).

29 **Nicht ordnungsgemäß** sind gemäß § 3b EU Abs. 2 Nr. 2 Satz 2 VOB/A insbesondere Angebote, die
– nicht den Vergabeunterlagen entsprechen,
– nicht fristgerecht eingegangen sind,
– nachweislich auf kollusiven Absprachen oder Korruption beruhen oder
– nach Einschätzung des öffentlichen Auftraggebers ungewöhnlich niedrig sind.

30 Gemäß § 3b EU Abs. 2 Nr. 2 Satz 3 VOB/A sind insbesondere Angebote von Bietern **unannehmbar,**
– die nicht über die erforderlichen Qualifikationen verfügen und
– deren Preis das vor Einleitung des Vergabeverfahrens festgelegte und schriftlich dokumentierte Budget des öffentlichen Auftraggebers übersteigt.

31 **Nicht ordnungsgemäß** sind Angebote, die nicht den Vergabeunterlagen (Auftragsunterlagen) entsprechen, die also wegen Änderungen an den Vergabeunterlagen gemäß § 16 EU Nr. 2 VOB/A iVm § 13 EU Abs. 1 Nr. 5 Satz 2 VOB/A auszuschließen sind.

32 Von der Begrifflichkeit der **„Vergabeunterlagen"**, auch als **Auftragsunterlagen** bezeichnet, werden sämtliche Unterlagen umfasst, die vom öffentlichen Auftraggeber erstellt werden oder auf die er sich bezieht, um Bestandteile der Auftragsvergabe oder des Verfahrens zu beschreiben oder festzulegen (vgl. Art. 2 Abs. 1 Nr. 13 der Richtlinie 2014/24/EU). Dazu zählen die Bekanntmachung, die Vorinformationen, sofern sie als Aufruf zum Wettbewerb dienen, die technischen Spezifikationen, die Beschreibung, die vorgeschlagenen Auftragsbedingungen, Formate für die Einreichung von Unterlagen seitens der Bewerber und Bieter, Informationen über allgemeingültige Verpflichtungen sowie sonstige zusätzliche Unterlagen.

33 Nicht ordnungsgemäß sind Angebote, die nicht fristgerecht eingegangen sind, die gemäß § 16 EU Nr. 1 VOB/A auszuschließen sind.

34 Nicht ordnungsgemäß sind Angebote, die nachweislich auf kollusiven Absprachen (§ 6e EU Abs. 6 Nr. 4 VOB/A) oder Korruption (§ 6e EU Abs. 1 Nr. 6–9 VOB/A) beruhen und ausgeschlossen worden sind.

35 Nicht ordnungsgemäß sind Angebote, die nach Einschätzung des öffentlichen Auftraggebers ungewöhnlich niedrig sind wegen eines unangemessen niedrigen Angebotspreises im Sinne des § 16d EU Nr. 1 Var. 2 VOB/A und deswegen ausgeschlossen worden sind.

36 **Unannehmbar** sind Angebote, die nicht über die erforderlichen Qualifikationen (vgl. § 6 VOB/A-EU und § 16b VOB/A-EU) verfügen.

37 Unannehmbar sind Angebote, deren Angebotspreis das vor Einleitung des Vergabeverfahrens festgelegte und schriftlich dokumentierte Budget des öffentlichen Auftraggebers übersteigt.

38 Das vor Einleitung des Vergabeverfahrens festgelegte und schriftlich dokumentierte Budget muss angemessen sein. Das bedeutet, dass auf den ordnungsgemäß zu schätzenden kalkulatorischen Auftragswert im Sinne des § 3 VgV ein entsprechender Risikozuschlag, je nach Branche von 10% bis 20% hinzuzurechnen ist, um ein ordnungsgemäßes Budget zu ermitteln. Ist der Wert zu niedrig angesetzt worden, darf der öffentliche Auftraggeber die Aufhebung nicht auf die Überschreitung des Budgets stützen.

In Einzelfällen kann es sich anbieten, dass der öffentliche Auftraggeber bereits in die **39** EU-Auftragsbekanntmachung eine **harte Budgetobergrenze** aufnimmt und dadurch gegenüber den Wirtschaftsteilnehmern transparent kommuniziert. Dies hat den Vorteil, dass bei einer Überschreitung des Budgets, der öffentliche Auftraggeber das Vergabeverfahren wirksam und rechtmäßig aufheben kann. Der Nachteil ist, dass der öffentliche Auftraggeber an diese harte Budgetobergrenze gebunden ist. Übersteigt das preislich günstigste Angebot das Budget auch nur um einen Cent, darf der Zuschlag nicht erteilt werden. Ist die harte Budgetobergrenze viel zu niedrig angesetzt worden, kommt ein Wechsel in das Verhandlungsverfahren nicht in Betracht. Ansonsten könnte ein öffentlicher Auftraggeber durch eine viel zu niedrig gewählte und bekanntgegebene harte Budgetobergrenze das Regelverfahren umgehen und sich ein Verhandlungsverfahren quasi erschleichen.

Auf ein vor Einleitung des Vergabeverfahrens festgelegtes aber nach dieser Einleitung erst **40** schriftlich dokumentiertes Budget kann sich der öffentliche Auftraggeber hingegen nicht berufen. Dem öffentlichen Auftraggeber bleibt dann nur die Möglichkeit, die Angebote gemäß § 16d EU Nr. 1 Var. 1 VOB/A wegen unangemessen hoher Angebotspreise auszuschließen. In diesem Fall sollte für den öffentlichen Auftraggeber nach dem Sinn und Zweck des § 3a EU Abs. 2 Nr. 2 VOB/A auch die Möglichkeit bestehen, in ein Verhandlungsverfahren zu wechseln. Vor dem Hintergrund der Anforderungen an die wirtschaftliche und sparsame Mittelverwendung macht es keinen Unterschied, ob das vor Einleitung des Vergabeverfahrens festgelegte und schriftlich dokumentierte angemessene Budget überschritten wird oder nur unangemessen hohe Angebote eingegangen und im Sinne des § 16d EU Nr. 1 Var. 1 VOB/A zwingend auszuschließen sind.

Sind nur unangemessen hohe Angebote eingegangen, sind diese zwingend im Sinne des **41** § 16d EU Nr. 1 Var. 1 VOB/A auszuschließen. Erforderlich ist, dass der bei Einleitung des Vergabeverfahrens ordnungsgemäß geschätzte Auftragswert von allen Angeboten so „deutlich" überschritten ist, dass eine sanktionslose Aufhebung der Ausschreibung gerechtfertigt ist.

Wann eine deutliche Überschreitung gegeben ist, lässt sich nicht durch allgemeinverbindliche Werte nach Höhe oder Prozentsätzen festlegen.[9] Insoweit ist abzuwägen, dass **42** einerseits den öffentlichen Auftraggebern nicht das Risiko einer deutlich überhöhten Preisbildung weit jenseits einer vertretbaren Schätzung der Auftragswerte zugewiesen werden darf, sondern sie in solchen Fällen zur sanktionsfreien Aufhebung des Vergabeverfahrens berechtigt sein müssen. Andererseits darf das Institut der Aufhebung des Vergabeverfahrens nicht zu einem für die öffentlichen Auftraggeber latent verfügbaren Instrument zu einer Korrektur der erzielten Submissionsergebnisse geraten.[10]

Die Aufhebung eines Vergabeverfahrens aus wirtschaftlichen Gründen kann im Einzelfall **43** sogar ermessensfehlerhaft sein, falls das einzige Angebot 19,3 % über der Kostenberechnung liegt und der öffentliche Auftraggeber das Angebot nicht aufklärt.[11] Das OLG München geht in aller Regel bei einem Abstand ab etwa 20 % der ordnungsgemäßen vergaberechtlichen Kostenschätzung im Vergleich zum preislich günstigsten Angebot von einem Missverhältnis aus.[12] Mangels ausdrücklicher Regelung ist bei einem deutlichen Preisabstand eine Aufklärung nicht erforderlich. Eine solche Aufklärung ist lediglich bei ungemessen niedrig erscheinenden Angeboten gesetzlich vorgeschrieben, vgl. § 16d EU Abs. 1 Nr. 2 VOB/A.

D. Das Verhandlungsverfahren ohne vorherigen Teilnahmewettbewerb

Gemäß § 3a EU Abs. 3 VOB/A ist das Verhandlungsverfahren ohne vorherigen Teilnah- **44** mewettbewerb nur absolut ausnahmsweise zulässig, wenn mindestens einer der darin gere-

---

[9] Vgl. BGH 20.11.2012 – X ZR 108/10, Rn. 21.
[10] Vgl. BGH a. a. O.
[11] Vgl. OLG Karlsruhe 27.9.2013 – 15 Verg 3/13.
[12] Vgl. OLG München 7.3.2013 – Verg 36/12.

gelten Ausnahmetatbestände gegeben sind. Hierbei ist zu beachten, dass diese Ausnahmeregelungen sehr eng ausgelegt werden und ein sorgfältige Abwägung, Begründung und umfassende Dokumentation erforderlich wird, wenn sich der öffentliche Auftraggeber auf diese Vergabeverfahrensart wirksam berufen möchte.[13]

45   Die **Darlegungs- und Beweislast** für das tatsächliche Vorliegen der rechtfertigenden außergewöhnlichen Umstände trägt derjenige, der sich auf die jeweilige Ausnahmeregelung berufen will;[14] dies ist in aller Regel der öffentliche Auftraggeber.

I. Nach Abgabe von keinen ordnungsgemäßen oder nur unannehmbaren Angeboten im Regelverfahren

46   Gemäß § 3a EU Abs. 3 Nr. 1 VOB/A ist das Verhandlungsverfahren ohne vorherigen Teilnahmewettbewerb (also ohne vorherige EU-Bekanntmachung) zulässig, wenn bei einem offenen Verfahren oder bei einem nicht offenen Verfahren
– **keine ordnungsgemäßen** oder **nur unannehmbare Angebote** abgegeben worden sind und
– in das Verhandlungsverfahren alle – und nur die – Bieter aus dem vorausgegangenen Verfahren einbezogen werden, die fachkundig und leistungsfähig (geeignet) sind und die nicht nach § 6e VOB/A-EU ausgeschlossen worden sind.

47   Liegen keine ordnungsgemäßen Angebote _und_ darüber hinaus unannehmbare Angebote vor, ist der Ausnahmetatbestand nicht gegeben. Denn dann liegen gerade nicht ausschließlich[15] unannehmbare Angebote vor.

48   Weitere erforderliche Voraussetzung ist, dass in das Verhandlungsverfahren alle – und ausschließlich die – Bieter aus dem vorausgegangenen Verfahren einbezogen werden, die fachkundig und leistungsfähig (geeignet) sind und die nicht gemäß § 6e VOB/A-EU ausgeschlossen worden sind. Hierfür ist erforderlich, dass die Eignung gegeben ist und Ausschlussgründe vorliegend nicht eingreifen. Sind beispielsweise ausschließlich **keine ordnungsgemäßen** Angebote eingegangen, bei denen die Eignung nicht abschließend geprüft worden ist, sind diese Bieter bei dem Verhandlungsverfahren dennoch zu beteiligen. Allerdings sind dann im Rahmen der Abgabe der Erstangebote neben etwaigen Ausschlussgründen auch die wirtschaftliche und finanzielle Leistungsfähigkeit sowie die technische und berufliche Leistungsfähigkeit zu prüfen

49   **Nicht ordnungsgemäß** sind gemäß § 3b EU Abs. 2 Nr. 2 Satz 2 VOB/A (→ Rn. 31–35) insbesondere Angebote, die
– nicht den Vergabeunterlagen entsprechen,
– nicht fristgerecht eingegangen sind,
– nachweislich auf kollusiven Absprachen oder Korruption beruhen oder
– nach Einschätzung des öffentlichen Auftraggebers ungewöhnlich niedrig sind.

50   Gemäß § 3b EU Abs. 2 Nr. 2 Satz 3 VOB/A (→ Rn. 36–43) sind insbesondere Angebote von Bietern **unannehmbar,**
– die nicht über die erforderlichen Qualifikationen verfügen und
– deren Preis das vor Einleitung des Vergabeverfahrens festgelegte und schriftlich dokumentierte Budget des öffentlichen Auftraggebers übersteigt.

51   Sind die in § 3a EU Abs. 3 Nr. 1 VOB/A normierten rechtfertigenden Umstände gegeben, darf der öffentliche Auftraggeber immer auch eine formstrengere Vergabeverfahrensart wählen, beispielsweise das Verhandlungsverfahren mit vorherigem Teilnahmewettbewerb oder den wettbewerblichen Dialog jeweils mit neuer vorheriger EU-Bekanntmachung.

---

[13] Vgl. EuGH 15.10.2009 – C-275/08 „Kommission/Deutschland", Rn. 55.
[14] Vgl. EuGH 15.10.2009 – C-275/08 „Kommission/Deutschland", Rn. 56.
[15] Hierfür spricht das klare Wortlaut: „**nur** unannehmbare Angebote".

II. Nachdem in einem Regelverfahren keine Angebote oder keine Teilnahmeanträge abgegebene worden sind

Gemäß § 3a EU Abs. 3 Nr. 2 Satz 1 lit. a) VOB/A ist das Verhandlungsverfahren ohne **52** vorherigen Teilnahmewettbewerb (also ohne vorherige EU-Bekanntmachung) zulässig, wenn bei einem offenen Verfahren oder bei einem nicht offenen Verfahren keine Angebote oder keine Teilnahmeanträge abgegeben worden sind. Stützt sich der öffentliche Auftraggeber auf diesen Ausnahmetatbestand, ist weiter zwingend erforderlich, dass die ursprünglichen **„Vertragsunterlagen"**, auch als **„Auftragsbedingungen"** bezeichnet, nicht grundlegend geändert werden. Die Regelung beruht auf Art. 32 Abs. 2a der Richtlinie 2014/24/EU. Der öffentliche Auftraggeber hat auf Anforderung der Europäischen Kommission einen Bericht vorzulegen (§ 3a EU Abs. 3 Nr. 2 Satz 2 VOB/A).

Erforderlich ist bei einem offenen Verfahren, dass keine Angebote abgegeben worden **53** sind. Hierzu zählt auch die Abgabe von Angeboten ohne erforderliche Unterschrift oder verspätet eingegangene Angebote.

Erforderlich ist bei einem nicht offenen Verfahren, dass keine Teilnahmeanträge abgege- **54** ben worden sind oder zwar Teilnahmeanträge von Bewerbern, die dann aber keine Angebote mehr abgegeben haben. Nicht rechtzeitig abgegebene Teilnahmeanträge bzw. Angebote werden insoweit wie nicht abgegebene Teilnahmeanträge bzw. Angebote behandelt.

III. Nachdem in einem Regelverfahren nur Angebote oder Teilnahmeanträge von ungeeigneten Wirtschaftsteilnehmern abgegeben worden sind

Gemäß § 3a EU Abs. 3 Nr. 2 Satz 1 lit. b) VOB/A ist das Verhandlungsverfahren ohne **55** vorherigen Teilnahmewettbewerb (also ohne vorherige EU-Bekanntmachung) zulässig, wenn nur Angebote oder Teilnahmeanträge solcher Bewerber oder Bieter abgegeben worden sind, die nicht fachkundig oder leistungsfähig (geeignet) sind oder die nach § 6e VOB/A-EU ausgeschlossen worden sind.

Hierbei kommt es allerdings nicht ausschließlich auf die Eignung im technischen Sinne **56** an. Denn § 3a EU Abs. 3 Nr. 2 Satz 1 lit. b) VOB/A ist im Lichte der europarechtlichen Regelung des Art. 32 Abs. 2a der Richtlinie 2014/24/EU richtlinienkonform auszulegen.

Ein **Angebot** gilt gemäß Art. 32 Abs. 2a Abs. 2 der Richtlinie 2014/24/EU als ungeeig- **57** net, wenn es **irrelevant für den Auftrag** ist, das heißt ohne wesentliche Abänderung den in den **Auftragsunterlagen** (auch als **„Vergabeunterlagen"** bezeichnet; (→ Rn. 32) genannten Bedürfnissen und Anforderungen des öffentlichen Auftraggebers offensichtlich nicht entsprechen kann. Ein **Teilnahmeantrag** gilt als ungeeignet, wenn der Wirtschaftsteilnehmer bei Eingreifen eines Ausschlussgrundes ausgeschlossen wird oder ausgeschlossen werden kann, oder wenn er die vom öffentlichen Auftraggeber genannten Eignungskriterien (Befähigung zur Berufsausübung; wirtschaftliche und finanzielle Leistungsfähigkeit; technische und berufliche Leistungsfähigkeit) nicht erfüllt.

Liegen nicht ausschließlich **58**
– Teilnahmeanträge, die wegen mangelnder Eignung und oder wegen Ausschlussgründen auszuschließen sind
und
– Angebote, die irrelevant für den Auftrag sind,
vor, greift der Tatbestand nicht ein.[16]

Stützt sich der öffentliche Auftraggeber auf diesen Ausnahmetatbestand, ist weiter zwin- **59** gend erforderlich, dass die ursprünglichen **„Vertragsunterlagen"**, auch als **„Auftrags-**

---

[16] Hierfür spricht das klare Wortlaut: **„nur** Angebote oder Teilnahmeanträge".

bedingungen" bezeichnet, nicht grundlegend geändert werden. Diese Vorgabe beruht auf Art. 32 Abs. 2a Abs. 1 der Richtlinie 2014/24/EU. Der öffentliche Auftraggeber hat auf Anforderung der Europäischen Kommission einen Bericht vorzulegen (§ 3a EU Abs. 3 Nr. 2 Satz 2 VOB/A).

IV. Nachdem in einem Regelverfahren von den Bedingungen wesentlich abgewichen worden ist

60   Gemäß § 3a EU Abs. 3 Nr. 2 Satz 1 lit. c) VOB/A ist das Verhandlungsverfahren ohne vorherigen Teilnahmewettbewerb (also ohne vorherige EU-Bekanntmachung) zulässig, wenn nur solche Angebote abgegeben worden sind, die den in den Vergabeunterlagen genannten Bedingungen nicht entsprechen. Der öffentliche Auftraggeber hat hierzu mindestens drei grundsätzlich geeignete Wirtschaftsteilnehmer aufzufordern; es handelt sich hierbei **nicht** um die Bieter aus dem vorangegangenen Vergabeverfahren.

61   Erforderlich ist, dass das jeweilige fragliche Angebot in einer solchen **Intensität** den in den Vergabeunterlagen genannten Bedingungen offensichtlich nicht entspricht, dass also eine wesentliche Abänderung des Angebots erforderlich wäre, damit es den Bedürfnissen und Anforderungen des öffentlichen Auftraggebers überhaupt entsprechen kann (vgl. Art. 32 Abs. 2a Abs. 2 der Richtlinie 2014/24/EU). Nur dann ist es gerechtfertigt, ein Verhandlungsverfahren ohne vorherigen Teilnahmewettbewerb durchzuführen, bei dem der ursprüngliche Bieter eines solchen Angebots nicht in das Verhandlungsverfahren einbezogen wird. Weicht das Angebot eines Bieters hingegen nicht von den in den Vergabeunterlagen genannten Bedingungen in einer solchen Intensität ab, ist nur das Verhandlungsverfahren statthaft, bei dem dieser Bieter aufgefordert wird, an dem Verhandlungsverfahren teilzunehmen (vgl. § 3a EU Abs. 3 Nr. 1 lit. b) VOB/A). Gibt ein Bieter in einem Regelverfahren ein Angebot ab, welches wesentlich von den in den Vergabeunterlagen genannten Bedingungen des öffentlichen Auftraggebers abweicht und ein anderer Bieter weicht hiervon nur leicht ab, ist ausschließlich das Verhandlungsverfahren gemäß § 3a EU Abs. 3 Nr. 1 lit. b) VOB/A statthaft, bei dem alle geeigneten Bieter aufzufordern sind. In diesem Fall profitiert der Bieter, der wesentlich von den in den Vergabeunterlagen genannten Bedingungen abgewichen hat, davon, dass der andere Bieter nur leicht abgewichen ist. Dies ist dennoch sachgerecht, weil ansonsten ein öffentlicher Auftraggeber leicht das Vergaberecht umgehen könnte, indem er die Grenze zwischen wesentlicher und nicht wesentlicher Änderung an den in den Vergabeunterlagen genannten Bedingungen so definieren könnte, dass er ausschließlich den ihm liebsamen Bieter auffordert, ein Angebot abzugeben.

62   Ob von den in den Vergabeunterlagen genannten Bedingungen wesentlich abgewichen worden ist, hängt von dem Prüfungsmaßstab ab, den der Europäische Gerichtshof zu der Frage der wesentlichen Vertragsänderung bereits erteilter Aufträge aufgestellt hat.[17] In diesem Sinne ist eine Abweichung von den in den Vergabeunterlagen genannten Bedingungen dann wesentlich, wenn andere Bieter als die, die an dem ursprünglichen Verfahren teilgenommen hatten, Angebote hätten einreichen können, falls die Bedingungen des Auftraggebers genau so konzipiert worden wären, dass das ursprüngliche fragliche Angebot diese erfüllt hätte.[18]

V. Einzigartige künstlerische Leistung

63   Gemäß § 3a EU Abs. 3 Nr. 3 Satz 1 lit. a) VOB/A ist das Verhandlungsverfahren ohne vorherigen Teilnahmewettbewerb (also ohne vorherige EU-Bekanntmachung) zulässig,

---

[17] Vgl. EuGH 19.6.2008 – C-454/06 „pressetext Nachrichtenagentur", Rn. 35.
[18] Vgl. EuGH 15.10.2009 – C-275/08 „Kommission/Deutschland", Rn. 52.

wenn die Leistungen wegen der Erschaffung oder den Erwerb eines einzigartigen Kunstwerks oder einer einzigartigen künstlerischen Leistung als Ziel der Auftragsvergabe nur von
einem bestimmten Unternehmen erbracht werden kann.

Die Beschaffungsentscheidung muss auf sachgerechten und auftragsbezogenen Gründen **64**
beruhen; ihr dürfen keine sachfremden, willkürlichen oder diskriminierenden Erwägungen
zugrunde liegen.[19]

Diese Regelung ist als Ausnahme von den Vorschriften, die die Wirksamkeit der im **65**
Unionsrecht anerkannten Rechte im Bereich des öffentlichen Auftragswesens gewährleisten
sollen, eng auszulegen.[20]

Es ist hingegen nicht erforderlich, dass die zu beschaffenden Leistungen selbst Kunst dar- **66**
stellen, sondern es reicht aus, dass die Leistungen eine charakteristische „Handschrift" erfordern, die aus künstlerischen Gründen nur von einem bestimmten Unternehmen oder
einer bestimmten Person erbracht werden kann.[21] Lediglich die geschmackliche Präferenz
des öffentlichen Auftraggebers für einen bestimmten Künstler ist jedoch nicht ausreichend.[22] Vielmehr ist der Verzicht auf eine EU-Bekanntmachung aus künstlerischen Gründen daran zu knüpfen, dass die besondere Eigenheit zumindest unionsweit bei nur einem
Künstler vorhanden und diese Eigenheit des Künstlers für den Auftrag objektiv erforderlich
ist. Das Unternehmen oder die bestimmte Person, an die der Auftraggeber die Leistung
vergeben will, muss gleichsam eine Monopolstellung haben, so dass sich das bei schöpferischen Leistungen gegebene Ermessen des öffentlichen Auftraggebers praktisch auf null reduziert.[23] Dies ist der Fall bei Kunstwerken, bei denen der einzigartige Charakter und Wert
des Kunstgegenstands selbst untrennbar an die Identität des Künstlers gebunden ist (vgl.
Erwägungsgrund 50 Abs. 1 der Richtlinie 2014/24/EU).

Diese Ausnahmeregelung greift erst, wenn es keine **vernünftige Alternative** oder **Er-** **67**
satzlösung gibt und der mangelnde Wettbewerb nicht das Ergebnis einer künstlichen Einschränkung der Auftragsvergabeparameter ist. Damit muss der öffentliche Auftraggeber
zunächst prüfen, ob eine **vernünftige Alternative** oder **Ersatzlösung** in Betracht
kommt, um die mit der Beschaffung verfolgten (und nicht sachwidrigen) Ziele zu erreichen. Hierbei hat der öffentliche Auftraggeber eine Abwägung vorzunehmen zwischen den
Vor- und Nachteilen der ursprünglich angedachten Lösung im Vergleich zu einer adäquaten Ersatzlösung bzw. vernünftigen Alternative. Einzig wenn es überhaupt keine vernünftige Alternative oder adäquate Ersatzlösung gibt, oder der Abwägungsprozess deutlich zugunsten der ursprünglich angedachten Lösung ausgeht, ist das Verhandlungsverfahren ohne
vorherigen Teilnahmewettbewerb mit nur einem Wirtschaftsteilnehmer statthaft. Der öffentliche Auftraggeber hat die Prüfung, ob eine **vernünftige Alternative** oder **Ersatzlö-**
sung in Betracht kommt, zeitnah und nachvollziehbar zu dokumentieren.

VI. Fehlender Wettbewerb aufgrund technischer Gründe

Gemäß § 3a EU Abs. 3 Nr. 3 Satz 1 lit. b) VOB/A ist das Verhandlungsverfahren ohne **68**
vorherigen Teilnahmewettbewerb (also ohne vorherige EU-Bekanntmachung) zulässig,
wenn die Leistungen wegen eines nicht vorhandenen Wettbewerbs aus technischen Gründen nur von einem bestimmten Unternehmen erbracht werden können.

Die Beschaffungsentscheidung muss auf sachgerechten und auftragsbezogenen Gründen **69**
beruhen; ihr dürfen keine sachfremden, willkürlichen oder diskriminierenden Erwägungen
zugrunde liegen.[24]

---

[19] Vgl. OLG Düsseldorf 17.2.2010 – Verg 2/09.
[20] Vgl. EuGH 15.10.2009 – C-275/08 „Kommission/Deutschland", Rn. 55.
[21] Vgl. *Müller-Wrede* in ders., § 3 VOF Rn. 71.
[22] Vgl. *Müller-Wrede* in ders., § 3 VOF Rn. 72.
[23] Vgl. OLG Hamburg 16.5.2006 – 1 Verg 1/06.
[24] Vgl. OLG Düsseldorf 17.2.2010 – Verg 2/09.

70   Diese Regelung ist als Ausnahme von den Vorschriften, die die Wirksamkeit der im
Unionsrecht anerkannten Rechte im Bereich des öffentlichen Auftragswesens gewährleisten
sollen, eng auszulegen.[25]

71   Hinsichtlich der den Wettbewerb einschränkenden technischen Gründen ist maßgeblich
auf die besonderen Fähigkeiten eines Unternehmens in technischer Hinsicht abzustellen.
Nicht abzustellen ist hingegen auf die Eigenschaften eines von dem Unternehmer hergestellten Produkts. Ausschließlich ein Unternehmen darf in der Lage sein, den Auftrag durchzuführen; das Unternehmen muss gleichsam Monopolist für die Erbringung der nachgefragten Leistung sein.[26]

72   Der öffentliche Auftraggeber hat wegen der immensen Einschränkung des Wettbewerbs
darüber hinaus ernsthafte Nachforschungen auf europäischer Ebene vorzunehmen, um zu
ermitteln, dass kein anderes Unternehmen in der Europäischen Union in der Lage sein
wird, bis zum Zeitpunkt der geplanten Leistungsausführung die besonderen Fähigkeiten zu
erwerben, um die Leistungen in technischer Hinsicht adäquat auszuführen.[27]

73   Diese Ausnahmeregelung greift erst, wenn es keine **vernünftige Alternative** oder **Ersatzlösung** gibt und der mangelnde Wettbewerb nicht das Ergebnis einer künstlichen Einschränkung der Auftragsvergabeparameter ist. Damit muss der öffentliche Auftraggeber
zunächst prüfen, ob eine **vernünftige Alternative** oder **Ersatzlösung** in Betracht
kommt, um die mit der Beschaffung verfolgten (und nicht sachwidrigen) Ziele zu erreichen. Hierbei hat der öffentliche Auftraggeber eine Abwägung vorzunehmen zwischen den
Vor- und Nachteilen der ursprünglich angedachten Lösung im Vergleich zu einer adäquaten Ersatzlösung bzw. vernünftigen Alternative. Einzig wenn es überhaupt keine vernünftige Alternative oder adäquate Ersatzlösung gibt, oder der Abwägungsprozess deutlich zugunsten der ursprünglich angedachten Lösung ausgeht, ist das Verhandlungsverfahren ohne
vorherigen Teilnahmewettbewerb mit nur einem Wirtschaftsteilnehmer statthaft.

74   Öffentliche Auftraggeber, die auf diese Ausnahme zurückgreifen, müssen begründen,
warum es keine vernünftigen Alternativen oder keinen vernünftigen Ersatz gibt, wie die
Nutzung alternativer Vertriebswege in der Europäischen Union, oder die Erwägung funk-
tionell vergleichbarer Bauleistungen, Lieferungen und Dienstleistungen zu beschaffen (vgl.
Erwägungsgrund 50 Abs. 2 der Richtlinie 2014/24/EU). Die technischen Gründe müssen
in jedem Einzelfall genau beschrieben und nachgewiesen werden. Als solche könnten beispielsweise angeführt werden, dass es für einen anderen Wirtschaftsteilnehmer technisch
nahezu unmöglich ist, die geforderte Leistung zu erbringen, oder dass es nötig ist, spezielles
Wissen, spezielle Werkzeuge oder Hilfsmittel zu verwenden, die nur einem einzigen Wirtschaftsteilnehmer zur Verfügung stehen. Technische Gründe können auch zurückzuführen
sein auf konkrete Anforderungen an die Interoperabilität, die erfüllt sein müssen, um das
Funktionieren der zu beschaffenden Bauleistungen, Lieferungen oder Dienstleistungen zu
gewährleisten (vgl. Erwägungsgrund 50 Abs. 3 der Richtlinie 2014/24/EU). Der öffentliche Auftraggeber hat die Prüfung, ob eine **vernünftige Alternative** oder **Ersatzlösung**
in Betracht kommt, zeitnah und nachvollziehbar zu dokumentieren.

VII. Ausschließlichkeitsrecht

75   Gemäß § 3a EU Abs. 3 Nr. 3 Satz 1 lit. b) VOB/A ist das Verhandlungsverfahren ohne vorherigen Teilnahmewettbewerb (also ohne vorherige EU-Bekanntmachung) zulässig, wenn die
Leistungen wegen des Schutzes von ausschließlichen Rechten, einschließlich der Rechte des
geistigen Eigentums nur von einem bestimmten Unternehmen erbracht werden können.

76   Ein Ausschließlichkeitsrecht ist ein monopolähnliches subjektives Recht, das ein (positives) Benutzungsrecht und ein (negatives) Verbotsrecht umfasst.

---

[25] Vgl. EuGH 15.10.2009 – C-275/08 „Kommission/Deutschland", Rn. 55.
[26] Vgl. OLG Karlsruhe 21.7.2010 – 15 Verg 6/10.
[27] Vgl. EuGH 15.10.2009 – C-275/08 „Kommission/Deutschland", Rn. 61–65.

Das Urheberrecht kann ein solches Ausschließlichkeitsrecht darstellen, soweit Dritte kei- 77
ne entsprechenden Nutzungsrechte erworben haben. Die Urheber von Werken genießen
für ihre Werke den Schutz nach Maßgabe des Urheberrechtsgesetzt (§ 1 UrhG).

Nach § 2 des Urheberrechtsgesetzes – UrhG – sind auch Bauwerke und die dazugehö- 78
renden Pläne geschützte Werke, wenn sie eine persönliche geistige Schöpfung darstellen, –
sie also ein Baukunstwerk darstellen. Ein **Baukunstwerk** liegt vor, wenn es aus der Masse
des alltäglichen Bauschaffens herausragt und das Ergebnis einer persönlichen geistigen
Schöpfung ist oder sich vom durchschnittlichen Architektenschaffen abhebt. Dieses Her-
ausragen muss einen solchen Grad erreichen, dass nach Auffassung der für Kunst empfäng-
lichen und mit Kunstanschauungen einigermaßen vertrauten Kreise von einer künstlerischen Leistung gesprochen werden kann.[28] Es ist dagegen nicht erforderlich, dass die
Gestaltungshöhe die Durchschnittsgestaltung deutlich überragt.[29]

Nach einer vom Bundesgerichtshof gegebenen Definition ist unter einem Werk der 79
Baukunst eine individuelle geistige Schöpfung zu verstehen, die mit Darlegungsmitteln der
Kunst durch formgebende Tätigkeit hervorgebracht ist und deren ästhetischer Gehalt einen
solchen Grad erreicht hat, dass nach den im Leben herrschenden Anschauungen von Kunst
gesprochen werden kann, und zwar ohne Rücksicht auf den höheren oder geringeren
Kunstwert und ohne Rücksicht darauf, ob das Werk neben dem ästhetischen Zweck noch
einem praktischen Zweck dient.[30]

Auch die kompositorische Zuordnung mehrerer Gebäude zueinander und zur unmittel- 80
baren landschaftlichen Umgebung kann als kunstschutzfähiger Ausdruck künstlerischen
Schaffens gewertet werden.[31] Nicht nur aufwändige Bauten können urheberrechtliche geschützt sein sondern auch Verwaltungsgebäude.[32]

Damit muss ein Werk der Baukunst nicht nur eine persönliche geistige Schöpfung dar- 81
stellen, sondern sich zusätzlich deutlich von dem durchschnittlichen planerischen Schaffen
abheben. Nicht ausreichend sind Lösungen fachgebundener technischer Aufgaben durch
Anwendung der einschlägigen technischen Regeln oder ein rein handwerkliches oder im
Wesentlichen routinemäßiges Schaffen. Ob im Einzelfall ein solches deutliches Abheben
vom durchschnittlichen planerischen Schaffen vorliegt, wird anhand von prägenden Elementen sowie abgeleiteten Motiven beurteilt. Hierbei wird mitunter auf die Wahrnehmung
von Bürgern und in der Presse abgestellt. Weitere Indizien für ein deutliches Abheben von
einem durchschnittlichen planerischen Schaffen sind Nennungen in Fachzeitschriften oder
der Umstand, dass das Bauwerk auf dem Siegerentwurf eines Planungswettbewerbs beruht.

Liegt ein Baukunstwerk vor, dann hat der Urheber ein Recht darauf, dass das von ihm 82
geschaffene Werk im Ausdruck nicht verändert wird. Insbesondere steht dem Urheber das
Recht zu, eine Entstellung oder eine andere Beeinträchtigung seines Werkes zu verbieten,
die geeignet ist, seine berechtigten geistigen oder persönlichen Interessen am Werk zu gefährden (vgl. § 14 UrhG). Dieses Änderungsverbot besteht, soweit der individuelle Schöp-
fungsgrad durch die geplanten oder vorgenommenen Veränderungen beeinträchtigt wird.[33]

Existieren mehrere Urheber, steht den Miturhebern gemäß § 8 Abs. 2 UrhG das Recht 83
zur Verwertung des Werkes zur gesamten Hand, und daher in aller Regel nur gemeinsam
zu; Änderungen des Werkes sind nur mit Einwilligung der Miturheber zulässig. Ein Miturheber kann jedoch gegenüber den anderen Miturhebern seine Einwilligung zur Änderung des Werkes und gemäß § 8 Abs. 4 Satz 2 UrhG seinen Verzicht am Anteil an den
Verwertungsrechten erklären

Ausschließlichkeit kann auch aus anderen Gründen erwachsen, doch nur Situationen ei- 84
ner objektiven Ausschließlichkeit können den Rückgriff auf das Verhandlungsverfahren

---

[28] Vgl. LG Berlin 28.11.2006 – 16 O 240/05.
[29] Vgl. BGH 13.11.2013 – I ZR 143/12.
[30] Vgl. BGH 29.3.1957 – I ZR 236/55.
[31] Vgl. BGH a. a. O.
[32] Vgl. OLG Frankfurt a. M., 24.10.1985 – 6 U 89/95.
[33] Vgl. BGH, 31.5.1974 – I ZR 10/73.

ohne vorherige Veröffentlichung rechtfertigen, sofern die Ausschließlichkeitssituation nicht durch den öffentlichen Auftraggeber selbst mit Blick auf das anstehende Vergabeverfahren herbeigeführt wurde (vgl. Erwägungsgrund 50 Abs. 1 der Richtlinie 2014/24/EU).

VIII. Äußerste zwingende Dringlichkeit

85   Gemäß § 3a EU Abs. 3 Nr. 4 VOB/A ist das Verhandlungsverfahren ohne vorherigen Teilnahmewettbewerb (also ohne vorherige EU-Bekanntmachung) zulässig, wenn wegen der äußersten Dringlichkeit der Leistung aus zwingenden Gründen infolge von Ereignissen,
– die der öffentliche Auftraggeber nicht verursacht hat
und
– nicht voraussehen konnte,
die in § 10a VOB/A-EU, § 10b VOB/A-EU und § 10c EU Abs. 1 VOB/A vorgeschriebenen Fristen nicht eingehalten werden können.

86   Es müssen kumulativ ein unvorhersehbares Ereignis, dringliche und zwingende Gründe, die die Einhaltung der in anderen Verfahren vorgeschriebenen Mindestfristen nicht zulassen, und ein Kausalzusammenhang zwischen dem unvorhersehbaren Ereignis und den sich daraus ergebenden dringlichen, zwingenden Gründen gegeben sein.[34]

87   Im offenen Verfahren beträgt die **Mindestfrist** zur Angebotsabgabe 15 Kalendertage (§ 10a EU Abs. 3 VOB/A); hinzu kommt die Auswertung der Angebote (bspw. drei Tage) sowie die etwaige Nachforderung von Unterlagen mit einer Frist von sechs Kalendertagen (§ 16a VOB/A-EU) und schließlich die Wartepflicht gemäß § 134 GWB von zehn Kalendertagen. Bei einem offenes Verfahren kann daher in aller Regel von einer Mindestfrist von ca. 34 Kalendertagen (15 + 3 + 6 + 10 Tage) ausgegangen werden.

88   Im Verhandlungsverfahren mit vorheriger EU-Auftragsbekanntmachung beträgt die Mindestfrist für den Teilnahmewettbewerb 15 Kalendertage (§ 10c EU Abs. 1 VOB/A iVm. § 10b EU Abs. 5 Nr. 1 VOB/A); hinzu kommt die Auswertung der Teilnahmeanträge sowie die Aufforderung zur Angebotsabgabe; darauf folgt die Frist zur Angebotsabgabe in Höhe von zehn Kalendertagen (§ 10c EU Abs. 1 VOB/A iVm. § 10b EU Abs. 5 Nr. 2 VOB/A bzw. § 10c EU Abs. 2 Satz 1 VOB/A); hinzu kommt die Auswertung der Angebote und die Wartepflicht gemäß § 134 GWB von weiteren zehn Kalendertagen. Nach der Abgabe der Erstangebote muss es mindestens zu einer mündlichen oder schriftlichen Verhandlungsrunde kommen. Im Anschluss müssen die Bieter zur Abgabe eines endgültigen Angebots aufgefordert werden. In diesem Fall kommen nochmal circa mindestens sechs Kalendertage für die Frist zur Abgabe der endgültigen Angebote (bspw. drei Tage) und zu deren Auswertung (bspw. auch drei Tage) hinzu. In diesem Fall würde das Verhandlungsverfahren ca. 47 Kalendertage andauern (15 + 3 + 10 + 3 + 3 + 3 + 10 Tage). Sobald im Teilnahmewettbewerb und / oder bei der Aufforderung zur Abgabe der Erstangebote als auch zur Abgabe der endgültigen Angebote Unterlagen fehlen, kommen jeweils Nachforderungen mit jeweils einer Frist von sechs Kalendertagen hinzu (vgl. § 16a VOB/A-EU). In aller Regel ist daher bei einem Verhandlungsverfahren mit vorheriger EU-Auftragsbekanntmachung mit einer Mindestfrist von 65 Kalendertagen zu rechnen.

89   Die Ausnahme der äußersten zwingenden Dringlichkeit ist auf solche Fälle beschränkt, in denen eine Veröffentlichung aus Gründen extremer Dringlichkeit wegen unvorhersehbarer und vom öffentlichen Auftraggeber nicht zu verantwortender Ereignisse nicht möglich ist (vgl. Erwägungsgrund 50 Abs. 1 der Richtlinie 2014/24/EU).

90   Als zwingende und dringende Gründe kommen in aller Regel ausschließlich akute Gefahrensituationen und höhere Gewalt in Betracht, die zur Vermeidung von Schäden für Leib und Leben der Allgemeinheit ein sofortiges, die Einhaltung von Fristen ausschließen-

---

[34] Vgl. EuGH 15.10.2009 – C-275/08 „Kommission/Deutschland", Rn. 68 f.; 18.11.2004, C-126/03 „Kommission/Deutschland", Rn. 23; 28.3.1996, C-318/94 „Kommission/Deutschland", Rn. 14; 2.8.1993, C-107/92 „Kommission/Italien", Rn. 12.

des Handeln erfordern. Bloße finanzielle Gründe bzw. wirtschaftliche Erwägungen werden diesen Anforderungen in aller Regel nicht gerecht.[35]

Ist die Ausnahme der äußersten zwingenden Dringlichkeit ausnahmsweise gerechtfertigt, **91** hat der öffentliche Auftraggeber darauf zu achten, dass er mindestens drei geeignete Unternehmen auffordert, ein Angebot abzugeben. Nur wenn wegen einer absolut äußersten zwingenden Dringlichkeit eine Abfrage ausschließlich bei einem einzigen Unternehmen in Betracht kommt, darf ausnahmsweise ein Verhandlungsverfahren mit nur einem Wirtschaftsteilnehmer durchgeführt werden.

IX. Wiederholung gleichartiger Bauleistungen

Gemäß § 3a EU Abs. 3 Nr. 5 VOB/A ist das Verhandlungsverfahren ohne vorherigen **92** Teilnahmewettbewerb (also ohne vorherige EU-Bekanntmachung) zulässig, wenn gleichartige Bauleistungen wiederholt werden, die durch denselben öffentlichen Auftraggeber an den Auftragnehmer vergeben werden, der den ursprünglichen Auftrag erhalten hat. Voraussetzung ist, dass die Bauleistungen einem Grundentwurf entsprechen und dieser Gegenstand des ursprünglichen Auftrags war, bei dem ursprünglich die rechtmäßige Vergabeverfahrensart gewählt worden ist.

Ausweislich § 3a EU Abs. 3 Nr. 5 Satz 2 VOB/A ist im ursprünglichen Projekt zwin- **93** gend der **Umfang** der nachfolgenden Bauleistungen und die **Bedingungen,** unter denen sie vergeben werden, anzugeben. Hierbei sind **objektive Bedingungen** festzulegen. Ansonsten würde der öffentliche Auftraggeber sich eine uneingeschränkte Wahlfreiheit einräumen, wenn er während der Vertragslaufzeit willkürlich anhand subjektiven Gutdünkens entscheiden könnte, ob die Wiederholungsleistungen an den ursprünglichen Auftragnehmer vergeben werden sollen. Die Bieter haben einen subjektiven Rechtsanspruch darauf, dass der öffentliche Auftraggeber objektive Bedingungen für den Abruf der Wiederholungsleistungen festlegt.

Gemäß § 3a EU Abs. 3 Nr. 5 Satz 3 VOB/A muss die Möglichkeit, dieses Verfahren anzu- **94** wenden, bereits bei der Auftragsbekanntmachung der Ausschreibung für das erste Vorhaben angegeben werden; der für die Fortsetzung der Bauarbeiten in Aussicht gestellte Gesamtauftragswert wird vom öffentlichen Auftraggeber bei der Anwendung von § 3 VgV berücksichtigt.

Gemäß § 3a EU Abs. 3 Nr. 5 Satz 4 VOB/A darf dieses Verfahren nur innerhalb von drei **95** Jahren nach Abschluss des ersten Auftrags angewandt werden. Mit Abschluss ist der Vertragsschluss, also der Zeitpunkt der Zuschlagserteilung in dem ersten Verfahren gemeint.

E. Der wettbewerbliche Dialog

Gemäß § 3a EU Abs. 4 VOB/A ist der wettbewerbliche Dialog unter den Voraussetzun- **96** gen des Absatzes 2 zulässig. Insoweit wird auf die obige Kommentierung verwiesen.

F. Die Innovationspartnerschaft

Gemäß § 3a EU Abs. 5 VOB/A kann der öffentliche Auftraggeber für die Vergabe eines **97** öffentlichen Auftrags eine Innovationspartnerschaft mit dem Ziel der Entwicklung einer innovativen Leistung und deren anschließenden Erwerb eingehen.

Ausweislich § 3a EU Abs. 5 Satz 2 VOB/A darf der Beschaffungsbedarf, der der Innova- **98** tionspartnerschaft zugrunde liegt, nicht durch auf dem Markt bereits verfügbare Bauleistungen befriedigt werden können. Die Innovationspartnerschaft kommt daher bei dem erstmaligen Einsatz innovativer Werkstoffe und Verfahren in Betracht.

---

[35] Vgl. OLG Celle 29.10.2009 – 13 Verg 8/09; VK Saarland 24.10.2008 – 3 VK 2/2008.

§ 3b Ablauf der Verfahren

(1) Bei einem offenen Verfahren wird eine unbeschränkte Anzahl von Unternehmen öffentlich zur Abgabe von Angeboten aufgefordert. Jedes interessierte Unternehmen kann ein Angebot abgeben.

(2)

1. Bei einem nicht offenen Verfahren wird im Rahmen eines Teilnahmewettbewerbs eine unbeschränkte Anzahl von Unternehmen öffentlich zur Abgabe von Teilnahmeanträgen aufgefordert. Jedes interessierte Unternehmen kann einen Teilnahmeantrag abgeben. Mit dem Teilnahmeantrag übermitteln die Unternehmen die vom öffentlichen Auftraggeber geforderten Informationen für die Prüfung der Eignung und das Nichtvorliegen von Ausschlussgründen.
2. Nur diejenigen Unternehmen, die vom öffentlichen Auftraggeber infolge einer Bewertung der übermittelten Information dazu aufgefordert werden, können ein Angebot einreichen.
3. Der öffentliche Auftraggeber kann die Zahl geeigneter Bewerber, die zur Angebotsabgabe aufgefordert werden, begrenzen. Dazu gibt der öffentliche Auftraggeber in der Auftragsbekanntmachung oder der Aufforderung zur Interessensbestätigung die von ihm vorgesehenen objektiven und nicht diskriminierenden Eignungskriterien für die Begrenzung der Zahl, die vorgesehene Mindestzahl und gegebenenfalls auch die Höchstzahl der einzuladenden Bewerber an. Die vorgesehene Mindestzahl der einzuladenden Bewerber darf nicht niedriger als fünf sein. In jedem Fall muss die Zahl der eingeladenen Bewerber ausreichend hoch sein, dass ein echter Wettbewerb gewährleistet ist. Sofern geeignete Bewerber in ausreichender Zahl zur Verfügung stehen, lädt der öffentliche Auftraggeber von diesen eine Anzahl ein, die nicht niedriger als die festgelegte Mindestzahl ist. Sofern die Zahl geeigneter Bewerber unter der Mindestzahl liegt, darf der öffentliche Auftraggeber das Verfahren ausschließlich mit diesem oder diesen geeigneten Bewerber(n) fortführen.

(3)

1. Bei einem Verhandlungsverfahren mit Teilnahmewettbewerb wird im Rahmen des Teilnahmewettbewerbs eine unbeschränkte Anzahl von Unternehmen öffentlich zur Abgabe von Teilnahmeanträgen aufgefordert. Jedes interessierte Unternehmen kann einen Teilnahmeantrag abgeben. Mit dem Teilnahmeantrag übermitteln die Unternehmen die vom öffentlichen Auftraggeber geforderten Informationen für die Prüfung der Eignung und das Nichtvorliegen von Ausschlussgründen.
2. Nur diejenigen Unternehmen, die vom öffentlichen Auftraggeber infolge einer Bewertung der übermittelten Informationen dazu aufgefordert werden, können ein Erstangebot übermitteln, das die Grundlage für die späteren Verhandlungen bildet.
3. Im Übrigen gilt Absatz 2 Nummer 3 mit der Maßgabe, dass die in der Auftragsbekanntmachung oder der Aufforderung zur Interessensbestätigung anzugebende Mindestzahl nicht niedriger als drei sein darf.
4. Bei einem Verhandlungsverfahren ohne Teilnahmewettbewerb erfolgt keine öffentliche Aufforderung zur Teilnahme.
5. Die Mindestanforderungen und die Zuschlagskriterien sind nicht Gegenstand von Verhandlungen.
6. Der öffentliche Auftraggeber verhandelt mit den Bietern über die von ihnen eingereichten Erstangebote und alle Folgeangebote, mit Ausnahme der endgültigen Angebote, mit dem Ziel, die Angebote inhaltlich zu verbessern.
7. Der öffentliche Auftraggeber kann öffentliche Aufträge auf der Grundlage der Erstangebote vergeben, ohne in Verhandlungen einzutreten, wenn er in der Auftragsbekanntmachung oder in der Aufforderung zur Interessensbestätigung darauf hingewiesen hat, dass er sich diese Möglichkeit vorbehält.
8. Der öffentliche Auftraggeber kann vorsehen, dass das Verhandlungsverfahren in verschiedenen aufeinander folgenden Phasen abgewickelt wird, um so die Zahl

der Angebote, über die verhandelt wird, oder die zu erörternden Lösungen anhand der vorgegebenen Zuschlagskriterien zu verringern. Wenn der öffentliche Auftraggeber dies vorsieht, gibt er dies in der Auftragsbekanntmachung, der Aufforderung zur Interessensbestätigung oder in den Vergabeunterlagen an. In der Schlussphase des Verfahrens müssen so viele Angebote vorliegen, dass ein echter Wettbewerb gewährleistet ist, sofern eine ausreichende Anzahl von geeigneten Bietern vorhanden ist.

9. Der öffentliche Auftraggeber stellt sicher, dass alle Bieter bei den Verhandlungen gleich behandelt werden. Insbesondere enthält er sich jeder diskriminierenden Weitergabe von Informationen, durch die bestimmte Bieter gegenüber anderen begünstigt werden könnten. Er unterrichtet alle Bieter, deren Angebote nicht gemäß Nummer 8 ausgeschieden wurden, schriftlich über etwaige Änderungen der Leistungsbeschreibung, insbesondere der technischen Anforderungen oder anderer Bestandteile der Vergabeunterlagen, die nicht die Festlegung der Mindestanforderungen betreffen. Im Anschluss an solche Änderungen gewährt der öffentliche Auftraggeber den Bietern ausreichend Zeit, um ihre Angebote zu ändern und gegebenenfalls überarbeitete Angebote einzureichen. Der öffentliche Auftraggeber darf vertrauliche Informationen eines an den Verhandlungen teilnehmenden Bieters nicht ohne dessen Zustimmung an die anderen Teilnehmer weitergeben. Eine solche Zustimmung darf nicht allgemein erteilt werden, sondern wird nur in Bezug auf die beabsichtigte Mitteilung bestimmter Informationen erteilt.

10. Beabsichtigt der öffentliche Auftraggeber, die Verhandlungen abzuschließen, so unterrichtet er die verbleibenden Bieter und legt eine einheitliche Frist für die Einreichung neuer oder überarbeiteter Angebote fest. Er vergewissert sich, dass die endgültigen Angebote den Mindestanforderungen entsprechen und erteilt den Zuschlag.

(4)

1. Beim wettbewerblichen Dialog fordert der öffentliche Auftraggeber eine unbeschränkte Anzahl von Unternehmen im Rahmen eines Teilnahmewettbewerbs öffentlich zur Abgabe von Teilnahmeanträgen auf. Jedes interessierte Unternehmen kann einen Teilnahmeantrag abgeben. Mit dem Teilnahmeantrag übermitteln die Unternehmen die vom öffentlichen Auftraggeber geforderten Informationen für die Prüfung der Eignung und das Nichtvorliegen von Ausschlussgründen.

2. Nur diejenigen Unternehmen, die vom öffentlichen Auftraggeber infolge einer Bewertung der übermittelten Informationen dazu aufgefordert werden, können in den Dialog mit dem öffentlichen Auftraggeber eintreten. Im Übrigen gilt Absatz 2 Nummer 3 mit der Maßgabe, dass die in der Auftragsbekanntmachung anzugebende Mindestzahl nicht niedriger als drei sein darf.

3. In der Auftragsbekanntmachung oder den Vergabeunterlagen zur Durchführung eines wettbewerblichen Dialogs beschreibt der öffentliche Auftraggeber seine Bedürfnisse und Anforderungen an die zu beschaffende Leistung. Gleichzeitig erläutert und definiert er die hierbei zugrunde gelegten Zuschlagskriterien und legt einen vorläufigen Zeitrahmen für Verhandlungen fest.

4. Der öffentliche Auftraggeber eröffnet mit den ausgewählten Unternehmen einen Dialog, in dem er ermittelt und festlegt, wie seine Bedürfnisse am besten erfüllt werden können. Dabei kann er mit den ausgewählten Unternehmen alle Einzelheiten des Auftrages erörtern. Er sorgt dafür, dass alle Unternehmen bei dem Dialog gleich behandelt werden, gibt Lösungsvorschläge oder vertrauliche Informationen eines Unternehmens nicht ohne dessen Zustimmung an die anderen Unternehmen weiter und verwendet diese nur im Rahmen des Vergabeverfahrens.

5. Der öffentliche Auftraggeber kann vorsehen, dass der Dialog in verschiedenen aufeinander folgenden Phasen geführt wird, sofern der öffentliche Auftraggeber darauf in der Auftragsbekanntmachung oder in den Vergabeunterlagen hingewiesen hat. In jeder Dialogphase kann die Zahl der zu erörternden Lösungen anhand der vorgegebenen Zuschlagskriterien verringert werden. Der öffentliche Auftraggeber hat die Unternehmen zu informieren, wenn deren Lösungen nicht für die folgende Dialogphase vorgesehen sind. In der Schlussphase müssen noch so viele

Lösungen vorliegen, dass ein echter Wettbewerb gewährleistet ist, sofern ursprünglich eine ausreichende Anzahl von Lösungen oder geeigneten Bietern vorhanden war.

6. Der öffentliche Auftraggeber schließt den Dialog ab, wenn
   a) eine Lösung gefunden worden ist, die seine Bedürfnisse und Anforderungen erfüllt, oder
   b) erkennbar ist, dass keine Lösung gefunden werden kann. Der öffentliche Auftraggeber informiert die Unternehmen über den Abschluss des Dialogs.

7. Im Fall von Nummer 6 Buchstabe a fordert der öffentliche Auftraggeber die Unternehmen auf, auf der Grundlage der eingereichten und in der Dialogphase näher ausgeführten Lösungen ihr endgültiges Angebot vorzulegen. Die Angebote müssen alle Einzelheiten enthalten, die zur Ausführung des Projekts erforderlich sind. Der öffentliche Auftraggeber kann Klarstellungen und Ergänzungen zu diesen Angeboten verlangen. Diese Klarstellungen oder Ergänzungen dürfen nicht dazu führen, dass grundlegende Elemente des Angebots oder der Auftragsbekanntmachung geändert werden, der Wettbewerb verzerrt wird oder andere am Verfahren beteiligte Unternehmen diskriminiert werden.

8. Der öffentliche Auftraggeber bewertet die Angebote anhand der in der Auftragsbekanntmachung oder in der Beschreibung festgelegten Zuschlagskriterien. Der öffentliche Auftraggeber kann mit dem Unternehmen, dessen Angebot als das wirtschaftlichste ermittelt wurde, mit dem Ziel Verhandlungen führen, um im Angebot enthaltene finanzielle Zusagen oder andere Bedingungen zu bestätigen, die in den Auftragsbedingungen abschließend festgelegt werden. Dies darf nicht dazu führen, dass wesentliche Bestandteile des Angebots oder des öffentlichen Auftrags einschließlich der in der Auftragsbekanntmachung oder der Beschreibung festgelegten Bedürfnisse und Anforderungen grundlegend geändert werden, und dass der Wettbewerb verzerrt wird oder andere am Verfahren beteiligte Unternehmen diskriminiert werden.

9. Verlangt der öffentliche Auftraggeber, dass die am wettbewerblichen Dialog teilnehmenden Unternehmen Entwürfe, Pläne, Zeichnungen, Berechnungen oder andere Unterlagen ausarbeiten, muss er einheitlich allen Unternehmen, die die geforderten Unterlagen rechtzeitig vorgelegt haben, eine angemessene Kostenerstattung gewähren.

(5)

1. Bei einer Innovationspartnerschaft beschreibt der öffentliche Auftraggeber in der Auftragsbekanntmachung oder den Vergabeunterlagen die Nachfrage nach der innovativen Bauleistung. Dabei ist anzugeben, welche Elemente dieser Beschreibung Mindestanforderungen darstellen. Es sind Eignungskriterien vorzugeben, die die Fähigkeiten der Unternehmen auf dem Gebiet der Forschung und Entwicklung sowie die Ausarbeitung und Umsetzung innovativer Lösungen betreffen. Die bereitgestellten Informationen müssen so genau sein, dass die Unternehmen Art und Umfang der geforderten Lösung erkennen und entscheiden können, ob sie eine Teilnahme an dem Verfahren beantragen.

2. Der öffentliche Auftraggeber fordert eine unbeschränkte Anzahl von Unternehmen im Rahmen eines Teilnahmewettbewerbs öffentlich zur Abgabe von Teilnahmeanträgen auf. Jedes interessierte Unternehmen kann einen Teilnahmeantrag abgeben. Mit dem Teilnahmeantrag übermitteln die Unternehmen die vom öffentlichen Auftraggeber geforderten Informationen für die Prüfung der Eignung und das Nichtvorliegen von Ausschlussgründen.

3. Nur diejenigen Unternehmen, die vom öffentlichen Auftraggeber infolge einer Bewertung der übermittelten Informationen dazu aufgefordert werden, können ein Angebot in Form von Forschungs- und Innovationsprojekten einreichen. Im Übrigen gilt Absatz 2 Nummer 3 mit der Maßgabe, dass die in der Auftragsbekanntmachung anzugebende Mindestzahl nicht niedriger als drei sein darf.

4. Der öffentliche Auftraggeber verhandelt mit den Bietern über die von ihnen eingereichten Erstangebote und alle Folgeangebote, mit Ausnahme der endgültigen Angebote, mit dem Ziel, die Angebote inhaltlich zu verbessern. Dabei darf über den gesamten Auftragsinhalt verhandelt werden mit Ausnahme der vom öffentli-

chen Auftraggeber in den Vergabeunterlagen festgelegten Mindestanforderungen und Zuschlagskriterien. Sofern der öffentliche Auftraggeber in der Auftragsbekanntmachung oder in den Vergabeunterlagen darauf hingewiesen hat, kann er die Verhandlungen in verschiedenen aufeinander folgenden Phasen abwickeln, um so die Zahl der Angebote, über die verhandelt wird, anhand der vorgegebenen Zuschlagskriterien zu verringern.

5. Der öffentliche Auftraggeber trägt dafür Sorge, dass alle Bieter bei den Verhandlungen gleich behandelt werden. Insbesondere enthält er sich jeder diskriminierenden Weitergabe von Informationen, durch die bestimmte Bieter gegenüber anderen begünstigt werden könnten. Er unterrichtet alle Bieter, deren Angebote gemäß Nummer 4 Satz 3 nicht ausgeschieden wurden, in Textform über etwaige Änderungen der Anforderungen und sonstigen Informationen in den Vergabeunterlagen, die nicht die Festlegung der Mindestanforderungen betreffen. Im Anschluss an solche Änderungen gewährt der öffentliche Auftraggeber den Bietern ausreichend Zeit, um ihre Angebote zu ändern und gegebenenfalls überarbeitete Angebote einzureichen. Der öffentliche Auftraggeber darf vertrauliche Informationen eines an den Verhandlungen teilnehmenden Bieters nicht ohne dessen Zustimmung an die anderen Teilnehmer weitergeben. Eine solche Zustimmung darf nicht allgemein, sondern nur in Bezug auf die beabsichtigte Mitteilung bestimmter Informationen erteilt werden. Der öffentliche Auftraggeber muss in den Vergabeunterlagen die zum Schutz des geistigen Eigentums geltenden Vorkehrungen festlegen.

6. Die Innovationspartnerschaft wird durch Zuschlag auf Angebote eines oder mehrerer Bieter eingegangen. Eine Erteilung des Zuschlags allein auf der Grundlage des niedrigsten Preises oder der niedrigsten Kosten ist ausgeschlossen. Der öffentliche Auftraggeber kann die Innovationspartnerschaft mit einem Partner oder mit mehreren Partnern, die getrennte Forschungs- und Entwicklungstätigkeiten durchführen, eingehen.

7. Die Innovationspartnerschaft wird entsprechend dem Forschungs- und Innovationsprozess in zwei aufeinander folgenden Phasen strukturiert:
a) einer Forschungs- und Entwicklungsphase, die die Herstellung von Prototypen oder die Entwicklung der Bauleistung umfasst, und
b) einer Leistungsphase, in der die aus der Partnerschaft hervorgegangene Leistung erbracht wird. Die Phasen sind durch die Festlegung von Zwischenzielen zu untergliedern, bei deren Erreichen die Zahlung der Vergütung in angemessenen Teilbeträgen vereinbart wird. Der öffentliche Auftraggeber stellt sicher, dass die Struktur der Partnerschaft und insbesondere die Dauer und der Wert der einzelnen Phasen den Innovationsgrad der vorgeschlagenen Lösung und der Abfolge der Forschungs- und Innovationstätigkeiten widerspiegeln. Der geschätzte Wert der Bauleistung darf in Bezug auf die für ihre Entwicklung erforderlichen Investitionen nicht unverhältnismäßig sein.

8. Auf der Grundlage der Zwischenziele kann der öffentliche Auftraggeber am Ende jedes Entwicklungsabschnitts entscheiden, ob er die Innovationspartnerschaft beendet oder, im Fall einer Innovationspartnerschaft mit mehreren Partnern, die Zahl der Partner durch die Kündigung einzelner Verträge reduziert, sofern der öffentliche Auftraggeber in der Auftragsbekanntmachung oder in den Vergabeunterlagen darauf hingewiesen hat, dass diese Möglichkeiten bestehen und unter welchen Umständen davon Gebrauch gemacht werden kann.

A. Einführung

I. Literatur

Arrowsmith, Common Market Law Review (CML) Volume 37 (2000), 709; Vgl. *Müller-Wrede,* Kommentar **1** zur VOF, 5. Auflage, 2014. *Badenhausen-Fähnle* VergabeR 2015, 743 „Die neue Vergabeart der Innovationspartnerschaft – Fünftes Rad am Wagen?"; *Püstow/Meiners* NZBau 2016, 406 „Die Innovationspartnerschaft – Mehr Rechtssicherheit für ein innovatives Vertragsmodell"; *Rosenkötter* VergabeR 2016, 196 „Die Innovationspartnerschaft"; *Schaller* LKV 2017, 62 „Neues EU-Vergabeverfahren Innovationspartnerschaft – Forschungsförderung und Deckung des innovativen Beschaffungsbedarfs".

II. Entstehungsgeschichte

2   Diese Vorschrift regelt den Ablauf der verschiedenen Vergabeverfahrensarten.

3   Vor der Vergaberechtsmodernisierung war der Ablauf der verschiedenen Vergabeverfahrensarten, mit Ausnahme des wettbewerblichen Dialogs, nur rudimentär in § 3 VOB/A-EG geregelt.

4   Die Vergabeverfahrensart „Innovationspartnerschaft" wurde mit Wirkung zum 18.04. 2016 neu in das Vergaberechtsregime eingeführt. Die neue Vergabeverfahrensart der Innovationspartnerschaft soll dem öffentlichen Auftraggeber ermöglichen, innovative und noch nicht auf dem Markt verfügbare Leistungen zu beschaffen.

5   Stärker geregelt ist inzwischen das Verhandlungsverfahren. Hierbei hat der öffentliche Auftraggeber sorgfältig die EU-Bekanntmachung auszuarbeiten und auch der Ablauf des Verhandlungsverfahrens ist den Wirtschaftsteilnehmern rechtzeitig bekanntzugeben. Insbesondere hat der öffentliche Auftraggeber darauf zu achten, dass er das Verhandlungsverfahren fair konzipiert und sich nicht eine uneingeschränkte Wahlfreiheit einräumt.

6   Der europäische Gesetzgeber hat bei der Abfassung der EU-Richtlinie 2014/24/EU (AVR), die für die jüngste Reform des nationalen Vergaberechts Pate stand, erkannt, dass es für die öffentlichen Auftraggeber äußerst wichtig ist, über zusätzliche Flexibilität zu verfügen, um ein Vergabeverfahren auszuwählen, das Verhandlungen vorsieht. Der europäische Gesetzgeber erwartet durch eine stärkere Anwendung des Verhandlungsverfahrens mit vorgeschaltetem Teilnahmewettbewerb und des wettbewerblichen Dialogs, dass dies den grenzüberschreitenden Handel fördert. Denn es hat sich gezeigt, dass bei Aufträgen, die im Wege des Verhandlungsverfahrens mit vorheriger Veröffentlichung einer Bekanntmachung vergeben werden, die Erfolgsquote von grenzüberschreitenden Angeboten besonders hoch ist (vgl. Erwägungsgrund 42 AVR). Allerdings ist Voraussetzung, dass der öffentliche Auftraggeber tatsächlich auch einen Verhandlungsbedarf hinsichtlich der Leistung und / oder der Vertragsbedingungen hat. Es ist vergaberechtlich nicht zulässig, ein nicht offenes Verfahren im Gewand eines Verhandlungsverfahrens durchzuführen, bei dem der öffentliche Auftraggeber keine inhaltliche Verbesserung der Angebote anstrebt, sondern allenfalls einen Verhandlungsbedarf hinsichtlich des Preises hat und somit ausschließlich hinsichtlich der Gegenleistung. Eine Verhandlung nur des Preises verbessert die Angebote gerade nicht.

7   Insgesamt stehen dem öffentlichen Auftraggeber folgende Vergabeverfahrensarten zur Verfügung:
- Das offenes Verfahren,
- Das nichtoffenes Verfahren (mit vorherigem Teilnahmewettbewerb),
- Das Verhandlungsverfahren (mit oder ohne vorherigen Teilnahmewettbewerb),
- Der wettbewerbliche Dialog (mit vorherigem Teilnahmewettbewerb)
- Die Innovationspartnerschaft (mit vorherigem Teilnahmewettbewerb).

III. Rechtliche Vorgaben im EU-Recht

8   Die Anwendung der Vergabeverfahrensarten wird in Art. 27 bis 32 der Allgemeinen Vergaberichtlinie 2014/24/EU (AVR) geregelt. Die Umsetzung lehnt sich weit überwiegend eng an den Richtlinientext an.[1]

B. Ablauf des offenen Verfahrens

9   Gemäß § 3b EU Abs. 1 Satz 1 VOB/A wird bei einem offenen Verfahren eine unbeschränkte Anzahl von Unternehmen öffentlich zur Abgabe von Angeboten aufgefordert.

---

[1] Für eine Eins-zu-eins-Umsetzung siehe Verordnung zur Modernisierung des Vergaberechts (Vergaberechtsmodernisierungsverordnung – VergRModVO) vom 20.1.2016; Drucksache 18/7318; Seite 140.

Erforderlich ist eine EU-Auftragsbekanntmachung. Ausweislich § 3b EU Abs. 1 Satz 2 VOB/A kann bei einem offenen Verfahren jeder interessierte Wirtschaftsteilnehmer auf einen solchen Aufruf zum Wettbewerb hin ein Angebot abgeben. Die Wirtschaftsteilnehmer haben ihrem Angebot die Informationen für eine qualitative Auswahl beizufügen, die von dem öffentlichen Auftraggeber verlangt werden. Die Wirtschaftsteilnehmer dürfen auch mehrere inhaltlich unterschiedliche Angebote abgeben, soweit diese sich nicht ausschließlich preislich unterscheiden. Die Abgabe mehrerer **Hauptangebote** wird zumeist in Erwägung gezogen, wenn ein Wirtschaftsteilnehmer sich nicht sicher ist, ob sein Angebot inhaltlich alle Anforderungen (insbesondere die technischen Spezifikationen) des Auftraggebers erfüllt.[2] Teilweise geben Wirtschaftsteilnehmer mehrerer Hauptangebote ab, wenn sie die Bewertung von Konzepten oder des Projektteams nicht abschätzen können. In diesem Fall werden in den verschiedenen Hauptangeboten andere Konzepte bzw. anderer Projektteams angeboten, die Auswirkungen auf die Angebotspreise mit sich bringen. Dieses Vorgehen ist vergaberechtlich zulässig, weil hierdurch der Wettbewerb gefördert und sichergestellt wird, dass der öffentliche Auftraggeber letztendlich eine Leistung mit dem besten Preis-Leistungsverhältnis erhält. Eine Abgabe von mehreren Hauptangeboten in wettbewerbsschädigender Art und Weise, beispielsweise indem der Bieter bei den verschiedenen Hauptangeboten bewusst unterschiedliche Unterlagen nicht beifügt, ist hingegen vergaberechtswidrig. In einem solchen Fall hat der öffentliche Auftraggeber alle Hauptangebote vom weiteren Vergabeverfahren auszuschließen.

Das offene Verfahren ist europarechtlich in Art. 27 der Richtlinie 2014/24/EU (AVR) normiert. **10**

Das offene Verfahren stellt neben dem nicht offenen Verfahren eines dieser beiden **Re-** **11** **gelverfahren** dar.

Das offen Verfahren wird in folgenden wesentlichen Schritten durchgeführt. **12**

- Vorbereitung und Ausarbeitung der Vergabeunterlagen (auch als Ausschreibungsunterlagen bezeichnet)
- Bei Bedarf wird eine EU-Vorinformation veröffentlicht (§ 12 EU Abs. 1 VOB/A)
- Veröffentlichung einer EU-Auftragsbekanntmachung (§ 12 EU Abs. 3 VOB/A) und zeitgleiche Zurverfügungstellung aller (!) Vergabeunterlagen zum Download über einen <u>direkten</u> Link zu einer entsprechenden Internet-Adresse gemäß § 12a VOB/A-EU iVm § 11 EU Abs. 3 VOB/A
- Erstellung der Angebote durch die Bewerber (§ 13 VOB/A-EU) sowie Stellen von Bewerberfragen (§ 12 EU Abs. 3 VOB/A iVm § 11 EU Abs. 1 VOB/A)
- Beantwortung von Bewerberfragen (§ 12a EU Abs. 3 VOB/A)
- Abgabe der Angebote durch die Bewerber
- Eröffnungstermin nach Ablauf der Frist zur Angebotsabgabe gemäß § 14 VOB/A-EU
- Prüfung und Wertung der Angebote unter etwaiger Nachforderung von Unterlagen (§ 16 bis 16d VOB/A-EU) und etwaiger Aufklärung der Angebote (§ 15 VOB/A-EU)
- Information an die unterlegenen Bieter gemäß § 134 GWB, § 19 EU Abs. 1 und 2 VOB/A
- Zuschlagserteilung gemäß § 18 EU Abs. 1 und 2 VOB/A
- Unterrichtung aller (!) unterlegenen Bieter über die Merkmale und relativen Vorteile des ausgewählten Angebots auf einen entsprechenden Antrag eines einzigen Bieters hin gemäß § 19 EU Abs. 4 VOB/A
- EU-Vergabebekanntmachung über den vergebenen Auftrag gemäß § 18 EU Abs. 3 VOB/A

Das offen Verfahren beginnt mit der Versendung der EU-Auftragsbekanntmachung an **13** das Amtsblatt der europäischen Union. Das offen Verfahren endet entweder mit der wirksamen Erteilung des Zuschlags oder mit der wirksamen Aufhebung des Vergabeverfahrens (§ 17 VOB/A-EU).

---

[2] Vgl. OLG Düsseldorf 27.7.2012 – Verg 34/12; 9.3.2011 – Verg 52/10; 23.10.2010 – Verg 61/09.

C. Ablauf des nicht offenen Verfahrens

14   Gemäß § 3b EU Abs. 2 Nr. 1 Satz 1 VOB/A wird bei einem nicht offenen Verfahren im Rahmen eines Teilnahmewettbewerbs eine unbeschränkte Anzahl von Unternehmen öffentlich zur Abgabe von Teilnahmeanträgen aufgefordert. Im Gegensatz zum offen Verfahren darf zwar ein unbeschränkte Anzahl von Unternehmen am Teilnahmewettbewerb mitmachen; zur Abgabe der Angebote wird jedoch nur noch eine begrenzte Anzahl von Unternehmen aufgefordert. Das nicht offene Verfahren ist somit zweigeteilt. Erste Stufe ist der Teilnahmewettbewerb; die zweite Stufe das Angebotsverfahren.

15   Das nicht offene Verfahren ist europarechtlich in Art. 28 der Richtlinie 2014/24/EU (AVR) normiert.

16   Das nicht offene Verfahren stellt neben dem offenen Verfahren eines dieser beiden **Regelverfahren** dar.

17   Europarechtlich ist das nicht offene Verfahren in Art. 28 der Richtlinie 2014/24/EU (AVR) normiert.

18   Jedes interessierte Unternehmen kann einen Teilnahmeantrag abgeben (§ 3b EU Abs. 2 Nr. 1 Satz 2 VOB/A). Mit dem Teilnahmeantrag übermitteln die Unternehmen die vom öffentlichen Auftraggeber geforderten Informationen für die Prüfung der Eignung und das Nichtvorliegen von Ausschlussgründen (§ 3b EU Abs. 2 Nr. 1 Satz 3 VOB/A).

19   Der öffentlichen Auftraggeber kann die Zahl geeigneter Bewerber, die zur Abgabe eines Angebots aufgefordert werden, begrenzen (§ 3b EU Abs. 2 Nr. 3 VOB/A).

20   Der öffentlichen Auftraggeber hat hierzu in der EU-Auftragsbekanntmachung oder in der Aufforderung zur Interessensbestätigung die von ihm vorgesehenen objektiven und nichtdiskriminierenden Kriterien oder Vorschriften (Ausschlusskriterien und Eignungsanforderungen), die vorgesehene **Mindestzahl zwingend** und bei Bedarf auch die Höchstzahl der einzuladenden Bewerber anzugeben. Die **Mindestanzahl** beträgt beim nicht offenen Verfahren **fünf Bewerber.**

21   In jedem Fall muss die Zahl der eingeladenen Bewerber ausreichend hoch sein, dass ein **echter Wettbewerb** gewährleistet ist.[3] Dies bedeutet, dass der öffentliche Auftraggeber nicht immer nur die Mindestzahl von fünf vorgeben darf. Sondern er muss sich Überlegungen zum Marktumfeld machen, auf dieser Basis in aller Regel eine Mindestzahl von fünf bis zehn festlegen und sein Vorgehen zeitnah dokumentieren.

22   Der öffentliche Auftraggeber darf auch **mehr als die von ihm vorgegebene Mindestzahl** an Bewerbern auswählen. In diesem Zusammenhang ist zu beachten, dass zum einen die Anzahl der tatsächlich aufzufordernden Bewerber nicht die Höchstzahl überschreitet (soweit eine solche vorgegeben worden ist).[4] Zum anderen muss der öffentliche Auftraggeber nachvollziehbar begründen und dokumentieren, aus welchen sachlichen Erwägungen er sich dazu entschlossen hat, mehr als die Mindestzahl an Bewerbern zur Angebotsabgabe aufzufordern.[5] Dies gilt sowohl für die sachlichen Erwägungen, wie viele als auch welche Unternehmen zur Angebotsabgabe aufgefordert werden. Nur auf diese Weise wird dem Gebot der Gleichbehandlung und der Transparenz hinreichend Rechnung getragen. Mögliche sachliche Erwägungen für die angemessene Anzahl von zu beteiligenden Unternehmen können die Art des anstehenden Bauvorhabens und das Ergebnis des vorausgegangenen Teilnahmewettbewerbs sein.[6] Der öffentliche Auftraggeber hat solche Auswahlkriterien und Bewertungsregeln anzuwenden, dass eine hinreichende Differenzierung der verschiedenen Teilnahmeanträge möglich ist. Sollten mehrere Teilnahmeanträge punktgleich auf derselben Platzierung liegen, kommt eine Entscheidung durch **Losentscheid nicht** in Betracht, da eine solche immer aus nicht-sachlichen Gründen diskriminierend

---

[3] Vgl. BayObLG 20.4.2005 – Verg 26/04.
[4] Zur einzigen Ausnahme von dieser Regel, siehe den letzten Satz in diesem Absatz.
[5] Vgl. BayObLG a. a. O.
[6] Vgl. BayObLG a. a. O.

und damit willkürlich ist. Folgerichtig sieht die Richtlinie 2014/24/EU (AVR) auch keine Auswahl durch Lose vor, weder hinsichtlich der Eignungskriterien noch hinsichtlich der Zuschlagskriterien. Liegen mehrere Bewerber gleichrangig auf solchen Platzierungen, dass mit diesen Bewerbern die Höchstzahl an Bewerbern überschritten werden würde, sind alle diese Bewerber zur Angebotsabgabe aufzufordern. Ausnahmsweise darf in diesem Fall die vom Auftraggeber festgelegte Höchstzahl der aufzufordernden Bewerber überschritten werden würde.

Als Ergebnis des Teilnahmewettbewerbs fordert der öffentlichen Auftraggeber eine **23** Anzahl von Bewerbern zur Abgabe eines Angebots auf, die zumindest der von ihm transparent festgelegten Mindestzahl an Bewerbern entspricht. Sofern jedoch die Zahl von Bewerbern, die nicht ausgeschlossen worden sind und deren Teilnahmeanträge die Eignungskriterien und Mindestanforderungen an die Leistungsfähigkeit erfüllen, **unter der Mindestzahl** liegt, kann der öffentliche Auftraggeber das Vergabeverfahren auch mit weniger Bewerbern fortführen, indem er den oder die Bewerber zur Abgabe eines Angebots auffordert, die über die geforderte Leistungsfähigkeit verfügen. Der öffentliche Auftraggeber kann sich aber auch dafür entscheiden, dass im konkreten Einzelfall kein ausreichender Wettbewerb mehr besteht und das Vergabeverfahren aus wichtigem Grund aufheben.

Gemäß § 3b EU Abs. 2 Nr. 2 VOB/A dürfen nur diejenigen Unternehmen, die vom **24** öffentlichen Auftraggeber infolge einer Bewertung der übermittelten Information dazu aufgefordert werden, ein Angebot einreichen. Der öffentliche Auftraggeber darf somit anderen Wirtschaftsteilnehmer, die sich nicht um die Teilnahme beworben haben, oder Bewerber, die nicht über die geforderte Leistungsfähigkeit verfügen, nicht zulassen, ein Angebot abzugeben.

Seit dem 18.04.2016 gibt es zwei Formen des nicht offenen Verfahrens: Das **klassische** **25** **nicht offene Verfahren,** auf das alle öffentlichen Auftraggeber zurückgreifen können, und das **nicht offene Verfahren mit Vorinformation als Aufruf zum Wettbewerb** (sog. **Interessenbekundungsverfahren**), dass alle öffentlichen Auftraggeber mit Ausnahme von obersten Bundesbehörden anwenden dürfen. Bei beiden Verfahren darf weder über die Leistung noch über den Preis verhandelt werden (vgl. § 15 EU Abs. 3 VOB/A).

Das **klassische nicht offene Verfahren** wird in folgenden wesentlichen Schritten **26** durchgeführt.

– Vorbereitung und Ausarbeitung der Vergabeunterlagen (auch als Ausschreibungsunterlagen bezeichnet)
– Bei Bedarf wird eine EU-Vorinformation veröffentlicht (§ 12 EU Abs. 1 VOB/A)
– Veröffentlichung einer EU-Auftragsbekanntmachung (§ 12 EU Abs. 3 VOB/A) und zeitgleiche Zurverfügungstellung aller (!) Vergabeunterlagen zum Download über einen <u>direkten</u> Link zu einer entsprechenden Internet-Adresse gemäß § 12a VOB/A-EU iVm § 11 EU Abs. 3 VOB/A
– Erstellung der Teilnahmeanträge durch die Bewerber (§ 13 VOB/A-EU analog) sowie Stellen von Bewerberfragen (§ 12 EU Abs. 3 VOB/A iVm § 11 EU Abs. 1 VOB/A)
– Beantwortung von Bewerberfragen (§ 12a EU Abs. 3 VOB/A)
– Abgabe der Teilnahmeanträge durch die Bewerber
– Eröffnungstermin nach Ablauf der Teilnahmefrist gemäß § 14 VOB/A-EU analog
– Prüfung und Wertung der Teilnahmeanträge unter etwaiger Aufklärung der Teilnahmeanträge (§ 15 VOB/A-EU analog)
– Aufforderung zur Angebotsabgabe und damit zur Teilnahme am Angebotsverfahren
– Erstellung der Angebote durch die ausgewählten Bewerber (§ 13 VOB/A-EU) sowie Stellen von Bewerberfragen (§ 12 EU Abs. 3 VOB/A iVm § 11 EU Abs. 1 VOB/A)
– Beantwortung von Bewerberfragen (§ 12a EU Abs. 3 VOB/A)
– Abgabe der Angebote durch die Bewerber, die mit der Abgabe zu Bietern werden
– Eröffnungstermin nach Ablauf der Frist zur Angebotsabgabe gemäß § 14 VOB/A-EU
– Prüfung und Wertung der Angebote unter etwaiger Nachforderung von Unterlagen (§ 16 bis 16d VOB/A-EU) und etwaiger Aufklärung der Angebote (§ 15 VOB/A-EU)

– Information an die unterlegenen Bewerber und Bieter gemäß § 134 GWB, § 19 EU Abs. 1 und 2 VOB/A

– Zuschlagserteilung gemäß § 18 EU Abs. 1 und 2 VOB/A

– Unterrichtung aller (!) unterlegenen Bewerber und Bieter über die Merkmale und relativen Vorteile des ausgewählten Angebots auf einen entsprechenden Antrag eines einzelnen Bewerbers oder Bieters hin gemäß § 19 EU Abs. 4 VOB/A

– EU-Vergabebekanntmachung über den vergebenen Auftrag gemäß § 18 EU Abs. 3 VOB/A

27 Das **klassische nicht offene Verfahren** beginnt mit der Versendung der EU-Auftragsbekanntmachung an das Amtsblatt der europäischen Union. Das nicht offen Verfahren endet entweder mit der wirksamen Erteilung des Zuschlags oder mit der wirksamen Aufhebung des Vergabeverfahrens (§ 17 VOB/A-EU).

28 Das **nicht offene Verfahren mit Vorinformation als Aufruf zum Wettbewerb** (sog. **Interessenbekundungsverfahren**) wird in folgenden wesentlichen Schritten durchgeführt.

– Vorbereitung und Ausarbeitung der Vergabeunterlagen (auch als Ausschreibungsunterlagen bezeichnet)

– Zwingende Veröffentlichung einer EU-Vorinformation (§ 12 EU Abs. 2 VOB/A) mit dem Hinweis, dass der Auftrag im nicht offenen Verfahren ohne spätere Veröffentlichung eines Aufrufs zum Wettbewerb vergeben wird, verbunden mit der Aufforderung zur Interessenbekundung

– Interessenbekundung durch die Bewerber

– Versendung der Aufforderung zur Interessenbestätigung an diejenigen Bewerber, die zuvor ihr Interesse bekundet haben, mindestens 35 Kalendertagen und maximal zwölf Monate nach der Absendung der EU-Vorinformation und zeitgleiche Zurverfügungstellung aller (!) Vergabeunterlagen zum Download über einen direkten Link zu einer entsprechenden Internet-Adresse gemäß § 12a VOB/A-EU iVm § 11 EU Abs. 3 VOB/A

– Erstellung der Teilnahmeanträge durch die Bewerber (§ 13 VOB/A-EU analog) sowie Stellen von Bewerberfragen (§ 12 EU Abs. 3 VOB/A iVm § 11 EU Abs. 1 VOB/A)

– Beantwortung von Bewerberfragen (§ 12a EU Abs. 3 VOB/A)

– Interessenbestätigung der Bewerber durch Abgabe der Teilnahmeanträge

– Eröffnungstermin nach Ablauf der Teilnahmefrist gemäß § 14 VOB/A-EU analog

– Prüfung und Wertung der Teilnahmeanträge unter etwaiger Aufklärung der Teilnahmeanträge (§ 15 VOB/A-EU analog)

– Aufforderung zur Angebotsabgabe und damit zur Teilnahme am Angebotsverfahren

– Erstellung der Angebote durch die ausgewählten Bewerber (§ 13 VOB/A-EU) sowie Stellen von Bewerberfragen (§ 12 EU Abs. 3 VOB/A iVm § 11 EU Abs. 1 VOB/A)

– Beantwortung von Bewerberfragen (§ 12a EU Abs. 3 VOB/A)

– Abgabe der Angebote durch die Bewerber, die mit der Abgabe zu Bietern werden

– Eröffnungstermin nach Ablauf der Frist zur Angebotsabgabe gemäß § 14 VOB/A-EU

– Prüfung und Wertung der Angebote unter etwaiger Nachforderung von Unterlagen (§ 16 bis 16d VOB/A-EU) und etwaiger Aufklärung der Angebote (§ 15 VOB/A-EU)

– Information an die unterlegenen Bewerber und Bieter gemäß § 134 GWB, § 19 EU Abs. 1 und 2 VOB/A

– Zuschlagserteilung gemäß § 18 EU Abs. 1 und 2 VOB/A

– Unterrichtung aller (!) unterlegenen Bewerber und Bieter über die Merkmale und relativen Vorteile des ausgewählten Angebots auf einen entsprechenden Antrag hin eines einzelnen Bewerbers oder Bieters gemäß § 19 EU Abs. 4 VOB/A

– EU-Vergabebekanntmachung über den vergebenen Auftrag gemäß § 18 EU Abs. 3 VOB/A

29 Das **nicht offene Verfahren mit Vorinformation als Aufruf zum Wettbewerb** (sog. **Interessenbekundungsverfahren**) beginnt bereits mit der Absendung der Vorinformation, weil bereits durch den Aufruf zum Wettbewerb das Vergabeverfahren eingeleitet wird. Dieses Verfahren endet entweder mit der wirksamen Erteilung des Zuschlags oder mit der wirksamen Aufhebung des Vergabeverfahrens (§ 17 VOB/A-EU).

Der öffentliche Auftraggeber darf eine Frist setzen, innerhalb derer die Bewerber ihr Interesse zu bekunden haben (sog. **Interessenbekundungsfrist**). Die Frist beginnt mit der Absendung der EU-Vorinformation. Diese Frist muss mindestens 35 Kalendertage betragen und angemessen sein. Die Interessenbekundungsfrist ist lediglich dann angemessen, wenn der öffentliche Auftraggeber innerhalb von drei Arbeitstagen nach Ablauf der Frist diejenigen Bewerber, die zuvor ihr Interesse fristgemäß bekundet haben, auffordert, ihr Interesse zu bestätigen. Ansonsten ist die Interessenbekundungsfrist nicht angemessen gewählt worden, weil für einen öffentlichen Auftraggeber kein sachlicher Grund besteht, eine Frist für die Interessenbekundung – die selbst keine weitere Prüfung erfordert – zu setzen, ohne die Aufforderung zur Interessenbestätigung zeitnah abzusenden. Setzt der öffentliche Auftraggeber keine Frist zur Interessenbekundung, können Bewerber solange ihr Interesse bekunden, bis zu dem Zeitpunkt, bis der öffentliche Auftraggeber an Bewerber die Aufforderung zur Interessenbestätigung schickt. Hat der öffentliche Auftraggeber keine Interessenbekundungsfrist gesetzt und bekundet nur ein Bewerber innerhalb der ersten 35 Kalendertage sein Interesse, so sollte der öffentliche Auftraggeber sicherheitshalber mindestens weitere zehn Kalendertage abwarten, ehe er nur diesen einen Bewerber zur Interessenbestätigung auffordert. Dies folgt aus dem Gebot, dass der öffentliche Auftraggeber in aller Regel für einen ausreichenden Wettbewerb zu sorgen hat.

Die Prüfung dieser Teilnahmeanträge erfolgt in fünf Schritten. Zunächst wird geprüft, **31** ob der Teilnahmeantrag **form- und fristgemäß** eingegangen ist. Dann wird geprüft, ob die Unterlagen **vollständig** sind. Fehlende Unterlagen können nicht nachgefordert werden. § 16a VOB/A-EU bezieht sich explizit nur auf fehlende Unterlagen bei Angeboten, nicht bei Teilnahmeanträgen. Der öffentliche Auftraggeber kann im Wege der **Aufklärung** allenfalls verlangen, dass die in einem Teilnahmeantrag enthaltenen Angaben in einzelnen Punkten berichtigt oder ergänzt werden, soweit eine solche Aufforderung auf Unterlagen oder Angaben – wie beispielsweise eine veröffentlichte Bilanz – gerichtet ist, bei denen nachprüfbar ist, dass sie vor Ablauf der Bewerbungsfrist vorlagen.[7] Im Anschluss wird geprüft, ob das Unternehmen wegen einem der **Ausschlussgründe** der §§ 123, 124 GWB auszuschließen ist. Von den im Teilnahmewettbewerb verbliebenen Unternehmen wird sodann geprüft, ob auf der Grundlage des Teilnahmeantrags das Unternehmen die **Eignungskriterien** (vgl. § 122 GWB; § 6a und § 6b VOB/A-) und die aufgestellten **Mindestanforderungen** erfüllen. Schließlich werden anhand der transparent festgelegten **Auswahlkriterien** die Teilnahmeanträge entweder durch eine absolute Bewertung und/oder durch eine relative Bewertung, vergleichend zwischen den verschiedenen Teilnahmeanträgen bewertet.

Bei der **absoluten Bewertung** erfolgt die Punktezuordnung anhand fester Regeln, die **32** der öffentliche Auftraggeber gegenüber den interessierten Wirtschaftsteilnehmern rechtzeitig vor Ablauf der Teilnahmefrist bekanntzugeben hat. Der öffentliche Auftraggeber gibt also an, für welchen Grad der Erfüllung der Eignungsanforderungen er wieviel Punkte verteilt. Hinsichtlich des Umsatzes kann er beispielsweise vorgeben, dass bezüglich des Jahresumsatzes ein Unternehmen mit einem Jahresumsatz von 1 Mio. EUR oder mehr, die volle Punktzahl (100 Punkte) erhält. Mit einem Jahresumsatz von 0 EUR gibt es 0 Punkte. Die genaue Punktevergabe zwischen diesen beiden Werten erfolgt durch lineare Interpolation, mathematisch gerundet auf zwei Nachkommastellen. Ein Unternehmen mit einem Jahresumsatz von 500.000,– EUR würde 50,00 Punkte erhalten. Ein Unternehmen mit einem Jahresumsatz von 753.654,– EUR würde 75,37 Punkte erhalten. Ein Unternehmen mit einem Jahresumsatz von 1,2 Mio. EUR würde die maximale Punktzahl von 100,00 Punkten erhalten.

Bei der **relativen Bewertung** erfolgt die Punktezuordnung anhand einer vergleichen- **33** den Betrachtung der verschiedenen Teilnahmeanträge. Beispielsweise können die Unter-

---

[7] Vgl. EuGH 10.10.2013 – C-336/12 „Manova".

nehmensreferenzen der verschiedenen Bewerber auf diese Art und Weise vergleichend bewertet werden. Der öffentliche Auftraggeber hat keine weiteren konkretisierenden Angaben zu machen, wovon die jeweils zu erreichende Punktzahl konkret abhängen soll. Der öffentliche Auftraggeber muss dieses Transparenzdefizit jedoch dadurch ausgleichen, dass er die durchgeführte vergleichende Bewertung ausführlich, nachvollziehbar und zeitnah dokumentiert.[8] Bei der Bewertung hat der öffentliche Auftraggeber einen weiten Beurteilungsspielraum. Dieser Beurteilungsspielraum ist nur dann überschritten, wenn das vorgeschriebene Verfahren nicht eingehalten ist, von einem unzutreffenden bzw. nicht hinreichend überprüften Sachverhalt ausgegangen worden ist, sachwidrige Erwägungen für die Entscheidung verantwortlich waren oder der Beurteilungsmaßstab nicht zutreffend angewandt wurde.[9] Eine relative Bewertung hat dabei immer eine subjektive Note, da sie auf dem Hintergrund und auf der Erfahrung des Beurteilers/Beurteilenden beruht. Gerade bei der Prüfung der Auswahlkriterien, der eine Prognose innewohnt, steht dem öffentlichen Auftraggeber ein Wertungsspielraum zu, welcher sich der gerichtlichen Überprüfung entzieht.[10] Der öffentliche Auftraggeber muss kein gerichtsähnliches Verfahren zur Prüfung der Auswahlkriterien durchführen. Dies wäre weder personell zu leisten noch stünde eine solche Anforderung im Einklang mit der Notwendigkeit einer möglichst zügigen Durchführung des Vergabeverfahrens.[11]

D. Ablauf des Verhandlungsverfahrens mit Teilnahmewettbewerb

34   Gemäß § 3b EU Abs. 3 Nr. 1 Satz 1 VOB/A wird bei einem Verhandlungsverfahren mit Teilnahmewettbewerb im Rahmen des Teilnahmewettbewerbs eine unbeschränkte Anzahl von Unternehmen öffentlich zur Abgabe von Teilnahmeanträgen aufgefordert. Im Vergleich zum offen Verfahren darf zwar ein unbeschränkte Anzahl von Unternehmen am Teilnahmewettbewerb mitmachen; zur Abgabe der Angebote wird jedoch nur noch eine begrenzte Anzahl von Unternehmen aufgefordert. Das Verhandlungsverfahren mit Teilnahmewettbewerb ist ebenso wie das nicht offene Verfahren zweigeteilt. Auf der ersten Stufe wird der Teilnahmewettbewerb durchgeführt; auf der zweiten Stufe folgt die Angebots- und Verhandlungsphase.

35   Das Verhandlungsverfahren ist europarechtlich in Art. 29 der Richtlinie 2014/24/EU (AVR) normiert.

36   Jedes interessierte Unternehmen kann einen Teilnahmeantrag abgeben (§ 3b EU Abs. 3 Nr. 1 Satz 2 VOB/A). Mit dem Teilnahmeantrag übermitteln die Unternehmen die vom öffentlichen Auftraggeber geforderten Informationen für die Prüfung der Eignung und das Nichtvorliegen von Ausschlussgründen (§ 3b EU Abs. 3 Nr. 1 Satz 3 VOB/A).

37   Der öffentlichen Auftraggeber kann die Zahl geeigneter Bewerber, die zur Abgabe eines Erstangebots aufgefordert werden, begrenzen (§ 3b EU Abs. 3 Nr. 3 iV. m. Abs. 2 Nr. 3 VOB/A).

38   Der öffentlichen Auftraggeber hat hierzu, wie bei einem nicht offenen Verfahren, in der EU-Auftragsbekanntmachung oder in der Aufforderung zur Interessensbestätigung die von ihm vorgesehenen objektiven und nichtdiskriminierenden Kriterien oder Vorschriften (Ausschlusskriterien und Eignungsanforderungen), die vorgesehene **Mindestzahl zwingend** und bei Bedarf auch die Höchstzahl der einzuladenden Bewerber anzugeben. Die **Mindestanzahl** beträgt beim Verhandlungsverfahren **drei Bewerber.**

---

[8] Vgl. BGH 4.4.2017 – X ZB 3/17
[9] Vgl. OLG München, 10.8.2017 – Verg 3/17; 25.9.2014 – Verg 9/14; 2.11.2012 – Verg 26/12; 5.10.2012 – Verg 15/12.
[10] Vgl. OLG München 25.9.2014 – Verg 9/14; 2.11.2012 – Verg 26/12; OLG Düsseldorf 30.7.2009 – Verg 10/09.
[11] Vgl. OLG München 5.10.2012 – Verg 15/12; BGH 26.10.1999 – X ZR 390/98.

In jedem Fall muss die Zahl der eingeladenen Bewerber ausreichend hoch sein, dass ein **39** echter Wettbewerb gewährleistet ist.[12] Dies bedeutet, dass der öffentliche Auftraggeber nicht immer nur die Mindestzahl von drei vorgeben darf. Sondern er muss sich Überlegungen zum Marktumfeld machen, auf dieser Basis in aller Regel eine Mindestzahl von drei bis zehn festlegen und sein Vorgehen zeitnah dokumentieren.

Der öffentliche Auftraggeber darf auch **mehr als die von ihm vorgegebene Min-** **40** **destzahl** an Bewerbern auswählen. In diesem Zusammenhang ist zu beachten, dass zum einen die Anzahl der tatsächlich aufzufordernden Bewerber nicht die Höchstzahl überschreitet (soweit eine solche vorgegeben worden ist).[13] Zum anderen muss der öffentliche Auftraggeber nachvollziehbar begründen und dokumentieren, aus welchen sachlichen Erwägungen er sich dazu entschlossen hat, mehr als die Mindestzahl an Bewerbern zur Abgabe eines Erstangebots aufzufordern.[14] Dies gilt sowohl für die sachlichen Erwägungen, wie viele als auch welche Unternehmen zur Abgabe eines Erstangebots aufgefordert werden. Nur auf diese Weise wird dem Gebot der Gleichbehandlung und der Transparenz hinreichend Rechnung getragen. Mögliche sachliche Erwägungen für die angemessene Anzahl von zu beteiligenden Unternehmen können die Art des anstehenden Bauvorhabens und das Ergebnis des vorausgegangenen Teilnahmewettbewerbs sein.[15] Der öffentliche Auftraggeber hat in jedem Fall solche Auswahlkriterien und Bewertungsregeln anzuwenden, dass eine hinreichende Differenzierung der verschiedenen Teilnahmeanträge möglich ist. Sollten mehrere Teilnahmeanträge punktgleich auf derselben Platzierung liegen, kommt eine Entscheidung durch **Losentscheid nicht** in Betracht, da eine solche immer aus nichtsachlichen Gründen diskriminierend und damit willkürlich ist. Folgerichtig sieht die Richtlinie 2014/24/EU (AVR) auch keine Auswahl durch Lose vor, weder hinsichtlich der Eignungskriterien noch hinsichtlich der Zuschlagskriterien. Liegen mehrere Bewerber gleichrangig auf solchen Platzierungen, dass mit diesen Bewerbern die Höchstzahl an Bewerbern überschritten werden würde, sind alle diese Bewerber zur Abgabe eines Erstangebots aufzufordern. Ausnahmsweise darf in diesem Fall die vom Auftraggeber festgelegte Höchstzahl der aufzufordernden Bewerber überschritten werden.

Als Ergebnis des Teilnahmewettbewerbs lädt der öffentlichen Auftraggeber eine Anzahl **41** von Bewerbern zur Abgabe der Erstangebote ein, die zumindest der von ihm transparent festgelegten Mindestzahl an Bewerbern entspricht. Sofern jedoch die Zahl von Bewerbern, die nicht ausgeschlossen worden sind und deren Teilnahmeanträge die Eignungskriterien und Mindestanforderungen an die Leistungsfähigkeit erfüllen, **unter der Mindestzahl** liegt, kann der öffentliche Auftraggeber das Verfahren auch mit weniger Bewerbern fortführen, indem er den oder die Bewerber zur Abgabe der Erstangebote auffordert, die über die geforderte Leistungsfähigkeit verfügen. Der öffentliche Auftraggeber kann sich allerdings auch dafür entscheiden, dass im konkreten Einzelfall kein ausreichender Wettbewerb mehr besteht und das Vergabeverfahren aus wichtigem Grund aufheben.

Gemäß § 3b EU Abs. 3 Nr. 2 VOB/A dürfen nur diejenigen Unternehmen, die vom **42** öffentlichen Auftraggeber infolge einer Bewertung der übermittelten Information dazu aufgefordert werden, ein Erstangebot übermitteln. Der öffentliche Auftraggeber lässt somit andere Wirtschaftsteilnehmer, die sich nicht um die Teilnahme beworben haben, oder Bewerber, die nicht über die geforderte Leistungsfähigkeit verfügen, nicht zu demselben Angebotsverfahren zu.

Gemäß § 3b EU Abs. 3 Nr. 5 VOB/A sind die Mindestanforderungen, die Zuschlags- **43** kriterien und damit auch die Gewichtung nicht Gegenstand von Verhandlungen. Die Mindestanforderungen sind aus Gründen der Transparenz zwingend bereits in der EU-Auftragsbekanntmachung oder in der Aufforderung zur Interessenbestätigung zu benennen.

---

[12] Vgl. BayObLG 20.4.2005 – Verg 26/04.
[13] Zur einzigen Ausnahme von dieser Regel, siehe den letzten Satz in diesem Absatz.
[14] Vgl. BayObLG a. a. O.
[15] Vgl. BayObLG a. a. O.

44   Ausweislich § 3b EU Abs. 3 Nr. 6 VOB/A verhandelt der öffentliche Auftraggeber mit den Bietern über die von ihnen eingereichten Erstangebote und alle Folgeangebote, mit Ausnahme der endgültigen Angebote, mit dem Ziel, die Angebote inhaltlich zu verbessern. Eine reine Preisverhandlung ist nicht zugelassen, weil dadurch nicht die Leistung verbessert wird sondern ausschließlich die Gegenleistung. Das Verhandlungsverfahren soll gerade dann angewendet werden, wenn im Vorfeld nicht damit zu rechnen ist, dass ein offenes oder ein nicht offenes Verfahren ohne Verhandlungen zu einem zufriedenstellenden Ergebnis führen würde (vgl. Erwägungsgrund 42 Satz 3 AVR), wenn also ein konkreter Verhandlungsbedarf hinsichtlich der konkret zu beschaffenden Bauleistung besteht. Ziel der Verhandlungen ist, die Angebote so zu verbessern, dass die öffentlichen Auftraggeber in die Lage versetzt werden, Bauleistungen einzukaufen, die genau auf ihren konkreten Bedarf zugeschnitten sind (vgl. Erwägungsgrund 45 Satz 4 AVR). Die Verhandlungen können sich auf alle Merkmale der erworbenen Bauleistungen beziehen, darunter zum Beispiel Qualität, Mengen, Geschäftsklauseln sowie soziale, umweltbezogene und innovative Aspekte, sofern diese nicht als Mindestanforderungen aufgestellt worden sind (vgl. Erwägungsgrund 45 Satz 5 AVR). Ein Verhandlungsverfahren findet vornehmlich bei solchen Bauleistungen Anwendung, bei denen keine Normbauten errichtet werden, beziehungsweise Bauleistungen, die konzeptionelle oder innovative Lösungen umfassen und daher Verhandlungen über die Leistung erforderlich sind (vgl. Erwägungsgrund 43 Satz 1 AVR). In Bezug auf Standardbauleistungen, die von vielen verschiedenen Marktteilnehmern erbracht werden können, sollte das Verhandlungsverfahren nicht angewendet werden.

45   Die Bewertung eine Präsentation stellt weder ein Verhandlung noch eine vergaberechtlich ordnungsgemäße Bewertung eines Zuschlagskriteriums dar, weil durch die Präsentation nicht die Angebote inhaltlich verbessert werden sondern die Präsentationfähigkeit und damit letztendlich die Eignung bewertet wird. Das früher oftmals praktizierte Vorgehen, die Bieter zur Abgabe eines Angebots aufzufordern, daraufhin die Bieter zu einem Verhandlungstermin einzuladen, bei diesem Verhandlungstermin aber nicht zu verhandeln sondern die Bieter präsentieren zu lassen und diese Präsentation zu bewerten, ist vergaberechtswidrig. Hierbei handelt es sich um eine nicht von der Rechtsordnung vorgesehene Vergabeverfahrensart, nämlich um ein nicht offenes Verfahren im **Gewand eines Verhandlungsverfahrens.**

46   Gemäß § 3b EU Abs. 3 Nr. 7 VOB/A **kann** der öffentliche Auftraggeber öffentliche Aufträge auf der Grundlage der Erstangebote vergeben, **ohne in Verhandlungen einzutreten,** wenn er in der Auftragsbekanntmachung oder in der Aufforderung zur Interessensbestätigung darauf hingewiesen hat, dass er sich diese Möglichkeit vorbehält. Macht der öffentliche Auftraggeber von dieser Möglichkeit gebracht, hat er sein **Ermessen** unter Beachtung des **Verhältnismäßigkeitsgrundsatzes** (vgl. § 97 Abs. 1 Satz 2 GWB) zu treffen. Er hat dabei insbesondere die Interessen der Bieter, zu verhandeln und deren Angebote inhaltlich zu verbessern, mit in der Abwägung ordnungsgemäß zu berücksichtigen. Die Abwägung ist vom öffentlichen Auftraggeber nachvollziehbar zu dokumentieren. Damit wird einer etwaigen willkürlichen Entscheidung des öffentlichen Auftraggebers vorgebeugt.

47   Gemäß § 3b EU Abs. 3 Nr. 8 VOB/A **kann** der öffentliche Auftraggeber vorsehen, dass das Verhandlungsverfahren in verschiedenen aufeinander folgenden **Phasen** abgewickelt wird, um so die Zahl der Angebote, über die verhandelt wird, oder die zu erörternden Lösungen anhand der vorgegebenen Zuschlagskriterien zu verringern. Wenn der öffentliche Auftraggeber dies vorsieht, gibt er dies in der EU-Auftragsbekanntmachung, der Aufforderung zur Interessensbestätigung oder in den Vergabeunterlagen an. In der Schlussphase des Verfahrens müssen so viele Angebote vorliegen, dass ein echter Wettbewerb gewährleistet ist, sofern eine ausreichende Anzahl von geeigneten Bietern vorhanden ist. Ein echter Wettbewerb besteht in jedem Fall, wenn noch drei Bieter vorhanden sind. Je nach Branche und Auftragsgegenstand kann es ausnahmsweise zulässig sein, dass auch noch mit zwei Bietern ein ausreichender Wettbewerb vorhanden ist.

48   Nach § 3b EU Abs. 3 Nr. 9 VOB/A hat der öffentliche Auftraggeber sicherzustellen, dass alle Bieter bei den Verhandlungen gleich behandelt werden. Insbesondere ist jede diskriminierende Weitergabe von Informationen rechtswidrig, durch die bestimmte Bieter gegenüber anderen begünstigt werden könnten. Der öffentliche Auftraggeber muss alle Bieter, deren Angebote nicht gemäß § 3b EU Abs. 3 Nr. 8 VOB/A aufgrund der phasenweisen Verringerung ausgeschieden worden sind, schriftlich über etwaige Änderungen der Leistungsbeschreibung, insbesondere der technischen Anforderungen oder anderer Bestandteile der Vergabeunterlagen, unterrichten. Die Mindestanforderungen, die Zuschlagskriterien und deren Gewichtung dürfen dabei unter keinen Umständen verändert werden. Im Anschluss an die zugelassenen Änderungen gewährt der öffentliche Auftraggeber den Bietern ausreichend Zeit, um ihre Angebote zu ändern und gegebenenfalls überarbeitete Angebote einzureichen. Der öffentliche Auftraggeber darf vertrauliche Informationen eines an den Verhandlungen teilnehmenden Bieters nicht ohne dessen Zustimmung an die anderen Teilnehmer weitergeben. Eine solche Zustimmung darf nicht allgemein erteilt werden, sondern wird nur in Bezug auf die beabsichtigte Mitteilung bestimmter Informationen erteilt. In der Praxis stimmen die Teilnehmer in aller Regel jedoch nicht zu, weil sie daraus keinerlei Vorteil erhalten, sondern nur die Chancen der Wettbewerber erhöhen würden.

Beabsichtigt der öffentliche Auftraggeber, mindestens eine weitere Verhandlungsrunde **49** zu führen, unterrichtet er die verbleibenden Bieter und legt eine einheitliche Frist für die Einreichung neuer oder überarbeiteter **Folgeangebote** fest. Er vergewissert sich, dass die Folgeangebote den Mindestanforderungen entsprechen. Der öffentliche Auftraggeber muss alle Bieter, deren Folgeangebote nicht gemäß § 3b EU Abs. 3 Nr. 8 VOB/A aufgrund der phasenweisen Verringerung ausgeschieden worden sind, schriftlich zu einer neuen Verhandlungsrunde auffordern.

Beabsichtigt der öffentliche Auftraggeber, die Verhandlungen abzuschließen, so unter- **50** richtet er die verbleibenden Bieter im Sinne des § 3b EU Abs. 3 Nr. 10 VOB/A und legt eine einheitliche Frist für die Einreichung neuer oder überarbeiteter **endgültiger Angebote** fest. Er vergewissert sich, dass die endgültigen Angebote den Mindestanforderungen entsprechen und erteilt den Zuschlag, nachdem er die unterlegenen Bewerber und Bieter gemäß § 134 GWB informiert hat und die Wartefrist abgelaufen ist.

Seit dem 18.04.2016 gibt es zwei Formen des Verhandlungsverfahrens mit Teilnahme- **51** wettbewerb: Das **klassische Verhandlungsverfahren mit Teilnahmewettbewerb,** auf das alle öffentlichen Auftraggeber zurückgreifen können, und das **Verhandlungsverfahren mit Vorinformation als Aufruf zum Wettbewerb** (sog. **Interessenbekundungsverfahren**), dass alle öffentlichen Auftraggeber mit Ausnahme von obersten Bundesbehörden anwenden dürfen.

Das **klassische Verhandlungsverfahren mit Teilnahmewettbewerb** wird in folgen- **52** den wesentlichen Schritten durchgeführt.

– Vorbereitung und Ausarbeitung der Vergabeunterlagen (auch als Ausschreibungsunterlagen bezeichnet)
– Bei Bedarf wird eine EU-Vorinformation veröffentlicht (§ 12 EU Abs. 1 VOB/A)
– Veröffentlichung einer EU-Auftragsbekanntmachung (§ 12 EU Abs. 3 VOB/A) und zeitgleiche Zurverfügungstellung aller (!) Vergabeunterlagen zum Download über einen direkten Link zu einer entsprechenden Internet-Adresse gemäß § 12a VOB/A-EU iVm § 11 EU Abs. 3 VOB/A
– Erstellung der Teilnahmeanträge durch die Bewerber (§ 13 VOB/A-EU analog) sowie Stellen von Bewerberfragen (§ 12 EU Abs. 3 VOB/A iVm § 11 EU Abs. 1 VOB/A)
– Beantwortung von Bewerberfragen (§ 12a EU Abs. 3 VOB/A)
– Abgabe der Teilnahmeanträge durch die Bewerber
– Eröffnungstermin nach Ablauf der Teilnahmefrist gemäß § 14 VOB/A-EU analog
– Prüfung und Wertung der Teilnahmeanträge unter etwaiger Aufklärung der Teilnahmeanträge (§ 15 VOB/A-EU analog)
– Aufforderung zur Abgabe der Erstangebote und damit zur Teilnahme am Angebots- und Verhandlungsverfahren

– Erstellung der Erstangebote durch die ausgewählten Bewerber (§ 13 VOB/A-EU) sowie Stellen von Bewerberfragen (§ 12 EU Abs. 3 VOB/A iVm § 11 EU Abs. 1 VOB/A)
– Beantwortung von Bewerberfragen (§ 12a EU Abs. 3 VOB/A)
– Abgabe der Erstangebote durch die Bewerber, die mit der Abgabe zu Bietern werden
– Eröffnungstermin nach Ablauf der Frist zur Abgabe der Erstangebote gemäß § 14 VOB/A-EU
– Prüfung und Wertung der Erstangebote unter etwaiger Nachforderung von Unterlagen (§ 16 bis 16d VOB/A-EU) und etwaiger Aufklärung der Erstangebote (§ 15 VOB/A-EU)
– Ausübung des Ermessens und Dokumentation, ob der öffentlichen Auftrag ausnahmsweise auf der Grundlage der Erstangebote vergeben wird
– Falls von dieser Ausnahme nicht Gebrauch gemacht wird:
  • Aufforderung der verbliebenen Bieter zur Verhandlung
  • Überarbeitung der Leistungsbeschreibung und der Vertragsbedingungen
  • Aufforderung der Bieter zur Abgabe der endgültigen Angebote (alternativ zur Abgabe der Folgeangebote mit der Rechtsfolge, dass mindestens noch einmal verhandelt werden muss)
  • Erstellung der endgültigen Angebote durch die Bieter (§ 13 VOB/A-EU) sowie Stellen von Bieterfragen (§ 12 EU Abs. 3 VOB/A i. V. m. § 11 EU Abs. 1 VOB/A)
  • Beantwortung von Bieterfragen (§ 12a EU Abs. 3 VOB/A)
  • Abgabe der endgültigen Angebote durch die Bieter
  • Eröffnungstermin nach Ablauf der Frist zur Abgabe der endgültigen Angebote gemäß § 14 VOB/A-EU
  • Prüfung und Wertung der endgültigen Angebote unter etwaiger Aufklärung der endgültigen Angebote (§ 15 VOB/A-EU analog)
– Information an die unterlegenen Bewerber und Bieter gemäß § 134 GWB, § 19 EU Abs. 1 und 2 VOB/A
– Zuschlagserteilung gemäß § 18 EU Abs. 1 und 2 VOB/A
– Unterrichtung aller (!) unterlegenen Bewerber und Bieter über die Merkmale und relativen Vorteile des ausgewählten Angebots auf einen entsprechenden Antrag eines einzelnen Bewerbers oder Bieters hin gemäß § 19 EU Abs. 4 VOB/A
– EU-Vergabebekanntmachung über den vergebenen Auftrag gemäß § 18 EU Abs. 3 VOB/A

53   Das **klassische Verhandlungsverfahren mit Teilnahmewettbewerb** beginnt mit der Versendung der EU-Auftragsbekanntmachung an das Amtsblatt der europäischen Union. Das Verhandlungsverfahren mit Teilnahmewettbewerb endet entweder mit der wirksamen Erteilung des Zuschlags oder mit der wirksamen Aufhebung des Vergabeverfahrens (§ 17 VOB/A-EU).

54   Das **Verhandlungsverfahren mit Vorinformation als Aufruf zum Wettbewerb** (sog. **Interessenbekundungsverfahren**) wird in folgenden wesentlichen Schritten durchgeführt.
– Vorbereitung und Ausarbeitung der Vergabeunterlagen (auch als Ausschreibungsunterlagen bezeichnet)
– Zwingende Veröffentlichung einer EU-Vorinformation (§ 12 EU Abs. 2 VOB/A) mit dem Hinweis, dass der Auftrag im Verhandlungsverfahren ohne spätere Veröffentlichung eines Aufrufs zum Wettbewerb vergeben wird, verbunden mit der Aufforderung zur Interessenbekundung
– Interessenbekundung durch die Bewerber
– Versendung der Aufforderung zur Interessenbestätigung an diejenigen Bewerber, die zuvor ihr Interesse bekundet haben, mindestens 35 Kalendertagen und maximal zwölf Monate nach der Absendung der EU-Vorinformation und zeitgleiche Zurverfügungstellung aller (!) Vergabeunterlagen zum Download über einen direkten Link zu einer entsprechenden Internet-Adresse gemäß § 12a VOB/A-EU iVm § 11 EU Abs. 3 VOB/A

- Erstellung der Teilnahmeanträge durch die Bewerber (§ 13 VOB/A-EU analog) sowie Stellen von Bewerberfragen (§ 12 EU Abs. 3 VOB/A iVm § 11 EU Abs. 1 VOB/A)
- Beantwortung von Bewerberfragen (§ 12a EU Abs. 3 VOB/A)
- Interessenbestätigung der Bewerber durch Abgabe der Teilnahmeanträge
- Eröffnungstermin nach Ablauf der Teilnahmefrist gemäß § 14 VOB/A-EU analog
- Prüfung und Wertung der Teilnahmeanträge unter etwaiger Aufklärung der Teilnahmeanträge (§ 15 VOB/A-EU analog)
- Aufforderung zur Abgabe der Erstangebote und damit zur Teilnahme am Angebots- und Verhandlungsverfahren
- Abgabe der Erstangebote durch die Bewerber, die mit der Abgabe zu Bietern werden
- Eröffnungstermin nach Ablauf der Frist zur Abgabe der Erstangebote gemäß § 14 VOB/A-EU
- Prüfung und Wertung der Erstangebote unter etwaiger Nachforderung von Unterlagen (§ 16 bis 16d VOB/A-EU) und etwaiger Aufklärung der Angebote (§ 15 VOB/A-EU)
- Ausübung des Ermessens und Dokumentation, ob der öffentlichen Auftrag ausnahmsweise auf der Grundlage der Erstangebote vergeben wird
- Falls von dieser Ausnahme nicht Gebrauch gemacht wird:
  - Aufforderung der verbliebenen Bieter zur Verhandlung
  - Überarbeitung der Leistungsbeschreibung und der Vertragsbedingungen
  - Aufforderung der Bieter zur Abgabe der endgültigen Angebote (alternativ zur Abgabe der Folgeangebote mit dem Ergebnis, dass mindestens noch einmal verhandelt werden muss)
  - Erstellung der endgültigen Angebote durch die Bieter (§ 13 VOB/A-EU) sowie Stellen von Bieterfragen (§ 12 EU Abs. 3 VOB/A i.V.m. § 11 EU Abs. 1 VOB/A)
  - Beantwortung von Bieterfragen (§ 12a EU Abs. 3 VOB/A)
  - Abgabe der endgültigen Angebote durch die Bieter
  - Eröffnungstermin nach Ablauf der Frist zur Abgabe der endgültigen Angebote gemäß § 14 VOB/A-EU
  - Prüfung und Wertung der endgültigen Angebote unter etwaiger Aufklärung der endgültigen Angebote (§ 15 VOB/A-EU analog)
- Information an die unterlegenen Bewerber und Bieter gemäß § 134 GWB, § 19 EU Abs. 1 und 2 VOB/A
- Zuschlagserteilung gemäß § 18 EU Abs. 1 und 2 VOB/A
- Unterrichtung aller (!) unterlegenen Bewerber und Bieter über die Merkmale und relativen Vorteile des ausgewählten Angebots auf einen entsprechenden Antrag eines einzelnen Bewerbers oder Bieters hin gemäß § 19 EU Abs. 4 VOB/A
- EU-Vergabebekanntmachung über den vergebenen Auftrag gemäß § 18 EU Abs. 3 VOB/A

Das **Verhandlungsverfahren mit Vorinformation als Aufruf zum Wettbewerb** 55 (sog. **Interessenbekundungsverfahren**) beginnt bereits mit der Absendung der Vorinformation, weil bereits durch den Aufruf zum Wettbewerb das Vergabeverfahren eingeleitet wird. Dieses Verfahren endet entweder mit der wirksamen Erteilung des Zuschlags oder mit der wirksamen Aufhebung des Vergabeverfahrens (§ 17 VOB/A-EU).

Der öffentliche Auftraggeber darf eine Frist setzen, innerhalb derer die Bewerber ihr In- 56 teresse zu bekunden haben (sog. **Interessenbekundungsfrist**). Die Frist beginnt mit der Absendung der EU-Vorinformation. Diese Frist muss mindestens 35 Kalendertage betragen und angemessen sein. Die Interessenbekundungsfrist ist lediglich dann angemessen, wenn der öffentliche Auftraggeber innerhalb von drei Arbeitstagen nach Ablauf der Frist diejenigen Bewerber, die zuvor ihr Interesse fristgemäß bekundet haben, auffordert, ihr Interesse zu bestätigen. Ansonsten ist die Interessenbekundungsfrist nicht angemessen gewählt worden, weil für einen öffentlichen Auftraggeber kein sachlicher Grund besteht, eine Frist für die Interessenbekundung – die selbst keine weitere Prüfung erfordert – zu setzen, ohne die Aufforderung zur Interessenbestätigung zeitnah abzusenden. Setzt der öffentliche Auftraggeber keine Frist zur Interessenbekundung, können Bewerber solange ihr Interesse bekunden, bis zu dem Zeitpunkt, bis der öffentliche Auftraggeber an Bewerber die Aufforderung zur Interessenbestätigung schickt. Hat der öffentliche Auftraggeber keine Interessenbekundungsfrist gesetzt und bekundet nur ein Bewerber innerhalb der ersten 35 Kalendertage sein Interesse, so sollte der öffentliche Auftraggeber sicherheitshalber mindestens weitere zehn Kalendertage abwarten, ehe er nur diesen einen Bewerber zur Interessenbestätigung auffordert. Dies folgt aus dem Gebot, dass der öffentliche Auftraggeber in aller Regel für einen ausreichenden Wettbewerb zu sorgen hat.

57   Die Prüfung dieser Teilnahmeanträge erfolgt in fünf Schritten. Zunächst wird geprüft, ob der Teilnahmeantrag **form- und fristgemäß** eingegangen ist. Dann wird geprüft, ob die Unterlagen **vollständig** sind. Fehlende Unterlagen können nicht nachgefordert werden. § 16a VOB/A-EU bezieht sich explizit nur auf fehlende Unterlagen bei Angeboten, nicht bei Teilnahmeanträgen. Der öffentliche Auftraggeber kann im Wege der **Aufklärung** allenfalls verlangen, dass die in einem Teilnahmeantrag enthaltenen Angaben in einzelnen Punkten berichtigt oder ergänzt werden, soweit eine solche Aufforderung auf Unterlagen oder Angaben – wie beispielsweise eine veröffentlichte Bilanz – gerichtet ist, bei denen nachprüfbar ist, dass sie vor Ablauf der Bewerbungsfrist vorlagen.[16] Im Anschluss wird geprüft, ob das Unternehmen wegen einem der **Ausschlussgründe** der §§ 123, 124 GWB auszuschließen ist. Von den im Teilnahmewettbewerb verbliebenen Unternehmen wird sodann geprüft, ob auf der Grundlage des Teilnahmeantrags das Unternehmen die **Eignungskriterien** (vgl. § 122 GWB; § 6a und § 6b VOB/A-) und die aufgestellten **Mindestanforderungen** erfüllen. Schließlich werden anhand der transparent festgelegten **Auswahlkriterien** die Teilnahmeanträge entweder durch eine absolute Bewertung und/oder durch eine relative Bewertung, vergleichend zwischen den verschiedenen Teilnahmeanträgen bewertet.

58   Bei der **absoluten Bewertung** erfolgt die Punktezuordnung anhand fester Regeln, die der öffentliche Auftraggeber gegenüber den interessierten Wirtschaftsteilnehmern rechtzeitig vor Ablauf der Teilnahmefrist bekanntzugeben hat. Der öffentliche Auftraggeber gibt also an, für welchen Grad der Erfüllung der Eignungsanforderungen er wieviel Punkte verteilt. Hinsichtlich des Umsatzes kann er beispielsweise vorgeben, dass bezüglich des Jahresumsatzes ein Unternehmen mit einem Jahresumsatz von 1 Mio. EUR oder mehr, die volle Punktzahl (100 Punkte) erhält. Mit einem Jahresumsatz von 0 EUR gibt es 0 Punkte. Die genaue Punktevergabe zwischen diesen beiden Werten erfolgt durch lineare Interpolation, mathematisch gerundet auf zwei Nachkommastellen. Ein Unternehmen mit einem Jahresumsatz von 500.000,– EUR würde 50,00 Punkte erhalten. Ein Unternehmen mit einem Jahresumsatz von 753.654,– EUR würde 75,37 Punkte erhalten. Ein Unternehmen mit einem Jahresumsatz von 1,2 Mio. EUR würde die maximale Punktzahl von 100,00 Punkten erhalten.

59   Bei der **relativen Bewertung** erfolgt die Punktezuordnung anhand einer vergleichenden Betrachtung der verschiedenen Teilnahmeanträge. Beispielsweise können die Unternehmensreferenzen der verschiedenen Bewerber auf diese Art und Weise vergleichend bewertet werden. Der öffentliche Auftraggeber hat keine weiteren konkretisierenden Angaben zu machen, wovon die jeweils zu erreichende Punktzahl konkret abhängen soll. Der öffentliche Auftraggeber muss dieses Transparenzdefizit jedoch dadurch ausgleichen, dass er die durchgeführte vergleichende Bewertung ausführlich, nachvollziehbar und zeitnah dokumentiert.[17] Bei der Bewertung hat der öffentliche Auftraggeber einen weiten Beurteilungsspielraum. Dieser Beurteilungsspielraum ist nur dann überschritten, wenn das vorgeschriebene Verfahren nicht eingehalten ist, von einem unzutreffenden bzw. nicht hinreichend überprüften Sachverhalt ausgegangen worden ist, sachwidrige Erwägungen für die Entscheidung verantwortlich waren oder der Beurteilungsmaßstab nicht zutreffend ange-

---

[16] Vgl. EuGH 10.10.2013 – C-336/12 „Manova".
[17] Vgl. BGH 4.4.2017 – X ZB 3/17

wandt wurde.[18] Eine relative Bewertung hat dabei immer eine subjektive Note, da sie auf dem Hintergrund und auf der Erfahrung des Beurteilers/Beurteilenden beruht. Gerade bei der Prüfung der Auswahlkriterien, der eine Prognose innewohnt, steht dem öffentlichen Auftraggeber ein Wertungsspielraum zu, welcher sich der gerichtlichen Überprüfung entzieht.[19] Der öffentliche Auftraggeber muss kein gerichtsähnliches Verfahren zur Prüfung der Auswahlkriterien durchführen. Dies wäre weder personell zu leisten noch stünde eine solche Anforderung im Einklang mit der Notwendigkeit einer möglichst zügigen Durchführung des Vergabeverfahrens.[20]

E. Ablauf des Verhandlungsverfahrens ohne Teilnahmewettbewerb

Gemäß § 3b EU Abs. 3 Nr. 4 VOB/A erfolgt bei einem Verhandlungsverfahren ohne 60 Teilnahmewettbewerb keine öffentliche Aufforderung zur Teilnahme.

Das Verhandlungsverfahren ohne vorherige Veröffentlichung ist europarechtlich in 61 Art. 32 der Richtlinie 2014/24/EU (AVR) normiert.

Der öffentlichen Auftraggeber lädt in aller Regel mindestens drei Bewerber zur Abgabe 62 der Erstangebote ein. Sollte jedoch aufgrund eines Alleinstellungsmerkmals nur ein Wirtschaftteilnehmer für die Leistungserbringung in Betracht kommen, kann der öffentliche Auftraggeber das Verhandlungsverfahren auch nur mit dem einen Bewerber durchführen, indem er diesen einzigen Bewerber zur Abgabe eines Erstangebots auffordert.

Gemäß § 3b EU Abs. 3 Nr. 5 VOB/A sind die Mindestanforderungen, die Zuschlags- 63 kriterien und damit auch die Gewichtung nicht Gegenstand von Verhandlungen. Die Mindestanforderungen, die Zuschlagskriterien und deren Gewichtung sind zwingend in der Aufforderung zur Abgabe des Erstangebots zu benennen.

Ausweislich § 3b EU Abs. 3 Nr. 6 VOB/A verhandelt der öffentliche Auftraggeber mit 64 den Bietern über die von ihnen eingereichten Erstangebote und alle Folgeangebote, mit Ausnahme der endgültigen Angebote, mit dem Ziel, die Angebote inhaltlich zu verbessern. Eine reine Preisverhandlung ist nicht zugelassen, weil dadurch nicht die Leistung verbessert wird sondern ausschließlich die Gegenleistung. Die Verhandlungen können sich auf alle Merkmale der erworbenen Bauleistungen beziehen, darunter zum Beispiel Qualität, Mengen, Geschäftsklauseln sowie soziale, umweltbezogene und innovative Aspekte, sofern diese nicht als Mindestanforderungen aufgestellt worden sind (vgl. Erwägungsgrund 45 Satz 5 AVR).

Gemäß § 3b EU Abs. 3 Nr. 7 VOB/A **kann** der öffentliche Auftraggeber öffentliche 65 Aufträge auf der Grundlage der Erstangebote vergeben, **ohne in Verhandlungen einzutreten,** wenn er in der Auftragsbekanntmachung oder in der Aufforderung zur Interessensbestätigung darauf hingewiesen hat, dass er sich diese Möglichkeit vorbehält. Da es bei einem Verhandlungsverfahren ohne Teilnahmewettbewerb weder eine Auftragsbekanntmachung noch eine Aufforderung zur Interessensbestätigung gegeben hat, muss der öffentliche Auftraggeber zwingend verhandeln.

Gemäß § 3b EU Abs. 3 Nr. 8 VOB/A **kann** der öffentliche Auftraggeber vorsehen, dass 66 das Verhandlungsverfahren in verschiedenen aufeinander folgenden **Phasen** abgewickelt wird, um so die Zahl der Angebote, über die verhandelt wird, oder die zu erörternden Lösungen anhand der vorgegebenen Zuschlagskriterien zu verringern. Wenn der öffentliche Auftraggeber dies vorsieht, gibt er dies in den Vergabeunterlagen an. In der Schlussphase des Verfahrens müssen noch so viele Angebote vorliegen, dass ein echter Wettbewerb gewährleistet ist, sofern eine ausreichende Anzahl von geeigneten Bietern vorhanden ist.

---

[18] Vgl. OLG München, 10.8.2017 – Verg 3/17; 25.9.2014 – Verg 9/14; 2.11.2012 – Verg 26/12; 5.10.2012 – Verg 15/12.

[19] Vgl. OLG München 25.9.2014 – Verg 9/14; 2.11.2012 – Verg 26/12; OLG Düsseldorf 30.7.2009 – Verg 10/09.

[20] Vgl. OLG München 5.10.2012 – Verg 15/12; BGH 26.10.1999 – X ZR 390/98.

Ein echter Wettbewerb besteht in jedem Fall, wenn noch drei Bieter vorhanden sind. Je nach Branche und Auftragsgegenstand kann es ausnahmsweise zulässig sein, dass auch noch mit zwei Bietern ein ausreichender Wettbewerb sichergestellt wird.

67   Nach § 3b EU Abs. 3 Nr. 9 VOB/A hat der öffentliche Auftraggeber sicherzustellen, dass alle Bieter bei den Verhandlungen gleich behandelt werden. Insbesondere ist jede diskriminierende Weitergabe von Informationen rechtswidrig, durch die bestimmte Bieter gegenüber anderen begünstigt werden könnten. Der öffentliche Auftraggeber muss alle Bieter, deren Angebote nicht gemäß § 3b EU Abs. 3 Nr. 8 VOB/A aufgrund der phasenweisen Verringerung ausgeschieden worden sind, schriftlich über etwaige Änderungen der Leistungsbeschreibung, insbesondere der technischen Anforderungen oder anderer Bestandteile der Vergabeunterlagen, unterrichten. Die Mindestanforderungen, die Zuschlagskriterien und deren Gewichtung dürfen dabei unter keinen Umständen verändert werden. Im Anschluss an die zugelassenen Änderungen gewährt der öffentliche Auftraggeber den Bietern ausreichend Zeit, um ihre Angebote zu ändern und gegebenenfalls überarbeitete Angebote einzureichen. Der öffentliche Auftraggeber darf vertrauliche Informationen eines an den Verhandlungen teilnehmenden Bieters nicht ohne dessen Zustimmung an die anderen Teilnehmer weitergeben. Eine solche Zustimmung darf nicht allgemein erteilt werden, sondern wird nur in Bezug auf die beabsichtigte Mitteilung bestimmter Informationen erteilt. In der Praxis stimmen die Teilnehmer in aller Regel jedoch nicht zu, weil sie daraus keinerlei Vorteil erhalten, sondern nur die Chancen der Wettbewerber erhöhen würden.

68   Beabsichtigt der öffentliche Auftraggeber, mindestens eine weitere Verhandlungsrunde zu führen, unterrichtet er die verbleibenden Bieter und legt eine einheitliche Frist für die Einreichung neuer oder überarbeiteter **Folgeangebote** fest. Er vergewissert sich, dass die Folgeangebote den Mindestanforderungen entsprechen. Der öffentliche Auftraggeber muss alle Bieter, deren Folgeangebote nicht gemäß § 3b EU Abs. 3 Nr. 8 VOB/A aufgrund der phasenweisen Verringerung ausgeschieden worden sind, schriftlich zu einer neuen Verhandlungsrunde auffordern.

69   Beabsichtigt der öffentliche Auftraggeber, die Verhandlungen abzuschließen, so unterrichtet er die verbleibenden Bieter im Sinne des § 3b EU Abs. 3 Nr. 10 VOB/A und legt eine einheitliche Frist für die Einreichung neuer oder überarbeiteter **endgültiger Angebote** fest. Er vergewissert sich, dass die endgültigen Angebote den Mindestanforderungen entsprechen und erteilt den Zuschlag, nachdem er die unterlegenen Bieter gemäß § 134 GWB informiert hat und die Wartefrist abgelaufen ist.

70   Das **Verhandlungsverfahren ohne Teilnahmewettbewerb** wird in folgenden wesentlichen Schritten durchgeführt.
– Vorbereitung und Ausarbeitung der Vergabeunterlagen (auch als Ausschreibungsunterlagen bezeichnet)
– Aufforderung zur Abgabe der Erstangebote und damit zur Teilnahme am Angebots- und Verhandlungsverfahren
– Erstellung der Erstangebote durch die ausgewählten Bewerber (§ 13 VOB/A-EU) sowie Stellen von Bewerberfragen (§ 12 EU Abs. 3 VOB/A i. V. m. § 11 EU Abs. 1 VOB/A)
– Beantwortung von Bewerberfragen (§ 12a EU Abs. 3 VOB/A)
– Abgabe der Erstangebote durch die Bewerber, die mit der Abgabe zu Bietern werden
– Eröffnungstermin nach Ablauf der Frist zur Abgabe der Erstangebote gemäß § 14 VOB/A-EU
– Prüfung und Wertung der Erstangebote unter etwaiger Nachforderung von Unterlagen (§ 16 bis 16d VOB/A-EU) und etwaiger Aufklärung der Erstangebote (§ 15 VOB/A-EU)
– Aufforderung der verbliebenen Bieter zur Verhandlung
– Überarbeitung der Leistungsbeschreibung und der Vertragsbedingungen
– Aufforderung der Bieter zur Abgabe der endgültigen Angebote (alternativ zur Abgabe der Folgeangebote mit der Rechtsfolge, dass mindestens noch einmal verhandelt werden muss)

- Erstellung der endgültigen Angebote durch die Bieter (§ 13 VOB/A-EU) sowie Stellen von Bieterfragen (§ 12 EU Abs. 3 VOB/A i. V. m. § 11 EU Abs. 1 VOB/A)
- Beantwortung von Bieterfragen (§ 12a EU Abs. 3 VOB/A)
- Abgabe der endgültigen Angebote durch die Bieter
- Eröffnungstermin nach Ablauf der Frist zur Abgabe der endgültigen Angebote gemäß § 14 VOB/A-EU
- Prüfung und Wertung der endgültigen Angebote unter etwaiger Aufklärung der endgültigen Angebote (§ 15 VOB/A-EU analog)
- Information an die unterlegenen Bieter gemäß § 134 GWB, § 19 EU Abs. 1 und 2 VOB/A
- Zuschlagserteilung gemäß § 18 EU Abs. 1 und 2 VOB/A
- Unterrichtung aller (!) unterlegenen Bieter über die Merkmale und relativen Vorteile des ausgewählten Angebots auf einen entsprechenden Antrag eines einzigen Bieters hin gemäß § 19 EU Abs. 4 VOB/A
- EU-Vergabebekanntmachung über den vergebenen Auftrag gemäß § 18 EU Abs. 3 VOB/A

Das **Verhandlungsverfahren ohne Teilnahmewettbewerb** beginnt mit der Aufforderung zur Abgabe der Erstangebote. Das Verhandlungsverfahren ohne Teilnahmewettbewerb endet entweder mit der wirksamen Erteilung des Zuschlags oder mit der wirksamen Aufhebung des Vergabeverfahrens (§ 17 VOB/A-EU). **71**

F. Ablauf des wettbewerblichen Dialogs

Gemäß § 3b EU Abs. 4 Nr. 1 Satz 1 VOB/A fordert der öffentliche Auftraggeber bei einem wettbewerblichen Dialog im Rahmen eines Teilnahmewettbewerbs eine unbeschränkte Anzahl von Unternehmen öffentlich zur Abgabe von Teilnahmeanträgen auf. Im Vergleich zum offen Verfahren darf zwar ein unbeschränkte Anzahl von Unternehmen am Teilnahmewettbewerb mitmachen; zur Abgabe der Angebote wird jedoch nur noch eine begrenzte Anzahl von Unternehmen aufgefordert. Der wettbewerblichen Dialog ist ebenso wie das nicht offene Verfahren zweigeteilt. Auf der ersten Stufe wird der Teilnahmewettbewerb durchgeführt; auf der zweiten Stufe folgt die Dialog- und Angebotsphase. Ein wettbewerblicher Dialog ohne Teilnahmewettbewerb ist vergaberechtlich nicht vorgesehen. **72**

Der wettbewerbliche Dialog ist europarechtlich in Art. 30 der Richtlinie 2014/24/EU (AVR) normiert. **73**

Jedes interessierte Unternehmen kann einen Teilnahmeantrag abgeben (§ 3b EU Abs. 4 Nr. 1 Satz 2 VOB/A). Mit dem Teilnahmeantrag übermitteln die Unternehmen die vom öffentlichen Auftraggeber geforderten Informationen für die Prüfung der Eignung und das Nichtvorliegen von Ausschlussgründen (§ 3b EU Abs. 4 Nr. 1 Satz 3 VOB/A). **74**

Der öffentlichen Auftraggeber kann die Zahl geeigneter Bewerber, die zur Dialogphase eingeladen werden, begrenzen (§ 3b EU Abs. 4 Nr. 2 Satz 2 i. V. m. Abs. 2 Nr. 3 VOB/A). Der öffentlichen Auftraggeber hat hierzu, wie bei einem nicht offenen Verfahren, in der EU-Auftragsbekanntmachung oder in der Aufforderung zur Interessensbestätigung die von ihm vorgesehenen objektiven und nichtdiskriminierenden Kriterien oder Vorschriften (Ausschlusskriterien und Eignungsanforderungen), die vorgesehene **Mindestzahl zwingend** und bei Bedarf auch die Höchstzahl der einzuladenden Bewerber anzugeben. Die **Mindestanzahl** beträgt beim wettbewerblichen Dialog **drei Bewerber.** **75**

In jedem Fall muss die Zahl der eingeladenen Bewerber ausreichend hoch sein, dass ein **echter Wettbewerb** gewährleistet ist.[21] Dies bedeutet, dass der öffentliche Auftraggeber nicht immer nur die Mindestzahl von drei vorgeben darf. Sondern er muss sich Überlegungen zum Marktumfeld machen, auf dieser Basis in aller Regel eine Mindestzahl von drei bis sechs festlegen und sein Vorgehen zeitnah dokumentieren. **76**

---

[21] Vgl. BayObLG 20.4.2005 – Verg 26/04.

77   Der öffentliche Auftraggeber darf auch **mehr als die von ihm vorgegebene Mindestzahl** an Bewerbern auswählen. In diesem Zusammenhang ist zu beachten, dass zum einen die Anzahl der tatsächlich aufzufordernden Bewerber nicht die Höchstzahl überschreitet (soweit eine solche vorgegeben worden ist).[22] Zum anderen muss der öffentliche Auftraggeber nachvollziehbar begründen und dokumentieren, aus welchen sachlichen Erwägungen er sich dazu entschlossen hat, mehr als die Mindestzahl an Bewerbern zur Dialogphase einzuladen.[23] Dies gilt sowohl für die sachlichen Erwägungen, wie viele als auch welche Unternehmen zur Dialogphase eingeladen werden. Nur auf diese Weise wird dem Gebot der Gleichbehandlung und der Transparenz hinreichend Rechnung getragen. Mögliche sachliche Erwägungen für die angemessene Anzahl von zu beteiligenden Unternehmen können die Art des anstehenden Bauvorhabens und das Ergebnis des vorausgegangenen Teilnahmewettbewerbs sein.[24] Der öffentliche Auftraggeber hat in jedem Fall solche Auswahlkriterien und Bewertungsregeln anzuwenden, dass eine hinreichende Differenzierung der verschiedenen Teilnahmeanträge möglich ist. Sollten mehrere Teilnahmeanträge punktgleich auf derselben Platzierung liegen, kommt eine Entscheidung durch **Losentscheid nicht** in Betracht, da eine solche immer aus nicht-sachlichen Gründen diskriminierend und damit willkürlich ist. Folgerichtig sieht die Richtlinie 2014/24/EU (AVR) auch keine Auswahl durch Lose vor, weder hinsichtlich der Eignungskriterien noch hinsichtlich der Zuschlagskriterien. Liegen mehrere Bewerber gleichrangig auf solchen Platzierungen, dass mit diesen Bewerbern die Höchstzahl an Bewerbern überschritten werden würde, sind alle diese Bewerber zur Dialogphase einzuladen. Ausnahmsweise darf in diesem Fall die vom Auftraggeber festgelegte Höchstzahl der aufzufordernden Bewerber überschritten werden.

78   Als Ergebnis des Teilnahmewettbewerbs lädt der öffentlichen Auftraggeber eine Anzahl von Bewerbern zur Dialogphase ein, die zumindest der von ihm transparent festgelegten Mindestzahl an Bewerbern entspricht. Sofern jedoch die Zahl von Bewerbern, die nicht ausgeschlossen worden sind und deren Teilnahmeanträge die Eignungskriterien und Mindestanforderungen an die Leistungsfähigkeit erfüllen, **unter der Mindestzahl** liegt, kann der öffentliche Auftraggeber das Verfahren auch mit weniger Bewerbern fortführen, indem er den oder die Bewerber zur Dialogphase einlädt, die über die geforderte Leistungsfähigkeit verfügen. Der öffentliche Auftraggeber kann sich allerdings auch dafür entscheiden, dass im konkreten Einzelfall kein ausreichender Wettbewerb mehr besteht und den wettbewerblichen Dialog aus wichtigem Grund aufheben.

79   Gemäß § 3b EU Abs. 4 Nr. 3 VOB/A beschreibt der öffentliche Auftraggeber in der Auftragsbekanntmachung oder den Vergabeunterlagen zur Durchführung eines wettbewerblichen Dialogs seine Bedürfnisse und Anforderungen an die zu beschaffende Leistung. Gleichzeitig erläutert und definiert er die hierbei zugrunde gelegten Zuschlagskriterien und legt einen vorläufigen Zeitrahmen für Verhandlungen fest.

80   Ausweislich § 3b EU Abs. 4 Nr. 4 VOB/A eröffnet der öffentliche Auftraggeber mit den ausgewählten Unternehmen einen Dialog, in dem er ermittelt und festlegt, wie seine Bedürfnisse am besten erfüllt werden können. Dabei kann er mit den ausgewählten Unternehmen alle Einzelheiten des Auftrages erörtern. Er sorgt dafür, dass alle Unternehmen bei dem Dialog gleich behandelt werden, gibt Lösungsvorschläge oder vertrauliche Informationen eines Unternehmens nicht ohne dessen Zustimmung an die anderen Unternehmen weiter und verwendet diese nur im Rahmen des Vergabeverfahrens. Eine solche Zustimmung darf nicht allgemein erteilt werden, sondern wird nur in Bezug auf die beabsichtigte Mitteilung bestimmter Informationen erteilt. In der Praxis stimmen die Teilnehmer in aller Regel jedoch nicht zu, weil sie daraus keinerlei Vorteil erhalten, sondern nur die Chancen der Wettbewerber erhöhen würden.

---

[22] Zur einzigen Ausnahme von dieser Regel, siehe den letzten Satz in diesem Absatz.
[23] Vgl. BayObLG a. a. O.
[24] Vgl. BayObLG a. a. O.

Gemäß § 3b EU Abs. 4 Nr. 5 VOB/A kann der öffentliche Auftraggeber vorsehen, dass **81**
der Dialog in verschiedenen aufeinander folgenden Phasen geführt wird, sofern der öffentliche Auftraggeber darauf in der Auftragsbekanntmachung oder in den Vergabeunterlagen hingewiesen hat. In jeder Dialogphase kann die Zahl der zu erörternden Lösungen anhand der vorgegebenen Zuschlagskriterien verringert werden. Der öffentliche Auftraggeber hat die Unternehmen zu informieren, wenn deren Lösungen nicht für die folgende Dialogphase vorgesehen sind. In der Schlussphase müssen noch so viele Lösungen vorliegen, dass ein echter Wettbewerb gewährleistet ist, sofern ursprünglich eine ausreichende Anzahl von Lösungen oder geeigneten Bietern vorhanden war. Ein echter Wettbewerb besteht in jedem Fall, wenn noch drei Bieter vorhanden sind. Je nach Branche und Auftragsgegenstand kann es ausnahmsweise zulässig sein, dass auch noch mit zwei Bietern ein ausreichender Wettbewerb vorhanden ist.

Ausweislich § 3b EU Abs. 4 Nr. 6 VOB/A schließt der öffentliche Auftraggeber den Di- **82**
alog ab, wenn

a) eine Lösung gefunden worden ist, die seine Bedürfnisse und Anforderungen erfüllt, oder

b) erkennbar ist, dass keine Lösung gefunden werden kann.

Der öffentliche Auftraggeber informiert die Unternehmen schriftlich über den Abschluss **83**
des Dialogs.

Im Fall von § 3b EU Abs. 4 Nr. 6 lit. a VOB/A fordert der öffentliche Auftraggeber die **84**
Unternehmen auf, auf der Grundlage der eingereichten und in der Dialogphase näher ausgeführten Lösungen ihr endgültiges Angebot vorzulegen. Die Angebote müssen alle Einzelheiten enthalten, die für die Ausführung des Projekts erforderlich sind. Der öffentliche Auftraggeber kann Klarstellungen und Ergänzungen zu diesen Angeboten verlangen. Diese Klarstellungen oder Ergänzungen dürfen nicht dazu führen, dass grundlegende Elemente des Angebots oder der Auftragsbekanntmachung geändert werden, der Wettbewerb verzerrt wird oder andere am Verfahren beteiligte Unternehmen diskriminiert werden.

Gemäß § 3b EU Abs. 4 Nr. 8 VOB/A bewertet der öffentliche Auftraggeber die Ange- **85**
bote anhand der in der Auftragsbekanntmachung oder in der Beschreibung festgelegten Zuschlagskriterien. Der öffentliche Auftraggeber kann mit dem Unternehmen, dessen Angebot als das wirtschaftlichste ermittelt wurde, Verhandlungen führen, um im Angebot enthaltene finanzielle Zusagen oder andere Bedingungen zu bestätigen, die in den Auftragsbedingungen abschließend festgelegt werden. Dies darf allerdings nicht dazu führen, dass wesentliche Bestandteile des Angebots oder des öffentlichen Auftrags einschließlich der in der Auftragsbekanntmachung oder der Beschreibung festgelegten Bedürfnisse und Anforderungen grundlegend geändert werden, und dass der Wettbewerb verzerrt wird oder andere am Verfahren beteiligte Unternehmen diskriminiert werden. Der öffentliche Auftraggeber hat sein Vorgehen sowie seine Beweggründe sorgfältig zu dokumentieren.

Verlangt der öffentliche Auftraggeber, dass die am wettbewerblichen Dialog teilnehmen- **86**
den Unternehmen Entwürfe, Pläne, Zeichnungen, Berechnungen oder andere Unterlagen ausarbeiten, muss er gemäß § 3b EU Abs. 4 Nr. 9 VOB/A einheitlich allen Unternehmen, die die geforderten Unterlagen rechtzeitig vorgelegt haben, eine angemessene Kostenerstattung gewähren.

Der **wettbewerbliche Dialog** wird in folgenden wesentlichen Schritten durchgeführt. **87**
– Vorbereitung und Ausarbeitung der Vergabeunterlagen (auch als Ausschreibungsunterlagen bezeichnet)
– Bei Bedarf wird eine EU-Vorinformation veröffentlicht (§ 12 EU Abs. 1 VOB/A)
– Veröffentlichung einer EU-Auftragsbekanntmachung (§ 12 EU Abs. 3 VOB/A) und zeitgleiche Zurverfügungstellung aller (!) Vergabeunterlagen zum Download über einen <u>direkten</u> Link zu einer entsprechenden Internet-Adresse gemäß § 12a VOB/A-EU i.V.m. § 11 EU Abs. 3 VOB/A
– Erstellung der Teilnahmeanträge durch die Bewerber (§ 13 VOB/A-EU analog) sowie Stellen von Bewerberfragen (§ 12 EU Abs. 3 VOB/A i.V.m. § 11 EU Abs. 1 VOB/A)
– Beantwortung von Bewerberfragen (§ 12a EU Abs. 3 VOB/A)

- Abgabe der Teilnahmeanträge durch die Bewerber
- Eröffnungstermin nach Ablauf der Teilnahmefrist gemäß § 14 VOB/A-EU analog
- Prüfung und Wertung der Teilnahmeanträge unter etwaiger Aufklärung der Teilnahme-anträge (§ 15 VOB/A-EU analog)
- Aufforderung zum Eintritt in die Dialogphase
- Eröffnung der ersten Dialogphase mit den ausgewählten Unternehmen
- Erörterung der Einzelheiten des Auftrages
- Aufforderung zur Abgabe der Erstangebote
- Erstellung der Erstangebote durch die ausgewählten Bewerber (§ 13 VOB/A-EU) sowie Stellen von Bewerberfragen (§ 12 EU Abs. 3 VOB/A i. V. m. § 11 EU Abs. 1 VOB/A)
- Beantwortung von Bewerberfragen (§ 12a EU Abs. 3 VOB/A)
- Abgabe der Erstangebote durch die Bewerber, die mit der Abgabe zu Bietern werden
- Eröffnungstermin nach Ablauf der Frist zur Abgabe der Erstangebote gemäß § 14 VOB/A-EU
- Prüfung und Wertung der Erstangebote unter etwaiger Nachforderung von Unterlagen (§ 16 bis 16d VOB/A-EU) und etwaiger Aufklärung der Erstangebote (§ 15 VOB/A-EU)
- Eröffnung der zweiten Dialogphase mit den verbliebenen Bietern
- Erörterung der mit den Erstangeboten abgegeben Lösungsvorschläge
- Aufforderung zur Abgabe der endgültigen Angebote auf der Grundlage der eingereich-ten und in der Dialogphase näher ausgeführten Lösungen (alternativ: Aufforderung zur Abgabe der Folgeangebote mit der Rechtsfolge, dass mindestens noch eine weitere Dia-logphase stattfinden muss)
- Erstellung der endgültigen Angebote durch die Bieter (§ 13 VOB/A-EU) sowie Stellen von Bieterfragen (§ 12 EU Abs. 3 VOB/A i. V. m. § 11 EU Abs. 1 VOB/A)
- Beantwortung von Bieterfragen (§ 12a EU Abs. 3 VOB/A)
- Abgabe der endgültigen Angebote durch die Bieter
- Eröffnungstermin nach Ablauf der Frist zur Abgabe der endgültigen Angebote gemäß § 14 VOB/A-EU
- Prüfung und Wertung der endgültigen Angebote unter etwaiger Aufklärung der endgül-tigen Angebote (§ 15 VOB/A-EU analog)
- Information an die unterlegenen Bewerber und Bieter gemäß § 134 GWB, § 19 EU Abs. 1 und 2 VOB/A
- Zuschlagserteilung gemäß § 18 EU Abs. 1 und 2 VOB/A
- Unterrichtung aller (!) unterlegenen Bewerber und Bieter über die Merkmale und relati-ven Vorteile des ausgewählten Angebots auf einen entsprechenden Antrag eines einzel-nen Bewerbers oder Bieters hin gemäß § 19 EU Abs. 4 VOB/A
- EU-Vergabebekanntmachung über den vergebenen Auftrag gemäß § 18 EU Abs. 3 VOB/A

88   Der **wettbewerbliche Dialog** beginnt mit der Versendung der EU-Auftragsbekannt-machung an das Amtsblatt der europäischen Union. Der wettbewerbliche Dialog endet entweder mit der wirksamen Erteilung des Zuschlags, mit der wirksamen Aufhebung des Vergabeverfahrens (§ 17 VOB/A-EU) oder wenn erkennbar ist, dass keine Lösung gefun-den werden kann (§ 3b EU Abs. 4 Nr. 6 lit. b VOB/A).

G. Ablauf der Innovationspartnerschaft

89   Gemäß § 3b EU Abs. 5 Nr. 1 VOB/A beschreibt der öffentliche Auftraggeber bei einer Innovationspartnerschaft in der EU-Auftragsbekanntmachung oder den Vergabeunterlagen die Nachfrage nach der innovativen Bauleistung. Dabei ist anzugeben, welche Elemente dieser Beschreibung **Mindestanforderungen** darstellen. Es sind **Eignungskriterien** vor-zugeben, die die Fähigkeiten der Unternehmen auf dem Gebiet der Forschung und Ent-wicklung sowie die Ausarbeitung und Umsetzung innovativer Lösungen betreffen. Die

bereitgestellten Informationen müssen so genau sein, dass die Unternehmen Art und Umfang der geforderten Lösung erkennen und entscheiden können, ob sie eine Teilnahme an dem Verfahren beantragen.

Die Innovationspartnerschaft ist europarechtlich in Art. 31 der Richtlinie 2014/24/EU 90 (AVR) normiert.

Ausweislich § 3b EU Abs. 5 Nr. 2 VOB/A fordert der öffentliche Auftraggeber eine un- 91 beschränkte Anzahl von Unternehmen im Rahmen eines Teilnahmewettbewerbs öffentlich zur Abgabe von Teilnahmeanträgen auf. Jedes interessierte Unternehmen kann einen Teilnahmeantrag abgeben. Mit dem Teilnahmeantrag übermitteln die Unternehmen die vom öffentlichen Auftraggeber geforderten Informationen für die Prüfung der Eignung und das Nichtvorliegen von Ausschlussgründen.

Gemäß § 3b EU Abs. 5 Nr. 3 VOB/A können lediglich diejenigen Unternehmen, die 92 vom öffentlichen Auftraggeber infolge einer Bewertung der übermittelten Informationen dazu aufgefordert werden, ein Angebot in Form von **Forschungs- und Innovationsprojekten** einreichen. Der öffentliche Auftraggeber lässt somit andere Wirtschaftsteilnehmer, die sich nicht um die Teilnahme beworben haben, oder Bewerber, die nicht über die geforderte Leistungsfähigkeit verfügen, nicht zu demselben Angebotsverfahren zu.

Der öffentlichen Auftraggeber kann die Zahl geeigneter Bewerber, die zur Angebots- und 93 Verhandlungsphase eingeladen werden, begrenzen (§ 3b EU Abs. 5 Nr. 3 Satz 2 iV. m. Abs. 2 Nr. 3 VOB/A). Der öffentlichen Auftraggeber hat hierzu, wie bei einem nicht offenen Verfahren, in der EU-Auftragsbekanntmachung oder in der Aufforderung zur Interessensbestätigung die von ihm vorgesehenen objektiven und nichtdiskriminierenden Kriterien oder Vorschriften (Ausschlusskriterien und Eignungsanforderungen), die vorgesehene **Mindestzahl zwingend** und bei Bedarf auch die Höchstzahl der einzuladenden Bewerber anzugeben. Die **Mindestanzahl** beträgt bei der Innovationspartnerschaft **drei Bewerber.**

In jedem Fall muss die Zahl der eingeladenen Bewerber ausreichend hoch sein, dass ein 94 **echter Wettbewerb** gewährleistet ist.[25] Dies bedeutet, dass der öffentliche Auftraggeber nicht immer nur die Mindestzahl von drei vorgeben darf. Sondern er muss sich Überlegungen zum Marktumfeld machen, auf dieser Basis in aller Regel eine Mindestzahl von drei bis sechs festlegen und sein Vorgehen zeitnah dokumentieren.

Der öffentliche Auftraggeber darf auch **mehr als die von ihm vorgegebene Min-** 95 **destzahl** an Bewerbern auswählen. In diesem Zusammenhang ist zu beachten, dass zum einen die Anzahl der tatsächlich aufzufordernden Bewerber nicht die Höchstzahl überschreitet (soweit eine solche vorgegeben worden ist).[26] Zum anderen muss der öffentliche Auftraggeber nachvollziehbar begründen und dokumentieren, aus welchen sachlichen Erwägungen er sich dazu entschlossen hat, mehr als die Mindestzahl an Bewerbern zur Abgabe eines Erstangebots aufzufordern.[27] Dies gilt sowohl für die sachlichen Erwägungen, wie viele als auch welche Unternehmen zur Abgabe eines Erstangebots aufgefordert werden. Nur auf diese Weise wird dem Gebot der Gleichbehandlung und der Transparenz hinreichend Rechnung getragen. Mögliche sachliche Erwägungen für die angemessene Anzahl von zu beteiligenden Unternehmen können die Art des anstehenden Bauvorhabens und das Ergebnis des vorausgegangenen Teilnahmewettbewerbs sein.[28] Der öffentliche Auftraggeber hat in jedem Fall solche Auswahlkriterien und Bewertungsregeln anzuwenden, dass eine hinreichende Differenzierung der verschiedenen Teilnahmeanträge möglich ist. Sollten mehrere Teilnahmeanträge punktgleich auf derselben Platzierung liegen, kommt eine Entscheidung durch **Losentscheid nicht** in Betracht, da eine solche immer aus nichtsachlichen Gründen diskriminierend und damit willkürlich ist. Folgerichtig sieht die Richtlinie 2014/24/EU (AVR) auch keine Auswahl durch Lose vor, weder hinsichtlich der

---

[25] Vgl. BayObLG 20.4.2005 – Verg 26/04.
[26] Zur einzigen Ausnahme von dieser Regel, siehe den letzten Satz in diesem Absatz.
[27] Vgl. BayObLG a. a. O.
[28] Vgl. BayObLG a. a. O.

Eignungskriterien noch hinsichtlich der Zuschlagskriterien. Liegen mehrere Bewerber gleichrangig auf solchen Platzierungen, dass mit diesen Bewerbern die Höchstzahl an Bewerbern überschritten werden würde, sind alle diese Bewerber zur Abgabe eines Erstangebots aufzufordern. Ausnahmsweise darf in diesem Fall die vom Auftraggeber festgelegte Höchstzahl der aufzufordernden Bewerber überschritten werden.

96   Als Ergebnis des Teilnahmewettbewerbs lädt der öffentlichen Auftraggeber eine Anzahl von Bewerbern zur Abgabe der Erstangebote ein, die zumindest der von ihm transparent festgelegten Mindestzahl an Bewerbern entspricht. Sofern jedoch die Zahl von Bewerbern, die nicht ausgeschlossen worden sind und deren Teilnahmeanträge die Eignungskriterien und Mindestanforderungen an die Leistungsfähigkeit erfüllen, **unter der Mindestzahl** liegt, kann der öffentliche Auftraggeber das Verfahren auch mit weniger Bewerbern fortführen, indem er den oder die Bewerber zur Abgabe der Erstangebote auffordert, die über die geforderte Leistungsfähigkeit verfügen. Der öffentliche Auftraggeber kann sich allerdings auch dafür entscheiden, dass im konkreten Einzelfall kein ausreichender Wettbewerb mehr besteht und das Vergabeverfahren aus wichtigem Grund aufheben.

97   Gemäß § 3b EU Abs. 5 Nr. 4 Satz 2 VOB/A sind die Mindestanforderungen, die Zuschlagskriterien und damit auch die Gewichtung nicht Gegenstand von Verhandlungen. Die Mindestanforderungen sind zwingend bereits in der EU-Auftragsbekanntmachung oder in der Aufforderung zur Interessenbestätigung zu benennen.

98   Ausweislich § 3b EU Abs. 5 Nr. 4 Satz 1 VOB/A verhandelt der öffentliche Auftraggeber mit den Bietern über die von ihnen eingereichten Erstangebote und alle Folgeangebote, mit Ausnahme der endgültigen Angebote, mit dem Ziel, die Angebote inhaltlich zu verbessern. Eine reine Preisverhandlung ist nicht zugelassen, weil dadurch nicht die Leistung verbessert wird sondern ausschließlich die Gegenleistung. Die Verhandlungen können sich auf alle Merkmale der erworbenen Bauleistungen beziehen, darunter zum Beispiel Qualität, Mengen, Geschäftsklauseln sowie soziale, umweltbezogene und innovative Aspekte, sofern diese nicht als Mindestanforderungen aufgestellt worden sind.

99   Gemäß § 3b EU Abs. 5 Nr. 4 Satz 3 VOB/A **kann** der öffentliche Auftraggeber vorsehen, dass die Innovationspartnerschaft in verschiedenen aufeinander folgenden **Phasen** abgewickelt wird, um so die Zahl der Angebote, über die verhandelt wird, oder die zu erörternden Lösungen anhand der vorgegebenen Zuschlagskriterien zu verringern. Wenn der öffentliche Auftraggeber dies vorsieht, gibt er dies in der EU-Auftragsbekanntmachung, der Aufforderung zur Interessensbestätigung oder in den Vergabeunterlagen an. In der Schlussphase des Verfahrens müssen so viele Angebote vorliegen, dass ein echter Wettbewerb gewährleistet ist, sofern eine ausreichende Anzahl von geeigneten Bietern vorhanden ist. Ein echter Wettbewerb besteht in jedem Fall, wenn noch drei Bieter vorhanden sind. Je nach Branche und Auftragsgegenstand kann es ausnahmsweise zulässig sein, dass auch noch mit zwei Bietern ein ausreichender Wettbewerb vorhanden ist.

100 Nach § 3b EU Abs. 5 Nr. 5 VOB/A hat der öffentliche Auftraggeber dafür Sorge zu tragen, dass alle Bieter bei den Verhandlungen gleich behandelt werden. Insbesondere ist jede diskriminierende Weitergabe von Informationen rechtswidrig, durch die bestimmte Bieter gegenüber anderen begünstigt werden könnten. Der öffentliche Auftraggeber muss alle Bieter, deren Angebote nicht gemäß § 3b EU Abs. 5 Nr. 5 Satz 3 i. V. m. Nr. 4 Satz 3 VOB/A aufgrund der phasenweisen Verringern ausgeschieden worden sind, in Textform über etwaige Änderungen der Leistungsbeschreibung, insbesondere der technischen Anforderungen oder über sonstige Informationen in den Vergabeunterlagen, unterrichten. Die Mindestanforderungen, die Zuschlagskriterien und deren Gewichtung dürfen dabei unter keinen Umständen verändert werden. Im Anschluss an die zugelassenen Änderungen gewährt der öffentliche Auftraggeber den Bietern ausreichend Zeit, um ihre Angebote zu ändern und gegebenenfalls überarbeitete Angebote einzureichen. Der öffentliche Auftraggeber darf vertrauliche Informationen eines an den Verhandlungen teilnehmenden Bieters nicht ohne dessen Zustimmung an die anderen Teilnehmer weitergeben. Eine solche Zustimmung darf nicht allgemein erteilt werden, sondern wird nur in Bezug auf die beabsich-

tigte Mitteilung bestimmter Informationen erteilt. In der Praxis stimmen die Teilnehmer in aller Regel jedoch nicht zu, weil sie daraus keinerlei Vorteil erhalten, sondern nur die Chancen der Wettbewerber erhöhen würden.

Der öffentliche Auftraggeber muss in den Vergabeunterlagen die zum Schutz des geisti- **101** gen Eigentums geltenden Vorkehrungen festlegen.

Beabsichtigt der öffentliche Auftraggeber, mindestens eine weitere Verhandlungsrunde **102** zu führen, unterrichtet er die verbleibenden Bieter und legt eine einheitliche Frist für die Einreichung neuer oder überarbeiteter **Folgeangebote** fest. Er vergewissert sich, dass die Folgeangebote den Mindestanforderungen entsprechen. Der öffentliche Auftraggeber muss alle Bieter, deren Folgeangebote nicht gemäß § 3b EU Abs. 5 Nr. 4 Satz 3 VOB/A aufgrund der phasenweisen Verringerung ausgeschieden worden sind, in Textform zu einer neuen Verhandlungsrunde auffordern.

Beabsichtigt der öffentliche Auftraggeber, die Verhandlungen abzuschließen, so unter- **103** richtet er die verbleibenden Bieter und legt eine einheitliche Frist für die Einreichung neuer oder überarbeiteter **endgültiger Angebote** fest. Er vergewissert sich, dass die endgültigen Angebote den Mindestanforderungen entsprechen und erteilt gemäß § 3b EU Abs. 5 Nr. 6 Satz 1 VOB/A den Zuschlag auf Angebote eines oder mehrerer Bieter, nachdem er die unterlegenen Bieter gemäß § 134 GWB informiert hat und die Wartefrist abgelaufen ist. Eine Erteilung des Zuschlags allein auf der Grundlage des niedrigsten Preises oder der niedrigsten Kosten ist ausgeschlossen. Der öffentliche Auftraggeber kann die Innovationspartnerschaft mit einem Partner oder mit mehreren Partnern, die getrennte Forschungs- und Entwicklungstätigkeiten durchführen, eingehen.

Gemäß § 3b EU Abs. 5 Nr. 7 VOB/A wird die Innovationspartnerschaft entsprechend **104** dem Forschungs- und Innovationsprozess in zwei aufeinander folgenden Phasen strukturiert:
a) einer Forschungs- und Entwicklungsphase, die die Herstellung von Prototypen oder die Entwicklung der Bauleistung umfasst, und
b) einer Leistungsphase, in der die aus der Partnerschaft hervorgegangene Leistung erbracht wird.

Die Phasen sind durch die Festlegung von Zwischenzielen zu untergliedern, bei deren **105** Erreichen die Zahlung der Vergütung in angemessenen Teilbeträgen vereinbart wird. Der öffentliche Auftraggeber stellt sicher, dass die Struktur der Partnerschaft und insbesondere die Dauer und der Wert der einzelnen Phasen den Innovationsgrad der vorgeschlagenen Lösung und die Abfolge der Forschungs- und Innovationstätigkeiten widerspiegeln. Der geschätzte Wert der Bauleistung darf in Bezug auf die für ihre Entwicklung erforderlichen Investitionen nicht unverhältnismäßig sein.

Am **Ende jedes Entwicklungsabschnitts** kann der öffentliche Auftraggeber ausweis- **106** lich § 3b EU Abs. 5 Nr. 8 VOB/A auf der Grundlage der Zwischenziele entscheiden, ob er die Innovationspartnerschaft beendet oder, im Fall einer Innovationspartnerschaft mit mehreren Partnern, die Zahl der Partner durch die Kündigung einzelner Verträge reduziert, sofern der öffentliche Auftraggeber in der EU-Auftragsbekanntmachung oder in den Vergabeunterlagen darauf hingewiesen hat, dass diese Möglichkeiten bestehen und unter welchen Umständen davon Gebrauch gemacht werden kann.

Gemäß § 3b EU Abs. 5 Nr. 9 VOB/A ist der öffentliche Auftraggeber nach Abschluss **107** der Forschungs- und Entwicklungsphase zum **anschließenden Erwerb der innovativen Leistung** nur dann verpflichtet, wenn das bei Eingehung der Innovationspartnerschaft festgelegte **Leistungsniveau** und die **Kostenobergrenze** eingehalten werden.

Die **Innovationspartnerschaft** wird in folgenden wesentlichen Schritten durchgeführt. **108**
Vorbereitung und Ausarbeitung der Vergabeunterlagen (auch als Ausschreibungsunterlagen bezeichnet)
– Bei Bedarf wird eine EU-Vorinformation veröffentlicht (§ 12 EU Abs. 1 VOB/A)
– Veröffentlichung einer EU-Auftragsbekanntmachung (§ 12 EU Abs. 3 VOB/A) und zeitgleiche Zurverfügungstellung aller (!) Vergabeunterlagen zum Download über einen

<u>direkten</u> Link zu einer entsprechenden Internet-Adresse gemäß § 12a VOB/A-EU i. V. m. § 11 EU Abs. 3 VOB/A

– Erstellung der Teilnahmeanträge durch die Bewerber (§ 13 VOB/A-EU analog) sowie Stellen von Bewerberfragen (§ 12 EU Abs. 3 VOB/A i. V. m. § 11 EU Abs. 1 VOB/A)
– Beantwortung von Bewerberfragen (§ 12a EU Abs. 3 VOB/A)
– Abgabe der Teilnahmeanträge durch die Bewerber
– Eröffnungstermin nach Ablauf der Teilnahmefrist gemäß § 14 VOB/A-EU analog
– Prüfung und Wertung der Teilnahmeanträge unter etwaiger Aufklärung der Teilnahmeanträge (§ 15 VOB/A-EU analog)
– Aufforderung zur Abgabe der Erstangebote und damit zur Teilnahme an der Angebots- und Verhandlungsphase
– Erstellung der Erstangebote durch die ausgewählten Bewerber (§ 13 VOB/A-EU) sowie Stellen von Bewerberfragen (§ 12 EU Abs. 3 VOB/A i. V. m. § 11 EU Abs. 1 VOB/A)
– Beantwortung von Bewerberfragen (§ 12a EU Abs. 3 VOB/A)
– Abgabe der Erstangebote durch die Bewerber, die mit der Abgabe zu Bietern werden
– Eröffnungstermin nach Ablauf der Frist zur Abgabe der Erstangebote gemäß § 14 VOB/A-EU
– Prüfung und Wertung der Erstangebote unter etwaiger Nachforderung von Unterlagen (§ 16 bis 16d VOB/A-EU) und etwaiger Aufklärung der Erstangebote (§ 15 VOB/A-EU)
– Aufforderung der verbliebenen Bieter zur Verhandlung
– Überarbeitung der Leistungsbeschreibung und der Vertragsbedingungen
– Aufforderung der Bieter zur Abgabe der endgültigen Angebote (alternativ zur Abgabe der Folgeangebote mit der Rechtsfolge, dass mindestens noch einmal verhandelt werden muss)
– Erstellung der endgültigen Angebote durch die Bieter (§ 13 VOB/A-EU) sowie Stellen von Bieterfragen (§ 12 EU Abs. 3 VOB/A i. V. m. § 11 EU Abs. 1 VOB/A)
– Beantwortung von Bieterfragen (§ 12a EU Abs. 3 VOB/A)
– Abgabe der endgültigen Angebote durch die Bieter
– Eröffnungstermin nach Ablauf der Frist zur Abgabe der endgültigen Angebote gemäß § 14 VOB/A-EU
– Prüfung und Wertung der endgültigen Angebote unter etwaiger Aufklärung der endgültigen Angebote (§ 15 VOB/A-EU analog)
– Information an die unterlegenen Bewerber und Bieter gemäß § 134 GWB, § 19 EU Abs. 1 und 2 VOB/A
– Zuschlagserteilung auf Angebote eines oder mehrerer Bieter gemäß § 3b EU Abs. 5 Nr. 6 Satz 1 VOB/A i. V. m. § 18 EU Abs. 1 und 2 VOB/A
– Unterrichtung aller (!) unterlegenen Bewerber und Bieter über die Merkmale und relativen Vorteile des ausgewählten Angebots auf einen entsprechenden Antrag eines einzelnen Bewerbers oder Bieters hin gemäß § 19 EU Abs. 4 VOB/A
– EU-Vergabebekanntmachung über den vergebenen Auftrag gemäß § 18 EU Abs. 3 VOB/A
– Forschungs- und Entwicklungsphase, die die Herstellung von Prototypen oder die Entwicklung der Bauleistung umfasst
– Leistungsphase, in der die aus der Partnerschaft hervorgegangene Leistung erbracht wird
– Gegebenenfalls Reduzierung der Zahl der Partner durch die Kündigung einzelner Verträge
– Unter Umständen Erwerb der innovativen Leistung

109   Die **Innovationspartnerschaft** beginnt mit der Versendung der EU-Auftragsbekanntmachung an das Amtsblatt der europäischen Union. Die Innovationspartnerschaft wird durch Zuschlag auf Angebote eines oder mehrerer Bieter eingegangen oder endet vorzeitig mit der wirksamen Aufhebung des Vergabeverfahrens (§ 17 VOB/A-EU). Im Falle des Beginns des Forschungs- und Innovationsprozesses endet die Innovationspartnerschaft endgültig seitens des öffentlichen Auftraggebers entweder durch Beendigung am Ende eines Entwicklungsabschnitts oder durch den Erwerb der innovativen Leistung.

§ 4 Vertragsarten

(1) **Bauaufträge sind so zu vergeben, dass die Vergütung nach Leistung bemessen wird (Leistungsvertrag), und zwar:**

1. **in der Regel zu Einheitspreisen für technisch und wirtschaftlich einheitliche Teilleistungen, deren Menge nach Maß, Gewicht oder Stückzahl vom Auftraggeber in den Vertragsunterlagen anzugeben ist (Einheitspreisvertrag),**

2. **in geeigneten Fällen für eine Pauschalsumme, wenn die Leistung nach Ausführungsart und Umfang genau bestimmt ist und mit einer Änderung bei der Ausführung nicht zu rechnen ist (Pauschalvertrag).**

(2) **Abweichend von Absatz 1 können Bauleistungen geringeren Umfangs, die überwiegend Lohnkosten verursachen, im Stundenlohn vergeben werden (Stundenlohnvertrag).**

(3) **Das Angebotsverfahren ist darauf abzustellen, dass der Bieter die Preise, die er für seine Leistungen fordert, in die Leistungsbeschreibung einzusetzen oder in anderer Weise im Angebot anzugeben hat.**

(4) **Das Auf- und Abgebotsverfahren, bei dem vom Auftraggeber angegebene Preise dem Auf- und Abgebot der Bieter unterstellt werden, soll nur ausnahmsweise bei regelmäßig wiederkehrenden Unterhaltungsarbeiten, deren Umfang möglichst zu umgrenzen ist, angewandt werden.**

Übersicht

	Rn.		Rn.
A. Einführung	1	a) Bauwerk oder Bauwerksteil als Gegenstand des Erfolges	30
I. Literatur	1	b) Planungsleistungen als Gegenstand des Erfolges	31
II. Entstehungsgeschichte	2	II. Dienstvertrag als Ausnahme	33
III. Rechtliche Vorgaben im EU-Recht	4	III. Bauvertragstypen nach VOB/A und BGB	34
B. Überblick	5	1. § 4 VOB/A als Abbild der Baurealität	35
I. Stellung, Funktion und Bedeutung in der VOB/A	7	2. Bauverträge nach § 4 VOB/A	36
1. Verknüpfung mit § 2 Abs. 1 VOB/A	10	3. Bauverträge nach BGB	37
2. Verknüpfung von § 4 VOB/A mit §§ 1, 2 VOB/A	11	4. Typologische Erweiterungen	38
3. Verbindung mit §§ 7 ff. VOB/A	12	a) Schlüsselfertigvertrag	39
4. Preise als Festpreise	13	b) Festpreisvertrag	42
5. Vergabevorgaben für Angebot und Zuschlag	14	c) GMP-Vertrag	44
II. Verknüpfung mit der VOB/B	18	5. Bauvertragstyp – Darlegungs- und Beweislast	45
III. Verknüpfung mit der VOB/C	19	**D. § 4 Nr. 1 VOB/A (Leistungsverträge)**	47
IV. Regelungsstruktur im Rahmen des Abschnitts 1 und 2 der VOB/A	20	I. Feststellung und Bemessung der Leistung	47
1. § 4 VOB/A als Teil des Abschnitts 1	20	1. Leistungsfeststellung beim Einheitspreisvertrag	48
2. § 4 VOB/A als Teil der Abschnitte 2 und 3 der VOB/A	22	2. Leistungsfeststellung beim Pauschalpreisvertrag	49
3. Normadressat	23	II. Priorität des Leistungsvertrages	50
4. Qualifizierung des § 4 VOB/A als Norm	24	III. Konsequenzen aus Prioritätenregelung	51
5. § 4 VOB/A als Schutznorm i. S. d. § 97 Abs. 6 GWB	25	1. Vergaberechtliche Bedeutung	51
6. § 4 VOB/A im Verhältnis zu § 134 BGB	26	a) Vergaberechtliche Bedeutung unterhalb der Schwellenwerte	52
C. Bauvertrag nach BGB und VOB	27	b) Vergaberechtliche Bedeutung ab Erreichen der Schwellenwerte	53
I. Werkvertrags-, nicht Dienstvertragsnatur	28	2. Einheitspreisvergütung als übliche Vergütung nach § 632 Abs. 2 BGB	62
1. Erfolgsbezogenheit der Bauleistungen	29	3. Darlegungs- und Beweislast nach allgemeinen Grundsätzen	63

Rn.

a) Prioritätenregelung kein Handels-
brauch 63
b) Pauschalvertrag – keine Ausnahme 64
c) Bestätigung durch § 2 Abs. 2
VOB/B 65

**E. Der Einheitspreisvertrag (§ 4 Abs. 1
Nr. 1 VOB/A)** 66

I. Die Elemente des Einheitspreisvertrages 67
1. Teilleistungen – Teilleistungspositio-
nen 68
a) Gewerkespezifischer Maßstab –
Hilfe durch VOB/C 69
b) Hinweischarakter 71
c) Standardleistungsbuch für das
Bauwesen 72
d) Abgrenzung von Fachlosen und
Teillosen 73
2. Sammelpositionen 74
a) Schrankenziehung – Ungleichartigkeitselemente 77
b) Vertragsrechtliche Sanktionslosigkeit eines Verstoßes 79
c) Risiken der Sammelpositionsbil-
dung 80
3. Leistungsbestimmungs- und -be-
grenzungsfunktion des Teilleistungsbeschriebs 81
a) § 1 Abs. 1 Satz 1, § 2 Abs. 1
VOB/B 81
b) Textauslegung 83
4. Pauschalpreispositionen 84
a) Legitimation der Pauschalpreispo-
sition 85
b) Legitimation durch die VOB/S .. 86
c) Risikosteuerung durch die
VOB/C 88
5. Vertragsqualität der Teilleistungspositionen 89
a) Normalposition 90
b) Bedarfsposition 91
c) Wahlposition – Alternativposi-
tion 105
d) Teilleistungen als Zuschlagsposi-
tionen 112
II. Der Vordersatz der Teilleistungsposition
– Mengenangaben 115
1. Mengenangaben – kalkulatorische
und vertragsrechtliche Bedeutung ... 116
a) Kalkulatorische Bedeutung 117
b) Vertragsrechtliche Bedeutung 118
c) Aufgaben des ausschreibenden
Architekten/Ingenieurs 119
2. Mengenangaben und Positionstypen 120
3. Mengeneinheiten 121
a) Geschichte der Abrechnungsein-
heiten 122
b) Leistungsverzeichnis ohne Abrechnungseinheiten 123
III. Vertragspreis und Vergütung 124
1. Preiskategorien 125
a) Einheitspreis 126
b) Positionspreis 128
c) Angebotssumme – Angebotsend-
summe – Angebotspreis 130

Rn.

2. Vergütung – Abrechnungssumme 131
a) Mengenfeststellungsregeln – technische Aspekte 132
b) Mengenfeststellungsverfahren –
rechtliche Aspekte 134
c) Vergütungssumme 136

**F. Der Pauschalvertrag (§ 4 Abs. 1 Nr. 2
VOB/A)** 137

I. Vertragsrechtliche Grundstruktur des
Pauschalvertrages 138
1. Pauschalsumme – Vertragspreis und
Vergütungssumme 139
2. Leistungsumfang – Pauschalierungs-
wille 142
a) Notwendiger Pauschalierungswil-
le 144
b) Möglicher Pauschalierungswille –
Pauschalvertragstypen – Detailpauschalvertrag 145
c) Globalpauschalvertrag 149
d) Typenbildung – Auslegungshilfe –
Verfeinerungsmöglichkeiten 151
e) Teilpauschalen (§ 2 Abs. 7 Nr. 3
VOB/B) 153
II. Vergaberechtliche Vorgaben für Pau
schalverträge nach § 4 Abs. 1 Nr. 2
VOB/A 154
1. Anforderung der VOB/A in § 4
Abs. 1 Nr. 2 155
a) Geeignetheitsanforderung 156
b) Geeignete Fälle 157
c) Entwurf als Wettbewerbsaufgabe .. 158
d) Bestimmtheitsanforderungen nach
§ 4 Abs. 1 Nr. 2 160
2. Bestimmtheitsanforderungen bei Detailpauschalvertrag 168
3. Bestimmtheitsanforderungen bei Globalpauschalvertrag 169
a) Leistung 171
b) Bestimmtheit der Ausführungsart 172
c) Bloße Bestimmbarkeit der Ausführung unzureichend 180
d) Reduzierte Bestimmtheitsanforderungen durch § 7c Abs. 3 VOB/A .. 183
e) Leistungsbeschreibung mit Leistungsprogramm und Vertrags-
schlussmöglichkeiten 184
f) Werkvertragliche Folgen 185
g) Globalpauschalvertrag – Ausfüllungsbedarf 186
h) Bestimmtheit des Umfangs der
Leistung 187
i) Ausführungsprognose – Änderungsmöglichkeiten 188
j) Teilpauschalbildung 199
k) Nebenangebote und Pauschalvereinbarungen 203

**G. Der Stundenlohnvertrag (§ 4 Abs. 2
VOB/A)** 206

I. Vergabe im Wettbewerb 208
1. Vergabevoraussetzungen 209
2. Typologie der Stundenlohnarbeiten .. 212
a) Selbständige Stundenlohnarbeiten 213

Rn.

b) Angehängte Stundenlohnarbeiten 217
c) Arbeiten geringen Umfangs 218
d) Überwiegender Lohnkostenan-
teil 219
e) Umsetzung der Vergaberegeln 220
f) Stundenlohnvertrag und Preis-
recht 221

H. Weitere Vertragsarten 222
I. Der Selbstkostenerstattungsvertrag 223
1. Selbstkostenerstattungsvertrag als
Ausnahme 225
a) Schaffung der Bestimmbarkeitsvoraussetzungen 226
b) Vergaberechtliche Festlegungsgebote und Schranken (§ 5 Nr. 3
Abs. 2 VOB/A a. F.) 227
c) Selbstkostenvertragstypen 228
2. Gefahren der Aufwandsverträge 229
II. Der Rahmenvertrag 230
III. Der Zeitvertrag 231
1. Der Zeitvertrag als Rahmenver-
trag 232
2. Zeitverträge nach dem VHB 234
3. Das Vertragsprinzip des Zeitver-
trags 235

Rn.

I. Angebotsverfahren – § 4 Abs. 3 VOB/A 236
1. Stellung, Funktion und Bedeutung des
§ 4 Abs. 3, 4 VOB/A 237
a) Verbindung mit BGB-Vertragsschluß-
regeln 238
b) VOB-Angebotsbesonderheiten 239
2. Grundlagen des Angebotsverfahrens 243
a) Leistungsbeschreibung 244
b) Leistungsbeschreibung – Typen 245
3. Anforderung nach § 4 Abs. 3, 4 VOB/A
im Einzelnen 246
a) Angebotsverfahren nach § 4 Abs. 3
VOB/A 247
b) Das Auf- und Abgebotsverfahren (§ 4
Abs. 4 VOB/A) 252

J. Verstoßfolgen 263
1. Vorrang des Einheitspreisvertrages gegenüber Globalpauschalvertrag 264
2. Verhältnis Einheitspreisvertrag – Detailpauschalvertrag 265
3. Angebotsverfahren – Auf- und Abgebotsverfahren 266

**K. Parallelbestimmungen im sonstigen
Vergaberecht** 268

A. Einführung

I. Literatur

Biebelheimer/Wazlawik, Der GMP Vertrag Der Versuch einer rechtlichen Einordnung, BauR 2001, 1639; **1**
v. Craushaar, Abgrenzungsprobleme im Vergütungsrecht der VOB/B bei Vereinbarung von Einheitspreisen,
BauR 1984, 311; *Baumgärtel,* Grundlegende Probleme der Beweislast im Baurecht, Seminar Pauschalvertrag
und schlüsselfertiges Bauen, Schriftenreihe der Deutschen Gesellschaft für Baurecht e. V., Band 17, S. 53;
Bayer, Planung und Bauausführung in einer Hand, Seminar Pauschalvertrag und schlüsselfertiges Bauen,
Schriftenreihe der Deutschen Gesellschaft für Baurecht e. V., Band 17, S. 85; *Berg,* Beitrag zur Gestaltung der
Vergütung von Bauleistungen im Einheitspreisvertrag 1972; *Brandt,* Zum Leistungsumfang beim schlüsselfertigen Bauen nach Baubeschreibung in Bezug auf technisch notwendige, aber nicht ausdrücklich vereinbarte Teilleistungen, insbesondere bei der Nachbesserung, BauR 1982, 524; *Dähne,* Angehängte Stundenlohnarbeiten – juristisch betrachtet, FS Jagenburg, S. 97; *Diehr,* Generalübernahme zur Funktionspauschale
im VOB-Vertrag – Möglichkeiten und Grenzen aus vergaberechtlicher und baudurchführungsrechtlicher
Sicht, ZfBR 2016, 19; *Heiermann,* Der Pauschalvertrag im Bauwesen, BB 1975, 991; *Grünhoff,* Die Konzeption des GMP-Vertrags – Mediation und value engeneering, NZBau 2000, 313; *Jebe,* Preisermittlung für
Bauleistungen 1974; *Kiehne,* Das System Zeitvertrag, Die Bauverwaltung, 1976, 431 und 475; *Kapellmann,*
Zur Struktur des Pauschalvertrages, FS Soergel, S. 99; *Kleine-Möller,* Leistung und Gegenleistung bei einem
Pauschalvertrag, Seminar Pauschalvertrag und schlüsselfertiges Bauen, Schriftenreihe der Deutschen Gesellschaft für Baurecht e. V., Band 17, S. 69; *Kroppen,* Pauschalpreis und Vertragsbruch, Schriftenreihe der Deutschen Gesellschaft für Baurecht e. V., Band 4; *Meissner,* Leistungsumfang und Gewährleistung des Auftragnehmers beim Pauschalvertrag, Seminar Pauschalvertrag und schlüsselfertiges Bauen, Schriftenreihe der
Deutschen Gesellschaft für Baurecht e. V., Band 17, Pauschalvertrag und schlüsselfertiges Bauen, Schriftenreihe der Deutschen Gesellschaft für Baurecht e. V. Band 12, S. 9; *Mettenheim,* Beweislast für Vereinbarungen
eines geringeren Werklohnes, NJW 1984, 776; *Motzke,* Nachforderungsmöglichkeiten bei Einheits- und
Pauschalverträgen, BauR 1992, 146; *ders.,* Leistungsänderungen und Zusatzleistungen beim Pauschalvertrag,
Seminar Pauschalvertrag und schlüsselfertiges Bauen, Schriftenreihe der Deutschen Gesellschaft für Baurecht
e. V., Band 17, Vergütungsansprüche aus Nachträgen – ihre Geltendmachung und Abwehr, 1989, S. 111;
Oberhauser, Der Bauvertrag mit GMP-Abrede Struktur und Vertragsgestaltung, BauR 2000, 1397; *Thode,*
Änderungen bei Pauschalvertrag und ihre Auswirkungen auf den Pauschalpreis, Seminar Pauschalvertrag und
schlüsselfertiges Bauen, Schriftenreihe der Deutschen Gesellschaft für Baurecht e. V., Band 17, S. 33; *Thierau,*
Das BAUSOLL beim GMP-Vertrag, FS Jagenburg, S. 895; *Vygen,* Der Vergütungsanspruch beim Pauschal-
vertrag, BauR 1979, 375; *ders.,* Der Pauschalvertrag – Abgrenzungsfragen zu anderen Verträgen im Bauge-

werbe, ZfBR 1979, 133; *ders.,* Leistungsänderungen und Zusatzleistungen beim Pauschalvertrag, FS Locher S. 263; *Zielemann,* Detaillierte Leistungsbeschreibung, Risikoübernahme und deren Grenzen beim Pauschalvertrag, FS Soergel, S. 301.

II. Entstehungsgeschichte

2   § 4 VOB/A ist durch die Vergaberechtsreform 2016 unberührt geblieben und sowohl inhaltlich als auch standortmäßig im Ober- und Unterschwellenbereich unverändert aus der VOB 2012 übernommen worden. Lediglich in § 4 Abs. 4 EU wurde der Auftraggeberbegriff als „öffentlicher Auftraggeber" konkretisiert. Damit ist weder eine inhaltliche Änderung gegenüber der VOB/A 2012 verbunden noch eine solche gegenüber § 4 erster Abschnitt.[1] Es wird vielmehr nur der veränderte Auftraggeberbegriff aus §§ 98 ff. GWB nachvollzogen. In § 4 VS VOB/A wird allerdings weiterhin der Oberbegriff „Auftraggeber" verwendet, obwohl dieser Abschnitt der VOB/A nur für öffentliche Auftraggeber und Sektorenauftraggeber Anwendung findet. Der DVA hat dort bewusst auf eine Präzisierung verzichtet, weil diese dann konsequenterweise in der gesamten VOB/A-VS hätte vollzogen werden müssen, was den Text sperrig gemacht hätte. Die unterbliebene Differenzierung des Auftraggeberbegriffs ist rechtlich unproblematisch, da sich der Anwendungsbereich über § 2 VSVgV, § 98 GWB zweifelsfrei bestimmen lässt. Inhaltliche Unterschiede zu § 4 VOB/A-EU sind damit nicht verbunden. Bereits beim Schritt von der VOB 2009 zur VOB 2012 war § 4 bzw. § 4 EG inhaltlich unverändert geblieben.

3   Substanzielle Änderungen hatte es hingegen bei der Neufassung der VOB/A 2009 gegeben. Diese hatte die Paragrafenfolge der §§ 4 und 5 umgestellt. Aus dem bisherigen § 4 mit der Überschrift „Einheitliche Vergabe, Vergabe nach Losen" wurde neu § 5 „Vergabe nach Losen, Einheitliche Vergabe". § 4 übernahm in der Neufassung unter der Überschrift „Vertragsarten" mit den Absätzen 1 und 2 den bisherigen § 5 der Altfassung in den Nummern 1 und 2, strich die Regelungen bezüglich des Selbstkostenerstattungsvertrages (bisher § 5 Nr. 3 VOB/A a. F.) und nahm in den Absätzen 3 und 4 die bisherige Regelung des § 6 „Angebotsverfahren" auf. Allerdings bestimmte die Regelung in § 4 Abs. 1 nun, dass Bauleistungen so zu vergeben sind, dass die Vergabe nach Leistung bemessen wird. Aus dem Hilfsverb „sollen" der VOB 2006 und Vorgängererfassungen wurde ein „sind zu", also ein Müssen. Für den Selbstkostenerstattungsvertrag enthält die VOB/A seitdem keine Regelungen mehr.

III. Rechtliche Vorgaben im EU-Recht

4   § 4 EU VOB/A ist, ebenso wie die strukturell eng verbundenen §§ 7b und 7c EU VOB/A, europarechtlich nicht vorbestimmt.

B. Überblick

5   Die Vorschrift befasst sich mit den Bauleistungen unter dem Aspekt der vorzusehenden Vergütung. Haben die vorausgegangenen Bestimmungen die Definition der Bauleistung (§ 1 VOB/A), die Vergabegrundsätze (§ 2 VOB/A) und die Art und Weise ihrer Vergabe (§ 3 VOB/A) zum Gegenstand, benennt § 4 VOB/A **Vergütungsgrundsätze** und damit verbundene **Bauvertragstypen.** Der Bauvertragstyp prägt die Vergütungstypik.

6   Die Regelung vermittelt den Eindruck, als würde es sich um eine abschließende Aufzählung der vergaberechtlich in Betracht kommenden Vertragstypen handeln, was jedoch trügt. § 4 VOB/A wird seit der Vergaberechtsreform 2016 in § 4a EU VOB/A und § 4a

---

[1] So auch *Franke/Kaiser* in FKZGM, VOB/A § 4 EU Rn. 1.

VOB/A durch den **Rahmenvertrag** ergänzt. Die VOB/A enthält nun eine ausdrückliche Regelung dieses Vertragstypus, obwohl er auch ohne eine solche zulässig und im VHB Erwähnung fand. Zudem regelt § 23 VOB/A und – für den Oberschwellenbereich – die Konzessionsvergabeverordnung den **Baukonzessionsvertrag,** bei dem der Preis für die Bauleistung darin besteht, dass der Auftragnehmer die Bauleistung über eine bestimmte Zeit nutzen darf, womit z. B. bei einer Autobahn Mauteinnahmen oder bei einer Tiefgarage die Einnahme von Parkgebühren verbunden sind.

I. Stellung, Funktion und Bedeutung in der VOB/A

Die Vorschrift ordnet die Bauleistung verschiedenen Bauvertragstypen zu und verknüpft **7** damit die Art und Weise der in Betracht kommenden Vergütung. Dabei werden unter dem Oberbegriff **„Leistungsvertrag"** die Bauvertragstypen Einheitspreisvertrag und Pauschalvertrag zusammengefasst. Beide Typen werden in Abs. 1 Nr. 1 und 2 näher beschrieben. Der Stundenlohnvertrag bleibt nach Abs. 2 Bauleistungen vorbehalten, die einen geringeren Umfang aufweisen und überwiegend Lohnkosten verursachen. Der Stundelohnvertrag ist ein Aufwandsvertrag, weil die Vergütung nach dem tatsächlichen Aufwand und nicht nach Leistung erfolgt. Zu dieser Kategorie gehörte auch der Selbstkostenerstattungsvertrag, der seit der VOB/A 2009 als Vertragstyp für die Vergabe von Bauleistungen jedoch nicht mehr vorgesehen ist. Der Baukonzessionsvertrag ist ein Leistungsvertrag, dessen Besonderheit nur darin besteht, dass die über Einheitspreise oder einen Pauschalpreis ermittelte Vergütung durch eine adäquate, dem Auftragnehmer eingeräumte Nutzungsmöglichkeit über eine gewisse Dauer aufgebracht wird.

Diese Typenbildung prägt in ihren Einzelheiten nicht nur den Bauvertrag, dessen Ab- **8** wicklung sich nach der VOB/B ausrichtet. Sie ist nach Wahl der Vertragsparteien auch für den Bauvertrag einschlägig, dessen Beurteilung allein dem Regime des Werkvertragsrechts des BGB folgt.

Die in § 4 VOB/A beschriebenen Merkmale verknüpfen die Vorschrift mit anderen Be- **9** stimmungen der VOB/A. Kennzeichnend für die angeführten drei Bauvertragstypen ist die vertraglich vorgesehene Vergütung. Damit schließt die Vorschrift an § 2 Abs. 1 Nr. 1 VOB/A an. Diese Typenbildung ist nicht abschließend; der Grundsatz der Vertragsfreiheit (§ 311 BGB) lässt weitere Vertragsarten und Mischtypen zu, die § 4 VOB/A so nicht vorsieht.[2]

1. Verknüpfung mit § 2 Abs. 1 VOB/A

§ 4 Abs. 1 VOB/A stellt eine **Verbindung** mit dem **Preisbegriff** nach § 2 Abs. 1 Nr. 1 **10** VOB/A her. Die dort angeführten – angemessenen – Preise, zu denen Bauleistungen vergeben werden sollen, werden über § 4 VOB/A vertragsrechtlich strukturiert.[3] Die Vergabe kann zu Einheitspreisen, Pauschalpreisen und zu Stundenlohnvergütungssätzen erfolgen. Die Bestimmung des Vertragspreises/der Vertragspreise erfolgt über den Bauvertragstyp. Allerdings ist der Preisbegriff des § 2 Abs. 1 Nr. 1 VOB/A nicht einseitig auf den Vertragspreis fixiert. Unter den vergaberechtlich geprägten Preisbegriff, den § 2 Abs. 1 VOB/A wohl in erster Linie im Auge hat, ist primär der für die Zuschlagserteilung maßgebliche **Angebotspreis** des § 16d Abs. 1 VOB/A zu subsumieren. Dieser ist mit der Angebotssumme/Angebotsendsumme (§ 16c Abs. 3 VOB/A) identisch. Deren Angemessenheit ist im Rahmen der Wertung zu prüfen, wobei die Angemessenheit der Einheitspreise (Preise für Teilleistungen) grundsätzlich nicht für sich, sondern im Rahmen der Angebotssumme zu beurteilen ist.[4] Denn die Wertung des Angebotspreises nach § 16d Abs. 1 Nr. 1 VOB/A

---

[2] *Kapellmann* in Kapellmann/Messerschmidt, VOB/A § 4 Rn. 5.
[3] *Schranner* in Ingenstau/Korbion, VOB/A § 4 Rn. 3.
[4] VHB Nr. 5.1.1. Richtlinien zum Formblatt 321.

hat den Gesamtangebotspreis zum Gegenstand und nicht Preise für Teilleistungen.[5] Das
folgt schon daraus, dass § 16d Abs. 1 Nr. 1 nur vom „Preis" oder vom „Angebotspreis"
(§ 16d Abs. 1 Nr. 2 VOB/A) – also im Singular – spricht, was die Anknüpfung an einen
Einheitspreisvertrag prägende Einheitspreise (Vielzahl) ausschließt. Unangemessen niedrige
Einheitspreise für einzelne Teilleistungen können jedoch Zweifel an einer sachgerechten
Preisermittlung begründen und Aufklärungsnotwendigkeit nach § 15 Abs. 1 Nr. 1 VOB/A
begründen.[6] Zweifel an der Angemessenheit von Angebotspreisen machen den Vergleich
der Einzelansätze und damit die Befassung mit den Preisansätzen für Teilleistungen notwendig.[7] Gleiches gilt für die Prüfung einer eventuellen **Sittenwidrigkeit** von Einheitspreisen für Einzelleistungen bei einem Einheitspreisvertrag. Die Prüfung kann auf die
Vereinbarung einzelner Einheitspreise und auf die Vereinbarung der Preisbildung bei Mengenmehrungen beschränkt werden.[8]

2. Verknüpfung von § 4 VOB/A mit §§ 1, 2 VOB/A

11   **§ 4 Abs. 1 VOB/A strukturiert** die Bauleistung, verbindet diese mit der Vergütung
und bildet damit die Brücke zwischen § 1 und § 2 VOB/A. Die Vergabe gebietet, die
Bauleistungen im Einzelnen unter Bildung von Teilleistungen zu beschreiben (vgl. § 7
Abs. 1 Nr. 1, § 7b Abs. 1 VOB/A). Vertragsrechtlich werden diese Bauleistungen je nach
Vertragstyp unterschiedlich vergütet: Beim Leistungsvertrag unter Aufrechterhaltung der
gebildeten Teilleistungen zum Einheitspreis, beim Pauschalvertrag nach Pauschalierungs-
grundsätzen zum Pauschalpreis und beim Stundenlohnvertrag nach Aufwand zum Stun-
densatz und sonstigen Aufwandsposten (Material und Geräteeinsatz).

3. Verbindung mit §§ 7 ff. VOB/A

12   **§ 4 Abs. 1 VOB/A** ist im Zusammenhang mit der **Leistungsbeschreibung (§§ 7 ff.
VOB/A)** und den **Vergabeunterlagen (§§ 8 ff. VOB/A)** zu lesen. Der Einheitspreisvertrag beruht auf der Beschreibung der Bauleistung mittels **Teilleistungen,** was durch die in
§ 7b Abs. 1 VOB/A dargestellte Leistungsbeschreibung mit Leistungsverzeichnis erfolgt, die
nach § 8 Abs. 1 Nr. 2 VOB/A deshalb auch zu den Vergabeunterlagen gehört. Das ist bei
einem Pauschalvertrag (§ 4 Abs. 1 Nr. 2 VOB/A) nicht anders; denn die Vorstellung der
VOB/A geht dahin, Bauleistungen in einem Pauschalvertrag nur dann zu vergeben, wenn die
Leistung nach Ausführungsart und Umfang genau bestimmt ist und mit Änderungen bei der
Ausführung nicht zur rechnen ist. Enthält die Regelung Rechtsnormencharakter,[9] ist das an
sich ein Gebot, Pauschalverträge nur auf der Grundlage eines Leistungsverzeichnisses und
damit als Detailpauschalverträge und Ausschluss von Globalpauschalverträgen[10] abzuschließen. Demgegenüber lässt § 7c VOB/A auch Leistungsbeschreibungen mit Leistungsprogramm zu, wodurch die Leistung nach Ausführungsart und Umfang gerade nicht genau,
sondern nur funktional bestimmt wird. Nähere Anforderungen an die Beschreibung der Teilleistungen in Abgrenzung zu **Sammelpositionen** enthält § 7b Abs. 4 VOB/A. Die in Aussicht genommene Vertragsart findet Eingang in die Vergabeunterlagen; nach § 8a Abs. 4
Nr. 1 lit. h) VOB/A soll in den Zusätzlichen Vertragsbedingungen oder in den Besonderen
Vertragsbedingungen, soweit erforderlich, u. a. die Vertragsart (§ 4) geregelt werden.

4. Preise als Festpreise

13   **In Verbindung** mit § 9d VOB/A bestätigt sich der schon nach allgemeinen Vertragsre-
geln geltende Grundsatz, dass die Preise **Festpreise** sind. Der Regelung in § 9d VOB/A

---

[5] BayObLG ZVgR 2001, 45.
[6] VHB Nr 5.1.1. Richtlinien zu Formblatt 321.
[7] VHB Nr 5.1.1. Richtlinien zu Formblatt 321.
[8] BGH 18.12.2008 – VII ZR 201/06, NJW 2009, 835.
[9] Vgl. nachfolgend → Rn. 20 ff.
[10] Vgl. → Rn. 145 ff.

(Änderung der Vergütung) liegt zugrunde, dass die durch den jeweiligen Bauvertragstyp bestimmten Vertragspreise – abgesehen vom Tatbestand nach § 2 Abs. 3 VOB/B – Festpreise sind. Ohne Preisänderungsvorbehalt bleibt es für die vergebene und so auch zur Ausführung gekommene Leistung bei dem vereinbarten Vertragspreis.[11] Ist ein Einheitspreis spekulativ überhöht, was sich wegen der Spekulation auf die Menge bei Mehrmengen auswirkt, erfolgt eine Korrektur nach §§ 138, 632 BGB mit der Folge, dass insoweit, also hinsichtlich der Mehrmenge, der zu ermittelnde übliche Preis maßgeblich.[12] Die Abrede eines **Festpreisvertrages** besagt deshalb – wenn nicht ein darüber hinausgehender Wille feststellbar ist – vertragsrechtlich eine Selbstverständlichkeit: Die maßgeblichen Einheitspreise beim Einheitspreisvertrag, die Pauschalsumme beim Pauschalvertrag und die Stunden- sowie die weiteren Verrechnungssätze beim Stundenlohnvertrag sind bindend. Der Festpreisvertrag stellt demnach keinen eigenständigen Bauvertragstyp über die in § 4 Abs. 1 VOB/A aufgelisteten hinaus dar.[13]

5. Vergabevorgaben für Angebot und Zuschlag

§ 4 Abs. 1 VOB/A strukturiert das Angebot und den Vertragsinhalt. § 13 Abs. 1 Nr. 3 **14** VOB/A lässt als Angebotsinhalt nur die Preise und die sonst geforderten Erklärungen (z. B. § 6a VOB/A) zu, was § 16 Abs. 1 Nr. 1, 2 VOB/A bei Verstoß mit dem Ausschluss sanktioniert. Damit wird der Bieter angehalten, bei Ausschreibung nach Einheitspreisgrundsätzen die Einheitspreise, beim Pauschalvertrag den Pauschalpreis und beim Stundenlohnvertrag die Stundenlohnsätze wie auch Stoff- und Gerätekosten anzugeben.

Die Vergabevorgaben des Ausschreibenden strukturieren typologisch das Angebot des **15** Bieters und den Vertrag. Die Ausschreibung nach Einheitspreisgrundsätzen in Verfolgung des Abschlusses eines Einheitspreisvertrages führt zu einem solchen; die Ausschreibung mit dem Ziel des Pauschalvertrages schließt ohne Aufhebung mit einem Pauschalvertrag ab. Die **Festlegung** auf einen bestimmten **Bauvertragstyp** im Rahmen der Ausschreibung bindet das Vergabeverfahren hinsichtlich der Angebotsprüfung und Wertung. Nach Eröffnung der Einheitspreisangebote darf nämlich nach § 15 Abs. 3 VOB/A nicht mit den einzelnen Bietern über die Vereinbarung von Pauschalpreisen und damit den Abschluss eines Pauschalvertrages verhandelt werden.[14] Dies ergibt sich unmittelbar aus dem Regelungswortlaut des § 15 Abs. 3 VOB/A. Zulässig ist nach § 15 Abs. 1 Nr. 1 VOB/A eine Verhandlung u. a. nur, um sich über die Angemessenheit der Preise durch Einsicht in die Kalkulationsunterlagen zu unterrichten. Das schließt einen Eintritt in die Verhandlung zum Zweck des Wechsels des preisbestimmenden Bauvertrages vor Abschluss sämtlicher Wertungsstadien nach § 16d VOB/A einschließlich Festlegung des Zuschlagsberechtigten aus. Wird mit demjenigen, dem nach § 16d Abs. 1 Nr. 3 VOB/A auf der Basis der Vergabeunterlagen und nach Beendigung sämtlicher Wertungsstadien der Zuschlag zu erteilen ist, über die Möglichkeit des Abschlusses eines Pauschalvertrages verhandelt, liegt kein Verstoß gegen § 15 Abs. 3 VOB/A vor. Die Pauschalierung hat dann keinen Einfluss auf die Bieterreihenfolge; die Pauschalpreisverhandlungen werden nur mit demjenigen geführt, der einen Anspruch auf Zuschlagserteilung nach Maßgabe der bisherigen Vergabeunterlagen hat. Die Rechte der Mitbieter werden durch diese Pauschalpreisverhandlungen nicht tangiert.[15]

Diese Bindung setzt sich bei der Erteilung des Zuschlags grundsätzlich fort. Der Grund- **16** satz erfährt jedoch ausweislich der in § 18 Abs. 2 VOB/A getroffenen Regelung Ausnah-

---

[11] *Schneider* in Kapellmann/Messerschmidt, VOB/A § 9 Rn. 142; *Heiermann/Bauer* in Heiermann/Riedl/Rusam, VOB/A § 9 Rn. 91.
[12] BGH 18.12.2008 – VII ZR 201/06 NJW 2009, 835 Tz. 33.
[13] Vgl. → Rn. 42.
[14] OLG Celle 9.5.1996 – 14 U 21/95, NJW-RR 1997, 662; *von Wietersheim* in Ingenstau/Korbion, VOB/A § 15 Rn. 20; *Planker* in Kapellmann/Messerschmidt, VOB/A § 15 Rn. 22; *Bauer* in Heiermann/Riedl/Rusam, VOB/A § 15 Rn. 50; *Schranner* in Ingenstau/Korbion, VOB/A § 4 Rn. 27.
[15] *Grünhagen* in FKZGM, VOB/A § 15 EU Rn. 87 mwN auch zur Gegenmeinung.

men. Denn § 18 Abs. 2 VOB/A kennt eine Zuschlagserteilung unter Abänderung des Angebots. Bei Ausschreibung nach den Grundsätzen des Einheitspreisvertrages ist eine Vergabe nach Pauschalvertragsregeln dann nicht ausgeschlossen, wenn der Bieter mit dem
wirtschaftlichsten Angebot vor Zuschlagserteilung mit dem Abschluss eines Pauschal-
preisvertrages z.B. gerade in Gestalt eines Detailpauschalvertrages einverstanden ist. Die
Änderungen, Erweiterungen oder Einschränkungen gem. § 18 Abs. 2 VOB/A haben mit
dem Verbot von Preisverhandlungen, das vor Abschluss der Wertung der Angebote gilt,
nichts zu tun. Die Zulässigkeitsgrenzen für die vom Auftraggeber verfolgten Änderungen
ergeben sich auch nicht dem Nachverhandlungsverbot des § 15 VOB/A,[16] sondern sind
Verhandlungsgegenstand, wovon gerade § 18 Abs. 2 VOB/A ausgeht. Denn der Bieter hat
sich danach unverzüglich über die Annahme zu erklären. Zulässig ist, in die Verdingungsunterlagen die Absichtserklärung des Ausschreibenden aufzunehmen, nach Zuschlagserteilung – auf der Basis des ausgeschriebenen Einheitspreisvertrages – über einen Pauschalvertragsschluss verhandeln zu wollen und dass der Bieter mit der Angebotsabgabe dazu
seine Verhandlungsbereitschaft erklärt. Ohne die Benennung genauer Konditionen wird
die Verletzung diesbezüglicher Nebenpflichten jedoch regelmäßig sanktionslos bleiben.

17   Die Ausrichtung der Ausschreibung am Stundenlohn führt in der Vergabeentscheidung
zum Stundenlohnvertrag, wenn nicht nach den Regeln gem. § 18 Abs. 2 VOB/A z.B.
eine Pauschalvergabe erfolgt.

II. Verknüpfung mit der VOB/B

18   Die VOB/B bindet in ihrem Begriffsverständnis verschiedentlich an § 4 VOB/A an. Die
dort benannten Bauvertragstypen finden Erwähnung in § 2 Abs. 2 VOB/B, wobei der
Formulierung die **Vorrangigkeit des Einheitspreisvertrages** als Normaltyp zu entnehmen ist.[17] Dessen grundsätzliche Priorität liegt § 2 VOB/B in den Abs. 3 bis 6 zugrunde,
die sämtlich Sondertatbeständen des Einheitspreisvertrages gewidmet sind. § 2 Abs. 7
VOB/B behandelt die Vergütung beim Pauschalvertrag und § 2 Abs. 10, § 15 VOB/B
haben es mit dem – nur ausnahmsweise zu vereinbarenden[18] – Stundenlohnvertrag zu tun.
Die erstrangige Anfügung des Einheitspreisvertrages als Vergabegrundsatz löst jedoch für
das Bauvertragsrecht keine tatsächliche Vermutung oder eine Beweislastregel zugunsten des
Einheitspreisvertrages aus.[19] Keine Entsprechung in der VOB/B findet der in § 23 VOB/A
bzw. der KonzVgV geregelte Baukonzessionsvertrag, bei welchem die Gegenleistung für
die Bauarbeiten statt in einem Entgelt in dem befristeten Recht auf die Nutzung der baulichen Anlage, gegebenenfalls zuzüglich der Zahlung eines Preises besteht. Die Entgeltrege-
lung erfolgt in solchen Verträgen sehr detailliert durch Festlegung der Nutzungszeit und
einer eventuell in Betracht kommenden Konzessionsabgabe, die durch den Unternehmer
und Nutzer an den Objekteigentümer zu zahlen ist.

III. Verknüpfung mit der VOB/C

19   Die nach § 4 Abs. 1 Nr. 1 VOB/A den Einheitspreisvertrag kennzeichnenden Teilleis-
tungen, deren Merkmale § 7b VOB/A beschreibt und für die bei der Angebotsabgabe
Einheitspreise gebildet und in das Angebot eingetragen werden (§ 13 Abs. 1 Nr. 3
VOB/A), sind vom Auftraggeber in den Vertragsunterlagen (§ 8 Abs. 1 Nr. 2 VOB/A), im

---

[16] AA *Stickler* in Kapellmann/Messerschmidt, VOB/A § 18 Rn. 38.
[17] *Schranner* in Ingenstau/Korbion, VOB/A § 4 Rn. 1, 8; *Kleine-Möller* in Kleine-Möller/Merl/Glöckner,
Handbuch des privaten Baurechts, 5. Aufl. 2014, § 12 Rn. 16; *Jansen* in BeckVOB/B, § 2 Abs. 2 Rn. 4,
15 ff. (jedoch ohne Bekenntnis zur Vermutung des Einheitspreispreisvertrages als Normaltyp).
[18] *Schranner* in Ingenstau/Korbion, VOB/A § 4 Rn. 29; *Funke* in BeckVOB/B, Vorbemerkung zu § 2
Rn. 17.
[19] *Kapellmann* in Kapellmann/Messerschmidt, VOB/A § 4 Rn. 9.

Leistungsverzeichnis, nach Maß, Gewicht oder Stückzahl anzugeben. In der Festlegung der **Abrechnungseinheiten** ist der Auftraggeber grundsätzlich frei. Die VOB/C stellt in den einzelnen Allgemeinen Technischen Vertragsbedingungen für Bauleistungen die maßgeblichen Abrechnungseinheiten für die **Teilleistungen** als Vorgabe zusammen. Einschlägig sind jeweils die Abschnitte 0.5 und 5. Dabei richtet sich der gesamte Abschnitt 0 an den die Ausschreibungsunterlagen zusammenstellenden Auftraggeber bzw. dessen Architekten. Bei einem Bauvertrag, der nach VOB/A-Regeln zustande kommt, erweisen sich die inhaltlichen Aussagen des Abschnitts 0 der VOB/C, wodurch die Anforderungen an die Leistungsbeschreibung gem. §§ 7 ff. VOB/A konkretisiert werden, als den Auftraggeber treffende Obliegenheiten.[20] Die in § 34 Abs. 3 Nr. 6 HOAI und der Anlage 10 Leitungsphase 6 beschriebenen Tätigkeiten erfahren hierdurch eine Konkretisierung.[21] Der Abschnitt 0.5 greift speziell die Abrechnungseinheiten auf. Der Abschnitt 5 enthält die Abrechnungsregeln für die ausgeführte Leistung. Diese Regeln stellen Allgemeine Geschäftsbedingungen dar.[22]

IV. Regelungsstruktur im Rahmen des Abschnitts 1 und 2 der VOB/A

1. § 4 VOB/A als Teil des Abschnitts 1

Nach § 106 Abs. 1 GWB gilt der Vierte Teil des GWB nur für Aufträge, deren ge- **20** schätzter Auftragswert die festgelegten Schwellenwerte erreicht oder überschreitet. Unterhalb der Schwellenwerte gilt demnach § 97 Abs. 6 GWB nicht.[23] Der Unternehmer hat folglich im Rahmen des Abschnitts 1 der VOB/A **keinen Anspruch** auf Einhaltung der Bestimmungen über das Vergabeverfahren. Für Aufträge, deren Volumen den maßgeblichen Schwellenwert nicht erreicht, ist und bleibt das Vergaberecht Teil des öffentlichen Haushaltsrechts und ist folglich insofern Innenrecht der Verwaltung. § 4 VOB/A und die sonstigen Paragrafen aus dem ersten Abschnitt des Teils A der VOB gelten für Vergaben unterhalb der Schwellenwerte als Verwaltungsvorschriften auf Grund entsprechender Anwendungsbefehle im Bundes-, Landes- oder Kommunalrecht.[24] Rechtssatzqualität kommt § 4 VOB/A bei Vergaben unterhalb der Schwellenwerte nicht zu.[25] Abschnitt 1 der VOB/A und damit auch § 4 VOB/A sind als **Verwaltungsanweisung** zu qualifizieren. Die Vorschrift entfaltet Wirkungen allein im **Innenverhältnis** und bindet den öffentlichen Auftraggeber, ohne dass sich hieraus unmittelbare Rechtswirkungen nach außen ergeben.[26] Als verwaltungsinterne Regelungen bestimmen Vergabeordnungen jedoch die tatsächliche Verwaltungspraxis und begründen damit eine **Selbstbindung** der Verwaltung. Über diese Selbstbindung kann den Verdingungsordnungen als das tatsächliche Verwaltungshandeln bestimmende Regelungen über Verfahren und Kriterien der Vergabe eine **mittelbare Außenwirkung** zukommen.[27] § 4 VOB/A regelt inhaltlich nicht Teilnahmevoraussetzungen der Bieter und betrifft auch nicht die Publizität des dabei zu beachtenden Verfahrens.[28] Das Prinzip der Gleichheit im Verfahren wird nicht berührt, da § 4 VOB/A auf den Bauvertragstyp und die für die Auswahl des Bauvertragstyps einschlägigen Kriterien

---

[20] *Quack* BauR 2009, 1209, 1212; *ders.* ZfBR 2007, 211.
[21] Vgl. BGH Schäfer/Finnern Z 3.01 Bl. 353 ff.; *Quack* BauR 1998, 381.
[22] BGH 17.6.2004 – VII ZR 75/03, NZBau 2004, 500.
[23] BVerfG 13.6.2006 – 1 BvR 1160/03, NJW 2006, 3701 = NZBau 2006, 791.
[24] BVerfG 13.6.2006 – 1 BvR 1160/03, NJW 2006, 3701 = NZBau 2006, 791.
[25] BGH 30.3.2006 – VII ZR 44/05, NJW 2006, 2555 = NZBau 2006, 1128.
[26] BVerfG 13.6.2006 – 1 BvR 1160/03, NJW 2006, 3701 = NZBau 2006, 791; BGH 21.11.1991 – VII ZR 203/90, NJW 1992, 827; *Leupertz/ von Wietersheim* in Ingenstau/Korbion, Einleitung Rn. 24; *Quack* ZVgR 1997, 92.
[27] BVerfG 13.6.2006 – 1 BvR 1160/03, NJW 2006, 3701 = NZBau 2006, 791; BVerwG 17.4.1970 – VII C 60/68, NJW 1970, 1563; BGH vom 30.3.2006 – VII ZR 44/05 NJW 2006, 2555 = NZBau 2006, 504; *Dörr* DÖV 2001, 1014, 1017 = BauR 2006, 1128 = ZfBR 2006, 465.
[28] Zu diesen Kriterien vgl. EuGH 11.8.1995 – Rs. C-433/93, NVwZ 1996, 367.

abstellt. Wegen dieser inhaltlichen Orientierung, deren Umsetzung durch den öffentlichen Auftraggeber auch ihren Niederschlag in den Vertragsunterlagen findet (§ 8a Abs. 4 Nr. 1 lit. h VOB/A), werden der Gleichheitssatz und die allgemeinen Gebote und Verbote des AEUV nicht tangiert.

21   Im Sinne des § 97 Abs. 6 GWB begründet § 4 VOB/A demnach auch keine Rechte zugunsten des Auftragnehmers: Eine Rechtsverletzung als Voraussetzung für eine Entscheidung durch die Vergabekammer gem. § 160 Abs. 2 GWB scheidet aus.[29] Die Vorschrift ist auch nicht Teil jener Regeln, die einen gerechten und fairen Wettbewerb garantieren sollen.[30]

2. § 4 VOB/A als Teil der Abschnitte 2 und 3 der VOB/A

22   Als Teil der Abschnitte 2 (EU) und 3 (VS) der VOB/A vollzieht sich der Wandel von der internen Verwaltungsregelung zur Rechtsnorm.[31] Ausgangspunkt für diese Beurteilung ist formell § 113 GWB, auf dessen Grundlage die VgV und die VSVgV erlassen wurden. Beide verweisen in ihren § 2 auf Abschnitt 2 bzw. Abschnitt 3 der VOB/A. Mit der Verweisung werden die so inkorporierten Vorschriften zum Bestandteil des materiellen, die Verweisung enthaltenden Gesetzes.[32] Die VOB/A erhält damit ihrerseits Verordnungscharakter und verleiht den Wettbewerbsteilnehmern nach Maßgabe des § 97 Abs. 6 GWB Anspruch auf Einhaltung der Bestimmungen über das Vergabeverfahren durch den Auftraggeber.

3. Normadressat

23   Bei Vergaben mit einem Nettoauftragswert, der die Schwellenwerte erreicht oder übersteigt, richtet sich die Vorschrift als materielles Gesetz an den Auftraggeber im Sinne von §§ 98 ff. GWB. Unterhalb der Schwellenwerte hat die Verwaltung die VOB/A als Teil des Haushaltsrechts zu beachten.[33] Der **private Auftraggeber** scheidet als Normadressat aus. Dem privaten Auftraggeber ist es jedoch nicht verwehrt, sich die Regelungsinhalt der VOB/A zu eigen zu machen. Erklärt ein privater Auftraggeber einschränkungsfrei, er werde eine Ausschreibung nach VOB/A-Regeln durchführen, begründet dies einen Vertrauenstatbestand bei den Teilnehmern der Ausschreibung mit der Folge, dass die Wettbewerbsteilnehmer auf die totale Einhaltung der VOB/A-Regeln bei der Vergabe vertrauen dürfen.[34]

4. Qualifizierung des § 4 VOB/A als Norm

24   § 4 VOB/A ordnet den Vorrang des Leistungsvertrages an. Denn Bauleistungen „sind" so zu vergeben, dass die Vergütung nach Leistung bemessen wird. Damit ist in allen typischen Fällen eine Bauleistung auf der Grundlage eines Einheitspreisvertrages und nach § 4 Abs. 1 Nr. 2) VOB/A, in geeigneten Fällen zum Pauschalvertrag zu vergeben. § 4 Abs. 2 VOB/A begründet mit dem Hilfsverb „können" typischerweise Ermessen.[35] § 23 VOB/A enthält keine besondere Regelung hinsichtlich der Entscheidung für den Abschluss eines Baukonzessionsvertrages, sondern definiert diesen Vertragstyp in Abs. 1 und verweist im Abs. 2 auf eine sinngemäße Anwendung der §§ 1 bis 22 VOB/A. Hieraus wird teilweise der Schluss gezogen, § 4 VOB/A sei auf einen Baukonzessionsvertrag nicht anwendbar.[36]

---

[29] BVerfG 13.6.2006 – 1 BvR 1160/03, NJW 2006, 3701 = NZBau 2006, 791.
[30] Dies hebt als Schutzkriterium *Quack* ZVgR 1997, 92 hervor.
[31] Vgl. *Leupertz/von Wietersheim* in Ingenstau/Korbion, Einleitung Rn. 24; *Marx* in KKPP, VgV § 2 Rn. 3 f.
[32] Quack ZVgR 1997, 92/93.
[33] BVerfG 13.6.2006 – 1 BvR 1160/03, NJW 2006, 3701 = NZBau 2006, 791; BGH 30.3.2006 – VII ZR 44/05, NJW 2006, 255 = NZBau 2006.
[34] BGH 21.2.2006 – X ZR 39/03, NZBau 2006, 456 = BauR 2006, 1140 = VergabeR 2006, 889.
[35] *Aschke* in BeckOK VwVfG § 40 Rn. 36.
[36] Vgl. *Reidt/Stickler* BauR 1997, 241; *Ganske* in Kapellmann/Messerschmidt, VOB/A § 22 Rn. 42.

Ein Baukonzessionsvertrag kann als Leistungsvertrag jedoch ein Einheitspreis- oder ein Pauschalpreisvertrag sein, Die dem Unternehmer oder Projektentwickler in Gestalt der Nutzung und der damit verbundenen Entgelte letztlich zustehende Vergütung muss nämlich dennoch ermittelt werden. Das gilt im Grundsatz auch für einen nach den Regeln der KonzVgV vergebenen Konzessionsvertrag im Oberschwellenbereich.

5. § 4 VOB/A als Schutznorm i. S. d. § 97 Abs. 6 GWB

Die Vorschrift ist zum Teil Schutznorm des Auftragnehmers im Sinne des § 97 Abs. 6 **25** GWB. Danach hat der Auftragnehmer Anspruch darauf, dass der Auftraggeber die Bestimmungen über das Vergabeverfahren einhält. Die VOB/A erhält über § 2 VgV bzw. § 2 VSVgV insgesamt den Charakter einer die Vergabe öffentlicher Aufträge betreffenden Verfahrensregelung.[37] Damit bringt der Verordnungsgeber den verfahrensregelnden Charakter der VOB/A zum Ausdruck. Im Einzelnen ist zu prüfen, ob und in welchem Umfang § 4 VOB/A auch den Schutz eines Wettbewerbsteilnehmers bezweckt.[38]

6. § 4 VOB/A im Verhältnis zu § 134 BGB

§ 4 VOB/A ist **weder** eine **Vertragsnorm** noch eine **Gebots-** oder **Verbotsnorm,** **26** die Wirkungen nach § 134 BGB erzeugen könnte. Denn die VOB/A enthält wohl auch als materielles Gesetz kein zwingendes Vertragsrecht derart, dass statt geschlossener Vereinbarungen das Vertragsinhalt wird, was der VOB/A entspricht.[39] Die Verwendung der modalen Hilfsverben „sind zu" bzw. „können" weist die Regelung auch als Gesetzesvorschrift nicht im Sinne des § 134 BGB als ein Verbotsgesetz aus.[40]

C. Bauvertrag nach BGB und VOB

Die in § 1 VOB/A genannten und nach § 4 Abs. 1, §§ 7 ff. VOB/A in Leistungsver- **27** zeichnissen zu beschreibenden Bauleistungen sind nach Zuschlag (§ 18 VOB/A) auf der Grundlage eines Werkvertrages zu erbringen.[41] Der Bauvertrag ist Werkvertrag, dessen Abwicklung nach §§ 631 ff. BGB erfolgt. Seit Inkrafttreten des Gesetzes zur Reform des Bauvertragsrechts zum 1.1.2018 ist der Bauvertrag in §§ 650a ff. BGB besonders geregelt.[42] Da der Begriff der Bauleistungen nach § 1 VOB/A aber über die Definition des Bauvertrages in § 650a BGB hinausgeht, verbleibt es für einen Teil der nach der VOB/A zu vergebenden Bauleistungen, nämlich die nicht wesentlichen Instandhaltungsarbeiten (Umkehrschluss aus § 650a Abs. 2 BGB), bei der Anwendung des allgemeinen Werkvertragsrechts. Bau- bzw. Werkvertragsrecht nach BGB findet im Übrigen nur Anwendung, soweit nicht die VOB/B als Sonderordnung verdrängende oder ergänzende Sonderregelungen vorsieht, was überwiegend der Fall ist.

I. Werkvertrags-, nicht Dienstvertragsnatur

Einschlägig ist das Werkvertrags- und nicht das Dienstvertragsrecht. Zwar sind mit den **28** **Bauleistungen** i. S. v. § 1 VOB/A **Arbeiten jeder Art** zu erbringen, durch die eine bauliche Anlage hergestellt, instandgehalten, geändert oder beseitigt wird. Dennoch verbietet sich die Anknüpfung an §§ 611 ff. BGB. Denn beim Dienstvertrag sind das bloße Wirken

---

[37] Vgl. *Kapellmann* in Kapellmann/Messerschmidt, VOB/A § 4 Rn. 29.
[38] → *Doerr* GWB § 97 Abs. 6 Rn. 12 ff.
[39] BGH 27.6.1996 – VII ZR 59/95, NJW 1997, 61 = BauR 1887, 126/128 = ZfBR 1997, 29.
[40] BGH 30.4.1992 – II ZR 151/91, NJW 1992, 2022; *Ellenberger* in Palandt, BGB, § 134 Rn. 6a.
[41] *Schranner* in Ingenstau/Korbion, VOB/A § 4 Rn. 2; *Sacher* in BeckVOB/B, Einleitung Rn. 109.
[42] BGBl I 2017, S. 969.

und damit die Arbeitsleistung als solche geschuldet, wogegen der Werkvertrag zur Herbeiführung des vertraglich vereinbarten Arbeitsergebnisses als Erfolg verpflichtet.[43] Auf den Bauvertrag ist § 631 Abs. 2 BGB direkt zugeschnitten; danach kann Gegenstand des Werkvertrags sowohl die Herstellung oder Veränderung einer Sache als auch ein anderer durch Arbeit oder Dienstleistung herbeizuführender Erfolg sein. Die Bauleistung nach § 1 VOB/A erweist sich als die gem. § 4 Abs. 1 Nr. 1, § 7b Abs. 1 VOB/A in **Teilleistungen** aufzugliedernde Arbeit, deren Ziel die Herstellung, Instandhaltung, Änderung oder Beseitigung einer baulichen Anlage ist. Mit **Arbeit** und **geschuldetem Erfolg**, nämlich Herstellung, Instandhaltung, Änderung oder Beseitigung einer **baulichen Anlage,** benennt bereits § 1 VOB/A die für die Einordnung als Werkvertrag kennzeichnenden Kriterien.

1. Erfolgsbezogenheit der Bauleistungen

29   Für den Bauvertrag gilt typischerweise die Erfolgsbezogenheit des Werkvertrags.[44] Der Bauvertrag ist – für den Werkvertrag prägend – auf **Wertschöpfung** angelegt, die sich darin zeigt, dass die Bauleistungen der Herstellung, Instandhaltung oder Änderung einer **baulichen Anlage** dienen, wozu in erster Linie Bauwerke (Arbeiten an Bauwerken), aber auch Arbeiten an einem Grundstück zählen.[45]

30   **a) Bauwerk oder Bauwerksteil als Gegenstand des Erfolges.** Gegenstand des Erfolges muss nicht die bauliche Anlage als Ganzes sein. Die Verpflichtung zur Herstellung von **Bauwerksteilen** genügt.[46] Davon geht die VOB/A in § 5 Abs. 2 aus, wenn Bauleistungen nach Art oder Fachgebiet und damit nach **Fachlosen** zu vergeben sind. Damit stellen die einzelnen Gewerke, wie z.B. Estrich- und Fliesenbelag, Teppichboden und Parkett wie auch Mauerwerk, Beschichtung und Putz, **Werke (Erfolge)** dar, für deren vertraglich vereinbarte Güte der jeweilige Unternehmer erfolgsbezogen einstandspflichtig ist.[47]

31   **b) Planungsleistungen als Gegenstand des Erfolges.** Zu den nach der VOB/A zu vergebenden und von § 4 VOB/A erfassten Bauleistungen gehören vom Auftragnehmer erbrachte Planungsleistungen grundsätzlich nicht. Zwar nimmt sich die VOB/B als Allgemeine Vertragsbedingungen für die Ausführung von Bauleistungen in § 2 Abs. 9 und § 3 Abs. 5 auch planerischer Leistungen (Zeichnungen, Berechnungen, Nachprüfung von Berechnungen oder anderer Unterlagen) an. Derartige Planungsleistungen, die bei einer Ausschreibung nach den Grundsätzen der **Leistungsbeschreibung mit Leistungsprogramm** (§ 7c VOB/A) für die Angebotsabgabe notwendig zu erbringen sind, zählen jedoch nur dann zu den Bauleistungen, wenn sie in unmittelbarem und unzertrennbaren Zusammenhang mit den nach den Regeln der VOB vergebenen Bauleistungen zu erbringen sind und nicht als **selbständige Architekten- oder Ingenieurleistungen** nach einem einschlägigen Leistungsbild der HOAI erscheinen.[48] Selbständige Planungsleistungen sind – oberhalb der Schwellenwerte – als freiberufliche Dienstleistungen nach den Grundsätzen der VgV auszuschreiben und unterhalb der Schwellenwerte gemäß § 50 UVgO „im Wettbewerb" zu vergeben.

32   Das ändert nichts daran, dass vom Bieter im Rahmen der Angebotsabgabe die Vorlage von **Montage-** und/oder **Werkstatt- bzw. Systemzeichnungen** verlangt werden kann. Diese Leistungen sind typischerweise Unternehmerleistungen und gehören nicht zum Bereich der Architekturplanung, wofür ein gewisses Indiz ist, dass die HOAI in der Anlage 10

---

[43] *Voit* in BeckOK BGB, § 631 Rn. 4; *Busche* in MüKoBGB, § 631 Rn. 111 ff.

[44] BGH 16.7.2002 – X ZR 27/01, NJW 2002, 3323 = BGHZ 151, 330 = ZfBR 2003, 42; *Krug* in Kleine-Möller/Merl/Glöckner, Handbuch des privaten Baurechts, 5. Aufl. 2014, § 2 Rn. 3.

[45] *Korbion* in Ingenstau/Korbion, VOB/A § 1 Rn. 11 ff.; vgl. *Krug* in Kleine-Möller/Merl/Glöckner, Handbuch des privaten Baurechts, 5. Aufl. 2014, § 2 Rn. 3 ff.

[46] BGH 21.12.1955 – VI ZR 246/54, BeckRS 1955 = BGHZ 19, 319; BGH 6.11.1969 – VII ZR 159/67, NJW 1970, 419.

[47] BGH 26.4.1990 – VII ZR 345/88, NJW-RR 1990, 1108 = BauR 1990, 603, 604 = ZfBR 1990, 222.

[48] BGH 17.9.1987 – VII ZR 166/86, NJW 1988, 142 = BauR 1987, 702/704; vgl. im Einzelnen *Korbion* FS Locher S. 127 ff.; *Motzke* FS Kapellmann S. 321 ff.

die Prüfung derartiger Werkstattzeichnungen durch den Planer als Besondere Leistung ein‑ stuft. Gleiches geschieht in der Anlage 15 für den Sonderfachmann Technische Gebäude‑ ausrüstung hinsichtlich der Leistung „Prüfen und Anerkennen von Schalplänen des Trag‑ werkplaners und von Montage‑ und Werkstattzeichnungen auf Übereinstimmung mit der Planung." Für diese Auffassung finden sich auch Anhaltspunkte in der VOB/C, z.B. in der ATV DIN 18351 – Fassadenarbeiten –, Abschnitt 3.1.3, wonach der Auftragnehmer nach den Planungsunterlagen des Auftraggebers die für die Ausführung notwendigen Montage‑ zeichnungen und Beschreibungen vor Fertigungsbeginn zu erbringen hat.[49] Vom Auftrag‑ nehmer können im Rahmen der Angebotsabgabe auch Ausführungsdetails verlangt wer‑ den, die über die Anforderungen an die Planungsaufgabe des Architekten/Ingenieurs nach der Ausführungsplanung hinausgehen.

II. Dienstvertrag als Ausnahme

Bauwerksleistungen werden nur ausnahmsweise auf der Grundlage eines Dienstvertrages **33** erbracht. Maßgebend ist die Qualifizierung des Vertragsversprechens. Der Dienstvertrag (§§ 611 ff. BGB) zielt nicht auf ein Werk im Sinne eines bestimmten Arbeitsergebnisses von Bauleistungen, sondern auf diese Bauleistungen selbst als Dienste.[50] Denkbar erscheint dies vor allem bei den in § 1 VOB/A angeführten Instandhaltungsarbeiten, zu denen nach DIN 31051 Abschnitt 2 (Nr. 1.3) auch Maßnahmen der **Instandsetzung,** also solche zur Wiederherstellung des Sollzustandes, zählen. In komplex gelagerten Fallsituationen, z.B. Abdichtungsarbeiten, die schon mehrfach vergeblich versucht wurden, kann das Leistungs‑ versprechen im Einzelfall lediglich dahin gehen, einen **Versuch** – Abdichtungsversuch – zu unternehmen, womit ein Erfolgsversprechen gerade nicht verbunden ist. Werden in einem Vergleich nach Vorgabe eines Sachverständigen von einem Unternehmen im Detail be‑ schriebene Handlungen übernommen, dann kann ebenfalls die Einordnung als Dienstver‑ trag erwogen werden, wenn die Mängelbeseitigung als Ziel im Vergleich nicht auftaucht. Für die Abgrenzung von Dienst‑ und Werkverträgen ist der im Vertrag zum Ausdruck kommende Wille der Parteien maßgebend.[51] Entscheidend ist, ob eine Dienstleistung als solche oder als Arbeitsergebnis ein Erfolg geschuldet wird. Die im Vertrag vorgenommene Beschreibung eines Zieles ist jedoch allein kein hinreichendes Indiz für die Annahme eines Werkvertrags. Deshalb sind Verträge über Forschungs‑ und Entwicklungsvorhaben regel‑ mäßig Dienst‑ und nicht Werkvertrag.[52]

III. Bauvertragstypen nach VOB/A und BGB

Das BGB kennt in §§ 631 ff. besondere Bauvertragstypen nicht. Die in § 4 VOB/A auf‑ **34** gelisteten Typen sind nicht abschließend. § 23 VOB/A führt selbst als weiteren Vertragstyp den Baukonzessionsvertrag ein. Entsprechend dem Grundsatz der Vertragsfreiheit (§ 311 BGB) haben sich in der Praxis unterschiedliche Pauschalvertragstypen und unter Einschluss von Planungsleistungen der Schlüsselfertigvertrag entwickelt. Mit den verschiedenen Un‑ ternehmereinsatzformen und den darauf abgestellten Verträgen können gleichfalls in gewis‑ sem Umfang Bauleistungen mit Planungsleistungen verknüpft werden. Das Werkvertrags‑ recht des BGB ist diesbezüglich offen, weil das in § 631 BGB genannte Werk sowohl das körperliche Bauwerk als auch Planungsleistungen sein können.[53] Dies gilt auch, nachdem

---

[49] Vgl. näher *Motzke* FS Kapellmann S. 321 ff.
[50] *Müller‑Glöge* in MüKoBGB, § 611 Rn. 22.
[51] BGH 16.7.2002 – X ZR 27/01, NJW 2002, 3323 = BGHZ 151, 330 = ZfBR 2003, 42.
[52] BGH 16.7.2002 – X ZR 27/01, NJW 2002, 3323 = BGHZ 151, 330 = ZfBR 2003, 42.
[53] BGH 26.11.1959 – VII ZR 120/58, NJW 1960, 431; BGH 22.10.1981 – VII ZR 310/79, NJW 1982, 438; ausführlich *Busche* in MüKoBGB, § 631 Rn. 198 ff.

das Gesetz zur Reform des Bauvertragsrechts[54] den Architekten- und Ingenieurvertrag in § 650p BGB ausdrücklich aufgenommen und ihn systematisch nicht als Unterfall, sondern auf einer Ebene neben dem Werkvertragsrecht geregelt hat. 650b Abs. 1 S. 4 BGB geht selbst davon aus, dass auch der Unternehmer im Rahmen eine Bau(Werk)vertrages planen kann.

1. § 4 VOB/A als Abbild der Baurealität

35   Die VOB/A bildet deshalb in § 4 die Bauvertragsrealität nicht vollständig ab. Allerdings werden mit dem Leistungsvertrag und dem Stundenlohnvertrag die Grundtypen angeführt. Die verschiedenen Pauschalvertragstypen mit unterschiedlichem Pauschalierungsumfang wie auch der Schlüsselfertigvertrag haben freilich gem. § 2 Abs. 1 VOB/B Einfluss auf Art und Umfang der für den Vertragspreis zu erbringenden Bauleistungen.

2. Bauverträge nach § 4 VOB/A

36   § 4 VOB/A benennt an erster Stelle die Vergabe von Bauleistungen nach Leistungsverträgen, deren Merkmal ist, dass die Vergütung nach Leistung bemessen wird. Der Einheitspreisvertrag und der Pauschalvertrag werden als Unterarten des Leistungsvertrages angeführt. Dabei verfolgt die VOB/A primär wegen dessen Voranstellung den Abschluss von Einheitspreisverträgen und empfiehlt die Vergabe zum Pauschalpreis nur dann, wenn die Leistung nach Ausführungsart und Umfang genau bestimmt ist und mit einer Änderung bei der Ausführung nicht zu rechnen ist. Damit hat die VOB/A den **Detailpauschalvertrag**[55] und nicht einen **Globalpauschalvertrag**[56] oder sonstige Modalitäten im Auge. Wird für die Bestimmung der Abrechnungssumme beim Leistungsvertrag unter Zurückstellung von Zeit- und Materialaufwand am durch Aufmaß festzustellenden Leistungsergebnis angeknüpft, orientiert sich die Vergütung beim Stundenlohnvertrag – wie auch beim nicht mehr geregelten Selbstkostenerstattungsvertrag – am Zeit- und Materialverbrauch wie auch Geräteeinsatz für die ausgeschriebene Leistung. Ein Aufmaß findet dann konsequent nicht statt. Stattdessen sind der Stunden-, Geräte- und Materialeinsatz nachzuweisen.

3. Bauverträge nach BGB

37   Diese in der VOB/A beschriebenen Bauvertragstypen sind nicht auf die Vergaben und die Abwicklung von Bauleistungen nach Maßgabe der VOB beschränkt. Die in § 4 VOB/A angeführten Kategorien sind auch für den Bauvertrag nach BGB einschlägig. Sie sind nach § 311 BGB typologisch erweiterungsfähig.

4. Typologische Erweiterungen

38   Angesichts der Vertragsfreiheit (§ 311 BGB) kann der Bauvertrag über die in § 4 VOB/A angeführten Grundtypen in verschiedenen Richtungen erweitert werden. Der Bauvertrag kann Planungselemente aufnehmen, was bereits in der VOB/B gem. § 2 Abs. 9 und § 3 Abs. 5 angelegt ist. Die Bauleistung kann über die Fachlose hinaus das gesamte Objekt erfassen.

39   **a) Schlüsselfertigvertrag.** Der „Schlüsselfertigvertrag" vereinigt sämtliche für die schlüsselfertige Erstellung notwendigen Planungs- und Ausführungsleistungen, zu deren Erbringung sich ein Auftragnehmer verpflichtet.[57] Mit dem Begriff der Schlüsselfertigkeit verknüpft sich die Idee der **Komplettheit** der Leistung, wozu alles gehört, um nach Bezug

---

[54] BGBl. I 2017, S. 969.
[55] Vgl. unten → Rn. 145 ff.
[56] Vgl. unten → Rn. 149.
[57] Vgl. *Acker/Garcia-Scholz* BauR 2002, 550 ff.

mit der bestimmungsgemäßen Nutzung beginnen zu können.[58] Schlüsselfertig meint in diesem Sinne eine Objekteigenschaft, die dessen bestimmungsgemäßen Gebrauch zulässt. Was der Auftragnehmer im Sinne des § 2 Abs. 1 VOB/B für den vereinbarten Preis alles zu erbringen hat, wird demnach nicht allein durch Leistungsbeschreibungen, sondern durch das für die Verwendungseignung Notwendige bestimmt. Wer die schlüsselfertige Erstellung eines Supermarktes übernimmt, hat eine ordnungsgemäße Parkplatzentwässerung sicher zu stellen und deshalb unter Planungsgesichtspunkten die nach Sachlage gebotenen Informationen einzuholen.[59] Nach BGH[60] folgt aus der Verpflichtung zur schlüsselfertigen Erstellung, dass der Auftragnehmer insgesamt ein mängelfreies Gebäude zu errichten hat und seine Gewährleistungsverpflichtung nicht vom Inhalt eines Leistungsverzeichnisses abhängen soll. Zu einem schlüsselfertigen Wohnhaus gehören bei Fehlen abweichender Regelungen auch die Malerarbeiten[61] und der Anschluss an die öffentliche Wasserversorgung hat unmittelbar und nicht erst über Grundeigentum eines Nachbarn zu erfolgen.[62]

Der Auftragnehmer schuldet alles, was nach den örtlichen und sachlichen Gegebenheiten **jeder Fachmann** als **notwendig erachtet** hätte.[63] Die Maßgeblichkeit der Baubeschreibung, die meist funktionaler Art nach § 7c VOB/A ist,[64] tritt in den Hintergrund; die darin angeführten Leistungen sind um jene Arbeiten zu erweitern, deren Anfall von vornherein erkennbar war.[65] Deshalb ist selbstverständlich, dass der zur schlüsselfertigen Herstellung Verpflichtete Vermessungsleistungen auf seine Kosten zu erbringen hat.[66] Diese lediglich funktional vorgegebenen Leistungsziele verwirklicht der Auftragnehmer beim Schlüsselfertigvertrag regelmäßig zu einem Pauschalpreis. **40**

Vom Pauschalvertrag unterscheidet sich der Schlüsselfertigvertrag durch die leistungserweiternde **Komplettformel.** Zwar kennzeichnet den Pauschalvertrag selbstverständlich ein Pauschalierungswille; aber dieser Wille erfährt bei Abschluss eines Schlüsselfertigvertrages eine Erweiterung. In erster Linie ist entscheidend, welche Objektqualität und welchen Leistungsumfang nach Art und Inhalt die Parteien mit der schlüsselfertigen Beauftragung verbinden. Die Konkretisierung des Leistungsumfangs nach Maßgabe der Leistungsbeschreibung erschöpft den Versprechensinhalt bei einer schlüsselfertigen Vergabe jedoch nicht; sämtliche Umstände und Vertragsbestandteile sowie die Planungsaufgabe sind zu berücksichtigen. Das vom Schlüsselfertighersteller erarbeitete Leistungsverzeichnis kann bereits auf einer fehlerhaften Planung beruhen. Einer **Schlüsselfertigklausel** in einem Detail-Pauschalvertrag kommt demgegenüber eine leistungserweiternde Funktion nicht zu. Eine Schlüsselfertigabrede ist nicht geeignet, bei Vorliegen einer detaillierten Leistungsbeschreibung den Abgeltungsumfang der vereinbarten Pauschalsumme zu erweitern. Insoweit gehen die Detailregelungen einer globalen Regelung vor, womit der vereinbarte Preis allein die in der Leistungsbeschreibung enthaltenen Leistungen i. S. v. § 2 Abs. 1 VOB/B abgilt.[67] **41**

b) Festpreisvertrag. Der Festpreisvertrag ist keine eigenständige Vertragskategorie. Das folgt zwingend daraus, dass Vertragspreise, von Gleitklauseln (§ 9d VOB/A) abgesehen, immer fest sind. Die VOB/A kennt einen Festpreisvertrag als eigenständigen Bauvertrags- **42**

---

[58] OLG Düsseldorf 16.8.1995 – 22 U 256/93, BeckRS 9998, 14491 = BauR 1996, 396; BGH 22.3.1984 – VII ZR 50/82, BeckRS 9998, 101320 = BauR 1984, 395 (396).

[59] BGH 10.5.2001 – VII ZR 248/00, NJW 2001, 2157 = NZBau 2001, 446.

[60] BGH 22.3.1984 – VII ZR 50/82, BeckRS 9998, 101320 = BauR 1984, 395 (396).

[61] OLG Nürnberg 11.2.1999 – 2 U 3110/98, BeckRS 1999, 30859971 = IBR 2000, 487.

[62] OLG Koblenz 26.2.2002 – 3 U 498/01, BeckRS 2002 30242679 = BauR 2003, 721.

[63] BGH 22.3.1984 – VII ZR 50/82, BeckRS 9998, 101320 = BauR 1984, 395 (396).

[64] *Kapellmann* Schlüsselfertiges Bauen, Rn. 17; *Glöckner* in Kleine-Möller/Merl/Glöckner, Handbuch des privaten Baurechts, 5. Aufl. 2014, § 4 Rn. 247 ff.; vgl. auch § 650j BGB iVm Art. 249 EGBGB in der ab 1.1.2018 geltenden Fassung.

[65] OLG Hamm 2.11.1995 – 17 U 57/95, NJW-RR 1996, 977 = BauR 1996, 714, 715.

[66] AG Beckum 15.5.1990 – 11 C 82/90, NJW-RR 1990, 1241; wegen Erschließungsmaßnahmen vgl OLG Düsseldorf 22.7.1994 – 22 U 19/94, BauR 1995, 559 zu einer Stichstraße.

[67] OLG Koblenz 31.3.2010 – 1 U 415/08, BeckRS 2010, 11872.

typ nicht. Das schließt nicht aus, dass die vertragsschließenden Parteien mit der Verwendung des Begriffs „Festpreisvertrag" als Kürzel einen bestimmten rechtsgeschäftlichen Willen verbinden. Wird ein **Pauschalfestpreis** vorgesehen, kann – was eine Frage des Einzelfalles ist – der Ausschluss der sich aus § 2 Abs. 7 VOB/B ergebenden Änderungsmöglichkeiten beabsichtigt und vereinbart sein.[68] Allein die Vereinbarung einer **Preisobergrenze** begründet keinen Festpreisvertrag.[69]

43   Der Wille der Parteien kann auch lediglich dahin gehen, mit der Vereinbarung eines „Festpreises" den Abschluss eines **Pauschalvertrages** zu verfolgen. Denn der beabsichtigte Bauvertragstyp wird nicht allein durch die Verwendung eines Begriffes bestimmt; maßgebend ist der Wille der Parteien, soweit er beweisbar ist. In der Baupraxis begründet regelmäßig allein die Bezeichnung eines Preises als Festpreis, etwa mit der Formel: „Der Vertrag kommt auf der Basis der Angebotsendsumme von € ... zu diesem Preis als Festpreis zustande", einen Festpreisvertrag nicht. Das ist ein Pauschalvertrag oder ein Höchstpreisvertrag.

44   **c) GMP-Vertrag.** Der Garantierte Maximalpreis-Vertrag ist kein eigenständiger Vertragstyp. Ihn kennzeichnet eine besondere Preisabrede, die dahin geht, dass der beauftragte Generalunternehmer die von ihm selbst zu erbringenden Leistung gemäß der vereinbarten Pauschalsumme berechnet und die beauftragten Subunternehmerleistungen gemäß den Subunternehmerverträgen abgerechnet werden. Darüber hinaus steht der Generalunternehmer für einen Höchstpreis ein.[70] Im Rahmen eines GMP-Vertrages finden häufig sog. Partneringelemente Eingang. Ganz zentral ist das Prinzip des „open-books", das den Auftraggeber berechtigt, relevante Unterlagen und Rechnungen einzusehen.[71] Der GMP-Vertrag steht, wie alle auf Generalunternehmer bzw. Generalübernehmer ausgerichteten Vertragsarten, in einem Spannungsverhältnis zum Losaufteilungsgebot nach § 5 Abs. 2 VOB/A, § 97 Abs. 4 GWB.[72] Eine darauf gerichtete Ausschreibung kann, da tendenziell größere Unternehmen angesprochen sind, mittelständische Interessen beeinträchtigen sowie, aus Sicht des Auftraggebers, den Wettbewerb empfindlich einschränken.

5. Bauvertragstyp – Darlegungs- und Beweislast

45   Dem seinen Werklohn einklagenden Auftragnehmer obliegt die Darlegung und notfalls der **Beweis der Anspruchsgrundlage,** wozu der Bauvertragstyp zählt. Rechnet der Auftragnehmer nach Einheitspreisgrundsätzen ab, und bestreitet der Auftraggeber dies mit der Behauptung, ein Pauschalvertrag oder ein Stundenlohnvertrag sei abgeschlossen worden, hat der klagende Unternehmer den Negativbeweis und nicht der Auftraggeber den Beweis für seine Behauptung zu führen.[73] Prozessual liegt damit nämlich lediglich ein **qualifiziertes Bestreiten** vor, dessen Gegenstand eindeutig die tatbestandlichen Anspruchsvoraussetzungen sind, weswegen damit eine Beweislastverschiebung zu Lasten des Auftraggebers nicht verbunden ist. Der Auftraggeber beruft sich mit der Inanspruchnahme eines von der Klage abweichenden Bauvertragstyps nicht auf eine Gegennorm.

46   Allerdings löst die Beweislast des Auftragnehmers nicht jedes Bestreiten der Auftraggeberseite aus; dieses ist vielmehr nur dann beachtlich, wenn die in Anspruch genommene Vereinbarung nach Ort, Zeit und Höhe der Vergütung substantiiert dargelegt wird.[74]

---

[68] Vgl. *Werner* in Werner/Pastor, Der Bauprozess, 15. Aufl. 2015, Rn. 1521 f.; siehe *Kleine-Möller* in Kleine-Möller/Merl/Glöckner, Handbuch des privaten Baurechts, § 12 Rn. 41.

[69] OLG Frankfurt 8.7.2008 – 14 U 134/07, BeckRS 2009, 28721 = BauR 2009, 1440.

[70] Vgl. näher *Thierau* in Kapellmann/Messerschmidt, Anhang VOB/B Rn. 42 ff.; *Grünhoff* NZBau 2000, 313 ff.; *Oberhauser* BauR 2000, 1397 ff.; *Biebelheimer/Wazlawik* BauR 2001, 1639 ff.

[71] *Eschenbruck/Racky* Partnering in der Bau- und Immobilienwirtschaft, Rn. 127, 464; vgl. auch OLG Dresden 21.5.2008 – 13 U 1953/07, NZBau 2008, 650 (651).

[72] → *Antweiler* GWB § 97 Abs. 4 Rn. 64 f.

[73] BGH 9.4.1981 – VII ZR 262/80, NJW 1981, 1442 = BauR 1981, 388 = ZfBR 1981, 170; *Jansen* in BeckVOB/B, § 2 Abs. 2 Rn. 17; *Kapellmann* in Kapellmann/Messerschmidt, VOB/B § 2 Rn. 132 ff.

[74] BGH 26.3.1992 – VII ZR 180/91, NJW-RR 1992, 848 = BauR 1992, 505 = ZfBR 1992, 173; *Jansen* in BeckVOB/B, § 2 Abs. 2 Rn. 17.

Diese Darlegungs- und Beweislastgrundsätze würden lediglich dann nicht gelten, wenn der nach Einheitspreisgrundsätzen abrechnende Auftragnehmer sich auf eine Vermutung berufen könnte (§ 292 ZPO). Eine solche Vermutung dafür, dass regelmäßig Einheitspreisverträge abgeschlossen werden, gibt es jedoch nicht.[75]

D. § 4 Nr. 1 VOB/A (Leistungsverträge)

I. Feststellung und Bemessung der Leistung

Bei einem Leistungsvertrag ist nach § 4 Abs. 1 VOB/A die Leistung maßgeblich für die **47** Vergütung. Diese wird bemessen nach dem Wert der tatsächlich erbrachten Leistung,[76] wofür ein entsprechender Parameter erforderlich ist. Sowohl beim Einheitspreis- als auch beim Pauschalvertrag bilden die Art und Weise der Bauleistung und die Menge die Grundlage hierfür. Der Grundsatz, dass die Vergütung nach Maßgabe der tatsächlich erbrachten Leistungen bestimmt wird, erfährt allerdings durch Aufmaßregeln der Allgemeinen Technischen Vertragsbedingungen für Bauleistungen im Abschnitt 5 teilweise erhebliche Einschränkungen. Diese Regeln können aus Vereinfachungs- und Zweckmäßigkeitsgründen Übermessungsregeln; zu verweisen ist z.B. auf die DIN 18350 Abschnitt 5.3.1, wonach z.B. Aussparungen, z.B. Öffnungen und Nischen, bis zu 2,5m² Einzelgröße übermessen werden. Leibungen werden gesondert berechnet (Abschnitt 5.2.3).

1. Leistungsfeststellung beim Einheitspreisvertrag

Deshalb bestimmt sich beim Einheitspreisvertrag nach § 2 Abs. 2 VOB/B die Vergü- **48** tung nach den vertraglichen Einheitspreisen und den tatsächlich ausgeführten Leistungen. Die Feststellung der Menge der ausgeführten Teilleistungen erfolgt durch Aufmaß, wofür die VOB/C gewerkespezifisch bestimmte Aufmaßregeln zur Verfügung stellt (Abschnitt 0.5 und 5 der DIN 18299 und der gewerkespezifischen ATV). Diese Aufmaßregeln der VOB/C sind Allgemeine Geschäftsbedingungen, deren Auslegung nach der – eventuell durch einen Sachverständigen festzustellenden – Verkehrssitte zu erfolgen hat.[77]

2. Leistungsfeststellung beim Pauschalpreisvertrag

Kommt ein Pauschalvertrag zustande, erübrigt sich das Aufmaß der körperlichen Bau- **49** leistung. Mit Vereinbarung einer Pauschalvergütung einigen sich die Vertragsparteien auf ein Aufmaßverzicht.[78] Nicht die tatsächlich ausgeführte Menge bestimmt die Vergütung, sondern der im Vertrag genannte Vertragspreis (Pauschalpreis). Ausweislich der in § 2 Abs. 7 Nr. 1 Satz 1 VOB/B eigenständig vorgenommenen Vergütungsregelung binden die Bauvertragsparteien bei der Pauschalpreisfindung dem Umfang nach an den Mengenangaben im Leistungsverzeichnis an. § 2 Abs. 7 Nr. 2 VOB/B verweist auf die Abs. 4, 5 und 6, nicht aber auf § 2 Abs. 2, 3 VOB/B, weswegen die tatsächlich ausgeführte Menge die Vergütung des Auftragnehmers grundsätzlich nicht beeinflusst.

II. Priorität des Leistungsvertrages

§ 4 VOB/A legt die Priorität des Leistungsvertrages fest, wobei dem Einheitspreisvertrag **50** die erste und dem Pauschalvertrag die zweite Rangstelle zugebilligt wird. Dies folgt aus der

---

[75] Das Schrifttum arbeitet teilweise mit dem Einheitspreisvertrag als Regel und bürdet dem gegenteilig vortragenden Auftraggeber die Beweislast auf, vgl. *Vygen* ZfBR 1979, 133/136; *Riedl* ZfBR 1980, 1/2; *Locher* Das private Baurecht, 8. Aufl. 2012, Rn. 176; vgl. *Werner* in Werner/Pastor, Der Bauprozess, 15. Aufl. 2015, Rn. 1493 mwN.
[76] *Schranner* in Ingenstau/Korbion, VOB/A § 4 Rn. 5; *Bauer* in Heiermann/Riedl/Rusam, VOB/A § 4 Rn. 6.
[77] BGH 17.6.2004 – VII ZR 75/03, NZBau 2004, 500 = BauR 2994, 1436 = ZfBR 2004, 778.
[78] *Bolz* BauR 2010, 374 ff.

Benennungsreihenfolge wie auch daraus, dass § 4 Abs. 1 Nr. 2 VOB/A Einschränkungen für die Vergabe zum Pauschalvertrag enthält. Diese Reihung bestätigt auch § 2 Abs. 2 VOB/B.[79] Der Stundenlohnvertrag, für den in der Praxis auch der Begriff „Regieauftrag" oder ähnlich gebraucht wird, rangiert erst an dritter Position und soll nur unter den eingeschränkten Voraussetzungen des § 4 Abs. 2 VOB/A geschlossen werden. Mit dieser Qualifizierung konform sind die in der VOB/B nach § 2 Abs. 10 VOB/B enthaltenen Vergütungsschranken. Danach werden Stundenlohnarbeiten nur vergütet, wenn sie als solche vor ihrem Beginn ausdrücklich vereinbart worden sind.

III. Konsequenzen aus Prioritätenregelung

1. Vergaberechtliche Bedeutung

51   Hinsichtlich des vergaberechtlichen Stellenwerts der in § 4 VOB/A getroffenen Regelung ist zu unterscheiden. Als Teil des Abschnitts 1 kommen ausschließlich haushaltsrechtliche Konsequenzen in Betracht; § 4 VOB/A ist von dem öffentlichen Auftraggeber, für den einschlägiges Haushaltsrecht gilt, als Verwaltungsanweisung zu beachten. Ein Wettbewerbsteilnehmer ist nicht Normadressat; er kann wegen der bloßen Innenwirkung unmittelbar keine Rechte aus § 4 VOB/A ableiten. Als Teil der Abschnitte 2 und 3 ist § 4 VOB/A über § 2 VgV, § 2 VSVgV, § 97 Abs. 6 GWB Außenrecht und verschafft einem Wettbewerbsteilnehmer subjektive Rechte.

52   **a) Vergaberechtliche Bedeutung unterhalb der Schwellenwerte.** Haushaltsrechtlich ist der durch einschlägige Anwendungsbefehle zur Einhaltung der VOB/A Abschnitt 1 gezwungene öffentliche Auftraggeber gehalten, die Vergabe von Bauleistungen nach den sich aus § 4 VOB/A ergebenden Regeln vorzunehmen. Die Missachtung der Prioritätsregelung zugunsten des Einheitspreisvertrages eröffnet einem Wettbewerbsteilnehmer jedoch den Primärrechtsschutz nach Maßgabe der GWB-Regelungen nur bei Erreichen bzw. Überschreitung des Schwellenwerts.[80] Unterhalb der Schwellenwerte bleibt einem Wettbewerbsteilnehmer lediglich die Anrufung der für die Vergabestelle zuständigen Vergabeprüfstelle. Diese hat die Vergabestelle nach § 21 VOB/A in den Vergabeunterlagen anzugeben. In diesem Verfahren wie auch auf der Grundlage einer Klage auf Feststellung der Rechtswidrigkeit des Ausschlusses eines erfolglosen Bieters, die das Bundesverfassungsgericht für möglich ansieht,[81] wird die Einhaltung der in § 4 VOB/A angeführten Voraussetzungen für den Abschluss des nach den Vergabeunterlagen vorgesehenen Bauvertragstyps geprüft. Die Prüfung der Rechtmäßigkeit erfolgt unabhängig davon, ob der Antragsteller durch § 4 VOB/A eine geschützte Rechtsposition erhält oder ob die Regelung lediglich das Interesse des Auftraggebers selbst verfolgt.

53   **b) Vergaberechtliche Bedeutung ab Erreichen der Schwellenwerte.** Mit Erreichen des Schwellenwerts kann ein Wettbewerbsteilnehmer das Nachprüfungsverfahren gem. §§ 155 ff. GWB einleiten. Die Antragsbefugnis setzt voraus, dass der Antragsteller die Verletzung in seinen Rechten nach § 97 Abs. 6 GWB durch Nichtbeachtung von Vergabevorschriften geltend machen kann (§ 160 Abs. 2 GWB). Auf § 4 VOB/A als einer solchen Vergabevorschrift kann ein Antragsteller deshalb nur dann und insoweit abheben, als die Regelung dem Unternehmer ein subjektives Recht einräumt. Der subjektive Rechtsschutz kann nur so weit gehen, als eine bestimmte vergaberechtliche Vorschrift gerade auch den Schutz des potentiellen Auftragnehmers bezweckt. Der subjektive Rechtsschutz wird zu dem Zweck zugestanden, einem Wettbewerbsteilnehmer zur Durchsetzungen seines An-

---

[79] Vgl. *Schranner* in Ingenstau/Korbion, VOB/A § 4 Rn. 8.
[80] BVerfG 13.6.2006 – 1 BvR 1160/03, NJW 2006, 3701 = NZBau 2006, 771 = BauR 2007, 98, 104 = VergabeR 2006, 871; *Binder* ZZP 2000, 195, 202; *Dreher* NZBau 2002, 419.
[81] BVerfG 13.6.2006 – 1 BvR 1160/03, NJW 2006, 3701 = NZBau 2006, 771 = BauR 2007, 98, 104 = VergabeR 2006, 871.

spruchs auf Beachtung der seinen Schutz betreffenden Vergabevorschriften zu verhelfen.[82] Demnach ist im Einzelfall abzuwägen, ob § 4 VOB/A von rein haushaltsrechtlichen Vorgaben geprägt wird und folglich die Regelung allein den wirtschaftlichen und sparsamen Umgang mit Haushaltsmitteln verfolgt, was im öffentlichen Interesse ist, oder ob daneben auch ein Anspruch eines Wettbewerbsteilnehmers auf Einhaltung des § 4 VOB/A i. S. d. § 97 Abs. 6 GWB besteht.

Ein eventuell von § 4 VOB/A verfolgter Bieterschutz muss im Zusammenhang mit **54** §§ 7 ff. VOB/A gesehen werden. § 4 VOB/A hat Vertragstypen und Vergütungsarten zum Regelungsgegenstand; §§ 7 ff. VOB/A stellt Anforderungen an die Leistungsbeschreibung als Teil der Vertragsunterlagen (§ 8 Abs. 1 Nr. 2 VOB/A). Soweit § 4 VOB/A bieterschützende Zwecke verfolgt, betrifft dies – wenn überhaupt – den Schutz des Bieters vor bestimmten Vertragsarten, was die Abgrenzung zu den Anforderungen an den Inhalt von Leistungsbeschreibungen bedingt. Nach Maßgabe des § 97 Abs. 6 GWB betreffen § 4 und §§ 7 ff. VOB/A verschiedene Bieterpositionen. Im Vergleich zu §§ 7 ff. VOB/A überwiegen bei § 4 VOB/A haushaltsrechtliche Aspekte, wogegen der Bieterschutz bei §§ 7 ff. VOB/A deutlich im Vordergrund steht.

Innerhalb des § 4 VOB/A hat die Abwägung zwischen den einzelnen Absätzen des § 4 **55** VOB/A zu unterscheiden. Absatz 2, wonach Bauleistungen abweichend von Absatz 1 dann im Stundenlohn vergeben werden dürfen, wenn diese geringeren Umfang haben und überwiegende Lohnkosten verursachen, ist ausschließlich haushaltsrechtlich motiviert. Ein subjektives Recht eines Wettbewerbsteilnehmers nach § 97 Abs. 6 GWB wird nicht eingeräumt. Denn bei einer Vergabe auf Stundenlohnbasis droht Gefahr, dass gerade nicht wirtschaftlich und sparsam mit Haushaltsmitteln umgegangen wird. Der Auftragnehmer berechnet die bei ihm tatsächlich entstehenden Kosten, wobei Grundlage der tatsächliche Aufwand ist. Das Aufwandsrisiko ist beim Auftraggeber und nicht beim Auftragnehmer. Die Vorschrift verfolgt den Schutz des Auftraggebers und nicht eines Wettbewerbsteilnehmers.

Wenn im Stundenlohn Bauaufträge nur geringeren Umfangs vergeben werden dürfen, **56** dient dies nicht auch dem Schutz eines Auftragnehmers. Denn das Aufwandsrisiko geht in vollem Umfang zu Lasten des Auftraggebers. Ein sparsamer Umgang mit Haushaltsmitteln wird über Stundenlohnverträge nicht sichergestellt. Ein Auftragnehmer läuft bei einem Stundenlohnvertrag keinerlei Risiko, da er in der Lage ist, den entstehenden Aufwand in vollem Umfang auf den Auftraggeber durchzustellen. Den Auftragnehmer trifft lediglich eine Nebenpflicht, auf eine effiziente Abwicklung unter Zeitgesichtspunkte zu achten. Deren vorwerfbare Verletzung macht schadensersatzpflichtig, wofür den Auftraggeber jedoch die Darlegungs‑ und Beweislast trifft.[83] Werden die Vergabevoraussetzungen des § 4 Abs. 2 VOB/A nicht eingehalten, ist wegen des haushaltsrechtlichen Hintergrundes der Vorschrift ein Wettbewerbsteilnehmer nicht nach §§ 97 Abs. 6, 155 ff. GWB in der Lage, ein Nachprüfungsverfahren einzuleiten.[84]

§ 4 Abs. 1 VOB/A enthält mit den unter Nr. 1 und Nr. 2 normierten Festlegungen ne‑ **57** ben der Priorität der Vergabe nach Einheitspreisgrundsätzen vor allem auch die Aussage, dass eine Ausschreibung von Bauverträgen nach den Regeln eines **Detailpauschalvertrages** zu erfolgen hat. § 4 Abs. 1 Nr. 2 VOB/A lässt für sich betrachtet eine Vergabe nach **Globalpauschalvertragsregeln** überhaupt nicht zu. Denn eine Leistung ist nach Ausführungsart und Umfang nur dann genau bestimmt, wenn ihr ein Leistungsverzeichnis nach § 7b VOB/A zugrunde liegt.[85] Bei einer Leistungsbeschreibung mit Leistungsprogramm (§ 7c VOB/A) wird auch der Bauentwurf für die Leistung dem Wettbewerb unterstellt,

---

[82] *Weyand* Vergaberecht, ibr‑Online‑Kommentar, 17. Aktualisierung 2015, GWB § 97 Rn. 1656.

[83] BGH 28.5.2009 – VII ZR 74/06, NJW 2009, 3426 = NZBau 2009, 504 = BauR 2009, 1291.

[84] AA *Kapellmann* in Kapellmann/Messerschmidt, VOB/A § 4 Rn. 8, 37.

[85] VK Bund 26.2.2007 – VK 2‑9/07, IBR 2007, 330 (red. Leitsatz), Volltext abrufbar unter http://www.bundeskartellamt.de/SharedDocs/Entscheidung/DE/Entscheidungen/Vergaberecht/2007/VK2‑9‑07.html.

womit bei Ausschreibungsbeginn entgegen der Anforderung aus § 4 Abs. 1 Nr. 2 VOB/A die Leistung nach Ausführungsart und Umfang gerade nicht genau bestimmt ist, sondern erst im Verlauf des Vergabeverfahrens auf der Grundlage der von den Wettbewerbsteilnehmern eingereichten Angebote bestimmt oder bestimmbar wird. Andererseits lässt § 7c VOB/A eine Leistungsbeschreibung mit Leistungsprogramm gerade zu, in der nur die Bauaufgabe so zu beschreiben ist, dass die Bewerber alle für die Entwurfsbearbeitung und das Angebot maßgebenden Bedingungen und Umstände erkennen können. Diese Beschreibung der Bauaufgabe und die gleichfalls nach § 7c Abs. 1 VOB/A geforderten Angaben zu den technischen, wirtschaftlichen, gestalterischen und funktionalen Anforderungen genügen den Anforderungen aus § 4 Abs. 1 Nr. 2 VOB/A. Zu berücksichtigen ist nämlich, dass über die von den Bietern verlangten Angebote (vgl. § 7c Abs. 3 VOB/A) die Leistungsart und der Umfang bestimmt werden. Ist die Leistungsbeschreibung mit Leistungsprogramm i. S. von § 7c Abs. 3 VOB/A korrekt umgesetzt worden, ist § 4 Abs. 1 Nr. 2 VOB/A beachtet.

58   Ob § 4 Abs. 1 Nr. 2 VOB/A drittschützende Wirkung hat, ist nicht eindeutig geklärt. Zunächst soll die Regelung den öffentlichen Auftraggeber in dessen eigenem Interesse davon abhalten, auf unsicherer Grundlage Pauschalierungen zuzulassen. Fallen geringere Mengen als angenommen an, ist der Pauschalvertrag im Vergleich zum Einheitspreisvertrag teurer. Bei für den Unternehmer ungünstigen Pauschalierung besteht die Gefahr, dass der Unternehmer eventuelle Unklarheiten oder Lücken für Nachträge nutzen will. Die 2. Vergabekammer des Bundes neigt deshalb dazu, § 4 Abs. 1 Nr. 2 (früher § 5 Nr. 1 lit. b) VOB/A nur ausnahmsweise drittschützenden Charakter zuzuweisen.[86] Die Annahme, § 4 Abs. 1 Nr. 2 VOB/A wolle den fachkundigen Bieter auch davor schützen, Risiken zu übernehmen, die er selbst nicht erkennt oder als gering einstuft, erscheinen der 2. Vergabekammer des Bundes als sehr weitgehend und wenig überzeugend. Und die Ansicht, der Schutzzweck der Vorschrift sollte noch weitergehend sogar anderen Bietern die Möglichkeit geben, sich gegen das aus ihrer Sicht zu risikofreudige Verhalten eines Dritten zu wenden, ist der Vergabekammer umso fragwürdiger.

59   Hinsichtlich des bieterschützenden Charakters des § 4 Abs. 1 Nr. 2 VOB/A ist außerdem zu unterscheiden. Die Vorschrift hat offenkundig die Vergabe nach Detailpauschalvertragsgrundlagen zum Gegenstand. Denn nur bei einem solchen Vertrag, dem eine vom Auftraggeber stammende Leistungsbeschreibung mit Leistungsverzeichnis zugrunde liegt, ist die Leistung nach der Ausführungsart deshalb genau bestimmt, weil das Leistungsverzeichnis gem. § 7b VOB/A die einzelnen Teilleistungen entsprechend dem danach geforderten Genauigkeitsgrad beschreibt. Eine Pauschalierung setzt weiter voraus, dass die Leistung auch dem Umfang nach genau bestimmt ist. Deshalb sind genaue Mengenansätze erforderlich; dem Auftragnehmer soll das Mengenrisiko nur dann durch den Detailpauschalvertrag angelastet werden können, wenn der Umfang der Leistung genau bestimmt ist. Bei einer unbekannten Mengenentwicklung verbietet die Regelung den Abschluss eines Detailpauschalvertrages. Insoweit ist der bieterschützende Charakter der Regelung erkennbar. Soweit die Regelung weiter voraussetzt, dass mit einer Änderung bei der Ausführung nicht zu rechnen ist, liegen dem keine bieterschützenden Tendenzen zugrunde. Dieser Regelungsteil verfolgt den Schutz des Auftraggebers. Denn liegen im Vergleich zu dem sich aus dem Leistungsverzeichnis ergebenden Detail Änderungen vor, ist der Auftragnehmer nach § 2 Abs. 7 Nr. 2 VOB/B berechtigt, auch eine geänderte Vergütung zu verlangen. Der Auftragnehmer bedarf insoweit nicht des Schutzes.

60   Soweit der Regelung entnommen wird, sie verfolge den Schutz der Wettbewerbsteilnehmer vor einer Ausschreibung, die mit dem Abschluss eines **Globalpauschalvertrages** ende,[87] sind erhebliche Zweifel angebracht. Als Begründung für diese Auffassung wird an-

---

[86] VK Bund 26.2.2007 – VK 2-9/07, IBR 2007, 330 (red. Leitsatz), Volltext abrufbar unter http://www.bundeskartellamt.de/SharedDocs/Entscheidung/DE/Entscheidungen/Vergaberecht/2007/VK2-9-07.html

[87] *Kapellmann* in Kapellmann/Messerschmidt, VOB/A § 4 Rn. 29 mit dort enthaltenen Verweisen.

geführt, die Beschränkung des Pauschalvertrages auf nach Art und Umfang genau bestimmte Leistungen begünstige nämlich den „kleinen" Bieter, dem es vielleicht schwer falle, die z. B. bei einer globalen Beschreibung notwendige eigene Ausführungsplanung zu erbringen.[88] Denn § 7c VOB/A kennt die Zulässigkeit einer Leistungsbeschreibung mit Leistungsprogramm. § 7c Abs. 3 VOB/A lässt es gerade zu, von dem Bieter ein Angebot zu verlangen, das außer der Ausführung, den Entwurf nebst eingehender Erläuterung, eine Darstellung der Bauaufgabe und einer eingehende und zweckmäßig gegliederte Leistungsbeschreibung – gegebenenfalls mit Mengen- und Preisangabe für Teile der Leistung – umfasst. § 4 Abs. 1 Nr. 2 VOB/A muss mit Rücksicht auf die Zulässigkeit einer Leistungsbeschreibung mit Leistungsprogramm interpretiert werden, was dazu führt, dass § 4 Abs. 1 Nr. 2 VOB/A kein über § 97 Abs. 6 GWB verfolgbares Recht auf Schutz der Bieter vor Ausschreibungen mit einer Leistungsbeschreibung mit Leistungsprogramm gewährt. Denn die genannten Vorschriften müssen im Zusammenhang und nicht isoliert interpretiert werden. Die Leistungsbeschreibung mit Leistungsprogramm ist mit dem Pauschalvertrag verknüpft, weswegen auch über die Grenzen des § 4 Abs. 1 Nr. 2 VOB/A hinweg eine Ausschreibung nach Globalvertragsgrundsätzen zulässig sein muss. Bildet § 7c VOB/A die Grundlage für die Leistungsbeschreibung mit Leistungsprogramm, strahlt dies auf § 4 Abs. 1 Nr. 2 VOB/A mit der Folge aus, dass mit einer Ausschreibung auf der Grundlage einer globalen Leistungsbeschreibung keine Bieterrechte aus § 4 Abs. 1 VOB/A verletzt werden. Die Harmonisierung erfolgt gerade über § 7c Abs. 3 VOB/A, wenn der Bieter ein Angebot unterbreitet, das den dort genannten Anforderungen entspricht. In einem solchen Fall erfolgt der Vertragsschluss auf der Grundlage des vom Bieter erstellten Angebots, womit der Pauschalsumme eine nach Ausführungsart und Umfang genau bestimmte Leistung zugrunde liegt und mit einer Änderung nicht zu rechnen ist. Bei diesem Ansatz, der davon ausgeht, dass die Vergabestelle bei einer funktionalen Leistungsbeschreibung vom Bieter entsprechend § 7c Abs. 3 VOB/A eine eingehende Beschreibung der Leistung verlangt, kommt regelmäßig ein **Detailpauschalvertrag** zustande.[89] Denn mit dem Zuschlag wird das Angebot des erfolgreichen Bieters angenommen. Das ist das Angebot nach § 7c Abs. 3 VOB/A.

Letztlich lässt § 4 Abs. 1 VOB/A auch noch Entscheidungsspielräume. Wenn nach **61** Abs. 1 Nr. 1 die Vergabe in der Regel zu Einheitspreisen für technisch und wirtschaftlich einheitliche Teilleistungen erfolgen soll, sind **Teilpauschalierungen** im Rahmen eines Einheitspreisvertrages dennoch statthaft. Zwar lässt die Regelung eine solche Ausschreibungspraxis nicht ausdrücklich zu; dennoch werden dadurch Bestimmungen über das Vergabeverfahren nicht verletzt. Wenn nämlich die Vergabe für eine Pauschalsumme insgesamt gestattet ist, schließt das die Statthaftigkeit von Teilpauschalierungen dann ein, wenn das vom Bieter damit übernommene Risiko überschaubar ist. Bei Teilpauschalen wie z. B. der Baustelleneinrichtung und Vorhaltung oder der Wasserhaltung ist das jedoch regelmäßig der Fall. § 4 Abs. 1 VOB/A verfolgt nicht den Zweck, den Wettbewerbsteilnehmer vor jeglichem Risiko einer bestimmten Vertragsart zu schützen. Was die Anforderungen an die Leistungsbeschreibung anlangt, hat §§ 7 ff. VOB/A bieterschützenden Charakter.[90] Die Zulässigkeit von Teilpauschalierungen beurteilt sich nach den Anforderungen aus §§ 7 ff. VOB/A, und nicht § 4 VOB/A.

2. Einheitspreisvergütung als übliche Vergütung nach § 632 Abs. 2 BGB

Diese Prioritätenregelung hat Konsequenzen für die Festlegung der Vergütung bei feh- **62** lender vertraglicher Bestimmung. Der Einheitspreis ist die übliche Vergütung nach § 632 Abs. 2 BGB.[91] Das gilt selbstverständlich bei einem Bauvertrag, in den die VOB/B rechts-

---

[88] So *Kapellmann* in Kapellmann/Messerschmidt, VOB/A § 4 Rn. 29 mit dort enthaltenen Verweisen.
[89] Vgl. näher → § 7c Rn. 38 ff.
[90] *Schranner* in Ingenstau/Korbion, VOB/A § 7 Rn. 2 m. w. N.
[91] *Kapellmann* in Kapellmann/Messerschmidt, VOB/B § 2 Rn. 131, *Jansen* in BeckVOB/B, § 2 Abs. 2 Rn. 3.

wirksam einbezogen worden ist, aber auch für einen BGB-Bauvertrag.[92] Die Vergütung ist demgemäß grundsätzlich nach Einheitspreisen zu bestimmen. Kommt ein Bauvertrag ohne nähere Detaillierung zustande, erfolgt dessen Abwicklung nach den Regeln des Einheitspreisvertrages. Der Auftragnehmer ist nicht in der Lage, ohne entsprechendes Einvernehmen pauschal oder nach Aufwand abzurechnen.

3. Darlegungs- und Beweislast nach allgemeinen Grundsätzen

63   **a) Prioritätenregelung kein Handelsbrauch.** Allerdings wirkt sich die Prioritätenregelung mangels Handelsbrauchs nicht entlastend auf die Darlegungs- und Beweislast des Auftragnehmers aus. Der BGH[93] hat die Abrechnung nach Einheitspreisen mangels Vorliegens eines dahin gehenden Handelsbrauchs nicht als selbstverständlich angesehen, sondern den Einheitspreis lediglich als eine von mehreren in der VOB zur Wahl gestellten Möglichkeiten zur Gestaltung von Bauverträgen eingestuft. Deshalb trifft den Auftragnehmer, der für sich in Anspruch nimmt, mangels vertraglicher Bestimmung nach Einheitspreisgrundsätzen abrechnen zu können, hierfür die Beweislast, wenn der Auftraggeber eine entgegenstehende, nur eine geringere Vergütung einräumende Behauptung aufstellt.[94] Der Umstand, dass der Einheitspreisvertrag als Normaltyp bezeichnet werden kann,[95] ändert hieran nichts. Diesbezüglich kann nichts anderes gelten als in dem Fall, in welchem der Unternehmer die Vereinbarung einer bestimmten Vergütung behauptet, und der Auftraggeber einen anderen, niedrigeren Vertragspreis für sich in Anspruch nimmt. Allerdings muss der Auftraggeber die von ihm in den Rechtsstreit eingeführte Preisvereinbarung nach Ort, Zeit und Höhe der Vergütung substantiiert darlegen.[96] Aus allgemeinen Grundsätzen, wonach der Kläger die seinen Anspruch begründenden Tatsachen zu beweisen hat, folgt, dass der klagende Unternehmer seine eigene Behauptung beweisen und die Behauptung des beklagten Auftraggebers widerlegen muss. Gegenteiliges kann weder aus § 4 Abs. 1 Nr. 1 VOB/A noch aus § 2 Abs. 2 VOB/B entnommen werden.[97] Darlegungs- und Beweislastregeln bestimmen sich nach materiellem Recht, nämlich nach der Konstruktion der Anspruchsgrundlage. § 4 Abs. 1 Nr. 1 VOB/A ist eine solche nicht. §§ 631, 632 Abs. 2 BGB setzen bei Geltendmachung der Vergütung nach Einheitspreisen als üblicher Vergütung jedenfalls voraus, dass es an einer – davon abweichenden – vertraglichen Bestimmung der Vergütung fehlt, was der beklagte Auftraggeber jedoch gerade bestreitet.

64   **b) Pauschalvertrag – keine Ausnahme.** Hieran vermag die in § 4 Abs. 1 Nr. 2 VOB/A vorgesehene Rangregelung, die den Pauschalvertrag nachrangig einstuft, nichts zu ändern. Hierdurch wird der Pauschalvertrag unter Darlegungs- und Beweislastgrundsätzen nicht zur Ausnahme, die derjenige darzulegen und zu beweisen hat, der sich auf sie beruft. Die prozessualen Lasten richten sich allein nach der Anspruchsgrundlage, die aus §§ 631, 632 Abs. 2 BGB besteht und als vom Kläger darzulegendes Tatbestandsmerkmal voraussetzt, dass die übliche Vergütung nur bei Fehlen einer vertraglichen Festlegung der Höhe der Vergütung erfolgreich begehrt werden kann.[98] Daraus, dass der Einheitspreisvertrag zum Normaltyp des Bauvertrages nach der VOB erklärt wird,[99] ist für den Vergütungsanspruch, um den es allein geht, keine Beweisregel des Inhalts zu gewinnen, dass derjenige, der sich auf eine andere Berechnungsart berufen will, diese zu beweisen hat.

---

[92] *Werner* in Werner/Pastor, Der Bauprozess, 15. Aufl. 2015, Rn. 1493 mwN; *Busche* in MüKoBGB, § 632 Rn. 24; *Schranner* in Ingenstau/Korbion, VOB/A § 4 Rn. 8.

[93] BGH 9.4.1981 – VII ZR 262/80, NJW 1981, 1442 = BauR 1981, 388 = ZfBR 1981, 170.

[94] *Werner* in Werner/Pastor, Der Bauprozess, 15. Aufl. 2015, Rn. 1391; *Wurm* in Baumgärtel, Handbuch der Beweislast im Privatrecht, 3. Aufl. 2009, § 2 VOB/B Rn. 3.

[95] OLG Hamm 25.10.2000 – 12 U 32/00, BeckRS 2000, 14380 = BauR 2002, 319 (320); *Werner* in Werner/Pastor, Der Bauprozess, 15. Aufl. 2015, Rn. 1493.

[96] BGH 26.3.1992 – VII ZR 180/91, NJW-RR 1992, 848 = BauR 1992, 505 = ZfBR 1992, 173.

[97] *Zielemann* Vergütung, Zahlung und Sicherheitsleistung nach VOB, 3. Aufl. 2007, Rn. 180.

[98] *Jansen* in BeckVOB/B, § 2 Rn. 17; *Werner* in Werner/Pastor, Der Bauprozess, 15. Aufl. 2015, Rn. 1377.

[99] OLG Hamm 25.10.2000 – 12 U 32/00, BeckRS 2000, 14380 = BauR 2002, 319 (320); *Werner* in Werner/Pastor, Der Bauprozess, 15. Aufl. 2015, Rn. 1493.

c) Bestätigung durch § 2 Abs. 2 VOB/B. Diese Beurteilung bestätigt § 2 Abs. 2 **65**
VOB/B. Danach wird die Vergütung nach den vertraglichen Einheitspreisen berechnet,
wenn keine andere Berechnungsart (z. B. durch Pauschalsumme, nach Stundenlohnsätzen,
eventuell Selbstkosten) vereinbart ist. Als Teil der sich auch aus § 631 Abs. 1 BGB zusammensetzenden Anspruchsgrundlage erklärt die Vorschrift die „vertraglichen Einheitspreise"
zu Elementen der Anspruchsgrundlage, was damit Gegenstand der Darlegungs- und Beweislast des klagenden Unternehmers ist. Die Behauptung des beklagten Auftraggebers, es
sei eine davon abweichende Vereinbarung getroffen worden, erweist sich als Bestreiten, das
jedoch nach der Rechtsprechung[100] zur Auslösung der Beweisbelastung des Auftragnehmers nach Ort, Zeit und Höhe der Vergütung qualifiziert sein muss.

E. Der Einheitspreisvertrag (§ 4 Abs. 1 Nr. 1 VOB/A)

Den Einheitspreisvertrag kennzeichnet, dass es bei mehreren Teilleistungspositionen nicht **66**
einen Vertragspreis gibt. **Vertragspreise** sind die je Teilleistung vereinbarten **Einheitspreise.**
Vertragspreis ist weder der Positionspreis noch die durch Addition der Positionspreise gebildete Angebotsendsumme.[101] Vertraglich vereinbarter Preis ist allein der Positionspreis für eine in
dieser Position beschriebene Leistung. Den Einheitspreisvertrag kennzeichnet, dass Preise für
die einzelnen Positionen gebildet werden, die rechtsgeschäftlich vereinbart sind. Deren Bedeutung erschöpft sich nicht darin, dass sie Teil einer Gesamtpreisbildung sind; vielmehr haben die Einheitspreise eine eigenständige Bedeutung, was sich gerade bei Mengenänderungen
oder sonstigen anordnungsbedingten Änderungen auswirkt.[102] In der Praxis bestehen diesbezüglich gerade bei Laien als Auftraggeber nicht unerhebliche Irrtümer; die Auftraggeberseite
ist oft der Auffassung, die Leistung unabhängig von der Mengenentwicklung zur Angebotsendsumme zu erhalten. Dabei bleibt unbeachtet, dass der Einheitspreisvertrag gerade dadurch gekennzeichnet wird, dass die zu entrichtende Vergütung gem. § 2 Abs. 2 VOB/B die
Feststellung der tatsächlich ausgeführten Teilleistungen durch Aufmaß bedingt, was multipliziert mit dem jeweiligen Einheitspreis zur Abrechnungssumme führt. Die Angebotsendsumme muss keineswegs identisch mit der Abrechnungssumme sein, da die im Leistungsverzeichnis angeführten Mengen mit dem Aufmaßergebnis oder der Mengenentwicklung in der
Wirklichkeit nicht identisch sein müssen. Denn der Auftraggeber gibt im **Vordersatz** einer
Teilleistungsposition regelmäßig lediglich eine ungefähre Größenordnung an; der genaue
Leistungsumfang wird nach Beendigung der Leistung durch Aufmaß festgestellt. Wegen dieser Eigenständigkeit des Einheitspreises der jeweiligen Teilleistungen ist für die Beurteilung
der Sittenwidrigkeit eines Preises am Einheitspreis und nicht am Gesamtpreis anzusetzen.[103]
Demgegenüber ist Ansatzpunkt für die Angemessenheitsprüfung grundsätzlich der Gesamtpreis, denn nach § 16d Abs. 1 VOB/A wird der Angebotspreis gewertet. Der Angebotspreis ist
bei einem Einheitspreisvertrag der Gesamtpreis und nicht der Einheitspreis der jeweiligen
Teilleistungen.[104] Deshalb kommt es für die Angemessenheit des Angebotspreises gem.
§ 16d Abs. 1 Nr. 1 VOB/A nicht auf die einzelnen Einheitspreise an.[105]

I. Die Elemente des Einheitspreisvertrages

§ 4 Abs. 1 Nr. 1 VOB/A benennt die Strukturelemente des Einheitspreisvertrages. Die **67**
Bauleistung wird in technisch und wirtschaftlich einheitliche Teilleistungen gegliedert.

---

[100] BGH 26.3.1992 – VII ZR 180/91, NJW-RR 1992, 848 = BauR 1992, 505 = ZfBR 1992, 173.
[101] *Schranner* in Ingenstau/Korbion, VOB/A § 4 Rn. 10.
[102] BGH 18.12.2008 – VII ZR 291/06, NJW 2009, 835 Tz. 22 = NZBau 2009, 232 = BauR 2009, 491,
494.
[103] BGH 18.12.2008 – VII ZR 201/06, NJW 2009, 835 Tz. 22 = NZBau 2009, 232 = BauR 2009, 491.
[104] Vgl. → § 16d Rn. 23 ff.
[105] BayObLG 18.9.2003 – Verg 12/03, NZBau 2004, 294–296; OLG Dresden 6.6.2002 – WVerg 5/02;
VergabeR 2003, 64; *Frister* in Kapellmann/Messerschmidt, VOB/A § 16 Rn. 115.

Diese Teilleistungen werden der Menge nach erfasst, wobei sich die Menge nach Maß, Gewicht oder Stückzahl bestimmt. Wie diese Teilleistungspositionen zu beschreiben sind, geben §§ 7 ff. VOB/A näher vor; maßgebend sind die generellen Regelungen in § 7 Abs. 1, 2 und die speziellen Anforderungen in § 7b.

1. Teilleistungen – Teilleistungspositionen

68   Für die Bestimmung der Teilleistungen ist weiterführend die in § 7b Abs. 4 VOB/A enthaltene Vorgabe, dass in einer Ordnungszahl (Position) nur solche Leistungen aufgenommen werden, die nach ihrer technischen Beschaffenheit und für die Preisbildung als in sich gleichartig anzusehen sind. Den Gegensatz zu diesen Teilleistungspositionen bilden sog. **Sammelpositionen,** die ungleichartige Leistungen (Teilleistungen) in jeweils einer Position zusammenfassen.

69   **a) Gewerkespezifischer Maßstab – Hilfe durch VOB/C.** Die Bestimmung der Teilleistung erfolgt nach gewerketechnischen Gesichtspunkten. Die VOB/C bietet im Abschnitt 0.5 mit ihren Hinweisen auf die Abrechnungseinheiten, die sie von ATV zu ATV verschieden den einzelnen Bauleistungen zuweist, eine Hilfestellung. So kann z. B. der DIN 18330, Allgemeine Technische Vertragsbedingungen für Bauleistungen (ATV) Mauerarbeiten, Ausgabe September 2016, im Abschnitt 0.5 entnommen werden: Nach Flächenmaß sind getrennt nach Bauart und Maßen Mauerwerk, Ausfachungen von Holz-, Stahl- und Betonskeletten, nichttragende Trennwände, Sicht- und Verblendmauerwerk, Verblendschalen, Bekleidungen, Rückflächen von Nischen, Gewölbe, Ausfugen, Bodenbeläge aus Flach- und Rollschichten, Auffüllungen von Decken, Dämmstoffschichten, Dampfbremsen, Trenn- und Schutzschichten, Abdichtungen und Fertigteile und Fertigteildecken getrennt als je für sich bestehende Teilleistungsposition zu beschreiben und im Leistungsverzeichnis anzuführen. Diese Bauleistungen stellen jeweils ungleichartige Leistungen dar, die grundsätzlich nicht in einer Sammelposition, sondern in getrennten Teilleistungspositionen beschrieben werden sollen. Leibungen sind bei Sicht- und Verblendmauerwerk, Pfeiler und Pfeilervorlagen, gemauerten Stufen, Herstellen und Schließen von Schlitzen usw. nach Abschnitt 0.5.3 nach Längenmaß abzurechnen.

70 **Beispiel:**
Demnach soll nicht das aus Kalksandstein für den Keller vorgesehene Mauerwerk samt Abdichtung oder Sperr- und Schutzschichten in einer Position als einheitliche Bauleistung ausgeschrieben werden. Denn das Mauerwerk (DIN 18330) und die Abdichtung (DIN 18336) gehören unterschiedlichen Gewerken an. Nach DIN 18330 Abschnitt 0.5.1 ist zwischen den Stahl- und Betonskeletten einerseits und dem Ausmauern solcher Skelette andererseits zu unterscheiden. Im Bereich der DIN 18331 – Beton- und Stahlbetonarbeiten – weist der Abschnitte 0.5.3 die Schalung und die Bewehrung als eigenständige Teilleistungspositionen aus.

71   **b) Hinweischarakter.** Bei den Vorgaben nach Abschnitt 0 der jeweils einschlägigen gewerkespezifischen Allgemeinen Technischen Vertragsbedingung für Bauleistungen handelt es sich jedoch nach der zum Abschnitt 0 gehörigen Überschrift lediglich um **Hinweise** für das Aufstellen der Leistungsbeschreibung. Der Ausschreibende muss sich im Verhältnis zum Wettbewerbsteilnehmer nicht daran halten, wenn §§ 7 ff. VOB/A lediglich Teil des Haushaltsrechts ist. Werden die Schwellenwerte erreicht oder überschritten, erhalten §§ 7 ff. EU VOB/A und §§ 7 ff. VS VOB/A jedoch nach § 2 VgV bzw. § 2 VSVgV Rechtsnormenqualität; dann hat der Auftraggeber dem Wettbewerbsteilnehmer gegenüber die Anforderungen des §§ 7 ff. EU VOB/A bzw. §§ 7 ff. VS VOB/A mit der Folge einzuhalten, dass Verstöße mittels des Nachprüfungsverfahrens geahndet werden können.[106] Für die Bildung der Teilleistungspositionen nach § 4 Abs. 1 Nr. 1 VOB/A und § 7b Abs. 1 VOB/A verdeutlicht der Abschnitt 0.5 der einschlägigen VOB/C-Regelung, was die gewerkespezifische Betrachtungsweise als ungleichartige Leistungen einstuft. Im Übrigen legt § 7 Abs. 1 Nr. 7 VOB/A dem Ausschreibenden nahe, die „Hinweise für das Aufstellen der Leistungsbeschreibung" in Abschnitt 0 der Allgemeinen Technischen Vertragsbedingungen

---

[106] Vgl. näher → § 7 Rn. 16.

für Bauleistungen DIN 18299 ff. zu beachten. Vertragsrechtlich erweisen sich die in den 0-Abschnitten der VOB/C enthaltenen Inhaltsaussagen bei einem der VOB/A unterliegenden Bauvertrag als Obliegenheiten.[107] Die Missachtung bleibt jedoch vertragsrechtlich folgenlos, da der Bieter anhand des Ausschreibungstextes die Kalkulationsrisiken kennt. Eine mit diesen Grundsätzen kollidierende Ausschreibung führt nicht dazu, dass anstelle der ausgeschriebenen Leistung eine mit §§ 7 ff. und damit auch § 4 Abs. 1 Nr. 1 VOB/A übereinstimmende Bauleistung Vertragsinhalt wird.[108] Weder §§ 7 ff. noch § 4 Abs. 1 Nr. 1 VOB/A enthält zwingendes Vertragsrecht. Soweit jedoch diese Vergaberegelungen auch dem Schutz des Bieters zu dienen bestimmt sind, hat ein Wettbewerbsteilnehmer nach § 97 Abs. 6 GWB die Möglichkeit der Durchführung eines Nachprüfungsverfahrens. Deshalb ist zwischen den vergaberechtlichen und den vertragsrechtlichen Folgen von Vergabeverstößen zu unterscheiden.[109]

c) Standardleistungsbuch für das Bauwesen. Hinweischarakter hat auch das Standardleistungsbuch für das Bauwesen (STLB-Bau),[110] das für die einzelnen Leistungsbereiche Standardbeschreibungstexte für die Ausschreibung bietet. Die Gliederung der Bauleistungen in Teilleistungen ist dort sehr weit fortgeschritten. **72**

d) Abgrenzung von Fachlosen und Teillosen. Die Teilleistungen nach § 4 Abs. 1 **73** Nr. 1 VOB/A sind von Fachlosen oder Teillosen (§ 5 Abs. 2 VOB/A) zu unterscheiden. Fachlose und Teillose sind ihrerseits für die Ausschreibung und Vergabe auf der Grundlage eines Einheitspreisvertrages in Teilleistungen aufzugliedern.

2. Sammelpositionen

Nach § 7b Abs. 4 Satz 2 VOB/A bestehen Sammelpositionen aus ungleichartigen Leis- **74** tungen (Teilleistungen), die jedoch unter einer Ordnungszahl des Leistungsverzeichnisses zusammengefasst werden. Dies soll nur geschehen, wenn eine Teilleistung gegenüber einer anderen für die Bildung eines Durchschnittspreises ohne nennenswerten Einfluss ist.

Beispiel: **75**
Eine typische Sammelposition liegt vor, wenn die Verlegung von **Verbundestrich** im Leistungsverzeichnis wie folgt beschrieben wird: „Liefern und Einbauen von Kunstharzverbundestrich einschließlich Einbau der erforderlichen Haftbrücke samt sämtlicher erforderlicher Untergrundvorbereitungs- und -reinigungsarbeiten, je qm und Einbauhöhe von 35 mm …". Damit wird die Hauptleistung mit Nebenleistungen und – noch dazu unbeschriebenen und damit unbestimmten – Besonderen Leistungen nach Abschnitt 4 der DIN 18353 verknüpft.

Sammelpositionen können aus unterschiedlichen **Hauptleistungen** als Teilleistungen **76** wie auch aus Hauptleistungspositionen in Verbindung mit **Nebenleistungen** und **Besonderen Leistungen** nach Maßgabe des Abschnitts 4 der jeweiligen gewerkespezifischen ATV der VOB/C gebildet werden.

a) Schrankenziehung – Ungleichartigkeitselemente. Die technische Beschaffenheit **77** und die Preisbildungsfaktoren der in der Sammelposition zusammengefassten Leistungen bilden nach § 7b Abs. 4 VOB/A die Kriterien für die Prüfung der Gleichartigkeit bzw. der Ungleichartigkeit der Teilleistungen. Material-, Geräteeinsatz- und Lohnkosten sind hinsichtlich der Preisbildung die maßgeblichen Faktoren. Das in § 5 Abs. 1 VOB/A enthaltene Gebot, Bauleistungen so zu vergeben, dass u. a. eine zweifelsfrei umfassende Haftung für Mängelansprüche erreicht wird, entlässt nicht von der Notwendigkeit, Teilleistungen zu bilden und von Sammelpositionen Abstand zu nehmen.

Beispiel: **78**
Die Vergabe einer Warmwasserfußbodenheizung nach der DIN 4725 Teil 4 und der DIN EN 1264-1-3 erfolgt unter Gewährleistungsgesichtspunkten am besten in der Weise, dass der Heizungsbauer über die

---

[107] *Quack* BauR 2009, 1209, 1212; *ders.* ZfBR 2007, 211.

[108] BGH 27.6.1996 – VII ZR 59/95; NJW 1997, 61 = BauR 1997, 126 = ZfBR 1997, 29.

[109] Vgl. nachfolgende → Rn. 77.

[110] Aufgestellt vom Gemeinsamen Ausschuss für Elektronik im Bauwesen (GAEB), herausgegeben vom DIN Deutsches Institut für Normung e. V.

typischen Heizungsleistungen hinaus die Wärmedämmung und den Estrich mit übernimmt. Dennoch sind die gewerkespezifischen Leistungen in Teilleistungen aufzulösen.

79   **b) Vertragsrechtliche Sanktionslosigkeit eines Verstoßes.** Die **Nichtbeachtung der Schrankenziehung** für die Bildung von Sammelpositionen bleibt für die Inhaltsbestimmung des Vertrages und regelmäßig auch für die vertragsrechtliche Abwicklung ohne Folgen. Weder § 7b Abs. 4 noch § 4 Abs. 1 Nr. 1 VOB/A kommt eine Außenwirkung i. d. S. zu, dass dem Verstoß eines an die VOB/A gebundenen Auftraggebers gegen diese VOB/A-Regeln unmittelbar rechtsgeschäftliche Wirkung zukäme. Der Verstoß wird nicht über § 134 BGB sanktioniert, da es an einem Verstoß gegen ein gesetzliches Verbot i. S. d. § 134 BGB fehlt, wenn es sich um Vergaben **unterhalb der Schwellenwerte** handelt. § 4 und §§ 7 ff. sind als Teil des Abschnitts 1 lediglich Verwaltungsanweisungen.[111] Werden die Schwellenwerte erreicht, erhalten §§ 7 ff. EU VOB/A und §§ 7 ff. VS VOB/A zwar über § 2 VgV bzw. § 2 VSVgV Rechtssatzqualität. § 134 BGB wird jedoch dennoch nicht ausgelöst. Denn die nach §§ 97 ff. GWB vorgesehenen Rechtsschutzmöglichkeiten sind eigenständiger Art und gehen der Verbotsregelung aus § 134 BGB vor. § 134 BGB kommt gem. seiner Regelung auch nur dann zum Tragen, wenn sich aus den Gesetz nicht ein anderes ergibt. Da ein Verstoß gegen drittschützende Vergaberegeln vom Betroffenen in einem eigenständigen Rechtsschutzsystem angegriffen werden kann, ist eine derartige anderweitige Regelung vorhanden. Der geschlossene Bauvertrag erfährt keine inhaltliche Veränderung nach Maßgabe des durch die VOB/A geforderten Inhalts.[112] In dem Zusammenhang ist auch bedeutsam, dass der Auftraggeber nach der Rechtsprechung nicht gehalten ist, den Bietern das Risiko einer Kalkulation der technischen Anforderungen der eigenen Leistung völlig abzunehmen.[113] Ein Bieter, der von der Angebotsabgabe wegen der durch Sammelpositionen gegebenen Risiken Abstand genommen hat, kann sich nicht auf Schadensersatzansprüche aus § 311 Abs. 2, § 280 Abs. 1 BGB stützen. Wer von der Angebotsabgabe Abstand nimmt, erleidet keinen Schaden. § 97 Abs. 6 GWB verschafft i. V. m. der VgV bzw. VSVgV Rechtschutz im Vergabeverfahren. Vertragsrechtlich führt auch der Vertrauensgedanke nicht weiter, denn der Bieter ist mit Erhalt der Ausschreibungsunterlagen mit dem konkreten Leistungsverzeichnis konfrontiert, das die Sammelpositionen enthält. Beteiligt er sich an der Ausschreibung, sind damit ein **Vertrauensverlust** und damit der Verlust eines möglichen Schadensersatzanspruches verbunden.[114] Nimmt der Bieter an der Ausschreibung nicht teil, entsteht überhaupt kein vertragsähnliches Vertrauensverhältnis als Grundlage für einen Schadensersatzanspruch aus §§ 311 Abs. 2, 280 Abs. 1 BGB.

80   **c) Risiken der Sammelpositionsbildung.** Die Sammelpositionsbildung ist für den Bieter und späteren Auftragnehmer nicht ohne Risiko. Denn insbesondere der Anfall von näher nicht beschriebenen aber eben doch pauschal erwähnten Leistungen kann kalkulatorisch nicht abgeschätzt werden, so dass die **Preisbildung** risikobehaftet ist. Eine Sammelposition ist nichts anderes als eine **Teilpauschalierung,** weil Leistungselemente – vertragsrechtlich bedenkenfrei – undifferenziert in einer Position zusammengefasst werden und hierfür ein Preis gebildet wird. Im **Störungsfall,** z. B. bei Kündigungen nach § 8 Abs. 1 VOB/B, bereitet die Auffindung der dem Unternehmer gem. § 8 Abs. 1 Nr. 2 VOB/B zustehende Vergütung dann Schwierigkeiten, wenn von einer Sammelposition lediglich Teilleistungen erbracht wurden oder der Auftraggeber bestimmte Teile einer Sammelposition nach § 2 Abs. 4 VOB/B selbst übernimmt. Die Bestimmung der anzurechnenden

---

[111] BVerfG 13.6.2006 – 1 BvR 1160/03, NJW 2006, 3701 = NZBau 2006, 791 = BauR 2007, 98, 100 = VergabeR 2006, 871; BGH 30.3.2006 – VII ZR 44/05, NJW 2006, 2555 = NZBau 2006, 504 = BauR 2006, 1128, 1130 = ZfBR 2006, 465.

[112] BGH 27.6.1996 – VII ZR 59/95; NJW 1997, 61 = BauR 1997, 126 (128) = ZfBR 1997, 29; *Quack* BauR 1998, 381; *Kapellmann/Schiffers* Vergütung, Nachträge und Behinderungsfolgen beim Bauvertrag, Band 1 Einheitspreisvertrag, 6. Aufl. 2011, Rn. 191 ff. (aber Auslegungsregel).

[113] BGH 11.11.1993 – VII ZR 47/93, NJW 1994, 850 = BauR 1994, 256 = ZfBR 1994, 115.

[114] BGH 30.3.2006 – VII ZR 44/05, NJW 2006, 2555 = NZBau 2006, 504 = BauR 2006, 1128, 1130 = ZfBR 2006, 465; BGH 7.6.2005 – X ZR 19/02, NZBau 2005, 709 = BauR 2005, 1618 = ZfBR 2005, 704 = VergabR 2005, 617.

ersparten Aufwendungen kann ohne Vorlage der Urkalkulation oder – wie oft bei einer Kalkulation lediglich im Kopf – überzeugende Nachholung der Kalkulation (§ 286 ZPO) nicht erfolgen. Die diesbezüglich bei Kündigung eines Pauschalvertrages geltenden Grundsätze[115] sind bei Kündigung eines Einheitspreisvertrages, bei dem eine Sammelposition nicht voll erfüllt worden ist, entsprechend anzuwenden. Denn die vollständige Erledigung der Sammelposition bleibt aus, so dass die erbrachten Leistungen von den nicht erbrachten abzugrenzen sind und das Verhältnis der bewirkten Leistung zur Gesamtleistung sowie der Preisansatz für die erbrachten und nicht erbrachten Leistungen im Verhältnis zum Preis der Sammelposition maßgeblich sind.

3. Leistungsbestimmungs- und -begrenzungsfunktion des Teilleistungsbeschriebs

a) § 1 Abs. 1 Satz 1, § 2 Abs. 1 VOB/B. Der Beschrieb der im Leistungsverzeichnis 81 aufgelisteten Teilleistungen hat bestimmende Funktion hinsichtlich Art und Inhalt der vertraglich übernommenen Leistung. Denn die auszuführende Leistung wird gem. § 1 Abs. 1 Satz 1 VOB/B nach Art und Umfang durch den Vertrag bestimmt. Für den vereinbarten Preis sind gem. § 2 Abs. 1 VOB/B die Leistungen zu erbringen, die nach der Leistungsbeschreibung und den weiteren Vertragsbestandteilen zur vertraglichen Leistung gehören.

Beispiele: 82
Enthält eine Position im Bereich der Betonerhaltungsarbeiten (DIN 18349) die Vorbereitung des Untergrundes mit der Beschreibung: „Untergrundvorbereitung", wird das Textverständnis nach Maßgabe der DIN 18349 geprägt, womit nach Abschnitt 3.2 und Abschnitt 4.2.16 ein Abschleifen nicht tragfähiger Betons oder die Entfernung von Beschichtungen bzw. Imprägnierungen für den Einheitspreis nicht geschuldet ist. Enthalten Allgemeine Vertragsbedingungen des Auftraggebers bezüglich des Leistungsumfanges den Hinweis auf Gerüste, die im Detail-Leistungsverzeichnis nicht als besondere Position angeführt werden, schuldet der Unternehmer für den Preis lediglich die Erstellung der Gerüste, die nach der VOB/C über den Abschnitt 4.1 als kostenlos zu erbringende Nebenleistungen deklariert sind.[116]

b) Textauslegung. Der Bieter darf einen Leistungsbeschreibungstext bei einer Aus- 83 schreibung nach der VOB/A so auslegen und verstehen, dass er den Anforderungen der §§ 7 ff. VOB/A entspricht.[117] Dem **Wortlaut** des Teilleistungsbeschriebs kommt besondere Bedeutung zu; für die Auslegung ist die Sicht der möglichen Bieter als Empfängerkreis maßgebend und nicht das bloß mögliche Verständnis nur einzelner Empfänger zu berücksichtigen.[118] Für **fachliche Texte** ist ein **fachlicher Sprachgebrauch,** der im Streitfall auch dem Sachverständigenbeweis zugänglich ist, maßgeblich. Entscheidend ist die Terminologie mit dem Aussagegehalt, wie er üblicherweise einheitlich in dem speziellen fachlichen Sinne verstanden wird.[119] Konkretisierend ermöglicht dies den Rückgriff auf den durch die VOB/C geprägten Verständnishorizont. Das gilt bei einem über eine Ausschreibung nach der VOB/A zustande gekommenen Vertrag deshalb, weil nicht nur § 7 Abs. 1 Nr. 7 VOB/A auf die Hinweise für das Aufstellen der Leistungsbeschreibungen im Abschnitt 0 der Allgemeinen Technischen Vertragsbedingungen für Bauleistungen Bezug nimmt, sondern gem. § 7 Abs. 3 VOB/A bei der Beschreibung der Leistung die verkehrsüblichen Bezeichnungen zu beachten sind. Diese sind dann konsequent auch in dem verkehrsüblichen Sinne zu verstehen. Das Verständnis nach Maßgabe der Terminologie der VOB/C ist demnach bei einem VOB-Bauvertrag, für den § 1 Abs. 1 Satz 2 VOB/B die VOB/C zum Vertragsbestandteil erklärt, eindeutig gesichert, gilt aber auch für einen BGB-Bauvertrag, wenn es um das Verständnis fachlichen Sprachgebrauchs geht, der seinen Niederschlag im Einzelfall auch in der VOB/C findet.

---

[115] BGH 17.6.2004 – VII ZR 337/02, NZBau 2004, 503 = BauR 2004, 1443; BGH 2.5.2002 – VII ZR 325/00, NZBau 2002, 508 = BauR 2002, 1406; BGH 4.7.2002 – VII ZR 103/01, NZBau 2002, 614 = BauR 2002, 1588 = ZfBR 2002, 787; BGH 26.10.2000 – VII ZR 99/99, NJW 2001, 521 = NZBau 2001, 85 = BauR 2001, 251.
[116] OLG Düsseldorf 1.7.1997 – 21 U 232/96, NJW-RR 1997, 1378. = BauR 1997, 1051.
[117] BGH 9.1.1997 – VII ZR 259/95, NJW 1997, 1577 = BauR 1997, 466 = ZfBR 1997, 188.
[118] BGH 22.4.1993 – VII ZR 118/92, NJW-RR 1993, 1109 = BauR 1993, 595 = ZfBR 1993, 219.
[119] BGH 9.1.1997 – VII ZR 259/95, NJW 1997, 1577 = BauR 1997, 466 = ZfBR 1997, 188.

4. Pauschalpreispositionen

84 Üblicherweise kennzeichnet den Teilleistungsbeschrieb die eindeutige und erschöpfende Beschreibung der Leistung (§§ 7 Abs. 1 Nr. 1, 7b VOB/A), womit der Weg zur Lösung der gestellten Bauaufgabe gewiesen und in Verfahren wie auch Material vorgegeben ist. Pauschalpreispositionen, die im Rahmen eines Einheitspreisvertrages ohne weiteres vorkommen können, unterscheiden sich davon. Sie beschränken sich entsprechend den Möglichkeiten der funktionalen Leistungsbeschreibung (§ 7c VOB/A) auf die Benennung der (Teil-)Bauaufgabe und überlassen es dem Bieter/Auftragnehmer, hierfür einen Pauschalpreis anzubieten und nach Zuschlagserteilung die objektspezifisch gebotene und zielführende Ausführung umzusetzen.

85 **a) Legitimation der Pauschalpreisposition.** Dem privaten Auftraggeber ist es unbenommen, das Leistungsziel lediglich funktional vorzugeben und die Unsicherheiten über Art und Arbeitsumfang auf den Auftragnehmer zu verlagern.[120] Denn ob und wie sich ein Vertragspartner der Risiken eines Vertragsschlusses vergewissert, ist ausschließlich dessen Sache. Die Ausschreibung nach Maßgabe der funktionalen Leistungsbeschreibung ist verbreitet und in Fachkreisen allgemein bekannt. Die mit einem solchen Vertragsschluss einhergehende Risikoverlagerung ist offenkundig, weswegen ein sachkundiger Auftragnehmer sich nicht darauf berufen kann, er habe die damit verbundenen Gefahren nicht erkennen können und zu erkennen brauchen.[121] Auch dem öffentlichen und der VOB/A verpflichteten Auftraggeber verwehrt die VOB/A den Zugriff auf die **funktionale Leistungsbeschreibung** und damit die Möglichkeit der Bildung von Pauschalpreispositionen nicht. Denn § 7c VOB/A lässt in geeigneten Fällen zu, dass der potentielle Auftraggeber sich auf die **Beschreibung der Bauaufgabe** beschränkt und es dem Bieter und späteren Auftragnehmer überlässt, den Entwurf zu bearbeiten und die Bauausführung darzustellen. Dementsprechend kennt die HOAI in der Anlage 10 die Besondere Leistung „Aufstellen der Leistungsbeschreibungen mit Leistungsprogramm auf der Grundlage der detaillierten Objektbeschreibung“. Das VHB fordert in den Allgemeinen Richtlinien Vergabeverfahren und Zuständigkeiten, Abschnitt 4.4, eine Leistungsbeschreibung mit Leistungsprogramm könne zweckmäßig sein, „wenn sie wegen der fertigungsgerechten Planung in Fällen notwendig ist, in denen es beispielsweise bei Fertigteilbauten wegen der Verschiedenartigkeit von Systemen Bietern freigestellt sein muss, die Gesamtleistung so anzubieten, wie es ihrem System entspricht, wenn mehrere technische Lösungen möglich sind, die nicht im Einzelnen neutral beschrieben werden können und der Auftraggeber seine Entscheidung unter dem Gesichtspunkt der Wirtschaftlichkeit und Funktionsgerechtigkeit erst aufgrund der Angebote treffen will." Im Übrigen ist nach Abschnitt 4.4.1.2 dieser Richtlinie sorgfältig zu prüfen, ob die durch die Übertragung der Planungsaufgabe auf die Bieter entstehenden Kosten in angemessenem Verhältnis zum Nutzen stehen, und ob für die Ausarbeitung der Pläne und Angebote leistungsfähige Unternehmer in so großer Zahl vorhanden sind, dass ein wirksamer Wettbewerb gewährleistet ist.

86 **b) Legitimation durch die VOB/C.** Pauschalpreispositionen erkennt auch die VOB/C durchaus an und beschränkt den Ausschreibenden auf die **Benennung der Bauaufgabe** samt Angabe der Bauumstände und Ausführungsbedingungen. So überlässt es die DIN 18331 (Beton- und Stahlbetonarbeiten) im Abschnitt 3.2 dem Auftragnehmer, wie er den Beton zur Erreichung der geforderten Güte zusammensetzt, mischt, verarbeitet und nachbehandelt. Dementsprechend kann sich die Ausschreibung z. B. nach Abschnitt 0.2.4 auf die Bezeichnung der Anforderungskriterien (Güte) beschränken. Für die Wasserhaltung hat der Auftraggeber die im Abschnitt 0.2 der DIN 18305 beschriebenen Angaben zur Ausführung zu machen; es liegt gem. Abschnitt 3.2.1 am Auftragnehmer, den Umfang, die

---

[120] BGH 23.1.1997 – VII ZR 65/96, NJW 1997, 1772 = BauR 1997, 464, 465 = ZfBR 1997, 197; BGH 27.6.1996 – VII ZR 59/95; NJW 1997, 61 = BauR 1997, 126 = ZfBR 1997, 29.
[121] BGH 27.6.1996 – VII ZR 59/95; NJW 1997, 61 = BauR 1997, 126 (128) = ZfBR 1997, 29.

Leistung, Wirkungsgrad und Sicherheit der Wasserhaltungsanlage dem vorgesehenen Zweck entsprechend zu bemessen.

Beispiel: 87

Deshalb ist hinsichtlich einer Position, nach deren Wortlaut der Rohbauunternehmer eine Bau- oder Kanalgrube durch Wasserhaltungsmaßnahmen nach seiner Wahl trocken zu halten hat, die insoweit geforderte Leistung über den zu erreichenden Erfolg vollständig beschrieben. Der Wortlaut deckt Maßnahmen jeder Art ab, die erforderlich sind, dieses Ziel zu erreichen.[122] Allerdings können nach den Umständen des Einzelfalles völlig ungewöhnliche und von keiner Seite zu erwartende Leistungen von der Leistungsbeschreibung über §§ 133, 157, 242 BGB ausgenommen sein, was auch damit zusammenhängt, dass der Ausschreibende bei einer § 7 VOB/A verpflichteten Ausschreibung dem Bieter kein ungewöhnliches Wagnis auferlegen will.[123] Auf die Weise wird die für den Preis gem. § 2 Abs. 1 VOB/B zu erbringende Leistung nach Art und Umfang eingegrenzt.

c) Risikosteuerung durch die VOB/C. Die Begrenzung des Leistungsinhalts und   88
-umfangs bei einer Pauschalpreisposition muss jedoch nicht nur mit Hilfe der Vertragsauslegung nach §§ 133, 157 BGB und nach Treu und Glauben (§ 242 BGB) erfolgen. Für die Abgrenzung, welche Leistungen von einer vertraglich vereinbarten Vergütung erfasst sind und welche Leistungen zusätzlich zu vergüten sind, entscheidet der Inhalt der Leistungsbeschreibung, die im Zusammenhang des gesamten Vertragswerks auszulegen ist. Mit der Vereinbarung der VOB/B gehört auch die VOB/C zu diesen Vertragsbestandteilen.[124] Sehr häufig reduziert gerade die VOB/C, die über § 1 Abs. 1 Satz 2 VOB/B jedenfalls bei einem öffentlichen Auftraggeber, der die VOB/B stellt, Vertragsbestandteil wird, worauf in den Verdingungsunterlagen nach § 8a Abs. 1 VOB/A hinzuweisen ist, Leistungsinhalt und Leistungsumfang.[125] Sondertatbestände, mit denen nicht zu rechnen ist, jedoch bewältigt werden müssen, werden als vergütungspflichtige Besondere Leistungen deklariert. Auf DIN 18305 Abschnitte 3.1.3, 3.3.2 und 3.4.2 ist z.B. hinsichtlich des Bereichs der Wasserhaltung besonders hinzuweisen. Dieses Prinzip verwirklicht die VOB/C in vielen Fällen. Diese Besonderen Leistungen gehören nach DIN 18299 Abschnitt 4.2 nur dann zur vertraglichen Leistung, wenn sie in der Leistungsbeschreibung besonders erwähnt sind. Es ist eine Frage des Einzelfalles, ob und in welchem Umfang bei einer **Teilpauschalierung** für den Pauschalpreis der Teilleistung auch Besondere Leistungen zu erbringen sind.

5. Vertragsqualität der Teilleistungspositionen

Keinen Einfluss nimmt § 4 Abs. 1 Nr. 1 VOB/A auf die sonstige rechtliche Qualifizie-   89
rung der Teilleistungspositionen, die je nach dem Vertragswillen der Bauvertragsparteien vorbehaltlos zum vertraglich geschuldeten Leistungsinhalt gehören können oder deren Vergabe noch unter einer aufschiebenden Bedingung steht. Die Praxis unterscheidet ohne begriffliche Absicherung in der VOB/A oder sonst in den anderen Teilen der VOB zwischen Normalpositionen, Bedarfspositionen, Grundpositionen, Wahlpositionen (Alternativpositionen) und Zuschlagspositionen.[126]

a) Normalposition. Eine Normalposition ist eine solche Teilleistungsposition, die   90
ohne Vorbehalte im Leistungsverzeichnis angeführt wird und deshalb ohne einschränkende Bedingungen zur vertraglich geschuldeten Leistung gehört. Für sie wird deshalb unter Zugrundelegung der Mengenvorgaben im Leistungsverzeichnis (Vordersatz)[127] durch Multiplikation mit dem angebotenen Einheitspreis der Positionspreis ermittelt, der in die Angebotsendsumme einfließt. Synonym zum Begriff der Normalposition ist der Terminus

---

[122] BGH 11.11.1993 – VII ZR 47/93, NJW 1994, 850 = BauR 1994, 236 (237) = ZfBR 1994, 115.
[123] BGH 11.11.1993 – VII ZR 47/93, NJW 1994, 850 = BauR 1994, 236 (237) = ZfBR 1994, 115.
[124] BGH 27.7.2006 – VII ZR 202/04, NZBau 2006, 3413 = NZBau 2006, 777 = BauR 2006, 2040.
[125] Vgl. *Motzke* in BeckVOB/C, Systematische Darstellung IV Rn. 82.
[126] *Schelle/Erkelenz* Alltagsfragen und Problemfälle zur Ausschreibung und Vergabe von Bauleistungen, S. 111; zur Wichtigkeit der richtigen Einordnung und Bezeichnung der verschiedenen Positionsarten siehe VK Bund 23.2.2017 – VK 1 – 11/17, IBRRS 2017, 1395.
[127] Vgl. unten → Rn. 115.

Grundposition.[128] Von deren Vorliegen ist auszugehen, wenn zu den Positionen im Leistungsverzeichnis keine weiteren – einschränkenden – Angaben gemacht werden.[129]

91   **b) Bedarfsposition.** § 9 Nr. 1 Satz 2 VOB/A Fassung 2000 schränkte die Zulässigkeit von Bedarfspositionen ein. Diese durften nur ausnahmsweise in die Leistungsbeschreibung aufgenommen werden. Das VHB limitierte in den Richtlinien Nr. 4.3 zu § 9 VOB/A den Umfang auf 10 % des geschätzten Auftragswertes.

92   Nach § 7 Abs. 1 Nr. 4 VOB/A aktueller Fassung (2016) sind Bedarfspositionen grundsätzlich nicht in die Leistungsbeschreibung aufzunehmen. Das VHB – Stand April 2016 – formuliert in den Allgemeinen Richtlinien Vergabeverfahren, Abschnitt 4.6: „Bedarfs- und Wahlpositionen dürfen weder in das Leistungsverzeichnis noch in die übrigen Vergabeunterlagen aufgenommen werden." Beide Anforderungen sind nicht identisch. Sind nämlich Bedarfspositionen nur grundsätzlich nicht in die Leistungsbeschreibung aufzunehmen, lässt dies gerade in berechtigten Fällen Ausnahmen von dem Grundsatz zu.

93   Eventual- oder Bedarfspositionen stehen noch unter einem Vorbehalt. Ihre Ausführung ist zur Zeit der Ausschreibung nicht gesichert und hängt von der Entscheidung des Auftraggebers ab. Im Ausbleiben ihrer Anforderung liegt damit keine Kündigung nach § 8 Abs. 1 VOB/B, da sie noch nicht zum Vertragssoll gezählt haben.[130] Erreicht werden soll lediglich ein bindendes Preisangebot für den Fall der Erforderlichkeit der Leistung und deren Anordnung durch den Auftraggeber. Vertragsrechtlich handelt es sich im Sinne von § 1 Abs. 4 Satz 1 VOB/B um eine nicht vereinbarte Leistung, die der Auftragnehmer auf Verlangen des Auftraggebers mit auszuführen hat, außer wenn sein Betrieb auf derartige Leistungen nicht eingerichtet ist. Eine Bedarfs- oder Eventualposition kann auch eine andere Leistung darstellen, die dem Auftragnehmer nur mit seiner Zustimmung übertragen werden kann (§ 1 Abs. 4 Satz 2 VOB/B).[131] Der Umstand, dass der Bieter die Bedarfsposition angeboten hat, löst keine Bindungswirkung zu Lasten des Auftraggebers im Bedarfsfall aus, Der Auftraggeber ist in seiner Entscheidung frei; die aus § 1 Abs. 4 VOB/B ableitbare Anordnungsfreiheit bleibt dem Auftraggeber erhalten. Dies wäre anders nur dann, wenn hinsichtlich der Bedarfsposition eine bedingte Auftragserteilung vorliegt.[132] Dann würde der Eintritt des Bedarfsfalles nach § 158 Abs. 1 BGB von selbst die Verpflichtung des Auftragnehmers zur Ausführung auslösen; einer Anordnung bedürfte es nicht. Ein solches Verständnis entspricht jedoch nicht dem Vertragswillen der Parteien, wenn bezüglich der Bedarfsposition lediglich ein Einheitspreis und kein Gesamtpreis angeboten wurde, der auch nicht als Preisbestandteil in den Angebotsendpreis einfloss.[133] Die Ausführung einer Bedarfsposition, für die lediglich Einheitspreise angeboten worden sind, bedarf einer eigenständigen Anordnung des Auftraggebers.[134] Tritt der Bedarfsfall auf, ist der Auftraggeber trotz der im Angebot des Auftragnehmers enthaltenen und mit einem Einheitspreis bepreisten Bedarfsposition nicht gehalten, den Auftrag dem Auftragnehmer zu erteilen. Der Auftraggeber macht sich bei Beauftragung eines anderen Unternehmers auch nicht schadensersatzpflichtig. Das wäre anders, wenn der Vertrag insoweit als ein Vorvertrag oder Rahmenvertrag mit der Folge zu qualifizieren wäre, dass der Auftraggeber im Eintrittsfall nur aus triftigen Gründen einen anderen Auftragnehmer mit der Ausführung der Bedarfsposition beauftragen dürfte.[135] Eine solche Qualität weist der Vertrag hinsichtlich einer Bedarfsposition jedoch nicht auf. Eine Schadensersatzverpflichtung oder Entschädigungsver-

---

[128] *Kapellmann/Schiffers* Vergütung, Nachträge und Behinderungsfolgen beim Bauvertrag, Band 1 Einheitspreisvertrag, 6. Aufl. 2011, Rn. 569.
[129] Vgl. *Bauer* in Heiermann/Riedl/Rusam, VOB/A § 7 Rn. 37.
[130] AA OLG Hamburg 7.11.2003 – 1 U 108/02, BeckRS 2003, 15881 = BauR 2004, 687.
[131] AA *Kuffer* in Heiermann/Riedl/Rusam, VOB/B § 2 Rn. 68: Die Wahlentscheidung fällt unter § 3 Abs. 1 VOB/B.
[132] So *Vygen* BauR 1992, 135 ff.
[133] Vgl. BGH 23.1.2003 – VII ZR 10/01, NZBau 2003, 376 = BauR 2003, 536.
[134] BGH 23.1.2003 – VII ZR 10/01, NZBau 2003, 376 = BauR 2003, 536.
[135] Vgl. zum Rahmenvertrag BGH 30.4.1992 – VII ZR 159/91, NJW-RR 1992, 977 = BauR 1992, 531.

pflichtung könnte auch dann ausgelöst werden, wenn der Vertrag über die Bedarfsposition ebenfalls bereits zustande käme, jedoch die Ausführung von einem **Abruf** der Position abhinge. Dann wäre der Auftraggeber im Bedarfsfall nach dem Vertragsinhalt auch gehalten, die Leistung tatsächlich bei dem Auftragnehmer abzurufen und käme je nach rechtlicher Einordnung des Abrufgebots in Gläubiger- oder Schuldnerverzug.[136] Entscheidend ist die interessengerechte Auslegung des Vertrags nach §§ 133, 157 BGB, wobei die Verwendung des Begriffs „Abruf" nicht ausschlaggebend ist.

Die Regeln über die Bindefrist nach § 10 Abs. 4 und 5 VOB/A sind für die Anordnung **94** der Bedarfsposition durch den Auftraggeber nicht einschlägig.[137] § 10 Abs. 4,5 VOB/A betreffen den Zuschlag insgesamt und nicht die Beauftragung mit einer Bedarfsposition. Deren Erforderlichkeit stellt sich erst im Verlauf der Baumaßnahme heraus, was der Unternehmer auch weiß. Wird der Zuschlag innerhalb der vorgesehenen Fristen erteilt, ist dem Unternehmer bekannt, dass der Anfall einer Bedarfsposition vom Auftreten bestimmter und die Bedarfsposition auslösender Umstände abhängt, Der Unternehmer bedarf in dieser Situation nicht des Schutzes aus § 10 Abs. 4,5 VOB/A. Der Bieter bindet sich an sein Preisangebot hinsichtlich der Bedarfsposition auch nicht nur bis zum Ablauf der Bindefrist, sondern darüber hinaus, nämlich für den Fall des Eintritts des Bedarfs. Hierin liegt kein Verstoß gegen § 308 Nr. 1 BGB, denn diese Bestimmung ist gem. § 310 Abs. 1 BGB kein Kontrollmaßstab. § 308 BGB findet keine Anwendung auf Allgemeine Geschäftsbedingungen, die gegenüber einem Unternehmer verwendet werden. Nach § 310 Abs. 1 Satz 3 BGB ist insoweit auch der Rückgriff auf § 307 Abs. 1 und 2 BGB ausgeschlossen, soweit in Verträgen die VOB/B in der zur Zeit des Vertragsschlusses geltenden Fassung ohne inhaltliche Abweichungen insgesamt einbezogen worden ist. Selbst wenn das nicht der Fall sein sollte, ist nach § 310 Abs. 1 Satz 2 BGB im Rahmen des Rückgriffs auf § 307 Abs. 1,3 BGB auf die im Handelsverkehr geltenden Gewohnheiten und Gebräuche Rücksicht zu nehmen. Das wirkt sich im Einzelfall darauf aus, ob bezüglich einer Bedarfsposition die Frist für die Annahme des Unternehmerangebots nicht hinreichend bestimmt ist (§ 308 Nr. 1 BGB). Regelmäßig kennt der Auftragnehmer aber aus den Ablaufumständen den Eintritt des Bedarfsfalles als erster, der z. B. im Rahmen von Erdarbeiten nach DIN 18300 Abschnitt 4.2.21 in einem Wasserandrang oder nach Abschnitt 4.2.22 darin bestehen kann, aus Gründen der Gleitsicherheit eine Abtreppung auszuführen ist. Den Schutz des Auftragnehmers bewirken weder § 10 Abs. 4,5 VOB/A noch §§ 310, 307 BGB. Der Auftragnehmer wird dadurch geschützt, dass Bedarfspositionen grundsätzlich nicht in die Leistungsbeschreibung aufzunehmen sind (§ 7 Abs. 1 Nr. 4 VOB/A).

Die Aufnahme von Bedarfspositionen ist deshalb nur als Ausnahmetatbestand gerecht- **95** fertigt, was im Einzelfall der Nachprüfbarkeit wegen im Rahmen der Leistungsbeschreibung begründet werden muss.[138] Bedarfspositionen sind deshalb grundsätzlich unzulässig, weil der Auftraggeber nach § 7 Abs. 1 Nr. 1 VOB/A die geforderte Leistung eindeutig und erschöpfend beschreiben muss, was eine entsprechende Werkplanung und damit eine zugrundeliegende planerische Auseinandersetzung mit dem beabsichtigten Objekt voraussetzt. Bedarfspositionen können Ausdruck einer unzulänglichen Planung mit der Folge sein, dass dem Auftragnehmer ein ungewöhnliches Wagnis aufgebürdet wird. Das VHB Ausgabe 2000 vermerkte in den Richtlinien zu § 9 VOB/A, Abschnitt 4, ausdrücklich, Bedarfspositionen dürften nicht aufgenommen werden, um die Mängel einer unzureichenden Planung auszugleichen. Bedarfspositionen durften nur Leistungen enthalten, die zur Ausführung der vertraglichen Leistung erforderlich werden können und deren Notwendigkeit zum Zeitpunkt der Aufstellung der Leistungsbeschreibung trotz aller örtlichen und fachlichen Kenntnisse nicht festzustellen ist. Ausnahmsweise sind damit Bedarfspositionen

---

136 BGH 30.9.1971 – VII ZR 20/70, NJW 1972, 99 (100).
137 AA *Kapellmann* in Kapellmann/Messerschmidt, VOB/A § 4 Rn. 18.
138 Vgl. für den vergleichbaren Fall einer längeren Binde- und Zuschlagsfrist BGH 21.11.1991 – VII ZR 203/90, NJW 1992, 827 = BauR 1992, 221, 223; *Kapellmann* in Kapellmann/Messerschmidt, VOB/A § 4 Rn. 18.

vergaberechtlich dann berechtigt, wenn dem Auftraggeber eine tatsächliche Beauftragung mit Leistungen nicht zumutbar war, weil deren wirklicher Anfall zum Zeitpunkt der Zuschlagserteilung auf der Grundlage der dem Auftraggeber zumutbaren Prüfungen und Abwägungen nicht vorhersehbar war.

96   Typisch sind Fallgestaltungen im Bereich des Bauens im Bestand, wo für Umbau- oder Modernisierungsmaßnahmen nach den einschlägigen Technikregeln – z.B. die Richtlinie für Schutz und Instandsetzung von Betonbauwerken des Deutschen Ausschusses für Stahlbeton oder das Merkblatt des Deutschen Beton- und Bautechnik-Vereins „Bauen im Bestand, Leitfaden – eine genaue Bestandsanalyse mit Zustandsfeststellung und Bestandsbewertung erforderlich sind, um darauf aufbauend in Ausrichtung an der in Aussicht genommenen Restnutzungsdauer in die Planungs- und Ausschreibungsphase einzusteigen. Die Ergebnisse dieses Prozesses sind vom Analyseaufwand abhängig und schließen trotz aller Bemühungen Überraschungen nicht aus. In solchen Fällen muss der Ansatz von Bedarfspositionen als Reaktion auf bloß mögliche Leistungen erlaubt sein. Gleiches gilt im Bereich des Tiefbaues, bei dem es trotz geotechnischer Untersuchungen und deren Bewertung anerkannt ist, dass hinsichtlich den zwischen den Aufschlüssen liegenden Bereichen nur Wahrscheinlichkeitsaussagen möglich sind, weswegen insoweit ein Baugrundrisiko verbleibt (DIN 4020:2003-10 Bbl. 1, zu Abschnitt 4.2). Im Übrigen erkennt der fachkundige Auftragnehmer auf der Grundlage des nach DIN 4020:2010-12, Abschnitt 6 zu erstellenden geotechnischen Berichts welcher Geotechnischen Kategorie das zu erstellende Bauwerk angehört, welche Untersuchungsmethoden angewandt und welche Ergebnisse festgestellt wurden. Das ermöglicht dem fachkundigen Auftragnehmer eine sachgerechte Einschätzung der Berechtigung von in ein Leistungsverzeichnis eingestellten Bedarfspositionen. Rein abstrakt geht auch die VOB/C von der Möglichkeit aus, dass unvorhersehbare Ereignisse eintreten können. Dies wird deutlich bei der Behandlung unvermuteter Ereignisse, wie z.B. Hindernisse nach DIN 18303 Abschnitt 3.1.5, DIN 18304 Abschnitt 3.1.7, DIN 18308 Abschnitt 3.1.5, DIN 18313 Abschnitt 3.1.6 oder der unvermutete Verlust stützender Flüssigkeit nach Abschnitt 3.3.5 derselben Norm.[139] Es kann sich auch erst im Rahmen der Baumaßnahme ergeben, dass Sicherungsmaßnahmen zu treffen sind, um etwa Rutschungen oder Erosionen zu verhindern (DIN 18300 Fassung September 2016 Abschnitt 3.5.2). In solchen berechtigten Ausnahmefällen hat der Auftraggeber die Möglichkeit, auch nur mögliche und nicht nur tatsächlich anfallende und beauftragte Leistungen in die Leistungsbeschreibung aufzunehmen. Ob die Gründe hierfür rein objektiver Art sein müssen,[140] ist zu bezweifeln. Dem Schutzbedürfnis des Auftragnehmers wird genügt, wenn in der Leistungsbeschreibung die Gründe für Bedarfsposition nachvollziehbar und nachprüfbar angeführt werden. Wenn der Auftraggeber aus Gründen der Kostenreduzierung bei einer Bestandsmaßnahme die Zustandsfeststellung und -bewertung mit einem beschriebenen eingeschränkten Diagnoseaufwand betrieben hat, was so auch in der Leistungsbeschreibung angegeben wird, erweisen sich diese Umstände durchaus als solche objektiver Art, obwohl sie durch den Auftraggeber gesteuert wurden. Entscheidend ist, dass der Auftragnehmer die Umstände, die ausnahmsweise für die Aufnahme einer oder mehrerer Bedarfspositionen sprechen, kennt.

97   Fehlt es daran, ist oberhalb der Schwellenwerte ein Nachprüfungsverfahren möglich. Erfolgt keine Beanstandung und wird der Auftrag erteilt, ist die Bedarfsposition wirksam und nicht nichtig.[141] Wie § 9 VOB/A a. F. enthält auch § 7 VOB/A 2016 kein zwingendes Vertragsrecht.[142] Eine wegen fehlender Ausnahme vergaberechtlich unzulässige Bedarfsposition, wird nicht durch eine mit § 7 VOB/A übereinstimmende Leistung ersetzt.

98   Ist eine Bedarfsposition nach diesen Anforderungen statthaft, dann gelten für sie grundsätzlich die Leistungsbeschreibungsanforderungen nach § 7 Abs. 1 VOB/A. Ist eine Be-

---

[139] Alle genannten ATV Stand September 2016.
[140] So *Kapellmann* in Kapellmann/Messerschmidt, VOB/A § 4 Rn. 18.
[141] AA *Kapellmann* in Kapellmann/Messerschmidt, VOB/A § 4 Rn. 18.
[142] BGH 27.6.1996 – VII ZR 59/95, NJW 1997, 61 = BauR 1997, 126.

darfsposition ausnahmsweise vergaberechtlich zulässig, besteht das weitere vergaberechtliche Problem darin, dass dem Auftragnehmer kein ungewöhnliches Wagnis aufgebürdet werden darf und die Leistung eindeutig und erschöpfend zu beschreiben ist.

Das VHB 2000 hatte in Abschnitt 4.2 der Richtlinien zu § 9 VOB/A die Forderung aufgestellt, der Umfang der Bedarfspositionen dürfe in den zulässigen Ausnahmefällen berechtigter Aufnahme von Bedarfspositionen in der Regel 10% des geschätzten Auftragswerts nicht überschreiten. Das VHB Stand April 2016 fordert in den Allgemeinen Richtlinien Vergabeverfahren, 100, im Abschnitt 4.6, dass Bedarfspositionen weder in das Leistungsverzeichnis noch in die übrigen Vergabeunterlagen aufgenommen werden dürfen. Das als Verwaltungsanweisung zu qualifizierende Vergabehandbuch lässt damit in Abweichung von § 7 Abs. 1 Nr. 4 VOB/A, wonach Bedarfspositionen lediglich grundsätzlich nicht aufzunehmen sind, überhaupt keine Ausnahmen zu. Deshalb werden konsequent auch keine Wertobergrenzen eingeführt. Entscheidend für die vergaberechtliche Zulässigkeit von Bedarfspositionen ist allein, ob von dem Grundsatz ausnahmsweise mit Recht abgewichen werden darf. Wertobergrenzen sind bedeutungslos. Das beurteilt sich danach, ob die Gründe für die Aufnahme einer Bedarfsposition in der Leistungsbeschreibung nachvollziehbar und nachprüfbar dargestellt worden sind. **99**

Bei der Wertung nach § 16d VOB/A sind Bedarfspositionen dann grundsätzlich zu werten, wenn für die Bedarfsposition Mengenansätze vorhanden sind und Auswirkungen auf die Angebotssumme bestehen. Diese Regelung galt so nach den Richtlinien des VHB zu § 25 VOB/A nach dem Stand von 2000.[143] Danach waren Bedarfspositionen bei Erfüllung der Zulässigkeitsvoraussetzungen für die ausnahmsweise Aufnahme in ein Leistungsverzeichnis im Hinblick auf ihre Auswirkungen auf die Angebotssumme grundsätzlich zu werten. Auch wenn Bedarfspositionen nach dem Stand der VOB/A 2016 grundsätzlich unzulässig sind, hat sich im Fall ihrer Zulässigkeit an diesem Wertungsgrundsatz nichts geändert. Ist der Bedarfsfall möglich und sind Mengenangaben vorhanden, ist der Einfluss auf die Angebotssumme abschätzbar und damit die Beurteilung der Angemessenheit des Angebotspreises möglich.[144] Solche Bedarfspositionen sind auch bei der Bestimmung des **Schwellenwerts** nach § 1 Abs. 2 EU VOB/A, § 1 Abs. 2 VS VOB/A, § 3 VgV zu berücksichtigen.[145] **100**

Die Entscheidung über die Ausführung von in Bedarfspositionen beschriebenen Leistungen erfolgt nach der Auftragserteilung, nämlich im Bedarfsfall, damit nicht mit dem Zuschlag nach § 18 VOB/A, sondern in Abhängigkeit von der Anordnung durch den Auftraggeber.[146] Die Bindungswirkung des Angebots geht nicht mit Ablauf der Bindefrist für das Angebot insgesamt gem. § 10 Abs. 4 VOB/A verloren. Die auf § 1 Abs. 4 VOB/B gestützte Anordnung[147] begründet einen Vergütungsanspruch analog § 2 Abs. 6, hilfsweise aus § 2 Abs. 8 Nr. 2 VOB/B.[148] § 2 Abs. 6 VOB/B ist deshalb lediglich analog anzuwenden, weil die Bedarfsposition im Vertrag zwar beschrieben aber noch nicht vertraglich verbindlich vorgesehen ist, sich eine Vergütungsanzeige aber deshalb erübrigt, weil der Auftraggeber über die anfallenden Kosten durch das Angebot bereits informiert ist. Wird eine Bedarfsposition nicht angeordnet, aber im Rahmen weiterer Leistungen ausgeführt, kann deren Vergütung bei Erfüllung der Voraussetzungen nach § 2 Abs. 8 Nr. 2 VOB/B dennoch gesichert sein. Allerdings bestimmt sich die Vergütung dann insgesamt nach den kalkulatorischen Ansätzen der Urkalkulation, was auch für die Bedarfsposition trotz der Angabe des Einheitspreises im Leistungsverzeichnis gilt.[149] **101**

---

[143] VHB-Regelung Abschnitt 1.6.3 zu § 25 VOB/A, Ausgabe 2000.

[144] Vgl. näher → § 16d Rn. 23 ff.

[145] BayObLG 23.7.2002 – Verg 17/02, NZBau 2003, 340.

[146] BGH 23.1.2003 – VII ZR 10/01, NZBau 2003, 376 = BauR 2003, 536.

[147] BGH 23.1.2003 – VII ZR 10/01, NZBau 2003, 376 = BauR 2003, 536; OLG Oldenburg 3.5.2007 – 8 U 254/06, BeckRS 2008, 13421 = BauR 2008, 1630; OLG Dresden 10.1.2007 – 6 U 519/04, BeckRS 2008, 19344 = BauR 2008, 518.

[148] OLG Oldenburg 3.5.2007 – 8 U 254/06, BeckRS 2008, 13421 = BauR 2008, 1630.

[149] OLG Dresden 10.1.2007 – 6 U 519/04, BeckRS 2008, 19344 = BauR 2008, 518, rechtskräftig durch BGH 11.10.2007 – VII ZR 24/07, BeckRS 2007, 31771.

102 Da die Bedarfsposition alle Merkmale einer Teilleistungsposition nach Einheitspreis-grundsätzen aufweist, gelten für sie grundsätzlich sämtliche hierauf zugeschnittene Rege-lungen des § 2 VOB/B. Für § 2 Abs. 3 VOB/B setzt dies jedoch voraus, dass die Bedarfs-position im Vordersatz Mengenangaben enthält. Beschränkt sich die Angabe auf „1", fehlt eine Mengenangabe i. S. von § 2 Abs. 3 VOB/B; die Vorschrift ist dann mit der Folge un-anwendbar, dass der Einheitspreis der Bedarfsposition fix ist. Anpassungen sind nur über § 313 BGB oder nach den Grundsätzen des Verschuldens bei Vertragsverhandlungen (§ 311 Abs. 2, § 241 Abs. 2 BGB) möglich.

103 Der Einheitspreis einer Bedarfsposition kann sittenwidrig sein, was insbesondere bei Mehrmengen nach § 2 Abs. 3 VOB/B Auswirkungen hat. Insofern gelten die vom BGH[150] entwickelten Grundsätze zur Sittenwidrigkeit von Einheitspreisen bei Normalposi-tionen in gleicher Weise. Etwas anderes könnte nur dann gelten, wenn bei Anordnung oder Abruf der Bedarfsposition die Mehrmenge im Vergleich zu den Mengenangaben im Leistungsverzeichnis bereits bekannt wäre. Denn der Auftraggeber hat die Freiheit, die Be-darfsposition auch anderweitig zu vergeben, so dass preisliche Überlegungen im Rahmen der Anordnung möglich sind.

104 Eine angeordnete/abgerufene Bedarfsposition kann Auswirkungen auf die Bauzeit haben. Der Auftragnehmer hat im Anordnungsfall zu erwägen, eine Behinderungsanzeige nach § 6 Abs. 1 VOB/B zu erstatten. Maßgeblich ist, ob und in welchem Umfang eine Bedarfsposi-tion bereits bei der Bauzeitenplanung Berücksichtigung gefunden hat. Verschiebt die ange-ordnete Bedarfsposition die Ausführungsfrist für andere Leistungen nach den sich aus § 6 Abs. 2–4 VOB/B ergebenden Regeln, dann können sich die Einheitspreise dieser Leistungen gem. den Vorgaben aus § 2 Abs. 5 VOB/B ändern. Das berührt nicht die Frage, ob einem Auftraggeber eine **Änderungsbefugnis** bezüglich der vertraglich vorgesehenen **Bauzeit** nach § 1 Abs. 3 oder § 2 Abs. 5 VOB/B über die „andere Anordnung" zusteht.[151] Denn die Bauzeit ist nicht unmittelbar Gegenstand der Anordnung, sondern Folge einer angeordneten Bedarfsposition mit Auswirkung auf die Ausführungsfrist für sonstige Bauleistungen des Auf-tragnehmers. Davon ist der Tatbestand zu unterscheiden, dass Bauzeitänderungen einen Än-derungsbedarf bezüglich des Einheitspreises einer Bedarfsposition bewirken (§ 2 Abs. 5 VOB/B). Die Stellung einer Bedarfsposition im Rahmen der Gliederung des Leistungsver-zeichnisses ermöglicht eine zeitliche Zuordnung ihrer Ausführung gemäß einem vertraglich vereinbarten Bauzeitenplan (§ 5 VOB/B), was die Feststellung von Behinderungen und dar-aus sich ergebende Auswirkungen auf die Kalkulation der Bedarfsposition zulässt.

105 **c) Wahlposition – Alternativposition.** Wahlpositionen oder – gleichbedeutend – Al-ternativpositionen sind Grundpositionen, die nach freier Wahl des Auftraggebers andere Grundpositionen ersetzen können.[152] Nach dem VHB Stand 2000 waren sie als solche im Leistungsverzeichnis ausdrücklich zu kennzeichnen und durften – wie bei einer Bedarfs-position – nicht aufgenommen werden, um die Mängel einer unzureichenden Planung auszugleichen.[153] Wahlpositionen für Leistungen, die statt einer im Leistungsverzeichnis vorgesehenen anderen Teilleistung ausgeführt werden sollen, waren nur vorzusehen, wenn nicht von vornherein feststand, welche der beiden Leistungen ausgeführt werden soll. § 7 VOB/A 2016 enthält zu Wahlpositionen keinerlei Aussage.

106 Das VHB schließt in Nr. 4.6 der Allgemeinen Richtlinien Vergabeverfahren, 100, Stand April 2016, die Aufnahme von Wahlpositionen in ein Leistungsverzeichnis aus. Da es sich

---

[150] BGH 18.12.2008 – VII ZR 201/06, NJW 2009, 835 = NZBau 2009, 232 = BauR 2009, 491.

[151] Vgl. dazu zB *Breyer* BauR 2006, 1222; *Zanner* BauR 2006, 177; *Wirth/Würfele* Jahrbuch Baurecht 2006, 120; *Zanner/Keller* NZBau 2004, 535; *Thode* ZfBR 2004, 214; *Genschow* ZfBR 2004, 642.

[152] *Vygen* BauR 1992, 135 ff.; *Bauer* in Heiermann/Riedl/Rusam, VOB/A § 7 Rn. 34; Schelle/Erkelenz, Alltagsfragen und Problemfälle zu Ausschreibung und Vergabe von Bauleistungen, S. 111; *Reiser* DAB 1993, 1236 ff.; nach VK Sachsen-Anhalt 27.3.2017 – 3 VK LSA 04/17, IBRRS 2017, 1400 ist zur Gewährung eines transparenten Verfahrens die vorherige Bekanntmachung der Kriterien notwendig, die zur Auswahl einer Wahlposition führen.

[153] VHB Richtlinien Nr. 4 zu § 9 VOB/A.

bei diesen Richtlinien lediglich um amtliche Erlasse und damit um „Innenrecht" für die Verwaltung handelt, haben diese Aussagen für das Rechtsschutzverfahren keinerlei Auswirkungen. Ein Verstoß gegen diese im VHB enthaltene Verbotsregelung begründet kein subjektives Recht gem. § 97 Abs. 6 GWB. Da § 7 VOB/A zu Wahlpositionen schweigt, liegt bei Vergaben, bei denen der EU-Schwellenwert erreicht oder überschritten wird, kein Vergabeverstoß vor. Unterhalb der Schwellenwerte kollidieren mit § 7 VOB/A und den Allgemeinen Richtlinien Vergabeverfahren, 100, zwei Verwaltungsanweisungen, aus denen ein Bieter jedoch keinerlei ihn begünstigende Rechtsposition ableiten kann.

Bei der Wahl-/Alternativposition ist anzugeben, anstelle welcher Grundleistung die Al- **107** ternativposition treten soll. Die eventuell ersetzte Grundleistung ist auflösend bedingt, die Wahlposition ist – abweichend von der Bedarfsposition – aufschiebend bedingt vergeben. Dies gilt dann, wenn die Entscheidung über die Ausführung von Wahlpositionen nicht – wie regelmäßig oder zu empfehlen – bei der Auftragserteilung getroffen wird. Die Richtlinien zum VHB nach dem Stand von 2000 sahen als Grundsatz vor, dass die Entscheidung über die Ausführung der Wahlposition in der Regel bei der Auftragserteilung zu treffen ist. Damit kommt der Vertrag mit dieser Alternative unter Wegfall der Bindung des Auftragnehmers an die nicht gewählte Alternative zustande.[154] Revidiert der Auftraggeber später seine Entscheidung und wird die Wahlposition bevorzugt, liegt ein Fall von § 2 Abs. 5 VOB/B ohne Maßgeblichkeit des Preisangebots im vertraglichen Leistungsverzeichnis vor.[155]

Bleibt die Entscheidung bei der Vergabe aus, kommt der Vertrag nach *Vygen* zugunsten **108** der Grundposition zustande.[156] Mit Ablauf der Bindefrist (§ 10 VOB/A) soll das Angebot hinsichtlich der Wahlposition auch in dieser Konstellation erloschen sein. Entscheidend ist die Auslegung des Vertragsinhalts nach Maßgabe der sich aus §§ 133, 157 BGB ergebenden Grundsätze. Eine interessengerechte Auslegung kann auch dazu führen, dass die Entscheidung über die Ausführung der Grundposition oder der Wahlposition erst im Verlauf der Abwicklung der Baumaßnahme getroffen werden kann. Das wird im Allgemeinen sogar dem Grundverständnis entsprechen. Denn die Entscheidungssituation wird sich von der Aufstellung des Leistungsverzeichnisses bis zum Vertragsschluss nicht grundlegend geändert haben. Der Auftraggeber will sich mit einer Alternativposition eine Entscheidung offen halten, was auch für die Realisierungsphase gelten kann. Dann wird der Vertrag insoweit „offen" abgeschlossen, was gerade Inhalt eines Wahlschuldverhältnisses ist (§ 262 BGB). Der Vertrag kommt dann mit dem Inhalt zustande, dass entweder die eine oder die andere Leistung geschuldet wird, wobei entsprechend der allgemeinen Anordnungsbefugnis des Auftraggebers aus § 1 Abs. 3, 4, § 2 Abs. 5 VOB/B das Wahlrecht – abweichend von § 262 BGB – dem Auftraggeber zukommt.[157] Die Wahl muss nicht notwendig bei Vertragsschluss getroffen werden, was insbesondere dann gilt, wenn mit der Einfügung einer Alternativ-/ Wahlposition ein Wahlschuldverhältnis begründet werden soll. Das Kammergericht[158] erklärt demgegenüber, der Auftraggeber entscheide mit der Auftragserteilung, ob eine Grund- oder die Alternativposition zur Ausführung kommt, womit die Angebotsbindung hinsichtlich der nichtbeauftragten Position entfalle. Entscheidet sich der Auftraggeber später dennoch für die Alternativposition, sind aus der Sicht des Kammergerichts die §§ 1 Abs. 3, 2 Abs. 5 VOB/B maßgebend, wobei kalkulatorisch auf die beauftragte Leistung abzustellen ist.[159] Klauseln, die ausdrücklich eine Verlängerung der Bindefrist für die Wahl-

---

[154] *Vygen* BauR 1992, 136 ff.

[155] *Vygen* BauR 1992, 136/138.

[156] Vgl. *Vygen* BauR 1992, 136 ff.; auf gegenteiliger Grundlage wohl VHB Stand 2000 Richtlinie Nr. 2 zu § 28 VOB/A, wonach dem Auftragnehmer die Entscheidung so früh wie möglich schriftlich mitzuteilen ist, wenn die Entscheidung erst nach der Auftragserteilung getroffen werden kann.

[157] *Kapellmann* in Kapellmann/Messerschmidt, VOB/A § 4 Rn. 14.

[158] KG 21.11.2002 – 4 U 7233/00, BauR 2004, 1779, bestätigt durch Zurückweisung der Nichtzulassungsbeschwerde BGH 11.12.2003 – VII ZR 7/03, BauR 2004, 1779.

[159] So auch *Vygen/Joussen* in Vygen/Joussen/Lang/Rasch, Bauverzögerungen und Leistungsänderung, 7. Aufl., 2015, Teil A Rn. 563.

position verfolgen, scheitern bei Zugrundelegung eines Wahlschuldverhältnisses[160] nicht an
§ 308 Nr. 1 BGB, sondern erweisen sich als ein Umstand, der bei der Feststellung des Vertragsinhalts bei der Auslegung zu berücksichtigen ist. Die Frage der Wirksamkeit einer
solchen Klausel stellt sich bei diesem Verständnis, bei dem es um Inhalt und Umfang der
Bindungswirkung geht, nicht. Im Übrigen ist § 308 Nr. 1 BGB bei Verwendung von Klauseln gegenüber Unternehmern kein Prüfungsmaßstab: auch der Rückgriff auf § 307 BGB
fällt aus, wenn die VOB/B insgesamt und ohne inhaltliche Abweichungen in einen Bauvertrag einbezogen worden ist (§ 310 Abs. 1 S. 3 BGB). Die in § 10 Abs. 4,5 VOB/A oder
sonst in den Vertragsunterlagen angeführte Bindefrist (§ 12 Abs. 1 Nr. 2 lit. v) VOB/A)
markiert danach die angemessene Frist für die Annahme des die Wahlposition betreffenden
Angebots nur dann, wenn die Auslegung zu dem Ergebnis führt, dass über die Wahlposition gerade keine mit einem Wahlschuldverhältnis vergleichbare Rechtslage geschaffen
werden soll.[161]

109   Die Annahme eines **Wahlschuldverhältnisses** entspricht der von den Parteien verfolgten Intention. Denn im Verhältnis zwischen Grundposition und der diese eventuell ersetzenden Wahl-/Alternativposition werden im Sinne von § 262 BGB letztlich mehrere Leistungen in der Weise geschuldet, das nur die eine oder die andere zu bewirken ist. Die
gesetzliche Anordnung in § 262 BGB, dass das Wahlrecht im Zweifel dem Schuldner zusteht, hindert diese Qualifizierung nicht. Denn von dieser Wahlbefugnis des Schuldners
kann ausdrücklich oder stillschweigend zugunsten des Gläubigers abgewichen werden.[162]
Eine solche Übertragung auf den Auftraggeber liegt bei einer Wahlposition gerade vor (vgl.
auch § 264 Abs. 2 BGB).[163] Folglich tritt mit dem Zuschlag keine Konzentration auf die
Grundposition unter Erlöschen des Wahlposition-Angebots ein. Nach der VHB-Regelung
zu § 28 VOB/A, Nr. 2.1, Stand 2000, war die Entscheidung über die Ausführung von in
Wahlpositionen beschriebenen Leistungen in der Regel bei der Auftragserteilung zu tref-
fen. Aber die Entscheidung konnte auch auf später verschoben werden. Das führt zum
Vertragsschluss unter Aufrechterhaltung des Wahlrechts, das positionsbezogen nach den
Grundsätzen des Wahlschuldverhältnisses noch der Ausübung bedarf. Die Ausübung des
Wahlrechts beinhaltet keine Änderung des Bauentwurfs nach Maßgabe des § 1 Abs. 3
VOB/B und vermag deshalb auch nicht die Rechtsfolgen aus § 2 Abs. 5 VOB/B auszulösen. Von § 1 Abs. 4 VOB/B ist es gänzlich verschieden. Das gilt nicht, wenn sich der Auf-
traggeber im Zuge der Auftragserteilung für eine der Alternativen entscheidet und später
umstellt.[164]

110   Die **Störungsregelung** für den Fall des Verzugs des Auftraggebers mit der Festlegung
enthält, den Praxisbedürfnissen der Bauabwicklung durchaus gerecht, § 264 Abs. 2 BGB
dahin, dass nach **Gläubigerverzug** und Fristsetzung zur Vornahme der Bestimmung die
Entscheidungsbefugnis auf den Auftragnehmer übergeht. Der Auftragnehmer ist im Übrigen gehalten, seine Rechte nach § 6 VOB/B zu wahren.

111   Unter dem Gesichtspunkt der sich aus § 2 VOB/A ergebenden **Wettbewerbsregel** erhöhen Wahlpositionen die Gefahr der Angebotsmanipulation; denn der Auftraggeber kann
letztlich nicht mehr nachprüfbare Gründe für die Zuschlagserteilung heranziehen. Diese
Einschränkung in der **Transparenz des Wettbewerbs** nach § 2 VOB/A nötigt zur nur
ausnahmsweisen Ausschreibung von Wahl-/Alternativpositionen.[165] Die Einfügung von
Alternativpositionen erweist sich jedoch nicht notwendig als ein Verstoß gegen das aus § 7
Abs. 1 Nr. 1 VOB/A folgende Gebot zur eindeutigen und erschöpfenden Beschreibung

---

[160] Vgl. nachfolgend → Rn. 109 ff.
[161] *Vygen/Joussen* in Vygen/Joussen/Lang/Rasch, Bauverzögerungen und Leistungsänderungen, 7. Aufl.,
2015, Teil A Rn. 564; Vygen BauR 1992, 135/137.
[162] Vgl. *Grüneberg* in Palandt, § 262 Rn. 2.
[163] *Kapellmann/Schiffers* Vergütung, Nachträge und Behinderungsfolgen beim Bauvertrag, Band 1 Einheitspreisvertrag, 6. Aufl. 2011, Rn. 570.
[164] *Kapellmann/Schiffers* Vergütung, Nachträge und Behinderungsfolgen beim Bauvertrag, Band 1 Einheitspreisvertrag, 6. Aufl. 2011, Rn. 577.
[165] *Bauer* in Heiermann/Riedl/Rusam, VOB/A § 7 Rn. 35.

der Bauaufgabe, so dass alle Bewerber die Beschreibung im gleichen Sinne verstehen müssen und ihre Preise sicher und ohne umfangreiche Vorarbeiten berechnen können. Denn die Wahlposition ist in dieser Weise zu beschreiben; die einzige Unsicherheit besteht darin, ob die Grund- oder die Alternativposition zur Ausführung kommt. Für die Grund- und die Wahlposition gilt § 7 Abs. 1 Nr. 1 VOB/A, und ein Bewerber hat beide Positionen nach den Regeln der Angebotskalkulation zu berücksichtigen.[166] Das Gebot einer eindeutigen und erschöpfenden Leistungsbeschreibung wird nach OLG Saarbrücken jedoch dann verletzt, wenn die Alternativ-/Wahlpositionen ein solches Gewicht in der Wertung erhalten sollen, dass sie der Bedeutung der Haupt- oder Grundposition für die Zuschlagsentscheidung gleichkommen.[167] Eine Vielzahl von Alternativpositionen kann im Einzelfall jedoch ein Beleg dafür sein, dass der Planungsprozess eigentlich noch nicht abgeschlossen und damit die erforderliche gedankliche Vorwegnahme der Werkherstellung noch aussteht. Vermehrt auftretende Alternativpositionen können eine fehlende Ausschreibungsreife des Projekts belegen und einen Verstoß gegen § 2 Abs. 5 VOB/A begründen. Das ist insbesondere dann gegeben, wenn Grundpositionen regelmäßig von Alternativpositionen begleitet werden, was für das Vorliegen einer **Parallelausschreibung** spricht. Ein solches Vorgehen widerspricht jedoch § 2 Abs. 4 VOB/A, wonach die Durchführung von Vergabeverfahren zum Zweck der Markterkundung unzulässig ist.[168] Wahlpositionen sind nicht geeignet, Mängel einer unzureichenden Planung auszugleichen,[169] und sollen nicht lediglich eine Entscheidungshilfe für den Fortgang des Planungs- und Entscheidungsprozesses sein. Im Gegenteil müssen nach dem VHB, Stand April 2016, Allgemeine Richtlinien Vergabeverfahren, 100, Nr. 4.3.1, vor dem Aufstellen der Leistungsbeschreibung die Ausführungspläne, soweit sie nicht vom Auftragnehmer zu erstellen sind, und die Mengenberechnungen vorliegen. Das bedingt grundsätzlich Klarheit darüber, was wie gebaut werden soll.

d) Teilleistungen als Zuschlagspositionen. Zuschlagspositionen stehen in keiner **112** Verbindung mit dem Zuschlag i.S.d. § 18 VOB/A und haben auch nichts mit der Zuschlagskalkulation[170] zu tun, mit deren Hilfe die Allgemeinen Geschäftskosten und die Gemeinkosten der Baustelle auf Einzelkosten der Teilleistungen umgelegt werden.[171] Sie sind mit einer bestimmten Grundposition verknüpft und führen zur angebotenen Preiserhöhung (Zuschlag oder **Zulage**), wenn über die in der Grundposition beschriebene Leistung hinaus besondere Umstände – meist Erschwernisse – eintreten.[172] Deren Kalkulation ist selbstverständlich auch geboten.

Beispiel: **113**
Bei Erdarbeiten wird im Fall des Handaushubs ein Zuschlag von Euro … je cbm verlangt.

Ausschreibungstechnisch hat die Zuschlagsposition unter der Bezeichnung „Zulage" **114** ihre eigene **Geschichte**. Die VOB/C hatte in der Ausgabe von 1979 im Abschnitt 5.2 der jeweiligen gewerkespezifischen „Allgemeinen Technischen Vorschriften für Bauleistungen", wie sie damals noch hießen, häufig Zulagen vorgesehen, z.B. in der DIN 18331 in Abschnitt 5.2.9 (Besondere Ausführung von Betonflächen als Zulage zum Preis des Betons) in Abschnitt 5.2.10 (Herstellen von Öffnungen, Nischen, Schlitzen, Kanälen in

[166] Vgl. *Plümecke* Preisermittlung für Bauarbeiten, 27. Aufl. 2012, S. 33.
[167] OLG Saarbrücken 22.10.1999 – 5 Verg 4/99, BeckRS 9998, 26168, jedoch bezogen auf § 8 Nr. 1 Abs. 1 VOL/A.
[168] Vgl. OLG Saarbrücken 22.10.1999 – 5 Verg 4/99, BeckRS 9998, 26168; OLG Celle 8.11.2001 – 13 Verg 9/01, BeckRS 9998, 26287 = NZBau 2002, 400.
[169] VHB Richtlinien, Stand 2000, Nr. 4 zu § 9 A; *Kapellmann/Schiffers* Vergütung, Nachträge und Behinderungsfolgen beim Bauvertrag, Band 1 Einheitspreisvertrag, 6. Aufl. 2011, Rn. 590.
[170] *Plümecke* Preisermittlung für Bauarbeiten, 27. Aufl. 2012, S. 38, 47.
[171] *Prange/Leimböck/Klaus* Baukalkulation unter Berücksichtigung der KLRBau und der VOB, 8. Aufl. 1991, S. 33, 34; vgl. auch VHB Stand Mai 2010, Formblatt Nr. 221, Preisermittlung bei Zuschlagskalkulation.
[172] *Bauer* in Heiermann/Riedl/Rusam, VOB/A § 7 Rn. 35; *Kapellmann* in Kapellmann/Messerschmidt, VOB/A § 4 Rn. 26.

bestimmt genannten Fällen als Zulage zum Preis des Betons) oder in der DIN 18338 Abschnitt 5.2.11 (Verwendung besonderer Ziegel bei Dachdeckungs- und -abdichtungs- arbeiten. Hiervon kam die Ausgabe der VOB 1988 ab; soweit ersichtlich haben auch die nachfolgenden Ausgaben der VOB eine vorformulierte Zulageregelung nicht mehr auf- genommen. Das schließt nach den Regeln der Vertragsfreiheit die Begründung von Zula- gen nicht aus. Solche Zuschlagspositionen sind im Bereich der Ausführung von Flächen aus Beton in **Sichtbetonqualität** üblich. Der Vergütungszuschlag steht dann für eine qualitativ höherwertige Ausführung mit der Folge, dass bei Verfehlung dieser Qualität z.B. als **Minderung** jedenfalls der Vergütungszuschlag in Betracht kommt.[173]

II. Der Vordersatz der Teilleistungsposition – Mengenangaben

115   § 4 Abs. 1 Nr. 1 VOB/A fordert neben der Beschreibung der Teilleistung im Leistungs- verzeichnis auch die Angabe der Menge. Der sog. **Vordersatz** einer Position des Leis- tungsverzeichnisses besteht demnach aus dem Beschrieb der Teilleistungen (§ 7b Abs. 1 VOB/A) und der Mengenangabe. Das VHB, Stand April 2016, macht bezüglich des Auf- baues der Position Vorgaben in der Nr. 4.3.5 der Allgemeinen Richtlinien Vergabeverfah- ren, 100. Danach sind bei der Teilleistung insbesondere anzugeben: die Mengen aufgrund genauer Mengenberechnungen, die Art der Leistungen mit den erforderlichen Erläuterun- gen über Konstruktion und Baustoffe, die einzuhaltenden Maße mit den gegebenenfalls zulässigen Abweichungen (Festmaße, Mindestmaße, Höchstmaße), besondere technische und bauphysikalische Forderungen wie Lastannahmen, Mindestwerte der Wärmedämmung und des Schallschutzes, Mindestinnentemperaturen bei bestimmter Außentemperatur, an- dere wesentliche, durch den Zweck der baulichen Anlage bestimmte Daten, besondere örtliche Gegebenheiten, z.B. Baugrund, Wasserverhältnis, Altlasten, andere als die in den Allgemeinen Technischen Vertragsbedingungen vorgesehenen Anforderungen an die Leis- tung, besondere Anforderungen an die Qualitätssicherung, die zutreffende Abrechnungs- einheiten entsprechend Abschnitt 0.5 der jeweiligen Allgemeinen Technischen Vertrags- bedingung (ATV) und besondere Abrechnungsbestimmungen, soweit in der VOB/C keine Regelung vorhanden ist. Im Übrigen wird auf die Kommentierung zu § 7b VOB/A ver- wiesen.

1. Mengenangaben – kalkulatorische und vertragsrechtliche Bedeutung

116   Die Angaben zu den Mengen der Teilleistungspositionen haben kalkulatorische und ver- tragsrechtliche Bedeutung. Ersteres folgt aus den Grundsätzen der Bauauftragsrechnung;[174] die vertragsrechtliche Bedeutung belegt an zahlreichen Stellen die VOB/B.

117   **a) Kalkulatorische Bedeutung.** Die Kalkulation des Einheitspreises hängt nicht nur von der nach Art, Konstruktion und Baustoff beschriebenen Teilleistung, sondern auch von deren Menge ab. Der Zeitaufwand, der Personal- und Geräteeinsatz und damit Lohn- und Materialkosten werden davon beeinflusst. Nach den Formblättern des VHB Nr. 221 – Preisermittlung bei Zuschlagskalkulation – und Nr. 222 – Preisermittlung bei Kalku- lation über die Endsumme – ermittelt ein Bieter im Rahmen der Angebotskalkulation notwendig die Gesamtstunden, um die Lohnkosten darstellen zu können. Das setzt Men- genangaben voraus. Für die Umlage der Allgemeinen Geschäftskosten wie auch der Gemeinkosten ist die Mengenangabe von großer Bedeutung. Das folgt nicht nur aus den Regeln der Bauauftragsrechnung, wonach die Menge neben der Art und Weise der Aus-

---

[173] BGH 9.1.2003 – VII ZR 181/00, NJW 2003, 1188 = NZBau 2003, 214 = BauR 2003, 533.
[174] Vgl. KLR Bau, Standards für die Kosten-, Leistungs- und Ergebnisrechnung in Bauunternehmen, Hrsg. Hauptverband der Deutschen Bauindustrie e.V., Zentralverband Deutsches Baugewerbe e.V., 8. Auflage 2016; *Prange/Leimböck/Klaus* Baukalkulation unter Berücksichtigung der KLRBau und der VOB, 8. Aufl. 1991, S. 11ff.

führung Auswirkungen auf Lohn- und Materialkosten hat, sondern wird auch durch § 2 Abs. 3 VOB/B belegt. Danach kann sich bei Mengenminderung oder -mehrung ein Anspruch auf die Änderung des Einheitspreises ergeben.

b) Vertragsrechtliche Bedeutung. § 2 Abs. 2 und Abs. 3 VOB/B belegen die **118** vertragsrechtliche Bedeutung der Mengenangaben im Leistungsverzeichnis. Vergütet wird nicht die im Leistungsverzeichnis prognostizierte Menge der Teilleistung, sondern die tatsächlich ausgeführte Leistung (§ 2 Nr. 2 VOB/B). Das ist kennzeichnendes Merkmal des Einheitspreisvertrages, bei welchem die Angebotssumme weder der Vertragspreis noch die zu zahlende Vergütung (Abrechnungssumme) ist. Der Vertragsgegenstand und der vertraglich geschuldete Erfolg erfahren durch die Mengenvorgabe im Leistungsverzeichnis keinerlei Einschränkung. Mengenänderungen – nämlich Mengenmehrungen oder Mengenminderungen – beeinflussen die Abrechnungssumme, was bei einer von weiteren Einwirkungen des Auftraggebers freien und unbeeinflussten Abwicklung der Maßnahme aus § 2 Abs. 2 VOB/B folgt und sich ansonsten – bei Anordnungen des Auftraggebers – nach den Regeln aus § 2 Abs. 4 bis 6 VOB/B bestimmt. Mengenänderungen haben jedoch nach Maßgabe des § 2 Abs. 3 VOB/B auch Auswirkungen auf den Einheitspreis selbst, der deshalb – abweichend vom sonstigen Vertragskonzept – nicht fest, sondern im durch § 2 Abs. 3 VOB/B beschriebenen Rahmen beweglich ist.[175] **Festpreisvereinbarungen,** nach denen die vereinbarten Einheitspreise unveränderlich sein sollen, stellen demnach einen Eingriff in die VOB/B dar und haben zur Folge, dass die VOB/B nicht mehr insgesamt und ohne inhaltliche Abweichungen gilt (§ 310 Abs. 1 BGB).[176] Nur dann, wenn die VOB/B als Ganzes gilt, findet keine isolierte Klauselkontrolle statt.[177] Seit 1.1.2009 ist diese Privilegierung der VOB/B in § 310 Abs. 1 BGB normiert,[178] und der Gesetzgeber hat sie im Zusammenhang mit der Einführung eines gesetzlichen Bauvertragsrechts in das BGB bekräftigt.[179]

c) Aufgaben des ausschreibenden Architekten/Ingenieurs. Im Zusammenhang **119** mit der Vorbereitung der Vergabe (Leistungsphase 6 nach § 34 HOAI, Anlage 10, Lph 6 für Gebäude und Innenräume; entsprechendes gilt für die anderen Leistungsbilder) obliegt den damit beauftragten Planern im Rahmen der Verpflichtung zur Aufstellung von Leistungsbeschreibungen mit Leistungsverzeichnissen auch die Ermittlung und Zusammenstellung von Mengen als maßgeblicher Grundlage für die Bearbeitung der Leistungsbeschreibungen. Die Genauigkeit des Mengenermittlungsvorgangs beeinflusst nach § 2 Abs. 2 wie auch § 2 Abs. 3 VOB/B entscheidend die Kostensicherheit. Im Verhältnis zum beauftragten Unternehmer, der die tatsächlich verarbeiteten Mengen durch Aufmaß ermittelt, kann sich der Auftraggeber im Rahmen eines Einheitspreisvertrages wirksam allein durch eine Höchstpreisvereinbarung schützen. Hierdurch oder mittels einer entsprechenden Klausel wird der Abrechnungssumme nach oben eine Grenze gesetzt. Die Verknüpfung der Vergütung mit der Mengenentwicklung wird ansonsten durch den Pauschalvertrag aufgelöst.[180] Teilweise finden sich in Vertragsbedingungen auch **Mengenbeobachtungsklauseln** mit der Rechtsfolgenanordnung, dass bei Verletzung dieser Pflicht Vergütungslosigkeit ab einer bestimmten Menge eintritt.[181] Davon zu unterscheiden sind vertraglich

[175] BGH 25.1.1996 – VII ZR 233/94, NJW 1996, 1346 = BauR 1996, 378 = ZfBR 1996, 196; BGH 8.7.1993 – VII ZR 79/92, NJW 1993, 2738 = BauR 1993, 723 = ZfBR 1993, 277.
[176] BGH 22.1.2004 – VII ZR 419/02, NJW 2004, 1597 = NZBau 2004, 668 = BauR 1004, 267; BGH 15.4.2004 – VII ZR 129/02, NZBau 2004, 385 = BauR 2004, 1142; BGH 10.5.2007 – VII ZR 226/05, NZBau 2007, 581 = BauR 2007, 1404.
[177] BGH 9.10.2001 – X ZR 153/99, BauR 2002, 775; vgl. zur Privilegierung der VOB/B siehe *Kniffka* Bauvertragsrecht, 2. Aufl. 2016, Einf. V. § 631 Rn. 46 ff.
[178] Vgl. auch BGH 24.7.2008 – VII ZR 55/07, NZBau 2008, 640 = BauR 2008, 1603.
[179] Siehe Beschlussempfehlung und Bericht des Rechtsausschusses, BT-Drs. 18/11437, S. 48.
[180] Vgl. nachfolgend → Rn. 137 ff.
[181] Vgl. ZTV-SIB 87 (Zusätzliche Technische Vorschriften und Richtlinien für Schutz und Instandsetzung von Betonbauteilen, Abschnitt 1.9; in der Nachfolgeregelung ZTV-ING Teil 3 Massivbau Abschnitt 4, Schutz und Instandsetzung von Betonbauteilen, findet sich im Abschnitt 1.9 eine solche Aussage nicht mehr.

vorgesehene Mitteilungspflichten bei Abweichungen von vereinbarten Maßen. Eine solche Mitteilungspflicht statuiert z. B. die DIN 18322, Kabelleitungstiefbauarten, Abschnitt 3.1.8.

2. Mengenangaben und Positionstypen

120   § 4 Abs. 1 Nr. 1 VOB/A gebietet die Mengenangabe ohne Rücksicht auf die vertragsrechtliche Bedeutung der einzelnen Teilleistungsposition. Das Gebot trifft nicht nur auf die Normalposition (= Grundposition),[182] sondern auch auf **Bedarfs-(= Eventual-)position, Wahlposition** und **Zuschlagsposition** zu. Denn auch deren richtige Kalkulation setzt möglichst genaue Mengenansätze voraus. Die Richtlinien zum VHB[183] fordern die Ermittlung der Mengen aufgrund genauer Mengenberechnungen. Bei einem VOB-Bauvertrag, bei dem nach § 1 Abs. 1 Satz 2 VOB/B auch die Allgemeinen Technischen Vertragsbedingungen für Bauleistungen (VOB/C) gelten, hat die Mengenermittlung nach Abschnitt 5 der jeweiligen gewerkespezifischen Allgemeinen Technischen Vertragsbedingung (ATV) zu erfolgen. Unter dem Begriff „Menge" kann dabei im Einzelfall auch die „Masse" zu verstehen sein, wenn nach der einschlägigen ATV eine Abrechnung nach Masse zu erfolgen hat.[184] § 2 Abs. 3 VOB/B gilt auch für Mengenangaben bei Bedarfspositionen.[185] Denn nach § 2 Abs. 3 VOB/B spielt es keine Rolle, dass die Ausführung der Leistung zum Zeitpunkt der Auftragserteilung ungewiss war. Sieht ein Bauvertrag für eine Bedarfsposition einen Mengenansatz vor, obwohl die wirklich zur Ausführung gelangenden Mengen zunächst nicht feststellbar sind, gilt § 2 Abs. 3 VOB/B unabhängig davon, ob aus der Ausschreibung ersichtlich war, dass die Mengenermittlung lediglich überschlägig ermittelt worden sind. Hiervon abweichende Klauseln begründen einen Eingriff in die VOB/B mit den sich daraus ergebenden Folgen.[186]

Diese Grundsätze gelten wegen der Vergleichbarkeit der Sachlage auch bei Wahl- und Zuschlagspositionen.

3. Mengeneinheiten

121   Die Mengen sind gem. § 4 Abs. 1 Nr. 1 VOB/A nach Maß, Gewicht oder Stückzahl anzugeben. Die im Einzelnen maßgeblichen Abrechnungseinheiten können der VOB/C entnommen werden. Für den Ausschreibenden listet als Empfehlung der Abschnitt 0.5 der gewerkeeinschlägigen Allgemeinen Technischen Vertragsbedingung (VOB/C) leistungsartabhängig die zugehörigen Abrechnungseinheiten auf. Die DIN 18299 betont als Allgemeine Technische Vertragsbedingung für Bauleistungen (ATV) allgemeine Regelung für Bauarbeiten jeder Art, im Abschnitt 0.5 dieses System. Danach sind im Leistungsverzeichnis die Abrechnungseinheiten für die Teilleistungen (Positionen) gemäß Abschnitt 0.5 der jeweiligen ATV anzugeben. Die Parteien können auch andere Abrechnungseinheiten wählen, was auch in Zusätzlichen Technischen Vertragsbedingungen vorgesehen werden kann. Wenn auch nach § 8a Abs. 2 Nr. 1 VOB/A die Allgemeinen Technischen Vertragsbedingungen grundsätzlich unverändert bleiben, können sie von Auftraggebern, die ständig Bauleistungen vergeben, für die bei ihnen allgemein gegebenen Verhältnisse durch Zusätzliche Technische Vertragsbedingungen (ZTV) ergänzt werden. Eine solche Ergänzung kann auch hinsichtlich der Abrechnungseinheiten erfolgen. § 8a Abs. 2 Nr. 2 VOB/A lässt für die Erfordernisse des Einzelfalles Ergänzungen und Änderungen in der Leistungsbeschreibung zu.

122   **a) Geschichte der Abrechnungseinheiten.** Diese Abrechnungseinheiten nach Maßgabe der VOB/C haben ihre Geschichte. Waren bis zur Ausgabe 1979 die Abrechnungseinheiten gewerke- und leistungsspezifisch im Abschnitt 5 der jeweiligen ATV detailliert

---

[182] Vgl. oben → Rn. 90 f.
[183] VHB Richtlinien 100, Nr. 4.3.5.
[184] Vgl. zB DIN 18379 Abschnitt 5.5; DIN 18380 Abschnitt 5.4.
[185] BGH 20.12.1990 – VII ZR 248/89, NJW-RR 1991, 534 = BauR 1991, 210 = ZfBR 1991, 101.
[186] BGH 10.5.2007 – VII ZR 226/05, NZBau 2007, 581 = BauR 2007, 1404.

geregelt und damit über § 1 Abs. 1. Satz 2 VOB/B bei einem VOB-Bauvertrag **Vertragsbestandteil,** hat sich hieran ab der Ausgabe 1988 maßgebliches geändert. Diese Regelung
wurde nämlich mit der Begründung als ungeeignet abgeschafft, dass die Abrechnungseinheiten ohnehin für jede Teilleistung in der Leistungsbeschreibung angegeben werden
müssen und diese Bezeichnung nach allgemeinen Regeln gem. § 1 Nr. 2 VOB/B den
Regelungen in den ATV vorgehen. Letztlich konnten die Abrechnungseinheiten im vormaligen Abschnitt 5 nur dazu dienen, auf die üblichen und zweckmäßigen Abrechnungseinheiten für die jeweiligen Teilleistungen hinzuweisen. Diesem Zweck entsprechend
wurden sie mit der Fassung 1988 in den Abschnitt 0.5 der ATV DIN 18300 ff. übernommen.[187] Allen Angaben im Abschnitt 0 der VOB/C kommt jedoch nur Hinweischarakter
und keinerlei verbindliche Wirkung zu. Allerdings macht § 7 Abs. 1 Nr. 7 VOB/A darauf aufmerksam, dass die „Hinweise für das Aufstellen von Leistungsbeschreibungen" im
Abschnitt 0 der Allgemeinen Technischen Vertragsbedingungen für Bauleistungen, DIN
18299 ff., zu beachten seien. Unterhalb der Schwellenwerte wirkt sich diese Anordnung als
Verwaltungsanweisung für die Vergabestelle aus; mit Erreichen der Schwellenwerte wird
diese zwingende Regelung – sind zu beachten – zur Rechtsvorschrift mit Außenwirkung;
das ändert jedoch am Rechtscharakter der ATV DIN als Allgemeiner Technischer Vertragsbedingung nichts. Nach der Wertung des Vergabe- und Vertragsausschusses für Bauleistungen sind die im Abschnitt 0.5 jeweils angegebenen Abrechnungseinheiten zweckmäßig und üblich. Die im Abschnitt 5, der in der jeweils einschlägigen ATV mit
„Abrechnung" betitelt ist, enthaltenen Aufmaßregeln ordnet der BGH als Allgemeine Geschäftsbedingungen deshalb ein, weil sie vertragsrechtlicher Bedeutung sind und den Preis
für die erbrachten Leistungen bestimmen.[188]

b) Leistungsverzeichnis ohne Abrechnungseinheiten. Wenn diese Abrechnungsein-   **123**
heiten im Abschnitt 0.5 der VOB/C entsprechend dieser Zwecksetzung als üblich gelten, hat
dies für die Vertragsauslegung nach §§ 133, 157 BGB Bedeutung. Vieles spricht dafür, diese
Abrechnungseinheiten der ATV als Ausdruck einer allgemeinen im jeweiligen Gewerk herrschenden Verkehrssitte zu bezeichnen. Sie kommen nämlich sowohl bei einem VOB- als
auch einem BGB-Bauvertrag dann zur Anwendung, wenn im Leistungsverzeichnis die Anführung der Abrechnungseinheiten unterlassen wurde. Im Leistungsverzeichnis enthaltene
und vom Abschnitt 0.5 der einschlägigen ATV abweichende Abrechnungseinheiten sind
jedoch nach der Widerspruchsregelung in § 1 Abs. 2 VOB/B vorrangig. Von den Abrechnungseinheiten sind die jeweiligen Aufmaßregeln zu unterscheiden. Gerade die im Bereich
Putz und Malerarbeiten so wie sonst geltenden Übermessungsregeln – vgl. DIN 18350 Abschnitt 5.3; DIN 18363 Abschnitt 5.3 – erweisen sich im Vergleich zu dem Grundsatz, dass
nur die tatsächlich ausgeführten Leistungen vergütet werden (§ 2 Abs. 2 VOB/B, DIN 18299
Abschnitt 5) als problematisch. Andererseits darf nicht verkannt werden, dass die Aufmaßregeln auch die Preisbildung beeinflussen. Wenn nämlich bei Malerarbeiten z. B. an Fenstern
jede beschichtete Seiten nach Fläche so gerechnet wird, dass Verglasungen, Füllungen und
dergleichen übermessen werden (DIN 18363 Abschnitt 5.3.1), bildet der malermäßig zu
behandelnde Rahmen gerade nicht den Ausgangspunkt für die Angebotskalkulation. Für die
Angebotskalkulation wird fiktiv von der übermessenen Fläche ausgegangen, obwohl nur der
Rahmen und damit eine wesentlich kleinere Fläche zu beschichten ist.

III. Vertragspreis und Vergütung

Beim **Angebotsverfahren** (§ 4 Abs. 3 VOB/A) ist es Aufgabe des Bieters, ohne Ände-   **124**
rung (§ 13 Abs. 1 Nr. 5 VOB/A) an den Vertragsunterlagen, zu denen nach § 8 Abs. 1

---

[187] Erläuterungen zur ATV „Allgemeine Regelungen für Bauarbeiten jeder Art" DIN 18299 in der
VOB-Ausgabe 1988 Abschnitt 2.4 S. 12.
[188] BGH 17.6.2004 – VII ZR 75/03, NZBau 2004, 500 = BauR 2004, 1438.

Nr. 2, § 7 ff. VOB/A die Leistungsbeschreibung mit Leistungsverzeichnis gehört, bei den Teilleistungspositionen die Preise einzusetzen. Hierbei ist zwischen verschiedenen Preiskategorien zu trennen.

1. Preiskategorien

125   Die vom Bieter nach vorgegangener Angebotskalkulation in das Leistungsverzeichnis eingesetzten Preise gehören bei einem Einheitspreisvertrag unterschiedlichen Kategorien an. Angebotspreis im Sinne des späteren Vertragspreises ist nur der Einheitspreis je Teilleistung. Der **Positionspreis** und die **Angebotsendsumme** bilden lediglich das **Produkt von Rechenvorgängen** und sind nicht Teil des Preisversprechens. Dem entsprechend bewertet § 16c Abs. 2 Nr. 1 VOB/A den Stellenwert des Einheitspreises bei Widersprüchen im Rechenwerk.

126   **a) Einheitspreis.** Vertragspreis und damit Angebotspreis im vertragsrechtlichen Sinne sind ausschließlich die einzelnen, den Teilleistungen zugewiesenen Einheitspreise. Die in § 4 Abs. 1 Nr. 1 VOB/A enthaltene Beschreibung verknüpft allein den Einheitspreis mit dem in § 631 Abs. 1 BGB enthaltenen Vertragspreis. § 2 Abs. 2 VOB/B bestätigt dies; dort wird der vertragliche Einheitspreis als Faktor für die Bemessung der Vergütung benannt. Die Vergabeentscheidung orientiert sich allerdings nicht an den Einheitspreisen, sondern an der Angebotsendsumme. Diese wird – vertragsrechtlich missverständlich, da der „Preis" abhängig vom Vordersatz ist – in § 16d Abs. 1 Nr. 2 VOB/A als Angebotspreis bezeichnet.[189] Die nach § 16d VOB/A erforderliche Prüfung der Angemessenheit und der Wirtschaftlichkeit des Preises orientiert sich an der Angebotssumme; die Prüfung der Einheitspreise auf ihre Angemessenheit erfolgt nur in diesem Rahmen.[190] Der BGH[191] bezeichnet den „Gesamtpreis" i. S. d. Endsumme des Angebots als Gegenstand der Wertung.

127   Die Bildung des Einheitspreises erfolgt nach den Regeln der Bauauftragsrechnung. Der Einheitspreis setzt sich zusammen aus den Einzelkosten der Teilleistung (EkdT), worunter solche Kosten zu verstehen sind, die einer Position direkt und unmittelbar zugerechnet werden können. Hierbei handelt es sich um Lohn, Stoffkosten, Gerätekosten und sonstig Kosten. Diese Kosten werden mit einem Zuschlag für die Gemeinkosten der Baustelle (GdB), um die Allgemeinen Geschäftskosten (AGK) und Wagnis und Gewinn beaufschlagt. Das kann nach den Regeln der Preisermittlung bei Zuschlagskalkulation oder über die Endsumme erfolgen. Das VHB hat bis zur Ausgabe 2008 in den Einheitlichen Formblättern EFB-Preis 1 a und b, sowie im EFB-Preis 2 die kalkulatorischen Übersichten zusammengestellt. Seit der Ausgabe 2008 und der Richtlinie zu 211, Aufforderung zur Abgabe eines Angebots, Nr. 2 sind den Vergabeunterlagen zur Beurteilung der Angemessenheit der Angebotspreise die Formblätter Preisermittlung 221 bis 223 beizufügen, wenn die voraussichtliche Angebotssumme mehr als 50.000 Euro betragen wird. Das Formblatt 223 liefert die Aufgliederung der Einheitspreise nach Maßgabe folgender Kriterien: Menge, Mengeneinheit, Zeitansatz, Löhne, Stoffe, Geräte und Sonstiges. Den Einheitspreis bestimmt die Summe aus Lohn, Stoff, Gerät und Sonstiges, wobei diese Kosten mit dem Zuschlag für Baustellengemeinkosten, Allgemeine Geschäftskosten sowie Wagnis und Gewinn zu beaufschlagen sind. Die exakte Erfassung und Dokumentation dieser Kostenfaktoren in einer Urkalkulation ist bei Einheitspreisänderungen gem. § 2 Abs. 3 VOB/B sowie vor allem in den Fällen des § 2 Abs. 5 VOB/B besonders bedeutsam, weil grundsätzlich, ungeachtet von § 650c BGB, nach der VOB der **Wettbewerbspreis** fortzuschreiben ist.[192] Grundlage hierfür ist die Urkalkulation des Auftragnehmers, die Eingang in die Formblätter Preisermittlung 221 bis 223 findet.

---

[189] Die Richtlinie zu Formblatt 223 VHB, spricht zutreffender von „voraussichtlicher Auftragssumme".
[190] OLG Köln 29.4.1997 – 20 U 124/96, NJW-RR 1999, 316 = BauR 1998, 118; BGH 21.10.1976 – VII ZR 327/74, JZ 1977, 61 = BauR 1977, 52.
[191] BGH 21.10.1976 – VII ZR 327/74, JZ 1977, 61 = BauR 1977, 52 (53).
[192] OLG Hamm 26.6.2008 – 21 U 17/08, NZBau 2008, 508 = BauR 2008, 1622, 1628; OLG Frankfurt 19.9.1996 – 1 U 67/95, NJW-RR 1997, 84; *Drittler* BauR 2010, 143, 144.

b) Positionspreis. Der Positionspreis ist der Gesamtpreis der einzelnen Teilleistungspo- **128** sition oder Sammelposition bzw. Pauschalpreisposition. § 16c Abs. 2 Nr. 1 VOB/A spricht vom Gesamtbetrag einer Ordnungszahl (Position). Der Positionspreis ist lediglich das Produkt aus Einheitspreis und der im Vordersatz angegebenen Menge. Der Positionspreis ist bei einem Einheitspreisvertrag kein vertraglicher Preis nach § 631 Abs. 1 BGB.

Diesen Positionspreis hat der Bieter neben dem Einheitspreis anzugeben (§ 13 Abs. 1 **129** Nr. 3 VOB/A). Die Positionspreise gehen in die **Angebotsendsumme** (§ 16c Abs. 3 VOB/A) als dem Ergebnis der Addition der einzelnen Positionspreise ein.

c) Angebotssumme – Angebotsendsumme – Angebotspreis. Das Ergebnis der Ad- **130** dition der maßgeblichen Positionspreise samt hinzuzurechnender Umsatzsteuer benennt die VOB/A uneinheitlich. In § 16d Abs. 1 Nr. 2, 3 VOB/A verwendet die VOB/A den Begriff „Angebotspreis", worunter der Gesamtpreis als Endsumme des Angebots zu verstehen ist.[193] In § 16c Abs. 3 VOB/A taucht der Begriff „Angebotsendsumme" auf. Die Literatur verwendet auch den Begriff „Angebotssumme".[194] Vertragsrechtlich ist entscheidend, dass beim Einheitspreisvertrag weder dem Positionspreise noch der Summe der Positionspreise (Angebotspreis oder Angebotsendsumme) die Qualität eines Vertragspreises gem. § 631 Abs. 1 BGB zukommt. Der Einheitspreisvertrag kennt nicht einen Vertragspreis, sondern so viele Vertragspreise wie das Leistungsverzeichnis Teilleistungspositionen enthält. Die **Abrechnungssumme** als der vereinbarten Vergütung errechnet sich nach § 2 Abs. 2 VOB/B aus erbrachten und aufgemessenen Mengen multipliziert mit den Einheitspreisen.

2. Abrechnungssumme – Vergütung

Die Vergütungsregel beim Einheitspreisvertrag folgt aus § 4 Abs. 1 Nr. 1 VOB/A in **131** Verbindung mit § 2 Abs. 2 VOB/B. Nach der angeführten VOB/A-Bestimmung bemisst sich die Vergütung nach der Leistung. Die Teilleistungen sind zu diesem Zweck ihrem Umfang nach festzustellen, wofür § 14 Abs. 1, 2 VOB/B und der Abschnitt 5 der einschlägigen DIN-ATV der VOB/C Aufmaß- und Nachweisregeln formulieren. Die ermittelten Mengen sind mit dem jeweiligen vertraglichen Einheitspreis zu multiplizieren (§ 2 Abs. 2 VOB/B). Nicht maßgeblich sind die im Leistungsverzeichnis prognostizierten Mengen. Das vom Auftragnehmer nach dem Vertrag und gem. § 631 Abs. 1 BGB geschuldete Werk bestimmt sich regelmäßig auch nicht nach den Mengenvorgaben im Vordersatz einer Position.

a) Mengenfeststellungsregeln – technische Aspekte. Die für die Mengenfeststel- **132** lung einzuhaltenden Regeln, nämlich auf welche Weise technisch der Leistungsumfang ermittelt wird, ist bei einem VOB-Bauvertrag dem **Abschnitt 5 der VOB/C-Regeln** zu entnehmen. Deren Anwendung bei einem BGB-Bauvertrag ohne eine entsprechende Vereinbarung ist eher zu verneinen als zu bejahen.[195] Gem. der DIN 18299, Abschnitt 5, gilt generell, dass die Leistung aus **Zeichnungen** zu ermitteln ist, soweit die ausgeführte Leistung diesen Zeichnungen entspricht.[196] Das bedeutet, dass für die Ausbaugewerke grundsätzlich die Rohbaumaße einschlägig sind. Deshalb sind die Flächen bei den Bodenbelagsarbeiten nach Abschnitt 5.2.1 der DIN 18365 bis zu begrenzenden, ungeputzten, nicht bekleideten Bauteilen zu berechnen. Sind solche Zeichnungen nicht vorhanden, ist die Leistung aufzumessen. Derartige **Aufmaßregeln** beinhaltet der Abschnitt 5 der jeweiligen gewerkespezifischen ATV-DIN-Normen.[197] Deren Bedeutung besteht nicht nur in den der Vereinfachung dienenden Übermessungsregeln und üblichen Näherungsverfah-

---

[193] BGH 21.10.1976 – VII ZR 327/4, JZ 1977, 61 = BauR 1977, 52 (53).

[194] *Bauer* in Heiermann/Riedl/Rusam, VOB/A § 4 Rn. 10.

[195] Für die Anwendbarkeit OLG Saarbrücken 27.6.2000 – 7 U 326/99-80, BeckRS 2000 30473767 = BauR 2000, 1332; dagegen *Schwenker* IBR 2000, 527.

[196] OLG Düsseldorf 15.3.1994 – 21 U 69/93, NJW-RR 1994, 720 lässt das Aufmaß bei einer Treppe nach einer Detailzeichnung auch dann zu, wenn der Einbau unter geringen Abweichungen von den planerischen Abmessungen erfolgt ist.

[197] Vgl. *Voit* in BeckVOB/B, § 14 Abs. 2 Rn. 56.

ren;[198] sie führen stellenweise auch dazu, dass entgegen § 2 Abs. 2 VOB/B vom Prinzip der Berechnung tatsächlich ausgeführter Leistungen abgewichen wird. Auch **Übermessungsregeln** sind davon geprägt,[199] weil die Übermessung von Öffnungen nicht mehr dem Ausgleich von Leibungs- oder z. B. Schalungsarbeiten dient. Das wird deutlich bei Putzarbeiten nach DIN 18350, nach dessen Abschnitt 5.3.1 zwar Aussparungen bis zum 2,5 m² übermessen werden; dennoch werden gemäß Abschnitt 5.2.3 Leibungen in ihren Maßen gesondert berechnet. „Nichtleistungen" werden zum Gegenstand der Vergütung, wenn bei Fliesen-, Parkett- und Bodenlegerarbeiten (vgl. Abschnitt 5.1.1.1 der DIN 18352, 18356 und 18365[200]) der Ermittlung der Leistung bei z. B. Bodenbelägen auf Flächen mit begrenzenden Bauteilen die Maße der zu bekleidenden bzw. zu belegenden Fläche bis zu den begrenzenden, ungedämmten, ungeputzten bzw. unbekleideten Bauteilen zugrunde zu legen sind. Das bedeutet, dass auch bei einer verputzten Wand, bei welcher der Belag – noch dazu in einem gewissen Abstand – bis zum Wandputz geführt wird, die Fläche bis zum Rohmauerwerk durchgemessen werden darf.[201] Davon ist dann abzuweichen, wenn die Bekleidung der begrenzenden Bauteile ungewöhnlich dick ist.[202] Besondere vertraglich vereinbarte Abrechnungsregeln gehen den Abrechnungsregeln der VOB/C vor.[203] Das folgt aus § 305 b BGB.

133   Vorformulierte Aufmaßbestimmungen wie z. B. die im Abschnitt 5 der VOB/C enthaltenen Regeln sind Allgemeine Geschäftsbedingungen[204] und als **Preisnebenabreden** nicht gem. § 307 Abs. 3 BGB kontrollfrei, sondern unterliegen insbesondere nach § 307 Abs. 2 Nr. 1 BGB einer **Klauselkontrolle**.[205] Sämtliche Klauseln, die inhaltlich dazu führen, dass nach dem von der Klausel so vorgesehenen Abrechnungsumfang ausgeführte Leistungen nicht vergütet werden, fallen, da sie den Vertragspartner des Verwenders der AGB benachteiligen, grundsätzlich der Unwirksamkeit anheim. Allerdings ist bei Übermessungsregeln auch ein damit verfolgter Vereinfachungseffekt zu berücksichtigen, der darin liegt, dass nach Plan aufgemessen werden kann, was zu erheblicher Aufwandsersparnis führt. Diese spiegelt sich in der Angebotskalkulation wider. Überdies gilt es zu bedenken, dass die einzelnen ATV der VOB/C im Deutschen Vergabe- und Vertragsausschluss für Bauleistungen DVA im Konsens zwischen Vertretern der öffentlichen Auftraggeber und den Bauwirtschaftsverbänden erarbeitet werden Eine Prüfung nach § 307 Abs. 2 Nr. 1 BGB hat diese Umstände zu berücksichtigen.

134   **b) Mengenfeststellungsverfahren – rechtliche Aspekte.** Von den technischen Regularien zur Mengenfeststellung sind vertragsrechtliche Verfahrensgebote zu unterscheiden.

135   Das Aufmaß nach den technischen Regeln kann **einseitig** durch den Auftragnehmer und **gemeinsam** mit dem Auftraggeber genommen werden. Letzteres empfiehlt die VOB/B in § 14 Abs. 2 VOB/B. Hinsichtlich der Arbeiten, die infolge der Fortsetzung der Baumaßnahme nur noch schwer feststellbar sind, hat der Auftragnehmer rechtzeitig eine **gemeinsame Feststellung** zu beantragen. Diese Regelung korrespondiert mit der Zustandsfeststel-

---

[198] OLG Düsseldorf 7.5.1991 – 23 U 165/90, NJW-RR 1992, 217 = BauR 1991, 772 (zu Annäherungsverfahren, wenn eine mathematisch genaue Abrechnungen nicht mit zumutbaren Mitteln durchführbar ist, nämlich zur Simpsonschen Formel).

[199] Vgl. KG 26.5.1998 – 21 U 9234/97, KGR Berlin 1998, 409 = IBR 2000, 9; OLG Düsseldorf 23.3.1998 – 5 U 149/97, OLGR Düsseldorf 1998, 318 = IBR 1999, 3; OLG Düsseldorf 30.1.1998 – 22 U 149/97, NJW-RR 1998, 1033 = BauR 1998, 1025.

[200] Die in der Vorauflage an dieser Stelle angeführte DIN 18332 – Naturwerksteinarbeiten – enthält seit VOB 2016 eine solche Regelung nicht mehr.

[201] OLG Köln 7.3.1989 – 9 U 130/88, BauR 1991, 349.

[202] OLG Düsseldorf 19.11.2004 – 22 U 82/04, BeckRS 2004, 12592 = BauR 2005, 725: Vorsatzschale in einer Dicke von 65–70 mm als eigenständig begrenzendes Bauteil betreffend Bodenbelagsarbeiten, DIN 18365.

[203] OLG Koblenz 23.4.2004 – 10 U 561/01, BeckRS 2011, 06270 = BauR 2005, 717; OLG Celle 15.1.2003 – 7 U 64/00, IBRRS 2003, 1127 = BauR 2003, 1040; LG München I 26.4.1990 – 11 O 4241/90, BauR 1991, 225.

[204] BGH 17.6.2004 – VII ZR 75/03, NZBau 2004, 500 = BauR 2004, 1438 = ZfBR 2004, 778.

[205] OLG Karlsruhe 20.10.1988 – 10 U 71/88, NJW-RR 1989, 52; OLG Düsseldorf 7.5.1991 – 23 U 165/90, NJW-RR 1992, 217 = BauR 1991, 772; *Voit* in BeckVOB/B, § 14 Abs. 2 Rn. 55.

lung von Teilen der Leistung, wie sie in § 4 Abs. 10 VOB/B enthalten ist und die Qualitäts-
feststellung zum Gegenstand hat. Hinsichtlich der Rechtsfolgen einer gemeinsamen Feststellung – lediglich Beweislastumkehr, eigenständiger Feststellungsvertrag, deklaratorisches
Schuldanerkenntnis – besteht Streit.[206] Nach der BGH-Rechtsprechung[207] sollen durch das
gemeinsame Aufmaß spätere Streitigkeiten über den Umfang der tatsächlich ausgeführten
Leistung vermieden werden, weswegen ein gemeinsames Aufmaß als bindend vereinbart
werden kann. Ob es sich dabei um eine bloße Tatsachenfeststellung im Sinne der Schaffung
eines Beweismittels handelt oder um eine rechtsgeschäftliche Willenserklärung, hängt von
der Willensrichtung ab. Vieles spricht dafür, aus den für die Abrechnung nach § 14 Abs. 1
VOB/B geltenden Regeln – Beifügung der Nachweise – zu schließen, dass das gemeinsame
Aufmaß – ebenso wie das einseitig genommene – lediglich der Schaffung der Nachweisun-
terlagen dient und mit dem gemeinsamen Aufmaß als einvernehmlichem Feststellungsverfah-
ren nur eine Beweislastumkehr verbunden ist.[208] Bleibt der Auftraggeber einem vereinbarten
Aufmaßtermin fern und ist ein neues Aufmaß oder eine Überprüfung des dann einseitig vom
Auftragnehmer genommenen Aufmaßes nicht mehr möglich, darf sich der Auftragnehmer
im Prozess auf den Vortrag der einseitig genommenen Aufmaßergebnisse beschränken. Der
Auftraggeber hat im Zahlungsprozess des Auftragnehmers vorzutragen und zu beweisen,
welche Mengen zutreffend oder dass die vom Auftragnehmer genannten Menge unzutreffend sind.[209] Bestätigt ein Auftraggeber die einseitig von einem Auftragnehmer genommenen
Mengen, und ist später eine Prüfung der Mengen nicht mehr möglich, trifft in einem späteren Werklohnprozess ebenfalls den Auftraggeber die Darlegungs- und Beweislast für die Unrichtigkeit der vom Auftragnehmer in den Rechtsstreit auf der Basis seiner Aufmaßnahme
eingeführten Mengen.[210] Nimmt ein Auftragnehmer einseitig Aufmaß, das der Auftraggeber
nicht bestätigt hat und für dessen Vornahme als gemeinsame Aufmaßnahme auch kein gemeinsamer Termin abgesprochen war, braucht der Auftraggeber im Rechtsstreit die Mengen
lediglich zu bestreiten. Die Darlegungs- und Beweislast liegt in einem solchen Fall bei dem
Auftragnehmer als Kläger.[211]

c) Vergütungssumme. Die zu zahlende Vergütung folgt aus dem Produkt der ausge- **136**
führten und festgestellten Mengen mit dem jeweiligen Einheitspreis. Diese für die Teilleistungen ermittelten Produkte werden addiert und ergeben in der Summe die zu zahlende
Vergütung. Die Anforderungen an die Nachweisführung und die Prüfbarkeit der Rechnung folgen aus §§ 14, 16 VOB/B. Teilpauschalen,[212] die von den Parteien, z.B. für die
Baustelleneinrichtung oder die Wasserhaltung vereinbart wurden, kommen dazu. Dieses
Abrechnungsverfahren, das den Einheitspreisvertrag maßgeblich vom Pauschalvertrag unterscheidet, bei dem mit der Pauschalsumme bei unveränderter Ausführung regelmäßig
auch die Abrechnungssumme feststeht, führt dazu, dass die Angebotssumme bei Abweichung der im Leistungsverzeichnis prognostizierten Mengen von den festgestellten Mengen
mit der Abrechnungs-/Vergütungssumme nicht übereinstimmt.

F. Der Pauschalvertrag (§ 4 Abs. 1 Nr. 2 VOB/A)

Die VOB/A bezeichnet den Bauvertrag, mit welchem die Leistung für eine Pauschal- **137**
summe vergeben wird, in § 4 Abs. 1 Nr. 2 VOB/A mit Pauschalvertrag. Eine weitere begriffliche Umschreibung liefert die Regelung nicht. Typologisch setzen die in der Regel

[206] *Locher* in Ingenstau/Korbion, VOB/B § 14 Rn. 18; *Voit* in BeckVOB/B, § 14 Abs. 2 Rn. 26 (Beweis-
lastverteilung); ebenso *Kleine-Möller* in Kleine-Möller/Merl/Glöckner, Handbuch des privaten Baurechts,
§ 12 Rn. 171 f.
[207] BGH 30.1.1992 – VII ZR 237/90, NJW-RR 1992, 727 = BauR 1992, 371 = ZfBR 1992, 161.
[208] In diese Richtung BGH 15.2.1960 – VII ZR 10/59, NJW 1960, 859.
[209] BGH 22.5.2003 – VII ZR 143/02, NJW 2003, 2678 = NZBau 2003, 497 = BauR 2003, 1207.
[210] BGH 24.7.2003 – VII ZR 79/02, NZBau 2004, 31 = BauR 2003, 1892.
[211] BGH 24.7.2003 – VII ZR 79/02, NZBau 2004, 31 = BauR 2003, 1892.
[212] Vgl. oben → Rn. 61 und unten → Rn. 53.

genannten Ausschreibungsvoraussetzungen den Pauschalvertrag nicht entscheidend vom Einheitspreisvertrag ab. Ausschlaggebend ist die Vergabe für „eine Pauschalsumme". Das ist die vereinbarte Vergütung nach § 631 Abs. 1 BGB. An die Stelle einer Vielzahl von Vertragspreisen bei einem Einheitspreisvertrag, bei dem die Einheitspreise die Vertragspreise sind, tritt ein einziger Vertragspreis, nämlich der vereinbarte Pauschalpreis. Grundsätzlich steht dieser Preis von vornherein unabhängig von der Mengenentwicklung fest. Eine Aufmaßnahme ist folglich überflüssig. Der Pauschalvertrag ist ein Vertrag mit Verzicht auf ein Aufmaß.[213] Nur im Ausnahmefall (§ 2 Abs. 7 Nr. 1 Satz 2 VOB/B) rechtfertigt die Mengenentwicklung einen Ausgleich unter Berücksichtigung der Mehr- oder Minderkosten, wobei von den Grundlagen der Preisermittlung auszugehen ist. Demnach ordnet die VOB/B ausdrücklich die Fortschreibung des Wettbewerbspreises an.

I. Vertragsrechtliche Grundstruktur des Pauschalvertrages

138   Den Pauschalvertrag kennzeichnet nach seiner vertragsrechtlichen Struktur im Unterschied zum Einheitspreisvertrag die Vergabe der Bauleistung für eine Pauschalsumme, die allein den Vertragspreis darstellt. Der **Pauschalvertrag** kennt nur **einen Vertragspreis.** Macht den Einheitspreisvertrag die Vielzahl der Vertragspreise aus, prägt den Pauschalvertrag der eine Vertragspreis, nämlich die Pauschalsumme. Das folgt so unmittelbar aus § 4 Abs. 1 Nr. 2 VOB/A und wird über Regeln der VOB/B in § 2 Abs. 7 Nr. 1 bestätigt. Die Pauschalsumme ist regelmäßig auch die zu zahlende Abrechnungssumme, weswegen es – bei ausschreibungs- und vertragskonformer Ausführung – beim Pauschalvertrag auch keinerlei Aufmaß- und Abrechnungsbedarf i. S. v. § 14 Abs. 1 VOB/B gibt.

1. Pauschalsumme – Vertragspreis und Vergütungssumme

139   Mit dem Abschluss eines Pauschalvertrages entscheiden sich die Vertragspartner nach ihrem rechtsgeschäftlichen Willen für die Pauschalsumme als der vereinbarten Vergütung i. S. d. § 631 Abs. 1 BGB. Folglich werden mit der **Pauschalsumme** als **Vertragspreis** die den Einheitspreisvertrag kennzeichnenden Feststellungen zum Umfang der tatsächlich ausgeführten Leistung **(Aufmaß)** überflüssig.[214] § 2 Abs. 2 VOB/B gilt für den Einheitspreisvertrag, und § 2 Abs. 7 Nr. 1 Satz 1 VOB/B erklärt die Pauschalsumme zur zu zahlenden Vergütung. Selbst wenn der Pauschalierung ein detailliertes Leitungsverzeichnis mit Einheitspreisen und Positionspreisen zugrunde liegt, macht die Pauschalvereinbarung die Pauschalsumme zur allein verbindlichen, vereinbarten Vergütung. Der vereinbarte Endpreis ist der Vertragspreis, der bereits vor Ausführung der Leistung feststeht.[215] Der rechtsgeschäftliche Pauschalierungswille der Parteien erstreckt sich auf die Vergütungsseite und erfasst Leistungen des Auftragnehmers in Abhängigkeit vom konkret abgeschlossenen Pauschalvertragstyp. Diesbezüglich ist zwischen einem Detailpauschalvertrag und einen Globalpauschalvertrag zu unterscheiden.[216]

140   Der Abschluss eines Pauschalvertrages erweist sich deshalb als Kürzel für einen bestimmten rechtsgeschäftlichen Willen, nämlich die Entscheidung für nur einen Vertragspreis und die **Entbehrlichkeit einer Aufmaßnahme** zur Feststellung der tatsächlich ausgeführten Leistung. Wohl wegen des diesen Vertragstyp kennzeichnenden Verzichts auf das Aufmaß und den damit **entfallenden Feststellungsbedarf** der genauen Mengen der ausgeführten Leistung für die Bestimmung der Vergütung kommt es zur Begriffsbildung „Pauschalvertrag".

---

[213] *Bolz* BauR 2010, 374 ff.
[214] *Bolz* BauR 2010, 374; einschränkend *Voit* in BeckVOB/B, § 14, Rn. 3 f.
[215] *Kapellmann* in Kapellmann/Messerschmidt, VOB/B § 2 Rn. 233; *Zielemann* Vergütung, Zahlung und Sicherheitsleistung nach VOB, 3. Aufl. 2007, Rn. 138.
[216] Vgl. nachfolgend → Rn. 145 ff.

Hinsichtlich der Vergütung existiert keine Typenvielfalt. Gemeinsames Grundelement **141** aller Pauschalvertragstypen ist die Maßgeblichkeit der Pauschalsumme als der einen vereinbarten Vergütung. Trotz der in § 2 Abs. 2 VOB/B gebrauchten Formel – wenn keine andere Berechnungsart ... vereinbart ist – führt die Vereinbarung einer Pauschalsumme nicht zu einer vom Einheitspreisvertrag lediglich abweichenden „Berechnungsart". Beim Pauschalvertrag ist nach Vertragsschluss – den störungs- und eingriffsfreien Ablauf vorausgesetzt – nichts zu berechnen. Die Pauschalsumme ist die vereinbarte und zu zahlende Vergütung. Deshalb beschränkt sich die Rechnungsstellung bei störungs- und eingriffsfreier Abwicklung auch auf die schlichte Benennung der Pauschalsumme.[217]

2. Leistungsumfang – Pauschalierungswille

Entgegen einer in der Literatur vertretenen Auffassung[218] folgt aus der Vereinbarung **142** einer Pauschalsumme nicht notwendig eine Pauschalierung der Auftragnehmerleistung. Gegenstand und Umfang der für die vereinbarte Pauschale zu erbringenden Leistung bestimmen sich nach dem Willen der Parteien. Für den VOB-Pauschalvertrag gilt § 2 Abs. 1 VOB/B, der für den Einheitspreis- wie auch den Pauschalvertrag einschlägig ist. Ob und welchen inhaltlichen Pauschalierungswillen die Vertragsparteien hinsichtlich der Leistungsseite verfolgen, bestimmt sich nach der Leistungsbeschreibung, den Besonderen Vertragsbedingungen, den Zusätzlichen Vertragsbedingungen, den Zusätzlichen Technischen Vertragsbedingungen, den Allgemeinen Technischen Vertragsbedingungen für Bauleistungen und der gewerblichen Verkehrssitte. Welche Leistung der Art und dem Umfang nach für den Vertragspreis steht, bestimmt demnach der Vertrag, was von dem zur Sicherstellung des Erfolgs gebotenen Leistungsumfang zu unterscheiden ist. Die Vermeidung von Sachmängelhaftungstatbeständen beeinflusst den für die Pauschalsumme zu erbringenden Leistungsumfang nicht.[219] Vertrags- und nicht Sachmängelhaftungsregeln legen das vom Preis abgedeckte Leistungssoll fest.

Dabei ist zwischen einem notwendigen Partei-/Vertragswillen und einem bloß mög- **143** lichen Partei-/Vertragswillen zu unterscheiden.

a) Notwendiger Pauschalierungswille. Mit dem strukturell verbundenen Verzicht **144** auf die Feststellung des tatsächlichen Umfangs der Leistung ist der Pauschalierungswille der Parteien diesbezüglich notwendig und für das Vorliegen eines Pauschalvertrages konstitutiv. Er hat die für die Leistungserbringung erforderlichen **Mengen** zum Gegenstand. Mit dem Zustandekommen eines Pauschalvertrages ist der Verzicht auf das Aufmaß notwendig verbunden, womit die von Auftraggeberanordnungen unbeeinflusste Mengenentwicklung Abrechnung und Vergütung nicht beeinflusst.[220] Enthält der Vertrag dennoch Aussagen zum Aufmaß, ist die Qualifizierung des Vertragstyps im Wege der Auslegung zu klären.

b) Möglicher Pauschalierungswille – Pauschalvertragstypen – Detailpauschal- 145 vertrag. Ein weitergehender, nämlich über die Mengen hinausgehender Pauschalierungswille ist möglich. Zur Bestimmung dieses Willens ist der Rückgriff auf verschiedene Pauschalvertragstypen möglich. Zwei Pauschalvertragskategorien, die den Pauschalierungswillen der Vertragsschließenden typisieren, haben sich in der Praxis durchgesetzt: **Detailpauschalvertrag** und **Globalpauschalvertrag.**[221] Das beeinflusst den Pauschalierungs-

---

[217] BGH 20.10.1988 – VII ZR 302/87, NJW 1989, 836 = BauR 1989, 87 = ZfBR 1989, 55; *Zielemann* Vergütung, Zahlung und Sicherheitsleistung nach VOB, 3. Aufl. 2007, Rn. 138.

[218] *Heyers* BauR 1983, 297; *Vygen* ZfBR 1979, 133; *Vygen* BauR 1979, 375; *Zielemann* Vergütung, Zahlung und Sicherheitsleistung nach VOB, 3. Aufl. 2007, Rn. 139.

[219] Vgl. BGH 8.1.2002 – X ZR 6/00, NZBau 2002, 325 = BauR 2002, 787, 788; BGH 9.4.1992 – VII ZR 129/91, NJW-RR 1992, 1046 = BauR 1992, 759; OLG Schleswig 30.9.1999 – 7 U 196/98, BeckRS 1999 30075608 = BauR 2000, 1201.

[220] *Kapellmann/Schiffers* Band 2 Rdn. 17.

[221] *Kapellmann* FS Soergel S. 99 ff.; *Kapellmann/Schiffers* Band 2 Rdn. 2 ff.; *Busche* in MüKoBGB, § 631 Rn. 173 hat diese Terminologie ebenfalls übernommen; *Jansen* in BeckVOB/B, § 2 Abs. 7 Rn. 30 ff. verwendet auch den Begriff „erweiterter Pauschalvertrag" und verknüpft diesen mit den von *Kapellmann* geprägten Begriffen Detailpauschalvertrag und Gobalpauschalvertrag.

gegenstand.²²² Beim „Detailpauschalvertrag" liegt der Pauschalsumme ein detailliertes Leistungsverzeichnis zugrunde; abgesehen von Erweiterungen, die sich aus § 2 Abs. 1 VOB/B und den dort in Verweisung genommenen Vertragsbestandteilen ergeben können, sind für den Pauschalpreis lediglich die im Leistungsverzeichnis angeführten Teilleistungen zu erbringen. Ob die tatsächlich ausgeführte Menge von der in den Teilleistungspositionen abweicht, ist vertragsrechtlich bedeutungslos, weil auf das Leistungsfeststellungsverfahren für die Abrechnung der Pauschalsumme verzichtet worden ist.

146   Insofern kommt es zu einer **Pauschalierung der Mengen,**²²³ was je nach dem Umfang der tatsächlichen Mengen im Risikobereich des Unternehmers oder des Auftraggebers liegt. Deshalb gibt es vertragsrechtlich durchaus ein Mengenrisiko und nicht nur ein Mengenermittlungsrisiko.²²⁴ Das Mengenermittlungsrisiko trifft den Ausschreibenden bei der Bestimmung der Mengen im Vordersatz und den Bieter bei der Kontrolle dieser Mengenangaben, soweit eine solche Kontrolle überhaupt anhand planerischer Unterlagen möglich ist. Das vertragliche Mengenrisiko wirkt sich aus, wenn die tatsächliche Mengenentwicklung von der Mengenprognose des Leistungsverzeichnisses abweicht. Keinesfalls kann die Existenz des Mengenrisikos mit Hinweis auf fehlende Vordersätze abgelehnt werden,²²⁵ da solche bei einem Detailpauschalvertrag meist vorhanden sind und bei Fehlen nur die Risikoerhöhung die Folge ist.

147   Der **Risikorahmen**²²⁶ wird durch das Leistungsverzeichnis bestimmt, wenn die Parteien dieses zur Grundlage des Vertrages gemacht und sich davon nicht entfernt haben.²²⁷ Sind die Parteien von der Technik der Leistungsbeschreibung mit Leistungsverzeichnis zu einer nur noch funktionalen Leistungsbeschreibung übergegangen, auf deren Grundlage dann auch der Vertrag geschlossen wurde, verliert das Leistungsverzeichnis seine Auslegungsbedeutung. Der Pauschalierungswille wird infolge des Wechsels der Technik der Leistungsbeschreibung durch die funktionale Leistungsbeschreibung bestimmt und nicht mehr durch die Teilleistungen des Leistungsverzeichnisses eingegrenzt. Ansonsten gilt der Grundsatz, dass ein dem Pauschalvertrag zugrunde liegendes Leistungsverzeichnis den Leistungsinhalt bestimmt und Zusatzarbeiten nur gegen über die Pauschalsumme hinaus gehendes Entgelt zu erbringen sind.²²⁸

148   Mit dem Detailpauschalvertrag ist lediglich ein Pauschalierungswille verbunden, der dahin geht, dass unabhängig von der tatsächlichen Mengenentwicklung, die vertraglich als bedeutungslos eingestuft wird, die im Vertrag und seinen Bestandteilen genannten Leistungen für den Pauschalpreis zu erbringen sind. Pauschalierungsgegenstand ist die Vergütung.²²⁹ Die Leistungsseite des Unternehmers ist demnach vom Detaillierungswillen und nur eingeschränkt von einem **Pauschalierungswillen** geprägt.²³⁰ Dieser Pauschalierungswille hat die Quantitäten und nicht die Qualitäten der im Leistungsverzeichnis beschriebenen Leistungen zum Gegenstand. Damit sind im Störungsfall, der durch § 2 Abs. 7 Abs. 1 Satz 4 VOB/B mit Verweise auf § 2 Nr. 4 bis 6 VOB/B gekennzeichnet ist, klare Lösungsstrukturen vorgezeichnet. Bei Pauschalierung im Rahmen eines Detailpauschalvertrags ist es vergaberechtswidrig, den Bietern zugleich – gleichsam funktional – das Vollständigkeits- und Richtigkeitsrisiko für das der Ausschreibung zugrundeliegende detaillierte Leistungsverzeichnis übertragen zu wollen.²³¹

---

²²² Vgl. *Lau* ZfBR 2002, 529.
²²³ OLG München 10.6.2008 – 9 U 2192/07, BeckRS 2009, 26924 = BauR 2009, 1156.
²²⁴ AA *Kapellmann/Schiffers* Band 2 Rdn. 49.
²²⁵ So aber *Kapellmann/Schiffers* Band 2 Rdn. 49.
²²⁶ Zum Begriff vgl. BGH 14.1.1993 – VII ZR 185/91, NJW 1993, 2674 = BauR 1993, 600 (602).
²²⁷ BGH NJW 23.1.1997 – VII ZR 65/96, NJW 1997, 1772 = BauR 1997, 464 (465) = ZfBR 1997, 197.
²²⁸ BGH 22.3.1984 – VII ZR 50/82, NJW 1984, 1676 = BauR 1984, 395 (396); BGH 17.5.1984 – VII ZR 169/82, NJW 1984, 2457–2460 = BauR 1984, 510 (512); BGH 9.4.1992 – VII ZR 129/91, NJW-RR 1992, 1046–1047 = BauR 1992, 759 (760) = ZfBR 1992, 211.
²²⁹ *Acker/Roquette* BauR 2010, 293 ff.
²³⁰ Vgl. *Motzke* Seminar Vergütungsansprüche aus Nachträgen – ihre Geltendmachung und Abwehr, S. 116.
²³¹ VK Düsseldorf vom 29.7.2011 – VK-19/2011, NZBau 2011, 637; dazu *Hilgers* NZBau 2011, 664 ff.

c) Globalpauschalvertrag. Gänzlich anders ist der „Globalpauschalvertrag" struktu- **149**
riert.[232] Dieser Vertragstyp geht meist mit einer **funktionalen Leistungsbeschreibung**
nach § 7c VOB/A einher oder wird im Wechsel von einer Leistungsbeschreibung mit
Leistungsverzeichnis zu dieser Leistungsbeschreibungstechnik geschlossen.[233] Wegen dieser
Verknüpfung mit einer funktionalen Leistungsbeschreibung wird auch der Begriff **„Funk-**
tionalpauschalvertrag" verwendet.[234] Ihn prägt, dass der Pauschalierungswille die Leistungsseite nicht nur in der Mengenentwicklung, sondern auch nach Art und Inhalt der
Leistung bestimmt. Die **Leistungsseite** wird **globalisiert.**[235] Den Pauschalierungswillen
prägt das beschriebene Leistungsziel oder der versprochene Erfolg, was unterschiedlich abgestuft erfolgen kann.[236] Der Pauschalierungswille kann sich ausschließlich an der Bauaufgabe ausrichten, die im Rahmen der funktionalen Leistungsbeschreibung durch das Leistungsprogramm dargestellt wird. Für die Pauschalsumme sind dann sämtliche Leistungen,
die für die Verwirklichung dieser Bauaufgabe notwendig sind, zu erbringen. Die für den
Vertragsschluss ausreichend bestimmbare Leistung wird in der Bauabwicklung konkretisiert.[237] Eine globale, an der Bauaufgabe oder einem sonst beschriebenen Leistungsziel ausgerichtete Beschreibung der pauschalierten Leistung ist nicht fehler- oder lückenhaft; sie
weist eine andere Bestimmung auf. Auch mittels eines **beschriebenen Erfolges** als Leistungsziel (z.B. Trockenhaltung einer Kanalbaugrube) ist die insoweit geforderte Leistung
vollständig beschrieben.[238]

Die im Zuge der Bauabwicklung notwendig werdende **Konkretisierung** oder **Detail-** **150**
lierung, ohne die eine Bauleistung nicht verwirklicht werden kann, löst Vergütungsände-
rungen nach § 2 Abs. 7 Nr. s. 2 VOB/B mit Verweis auf § 2 Abs. 4–6 VOB/B nicht aus,
solange sich die Leistung innerhalb des durch die Bauaufgabe vorgegebenen Rahmens bewegt.[239]

d) Typenbildung – Auslegungshilfe – Verfeinerungsmöglichkeiten. Diese ver- **151**
schiedenen Typen[240] kommen in der Praxis nicht trennscharf vor. Die Typenbildung dient
der Auslegungs- und Einordnungshilfe. Dabei kann unter Rechtsfolgengesichtspunkten
eines Einordnungsergebnisses die Ergebnisrichtigkeit kontrolliert und infrage gestellt oder
umgekehrt von der Einordnung auf die Rechtsfolgen geschlossen werden. Soweit *Bolz*[241]
eine solche Typenbildung unter Rechtsfolgenaspekte für fruchtlos hält und lediglich von
Vertragsmodellen spricht, bleibt unbeachtet, dass Rechtsprechung und Literatur die Typenbildung inhaltlich und rechtsfolgenorientiert vornehmen. Die rechtliche Einordnung der
Vertragsrealität erfolgt nach Maßgabe dieser Typen, womit notwendig Rechtsfolgen z.B.
hinsichtlich des Pauschalierungsumfangs und der Möglichkeit einer Zusatzvergütung verbunden sind.

Übergänge sind nach dem allein maßgeblichen Willen der Parteien, soweit er im Vertrag **152**
und seinen Bestandteilen einen Niederschlag findet, möglich. So wird nach *Kapellmann/*
Schiffers[242] aus einem Detail-Pauschalvertrag ein sog. **einfacher Global-Pauschalvertrag,**
wenn die Leistungsbeschreibung mit Leistungsverzeichnis um eine **Komplettklausel** er-

---

[232] Vgl. *Poetzsch-Heffter* ZfBR 2005, 324 ff.; *Acker/Roquette* BauR 2010, 293 ff.

[233] BGH 23.1.1997 – VII ZR 65/96, NJW 1997, 1772 = BauR 1997, 464; OLG Düsseldorf 14.11.2008
– 22 U 69/08, BeckRS 2009, 86898 = BauR 2010, 88 (rechtskräftig durch BGH 10.9.2009 – VII ZR
253/08).

[234] *Acker/Roquette* BauR 2010, 293, 295.

[235] *Kapellmann* FS Soergel, S. 99 ff.; *Kapellmann/Schiffers* Band 2, Rn. 13, 14.

[236] *Kapellmann/Schiffers* Band 2 Rn. 400 ff.

[237] BGH 27.6.1996 – VII ZR 59/95, NJW 1997, 61 = BauR 1997, 126 (127) = ZfBR 1997, 29; BGH
11.11.1993 – VII ZR 47/93, NJW 1994, 850 = BauR 1994, 236 = ZfBR 1994, 115; *Kapellmann/Schiffers*
Band 2 Rdn. 403, 404.

[238] BGH 11.11.1993 – VII ZR 47/93, NJW 1994, 850 = BauR 1994, 236 = ZfBR 1994, 115.

[239] BGH 9.4.1992 – VII ZR 129/91, NJW-RR 1992, 1046 = BauR 1992, 759 = ZfBR 1992, 211.

[240] Dazu auch *Thode* Seminar Pauschalvertrag und schlüsselfertiges Bauen, S. 33 ff.; *Poetzsch-Heffter* ZfBR
2005, 324 ff.

[241] BauR 2010, 374, 376 und Jahrbuch Baurecht 2009, 1 ff.

[242] *Kapellmann/Schiffers* Band 2 Rdn. 406 ff.

weitert wird.[243] Und dieselben Autoren sprechen von einem **komplexen Globalpauschalvertrag,** wenn die Vertragspartner die Unternehmerleistung um Planungsaufgaben anreichern. Pauschalverträge auf der Grundlage einer funktionalen Leistungsbeschreibung werden regelmäßig komplexe Globalpauschalverträge sein, weil dem Auftragnehmer damit die Ausführungsplanung anwächst. In welchem Umfang dies der Fall ist, bestimmt der Einzelfall. Das hängt von dem jeweils verfolgten Modell[244] und den vertraglich möglichen Abweichungen ab.[245]

153   **e) Teilpauschalen (§ 2 Abs. 7 Nr. 3 VOB/B).** Entsprechend dem Willen der Vertragspartner können in einem Leistungsvertrag Elemente des Einheitspreisvertrages mit solchen des Pauschalvertrages zu einem **Mischvertrag** verbunden werden. § 2 Abs. 7 Nr. 3 VOB/B knüpft daran an. § 4 Abs. 1 Nr. 2 VOB/A kennt eine derartige Teilpauschalbildung nicht. Pauschalsummen können auch für Teile der Leistung vereinbart werden (Teilpauschale). Sehr häufig findet sich dies bei einem nach Einheitspreisgrundsätzen strukturierten Vertrag hinsichtlich der Baustelleneinrichtung oder im Bereich der Wasserhaltungs-, Abbruch- oder Aushubarbeiten. Regelmäßig liegen insoweit mangels näherer Leistungsbeschreibung keine Detail- sondern Globalpauschalen vor.[246] Dies ist gerade bei Wasserhaltungsarbeiten nicht weiter verwunderlich, weil nach der DIN 18305 – Wasserhaltungsarbeiten –, Abschnitt 3.2.1 der Unternehmer die Wasserhaltungsanlage selbst zu bemessen und den Nachweis ihrer Eignung zu führen hat.

II. Vergaberechtliche Vorgaben für Pauschalverträge nach § 4 Abs. 1 Nr. 2 VOB/A

154   Allein der Umstand, dass die Vertragspraxis die aufgezeigten unterschiedlichen Pauschalvertragsarten kennt, begründet nicht deren vergaberechtliche Zulässigkeit nach § 4 Abs. 1 Nr. 2 VOB/A. Hierfür müssen die dort angeführten Voraussetzungen erfüllt sein. Wenn es neben dem Detailpauschalvertrag, den § 4 Abs. 1 Nr. 2 VOB/A im Auge hat, auch in der Praxis sog. Globalpauschalverträge und Mischformen gibt, besagt das für die vergaberechtliche Zulässigkeit eines Globalpauschalvertrages auf der Grundlage einer Leistungsbeschreibung mit Leistungsprogramm nach § 7c VOB/A nichts. Allerdings sind die Anforderungen des § 4 Abs. 1 Nr. 2 VOB/A auch im Lichte einer zulässigen Leistungsbeschreibung nach Leistungsprogramm zu deuten. Erfüllt eine Leistungsbeschreibung nach Leistungsprogramm die in § 7c VOB/A genannten Voraussetzungen, muss davon ausgegangen werden, dass damit auch den Anforderungen des § 4 Abs. 1 Nr. 2 VOB/A genügt wird.[247] Ansonsten bestünde innerhalb VOB/A ein nicht hinnehmbarer Widerspruch. § 4 Abs. 1 Nr. 2 ist mit § 7c VOB/A harmonisiert auszulegen.

1. Anforderung der VOB/A in § 4 Abs. 1 Nr. 2

155   Die in § 4 Abs. 1 Nr. 2 VOB/A gebrauchte Formel verdeutlicht die Nachrangigkeit oder den Ausnahmecharakter eines Pauschalvertrages. Vorausgesetzt werden **geeignete Fälle.** Die Eignungsanforderung erweist sich als eine eigenständige Kategorie neben den im Relativsatz folgenden weiteren Voraussetzungen.[248]

---

[243] Zur Wirkung von Komplettklauseln vgl. BGH 13.3.2008 – VII ZR 194/06, NZBau 2008, 437 = BauR 2008, 1131; BGH 26.2.2004 – VII ZR 96/03, NZBau 2004, 324 = BauR 2004, 994; *Leinemann* BauR 2008, 1137 und 2005, 593; *Roquette/Paul* BauR 2004, 736.

[244] Vgl. Empfehlungen des AHO zur Definition und Anwendung der funktionalen Leistungsbeschreibung, Heft Nr. 10 der Schriftenreihe des AHO, S. 14,15: Modell A (Auftraggeber erbringt die Vorplanung); Modell B (Auftraggeber erarbeitet den Entwurf und eventuell die Genehmigungsplanung).

[245] Vgl. *Kapellmann/Schiffers* Band 2 Rn. 443 ff.

[246] *Kapellmann/Schiffers* Band 2 Rn. 15.

[247] Vgl. → § 7c Rn. 8; *Diehr* ZfBR 2016, 19 (20).

[248] AA *Kapellmann* in Kapellmann/Messerschmidt, VOB/A § 4 Rn. 36.

a) Geeignetheitsanforderung. Diese Fälle liegen nach der Beschreibung dann vor, **156** wenn die Leistung nach Ausführungsart und Umfang genau bestimmt ist und mit einer Änderung der Ausführung nicht zu rechnen ist. Aber die im Relativsatz beschriebenen Umstände bilden zusätzliche Anforderungen neben der Forderung, dass es sich um geeignete Fälle handeln muss. Denn der Vergabe- und Vertragsausschuss hätte auch formulieren können: „für eine Pauschalsumme, wenn die Leistung nach Ausführungsart und Umfang genau bestimmt ist und mit einer Änderung bei der Ausführung nicht zu rechnen ist." Die Eignungsanforderung ist demnach ein kumulatives Erfordernis. Die Allgemeinen Richtlinien Vergabeverfahren, 100, des VHB Ausgabe September 2016, Nr. 4.2.7 „unterdrückt" die Eignungsanforderung, wenn danach nur die genaue Bestimmtheit der Ausführungsart und des Umfangs der Leistungen und weiter gefordert wird, dass Änderungen der bei der Ausführung nicht zu erwarten sind. In der VHB-Ausgabe 2000 wurde zu § 5 VOB/A a. F. nach der Nr. 1.2 noch verlangt: „Pauschalpreise sind nur in geeigneten Fällen zu vereinbaren. Zuvor ist sorgfältig zu prüfen, ob die Leistungen nach Ausführungsart und Umfang genau bestimmt und Änderungen bei der Ausführung nicht zu erwarten sind." Diese Formulierung hat den eigenständigen Charakter der Eignungsanforderung besonders deutlich gemacht.

b) Geeignete Fälle. Diesbezüglich werden besondere Eignungsvoraussetzungen nicht **157** formuliert. § 7c Abs. 1 VOB/A muss entnommen werden, dass ein geeigneter Fall jedenfalls dann vorliegt, wenn es unter Abwägung aller Umstände des Einzelfalles zweckmäßig ist, zusammen mit der Bauausführung auch den **Entwurf** für die Leistung dem Wettbewerb zu unterstellen, um die technisch, wirtschaftlich und gestalterisch beste sowie funktionsgerechteste Lösung der Bauaufgabe zu ermitteln. Die Geeignetheit für den Abschluss eines Pauschalvertrages macht demnach aus, dass die Planung des Objekts zweckmäßig nicht – allein – Planern überlassen wird, sondern für die Erarbeitung des Entwurfs bereits Unternehmer eingeschaltet werden, die bei Zuschlagserteilung auch die Bauausführung übernehmen. Geeignetheit ist demnach zu bejahen, wenn vorhersehbar ein Amtsentwurf die technisch, wirtschaftlich und gestalterisch beste sowie funktionsgerechteste Lösung der Bauaufgabe nicht sicherstellt. Bei wertender Betrachtung sind diese Ziele auch nicht über einen Amtsentwurf und nach § 8 Abs. 2 Nr. 3 VOB/A zulässige Nebenangebote sicher zu erreichen. Letztlich macht die Geeignetheit aus, dass bezüglich der Besonderheiten des in Betracht kommenden Objekts Unternehmer im Vergleich zu Planern über absolutes Sonderwissen verfügen, dessen Einsatz bereits bezüglich der Entwurfserstellung für die Erzielung der technisch, wirtschaftlich, gestalterisch und funktional besten Lösung geboten und sinnvoll ist.

c) Entwurf als Wettbewerbsaufgabe. Was dabei im Einzelnen unter dem Entwurf zu **158** verstehen ist, der dem Wettbewerb unterstellt wird, hängt vom Stand der Planungsleistungen der Auftraggeberseite ab, die zur Beschreibung der Bauaufgabe erbracht werden müssen (§ 7c Abs. 2 Nr. 1 VOB/A). Erschöpfen sich diese in der Vorplanung, werden der Entwurf und die Genehmigungsplanung dem Wettbewerb unterstellt. Treibt der Auftraggeber die ihn für die Beschreibung der Bauaufgabe treffenden Planungsleistungen bis in Leistungsphase 3 HOAI – Entwurfsplanung –, wird die Genehmigungsplanung dem Wettbewerb unterstellt.[249] In jedem Fall hat der Auftragnehmer in der Folge die Werkplanung zu erbringen.

Geeignet für den Abschluss eines Pauschalvertrages sind aber nicht nur die Maßnahmen, **159** denen eine Leistungsbeschreibung mit Leistungsprogramm zugrunde liegt. Hat ein Auftraggeber über die Entwurfsplanung hinaus eine Leistungsbeschreibung mit Leistungsverzeichnis erstellt, was zumindest gedanklich die Vorwegnahme einer Ausführungsplanung bedingt, ist die Leistung nach Ausführungsart und Umfang genau bestimmt. Die Geeignetheit hängt dann nur noch davon ab, dass mit einer Änderung bei der Ausführung nicht zu rechnen ist.

---

[249] Vgl. Heft Nr. 10 der Schriftenreihe des AHO, Empfehlungen des AHO zur Definition und Anwendung der Funktionalausschreibung, Stand Mai 1998, S. 14 ff.

160   **d) Bestimmtheitsanforderungen nach § 4 Abs. 1 Nr. 2.** Diese Anforderungen erfüllt klassisch der **Detailpauschalvertrag,** was aber nicht zu einer vergaberechtlichen Unzulässigkeit von **Globalpauschalverträgen** führt.[250] Einem Detailpauschalvertrag liegt ein vom Auftraggeber erstelltes Leistungsverzeichnis entsprechend den Kriterien aus § 4 Abs. 1 Nr. 1 VOB/A zugrunde. Die Teilleistungen beschreiben die vom Auftragnehmer zu erbringenden Leistungen. Bei einem Detailpauschalvertrag orientiert sich die Bestimmtheitsanforderung daran, dass ein in Teilleistungen gegliedertes Leistungsverzeichnis die Leistung beschreibt. Eine solche Forderung stellt § 4 Abs. 1 Nr. 2 VOB/A nicht auf. Knüpft § 4 Abs. 1 Nr. 1 VOB/A hinsichtlich des Einheitspreises an Teilleistungen an, fordert die Nr. 2 „nur", dass die Leistung nach Ausführungsart und Umfang genau bestimmt ist und mit einer Änderung bei der Ausführung nicht zu rechnen ist. Ein in Teilleistungen gegliedertes Leistungsverzeichnis erfüllt diese Anforderungen. Aber die Ausführungsart und der Umfang der Leistung sind auch ohne gelistete Teilleistungen genau bestimmt, wenn es dem Auftragnehmer möglich ist, hierauf gestützt eine Planung zu erstellen und die für die Verwirklichung erforderlichen Leistungen festzulegen.

161   **aa) Modellunterschiede.** § 4 Abs. 1 Nr. 2 VOB/A liegt insofern ein entscheidender Modellwechsel zugrunde, der mit der Mitwirkung des Auftraggebers an der Objektrealisierung zu tun hat. Geht § 4 Abs. 1 Nr. 1 VOB/A davon aus, dass der Auftraggeber die Planungsleistungen – wenigstens bis in die Phase der Genehmigungsplanung erbringt, um darauf gestützt die in Leistungsphase 6 anfallende Leistungsbeschreibung mit Leistungsverzeichnis zu erstellen,[251] verlangt die Nr. 2 ein solches in Teilleistungen gegliedertes Leistungsverzeichnis gerade nicht. Ausreichend ist vielmehr, wenn die Leistung nach Ausführungsart und Umfang genau bestimmt ist. Das ist auch dann gegeben, wenn der Auftraggeber die Bauaufgabe gemäß den in § 7c Abs. 2 VOB/A geforderten Kriterien beschreibt und der Auftragnehmer darauf mit einem Angebot entsprechend den Anforderungen gemäß § 7c Abs. 3 VOB/A reagiert. Qualitativ beinhaltet das eine andere Art der Mitwirkung oder Beteiligung des Auftraggebers. Diese weicht von der in § 4 Abs. 1 Nr. 1 VOB/A geforderten Auftraggeberbeteiligung ab. Bei der Nr. 2 ist die Planungsleistung des Auftraggebers reduziert. Diese muss nur so weit getrieben werden, um die Bauaufgabe beschreiben zu können. Die konkretisierenden weiteren Planungsleistungen, die vorausgesetzt werden, um die Leistung nach Ausführungsart und Umfang genau bestimmen zu können, hat der Auftragnehmer zu erbringen. Schafft nach § 4 Abs. 1 Nr. 1 VOB/A und beim Detailpauschalvertrag die Bestimmtheitsvoraussetzungen allein der Auftraggeber, bewirken diese bei der Nr. 2 beide Vertragsparteien. Insbesondere ist die Beteiligung des Auftragnehmers durch Abgabe eines den Anforderungen des § 7c Abs. 3 VOB/A entsprechenden Angebots erforderlich.

162   Festzuhalten ist jedenfalls, dass § 4 Abs. 1 Nr. 2 VOB/A zu einer planerischen Entlastung des Auftraggebers führt, der eine Mehrbelastung des Auftragnehmers entspricht. Da die Nr. 1 als Regel die Vergabe zu Einheitspreisen für technisch und wirtschaftlich einheitliche Teilleistungen fordert, deren Menge nach Maß, Gewicht oder Stückzahl vom Auftraggeber in den Verdingungsunterlagen anzugeben ist, geht die VOB/A als Prinzip davon aus, dass die Auftraggeberseite qualitativ solche Planungsleistungen erbringt, die ihr die Erstellung eines in Teilleistungen gegliedertes Leistungsverzeichnis entsprechend den Anforderungen gemäß § 7b Abs. 1 VOB/A ermöglicht. Das bedingt die Abarbeitung der Leistungsphasen 1 bis 6 z.B. des Leistungsbildes Objektplanung Gebäude nach § 34 HOAI und der Anlage 10 zur HOAI.

163   **bb) Bestimmtheitskriterien – Mitwirkung des Auftraggebers.** Die Mitwirkung des Auftraggebers besteht in der Beschreibung der Bauaufgabe nach § 7c Abs. 2 VOB/A. In dieser Beschreibung sind die technischen, wirtschaftlichen, gestalterischen und funk-

---

[250] AA *Diehr* ZfBR 2016, 19 (22).

[251] Am Besten gelingt dies freilich, wenn zuvor die Ausführungsplanung, Lph 5, erarbeitet wird, was so durch die Phasenabfolge ausgedrückt wird.

tionstechnischen Anforderungen wie auch die Bedingungen und Umstände anzugeben, die für die Entwurfsbearbeitung und Ausführung bedeutsam sind. Die DIN 18205, Bedarfsplanung im Bauwesen, liefert dafür eine Hilfestellung.

Wenn § 7c VOB/A als Leistungsbeschreibung auch eine solche mit Leistungsprogramm **164** vorsieht, ist § 4 Abs. 1 Nr. 2 VOB/A notwendig dahin zu interpretieren, dass Ausführungsart und Umfang auch dann ausreichend bestimmt sind, wenn ein solches Programm vorliegt und mit dem Angebot des Auftragnehmers gemäß § 7c Abs. 3 VOB/A zur Grundlage eines Vertrages gemacht wird. § 4 Abs. 1 Nr. 2 VOB/A eröffnet wegen der eigenständigen Regelung neben der Nr. 1 notwendig den Abschluss eines Pauschalvertrags ohne ein zugrunde liegendes Teilleistungsverzeichnis.

cc) Harmonisierung von § 4 Abs. 1 Nr. 2 und § 7c VOB/A. Die Nr. 2 ist hin- **165** sichtlich der Anforderungen an die Bestimmtheit der Ausführungsart und des Leistungsumfangs notwendig mit § 7c VOB/A zu harmonisieren.[252] Eine vergaberechtlich zulässige Leistungsbeschreibung mit Leistungsprogramm eröffnet die Möglichkeit eines Global-Pauschalvertrages. Vorausgesetzt wird dabei allerdings, dass auf die Beschreibung der Bauaufgabe durch den Auftraggeber der Auftragnehmer mit einem den Anforderungen des § 7c Abs. 3 VOB/A entsprechenden Angebot reagiert, auf welches hin dann der Zuschlag erfolgt.

dd) Bestimmtheitskriterien – Mitwirkung des Auftragnehmers. Auf die Be- **166** schreibung der Bauaufgabe durch den Auftraggeber hat, um den Bestimmtheitsanforderungen des § 4 Abs. 1 Nr. 2 VOB/A zu genügen, der Auftragnehmer ein in bestimmter Weise qualifiziertes Angebot abzugeben. Darin ist die Bauausführung darzustellen und die Leistung eingehend und zweckmäßig gegliedert zu beschreiben (§ 7c Abs. 3 VOB/A). Diese Beschreibung kann gegebenenfalls Mengen- und Preisangaben für Teile der Leistung umfassen. Damit werden die Ausführungsart und der Umfang i.S. von § 4 Abs. 1 Nr. 2 genau bestimmt.

ff) Bestimmtheitsanforderung nach VHB. Das VHB Stand September 2016 be- **167** schränkt sich in den Allgemeinen Richtlinien Vergabeverfahren, 100, Nr. 4.2.7, zunächst auf die Wiedergabe der VOB/A-Anforderungen: „Zu Pauschalpreisen ist nur auszuschreiben und zu vergeben, wenn die Leistungen nach Ausführungsart und Umfang genau bestimmt sind und Änderungen bei der Ausführung nicht zu erwarten sind." Des Weiteren wird dann ausgeführt, dass Erd- und Gründungsarbeiten grundsätzlich zu Einheitspreisen zu vergeben sind. Damit soll betont werden, dass solche Arbeiten (wegen der mit ihnen typischerweise einhergehenden Unwägbarkeiten für den Auftragnehmer) auch bei Pauschalierung im Übrigen nur ausnahmsweise ebenfalls zu pauschalieren sind.

2. Bestimmtheitsanforderungen bei Detailpauschalvertrag

Die einem Detailpauschalvertrag zugrunde liegende Leistungsbeschreibung mit Leis- **168** tungsverzeichnis, die vom ausschreibenden Auftraggeber stammt, bestimmt die Leistung nach Ausführungsart und Umfang durch die beschriebenen Teilleistungen genau. Da das Objekt durch Entwurf, Werkplanung und Leistungsbeschreibung mit Leistungsverzeichnis „durchgeplant" ist, ist auch mit Änderungen nicht zu rechnen. Hinzu kommt, dass § 7 Abs. 1 Nr. 4 VOB/A die Aufnahme von Bedarfspositionen verbietet, was das VHB (Allgemeine Richtlinien Vergabeverfahren, 100, April 2016, Nr. 4.6) auf Wahlpositionen ausdehnt. Diese Anforderungen stellen die Vermeidung von Änderungen sicher.

3. Bestimmtheitsanforderungen bei Globalpauschalvertrag

Das beinhaltet nicht, dass die Pauschalierung damit nach § 4 Abs. 1 Nr. 2 VOB/A nur **169** bei Beachtung der Leistungsbeschreibungsprinzipien nach § 7b VOB/A vergaberechtlich

---

[252] Vgl. *Kapellmann* in Kapellmann/Messerschmidt, VOB/A § 4 Rn. 31 f.

zulässig, und bei der Leistungsbeschreibung mit Leistungsprogramm, die zum einem Globalpauschalvertrag führt, ausgeschlossen ist.[253]

170   Vergaberechtlich ist eine zweifache Zulässigkeitsprüfung veranlasst. Eine Ausschreibung auf der Grundlage einer Leistungsbeschreibung mit Leistungsprogramm ist unter den in § 7c VOB/A genannten Voraussetzungen zulässig. Die Zulässigkeit der Vergabe einer Bauleistung über einen Globalpauschalvertrag beurteilt sich in einem zweiten Schritt nach Maßgabe des § 4 Abs. 1 Nr. 2 VOB/A. Die Beachtung der Anforderungen aus § 7c Abs. 2 und 3 VOB/A führt zur Erfüllung der Voraussetzungen nach § 4 Abs. 1 Nr. 2 VOB/A.

171   **a) Leistung.** Von vornherein fällt auf, dass § 4 Abs. 1 Nr. 2 VOB/A im zweiten Halbsatz – eingeleitet durch „wenn" – den Begriff „Leistung" verwendet. Die Bezeichnung „Bauleistung" oder „Bauleistungen" wird nicht verwendet. Das Wort „Bauleistungen" oder „Bauleistung" verwendet der Vergabe- und Vertragsausschuss z. B. in §§ 1, 2, 3 und 4 und grenzt davon den Begriff „Leistung" mit der Verwendung in § 3a Abs. 1, 3 und 4 ab. Manches spricht dafür, dass unter „Leistung" das Werk oder der durch Bauleistungen zu bewirkende Erfolg zu verstehen ist, wie der Begriff in § 1 Abs. 4 VOB/B verwendet wird.[254] Jedenfalls ist die „Leistung" nicht identisch mit „Bauleistungen", sondern meint die Gesamtheit dessen, was seitens des Auftragnehmers vertraglich zu erbringen ist. Die „Leistung" ist die **Bauaufgabe**, denn § 7b Abs. 1 VOB/A fordert, dass die Leistung in der Regel durch eine Allgemeine Darstellung der Bauaufgabe (Baubeschreibung) beschrieben wird. Für diese Bauaufgabe – Leistung – ist ein in Teilleistungen gegliedertes Leistungsverzeichnis nicht konstitutiv, weil § 7c Abs. 2 VOB/A für die Beschreibung der Bauaufgabe – Leistung – andere Bestimmungskriterien benennt.

172   **b) Bestimmtheit der Ausführungsart.** Für diese Bauaufgabe muss die Ausführungsart bestimmt sein. Das bedingt eine korrekte Beschreibung der Bauaufgabe durch den Auftraggeber.

173   **aa) Beschreibungsaufgabe des Auftraggebers.** Die Parameter hierfür benennt § 7c Abs. 2 VOB/A. Diese unterscheiden sich nicht von den Anforderungen der Baubeschreibung bei einer Leistungsbeschreibung mit Leistungsverzeichnis. Die Allgemeinen Richtlinien Vergabeverfahren, 100, Stand April 2016, Nr. 4.3.2.1 verlangt: „In der Baubeschreibung sind die allgemeinen Angaben zu machen, die zum Verständnis der Bauaufgabe und zur Preisermittlung erforderlich sind und die sich nicht aus der Beschreibung der einzelnen Teilleistungen unmittelbar ergeben. Hierzu gehören – abhängig von den Erfordernissen des Einzelfalles – z. B. Angaben über Zweck, Art und Nutzung des Bauwerks bzw. der technischen Anlage, ausgeführte Vorarbeiten und Leistungen, gleichzeitig laufende Arbeiten, Lage und örtliche Gegebenheiten, Verkehrsverhältnisse, Konstruktion des Bauwerks bzw. Konzept der technischen Anlage." § 7c Abs. 2 VOB/A enthält dieselben Kriterien, wenn danach aus der Baubeschreibung die Umstände und Bedingungen erkennbar sein müssen, unter denen die Leistung zu erbringen ist. Die dort ebenfalls angeführten technischen, wirtschaftlichen, gestalterischen und funktionsbedingten Anforderungen erweisen sich als Angaben über Zweck, Art und Nutzung des Bauwerks wie auch die Konstruktion. Hierfür sind seitens des Auftraggebers Planungsleistungen zu erbringen, die je nach dem bezüglich einer Leistungsbeschreibung mit Leistungsprogramm möglichen Modell bei der Vorplanung oder der Entwurfs- bzw. Genehmigungsplanung enden können.[255] Dem Auftragnehmer wachsen bei einer Leistungsbeschreibung mit Leistungsprogramm notwendig Planungsleistungen an; denn nach § 7c Abs. 1 VOB/A wird auch der **Entwurf** dem Wettbewerb unterstellt. Dieser seitens des Auftragnehmers zu erstellende Entwurf kann je nach vorliegendem Modell die Entwurfs- bzw. Genehmigungsplanung oder die Ausfüh-

---

[253] AA *Diehr* ZfBR 2016, 19 (22)
[254] Vgl. *Leupertz* BauR 2010, 273 (282).
[255] Vgl. Heft Nr. 10 der Schriftenreihe des AHO, Empfehlungen des AHO zur Definition und Anwendung der Funktionalausschreibung, S. 14, 15; *Putzier* Der Pauschalpreisvertrag – Geschuldete Bauleistung Vergütung und Nachträge unter Berücksichtigung des Generalunternehmervertrages, Rn. 297.

rungsplanung sein. Dieser Entwurf und die außerdem vom Auftragnehmer zu liefernde Darstellung der Bauausführung und die eingehende und zweckmäßig gegliederte Beschreibung der Leistung bilden den notwendigen weiteren Beitrag zur Bestimmt der Ausführung und des Umfangs i. S. von § 4 Abs. 1 Nr. 2 VOB/A.

bb) Entwurf und Angebot des Auftragnehmers. Der Entwurf und ein den An- **174** forderungen des § 7c Abs. 1 VOB/A entsprechendes Angebot bilden den Beitrag des Auftragnehmers zur Erfüllung der Bestimmtheitsanforderungen nach § 4 Abs. 1 Nr. 2 VOB/A. Liegt der Ausschreibung eine Leistungsbeschreibung mit Leistungsprogramm zugrunde, fordert § 7c Abs. 3 VOB/A ein Angebot des Bieters, das den dort genannten Anforderungen entspricht. Dieser kann ein solches Angebot nur abgeben, wenn der Auftraggeber seinerseits die Beschreibung der Bauaufgabe in einer solchen Weise vornimmt, dass die Bewerber alle für die Entwurfsbearbeitung und ihr Angebot maßgebenden Bedingungen und Umstände erkennen können. Diese Beschreibung muss die an die fertige Leistung gestellten technischen, wirtschaftlichen, gestalterischen und funktionsbedingten Anforderungen wie auch den Zweck der fertigen Leistung enthalten. Der Bieter ist gehalten, ein Angebot vorzulegen, das außer der Ausführung der Leistung auch den Entwurf nebst eingehender Erläuterung und einer Darstellung der Bauausführung sowie eine eingehende und zweckmäßig gegliederte Beschreibung der Leistung – gegebenenfalls mit Mengen- und Preisangabe für Teile der Leistung – umfasst. Der Bieter erfüllt damit im Zusammenwirken mit dem Auftraggeber die Bestimmtheitsanforderungen an die Ausführungsart und den Umfang und somit die Voraussetzungen für einen Pauschalvertragsschluss. Die Leistung wird nach Ausführungsart und Umfang durch den Entwurf nebst eingehender Erläuterung, die Darstellung der Bauausführung und die die zweckmäßig gegliederte Beschreibung der Leistung genau bestimmt.

cc) Anforderungen an die Darstellung und Beschreibung. Diese Beschreibung ist **175** nicht mit einer Leistungsbeschreibung mit Leistungsverzeichnis zu vergleichen; dieser Detaillierungsgrad wird nicht verlangt. Das folgt schon daraus, dass der Vergabe- und Vertragsausschuss vom Bieter kein Angebot auf der Grundlage einer Leistungsbeschreibung mit Leistungsverzeichnis verlangt, sondern den geforderten Angebotsinhalt abweichend beschreibt. Wenn der Bieter nach § 7c Abs. 3 VOB/A nur gegebenenfalls Mengen- und Preisangaben für Teile der Leistung zu machen hat, wird gleichfalls deutlich, dass ein in Teilleistungen gegliedertes Leistungsverzeichnis als Angebot nicht zu erstellen ist. Die Bestimmtheitsanforderungen bei einem Pauschalvertrag werden demnach über § 7c VOB/A reduziert und bestimmen sich abweichend von den Anforderungen bei einem Einheitspreisvertrag. Für diese Anforderungen an die Bestimmtheit der Ausführungsart und des Umfangs der Leistung ist nicht maßgebend, was der Auftraggeber an Genauigkeit verlangt.[256] Die Anforderungsparameter gibt die VOB/A vor; der Auftraggeber hat sich hinsichtlich der von ihm zu erstellenden Vertragsunterlagen (§ 8 Abs. 1 Nr. 2 VOB/A mit Verweis auf §§ 7–7c VOB/A) vielmehr an den Vorgaben der VOB/A auszurichten. Hinsichtlich der Vergabeunterlagen fordert § 7c Abs. 2 VOB/A als Leistungsprogramm eine Beschreibung der Bauaufgabe, aus der die Bewerber alle für die Entwurfsbearbeitung und ihr Angebot maßgebenden Bedingungen und Umstände erkennen können und in der sowohl der Zweck der fertigen Leistung als auch die an sie gestellten technischen, wirtschaftlichen, gestalterischen und funktionsbedingten Anforderungen angegeben sind, sowie gegebenenfalls ein Musterleistungsverzeichnis, in dem die Mengenangaben ganz oder teilweise offen gelassen sind. Die DIN 18205, Bedarfsplanung im Bauwesen, erweist sich als eine Hilfestellung zur Konkretisierung dieser Anforderungen. Der Vertrag darf jedoch nicht nur auf dieser Vergabeunterlage – Leistungsbeschreibung mit Leistungsprogramm – geschlossen werden. Vielmehr fordert § 7c Abs. 3 VOB/A ein ganz bestimmt strukturiertes Angebot, auf welches hin der Zuschlag erteilt werden darf. Dieses Angebot beschreibt i. S. von § 4 Abs. 1 Nr. 2 VOB/A die Leistung nach Ausführungsart und Um-

---

[256] So aber *Kapellmann* in Kapellmann/Messerschmidt, VOB/A § 4 Rn. 32.

fang genau. Wenn auch die geforderten Leistungen durch die Beschreibung der Bauaufgabe und damit den zu erreichenden Erfolg werkvertraglich vollständig beschrieben sind,[257]
kann vergaberechtlich allein auf dieser Grundlage nach den Regeln der VOB/A ein Bauvertrag zulässig nicht geschlossen werden. § 4 Abs. 1 Nr. 2 VOB/A ist nicht erfüllt, wenn
nur der Erfolg genau bestimmt ist. Der Auftraggeber darf sich zwar auf die Benennung des
geschuldeten Erfolgs durch Anführung der Bauaufgabe beschränken. Der Auftragnehmer
muss in seinem Angebot die hierfür erforderliche Ausführungsart und den Leistungsumfang
genau bestimmen, was von ihm zu erbringende Entwurfsleistungen voraussetzt.

176   **dd) Konkretisierung.** Konkretisierungen der zu erbringenden Leistungen ergeben sich
aus der VOB/C. Die DIN 18303 z.B. überlässt dem Auftragnehmer die Wahl des Bauablaufs (Abschnitt 3.1.2). Diese Entscheidung führt zu einer Reduktion der Mitwirkungsaufgabe des Auftraggebers: Von ihm wird nach Abschnitt 0.2 die Erstellung einer
Leistungsbeschreibung mit Leistungsverzeichnis, in welchem die Details des Bauablaufs
beschrieben werden, nicht erwartet. Wenn durch den damit geschuldeten Erfolg auch
alle erforderlichen Leistungen vollständig beschrieben sind, und folglich ein Vertrag über
einen Verbau auf dieser Grundlage geschlossen werden könnte, verlangt § 4 Abs. 1 Nr. 2,
dass die Leistung nach Ausführungsart und Umfang genau bestimmt ist. Deshalb hat der
Auftragnehmer im Rahmen seiner Angebotsabgabe die Bestimmung über den Bauablauf
zu treffen. Das beinhaltet die Umsetzung der DIN 4124, auf die im Abschnitt 3.1.1 der
DIN 18303 verwiesen wird. Wenn werkvertraglich ohne Weiteres ein Vertragsschluss möglich ist, nach dessen Inhalt der Auftragnehmer den Verbau einer Baugrube oder eines Kanals als Erfolg schuldet,[258] und dieser Auftragnehmer die Wahl des Bauablaufs erst im Zuge
der Ausführung und der dieser vorgelagerten Arbeitsplanung und Arbeitskalkulation trifft,
muss vergaberechtlich diese Entscheidung bereits in der Angebotsabgabe fallen, was allein
auch eine sachgerechte Prüfung und Wertung der Angebote nach den in § 16d VOB/A
genannten Kriterien sichert. Denn wie sollen anders bei der Wertung z.B. Qualität, Preis,
technischer Wert, Zweckmäßigkeit, Umwelteigenschaften, Betriebs- und Folgekosten berücksichtigt werden. Was im Rahmen von § 4 Abs. 1 Nr. 2 und § 7c Abs. 3 VOB/A im
Detail zu fordern ist, wird auch durch Vergabekriterien nach § 16d Abs. 1 Nr. 3 VOB/A
mitbestimmt. Nur auf diese Weise ist auch eine Vergleichbarkeit der Angebote gewährleistet.[259]

177   Gleiches gilt für die Ramm-, Rüttel- und Pressarbeiten, die Wasserhaltung sowie die
Schlitzwandarbeiten. Diese Leistungen zeichnet nach der VOB/C, DIN 18304 Abschnitt 3.1.2, DIN 18305 Abschnitt 3.2.1 und DIN 18313 Abschnitt 3.1.2, aus, dass der
Auftragnehmer die Wahl des Bauablaufs sowie die Wahl und den Einsatz der Baugeräte
bestimmt. Hinsichtlich der Wasserhaltung formuliert die DIN 18305 Abschnitt 3.2.1, dass
der Auftragnehmer Umfang, Leistung, Wirkungsgrad und Sicherheit der Wasserhaltungsanlage dem vorgesehenen Zweck entsprechend nach den Angaben oder Unterlagen des
Auftraggebers zu hydrologischen und geologischen Verhältnissen zu bemessen hat. Damit
liegt den genannten Regeln gleichsam das Modell einer Leistungsbeschreibung mit Leistungsprogramm zugrunde. Denn seitens des Auftraggebers werden grundsätzlich nur die
für die Bemessung und die Wahl des in Betracht kommenden Verfahrens maßgeblichen
Angaben erwartet. So konkretisiert die DIN 18304 im Abschnitt 0.2 die von dem Auftraggeber erwarteten Angaben zur Ausführung auf z.B. die Bodenkennwerte, besondere Anforderungen zum Schutz von benachbarten Grundstücken und baulichen Anlagen und
die Längen und Querschnittsmaße oder Profile der Bauelemente. Zur Verfahrensart werden keine Angaben erwartet; die Wahl des Verfahrens ist Sache des Auftragnehmers. Der
Auftragnehmer muss die ihm nach den genannten VOB/C-Regelungen zukommenden
Bestimmungsrechte im Rahmen der Angebotsabgabe ausüben. Ein Globalpauschalvertrag

---

[257] BGH 11.11.1993 – VII ZR 47/93, NJW 1994, 850 = BauR 1994, 236 (Wasserhaltung II).
[258] Vgl. BGH 11.11.1999 – VII ZR 47/93, NJW 1994, 850 = BauR 1994, 236 (237) (Wasserhaltung II).
[259] Vgl. VHB Richtlinien 100, Nr. 4.4.1.4.

nur auf der Grundlage einer Leistungsbeschreibung mit Leistungsprogramm ohne ein den Anforderungen des § 7c Abs. 3 VOB/A entsprechendes Angebot ist vergaberechtlich unzulässig. Ein Angebot, das diesen Anforderungen nicht entspricht, ist gemäß § 13 Abs. 1 Nr. 4, § 16a VOB/A auszuschließen.

ee) Regeln für Teilpauschalen. Diese Regeln gelten, wenn die genannten Leistungen **178** als eigenständige Leistungen Gegenstand eines Bauvertrages sind. Sie gelten nicht bei **Teilpauschalen,** z. B. wenn ein Auftragnehmer im Rahmen eines Beton- und Mauerarbeiten betreffenden Bauvertrages auch die Wasserhaltung als bloßen Leistungsteil übernimmt. § 4 Abs. 1 Nr. 2 und § 7c Abs. 2 und 3 VOB/A gelten nicht für die Aufnahme von Teilpauschalen. Zur Zulässigkeit von derartigen Teilpauschalen schweigt die VOB/A.

ff) Basis eines Pauschalvertrages nach § 4 Abs. 1 Nr. 2. Ein Pauschalvertrag gem. **179** § 4 Abs. 1 Nr. 2 VOB/A kann deshalb auf zweierlei Weise zustande kommen: Bereits der Auftraggeber bestimmt in den Vertragsunterlagen (§ 8 Abs. 1 Nr. 2 VOB/A) durch eine Leistungsbeschreibung mit Leistungsverzeichnis, das der Auftragnehmer durch Angabe der Preise (§ 13 Abs. 1 Nr. 3 VOB/A) zu seinem Angebot macht, die Leistung nach Ausführungsart und Umfang genau. Ein Pauschalvertrag kann auch dadurch zustande kommen, dass der Auftraggeber dem Auftragnehmer lediglich ein Leistungsprogramm zur Verfügung stellt, auf welches dieser mit einem Angebot nach § 7c Abs. 3 reagiert, wobei dieses Angebot die Genauigkeitsanforderungen einer Leistungsbeschreibung mit Leistungsverzeichnis entsprechend den Anforderungen eines Einheitspreisvertrages unterschreiten darf. Dennoch entspricht dies den Genauigkeitsanforderungen des mit § 7c VOB/A harmonisierten § 4 Abs. 1 Nr. 2 VOB/A.

c) Bloße Bestimmbarkeit der Ausführung unzureichend. Der Abschluss eines **180** Pauschalvertrages lediglich auf der Basis einer Leistungsbeschreibung mit Leistungsprogramm und der darin beschriebenen Bauaufgabe, dem auf der Bieterseite nur eine interne und nicht Vertragsbestandteil gewordene Kalkulation zugrunde liegt, entspricht nicht den Anforderungen des § 4 Abs. 1 Nr. 2 VOB/A. Ein solcher **Globalpauschalvertrag** steht mangels Bestimmtheit und bloß vorliegender Bestimmbarkeit nicht in Übereinstimmung mit den VOB/A-Anforderungen. Vergaberechtlich wird allerdings durch § 4 Abs. 1 Nr. 2 VOB/A nicht nur ein **Detailpauschalvertrag** für zulässig erklärt, bei dem die Bestimmtheitsanforderungen schon durch den Auftraggeber mittels der von ihm zu stellenden Vertragsunterlagen – Leistungsbeschreibung mit Leistungsverzeichnis, § 8 Abs. 1 Nr. 2 VOB/A mit Verweis auf §§ 7 ff. VOB/A – erfüllt werden.

Die Leistung muss nach Ausführungsart und Umfang genau bestimmt sein. Dieses Be- **181** stimmtheitserfordernis verlangt mehr als bloße Bestimmbarkeit, ist jedoch bereits erfüllt, wenn i. S. von § 7c VOB/A die dort genannten Voraussetzungen für eine Leistungsbeschreibung mit Leistungsprogramm erfüllt sind und ein Vertrag nach diesen Regeln zustande kommt. Die Anforderungen des § 4 Abs. 1 Nr. 2 VOB/A müssen notwendig im Lichte des § 7c VOB/A interpretiert und konkretisiert werden. Die Genauigkeitsanforderungen des § 4 Abs. 1 Nr. 2 VOB/A sind erfüllt, wenn der Auftraggeber die **Bauaufgabe** entsprechend § 7c Abs. 2 beschrieben, der Auftragnehmer ein Angebot entsprechend § 7c Abs. 3 VOB/A unterbreitet hat und auf dieser Grundlage der Zuschlag erfolgt. Zwei Stufen müssen eingehalten werden. Als erstes hat der Auftraggeber die Bauaufgabe zu beschreiben (§ 7c Abs. 2 VOB/A). Als zweite Stufe verlangt Abs. 3 einen Entwurf nebst eingehender Erläuterung sowie eine Darstellung der Bauausführung und zusätzlich eine eingehende und zweckmäßig gegliederte Leistungsbeschreibung. Teilleistungen sind nur gegebenenfalls anzugeben. Die Vorschrift macht demnach einen Unterschied zwischen der Beschreibung der Bauaufgabe und einer Darstellung der Bauausführung nebst einer eingehenden und zweckmäßig gegliederten Leistungsbeschreibung. Die Beschreibung der Bauaufgabe enthält das funktionale Element; der seitens des Auftragnehmers zu erarbeitende Entwurf, die Darstellung der Bauausführung und die Leistungsbeschreibung erweisen sich als Konkretisierungen, die ihrerseits jedoch nicht bis in die Ebene der Teilleistungen reichen müssen.

182   Das genügt den Genauigkeitsanforderungen des § 4 Abs. 1 Nr. 2 VOB/A. Wenn demnach systemimmanent weitere Konkretisierungen für die Realisierung der Bauleistung
durch Festlegung von Teilleistungen erforderlich sind, berührt das die Genauigkeitsanforderungen des § 4 Abs. 1 Nr. 2 VOB/A nicht. Soweit *Schranner*[260] für die Erfüllung der Genauigkeitsanforderungen z.B. die Ermittlung der Vordersätze, der Materialart, des Ar-
beitseinsatzes und der Konstruktionsart voraussetzt, geht dies entschieden zu weit. Dieses
Verständnis lässt außer Acht, dass bei einer Leistungsbeschreibung mit Leistungsprogramm
seitens des Auftragnehmers nur gegebenenfalls die Angabe von Teilleistungen mit Mengen-
und Preisangaben verlangt werden kann. Die von *Schranner* vertretene Auffassung würde in
letzter Konsequenz dazu führen, dass § 4 Abs. 1 Nr. 2 VOB/A vergaberechtlich nur Detailpauschalverträge zuließe. Dieser Standpunkt ist jedoch mit der Möglichkeit einer Leistungsbeschreibung mit Leistungsprogramm und der in § 7c Abs. 3 beschriebenen Reaktion
des Auftragnehmers unvereinbar. Wenn das VHB Stand April 2016 in den Allgemeinen
Richtlinien Vergabeverfahren, 100, Nr. 4.2.1.2 als grundsätzliche Anforderung für jede
Leistungsbeschreibung unter Vollständigkeitsgesichtspunkten die Angabe der Art und des
Umfangs aller zur Herstellung des Werks erforderlichen Teilleistungen verlangt, trifft dies
für eine Leistungsbeschreibung mit Leistungsprogramm ausweislich § 7c Abs. 2 VOB/A
gerade nicht zu.

183   **d) Reduzierte Bestimmtheitsanforderungen durch § 7c Abs. 3 VOB/A.** Den
Bestimmtheitsanforderungen wird auch dann Rechnung getragen, wenn ein Bieter auf
eine Leistungsbeschreibung mit Leistungsprogramm ein Angebot liefert, das im Vergleich
zu einer Leistungsbeschreibung mit Leistungsverzeichnis den reduzierten Bestimmtheitsanforderungen des § 7c Abs. 3 VOB/A entspricht. Der Zuschlag (§ 18 VOB/A) wird auf
dieses Bieterangebot erteilt, das gem. § 7c Abs. 3 VOB/A nicht notwendig Mengen- und
Preisangaben für Teile der Leistung enthalten muss. Vergibt der öffentliche Auftraggeber
einen Pauschalvertrag allein auf der Grundlage der der Ausschreibung zugrunde liegenden
Leistungsbeschreibung mit Leistungsprogramm, ohne dass der ausgewählte Bieter ein § 7c
Abs. 3 VOB/A entsprechendes Angebot erarbeitet hat, liegt ein Vergabefehler vor, Rechtsschutzmöglichkeiten nach §§ 97 Abs. 6, 155 ff. GWB werden eröffnet. Ein solches Angebot ist nach § 13 Abs. 1 Nr. 4, § 16a VOB/A auszuschließen. Das schließt nicht aus, dass
ein Auftragnehmer auf eine Ausschreibung auf der Grundlage einer Leistungsbeschreibung
mit Leistungsprogramm im Rahmen der Angebotsabgabe ein in Teilleistungen gegliedertes
Leistungsverzeichnis erstellt. § 7c Abs. 3 begnügt sich mit einer Darstellung der Bauausführung und einer eingehenden zweckmäßig gegliederten Beschreibung der Leistung, die nur
gegebenenfalls Mengen- und Preisangaben umfasst. Was § 7c Abs. 3 VOB/A erwartet ist
also nicht identisch mit einem in Teilleistungen gegliederten Leistungsverzeichnis. Die in
§ 4 Abs. 1 Nr. 2 VOB/A aufgestellten Bestimmtheitsanforderungen werden deshalb über
§ 7c Abs. 3 VOB/A reduziert, was sich schon aus dem Wortlaut des Abs. 3 im Vergleich zu
den in § 7b VOB/A enthaltenen Anforderungen ergibt. Hieran ändert die in § 7c Abs. 2
Nr. 2 VOB/A aufgestellte Forderung, dass § 7b Absätze 2 bis 4 sinngemäß gelten, nichts.

184   **e) Leistungsbeschreibung mit Leistungsprogramm und Vertragsschlussmög-
lichkeiten.** Eine Leistungsbeschreibung mit Leistungsprogramm kann im Ergebnis zu völlig unterschiedlichen Bauverträgen führen. Die Vergabe aufgrund eines Leistungsprogramms zwingt in keiner Weise zur Vereinbarung eines Pauschalpreises und damit zum
Abschluss eines Pauschalvertrages. Denn das von einem Bieter zu verlangende Angebot
nach § 7c Abs. 3 VOB/A kann zur Grundlage eines Einheitspreisvertrages nach § 4 Abs. 1
Nr. VOB/A werden. Das setzt jedoch voraus, dass der Bieter eine Teilleistungen enthalten-
de Leistungsbeschreibung mit Leistungsverzeichnis erstellt, das in den Vordersätzen Mengenangaben und Einheitspreise enthält. In dieser Weise muss ein Auftragnehmer sein Angebot jedoch nicht unbedingt ausarbeiten. In gleicher Weise bietet es die Möglichkeit zum
Abschluss eines Pauschalvertrags nach § 4 Abs. 1 Nr. 2 VOB/A, wobei jedoch die Leistung

---

[260] *Schranner* in Ingenstau/Korbion, VOB/A § 4 Rn. 18.

nach Ausführungsart und Umfang genau bestimmt sein muss Das ist bei einem Detailpauschalvertrag gegeben, dem ein in Teilleistungen gegliedertes Leistungsverzeichnis zugrunde liegt. Ein **Globalpauschalvertrag,** den nach h.M. auch nur Funktionsanforderungen kennzeichnen können (vgl. § 7c Abs. 1 VOB/A),[261] ist mit diesem Inhalt allein vergaberechtlich unzulässig. Die Bestimmtheit der Ausführungsart und des Leistungsumfangs setzt voraus, dass auf ein Angebot der Zuschlag erteilt wird, das einen Entwurf, eine Darstellung der Bauausführung und eine zweckmäßig gegliederte Beschreibung der Leistung enthält. Auf dieses Angebot ergeht der Zuschlag, der zu einem von einem Detailpauschalvertrag unterschiedlichen Vertragstyp, eben zu einem Globalpauschalvertrag führt. Diesem Vertrag liegt kein in Teilleistungen gegliedertes Leistungsverzeichnis, sondern vergaberechtlich als Mindestvoraussetzung eine Darstellung der Bauausführung und eine gegliederte Leistungsbeschreibung zugrunde. Hierbei werden nicht die Präzisionsvoraussetzungen nach § 7b VOB/A vorausgesetzt. Das folgt schon aus dem Wortlaut der in § 7c Abs. 3 enthaltenen Regelung, wo vom Auftragnehmer nicht ein in Teilleistungen gegliedertes Leistungsverzeichnis, sondern eine Beschreibung der Leistung verlangt wird, die nur gegebenenfalls Mengen- und Preisangaben für Teilleistungen enthält.

f) Werkvertragliche Folgen. Da bei einer funktional beschriebenen Leistung nach **185** § 7c Abs. 3 VOB/A die Wahl der für die Herstellung erforderlichen und gebotenen Verfahrensweisen und Leistungen allein bei dem Auftragnehmer liegt, stellt sich die Frage, ob bei Änderungsbedarf oder Bedarf einer zusätzlichen Leistung für die Anwendung von § 2 Abs. 5, 6 VOB/B als Parameter nur auf das Angebot abzustellen, oder auch die Leistungsbeschreibung mit Leistungsprogramm und damit das funktionale Element zu berücksichtigen, ist. Nach BGH[262] trägt bei einer funktional beschriebenen Leistung, bei welcher der Auftragnehmer die Herstellparameter wählt, dieser die Risiken dieser Wahl. Dazu gehört auch das Risiko von Mehrkosten in Folge einer Veränderung ihrer die Herstellungsart betreffenden Entscheidung. Eine interessengerechte Auslegung hat nach BGH zu berücksichtigen, dass ein Auftraggeber bei einem funktional beschriebenem Vertrag kein Interesse daran hat, eine bestimmte Herstellart zum Vertragsinhalt zu machen, mit der Folge zu machen, dass Änderungen zu Mehrvergütungsansprüchen führen.

g) Globalpauschalvertrag – Ausfüllungsbedarf. Ein Globalpauschalvertrag ist auf **186** Vervollständigung hin angelegt. Dieser Vervollständigungsbedarf[263] vollzieht im Vergleich zum Einheitspreisvertrag gleichsam in zwei Schritten. Der Auftraggeber gibt das Programm und die Umstände sowie die Bedingungen bekannt, die bei Erfüllung der gestellten Bauaufgabe zu beachten sind. Vergaberechtlich notwendig ist nach § 7c Abs. 3 VOB/A ein nach diesen Kriterien zu bestimmendes Angebot, das nicht den Detaillierungsgrad eines in Teilleistungen gegliedertes Leistungsverzeichnis erreichen muss. In einem weiteren Schritt ist seitens des Auftragnehmers spätestens in der Phase der Arbeitskalkulation die für die Ausführung erforderliche Konkretisierung und Bestimmung der Ausführung in Teilschritten vorzunehmen. Das hat nicht zur Folge, dass nur eine für § 4 Abs. 1 Nr. 2 VOB/A nicht ausreichende Bestimmbarkeit vorliegt. Ausführungsart und Umfang werden durch die Beschreibung der Bauaufgabe (§ 7c Abs. 2 VOB/A), den Entwurf samt Erläuterung, die Darstellung der Bauausführung und die Leistungsbeschreibung (§ 7c Abs. 3 VOB/A) genau bestimmt. Die weitere Konkretisierung erfolgt nach Vertragsschluss im Rahmen der Arbeitskalkulation. In dieser Phase werden ablauforientiert Arbeitsverzeichnisse erstellt, die ihrerseits in Arbeitstakte untergliedert werden.[264] Der streitverhütenden Intention der VOB/A widersprechen Pauschalverträge mit einer totalen Leistungsbestimmung nach § 315 BGB. Das sind solche Verträge, bei denen ausgehend von einer Leistungsbeschrei-

---

[261] *Kapellmann* in Kapellmann/Messerschmidt, VOB/B § 2 Rn. 246.
[262] BGH 20.8.2009 – VII ZR 205/07, NZBau 2009, 707, 714 = BauR 2009, 1724: kritisch dazu *Diehr* ZfBR 2016, 19 (24).
[263] *Kapellmann/Schiffers* Band 2 Rdn. 404.
[264] *Plümecke* Preisermittlung für Bauarbeiten, 27. Aufl. 2012, S. 29 f.

bung mit Leistungsprogramm der Zuschlag auf ein Angebot erfolgt, das die beabsichtigte Verwirklichung der Bauaufgabe nicht mit Hilfe eines Entwurfs nebst Erläuterung und ohne Darstellung der Bauausführung sowie ohne Leistungsbeschreibung beschreibt.

187   **h) Bestimmtheit des Umfangs der Leistung.** Bei einem Detailpauschalvertrag wird der Umfang der Leistung durch das seitens des Auftraggebers erstellte und in Teilleistungen gegliederte Leistungsverzeichnis bestimmt. Bei einem Globalpauschalvertrag bestimmen den Umfang der Leistungen die Aufgabenstellung des Auftraggebers nach § 7c Abs. 2 und das § 7c Abs. 3 VOB/A entsprechende Angebot des Auftragnehmers. Da nach Abs. 3 die Darstellung der Ausführung und die Beschreibung der Leistung Mengenangaben nur gegebenenfalls umfassen, sind solche für die Bestimmtheit des Umfangs der Leistung nach § 4 Abs. 1 Nr. 2 VOB/A nicht konstitutiv. Das bereits genannte Harmonisierungsgebot[265] reduziert auch die Bestimmtheitsanforderungen an den Umfang der Leistung. Durch den von einem Auftragnehmer nach § 7c Abs. 3 VOB/A zu fordernden Entwurf, nebst eingehender Erläuterung, der Darstellung der Bauausführung und einer eingehenden und zweckmäßig gegliederten Leistungsbeschreibung wird ausreichende Bestimmtheit erreicht.

188   **i) Ausführungsprognose – Änderungsmöglichkeiten.** Die Vergabe zu einem Pauschalpreis ist nach der Vorschrift vergaberechtlich unzulässig und erweist sich als ein Vergabeverstoß, wenn mit einer Änderung bei der Ausführung zu rechnen ist. Bestimmtheitsgebot und positive, nämlich vertragskonforme Ausführungsprognose bilden kumulativ die Voraussetzungen für eine Pauschalierung. Entscheidet sich der Auftraggeber dazu, eine Leistungsbeschreibung mit Leistungsverzeichnis zu erstellen, womit die Möglichkeit zum Abschluss eines Einheitspreisvertrages und eines **Detailpauschalvertrages** besteht, ist die Änderungsprognose nur für das Zustandekommen eines Pauschalvertrages bedeutsam und betrifft jede Teilleistungsposition.

189   **aa) Entwurfsänderungen nach § 2 Abs. 7 Nr. 2 VOB/B.** Allein der Umstand, dass § 2 Abs. 7 Nr. 2 VOB/B mit Verweis auf die Nr. 5 und 6 durchaus zugunsten des Auftraggebers die Möglichkeit offen lässt, Entwurfsänderungen und sonstige Anordnungen zu treffen, schließt die Pauschalierung nicht aus. Wenn jedoch derartige Entwurfsänderungen, andere Anordnungen und die Anforderung zusätzlicher Leistungen vorsehbar sind, gebietet § 4 Abs. 1 Nr. 2 VOB/A die Abstandnahme von einer Pauschalierung. Das entspricht dem in § 7 Abs. 1 Nr. 4 VOB/B verfolgten Ansatz, grundsätzlich Bedarfspositionen von der Aufnahme in eine Leistungsbeschreibung auszunehmen, was nach dem VHB Stand April 2016, Allgemeine Richtlinien Vergabeverfahren, 100, Nr. 4.6 auch für Wahlpositionen verfolgt wird. Dies geschieht im wohlverstandenen Interesse beider Parteien. Zu Lasten des Auftragnehmers gehen Mengenänderungen, zu Lasten des Auftraggebers gehen Positionsänderungen oder zusätzliche Leistungen.

190   **bb) Vorhersehbare – unvorhersehbare Änderungen.** Sind solche Änderungen voraussehbar, sorgt der Einheitspreisvertrag oder die Vergabe der fraglichen Positionen im Rahmen eines Pauschalvertrages nach Einheitspreisgrundsätzen nach der Wertung der VOB/A für einen angemesseneren Interessenausgleich. Andererseits schließt Unvorhersehbares und Unvermutetes das Zustandekommen eines Pauschalvertrages nicht aus. Der Umstand, dass bei Erdarbeiten abstrakt die Möglichkeit des unvermuteten Antreffens von Hohlräumen oder Hindernissen besteht (vgl. DIN 18300, Abschnitt 3.1.6), schließt eine Pauschalierung nicht aus. Wenn die VOB/C die Maßnahmen, die zur Bewältigung derartiger unvermuteter oder unvorhergesehener Ereignisse (vgl. dafür z.B. auch DIN 18303, Abschnitt 3.1.5 sowie DIN 18313 Abschnitt 3.1.6) erforderlich werden, als Besondere Leistungen qualifiziert, wird die rechtliche Bewältigung dem Bereich der Objektabwicklung, nämlich § 2 Abs. 5 oder Abs. 6 VOB/B zugewiesen. Das entlässt den Auftraggeber freilich nicht der nach § 642 BGB gebotenen Mitwirkung, die z.B. darin zu sehen ist, ggf. Grund und Boden auf Kampfmittelreste hin zu untersuchen (vgl. DIN 18303, Ab-

---

[265] Vgl. oben → Rn. 165.

schnitt 3.1.3). Die Pauschalierung soll gerade kein Mittel dafür sein, einen Auftraggeber von den ihn treffenden Mitwirkungsaufgaben auf Kosten eines Auftraggebers zu entlasten.

cc) Typenbildung. In gewissem Umfang lassen sich Typen bilden. Maßnahmen im Be- 191 stand sind trotz einer zuverlässigen Zustandsanalyse grundsätzlich für Unvorhergesehenes oder Unvermutetes gut. Deshalb kann es sein, dass ein auf der Grundlage einer solchen Analyse und einer darauf aufbauenden Beurteilung erstelltes Leistungsverzeichnis dennoch nicht sämtliche Leistungen enthält oder Änderungen nötig werden. Diese abstrakte Möglichkeit schließt eine Pauschalierung nicht aus. Nur wenn mit Änderungen konkret gerechnet werden muss, hiefür also in gewissem Umfang greifbare Anhaltspunkte bestehen, verlangt § 4 Abs. 1 Nr. 2 VOB/A die Abstandnahme von einem Pauschalvertrag. Gleiches gilt bei Arbeiten, die unmittelbar mit Grund und Boden zu tun haben; denn auch diesbezüglich ist zu bedenken, dass geotechnische Untersuchungen nur als Stichproben mit der Folge zu bewerten sind, dass für zwischenliegende Bereiche nur Wahrscheinlichkeitsaussagen in Betracht kommen (DIN 4020:2003-10, Bbl. 1 Abschnitt 4.2). Deshalb bestimmt das VHB Stand April 2016, Allgemeine Richtlinien Vergabeverfahren, 100, Nr. 4.2.7, dass Erd- und Gründungsarbeiten grundsätzlich zu Einheitspreisen zu vergeben sind. Das schließt jedoch die Vergabe mit **Teilpauschalierungen** nicht aus.[266]

dd) Änderungsprognose und Globalpauschalvertrag. Bei einem Globalpauschal- 192 vertrag ist die Änderungsprognose auf der Grundlage der Leistungsbeschreibung mit Leistungsprogramm gem. § 7c Abs. 2 und 3 VOB/A zu treffen. Ausgangspunkt für die Beurteilung, ob mit Änderungen nicht zu rechnen ist, ist die seitens des Auftraggebers abschließend getroffene Entscheidung hinsichtlich der Bauaufgabe. Das VHB, Stand April 2016, Allgemeine Richtlinien Vergabeverfahren, 100, fordert deshalb in der Nr. 4.4.1.4, es sei sicherzustellen, dass vor Erstellung des Leistungsprogramms die Grundlagen der Ausschreibung nicht mehr geändert werden.

ee) Änderungsprognose Detailpauschalvertrag. Bei einem Detailpauschalvertrag 193 knüpft die Änderungsprognose an der vom Auftraggeber erstellten Leistungsbeschreibung mit Leistungsverzeichnis und damit an den darin enthaltenen Teilleistungen an. Da ein solches Leistungsverzeichnis – idealerweise – auf einer Ausführungsplanung beruht, ist für die Änderungsprognose diese Planung der Ausgangspunkt. Das VHB, Stand April 2016, Allgemeine Richtlinien Vergabeverfahren, 100. Nr. 4.3.1 setzt für die Erstellung einer Leistungsbeschreibung mit Leistungsverzeichnis das Vorliegen der Ausführungspläne und der Mengenberechnungen grundsätzlich voraus.

ff) Intention der Vorgaben. Die Vorschrift will – entsprechend ihrem streitverhüten- 194 den Charakter – die Auseinandersetzungen, die sich mit § 2 Abs. 7 Nr. 2 in Verbindung mit Abs. 4–6 VOB/B ergeben, vermeiden. § 4 Abs. 1 Nr. 2 VOB/A formuliert keinerlei Anforderungen bezüglich der diese Prognose erst ermöglichenden Umstände. Da einem Detailpauschalvertrag ein in Teilleistungen gegliedertes Leistungsverzeichnis zugrunde liegt, sind die Bauaufgabe und die Ausführung in Konstruktion und Baustoff fixiert. Entsprechend dem in § 7 Abs. 1 Nr. 7 VOB/A enthaltenen generellen Hinweis auf die Anforderungen nach Maßgabe des Abschnitts 0 der jeweiligen gewerkespezifischen ATV sind zur Herstellung der Prognosesicherheit die dort vorgestellten Angaben zur Baustelle und zur Ausführung zu erfüllen. Nach § 7c Abs. 2 VOB/A sind die Bedingungen und Umstände, unter denen die Bauaufgabe zu erfüllen ist, anzugeben.

Beispiel: 195
Bei Entwässerungsarbeiten nach der DIN 18306 ist die Beurteilung, ob die tatsächliche Ausführung mit der geplanten übereinstimmen wird, nur dann möglich, wenn über Boden- und hydrologische Gutachten Aussagen über Art und Beschaffenheit des Bodens, der zur Auflagerausbildung und zur Einbettung zur Verfügung steht, getroffen werden können. Das gilt so auch für die Beschaffenheit und Entwässerung der Baugrubensohle.

---

[266] Vgl. nachfolgend → Rn. 199 ff.

196   Wenn das VHB Stand April 2016, Allgemeine Richtlinien Vergabeverfahren, 100, Nr. 4.2.7 wie Vorgängerausgaben den Hinweis enthält: „Erd- und Gründungsarbeiten sind grundsätzlich zu Einheitspreisen zu vergeben,"[267] dann beruht dies offensichtlich auf der Erfahrung, dass bei Erd- und Gründungsarbeiten die Prognosesicherheit gefährdet ist bzw. von vornherein nicht besteht. Das hat letztlich mit DIN 4020:2003-109, Bbl. 1 Abschnitt 4.2 zu tun, wonach Aufschlüsse in Boden und Fels nur als Stichproben zu bewerten sind, weswegen für dazwischen liegende Bereich nur Wahrscheinlichkeitsaussagen in Betracht kommen. Solche bilden keine solide Grundlage für eine Prognosesicherheit.

197   **gg) Gegenstand der Prognosesicherheit.** Die erforderliche Ausführungssicherheit geht in der Prognose sogar so weit, dass auch mit Änderungen des Leistungsumfanges nicht zu rechnen sein darf.[268] Dies gilt, obwohl die Mengenentwicklung nach Abschluss des Pauschalvertrages in der Realisierungsphase – von Auftraggebereingriffen und der Ausnahme gem. § 2 Nr. 7 Abs. 1 Satz 2 VOB/B abgesehen – preisneutral ist. § 4 Abs. 1 Nr. 2 VOB/A beschränkt die Prognosesicherheit nicht auf die Ausführung ihrer Art nach, was wegen der Unterscheidung zwischen Ausführungsart und Umfang nahe liegen könnte. Die Prognose betrifft dem Wortlaut nach nicht die „Ausführungsart", sondern „Änderungen bei der Ausführung", wozu auch die Mengenentwicklung gehört.

198   Das Gebot, von der Vereinbarung einer Pauschalsumme Abstand zu nehmen, wenn mit Mengenänderungen – vor allem Mengenmehrungen – zu rechnen ist, deckt sich mit den Anforderungen an von Treu und Glauben im vorvertraglichen Raum gefordertes Verhalten, das im Verletzungsfall mit Schadensersatzansprüchen nach den Regeln des Verschuldens bei Vertragsverhandlungen sanktioniert sein kann.[269] Bestimmte Mengenangaben als Grundlage der Pauschalierung, mit deren Änderung der Ausschreibende jedoch von vornherein rechnet, sind bei Fehlen entsprechender Vorbehalte geeignet, Vertrauen des Bieters zu wecken. Mangels solcher Vorbehalte kann der Bieter von der Vollständigkeit und Prognoserichtigkeit der Mengenangaben ausgehen. Diesen Schluss rechtfertigt § 7c Abs. 3 Nr. 1 VOB/A. Danach hat der Auftragnehmer, der auf eine Leistungsbeschreibung mit Leistungsprogramm ein Leistungsverzeichnis mit Mengenangaben erstellt, die Vollständigkeit seiner Angaben, insbesondere die von ihm selbst ermittelten Mengen uneingeschränkt oder innerhalb anzugebender Toleranzen zu vertreten.

199   **j) Teilpauschalbildung.** Bei Teilpauschalen werden für Leistungteile Pauschalsummen vorgesehen (§ 2 Abs. 7 Nr. 3 VOB/B). Abgesehen davon, dass § 4 Abs. 1 Nr. 2 VOB/A schon dem Wortlaut nach derartige Teilpauschalierungen nicht erfasst, lässt sich deren Zulässigkeit gerade aus manchen in der VOB/C enthaltenen Gewerkeregelungen ableiten. Wenn nämlich einem Auftragnehmer die Wahl des Bauverfahrens und des Bauablaufs, die Wahl und der Einsatz der Geräte überlassen bleiben (DIN 18300 Ausgabe September 2016, Abschnitt 3.1.1; vgl. auch DIN 18301 Ausgabe September 2016, Abschnitt 3.1.1), bedarf es insoweit keiner genauen Teilleistungsbeschreibung. Das eröffnet eine Teilpauschalierung. Wird von einem Auftraggeber nach den Regeln der VOB/C eine bestimmte Teilleistungsbeschreibung nicht verlangt, was im Ergebnis dazu führt, dass die Auftragnehmerseite die Wahl zu treffen hat, ist Raum für eine Teilpauschalierung. Derartige Tatbestände liegen z. B. in den in den nachfolgend[270] genannten Bereichen vor. Bei solchen Teilpauschalierungen muss der Auftragnehmer die Wahl nicht bereits bei der Angebotsabgabe (§ 7c Abs. 3 VOB/A) treffen, vielmehr hat ein Auftragnehmer dann für die Teilpauschale ohne Rücksicht auf seine Planungsvorstellungen und Kalkulationsüberlegungen die Leistungen zu erbringen, die zur Zielerreichung erforderlich werden.[271] Das könnte anders dann sein, wenn ein Auftragnehmer auf eine derartige Teilpauschalierung in seinem Angebot eine

---

[267] Vgl. → Rn. 167.
[268] *Schranner* in Ingenstau/Korbion, VOB/A § 4 Rn. 19.
[269] *Keldungs* in Ingenstau/Korbion, VOB/B § 2 Abs. 7 Rn. 18.
[270] → Rn. 202.
[271] BGH 9.4.1992 – VII ZR 129/91, NJW-RR 1992, 1046 = BauR 1992, 759 (Wasserhaltung II).

konkrete Leistungsbeschreibung mit einer Auflistung der einzelnen Arbeitsschritte – Teilleistungen – reagieren würde. Ein solches Angebot müsste jedoch nach § 13 Abs. 1 Nr. 5,
§ 16a VOB/A ausgeschlossen werden. Bei Teilpauschalierungen übernimmt ein Auftragnehmer das Risiko, über die kalkulierten Leistungen hinaus Mehrleistungen erbringen zu
müssen.[272]

aa) Vergaberechtliche Zulässigkeit von Teilpauschalen. Die VOB/A kennt be-   **200**
sondere Regelungen für Teilpauschalen nicht. Das VHB, Stand April 2016, Allgemeine
Richtlinien Vergabeverfahren, 100, Nr. 4.4.1 führt aus, dass die Leistungsbeschreibung mit
Leistungsprogramm sich auf das gesamte Bauwerk oder auf Teile davon erstrecken könne.
Die Zulässigkeit von Teilpauschalen wird in § 2 Abs. 7 Nr. 3 VOB/B vorausgesetzt. Die
Frage ist, welche Voraussetzungen vergaberechtlich erfüllt sein müssen. Die strengen, sich
aus § 4 Abs. 1 Nr. 2 und § 7c VOB/A ergebenden Regeln gelten nur für einen Globalpauschalvertrag insgesamt und nicht für Teilpauschalen, wie sie bei einem Einheitspreisvertrag
z.B. bezüglich der Baustelleneinrichtung, Vorbereiten des Baugeländes, Sichern der Baustelle der Wasserhaltung, der Baustellenräumung oder Positionen wie z.B. Untergrundvorbereitung vorkommen.[273] Mangels einer besonderen Regelung wird den Bestimmtheitsanforderungen entsprochen, wenn die Bauaufgabe beschrieben und der Auftragnehmer in
der Lage ist, die Art und Weise der Ausführung kalkulatorisch mit dem damit verbundenen
Risiko abzuschätzen.

bb) Zulässigkeitsschranken. Soll für ein gesamtes Fachlos eine Teilpauschale gebildet   **201**
werden, gelten die für einen Pauschalvertrag insgesamt maßgeblichen Regeln. Denn bei
einer Teilpauschale, die ein Fachlos insgesamt betrifft, ist im Rahmen der Angebotsabgabe nach § 7c Abs. 3 VOB/A die Darstellung der Bauausführung und eine eingehende,
zweckmäßig gegliederte Beschreibung der Leistung zu verlangen. Nur so ist eine vergleich-
chende Wertung der eingehenden Angebote möglich. Das folgt auch aus § 5 Abs. 2
VOB/A, wenn danach Bauleistungen in der Menge aufgeteilt und getrennt nach Art und
Fachgebiet (Fachlose) zu vergeben sind. Damit wird die Selbständigkeit eines Bauvertrages
über ein Fachlos betont, was vergaberechtlich bei einer Pauschalvergabe zu § 7c VOB/A
führt. Wenn § 5 Abs. 2 Satz 2 VOB/A u.a. aus technischen Gründen auf eine Trennung
nach Fachlosen verzichtet werden kann, bedeutet dies nicht den Verzicht auch auf die
sich aus § 7c VOB/A ergebenden Anforderungen.

cc) Typische Tatbestände und vertragsrechtliche Folgen. Die Typik von Teilpau-   **202**
schalen kann anhand der in der VOB/C enthaltenen Gewerkregelungen, entwickelt werden.
Bei Erdarbeiten kommt z.B. nach DIN 18300 Abschnitt 3.137 in Betracht der Schutz gefährdeter baulicher Anlagen. Die entsprechende Formulierung der Teilpauschale ist geeignet,
die werkvertraglich sich aus der DIN 18299 Abschnitt 4.2 ergebende Beschränkung der geschuldeten Leistung zu vermeiden. Das geschieht z.B. bezüglich der DIN 18340 Trocken-
bauarbeiten in Abschnitt 4.2.6. mit der Formulierung: Besondere Maßnahmen zum Schutz
von Bau- und Anlagenteilen sowie Einrichtungsgegenständen. Zahlreiche VOB/C-Bestim-
mungen sehen hinsichtlich der Gerüsterstellung eine deutlichen Unterscheidung zwischen
Gerüsterstellung als Nebenleistungen und als Besondere Leistung vor (z.B. DIN 18363 Abschnitt 4.1.1 und 4.2.4). Eine auf eine Teilpauschalierung abzielende Formulierung in einem
Einheitspreisvertrag kann lauten: „Auf- und Abbauen sowie Vorhalten der Arbeits- bzw.
Schutzgerüste gleich welcher Höhe bis zum Abschluss der beauftragten Arbeiten." Zum an-
zubietenden Pauschalpreis sind dann nach § 2 Abs. 1 VOB/B auch solche Leistungen zu
erbringen, die nach der gewerkespezifisch einschlägigen VOB/C-Regelung als Besondere
Leistungen qualifiziert werden. Das Vergütungsproblem Besonderer Leistungen beim Einheitspreisvertrag ist deshalb nicht nur eine Frage der Komplettklausel,[274] sondern lässt sich

---

[272] BGH 9.4.1992 – VII ZR 129/91, NJW-RR 1992, 1046 = BauR 1992, 759.
[273] *Kapellmann/Schiffers* Band 2 Rdn. 15.
[274] Vgl. *Kapellmann/Schiffers* Vergütung, Nachträge und Behinderungsfolgen beim Bauvertrag, Band 1
Einheitspreisvertrag, 6. Aufl. 2011, Rn. 134 f.

durch Teilpauschalierungen lösen. Allerdings sieht die Allgemeine Richtlinie Vergabeverfahren, 100, des VHB, Stand April 2016, in der Nr. 4.5.2 vor, dass für Besondere Leistungen nach DIN 18299 Abschnitte 4.2 und 0.4.2 in der Regel eigene Teilpositionen in der Leistungsbeschreibung vorzusehen sind. Das schließt jedoch eine Teilpauschalierung, mit der sowohl Nebenleistungen als auch Besondere Leistungen einer Pauschalierung zugeführt werden, nicht aus.

203   **k) Nebenangebote und Pauschalvereinbarungen.** Ist dem Bieter nach den Vertragsunterlagen die Abgabe von Nebenangeboten gestattet, trifft der Bieter bezüglich des Nebenangebots die Wahl zwischen den Bauvertragstypen. Da bei der Entscheidung zugunsten des Einheitspreisvertrages den Auftraggeber das Risiko der zutreffend vom Bieter angegebenen Mengen trifft, wird der Auftraggeber meist an einer Pauschalvereinbarung interessiert sein. Wegen der grundsätzlichen Unveränderbarkeit des Pauschalpreises (§ 2 Abs. 7 Nr. 1 Satz 1, 2 VOB/B) sind Mindermengen ohne Auswirkungen auf den Preis. Nur schadensersatzrechtlich bietet sich der Ausgleich, wenn den Bieter wegen vorwerfbar falscher Ermittlung der Mengen der Vorwurf des Verschuldens bei Vertragsverhandlungen trifft.

204   Deshalb ist empfehlenswert, Nebenangebote des Unternehmers auf Einheitspreisbasis nach Einheitspreisvertragsregeln zu beauftragen, jedoch mit einer **Höchstpreisklausel** oder **limitierten Vergütungssumme** zu versehen und nicht auf die Pauschalierung überzugehen.[275] Deren Charakteristikum besteht darin, dass bei Mengenmehrungen der Höchstpreis gilt, Mengenminderungen zwingen zur Abrechnung nach der tatsächlich festgestellten Menge.[276] In den Regelungsgehalt des § 2 Abs. 2 VOB/B wird zum Nachteil des Auftragnehmers eingegriffen; Mindermengen führen zu § 2 Abs. 2 VOB/B, hinsichtlich der Mehrmengen wird diese Bestimmung ausgeschaltet. Zugleich ist die Geltung des § 2 Abs. 3 VOB/B ausgeschlossen, wenn danach mit Mehrmengen das Preiserhöhungsverlangen bezüglich des Einheitspreises verbunden wäre. Wenn damit grundsätzlich auch in die VOB/B eingegriffen wird,[277] scheidet ein solcher Eingriff bei eigenverantwortlich vom Unternehmer gemachten Nebenangeboten aus, für deren Mengenrichtigkeit allein der Bieter die Verantwortung trägt.[278]

205   Das begründet zugleich den weiteren maßgeblichen Unterschied zum Pauschalvertrag: Die Leistungen müssen entsprechend den Einheitspreisgrundsätzen aufgemessen werden.

G. Der Stundenlohnvertrag (§ 4 Abs. 2 VOB/A)

206   Nach § 4 Abs. 2 VOB/A dürfen Bauleistungen geringeren Umfangs, die überwiegend Lohnkosten verursachen, im Stundenlohn vergeben werden (Stundenlohnvertrag). Der Stundenlohnvertrag ist ebenso wie der in der Fassung der VOB/A 2009 gestrichene Selbstkostenerstattungsvertrag ein Aufwandsvertrag. Den Aufwands- und damit den Stundenlohnvertrag kennzeichnet, dass nicht die Leistung nach Maßgabe der Leistungseinheiten, sondern der Aufwand an Zeit, Material und Geräteeinsatz vergütet wird. Der vertragliche Vergütungssatz und damit der Vertragspreis sind der vorgesehene Stundenlohn bzw. die Geräteeinsatz- und Materialkosten.

207   Die Rangfolge innerhalb des § 4 VOB/A, die einschränkenden Voraussetzungen wie auch die Regelung in § 2 Abs. 2 VOB/B begründen die Nachrangigkeit des Stundenlohn-

---

[275] *Kapellmann/Schiffers* Band 2 Rdn. 83 ff.; aA *Bauer* in Heiermann/Riedl/Rusam, VOB/A § 4 Rn. 24.

[276] *Bauer* in Heiermann/Riedl/Rusam, VOB/A § 4 Rn. 24; *Schranner* in Ingenstau/Korbion, VOB/A § 4 Rn. 12; vgl. zu Höchstpreisklauseln auch *Bartmann* BauR 1974, 31/33 ff.

[277] BGH 8.7.1993 – VII ZR 79/92, NJW 1993, 2738 = BauR 1993, 723 = ZfBR 1993, 277 betreffend den fehlenden AGB-Verstoß einer Festpreisklausel und BGH 20.12.1990 – VII ZR 248/89, NJW-RR 1991, 534 = BauR 1991, 210 betreffend den Kerneingriff bei von § 2 Nr. 3 VOB/B abweichenden Klauseln.

[278] Vgl. *Bauer* in Heiermann/Riedl/Rusam, VOB/A § 4 Rn. 24.

vertrages. Spezielle Beschreibungsgrundsätze enthalten §§ 7 ff. VOB/A für den Stundenlohnvertrag nicht. Ein Verzicht auf die Beschreibungsnotwendigkeit ist damit nicht verbunden. Die **Beschreibungsaufgabe** stellt sich sowohl nach Ausschreibungsgrundsätzen als
auch nach materiell-rechtlichen Anforderungen. Letztere formuliert § 2 Abs. 10 VOB/B
dahin, dass Stundenlohnarbeiten nur vergütet werden, wenn sie als solche vor ihrem Beginn ausdrücklich vereinbart worden sind. Das beinhaltet das Beschreibungsgebot der Leistung. Ungenügend für § 2 Abs. 10 VOB/B ist die bloße Vereinbarung, eventuell notwendig werdende Leistungen werden nach Regie abgerechnet. Das VHB in der Fassung von
2000 hatte in der Nr. 2.1 zu § 5 VOB/A ausdrücklich gefordert, dass auch Stundenlohnarbeiten dem Wettbewerb zu unterstellen sind. Das hat die Beschreibung selbstverständlich
notwendig gemacht. Das VHB, Stand April 2016, Allgemein Richtlinien Vergabeverfahren,
100, Nr. 4.7, behandelt nur noch die angehängten Stundenlohnarbeiten. Zu selbständigen
Stundenlohnarbeiten findet sich keine Aussage, auch nicht eine solche, dass diese Arbeiten
dem Wettbewerb zu unterstellen sind.

I. Vergabe im Wettbewerb

Da § 2 Abs. 1 Nr. 2 VOB/A den Grundsatz formuliert, dass für die Vergabe von Bau- **208**
leistungen der Wettbewerb die Regel sein soll, gilt dies auch für im Stundenlohn zu vergebende Bauleistungen. Die Allgemeine Richtlinie Vergabeverfahren schließt mit ihrer auf
angehängte Stundenlohnarbeiten beschränkten Aussage die Vergabe von selbständigen
Stundenlohnarbeiten nicht aus. Die Anforderungen an die Beschreibung fallen jedoch unterschiedlich aus. Für selbständige Stundenlohnarbeiten gelten andere Grundsätze als für
angehängte Stundenlohnarbeiten.[279]

1. Vergabevoraussetzungen

Vorausgesetzt werden Bauleistungen geringeren Umfangs, die überwiegend Lohnkosten **209**
verursachen. Diese Konditionen wiederholte § 11 der – seit 1.7.1999 ersatzlos aufgehobenen (BGBl. I, 1999, S. 1419) – Verordnung PR Nr. 1/72 über die Preise für Bauleistungen bei öffentlichen oder mit öffentlichen Mitteln finanzierten Aufträgen. Im Unterschied
zur Altfassung, nach der Bauleistungen geringen Umfangs, die überwiegend Lohnkosten
verursachen, im Stundenlohn vergeben werden durften, arbeitet die VOB/A seit der Fassung 2009 mit dem Hilfszeitwort „können". Das macht bezüglich der Regelungsaussage
jedoch keinen Unterschied, wenn auch grundsätzlich das Hilfsverb „dürfen" als eine Zu-
lässigkeitsaussage, womit eine Befugnis zum Ausdruck kommt, nicht ersetzt werden sollte
durch das Hilfsverb „kann", das eine Möglichkeitsaussage enthält.

Die Bauleistungen müssen zudem **überwiegend Lohnkosten** verursachen, was im Ver- **210**
gleich zu den Material- und Gerätekosten und sonstigen Aufwendungen zu beurteilen ist.
Im Umkehrschluss ergibt sich das Verbot der Vergabe von Bauleistungen größeren Umfangs, die nicht überwiegend Lohnkosten verursachen, im Stundenlohn. Für diese Bauleistungen kommt die Vergabe nach den Regeln des Leistungsvertrages in Betracht. Andererseits ist es dem Ausschreibenden nicht verwehrt, auch Bauleistungen geringeren Umfangs
und einem hohen Lohnkostenanteil nach den Grundsätzen des Leistungsvertrages zu vergeben. Dem Ausschreibenden kommt diesbezüglich ein Ermessen zu.

Die Regelung hat keinen für Bieter drittschützenden Charakter, weswegen § 97 Abs. 6 **211**
GWB nicht einschlägig ist und keine Nachprüfungsmöglichkeiten nach den GWB-Regeln
bestehen. Abgesehen davon, dass ein Stundenlohnvertrag bei den durch den notwendigen
EU-Schwellenwert erforderlichen Dimensionen von vornherein ausscheidet, weil dann
Bauleistungen geringen Umfangs nicht vorliegen, verfolgt die Regelung ausschließlich
haushaltsrechtliche Ziele. Die Bestimmung dient dem Zweck der wirtschaftlichen Verwen-

---

[279] Vgl. unten → Rn. 212 ff.

dung der verfügbaren Haushaltsmittel.[280] Der Auftraggeber hat bei einem Stundenlohnvertrag den dem Auftragnehmer nachweislich entstandenen Aufwand zu vergüten samt Wagnis und Gewinn, weswegen das Abwicklungsrisiko ausschließlich bei dem Auftraggeber liegt. Deshalb begründet der Stundenlohnvertrag die Gefahr der unwirtschaftlichen Verwendung der verfügbaren Haushaltsmittel. Ein Bieter hat auch kein Recht auf Vergabe nach Stundenlohngrundsätzen, wenn es sich um Bauleistungen geringfügigen Umfangs mit überwiegend verursachten Lohnkosten handelt, der öffentliche Auftraggeber aber dennoch eine Beschreibung der Leistung und deren Vergabe nach Einheitspreisgrundsätzen vorsieht. Der Auftraggeber kann dann, wenn die Voraussetzungen des § 4 Abs. 2 VOB/A vorliegen, von der Regel, Bauleistungen zu Einheitspreisen zu vergeben (§ 4 Abs. 1 Nr. 1 VOB/A), abweichen und die Vergabe im Stundenlohn vornehmen. Die Interessen des Auftragnehmers werden nicht berührt; dessen Rechts- und wirtschaftliche Lage wird durch die Wahl, Bauleistungen im Stundenlohn oder zu Einheitspreisen zu vergeben, nicht betroffen, wenn ein Ausnahmefall vorliegt. Die Rechtslage ist bei Fehlen eines Ausnahmefalles nicht anders.[281] Denn sowohl der Einheitspreisvertrag als auch der Stundenlohnvertrag setzten eine Leistungsbeschreibung voraus. Für den Auftraggeber liegen die größeren Gefahren im Stundenlohnvertrag. Die Vorschrift verfolgt primär haushalterische Interessen. Denn auch im Vergleich zu den in § 2 Abs. 3,5,6 VOB/B geregelten Tatbeständen ist bei Änderungen der Auftragnehmer abrechnungsmäßig bei einem Stundenlohnvertrag verglichen mit einem Einheitspreisvertrag im Vorteil. Im Übrigen stellt die Regelung eine Verwaltungsanweisung ohne Allgemeinverbindlichkeit dar.[282]

2. Typologie der Stundenlohnarbeiten

212   Unter Ausschreibungsgesichtspunkten sind die selbständigen von den sog. unselbständigen oder angehängten Stundenlohnarbeiten zu unterscheiden.[283] Die **Vergabeschranken** gelten für beide Arten der Stundenlohnarbeiten, wenn auch bei angehängten Stundenlohnarbeiten die Geringfügigkeit der Tätigkeit und der überwiegende Lohnkostenanteil am sichersten zu bejahen sein wird.

213   **a) Selbständige Stundenlohnarbeiten.** Diese liegen vor, wenn die Vergabe nur Stundenlohnarbeiten betrifft und eine Verbindung mit zugleich nach Leistungsvertragselementen vergebenen Bauleistungen (Einheitspreis- oder Pauschalvertrag) nicht besteht. Das VHB formulierte in der Fassung von 2000 in der Nr. 2.2 zu § 5 VOB/A wie folgt: „Stundenlohnarbeiten, die ohne Verbindung mit Leistungsverträgen vergeben werden, sind selbständige Stundenlohnarbeiten. In Verbindung mit Leistungsverträgen sind es angehängte Stundenlohnarbeiten." Selbständig vergebene Neben- oder Hilfsarbeiten – die eigentlich in Verbindung mit gewerkespezifischen Hauptleistungen nach Abschnitt 3 der jeweiligen gewerkespezifischen Allgemeinen Technischen Vertragsbedingungen für Bauleistungen (ATV – DIN 18299 ff.) zu sehen sind – können hierfür ebenso in Betracht kommen wie eigenständig stehende Instandsetzungs-, Reparatur- und Abbrucharbeiten.[284] Zu den Neben- oder Hilfsarbeiten zählen z.B. Aufräumungs- oder Baureinigungsarbeiten (besondere die Baufeinreinigung) bzw. an sich dem Abschnitt 4 der gewerkespezifischen ATV zurechenbare Arbeiten, deren Vergabe eigenständig an ein Spezialunternehmen erfolgt.

---

[280] Vgl. Nr. 2.1 zu § 55 der Allgemeine Verwaltungsvorschriften zur Bundeshaushaltsordnung (VV-BHO) vom 14. März 2001 (GMBl 2001, S. 307) in der Fassung des BMF-Rundschreibens vom 14. Dezember 2016 – II A 2 – H 1005/13/10014 :001, DOK 2016/1134697 –.

[281] AA *Kapellmann* in Kapellmann/Messerschmidt, VOB/A § 4 Rn. 30.

[282] *Dähne* FS Jagenburg, S. 97, 99.

[283] *Bauer* in Heiermann/Riedl/Rusam, VOB/A § 4 Rn. 29 ff.; *Schranner* in Ingenstau/Korbion, VOB/A § 4 Rn. 32.

[284] *Schranner* in Ingenstau/Korbion, VOB/A § 4 Rn. 30; Begründung zur VO PR Nr. 1/72 zu § 11, wiedergegeben im VHB Teil IV bis zur 9. Austauschlieferung. Die Verordnung PR Nr. 1/72 ist durch die Verordnung vom 16.6.1999 (BGBl. I S. 1419) aufgehoben worden.

Aussparungen, nämlich Öffnungen, nach DIN 18331, Abschnitt 4.2.11, werden nicht im Zusammenhang mit dem Gießen der Decken und Wände hergestellt, sondern nachträglich gemäß einem Plan durch Kernbohrungen. Diese Arbeiten werden selbständig vergeben.

Wenn das VHB, Stand April 2016, Allgemeine Richtlinien Vergabeverfahren, 100, 215 Nr. 4.7, nur angehängte Stundenlohnarbeiten betrifft und § 7 Abs. 1 Nr. 4 VOB/A bestimmt, dass angehängte Stundenlohnarbeiten nur in dem unbedingt erforderlichen Aufwand in die Leistungsbeschreibung aufgenommen werden, schließt dies einen selbständigen Stundenlohnvertrag nicht aus. Ganz im Gegenteil ist Regelungsgegenstand des § 4 Abs. 2 VOB/A dieser Vertragstyp. Die angehängten Stundenlohnarbeiten sind ausweislich der Bestimmung in § 7 Abs. 1 Nr. 4 VOB/A Anhängsel in erster Linie eines Einheitspreisvertrages.

Bei selbständigen Stundenlohnarbeiten sind die **materiell-rechtlichen Voraussetzun-** 216 **gen** nach § 2 Abs. 10 VOB/B regelmäßig erfüllt. Denn der Vertrag kommt gerade über die beschriebenen Arbeiten, die damit als solche bezeichnet sind, zustande.

b) Angehängte Stundenlohnarbeiten. Angehängte Stundenlohnarbeiten stehen in 217 Verbindung mit Bauleistungen, die nach Grundsätzen des Leistungsvertrages ausgeschrieben werden (vgl. § 7 Abs. 1 Nr. 4 VOB/A). Über die Hauptpositionen kommt ein Einheitspreis- oder Pauschalvertrag nach § 4 Abs. 1 VOB/A zustande. Nach § 7 Abs. 1 Nr. 4 VOB/A dürfen angehängte Stundenlohnarbeiten nur in dem unbedingt erforderlichen Umfang in die Leistungsbeschreibung aufgenommen werden. Diese Formulierung entspricht der im VHB, Stand April 2016, Allgemeine Richtlinien Vergabeverfahren, 100, Nr. 4.7. Die im Stundenlohn zu erbringenden Arbeiten müssen genau bezeichnet werden. Das VHB, Stand August 2014, konkretisiert in der Richtlinie zu 214, Besondere Vertragsbedingungen, einem Textbaustein T2, lfd. Nr. 33, Näheres. Dort heißt es: „Anordnung von Stundenlohnarbeiten. Mit der Ausführung der im Leistungsverzeichnis vorgesehenen Stundenlohnarbeiten ist erst nach schriftlicher Anordnung des Auftraggebers zu beginnen. Der Umfang der im Einzelfall zu erbringenden Leistungen wird bei der Anordnung festgelegt." Dem Wettbewerb i.S.v. § 5, § 11 Abs. 2 der aufgehobenen Verordnung PR Nr. 1/72 wurden die angehängten Stundenlohnarbeiten unterworfen, indem die im Stundenlohn zu erledigenden Arbeiten benannt wurden oder – bei fehlender Benennung – die Stundenlohnverrechnungs- oder Geräte- bzw. Materialkosten anzuführen waren. Die zweite Alternative führte – im Gegensatz zur ersten – nicht zur Wahrung der materiell-rechtlichen Voraussetzungen nach § 2 Abs. 10 VOB/B. Den Stundenlohnverrechnungssätzen wurden dabei nämlich die im Stundenlohn als solche auszuführenden und zu benennenden Arbeiten[285] nicht zugeordnet. Das VHB, Stand 2000, formulierte in Nr. 2.3 zu § 5 VOB/A wie folgt: „Sollen Stundenlohnarbeiten aufgrund Wettbewerbs vergeben werden, sind die Bieter aufzufordern, Verrechnungssätze anzubieten, in denen unaufgegliedert Lohn- und Gehaltskosten, Lohn- und Gehaltsnebenkosten, Sozialkassenbeiträge, Gemeinkostenanteile und Gewinn enthalten sind. Die Verrechnungssätze (Euro/Stunde) sind nach Berufs-, Lohn- und Gehaltsgruppen getrennt zu fordern. Tarifliche Zuschläge für Mehr-, Nacht-, Sonntags- und Feiertagsarbeiten sind in den Verrechnungssätzen nicht einzubeziehen, sondern gesondert nachzuweisen. Für Mehrarbeit fallen zusätzlich die Sozialkosten in voller Höhe, für Nacht-, Sonntags- und Feiertagsarbeiten nur die Beiträge zur gesetzlichen Unfallversicherung an. Die voraussichtlich erforderliche Stundenzahl ist anzugeben." Nach der Nr. 2.4 galt der Verrechnungssatz unabhängig von der Anzahl der abgerechneten Stunden, § 2 Nr. 3 VOB/B galt insoweit nicht. Solche Einzelheiten enthält das VHB, Stand April 2016, nicht mehr. Eine Stundenlohnvereinbarung nach § 2 Abs. 10 VOB/B setzt die Bezeichnung der im Stundenlohn zu erbringenden Arbeiten voraus. Angehängte Stundenlohnarbeiten liegen auch dann vor, wenn die Ausschreibung rein nach Leistungs-

---

[285] Vgl. *Keldungs/Döring* in Ingenstau/Korbion, VOB/B § 2 Rn. 4; *Jansen* in BeckVOB/B, § 2 Abs. 10 Rn. 13.

vertragsgrundsätzen (§ 4 Abs. 1 Nr. 1 VOB/A) erfolgt, aber im Zuge der Bauabwicklung nicht ausgeschriebene Arbeiten notwendig werden, deren Abrechnung nach Stundenlohn unter Berücksichtigung der Anspruchsvoraussetzungen nach § 2 Abs. 10 VOB/B erfolgt. Diese nicht dem Wettbewerb unterstellten Preise unterlagen früher der **Preiskontrolle** nach der Verordnung PR Nr. 1/72 (§ 13 dieser Verordnung). Durch Verordnung vom 16.6.1999 (BGBl. I, 1419) ist die Verordnung PR Nr. 1/72 mit Wirkung ab 1.7.1999 aufgehoben worden.

218   **c) Arbeiten geringen Umfangs.** Was unter „Arbeiten geringen Umfangs" konkret zu verstehen ist, führt die Vorschrift nicht aus. Ein Schwellenwert wird nicht genannt. Nach der Begründung zur zwischenzeitlich (BGBl I 1999, 1419) aufgehobenen Verordnung PR Nr. 1/72 über die Preise für Bauleistungen bei öffentlichen oder mit öffentlichen Mitteln finanzierten Aufträgen[286] kamen im allgemeinen nur Instandsetzungs-, Aufräumungs-, Abbruch- oder sonstige kleinere Bauarbeiten einfacher Art in Betracht. Diese Bewertung gilt besonders für die **Vergabe selbständiger Stundenlohnarbeiten.** Für **angehängte Stundenlohnarbeiten** bieten in erster Linie Art und Umfang der vergebenen Hauptleistungen einen Einordnungsmaßstab. Der Hauptleistungskatalog und der diesbezüglich geltende Angebotspreis bzw. die Pauschalsumme werden die Neben- und Hilfsarbeiten regelmäßig als geringfügig erscheinen lassen. Für angehängte Stundenlohnarbeiten kommen bevorzugt bisher nicht zum vertraglichen Leistungsumfang zählenden **Besonderen Leistungen** nach Abschnitt 4.2 der jeweiligen gewerkespezifischen Allgemeinen Technischen Vertragsbedingungen in Betracht.[287] Deren Abrechnung und Vergütung erfolgt bei Fehlen der nach § 2 Abs. 10 VOB/B gebotenen Stundenlohnvereinbarung nach den sich aus § 2 Abs. 5 oder 6 VOB/B ergebenden Regeln, was bei einem Einheitspreisvertrag für die Hauptleistungen gem. § 632 Abs. 2 BGB die Notwendigkeit zur Bestimmung eines Einheitspreises auch für die Besonderen Leistungen begründet. Handelt es sich um einen Pauschalvertrag, müssen die die Hauptleistungspositionen betreffenden Pauschalierungsgrundsätze auf die Besondere Leistung übertragen werden. Die Verfehlung der Vergütungsvoraussetzungen nach § 2 Abs. 10 VOB/B führt jedenfalls nicht zur Vergütungslosigkeit.

219   **d) Überwiegender Lohnkostenanteil.** Die Stundenlohnarbeiten müssen nach § 4 Abs. 2 VOB/A überwiegend Lohnkosten verursachen. § 11 der zwischenzeitlich (BGBl. I 1999, 1419) aufgehobenen Verordnung PR Nr. 1/72 formulierte die Zulässigkeit der Vereinbarung von Stundenlohnabrechnungspreisen in gleicher Weise.[288] Die Begründung zu § 11 dieser Verordnung[289] umschrieb die Voraussetzungen dahin, dass die Arbeiten im Wesentlichen Lohnkosten aufweisen und nur in geringem Umfang Kosten der Baustelleneinrichtung, Stoff- und Gerätekosten sowie Büro- und Gehaltskosten der Baustelle verursachen. Welche Faktoren im Einzelnen diesen Kostengruppen zuzuweisen sind, konnte den Leitsätzen für die Ermittlung von Preisen für Bauleistungen auf Grund von Selbstkosten (LSP-Bau)[290] entnommen werden. Deren Abschnitt IV enthielt die Besonderen Vorschriften für die Ermittlung von Stundenlohnabrechnungspreisen. Auf die dort in der Nr. 45 genannten Kostengruppen übertragen bedeutete dies, dass die Lohn- und Gehaltskosten der Baustelle einschließlich der Lohn- und Gehaltsnebenkosten der Baustelle insbesondere die Stoffkosten wie auch die Kosten der Einrichtungen, Geräte, Maschinen und maschinellen Anlagen der Baustelle überragen mussten.

220   **e) Umsetzung der Vergaberegeln.** Die Beschreibung der im Stundenlohn auszuführenden und dem Wettbewerb zu unterstellenden Arbeiten erfolgt unterschiedlich. Han-

---

[286] Wiedergegeben in BGBl. I 1972, S. 293.

[287] *Bauer* in Heiermann/Riedl/Rusam, VOB/A § 4 Rn. 31; *Schranner* in Ingenstau/Korbion, VOB/A § 4 Rn. 30.

[288] Teil IV des VHB bis zur 9. Austauschlieferung: § 11 Stundenlohnabrechnungspreise. (1) Stundenlohnabrechnungspreise dürfen nur vereinbart werden, wenn es sich um Arbeiten geringeren Umfangs handelt, die überwiegend Lohnkosten verursachen.

[289] Wiedergegeben in BGBl. I 1972, S. 293.

[290] Abgedruckt im VHB Teil IV, bis zur 9. Austauschlieferung.

delt es sich um **selbständige Stundenlohnarbeiten**, sind diese nach den Grundsätzen des § 7 Abs. 1 Nr. 1–7 VOB/A zu beschreiben und der Bieter ist aufzufordern, diesbezüglich Verrechnungssätze (Euro je Stunde, Materialpreise) anzubieten. Bei **angehängten Stundenlohnarbeiten** gelten dieselben Grundsätze, wenn die diesbezüglichen Leistungen bereits bekannt sind. Handelt es sich um gegenwärtig noch nicht abschätzbare Arbeiten (Beispiel: Herstellen und Schließen von Aussparungen, Reinigen des Untergrundes von grober Verschmutzung, besondere Maßnahmen zum Schutz von Bauteilen und Einrichtungsgegenständen), die nur bei entsprechendem Bedarf anfallen, sind bloß die Stundenlohnverrechnungssätze anzugeben. Die Richtlinien im VHB, Stand 2000, forderten in der Nr. 2.3 zu § 5 VOB/A, dass in den Verrechnungssätzen unaufgegliedert Lohn- und Gehaltskosten, Lohn- und Gehaltsnebenkosten, Sozialkassenbeiträge, Gemeinkostenanteile und Gewinne enthalten sind. Die Verrechnungssätze sind nach Berufs-, Lohn- und Gehaltsgruppen getrennt einzustellen.

f) Stundenlohnvertrag und Preisrecht. Die nach Ausschreibung im Wettbewerb erzielten Stundenlohnverrechnungssätze unterlagen gem. § 5 Abs. 2 der zwischenzeitlich (BGBl I 1999, 1419) aufgehobenen Verordnung PR Nr. 1/72 keinerlei preisrechtlichen Begrenzungen nach dieser Verordnung. Dies war anders bei den Stundenlohnarbeiten, die als angehängte Stundenlohnarbeiten ohne im Vertrag bereits angebotene Stundenlohnverrechnungssätze nach § 2 Abs. 10 VOB/B im Rahmen der Bauabwicklung von dem mit den Hauptleistungen beauftragten Auftragnehmer durchgeführt wurden. Die Stundenlöhne unterlagen gem. § 14 der aufgehobenen Verordnung Nr. 1/72 den Preisermittlungsschranken, die sich aus den „Leitsätzen für die Ermittlung von Preisen für Bauleistungen auf Grund von Selbstkosten (LSP-Bau)" ergaben.[291] Denn der Stundenlohnabrechnungspreis ist ein Selbstkostenpreis (§§ 8, 11 der Verordnung PR Nr. 1/72). Der Abschnitt IV dieser Verordnung enthielt besondere Vorschriften für die Ermittlung von Stundenlohnabrechnungspreisen. 221

H. Weitere Vertragsarten

§ 4 VOB/A führt die Bauvertragsarten und deren jeweilige Unterkategorien nicht abschließend auf.[292] Es ist vergabe- und vertragsrechtlich zulässig, andere als die in § 4 VOB/A ausdrücklich genannten Typen zu vereinbaren. 222

I. Der Selbstkostenerstattungsvertrag

Der Selbstkostenerstattungsvertrag war bis zu Fassung der VOB/A 2009 in § 5 Nr. 3 VOB/A geregelt. Dieser Aufwandsvertrag ist seit der Neufassung 2009 gestrichen. Die Streichung erfolgte deshalb, weil die bisherige Regelung zum Selbstkostenerstattungsvertrag kaum Anwendung fand.[293] Dieser Vertrag kam nach § 5 Nr. 3 Abs. 1 VOB/A a.F. bei größeren Bauleistungen ausnahmsweise dann in Betracht, wenn die zu vergebenden Bauleistungen vor der Vergabe nicht eindeutig und erschöpfend so bestimmt werden können, dass eine einwandfreie Preisermittlung möglich ist. An diesen Voraussetzungen eines Selbstkostenerstattungsvertrages hat sich nichts geändert. Vergaberechtlich stellt sich die Frage, ob die Streichung zur generellen Unzulässigkeit einer Vergabe zu Selbstkosten führt. Das ist zu verneinen, denn die VOB/A führt in § 4 die in Betracht kommenden Bauvertragsarten auch unter vergaberechtlichen Gesichtspunkten nicht abschließend auf.[294] 223

---

[291] Abgedruckt im VHB Teil IV, bis zur 9. Austauschlieferung.
[292] Vgl. *Kapellmann* in Kapellmann/Messerschmidt, VOB/A § 4 Rn. 5; *Hillmann* in Heiermann/Zeiss/ Summa, VOB/A § 4 Rn. 8; → Rn. 6.
[293] Vgl. *Schranner* in Ingenstau/Korbion, VOB/A § 4 Rn. 1.
[294] Vgl. *Kapellmann* in Kapellmann/Messerschmidt, VOB/A § 4 Rn. 5; *Hillmann in* Heiermann/Zeiss/ Summa, VOB/A § 4 Rn. 8.

Allerdings gilt die Priorität des Leistungsvertrages, weswegen entscheidend der Umstand ist, dass vor der Vergabe eine eindeutige und erschöpfende Beschreibung der Leistung nicht möglich ist. Abrechnungsbasis ist der Selbstkostenpreis als Aufwand, für dessen Ermittlung nach der aufgehobenen (BGBl I 1999, 1419) Verordnung PR Nr. 1/72 über die Preise für Bauleistungen bei öffentlichen und mit öffentlichen Mitteln finanzierten Aufträgen, § 8, grundsätzlich – neben dem Stundenlohnabrechnungspreis – zwei Berechnungsarten zur Verfügung standen: Der **Selbstkostenfestpreis** und der **Selbstkostenerstattungspreis**. Diese Grundsätze gelten durchaus weiter. Denn weiterhin gültig ist die Verordnung PR Nr. 30/53 über die Preise bei öffentlichen Aufträgen,[295] § 5 Nr. 3 VOB/A a. F. ließ nur den Selbstkostenerstattungsvertrag und nicht den Selbstkostenfestpreisvertrag zu.

224 Für **größere Bauleistungen** kommt primär die Ausschreibung und Vergabe nach Leistungsvertragsregeln in Betracht. Das setzt die Beschreibbarkeit der Leistung nach § 7 voraus, wobei sowohl die in § 7b VOB/A angeführte Leistungsbeschreibung mit Leistungsverzeichnis als auch die Leistungsbeschreibung mit Leistungsprogramm (§ 7c VOB/A) den in § 7 Abs. 1 Nr. 1–7, Abs. 2 VOB/A bezeichneten Grundbedingungen gerecht werden kann. Demnach sind die Gebote der eindeutigen und erschöpfenden Beschreibung auch dann erfüllt, wenn es dem Unternehmer möglich ist, auf der Grundlage eines Leistungsprogramms einen Entwurf samt Darstellung der Bauausführung zu entwickeln (§ 7c VOB/A). Beide Ausschreibungsarten setzen jedoch die Beschreibbarkeit der Leistung nach den sich aus § 7 Abs. 1 Nr. 1–7 VOB/A ergebenden Regeln voraus. Scheitert dies, kommt die Vergabe nach Selbstkostenerstattungsgrundsätzen in Betracht.

1. Selbstkostenerstattungsvertrag als Ausnahme

225 Die in dem gestrichenen § 5 Nr. 3 VOB/A a. F. genannten Voraussetzungen begründen den Ausnahmecharakter dieser Vertragsart. Die Tatbestandsmerkmale – **Bauleistung größeren Umfangs** und **fehlende Bestimmbarkeit** – sind objektiv und nicht subjektiv gefasst. Technische oder wirtschaftliche Gesichtspunkte lassen die eindeutige und erschöpfende Beschreibung der Leistung nicht zu. Die Beschreibungskriterien sind jeweils dem Abschnitt 0 der einschlägigen gewerkespezifischen Allgemeinen Technischen Vertragsbedingungen für Bauleistungen zu entnehmen. Deren eindeutige und erschöpfende Festlegung muss dem Ausschreibenden aus technischen Gründen unmöglich sein.

226 **a) Schaffung der Bestimmbarkeitsvoraussetzungen.** Besteht die Möglichkeit, durch Einschaltung von Gutachtern und Sachverständigen Beschreibbarkeit herzustellen, fehlt es an der Vergabevoraussetzung für einen Selbstkostenerstattungsvertrag. Lassen zeitliche oder sonst dringlich gebotene Maßnahmen eine derartige Untersuchung nicht zu (z. B. bei Katastrophen, Notfällen oder überraschenden Entwicklungen auf der Baustelle) oder übersteigen die Mittel hierfür die Grenzen des Zumutbaren, ist der Anwendungsbereich eröffnet. Anderes gilt, wenn eine tolerable zeitliche Verschiebung die Voraussetzungen für die Beschreibbarkeit schafft.

227 **b) Vergaberechtliche Festlegungsgebote und Schranken (§ 5 Nr. 3 Abs. 2 VOB/A a. F.).** Die Unmöglichkeit der eindeutigen und erschöpfenden Beschreibung der Bauleistungen entbindet den Ausschreibenden nicht von der Notwendigkeit, die Bauaufgabe im Großen und Ganzen zu benennen. Näheres für die Preisermittlung auf Grund von Selbstkosten war nach § 14 der Verordnung PR Nr. 1/72 den „Leitsätzen für die Ermittlung von Preisen für Bauleistungen auf Grund von Selbstkosten (LSP-Bau)" zu entnehmen. Nach VHB Nr. 3 zu § 5 VOB/A war unter dort näher beschriebenen Voraussetzungen zu prüfen, ob Marktpreise nach § 4 der Verordnung PR Nr. 30/53 über die Preise bei öffentlichen Aufträgen vom 21.11.1953 vereinbart werden können. Sollte das nicht möglich sein, sind Selbstkostenpreise nach § 5 dieser Verordnung zu vereinbaren, wobei dem Selbstkostenfestpreis der Vorrang zu geben ist.

---

[295] BAnz. Nr. 244 v. 18.12.1953.

c) Selbstkostenvertragstypen. Diese Leitsätze für die Ermittlung von Preisen für Bau- 228
leistungen auf Grund von Selbstkosten unterschieden aufbauend auf der zwischenzeitlich
mit Verordnung vom 16.6.1999 (BGBl I, 1419) aufgehobenen Verordnung PR Nr. 1/72
zwischen zwei verschiedenen Selbstkostenvertragstypen, die in den Abrechnungsvoraus-
setzungen differieren. Da die Verordnung PR Nr. 30/53 über die Preise bei öffentlichen
Auftraggebern[296] weitergilt und die Leitsätze für die Preisermittlung auf Grund von Selbstkosten eine Anlage zu dieser Verordnung bilden, sind diese Leitsätze weiterhin beachtlich.
Der **Selbstkostenfestpreisvertrag** setzt eine **Vorkalkulation** voraus und berechnet die
Abrechnungssumme nach dieser Vorkalkulation. Der **Selbstkostenerstattungsvertrag** ist
subsidiär zum Selbstkostenfestpreisvertrag. Nach § 10 der aufgehobenen Verordnung PR
Nr. 1/72 durften Selbstkostenerstattungspreise nur vereinbart werden, wenn die Voraussetzungen für einen Selbstkostenfestpreis nicht vorlagen. Die Verordnung PR Nr. 30/53
enthält nunmehr die grundlegenden Bestimmungen über die Ermittlung der Selbstkostenpreise in § 8 durch Verweis auf die der Verordnung beigefügten Leitsätze.

2. Gefahren der Aufwandsverträge

Die Gefahr der Aufwandsverträge besteht darin, dass kaum ein Anreiz besteht, die Kos- 229
ten möglichst niedrig zu halten. Das betrifft sowohl den Stundenlohnvertrag als auch den
– seit der VOB/A Fassung 2009 gestrichenen – Selbstkostenerstattungsvertrag. Dem Auftraggeber bleibt nur der Einwand, die Arbeit sei unwirtschaftlich ausgeführt worden. Dieser Einwand nötigt den Auftragnehmer nach den Regeln der sekundären Darlegungslast
zur näheren Darstellung dessen, was im Stundenlohn ausgeführt worden ist.[297] Der Einwand der **Unwirtschaftlichkeit** der Ausführung ist insofern doch ein probates Mittel, um
den Auftragnehmer zur näheren Darlegung der im Stundenlohn ausgeführten zu zwingen.

II. Der Rahmenvertrag

Der Rahmenvertrag, in dessen Gerüst insbesondere Zeitvertragsarbeiten nach dem VHB 230
regelmäßig vergeben werden, ist 2016 durch § 4a VOB/A und § 4a EU VOB/A erstmals
als eigenständige Vertragskategorie in die VOB aufgenommen worden.[298] Bis dahin wurde Rahmenverträge nur aufgrund der Bestimmungen des VHB vergeben. Im dritten
Abschnitt der VOB/A (VS) wurde weiterhin von der ausdrücklichen Regelung des Rahmenvertrages abgesehen.

III. Der Zeitvertrag

Der Zeitvertrag hat in der VOB/A, ungeachtet seiner großen praktischen Bedeutung im 231
Bauunterhalt, eine besondere Erwähnung nicht gefunden.

1. Der Zeitvertrag als Rahmenvertrag

Die Einordnungsbasis schaffen nach dem VHB, Stand April 2016, die Richtlinien zu 232
611.1 und 611.2, Rahmenverträge für Zeitvertragsarbeiten. Nach der Nr. 1 der genannten
Richtlinien ist der Zeitvertrag ein für eine bestimmte Zeitdauer geschlossener Rahmenvertrag. Darin definierte Leistungen sind auf Abruf (Einzelauftrag) zu den im Rahmenvertrag
festgelegten Bedingungen auszuführen.

Bei dem Zeitvertrag handelt es sich nicht eine eigenständige Vertragskategorie, sondern 233
er ist in die durch § 4 VOB/A vorgegebenen Bauvertragstypen einzuordnen. Der Zeitver-

---

[296] BAnz. Nr. 244 v. 18.12.1953.
[297] BGH 28.5.2009 – VII ZR 74/06, NJW 2009, 3426 = NZBau 2009, 504 = BauR 2009, 1291.
[298] Siehe im Einzelnen die Kommentierung zu → § 4a.

trag kann seinem Typ nach ein Einheitspreis- oder ein Stundenlohnvertrag bzw. beides zugleich sein.

2. Zeitverträge nach dem VHB

234   Das VHB, Fassung 2000, enthielt die Vorgaben für Zeitverträge in den Richtlinien zu § 6 VOB/A a. F. Das VHB, Stand April 2016, listet die für Zeitverträge geltenden Grundsätze in den Richtlinien zu 611.1 und 611.2, Rahmenverträge für Zeitvertragarbeiten auf. Nach Nr. 2 dieser Richtlinien ist ein Rahmenvertrag für Zeitvertragsarbeiten grundsätzlich nur für regelmäßig wiederkehrende Bauunterhaltungsarbeiten zulässig. Deren Vergabe erfolgt entweder nach dem Angebotsverfahren gem. § 4 Abs. 3 VOB/A oder im Auf- und Abgebotsverfahren nach § 4 Abs. 4 VOB/A. Dabei ist das Angebotsverfahren das Regelverfahren (Nr. 1 der Richtlinien zu 611.1 und 611.2). Das Muster 611.1 enthält die Aufforderung der Abgabe eines Angebots auf der Grundlage des Angebotsverfahrens; das Muster 611.2 betrifft die Aufforderung zur Abgabe eines Angebots auf der Grundlage des Auf-/Abgebotsverfahrens. Der Hauptausschuss GAEB des Deutschen Vergabe- und Vertragsausschuss für Bauleistungen DVA hat für Zeitverträge Leistungsverzeichnisse erarbeitet, in denen nach Einheitspreisprinzipien einzelne Teilleistungen exakt beschrieben sind (Standardleistungsbuch STLB-Bau und Standardleistungsbuch für Zeitvertragsarbeiten STLB-BauZ). Die Anforderungen an die Abfassung derartiger Leistungsverzeichnisse formulieren Nr. 4 und 5 der Richtlinien zu 611.1 und 611.2. Beim Angebotsverfahren hat der Auftragnehmer die Preise für die Teilleistungen einzusetzen; beim Auf-/Abgebotsverfahren gibt der Auftraggeber die Art der Leistungen und die Preise vor. Solche Leistungsverzeichnisse gibt es für Erdarbeiten, Entwässerungskanal- und Dränarbeiten, Straßenbauarbeiten, Mauerarbeiten, Beton- und Stahlbetonarbeiten, Zimmer- und Holzbauarbeiten, Dachdeckungs- und Dachabdichtungsarbeiten, Klempnerarbeiten, Putz- und Stuckarbeiten, Fliesen- und Plattenarbeiten, Estricharbeiten, Tischlerarbeiten, Parkettarbeiten, Beschlagarbeiten, Metallbauarbeiten, Schlosserarbeiten, Verglasungsarbeiten, Anstrich- und Tapezierarbeiten, Bodenbelagarbeiten, Heizanlagen u. zentrale Wasserwärmungsarbeiten, Gas-, Wasser- und Abwasserinstallationsarbeiten, Elektrische Kabel- und Leitungsanlagen in Gebäuden, Blitzschutzanlagen, Dämmarbeiten an technischen Anlagen, Gerüstarbeiten. Die Zusammenstellung der Leistungsbereiche und deren Stand veröffentlicht der GAEB im Internet (www.gaeb.de).

3. Das Vertragsprinzip des Zeitvertrags

235   Ausgeschrieben werden die Leistungen nach dem Angebots- oder dem Auf- und Abgebotsverfahren (§ 4 Abs. 3, 4 VOB/A). Bei letzterem werden vom Auftraggeber vorgegebene Preise dem pauschalen Auf- bzw. Abgebot der Bieter unterstellt. Das Angebotsverfahren hat jedoch Vorrang; dieses ist das Regelverfahren (Richtlinie zu 611. und 611.2, Nr. 1). Im **Rahmenvertrag** vereinbaren die Vertragspartner Geltungsbereich (Liegenschaften), Geltungsdauer (Laufzeit), Art der Leistungen und Preise. Dieser Rahmenvertrag verpflichtet den Auftragnehmer zur Bereithaltung. Erst der **Einzelauftrag** führt zur Beauftragung mit der konkreten Leistung. Nach der Richtlinie zu 617, Rahmenverträge für Zeitvertragsarbeiten – Einzelauftrag, darf die Auftragssumme für einen Einzelauftrag bei im Angebotsverfahren zustande gekommenen Rahmenverträgen brutto 30.000 € und bei im Auf-/Abgebotsverfahren zustande gekommenen Rahmenverträgen 20.000 € brutto nicht überschreiten. Ein Anspruch auf Beauftragung entsteht zugunsten des Auftragnehmers, mit dem der Rahmenvertrag zustande gekommen ist, nicht. Wenn allerdings Leistungsbedarf vorhanden ist und der Auftraggeber unter den Rahmenvertrag fallende Leistungen vergeben will, deren Volumen die genannten Schranken nicht überschreitet, muss der Einzelauftrag an den Rahmenvertragsunternehmer erteilt werden. Anderenfalls macht sich der Auftraggeber schadensersatzpflichtig, es sei denn triftige Gründe würden das Verhalten rechtfertigen.[299]

---

[299] Vgl. BGH 30.4.1992 – VII ZR 159/91, NJW-RR 1992, 977 = BauR 1992, 531 = ZfBR 1992, 215 für den Fall eines Rahmenvertrages mit einem Architekten.

I. Angebotsverfahren – § 4 Abs. 3 VOB/A

Die Vorschrift **konkretisiert** die **Verdingungsunterlagen** je nach Art des vom Aus-   **236**
schreibenden gewählten Verfahrens. Die Regelung ist auch in Verbindung mit §§ 7 ff.
VOB/A zu lesen, da die jeweilige Verfahrensart die dem Ausschreibenden abverlangten
Angaben beeinflusst. Das Unternehmerangebot besteht beim **Angebotsverfahren** aus den
in der Leistungsbeschreibung als Verdingungsunterlage beschriebenen Bauleistungen und
dem dazugehörigen Angebotspreis. Dieser ist beim Einheitspreisvertrag der jeweilige Einheitspreis und beim Pauschalvertrag die Pauschalsumme. Beim **nachrangigen Auf- und
Abgebotsverfahren** besteht insoweit Identität, jedoch hat der Unternehmer die weitere
Aufgabe, sich mit dem vom Auftraggeber bereits angegebenen Preis auseinanderzusetzen,
diesen nämlich zu unterbieten oder zu überbieten.

1. Stellung, Funktion und Bedeutung des § 4 Abs. 3, 4 VOB/A

Die Regelung beruht allgemein auf den Vertragsschlussregeln des BGB und knüpft an   **237**
den Vergaberegeln der VOB/A an.

    a) Verbindung mit BGB-Vertragsschlussregeln. Nach §§ 145 ff. BGB kommt ein   **238**
Vertrag durch Angebot und Annahme zustande. Die Bindung an das Angebot hat § 145
BGB zum Gegenstand; nach den allgemeinen Rechtsgeschäftslehren liegt ein Angebot nur
dann vor, wenn es so bestimmt oder bestimmbar ist, dass seine Annahme durch ein schlich-
tes „Ja" möglich ist.[300] Das BGB kennt weder besondere Verfahrensregeln für die Erstellung
des Angebots noch für die Nachfrage nach solchen Angeboten (invitatio ad offerendum).
Dessen Regelungsgegenstand sind die Bindung an das Angebot, dessen Erlöschen und die
Annahmefrist (§§ 146 ff. BGB). Die **VOB/A** befasst sich davon abweichend näher mit dem
Verfahren zur Angebotsabgabe und setzt sich auch sonst grundlegend von Regeln des
BGB ab. Nach § 10 Abs. 4 VOB/A ist eine angemessene Frist vorzusehen, innerhalb derer
ein Bieter an sein Angebot gebunden ist. Demgemäß erklärt ein Bieter auch nach Muster
213 des VHB, Stand Mai 2010, Angebotsschreiben, Nr. 4: „An mein/unser Angebot halte
ich mich/halten wir uns bis zum Ablauf der Bindefrist gebunden."

    b) VOB-Angebotsbesonderheiten. Die Besonderheiten des VOB/A-Angebotsver-   **239**
fahrens bestehen darin, dass grundsätzlich der ausschreibende Auftraggeber sich auf der
Grundlage der Vertragsunterlagen (§ 8 Abs. 1 Nr. 2 VOB/A i. V. m. §§ 7 ff. VOB/A) und
einem Anschreiben (§ 8 Abs. 1 Nr. 1 und Abs. 2 VOB/A) an den durch die Vergabeart
bestimmten **Kreis der Wettbewerbsteilnehmer** richtet. Anhand dieser Vergabeunterlagen fordert der potentielle Auftraggeber die Wettbewerbsteilnehmer zur Angebotsabgabe
auf.

    aa) Erfordernis der Leistungsbeschreibung. Diese Aufforderung zur Angebotsabga-   **240**
be bedingt in jedem Fall – gleichgültig zu welchem der in § 4 Abs. 1, 2 VOB/A genannten
Bauvertragstypen es kommen soll – die Erstellung einer Leistungsbeschreibung. Deren in
§ 7 VOB/A generell in den Absätzen 1 und 2 sowie speziell in § 7b und 7c VOB/A beschriebenen Merkmale stehen in Abhängigkeit von der durch den ausschreibenden Auftraggeber verfolgten Vertragsart. Diese Vertragsarten benennt § 4 Abs. 1, 2 VOB/A.

    bb) Verfolgte Bauvertragstypen. Mit der Erstellung der Leistungsbeschreibung und   **241**
der Wahl des beabsichtigten Vertragstyps legt der Auftraggeber die maßgeblichen **Grundlagen für die Angebotsabgabe** des Bieters. Die Leistungsbeschreibung mit Leistungsverzeichnis gem. § 7 Ab VOB/A führt nach Ausfüllung der Positionen mit Preisen durch den
Bieter regelmäßig zum entsprechenden Angebot auf Abschluss eines **Einheitspreisvertrages.** Offenheit zum Abschluss eines Pauschalvertrages besteht. Fordert der Auftraggeber
den Bieter auf der Grundlage einer Leistungsbeschreibung mit Leistungsprogramm (§ 7c

---

[300] *Ellenberger* in Palandt § 145 Rn. 1.

VOB/A) zur Angebotsabgabe auf, kann der Bieter je nach der im Aufforderungsschreiben angeführten Vertragsart (§ 8a Abs. 4 Nr. 1 lit. h VOB/A) das Angebot auf Abschluss eines Einheitspreisvertrages oder – unter den Voraussetzungen des § 4 Abs. 1 Nr. 2 VOB/A – eines **Pauschalvertrages** richten. Denn ein Bieter hat nach § 7c Abs. 3 VOB/A ein Angebot abzugeben, das außer der Ausführung der Leistung den Entwurf nebst eingehender Erläuterung und eine Darstellung der Bauausführung sowie eine eingehende und zweckmäßige Beschreibung der Leistung – gegebenenfalls mit Mengen- und Preisangaben für Teile der Leistung – umfasst. Das eröffnet die Möglichkeit des Abschluss von Einheitspreisverträgen oder Pauschalverträgen, was im Einzelnen vom Detaillierungsgrad des Auftragnehmerangebots, dem Stellenwert der funktionalen Ausschreibung als Ausgangspunkt des Angebots und dem Vertragswillen der Parteien abhängt. Den Verdingungsunterlagen kann in derselben Weise entnommen werden, ob der Auftraggeber ausnahmsweise einen Stundenlohn- oder einen Selbstkostenerstattungsvertrag verfolgt und der Bieter aufgefordert ist, sein Angebot auf diesen Vertragstyp einzurichten.

242   **cc) Angebotsverfahren – Begriffsverständnis.** § 4 Abs. 3 VOB/A betrifft das Angebotsverfahren. Entscheidet sich der Auftraggeber für das Auf- bzw. Abgebotsverfahren, gibt der Auftragnehmer ebenfalls ein Angebot ab. Dessen Voraussetzungen unterscheiden sich jedoch dadurch, dass der Auftraggeber nicht nur die Leistung, sondern auch den Preis vorgibt. Der Auftragnehmer hat im Rahmen der Angebotsabgabe die Möglichkeit, diesen Preis zu unterbieten oder zu überbieten. In beiden Fällen gibt der Auftragnehmer ein Angebot ab.

2. Grundlagen des Angebotsverfahrens

243   Die Grundlagen des Angebotsverfahrens bilden die in § 8 VOB/A angeführten **Vergabeunterlagen.** Mit Hilfe der Leistungsbeschreibung benennt der potentielle Auftraggeber als Nachfrager von Bauleistungen die Bauaufgabe. Diese vom Auftraggeber stammende Leistungsbeschreibung macht der **Bieter** unter Preisbenennung zu seinem **eigenen Angebot.** Das Angebotsverfahren nach § 4 Abs. 3 VOB/A unterscheidet sich in der Preisbenennung vom Auf- und Abgebotsverfahren nach § 4 Abs. 4 VOB/A. Die Besonderheiten des Abs. 4 führen dazu, dass das Auf- und Abgebotsverfahren bei einer Leistungsbeschreibung mit Leistungsprogramm ausscheidet. Ansonsten ist der Anwendungsbereich beider Verfahrensarten unbeschränkt und für sämtliche Bauvertragstypen gem. § 4 VOB/A eröffnet.

244   **a) Leistungsbeschreibung.** Neben der Aufforderung zur Angebotsabgabe ist Hauptbestandteil der Vergabeunterlagen die Leistungsbeschreibung. Nach Maßgabe dieser Leistungsbeschreibung bietet der Unternehmer die Bauleistung an. Die Übernahme der – regelmäßig – vom Auftraggeber stammenden Texte begründet den Wandel in der rechtsgeschäftlichen Bedeutung: Die **Aufforderung zur Angebotsabgabe** ist wegen des fehlenden Willens zur rechtlichen Bindung und der allein zum Ausdruck gebrachten Absicht, auf entsprechende Angebote erst den Auftrag zu erteilen, keine Willenserklärung, sondern ein bloße **Mitteilung.** Die Übernahme des Leistungsbeschreibungstextes und das Einsetzen der Preise (§ 4, § 13 VOB/A) begründen das rechtsgeschäftliche Angebot des Bieters (§ 13 VOB/A), auf welches nach positiver Wertung (§ 16d VOB/A) der Zuschlag (§ 18 VOB/A) erfolgt. Auf diese Weise wird die Leistungsbeschreibung (§§ 7 ff. VOB/A) als **Vertragsunterlage** (§ 8 Abs. 1 Nr. 2 VOB/A) zum Angebot, das § 4 Abs. 3 VOB/A ausdrücklich benennt.

245   **b) Leistungsbeschreibungen – Typen.** Die Honorarordnung für Architekten und Ingenieure **(HOAI)** weist in den einschlägigen Leistungsbildern unter Honorierungsgesichtspunkten[301] die Erstellung der Leistungsbeschreibung jeweils der Leistungsphase 6 zu und

---

[301] Wegen der fehlenden werkvertraglichen Bedeutung dieser Leistungsbilder vgl. BGH 24.10.1996 – VII ZR 283/95, NJW 1997, 586 = BauR 1997, 154.

verdeutlicht damit die Notwendigkeit, die Leistungsbeschreibung ausführungsorientiert **nach Erarbeitung der Ausführungsplanung** anzufertigen. **§ 7 VOB/A** liefert den Maßstab, was für den Planer im Rechtsverhältnis zum Auftraggeber als Orientierung einschlägig ist.[302] Neben den in § 7 Abs. 1 Nr. 1, 2 VOB/A enthaltenen allgemeinen Hinweisen ist vor allem bedeutsam der konkretisierende Hinweis auf den **Abschnitt 0** der Allgemeinen Technischen Vertragsbedingungen für Bauleistungen **DIN 18299 ff.** in § 7 Abs. 1 Nr. 7 VOB/A. Aus § 7 VOB/A können keine Rechtspflichten des ausschreibenden Auftraggebers im Verhältnis zu den Bietern für den Fall der Erstellung einer Leistungsbeschreibung abgeleitet werden.[303] Nur der Gesichtspunkt der **Selbstbindung**[304] wie auch des „vorangegangenen Tuns" sind hierfür geeignet. Denn übernimmt ein – später – Vertragspartner Aufgaben, die er nach dem Vertrag oder aus sonstigen Gründen nicht schuldet, verwirklicht sich im Fall vorwerfbarer Unrichtigkeit Verantwortlichkeit.[305] Wer im Angebotsverfahren den Bieter verbunden mit dem Verbot der Änderung der Vertragsunterlagen und der Sanktionsfolge des Ausschlusses aus der Wertung (§ 13 Abs. 1 Nr. 5, § 16 Abs. 1 Nr. 2 VOB/A) dazu anhält, den vom nachfragenden Auftraggeber erstellten Leistungsverzeichnistext zu übernehmen, trägt für den Vertragsinhalt Verantwortung, was die Maßstabsfrage konsequent zur Folge hat. Den **Maßstab** für eine ordnungsgemäße und in diesem Sinne unter Beachtung des gewählten Bauvertragstyps richtige Leistungsbeschreibung liefern §§ 7 ff. VOB/A.

3. Anforderung nach § 4 Abs. 3, 4 VOB/A im Einzelnen

Die Bestimmung kennt zwei verschiedene Angebotsverfahren: Das spezifische Angebots- 246 verfahren in Abs. 3 und das mit Auf- und Abgebotsverfahren bezeichnete Verfahren nach Abs. 4. Dieses ist deutlich nachrangig, was einmal aus der Benennungabfolge wie auch daraus abzuleiten ist, dass die Beschränkung auf eine Ausnahmesituation in Abs. 4 zur Anwendungsvoraussetzung gemacht wird.

a) Angebotsverfahren nach § 4 Abs. 3 VOB/A. Die Anforderungen folgen aus des- 247 sen Wortlaut. Danach ist für das Angebotsverfahren darauf abzustellen, dass der Bewerber die Preise, die er für die vom Auftraggeber beschriebene Leistungen fordert, in die Leistungsbeschreibung einzusetzen oder in anderer Weise im Angebot anzugeben hat.

aa) Anwendungsbereich. Die Vorschrift ist für **sämtliche** in § 4 VOB/A genannten 248 **Bauvertragstypen** einschlägig. Das Angebotsverfahren ist nicht auf einen bestimmten Bauvertrag beschränkt. § 4 Abs. 3 VOB/A nimmt keinen der möglichen Bauvertragstypen aus dem Anwendungsbereich aus. Auch Sinn und Zweck schränken das Angebotsverfahren nicht auf bestimmte Bauvertragstypen ein. Im Gegenteil sind je nach dem vom ausschreibenden Auftraggeber verfolgten Bauvertragstyp Einheitspreise, Pauschalpreis oder Pauschalpreise oder Stundenlohnsätze in die Leistungsbeschreibung einzusetzen.[306]

bb) Leistungsbeschreibung. Die Regelung geht in erster Linie vom Vorliegen einer 249 Leistungsbeschreibung aus, ist allerdings hinsichtlich der Art der Leistungsbeschreibung wie auch deren Urhebers offen.

(1) Leistungsbeschreibungstyp. Sämtliche Typen von Leistungsbeschreibungen, die 250 sich aus §§ 7 ff. VOB/A ergeben, kommen in Betracht. In erster Linie wird es sich um eine Leistungsbeschreibung **mit Leistungsverzeichnis** handeln (§ 7b VOB/A);[307] die Leis-

---

[302] BGH 24.1.1966 – VII ZR 8/64, VersR 1966, 488; *Quack* BauR 1998, 381; vgl. auch *Franckenstein* BauR 1997, 551/553.
[303] So auch verneinend *Quack* BauR 1998, 381; bejahend dagegen *Franckenstein* BauR 1997, 551/553; *Vygen* FS Soergel S. 277; *Werner* in Werner/Pastor, Der Bauprozess, 15. Aufl. 2015, Rn. 1418; *Englert* in Jahrbuch Baurecht 1998, 385.
[304] BGH 9.1.1997 – VII ZR 259/95, NJW 1997, 1577 = BauR 1997, 466 = ZfBR 1997, 188; *Quack* BauR 1998, 381/384.
[305] Vgl. BGH 11.1.1996 – VII ZR 85/95, NJW 1996, 1278 = BauR 1996, 418 = ZfBR 1996, 155.
[306] *Schranner* in Ingenstau/Korbion, VOB/A § 4 Rn. 46.
[307] So auch *Schranner* in Ingenstau/Korbion, VOB/A § 4 Rn. 46.

tungsbeschreibung mit **Leistungsprogramm** (§ 7c VOB/A) ist nicht ausgeschlossen. Sie führt nach den Geboten des § 7c Abs. 3 VOB/A zu einem Leistungsverzeichnis des Unternehmers oder erschöpft sich in einer Darstellung der Bauausführung sowie einer eingehenden und zweckmäßig gegliederten Beschreibung der Leistung. **§ 7c Abs. 3 VOB/A** fordert vom Bieter zwar eine Beschreibung der Leistung, diese muss jedoch nur gegebenenfalls Mengen- und Preisangaben für die Teilleistungen enthalten.

251   **(2) Preisangaben für die Leistungen.** Der Bieter hat entsprechend dem verfolgten Bauvertragstyp Preise für seine Leistungen einzusetzen. Das sind **Einheitspreise** beim Einheitspreisvertrag, ein **Pauschalpreis** im Fall eines Pauschalvertrages bzw. Pauschalsummen bei Teilpauschalierungen, **Stundenlohnverrechnungssätze** bei einem selbständigen Stundenlohnvertrag oder angehängten Stundenlöhnen. In allen Fällen ist wegen der sich aus § 2 Nr. 1 VOB/B ergebenden Wirkungen der Zusammenhang zwischen Preis und dafür stehender beschriebener Leistung bedeutsam.

252   **b) Das Auf- und Abgebotsverfahren (§ 4 Abs. 4 VOB/A).** Diese Verfahrensart ist ein besonderes Angebotsverfahren, das sich durch besondere Anforderungen an die Vorgaben des Auftraggebers wie auch durch den beschränkten Anwendungsbereich auszeichnet.

253   **aa) Anwendungsbereich.** Diese **besondere Angebotsart** kommt nur ausnahmweise in Frage. § 4 Abs. 4 VOB/A schränkt den Anwendungsbereich auf regelmäßig wiederkehrende Unterhaltungsarbeiten ein und verwendet hierfür das modale Hilfsverb „soll". Nach der durch DIN 820 Teil 23 Tabelle 1 vorgegebenen Bedeutung dieses Hilfsverbs als Regel, von der nur in begründeten Fällen abgewichen werden soll, beschränkt sich das Auf- und Abgebotsverfahren auf regelmäßig wiederkehrende **Unterhaltungsarbeiten.** Eine Ausschreibung, die dem Bieter die Beachtung der Grundsätze des Auf- und Abgebotsverfahren auferlegt, verstößt gegen die VOB/A, wenn der vorgesehene Anwendungsbereich verlassen wird.

254   **bb) Unterhaltungsarbeiten.** Was genau unter Unterhaltungsarbeiten zu verstehen ist, legt die Regelung nicht fest. Das DIN-Normenwerk kennt diesen Begriff auch an anderer Stelle nicht. Die **DIN 31051** (Ausgabe 2003-06) hat die Instandhaltung, Begriffe und Maßnahmen, zum Gegenstand. Diese Norm weist dem Oberbegriff Instandhaltung als Maßnahmen die Wartung, die Inspektion und die Instandsetzung zu, wobei jede dieser Tätigkeiten wiederum exakt beschrieben wird. Der Begriff **Unterhaltung** kommt weder für sich noch in einer Wortverbindung vor. Die **HOAI** (§ 2 Nr. 8, 9) verwendet in Übereinstimmung mit der DIN 31051 die Begriffe Instandhaltung und Instandsetzung und verbindet mit der Instandhaltung Maßnahmen zur Erhaltung des Soll-Zustandes eines Objekts; unter Instandsetzung werden Maßnahmen zur Wiederherstellung des zum bestimmungsmäßigen Gebrauchs geeigneten Zustandes eines Objekts (Soll-Zustand) verstanden. Die DIN 31051 weist der Instandsetzung Maßnahmen zur Wiederherstellung des Soll-Zustandes zu.

255   Unterhaltungsarbeiten werden sowohl Instandsetzungs- als auch Instandhaltungsarbeiten umfassen, was vor allem deshalb nahe liegt, weil § 4 Abs. 4 VOB/A von deren **regelmäßiger Wiederkehr** ausgeht. Solche Arbeiten wurden nach der Begründung zur zwischenzeitlich (Verordnung vom 16.6.1999, BGBl. I, 1419) aufgehobenen **Verordnung PR Nr. 1/72**[308] zu § 11 in erster Linie im **Stundenlohn** ausgeführt. Die nachfolgenden aus dem **VHB** abgeleiteten Grundsätze für die Ausschreibung und Vergabe von Unterhaltungsarbeiten gehen jedoch davon aus, dass diese Tätigkeiten im **Zeitvertrag** auf der Grundlage von Einheitspreisen beauftragt werden. Denn nach den Richtlinien zu 611.1 und 611.2 des VHB, Stand April 2016, Nrn. 4, 5 ist Bestandteil des Rahmenvertrages ein Leistungsverzeichnis, das in der Regel aus standardisierten Texten, z.B. STLB-Bau, STLB-BauZ besteht. Nach den Richtlinien zu 617, Einzelauftrag, sind hinsichtlich des erforderlichen Einzelauftrags die Texte und Einheitspreise aus dem Leistungsverzeichnis des Rahmenvertrages zu übernehmen.

---

[308] Wiedergegeben in BGBl. I 1972, S. 293.

cc) Unterhaltungsarbeiten nach Maßgabe von Zeitverträgen. Das **VHB, Stand** 256
April 2016 kennt im Teil 6, unter Abschnitt 610 ff., Rahmenverträge für Zeitvertragsarbeiten. Zeitarbeitsverträge können nach den Regeln des Angebotsverfahrens gemäß § 4 Abs. 3
VOB/A wie auch des Auf- und Abgebotsverfahrens nach der § 4 Abs. 4 VOB/A geschlossen werden. Dem entsprechend sind die Angebote gestaltet und entsprechende Muster
vorhanden. Hierbei handelt es sich um die Muster 611.1 für das Angebotsverfahren
und 611.2 für das Auf- und Abgebotsverfahren. Der Aufforderung zur Angebotsabgabe
liegt ein Rahmen-Leistungsverzeichnis bei, in dem die Zeitvertragsarbeiten näher beschrieben werden.

(1) **Zeitvertrag als Rahmenvertrag.** Der Zeitvertrag ist ein für eine **bestimmte** 257
Zeitdauer abgeschlossener Rahmenvertrag, der den Auftragnehmer verpflichtet, mit Einzelauftrag abgerufene Leistungen zu den im Rahmenvertrag festgelegten Bedingungen auszuführen (Richtlinien zu 611.1 und 611.2 Nr. 1, 2). Danach wird der Auftragnehmer aufgrund des Rahmenvertrages verpflichtet, mit Einzelaufträgen abgerufene Leistungen zu
den im Rahmenvertrag festgelegten Bedingungen auszuführen. Der Rahmenvertrag ist
in der VOB 2016 für den Oberschwellenbereich in § 4a EU VOB/A ausführlich geregelt
(die Regelung entspricht § 21 VgV und Art. 33 Richtlinie 2014/24/EU). Auch im Unterschwellenbereich ist der Rahmenvertrag in § 4a VOB/A geregelt (die Regelung ist schlanker und lehnt sich an § 4 VOL/A an).[309] Auf der Grundlage des Rahmenvertrages hat der
Auftragnehmer ein eingeschränktes Recht auf die Vergabe der notwendig werdenden und
im Einzelauftrag zu den Konditionen des Rahmenvertrages zu beschreibenden Leistungen.
Denn die VHB-Richtlinien, Stand April 2016, zu 617, die sich mit dem Einzelauftrag
befassen, bestimmen in Nr. 1, dass die im Rahmenvertrag enthaltenen Leistungen grundsätzlich keinem anderen Unternehmer in Auftrag gegeben werden dürfen, als dem, mit
dem der Rahmenvertrag geschlossen worden ist.

(2) **Vorrang des Angebotsverfahrens – Obergrenzen.** Nach dem VHB. April 2016, 258
Richtlinie zu 611.1 und 611.2, Nr. 1, ist das Angebotsverfahren nach § 4 Abs. 3 VOB/A
das Regelverfahren.

Der öffentliche Auftraggeber teilt dem Bieter nach dem Muster 611.1 und 611.2 den
Jahreswert des Auftragsvolumens mit und prognostiziert für die Einzelaufträge deren Auftragswert innerhalb der durch die Obergrenzen gezogenen Schranken.

Kommt es zu solchen **Grenzüberschreitungen,** sind der Rahmenvertrag und die damit 259
verbundene Pflichtenlage nicht mehr bindend. Diese Leistungen sind nach allgemeinen
Grundsätzen außerhalb der Bindungen durch den Rahmenvertrag auszuschreiben.

dd) Voraussetzungen für das Auf- und Abgebotsverfahren nach § 4 Abs. 4 260
VOB/A. Das in § 4 Abs. 4 VOB/A beschriebene „Angebotsverfahren" setzt voraus, dass
der Auftraggeber in der Leistungsbeschreibung Preise eingesetzt hat. Das schränkt den
Anwendungsbereich dieses Verfahrens ein. Negativ formuliert sind **Leistungsbeschreibungen mit Leistungsprogramm,** bei denen zu Lasten des Bieters der Entwurf dem
Wettbewerb unterstellt und dem Bieter nach § 7c Abs. 3 VOB/A angesonnen wird, eine
Leistungsbeschreibung gegebenenfalls mit Mengen- und Preisangaben zu erarbeiten, ausgeschlossen. In einem solchen Fall fehlen nämlich Preisangaben des Ausschreibenden.

Die vom Ausschreibenden angegebenen Preise sind vom Bieter entweder zu unterbie- 261
ten, zu übernehmen oder zu überbieten. Danach richtet sich dann in Verbindung mit den
übrigen Wertungskriterien nach § 16d VOB/A die Vergabeentscheidung.

Die Gefahren dieser Angebotsart liegen darin, dass der Bieter die Preise häufig unref- 262
lektiert übernimmt, ohne ausreichend die eigenen Selbstkosten zu berücksichtigen. Umgekehrt kann bei hoher Auslastung der Firmen der Auftraggeber genötigt sein, die Einheitspreise relativ hoch anzusetzen, was den ausgelasteten Bieter kaum zu maßgeblichen
Unterschreitungen anregen wird. Deshalb liegt ein echter Preiswettbewerb nicht vor.[310]

---

[309] Siehe im Einzelnen die Kommentierung zu → § 4a.
[310] *Bauer* in Heiermann/Riedl/Rusam, VOB/A § 4 Rn. 37.

J. Verstoßfolgen

263   Die Bestimmung der Rechtsfolgen aus Verstößen gegen § 4 orientiert sich an der
Qualifizierung der Vorschrift. Über § 2 VgV bzw. § 2 VSVgV wird die Regelung bei
Vergaben, die den Schwellenwert erreichen oder übersteigen, zur Rechtsnorm. Bei Qualifikation als bloßer **Ordnungsvorschrift**[311] bleibt Gerichtsschutz nach §§ 97 ff. GWB
verwehrt. Als Rechtsnorm im Rahmen der Abschnitte 2 und 3[312] hängt der Rechtsschutz
wesentlich davon ab, ob die in den einzelnen Abschnitten enthaltenen Regelungen **Auf-
tragnehmerrechte** schaffen. Denn die Vergabekammer entscheidet nach § 168 Abs. 1
GWB darüber, ob der Antragsteller in seinen Rechten verletzt ist und trifft die geeigneten
Maßnahmen, um eine Rechtsverletzung zu beseitigen. Nur unter dieser Prämisse ist gerichtlicher Rechtsschutz durch die sofortige Beschwerde ermöglicht. Das GWB setzt für
Rechtsschutzmöglichkeiten voraus, dass ein Unternehmer die Verletzung in seinen Rechten nach § 97 Abs. 6 durch Nichtbeachtung von Vergabevorschriften geltend machen
kann. Das bedeutet, dass die Vergabevorschriften subjektiven Bieterschutz einräumen. Eine
Vergabevorschrift weist einen solchen Schutzcharakter dann auf, wenn sie zumindest auch
den Zweck hat, den Unternehmer zu begünstigen und es ihm ermöglichen soll, sich auf
diese Begünstigung zu berufen.

1. Vorrang des Einheitspreisvertrages gegenüber Globalpauschalvertrag

264   Daraus folgt, dass Unternehmerrechte verletzt werden, wenn der Auftraggeber ohne die
Voraussetzungen des § 4 Abs. 1 Nr. 2 VOB/A eine Ausschreibung nach den Grundsätzen
der Leistungsbeschreibung mit Leistungsprogramm vornimmt. Denn dem Unternehmer
wird damit die Erarbeitung eines Entwurfs und aufbauend darauf die Darstellung der Ausführung und die Beschreibung der Leistung angesonnen. Wenn § 4 Abs. 1 Nr. 1 VOB/A
in der Regel die Vergabe zu Einheitspreisen vorsieht, beinhaltet das, dass die VOB/A von
einer umfänglichen Mitwirkungsaufgabe des Auftraggebers ausgeht, die grundsätzlich Planungsaufgaben samt Werkplanung und die Erstellung eines in Teilleistungen gegliedertes
Leistungsverzeichnis einschließt. Davon zeichnet sich ein Auftraggeber, der bei einem Globalpauschalvertrag auf die Beschreibung der Bauaufgabe und die Funktionen des Bauwerks
beschränkt wird, frei. Die damit verbundene Belastung des Unternehmers will § 4 Abs. 1
Nr. 1 VOB/A ausschließen. Die Regelung hat damit bieterschützenden Charakter. Liegen
die Voraussetzungen des § 4 Abs. 1 Nr. 2 VOB/A nicht vor, eröffnet sich zugunsten eines
Unternehmers eine Rechtsschutzmöglichkeit.[313]

2. Verhältnis Einheitspreisvertrag – Detailpauschalvertrag

265   Da einem Detailpauschalvertrag ein von dem Auftraggeber erarbeitetes Leistungsverzeichnis mit Mengenangaben zugrunde liegt, kann aus § 4 Abs. 1 Nr. 2 VOB/A eine einen
Unternehmer begünstigende Zweckrichtung nicht entnommen werden. Strebt ein Auftraggeber auf dieser Grundlage einen Detailpauschalvertrag an, werden subjektive Rechte
des Auftragnehmers nicht berührt. Das damit verbundene Mengenrisiko kann von jedem
Bieter abgeschätzt werden, so dass auch die allgemeinen Vergabekriterien der Gleichbehandlung, Nichtdiskriminierung und des Wettbewerbs nicht berührt werden.

3. Angebotsverfahren – Auf- und Abgebotsverfahren

266   Das Verhältnis zwischen Abs. 3 und Abs. 4 mit deutlicher Subsidiarität des Abs. 4 führt
dazu, dass ein Bieter grundsätzlich einen Anspruch auf Durchführung eines Angebotsver-

---

[311] Vgl. oben → Rn. 20 f.
[312] Vgl. oben → Rn. 22 ff.
[313] VK Bund 26.2.2007 – VK 2 – 9/07, IBRRS 2007, 2891, IBRRS 2007, 2891; 2. VK Düsseldorf 29.7.
2011 – VK-19/2011, NZBau 2011, 637 mit zustimmender Anmerkung *Hilgers* NZBau 2011, 664 (665).

fahrens hat. Das Auf- und Abgebotsverfahren ist nur unter höchst eingeschränkten Voraussetzungen zulässig. Ob der einzelne Bieter nach § 97 Abs. 6 GWB ein subjektives Recht auf Einhaltung der sich aus § 4 Abs. 3, 4 VOB/A ergebenden Regeln hat, hängt davon ab, ob die Vorschrift nach der Schutzzwecklehre[314] auch den Schutz des Bieters verfolgt. Soll damit allein dem Gebot einer wirtschaftlichen Verwendung der Haushaltsmittel Rechnung getragen werden, scheidet ein Schutz nach § 97 Abs. 6 GWB aus. Unterhalb der Schwellenwerte erweist sich die Regelung als bloße Verwaltungsanweisung.[315]

Welche Position ein Bieter hinsichtlich der Einhaltung des § 4 Abs. 3 VOB/A hat, kann **267** nur im Vergleich mit Abs. 4 bestimmt werden. Liegen nämlich die Voraussetzungen für ein Auf- und Abgebotsverfahren nicht vor, kommt allein das Angebotsverfahren in Betracht. Verfolgt die Regelung nicht ausschließlich Haushaltsinteressen, muss davon ausgegangen werden, dass einem Bieter subjektive Rechte nach § 97 Abs. 6 GWB zuzubilligen sind. Wenn das Auf- und Abgebotsverfahren den marktwirtschaftlichen Preiswettbewerb einschränkt und für den Bieter die Gefahr bietet, sich ohne genaue eigene Kalkulation von den vorgegebenen Preisen leiten zu lassen,[316] muss davon ausgegangen werden, dass es der Regelung auch um den Schutz der Bieter geht. Deshalb besteht eine Rechtsschutzmöglichkeit eines Wettbewerbsteilnehmers, der der Auffassung ist, dass die Voraussetzungen des § 4 Abs. 4 VOB/A für ein Auf- und Abgebotsverfahren nicht vorliegen.

K. Parallelbestimmungen im sonstigen Vergaberecht

Das sonstige nationale Vergaberecht zeigt ein uneinheitliches Bild: Der **VgV** und der **268** **UVgO** ist eine gleichlautende oder ähnliche Bestimmung unbekannt; auch die **VOL/A** kannte eine solche nicht. Für Bauaufträge der Sektorenauftraggeber sieht die **SektVO** ebenfalls keine entsprechende Regelung vor. Auch die mit der **Vergaberechtsreform 2016** neu geschaffene **KonzVgV** kennt eine Bestimmung zu Vertragsarten nicht; in der Folge sind Baukonzessionen im **Oberschwellenbereich** nicht an die Vertragsarten des § 4 EU VOB/A gebunden (§ 22 EG VOB/A wurde im Zuge der Vergaberechtsreform gestrichen und durch die KonzVgV ersetzt), im **Unterschwellenbereich** gilt hingegen über § 23 VOB/A weiterhin eine zumindest sinngemäße Bindung. Bei der Vergabe von Bauaufträgen **im Verteidigungs- und Sicherheitsbereich** schließlich findet § 4 VOB/A-VS (über § 2 VSVgV) Anwendung.

Die in § 4 VOB/A vorgenommene Unterscheidung verschiedener Vertragsarten findet **269** sich jedoch in den von der Fédération Internationale des Ingénieurs Conseils (**FIDIC**) herausgegebenen standardisierten Vertragsmustern wieder. Das FIDIC Red Book ist gedacht für vom Auftraggeber geplante und nach Einheitspreisen abgerechnete Vorhaben. Das FIDIC Yellow Book dient als Muster für Bauleistungen, die im Rahmen einer funktionalen Baubeschreibung zum Pauschalpreis errichtet werden soll. Weitere Vertragsmuster decken andere Konstellationen ab.[317] Auch der in Großbritannien von der Institution of Civil Engineers herausgegebene „New Engineer Contract" (**NEC**) kennt in seinen einzelnen Modulen die Unterscheidung in Pauschal- (Option A) und Einheitspreis (Option B), darüberhinaus werden auch Muster für einen Zielpreisvertrag und einen Selbstkostenerstattungsvertrag angeboten.[318]

---

[314] → *Dörr* GWB § 97 Abs. 6 Rn. 12 ff.

[315] BVerfG 13.6.2006 – 1 BvR 1160/03, NJW 2006, 3701 = NZBau 2006, 791 = BauR 2007, 98, 100; BGH 30.3.2006 – VII ZR 44/05, NJW 2006, 2555 = NZBau 2006, 504 = BauR 2006, 1128 = ZfBR 2006, 465.

[316] So *Bauer* in Heiermann/Riedl/Rusam, VOB/A § 4 Rn. 37.

[317] Zu den FIDIC-Verträgen *Hök*, NZBau 2017, 107; *ders.* NZBau 2014, 627.

[318] *Hök*, IBR 2006, 1651 Tz. 22 (nur online).

§ 4a [Rahmenvereinbarungen]

(1) Der Abschluss einer Rahmenvereinbarung erfolgt im Wege einer nach dieser Vergabeordnung anwendbaren Verfahrensart. Das in Aussicht genommene Auftragsvolumen ist so genau wie möglich zu ermitteln und bekannt zu geben, braucht aber nicht abschließend festgelegt zu werden. Eine Rahmenvereinbarung darf nicht missbräuchlich oder in einer Art angewendet werden, die den Wettbewerb behindert, einschränkt oder verfälscht.

(2) Auf einer Rahmenvereinbarung beruhende Einzelaufträge werden nach den Kriterien dieses Absatzes und der Absätze 3 bis 5 vergeben. Die Einzelauftragsvergabe erfolgt ausschließlich zwischen den in der Auftragsbekanntmachung oder der Aufforderung zur Interessensbestätigung genannten öffentlichen Auftraggebern und denjenigen Unternehmen, die zum Zeitpunkt des Abschlusses des Einzelauftrags Vertragspartei der Rahmenvereinbarung sind. Dabei dürfen keine wesentlichen Änderungen an den Bedingungen der Rahmenvereinbarung vorgenommen werden.

(3) Wird eine Rahmenvereinbarung mit nur einem Unternehmen geschlossen, so werden die auf dieser Rahmenvereinbarung beruhenden Einzelaufträge entsprechend den Bedingungen der Rahmenvereinbarung vergeben. Für die Vergabe der Einzelaufträge kann der öffentliche Auftraggeber das an der Rahmenvereinbarung beteiligte Unternehmen in Textform auffordern, sein Angebot erforderlichenfalls zu vervollständigen.

(4) Wird eine Rahmenvereinbarung mit mehr als einem Unternehmen geschlossen, werden die Einzelaufträge wie folgt vergeben:

1. gemäß den Bedingungen der Rahmenvereinbarung ohne erneutes Vergabeverfahren, wenn in der Rahmenvereinbarung alle Bedingungen für die Erbringung der Bauleistung sowie die objektiven Bedingungen für die Auswahl der Unternehmen festgelegt sind, die sie als Partei der Rahmenvereinbarung ausführen werden; die letztgenannten Bedingungen sind in der Auftragsbekanntmachung oder den Vergabeunterlagen für die Rahmenvereinbarung zu nennen;

2. wenn in der Rahmenvereinbarung alle Bedingungen für die Erbringung der Bauleistung festgelegt sind, teilweise ohne erneutes Vergabeverfahren gemäß Nummer 1 und teilweise mit erneutem Vergabeverfahren zwischen den Unternehmen, die Partei der Rahmenvereinbarung sind, gemäß Nummer 3, wenn diese Möglichkeit in der Auftragsbekanntmachung oder den Vergabeunterlagen für die Rahmenvereinbarung durch den öffentlichen Auftraggeber festgelegt ist; die Entscheidung, ob bestimmte Bauleistungen nach erneutem Vergabeverfahren oder direkt entsprechend den Bedingungen der Rahmenvereinbarung beschafft werden sollen, wird nach objektiven Kriterien getroffen, die in der Auftragsbekanntmachung oder den Vergabeunterlagen für die Rahmenvereinbarung festgelegt sind; in der Auftragsbekanntmachung oder den Vergabeunterlagen ist außerdem festzulegen, welche Bedingungen einem erneuten Vergabeverfahren unterliegen können; diese Möglichkeiten gelten auch für jedes Los einer Rahmenvereinbarung, für das alle Bedingungen für die Erbringung der Bauleistung in der Rahmenvereinbarung festgelegt sind, ungeachtet dessen, ob alle Bedingungen für die Erbringung einer Bauleistung für andere Lose festgelegt wurden; oder

3. sofern nicht alle Bedingungen zur Erbringung der Bauleistung in der Rahmenvereinbarung festgelegt sind, mittels eines erneuten Vergabeverfahrens zwischen den Unternehmen, die Parteien der Rahmenvereinbarung sind.

(5) Die in Absatz 4 Nummer 2 und 3 genannten Vergabeverfahren beruhen auf denselben Bedingungen wie der Abschluss der Rahmenvereinbarung und erforderlichenfalls auf genauer formulierten Bedingungen sowie gegebenenfalls auf weiteren Bedingungen, die in der Auftragsbekanntmachung oder den Vergabeunterlagen für die Rahmenvereinbarung in Übereinstimmung mit dem folgenden Verfahren genannt werden:

1. vor Vergabe jedes Einzelauftrags konsultiert der öffentliche Auftraggeber in Textform die Unternehmen, die in der Lage sind, den Auftrag auszuführen;

2. der öffentliche Auftraggeber setzt eine ausreichende Frist für die Abgabe der Angebote für jeden Einzelauftrag fest; dabei berücksichtigt er unter anderem die Komplexität des Auftragsgegenstands und die für die Übermittlung der Angebote erforderliche Zeit;
3. die Angebote sind in Textform einzureichen und dürfen bis zum Ablauf der Einreichungsfrist nicht geöffnet werden;
4. der öffentliche Auftraggeber vergibt die Einzelaufträge an den Bieter, der auf der Grundlage der in der Auftragsbekanntmachung oder den Vergabeunterlagen für die Rahmenvereinbarung genannten Zuschlagskriterien das jeweils wirtschaftlichste Angebot vorgelegt hat.

(6) Die Laufzeit einer Rahmenvereinbarung darf höchstens vier Jahre betragen, es sei denn, es liegt ein im Gegenstand der Rahmenvereinbarung begründeter Sonderfall vor.

Übersicht

	Rn.		Rn.
A. Einführung	1	III. Rechtliche Vorgaben im EU-Recht	3
I. Literatur	1	B. Rahmenvereinbarungen über Bauleis-	
II. Entstehungsgeschichte	2	tungen	5

A. Einführung

I. Literatur

Ollmann, Das neue Vergaberecht – Eine kritische Darstellung der Arbeitsentwürfe, VergabeR 2004, 669; **1**
Knauff, Neues europäisches Vergabeverfahrensrecht: Rahmenvereinbarungen, VergabeR 2006, 24.

II. Entstehungsgeschichte

§ 4a VOB/A-EU erlaubt erstmalig ausdrücklich Rahmenvereinbarungen für Bauleistun- **2** gen nach der VOB/A-EU. Nachdem sich der Gesetzgeber mit § 103 Abs. 5 GWB entschieden hat, unmittelbar im GWB Rahmenvereinbarungen zu definieren,[1] wertet dies Rahmenvereinbarungen insgesamt auf. Vor der Novellierung des Vergaberechts in 2016 sahen weder die VOB/A noch das GWB ausdrückliche Regelungen zu Rahmenvereinbarungen vor, sondern überließen dies der VOL/A bzw. EG VOL/A, der VSVgV sowie der SektVO. Die früher geltende EG VOB/A enthielt keine eigene Regelung zu Rahmenvereinbarungen.[2] Die jetzt durch den Gesetzgeber erfolgte Klarstellung sorgt für mehr Rechtssicherheit in der Vergabepraxis, da § 103 Abs. 5 GWB allgemein Rahmenvereinbarungen erlaubt und § 4a VOB/A-EU dies auf Bauleistungen nach der VOB/A-EU ausdehnt.

III. Rechtliche Vorgaben im EU-Recht

§ 4a VOB/A-EU setzt Art. 33 der Richtlinie 2014/24/EU im Wesentlichen sinngemäß **3** – mit einigen sprachlichen Anpassungen – um. Die Definition einer Rahmenvereinbarung

---

[1] Aus systematischen Gründen im Zusammenhang mit dem Begriff des öffentlichen Auftrags, vgl. Begründung GWB, BT-Drs. 18/6281, 74.
[2] Daraus war aber nicht zu folgern, dass vormals Rahmenvereinbarungen außerhalb des Sektorenbereichs für andere Leistungen als nach der EG VOL/A unzulässig waren, siehe zB VK Arnsberg 21.2.2006 – VK 29/05, NZBau 2006, 332; VK Bund 29.7.2009 – VK 2-87/09 mwN; *Knauff* VergabeR 2006, 24 (26); *Ollmann* VergabeR 2004, 669 (680); aA VK Sachsen 25.1.2008 – 1/SVK/088-07, BeckRS 2008, 11096.

in Art. 33 Abs. 1 Unterabs. 2 der Richtlinie 2014/24/EU übernahm der deutsche Gesetzgeber in § 103 Abs. 5 GWB.[3] Die Laufzeitbeschränkung einer Rahmenvereinbarung, die in Art. 33 Abs. 1 Unterabs. 3 der Richtlinie 2014/24/EU dargestellt ist, wird in § 4a VOB/A-EU erst im letzten Absatz genannt (vgl. § 4a Abs. 6 VOB/A-EU). Die Abs. 2 bis 5 des § 4a VOB/A-EU folgen im Kern Art. 33 Abs. 2 bis 5 der Richtlinie 2014/24/EU.

4   Erwägungsgrund 60 der Richtlinie 2014/24/EU stellt klar, dass das **Instrument der Rahmenvereinbarung breite Anwendung findet** und europaweit als eine effiziente Beschaffungsmethode angesehen wird. Gleichzeitig sieht dieser Erwägungsgrund aber als wesentlich an, dass Rahmenvereinbarungen nicht durch öffentliche Auftraggeber in Anspruch genommen werden sollten, die in diesen nicht genannt sind. Der Richtliniengeber macht in den Erwägungsgründen sehr deutlich, dass er den öffentlichen Auftraggebern ein **hohes Maß an Flexibilität bei der Konzeption von Rahmenvereinbarungen** an die Hand geben möchte, gleichzeitig aber insbesondere das Transparenzgebot stets gewahrt sein muss.[4] Bereits 2005 hatte die EU-Kommission mit „Erläuterungen der Europäischen Kommission zu Rahmenvereinbarungen der klassischen Richtlinie" genauer dargestellt, welche Arten von Rahmenvereinbarungen möglich sind und was öffentliche Auftraggeber bei der Vergabe von Rahmenvereinbarungen sowie der anschließenden Einzelaufträge beachten müssen.[5]

B. Rahmenvereinbarungen über Bauleistungen

5   In der Praxis besteht insbesondere bei **regelmäßig wiederkehrenden Bauleistungen** (zB Tiefbau- und Rohrverlegungsarbeiten für die Kanalisation, Pflasterarbeiten) das Bedürfnis, anstelle von Einzelaufträgen für konkret zu erbringende Leistungen Vereinbarungen über die Bedingungen zukünftiger Aufträge, die im Laufe eines bestimmten Zeitraumes vergeben werden sollen, zu treffen. Diesem Bedürfnis kommt der Abschluss von Rahmenvereinbarungen entgegen, der es dem Auftraggeber ermöglicht, in einer generellen Vereinbarung mit einem oder mehreren Unternehmen die Bedingungen für später abrufbare Einzelaufträge festzulegen. Aufgrund der – bis auf einige wenige redaktionelle Änderungen – **identischen Regelung in § 21 VgV** wird vollumfänglich auf die dortige Kommentierung verwiesen.

---

[3] Siehe dazu *Biemann* in BeckGWB § 103 Abs. 5 und 6 Rn. 3 ff.
[4] Vgl. Erwägungsgründe 60, 61 der Richtlinie 2014/24/EU und Erwägungsgrund 71 der Richtlinie 2014/25/EU.
[5] Siehe dazu die Erläuterungen der Europäischen Kommission zu Rahmenvereinbarungen der klassischen Richtlinie, Dok. CC/2005/03 vom 14.7.2005, nochmals nur in englischer Sprache veröffentlicht als „Explanatory Note – Framework Agreements – Classic Directive" unter Ref. Ares(2016)810203 vom 16.2.2016.

§ 4b EU Besondere Instrumente und Methoden

(1) Der öffentliche Auftraggeber kann unter den Voraussetzungen der §§ 22 bis 24 VgV für die Beschaffung marktüblicher Leistungen ein dynamisches Beschaffungssystem nutzen.

(2) Der öffentliche Auftraggeber kann im Rahmen eines offenen, eines nicht offenen oder eines Verhandlungsverfahrens vor der Zuschlagserteilung eine elektronische Auktion durchführen, sofern die Voraussetzungen der §§ 25 und 26 VgV vorliegen.

(3) Ist der Rückgriff auf elektronische Kommunikationsmittel vorgeschrieben, kann der öffentliche Auftraggeber festlegen, dass die Angebote in Form eines elektronischen Katalogs einzureichen sind oder einen elektronischen Katalog beinhalten müssen. Das Verfahren richtet sich nach § 27 VgV.

§ 4b VOB/A-EU enthält (1) für die dem öffentlichen Auftraggeber in Absatz 1 gestattete Nutzung eines **dynamischen Beschaffungssystems,** (2) für die ihm in Absatz 2 eröffnete Option zur Durchführung von **elektronischen Auktionen** sowie (3) für die ihm in Absatz 3 eingeräumte Möglichkeit, für den Fall des vorgeschriebenen Rückgriffs auf elektronische Kommunikationsmittel festzulegen, dass die Angebote in Form eines **elektronischen Katalogs** einzureichen sind oder einen elektronischen Katalog beinhalten müssen, Verweisungen auf die entsprechenden Vorgaben der VgV. Insoweit kann hier auf die Leitkommentierungen zu → VgV § 22, → VgV § 23 und → VgV § 24 (dynamische Beschaffungssysteme), zu → VgV § 25 und → VgV § 26 (elektronische Auktionen), zu → VgV § 27 (elektronische Kataloge) sowie zu → GWB § 120 Rn. 11 ff., Rn. 16 ff. und Rn. 19 f. verwiesen werden.

§ 5 Einheitliche Vergabe, Vergabe nach Losen

(1) Bauaufträge sollen so vergeben werden, dass eine einheitliche Ausführung und zweifelsfreie umfassende Haftung für Mängelansprüche erreicht wird; sie sollen daher in der Regel mit den zur Leistung gehörigen Lieferungen vergeben werden.

(2)

1. Mittelständische Interessen sind bei der Vergabe öffentlicher Aufträge vornehmlich zu berücksichtigen. Leistungen sind in der Menge aufgeteilt (Teillose) und getrennt nach der Art oder Fachgebiet (Fachlose) zu vergeben. Mehrere Teil- oder Fachlose dürfen zusammen vergeben werden, wenn wirtschaftliche oder technische Gründe dies erfordern. Wir ein Unternehmen, das nicht öffentlicher Auftraggeber ist, mit der Wahrnehmung oder Durchführung einer öffentlichen Aufgabe betraut, verpflichtet der öffentliche Auftraggeber das Unternehmen, sofern es Unteraufträge an Dritte vergibt, nach den Sätzen 1 bis 3 zu verfahren.
2. Weicht der öffentliche Auftraggeber vom Gebot der Losaufteilung ab, begründet er dies im Vergabevermerk.
3. Der öffentliche Auftraggeber gibt in der Auftragsbekanntmachung oder in der Aufforderung zur Interessensbestätigung an, ob Angebote nur für ein Los oder für mehrere oder alle Lose eingereicht werden können.

Der öffentliche Auftraggeber kann die Zahl der Lose beschränken, für die ein einzelner Bieter den Zuschlag erhalten kann. Dies gilt auch dann, wenn ein Bieter Angebote für mehrere oder alle Lose einreichen darf. Diese Begrenzung ist nur zulässig, sofern der öffentliche Auftraggeber die Höchstzahl der Lose pro Bieter in der Auftragsbekanntmachung oder in der Aufforderung zur Interessensbestätigung angegeben hat. Für den Fall, dass ein einzelner Bieter nach Anwendung der Zuschlagskriterien eine größere Zahl an Losen als die zuvor festgelegte Höchstzahl erhalten würde, legt der öffentliche Auftraggeber in den Vergabeunterlagen objektive und nichtdiskriminierende Regeln für die Erteilung des Zuschlags fest.

In Fällen, in denen ein einziger Bieter den Zuschlag für mehr als ein Los erhalten kann, kann der öffentliche Auftraggeber Aufträge über mehrere oder alle Lose vergeben, wenn er in der Auftragsbekanntmachung oder in der Aufforderung zur Interessensbestätigung angegeben hat, dass er sich diese Möglichkeit vorbehält und die Lose oder Losgruppen angibt, die kombiniert werden können.

Übersicht

	Rn.		Rn.
A. Einführung	1	II. Losaufteilung (Abs. 2 Nr. 1)	11
I. Literatur	2	III. Begründungspflicht (Abs. 2 Nr. 2)	12
II. Entstehungsgeschichte	3	IV. Modalitäten (Abs. 2 Nr. 3 UAbs. 1 und 2)	13
III. Rechtliche Vorgaben im EU-Recht	4	V. Vergabe von Loskombination (Abs. 2 Nr. 3 UAbs. 3)	16
B. Regelungsgehalt	7		
I. Einheitliche Vergabe (Abs. 1)	7		

A. Einführung

1 § 5 EU VOB/A regelt die Aufteilung in Lose und die **Modalitäten der Losvergabe.**

I. Literatur

2 Siehe die Literaturhinweise zu § 30 VgV.[1]

---

[1] → VgV § 30 Rn. 2.

II. Entstehungsgeschichte

In § 4 VOB/A 2002 und 2006 hieß es, dass umfangreiche Bauleistungen möglichst in **3**
Lose geteilt und nach Losen vergeben werden sollen. Bei verschiedenen Handwerks- oder
Gewerbezweigen waren in der Regel Fachlose zu bilden. In der Folge änderte sich dies
dahingehend, dass eine Losaufteilung – sowohl Teillos- als auch Fachlosbildung – grundsätzlich zwingend vorzunehmen ist. Seit der Regelung des § 5 EG Abs. 2 VOB/A 2009
spricht die VOB/A nicht mehr von „sollen möglichst" und „in der Regel", sondern von
„sind in der Menge aufgeteilt (Teillose) und getrennt nach Art oder Fachgebiet (Fachlose)
zu vergeben". Einen Spielraum für das **„Ob" der Losaufteilung** gibt es in der VOB/A
seitdem nicht mehr. Gleiches gilt seit 2009 für § 97 GWB.

III. Rechtliche Vorgaben im EU-Recht

§ 5 EU Abs. 2 VOB/A dient der Umsetzung des Art. 46 VRL. **Keine Grundlage** in **4**
der Richtlinie findet hingegen § 5 Abs. 1 EU VOB/A.

In § 5 Abs. 2 Nr. 1 EU VOB/A wird von der Regelungsoption des Art. 46 Abs. 4 VRL **5**
Gebrauch gemacht und von Art. 46 Abs. 1 UAbs. 2 VRL abgewichen. Die Regelung ist
inhaltlich identisch mit der in § 97 Abs. 4 GWB normierten Vorschrift, deren Inhalt § 5
EU Abs. 2 Nr. 1 VOB/A lediglich – mit Ausnahme der Ergänzung um die Sektorenauftraggeber – wiederholt. Zudem legt § 5 EU Abs. 2 Nr. 2 VOB/A in Übereinstimmung
mit Art. 46 Abs. 1 UAbs. 2 VRL fest, dass **Abweichungen vom Gebot der Losaufteilung** im Vergabevermerk zu begründen sind.

§ 5 EU Abs. 2 Nr. 3 VOB/A setzt das in Art. 46 Abs. 2 und 3 VRL geregelte **Verfah- 6
ren bei Losaufteilung** in nationales Recht um. Dabei hält sich die VOB/A-Regelung
eng an den Wortlaut der VRL und nimmt wohl nur zu Verständniszwecken Umformulie-
rungen vor.

B. Regelungsgehalt

I. Einheitliche Vergabe (Abs. 1)

In § 5 EU Abs. 1 VOB/A wird der öffentliche Auftraggeber dazu angehalten, Bauaufträge **7**
so zu vergeben, dass eine **einheitliche Ausführung** und **zweifelsfreie umfassende Haftung für Mängelansprüche** erreicht wird. Aus diesem Grund sollen Bauaufträge daher in
der Regel **zusammen mit den zur Leistung gehörigen Lieferungen** vergeben werden

Diese Vorgabe ist **abzugrenzen** vom übrigen Regelungsinhalt der Vorschrift, der los- **8**
weisen Vergabe. Nach § 97 Abs. 4 GWB, § 5 EU Abs. 2 VOB/A sind Leistungen grundsätzlich in Fachlose aufzuteilen, was im Zweifel eine gewerkeweise Vergabe bedeutet.[2]
Dementsprechend kann mit der **einheitlichen Vergabe** nach § 5 EU Abs. 1 VOB/A
nicht gemeint sein, dass eine Zusammenfassung der Gewerke eines Bauvorhabens erfolgen
soll. Vielmehr soll **innerhalb der Gewerke**, also innerhalb eines Loses, eine einheitliche
Vergabe erfolgen.[3]

Damit soll eine **klare Haftung für Mängelansprüche** erreicht werden. Diese Klarheit **9**
bezieht sich auf die **Person des Anspruchsgegners**. Es soll eindeutig sein, gegen wen
sich Mängelansprüche richten.

---

[2] Vgl. iE → GWB § 97 Rn. 48.
[3] *Tomerius* in Pünder/Schellenberg, § 5 Rn. 6; *Bernhardt* in Ziekow/Völlink, § 5 VOB/A Rn. 4; *Stickler* in
Kapellmann/Messerschmidt, VOB/A § 5 Rn. 5.

10 Zudem sollen die zur Bauleistung gehörigen Lieferungen mit der Bauleistung vergeben werden. Hierzu gehören insbesondere die **zu liefernden Baumaterialien.**

II. Losaufteilung (Abs. 2 Nr. 1)

11 § 5 EU Abs. 2 Nr. 1 VOB/A **entspricht der Regelung** des § 97 Abs. 4 GWB. Auf die Kommentierung zu § 97 GWB wird deswegen verwiesen.[4]

III. Begründungspflicht (Abs. 2 Nr. 2)

12 Ergänzend zu § 97 Abs. 4 GWB regelt § 5 EU Abs. 2 Nr. 2 VOB/A eine **Dokumentationspflicht.** Vergibt der öffentliche Auftraggeber einen Auftrag, ohne eine Aufteilung in Lose vorzunehmen, muss er dies im Vergabevermerk begründen. Entsprechend der Regelungen des § 97 Abs. 4 GWB und § 5 EU Abs. 2 Nr. 2 VOB/A muss er also dokumentieren, weshalb **wirtschaftliche oder technische Gründe** es erfordern, dass keine Aufteilung in Lose erfolgt.

IV. Modalitäten (Abs. 2 Nr. 3 UAbs. 1 und 2)

13 § 5 EU Abs. 2 Nr. 3 VOB/A setzt ebenso wie § 30 VgV die Regelung des Art. 46 VRL um. Bei der Fassung des § 30 VgV hat der deutsche Gesetzgeber lediglich die **Regelungsreihenfolge** geändert.[5] Es kann daher mit folgender Maßgabe auf die Kommentierung des § 30 VgV verwiesen werden:[6]

14 § 5 EU Abs. 2 Nr. 3 UAbs. 1 VOB/A entspricht bezüglich der **Angebotslimitierung** § 30 Abs. 1 S. 1 VgV und hinsichtlich der dazugehörigen Bekanntmachungspflicht § 30 Abs. 2 VgV.

15 In § 5 EU Abs. 2 Nr. 3 UAbs. 2 VOB/A erfolgt die Regelung der **Zuschlagslimitierung.** Satz 1 und Satz 2 entsprechen den Regelungen in § 30 Abs. 1 S. 2. Satz 3 entspricht der Regelung des § 30 Abs. 2 S. 1 VgV und Satz 4 dem § 30 Abs. 2 S. 2 VgV.

V. Vergabe von Loskombination (Abs. 2 Nr. 3 UAbs. 3)

16 Besonders hinzuweisen ist auf die Regelung des § 5 EU Abs. 2 Nr. 3 UAbs. 3 VOB/A, der wortidentisch ist mit § 30 Abs. 3 VgV. Wie sich in richtlinienkonformer Auslegung unter Berücksichtigung von Art. 46 Abs. 3 VRL und Erwägungsgrund 79 zur VRL ergibt, kann der öffentliche Auftraggeber ungeachtet der zunächst vorgenommenen Aufteilung in Lose eine **Gesamtvergabe** mehrerer Lose an einen Bieter vornehmen, wenn dies **nach den bekanntgemachten Zuschlagskriterien wirtschaftlicher** ist als die Einzelvergabe.

17 Dies **relativiert** die in Deutschland geltende strenge Verpflichtung zur Aufteilung in Lose. Durch Bekanntmachung der Vorgehensweise nach § 30 Abs. 3 VgV und Formulierung entsprechender Zuschlagskriterien kann der öffentliche Auftraggeber trotz Losaufteilung eine Gesamtvergabe vornehmen.

18 Hierzu sei im Einzelnen auf die Kommentierung zu **§ 30 VgV** verwiesen.[7]

---

[4] → GWB § 97 Abs. 4.
[5] → VgV § 30 Rn. 7.
[6] → VgV § 30.
[7] → VgV § 30 Rn. 27 ff.

§ 6 Teilnehmer am Wettbewerb

(1) Öffentliche Aufträge werden an fachkundige und leistungsfähige (geeignete) Unternehmen vergeben, die nicht nach § 6e EU ausgeschlossen worden sind.

(2) Ein Unternehmen ist geeignet, wenn es die durch den öffentlichen Auftraggeber im Einzelnen zur ordnungsgemäßen Ausführung des öffentlichen Auftrags festgelegten Kriterien (Eignungskriterien) erfüllt. Die Eignungskriterien dürfen ausschließlich Folgendes betreffen:

1. Befähigung und Erlaubnis zur Berufsausübung,
2. wirtschaftliche und finanzielle Leistungsfähigkeit,
3. technische und berufliche Leistungsfähigkeit.

Die Eignungskriterien müssen mit dem Auftragsgegenstand in Verbindung und zu diesem in einem angemessenen Verhältnis stehen.

(3)

1. Der Wettbewerb darf nicht auf Unternehmen beschränkt werden, die in bestimmten Regionen oder Orten ansässig sind.
2. Bewerber- und Bietergemeinschaften sind Einzelbewerbern und -bietern gleichzusetzen. Für den Fall der Auftragserteilung kann der öffentliche Auftraggeber verlangen, dass eine Bietergemeinschaft eine bestimmte Rechtsform annimmt, sofern dies für die ordnungsgemäße Durchführung des Auftrages notwendig ist.
3. Der öffentliche Auftraggeber kann das Recht zur Teilnahme an dem Vergabeverfahren unter den Voraussetzungen des § 118 GWB beschränken.
4. Hat ein Bewerber oder Bieter oder ein mit ihm in Verbindung stehendes Unternehmen vor Einleitung des Vergabeverfahrens den öffentlichen Auftraggeber beraten oder sonst unterstützt, so ergreift der öffentliche Auftraggeber angemessene Maßnahmen, um sicherzustellen, dass der Wettbewerb durch die Teilnahme dieses Bieters oder Bewerbers nicht verfälscht wird. Der betreffende Bewerber oder Bieter wird vom Verfahren nur dann ausgeschlossen, wenn keine andere Möglichkeit besteht, den Grundsatz der Gleichbehandlung zu gewährleisten. Vor einem solchen Ausschluss gibt der öffentliche Auftraggeber den Bewerbern oder Bietern die Möglichkeit, nachzuweisen, dass ihre Beteiligung an der Vorbereitung des Vergabeverfahrens den Wettbewerb nicht verzerren kann. Die ergriffenen Maßnahmen werden im Vergabevermerk dokumentiert.

Übersicht

	Rn.			Rn.
A. Einführung	1		3. Technische und berufliche Leistungsfähigkeit (§ 6 EU Abs. 2 S. 2 Nr. 3 VOB/A)	14
I. Literatur	1			
II. Entstehungsgeschichte	2		III. Bezug zum Auftragsgegenstand (§ 6 EU Abs. 2 S. 3 VOB/A)	15
III. Rechtliche Vorgaben im EU-Recht	3			
B. Eignungsbegriff nach § 6 EU Abs. 1 VOB/A	4		D. Zulässiger Teilnehmerkreis (§ 6 EU Abs. 3 VOB/A)	17
C. Eignungskriterien (§ 6 EU Abs. 2 VOB/A)	6		I. Verbot regionaler Beschränkung (§ 6 EU Abs. 3 Nr. 1 VOB/A)	18
I. Legaldefinition (§ 6 EU Abs. 2 S. 1 VOB/A)	6		II. Gleichsetzung von Bietergemeinschaften und Einzelbietern (§ 6 EU Abs. 3 Nr. 2 VOB/A)	19
II. Eignungskriterien im engeren Sinne (§ 6 EU Abs. 2 S. 2 VOB/A)	8		III. Beschränkung auf Behindertenwerkstätten und Sozialunternehmen (§ 6 EU Abs. 3 Nr. 3 VOB/A)	23
1. Befähigung und Erlaubnis zur Berufsausübung nach § 6 EU Abs. 2 S. 2 Nr. 1 VOB/A	9		IV. Beteiligung vorbefasster Bewerber oder Bieter (§ 6 EU Abs. 3 Nr. 4 VOB/A)	24
2. Wirtschaftliche und finanzielle Leistungsfähigkeit nach § 6 EU Abs. 2 S. 2 Nr. 2 VOB/A	12			

A. Einführung

I. Literatur

1   *Bamberger/Roth/Hau/Poseck*, BeckOK BGB, 43. Edition 2017; *Burgi/Dreher*, Beck'scher Vergaberechtskommentar, Band 1: GWB 4. Teil, 3. Auflage 2017; *Brüning*, Die ubiquitäre Zuverlässigkeitsprüfung im neuen Vergaberecht *NZBau 2016, 723–727*; *Dicks*, Mehrfachbeteiligungen von Unternehmen am Ausschreibungswettbewerb VergabeR 2013, 1–12; *Franke/Kemper/Heiermann/Zanner/Mertens*, VOB-Kommentar, 6. Aufl. 2017; *Gabriel/Krohn/Neun*, Handbuch des Vergaberechts, 2014; *Goede/Stoye/Stolz*, Handbuch des Fachanwalts Vergaberecht, 2017; *Oetker*, Handelsgesetzbuch Kommentar, 5. Aufl. 2017; *Pinkenburg, Günther*, Die (un-)zulässige nachträgliche Verschärfung von Eignungskriterien, NZBau 2017, 271–274.

II. Entstehungsgeschichte

2   Durch die Vergaberechtsreform 2016 wurden die Vorschriften über die Eignung für Bauaufträge über dem Schwellenwert neu geordnet. Die Regelung des § 6 EG VOB/A wurde im Zuge der Reform durch § 6 EU bis § 6 lit. f) EU VOB/A ersetzt. Vom Wortlaut her entspricht § 6 EU Abs. 1 VOB/A dem § 122 Abs. 2 GWB. § 6 EU Abs. 2 VOB/A ist den Regelungen des § 122 Abs. 2 und Abs. 4 S. 1 GWB nachgebildet. Eignungskriterien dürfen sich danach nur auf die Befähigung und Erlaubnis zur Berufsausübung, die wirtschaftliche und finanzielle Leistungsfähigkeit und die technische und berufliche Leistungsfähigkeit beziehen.

III. Rechtliche Vorgaben im EU-Recht

3   § 6 EU VOB/A setzt Art. 58 Abs. 1 der RL 2014/24/EU in nationales Recht um. Die nationale Neuregelung definiert dabei die Begriffe der Eignung und den Eignungskriterien legal. Zudem sind § 6 EU VOB/A Vorgaben zu entnehmen, unter welchen Maßgaben der Bieterkreis zulässig beschränkt werden kann. Die §§ 6ff. EU VOB/A sehen wie Art. 58 Abs. 1 der RL 2014/24/EU einerseits vor, welche Kriterien ein Bieter erfüllen muss, um sich an einem EU-weiten Vergabeverfahren zu beteiligen. Des Weiteren sehen die § 6ff. EU VOB/A vor, welche Nachweise der Auftraggeber anfordern kann, um die in Rede stehenden Eignungskriterien überprüfen zu können.

B. Eignungsbegriff nach § 6 EU Abs. 1 VOB/A

4   Der Begriff der Eignung ist in § 6 EU Abs. 1 VOB/A legaldefiniert. Danach werden öffentliche Aufträge an fachkundige und leistungsfähige (geeignete) Unternehmen vergeben, die nicht nach § 6e EU VOB/A ausgeschlossen worden sind. Diese Legaldefinition ist insofern neu, als dass der Eignungsbegriff des § 6 EU Abs. 1 VOB/A einer Reduktion auf die Begriffe der Fachkunde und Leistungsfähigkeit unterzogen wurde. Der viergliedrige Eignungsbegriff, der sich zuvor auf Fachkunde, Leistungsfähigkeit, Gesetzestreue, Zuverlässigkeit, bezog, wurde insoweit aufgegeben.

5   Dies liegt daran, dass § 6 EU VOB/A vorsieht, dass zunächst geprüft wird, ob ein Ausschlussgrund im Sinne des § 6e EU VOB/A vorliegt. Liegt kein Ausschlussgrund vor, so ist die Zuverlässigkeit insoweit gegeben. Einer positiven Bescheidung der Zuverlässigkeit bedarf es daher nicht mehr.

C. Eignungskriterien (§ 6 EU Abs. 2 VOB/A)

I. Legaldefinition (§ 6 EU Abs. 2 S. 1 VOB/A)

Die Regelung des § 6 EU Abs. 2 S. 1 VOB/A enthält eine Legaldefinition der Eig- **6** nungskriterien. Danach ist ein Unternehmen geeignet, wenn es die durch den öffentlichen Auftraggeber im Einzelnen zur ordnungsgemäßen Ausführung des öffentlichen Auftrags festgelegten Kriterien erfüllt. Dabei geht es um Kriterien, die der öffentliche Auftraggeber vorab aufstellt, um das ordnungsgemäße Ausführen eines Bauauftrages gewährleisten zu können. Diese Kriterien müssen in der Person des Auftragnehmers vorliegen und beschränken sich auf die Befähigung zur Berufsausübung, die wirtschaftliche, finanzielle, technische oder berufliche Leistungsfähigkeit. Durch die Übernahme des Wortes „ausschließlich" hebt § 6 EU Abs. 2 S. 2 VOB/A den abschließenden Charakter dieser Vorschrift hervor, so dass die Festlegung anderweitiger Eignungskriterien ausgeschlossen ist. Im Rahmen des § 6 EU Abs. 2 S. 2 VOB/A ist der Auftraggeber in den Festlegungen frei, welche Merkmale der Auftragnehmer aufweisen muss, um den ausgeschriebenen Bauauftrag ordnungsgemäß erfüllen zu können. Die Eignungsanforderungen sind in die Auftragsbekanntmachung mit aufzunehmen.

Der öffentliche Auftraggeber kann einerseits die Eignungskriterien als solche benennen **7** und im Rahmen einer Gesamtwürdigung die Eignung prüfen. Alternativ besteht für ihn die Möglichkeit Mindestanforderungen in Bezug auf die Eignung vorzugeben. Eine Verpflichtung, Mindestanforderungen an die Eignung zu stellen, besteht nicht. Entscheidet sich der öffentliche Auftraggeber für die Aufstellung von Mindestanforderungen, sind diese aus Gründen der Transparenz ebenfalls bekannt zu machen. Erfolgt dies nicht, ist das Verfahren intransparent.

II. Eignungskriterien im engeren Sinne (§ 6 EU Abs. 2 S. 2 VOB/A)

Gegenstand der Eignungskriterien können in Umsetzung des Art. 58 Abs. 1 der Richt- **8** linie 2014/24/EU nur die oben genannten in § 6 EU Abs. 2 S. 2 Nr. 1–3 VOB/A bezeichneten Merkmale sein. Sinn dieser Regelung ist, dass der öffentlichen Auftraggeber vorab die Möglichkeit haben muss, die Eignung eines Bieters einschätzen zu können, damit die Sicherheit der Vertragserfüllung gewährleistet ist. Nach § 6 EU Abs. 2 S. 3 VOB/A müssen die Eignungskriterien darüber hinaus mit dem Auftragsgegenstand in Verbindung und zu diesem in einem angemessenen Verhältnis stehen.

1. Befähigung und Erlaubnis zur Berufsausübung nach § 6 EU Abs. 2 S. 2 Nr. 1 VOB/A

Aufgrund der Regelung des § 6 EU Abs. 2 S. 2 Nr. 1 VOB/A kann ein öffentlicher **9** Bauauftrag nur an einen Bieter vergeben werden, sofern eine Befähigung und Erlaubnis zur Berufsausübung vorliegt und der Bieter folglich die dazu erforderlichen Bauarbeiten auf legale Weise erbringen kann. Die Norm dient der Sicherstellung, dass der Teilnehmer eines EU-weiten Vergabeverfahrens zur Berufsausübung befähigt ist und der Teilnehmer eine Erlaubnis über die Berufsausübung innehat. Gemäß Art. 58 Abs. 2 der RL 2014/24/EU kann der öffentliche Auftraggeber im Hinblick auf die Befähigung zur Berufsausübung den Bietern vorschreiben, in einem Berufs- oder Handelsregister ihres Niederlassungsmitgliedstaates verzeichnet zu sein. Dies können, bezogen auf Deutschland, nach Anhang XI der RL 2014/24/EU, auch die Handwerksrolle oder die Mitgliederverzeichnisse der Berufskammern der Länder sein.

§ 2 EG Abs. 1 Nr. 1 VOB/A sah im Rahmen des viergliedrigen Eignungsbegriff den **10** Begriff der Fachkunde vor. Danach war von der Fachkunde eines Bieters auszugehen, wenn er die in dem betreffenden Fachgebiet notwendigen technischen Kenntnisse verfügt, um den ausgeschriebenen Auftrag ordnungsgemäß erbringen zu können.[1] Die VK Lüneburg legte noch höhere Ansprüche an die Fachkunde des Bieters an. Ein Unternehmen ist als fachkundig ist zu qualifizieren, wenn es nicht nur notwendige, sondern umfassende betriebsbezogene Kenntnisse nach den allgemein anerkannten Regeln der Bautechnik auf dem jeweiligen Spezialgebiet hat.[2]

11   Der aus Art 58 Abs. 1 der RL 2014/24/EU übernommene Begriff der Befähigung sieht demgegenüber lediglich formelle Aspekte vor. Eine materielle Prüfung der Fachkunde des Bieters ist im Gegensatz zur Altregelung des § 6 EG Abs. 3 Nr. 3 VOB/A nicht mehr vorgesehen. Die Eignungsnachweise zum Nachweis der Berufsausübungsbefähigung bzw. -erlaubnis werden in § 6a EU Nr. 1 VOB/A konkretisiert.[3]

2. Wirtschaftliche und finanzielle Leistungsfähigkeit nach § 6 EU Abs. 2 S. 2 Nr. 2 VOB/A

12   Der Prüfungsumfang des öffentlichen Auftraggebers sieht in § 6 EU Abs. 2 S. 2 Nr. 2 VOB/A vor, dass der potentielle Auftragnehmer über die erforderlichen wirtschaftlichen und finanziellen Kapazitäten verfügen muss, um den ausgeschriebenen konkreten Bauauftrag ordnungsgemäß ausführen zu können. Die Beurteilung der wirtschaftlichen und finanziellen Leistungsfähigkeit durch den öffentlichen Auftraggeber ist Bestandteil der Eignungsprognose.

13   Die wirtschaftliche und finanzielle Leistungsfähigkeit im Sinne des § 6 EU Abs. 2 S. 2 Nr. 2 VOB/A eines Bewerbers oder Bieters ist anzunehmen, wenn der Bewerber oder Bieter über ausreichend finanzielle Mittel verfügt, die es ihm ermöglichen, seinen Verpflichtungen gegenüber seinem Personal, dem Staat und sonstigen Gläubigern nachzukommen.[4] Das Vorhandensein ausreichender finanzieller Mittel indiziert, dass eine ordnungsgemäße Vertragsdurchführung gewährleistet werden kann.[5] Der Nachweis der wirtschaftlichen und finanziellen Leistungsfähigkeit richtet sich nach § 6a EU VOB/A, sodass auf die Kommentierung des § 6a EU VOB/A verwiesen wird.

3. Technische und berufliche Leistungsfähigkeit (§ 6 EU Abs. 2 S. 2 Nr. 3 VOB/A)

14   Nach § 6 EU Abs. 2 S. 2 Nr. 3 VOB/A kann der öffentliche Auftraggeber im Hinblick auf die technische und berufliche Leistungsfähigkeit der Bewerber oder Bieter Anforderungen stellen, die sicherstellen, dass die Bewerber oder Bieter über die erforderlichen personellen und technischen Mittel sowie ausreichende Erfahrungen verfügen, um den Auftrag in angemessener Qualität ausführen zu können.[6] Der Nachweis über die technische und berufliche Leistungsfähigkeit richtet sich nach § 6a EU Nr. 3 VOB/A.[7]

III. Bezug zum Auftragsgegenstand (§ 6 EU Abs. 2 S. 3 VOB/A)

15   Allen vorgenannten Eignungskriterien ist gemein, dass diese gemäß § 6 EU Abs. 2 S. 3 VOB/A mit dem Auftragsgegenstand in Verbindung und zu diesem in einem angemessenen Verhältnis stehen. Unter Beachtung des Wettbewerbsgrundsatzes und des Diskriminierungsverbots aus § 2 EU Abs. 1 S. 1 VOB/A ist es geboten, dass die durch den Auftrag-

---

[1] OLG Brandenburg Beschl. v. 15.3.2011 – Verg W 5/11.
[2] VK Lüneburg Beschl. v. 17.6.2011 – VgK-17/2011.
[3] Vgl. dazu die Kommentierung in § 6a EU VOB/A.
[4] OLG Celle Beschl. v. 11.6.2015 – 13 Verg 4/15.
[5] *Mertens* in FKZG, VOB-Kommentar, § 6 EU VOB/A Rn. 21.
[6] GWB § 122 Rn. 67.
[7] VOB/A EU § 6a EU Nr. 3.

geber aufgestellten Eignungskriterien durch den Auftragsgegenstand ihre Rechtfertigung finden. Die geforderten Anforderungen an die Eignung des jeweiligen Bieters müssen einen berechtigten und konkreten Bezug zu der Auftragsdurchführung aufweisen.

Der öffentliche Auftraggeber kann folglich je nach Art und Umfang der zu beschaf- **16** fenden Bauleistung, die für ihn passenden Eignungskriterien festlegen.[8] Es liegt in seinem Beurteilungsspielraum, die Kriterien zu wählen, auf die er Wert legt.[9] Die Auswahl der Eignungskriterien kann durchaus variieren, auch wenn die gleiche Leistung regelmäßig wieder beschafft werden muss. Der öffentliche Auftraggeber muss insbesondere berücksichtigen, dass zu hohe Anforderungen an eine Teilnahme potentieller Bewerber oder Bieter am Vergabeverfahren eher verhindern und nicht den Wettbewerb fördern. Bei Festlegung der Eignungskriterien hat der öffentliche Auftraggeber das Auftragsvolumen mit dem Aufwand der Nachweisbeschaffung abzuwägen. Für den einzelnen Bieter darf dieser Aufwand nicht unzumutbar sein.[10] Die Angemessenheit muss gewahrt bleiben.[11]

D. Zulässiger Teilnehmerkreis ($\S$ 6 EU Abs. 3 VOB/A)

$\S$ 6 EU Abs. 3 VOB/A gibt die Grundsätze vor, anhand derer die Teilnahme den EU- **17** weiten Vergabeverfahren geregelt werden. Dabei spielt der Gleichbehandlungsgrundsatz ebenso wie der Wettbewerbsgrundsatz eine gewichtige Rolle. Sinn und Zweck des $\S$ 6 EU Abs. 3 VOB/A ist die Sicherstellung von Chancengleichheit zwischen den Wettbewerbern. Sofern keine sachlichen Gründe zum Tragen kommen, sind Wettbewerber gleich zu behandeln.[12]

I. Verbot regionaler Beschränkung ($\S$ 6 EU Abs. 3 Nr. 1 VOB/A)

Nach $\S$ 6 EU Abs. 3 Nr. 1 VOB/A darf der Wettbewerb nicht auf Unternehmen be- **18** schränkt werden, die in bestimmten Regionen oder Orten ansässig sind. Die Ortsansässigkeit ist kein hinreichendes Eignungskriterium und scheidet demnach als vergabefremd aus.[13] Darunter fallen jedwede Beschränkungen auf Bewerber aus einem Bundesland, einem Regierungsbezirk, einem Kreis oder einem Ort.[14] Davon zu unterscheiden ist das Kriterium *„Präsenz vor Ort"*. Die Festlegung eines solchen Eignungskriteriums ist gleichwohl zulässig, wobei Grad und Umfang der örtlichen Präsenz an der Erforderlichkeit für die Auftragsausführung zu messen sind.[15]

II. Gleichsetzung von Bietergemeinschaften und Einzelbietern ($\S$ 6 EU Abs. 3 Nr. 2 VOB/A)

Gemäß $\S$ 6 EU Abs. 3 Nr. 2 VOB/A sind Bewerber- und Bietergemeinschaften Einzel- **19** bewerbern und -bietern gleichzusetzen. Unter Bewerbergemeinschaft versteht man die

---

[8] *Werner* in Goede/Stoye/Stolz, Handbuch des Fachanwalts Vergaberecht 2017, 9. Kapitel Eignung eines Bieters Rn. 100.
[9] OLG Düsseldorf Beschl. v. 26.11.2008 – Verg 54/08; OLG Jena Beschl. v. 21.9.2009 – 9 Verg 7/09; *Brüning* NZBau 2016, 723, 723; *Braun* in Gabriel/Krohn/Neun, Handbuch des Vergaberechts 2014, Kapitel 6 Rn. 6.
[10] OLG Koblenz Beschl. v. 13.6.2012 – 1 Verg 2/12.
[11] Vgl. EuGH 18.10.2012 – C-218/11, Rn. 29 – Édukövízig und Hochtief Solutions; OLG Düsseldorf 20.7.2015 – VII-Verg 37/15; OLG Düsseldorf 19.12.2012 – VII-Verg 30/12; *Pinkenburg* NZBau 2017, 271, 272.
[12] EUGH Urt. v. 18.4.2007 – Rs. T.195/05; EuGH Urt. v. 17.9.2002 – Rs. C-147/79.
[13] VK Südbayern Beschl. v. 17.6.2009 – Z3-3-3194-1-22-05/09.
[14] EuGH Urt. v. 27.10.2005 – Rs. C-234/03.
[15] VK Südbayern Beschl. v. 17.6.2009 – Z3-3-3194-1-22-05/09.

gemeinschaftliche Teilnahme mehrerer Unternehmen im Rahmen eines vorgeschalteten Teilnahmewettbewerbs, in dem es nur „Bewerber", jedoch noch keine Angebote und daher auch noch keine „Bieter" gibt. Unter Bietergemeinschaft versteht man hingegen den Zusammenschluss mehrerer Unternehmen, die gemeinschaftlich ein Angebot mit dem Ziel einreichen, einen konkreten Bauauftrag zu erhalten, um diesen sodann gemeinsam in einer Arbeitsgemeinschaft auszuführen.[16]

20   Gemäß § 6 EU Abs. 3 Nr. 2 VOB/A kann der öffentliche Auftraggeber im Falle einer Zuschlagserteilung verlangen, dass die Bietergemeinschaft eine bestimmte Rechtsform annimmt. Dies gilt jedoch nur mit der Maßgabe, dass dies für die ordnungsgemäße Durchführung des Auftrages notwendig ist. Zudem steht die Vorgabe einer bestimmten Rechtsform unter der aufschiebenden Bedingung des Zuschlags. Die Vorgaben des § 13 EU Abs. 5 VOB/A schwächen die Anforderungen ab, demnach ist es bis zur Zuschlagserteilung ausreichend, dass die Bietergemeinschaft ihre Mitglieder und eines ihrer Mitglieder als bevollmächtigten Vertreter für den Abschluss und die Durchführung des Vertrages benennt.

21   § 6 EU Abs. 3 Nr. 2 VOB/A entspricht der wortgleichen Vorgängerregelung des § 6 EG Abs. 6 VOB/A a.F. Der Regelung des § 6 EU Abs. 3 Nr. 2 VOB/A ist im Umkehrschluss zu entnehmen, dass der öffentliche Auftraggeber die Bietergemeinschaft nicht dazu verpflichten kann, vor Auftragserteilung eine bestimmte Rechtsform zu wählen. Wird von § 6 EU Abs. 3 Nr. 2 VOB/A durch den Auftraggeber Gebrauch gemacht, sollte die eingeforderte Rechtsform in der Auftragsbekanntmachung bekannt gegeben werden.[17]

22   In Bezug auf Bietergemeinschaften können sich Probleme aus Mehrfachbeteiligungen der Bieter ergeben. Beteiligt sich ein Bieter, der zugleich Mitglied einer Bietergemeinschaft ist, an einem Vergabeverfahren, kann dies zu einem Ausschluss des Bieters führen. Die Gewährleistung des Geheimwettbewerbs ist für das Vergabeverfahren unerlässlich, so dass früher die Ansicht vertreten wurde, dass jede Mehrfachbeteiligung zum Ausschluss beider Angebote führen muss. Diesem pauschalen Ausschluss hat der EuGH im Jahr 2009 entgegengewirkt. Danach kommt ein Ausschluss der Bietergemeinschaft und des konkurrierenden Mitgliedsunternehmen erst dann in Betracht, wenn diesen die Möglichkeit eingeräumt wurde nachzuweisen, dass trotz eines möglicherweise „bösen Anscheins" die beiden konkurrierenden Angebote unabhängig voneinander eingereicht wurden und dieser Nachweis nicht geglückt ist.[18] Die Folgen einer solchen Fallkonstellation hängen davon ab, inwieweit von deckungsgleichen Angeboten gesprochen werden kann. Ein solches liegt vor, wenn objektiv eine gegenständliche Deckung in Form eines Parallelangebotes vorliegt.[19] Ist dies der Fall, sind beide Angebote vom Vergabeverfahren auszuschließen.[20] Liegt kein deckungsgleiches Angebot vor, etwa weil das Mitglied der Bietergemeinschaft ein Angebot abgegeben hat, welches lediglich auf seine eigenen Leistungen im Rahmen der Bietergemeinschaft zugeschnitten war, ist dies grundsätzlich zulässig.[21]

III. Beschränkung auf Behindertenwerkstätten und Sozialunternehmen (§ 6 EU Abs. 3 Nr. 3 VOB/A)

23   Nach § 6 EU Abs. 3 Nr. 3 VOB/A kann der öffentliche Auftraggeber das Recht zur Teilnahme an dem Vergabeverfahren unter den Voraussetzungen des § 118 GWB beschränken. Danach kann der öffentliche Auftraggeber das Recht zur Teilnahme an Vergabeverfahren Werkstätten für Menschen mit Behinderungen und Unternehmen vorbehalten, deren

---

[16] *Schöne* in BeckOK BGB, § 705 Rn. 168.
[17] VHB Stand 04/2016, Formblatt 121.
[18] EuGH Urt. v. 23.12.2009 – Rs. C-376/08.
[19] *Dicks* Mehrfachbeteiligungen von Unternehmen am Ausschreibungswettbewerb, VergabeR 2013, 1, 9.
[20] OLG Düsseldorf Beschl. v. 13.9.2004 – VI-W (Kar) 24/04; *Dicks* VergabeR 2013, 1, 9.
[21] OLG Düsseldorf Beschl. v. 16.9.2003 – Verg 52/03.

Hauptzweck die soziale und berufliche Integration von Menschen mit Behinderungen oder von benachteiligten Personen ist. Eine vergaberechtliche Definition von geschützten Werkstätten findet sich weder im europäischen noch im nationalen Recht. Maßgeblich ist die im Sozialrecht allgemeingültige Definition. Geschützte Werkstätten sind danach Werkstätten für behinderte Menschen (WfbM) i. S. v. § 136 Abs. 1 SGB IX.[22]

IV. Beteiligung vorbefasster Bewerber oder Bieter (§ 6 EU Abs. 3 Nr. 4 VOB/A)

Die sog. Projektantenproblematik wird in § 6 EU Abs. 3 Nr. 4 VOB/A geregelt. Dar- **24** unter werden Fälle gefasst, bei denen ein Unternehmen, welches den öffentlichen Auftraggeber bei der Vorbereitung und Durchführung eines Vergabeverfahrens unterstützt hat, nach Beginn des Vergabeverfahrens als Bieter am Vergabeverfahren auftritt. Dieses Unternehmen zeichnet sich dadurch aus, dass es einen Wettbewerbsvorteil aufgrund eines Wissensvorsprungs gegenüber anderen am Vergabeverfahren als Bieter auftretende Wettbewerber innehat. Auftraggeber haben bei der Teilnahme von Projektanten am Wettbewerb die Pflicht, sicherzustellen, dass es zu keiner Wettbewerbsverfälschung durch den Einsatz von Projektanten kommt.

Früher hat das OLG Düsseldorf die Auffassung vertreten, dass jede Form von Vorbe- **25** fasstheit zum Ausschluss des Bieters führen muss, um den Wettbewerb weiterhin gewährleisten zu können.[23]

Diese strenge Auffassung ist mittlerweile obsolet, was aus § 6 EU Abs. 3 Nr. 4 VOB/A **26** folgt. Der Ausschluss eines Bieters kann nur als ultima ratio angesehen werden. Vorab muss der Auftraggeber stets abwägen, inwieweit Wissensvorsprünge eines Bieters durch andere angemessenen Maßnahmen ausgeglichen werden können. Der Wettbewerb darf durch die Teilnahme eines vorbefassten Unternehmens nicht verfälscht werden. Es müssen besondere Umstände eintreten, die einen wettbewerbswidrigen Vorteil des Projektanten nahe legen.[24]

Ist von einer Verzerrung des Wettbewerbs auszugehen, hat der Auftraggeber angemesse- **27** ne Maßnahmen zu ergreifen, um der Wettbewerbsverzerrung entgegenzuwirken. Dabei ist der vorbefasste Bieter zunächst gem. § 6 EU Abs. 3 Nr. 4 S. 3 VOB/A anzuhören, um ihm die Möglichkeit zu geben, den Beweis dafür zu führen, dass der Wettbewerb durch eine Beteiligung der Wettbewerb nicht verzerrt wurde.[25] Insbesondere kann der öffentliche Auftraggeber durch geeignete Maßnahmen den Wettbewerb wieder herstellen. Bei der Auswahl geeigneter Maßnahmen steht dem Auftraggeber ein weiter Ermessens- und Beurteilungsspielraum zu Verfügung. Es besteht die Möglichkeit, allen an dem Vergabeverfahren beteiligten Bietern die Informationen zu verschaffen, die der Projektant im Rahmen seiner vorherigen Beratung gewonnen hat.[26] Zudem kann unter Verlängerung der Fristen gewährleistet werden, dass die Wettbewerber diese Informationen im Rahmen ihrer Angebotserstellung berücksichtigen können.

Gemäß § 6 EU Abs. 3 Nr. 4 S. 4 VOB/A unterliegen die ergriffenen Maßnahmen zur **28** Wiederherstellung eines fairen Wettbewerbs der Dokumentationsplicht. Dies gebietet schon die Überprüfung im Falle eines Nachprüfungsverfahrens.

---

[22] GWB § 118, Rn. 12 ff.
[23] OLG Düsseldorf Beschl. v. 16.10.2003 – Verg 57/03.
[24] EuGH Urt. v. 3.3.2005 – Rs. C-21/03 – Fabricom.
[25] EuGH Urt. v. 3.3.2005 – Rs. C 34/03.
[26] OLG München Beschl. v. 15.7.2013 – Verg 7/13; OLG München Beschl. v. 10.2.2011 – Verg 24/10; OLG Düsseldorf Beschl. v. 12.2.2014 – Verg 29/13.

§ 6a Eignungsnachweise

Der öffentliche Auftraggeber kann Unternehmen nur die in den Nummern 1 bis 3 genannten Anforderungen an die Teilnahme auferlegen.

1. Zum Nachweis der Befähigung und Erlaubnis zur Berufsausübung kann der öffentliche Auftraggeber die Eintragung in das Berufs- oder Handelsregister oder der Handwerksrolle ihres Sitzes oder Wohnsitzes verlangen.
2. Zum Nachweis der wirtschaftlichen und finanziellen Leistungsfähigkeit kann der öffentliche Auftraggeber verlangen:

   a) die Vorlage entsprechender Bankerklärungen oder gegebenenfalls den Nachweis einer entsprechenden Berufshaftpflichtversicherung.

   b) die Vorlage von Jahresabschlüssen, falls deren Veröffentlichung in dem Land, in dem das Unternehmen ansässig ist, gesetzlich vorgeschrieben ist. Zusätzlich können weitere Informationen, zum Beispiel über das Verhältnis zwischen Vermögen und Verbindlichkeiten in den Jahresabschlüssen, verlangt werden. Die Methoden und Kriterien für die Berücksichtigung weiterer Informationen müssen in den Vergabeunterlagen spezifiziert werden; sie müssen transparent, objektiv und nichtdiskriminierend sein.

   c) eine Erklärung über den Umsatz des Unternehmens jeweils bezogen auf die letzten drei abgeschlossenen Geschäftsjahre, soweit er Bauleistungen und andere Leistungen betrifft, die mit der zu vergebenden Leistung vergleichbar sind, unter Einschluss des Anteils bei gemeinsam mit anderen Unternehmen ausgeführten Aufträgen. Der öffentliche Auftraggeber kann von den Unternehmen insbesondere verlangen, einen bestimmten Mindestjahresumsatz, einschließlich eines Mindestumsatzes in dem vom Auftrag abgedeckten Bereich nachzuweisen. Der geforderte Mindestjahresumsatz darf das Zweifache des geschätzten Auftragswerts nur in hinreichend begründeten Fällen übersteigen. Die Gründe sind in den Vergabeunterlagen oder in dem Vergabevermerk gemäß § 20 EU anzugeben. Ist ein Auftrag in Lose unterteilt, finden diese Regelungen auf jedes einzelne Los Anwendung. Der öffentliche Auftraggeber kann jedoch den Mindestjahresumsatz, der von Unternehmen verlangt wird, unter Bezugnahme auf eine Gruppe von Losen in dem Fall festlegen, dass der erfolgreiche Bieter den Zuschlag für mehrere Lose erhält, die gleichzeitig auszuführen sind. Sind auf einer Rahmenvereinbarung basierende Aufträge infolge eines erneuten Aufrufs zum Wettbewerb zu vergeben, wird der Höchstjahresumsatz aufgrund des erwarteten maximalen Umfangs spezifischer Aufträge berechnet, die gleichzeitig ausgeführt werden, oder – wenn dieser nicht bekannt ist – aufgrund des geschätzten Werts der Rahmenvereinbarung. Bei dynamischen Beschaffungssystemen wird der Höchstjahresumsatz auf der Basis des erwarteten Höchstumfangs konkreter Aufträge berechnet, die nach diesem System vergeben werden sollen.

Der öffentliche Auftraggeber wird andere ihm geeignet erscheinende Nachweise der wirtschaftlichen und finanziellen Leistungsfähigkeit zulassen, wenn er feststellt, dass stichhaltige Gründe dafür bestehen.

3. Zum Nachweis der beruflichen und technischen Leistungsfähigkeit kann der öffentliche Auftraggeber je nach Art, Menge oder Umfang oder Verwendungszweck der ausgeschriebenen Leistung verlangen:

   a) Angaben über die Ausführung von Leistungen in den letzten bis zu fünf abgeschlossenen Kalenderjahren, die mit der zu vergebenden Leistung vergleichbar sind, wobei für die wichtigsten Bauleistungen Bescheinigungen über die ordnungsgemäße Ausführung und das Ergebnis beizufügen sind. Um einen ausreichenden Wettbewerb sicherzustellen, kann der öffentliche Auftraggeber darauf hinweisen, dass er auch einschlägige Bauleistungen berücksichtigen werde, die mehr als fünf Jahre zurückliegen;

   b) Angabe der technischen Fachkräfte oder der technischen Stellen, unabhängig davon, ob sie seinem Unternehmen angehören oder nicht, und zwar insbesondere derjenigen, die mit der Qualitätskontrolle beauftragt sind, und derjenigen, über die der Unternehmer für die Errichtung des Bauwerks verfügt;

c) die Beschreibung der technischen Ausrüstung und Maßnahmen des Unternehmens zur Qualitätssicherung und seiner Untersuchungs- und Forschungsmöglichkeiten;

d) Angabe des Lieferkettenmanagement- und -überwachungssystems, das dem Unternehmen zur Vertragserfüllung zur Verfügung steht;

e) Studiennachweise und Bescheinigungen über die berufliche Befähigung des Dienstleisters oder Unternehmers und/oder der Führungskräfte des Unternehmens, sofern sie nicht als Zuschlagskriterium bewertet werden;

f) Angabe der Umweltmanagementmaßnahmen, die der Unternehmer während der Auftragsausführung anwenden kann;

g) Angaben über die Zahl der in den letzten drei abgeschlossenen Kalenderjahren jahresdurchschnittlich beschäftigten Arbeitskräfte, gegliedert nach Lohngruppen mit gesondert ausgewiesenem technischen Leitungspersonal;

h) eine Erklärung, aus der hervorgeht, über welche Ausstattung, welche Geräte und welche technische Ausrüstung das Unternehmen für die Ausführung des Auftrags verfügt;

i) Angabe, welche Teile des Auftrags der Unternehmer unter Umständen als Unteraufträge zu vergeben beabsichtigt.

Übersicht

	Rn.			Rn.
A. Einführung	1		2. Technische Fachkräfte und technische Stellen gemäß § 6a EU Nr. 3 lit. b VOB/A	33
I. Literatur	1			
II. Entstehungsgeschichte	2		3. Technische Ausrüstung, Maßnahmen zur Qualitätssicherung, Untersuchungs- und Forschungsmöglichkeiten nach § 6a EU Nr. 3 lit. c VOB/A	34
III. Rechtliche Vorgaben im EU-Recht	3			
B. Anforderungen	4			
I. Befähigung zur Berufsausübung nach § 6a EU Nr. 1 VOB/A	6		4. Lieferkettenmanagement- und Lieferkettenüberwachungssystem nach § 6a EU Nr. 3 lit. d VOB/A	37
II. Nachweis der wirtschaftlichen und finanziellen Leistungsfähigkeit nach § 6a EU Nr. 2 VOB/A	8		5. Studien- und Ausbildungsnachweise sowie Bescheinigungen über Erlaubnis zur Berufsausübung nach § 6a EU Nr. 3 lit. e VOB/A	38
1. Bankerklärungen und Berufshaftpflichtversicherung § 6a EU Nr. 2 lit. a VOB/A	11			
2. Jahresabschlüsse gemäß § 6a EU Nr. 2 lit. b VOB/A	15		6. Umweltmanagement nach § 6a EU Nr. 3 lit. f VOB/A	41
3. Umsatzangaben gemäß § 6a EU Nr. 2 lit. c VOB/A	19		7. Beschäftigtenzahl nach § 6a EU Nr. 3 lit. g VOB/A	42
III. Nachweis der beruflichen und technischen Leistungsfähigkeit nach § 6a EU Nr. 3 VOB/A	27		8. Verfügbare technische Ausstattung nach § 6a EU Nr. 3 lit. h VOB/A	44
1. Referenzen gemäß § 6a EU Nr. 3 lit. a VOB/A	28		9. Unteraufträge nach § 6a EU Nr. 3 lit. i VOB/A	45

A. Einführung

I. Literatur

Franke/Kemper/Heiermann/Zanner/Mertens, VOB-Kommentar, 6. Aufl. 2017; *Heiermann/Zeiss/Summa*, juris **1** Praxiskommentar Vergaberecht, 5. Aufl. 2016; *Ingenstau/Korbion*, VOB – Teile A und B – Kommentar, 20. Aufl. 2017; *Schmidt*, Münchener Kommentar zum HGB, 4. Auflage 2016 Band 2.

II. Entstehungsgeschichte

Im Aufbau weicht die Neuregelung des § 6a EU VOB/A von der Vorgängerregelung, **2** dem § 6 EG Abs. 3 VOB/A ab, so dass sich die Neuregelung in Bezug auf die Gliederung an den drei Eignungskategorien des § 6 EU Abs. 2 VOB/A orientiert. Bis auf das Eignungsmerkmal der Gesetzestreue und die Begrifflichkeiten für die europaweiten Vergabearten entsprach die Neuregelung der Regelung des § 6 EG Abs. 3. VOB/A.

III. Rechtliche Vorgaben im EU-Recht

3   Die Regelung basiert auf Art. 58 Abs. 2 bis 4 der RL 2014/24/EU. Sie übernimmt die Differenzierung zwischen der Befähigung zur Berufsausübung (Nr. 1), der wirtschaftlichen und finanziellen Leistungsfähigkeit (Nr. 2) und der technischen und beruflichen Leistungsfähigkeit (Nr. 3). § 6a EU Nr. 1 VOB/A dient der Umsetzung des Art. 58 Abs. 2 RL 2014/24/EU. Art. 58 Abs. 3 RL 2014/24/EU wird durch § 6a EU Nr. 2 VOB/A umgesetzt und führt die Anforderungen an die wirtschaftliche und finanzielle Leistungsfähigkeit auf. Die in § 6a EU Nr. 3 VOB/A aufgeführten neuen Einzelregelungen zur beruflichen und technischen Leistungsfähigkeit sind in Umsetzung der Regelung des Art. 60 Abs. 4 RL 2014/24/EU übernommen und entsprechen weitgehend wörtlich dem Anhang XII Teil II der RL 2014/24/EU.

B. Anforderungen

4   Der öffentliche Auftraggeber kann bei der Eignungsprüfung keine anderen materiellen Anforderungen an die Befähigung zur Berufsausübung (Nr. 1), die wirtschaftlichen und finanziellen Leistungsfähigkeit (Nr. 2) und die technischen und berufliche Leistungsfähigkeit (Nr. 3) stellen.

5   Hervorzuheben ist, dass für den Auftraggeber die Möglichkeit besteht, Mindestanforderungen für die Eignungskriterien aufzustellen.[1] Bei der unter § 6a EU Nr. 2 lit. c) VOB/A aufgeführten Regelung des Mindestumsatzes handelt es sich um eine beispielhafte Aufzählung, so dass eine Beschränkung des Mindestumsatzes auf die aufgeführte Regelung nicht gegeben ist.

I. Befähigung zur Berufsausübung nach § 6a EU Nr. 1 VOB/A

6   Nach § 6a EU Nr. 1 VOB/A kann der öffentliche Auftraggeber zum Nachweis der Befähigung und Erlaubnis zur Berufsausübung die Eintragung in das Berufs- oder Handelsregister oder der Handwerksrolle ihres Wohnsitzes verlangen.

7   Die Regelung knüpft daran an, dass der Bewerber seine Tätigkeit in öffentlich-rechtlicher Weise zulässig ausübt.[2] Nach deutschem Recht ist entweder die Eintragung in das Berufs- oder Handelsregister oder die Handwerksrolle zu verlangen. Des Weiteren kommt das Mitgliedsverzeichnis der IHK in Betracht.[3] Die Vorgaben können in den einzelnen Mitgliedstaaten der EU divergieren, so dass Bewerber aus anderen EU-Staaten Nachweise ihrer heimischen Register vorlegen können. Es kann die Vorlage von gleichwertigen Unterlagen verlangt werden. Diesbezüglich werden in Anhang XI der Richtlinie 2014/24/EU die einschlägigen Berufs- oder Handelsregister, Bescheinigungen oder Erklärungen der einzelnen Mitgliedstaaten aufgeführt. Aufgrund der Niederlassungsfreiheit und des Verbotes regionaler Beschränkung ist es gemäß § 6 EU Abs. 3 Nr. 1 VOB/A unzulässig, von Bewerbern aus anderen EU-Staaten eine Niederlassungsgenehmigung für den Staat zu fordern, in dem die Leistung erbracht werden soll.[4]

---

[1] *Summa* in Heiermann/Zeiss/Summa, jurisPK-VergR, § 6a EU VOB/A Rn. 4.

[2] *Mertens* in FKZG, VOB, § 6a EU VOB/A Rn. 7; *Summa* in Heiermann/Zeiss/Summa, jurisPK-VergR, § 6a EU VOB/A Rn. 6.

[3] *Mertens* in FKZG, VOB, § 6a EU VOB/A Rn. 7.

[4] *Mertens* in FKZG, VOB, § 6a EU VOB/A Rn. 7.

II. Nachweis der wirtschaftlichen und finanziellen Leistungsfähigkeit nach § 6a EU Nr. 2 VOB/A

In der Regelung § 6a EU Nr. 2 VOB/A werden die materiellen Anforderungen an die **8** wirtschaftliche und finanzielle Leistungsfähigkeit aufgeführt. Diese müssen einen konkreten Bezug zu den mit der Auftragsausführung notwendigen Erfahrungen aufweisen.

Die Auflistung der Nachweise ist nicht abschließend.[5] Dies folgt aus § 6a EU Nr. 2 S. 2 **9** VOB/A, wonach der öffentliche Auftraggeber andere ihm geeignet erscheinende Nachweise der wirtschaftlichen und finanziellen Leistungsfähigkeit zulassen wird, wenn er feststellt, dass stichhaltige Gründe dafür bestehen. Die Regelung dient der Umsetzung von Art. 60 Abs. 3 Unterabs. 2 RL 2014/24/EU. Diese soll die Benachteiligung von Unternehmen aus anderen EU-Mitgliedsstaaten verhindern, die aus Gründen nationalrechtlicher Vorgaben eines anderen EU-Mitgliedsstaates, die vom deutschen Recht divergieren, etwaige Nachweise nicht erbringen können. Die Ausnahmeregelung für alternative Nachweise bezieht sich nur auf die wirtschaftliche und finanzielle Leistungsfähigkeit und kann nicht auf die technische Leistungsfähigkeit übertragen werden. Stützt sich ein Unternehmen auf alternative Nachweise; muss es in der Vorlagefrist dem Auftraggeber darlegen, wieso es die geforderten Eignungsnachweise nicht einreichen kann und innerhalb dieser Frist auch den Alternativnachweis vorlegen.

Der Nachweis der wirtschaftlichen und finanziellen Leistungsfähigkeit dient dazu, eine **10** termingerechte, ordnungsgemäße und einwandfreie Vertragsdurchführung zu gewährleisten. Insbesondere hat das Unternehmen über ausreichende finanzielle Mittel zu verfügen, die es ihm ermöglichen, die laufenden Verpflichtungen gegenüber dem eigenen Personal, dem Staat und sonstigen Gläubigern nachzukommen.[6] Die Regelung sieht vor, dass zum Nachweis der wirtschaftlichen und finanziellen Leistungsfähigkeit folgende Nachweise verlangt werden können:

1. Bankerklärungen und Berufshaftpflichtversicherung § 6a EU Nr. 2 lit. a VOB/A

Eine Bankerklärung betrifft die gegenwärtige Finanz- und Liquiditätslage eines Bewer- **11** bers und Bieters. Eine aussagekräftige Auskunft, dass der Bewerber oder Bieter über ausreichende Eigenmittel zur Durchführung des Auftrags verfügt, ist nur einer aktuellen Bankerklärung der unternehmerischen Hausbank zu entnehmen. Von Bonitätsauskünften ist abzuraten. Ein Bewerber oder Bieter muss auf Grundlage gesicherter Erkenntnisse wegen mangelnder Eignung ausgeschlossen werden. Dafür reicht die Auskunft einer Wirtschaftsauskunftsdatei nicht aus.[7]

Der Auftraggeber muss in der Bekanntmachung detailliert konkretisieren, was in der **12** Bankerklärung aufgeführt werden soll.[8] Andernfalls können die Bewerber oder Bieter ihre Angaben auf allgemeine Aussagen zur wirtschaftlichen Leistungsfähigkeit beschränken.[9] Schließlich ist bei der Planung des Vergabeverfahrens zu bedenken, dass die Einholung einer Bankauskunft Zeit und den Bieter in der Regel Geld kostet.

Der öffentliche Auftraggeber kann auch einen Nachweis einer entsprechenden Berufs- **13** oder Betriebshaftpflichtversicherungsdeckung verlangen. Die Vorlage einer Kopie ist ausreichend, da derartige Belege nicht nur im Original gültig sind.

---

[5] *Schranner* in Ingenstau/Korbion, VOB – Teile A und B –, § 6a EU VOB/A Rn. 3; *Mertens* in FKZG, VOB, § 6a EU VOB/A Rn. 8; *Summa* in Heiermann/Zeiss/Summa, jurisPK-VergR, § 6a EU VOB/A Rn. 10.
[6] VK Bund Beschl. v. 4.10.2012 – VK 2–86/12; OLG Düsseldorf Beschl. v. 9.6.2004 – VII – Verg 11/04; OLG Düsseldorf Beschl. v. 19.9.2002 – Verg 41/02; *Mertens* in FKZG, VOB, § 6a EU VOB/A Rn. 7.
[7] VK Baden-Württemberg Beschl. v. 2.9.2013 – 1 VK 27/13.
[8] EuGH Urt. v. 18.10.2012 – Rs. C.218/11; OLG Koblenz Beschl. v. 13.6.2012 – 1 Verg 2/12; *Mertens* in FKZG, VOB, § 6a EU VOB/A Rn. 9; *Summa* in Heiermann/Zeiss/Summ, jurisPK-VergR, § 6a EU VOB/A Rn. 19.
[9] OLG Düsseldorf Beschl. v. 22.6.2005 – Verg 22/05.

14   Eine entsprechende Berufs- oder Betriebshaftpflichtversicherung kann selbst dann als Eignungskriterium festgelegt werden, wenn der Auftraggeber keine Mindestdeckungssumme festgelegt hat. Die Forderung nach einem Versicherungsnachweis basiert auf dem berechtigten Interesse des öffentlichen Auftraggebers, einer Gefährdung der Leistungserbringung durch eine vermeidbare wirtschaftliche Lage des Leistungserbringers entgegen zu treten. Durch die Verwendung des Wortes „entsprechend" wird verdeutlicht, dass die Versicherungsdeckung einen Bezug zum vergebenden Auftrag aufweisen muss und sich nur auf Leistungen beziehen, die vom Auftrag abgedeckt werden.

2. Jahresabschlüsse gemäß § 6a EU Nr. 2 lit. b VOB/A

15   Nach § 6a EU Nr. 2 lit. b VOB/A kann zum Nachweis der wirtschaftlichen Leistungsfähigkeit auch die Vorlage von Jahresabschlüssen oder Auszügen von Jahresabschlüssen des Unternehmens gefordert werden, falls deren Veröffentlichung in dem Land, in dem das Unternehmen ansässig ist, gesetzlich vorgeschrieben ist. Der öffentliche Auftraggeber sollte Jahresabschlüsse nur fordern, wenn er hieraus einen Erkenntnisgewinn für die Vergabe ziehen kann.[10] Bei Bilanzen sollte fachkundiges Personal zur Auswertung eingesetzt werden.

16   Der Jahresabschluss umfasst gemäß § 242 Abs. 3 HGB neben der Bilanz auch die Gewinn- und Verlustrechnung.[11] Die Offenlegungspflicht des Jahresabschlusses von Kapitalgesellschaften richtet sich nach den §§ 325 ff. HGB. Aus § 264a HGB folgt, dass die Offenlegungspflicht auch für offene Handelsgesellschaften (OHG) und Kommanditgesellschaften (KG) besteht, bei denen keine natürliche Person haftet. Fordert der öffentliche Auftraggeber also einen Jahresabschluss, hat er zu prüfen, ob diesbezüglich eine Offenlegungspflicht besteht.

17   Der öffentliche Auftraggeber muss im Rahmen der Ausschreibung einzelne Merkmale aus der Bilanz konkret benennen und dies zum Gegenstand seiner bekanntzumachenden Eignungskriterien machen. Hierdurch soll sichergestellt werden, dass nur die Kriterien Eingang in die Eignungsprüfung finden, die mit dem Gegenstand der Ausschreibung einen sachlichen Zusammenhang aufweisen und angemessen sind. Der EuGH hat zudem den Sachzusammenhang zwischen den geforderten Bilanzwerten und dem ausgeschriebenen Auftrag betont.[12]

18   In § 6a EU Nr. 2 lit. b S. 2 VOB/A wird explizit hervorgehoben, dass zusätzlich weitere Informationen, zum Beispiel über das Verhältnis zwischen Vermögen und Verbindlichkeiten in den Jahresabschlüssen verlangt werden können. Nach Satz 3 müssen die Methoden und Kriterien für die Berücksichtigung weiterer Informationen in den Vergabeunterlagen spezifiziert werden; sie müssen transparent, objektiv und nichtdiskriminierend sein. Der Verordnungsgeber setzt daher die von EuGH aufgestellten Mindestanforderungen um, wonach Bilanzen objektiv geeignet sein müssen, über die Leistungsfähigkeit eines Wirtschaftsteilnehmers Auskunft zu geben und objektiv einen konkreten Hinweis auf das Bestehen einer zur erfolgreichen Ausführung des Auftrags ausreichenden wirtschaftlichen und finanziellen Basis ermöglichen.[13] Allerdings sollten Auftraggeber beachten, dass ein geringer Fehlbetrag in einer Bilanz nicht gegen die finanzielle Leistungsfähigkeit eines Bewerbers spricht.[14]

3. Umsatzangaben gemäß § 6a EU Nr. 2 lit. c VOB/A

19   Gemäß § 6a EU Nr. 2 lit. c VOB/A können als Nachweis für die finanzielle und wirtschaftliche Leistungsfähigkeit des Bewerbers oder Bieters auch Erklärungen über den Um-

---

[10] *Summa* in Heiermann/Zeiss/Summa, jurisPK-VergR, § 6a EU VOB/A Rn. 24.
[11] *Priester* in MüKoHGB, 4. Aufl. 2016, § 120, Rn. 14.
[12] EuGH Urt. v. 18.10.2012 – C-218/11, Észak-dunántúli Környezetvédelmi és Vízügyi Igazgatóság./. Közbeszerzések Tanácsa Közbeszerzési DöntQbizottság, NZBau 2012, S. 58, 59, Rn. 27.
[13] EuGH Urt. v. 18.10.2012 – C-218/11, Észak-dunántúli Környezetvédelmi és Vízügyi Igazgatóság./. Közbeszerzések Tanácsa Közbeszerzési DöntQbizottság, NZBau, 2012, S. 58, 60, Rn. 32.
[14] VK Lüneburg Beschl. v. 1.2.2016 – VgK-51/2015.

satz des Unternehmens jeweils bezogen auf die letzten drei Geschäftsjahre verlangt werden. Durch die Abfrage der Umsätze können sich die öffentlichen Auftraggeber darüber informieren, in welcher Größenordnung bereits Aufträge von den Unternehmen übernommen worden sind und ob evtl. eine mögliche Insolvenzgefahr besteht.

Aus der zeitlichen Beschränkung folgt, dass sich eine Eignungsprognose nur auf Umsätze **20** beziehen kann, die nicht allzu weit in der Vergangenheit liegen. Diese gibt ein realistisches Bild auf die gegenwärtige finanzielle und wirtschaftliche Lage des Unternehmens wieder. Der Regelung ist nicht zu entnehmen, dass das Unternehmen mindestens drei Geschäftsjahre alt sein muss, um die wirtschaftliche und finanzielle Eignung zu erfüllen.[15]

Vielmehr können sich auch weniger alte bzw. vor kurzem gegründete Unternehmen **21** bewerben. Dabei ist auch der Eigenanteil des Unternehmens zu berücksichtigen, der bei gemeinsam mit anderen Unternehmen ausgeführten Aufträgen, auf das Unternehmen entfällt.

Der öffentliche Auftraggeber ist gemäß § 6a EU Nr. 2 lit. c S. 2 VOB/A berechtigt einen **22** Mindestumsatz zu fordern. Dieser kann sich sowohl auf den Gesamtumsatz des Unternehmens als auch auf den Umsatz mit vergleichbaren Leistungen beziehen. Nach Satz 3 darf der geforderte Mindestjahresumsatz das Zweifache des geschätzten Auftragswertes nur in hinreichend begründeten Fällen übersteigen, so dass die Eignungsanforderungen angemessen sein müssen.[16] Bei einem Auftrag, der sich über mehrere Jahre erstreckt, ist dabei der jährliche Anteil zu berücksichtigen. Der Auftraggeber sollte einen den zweifachen Auftragswert übersteigenden Mindestjahresumsatz nur in Ausnahmefällen fordern, evtl. dann, wenn der Auftrag nur von besonders umsatzstarken Unternehmen bewältigt werden kann.[17]

Zu beachten ist, dass bei einer Aufteilung der Gesamtleistung in Lose die Anforderungen **23** an den Mindestumsatz je Los Anwendung finden. Der Auftraggeber muss für jedes einzelne Los Eignungsanforderungen erstellen und bekannt geben. Allerdings ändert sich aufgrund der Regelung für den öffentlichen Auftraggeber praktisch nichts. Diese kodifiziert vielmehr die Rechtsprechung der VK Bund, die bereits im Jahr 2013 die Losbezogenheit der Eignungskriterien hervorhob.[18] Nach § 6a EU Nr. 2 lit. c S. 5 VOB/A kann der Auftraggeber die Losvergabe in Bezug auf eine Gruppe von Losen gestalten. Beinhalten die Lose Leistungen, die zeitgleich auszuführen sind, kann der Auftraggeber neben einem Mindestumsatz für das einzelne Los auch einen Mindestumsatz für die Losgruppe festlegen.

Neu aufgenommen wurde in § 6a EU Nr. 2 lit. c S. 7 VOB/A eine Regelung in Bezug **24** auf Rahmenvereinbarungen. Soweit Rahmenvereinbarungen, die nach erneutem Aufruf zum Wettbewerb vergeben werden, vorliegen, wird der Höchstjahresumsatz aufgrund des zu erwartenden maximalen Umfangs spezifischer Aufträge berechnet. Ist der Wert nicht bekannt, gilt der geschätzte Wert der Rahmenvereinbarung.[19]

Bei dynamischen Beschaffungsvereinbarungen nach Satz 8 wird ebenfalls der Höchstjah- **25** resumsatz auf der Basis des zu erwartenden Höchstumfangs konkreter Aufträge berechnet, die nach diesem System vergeben werden sollen.

Fordert der öffentliche Auftraggeber eine Gesamtumsatzangabe ist hierin nicht ohne **26** weiteres eine Mindestanforderung zu sehen.[20] Die Aufstellung des Drei-Jahres-Zeitraums als Mindestanforderung, dürfte aufgrund der Vorgaben in der zugrundeliegenden Richtlinie nur in Ausnahmefällen geboten sein. Der Auftraggeber muss eine solche Mindestanforderung klar und eindeutig vorgeben und sollte dies entsprechend begründen. Allerdings können sich trotzdem auch weniger alte bzw. vor kurzem gegründete Unternehmen bewerben. Insbesondere die Regelung des § 6a EU Nr. 2 S. 2 VOB/A gibt diesen New-

---

15 *Summa* in Heiermann/Zeiss/Summa, jurisPK-VergR, § 6a EU VOB/A Rn. 39.
16 *Schranner* in Ingenstau/Korbion, VOB – Teile A und B –, § 6a EU VOB/A Rn. 4; *Mertens* in FKZG, VOB, § 6a EU VOB/A Rn. 17.
17 *Summa* in Heiermann/Zeiss/Summa, jurisPK-VergR, § 6a EU VOB/A Rn. 46.
18 1. VK Bund Beschl. v. 18.1.2013, VK 1 – 139/12.
19 *Mertens* in FKZG, VOB, § 6a EU VOB/A Rn. 18.
20 Zur Altregelung des § 7 EG Abs. 2 lit. d VOL/A, OLG Koblenz Beschl. v. 25.9.2012 – 1 Verg 5/12.

comern die Möglichkeit einen Alternativnachweis zu erbringen und den öffentlichen Auftraggeber anderweitig von seiner Eignung zu überzeugen. Trotz alledem ist der Auftraggeber nicht verpflichtet, Newcomer in jedem Fall zuzulassen.[21]

III. Nachweis der beruflichen und technischen Leistungsfähigkeit nach § 6a EU Nr. 3 VOB/A

27   Die unter § 6a EU Nr. 3 VOB/A aufgeführten Nachweise zur beruflichen und technischen Leistungsfähigkeit sind abschließend.[22] Der Auftraggeber darf weder andere Eignungsnachweise fordern, noch ist es einem Unternehmen gestattet, andere Eignungsnachweise in Bezug auf die technische und berufliche Leistungsfähigkeit vorzulegen.[23] Auch diesbezüglich müssen die von öffentlichen Auftraggeber gestellten Anforderungen dem auftragsbezogenen Informationsinteresse dienen.

1. Referenzen gemäß § 6a EU Nr. 3 lit. a VOB/A

28   Nach § 6a EU Nr. 3 lit. a VOB/A kann der öffentliche Auftraggeber vom Bewerber oder Bieter Angaben über die Ausführung von Leistungen in den letzten bis zu fünf abgeschlossenen Kalenderjahren, die mit der zu vergebenden Leistung vergleichbar sind, verlangen.

29   Referenzen stellen den wichtigsten Nachweis für die technische und berufliche Leistungsfähigkeit dar. Diese geben Nachweis über Erfahrungen mit vergleichbaren Aufträgen. Die Angabe von Referenzen soll den Auftraggeber in die Lage versetzen, die Einschätzungen der in der Referenzliste genannten Auftraggeber in Erfahrung zu bringen.[24] Dabei dienen Referenzen zum Beleg, dass der Bewerber oder Bieter dem ausgeschriebenen Auftrag vergleichbare Leistungen schon erfolgreich erbracht hat, über die notwendigen praktischen Erfahrungen verfügt und damit die Gewähr dafür bietet, auch den zu vergebenden Auftrag zufrieden stellend zu erledigen.[25] Der Auftraggeber sollte in den Vergabeunterlagen die an die Referenzen gestellten Vorgaben so genau wie möglich präzisieren.[26]

30   Hervorzuheben ist, dass die Regelung im Gegensatz zu § 6a Nr. 2 VOB/A nicht nur einen Referenzzeitraum von drei, sondern von fünf Jahren aufweist. Allerdings kann nach Satz 2 der Auftraggeber auch darauf hinweisen, dass einschlägige Bauleistungen berücksichtigt werden, die mehr als fünf Jahre zurückliegen.[27] Eine Ausweitung des Referenzzeitraums steht daher im Ermessen des Auftraggebers. Bei großen und aufwendigen Bauvorhaben, die sich über einen Zeitraum von mehreren Jahren erstrecken, ist es vielfach sinnvoll, die Zeitvorgaben zu strecken. Die Formulierung bedeutet nicht, dass ein Unternehmen schon mindestens fünf Jahre bestehen muss. Auch Newcomer sollen die Möglichkeit haben, sich am Verfahren zu beteiligen.[28] Unter besonderen Umständen kann jedoch auch ein Ausschluss von Newcomern gerechtfertigt sein.[29]

31   Wegen der Vorgaben des § 6a EU Nr. 3 lit. a VOB/A ist es den Unternehmen überlassen, welche früheren Leistungen es als Referenzen angibt. Eine Beschränkung der Anzahl

---

[21] OLG Düsseldorf Beschl. v. 17.12.2014 – VII-Verg 18/14; Beschl. v. 28.11.2012 – VII-Verg 8/12.
[22] *Mertens* in FKZG, VOB, § 6a EU VOB/A Rn. 21; *Schranner* in Ingenstau/Korbion, VOB – Teile A und B – , § 6a EU VOB/A Rn. 5.
[23] *Schranner* in Ingenstau/Korbion, VOB – Teile A und B – , § 6a EU VOB/A Rn. 5.
[24] OLG Düsseldorf Beschl. v. 5.7.2007 – VII-Verg 12/07; Beschl. v. 24.5.2007 – VII-Verg 12/07; OLG Saarbrücken Urt. v. 28.1.2015 – 1 U 138/14; VK RhPf Beschl. v. 8.12.2016 – VK 1-27/16.
[25] OLG Saarbrücken Urt. v. 28.1.2015 – 1 U 138/14; VK Südbayern Beschl. v. 29.10.2013 – Az.: Z3-3-3194-1-25-08/13.
[26] *Summa* in Heiermann/Zeiss/Summa, jurisPK-VergR, § 6a EU VOB/A Rn. 69.
[27] *Schranner* in Ingenstau/Korbion, VOB – Teile A und B – , § 6a EU VOB/A Rn. 6.
[28] *Mertens* in FKZG, VOB, § 6a EU VOB/A Rn. 23; OLG Dresden Beschl. v. 23.0 7.2002 –Wverg 0007/02; VK Hamburg Beschl. v. 19.12.2002 – VgK FB 4/02; *Summa* in Heiermann/Zeiss/Summa, jurisPK-VergR, § 6a EU VOB/A Rn. 75.
[29] OLG Düsseldorf Beschl. v. 16.11.2012 – Verg 60/11; Beschl. v. 2.1.2006 – Verg 93/05.

der vorzulegenden Referenzen auf drei Referenzen ist vergaberechtswidrig,[30] so dass die Anzahl der angegebenen Referenzobjekte freigestellt ist. Der Auftraggeber darf dem Bewerber oder Bieter also keine verbindlichen Vorgaben zum Umfang der anzufertigenden Liste machen.

Aufgrund der Regelung müssen die Bewerber oder Bieter über die „wichtigsten Bau- **32** leistungen" Bescheinigungen über die ordnungsgemäße Ausführung und das Ergebnis beifügen. Was die „wichtigsten Bauleistungen" sind, wird im Rahmen der Regelung nicht näher definiert. Der öffentliche Auftraggeber sollte daher konkret vorgeben, was unter den wichtigsten Bauleistungen zu verstehen ist. So können die Bewerber oder Bieter beispielsweise aufgefordert werden, Bescheinigungen über die Bauleistungen mit den höchsten Auftragswerten vorzulegen.

2. Technische Fachkräfte und technische Stellen gemäß § 6a EU Nr. 3 lit. b VOB/A

Der öffentliche Auftraggeber kann die Angabe der technischen Fachkräfte oder der **33** technischen Stellen fordern. Dies gilt auch, wenn diese nicht dem Unternehmen angehören.[31] In der Regel besteht aufgrund der ausgeschriebenen Tätigkeiten ein berechtigtes Interessen des Auftraggebers zu erfahren, welche Fachkräfte die Tätigkeiten ausführen. Die Angaben beziehen sich insbesondere auf die Mitarbeiter oder Stellen, die mit der Qualitätskontrolle befasst sind und die für die Errichtung des Bauwerks und die Ausführung der Bauleistung zur Verfügung stehen.[32] Dadurch wird dem Auftraggeber die Möglichkeit eingeräumt, die konkrete Fachkenntnis der konkret eingesetzten Personen abzufragen und in die Eignungsprüfung einzubeziehen. Ob diese selbst für das Unternehmen des Bewerbers oder Bieters beschäftigt sind, ist im Ergebnis irrelevant.

3. Technische Ausrüstung, Maßnahmen zur Qualitätssicherung, Untersuchungs- und Forschungsmöglichkeiten nach § 6a EU Nr. 3 lit. c VOB/A

Der öffentliche Auftraggeber kann zum Nachweis der Leistungsfähigkeit auch die Be- **34** schreibung der technischen Ausrüstung und Maßnahmen des Unternehmens zur Qualitätssicherung und seiner Untersuchungs- und Forschungsmöglichkeiten verlangen.

Zu hinterfragen ist, ab wann die geforderte Ausrüstung vorhanden sein muss. Eine enge **35** Auffassung stellt darauf ab, dass die Leistungsfähigkeit bereits im Zeitpunkt der Angebotsabgabe verfügbar sein muss bzw. dargestellt wird, dass sie von Dritten zur Verfügung gestellt wird.[33] Die weite Auffassung hebt hervor, dass es ausreicht, wenn zum Zeitpunkt der Ausführung des Auftrags die technische Ausstattung vorliegt und die geforderte Ausstattung auch kurzfristig noch erworben werden kann.[34] Im Ergebnis dürfte die weite Auffassung zu bejahen sein, so dass die Ausrüstung erst im Zeitpunkt der Ausführung des Auftrags vorliegen muss.[35] Die Eignung eines Auftragnehmers muss also erst zum Zeitpunkt der Ausführung des Auftrags vorliegen. Allerdings ist der öffentliche Auftraggeber auch weiterhin berechtigt im Ausnahmefall auf einen anderen Zeitpunkt abzustellen. Dies muss dann in der Vergabebekanntmachung klargestellt und begründet werden.[36]

Unter Maßnahmen zur Gewährleistung der Qualität fallen Regelungen, die über die **36** Vorgaben der technischen Regelwerke zur Qualitätssicherung hinausgehen, wie beispielsweise die konkrete Beschreibung eines Qualitätsmanagementsystems. Die Vorgaben in Bezug auf Untersuchungs- und Forschungsmöglichkeiten sind streng auszulegen. So sollte ein

---

[30] OLG Düsseldorf Beschl. v. 12.9.2012 – VII-Verg 108/11.
[31] *Mertens* in FKZG, VOB, § 6a EU VOB/A Rn. 27.
[32] *Schranner* in Ingenstau/Korbion, VOB – Teile A und B –, § 6a EU VOB/A Rn. 6.
[33] OLG Düsseldorf Beschl. v. 25.2.2004, Az: VII-Verg 77/03; VK Bund Beschl. v. 7.7.2005, VK 2-66/05.
[34] OLG Düsseldorf Beschl. v. 23.5.2012, Verg 4/12; VK Bund Beschl. v. 4.10.2012, VK 2-86/12.
[35] *Summa* in Heiermann/Zeiss/Summa, jurisPK-VergR, § 6a EU VOB/A Rn. 82.
[36] OLG Düsseldorf Beschl. v. 23.5.2012 – VII-Verg 4/12.

solches Eignungskriterium nur gefordert werden, wenn der konkret zu vergebende Auftrag eine Untersuchungs- oder Forschungsmöglichkeit beinhaltet oder die Leistungserbringung von solchen beispielsweise aufgrund von Kooperationen mit Universitäten oder Fachhochschulen begleitet wird.

4. Lieferkettenmanagement- und Lieferkettenüberwachungssystem nach § 6a EU Nr. 3 lit. d VOB/A

37   Nach § 6a EU Nr. 3 lit. d VOB/A kann der öffentliche Auftraggeber Angaben zum Lieferkettenmanagement- und -überwachungssystem verlangen, das dem Unternehmen zur Vertragserfüllung zur Verfügung steht. Die Regelung bezieht sich primär auf Lieferaufträge und wird daher nur in wenigen Fällen im Bereich der Bauvergabe Anwendung finden. Insbesondere bei seltenen oder schwierig zu beschaffenen Baumaterialen kann der Auftraggeber ein Interesse haben, dass die kontinuierliche Belieferung sichergestellt ist.[37]

5. Studien- und Ausbildungsnachweise sowie Bescheinigungen über Erlaubnis zur Berufsausübung nach § 6a EU Nr. 3 lit. e VOB/A

38   Der Auftraggeber kann auch Studiennachweise und Bescheinigungen über die berufliche Befähigung des Dienstleisters oder Unternehmers und/oder der Führungskräfte des Unternehmens verlangen, sofern sie nicht als Zuschlagskriterium bewertet werden.

39   Dabei ist die strikte Trennung zwischen Eignungs- und Zuschlagskriterien zu beachten. Nach § 16d EU Abs. 2 Nr. 2 VOB/A kann die „Erfahrung und Qualität des eingesetzten Personals" auch als Zuschlagskriterium bewertet werden. Der öffentliche Auftraggeber muss demnach vorab entscheiden, ob die Erfahrung des Personals in Bezug auf Studien- und Ausbildungsnachweise sowie Bescheinigungen über die Erlaubnis zur Berufsausübung im Rahmen der Eignungsprüfung oder als Zuschlagskriterium gewertet wird. Es besteht insoweit ein Verbot der doppelten Berücksichtigung.[38]

40   Von besonderer Bedeutung ist dabei das europarechtliche Diskriminierungsverbot, dies hat zur Konsequenz, dass gleichwertige Nachweise aus anderen EU-Mitgliedsstaaten anerkannt werden müssen. Dabei sind insbesondere die Vorgaben der Richtlinie 2013/55/EU vom 20. November 2013 zur Änderung der Richtlinie 2005/36/EG über die Anerkennung von Berufsqualifikationen und der Verordnung (EU) Nr. 1024/2012 über die Verwaltungszusammenarbeit mit Hilfe des Binnenmarkt-Informationssystems („IMI-Verordnung") zu beachten.

6. Umweltmanagement nach § 6a EU Nr. 3 lit. f VOB/A

41   Wird vom Auftraggeber in Bezug auf das Umweltmanagement ein Nachweis verlangt, der mehr erfasst als eine Eigenerklärung sind zudem die Vorgaben des § 6c EU Abs. 2 VOB/A zu beachten.[39] Danach kann ein Nachweis für Normen des Umweltmanagements bezüglich der technischen Leistungsfähigkeit nur verlangt werden, wenn der Auftrag dies rechtfertigt und die Verhältnismäßigkeit gewahrt bleibt.

7. Beschäftigtenzahl nach § 6a EU Nr. 3 lit. g VOB/A

42   Der Auftraggeber kann Angaben über die Zahl der in den letzten drei abgeschlossenen Kalenderjahren jahresdurchschnittlich beschäftigten Arbeitskräfte verlangen. Ferner kann eine Aufschlüsselung nach Lohngruppen gefordert werden, die insbesondere das technische Leitungspersonal gesondert ausweist.

---

[37] *Mertens* in FKZG, VOB, § 6a EU VOB/A Rn. 33.
[38] *Mertens* in FKZG, VOB, § 6a EU VOB/A Rn. 37; *Schranner* in Ingenstau/Korbion, VOB – Teile A und B –, § 6a EU VOB/A Rn. 6; *Summa* in: Heiermann/Zeiss/Summa, jurisPK-VergR, § 6a EU VOB/A Rn. 91.
[39] *Summa* in Heiermann/Zeiss/Summa, jurisPK-VergR, § 6a EU VOB/A Rn. 93.

Die Regelung ermöglicht dem Auftraggeber abzufragen, wie viele Mitarbeiter für den **43** erwarteten Auftrag zur Verfügung stehen. Zu beachten ist insbesondere, dass der öffentliche Auftraggeber dabei die Mitarbeiterzahl des Bewerber- oder Bieterunternehmens abfragen sollte, und nicht einer übergeordneten Firmengruppe, da nur so Rückschlüsse für die Eignung gezogen werden können. Die Vorgaben sind nur erfüllt, wenn vom Bieter oder Bewerber auch tatsächlich jahresdurchschnittliche Angaben in Bezug auf die letzten drei Jahre gemacht werden.[40] Auch kann der Auftragnehmer so Informationen über das Zahlenverhältnis von Fachkräften und Hilfskräften erhalten.

8. Verfügbare technische Ausstattung nach § 6a EU Nr. 3 lit. h VOB/A

Der Auftragnehmer kann eine Erklärung verlangen, aus der hervorgeht, über welche **44** Ausstattung, welche Geräte und welche technische Ausrüstung das Unternehmen für die Ausführung des Auftrags verfügt.

Vorlage für die Regelung ist Anlage XII Teil II lit. i) der RL 2014/24/EU. Unklar bleibt jedoch, welchen Regelungsgehalt diese Neuregelung bezweckt. Bereits aus § 6a EU Nr. 3 lit. c VOB/A folgt die Beschreibung der technischen Ausrüstung, so dass die Regelung dem Wortlaut nach überflüssig ist.

9. Unteraufträge nach § 6a EU Nr. 3 lit. i VOB/A

Nach § 6a EU Nr. 3 lit. i VOB/A kann der Auftragnehmer Angaben verlangen, welche **45** Teile des Auftrags der Unternehmer unter Umständen als Unteraufträge zu vergeben beabsichtigt. Die Neuregelung basiert auf Anlage XII Teil II lit. j) der RL 2014/24/EU. Die aus der Richtlinienvorlage übernommene Formulierung „unter Umständen" sorgt nicht für Rechtsklarheit, es bleibt offen, was sowohl der europäische als auch der nationale Gesetzgeber damit bezwecken wollte.

In Bezug auf Unteraufträge wird ebenfalls in § 36 Abs. 1 VgV geregelt, dass der öffentli- **46** che Auftraggeber die Unternehmen in der Auftragsbekanntmachung oder den Vergabeunterlagen auffordern darf, bei der Angebotsabgabe die Teile des Auftrags zu benennen, die sie im Wege der Unterauftragsvergabe an Dritte zu vergeben beabsichtigen. Sofern bereits zumutbar, kann auch mit Angebotsabgabe verlangt werden die Unterauftragnehmer zu benennen.

Allerdings dürfte die Zumutbarkeit in einem gestuften Verfahren nur im Rahmen des **47** Teilnahmewettbewerbs vielfach nicht vorliegen, da die Regelung des § 36 Abs. 1 VgV explizit auf das Angebot abstellt. Etwas anderes dürfte gelten, wenn sich die Bewerber im Rahmen des Teilnahmewettbewerbs der Fähigkeiten anderer Unternehmen bedienen.

Für den Fall der Einbeziehung anderer Unternehmen zum Nachweis ihrer technischen **48** und beruflichen Leistungsfähigkeit müssen die Bewerber nachweisen, dass ihnen die erforderlichen Mittel zur Verfügung stehen, so dass eine Benennung bereits in diesem frühen Stadium zur Prüfung der Eignung erforderlich ist.

---

[40] VK Bund Beschl. v. 26.6.2008 VK 3 71/08.

§ 6b Mittel der Nachweisführung, Verfahren

(1) Der Nachweis, auch über das Nichtvorliegen von Ausschlussgründen nach § 6e EU, kann wie folgt geführt werden:

1. durch die vom öffentlichen Auftraggeber direkt abrufbare Eintragung in die allgemein zugängliche Liste des Vereins für die Präqualifikation von Bauunternehmen e.V. (Präqualifikationsverzeichnis). Die im Präqualifikationsverzeichnis hinterlegten Angaben werden nicht ohne Begründung in Zweifel gezogen. Hinsichtlich der Zahlung von Steuern und Abgaben sowie der Sozialversicherungsbeiträge kann grundsätzlich eine zusätzliche Bescheinigung verlangt werden. Die Eintragung in ein gleichwertiges Verzeichnis anderer Mitgliedstaaten ist als Nachweis ebenso zugelassen.

2. durch Vorlage von Einzelnachweisen. Der öffentliche Auftraggeber kann vorsehen, dass für einzelne Angaben Eigenerklärungen ausreichend sind. Eigenerklärungen, die als vorläufiger Nachweis dienen, sind von den Bietern, deren Angebote in die engere Wahl kommen, durch entsprechende Bescheinigungen der zuständigen Stellen zu bestätigen.

Der öffentliche Auftraggeber akzeptiert als vorläufigen Nachweis auch eine Einheitliche Europäische Eigenerklärung (EEE).

(2)

1. Wenn dies zur angemessenen Durchführung des Verfahrens erforderlich ist, kann der öffentliche Auftraggeber Bewerber und Bieter, die eine Eigenerklärung abgegeben haben, jederzeit während des Verfahrens auffordern, sämtliche oder einen Teil der Nachweise beizubringen.

2. Beim offenen Verfahren fordert der öffentliche Auftraggeber vor Zuschlagserteilung den Bieter, an den er den Auftrag vergeben will und der bislang nur eine Eigenerklärung als vorläufigen Nachweis vorgelegt hat, auf, die einschlägigen Nachweise unverzüglich beizubringen und prüft diese.

3. Beim nicht offenen Verfahren, beim Verhandlungsverfahren sowie beim wettbewerblichen Dialog und bei der Innovationspartnerschaft fordert der öffentliche Auftraggeber die in Frage kommenden Bewerber auf, ihre Eigenerklärungen durch einschlägige Nachweise unverzüglich zu belegen und prüft diese. Dabei sind die Bewerber auszuwählen, deren Eignung die für die Erfüllung der vertraglichen Verpflichtungen notwendige Sicherheit bietet.

4. Der öffentliche Auftraggeber greift auf das Informationssystem e-Certis zurück und verlangt in erster Linie jene Arten von Bescheinigungen und dokumentarischen Nachweisen, die von e-Certis abgedeckt sind.

(3) Unternehmen müssen keine Nachweise vorlegen,

- sofern und soweit die Zuschlag erteilende Stelle diese direkt über eine gebührenfreie nationale Datenbank in einem Mitgliedstaat erhalten kann, oder
- wenn die Zuschlag erteilende Stelle bereits im Besitz dieser Nachweise ist.

Übersicht

	Rn.		Rn.
A. Einführung	1	III. Einheitliche Europäische Eigenerklärung, § 6 lit. b) EU Abs. 1 S. 2 VOB/A	16
I. Literatur	1		
II. Entstehungsgeschichte	2	IV. Verfahren der Nachweisführung, § 6 lit. b) EU Abs. 2 Nr. 1 bis 3 VOB/A	24
III. Rechtliche Vorgaben im EU-Recht	4		
		V. Forderung von in e-Certis hinterlegten Nachweisen, § 6 lit. b) EU Abs. 2 Nr. 4 VOB/A	27
B. Kommentierung	6		
I. Eintragung in Präqualifizierungsverzeichnis, § 6 lit. b) EU Abs. 1 Nr. 1 VOB/A	6	VI. Ausnahme von der Nachweispflicht, § 6 lit. b) Abs 3 VOB/A	30
II. Eignungsnachweis durch Vorlage von Einzelnachweisen, § 6 lit. b) EU Abs. 1 Nr. 2 VOB/A	11		

A. Einführung

I. Literatur

Frister, Entrechtlichung und Vereinfachung des Vergaberechts, VergabeR 2011, 295–306; *Festschrift Fridhelm* **1** *Marx,* Wettbewerb – Transparenz – Gleichbehandlung – 15 Jahre GWB-Vergaberecht 2013; *Hettich,* Elektronische Beschaffung nach dem neuen EU-Vergaberecht, IPRB 2016, 253–258; *Pauka,* Entbürokratisierung oder Mehraufwand? – Die Regelungen der Einheitlichen Europäischen Eigenerklärung (EEE) in der VKR, VergabeR 2015, 505–509; *Reichling/Scheumann,* Durchführung von Vergabeverfahren (Teil 2): Die Bedeutung der Eignungskriterien – Neuerungen durch die Vergaberechtsreform, GewArch 2016, 228–235; *Schwab/Giesemann,* Mit mehr Regeln zu mehr Rechtssicherheit?, VergabeR 2014, 351–369.

II. Entstehungsgeschichte

Durch die Vergaberechtsreform 2016 wurden die Vorschriften über die Eignung für Bau- **2** aufträge über dem Schwellenwert neu geordnet. § 6 lit. b) EU VOB/A bestimmt auf welche Art und Weise der Bieter die an ihn gestellten Eignungsanforderungen und das Nichtvorliegen von Ausschlussgründen belegen kann. Darüber hinaus trifft § 6 lit. b) EU VOB/A Aussagen darüber, welche Eignungsnachweise der Auftraggeber zu akzeptieren hat. § 6 lit. b) EU VOB/A ähnelt dabei der ehemaligen Fassung des § 6 EG Abs. 3 Nr. 2 VOB/A und des § 6 EG Abs. 3 Nr. 5 f. VOB/A. § 6 lit. b) EU VOB/A weist dabei jedoch eine tiefere Regelungsdichte auf, als die Vorgängerregelungen. Die Nachweisführung der Eignungsfeststellung kann sowohl durch die Vorlage von Eigenerklärungen, die Vorlage von Einzelnachweise, als auch durch die Eintragung in ein Präqualifikationsverzeichnis oder durch die einheitliche Europäische Eigenerklärung (EEE), erbracht werden. In Umsetzung der Richtlinie wurde in § 6 lit. b) EU Abs. 2 Nr. 4 VOB/A die Nachweisführung durch e-certis erweiternd mit aufgenommen.

§ 6 lit. b) EU Abs. 3 VOB/A regelt die Voraussetzungen unter denen die Pflicht des **3** Unternehmens zur Beweisführung der Eignung entfällt.

III. Rechtliche Vorgaben im EU-Recht

§ 6 lit. b) EU VOB/A setzt die Art. 59 ff. der Richtlinie 2014/24/EU in nationales **4** Recht um. § 6 lit. b) Abs. 1 S. 2 EU VOB/A setzt Artikel 59 Abs. 2 der Richtlinie 2014/24/EU um. Nach Art. 59 Abs. 2 der Richtlinie 2014/24/EU ist die Einheitliche Europäische Eigenerklärung auf Grundlage eines Standardformulars zu erstellen, das die Kommission im Wege von Durchführungsakten festlegt. Dies ist mit Einführung der Durchführungsverordnung (EU) 2016/7 vom 5. Januar 2016 erfolgt. In Anhang 1 der Durchführungsverordnung ist eine Anleitung zum Ausfüllen des Standardformulars, das wiederum in Anhang 2 enthalten ist. Eine Vorläuferregelung existiert aufgrund des innovativen Charakters nicht.

§ 6 lit. b) EU Abs. 1 Nr. 1 VOB/A enthält Regelungen über das Präqualifizierungs- **5** verzeichnis und findet seine Grundlage in Art. 64 der Richtlinie 2014/24/EU. § 6 lit. b) EU Abs. 2 Nr. 4 VOB/A dient der Umsetzung des Art. 61 der Richtlinie 24/2014/EU. Die Ausnahmeregelung nach § 6 lit. b) EU Abs. 3 dient der Umsetzung des Art. 59 Abs. 5 der Richtlinie 2014/24/EU.

B. Kommentierung

I. Eintragung in Präqualifizierungsverzeichnis, § 6 lit. b) EU Abs. 1 Nr. 1 VOB/A

Die Möglichkeit der Nachweisführung durch die Eintragung in das Präqualifizierungs- **6** verzeichnis wurde erstmals mit der VOB/A 2006 eingeführt. Danach gilt der Eignungsnachweis durch die Präqualifizierung schwellenwertunabhängig und kann vom Auftraggeber direkt durch die allgemein zugängliche Liste des Vereins für die Präqualifikation von Bauunternehmen e. V. eingesehen werden.

7   Präqualifizierung ist die von einem konkreten Vergabeverfahren unabhängige, vorgelagerte Eignungsprüfung eines Unternehmens.[1] Im Unterschied zu einer regulären im Rahmen eines konkreten Vergabeverfahrens stattfindenden Eignungsprüfung, geht das Präqualifizierungsverfahren von einer abstrakten auftragsunabhängigen Eignungsprüfung aus.[2] Gleichwohl ist Bezugspunkt der Prüfung eine bestimmte Art von Auftrag. Folgerichtig belegt eine Präqualifikationsurkunde die Eignung bezogen auf einen konkreten präqualifizierten Leistungsbereich.[3] Unternehmen, die erfolgreich ein Präqualifizierungsverfahren durchlaufen haben, werden in eine nach Produktgruppen oder Leistungsarten untergliederten Liste aufgenommen.

8   Ein Präqualifizierungsverfahren ist zu unterscheiden von einem sog. Prüfsystem. Während ein Präqualifizierungsverfahren von unabhängigen Stellen und damit auftraggeberunabhängig durchgeführt wird, obliegt die Errichtung eines Prüfsystems dem öffentlichen Auftraggeber selbst.[4]

9   Durch dieses Verfahren ist die Prüfung sämtlicher Nachweise gewährleistet und dient der Entlastung der öffentlichen Auftraggeber, die auf die qualitativ hochwertige Prüfung zurückgreifen können. Dabei trägt die Präqualifizierungsstelle die Pflicht zur Aktualität der Liste präqualifizierter Unternehmen.[5] Der einzelne Bieter unterliegt nicht der Pflicht, dafür Sorge zu tragen, dass die Präqualifizierungsliste aktuell ist.[6]

10   Der Auftraggeber kann im Grundsatz davon ausgehen, dass die einsehbaren Eignungsnachweise des Präqualifizierungsverfahrens inhaltlich richtig sind und der Eignungsentscheidung zugrunde gelegt werden können.[7] Die Präqualifizierungsurkunde wird für eine Dauer von einem Jahr ausgestellt. Ändern sich die Verhältnisse des präqualifizierten Unternehmens innerhalb eines Jahres und erlangt der Auftraggeber solche Informationen, welche die Eignung entfallen lassen können, so kann der Auftraggeber die Urkunde als nicht mehr aktuell anzweifeln. In diesem Fall muss der Auftraggeber dem Unternehmen die Gelegenheit geben, diese Zweifel auszuräumen.

II. Eignungsnachweis durch Vorlage von Einzelnachweisen, § 6 lit. b) EU Abs. 1 Nr. 2 VOB/A

11   Im Unterschied zur Systematik des Eignungsnachweises in der VgV, wonach der Auftraggeber gemäß § 48 Abs. 2 S. 1 VgV als Nachweis vorrangig Eigenerklärungen zu fordern hat, gilt diese Regel-Ausnahme-Systematik im Rahmen der VOB/A nicht. Neben der Möglichkeit, den Nachweis der Eignung durch eine EEE oder durch eine Präqualifizierungsurkunde zu führen, besteht für den Bieter weiterhin die Möglichkeit, seine Eignung durch Eigenerklärungen zu belegen. Der Nachweis durch Eigenerklärung ist systematisch als Ausnahme von der Regel konzipiert. Es obliegt dem Ermessen des Auftraggebers zu entscheiden, ob der Nachweis durch Eigenerklärung ausreichend ist.

12   Gemäß § 6 lit. b) EU Abs. 1 Nr. 2 S. 3 VOB/A können Eigenerklärungen auch als vorläufige Nachweise dienen. Sofern Angebote in die engere Wahl kommen, sind diese vorläufigen Nachweise durch entsprechende Bescheinigungen der zuständigen Stellen zu bestätigen (beispielsweise die Bescheinigung über die Berufshaftpflichtversicherung, Unbedenklichkeitsbescheinigung des Finanzamtes oder Referenzbescheinigungen).

---

[1] *Reichling/Scheumann* GewArch 2016, 228 (233).
[2] VK Sachsen Beschl. v. 1.3.2017 – 1/SVK/037-16; Vgl. *Müller-Wrede* in Müller-Wrede VOL/A, § 7 EG, Rn. 57.
[3] Vgl. 2. VK Bund, Beschl. v. 30.11.2009 – VK 2-195/09.
[4] Vgl. *Summa* in jurisPK-VergR, 4. Aufl., § 97 GWB, Rn. 248 f.
[5] VK Sachsen Beschl. v. 1.3.2017 – 1/SVK/037-16.
[6] VK Nordbayern Urt. v. 21.6.2016 – 21.VK-3194-08/16.
[7] *Reichling/Scheumann* GewArch 2016, 228 (233).

Der öffentliche Auftraggeber ist dazu berechtigt, Anforderungen an die Form der Eigen- **13** erklärungen zu stellen. Kommt der Bieter den vorgeschriebenen Formvorschriften nicht nach, so gilt der Nachweis als nicht erbracht.[8]

§ 6 lit. b) EU Abs. 1 Nr. 2 VOB/A sieht keine Frist zur Nachweiseinreichung vor. **14** Gleichwohl sollte der Auftraggeber von einer angemessenen Fristsetzung Gebrauch machen, um einer Verzögerung des Vergabeverfahrens entgegenzuwirken. Die Länge der Frist hängt maßgeblich von der geforderten Bescheinigung ab. Im Regelfall wird eine Frist von 6 Werktagen ausreichen. Kommt der Bieter dem Nachweis nicht innerhalb der gesetzten Frist nach, so gilt die Eignung als nicht nachgewiesen.

In der VOB/A EU findet sich keine ausdrücklich normierte Pflicht zur inhaltlichen **15** Überprüfung von Eigenerklärungen.[9] In der Rechtsprechung anerkannt ist, dass Eignungsentscheidungen nur auf Grundlage **gesicherter Erkenntnisse** ergehen dürfen.[10] Um eine gesicherte Erkenntnislage zu erreichen, muss ein öffentlicher Auftraggeber allerdings nicht sämtliche in Betracht kommende Erkenntnisquellen ausschöpfen.[11] Ausreichend ist es, wenn die Entscheidung des öffentlichen Auftraggebers auf eine der Materie angemessenen und methodisch vertretbare Weise erfolgt.[12] Ist dies der Fall, kann von einer weitergehenden Überprüfung der Eigenerklärungen abgesehen werden.[13] Wenn und soweit dagegen objektiv begründete konkrete Zweifel an der Richtigkeit einer Eigenerklärung bestehen, hat eine vertiefte Auseinandersetzung mit der Eignung des betreffenden Bieters bzw. Bewerbers stattzufinden.[14]

III. Einheitliche Europäische Eigenerklärung, § 6 lit. b) EU Abs. 1 S. 2 VOB/A

Den Überlegungen des Richtliniengebers zufolge soll mithilfe der Einführung der Ein- **16** heitlichen Europäischen Eigenerklärung der Verwaltungsaufwand im Rahmen eines Vergabeverfahrens zugunsten sowohl des öffentlichen Auftraggebers als auch der Bewerber bzw. Bieter reduziert werden und die Teilnahme an Vergabeverfahren insbesondere für kleinere und mittlere Unternehmen attraktiver machen.[15] Für viele Wirtschaftsteilnehmer explizit für kleinere und mittlere Unternehmen sei der Aufwand, der mit einer Teilnahme an einem Vergabeverfahren aufgrund der Vielzahl der beizubringenden Bescheinigungen oder anderen Dokumenten die Eignungs- und Ausschlusskriterien betreffend verbunden zu hoch.[16] Klei-

---

[8] VK Sachsen-Anhalt Beschl. v. 17.12.2015 – 3 VK LSA 73/15.

[9] Eine Pflicht zur Überprüfung ist dagegen bei Verwendung einer Einheitlichen Europäischen Eigenerklärung nach § 50 Abs. 2 S. 2 VgV verpflichtend; ein grundsätzliche Pflicht zur Überprüfung ist zudem in der VOB/A EU vorgesehen (§ 6b EU Abs. 2 S. 2 VOB/A).

[10] BGH 26.10.1999 – X ZR 30/98; OLG Düsseldorf Beschl. v. 2.12.2009 – VII-Verg 39/09.

[11] OLG Düsseldorf Beschl. v. 2.12.2009 – VII-Verg 39/09; folgend in der Rechtsprechung: VK Hessen Beschl. v. 30.1.2013, 69d VK – 52/2012; befürwortend: *Burgi* FS Marx, S. 75, 84 f.; *Frister*, VergabeR 2011, 295 ff.

[12] BGH 26.10.1999 – X ZR 30/98; OLG Düsseldorf Beschl. v. vom 2.12.2009 – VII-Verg 39/09; VK Hessen Beschl. v. 30.1.2013, 69d VK – 52/2012.

[13] OLG Düsseldorf Beschl. v. 2.12.2009 – VII-Verg 39/09.

[14] OLG Düsseldorf Beschl. v. 2.12.2009 – VII-Verg 39/09.

[15] Erwägungsgrund 84 der Richtlinie 2014/24/EU („ […] *Eine Beschränkung der entsprechenden Anforderungen, beispielsweise durch die Verwendung einer Einheitlichen Europäischen Eigenerklärung, die aus einer Aktualisierten Eigenerklärung besteht, könnte eine erhebliche Vereinfachung zum Nutzen sowohl des öffentlichen Auftraggeber als auch der Wirtschaftsteilnehmer bedeuten […]"*); Erwägungsgrund 1 der Durchführungsverordnung (EU) 2016/7 der Europäischen Kommission („*Eines der wesentlichen Ziele der Richtlinien 2014/24/EU und 2014/25/EU ist die Senkung des Verwaltungsaufwands für öffentliche Auftraggeber, Sektorenauftraggeber und Wirtschaftsteilnehmer, nicht zuletzt für kleine und mittlere Unternehmen. Die Einheitliche Europäische Eigenerklärung (EEE) ist ein wichtiger Bestandteil dieser Bemühungen […]"*); siehe auch *Stolz* VergabeR 2016, 155; *Pauka* VergabeR 2015, 505; *Schwab/Giesemann* VergabeR 2014, 351, 362; *Reichling/Scheumann* GewArch 2016, 228 (233).

[16] Erwägungsgrund 84 der Richtlinie 2014/24/EU(„*Nach Auffassung vieler Wirtschaftsteilnehmer – und nicht zuletzt der KMU – ist eines der Haupthindernisse für ihre Beteiligung an öffentlichen Vergabeverfahren der Verwaltungsaufwand im Zusammenhang mit der Beibringung einer Vielzahl von Bescheinigungen oder anderen Dokumenten, die die Ausschluss- und Eignungskriterien betreffen […]*).

nere und mittlere Unternehmen treten aus diesem Grund oftmals lediglich als Nachunternehmer und weniger als Bewerber bzw. Bieter im Rahmen eines Vergabeverfahrens auf.[17]

17   Bei der Einheitlichen Europäischen Eigenerklärung handelt es sich um einen **vorläufigen** Nachweis hinsichtlich des Vorliegens von Eignungskriterien sowie dem Nichtvorliegen von Ausschlussgründen im Sinne der §§ 123, 124 GWB in Form einer standardisierten förmlichen Eigenerklärung. Die Einheitliche Europäische Eigenerklärung soll Bewerber bzw. Bieter davon entlasten, bereits bei Abgabe eines Teilnahmeantrags bzw. eines Angebots sämtlich einschlägige Unterlagen mit einzureichen.[18] Auf Seiten der öffentlichen Auftraggeber kommt es insoweit zu einer Entlastung, dass diese nicht mehr eine Vielzahl von Einzelnachweisen sämtlicher Bewerber bzw. Bieter überprüfen müssen.

18   Die Einheitliche Europäische Eigenerklärung soll des Weiteren dadurch zu einer Vereinfachung des Vergabeverfahrens beitragen, indem es unterschiedliche und teilweise abweichende nationale Eigenerklärungen durch ein auf europäischer Ebene existierenden einheitliches Standardformular ersetzt.[19]

19   Hinsichtlich der Frage, ob die Verwendung der Einheitlichen Europäischen Eigenerklärung für Bewerber bzw. Bieter verpflichtend oder freiwillig ist, werden unterschiedliche Positionen vertreten.[20]

20   Anhaltspunkte für eine Verwendungspflicht liefert zunächst einmal die der Durchführungsverordnung als Anhang 1 beigefügten Anleitung zum Ausfüllen des Standardformulars: *„Einem Angebot in offenen Verfahren oder einem Teilnahmeantrag in nichtoffenen Verfahren, Verhandlungsverfahren, wettbewerblichen Dialogen oder Innovationspartnerschaften müssen die Wirtschaftsteilnehmer eine ausgefüllte EEE beifügen, [...]."*[21]

21   Hier stellt sich jedoch die Frage, ob einer der Durchführungsverordnung lediglich als Anhang beigefügten Anleitung zur Verwendung des Standardformulars überhaupt ein verbindlicher Regelungscharakter zukommen kann. Dies ist nach hiesiger Ansicht bereits zweifelhaft.[22] Selbst wenn man dies jedoch bejahen würde, stellt sich ein weiteres Problem. Die Richtlinie ist gegenüber der Durchführungsverordnung das höherrangige Recht. Art. 59 Abs. 1 der Richtlinie 2014/24/EU geht jedoch – zumindest dem Wortlaut nach – von einer Akzeptanz und gerade nicht von einer Verwendungspflicht aus.

22   Nach Art. 59 Abs. 1 der Richtlinie 2014/24/EU „akzeptieren die öffentlichen Auftraggeber die Einheitliche Europäische Eigenerklärung in Form einer aktualisierten Eigenerklärung anstelle von Bescheinigungen von Behörden oder Dritten als vorläufigen Nachweis dafür, dass der jeweilige Wirtschaftsteilnehmer" keine Ausschlussgründe erfüllt und die erforderliche Eignung aufweist. Der Wortlaut spricht daher tendenziell eher dafür, dass die Einheitliche Europäische Eigenerklärung lediglich ein optionales Instrument ist, von der der Bewerber bzw. Bieter Gebrauch machen kann, es allerdings nicht muss.[23]

23   Unter Berücksichtigung der Normenhierarchie und dem Umstand, dass sich aus der Richtlinie keine eindeutige Verwendungsverpflichtung ableiten lässt, ist eine solche im Ergebnis abzulehnen.[24]

IV. Verfahren der Nachweisführung, § 6 lit. b) EU Abs. 2 Nr. 1 bis 3 VOB/A

24   § 6 lit. b) EU Abs. 2 Nr. 1 bis 3 VOB/A enthält Maßgaben in zeitlicher Hinsicht, wann der Auftraggeber berechtigt ist, die Vorlage von Bescheinigungen und Erklärungen Dritter

---

[17] *Pauka* VergabeR 2015, 505.
[18] *Pauka* VergabeR 2015, 505.
[19] Erwägungsgrund 4 der Durchführungsverordnung (EU) 2016/7.
[20] *Reichling/Scheumann* GewArch 2016, 228 (234).
[21] *Reichling/Scheumann* GewArch 2016, 228 (234); *Stolz* VergabeR 2016, 155 f.
[22] So auch *Stolz* VergabeR 2016, 155 f.
[23] *Stolz* VergabeR 2016, 155 f; *Reichling/Scheumann* GewArch 2016, 228 (234).
[24] *Stolz*, VergabeR 2016, 155 (156).

anzufordern, wenn zunächst Eigenerklärungen zum vorläufigen Nachweis abgegeben wurden. Nr. 1 enthält dabei die allgemeine Aussage, dass der Auftraggeber berechtigt ist, jederzeit Nachweise der Bewerber oder Bieter einzufordern, soweit dies zur angemessenen Durchführung des Verfahrens erforderlich ist. Wird ein Bieter dem Beibringungsgrundsatz nicht gerecht, so ist dieser gem. § 16 EU Nr. 4 VOB/A vom Verfahren auszuschließen.

§ 6 lit. b) EU Abs. 2 Nr. 2 und 3 VOB/A enthalten konkret auf die unterschiedlichen **25** Vergabeverfahren bezogene Vorgaben. So gilt § 6 lit. b) EU Abs. 2 Nr. 2 VOB/A lediglich für das offene Verfahren. Danach obliegt dem Auftraggeber die Pflicht, den Bieter, der den Zuschlag erhalten soll, zur unverzüglichen Nachweisführung aufzufordern, sofern dieser lediglich eine Eigenerklärung abgegeben hat.

§ 6 lit. b) EU Abs. 2 Nr. 3 VOB/A gilt für die übrigen Verfahrensarten im Baubereich. **26** Danach fordert der Auftraggeber die in Frage kommenden Bewerber auf, ihre Eigenerklärungen durch einschlägige Nachweise unverzüglich zu belegen. Dabei sind die Bewerber auszuwählen, deren Eignung die für die Erfüllung der vertraglichen Verpflichtungen notwendige Sicherheit bietet.

V. Forderung von in e-Certis hinterlegten Nachweisen, § 6 lit. b) EU Abs. 2 Nr. 4 VOB/A

§ 6 lit. b) EU Abs. 2 Nr. 4 VOB/A dient der Umsetzung des Art. 61 der Richtli- **27** nie 24/2014/EU. Fordert der öffentliche Auftraggeber Bescheinigungen oder sonstige Nachweise an, soll er gemäß § 6 lit. b) EU Abs. 2 Nr. 4 VOB/A vorrangig solche verlangen, die vom Online-Dokumentenarchiv e-certis abgedeckt sind.

Bei e-Certis handelt es sich um ein online verfügbares Informationssystem der EU- **28** Kommission, bei dem die Mitgliedsstaaten des Europäischen Wirtschaftsraums[25] sowie die Türkei tabellarische Angaben dazu machen können, welche Bescheinigungen und Erklärungen als Nachweis der Eignung bzw. das Nichtvorliegen von Ausschlussgründen im jeweiligen Staat ausgestellt werden.[26] Mit Hilfe des webbasierten Informationssystems können Unternehmen und öffentlichen Auftraggebern bei grenzüberschreitenden Ausschreibung recherchieren, welche Nachweise in anderen Mitgliedsstaaten als gleichwertig akzeptiert werden: *„Ziel von e-certis ist es, den Austausch von Bescheinigungen und anderen von öffentlichen Auftraggebern häufig verlangten Nachweisen zu erleichtern."*[27]

Dieser Zielsetzung wird jedoch bislang nur in unzureichender Form Rechnung getra- **29** gen. Hauptgrund hierfür ist die bislang noch fehlende Aktualisierungs- und Überprüfungspflicht der Datenbank. Derzeit wird das von der EU-Kommission zur Verfügung gestellte und von ihr verwaltete elektronische System lediglich auf freiwilliger Basis von den Mitgliedsstaaten aktualisiert und überprüft.[28] Um das volle Potenzial von e-certis ausschöpfen zu können, sollte in einem ersten Schritt die Pflege von e-certis verpflichtend werden, bevor in einem zweiten Schritt die Verwendung vorgeschrieben wird.[29] Letzteres ist durchaus kritisch zu betrachten. Wenn ausschließlich solche Nachweise bzw. Bescheinigungen als noch ausreichend für die Eignungsprüfung bewertet werden, die in e-certis aufgelistet sind, ist zu befürchten, dass sich die Auswahl der Eignungsnachweise letztlich auf wenige *„Standardnachweise"* begrenzt, da anzunehmen ist, dass sich der öffentliche Auftraggeber wohl eher an der Minimierung des eigenen Aufwandes die Eignungsprüfung betreffend als an deren objektiver Notwendigkeit orientieren wird.[30]

---

[25] Erwägungsgrund 87 Richtlinie 24/2014/EU: Hierzu zählen die EU-Mitgliedsstaaten sowie Island. Lichtenstein und Norwegen; *Reichling/Scheumann* GewArch 2016, 228 (233).
[26] Quelle: https://ec.europa.eu/growth/tools-databases/ecertis/
[27] Erwägungsgrund 87 Richtlinie 24/2014/EU; *Hettich* IPRB 2016, 253 (257).
[28] Erwägungsgrund 87 Richtlinie 24/2014/EU.
[29] Erwägungsgrund 87 Richtlinie 24/2014/EU.
[30] So *Pauka* VergabeR 2015, 505 (507).

VI. Ausnahme von der Nachweispflicht, § 6 lit. b) Abs 3 VOB/A

30   Nach § 6 lit. b) EU Abs 3 VOB/A muss ein Bewerber bzw. Bieter keine zusätzlichen Unterlagen vorlegen, sofern und soweit es sich um Unterlagen handelt, die der öffentliche Auftraggeber über eine kostenfreie Datenbank innerhalb der Europäischen Union erhalten kann. Der Bewerber bzw. Bieter kann in einem solchen Fall die *„Einrede der anderweitigen Verfügbarkeit"* erheben.[31] Neben Präqualifizierungssystemen kommen als Datenbanken beispielsweise nationale Vergaberegister, virtuelle Unternehmensakten (Virtual Company Dossier) oder elektronische Dokumentenablagesysteme in Betracht.[32]

31   Nach § 6 lit. b) EU Abs. 3 VOB/A muss es sich dabei um eine für den öffentlichen Auftraggeber gebührenfreie Datenbank handeln.

32   Sind die beizubringenden Unterlagen in einer gebührenfreien und direkt zugänglichen Datenbank verfügbar und will sich der betreffende Bewerber bzw. Bieter darauf berufen, so hat er dem öffentlichen Auftraggeber darüber Auskunft zu erteilen, bei welcher konkreten Datenbank welche Informationen abrufbar sind. Dem öffentlichen Auftraggeber kann nicht zugemutet werden sich ins Blaue hinein auf die Suche nach Informationen zu machen und diverse Datenbanken auf Verdacht hin zu durchsuchen. In Teil II A des Standardformulars werden zudem die Web-Adressen von Datenbanken, bei denen erforderliche Informationen abrufbar sind, abgefragt. Soweit und sofern Bewerber bzw. Bieter hier konkrete Angaben hinterlegt haben, ist es Aufgabe des öffentlichen Auftraggebers die entsprechenden Informationen bei den angegebenen Datenbanken abzurufen. In einem solchen Fall fehlt es an einem sachlichen Grund für eine gesonderte Beibringung durch den Bewerber bzw. Bieter.

33   Nach § 6 lit. b) Abs. 3 VOB/A muss ein Bewerber bzw. Bieter auch dann keine weiteren Unterlagen beibringen, sofern und soweit sich diese bereits im Besitz des öffentlichen Auftraggebers befinden.[33] Voraussetzung ist, dass die jeweiligen Unterlagen nach wie vor aktuell sind und die gegenwärtigen Gegebenheiten wiederspiegeln. In diesem Zusammenhang darf vom öffentlichen Auftraggeber allerdings kein unverhältnismäßiger Archivierungsaufwand abverlangt werden.[34] Es genügt daher nicht, wenn Bieter bzw. Bewerber lediglich pauschal darauf hinweisen, dass die eingeforderten Unterlagen dem öffentlichen Auftraggeber bereits vorliegen. Sie müssen vielmehr konkret Angaben dazu machen, im Rahmen welcher Verfahren die Unterlagen eingereicht worden sind.[35]

34   Der öffentliche Auftraggeber ist insbesondere nicht dazu verpflichtet ein nach Unternehmen geordnetes Archiv der Eignungsnachweise einzurichten und zu unterhalten. Während der Richtlinienentwurf vom 20.12.2011 in Art. 57 Abs. 3 Unterabs. 2 noch eine solche Dokumentationspflicht über einen Mindestzeitraum von 4 Jahren vorsah,[36] fand diese Regelung kein Eingang in die Endfassung der Richtlinie.

---

[31] *Pauka* VergabeR, 505 (507).

[32] Vgl. Art. 59 Abs. 5 der Richtlinie 2014/14/EU.

[33] Siehe hierzu Erwägungsgrund 85 zur Richtlinie 2014/24/EU: *„(...) Ferner sollte vorgesehen werden, dass die öffentlichen Auftraggeber keine nach wie vor aktuellen Unterlagen anfordern sollten, die ihnen aus früheren Vergabeverfahren bereits vorliegen. (...)"*.

[34] Siehe hierzu Erwägungsgrund 85 zur Richtlinie 2014/24/EU: *„(...) Es sollte jedoch auch sichergestellt werden, dass die öffentlichen Auftraggeber in diesem Zusammenhang keine unverhältnismäßigen Archivierungs- und Registrierungsaufwand betreiben müssen. (...)"*.

[35] *Wieddekind* in Willenbruch/Wieddekind, Kompaktkommentar Vergaberecht, § 50 VgV, Rn. 30.

[36] Vgl. KOM(2011) 896 („Von den Bewerbern und Bietern wird nicht die erneute Vorlage einer Bescheinigung oder eines sonstigen dokumentarischen Nachweises verlangt, die demselben öffentlichen Auftraggeber in den vergangenen vier Jahre für ein früheres Verfahren übermittelt wurden und nach wie vor gültig sind.")

§ 6c Qualitätssicherung und Umweltmanagement

(1) Verlangt der öffentliche Auftraggeber zum Nachweis dafür, dass Bewerber oder Bieter bestimmte Normen der Qualitätssicherung erfüllen, die Vorlage von Bescheinigungen unabhängiger Stellen, so bezieht sich der öffentliche Auftraggeber auf Qualitätssicherungssysteme, die

1. den einschlägigen europäischen Normen genügen und
2. von akkreditierten Stellen zertifiziert sind.

Der öffentliche Auftraggeber erkennt auch gleichwertige Bescheinigungen von akkreditierten Stellen aus anderen Staaten an. Konnte ein Unternehmen aus Gründen, die es nicht zu vertreten hat, die betreffenden Bescheinigungen nicht innerhalb der einschlägigen Fristen einholen, so muss der öffentliche Auftraggeber auch andere Unterlagen über gleichwertige Qualitätssicherungssysteme anerkennen, sofern das Unternehmen nachweist, dass die vorgeschlagenen Qualitätssicherungsmaßnahmen den geforderten Qualitätssicherungsnormen entsprechen.

(2) Verlangt der öffentliche Auftraggeber zum Nachweis dafür, dass Bewerber oder Bieter bestimmte Systeme oder Normen des Umweltmanagements erfüllen, die Vorlage von Bescheinigungen unabhängiger Stellen, so bezieht sich der öffentliche Auftraggeber

1. entweder auf das Gemeinschaftssystem für das Umweltmanagement und die Umweltbetriebsprüfung (EMAS) der Europäischen Union oder
2. auf andere nach Artikel 45 der Verordnung (EG) 1221/2009 anerkannte Umweltmanagementsysteme oder
3. auf andere Normen für das Umweltmanagement, die auf den einschlägigen europäischen oder internationalen Normen beruhen und von akkreditierten Stellen zertifiziert sind.

Der öffentliche Auftraggeber erkennt auch gleichwertige Bescheinigungen von Stellen in anderen Staaten an. Hatte ein Unternehmen aus Gründen, die ihm nicht zugerechnet werden können, nachweislich keinen Zugang zu den betreffenden Bescheinigungen oder aus Gründen, die es nicht zu vertreten hat, keine Möglichkeit, diese innerhalb der einschlägigen Fristen zu erlangen, so muss der öffentliche Auftraggeber auch andere Nachweise über gleichwertige Umweltmanagementmaßnahmen anerkennen, sofern das Unternehmen nachweist, dass diese Maßnahmen mit denen, die nach dem geltenden System oder den geltenden Normen für das Umweltmanagement erforderlich sind, gleichwertig sind.

Übersicht

	Rn.		Rn.
A. Einführung	1	III. Rechtliche Vorgaben im EU-Recht	3
I. Literatur	1	B. Kommentierung	7
II. Entstehungsgeschichte	2		

A. Einführung

I. Literatur

Aufgrund der wörtlichen Übereinstimmung der Regelungen wird vollumfänglich auf **1** die Literaturliste des § 49 VgV verwiesen.

II. Entstehungsgeschichte

§ 6 lit. c) EU VOB/A enthält Bestimmungen darüber, welche Nachweismöglichkeiten **2** der Auftraggeber verlangen darf, wenn der Auftraggeber zum Nachweis der technischen und beruflichen Leistungsfähigkeit, die Erfüllung bestimmter Normen der Qualitätssicherung und des Umweltmanagements abverlangt. Die Möglichkeit der Berücksichtigung von Aspekten der Qualitätssicherung und des Umweltmanagements sah bereits die RL 2004/18/EU ausdrücklich vor. Die einschlägigen Regelungen fanden sich in Art. 49 und Art. 50 RL 2004/18/EG. Die in Art. 49 RL 2004/24/EG statuierten Vorgaben die Qualitätssicherung betreffend wurden auf nationaler Ebene umfassend umgesetzt.

III. Rechtliche Vorgaben im EU-Recht

3   In der RL 2014/24/EU finden sich ebenfalls Vorgaben das Qualitäts- und Umweltmanagement betreffend. Art. 62 Abs. 1 RL 2014/24/EU ist inhaltlich im Wesentlichen identisch mit Art. 49 RL 2004/18/EG und betrifft die Qualitätssicherung. Neu ist dabei die ausdrückliche Hervorhebung, dass auch Qualitätssicherungsnormen des Zugangs von Menschen mit Behinderungen erfasst werden. Die Berücksichtigung der Rechte von Menschen mit Behinderungen ist in der Richtlinie ausdrücklich vorgesehen.[1] Art. 62 Abs. 1 RL 2014/24/EU nimmt diese Vorgabe auf.

4   Der Gesichtspunkt des Umweltmanagements wird in Art. 62 Abs. 2 RL 2014/24/EU aufgegriffen und korrespondiert inhaltlich mit der Vorgängerregelung in Art. 50 RL 2004/18/EG.

5   § 6 lit. c) EU VOB/A setzt die europarechtlichen Vorgaben des Art. 62 Abs. 1 und 2 RL 2014/24/EU um. Die Berücksichtigung der Rechte von Menschen mit Behinderungen ist in § 6 lit. c) EU Abs. 1 VOB/A, der die Qualitätssicherung betrifft, anders als in Art. 62 Abs. 1 RL 2014/24/EU nicht ausdrücklich vorgesehen.

6   § 6 lit. c) EU Abs. 2 VOB/A regelt die Modalitäten der Nachweisführung in Bezug auf die Einhaltung bestimmter Systeme oder Normen des Umweltmanagements und dient der Umsetzung des Art. 62 Abs. 2 RL 2014/24/EU.

B. Kommentierung

7   Aufgrund der wörtlichen Übereinstimmung der Regelungen wird vollumfänglich auf die Kommentierung des § 49 VgV verwiesen.

---

[1] Siehe Erwägungsgrund 3 der RL 2014/24/EU.

§ 6d Kapazitäten anderer Unternehmen

(1) **Ein Bewerber oder Bieter kann sich zum Nachweis seiner Eignung auf andere Unternehmen stützen** – ungeachtet des rechtlichen Charakters der zwischen ihm und diesen Unternehmen bestehenden Verbindungen (Eignungsleihe). In diesem Fall weist er dem öffentlichen Auftraggeber gegenüber nach, dass ihm die erforderlichen Kapazitäten zur Verfügung stehen werden, indem er beispielsweise die diesbezüglichen verpflichtenden Zusagen dieser Unternehmen vorlegt. Eine Inanspruchnahme der Kapazitäten anderer Unternehmen für die berufliche Befähigung (§ 6a EU Absatz 1 Nummer 3 Buchstabe e) oder die berufliche Erfahrung (§ 6a EU Absatz 1 Nummer 3 Buchstaben a und b) ist nur möglich, wenn diese Unternehmen die Arbeiten ausführen, für die diese Kapazitäten benötigt werden. Der öffentliche Auftraggeber hat zu überprüfen, ob diese Unternehmen die entsprechenden Anforderungen an die Eignung gemäß § 6a EU erfüllen und ob Ausschlussgründe gemäß § 6e EU vorliegen. Der öffentliche Auftraggeber schreibt vor, dass der Bieter ein Unternehmen, das eine einschlägige Eignungsanforderung nicht erfüllt oder bei dem Ausschlussgründe gemäß § 6e EU Absatz 1 bis 5 vorliegen, zu ersetzen hat. Der öffentliche Auftraggeber kann vorschreiben, dass der Bieter ein Unternehmen, bei dem Ausschlussgründe gemäß § 6e EU Absatz 6 vorliegen, ersetzt.

(2) **Nimmt ein Bewerber oder Bieter im Hinblick auf die Kriterien für die wirtschaftliche und finanzielle Leistungsfähigkeit die Kapazitäten anderer Unternehmen in Anspruch, so kann der öffentliche Auftraggeber vorschreiben, dass Bewerber oder Bieter und diese Unternehmen gemeinsam für die Auftragsausführung haften.**

(3) **Werden die Kapazitäten anderer Unternehmen gemäß Absatz 1 in Anspruch genommen, so muss die Nachweisführung entsprechend § 6b EU auch für diese Unternehmen erfolgen.**

(4) **Der öffentliche Auftraggeber kann vorschreiben, dass bestimmte kritische Aufgaben direkt vom Bieter selbst oder – wenn der Bieter einer Bietergemeinschaft angehört – von einem Mitglied der Bietergemeinschaft ausgeführt werden.**

Übersicht

	Rn.			Rn.
A. Einführung	1		B. Kommentierung	7
I. Literatur	1		C. Unterschiede zwischen § 6 EU VOB/A	
II. Entstehungsgeschichte	2		und § 47 VgV	8
III. Rechtliche Vorgaben im EU-Recht	4			

A. Einführung

I. Literatur

Aufgrund der wörtlichen Übereinstimmung der Regelungen wird vollumfänglich auf **1** die Literaturliste des § 47 VgV verwiesen.

II. Entstehungsgeschichte

Das Institut der Eignungsleihe hat seine Ursprünge in der Rechtsprechung des EuGH. **2** Bereits 1994 entschied der EuGH auf eine belgische Vorlage, dass ein Unternehmen seine technische, finanzielle und wirtschaftliche Leistungsfähigkeit durch Verweis auf die Referenzen eines verbundenen Unternehmens nachweisen kann, wenn es belegt, dass es tatsächlich über die diesen zustehenden Mittel verfügen kann, die zur Ausführung der Aufträge erforderlich sind.[1] Die Eignungsleihe wurde zunächst durch das ÖPP-Beschleuni-

---

[1] EuGH Urt. v. 14.4.1994, Rs. C-389/92, Ballast Nedam Groep I, Rn. 17.

gungsgesetz in die Altregelungen von § 6 Abs. 2 Nr. 2 VgV aufgenommen. Mit der VOB/A 2006 wurde die Eignungsleihe in § 8a Nr. 10 VOB/A normiert.

3   Vorläuferregelung des § 6d EU VOB/A war § 6 EG Abs. 8 VOB/A, welche die Art. 47 Abs. 2 und Art. 48 Abs. 3 der RL 2004/18/EG umsetzte. Danach konnte bereits bei Defiziten in Bezug auf die Leistungsfähigkeit im eigenen Betrieb sich die fehlende Eignung bei einem Dritten ausgeliehen werden, indem sich auf dessen Kapazitäten berufen wurde.

III. Rechtliche Vorgaben im EU-Recht

4   Die Regelung dient der Umsetzung von Artikel 63 der RL 2014/24/EU, der die Inanspruchnahme der Kapazitäten anderer Unternehmen regelt. Die Vorgaben der neuen Richtlinienvorschrift sind wesentlich detaillierter als die der Altregelungen in Art. 47 Abs. 2 und 3 sowie in Art. 48 Abs. 3 und 4 RL 2004/18/EG. Auch werden durch die Richtlinienvorgabe strengere Anforderungen an die Eignungsleihe als bisher gestellt.

5   Die Regelung des § 6d EU Abs. 1 S. 1 bis 3 VOB/A setzt die Vorschrift des Art. 63 Abs. 1 Unterabs. 1 der RL 2014/24/EU um. § 6d EU Abs. 1 S. 4 bis 6 VOB/A dient der Umsetzung von Art. 63 Abs. 1 Unterabs. 2 RL 2014/24/EU und betrifft die Überprüfung der Eignung des anderen Unternehmen.

6   Die Haftungsregelung des § 6d EU Abs. 2 VOB/A entspricht der Regelung des Art. 63 Abs. 1 Unterabs. 3 der RL 2014/24/EU. Die Regelung des § 6d EU Abs. 3 VOB/A setzt die Vorgaben des Art. 59 Abs. 1 RL 2014/24/EU und Art. 64 RL 2014/24/EU um. § 6d EU Abs. 4 VOB/A dient der Umsetzung von Art. 63 Abs. 2 der RL 2014/24/EU und gibt die Selbstausführung bei kritischen Aufgaben vor.

B. Kommentierung

7   Aufgrund von nur geringfügigen sprachlichen Abweichungen entsprechen die Regelungen des § 6d EU VOB/A weitgehend § 47 VgV, so dass auf die Kommentierung des § 47 VgV verwiesen wird.

C. Unterschiede zwischen § 6d EU VOB/A und § 47 VgV

8   Im Gegensatz zu § 47 Abs. 4 VgV fehlt in § 6d EU VOB/A eine explizite Regelung, welche die Regelungen der Eignungsleihe auch für Bewerber- oder Bietergemeinschaften gelten. In § 6d EU/VOB/a wird demzufolge keine Regelung statuiert, wonach sich Bewerber- oder Bietergemeinschaften auf Kapazitäten externer Unternehmen berufen können.

9   Allerdings ist eine solche Regelung nicht erforderlich. Aufgrund der Regelung des § 6 EU Abs. 3 Nr. 2 VOB/A sind Bewerber- und Bietergemeinschaften Einzelbewerbern und -bietern gleichzusetzen.[2]

10   Ferner geht aus § 6d EU Abs. 3 VOB/A hervor, dass ein Unternehmen, welches die Kapazitäten eines anderen Unternehmens nutzt, die Nachweisführung entsprechend der Regelung des § 6b EU VOB/A auch für dieses Unternehmen zu erfolgen hat. Aus der Regelung geht hervor, dass für den Dritten, auf dessen Kapazitäten sich der Bewerber oder Bieter beruft, in gleicher Weise wie dieser die Vorgaben zu führen hat. Die Nachweisführung zur Festlegung der Eignung hat daher alternativ durch Vorlage von Eigenerklärungen bzw. von Einzelnachweisen, die direkt abrufbare Eintragung in das Präqualifikationsverzeichnis oder vorläufig durch die Einheitliche Europäische Eigenerklärung zu erfolgen.

---

[2] Vgl. Kommentierung zu § 6 EU Abs. 3 Nr. 2 VOB/A.

§ 6e Ausschlussgründe

(1) Der öffentliche Auftraggeber schließt ein Unternehmen zu jedem Zeitpunkt des Vergabeverfahrens von der Teilnahme aus, wenn er Kenntnis davon hat, dass eine Person, deren Verhalten nach Absatz 3 dem Unternehmen zuzurechnen ist, rechtskräftig verurteilt worden ist nach:

1. § 129 des Strafgesetzbuchs (StGB) (Bildung krimineller Vereinigungen), § 129a StGB (Bildung terroristischer Vereinigungen) oder § 129b StGB (kriminelle und terroristische Vereinigungen im Ausland),
2. § 89c StGB (Terrorismusfinanzierung) oder wegen der Teilnahme an einer solchen Tat oder wegen der Bereitstellung oder Sammlung finanzieller Mittel in Kenntnis dessen, dass diese finanziellen Mittel ganz oder teilweise dazu verwendet werden oder verwendet werden sollen, eine Tat nach § 89a Absatz 2 Nummer 2 StGB zu begehen,
3. § 261 StGB (Geldwäsche; Verschleierung unrechtmäßig erlangter Vermögenswerte),
4. § 263 StGB (Betrug), soweit sich die Straftat gegen den Haushalt der Europäischen Union oder gegen Haushalte richtet, die von der Europäischen Union oder in ihrem Auftrag verwaltet werden,
5. § 264 StGB (Subventionsbetrug), soweit sich die Straftat gegen den Haushalt der Europäischen Union oder gegen Haushalte richtet, die von der Europäischen Union oder in ihrem Auftrag verwaltet werden,
6. § 299 StGB (Bestechlichkeit und Bestechung im geschäftlichen Verkehr),
7. § 108e StGB (Bestechlichkeit und Bestechung von Mandatsträgern),
8. den §§ 333 und 334 StGB (Vorteilsgewährung und Bestechung), jeweils auch in Verbindung mit § 335a StGB (Ausländische und internationale Bedienstete),
9. Artikel 2 § 2 des Gesetzes zur Bekämpfung internationaler Bestechung (Bestechung ausländischer Abgeordneter im Zusammenhang mit internationalem Geschäftsverkehr),
10. den §§ 232 und 233 StGB (Menschenhandel) oder § 233a StGB (Förderung des Menschenhandels).

(2) Einer Verurteilung oder der Festsetzung einer Geldbuße im Sinne des Absatzes 1 stehen eine Verurteilung oder die Festsetzung einer Geldbuße nach den vergleichbaren Vorschriften anderer Staaten gleich.

(3) Das Verhalten einer rechtskräftig verurteilten Person ist einem Unternehmen zuzurechnen, wenn diese Person als für die Leitung des Unternehmens Verantwortlicher gehandelt hat; dazu gehört auch die Überwachung der Geschäftsführung oder die sonstige Ausübung von Kontrollbefugnissen in leitender Stellung.

(4) Der öffentliche Auftraggeber schließt ein Unternehmen von der Teilnahme an einem Vergabeverfahren aus, wenn

1. das Unternehmen seinen Verpflichtungen zur Zahlung von Steuern, Abgaben und Beiträgen zur Sozialversicherung nicht nachgekommen ist und dies durch eine rechtskräftige Gerichts- oder bestandskräftige Verwaltungsentscheidung festgestellt wurde, oder
2. der öffentliche Auftraggeber auf sonstige geeignete Weise die Verletzung einer Verpflichtung nach Nummer 1 nachweisen kann.

Satz 1 findet keine Anwendung, wenn das Unternehmen seinen Verpflichtungen dadurch nachgekommen ist, dass es die Zahlung vorgenommen oder sich zur Zahlung der Steuern, Abgaben und Beiträge zur Sozialversicherung einschließlich Zinsen, Säumnis- und Strafzuschlägen verpflichtet hat.

(5) Von einem Ausschluss nach Absatz 1 kann abgesehen werden, wenn dies aus zwingenden Gründen des öffentlichen Interesses geboten ist. Von einem Ausschluss nach Absatz 4 Satz 1 kann abgesehen werden, wenn dies aus zwingenden Gründen des öffentlichen Interesses geboten ist oder ein Ausschluss offensichtlich unverhältnismäßig wäre. § 6f EU Absatz 1 und 2 bleiben unberührt.

(6) Der öffentliche Auftraggeber kann unter Berücksichtigung des Grundsatzes der Verhältnismäßigkeit ein Unternehmen zu jedem Zeitpunkt des Vergabeverfahrens von der Teilnahme an einem Vergabeverfahren ausschließen, wenn

1. das Unternehmen bei der Ausführung öffentlicher Aufträge nachweislich gegen geltende umwelt-, sozial- und arbeitsrechtliche Verpflichtungen verstoßen hat,
2. das Unternehmen zahlungsunfähig ist, über das Vermögen des Unternehmens ein Insolvenzverfahren oder ein vergleichbares Verfahren beantragt oder eröffnet worden ist, die Eröffnung eines solchen Verfahrens mangels Masse abgelehnt worden ist, sich das Unternehmen im Verfahren der Liquidation befindet oder seine Tätigkeit eingestellt hat,
3. das Unternehmen im Rahmen der beruflichen Tätigkeit nachweislich eine schwere Verfehlung begangen hat, durch die die Integrität des Unternehmens infrage gestellt wird; § 6e EU Absatz 3 ist entsprechend anzuwenden,
4. der öffentliche Auftraggeber über hinreichende Anhaltspunkte dafür verfügt, dass das Unternehmen Vereinbarungen mit anderen Unternehmen getroffen hat, die eine Verhinderung, Einschränkung oder Verfälschung des Wettbewerbs bezwecken oder bewirken,
5. ein Interessenkonflikt bei der Durchführung des Vergabeverfahrens besteht, der die Unparteilichkeit und Unabhängigkeit einer für den öffentlichen Auftraggeber tätigen Person bei der Durchführung des Vergabeverfahrens beeinträchtigen könnte und der durch andere, weniger einschneidende Maßnahmen nicht wirksam beseitigt werden kann,
6. eine Wettbewerbsverzerrung daraus resultiert, dass das Unternehmen bereits in die Vorbereitung des Vergabeverfahrens einbezogen war, und diese Wettbewerbsverzerrung nicht durch andere, weniger einschneidende Maßnahmen beseitigt werden kann,
7. das Unternehmen eine wesentliche Anforderung bei der Ausführung eines früheren öffentlichen Auftrags erheblich oder fortdauernd mangelhaft erfüllt hat und dies zu einer vorzeitigen Beendigung, zu Schadensersatz oder zu einer vergleichbaren Rechtsfolge geführt hat,
8. das Unternehmen in Bezug auf Ausschlussgründe oder Eignungskriterien eine schwerwiegende Täuschung begangen, Auskünfte zurückgehalten hat oder nicht in der Lage ist, die erforderlichen Nachweise zu übermitteln oder
9. das Unternehmen
   a) versucht hat, die Entscheidungsfindung des öffentlichen Auftraggebers in unzulässiger Weise zu beeinflussen,
   b) versucht hat, vertrauliche Informationen zu erhalten, durch die es unzulässige Vorteile beim Vergabeverfahren erlangen könnte, oder
   c) fahrlässig oder vorsätzlich irreführende Informationen übermittelt hat, die die Vergabeentscheidung des öffentlichen Auftraggebers erheblich beeinflussen könnten oder versucht hat, solche Informationen zu übermitteln.

Übersicht

	Rn.		Rn.
A. Einführung	1	III. Rechtliche Vorgaben im EU-Recht	4
I. Literatur	1	B. Kommentierung	5
II. Entstehungsgeschichte	2		

A. Einführung

I. Literatur

1   Aufgrund der wörtlichen Übereinstimmung der Regelungen wird vollumfänglich auf die Literaturliste der § 123 GWB und § 124 GWB in Band 1 dieses Werkes verwiesen.

II. Entstehungsgeschichte

Die Regelung des § 6 lit. e) EU VOB/A umfasst die zwingenden und fakultativen Aus- **2** schlussgründe. Dabei dient § 6 lit. e) EU VOB/A lediglich der Wiederholung der §§ 123 und 124 GWB. Die Absätze 1 bis 5 geben den Regelungsgehalt der zwingenden Ausschlussgründe des § 123 GWB wieder, Absatz 6 entspricht § 124 GWB und beinhaltet die fakultativen Ausschlussgründe. Liegt ein zwingender Ausschlussgrund bei einem Bewerber vor, so muss der Auftraggeber diesen Bewerber vom Vergabeverfahren ausschließen. Ihm steht folglich kein Ermessen zu. Unter den strengen Voraussetzungen des § 6 lit. f) EU VOB/A kann der Auftraggeber im Falle eine erfolgreichen Selbstreinigung des Bieters von einem Ausschluss absehen, sofern zwingende Gründe des öffentlichen Interesse dies gebieten, § 6 lit. e) EU Abs. 5 VOB/A. Liegen bei einem Bewerber fakultative Ausschlussgründe im Sinne des § 6 lit. e) EU Abs. 6 VOB/A vor, so ist der Auftraggeber daran gehalten, den Grundsatz der Verhältnismäßigkeit im Besonderen zu berücksichtigen.

Der Katalog der zwingenden Ausschlussgründe wurde erweitert. So wurden in Um- **3** setzung der Richtlinie 2014/24/EU die Straftatbestände der Terrorismusfinanzierung (§ 89c StGB) und des Menschenhandels bzw. der Förderung des Menschenhandels (§§ 232, 232 und 233a StGB) mit in § 6 lit. e) EU Abs. 1 VOB/A aufgenommen. Hingegen wurde der Tatbestand der Steuerhinterziehung (§ 370 AO) gestrichen. Verstöße gegen die Verpflichtungen zur Zahlung von Steuern und Sozialversicherungsbeiträgen wurden gesondert in § 6 lit. e) EU Abs. 4 VOB/A geregelt. Die Nichterfüllung solcher Verpflichtungen war im Gemeinschaftsrecht noch als fakultativer Ausschlussgrund ausgestaltet. Die Ausnahmeregelung des § 6 lit. e) EU Abs. 5 VOB/A wurde ebenfalls einer Neufassung unterzogen.

III. Rechtliche Vorgaben im EU-Recht

§ 6 lit. e) EU VOB/A dient der Umsetzung des Art. 57 der Richtlinie 2014/24/EU. **4** Die Absätze 1 bis 5 setzen dabei Art. 57 Abs. 1–3 der Richtlinie 2014/24/EU um. § 6 lit. e) EU Abs. 6 VOB/A hat in Art. 57 Abs. 4 der Richtlinie seinen Ursprung. Zwingende Ausschlussgründe waren erstmals in Art. 45 Abs. 1 der Richtlinie 2004/18/EG enthalten. Eine vergleichbare Regelung ist auch im Konzessionsvergaberecht vorhanden. So bestimmt Art 38 Abs. 4–6 der Konzessionsvergaberichtlinie 2014/23/EU unter welchen Voraussetzungen ein Bieter zwingend von einem Vergabeverfahren ausgeschlossen werden muss.

B. Kommentierung

Aufgrund der wörtlichen Übereinstimmung der Regelungen wird vollumfänglich auf **5** die Kommentierung der § 123 GWB und § 124 GWB in Band 1 dieses Werkes verwiesen.

§ 6f Selbstreinigung

(1) Der öffentliche Auftraggeber schließt ein Unternehmen, bei dem ein Ausschlussgrund nach § 6e EU vorliegt, nicht von der Teilnahme an dem Vergabeverfahren aus, wenn das Unternehmen nachgewiesen hat, dass es

1. für jeden durch eine Straftat oder ein Fehlverhalten verursachten Schaden einen Ausgleich gezahlt oder sich zur Zahlung eines Ausgleichs verpflichtet hat,
2. die Tatsachen und Umstände, die mit der Straftat oder dem Fehlverhalten und dem dadurch verursachten Schaden in Zusammenhang stehen, durch eine aktive Zusammenarbeit mit den Ermittlungsbehörden und dem öffentlichen Auftraggeber umfassend geklärt hat und
3. konkrete technische, organisatorische und personelle Maßnahmen ergriffen hat, die geeignet sind, weitere Straftaten oder weiteres Fehlverhalten zu vermeiden.
§ 6e EU Absatz 4 Satz 2 bleibt unberührt.

(2) Der öffentliche Auftraggeber bewertet die von dem Unternehmen ergriffenen Selbstreinigungsmaßnahmen im Hinblick auf ihre Bedeutung für den zu vergebenden öffentlichen Auftrag; dabei berücksichtigt er die Schwere und die besonderen Umstände der Straftat oder des Fehlverhaltens. Erachtet der öffentliche Auftraggeber die Selbstreinigungsmaßnahmen des Unternehmens als unzureichend, so begründet er diese Entscheidung gegenüber dem Unternehmen.

(3) Wenn ein Unternehmen, bei dem ein Ausschlussgrund vorliegt, keine oder keine ausreichenden Selbstreinigungsmaßnahmen nach Absatz 1 ergreift, darf es

1. bei Vorliegen eines Ausschlussgrundes nach § 6e EU Absatz 1 bis 4 höchstens für einen Zeitraum von fünf Jahren ab dem Tag der rechtskräftigen Verurteilung von der Teilnahme an Vergabeverfahren ausgeschlossen werden,
2. bei Vorliegen eines Ausschlussgrundes nach § 6e EU Absatz 6 höchstens für einen Zeitraum von drei Jahren ab dem betreffenden Ereignis von der Teilnahme an Vergabeverfahren ausgeschlossen werden.

Übersicht

	Rn.		Rn.
I. Literatur	1	III. Rechtliche Vorgaben im EU-Recht	4
II. Entstehungsgeschichte	2	IV. Bedeutung der Vorschrift	5

I. Literatur

1 *Eufinger,* Vereinbarkeit der horizontalen Aufforderungen an eine vergaberechtliche Selbstreinigung mit europarechtlichen Vorgaben EuZW 2017, 674 ff.; *Palatzke/Jürschink,* Dilemma zwischen vergaberechtlicher Selbstreinigung und Kartellschadenersatz NZKart 2017, 358 ff.; *Hövelberndt,* Erfolgreiche Selbstreinigung bei Verstößen gegen das Kartell- oder Wettbewerbsrecht NZBau 2017, 464 ff.; *Horn/Götz,* Ausschluss von Vergabeverfahren aufgrund von Kartellrechtsverstößen und die vergaberechtliche Selbstreinigung EuZW 2018, 13; Vgl. im Übrigen die Literaturhinweise zu § 125 GWB und § 126 GWB.[1]

II. Entstehungsgeschichte

2 § 6f EU VOB/A zählt zu den Vorschriften, die der Deutsche Vergabe- und Vertragsausschuss für Bauleistungen (DVA), der die VOB/A erarbeitet, **aus dem GWB in den zweiten Abschnitt der VOB/A übernommen** hat. Die Vorlage von § 6f EU Abs. 1 und 2 VOB/A bildet § 125 GWB, die Vorlage von § 6f EU VOB/A ist 126 GWB. Die §§ 125 und 126 GWB sind bei Vergabeverfahren, die unter die VOB/A-EU fallen, unmittelbar

---

[1] *Opitz* in Burgi/Dreher, Beck'scher Vergaberechtskommentar, 3. Aufl. Bd. 1 § 125 Rn. 1 und § 126 Rn. 1.

anwendbar, weshalb § 6f EU VOB/A eigentlich überflüssig ist.[2] Der 2. Abschnitt der VOB/A, der durch den Verweis in § 2 VgV den Charakter einer Rechtsverordnung teilt, kann auch keine andere Regelung als das GWB treffen. Die nach § 113 GWB erlassenen Rechtsverordnungen sind an die zwingenden Standards des GWB gebunden.[3]

Das **Regelungskonzept** der VOB/A 2016, wonach Vorschriften des GWB, die aus Sicht **3** des DVA für den Anwender besonders wichtig sind, in der VOB/A wiederholt werden,[4] ist aus mehreren Gründen **fragwürdig.** Zunächst wird hierdurch ein in sich geschlossenes Regelungssystem der VOB/A-EU suggeriert, das tatsächlich nicht besteht, denn ein Teil der maßgeblichen Vorschriften für die Vergabe von Bauaufträgen oberhalb der EU-Schwellenwerte (z.B. § 128 GWB) wird in der VOB/A-EU *nicht* wiederholt. Zum Teil werden die Vorschriften des GWB in der VOB/A-EU auch nicht wortgleich wiederholt,[5] was – selbst wenn damit keine inhaltliche Abweichung verbunden sein kann – jedenfalls zur Irreführung des Rechtsanwenders beiträgt und dem Anspruch des DVA, im Rahmen privater Rechtssetzung besonders praxisgerechte Vergaberegeln zu schaffen, widerspricht. So ist es auch bei § 6f EU Abs. 2 VOB/A, der anders als § 125 GWB die Formulierung *„im Hinblick auf die Bedeutung für den zu vergebenden öffentlichen Auftrag"* enthält. Unabhängig davon stellt sich aber die Frage, ob der DVA mit den Wortlautabweichungen nicht doch das Interesse verfolgt, den parlamentarischen Gesetzgeber zu korrigieren. Schließlich besteht das gesetzestechnische Problem, dass bei jeder einschlägigen Änderung der GWB-Vergabevorschriften auch die VOB/A-EU angepasst werden muss und es aufgrund von Verzögerungen dieser Anpassungen zu zeitweilig unterschiedlichen Regelungen kommt. So sind auch die Änderung der § 123, 124 und 125 GWB, die durch das Gesetz zur Einführung eines Wettbewerbsregisters[6] eingefügt worden sind, bislang nicht in der VOB/A-EU berücksichtigt.

III. Rechtliche Vorgaben im EU-Recht

Europarechtliche Grundlage von § 125 GWB und demzufolge § 6f EU Abs. 1 und 2 **4** VOB/A ist **Art. 57 Abs. 6 RL 2014/24/EU.** § 126 GWB und § 6f EU Abs. 3 VOB/A beruhen auf Art. 57 Abs. 7 S. 2 und 3 RL 2014/24/EU.[7] Die Vergabekammer Südbayern hat Bedenken erhoben, ob die Vorschriften der §§ 125 und 126 GWB mit den Vorgaben des Richtlinienrechts vereinbar sind und dem Gerichtshof der Europäischen Union im Wege der Vorabentscheidung nach Art. 267 AEUV hierzu mehrere Fragen vorgelegt.[8] Sie betreffen zum einen die in § 125 Abs. 1 Nr. 2 GWB (§ 6f EU Abs. 1 Nr. 2 VOB/A) geforderte aktive Zusammenarbeit mit dem öffentlichen Auftraggeber als Voraussetzung einer Selbstreinigung[9] und zum anderen den Beginn der in § 126 Nr. 2 GWB (§ 6f EU Abs. 3 Nr. 2 VOB/A) genannten Frist.[10]

IV. Bedeutung der Vorschrift

Ein **Unternehmen,** bei dem ein Ausschlussgrund nach § 6e EU VOB/A vorliegt, kann **5** zum Wettbewerb um öffentliche Aufträge **wieder zugelassen werden,** wenn es Vorsorge

---

[2] OLG Celle 9.1.2017 – 13 Verg 9/16 zu § 6e EU Abs. 6 Nr. 7 VOB/A. Deutlich auch VK Südbayern 6.2.2017 zu § 6e EU Abs. 6 Nr. 3 u. 7 VOB/A: „lediglich überflüssige Wiederholungen".

[3] *Fandrey* in KKPP GWB-Vergaberecht, § 113 Rn. 2.

[4] Vgl. Hinweise des DVA zur VOB/A 2016, BAnz AT 19.01.2016 B3.

[5] So zB in § 6e EU Abs. 1 S. 1 VOB/A oder in § 7 EU Abs. 1 Nr. 1 VOB/A-EU.

[6] V. 18.7.2017 (BGBl. I S. 2739).

[7] Vgl. im Einzelnen *Opitz* in Burgi/Dreher, Beck'scher Vergaberechtskommentar, 3. Aufl. Bd. 1 § 125 Rn. 3 ff. und § 126 Rn. 4 ff.

[8] VK Südbayern 7.3.2017 – Z3-3-3194-1-45-11/16. Dazu *Hövelberndt* NZBau 2017, 464 ff.

[9] Hierzu *Opitz* in Burgi/Dreher, Beck'scher Vergaberechtskommentar, 3. Aufl. Bd. 1 § 125 Rn. 25.

[10] Hierzu *Opitz* in Burgi/Dreher, Beck'scher Vergaberechtskommentar, 3. Aufl. Bd. 1 § 126 Rn. 15.

dafür getroffen hat, dass erneute Verfehlungen verhindert werden (**sog. Selbstreinigung**). In § 6f EU Abs. 1 VOB/A werden die Voraussetzungen der Wiederzulassung genannt, Abs. 2 beschreibt das Verfahren der Wiederzulassung. Auch ohne eine Selbstreinigung darf ein Unternehmen aber nicht auf unbestimmte Zeit von Vergabeverfahren ausgeschlossen werden. Das würde dem Verhältnismäßigkeitsgrundsatz (§ 97 Abs. 1 GWB) widersprechen. Nach Ablauf der in § 6f EU Abs. 3 VOB/A genannten Fristen ist ein Unternehmen in jedem Fall, d. h. auch ohne dass Maßnahmen der Selbstreinigung ergriffen wurden, wieder zum Wettbewerb zuzulassen. Aufgrund der unmittelbar geltenden Regelung zur Wiederzulassung eines Unternehmens in § 125 GWB hat § 6f EU VOB/A **nur deklaratorische Bedeutung**.[11] Das gleiche gilt für die Ausschlussgründe selbst, die in § 6e EU VOB/A genannt werden, aber bereits in den §§ 123 und 124 GWB geregelt sind.

6   Nach der Neufassung des § 125 GWB Abs. 1 GWB, die im Text von § 6f EU VOB/A **noch nicht berücksichtigt** ist, kann der Nachweis eines Unternehmens, dass hinreichende Selbstreinigungsmaßnahmen durchgeführt worden sind, nicht nur gegenüber dem Auftraggeber geführt werden, sondern in dem Verfahren der vorzeitigen Löschung nach § 8 **Wettbewerbsregistergesetz (WRegG)** auch gegenüber dem Bundeskartellamt als Registerbehörde. Ist die Eintragung im Wettbewerbsregister nach § 8 gelöscht worden, darf die der Eintragung zugrunde liegende Straftat oder Ordnungswidrigkeit in Vergabeverfahren nicht mehr zum Nachteil des betroffenen Unternehmens verwertet werden.[12] Die Ablehnung eines Antrags auf vorzeitige Löschung ist für den Auftraggeber hingegen nicht bindend.

7   **Im Übrigen wird auf die Kommentierung zu § 125 und § 126 GWB verwiesen.**[13]

---

[11] → Rn. 2.
[12] § 7 Abs. 2 S. 1 WRegG.
[13] *Opitz* in Burgi/Dreher, Beck'scher Vergaberechtskommentar, 3. Aufl. Bd. 1.

§ 7 Leistungsbeschreibung

(1)

1. Die Leistung ist eindeutig und so erschöpfend zu beschreiben, dass alle Bewerber die Beschreibung im gleichen Sinne verstehen müssen und ihre Preise sicher und ohne umfangreiche Vorarbeiten berechnen können.
2. Um eine einwandfreie Preisermittlung zu ermöglichen, sind alle sie beeinflussenden Umstände festzustellen und in den Vergabeunterlagen anzugeben.
3. Dem Auftragnehmer darf kein ungewöhnliches Wagnis aufgebürdet werden für Umstände und Ereignisse, auf die er keinen Einfluss hat und deren Einwirkung auf die Preise und Fristen er nicht im Voraus schätzen kann.
4. Bedarfspositionen sind grundsätzlich nicht in die Leistungsbeschreibung aufzunehmen. Angehängte Stundenlohnarbeiten dürfen nur in dem unbedingt erforderlichen Umfang in die Leistungsbeschreibung aufgenommen werden.
5. Erforderlichenfalls sind auch der Zweck und die vorgesehene Beanspruchung der fertigen Leistung anzugeben.
6. Die für die Ausführung der Leistung wesentlichen Verhältnisse der Baustelle, z. B. Boden- und Wasserverhältnisse, sind so zu beschreiben, dass der Bewerber ihre Auswirkungen auf die bauliche Anlage und die Bauausführung hinreichend beurteilen kann.
7. Die „Hinweise für das Aufstellen der Leistungsbeschreibung" in Abschnitt 0 der Allgemeinen Technischen Vertragsbedingungen für Bauleistungen, DIN 18299 ff., sind zu beachten.

(2) Soweit es nicht durch den Auftragsgegenstand gerechtfertigt ist, darf in technischen Spezifikationen nicht auf eine bestimmte Produktion oder Herkunft oder ein besonderes Verfahren, das die von einem bestimmten Unternehmen bereitgestellten Produkte charakterisiert, oder auf Marken, Patente, Typen oder einen bestimmten Ursprung oder eine bestimmte Produktion verwiesen werden wenn dadurch bestimmte Unternehmen oder bestimmte Produkte begünstigt oder ausgeschlossen werden. Solche Verweise sind jedoch ausnahmsweise zulässig, wenn der Auftragsgegenstand nicht hinreichend genau und allgemein verständlich beschrieben werden kann; solche Verweise sind mit dem Zusatz „oder gleichwertig" zu versehen.

(3) Bei der Beschreibung der Leistung sind die verkehrsüblichen Bezeichnungen zu beachten.

Übersicht

	Rn.		Rn.
A. Einführung	1	E. Ungewöhnliches Wagnis (Abs. 1 Nr. 3)	46
I. Literatur	1	I. Regelungsinhalt	46
II. Entstehungsgeschichte	2	II. Voraussetzungen	52
III. Rechtliche Vorgaben im EU-Recht	3	1. „Aufbürdung" eines „Wagnisses"	53
B. Systematische Stellung	6	2. Außerhalb des Verantwortungsbereichs des Auftragnehmers	60
C. Eindeutige und erschöpfende Beschreibung (Abs. 1 Nr. 1)	15	3. Keine Kalkulierbarkeit des Wagnisses	66
I. Regelungsinhalt	15	F. Bedarfspositionen, Angehängte Stundenlohnarbeiten (Abs. 1 Nr. 4)	69
II. „Eindeutig" und „erschöpfend"	19	I. Regelungsinhalt	69
III. Gleiches Verständnis der Bewerber	26	II. Bedarfspositionen (Abs. 1 Nr. 4 S. 1)	72
IV. Sichere Kalkulationsgrundlage	29	III. Verrechnungssätze für Stundenlohnarbeiten (Abs. 1 Nr. 4 S. 2)	77
V. Keine umfangreichen Vorarbeiten	32	
D. Ermittlung und Angabe preisbeeinflussender Umstände (Abs. 1 Nr. 2)	35	G. Erforderlichenfalls Angabe von Zweck und Beanspruchung der Leistung (Abs. 1 Nr. 5)	80
I. Regelungsinhalt	35	
II. Feststellung der preisbeeinflussenden Umstände	37	H. Wesentliche Verhältnisse der Baustelle (Abs. 1 Nr. 6)	82
III. Angabe in den Vergabeunterlagen	41	

Rn.   Rn.

I. Hinweise für das Aufstellen der Leistungsbeschreibung (Abs. 1 Nr. 7)   87

    I. Regelungsinhalt   87

II. Notwendige Angaben nach ATV
    DIN 18299   93
    1. Angaben zur Baustelle   93
    2. Angaben zur Ausführung   95

3. Einzelangaben zu Nebenleistungen
    und Besonderen Leistungen   96
4. Abrechnungseinheiten   100

J. Produktneutrale Beschreibung (Abs. 2)   101

K. Verkehrsübliche   Bezeichnungen
    (Abs. 3)   103

A. Einführung

I. Literatur

1 *Schelle/Erkelenz*, VOB/A. Alltagsfragen und Problemfälle zu Ausschreibung und Vergabe von Bauleistungen, 1983; *Franke*, Die neue VOB und ihre Auswirkungen – Zur neuen ATV DIN 18299, in: ZfBR 1988, 204; *Vygen*, Rechtliche Probleme bei Ausschreibung, Vergabe und Abrechnung von Alternativ- und Eventualpositionen, BauR 1992, 135; *Motzke*, Nachforderungsmöglichkeiten bei Einheitspreis- und Pauschalverträgen, BauR 1992, 146; *Lampe-Helbig*, Teil A der Verdingungsordnung für Bauleistungen 1992, BauR 1993, 177; *Schottke*, Das Baugrundrisiko beim VOB-Vertrag, BauR 1993, 407; *Marbach*, Nachtragsforderung bei mangelnder Leistungsbeschreibung der Baugrundverhältnisse im VOB-Bauvertrag und bei Verwirklichung des „Baugrundrisikos"; BauR 1994, 158; *Mandelkow*, Qualifizierte Leistungsbeschreibung als wesentliches Element des Bauvertrages, BauR 1996, 31; *Cuypers*, Leistungsbeschreibung, Ausschreibung und Bauvertrag, BauR 1997, 27; *Quack*, Über die Verpflichtung des Auftraggebers zur Formulierung der Leistungsbeschreibung nach den Vorgaben des § 9 VOB/A, BauR 1998, 381; *Dähne*, Auftragnehmeransprüche bei lückenhafter Leistungsbeschreibung, BauR 1999, 289; *Biermann* Die „kreative" Angebotskalkulation: Mengenspekulationen und ihre Auswirkungen auf Nachträge, FS Vygen, 1999, 134; *Döring*, Die funktionale Leistungsbeschreibung – Ein Vertrag ohne Risiko?, in FS für Vygen, 1999, 175; *Dausner*, Die Leistungsbeschreibung und VOB – Pflichten des Auftraggebers zur Vermeidung von Schäden an Leitungen, BauR 2001, 713; *Roquette*, Vollständigkeitsklauseln: Abwälzung des Risikos unvollständiger oder unrichtiger Leistungsbeschreibungen auf den Auftragnehmer, NZBau 2001, 57; *Kraus*, Die Leistungsbeschreibung im Wandel des Vergaberechts – Überprüfung und Rechtsfolgen von Verstößen gegen § 9 VOB/A, FS Jagenburg, 2002, 403; *Lederer/Niebuhr*, Ist ein Verstoß gegen § 9 VOB/A nach Auftragserteilung sanktionslos? – Welche zivilrechtlichen Ansprüche hat der Auftragnehmer bei einem offensichtlichen Verstoß gegen § 9 Nr. 1 oder Nr. 2 VOB/A?, FS Jagenburg, 2002, 455; *Weyand*, Was sind Änderungen an den Vergabeunterlagen? IBR 2002, 93; *Quack*, Das ungewöhnliche Wagnis im Bauvertrag, ZfBR 2003, 26; *ders.*, Zur Leistungsbeschreibung im Bauvertrag. Die Bedeutung der baubetrieblichen Sicht für die vertragsrechtliche Leistungsbeschreibung, ZfBR 2003, 315; *Prieß*, Die Leistungsbeschreibung – Kernstück des Vergabeverfahrens, NZBau 2004, 20, 87; *Herig*, Mischkalkulation als Spekulation – Verwirrung um Begriff, BauR 2005, 1385; *Noch*, Die Leistungsbeschreibung im Spannungsfeld zwischen Dispositionsfreiheit der Vergabestelle und subjektiven Rechten der Bieter, BauRB 2005, 344; *Quack*, Ist § 9 VOB/A wirklich rigoros bieterschützend oder vielleicht doch nicht so sehr?, BauR 2005, 1080; *Roth*, Die Risikoverteilung bei Öffentlich Privaten Partnerschaften (ÖPP) aus vergaberechtlicher Sicht, NZBau 2006, 84, *Stemmer*, Vergabe und Vergütung bei misch- und auffällig hoch oder niedrig kalkulierten Einheitspreisen, ZfBR 2006, 128; *Völkel*, Die Bedeutung der VOB/C bei der Bestimmung bauvertraglicher Leistungspflichten, 2006; *Quack*, Überlegungen zu Erfordernissen des Einzelfalls oder: Was verlangen die 0-Abschnitte der VOB/C wirklich?, ZfBR 2007, 211; *Dicks*, Die mangelhafte, insbesondere unvollständige Leistungsbeschreibung und die Rechtsfolgen im Vergaberecht, IBR 2008, 1360 (nur online); *Drittler*, Spekulative überhöhte Einheitspreise, IBR 2009, 1; *Duve/Richter*, Mischkalkulation – Ein bauwirtschaftlicher Ansatz zur Begriffsdefinition, BauR 2009, 1655; *Eschenbruch*, Vertragsgestaltung, Leistungsbeschreibung und Auslegung, BauR 2010, 283; *Motzke*, Die werkvertragliche Erfolgsverpflichtung – leistungserweiternde oder leistungsergänzende Funktion, NZBau 2011, 705; *Hilgers*, Vorsicht bei allzu „kreativen" Ausschreibungsgestaltungen!, NZBau 2011, 664; *Höfler/Bayer*, Praxishandbuch Bauvergaberecht, 3. Aufl. 2012; *Wagner-Cardenal/Scharf/Dierkes* NZBau 2012, 74; *Althaus/Heindl*, Der öffentliche Bauauftrag, 2. Aufl. 2013; *Stoye/Brugger*, Handlungsoption Offenes Leistungssoll? – Spielräume und Grenzen bei der Ausschreibung von Wahl- und Bedarfspositionen, VergabeR 2013, 376; *Fuchs*, Welche Kontaminationen müssen öffentliche Auftraggeber künftig noch ausschreiben, BauSV 2013, Heft 6, 59; *Kus*, Das ungewöhnliche Wagnis in der VOB/A und im Bauvertrag, FS Marx, 2013, 363; *Joussen*, Mehrvergütungsansprüche bei geänderten Baugrundverhältnissen – zum Vorrang der Auslegung, NZBau 2013, 465; *Scharen*, Verbotene Verlagerung von ungewöhnlichen oder von nicht zumutbaren Wagnissen, FS Marx 2013, 677; *Dicks*, Ungewöhnliche und Unzumutbare Wagnisse, NZBau 2014, 731; *Lampe-Helbig/Jagenburg/Baldringer*, Handbuch der Bauvergabe, 3. Aufl. 2014; *Stein/Simonis*, Die Leistungsbeschreibung im deutschen Vergaberecht, forum vergabe 2014, 111; *Goldbrunner*, Korrektur der Vergabeunterlagen nach Eingang der Angebote, VergabeR 2015, 342; *Koch*, Bedarfspositionen – flexible Spielräume in der Leistungsbeschreibung für öffentliche Auftraggeber, der gemeindehaushalt 2015, 25; *Deckers,* Zum Stand der Diskussion über das Baugrundrisiko, ZfBR 2016, 3; *Derler/Hempel/Fiedler,* VOB 2016 in Bildern, 2016; *Reuber,* Die neue VOB/A, VergabeR 2016, 339; *Voppel,* Anmerkung zu BGH, Urt. v. 19.4.2016 – X UR 77/16, VergabeR 2016, 486; *von Wietersheim,* Aufbau und Struktur des neuen Vergaberechts, VergabeR 2016, 269; *von Kiedrowski,* Die Auslegung von Bauverträgen zur Bestimmung von Nachtragsleistungen, NJW 2017, 3484.

II. Entstehungsgeschichte

Die VOB Ausgabe 2016 hat die Regelungen zur Leistungsbeschreibung in § 7 EG **2** VOB/A 2012 auf vier Vorschriften verteilt. § 7 EU VOB/A wurden im Prinzip die übergreifenden Vorschriften zugewiesen, die für alle Arten der Leistungsbeschreibung gelten.[1] Das führt zu Doppelregelungen mit § 121 GWB (→ Rn. 12). Abs. 1 hat den früheren § 7 EG Abs. 1 VOB/A 2012 übernommen. Die Grundsätze zur produktneutralen Beschaffung enthält Abs. 2 (früher Abs. 8), die damit innerhalb der Vorschriftensystematik nach vorne gerückt sind. Der bisherige Abs. 2 wurde zu Abs. 3. Das seit der VOB Ausgabe 2006 verfolgte Konzept identischer Regelungen oberhalb und unterhalb der Schwellenwerte wurde bei §§ 7, 7b, 7c VOB/A grundsätzlich beibehalten. Unterschiede ergeben sich nunmehr bei den Vorschriften zu technischen Spezifikationen in § 7a EU VOB/A (→ § 7a EU Rn. 2).

III. Rechtliche Vorgaben im EU-Recht

§ 7 EU VOB/A/§ 7 VOB/A enthält **bauspezifische Präzisierungen** des Bestimmt- **3** heitsgrundsatzes, die auf keine speziellen unionsrechtlichen Vorgaben zurückgehen, ausgenommen die Bestimmungen zur produktneutralen Beschreibung. Im Unionsrecht liegt der Regelungsschwerpunkt im Bereich der Leistungsbeschreibung in der Verhinderung potentieller Wettbewerbshindernisse (→ § 31 VgV Rn. 3). Bereits die Baukoordinierungsrichtlinie 71/305/EWG[2] setzte das Verbot der Beschreibung technischer Merkmale mit diskriminierender Wirkung an die erste Stelle der Koordinierungsvorschriften, noch vor die Bestimmungen zur Bekanntmachung und den Teilnahmebedingungen.[3] Die oberste Grundsatz des Unionsrechts ist bis heute, dass die technischen Spezifikationen für den jeweiligen Bauauftrag, einschließlich Prüf-, Kontroll-, Abnahme- und Berechnungsmethoden, aus den jeweiligen Auftragsunterlagen hervorgehen müssen (Art. 42 Abs. 1 AVR).[4] Dieses Gebot ist im Bestimmtheitsgrundsatz (§ 7 EU Abs. 1 Nr. 1 VOB/A) enthalten, hat aber auch eine spezielle Ausprägung in § 7a EU Abs. 1 VOB/A (→ Rn. 15).

Die unionrechtlichen Vorgaben zu den technischen Spezifikationen sind § 7a EU **4** VOB/A zugewiesen, was Ausdruck des vorherrschenden engen Begriffsverständnisses von „technischen Spezifikationen" ist. Der wettbewerbsöffnende Regelungsansatz des Unionsrechts bringt es indes mit sich, dass der Begriff **„Technische Spezifikationen"** iSv Anhang VII Nr. 1 Buchst. a) AVR (= Anhang TS Nr. 1) weit verstanden werden muss. Eingeschlossen sind gemäß Art. 42 Abs. 1 S. 2 AVR sämtliche vom Auftraggeber für die Bauleistung in Form von technischen Anforderungen geforderten Merkmale (→ § 7a EU Rn. 13). Aus unionsrechtlicher Sicht müssen Auftraggeber bei Formulierung der technischen, wirtschaftlichen und finanziellen (Detail-) Spezifikationen stets die Grundsätze von

---

[1] Allerdings ist das nicht konsequent umgesetzt worden, da auch §§ 7a EU, 7b EU Abs. 2–4 VOB/A für alle Bauaufträge gelten.
[2] Richtlinie 71/305/EWG des Rates v. 26.7.1971 über die Koordinierung der Verfahren zur Vergabe öffentlicher Bauaufträge, ABl. EG Nr. I 185, v. 16.8.1971.
[3] Erwägungsgründe zur Richtlinie 71/305/EWG.
[4] Bereits Art. 10 Abs. 1 S. 1 Richtlinie 71/305/EWG („Die Beschreibung technischer Merkmale im Sinne des Anhangs II sowie die Beschreibung der Prüf-, Kontroll-, Abnahme und Berechnungsmethoden ist in den allgemeinen Unterlagen oder in den Vertragsunterlagen für jeden einzelnen Bauauftrag enthalten").

Transparenz, Gleichbehandlung und Verhältnismäßigkeit beachten. Sie dürfen über Anforderungen in der Leistungsbeschreibung keine künstlichen Wettbewerbshindernisse schaffen und einzelne Bieter nicht diskriminieren (→ § 7a EU Rn. 13). § 7 EU VOB/A ist insoweit unionsrechtskonform auszulegen.

5   Die Regelungen zur produktspezifischen Beschreibung sind unionsrechtlichen Ursprungs. Sie sollen die Diskriminierung von ausländischen Bietern verhindern. Die Beschreibung technischer Merkmale unter Verweis auf ein bestimmtes Produkt, eine bestimmte Herkunft oder besondere Verfahren ist seit der Baukoordinierungsrichtlinie 71/305/EWG verboten, mit Ausnahme der Fälle, in denen solche Angaben durch den Auftragsgegenstand gerechtfertigt sind (nunmehr Art. 42 Abs. 4 S. 1 AVR).[5] Zugelassen sind ferner beschreibende Angaben, aber nur mit dem Zusatz „oder gleichwertig" (Art. 42 Abs. 4 S. 2 AVR).[6]

B. Systematische Stellung

6   Die Vorschrift enthält in Abs. 1 und 3 Detailanforderungen an eine „eindeutige" und „erschöpfende" Formulierung der Leistungsbeschreibung iSd § 121 Abs. 1 S. 1 GWB. Sie werden in der VOB/A wegen ihrer praktischen Bedeutung für öffentliche Bauaufträge **baubezogen konkretisiert.** Das gilt insbesondere für die Vorgabe, dass die Bieter die Preise sicher und umfangreiche Vorarbeiten berechnen können (Abs. 1 Nr. 1), erforderlichenfalls Zweck und vorgesehene Beanspruchung der Leistung anzugeben sind (Abs. 1 Nr. 5), ebenso die Baustellenverhältnisse (Abs. 1 Nr. 6), und dass gemäß Abs. 1 Nr. 7 die Abschnitte 0 der Allgemeinen Technischen Vertragsbestimmungen (ATV) einzuhalten sind. Diese baubezogenen Konkretisierungen sind bei Leistungsbeschreibungen mit Leistungsverzeichnis (§ 7b EU VOB/A) und mit Leistungsprogramm (§ 7c EU VOB/A) gleichermaßen anzuwenden.[7] Sie werden von der üA zudem im Anwendungsbereich anderer Vergabe- und Vertragsordnungen herangezogen (→ § 121 GWB Rn. 61, 66).[8] So fehlt in der SektVO zB die ausdrückliche Bestimmung, dass die Bieter ihre Preise sicher „und ohne umfangreiche Vorarbeiten" berechnen können müssen (Abs. 1 Nr. 1), was für das OLG Düsseldorf aber nicht bedeutet, dass dies nicht auch in Vergabeverfahren nach der SektVO beachtlich ist.[9]

Seit der VOB/A Ausgabe 2006 sind die vergaberechtlichen Anforderungen für Unter- und Oberschwellenvergaben identisch gefasst, um die Erstellung von Leistungsbeschreibungen zu erleichtern. Davon weicht die VOB/A Ausgabe 2016 bei den technischen Anforderungen (§§ 7a, 7a EU VOB/A) ab, da einige Vorgaben aus den neuen Vergaberichtlinien nur für oberschwellige Vergaben umgesetzt werden (→ § 7a Rn. 2).

7   Die Leistungsbeschreibung legt fest, welche Bauleistungen vom Auftragnehmer vertraglich geschuldet und daher mit dem vereinbarten Preis abgegolten sind **(Bausoll).**[10] Nach ständiger Rechtsprechung des Bundesgerichtshofs gehören zum Leistungssoll eines VOB-Bauvertrages diejenigen Leistungen, die von der Leistungsbeschreibung erfasst sind. Im

---

[5] Art. 10 Abs. 2 S. 1 Richtlinie 71/305/EWG.
[6] Art. 10 Abs. 2 S. 1 Richtlinie 71/305/EWG.
[7] Bislang bereits üA, vgl. nur OLG Brandenburg 3.8.1999 – 6 Verg 1/99, NZBau 2000, 39 (44) – Flughafen Berlin-Schönefeld; *Schätzlein* in HKKW, VOB/A § 7 Rn. 9, 147; *Lausen* in jurisPK-VergabeR 4. Aufl. 2013, § 7 EG VOB/A 2012 Rn. 4; *Kapellmann* in Kapellmann/Messerschmidt, 6. Aufl. 2018, § 7 Rn. 7; *Schellenberg* in Pünder/Schellenberg, 2. Aufl. 2015, EG § 7 VOB/A Rn. 32; *Franke/Kaiser* in FKZGM, 6. Aufl. 2017, EU § 7 Rn. 6f und § 7c Rn. 3; *Wirner* in Willenbruch/Wieddekind, 4. Aufl. 2017, VOB/A § 7 Rn. 6 und § 7c Rn. 16. An älteren Kommentierungen bereits Ingenstau/Korbion, 7. Aufl. 1974, A § 9 Rn. 2.
[8] Eine (nicht unumstrittene) Ausnahme ist die Regelung zum „ungewöhnlichen Wagnis" (Abs. 1 Nr. 3), da sie seit dem VergModG 2009 in der VOL/A gestrichen ist (→ § 31 VgV Rn. 2) bzw. in die SektVO 2009 nicht aufgenommen wurde (→ § 28 SektVO Rn. 3).
[9] OLG Düsseldorf 7.8.2013 – VII-Verg 15/13, BeckRS 2014, 14201.
[10] *Hertwig/Slawinski* in Beck VOB/A, § 7 Rn. 6, 33.

Vergabeverfahren eingereichte Angebote haben als rechtsgeschäftliche Willenserklärungen des Bieters spiegelbildlich den sich aus den Vergabeunterlagen ergebenden Inhalt,[11] ohne dass daraus der Erfahrungssatz folgt, dass der Bieter im Zweifel immer genau das anbieten will, was der Auftraggeber in der Leistungsbeschreibung vorgibt.[12] Durch den vereinbarten Preis werden grundsätzlich alle Leistungen abgegolten, die nach der Leistungsbeschreibung und den weiteren Vertragsbestandteilen zur vertraglich vereinbarten Leistung gehören (§ 2 Abs. 1 VOB/B). Das für die Auslegung der Ausschreibung maßgebliche Verständnis der Leistungsbeschreibung wird mit dem Zuschlag Inhalt des Bauvertrages.[13] Eine Änderung der Leistung nach Vertragsschluss löst grundsätzlich Nachträge aus (§ 2 Abs. 5 VOB/B). Gleiches gilt bei der Über-/Unterschreitung des Mengenansatzes einer Position um mehr als 10% (§ 2 Abs. 3 VOB/B). Eine Abweichung vom Leistungssoll ist grundsätzlich eine Pflichtverletzung iSv § 280 Abs. 1 BGB. Die Festlegungen in der Leistungsbeschreibung bestimmen ferner darüber, ob die Leistung nach § 634 Abs. 2 BGB frei von Sachmängeln ist.[14]

Welches die vom Auftragnehmer geschuldeten Leistungen und die Mitwirkungsleistun **8** gen des Auftraggebers sind, ergibt sich durch Auslegung des Vertrages nach den §§ 133, 157 BGB unter Zugrundelegung des gesamten Vertragswerks (einschließlich VOB/C) und den Umständen des Einzelfalls, unter anderem den konkreten Verhältnissen des Bauwerks (→ § 121 GWB Rn. 12).[15] Das ist sowohl für das Vergabeverfahren als auch für die Vertragsdurchführung von fundamentaler Bedeutung.[16] Es besteht daher Einigkeit, dass die Leistungsbeschreibung das **„Kernstück" der Vertragsunterlagen** und damit der Vergabeunterlagen (§ 121 Abs. 3 GWB; § 8 EU Abs. 1 Nr. 2 VOB/A) bildet (→ § 121 GWB Rn. 8).

Verantwortlich für die Erstellung der Leistungsbeschreibung ist nach § 121 Abs. 1 GWB **9** der Auftraggeber (→ § 121 GWB Rn. 20). Die Bieter können die Leistungsbeschreibung im Zweifelsfall so verstehen, dass der Auftraggeber **vergaberechtskonform unter Beachtung der VOB/A ausschreibt** (→ § 121 GWB Rn. 80). Er ist für die Planungs- und Entwurfsleistungen verantwortlich. Zweifel am Inhalt der Leistungsbeschreibung gehen grundsätzlich zu seinen Lasten. Er ist an die Angaben in der Leistungsbeschreibung gebunden, unabhängig davon, ob er zu diesen Angaben verpflichtet war.[17]

Nach üA besteht für die Bieter im Ausschreibungs- und Angebotsstadium grundsätzlich **10** keine **Prüfungs- und Hinweispflicht,** weil ein Bieter die Vergabeunterlagen vorrangig unter kalkulatorischen Aspekten prüft (→ § 121 GWB Rn. 85). Sie entsteht aber aus dem Grundsatz des Gebots zu korrektem Verhalten im Vertragsanbahnungsprozess (§§ 241 Abs. 2, 311 Abs. 2 BGB), wenn die Leistungsbeschreibung offensichtlich falsch oder erkennbar unklar und lückenhaft ist, weil der bezweckte Leistungserfolg nicht erreicht werden kann (→ § 121 GWB Rn. 85). Dass der Auftraggeber Ursache und Anlass für einen Fehler der Leistungsbeschreibung gesetzt hat, berechtigt einen Bieter nicht dazu, einen von ihm erkannten Mangel zu Lasten des Auftraggebers auszunutzen[18] oder eine Leistungsbe-

---

[11] BGH 19.4.2016 – X ZR 77/14, VergabeR 2016, 478 Rn. 11 – Projektstudie.
[12] OLG Koblenz 30.3.2012 – 1 Verg 1/12, BeckRS 2012, 08234; OLG Schleswig 11.5.2016 – 54 Verg 3/16, BeckRS 2016, 16064 Rn. 24; VK Schleswig-Holstein 19.4.2016 – VK-SH 3/16, IBRRS 2016, 2443.
[13] BGH 22.4.1993 – VII ZR 118/92, NJW-RR 1993, 1109 (1110) – Sonderfarben.
[14] *Höfler/Bayer* Bauvergaberecht, 3. Aufl. 2012, Rn. 253.
[15] BGH 11.11.1993 – VII ZR 47/93, BGHZ 124, 64 = BauR 1994, 236 – Wasserhaltung III; 28.2.2002 – VII ZR 376/00, NZBau 2002, 324 – Trägerrüste; 27.7.2006 – VII ZR 202/04, BGHZ 168, 368 = NZBau 2006, 777 – Sanierung von Handelsspeichern, 10.4.2014 – VII ZR 144/12, NZBau 2014, 427 – Verbaumaßnahmen; 20.4.2017 – VII ZR 194/13, IBRRS 2017, 1646 Rn. 18 – Autobahnbrücke.
[16] VK Lüneburg 29.10.2010 – VgK-52/2010, BeckRS 2011, 05284. In der Literatur findet sich häufig die Klage, dass der Vorbereitung der Leistungsbeschreibung nicht die gebührende Beachtung geschenkt wird, vgl. *Mandelkow* BauR 1996, 31; *Kraus* FS Jagenburg, 2002, 403 (414/415); *Eschenbruch* BauR 2000, 283 (291).
[17] BGH 30.6.2011 – VII ZR 13/10, BGHZ 190, 212 = NJW 2011, 3287 Rn. 28 – Klinikabbruch.
[18] *Dicks* in KKMPP, § 56 VgV Rn. 91. Zur Ableitung aus der werkvertraglichen Erfolgsverpflichtung *Motzke* NZBau 2011, 705 (706/707).

schreibung einseitig im Sinne einer bestimmten Lösung zu interpretieren.[19] Unterlässt der Bieter in einem solchen Fall den gebotenen Hinweis vor Vertragsschluss, ist er für die Gerichte nach dem Grundsatz Treu und Glauben (§ 242 BGB) gehindert, nach Vertragsschluss Zusatzforderungen zu stellen[20] oder Schadensersatz wegen der Verletzung vorvertraglicher Schutzpflichten zu verlangen.[21] Das ist von der mit der Beauftragung entstehenden Hinweispflicht nach § 4 Abs. 3 VOB/B zu trennen.[22] Die vorvertragliche Hinweispflicht setzt voraus, dass der Bieter die realistische Möglichkeit hatte, etwaige Fehler der Leistungsbeschreibung anhand der Vergabeunterlagen oder sonstigen Informationen zu erkennen. Eine Pflicht zu eingehenden Untersuchungen (zB Probebohrungen im Estrich) besteht nicht.[23] Für die Auslegung des geschlossenen Vertrages nach den §§ 133, 157 BGB spielt es keine Rolle, ob der Bieter vor Vertragsschluss auf bestehende oder von ihm angenommene Unklarheiten hingewiesen hat.[24]

11   Die in § 7 EU Abs. 1 VOB/A zusammengefassten Anforderungen werden als „**Grundgesetz**"[25] an Beachtungspflichten für öffentliche Auftraggeber bei der Erstellung der Leistungsbeschreibung angesehen. Bis auf Details sind die Bestimmungen seit Jahrzehnten unverändert.[26] Das OLG Düsseldorf stellt die Formulierung der Leistungsbeschreibung der Formulierung und Bekanntgabe der Zuschlagskriterien im Rang gleich; auf beides habe der Auftraggeber sein „**Hauptaugenmerk**" zu legen.[27] Wird dies nicht beachtet, leidet das Vergabeverfahren von Beginn an unter einem erheblichen Mangel und kann dann idR nicht auf Basis der bisherigen Vergabeunterlagen fortgeführt werden.[28] § 7 EU VOB/A ist **kein zwingendes Vertragsrecht** (→ § 121 GWB Rn. 15).[29] Die in § 7 EU Abs. 1 VOB/A zusammengefassten Anforderungen sind für die üA aber konkretisierte Ausprägungen von Treu und Glauben (§ 242 BGB), die die zulässige Vertragsgestaltung begrenzen und Einfluss auf die Vertragsdurchführung haben.[30]

12   Der Bieter muss sein Angebot so gestalten, dass der angebotene Leistungsumfang demjenigen der Leistungsbeschreibung entspricht und eine ordnungsgemäße Leistungserbringung

---

[19] OLG Frankfurt a. M. 2.12.2014 – 11 Verg 7/14, IBRRS 2015, 0262; VK Hessen 12.8.2014 – 69d-VK-11/2014, IBRRS 2014, 2798.

[20] BGH 25.6.1987 – VII ZR 107/86, NJW-RR 1987, 1306 (1307) – Universitätsbibliothek; 13.3.2008 – VII ZR 194/06, BGHZ 176, 23 = NJW 2008, 2106 – Bistro; OLG Koblenz 31.3.2010 – 1 U 415/08, NZBau 2010, 652; zuletzt OLG Celle 31.1.2017 – 14 U 200/15, IBRRS 2017, 1478; 15.3.2017 – 14 U 42/14, IBRRS 2017, 4016.

[21] KG 15.5.2004 – 27 U 300/03, IBRRS 2005, 2540 = BauR 2005, 1680 (Ls.).

[22] Die Prüfungs- und Hinweispflicht aus § 4 Abs. 3 VOB/B bezieht sich auf Pläne und Ausführungsunterlagen. Kommt ihr der Auftragnehmer nicht nach und wird dadurch das Gesamtwerk beeinträchtigt, ist die Werkleistung mangelhaft, zusammenfassend KG 9.1.2015 – 7 U 227/03, BeckRS 2015, 118954 Rn. 64.

[23] BGH 30.6.2011 – VII ZR 13/10, BGHZ 190, 212 = NJW 2011, 3287 Rn. 29 – Klinikabbruch.

[24] BGH 13.3.2008 – VII ZR 194/06, BGHZ 176, 23 = NJW 2008, 2106 Rn. 38 – Bistro; 12.9.2013 – VII ZR 227/11, NZBau 2013, 695 – Kranarbeiten; 10.4.2014 – VII ZR 144/12, NZBau 2014, 427 Rn. 12 – Verbaumaßnahmen; KG 30.6.2015 – 27 U 120/14, BeckRS 2015, 118507 Rn. 13 – Traggerüste.

[25] Zurückgehend auf *Quack* BauR 1998, 381 Fn. 1; angeführt ua bei *Kraus* FS Jagenburg, 2002, 403; *Kus* FS Marx, 2013, 365.

[26] Zusammengefasst bei *Kraus* FS Jagenburg, 2002, 403 (404) in Fn. 1.

[27] OLG Düsseldorf 8.3.2017 – VII-Verg 39/16, BeckRS 2017, 106852 Rn. 31 – Gerätekraftwagen (zur VOL/A-EG); zuvor bereits *Dicks* in KKMPP § 56 Rn. 54; *ders.* IBR 2008, 1360 Rn. 8 („eine der zentralen Aufgaben des Auftraggebers").

[28] Zu den vergaberechtlichen Rechtsfolgen *Dicks* IBR 2008, 1360 Rn. 2.

[29] BGH 11.11.1993 – VII ZR 47/93, BGHZ 124, 64 = BauR 1994, 236 – Wasserhaltung III; 27.6.1996 – VII ZR 59/95, NJW 1997, 61 – Doppelschleuse (zu § 9 VOB/A); KG 14.2.2006 – 21 U 5/03, NZBau 2006, 241 (242) – PCB-Fall; schon bisher ganz üA, vgl. *Kuß*, 3. Aufl. 2002, § 9 Rn. 5; *Quack* ZfBR 2003, 26, *ders.* ZfBR 2003, 315; *ders.* BauR 2005, 1080; *Stemmer* ZfBR 2006, 128; *Hertwig/Slawinski* in Beck VOB/A, § 7 Rn. 21, 23; *Dähne* in Althaus/Heindl, 2. Aufl. 2013, Teil 1 Rn. 46; *von Kiedrowski* NJW 2017, 3484 (3485); differenzierend *Kapellmann* in Kapellmann/Messerschmidt, 6. Aufl. 2018, § 7 Rn. 2, 20, 27 (Nichtigkeit nach § 134 BGB bei „klare(m) Verstoß" gegen Abs. 1 Nr. 3). Eine ältere Minderansicht sprach sich für einen Verbotsgesetzcharakter aus, vor allem *Lederer/Niebuhr* FS Jagenburg, 2002, 455 (470 f.) zu § 9 Nr. 1 und Nr. 2 VOB/A aF.

[30] *Kapellmann* in Kapellmann/Messerschmidt, 6. Aufl. 2018, § 7 Rn. 6.

entsprechend den dortigen Vorgaben zu erwarten ist; andernfalls liegt eine **Änderung der Vergabeunterlagen** iSv § 13 EU Abs. 1 Nr. 5 VOB/A vor (→ § 121 GWB Rn. 9). Das gilt auch für solche Auftraggebervorgaben, die nicht ausdrücklich als Mindestanforderungen ausgewiesen sind.[31] **Soll-Anforderungen** im Leistungsverzeichnis sind grundsätzlich als Mindestanforderungen („Mindestkriterien", „Ausschlusskriterien", „KO-Kriterien", „Muss-" oder „need-to-have"-Anforderungen) zu verstehen (→ § 121 GWB Rn. 51). Für die Rechtsprechung sind insbesondere Produktangaben im Angebot „wörtlich" zu nehmen, insbesondere, wenn das angebotene Produkt die Anforderungen der Leistungsbeschreibung nicht erfüllt.[32] Es gibt keinen Erfahrungssatz, dass der Bieter stets anbietet, was in der Leistungsbeschreibung verlangt wird, da es Gründe für eine Abweichung geben kann und sei es nur, dass Anforderungen übersehen wurden.[33] Sind die Vorgaben des Auftraggeber nicht eindeutig, ist eine Ausschluss des Bieterangebots nicht zulässig (→ § 121 GWB Rn. 82).

Die Bieter sind vergaberechtlich verpflichtet, die Auftraggebervorgaben bei ihrer **Kalku-** 13 **lation zu beachten.** Sie müssen in ihrem Angebot die Preise zu den Positionen des Leistungsverzeichnisses abschließend und verbindlich kalkulieren und eine geeignete Ausführung anbieten. Kosten dürfen nicht im Wege einer **Mischkalkulation** von einer im Leistungsverzeichnis vorgegebenen Position in eine andere verlagert werden (zB die Bauleitungskosten zur Position Baustelleneinrichtung),[34] da sie sonst nicht wie gefordert angegeben sind (→ § 16 EU Nr. 3 iVm § 13 EU Abs. 1 Nr. 3 VOB/A).[35] Vergaberechtlich zulässig ist es dagegen für die üA, dass der Bieter seinen Preis nicht allein anhand der Angaben in der Leistungsbeschreibung kalkuliert, sondern in Erwägung zieht, dass es nach Vertragsschluss zu für ihn vorteilhaften Änderungen von Mengen oder technischen Vertragsinhalten kommt.[36] Er kann zB darauf spekulieren, dass die Baustelleneinrichtung kürzer vorgehalten zu werden braucht, als im Leitungsverzeichnis genannt, Aushubmaterial entgegen den dortigen Angaben wiederverwendet werden kann oder es zu Planänderungen kommt.[37] Bei derartigen **Spekulationsangeboten** sind Verschiebungen von Kostenbestandteilen nicht vorhanden bzw. nicht objektiv nachweisbar, so dass derartige Angebote grundsätzlich nicht ausgeschlossen werden dürfen (so lange sie nicht von der Urkalkulation abweichen und verkappte Mischkalkulationen sind).[38] Der Auftraggeber muss sie aber zum Anlass nehmen, um zu prüfen, ob die Vergabeunterlagen fehlerhaft waren, zB weil Mengen falsch berechnet wurden, und die wirtschaftlichen Auswirkungen abschätzen. Dafür wer-

---

[31] OLG Dresden 23.9.2016 – Verg 3/16, IBRRS 2017, 0182.

[32] Zuletzt OLG Schleswig, 11.5.2016 – 54 Verg 3/16, BeckRS 2016, 16064 Rn. 23; VK Schleswig-Holstein 19.4.2016 – VK-SH 3/16, IBRRS 2016, 2443; VK Westfalen 7.4.2017 – VK 1-07/14, IBRRS 2017, 1815.

[33] OLG Schleswig (o. Fn. 32); VK Westfalen (o. Fn. 32).

[34] OLG Koblenz 2.1.2006 – 1 Verg 6/05, NZBau 2006, 266 (Ls.); OLG Karlsruhe 1.3.2007 – 17 Verg 4/07, BeckRS 2008, 08731.

[35] BGH 18.2.2003 – X ZB 43/02, BGHZ 154, 32 = NZBau 2003, 293 – Rohbauarbeiten, 18.5.2004 – X ZB 7/04, BGHZ 159, 166 = NJW-RR 2004, 1626 – Rudower Höhe; OLG Düsseldorf 20.10.2008 – VII-Verg 41/08, NZBau 2009, 63; 9.2.2009 – VII-Verg 66/08, BeckRS 2009, 11172; KG 18.10.2012 – Verg 7/12, BeckRS 2013, 11353; VK Westfalen 27.10.2015 – VK 1-28/15, BeckRS 2016, 09216; VK Sachsen 20.10.2016 – 1/SVK/020-16, IBRRS 2016, 3048; *Kus* in NK-BGB, 3. Aufl. 2016, Anh. II zu §§ 631–651 BGB Rn. 60; *Leinemann* Vergabe öffentlicher Aufträge, 6. Aufl. 2016, Rn. 1388 f.; *Dicks* in KKMPP, § 31 Rn. 56 ff. Zu den Fallgruppen der Verschiebung von Kostenbestandteilen ausführlich *Duve/Richter* BauR 2009, 1655 (1656 f.).

[36] Umschreibung in Abschnitt 2.4 Nr. (44) HVA B-StB (Ausgabe April 2016).

[37] Beispiele bei *Biermann* FS Vygen, 1999, 136.

[38] *Herig* BauR 2005, 1385 (1388); *Dicks* IBR 2008, 1360 Rn. 120; *ders.* in KKMPP, § 56 VgV Rn. 87 ff.; *Drittler* IBR 2009, 1; *Biermann* FS Vygen, 1999, 134; *Hertwig* Praxis der öffentlichen Auftragsvergabe, 6. Aufl. 2016, Rn. 201. Umstritten. Anderer Ansicht (Ausschluss wegen fehlenden Preisangaben) *Frister* in Kapellmann/Messerschmidt, 6. Aufl. 2018, § 16 Rn. 24 mwN. Vor dem VergRModG wurde in klaren Fällen der Verletzung der Aufklärungsobliegenheit gegenüber dem Auftraggeber ein Ausschluss mangels Zuverlässigkeit diskutiert, vgl. OLG Düsseldorf 28.7.1993 – 22 U 55/93, NJW-RR 1994, 224; OLG Koblenz 21.1.2011 – 1 W 35/11, BeckRS 2012, 20539; *Stemmer* ZfBR 2006, 128 (134). Das ist infolge des Wegfalls des Ausschlussgrundes mangelnder Zuverlässigkeit nicht mehr möglich.

den die Angebote in der engeren Wahl mit den korrigierten Mengen und den Angebots-
preisen neu berechnet. Ergibt sich ein Wechsel des Mindestbietenden, ist zu prüfen, ob die
Ausschreibung gemäß § 17 EU Abs. 1 Nr. 2 oder 3 VOB/A aufgehoben werden kann.[39]
Das ist für die Rechtsprechung idR nicht möglich, wenn der Auftraggeber die fehlerhaften
Mengen in der Leistungsbeschreibung zu verantworten hat.[40] Ihm ist es unbenommen, die
Leistungsbeschreibung mittels eines Ergänzungsleistungsverzeichnisses auf seine Kosten zu
korrigieren (→ Rn. 18).

14 Die Regelungen in § 7 EU VOB/A sind nach Vertragsschluss bei der Bauausführung
und bei Nachträgen, also erforderlichen Änderungen oder Ergänzungen des Bauvertrages,
zu beachten.[41] Sie werden von der Rechtsprechung ferner für die Auslegung von Leistungsbeschreibungen privater Auftraggeber herangezogen[42] und sind insoweit auch Maßstab
für Bauausschreibungen Privater (→ Rn. 17).

C. Eindeutige und erschöpfende Beschreibung
(Abs. 1 Nr. 1)

I. Regelungsinhalt

15 Abs. 1 Nr. 1 ist eine Wiederholung des vorrangigen § 121 Abs. 1 GWB[43] mit Konkretisierungen und Schwerpunktsetzungen für öffentliche Bauaufträge. Die Formulierung dieses
Grundsatzes ist in der VOB/A seit langem unverändert,[44] er zählt also zum Kernbestand
des Bauvergaberechts. Die Vorschrift (und ihre Unterausprägungen) galt schon nach bisheriger üA unmittelbar und zwingend für alle Beschreibungsarten, also auch funktionale und
teilfunktionale Leistungsbeschreibungen (→ Rn. 6); dies folgt nunmehr unmittelbar aus
§ 121 Abs. 1 GWB.

16 Die Vorschrift ist **bieterschützend** (→ § 121 GWB Rn. 22).[45] Die Antragsbefugnis iSv
§ 160 Abs. 2 GWB ist nach üA auch dann zu bejahen, wenn der Bieter kein Angebot eingereicht hat, er aber im Nachprüfungsantrag substantiiert darlegt, dass ihm durch das ver-
gabewidrige Verhalten des Auftraggebers die Möglichkeit genommen worden war, ein
aussagekräftiges und aussichtsreiches Angebot einzureichen.[46] Im Nachprüfungsverfahren
und bei Streitigkeiten über Zusatzvergütungen kommt es auf die **objektive Auslegung**
der Leistungsbeschreibung nach dem Maßstab der §§ 133, 157 BGB an, nicht darauf, ob
ein Bieter vor Vertragsschluss auf bestehende oder angenommene Unklarheiten hingewie-

---

[39] Abschnitt 2.4 Nr. (45), (46) HVA B-StB (Ausgabe April 2016).
[40] OLG München 4.4.2013 – Verg 4/13, NZBau 2013, 524; *Hermann* in HRR, 14. Aufl. 2018, EU § 7
Rn. 11.
[41] Abschnitt 3.4 Nr. (2) HVA B-StB (Ausgabe April 2016).
[42] BGH 24.1.1966 – VII ZR 8/64, BeckRS 1966 30383263 – Anwendung von § 9 Nr. 4 VOB/A aF
(= § 7b EU Abs. 3 VOB/A); *Kapellmann* in Kapellmann/Messerschmidt, 6. Aufl. 2018, § 7 Rn. 6.
[43] Zum Konzept der Doppelregelung allgemein *Reuber* VergabeR 2016, 339 (340) sowie VK Niedersachsen 14.11.2016 – VgK-44/2016, IBRRS 2017, 2117.
[44] §§ 9 Nr. 1 S. 1 VOB/A 1926/1952/1965/1973/1979/1988/1992/1996/2000/2002/2006, 7 Abs. 1
Nr. 1 VOB/A 2009; 7 EG Abs. 1 Nr. 1 VOB/A 2012.
[45] Grundlegend OLG Brandenburg 3.8.1999 – 6 Verg 1/99, NZBau 2000, 39 – Flughafen Berlin-
Schönefeld; OLG Düsseldorf 28.6.2017 – VII-Verg 2/17, VergabeR 2017, 730 (731); unstrittig, vgl. nur
Lederer/Niebuhr FS Jagenburg, 2002, 455 (464); *Dicks* IBR 2008, 1360 Rn. 9; *Kapellmann* in Kapellmann/
Messerschmidt, 6. Aufl. 2018, § 7 Rn. 1, 5; *Franke/Kaiser* in FKZGM, 6. Aufl. 2017, EU § 7 Rn. 3; *Schran-
ner* in Ingenstau/Korbion, 20. Aufl. 2017, EU § 7 Rn. 2; *Traupel* in Müller-Wrede, GWB § 121 Rn. 100;
Hermann in HRR, 14. Aufl. 2018, EU § 7 Rn. 53. Zum Teil wird diskutiert, ob die Vorschrift auch den
öffentlichen Auftraggeber schützt, vgl. nur *Hertwig/Slawinski* in Beck VOB/A, § 7 Rn. 9, 21.
[46] Ständige Rechtsprechung, OLG Düsseldorf 11.3.2002 – Verg 43/01, IBRRS 2002, 0385; 11.2.2009
– Verg 64/08, BeckRS 2009, 29062; 31.5.2017 – VII-Verg 36/16, VergabeR 2017, 618 (619); 28.6.2017 –
VII-Verg 2/17, VergabeR 2017, 730 (731); OLG München 13.3.2017 – Verg 15/16, IBRRS 2017, 1097
(zur SektVO).

sen hatte.[47] Allerdings kann er bei Verletzung seiner Prüfung- und Hinweispflichten mit Nachträgen ausgeschlossen sein (→ Rn. 10).

Abs. 1 Nr. 1 weist dem öffentlichen Auftraggeber Formulierungs- und Beschreibungs- **17** pflichten und somit Vorbereitungs-, Aufklärungs- und Planungsaufgaben zu, ohne ihn – wie in §§ 31 Abs. 1 VgV, 28 Abs. 1 SektVO – ausdrücklich zu nennen. Der Auftraggeber muss grundsätzlich alle für die Angebotslegung erforderlichen Leistungselemente festlegen, weil nur so gewährleistet ist, dass jeder Bieter die Leistungsbeschreibung gleich verstehen kann.[48] Diese Verpflichtung kann er weder gegenständlich noch risikomäßig auf die Bieter abwälzen.[49] Außerhalb eines Ausschreibungswettbewerbs gilt dies in dieser Form nicht, es sei denn, der Besteller hat sich an die Anwendung der VOB/A gebunden.[50]

Stellt der Auftraggeber vor Zuschlagserteilung fest, dass die Leistungsbeschreibung einen **18** wesentlichen Fehler enthält, kann er den Fehler durch Zurückversetzung und Teilaufhebung des Vergabeverfahrens korrigieren, sogar wenn die Submission bereits stattfand, indem er allen Bietern ein **Ergänzungsleistungsverzeichnis** übersendet (→ § 121 GWB Rn. 141).[51] Dafür ist nicht erforderlich, dass die Voraussetzungen für eine Teilaufhebung nach § 17 EU Abs. 1 VOB/A vorliegen, solange ein sachlicher Grund für die nachträgliche Änderung der Leistungsbeschreibung vorliegen, zB unzutreffende Mengenangaben[52] oder „vergessene" Leistungspositionen.[53] Bei Unklarheiten muss er den Bietern Hinweise erteilen und ihnen Gelegenheit zur Anpassung ihrer Angebote geben.[54] Für die Nachprüfungsinstanzen ist ein unklares Leistungsverzeichnis „im Zweifel zu Ungunsten einer Ausschließung von Angeboten" auszulegen.[55]

II. „Eindeutig" und „erschöpfend"

Die Leistungsbeschreibung ist grundsätzlich dann „**eindeutig**" iSv Abs. 1 Nr. 1, wenn **19** sie nach Wortlaut und ihren sonstigen Inhalten nur eine Deutung zulässt.[56] Dafür müssen die zu erbringende Bauleistung nach Art, Umfang und Güte einschließlich der Umstände und Bedingungen der Leistungserbringung (§ 121 Abs. 1 S. 2 GWB) aus der Leistungsbeschreibung für einen fachkundigen Bieter zweifelsfrei ableitbar sein.[57] Die technischen Anforderungen (Spezifikationen) müssen in einer Weise formuliert sein, dass kein Raum für verschiedene Interpretationen bleibt. Die Bieter dürfen nicht im Unklaren gelassen werden, **welche Bauleistung** von ihnen **in welchem Umfang** und **in welcher Güte** und unter **welchen Umständen und Bedingungen** angeboten werden soll (→ § 121 GWB

---

[47] BGH 12.9.2013 – VII ZR 227/11, NZBau 2013, 695 – Kranarbeiten; 10.4.2014 – VII ZR 144/12, NZBau 2014, 427 Rn. 12 – Verbaumaßnahmen.
[48] *Traupel* in Müller-Wrede, Kompendium, 2. Aufl. 2013, 14 Rn. 13.
[49] Deutlich *Dicks* IBR 2008, 1360 Rn. 5; *Hertwig/Slawinski* in Beck VOB/A, § 7 Rn. 41.
[50] Grundlegend zur begrenzten Bedeutung für Ausschreibungen Privater *Quack* BauR 1998, 381 (383); *Lederer/Niebuhr* FS Jagenburg, 2002, 455 (464); *Dähne* in Althaus/Heindl, 2. Aufl. 2013, Teil 1 Rn. 46. Für eine weitergehende Bindungswirkung für private Bauvergaben zT die ältere Literatur, etwa *Mandelkow* BauR 1996, 31 (36).
[51] Zusammenfassend OLG Düsseldorf 12.1.2015 – Verg 29/14, ZfBR 2015, 502; OLG Brandenburg 12.1.2016 – Verg W 4/15, IBRRS 2016, 0373; *Goldbrunner* VergabeR 2015, 342f. Einschränkend auf Mängelbehebungen vor Ablauf der Angebotsfrist *Wirner* in Willenbruch/Wieddekind, 4. Aufl. 2017, VOB/A § 7 Rn. 18.
[52] OLG Brandenburg 10.12.2012 – 6 U 172/12, ZfBR 2013, 503.
[53] VK Bund 14.2.2017 – VK 1-140/16, IBRRS 2017, 1442.
[54] Bereits OLG Brandenburg 3.8.1999 – 6 Verg 1/99, NZBau 2000, 39 (44) – Flughafen Berlin-Schönefeld (zu auslegungsbedürftigen technischen Mindestanforderungen in einem Verhandlungsverfahren).
[55] So KG 21.11.2014 – Verg 22/13, BeckRS 2015, 00145 Rn. 10; ähnlich zB VK Nordbayern 3.9.2015 – 21.VK-3194-26/15, UIBRRS 2015, 2762 dazu → § 121 GWB Rn. 82.
[56] *Dähne* in Althaus/Heindl, 2. Aufl. 2013, Teil 1 Rn. 50.
[57] OLG Düsseldorf 7.8.2013 – VII-Verg 15/13, BeckRS 2014, 14201; *Prieß* NZBau 2004, 20 (22); *Lausen* in jurisPK-VergabeR 4. Aufl. 2013, § 7 EG VOB/A 2012 Rn. 14; *Traupel* in Müller-Wrede Kompendium, 2. Aufl. 2013, 14 Rn. 12.

Rn. 41 ff).[58] Der öffentliche Auftraggeber muss nicht nur die bauliche Anlage bzw. die Bauleistung exakt beschreiben, sondern auch Qualität, Beanspruchungsgrad, technische und bauphysikalische Bedingungen, zu erwartende Erschwernisse, besondere Bedingungen der Ausführung und etwa notwendige Regelungen zur Ermittlung des Leistungsumfangs.[59] Das wird in Abs. 1 Nrn. 2, 5 und 6 näher geregelt. An der Eindeutigkeit fehlt es bei unklaren, mehrdeutigen oder widersprüchlichen (inkonsistenten) Angaben in der Leistungsbeschreibung (→ § 121 GWB Rn. 42). Sie können innerhalb der Leistungsbeschreibung auftreten (zB das Abweichen des genannten Richtfabrikats von Mindestanforderungen)[60] oder auch aus Diskrepanzen zwischen dem Text der Leistungsbeschreibung und beigefügten Planunterlagen hervorgehen.[61] Das Vorliegen von **mehreren vertretbaren Auslegungsvarianten** indiziert, dass das Leistungsverzeichnis nicht eindeutig ist.[62] In diesem Fall liegt keine Änderung der Vergabeunterlagen vor, wenn der Bieter (zB durch Streichung) klarstellt, wie er eine Vorgabe versteht.[63] Umgekehrt wird es von den Gerichten als Indiz für die Eindeutigkeit bewertet, wenn die Leistungsbeschreibung von den (übrigen) Bietern nicht beanstandet wird.[64]

20   Das VHB[65] besagt dazu:

> „4.2.1.1   Die Leistungsbeschreibung ist dann eindeutig, wenn sie
>   1. Art und Umfang der geforderten Leistungen mit allen dafür maßgebenden Bedingungen, z. B. hinsichtlich Qualität, Beanspruchungsgrad, technische und bauphysikalische Bedingungen, zu erwartende Erschwernisse, besondere Bedingungen der Ausführung und etwa notwendige Regelungen zur Ermittlung des Leistungsumfangs zweifelsfrei erkennen lässt,
>   2. keine Widersprüche in sich, zu den Plänen und zu anderen technischen Vorgaben und vertragsrechtlichen Regelungen enthält."

21   **„Erschöpfend"** ist die Leistungsbeschreibung, wenn keine Restbereiche verbleiben, für die die Leistungspflichten nicht klar umrissen sind (→ § 121 GWB Rn. 61 ff). Dafür muss die Beschreibung die gestellten technischen, wirtschaftlichen und finanziellen Anforderungen **vollständig** abbilden. Sie darf keine Lücken enthalten, die die Bieter erst durch eigene, ihnen vergaberechtlich nicht obliegende Sachverhaltsrecherchen oder eigenständig getroffene Annahmen schließen können (zB zur Mengen- oder Wertermittlung).[66] Daran fehlt beispielsweise, wenn die Mengen nicht angegeben sind[67] oder die Bieter bei der Angebotserstellung über Inhalt und Umfang der Geräteliste oder der Wartungsarbeiten entscheiden sollen.[68] Die textliche Leistungsbeschreibung kann nicht durch einen Ortstermin beim Auftraggeber, die Besichtigung von technischen Anlagen oder der Baustelle ersetzt werden. Selbstverständliche fachliche Zusammenhänge, die für einen fachkundigen Bieter offensichtlich sind oder von ihm ohne weiteres erkannt werden können, brauchen nicht

---

[58] Zuletzt (zu § 7 EG Abs. 1 Nr. 1 VOB/A) VK Sachsen 3.5.2016 – 1/SVK/005-16, BeckRS 2016, 12655; VK Lüneburg 22.8.2016 – VgK-32/2016, BeckRS 2016, 19808; *Franke/Kaiser* in FKZGM, 6. Aufl. 2017, EU § 7 Rn. 12, 16; *Kapellmann* in Kapellmann/Messerschmidt, 6. Aufl. 2018, § 7 Rn. 8.

[59] OLG Düsseldorf 7.8.2013 – VII-Verg 15/13, BeckRS 2014, 14201.

[60] VK Nordbayern 20.10.2016 – 21.VK-3194-33/16, IBRRS 2016, 2915.

[61] *Franke/Kaiser* in FKZGM, 6. Aufl. 2017, EU § 7 Rn. 11.

[62] OLG Düsseldorf 14.9.2016 – VII-Verg 7/16, VergabeR 2017, 757 – Zollboot (zur VOL/A); VK Brandenburg 19.1.2017 – VK 23/16, IBRRS 2017, 1979; *Kapellmann* in Kapellmann/Messerschmidt, 6. Aufl. 2018, § 7 Rn. 9.

[63] KG 22.8.2001 – KartVerg 3/01, NZBau 2002, 402 –TU Bibliothek Berlin mAnm *Weyand* IBR 2002, 93. Die Entscheidung ist in diesem Punkt nicht verallgemeinerbar. IdR werden Streichungen nicht zu empfehlen sein, kritisch bereits *Kraus* FS Jagenburg, 2002, 403 (413); *Roth* NZBau 2006, 84 (90). Das lässt sich auch nicht über ein Begleitschreiben umgehen, dazu VK Lüneburg 26.8.2014 – VgK 31/2014, IBRRS 2014, 2591.

[64] OLG Düsseldorf 14.4.2010 – Verg 60/09, BeckRS 2010, 15895 – Brandmeldeanlage.

[65] VHB 2017, Allgemeine Richtlinien Vergabeverfahren, Formblatt 100.

[66] Zur Angabepflicht von Wertermittlungsmethoden (bei einer Gebäudeversicherung) VK Lüneburg 7.3.2011 – VgK-73/2010, BeckRS 2011, 07582.

[67] VK Sachsen-Anhalt 18.12.2014 – 3 VK LSA 100/14, IBRRS 2015, 0778; unschädlich ist das bei teilfunktionalen Positionen (§ 7a Rn. 34), OLG Celle 15.3.2017 – 14 U 42/14, IBRRS 2017, 4016.

[68] VK Sachsen-Anhalt 17.10.2014 – 3 VK LSA 81/14, IBRRS 2015, 0779.

angegeben zu werden (→ § 121 GWB Rn. 64). Anforderungen, die sich aus den Zusätzlichen Technischen Vertragsbedingungen (ZTV) ergeben, müssen in der Leistungsbeschreibung nicht wiederholt werden.[69] Generell sind Wiederholungen zu vermeiden, da ihnen die Gefahr von Widersprüchen inhärent ist.[70] Technische Einzelheiten brauchen nicht abschließend zu beschrieben werden, wenn ihre Festlegung bei der Ausführung dem Auftragnehmer überlassen wird.[71] Stets anzugeben sind kalkulationsrelevante Besonderheiten, zB Arbeits- und Konstruktionshöhen bei Gebäuden mit besonderen Geschoßhöhen.[72]

Das VHB[73] gibt eine nähere Erläuterung. 22

„4.2.1.2 Eine Leistungsbeschreibung ist vollständig, wenn sie
 – Art und Zweck des Bauwerks bzw. der Leistung,
 – Art und Umfang aller zur Herstellung des Werks erforderlichen Teilleistungen,
 – alle für die Herstellung des Werks spezifischen Bedingungen und Anforderungen darstellt."

Beurteilungsmaßstab für die Eindeutigkeit und Vollständigkeit der Leistungsbeschreibung 23 ist das Verständnis eines verständigen und mit den ausgeschriebenen Bauleistungen vertrauten durchschnittlichen Bieters, der die Vergabeunterlagen und ggfs. weitere Erläuterungen des Auftraggebers als Informationsgrundlage zur Verfügung hat (→ § 121 GWB Rn. 72 ff.). Die Leistungsbeschreibung muss die Vorstellungen des Auftraggebers korrekt wiedergeben. Dass diese Vorstellungen auf baufachlichen Fehlannahmen beruhen, weil sie nicht den allgemein anerkannten technischen Regeln entsprechen, oder sonst **baubetrieblich oder baufachlich nicht richtig sind,** führt nicht zu einem Verstoß gegen Abs. 1 Nr. 1 oder Nr. 3, sondern löst Rückfrageobliegenheiten des Bieters aus, wenn er erkennt oder sich ihm anhand der Vergabeunterlagen aufdrängen muss, dass die vom Auftraggeber gewollte Leistung falsch oder unvollständig beschrieben ist oder keine hinreichende Kalkulationsgrundlage bietet (→ Rn. 10).[74] Führt die Leistungsbeschreibung zu Sachmängeln iSd § 633 Abs. 2 BGB, trägt der Auftraggeber die daraus folgenden Risiken und Mehraufwendungen. Mit Mängelansprüchen, die auf eine fehlerhafte Leistungsbeschreibung zurückzuführen sind, ist der Auftraggeber gemäß § 13 Abs. 3 VOB/B grundsätzlich ausgeschlossen, soweit der Auftragnehmer vor Ausführung seiner Prüfungs- und Hinweispflicht nach § 4 Abs. 3 VOB/B nachgekommen ist. Der Auftraggeber ist daher zwar nicht vergaberechtlich, aber haushaltsrechtlich nach dem Gebot der Wirtschaftlichkeit und Sparsamkeit zu einer **technisch richtigen** Leistungsbeschreibung gehalten.

Das VHB[75] ordnet in seinem Anwendungsbereich konsequenterweise an, dass die Leis- 24 tung technisch richtig beschrieben werden muss und gibt eine Umschreibung von „technischer Richtigkeit":

„4.2.1.3 Eine Leistungsbeschreibung ist technisch richtig, wenn sie Art, Qualität und Modalitäten der Ausführung der geforderten Leistung entsprechend den anerkannten Regeln der Technik, den Allgemeinen Technischen Vertragsbedingungen oder etwaigen leistungs- und produktspezifischen Vorgaben zutreffend festlegt."

---

[69] *Höfler/Bayer* Bauvergaberecht, 3. Aufl. 2012, Rn. 273.

[70] Bereits *Schelle/Erkelenz* VOB/A. Alltagsfragen und Problemfälle 100.

[71] *Franke/Kaiser* in FKZGM, 6. Aufl. 2017, EU § 7 Rn. 15.

[72] Beispiel von *Eberl* in Dieckert/Ossefort/Steck, Praxiskommentar Vergaberecht, 59. El. 2017, VOB/A § 75.

[73] VHB 2017 – Stand April 2016, Allgemeine Richtlinien Vergabeverfahren, Formblatt 100.

[74] BGH 9.2.1995 – VII ZR 143/93, BauR 1995, 538 – Schalldämmaß"; OLG Düsseldorf 13.1.2010 – 27 U 1/09, BeckRS 2010, 02050; OLG Dresden 17.5.2011 – Verg 3/11, BeckRS 2011, 28417; VK Sachsen 15.3.2011 – 1/SVK/004-11, BeckRS 2011, 19710; VK Lüneburg 28.1.2016 – VgK 50-2016, IBRRS 2016, 0995 (zur VOL/A); 22.8.2016 – VgK-32/2016, BeckRS 2016, 19808 (zu einer Pfahlgründung); *Motzke* BauR 1992, 146 (159); *Cuypers* BauR 1997, 27 (36); *Quack* ZfBR 2003, 315 (316); *Dähne* in Althaus/Heindl, 2. Aufl. 2013, Teil 1 Rn. 50; *Kapellmann* in Kapellmann/Messerschmidt, 6. Aufl. 2018, § 7 Rn. 10; *Leinemann* Vergabe öffentlicher Aufträge, 6. Aufl. 2016, Rn. 1193; *Traupel* in Müller-Wrede, GWB § 121 Rn. 29. Nicht Unbestritten. Anders zB *Wirner* in Willenbruch/Wieddekind, 4. Aufl. 2017, VOB/A § 7 Rn. 21; *Eberl* in Dieckert/Ossefort/Steck, Praxiskommentar Vergaberecht, 59. El. 2017, VOB/A § 7 6.

[75] VHB 2017, Allgemeine Richtlinien Vergabeverfahren, Formblatt 100; Ziff. 4.2.1.

25   Unzutreffende **Mengenangaben** in der Ausschreibung im Leistungsverzeichnis gelten gemeinhin als „Todsünde", weil sie zu Spekulationen einladen (→ Rn. 13).[76] Da sie im Verantwortungsbereich des Auftraggebers liegen, gilt für sie aber nichts Anderes als bei sonstigen technischen Fehlern. Der Auftraggeber kann daher die Leistungsbeschreibung im Vergabeverfahren ändern (→ Rn. 18) oder nach § 17 EU Abs. 1 VOB/A aufheben (kostenfrei allerdings nur, wenn der Änderungsbedarf nicht vorhersehbar war).[77]

III. Gleiches Verständnis der Bewerber

26   Abs. 1 Nr. 1 2. Hs. hebt hervor, dass die Leistungsbeschreibung bei Bauaufträgen so gefasst sein muss, dass alle Bewerber sie im gleichen Sinne verstehen „müssen". Das ist aus der Vorgängerfassung übernommen worden und meint trotz abweichender Formulierung nichts anders als § 121 Abs. 1 S. 1 GWB, wonach die Beschreibung für alle Unternehmen „im gleichen Sinne verständlich" sein muss. Das Leistungssoll (Bausoll) muss sich bei Anlegung eines professionellen Sorgfaltsmaßstabes **ohne intensive Auslegungsbemühungen** unmittelbar aus den Vergabeunterlagen ermitteln lassen.[78] Abzustellen ist in erster Linie auf den Wortlaut der Leistungsbeschreibung, daneben auf den Gesamtzusammenhang des Vorhabens, einschlägige technische Normen und anerkannte Regeln der Technik (→ § 121 GWB Rn. 72 ff.). Zulässig ist es auch, wenn die Bieter aufgefordert werden, die **Baustelle vor Angebotsabgabe** zu besichtigen, um sich über die Beschaffenheit des Geländes, die Lage der Zufahrtswege, oder Wasser- und Energieanschlüsse ein Bild zu machen.[79] Der Inhalt von Entscheidungen von Gerichten oder Vergabekammern ist dagegen grundsätzlich irrelevant, weil sie Bietern regelmäßig nicht zugänglich sind.[80]

27   Das VHB[81] hebt die Allgemeinverständlichkeit der Beschreibung hervor.

> „4.2.2   Die Beschreibung der fachlichen, gestalterischen, funktionellen oder sonstigen Anforderungen der (Teil-/Einzel-)Leistung ist allgemein verständlich auf das wirklich Erforderliche bzw. Wesentliche zu beschränken."

28   Ein gleiches Verständnis der Bieter ist nur dann sichergestellt, wenn alle Bieter dieselben Informationen erhalten. Die Leistungsbeschreibung darf daher nicht so gefasst sein, dass sie nur von Bietern mit Vorwissen oder Sonderwissen zutreffend erfasst werden kann.[82] Dafür spielt keine Rolle, wann zu welchem Zeitpunkt einen Wissensvorsprung erlangt. Deshalb müssen **Ortsbesichtigungen** so organisiert und durchgeführt werden, dass sie allen Bietern den gleichen Informationsstand vermitteln, aber zugleich der Geheimwettbewerb gewahrt ist.

IV. Sichere Kalkulationsgrundlage

29   Abs. 1 2. Hs. verlangt, dass die Bieter ihre Preise auf Grundlage der Leistungsbeschreibung „sicher" berechnen können. Das ist bereits im Gebot der eindeutigen und erschöpfenden Beschreibung enthalten (→ § 121 GWB Rn. 66 f.)[83] wird aber in der VOB/A besonders hervorgehoben (→ Rn. 6). Geschützt ist das Vertrauen in eine fachlich übliche Kalkulation ohne Besonderheiten. Wie der Bieter seine Preise kalkuliert, fällt in seinen

[76] *Prieß* NZBau 2004, 20 (22).
[77] VK Südbayern 5.10.2016 – Z3–3194-1-33-08/16, IBRRS 2017, 1819 (zu § 20 EG Abs. 1 VOB/A).
[78] *Wirner* in Willenbruch/Wieddekind, 4. Aufl. 2017, VOB/A § 7 Rn. 13, 16 mwN.
[79] BGH 26.2.2004 – VII ZR 96/06, NZBau 2004, 325; *Dähne* in Althaus/Heindl, 2. Aufl. 2013, Teil 1 Rn. 54.
[80] VK Lüneburg 22.8.2016 – VgK-32/2016, BeckRS 2016, 19808.
[81] VHB 2017, Allgemeine Richtlinien Vergabeverfahren, Formblatt 100.
[82] *Franke/Kaiser* in FKZGM, 6. Aufl. 2017, EU § 7 Rn. 14.
[83] Zuletzt VK Sachsen 3.5.2016 – 1/SVK/005-16, BeckRS 2016, 12655 (zu § 7 EG Abs. 1 Nr. 1 VOB/A).

Verantwortungsbereich und ist Ausdruck der Freiheit seines unternehmerischen Handelns. Sollen die Bieter **Kalkulationsvorgaben** beachten, müssen diese daher eindeutig und klar angegeben werden, unabhängig davon, was die Bieter nach Ansicht der ausschreibenden Stelle wissen oder kennen müssen.[84] Sie sind dann bei der Kalkulation zu berücksichtigen, andernfalls ist das Angebot wegen Änderung der Vergabeunterlagen gemäß § 16 EU Abs. 1 Nr. 2 iVm § 13 EU Abs. 1 Nr. 5 VOB/A auszuschließen.[85] Das gilt auch für Vorgaben zur tarifmäßigen Entlohnung des Personals.[86] Wäre die Beschreibung eines Umstandes (zB eine besondere Bodenbeschaffenheit) erforderlich, um die Preise sicher kalkulieren zu können, können Bieter das **„Schweigen" der Leistungsbeschreibung** zu diesem Aspekt dahin interpretieren, dass eine derartige Erschwernis nicht vorhanden ist und das entsprechende Risiko nicht zum Vertragsinhalt gehört.[87] Tritt die Erschwernis sodann im Zuge der Bauausführung zu Tage, ist sie grundsätzlich gesondert zu vergüten (→ § 121 GWB Rn. 81).

„Sichere" Kalkulationsgrundlage ist die Leistungsbeschreibung nur, wenn der Auftrag- **30** geber **an sie gebunden ist.** Er ist nicht berechtigt, eine eindeutige Vorgabe des Leistungsverzeichnisses im Nachhinein zu relativieren, weil sie nicht so gemeint gewesen sei.[88] Das schließt nachträgliche Änderungen der Leistungsbeschreibung auch im Offenen und Nichtoffenen Verfahren nicht aus, sofern sie transparent und nichtdiskriminierend erfolgen und den Bietern genügend Zeit zur Neukalkulation ihrer Angebote bleibt (→ Rn. 18).[89] Im Verhandlungsverfahren, im wettbewerblichen Dialog und bei der Innovationspartnerschaft sind einseitige Konkretisierungen oder Änderungen der technischen Spezifikationen durch den Auftraggeber bis zur finalen Angebotsrunde zulässig, solange nicht der Auftragsgegenstand geändert wird (→ § 121 GWB Rn. 148).[90]

„Sicher" ist eine Leistungsbeschreibung zudem nur, wenn sie nicht von vornherein auf **31** unsicheren tatsächlichen oder finanziellen Grundlagen erstellt wurde und ihre Änderung vor oder nach Vertragsschluss bereits zu Beginn des Verfahrens feststeht. Der Auftraggeber muss daher nach § 2 EU Abs. 5 VOB/A in allen Verfahrensarten die **Ausschreibungsreife** (Vergabereife) vor Ausschreibungsbeginn herstellen (→ § 121 GWB Rn. 119 ff.). Er muss bei der Vorbereitung der Leistungsbeschreibung professionelle Sorgfaltsmaßstäbe einhalten und sich erforderlichenfalls sachkundiger Unterstützung bedienen (→ § 121 GWB Rn. 31).

V. Keine umfangreichen Vorarbeiten

Nach Abs. 1 Nr. 1 2. Hs. muss die Leistungsbeschreibung so gefasst sein, dass die Bie- **32** ter ihre Preise ohne umfangreiche Vorarbeiten berechnen können. Damit ist gemeint, dass die Erstellung der Kalkulation keinen ungewöhnlichen oder unverhältnismäßigen Aufwand erfordern darf, weil noch Angaben fehlen, die der Auftraggeber nach Abs. 1 Nr. 2 beizubringen hatte, wie die Massenangaben, Entwurfsplanung oder Baugrundgutachten (→ § 121 GWB Rn. 61). Die Ausschreibung darf den Bieter **keine umfangreichen Vorarbeiten und Recherchen** abverlangen.[91] Den notwendigen zeitlichen und finanziellen

---

[84] *Baumann* HdB Bauvergabe, 3. Aufl. 2014, C Rn. 73; *Engel/Grauvogel/Katzenbach* Beck'scher VOB-Komm, 3. Aufl. 2014, DIN 18299 Rn. 15. Zur Abgrenzung von „Kalkulationstabellen" und „Kalkulationsvorgaben" VK Westfalen 27.10.2015 – VK 1-28/15, BeckRS 2016, 09216.

[85] VK Bund 14.3.2017 – VK 1-15/17, IBRRS 2017, 1382 (Baustellenlogistik); *Dicks* IBR 2008, 1360 Rn. 113.

[86] VK Sachsen-Anhalt 5.10.2015 – 3 VK LSA 63/2015, juris, Rn. 84 f.

[87] *Scharen* FS Marx 2013, 678.

[88] VK Lüneburg 22.8.2016 – VgK-32/2016, BeckRS 2016, 19808. Diese Bindungswirkung folgt daneben nach üA unmittelbar aus dem Grundsatz der „eindeutigen" Leistungsbeschreibung, vgl. *Kapellmann* in Kapellmann/Messerschmidt, 6. Aufl. 2018, § 7 Rn. 8.

[89] Das wird in der Literatur auch kritisiert, insbesondere für die beschränkte Ausschreibung, *Franke/Kaiser* in FKZGM, 6. Aufl. 2017, EU § 7 Rn. 15 f.

[90] Zuletzt OLG Schleswig 19.8.2016 – 54 Verg 8/16, VergabeR 2016, 63 (64).

[91] OLG Düsseldorf 7.8.2013 – VII-Verg 15/13, BeckRS 2014, 14201; *Kapellmann* in Kapellmann/Messerschmidt, 6. Aufl. 2018, § 7 Rn. 14.

Vorbereitungsaufwand muss der Auftraggeber leisten. Er kann erforderliche Aufklärungs- und Vorbereitungsarbeiten nicht auf die Bieter abwälzen oder sie auf Informationen von dritter Seite verweisen.[92] Eine Pflicht des Bieters zur fachlichen Überprüfung der Angaben des Auftraggebers (zB zu einer Estrichstärke mittels Probebohrungen) besteht nicht, wenn der Bieter dazu keine realistische Möglichkeit hat. Sie kann auch nicht dadurch begründet werden, dass der Auftraggeber im Leistungsverzeichnis angibt, dass die Massen vor Angebotsabgabe zu überprüfen sind.[93]

33   Damit will die VOB erreichen, dass leistungsbezogene Unterlagen nur einmal erstellt werden und nicht von jedem Bieter mit mehrfachem Kostenaufwand.[94] Solche Unterlagen sind von den Bietern nur ausnahmsweise zu erstellen und idR nur bei gesonderter Vergütung (zB nach § 8b EU Abs. 1 Nr. 1 S. 2 VOB/A bei einer Leistungsbeschreibung mit Leistungsprogramm).[95] Abs. 1 Nr. 1 2. Hs. steht in engem Zusammenhang mit der Verpflichtung zur Angabe der kalkulationsrelevanten Informationen in Abs. 1 Nr. 2 und Abs. 1 Nr. 6.

34   Ein Verstoß gegen Abs. 1 Nr. 1 2. Hs. liegt vor, wenn die Angebotserstellung eine gänzlich **ungewöhnliche Prüfungstiefe** voraussetzt, die bei einer fristgebundenen Angebotsabgabe nicht erwartet werden kann, zB wenn Angaben zu einem Bauteil sich nur für einen Sachverständigen erschließen, der sie auf „Herz und Nieren" prüft.[96] Ebenso wenig kann von den Bietern erwartet werden, dass sie die Planung des öffentlichen Auftraggebers auf Planungsfehler oder -lücken überprüfen, um etwaige besondere Leistungen „herauszufiltern".[97] **„Intensive Auslegungsbemühungen"**, wie sie in einem Streitfall einem Gericht obliegen würden, darf der Auftraggeber nicht voraussetzen (→ § 121 GWB Rn. 75). Sind Leistungen für einen speziellen Bedarfsfall anzubieten, muss dieser Bedarf in der Leistungsbeschreibung nach Art, Häufigkeit und Umfang einer Inanspruchnahme konkretisiert werden.[98]

D. Ermittlung und Angabe preisbeeinflussender Umstände (Abs. 1 Nr. 2)

I. Regelungsinhalt

35   Abs. 1 Nr. 2 ist wie Nr. 1 eine bauspezifische Konkretisierung des Gebots der eindeutigen und erschöpfenden Beschreibung mit langer Tradition.[99] Die Vorschrift bezieht sich in zeitlicher Hinsicht auf die Erstellung der Vergabeunterlagen, also die Vorbereitung der Ausschreibung. Sie ist deshalb in Zusammenhang mit dem Gebot der Ausschreibungsreife (Vergabereife) in § 2 EU Abs. 5 VOB/A zu sehen, wonach der öffentliche Auftraggeber erst ausschreiben soll, wenn er sich im Klaren ist, welche Bauleistung er beschaffen möchte und die notwendigen Vorarbeiten abgeschlossen hat (→ § 121 GWB Rn. 119). Die Vorschrift trifft zwei Aussagen: Sie adressiert ein Ermittlungsgebot an den Auftraggeber, indem sie ihn zur Feststellung aller preisbeeinflussenden Umstände verpflichtet und verlangt sodann die Angabe aller festgestellten Umstände in den Vergabeunterlagen. Die Vorschrift ist

---

[92] *Dicks* IBR 2008, 1360 Rn. 5; *Kapellmann* in Kapellmann/Messerschmidt, 6. Aufl. 2018, § 7 Rn. 14.
[93] BGH 30.6.2011 – VII ZR 13/10, BGHZ 190, 212 = NJW 2011, 3287 Rn. 29 – Klinikabbruch.
[94] *Hermann* in HRR, 14. Aufl. 2018, EU § 7 Rn. 13.
[95] *Franke/Kaiser* in FKZGM, 6. Aufl. 2017, EU § 7 Rn. 12.
[96] VK Sachsen 15.3.2011 – 1/SVK/004-11, BeckRS 2011, 19710 (zu den Vorgaben für ein Fenster).
[97] VK Bund 6.9.2013 – VK 1-73/13, ZfBR 2014, 297 (300).
[98] OLG Düsseldorf 7.3.2012 – VII-Verg 82/11, BeckRS 2012, 05922.
[99] Inhaltsgleich bereits §§ 9 Nr. 3 S. 1 VOB/A 1926/1952/1965, 9 Nr. 4 VOB/A 1988, 9 Nr. 3 Abs. 1 VOB/A 1992/1996/2000/2002/2006, 7 Abs. 1 Nr. 2 VOB/A 2009, 7 EG Abs. 1 Nr. 2 VOB/A 2012. In der VOL/A ist die Vorschrift 2009 entfallen, was aber nichts daran ändert, dass kalkulationserhebliche Umstände auch bei Dienstleistungs- und Lieferaufträgen anzugeben sind, vgl. *Krohn/Schneider* in Gabriel/Krohn/Neun, VergR-HdB § 17 Rn. 25; das folgt nunmehr aus § 121 Abs. 1 GWB.

weit zu verstehen.[100] Den Bietern ist grundsätzlich alles mitzuteilen, was für die sach- und fachgemäße Kalkulation nach allgemeinen baubetrieblichen und technischen Regeln – und damit für den Angebotspreis – von Bedeutung sein könnte, sofern es sich nicht um Umstände handelt, die die Preisbildung allgemein beeinflussen (zB die jeweiligen Baupreisverhältnisse).[101] Sämtliche Daten und kalkulationsrelevante Parameter, über die der Auftraggeber verfügt (oder ein von ihm eingeschalteter Berater), sind den Bietern über die Vergabeunterlagen zur Verfügung zu stellen. Das gilt insbesondere für die Mengenansätze zu den Positionen des Leistungsverzeichnisses.[102] Dieser Grundsatz gilt auch außerhalb der VOB/A,[103] insbesondere bei funktionalen Ausschreibungen.[104] Will der Auftraggeber davon abweichen, muss er einen **klaren und deutlichen Hinweis** in die Vergabeunterlagen aufnehmen und in den Vergabeunterlagen eine angemessene Entschädigung für den Mehraufwand festsetzen;[105] andernfalls kann ein „ungewöhnliches Wagnis" iSv Abs. 1 Nr. 3 vorliegen.[106]

Die Vorschrift ist **bieterschützend**.[107] Kann der Bieter den Vergabeunterlagen die für **36** seine Kalkulation benötigten Angaben nicht entnehmen, muss er vor Angebotsabgabe eine Rückfrage stellen (→ § 121 GWB Rn. 85).[108] Ein Verstoß gegen Abs. 1 Nr. 2 bleibt für öffentliche Auftraggeber nach Vertragsschluss regelmäßig ohne Folgen, sofern der Bieter die Unzulänglichkeit der Angaben erkannt hat oder hätte erkennen müssen.[109] Erhält der Bieter auf seine Rückfrage keine Aufklärung ist ihm grundsätzlich nicht zuzumuten, auf unsicherer Kalkulationsgrundlage ein Angebot abzugeben, an das er später gebunden wäre. Er ist daher auch ohne Abgabe eines Angebots für ein Nachprüfungsverfahren iSd § 160 Abs. 2 GWB antragsbefugt.[110]

II. Feststellung der preisbeeinflussenden Umstände

Abs. 1 Nr. 2 enthält ein Ermittlungsgebot. Der Auftraggeber ist zur Feststellung aller **37** kalkulationsrelevanten Umstände verpflichtet und muss sie in den Vergabeunterlagen angeben. Die Vorschrift ergänzt § 121 Abs. 1 S. 2 GWB, wonach die Leistungsbeschreibung die Angaben enthalten muss, deren Kenntnis für die Erstellung des Angebots erforderlich sind. Das sind die **technischen, wirtschaftlichen oder finanziellen Spezifikationen,**[111] die **Mengen** sowie die **Umstände und Bedingungen der Leistungserbringung** (die sog. „Beschaffenheitsangaben").[112] Zu letzteren zählen bei Bauaufträgen zB die Wasser- und Bodenverhältnisse (→ Rn. 82), zeitliche oder räumliche Beschränkungen für den Einsatz von Großgerät oder Transportmittel, Vorarbeiten Dritter oder Schäden an der Bausubstanz.[113] Abs. 1 Nr. 2 bezieht sich dagegen nicht auf die nach § 7b EU Abs. 2 VOB/A

---

[100] *Hertwig/Slawinski* Beck VOB/A § 7 Rn. 41.

[101] *Franke/Kaiser* in FKZGM, 6. Aufl. 2017, EU § 7 Rn. 31, 32.

[102] VK Sachsen-Anhalt 18.12.2014 – 3 VK LSA 100/14, IBRRS 2015, 0778.

[103] Zur Angabe von kalkulationsrelevanten Umständen, die beim Auftraggeber vorliegen, bei einem Vertrag über Gebäudeversicherung OLG Celle 15.12.2005 – 13 Verg 14/05, NJOZ 2006, 606; zur Geltung bei der VSVgV etwa *Roggenkamp/Albrecht* in Dippel/Sterner/Zeiss, § 15 VSVgV Rn. 25.

[104] VK Hessen 26.4.2007 – 69d-VK-08/2007, IBRRS 2007, 3596 – Straßenmeistereiprivatisierung Hessen.

[105] *Herrmann* in HRR, 14. Aufl. 2018, EU § 7 Rn. 18.

[106] Zu einem derartigen Fall OLG Naumburg 15.12.2005 – 1 U 5/05, NJOZ 2006, 609 = BeckRS 2006, 00552 –Munitionsberäumung; *Schätzlein* in HKKW § 7 Rn. 26.

[107] *Wirner* in Willenbruch/Wieddekind, 4. Aufl. 2017, VOB/A § 7 Rn. 26.

[108] BGH 25.6.1987 – VII ZR 107/86, NJW-RR 1987, 1306 (1307) – Universitätsbibliothek.

[109] *Hertwig/Slawinski* Beck VOB/A § 7 Rn. 42.

[110] Unstreitig, vgl. nur VK Südbayern 6.2.2009 – Z3-3-3194-1-36-10/08, BeckRS 2009, 45690 Rn. 108.

[111] Diese Dreiteilung ist vorgegeben durch Art. 2 Abs. 1 Buchst. b) Richtlinie 89/665/EWG, in den Sektoren durch Art. 2 Abs. 1 Buchst. b) Richtlinie 92/13/EWG.

[112] Bereits bislang üA, vgl. *Kapellmann* in Kapellmann/Messerschmidt, 5. Aufl. 2015, § 7 Rn. 18 mwN.

[113] *Franke/Kaiser* in FKZGM, 6. Aufl. 2017, EU § 7 EU Rn. 31.

eingeschlossenen Leistungen, wie interne Vorleistungen des Auftragnehmers, Nebenleistungen, die von Abschnitt 4.1 der jeweiligen ATV umfasst sind (→ Rn. 97), zB Gerüste für eigene Arbeiten,[114] oder allgemeine preisbildende Faktoren, wie Baupreisniveau oder anerkannte Regeln der Technik.[115]

38   Das Ermittlungsgebot richtet sich an den Auftraggeber. Die Bestimmung gibt keinen Hinweis, wie und in welchem Umfang die Feststellungen zu treffen sind. Sie verschärft nicht die Anforderungen des § 121 Abs. 1 S. 1 GWB, wonach der Auftragsgegenstand (nur) so eindeutig und erschöpfend „wie möglich" zu beschreiben ist. Der Auftraggeber muss daher sämtliche ihm zur Verfügung stehenden Möglichkeiten nutzen, muss dabei aber nur das leisten, was im konkreten Einzelfall notwendig, möglich und zumutbar ist.[116] Unabdingbar sind bei einer Leistungsbeschreibung mit Leistungsverzeichnis wegen § 2 Abs. 3 VOB/B **zutreffende und nachvollziehbare Mengenermittlungen** (→ § 7b EU VOB/A Rn. 24), idR auch **Bodenuntersuchungen,** die ein annäherndes Bild der Verteilung der Bodenschichten ergeben,[117] sowie **Abfragen aus Flächeninformationssystemen** über Altlasten, Altlastenverdachtsflächen, schädliche Bodenveränderungen iSd BBodSchG sowie Kampfmitteln. Das Ermittlungsgebot endet dort, wo eine in allen Punkten eindeutige Leistungsbeschreibung nur mit unverhältnismäßigem Kostenaufwand möglich wäre (→ § 121 GWB Rn. 18). Verfügt der Auftraggeber nicht über den erforderlichen professionellen Sachverstand, Personal oder Erfahrungen ist er gehalten, externe Berater oder den Sachverstand anderer Auftraggeber hinzuzuziehen (→ § 121 GWB Rn. 61).[118] Bei einer funktionalen Ausschreibung kann sich die Vergabestelle grundsätzlich nur dann auf fehlende Erkenntnisse berufen, wenn die Feststellung der maßgeblichen Umstände für sie mit höherem Aufwand als für die Bieter verbunden ist und dies auch nur dann, wenn dies der Bedeutung des Auftrags angemessen ist und die allgemeinen Vergaberechtsgrundsätze in § 97 GWB gewahrt sind.[119]

39   **Auftraggeberinterne Abstimmungen** müssen vor der Veröffentlichung der Leistungsbeschreibung abgeschlossen sein. Mit einer wesentlichen Änderung der technischen Spezifikationen und der Umstände und Bedingungen für die Auftragsausführung darf nicht mehr zu rechnen sein. Die für die Aufstellung der Leistungsbeschreibung erforderlichen Unterlagen (zB Ausführungsplanung, Zeichnungen, Lage-, Höhen-, Querschnitts-, Detailpläne, Mengenermittlungen, Baugrundgutachten) müssen dafür bereits im Aufstellungszeitpunkt vorliegen.[120]

40   Das VHB[121] bestimmt dazu ergänzend:

---

[114] BGH 8.9.1998 – X ZR 85-97, NJW 1998, 3634 (3635).
[115] *Dähne* in Althaus/Heindl, 2. Aufl. 2013, Teil 1 Rn. 60.
[116] OLG Düsseldorf 21.10.2015 – Verg 28/14, IBRRS 2015, 2918 (allgemein zum zumutbaren Ermittlungsaufwand); speziell zu Nr. 2 VK Hessen 26.4.2007 – 69d-VK-08/2007, IBRRS 2007, 3596; VK Schleswig-Holstein 17.9.2008 – VK-SH 10/08, BeckRS 2008, 21735; VK Südbayern 6.2.2009 – Z3-3-3194-1-36-10/08, BeckRS 2009, 45690 Rn. 171; VK Lüneburg 7.3.2011 – VgK-73/2010, BeckRS 2011, 07582; *Prieß* NZBau 2004, 87 (90); *Donhauser* in VERIS-VOB/A-Online-Kommentar (Stand Februar 2013), § 7 EG VOB/A Rn. 22; *Kapellmann* in Kapellmann/Messerschmidt, 6. Aufl. 2018, § 7 Rn. 17; *Leinemann* Vergabe öffentlicher Aufträge, 6. Aufl. 2016, Rn. 1187; *Franke/Kaiser* in FKZGM, 6. Aufl. 2017, EU § 7 Rn. 32; *Wirner* in Willenbruch/Wieddekind, 4. Aufl. 2017, VOB/A § 7 Rn. 32. Speziell zur Feststellung des Objektwerts von Gebäuden bei einer Gebäudeversicherung OLG Celle 15.12.2005 – 13 Verg 14/05, NJOZ 2006, 606; VK Lüneburg 7.9.2005 – VgK 38/05, BeckRS 2005, 10646; 29.10.2010 – VgK-52/2010, BeckRS 2011, 05284 (zu § 8 Nr. 1 Abs. 2 VOL/A); zusammenfassend *Noch* Vergaberecht kompakt, 6. Aufl. 2015, Rn. 1038 f.
[117] *Franke/Kaiser* in FKZGM, 6. Aufl. 2017, EU § 7 Rn. 32.
[118] Bereits Ingenstau/Korbion, 7. Aufl. 1974, A § 9 Rn. 2; allgemeine Ansicht, vgl. VK Bad.-Württ. 18.8.2016 – 1 VK 32/16, IBRRS 2017, 2184; *Dicks* IBR 2008, 1360 Rn. 5; *Hertwig/Slawinski* Beck VOB/A § 7 Rn. 41; *Krohn/Schneider* in Gabriel/Krohn/Neun, VergR-HdB § 17 Rn. 26; *Noch* Vergaberecht kompakt, 6. Aufl. 2015, Rn. 1033; *Wirner* in Willenbruch/Wieddekind, 4. Aufl. 2017, VOB/A § 7 Rn. 9.
[119] Instruktiv VK Hessen 26.4.2007 – 69d-VK-08/2007, IBRRS 2007, 3596 – Straßenmeistereiprivatisierung Hessen.
[120] *Schranner* in Ingenstau/Korbion, 20. Aufl. 2017, § 7 EU VOB/A Rn. 2.
[121] VHB 2008 – Stand April 2016, Allgemeine Richtlinien Vergabeverfahren, Formblatt 100, Ziff. 4.8.3..

„4.8.1 Arbeiten bei laufendem Betrieb
Vor Aufstellung der Leistungsbeschreibung ist mit der nutzenden Verwaltung abzustimmen, welche besonderen Vorkehrungen bei der Ausführung getroffen werden müssen."

III. Angabe in den Vergabeunterlagen

Der Auftraggeber muss die von ihm festgestellten kalkulationsrelevanten Umstände den **41**
Bietern mittels der Vergabeunterlagen mitteilen. „Angeben" iSv Abs. 1 Nr. 2 heißt, dass
diese Umstände aus den Vergabeunterlagen **vollständig und wahrheitsgemäß** hervorgehen müssen.[122] Sie müssen sich aus der Lektüre der Vergabeunterlagen unmittelbar erschließen und dürfen nicht in einzelnen Teilen der Vergabeunterlagen versteckt sein.[123]
Insbesondere darf das Leistungsverzeichnis keine überhöhten Mengen enthalten, um dadurch zu erreichen, dass die Bieter ihre Gemeinkosten auf die Mengen umlegen und niedrigere Einheitspreise anbieten.[124]

Der Auftraggeber darf in den Vergabeunterlagen **keine Informationen zurückhalten,** **42**
die er bei Vorbereitung der Ausschreibung ermittelt hatte, auch wenn er sie nicht für relevant hält, wenn er davon ausgehen muss, dass die betreffende Information den Bietern
ohne die Angabe in den Vergabeunterlagen nicht zur Verfügung steht.[125] Er muss daher zB
Gutachten zu den Wasser- und Bodenverhältnissen oder Altlasten **vollständig mitteilen**
oder bei einer Gebäudeversicherung den Wert zu versichernder Gebäude.[126] Hat der Auftraggeber eine an sich erwartbare Vorerkundung nicht vollständig durchgeführt, muss er
darauf in den Vergabeunterlagen hinweisen, andernfalls kann in einer unvollständigen Darstellung der Verhältnisse die Auferlegung eines „ungewöhnlichen Wagnisses" iSv Abs. 1
Nr. 3 liegen (→ Rn. 55).[127] Die Bieter können im Zweifel darauf vertrauen, dass sie mit
der Leistungsbeschreibung zutreffend und **vollständig über die Annahmen informiert**
werden, auf denen die Erstellung der Leistungsbeschreibung beruht (→ §7c EU Abs. 3
Nr. 2 VOB/A).[128]

Das VHB[129] bestimmt ergänzend: **43**

„4.8.2. Auswertung von Gutachten
Wenn Gutachten, z.B. über Baugrund, Grundwasser oder Altlasten, eingeholt werden, sind
deren Ergebnisse und die dadurch begründeten Anforderungen in der Leistungsbeschreibung
vollständig und eindeutig anzugeben; das bloße Beifügen des Gutachtens reicht für eine ordnungsgemäße Leistungsbeschreibung nicht aus."

Die Verantwortung für die Aufstellung der Leistungsbeschreibung liegt beim Auftragge- **44**
ber (→ § 121 GWB Rn. 20). Er trägt auch die (Letzt-)Verantwortung für die verbindliche
Festlegung der technischen, wirtschaftlichen und finanziellen Spezifikationen. Sie lässt sich
daher nicht auf technische Berater verlagern.[130]

Urheberrechtlichen Schutz hat eine Leistungsbeschreibung idR nicht, da sie im Kern **45**
nur aus einer Auflistung von geforderten Leistungsmerkmalen besteht (vgl. Art. 42 Abs. 1
UA 1 S. 2 AVR). Etwas anderes gilt für Architektenpläne oder besondere Konstruktions-
zeichnungen.[131]

---

[122] *Franke/Kaiser* in FKZGM, 6. Aufl. 2017, EU § 7 Rn. 37.
[123] *Kapellmann* in Kapellmann/Messerschmidt, 6. Aufl. 2018, § 7 Rn. 18.
[124] *Herrmann* in HRR, 14. Aufl. 2018, EU § 7b Rn. 8.
[125] *Scharen* FS Marx 684/685; *Kapellmann* in Kapellmann/Messerschmidt, 6. Aufl. 2018, § 7 Rn. 15, 18; *Leinemann* Vergabe öffentlicher Aufträge, 6. Aufl. 2016, Rn. 1195.
[126] OLG Celle 15.12.2005 – 13 Verg 14/05, NJOZ 2006, 606; VK Lüneburg 7.9.2005 – VgK 38/05, BeckRS 2005, 10646.
[127] OLG Naumburg 15.12.2005 – 1 U 5/05, NJOZ 2006, 609 = BeckRS 2006, 00552 (→ Fn. 182).
[128] *Cuypers* BauR 1997, 27 (31).
[129] VHB 2017, Allgemeine Richtlinien Vergabeverfahren, Formblatt 100, Ziff. 4.8.3.
[130] OLG Schleswig 19.8.2016 – 54 Verg 8/16, VergabeR 2016, 63 (65).
[131] *Leinemann* Vergabe öffentlicher Aufträge, 6. Aufl. 2016, Rn. 1206.

E. Ungewöhnliches Wagnis
(Abs. 1 Nr. 3)

I. Regelungsinhalt

46   Nach Abs. 1 Nr. 3 darf dem Auftragnehmer kein ungewöhnliches Wagnis aufgebürdet werden für Umstände und Ereignisse, auf die er keinen Einfluss hat und deren Einwirkung auf die Preise und Fristen er nicht im Voraus schätzen kann. Die Vorschrift untersagt die Verlagerung von Risiken mittels der Vergabe- und Vertragsunterlagen auf den Auftragnehmer, die **nicht dem hergebrachten Bild der Bauleistung** entsprechen und die ein verständiger Bauunternehmer nicht akzeptieren würde, wenn er sich nicht der überlegenen Nachfragemacht („Diktat") des Auftraggebers ausgesetzt sähe.[132] Mittelbar schützt sie den Auftraggeber vor unvernünftig gestalteten Verträgen mit hohem Nachtragspotential.[133] Es handelt sich um eine Selbstbeschränkung für Auftraggeber, die unionsrechtlich nicht vorgegeben ist.[134] Sie folgt für die üA nicht aus dem Gebot der Eindeutigkeit und Vollständigkeit der Leistungsbeschreibung in § 121 Abs. 1 GWB/§ 7 EU Abs. 1 Nr. 1 VOB/A, sondern ist in der VOB/A als eine spezielle Ausprägung des Wettbewerbs- und Gleichbehandlungsgrundsatzes (§ 97 Abs. 1, 2 GWB) geregelt.[135] Als Schutzvorschrift für den Auftragnehmer wird sie von der üA „eher weit" ausgelegt.[136]

47   Auch diese Vorschrift war bereits in frühen VOB-Ausgaben als Ergänzung zu Abs. 1 Nr. 1 enthalten.[137] Die heutige Fassung geht auf die VOB/A Ausgabe 1992 zurück und ist seither unverändert.[138] Seit 2009 gilt das Verbot der Überwälzung ungewöhnlicher Wagnisse nur noch in der VOB/A (→ § 121 GWB Rn. 89).[139] Es ist spätestens seit Inkrafttreten der VergRModVO kein allgemeiner vergaberechtlicher Grundsatz mehr (→ § 31 VgV Rn. 2).

48   Abs. 1 Nr. 3 spricht vom „Auftragnehmer" und nicht wie Nr. 1 vom „Bewerber". Damit soll zum Ausdruck gebracht werden, dass sich das Verbot auf das gesamte Vergabeverfahren, einschließlich des Vertragsabschlusses, erstreckt. Es ist daher in allen Verfahrensarten von Ausschreibungsbeginn bis zum Vertragsschluss anzuwenden.[140] Dahinter steht die Überlegung, dass die Leistungsbeschreibung gemäß § 13 EU Abs. 1 Nr. 5 S. 2 VOB/A unverändert im Angebot zu übernehmen ist und im Vertrag abgebildet wird

---

[132] OLG Saarbrücken 29.9.2004 – 1 Verg 6/04, BeckRS 2004, 09658; OLG Naumburg 5.12.2008 – 1 Verg 9/08, IBRRS 2009, 0051; *Lausen* in jurisPK-VergabeR 4. Aufl. 2013, § 7 EG VOB/A 2012 Rn. 37, 38; *Donhauser* in VERIS-VOB/A-Online-Kommentar (Stand Februar 2013), § 7 EG VOB/A Rn. 25; *Herrmann* in HRR, 14. Aufl. 2018, EU § 7 Rn. 19; *Dicks* NZBau 2014, 731 (737); *Stein/Simonis* Leistungsbeschreibung 128; *Leinemann* Vergabe öffentlicher Aufträge, 6. Aufl. 2016, Rn. 1198; *Franke/Kaiser* in FKZGM, 6. Aufl. 2017, EU § 7 Rn. 39, 41.

[133] Für *Quack* BauR 2005, 1080 (1083) ist dies sogar die hauptsächliche Zielrichtung der Vorschrift; zustimmend *Noch* BauRB 2005, 344 (345). Dagegen zu Recht OLG Düsseldorf 19.10.2011 – VII-Verg 54/11, NZBau 2011, 762 (764); VK Lüneburg 28.5.2014 – VgK-13/2014, BeckRS 2014, 13211.

[134] OLG Düsseldorf 19.10.2011 – VII-Verg 54/11, NZBau 2011, 762; 24.11.2011 – Verg 62/11, ZfBR 2012, 187.

[135] OLG Dresden 2.8.2011 – WVerg 4/11, NZBau 2011, 775; OLG Jena 22.8.2011 – 9 Verg 2/11, NZBau 2011, 771; OLG Düsseldorf 19.10.2011 (o. Fn. 134). Umstritten, zT wird sie auch als Ausprägung des Abs. 1 Nr. 1 verstanden, etwa *Franke/Kaiser* (o. Fn. 132) Rn. 39 oder sogar als dessen „übergeordneter Zweck" angesehen, etwa bei *Koch* der gemeindehaushalt 2015, 25 (27).

[136] (Zu § 8 Nr. 1 Abs. 3 VOL/A aF) OLG Düsseldorf 5.10.2001 – Verg 28/01, BeckRS 2001, 30978018; 9.6.2004 – VII-Verg 18/04, BeckRS 2005, 03572; VK Bund 19.7.2002 – VK 1-37/02, IBRRS 2013, 3945; *Prieß* NZBau 2004, 87 (89); *Franke/Kaiser* in FKZGM, 6. Aufl. 2017, EU § 7 Rn. 39; *Wirner* in Willenbruch/Wieddekind, 4. Aufl. 2017, VOB/A § 7 Rn. 31.

[137] §§ 9 Nr. 1 S. 2 VOB/A 1926, 9 Nr. 1 Abs. 2 VOB/A 1952/1965. Seit der VOB/A Ausgabe 1973 ist sie zu einer eigenen Vorschrift verselbständigt, §§ 9 Nr. 2 VOB/A 1973, 1979.

[138] §§ 9 Nr. 2 VOB/A 1979/1988/1992/1996/2000/2002/2006, 7 Abs. 1 Nr. 3 VOB/A 2009, 7 EG Abs. 1 Nr. 3 VOB/A 2012.

[139] Zuletzt VK Bund 22.2.2016 – VK 2-135/15, Beschlussumdruck S. 19.

[140] Umstritten, gegen eine „Generalklausel" des Bauvertragsrechts zB *Hertwig/Slawinski* Beck VOB/A § 7 Rn. 51.

(→ Rn. 7).[141] Ungewöhnliche Wagnisse dürfen daher insbesondere auch im Verhandlungsverfahren mit **funktionaler Leistungsbeschreibung** (Leistungsprogramm) nicht aufgebürdet werden, wenn der Auftraggeber Leistungsverzeichnis und Vertrag in wesentlichen Teilen vorgibt und die Bieter davon nicht abweichen können oder jedenfalls nur mit Konsequenzen für die Angebotswertung.[142] Die der funktionalen Leistungsbeschreibung immanenten Risiken müssen davon allerdings abgegrenzt werden.[143] Eine aus sachlichen Gründen gerechtfertigte (teil-)funktionale Ausschreibung führt mithin „nicht per se"[144] zur Überbürdung eines ungewöhnlichen Wagnisses.

Der Auftraggeber ist durch Abs. 1 Nr. 3 nicht verpflichtet, den Bietern das Risiko der **49** Kalkulation der technischen Anforderungen abzunehmen[145] oder Vergabeunterlagen so zu fassen, dass sich der „Weg des geringsten Risikos"[146] eröffnet. Insbesondere muss er nicht Wagnisse ausräumen oder zu begrenzen, die sich aus einer einschlägigen **gesetzlichen Regelung** ergeben, mit einem vom Gesetzgeber vorgesehenen Organisationsmodell verbunden sind (zB einem Betreibermodell wie in § 4 Abs. 3 BFStrMG) oder die Folge umstrittener und ungeklärter Interpretationsfragen sind (unabhängig davon, wer die gesetzliche Regelung verantwortet). Er ist durch Abs. 1 Nr. 3 nicht an der Ausschreibung von Leistungen gehindert, deren Erbringung in tatsächlicher oder rechtlicher Hinsicht mit besonderen Risiken verbunden ist. Ebensowenig ist er gezwungen, **Usancen der Privatwirtschaft** zu übernehmen und den Vertrag zum „Abbild der … überwiegend praktizierten Privatverträge zu machen, um dem Verdikt der Wagnisüberwälzung zu entgehen".[147]

Durch die VOB/A Ausgabe 1992 wurde Abs. 1 Nr. 3 von einer Sollvorschrift in eine **50** zwingende Vorgabe mit demselben Verbindlichkeitsanspruch wie Abs. 1 Nr. 1 geändert.[148] Bis dahin war es dem Auftragnehmer unbenommen, eine Abs. 1 Nr. 3 widersprechende Leistungsverpflichtung nach freiem Willen zu übernehmen.[149] Davon ist seit der Änderung der Vorschrift nicht mehr auszugehen. Die Motive des Auftraggebers für die Überwälzung eines „ungewöhnlichen Wagnisses" sind seither unerheblich.[150] Es überzeugt daher nicht, wenn zT die Ansicht vertreten wird,[151] dass Abs. 1 Nr. 3 nicht einschlägig sei, wenn der Auftraggeber in den Vergabeunterlagen auf Risiken ausdrücklich hinweist, so dass der Auftragnehmer sich entscheiden kann, ob er sie übernehmen möchte. Das geht an Wortlaut, Entstehungsgeschichte sowie Regelungszweck von Abs. 1 Nr. 3 vorbei, weil es nicht nur darum geht, welche Risiken der Auftragnehmer privatautonom übernimmt, sondern dass das übernommene Risiko kaufmännisch beherrschbar sein muss (→ Rn. 66).[152] Der Auftraggeber kann daher seine Beschreibungsverpflichtungen aus § 121 Abs. 1 GWB/§ 7 EU

---

[141] So bereits Ingenstau/Korbion, 7. Aufl. 1974, A § 9 Rn. 13; die üA geht daher von einem Fortwirken im Vertrag aus, vgl. nur *Donhauser* in VERIS-VOB/A-Online-Kommentar (Stand Februar 2013), § 7 EG VOB/A Rn. 24.

[142] *Roth* NZBau 2006, 84 (86); zur Geltung bei der Leistungsbeschreibung mit Leistungsprogramm *Leinemann* Vergabe öffentlicher Aufträge, 6. Aufl. 2016, Rn. 1269; *Franke/Kaiser* in FKZGM, 6. Aufl. 2017, § 7c EU VOB/A Rn. 3. Zum erhöhten Spielraum in derartigen Verfahren OLG München 10.12.2009 – Verg 16/09, BeckRS 2010, 02617.

[143] OLG Düsseldorf 16.10.2010 – VII Verg 35/10, IBRRS 2010, 4570; *Schellenberg* in Pünder/Schellenberg, 2. Aufl. 2015, EG § 7 VOB/A Rn. 107.

[144] *Noch* Vergaberecht kompakt, 6. Aufl. 2015, Rn. 890, 1060.

[145] BGH 25.6.1987 – VII ZR 197/86, NJW-RR 1987, 1306 – Universitätsbibliothek.

[146] VK Bund 26.3 2003 – VK 2-06/03, VPRRS 2013, 0846 – Sprachliche Vorbereitungsphase.

[147] VK Bund 21.6.2010 – VK 2-53/10, IBRRS 2010, 3559.

[148] *Lampe-Helbig* BauR 1993, 177 (182).

[149] Ingenstau/Korbion, 7. Aufl. 1974, A § 9 Rn. 17.

[150] Heiermann/Riedl/Rusam, 8. Aufl. 1997, A § 9.2 Rn. 4.

[151] OLG Naumburg 15.12.2005 – 1 U 5/05, NJOZ 2006, 609 = BeckRS 2006, 00552 – Munitionsberäumung; umstritten; zustimmend *Leinemann* Vergabe öffentlicher Aufträge, 6. Aufl. 2016, Rn. 1203; in diese Richtung auch *Kus* NK-BGB, 3. Aufl. 2016, Anh. II zu §§ 631 – 651 BGB Rn. 62.

[152] Das hebt OLG Saarbrücken 29.9.2004 – 1 Verg 6/04, BeckRS 2004, 09658 – PPK-Abfälle zutreffend hervor; wie hier *Hertwig/Slawinski* Beck VOB/A § 7 Rn. 58; *Roth* NZBau 2006, 84 (88); *Schätzlein* HKKW § 7 Rn. 33; *Kapellmann* in Kapellmann/Messerschmidt, 6. Aufl. 2018, VOB/A § 7 Rn. 25; *Stein/Simonis* Leistungsbeschreibung 130; *Wirner* in Willenbruch/Wieddekind, 4. Aufl. 2017, VOB/A § 7 Rn. 33.

Abs. 1 Nr. 1 VOB/A nicht mittels einer haftungsausschließenden Generalklausel umgehen (→ Rn. 61). Dem Auftragnehmer ist andererseits unbenommen, **riskante Leistungen** zu einer üblichen Vergütung zu übernehmen (Räumung eines Geländes von Altlasten, Entwicklung und Aufbau komplexer Systeme mit mehreren Beteiligten o. ä.).[153]

51   Abs. 1 Nr. 3 dient dem Schutz des Auftragnehmers und ist daher **bieterschützend.**[154] Wird ein „ungewöhnliches Wagnis" vergaberechtswidrig aufgebürdet, kann der Zuschlag nicht auf Grundlage der Vergabeunterlagen erteilt werden, so dass das Verfahren auf den Stand vor Versendung der Vergabeunterlagen zurückversetzt wird. Der Bieter ist für die fehlende Branchenüblichkeit der Vertragsgestaltung und seine Kalkulationsschwierigkeiten darlegungs- und beweisbelastet.[155] Die Nachprüfungsinstanzen müssen anhand der gesamten Vergabeunterlagen prüfen, ob die vorgesehene Vertragsgestaltung im konkreten Einzelfall nach der beiderseitigen Interessenlage mit Blick auf das konkrete Beschaffungsvorhaben zumutbar ist.[156] Allerdings setzt das eine rechtzeitige Rüge voraus.[157] Die Vorschrift ist nach üA **kein Verbotsgesetz** iSd § 134 BGB[158] und auch sonst keine zwingende Norm des Bauvertragsrechts.[159] IdR werden Risiken über den Bauvertrag übergewälzt. Das führt dazu, dass Abs. 1 Nr. 3 widersprechende Vertragsgestaltungen eine **unangemessene Benachteiligung** iSd § 307 Abs. 1 BGB enthalten.[160] Die Vorschrift hat in der Praxis zudem erhebliche Bedeutung für die **Auslegung des Vertrages,** da sich der Auftraggeber nach der Rechtsprechung des Bundesgerichtshofs im Rahmen der Auslegung nach Treu und Glauben daran festhalten lassen muss, dass er kein „ungewöhnliches Wagnis" auferlegen will (→ § 121 GWB Rn. 81). Im Zweifel brauchen die Auftragnehmer ein solches Wagnis „nicht ohne weiteres zu erwarten".[161] Der Auftraggeber verstößt vielmehr gegen seine vorvertraglichen Rücksichtnahmepflichten (§§ 241 Abs. 2, 311 Abs. 2 BGB) wenn er dem Auftragnehmer ein „ungewöhnliches Wagnis" aufbürdet.

II. Voraussetzungen

52   Für ein „ungewöhnliches Wagnis" iSv Abs. 1 Nr. 3 müssen drei Voraussetzungen kumulativ vorliegen:
– der Auftraggeber muss dem Auftragnehmer ein Wagnis (Risiko) aufbürden, sei es durch die Leistungsbeschreibung oder durch die Vertragsbedingungen;
– die Umstände, die das Wagnis (Risiko) ausmachen, müssen sich dem Einflussbereich des Auftragnehmers entziehen,

---

[153] *Prieß* NZBau 2004, 87 (88); *Scharen* FS Marx 2013, 679.

[154] Nur eine Minderansicht argumentiert damit, dass die Vorschrift Interessen des Auftraggebers schütze (o. Fn. 133), etwa *Noch* BauRB 2005, 344 (347).

[155] *Scharen* FS Marx, 2013, 680; *Dicks* NZBau 2014, 731 (737).

[156] Deutlich VK Lüneburg 28.5.2014 – VgK-13/2014, BeckRS 2014, 13211; zum auslegungsleitenden Aspekt der „Zumutbarkeit" *Scharen* FS Marx, 2013, 681/682; *Dicks* NZBau 2014, 731 (737); *Stein/Simonis* Leistungsbeschreibung 128/129. Kritisch zum Fehlen einer konsistenten Linie *Wirner* (o. Fn. 152), der daher die Grundsätze zu Inhaltskontrolle (§§ 305c, 307 BGB) heranziehen will.

[157] OLG München 10.12.2009 – Verg 16/09, BeckRS 2010, 02617; *Hertwig* Praxis der öffentlichen Auftragsvergabe, 6. Aufl. 2016, Rn. 198; *Voppel* VergabeR 2016, 486 (487).

[158] Nicht unumstritten. Zum Verbot der Ausschreibung gesetzlich verbotener Leistungen → § 121 GWB Rn. 34. Aus jüngerer Zeit zu feuerwehrtechnischen Leistungen bei Rohbauarbeiten an einem Tunnel VK Bad.-Württ. 18.8.2016 – 1 VK 32/16, IBRRS 2017, 2184. Für eine Nichtigkeit gemäß § 134 BGB bei klarem Verstoß *Kapellmann* in Kapellmann/Messerschmidt, 6. Aufl. 2018, § 7 Rn. 20, 27.

[159] Grundlegend *Quack* ZfBR 2003, 26; mittlerweile allgemeine Ansicht, vgl. *Hertwig/Slawinski* Beck VOB/A § 7 Rn. 23; *Kapellmann* in Kapellmann/Messerschmidt, 5. Aufl. 2015, VOB/A § 7 Rn. 20; *Schellenberg* in Pünder/Schellenberg, 2. Aufl. 2015, EG § 7 VOB/A Rn. 51. Eine Minderansicht nimmt die Unwirksamkeit nach § 138 BGB an, vgl. *Höfler/Bayer* Bauvergaberecht, 3. Aufl. 2012, Rn. 278. Für einen Verbotsnormcharakter zB noch *Lederer/Niebuhr* FS Jagenburg, 2002, 455 (470 f.).

[160] Mit Fallbeispielen *Herrmann* in HRR, 14. Aufl. 2018, EU § 7 Rn. 20 ff.

[161] BGH 11.11.1993 – VII ZR 47/93, BGHZ 124, 64 = NJW 1994, 850 – Wasserhaltung III; 10.9.2009 – VII ZR 152/08, BauR ZfBR 2010, 292 (294) – Autobahnabschnitt; 30.6.2011 – VII ZR 13/10, BGHZ 190, 212 = NJW 2011, 3287 Rn. 13 – Klinikabbruch; *Dähne* BauR 1999, 289 (290); *Schätzlein* in HKKW § 7 Rn. 29; *Hermann* in HRR, 14. Aufl. 2018, EU § 7 Rn. 19.

– dies muss sich in der Weise auf die Preiskalkulation auswirken, dass dem Auftragnehmer eine fachgerechte Kostenschätzung unter Einpreisung eines Wagnisvorbehalts unmöglich ist.

1. „Aufbürdung" eines „Wagnisses"

„Wagnis" iSv Abs. 1 Nr. 3 ist die Eindeutschung von „Risiko".[162] Abs. 1 Nr. 3 meint **53** Risiken, die dem Auftragnehmer über die Vertragsunterlagen iSd § 121 Abs. 3 GWB, § 8 EU Nr. 2 VOB/A aufgebürdet werden. Maßgeblich dafür ist der Inhalt des mit dem Zuschlag zustande kommenden Bauvertrages. Kein Wagnis iSv Abs. 1 Nr. 3 das aus der Beteiligung am Vergabeverfahren folgende Risiko (zB die geforderte Stellung einer Vertragserfüllungsbürgschaft bereits mit Angebotsabgabe).[163]

An der „Aufbürdung" fehlt es von vornherein bei solchen Risiken, **die ohnehin den 54** **Auftragnehmer** treffen und die er daher bei Ausführung der Leistung meistern muss.[164] Das gilt vor allem für das Leistungs- und Erfüllungsrisiko. Der Auftragnehmer eines Bauvertrages muss die übernommenen Leistungen unter eigener Verantwortung durchführen (§ 4 Abs. 2 Nr. 1 VOB/B). Daran ändert sich nichts dadurch, dass der Auftraggeber die vorgeschlagene Ausführungsart geprüft und akzeptiert hat.[165] Vertragstypische Risiken beim Bauvertrag sind insbesondere die **Beschaffbarkeit und Finanzierung von Materialien,** die Eignung der verwendeten **Baustoffe und Bauteile** für den jeweiligen Verwendungszweck (Abschnitt 2.1.3 ATV DIN 18299), etwaiger **Abstimmungsbedarf** mit anderen Gewerken, **technische Schwierigkeiten** bei der Ausführung, das Risiko von Beschädigung und Diebstahl bis zur Abnahme (§ 4 Abs. 5 VOB/B), die Gewährleistung sowie das **Risiko der kostendeckenden Erbringung** der versprochenen Leistung über die gesamte Vertragslaufzeit zu dem kalkulierten Preis.[166] Der Bieter trägt ferner das Kalkulationsrisiko[167] und bei der Leistungsbeschreibung mit Leistungsprogramm (§ 7c EU VOB/A) auch das Mengenermittlungsrisiko.[168] Es fällt in den Risikobereich des Auftragnehmers, wenn seine Geräte-, Material-, Personal-, Stoff-, Verwertungs-, Versicherungs- oder Finanzierungskosten nach Vertragsabschluss steigen (zB wegen erhöhter Zinsen auf dem Kapitalmarkt).[169] Der Auftraggeber bürdet dem Auftragnehmer kein ungewöhnliches Wagnis auf, wenn er in diesen Fällen eine Entgeltanpassung ausschließt. Gleiches gilt bei vereinbarten **Haftungsbeschränkungen, Vertragsstrafeklauseln,**[170] **Vertragsverlängerungsoptionen,**[171] üblichen **Versicherungsbedingungen**[172] oder der Pflicht zur Mitteilung von Rechtsformänderungen oder anderer eignungsrelevanter Umstände wäh-

---

[162] *Quack* BauR 2005, 1080 (1081).

[163] *Schätzlein* in HKKW, § 7 Rn. 28.

[164] OLG Düsseldorf 7.9.2003 – VII-Verg 26/03, IBRRS 2003, 1975; 7.12.2011 – Verg 96/11, ZfBR 2012, 308; OLG Saarbrücken 29.9.2004 – 1 Verg 6/04, BeckRS 2004, 09658; VK Bund 6.5.2005 – VK 3-28/05, IBRRS 2005, 1703; 24.2.2009 – VK 3-224/08, juris, Rn. 123; 21.6.2010 – VK 2-53/10, IBRRS 2010, 3559; VK Lüneburg 12.1.2007 – VgK 33/2006, IBRRS 2007, 0192; *Prieß* NZBau 2004, 87 (88); *Franke/Kaiser* in FKZGM, 6. Aufl. 2017, EU § 7 Rn. 43; speziell zur Risikoverteilung bei ÖPP-Verträgen *Roth* NZBau 2006, 84 (88).

[165] *Heiermann/Bauer* in HRR, 13. Aufl. 2013, EG § 7 Rn. 22.

[166] (Zu § 8 Nr. 1 Abs. 3 VOL/A) OLG Düsseldorf 7.9.2003 – VII-Verg 26/03, IBRRS 2003, 1975.

[167] *Dähne* BauR 1999, 289 (292).

[168] BGH 1.8.2006 – X ZR 115/04, NZBau 2006, 797 Rn. 25.

[169] (Zu § 8 Nr. 1 Abs. 3 VOL/A) OLG Naumburg 5.12.2008 – 1 Verg 9/08, BeckRS 2009, 02589; VK Bund 21.6.2010 – VK 2-53/10, IBRRS 2010, 3559; VK Lüneburg 28.5.2014 – VgK-13/2014, BeckRS 2014, 13211.

[170] OLG Düsseldorf 17.4.2008 – VII-Verg 15/08, BeckRS 2008, 13107; VK Bund 24.1.2008 – VK 3-151/07, IBRRS 2008, 0540; *Dicks* IBR 2008, 1360 Rn. 40; *Wirner* in Willenbruch/Wieddekind, 4. Aufl. 2017, VOB/A § 7 Rn. 36. Das Vertragsstrafenrisiko ist bei der Prüfung weiterer Vertragsklauseln zu berücksichtigen, vgl. VK Bund 14.8.2009 – VK 2-93/09, juris, Rn. 137 f.

[171] *Noch* Vergaberecht kompakt, 6. Aufl. 2015, Rn. 1065.

[172] Etwa der Einschluss von „Terrorschäden" als notwendiger und typischer Inhalt einer kommunalen Gebäude- und Inventarversicherung, OLG Celle 15.12.2005 – 13 Verg 14/05, NJOZ 2006, 606; VK Lüneburg 7.9.2005 – VgK 38/05, BeckRS 2005, 10646.

rend der Vertragslaufzeit.[173] Das finanzielle Risiko der **Änderung von Gesetzen oder anerkannter Regeln der Technik** nach Vertragsabschluss bis zur Abnahme trägt richtigerweise ebenfalls der Auftragnehmer (arg. § 13 Abs. 1 VOB/A).[174] Anders ist es bei Mehrwertsteuererhöhungen zwischen Vertragsschluss und Abrechnung, da sie beim Auftragnehmer ein durchlaufender Posten sind. Daher werden idR Umsatzsteuergleitklauseln vereinbart. Verträge, die keine Umsatzsteuergleitklausel enthalten, sind wegen Abs. 1 Nr. 3 dahin auszulegen, dass die Erhöhung vom Auftraggeber zu tragen ist.[175] Bei Bauverträgen mit langer Laufzeit (von mehr als 10 Monaten) kann das Fehlen einer **Stoffpreisgleitklausel** ein ungewöhnliches Wagnis darstellen,[176] es sei denn, die Bieter sind auch ohne eine solche Klausel zu einer fachgerechten Kalkulation in der Lage (→ Rn. 66).[177] Dasselbe gilt, wenn nach den Vergabeunterlagen unklar ist, ob es zu einem Betriebsübergang iSv § 613a BGB kommt.[178]

55   „Ungewöhnlich" ist das Wagnis (Risiko), wenn es nicht erwartet werden konnte, weil es vom hergebrachten Bild der Bauleistung abweicht.[179] Abzugrenzen ist das von **allgemeinen oder besonderen Bauwagnissen,** die – mehr oder weniger ausgeprägt – **bei jedem Bauprojekt** anfallen und sich über mehrere Baustellen verschiedener Auftraggeber ausgleichen.[180] „Ungewöhnlich" sind daher in erster Linie Risiken, die nicht der vom Auftragnehmer zu verantwortenden technischen Ausführung, sondern der auftraggeberseitigen Planung zuzurechnen sind. Ein ungewöhnliches Wagnis liegt insbesondere vor, wenn ein **Leistungsverzeichnis unvollständig** ist und dem Auftragnehmer das Risiko für die angegebenen Mengen[181] oder eine eventuell erforderliche Wasserhaltung aufgebürdet wird[182] oder er ohne ausreichende Schätzgrundlage einen Pauschalpreis anzubieten hat,[183] er nicht eingrenzbare Telefon- oder Internetkosten des Auftraggebers einzukalkulieren hat[184] oder ohne Baugrundgutachten ausgeschrieben wird und die Wahl der Bauweise für die Baugrubenumschließung dem Auftragnehmer überlassen wird.[185] Ein „ungewöhnliches Wagnis" fehlt dagegen, wenn der Auftraggeber Schätzwerte in der Ausführungsplanung offen legt (zB zur Bodenbelastung)[186] oder er den Nachweis der notwendigen Genehmigungen verlangt (und sich für die Leistungserbringung nicht mit vorläufigen Genehmigungen begnügt).[187] Dabei ist unerheblich, ob der Auftraggeber zugleich die Genehmigungsbehörde ist oder auf sie Einfluss nehmen kann. Klauseln in den Vergabeunterlagen, die dem Auftraggeber eine Übertragung seiner Rechte und Pflichten auf eine (geplante) Projektgesellschaft erlauben **(Schuldübernahmeklauseln),** schränken das Recht des Auftragnehmers aus § 415 BGB auf Prüfung der Bonität und Auswahl seines Schuldners ein und beinhalten

---

[173] OLG Düsseldorf 17.4.2008 – VII-Verg 15/08, BeckRS 2008, 13107.
[174] *Oppler* in Ingenstau/Korbion, 20. Aufl. 2017, § 4 Abs. 2 VOB/B Rn. 36. Umstritten, anders zB *Dähne* in Althaus/Heindl, 2. Aufl. 2013, Teil 1 Rn. 58, für den der Auftragnehmer Risiko der späteren Änderung der Rechts- oder Gesetzeslage und der anerkannten Regeln der Technik trägt.
[175] *Herrmann/Bauer* in HRR, 14. Aufl. 2018, EU § 7 Rn. 26.
[176] *Heiermann/Bauer* in HRR, 13. Aufl. 2013, EG § 7 Rn. 21.
[177] (Zu § 8 Nr. 1 Abs. 3 VOL/A) VK Bund 21.6.2010 – VK 2-53/10, IBRRS 2010, 3559.
[178] *Schätzlein* in HKKW, § 7 Rn. 46.
[179] OLG Saarbrücken 13.11.2002 – 5 Verg 1/02, NZBau 2003, 625 (zu § 8 Nr. 1 Abs. 3 VOL/A); *Leinemann,* Vergabe öffentlicher Aufträge, 6. Aufl. 2016, Rn. 120; *Franke/Kaiser* in FKZGM, 6. Aufl. 2017, EU § 7 Rn. 41.
[180] Ingenstau/Korbion, 7. Aufl. 1974, A § 9 Rn. 15.
[181] Das ist zB anders bei teilfunktionalen Positionen (→ § 7a Rn. 34), OLG Celle 15.3.2017 – 14 U 42/14, IBRRS 2017, 4016.
[182] Zum Abbruch einer Vorerkundung auf Bodenbelastungen OLG Naumburg 15.12.2005 – 1 U 5/05, NJOZ 2006, 609 = BeckRS 2006, 00552 – Munitionsberäumung.
[183] VK Düsseldorf 29.7.2011 – VK 19/2011, NZBau 2011, 637 (439) mAnm *Hilgers* NZBau 2011, 664; zu den verschiedenen Formen von Abgeltungs- und Komplettheitsklauseln *Roquette* NZBau 2001, 58.
[184] KG 22.8.2001 – KartVerg 3/01, NZBau 2002, 402 (305) – TU Bibliothek Berlin.
[185] *Eberl* in Dieckert/Ossefort/Steck, Praxiskommentar Vergaberecht, 59. El. 2017, § 7 9.
[186] OLG Naumburg (o. Fn. 182); VK Bund 15.10.2002 – VK 2-64/02, IBRRS 2013, 3955; *Prieß* NZBau 2004, 87 (89).
[187] OLG Frankfurt a. M. 30.2.2003 – 11 Verg 1/02, NZBau 2004, 173.

ein ungewöhnliches Wagnis.[188] Gleiches gilt, wenn Ansprüche des Auftragnehmers gegen einen Vermieter auf vertragsgemäße Erhaltung der Mietsache ausgeschlossen sind, ohne dass hinreichend geregelt ist, welche Rechte der Auftragnehmer stattdessen erhalten soll.[189] Ein „ungewöhnliches Wagnis" kann ferner vorliegen, wenn der Auftraggeber Leistungen ausschreibt, die im Zeitpunkt der Leistungserbringung in tatsächlicher oder rechtlicher Hinsicht von niemandem erbracht werden können. Dem Auftragnehmer dürfen keine Konzepte und Verfahrensabläufe abverlangt werden, die gegen Verbotsgesetze (zB Datenschutzrecht) verstoßen, da ihm dann das Risiko auferlegt wird, ein Angebot abzugeben, das zu einem nichtigen Vertrag führt. Entsprechendes gilt bei zu kurz bemessenen Ausführungsfristen.[190] Allerdings ist dem Auftraggeber bei der Einschätzung offener Zukunftsentwicklungen und Rechtsfragen, die von den zuständigen Fachgerichten noch nicht entschieden sind, ein Beurteilungs- und Prognosespielraum zuzugestehen. Seine Rechtsansicht ist im Rahmen von Abs. 1 Nr. 3 zugrunde zu legen, solange sie nicht willkürlich iSv Art. 3 Abs. 1 GG ist, weil sie zB vom Wortlaut eines Gesetzes und seiner Systematik nicht mehr gedeckt ist, den Inhalt einer Norm „krass missdeutet" oder ohne nachvollziehbare Begründung von einer ständigen höchstrichterlichen Rechtsprechung abweicht.[191]

Bau-, verfahrenstechnisch oder sonst innovative Anforderungen beinhalten nicht als solche ein „ungewöhnliches Wagnis" iSd Abs. 1 Nr. 3. Der Auftraggeber muss mit einer Ausschreibung eines Projekts nicht zuwarten, bis sich Techniken oder Verfahrensmethoden bewährt haben, eine öffentlich-rechtliche Genehmigung oder eine bestätigende gerichtliche Entscheidung vorliegt, solange er davon ausgehen kann, dass der Projektverwirklichung keine rechtlichen oder tatsächlichen Hindernisse entgegenstehen und sich etwaige Hindernisse gegebenenfalls ausräumen ließen.[192] „Ungewöhnlich" ist ein Wagnis zudem nicht, wenn der Auftragnehmer das Risiko auch außerhalb des Vertrages trägt und in seine Kalkulation einbeziehen muss. Nach diesen Grundsätzen ist zB die Vereinbarung einer Pauschalierung von Erdarbeiten iSv § 4 EU Abs. 1 Nr. 2 VOB/A nicht zulässig, wenn sich aus dem Baugrundkataster ergibt, dass die Baugrundverhältnisse durchgehend Belastungen des Oberbodens aufweisen und Risiken vorliegen, die über die bei Erarbeiten üblichen Unwägbarkeiten hinausgehen.[193]

Das Preis- und Verwendungsrisiko (Abnahmerisiko) trägt der Auftraggeber,[194] einschließlich des **Risikos der Finanzierbarkeit** eines Projektes und der Veränderung der Finanzierungsbedingungen. Ein außergewöhnliches Kündigungsrecht des Auftraggebers aus Haushaltsgründen begründet nach üA ein „ungewöhnliches Wagnis" iSv Abs. 1 Nr. 3, da dem Auftragnehmer das Haushaltsrisiko nicht aufgebürdet werden darf.[195] Das gleiche kann bei hohen **Vorhaltekosten** des Auftragnehmers der Fall sein, weil er Baumaschinen, Geräte oder Personal vorhalten muss, und seine Fixkosten nicht kalkulieren kann, weil die abgerufene Leistung nicht bestimmt ist und dies im Vertrag nicht über eine Vergütungsanpassung berücksichtigt wird.[196] In derartigen Fällen wird idR zugleich ein Verstoß gegen Abs. 1 Nr. 1 und Abs. 1 Nr. 2 vorliegen. Dass ein Bewerber bereits im Zeitpunkt der Abgabe eines Teilnahmeantrags über das erforderliche Personal und die Ressourcen verfügen muss,

56

57

---

[188] VK Bund 24.1.2008 – VK 3-151/07, IBRRS 2008, 0540.
[189] OLG Celle 2.9.2004 – 13 Verg 11/04, NZBau 2005, 52 (zu einem ÖPNV-Vertrag).
[190] *Noch* Vergaberecht kompakt, 6. Aufl. 2015, Rn. 1064.
[191] Das ist der Maßstab, den das BVerfG für Verletzungen des Gleichheitssatzes (Art. 3 Abs. 1 GG) in seiner Ausprägung als Willkürverbot in Ansatz bringt, vgl. BVerfG 8.3.2006 – 2 BvR 486/05, Rn. 44; 13.5.2009 – 2 BvR 718/08, LKV 2009, 315 Rn. 17; 7.12.2016 – 2 BvR 1602/16, NJW 2017, 1232 Rn. 16; *Krüger* in MünchKommZPO, 6. Aufl. 2016, § 543 Rn. 22.
[192] *Traupel* in Müller-Wrede, Kompendium, 2. Aufl. 2013, 14 Rn. 20.
[193] VK Düsseldorf 29.7.2011 – VK 19/2011, NZBau 2011, 637.
[194] OLG Düsseldorf 5.10.2001 – Verg 28/01, BeckRS 2001, 30978018.
[195] VK Lüneburg 10.3.2006 – VgK-06/2006, IBRRS 2006, 0967; *Noch* Vergaberecht kompakt, 6. Aufl. 2015, Rn. 1076; *Franke/Kaiser* in FKZGM, 6. Aufl. 2017, EU § 7 Rn. 52.
[196] OLG Düsseldorf 5.10.2001 – Verg 28/01, BeckRS 2001, 30978018 – Berufsvorbereitende Bildungsmaßnahmen; OLG Saarbrücken 13.11.2002 – 5 Verg 1/02, NZBau 2003, 625 – Reinigung von Depotcontainern.

kann ebenfalls ein „ungewöhnliches Wagnis" sein.[197] In dem Umfang, in dem Bedarfs-
oder Wahlpositionen zulässig sind (→ Rn. 69), ist aber eine Verlagerung des Verwendungs-
risikos auf den Auftragnehmer statthaft.[198] Entsprechendes gilt bei Rahmenvereinbarungen,
soweit bei ihnen der tatsächliche Bedarf iSv § 4a EU Abs. 1 S. 2 VOB/A nicht von vornherein abschließend festgelegt werden muss, sondern ungefähre Mengenangaben genügen.[199] In derartigen Konstellationen ist zudem zu prüfen, ob eine etwaige Abweichung
von der normalen Risikoverteilung durch die konkrete Vertragsgestaltung abgemildert wird
(→ Rn. 68).

58   Zur Risikosphäre des Auftraggebers zählt beim Bauauftrag nach üA die **Verfügbarkeit
und Bebaubarkeit** des dem Auftragnehmer als „Stoff" iSv § 645 Abs. 1 S. 1 BGB zu
Verfügung zu stellenden Baugrundes sowie die Gefahr unvorhergesehener Erschwernisse
aufgrund seiner Beschaffenheit (**Baugrundrisiko**, → Rn. 85),[200] einschließlich der Bo-
den- und Wasserverhältnisse, des Vorhandenseins von Altlasten und schädlichen Bodenverunreinigungen iSd BBodSchG,[201] der Versickerungsfähigkeit des Untergrunds[202] und der
für die Bauausführung erforderlichen rechtlichen Voraussetzungen.[203] Entsprechendes gilt
bei der Leistungsbeschreibung mit Leistungsprogramm iSv § 7c EU VOB/A.[204] In der
Freizeichnung des Auftraggebers für die Verfügbarkeit und Bebaubarkeit des
Baugrundes kann daher eine „ungewöhnliches Wagnis" liegen.[205] Ähnlich ist es, wenn die
Bieter ein Angebot nur abgeben können, wenn sie das für das Bauvorhaben benötigte
Drittgrundstück in eigener Verantwortung erwerben[206] oder wenn sie die Verantwortung
für den Zustand von Gebäudeteilen tragen sollen, die nicht näher beschrieben waren und
die sie bei Angebotsbearbeitung nicht überprüfen konnten.[207] Der Auftraggeber trägt ferner das Risiko der Zugänglichkeit der Baustelle und nachträglicher Veränderungen der
Zugänglichkeit (zB bei **Anordnung eines Baustopps** durch die Bauaufsichtsbehörde
oder die Entscheidung eines Verwaltungsgerichts).[208] Ein ungewöhnliches Wagnis liegt
ferner vor, wenn die Gefahr unbeschadet der Abnahme erst mit der Inbetriebnahme des
Gebäudes auf den Auftraggeber übergehen soll.[209] Das schließt nicht jede Verlagerung
auf den Auftragnehmer aus, sofern die nachteiligen Folgen abgemildert werden, zB durch

[197] *Schätzlein* in HKKW, § 7 Rn. 45.
[198] OLG Dresden 2.8.2011 – Verg 4/11, NZBau 2011, 775 (keine Überwälzung des Risikos zu 100%);
VK Bund 7.4.2004 – VK 1-15/04, IBRRS 2014, 1082 (Risikoverlagerung iHv 10% des Gesamtauftragswertes).
[199] OLG Jena 22.8.2011 – 9 Verg 2/11, NZBau 2011, 771; OLG Düsseldorf, 24.11.2011 – Verg 62/11,
ZfBR 2012, 187; 7.12.2011 – Verg 96/11, ZfBR 2012, 308 (309); VK Schleswig-Holstein 17.9.2008
– VK-SH 10/08, BeckRS 2008, 21735 (zu § 8 Nr. 1 Abs. 2 VOL/A aF); VK Bund 29.10.2009 – VK 1-
185/09, Beschlussumdruck S. 13.
[200] Zuletzt BGH 28.1.2016 – I ZR 60/14, NZBau 2016, 283 Rn. 43 mwN – Kraneinsatz AGB; ferner
OLG Stuttgart 16.2.2000 – 4 U 126/99, BeckRS 2013, 01703; OLG Brandenburg 13.9.2007 – 12 U
214/06, BeckRS 2007, 17183; VK Bund 24.1.2008 – VK 3-151/07, IBRRS 2008, 0540; überwiegende
Ansicht in der Literatur, vgl. *Schottke* BauR 1993, 407 ff., 565 ff.; *Eberl* in Dieckert/Ossefort/Steck, Praxiskommentar Vergaberecht, 59. El. 2017, § 7 9; *Franke/Kaiser* in FKZGM, 6. Aufl. 2017, EU § 7 Rn. 42. Die
allgemeine Zuweisung des Baugrundrisikos (losgelöst von der Vergütungsabrede) stößt allerdings in der
Literatur unverändert auf Ablehnung, vgl. zuletzt *Deckers* ZfBR 2016, 3 mwN.
[201] *Leinemann* Vergabe öffentlicher Aufträge, 6. Aufl. 2016, Rn. 1224, 1226.
[202] OLG Hamburg 19.7.2016 – 9 U 47/10, IBRRS 2017, 0517.
[203] BGH 27.7.2006 – VII ZR 202/04, BGHZ 168, 368 Rn. 33 = NZBau 2006, 777 (778), wobei das
Risiko der Genehmigungsfähigkeit vertraglich übernommen werden kann.
[204] *Döring* FS Vygen, 1999, 178.
[205] Das schließt eine Überbürdung sogar durch AGB nicht notwendig aus, vgl. OLG München
10.12.2013 – 28 U 732/11, BeckRS 2015, 10192, *Eberl* in Dieckert/Ossefort/Steck, Praxiskommentar
Vergaberecht, 59. El. 2017, § 7 10. Beispiele für unwirksame Klauseln bei *Herrmann* in HRR, 14. Aufl.
2018, EU § 7 Rn. 20.
[206] VK Düsseldorf 28. Januar 2010 – VK-37/2009-B, ZfBR 2010, 305.
[207] *Leinemann* Vergabe öffentlicher Aufträge, 6. Aufl. 2016, Rn. 1202.
[208] *Dähne* in Althaus/Heindl, 2. Aufl. 2013, Teil 1 Rn. 58; *Kapellmann* in Kapellmann/Messerschmidt,
5. Aufl. 2015, VOB/A § 7 Rn. 21. Bei einem Baustopp können auch Schadensersatzansprüche wegen
Baumängeln ausgeschlossen sein, vgl. OLG München 14.7.2014 – 27 U 295/14, IBRRS 2017, 1471.
[209] *Schelle/Erkelenz* VOB/A. Alltagsfragen und Problemfälle 109.

eine besonders hohe Vergütung oder eine Vertragsanpassungsklausel Das setzt allerdings **eine Risikotransparenz voraus,** dh die Vergabeunterlagen müssen auf die beabsichtigte Risikotragung hinweisen und die erforderlichen Kalkulationsgrundlagen bereitstellen (→ Rn. 67).

Risiken, die weder vom Auftraggeber noch vom Unternehmer beherrschbar sind zählen **59** als **Gemeinrisiken** zu „gewöhnlichen Wagnissen" des Unternehmers. Das sind etwa die **Belieferung mit Baumaterialien, Streiks, Aussperrungen,** Unsicherheiten der Witterung[210] und die Vergütungsgefahr nach § 7 VOB/B. Sie können allenfalls einen Anspruch auf Verlängerung von Ausführungsfristen begründen (vgl. § 6 Abs. 2 Nr. 1 Buchst. b), c) VOB/B). Ein ungewöhnliches Wagnis sind dagegen idR die vollständige **Haftung für höhere Gewalt**[211] oder eine überlange **Ausdehnung der Verjährungsfristen** oder die Verpflichtung zur Verwendung nicht erprobter Materialien (ohne entsprechende Kompensation bei der Gewährleistung).

2. Außerhalb des Verantwortungsbereichs des Auftragnehmers

Vergaberechtswidrig die Überbürdung eines Wagnisses nur, wenn der Auftragnehmer **60** auf die kalkulationserheblichen Umstände und Ereignisse „keinen Einfluss hat". Daran fehlt es, wenn es der Auftragnehmer in der Hand hat, die für ihn nachteiligen Folgen einer Vertragsklausel während der Vertragserfüllung zu beeinflussen.[212] Grundsätzlich muss der Auftragnehmer die Leistung unter Beachtung der gesetzlichen Bestimmungen erbringen (§ 4 Abs. 2 Nr. 1 VOB/B). Bestehen ungeklärte Rechtsfragen kann der Auftraggeber den Bietern nicht das Wagnis auferlegen, dass die gewünschte Leistung „in rechtskonformer Weise" zu erbringen ist, wenn ihm eine weitergehende rechtliche Klärung möglich wäre. Er muss mindestens klären, welche aufsichtlichen Zuständigkeiten bestehen und ob mit einem Einschreiten der Aufsichtsbehörde zu rechnen ist.[213] Risiken, die mit der erstmaligen Vergabe einer **neuartigen Maßnahme,** einer **neuen Gesetzeslage,** zu der noch keine höchstrichterliche Rechtsprechung vorliegt, oder einer noch nicht gefestigten Behördenpraxis verbunden sind, muss der Auftragnehmer einplanen und im Rahmen eines branchenüblichen Risikomanagements beherrschen.[214]

Außerhalb des Verantwortungsbereichs des Auftragnehmers liegen die **Beschreibung 61 der Leistung,**[215] die **vorbereitenden Arbeiten** dafür, insbesondere die **Mengenermittlung** (arg. § 7c EU Abs. 3 Nr. 2 VOB/A), die Sicherstellung der tatsächlichen und rechtlichen Voraussetzungen für die Vornahme der Bauarbeiten auf einem Baugrundstück des Auftraggebers, die **Koordination mit Arbeiten anderer Gewerke**[216] und die Abnahme von Leistungen. Das Risiko der Vollständigkeit und Fehlerfreiheit der Vergabeunterlagen trägt der Auftraggeber (→ § 121 GWB Rn. 20). Unvollständige oder unklare Leistungsbeschreibungen können ein „ungewöhnliches Wagnis" begründen. Der Auftraggeber trägt nach § 4 Abs. 1 Nr. 1 VOB/B auch das Änderungsrisiko, das sich aus den von ihm eingeholten behördlichen Genehmigungen ergibt.[217] Führt die Widersprüchlichkeit und Lü

---

[210] Das gilt auch für außergewöhnliche ungünstige Witterungseinflüsse auf das vom Auftraggeber zur Verfügung gestellte Baugrundstück (Frost, Eis und Schnee), BGH 20.4.2017 – VII ZR 194/13, IBRRS 2017, 1646 Rn. 20 – Autobahnbrücke.
[211] *Leinemann* Vergabe öffentlicher Aufträge, 6. Aufl. 2016, Rn. 1202.
[212] Bereits Ingenstau/Korbion, 7. Aufl. 1974, A § 9 Rn. 15; (zu § 8 Nr. 1 Abs. 3 VOL/A) VK Bund 10.11.2009 – VK 1-191/09, VPRRS 2013, 0579.
[213] VK Düsseldorf 15.6.2008 – VK-18/2008-L, IBRRS 2009, 2447 – Thermische Verwertung von Rechengut; weitergehend *Herrmann* in HRR, 14. Aufl. 2018, EU § 7 Rn. 23 für das Wagnis aus behördlichen Anordnungen nicht überbürdet werden kann.
[214] In diese Richtung VK Bund 14.8.2009 – VK 2-93/09, juris, Rn. 150.
[215] Zur Abgrenzung von Beschreibungs- und Kalkulationsrisiko *Dähne* BauR 1999, 289 (292).
[216] Die Aufbürdung des Risikos nicht richtig ausgeführter Vorarbeiten ist ein „ungewöhnliches Wagnis", vgl. *Kapellmann* in Kapellmann/Messerschmidt, 6. Aufl. 2018, VOB/A § 7 Rn. 23; *Noch* Vergaberecht kompakt, 6. Aufl. 2015, Rn. 1063.
[217] *Wagner-Cardenal/Scharf/Dierkes* NZBau 2012, 74 (76).

ckenhaftigkeit der Leistungsbeschreibung dazu, dass bei der Auftragsausführung Mehrleistungen zu erbringen sind, und kommt es zu Verzögerungen, geht dies ebenfalls zu Lasten des Auftraggebers. Die Überbürdung eines ungewöhnlichen Wagnis kann daher darin liegen, dass der Bieter „versichern" oder „bestätigen" muss, die ihm zur Verfügung gestellten Unterlagen und Angaben seien ausreichend, um die die übernommenen Leistungen abnahmereif und funktionsfähig nach Ausführungsart und Umfang erbringen zu können,[218] ihm die Berufung auf **Unklarheiten in den Angebotsunterlagen** oder die Lückenhaftigkeit von (Fremd-) Plänen verwehrt wird[219] oder er im Wege einer Tatsachenfiktion „bestätigen" muss, dass er vom Auftraggeber die **gewünschten Auskünfte** erhalten hat.[220] Ein Vergabeverstoß ist insbesondere anzunehmen, wenn als Vergütung eine Pauschalsumme iSd § 2 Abs. 7 VOB/B vereinbart ist[221] oder der Auftragnehmer mit Mängelansprüchen ausgeschlossen sein soll.[222] In Fällen der unvollständigen Informationslage seitens des Auftraggebers kann die Auslegung des Vertrages zu einem **stillschweigenden Wagnisausschluss** führen, wenn Risiken als nicht zum Vertragsinhalt gehörend anzusehen sind.[223] Die Gerichte lassen es zu, dass der Auftraggeber dem Unternehmer das Risiko einer Fehlberechnung der Maße und Mengen aufbürdet, sofern er zu einer Prüfung der Angaben in den Vergabeunterlagen in der Lage ist.[224]

62   Das VHB enthält in Ziff. 4.2.1.2 Abs. 2 ergänzend folgende Vorgaben:

> „4.2.1.2   Eine Leistungsbeschreibung ist vollständig, wenn sie
> – Art und Zweck des Bauwerks bzw. der Leistung,
> – Art und Umfang aller zur Herstellung des Werks erforderlichen Teilleistungen,
> – alle für die Herstellung des Werks spezifischen Bedingungen und Anforderungen darstellt.
> Dem Auftragnehmer dürfen grundsätzlich keine Aufgaben der Planung und der Bauvorbereitung, die je nach Art der Leistungsbeschreibung dem Auftraggeber obliegen, übertragen und keine Garantien für die Vollständigkeit der Leistungsbeschreibung abverlangt werden."

63   Ein „ungewöhnliches Wagnis" wird aufgebürdet, wenn der Auftraggeber eine von ihm nach Abs. 1 Nr. 2 durchzuführende **Vorerkundung nicht vollständig durchführt** und die Ergebnisse nicht oder nur pauschal und ungefähr mitteilt.[225] Erkennt der Bieter, dass das Leistungsverzeichnis die Boden- und Wasserverhältnisse nur unvollständig angibt, muss er den Auftraggeber darauf hinweisen (→ Rn. 10).[226] Unterbleibt ein derartiger Hinweis und erhält der Bieter den Zuschlag, so kann er sich auf einen Verstoß gegen Abs. 1 Nr. 3 nach üA nicht berufen. Ihn trifft vielmehr die Vermutung, die Unklarheit bzw. Unvollständigkeit der Ausschreibungsunterlagen bewusst hingenommen und „frivol"[227] kalkuliert zu haben (→ § 121 GWB Rn. 85). Das gilt insbesondere bei funktionalen Ausschreibungen (→ § 7c EU Rn. 7).

---

[218] VK Bund 24.1.2008 – VK 3-151/07, IBRRS 2008, 0540; *Schätzlein* in HKKW, § 7 Rn. 17; *Höfler/Bayer* Bauvergaberecht, 3. Aufl. 2012, Rn. 279; *Herrmann* in HRR, 14. Aufl. 2018, EU § 7 Rn. 27 – jeweils mit Klauselvarianten; *Franke/Kaiser* in FKZGM, 6. Aufl. 2017, EU § 7 Rn. 51; *Wirner* in Willenbruch/Wieddekind, 4. Aufl. 2017, VOB/A § 7 Rn. 12; zu Auftragnehmeransprüchen bei lückenhafter Leistungsbeschreibung statt vieler *Dähne* BauR 1999, 289 (292). Vom Verstoß gegen Abs. 1 Nr. 3 ist in diesen Fällen nach üA der Verstoß gegen den Bestimmtheitsgrundsatz zu trennen, dazu *Dicks* NZBau 2014, 731.
[219] Die Freizeichnung für die Richtigkeit der auftraggeberseitigen Planung in sog. „Komplettheitsklauseln" verstößt gegen Abs. 1 Nr. 3, vgl. *Höfler/Bayer* Bauvergaberecht, 3. Aufl. 2012, Rn. 281; *Dähne* in Althaus/Heindl, 2. Aufl. 2013, Teil 1 Rn. 52; *Schätzlein* in HKKW VOB/A § 7 Rn. 113; *Kapellmann* in Kapellmann/Messerschmidt, 5. Aufl. 2015, § 7 Rn. 8, 13, 23; *Schellenberg* in Pünder/Schellenberg, 2. Aufl. 2015, EG § 7 VOB/A Rn. 56; *Wirner* in Willenbruch/Wieddekind, 4. Aufl. 2017, VOB/A § 7 Rn. 35.
[220] *Herrmann* in HRR, 14. Aufl. 2018, EU § 7 Rn. 28.
[221] Zu Abgeltungs-, Abgeltungsgeneral- und Komplettheitsklauseln *Roquette* NZBau 2001, 57.
[222] Das wäre für sich genommen ein Verstoß gegen § 307 Abs. 1 BGB, bereits OLG München 30.1.1986 – 29 U 3832/85, NJW-RR 1986, 382 (zu einem Baubetreuungsvertrag).
[223] *Scharen* FS Marx 2013, 678/679.
[224] OLG Düsseldorf 1.7.1997 – 21 U 232/96, NJW-RR 1997, 1378 (1379).
[225] OLG Naumburg 15.12.2005 – 1 U 5/05, NJOZ 2006, 609 = BeckRS 2006, 00552 – Munitionsberäumung.
[226] *Hertwig/Slawinski* Beck VOB/A § 7 Rn. 50.
[227] Grundlegend BGH 25.6.1987 – VII ZR 107/86, NJW-RR 1987, 1306 (1307) – Universitätsbibliothek; 25.2.1988 – VII ZR 310/86, BauR 1988, 338 – Wasserhaltung I; zur Entwicklung der Rechtsprechung *Lederer/Niebuhr* FS Jagenburg, 2002, 455 (456 f.).

Ein „ungewöhnliches Wagnis" liegt weiterhin vor, wenn sich der Auftraggeber vorbehält, **64** den **Fertigstellungstermin vorzuverlegen**[228] oder Mehrvergütungsansprüche wegen der **Verzögerungswirkungen eines Nachprüfungsverfahrens** auch dann ausgeschlossen sein sollen, wenn sich die Verschiebung der Bauzeit in veränderten Leistungspflichten auswirkt.[229] Eine **Verlängerungsoption,** mit der der Auftraggeber die Vertragsdauer durch einseitige Erklärung verlängern kann, ist dagegen im geschäftlichen Verkehr nicht ungewöhnlich und vergaberechtlich zulässig, wenn die Laufzeit des Vertrages für den Auftragnehmer hinreichend bestimmbar ist (ggfs. durch eine Rückfrage beim Auftraggeber).[230] Vergaberechtswidrig ist sie, wenn ihre Ausübung vom Bedarf des Auftraggebers oder **der Verfügbarkeit von Haushaltsmitteln** abhängig gemacht wird (→ Rn. 57).[231] Ein Bieter kann den Ablauf des Vergabeverfahrens grundsätzlich nicht beeinflussen und auch nicht für eine zusammenhängende Vergabe der Lose Sorge tragen, so dass Klauseln, die eine **aufschiebend bedingte Zuschlagserteilung** vorsehen und dem Auftragnehmer das Risiko eines Nachprüfungsverfahrens aufbürden, vergaberechtswidrig sind.[232] Das gleiche gilt von Klauseln, wonach Rechnungen des Auftragnehmers erst dann zur Zahlung fällig sind, wenn bei Auftraggeber beantragte staatliche Zuwendungen eingegangen sind.[233]

Ein ungewöhnliches Wagnis wird in der Rechtsprechung ferner angenommen, wenn **65** sich der Auftragnehmer während eines Beauftragungszeitraums **vollständig leistungsbereit** halten muss, ohne hinreichend absehen zu können, wann und wie viel Fachpersonal, Räume und Sachmittel er in den einzelnen Monaten benötigen wird und er nicht die Möglichkeit hat, die nachteiligen wirtschaftlichen Folgen abzumildern (→ Rn. 57).[234] Entsprechendes gilt, wenn die Abnahme von Bauhauptarbeiten erst erfolgen soll, wenn der Auftragnehmer die Gerüste auf seine Kosten so lange vorgehalten hat, dass sie durch alle anderen Unternehmer, wie Zimmerer, Dachdecker, Spengler und Maler, mitbenutzt werden konnten.[235] Bei hohen Vorhaltekosten besteht zudem stets Anlass zu prüfen, ob die Vergütung des Bieters risikoadäquat ausgestaltet ist und er für das übertragene Risiko eine Kompensation erhält.

3. Keine Kalkulierbarkeit des Wagnisses

Damit ein Wagnis „ungewöhnlich" ist und dem Auftragnehmer nicht aufgebürdet werden darf ist drittens Voraussetzung, dass ein fachkundiger Bieter die Eintrittswahrscheinlichkeit des ihm übertragenen Risikos und die Folgewirkungen nicht kaufmännisch vernünftig kalkulieren kann.[236] Positiv gewendet muss dem Bieter das Erstellen eines Ange- **66**

---

[228] *Schelle/Erkelenz* VOB/A, Alltagsfragen und Problemfälle 110.
[229] Zum Bestehen von Mehrvergütungsansprüchen in dieser Situation BGH 11.5.2009 – VII ZR 11/08, BGHZ 181, 47; 10.9.2009 – VII ZR 152/08, NZBau 2009, 771; 8.3.2012 – VII ZR 202/09, NZBau 2012, 1436. Nach üA trägt der Auftraggeber das Verzögerungsrisiko eines Nachprüfungsverfahrens, *Dähne* in Althaus/Heindl, 2. Aufl. 2013, Teil 1 Rn. 58; *Schätzlein* in HKKW, § 7 Rn. 50; *Kapellmann* in Kapellmann/Messerschmidt, 6. Aufl. 2018, VOB/A § 7 Rn. 21.
[230] VK Sachsen 24.8.2007 – 1/SVK/054-07, IBRRS 2007, 4718; VK Südbayern 6.2.2009 – Z3-3-3194-1-36-10/08, BeckRS 2009, 45690 Rn. 163.
[231] VK Bund 19.4.2004 – VK 3-44/04, Beschlussumdruck 12; *Hertwig/Slawinski* Beck VOB/A § 7 Rn. 56.
[232] VK Bund 24.1.2008 – VK 3-151/07, IBRRS 2008, 0540; *Hertwig/Slawinski* Beck VOB/A § 7 Rn. 57.
[233] *Schelle/Erkelenz* VOB/A, Alltagsfragen und Problemfälle 109.
[234] Das kommt vor allem bei Ausschreibungen von Schulungs-/Unterrichtsleistungen vor, vgl. OLG Düsseldorf 9.6.2004 – VII-Verg 18/04, BeckRS 2005, 03572, 18.11.2009 – VII-Verg 19/09, BeckRS 2010, 03610; *Hertwig/Slawinski* Beck VOB/A § 7 Rn. 56; *Prieß* NZBau 2004, 87 (90).
[235] Zu einem Verstoß gegen § 307 Abs. 1 BGB OLG München 30.1.1986 – 29 U 3832/85, NJW-RR 1986, 382 (zu einem Baubetreuungsvertrag).
[236] OLG Saarbrücken 29.9.2004 – 1 Verg 6/04, BeckRS 2004, 09658 – PPK-Abfälle; VK Sachsen 15.3.2011 – 1/SVK/004-11, BeckRS 2011, 19710; *Roth* NZBau 2006, 84 (87); *Stein/Simonis* Leistungsbeschreibung 129; *Leinemann* Vergabe öffentlicher Aufträge, 6. Aufl. 2016, Rn. 1200; *Franke/Kaiser* in FKZGM, 6. Aufl. 2017, EU § 7 Rn. 44; *Wirner* in Willenbruch/Wieddekind, 4. Aufl. 2017, VOB/A § 7 Rn. 33.

botes ohne umfangreiche Vorarbeiten iSv Abs. 1 Nr. 1 möglich sein. Es muss für ihn mit zumutbarem Aufwand erkennbar sein, welche Risiken bestehen und ihre Realisierungs- wahrscheinlichkeit und die dadurch eintretenden Auswirkungen müssen zumindest ab- schätzbar sein.[237] Unerheblich ist, ob ihm die Kalkulation erschwert ist, da es sich dann um ein „gewöhnliches" Wagnis handelt, das sich mittels eines Risikozuschlags einpreisen (zB ungeklärte Bodenverhältnisse)[238] oder über Annahmen und Schätzungen kalkulatorisch jedenfalls näherungsweise beherrschen lässt.[239] Einem Auftragnehmer wird zB kein „un- gewöhnliches Wagnis" aufgebürdet, wenn das entgeltlich anzubietende Gerüst für be- grenzte Arbeiten anderer Auftragnehmer vorzuhalten ist und der Unternehmer die Dauer dieser Arbeiten und den Wert der Gerüstvorhaltung näherungsweise schätzen kann.[240] Eine Vielzahl unsicherer Schätzungen oder sogar Spekulationen im Sinne eines „worst case"- Szenarios sind aber nicht zuzumuten.[241] Haben Bieter ein **Angebot im Vergabever- fahren abgegeben,** spricht das eher für die Kalkulierbarkeit (und gegen ein „ungewöhnli- ches Wagnis"). Gleiches wird angenommen, wenn eine Vertragsbestimmung in anderen Vergabeverfahren **beanstandungsfrei verwendet** wurde.[242]

67   Das nach einer entsprechend vorsichtigen Kalkulation verbleibende Risiko ist nur dann „ungewöhnlich", wenn ein Wagnis dieser Größenordnung nach der konkreten Art der Vertragsgestaltung und nach dem geplanten Ablauf nicht zu erwarten ist.[243] Das Un- gewöhnliche kann aus der Art der Leistung, den Umständen und Bedingungen der Leis- tungserbringung oder der Vertragsgestaltung folgen. Es müssen aber schwerwiegende wirt- schaftliche Folgen für den Auftragnehmer zu besorgen sein. Es darf mithin nicht nur um **Bagatellrisiken** gehen.[244] Geringfügige Bedarfsschwankungen beim Auftraggeber, die sich ablauftechnisch und kalkulatorisch beherrschen lassen, reichen für ein „ungewöhnliches Wagnis" nicht hin.[245]

68   Das Wagnis ist schließlich trotz relevanter Kalkulationsschwierigkeiten und Mindest- schwere nicht „ungewöhnlich" wenn es auf andere Weise, insbesondere durch **Vergü- tungsanpassungen,** berücksichtigt und damit ausgeglichen werden kann.[246] Entsprechen- des gilt, wenn das Wagnis versicherbar ist, weil es von einer branchenüblichen **Feuer-, Haftpflicht-, Bauwesen- oder Montageversicherung** gedeckt wird und daher die Wagniskosten in Höhe der Versicherungsprämien einkalkuliert werden können.[247] Beides setzt allerdings voraus, dass das Risiko transparent ist,[248] wofür ein ausdrücklicher Risiko- hinweis des Auftraggebers nicht unbedingt erforderlich ist, wenn sich das Risiko aus den

---

[237] OLG Düsseldorf 9.6.2004 – VII-Verg 18/04, BeckRS 2005, 03572; *Prieß* NZBau 2004, 87 (90); *Schätzlein* in HKKW, § 7 Rn. 44.

[238] OLG Naumburg 22.1.2002 – 1 U (Kart) 2/01, BeckRS 2002 30234008.

[239] OLG Karlsruhe 21.12.2006 – 17 Verg 8/06, BeckRS 2007, 03130; OLG Düsseldorf 17.4.2008 – VII-Verg 15/08, BeckRS 2008, 13107; VK Bund 6.5.2005 – VK 3-28/05, IBRRS 2005, 1703; VK Süd- bayern 6.2.2009 – Z3-3-3194-1-36-10/08, BeckRS 2009, 45690 Rn. 162; *Dicks* IBR 2008, 1360 Rn. 40; *Leinemann* Vergabe öffentlicher Aufträge, 6. Aufl. 2016, Rn. 1201. Es genügt, dass sich Restunsicherheiten über § 313 BGB lösen lassen, vgl. VK Bund 20.1.2010 – VK 1-233/09, juris, Rn. 74, 75.

[240] BGH 8.9.1998 – X ZR 85-97, NJW 1998, 3634.

[241] OLG Düsseldorf 9.6.2004 – VII-Verg 18/04, BeckRS 2005, 03572; *Prieß* NZBau 2004, 87 (89).

[242] Das ist für die Nachprüfungsinstanzen Indiz für die Zulässigkeit VK Bund 14.8.2009 – VK 2-93/09, juris, Rn. 133, 144.

[243] OLG Düsseldorf 18.11.2009 – VII-Verg 19/09, BeckRS 2010, 03610.

[244] Das spielt in der Praxis bei Dienstleistungsaufträgen eine Rolle, vgl. OLG Naumburg 5.12.2008 – 1 Verg 9/08, IBRRS 2009, 0051 – Abfallentsorgungsauftrag; VK Bund 6.5.2005 – VK 3-28/05, IBRRS 2005, 1703; in den Einzelheiten umstritten, zum Streitstand *Prieß* NZBau 2004, 87 (90).

[245] Bei Taumittel- und Schülerbeförderungsfällen geht die Rechtsprechung von einer zulässigen Schwankungsbreite von 10% aus, vgl. VK Lüneburg 28.5.2014 – VgK-13/2014, BeckRS 2014, 13211.

[246] OLG Saarbrücken 29.9.2004 – 1 Verg 6/04, BeckRS 2004, 09658 – PPK-Fraktion; VK Bund 6.5.2005 – VK 3-28/05, IBRRS 2005, 1703; *Prieß* NZBau 2004, 87 (90); *Scharen* FS Marx, 2013, 683; *Krohn/Schneider* in Gabriel/Krohn/Neun, VergR-HdB § 17 Rn. 41; *Franke/Kaiser* in FKZGM, 6. Aufl. 2017, EU § 7 Rn. 55.

[247] *Wirner* in Willenbruch/Wieddekind, 4. Aufl. 2017, VOB/A § 7 Rn. 36.

[248] *Kapellmann* in Kapellmann/Messerschmidt, 6. Aufl. 2018, VOB/A § 7 Rn. 20.

Vergabeunterlagen für einen fachkundigen Bieter erschließt.[249] Ein Indiz für ein vergaberechtlich unzulässiges, weil „ungewöhnliches" Wagnis ist es für die Nachprüfungsinstanzen, dass das Wagnis in anderen Vergabeverfahren nicht aufgebürdet wurde, weil darin zum Ausdruck kommt, dass der Auftraggeber über Handlungsalternativen verfügt.[250] Das Bestehen von Handlungsalternativen wird in die im Rahmen des Abs. 1 Nr. 3 anzustellende Interessenabwägung eingestellt, bei es der am Ende darauf ankommt, ob die Überwälzung des Wagnisses angesichts der beiderseitigen Interessenlage mit Blick auf das konkrete Beschaffungsvorhaben zumutbar ist (→ Rn. 51).

F. Bedarfspositionen, Angehängte Stundenlohnarbeiten (Abs. 1 Nr. 4)

I. Regelungsinhalt

Durch Bedarfspositionen (Eventualpositionen) kann der Auftraggeber Bauleistungen be- **69** schreiben, die erfahrungsgemäß zur Ausführung erforderlich werden können, bei denen aber im Zeitpunkt der Fertigstellung der Vergabeunterlagen noch nicht feststeht, ob sie bei der Ausführung tatsächlich benötigt werden.[251] Die VOB/A schreibt seit der Ausgabe 2009 vor, dass Bedarfspositionen (Eventualpositionen) aus Gründen der Transparenz und Kalkulierbarkeit der Leistung **„grundsätzlich" nicht aufgenommen** werden dürfen;[252] zuvor schon durfte dies „nur ausnahmsweise" geschehen.[253] Das ist eine Ausprägung des Grundsatzes der eindeutigen und erschöpfenden Leistungsbeschreibung in § 121 Abs. 1 S. 1 GWB/§ 7 EU Abs. 1 Nr. 1 VOB/A (→ § 121 GWB Rn. 53 ff.). Die Aufnahme von Bedarfspositionen bedarf einer sachlich-inhaltlichen Rechtfertigung und ist der Höhe nach begrenzt (→ Rn. 72 ff.).

Die Rechtfertigungsanforderungen aus Abs. 1 Nr. 4 für Bedarfspositionen sind grund- **70** sätzlich auf Wahlpositionen (Alternativpositionen) übertragbar.[254] Sie werden für die üA nur ausnahmsweise für zulässig gehalten, wenn ein bestimmtes berechtigtes Bedürfnis des Auftraggebers daran besteht, die zu beauftragende Position einstweilen offen zu halten (→ § 121 GWB Rn. 56 ff.). Im Straßen- und Brückenbau sind nach dem HVB B-StB Wahlpositionen (W) nur dann vorzusehen, wenn sich von mehreren brauchbaren und technisch gleichwertigen Bauweisen nicht von vornherein die wirtschaftlichste bestimmen lässt (zB Grundposition G „Frostschutzschicht herstellen. Material = Gebrochenes Naturstein", W „Frostschutzschicht herstellen Material = Kies-Sand-Gemisch").[255] Für eine Grundausführungsart können mehrere Wahlpositionen vorgesehen werden. Wird die Wahlposition beauftragt, tritt sie an die Stelle der betreffenden Grundposition. Deshalb müssen auch die Kriterien für die Inanspruchnahme angegeben werden.[256] Im Anwendungsbereich des VHB sind sie ausgeschlossen (→ Rn. 76). Zu Zulagepositionen (Zuschlagspositionen) → § 121 GWB Rn. 59. Da sich der Unterschied zwischen Bedarfs- und Wahlpositionen auf die Kalkulation der Angebote auswirken kann, muss aus der Leistungsbeschreibung transparent hervorgehen, welche Art von Position ausgeschrieben wird.[257]

---

[249] Für eine Pflicht zum Risikohinweis dagegen *Schramm* in Müller-Wrede, Kompendium 11 Rn. 30.
[250] VK Bund 14.8.2009 – VK 2-93/09, juris, Rn. 122.
[251] Statt vieler *Koch* Der Gemeindehaushalt 2015, 25 (26).
[252] §§ 7 Abs. 1 Nr. 4 S. 1 VOB/A 2009; 7 EG Abs. 1 Nr. 4 S. 1 VOB/A 2012.
[253] §§ 9 Nr. 1 S. 2 VOB/A 1992/2000/2002/2006.
[254] *Wirner* in Willenbruch/Wieddekind, 4. Aufl. 2017, VOB/A § 7 Rn. 49.
[255] Abschnitt 1.4 Nrn. (30), (31) HVA B-StB (Ausgabe April 2016).
[256] VK Bund 23.2.2017 – VK 1-11/17, IBRRS 2017, 1395; VK Sachsen-Anhalt 27.3.2017 – 3 VK LSA 04/17, IBRRS 2017, 1400; *Stoye/Brugger* VergabeR 2013, 376 (383); *Schätzlein* in HKKW, § 7 Rn. 64. Das kann nach der Rechtsprechung ggfs. noch nachträglich auf Rüge geschehen, vgl. OLG Düsseldorf 22.02.2012 – VII-Verg 87/11, BeckRS 2012, 08573.
[257] VK Bund 23.2.2017 – VK 1-11/17, IBRRS 2017, 1395.

71   Abs. 1 Nr. 4 führt die bisherige Regelung in § 7 EG Abs. 1 Nr. 4 S. 1 VOB/A fort. Die Regelungen sind unterhalb und oberhalb der Schwellenwerte identisch. Forderungen in der Literatur[258] nach einer stärkeren Normierung dieses Themenbereichs wurden nicht aufgriffen, auch nicht in der VgV, SektVO, KonzVgV oder zuletzt der UVgO. Die Aufnahme von Bedarfspositionen und Stundenlohnarbeiten erschwert die Kalkulation, so dass die Vorgaben von Abs. 1 Nr. 4 **bieterschützend** sind.[259] Die Vergaberechtswidrigkeit der Ausschreibung von bestimmten Positionen erschließt sich idR nicht ohne weiteres, sondern setzt juristisches Spezialwissen voraus, so dass es an der Erkennbarkeit eines Vergabeverstoßes iSd § 160 Abs. 3 S. 1 Nr. 3 GWB fehlen kann.[260]

II. Bedarfspositionen (Abs. 1 Nr. 4 S. 1)

72   Bedarfspositionen (Eventualpositionen) sind Leistungen, bei denen der Auftraggeber sich im Zeitpunkt der Fertigstellung der Vergabeunterlagen noch nicht sicher ist, ob und ggfs. in welchem Umfang sie tatsächlich zur Ausführung kommen werden, für die er aber Preise abfragt, um sie bei Bedarf ohne weitere Ausschreibung durch einseitige Erklärung über einen Zusatzauftrag beauftragen zu können (→ § 121 GWB Rn. 53 ff.).[261] Das sind bei Bauaufträgen zB Bodenaustausch, Bodenstabilisierung, Wasserhaltung, Winterbau.[262] Sie werden unter der aufschiebenden Bedingung der konkreten Anordnung durch den Auftraggeber (§ 158 BGB) oder anderer definierter Voraussetzungen beauftragt[263] und sind in der Leistungsbeschreibung durch Formulierungen wie „nur auf Anordnung", „nur nach Bedarf und besonderer Anweisung des AG" oder „nEP" (nur Einheitspreis) ausgewiesen. Von Wahlpositionen (Alternativpositionen) unterscheiden sie sich dadurch, dass über sie erst im Verlauf des Projekts und nicht bereits bei Zuschlag entschieden wird.[264]

73   Die Ausführung einer Bedarfsposition ohne Anordnung des Auftraggebers ist eine auftragslose Leistung, die nur unter den Voraussetzungen des § 2 Abs. 8 Nr. 2 VOB/B zu vergüten ist.[265] Ergeht eine solche Anordnung hat der Auftragnehmer einen Anspruch auf die für die Ausführung erforderliche Bauzeitverlängerung.[266]

74   Bedarfspositionen dürfen nur aufgenommen werden, wenn der Auftraggeber ein berechtigtes Bedürfnis besteht, für den Fall von Eventualitäten während des Bauverlaufs zügig reagieren zu können (→ § 121 GWB Rn. 54). Dafür muss für den Auftraggeber bis zur Veröffentlichung der Vergabeunterlagen nicht zumutbar aufklärbar sein, unter welchen Voraussetzungen die Leistungen tatsächlich anfallen werden.[267] Das ist bei Tiefbauarbeiten dann der Fall, wenn sich nicht abschließend prognostizieren lässt, in welchem Umfang eine Wasserhaltung erforderlich sein wird, welche Schwierigkeiten der Baugrund aufweist, oder der Leitungsverlauf anhand der Pläne und Unterlagen unklar ist.[268] Die Rechtsprechung verlangt, dass der Auftraggeber alle zumutbaren Erkenntnismöglichkeiten bei der Vorbereitung der Ausschreibung ausgenutzt hat. Es darf sich zudem nur um untergeordnete Teilleistungen handeln, die auch zusammengenommen nur einen untergeordneten Anteil

---

[258] Zuletzt *Koch* Der Gemeindehaushalt 2015, 25 (27).

[259] Umstritten. Ablehnend für das Verbot angehängter Stundenlohnarbeiten zB *Schätzlein* in HKKW, § 7 Rn. 158.

[260] OLG Düsseldorf 13.4.2011 – Verg 58/10, ZfBR 2011, 508; OLG München 22.10.2015 – Verg 5/15, NZBau 2016, 63 Rn. 24 – beide Entscheidungen zu Wahlpositionen.

[261] VK Bund 23.2.2017 – VK 1-11/17, IBRRS 2017, 1395.

[262] Beispiele bei *Dähne* in Althaus/Heindl, 2. Aufl. 2013, Teil 1 Rn. 55.

[263] *Althaus/Vogel* in Althaus/Heindl, 2. Aufl. 2013, Teil 1 Rn. 132.

[264] VK Bund 23.2.2017 – VK 1-11/17, IBRRS 2017, 1395.

[265] Zu dieser Konstellation OLG Oldenburg 3.5.2007 – 8 U 254/06, BeckRS 2008, 13421.

[266] *Leinemann* Vergabe öffentlicher Aufträge, 6. Aufl. 2016, Rn. 1216.

[267] Nicht ausreichend ist daher, dass sich der Auftraggeber noch nicht entschieden hat, wer die Leistung ausführt, vgl. zu Entwässerungsschlitzen VK Sachsen 21.4.2015 – 1/SVK/010-15, IBRRS 2015, 2548.

[268] Beispiele bei *Vygen* BauR 1992, 135 (136); *Prieß* NZBau 2004, 20 (25); *Franke/Kaiser* in FKZGM, 6. Aufl. 2017, EU § 7 Rn. 56.

am Gesamtauftrag haben.[269] Das sind für die üA idR 10%, maximal 15% (→§ 121 GWB Rn. 55). Zulässig ist zB bei Tief- oder Kanalbauarbeiten die Position „händischer Bodenaushub für das Aufsuchen von Kabeln, Leitungen etc. zur Anwendung nur nach vorheriger Anordnung durch die Bauleitung", wenn sich der Verlauf von Leistungen nicht exakt durch Pläne angeben lässt.[270]

Bedarfspositionen müssen transparent ausgewiesen werden und mit möglichst genauen **75** Mengenansätzen.[271] Der Auftraggeber muss auch die Kriterien nennen, die für ihre Inanspruchnahme maßgebend sein sollen. Ist dem Auftraggeber der Umfang von Arbeiten unbekannt, weil zB in erster Linie Dritte darüber entscheiden, muss er das Risiko für die Bieter minimieren, wofür neben einer Orientierung an Erfahrungswerten, auch die Zusage einer Mindestzahl oder Staffelpreise in Betracht kommen können.[272]

Im Anwendungsbereich des VHB ist die Verwendung von Bedarfs- und Wahlpositionen **76** seit 2011 ausgeschlossen.

> „4.6   Bedarfs- und Wahlpositionen
> Bedarfs- und Wahlpositionen dürfen weder in das Leistungsverzeichnis noch in die übrigen Vergabeunterlagen aufgenommen werden."

III. Verrechnungssätze für Stundenlohnarbeiten
(Abs. 1 Nr. 4 S. 2)

Bei angehängten Stundenlohnarbeiten ist die Leistung nicht beschrieben, sondern es **77** wird in der Leistungsbeschreibung für den Auftraggeber das Recht begründet, in einem bestimmten Zeitraum Hilfs- oder Fachkräfte abzurufen. Sie unterscheiden sich strukturell nicht von Bedarfspositionen[273] und sind daher in Satz 2 geregelt. „Angehängt" sind diese Arbeiten, weil sie mit einer ausgeschriebenen Bauleistung in Verbindung stehen und nicht als selbständige Stundenlohnarbeiten vereinbart sind.[274] IdR wird vereinbart, dass mit ihrer Ausführung nur bei ausdrücklicher Vereinbarung begonnen werden darf.[275] Der Umfang der im Einzelfall zu erbringenden Leistungen muss vom Auftraggeber vor Ausführungsbeginn eindeutig festgelegt werden (der beauftragte Architekt kann dies nur mit besonderer Vollmacht).[276] Das ist nach § 2 Abs. 10 VOB/B Vergütungsvoraussetzung. Über den geleisteten Arbeitsaufwand und erforderlichen besonderen Aufwand sind Listen (Stundenlohnzettel) werktäglich/wöchentlich einzureichen (§ 15 Abs. 3 S. 2 VOB/B). Nach üA folgt aus der Vereinbarung der Stundenlohnvergütung eine Nebenpflicht des Auftragnehmers zur wirtschaftlichen Betriebsführung, deren Verletzung zu einem Gegenanspruch des Auftraggebers aus § 280 Abs. 1 BGB führen kann. Im Streitfall trifft den Auftragnehmer die sekundäre Darlegungslast, wenn der Auftraggeber die Abrechnung nicht nachvollziehen kann.[277]

Diese Form der Beauftragung ist nur zulässig bei Bauleistungen geringeren Umfangs **78** iSv § 4 EU Abs. 2 VOB/A, bei denen überwiegend Lohnkosten preisbestimmend sind (zB Bereitstellung eines Spezialgeräts inklusive Fahrer). Derartige Positionen dürfen bereits seit der VOB/A Ausgabe 2000 nur im „unbedingt erforderlichen" Umfang aufgenommen werden,[278] da sie oft zu niedrig angeboten wurden oder zu Abrechnungsnachteilen für die

[269] *Eberl* in Dieckert/Ossefort/Steck, Praxiskommentar Vergaberecht, 59. El. 2017, § 7 10/11.
[270] OLG Oldenburg (o. Fn. 265).
[271] *Kapellmann* in Kapellmann/Messerschmidt, 6. Aufl. 2018, § 7 Rn. 31.
[272] Zu den verschiedenen Möglichkeiten OLG Saarbrücken 13.11.2002 – 5 Verg 1/02, NZBau 2003, 625.
[273] *Vygen* BauR 1992, 135 (145); *Dähne* in Althaus/Heindl, 2. Aufl. 2013, Teil 1 Rn. 56 (auch zu Unterschieden von Bedarfspositionen nach Satz 1).
[274] *Hertwig/Slawinski* Beck VOB/A § 7 Rn. 82.
[275] VHB 2017, Allgemeine Richtlinien Vergabeverfahren, Richtlinien zu 400, Ziffer 13.
[276] *Herig*, 5. Aufl. 2013, § 2 VOB/B Rn. 233, 235.
[277] *Hertwig/Slawinski* Beck VOB/A § 7 Rn. 83.
[278] §§ 9 Nr. 1 S. 3 VOB/A 2000/2002/2006; §§ 7 Abs. 1 Nr. 4 S. 2 VOB/A 2009; 7 EG Abs. 1 Nr. 4 S. 2 VOB/A 2012.

Auftraggeber geführt hatten.[279] Abs. 1 Nr. 4 S. 2 verlangt daher, dass der Auftraggeber die Notwendigkeit derartiger Positionen besonders sorgfältig prüft und begründet.[280] Sie dürfen nicht nur angesetzt werden, um vorsorglich einen Stundenlohn abzufragen.

79   Die allgemeinen Richtlinien (100) zum VHB[281] bestimmen ergänzend:

> 4.7.   Angehängte Stundenlohnarbeiten dürfen nur in dem unbedingt erforderlichen Umfang (Stundenanzahl und Lohngruppen, ggf. Geräte) aufgeführt werden.

G. Erforderlichenfalls Angabe von Zweck und Beanspruchung der Leistung (Abs. 1 Nr. 5)

80   Abs. 1 Nr. 5 besagt, dass „erforderlichenfalls" auch der Zweck und die vorgesehene Beanspruchung der fertigen Leistung angegeben werden müssen. Die Vorschrift ergänzt Abs. 1 Nr. 1[282] und Nr. 2 und ist seit der VOB-Ausgabe 1973 unverändert[283] (zuletzt § 7 EG Abs. 1 Nr. 5 VOB/A). „Erforderlichenfalls" heißt, dass die Angaben in besonderen Fällen aufgenommen werden müssen, in diesen Fällen aber zwingend und ohne Ermessen des Auftraggebers.[284] Solche Fälle liegen zB vor, wenn das herzustellende Bauwerk äußeren Einflüssen (Erschütterungen, Dämpfen etc.) ausgesetzt wird, die über das von einem fachkundigen Bieter erwartbare Maß hinausgehen oder seine bestimmungsgemäße Nutzung eine besonders hochwertige Ausrüstung (zB Konzerthalle) oder leicht desinfizierende Materialien (Schlachthof) erfordert.[285] In derartigen Fällen ist die Leistungsbeschreibung nur dann erschöpfend iSd § 121 Abs. 1 S. 1 GWB, § 7 EU Abs. 1 Nr. 1 VOB/A, wenn derartige Angaben ergänzend („auch") aufgenommen sind, es sei denn, der Zweck oder die vorgesehene Beanspruchung der Leistung ergeben sich schon eindeutig aus den übrigen Teilen der Leistungsbeschreibung.[286] Der Bieter muss die angebotenen Stoffe und Bauteile auf den Verwendungszweck der Leistung abstimmen (Abschnitt 2.1.3 ATV DIN 18299).[287]

81   Von dieser vergaberechtlichen Pflicht ist die Frage zu trennen, ob Angaben zu Zweck und vorgesehener Beanspruchung zur Sicherung der Mängelansprüche in den Bauvertrag aufzunehmen sind. Davon geht die üA für den Regelfall aus.[288] Denn ohne eine vertragliche Regelung schuldet der Auftragnehmer nach § 13 Abs. 1 VOB/B nur ein für die gewöhnliche Verwendung geeignetes Bauwerk. Ein Sachmangel liegt nach § 633 Abs. 2 BGB bei fehlender Beschaffenheitsvereinbarung grundsätzlich nur vor, wenn sich das Werk nicht für den üblichen Gebrauch eignet und nicht die übliche Beschaffenheit aufweist.[289]

H. Wesentliche Verhältnisse der Baustelle (Abs. 1 Nr. 6)

82   Dass der Auftraggeber die Verhältnisse der Baustelle detailliert beschreiben muss, ergibt sich bereits auf den Abschnitten 0 der ATV, die gemäß Abs. 1 Nr. 7 einzuhalten sind. Die

---

[279] *Herrmann* in HRR, 14. Aufl. 2018, EU § 7 Rn. 39.

[280] *Eberl* in Dieckert/Ossefort/Steck, Praxiskommentar Vergaberecht, 59. El. 2017, § 7 11; *Schranner* in Ingenstau/Korbion, 20. Aufl. 2017, § 7 Rn. 46.

[281] VHB 2017, Allgemeine Richtlinien Vergabeverfahren, Formblatt 100.

[282] Ursprünglich folgte sie unmittelbar auf die Nr. 1, vgl. § 9 Nr. 1 S. 2 VOB/A 1952/1965 und wurde 1973 zu einer eigenen Vorschrift verselbständigt.

[283] §§ 9 Nr. 4 Abs. 3 VOB/A 1973/1979/1988; 9 Nr. 3 Abs. 2 VOB/A 1992/1996/2000/2002/2006; 7 Abs. 1 Nr. 5 VOB/A 2009; 7 EG Abs. 1 Nr. 5 VOB/A 2012.

[284] Bereits Ingenstau/Korbion, 7. Aufl. 1974, A § 9 Rn. 40; ebenso *Schranner* in Ingenstau/Korbion, 20. Aufl. 2017, § 7 Rn. 47.

[285] Beispiel nach *Eberl* in Dieckert/Ossefort/Steck, Praxiskommentar Vergaberecht, 59. El. 2017, § 7 7.

[286] *Herrmann* in HRR, 14. Aufl. 2018, EU § 7 Rn. 40.

[287] *Hertwig/Slawinski* Beck VOB/A § 7 Rn. 47, 59. Darin wird in der Literatur zT der Hauptzweck der Vorschrift gesehen, etwa *Kapellmann* in Kapellmann/Messerschmidt, 6. Aufl. 2018, § 7 Rn. 36.

[288] Dazu *Donhauser* in VERIS-VOB/A-Online-Kommentar (Stand Februar 2013), § 7 EG VOB/A Rn. 52.

[289] *Schätzlein* in HKKW, § 7 Rn. 68.

Abschnitte 0.1.9 und 0.1.10 ATV DIN 18299 verlangen insbesondere Angaben zur Lage der Baustelle, zu Zufahrtsmöglichkeiten, zu überlassenen und freizuhaltenden Flächen, zu Bodenverhältnissen, Baugrund und Ergebnissen von Bodenuntersuchungen und Wasseranalysen, zu besonderen Vorgaben an die Entsorgung, im Baugelände vorhandenen Anlagen sowie zu Art und Ausführung der vom Auftraggeber veranlassten Vorarbeiten. Gleiches gilt von Grundwasserständen und -schwankungen, ggfs. Hochwasserständen, der Lage von Kabeln, Leitungen und Verrohrungen oder engen Zeitvorgaben bei Schienenkreuzungen.[290] Der Begriff der „Baustelle" ist weit zu verstehen (→ Rn. 93). Abs. 1 Nr. 6 ergänzt dies um die Maßgabe, dass sich für einen fachkundigen Bieter aus der Beschreibung auch die Auswirkungen auf die bauliche Anlage und die Bauausführung erschließen.[291] Der Grund für diese Bestimmung liegt darin, dass diese Angaben regelmäßig erhebliche Kalkulationsrelevanz aufweisen. Die Bieter sollen sich darauf verlassen können, dass der Auftraggeber **den Baugrund vollständig beschrieben** hat und sich die Auswirkungen der Boden- und Wasserverhältnisse auf die bauliche Anlage sowie Nachbargrundstücke (Mitnahme-Setzungen)[292] den Vergabeunterlagen entnehmen lassen. Abs. 1 Nr. 6 ist zugleich eine Ausprägung des werkvertragsrechtlichen Grundsatzes, wonach der Besteller einer Werkleistung alles ihm Zumutbare und Mögliche veranlassen muss, um den Werkunternehmer bei der Erfüllung seiner Vertragspflichten vor Schaden zu bewahren, einschließlich Schäden an seinem Arbeitsgerät.[293]

Aus Abs. 1 Nr. 6 folgt, dass die Bieter ohne gegenteilige Angaben davon ausgehen **83** können, dass im Bereich der Baustelle keine besonderen Umstände oder Bedingungen für die Leistungserbringung iSv § 121 Abs. 1 S. 2 GWB zu beachten sind. Die Bieter sind nicht zu eigenen Baugrunduntersuchungen verpflichtet, sondern können sich auf die sorgfältige Prüfung der Vergabeunterlagen beschränken.[294] Ein Bieter braucht Erschwernisse nicht einzukalkulieren, wenn ihm eindeutige Bodenklassen mitgeteilt wurden.[295] Entsprechendes gilt für **Versorgungsleitungen**[296] oder **schädliche Bodenverunreinigungen** iSd BBodSchG.[297] Anders ist es nach einer in der Literatur auf Kritik gestoßenen Rechtsprechung des Bundesgerichtshofs dann, wenn sich eine Kontaminierung nach den Umständen „klar und eindeutig" ergibt, weil der aus dem Leistungsverzeichnis beschriebene Boden regelmäßig kontaminiert ist (zB Boden unterhalb einer teerhaltigen Asphaltschicht).[298] Das ist eine Ausprägung der Grundsätze zur Prüfungs- und Hinweispflicht des Bieters bei erkennbar defizitären Vergabeunterlagen (→ Rn. 10).[299] Erkundungsarbeiten muss ein Bieter nur bei besonderer Vergütung durchführen oder wenn er schweres Gerät zum Einsatz bringt und die Tragfähigkeit des Grund und Bodens in eigener Verantwortung prüfen muss.[300] Die Kosten der örtlichen Bauleitung sind grundsätzlich als Teil der Baustellengemeinkosten (und nicht der Kosten der Baustelleneinrichtung) auszuweisen.[301] Die Entsorgung der Abfälle und Abwässer ist nach üA ebenfalls zu regeln, kann aber grundsätzlich dem Auftragnehmer auferlegt werden.[302]

---

[290] *Eberl* in Dieckert/Ossefort/Steck, Praxiskommentar Vergaberecht, 59. El. 2017, § 7 7/8.

[291] Unverändert gegenüber §§ 9 Nr. 3 Abs. 3 1992/1996/2000/2002/2006; 7 Abs. 1 Nr. 6 VOB/A 2009; 7 EG Abs. 1 Nr. 6 VOB/A 2012.

[292] *Fuchs* BauSV 2013, Heft 6, 59.

[293] Zu diesem Grundsatz BGH 28.1.2016 – I ZR 60/14, NZBau 2016, 283 Rn. 41, 44 mwN – Kraneinsatz AGB.

[294] *Marbach* BauR 1994, 168 (171/172); *Schranner* in Ingenstau/Korbion, 20. Aufl. 2017, § 7 Rn. 52.

[295] OLG Hamm 17.2.1993 – 26 U 40/92, NJW-RR 1994, 406 (407).

[296] Zu den Vorerkundungspflichten des Auftraggebers *Dausner* BauR 2001, 713 (715 ff).

[297] BGH 21.3.2013 – VII ZR 122/11, NJW 2013, 1957; OLG Stuttgart 30.1.2003 – 2 U 49/00, BeckRS 2003 30471634; OLG Zweibrücken 21.5.2015 – 4 U 101/13, BauR 2016, 267.

[298] BGH 22.12.2011 – VII ZR 67/11, BGHZ 192, 172 Rn. 22 = NZBau 2012, 102.

[299] Zu nur mit „groben Schätzungen" beschriebenen Boden- und Wasserverhältnissen bereits BGH 25.2.1988 – VII ZR 310/86, BauR 1988, 338 – Wasserhaltung I.

[300] BGH 28.1.2016 – I ZR 60/14, NZBau 2016, 283 Rn. 45 mwN – Kraneinsatz AGB.

[301] OLG Karlsruhe 1.3.2007 – 17 Verg 4/07, BeckRS 2008, 08731.

[302] *Herrmann* in HRR, 14. Aufl. 2018, EU § 7 Rn. 41.

84   Das VHB[303] bestimmt ergänzend:

> „4.6.1   Als Baustellengemeinkosten kommen insbesondere in Betracht:
> – Kosten der Baustelleneinrichtung, d. h. Kosten der Einrichtung, der Vorhaltung, des Betriebs, der Bedienung, der Bewachung und der Räumung, sofern diese nicht in einer gesonderten Leistungsposition vereinbart worden sind;
> – Kosten der örtlichen Bauleitung, d. h. Gehalts- bzw. Lohnkosten (einschl. LZK und LNK), Kosten des Baubüros (einschl. Telekommunikation, Post u. dgl.);
> – Kosten der Technischen Bearbeitung, Arbeitsvorbereitung, Vermessung und Kontrolle;
> – Kosten für Betonlabor, Lizenzen (sofern nicht in den Allgemeinen Geschäftskosten enthalten), Modelle und Muster;
> – Baustellenhilfslöhne (soweit nicht in den Lohnkosten enthalten) z. B. für Schlosser, Elektriker, Magaziner;
> – Kosten der Verbrauchs- und Bauhilfsstoffe, Kleingeräte, Werkzeuge u. dgl., sofern diese Kosten nicht unter den Einzelkosten der Teilleistungen bereits eingerechnet worden sind."

85   Auch bei einer ordnungsgemäßen Beschreibung kann sich das **Baugrundrisiko** realisieren. Darunter ist das Restrisiko zu verstehen, dass es bei Inanspruchnahme des Baugrundes zu unvorhersehbaren Wirkungen bzw. Erschwernissen, zB Bauschäden oder Bauverzögerungen, trotz ordnungsgemäßer Baugrunduntersuchung und Beschreibung kommt und obwohl der Auftragnehmer seinen Pflichten nach § 4 Abs. 3 VOB/B nachgekommen ist.[304] Für dieses **unvermeidbare Restrisiko** stellen die Tiefbau-Spezialnormen in den ATV DIN 18300 ff. Regelungen bereit, einschließlich Vergütungsregelungen. Grundsätzlich trägt der Auftraggeber das Baugrundrisiko, auch bei einer Leistungsbeschreibung mit Leistungsprogramm (→ Rn. 58). Für den Bundesgerichtshof sind an eine Risikoübernahme des Auftragnehmers bei unbekannten Bodenverhältnissen jedenfalls dann strenge Anforderungen zu stellen, wenn sie die Baukosten erheblich verteuert.[305] Sog. „Angstklauseln" in auftraggeberseitigen Baugrundgutachten, wonach es „nicht völlig auszuschließen" sei, dass Abweichungen vom Schichtenaufbau auftreten können, lassen sich einem Auftragnehmer idR nicht entgegenhalten.[306]

86   Das VHB[307] regelt ausdrücklich, dass Gutachtenergebnisse zu den Verhältnissen der Baustelle und daraus abgeleitete Anforderungen direkt in der Leistungsbeschreibung angegeben werden müssen. Das gilt aber auch bei sonstigen Vergaben.

> „4.8.2.   Auswertung von Gutachten
> Wenn Gutachten, z. B. über Baugrund, Grundwasser oder Altlasten, eingeholt werden, sind deren Ergebnisse und die dadurch begründeten Anforderungen in der Leistungsbeschreibung vollständig und eindeutig anzugeben; das bloße Beifügen des Gutachtens reicht für eine ordnungsgemäße Leistungsbeschreibung nicht aus."

I. Hinweise für das Aufstellen der Leistungsbeschreibung (Abs. 1 Nr. 7)

I. Regelungsinhalt

87   Abs. 1 Nr. 7 verpflichtet öffentliche Auftraggeber, wie bisher,[308] die Hinweise in den Abschnitten 0 der Allgemeinen Technischen Vertragsbedingungen (ATV), DIN 18299 ff, für das Aufstellen der Leistungsbeschreibung „zu beachten". Dahinter steht die Grundentscheidung für den Baubereich, dass das Gesamtwerk der VOB anzuwenden ist, da sich erst

---

[303] VHB 2008 – Stand April 2016, Allgemeine Richtlinien Vergabeverfahren, Formblatt 510.
[304] *Engel/Grauvogel/Katzenbach* Beck'scher VOB-Komm, 3. Aufl. 2014, DIN 18299 Rn. 34. *Fuchs* BauSV 2013, Heft 6, 59 (61) unter Hinweis auf die Definition in DIN 4020 Abschnitt 1.5.3.17.
[305] BGH 20.8.2009 – VII ZR 205/07, BGHZ 182, 158 = NZBau 2009, 707 Rn. 81 – Funktionales Gründungsangebot.
[306] *Fuchs* BauSV 2013, Heft 6, 59 (60).
[307] VHB 2017, Allgemeine Richtlinien Vergabeverfahren, Formblatt 100, Ziff. 4.8.3.
[308] Identisch mit §§ 9 Nr. 3 Abs. 4 1992/1996/2000/2002/2006; 7 Abs. 1 Nr. 7 VOB/A 2009; 7 EG Abs. 1 Nr. 7 VOB/A 2012.

dann für die Unternehmen **Art und Umfang der nachgefragten Leistung** (→ § 121 GWB Rn. 46) eindeutig erschließen.[309] Die ATV sind in der VOB Teil C zusammengefasst.

Sie bestehen seit der Ausgabe September 1988 aus den „allgemeinen Regelungen für **88** Bauarbeiten jeder Art" (ATV DIN 18299), die nach Art einer Generalnorm allgemeingültig sind, aber nachrangig gegenüber den fachspezifischen ATV (DIN 18300 bis 18459) für die einzelnen Leistungsbereiche. Die Vorgaben des Abschnitts 0 der ATV DIN 18299 sind **bei jeder VOB‑Leistungsbeschreibung** vom Auftraggeber nach Art einer „Check‑Liste" abzuarbeiten, zusammen mit Abschnitt 0 der fachspezifischen ATV.[310] „Beachten" iSd Abs. 1 Nr. 7 heißt, dass der Auftraggeber sich mit den Aussagen der ATV **anhand des konkreten Einzelfalls** auseinandersetzen muss.[311] Das ist **Voraussetzung für eine ordnungsmäße Leistungsbeschreibung** (Abschn. 0 Abs. 2 ATV DIN 18299). Eine schematische Abarbeitung der ATV genügt nicht. In die Leitungsbeschreibung müssen vielmehr die nach dem jeweiligen Einzelfall gebotenen Angaben aufgenommen werden. Für (teil‑) funktionale Ausschreibungen gilt das mit Einschränkungen, soweit sie den Bietern Gestaltungsspielräume eröffnen sollen.[312]

Der Bieter kann bei der Auslegung der Leistungsbeschreibung grundsätzlich darauf ver‑ **89** trauen, dass sich der Auftraggeber an die „Hinweise für das Aufstellen der Leistungsbeschreibung" in Abschnitt 0 der jeweiligen ATV gehalten hat (→ § 121 GWB Rn. 79).[313] Das Fehlen von Angaben in der Leistungsbeschreibung, die nach den ATV zu erwarten wären, kann der Bieter dahin interpretieren, dass entsprechende Sachprobleme (zB Einschränkungen der Zufahrt) nicht vorliegen.[314] Die ATV sind zudem Transparenzmaßstab bei der Angebotsabgabe. Will der Bieter als Nebenangebot eine Leistung anbieten, deren Ausführung nicht in den ATV oder den Vergabeunterlagen geregelt ist, muss das Nebenangebot nach den Bewerbungsbedingungen idR Angaben über Ausführung und Beschaffenheit dieser Leistung enthalten.[315]

Die Abschnitte 0 der ATV werden beim VOB‑Vertrag zwar (anders als die übrigen **90** Abschnitte) **„nicht Vertragsbestandteil"** (Abschn. 0 Abs. 4 ATV DIN 18299). Sie verdrängen daher nicht vertragliche Vereinbarungen[316] und gehören nicht zu den Vertragsunterlagen.[317] Sie sind aber auslegungsleitend, da sie nach der Rechtsprechung des Bundesgerichtshofs verbindliche **Grundsätze für die Gestaltung der Leistungsbeschreibung** durch öffentliche Auftraggeber vorgeben.[318] Das gilt auch beim BGB‑Bauvertrag. Ein Verstoß gegen die Ausschreibungsgrundsätze kann dazu führen, dass es an einer eindeutigen und erschöpfenden Beschreibung iSd § 121 GWB fehlt und der Auftraggeber gegen ihn treffenden Rücksichtnahmepflichten aus § 241 Abs. 2 BGB verstößt (→ § 121 GWB Rn. 22). Eine eindeutige Festlegung in der Leistungsbeschreibung wird andererseits nicht dadurch unbeachtlich, dass nach den ATV vorgesehene Angaben (zB zum Geräteeinsatz) fehlen.[319] Die Abschnitte 1 bis 5 werden dagegen Vertragsbestandteil, mit **Vorrang**

---

[309] *von Wietersheim* VergabeR 2016, 269 (271, 275).

[310] Zu dieser (Neu‑)Konzeption durch die ATV 1988 *Franke* ZfBR 1988, 204 (205); *Lampe‑Helbig/Wörmann* Handbuch der Bauvergabe, 2. Aufl. 1995, Rn. 88; *Quack* ZfBR 2007, 211; *Fuchs* BauSV 2013, 59 (60).

[311] *Quack* ZfBR 2007, 211; *Dähne* in Althaus/Heindl, 2. Aufl. 2013, Teil 1 Rn. 63.

[312] Die ATV sind nach ihren Informationsanforderungen prinzipiell auf die (konstruktive) Leistungsbeschreibung mit Leistungsverzeichnis ausgerichtet, vgl. *Völkel* 197; zur eingeschränkten praktischen Bedeutung der VOB/C *ebd.* 4 ff.

[313] *Motzke* Beck'scher VOB‑Komm, 3. Aufl. 2014, Syst III Rn. 67; *Funke* in Nicklisch/Weick/Jansen/Seibel, 4. Auflage 2016, § 1 VOB/B Rn. 41.

[314] *Quack* ZfBR 2007, 211 (212); *Kapellmann* in Kapellmann/Messerschmidt, 6. Aufl. 2018, § 7 Rn. 42; ausführlich *Althaus* in Althaus/Heindl, 2. Aufl. 2013, Teil 1 Rn. 73.

[315] VHB 2008 – Stand April 2016, Teilnahmebedingungen VS, Formblatt 212, Ziff. 5.2.

[316] KG 14.2.2006 – 21 U 5/03, NZBau 2006, 241 (242) – PCB‑Fall.

[317] *Althaus/Vogel* in Althaus/Heindl, 2. Aufl. 2013, Teil 1 Rn. 160.

[318] BGH 10.4.2014 – VII ZR 144/12, NZBau 2014, 427 Rn. 9 – Verbaumaßnahmen; *Engel/Grauvogel/Katzenbach* (o. Fn. 309) DIN 18299 Rn. 1, 15 mNw zur Rechtsprechung; *von Kiedrowski* NJW 2017, 3484 (3485).

[319] VK Lüneburg 22.8.2016 – VgK‑32/2016, BeckRS 2016, 19808; *Herig*, 5. Aufl. 2013, VOB/C Rn. 49.

gegenüber der **VOB Teil B** (§ 1 Abs. 2 Buchstaben e) und f) VOB/B). Sie sind insbesondere bei der Auslegung etwaiger Zusätzlicher Vertragsbedingungen heranzuziehen.[320]

91   Die ATV sind Verläßlichkeitsgrundlage für Bauausschreibungen. Das schließt **Abweichungen zu den ATV DIN 18299 bis 18459** (oder anderen DIN-Vorschriften) nicht
aus, da der Auftraggeber im Rahmen seiner Beschaffungsautonomie frei ist, die Anforderungen an die Qualität der gewünschten Leistung zu formulieren ($\rightarrow$ § 121 GWB
Rn. 29).[321] Abweichungen von den ATV müssen in der Leistungsbeschreibung aber „eindeutig und im Einzelnen angegeben werden" (Abschn. 0.3.1 ATV DIN 18299).[322] Sie
müssen daher **unmissverständlich** dargestellt werden,[323] nicht nur versteckt in den Vorbemerkungen, und können nicht in anderen Teilen der Vergabeunterlagen enthalten sein.
Zu beachten ist, dass die ATV inhaltlich grundsätzlich unverändert zu bleiben haben und
nur durch Zusätzliche Vertragsbedingungen von solchen Auftraggebern „ergänzt" werden
dürfen (§ 8a EU Abs. 2 Nr. 1 VOB/A), die Bauleistungen ständig vergeben (zB Straßen-
bauämter).[324] Auch sie dürfen die ATV (und die ZTV) nur in begründeten Fällen ändern
oder einschränken (zB wenn die ATV nicht mehr dem neuesten Stand entsprechen oder
für die geforderte Leistung nicht anwendbar sind).[325] Eine generelle Ausnahme von ATV
oder bestimmter Teile von ATV ist nicht zulässig.[326] Abschn. 0.3.2 ATV DIN 18299 nennt
als Grund für Ausnahmen zB den Fall, dass abweichend zu Abschn. 2.3.1 ATV DIN 18299
gebrauchte Stoffe oder Bauteile geliefert werden dürfen.

92   Im Anwendungsbereich des VHB sind Abweichungen von den ATV grundsätzlich auszuschließen:

> „4.2.5   Wiederholungen oder Abweichungen von der VOB/B und VOB/C bzw. VOL/B, den Be-
> sonderen, den Zusätzlichen und Technischen Vertragsbedingungen sowie Widersprüche in den
> Vergabeunterlagen sind auszuschließen."

II. Notwendige Angaben nach ATV DIN 18299

1. Angaben zur Baustelle

93   „Angaben zur Baustelle" in Abschnitt 0.1 ATV DIN 18299 wird weit verstanden.
„**Baustelle**" meint sämtliche tatsächlich für die Bauarbeiten benötigten Flächen (inklusive
der Lager-, Baubüro-, Besprechungs-, Labor-, Wasch- und Toilettenräume), Baustraßen
und die Räumlichkeiten, in denen und für deren Um- oder Neugestaltung die Bauarbeiten ausgeführt werden.[327] Anzugeben sind idR Lage der Baustelle, Umgebungsbedin-
gungen (zB Kindergärten in der Nachbarschaft des Baubereichs), Zufahrtsmöglichkeiten
und Beschaffenheit sowie Einschränkungen der Zufahrt (Abschn. 0.1.1 ATV DIN 18299),
zB eine Tonnage-Begrenzung bei Brücken, ferner Art und Lage der baulichen Anlagen (Abschn. 0.1.3 ATV DIN 18299), Anschlüsse für Wasser, Energie und Abwasser
(Abschn. 0.1.7 ATV DIN 18299). Zu den Angaben zur Baustelle gehören überdies Angaben zu Bodenverhältnissen, Baugrund und Ergebnissen von Bodenuntersuchungen
(Abschn. 0.1.9 ATV DIN 18299) sowie Art und Umfang von Schadstoffbelastungen
(Abschn. 0.1.20 ATV DIN 18299). Abs. 1 Nr. 6 verpflichtet zu einer besonders sorgfältigen Beschreibung der **Wasser- und Bodenverhältnisse** ($\rightarrow$ Rn. 82). Soweit und solange
keine besonderen „Angaben zur Baustelle" in der Ausschreibung enthalten sind, kann ein

---

[320] *Keldungs* in Ingenstau/Korbion, 20. Aufl. 2017, § 1 Abs. 2 VOB/B Rn. 11.
[321] OLG Düsseldorf 6.7.2005 – VII-Verg 26/05, BeckRS 2005, 12127.
[322] Das ist eine Parallelregelung zu §§ 8a EU Abs. 3 S. 2 VOB/A, 8a VS Abs. 3 S. 2 VOB/A, 8 Abs. 3
VOB/A.
[323] *Engel/Grauvogel/Katzenbach* (o. Fn. 309) DIN 18299 Rn. 87.
[324] *Engel/Grauvogel/Katzenbach* (o. Fn. 309) DIN 18299 Rn. 1, 6.
[325] Abschnitt 1.4 Nr. (7) HVA B-StB (Ausgabe April 2016).
[326] *Busse* in Groth, Ziffer 5.4, S. 5.
[327] *Engel/Grauvogel/Katzenbach* (o. Fn. 309) DIN 18299 Rn. 17 ff.

Bieter bei seiner Kalkulation von normalen Umständen und Bedingungen für die Leistungserbringung iSv § 121 Abs. 1 S. 2 GWB ausgehen, wobei „normal" ist, was üblicherweise im Rahmen der Ausführung von Bauarbeiten an Maschinen-, Personal- und Geräteeinsatz zu erwarten ist (→ § 121 GWB Rn. 65, 81).[328] **Hindernisse für den Einsatz von Baugerät,** dessen Verwendungsabsicht nach den Umständen nicht unüblich ist (zB fehlende Luftfreiheit und Standsicherheit für einen Kran), sind ebenfalls aufzuführen.[329]

Besonders sorgfältig anzugeben sind **Vorarbeiten aller Art** (Abschn. 0.1.21 ATV **94** DIN 18299) und der **Einsatz anderer Unternehmer,** damit die Bieter eigene Koordinations- und Rücksichtnahmepflichten einplanen können. Die ausführenden Unternehmen müssen nicht namentlich genannt werden.[330]

2. Angaben zur Ausführung

Seiner Angebotserstellung kann ein Bieter grundsätzlich die Organisation der Arbei- **95** ten „in eigener Verantwortung" iSd § 4 Abs. 2 Nr. 1 VOB/B zugrunde legen. Ohne weitere Angaben kann er mit für ihn betriebswirtschaftlich normalen Rahmenbedingungen kalkulieren und muss keine Besonderheiten oder Störungen einplanen.[331] In der Leistungsbeschreibung zu nennen sind daher insbesondere etwaige Arbeitsabschnitte und Unterbrechungen sowie Abhängigkeiten von der Leistung anderer (Abschn. 0.2.1 ATV DIN 18299), Mitbenutzung fremder Gerüste, Hebezüge, Aufzüge, Aufenthalts- und Lagerräume durch den Auftragnehmer (Abschn. 0.2.7 ATV DIN 18299), besondere Anforderungen an Art, Güte und Umweltverträglichkeit von Baustoffen (Abschn. 0.2.11 ATV DIN 18299), aber auch Art und Umfang der Eignungs- und Gütenachweise (0.2.12 ATV DIN 18299) und Beistellungen des Auftraggebers (0.2.15 ATV DIN 18299), die Übernahme von Abladen, Lagern und Transport von Stoffen durch den Auftraggeber (0.2.16 ATV DIN 18299), Leistungen für andere Unternehmer (0.2.17 ATV DIN 18299) usw.

3. Einzelangaben zu Nebenleistungen und Besonderen Leistungen

Die Regelungen zu besonderen Leistungen und Nebenleistungen hängen mit den Vor- **96** gaben der Beschreibung der Leistung in einzelnen Ordnungszahlen (Positionen) zusammen (§ 7b EU VOB/A) und waren ursprünglich unmittelbar im Anschluss daran geregelt, bevor sie in den ATV ausdifferenziert wurden.[332] Der Abschnitt 4 ATV ist beim VOB-Vertrag Vertragsbestandteil.[333] Die im Abschnitt 4.1 der jeweiligen ATV aufgeführten Nebenleistungen gehören auch ohne besondere Erwähnung in das Leistungsverzeichnis zur vertraglich geschuldeten Leistung iSd § 2 Abs. 1 VOB/B.[334] Dazu zählen zB das **Auf- und Abbauen und Vorhalten von Gerüsten** (bis zu einer bestimmten Arbeitshöhe),[335] **Schutz und Sicherheitsmaßnahmen** nach den Unfallverhütungsvorschriften (Abschn. 4.4.1 ATV DIN 18299) sowie das Vorhalten von Kleingeräten und Werkzeugen (Abschn. 4.4.8 ATV DIN 18299).

Nebenleistungen sind nach Abschn. 0.4.1 ATV DIN 18299 in der Leistungsbeschrei- **97** bung nur dann ausdrücklich zu erwähnen, wenn sie gesondert vergütet werden sollen, weil sie im Einzelfall nach Art oder Umfang besonders kostenintensiv sind, etwa bei ungewöhnlich hohen Kosten für das Einrichten und Räumen der Baustelle[336] (zB Einsatz besonderer

---

[328] *Engel/Grauvogel/Katzenbach* (o. Fn. 309) DIN 18299 Rn. 24.

[329] *Funke* in NWJS, 4. Auflage 2016, § 1 VOB/B Rn. 43.

[330] *Engel/Grauvogel/Katzenbach* (o. Fn. 309) DIN 18299 Rn. 60.

[331] *Herig*, 5. Aufl. 2013, VOB/C Rn. 56.

[332] §§ 9 Nr. 2 VOB/A 1926/1952/1965.

[333] BGH 27.7.2006 – VII ZR 202/04, BGHZ 168, 368 Rn. 24 = NZBau 2006, 777 (778) – Dachdeckergerüste; OLG Dresden 31.8.2011 – 1 U 1682/10, IBRRS 2011, 4762.

[334] Abschn. 4.1 ATV DIN 18299 (→ § 121 GWB Rn. 48).

[335] Das gilt auch bei einem Detail-Pauschalvertrag, vgl. OLG Düsseldorf 1.7.1997 – 21 U 232/96, NJW-RR 1997, 1378 (zu einem Gerüst über 2m Arbeitshöhe).

[336] Abschn. 0.4.1 3. Abs. und Abschn. 4.1.1 ATV DIN 18299.

Baumaschinen oder Großgeräte oder eine längerfristige Baubüroeinrichtung).[337] Nur in diesen Fällen müssen aus Gründen der Transparenz besondere Ordnungszahlen (Positionen) gebildet werden. Sie sind dann im Angebot als eigenständige Hauptleistungen gesondert zu bepreisen. Ohne derartige Angaben können die Bieter bei Auslegung der Leistungsbeschreibung davon ausgehen, dass Nebenleistungen kalkulationsmäßig nicht ins Gewicht fallen (→ Rn. 20). Anders ist es, wenn der Auftraggeber in den Vertragsbedingungen vorgibt, dass auch Nebenleistungen, die nicht im Leistungsverzeichnis aufgeführt sind, in die Einheitspreise einkalkuliert werden müssen.[338]

98 **Besondere Leistungen** im Sinne von Abschnitt Ziff. 4.2 der ATV sind grundsätzlich nur dann ohne gesonderte Vergütung zu erbringen, wenn sie im Leistungsverzeichnis hinreichend klar und vollständig aufgeführt werden, was sich aus den Vorbemerkungen, Planunterlagen, Beiblättern oder einer beiliegenden Statik ergeben kann (→ § 121 GWB Rn. 48). Einer gesonderten textlichen Erwähnung in einer eigenen Ordnungsziffer im Leistungsverzeichnis bedarf es dann nicht.[339] Sie sind deshalb „besondere" Leistungen, weil sie nicht vornherein zu bestimmten Teilleistungen und die dafür in Ansatz zu bringende Vergütung zählen. Die ATV nennen beispielhaft die **Beaufsichtigung der Leistungen anderer Unternehmer** (Abschnitt 4.2.2 ATV DIN 18299), **Sicherungsmaßnahmen zur Unfallverhütung** für Leistungen anderer Unternehmer, besondere Schutzmaßnahmen gegen Witterungsschäden, Hochwasser und Grundwasser (Abschnitt 4.2.6 DIN 18299), die **Versicherung der Leistung** bis zur Abnahme zugunsten des Auftraggebers, das Aufstellen, Vorhalten und Beseitigen von Bauzäunen (Abschnitt 4.2.0 DIN 18299) oder die Abnahme von Stoffen oder Bauteilen vor Anlieferung zur Baustelle. Derartige Leistungen sind besonders zu vergüten, wenn sie der Auftragnehmer erbringen soll und dafür im Leistungsverzeichnis mit einer eigenen Ordnungsziffer (Position) auszuweisen. Bei der Abgrenzung zu Nebenleistungen ist in Zweifelsfällen darauf abzustellen, ob die betreffenden Vorkehrungen nach der Verkehrssitte noch zur geschuldeten Hauptleistung gehören.

99 Unterbleibt die Bildung einer Position lässt dies nach Vertragsabschluss nicht immer den Rückschluss zu, dass eine Leistung ohne ausdrückliche Erwägung nicht zum Bausoll gehört, da dafür nach § 1 Abs. 1 VOB/B auf das gesamte Vertragswerk und die konkreten Verhältnisse des Bauwerks abzustellen ist (→ Rn. 7).[340] Sind zB nach einem Vermerk zu einer Unterposition bauzeitliche Verbaue einzurechnen, ist die Ausführung von Verbaumaßnahmen auch dann nicht zusätzlich zu vergüten, wenn Verbaumaßnahmen besondere Leistungen im Sinne von Abschnitt Ziff. 4.2 der ATV sind und sie in abgeleiteten Unterpositionen nicht ausdrücklich erwähnt sind.[341] Eine im Leistungsverzeichnis nicht ausdrücklich aufgeführte Leistung ist für die Gerichte jedenfalls dann stillschweigend Vertragsinhalt, wenn sie für die Erbringung der Gesamtleistung unentbehrlich ist (zB Herstellung von Bruch- und Schnittkanten bei Verlegung von Groß- und Kleinpflastersteinen im Diagonalverband, also einer Abweichung vom Reihenpflaster).[342] Es verstößt daher gegen Abs. 1 Nr. 1, wenn die Vertragsbedingungen pauschal vorsehen, dass sämtliche besonderen Leistungen abgegolten sind.[343]

[337] *Engel/Grauvogel/Katzenbach* (o. Fn. 309) DIN 18299 Rn. 89.
[338] Die Vereinbarkeit einer solchen Klausel mit § 307 Abs. 1 S. 2 BGB ist nicht unumstritten, für die Zulässigkeit OLG Dresden 31.8.2011 – 1 U 1682/10, IBRRS 2011, 4762 mAnm *Gross* IBR 2012, 67 mwN.
[339] KG 30.6.2015 – 27 U 120/14, BeckRS 2015, 118507 Rn. 14 ff; 6.8.2015 – 27 U 120/14, BeckRS 2015, 118495 = IBR 2017, 241 (*Weißleder*), – Traggerüste. Für das KG genügt für die Pflicht zur Bereitstellung von Traggerüsten, dass die Schalung einer Decke vereinbart und nach der Statik eine „Deckensteifung" (und damit eine Abstützung) erforderlich war.
[340] Grundlegend insoweit BGH 27.7.2006 – VII ZR 202/04, BGHZ 168, 368 (374); 10.4.2014 – VII ZR 144/12, NZBau 2014, 427.
[341] BGH 10.4.2014 – VII ZR 144/12, NZBau 2014, 427.
[342] OLG Rostock 21.4.2011 – 3 U 74/08, IBRRS 2013, 3138 (NZB zurückgewiesen durch BGH 20.6.2013 – VII ZR 120/11, juris).
[343] VK Bund 6.9.2013 – VK 1–73/13, ZfBR 2014, 297.

4. Abrechnungseinheiten

Im Leistungsverzeichnis sind stets die korrekten Abrechnungseinheiten anzugeben (zB **100** Raummaß (m³), Flächenmaß (m²), Stück, Gewicht, Stunde), die nach den jeweiligen ATV für die Abrechnung gelten. Näheres dazu und zur Ermittlung der Abrechnungsgrößen ist jeweils im Abschnitt 5 der ATV geregelt.[344] Diese Angaben sind nach Vertragsschluss für das Aufmaß entscheidend, dh für den Nachweis von Art, Größe oder Anzahl und Menge der erbrachten Bauleistung.[345] Beim Einheitspreisvertrag sind Rechnungen ohne Vorlage eines Aufmaßes nach § 14 Abs. 1 VOB/B nicht prüfbar und nicht fällig.[346] Grundsätzlich ist nach § 2 Abs. 2 VOB/B nach den tatsächlich ausgeführten Mengen abzurechnen. Die Detailanforderungen an das Aufmaß bestimmen sich aber nach § 14 Abs. 2 VOB/B aus den vertraglichen Vereinbarungen und den Abrechnungsbestimmungen in den Abschnitten 5 der ATV. Sie enthalten häufig Sonderregelungen zugunsten des Auftragnehmers.[347]

J. Produktneutrale Beschreibung (Abs. 2)

Abs. 2 ordnet an, dass in der Leistungsbeschreibung in den technischen Spezifikationen **101** nicht auf eine bestimmte Produktion oder Herkunft oder ein besonderes Verfahren oder Marken verwiesen werden darf und regelt die Ausnahmen von diesem Grundsatz. Die Vorschrift ist der frühere § 7 EG Abs. 8 VOB/A, der auf die VOB/A Ausgabe 2006 zurückgeht. Sie entspricht vom Regelungsgehalt her § 31 Abs. 6 VgV, so dass für Details auf die dortige Kommentierung verwiesen werden kann. Die Vorschrift regelt der **Grundsatz der Produktneutralität** mit zwei streng zu trennenden Ausnahmen (die in den VOB-Ausgaben bis 2006 konsequenterweise in zwei Absätzen geregelt waren):[348] Grundsätzlich ist produktneutral auszuschreiben.[349] Verbindliche Produktvorgaben sind nach Satz 1 aus Gründen des Auftragsgegenstandes möglich, womit in erster Linie **bautechnische oder bauästhetische** Zwänge bei der Ausführung gemeint sind, zB Denkmalschutzvorgaben,[350] die Einfügung in ein optisches Erscheinungsbild,[351] ein architektonisches Konzept (zB Glasfassade),[352] die Ausstattung eines Gebäudes mit einheitlichen Geräten (zB Narkosegeräte in einem Krankenhaus)[353] oder kompatiblen Anlagenteilen („Schnittstellenrisiko")[354] oder die Ausschreibung in Betonbauweise (statt Asphaltbauweise) aufgrund der Teilnahme an einem Bundesforschungsprojekt.[355] Zulässig kann die Vorgabe einer bestimmten Technik daneben sein, wenn der Auftraggeber aus arbeitsstättenrechtlichen Gründen „auf Nummer sicher" gehen will.[356] Gegen die Pflicht zur produktneutralen Beschreibung wird auch verstoßen, wenn durch eine Vielzahl von Vorgaben ein **bestimmtes Leitfabrikat**

---

[344] *Engel/Grauvogel/Katzenbach* (o. Fn. 309) DIN 18299 Rn. 183 ff.

[345] Abschnitt 3.2 Nr. (14) HVA B-StB (Ausgabe April 2016).

[346] *Derler/Hempel/Fiedler* VOB 2016 in Bildern 7.

[347] Beispiele bei *Althaus/Vogel* in Althaus/Heindl, 2. Aufl. 2013, Teil 1 Rn. 170.

[348] §§ 9 Nr. 5 VOB/A 1992/2000/2002. Das Konzept wurde durch § 9 Nr. 10 VOB/A 2006 aufgegeben, was seither beibehalten wurde, vgl. §§ 7 Abs. 8 VOB/A 2009, 7 EG Abs. 8 VOB/A 2012.

[349] *Hertwig/Slawinski* Beck VOB/A § 7 Rn. 112.

[350] *Dähne* in Althaus/Heindl, 2. Aufl. 2013, Teil 1 Rn. 77. Allerdings muss dann auch in der Vergabeakte dokumentiert werden, warum nur das ausgewählte Produkt diese Anforderungen erfüllt, VK Sachsen-Anhalt 16.9.2015 – 3 VK LS 62/15, IBRRS 2015, 3257 = IBR 2016, 173 (*Kus*) (für ein Straßenpflaster in Standardoptik).

[351] OLG Düsseldorf 9.1.2013 – VII-Verg 33/12, BeckRS 2013, 04708 = VergabeR 2013, 599 – Außenputz Domplatz in Münster.

[352] *Schätzlein* in HKKW, VOB/A § 7 Rn. 107.

[353] *Dicks* IBR 2008, 1360 Rn. 65.

[354] *Schätzlein* in HKKW, VOB/A § 7 Rn. 104; *Leinemann* Vergabe öffentlicher Aufträge, 6. Aufl. 2016, Rn. 1245. Das darf sich nicht auf einzelne Komponenten beschränken, vgl. OLG München 5.11.2009 – Verg 15/09, BeckRS 2009, 86656 – Erneuerung einer Tonanlage in einem Theater.

[355] VK Brandenburg 23.6.2016 – VK 8/16, BeckRS 2016, 53540.

[356] VK Bund 25.3.2015 – VK 2-15/15, IBRRS 2015, 0900 – Küchentechnik.

verdeckt ausgeschrieben wird (→ § 31 VgV Rn. 23).[357] Satz 2 regelt den Fall, dass der Auftraggeber ein sog. Planungs- und Leitprodukt nennt, weil sich eine Produktbezeichnung so eingebürgert hat, dass jede abstrakt-neutrale Form Missverständnisse auslösen würde.[358] Das kommt im Baubereich v. a. im Ausbau und dort in der Gebäudetechnik vor, weniger im Erd- und Rohbau, weil dort die Bauleistungen standardisiert und daher im Grundsatz beschreibbar sind,[359] setzt aber in jedem Fall voraus, dass der Zusatz „oder gleichwertig" verwendet wird und Gleichwertigkeitsparameter[360] angegeben sind (→ § 31 VgV Rn. 114). Bei der Einschätzung, ob der Auftragsgegenstand hinreichend genau und allgemein beschrieben werden kann, hat der Auftraggeber einen Beurteilungsspielraum.[361] Die Sachgründe für Produktvorgaben sind detailliert zu dokumentieren (einschließlich der Forderungen von Fachbehörden, wie Denkmalschutzbehörden).[362] Im Nachprüfungsverfahren trägt der Auftraggeber die Darlegungs- und Beweislast (→ § 31 VgV Rn. 107).

102   Das VHB[363] schränkt die Verwendung von Planungs- und Leitfabrikaten näher ein.

> „4.2.4 Leistungen sind grundsätzlich in allen Teilen produktneutral zu beschreiben. Unzulässig ist
> – auch bei Verwendung des Zusatzes „oder gleichwertig" – insbesondere
> – die Angabe eines Planungs- bzw. Leitfabrikates,
> – die vorgeblich neutrale Beschreibung von Produkten oder Verfahren durch die Festlegung von Kenngrößen/Merkmalen, die Rückschlüsse auf ein bestimmtes Unternehmen oder Produkt zulassen,
> ohne dass die Ausnahmevoraussetzungen nach § 7 Abs. 2, § 7 EU Abs. 2 bzw. § 7 VS Abs. 2 VOB/A erfüllt sind."

K. Verkehrsübliche Bezeichnungen
(Abs. 3)

103   „Eindeutig" iSd § 121 Abs. 1 S. 1 GWB, § 7 EU Abs. 1 Nr. 1 VOB/A ist eine Leistungsbeschreibung nur, wenn sie vom angesprochenen Bieterkreis einheitlich verstanden werden kann (→ § 121 GWB Rn. 42). Abs. 3 hebt hervor, dass der Auftraggeber die verkehrsüblichen Bezeichnungen zu beachten hat, dh die im angesprochenen Fachkreis allgemein benutzten Ausdrücke.[364] Deshalb sind Fachausdrücke aus Gesetzen, DIN-Normen, Standardleistungsbüchern (zB StLB-Bau, STLB (Z)), den Standardleistungskatalogen (StLK) oder der Verkehrssitte zu verwenden. Sie sind einschlägigen Fachkreisen idR bekannt, da ihre Kenntnis zur Fachkunde iSd § 2 Abs. 1 Nr. 1 VOB/B gehört.[365] Hat sich eine verkehrsübliche Bezeichnung noch nicht oder erst vor kurzem herausgebildet, muss der Auftraggeber eine allen Bietern gleich verständliche Formulierung verwenden.[366] Angaben, die nur Teile der angesprochenen Bieterkreise oder sogar nur „Insider" verstehen können, verstoßen zusätzlich gegen Abs. 1 S. 1 (→ § 121 GWB Rn. 42). Auf ein vom verkehrsüblichen Sprachgebrauch abweichendes Verständnis muss der Auftraggeber aus-

---

[357] OLG München 5.11.2009 – Verg 15/09, BeckRS 2009, 86656; OLG Frankfurt a. M. 11.6.2013 – 11 Verg 3/13, ZfBR 2013, 815 (816); VK Westfalen 26.10.2017 – VK 1–21/17, IBRRS 2018, 0136 (Tragkonstruktion und Brandverhalten von Containern). Daran fehlt es, wenn die Anforderungen von mehreren Produkten erfüllt werden, vgl. VK Bund (o. Fn. 355).
[358] *Stein/Simonis* Leistungsbeschreibung 134.
[359] *Dähne* in Althaus/Heindl, 2. Aufl. 2013, Teil 1 Rn. 77; kritisch zum verbreiteten Vorkommen dieser Alternative *Schätzlein* in HKKW, VOB/A § 7 Rn. 109; *Eberl* in Dieckert/Ossefort/Steck, Praxiskommentar Vergaberecht, 59. El. 2017, § 7 I 4.
[360] Dazu VK Thüringen 6.6.2017 – 250–4002-4515/2017-N-008-NDH, BeckRS 2017, 114299 Rn. 53.
[361] VK Sachsen 2.4.2015 – 1/SVK/006-15, IBRRS 2015, 2789; *Hertwig/Slawinski* Beck VOB/A § 7 Rn. 117.
[362] VK Sachsen-Anhalt 16.9.2015 – 3 VK LSA 62/15, IBRRS 2015, 3257.
[363] VHB 2017, Allgemeine Richtlinien Vergabeverfahren, Formblatt 100.
[364] *Hertwig/Slawinski* Beck VOB/A § 7 Rn. 84; *Dähne* in Althaus/Heindl, 2. Aufl. 2013, Teil 1 Rn. 67; *Kapellmann* in Kapellmann/Messerschmidt, 5. Aufl. 2015, VOB/A § 7 Rn. 45.
[365] *Schranner* in Ingenstau/Korbion, 20. Aufl. 2017, § 7 Rn. 70.
[366] *Herig*, 5. Aufl. 2013, § 7 Rn. 25.

drücklich hinweisen.[367] Soll der Sprachgebrauch auf die Bezeichnungen einer entlegenen Fach-DIN-Norm eingegrenzt werden, muss dies aus der Ausschreibung transparent hervorgehen.[368] Abgesehen von diesem Sonderfall können die Verwendung einer verkehrsüblichen Bezeichnung grundsätzlich das Sprachverständnis einer in Fachkreisen allgemein bekannten DIN-Norm (zB DIN 276) zugrunde legen.[369]

Die Bestimmung hat als Ergänzung von Abs. 1 eine lange Tradition in der VOB/A und **104** ist allgemeingültiger Grundsatz bei allen Vergabeverfahren anzusehen (→ § 121 GWB Rn. 42). Während nach frühen VOB-Ausgaben 1926/1952/1965/1973 verkehrsübliche Bezeichnungen „anzuwenden" waren,[370] sind sie seit der VOB-Ausgabe 1992[371] zu „beachten", was auch Abweichungen aufgrund von Zweckmäßigkeitserfordernissen gestattet. Das VHB[372] bestimmt ergänzend.

> „4.2.2   Die Beschreibung der fachlichen, gestalterischen, funktionellen oder sonstigen Anforderungen der (Teil-/Einzel-)Leistung ist allgemein verständlich auf das wirklich Erforderliche bzw. Wesentliche zu beschränken.
> Dabei ist der Leistungsbeschreibung in der Regel das Standardleistungsbuch für das Bauwesen des GAEB (StLB-Bau und StLB (Z)) zugrunde zu legen. Mit den Texten des Standardleistungsbuches für das Bauwesen nicht darstellbare Besonderheiten sind mit freien Eingaben zu beschreiben.
> Für Leistungsbeschreibungen von Straßen- und sonstigen Tiefbauarbeiten kann der Standardleistungskatalog (StLK) verwendet werden."

Die Vorschrift ist nicht für sich genommen bieterschützend, sondern nur, wenn durch **105** eine unübliche Bezeichnung die Leistungsbeschreibung nicht mehr „eindeutig und erschöpfend" iSv Abs. 1 Nr. 1 verstanden werden kann.[373]

---

[367] *Schätzlein* in HKKW, § 7 Rn. 76; *Wirner* in Willenbruch/Wieddekind, 4. Aufl. 2017, VOB/A § 7 Rn. 58.
[368] VK Lüneburg 23.1.2015 – VgK 47/2014, IBRRS 2015, 0498.
[369] *Kapellmann* in Kapellmann/Messerschmidt, 6. Aufl. 2018, § 7 Rn. 47.
[370] §§ 9 Nr. 5 VOB/A 1926/1952/1965; 9 Nr. 7 Abs. 1 VOB/A 1973/1979/1988; ebenso §§ 8 Nr. 3 Abs. 2 VOL/A 1993/2000/2002/2006 (bis zum Fortfall der Bestimmung durch die VOL-Ausgabe 2009).
[371] Seither unverändert, vgl. §§ 9 Nr. 4 Abs. 1 VOB/A 1996/2000/2002/2006; 7 Abs. 2 VOB/A 2009, 7 EG Abs. 2 VOB/A 2012.
[372] VHB 2017, Allgemeine Richtlinien Vergabeverfahren, Formblatt 100.
[373] Umstritten. Für eine generelle bieterschützende Wirkung zB *Wirner* in Willenbruch/Wieddekind, 4. Aufl. 2017, VOB/A § 7a Rn. 56.

§ 7a Technische Spezifikationen, Testberichte, Zertifizierungen, Gütezeichen

(1)

1. Die technischen Anforderungen (Spezifikationen – siehe Anhang TS Nummer 1) an den Auftragsgegenstand müssen allen Unternehmen gleichermaßen zugänglich sein.

2. Die geforderten Merkmale können sich auch auf den spezifischen Prozess oder die spezifische Methode zur Produktion beziehungsweise Erbringung der angeforderten Leistungen oder auf einen spezifischen Prozess eines anderen Lebenszyklus-Stadiums davon beziehen, auch wenn derartige Faktoren nicht materielle Bestandteile von ihnen sind, sofern sie in Verbindung mit dem Auftragsgegenstand stehen und zu dessen Wert und Zielen verhältnismäßig sind.

3. In den technischen Spezifikationen kann angegeben werden, ob Rechte des geistigen Eigentums übertragen werden müssen.

4. Bei jeglicher Beschaffung, die zur Nutzung durch natürliche Personen – ganz gleich, ob durch die Allgemeinheit oder das Personal des öffentlichen Auftraggebers – vorgesehen ist, werden die technischen Spezifikationen – außer in ordnungsgemäß begründeten Fällen – so erstellt, dass die Kriterien der Zugänglichkeit für Personen mit Behinderungen oder der Konzeption für alle Nutzer berücksichtigt werden.

5. Werden verpflichtende Zugänglichkeitserfordernisse mit einem Rechtsakt der Europäischen Union erlassen, so müssen die technischen Spezifikationen, soweit die Kriterien der Zugänglichkeit für Personen mit Behinderungen oder der Konzeption für alle Nutzer betroffen sind, darauf Bezug nehmen.

(2) Die technischen Spezifikationen sind in den Vergabeunterlagen zu formulieren:

1. entweder unter Bezugnahme auf die in Anhang TS definierten technischen Spezifikationen in der Rangfolge
   a) nationale Normen, mit denen europäische Normen umgesetzt werden,
   b) europäische technische Bewertungen,
   c) gemeinsame technische Spezifikationen,
   d) internationale Normen und andere technische Bezugssysteme, die von den europäischen Normungsgremien erarbeitet wurden oder,
   e) falls solche Normen und Spezifikationen fehlen, nationale Normen, nationale technische Zulassungen oder nationale technische Spezifikationen für die Planung, Berechnung und Ausführung von Bauleistungen und den Einsatz von Produkten.

   Jede Bezugnahme ist mit dem Zusatz „oder gleichwertig" zu versehen;

2. oder in Form von Leistungs- oder Funktionsanforderungen, die so genau zu fassen sind, dass sie den Unternehmen ein klares Bild vom Auftragsgegenstand vermitteln und dem Auftraggeber die Erteilung des Zuschlags ermöglichen;

3. oder in Kombination von Nummer 1 und Nummer 2, das heißt
   a) in Form von Leistungs- oder Funktionsanforderungen unter Bezugnahme auf die Spezifikationen gemäß Nummer 1 als Mittel zur Vermutung der Konformität mit diesen Leistungs- oder Funktionsanforderungen;
   b) oder mit Bezugnahme auf die Spezifikationen gemäß Nummer 1 hinsichtlich bestimmter Merkmale und mit Bezugnahme auf die Leistungs- oder Funktionsanforderungen gemäß Nummer 2 hinsichtlich anderer Merkmale.

(3)

1. Verweist der öffentliche Auftraggeber in der Leistungsbeschreibung auf die in Absatz 2 Nummer 1 genannten Spezifikationen, so darf er ein Angebot nicht mit der Begründung ablehnen, die angebotene Leistung entspräche nicht den herangezogenen Spezifikationen, sofern der Bieter in seinem Angebot dem öffentlichen Auftraggeber nachweist, dass die von ihm vorgeschlagenen Lösungen den Anforderungen der technischen Spezifikation, auf die Bezug genommen wurde,

gleichermaßen entsprechen. Als geeignetes Mittel kann ein Prüfbericht oder eine Zertifizierung einer akkreditierten Konformitätsbewertungsstelle gelten.

2. Eine Konformitätsbewertungsstelle im Sinne dieses Absatzes muss gemäß der Verordnung (EG) Nr. 765/2008 des Europäischen Parlaments und des Rates akkreditiert sein.

3. Der öffentliche Auftraggeber akzeptiert auch andere geeignete Nachweise, wie beispielsweise eine technische Beschreibung des Herstellers, wenn

   a) das betreffende Unternehmen keinen Zugang zu den genannten Zertifikaten oder Prüfberichten hatte oder

   b) das betreffende Unternehmen keine Möglichkeit hatte, diese Zertifikate oder Prüfberichte innerhalb der einschlägigen Fristen einzuholen, sofern das betreffende Unternehmen den fehlenden Zugang nicht zu verantworten hat

   c) und sofern es anhand dieser Nachweise die Erfüllung der festgelegten Anforderungen belegt.

(4) Legt der öffentliche Auftraggeber die technischen Spezifikationen in Form von Leistungs- oder Funktionsanforderungen fest, so darf er ein Angebot, das einer nationalen Norm entspricht, mit der eine europäische Norm umgesetzt wird, oder einer europäischen technischen Zulassung, einer gemeinsamen technischen Spezifikation, einer internationalen Norm oder einem technischen Bezugssystem, das von den europäischen Normungsgremien erarbeitet wurde, entspricht, nicht zurückweisen, wenn diese Spezifikationen die geforderten Leistungs- oder Funktionsanforderungen betreffen. Der Bieter muss in seinem Angebot mit geeigneten Mitteln dem öffentlichen Auftraggeber nachweisen, dass die der Norm entsprechende jeweilige Leistung den Leistungs- oder Funktionsanforderungen des öffentlichen Auftraggebers entspricht. Als geeignetes Mittel kann eine technische Beschreibung des Herstellers oder ein Prüfbericht einer Konformitätsbewertungsstelle gelten.

(5)

1. Zum Nachweis dafür, dass eine Bauleistung bestimmten, in der Leistungsbeschreibung geforderten Merkmalen entspricht, kann der öffentliche Auftraggeber die Vorlage von Bescheinigungen, insbesondere Testberichten oder Zertifizierungen, einer Konformitätsbewertungsstelle verlangen. Wird die Vorlage einer Bescheinigung einer bestimmten Konformitätsbewertungsstelle verlangt, hat der öffentliche Auftraggeber auch Bescheinigungen gleichwertiger anderer Konformitätsbewertungsstellen zu akzeptieren.

2. Der öffentliche Auftraggeber akzeptiert auch andere als die in Nummer 1 genannten geeigneten Nachweise, insbesondere ein technisches Dossier des Herstellers, wenn das Unternehmen keinen Zugang zu den in Nummer 1 genannten Bescheinigungen oder keine Möglichkeit hatte, diese innerhalb der einschlägigen Fristen einzuholen, sofern das Unternehmen den fehlenden Zugang nicht zu vertreten hat. In diesen Fällen hat das Unternehmen durch die vorgelegten Nachweise zu belegen, dass die von ihm zu erbringende Leistung die vom öffentlichen Auftraggeber angegebenen spezifischen Anforderungen erfüllt.

3. Eine Konformitätsbewertungsstelle ist eine Stelle, die gemäß der Verordnung (EG) Nr. 765/2008 des Europäischen Parlaments und des Rates vom 9. Juli 2008 über die Vorschriften für die Akkreditierung und Marktüberwachung im Zusammenhang mit der Vermarktung von Produkten und zur Aufhebung der Verordnung (EWG) Nr. 339/93 des Rates (ABl. L 218 vom 13.08.2008, S. 30) akkreditiert ist und Konformitätsbewertungstätigkeiten durchführt.

(6)

1. Der öffentliche Auftraggeber kann für Leistungen mit spezifischen umweltbezogenen, sozialen oder sonstigen Merkmalen in den technischen Spezifikationen, den Zuschlagskriterien oder den Ausführungsbedingungen ein bestimmtes Gütezeichen als Nachweis dafür verlangen, dass die Leistungen den geforderten Merkmalen entsprechen, sofern alle nachfolgend genannten Bedingungen erfüllt sind:

   a) die Gütezeichen-Anforderungen betreffen lediglich Kriterien, die mit dem Auftragsgegenstand in Verbindung stehen und für die Bestimmung der Merkmale des Auftragsgegenstandes geeignet sind;

b) die Gütezeichen-Anforderungen basieren auf objektiv nachprüfbaren und nichtdiskriminierenden Kriterien;

c) die Gütezeichen werden im Rahmen eines offenen und transparenten Verfahrens eingeführt, an dem alle relevanten interessierten Kreise – wie z. B. staatliche Stellen, Verbraucher, Sozialpartner, Hersteller, Händler und Nichtregierungsorganisationen – teilnehmen können;

d) die Gütezeichen sind für alle Betroffenen zugänglich;

e) die Anforderungen an die Gütezeichen werden von einem Dritten festgelegt, auf den der Unternehmer, der das Gütezeichen beantragt, keinen maßgeblichen Einfluss ausüben kann

2. Für den Fall, dass die Leistung nicht allen Anforderungen des Gütezeichens entsprechen muss, hat der öffentliche Auftraggeber die betreffenden Anforderungen anzugeben.

3. Der öffentliche Auftraggeber akzeptiert andere Gütezeichen, die gleichwertige Anforderungen an die Leistung stellen.

4. Hatte ein Unternehmen aus Gründen, die ihm nicht zugerechnet werden können, nachweislich keine Möglichkeit, das vom öffentlichen Auftraggeber angegebene oder ein gleichwertiges Gütezeichen innerhalb der einschlägigen Fristen zu erlangen, so muss der öffentliche Auftraggeber andere geeignete Nachweise akzeptieren, sofern das Unternehmen nachweist, dass die von ihm zu erbringende Leistung die Anforderungen des geforderten Gütezeichens oder die vom öffentlichen Auftraggeber angegebenen spezifischen Anforderungen erfüllt.

Übersicht

	Rn.		Rn.
A. Einführung	1	2. Funktionsanforderungen	33
I. Literatur	1	IV. Kombinationstatbestände (Abs. 2 Nr. 3)	34
II. Entstehungsgeschichte	2	H. Abweichungen in Angeboten von technischen Spezifikationen (Abs. 3, 4)	35
III. Rechtliche Vorgaben im EU-Recht	5	I. Regelungsgehalt	35
B. Systematische Stellung	9	II. Gleichwertigkeitsnachweis bei Bezugnahme auf Normen, technischen Zulassungen usw.	36
C. Zugänglichkeit der technischen Anforderungen an den Auftragsgegenstand (Abs. 1 Nr. 1)	11	1. Allgemeines	36
I. Regelungsgehalt	11	2. Voraussetzungen	38
II. Technische Anforderungen	14	a) Umschreibung unter Bezugnahme auf Normen, Europäische technische Bewertungen usw.	38
III. „Gleichermaßen zugänglich"	15	b) Angabe der Abweichung im Angebot	39
D. Merkmale des Herstellungs-/Leistungserbringungsprozesses (Abs. 1 Nr. 2)	17	c) Gleichwertigkeitsnachweis im Angebot	40
E. Übertragung von Rechten geistigen Eigentums (Abs. 1 Nr. 3)	18	d) Gleichwertigkeitsprüfung	41
F. Barrierefreiheit, Konzeption für alle Nutzer (Abs. 1 Nr. 4, 5)	19	III. Konformitätsnachweis bei Beschreibungen mittels Leistungs- und Funktionsanforderungen (Abs. 4)	42
G. Formulierung der technischen Spezifikationen in den Vergabeunterlagen (Abs. 2)	21	1. Allgemeines	42
I. Regelungsgehalt	21	2. Voraussetzungen	44
II. Bezugnahme auf Normen, europäische, technische Zulassungen, gemeinsame technische Spezifikationen, technische Bezugsgrößen (Abs. 2 Nr. 1)	24	a) Umschreibung mittels Leistungs- und Funktionsanforderungen	44
1. Allgemeines	24	b) Angabe der Abweichung im Angebot	45
2. Rangfolge der Beschreibungsarten	25	c) Konformitätsnachweis im Angebot	46
3. Gleichwertigkeitszusatz	29	d) Konformitätsprüfung	47
III. Leistungs- oder Funktionsanforderungen (Abs. 2 Nr. 2)	30	I. Bescheinigungen von Konformitätsbewertungsstellen (Abs. 5)	48
1. Leistungsanforderungen	30	J. Gütezeichen (Abs. 6)	49

A. Einführung

I. Literatur

Quack, Zur Leistungsbeschreibung im Bauvertrag. Die Bedeutung der baubetrieblichen Sicht für die ver- **1**
tragsrechtliche Leistungsbeschreibung, ZfBR 2003, 315; *Stolz*, Die Behandlung von Angeboten, die von
den ausgeschriebenen Leistungspflichten abweichen, VergabeR 2008, 322; *Höfler/Bayer*, Praxishandbuch
Bauvergaberecht, 3. Aufl. 2012; *Dicks*, Nebenangebote – Erfordern Zulassung, Zulässigkeit, Mindestanforderungen und Gleichwertigkeit inzwischen einen Kompass?, VergabeR 2012, 318; *Steinberg*, Die Flexibilisierung des neuen europäischen Vergaberechts, NZBau 2005, 85; *Schneider*, Umweltschutz im Vergaberecht,
NVwZ 2009, 1057; *Lampe-Helbig/Jagenburg/Baldringer*, Handbuch der Bauvergabe, 3. Aufl. 2014; *Willner*,
Zulässige Abweichungen von technischen Spezifikationen im Angebot, VergabeR 2014, 741; *Ministerium
für ländliche Entwicklung, Umwelt und Landwirtschaft des Landes Brandenburg* (MLUL) (Hrsg.), Steigerung
der Ressourceneffizienz des Recyclings von mineralischen Bau- und Abbruchabfällen, 2017 (abrufbar unter https://www.sbb-mbh.de/fileadmin/media/publikationen/merkblaetter/brandenburg/leitfaden_selekti-
ver_rueckbau.pdf, zuletzt abgerufen am 24.7.2017).

II. Entstehungsgeschichte

Die umfangreiche Vorschrift hat die bisherigen Regelungen aus dem Unterabschnitt **2**
„Technische Spezifikationen" in § 7 EG Abs. 3 ff. VOB/A 2012 übernommen, mit Ausnahme der Bestimmungen zur Produktneutralität, die in § 7 EU Abs. 2 VOB/A verschoben worden sind (→ § 7 EU Rn. 2). Auf Art. 42 AVR gehen Erweiterungen der Be-
schreibungsmöglichkeiten (Abs. 1 Nr. 2–3) sowie neue Bestimmungen zur Barrierefreiheit
(Abs. 1 Nr. 4–5) zurück. Die Regelungen zu Konformitätsnachweisen (Abs. 4 S. 2, Abs. 5)
setzen Art. 44 AVR um.

Regelungen zu technischen Spezifikationen unter Verweis auf den Anhang TS sind
bereits seit der VOB Ausgabe 1992 Bestandteil der VOB/A.[1] Die heutige Textfassung geht
auf die VOB Ausgabe 2006 zurück. In der VOB Ausgabe 2006 wurde auch die Grundentscheidung für identische Anforderungen oberhalb und unterhalb der Schwellenwerte
getroffen.[2] Dies hat die Ausgabe 2016 in § 7a EU/§ 7a VOB/A in Teilen zurückgenommen.[3]

Bislang kannte die VOB/A zum Nachweis der Einhaltung von technischen Spezifikatio- **3**
nen nur das Umweltzeichen (§ 7 EG Abs. 7 S. 2 VOB/A). Die neue Bestimmung zu Gütezeichen (Abs. 5) setzt Art. 43 AVR um. Die Vergaberichtlinien und § 34 VgV regeln dies
systematisch überzeugender als eigene Vorschrift, da sich Gütezeichenanforderungen nicht
nur auf technischen Spezifikationen, sondern auf Zuschlagskriterien oder Ausführungsbedingungen beziehen können.[4]

Erwähnenswert sind kleinere redaktionelle Änderungen: „Europäische technische Zulas- **4**
sungen" wurde wie im Anhang TS in „Europäische technische Bewertungen" geändert
(Abs. 2 Nr. 1 Buchst. b)).[5] An verschiedenen Stellen wurde „Auftraggeber" in „öffentlicher
Auftraggeber" in den Sprachgebrauch des GWB geändert.[6] Gegenüber dem Diskussionsentwurf vom 9.10.2015 ist die Vorschrift praktisch unverändert geblieben.[7]

---

[1] §§ 9 Nr. 4 VOB/A 1992; 9 Nr. 4 Abs. 2 VOB/A 1996/2000/2002; 9 Nr 5 VOB/A 2006; 7 Abs. 3
VOB/A 2009; 7 EG Abs. 3 VOB/A 2012.
[2] *Donhauser* in VERIS-VOB/A-Online-Kommentar (Stand Februar 2013), § 7 EG VOB/A Rn. 1.
[3] Unterhalb der Schwellenwerte fehlen folgende Vorschriftenkomplexe: Abs. 1 Nr. 2 (Merkmale des
Herstellungs- und Produktionsprozesses); Nr. 3 (Übertragung von Rechten geistigen Eigentums), Nr. 4, 5
(Zugänglichkeitskriterien, „Design" für Alle). Auch die Regelungen für Konformitätsnachweise (Abs. 5)
und Gütezeichen (Abs. 6) laufen nunmehr auseinander.
[4] Vgl. §§ 58 Abs. 4 VgV, 61 VgV.
[5] Aus unerklärlichen Gründen wurde das in § 7a EU Abs. 2 Nr. 1 Buchst. b) VOB/A nicht nachvollzogen.
[6] Abs. 4 Nr. 1 Satz 1; Abs. 5 S. 1 und S. 2.
[7] Im Diskussionsentwurf war Abs. 2 Nr. 2 Satz 2 als eigener Absatz ausgewiesen, was aber ein Redaktionsversehen war, so dass die endgültige Vorschrift nur um einen „Schein"-Absatz verkürzt ist.

III. Rechtliche Vorgaben im EU-Recht

5   Während die Festlegung des Auftragsgegenstandes durch öffentliche Auftraggeber nicht in den Vergaberichtlinien koordiniert ist, gilt nach Artt. 42 Abs. 1 AVR, 60 Abs. 1 SVR, 36 KVR und den Vorgängerrichtlinien[8] etwas anderes für die Festlegung der Merkmale der Bauleistung mittels der technischen Spezifikationen. Für das Unionsrecht sind unterschiedliche Anforderungen an die Ausführung einer baulichen Anlage und die dafür zu verwendenden Produkte ein Hemmnis für den freien Warenverkehr (→ § 31 VgV Rn. 4). Bereits die **Baukoordinierungsrichtlinie 71/305/EWG**[9] setzte daher das Verbot der Beschreibung technischer Merkmale mit diskriminierender Wirkung an die erste Stelle der Koordinierungsvorschriften, noch vor den Bekanntmachungsvorschriften und den Teilnahmebedingungen.[10] Dem Auftraggeber war es aber überlassen, wie er Art, Umfang und Güte der Bauleistung umschrieb.[11]

6   Anfänglich war insbesondere der Verweis auf nationale Normen unbeschränkt zugelassen, was protektionistische Praktiken begünstigte. Nachdem der EuGH in der „Dundalk"-Entscheidung in der Vorgabe eines nationalen Standards eine „Maßnahme gleicher Wirkung" im Sinne der Warenverkehrsfreiheit (Art. 34 AEUV) gesehen hatte,[12] führte die **Baukoordinierungsrichtlinie 93/37/EWG**[13] nach dem Vorbild der Lieferkoordinierungsrichtlinie 77/62/EWG den Grundsatz ein, dass die technischen Spezifikationen grundsätzlich unter Bezugnahme auf europäische Spezifikationen festzulegen waren.[14] Ausnahmen waren zunächst nur möglich, wenn diese Regelungen keinen Konformitätsnachweis zuließen, sie unverhältnismäßige Inkompatibilitätsprobleme verursachten oder das betreffende Vorhaben von „wirklich innovativer Art" war und sich für eine standardisierte Beschreibung nicht eignete.[15] Diese Beschränkungen entfielen mit dem **Legislativpaket 2004** und der Umsetzung in der VOB-Ausgabe 2006 (→ § 31 VgV Rn. 7), wirken aber fort, da sie für die üA die Fallgruppen ausmachen, in denen eine Beschreibung mit Leistungs- oder Funktionsanforderungen zweckmäßig ist.[16] Diese Beschreibungsart hat Art. 42 Abs. 3 Richtlinie 2014/24/EU an die erste Stelle gerückt, was die VOB/A noch nicht nachvollzogen hat (→ Rn. 23).

7   Die vergaberechtlichen Bestimmungen sind unter Beachtung des Bauprodukterechts zu vollziehen, das unionsweit seit 1989 in der früheren **Bauprodukterichtlinie 89/106/EWG**[17] und seit 1.7.2013 in der **Bauprodukteverordnung** (EU) Nr. 305/2011 vereinheitlicht ist[18] Das Bauproduktrecht harmonisiert die Anforderungen an das Inver-

---

[8] Art. 23 Abs. 1 Richtlinie 2004/18/EG; Art. 34 Abs. 1 Richtlinie 2004/17/EG.

[9] Richtlinie 71/305/EWG des Rates vom 26.7.1971 über die Koordinierung der Verfahren zur Vergabe öffentlicher Bauaufträge, ABl. EG Nr. I 185, 5 vom 16.8.1971.

[10] Erwägungsgründe sowie Art. 10 Abs. 2 S. 1 Richtlinie 71/305/EWG; dasselbe Konzept verfolgten sodann die Art. 7 ff. Richtlinie 77/62/EWG.

[11] *Lampe-Helbig/Wörmann* Handbuch der Bauvergabe, 2. Aufl. 1995, Rn. 89.

[12] EuGH 22.9.1988 – Rs. 45/87, Slg. 1988, 04929 – „Kommission ./. Irland".

[13] Richtlinie 93/37/EWG des Rates vom 14. Juni 1993 zur Koordinierung der Verfahren zur Vergabe öffentlicher Bauaufträge, ABl. EG 97 Nr. L 328, 1.

[14] Art. 10 Abs. 2 Richtlinie 93/37/EWG. Das gilt mit Abschwächungen noch heute, vgl. Art. 42 Abs. 3 Buchst. b) Richtlinie 2014/24/EU.

[15] Art. 10 Abs. 3 Richtlinie 93/37/EWG; §§ 9 Nr. 4 Abs. 2 VOB/A 1992/1996/2000/2002; für Dienstleistungsaufträge Art. 14 Abs. 3 Buchst. d) Richtlinie 92/50/EWG; für die Sektoren Art. 13 Art. 6 Buchst. e) Richtlinie 90/531/EWG; Art. 18 Abs. 6 Buchst. d) Richtlinie 93/38/EWG.

[16] Zuletzt bei *Franke/Kaiser* in FKZGM, 6. Aufl. 2017, § 7a EU VOB/A Rn. 47 f.

[17] Richtlinie 89/106/EWG des Rates vom 21.12.1988 zur Angleichung der Rechts- und Verwaltungsvorschriften der Mitgliedstaaten über Bauprodukte, ABl. L 40/12 vom 11.2.1989.

[18] Verordnung (EU) Nr. 305/2011 des Europäischen Parlaments und des Rates vom 9.3.2011 zur Festlegung harmonisierter Bedingungen für die Vermarktung von Bauprodukten und zur Aufhebung der Richtlinie 89/106/EWG, ABl. Nr. L 88/5 vom 4.4.2011. Nach Art. 8 Abs. 5 Verordnung (EU) Nr. 305/2011 muss der Mitgliedstaat sicherstellen, dass die Bestimmungen von allen öffentlichen und privaten Stellen vollzogen werden, die als öffentliches Unternehmen oder im öffentlichen Auftrag als Einrichtung handeln.

kehrbringen von Bauprodukten, dh solcher Produkte, die dauerhaft in Bauwerke des Hoch- oder Tiefbaus eingebaut werden und deren Leistung sich auf die Grundanforderungen an Bauwerke auswirkt (Art. 2 Nr. 1 VO Nr. 305/2011), zB Anlagen und Einrichtungen für Hauselektrik, Heizung, Klima, Sanitär, elektrische Versorgung, aber auch vorgefertigte Bauwerke (Fertighäuser, Fertiggaragen). Grundsätzlich ist die CE-Kennzeichnung der einzige zugelassene Konformitätsnachweis für Bauprodukte.[19] Die angestrebte Marktöffnung mittels harmonisierter europäischer Normen darf nicht erschwert werden, indem für Bauprodukte mit CE-Kennzeichnung zusätzliche bauaufsichtliche Anforderungen zB nach der Bauregelliste B („Ü-Zeichen") gefordert werden (→ § 33 VgV Rn. 13).[20] Einwände gegen den Schutzstandard harmonisierter Normen muss der Mitgliedstaat im Verfahren nach Art. 18 VO (EU) Nr 205/2011 erheben. Harmonisierte Normen sind für den Europäischen Gerichtshof Teil des Unionsrechts, so dass für ihre Auslegung das Vorabentscheidungsverfahren nach Art. 267 Abs. 1 AEUV eröffnet ist.[21]

Ein weiterer Schwerpunkt der Richtlinie 2014/24/EU sind Vorgaben die Beschaffung **8** „barrierefreier" (behindertengerechter) baulicher Anlagen (→ § 121 GWB Rn. 7), was seinen Niederschlag in § 7a EU Abs. 1 Nr. 4, 5 VOB/A gefunden hat. Für Bauaufträge unterhalb der Schwellenwerte wurde dieser Vorschriftkomplex nicht übernommen. Insoweit bleibt es aber bei den Vorgaben der Landesbauordnungen.

B. Systematische Stellung

Die Vorschrift ist potenziell eine der „Kernvorschriften"[22] der VOB/A, weil ihr An- **9** wendungsbereich alle technischen Anforderungen von öffentlichen Auftraggebern an die Bauleistung betrifft und sie Regelungen unionsrechtlichen Ursprungs enthält, die bei EU-Vergaben von öffentlichen Auftraggebern gegenüber den allgemeinen Vorschriften aus § 7 EU VOB/A vorrangig anzuwenden sind. Bislang hatten diese Bestimmungen allerdings keine zentrale Bedeutung,[23] was neben ihrer Verlegenheitsstellung[24] innerhalb der VOB/A vor allem daran liegt, dass der Begriff „technische Anforderungen" von der üA und Praxis auf abstrakt-normative Vorgaben und Standards für Baustoffe, Bauteile und Bauarten verengt wird, was aber nicht der aktuellen Systematik der Vergaberichtlinien und ihrem Regelungsanliegen entspricht (→ Rn. 13).

Die in § 7a EU VOB/A zusammengefassten Regelungen dienen der Marktöffnung bei **10** Auftragsvergaben durch öffentliche Auftraggeber. Sie sind daher **bieterschützend.** Privaten Bauherrn ist es freigestellt, ob sie inländische oder ausländische Bauprodukte verwenden und auf welche Weise sie die technischen Anforderungen beschreiben, so lange sie nicht gegen öffentlich-rechtliche Rechtsvorschriften verstoßen.[25]

---

[19] Art. 8 Abs. 3, 4 Verordnung (EU) Nr. 305/2011 iVm Erwägungsgrund (33).

[20] EuGH 16.10.2014 – C-100/13, ECLI:EU:C:2014:2293 – „Kommission ./. Deutschland". Entscheiden wurde das anhand von drei konkreten Produktkategorien (Rohrleitungsdichtungen aus thermoplastischem Elastomer, Dämmstoffen aus Mineralwolle und Toren, Fenstern und Außentüren), wobei es sich allerdings nur um Beispiele handelt (Rn. 35).

[21] EuGH 27.10.2016 – C-613/14, ECLI:EU:C:2016:821 Rn. 32 f. = NJW 2017, 311 – „James Elliott Construction Limited" (zur Richtlinie 89/196/EWG).

[22] So zur (früheren) Parallelnorm in der VOL/A *Zdzieblo* in Daub/Eberstein, 5. Aufl. 2000, § 8a VOL/A Rn. 12.

[23] Vgl. *Schranner* in Ingenstau/Korbion, 20. Aufl. 2017, § 7a VOB/A Rn. 2, 4, für den es kaum praktische Erfahrungen gibt.

[24] Für eine Verselbständigung zu einem eigenständigen § 7a VOB/A bereits *Dicks* VergabeR 2012, 318 (331). Das war die Lösung in § 8a VOL/A 1997.

[25] Bereits *Lampe-Helbig/Wörmann* Handbuch der Bauvergabe, 2. Aufl. 1995, Rn. 90.

C. Zugänglichkeit der technischen Anforderungen an den Auftragsgegenstand (Abs. 1 Nr. 1)

I. Regelungsgehalt

11   Abs. 1 Nr. 1 enthält die Klammerdefinition des Begriffs „technische Anforderungen" und verweist dafür auf den Begriffsinhalt von „Spezifikationen" im Sinne von „Anhang TS Nummer 1". Die Regelungsaussage der Vorschrift ist, dass die technischen Anforderungen allen „Unternehmen" gleichermaßen zugänglich sein müssen (nicht mehr nur allen „Bewerbern" wie in § 7 EG Abs. 3 VOB/A). Durch die Neuformulierung soll klargestellt werden, dass die Vorschrift auch im offenen Verfahren anzuwenden ist (was zur Vorgängervorschrift bereits üA war).[26]

12   Abs. 1 trifft keine Regelungsaussage zum Auftragsgegenstand. § 121 Abs. 1 GWB geht davon aus, dass der Auftraggeber den Auftragsgegenstand in der Leistungsbeschreibung definiert und verbindlich für das weitere Vergabeverfahren festlegt (→ § 121 GWB Rn. 17). Welche konkrete Bauleistung der Auftraggeber nachfragt, wird von den Nachprüfungsinstanzen nur daraufhin kontrolliert, ob nachvollziehbare Gründe gänzlich fehlen oder gegen das Diskriminierungsverbot verstoßen wurde (→ § 31 VgV Rn. 3). Nicht zu beanstanden ist es zB, wenn Straßen- und Brückenarbeiten in Betonbauweise ausgeschrieben werden, weil der öffentliche Auftraggeber an einem Forschungsprojekt teilnimmt.[27]

13   Die Vorschrift bleibt hinter §§ 31 Abs. 1 VgV, 28 Abs. 1 SektVO, 15 Abs. 1 S. 2 KonzVgV zurück und setzt Art. 42 Abs. 2 AVR nicht vollständig um. Art. 42 Abs. 2 AVR verlangt, dass die technischen Spezifikationen „die Öffnung der öffentlichen Beschaffungsmärkte für den Wettbewerb nicht in ungerechtfertigter Weise behindern dürfen". Dahinter steht das gesetzliche Leitbild des grenzüberschreitenden Vergabewettbewerbs. Die Bestimmung war bereits in Art. 23 Abs. 2 Richtlinie 2004/18/EG enthalten und in § 9 Nr. 5 VOB/A 2006 umgesetzt worden, wurde aber in späteren VOB-Ausgaben vom Hauptausschuss Allgemeines des Deutschen Vergabe- und Vertragsausschusses für Bauleistungen (HAA) mit der nicht zutreffenden Begründung als überflüssig gestrichen, dass der Gefahr einer Wettbewerbsbeschränkung bereits durch die weiteren Regelungen ausreichend begegnet werde.[28] Die daraus abzuleitenden Grundsätze galten unstreitig schon bislang für öffentliche Bauvergaben. Insbesondere dürfen technische Anforderungen nicht diskriminierend sein oder zu künstlichen Wettbewerbseinschränkungen führen (→ Rn. 15).[29] Abs. 1 ist daher mit dieser Maßgabe unionsrechtskonform anzuwenden, was aber an der fehlenden Umsetzung nichts ändert.

II. Technische Anforderungen

14   Technische Anforderungen im Sinne von Anhang TS Nummer 1 sind sämtliche Anforderungen an Art, Güte und Umfang einer Bauleistung, das verwendete Material, Erzeugnisse oder die Lieferung, die der Auftraggeber stellt, um die nachgefragte Bauleistung näher zu beschreiben. Das ist weit zu verstehen und umfasst sämtliche Anforderungen an Material, Optik, Länge, Breite, Eigenschaften eingesetzter Werkstoffe usw. (→ Anhang TS Rn. 5).[30] Auf welche Weise die Spezifikation formuliert ist, ob durch Bezugnahme auf

---

[26] *Franke/Kaiser* in FKZGM, 6. Aufl. 2017, § 7a EU VOB/A Rn. 6.
[27] VK Brandenburg 23.6.2016 – VK 8/16, IBRRS 2016, 2856.
[28] *Donhauser* in VERIS-VOB/A-Online-Kommentar (Stand Februar 2013), § 7 Abs. 3 VOB/A Rn. 61.
[29] *Höfler/Bayer* Bauvergaberecht, 3. Aufl. 2012, Rn. 365.
[30] *Stolz* VergabeR 2008, 322 (328); *Stolz/Heindl* in Althaus/Heindl, 2. Aufl. 2013, Teil 2 Rn. 228; *Dicks* VergabeR 2012, 318 (330); *Willner* VergabeR 2014, 741 (744); *Schellenberg* in Pünder/Schellenberg, 2. Aufl.

eine Norm („Rillenschienen sollen der DIN EN 14811 entsprechen und aus der Stahlsorte XY gewalzt sein"),[31] als Leistungsanforderung („Arbeits- und Lagertemperatur – 40 °C bis – 70 °C"[32]), als Funktionsanforderung oder als deskriptive Beschreibung mittels verkehrsüblicher Bezeichnungen („Entwässerungsleitung aus Gussrohren")[33] ggfs. ergänzt durch Zeichnungen, Plänen, Muster usw. ist nach dem Wortlaut von Art. 42 Abs. 1 UA 1 AVR und der Systematik der Vergaberichtlinien nicht relevant. Das wird von der wohl üA in Literatur und Rechtsprechung bislang vor allem bei Bauvergaben anders gesehen und der Begriff „technische Spezifikation" auf Normen und technische Regelwerke bei Baustoffen, Bauteilen und Bauarten verengt (→ Anlage 1 VgV Rn. 9). Nach dem Verständnis der üA ist gerade die Funktion von Normen, die technischen Spezifikationen festzulegen.[34] Mitunter werden auch „allgemeine Eigenschafts- und Funktionsbeschreibungen" einbezogen.[35] IdR wird das damit begründet, dass der in § 13 EU Abs. 2 VOB/A eröffnete Gleichwertigkeitsnachweis bei technischen Spezifikationen nur bei abstrakt-normativen Beschreibungen Sinn macht, was zwar zutrifft, aber eine allgemeine Verengung des Begriffs „technische Anforderungen" nicht rechtfertigt (→ § 32 VgV Rn. 9).[36]

III. „Gleichermaßen zugänglich"

„Gleichermaßen zugänglich" bedeutet, dass die Leistungsbeschreibung nicht so gefasst **15** sein darf, dass sie entgegen dem gesetzlichen Leitbild des Vergabewettbewerbs von vornherein nur von bestimmten Unternehmen verstanden und in ein aussichtsreiches Angebot umgesetzt werden kann. Das ist eine Ausprägung des Wettbewerbsgrundsatzes und des Diskriminierungsverbots.[37] Damit die gleiche Zugänglichkeit besteht, müssen Auftragsinteressenten von den technischen Anforderungen unter **gleichen äußeren Bedingungen Kenntnis nehmen können**. Sie müssen dafür nach Anhang TS Nr. 1 Buchst. b) „in den Vergabeunterlagen" enthalten sein (→ § 31 VgV Rn. 20).[38] Ein Verweis auf Normen genügt nur, wenn diese der Öffentlichkeit zugänglich sind (→ Anlage 1 VgV Rn. 28). Entsprechendes gilt für Gütezeichenanforderungen bei Gütezeichen (→ Rn. 47). Gleichen Zugang zum Vergabeverfahren vermittelt eine Leistungsbeschreibung zudem nur, wenn sie von allen Auftragsinteressenten **einheitlich verstanden** werden kann. Das entspricht dem Gebot der eindeutigen und erschöpfenden Beschreibung in § 121 Abs. 1 S. 1 GWB/§ 7 EU Abs. 1 Nr. 1 VOB/A und setzt eine **allgemeinverständliche Beschreibung** mittels

---

2015, EG § 7 VOB/A Rn. 68. Anderer Ansicht (Beschränkung auf technische Regelwerke und speziell Bauproduktnormen) *Hertwig/Slawinski* Beck VOB/A § 7 Rn. 87 ff.; Anhang § 7 TS Rn. 5; *Herig* VOB, 5. Aufl. 2013, § 7 VOB/A Rn. 2; *Dähne* in Althaus/Heindl, 2. Aufl. 2013, Teil 1 Rn. 69. *Trutzel* in Ziekow/Völlink, 3. Aufl. 2018, EU § 7a Rn. 2 (der denselben Begriff in Abs. 3 nach Rn. 3 „weit" auslegen will).

[31] VK Sachsen-Anhalt 16.4.2014 – 2 VK LSA 25/13, IBRRS 2014, 2169.

[32] OLG Düsseldorf 5.10.2016 – Verg 24/16, VergabeR 2017, 90 (92) – Siegelbaustein.

[33] OLG Koblenz 2.2.2011 – 1 Verg 1/11, NZBau 2011, 316.

[34] *Hertwig/Slawinski* Beck VOB/A § 7 Rn. 87 ff.; Anhang § 7 TS Rn. 5; *Dähne* in Althaus/Heindl, 2. Aufl. 2013, Teil 1 Rn. 69. In diesem Sinn auch Ziff. 4 VHB 2017, Zusätzliche Vertragsbedingungen, Formblatt 215 („Soweit im Leistungsverzeichnis auf Technische Spezifikationen (z. B. nationale Normen, mit denen europäische Normen umgesetzt werden, europäische technische Zulassungen, gemeinsame technische Spezifikationen, internationale Normen) Bezug genommen wird (…)").

[35] *Leinemann* Vergabe öffentlicher Aufträge, 6. Aufl. 2016, Rn. 1230; ähnlich *Noch* Vergaberecht kompakt, 6. Aufl. 2015, Rn. 1117 („allgemein formulierte (…) und standardisierte (…) technische (…) Vorgaben").

[36] Umstritten. Für eine teleologische Beschränkung des § 13 EU Abs. 2 VOB/A zuletzt VK Bund 21.1.2017 – VK 2-145/16, IBRRS 2017, 1608 – Betriebsspannung von 48V; aber bereits VK Bund 21.1.2011 – VK 2-146/10, IBRRS 2013, 3894; zustimmend VK Sachsen 17.8.2012 – 1/SVK/021-12, IBRRS 2013, 1135; *Eberl* in Dieckert/Ossefort/Steck, Praxiskommentar Vergaberecht, 59. El. 2017, § 7a VOB/A Seite 3.

[37] *Wirner* in Willenbruch/Wieddekind, 4. Aufl. 2017, VOB/A § 7a Rn. 5.

[38] Das folgt für die üA auch aus dem Transparenzgebot, vgl. nur *Beckmann* in Müller-Wrede, Kompendium des Vergaberechts, 2. Aufl. 2013, 15 Rn. 28.

verkehrsüblicher Bezeichnungen voraus (→ § 7 EU Abs. 3 VOB/A). Die technischen Anforderungen müssen sich für die Bieter unmittelbar, eindeutig und vollständig aus der Leistungsbeschreibung erschließen. Der zutreffende Inhalt der Ausschreibung darf sich nicht nur einem Bieter mit oder ohne Vorwissen ergeben. Es verstößt ferner gegen Abs. 1, wenn der Auftraggeber nachträglich von Teilen der technischen Anforderungen **Abstand nimmt, sie nicht berücksichtigt** oder sich für ein Angebot wegen technischer Vorteile entscheidet, die nicht nachgefragt waren.[39]

16   Inhaltlich dürfen die technischen Anforderungen nicht offen oder mittelbar **diskriminierend sein** (→ § 31 VgV Rn. 22). Beispielsweise darf nicht vorgegeben werden, dass „dänische Baustoffe und Verbrauchsgüter sowie dänische Arbeitskräfte und Ausrüstungen" einzusetzen sind.[40] Technische Anforderungen dürfen ohne hinreichenden Grund nicht auf ein **bestimmtes Produkt** eines bestimmten Unternehmens zugeschnitten sein, sind also grundsätzlich produkt- und herstellerneutral zu formulieren (→ § 7 EU Abs. 2 VOB/A). Unzulässig sind technische Anforderungen, die ohne sachlichen Grund Ortsvorgaben enthalten oder so ausgestaltet sind, dass sich faktisch nur **ortsansässige Unternehmen** mit Erfolgsaussicht beteiligen können oder Unternehmen, die mit ortsansässigen Unternehmen zusammenarbeiten (→ § 31 VgV Rn. 24).

D. Merkmale des Herstellungs-/Leistungserbringungsprozesses (Abs. 1 Nr. 2)

17   Abs. 1 Nr. 2 lässt in Umsetzung von Art. 42 Abs. 1 UA 2 AVR die Bezugnahme auf Produktionsprozesse und -methoden auch dann zu, wenn sie nicht in materiellen Eigenschaften der Bauleistung zum Ausdruck kommen. Die Vorschrift hat eine bestätigende Funktion, da nach der „Wienstrom-" und der „Max-Havelaar"-Rechtsprechung schon bislang soziale und ökologische Festlegungen mit Bezug auf Herstellung oder Verarbeitung möglich waren(→ § 31 VgV Rn. 10), erweitert aber auch die Festsetzungsmöglichkeiten. § 7a Abs. 1 Nr. 2 VOB/A entspricht §§ 31 Abs. 3 S. 2 VgV, 28 Abs. 3 S. 2 SektVO, 15 Abs. 2 S. 2 KonzVgV, so dass auf die dortige Kommentierung verwiesen werden kann (→ § 31 VgV Rn. 73f.).

E. Übertragung von Rechten geistigen Eigentums (Abs. 1 Nr. 3)

18   Die Vorschrift geht auf den neuen Art. 42 Abs. 1 UA 3 AVR zurück und bestimmt, dass der Auftraggeber die „Übertragung" von Rechten geistigen Eigentums (Urheber-, Patent- und Markenrecht) vorgeben kann. Praktisch betrifft das Fälle, bei denen mit den Bauleistungen auch die Planungsleistungen beauftragt werden oder innovative Bauausführungs- und Fertigungstechniken.[41] Die Übertragung schließt (wie bei § 31 Abs. 4 VgV die Einräumung von Nutzungsrechten ein.[42] Das ist von praktischer Bedeutung, wenn das Recht nicht übertragbar ist (zB Urheberrecht des Architekten an Entwürfen) oder seine Übertragung unverhältnismäßig wäre. §§ 31 Abs. 4 VgV, 28 Abs. 4 SektVO sind inhalts-

---

[39] Das ist nach üA zusätzlich ein Verstoß gegen den Grundsatz der Eindeutigkeit der Ausschreibung (§ 121 Abs. 1 GWB / § 7 EU Abs. 1 Nr. 1 VOB/A), vgl. nur *Kapellmann* in Kapellmann/Messerschmidt, 5. Aufl. 2015, VOB/A § 7 Rn. 8.
[40] EuGH 22.6.1993 – Rs. C-243/89, Slg. 1993, I-4453 = EuZW 1993, 607 Rn. 45 – Kommission ./. Dänemark.
[41] *Franke/Kaiser* in FKZGM, 6. Aufl. 2017, § 7a EU VOB/A Rn. 25, 26.
[42] Für die Einräumung von Nutzungsrechten auch *Schranner* in Ingenstau/Korbion, 20. Aufl. 2017, § 7a EU VOB/A Rn. 2.

gleich, so dass auf die dortige Kommentierung verwiesen werden kann (→ § 31 VgV Rn. 83f.).

F. Barrierefreiheit, Konzeption für alle Nutzer (Abs. 1 Nr. 4, 5)

Abs. 1 Nr. 4 wiederholt für den Bauvergaben die Regelung des § 121 Abs. 2 GWB, **19** wonach bereits die Erstellung der Leistungsbeschreibung grundsätzlich an „Barrierefreiheit" und der „Konzeption für alle Nutzer" (Design für Alle) auszurichten ist, wenn eine Nutzung durch natürliche Personen vorgesehen ist (→ § 121 GWB Rn. 125ff.). Ein öffentlicher Auftraggeber muss daher bei EU-Vergaben bereits bei der Projektierung von Gebäuden und sonstigen baulichen Anlagen die Nutzung durch Menschen mit Behinderungen einplanen. Das wird bei öffentlichen Gebäuden bereits durch die Verpflichtungen der Landesbauordnungen und die Verpflichtung zur Anwendung der DIN 18040 sichergestellt und hat daher praktische Bedeutung nur bei den Gebäudearten, die nicht schon nach den jeweiligen landesrechtlichen Regelungen barrierefrei herzustellen sind.[43] Bei Vorgabe der „Konzeption für alle Nutzer" muss der Auftraggeber prüfen, ob das Gebäude den unterschiedlichen Nutzungsanforderungen gerecht wird.

Soweit das Unionsrecht verpflichtende Standards an die Barrierefreiheit zum Schutz von **20** Menschen mit Behinderungen vorgibt, muss sie der Auftraggeber nach Abs. 1 Nr. 5 zwingend in der Leistungsbeschreibung vorgeben. Die Vorschrift ergänzt § 121 Abs. 2 GWB (→ § 121 GWB Rn. 126) und setzt Art. 42 Abs. 1 UA 5 AVR um (→ § 31 VgV Rn. 90).

G. Formulierung der technischen Spezifikationen in den Vergabeunterlagen (Abs. 2)

I. Regelungsgehalt

Abs. 2 regelt die zulässigen Beschreibungsarten für die technischen Spezifikationen **21** und unterscheidet in Anlehnung an Art. 42 Abs. 3 AVR die Bezugnahme auf Normen (Nr. 1, zB „Ortbeton-Vollverdrängungsbohrpfahl nach DIN EN 12699"[44]), Leistungs- oder Funktionsanforderungen (Nr. 2, zB „drahtlose Kommunikation 2,45 GHz")[45] und Kombinationstatbestände (Nr. 3), wobei die Einhaltung bestimmter Spezifikationen als Konformitätsvermutung ausgestaltet werden kann. Abs. 2 schließt Beschreibungen mittels verkehrsüblicher Bezeichnungen iSd § 7 EU Abs. 2 VOB/A nicht aus (zB Einsatz eines „amphibischen Schwimmbaggers mit Schiffszulassung").[46]

Diese Beschreibungsarten sind seit der VOB-Ausgabe 2006 gleichrangig.[47] Auch schon **22** vorher bestand keine Verpflichtung zu einer sog. baubetrieblichen Beschreibung durch Benennung aller technisch erforderlichen Schritte.[48] Die Beschreibung von technischen Anforderungen mittels Leistungs- oder Funktionsanforderungen bedarf daher keiner Begründung in der Vergabeakte, wohl aber die Entscheidung für eine Leistungsbeschreibung mit Leistungsprogramm (→ § 7c EU Abs. 1 VOB/A). Die Aufwertung von Beschreibungsart in den Vergaberichtlinien durch Umstellung der Reihenfolge ihrer Nennung hat die VOB/A, anders als der Verordnungsgeber in den §§ 31 Abs. 2 VgV, 28 Abs. 2 SektVO, nicht nachvollzogen, was die Regelung aber für sich genommen nicht unionswidrig macht.

Die §§ 31 Abs. 2, 28 Abs. 2 SektVO sind bis auf den vorgenannten Unterschied inhalts- **23** gleich. Die KonzVgV hat diesen Regelungskomplex nicht übernommen.

---

43 *Franke/Kaiser* in FKZGM, 6. Aufl. 2017, § 7a EU VOB/A Rn. 29.
44 OLG Celle 19.2.2015 – 13 Verg 12/14, BeckRS 2015, 12548.
45 OLG Düsseldorf 5.10.2016 – Verg 24/16, VergabeR 2017, 90 (92) – Siegelbaustein.
46 Beispiel nach VK Bund 9.2.2016 – VK 1-130/15, ZfBR 2016, 711 (714).
47 *Franke/Kaiser* in FKZGM, 6. Aufl. 2017, § 7a EU VOB/A Rn. 38.
48 Zur Abgrenzung von der baubetrieblichen Sicht va *Quack* ZfBR 2003, 315 (316ff.).

II. Bezugnahme auf Normen, europäische, technische Zulassungen, gemeinsame technische Spezifikationen, technische Bezugsgrößen (Abs. 2 Nr. 1)

1. Allgemeines

24   Abs. 2 Nr. 1 führt die Bezugnahme auf Normen unverändert an erster Stelle der Beschreibungsarten auf. Normen sind in Anhang TS Nr. 2 definiert als technische Spezifikationen, die von einer anerkannten Normungsorganisation zur wiederholten oder ständigen Anwendung angenommen wurden und deren Einhaltung nicht zwingend ist, dh deren Anwendung nicht ohnehin vom Gesetzgeber als verbindlich vorgeschrieben ist (→ Anlage 1 VgV Rn. 27). Diese Beschreibungsart steht nur für Normen zur Verfügung, die von einer anerkannten Normungsorganisation angenommen wurden, dh insbesondere nicht für Normen der Berufs-, Industrie- oder Handelsverbände (→ Anlage 1 Rn. 24). Es spielt keine Rolle, ob die Norm in der Praxis üblicherweise verwendet wird oder unbestritten ist.

2. Rangfolge der Beschreibungsarten

25   Die in Abs. 2 angeordnete Rangfolge zwischen internationalen, europäischen und nationalen Normen ist durch die Vergaberichtlinien vorgegeben. Abs. 2 Nr. 1 behält den Grundsatz der Vorgängervorschriften[49] bei, dass eine Beschreibung mittels nationaler Normen nur gewählt werden darf, wenn internationale oder europäische Spezifikationen nicht zur Verfügung stehen.[50] Das wird dann für nach verschiedenen Kategorien näher aufgefächert, so dass sich folgende Reihenfolge ergibt:

– Nationale Normen, mit denen europäische Normen umgesetzt werden, dh DIN EN oder DIN EN ISO – Normen (→ Anlage 1 VgV Rn. 23), zB „Ortsbeton Schichtwand aus tragendem Stahlbeton mit rezyklizierter Gesteinskörnung, Festigkeitsklasse C20/25 nach DIN 201.1, DIN 1045, hergestellt aus Gesteinskörnung Typ 1 nach DIN EN 12620 (…)"[51];

– Europäische Technische Bewertungen nach der Bauprodukte-Verordnung (→ Anhang TS Rn. 9);

– Gemeinsame technische Spezifikationen im IKT-Bereich, die im Amtsblatt veröffentlicht sind (→ Anhang TS Rn. 10);

– Internationale Normen (zB DIN ISO-Normen, DIN IEC-Normen) und andere technische Bezugsysteme, die von den europäischen Normungsgremien iSd Anlage 1 Nr. 2a) und 5 erarbeitet wurden (zB harmonisierte Normen)[52] – letztere können auch DIN-EN sein.[53]

26   Die europäischen Spezifikationen stehen in einem Ausschließlichkeitsverhältnis zueinander, da für ein- und dasselbe Produkt Europäische Technische Bewertungen oder Gemeinsame Technische Spezifikationen nur aufgestellt werden, falls keine (ausreichende) Normung existiert.[54]

27   Beschreibungen mittels nationaler Normen (zB „Rettungsdreieck DIN 14998 Klasse B"), nationaler technischer Zulassungen oder nationalen technischen Spezifikationen für die

---

[49] §§ 7 EG Abs. 4 Nr. 1 Buchst. e) VOB/A 2012.
[50] Vgl. § 31 Nr. 2 Buchst. e) VgV i. V. m. Erwägungsgrund (74) UA 2 Richtlinie 2014/24/EU.
[51] Ausschreibungstext aus MLUL (Hrsg.) Steigerung der Ressourceneffizienz des Recyclings von mineralischen Bau- und Abbruchabfällen 72.
[52] Harmonisierte Normen werden von einer Europäischen Normenorganisation im Auftrag der Kommission ausgearbeitet und ihre Fundstelle im Amtsblatt EU veröffentlicht.
[53] Für ein Beispiel einer internationalen Norm DIN-EN-Norm VK Sachsen-Anhalt 16.4.2014 – 2 VK LSA 25/13 (Lieferung von Gleis- und Oberbaumaterial).
[54] *Krohn* Öffentliche Auftragsvergabe und Umweltschutz 207.

Planung, Berechnung und Ausführung von Bauwerken und den Einsatz von Produkten (zB TL-Transportable Schutzeinrichtungen)[55] sind stets subsidiär. Diese Beschreibungsart darf nur gewählt werden, wenn vorher festgestellt wurde, dass europäische Spezifikationen die geforderten Anforderungen nicht oder nicht vollständig umschreiben (→ § 31 VgV Rn. 49). Ein entsprechender Hinweis in der Bekanntmachung ist nicht vorgeschrieben, kann sich aber empfehlen, um ausländischen Bietern die Teilnahme zu erleichtern (→ Rn. 15).

Verstößt der Auftraggeber gegen die Reihenfolge in Abs. 2, zB indem er eine engere **28** und veraltete nationale DIN-Norm verwendet, anstelle einer DIN-EN-Norm, muss der Bieter die Ausschreibung angreifen, kann sich aber nicht darauf verlassen, dass sein Angebot gewertet wird, wenn es der europäischen Norm entspricht (→ § 32 VgV Rn. 12).

3. Gleichwertigkeitszusatz

Beschreibungen mittels Normen wirken immer als Mindestanforderungen (→ § 31 VgV **29** Rn. 20). Nach der „Dundalk"-Rechtsprechung ist zu vermuten, dass ausländische Bieter von der Angebotsabgabe abgehalten werden, wenn der Auftraggeber in den Vergabeunterlagen nicht ausdrücklich „gleichwertige" Standards zulässt.[56] Deshalb verlangt die VOB/A seit der Ausgabe 2006, dass jede Bezugnahme auf Normen mit Zusatz „oder gleichwertig" zu versehen ist. Es genügt, dass dies zusammenfassend in den Vorbemerkungen an einer Stelle zum Ausdruck gebracht wird (→ § 7b Rn. 28). Dieser Zusatz darf aber in den Vergabeunterlagen nicht gänzlich fehlen, auch nicht im Anwendungsbereich des VHB.[57]

III. Leistungs- oder Funktionsanforderungen
(Abs. 2 Nr. 2)

1. Leistungsanforderungen

Das Unionsrecht versteht unter Leistungsanforderungen technische Spezifikationen mit **30** dem Schwerpunkt auf den zu erbringenden Leistungen (Output/Performance), einschließlich Umweltmerkmalen (→ § 31 VgV Rn. 37), zB „Arbeits- und Lagertemperatur -40°C bis -70°C".[58] Damit es sich um eine Leistungsanforderung iSv Abs. 2 Nr. 1 handelt, muss den Bietern ein Spielraum bei der Gestaltung ihrer Angebote bleiben (→ § 121 GWB Rn. 98).[59] Abzugrenzen sind Leistungsanforderungen von der konstruktiven Vorgabe von Ausführungsdetails (zB präzise umschriebene Farbe, Form).

Abs. 2 Nr. 1 verlangt nach dem Vorbild von Art. 42 Abs. 3 Buchst. a) AVR, dass **31** Leistungs-, Funktionsanforderungen oder eine Aufgabenbeschreibung **so genau wie möglich gefasst** sind, so dass sie – zusammen mit den weiteren Spezifikationen – ein klares Bild vom Auftragsgegenstand vermitteln. Die Vorschrift ergänzt den Bestimmtheitsgrundsatz in § 121 Abs. 1 S. 1 GWB/§ 7 EU Abs. 1 Nr. 1 VOB/A.[60] Die Bestimmtheitsanforderungen sind bei derartigen Beschreibungen daher nicht abgesenkt.[61] Nicht hinreichend bestimmt wäre etwa die Vorgabe, dass die Bieter den „Status Quo oder eine mindestens gleichwertige Lösung" anzubieten haben, wenn nicht vorgegeben wird, nach welchen quantitativen und qualitativen Kriterien der Auftraggeber die Gleichwertigkeit

[55] OLG Koblenz 10.6.2010 – 1 Verg 3/10, NZBau 2010, 717 = VergabeR 2011, 219 mAnm *Krist*.
[56] EuGH 22.9.1988 – Rs. 45/87, Slg. 1988, 04929 Rn. 19 – Kommission ./. Irland.
[57] Die abweichende Ziff. 6 der Besonderen Vertragsbedingungen, VHB 2008 – Stand April 2016, Formblatt 214, ist insoweit einschränkend und unionsrechtskonform zu handhaben.
[58] OLG Düsseldorf 5.10.2016 – Verg 24/16, VergabeR 2017, 90 (92) – Siegelbaustein.
[59] VK Sachsen-Anhalt 16.4.2014 – 2 VK LSA 25/13, IBRRS 2014, 2169; *Prieß/Simonis* in KKMPP, 4. Aufl. 2017, § 31 Rn. 13.
[60] Abschn. 0 Abs. 3 ATV DIN 18299.
[61] ÜA, Zu weitgehend *Wilke* NZS 2012, 444 (447) für den „Ungenauigkeiten" hinzunehmen seien.

beurteilen will.[62] Es muss mindestens festgelegt sein, ob die angebotene Leistung dann als gleichwertig anzusehen sein, wenn sie hinsichtlich aller einzelnen Leistungsmerkmale als mindestens gleich oder besser anzusehen ist oder ob eine Gesamtbetrachtung stattfinden soll und welche Kriterien im Rahmen dieser Gesamtbetrachtung anzusetzen sind.

32   Ob technische Spezifikationen in Form von Leistungsanforderungen (zB Energie-effizienz) eingehalten sind, lässt sich häufig erst nach der Auftragsausführung feststellen. Der Auftraggeber muss daher im Vertrag sicherstellen, dass Produkte und Dienstleistungen dauerhaft vorgegebenen Mindestanforderungen erfüllen, idR mittels der Vereinbarung von Service Level, die über Garantien oder Vertragsstrafen abgesichert werden.

2. Funktionsanforderungen

33   Bei Funktionsanforderungen (zB Planung, Lieferung und Einbau einer mechanischen Lüftungsanlage „je nach Erfordernis") ist es Sache des Auftragnehmers, auf Grundlage der Planung die für eine die für eine funktionierende und zweckentsprechende Technik not-wendigen Einzelheiten zu ermitteln.[63] Beschreibt der Auftraggeber die Erstellung einer technischen Anlage für ein Bauwerk funktional unter Verweis auf die von ihm bis zu diesem Zeitpunkt erstellte Bauwerksplanung, wird die Bauwerksplanung grundsätzlich Gegenstand des Angebots des Auftragnehmers und bestimmt die Technik der zu erbrin-genden Leistungen.[64] Vom Auftraggeber nach Vertragsschluss angeordnete Änderungen der Bauwerksplanung, die Änderungen der technischen Leistungen zur Folge haben, sind dann als Änderung des Bauentwurfs anzusehen und können einen Mehrvergütungsanspruch auslösen (es sei denn, etwas anderes wird vereinbart).

IV. Kombinationstatbestände (Abs. 2 Nr. 3)

34   Die Vorschrift regelt zwei Fallgruppen, in denen Leistungs- und Funktionsangaben mit Bezugnahmen auf Normen kombiniert werden können. Der Auftraggeber kann Leistungs- oder Funktionsanforderungen ausformulieren und für Konformitätsnachweis auf eine Norm Bezug nehmen. Eine andere Variante ist die Kombination beider Beschreibungs-arten (sog. teilfunktionale Ausschreibung). Teilfunktional sind für die Gerichte auch kon-struktive Beschreibungen, bei denen einzelne Positionen funktional beschrieben sind, zB „Einbau von Betonstahl entsprechend statischen und konstruktiven Erfordernissen" verlan-gen, und dort die Mengen nur als Rahmen angegeben sind.[65] Solche Positionen verlangen von den Bietern eine eigene Architektur- oder Konstruktionskonzeption (→ Rn. 33). In-haltsgleich sind §§ 31 Abs. 2 Nr. 3 VgV, 28 Abs. 2 Nr. 3 SektVO, 15 Abs. 3 Nr. 3 VSVgV. Auf die dortige Kommentierung wird daher verwiesen.

H. Abweichungen in Angeboten von technischen Spezifikationen (Abs. 3, 4)

I. Regelungsgehalt

35   Technische Spezifikationen drücken Mindestanforderungen (Mindestkriterien, Aus-schlusskriterien, „Muss"-Anforderungen) an die anzubietende Bauleistung aus (→ § 31 VgV Rn. 20). Weicht der Bieter von ihnen ab, ist sein Angebot grundsätzlich aus der

---

[62] VK Sachsen 20.6.2014 – 1/SVK/017-14, BeckRS 2014, 17935.
[63] BGH 13.3.2008 – VII ZR 194/06, BGHZ 176, 23 = NJW 2008, 2106 Rn. 33; OLG Dresden 26.2.2013 – 9 U 123/12, BeckRS 2014, 15482 Rn. 72.
[64] BGH 13.3.2008 – VII ZR 194/06, BGHZ 176, 23 = NJW 2008, 2106 Rn. 33 – Bistro.
[65] OLG Celle 15.3.2017 – 14 U 42/14, IBRRS 2017, 4016.

Wertung auszuscheiden. Anders es nur, wenn die Abweichung in den Fällen des Abs. 3, 4 zugelassen oder die Angebote als Nebenangebote gewertet werden können.[66] In diesen Fällen muss der Bieter die Gleichwertigkeit seiner Lösung mit den technischen Spezifikationen nachweisen. Das ist seit der VOB-Ausgabe 1992 ausdrücklich bestimmt,[67] war schon zuvor als eine Obliegenheit des Bieters anerkannt,[68] und ist nunmehr in § 13 EU Abs. 2 VOB/A geregelt. Gelingt der Gleichwertigkeitsnachweis ist das Angebot als **Hauptangebot** zu werten (§ 16d EU Abs. 3 VOB/A).[69]

II. Gleichwertigkeitsnachweis bei Bezugnahme auf Normen, technischen Zulassungen usw.

1. Allgemeines

Abs. 3 regelt in Umsetzung von Art. 42 Abs. 5 AVR den Fall, dass der Auftraggeber die **36** technischen Anforderungen abstrakt-normativ beschreibt. Der Bieter kann dann ein Angebot einreichen, das zwar nicht der in Bezug genommen Norm, technischen Zulassung usw. entspricht, gleichwohl aber die technischen Anforderungen einhält, auf der der Auftraggeber im konkreten Fall Bezug nimmt, und somit gleichwertig ist. Die Vorschrift schützt den Bieter davor, dass sein Angebot nur aus formellen Gründen nicht berücksichtigt wird, obwohl er in der Sache das anbietet, was der Auftraggeber nachfragt, und dies nachweisen kann. Damit wird verhindert, dass ein Angebot allein wegen eines wegen mittlerweile überholten Standes der Normsetzung ausscheidet. Nach § 16d EU Abs. 3 VOB/A sind derartige Angebote in der Wertung als Hauptangebote zu behandeln.

Inhaltsgleich sind §§ 32 Abs. 1 VgV, 29 Abs. 1 SektVO. § 15 Abs. 4 KonzVgV geht **37** dagegen erheblich weiter (→ § 32 VgV Rn. 10).

2. Voraussetzungen

a) Umschreibung unter Bezugnahme auf Normen, Europäische technische **38** **Bewertungen usw.** Abs. 3 ist nur einschlägig, soweit es um die Abweichung von einer technischen Spezifikation geht, die in der Leistungsbeschreibung im Wege der Bezugnahme auf eine nationale Norm,[70] eine europäische technische Bewertung, eine gemeinsame technische Spezifikation, nationale technische Zulassungen oder nationale technische Spezifikationen für die Planung, Berechnung und Ausführung von Bauleistungen umschrieben ist. Nicht erfasst sind Abweichungen zu individuellen Anforderungen, die sich nicht aus der in Bezug genommenen Norm ableiten,[71] zB bei einer technischen Haltekonstruktion für Glasfenster, die nicht nur mittels Normen umschrieben ist,[72] wenn eine Verschraubung nicht direkt in die zu liefernden Holzprofile erfolgen darf (→ § 32 VgV Rn. 11),[73] wenn ein „gedübelter" Brettwandstapel,[74] eine bestimmte Stahlsorte,[75] eine „Dacheindeckung aus Edelstahl",[76] ein Wärmeaustauscher aus Polypropy-

[66] Zu diesem Grundsatz BGH 16.4.2002 – X ZR 67/00, NJW 2002, 2558.
[67] § 21 Nr. 2 VOB/A 1992/2000/2002/2006, 13 Abs. 2 VOB/A 2009, 13 EG Abs. 2 VOB/A 2012.
[68] Für diese Fallgruppe OLG Düsseldorf 31.1.1996 – 27 U 502/95, NJW-RR 1997, 1514.
[69] *Baumann* HdB Bauvergabe, 3. Aufl. 2014, C Rn. 73.
[70] Seit der VOB-Ausgabe 2009. § 9 Nr. 7 VOB/A 2006 erlaubte nur den Verweis auf europäische Spezifikationen; kritisch *Stolz* VergabeR 2008, 322 (329).
[71] VK Bund 21.1.2017 – VK 2-145/16, IBRRS 2017, 1608 – Betriebsspannung von 48 V; *Eberl* in Dieckert/Ossefort/Steck, Praxiskommentar Vergaberecht, 59. El. 2017, § 7a VOB/A Seite 4. Bereits bislang üA, vgl. VK Lüneburg 25.6.2010 – VgK-24/2010, BeckRS 2010. 23505 – Schaltschrank.
[72] OLG München 11.8.2005 – Verg 12/05, BeckRS 2005, 32161 Rn. 27.
[73] OLG Düsseldorf 6.10.2004 – VII-Verg 56/04, NZBau 2005, 169 (170).
[74] (zur SektVO) VK Sachsen 17.8.2012 – 1/SVK/021-12, IBRRS 2013, 1135.
[75] VK Sachsen-Anhalt 27.3.2014 – 2 VK LSA 04/14, IBRRS 2014, 2410; 16.4.2014 – 2 VK LSA 25/13, IBRRS 2014, 2169.
[76] VK Südbayern 10.6.2005 – 20-04/05, IBRRS 2006, 1319.

len[77] oder eine „Betriebsspannung von 48 V"[78] verlangt wird. Für diese Auslegung ist es allerdings nicht erforderlich (und in der Sache nicht zutreffend), den Begriff „technische Anforderungen" (technische Spezifikationen) allgemein auf abstrakt-normative Anforderungen zu verengen (→ Anlage 1 VgV Rn. 9).

39   **b) Angabe der Abweichung im Angebot.** § 13 EU Abs. 2 S. 2 VOB/A verlangt, dass die Abweichung im Angebot „eindeutig" bezeichnet ist. Der Bieter muss daher bereits im Angebot auf die Abweichung von einer Norm hinweisen. An einen solchen Hinweis sind bei EU-Vergaben keine hohen Anforderungen zu stellen, weil das Unionsrecht eine explizite Hinweispflicht nicht kennt. Es genügt, dass sich die Abweichung für den Auftraggeber bei Durchsicht des Angebotes erschließt (zB weil der Bieter es ausdrücklich als „Nebenangebot" einreicht).[79] Der Bieter muss sodann aber in den jeweiligen Angebotspositionen, den Positionsgruppen, dem jeweiligen Abschnitt oder unter Umständen im ganzen Angebot eindeutig und klar verständlich ausführen, dass eine Abweichung von den technischen Spezifikationen vorliegt und worin sie liegt.[80] Nicht ausreichend wären der pauschale Hinweis im Angebot, dass Abweichungen „systembedingt vorhanden" seien oder Auflistungen der technischen Merkmale, wenn sich aus ihnen die Abweichungen nicht unmittelbar und positionsgenau erschließen.[81]

40   **c) Gleichwertigkeitsnachweis im Angebot.** Das Angebot kann nur dann als Hauptangebot gewertet werden, wenn der Bieter unaufgefordert den Nachweis führt, dass die von ihm vorgeschlagene Lösung die durch die Norm umgesetzten technischen Anforderungen gleichermaßen erfüllt.[82] § 13 EU Abs. 2 S. 1 VOB/A verlangt den konkreten Nachweis, dass das „geforderte Schutzniveau in Bezug auf Sicherheit, Gesundheit und Gebrauchstauglichkeit" erreicht ist, was aber nur beispielhaft zu verstehen ist. Der Nachweis ist mit dem Angebot zu führen (§ 13 EU Abs. 2 S. 1 VOB/A). Den Bieter trifft daher eine formelle Darlegungslast. Der öffentliche Auftraggeber muss von sich aus keine Gutachten oder Herstellererklärungen einholen (→ § 32 VgV Rn. 16).[83] Der Bieter trägt die **Beweislast** für die Gleichwertigkeit.[84] Abs. 3 Nr. 1 S. 2 lässt für EU-Vergaben nur Prüfberichte oder Zertifizierungen einer akkreditierten Konformitätsbewertungsstelle zu. Mit Herstellerbescheinigungen soll der Nachweis nur geführt werden können, wenn der Bieter nachweist, dass einen fehlenden Zugang zu Bescheinigungen oder Prüfberichten einer Konformitätsbewertungsstelle nicht zu vertreten hatte.[85] Das ist eine Verschärfung gegenüber dem Unterschwellenbereich, in dem technische Beschreibungen des Herstellers und Prüfungsberichte anerkannter Stellen gleichwertig sind (vgl. § 7a Abs. 3 S. 2 VOB/A). Die Anforderungen sind überspannt und in dieser Form unionsrechtswidrig, da die Richtlinien nur geringe Anforderungen an den Nachweis stellen und Prüfberichte einer anerkannten Stelle nur beispielhaft genannt sind (→ § 32 VgV Rn. 15).[86] Sie sind daher unangewendet zu lassen, so dass auch im Oberschwellenbereich Herstellerbescheinigungen genügen.

41   **d) Gleichwertigkeitsprüfung.** Der Auftraggeber ist nur verpflichtet, die Gleichwertigkeit zu prüfen, wenn der Gleichwertigkeitsnachweis in formeller Hinsicht geführt wurde (→ § 32 VgV Rn. 16). Fehlt der Nachweis muss ihn der Auftraggeber nach § 16a EU S. 1 VOB/A nachfordern. Inhaltlich muss der Auftraggeber anhand des Nachweises prüfen,

---

[77] VK Nordbayern 1.8.2013 – 21.VK-3194-23/13, BeckRS 2013, 19599.
[78] VK Bund 21.1.2017 – VK 2-145/16, IBRRS 2017, 1608 (zu § 13 EU Abs. 2 VOB/A).
[79] Vgl. den Fall bei VK Münster 17.6.2005 – VK 12/05, IBRRS 2014, 0327.
[80] OLG Koblenz 15.5.2003 – 1 Verg 3/03, NJOZ 2004, 1372 (1380).
[81] OLG Koblenz (o. Fn. 79).
[82] OLG München 11.8.2005 – Verg 12/05, BeckRS 2005, 32161 Rn. 28; VK Bund 21.1.2017 – VK 2-145/16, IBRRS 2017, 1608 (zu § 13 EU Abs. 2 VOB/A).
[83] *Schranner* in Ingenstau/Korbion, 20. Aufl. 2017, § 7a VOB/A Rn. 13.
[84] *Wirner* in Willenbruch/Wieddekind, 4. Aufl. 2017, VOB/A § 7a Rn. 13.
[85] Erwägungsgrund (74) Abs. 2 Richtlinie 2014/24/EU.
[86] Umstritten. AA *Franke/Kaiser* in FKZGM, 6. Aufl. 2017, § 7a EU VOB/A Rn. 57, die es als Umsetzung von Art. 44 Abs. 1 UA 3 AVR ansehen, der aber Konformitätsbescheinigungen regelt (→ § 33 VgV Rn. 4).

ob das eingereichte Angebot das von der jeweiligen Norm verfolgte Schutzniveau gleichwertig erreicht. Das können Aspekte wie Sicherheit, Gesundheit und Gebrauchstauglichkeit sein (beispielhaft genannt in § 13 EU Abs. 2 S. 1 VOB/A) aber auch andere Gesichtspunkte (zB Umweltschutz, Arbeitsschutz). Bei der Prüfung der Gleichwertigkeit ist ein Beurteilungsspielraum des Auftraggebers anerkannt (→ § 32 VgV Rn. 18).[87]

III. Konformitätsnachweis bei Beschreibungen mittels Leistungs- und Funktionsanforderungen (Abs. 4)

1. Allgemeines

Werden technische Anforderungen mittels Leistungs- oder Funktionsanforderungen um- **42** schrieben darf der Auftraggeber ein Angebot dann nicht zurückweisen, wenn der Bieter darlegt, dass es einer Norm entspricht, die die verlangten Anforderungen abbildet. Die Vorschrift verhindert, dass den Bietern dadurch Nachteile entstehen, dass der Auftraggeber die technischen Anforderungen nicht mittels einschlägiger Normen umschrieben hat. Der Bieter kann sein „normgemäßes" Angebot dadurch im Wettbewerb halten, dass er die Konformität seiner Lösung belegt. Es ist dann als Hauptangebot zu werten. Die Vorschrift existiert in dieser Form seit der Umsetzung des Legislativpakets 2004.[88] Durch die Fassung 2016 wurde klargestellt, dass sie nur gegenüber „öffentlichen Auftraggebern" gilt (was bislang schon üA war).[89]

Inhaltsgleich sind §§ 32 Abs. 2 VgV, 29 Abs. 2 SektVO. **43**

2. Voraussetzungen

a) Umschreibung mittels Leistungs- und Funktionsanforderungen. Abs. 4 setzt **44** eine Beschreibung mittels Leistungs- und Funktionsanforderungen nach voraus. Nicht erfasst sind Abweichungen von individuellen technischen Anforderungen oder Leistungs- und Funktionsanforderungen, die in einer Norm nicht abgebildet sind. Ein angebotenes Produkt ist daher zB auszuschließen, wenn es zwar mit einer einschlägigen Norm konform ist, aber die vom Auftraggeber zusätzlich gestellten individuellen Anforderungen (zB Form, Farbe, Ausführungsart) nicht einhält.[90]

b) Angabe der Abweichung im Angebot. § 13 EU Abs. 2 S. 2 VOB/A verlangt, **45** dass die Abweichung im Angebot „eindeutig" bezeichnet ist. Aus dem Angebot muss sich daher für den Auftraggeber erschließen, dass der Bieter die Gleichwertigkeit mit gestellten Leistungs- oder Funktionsanforderungen unter Verweis auf internationale oder europäische Spezifikation führt.

c) Konformitätsnachweis im Angebot. Das Angebot ist nur dann als Hauptangebot **46** zu werten, wenn der Bieter unaufgefordert mit dem Angebot nachweist, dass es einer internationalen oder europäischen Spezifikation entspricht, die die gestellten Leistungs- oder Funktionsanforderungen regeln (Abs. 4 S. 2).[91] Der Nachweis kann durch eine Herstellerbeschreibung oder einen Prüfbericht einer Konformitätsbewertungsstelle geführt werden (Abs. 4 S. 3).

d) Konformitätsprüfung. Der Auftraggeber muss prüfen, ob die vom Bieter angege- **47** bene Norm tatsächlich den Leistungs- und Funktionsanforderungen entspricht und ob der

---

[87] *Wirner* in Willenbruch/Wieddekind, 4. Aufl. 2017, VOB/A § 7a Rn. 14; *Herrmann* in HRR, 14. Aufl. 2018, EU § 7a Rn. 15.
[88] §§ 9 Nr. 8 VOB/A 2006, 7 Abs. 6 VOB/A 2009, 7 EG Abs. 6 VOB/A 2012.
[89] *Franke/Kaiser* in FKZGM, 6. Aufl. 2017, § 7a EU VOB/A Rn. 69.
[90] OLG Düsseldorf 22.10.2009 – Verg 25/09, BeckRS 2009, 29057 (zu einem „latexfreien" Ballonkathedersystem).
[91] Zu einem derartigen Fall OLG München 11.8.2005 – Verg 12/05, BeckRS 2005, 32161 Rn. 28.

Bieter die Normkonformität nachgewiesen hat. Eine Gleichwertigkeitsprüfung findet nicht statt. Bei der Beurteilung, ob der Nachweis geführt ist, steht dem Auftraggeber kein Beurteilungsspielraum zu, so dass die Nachprüfungsinstanzen die Entscheidung in diesem Punkt vollständig überprüfen können.[92] Die formelle und materielle Beweislast trägt der Bieter.[93]

I. Bescheinigungen von Konformitätsbewertungsstellen (Abs. 5)

48   Abs. 5 führt in Umsetzung von Art. 44 Abs. 1 und 2 AVR eine Bestimmung zur Anforderung von Konformitätsnachweisen ein. Auf ihrer Grundlage kann der Auftraggeber vorgeben, dass die Bieter die Einhaltung der Anforderungen der Leistungsbeschreibung durch die Vorlage der Bescheinigung einer Konformitätsbewertungsstelle (zB RAL-Gütezeichen) nachweisen muss und mit anderen Nachweisen ausgeschlossen ist. Die Regelung entspricht den §§ 33 VgV, 31 SektVO, so dass auf die dortige Kommentierung verwiesen werden kann.

J. Gütezeichen (Abs. 6)

49   Die VOB/A lässt es seit der Ausgabe 2006 zu, dass die Auftraggeber zur Beschreibung von Umwelteigenschaften Spezifikationen aus europäischen, multinationalen oder anderen Umweltzeichen übernehmen (zB „Deutsches Gütesiegel Nachhaltiges Bauen").[94] Die Vergabeunterlagen können vorsehen, dass bei zertifizierten Waren oder Dienstleistungen, vermutet wird, dass sie den in der Leistungsbeschreibung festgelegten technischen Spezifikationen genügen.[95] Bislang musste jedes andere Beweismittel, wie technische Unterlagen des Herstellers oder Prüfberichte anerkannter Stellen akzeptiert werden. Insbesondere galt dies für Konformitätsbescheinigungen von in anderen Mitgliedstaaten ansässigen anerkannten Stellen.[96] Der Auftraggeber konnte nicht die Verwendung des Umweltzeichens als solchem vorschreiben.[97] Die Neuregelung in Abs. 6 erlaubt nunmehr die verbindliche Vorgabe, dass der Nachweis über die Einhaltung von Merkmalen in den technischen Spezifikationen mit einem bestimmten Gütezeichen geführt werden muss. Der DVA hat die Regelung in § 34 VgV übernommen, was Sinn macht, da die Richtlinienbestimmungen bei den Gütezeichen keinen Umsetzungsspielraum einräumen. Es kann daher auf die Kommentierung zu § 34 VgV verwiesen werden.

---

[92] Umstritten. Für einen Ermessensspielraum *Wirner* in Willenbruch/Wieddekind, 4. Aufl. 2017, VOB/A § 7a Rn. 16. Für einen Beurteilungsspielraum *Herrmann* in HRR, 14. Aufl. 2018, EU § 7a Rn. 18.

[93] *Franke/Kaiser* in FKZGM, 6. Aufl. 2017, § 7a EU VOB/A Rn. 70; *Schranner* in Ingenstau/Korbion, 20. Aufl. 2017, § 7a VOB/A Rn. 15; *Wirner* (o. Fn. 91).

[94] § 8a Nr. 3 S. 1 VOB/A 2006; unverändert übernommen in §§ 7 Abs. 7 S. 1 VOB/A 2009, 7 EG Abs. 7 S. 1 VOB/A 2012.

[95] § 7 EG Abs. 7 S. 2 VOB/A 2012; bereits §§ 8a Nr. 3 S. 2 VOB/A 2006, 7 Abs. 7 S. 2 VOB/A 2009.

[96] Das geht auf die VOB/A Ausgabe 2009 zurück, vgl. §§ 7 Abs. 7 S. 4 VOB/A 2009; 7 EG Abs. 7 S. 4 VOB/A 2012.

[97] *Baumann* HdB Bauvergabe, 3. Aufl. 2014, C Rn. 45.

§ 7b Leistungsbeschreibung mit Leistungsverzeichnis

(1) **Die Leistung ist in der Regel durch eine allgemeine Darstellung der Bauaufgabe (Baubeschreibung) und ein in Teilleistungen gegliedertes Leistungsverzeichnis zu beschreiben.**

(2) **Erforderlichenfalls ist die Leistung auch zeichnerisch oder durch Probestücke darzustellen oder anders zu erklären, z. B. durch Hinweise auf ähnliche Leistungen, durch Mengen- oder statische Berechnungen. Zeichnungen und Proben, die für die Ausführung maßgebend sein sollen, sind eindeutig zu bezeichnen.**

(3) **Leistungen, die nach den Vertragsbedingungen, den Technischen Vertragsbedingungen oder der gewerblichen Verkehrssitte zu der geforderten Leistung gehören (§ 2 Absatz 1 VOB/B), brauchen nicht besonders aufgeführt zu werden.**

(4) **Im Leistungsverzeichnis ist die Leistung derart aufzugliedern, dass unter einer Ordnungszahl (Position) nur solche Leistungen aufgenommen werden, die nach ihrer technischen Beschaffenheit und für die Preisbildung als in sich gleichartig anzusehen sind. Ungleichartige Leistungen sollen unter einer Ordnungszahl (Sammelposition) nur zusammengefasst werden, wenn eine Teilleistung gegenüber einer anderen für die Bildung eines Durchschnittspreises ohne nennenswerten Einfluss ist.**

Übersicht

	Rn.		Rn.
A. Einführung	1	II. Baubeschreibung	16
I. Literatur	1	III. Leistungsverzeichnis	22
II. Entstehungsgeschichte	2	D. Zeichnungen, Probestücke (Abs. 2)	31
III. Rechtliche Vorgaben im EU-Recht	3	E. Eingeschlossene Leistungen (Abs. 3)	34
B. Systematische Stellung	4	F. Gliederung des Leistungsverzeichnisses (Abs. 4)	38
C. Konstruktive Leistungsbeschreibung (Abs. 1)	11		
I. Regelungsinhalt	11		

A. Einführung

I. Literatur

Schelle/Erkelenz, VOB/A. Alltagsfragen und Problemfälle zu Ausschreibung und Vergabe von Bauleistungen, 1 1983; *Vygen*, Rechtliche Probleme bei Ausschreibung, Vergabe und Abrechnung von Alternativ- und Eventualpositionen, BauR 1992, 135; *Motzke*, Nachforderungsmöglichkeiten bei Einheitspreis- und Pauschalverträgen, BauR 1992, 146; *Dähne*, Was sind unzulässige Änderungen an den Verdingungsunterlagen?, VergabeR 2002, 224; *Dicks*, Die mangelhafte, insbesondere unvollständige Leistungsbeschreibung und die Rechtsfolgen im Vergaberecht, IBR 2008, 1360 (nur online); *Motzke*, Die werkvertragliche Erfolgsverpflichtung – leistungserweiternde oder leistungsergänzende Funktion, NZBau 2011, 705; *Höfler/Bayer*, Praxishandbuch Bauvergaberecht, 3. Aufl. 2012, *Althaus/Heindl*, Der öffentliche Bauauftrag, 2. Aufl. 2013; *Lampe-Helbig/Jagenburg/Baldringer*, Handbuch der Bauvergabe, 3. Aufl. 2014; *Gerlach/Manske*, Auslegung und Schicksal des Bieterangebots, VergabeR 2017, 11.

II. Entstehungsgeschichte

Die Vorschrift entspricht bis auf geringfügige redaktionelle Anpassungen dem bisherigen 2 § 7 EG Abs. 9–12 VOB/A. Die Regelungen zur Leistungsbeschreibung mit Leistungsverzeichnis sind seit den Anfängen der VOB/A fast unverändert[1] und zählen zum Kernbestand des Bauvergaberechts. Sie sind oberhalb und unterhalb der Schwellenwerte gleich.

---

[1] Bereits §§ 9 Nr. 2 VOB/A 1926/1952/1965; sodann ua §§ 9 Nrn. 3–9 VOB/A 1973/1979/1988; 9 Nrn. 6–9 VOB/A 1992/1996/2000/2002, 9 Nr. 11–14 VOB/A 2006; 7 Abs. 9–12 VOB/A 2009; 7 EG Abs. 9–12 VOB/A 2012.

III. Rechtliche Vorgaben im EU-Recht

3   Die Vergaberichtlinien enthalten in Artt. 42 AVR, 60 SVR Regelungen auf Ebene der technischen Spezifikationen, die in § 7a EU VOB/A umgesetzt sind. Aus unionsrechtlicher Perspektive ist auch eine (konstruktive) Leistungsbeschreibung mit Leistungsverzeichnis eine Beschreibung mittels technischer Spezifikationen.[2] Gliederung und Bestandteile einer Leistungsbeschreibung werden durch das Unionsrecht aber nicht vorgegeben. Die §§ 7b, 7c EU VOB/A sind daher nationales Recht.

B. Systematische Stellung

4   Die Vorschrift beschränkt zusammen mit § 7c EU Abs. 1 VOB/A das Auswahlermessen von Auftraggebern zwischen einer konstruktiven und einer funktionalen Leistungsbeschreibung (→ Rn. 8). Bei der in § 7b EU VOB/A geregelten **konstruktiven Leistungsbeschreibung** wird der Leistungsgegenstand in seinen technischen Einzelheiten auf Basis einer auftraggeberseitigen Detailplanung so konkret bezeichnet, dass dem Auftragnehmer vergleichsweise wenig Spielraum bleibt, wie er die Ausführung vornimmt.[3] Die zu erbringenden Teilleistungen werden dafür im Leistungsverzeichnis nach Art, Güte und Umfang aufgelistet, nebst den die Ausführung der Leistung beeinflussenden Umständen und Bedingungen der Leistungserbringung iSd § 121 Abs. 1 S. 2 GWB. Aus der Leistungsbeschreibung (und den Ausführungsunterlagen) ergibt sich daher, auf welche Art und Weise und aus welchen Materialien das Bauwerk zu erstellen ist.[4] Der Auftraggeber trägt die Planungskosten und Planungsrisiken.[5] Bei einer funktionalen Leistungsbeschreibung (Leistungsbeschreibung mit Leistungsprogramm) wird dagegen im Prinzip nur das Ergebnis (Ziel) der Leistung vorgegeben und die konkrete Art und Weise der Ausführung dem Auftragnehmer freigestellt (→ § 7c EU Rn. 4); die Leistung ist daher „offen" formuliert.[6]

5   Die Vorschrift macht in den Absätzen 1, 2 und 4 Strukturierungsvorgaben für das Leistungsverzeichnis, die die Eindeutigkeit und Vollständigkeit der Leistungsbeschreibung sicherstellen sollen und ergänzt § 121 Abs. 1 GWB/§ 7 EU Abs. 1 Nr. 1 VOB/A. Sie ist daher **bieterschützend**.

6   Im Regelfall macht der Auftraggeber die Leistungsbeschreibung in zwei Dokumenten zugänglich: Einer **„Leistungsbeschreibung (bleibt beim Bieter)",** die für die Akten des Bieters bestimmt ist, und einer **„Leistungsbeschreibung – Kurzfassung – (dem Auftraggeber einzureichen)",** in die Bieter die von ihnen kalkulierten Preise eintragen (§ 13 EU Abs. 1 Nr. 3, 4 VOB/A) – sog. Angebotsblankett[7]. Sie wird dadurch Teil ihres Angebots und wird zusammen mit den erforderlichen Ausführungsunterlagen und sonstigen geforderten Angaben und Nachweisen eingereicht.[8] Nach Vertragsschluss wird anhand des auftraggeberseitigen Langtext-Leistungsverzeichnisses auf der Baustelle kontrolliert, ob die Leistung wie beschrieben erbracht wurde. Auf Grundlage des Kurztext-Leistungsverzeichnisses erfolgt die Abrechnung, Rechnungsstellung und Rechnungsbearbeitung. Bei **losweiser Vergabe** ist für jedes Los ein eigenes Leistungsverzeichnis aufzustellen, uU sogar eine eigene Leistungsbeschreibung.[9]

---

[2] *Egger* Europäisches Vergaberecht Rn. 1071.

[3] Zum Teil versteht die Literatur in der „konstruktiven" Leistungsbeschreibung auch eine Unterart der funktionalen Leistungsbeschreibung bei der auch der Weg zur Erreichung des Zieles in allen Einzelheiten vorgegeben wird, deutlich bei *Schramm* in Müller-Wrede, Kompendium des Vergaberechts, 11 Rn. 24.

[4] *Motzke* NZBau 2011, 705 (711).

[5] Das gilt als Kostenvorteil der Bauwirtschaft, vgl. *Quack* BauR 1998, 381 (384).

[6] *Motzke* BauR 1992, 146 (147) („offene Teilleistungsbeschreibung").

[7] *Dähne* VergabeR 2002, 224 (225).

[8] Abschnitt 1.4 Nr. (3) HVA B-StB (Ausgabe April 2016); *Schelle/Erkelenz* VOB/A, Alltagsfragen und Problemfälle 101; *Gerlach/Manske* VergabeR 2017, 11.

[9] Abschnitt 1.4 Nr. (4) HVA B-StB (Ausgabe April 2016).

IdR können die Bieter eine selbstgefertigte Abschrift oder **Kurzfassung des Leis-** 7 **tungsverzeichnisses** einreichen, sofern sie mit Angebotsabgabe erklären, dass die Langfassung des Leistungsverzeichnisses verbindlich anerkannt wird.[10] Eine solche Kurzfassung muss aber die Positionen in der gleichen Reihenfolge und mit gleichen Nummern wie das vom Auftraggeber angefertigte Leistungsverzeichnis enthalten und darf die Mengen nicht ändern.[11] Auch bei Einreichung eines **Nebenangebots** ist die Gliederung des Leistungsverzeichnisses beizubehalten und jede Abweichung positionsgenau zu erläutern.

Das VHB[12] bestimmt daher: 8

„3.3   Eine selbstgefertigte Abschrift oder Kurzfassung des Leistungsverzeichnisses ist zulässig. Die von der Vergabestelle vorgegebene Langfassung des Leistungsverzeichnisses ist allein verbindlich."

„5.2   Der Bieter hat die in Nebenangeboten enthaltenen Leistungen eindeutig und erschöpfend zu beschreiben; die Gliederung des Leistungsverzeichnisses ist, soweit möglich, beizubehalten."

„5.3   Nebenangebote sind, soweit sie Teilleistungen (Positionen) des Leistungsverzeichnisses beeinflussen (ändern, ersetzen, entfallen lassen, zusätzlich erfordern), nach Mengenansätzen und Einzelpreisen aufzugliedern (auch bei Vergütung durch Pauschalsumme)."

Das vertraglich vereinbarte Leistungssoll ergibt sich bei einem öffentlichen Bauvertrag 9 grundsätzlich aus dem Leistungsverzeichnis, das der Auftragnehmer seinem Angebot zugrunde gelegt hat. Ein detailreich aufgestelltes Leistungsverzeichnis geht im Rahmen der Auslegung idR allen anderen Vertragsbestandteilen und Vertragsgrundlagen vor.[13] Das ist bei solchen Positionen anders, die im Leistungsverzeichnis funktional beschrieben oder pauschaliert sind (zB Planung, Lieferung und Einbau einer mechanischen Lüftungsanlage „je nach Erfordernis";[14] Bau einer Behelfsbrücke,[15] Teile einer Flughafentangente[16]). Bei ihnen ist es Sache des Auftragnehmers, auf Grundlage seiner Konzeption die für eine funktionierende und zwecksentsprechende Technik notwendigen Einzelheiten zu ermitteln. Das Risiko der Erfüllung der der statischen und konstruktiven Erfordernisse (zB Art einer Behelfsbrücke und erforderliche Verpressanker) sowie der Unvollständigkeit der Leistungsbeschreibung ist bei funktional umschriebenen Positionen auf den Auftragnehmer verlagert (→ § 7c EU Rn. 7).[17]

Die Gliederung des Leistungsverzeichnisses in Teilleistungen wirkt bei der Bauüberwa- 10 chung und der Abrechnung fort. Der Auftragnehmer muss seine Leistungen gemäß § 14 Abs. 1 S. 1 VOB/B prüfbar abrechnen. Dafür hat er Art und Umfang der Teilleistungen entsprechend den Positionen des Leistungsverzeichnisses anhand von Mengenberechnungen, Zeichnungen und anderen Belegen nachzuweisen (§ 14 Abs. 1 S. 2 VOB/B).[18] Nach den Zusätzlichen Vertragsbedingungen sind in jeder Rechnung die Teilleistungen in der Reihenfolge des Leistungsverzeichnisses und nach Ordnungszahl (Position) und Bezeichnung aufzuführen.[19]

---

[10] § 13 EU Abs. 1 Nr. 6 VOB/A; VHB 2008 – Stand April 2016, Angebotsschreiben – Einheitliche Fassung, Formblatt 213, Ziff. 8.; Formblatt 612 (Rahmenverträge für Zeitvertragsarbeiten – Teilnahmebedingungen), Ziff. 3.2

[11] *Eberl* in Dieckert/Ossefort/Steck, Praxiskommentar Vergaberecht, 59. El. 2017, VOB/A 4/3 § 13 S. 37.

[12] VHB 2017, Teilnahmebedingungen für die Vergabe von Bauleistungen, Formblatt 212.

[13] OLG Naumburg 13.10.2014 – 12 U 110/14, IBRRS 2016, 1944.

[14] BGH 13.3.2008 – VII ZR 194/06, BGHZ 176, 23 = NJW 2008, 2106.

[15] OLG Dresden 26.2.2013 – 9 U 123/12, BeckRS 2014, 15482 Rn. 72.

[16] OLG München 10.12.2009 – Verg 16/09, BeckRS 2010, 02617.

[17] BGH 13.3.2008 – VII ZR 194/06, BGHZ 176, 23 = NJW 2008, 2106; OLG Dresden 26.2.2013 – 9 U 123/12, BeckRS 2014, 15482 Rn. 72 (zum Bau einer Behelfsbrücke); OLG Hamm 30.6.2014 – 17 U 185/12, BeckRS 2014, 18309.

[18] Abschnitte 3.2 Nr. (3), 3.7 Nr. (10) HVA B-StB (Ausgabe April 2016).

[19] VHB 2017, Zusätzliche Vertragsbedingungen, Formblatt 215, Ziff. 13.2.

C. Konstruktive Leistungsbeschreibung (Abs. 1)

I. Regelungsinhalt

11   Abs. 1 legt die konstruktive Leistungsbeschreibung für öffentliche Bauvergaben als Regelfall fest und beschreibt ihre Bestandteile. Eine Leistungsbeschreibung mit Leistungsverzeichnis besteht idR aus einer **allgemeinen Darstellung der Bauaufgabe** (Baubeschreibung) und einem nach Teilleistungen gegliederten **Leistungsverzeichnis.** Von beiden Bestandteilen ist nur das Leistungsverzeichnis zwingend und bei einfach gelagerten Werkleistungen, zB Reparaturarbeiten, ausreichend. Es ist daher nicht notwendig vergaberechtswidrig, wenn die Baubeschreibung fehlt.[20] Nicht in Abs. 1 erwähnt, aber als Teil der Vergabeunterlagen idR ebenfalls beizufügen sind **Titelblatt, Anlagen für die Bietereintragungen**, **sonstige Anlagen,** in die keine Eintragungen vorzunehmen sind (zB Zeichnungen, Lage-, Höhen-, Querschnitts-, Detailpläne, Mengenermittlungen (zB Erdmengenbilanz), Baugrundgutachten) und bei der Vereinbarung einer **Stoffpreisgleisklausel** ein Verzeichnis, in dem die für die Stoffpreisgleitung vorgesehenen Stoffe und die Basispreise anzugeben sind.[21]

12   Die Vorschrift beschränkt zusammen mit § 7c EU Abs. 1 S. 1 VOB/A das Ermessen des Auftraggebers bei der Auswahl zwischen einer funktionalen und konstruktiven Leistungsbeschreibung. Sie trifft für Bauvergaben eine spezielle Regelung gegenüber § 121 Abs. 1 S. 2 GWB, der beide Arten der Leistungsbeschreibung ohne Rangfolge zulässt. In der VgV, der SektVO und der VSVgV fehlt eine vergleichbare ermessensleitende Bestimmung (→ § 31 VgV Rn. 33). Sie gilt unabhängig von der Vergütungsseite, d. h. bei Einheitsvertrag und Detailpauschvertrag gleichermaßen.[22]

13   Die Aufstellung einer Leistungsbeschreibung setzt praktisch voraus, dass die **Ausführungspläne,** soweit sie nicht der Auftragnehmer zu erstellen hat, und die **Mengenberechnungen** vorliegen (→ § 7 EU Rn. 26). Dagegen wird in der Praxis oft verstoßen.[23] Das VHB[24] bestimmt daher ausdrücklich:

> „4.3.1   Vor dem Aufstellen der Leistungsbeschreibung müssen die Ausführungspläne, soweit sie nicht vom Auftragnehmer zu erstellen sind und die Mengenberechnungen vorliegen."

14   Abs. 1 geht davon aus, dass im Leistungsverzeichnis die allgemeinen Angaben aus der Baubeschreibung konkretisiert und erläutert werden. Es kann durch ergänzende Ausführungsunterlagen des Auftraggebers erläutert werden (zB Aufmaße und Mengenermittlungen von Vorunternehmerleistungen, Berechnungen (Erdmengenbilanz), Gutachten).[25] Daraus ergibt sich eine „konkretisierende Hierarchie"[26] innerhalb der Leistungsbeschreibung, die bei der Auslegung zu beachten ist. Dabei gilt als Grundsatz, dass die Leistungsbeschreibung stets als **sinnvolles Ganzes auszulegen** ist, so dass es keinen Vorrang einzelner Bestandteile gibt (→ § 121 GWB Rn. 78).[27] Konkret abgefasste Texte gehen im Rahmen der Auslegung allgemeinen Formulierungen vor; Spezielles gilt vor Generellem und Besonde-

---

[20] *Hertwig/Slawinski* Beck VOB/A, § 7 Rn. 123; *Franke/Kaiser* in FKZGM, 6. Aufl. 2017, EU § 7b Rn. 4.
[21] Abschnitt 1.4 Nrn. (2), (5), (42), (45) HVA B-StB (Ausgabe April 2016).
[22] Zu den verschiedenen Erscheinungsformen *Kapellmann* in Kapellmann/Messerschmidt, 6. Aufl. 2018, § 7b Rn. 2.
[23] Zu den verschiedenen Erscheinungsformen *Kapellmann* in Kapellmann/Messerschmidt, 6. Aufl. 2018, § 7b Rn. 2.
[24] VHB 2017, Allgemeine Richtlinien Vergabeverfahren, Formblatt 100.
[25] Abschnitt 1.4 Nrn. (12) HVA B-StB (Ausgabe April 2016).
[26] VK Lüneburg 22.8.2016 – VgK-32/2016, BeckRS 2016, 19808.
[27] Grundlegend BGH 11.3.1999 – VII ZR 179/98, NJW 1999, 2432 (2433); üA, zuletzt VK Sachsen 3.5.2016 – 1/SVK/005-16, BeckRS 2016, 12655 (zu § 7 EG Abs. 1 Nr. 1 VOB/A).

res vor Allgemeinem.[28] Eine eindeutige Aussage im Leistungsverzeichnis oder der Baubeschreibung lässt sich daher nicht unter Verweis auf nachgeordnete Teile der Vergabeunterlagen relativieren.[29] IdR ist der Text der einzelnen Position vorrangig, weil er konkrete Einzelaussagen enthält, während sich die Vorbemerkungen auf mehrere Ordnungsziffern beziehen.

Die Vorschrift sichert die Bestimmtheit der Leistungsbeschreibung (→ Rn. 5) und ist **15** daher **bieterschützend**. Der Auftraggeber haftet nach §§ 280 Abs. 1, 311 Abs. 1 BGB wenn der Bieter in Folge eines widersprüchlichen Aufbaus der Leistungsbeschreibung irrtümlich zu unzutreffenden Annahmen kam.[30]

II. Baubeschreibung

Abs. 1 umschreibt die Baubeschreibung als die „allgemeine Darstellung der Bauauf- **16** gabe", die zur Beschreibung der Teilleistungen hinzutritt. Sie soll einen **Überblick über das Vorhaben, seinen aktuellen Status** und die **Örtlichkeiten** geben, den Bietern das Verständnis der Teilleistungen und die Preisermittlung erleichtern[31] und ihnen mithin verdeutlichen „was in welcher Form gebaut werden soll".[32] Idealerweise können die Bieter bereits anhand der Baubeschreibung den Bauauftrag überblicken, dass sie sich entscheiden können, ob sie sich am Vergabeverfahren beteiligen wollen.[33] Dafür stellt die Baubeschreibung idR ausgehend von Abschnitt 0 der jeweiligen ATV die **Konzeption des Vorhabens,** seinen **technischen und qualitativen Zuschnitt** und bei Bauwerken den **architektonischen Anspruch** dar,[34] ferner Umstände, die sich nicht bereits den im Leistungsverzeichnis aufgelisteten Teilleistungen ergeben, aber für Auslegung der Leistungsbeschreibung von Bedeutung sind. Die hauptsächliche Funktion der Baubeschreibung ist in der Praxis die Abgrenzung der ohne Vergütung durchzuführenden Nebenleistungen von den besonderen Leistungen (→ § 7 EU Rn. 26).[35] Werden Nebenangebote zugelassen sind in einen besonderen Abschnitt der Baubeschreibung zudem die **Mindestanforderungen an die Nebenangebote** aufzunehmen.[36]

Darzustellen ist die „Bauaufgabe". Die Baubeschreibung soll daher **technisch-tatsäch- 17 liche Leistungsangaben enthalten,** sowie die gemäß § 121 Abs. 1 S. 2 GWB darzustellenden Umstände und Bedingungen der Leistungserbringung; nicht dagegen allgemeine Angaben zur Ausführung der Leistung (Ausführungsfristen, Gewährleistungsfristen, Sicherheitsleistungen, Zahlungsweise usw.), die in die Allgemeinen, Besonderen oder Zusätzlichen Vertragsbedingungen gehören.[37] Üblicherweise wird sie gegliedert in die **Allgemeine Beschreibung** der Leistung (Zweck, Nutzung, Art und Umfang, Entwässerung usw.), **Angaben zur Baustelle** (zB Lage der Baustelle, vorhandene öffentliche Verkehrswege, Zugänge, Zufahrten, Anschlussmöglichkeiten an Ver- und Entsorgungseinrichtungen, Lager- und Arbeitsplätze, Gewässer, Baugrundverhältnisse), **Angaben zur Ausführung** (Verkehrsführung, Verkehrssicherung, Bauablauf,[38] Wasserhaltung, Stoffe, Bauteile, Abfälle,

---

[28] *Dähne* in Althaus/Heindl, 2. Aufl. 2013, Teil 1 Rn. 80.
[29] VK Lüneburg (o. Fn. 24).
[30] *C. Wirth/Baldringer* HdB Bauvergabe, 3. Aufl. 2014, B Rn. 126.
[31] *Franke/Kaiser* in FKZGM, 6. Aufl. 2017, EU § 7b Rn. 5; *Schranner* in Ingenstau/Korbion, 20. Aufl. 2017, EU § 7b Rn. 3.
[32] VK Lüneburg 22.8.2016 – VgK-32/2016, BeckRS 2016, 19808.
[33] *C. Wirth/Baldringer* HdB Bauvergabe, 3. Aufl. 2014, B Rn. 120.
[34] *Franke/Kaiser* in FKZGM, 6. Aufl. 2017, EU § 7b Rn. 6.
[35] *Hertwig/Slawinski* Beck VOB/A § 7 Rn. 124; *Hertwig* Praxis der öffentlichen Auftragsvergabe, 6. Aufl. 2016, Rn. 180.
[36] Abschnitt 1.1 Nr. 6 HVA B-StB (Ausgabe April 2016).
[37] *Franke/Kaiser* in FKZGM, 6. Aufl. 2017, EU § 7b Rn. 8; *Schranner* in Ingenstau/Korbion, 20. Aufl. 2017, EU § 7b Rn. 5, 28.
[38] ZB mittels Detailbauablaufplan und einer Liste verbindlicher Einzelfristen, vgl. zum Ausschluss bei Abweichungen VK Bund 28.11.2016 – VK 1-110/16, IBRRS 2017, 0815.

Sicherungs-, Belastungsmaßnahmen, Prüfungen usw.), **Ausführungsunterlagen** und **Zusätzliche Technische Vertragsbedingungen** (die mit Ausgabedatum angegeben werden).[39]

18   Das VHB[40] fasst die Anforderungen an den Inhalt zusammen:

> „4.3.2.1 In der Baubeschreibung sind die allgemeinen Angaben zu machen, die zum Verständnis der
> Bauaufgabe und zur Preisermittlung erforderlich sind und die sich nicht aus der Beschreibung
> der einzelnen Teilleistungen unmittelbar ergeben.
> Hierzu gehören – abhängig von den Erfordernissen des Einzelfalles – z.B. Angaben über
> – Zweck, Art und Nutzung des Bauwerks bzw. der technischen Anlage,
> – ausgeführte Vorarbeiten und Leistungen,
> – gleichzeitig laufende Arbeiten,
> – Lage und örtliche Gegebenheiten, Verkehrsverhältnisse,
> – Konstruktion des Bauwerks bzw. Konzept der technischen Anlage."

19   Vorgegeben ist eine „allgemeine Darstellung". Das schließt es nicht aus, dass die Baubeschreibung **Detailangaben** zu einzelnen Teilleistungen enthält, die bei der Auslegung heranzuziehen sind.[41] Die Teilleistungen selbst sind aber nicht in der Baubeschreibung aufzuführen, sondern als Positionen in das Leistungsverzeichnis aufzunehmen.[42] Regelungen in anderen Vertragsbestandteilen (VOB/B, VOB/C, ZTV usw.) sollen nicht wiederholt werden; ebenso wenig sind **Selbstverständlichkeiten** aufzunehmen, die sich für einen Fachmann auf bautechnischem Gebiet von selbst verstehen.[43]

20   In der Baubeschreibung sind überdies die von den Bietern zu erstellenden **Ausführungsunterlagen** zu nennen. Das sind idR die Erläuterung des Bauablaufs, Baustelleneinrichtungsplan, Bauzeitenplan, Zahlungsplan, Ausführungspläne, Vermessungsunterlagen, Transportpläne, Bestandspläne, Dokumentationsaufnahmen und ähnliches.[44]

21   Die **Baubeschreibung** ist in der VOB/A über ihren Inhalt, nicht über ihre Bezeichnung, definiert. „Vorbemerkungen" zum Leistungsverzeichnis können eine Baubeschreibung enthalten, insbesondere wenn in der Leistungsbeschreibung nicht konsequent zwischen Baubeschreibung und Leistungsverzeichnis getrennt wird. Steht nur ein Gewerk zur Vergabe an, kann es sich anbieten, die Baubeschreibung nur in der Form von „Vorbemerkungen" zum Leistungsverzeichnis zu formulieren.

III. Leistungsverzeichnis

22   Im Leistungsverzeichnis (LV) werden die zu erbringenden Teilleistungen nach Art, Güte und Umfang aufgeführt, nicht dagegen allgemeine Themen für die Ausführung (zB Ausführungsfristen). Das LV ist idR in einen kurzen Teil „Vorbemerkungen" und eine detaillierte „Beschreibung der Teilleistungen" gegliedert. **Teilleistungen** sind solche Leistungen, die unter einer Ordnungszahl (Position) mit den dazugehörigen Mengen (Vordersatz) aufgeführt werden.[45] Das sind nach Abs. 4 S. 1 technisch gleichartige Leistungen, deren Preis auf einheitlicher Grundlage ermittelt werden kann (→ Rn. 24). Die Beschreibung der Positionen hat herkömmlich die Form einer **Tabelle mit Spalten,** ergänzt um weitere Unterlagen (zB Baugrundgutachten).[46]

---

[39] Abschnitt 1.4 Nr. (8) HVA B-StB (Ausgabe April 2016); *Höfler/Bayer* Bauvergaberecht, 3. Aufl. 2012, Rn. 296 ff.

[40] VHB 2017, Allgemeine Richtlinien Vergabeverfahren, Formblatt 100.

[41] VK Lüneburg 29.5.2007 – VgK-19/2007, IBRRS 2007, 4082; 22.8.2016 – VgK-32/2016, BeckRS 2016, 19808.

[42] Abschnitt 1.4 Nr. (7) HVA B-StB (Ausgabe April 2016).

[43] *Schranner* in Ingenstau/Korbion, 20. Aufl. 2017, EU § 7b Rn. 6.

[44] Abschnitt 1.4 Nr. (12) HVA B-StB (Ausgabe April 2016).

[45] *Franke/Kaiser* in FKZGM, 6. Aufl. 2017, EU § 7b Rn. 12; *Schranner* in Ingenstau/Korbion, 20. Aufl. 2017, EU § 7b Rn. 10.

[46] *Leinemann* Vergabe öffentlicher Aufträge, 6. Aufl. 2016, Rn. 1250; *Franke/Kaiser* in FKZGM, 6. Aufl. 2017, EU § 7b Rn. 10, 24.

Dieses Verständnis bringt auch das VHB[47] zum Ausdruck. 23

> „4.3.2.2   Im Leistungsverzeichnis sind ausschließlich Art und Umfang der zu erbringenden Leistungen
> sowie alle die Ausführung der Leistungen beeinflussenden Umstände zu beschreiben."

Voraussetzung für das Aufstellen des Leistungsverzeichnisses sind richtige und nachvoll- 24
ziehbare Mengenermittlungen nach § 7 EU Abs. 1 Nr. 2 VOB/A (→ § 7 EU Rn. 25).
IdR ist vorgesehen, dass die Vergabestelle sie unter Anwendung der **Regelungen für
die elektronische Bauabrechnung** (REB) aufzustellen hat. Um die Berechnungsansätze
nachvollziehen zu können, sind sie durch Kommentare zu erläutern.[48] **Auf- und Ab-
tragsmengen** sind gesondert aufzuführen.

Das Leistungsverzeichnis muss die in der Baubeschreibung enthaltenen Aussagen so ge- 25
nau konkretisieren, dass der Bieter jeder Position des Leistungsverzeichnisses bestimmte
Arbeiten zuordnen kann, die er dann in seinem Angebot unter dieser Position abrechnen
muss, damit die Angebote vergleichbar sind (→ § 7 EU Rn. 10).[49] Der Text zur Position
enthält die technischen Anforderungen (technischen Spezifikationen) iSd § 7a EU Abs. 1
VOB/A, mit denen Art, Güte und Umfang der jeweiligen Teilleistung „eindeutig" und
„erschöpfend" iSv § 121 Abs. 1 S. 1 GWB beschreiben werden.[50] Sofern einschlägig sind
Standardleistungstexte zB des „Standardleistungskataloges für den Straßen- und Brückenbau (STLK)" zu verwenden.[51]

Bei der jeweiligen Ordnungszahl (Position) sind ferner die Ausführung der jeweiligen 26
Teilleistung beeinflussende Umstände und Bedingungen iSd § 121 Abs. 1 S. 2 GWB anzugeben, zB technische Vorschriften, bauphysikalische Umstände, einzuhaltende Mindest-
und Höchstmaße, Angaben zur Baustelle, zur Ausführung oder zu Arbeitserschwernissen.[52]
Die **Instandhaltung technischer Anlagen** (Inspektion, Wartung, Instandsetzung) wird
dagegen idR als nicht als Teilleistung (Position) in das Leistungsverzeichnis aufgenommen,
sondern in einer gesonderten Vereinbarung mit der liegenschaftsverwaltenden Stelle.[53]

Demgemäß bestimmt das VHB[54] 27

> „4.3.4   Die Ausführung der Leistung beeinflussende Umstände, beispielsweise technische Vorschriften,
> Angaben zur Baustelle, zur Ausführung oder zu Arbeitserschwernissen, sind grundsätzlich bei
> der Teilleistung (Position) anzugeben. Nur wenn sie einheitlich für einen Abschnitt oder für alle
> Leistungen gelten, sind sie dem Abschnitt bzw. dem Leistungsverzeichnis in den Vorbemerkun-
> gen voranzustellen."

Die **Vorbemerkungen** enthalten nur Regelungen technischen Inhalts und nur sol- 28
che, die einheitlich für alle beschriebenen Teilleistungen (Gewerke) gelten und daher „vor
die Klammer" gezogen werden.[55] Ein grundsätzlicher Vorrang der Vorbemerkungen im
Rahmen der Auslegung folgt daraus nicht (→ § 121 GWB Rn. 78).[56] Nach üA ist idR
die speziellere (detaillierte) Beschreibung vorrangig (→ Rn. 10). In den Vorbemerkungen
können daher auch spezielle und vorrangige Beschreibungen von Teilleistungen enthalten
sein.[57] Werden technische Anforderungen unter Bezugnahme auf Normen umschrieben
(→ § 7a EU Rn. 23) enthalten die Vorbemerkungen idR für alle Positionen einen zusam-

---

[47] VHB 2017, Allgemeine Richtlinien Vergabeverfahren, Formblatt 100.
[48] Abschnitt 1.4 Nr. (14) HVA B-StB (Ausgabe April 2016).
[49] VK Lüneburg 22.8.2016 – VgK-32/2016, BeckRS 2016, 19808.
[50] Zum umstrittenen Begriff der „technischen Anforderungen", der von der bislang üA anders verwendet
wird → § 7a EU Rn. 13.
[51] Abschnitt 1.4 Nr. (37) HVA B-StB (Ausgabe April 2016).
[52] *Franke/Kaiser* in FKZGM, 6. Aufl. 2017, § 7b EU VOBA Rn. 13.
[53] VHB 2017, Richtlinien zu 112 Instandhaltung – Vereinbarung mit der liegenschaftsverwaltenden
Stelle.
[54] VHB 2017, Allgemeine Richtlinien Vergabeverfahren, Formblatt 100.
[55] *Hertwig/Slawinski* Beck VOB/A § 7 Rn. 123.
[56] OLG Oldenburg 3.5.2007 – 8 U 254/06, BeckRS 2008, 13421; *Hertwig* Praxis der öffentlichen Auftragsvergabe, 6. Aufl. 2016, Rn. 197; *Leinemann* Vergabe öffentlicher Aufträge, 6. Aufl. 2016, Rn. 1691;
Franke/Kaiser in FKZGM, 6. Aufl. 2017, § 7 EU VOB/A Rn. 10.
[57] *Wirner* in Willenbruch/Wieddekind, 4. Aufl. 2017, VOB/A § 7b Rn. 7.

menfassenden Gleichwertigkeitshinweis.[58] Gleichwertige technische Spezifikationen sind dann auch ohne den ausdrücklichen Zusatz „oder gleichwertig" bei jeder einzelnen Position zugelassen.[59] Die Vorbemerkungen sind nach üA kein zwingender Bestandteil des Leistungsverzeichnisses.[60]

29   Das VHB[61] bringt das ebenfalls zum Ausdruck:

> „4.3.3   In die Vorbemerkungen zum Leistungsverzeichnis dürfen nur Regelungen technischen Inhalts aufgenommen werden, die einheitlich für alle beschriebenen Leistungen gelten."

30   Das Leistungsverzeichnis wird oft als sog. „Leistungsverzeichnis in geteilter Form" erstellt. Es besteht dann auseinem „Verzeichnis der verwendeten Leistungsbereiche" (Langtext-Verzeichnis), das die vollständigen Texte der Beschreibungen der Teilleistungen enthält, und dem „Kurztext-/Preis-Verzeichnis" mit den Kurztexten der im Langtext-Verzeichnis enthaltenen Positionen, Spalten für Einheitspreise (EP), Gesamtbeträge (GB) sowie einer Zeile für die Zwischensumme am Schluss jedes Unterabschnitts.[62]

D. Zeichnungen, Probestücke
(Abs. 2)

31   Die Regelungen zur Leistungsbeschreibung gehen davon aus, dass die Leistung vom Auftraggeber grundsätzlich vollständig mittels textlich gefasster Angaben beschrieben wird.[63] Abs. 2 S. 1 lässt es wie die Vorgängervorschriften[64] zu, dass die textlichen Beschreibungen auch „zeichnerisch" dargestellt (zB durch Pläne, Zeichnungen, Skizzen, Schemata),[65] mittels „Probestücken" (zB Muster), oder mittels Mengen- oder statischen Berechnungen oder auf andere Weise (zB Abbildungen, Fotographien) „erläutert" werden. Das steht im Zusammenhang mit der Verpflichtung zur Angabe der preisbeeinflussenden Umstände (§ 7 EU Abs. 1 Nr. 2 VOB/A). Der Auftraggeber ist dazu nur dann verpflichtet, wenn dies für eine „eindeutige" oder „erschöpfende" Beschreibung iSd § 121 Abs. 1 S. 1 GWB/§ 7 EU Abs. 1 Nr. 1 VOB/A geboten ist. Diese Darstellungsform hat ergänzende Funktion („auch"). Die Vergabeunterlagen sind als sinnvolles Ganzes auszulegen (→ § 121 GWB Rn. 50). Bei Widersprüchen zwischen Beschreibungstext und Zeichnungen hilft § 1 Abs. 2 VOB/B nicht weiter, weil Zeichnungen und Probestücke Teil der Leistungsbeschreibung sind. Für die üA sind schriftliche und zeichnerische Darstellungen grundsätzlich gleichwertig; bei Widersprüchen geht der Teil der Leistungsbeschreibung vor, der detailliert beschrieben ist (→ Rn. 10).[66] Das wird idR die textliche Leistungsbeschreibung sein. Die Zusätzlichen Vertragsbedingungen sehen daher regelmäßig ausdrücklich den Vorrang des Textes vor der zeichnerischen Darstellung vor; fehlt eine solche Bestimmung, sollte sie in die Vorbemerkungen aufgenommen werden.[67] Ist eine Leistung funktional beschrieben,

---

[58] § 7 EU Abs. 1 Nr. 7 VOB/A iVm Abschn. 0 Abs. 3 ATV DIN 18299.

[59] Das ist nach ganz üA zulässig, vgl. nur *Heiermann/Bauer* in HRR, 13. Aufl. 2013, EG § 7 Rn. 47.

[60] *Leinemann* Vergabe öffentlicher Aufträge, 6. Aufl. 2016, Rn. 1251.

[61] VHB 2017, Allgemeine Richtlinien Vergabeverfahren, Formblatt 100.

[62] Abschnitt 1.4 Nr. (19) HVA B-StB (Ausgabe April 2016).

[63] *C. Wirth/Baldringer* HdB Bauvergabe, 3. Aufl. 2014, B Rn. 121; *Wirner* in Willenbruch/Wieddekind, 4. Aufl. 2017, VOB/A § 7b Rn. 13. Kritisch *Dähne* in Althaus/Heindl, 2. Aufl. 2013, Teil 1 Rn. 79.

[64] §§ 9 Nr. 7 1992/2000/2002.

[65] *Dähne* in Althaus/Heindl, 2. Aufl. 2013, Teil 1 Rn. 86.

[66] BGH 5.12.2002 – VII ZR 342/01, NJW 2003, 743; ebenso die wohl üA in der Literatur, vgl. *Dicks* IBR 2008, 1360 Rn. 28; *Höfler/Bayer* Bauvergaberecht, 3. Aufl. 2012, Rn. 209; *Hertwig* Praxis der öffentlichen Auftragsvergabe, 6. Aufl. 2016, Rn. 178, 197. Für einen Vorrang des Textes vor den Plänen dagegen *Dähne* in Althaus/Heindl, 2. Aufl. 2013, Teil 1 Rn. 85; *Kapellmann* in Kapellmann/Messerschmidt, 6. Aufl. 2018, VOB/A § 7b Rn. 1; *Leinemann* Vergabe öffentlicher Aufträge, 6. Aufl. 2016, Rn. 1256; *Wirner* in Willenbruch/Wieddekind, 4. Aufl. 2017, VOB/A § 7b Rn. 14.

[67] *Hertwig/Slawinski* Beck VOB/A § 7 Rn. 128.

sind mit einem Pauschalpreis sämtliche Mengen abgegolten, auch wenn sie in der erläuternden zeichnerischen Darstellung zu niedrig angesetzt sind.[68]

Das VHB[69] stellt klar: **32**

„4.8.4   Pläne
Das Beifügen von Plänen zur zeichnerischen Erläuterung der Leistung entbindet nicht von der Pflicht zur eindeutigen und erschöpfenden Beschreibung der Teilleistungen."

Abs. 2 S. 2 ordnet an, dass Zeichnungen und Probestücke (zB Muster für eine Fassaden- **33** gestaltung) „eindeutig zu bezeichnen" sind, wenn sie für die Ausführung „maßgeblich" sein sollen. Nur diese Zeichnungen und Probestücke sind für die Bauausführung bindend.[70] Dafür muss in das Leistungsverzeichnis ein ausdrücklicher Verweis aufgenommen werden, zB eine Nummerierung,[71] die dann in der Regel auch auf der Zeichnung oder Probe angebracht wird. Ohne eine solche Bezugnahme kann einem Bieter nicht vorgehalten werden, dass sein Angebot „musterinkompatibel" sei. Unbeschadet davon sind auch nicht maßgebliche Zeichnungen und Proben für die Auslegung der Leistungsbeschreibung heranzuziehen.[72]

Die Vorschrift stellt keine Qualitätsvorgaben an Zeichnungen, Abbildungen usw. auf. **34** Abweichungen von üblichen zeichnerischen oder sonstigen bautechnischen Ausdrucksmitteln sind unschädlich, solange der Aussagegehalt „eindeutig" iSv § 121 Abs. 1 GWB, § 7 EU Abs. 1 Nr. 1 VOB/A ist.[73]

E. Eingeschlossene Leistungen (Abs. 3)

Die Vorschrift hat den früheren § 7 EG Abs. 11 VOB/A übernommen, einschließlich **35** der missglückten systematischen Stellung.[74] An sich regelt die Vorschrift allgemein, welche Umstände in der Leistungsbeschreibung nicht ausdrücklich zu erwähnen sind und ergänzt daher § 7 EU Abs. 1 Nr. 1 VOB/A. Konsequenterweise gilt sie nach § 7c EU Abs. 2 Nr. 2 auch für die Leistungsbeschreibung mit Leistungsprogramm.

Im Leistungsverzeichnis müssen diejenigen Leistungen nicht besonders aufgeführt wer- **36** den, die nach den Allgemeinen und Zusätzlichen Vertragsbedingungen, den Technischen Vertragsbedingungen oder der gewerblichen Verkehrssitte zu der geforderten Leistung gehören. Abs. 3 verweist hierzu auf § 2 Abs. 1 VOB/B, nach dem mit den vereinbarten Preisen alle Leistungen abgegolten sind, die in den Vertragsbestandteilen entweder ausdrücklich aufgeführt sind oder sich im Wege der Vertragsauslegung nach dem Maß der §§ 133, 157 BGB ergeben.[75] Das können ausnahmsweise solche Besonderen Leistungen sein, die nach den Verhältnissen des konkreten Bauwerks unentbehrlich sind (→ § 7 EU Rn. 69).

Die textliche Übernahme von Passagen aus den Vertragsbedingungen mit Aussagen zum **37** Leistungsinhalt ist idR nicht erforderlich. Das ist anders, wenn die Leistung im Bauvertrag einen anderen oder weitergehenden Inhalt erhält, zB wenn ein Bauleitungsvertrag eine weitergehende Prüf- und Hinweispflicht als § 4 Abs. 3 VOB/B vorsieht.[76] In einem sol-

---

[68] KG 15.5.2004 – 27 U 300/03, IBRRS 2005, 2540 = BauR 2005, 1680 (Ls.) (zu einem „Verschubplan", der aber so zu verstehen war, dass der Verschub nach statischen Anforderungen auszuführen war, zudem mit den Zusatz „nur für die Ausschreibung").

[69] VHB 2017, Allgemeine Richtlinien Vergabeverfahren, Formblatt 100.

[70] *Schätzlein* in HKKW, § 7 VOB/A Rn. 124.

[71] *Schranner* in Ingenstau/Korbion, 20. Aufl. 2017, EU § 7b Rn. 14; *Kapellmann* in Kapellmann/Messerschmidt, 6. Aufl. 2018, § 7b Rn. 2.

[72] *Schätzlein* in HKKW, § 7 VOB/A Rn. 126.

[73] Anderer Ansicht *Franke/Kaiser* in FKZGM, 6. Aufl. 2017, § 7b Rn. 15.

[74] Identisch bereits (auch nach der Regelungssystematik) §§ 9 Nr. 8 1992/2000/2002, 9 Nr. 13 VOB/A 2006; 7 Abs. 11 VOB/A 2009; 7 EG Abs. 11 VOB/A 2012.

[75] *Hertwig/Slawinski* Beck VOB/A § 7 Rn. 129; *Kemper* in FKZGM, 6. Aufl. 2017, VOB/B § 2 B Rn. 5, 25.

[76] VK Düsseldorf 29.7.2011 – VK 19/2011, NZBau 2011, 647 (639).

chen Fall muss die Leistung im Leistungsverzeichnis besonders aufgeführt, dh „eindeutig" und „erschöpfend" iSv § 121 Abs. 1 S. 1 GWB/§ 7 EU Abs. 1 Nr. 1 VOB/A beschreiben werden.

38   Die Vorschrift betrifft daher vor allem die in der VOB/C gelisteten **Nebenleistungen,** die auch ohne Erwähnung im Vertrag zur vertraglichen Leistung gehören.[77] Sie werden grundsätzlich nicht gesondert in die Leistungsbeschreibung aufgenommen, es sei denn, sie sind von besonderer Bedeutung für die Preisbildung; in diesem Fall ist eine eigene Position (Ordnungszahl) vorzusehen (→ § 121 GWB Rn. 48).[78] Das gilt beispielsweise von der Baustelleneinrichtung bei Rohbauarbeiten[79] oder in sonstigen Zweifelsfällen.[80]

F. Gliederung des Leistungsverzeichnisses (Abs. 4)

39   Abs. 4 gibt die Gliederung des Leistungsverzeichnisses vor. Sie soll die Bestimmtheit der Leistungsbeschreibung sicherstellen und ist gilt für alle Arten der Leistungsbeschreibung (vgl. § 7c EU Abs. 2 Nr. 2 VOB/A). Die Gliederungsgrundsätze werden auch auf Ausschreibungen für Waren oder Dienstleistungen übertragen (→ § 31 VgV Rn. 10). Die Vorschrift ist wie der gesamte § 7b EU VOB/A seit langem unverändert.[81] Unter einer Ordnungszahl (Position) dürfen nach Abs. 4 S. 1 grundsätzlich nur solche Teilleistungen aufgenommen werden, die nach ihrer technischen Beschaffenheit und für die Preisbildung als in sich gleichartig anzusehen sind. Es gilt daher ein grundsätzliches **Verbot von Mischpositionen** (zB Erdaushub für alle Bodenklassen).[82] Dadurch können die Bieter transparenter kalkulieren und die Angebote sind für den Auftraggeber vergleichbar.[83] „Teilleistung" iSd § 7b EU Abs. 4 VOB/A bezeichnet daher nicht eine Teilleistung iSd § 266 BGB oder ein „Teillos" iSd § 5 EU Abs. 2 VOB/A sondern einen technisch zusammengehörenden Ausschnitt der Gesamtleistung, der sich nach Art, Güte und Umfang einheitlich beschreiben lässt und zu dem daher eine einheitliche und zusammenfassende Preisbildung möglich ist.[84]

40   Das VHB[85] gibt nähere Erläuterungen, die von der üA auf alle Bauaufträge übertragen werden:

„4.3.5   Bei der Aufgliederung der Leistung in Teilleistungen dürfen unter einer Teilleistung nur Leistungen erfasst werden, die technisch gleichartig sind und unter den gleichen Umständen ausgeführt werden, damit deren Preis auf einheitlicher Grundlage ermittelt werden kann.
Bei der Teilleistung sind insbesondere anzugeben:
– die Mengen aufgrund genauer Mengenberechnungen,
– die Art der Leistungen mit den erforderlichen Erläuterungen über Konstruktion und Baustoffe,
– die einzuhaltenden Maße mit den gegebenenfalls zulässigen Abweichungen (Festmaße, Mindestmaße, Höchstmaße),
– besondere technische und bauphysikalische Forderungen wie Lastannahmen, Mindestwerte der Wärmedämmung und des Schallschutzes, Mindestinnentemperaturen bei bestimmter Außentemperatur, andere wesentliche, durch den Zweck der baulichen Anlage bestimmte Daten,
– besondere örtliche Gegebenheiten, z.B. Baugrund, Wasserverhältnisse, Altlasten,

---

[77] *Dähne* in Althaus/Heindl, 2. Aufl. 2013, Teil 1 Rn. 88; *Schätzlein* in HKKW, VOB/A § 7 Rn. 129.
[78] VHB 2017, Allgemeine Richtlinien Vergabeverfahren, Formblatt 100, Ziff. 4.5.1.
[79] *Eberl* in Dieckert/Ossefort/Steck, Praxiskommentar Vergaberecht, 59. El. 2017, § 7b 2.
[80] *Dähne* in Althaus/Heindl, 2. Aufl. 2013, Teil 1 Rn. 90; *Wirner* in Willenbruch/Wieddekind, 4. Aufl. 2017, VOB/A § 7b Rn. 21.
[81] Identisch sind §§ 9 Nr. 9 VOB/A 1992/2000/2002, 9 Nr. 14 VOB/A 2006; 7 Abs. 12 VOB/A 2009, 7 EG Abs. 12 VOB/A 2012.
[82] *Vygen* BauR 1992, 135; *Heiermann/Bauer* in HRR, 13. Aufl. 2013, EG § 7 Rn. 73, 78; *Kapellmann* in Kapellmann/Messerschmidt, 6. Aufl. 2018, VOB/A § 7b Rn. 18; *Leinemann* Vergabe öffentlicher Aufträge, 6. Aufl. 2016, Rn. 1255.
[83] *Schätzlein* in HKKW, VOB/A § 7 Rn. 133; *Franke/Kaiser* in FKZGM, 6. Aufl. 2017, EU § 7b Rn. 15.
[84] *Dähne* in Althaus/Heindl, 2. Aufl. 2013, Teil 1 Rn. 91; *Schranner* in Ingenstau/Korbion, 20. Aufl. 2017, EU § 7b Rn. 20, 21.
[85] VHB 2017, Allgemeine Richtlinien Vergabeverfahren, Formblatt 100.

– andere als die in den Allgemeinen Technischen Vertragsbedingungen vorgesehenen Anforderungen an die Leistung,
– besondere Anforderungen an die Qualitätssicherung,
– die zutreffende Abrechnungseinheit entsprechend den Vorgaben im Abschnitt 05 der jeweiligen Allgemeinen Technischen Vertragsbedingungen (ATV),
– besondere Abrechnungsbestimmungen, soweit in VOB/C keine Regelung vorhanden ist."

Die einzelne Teilleistung wird im Regelfall als Normalposition ausgedrückt. **Normal-** **41** **positionen** sind Positionen, die ohne Vorbehalt im Leistungsverzeichnis aufgeführt sind und bei denen die Vergütung abschließend geregelt ist.[86] Ohne weiteren Zusatz ist davon auszugehen, dass eine Normalposition vorliegt. **Grundpositionen** beschreiben Teilleistungen, die durch **Wahlpositionen** (Alternativpositionen) oder Zulagepositionen (Zuschlagspositionen) ersetzt werden können. Bei Grund- und Wahlpositionen wird der jeweiligen OZ ein „G" bzw. „W" beigefügt.[87] **Bedarfspositionen** (Eventualpositionen) enthalten den Zusatz „nur auf Anordnung" oder „nur nach Bedarf und besonderer Anweisung des AG" (→ § 121 GWB Rn. 53). Da es sich um kalkulationsrelevante Angaben handelt, muss in der Leistungsbeschreibung eindeutig zum Ausdruck kommen, ob es sich um eine Wahl- oder Bedarfsposition handelt; andernfalls ist die Ausschreibung intransparent und verstößt gegen § 121 GWB.[88] Entsprechendes gilt, wenn die Kriterien fehlen, nach denen Wahlpositionen ausgeübt werden sollen (→ § 121 GWB Rn. 57). Sind Arbeiten nur einmal auszuführen, betreffen sie aber verschiedene Gewerke (zB Dämmarbeiten) müssen sie zur Wahrung der Eindeutigkeit und Vollständigkeit der Leistungsbeschreibung (§ 121 Abs. 1 GWB) in beiden Gewerken als Bedarfs- bzw. Wahlpositionen ausgeschrieben werden.[89]

Bei allen Positionen sind die im Ausführungsfall zutreffenden Mengenansätze anzuge- **42** ben. Sie sind der Ausführungsplanung zu entnehmen, so dass das Leistungsverzeichnis insoweit eine Darstellungsform der Ausführungsplanung ist.[90] Normalpositionen und Grundpositionen sind Positionen, die die zu erbringende Leistung ohne Vorbehalt endgültig beschreiben (sog. **Ausführungspositionen**)[91] und die im Angebot deshalb abschließend und endgültig zu kalkulieren sind.

Damit die Kalkulation nicht erschwert wird, dürfen ungleichartige Leistungen gemäß **43** Abs. 4 S. 2 nur dann zu einer **Sammelposition** zusammengefasst werden, wenn eine Teilleistung im konkreten Einzelfall ohne nennenswerten Einfluss für die Bildung eines Durchschnittspreises ist. Davon ist nur auszugehen, wenn die zu den jeweiligen Teilleistungen gehörenden Einzelleistungen im Wesentlichen gleichartig sind und nur in geringem Maße voneinander abweichen.[92] Das sind Ausnahmefälle. IdR erschwert die Bildung einer Sammelposition die Kalkulation und die Vergleichbarkeit der Angebote. Die Begründung ist daher zu dokumentieren.[93]

Es gibt Positionen, in die ein Erlös aufgrund der Verwertung von Material einzurechnen **44** ist. Ist zu erwarten, dass der Erlös den Leistungsaufwand übersteigt (zB Verwertung von Stahl), muss der Auftraggeber in der Leistungsbeschreibung **negative Einheitspreise** zulassen.[94]

In der Praxis wird das Leistungsverzeichnis nach Abschnitten (zB Bauwerke, Bauab- **45** schnitte) und Unterabschnitten (zB Baustelleneinrichtung, Erdbau, Entwässerung) gegliedert, dh nach Leistungsbereichen denen jeweils zusammengehörende Positionen zugeord-

---

[86] Die Bezeichnung „Grundposition" und „Normalposition" werden oft gleichgesetzt, etwa bei *Dähne* in Althaus/Heindl, 2. Aufl. 2013, Teil 1 Rn. 84.
[87] Abschnitt 1.4 Nr. (30) HVA B-StB (Ausgabe April 2016).
[88] VK Bund 23.2.2017 – VK 1-11/17, IBRRS 2017, 1395.
[89] OLG Koblenz 13.6.1997 – 2 U 227-96, NJW-RR 1998, 20; *Hertwig/Slawinski* Beck VOB/A § 7 Rn. 6.
[90] *Hertwig* Praxis der öffentlichen Auftragsvergabe, 6. Aufl. 2016, Rn. 182.
[91] *Höfler/Bayer* Bauvergaberecht, 3. Aufl. 2012, Rn. 306; *Heiermann/Bauer* in HRR, 13. Aufl. 2013, EG § 7 Rn. 74.
[92] *Schranner* in Ingenstau/Korbion, 20. Aufl. 2017, EU § 7b Rn. 22.
[93] *Franke/Kaiser* in FKZGM, 6. Aufl. 2017, EU § 7b Rn. 37.
[94] Abschnitt 1.4 Nr. (4a) HVA B-StB (Ausgabe April 2016).

net sind (sog. „Titel").[95] Die Gliederung in Abschnitte ist insbesondere angezeigt, wenn die Ausschreibung mehrere Fachlose umfasst.[96] Jede Position im Leistungsverzeichnis ist in diesem Aufbau durch ihre achtstellige Ordnungszahl nach Abschnitt, Unterabschnitt, Position identifizierbar.

---

[95] Abschnitt 1.4 Nrn. (24), (25) HVA B-StB (Ausgabe April 2016).
[96] VHB 2017, Richtlinien zu 224, Ziff. 1.

§ 7c Leistungsbeschreibung mit Leistungsprogramm

(1) **Wenn es nach Abwägen aller Umstände zweckmäßig ist, abweichend von § 7b Absatz 1 zusammen mit der Bauausführung auch den Entwurf für die Leistung dem Wettbewerb zu unterstellen, um die technisch, wirtschaftlich und gestalterisch beste sowie funktionsgerechteste Lösung der Bauaufgabe zu ermitteln, kann die Leistung durch ein Leistungsprogramm darge werden.**

(2)

1. **Das Leistungsprogramm umfasst eine Beschreibung der Bauaufgabe, aus der die Unternehmen alle für die Entwurfsbearbeitung und ihr Angebot maßgebenden Bedingungen und Umstände erkennen können und in der sowohl der Zweck der fertigen Leistung als auch die an sie gestellten technischen, wirtschaftlichen, gestalterischen und funktionsbedingten Anforderungen angegeben sind, sowie gegebenenfalls ein Musterleistungsverzeichnis, in dem die Mengenangaben ganz oder teilweise offengelassen sind.**
2. **§ 7b Absatz 2 bis 4 gilt sinngemäß.**

(3) **Von dem Bieter ist ein Angebot zu verlangen, das außer der Ausführung der Leistung den Entwurf nebst eingehender Erläuterung und eine Darstellung der Bauausführung sowie eine eingehende und zweckmäßig gegliederte Beschreibung der Leistung – gegebenenfalls mit Mengen- und Preisangaben für Teile der Leistung – umfasst. Bei Beschreibung der Leistung mit Mengen- und Preisangaben ist vom Bieter zu verlangen, dass er**

1. **die Vollständigkeit seiner Angaben, insbesondere die von ihm selbst ermittelten Mengen, entweder ohne Einschränkung oder im Rahmen einer in den Vergabeunterlagen anzugebenden Mengentoleranz vertritt, und dass er**
2. **etwaige Annahmen, zu denen er in besonderen Fällen gezwungen ist, weil zum Zeitpunkt der Angebotsabgabe einzelne Teilleistungen nach Art und Menge noch nicht bestimmt werden können (z.B. Aushub-, Abbruch- oder Wasserhaltungsarbeiten) – erforderlichenfalls anhand von Plänen und Mengenermittlungen – begründet.**

Übersicht

	Rn.		Rn.
A. Einführung	1	D. Anforderungen an das Leistungsprogramm (Abs. 2)	23
I. Literatur	1	I. Regelungsinhalt	23
II. Entstehungsgeschichte	2	II. Beschreibung der Bauaufgabe und Angaben des Auftraggebers	28
III. Rechtliche Vorgaben im EU-Recht	3	III. Musterleistungsverzeichnis	31
B. Systematische Stellung	4		
C. Anwendungsfälle der Leistungsbeschreibung mit Leistungsprogramm (Abs. 1)	12	E. Anforderungen an das Angebot (Abs. 3)	32
I. Regelungsinhalt	12	I. Regelungsinhalt	32
II. „Zweckmäßigkeit"	16	II. Inhalt des Angebots (Abs. 3 Nr. 1)	38
III. „Abwägen aller Umstände"	22	III. Mengen- und Preisangaben (Abs. 3 Satz 2)	42

A. Einführung

I. Literatur

Vygen, Anm. zu OLG Celle: Pauschalvertrag, funktionale Leistungsbeschreibung und geschuldete Soll-Leistung, IBR 1995, 414; *Cuypers*, Leistungsbeschreibung, Ausschreibung und Bauvertrag, BauR 1997, 27; *Döring*, Die funktionale Leistungsbeschreibung – Ein Vertrag ohne Risiko?, in FS für Vygen, 1999, 175; *Schmidt*, Die rechtlichen Rahmenbedingungen der Funktionalen Leistungsbeschreibung, ZfBR 2001, 3; **1**

Kraus, Die Leistungsbeschreibung im Wandel des Vergaberechts – Überprüfung und Rechtsfolgen von Verstößen gegen § 9 VOB/A, FS Jagenburg, 2002, 403; *Dicks,* Die mangelhafte, insbesondere unvollständige Leistungsbeschreibung und die Rechtsfolgen im Vergaberecht, IBR 2008, 1360 (nur online); *Tausendpfund,* Gestaltungs- und Konkretisierungsmöglichkeiten des Bieters im Vergaberecht, 2009; *Kronsbein/Dewald,* Transparenz vor Kreativität: Identität des Auftragsgegenstandes bei Funktionalausschreibungen, NZBau 2011, 146; *Motzke,* Die werkvertragliche Erfolgsverpflichtung – leistungserweiternde oder leistungsergänzende Funktion?, NZBau 2011, 705; *Höfler/Bayer,* Praxishandbuch Bauvergaberecht, 3. Aufl. 2012; *Althaus/Heindl,* Der öffentliche Bauauftrag, 2. Aufl. 2013; *Lampe-Helbig/Jagenburg/Baldringer,* Handbuch der Bauvergabe, 3. Aufl. 2014; *Diehr,* Generalübernahme zur Funktionalpauschale im VOB-Vertrag – Möglichkeiten und Grenzen aus vergaberechtlicher und baudurchführungsrechtlicher Sicht, ZfBR 2016, 19; *Reuber,* Die neue VOB/A, VergabeR 2016, 339; *Stolz,* Urteilsanmerkung, VergabeR 2017, 735.

II. Entstehungsgeschichte

2   Die Vorschrift übernimmt die bisherigen Bestimmungen zur Leistungsbeschreibung mit Leistungsprogramm in § 7 EG Abs. 13–15 VOB/A. Das Leistungsprogramm wurde erstmals mit der VOB/A-Ausgabe 1973 in seinen Eckpunkten geregelt, um einer bestimmten Form der Totalunternehmervergabe feste Regeln zu geben.[1] Der in der Praxis weitere wichtigere Bereich der (teil-)funktionalen Ausschreibungen (zB beim Schlüsselfertigbau) blieb ungeregelt.[2] Seither sind die Bestimmungen praktisch unverändert und oberhalb und unterhalb der Schwellenwerte gleich.[3]

III. Rechtliche Vorgaben im EU-Recht

3   Die Vergaberichtlinien machen zu funktionalen Leistungsbeschreibungen keine expliziten Vorgaben, verlangen allerdings, dass technische Spezifikationen in Form von Leistungs- und Funktionsanforderungen so „hinreichend genau" sind, dass sie den Bietern ein klares Bild vom Auftragsgegenstand vermitteln und dem Auftraggeber die Erteilung des Zuschlags möglich ist (→ § 31 VgV Rn. 38).[4] Das ist bereits in § 7a EU Abs. 2 Nr. 2 VOB/A umgesetzt. Ebenso bei wie § 7b EU VOB/A steht hinter der Bestimmung keine spezielle unionsrechtliche Vorgabe.

B. Systematische Stellung

4   Die Vorschrift regelt mit der Leistungsbeschreibung mit Leistungsprogramm einen Unterfall[5] der funktionalen Leistungsbeschreibung, wobei die Regelung am Leitbild der **total-funktionalen** Leistungsbeschreibung ausgerichtet ist, der in der Praxis in Reinform selten vorkommt: Bei dieser Form der Leistungsbeschreibung lässt sich der Auftraggeber Entwurf und Ausführungsplanung vom Bieter erstellen, dem dafür nur allgemeine Vorgaben gesetzt werden (zB Anzahl der Räume des Bauwerks, Nutzungs-

---

[1] § 9 Nr. 10–12 VOB/A 1973; Ingenstau/Korbion, 7. Aufl. 1974, A § 9 Rn. 2; *C. Wirth/Baldringer* HdB Bauvergabe, 3. Aufl. 2014, B Rn. 128. Die Bestimmungen sind seither im Wesentlichen unverändert.

[2] *Kapellmann* in Kapellmann/Messerschmidt, 6. Aufl. 2018, VOB/A § 7c Rn. 16.

[3] Bis auf Formulierungsdetails identisch mit §§ 9 Nr. 10–12 VOB/A 1979/1988/1992/2000/2002; 9 Nr. 15–17 VOB/A 2006; 7 Abs. 13–15 VOB/A 2009; 7 EG Abs. 13–15 VOB/A 2012.

[4] Art. 42 Abs. 3 Buchst. a) Richtlinie 2014/24/EU (entspricht Art. 24 Abs. 3 Buchst. b) Richtlinie 2004/18/EG); Art. 60 Abs. 3 Buchst. a) Richtlinie 2014/25/EU (entspricht Art. 34 Abs. 3 Buchst. b) S. 2 Richtlinie 2004/17/EG).

[5] Im Bauvergabe- und -vertragsrecht werden „Leistungsbeschreibung mit Leistungsprogramm" und „funktionale Ausschreibung" herkömmlich gleichgesetzt, vgl. *Döring* FS Vygen, 1999, 175; *Schmidt* ZfBR 2001, 3; *Höfler/Bayer* Bauvergaberecht, 3. Aufl. 2012, Rn. 323; *Kues* in Nicklisch/Weick/Jansen/Seibel, 4. Aufl. 2016, § 2 VOB/A Rn. 2; *Leinemann* Vergabe öffentlicher Aufträge, 6. Aufl. 2016, Rn. 1261; *Franke/Kaiser* in FKZGM, 6. Aufl. 2017, EU § 7b Rn. 2.

zweck, Raumgrößen, Dachform). Das ist in verschiedener Hinsicht eine Ausnahmekonstellation: Die VOB/A geht vom Grundsatz aus, dass Planungs- und Bauleistungen getrennt zu vergeben sind.[6] Bei der total-funktionalen Leistungsbeschreibung ist dagegen sogar eine **Generalübernehmerbeauftragung** möglich.[7] IdR wird eine Pauschalvergütungsabrede iSd § 4 EU Abs. 1 Nr. 2 VOB/A getroffen (→ Rn. 7). Wegen des prägenden Anteils qualitativer Elemente scheidet der Preis als alleiniges Zuschlagskriterium aus (→ § 121 GWB Rn. 106).[8] Zudem ist grundsätzlich eine angemessene Entschädigung für den verlangten Entwurf festzusetzen (→ § 8b EU Abs. 1 Nr. 1 S. 2 VOB/A). Eine Pauschalvergütungsabrede schließt es nach der Rechtsprechung des Bundesgerichtshofs nicht aus, dass der Vertrag zu einzelnen Leistungen besondere Vereinbarungen trifft (sog. „Detaillierung"). Es kann vorgesehen werden, dass einzelne Leistungen überhaupt nicht oder nicht vollständig vom Auftragnehmer erbracht werden, dies sogar dann, wenn sie für die Funktionalität erforderlich sind.[9] Nennen die Vergabeunterlagen und Bedingungen der Leistungserbringung iSd § 121 Abs. 1 S. 2 BGB (zB bestimmte Bodenverhältnisse) kann sich ein Anspruch auf veränderte Vergütung aus § 2 Abs. 5 VOB/B ergeben, wenn die tatsächlichen Verhältnisse abweichen und darin die Änderung des Bauentwurfs liegt.[10] Gleiches kann der Fall sein, wenn der Vertrag über Betonsanierungsarbeiten die Betongüte von B25 ausweist, die tatsächliche Betongüte mit B5 aber deutlich schlechter ist und daraus ein Mehrleistungsaufwand entsteht.[11] Die Bestimmung des Leistungsinhalts hat unter Berücksichtigung des Vertragsinhalts, der sonstigen Umstände des Vertrages und des mit dem Vertrag verfolgten Zwecks zu erfolgen. Der Tatrichter muss prüfen, in welchem Gesamtzusammenhang eine Angabe in der Leistungsbeschreibung (zB zur Estrichstärke) steht.[12]

Davon abzugrenzen sind teil-funktionale Leistungsbeschreibungen, bei denen bestimmte **5** Leistungsbereiche detailliert beschrieben werden. Das kommt in verschiedenen Gestaltungen und Abstufungen vor: Der Auftraggeber kann fertige Planungen bereitstellen, insbesondere den Entwurf selbst erstellen, und den Auftragnehmer nur mit der Ausführungsplanung bis zur schlüsselfertigen Errichtung beauftragen (zB beim in der Praxis besonderes häufigen **Schlüsselfertigbau**).[13] Das ist nach üA vergaberechtlich zulässig, sofern es zweckmäßig ist und den Bietern ein hinreichender Planungsspielraum bleibt (→ Rn. 20).[14] Der Auftraggeber kann konstruktive Vorgaben für Teile des Gesamtbauvorhabens machen und nur andere, einzeln bewertbare Teile funktional ausschreiben (→ § 7b EU Rn. 6).[15] Er kann beide Möglichkeiten kombinieren und sogar ein Musterleistungsverzeichnis vorgeben (→ Rn. 24). Bei teilfunktionalen Ausschreibungen ist nach üA sogar die Vergabe nach dem Preis möglich, wenn andere Kriterien nicht geeignet erscheinen oder nicht erforderlich sind.[16] Das wird allerdings nur ausnahmsweise der Fall sein. Grundsätzlich bringt die Ver-

---

[6] *Herrmann* in HRR, 14. Aufl. 2018, EU § 7 Rn. 3.

[7] Zu den Voraussetzungen zuletzt *Diehr* ZfBR 2016, 19 (20).

[8] Zu § 7c EU VOB/A *Reuber* VergabeR 2016, 339 (346). Bisher bereits üA vgl. nur OLG Düsseldorf 11.12.2013 – VII Verg 22/13, NZBau 2014, 374 – Hochschule Ruhr West; zu den Ausnahmen VK Lüneburg 7.10.2015 – VgK-31/2015, IBRRS 2016, 0013.

[9] Zusammenfassend BGH 30.6.2011 – VII ZR 13/10, BGHZ 190, 212 = NJW 2011, 3287 Rn. 11 – Klinikabbruch.

[10] BGH 20.8.2009 – VII ZR 205/07, BGHZ 182, 158 = NZBau 2009, 707 Rn. 78 f – Funktionales Gründungsangebot.

[11] BGH 27.6.1996 – VII ZR 59/95, BauR 1997, 126 (128).

[12] BGHZ 190, 212 = NJW 2011, 3287 Rn. 12.

[13] *Kapellmann* in Kapellmann/Messerschmidt, 6. Aufl. 2018, VOB/A § 7c Rn. 2, 16 weist darauf hin, dass ca. 60 % der Jahresbauleistung auf (teil-)funktionalen Schlüsselfertigbau entfällt.

[14] OLG Saarbrücken 23.11.2005 – 1 Verg 3/05, NZBau 2006, 457 – schlüsselfertige Erstellung einer Kläranlage; OLG Düsseldorf 11.12.2013 – Verg 22/13, NZBau 2014, 374 – Hochschule Ruhr West; VK Münster 17.7.2013 – VK 6/13, ZfBR 2014, 184 – Hochschule Ruhr West.

[15] *Schätzlein* in HKKW, § 7 VOB/A Rn. 111, 138; *C. Wirth/Baldinger* HdB Bauvergabe, 3. Aufl. 2014, B Rn. 129; *Wirner* in Willenbruch/Wieddekind, 4. Aufl. 2017, VOB/A § 7c Rn. 9.

[16] VK Lüneburg 7.10.2015 – VgK-31/2015, ZfBR 2016, 398; zurückhaltender *Kapellmann* in Kapellmann/Messerschmidt, 5. Aufl. 2015, VOB/A § 7 Rn. 102.

gabestelle mit der Wahl der Zuschlagskriterien zum Ausdruck, welchen **Wert sie auf die Planung der Bieter** legt. Je weniger dies der Fall ist, umso eher ist davon auszugehen, dass sie die Planung selbst hätte vornehmen und durch ein Leistungsverzeichnis ausschreiben können.[17]

6   Bei der Leistungsbeschreibung mit Leistungsprogramm (und bei der funktionalen Beschreibung generell) übernehmen die Bieter bei der Konzeptionierung und Planung der Leistung Aufgaben, die nach § 121 Abs. 1 GWB / § 7 EU Abs. 1 Nr. 1 VOB/A an sich dem Auftraggeber obliegen.[18] Der Auftraggeber wird von Planungs- und Beschreibungsaufgaben entlastet. Die Aufstellung der Leistungsbeschreibung wird partiell auf die Bieter verlagert (→ Rn. 13) was die Übertragung von Risiken mit einschließt. Für das OLG Düsseldorf und die üA kombiniert die funktionale Leistungsbeschreibung typischerweise einen Wettbewerb, der eine Konzeptionierung und Planung der Leistung zum Gegenstand hat, mit der Vergabe der Leistung als solcher und unterscheidet sich dadurch von einem reinen Wettbewerb um einen klar umrissenen Auftrag.[19] Gemäß Abs. 3 Nr. 1 müssen die Bieter die Leistung spiegelbildlich zu den sie treffenden Konzeptionierungs- und Planungspflichten nach Art, Umfang und Ausführung spezifizieren. Das hat zur Folge, dass der Auftragnehmer nach Vertragsschluss für solche Mängel haftet, die auf Fehler seiner Planung zurückgehen und die durch seine Fehlschätzungen ausgelösten Mehrkosten trägt.[20] Dieser Effekt führt tendenziell dazu, dass sich der Bieterkreis bei einer Leistungsbeschreibung mit Leistungsprogramm eher auf großbauindustrielle Unternehmen verengt, die die Planungs- und Konzeptionsleistungen erbringen können.

7   Vom **Planungswettbewerb** (Architektenwettbewerb) unterscheidet sich die Leistungsbeschreibung mit Leistungsprogramm dadurch, dass Gegenstand der Vergabe nicht ausschließlich die Planung, sondern auch die Ausführung der Bauleistung ist.[21] Sie ist daher nicht mit der Auslobung eines Preisgeldes verbunden, sondern zielt auf die Auftragserteilung ab.[22]

8   Oft (aber nicht notwendigerweise)[23] wird bei der Leistungsbeschreibung mit Leistungsprogramm eine Pauschalvergütungsabrede iSd § 4 EU Abs. 1 Nr. 2 VOB/A getroffen.[24] Dann gehören im Zweifel alle Leistungen zur vertraglich geschuldeten Soll-Leistung, deren Notwendigkeit der Auftragnehmer bei Abgabe seines Angebots aufgrund der Pläne, der Leistungsbeschreibung und der ihm bekannten örtlichen Verhältnisse hätte erkennen können, so dass auch das Mengenrisiko auf den Auftragnehmer verlagert wird.[25]

9   Diese Variante der Leistungsbeschreibung ist deshalb mit **besonderem Aufwand und Vertragsrisiken** für die Bieter und den Auftraggeber[26] verbunden. Für den Bundesgerichtshof ist diese Ausschreibungstechnik allerdings „verbreitet und in Fachkreisen allge-

---

[17] VK Hessen 26.4.2007 – 69d-VK-08/2007, IBRRS 2007, 3596 – Straßenmeistereiprivatisierung Hessen.

[18] Allgemeine Ansicht, *Döring* FS Vygen 177; *Herig*, 5. Aufl. 2013, § 7 Rn. 72; *C. Wirth/Baldringer* HdB Bauvergabe, 3. Aufl. 2014, B Rn. 128; *Schranner* in Ingenstau/Korbion, 20. Aufl. 2017, EU § 7c Rn. 3, 9; *Franke/Kaiser* in FKZGM, 6. Aufl. 2017, EU § 7c Rn. 10, 26. Allgemein zu funktionalen Leistungsbeschreibungen OLG Düsseldorf 12.6.2013 – VII-Verg 7/13, ZfBR 2013, 716 (717); 1.6.2016 – VII Verg 6/16, VergabeR 2016, 751 (758) – Vertriebsdienstleistungen; VK Lüneburg 7.10.2015 – VgK-31/2015, ZfBR 2016, 398 (400).

[19] OLG Düsseldorf 28.6.2017 – VII-Verg 2/17, VergabeR 2017, 730 (735).

[20] BGH 20.8.2009 – VII ZR 205/07, NZBau 2009, 707 Rn. 84 – Funktionales Gründungsangebot; OLG München 10.12.2009 – Verg 16/09, BeckRS 2010, 02617.

[21] *Dicks* IBR 2008, 1360 Rn. 35; *Hertwig/Slawinski* Beck VOB/A, § 7 Rn. 134.

[22] VK Hessen 26.4.2007 – 69d-VK-08/2007, IBRRS 2007, 3596 – Straßenmeistereiprivatisierung Hessen:

[23] Darauf weist *Dähne* in Althaus/Heindl, 2. Aufl. 2013, Teil 1 Rn. 97 hin.

[24] *Döring* FS Vygen 175; *Höfler/Bayer* Bauvergaberecht, 3. Aufl. 2012, Rn. 328; *Herig*, 5. Aufl. 2013, § 7 Rn. 75.

[25] OLG Celle 26.5.1993 – 6 U 139/92, IBR 1995, 414 mAnm *Vygen*.

[26] Zu den Risiken aus dem Leistungsbestimmungsrecht (§ 315 Abs. 1 BGB) des Auftragnehmers nach Vertragsschluss *Leinemann* Vergabe öffentlicher Aufträge, 6. Aufl. 2016, Rn. 1274f.

mein bekannt".[27] Ein fachkundiger Auftragnehmer kann sich daher nicht darauf berufen, er habe die mit einer funktionalen Leistungsbeschreibung verbundene Risikoverlagerung nicht erkennen können oder nicht zu erkennen brauchen. Wer das nicht weiß oder solche Risiken nicht akzeptieren will, solle sich – so das OLG Düsseldorf – von derartigen Ausschreibungen besser „fernhalten".[28] Die Gerichte lassen nicht gelten, dass die Erstellung von Ausführungsplanung und Statik mit erheblichem Aufwand verbunden ist, da es ausschließlich Sache des jeweiligen Vertragspartners ist, ob und wie er sich der Risiken eines Vertragsschlusses vergewissert.[29] Das schließt es allerdings nicht aus, dass der Leistungsumfang im abgeschlossenen Vertrag **auf die vom Auftragnehmer angebotene und Vertragsinhalt gewordene Ausführung beschränkt** wird.[30] In einer derartigen Konstellation umfasst der vereinbarte Pauschalpreis grundsätzlich nur die Leistungen, die sich dem Vertrag entnehmen lassen.[31] Nach dieser Rechtsprechung können daher Leistungen die über die vom Bieter erstellte Ausführungsplanung hinausgehen gesondert zu vergüten zu sein, es sei denn, etwas anderes wird ausdrücklich vereinbart (wobei der Bundesgerichtshof in der „Bistro"-Entscheidung an die Annahme einer solchen Vereinbarung „strenge Anforderungen" stellt).[32]

Das Leistungsbeschreibung mit Leistungsprogramm ist eine bereits im **„Vergabever- 10 merk – Wahl der Vergabeart"** zu begründende Ausnahme.[33] Sie ist idR nur zweckmäßig, wenn eine ausreichende Anzahl von Bewerbern existiert, da nur dann ein Wettbewerb gewährleistet ist (→ Rn. 13). Der Kreis der Bewerber darf andererseits nicht zu groß sein, da jedem Bewerber erhebliche Planungskosten entstehen. Daher ist idR nur das Verhandlungsverfahren mit Teilnahmewettbewerb bzw. die Beschränkte Ausschreibung zweckmäßig. Auftraggeberintern ist wegen der mit dieser Beschreibungsart verbundenen Vertragsrisiken zT die Mitwirkung der Fachaufsicht vorgeschrieben.[34] Die Leistungsbeschreibung mit Leistungsprogramm darf zudem nach üA nur gewählt werden, wenn der öffentliche Auftraggeber die **Vergleichbarkeit der Angebote** durch Mindest- und Rahmenvorgaben sicherstellt. Daran fehlt es insbesondere, wenn die Bieter mit weit auseinanderliegenden Annahmen über Teilleistungen arbeiten müssen (→ Rn. 31) oder sich die unterschiedlichen Annahmen in den Verhandlungen nicht auf ein vergleichbares Niveau bringen lassen. Wegen der anspruchsvollen Leistungsbeschreibung verlangt diese Ausschreibungsart daher eine besonders **sorgfältige Vorbereitung,** wenn nicht Streit- und Risikopotential im Vergabeverfahren und nach Vertragsschluss vorprogrammiert sein sollen.[35]

Eine Ausschreibung mit konstruktivem Leistungsverzeichnis lässt sich für die Rechtspre- 11 chung **nachträglich** auf eine Ausschreibung mit Leistungsprogramm umstellen, zB wenn der Auftraggeber erkennt, dass auf Seiten der Bieter Expertenwissen vorhanden ist und die ursprüngliche konstruktive Ausschreibung nicht zu optimalen Ergebnissen führen würde.[36] In diesem Fall kommt es zu einer Risikoverlagerung, so dass dem ursprünglichen Angebot

---

[27] BGH 27.6.1996 – VII 59/95, NJW 1997, 61 – Doppelschleuse; 23.1.1997 – VII ZR 65/96, BauR 1997, 464 (465); zur Zulässigkeit der offenen Risikoverlagerung auf den Auftragnehmer auch KG 14.2.2006 – 21 U 5/03, NZBau 2006, 241 (244) – „PCB-Fall"; zuletzt OLG Düsseldorf 28.6.2017 – VII-Verg 2/17, VergabeR 2017, 730 (736); zum Umfang der Risikoverlagerung bei einem Pauschalvertrag *Döring* FS Vygen 175.
[28] Deutlich OLG Düsseldorf 12.6.2013 – VII-Verg 7/13, ZfBR 2013, 716 (717); in diesem Sinne bereits OLG Düsseldorf 5.10.2000 – Verg 14/00, IBRRS 2003, 0839; *Dicks* IBR 2008, 1360 Rn. 35.
[29] KG 15.5.2004 – 27 U 300/03, IBRRS 2005, 2540 = BauR 2005, 1680 (Ls.).
[30] BGH 13.3.2008 – VII ZR 194/06, BGHZ 176, 23 = NJW 2008, 2106 Rn. 33 – Bistro.
[31] OLG Koblenz 31.3.2010 – 1 U 415/08, NZBau 2010, 652; *Motzke* NZBau 2011, 705 (712).
[32] Grundlegend BGH 13.3.2008 – VII ZR 194/06, BGHZ 176, 23 Ls. 3 = NJW 2008, 2106 = BauR 2008, 1131 – Bistro.
[33] VHB 2017, Allgemeine Richtlinien Vergabeverfahren, Formblatt 111 und Richtlinien zu 111 Nr. 3.
[34] VHB 2017, Allgemeine Richtlinien Vergabeverfahren, Formblatt 100, Ziff. 2.4.
[35] Allgemeine Ansicht, dazu nur *C. Wirth/Baldringer* HdB Bauvergabe, 3. Aufl. 2014, B Rn. 133; *Leinemann* Vergabe öffentlicher Aufträge, 6. Aufl. 2016, Rn. 1274; *Schranner* in Ingenstau/Korbion, 20. Aufl. 2017, EU § 7c Rn. 7, 8.
[36] VK Lüneburg 7.10.2015 – VgK-31/2015, ZfBR 2016, 398 (400).

mit Leistungsverzeichnis für den Umfang der funktional umschriebenen Leistung keine ausschlaggebende Bedeutung beizumessen ist.[37]

C. Anwendungsfälle der Leistungsbeschreibung mit Leistungsprogramm (Abs. 1)

I. Regelungsinhalt

12   Nach Abs. 1 ist die Leistungsbeschreibung mit Leistungsprogramm der vom Auftraggeber zu rechtfertigende Ausnahmefall. Dies liegt darin begründet, dass diese Art der Leistungsbeschreibung tendenziell weniger wettbewerbsoffen ist, da die Bieter zur Erbringung und Konzeptionierungs- und Planungsleistungen aufwändige Expertise, zB Architekten- und Ingenieurleistungen, einbinden müssen (→ Rn. 6).[38] Aufgrund der denkbaren Varianten an Planungsansätzen unterschieden sich die Angebote in aller Regel, was die Prüfung und Wertung erschwert.

13   Die Wahl dieser Beschreibungsart steht im pflichtgemäßen Ermessen des Auftraggebers (→ § 121 GWB Rn. 100).[39] Im Rahmen der Ermessensausübung ist ihre Zweckmäßigkeit zu prüfen (arg. § 40 VwVfG) und im Rahmen dieser Prüfung eine Abwägungsentscheidung zu treffen, bei der dem Auftraggeber ein Beurteilungsspielraum eingeräumt ist.

14   Abs. 1 ist **bieterschützend,** da die Wahl der funktionalen Ausschreibung Rückwirkungen auf die Beschreibungstiefe hat, dh auf Umfang und Dichte an Vorgaben, von denen die Bieter in ihrem Angebot nicht abweichen können, ohne den Angebotsausschluss zu riskieren (→ § 31 VgV Rn. 33).[40] Die Bieter müssen einen Verstoß gegen Abs. 1 allerdings idR vor Angebotsabgabe rügen, zB indem sie nachweisen, dass es sich um eine durchschnittliche und übliche Baumaßnahme handelt, bei der kein Bedarf für eine funktionale Ausschreibung besteht.[41] Die Gerichte prüfen nur, ob die Ausschreibung wesentliche Planungsleistungen dem Wettbewerb unterstellt und ob die Entscheidung des Auftraggebers im Vergabevermerk und ggfs. noch im Nachprüfungsverfahren **nachvollziehbar begründet wurde.**[42] Ein Anspruch der Bieter auf eine Ausschreibung mittels Leistungsprogramm besteht nicht.[43]

15   Parallelvorschriften in der VgV, SektVO, KonzVgV existieren nicht. Die Rechtfertigungsanforderungen an eine funktionale Ausschreibung und die zu § 7c EU VOB/A entwickelten Grundsätze für die Angebotserstellung werden aber auf funktionale Ausschreibungen von Dienstleistungs- oder Lieferaufträgen übertragen (→ § 121 GWB Rn. 100).

II. „Zweckmäßigkeit"

16   Durch eine Leistungsbeschreibung mit Leistungsprogramm kann sich der Auftraggeber die unterschiedlichen Fähigkeiten und Erfahrungen von Unternehmen bei der Planung und fachgerechten Ausführung komplexer Bauleistungen zunutze machen, bei denen sich zwar Zielvorstellungen und einzelne Schritte beschreiben lassen, aber die Lösung der Auf-

---

[37] BGH 23.1.1997 – VII ZR 65/96, BauR 1997, 464.

[38] *Eberl* in Dieckert/Ossefort/Steck, Praxiskommentar Vergaberecht, 59. El. 2017, VOB/A § 7c 2.

[39] *Hertwig/Slawinski* Beck VOB/A, § 7 Rn. 138; *Leinemann* Vergabe öffentlicher Aufträge, 6. Aufl. 2016, Rn. 1262; *Wirner* in Willenbruch/Wieddekind, 4. Aufl. 2017, VOB/A § 7c Rn. 11.

[40] Anders Vorauflage *Hertwig/Slawinski* Beck VOB/A § 7 Rn. 28.

[41] OLG München 10.12.2009 – Verg 16/09, BeckRS 2010, 02617.

[42] OLG München (o. Fn. 40); OLG Düsseldorf 12.6.2013 – VII-Verg 7/13, ZfBR 2013, 716 (718); *Diehr* ZfBR 2016, 19 (20).

[43] *Tausendpfund* Gestaltungs- und Konkretisierungsmöglichkeiten 57.

gabe inhaltlich nicht beschreiben kann, ohne dass der Auftraggeber einen wesentlichen Teil der Planungsleistungen selbst zu erbringen hätte. Sie ist daher „zweckmäßig" wenn die Planungsleistungen dem Wettbewerb unterstellt werden sollen und es sich um in gewissen zeitlichen Abständen wiederkehrende Typen von baulichen Anlagen handelt, so dass der Kostenmehraufwand vertretbar ist, zB bei der Ausschreibung von Turn- und Sporthallen, Schwimmbädern, Straßenbrücken, baulichen Anlagen aus Fertigteilen, Fassadenelementen.[44] Zweckmäßig ist diese Form der Ausschreibung ferner, wenn die ausgeschriebene Bauleistung **ungewöhnlich komplex** ist und einen hohen innovativen Anteil umfasst, so dass es auf unternehmerische Erfahrungen ankommt[45] oder der öffentliche Auftraggeber mit einer Beschaffung „aus einer Hand" Zeitvorteile realisieren möchte.[46] Dagegen wäre es nicht hinreichend, dass sich **Ressourcen für eigene Architekten und Ingenieure** einsparen lassen.[47]

Eine (teil-)funktionale Ausschreibung von Teilbereichen oder Gewerken (zB Elektro-   **17** anlagen, Klima, Heizung, Lüftung) ist sinnvoll, wenn es verschiedene technische Systeme oder Lösungsansätze gibt und die Konzeptionierung ein besonderes Knowhow von Fachfirmen erfordert, das die gewöhnlichen Fachkompetenzen der Bauämter übersteigt.[48] Die Ausschreibung der übrigen Teile der Gesamtbauleistung muss dann konstruktiv erfolgen.

Der Auftraggeber muss bei seiner Ermessensausübung dem Wettbewerbsgedanken (§ 2   **18** EU Abs. 1 VOB/A) angemessen Rechnung tragen.[49] Die Leistungsbeschreibung mit Leistungsprogramm ist nur zulässig, wenn eine ausreichende **Anzahl von Bewerbern** zu erwarten ist.[50] Zeitvorteile oder Erleichterungen für den Auftraggeber bei der Bauleitung oder der Vertragsabwicklung rechtfertigen nicht eine Leistungsbeschreibung mit Leistungsprogramm, ebenso wenig die Suche nach der gestalterisch besten Lösung für ein komplexes Bauvorhaben.[51] Für sie muss der Auftraggeber einen Architektenwettbewerb (Planungswettbewerb) ausschreiben.[52] Die Ausschreibung muss **Planungsleistungen dem Wettbewerb** unterstellen, indem den Bietern wesentliche Planungsleistungen (und nicht nur ausführungsbegleitende Planungen) übertragen sind (→ Rn. 27). Dafür muss neben der Bauausführung auch der Entwurf der Leistung dem Wettbewerb unterstellt werden.[53] Die jeweilige Lösung muss daher Bestandteil des Angebots sein und anhand entsprechender Zuschlagskriterien bewertet werden.[54] Geht es nur um die Verbesserung einer bereits vorliegenden Genehmigungs- oder Ausführungsplanung (entsprechend Leistungsphasen 4 und 5 HOAI), muss der Auftraggeber mittels Leistungsverzeichnis ausschreiben (§ 7b EU

---

[44] Das Positionspapier des DVA mit entsprechenden Beispielen ist wiedergegeben bei *Herrmann* in HRR, 14. Aufl. 2018, EU § 7c Rn. 6; weitere Beispiele bei *Höfler/Bayer* Bauvergaberecht, 3. Aufl. 2012, Rn. 325; *Schranner* in Ingenstau/Korbion, 20. Aufl. 2017, EU § 7c Rn. 3, *Eberl* in Dieckert/Ossefort/Steck, Praxiskommentar Vergaberecht, 59. El. 2017, VOB/A § 7c 3.

[45] OLG München 10.12.2009 – Verg 16/09, BeckRS 2010, 02617.

[46] OLG Düsseldorf 12.6.2013 – VII-Verg 7/13, ZfBR 2013, 716 (718); das zum Motiv des Einsparens von eigenen Planungsleistungen wird aber auch kritisch gesehen, etwa bei *Schranner* in Ingenstau/Korbion, 20. Aufl. 2017, EU § 7c Rn. 5.

[47] *Hertwig/Slawinski* Beck VOB/A § 7 Rn. 140; *Wirner* in Willenbruch/Wieddekind, 4. Aufl. 2017, VOB/A § 7c Rn. 11; *Herrmann* in HRR, 14. Aufl. 2018, EU § 7c Rn. 4.

[48] OLG München 10.12.2009 – Verg 16/09, BeckRS 2010, 02617; *Schmidt* ZfBR 2001, 3 (6); *Höfler/Bayer* Bauvergaberecht, 3. Aufl. 2012, Rn. 325; *Schranner* in Ingenstau/Korbion, 20. Aufl. 2017, EU § 7c Rn. 14.

[49] *Franke/Kaiser* in FKZGM, 6. Aufl. 2017, EU § 7c Rn. 17.

[50] VHB 2017, Allgemeine Richtlinien Vergabeverfahren, Formblatt 100, Ziff. 4.4.1.2.; *Dähne* in Althaus/Heindl, 2. Aufl. 2013, Teil 1 Rn. 95; *Baumann* HdB Bauvergabe, 3. Aufl. 2014, C Rn. 51; *Leinemann* Vergabe öffentlicher Aufträge, 6. Aufl. 2016, Rn. 1263; *Schranner* in Ingenstau/Korbion, 20. Aufl. 2017, EU § 7c Rn. 15; *Wirner* in Willenbruch/Wieddekind, 4. Aufl. 2017, VOB/A § 7c Rn. 13.

[51] *Hertwig* Praxis der öffentlichen Auftragsvergabe, 6. Aufl. 2016, Rn. 184; *Leinemann* Vergabe öffentlicher Aufträge, 6. Aufl. 2016, Rn. 1266.

[52] ÜA, vgl. *Hertwig/Slawinski* Beck VOB/A § 7 Rn. 140; *Franke/Kaiser* in FKZGM, 6. Aufl. 2017, EU § 7c Rn. 18.

[53] OLG Düsseldorf 28.6.2017 – VII-Verg 2/17, VergabeR 2017, 730 (736).

[54] Ablehnend zu dieser Einschränkung *Stolz* VergabeR 2017, 736 (737).

VOB/A) und Nebenangebote zulassen.[55] Eine Leistungsbeschreibung mit Leistungsprogramm wäre in dieser Konstellation „unzweckmäßig".

19 Das VHB[56] konkretisiert die in der Praxis vorkommenden Fälle:

> „4.4.1.1 Eine Leistungsbeschreibung mit Leistungsprogramm kann zweckmäßig sein,
> – wenn sie wegen der fertigungsgerechten Planung in Fällen notwendig ist, in denen es beispielsweise bei Fertigteilbauten wegen der Verschiedenartigkeit von Systemen den Bietern freigestellt sein muss, die Gesamtleistung so anzubieten, wie es ihrem System entspricht,
> – wenn mehrere technische Lösungen möglich sind, die nicht im Einzelnen neutral beschrieben werden können, und der Auftraggeber seine Entscheidung unter dem Gesichtspunkt der Wirtschaftlichkeit und Funktionsgerechtigkeit erst aufgrund der Angebote treffen will.
>
> 4.4.1.2 Dabei ist sorgfältig zu prüfen, ob die durch die Übertragung von Planungsaufgaben auf die Bieter entstehenden Kosten in angemessenem Verhältnis zum Nutzen stehen, und ob für die Ausarbeitung der Pläne und Angebote leistungsfähige Unternehmer in so großer Zahl vorhanden sind, dass ein wirksamer Wettbewerb gewährleistet ist.
>
> 4.4.1.3 Eilbedürftigkeit oder Erleichterungen in der Organisation, Leitung der Baudurchführung und Vertragsabwicklung sowie Gewährleistung sind für sich keine Gründe für die Wahl dieser Beschreibungsart."

20 Zweckmäßigkeit iSv Abs. 1 ist zudem nur gegeben, wenn auf Basis der Vergabeunterlagen und der festgelegten Zuschlagskriterien miteinander **vergleichbare Angebote erwartbar** sind. Die Vergabeunterlagen müssen dafür auf einem Stand sein, dass sie von allen Bietern gleich verstanden werden können, das Leistungsziel erkennbar ist, die Bieter nicht auf Spekulationen über Leistungsanforderungen angewiesen sind und mit wesentlichen Änderungen der Auftraggeberanforderungen nicht mehr zu rechnen ist (→ Rn. 19).[57] Das setzt voraus, dass der Auftraggeber seine Vorbereitungs- und Planungsaufgaben vor Fertigstellung der Leistungsbeschreibung abgeschlossen hat. Er darf nicht planlos agieren und muss die **finanzielle und konzeptionelle Ausschreibungsreife** hergestellt haben, einschließlich der öffentlich-rechtlichen Genehmigungsfähigkeit des Vorhabens (→ § 121 GWB Rn. 119 f.).[58] Dass nach Vertragsbeginn aufgrund neuer Entwicklungen (zB Inkrafttreten eines BPlans oder der DSGVO) auf den Auftragnehmer weitere Pflichten zukommen könnten, stellt die Ausschreibungsreife nicht in Frage.[59]

21 Die Leistungsbeschreibung mit Leistungsprogramm kann sich auf das gesamte Bauwerk oder auf Teile davon erstrecken.[60] In letzterem Fall kommt es zu einer Kombination aus Leistungsbeschreibung mit Leistungsverzeichnis und Leistungsprogramm, also zu einer teilfunktionalen Ausschreibung (→ Rn. 5).

III. „Abwägen aller Umstände"

22 Die in Abs. 1 genannten Anforderungen in technischer, wirtschaftlicher, gestalterischer und funktioneller Hinsicht müssen die Leistungsbeschreibung mit Leistungsprogramm kumulativ als „zweckmäßig" erscheinen lassen. Die Vergabestelle muss dafür eine Abwägungsentscheidung treffen, bei der alle im Einzelfall vorliegenden Umstände berücksichtigen muss und sich auch mit der Verfügbarkeit eigener Planungskapazitäten und den

---

[55] OLG Düsseldorf 11.12.2013 – Verg 22/13, NZBau 2014, 374 – Hochschule Ruhr West; VK Nordrhein-Westfalen (BR Detmold) 8.3.2000 – VK 11-03/00, IBRRS 2000, 1283; *Diehr* ZfBR 2016, 19 (20); *Hertwig* Praxis der öffentlichen Auftragsvergabe, 6. Aufl. 2016, Rn. 185; *Kus* NK-BGB, 3. Aufl. 2016, Anh. II zu §§ 631–651 BGB Rn. 65.

[56] VHB 2017, Allgemeine Richtlinien Vergabeverfahren, Formblatt 100, Ziff. 4.8.3.

[57] *C. Wirth/Baldringer* HdB Bauvergabe, 3. Aufl. 2014, Rn. 129; *Franke/Kaiser* in FKZGM, 6. Aufl. 2017, EU § 7c Rn. 9; *Schranner* in Ingenstau/Korbion, 20. Aufl. 2017, EU § 7c Rn. 12.

[58] *Dicks* IBR 2008, 1360 Rn. 36; *Leinemann* Vergabe öffentlicher Aufträge, 6. Aufl. 2016, Rn. 577; *Schranner* in Ingenstau/Korbion, 20. Aufl. 2017, EU § 7c Rn. 27; *Trutzel* in Ziekow/Völlink, 3. Aufl. 2018, EU § 7c Rn. 4.

[59] Zu diesem Grundsatz (bei einer Hilfsmittelausschreibung) VK Bund 7.12.2017 – VK 1–131/17, VPR 2018, 2342.

[60] Vgl. VHB 2017, Allgemeine Richtlinien Vergabeverfahren, Formblatt 100, Ziff. 2.4.

Mehrkosten für die Bieter (→ § 8b EU Abs. 1 Nr. 1 S. 2 VOB/A) auseinandersetzen muss.[61] Seine dazu angestellten Überlegungen muss der Auftraggeber in der Vergabeakte dokumentieren.

D. Anforderungen an das Leistungsprogramm (Abs. 2)

I. Regelungsinhalt

Eine Ausschreibung mit Leistungsprogramm löst nach Abs. 2 spezielle Beschreibungs- **23** pflichten des Auftraggebers aus, die die Verpflichtungen aus § 121 GWB und §§ 7, 7a EU VOB/A ergänzen.[62] Die Leistungsbeschreibung mit Leistungsprogramm umfasst nach Abs. 2 eine „Beschreibung der Bauaufgabe", die erkennen lassen muss:
– alle für die Entwurfsbearbeitung und ihr Angebot maßgebenden Bedingungen und Umstände;
– den Zweck der fertigen Leistung und
– die an die Leistung gestellten technischen, wirtschaftlichen, gestalterischen und funktionsbedingten Anforderungen.

§ 7b EU Abs. 2–4 VOB/A gelten „sinngemäß" (Abs. 2 Nr. 2). Das Leistungsprogramm **24** kann daher Zeichnungen und Pläne beinhalten und muss selbstverständliche Leistungen nicht anführen (→ § 7b EU Rn. 22). Es enthält idR keine Massenangaben.[63]

Das Gebot der **eindeutigen und vollständigen Beschreibung** in § 121 Abs. 1 GWB, **25** § 7 EU Abs. 1 Nr. 1 VOB/A gilt auch bei der Leistungsbeschreibung mittels Leistungsprogramm (→ § 7 EU Rn. 6), ebenso alle übrigen Vorschriften in §§ 7, 7a EU VOB/A, insbesondere auch das Verbot der Übertragung ungewöhnlicher Wagnisse in § 7 EU Abs. 1 Nr. 3 VOB/A[64] und Pflicht zur Beachtung die „Hinweise für das Aufstellen der Leistungsbeschreibung" in den ATV gemäß § 7 EU Abs. 1 Nr. 7 VOB/A.[65] Unklarheiten, Unvollständigkeiten und andere Fehler gehen auch bei der funktionalen Leistungsbeschreibung nicht zu Lasten der Bieter (→ § 121 GWB Rn. 20). Abs. 2 enthält eine Konkretisierung des Bestimmtheitsgrundsatzes. Damit der Auftraggeber den Zweck der fertigen Leistung und die gestellten technischen, wirtschaftlichen, gestalterischen und funktionalen Anforderungen „angeben" kann, müssen das Leistungsziel, die Rahmenbedingungen und die wesentlichen Leistungen so weit festgelegt sein, dass mit Veränderungen nicht mehr zu rechnen ist.[66] Der Beschaffungsbedarf des Auftraggebers muss auch bei funktionalen Beschreibungen „optimal und mit größtmöglicher Bestimmtheit zum Ausdruck" gebracht werden (→ § 121 GWB Rn. 109).[67] Der Bieter muss aus dem Leistungsprogramm erkennen können, **welche Planungsleistungen** erwartet werden, welche **Anforderungen an die fertige Bauleistung** der der Auftraggeber stellt und welchen Zweck er mit ihr ver-

---

[61] *Schätzlein* in HKKW, VOB/A § 7 Rn. 146; *Franke/Kaiser* in FKZGM, 6. Aufl. 2017, EU § 7c Rn. 19, *Schranner* in Ingenstau/Korbion, 20. Aufl. 2017, EU § 7c Rn. 23.
[62] *Franke/Kaiser* in FKZGM, 6. Aufl. 2017, EU § 7c Rn. 3.
[63] Das wird oft als das charakteristische Merkmal hervorgehoben, etwa bei *Hertwig/Slawinski* Beck VOB/A § 7 Rn. 134, 145.
[64] Instruktiv VK Hessen 26.4.2007 – 69d-VK-08/2007, IBRRS 2007, 3596 – Straßenmeistereiprivatisierung Hessen; *Kraus* FS Jagenburg, 2002, 403 (415); *Schätzlein* in HKKW, § 7 Rn. 47; *Leinemann* Vergabe öffentlicher Aufträge, 6. Aufl. 2016, Rn. 1269. Nicht völlig unumstritten, anders zB die Vorauflage *Hertwig/Slawinski* Beck VOB/A § 7 Rn. 31, 49 f., 138 f., die es auch für zulässig ansehen, dass dem Auftragnehmer Verpflichtungen auferlegt werden, „die er nicht genau kennt oder nicht zuverlässig ermitteln kann" (ebd., Rn. 49).
[65] *Dähne* in Althaus/Heindl, 2. Aufl. 2013, Teil 1 Rn. 99.
[66] Grundlegend OLG Düsseldorf 5.10.2000 – Verg 14/00, IBRRS 2003, 0839 (als allgemeiner Maßstab für funktionale Ausschreibungen); *Dicks* IBR 2008, 1360 Rn. 36; *Kronsbein/Dewald* NZBau 2011, 146 (148).
[67] Zu § 8 Nr. 2 Abs. 1 Buchst. a) VOL/A aF OLG Naumburg 16.9.2002 – 1 Verg 2/02, NZBau 2003, 628 (631) –Abwasserbeseitigung.

folgt.[68] Dafür müssen bei Gebäuden mindestens das vollständige Flächen- und Raumprogramm und die genehmigte Haushaltsunterlage – Bau – nach den „Richtlinien für die Ausführung von Bundesbauaufgaben durch die Finanzbauverwaltungen" (RBBau) vorliegen.[69] Vorbereitungs-, Planungs-, Beschreibungs- und Mitwirkungspflichten des Auftraggebers lassen sich nach üA auch bei einer funktionalen Ausschreibung nicht mittels lückenhafter Vorgaben auf die Bieter verlagern.[70] Der Auftraggeber muss gemäß § 7 EU Abs. 1 Nr. 2 VOB/A in die Leistungsbeschreibung alle kalkulationsrelevanten Angaben aufnehmen über die er bereits verfügt oder die er sich unschwer verschaffen kann. Leistungen, die nach den Vertragsbedingungen, den Technischen Vertragsbedingungen oder der gewerblichen Verkehrssitte zu der geforderten Leistung gehören, brauchen auch beim Leistungsprogramm nicht gesondert aufgeführt zu werden (§ 7c EU Abs. 2 Nr. 2 iVm § 7b EU Abs. 3 VOB/A).

26   Das VHB[71] bestimmt dementsprechend:

> „4.4.1.4   Bevor das Leistungsprogramm erstellt werden darf, ist sicherzustellen, dass die Grundlagen der Ausschreibung nicht mehr geändert werden. Die Beschreibung muss alle für die Entwurfsbearbeitung und Angebotserstellung erforderlichen Angaben eindeutig und vollständig enthalten und gewährleisten, dass die zu erwartenden Angebote vergleichbar sind."

27   Die Beschreibung der Bauaufgabe muss erkennen lassen, welche Planungsleistungen der Auftraggeber mit welcher Zielrichtung von den Bietern erwartet. Sie muss ihnen aber auch **Planungs- und Gestaltungsspielräume** belassen. Von einer funktionalen oder nur teilweise funktionalen Ausschreibung ist nur auszugehen, wenn der Auftraggeber wesentliche Planungsaufgaben auf den Bieter verlagert und hierüber einen Wettbewerb eröffnet; ist er dazu nicht bereit, muss er mit einem Leistungsverzeichnis ausschreiben.[72]

II. Beschreibung der Bauaufgabe und Angaben des Auftraggebers

28   Bereits aus § 121 Abs. 1 S. 2 iVm S. 1 GWB folgt, dass die Beschreibung der Bauaufgabe **vollständig** in dem Sinne sein muss, dass die Bieter „alle für die Entwurfsbearbeitung und ihr Angebot maßgeblichen Umstände" iSv Abs. 2 Nr. 1 1. Hs. erkennen können. Einen eigenständigen Regelungsgehalt hat Abs. 2 Nr. 1, soweit die Vorschrift zusätzlich vorgibt, dass für die Bieter der **„Zweck der fertigen Leistung"** und die an sie gestellten technischen, wirtschaftlichen und funktionsbedingten Anforderungen erkennbar sein muss. Dafür genügt es idR, dass die Ausschreibung Mindestanforderungen festlegt und vorgibt, dass die weiteren Leistungen des Auftragnehmers der vertraglich übernommenen Planung zu entsprechen haben.[73] Für die Bieter muss transparent sein, worauf es dem Auftraggeber im Rahmen der Zielverwirklichung ankommt.

29   Bei der Beschreibung der Bauaufgabe und den weiteren Angaben des Auftraggebers im Leistungsprogramm orientiert sich die Praxis an den Gliederungsvorgaben in Anhang 9 Nr. 1 VHB:

„Beschreibung des Bauwerks/der Teile des Bauwerks
Allgemeine Beschreibung des Gegenstandes der Leistung nach Art, Zweck und Lage
Beschreibung der örtlichen Gegebenheiten wie z. B. Klimazone, Baugrund, Zufahrtswege, Anschlüsse, Versorgungseinrichtungen
Beschreibung der Anforderungen an die Leistung

---

[68] *Cuypers* BauR 1997, 27.
[69] *Hertwig/Slawinski* Beck VOB/A § 7 Rn. 146; *Dähne* in Althaus/Heindl, 2. Aufl. 2013, Teil 1 Rn. 99.
[70] *Traupel* in Müller-Wrede, Kompendium, 2. Aufl. 2013, 14 Rn. 18.
[71] VHB 2017, Allgemeine Richtlinien Vergabeverfahren, Formblatt 100.
[72] OLG Brandenburg 19.9.2003 – Verg W 4/03, VergabeR 2004, 59 (72); OLG Düsseldorf 11.12.2013 – Verg 22/13, NZBau 2014, 374 – Hochschule Ruhr West; VK Nordbayern 16.1.2007 – 21.VK-3194-43/06, IBRRS 2007, 0492; *Franke/Kaiser* in FKZGM, 6. Aufl. 2017, EU § 7c Rn. 22; *Herrmann* in HRR, 14. Aufl. 2018, EU § 7c Rn. 4.
[73] BGH 27.6.1996 – VII 59/95, NJW 1996, 61 – Doppelschleuse.

Flächen- und Raumprogramm, z. B. Größenangaben, Nutz- und Nebenflächen, Zuordnungen, Orientierung
Art der Nutzung, z. B. Funktion, Betriebsabläufe, Beanspruchung
Konstruktion: ggf. bestimmte grundsätzliche Forderungen, z. B. Stahl oder Stahlbeton, statisches System
Einzelangaben zur Ausführung, z. B.
– Rastermaße, zulässige Toleranzen, Flexibilität
– Tragfähigkeit, Belastbarkeit
– Akustik (Schallerzeugung, -dämmung, -dämpfung)
– Klima (Wärmedämmung, Heizung, Lüftungs- und Klimatechnik)
– Licht- und Installationstechnik, Aufzüge
– hygienische Anforderungen
– besondere physikalische Anforderungen (Elastizität, Rutschfestigkeit, elektrostatisches Verhalten)
– sonstige Eigenschaften und Qualitätsmerkmale
– vorgeschriebene Baustoffe und Bauteile
– Anforderungen an die Gestaltung (Dachform, Fassadengestaltung, Farbgebung, Formgebung).
Abgrenzung zu Vor- und Folgeleistungen
Normen oder etwaige Richtlinien der nutzenden Verwaltung, die zusätzlich zu beachten sind
öffentlich-rechtliche Anforderungen, z. B. spezielle planungsrechtliche, bauordnungsrechtliche, wasser- oder gewerberechtliche Bestimmungen oder Auflagen."

Anlage zur Leistungsbeschreibung sind die für die Angebotserstellung **benötigten Un-** **30** **terlagen,** wie das Raumprogramm, Pläne, Erläuterungsberichte, Baugrundgutachten, besondere Richtlinien der nutzenden Verwaltung,[74] häufig auch eine Vorentwurfsplanung des vom Auftraggeber eingeschalteten Architekten oder Ingenieurs (entsprechend Leistungsphase 2 der HOAI). Zu benennen sind überdies die mit der Ausführung von Vor- und Folgeleistungen beauftragten Unternehmer und Einzelheiten von deren Leistungen, soweit sie für die Angebotsbearbeitung und die Ausführung von Bedeutung sind, zB Belastbarkeit der vorhandenen Konstruktionen, Baufristen, Vorhaltung von Gerüsten und Versorgungseinrichtungen.

III. Musterleistungsverzeichnis

Dem Leistungsprogramm kann nach Abs. 2 Nr. 1 „gegebenenfalls" ein Musterleistungs- **31** verzeichnis beigefügt werden, in dem die Mengenangaben ganz oder teilweise offengelassen sind. Das ist vor allem dann sinnvoll, wenn anderenfalls die Bestimmtheit und die Ausschreibungsreife (Vergabereife) fehlen würde.[75] Durch ein solches Musterverzeichnis lässt sich auch vorgeben, wie die Angebote zu gliedern und zu bearbeiten sind (idR mittels Kennzahlen), um ihre Vergleichbarkeit sicherzustellen.[76]

E. Anforderungen an das Angebot (Abs. 3)

I. Regelungsinhalt

Abs. 1 sieht als Regelfall vor, dass der Bieter in seinem Angebot den Entwurf und die **32** Ausführungsunterlagen vorlegt, die er aufgrund eigener Planungsleistungen erarbeitet hat, nebst einer Beschreibung der Leistung mit Mengen- und Preisangaben, also einem Leistungsverzeichnis. Dadurch kann der Auftraggeber prüfen, ob das Angebot die gestellten Mindestanforderungen erfüllt und welche die Qualität der angebotener Lösung im Vergleich mit anderen Angeboten ermitteln.[77] Welche Unterlagen vom Bieter mit dem Angebot vorzulegen sind, muss der Auftraggeber in den Vergabeunterlagen nach Art und Maß-

---

[74] VHB 2017, Allgemeine Richtlinien Vergabeverfahren, Anh. 9, Ziff. 2.
[75] OLG München 10.12.2009 – Verg 16/09, BeckRS 2010, 02617.
[76] *Schranner* in Ingenstau/Korbion, 20. Aufl. 2017, EU § 7c Rn. 31.
[77] *Schellenberg* in Pünder/Schellenberg, 2. Aufl. 2015, EG § 7 VOB/A Rn. 116.

stab vorgeben. Ohne ausdrückliche Forderung in den Vergabeunterlagen muss der Bieter von sich aus keine eigene Entwurfsplanung beibringen.[78]

33   Das VHB[79] sieht in diesem Zusammenhang beispielhaft folgende Erklärungen und Unterlagen vor:

„– Angaben zur Baustelleneinrichtung, z. B. Platzbedarf, Art der Fertigung
– Angaben über eine für die Bauausführung erforderliche Mitwirkung oder Zustimmung des Auftraggebers
– Baufristenplan, u. U. auch weitere Pläne abweichend von der vorgeschriebenen Bauzeit
– Zahlungsplan, wenn die Bestimmung der Zahlungsbedingungen dem Bieter überlassen werden soll
– Erklärung, dass und wie die nach dem öffentlichen Recht erforderlichen Genehmigungen usw. beigebracht werden können
– Wirtschaftlichkeitsberechnung unter Einbeziehung der Folgekosten, unterteilt in Betriebskosten und Unterhaltungskosten, soweit im Einzelfall erforderlich.“

34   Abs. 3 trifft keine Regelung für Fälle (teil-) funktionaler Ausschreibungen, bei denen eine auftraggeberseitige Planung existiert (→ Rn. 5). Beschreibt der Auftraggeber zB die Erstellung einer technischen Anlage für ein Bauwerk funktional unter Verweis auf die von ihm bis zu diesem Zeitpunkt erstellte Bauwerksplanung, wird die Bauwerksplanung grundsätzlich **Gegenstand des Angebots** und bestimmt die vom Auftragnehmer zu erbringenden Leistungen.[80]

35   Bei der Angebotserstellung sind die Bieter an die Mindestanforderungen („Mindestkriterien“, „Muss“-Anforderungen oder „need-to-have-Anforderungen“) in der Leistungsbeschreibung gebunden. Eine Abweichung von einer Mindestanforderung ist auch beim Leistungsprogramm eine Änderung der Vergabeunterlagen iSd § 13 Abs. 1 Nr. 5 VOB/A, die nach § 16 EU Nr. 2 zum Ausschluss des Angebots führt. Das gilt auch bei einzelnen technischen Spezifikationen (zB dem einzubauenden Rauchmeldersystem).[81] Der Angebotsausschluss setzt aber auch hier eine eindeutige Vorgabe voraus (→ § 121 GWB Rn. 82).[82]

36   Der Auftraggeber muss prüfen, ob die von den Bietern vorgelegte konkretisierte Planung den Mindestanforderungen entspricht und das gemäß Abs. 2 Nr. 1 verbindliche Leistungsziel voraussichtlich erreicht werden wird (→ § 121 GWB Rn. 106).[83] Bei komplexen Ausschreibungen mit Leistungsprogramm kann idR nicht erwartet werden, dass alle Angebote alle Positionen des Leistungsprogramms von Anfang an vollständig abdecken, keine Defizite bestehen und für die Vergabestelle keine offenen bzw. aufklärungsbedürftigen Fragen bleiben. Die Rechtsprechung verlangt aus Verhältnismäßigkeitsgründen einen flexiblen Prüfungsmaßstab (→ § 121 GWB Rn. 102): Dass vereinzelte Detailangaben fehlen rechtfertigt keinen Angebotsausschluss, wenn dies für die der Funktionalität der Lösung und die Wettbewerbsstellung des Bieters ohne Relevanz ist und die nachträgliche Aufklärung dieser Feinspezifikationen nicht mit Manipulationsgefahren verbunden ist.[84] Dem Bieter muss in solchen Fällen Gelegenheit zur Präzisierung seines Angebots gegeben werden.[85] Abweichungen von eindeutigen Vorgaben zu den technischen Spezifikationen (zB einem Leitprodukt) lassen sich darüber aber idR nicht retten.

37   Nach Angebotsabgabe sind im offenen Verfahren und nicht offenen Verfahren als Ausnahme vom Regelfall Verhandlungen über Änderungen der Angebote oder Preise zulässig, wenn sie nötig sind, um unumgängliche technische Änderungen geringen Umfangs und

---

[78] OLG Brandenburg 19.9.2003 – Verg W 4/03, VergabeR 2004, 59 (72); *Trutzel* in Ziekow/Völlink, 3. Aufl. 2018, EU § 7c Rn. 9.
[79] VHB 2017, Allgemeine Richtlinien Vergabeverfahren, Anhang 9 Ziff. 3.
[80] BGH 13.3.2008 – VII ZR 194/06, BGHZ 176, 23 = NJW 2008, 2106 Rn. 33 – Bistro.
[81] Im Ergebnis VK Nordbayern 16.1.2007 – 21.VK-3194-43/06, IBRRS 2007, 0492 (die das bei der Frage prüft, ob überhaupt ein Leistungsprogramm vorliegt).
[82] BGH 1.8.2006 – X ZR 115/04, NZBau 2006, 797; OLG München 10.12.2009 – Verg 16/09, BeckRS 2010, 02617; OLG Celle 19.2.2015 – 13 Verg 12/14, BeckRS 2015, 12548 Rn. 16.
[83] *Franke/Kaiser* in FKZGM, 6. Aufl. 2017, EU § 7c Rn. 11.
[84] OLG Saarbrücken 29.5.2002 – 5 Verg 1/01, IBRRS 2003, 0486; 23.11.2005 – 1 Verg 3/05, NZBau 2006, 457 (459).
[85] *Leinemann* Vergabe öffentlicher Aufträge, 6. Aufl. 2016, Rn. 1273.

sich daraus ergebende Änderungen der Preise zu vereinbaren (→ § 15 EU Abs. 3 VOB/A). In diesem Prozess lassen sich zB Bedenken des öffentlichen Auftraggebers an der angebotenen technischen Lösung ausräumen.

II. Inhalt des Angebots (Abs. 3 Nr. 1)

Das Angebot muss die Ausführung der Leistung, den Entwurf der Leistung nebst eingehender Erläuterung, eine Darstellung der Ausführung und eine eingehende und zweckmäßig gegliederte Beschreibung der Leistung (ggfs. mit Mengen und Preisangaben) umfassen. An die Bestimmtheit des Angebots sind keine geringeren Anforderungen zu stellen, als sie der Auftraggeber bei einer Leistungsbeschreibung mit Leistungsverzeichnis zu erfüllen hätte.[86] Das Angebot muss daher den Anforderungen von § 121 Abs. 1, 2 GWB genügen (→ § 121 GWB Rn. 106). Die Erläuterung des Entwurfs muss alle relevanten Gesichtspunkte abdecken und so klar sein, dass sie der Auftraggeber aus sich heraus verstehen kann und nicht auf Rückfragen angewiesen ist.[87] 38

Das VHB[88] gibt Hinweise für die Angebotsaufforderung: 39

„Es ist in der Aufforderung zur Abgabe eines Angebots 211 vom Bieter zu verlangen, dass er sein Angebot so aufstellt, dass
– Art und Umfang der Leistung eindeutig bestimmt,
– die Erfüllung der Forderungen des Leistungsprogramms nachgewiesen,
– die Angemessenheit der geforderten Preise beurteilt und
– nach Abschluss der Arbeit die vertragsgemäße Erfüllung zweifelsfrei geprüft werden kann.
Dabei ist anzugeben, wie die Angebote gegliedert und durch Angabe von Kennzahlen oder dergleichen erläutert werden sollen.
Der Bieter ist ferner aufzufordern, sämtliche zur Beurteilung des Angebots erforderlichen Pläne und sonstige Unterlagen mit einer eingehenden Erläuterung, insbesondere der Konstruktionsprinzipien und der Materialwahl seinem Angebot beizufügen.
Er ist außerdem zu verpflichten, Pläne und Unterlagen, die nicht schon für die Beurteilung des Angebots, sondern erst für die Ausführung und Abrechnung erforderlich sind, zu bezeichnen und zu erklären, dass er alle für die Ausführung und Abrechnung erforderlichen Pläne im Falle der Auftragserteilung dem Auftraggeber rechtzeitig zur Zustimmung vorlegen werde.
Der Auftraggeber hat Pläne und sonstige Unterlagen, deren Vorlage er bei Angebotsabgabe für erforderlich hält, nach Art und Maßstab im Einzelnen anzugeben."

Bei der Darstellung der Einzelheiten ihrer Lösung haben die Bieter einen **Gestaltungs-** **spielraum**, müssen sich aber an die Auftraggebervorgaben, einschließlich vorgegebener Formalien (Gliederungsvorgaben, Kennzahlen usw.), halten und die geforderte Funktionalität und ggfs. einschlägige öffentlich-rechtliche Vorgaben nachweisen (→ § 121 GWB Rn. 106).[89] Ein Bieter wird versuchen, den Auftraggeber durch eine schlüssige Gliederung, präzise Beschreibungen und vollständige Pläne von der Qualität seines Angebots überzeugen.[90] IdR werden Mengen- und Preisangaben sinnvoll sein, da dies die Überzeugungskraft des Angebotes erhöht und die intensive Auseinandersetzung mit der gestellten Aufgabe deutlich macht. Bei einer funktionalen Ausschreibung können die Bieter idR mehrere und unterschiedliche Produkte anbieten, es sei denn, dies wird in den Vergabeunterlagen eindeutig ausgeschlossen.[91] 40

IdR wird eine Pauschalvergütung iSd § 4 EU Abs. 1 Nr. 2 VOB/A vereinbart. Das ist allerdings nur zulässig, wenn im Zeitpunkt des Vertragsschlusses Klarheit darüber besteht, 41

---

[86] *Schmidt* ZfBR 2001, 3 (5); *Höfler/Bayer* Bauvergaberecht, 3. Aufl. 2012, Rn. 325; *C. Wirth/Baldringer* HdB Bauvergabe, 3. Aufl. 2014, Rn. 128, 133; *Franke/Kaiser* in FKZGM, 6. Aufl. 2017, EU § 7c Rn. 26.
[87] Allgemeine Ansicht, vgl. *C. Wirth/Baldringer* HdB Bauvergabe, 3. Aufl. 2014, Rn. 133; *Schranner* in Ingenstau/Korbion, 20. Aufl. 2017, EU § 7c Rn. 42.
[88] VHB 2017, Allgemeine Richtlinien Vergabeverfahren, Anhang 9 Ziff. 5.
[89] *Döring* FS Vygen 176; *Noch* Vergaberecht kompakt, 6. Aufl. 2015, Rn. 948.
[90] *Hertwig/Slawinski* Beck VOB/A § 7 Rn. 152.
[91] VK Münster 25.10.2016 – VK 1 – 36/16, IBRRS 2016, 2942.

wie das Bauvorhaben in seinen Einzelheiten ausgeführt werden soll.[92] Der Auftraggeber muss daher im Rahmen der Angebotsaufklärung darauf hinwirken, dass der Bieter den geplanten zeitlichen und technischen Gang der Ausführung eindeutig umschreibt (einschließlich Ausführungsdetails).[93] Das schließt es nicht aus, dass einzelne Leistungsdetails offenbleiben, weil sie sich erst im Rahmen der Ausführung aus einer Varianzbreite gleichwertiger Möglichkeiten abschließend festlegen lassen. Der Abschluss eines Funktionalpauschalpreisvertrages ist aber nicht zulässig.[94]

III. Mengen- und Preisangaben (Abs. 3 Satz 2)

42   Mengen- und Preisangaben sind immer dann zu fordern, wenn sie für den Angebotsvergleich im Rahmen der Wertung erforderlich sind.[95] Vom Bieter ist grundsätzlich zu verlangen, dass er die Vollständigkeit seiner Angaben uneingeschränkt oder jedenfalls im Rahmen einer vorgegebenen Mengentoleranz vertritt (Nr. 1). Dahinter steht der Grundsatz, dass der Auftragnehmer bei der Leistungsbeschreibung mit Leistungsprogramm das Mengenermittlungsrisiko trägt und für die von ihm ermittelten Mengen gerade stehen soll.[96] Ist der geschuldete Erfolg mit den angebotenen Mengen nicht zu erreichen, wäre er zur Lieferung der benötigten Menge verpflichtet, ohne dafür eine Anpassung der Vergütung verlangen zu können.[97] Er kann daher in seinem Angebot eine Mengentoleranz angeben und einen Nachtrag geltend machen, wenn die Mengentoleranz verlassen wird. In der Praxis beträgt diese Mengentoleranz im Normalfall bei etwa 15%, kann aber im Einzelfall bis zu 40% gehen.[98]

43   Lassen sich Teilleistungen nach Art und Menge noch nicht bestimmen (zB Aushub-, Abbruch- oder Wasserhaltungsarbeiten) kann der Auftraggeber von den Bietern verlangen, dass sie ihre Annahmen in ihren Angeboten offenlegen und begründen (Nr. 2), um die Angebote für die Wertung vergleichbar zu machen. Aus der Begründung muss sich nachvollziehbar erschließen, warum die Teilleistungen noch nicht bestimmbar sind.[99] Anders als bei einem Risikozuschlag kann der Auftragnehmer einen Nachtrag einfordern, sollten sich die Annahmen nicht bestätigen.

---

[92] *Franke/Kaiser* in FKZGM, 6. Aufl. 2017, EU § 7c Rn. 4, 6. Umstritten. *Leinemann* Vergabe öffentlicher Aufträge, 6. Aufl. 2016, Rn. 1271 für Leistungselemente, die erst während der Ausführung deutlich werden, wenn sich die Planung des Auftragnehmers konkretisiert.

[93] OLG Celle 19.2.2015 – 13 Verg 12/14, BeckRS 2015, 12548 Rn. 31; *Schranner* in Ingenstau/Korbion, 20. Aufl. 2017, EU § 7c Rn. 44. Gegen ein „funktionales Angebot" auch *Leinemann* Vergabe öffentlicher Aufträge, 6. Aufl. 2016, Rn. 1273.

[94] *Diehr* ZfBR 2016, 19 (22).

[95] VHB 2017, Allgemeine Richtlinien Vergabeverfahren, Anhang 9 Ziff. 5.

[96] *Schranner* in Ingenstau/Korbion, 20. Aufl. 2017, EU § 7c Rn. 48.

[97] BGH 1.8.2006 – X ZR 115/04, NZBau 2006, 797 Rn. 25.

[98] *Eberl* in Dieckert/Ossefort/Steck, Praxiskommentar Vergaberecht, 59. El. 2017,VOB/A § 7c 8.

[99] *Schranner* in Ingenstau/Korbion, 20. Aufl. 2017, EU § 7c Rn. 49.

§ 8 Vergabeunterlagen

(1) **Die Vergabeunterlagen bestehen aus**

1. dem Anschreiben (Aufforderung zur Angebotsabgabe), gegebenenfalls Teilnahmebedingungen (Absatz 2) und
2. den Vertragsunterlagen (§ 8a EU und §§ 7 EU bis 7c EU).

(2)

1. Das Anschreiben muss die nach Anhang V Teil C der Richtlinie 2014/24/EU geforderten Informationen enthalten, die außer den Vertragsunterlagen für den Entschluss zur Abgabe eines Angebots notwendig sind, sofern sie nicht bereits veröffentlicht wurden.
2. In den Vergabeunterlagen kann der öffentliche Auftraggeber den Bieter auffordern, in seinem Angebot die Leistungen, die er im Wege von Unteraufträgen an Dritte zu vergeben gedenkt, sowie die gegebenenfalls vorgeschlagenen Unterauftragnehmer mit Namen, gesetzlichen Vertretern und Kontaktdaten anzugeben.
3. Der öffentliche Auftraggeber kann Nebenangebote in der Auftragsbekanntmachung oder in der Aufforderung zur Interessensbestätigung zulassen oder vorschreiben. Fehlt eine entsprechende Angabe, sind keine Nebenangebote zugelassen. Nebenangebote müssen mit dem Auftragsgegenstand in Verbindung stehen. Hat der öffentliche Auftraggeber in der Auftragsbekanntmachung oder in der Aufforderung zur Interessensbestätigung Nebenangebote zugelassen oder vorgeschrieben, hat er anzugeben,

   a) in welcher Art und Weise Nebenangebote einzureichen sind, insbesondere, ob er Nebenangebote ausnahmsweise nur in Verbindung mit einem Hauptangebot zulässt,

   b) die Mindestanforderungen an Nebenangebote.

   Die Zuschlagskriterien sind so festzulegen, dass sie sowohl auf Hauptangebote als auch auf Nebenangebote anwendbar sind. Es ist auch zulässig, dass der Preis das einzige Zuschlagskriterium ist.

   Von Bietern, die eine Leistung anbieten, deren Ausführung nicht in Allgemeinen Technischen Vertragsbedingungen oder in den Vergabeunterlagen geregelt ist, sind im Angebot entsprechende Angaben über Ausführung und Beschaffenheit dieser Leistung zu verlangen.
4. Öffentliche Auftraggeber, die ständig Bauaufträge vergeben, sollen die Erfordernisse, die die Unternehmen bei der Bearbeitung ihrer Angebote beachten müssen, in den Teilnahmebedingungen zusammenfassen und dem Anschreiben beifügen.

Übersicht

	Rn.		Rn.
A. Einführung	1	2. Teilnahmebedingungen (Abs. 1 Nr. 1, Abs. 2 Nr. 4 VOB/A)	19
I. Literatur	2	a) Begriff	19
II. Entstehungsgeschichte	3	b) Inhalt	24
III. Rechtliche Vorgaben im EU-Recht	12	3. Vertragsunterlagen	27
B. Regelungsgehalt	15	II. Regelungen bei Nachunternehmern (Abs. 2 Nr. 2)	28
I. Vergabeunterlagen (Abs. 1, Abs. 2 Nr. 1, Nr. 4)	15	III. Regelungen zu Nebenangeboten (Abs. 2 Nr. 3)	29
1. Anschreiben (Abs. 1 Nr. 1)	17		

A. Einführung

§ 8 EU VOB/A trifft Regelungen zu den **Vergabeunterlagen.**   **1**

I. Literatur

2   *Hilgers,* Vorsicht bei allzu „kreativen" Ausschreibungsgestaltungen, NZBau 2011, 664; *Freise,* Mindestanforderungen an Nebenangebote – Das „Aus" für Nebenangebote oberhalb der Schwellenwerte?, NZBau 2006, 548; *Wirner,* Nebenangebote und Änderungsvorschläge bei der Vergabe öffentlicher Bauaufträge in der Entscheidungspraxis der Vergabekammern und Oberlandesgerichte, ZfBR 2005, 152; *Wagner/Steinkemper,* Bedingungen für die Berücksichtigung von Nebenangeboten und Änderungsvorschlägen, NZBau 2004, 253.[1]

II. Entstehungsgeschichte

3   Der Regelungsinhalt des § 8 EU VOB/A befand sich in seinen wesentlichen Zügen vormals in § 8 EG Abs. 1 und Abs. 2 VOB/A. § 8 EG VOB/A hatte noch weitere Absätze, u. a. zur Einbeziehung der VOB/B sowie zur Kostenerstattung. Im Zuge der Vergaberechtsreform 2016 wurde der Paragraf **in mehrere Einzelparagrafen** geteilt, so dass diese Regelungen nunmehr in §§ 8a ff. EU VOB/A zu finden sind.

4   Ein Vergleich zu § 8 EG Abs. 1 und Abs. 2 VOB/A zeigt folgende **Unterschiede** auf:

5   Statt „Bewerbungsbedingungen" heißt es in Abs. 1 Nr. 1 nunmehr **„Teilnahmebedingungen"**. Diese Änderung ist nicht nachvollziehbar, zumal in der Gesetzesbegründung und auch in der VgV ausdrücklich der Begriff „Bewerbungsbedingungen" verwendet wird; insoweit erfolgt in § 29 Abs. 1 S. 2 Nr. 2 VgV sogar eine **Legaldefinition.**

6   § 8 EU Abs. 1 Nr. 2 VOB/A verweist für die Definition der Vertragsunterlagen auf § 8a EU VOB/A sowie §§ 7 bis 7c EU VOB/A. Vorher verwies § 8 EG Abs. 1 Nr. 2 VOB/A auf die Absätze 3 bis 6 sowie § 7 EG VOB/A. Die Absätze 3 bis 6 des abgelösten § 8 EG VOB/A wurden vollständig in § 8a EU VOB/A übertragen. Die §§ 7 EU bis 7c EU VOB/A regeln grundsätzlich dasselbe wie zuvor § 7 EG VOB/A. Welche **Veränderungen** es diesbezüglich gab, kann der entsprechenden Kommentierung zu den §§ 7 EU bis 7c EU VOB/A entnommen werden.[2]

7   § 8 EU Abs. 2 VOB/A trifft Regelungen zu den **inhaltlichen Anforderungen** an die Vergabeunterlagen. Genauso verhielt es sich bei § 8 EG Abs. 2 VOB/A.

8   In § 8 EU Abs. 2 Nr. 1 VOB/A wird auf die aktuelle VRL und deren **Anhang V** verwiesen.

9   § 8 EU Abs. 2 Nr. 2 VOB/A betrifft die Angabe von **Nachunternehmerleistungen.** Zunächst wird unverändert im Vergleich zur Vorgängervorschrift geregelt, dass der öffentliche Auftraggeber die Bieter auffordern kann, in ihren Angeboten diejenigen Leistungen anzugeben, die sie an Nachunternehmer zu vergeben beabsichtigen. In der neuen Fassung wird die Nr. 2 insofern erweitert, dass der öffentliche Auftraggeber auch die **Namen, die gesetzlichen Vertreter und die Kontaktdaten** der jeweiligen Nachunternehmer **abfragen kann.**

10   § 8 EU Abs. 2 Nr. 3 VOB/A bezieht sich auf **Nebenangebote.** Auch hier haben erhebliche Erweiterungen im Vergleich zur Vorgängervorschrift stattgefunden. Die neue Vorschrift besagt, dass bei einer **fehlenden Angabe** darüber, dass Nebenangebote zugelassen oder sogar vorgeschrieben sind, die Abgabe von **Nebenangeboten unzulässig** ist. Neu ist an dieser Stelle auch die Einbeziehung der Aufforderung zur Interessensbestätigung neben der Auftragsbekanntmachung, wo Angaben zu Nebenangeboten zu machen sind. Außerdem neu ist die Klarstellung, dass die Nebenangebote **mit dem Auftragsgegenstand in Verbindung** stehen müssen. Weiterhin wurde neu hinzugefügt, dass die **Art und Weise der Abgabe von Nebenangeboten** allgemein angegeben werden muss, d. h. neben der Vorgabe, ob sie ausnahmsweise nur in Verbindung mit einem Hauptangebot eingereicht

---

[1] Vgl. auch die Literaturhinweise zu → VgV § 29, VgV § 35, VgV § 36.
[2] → § 7 EU; → § 7a EU; → § 7b EU; → § 7c EU.

werden dürfen. Schließlich wurde neu eingefügt, dass die **Zuschlagskriterien** sowohl auf das Hauptangebot als auch auf die Nebenangebote anwendbar sein müssen. In diesem Zusammenhang wurde klargestellt, dass der **Preis das einzige Zuschlagskriterium** sein kann.

Im Übrigen ergeben sich keine weiteren Unterschiede zur Vorgängervorschrift. Soweit **11** § 8 EU VOB/A Regelungen über Nebenangebote trifft, entspricht er weitestgehend dem § 35 Abs. 1 und 2 VgV.[3]

III. Rechtliche Vorgaben im EU-Recht

Die Regelung in § 8 EU Abs. 1, Abs. 2 Nr. 1 VOB/A dient der Umsetzung von Art. 2 **12** Abs. 1 Nr. 13 VRL zu den **Auftragsunterlagen.** Insoweit kann auf die Kommentierung zu § 29 VgV verwiesen werden.[4] Die ergänzende Regelung des § 8 EU Abs. 2 Nr. 4 VOB/A gibt es weder in der VRL noch in der VgV.

§ 8 EU Abs. 2 Nr. 2 VOB/A setzt Art. 71 Abs. 2 VRL um. Insoweit kann auf die **13** Kommentierung zu § 36 Abs. 1 S. 1 VgV verwiesen werden, der eine **inhaltlich gleiche Regelung** trifft.[5]

Die Regelungen in § 8 EU Abs. 2 Nr. 3 VOB/A schließlich fußen auf Art. 45 VRL. Sie **14** entsprechen den Regelungen des § 35 Abs. 1 und 2 VgV, weshalb auf die dortige Kommentierung verwiesen wird.[6] Lediglich die Regelung des **letzten Unterabsatzes** von § 8 EU Abs. 2 Nr. 3 VOB/A findet weder in der VRL noch in der VgV eine Entsprechung.

B. Regelungsgehalt

I. Vergabeunterlagen
(Abs. 1, Abs. 2 Nr. 1, Nr. 4)

§ 8 EU VOB/A definiert die **Vergabeunterlagen** als das **Anschreiben** bzw. die **Auf-** **15** **forderung zur Angebotsabgabe**, gegebenenfalls die **Teilnahmebedingungen** und die **Vertragsunterlagen**. Wie bei der Parallelvorschrift des § 29 VgV ist die Bekanntmachung nicht genannt und soll nach dem Willen des deutschen Gesetzgebers auch ausdrücklich nicht zu den Vergabeunterlagen gezählt werden.[7]

Im Übrigen scheint die in § 8 EU Abs. 1 VOB/A enthaltene Aufzählung der Vergabe- **16** unterlagen **abschließend** zu sein, da es heißt „Die Vergabeunterlagen bestehen aus …". Die Parallelvorschrift des § 29 Abs. 1 S. 2 VgV formuliert hingegen „Die Vergabeunterlagen bestehen in der Regel aus" und bringt damit zum Ausdruck, dass es sich um eine nicht abschließende Auflistung handelt. Letztlich sieht aber § 8 EU Abs. 2 Nr. 1 VOB/A vor, dass das Anschreiben **alle zur Entscheidung über die Verfahrensteilnahme erforderlichen Angaben** enthalten muss. Im Zweifel sind auch **Anlagen zum Anschreiben** von diesem umfasst, so dass insoweit keine echte Einschränkung der Unterlagen erfolgt. Schließlich bezeichnet die zu Grunde liegende Vorschrift des Art. 2 Abs. 1 Nr. 13 VRL ganz allgemein „sämtliche Unterlagen, die vom öffentlichen Auftraggeber erstellt werden oder auf die er sich bezieht, um Bestandteile der Auftragsvergabe oder des Verfahrens zu beschreiben oder festzulegen" als Auftragsunterlagen, so dass der Begriff der Vergabeunterlagen **weit auszulegen** ist.

---

[3] → VgV § 35 Rn. 10 ff.
[4] → VgV § 29.
[5] → VgV § 36.
[6] → VgV § 35.
[7] → VgV § 29 Rn. 62; BT-Drs. 18/7318 v. 20.1.2016 S. 169.

1. Anschreiben (Abs. 1 Nr. 1)

17   § 8 EU Abs. 1 Nr. 1 VOB/A setzt das Anschreiben mit der Aufforderung zur Angebots-abgabe gleich. Zu den inhaltlichen Anforderungen an das Anschreiben verweist § 8 EU Abs. 2 Nr. 1 VOB/A auf den Anhang V Teil C der VRL. Die dort genannten Informatio-nen sollen im Anschreiben enthalten sein, soweit sie **zur Entscheidung über die Ange-botsabgabe erforderlich** und nicht bereits – regelmäßig in der Bekanntmachung – veröf-fentlicht worden sind.

18   Anders als § 29 Abs. 1 VgV wird die **Abgabe von Teilnahmeanträgen** nicht aus-drücklich benannt. Genau genommen entspricht dies der deutschen Vergaberechtsdogma-tik: In den Verfahrensarten mit vorgeschaltetem Teilnahmewettbewerb sind die Verfahrens-bedingungen bereits in die Bekanntmachung aufzunehmen, ein gesondertes Anschreiben erfolgt für gewöhnlich nicht; die Bekanntmachung zählt in Deutschland jedoch nicht zu den Vergabeunterlagen.[8] Erst nach Abschluss des Teilnahmewettbewerbs erfolgt die Auffor-derung zur Angebotsabgabe, die regelmäßig ein Anschreiben umfasst. Allerdings dürfte es auch nicht unzulässig sein, bereits im Teilnahmewettbewerb ein Anschreiben zu verwen-den, das dann unzweifelhaft ebenfalls zu den Vergabeunterlagen zählt.

2. Teilnahmebedingungen (Abs. 1 Nr. 1, Abs. 2 Nr. 4 VOB/A)

19   **a) Begriff.** Nach § 8 EU Abs. 1 Nr. 1 i. V. m. Abs. 2 Nr. 4 VOB/A sollen öffentliche Auftraggeber, die ständig Bauaufträge vergeben, die bei der Angebotsbearbeitung zu beach-tenden Erfordernisse in den **Teilnahmebedingungen** zusammenfassen. Diese sind dem Anschreiben beizufügen.

20   Es muss nochmals angemerkt werden, dass die Umbenennung der Bewerbungsbedin-gungen in Teilnahmebedingungen untunlich und verwirrend ist. Sie findet weder im deut-schen Vergaberecht noch in den europäischen Richtlinien eine Stütze. Vielmehr wider-spricht sie der angestrebten **einheitlichen Terminologie** im Vergaberecht. Der Begriff Teilnahmebedingungen legt aufgrund des Wortlauts nahe, dass es sich um Unterlagen im Zusammenhang mit dem Teilnahmewettbewerb handelt. Diese Einschränkung ist aber ganz offensichtlich nicht gewollt, da in den Teilnahmebedingungen die Erfordernisse bei der Bearbeitung der Angebote genannt werden sollen.

21   Hiervon einmal abgesehen ist die Regelung durchaus sinnvoll. Sie soll Auftrag-gebern und Bietern das Vergabeverfahren erleichtern, indem derselbe Auftraggeber in al-len seinen Verfahren **grundsätzlich gleiche Bedingungen** vorgibt. Durch vorformu-lierte Anforderungen müssen sich Bieter nicht auf immer neue Verfahrensvoraussetzungen einstellen. Aber auch auf Auftraggeberseite erleichtert eine solche **Kontinuität** die Prü-fung der Angebote, da die Bieter ihre Angebote immer nach denselben Regeln bearbei-ten.[9]

22   Wann ein öffentlicher Auftraggeber **ständig Bauaufträge vergibt**, ist nicht näher be-stimmt. Dies dürfte jedenfalls der Fall sein, wenn ein öffentlicher Auftraggeber bereits eini-ge Bauaufträge vergeben hat und dies in Zukunft auch weiter tun möchte, und zwar für eine unbestimmte Zeit und für eine unbestimmte Anzahl von Fällen.

23   Ein öffentlicher Auftraggeber, der nicht ständig Bauaufträge vergibt, kann auf ein separa-tes Dokument mit einer Zusammenstellung der Teilnahmebedingungen verzichten. Jedoch ist es auch für solche Auftraggeber ratsam und aus **Transparenzgründen** im Übrigen auch erforderlich, die **Teilnahmebedingungen übersichtlich zusammengefasst bekannt-zugeben**.

24   **b) Inhalt.** Zu den Teilnahmebedingungen i. S. d. Vorschrift zählen sämtliche Angaben darüber, **wie das Angebot zu erstellen ist**. Es handelt sich um solche Vorgaben, die

---

[8] BT-Drs. 18/7318 v. 20.1.2016 S. 169.
[9] Vgl. *Motzke* BeckVOB/A, § 8 VOB/A Rn. 105.

standardisiert werden können, d. h. für eine Vielzahl von Vergabeverfahren gleichermaßen anwendbar sind.[10]

Die Teilnahmebedingungen sind – wie sich bereits aus der Systematik der §§ 8 ff. EU **25** VOB/A ergibt – nicht Teil der Vertragsunterlagen gem. § 8 EU Abs. 1 Nr. 2 VOB/A und werden somit auch **nicht Vertragsbestandteil.** Sie gelten vielmehr nur für den formellen Ablauf des Vergabeverfahrens. Aus diesem Grunde werden sie auch nicht als Allgemeine Geschäftsbedingungen i. S. d. §§ 305 ff. BGB angesehen.[11]

Die in den Teilnahmebedingungen enthaltenen, wirksamen Anforderungen sind sowohl **26** für die Bieter als auch für den öffentlichen Auftraggeber **bindend.** Dies gilt selbst dann, wenn für ein konkretes Verfahren eine Anpassung hätte erfolgen sollen, dies aber aus Versehen versäumt worden ist.[12]

3. Vertragsunterlagen

§ 8 EU Abs. 1 Nr. 2 VOB/A verweist für die **Definition der Vertragsunterlagen** auf **27** § 8a EU sowie §§ 7 EU bis 7c EU VOB/A. Insoweit wird daher auf die Kommentierung zu den §§ 7 bis 7c EU VOB/A verwiesen.[13]

II. Regelungen bei Nachunternehmern (Abs. 2 Nr. 2)

Die Regelung des § 8 EU Abs. 2 Nr. 2 VgV entspricht **inhaltlich** § 36 Abs. 1 S. 1 VgV, **28** weshalb auf die dortige Kommentierung verwiesen wird.[14]

III. Regelungen zu Nebenangeboten (Abs. 2 Nr. 3)

§ 8 EU Abs. 2 Nr. 3 VOB/A hat größtenteils den **gleichen Inhalt** wie § 35 Abs. 1 **29** und 2 VgV. Auf die dortige Kommentierung kann daher weitestgehend verwiesen werden.[15]

Ausschließlich in der VOB/A enthalten ist nur die Regelung, dass von Bietern, die eine **30** Leistung anbieten, deren Ausführung nicht in Allgemeinen Technischen Vertragsbedingungen (also der VOB/C) oder in den Vergabeunterlagen geregelt ist, im Angebot entsprechende **Angaben über Ausführung und Beschaffenheit dieser Leistung** zu verlangen sind (§ 8 EU Abs. 2 a. E. VOB/A). Nebenangebote zeichnen sich dadurch aus, dass alternative Lösungen angeboten werden. Diese können dementsprechend nicht immer in den Verfahrensbedingungen geregelt werden. Deshalb soll der öffentliche Auftraggeber bereits mit dem Angebot Angaben zu Ausführung und Beschaffenheit der Leistungen verlangen.

---

[10] *Ritzek-Seidl* in Pünder/Schellenberg, § 8 VOB/A, Rn. 37.
[11] *Motzke* BeckVOB/A, § 8 VOB/A, Rn. 106.
[12] VK Südbayern 13.1.2003 – 52-11/02, IBR 2003, 321.
[13] → § 7 EU; → § 7a EU; → § 7b EU; → § 7c EU.
[14] → VgV § 36.
[15] → VgV § 35.

§ 8a Allgemeine, Besondere und
Zusätzliche Vertragsbedingungen

(1) In den Vergabeunterlagen ist vorzuschreiben, dass die Allgemeinen Vertragsbedingungen für die Ausführung von Bauleistungen (VOB/B) und die Allgemeinen Technischen Vertragsbedingungen für Bauleistungen (VOB/C) Bestandteile des Vertrags werden. Das gilt auch für etwaige Zusätzliche Vertragsbedingungen und etwaige Zusätzliche Technische Vertragsbedingungen, soweit sie Bestandteile des Vertrags werden sollen.

(2)

1. Die Allgemeinen Vertragsbedingungen bleiben grundsätzlich unverändert. Sie können von öffentlichen Auftraggebern, die ständig Bauaufträge vergeben, für die bei ihnen allgemein gegebenen Verhältnisse durch Zusätzliche Vertragsbedingungen ergänzt werden. Diese dürfen den Allgemeinen Vertragsbedingungen nicht widersprechen.

2. Für die Erfordernisse des Einzelfalles sind die Allgemeinen Vertragsbedingungen und etwaige Zusätzliche Vertragsbedingungen durch Besondere Vertragsbedingungen zu ergänzen. In diesen sollen sich Abweichungen von den Allgemeinen Vertragsbedingungen auf die Fälle beschränken, in denen dort besondere Vereinbarungen ausdrücklich vorgesehen sind und auch nur soweit es die Eigenart der Leistung und ihre Ausführung erfordern.

(3) Die Allgemeinen Technischen Vertragsbedingungen bleiben grundsätzlich unverändert. Sie können von öffentlichen Auftraggebern, die ständig Bauaufträge vergeben, für die bei ihnen allgemein gegebenen Verhältnisse durch Zusätzliche Technische Vertragsbedingungen ergänzt werden. Für die Erfordernisse des Einzelfalles sind Ergänzungen und Änderungen in der Leistungsbeschreibung festzulegen.

(4)

1. In den Zusätzlichen Vertragsbedingungen oder in den Besonderen Vertragsbedingungen sollen, soweit erforderlich, folgende Punkte geregelt werden:
   a) Unterlagen (§ 8b EU Absatz 2; § 3 Absatz 5 und 6 VOB/B),
   b) Benutzung von Lager- und Arbeitsplätzen, Zufahrtswegen, Anschlussgleisen, Wasser- und Energieanschlüssen (§ 4 Absatz 4 VOB/B),
   c) Weitervergabe an Nachunternehmen (§ 4 Absatz 8 VOB/B),
   d) Ausführungsfristen (§ 9 EU; § 5 VOB/B),
   e) Haftung (§ 10 Absatz 2 VOB/B),
   f) Vertragsstrafen und Beschleunigungsvergütungen (§ 9a EU; § 11 VOB/B),
   g) Abnahme (§ 12 VOB/B),
   h) Vertragsart (§§ 4 EU, 4a EU), Abrechnung (§ 14 VOB/B),
   i) Stundenlohnarbeiten (§ 15 VOB/B),
   j) Zahlungen, Vorauszahlungen (§ 16 VOB/B),
   k) Sicherheitsleistung (§ 9c EU; § 17 VOB/B),
   l) Gerichtsstand (§ 18 Absatz 1 VOB/B),
   m) Lohn- und Gehaltsnebenkosten,
   n) Änderung der Vertragspreise (§ 9d EU).

2. Im Einzelfall erforderliche besondere Vereinbarungen über die Mängelansprüche sowie deren Verjährung (§ 9b EU; § 13 Absatz 1, 4 und 7 VOB/B) und über die Verteilung der Gefahr bei Schäden, die durch Hochwasser, Sturmfluten, Grundwasser, Wind, Schnee, Eis und dergleichen entstehen können (§ 7 VOB/B), sind in den Besonderen Vertragsbedingungen zu treffen. Sind für bestimmte Bauleistungen gleichgelagerte Voraussetzungen im Sinne von § 9b EU gegeben, so dürfen die besonderen Vereinbarungen auch in Zusätzlichen Technischen Vertragsbedingungen vorgesehen werden.

Übersicht

	Rn.		Rn.
A. Einführung	1	F. Fakultative Vertragsbedingungen (§ 8a EU Abs. 1 Satz 2 VOB/A)	22
I. Literatur	1	I. Verbot der Veränderung (§ 8a EU Abs. 2 Nr. 1 Satz 1 VOB/A)	23
II. Entstehungsgeschichte	2	II. Zusätzliche Vertragsbedingungen (§ 8a EU Abs. 2 Nr. 1 Satz 2 VOB/A)	25
III. Rechtliche Vorgaben im EU-Recht	3	III. Besondere Vertragsbedingungen (§ 8a EU Abs. 2 Nr. 2 VOB/A)	28
B. Verknüpfung mit sonstigen Bestimmungen der VOB	4	1. Abweichungen von der VOB/B (§ 8a EU Abs. 2 Nr. 2 Satz 2 VOB/A)	31
C. Zusammenhang mit dem Transparenzgebot	8	2. Inhaltliche Anforderungen	33
D. VOB/B und VOB/C als Bestandteil der Vertragsunterlagen	9	IV. Zusätzliche Technische Vertragsbedingungen (§ 8a EU Abs. 3 Satz 2 VOB/A)	36
I. Rechtsnatur der VOB/B	11		
II. Rechtsnatur der VOB/C	13	G. Rechtsfolgen von Verstößen	38
III. Einbeziehung der VOB/B und VOB/C	15		
E. Obligatorische Vertragsbedingungen (§ 8a EU Abs. 1 Satz 1 VOB/A)	19		

A. Einführung

I. Literatur

Burgi, Nachunternehmerschaft und wettbewerbliche Untervergabe, NZBau 2010, 593; *Engbers,* Die Haf- **1** tung für Pflichtverstöße des Bedienungspersonals bei der Anmietung von Baumaschinen nebst Personalüberlassung, NZBau 2011, 199; *Freise,* Mindestanforderungen an Nebenangebote – Das „Aus" für Nebenangebote oberhalb der Schwellenwerte?, NZBau 2006, 548; *Görning,* Referenzen und andere Eignungsnachweise, VergabeR 2008, 721; *Höfler,* Die elektronische Vergabe öffentlicher Aufträge, NZBau 2000, 449; *Hofmann,* Vergaberechtliche und vertragsrechtliche Fragen bei Nebenangeboten im Bauwesen, ZfBR 1984, 259; *Kues/Kirch,* Nebenangebote und Zuschlagskriterien: Das Offensichtliche (v)erkannt?, NZBau 2011, 335; *Kus,* Losvergabe und Ausführungskriterien, NZBau 2009, 21; *Marbach,* Nebenangebote und Änderungsvorschläge im Bauvergabe- und Vertragsrecht, FS Vygen, 1999, S. 241; *Möllenkamp,* Der Ausschluss unvollständiger Angebote, NZBau 2005, 557; *Nestler,* Der Schutz nichturheberrechtsfähiger Bauzeichnungen, BauR 1994, 589; *Roth,* Änderung der Zusammensetzung von Bietergemeinschaften und Austausch von Nachunternehmern im laufenden Vergabeverfahren, NZBau 2005, 316; *Schalk,* Handbuch Nebenangebote, 2009; *Schweda,* Nebenangebote im Vergaberecht, VergabeR 2003, 268; *Stoye/Hoffmann,* Nachunternehmerbenennung und Verpflichtungserklärung im Lichte der neuen BGH-Rechtsprechung und der VOB/A 2009, VergabeR 2009, 569; *Wagner/Steinkemper,* Bedingungen für die Berücksichtigung von Nebenangeboten und Änderungsvorschlägen, NZBau 2004, 253; *Waldner,* Bieterschutz im Vergaberecht und Berücksichtigung der europäischen Vorgaben, 2000; *Weyand,* Die elektronische Ausschreibung und Vergabe von Bauaufträgen – ein Statusbericht, ZVgR 2001, 51; *Wirner,* Nebenangebote und Änderungsvorschläge bei der Vergabe öffentlicher Bauaufträge in der Entscheidungspraxis der Vergabekammern und Oberlandesgerichte, ZfBR 2005, 152; *Zirkel,* Schadensersatz auf Grund Übernahme einer „guten Idee"?, VergabeR 2006, 321.

II. Entstehungsgeschichte

§ 8a EU VOB/A charakterisiert die unterschiedlichen Typen von Vertragsbedingungen **2** für die Ausführung von zu vergebenden Bauleistungen und regelt deren Einbeziehung in die Vergabeunterlagen und damit in das Vergabeverfahren. Die Vorschrift ist nicht neu. Sie entspricht inhaltlich den Absätzen 3 bis 6 des § 8 EG VOB/A 2012. Mit dem Ziel, die VOB/A übersichtlicher zu gestalten, hat der DVA die Umsetzung der novellierten EU-Vergaberichtlinien zum Anlass genommen, auch Vorschriften, die inhaltlich von der

EU-Novelle nicht betroffen waren, im Sinne der Zielsetzung neu zu strukturieren.[1] Dabei wurde der bisher sehr unübersichtliche § 8 EG VOB/A in insgesamt drei separate Vorschriften unterteilt (§§ 8, 8a und 8b EU VOB/A) und mit § 8c EU VOB/A um die Regelung zu den Anforderungen an die Berücksichtigung der Energieeffizienz ergänzt; diese war bisher als sog. „Maßgaberegelung" in § 6 Abs. 2 ff. VgV aF enthalten. Um am bisherigen Normgefüge nicht zu viel zu ändern und damit den Anwendern der VOB/A möglichst viel „Bekanntes" zu erhalten,[2] wurde dabei auf eine neue, durchgehende Nummerierung verzichtet, sondern das Paragrafengerüst durch Einfügung von Paragrafen mit dem Zusatz a, b usw in der Grundform erhalten. Wenngleich diese Zielsetzung erreicht sein mag, werden dem Anwender mit den Zusatzbezeichnungen jetzt jedenfalls in den Abschnitten 2 und 3 der VOB/A, die durch die Zusätze „EU" bzw. „VS" gekennzeichnet werden, „Bezeichnungsungetüme" zugemutet, die die Handhabbarkeit der VOB/A nicht erhöhen.

III. Rechtliche Vorgaben im EU-Recht

3   Der Anwendungsbereich des § 8a EU VOB/A richtet sich nach Maßgabe des § 1 EU VOB/A und betrifft Vergabeverfahren für Bauleistungen ab dem einschlägigen EU-Schwellenwert von derzeit 5,548 Mio. Euro netto (§ 106 GWB).[3] Gleichwohl enthält die einschlägigen EU-Richtlinie 2014/24/EU keine rechtlichen Vorgaben. § 8a EU VOB/A entspringt ausschließlich nationalem Recht.

B. Verknüpfung mit sonstigen Bestimmungen der VOB

4   Die Regelung des § 8a EU VOB/A ist sachlich und begrifflich mehrfach mit den Allgemeinen Vertragsbedingungen für die Ausführungen von Bauleistungen (VOB/B) und den Allgemeinen Technischen Vertragsbedingungen für Bauleistungen (VOB/C) vernetzt.[4] Die Vorgaben für die Einbeziehung der VOB/B und VOB/C sind Regelungsgegenstand des § 8a EU Abs. 1 bis 3 VOB/A, während § 8a EU Abs. 4 VOB/A Einzelheiten zu den Zusätzlichen und den Besonderen Vertragsbedingungen aufführt.

5   § 8a EU VOB/A ergänzt und konkretisiert die in § 8 EU VOB/A normierten inhaltlichen Anforderungen an die Vergabeunterlagen. Sie werden spezifiziert, indem § 8a EU VOB/A normativ anordnet, dass
– die Allgemeinen Vertragsbedingungen für die Ausführungen von Bauleistungen (VOB/B; § 8a EU Abs. 1 Satz 1 und Abs. 2 Nr. 1 VOB/A),
– die Allgemeinen Technischen Vertragsbedingungen für Bauleistungen (VOB/C; § 8a EU Abs. 1 Satz 1 und Abs. 3 Satz 1 VOB/A)
und bei Bedarf
– die Zusätzlichen Vertragsbedingungen (§ 8a EU Abs. 1 Satz 2, Abs. 2 Nr. 1 und Abs. 4 Nr. 1 VOB/A),
– die Besonderen Vertragsbedingungen (§ 8a EU Abs. 2 Nr. 2, Abs. 4 Nr. 1 und 2 VOB/A) und
– die Zusätzlichen Technischen Vertragsbedingungen (§ 8a EU Abs. 1 Satz 2 und Abs. 3 Satz 2 VOB/A)

---

[1] Einführungserlass des Bundesministerium für Umwelt, Naturschutz, Bau und Reaktorsicherheit v. 7.4.2016, B I 7 – 81063.6/1, S. 3.
[2] Einführungserlass (Fn. 1), aaO.
[3] § 106 GWB s. *Kau* Beck'scher Vergaberechtskommentar GWB § 106, Rn. 15 ff.
[4] Ausführlich zur Verknüpfung von § 8 VOB/A aF und VOB/B sowie VOB/C s. *Motzke* in Dreher/ Motzke, Beck'scher Vergaberechtskommentar, 2. Aufl. 2013, VOB/A § 8 Rn. 3 ff., 117 ff.

Bestandteile des Vertrags werden und damit in den Vergabeunterlagen aufzuführen 6 sind.

Die Bestimmungen der VOB/B werden damit – grundsätzlich – insgesamt Bestandteil 7 der Vertragsunterlagen und Inhalt des späteren Bauvertrags. Dies gilt gleichfalls für die Bestimmungen der VOB/C, soweit sie nach technischer Art und Umfang der jeweiligen Bauleistung in Betracht kommen.[5]

C. Zusammenhang mit dem Transparenzgebot

Die Regelung des § 8a EU VOB/A steht in engem Zusammenhang mit dem in § 97 8 Abs. 1 GWB und in § 2 EU Abs. 1 Nr. 1 VOB/A aufgeführten Transparenzgebot. Mit den Vergabeunterlagen iSd § 8 EU VOB/A, deren inhaltliche Anforderungen durch § 8a EU VOB/A näher bestimmt werden, legt der Auftraggeber sein Beschaffungsverhalten nachvollziehbar offen.[6] Die Vergabeunterlagen gewährleisten eine umfassende Information der Bieter bezüglich der zu vergebenden Bauleistung, indem die in § 8a EU VOB/A normierten Inhalte unter den dort niedergelegten Voraussetzungen zwingend aufzuführen sind. Insoweit entfaltet § 8a EU VOB/A Auswirkungen auf das Transparenzgebot und dadurch zugleich auf die Rechtsschutzmöglichkeiten nach § 97 Abs. 6 GWB.

D. VOB/B und VOB/C
als Bestandteil der Vertragsunterlagen

Die Vergabeunterlagen setzen sich gemäß § 8 EU Abs. 1 VOB/A aus dem Anschreiben 9 (Aufforderung zur Angebotsabgabe, ggf. Teilnahmebedingungen) und den Vertragsunterlagen (§ 8a EU VOB/A und §§ 7 ff. EU VOB/A) zusammen. Die inhaltlichen Anforderungen an die Vertragsunterlagen werden durch § 8a EU Abs. 1 VOB/A näher bestimmt. In ihnen ist festzuschreiben, dass die Allgemeinen Vertragsbedingungen für die Ausführungen von Bauleistungen (VOB/B) und den Allgemeinen Technischen Vertragsbedingungen für Bauleistungen (VOB/C) – gemäß § 8a EU Abs. 2 Nr. 1 Satz 1 und Abs. 3 Satz 1 VOB/A grundsätzlich unverändert – Bestandteile des Vertrages werden. Dies gilt gleichfalls für Zusätzliche Vertragsbedingungen und etwaige Zusätzliche Technische Vertragsbedingungen, soweit sie Bestandteil des Vertrags werden sollen. Öffentliche Auftraggeber dürfen insoweit Bauaufträge grundsätzlich nur auf der normativen Grundlage der VOB/B und der VOB/C schließen.

§ 8a EU VOB/A knüpft nicht erst an den Abschluss des (Bau-)Vertrages an, sondern be- 10 reits an die Willensbildung und damit zugleich an die Dispositionsfreiheit des öffentlichen Auftraggebers. Der systematischen Standpunkt des § 8a EU VOB/A als Vorschrift, die besondere Anforderungen zu den Vergabeunterlagen (§ 8 EU VOB/A) normiert, verdeutlicht, dass dem öffentlichen Auftraggeber bei der Vergabe von Bauleistungen bereits in diesem frühen Stadium normative Vorgaben gesetzt werden, die er bei der Erstellung der Vertragsbedingungen und den Vergabeunterlagen – die Grundlage für den späteren Bauvertrag werden – zu beachten hat. Die Beschränkung der Dispositionsfreiheit ist allerdings dadurch gerechtfertigt, dass die in § 8a EU VOB/A normierten Vorgaben auf langjährigen und allgemein anerkannten Erfahrungssätzen des Bauvertragsrechts beruhen, die die werkvertraglichen Regelungen des Bürgerlichen Gesetzbuches (BGB) ergänzen und einen angemessenen Interessenausgleich zwischen den Beteiligten bezwecken, ohne dass eine Beteiligter dadurch übermäßig belastet werden würde.[7]

---

[5] Dies trifft grds. auf die ATV DIN 18299 zu, die für alle Gewerke maßgeblich ist; vgl. auch *v. Wietersheim* in Ingenstau/Korbion, VOB-Kommentar VOB/A § 8 Rn. 3.

[6] *Dörr* in Burgi/Dreher Beck'scher Vergaberechtskommentar, GWB § 97 Rn. 35 ff.

[7] Vgl. *v. Wietersheim* in Ingenstau/Korbion VOB-Kommentar, EU VOB/A § 8a Rn. 6.

I. Rechtsnatur der VOB/B

11   Die Qualifizierung der VOB/B als Allgemeine Geschäftsbedingungen entspricht ständiger Rechtsprechung.[8] Die VOB/B ist dazu bestimmt, das gesetzliche Werkvertragsrecht bei Bauverträgen zu ergänzen und entsprechend den bauvertraglichen Anforderungen zu modifizieren, um vor allem das Fehlen von spezifischen zivilrechtlichen Regelungen für das Bauvertragsrecht auszugleichen.[9] Erforderlich hierzu ist allerdings, dass die Regelungen der VOB/B in den Vertrag einbezogen werden.

12   Nach § 310 Abs. 1 Satz 3 BGB scheidet eine Inhaltskontrolle in Bezug auf einzelne Bestimmungen aus, wenn die VOB/B in der jeweils zum Zeitpunkt des Vertragsschlusses geltenden Fassung ohne inhaltliche Abweichung *insgesamt* in die Vertragsunterlagen einbezogen worden ist.[10] Im Umkehrschluss bedeutet dies, dass jede vertragliche Abweichung von der VOB/B ungeachtet ihres Gewichts dazu führt, dass diese nicht insgesamt vereinbart wurde und damit einer AGB-Inhaltskontrolle nach §§ 305 ff. BGB unterliegt.[11]

II. Rechtsnatur der VOB/C

13   Die Allgemeinen Technischen Vertragsbedingungen für Bauleistungen sind Regelungsgegenstand der VOB/C.[12] Sie sind – wie die Vorschriften der VOB/B – als allgemeine Geschäftsbedingungen iSd § 310 Abs. 1 Satz 3 BGB zu qualifizieren. Die VOB/C ist in gewerkespezifische Technische Vertragsbedingungen für Bauleistungen gegliedert, denen mit der DIN 18299 Allgemeine Regelungen für Bauarbeiten jeder Art vorgeschaltet sind.

14   Nach § 8a EU Abs. 3 Satz 1 VOB/A bleiben auch die Allgemeinen Technischen Vertragsbedingungen grundsätzlich unverändert. Die gewerkspezifischen Regelungen der VOB/C – Abschnitte 1 bis 5 – sollen insoweit ohne Änderungen Bestandteil des Vertrages und der Vergabeunterlagen werden. Ergänzungen der VOB/C sind jedoch nach Maßgabe des § 8 EU Abs. 3 Satz 2 VOB/A möglich.[13]

III. Einbeziehung der VOB/B und VOB/C

15   Die Einbeziehung der VOB/B erfolgt unter den Voraussetzungen des § 305 Abs. 2 BGB. Die Einbeziehung der VOB/C erfolgt über § 1 Abs. 1 Satz 2 VOB/B, wonach die Allgemeinen Technischen Vertragsbedingungen für Bauleistungen (VOB/C) Bestandteil des Vertrages werden.[14]

---

[8] BGH Urt. v. 7.5.1987 – VII ZR 129/86, NJW 1987, 2373 (2374); Urt. v. 22.1.2004 – VII ZR 419/02, NJW 2004, 1597 (1597); Urt. v. 24.7.2008 – VII ZR 55/07, NZBau 2008, 640 (640).

[9] Am 1.1.2018 ist das Gesetz zur Reform des Bauvertragsrechts, zur Änderung der kaufrechtlichen Mängelhaftung, zur Stärkung des zivilprozessualen Rechtsschutzes und zum maschinellen Siegel im Grundbuch- und Schiffsregisterverfahren (BGBl. I S. 969 v. 4.5.2017) in Kraft getreten. Der DVA hat im Juni 2017 eine Arbeitsgruppe zur Weiterentwicklung der VOB/B unter Einbeziehung des neuen gesetzlichen Bauvertragsrechts eingesetzt. In seinem Beschluss vom 18.1.2018 hat der Hauptausschuss Allgemeines des DVA mehrheitlich beschlossen, die VOB/B zunächst unverändert zu lassen. Er präferiert eine Weiterentwicklung der VOB/B, hält es jedoch für erforderlich, zunächst die aktuelle Diskussion um BGB-Bauvertrag in der Fachwelt und der Rechtsprechung zu beobachten.

[10] Ausführlich zur VOB/B s. *Motzke* in Dreher/Motzke, Beck'scher Vergaberechtskommentar, 2. Aufl. 2013, VOB/A § 8 Rn. 119 ff.

[11] BGH Urt. v. 22.1.2004 – VII ZR 419/02, NJW 2004, 1597 (1579); Urt. v. 10.5.2007 – VII ZR 226/05, NJW-RR 2007, 1317 (1318).

[12] Ausführlich zur VOB/C s. *Motzke* in Dreher/Motzke, Beck'scher Vergaberechtskommentar, 2. Auflage 2013, VOB/A § 8 Rn. 123 ff.

[13] Siehe dazu Rn. 36.

[14] Die Einbeziehung der VOB/B und die Anwendung sonstiger DIN-Normen kann zugleich – unter Berücksichtigung der sonstigen Vertragsumstände – die stillschweigende Wahl deutschen Rechts begründen; s. dazu BGH Urt. v. 10.10.2002 – VII ZR 315/01, NJW 2003, 288 (288).

Der öffentliche Auftraggeber informiert die Bieter durch die Bekanntmachung und die 16
Vergabeunterlagen, dass er beabsichtigt einen Vertrag über Bauleistungen auf der Grundlage der VOB/B und VOB/C zu schließen. Der öffentliche Auftraggeber ist dabei als Verwender iSd § 305 Abs. 2 BGB zu qualifizieren, weil er in der Bekanntmachung und den Vergabeunterlagen die Geltung der VOB/B und VOB/C als Bedingung für den künftigen Bauvertrag stellt.[15] Durch Abgabe eines Angebots bzw. Teilnahmeantrags erklärt sich der Bieter bzw. Bewerber mit der Geltung der VOB/B und VOB/C einverstanden. Es ist grundsätzlich unbeachtlich, ob der – baurechtliche erfahrene – Bieter tatsächlich die Möglichkeit der Kenntnisnahme der VOB/B und VOB/C hatte, denn er hat diese zu kennen. Nach ständiger Rechtsprechung des BGH ist ein Hinweis auf die VOB/B für eine wirksame Einbeziehung ausreichend, wenn die Vertragspartei des Verwenders im Baurecht bewandert ist.[16]

Das (Bau-)Unternehmen des Bieters ist regelmäßig ein Gewerbebetrieb, weil es grund- 17
sätzlich nach Art oder Umfang einen in kaufmännischer Weise eingerichteten Geschäftsbetrieb erfordert (§ 1 Abs. 2 HGB). Damit findet der kaufmännische Grundsatz Anwendung, dass Kaufleute sich selbst Kenntnis von den einschlägigen Regeln zu verschaffen haben.[17]

Überdies ist in die Anwendbarkeit des § 305 Abs. 2 BGB gemäß § 310 Abs. 1 Satz 1 18
BGB ausgeschlossen. Nach § 310 Abs. 1 Satz 1 BGB findet § 305 Abs. 2 BGB keine Anwendung auf Allgemeine Geschäftsbedingungen, die gegenüber einem Unternehmer, einer juristischen Person des öffentlichen Rechts oder einem öffentlich-rechtlichen Sondervermögen verwendet werden.

E. Obligatorische Vertragsbedingungen
(§ 8a EU Abs. 1 Satz 1 VOB/A)

Nach § 8a EU Abs. 1 Satz 1 VOB/A ist der öffentliche Auftraggeber verpflichtet, die 19
VOB/B und die VOB/C als Vertragsbestandteile in den Vergabeunterlagen festzuschreiben. Anders als bei den fakultativen Vertragsbedingungen iSd § 8a EU Abs. 1 Satz 2 VOB/A sind diese zwingend und damit der Dispositionsfreiheit des öffentlichen Auftraggebers entzogen.[18]

Die Rangfolge der einzelnen Vertragsbestandteile ist Regelungsgegenstand des § 1 20
Abs. 2 VOB/B. Danach gelten bei Widersprüchen im Vertrag nacheinander:

1. die Leistungsbeschreibung,
2. die Besonderen Vertragsbedingungen,
3. etwaige Zusätzliche Vertragsbedingungen,
4. etwaige Zusätzliche Technische Vertragsbedingungen,
5. die Allgemeinen Technischen Vertragsbedingungen für Bauleistungen,
6. die Allgemeinen Vertragsbedingungen für die Ausführung von Bauleistungen.

Die in § 1 Abs. 2 VOB/B aufgeführte Rangfolge ist dispositiv und kann von den Be- 21
teiligten vertraglich modifiziert werden, ohne dass die Privilegierung der VOB/B durch § 310 Abs. 1 Satz 3 BGB davon berührt wird.[19]

---

[15] BGH Urt. v. 9.3.2006 – VII ZR 268/04, NJW-RR 740 (741); OLG Dresden Urt. v. 23.4.2014 – 12 U 97/14, NJW-RR 2015, 16 (16f.).

[16] BGH Urt. v. 10.6.1999 – VII ZR 170/98, NJW-RR 199, 1246 (1247); OLG Nürnberg Urt. v. 27.11.2013 – 6 U 2521/09, BeckRS 2015, 20820; zur Entscheidung des OLG Nürnberg s. auch die Anmerkung v. *Bolz* IBR 2015, 649.

[17] BGH Urt. v. 13.9.2001 – VII ZR 113/00, NJW-RR 2002, 160 (161).

[18] Siehe dazu auch *Motzke* in Dreher/Motzke, Beck'scher Vergaberechtskommentar, 2. Aufl. 2013, VOB/A § 8 Rn. 118.

[19] *v. Wietersheim* in Ingenstau/Korbion, VOB-Kommentar EU VOB/A § 8a Rn. 3.

F. Fakultative Vertragsbedingungen
(§ 8a EU Abs. 1 Satz 2 VOB/A)

22   Die fakultativen Vertragsbedingungen sind Regelungsgegenstand des § 8a EU Abs. 1 Satz 2 VOB/A. Neben den zwingende Vertragsbedingungen nach Maßgabe des § 8a EU Abs. 1 Satz 1 VOB/A kann der öffentliche Auftraggeber sie in den Vertragsbedingungen als Bestandteile des Vertrages vorschreiben. Hierbei handelt es sich um Zusätzliche Vertragsbedingungen (§ 8a EU Abs. 1 Satz 2 Fall 1 VOB/A) sowie um Zusätzliche Technische Vertragsbedingungen (§ 8a EU Abs. 1 Satz 2 Fall 2 VOB/A), die unter den Voraussetzungen des Absatz 2 bis 4 zulässig sind. Sie sind ebenfalls Allgemeine Geschäftsbedingungen iSd § 310 Abs. 1 Satz 3 BGB.[20] Der Wille des öffentlichen Auftraggebers ist entscheidend für die Aufnahme der Vertragsbedingungen in die Vergabeunterlagen und in den Vertrag.

I. Verbot der Veränderung
(§ 8a EU Abs. 2 Nr. 1 Satz 1 VOB/A)

23   Die Allgemeinen Vertragsbedingungen für Bauleistungen (VOB/B) bleiben gemäß § 8a EU Abs. 2 Nr. 1 Satz 1 VOB/A grundsätzlich unverändert. Das dort statuierte Veränderungsverbot sichert den ausgewogenen Interessenausgleich der Beteiligten unter Berücksichtigung der Besonderheiten des Bauvertragsrechts.[21] Durch Standardisierung des Vertragsinhalts wird eine Vereinfachung der Vertragsverhandlungen sowie Vertragsgerechtigkeit gewährleistet, indem die vertraglichen Regelungen nur sehr eingeschränkt zur Disposition der Beteiligten stehen und damit grundsätzlich für alle Beteiligten gleich sind.

24   Für die Erfordernisse des Einzelfall sind Ausnahmen durch Besondere Vertragsbedingungen gemäß § 8a EU Abs. 2 Satz 1, Abs. 4 Nr. 1 und 2 VOB/A möglich. Die Abweichungen von den Allgemeinen Vertragsbedingungen sollen sich gemäß § 8a EU Abs. 2 Satz 1 VOB/A allerdings auf diejenigen Fälle beschränken, die besondere Vereinbarungen ausdrücklich vorsehen und dann auch nur soweit es die Eigenart der Leistung und ihre Ausführung erfordern.

II. Zusätzliche Vertragsbedingungen
(§ 8a EU Abs. 2 Nr. 1 Satz 2 VOB/A)

25   Zusätzliche Vertragsbedingungen (ZVB) können gemäß § 8a EU Abs. 2 Nr. 1 Satz 2 VOB/A die Allgemeinen Vertragsbedingungen für Bauleistungen (VOB/B) ergänzen. Sie sind nicht zu verwechseln mit den Besonderen Vertragsbedingungen (BVB) iSd § 8a EU Abs. 2 Nr. 2 VOB/A. Zusätzliche Vertragsbedingungen dürfen gemäß § 8a EU Abs. 2 Nr. 1 Satz 3 VOB/A nicht im Widerspruch zu den Allgemeinen Vertragsbedingungen stehen.

26   Dieses Widerspruchsverbot statuiert, dass die Zusätzlichen Vertragsbedingungen inhaltlich nicht mit dem Inhalt der VOB/B unvereinbar sein dürfen. Ein Widerspruch zu den Allgemeinen Vertragsbedingungen für Bauleistungen liegt vor, wenn die in Frage stehende Regelung der Zusätzlichen Vertragsbedingung inhaltlich abweicht, indem sie den Regelungsgehalt der Allgemeinen Vertragsbedingungen verändert.

27   Die inhaltlichen Anforderungen der Zusätzlichen und Besonderen Vertragsbedingungen sind Regelungsgegenstand des § 8a EU Abs. 4 VOB/A. Sie stehen in einer Wechselbeziehung mit den Inhalten der VOB/B und erfüllen eine Ergänzungsfunktion.

---

[20] *v. Rintelen* in Kapellmann/Messerschmidt, VOB-Kommentar VOB/A § 8 Rn. 66.
[21] BGH Urt. v. 16.12.1982 – VII ZR 92/82, NJW 1983, 816 (818); Urt. v. 24.7.2008 – VII ZR 55/07, NZBau 2008, 640 (640 ff.).

III. Besondere Vertragsbedingungen
(§ 8a EU Abs. 2 Nr. 2 VOB/A)

VOB/B und ZVB können gemäß § 8a EU Abs. 2 Nr. 2 Satz 1 VOB/A zudem durch **28** Besonderen Vertragsbedingungen (BVB) ergänzt werden. Die BVB eröffnen dem öffentlichen Auftraggeber die Möglichkeit, tatsächlich von den Regelungen der VOB/B abzuweichen, während die ZVB lediglich ergänzenden Charakter haben dürfen. Abweichungen der VOB/B sollen dabei jedoch nur im Rahmen des Satz 2 erfolgen.[22]

Mit den BVB kann der öffentliche Auftraggeber die Besonderheiten des Einzelfalles be- **29** rücksichtigen. Sie sind Einzelfallregelungen für das jeweilige Bauvorhaben, die trotz des konkreten Bezugs zu einem einzelnen Bauvorhaben regelmäßig als Allgemeine Geschäftsbedingungen iSd § 310 BGB zu qualifizieren sind.[23]

Besondere Vertragsbedingungen iSd § 8a EU Abs. 2 Nr. 2 VOB/A sind von dem öffent- **30** lichen Auftraggeber gesondert in der Vertragsunterlagen aufzuführen. Dadurch soll gewährleistet werden, dass Bieter auch tatsächlich Kenntnis von ihnen erlangen können.[24] Eine bloße Bezugnahme auf die Besonderen Vertragsbedingungen ist insoweit unzureichend. Diese Vorgaben gelten gleichfalls für die Ergänzungen und Änderungen technischer Art in der Leistungsbeschreibung gemäß § 8a EU Abs. 3 Satz 3 VOB/A.

1. Abweichungen von der VOB/B (§ 8a EU Abs. 2 Nr. 2 Satz 2 VOB/A)

Abweichungen von VOB/B und ZVB durch Besondere Vertragsbedingungen sollen **31** gemäß § 8a EU Abs. 2 Nr. 2 Satz 2 VOB/A auf die Fälle beschränkt werden, in denen besondere Vereinbarungen ausdrücklich vorgesehen sind und auch nur in dem Umfang, wie die Eigenart der Leistung und ihre Ausführung es erfordern.[25] § 8a EU Abs. 2 Nr. 2 Satz 2 VOB/A räumt damit dem öffentlichen Auftraggeber ein Ermessens- und Beurteilungsspielraum ein, den er restriktiv auszuüben hat, um den dort normierten Vorgaben gerecht zu werden.[26] Er soll Besondere Vertragsbedingungen nur dann aufstellen, wenn und soweit sie durch die Besonderheiten des Einzelfalls gerechtfertigt sind und ihre Aufstellung aufgrund der Eigenart der Bauleistung und ihrer Ausführung daher erforderlich erscheint. Dabei hat der öffentliche Auftraggeber die jeweils geltenden normativen Bestimmungen sowie den aktuellen Stand der Bautechnik zugrunde zu legen.[27]

Die Abweichung von den VOB/B ist erforderlich, wenn sie im konkreten Einzelfall **32** sachlich geboten ist.[28] Auf die objektive Notwendigkeit der Abweichung kommt es insoweit nicht an. Dadurch soll gewährleistet werden, dass den in der VOB/B vorgesehenen Öffnungsklauseln weiterhin ein Anwendungsbereich verbleibt, da der öffentliche Auftraggeber im konkreten Einzelfall – wenn überhaupt – nur unter erschwerten Bedingungen den Nachweis erbringen könnte, dass eine Abweichung von den VOB/B erforderlich war. Überdies folgt aus dem systematischen Zusammenwirken der Norm, dass öffentliche Auftraggeber nur bei Vorliegen eines sachlich rechtfertigenden Grundes von den Allgemeinen Vertragsbedingungen abweichen sollen und damit das Normengefüge, das auf einen gerechten Interessenausgleich ausgelegt ist, in Frage stellen.

---

[22] Das Formblatt 214 nebst Richtlinie des VHB 2017 sieht neben den „klassischen" Besonderen Vertragsbedingungen auch sog. Weitere Besondere Vertragsbedingungen vor.

[23] Ausführlich dazu *v. Rintelen* in Kapellmann/Messerschmidt, VOB-Kommentar VOB/A § 8 Rn. 71 f.

[24] *v. Wietersheim* in Ingenstau/Korbion, VOB-Kommentar VOB/A § 8a Rn. 39.

[25] Dies wird deutlich an den in Abs. 4 für abweichende Regelungen angesprochenen Regelungen der §§ 5 (Ausführungsfristen), 11 (Vertragsstrafe), 14 (Abrechnung) und 17 (Sicherheitsleistung) VOB/B; s. auch *Motzke* in Dreher/Motzke, Beck'scher Vergaberechtskommentar, 2. Aufl. 2013, VOB/A § 8 Rn. 148.

[26] Vgl. auch *v. Wietersheim* in Ingenstau/Korbion, VOB-Kommentar VOB/A § 8a Rn. 38.

[27] Ähnlich *v. Wietersheim* in Ingenstau/Korbion, VOB-Kommentar VOB/A § 8a Rn. 38.

[28] *v. Rintelen* in Kapellmann/Messerschmidt, VOB-Kommentar VOB/A § 8 Rn. 72.

2. Inhaltliche Anforderungen

33   Die (möglichen) Inhalte der ZVB und der BVB werden näher in § 8a EU Abs. 4 Nr. 1 VOB/A erläutert. § 8a EU Abs. 4 VOB/A muss dabei stets im Zusammenhang mit den Vorschriften über die Zusätzlichen Vertragsbedingungen gemäß § 8a EU Abs. 1 Satz 2 Nr. 1 VOB/A und die Besonderen Vertragsbedingungen gemäß § 8a EU Abs. 2 Nr. 2 VOB/A betrachtet werden. Obwohl § 8a EU Abs. 4 Nr. 1 VOB/A die ZVB und die BVB in Satz 1 alternativ aufführt, bedeutet dies nicht, dass der öffentliche Auftraggeber frei ist, die die vertraglichen Bedingungen in ZVB oder in BVB zu regeln. Es ist vielmehr zur Prüfung verpflichtet, ob und inwieweit die normativen Vorgaben eine bestimmte Regelung vorschreiben. Die in § 8a EU Abs. 4 Nr. 1 VOB/A aufgeführten Fallgruppen sind nicht abschließend und werden lediglich durch die AGB-Inhaltkontrolle gemäß §§ 305 ff. BGB begrenzt.[29]

34   Nach § 8a EU Abs. 4 Nr. 2 Satz 1 VOB/A sind im Einzelfall die besonderen Vereinbarungen über Mängelansprüche sowie deren Verjährung (§ 9b EU; § 13 Abs. 1, 4 und 7 VOB/B) und über die Verteilung der Gefahr bei Schäden, die durch Hochwasser, Sturmfluten, Grundwasser, Wind, Schnee, Eis und dergleichen entstehen können (§ 7 VOB/B), in den Besonderen Vertragsbedingungen zu treffen. Gerade die Regelung zur Gefahrverteilung bei witterungsbedingten Gefahrenlagen führt noch einmal sehr deutlich vor Augen, dass die besonderen Vereinbarungen gemäß § 8a EU Abs. 4 Nr. 2 Satz 1 VOB/A immer nur konkrete Einzelfallentscheidungen darstellen, die dem öffentlichen Auftraggeber die Möglichkeit zur Berücksichtigung der Besonderheiten bei der Vergabe von Bauleistungen einräumen. So kann beispielsweise bei einem bestimmten Bauvorhaben für einzelne Bauleistungen die konkreten Bauweise, die verwendeten Materialien oder die angewandte Verfahrenstechnik dazu führen, dass die regelmäßige Gewährleistungsfrist unangemessen kurz erscheint und damit ein Bedürfnis des öffentlichen Auftraggebers zur Verlängerung der Gewährleistung begründet wird. Ähnliche Erwägungen können zB hinsichtlich etwaiger Haftungsbeschränkungen usw angestellt werden.

35   Sind für bestimmte Bauleistungen gleichgelagerte Voraussetzungen im Sinne von § 9b EU VOB/A gegeben, können die besonderen Vereinbarungen gemäß § 8a EU Abs. 4 Nr. 2 Satz 2 VOB/A in Zusätzlichen Technischen Vertragsbedingungen vorgesehen werden. Satz 2 knüpft im Gegensatz zu Satz 1 an gleichgelagerte Voraussetzungen iSd § 9b EU VOB/A an.[30]

IV. Zusätzliche Technische Vertragsbedingungen (§ 8a EU Abs. 3 Satz 2 VOB/A)

36   Zusätzliche Technische Vertragsbedingungen (ZTV) können in Abhängigkeit vom Willen des öffentlichen Auftraggebers nach § 8a EU Abs. 1 Satz 2 VOB/A Bestandteil der Vergabeunterlagen und damit Bestandteil des Vertrages werden. Voraussetzung hierfür ist, dass sie ordnungsgemäß in den Bauvertrag einbezogen werden. Sie sind insgesamt als Allgemeine Geschäftsbedingungen zu qualifizieren und dienen gemäß § 8a EU Abs. 3 Satz 2 VOB/A der Ergänzung der Allgemeinen Technischen Vertragsbedingungen (VOB/C). Dabei stehen sie in wechselseitiger Beziehung mit den Regelungen der VOB/C in Abhängigkeit des jeweiligen Sachgebiets – die ZTV führen insoweit die technische Beschreibung der Leistungsanforderungen auf.[31] Unter anderem befassen sich die Bestimmungen mit Baustoffen, der Ausführung, Prüfungen und zT mit der Abrech-

---

[29] *v. Wietersheim* in Ingenstau/Korbion, VOB-Kommentar VOB/A § 8a Rn. 28.
[30] Zu § 9b EU VOB/A s. die dortige Kommentierung.
[31] *v. Wietersheim* in Ingenstau/Korbion, VOB-Kommentar VOB/A § 8a Rn. 26.

nung. Daneben enthalten sie auch Regelungen, die etwa gewerkspezifisch die Abnahme und die Verjährungsfristen für Sachmängelansprüche betreffen.[32]

Öffentliche Auftraggeber, die ständig Bauaufträge vergeben, können gemäß § 8a EU **37** Abs. 3 Satz 2 VOB/A die VOB/C für die bei ihnen allgemein gegebenen Verhältnisse durch ZTV ergänzen. Die Vorschrift eröffnet dem öffentlichen Auftraggeber insoweit einen Beurteilungsspielraum. Für die Erfordernisse des Einzelfalls sind gemäß § 8a EU Abs. 3 Satz 3 VOB/A Ergänzungen und Änderungen in der Leistungsbeschreibung festzulegen. Dem in § 8a EU Abs. 3 Satz 2 VOB/A verwendeten Verb „ergänzen" ist zu entnehmen, dass die ZTV nicht herangezogen werden können, um inhaltliche Änderungen der VOB/C zu begründen. Sie können lediglich die Allgemeinen Technischen Vertragsbedingungen erweitern oder inhaltlich konkretisieren. Inhaltliche Änderungen kann der öffentliche Auftraggeber hingegen nur durch entsprechende Gestaltung der Leistungsbeschreibung vornehmen. Dabei sind die jeweiligen Anforderungen an die Leistungsbeschreibung gem. §§ 7 ff. EU VOB/A zu beachten.[33]

G. Rechtsfolgen von Verstößen

Die normativen Vorgaben des § 8a EU VOB/A sind grundsätzlich bieterschützend und **38** können damit Gegenstand eines Nachprüfungsverfahrens sein. Soweit das in der VOB/A geregelte Bauvertragsrecht betroffen ist, ist dies allerdings umstritten.[34] Zum einen wird vertreten, dass dies nur soweit gilt als verfahrensrechtliche Vorgaben normiert werden. § 97 Abs. 6 GWB gewähre nur einen Anspruch auf Einhaltung des Vergabeverfahrensrechts, nicht jedoch des Vergabevertragsrechts, zumal die Ermächtigung des § 113 GWB nur verfahrensrechtliche Aspekte erfasse. Dem wird allerdings zu recht entgegengehalten, dass die Wahrung und Durchsetzung vergaberechtlichen Prinzipien – Wettbewerbsprinzip, Gleichheitsgebot, Transparenz – eine weite Auslegung des § 97 Abs. 6 GWB gebietet.[35]

Unberührt bleiben davon in jedem Fall etwaige Schadensersatzansprüche wegen Ver- **39** stoßes gegen bauvertragliche Bestimmungen. So ist § 8a EU Abs. 2 Nr. 1 Satz 3 VOB/A keine bieterschützende Vorschrift iSd § 97 Abs. 6 GWB, deren Verletzung im Rahmen eines Nachprüfungsverfahrens gerügt werden kann.[36] Gleichwohl kann ein Verstoß gegen § 8a EU Abs. 2 Nr. 1 Satz 3 VOB/A Grundlage für etwaige Schadensersatzansprüche aus Verschulden bei Vertragshandlungen sein. Ein Anspruch auf Änderung der Vertragsunterlagen besteht hingegen nicht.[37]

Die vergaberechtlichen Regelungen bezwecken die Gewährleistung vergaberechtlicher **40** Prinzipien und sind deshalb nicht geeignet, die Vertragsinhaltsfreiheit zu beschränken, zumal die Gebote einseitig an die Vergabestelle adressiert sind.[38] Verstöße gegen nur einseitige Verbote führen allerdings regelmäßig nicht zur Unwirksamkeit des jeweiligen Rechtsgeschäfts.[39]

Hiervon unberührt bleibt jedoch die Möglichkeit, dass einzelne Vertragsbedingungen **41** aufgrund der AGB-Inhaltskontrolle gemäß §§ 305 ff. BGB unwirksam sind. So führt bspw. ein Verstoß gegen § 8a EU Abs. 2 Nr. 2 Satz 2 VOB/A nicht zur Unwirksamkeit der Klausel, da es hierbei lediglich um eine Soll-Vorschrift handelt; die Unwirksamkeit der Klausel in kann allenfalls auf einen Verstoß gegen §§ 305 ff. BGB gestützt werden.[40] Denn

---

[32] Ausführlich dazu s. *Motzke* in Dreher/Motzke, Beck'scher Vergaberechtskommentar, 2. Aufl. 2013, VOB/A § 8 Rn. 163 ff.
[33] Zu § 7 EU VOB/A s. dort Rn. 7 ff.
[34] Ausführlich zum Meinungsstreit s. *v. Rintelen* in Kapellmann/Messerschmidt, VOB-Kommentar VOB/A § 8 Rn. 113 ff. mwN
[35] So auch *v. Rintelen* in Kapellmann/Messerschmidt, VOB-Kommentar VOB/A § 8 Rn. 113.
[36] *v. Wietersheim* in Ingenstau/Korbion, VOB-Kommentar VOB/A § 8a Rn. 14.
[37] *v. Wietersheim* in Ingenstau/Korbion, VOB-Kommentar VOB/A § 8a Rn. 14.
[38] *v. Rintelen* in Kapellmann/Messerschmidt, VOB-Kommentar VOB/A § 8 Rn. 115.
[39] Siehe dazu *Ellenberger* in Palandt, BGB § 134 Rn. 9.
[40] *v. Rintelen* in Kapellmann/Messerschmidt, VOB-Kommentar VOB/A § 8 Rn. 72.

vergaberechtswidrige Änderungen können zur Folge haben, dass die Regelungen der VOB/B nicht „insgesamt" iSd § 310 Abs. 1 Satz 3 BGB einbezogen wurden, womit die Vertragsbestimmungen der AGB-Inhaltskontrolle nach Maßgabe der §§ 305 ff. unterliegen.

§ 8b Kosten- und Vertrauensregelung, Schiedsverfahren

(1)

1. Für die Bearbeitung des Angebotes wird keine Entschädigung gewährt. Verlangt jedoch der öffentliche Auftraggeber, dass das Unternehmen Entwürfe, Pläne, Zeichnungen, statische Berechnungen, Mengenberechnungen oder andere Unterlagen ausarbeitet, insbesondere in den Fällen des § 7c EU, so ist einheitlich für alle Bieter in der Ausschreibung eine angemessene Entschädigung festzusetzen. Diese Entschädigung steht jedem Bieter zu, der ein der Ausschreibung entsprechendes Angebot mit den geforderten Unterlagen rechtzeitig eingereicht hat.

2. Diese Grundsätze gelten für Verhandlungsverfahren, wettbewerbliche Dialoge und Innovationspartnerschaften entsprechend.

(2) Der öffentliche Auftraggeber darf Angebotsunterlagen und die in den Angeboten enthaltenen eigenen Vorschläge eines Bieters nur für die Prüfung und Wertung der Angebote (§§ 16c EU und 16d EU) verwenden. Eine darüber hinausgehende Verwendung bedarf der vorherigen schriftlichen Vereinbarung.

(3) Sollen Streitigkeiten aus dem Vertrag unter Ausschluss des ordentlichen Rechtsweges im schiedsrichterlichen Verfahren ausgetragen werden, so ist es in besonderer, nur das Schiedsverfahren betreffender Urkunde zu vereinbaren, soweit nicht § 1031 Absatz 2 ZPO auch eine andere Form der Vereinbarung zulässt.

Übersicht

	Rn.			Rn.
A. Einführung	1	a) Verlangen der Ausarbeitung von Unterlagen		12
I. Literatur	1	b) Festsetzung einer angemessenen Entschädigung		14
II. Entstehungsgeschichte	2	c) Exkurs: Verstoß gegen die Festsetzung einer angemessenen Entschädigung		17
III. Rechtliche Vorgaben im EU-Recht	5	d) Rechtzeitige Einrechung eines ausschreibungskonformen Angebots nebst Unterlagen		21
B. Allgemeines	6			
C. Anspruch auf Entschädigung (§ 8b EU Abs. 1 VOB/A)	7	D. Verwendung der Angebotsunterlagen (§ 8b EU Abs. 2 VOB/A)		24
I. Entschädigung für die Bearbeitung des Angebots (§ 8b EU Abs. 1 Nr. 1 Satz 1 VOB/A)	7	I. Schutzrecht und Eigentum		26
II. Entschädigung für Teilnahmeaufwendungen (§ 8b EU Abs. 1 Nr. 1 Satz 2 und 3 VOB/A)	8	II. Zulässige Verwendung der Unterlagen durch den öffentlichen Auftraggeber		28
1. Rechtfertigung der Entschädigung	9	E. Schiedsverfahren (§ 8b EU Abs. 3 VOB/A)		32
2. Entschädigungsfähige Leistungen	10			
3. Voraussetzungen des Entschädigungsanspruchs	12			

A. Einführung

I. Literatur

Höfler, Kostenerstattung im Vergabeverfahren nach der VOB/A, BauR 2000, 337; *Nestler,* Der Schutz nicht- **1** urheberrechtsfähiger Bauzeichnungen, BauR 1994, 589; *Werner,* Die neue VOB/A aus Sicht der Bauindustrie, VergabeR 2010, 318; *Zirkel,* Schadensersatz aufgrund der Übernahme einer „guten Idee"?, VergabeR 2006, 321.

II. Entstehungsgeschichte

Bis zur Vergaberechtsmodernisierung 2016 war der Regelungsgegenstand des § 8b EU **2** VOB/A in § 8 EG Abs. 8 bis 10 VOB/A aF normiert.[1] Mit Ausnahme der Aktualisierung

---

[1] Siehe auch § 8a EU VOB/A Rn. 1.

normativer Verweise und dem Wegfall der in § 8 EG Abs. 7 Nr. 1 VOB/A aF aufgeführten Regelung bleibt der Inhalt des § 8b EU VOB/A unverändert.

3   Nach § 8 EG Abs. 7 Nr. 1 VOB/A aF konnte der öffentliche Auftraggeber die Erstattung der Kosten für die Vervielfältigung der Leistungsbeschreibung und der anderen (Vergabe-)Unterlagen einschließlich der Versandkosten verlangen. Der Wegfall des dort normierten Kostenerstattungsanspruchs ist Folge der verpflichtenden e-Vergabe durch die jüngste Vergaberechtsreform im Jahr 2016. Elektronische Vergabeverfahren sehen u. a. vor, dass die Informationsübermittlung gemäß § 11 EU Abs. 1 VOB/A grundsätzlich durch elektronische Mittel zu erfolgen hat und die Vergabeunterlagen iSd § 8 EU VOB/A gemäß § 11 EU Abs. 3 VOB/A und § 12a EU Abs. 1 Nr. 1 VOB/A unentgeltlich, uneingeschränkt, vollständig und direkt unter einer elektronischen Adresse in der Auftragsbekanntmachung oder in der Aufforderung zur Interessenbestätigung abrufbar sein müssen.[2] Ein Kostenerstattungsanspruch des öffentlichen Auftraggebers wird insoweit durch die normative Anordnung der Unentgeltlichkeit der Vergabeunterlagen ausdrücklich ausgeschlossen.

4   Diskutiert werden kann lediglich, ob trotz des veränderten normativen Gerüsts für die in § 11b EU Abs. 1 VOB/A normierten Ausnahmefälle von der Pflicht zur Verwendung elektronsicher Mittel noch Raum für einen Kostenerstattungsanspruch des öffentlichen Auftraggebers verbleibt.[3] Dies ist zu verneinen.[4] Die Umsetzung der Richtlinie (EU) 2014/24/EU[5] hat nämlich die normativen Rahmenbedingungen geändert: Die Implementierung aktueller elektronischer Kommunikationstechnologien in das Vergabeverfahren sowie die Gleichstellung von offenem und nicht offenem Verfahren verdeutlichen, dass der Verordnungsgeber in dieser Fallkonstellation nunmehr grundsätzlich von der Kostenfreiheit der Vergabeunterlagen ausgeht und daher auf eine zu § 8 EG Abs. 7 Nr. 1 VOB/A aF entsprechende Regelung verzichtet hat.

III. Rechtliche Vorgaben im EU-Recht

5   Die einschlägigen EU-Richtlinie 2014/24/EU enthält keine rechtlichen Vorgaben. § 8b EU VOB/A entspringt ausschließlich nationalem Recht.

B. Allgemeines

6   § 8b EU Abs. 1 Nr. 1 VOB/A begründet einen Anspruch der Bieter eines Vergabeverfahrens für Bauleistungen auf Entschädigung unter den dort normierten Voraussetzungen. Er gilt über § 8b EU Abs. 1 Nr. 2 VOB/A nicht nur für das offene und das nicht offene Verfahren, sondern auch für das Verhandlungsverfahren, das Verfahren des wettbewerblichen Dialogs und das Verfahren der Innovationspartnerschaft entsprechend. Absatz 2 des § 8b EU VOB/A begrenzt die Verwendung der Angebotsunterlagen der Bieter auf die Prüfung und Wertung der Angebote (sog. Vertrauensregelung), während Absatz 3 Regelungen zur Streitschlichtung bei Ausschluss des ordentlichen Rechtsweges aufführt.

---

[2] Zu den jeweiligen Normen siehe die dortige Kommentierung.
[3] Vgl. *v. Wietersheim* in Ingenstau/Korbion, VOB-Kommentar EU VOB/A § 8b Rn. 5 f.
[4] So auch *v. Wietersheim* in Ingenstau/Korbion, VOB-Kommentar EU VOB/A § 8b Rn. 6.
[5] Richtlinie 2014/24/EU des Europäischen Parlaments und des Rates vom 26.2.2014 über die öffentliche Auftragsvergabe und zur Aufhebung der Richtlinie 2004/18/EG, ABl. L 94 v. 28.3.2014, S. 65.

C. Anspruch auf Entschädigung (§ 8b EU Abs. 1 VOB/A)

I. Entschädigung für die Bearbeitung des Angebots (§ 8b EU Abs. 1 Nr. 1 Satz 1 VOB/A)

Ein Vergabeverfahren verursacht Kosten sowohl für Bieter wie auch für öffentliche Auf- **7** traggeber. Beabsichtigt ein Bieter sich dem vergaberechtlichen Wettbewerb zu stellen, so muss er vorab Aufwendungen tätigen, die entstehen, weil er sich vor der Angebotsabgabe mit den Vergabeunterlagen, insbesondere der Leistungsbeschreibung einschließlich des Leistungsverzeichnisses, befassen muss und auf deren Grundlage seine Angebotskalkulation erstellt.[6] Diese im Vorfeld des Vergabeverfahrens anfallenden Kosten amortisieren sich allerdings i. d. R. nur für denjenigen Bieter, der später auch den Zuschlag erhält – ein allgemeiner Anspruch auf Entschädigung besteht nicht.[7] Kosten für die Bearbeitung eines Angebots sind gemäß § 8b EU Abs. 1 Nr. 1 Satz 1 VOB/A grundsätzlich nicht entschädigungsfähig.[8] Insoweit wird dadurch lediglich das unternehmerische Risiko der Teilnahme am Vergabewettbewerb eines jeden Bieters verwirklicht. Jeder Bieter muss damit rechnen, dass die Vergabe des Auftrags als solche oder zumindest die Auftragsvergabe an ihn unterbleibt.[9]

II. Entschädigung für Teilnahmeaufwendungen (§ 8b EU Abs. 1 Nr. 1 Satz 2 und 3 VOB/A)

Aufwendungen für die Teilnahme am vergaberechtlichen Wettbewerb sind ausnahms- **8** weise nach Maßgabe des § 8b EU Abs. 1 Nr. 1 Satz 2 und 3 VOB/A entschädigungsfähig. Wenn und soweit der öffentliche Auftraggeber – insbesondere in den Fällen des § 7c EU VOB/A (Leistungsbeschreibung mit Leistungsprogramm) – verlangt, dass ein Unternehmen Entwürfe, Pläne, Zeichnungen, statische Berechnungen, Mengenberechnungen oder andere Unterlagen ausarbeitet, ist für alle Bieter einheitlich eine angemessene Entschädigung festzusetzen. Die Entschädigung steht gemäß § 8b EU Abs. 1 Nr. 1 Satz 3 VOB/A jedem Bieter zu, der ein der Ausschreibung entsprechendes Angebot mit den geforderten Unterlagen fristgerecht eingereicht hat.[10]

1. Rechtfertigung der Entschädigung

Der in § 8b EU Abs. 1 Nr. 1 Satz 2 und 3 VOB/A geregelte Entschädigungsanspruch **9** findet seine Rechtfertigung darin, dass Bieter in dieser Fallkonstellation abweichend vom Regelfall, in dem sie die Preiskalkulation auf der Grundlage der vom öffentlichen Auftraggeber zur Verfügung gestellten Vergabeunterlagen vornehmen, zunächst selbst Planungs- und Berechnungsleistungen durchführen müssen, um ein Angebot abgeben zu können.[11] Die Bieter übernehmen insoweit Aufgaben und damit zugleich Kosten, die regelmäßig

---

[6] Nach § 1 Abs. 1 Satz 1 VOB/B wird die auszuführende Leistung nach Art und Umfang durch den Vertrag bestimmt.

[7] BGH Urt. v. 8.9.1998 – X ZR 99/96, NJW 1998, 3640 (3640 f.).

[8] Inhaltlich weist § 8b EU Abs. 1 Nr. 1 Satz 1 VOB/A Parallelen zu den in § 632 Abs. 3 BGB normierten Rechtsgedanken auf, wonach ein Kostenanschlag im Zweifel nicht zu vergüten ist; vgl. *v. Rintelen* in Kapellmann/Messerschmidt, VOB-Kommentar VOB/A § 8 Rn. 90.

[9] BGH Urt. v. 8.9.1998 – X ZR 99/96, NJW 1998, 3640 (3641); Urt. v. 5.11.2002 – X ZR 232/00, NZBau 2003, 168 (169).

[10] Spiegelbildlich dazu regelt § 2 Abs. 9 Nr. 1 VOB/B die Vergütungspflicht des öffentlichen Auftraggebers, wenn er *nach* Vertragsschluss vom Auftragnehmer die Erstellung von Zeichnungen, Berechnungen oder andere Unterlagen verlangt.

[11] Siehe hierzu und zum Folgenden *Motzke* in Dreher/Motzke, Beck'scher Vergaberechtskommentar, 2. Aufl. 2013, VOB/A § 8 Rn. 205 f.; *v. Rintelen* in Kapellmann/Messerschmidt, VOB-Kommentar VOB/A § 8 Rn. 90 ff.

dem öffentlichen Auftraggeber obliegen. Dieser ist nämlich verpflichtet, die Planungen derart detailliert zu beschreiben und darzustellen, dass sie insbesondere den Anforderungen des § 7 EU Abs. 1 Nr. 1 bis 3 VOB/A genügen und die Bieter dadurch in die Lage versetzt werden, die Preise für die einzelnen Teilleistungen sicher, ohne umfangreiche Vorarbeiten und ohne Berücksichtigung ungewöhnlicher Wagnisse zu berechnen. Diese Erwägungen gelten gemäß § 8b EU Abs. 1 Nr. 1 Satz 2 VOB/A insbesondere für die Fälle der Leistungsbeschreibung mit Leistungsprogramm, in denen bereits der Entwurf für die zu vergebende Leistung dem vergaberechtlichen Wettbewerb unterstellt wird, um die technisch, wirtschaftlich und gestalterisch beste und funktionsgerechteste Lösung der Bauaufgabe zu ermitteln. Bieter müssen dazu umfangreiche Vorarbeiten leisten, weil sie allein aus einer vom öffentlichen Auftraggeber gestellten Beschreibung der Bauaufgabe mit Bekanntgabe des Zwecks der zu fertigenden Leistung und den an die Leistung gestellten technischen, wirtschaftlichen, gestalterischen und funktionsbedingten Anforderungen ihr Angebot erstellen müssen.[12]

2. Entschädigungsfähige Leistungen

10   Entschädigungsfähig iSd § 8b EU Abs. 1 Nr. 1 Satz 2 und 3 VOB/A sind nur solche Leistungen, die Voraussetzung für die Abgabe eines Angebots sind. Nicht erfasst werden daher Leistungen, die etwa der Erläuterung eines Angebots oder dessen Machbarkeit oder der Vergleichbarkeit mit anderen Leistungen dienen. Bereits die Verwendung der Formulierung „Entschädigung" in § 8b EU Abs. 1 Nr. 1 VOB/A verdeutlicht, dass es sich hierbei lediglich um einen angemessenen Aufwendungsersatz handelt, der begriffsnotwendig keinen Gewinn umfasst.[13]

11   Eine Entschädigung kann nicht für die Vorlage von Unterlagen iSd § 8b EU Abs. 1 Nr. 1 Satz 2 VOB/A – Entwürfe, Pläne, Zeichnungen, statische Berechnungen, Mengenberechnungen oder sonstigen Unterlagen – verlangt werden, wenn gerade deren Erstellung Voraussetzung und damit Gegenstand der Bieterleistung sind.[14] Die Erstellung der Unterlagen muss vielmehr einen Leistungsumfang begründen, der die regelkonforme und ordnungsgemäße Bearbeitung des Angebots des Bieters übersteigt.[15] Ein Anspruch auf Entschädigung besteht ebenso wenig, wenn der Auftraggeber Nebenangebote zulässt, für deren Erstellung und Bearbeitung die Bieter Aufwendungen erbringen müssen,[16] oder wenn er ein Nebenangebot verlangt, das allerdings für die Wertung des Hauptangebots unbeachtlich ist.[17]

3. Voraussetzungen des Entschädigungsanspruchs

12   **a) Verlangen der Ausarbeitung von Unterlagen.** Die normativen Voraussetzungen des Entschädigungsanspruchs sind Regelungsgegenstand des § 8b EU Abs. 1 Nr. 1 Sätze 2 und 3 VOB/A. Der Auftraggeber muss von einem Unternehmen die Ausarbeitung von Unterlagen iSd § 8b EU Abs. 1 Nr. 1 Satz 2 VOB/A verlangen, d. h. er muss die Bieter zur Erstellung und Einreichung der in § 8b EU Abs. 1 Nr. 1 Satz 2 VOB/A geforderten Unterlagen auffordern.

13   Hierbei ist nicht erforderlich, dass das Verlangen der Unterlagen ausdrücklich erfolgt. Ausreichend ist etwa eine Ausschreibung auf der Grundlage einer Leistungsbeschreibung

---

[12] Dies gilt auch und insbesondere in einem wettbewerblichen Dialog, wo die Bieter im Rahmen der Dialogphase in der Regel nur auf Grundlage der vom Auftraggeber beschriebenen Bedürfnisse und Anforderungen tätig werden; vgl. § 8b EU Abs. 1 Nr. 2 sowie § 3b EU Abs. 4 Nr. 9 VOB/A und die dortige Kommentierung.

[13] *v. Wietersheim* in Ingenstau/Korbion, VOB-Kommentar VOB/A § 8b Rn. 20.

[14] Zu Beispielen s. *Motzke* in Dreher/Motzke, Beck'scher Vergaberechtskommentar, 2. Aufl. 2013, VOB/A § 8 Rn. 205 f.

[15] *v. Wietersheim* in Ingenstau/Korbion, VOB-Kommentar VOB/A § 8b Rn. 17.

[16] *v. Rintelen* in Kapellmann/Messerschmidt, VOB-Kommentar VOB/A § 8 Rn. 92.

[17] *Motzke* in Dreher/Motzke, Beck'scher Vergaberechtskommentar, 2. Aufl. 2013, VOB/A § 8 Rn. 208.

mit Leistungsprogramm iSd § 7c EU VOB/A oder einer damit vergleichbaren Konstellation.

b) Festsetzung einer angemessenen Entschädigung. Weiterhin erforderlich ist gemäß § 8b EU Abs. 1 Nr. 1 Satz 2 VOB/A, dass die angemessene Entschädigung in der Vergabebekanntmachung, in der Aufforderung zur Angebotsabgabe oder in den Bewerbungsbedingungen festgesetzt wurde. Hierbei ist zu beachten, dass die Festsetzung der angemessenen Entschädigung nicht konstitutiv ist und als solche die Entschädigungspflicht des öffentlichen Auftraggebers nicht auslöst. Erforderlich ist vielmehr, dass sämtliche Voraussetzungen des § 8b EU Abs. 1 Nr. 1 Satz 2 und 3 VOB/A kumulativ vorliegen. **14**

Zum einen muss die Entschädigung also festgesetzt sein, zum anderen muss sie angemessen sein. Die Angemessenheit der Entschädigung richtet sich nach dem jeweiligen Einzelfall – eine pauschale Bestimmung verbietet sich.[18] Als Anhaltspunkte sind in erster Linie die Anforderungen des Auftraggebers heranzuziehen. Dies umfasst auch den Umfang und die inhaltliche Gestaltung der Leistungsbeschreibung mit Leistungsprogramm im Hinblick auf die konkrete Bauleistung, den von den Bietern aufzubringenden Aufwand für die Erstellung der geforderten Unterlagen und die damit einhergehenden Kosteneinsparungen des Auftraggebers.[19] Notwendige Voraussetzung für die Festsetzung einer angemessenen Entschädigung ist, dass die vom öffentlichen Auftraggeber konkret zur Verfügung gestellten und von den Bietern geforderten Leistungen hinreichende klar und deutlich sind. Insofern ist der bei den Bietern durchschnittlich zu erwartende Arbeits- und Kostenaufwand als Maßstab heranzuziehen.[20] **15**

Die Honorarordnung für Architekten und Ingenieure (HOAI) bietet dabei lediglich eine erste Orientierungshilfe,[21] ohne jedoch einen geeigneten verbindlichen Maßstab darzulegen.[22] Sie ist nämlich auf (Bau-)Unternehmen, die neben Bauleistungen auch Planungsleistungen in Form von Architekten- und/oder Ingenieurleistungen erbringen, nicht anwendbar und damit ungeeignet, um die Höhe der Entschädigung für planerische Leistungen iSd § 8b EU Abs. 1 Nr. 1 Satz 2 VOB/A nachträglich zu bestimmen.[23] **16**

c) Exkurs: Verstoß gegen die Festsetzung einer angemessenen Entschädigung. Bieter haben unter den Voraussetzungen des § 311 Abs. 2, § 241 Abs. 2, § 280 Abs. 1 BGB einen Anspruch auf die in der Ausschreibung festgesetzte, jedoch nicht gewährte Entschädigung, da dies einen Verstoß des öffentlichen Auftraggebers gegen Rücksichtnahmepflichten durch Missachtung von Vergabevorschriften darstellt.[24] **17**

Dies gilt gleichfalls, wenn es an der Festsetzung einer angemessenen Entschädigung mangelt, obwohl die tatbestandlichen Voraussetzungen des § 8b EU Abs. 1 Nr. 1 Satz 2 und 3 VOB/A vorliegen. Unterbleibt die erforderliche Festsetzung einer angemessenen Entschädigung, stellt dies einen Vergaberechtsverstoß iSd § 97 Abs. 6 GWB dar, der im Wege eines Nachprüfungsverfahrens geltend gemacht werden kann. Die fehlende Festsetzung rechtfertigt insbesondere nicht die Annahme, dass die Bieter die nach § 8b EU Abs. 1 Nr. 1 Satz 2 VOB/A geforderten Unterlagen unentgeltlich erstellen.[25] **18**

Ein Vergaberechtsverstoß liegt auch vor, wenn der Auftraggeber in einem Fall des § 8b EU Abs. 1 Nr. 1 Satz 2 VOB/A die Höhe der Entschädigung mit „Null" festsetzt oder **19**

---

[18] v. *Rintelen* in Kapellmann/Messerschmidt, VOB-Kommentar VOB/A § 8 Rn. 95.

[19] Anhang 9 (Leistungsbeschreibung mit Leistungsprogramm) des VHB 2017 bietet hierfür einen ersten Überblick.

[20] v. *Rintelen* in Kapellmann/Messerschmidt, VOB-Kommentar VOB/A § 8 Rn. 95a.

[21] Ausführlich zur Anwendung der HOAI s. *Motzke* in Dreher/Motzke, Beck'scher Vergaberechtskommentar, 2. Aufl. 2013, VOB/A § 8 Rn. 214ff.

[22] v. *Rintelen* in Kapellmann/Messerschmidt, VOB-Kommentar VOB/A § 8 Rn. 95.

[23] BGH Urt. v. 22.5.1997 – VII ZR 290/95, NJW 1997, 2329 (2329f.); vgl. auch OLG Köln Beschl. v. 27.1.2014 – 11 U 100/13, IBR 2017, 179 (Rn. 20ff.).

[24] BGH Urt. v. 9.6.2011 – X ZR 143/10, NZBau 2011, 498 (499ff.).

[25] v. *Rintelen* in Kapellmann/Messerschmidt, VOB-Kommentar VOB/A § 8 Rn. 92. . Zum Teil wird die Entschädigungsfestsetzung auch als eine Art Auslobung iSd § 657 BGB qualifiziert, s. *Motzke* in Dreher/Motzke, Beck'scher Vergaberechtskommentar, 2. Aufl. 2013, VOB/A § 8 Rn. 209.

vermerkt, dass für die Ausarbeitung der in § 8b EU Abs. 1 Nr. 1 Satz 2 VOB/A genannten Leistungen keine Entschädigung gezahlt wird. Denn dies stellt keine angemessene Entschädigung iSd § 8b EU Abs. 1 VOB/A dar. Jeder Bieter hat unter den Voraussetzungen des § 8b EU Abs. 1 Nr. 1 Satz 3 VOB/A einen Anspruch auf eine angemessene Entschädigung, der zwingend ist und nicht zur Disposition des öffentlichen Auftraggebers steht.

20 Sehen die Vergabeunterlagen keine Entschädigung vor, kann ein Zahlungsanspruch für die Erstellung von Unterlagen iSd § 8b EU Abs. 1 Nr. 1 Satz 2 VOB/A allerdings nicht auf § 632 BGB gestützt werden. Die bloße Anforderung der Vergabeunterlagen rechtfertigt noch nicht die Annahme eines entsprechenden rechtsgeschäftlichen Willens der Bieter sich zur Abgabe eines Angebots oder zur Erstellung der Unterlagen zu verpflichten,[26] zumal die Vergabeunterlagen im Regelfall zunächst für die Angebotskalkulation gesichtet und geprüft werden müssen.

21 **d) Rechtzeitige Einreichung eines ausschreibungskonformen Angebots nebst Unterlagen.** Der Erstattungsanspruch erfolgt nur unter der Prämisse des § 8 EU Abs. 1 Nr. 1 Satz 3 VOB/A: Entschädigungsberechtigt sind nur diejenigen Bieter, die ein der Ausschreibung entsprechendes Angebot einschließlich der geforderten Unterlagen rechtzeitig eingereicht haben.

22 Das Angebot einschließlich der zu erstellenden Unterlagen iSd § 8 EU Abs. 1 Nr. 1 Satz 2 VOB/A muss nicht nur rechtzeitig, d.h. fristgerecht, eingereicht werden, sondern auch den in Vergabeunterlagen, insb. der Leistungsbeschreibung aufgeführten Anforderungen entsprechen. Die Einreichung eines beliebigen, nicht wertbaren Angebots erfüllt nicht die Tatbestandsvoraussetzungen des § 8 EU Abs. 1 Nr. 1 Satz 3 VOB/A und begründet keinen Anspruch auf Zahlung einer angemessenen Entschädigung.

23 Trotz ausdrücklich betonter Rechtzeitigkeit des einzureichenden Angebots in § 8b EU Abs. 1 Nr. 1 Satz 3 VOB/A gelten auch hinsichtlich des Entschädigungsanspruchs die sonstigen Anforderungen an das rechtzeitig eingereichte Angebot. So greifen hier die Regelungen des § 16 EU Nr. 1–4 VOB/A ebenso wie die Möglichkeit der Nachreichung fehlender Unterlagen entsprechend § 16a EU VOB/A.[27]

D. Verwendung der Angebotsunterlagen (§ 8b EU Abs. 2 VOB/A)

24 Die Angebotsunterlagen und die in den Angeboten enthaltenen eigenen Vorschläge eines Bieters dürfen gemäß § 8b EU Abs. 2 Satz 1 VOB/A grundsätzlich nur für die Prüfung und Wertung der Angebote (§§ 16c EU und 16d EU VOB/A) verwendet werden.[28] Beabsichtigt der Auftraggeber eine darüber hinausgehende Verwendung, so bedarf es hierzu § 8b EU Abs. 2 Satz 2 VOB/A einer vorherigen schriftlichen Vereinbarung. Die Restriktion des Absatz 2 des § 8b EU VOB/A gilt dabei für sämtliche Vergabeverfahren und erstreckt sich sowohl auf das Hauptangebot als auch auf Nebenangebote.

25 Der Rechtsgedanke des § 8b EU Abs. 2 Satz 1 VOB/A wird in § 19 EU Abs. 5 VOB/A ergänzt, wonach nicht berücksichtigte Angebote und Ausarbeitungen nicht für eine neue Vergabe oder andere Zwecke verwendet werden dürfen.[29]

I. Schutzrecht und Eigentum

26 Die Regelung des § 8b EU Abs. 2 VOB/A lässt die Eigentumsverhältnisse an den Vergabeunterlagen unberührt. Sie ist vielmehr Ausprägung eines Schutzrechts an den einge-

---

[26] Vgl. OLG Düsseldorf Urt. v. 30.1.2003 – 5 U 13/02, NZBau 2003, 459 (459 f.).
[27] Zu § 16a EU VOB/A s. die dortige Kommentierung.
[28] S. auch das Benutzungsverbot des § 3 Abs. 6 Nr. 1 VOB/B.
[29] Zu § 19 EU VOB/A s. die dortige Kommentierung (Rn. 21).

reichten Angebotsunterlagen, die im Urheberrecht wurzelt und von dem Sacheigentum zu trennen ist.[30] Insoweit verbietet sich insbesondere ein Rückschluss von der Inhaberschaft des Schutzrechts auf die dingliche Rechtslage.[31] Letztere ist vielmehr allein nach sachenrechtlichen Grundsätzen zu bestimmen.

Die bloße Einreichung des Angebots einschließlich der geforderten Unterlagen rechtfertigt nicht die Annahme des – konkludenten – Übereignungswillens des Bieters.[32] Dies gilt gleichfalls für den Übereignungswillen des öffentlichen Auftraggebers, der regelmäßig nur ein Interesse an Angeboten haben wird, die er auch tatsächlich umzusetzen beabsichtigt. Die Einreichung des Angebots nebst Unterlagen räumt dem Auftraggeber ein vom Eigentum unabhängiges Nutzungsrecht ein (vgl. § 3 Abs. 6 Nr. 2 VOB/B) und begründet zugleich ein Besitzmittlungsverhältnis zwischen Bieter und ihm, das Verwahrungscharakater aufweist und mit Rückforderung der Unterlagen endet.[33] Insoweit ist es nur konsequent, dass § 19 EU Abs. 6 VOB/A die Rückgabe – und nicht die Rückübereignung – von nicht berücksichtigten Angeboten anordnet, wenn dies im Angebot oder innerhalb von 30 Tagen nach Ablehnung des Angebots verlangt wird.[34]

II. Zulässige Verwendung der Unterlagen durch den öffentlichen Auftraggeber

Die Grenzen des Umfangs der Verwendung der eingereichten Unterlangen durch den öffentlichen Auftraggeber werden ausdrücklich in § 8b EU Abs. 2 VOB/A normiert: Die Prüfung und Wertung der Angebote nach Maßgabe der §§ 16c EU und 16d EU VOB/A. Daraus folgt ein Verbot, die eingereichten Unterlagen einschließlich etwaiger Nebenangebote anderweitig zu nutzen, insbesondere sie – wie auch in § 19 EU Abs. 5 VOB/A geregelt –als Grundlage für eine neue Vergabe zu verwenden.

Beabsichtigt der Auftraggeber die Verwendung der Bieterunterlagen über die Wertung und Prüfung hinaus, so bedarf es hierzu gemäß § 8b EU Abs. 2 Satz 2 VOB/A einer vorherigen schriftlichen Vereinbarung. Dieses Schriftformerfordernis dient dabei primär Beweiszwecken und ist keine Wirksamkeitsvoraussetzung der Vereinbarung.[35]

An die Gestaltung einer Vereinbarung iSd § 8b EU Abs. 2 Satz 2 VOB/A bestehen keine besonderen inhaltlichen Anforderungen. Unter Berücksichtigung der Interessen des Auftraggebers und der Bieter sollte sie eine Regelung über den zeitlichen und inhaltlichen Umfang der geplanten Verwendung sowie ggf. über den Umfang der Entschädigung aufführen.[36]

---

[30] *v. Wietersheim* in Ingenstau/Korbion, VOB-Kommentar VOB/A § 8b Rn. 31; aA *Motzke* in Dreher/Motzke, Beck'scher Vergaberechtskommentar, 2. Aufl. 2013, VOB/A § 8 Rn. 222, der die Grundlage und Rechtfertigung der Norm im Vergabeverfahren selbst und der daraus folgenden Konkretisierung des Vergabegegenstandes verortet. Die Rspr. tendiert dazu, Darstellungen wissenschaftlicher und technischer Art dem Urheberschutz nach § 2 Abs. 1 Nr. 7 UrhG zu unterstellen, wenn ihre Formgestaltung als persönliche geistige Schöpfung iSd § 2 Abs. 2 UrhG anzusehen ist, wobei es nicht auf den schöpferischen Gehalt des wissenschaftlichen und technischen Inhalts der Darstellung ankommt, vgl. BGH Urt. v. 15.12.1978 – I ZR 26/77, NJW 1979, 1548 (1548 f.); OLG Frankfurt, Urt. v. 19.5.1988 – 6 U 108/87, GRUR 1988, 816 (816 f.); einschränkend BGH Urt. v. 29.3.1984 – I ZR 32/82, NJW 1985, 1631 (1631 ff.); s. auch OLG München Urt. v. 4.8.2005 – 8 U 1540/05 zur Erarbeitung einer technischen Lösung, die auf allgemeinem elektrotechnischem Wissen beruht und keine schöpferische Leistung iSd UrhG ist; VÜA Brandenburg Beschl. v. 28.8.1997 – 1 VÜ 14/96, IBR 1998, 418. Wolfensberger BauR 1979, 457 (457 ff.), verneint die Urheberrechtsfähigkeit von Leistungsverzeichnissen und Berechnungen.

[31] Vgl. *v. Wietersheim* in Ingenstau/Korbion, VOB-Kommentar VOB/A § 8b Rn. 31.

[32] *v. Rintelen* in Kapellmann/Messerschmidt, VOB-Kommentar VOB/A § 8 Rn. 98 ff.

[33] *v. Wietersheim* in Ingenstau/Korbion, VOB-Kommentar VOB/A § 8b Rn. 32; *Motzke* in Dreher/Motzke, Beck'scher Vergaberechtskommentar, 2. Aufl. 2013, VOB/A § 8 Rn. 221.

[34] Zu § 19 EU VOB/A s. die dortige Kommentierung (Rn. 22 f.).

[35] *v. Wietersheim* in Ingenstau/Korbion, VOB-Kommentar VOB/A § 8b Rn. 46; *v. Rintelen* in Kapellmann/Messerschmidt, VOB-Kommentar VOB/A § 8 Rn. 106.

[36] *v. Rintelen* in Kapellmann/Messerschmidt, VOB-Kommentar VOB/A § 8 Rn. 107.

31 Verstößt der Auftraggeber im laufenden Vergabeverfahren gegen § 8b EU Abs. 2 VOB/A, kann Rechtsschutz nach Maßgabe der §§ 155 GWB, § 21 EU VOB/A gewährt werden. Einstweiligen Rechtsschutz bei einem Verstoß gegen § 8b EU Abs. 2 Satz 2 VOB/A kann nur derjenige Bieter beantragen, der auch Inhaber absoluter Rechte an den eingereichten Unterlagen hat, die vom öffentlichen Auftraggeber vergaberechtswidrig – anderweitig – verwendet werden.[37]

E. Schiedsverfahren (§ 8b EU Abs. 3 VOB/A)

32 § 8b EU Abs. 3 VOB/A betrifft die Möglichkeit, Streitigkeiten aus dem Vertrag unter Ausschluss des ordentlichen Rechtsweges in einem schiedsrichterlichen Verfahren auszutragen. Voraussetzung für ein entsprechendes Vorgehen ist, dass zuvor eine entsprechende Vereinbarung in einer besonderen, nur das Schiedsverfahren betreffenden Urkunde getroffen wurde, soweit nicht eine andere Form der Vereinbarung nach Maßgabe des § 1031 Abs. 2 ZPO zulässig ist. Die Schiedsvereinbarung ist damit regelmäßig eine vom Bauvertrag selbständige Urkunde.

33 Neben der schriftlichen Vereinbarung der Schiedsklausel in einer gesonderten Urkunde kann eine wirksame Schiedsvereinbarung auch nach Maßgabe des § 1031 Abs. 1 ZPO durch Schweigen auf ein kaufmännisches Bestätigungsschreiben, das eine Schiedsvereinbarung zum Gegenstand hat,[38] oder nach Maßgabe des § 1031 Abs. 3 ZPO durch eine vorformulierte Schiedsklausel in Besonderen oder Zusätzlichen Vertragsbedingungen formwirksam vereinbart werden.

34 Inhaltliche Anforderungen an die Schiedsvereinbarung sind in § 8b EU Abs. 3 VOB/A nicht normiert. Gleichwohl ist eine hinreichend deutliche Abgrenzung zur Schiedsgutachtenabrede sowie ggf. die Vereinbarung der Geltung einer bestimmten Schiedsverfahrensordnung ratsam.

35 Wurde eine wirksame Schiedsvereinbarung geschlossen, begründet dies die Einrede des Schiedsvertrags gemäß § 1032 Abs. 1 ZPO. Dies hat zur Folge, dass eine Klage vor einem ordentlichen Gericht als unzulässig abgewiesen wird, wenn der Beklagte vor Beginn der mündlichen Verhandlung zur Hauptsache rügt und der Streitgegenstand von der Schiedsvereinbarung umfasst ist. Leidet die Schiedsvereinbarung unter einem Mangel, kann sie gemäß § 1032 Abs. 6 ZPO durch die Einlassung auf die schiedsgerichtliche Verhandlung zur Hauptsache geheilt werden.[39]

36 Ungeachtet der Regelung des § 8b EU Abs. 3 VOB/A steht es den Beteiligten eines Vergabeverfahrens offen, eine andere Form der außergerichtlichen Streitbeilegung zu wählen.[40]

---

[37] *Motzke* in Dreher/Motzke, Beck'scher Vergaberechtskommentar, 2. Aufl. 2013, VOB/A § 8 Rn. 225 . Unterlassungsansprüche können bspw. auf die § 97 Abs. 1 UrhG, § 139 Abs. 1 PatG, § 24 Abs. 1 GebrMG oder §§ 1004, 823 BGB gestützt werden. Davon unberührt bleiben etwaige Schadensersatzansprüche gem. § 97 Abs. 2 UrhG, § 139 Abs. 2 PatG, § 24 Abs. 2 GebrMG oder § 823 BGB.

[38] *Seiler* in Thomas/Putzo, ZPO § 1031 Rn. 5.

[39] Zu beachten ist allerdings, dass im „umgekehrten" Fall, wenn der Beklagte vor einem ordentlichen Gericht trotz einer wirksamen Schiedsvereinbarung zur Hauptsache mündlich verhandelt, die Zuständigkeit des staatlichen Gerichts infolge rügeloser Verhandlung gemäß § 39 ZPO begründet werden kann, vgl. *Hüßtege* in Thomas/Putzo, ZPO § 39 Rn. 1; *Patzina* in MüKoZPO, § 39 Rn. 2.

[40] *v. Wietersheim* in Ingenstau/Korbion, VOB/A-Kommentar VOB/A § 8b Rn. 50. Als Alternative käme bspw. ein Mediations- oder Adjudikationsverfahren in Betracht; s. auch § 18 Abs. 3 VOB/B.

§ 8c Anforderungen an energieverbrauchsrelevante Waren, technische Geräte oder Ausrüstungen

(1) **Wenn die Lieferung von energieverbrauchsrelevanten Waren, technischen Geräten oder Ausrüstungen wesentlicher Bestandteil einer Bauleistung ist, müssen die Anforderungen der Absätze 2 bis 4 beachtet werden.**

(2) **In der Leistungsbeschreibung sollen im Hinblick auf die Energieeffizienz insbesondere folgende Anforderungen gestellt werden:**

1. **das höchste Leistungsniveau an Energieeffizienz und**
2. **soweit vorhanden, die höchste Energieeffizienzklasse im Sinne der Energieverbrauchskennzeichnungsverordnung.**

(3) **In der Leistungsbeschreibung oder an anderer geeigneter Stelle in den Vergabeunterlagen sind von den Bietern folgende Informationen zu fordern:**

1. **konkrete Angaben zum Energieverbrauch, es sei denn, die auf dem Markt angebotenen Waren, technischen Geräte oder Ausrüstungen unterscheiden sich im zulässigen Energieverbrauch nur geringfügig, und**
2. **in geeigneten Fällen,**
   a) **eine Analyse minimierter Lebenszykluskosten oder**
   b) **die Ergebnisse einer Buchstabe a vergleichbaren Methode zur Überprüfung der Wirtschaftlichkeit.**

(4) **Sind energieverbrauchende Waren, technische Geräte oder Ausrüstungen wesentlicher Bestandteil einer Bauleistung und sind über die in der Leistungsbeschreibung gestellten Mindestanforderungen hinsichtlich der Energieeffizienz hinaus nicht nur geringfügige Unterschiede im Energieverbrauch zu erwarten, ist das Zuschlagskriterium „Energieeffizienz" zu berücksichtigen.**

Übersicht

	Rn.			Rn.
A. Einführung	1		2. Höchste Energieeffizienzklasse im Sinne der Energieverbrauchskennzeichnungsverordnung (§ 8c EU Abs. 2 Nr. 2 VOB/A)	20
I. Literatur	1			
II. Entstehungsgeschichte	2			
III. Rechtliche Vorgaben im EU-Recht	5		V. Obligatorische Anforderungen der Leistungsbeschreibung (§ 8c EU Abs. 3 VOB/A)	22
B. Kommentierung	6		1. Angaben zum Energieverbrauch (§ 8c EU Abs. 3 Nr. 1 VOB/A)	24
I. Allgemeines	6		
II. Lieferung von energieverbrauchsrelevanten Waren, technischen Geräten oder Ausrüstungen	10		2. Analyse minimierter Lebenszykluskosten (§ 8c EU Abs. 3 Nr. 2 lit. a VOB/A)	27
III. Wesentlicher Bestandteil einer Bauleistung	13		3. Ergebnisse einer Buchstabe a vergleichbaren Methode zur Überprüfung der Wirtschaftlichkeit (§ 8c EU Abs. 3 Nr. 2 lit. b VOB/A)	30
IV. Fakultative Anforderungen in der Leistungsbeschreibung (§ 8c EU Abs. 2 VOB/A)	14		
1. Höchstes Leistungsniveau an Energieeffizienz (§ 8c EU Abs. 2 Nr. 1 VOB/A)	17		VI. „Energieeffizienz" als Zuschlagskriterium (§ 8c EU Abs. 4 VOB/A)	31

A. Einführung

I. Literatur

T. Stockmann/D. Rusch, Wie viel Energieeffizienz muss es sein? – Anforderungen an die Leistungsbeschreibung und Wertung nach § 4 IV bis VI lit. b VgV, NZBau 2012, 71 ff.; *Ch. Zeiss*, Weniger Energieverbrauch! – Beschaffung energieeffizienter Geräte und Ausrüstung, NZBau 2011, 658 ff.; *ders.*, Energieeffizienz in der Beschaffungspraxis, NZBau 2012, 201 ff.; *M. Gaus*, Ökologische Kriterien in der Verga-

1

beentscheidung – Eine Hilfe zur vergaberechtskonformen nachhaltigen Beschaffung, NZBau 2013, 401 ff.; *H. Schröder*, „Grüne" Zuschlagskriterien – Die Lebenszykluskostenberechnung anhand von Energieeffizienz- und Schadstoffkriterien am Beispiel der Beschaffung von Straßenfahrzeugen, NZBau 2014, 467 ff.; *Umweltbundesamt*, Energieeffiziente öffentliche Beschaffung, Berlin 2014; *Umweltbundesamt*, Rechtsgutachten umweltfreundliche öffentliche Beschaffung, Berlin 2017; *S. Haak*, Vergaberecht in der Energiewende – Teil I, Energieeffiziente Beschaffung und Ausschreibungsmodelle nach dem EEG, NZBau 2015, 11 ff.; *M. Burgi*, Ökologische und soziale Beschaffung im künftigen Vergaberecht: Kompetenzen, Inhalte, Verhältnismäßigkeit, NZBau 2015, 597 ff.; *EU-Kommission*, Umweltorientierte Beschaffung! Ein Handbuch für ein umweltorientiertes öffentliches Beschaffungswesen, 3. Auflage 2016; *D. Hattenhauer/C. Butzert*, Die Etablierung ökologischer, sozialer, innovativer und qualitativer Aspekte im Vergabeverfahren, ZfBR 2017, 129 ff.

II. Entstehungsgeschichte

2   § 8c EU VOB/A regelt die Möglichkeiten und Pflichten des öffentlichen Auftraggebers, die „Energieeffizienz" als Kriterium bei der Vergabe öffentlicher Bauaufträge oberhalb der EU-Schwellenwerte zu berücksichtigen.[1] Die Regelung ist nicht neu. Eine inhaltlich weitgehend vergleichbare Regelung war bisher in § 6 Abs. 2 bis 6 VgV aF als so genannte „Maßgaberegelung" enthalten.[2]

3   Eine zu § 8c EU VOB/A weitgehend wörtlich identische Vorschrift für die Vergabe von Liefer- und Dienstleistungsaufträgen findet sich in § 67 VgV,[3] die als Nachfolgeregelung von § 4 Abs. 4 bis 6 VgV aF Eingang in die Neufassung der VgV gefunden hat. Daneben greifen die §§ 58 und 59 SektVO Umwelt- und Energieaspekte für die Beschaffung energieverbrauchsrelevanter Leistungen und für die Beschaffung von Straßenfahrzeugen auf.[4]

4   Nicht in unmittelbaren Zusammenhang zu § 8c EU VOB/A, jedoch mit einem umweltspezifischen Bezug stehen § 6c EU Abs. 2 VOB/A und § 7a EU Abs. 6 VOB/A: Öffentliche Auftraggeber können nach Maßgabe des § 6c EU Abs. 2 VOB/A Nachweise verlangen, dass Bewerber oder Bieter bestimmte Systeme oder Normen des Umweltmanagements erfüllen.[5] Nach § 7a EU Abs. 6 Nr. 1 VOB/A sind sie berechtigt, unter den dort normierten Voraussetzungen für die Vergabe von Leistungen mit spezifischen umweltbezogenen, sozialen oder sonstigen Merkmalen in den technischen Spezifikationen, den Zuschlagskriterien oder den Ausführungsbedingungen ein bestimmtes Gütezeichen als Nachweis dafür zu verlangen, dass die Leistungen den geforderten Merkmalen entsprechen.[6]

III. Rechtliche Vorgaben im EU-Recht

5   Die Regelung dient insbesondere der Umsetzung
– der Richtlinie 2010/30/EU des Europäischen Parlaments und des Rates vom 19.5.2010 über die Angabe des Verbrauchs an Energie und anderen Ressourcen durch energieverbrauchsrelevante Produkte mittels einheitlicher Etiketten und Produktinformationen[7] und
– der Richtlinie 2012/27/EU des Europäischen Parlaments und des Rates vom 25.10.2012 zur Energieeffizienz, zur Änderung der Richtlinien 2009/125/EG und 2010/30/EU und zur Aufhebung der Richtlinien 2004/8/EG und 2006/32/EG.[8]

---

[1] Zur Entwicklung der Umweltkriterien im Vergaberecht s. *Umweltbundesamt*, Rechtsgutachten umweltfreundliche öffentliche Beschaffung, S. 15 ff.
[2] Verordnung über die Vergabe öffentlicher Aufträge (Vergabeverordnung – VgV) idF d. Bek. v. 11.11.2003 (BGBl. 2003 I S. 169) mit spät. Änd. Zu §§ 4 und 6 VgV aF s. *Schneider* in Kapellmann/Messerschmidt, VOB-Kommentar VgV § 4 Rn. 18 ff.; VgV § 6 Rn. 4 ff.
[3] → § 67 VgV Rn. 7 ff.
[4] → § 58 SektVO Rn. 8 ff.
[5] → § 49 VgV Rn. 8 ff.; vgl. Erwägungsgrund 88; Art. 72 RL (EU) 2014/24.
[6] → § 7a EU VOB/A Rn. 49; vgl. Erwägungsgrund 75; Art. 43 RL (EU) 2014/24.
[7] ABl. L 153 v. 18.6.2010, S. 1.
[8] ABl. L 315 v. 14.11.2012, S. 1.

B. Kommentierung

I. Allgemeines

Die EU-Vergaberechtsmodernisierung zielt darauf ab, den vergaberechtlichen Normen- 6 komplex anhand der aktuellen Bedürfnisse des fortschreitenden europäischen Binnenmarktes fortzuentwickeln und damit zugleich eine stärkere Vereinheitlichung der einschlägigen Regelwerke innerhalb der Mitgliedsstaaten der EU zu implementieren. Neben einer Vereinfachung des Vergabeverfahrens und der damit korrelierenden Steigerung der Effizienz und Effektivität soll der neue normative Rahmen den Vergabestellen die Möglichkeit eröffnen, durch die öffentliche Auftragsvergabe auch strategische Ziele zu verwirklichen, zu denen vor allem soziale, umweltbezogene und innovative Aspekte zählen.[9] Die Verknüpfung umweltbezogener Anforderungen mit dem Auftragsgegenstand und die damit einhergehende Setzung umweltpolitischer Impulse ist das Ergebnis einer längeren Entwicklung.[10] Sie führte dazu, dass umweltbezogene Aspekte auch bei der Vergabe von Bauleistungen ab den EU-Schwellenwerten berücksichtigt werden und der Absatz energieeffizienter Produkte gefördert wird.[11] Denn öffentliche Auftraggeber haben einen entscheidenden Einfluss auf die Verwirklichung der Energieeffizienz und damit zugleich auf die Durchsetzung umweltbezogener Aspekte.[12] Die Beschaffungsautonomie des Auftraggebers einschließlich seines Leistungsbestimmungsrechts werden insofern im Sinne der Vorgaben des § 8c EU VOB/A beschränkt. Die Überprüfung der Einhaltung der umwelt-, sozial- und arbeitsrechtlichen Bestimmungen soll in den relevanten Phasen des Vergabeverfahrens erfolgen, insbesondere bei Anwendung der allgemeinen Grundsätze für die Auswahl der Teilnehmer und die Auftragsvergabe, bei der Anwendung der Ausschlusskriterien und bei der Anwendung der Bestimmungen zu ungewöhnlich niedrigen Angeboten.[13]

§ 8c EU VOB/A statuiert hohe Anforderungen an öffentliche Auftraggeber, die bei der 7 Beschaffung der dort aufgeführten Güter insbesondere die Energieeffizienz zu berücksichtigen haben. Unzureichende oder unvollständige Marktinformationen zur Energieeffizienz können allerdings dazu führen, dass die Umsetzung dieses vergaberechtlichen Kriteriums problematisch ist.[14] Fehlende oder unvollständige Produktangaben erschweren nämlich die Festlegung und Auswahl der Zuschlagskriterien in den Vergabeunterlagen. Zudem besteht die Gefahr, dass eine allzu detaillierte Leistungsbeschreibung mit dem Grundsatz der produktneutralen Beschreibung kollidiert.

Gemäß § 8c EU Abs. 1 VOB/A sind bei der Lieferung von energieverbrauchsrelevanten 8 Waren, technischen Geräten oder Ausrüstungen die Anforderungen der Absätze 2 bis 4 zu beachten, wenn sie wesentlicher Bestandteil einer Bauleistung sind.

Umstritten ist, ob der Vorschrift des § 8c EU VOB/A bieterschützender Charakter zu- 9 kommt. Die VK Rheinland-Pfalz hat dies hinsichtlich § 4 Abs. 4 bis 6b VgV aF verneint.[15] Die Vorschrift schränke den Auftraggeber lediglich in seinem Leistungsbestimmungsrecht ein, ohne jedoch darüber hinausgehende subjektive (Bieter- bzw. Bewerber-)Rechte zum Schutze des Wettbewerbs und der Wettbewerbschancen iSd § 97 Abs. 7 GWB aF zu begründen. Sie verfolge lediglich allgemeine umweltpolitische Ziele, nämlich die Umsetzung der Energieziele iSd Art. 9 Abs. 1 Satz 1 Richtlinie (EU) 2010/30. Dieser Ansicht wird jedoch zu Recht entgegengehalten, dass eine bieterschützende Wirkung der Vorgaben

---

[9] BT-Drs. 18/6281, 55; Erwägungsgrund 37 RL (EU) 2014/24.
[10] *Gaus* NZBau 2013, 401 (401) mwN.
[11] *Fandrey* in KKMPP VgV § 67 Rn. 1.
[12] *Umweltbundesamt*, Energieeffiziente öffentliche Beschaffung, S. 1; vgl. auch *Hattenbauer/Butzert* ZfBR 2017, 129 (134).
[13] Erwägungsgrund 41 der RL (EU) 2014/24.
[14] *Stockmann/Rusch* NZBau 2012, 71 (71).
[15] VK Rheinland-Pfalz Beschl. v. 13.11.2015 – VK 1-16/15.

zumindest im Hinblick auf die Umsetzung und Berücksichtigung der Zuschlagskriterien bejaht werden kann.[16] Wenn und soweit die Energieeffizienz als Zuschlagskriterium bei der öffentlichen Auftragsvergabe zu berücksichtigen ist, kann ein Bieter gleichwohl die Einhaltung der jeweiligen vergaberechtlichen Vorschriften verlangen.

II. Lieferung von energieverbrauchsrelevanten Waren, technischen Geräten oder Ausrüstungen

10   Sind in einem Vergabeverfahren die Lieferung von energieverbrauchsrelevanten Waren, technischen Geräten oder Ausrüstungen wesentlicher Bestandteil einer Bauleistung, muss der Auftraggeber gemäß § 8c EU Abs. 1 VOB/A die Anforderungen der Absätze 2 bis 4 beachten. Die offene Formulierung der Energieeffizienzregelung des § 8c EU Abs. 1 VOB/A eröffnet damit einen sehr weiten sachlichen Anwendungsbereich.[17] Eine Definition des Begriffs „energieverbrauchsrelevant" ist der Neufassung der EU VOB/A nicht zu entnehmen.[18] Zur europarechtskonformen Auslegung kann allerdings auf die Definition des „energieverbrauchsrelevanten Produkts" des Art. 2 lit. a der Richtlinie (EU) 2010/30 zurückgegriffen werden,[19] der dem Begriff zumindest eine gewisse Kontur verschafft. Danach bezeichnet ein energieverbrauchsrelevantes Produkt

„[...] einen Gegenstand, dessen Nutzung den Verbrauch an Energie beeinflusst und der in der Union in Verkehr gebracht und/oder in Betrieb genommen wird, einschließlich Teilen, die zum Einbau in ein unter diese Richtlinie fallendes energieverbrauchsrelevantes Produkt bestimmt sind, als Einzelteil für Endverbraucher in Verkehr gebracht und/oder in Betrieb genommen werden und getrennt auf ihre Umweltverträglichkeit geprüft werden können".

11   Diese weite Definition wird durch den Erwägungsgrund 2 der Richtlinie ergänzt. Energieverbrauchsrelevanz liegt damit vor, wenn die Nutzung eines Produkts oder einer Ware unmittelbar oder mittelbar den Verbrauch von Energie beeinflusst.[20]

12   Eine teleologische Reduktion des § 8c EU VOB/A ist geboten, wenn die zu beschaffenden Waren per se energieverbrauchsrelevant sind, sie jedoch im Hinblick auf die konkrete Bauleistung keine Energierelevanz entfaltet.[21]

III. Wesentlicher Bestandteil einer Bauleistung

13   Die Anforderungen der Absätze 2 bis 4 von § 8c EU VOB/A sind nur dann zu beachten, wenn die Lieferung energieverbrauchsrelevanter Leistungen wesentlicher Bestandteil einer Bauleistung ist. Das Merkmal der Wesentlichkeit wird weder in der VOB/A noch in der einschlägigen EU-Verordnung näher definiert. Um den umweltbezogenen Anforderungen größtmögliche Geltung zu verschaffen, ist eine weite Auslegung des Begriffs geboten.[22] Ob die Lieferung von energieverbrauchsrelevanten Waren, technischen Geräten oder Ausrüstungen als wesentlicher Bestandteil einer Bauleistung zu qualifizieren ist, ist unter Zugrundelegung der Wertung des § 94 Abs. 2 BGB zu bestimmen.[23] Danach ist ein wesentlicher Bestandteil einer Bauleistung eine zur Herstellung des Bauvorhabens oder

---

[16] *Zerwell* VPR 2017, 27; *Schneider* in Kapellmann/Messerschmidt VOB-Kommentar VgV § 4 Rn. 26.

[17] So auch *Zeiss* NZBau 2012, 201 (201 f.) zu §§ 4, 6 VgV aF. *Fandrey* in KKMPP VgV § 67 Rn. 6, befürwortet eine Differenzierung zwischen energieverbrauchenden Waren und energieverbrauchsrelevanten Produkten.

[18] Eine Definition war in den Vorgängerregelungen der §§ 4, 6 VgV aF ebenfalls nicht aufgeführt.

[19] Für das Erfordernis einer europarechtskonformen Auslegung s. *Schneider* in Kapellmann/Messerschmidt VOB-Kommentar VgV § 4 Rn. 19 in Fn. 32.

[20] *Zeiss* NZBau 2012, 201 (202), führt als Beispiele etwa Heizung, Klimaanlage, Lüftung, Fahrstuhl, Beleuchtung, Computer usw an. Software hingegen ist kein energieverbrauchsrelevantes Produkt, vgl. VK Bund, Beschl. v. 10.11.2014, VK 2-59/14.

[21] *Zeiss* NZBau 2012, 201 (202): Errichtung einer unbeleuchteten und unbeheizten Gerätehalle.

[22] So auch *Stockmann/Rusch* NZBau 2012, 71 (72).

[23] *Schneider* in Kapellmann/Messerschmidt VOB-Kommentar VgV § 6 Rn. 8.

Bauwerks eingefügte Sache, zu der alle Teile gehören, ohne die das Bauvorhaben oder Bauwerk unter Berücksichtigung seiner Beschaffenheit und seines Zwecks nicht als fertiggestellt anzusehen ist.[24] Das Fehlen einer festen Verbindung zwischen der eingefügten Sache und dem Bauwerk steht der Annahme des wesentlichen Bestandteils nicht entgegen. Aus diesem Erfordernis folgt jedoch zugleich, dass die Energieeffizienz von Werkzeugen und Geräten, die lediglich für die Bauausführung benötigt werden, bei der Angebotswertung durch den Auftraggeber nicht zu berücksichtigen sind, weil sie nicht wesentlicher Bestandteil der Bauleistung geworden sind.[25]

IV. Fakultative Anforderungen in der Leistungsbeschreibung (§ 8c EU Abs. 2 VOB/A)

Nach § 8 EU Abs. 2 VOB/A sollen in der Leistungsbeschreibung hinsichtlich der Energie- **14** effizienz insbesondere das höchste Leistungsniveau an Energieeffizienz (§ 8c EU Abs. 2 Nr. 1 VOB/A) und – soweit vorhanden – die höchste Energieeffizienzklasse im Sinne der Energieverbrauchskennzeichnungsverordnung (§ 8c EU Abs. 2 Nr. 2 VOB/A) gestellt werden.

Die Leistungsbeschreibung als Teil der Vergabeunterlagen ist der zentrale Anknüpfungs- **15** punkt für die Beschaffung umweltfreundlicher, insbesondere energieeffizienter Produkte und Dienstleistungen, in der der öffentliche Auftraggeber den Gegenstand der Beschaffung bestimmt.[26] Sie soll daher die in § 8c EU Abs. 2 Nr. 1 und 2 VOB/A normierten Anforderungen im Hinblick auf die Energieeffizienz erfüllen. Dem Wortlaut der Formulierung „sollen" ist zu entnehmen, dass dem Auftraggeber ein Ermessensspielraum eingeräumt wird, den er im Rahmen der unionsrechtlichen Vorgaben der RL (EU) 2010/30 und insbesondere Art. 6 RL (EU) 2012/27 sowie den nationalen normativen Regelungen auszuüben hat.[27] Zu berücksichtigende Kriterien bei der Ermessensausübung sind etwa Kostenwirksamkeit, wirtschaftliche Durchführbarkeit, technische Eignung und ausreichender Wettbewerb.[28] Das in Absatz 2 verwendete Adverb „insbesondere" veranschaulicht zudem, dass die in den Ziffern 1 und 2 aufgeführten Anforderungen nicht abschließend sind.[29] So sehen etwa die für die Behörden des Bundes geltenden Leitlinien für die Beschaffung energieeffizienter Produkte und Dienstleistungen (AVV-EnEff) in sub 2.2 vor, dass der öffentliche Auftraggeber die zu vergebende Leistung derart beschreiben soll, dass Anbieter möglichst viel Spielraum haben, umweltfreundliche, insbesondere energieeffiziente Produkte und Dienstleistungen anzubieten.

Die nach § 8c EU Abs. 2 VOB/A anzufordernden Informationen verdeutlichen, dass die **16** Bewertung der Energieeffizienz allein an die unmittelbar oder mittelbar zum Betrieb oder zur Nutzung der energieverbrauchsrelevanten Produkte erforderliche Energie anknüpft. Nicht berücksichtigt wird hingegen die zur Herstellung der Produkte verwendete Energie.[30]

1. Höchstes Leistungsniveau an Energieeffizienz (§ 8c EU Abs. 2 Nr. 1 VOB/A)

Die Anforderungen der Leistungsbeschreibung an die Energieeffizienz sind Regelungs- **17** gegenstand des § 8c EU Abs. 2 VOB/A.[31] Nach Nr. 1 soll der Auftraggeber in der Leis-

---

[24] BGH Urt. v. 13.3.1970, V ZR 71/67, NJW 1970, 895 (895 ff.).

[25] *Zeiss* NZBau 2011, 658 (659); *Schneider* in Kapellmann/Messerschmidt VOB-Kommentar VgV § 6 Rn. 6. Insoweit kann auch auf die Wertung des § 95 BGB zurückgegriffen werden.

[26] Vgl. Anlage mit den Leitlinien für die Beschaffung energieeffizienter Produkte und Dienstleistungen v. 18.1.2017 (AVV-EnEff), BAnz AT 24.1.2017 B1.

[27] *Schneider* in Kapellmann/Messerschmidt VOB Kommentar VgV § 4 Rn. 19. Die bisherige Regelung des Art. 9 Abs. 1 und 2 der RL (EU) 2010/30 wurde gemäß Art. 27 Abs. 2 der RL (EU) 2012/27 ab dem 5.6.2014 gestrichen.

[28] *Schneider* in Kapellmann/Messerschmidt VOB-Kommentar VgV § 4 Rn. 19.

[29] *Fandrey* in KKMPP VgV § 67 Rn. 8.

[30] So zu § 4 VgV aF bereits BR-Drs. 345/11 S. 8.

[31] Dazu ausführlich *Stockmann/Rusch* NZBau 2012, 71 (71 ff.).

tungsbeschreibung das höchste Leistungsniveau an Energieeffizienz fordern. Die normative Vorgabe des Anforderungsniveaus ist nicht Zuschlagskriterium, sondern vielmehr ein produktbezogenes Mindestkriterium, das alle von allen Angeboten zu erfüllen ist.[32] Insoweit muss der Auftraggeber im Vorfeld des Vergabeverfahrens eine Markterkundung durchführen, um die Anforderungen an die Leistungsbeschreibung nach Maßgabe des § 8c EU VOB/A bestimmen zu können.[33]

18   Die Bestimmung und Festlegung des höchsten Leistungsniveaus an Energieeffizienz iSd § 8c EU Abs. 2 Nr. 1 VOB/A ist allerdings nicht unproblematisch.[34] Weder die VOB/A-EU noch die Richtlinie (EU) 2012/27 führen eine Definition des unbestimmten Begriffs auf.[35] Unter Zugrundelegung des Wortlauts der Norm müsste der öffentliche Auftraggeber eine *umfassende* Markterkundung vor dem Beginn des Vergabeverfahrens durchführen, um das *höchste* Leistungsniveau an Energieeffizienz des zu beschaffenden Auftragsgegenstandes zu bestimmen und sodann in die Leistungsbeschreibung aufnehmen zu können. Ein solches Vorgehen ist jedoch mit der Entstehungsgeschichte und insbesondere dem Sinn und Zweck des § 8c EU VOB/A unvereinbar.[36] Der öffentliche Auftraggeber soll im Vergabeverfahren eine *hohe* Energieeffizienz fordern, nicht jedoch *das höchste* Leistungsniveau an Energieeffizienz. Diese Auslegung der Norm kann zum einen auf den Wortlaut des Art. 9 Abs. 1 der Richtlinie (EU) 2010/30 sowie des Art. 6 Abs. 1 der Richtlinie (EU) 2012/27 gestützt werden, die jeweils nicht das höchste Leistungsniveau an Energieeffizienz fordern.[37] Zum anderen würde dies dem Sinn und Zweck der unionsrechtlichen Vorgaben zuwiderlaufen, wenn die Beschaffungsautonomie des öffentlichen Auftraggebers derart beschränkt wird, dass er sein Leistungsbestimmungsrecht nur unter sehr engen Voraussetzungen und unter Außerachtlassung anderer Zuschlagskriterien wie etwa das Kriterium der Wirtschaftlichkeit ausüben kann. Die umweltbezogenen Aspekte, die durch die Vergaberechtsmodernisierung umgesetzt werden sollen, gelten nicht absolut. Sie sind vielmehr ein Aspekt unter mehreren, die im Vergabeverfahren beachtet werden sollen.

19   Die Energieeffizienz gemäß § 8c EU VOB/A ist zudem nicht allein als umweltbezogene Anforderung zu qualifizieren, sondern sie stellt zugleich ein Wirtschaftlichkeitskriterium bei der Entscheidung über den Zuschlag dar, das es zu berücksichtigen gilt.[38] Der Energieverbrauch und damit die Energiekosten müssen in Relation zum geschätzten Wert des Gesamtauftrags wirtschaftlich bedeutsam sein. Dies gilt gleichfalls für den Wertanteil der Lieferung energieverbrauchsrelevanter Gegenstände.[39] Der öffentliche Auftraggeber ist daher gehalten, das beste „Preis-Energieleistungs-Verhältnis" zu suchen.[40] Ist aus wirtschaftlichen Gründen die Wahl des höchsten Leistungsniveaus nicht möglich, weil die Mehrkosten in keinem Verhältnis zum Auftragsgegenstand stehen, kann der öffentliche Auftraggeber gleichwohl ein geringeres Energieeffizienzniveau wählen.[41] Das höchste Leistungsniveau an Energieeffizienz stellt insoweit kein absolutes Kriterium dar. Abweichungen von den

---

[32] *Gaus* NZBau 2013, 401 (403).

[33] *Fandrey* in KKMPP VgV § 67 Rn. 10. Alternativ zur Markterkundung kann nach *Gaus* NZBau 2013, 401 (404), der eigene bisherige Energieverbrauch, der um einen bestimmten Abschlag zu reduzieren ist, als Ausgangswert genommen werden. Voraussetzung hierzu ist allerdings, dass der öffentliche Auftraggeber auf diesen Wert zurückgreifen kann, was bspw. bei einer Erstbeschaffung ausgeschlossen ist.

[34] Ausführlich dazu *Stockmann/Rusch* NZBau 2012, 71 (73 ff.).

[35] Vgl. auch *Zeiss* NZBau 2012, 201 (203); *Gaus* NZBau 2013, 401 (403).

[36] So auch *Stockmann/Rusch* NZBau 2012, 71 (73) hinsichtlich § 4 VgV aF; aA *Zeiss* NZBau 2012, 201 (203), der den höchsten auf dem Markt verfügbaren Grad an Energieeffizienz als Mindestanforderung fordert.

[37] Nach Art. 9 Abs. 1 der Richtlinie (EU) 2010/30 soll der öffentliche Auftraggeber die *höchsten* Leistungsniveaus an Energieeffizienz fordern, während nach Art. 6 Abs. 1 der Richtlinie (EU) 2012/27 lediglich *hohe* Energieeffizienz voraussetzt.

[38] Vgl. auch *Schneider* in Kapellmann/Messerschmidt VOB-Kommentar VgV § 6 Rn. 7.

[39] *Schneider* in Kapellmann/Messerschmidt VOB-Kommentar VgV § 6 Rn. 8.

[40] *Fandrey* in KKMPP VgV § 67 Rn. 10.

[41] *Fandrey* in KKMPP VgV § 67 Rn. 10.

Anforderungen des § 8c EU VOB/A hat der öffentliche Auftraggeber allerdings zu begründen und zu dokumentieren.[42]

2. Höchste Energieeffizienzklasse im Sinne der Energieverbrauchskennzeichnungsverordnung (§ 8c EU Abs. 2 Nr. 2 VOB/A)

Nach § 8c EU Abs. 2 Nr. 2 VOB/A soll in der Leistungsbeschreibung zudem („und") **20** die höchste Energieeffizienzklasse iSd Energieverbrauchskennzeichnungsverordnung (EnKV)[43] des Auftragsgegenstandes gefordert werden, soweit diese vorhanden ist. § 8c EU Abs. 2 Nr. 2 VOB/A ergänzt insoweit das in § 8c EU Abs. 2 Nr. 1 VOB/A verankerte höchste Anforderungsniveau an Energieeffizienz.

Die EnKV regelt gemäß § 1 Abs. 1 EnKV die Energieeffizienzklassen derjenigen Pro **21** dukte, auf die in den Anlagen 1 und 2 verwiesen wird. Hierbei handelt es sich überwiegend um Haushaltsgeräte wie bspw. (Haushalts-)Kühlgeräte oder (Haushalts-)Geschirrspüler. Daneben sind jedoch gemäß Anlage 2 Abs. 1 Nr. 9 EnKV auch – für die Bauleistungsvergabe bedeutsame – Produkte wie etwa Raumheizanlagen, Kombiheizgeräte oder Verbundanlagen aus Raumheizgeräten, Temperaturreglern und Solareinrichtungen usw vom Anwendungsbereich der EnKV erfasst. Der Anwendungsbereich des § 8c EU Abs. 2 Nr. 2 VOB/A ist damit eng umgrenzt und dürfte insoweit in der vergaberechtlichen Praxis keinerlei Probleme bereiten.[44] Sind jedoch entsprechende Energieeffizienzklassen nach der EnKV nicht vorhanden, bleibt es bei dem Erfordernis nach dem höchsten Leistungsniveau an Energieeffizienz gem. Nr. 1.

V. Obligatorische Anforderungen der Leistungsbeschreibung (§ 8c EU Abs. 3 VOB/A)

Die obligatorischen Anforderungen im Hinblick auf die Energieeffizienz in der Leis **22** tungsbeschreibung oder an anderer geeigneter Stelle in den Vergabeunterlagen sind Regelungsgegenstand des § 8c EU Abs. 3 VOB/A. Anders als die fakultativen Anforderungen des § 8c EU Abs. 2 VOB/A stehen sie nicht im Ermessen des öffentlichen Auftraggebers. Der Auftraggeber hat sie vielmehr zwingend bei der Beschaffung des Auftragsgegenstandes von den Bietern zu fordern.

Ergänzend hierzu hat der Auftraggeber die ihm von den Bietern mitgeteilten Infor **23** mationen zu überprüfen; übermitteln die Bieter die geforderten Informationen nicht oder lediglich unvollständig, so sind diese gemäß § 16a EU VOB/A nachzufordern.[45]

1. Angaben zum Energieverbrauch (§ 8c EU Abs. 3 Nr. 1 VOB/A)

Nach § 8c EU Abs. 3 Nr. 1 VOB/A fordert der Auftraggeber in der Leistungsbeschrei **24** bung oder an anderer geeigneter Stelle in den Vergabeunterlagen von den Bietern konkrete Angaben zum Energieverbrauch. Ausgehend vom Wortlaut der § 8c EU Abs. 3 VOB/A erfasst der Regelungskomplex nicht alle energieverbrauchsrelevanten Produkte iSd Absatz 1, sondern nur diejenigen Produkte, die selbst Energie verbrauchen.[46] Produkte, die nicht unmittelbar Energie verbrauchen, sondern lediglich energieverbrauchsrelevant sind,

---

[42] *Fandrey* in KKMPP VgV § 67 Rn. 12.

[43] Verordnung zur Kennzeichnung von energieverbrauchsrelevanten Produkten mit Angaben über den Verbrauch an Energie und an anderen wichtigen Ressourcen (Energieverbrauchskennzeichnungsverordnung – EnVKV) v. 30.10.1997 (BGBl. 1997 I S. 2616) mit spät. Änd. Siehe auch den „Praxistipp" von *Zeiss* NZBau 2012, 201 (203).

[44] So bereits *Zeiss* NZBau 2012, 201 (202).

[45] → § 16a EU VOB/A Rn. 39 ff.

[46] *Fandrey* in KKMPP VgV § 67 Rn. 13. Weisen die Beschaffungsgegenstände in Abhängigkeit ihrer Nutzung unterschiedlichen Energieverbrauchswerte auf, so hat der Auftraggeber nach *Fandrey* auch unterschiedliche Werte oder einen – realistischen – Durchschnittswert zugrunde zu legen.

indem sie den Energieverbrauch beeinflussen, können ihrerseits keine Informationen bzw. Rückschlüsse zum Energieverbrauch geben.

25   Eine Ausnahme von diesem Grundsatz gilt nur, wenn die auf dem Markt angebotenen – energieverbrauchsrelevanten – Produkte sich im zulässigen Energieverbrauch nur geringfügig unterscheiden. Unter welchen Voraussetzungen eine geringfügige Unterscheidung iSd § 8c EU Abs. 3 Nr. 1 VOB/A vorliegt, wird in der Vorschrift nicht näher erläutert. Als Ausnahmevorschrift ist die Regelung jedoch restriktiv auszulegen.[47] Unter Zugrundelegung dieser Prämisse kann eine Abweichung zwischen 10% und 20% noch als geringfügig iSd Vorschrift betrachtet werden,[48] wobei dieser Wert allerdings immer im Einzelfall mit Rücksicht auf den jeweiligen Beschaffungsgegenstand zu bestimmen ist. Bei der Festlegung der Bandbreite ist zudem zu berücksichtigen, dass die Regelung eine Ausnahme von dem Grundsatz zur umweltfreundlichen Beschaffung darstellt und daher im Zweifel restriktiv auszulegen und anzuwenden ist.

26   Eine höhere Gewichtung des Kriteriums der Energieeffizienz kann im Einzelfall unangemessen sein, wenn keine erheblichen Unterschiede innerhalb der Energieeffizienzklasse bestehen und dadurch andere vergaberechtlich relevante Zuschlagskriterien weniger gewichtet werden.[49] Die Abfrage des Energieverbrauchs soll daher nur in den Fällen erfolgen, in denen er als Kriterium zur Bestimmung der Wirtschaftlichkeit oder als Mindestkriterium vorgegeben ist.[50]

2. Analyse minimierter Lebenszykluskosten (§ 8c EU Abs. 3 Nr. 2 lit. a VOB/A)

27   In geeigneten Fällen hat der öffentliche Auftraggeber gemäß § 8c EU Abs. 3 Nr. 2 lit. a VOB/A in der Leistungsbeschreibung oder an geeigneter Stelle in den Vergabeunterlagen eine Analyse minimierter Lebenszykluskosten oder eine vergleichbare Methode zur Überprüfung der Wirtschaftlichkeit zu fordern.[51]

28   Eine „Lebenszyklus-Kostenrechnung" führt einen Überblick über die tatsächlich anfallenden Kosten eines Auftrags auf. Sie dient der Ermittlung und wertenden Erfassung aller Folgekosten einschließlich der Entsorgung des Auftragsgegenstands.[52] Beispielsweise kann eine Prüfung der Kosten des Energie- und Wasserverbrauchs und der Instandhaltungs- und Entsorgungskosten im Rahmen ihrer Bewertung zeigen, dass die umweltfreundlichere Option unter Lebenszyklusgesichtspunkten – langfristig – auch die kostengünstigere Alternative darstellt.[53]

29   Das Vorliegen geeigneter Fällen ist unter Berücksichtigung von Sinn und Zweck der Vorschrift zu bestimmen.[54] Dem Auftraggeber soll dadurch die Möglichkeit erhalten, sich einen Überblick über die möglichen Kosten der Nutzung oder des Betriebs der zu liefernden Güter zu verschaffen.[55] Damit sind insbesondere solche Fälle für die Analyse minimierter Lebenszykluskosten geeignet, bei denen der Kostenschwerpunkt nicht in der Anschaffung, sondern im Betrieb, der Unterhaltung, der Instandhaltung sowie der Wartung liegt.[56] Dies gilt gleichfalls für Fälle, bei denen der Beschaffungsgegenstand sich aus einer Vielzahl

---

[47] *Schneider* in Kapellmann/Messerschmidt VOB-Kommentar VgV § 4 Rn. 21.
[48] So auch *Fandrey* in KKMPP VgV § 67 Rn. 15.
[49] *Schneider* in Kapellmann/Messerschmidt VOB-Kommentar VgV § 4 Rn. 25.
[50] *Fandrey* in KKMPP VgV § 67 Rn. 16.
[51] S. *Gaus* NZBau 2013, 401 (406 f.), zur Darstellung der Berücksichtigung des Energieverbrauchs und der Lebenszykluskosten am Beispiel einer Heizungsanlage.
[52] *Gaus* NZBau 2013, 401 (405). Nach *Gaus* sollte die Vergabestelle zur Herstellung der Vergleichbarkeit der Angebote von den Bietern die Energieverbräuche in bestimmen vorab zu definierenden Betriebszuständen verlangen, um diese nach einem zuvor definierten Berechnungsmodus einer vergleichenden Analyse unterziehen zu können.
[53] *EU-Kommission*, Umweltorientierte Beschaffung!, Kap. 5; *Umweltbundesamt*, Rechtsgutachten umweltfreundliche öffentliche Beschaffung, S. 11.
[54] *Stockmann/Rusch* NZBau 2012, 71 (76).
[55] *Stockmann/Rusch* NZBau 2012, 71 (76).
[56] *Gaus* NZBau 2013, 401 (405).

komplexer Einzelteile zusammensetzt, die einzeln oder in ihrer Gesamtheit energieverbrauchsrelevant sind.[57]

3. Ergebnisse einer Buchstabe a vergleichbaren Methode zur Überprüfung der Wirtschaftlichkeit (§ 8c EU Abs. 3 Nr. 2 lit. b VOB/A)

Nach § 8c EU Abs. 3 Nr. 2 lit. b VOB/A kann in geeigneten Fällen als Alternative zur **30**
Analyse minimaler Lebenszykluskosten gemäß § 8c EU Abs. 3 Nr. 2 lit. a VOB/A eine
vergleichbare Methode zur Überprüfung der Wirtschaftlichkeit herangezogen werden.

VI. „Energieeffizienz" als Zuschlagskriterium (§ 8c EU Abs. 4 VOB/A)

Nach Maßgabe des § 8c EU Abs. 4 VOB/A ist die Energieeffizienz als Zuschlagskriteri- **31**
um zu berücksichtigen, wenn bei energieverbrauchenden Produkten iSd Absatz 1 nicht
nur geringfügige Unterschiede im Energieverbrauch über die in der Leistungsbeschreibung
gestellten Mindestanforderungen hinsichtlich der Energieeffizienz zu erwarten sind. Mit
anderen Worten: Wird in der Leistungsbeschreibung im Hinblick auf Energieeffizienz das
höchste Leistungsniveau sowie die höchste Energieeffizienzklasse verlangt und damit nur
diesen Ansprüchen genügende Angebote in die Wirtschaftlichkeitsprüfung berücksichtigt,
ist die Energieeffizienz als Zuschlagskriterium nach Maßgabe des § 8 EU Abs. 4 VOB/A
heranzuziehen.[58]

Dem Auftraggeber steht bei der Gewichtung des Zuschlagskriteriums „Energieeffizienz" **32**
ein Beurteilungsspielraum zu, der gerichtlich nur eingeschränkt überprüfbar ist. Eine feste
Grenze im Sinne einer Mindestgewichtung ist insoweit nicht existent.[59] Entscheidend ist
allein, dass der öffentliche Auftraggeber den ihm eingeräumten Beurteilungsspielraum nicht
überschritten und damit das ihm eingeräumte Ermessen fehlerhaft oder nicht ausgeübt
hat.[60] Besondere Bedeutung kommt in diesem Zusammenhang dem Vergabevermerk zu,
der nach Maßgabe des § 20 EU VOB/A iVm § 8 VgV nachvollziehbar die Gründe der
jeweiligen Gewichtung im Verhältnis zu den übrigen Zuschlagskriterien aufführen muss.

---

[57] Nach *Gaus* NZBau 2013, 401 (405), sind klassische Beispiele etwa Gebäude, bei denen die Betriebs-
und Unterhaltungskosten regelmäßig deutlich höher sind als die Erstellungskosten, oder Arbeitsgeräte mit
langer Nutzungsdauer und im Verhältnis zum Anschaffungswert hohem Energiebedarf.

[58] *Schneider* in Kapellmann/Messerschmidt VOB-Kommentar VgV § 4 Rn. 20.

[59] *Schneider* in Kapellmann/Messerschmidt VOB-Kommentar VgV § 4 Rn. 25. Nach *Zeiss*, NZBau 2012,
201 (205), ist eine niedrige Gewichtung von etwa 2% bis 3% unangemessen, wohingegen *Schröder*,
NZBau 2014, 467 (468) bereits eine Gewichtung mit weniger als 10% bis 20% als unangemessen qualifiziert.

[60] Vgl. auch *v. Wietersheim* in Ingenstau/Korbion VOB-Kommentar EU VOB/A § 8c Rn. 22.

§ 9 Einzelne Vertragsbedingungen, Ausführungsfristen

(1)

1. Die Ausführungsfristen sind ausreichend zu bemessen; Jahreszeit, Arbeitsbedingungen und etwaige besondere Schwierigkeiten sind zu berücksichtigen. Für die Bauvorbereitung ist dem Auftragnehmer genügend Zeit zu gewähren.
2. Außergewöhnlich kurze Fristen sind nur bei besonderer Dringlichkeit vorzusehen.
3. Soll vereinbart werden, dass mit der Ausführung erst nach Aufforderung zu beginnen ist (§ 5 Absatz 2 VOB/B), so muss die Frist, innerhalb derer die Aufforderung ausgesprochen werden kann, unter billiger Berücksichtigung der für die Ausführung maßgebenden Verhältnisse zumutbar sein; sie ist in den Vergabeunterlagen festzulegen.

(2)

1. Wenn es ein erhebliches Interesse des öffentlichen Auftraggebers erfordert, sind Einzelfristen für in sich abgeschlossene Teile der Leistung zu bestimmen.
2. Wird ein Bauzeitenplan aufgestellt, damit die Leistungen aller Unternehmen sicher ineinandergreifen, so sollen nur die für den Fortgang der Gesamtarbeit besonders wichtigen Einzelfristen als vertraglich verbindliche Fristen (Vertragsfristen) bezeichnet werden.

(3) Ist für die Einhaltung von Ausführungsfristen die Übergabe von Zeichnungen oder anderen Unterlagen wichtig, so soll hierfür ebenfalls eine Frist festgelegt werden.

(4) Der öffentliche Auftraggeber darf in den Vertragsunterlagen eine Pauschalierung des Verzugsschadens (§ 5 Absatz 4 VOB/B) vorsehen; sie soll fünf Prozent der Auftragssumme nicht überschreiten. Der Nachweis eines geringeren Schadens ist zuzulassen.

Übersicht

	Rn.		Rn.
A. Einführung	1	II. Ausnahme: Außergewöhnlich kurze Fristen	23
I. Literatur	1	1. Besondere Dringlichkeit	24
II. Entstehungsgeschichte	2	2. Rechtsfolgen	27
III. Rechtliche Vorgaben im EU-Recht	3	III. Verzögerung der Ausführungsfrist wegen Einleitung eines Nachprüfungsverfahrens	30
B. Verknüpfung mit sonstigen Bestimmungen der VOB	4		
C. Allgemeines	5	E. Aufforderungsfrist	33
I. Bedeutung und Funktion der Ausführungsfristen	5	F. Einzelfristen, Bauzeitenplan (§ 9 EU Abs. 2 VOB/A)	37
II. Systematik	8	G. Kooperationsfristen (§ 9 EU Abs. 3 VOB/A)	42
III. Fristberechnung	9		
IV. Einbeziehung in den Vertrag	13	H. Pauschalierter Verzugsschaden (§ 9 EU Abs. 4 VOB/A)	45
D. Ausführungsfristen (§ 9 EU Abs. 1 VOB/A)	16	I. Verstoß gegen § 9 EU VOB/A	50
I. Grundsatz: Bemessung einer ausreichenden Frist	18		

A. Einführung

I. Literatur

Agh-Ackermann/Kuen, Akute Probleme des zeitgemäßen Bauvertrages, 1993; *Behrendt,* Grund und Grenzen **1** des Vergütungsanpassungsanspruchs bei verzögerter Zuschlagserteilung, BauR 2007, 784; *Bornheim/Badelt,* Verzögerte Zuschlagserteilung bei öffentlichen Bauaufträgen – zivilrechtliche Folgen, ZfBR 2008, 249;

Diehr, Der Gestaltungsraum des öffentlichen Auftraggebers bei verschobenem Zuschlag nach Bindefristverlängerung, ZfBR 2007, 657; *Drittler,* Gestörter Bauablauf: Anforderungen an die Kausalitätsnachweise zu den Behinderungsfolgen Bauzeitverlängerung und Produktivitätsverlust als Schätzungsgrundlage nach § 287 ZPO in der bauablaufbezogenen Nachweisführung, Jahrbuch Baurecht 2006, 237; *ders.* Zuschlagsverzögerung, Anpassung von Ausführungszeit und Preis: Anspruchsausfüllende Nachweise der Kausalität und der Höhe, BauR 2010. 142; *Drittler,* Allgemeine Geschäftskosten im gestörten Bauablauf, BauR 2008, 1217; *Eschenbruch/v. Rintelen,* Bauablaufstörung und Terminfortschreibung nach der VOB/B, NZBau 2010, 401; *Genschow,* Anordnungen zur Bauzeit – Vergütungs- oder Schadensersatzansprüche des Auftragnehmers? (zugleich eine Entgegnung auf Thode, ZfBR 2004, Seite 214 ff.); *ders.,* Vergütungs- oder Schadensersatzansprüche bei Anordnungen zur Bauzeit – Eine Zwischenbilanz, Jahrbuch Baurecht 2007, 154; *Hödl,* Das teure Warten auf den Zuschlag – Bindefristverlängerung und Vorhaltekosten, Jahrbuch Baurecht 2010, 261; *Hormann,* Vertragsanpassung nach verzögerter Zuschlagserteilung, ZfBR 2009, 529; *K. D. Kapellmann,* Zeitliche und geldliche Folgen eines nach Verlängerung der Bindefrist erteilten Zuschlags, NZBau 2003, 1; *ders.,* Der Anspruch auf Bauzeitverlängerung und auf Mehrvergütung bei verschobenem Zuschlag, NZBau 2007, 401; *Kreikenbohm,* Verzug des Bauunternehmers im Werkvertragsrecht, BauR 1993, 647; *Kühne,* Die Fälligkeit der Werkherstellung, insbesondere bei fehlender Zeitvereinbarung, BB 1988, 711; *Kuhn,* Zur Erstattungsfähigkeit von Mehrkosten infolge nachprüfungsbedingt verzögerter Zuschlagserteilung, ZfBR 2007, 741; *Johannsen,* Terminrahmen – Zeitzwänge und Idealablauf, in Bausteine der Projektsteuerung – Teil 1, Seminar Berlin 1994, Deutscher Verband der Projektsteuerer; *Lang,* Baubetrieblicher Nachweis von Behinderungen/Störungen und Nachweis der daraus resultierenden Bauzeitverzögerungen, FS Vygen, 1999, 220; *Langen,* Die Pönalisierung von Einzelfristen im Bauvertrag, FS Schiffers, 2001, 143; *Langen,* Die Bauzeit im Rahmen der Vertragsgestaltung, NZBau 2009, 145; *Leinemann,* Die Geltendmachung von Ansprüchen aus gestörtem Bauablauf, NZBau 2009, 563; *Markus,* VOB/B-Novelle 2006 – Keine Anordnungsbefugnis des Auftraggebers zur Bauzeit, NZBau 2006, 537; *ders.,* Proportionale Anpassung der Ausführungsfristen bei verlängerter Zuschlags- und Bindefrist, NZBau 2008, 561; *Müller,* Schadensersatz bei Bauverzögerung und -behinderung beim VOB-Bauvertrag, Seminar Schadensersatzprobleme, Schriftreihe der Deutschen Gesellschaft für Baurecht, Bd. 21, 1994, 37; *Oberhauser,* Störungen des Leistungsgefüges durch Einwirkung der Vertragsparteien und durch sonstiges Baugeschehen, BauR 2010, 308; *Olshausen,* Planung und Steuerung als Grundlage für einen zusätzlichen Vergütungsanspruch bei gestörtem Bauablauf, FS Korbion, 1986, 323; *Peters,* Die behindernde Wirkung eines Nachprüfungsverfahrens, NZBau 2010, 156; *Petzschmann,* Berechnung von Schadensersatz bei Bauzeitverzögerungen, Seminar Schadensersatzprobleme, Schriftreihe der Deutschen Gesellschaft für Baurecht, Bd. 21, 1994, 47; *Putzier/Goede,* Auswirkungen eines nach Verlängerung der Bindefrist erteilten Zuschlags auf den Inhalt der angebotenen Leistung, VergabeR 2003, 391; *Rodde/Bauer/Stassen,* Gemeinkosten in vertraglicher Mehrleistung und Bauzeitennachtrag: Doppelvergütungsrisiko für Bauherren?, ZfBR 2005, 634; *Roquette,* Praktische Erfahrungen zur Bauzeit bei Vertragsgestaltung und baubegleitender Beratung, Jahrbuch Baurecht 2002, 33; *Scharen,* Vertragslaufzeit und Vertragsverlängerung als vergaberechtliche Herausforderung?, NZBau 2009, 679; *Schlösser,* Zivilrechtliche Folgen nachprüfungsbedingter Bauzeitverschiebung, -verlängerung und Materialpreiserhöhung, ZfBR 2005, 733; *Schubert,* Feststellen und Dokumentation von Bauzeitverzögerungen aus Behinderungen und Leistungsänderungen, Seminar Bauverzögerung, Rechtliche und baubetriebliche Probleme in Einzelbeiträgen, 1987, 77; *Schubert,* Die Kosten der Bauzeit, FS Soergel, 1993, 355; *Thode,* Nachträge wegen gestörten Bauablaufs im VOB/B-Vertrag – Eine kritische Bestandsaufnahme, ZfBR 204, 214; *Tomic,* Vergabeverzögerung – Bauzeitänderung, NZBau 2010, 5; *Verfürth,* Mehrkosten bei verspätetem Zuschlag – Vermeidungsstrategien öffentlicher Auftraggeber, NZBau 2010, 1; *Vygen,* Behinderung des Auftragnehmers und ihre Auswirkungen auf die vereinbarte Bauzeit, BauR 1983, 210; *ders.,* mit demselben Thema in Seminar Bauverzögerung, Rechtliche und baubetriebliche Probleme in Einzelbeiträgen, 1987, 27; *Wessel,* Bauzeitverzögerungen, Ausführungsfristen und „Zeitpuffer", ZfBR 2010, 527; *Wilhelm/Götze,* Bauzeit – und kostenrechtliche Behandlung von außergewöhnlichen Witterungsereignissen, NZBau 2010, 621; *Wirth/Würfele,* Bauzeitverzögerung: Mehrvergütung gemäß § 2 Nr. 5 VOB/B oder Schadensersatz gemäß § 2 Nr. 6 VOB/B?, Jahrbuch Baurecht 2006, 119; *Würfele,* Verschieben der Zuschlags- und Bindefrist im Vergabeverfahren, BauR 2005, 1253; *Ziekow/Siegel,* Zulassung von Nachverhandlungen im Vergabeverfahren?, NZBau 2005, 22.

II. Entstehungsgeschichte

Die neugestaltete Vorschrift des § 9 EU VOB/A entspricht den Absätzen 1 bis 4 des § 9 **2** EG VOB/A 2012, der ohne inhaltliche Änderungen im Zuge der Vergaberechtsreform 2016 in die §§ 9 EU, 9a EU, 9b EU, 9c EU und 9d EU VOB/A aufgeteilt wurde.[1] Obwohl die Überschrift des § 9 EU VOB/A „Einzelne Vertragsbedingungen, Ausführungsfristen" lautet, befasst sich der Regelungsgehalt der Vorschrift allein mit den Ausführungsfristen.

---

[1] Siehe zu den strukturellen Änderungen der VOB/A-EU auch § 8a EU VOB/A Rn. 1 mwN. Ausführlich zur Entwicklung des § 9 VOB/A aF s. *Motzke* in Dreher/Motzke, Beck'scher Vergaberechtskommentar, 2. Aufl. 2013, VOB/A § 9 Rn. 1

III. Rechtliche Vorgaben im EU-Recht

3   Der Anwendungsbereich des § 9 EU VOB/A richtet sich nach Maßgabe des § 1 EU VOB/A und betrifft Vergabeverfahren für Bauleistungen ab den EU-Schwellenwerten (§ 106 GWB).[2] Gleichwohl enthält die einschlägigen EU-Richtlinie 2014/24/EU keine rechtlichen Vorgaben. § 9 EU VOB/A entspringt ausschließlich nationalem Recht.

B. Verknüpfung mit sonstigen Bestimmungen der VOB

4   § 9 EU VOB/A ist Bestandteil der Regelungen der §§ 8 ff. EU VOB/A, die sich mit der inhaltlichen Gestaltung der Vergabeunterlagen und insbesondere den Vertragsbedingungen befassen. Die Regelungen zu den Ausführungsfristen in § 9 EU VOB/A fügen sich in die Gesamtheit von Vorschriften ein, die Fragen der Vertragsgestaltung behandeln. Die Voraussetzungen für Vertragsstrafen und Beschleunigungsvergütungen (§ 9a EU VOB/A), für die Verjährung von Mängelansprüchen (§ 9b EU VOB/A), für Sicherheitsleistungen (§ 9c EU VOB/A) sowie für die Änderung der Vergütung (§ 9d EU VOB/A) betreffen primär die Phase der Vertragsausführung. Gleichwohl ergänzen sie die Bestimmungen für die Vergabe von Bauleistungen (VOB/A), indem sie bereits im Vorfeld des Vergabeverfahrens bei der Erstellung der Vergabeunterlagen einschließlich der Vertragsbedingungen die Voraussetzungen normieren, die Grundlage für den späteren zivilrechtlichen Vertrag zwischen öffentlichen Auftraggeber und erfolgreichem Bieter werden. Den §§ 9 ff. EU VOB/A kommt insoweit innerhalb eines Vergabeverfahrens die Funktion eines „Erinnerungspostens" für den Auftraggeber nach Art einer Checkliste zu, die er bei der Erstellung der Vergabeunterlagen zu berücksichtigen hat, um die ordnungsgemäße Durchführung des Vergabeverfahrens zu gewährleisten.[3] Zugleich sind die im jeweiligen Vergabeverfahren maßgeblichen Vorgaben des öffentlichen Auftraggebers zum Leistungszeitpunkt bzw. -zeitraum, zu Vertragsstrafen oder Sicherheitsleistungen für die am Vergabeverfahren interessierten Unternehmen von erheblicher Bedeutung für deren Angebotskalkulation.[4] Den hierzu in der Bekanntmachung oder in den Vergabeunterlagen gemachten Angaben kommt daher hoher Stellenwert zu.

C. Allgemeines

I. Bedeutung und Funktion der Ausführungsfristen

5   Die Bestimmung der Leistungszeit ist sowohl für den öffentlichen Auftraggeber wie auch für den erfolgreichen Bieter als Auftragnehmer besonders bedeutsam. Sie gehört zu den wesentlichen Vertragsbedingungen (essentialia negotii).[5] Die Leistungszeit umschreibt den Zeitpunkt, zu dem eine Bauleistung begonnen bzw. beendet sein muss oder den Zeitraum, in dem die entsprechenden Arbeiten vorzunehmen sind.

6   § 9 EU VOB/A ist dabei nicht als vertragliche „Störungsregelung" zu qualifizieren, sondern vielmehr als eine Vorschrift, deren Sinn und Zweck darin besteht, den Baubeteiligten Regelungsbedürfnisse aufzuzeigen, die insbesondere deshalb existieren, weil die erfolgreiche Abwicklung eines Bauvertrages und die Umsetzung des Bauvorhabens regelmäßig ein langwieriges und komplexes Projekt ist, das in vielfältiger Weise vom Zusammenwirken der

---

[2] → GWB § 106 Rn. 15 ff.
[3] *Rechten* in KMPP VOB/A § 9 Rn. 4.
[4] Vgl. auch *Motzke* in Dreher/Motzke, Beck'scher Vergaberechtskommentar, 2. Aufl. 2013, VOB/A § 9 Rn. 56.
[5] *Rechten* in KMPP VOB/A § 9 Rn. 1.

Planer und Auftragnehmer sowie öffentlichen Auftraggeber abhängt.[6] Die Ausführungsfristen sind daher bereits in die Auftragsbekanntmachung (§ 12 EU Abs. 3 Nr. 2 VOB/A iVm Nr. 10 Anhang V Teil C der RL [EU] 2014/24) bzw. in die Aufforderung zur Angebotsabgabe (§ 8 EU Abs. 2 Nr. 1 VOB/A iVm Nr. 10 Anhang V Teil C der RL [EU] 2014/24) aufzunehmen und den Bewerbern bzw. Bietern zur Kenntnis zu bringen. Der Auftraggeber soll gemäß § 8a EU Abs. 4 Nr. 1 lit. d VOB/A zudem, soweit erforderlich, die Ausführungsfristen in Zusätzlichen oder Besonderen Vertragsbedingungen regeln.

Die Ausführungsfristen sind nicht allein für zivilrechtliche Rechtsfolgen wie etwa **7** Schuldnerverzug bei Überschreitung der Leistungszeit oder Unmöglichkeit der Leistungserbringung bei absolutem Fixgeschäft bedeutsam, sondern sie entfalten zugleich eine wettbewerbsrelevante Komponente. Ein Unternehmen wird sich regelmäßig bei der Entscheidung zur Teilnahme an einem Vergabeverfahren an dem Leistungsgegenstand und den Ausführungsfristen orientieren. Denn insbesondere Letztere sind maßgeblich für die Frage, ob der geforderte Leistungsgegenstand zu dem festgelegten Zeitpunkt oder in dem vorgesehenen Zeitraum überhaupt erbracht werden kann. Der Teilnahme am vergaberechtlichen Wettbewerb des (potenziell) interessierten Unternehmens kann nämlich entgegenstehen, dass für den maßgeblichen Zeitraum bereits andere Aufträge angenommen wurden, die Personal und Material binden.

II. Systematik

§ 9 EU VOB/A führt in den Absätzen 1 bis 3 die Grundsätze für die Bemessung ver- **8** schiedener Fristen auf, die für die Erfüllung der vertraglichen Leistungspflichten bedeutsam sind. Der öffentliche Auftraggeber kann den Zeitpunkt oder den Zeitraum für die Leistungserbringung entsprechend seiner Bedürfnisse grundsätzlich frei bestimmen. Diese Dispositionsfreiheit wird allerdings durch § 9 EU VOB/A durch ein Regel-Ausnahme-Verhältnis reguliert: Die Ausführungsfristen müssen gemäß § 9 EU Abs. 1 Nr. 1 Satz 1 VOB/A grundsätzlich ausreichend bemessen werden und dabei insbesondere einzelfalltypische Umstände wie etwa die Jahreszeit oder die Arbeitsbedingungen berücksichtigen, die Einfluss auf die Bauzeit haben. Nach § 9 EU Abs. 1 Nr. 1 Satz 2 VOB/A ist dem Auftragnehmer zudem genügend Zeit für die Bauvorbereitung zu gewähren. Ausnahmen iSv außergewöhnlich kurzen Fristen sind gemäß § 9 EU Abs. 1 Nr. 2 und 3 VOB/A nur bei besonderer Dringlichkeit und Zumutbarkeit erlaubt. Auch können nach Maßgabe § 9 EU Abs. 2 VOB/A ausnahmsweise Einzelfristen für in sich abgeschlossene Teile der Leistung bestimmt werden, wenn ein erhebliches Interesse des öffentlichen Auftraggebers diese erfordert. Die Regelung des § 9 EU Abs. 1 bis 3 VOB/A gibt insoweit den zulässigen Rahmen für die Ausgestaltung der Ausführungsfristen vor und bettet diesen in den Gesamtkontext der VOB/A ein, die einen fairen, gleichen und diskriminierungsfreien Wettbewerb sicherstellen soll (§ 2 EU VOB/A, § 97 Abs. 1 und 2 GWB). Der Grundsatz einer angemessenen Ausführungsfrist antizipiert zugleich, dass hierdurch der Wettbewerb stimuliert wird und im Ergebnis wirtschaftlich günstigere Angebote erzielbar sind, was dem haushaltsrechtlichen Grundsatz von Wirtschaftlichkeit und Sparsamkeit bei der Beschaffung Rechnung trägt (§ 7 Abs. 1 BHO bzw. LHO).

III. Fristberechnung

Die Vorgaben zur Festlegung und Bemessung der Fristen sind Gegenstand des § 9 EU **9** Abs. 1 bis 3 VOB/A. Die Vorschrift trifft allerdings keine Aussagen dazu, nach welchen zeitlichen Maßstäben die Fristen bestimmt werden oder wie die Berechnung der Fristen zu erfolgen hat.

---

[6] *Motzke* in Dreher/Motzke, Beck'scher Vergaberechtskommentar, 2. Aufl. 2013, VOB/A § 9 Rn. 60.

10   Den Vertragsparteien – öffentlicher Auftraggeber und Auftragnehmer – können den zeitlichen Maßstab grundsätzlich frei bestimmen. In der Praxis wird der öffentliche Auftraggeber den Zeitpunkt allerdings regelmäßig in Abhängigkeit seiner Bedürfnisse festlegen. Entscheidend ist, ob er eine Frist nach Zeitabschnitten (Tagen, Monaten, Jahren) wählt oder sie nach einem festen Kalenderdatum festlegt. Bestimmt er die Frist nach Zeitabschnitten, so ist für ihre Berechnung ausreichend, wenn der öffentliche Auftraggeber einen bestimm*baren* Bezugszeitpunkt wählt (zB „ab Zuschlagserteilung"). Wird der Zeitraum in Tagen festgelegt, ist zudem anzugeben, ob es sich um Kalender-, Werk- oder Arbeitstage handelt. Bei Kalendertagen fließt jeder Tag in die Berechnung ein, während bei Werktagen die Sonn- und Feiertage ausgespart werden. Als Arbeitstage zählen hingegen nur die Tage von Montag bis Freitag; ausgenommen hiervon sind jedoch die gesetzlichen Feiertage.

11   Die Berechnung der Fristen richtet sich nach den allgemeinen Grundsätzen und sollte aufgrund der vertraglichen Fristvereinbarungen bzw. der Vorgaben des Auftraggebers ohne Schwierigkeiten möglich sein. Zur Vermeidung von Unklarheiten und Meinungsverschiedenheiten ist die Fristbestimmung nach einem bestimmten Kalenderdatum zu empfehlen. Dazu ist jeweils ein konkretes Datum für den Fristbeginn und das Fristende zu nennen. Ebenso ist zu verfahren, wenn nur ein konkreter Zeitpunkt (entweder für den Baubeginn oder die Fertigstellung des Bauvorhabens bzw. Bauwerks) bestimmt werden soll. Dieses Vorgehen korrespondiert zugleich mit der Pflicht zur eindeutigen und erschöpfenden Leistungsbeschreibung gemäß § 7 EU Abs. 1 VOB/A, die auch Information in zeitlicher Hinsicht bzw. zum zeitlichen Ablauf umfasst.

12   Die §§ 187 bis 193 BGB sind gemäß § 186 BGB als Auslegungsvorschrift ergänzend heranzuziehen, wenn eine Frist nicht eindeutig bestimmbar ist. Als Auslegungsvorschriften treten die §§ 187 bis 197 BGB immer zurück, wenn ihre Anwendung mit dem Willen der Vertragsparteien nicht übereinstimmt bzw. wenn die Vertragsparteien ausdrücklich oder aus den Umständen erkennbar eine andere Vereinbarung getroffen haben. Die Anwendung der §§ 187 ff. BGB setzt daher zunächst die Erforschung des Parteiwillens voraus.

IV. Einbeziehung in den Vertrag

13   Die Verbindlichkeit der Fristen wird durch deren vertragliche Vereinbarung garantiert. Die vertragliche Einbeziehung der Fristen iSd § 9 EU VOB/A erfolgt im Regelfall durch eine entsprechende Vorgabe des öffentlichen Auftraggebers in der Auftragsbekanntmachung bzw. in den Vergabeunterlagen, auf dessen Grundlage der Bieter sein Angebot konzipiert und das mit Zuschlagserteilung durch den öffentlichen Auftraggeber angenommen wird. Daher sind gemäß § 12 EU Abs. 3 Nr. 2 VOB/A iVm Nr. 10 Anhang V Teil C der RL (EU) 2014/24 in der Bekanntmachung bzw. gem. § 8 EU Abs. 2 Nr. 1 VOB/A iVm Nr. 10 Anhang V Teil C der RL (EU) 2014/24 in die Aufforderung zur Angebotsabgabe ein Zeitrahmen für die Bereitstellung bzw. Ausführung von Bauarbeiten und, soweit möglich, auch die Laufzeit des Auftrags aufzuführen. Überdies soll der öffentliche Auftraggeber gemäß § 8a EU Abs. 4 Nr. 1 lit. d VOB/A, soweit erforderlich, die Ausführungsfristen in Zusätzlichen oder Besonderen Vertragsbedingungen regeln. Die Bestimmung der Fristen erfolgt allerdings regelmäßig in Abhängigkeit des konkreten Auftrags, so dass die Aufnahme der Ausführungsfristen in Besonderen Vertragsbedingungen den Regelfall darstellen wird. In Betracht kommt ferner eine Aufnahme der Ausführungsfristen in Zusätzliche Vertragsbedingungen, wenn es sich um (Standard-)Leistungen handelt und die Fristen nicht nach dem Kalender bestimmt werden (z.B. „vier Wochen ab Zuschlagserteilung").

14   Soweit die Ausführungsfristen zugleich verbindliche Fristen (Vertragsfristen) iSd § 5 Abs. 1 Satz 1 VOB/B sind, sind sie zwingend einzuhalten. Bei Überschreitung einer Vertragsfrist drohen dem Auftragsnehmer nachteilige Rechtsfolgen wie etwa die Kündigung des Auftrags oder Schadensersatzforderungen wegen Verzögerung der Leistung.

Der öffentliche Auftraggeber ist aus Gründen der Gleichbehandlung gehalten, bei Über- **15** schreitung der Fristen Schadensersatz wegen Verzögerung der Leistung zu verlangen und den Verzugsschaden geltend zu machen bzw. die Vertragsstrafe einzufordern. Nur dadurch wird gewährleistet, dass die Verbindlichkeit der Ausführungsfristen gewahrt wird und die Bieter die Einhaltung der Ausführungsfristen beachten und sie in ihrer Kalkulation berücksichtigen. Eine Verwaltungspraxis des Auftraggebers, die Fristenüberschreitung zu tolerieren und nicht zu sanktionieren, würde dem Bieter, der hiervon Kenntnis hat, einen wettbewerbswidrigen Vorteil gegenüber demjenigen Bieter bringen, der die vertraglichen Vereinbarungen erfüllt.[7]

D. Ausführungsfristen (§ 9 EU Abs. 1 VOB/A)

Die Ausführungsfristen sind ausreichend zu bemessen. Dabei hat der Auftraggeber auf- **16** tragsspezifische Besonderheiten wie etwa die Jahreszeit oder die Arbeitsbedingungen zu berücksichtigen. Nach § 9 EU Abs. 1 Nr. 1 Satz 1 VOB/A ist er zudem verpflichtet, dem Auftragnehmer genügend Zeit für die Bauvorbereitung zu gewähren. Ausnahmen von dem § 9 EU Abs. 1 Nr. 1 VOB/A normierten Grundsatz, nämlich die Vereinbarung außergewöhnlich kurze Fristen, sind gemäß § 9 EU Abs. 1 Nr. 1 Satz 2 VOB/A nur möglich, wenn ein Fall besonderer Dringlichkeit vorliegt.

Als Ausführungsfristen werden die Zeiträume umschrieben, die dem Auftragnehmer für **17** die Erbringung der vertraglich übernommenen Leistungspflichten zur Verfügung stehen.[8] Dem Begriff liegt ein weites Verständnis zugrunde, um das entsprechend weite Spektrum von Leistungen, die einem nach der VOB/A vergebenen Bauauftrag unterfallen können, gerecht zu werden. Obwohl ein Bauauftrag im wörtlichen Sinne allein die Erbringung einer Bauleistung iSd Erstellung eines (Bau-)Werks erfasst, können dem in § 9 EU VOB/A verwendeten Begriff im Hinblick auf die (rechtzeitige) Lieferung von zu verbauendem Material (bspw. Baustoffe, Fenster, Türen) auch Lieferfristen bzw. Lieferzeitpunkte unterfallen. Diese werden regelmäßig als Einzelfristen iSd 9 Abs. 2 Nr. 1 VOB/A ausgestaltet.

I. Grundsatz: Bemessung einer ausreichenden Frist

Der öffentliche Auftraggeber muss die Ausführungsfristen ausreichend bemessen. Dieser **18** Pflicht liegt zum einen die Erwägung zugrunde, dass die Länge der Frist unmittelbaren Einfluss auf die Angebotskalkulation hat, wobei sich eine längere Frist tendenziell eher in niedrigeren Angebotspreisen niederschlägt. Dagegen können kürzere Fristen zu höheren Preisen führen, weil bspw. nicht der preisgünstigste Materialeinkauf möglich ist und eine kurze Herstellungszeit zudem zu erhöhten Produktionskosten (z. B. Überstundenzuschläge) führen kann.

Eine Definition des unbestimmten Rechtsbegriffs „ausreichend" ist § 9 EU VOB/A **19** nicht zu entnehmen. Vielmehr ist er auslegungsbedürftig, wobei sich eine pauschale Begriffsbestimmung verbietet. Der öffentliche Auftraggeber ist daher verpflichtet, den Begriff unter Berücksichtigung aller Umstände des Einzelfalls zu konturieren. Kriterien und Einflussfaktoren sind dabei die Art und der Umfang des Ausschreibungsgegenstands sowie diejenigen Faktoren, die die Ausführung des Auftrags beeinflussen können. § 9 EU Abs. 1 Satz 1 VOB/A führt beispielhaft Bestimmungskriterien wie die Jahreszeit, Arbeitsbedingungen und etwaige besondere Schwierigkeiten auf, die allerdings nicht abschließend sind. Daneben kann die Verfügbarkeit von (Bau-)Material, (Bau-)Geräten oder Facharbeitern ebenso berücksichtigt werden wie etwa arbeitsfreie Tage, Ferienzeiten oder (typische) Be-

---

[7] *Rechten* in KMPP VOB/A § 9 Rn. 12.
[8] *Rechten* in KMPP VOB/A § 9 Rn. 14.

triebsurlaube.[9] Zudem muss der öffentliche Auftraggeber genügend Zeit einplanen, um dem (späteren) Auftragnehmer die erforderlichen Bauvorbereitungen zu ermöglichen wie etwa die Einrichtung der Baustelle.

20   Der öffentliche Auftraggeber hat anhand dieser Parameter bei der Vorbereitung des Vergabeverfahrens und der Erstellung der Vergabeunterlagen – die die Ausführungsfristen enthalten – eine Prognoseentscheidung zu treffen. Bei der Entscheidungsfindung können Wissen und Erfahrungswerte einfließen, die bei der Vorbereitung und Ausführung vergleichbarer Leistungen gesammelt wurden. Zudem ist es ratsam, dass der Auftraggeber bereits zu diesem Zeitpunkt – soweit möglich – Zeitpuffer einplant, damit mögliche Bauablaufstörungen aufgefangen werden können und der geplante Fertigstellungstermin nicht oder jedenfalls in geringerem Maße gefährdet ist.[10]

21   Die für die Fristbestimmung maßgeblichen Faktoren sowie die Erwägungsgründe hat der öffentliche Auftraggeber in einem Vergabevermerk zu dokumentieren (§ 20 EU VOB/A iVm § 8 VgV).[11] Dadurch wird bei Meinungsverschiedenheiten der Nachweis der Sachgerechtheit der Entscheidung ermöglicht.

22   Zwar hat der öffentliche Auftraggeber bei der Bestimmung der ausreichenden Frist auch die Interessen des Auftragnehmers angemessen zu berücksichtigen, doch rechtfertigt dies nicht die Einplanung eines zusätzlichen Zeitfensters zugunsten des Auftragnehmers, das über die Faktoren hinausgeht, die für die sachgerechte Fristbestimmung maßgeblich sind. Dies folgt aus dem haushaltsrechtlichen Grundsatz der Wirtschaftlichkeit und Sparsamkeit (§ 7 BHO bzw. die entsprechenden Vorschriften der Landeshaushaltsordnungen) und der Überlegung, dass auch nicht sachgerechte und damit unnötige Fristverlängerungen zu höheren Preisen führen können. Einen Rechtfertigungsgrund bedarf es zudem nach § 9 EU Abs. 1 Nr. 2 VOB/A nur bei außergewöhnlich kurzen Fristen, im Umkehrschluss also nicht bei „angemessen" kurzen Fristen.[12]

II. Ausnahme: Außergewöhnlich kurze Fristen

23   Die Ausnahme des in § 9 EU Abs. 1 Nr. 1 VOB/A normierten Regelfalles ist Gegenstand des § 9 EU Abs. 1 Nr. 2 VOB/A, der den Grundsatz der ausreichenden Ausführungsfristen einschränkt. Danach sind außergewöhnlich kurze (Ausführungs-)Fristen nur dann zulässig, wenn eine besondere Dringlichkeit dies erfordert. Als Ausnahmevorschrift ist § 9 EU Abs. 1 Nr. 2 VOB/A eng auszulegen.[13]

1. Besondere Dringlichkeit

24   Das Vorliegen besonderer Dringlichkeit wird anhand der Umstände des Einzelfalls bestimmt. Allein die subjektiven Vorstellungen des Auftraggebers sind unzureichend, um die Annahme zu begründen. Erforderlich sind vielmehr objektive Gründe und Umstände. Besondere Dringlichkeit ist jedenfalls dann gegeben, wenn der öffentliche Auftraggeber ohne eine rasche zeitnahe Deckung seines Beschaffungsbedarfs die ihm obliegenden Aufgaben nicht sachgerecht erfüllen kann.

25   Die Annahme besonderer Dringlichkeit aufgrund vom öffentlichen Auftraggeber selbst verursachter Umstände ist kritisch zu bewerten, etwa dann, wenn er selbst die Einleitung eines Vergabeverfahrens verzögert bzw. zu spät beginnt, obwohl ein absehbarer zu einem bestimmten Termin notwendiger Bedarf an Bauleistungen besteht. Die vom öffentlichen Auftraggeber selbst zu verantwortende Umstände reichen regelmäßig nicht aus, um die Voraussetzungen für den Ausnahmetatbestand des § 9 EU Abs. 1 Nr. 2 VOB/A zu erfüllen.

---

[9] *Sienz* in Ingenstau/Korbion VOB Kommentar VOB/A § 9 Rn. 11.
[10] *Langen* in Kapellmann/Messerschmidt VOB-Kommentar VOB/A § 9 Rn. 29.
[11] → § 8 VgV.
[12] *Rechten* in KMPP VOB/A § 9 Rn. 19.
[13] VK Bund Beschl. v. 15.9.1999 – VK 1-19/99.

Der öffentliche Auftraggeber ist im Rahmen seiner Dokumentationspflicht stets ge- 26
halten, die Gründe für das Bestehen einer besonderen Dringlichkeit im Vergabevermerk
darzulegen und zu dokumentieren.

2. Rechtsfolgen

Liegt ein Fall besonderer Dringlichkeit vor, kann der öffentliche Auftraggeber außerge- 27
wöhnlich kurze (Ausführungs-)Fristen vorsehen. Der Wortlaut des § 9 EU Abs. 1 Nr. 2
VOB/A („[…] sind […] vorzusehen") ist insoweit missverständlich als der öffentliche Auftraggeber bei Vorliegen der tatbestandlichen Voraussetzungen nicht verpflichtet ist, außergewöhnlich kurze Fristen vorzusehen. Vielmehr steht die dies weiterhin in seinem Ermes-
sens- und Beurteilungsspielraum, wenngleich ihm in der Praxis freilich wenig Alternativen
bleiben dürften.

Ist der öffentliche Auftraggeber ausnahmsweise berechtigt, gemäß § 9 EU Abs. 1 Nr. 2 28
VOB/A außergewöhnlich kurze Ausführungsfristen vorzusehen, müssen diese für sich betrachtet wiederum angemessen sein. Es dürfen insoweit nur hinreichend notwendig kurze
Fristen vorgesehen werden, die ihre Rechtfertigung in den besonderen Einzelfallumständen
haben. Dies folgt bereits aus der Pflicht zur Beachtung der haushaltsrechtlichen Grundsätze
von Wirtschaftlichkeit und Sparsamkeit. Dem öffentlichen Auftraggeber muss bei der Bestimmung der verkürzten Fristen bewusst sein, dass er hierdurch regelmäßig mit höheren
Preisen rechnen muss, da der Auftragnehmer in seiner Disposition deutlich eingeschränkt
wird und damit unter Umständen höhere Material- und Produktionskosten berechnen
muss, die etwa durch Feiertags-, Wochenend- oder Nachtzuschläge oder die Beschäftigung
zusätzlichen Personals ausgelöst werden, und die sich letztlich im Angebotspreis niederschlagen.

Bei außergewöhnlich kurzen Ausführungsfristen besteht zudem das Risiko einer Wett- 29
bewerbsbeschränkung, weil regelmäßig nicht alle am Auftrag interessierten Unternehmen
in der Lage sein dürften, die zu beschaffende Bauleistung innerhalb der außergewöhnlich
kurzen Fristen zu erbringen.[14] Der öffentliche Auftraggeber hat im Vergabevermerk daher
auch die Erwägungen und Umstände zu dokumentieren, die er zur Dauer der außergewöhnlich kurzen Frist angestellt hat.

III. Verzögerung der Ausführungsfrist wegen Einleitung
eins Nachprüfungsverfahrens

Neben organisatorischen Aspekten (bspw. der Ausfall von Mitarbeitern der Vergabestelle, 30
erforderliche inhaltliche Änderungen am Leistungsgegenstand usw) kann insbesondere die
Inanspruchnahme von Primärrechtsschutz durch Verfahrensbeteiligte gegen behauptete
Vergabeverstöße in Form eines Nachprüfungsverfahrens nach §§ 155 ff. GWB vor den Vergabekammern (und ggf. Vergabesenaten der Oberlandesgerichte) zu deutlichen zeitlichen
Verzögerungen führen, die die Einhaltung der vorgesehenen Ausführungsfrist gefährden
oder sprengen.

Droht die Überschreitung der bereits bekanntgegebenen Bindefrist, fordert der öffent- 31
liche Auftraggeber regelmäßig den oder die für die Auftragserteilung in Betracht kommenden Bieter auf, einer Verlängerung dieser Frist zuzustimmen. Aufgrund des Nachver-
handlungsverbotes (§ 15 EU Abs. 3 VOB/A) können die Bieter der Aufforderung des
öffentlichen Auftraggebers regelmäßig nur unbedingt zustimmen.[15] In diesem Zusammenhang stellt sich die Frage nach der Geltendmachung von Mehrkosten, die sich durch die

---

[14] Zur Vergaberechtswidrigkeit der Begrenzung einer Ausführungsfrist (im Sinne einer Vorbereitungsfrist)
auf drei Tage, vgl. VK Arnsberg Beschl. v. 6.2.2013 – VK 21/12; keine besondere Dringlichkeit liegt vor,
wenn durch (sehr) knappe Bemessung von Ausführungsfristen bezweckt werden soll, (angeblich) besonders
leistungsfähige Bieter herauszukristallisieren, vgl. KG Beschl. v. 5.1.2000 – KartVerg 11/99.
[15] → § 15 EU VOB/A.

Verfahrensverzögerung aufgrund der Einleitung eines Nachprüfungsverfahrens ergeben. Der Lösungsansatz des BGH sieht in dieser Fallkonstellation die unveränderte Fortgeltung der ursprünglich ausgeschriebenen Ausführungsfristen vor.[16] Erfolgt der Vertragsschluss zu diesen Konditionen, ist die Bauzeit unter Berücksichtigung der Umstände des Einzelfalls anzupassen. Dabei sind sowohl die Besonderheiten wie Bauerschwernisse oder -erleichterungen durch jahreszeitliche Verschiebungen unter Berücksichtigung der schutzwürdigen Interessen beider Parteien wie die (unbedingte) Zustimmung des Auftragnehmers zur Bindefristverlängerung zu berücksichtigen. Ebenfalls anzupassen ist der vertragliche Vergütungsanspruch in Anlehnung an § 2 Abs. 5 VOB/B. Führt die durch Einleitung eines Nachprüfungsverfahrens verursachte Verzögerung zu einer Änderung der Grundlagen des Preises für eine im Vertrag vorgesehene Leistung, ist dies mit einer durch den öffentlichen Auftraggeber veranlassten Änderung nach Vertragsschluss vergleichbar. Unter Berücksichtigung des Grundsatzes von Treu und Glauben (§ 242 BGB) besteht aus Sicht des BGH keine Veranlassung, das Risiko von Änderungen der Preisgrundlage der Risikosphäre des Auftragnehmers zuzuweisen. Die Verzögerung des Vergabeverfahrens aufgrund der Inanspruchnahme gerichtlichen Vergaberechtsschutzes soll nämlich die Rechtsstellung der Bieter gegenüber dem öffentlichen Auftraggeber stärken, nicht jedoch schwächen. Zugleich ist es nicht unbillig, dass der öffentliche Auftraggeber die im ursprünglichen Vertragspreis nicht enthaltenen Mehrkosten trägt, weil er diese Kosten auch bei einer zeitnah zur tatsächlichen Ausführung erfolgten Ausschreibung idR in ähnlicher Weise hätte tragen müssen.

32   Dass das Urteil des BGH nicht verallgemeinerungsfähig ist, wird durch eine Reihe nachfolgender Entscheidungen deutlich. So hat das OLG Celle das Bestehen eines Mehrvergütungsanspruchs des Auftragnehmers verneint, der auf die vom öffentlichen Auftraggeber in der Vertragsurkunde aufgenommenen angepassten Fertigstellungsfristen hin mit der Ausführung der Leistung beginnt und damit ein modifiziertes Angebot des Auftraggebers annimmt.[17] Ein Mehrvergütungsanspruch besteht nach dem BGH ebenfalls nicht, wenn die Bindefrist zwar verlängert wurde, die ursprünglich festgelegt Ausführungsfrist (wegen großzügiger Bemessung) jedoch eingehalten werden konnte.[18] Ein Anspruch auf Mehrvergütung kann dagegen bestehen, wenn die Ausschreibung lediglich vorsieht, dass der Auftragnehmer spätestens 12 Werktage nach Zuschlag mit den Bauarbeiten zu beginnen hat.[19] Dies ist nach dem BGH dahin gehend zu verstehen, dass der vertraglich vorgesehene Baubeginn auch dann an die ausgeschriebene Zuschlagsfrist anknüpft, wenn der Zuschlag später erfolgt. Liegen die Voraussetzungen eines Mehrvergütungsanspruchs vor, ist die Umsetzung der Mehrkosten während der Vertragsausführung nicht als wesentliche Vertragsänderung und damit nicht als vergaberechtsrelevanter Vorgang zu qualifizieren.[20]

E. Aufforderungsfrist

33   In § 9 Abs. 1 Nr. 3 VOB/A ist eine weitere Frist vorgesehen, die nicht mit einer Ausführungsfrist verwechselt werden darf: die Aufforderungsfrist. Als Aufforderungsfrist wird die Frist bezeichnet, binnen derer eine Aufforderung durch den öffentlichen Auftraggeber zum Beginn der Ausführung ausgesprochen werden kann, wenn – wie in § 5 Abs. 2 VOB/B vorgesehen – vereinbart werden soll, dass mit der Ausführung erst nach einer entsprechenden Aufforderung zu beginnen ist.

34   Ist für den Beginn der Ausführung keine Frist vereinbart, so hat der öffentliche Auftraggeber gemäß § 2 Abs. 2 Satz 2 VOB/B dem Auftragnehmer auf Verlangen Auskunft über

---

[16] BGH Urt. v. 11.5.2009 – VII ZR 11/08, NJW 2009, 2443 (2443 ff.).
[17] OLG Celle Urt. v. 17.6.2009 – 14 U 62/08, VergabeR 2009, 972 (974 ff.).
[18] BGH Urt. v. 10.9.2009 – VII ZR 82/08, VergabeR 2010, 70 (70 ff.).
[19] BGH Urt. v. 10.9.2009 – VII ZR 152/08, VergabeR 2010, 75 (76 ff.). Zur Berechnung des Mehrvergütungsanspruchs vgl. OLG Dresden Urt. v. 28.6.2012 – 16 U 831/11.
[20] BGH Beschl. v. 10.1.2013 – VII ZR 37/11, NZBau 2013, 190 (190 f.).

den voraussichtlichen Baubeginn zu erteilen. Der öffentliche Auftraggeber hat in diesem Fall gemäß § 2 Abs. 2 Satz 2 VOB/B einen Anspruch auf Aufnahme der Leistungsausführung durch den Auftragnehmer binnen 12 Werktagen nach Aufforderung. Damit geht die Pflicht des Auftragnehmers gemäß § 2 Abs. 2 Satz 3 VOB/B einher, den Beginn der Bauausführung anzuzeigen. Die 12-Tages-Frist des § 2 Abs. 2 Satz 2 VOB/B kann sich im Einzelfall, insbesondere bei größeren Bauvorhaben, als unangemessen kurz und damit als unzureichend darstellen, wenn sie dem Auftragnehmer nicht die Möglichkeit einräumt, die für die Bauausführung erforderlichen Maßnahmen zu ergreifen. Der öffentliche Auftraggeber hat daher die Aufforderungsfrist gemäß § 9 Abs. 1 Nr. 3 VOB/A so auszugestalten, dass sie unter billiger Berücksichtigung der für die Ausführung maßgebenden Verhältnisse angemessen und damit zugleich zumutbar ist. § 9 Abs. 1 Nr. 3 VOB/A gewährleistet insoweit Schutz in zweierlei Richtungen: Zum einen wird verhindert, dass den Bietern im Vergabeverfahren – jedenfalls in preislicher Hinsicht – ein ungewöhnliches Wagnis auferlegt wird. Zum anderen bewahrt sie den späteren Auftragnehmer vor einer „überraschenden" Aufforderung zur Leistungsaufnahme.[21] Dabei ist allerdings zu berücksichtigen, dass der Auftragnehmer einen Auskunftsanspruch gegen den öffentlichen Auftraggeber nach Maßgabe des § 5 Abs. 2 Satz 1 VOB/B zusteht.

Der öffentliche Auftraggeber hat bei der Festlegung der Aufforderungsfrist die konkreten **35** Umstände des Einzelfalls zu berücksichtigen; eine pauschale vom Einzelfall losgelöste Festlegung der Aufforderungsfrist ist nicht möglich. Eine Ausschreibungsbedingung, die als Zeitraum für die späteste Aufforderung zum Beginn der Ausführung der Bauleistungen pauschal vier Monate nach Ablauf der Bindefrist des Angebotes vorsieht, ist wegen eines Verstoßes gegen § 9 EU Abs. 1 Nr. 3 VOB/A vergaberechtswidrig, weil sie nicht die Umstände des Einzelfalls berücksichtigt und sie sich darüber hinaus im Einzelfall als ein ungewöhnliches Wagnis darstellen kann, das den Bietern gem. § 7 EU Abs. 1 Nr. 3 VOB/A nicht aufgebürdet werden darf.[22] Eine angemessene und zumutbare Aufforderungsfrist darf weder zu kurz oder zu lange bemessen sein. Insoweit besteht ein Spannungsverhältnis zwischen den Interessen des öffentlichen Auftraggebers und den Bietern.[23] Ist der öffentliche Auftraggeber aufgrund der Besonderheiten des Einzelfalls nicht in der Lage, eine zumutbare Eingrenzung des Aufforderungszeitraums vorzunehmen, kann er durch Rückgriff auf entsprechende Gleitklauseln (§ 9d EU VOB/A) eine angemessene Regelung schaffen.[24]

Die Aufforderungsfrist gem. § 9 EU Abs. 1 Nr. 3 VOB/A ist in den Vergabeunterlagen **36** anzugeben, um den interessierten Bietern eine hinreichende Grundlage für die Kalkulation der Angebote zu geben. Gem. § 8a EU Abs. 4 Nr. 1 lit. d) VOB/A soll sie in den Zusätzlichen oder Besonderen Vertragsbedingungen geregelt werden.

F. Einzelfristen, Bauzeitenplan (§ 9 EU Abs. 2 VOB/A)

Die Voraussetzungen unter denen der öffentliche Auftraggeber neben den Ausführungs- **37** fristen weitere Einzelfristen – die ihrerseits ebenfalls Ausführungsfristen sind – für in sich abgeschlossene Teile der durch den Auftragnehmer zu erbringenden Leistung vorgeben darf, sind Regelungsgegenstand des § 9 EU Abs. 2 VOB/A. Die in Absatz 2 aufgeführte Regelung stellt – wie auch § 9 EU Abs. 1 Nr. 2 VOB/A – ein Ausnahmetatbestand dar, der restriktiv auszulegen ist. Dies korrespondiert mit dem Leitbild der VOB/B, die für die Vertragsausführung davon ausgeht, dass der öffentliche Auftraggeber dem Auftragnehmer

---

[21] *Sienz* in Ingenstau/Korbion VOB Kommentar VOB/A § 9 Rn. 13.
[22] VK Brandenburg Beschl. v. 30.9.2008 – VK 30/08, IBR 2008, 675 (Anmerkung).
[23] Eine zu lange bemessene Aufforderungsfrist kann bspw. zu einem (tendenziell) zu großen Wagnis für den Bieter bzw. den Auftragnehmer führen, weil er innerhalb dieser Frist die zeitnahe Leistungsaufnahme sicherstellen muss, indem er etwa (kostenintensiv) Baumaterial und Personal zur Verfügung hält und diese nicht anderweitig einsetzen kann.
[24] → § 9d EU VOB/A Rn. 16.

ein hohes Maß an Gestaltungs- und Dispositionsfreiheit gewährt. In § 4 Abs. 2 Nr. 1 Satz 1 VOB/B ist entsprechend ausdrücklich normiert, dass die Leistung in eigener Verantwortung des Auftragnehmers erbracht wird und dieser nach Maßgabe des § 4 Abs. 2 Nr. 1 Satz 3 VOB/B soweit möglich eigenverantwortlich die Ausführung seiner vertraglichen Leistung zu leiten und für Ordnung auf seiner Arbeitsstelle zu sorgen hat. Einzelne Tätigkeiten können sich aufgrund der Umstände des Einzelfalls einer konkreten Planung entziehen und in ihrer zeitlichen Komponente oftmals nur prognostiziert und grob terminiert werden; kurzfristige Verschiebungen von Teilprozessen oder unvorhersehbar entstehende Verzögerungen können iSd Endprodukts – und damit auch iSd öffentlichen Auftraggebers – am besten durch eine möglichst hohe Flexibilität des Auftragnehmers aufgefangen und kompensiert werden.[25] Eine inflationäre Verwendung von Einzelfristen durch den öffentlichen Auftraggeber kann dem Auftragnehmer allerdings diese Flexibilität entziehen, zumal dies jedenfalls seinen bürokratischen Aufwand für die innerbetriebliche Organisation zur Einhaltung der Fristen und deren Nachweis gegenüber dem öffentlichen Auftraggeber erhöhen dürfte.

38   Einzelfristen haben sich daher dem Wortlaut des § 9 EU Abs. 2 Nr. 1 VOB/A folgend zunächst auf in sich abgeschlossene Teile der Leistung zu beschränken. Abgeschlossene Teile der Leistung liegen grundsätzlich bei Fachlosen vor und können nach § 12 Abs. 2 VOB/B Gegenstand einer besonderen Abnahme sein.

39   Die restriktive Anwendung des § 9 EU Abs. 2 VOB/A gebietet für die Bestimmung von Einzelfristen ein erhebliches Interesse des Auftraggebers.[26] Dieses muss über ein grundsätzliches, immer vorhandenes Interesse des öffentlichen Auftraggebers an einer zügigen Durchführung der Baumaßnahme und damit auch der jeweiligen Teilleistungen deutlich hinausgehen und bedarf zudem regelmäßig einer Dokumentation im Vergabevermerk.[27] Ein erhebliches Interesse des öffentlichen Auftraggebers ist regelmäßig zu bejahen, wenn der Auftrag in einzelne Fachlose aufgeteilt ist, da diese oftmals in der Abfolge ihrer Erbringung chronologisch aufeinander aufbauen. Diese Annahme gilt insbesondere, wenn die einzelnen Fachlose durch unterschiedliche Unternehmen durchgeführt werden und diese auf die fristgerechte Leistungserbringung angewiesen sind, um ihrerseits ihre (anschließende) Leistung erbringen zu können. Für diese Fallkonstellationen sieht § 9 EU Abs. 2 Nr. 2 VOB/A die Erstellung eines Bauzeitenplans vor, der das sichere Ineinandergreifen der Teilleistungen gewährleisten soll.

40   Wird das besondere Interesse des öffentlichen Auftraggebers an der Bestimmung von Einzelfristen bejaht, begründet § 9 EU Abs. 2 Nr. 1 VOB/A keine Pflicht, entsprechend zu verfahren, wenngleich der Wortlaut des § 9 EU Abs. 2 Nr. 1 VOB/A („[...] sind Einzelfristen [...] zu bestimmen.") dies suggeriert. Vielmehr obliegt es dem Ermessens- und Beurteilungsspielraum des öffentlichen Auftraggebers auf der Grundlage der konkreten Umstände des Einzelfalls zu entscheiden, ob die Bestimmung einer Einzelfrist erforderlich ist. Denn selbst wenn ein erhebliches Interesse die Bestimmung von Einzelfristen zu rechtfertigen vermag, kann aufgrund der Umstände des Einzelfalls eine andere Reaktion des Auftraggebers möglicherweise zielführender sein. Die Regelung des § 9 EU Abs. 2 Nr. 1 VOB/A soll dem öffentlichen Auftraggeber im Rahmen seiner haushaltsrechtlichen Pflichten genügend Spielraum einräumen, damit er auf entsprechende Situation angemessen reagieren kann.

41   Aus § 9 EU Abs. 2 Nr. 2 VOB/A kann abgeleitet werden, dass Ausführungsfristen für die Gesamtheit der Leistung im Gegensatz zu Ausführungsfristen für Einzelleistungen grundsätzlich keine Vertragsfristen sind. Denn nur für den Fortgang der Gesamtarbeit besonders wichtige Einzelfristen sollen als vertraglich verbindliche Fristen (Vertragsfristen) bezeichnet werden. Unterlässt der öffentliche Auftraggeber die Klassifizierung von gesetz-

---

[25] *Rechten* in KMPP VOB/A § 9 Rn. 31.
[26] *Rechten* in KMPP VOB/A § 9 Rn. 33.
[27] *Sienz* in Ingenstau/Korbion VOB Kommentar EU VOB/A § 9 Rn. 14.

ten Einzelfristen als Vertragsfristen iSd § 9 EU Abs. 2 Nr. 2 VOB/A, sind diese lediglich als Kontrollfristen zu qualifizieren.[28] Kontrollfristen ermöglichen dem öffentlichen Auftraggeber die Kontrolle, ob ein Unternehmer unter Berücksichtigung des Leistungsstands in der Lage ist, die vertraglich vereinbarte Leistungszeit einzuhalten. Sie stellen insoweit eine Umsetzungshilfe für sich aus § 5 Abs. 3 VOB/B ergebenden Befugnisse dar. Ausführungsfristen für Einzelleistungen räumen den Bietern im Rahmen der Angebotserstellung und vor allem dem späteren Auftragnehmer bei der Auftragsausführung die nötige Handlungsautonomie ein, zumal die sparsame und zurückhaltende Verwendung von Vertragsfristen keine höheren Risiken für den öffentlichen Auftraggeber birgt. Denn der Auftragnehmer ist nach Maßgabe des § 5 Abs. 3 VOB/B verpflichtet ist, unverzüglich Abhilfe zu schaffen, wenn Arbeitskräfte, Geräte oder Baustoffe so unzureichend sind, dass die Ausführungsfristen offenbar nicht eingehalten werden können. Überdies kann die Nichteinhaltung von Einzelfristen – die keine Vertragsfristen sind – zur Schadensersatzpflicht des Auftragnehmers wegen Störung, Behinderung oder Unterbrechung des Bauablaufs führen.

G. Kooperationsfristen
(§ 9 EU Abs. 3 VOB/A)

Der öffentliche Auftraggeber soll gemäß § 9 EU Abs. 3 VOB/A weitere Fristen festle- **42** gen, wenn für die Einhaltung von Ausführungsfristen die Übergabe von Zeichnungen oder anderen Unterlagen wichtig sind. § 9 EU Abs. 3 VOB/A korrespondiert insoweit mit § 3 Abs. 1 VOB/B, wonach die für die Ausführung notwendigen Unterlagen dem Auftragnehmer rechtzeitig zu übergeben sind. Im Gegensatz zu § 9 EU Abs. 1 und 2 VOB/A, die sich an den Auftragnehmer richten, ist der Regelungsgehalt des Absatz 3 des § 9 EU VOB/A an den öffentlichen Auftraggeber adressiert. Die Kooperationsleistungen, die für die ordnungsgemäße und fristgerechte Ausführung des Auftrags für den Auftragnehmer eine Rolle spielen, sind entsprechend weit auszulegen. Neben den ausdrücklich in der Vorschrift aufgeführten Zeichnungen und anderen Unterlagen, die bspw. auch Handbücher oder die in § 4 Abs. 1 Nr. 1 Satz 2 VOB/B genannten Genehmigungen oder Erlaubnisse umfassen können, ist § 9 EU Abs. 3 VOB/A entsprechend auf alle anderen Fälle von Beistellungen (Geräte, Maschinen, Rohstoffe) anzuwenden, in denen der Auftragnehmer wissen muss, zu welchem Zeitpunkt der öffentliche Auftraggeber die vertraglich vereinbarten Hilfsmittel zur Verfügung stellen wird.[29]

Es ist umstritten, ob die Fristen iSd § 9 EU Abs. 3 VOB/A – die auch als Planlieferfris- **43** ten bezeichnet werden – als Vertragsfristen zu qualifizieren sind.[30] Da der Wortlaut des § 9 EU Abs. 3 VOB/A hierzu schweigt, ist eine Festlegung entsprechend der Vorgaben des § 9 EU Abs. 2 Nr. 2 VOB/A ratsam. Die Nichteinhaltung der entsprechend vereinbarten Fristen durch den öffentlichen Auftraggeber (zu ihrer Bemessung gehört auch ein erforderlicher Zeitraum für die Umsetzung der übergebenen Unterlagen durch den Auftragnehmer auf der Baustelle), führt regelmäßig zum Annahmeverzug des öffentlichen Auftraggebers, der den Schuldnerverzug des Auftragnehmers ausschließt.

Zugleich können die nicht rechtzeitig vorliegenden Unterlagen zu einer Behin- **44** derung des Auftragnehmers führen, die die in § 6 VOB/B normierten Rechtsfolgen auslösen.

---

[28] *Motzke* in Dreher/Motzke, Beck'scher Vergaberechtskommentar, 2. Aufl. 2013, VOB/A § 9 Rn. 58.

[29] *Langen* in Kapellmann/Messerschmidt VOB-Kommentar VOB/A § 9 Rn. 52.

[30] *Motzke* in Dreher/Motzke, Beck'scher Vergaberechtskommentar, 2. Aufl. 2013, VOB/A § 9 Rn. 161 , stellt auf den Parteiwillen ab, während *Langen* in Kapellmann/Messerschmidt VOB-Kommentar VOB/A § 9 Rn. 56, zwischen bedingten und unbedingten Vertragsfristen unterscheidet; bejahend *Sienz* in Ingenstau/Korbion VOB Kommentar VOB/A § 9 Rn. 12.

H. Pauschalisierter Verzugsschaden
(§ 9 EU Abs. 4 VOB/A)

45   Der öffentliche Auftraggeber darf gemäß § 9 EU Abs. 4 Satz 1 VOB/A eine Pauschalierung des Verzugsschadens (§ 5 Abs. 4 VOB/B) in den Vertragsunterlagen vorsehen, die
fünf Prozent der Auftragssumme nicht überschreiten soll. Der Regelungsgehalt des § 9 EU
Abs. 4 VOB/A umfasst insoweit Schadensersatzansprüche des öffentlichen Auftraggebers
wegen der Nichteinhaltung verbindlicher Fristen durch den Auftragnehmer. Neben der
Befugnis zur Vereinbarung eines pauschalierten Verzugsschadens normiert § 9 EU Abs. 4
VOB/A zugleich dessen Grenzen, nämlich grundsätzlich fünf Prozent der Auftragssumme.
Die Begrenzung des Verzugsschadens gilt – wie sich aus der Formulierung „soll" ableiten
lässt – nicht absolut. In besonderen Konstellationen kann eine Abweichung gerechtfertigt
sein, die jedoch einer besonderen Begründung bedarf. Dem Auftragnehmer steht es gemäß
§ 9 EU Abs. 4 Satz 2 VOB/A unabhängig davon frei, den Nachweis eines geringeren
Schadens zu erbringen. Anders als die Überschrift des § 9 EU VOB/A zu entnehmen wäre
(„Ausführungsfristen"), trifft die Vorschrift in Absatz 4 keine unmittelbare Fristenregelung,
sondern sie normiert lediglich mögliche prozessuale Maßnahmen für den Fall einer Fristüberschreitung durch den Auftragnehmer.

46   Die Pauschalierung des Verzugsschadens ist nach Maßgabe des 9 EU Abs. 4 Satz 1
VOB/A iVm § 5 Abs. 4 VOB/B und des dortigen Verweis auf § 6 Abs. 6 VOB/B in Form
eines Schadensersatzanspruchs des öffentlichen Auftraggebers gegen den aus dem Vergabeverfahren hervorgegangenen Auftragnehmer bei Überschreitung der verbindlich vereinbarten Vertragsfristen ausgestaltet. Der Schadensersatzanspruch ist gemäß § 6 Abs. 6 VOB/B
auf den Vertrauensschaden (negatives Interesse) bei einfacher Fahrlässigkeit beschränkt und
gewährt die Geltendmachung des entgangenen Gewinns (positives Interesse) ausschließlich
in Fällen, in denen grobe Fahrlässigkeit oder Vorsatz vorliegen.

47   Wenngleich der öffentliche Auftraggeber die durch § 9 EU Abs. 4 VOB/A eingeräumte
Möglichkeit zur Pauschalierung des Verzugsschadens – idR nicht mehr als 5 % der Auftragssumme – in den Vertragsbedingungen in Anspruch nimmt, befreit ihn dies lediglich
von der Pflicht zur Erbringung des Nachweises über die Höhe des tatsächlichen Schadens
bis zur vorgesehenen Pauschalierung. Gleichwohl ist und bleibt er weiterhin darlegungs-
und beweispflichtig für die den Schadensersatzanspruch begründenden Umstände, insbesondere den Eintritt des Verzugs und eines daraus resultierenden Schadens. Insofern entbinden die Inanspruchnahme der Möglichkeiten des § 9 EU Abs. 4 VOB/A den öffentlichen Auftraggeber lediglich vom Nachweis über die Höhe des Schadens, nicht jedoch über
dessen verzugsbedingten Eintritt.

48   Die durch § 9 EU Abs. 4 VOB/A eingeräumte Möglichkeit zur Pauschalierung des
Schadensersatzanspruchs in den Vergabeunterlagen ist idR als Allgemeine Geschäftsbedingung am Maßstab der §§ 305 ff. BGB zu messen. Nach § 309 Nr. 5 BGB ist eine Pauschalierung von Schadensersatzansprüchen nur wirksam, wenn die Pauschale den in den geregelten Fällen nach dem gewöhnlichen Lauf der Dinge zu erwartenden Schaden oder die
gewöhnlich eintretende Wertminderung nicht übersteigt (§ 309 Nr. 5 Buchst. a BGB) oder
dem anderen Vertragsteil ausdrücklich der Nachweis gestattet wird, ein Schaden oder eine
Wertminderung sei überhaupt nicht entstanden oder wesentlich niedriger als die Pauschale
(§ 309 Nr. 5 Buchst. b BGB). Ob und inwieweit eine von § 9 EU Abs. 4 Satz 1 VOB/A
regelmäßig auf 5 % der Auftragssumme gedeckelte Pauschalierung den bei Bauleistungen
nach dem gewöhnlichen Lauf der Dinge zu erwartenden Schaden nicht übersteigt, kann
pauschal nicht beantwortet werden. Maßgeblich sind vielmehr die Umstände des Einzelfalls, wobei es jedenfalls auf einen branchentypischen Durchschnittsschaden abzustellen
ist.[31] Die in § 9 EU Abs. 4 Satz 1 VOB/A für den Regelfall zu beachtende Höchstgrenze

---

[31] *Sienz* in Ingenstau/Korbion VOB Kommentar VOB/A § 9 Rn. 24.

dient insoweit als Orientierungshilfe („[…] soll […] nicht überschreiten"). Soweit § 9 EU Abs. 4 Satz 2 VOB/A dem Auftragnehmer die Möglichkeit des Nachweises eines geringeren als des pauschalierten Schadens bzw. keines Schaden einräumt, entspricht dies nicht nur den Anforderungen des § 309 Nr. 5 Buchst. b BGB, sondern erweitert diese zugunsten des Auftragnehmers, weil er jedweden geringeren Schaden als die in den Vergabeunterlagen aufgeführte Pauschale geltend machen kann und nicht nur einen wesentlich niedrigeren Schaden. Unberührt von § 9 EU Abs. 4 Satz 2 VOB/A bleibt allerdings die damit einhergehende Beweislastumkehr zulasten des Auftragnehmers: Nicht der öffentliche Auftraggeber muss dem Auftragnehmer die konkrete Höhe des Verzugsschadens nachweisen, sondern jener dem öffentlichen Auftraggeber das Vorliegen einer Ausnahme, die einen – in welchem Maße auch immer – niedrigeren tatsächlichen Verzugsschaden mit sich gebracht hat.

Die Höhe Schadensersatzpauschale richtet sich nach der Auftragssumme. Ist diese durch **49** das zugrunde gelegte Vertragsmodell nicht ohne Weiteres bestimmbar (z. B. bei Stundenlohnarbeiten), kann entweder eine Auftragssumme bei Vertragsschluss oder schon zuvor in den Vergabeunterlagen festgelegt werden, die als später Maßstab für die Berechnung der Pauschale heranzuziehen ist. Die Auftragssumme bestimmt sich als Nettowert ohne Berücksichtigung der Umsatzsteuer.[32]

I. Verstoß gegen § 9 EU VOB/A

Bei Vergabeverfahren im Oberschwellenbereich können Verstöße gegen §§ 9 ff. EU **50** VOB/A im Wege des Nachführungsverfahren einer gerichtlichen Kontrolle unterzogen werden, soweit die einschlägigen (gerügten) Vorschriften dem öffentlichen Auftraggeber verbindliche Vorgaben normieren.[33] Zur Gewährleistung und Durchsetzung der vergaberechtlichen Grundprinzipien, insbesondere den Grundsätzen von Transparenz, Wettbewerb und Gleichbehandlung, ist davon auszugehen, dass das vergaberechtliche Normengefüge mit Ausnahme der reinen Ordnungsvorschriften bieterschützend iSd § 97 Abs. 6 GWB sind und dementsprechend Streitgegenstand eines Nachprüfungsverfahren sein können.[34]

---

[32] *Langen* in Kapellmann/Messerschmidt VOB-Kommentar VOB/A § 9 Rn. 64.
[33] *Sienz* in Ingenstau/Korbion VOB Kommentar VOB/A § 9 Rn. 31.
[34] zu § 97 GWB s. *Dörr* in Beck'scher Vergaberechtskommentar GWB § 97 Abs. 6 Rn. 19 ff.

§ 9a Vertragsstrafen, Beschleunigungsvergütung

Vertragsstrafen für die Überschreitung von Vertragsfristen sind nur zu vereinbaren, wenn die Überschreitung erhebliche Nachteile verursachen kann. Die Strafe ist in angemessenen Grenzen zu halten. Beschleunigungsvergütungen (Prämien) sind nur vorzusehen, wenn die Fertigstellung vor Ablauf der Vertragsfristen erhebliche Vorteile bringt.

Übersicht

	Rn.		Rn.
A. Einführung	1	I. Erheblicher Nachteil	11
I. Literatur	1	II. Überschreitung der Ausführungsfristen	13
II. Entstehungsgeschichte	2	E. Höhe der Vertragsstrafe (§ 9a EU Satz 2 VOB/A)	14
III. Rechtliche Vorgaben im EU-Recht	3		
B. Verknüpfung mit sonstigen Bestimmungen der VOB	4	F. Beschleunigungsvergütung (§ 9a EU Satz 3 VOB/A)	17
C. Allgemeines	5	G. Rechtsfolgen eines Verstoßes	21
D. Anspruchsvoraussetzungen (§ 9a EU Satz 1 VOB/A)	9		

A. Einführung

I. Literatur

Beuthien, Pauschalierter Schadensersatz und Vertragsstrafe, FS Larenz, S. 493 ff.; *Börgers,* Die sogenannte **1** „Hinfälligkeit" von Vertragsstrafevereinbarungen, BauR 1997, 917; *Diehr,* Zum Verhältnis von Vergütungs- und Schadensersatzanspruch des Auftragnehmers wegen Bauzeitstörungen nach der VOB/B, BauR 2001, 1507; *ders.,* Vertragsstrafe nach VOB und VOL, ZfBR 2008, 768; *Frenck,* Vertragsstrafenklauseln in auftraggeberseitigen Allgemeinen Geschäftsbedingungen, ZfBR 2003, 536; *Greiner,* Die „Auftragssumme" bei Vereinbarung einer Vertragsstrafe, ZfBR 1999, 62; *Horschitz,* Atypische Vertragsstrafen, NJW 1973, 1958; *Kapellmann/Schiffers,* Bemessung von Vertragsstrafen für verzögerte Baufertigstellung in AGB, BB 1987, 560; *Kemper,* Die Vereinbarung von Vertragsstrafe bei Fristüberschreitung in Allgemeinen Geschäftsbedingungen, BauR 2001, 1015; *Keßler,* Der Vertragsstrafenanspruch nach § 11 VOB/B, WiB 1996, 886; *ders.,* Checkliste zum Vertragsstrafenanspruch nach § 11 VOB/A, WiB 1996, 917; *Kirberger,* Die „durchgereichte" Vertragsstrafe, FS Kraus, S. 101; *Kleine-Möller,* Die Vertragsstrafe im Bauvertrag, BB 1976, 442; *Knacke,* Die Vertragsstrafe im Baurecht, Baurechtliche Schriften, Heft 14, 1988; *Köhler,* Zur Vereinbarung und Verwirkung der Vertragsstrafe, FS Gernhuber, S. 207; *Kreikenbohm,* Nachträge und Vertragsstrafe, BauR 2003, 315; *Lau,* Die Vertragsstrafenabrede in BGB-Werkverträgen und VOB-Bauverträgen. Ein stumpfes Schwert?, Jahrbuch Baurecht 2003, 53; *Leinemann,* Vertragsstrafe Der einzig sichere Weg zum Gewinn am Bau?, BauR 2001, 1472; *Minuth,* Das Verhältnis von Tagessatz zu Obergrenze als neues Kriterium bei der AGB-Prüfung einer Vertragsstrafenklausel?, NZBau 2000, 322; *Oberhauser,* Vertragsstrafe und Regressmöglichkeiten gegenüber Dritten, BauR 2006, 210; *Pauly,* Zur Problematik der Vertrauensschutzgrenze bei alten Bauvertragsklauseln, BauR 2005, 1229; *Reinicke/Tiedtke,* Der Vorbehalt des Rechts auf eine bereits erlangte Vertragsstrafe, DB 1983, 1639; *Rieble,* Das Ende des Fortsetzungszusammenhangs im Recht der Vertragsstrafe, WM 1995, 828; *ders.,* Der schadensrechtliche Vertragsstrafenregreß gegenüber dem Erfüllungsgehilfen, DB 1997, 1165; *Roquette/Knolle,* Eine vom Generalunternehmer an den Bauherrn zu zahlende Vertragsstrafe kann als Verzugsschaden gegenüber dem Subunternehmer geltend gemacht werden, BauR 2000, 47; *Roquette/Laumann,* AGB-Vertragsstrafen durch 5% der Auftragssumme nicht überschreiten Vertrauensschutz für Altfälle orientiert an der Auftragssumme; BauR 2003, 1271; *Schlünder,* Vertragsstrafenklauseln in Bauverträgen, ZfBR 1995, 281; *Schuhmann,* Terminsicherung im Anlagenbau: Vertragsstrafe oder pauschalierter Schadensersatz?; *Siegburg,* Zur strafbewehrten Tariftreueerklärung zugunsten des Bundes, BauR 2004, 421; *Sohn,* „Die durchgereichte Vertragsstrafe", FS Jagenburg, S. 853; *Vogel,* Die Vertragsstrafe des privaten Baurechts, ZfIR 2005, 273; *Weyer,* Verteidigungsmöglichkeiten des Unternehmers gegenüber einer unangemessen hohen Vertragsstrafe, BauR 1988, 28; *v. Wietersheim,* Den letzten beißen die Hunde oder: Geltendmachung von Vertragsstrafe im Verhältnis Generalunternehmer/Bauherr im Verhältnis zwischen Generalunternehmer und Subunternehmer, BauR 1999, 526; *Wolter,* Neue Obergrenzen für Vertragsstrafe in AGB, BauR 2003, 1274; *Zeitler,* Abnahme oder Annahme? Vertragsstrafenvorbehalt der werkvertraglichen Abnahmefiktionen, ZfBR 2007, 216.

II. Entstehungsgeschichte

§ 9a EU VOB/A entspricht dem Absatz 5 des § 9 EG VOB/A 2012, dessen Regelungs- **2** gehalt seit der Vergaberechtsreform 2016 – ohne inhaltliche Änderungen – gesondert in einem eigenen Paragraphen aufgeführt wird.[1]

III. Rechtliche Vorgaben im EU-Recht

Der Anwendungsbereich des § 9a EU VOB/A richtet sich nach Maßgabe des § 1 EU **3** VOB/A und betrifft Vergabeverfahren für Bauleistungen ab den EU-Schwellenwerten (§ 106 GWB). Gleichwohl enthält die einschlägigen EU-Richtlinie 2014/24/EU keine rechtlichen Vorgaben. § 9a EU VOB/A entspringt ausschließlich nationalem Recht.

B. Verknüpfung mit sonstigen Bestimmungen der VOB

§ 9a EU VOB/A ist identisch mit § 9 VOB/A im Unterschwellenbereich. Wie auch **4** §§ 9 EU, 9c EU und 9d EU VOB/A ist die Vorschrift Bestandteil der Regelungen des §§ 8 ff. EU VOB/A, die sich mit der inhaltlichen Gestaltung der Vergabeunterlagen und insbesondere den Vertragsbedingungen befassen.

C. Allgemeines

Die Vorgaben und Richtlinien für Vereinbarung von Vertragsstrafen und von Beschleu- **5** nigungsvergütungen durch den öffentlichen Auftraggeber sind Regelungsgegenstand des § 9a EU VOBA. Sie bedürfen jeweils ausdrücklicher vertraglicher Regelungen im Bauvertrag, die durch § 9a EU VOB/A näher bestimmt werden. Vertragliche vereinbarte Vertragsstrafen sind regelmäßig als Allgemeine Geschäftsbedingungen zu qualifizieren, womit sie den Vorgaben der §§ 305 ff. BGB genügen müssen.[2]

Die Vertragsstrafe iSd § 9a EU Satz 1 VOB/A entspricht der Vertragsstrafe gem. § 339 **6** Satz 1 BGB.[3] Sie ist eine vertragliche Abrede, mit der der Schuldner sich zur Zahlung einer Geldsumme an den Gläubiger verpflichtet, wenn er seine Verbindlichkeit nicht oder nicht in geschuldeter Weise erfüllt.[4] Sie soll zum einen die Erfüllung der Hauptverbindlichkeit als finanzielles Druckmittel sichern und zum anderen im Einzelfall dem Gläubiger den Nachweis des entstandenen Schadens ersparen.[5] Die Vertragsstrafe besteht selbständig neben den zu sichernden Verbindlichkeiten, wobei die zu sichernde Verbindlichkeiten sowohl die Hauptpflichten des Vertrages wie auch daraus resultierende Nebenpflichten sein können.[6] Im Bauvertragsrecht ist es nicht unüblich, die in Form der Zahlung einer Geldsumme ausgestaltete Vertragsstrafe durch einen Teilbetrag der Auftragssumme oder der Abrechnungssumme auszubedingen.[7]

---

[1] Siehe auch § 8a EU VOB/A Rn 1. mwN. Ausführlich zur Entwicklung des § 9 VOB/A aF s. *Motzke* in Dreher/Motzke, Beck'scher Vergaberechtskommentar, 2. Aufl. 2013, VOB/A § 9 Rn. 1

[2] *Sienz* in Ingenstau/Korbion VOB Kommentar VOB/A § 9a Rn. 1.

[3] Ausführlich zur Vertragsstrafe s. *Grüneberg* in Palandt BGB § 339 Rn. 11 ff.

[4] Nach § 342 BGB kann auch eine andere Leistung als die Zahlung einer Geldsumme vereinbart werden. Im Bauvertragsrecht dürfte dies allerdings unüblich sein.

[5] *Grüneberg* in Palandt BGB § 339 Rn. 1; *Sienz* in Ingenstau/Korbion VOB Kommentar VOB/A § 9a Rn. 2. Siehe auch BGH Urt. v. 18.11.1982 – VII ZR 305/81, NJW 1983, 385 (386 ff.); zu unwirksamen Vertragsstrafenklauseln in einem Bauvertrag s. BGH Urt. v. 23.6.1988 – VII ZR 117/87, NJW 1988, 2536 (2536 ff.); Urt. v. 20.1.2000 – VII ZR 46/98, NJW 2000, 2106 (2107 f.).

[6] Auch Nebenpflichten können Gegenstand einer selbständigen Vertragsstrafe sein, vgl. etwa OLG Jena v. 26.1.1999 – 8 U 1273/98, IBR 1999, 361.

[7] *Sienz* in Ingenstau/Korbion VOB Kommentar VOB/A § 9a Rn. 12.

7 Die Dispositionsfreiheit des öffentlichen Auftraggebers wird durch § 9a EU VOB/A beschränkt. Die dort normierte Begrenzung betrifft allerdings allein die Vereinbarung von Vertragsstrafen für die Überschreitung von Ausführungsfristen. Die Vereinbarung eines Strafversprechens für andere Pflichtverletzungen bleibt von dem Regelungsgehalt des § 9a EU VOB/A unberührt.[8] Die praktischen Auswirkungen dürften allerdings unwesentlich sein, weil die Vertragsstrafenklauseln im Bauvertragsrecht regelmäßig der AGB-Kontrolle der §§ 305 ff. und damit insbesondere § 307 Abs. 2 BGB unterliegen. Danach ist die unangemessene Benachteiligung des Vertragspartners verboten, die auch Folge der Vereinbarung einer Vertragsstrafe sein kann. So hält etwa die Absicherung jeglicher Bauverpflichtung durch den öffentlichen Auftraggeber mittels eines Strafversprechens einer AGB-rechtlichen Inhaltskontrolle nicht stand.[9] Die Inhaltskontrolle gemäß § 307 Abs. 2 BGB beruht auf einer allgemeinen Interessenabwägung; der zu erwartende individuelle Schaden des Gläubigers der Vertragsstrafe ist für sich allein nicht maßgeblich. Überdies darf die Vereinbarung einer Vertragsstrafe nicht im Wege einer überraschenden Klausel iSd § 305c BGB erfolgen. Die Annahme einer solchen überraschenden Klausel wird für (Bau-)Unternehmen bei dem Abschluss von Rechtsgeschäften im Bauvertragsrecht allerdings regelmäßig zu verneinen sein, weil diese dort gängige Praxis sind.

8 Die Vertragsstrafe ist abzugrenzen von sog. Verfallsklauseln, die den Verlust („Verfall") von Rechten des Schuldners im Falle der unterbliebenen oder nicht vertragsgemäßen Leistung vorsehen, ohne jedoch die Rechtsposition des Gläubigers zu erweitern. Eine vertraglich vereinbarte Verfallsklausel unterliegt der entsprechenden Anwendung der §§ 339 ff. BGB.

D. Anspruchsvoraussetzungen
(§ 9a EU Satz 1 VOB/A)

9 Die Anspruchsvoraussetzungen der Vertragsstrafe entstehen (sog. Verwirkung der Vertragsstrafe), wenn der Schuldner die fällige Leistung nicht oder nicht wie geschuldet erbringt und damit in Verzug iSd § 286 BGB gerät. Soweit ihn kein Verschulden an der fristgerechten Leistung trifft, weil er diese bspw. wegen höherer Gewalt oder aufgrund des Verhaltens des öffentlichen Auftraggebers nicht zu vertreten hat, kommt er gemäß § 286 Abs. 4 BGB nicht in Verzug, womit auch die Verwirkung der Vertragsstrafe ausscheidet.

10 Nach § 9a EU Satz 1 VOB/A sind Vertragsstrafen für die Überschreitung von Vertragsfristen nur zu vereinbaren, wenn die Überschreitung erhebliche Nachteile verursachen kann. Dabei ist die Vertragsstrafe gemäß § 9a EU Satz 2 VOB/A in angemessenen Grenzen zu halten. § 9a EU VOB/A räumt dem öffentlichen Auftraggeber insoweit einen Beurteilungs- und Ermessensspielraum ein, mittels der er die Erforderlichkeit einer Vertragsstrafe unter Berücksichtigung der Wahrscheinlichkeit des Eintritts eines erheblichen Nachteils anhand der konkreten Umstände des Einzelfalls zu beurteilen hat.[10] Die abstrakte Möglichkeit des Eintritts eines erheblichen Nachteils vermag die vertragliche Vereinbarung einer Vertragsstrafe nicht zu rechtfertigen.[11]

---

[8] Kritisch dazu *Sienz* in Ingenstau/Korbion VOB Kommentar VOB/A § 9a Rn. 15.

[9] *Sienz* in Ingenstau/Korbion VOB Kommentar VOB/A § 9a Rn. 15.

[10] *Sienz* in Ingenstau/Korbion VOB Kommentar VOB/A § 9a Rn. 14; *Langen* in Kapellmann/Messerschmidt VOB-Kommentar VOB/A § 9 Rn. 94; vgl. auch BGH Urt. v. 30.3.2006 – VII ZR 44/05, NJW 2006, 2555 (2557).

[11] OLG Naumburg Urt. 8.1.2001 – 4 U 152/00, IBR 2002, 6, ist insoweit missverständlich, wenn die abstrakte Möglichkeit eines erheblichen Nachteils als ausreichend erachtet wird, um die Vereinbarung einer Vertragsstrafe zu rechtfertigen. Gemeint ist wohl, dass der Anwendungsbereich der Norm nicht erfordert, dass ein erheblicher Nachteil rückblickend tatsächlich entstanden ist.

I. Erheblicher Nachteil

Eine Definition des erheblichen Nachteils sowie etwaige Bestimmungskriterien sind **11** § 9a EU VOB/A nicht zu entnehmen. Dem Wortlaut der Formulierung „erheblich" verdeutlicht jedoch, dass nicht jedweder Nachteil geeignet ist, die Vereinbarung einer Vertragsstrafe zu rechtfertigen. Vielmehr muss der erhebliche Nachteil durch die (schuldhafte) Überschreitung der Ausführungsfristen von einigem Gewicht und damit für den öffentlichen Auftraggeber spürbar sein.[12] Bloße Unannehmlichkeiten oder geringfügige Nachteile reichen insoweit nicht aus. Die Frage ist vielmehr unter Berücksichtigung des jeweiligen Einzelfalls zu beantworten. Bei seiner Prognoseentscheidung hat der öffentliche Auftraggeber sämtliche in Betracht kommenden Umstände sorgfältig zu prüfen und zu beurteilen. Unbeachtlich ist, ob durch die Überschreitung der Ausführungsfristen tatsächlich ein erheblicher Nachteil eingetreten ist, sofern die Prognoseentscheidung des öffentlichen Auftraggebers ordnungsgemäß erfolgt ist.[13]

Entscheidend ist, ob die möglichen Folgen der Überschreitung der Ausführungsfristen **12** und die damit einhergehende Verzögerung der Erbringung und Fertigstellung der Bauleistung von solchem Gewicht sind, dass sie für den öffentlichen Auftraggeber ein nicht mehr tragbares Risiko begründen, das durch die vertragliche Vereinbarung einer Vertragsstrafe auf ein vertretbares Maß gemildert wird. Berücksichtigungsfähige Kriterien sind dabei nicht allein finanzielle Interessen des öffentlichen Auftraggebers – der bei der Verwendung öffentlicher Finanzen insbesondere die Grundsätze der Wirtschaftlichkeit und Sparsamkeit iSd § 7 BHO bzw. der entsprechenden Vorschriften der Landeshaushaltsordnungen zu beachten hat –, sondern auch sonstige – nicht monetäre – Interessen wie etwa das öffentliche Interesse an einer zeitnahen Fertigstellung des Bauvorhabens zur Beseitigung von Beeinträchtigungen verkehrsrelevanter Infrastruktur oder zur Inbetriebnahme von öffentlichen Einrichtungen der Daseinsvorsorge.[14]

II. Überschreitung der Ausführungsfristen

Eine Überschreitung der Ausführungsfristen liegt vor, wenn der Auftragnehmer die ver- **13** traglich geschuldete Leistung nicht innerhalb der vereinbarten Leistungszeit erbringt. Dies gilt gleichermaßen für die Vereinbarung eines konkreten Endtermins, an dem die Bauleistung vollständig erbracht sein muss, wie auch für die Vereinbarung von Einzelfristen für in sich abgeschlossene Teile der Leistung.[15] Letztere können für den öffentlichen Auftraggeber besonders bedeutsam sein, weil deren Nichteinhaltung den planmäßigen Fortgang der Bauleistung beeinträchtigen oder zum Erliegen bringen können und damit ein erhebliches finanzielles Risiko für den öffentlichen Auftraggeber darstellen.

E. Höhe der Vertragsstrafe
(§ 9a EU Satz 2 VOB/A)

Die Höhe der vertraglich vereinbarten Vertragsstrafe wird durch § 9a EU Satz 2 VOB/A **14** begrenzt: Sie ist in angemessenen Grenzen zu halten. § 9a EU VOB/A normiert allerdings

---

[12] *Sienz* in Ingenstau/Korbion VOB Kommentar VOB/A § 9a Rn. 14; *Langen* in Kapellmann/ Messerschmidt VOB-Kommentar VOB/A § 9 Rn. 94 f.

[13] *Langen* in Kapellmann/Messerschmidt VOB-Kommentar VOB/A § 9 Rn. 97; OLG Naumburg Urt. 8.1.2001 – 4 U 152/00, IBR 2002, 6.

[14] *Sienz* in Ingenstau/Korbion VOB Kommentar VOB/A § 9a Rn. 14, führt als Beispiele etwa die Beendigung einer Straßenbaumaßnahme oder die Beendigung des Umbaus einer Schule als nicht finanzielle Interessen auf.

[15] *Vavra* in KMPP VOB/A § 9 Rn. 47.

keine Kriterien, die zur Bestimmung der Angemessenheit der Grenzen herangezogen werden könnten. Ebenso wie bei der Frage nach dem erheblichen Nachteil iSd § 9a EU Satz 1 VOB/A verbietet sich eine pauschale Bestimmung. Vielmehr sind die konkreten Umstände des jeweiligen Einzelfalls maßgeblich. Innerhalb dieser Grenzen können öffentlicher Auftraggeber und Auftragnehmer nach Treu und Glauben (§ 242 BGB) grundsätzlich bis zur Grenze der Sittenwidrigkeit (§ 138 Abs. 1 BGB) die Höhe der Vertragsstrafe frei vereinbaren. Soweit die Vertragsstrafenklausel als Allgemeine Geschäftsbedingung zu qualifizieren ist, muss allerdings den Anforderungen der §§ 305 ff. BGB entsprechen.

15   Der zur Verwirkung der Vertragsstrafe führende erhebliche Nachteil und die angemessene Höhe der Vertragsstrafe stehen in einer wechselseitigen Beziehung, weil das Risiko der Überschreitung der Ausführungsfristen und die damit einhergehenden Verzögerung der Fertigstellung der Bauleistung Einfluss auf die Beurteilung der Angemessenheit der Höhe der Vertragsstrafe haben. Im Grundsatz gilt: Je gravierender die Folgen der nicht fristgerechten Leistung sind, desto höher kann die vereinbarte Vertragsstrafe – bis zur Grenze der Unangemessenheit – sein. Die Verknüpfung beider Kriterien vermag dabei *per se* keine einseitige Benachteiligung des Auftragnehmers begründen. Denn der Auftragnehmer kann durch entsprechende Maßnahmen Vorsorge dafür treffen, dass die jeweiligen (Bau-)Leistungen fristgerecht erbracht werden.

16   Die in § 9a EU Satz 2 VOB/A normierte Grenze spiegelt den in § 343 Abs. 1 Satz 1 BGB normierten Rechtsgedanken wider, wonach eine verwirkte unverhältnismäßig hohe (Vertrags-)Strafe unter den dort normierten Voraussetzungen auf einen angemessenen Betrag herabzusetzen ist.[16] Die Herabsetzung der Vertragsstrafe auf ein angemessenes Maß richtet sich gleichfalls nach dem Einzelfall, wobei die konkreten Umstände gegeneinander abzuwägen sind. Bei der Abwägung der widerstreitenden Interessen die Bedeutung der Ausführungsfrist und damit zugleich die Bedeutung der fristgerechten Leistungserbringung für den öffentlichen Auftraggeber einschließlich etwaiger Folgen und Kosten zu berücksichtigen. Auf Seite des Auftragnehmers sind dessen wirtschaftlichen Verhältnisse und die an ihm gestellten Anforderungen in die Abwägung einzustellen. Ungeachtet des Zustandekommens der Vertragsstrafe – sei es durch Individualabrede oder formularmäßige Vereinbarung – darf auch aus Sicht der BGH die Höhe der Vertragsstrafe 5% der Auftragssumme nicht überschreiten.[17] Dabei ist zu beachten, dass die Überschreitung der Höchstgrenze auch durch eine unzulässige Kumulierung einzelner Vertragsstrafen erfolgen kann.

F. Beschleunigungsvergütung
(§ 9a EU Satz 3 VOB/A)

17   Die Beschleunigungsvergütung (Prämie) ist gemäß § 9a EU Satz 3 VOB/A nur vorzusehen, wenn die Fertigstellung vor Ablauf der Vertragsfristen erhebliche Vorteile für den öffentlichen Auftraggeber bringt. Sie ist Teil des Werklohns und dient als finanzielle Belohnung des Auftragnehmers für eine vorzeitige (und damit auch fristgerechte) erbrachte Leistung. Die Beschleunigungsvergütung kann als Kehrseite der Vertragsstrafe umschrieben werden, weil sie dem Auftragnehmer einen Anreiz bieten soll, die vertraglich geschuldete Leistung vor Ablauf der Vertragsfristen zu erbringen. Die Vereinbarung einer Beschleunigungsvergütung ist allerdings nicht uneingeschränkt ratsam. Sie birgt nämlich die Gefahr, dass der Auftragnehmer zur Erlangung der Prämie besonders zügig seine Leistung unter Außerachtlassung erforderlicher Sorgfaltspflichten erbringt und damit die Mängelanfälligkeit der Bauleistung erhöht wird. Zudem können durch die frühzeitige Leistungserbringung (ggf. unvorhergesehene) Mehrkosten für den öffentlichen Auftragnehmer entstehen,

---

[16] Eine Vertragsstrafe, die von einem Kaufmann im Betrieb seines Handelsgewerbes versprochen ist, kann gemäß § 348 HGB nicht auf der Grundlage des § 343 BGB herabgesetzt werden kann.
[17] BGH Urt. v. 23.1.2003 – VII ZR 210/01, NJW 2003, 1805 (1806 ff.); Urt. v. 8.7.2004 – VII ZR 24/03, 6009, 609 ff.; Urt. 6.12.2012 – VII ZR 133/11, NZBau 2013, 222 (222 ff.).

weil etwa höhere Material- und Personalressourcen zur schnelleren Fertigstellung der Bauleistung erforderlich werden. Aus diesem Grund sind Beschleunigungsvergütungsvereinbarungen in der Praxis eher unüblich, zumal der Auftragnehmer bereits aufgrund der vertraglichen Vereinbarung zur fristgerechten Leistung verpflichtet ist und etwaige Verzögerungen durch die Vereinbarung von Vertragsstrafen oder Schadensersatzansprüchen abgefedert werden können. Unter Berücksichtigung der Vorgaben zur Bemessung der Ausführungsfristen nach Maßgabe des § 9a EU VOB/A sowie der dort normierten Möglichkeit, die Fristen bei besonderer Dringlichkeit zu verkürzen, wird der öffentliche Auftraggeber die Fristen derart festlegen, dass regelmäßig kein Bedarf für die Vereinbarung einer Beschleunigungsvergütung besteht.

Voraussetzung für die Vereinbarung einer Beschleunigungsvergütung ist gemäß § 9a EU **18** Satz 3 VOB/A, dass die die Fertigstellung vor Ablauf der Vertragsfristen erhebliche Vorteile bringt. Ob die Voraussetzungen zu bejahen sind, obliegt dem Beurteilungs- und Ermessensspielraum des öffentlichen Auftraggebers, der anhand der konkreten Umstände des jeweiligen Einzelfalls eine Prognoseentscheidung zu treffen hat, die zudem in dem Vergabevermerk zu begründen ist.[18] Die hierzu gestellten Anforderungen sind allerdings hoch, da § 9a EU Satz 3 VOB/A als Ausnahmevorschrift eine Abweichung der in §§ 9 ff. EU VOB/A normierten Grundsätze darstellt und daher restriktiv auszulegen ist.

Ein erheblicher Vorteil iSd § 9a EU Satz 3 VOB/A liegt vor, wenn die vorzeitige Leis- **19** tungserbringung dem öffentlichen Auftraggeber eine frühere wirtschaftliche Nutzung des Bauwerks ermöglicht.[19] Der zu erwartende erhebliche Vorteil darf dabei nicht lediglich abstrakt in Aussicht stehen, sondern muss aufgrund einer tatsachenbasierten Prognose konkret zu erwarten sein.

Die Beschleunigungsvergütung ist fällig, sobald der Auftragnehmer die vereinbarten ver- **20** traglichen Bedingungen erfüllt hat, zu der insbesondere die vorzeitige Leistungserbringung zählt. In Abhängigkeit der jeweiligen Fallgestaltung kann der öffentliche Auftraggeber zur Vornahme von Bereitstellungs- und Mitwirkungshandlungen verpflichtet sein, damit der Auftragnehmer tatsächlich in die Lage versetzt wird, die Leistungserbringung frühzeitig zu erbringen. Die Verletzung der Mitwirkungspflicht durch den öffentlichen Auftraggeber kann eine vertragliche Pflichtverletzung darstellen, die einen Schadensersatzanspruch des Auftragnehmers nach Maßgabe des § 280 Abs. 1 BGB begründen kann, wobei der Schaden dann regelmäßig in der entgangenen Beschleunigungsvergütung besteht.

G. Rechtsfolgen eines Verstoßes

§ 9a EU VOB/A soll einen angemessenen Interessenausgleich zwischen öffentlichen **21** Auftraggeber und Auftragnehmer schaffen. Verstößt der öffentliche Auftraggeber gegen § 9a EU VOB/A, weil etwa eine unangemessen hohe Vertragsstrafe vorliegt, kann der Bieter den Vergaberechtsverstoß rügen und durch Einleitung eines Nachprüfungsverfahrens Rechtsschutz erlangen. Dabei ist zu beachten, dass Vergaberecht kein Vertragsrecht ist.[20] Ein Verstoß gegen § 9a EU VOB/A lässt die Wirksamkeit der zugrundeliegenden Vereinbarung grundsätzlich unberührt.[21]

---

[18] Siehe auch *Vavra* in KMPP VOB/A § 9 Rn. 51 f.
[19] *Vavra* in KMPP VOB/A § 9 Rn. 52.
[20] BGH Urt. v. 1.6.2017 – VII ZR 49/16 – juris.
[21] BGH Urt. v. 30.3.2006 – VII ZR 44/05, NJW 2006, 2555 (2555 ff.). Ausnahmsweise kann der Durchsetzung der Vertragsstrafe allerdings der Grundsatz von Treu und Glauben (§ 242 BGB) entgegenstehen.

§ 9b Verjährung der Mängelansprüche

Andere Verjährungsfristen als nach § 13 Absatz 4 VOB/B sollen nur vorgesehen werden, wenn dies wegen der Eigenart der Leistung erforderlich ist. In solchen Fällen sind alle Umstände gegeneinander abzuwägen, insbesondere, wann etwaige Mängel wahrscheinlich erkennbar werden und wieweit die Mängelursachen noch nachgewiesen werden können, aber auch die Wirkung auf die Preise und die Notwendigkeit einer billigen Bemessung der Verjährungsfristen für Mängelansprüche.

Übersicht

	Rn.			Rn.
A. Einführung	1	D. Abweichende Verjährungsfristen (§ 9b EU Satz 1 VOB/A)		10
I. Literatur	1			
II. Entstehungsgeschichte	2	I. Erforderlichkeit wegen Eigenart der Leistung		11
III. Rechtliche Vorgaben im EU-Recht	3			
		II. Interessenabwägung (§ 9b EU Satz 2 VOB/A)		12
B. Verknüpfung mit sonstigen Bestimmungen der VOB	4			
		III. Billige Bemessung der Verjährungsfristen (§ 9b EU Satz 2 VOB/A)		14
C. Allgemeines	5			
		E. Rechtsschutz		15

A. Einführung

I. Literatur

1 *Danker/John,* Dauer der Gewährleistung für Fahrbahnmarkierungen, BauR 2001, 718; *Beigel,* 2 Jahre Gewährleistungsfrist nach § 13 Nr. 4 VOB/A, § 13 Nr. 2 VOB/A und 5 Jahre Gewährleistungsfrist nach § 638 Abs. 1 BGB, BauR 1988, 142; *Festge,* Gewährleistungsfristen und Verjährungsfristen für Baumängel, BauR 1989, 140; *Fischer,* Verjährung der werkvertraglichen Mängelansprüche bei Gebäudearbeiten, BauR 2005, 1073; *Grams,* Zur neuen Regelverjährung des Erfüllungsanspruches auf die Bauleistung, BauR 2002, 1461; *Joussen,* Die verkürzte Verjährung für maschinelle und elektronische Anlagen(teile) – Zur Neuregelung des § 13 Nr. 4 VOB/B, in Jahrbuch Baurecht 1998, 111; *Kaiser,* Rechtsfragen des § 13 Nr. 4 VOB/B, BauR 1987, 617; *Köhler,* Werkmangelrechte, Werkleistungsanspruch und allgemeines Leistungsstörungsrecht, BauR 1988, 278; *Krämer,* Die Verjährung kaufrechtlicher und werkvertraglicher Mängelansprüche . ZPA Fach 2, 433 (2005); *Kraus,* Die VOB/B – ein nachbesserungsbedürftiges Werk, BauR, Beilage zu Heft 4/1997; *Müller,* Der Garantievertrag im Kaufrecht, ZIP 1981, 707; *Quack,* Gilt die kurze VOB-B Verjährung noch für Verbraucherverträge?, BauR 1997, 24; *Schmidt,* Sinn der Regelfrist in § 13 Nr. 4 VOB/B, ZfBR 1986, 207; *Stammkötter,* Das Wechselspiel zwischen Wartung und Gewährleistung gemäß § 13 Nr. 4 Abs. 2 VOB/B, ZfBR 2006, 631; *Ulmer,* Verjährung der Mängelansprüche beim Werkvertrag, IBR 2003. 162; *Werner,* Das neue Verjährungsrecht aus dem Blickwinkel des Baurechts, Festschrift Jagenburg, 2002, S. 1025; *Wittmann,* Gewährleistungsfrist und Verjährungsfrist für Gewährleistungsansprüche, BB 1991, 854.

II. Entstehungsgeschichte

2 Der Regelungsgehalt § 9 EG Abs. 6 VOB/A 2012 wurde mit Umsetzung der Vergaberechtsreform 2016 in § 9b EU VOB/A überführt.[1] Der Wortlaut der Vorschrift entspricht bis auf kleine sprachliche Änderungen der Formulierung dem Wortlaut der Fassung des § 13 VOB/A 2006.

III. Rechtliche Vorgaben im EU-Recht

3 Der Anwendungsbereich des § 9b EU VOB/A richtet sich nach Maßgabe des § 1 EU VOB/A und betrifft Vergabeverfahren für Bauleistungen ab den EU-Schwellenwerten

---

[1] Siehe auch § 8a EU VOB/A Rn 1. mwN. Ausführlich zur Entwicklung des § 9 VOB/A aF s. *Motzke* in Dreher/Motzke, Beck'scher Vergaberechtskommentar, 2. Auflage 2013, VOB/A § 9 Rn. 1.

(§ 106 GWB).[2] Gleichwohl enthält die einschlägigen EU-Richtlinie 2014/24/EU keine rechtlichen Vorgaben. § 9b EU VOB/A entspringt ausschließlich nationalem Recht.

B. Verknüpfung mit sonstigen Bestimmungen der VOB

§ 9b EU VOB/A ist Bestandteil der Regelungen der §§ 8 ff. EU VOB/A, die sich mit **4** der inhaltlichen Gestaltung der Vergabeunterlagen und insbesondere den Vertragsbedingungen befassen.[3] Über den ausdrücklichen Verweis in § 9b EU Satz 1 VOB/A ist die Vorschrift eng mit § 13 Abs. 4 VOB/B verknüpft. § 13 Abs. 4 Nr. 1 und 2 VOB/B führen Verjährungsfristen auf, die mangels anderweitiger vertraglicher Regelungen gelten und nach Maßgabe des § 13 Abs. 4 Nr. 3 VOB/B mit Abnahme der gesamten Leistung bzw. mit Teilabnahme für in sich geschlossene (Teil-)Leistungen beginnen. § 9b EU VOB/A entspricht wortgleich § 9b VOB/A im Unterschwellenbereich.

C. Allgemeines

Nach § 9b EU Satz 1 VOB/A sollen andere Verjährungsfristen als nach § 13 Absatz 4 **5** VOB/B nur vorgesehen werden, wenn dies wegen der Eigenart der Leistung erforderlich ist. In diesen Fällen sind nach Satz 2 alle Umstände des jeweiligen Einzelfalls gegeneinander abzuwägen, insbesondere, wann etwaige Mängel wahrscheinlich erkennbar werden und wieweit die Mängelursachen noch nachgewiesen werden können, aber auch die Wirkung auf die Preise und die Notwendigkeit einer billigen Bemessung der Verjährungsfristen für Mängelansprüche. § 9b EU Satz 2 VOB/A normiert insoweit detaillierte Richtlinien für den öffentlichen Auftraggeber anhand derer die Verjährung von Mängelfristen vertraglich vereinbart werden sollen.

§ 13 Absatz 4 VOB/B lautet: **6**

1. Ist für Mängelansprüche keine Verjährungsfrist im Vertrag vereinbart, so beträgt sie für Bauwerke 4 Jahre, für andere Werke, deren Erfolg in der Herstellung, Wartung oder Veränderung einer Sache besteht, und für die vom Feuer berührten Teile von Feuerungsanlagen 2 Jahre. Abweichend von Satz 1 beträgt die Verjährungsfrist für feuerberührte und abgasdämmende Teile von industriellen Feuerungsanlagen 1 Jahr.
2. Ist für Teile von maschinellen und elektrotechnischen/elektronischen Anlagen, bei denen die Wartung Einfluss auf Sicherheit und Funktionsfähigkeit hat, nichts anderes vereinbart, beträgt für diese Anlagenteile die Verjährungsfrist für Mängelansprüche abweichend von Nummer 1 zwei Jahre, wenn der Auftraggeber sich dafür entschieden hat, dem Auftragnehmer die Wartung für die Dauer der Verjährungsfrist nicht zu übertragen; dies gilt auch, wenn für weitere Leistungen eine andere Verjährungsfrist vereinbart ist.
3. Die Frist beginnt mit der Abnahme der gesamten Leistung; nur für in sich abgeschlossene Teile der Leistung beginnt sie mit der Teilabnahme (§ 12 Absatz 2).

Über den Verweis auf § 13 Abs. 4 VOB/B normiert § 9b EU VOB/A in Abweichung **7** der Verjährungsfristen des § 634a BGB,[4] dass bei einer fehlenden Vereinbarung einer Verjährungsfrist im Bauvertrag die Verjährungsfrist für Bauwerke vier Jahre und für andere Werke, deren Erfolg in der Herstellung, Wartung oder Veränderung einer Sache besteht, zwei Jahre beträgt. Daraus folgt zugleich, dass es den Vertragspartnern grundsätzlich frei steht, die Fristen für die Verjährung der Mängelrechte im Bauvertrag einvernehmlich zu vereinbaren.[5] § 9b EU VOB/A iVm § 13 Abs. 4 VOB/B dient damit als Auffangregelung für den Fall, dass die Vertragspartner keine entsprechende vertragliche Regelung vorgesehen haben.[6]

---

[2] → § 106 GWB Rn. 15 ff.
[3] Siehe auch § 9 EU VOB/A Rn. 3.
[4] *Motzke* in Dreher/Motzke, Beck'scher Vergaberechtskommentar, 2. Aufl. 2013, VOB/A § 9 Rn. 5, 324. Zu § 634a BGB s. *Sprau* in Palandt BGB § 634a Rn. 3 ff.
[5] *Sienz* in Ingenstau/Korbion VOB Kommentar VOB/A § 9b Rn. 6.
[6] BGH Urt. v. 26.3.1987 – VII ZR 196/86, NJW-RR 1987, 851 (852); *Weyer* in Kapellmann/Messerschmidt VOB-Kommentar VOB/A § 9 Rn. 116.

8   Durch § 9b EU VOB/A soll ein gerechter Ausgleich zwischen öffentlichem Auftraggeber und Auftragnehmer gewährleistet werden. Dazu werden die in der VOB/B normierten
Vorgaben herangezogen, die die werkvertraglichen Regelungen des Bürgerlichen Gesetzbuches (BGB) ergänzen und auf langjährigen und allgemein anerkannten Erfahrungssätzen
des Bauvertragsrechts beruhen, um einen angemessenen Interessenausgleich sicherzustellen,[7] wobei es weiterhin erlaubt ist, eine abweichende vertragliche Absprache zu treffen.

9   Aufgrund der normativen Anordnung des § 8a EU Abs. 1 Satz 1 VOB/A sollen die in
§ 13 Abs. 4 VOB/B aufgeführten Fristen die für den Regelfall maßgeblichen Fristen sein.[8]
Die Praxis hat sich allerdings in eine andere Richtung entwickelt: Die Vereinbarung der
fünfjährigen (Verjährungs-)Frist des § 634a Abs. 1 Nr. 2 BGB anstelle der vierjährigen Frist
des § 13 Abs. 4 Nr. 1 VOB/B für Bauwerke bei öffentlichen Bauaufträgen ist mittlerweile
zum Regelfall geworden – und die in § 13 Abs. 4 VOB/B vorgesehene Regelfrist damit
zur Ausnahme.[9]

D. Abweichende Verjährungsfristen (§ 9b EU Satz 1 VOB/A)

10   § 9 EU Satz 1 VOB/A ordnet an, das andere Verjährungsfristen als nach § 13 Abs. 4
VOB/B nur vorgesehen werden, wenn dies wegen der Eigenart der Leistung erforderlich
ist. Die Vorschrift räumt dem öffentlichen Auftraggeber also auch hier einen Beurteilungs-
und Ermessensspielraum ein, den er unter Berücksichtigung der konkreten Umstände des
Einzelfalls auszuüben hat. Dabei obliegt es dem öffentlichen Auftraggeber zu entscheiden,
ob er eine Verkürzung oder Verlängerung der Verjährungsfristen in Abhängigkeit der jeweiligen Bauleistung beabsichtigt.[10]

I. Erforderlichkeit wegen Eigenart der Leistung

11   Voraussetzung für die Abweichung der in § 13 Abs. 4 VOB/V aufgeführten Verjährungsfristen ist gemäß § 9b EU Satz 1 VOB/A, dass die Eigenart der (konkreten) Bauleistung es erfordert. Aus der nach § 9b EU Satz 2 VOB/A geforderten Interessenabwägung
und den dort exemplarisch („[…] insbesondere […]") aufgeführten Kriterien folgt, dass die
Erforderlichkeit der Abweichung aufgrund der Eigenart der Leistung nur auf objektive
Kriterien, nicht jedoch auf subjektive Erwägungen gestützt werden kann.[11] So sind etwa
ein ausgeprägtes Sicherungsbedürfnis des öffentlichen Auftraggebers oder sein Interesse an
homogenen Verjährungsfristen mit verschiedenen von ihm für die Erbringung einer Gesamtleistung beauftragten Unternehmen nicht ausreichend.[12] Erforderlich sind vielmehr
Umstände, die an objektive Merkmale anknüpfen. In Betracht kommen bspw. besondere
Baumaterialen oder besondere (neue) Herstellungs- und Verfahrensweisen, für die ein hinreichend gesicherter Datenbestand insbesondere im Hinblick auf Qualität und Haltbarkeit
(noch) nicht verfügbar ist.[13] Ebenso kann die vorgesehene Nutzung des Bauwerks als objektives Merkmal qualifiziert werden, insbesondere, wenn mit einer übermäßigen Beanspruchung oder Abnutzung zu rechnen ist. Da der öffentliche Auftraggeber zur Finanzierung der Bauaufträge öffentliche Finanzmittel verwendet, ist er unter Zugrundelegung der

---

[7] Vgl. § 8a Rn. 23; *v. Wietersheim* in Ingenstau/Korbion VOB-Kommentar EU VOB/A § 8a Rn. 6.
[8] Vgl. § 8a Rn. 9 ff.
[9] *Weyer* in Kapellmann/Messerschmidt VOB-Kommentar VOB/A § 9 Rn. 116.
[10] *Weyer* in Kapellmann/Messerschmidt VOB-Kommentar VOB/A § 9 Rn. 123.
[11] *Sienz* in Ingenstau/Korbion VOB Kommentar VOB/A § 9b Rn. 11; *Weyer* in Kapellmann/
Messerschmidt VOB-Kommentar VOB/A § 9 Rn. 120.
[12] *Vavra* in KMPP VOB/A § 9 Rn. 56; *Motzke* in Dreher/Motzke, Beck'scher Vergaberechtskommentar,
2. Aufl. 2013, VOB/A § 9 Rn. 325.
[13] Siehe auch *Weyer* in Kapellmann/Messerschmidt VOB-Kommentar VOB/A § 9 Rn. 122; *Vavra* in
KMPP VOB/A § 9 Rn. 61.

Grundsätze der Wirtschaftlichkeit und Sparsamkeit (§ 7 BHO) gehalten, sorgsam mit diesen umzugehen. Aus diesem Grund kann im Einzelfall eine Verlängerung des Gewährleistungszeitraums gerechtfertigt sein, um die ordnungsgemäße Erbringung der Bauleistung über einen angemessenen Zeitraum beurteilen zu können. Gleiches gilt für eine Verkürzung des Gewährleistungszeitraums, die regelmäßig mit geringeren Kosten für die Bauleistung einhergehen dürfte. Der öffentliche Auftraggeber hat zu berücksichtigen, dass er die Möglichkeit haben muss, auftretende Baumängel und deren Ursachen zu erkennen und nachzuweisen, da dies die Voraussetzung ist, um die Ausübung seiner gesetzlichen oder vertraglichen Gewährleistungsrechte umfassend und abschließend beurteilen zu können.

II. Interessenabwägung (§ 9b EU Satz 2 VOB/A)

Liegen die Voraussetzungen des § 9b EU Satz 1 VOB/A vor – die Eigenart der Leistung **12** erfordert andere als in § 13 Abs. 4 VOB/B normierte Verjährungsfristen – sind gemäß § 9b EU Satz 2 VOB/A alle Umstände, die für die zu vereinbarende Verjährungsfrist wesentlich sind, gegeneinander abzuwägen. Die Abwägung wird maßgeblich durch die Frage nach dem Zeitpunkt geprägt, zu dem mit hinreichender Sicherheit beurteilt werden kann, ob die Leistung ordnungs- und damit vertragsgemäß erbracht worden ist.[14] Dabei ist insbesondere zu berücksichtigen, wann etwaige Mängel wahrscheinlich erkennbar werden und inwieweit die Mängelursachen noch nachgewiesen werden können. Zudem sind die Wirkung auf die Preise und die Notwendigkeit einer billigen Bemessung der Verjährungsfristen für Mängelansprüche für die Abwägung bedeutsam. Aus der Formulierung der in § 9b EU Satz 2 VOB/A folgt, dass die dort aufgeführten Abwägungskriterien nicht abschließend sind. Dem öffentlichen Auftraggeber ist es daher unbenommen, weitere Kriterien in die Abwägung einzustellen, wie etwa Maßnahmen zur Qualitätssicherung, die bereits während der Ausführung der Leistung möglich sind oder die Erhöhung der Kosten, die regelmäßig mit der Verlängerung Gewährleistungsfrist einhergehen.

Die Verlängerung oder Verkürzung der Verjährungsfristen für die Gewährleistungsrechte **13** hat einen maßgeblichen Einfluss auf die Preiskalkulation,[15] weil der Auftragnehmer innerhalb dieser Fristen damit rechnen muss, in Anspruch genommen zu werden. Längere Verjährungsfristen führen regelmäßig zu höheren Kosten, während kürzere Verjährungsfristen regelmäßig geringere Kosten verursachen. Wenn und soweit die höheren Angebotspreise in keinem Verhältnis zur gebotenen Sicherheit durch eine längere Gewährleistungszeit stehen, ist das Bedürfnis nach längeren Verjährungsfristen zu verneinen. Die durch § 9b EU Satz 2 VOB/A angeordnete Vorgehensweise soll einen angemessenen Interessenausgleich zwischen öffentlichen Auftraggeber und Auftragnehmer gewährleisten und ist kein Instrument, um dem Auftragnehmer ein ungewöhnlich hohes Wagnis aufzubürden.[16]

III. Billige Bemessung der Verjährungsfristen (§ 9b EU Satz 2 VOB/A)

Dem in § 9b EU Satz 2 VOB/A aufgeführten Kriterium „billige Bemessung der Verjäh- **14** rungsfristen für Mängelansprüche" kommt seit der Schuldrechtsreform 2001 nur noch eine untergeordnete Bedeutung zu, weil kaufrechtliche Mängelansprüche einer Sache, die entsprechend ihrer üblichen Verwendungsweise für ein Bauwerk verwendet worden ist und dessen Mangelhaftigkeit verursacht hat, gemäß § 438 Abs. 1 Nr. 2 lit. b BGB nach fünf Jahren verjähren und damit ein weitgehender Gleichlauf mit den Verjährungsfristen gemäß

---

[14] *Vavra* in KMPP VOB/A § 9 Rn. 62; *Weyer* in Kapellmann/Messerschmidt VOB-Kommentar VOB/A § 9 Rn. 126 ff.
[15] *Weyer* in Kapellmann/Messerschmidt VOB-Kommentar VOB/A § 9 Rn. 128.
[16] *Vavra* in KMPP VOB/A § 9 Rn. 62.

§ 13 Abs. 4 VOB/B besteht. Die zuvor bestehende Problematik wegen unterschiedlicher Verjährungsfristen zwischen öffentlichen Auftraggeber und Auftragnehmer sowie zwischen Auftragnehmer und Lieferant hat sich damit weitgehend erübrigt.[17]

E. Rechtsschutz

15   Bei Verstößen des öffentlichen Auftraggebers gegen § 9b EU VOB/A können Bieter nach Maßgabe der §§ 155 ff. GWB im Wege des Nachprüfungsverfahren Rechtsschutz beantragen. Denn alle Vergabevorschriften, die die Oberschwellenvergabe betreffen – mit Ausnahme der Ordnungsvorschriften –, sind bieterschützend.[18] Im Hinblick auf die Verjährung der Gewährleistungsfristen kann bspw. die vergaberechtswidrige Verlängerung entgegen den in § 13 Abs. 4 VOB/B für den Regelfall vorgesehenen Verjährungsfristen einzelne Bieter besonders belasten, weil sie für einen längeren Zeitraum möglichen Gewährleistungsansprüchen ausgesetzt sind, die für die Erstellung der Angebotskalkulation bedeutsam sein können. Dies hätte eine unzulässige Einschränkung des Vergabewettbewerbs zur Folge, die mit den vergaberechtlichen Grundsätzen des § 97 GWB unvereinbar wäre.

---

[17] *Vavra* in KMPP VOB/A § 9 Rn. 62; *Weyer* in Kapellmann/Messerschmidt VOB-Kommentar VOB/A § 9 Rn. 129.

[18] *Weyer* in Kapellmann/Messerschmidt VOB-Kommentar VOB/A § 9 Rn. 131; *Motzke* in Dreher/Motzke, Beck'scher Vergaberechtskommentar, 2. Aufl. 2013, VOB/A § 9 Rn. 339.

§ 9c Sicherheitsleistung

(1) **Auf Sicherheitsleistung soll ganz oder teilweise verzichtet werden, wenn Mängel der Leistung voraussichtlich nicht eintreten. Unterschreitet die Auftragssumme 250.000 Euro ohne Umsatzsteuer, ist auf Sicherheitsleistung für die Vertragserfüllung und in der Regel auf Sicherheitsleistung für die Mängelansprüche zu verzichten. Bei nicht offenen Verfahren sowie bei Verhandlungsverfahren und wettbewerblichen Dialogen sollen Sicherheitsleistungen in der Regel nicht verlangt werden.**

(2) **Die Sicherheit soll nicht höher bemessen und ihre Rückgabe nicht für einen späteren Zeitpunkt vorgesehen werden, als nötig ist, um den öffentlichen Auftraggeber vor Schaden zu bewahren. Die Sicherheit für die Erfüllung sämtlicher Verpflichtungen aus dem Vertrag soll fünf Prozent der Auftragssumme nicht überschreiten. Die Sicherheit für Mängelansprüche soll drei Prozent der Abrechnungssumme nicht überschreiten.**

Übersicht

	Rn.		Rn.
A. Einführung	1	2. Höhe der Sicherheit (§ 9c EU Abs. 2 VOB/A)	14
I. Literatur	1	F. Verzicht auf Sicherheitsleistung	18
II. Entstehungsgeschichte	2	I. Voraussichtliche Mangelfreiheit der Leistung (§ 9c EU Abs. 1 Satz 1 VOB/A)	20
III. Rechtliche Vorgaben im EU-Recht	3	II. Auftragswert unter 250.000 Euro ohne Umsatzsteuer (§ 9c EU Abs. 1 Satz 2 VOB/A)	21
B. Verknüpfung mit sonstigen Bestimmungen der VOB	4	III. Verzicht bei nicht offenen Verfahren, bei Verhandlungsverfahren und wettbewerblichen Dialogen (§ 9c EU Abs. 1 Satz 3 VOB/A)	23
C. Allgemeines	5		
D. Anforderungen an die Vereinbarung der Sicherheitsleistung	9	G. Rückgabe der Sicherheit (§ 9c EU Abs. 2 VOB/A)	24
E. Anforderungen an den Sicherungsgegenstand und die Sicherheitsleistung	11	H. Rechtsfolgen eines Verstoßes	25
I. Sicherungsgegenstand	11		
II. Sicherheitsleistung (§ 9c EU Abs. 2 VOB/A)	12		
1. Art der Sicherheit (§ 9c EU Abs. 2 VOB/A)	13		

A. Einführung

I. Literatur

Adler/May, Inanspruchnahme einer Vertragserfüllungsbürgschaft durch Mitgesellschafter einer Bau-ARGE – **1** Regressmöglichkeiten der ARGE in Form einer GbR und OHG, BauR 2007, 187; *Barth,* Zur Praxistauglichkeit gesetzlicher und vertraglicher Sicherheit im Baurecht, ZfIR 2000, 235; *ders.,* Sicherheiten und Unsicherheiten im Baurecht Hommage à un homme de lettres, Der Mann mit Eigenschaften, in FS Thode, 2005, S. 507; *Belz,* Gewährleistungsbürgschaft auf erstes Anfordern – und noch kein Ende, ZfBR 1998, 1; *Beyer/Zuber,* Die Gewährleistungsbürgschaft auf erstes Anfordern im Bauvertragsrecht, MDR 1999, 1298; *Bomhard,* Die Gewährleistungsbürgschaft auf erstes Anfordern auf dem Prüfstand des Bundesgerichtshofs, BauR 1998, 179; *Clemm,* Die Stellung des Gewährleistungsbürgen, insbesondere bei der Bürgschaft „auf erstes Anfordern", BauR 1987, 123; *Daub,* Nochmals: Sicherheitsleistung durch Einbehalt, BauR 1977, 24; *Dobler,* Sicherheitseinbehalt und Umsatzsteuer, BauR 2006, 14; *Gehle,* Die Sicherheitsbürgschaft des Subunternehmers, BauR 1982, 338; *Groß,* Die Umkehrsteuer des § 13b UStG und der Sicherheitseinbehalt nach § 17 VOB/B, BauR 2005, 1084; *Hahn,* Die Bürgschaft auf erstes Anfordern, MDR 1999, 839; *Hartung,* Gewährleistungseinbehalt und Ablösungsbefugnis in Bauverträgen, NZBau 2000, 371; *Heiermann,* Die Sicherheitsleistung durch Einbehalt nach § 17 Nr. 6 VOB/B, Fassung 1973, BauR 1976, 73; *ders.,* Die Sicherheitsleistung durch Bürgschaft nach der Verdingungsordnung für Bauleistungen, BB 1977, 1575; *ders.,* Die Bürgschaft auf erstes Anfordern, FS Soergel, S. 73; *Hickl,* Die Bürgschaft auf „erstes Anfordern" zur Ablösung eines Gewährleistungseinbehalts, BauR 1979, 463; *Hogrefe,* Zur Unwirksamkeit formularmäßiger Verpflichtungen zur Stellung von Vertragserfüllungs- und Mängelgewährleistungsbürgschaften „auf erstes

Anfordern" in Bau-, Werk- und Werklieferungsverträgen und die sich daraus ergebenden Rechtsfolgen, BauR 1999, 111; *Jedzig,* Aktuelle Rechtsfragen der Bankgarantie auf erstes Anfordern, WM 1988, 1469; *Joussen/Schranner,* VOB 2000: Die beschlossenen Änderungen der VOB/A – Abschnitt 1: Basisparagraphen, BauR 2000, 625; *Kahle,* Zur Frage der Sicherheitsleistung durch Einbehalt, BauR 1976, 329; *Kainz,* Zur Unwirksamkeit von Vertragserfüllungs- und Gewährleistungsbürgschaften „auf erstes Anfordern" in der deutschen Bauwirtschaft und sich hieraus ergebende Rechtsfolgen, BauR 1995, 616; *Kern,* Die Neuregelung der Mängelansprüche und Sicherheitsleistung in den §§ 13 und 17 VOB/B, BauR 2003, 793; *Kleine-Möller,* Die Sicherung bauvertraglicher Ansprüche durch Bankbürgschaft und Bankgarantie, NZBau, 2002, 585; *Korbion,* Besondere Sicherheitsleistungen im bauvertraglichen Bereich, FS Heiermann, S. 217; *Kuffer,* Sicherungsvereinbarungen im Bauvertrag, BauR 2003, 155; *Lederer,* Überlegungen zur Rechtswirksamkeit von Sicherungsabrede für Mängelansprüche in auftraggeberseitig verwendeten Klauseln – Sind bauzeitbezogene Forderungen der Auftragnehmers bei der Ermittlung der Bezugsgröße zur Bestimmung der Höhe der Mängelhaftungsbürgschaft zu berücksichtigen?, Jahrbuch Baurecht 2008, 175; *Leinemann,* Sicherheitsleistung im Bauvertrag: Abschied vom Austauschrecht nach § 17 Nr. 3 VOB/B, NJW 1999, 262; *Maas,* Auszahlung des Gewährleistungseinbehalts nach Bürgschaftstellung? – Zugleich Besprechung der BGH-Urteile vom 3.7.1997 (VII ZR 115/95) und vom 19.2.1998 (VII ZR 105/97), FS Vygen, S. 327; *May Ulrich,* Die Gewährleistungsbürgschaft (Mängelrechtebürgschaft) im Bauvertrag – das von den Bauvertragsparteien Vereinbarte ist nicht stets das vom Bürgen Geschuldete, BauR 2007, 187; *Moufang/Kupjetz,* Zum formularvertraglichen Verzicht des Bürgen auf die Einreden aus § 768 BGB in bauvertraglichen Sicherungsabreden, BauR 2002, 1314; *Pasker,* Die Rückforderung der Bürgschaft auf erstes Anfordern, NZBau 2000, 279; *Quack,* Der Eintritt des Sicherheitsfalles bei den Bausicherheiten nach § 17 VOB/B und ähnlichen Gestaltungen, BauR 1997, 754; *Rathjen,* Abnahme und Sicherheitsleistung beim Bauvertrag, BauR 2002, 242; *Rixecker,* Die Sicherheitshypothek des zur Sicherheitsleistung verpflichteten Bauunternehmer, MDR 1982, 718; *Schmidt,* Die Bürgschaft auf erstes Anfordern im einstweiligen Verfügungsverfahren, BauR 1998, 1159; *Schmidt/Winzen,* Handbuch der Sicherheiten am Bau, 2000; *Schwärzel-Peters,* Die Bürgschaft im Bauvertrag, 1992; *Sienz,* Bürgschaft auf erstes Anfordern in AGB: ein Auslaufmodell?, BauR 2000, 1249; *Theurer,* Behandlung von Sicherheitseinbehalten in den Fällen der Umkehr der Umsatzsteuerschuldnerschaft nach § 13b Abs. 1 Stz 1 Nr. 4 UStG, BauR 2006, 7; *Thierau,* Sicherheiten im Bauvertrag – Aktuelle Fragen, Jahrbuch Baurecht 2000, 66; *Thode,* Erfüllungs- und Gewährleistungssicherheiten in innerstaatlichen und grenzüberschreitenden Bauverträgen, ZfIR 2000, 165; *ders.,* Aktuelle höchstrichterliche Rechtsprechung zur Sicherungsabrede in Bauverträgen, ZfBG 2002, 4; *Trapp/Werner,* Herausgabe von Vertragserfüllungs- und Gewährleistungsbürgschaften, BauR 2008, 1209; *Weise,* Sicherheiten im Baurecht, Praxishandbuch, 1999; *ders.,* Die Vorauszahlungssicherheit, Festschrift Thode, 2005, S. 573; *v. Wietersheim,* Vorsicht bei Gewährleistungseinbehalten, MDR 1998, 630.

II. Entstehungsgeschichte

2   Die Vorschrift des § 9c EU VOB/A entspricht inhaltlich dem Wortlaut der Absätze 7 und 8 des § 9 EG VOB/A 2012.[1] Sie ist mit § 9c VOB/A identisch und wird seit der jüngsten Vergaberechtsmodernisierung im Jahr 2016 in einem gesonderten Paragraphen aufgeführt.

III. Rechtliche Vorgaben im EU-Recht

3   Der Anwendungsbereich des § 9c EU VOB/A richtet sich nach Maßgabe des § 1 EU VOB/A und betrifft Vergabeverfahren für Bauleistungen ab den EU-Schwellenwerten (§ 106 GWB).[2] Gleichwohl enthält die einschlägigen EU-Richtlinie 2014/24/EU keine rechtlichen Vorgaben. § 9c EU VOB/A entspringt ausschließlich nationalem Recht.

B. Verknüpfung mit sonstigen Bestimmungen der VOB

4   § 9c EU VOB/A normiert Vorgaben und Richtlinien für den öffentlichen Auftraggeber, anhand derer er bei der Gestaltung der Vergabeunterlagen oder dem Bauvertrag prüfen kann, ob und in welcher Höhe er eine Sicherheitsleistung vom Auftragnehmer verlan-

---

[1] Siehe auch § 8a EU VOB/A Rn 1. mwN. Ausführlich zur Entwicklung des § 9 VOB/A aF s. *Motzke* in Dreher/Motzke, Beck'scher Vergaberechtskommentar, 2. Aufl. 2013, VOB/A § 9 Rn. 1, 436.

[2] *Joussen* in Ingenstau/Korbion VOB Kommentar VOB/A § 9c Rn. 2.

gen kann. Flankiert wird § 9c EU VOB/A durch § 17 VOB/B, der in Absatz 1 auf die §§ 232 bis 240 BGB, in Absatz 4 auf § 771 BGB sowie in Absatz 6 Nr. 1 Satz 2 auf § 13b UStG verweist. Systematisch fügt sich § 9c EU VOB/A in die §§ 8 ff. EU VOB/A ein, die sich mit der inhaltlichen Gestaltung der Vergabeunterlagen und Vertragsbedingun-‚gen befassen. Die einschlägigen materiellen Rechtsnormen zur Sicherheitsleistung sind nicht Regelungsgegenstand des Vergaberechts, sondern des Zivilrechts, nämlich der §§ 232 ff. BGB.

C. Allgemeines

Die Zulässigkeit der Forderung sachgerechter Sicherheitsleistungen durch den öffent- **5** lichen Auftraggeber ist Regelungsgegenstand des § 9c EU VOB/A. Nach § 9c EU Abs. 1 Satz 1 VOB/A soll der öffentliche Auftraggeber auf Sicherheitsleistung ganz oder teilweise verzichten, wenn Mängel der Leistung voraussichtlich nicht eintreten. Soweit die Auftrags-summe 250.000 Euro ohne Umsatzsteuer nicht überschreitet, ist gemäß § 9c EU Abs. 1 Satz 2 VOB/A auf Sicherheitsleistung für die Vertragserfüllung und in der Regel auch auf Sicherheitsleistung für die Mängelansprüche zu verzichten. Im nicht offenen Verfahren, im Verhandlungsverfahren und im wettbewerblichen Dialog sollen Sicherheitsleistungen ebenfalls regelmäßig nicht verlangt werden.

Die Sicherheitsleistung soll den öffentlichen Auftraggeber als Sicherungsnehmer vor **6** drohenden Rechtsnachteilen schützen, indem der Auftragnehmer als Sicherungsgeber (be-stimmte) künftige Forderungen des öffentlichen Auftraggebers durch Vereinbarung eines tauglichen Sicherungsmittels schützt.[3] In Abgrenzung zur Vertragsstrafe dient die Sicher-heitsleistung nicht der Sanktionierung des Auftragnehmers für dessen vertragliche Pflicht-verletzungen (sog. pönalisierendes Element),[4] sondern der Abwehr künftiger Rechtsver-letzungen durch Verlagerung des Insolvenzrisikos auf den Auftragnehmer. Sie begründet anders als die Vertragsstrafe keinen zusätzlichen Anspruch des öffentlichen Auftraggebers, der neben den Anspruch auf ordnungsgemäße Leistungserbringung tritt, sondern sie räumt dem öffentlichen Auftraggeber lediglich die Möglichkeit ein, sich durch Verwertung der Sicherheit schadlos zu halten. Insoweit wird durch die Sicherheitsleistung dem öffentlichen Auftraggeber den Zugriff auf eine gesonderte Vermögensmasse des Auftragnehmers einge-räumt, die er bei Eintritt des Sicherungsfalles verwerten kann, um bestehende Ansprüche zu liquidieren.

Die negative Formulierung der Fallbeispiele in § 9c EU VOB/A suggeriert, dass die **7** Vereinbarung einer Sicherheitsleistung den vergaberechtlichen Regelfall darstellt und nur in den hier aufgeführten Fällen ausnahmsweise davon abgesehen werden soll. Dies ent-spricht allerdings nicht dem Grundverständnis der Systematik der VOB/A-EU. Die Verein-barung einer Sicherheitsleistung ist vielmehr grundsätzlich restriktiv zu handhaben und kommt nur in Ausnahmefällen in Betracht.[5] Die finanziellen Mittel des Aufragnehmers sollen durch die Vereinbarung einer Sicherheitsleistung nur dann gebunden werden, wenn dies aufgrund der konkreten Umstände des Einzelfalls geboten ist, da er anderenfalls eine nicht zu rechtfertigende Beeinträchtigung seiner wirtschaftlichen Handlungsfreiheit er-fährt.[6] Die Vereinbarung der Sicherheitsleistung hat nämlich regelmäßig Auswirkungen auf die Angebotskalkulation der Bieter, weil diese entsprechende Finanzmittel dafür aufwenden und binden müssen, die ihnen anderweitig – zumindest zeitweise – nicht mehr zur Verfü-gung stehen. Auf dem gleichen Grund beruht die in § 9c EU Abs. 2 VOB/A aufgeführte

---

[3] *Ellenberger* in Palandt BGB Überblick z. § 232 Rn. 1; *Joussen* in Ingenstau/Korbion VOB Kommentar VOB/A § 9c Rn. 1.

[4] *Hausmann/v. Hoff* in KMPP VOB/A § 9 EG Rn. 27.

[5] OLG Hamm Urt. v. 1.7.2003 – 19 U 38/03, BauR 2003, 1720 (1720 ff.); *Joussen* in Ingenstau/Korbion VOB Kommentar VOB/A § 9c Rn. 4.

[6] *Joussen* in Ingenstau/Korbion VOB Kommentar VOB/A § 9c Rn. 4.

Regelung, wonach die Sicherheitsleistung nur in angemessener Höhe und für eine angemessene Dauer verlangt werden soll.

8   Der Regelung des § 9c EU VOB/A schränkt die Dispositionsfreiheit des öffentlichen Auftraggebers ein, indem er auf der Grundlage der konkreten Umstände des jeweiligen Einzelfalls bei der Erstellung der Vergabeunterlagen und Vertragsbedingungen prüfen muss, ob und inwieweit die Vereinbarung einer Sicherheitsleistung zur Absicherung der Bauleistung erforderlich ist. Die Erforderlichkeit der Sicherheitsleistung ist unter Zugrundelegung der in § 9c EU VOB/A aufgeführten Kriterien zu bestimmen, wobei insbesondere das (finanzielle) Risiko durch eine vertragswidrige Leistung und die daraus resultierende Höhe des zu erwartenden Schadens bedeutsam sind.[7]

D. Anforderungen an die Vereinbarung der Sicherheitsleistung

9   Der öffentliche Auftraggeber soll die Anforderungen der Sicherheitsleistung bereits in den Vergabeunterlagen aufführen und durch Zusätzliche Vertragsbedingungen, Ergänzende Vertragsbedingungen oder Besondere Vertragsbedingungen näher konkretisieren.[8] Dabei hat er die zu sichernde Forderung sowie die Art und Höhe der Sicherheitsleistung und den Eintritt des Sicherungsfalles unter Berücksichtigung der Vorgaben des § 9c EU VOB/A hinreichend deutlich in den Vergabeunterlagen aufzuführen.

10   Zur Wahrung des Transparenzgrundsatzes und zur Beweisführung ist dem öffentlichen Auftraggeber anzuraten, die für die Entscheidung maßgeblichen Erwägungen und Gründe, die für bzw. gegen die Vereinbarung einer Sicherheitsleistung entscheidend waren, sowie die Art und Höhe der Sicherheitsleistung im Vergabevermerk aufzuführen.[9]

E. Anforderungen an den Sicherungsgegenstand und die Sicherheitsleistung

I. Sicherungsgegenstand

11   Gegenstand der Sicherheitsleistung können alle künftigen Forderungen sein, die ihre Rechtsgrundlage in dem zwischen dem öffentlichen Auftraggeber und dem Auftragnehmer geschlossenen Bauvertrag haben.[10] In Ausnahmefällen kann der öffentliche Auftraggeber auch Sicherheiten vor Vertragsschluss wie etwa eine sog. Bietungsbürgschaft verlangen, die während des laufenden Vergabeverfahrens die Bieter zur Aufrechterhaltung ihres Angebots innerhalb der Zuschlagsfrist bewegen soll.[11] Diese ist in der Praxis allerdings sehr selten.

II. Sicherheitsleistung (§ 9c EU Abs. 2 VOB/A)

12   Ist aufgrund der Umstände des Einzelfalls die Vereinbarung einer Sicherheitsleistung gerechtfertigt, obliegt es dem Ermessen des öffentlichen Auftraggebers zu entscheiden, in welcher Form und in welcher Höhe diese erbracht werden soll. Dabei hat der öffentliche Auftraggeber die konkreten Umstände des Einzelfalls sowie die vergaberechtlichen Grund-

---

[7] *Hausmann/v. Hoff* in KMPP VOB/A § 9 EG Rn. 21.

[8] Siehe dazu § 8a EU VOB/A. Dabei sind zudem die Anforderungen der §§ 305 ff. BGB zu beachten.

[9] Vgl. *Motzke* in Dreher/Motzke, Beck'scher Vergaberechtskommentar, 2. Aufl. 2013, VOB/A § 9 Rn. 620.

[10] *Joussen* in Ingenstau/Korbion VOB Kommentar VOB/A § 9c Rn. 4. Als Beispiele lassen sich etwa Nacherfüllungskosten, Schadensersatzansprüche, Mietausfälle, Vertragsstrafen usw aufführen.

[11] *Joussen* in Ingenstau/Korbion VOB Kommentar VOB/A § 9c Rn. 4; *Hausmann/v. Hoff* in KMPP VOB/A § 9 EG Rn. 26.

sätze – insbesondere der Wettbewerbs- und Transparenzgrundsatz sowie das Gebot der Mittelstandsförderung – zu berücksichtigen und zu beachten.

1. Art der Sicherheit (§ 9c EU Abs. 2 VOB/A)

Der öffentlichen Auftraggebers hat die Art und die konkrete Höhe der Sicherheitsleis- **13** tung zu bestimmen, wenn und soweit ein Verzicht nach Maßgabe des § 9c EU Abs. 1 VOB/A nicht geboten ist. Vorgaben zur Art der Sicherheitsleistung lassen sich der Regelung des § 9c EU Abs. 2 VOB/A nicht entnehmen; sie stehen vielmehr im Ermessen des öffentlichen Auftraggebers.[12] In Betracht kommen etwa Sicherheitsleistungen für die vertragsgemäße Erfüllung der Leistung oder Sicherheitsleistungen zur Sicherung etwaiger Gewährleistungsansprüche.[13] Daneben können auch Sicherheitsleistungen für weitere Ansprüche vereinbart werden, die im ihre Grundlage im Bauvertrag haben. Es obliegt der Dispositionsfreiheit des öffentlichen Auftraggebers zu entscheiden, ob und inwieweit weitere Ansprüche sicherungsbedürftig sind und in welcher Weise die Sicherheitsleistung erbracht werden soll. In Betracht kommen etwa Einbehalt oder Hinterlegung von Geld oder die Stellung einer Bürgschaft.[14] Nähere Bestimmungen zur Sicherheitsleistung sind Regelungsgegenstand des § 17 VOB/B, der in Absatz 1 auf die Bestimmungen der §§ 232 ff. BGB verweist. Zudem werden dort nähere Bestimmungen in Abhängigkeit der jeweiligen Sicherheit normiert.

2. Höhe der Sicherheit (§ 9c EU Abs. 2 VOB/A)

Die Bestimmung der konkreten Höhe der Sicherheitsleistung steht ebenfalls im Er- **14** messen des öffentlichen Auftraggebers. Er hat bei der Bemessung der Höhe der Sicherheit allerdings die in Absatz 2 des § 9c EU VOB/A normierten Rahmenvorgaben zu beachten.

Nach § 9c EU Abs. 2 Satz 1 VOB/A soll die Sicherheit nicht höher bemessen sein, **15** als nötig ist, um den öffentlichen Auftraggeber vor Schaden zu bewahren. Die dem öffentlichen Auftraggeber drohenden Schäden bzw. Risiken durch die nicht vertragsgemäße Leistungserbringung bieten insoweit einen Anhaltspunkt für die Höhe der konkreten Sicherheitsleistung. Zu berücksichtigenden Risiken bzw. Schäden können etwa der Verzugsschaden bei nicht fristgerechter Leistung oder Schäden an vom Auftraggeber zur Verfügung gestellten Gegenständen sein.[15]

Die Höhe der Sicherheit für die Erfüllung sämtlicher Verpflichtungen aus dem Bauver- **16** trag soll gemäß § 9c EU Abs. 1 Satz 2 VOB/A fünf Prozent der Auftragssumme nicht überschreiten, während die Sicherheit für Mängelansprüche gemäß § 9c EU Abs. 1 Satz 3 VOB/A höchstens drei Prozent der Abrechnungssumme betragen soll. Dabei ist jeweils auf die Bruttosumme des Auftrags – Nettoauftragssumme zuzüglich der gesetzlichen Umsatzsteuer – während der gesamten Vertragslaufzeit abzustellen.[16]

Die in Satz 2 und 3 normierten Grenzen sind ausweislich des Wortlauts „soll" keine für **17** den öffentlichen Auftraggeber zwingend einzuhaltenden Vorgaben. Sie normieren lediglich die für den vergaberechtlichen „Normalfall" als angemessene und ausreichend erachtete Obergrenze der Sicherheitsleistung.[17] Ist jedoch aufgrund der konkreten Umstände des Einzelfalls die Vereinbarung einer höheren Sicherheitsleistung erforderlich, um den öffent-

---

[12] *Hausmann/v. Hoff* in KMPP VOB/A § 9 EG Rn. 34.

[13] *Hausmann/v. Hoff* in KMPP VOB/A § 9 EG Rn. 35.

[14] Die Sicherheitsleistung durch Bürgschaft soll nach den Vorgaben der Richtlinien zum Formblatt 214, Nr. 5.3 des VHB 2008 (Stand: April 2016) durch eine selbstschuldnerische Bürgschaft erfolgen. Im VHB 2017 ist diese Vorgabe nicht mehr enthalten.

[15] Siehe zu weiteren Beispielen *Hausmann/v. Hoff* in KMPP VOB/A § 9 EG Rn. 36.

[16] *Hausmann/v. Hoff* in KMPP VOB/A § 9 EG Rn. 36; vgl. VK Köln Beschl. v. 17.10.2003 – VK VOB 25/2003; VK Hessen Beschl. v. 2.1.2003 – 69d VK-53/2002.

[17] Vgl. *Joussen* in Ingenstau/Korbion VOB Kommentar VOB/A § 9c Rn. 14.

lichen Auftraggeber vor (außergewöhnlichen) Schäden bzw. Risiken zu schützen, so steht dies gleichwohl in seinem Ermessen.[18]

F. Verzicht auf Sicherheitsleistung

18   Der umfassende oder teilweise Verzicht auf Sicherheitsleistung durch den öffentlichen Auftraggeber richtet sich nach § 9c EU Abs. 1 VOB/A. Die Vorschrift räumt dem öffentlichen Auftraggeber einen Ermessens- und Beurteilungsspielraum ein, anhand der er eine tatsachengestützte Prognoseentscheidung unter Berücksichtigung der Umstände des Einzelfalls treffen soll, ob und inwieweit die Vereinbarung einer Sicherheitsleistung für die Durchführung und Absicherung des konkreten Bauvorhabens erforderlich ist. Dabei sind vor allem Kriterien, die an die Bauleistung als solche anknüpfen – wie die voraussichtliche Mangelfreiheit der Bauleistung oder die Höhe des Auftragswerts – bedeutsam.[19] Gelangt der öffentliche Auftraggeber aufgrund der Prognoseentscheidung zu dem Ergebnis, dass kein oder lediglich ein gemindertes Sicherungsbedürfnis besteht, kann er ganz oder teilweise auf eine Sicherheitsleistung verzichten. Beschränkt der öffentliche Auftraggeber die Sicherheitsleistung nicht auf eine bestimmte Forderung, dient die sie gemäß § 17 Abs. 2 Nr. 2 VOB/B insgesamt zur Absicherung der vertragsgemäßen Ausführung der Leistung und der Mängelansprüche.

19   Im Regelfall ist der „Verzicht" des öffentlichen Auftraggebers auf die Vereinbarung einer Sicherheitsleistung durch ein tatsächliches Element geprägt: Er nimmt das Erfordernis einer Sicherheitsleistung einfach nicht in die Vergabeunterlagen auf.[20] Ohne entsprechende Vereinbarung kann er keine Sicherheit vom künftigen Auftragnehmer nach Maßgabe des § 9c EU VOB/A verlangen. Der Verzicht auf die Sicherheitsleistung kann auch nach Vertragsschluss erfolgen. Hierzu erforderlich ist lediglich eine eindeutige Willenserklärung des öffentlichen Auftraggebers. Dagegen sind an die Annahme eines – per se zulässigen – konkludenten Verzichts auf Sicherheitsleistung strengen Anforderungen zu stellen.[21]

I. Voraussichtliche Mangelfreiheit der Leistung
(§ 9c EU Abs. 1 Satz 1 VOB/A)

20   Nach der normativen Wertung des § 9c EU Abs. 1 Satz 1 VOB/A rechtfertigt die tatsachengestützte Prognoseentscheidung des öffentlichen Auftraggebers die Vereinbarung einer Sicherheitsleistung regelmäßig nicht, wenn die (Bau-)Leistung voraussichtlich mangelfrei sein wird.[22] Die Feststellung der voraussichtlichen Mangelfreiheit bestimmt sich dabei nach den allgemeinen Erfahrungsgrundsätzen im Zeitpunkt der Erstellung der Vergabeunterlagen (ex-ante-Sicht).[23] Ist die Mangelfreiheit der Bauleistung voraussichtlich zu erwarten, soll der öffentliche Auftraggeber ganz oder teilweise auf Sicherheitsleistung verzichten. In der vergaberechtlichen Praxis dürfte die voraussichtliche Mangelfreiheit der Leistung allerdings wohl eher die Ausnahme bleiben, da bei Bauvorhaben aufgrund ihrer Komplexität

---

[18] Nach *Joussen* in Ingenstau/Korbion VOB Kommentar VOB/A § 9c Rn. 14 mwN kann eine in AGB vereinbarte Sicherheit für Vertragserfüllung iHv 10 % der Auftragssumme (vgl. BGH Urt: v. 20.3.2014 – VII ZR 248/13, NJW 2014, 1725 (1726) bzw. eine Sicherheit für Gewährleistungsansprüche iHv 5 % der Auftragssumme (vgl. BGH Urt. v. 22.1.2015 – VII ZR 120/14, NJW 2015, 856 (858) noch zulässig sein. Höhere Sicherheiten für ungewöhnliche Risiken sollen nach Maßgabe des VHB 2008 (Stand: April 2016), Richtlinien zum Formblatt 214, Nr. 5.1, 10 % der Auftragssumme nicht überschreiten; vgl. auch VK Köln Beschl. v. 17.10.2003 – VK VOB 25/2003.

[19] *Hausmann/v. Hoff* in KMPP VOB/A § 9 EG Rn. 28.

[20] Siehe *Motzke* in Dreher/Motzke, Beck'scher Vergaberechtskommentar, 2. Aufl. 2013, VOB/A § 9 Rn. 611.

[21] BGH Urt. v. 22.6.1995 – VII ZR 118/94, NJW-RR 1996, 237 (237 f.).

[22] *Joussen* in Ingenstau/Korbion VOB Kommentar VOB/A § 9c Rn. 4, 8; *Hausmann/v. Hoff* in KMPP VOB/A § 9 EG Rn. 26.

[23] *Hausmann/v. Hoff* in KMPP VOB/A § 9 EG Rn. 28.

und dem Zusammenwirken unterschiedlicher Faktoren regelmäßig mit Baumängeln zu rechnen ist.[24]

II. Auftragswert unter 250.000 Euro ohne Umsatzsteuer (§ 9c EU Abs. 1 Satz 2 VOB/A)

Wird die Auftragssumme 250.000 Euro ohne Umsatzsteuer nicht überschritten, ist gemäß **21** § 9c EU Abs. 1 Satz 1 VOB/A auf Sicherheitsleistung für die Vertragserfüllung und in der Regel auf Sicherheitsleistung für die Mängelansprüche zu verzichten.[25] Satz 2 des § 9c EU Abs. 1 VOB/A ordnet damit verbindlich an, dass der öffentliche Auftraggeber bei Bauaufträgen mit einem geringeren Finanzvolumen – bis 250.000 Euro ohne Umsatzsteuer – zwingend auf Sicherheitsleistung für die Vertragserfüllung zu verzichten hat. Hintergrund dieser Regelung ist, dass die wirtschaftliche Bedeutung einer Sicherheitsleistung bei Bauaufträgen mit einer geringeren Auftragssumme für den öffentlichen Auftraggeber nicht besteht.[26]

In diesem Fall soll der öffentliche Auftraggeber zudem regelmäßig auf die Vereinbarung **22** einer Sicherheitsleistung für Mängelansprüche verzichten. Dies schließt zwar nicht aus, dass er auf Grund einer tatsachengestützten Prognoseentscheidung zu dem Schluss gelangt, dass die konkreten Umstände des Einzelfalls das Erfordernis einer Sicherheitsleistung rechtfertigen. Doch handelt es sich dabei um eine Ausnahmekonstellation, die restriktiv zu handhaben ist. Der alleinige Verweis auf mögliche Baumängel ist unzureichend, damit der Regelung des § 9c EU Abs. 1 Satz 2 VOB/A ein Anwendungsbereich verbleibt. Erforderlich sind vielmehr besondere Umstände bzw. Risiken, die eine Abweichung von dem in § 9c EU Abs. 1 Satz 2 VOB/A normierten (Regel-)Fall gebieten.[27]

III. Verzicht bei nicht offenen Verfahren, bei Verhandlungsverfahren und wettbewerblichen Dialogen (§ 9c EU Abs. 1 Satz 3 VOB/A)

Bei nicht offenen Verfahren, bei Verhandlungsverfahren und bei wettbewerblichen Dia- **23** logen soll der öffentliche Auftraggeber gemäß § 9c EU Abs. 1 Satz 3 VOB/A Sicherheitsleistungen in der Regel nicht verlangen. Anders als bei einem offenen Verfahren wird dem öffentliche Auftraggeber bei diesen Verfahrensarten die Möglichkeit eingeräumt eine Vorauswahl der Bieter zu treffen, die u.a. auch durch deren finanzielle Leistungsfähigkeit bestimmt wird.[28] Die Notwendigkeit, die zu vergebende Bauleistung durch zusätzliche Vereinbarung einer Sicherheit abzusichern, ist in diesem Fall gemindert.[29] Gleichwohl kann es bei Vorliegen besonderer Umstände gerechtfertigt sein von dem in § 9c EU Abs. 1 Satz 3 VOB/A normierten Regelfall abzuweichen und Sicherheitsleistungen in den Vergabeunterlagen einzufordern.[30]

---

[24] So auch *Joussen* in Ingenstau/Korbion VOB Kommentar VOB/A § 9c Rn. 8; *Hausmann/v. Hoff* in KMPP VOB/A § 9 EG Rn. 30). Als Bsp. können etwa Abbruch- und Asbestsanierungsarbeiten vor Beginn eines Bauvorhabens aufgeführt werden, bei denen nach Fertigstellung des Neubaus Mängel der Abrissarbeiten ausgeschlossen sind, s. OLG Hamburg, Beschl. v. 13.2.2004 – 8 U 165/0, IBR 2004, 248.
[25] Siehe auch VHB 2017 Formblatt 214 Nr. 5.
[26] *Thierau* in Kapellmann/Messerschmidt VOB-Kommentar VOB/A § 9 Rn. 137.
[27] *Joussen* in Ingenstau/Korbion VOB Kommentar VOB/A § 9c Rn. 9.
[28] Vgl. *Joussen* in Ingenstau/Korbion VOB Kommentar VOB/A § 9c Rn. 10f.; *Thierau* in Kapellmann/Messerschmidt VOB-Kommentar VOB/A § 9 Rn. 138.
[29] Die Ausnahme des § 9c EU Abs. 1 Satz 3 VOB/A bei nicht offenen Verfahren dürfte kaum praxisrelevant sein, da bei dieser Vergabeart durch den vorgeschalteten Teilnahmewettbewerb ein unbekannter Bewerberkreis angesprochen wird.
[30] Siehe auch die kritische Anmerkung bei *Joussen* in Ingenstau/Korbion VOB Kommentar VOB/A § 9c Rn. 11, wonach die Vereinbarung einer Sicherheitsleistung als Druckmittel der öffentlichen Auftraggeber der Durchsetzung des Regelungsgehalts des § 9c EU Abs. 1 Satz 3 VOB/A in der vergaberechtlichen Praxis entgegensteht.

G. Rückgabe der Sicherheit (§ 9c EU Abs. 2 VOB/A)

24   Die Rückgabe der Sicherheit soll gemäß § 9c EU Abs. 2 Satz 1 EU VOB/A nicht für einen späteren Zeitpunkt vorgesehen werden, als nötig ist, um den Auftraggeber vor Schaden zu bewahren. Der jeweilige Sicherungszweck der geleisteten Sicherheitsleistung hat damit zugleich Einfluss auf deren Rückgabezeitpunkt.[31] Ungeachtet dessen steht es öffentlichen Auftraggebern und Auftragnehmer gleichwohl frei, einen konkreten Zeitpunkt im Bauvertrag einvernehmlich festzulegen, wobei die Wertung des § 9c EU Abs. 2 Satz 1 EU VOB/A zu beachten ist, wonach nicht mehr benötigte Sicherheiten zurückzugeben sind.[32]

H. Rechtsfolgen eines Verstoßes

25   § 9c EU VOB/A entfaltet bieterschützenden Charakter: Verstößt der öffentliche Auftraggeber gegen § 9c EU VOB/A, weil etwa er eine Sicherheitsleistung fordert, obwohl die Voraussetzungen des Verzichts vorliegen, kann der Bieter den Vergaberechtsverstoß rügen und durch Einleitung eines Nachprüfungsverfahrens Rechtsschutz erlangen.[33]

---

[31] *Joussen* in Ingenstau/Korbion VOB Kommentar VOB/A § 9c Rn. 24.

[32] Weitere Vorgaben zum Zeitpunkt der Rückgabe für Sicherheiten für die Vertragserfüllung und für Mängelansprüche sind in § 17 Abs. 8 VOB/V aufgeführt.

[33] *Joussen* in Ingenstau/Korbion VOB Kommentar VOB/A § 9c Rn. 12.

§ 9d Änderung der Vergütung

Sind wesentliche Änderungen der Preisermittlungsgrundlagen zu erwarten, deren Eintritt oder Ausmaß ungewiss ist, so kann eine angemessene Änderung der Vergütung in den Vertragsunterlagen vorgesehen werden. Die Einzelheiten der Preisänderungen sind festzulegen.

Übersicht

	Rn.			Rn.
A. Einführung	1		I. Änderungen der Preisermittlungsgrundlagen	12
I. Literatur	1		II. Wesentlichkeit der Änderungen	13
II. Entstehungsgeschichte	2		III. Zu erwartende Änderungen	14
III. Rechtliche Vorgaben im EU-Recht	3		IV. Preisänderungsklausel in den Vergabeunterlagen	16
B. Verknüpfung mit sonstigen Bestimmungen der VOB	4		V. Bekanntgabe der Einzelheiten der Preisänderung	17
C. Allgemeines	5		E. Rechtsfolgen eines Verstoßes	19
D. Voraussetzungen für die Vereinbarung von Preisänderungsklauseln	10			

A. Einführung

I. Literatur

Augustin/Stemmer Die Pfennigklausel als Wertsicherungsklausel, BauR 2000, 1802; *Kniffka/Quack* Die **1** VOB/B in der Rechtsprechung des Bundesgerichtshofs – Entwicklung und Tendenzen –, Festschrift 50 Jahre Bundesgerichtshof 2000, S. 17; *Werner,* Lohngleitklauseln am Bau – Eine unendliche Geschichte?, NZBau 2001, 521.

II. Entstehungsgeschichte

Mit der Vergaberechtsreform im Jahre 2016 wurde die in § 9 EG Abs. 9 VOB/A 2012 **2** aufgeführte Regelung zur Änderung der Vergütung inhaltlich unverändert in § 9d EU VOB/A ausgelagert.[1]

III. Rechtliche Vorgaben im EU-Recht

Der Anwendungsbereich des § 9d EU VOB/A richtet sich nach Maßgabe des § 1 EU **3** VOB/A und betrifft Vergabeverfahren für Bauleistungen oberhalb der EU-Schwellenwerte (§ 106 GWB).[2]

B. Verknüpfung mit sonstigen Bestimmungen der VOB

Die Vorschrift des § 9d EU VOB/A ist Bestandteil der Regelungen der §§ 8 ff. EU **4** VOB/A, die sich mit der inhaltlichen Gestaltung der Vergabeunterlagen und insbesondere den Vertragsbedingungen befassen.[3] Sie knüpft inhaltlich an § 7 EU Abs. 1 Nr. 3 VOB/A

---

[1] Siehe zur neuen Systematik auch § 8a EU VOB/A Rn 1. mwN. Zur Entwicklung des § 9 VOB/A aF s. *Motzke* in Dreher/Motzke, Beck'scher Vergaberechtskommentar, 2. Aufl. 2013, VOB/A § 9 Rn. 1
[2] → § 106 Rn. 15 ff.
[3] Siehe auch § 9 EU VOB/A Rn. 4.

an und ermöglicht den dort normierte Regelungsgehalt bei der Erstellung der Vergabeunterlagen fortzuführen. Weitere Regelungen zur Vergütung und deren Anpassung finden sich in § 2 VOB/B, der in Absatz 7 Nr. 1 Satz 3 auf § 313 BGB verweist.

C. Allgemeines

5   § 9d EU VOB/A beruht auf dem allgemein anerkannten rechtlichen Grundsatz, dass vertragliche Verpflichtungen grundsätzlich so gelten und einzuhalten sind wie sie im Zeitpunkt des Vertragsschlusses vereinbart wurden.[4] Einseitige Änderungen oder Anpassungen der Vertragsbedingungen sind grundsätzlich nicht möglich.

6   Die Bedeutung des § 9d EU VOB/A im Bauvergaberecht ist hoch, weil die zwischen öffentlichen Auftraggeber und Auftragnehmer vereinbarten Preise grundsätzlich als Festpreise vereinbart werden,[5] die insbesondere die vom Auftragnehmer bei der Preiskalkulation veranschlagten Material- und Personalkosten sowie die weiteren für den Bauauftrag relevanten Kosten bereits berücksichtigen. Aufgrund des Umfangs eines Bauvorhabens und dessen Bauzeit können die Baukosten nach Vertragsschluss oder während der Leistungszeit aber zum Teil erheblichen Schwankungen unterliegen, die der Auftragnehmer als Ausprägung des unternehmerischen Risikos bei seiner Angebotskalkulation grundsätzlich zu berücksichtigen und einzurechnen hat. Nehmen sie allerdings ein Ausmaß an, dass die ursprüngliche Kalkulation des Auftragnehmers obsolet wird und er nicht mehr in der Lage ist die vertraglich vereinbarte Bauleistung kostendeckend anzubieten, will § 9d EU VOB/A das finanzielle Risiko des Auftragnehmers aufgrund von Unwägbarkeiten abfedern. Dies können etwa unvorhergesehene Verteuerung von Rohstoffen und Energie oder anhaltende Schlechtwetterphasen bei der Planung und Durchführung von Bauaufträgen sein. Die Regelung eröffnet unter den dort normierten Voraussetzungen bereits in den Vergabeunterlagen die Anpassung der Vergütung an die veränderten Umstände. Der öffentliche Auftraggeber soll die vertraglich vereinbarte Bauleistung nicht zu Lasten des Auftragnehmers erhalten, sondern als wirtschaftlicher Gegenwert für die im Bauvertrag vereinbarte Vergütung. Es wäre unbillig, dem Auftragnehmer ein ungewöhnliches Wagnis für Umstände aufzubürden, die seinem Einfluss entzogen und deren Auswirkung auf die Kostenentwicklung nicht kalkulierbar sind.[6] Zugleich eröffnet § 9d VOB/A aber auch dem öffentlichen Auftraggeber die Möglichkeit von etwaigen Preissenkungen – etwa durch günstigere Rohstoff- und Energiepreise – zu profitieren und die Vergütung bei Vorliegen einer entsprechenden Vereinbarung in den Vergabeunterlagen herabzusetzen. § 9d EU VOB/A ist insofern keine Einbahnstraße, sondern bietet die Möglichkeit, einen Ausgleichsmechanismus in die Vergabeunterlagen aufzunehmen, der sowohl die wirtschaftlichen Interessen des öffentlichen Auftraggebers als auch des Auftragnehmers berücksichtigen und zugleich den sich verändernden wirtschaftlichen Rahmenbedingungen Rechnung tragen kann, wodurch ein ausgewogenes Verhältnis von Leistung und Gegenleistung gewährleistet wird.

7   Die Aufnahme einer Preisanpassungsklausel in die Vergabeunterlagen und in den später zu schließenden Bauvertrag führt zudem regelmäßig zu einer risikoärmeren Kalkulation der Angebote und flankiert damit zugleich den vergaberechtlichen Wettbewerbsgrundsatz.[7] Den Interessen des öffentlichen Auftraggebers und des Auftragnehmers an einer möglichst wirtschaftlichen Leistungserbringung wird durch eine Preisanpassungsklausel Rechnung getragen, weil sie dem Risiko von Änderungen der Preisermittlungsgrundlagen bei der Angebotskalkulation ein geringeres Gewicht zukommen lassen müssen. § 9d EU VOB/A soll nämlich auch während der Laufzeit des Bauvertrages den ausgewogenen Ausgleich

---

[4] Vgl. *Sienz* in Ingenstau/Korbion VOB Kommentar VOB/A § 9d Rn. 1.
[5] *Sienz* in Ingenstau/Korbion VOB Kommentar VOB/A § 9d Rn. 1; *Thierau* in Kapellmann/Messerschmidt VOB-Kommentar VOB/A § 9 Rn. 142.
[6] Vgl. *Marx* in KMPP VOB/A § 9 Rn. 68.
[7] Vgl. *Marx* in KMPP VOB/A § 9 Rn. 68.

zwischen der Leistung und der Gegenleistung des Bauvertrags garantieren, wenn aufgrund verschiedener im Zeitpunkt der Bekanntmachung des Vergabeverfahrens unbekannter Variablen die konkrete Höhe der Vergütung noch nicht mit hinreichender Sicherheit endgültig bestimmt werden kann.

Unter Zugrundelegung wirtschaftlicher Erwägungen kann es daher ratsam sein, eine **8** Preisänderungsklausel in die Vergabeunterlagen und in den Bauvertrag aufzunehmen, um zu verhindern, dass die Bieter von vornherein (ungewöhnlich) hohe Wagniszuschläge oder mögliche Marktentwicklungen allzu stark bei der Kalkulation der Angebote berücksichtigen.[8] Dies kann nämlich dazu führen, dass die Bietern im Ergebnis eine überhöhte Vergütung für die zu erbringende bzw. erbrachte Leistung verlangen, obwohl dies aufgrund der konkreten Umstände nicht erforderlich gewesen wäre, zumal mittels einer Preisänderungsklausel die sich in Zukunft möglicherweise ändernden Preisermittlungsgrundlagen für Kostenfaktoren, deren Entwicklung während der Vertragslaufzeit nicht oder nur schwer abschätzbar sind, Berücksichtigung hätten finden können.

Sind die Preisänderungsklauseln zugleich als AGB iSd § 305 Abs. 1 BGB zu qualifizieren, **9** müssen sie auch der Inhaltskontrolle nach Maßgabe der §§ 305 ff. BGB standhalten. Die AGB-rechtliche Relevanz von Preisänderungsklauseln ist allerdings gering, weil sie regelmäßig eine Regelung zum Gegenstand haben, wonach der Schuldner der Vergütung – der zugleich Verwender ist – sich selbst mit der Verpflichtung belastet, eine Anpassung der bisherigen Vergütung zugunsten des Auftragnehmers und Gläubigers unter den dort normierten Voraussetzungen vorzunehmen.[9]

D. Voraussetzungen für die Vereinbarung von Preisänderungsklauseln

Sind wesentliche Änderungen der Preisermittlungsgrundlagen zu erwarten, deren Ein- **10** tritt oder Ausmaß ungewiss ist, kann eine angemessene Änderung der Vergütung in den Vertragsunterlagen gemäß § 9d EU Satz 1 VOB/A vorgesehen werden. Die Einzelheiten der Preisänderungen sind gemäß § 9d EU Satz 2 VOB/A festzulegen.

Liegen die tatbestandlichen Voraussetzungen des § 9d EU VOB/A kumulativ vor, räumt **11** die Vorschrift dem öffentlichen Auftraggeber die Befugnis ein, eine Preisänderungsklausel in die Vergabeunterlagen und in den Bauvertrag aufzunehmen. Erforderlich sind konkrete Umstände, die die Prognose rechtfertigen, dass die Grundlagen der Preisermittlung wesentliche Änderungen erfahren werden, deren Eintritt und Ausmaß im Zeitpunkt der Erstellung der Vergabeunterlagen jedoch noch ungewiss und nicht voraussehbar sind und daher in diesem Stadium des Vergabeverfahrens noch keine Berücksichtigung finden können. Der öffentliche Auftraggeber hat bei Erstellung der Vergabeunterlagen zu prüfen, ob die tatbestandlichen Voraussetzungen des § 9d EU VOB/A erfüllt sind.[10]

I. Änderungen der Preisermittlungsgrundlagen

Preisänderungsklauseln können gemäß § 9d EU Satz 1 VOB/A in die Vergabeunterlagen **12** aufgenommen werden, wenn wesentliche Änderungen der Preisermittlungsgrundlagen zu erwarten sind. Unter dem Begriff Preisermittlungsgrundlagen werden alle Kriterien und Elemente einschließlich der Kalkulationsmethode erfasst, die für die Angebotskalkulation des Auftragnehmers bedeutsam sind.[11]

---

[8] Vgl. *Marx* in KMPP VOB/A § 9 Rn. 68.
[9] Vgl. *Sienz* in Ingenstau/Korbion VOB Kommentar VOB/A § 9d Rn. 20.
[10] *Thierau* in Kapellmann/Messerschmidt VOB-Kommentar VOB/A § 9 Rn. 149.
[11] *Thierau* in Kapellmann/Messerschmidt VOB-Kommentar VOB/A § 9 Rn. 146; *Marx* in KMPP VOB/A § 9 Rn. 69. Bsp. für Preisermittlungsgrundlagen Material- und Lohnkosten, Gebühren, Abgaben und Steuern, Entgelte für Energie, Zinsen usw.

II. Wesentlichkeit der Änderungen

13   Die zu erwartenden Änderungen der Preisermittlungsgrundlagen müssen gemäß § 9d EU Satz 1 VOB/A wesentlich sein. Nur geringfügige Änderungen reichen danach nicht aus, um die Aufnahme einer Preisänderungsklausel in die Vergabeunterlagen zu rechtfertigen. Einigkeit besteht dahingehend, dass die Schwelle der Wesentlichkeit der Änderungen unterhalb der Schwelle zum ungewöhnlichen Wagnis iSd § 7 EU Abs. 1 Nr. 3 VOB/A oder zur Störung der Geschäftsgrundlage iSd § 313 BGB anzusetzen ist.[12] Eine Definition oder feste Kriterien die zur Ermittlung einer wesentlichen Änderung der Preisermittlungsgrundlagen herangezogen werden könnte, ist dagegen weder in § 9d EU VOB/A noch in den sonstigen Bestimmungen der VOB/A-EU enthalten. Dem öffentlichen Auftraggeber wird insoweit ein Ermessens- und Beurteilungsspielraum eingeräumt, anhand dessen er die die Wesentlichkeit der Änderungen beurteilen kann, zumal diese von den konkreten Umständen des jeweiligen Einzelfalles geprägt werden.

III. Zu erwartende Änderungen

14   Weiterhin erforderlich ist, dass die wesentlichen Änderungen der Preisermittlungsgrundlagen erwartet werden müssen. Erforderlich sind insoweit tatsachengestützte Anhaltspunkte, die die Prognose stützen, dass künftig Änderungen der Preisermittlungsgrundlagen mit hinreichender Wahrscheinlichkeit eintreten können.[13] Der öffentliche Auftraggeber muss die Änderungen der Preisermittlungsgrundlagen insoweit erwarten können. Als Indizien können etwa die Entwicklung der Kosten innerhalb eines abgegrenzten Zeitraums bestimmter Ressourcen in der Vergangenheit oder für die künftige Kostenentwicklung der Ressourcen bedeutsame Umstände herangezogen werden. Ebenfalls zu berücksichtigen ist die Zeitspanne zwischen Angebotsabgabe und dem voraussichtlichen Entstehen der Kosten; eine verhältnismäßig geringe Zeitspanne zwischen beiden Ereignissen ermöglicht eine präzisere Angebotskalkulation aufgrund der Aktualität der verfügbaren Daten zu den Preisermittlungsgrundlagen.[14] Im Umkehrschluss ergibt sich, dass eine größere Zeitspanne zwischen Angebotsabgabe und voraussichtlichen Anfall der Kosten deren Kalkulation erschwert, weil die Änderungen der Preisermittlungsgrundlagen damit wahrscheinlicher werden.

15   Der konkrete Eintritt der Änderungen wie auch deren Ausmaß muss ausweislich des Wortlauts des § 9d EU Satz 1 VOBA/A allerdings ungewiss sein. Die Ungewissheit des Eintritts oder des Ausmaßes der Änderung ist Voraussetzung für die Aufnahme einer Preisänderungsklausel. Bei vorhersehbaren Änderungen der Preisermittlungsgrundlage fehlt es an der Erforderlichkeit einer Preisänderungsklausel, weil die Änderungen bereits bei der Angebotskalkulation berücksichtigt werden könnten und die spätere Anpassung der Vergütung damit nicht erforderlich wäre.

IV. Preisänderungsklausel in den Vergabeunterlagen

16   Voraussetzung für die angemessene Änderung der Vergütung ist, dass in den Vergabeunterlagen und in dem Bauvertrag eine entsprechende Preisänderungsklausel aufgenommen wurde.[15] Anderenfalls verbleibt unterhalb der Schwelle zum ungewöhnlichen Wagnis gemäß § 7 EU Abs. 1 Nr. 3 VOB/A oder zur Störung der Geschäftsgrundlage gemäß § 313

---

[12] *Thierau* in Kapellmann/Messerschmidt VOB-Kommentar VOB/A § 9 Rn. 146.
[13] *Thierau* in Kapellmann/Messerschmidt VOB-Kommentar VOB/A § 9 Rn. 147.
[14] Vgl. *Marx* in KMPP VOB/A § 9 Rn. 69.
[15] *Sienz* in Ingenstau/Korbion VOB Kommentar VOB/A § 9d Rn. 20.

BGB grundsätzlich kein Raum für Änderungen des Preises.[16] Ein Rückgriff auf § 313 BGB dürfte allerdings bereits regelmäßig an den strengen tatbestandlichen Voraussetzungen scheitern und damit die Ausnahme bleiben.[17] Denn auch im Bauvertragsrecht gilt das Prinzip der Vertragstreue grundsätzlich uneingeschränkt, ungeachtet der Tatsache, dass die dem Vertragsschluss zugrunde liegende Kalkulation sich im Nachhinein für eine Vertragspartei als wirtschaftlich nachteilig erweist.

V. Bekanntgabe der Einzelheiten der Preisänderung

Die Einzelheiten und insbesondere die Grundlagen, die eine spätere Änderung des Prei- **17** ses nach sich ziehen können, sind – soweit aufgrund der vorhandenen Datenlage möglich – gemäß § 9d EU Satz 2 VOB/A in den Vergabeunterlagen festzulegen, damit bereits bei Bekanntgabe der Vergabeunterlagen in die Lage versetzt werden, auch diese Variable bei der Preiskalkulation zu berücksichtigen.[18] Dadurch kann das Vergabeverfahren insgesamt beschleunigt und kostensparender gestaltet werden.

Durch die Aufnahme einer Preisanpassungsklausel in die Vergabeunterlagen und den **18** Bauvertrag soll die angemessene Vergütung des Auftragnehmers durch eine Anpassung der entsprechenden vertraglichen Bedingungen gewährleistet werden.[19] Dabei sollen jedoch die grundlegende Änderung des Preis-Leistungsgefüges des Bauvertrages und die dem Bauvertrag zugrundeliegende Risikoverteilung unverändert bleiben. Die angemessene Anpassung der Vergütung an die veränderten Preisermittlungsgrundlagen setzt voraus, dass die Einzelheiten der Preisänderung wie von § 9d EU Satz 2 VOB/A gefordert, in die Vergabeunterlagen und in den Bauvertrag aufgenommen werden. Dabei ist erforderlich, dass die Voraussetzungen und Bedingungen einschließlich des Umfangs unter denen eine Anpassung der Vergütung erfolgen soll, hinreichend dargelegt werden. Die Preisänderungsklausel muss insbesondere hinreichend bestimmen, auf welche Leistung sich die Änderung der Vergütung bezieht, ab welchem Zeitpunkt die künftige Vergütung gilt und welche Preisermittlungsgrundlagen in die Vergabeunterlagen und den Bauvertrag aufgenommen wurden, um auf deren Grundlage die Angemessenheit der künftigen Vergütung bestimmen zu können.[20] Orientierungskriterien für die Bestimmung der Angemessenheit der künftigen Vergütung können § 2 VOB/B entnommen werden.

E. Rechtsfolgen eines Verstoßes

Verstößt der öffentliche Auftraggeber gegen § 9d EU VOB/A, weil er etwa eine Preis- **19** änderungsklausel nicht in die Vergabeunterlagen und den Bauvertrag aufnimmt, obwohl die konkreten Umstände des Einzelfalls, insbesondere die Dauer der Vertragslaufzeit sowie die dafür aufzubringenden personellen, materiellen und finanziellen Ressourcen diese gerechtfertigt hätten, kann der Bieter den Vergaberechtsverstoß rügen und durch Einleitung eines Nachprüfungsverfahrens Rechtsschutz erlangen. Die zuständige Nachprüfungsbehörde prüft sodann, ob der öffentliche Auftraggeber das ihm von § 9d EU VOB/A eingeräumte Ermessen nicht oder fehlerhaft ausgeübt und damit gegen das Vergaberecht verstoßen hat.

---

[16] Vgl. *Marx* in KMPP VOB/A § 9 Rn. 68.
[17] Vgl. *Marx* in KMPP VOB/A § 9 Rn. 68.
[18] Vgl. *Sienz* in Ingenstau/Korbion VOB Kommentar VOB/A § 9d Rn. 8.
[19] Vgl. *Marx* in KMPP VOB/A § 9 Rn. 70.
[20] Vgl. *Sienz* in Ingenstau/Korbion VOB Kommentar VOB/A § 9d Rn. 23 ff.; *Marx* in KMPP VOB/A § 9 Rn. 70. Ausführlich dazu *Thierau* in Kapellmann/Messerschmidt VOB-Kommentar VOB/A § 9 Rn. 152 ff.

20   Unter Umständen können Verzögerungen des Vergabeverfahrens durch Einleitung eines Nachprüfungsverfahren durch einen der Bieter dazu führen, dass die in den Angebotskalkulationen aufgeführten Kosten der anderen Bieter sich aufgrund weiterer äußerer Umstände verändern und diese damit nicht mehr in wirtschaftlich sinnvoller Weise die Bauleistung anbieten können. Sind die Einstandskosten des Auftragnehmers durch Verschiebung des Ausführungstermins wegen Einleitung eines Nachprüfungsverfahrens gestiegen, so steht ihm nach der Rechtsprechung des BGH ein Anspruch auf zusätzliche Vergütung zu, der aus dem Rechtsgedanken des § 2 Nr. 5 VOB/B abgeleitet wird.[21]

---

[21] BGH Urt. v. 11.5.2009 – VII ZR 11/08, IBR 2009, 310. Dem öffentlichen Auftraggeber ist daher anzuraten, diese Möglichkeit durch Aufnahme einer entsprechenden Klausel in die Vergabeunterlagen zu berücksichtigen; vgl. auch *Sienz* in Ingenstau/Korbion VOB Kommentar VOB/A § 9d Rn. 10.

§ 10 Fristen

(1) **Bei der Festsetzung der Fristen für den Eingang der Angebote (Angebotsfrist) und der Anträge auf Teilnahme (Teilnahmefrist) berücksichtigt der öffentliche Auftraggeber die Komplexität des Auftrags und die Zeit, die für die Ausarbeitung der Angebote erforderlich ist (Angemessenheit). Die Angemessenheit der Frist prüft der öffentliche Auftraggeber in jedem Einzelfall gesondert. Die nachstehend genannten Mindestfristen stehen unter dem Vorbehalt der Angemessenheit.**

(2) **Falls die Angebote nur nach einer Ortsbesichtigung oder Einsichtnahme in nicht übersandte Unterlagen erstellt werden können, sind längere Fristen als die Mindestfristen festzulegen, damit alle Unternehmen von allen Informationen, die für die Erstellung des Angebotes erforderlich sind, Kenntnis nehmen können.**

Übersicht

	Rn.		Rn.
A. Einführung	1	III. Teilnahmefrist (Abs. 1 S. 1)	14
I. Literatur	1	IV. Angemessenheit (Abs. 1 S. 1)	15
II. Entstehungsgeschichte	2	V. Gesonderte Prüfung und Festlegung (Abs. 1 S. 2)	20
III. Rechtliche Vorgaben im EU-Recht	3	D. Ortsbesichtigung oder Einsichtnahme in weitere Unterlagen (Abs. 2)	22
B. Systematische Stellung	5	I. Regelungsinhalt	22
C. Festlegung von Angebots- und Teilnahmefrist (Abs. 1)	10	II. Ortsbesichtigung	25
I. Regelungsinhalt	10	III. Einsichtnahme in weitere Unterlagen	26
II. Angebotsfrist (Abs. 1 S. 1)	13		

A. Einführung

I. Literatur

Schelle/Erkelenz, VOB/A. Alltagsfragen und Problemfälle zur Ausschreibung von Bauleistungen, 1983; Präsident des BFH als Bundesbeauftragter für Wirtschaftlichkeit in der Verwaltung (BWV), Gutachten zur Wirtschaftlichkeit der Billigstbieter, 2003; *Ax/Ottenströer,* Fristen im Offenen und Nichtoffenen Vergabeverfahren, IBR 2011, 1185 (nur online); *Ferber,* Fristen im Vergabeverfahren, 4. Aufl. 2017. **1**

II. Entstehungsgeschichte

Die VOB Ausgabe 2016 hat die früheren Bestimmungen in § 10 EG VOB/A 2012 auf **2** fünf Vorschriften verteilt und teilweise verschärft. § 10 EU VOB/A enthält nunmehr nach dem Vorbild der §§ 20 VgV, 16 SektVO, 27 KonzVgV übergreifende Bestimmungen, die für alle Vergabeverfahren gelten.[1] Abs. 1 S. 1 normiert den Grundsatz der „angemessenen" Teilnahme- und Angebotsfrist wie in §§ 20 Abs. 1 S. 1 VgV, 16 Abs. 1 SektVO in Form einer Generalklausel und Nennung von zwei Kriterien (Komplexität des Auftrags, Zeit für die Ausarbeitung des Angebots). Eine VOB-spezifische Besonderheit ist der neue Satz 2, der die Pflicht zur Prüfung der Angemessenheit im konkreten Einzelfall hervorhebt und an den öffentlichen Auftraggeber als besondere Verfahrensvorgabe adressiert. Abs. 2 regelt, dass Ortsbesichtigungen oder Einsichtserfordernisse stets in längeren Fristen resultieren müssen, was bislang so schon in § 10 EG Abs. 1 Nr. 6 VOB/A 2012 geregelt war[2] und den §§ 20 Abs. 2

---

[1] Zur Systematik der Neuregelung in § 20 VgV (die aus der SektVO übernommen wurde und sich an die Richtlinie 2014/24/EU anlehnt → Rn. 3) *Horn* in Müller-Wrede, § 20 VgV Rn. 3, 5; *Rechten* in KKMPP, § 20 VgV Rn. 2.

[2] Die Vorgängerbestimmung wurde wegen ihres missverständlichen Wortlauts zT als reine Verlängerungsregelung aufgefasst, etwa bei *Franzius* in Pünder/Schellenberg, 2. Aufl. 2015, § 10 VOB/A Rn. 13.

VgV, 16 Abs. 2 SektVO, 27 Abs. 2 KonzVgV und für Unterschwellenvergaben den §§ 10 Abs. 1 S. 2 VOB/A, 13 Abs. 3 UVgO entspricht. Die unionsrechtlich vorgegebenen Mindestfristen für die einzelnen Verfahrensarten sind in die §§ 10a–10d EU VOB/A eingegangen, ergänzt um allgemeine Bestimmungen, was zu Doppelregelungen führt.[3]

III. Rechtliche Vorgaben im EU-Recht

3   Die Vorschrift setzt die Richtlinienvorgaben aus Art. 47 Abs. 1 und 2 AVR um. Der Unionsgesetzgeber will sicherstellen, dass die Fristen für die Teilnahme an Vergabeverfahren „so kurz wie möglich" gehalten werden, ohne dass dadurch Hürden für den Binnenmarktzugang für Unternehmen und insbesondere für KMU aufgestellt werden (→ § 20 VgV Rn. 8).[4] Damit alle interessierten Wirtschaftsteilnehmer Teilnahmeanträge und Angebote einreichen können sehen die Art. 25 ff. AVR bei den einzelnen Verfahrensarten[5] **Mindestfristen** für den Eingang der Anträge und Angebote (Angebotsfristen) vor. Diese Mindestfristen wurden durch den Richtliniengeber in Anlehnung an das GPA verkürzt, weil Vergabeverfahren grundsätzlich elektronisch abgewickelt werden sollen.[6] Wie bisher müssen die Fristen gemäß Art. 47 Abs. 1 AVR einzelfallbezogen festgelegt werden, wobei die Festlegung an der **Komplexität des Auftrages** und der **für die Angebotserstellung erforderlichen Zeit** auszurichten ist, was aber auch aus unionsrechtlicher Sicht nicht als abschließend zu verstehen ist (→ Rn. 10).[7] Zudem sind Verlängerungen wegen Ortsterminen, Zusatzinformationen oder nachträglichen wesentlichen Änderungen der Vergabeunterlagen einzuplanen (Art. 47 Abs. 2 AVR).[8]

Nach der Entscheidung des EuG zur Unterschwellenmitteilung stehen die Richtlinienvorgaben zu Fristen im Zusammenhang mit dem Grundsatz des freien Dienstleistungsverkehrs und dem Diskriminierungsverbot. Sie sollen der Gefahr einer Bevorzugung einheimischer Bieter oder Bewerber bei der Auftragsvergabe durch öffentliche Auftraggeber entgegenwirken.[9] Die Pflicht zur Festlegung einer angemessenen Frist ist daher als **Bestandteil des Vergabeprimärrechts** (→ Einleitung Rn. 167 f.) anzusehen.[10] Die „Mitteilung zu Auslegungsfragen" der EU-Kommission vom 23.6.2006 (ABl. 2000 C 173/6) bestimmt konsequenterweise:

„Angemessene Fristen
Die Fristen für Interessensbekundungen und für die Angebotsabgabe müssen so lang sein, dass Unternehmen aus anderen Mitgliedstaaten eine fundierte Einschätzung vornehmen und ein Angebot erstellen können."

4   Fristen für Teilnahmeanträge und Angebote beginnen jeweils mit dem Tag der Absendung der Bekanntmachung bzw. der Aufforderung zur Angebotsabgabe zu laufen. Die Fris-

---

[3] Namentlich bei den identischen Bestimmungen zur Rücknahme des Angebotes (§§ 10a EU Abs. 7, 10b EU Abs. 7 VOB/A) und den Regelungen zum Lauf der Bindefrist (§§ 10a EU Abs. 9, 10b EU Abs. 9 VOB/A). Das ist aber regelungstechnisch die Konsequenz der Anlehnung an die neue Richtliniensystematik, die allgemeine und verfahrensartbezogene Bestimmungen auseinanderzieht (vgl. Rn. 3) und war vorher bereits so in der SektVO umgesetzt; ähnlich *von Wietersheim* in Ingenstau/Korbion, 20. Aufl. 2017, § 10 EU Rn. 4; *ders.* in HdbVergabeR, 2. Aufl. 2017, § 25 Rn. 100.

[4] Erwägungsgründe (80) Richtlinie 2014/24/EU; (89) Richtlinie 2014/25/EU.

[5] Die Vorgängervorschrift in Art. 38 Richtlinie 2004/18/EG regelte allgemeine Themen und Mindestvorschriften gemeinsam.

[6] Erwägungsgrund (80) Richtlinie 2014/24/EU.

[7] Erwägungsgrund (80) Richtlinie 2014/24/EU („vor allem"). Das ist dennoch eine Akzentverschiebung gegenüber Art. 38 Abs. 1 Richtlinie 2004/18/EG der diese Gesichtspunkte ausdrücklich nur „insbesondere" aufführte.

[8] Bereits Art. 38 Abs. 7 Richtlinie 2004/18/EG. Nachweise zu den inhaltsgleichen Vorgängervorschriften (die auf Artt. 13 Abs. 2, 14 Abs. 4 Richtlinie 71/305/EWG zurückgehen) bei *Prieß* EurVergabeR-HdB, 3. Aufl. 2005, 236 in Fußn. 168.

[9] EuG (Fünfte Kammer), 20.5.2010 – T-258/06, NZBau 2010, 510 Rn. 122 f.

[10] *Weyand* ibr-online-Kommentar Vergaberecht, Stand 26.11.2012, § 10 VOL/A Rn. 12; zum Konzept des Vergabeprimärrechts statt vieler *Burgi* VergabeR § 3 Rn. 13 ff.

ten in den Vergaberichtlinien sind (bis auf wenige Ausnahmen) nach **Kalendertagen** bemessen. Samstag, Sonntage und gesetzliche Feiertage in den jeweiligen Mitgliedsstaaten werden also mitgezählt.[11] Fällt der letzte Tag der Frist auf einen Samstag, Sonntag oder Feiertag endet die Frist mit Ablauf des nächsten Kalendertages,[12] zB am nachfolgenden Montag um 24 Uhr.

B. Systematische Stellung

Die Vorschrift stellt in Abs. 1 Legaldefinitionen von „Angebotsfrist" und „Teilnahmefrist" **5** bereit und verpflichtet den Auftraggeber zur einzelfallbezogenen Festlegung von Fristen, die unter Beachtung der Besonderheiten der konkreten Bauausschreibung „angemessen" bestimmt werden müssen. Abs. 1 S. 3 stellt klar, dass die in §§ 10a–d EU VOB/A für die einzelnen Verfahrensarten aufgeführten Mindestfristen unter dem „Vorbehalt der Angemessenheit" stehen und **keine Regelfristen** sind. Das kommt auch in der vorgeschalteten Stellung von § 10 EU zum Ausdruck[13] und war bislang schon in der Rechtsprechung unbestritten.[14]

Die Parallelvorschrift für den **Verteidigungs- und Sicherheitsbereich** in § 10 VS beschränkt sich entgegen der Vorgabe in Art. 33 Abs. 1 Richtlinie 2009/81/EG auf eine Regelung zum Fristenlauf bei einer Ortsbesichtigung oder Einsichtnahme in nicht übersandte Unterlagen.[15] Die §§ 10a – 10d VS differenzieren sodann nach den einzelnen Verfahrensarten. Im **Unterschwellenbereich** ist es bei der traditionellen[16] Regelung in § 10 Abs. 1 S. 1 VOB/A geblieben, wonach für die Bearbeitung und Einreichung der Angebote eine „ausreichende Angebotsfrist" vorzusehen ist, die auch bei Dringlichkeit nicht unter 10 Kalendertagen betragen darf. Für die Einreichung von Teilnahmeanträgen bei Beschränkter Ausschreibung nach Öffentlichem Teilnahmewettbewerb ist wie bisher eine „ausreichende Bewerbungsfrist" vorzusehen (§ 10 Abs. 3 VOB/A).

Die Regelungen in §§ 10 EU, 10 VS, 10 VOB/A gehen davon aus, dass allen Bewer- **6** bern und Bietern die **gleichen Fristen** gesetzt werden.[17] Einheitliche Teilnahme- und Angebotsfristen sind für den Wettbewerb und für die Wertung der Angebote unverzichtbar. Teilnahme- und Angebotsfristen haben daher für die ü. A. den Charakter von **Ausschlussfristen** (→ § 20 VgV Rn. 19).[18] Die Nichteinhaltung der Angebotsfrist führt zwingend zum Ausschluss des Angebots, es sei denn, sie ist vom Bieter nicht zu vertreten (§ 16 EU Nr. 1 iVm § 14 EU Abs. 5 VOB/A). Eine inhaltliche Änderung von Teilnahmeanträgen und Angeboten nach Fristablauf ist im offenen Verfahren und nichtoffenen Verfahren ausgeschlossen. Angebots- und Teilnahmefristen sind strikt zu vollziehen und dürfen nicht nachträglich zu Gunsten einzelner Bewerber oder Bieter relativiert werden.[19] Deshalb lehnt

---

[11] OLG Saarbrücken, 9.11.2005 – 1 Verg 4/05, NJOZ 2006, 621 (627).

[12] Art. 2 Abs. 2, Art. 3 Abs. 3 VO (EWG, Euraton) Nr. 1182/71 des Rates vom 3. Juni 1971 zur Festlegung der Regeln für die Fristen, Daten und Termine (ABl. L 124 vom 8.6.1971, S. 1). Zur Fristberechnung instruktiv *Ferber* 59 f.

[13] *von Wietersheim* in Ingenstau/Korbion, 20. Aufl. 2017, § 10 EU Rn. 1.

[14] OLG Düsseldorf, 19.6.2013 – VII-Verg 4/13, ZfBR 2013, 720.

[15] Art. 33 Abs. 1 Richtlinie 2014/24/EU (entspricht Art. 47 Abs. 1 Richtlinie 2014/25/EU, Art. 39 Abs. 1 Richtlinie 2014/23/EU) ist daher unmittelbar anwendbar.

[16] Zurückgehend auf §§ 19 Nr. 1 VOB/A 1926, 18 Nr. 1 VOB/A 1960 (seinerzeit noch sechs Werktage); vgl. auch §§ 18 Nr. 1 VOB/A 1988/1996, 10 Abs. 1 VOB/A 2009.

[17] Der neue § 13 Abs. 2 UVgO bringt das explizit zum Ausdruck. Es ergibt sich bereits aus dem Gleichbehandlungsgrundsatz, *Horn* in Müller-Wrede, § 13 UVgO Rn. 30, 31.

[18] BGH, 14.7.1997 – NotZ 48/96, NJW-RR 1998, 57 (58) – „Notarstelle"; VG Halle, 10.9.2008 – 3 B 231/08, IBRRS 2008, 2711 – „Rettungsdienstleistungen"; HessVGH, 27.5.1999 – 2 Q 4634/98, juris, Rn. 16 – „Bodenabfertigungsdienste"; *Völlink* in Völlink/Kehrberg § 18 Rn. 2; *Weyand* ibr-online-Kommentar Vergaberecht, Stand 26.11.2012, § 10 VOB/A Rn. 6; *Lausen* in jurisPK-VergabeR, 5. Aufl. 2016, § 10 EU Rn. 6; *Wirner/Schubert* in Willenbruch/Wieddekind, 2. Aufl. 2017, § 10 EU Rn. 7; *Rechten* in KKMPP § 20 VgV Rn. 11; *Müller* in Greb/Müller, 2. Aufl. 2017, § 16 SektVO Rn. 8.

[19] Zu diesem Grundsatz BVerwG, 13.12.2012 – 3 C 32/11, NVwZ 2013, 507 Rn. 45 – „Bodenabfertigungsdienste".

die üA eine **Wiedereinsetzung bei Säumnis** ab.[20] Erkennt der öffentliche Auftraggeber im Nachhinein, dass Fristen versehentlich unangemessen kurz bemessen wurden, muss er die Fristen für alle Bieter und Bewerber verlängern.[21] Das ist allerdings dann nicht zulässig, wenn dadurch Bieter benachteiligt würden, die auf den Fristlauf vertraut haben und zB bereits ein Angebot mit Wagniszuschlägen eingereicht haben; in einer solchen Konstellation muss das Vergabeverfahren aufgehoben werden.[22]

7   Nur angemessene Fristen gewährleisten, dass alle Unternehmen die Vergabeunterlagen zur Kenntnis nehmen und sorgfältig bearbeiten können (vgl. Abs. 2). Sie sind für eine hinreichende **Qualität der Teilnahmeanträge und Angebote** unabdingbar.[23] Insbesondere lassen sich qualitätsvolle Nebenangebote idR nur bei angemessenen Angebotsfristen erwarten.[24] Zu kurze Angebotsfristen äußern sich regelmäßig in Wagniszuschlägen und damit einer Verteuerung der Angebote[25] und können wettbewerbswidrige Absprachen begünstigen.[26] Abs. 1 Satz 2 schreibt daher vor, dass die Fristen vom öffentlichen Auftraggeber einzelfallbezogen festzulegen sind.

In einer unangemessen kurzen Angebotsfrist, die dazu führt, dass die Bieter die Anforderungen der Vergabeunterlagen nicht sachgerecht auswerten oder Angebote von mehreren Lieferanten und Nachunternehmern einholen können, kann die Aufbürdung eines **ungewöhnlichen Wagnis** iSv § 7 EU Abs. 1 Nr. 3 VOB/A liegen (→ § 7 EU Rn. 38 f.).[27] Waren Angebots- oder Teilnahmefristen zu kurz bemessen, kann dies für die Gerichte zudem den **Fördermittelrückruf** rechtfertigen (ohne dass eine dadurch konkret ausgelöste Benachteiligung anderer Bieter nachgewiesen werden muss).[28] Gleiches hat zu gelten, wenn der öffentliche Auftraggeber seine eigenen Fristfestlegungen nicht strikt vollzieht.

8   Die Bestimmung angemessener Fristen zählt zur **Vorbereitung** des Vergabeverfahrens. Abs. 1 Satz 2 weist dem öffentlichen Auftraggeber die Verantwortlichkeit für die Festsetzung der Fristen zu, bindet ihn dabei aber an den Maßstab der „Angemessenheit", was nach Abs. 1 S. 1 u. a. auf die Komplexität des Auftrags zu beziehen ist. Die Fristenplanung des öffentlichen Auftraggebers ist daher mit der Ausübung seines Leistungsbestimmungsrechts (→ § 121 GWB Rn. 28) und seiner Beschaffungsorganisation verbunden; sie steht mithin in seinem **Ermessen**.[29] Das führt zur Zurücknahme des Kontrollmaßstabs (→ Rn. 9).

9   Die Vorschriften über Fristen sichern den chancengleichen Wettbewerb und sind **bieterschützend** iSd § 97 Abs. 6 GWB.[30] Die für eine Rügepräklusion nach § 160 Abs. 3 S. 1 Nr. 1 GWB erforderliche Kenntnis des Vergaberechtsverstoßes setzt für die Rechtsprechung idR anwaltliche Beratung voraus, weil die Beurteilung der „Angemessenheit" eine

---

[20] *Rechten* in KMPP § 10 Rn. 14.
[21] Zur Pflicht zur Ergreifung kompensatorischer Maßnahmen *Egger* Europäisches Vergaberecht Rn. 901. Zur Zulässigkeit der Fristverlängerung *el-Barudi* in HHKW § 10 VOB/A Rn. 6.
[22] *Franzius* in Pünder/Schellenberg, 2. Aufl. 2015, § 10 VOB/A Rn. 11.
[23] *BWV* Gutachten zur Wirtschaftlichkeit der Billigstbieter 26/27 (abgerufen am 1.1.2018 bei http://www.psp-consult.de/wp-content/uploads/2014/09/Bundesbeauftragter_.pdf); *Wiefenbach* in HRR, 14. Aufl. 2018, § 10 Rn. 16.
[24] *Schelle/Erkelenz* VOB/A Alltagsfragen 17
[25] *Rechten* in KMPP § 10 Rn. 19.
[26] Bereits Ingenstau/Korbion, 7. Aufl. 1974, A § 18 Rn. 3.
[27] *Mertens* in FKZG, 5. Aufl. 2013, § 10 EG VOB/A Rn. 27. Von einer Beschränkung der Kalkulationsmöglichkeit gehen auch *Wirner/Schubert* in Willenbruch/Wieddekind, 2. Aufl. 2017, § 10 EU Rn. 8 aus.
[28] OVG Berlin-Brandenb., 27.2.2013 – 6 B 34.12, ZfBR 2013, 617.
[29] *von Wietersheim* in Ingenstau/Korbion, 20. Aufl. 2017, § 10 EU Rn. 12; *Wirner/Schubert* in Willenbruch/Wieddekind, 2. Aufl. 2017, § 10 EU Rn. 4; *Horn* in Müller-Wrede § 20 VgV Rn. 18, § 13 UVgO Rn. 29; *Rechten* in KKMPP § 20 VgV Rn. 19.
[30] OLG Naumburg, 20.9.2012 – 2 Verg 4/12, BeckRS 2012, 21448; OLG Düsseldorf, 19.6.2013 – VII-Verg 4/13, ZfBR 2013, 720 (zur VOL/A); OLG Celle, 24.2.2015 – 13 Verg 1/15, juris, Rn. 88 (zur VOL/A); *Reidt* in Beck VOB/A § 10 Rn. 10; Kapellmann/Messerschmidt/*Planker*, 6. Aufl. 2018, VOB/A § 10 EU Rn. 2; *Rechten* in KMPP § 10 Rn. 10; *Wirner/Schubert* in Willenbruch/Wieddekind, 2. Aufl. 2017, § 10 EU Rn. 4; *Horn* in Müller-Wrede, § 20 VgV Rn. 37; *Rechten* in KKMPP § 20 VgV Rn. 7; *Müller* in Greb/Müller, 2. Aufl. 2017, § 16 SektVO Rn. 21.

komplexe Rechtsfrage ist und nur mit vertieften vergaberechtlichen Kenntnisse beantwortet werden kann.[31] Für die Antragsbefugnis nach § 160 Abs. 2 GWB genügt, dass sich ein anderer Bieterkreis oder ein anderer Inhalt des Angebots nicht positiv ausschließen lässt[32] oder der Antragssteller geltend macht, dass er an der Wettbewerbsteilnahme gehindert wird;[33] in dieser Konstellation setzt die Antragsbefugnis nicht die Einreichung eines Teilnahmeantrags oder Angebots voraus (→ § 160 GWB Rn. 28, → § 7 EU Rn. 12).[34] Der Nachprüfungsantrag ist begründet, wenn der öffentliche Auftraggeber die Angemessenheit der Fristen überhaupt nicht einzelfallbezogen geprüft hat (→ Rn. 18), die in Abs. 1 S. 1 aufgeführten Gesichtspunkte nicht berücksichtigt oder gegen die zwingenden Vorgaben des Abs. 2 verstoßen hat (→ Rn. 19) oder er relevante Gesichtspunkte auch unter Zugrundelegung seiner Zeitvorstellungen nicht zu einem nicht angemessenen Ausgleich gebracht hat. Dies wird von den Nachprüfungsinstanzen auf **Ermessensfehler** überprüft; ein Beurteilungsspielraum des öffentlichen Auftraggebers ist an dieser Stelle nicht anzuerkennen.[35] Das ist anders bei der im Rahmen von Abs. 1 anzustellenden Prognose, wie zeitaufwändig die Vorbereitung der Teilnahmeanträge bzw. Angebote voraussichtlich sein wird (→ Rn. 15).

C. Festlegung von Angebots- und Teilnahmefrist (Abs. 1)

I. Regelungsinhalt

Abs. 1 S. 1 verlangt, dass öffentliche Auftraggeber bei der Festlegung von Angebotsfrist **10** und Teilnahmefrist die Komplexität des Auftrages und die erforderliche Zeit für die Ausarbeitung der Angebote berücksichtigen. Die Vorschrift ist § 20 Abs. 1 S. 1 VgV nachgebildet (→ Rn. 2).[36] Sie stellt ein **Berücksichtigungsgebot** auf, legt die zu berücksichtigenden Belange aber nicht abschließend fest (→ Rn. 3). Dem öffentlichen Auftraggeber ist es durch Abs. 1 unbenommen, die Fristen an seinem **zeitlichen Bedarf an der ausgeschriebenen Leistung** auszurichten; er darf dieses Interesse aber nicht verabsolutieren. Einem Bedarf an den ausgeschriebenen Bauleistungen müssen öffentliche Auftraggeber vor allem dadurch Rechnung tragen, dass sie ihre internen Bearbeitungszeiten für die Prüfung und Bewertung der Angebote weitestmöglich straffen.[37]

Die Vorschrift ist eine Ausprägung des Wettbewerbs- (§ 97 Abs. 1 S. 1 GWB) und des **11** Gleichbehandlungsgrundsatzes (§ 97 Abs. 2 GWB).[38] Möglichst viele Unternehmen sollen die Chance haben, sich auf der Grundlage sorgfältig ausgearbeiteter Teilnahmeanträge und Angebote am Vergabeverfahren zu beteiligen (→ Rn. 3).[39] Die Vorschrift schützt Bewerber und Bieter zudem vor nicht sachangemessenem Zeitdruck und ist insoweit nach üA Ausdruck des in § 97 Abs. 1 S. 2 GWB geregelten Verhältnismäßigkeitsgrundsatzes.[40]

---

[31] VK Bund 1.8.2017 – VK 1–69/17, BeckRS 2017, 129623 Rn. 33.
[32] → OLG Düsseldorf, 28.12.2011 – Verg 73/11, ZfBR 2012, 392 (393); *Weyand* ibr-online-Kommentar Vergaberecht, Stand 26.11.2012, § 10 VOB/A Rn. 6.
[33] OLG Düsseldorf, 19.6.2013 – VII-Verg 4/13, juris, Rn. 27 (insoweit in ZfBR 2013, 720 nicht abgedruckt).
[34] OLG Düsseldorf (o. Fußn. 33); VK Lüneburg, 13.8.2014 – VgK 29/2014, IBRRS 2014, 2539.
[35] Umstritten. Anderer Ansicht (Wertungs- und Beurteilungsspielraum) *Reidt* in Beck VOB/A § 10 Rn. 20.
[36] § 20 VgV hat seinerseits die Regelungssystematik des heutigen § 16 SektVO übernommen, vgl. *Horn* in Müller-Wrede, § 20 VgV Rn. 1, 5.
[37] *Reidt* in Beck VOB/A § 10 Rn. 12. Das ist für die Rechtsprechung eine allgemeine Anforderung an Fristverkürzungen wegen Dringlichkeit, vgl. etwa VK Lüneburg (o. Fußn. 33).
[38] *Reidt* in Beck VOB/A § 10 Rn. 10; *Wirner/Schubert* in Willenbruch/Wieddekind, 2. Aufl. 2017, § 10 EU Rn. 1; *Horn* in Müller-Wrede § 20 VgV Rn. 13; *Rechten* in KKMPP § 20 VgV Rn. 8.
[39] *Prieß* EurVergabeR-HdB, 3. Aufl. 2005, 233; Kapellmann/Messerschmidt/*Planker*, 6. Aufl. 2018, VOB/A § 10 EU Rn. 2; *Rechten* in KKMPP, § 20 VgV Rn. 1.
[40] *Lausen* in jurisPK-VergabeR, 5. Aufl. 2016, § 10 EU Rn. 5; *von Wietersheim* in Ingenstau/Korbion, 20. Aufl. 2017, § 10 EU Rn. 3.

12   Im Anwendungsbereich des VHB ist vorgeschrieben, dass der Ablauf von Angebots- und
Teilnahmefrist mit **Datum** und **Uhrzeit** festzulegen und **im Vergabevermerk zu be-
gründen** ist.[41] Das ist in der VOB/A nicht ausdrücklich geregelt, ergab sich früher aus der
Fixierung des Eröffnungstermins (außer bei der Freihändigen Vergabe), ist aber auch ohne
Eröffnungstermin idR zur Verfahrenstransparenz unumgänglich.[42] Unklarheiten und Widersprüche bei der Fristenfestlegung in den Vergabeunterlagen gehen nicht zu Lasten von
Bietern oder Bewerbern (→ § 121 GWB Rn. 20). Wird in der Bekanntmachung als Termin zB „0.00 h" genannt und in den Vergabeunterlagen „24.00 h" gilt zugunsten der Bieter die längere Frist.[43]

II. Angebotsfrist (Abs. 1 S. 1)

13   Die Angebotsfrist ist nach der Legaldefinition des Abs. 1 S. 1 die Frist zum Eingang der
Angebote, dh sie grenzt den Zeitraum ein, der den Bietern für den Abruf und die Prüfung
der Vergabeunterlagen, die Erarbeitung ihrer Angebote und ihrer Einreichung bei der Vergabestelle zur Verfügung steht.[44] Sie ist Pflichtbestandteil der **Auftragsbekanntmachung**
(§ 12 EU Abs. 3 Nr. 2 iVm Anhang V Teil C Nr. 19 Richtlinie 2014/24/EU) sowie der
Aufforderung zur Angabe eines Angebots.[45] Bis zum Ablauf der Angebotsfrist können
eingereichte Angebote durch die Bieter ergänzt, korrigiert oder zurückgenommen werden
(§§ 10a EU Abs. 7, 10b EU Abs. 7, 10 Abs. 2 VOB/A). Zur Sicherung der Vertraulichkeit
dürfen Angebote erst nach Ablauf der Angebotsfrist geöffnet und geprüft werden (vgl. § 14
EU Abs. 1 S. 2, 3 VOB/A). Dazu ist unverzüglich der (Er-)Öffnungstermin durchzuführen
(§ 14 EU Abs. 1 S. 1 VOB/A). Ab diesem Zeitpunkt beginnt zudem die Bindefrist (§§ 10a
EU Abs. 9, 10b EU Abs. 9, 10 Abs. 5 VOB/A). Angebote, die zum Ablauf der Angebotsfrist nicht vorgelegen haben, sind in der Niederschrift zum (Er-)Öffnungstermin oder in
einem Nachtrag besonders aufzuführen (§ 14 EU Abs. 4 VOB/A). Die Angebotsfrist ist
materiell oft zeitlicher Bezugspunkt für Mehr- und Minderaufwendungen (bei Lohngleitklauseln).[46]

III. Teilnahmefrist (Abs. 1 S. 1)

14   Die Teilnahmefrist ist legaldefiniert als die Frist für den Eingang des Teilnahmeantrags,
bezeichnet also den Zeitraum, in dem sich ein Unternehmen um die Berücksichtigung im
Teilnahmewettbewerb bewerben muss (Bewerbungsfrist).[47] Sie ist gerechnet ab dem Tag
nach Absendung der Bekanntmachung bzw. der Aufforderung zur Interessensbestätigung
zu bemessen. Ihre Länge hat keine Auswirkung auf die Länge der Angebotsfrist, dh der
Auftraggeber darf eine lange Teilnahmefrist nicht zum Anlass für eine kurze Angebotsfrist
nehmen.[48] Auch Teilnahmeanträge dürfen zur Wahrung der Vertraulichkeit erst nach Ablauf der Teilnahmefrist geöffnet und geprüft werden.[49]

---

[41] VHB 2008 – Stand April 2016, Allgemeine Richtlinien Vergabeverfahren, Formblatt 111.
[42] *Rechten* in KKMPP § 20 VgV Rn. 10. Zur Dokumentationspflicht *Reidt* in Beck VOB/A § 10
Rn. 22.
[43] OLG München, 2.3.2009 – Verg 01/09, BeckRS 2009, 07803.
[44] OLG Celle, 24.2.2015 – 13 Verg 1/15, juris, Rn. 89 (zur VOL/A).
[45] Vgl. VHB 2017, Allgemeine Richtlinien Vergabeverfahren, Formblatt 211 EU.
[46] Vgl. VHB 2017, Allgemeine Richtlinien Vergabeverfahren, Formblatt 224.
[47] *von Wiethersheim* in HdbVergabeR, 2. Aufl. 2017, § 25 Rn. 16.
[48] VK Lüneburg, 13.8.2014 – VgK 29/2014, IBRRS 2014, 2539.
[49] Eine den §§ 55 Abs. 1 VgV, 29 S. 1 KonzVgV vergleichbare explizite Regelung fehlt in der VOB/A-
EU zwar. Art. 22 Abs. 3 S. 2 Richtlinie 2014/24/EU (entspricht Art. 40 Abs. 3 S. 2 Richtlinie
2014/25/EU, Art. 39 Abs. 4 UA 2 S. 2 Richtlinie 2014/23/EU) ist aber unmittelbar anwendbar.

IV. Angemessenheit (Abs. 1 S. 1)

1. Regelungsinhalt

Abs. 1 S. 1 normiert keine feste Zeitvorgabe oder Regelvorgabe, sondern verlangt, dass **15** der öffentliche Auftraggeber die „Angemessenheit" von Teilnahme- und Angebotsfrist im Einzelfall bestimmt und sich hierbei an der Komplexität des Auftrags und der Zeit für die Ausarbeitung eines Teilnahmeantrags bzw. Angebots orientiert. Damit ist nichts anders die „**ausreichende" Bewerbungs- bzw. Angebotsfrist** im Unterschwellenbereich gemeint (→ Rn. 5). Einen weiteren Hinweis für die Interpretation enthält Abs. 2, wonach sicherge-stellt sein muss, dass die Unternehmen von allen Informationen, die für die Erstellung des Angebots erforderlich sind, Kenntnis nehmen können. Abs. 1 S. 1 verlangt daher, dass sich der öffentliche Auftraggeber im ersten Schritt ausgehend von den Vergabeunterlagen in die Lage des angesprochenen Bewerber- oder Bieterkreises versetzt und die Zeit für eine fach-kundige Bewerbung bzw. Angebotserstellung in der von ihm erwarteten Qualität im Wege einer Prognose bestimmt.[50] Ist er dazu fachlich nicht in der Lage, muss er den Sachverstand externer Berater hinzuziehen (→ § 121 GWB Rn. 20).[51] Im Rahmen dieser Prognose akzeptiert die Rechtsprechung einen Prognosespielraum (Beurteilungsspielraum) des öf-fentlichen Auftraggebers.[52] Die Fristen dürfen ausgehend von dieser Prognose weder zu kurz, noch zu lang bemessen werden. Nach § 97 Abs. 4 S. 1 GWB sind **mittelständische Interessen** zu berücksichtigen.[53] Der Auftraggeber muss daher idR von der Personal-, Auftrags- und Terminslage durchschnittlicher mittelständischer Bauunternehmen ausge-hen und darf Fristen nicht so bemessen, dass mittelständische Unternehmen benachteiligt werden. **Kalendarische Besonderheiten,** wie bundesweite Feiertage oder der Jahres-wechsel, dürfen nicht außer Acht gelassen werden.[54] Anders ist es mit **Ferien- und Ur-laubszeiten,** da sie zu uneinheitlich sind und die Bewerber und Bieter in unterschied-licher Weise treffen.[55] Zu berücksichtigen sind **urlaubsbedingte Abwesenheiten auf Auftraggeberseite,** zB von eingeschalteten Gutachtern oder Zertifizierungsstellen, derer sich Bewerber oder Bieter für die Wettbewerbsteilnahme bedienen müssen.[56] Da EU-Vergaben Bieter in anderen Mitgliedsstaaten ansprechen, ist der Zeitbedarf für **Überset-zungen** der Vergabeunterlagen einzukalkulieren (→ § 20 VgV Rn. 9).[57] Die Festlegung der angemessenen Frist innerhalb des zulässigen Rahmens (2. Schritt) liegt im Ermessen des öffentlichen Auftraggebers (→ Rn. 9). Er kann bei seiner Ermessensausübung alle sachli-chen Erwägungen, insbesondere auch die **Dringlichkeit der beschafften Bauleistungen** berücksichtigen (→ Rn. 10).

Das VHB[58] gibt eine nähere Erläuterung. **16**

„5.2.1 Angemessenheit
Die Angebotsfrist ist angemessen, das heißt einzelfallbezogen nach dem Aufwand zur Erstellung des Angebotes zu bestimmen und stets im Vergabevermerk zu begründen."

---

[50] OLG Celle, 24.2.2015 – 13 Verg 1/15, juris, Rn. 89 (zur VOL/A); *Rechten* in KKMPP § 20 VgV Rn. 19; *Horn* in Müller-Wrede § 13 UVgO Rn. 22.
[51] *Schubert* in Willenbruch/Wieddekind, 2. Aufl. 2017, § 20 VgV Rn. 16.
[52] OLG Celle, aaO. Weitere Nachweise bei *Horn* in Müller-Wrede § 13 UVgO Rn. 24.
[53] *Masing* in Reidt/Stickler/Glahs, 4. Aufl. 2018, § 97 Rn. 84.
[54] *Lausen* in jurisPK-VergabeR, 5. Aufl. 2016, § 10 EU Rn. 9.
[55] Umstritten, zT wird auch auf die Urlaubszeiten abgestellt, etwa bei *Ferber* 146.
[56] OLG Düsseldorf, 19.6.2013 – VII-Verg 4/13, ZfBR 2013, 720 (721). In dem Fall wurde ein schriftli-cher Nachweis einer Stelle verlangt, dass Einsatzwachen von Rettungswachen eingehalten werden konnten, wobei die Urlaubsabwesenheit dieser Stelle nicht eingeplant und mitgeteilt wurde.
[57] Zu diesem Aspekt *Prieß* EurVergabeR-HdB 3. Aufl. 2005, 233. Umstritten. Zum Teil wird das nur dann angenommen, wenn vermehrt mit Verfahrensteilnehmern aus dem Ausland zu rechnen ist, so *Rechten* in KKMPP, § 20 VgV Rn. 18.
[58] VHB 2017, Allgemeine Richtlinien Vergabeverfahren, Formblatt 111.

5.2.2 Ortsbesichtigungen oder Einsichtnahmen in nicht übersandte Unterlagen
Für die Angebotserstellung erforderliche Ortsbesichtigungen oder Einsichtnahmen in nicht übersandte Unterlagen erfordern stets eine längere Frist als die Mindestfrist.
5.2.3 Ablauf der Angebotsfrist
Die Frist für die Abgabe von Angeboten soll nicht an einem Werktag unmittelbar vor oder nach
einem Sonn- oder Feiertag enden, sie ist mit Datum und Uhrzeit zu bestimmen."

2. Komplexität des Auftrags

17   Für die Prüfung der „Komplexität des Auftrags" ist auf den in den Vergabeunterlagen,
dh der Leistungsbeschreibung, näher definierten Beschaffungsgegenstand der konkreten
Bauausschreibung abzustellen (→ § 121 GWB Rn. 2, 26; § 20 VgV Rn. 9). Besonders
komplex ist für die Rechtsprechung zB ein Bauauftrag, bei dem die ausgeschriebene Bauleistung **nicht nur ein Gewerk** umfasst, sondern die vollständige Errichtung eines Gebäudes und die vollständigen Planungsunterlagen.[59] Gleiches gilt von **Generalunterneh-
merausschreibungen,**[60] **komplexen ÖPP-Projekten** mit Planungs-, Finanzierungs-
und Betriebsleistungen,[61] **Baukonzessionen**[62] oder in Fällen, in denen **Vorhabengrund-
stücke nachzuweisen** sind und die Bieter den Markt nach geeigneten Grundstücken son-
dieren und mit den Verfügungsberechtigten verhandeln müssen.[63] Die Auftragssumme hat
dagegen lediglich Indizfunktion, weil sie nicht in jedem Fall auf eine besondere Komplexität des Auftrags hinweist.[64]

3. Ausarbeitung des Angebots

18   Der zweite in Abs. 1 aufgeführte Aspekt ist die erforderliche Zeit für die Ausarbeitung
des Angebots. Gesichtspunkte dafür sind der Leistungsinhalt der Bauausschreibung, kalendarische Besonderheiten während des Bearbeitungszeitraums (zB Jahreswechsel, Feiertage),
die Art und Weise der Zurverfügungstellung der Vergabeunterlagen,[65] ihr Umfang,[66] aber
auch ihre Bearbeitungstiefe und -qualität,[67] sowie die in den Beschafferprofilen veröffentlichten Informationen (vgl. § 13 Abs. 1 S. 2 UVgO). Von besonderem Gewicht ist, ob die
Leistungsbeschreibung, wie von § 121 Abs. 1 S. 2 GWB vorgegeben, den Bietern die
Kenntnis der Funktions- oder Leistungsanforderungen und der Umstände und Bedingungen der Leistungserbringung vollständig und leicht zugänglich vermittelt oder ob **weitere
Ermittlungen, Berechnungen, Pläne, Zeichnungen, Modelle,** Zusammenstellungen,
Schätzungen usw. erforderlich sind.[68] Das ist insbesondere bei einer **Leistungsbeschreibung mit Leistungsprogramm** der Fall (→ § 7c Rn. 25).[69] Zur Vermeidung von Wettbewerbsbeschränkungen ist die Perspektive eines ortsunkundigen Bauunternehmens anzulegen.[70] Übersetzungszeiten sind bei EU-weiten Vergaben einzukalkulieren (→ Rn. 13). Ist
die Leistung so zugeschnitten, dass die Beteiligung von **Bieter- oder Bewerbergemeinschaften** oder die **Einschaltung von Nachunternehmen** wahrscheinlich ist, muss die

---

[59] OLG Naumburg, 20.9.2012 – 2 Verg 4/12, BeckRS 2012, 21448.
[60] VK Sachsen, 1.2.2002 – 1/SVK/139-01, IBRRS 2004, 3750 – „Jugendstrafanstalt"; *Schubert* in Wil-
lenbruch/Wieddekind, 2. Aufl. 2017, § 20 VgV Rn. 14; *Wiefenbach* in HRR, 14. Aufl. 2018, § 10 Rn. 14.
[61] *Reidt* in Beck VOB/A § 10 Rn. 18; *Weyand* ibr-online-Kommentar Vergaberecht, Stand 26.11.2012,
§ 10 VOL/A Rn. 16; *el-Barudi* in HHKW § 10 VOB/A Rn. 3.
[62] *Schubert* in Willenbruch/Bischoff, § 18 VOB/A Rn. 12.
[63] OLG Düsseldorf, 28.12.2011 – Verg 73/11, ZfBR 2012, 392 (394).
[64] *Schubert* in Willenbruch/Bischoff, § 18 VOB/A Rn. 10.
[65] *Rechten* in KKMPP § 20 VgV Rn. 14.
[66] VK Sachsen, 9.12.2002 – 1/SVK/102-02, ZfBR 2003, 302 (zu einem 450 Blatt umfassenden Leistungsverzeichnis).
[67] Kapellmann/Messerschmidt/*Planker*, 6. Aufl. 2018, VOB/A § 10 Rn. 9.
[68] *Reidt* in Beck VOB/A § 10 Rn. 19; *Lausen* in jurisPK-VergabeR, 5. Aufl. 2016, § 10 EU Rn. 8; *Müller*
in Greb/Müller, 2. Aufl. 2017, § 16 SektVO Rn. 10.
[69] *Wiefenbach* in HRR, 14. Aufl. 2018, § 10 Rn. 13.
[70] OLG Naumburg, 20.9.2012 – 2 Verg 4/12, BeckRS 2012, 21448.

damit verbundene zusätzliche Such- und Abstimmungszeit eingeplant werden.[71] Bei einer Parallelausschreibung von Los- und Gesamtvergabe darf für die Nachprüfungsinstanzen nicht nur auf den Aufwand für die Bearbeitung eines einzelnen Loses abgestellt werden.[72] Müssen die Bieter lediglich **Vorverträge** nachweisen (und nicht bereits fertige Planungen, Konzepte oder Baugenehmigungen), kann der Auftraggeber fehlerfrei von einer kürzeren Bearbeitungsfrist ausgehen.[73] Die Zeit für die Einreichung der Angebote ist bei elektronischen Vergaben idR ohne Bedeutung.[74] Das kann aber anders sein, wenn Muster, Modelle, großformatige Pläne o. ä. einzureichen sind.

Für Teilnahmeanträge ist ein entsprechender Maßstab in Abs. 1 nicht ausdrücklich gere- **19** gelt, was aber ein redaktionelles Versehen ist, das sich schon in der als Vorbild herangezogenen Vorschrift des § 20 Abs. 1 VgV findet.[75] Abzustellen ist auf das Zeiterfordernis für die Ausarbeitung und Einreichung eines aussichtsreichen Teilnahmeantrags (vgl. §§ 27 Abs. 1 KonzVgV,[76] 13 Abs. 1 S. 2 UVgO), was vor allem von den beizubringenden Angaben und Eignungsnachweisen abhängt (zB ob amtliche Dokumente gefordert werden oder Eigenerklärungen genügen).[77]

V. Gesonderte Prüfung und Festlegung
(Abs. 1 S. 2)

Der neue Abs. 1 S. 2 statuiert eine eigenständige **Prüfungspflicht** für öffentliche Auf- **20** traggeber. Das geht über die Parallelvorschriften in den §§ 20 VgV, 16 SektVO, 27 KonzVgV hinaus. Man wird daher für die VOB-EU davon ausgehen müssen, dass ein Nachprüfungsantrag bei gänzlich unterbliebener Prüfung bereits wegen eines Verfahrensverstoßes Erfolg hat, ohne dass es noch darauf ankommen kann, ob die Frist in der Sache angemessen ist.[78] Allerdings kann der Auftraggeber diese Prüfung noch im Nachprüfungsverfahren nachholen.

Dass die Fristen **in jedem Einzelfall** gesondert zu bestimmen sind und einzelfallbezo- **21** gen angemessen sein müssen, war schon zur Vorgängerbestimmung allgemeine Ansicht.[79] Einzelfallbezogen heißt, dass der öffentliche Auftraggeber das Anforderungsprofil der Leistungsbeschreibung in Vergleich zum **Regelfall einer durchschnittlichen Bauausschreibung** mit einem in Teilleistungen gegliederten Leistungsverzeichnis setzen muss (→ § 7b EU Abs. 1). Teilfunktionale Leistungsbeschreibungen oder Leistungsbeschreibungen mit Leistungsprogramm (§ 7c EU) müssen deshalb idR mit längeren Fristen für die Ausarbeitung des Angebots einhergehen (→ Rn. 18).[80] Zu berücksichtigen sind ferner ablaufprägende Besonderheiten, wie strengere Eignungsanforderungen bei Großbauvorha-

---

[71] VK Sachsen, 1.2.2002 – 1/SVK/139-01, IBRRS 2004, 3750 – „Jugendstrafanstalt"; *Reidt* in Beck VOB/A § 10 Rn. 19; *Herig*, 5. Aufl. 2013, § 10 Rn. 2; *Lausen* in jurisPK-VergabeR, 5. Aufl. 2016, § 10 EU Rn. 9; *Rechten* in KKMPP § 20 VgV Rn. 18.

[72] VK Sachsen (o. Fußn. 71).

[73] OLG Celle, 24.2.2015 – 13 Verg 1/15, juris, Rn. 91 (zur VOL/A).

[74] Dazu *Schubert* in Willenbruch/Wieddekind, 2. Aufl. 2017, § 20 VgV Rn. 12.

[75] Gegen eine Reduzierung auf den Wortlaut *Horn* in Müller-Wrede § 20 VgV Rn. 16.

[76] Übernimmt Art. 39 Abs. 1 Richtlinie 2014/23/EU.

[77] *von Wietersheim* in Ingenstau/Korbion, 20. Aufl. 2017, § 10 EU Rn. 8; *Rechten* in KKMPP § 20 VgV Rn. 18.

[78] Anders wohl die Literaturstimmen, für die eine solche Prüfungspflicht auch in den anderen Vergabe- und Vertragsordnungen enthalten ist, etwa *von Wietersheim* in HdbVergabeR, 2. Aufl. 2017, § 25 Rn. 100.

[79] OLG Naumburg, 20.9.2012 – 2 Verg 4/12, BeckRS 2012, 21448; OLG Düsseldorf, 19.6.2013 – VII-Verg 4/13, ZfBR 2013, 720 (zur VOL/A); *Weyand* ibr-online-Kommentar Vergaberecht, Stand 26.11.2012, § 10 VOB/A Rn. 9.

[80] *Schubert* in Willenbruch/Wieddekind, 2. Aufl. 2017, § 20 VgV Rn. 13; *Rechten* in KMPP § 10 Rn. 18; *ders.* in KKMPP § 20 VgV Rn. 17; *Müller* in Greb/Müller, 2. Aufl. 2017, § 16 SektVO Rn. 10; *Ferber* 148 (jeweils zu funktionalen Ausschreibungen. Allerdings sind auch Fälle denkbar, in denen ein funktionales LV weniger Aufwand verursacht).

ben,[81] die für Bauaufträge atypische Stellung des zu bebauenden Grundstücks durch den Auftragnehmer[82] oder die Notwendigkeit des Ausgleichs des Vorsprungs eines Projektanten (→ § 20 VgV Rn. 9).[83]

D. Ortsbesichtigung oder Einsichtnahme in weitere Unterlagen (Abs. 2)

I. Regelungsinhalt

22   Abs. 2 hat die bisherigen Regelbeispiele aus § 10 EG Abs. 1 Nr. 6 VOB/A 2012 übernommen, bei denen der öffentliche Auftraggeber längere Fristen als die Mindestfristen festzulegen hat, ihm also **kein Ermessen** hinsichtlich des „ob" einer Fristverlängerung, sondern nur hinsichtlich ihres Umfangs eingeräumt ist.[84] In der 1. Alternative ist das der Fall, wenn Angebote nur nach einer Ortsbesichtigung erstellt werden können. Die zweite Alternative betrifft die Fälle, in denen die Bieter Unterlagen einsehen müssen, die ihnen aufgrund zwingender technischer Gründe (zu wegen des Formats von Plänen) nicht übermittelt werden können. Abs. 2 regelt nicht abschließend, wann die Ermessensentscheidung in Abs. 1 im Sinne eines „intendierten Ermessens" vorgezeichnet ist.[85] Frühere Fassungen der VOB/A führten zB den Mehraufwand für die „Beschaffung von Unterlagen für die Angebotsbearbeitung" ausdrücklich an,[86] womit vor allem die Ausarbeitung von Plänen, Entwürfen, Zeichnungen, statische Berechnungen und Massenberechnungen gemeint war.[87] In derartigen Fällen ist das Ermessen des öffentlichen Auftraggebers idR dahin auszuüben (→ Rn. 18), dass sich diese Besonderheiten in Fristverlängerungen niederschlagen müssen. Gleiches gilt für den Zeitbedarf für die Einholung von Angeboten bei verschiedenen Materiallieferanten oder Nachunternehmern. Die Angebotsfrist ist ferner bei **zusätzlichen Auskünften** zu verlängern (→ §§ 12 EU Abs. 3, 12a VS Abs. 4).
      Das VHB[88] unterstreicht, dass die Fristverlängerung in den Fällen von Abs. 2 zwingend ist.

> „5.2.2 Ortsbesichtigungen oder Einsichtnahmen in nicht übersandte Unterlagen
>   Für die Angebotserstellung erforderliche Ortsbesichtigungen oder Einsichtnahmen in nicht übersandte Unterlagen erfordern stets eine längere Frist als die Mindestfrist."

23   Auch Abs. 2 nennt keine feste Zeitvorgabe, um die die Angebotsfrist zu verlängern ist. Die Bestimmung des genauen Zeitraums fällt in das Ermessen des Auftraggebers.[89] Der erforderliche Verlängerungszeitraum bestimmt sich wie bei Abs. 1 nach dem gesamten Zeitraum, der für eine fachkundige Angebotserstellung erforderlich ist (→ Rn. 13).[90]

24   Die Vorschrift gibt keine Vorgabe für den Inhalt der Vergabeunterlagen. Allerdings folgt aus § 121 Abs. 1 S. 2 GWB, dass die Bieter in der Leistungsbeschreibung auf das Erforder-

---

[81] OLG Naumburg, 20.9.2012 – 2 Verg 4/12, BeckRS 2012, 21448.

[82] OLG Naumburg, 20.9.2012 – 2 Verg 4/12, BeckRS 2012, 21448.

[83] OLG Naumburg, 20.9.2012 – 2 Verg 4/12, BeckRS 2012, 21448.

[84] *Lausen* in jurisPK-VergabeR, 5. Aufl. 2016, § 10 EU Rn. 14; *von Wietersheim* in Ingenstau/Korbion, 20. Aufl. 2017, § 10 EU Rn. 11; *Weißenbach* in HRR, 14. Aufl. 2018, § 10 EU Rn. 3. Die amtliche Begründung zu § 20 Abs. 2 VgV spricht von einem „Gebot der Fristverlängerung", vgl. BR-Drs. 87/16, 177; bereits *Horn* in Müller-Wrede § 20 VgV Rn. 20.

[85] Zur Figur des „intendierten" (gelenkten) Ermessens etwa BVerwG, 1.3.1983 – 1 C 14.81, NVwZ 1983, 476; 16.6.1997 – 3 C 22/96, NJW 1998, 2233.

[86] Bereits frühere VOB-Fassungen, vgl. §§ 19 Nr. 1 VOB/A 1926, 18 Nr. 1 VOB/A 1960, 18 Nr. 1 VOB/A 1973, 10 Abs. 1 Satz 2 VOB/A 2009.

[87] Ingenstau/Korbion, 7. Aufl. 1974, A § 18 Rn. 4.

[88] VHB 2008 – Stand April 2016, Allgemeine Richtlinien Vergabeverfahren, Formblatt 111.

[89] *Heiermann/Bauer* in HRR, 13. Aufl. 2013, § 10 EG Rn. 8; *Lausen* in jurisPK-VergabeR, 5. Aufl. 2016, § 10 EU Rn. 14.

[90] *Ax/Ottenströer* IBR 2011, 1185 Rn. 6

nis einer Ortbesichtigung bzw. einer Einsichtnahme in weitere Unterlagen stets ausdrücklich **hinzuweisen** sind.[91]

II. Ortsbesichtigung

Ortsbesichtigungen iSv Abs. 2 sind Termine, bei denen Bieter durch örtliche Erkundi- **25**
gung einen unmittelbaren Eindruck von den Leistungsanforderungen gewinnen sollen.
Gemeint sind bei Bauaufträgen vor allem **Baustellenbesichtigungen,** bei denen sich die
Bieter vom tatsächlichen Zustand der Baustelle überzeugen. Sie sind in der Praxis von erheblicher Bedeutung und im Unterschwellenbereich sei jeher[92] ausdrücklich angesprochen
(vgl. § 10 Abs. 1 S. 2 VOB/A). Grundsätzlich ist Ortsbesichtigungen wegen des Grundsatzes der erschöpfenden Leistungsbeschreibung in § 7 EU Abs. 1 nur präzisierende Funktion
beizumessen.[93] Die textliche Leistungsbeschreibung kann nicht durch einen Baustellenter-
min oder die Besichtigung von technischen Anlagen ersetzt werden (→ § 7 EU Rn. 15).
Ist eine Ortsbesichtigung in den Vergabeunterlagen fakultativ oder zwingend vorgesehen,
muss der öffentliche Auftraggeber für die üA den gesamten ausgelösten Zeitbedarf einplan-
en, dh einschließlich Terminabstimmung, An- und Abreise, Präsenz vor Ort und Umsetzung der gewonnenen Erkenntnisse.[94]

III. Einsichtnahme in weitere Unterlagen

Auch diese Alternative ist eng auszulegen. Der Grundsatz der erschöpfenden Leistungs- **26**
beschreibung in § 7 EU Abs. 1 gibt vor, dass alle vertragswesentlichen Spezifikationen in
die Leistungsbeschreibung aufzunehmen sind und daher bereits mit den Vergabeunterlagen
zu Verfügung gestellt werden (→ § 121 GWB Rn. 61). Gemeint sind wie bei § 20 Abs. 2
VgV **Anlagen zu den Vergabeunterlagen,** die aus zwingenden technischen Gründen
nicht unmittelbar (und idR elektronisch) zur Verfügung gestellt werden können, zB großformatige Pläne, Proben, Modelle, und beim öffentlichen Auftraggeber vor Ort eingesehen
werden müssen.[95] Der anzusetzende zeitliche Aufwand bemisst sich auch nach dem Umfang dieser Unterlagen.[96] Die Verlängerungspflicht bei wesentlichen Änderungen dieser
Unterlagen folgt aus §§ 10a EU Abs. 6 Nr. 2, 10b EU Abs. 6 Nr. 2.

---

[91] Umstritten. Anderer Ansicht *von Wietersheim* in Ingenstau/Korbion, 20. Aufl. 2017, § 10 EU Rn. 13
(der dies aus § 10 EU Abs. 2 VOB/A ableitet, der aber einen anderen Regelungsgehalt hat).
[92] Bereits §§ 19 Nr. 1 VOB/A 1926, 18 Nr. 1 VOB/A 1960; 18 Nr. 1 VOB/A 1988/1996, 10 Abs. 1
VOB/A 2009.
[93] *Mertens* in FKZG, 5. Aufl. 2013, § 10 EG VOB/A Rn. 10.
[94] *Lausen* in jurisPK-VergabeR, 5. Aufl. 2016, § 10 EU Rn. 15; Kapellmann/Messerschmidt/*Planker,*
6. Aufl. 2018, VOB/A § 10 EU Rn. 3; *von Wietersheim* in Ingenstau/Korbion, 20. Aufl. 2017, § 10 EU
Rn. 11; *Horn* in Müller-Wrede § 13 UVgO Rn. 33.
[95] *Rechten* in KKMPP § 20 VgV Rn. 26 (nicht überzeugend wegen der elektronischen Zurverfügungstellung das dort genannte Beispiel „umfassende Gutachten").
[96] *Wirner/Schubert* in Willenbruch/Wieddekind, 2. Aufl. 2017, § 10 EU Rn. 12.

§ 10a Fristen im offenen Verfahren

(1) **Beim offenen Verfahren beträgt die Angebotsfrist mindestens 35 Kalendertage,** gerechnet vom Tag nach Absendung der Auftragsbekanntmachung.

(2) **Die Angebotsfrist kann auf 15 Kalendertage, gerechnet vom Tag nach Absendung der Auftragsbekanntmachung, verkürzt werden.** Voraussetzung dafür ist, dass eine Vorinformation nach dem vorgeschriebenen Muster gemäß § 12 EU Absatz 1 Nummer 3 mindestens 35 Kalendertage, höchstens aber zwölf Monate vor dem Tag der Absendung der Auftragsbekanntmachung an das Amt für Veröffentlichungen der Europäischen Union abgesandt wurde. Diese Vorinformation muss mindestens die im Muster einer Auftragsbekanntmachung nach Anhang V Teil C der Richtlinie 2014/24/EU für das offene Verfahren geforderten Angaben enthalten, soweit diese Informationen zum Zeitpunkt der Absendung der Vorinformation vorlagen.

(3) **Für den Fall, dass eine vom öffentlichen Auftraggeber hinreichend begründete Dringlichkeit die Einhaltung der Frist nach Absatz 1 unmöglich macht, kann der öffentliche Auftraggeber eine Frist festlegen, die 15 Kalendertage, gerechnet vom Tag nach Absendung der Auftragsbekanntmachung, nicht unterschreiten darf.**

(4) **Die Angebotsfrist nach Absatz 1 kann um fünf Kalendertage verkürzt werden,** wenn die elektronische Übermittlung der Angebote gemäß § 11 EU Absatz 4 akzeptiert wird.

(5) **Kann ein unentgeltlicher, uneingeschränkter und vollständiger direkter Zugang aus den in § 11b EU genannten Gründen zu bestimmten Vergabeunterlagen nicht angeboten werden, so kann in der Auftragsbekanntmachung angegeben werden, dass die betreffenden Vergabeunterlagen im Einklang mit § 11b EU Absatz 1 nicht elektronisch, sondern durch andere Mittel übermittelt werden, bzw. welche Maßnahmen zum Schutz der Vertraulichkeit der Informationen gefordert werden und wie auf die betreffenden Dokumente zugegriffen werden kann.** In einem derartigen Fall wird die Angebotsfrist um fünf Kalendertage verlängert, außer im Fall einer hinreichend begründeten Dringlichkeit gemäß Absatz 3.

(6) **In den folgenden Fällen verlängert der öffentliche Auftraggeber die Fristen für den Eingang der Angebote, sodass alle betroffenen Unternehmen Kenntnis aller Informationen haben können, die für die Erstellung des Angebots erforderlich sind:**

1. wenn rechtzeitig angeforderte Zusatzinformationen nicht spätestens sechs Kalendertage vor Ablauf der Angebotsfrist allen Unternehmen in gleicher Weise zur Verfügung gestellt werden können. Bei beschleunigten Verfahren (Dringlichkeit) im Sinne von Absatz 3 beträgt dieser Zeitraum vier Kalendertage;
2. wenn an den Vergabeunterlagen wesentliche Änderungen vorgenommen werden.

Die Fristverlängerung muss in einem angemessenen Verhältnis zur Bedeutung der Informationen oder Änderungen stehen. Wurden die Zusatzinformationen entweder nicht rechtzeitig angefordert oder ist ihre Bedeutung für die Erstellung zulässiger Angebote unerheblich, so ist der öffentlichen Auftraggeber nicht verpflichtet, die Fristen zu verlängern.

(7) **Bis zum Ablauf der Angebotsfrist können Angebote in Textform zurückgezogen werden.**

(8) **Der öffentliche Auftraggeber bestimmt eine angemessene Frist, innerhalb der die Bieter an ihre Angebote gebunden sind (Bindefrist).** Diese soll so kurz wie möglich und nicht länger bemessen werden, als der öffentliche Auftraggeber für eine zügige Prüfung und Wertung der Angebote (§§ 16 EU bis 16d EU) benötigt. Die Bindefrist beträgt regelmäßig 60 Kalendertage. In begründeten Fällen kann der öffentliche Auftraggeber eine längere Frist festlegen. Das Ende der Bindefrist ist durch Angabe des Kalendertages zu bezeichnen.

(9) **Die Bindefrist beginnt mit dem Ablauf der Angebotsfrist.**

Übersicht

	Rn.			Rn.
A. Einführung	1	**G. Fristverlängerung bei nicht vollständiger elektronischer Zurverfügungstellung der Vergabeunterlagen (Abs. 5)**	...	28
I. Literatur	1	I. Regelungsinhalt		28
II. Entstehungsgeschichte	2	II. Fristverlängerung um fünf Kalendertage		30
III. Rechtliche Vorgaben im EU-Recht	5			
B. Systematische Stellung	8	**H. Fristverlängerung bei Zusatzinformationen (Abs. 6 S. 1 Nr. 1)**		31
C. Übliche Angebotsfrist (Abs. 1)	11	I. Regelungsinhalt		31
I. Regelungsinhalt	11	II. Angemessene Fristverlängerung		33
II. Angemessene Angebotsfrist	12			
III. Fristbeginn und Fristende	14	**I. Fristverlängerung bei Änderung der Vergabeunterlagen (Abs. 6 S. 1 Nr. 2)**	.	40
D. Fristverkürzung durch Vorinformation (Abs. 2)	16	I. Regelungsinhalt		40
I. Regelungsinhalt	16	II. Angemessene Fristverlängerung		41
II. Möglichkeit der Fristverkürzung auf 15 Kalendertage	17	**J. Rücknahme der Angebote (Abs. 7)**	.....	43
III. Zeitfenster der Vorinformation	18	I. Regelungsinhalt		43
IV. Notwendiger Inhalt der Vorinformation	20	II. Rücknahme in Textform		44
E. Fristverkürzung bei hinreichend begründeter Dringlichkeit (Abs. 3)	23	**K. Die Bindefrist (Abs. 8)**		54
I. Regelungsinhalt	23	I. Regelungsinhalt		54
II. Möglichkeit der Fristverkürzung auf 15 Kalendertage	24	II. Angemessene Bindefrist		55
		III. Fristberechnung der Bindefrist		56
F. Fristverkürzung bei elektronischer Übermittlung (Abs. 4)	26	IV. Rechtsfolgen bei Ablauf der Bindefrist	.	57
I. Regelungsinhalt	26	**L. Der Beginn der Bindefrist (Abs. 9)**	......	58
II. Möglichkeit der Fristverkürzung um fünf Kalendertage	27	I. Regelungsinhalt		58
		II. Angemessene Bindefrist		59

A. Einführung

I. Literatur

Schelle/Erkelenz, VOB/A. Alltagsfragen und Problemfälle zur Ausschreibung von Bauleistungen, 1983; Präsident des BFH als Bundesbeauftragter für Wirtschaftlichkeit in der Verwaltung (BWV), Gutachten zur Wirtschaftlichkeit der Billigstbieter, 2003; *Ax/Ottenströer,* Fristen im Offenen und Nichtoffenen Vergabeverfahren, IBR 2011, 1185 (nur online); *Ferber,* Fristen im Vergabeverfahren, 4. Aufl. 2017. **1**

II. Entstehungsgeschichte

Die VOB Ausgabe 2016 hat die Regelungen zu den Fristen in einem offenen Verfahren in **2** eine selbständige Norm, den § 10a EU VOB/A gefasst. Die Regelungen zu den Fristen in einem offenen Verfahren wurden zuvor in der globalen Fristenregelung für alle Vergabeverfahrensarten in einem Absatz mit mehreren Nummern gefasst, namentlich in § 10 EG Abs. 1 Nr. 1 bis Nr. 11 VOB/A. § 10a EU VOB/A enthält nunmehr wie § 15 VgV und § 14 Sekt-VO, Regelungen zu den Fristen, die ausschließlich für das offene Verfahren gelten.

§ 10a EU VOB/A nimmt die verkürzten Mindestfristen für die Abgabe der Angebote **3** der Richtlinie 2014/24/EU (AVR) auf und sieht darüber hinaus weiterhin die bekannten Verkürzungsmöglichkeiten vor; bei rechtzeitiger Bekanntgabe einer Vorinformation oder im Falle einer hinreichend begründeten Dringlichkeit. Für die Verkürzungsmöglichkeit wegen hinreichend begründeter Dringlichkeit ist es nicht (mehr) erforderlich, dass es sich um eine extreme Dringlichkeit wegen unvorhersehbarer und vom öffentlichen Auftraggeber nicht zu verantwortender Ereignisse handelt. Trotz der Möglichkeit der Verkürzung der Mindestfristen gilt gemäß § 10 EU Abs. 1 VOB/A in Umsetzung der Richtlinie 2014/24/EU (AVR): Bei der Festsetzung der Angebotsfrist muss der öffentliche Auftraggeber insbesondere die Komplexität des Auftrags und die Zeit, die für die Ausarbeitung der Angebote erforderlich ist, beachten (vgl. § 10 EU Abs. 1 VOB/A). Folglich hat der öffentliche Auftraggeber immer eine angemessen bemessene Angebotsfrist festzulegen. Alle in § 10a EU VOB/A genannten Mindestfristen sind demnach immer (!) daraufhin zu überprüfen, ob sie im Einzelfall angemessen sind. Es handelt sich ausdrücklich nicht um Regelfristen.[1]

4   Die Angebotsfrist endet nicht mehr mit der Öffnung des ersten Angebotes, sondern bereits mit Ablauf der Angebotsfrist. Bei der Regelung der Frage, wie lange die Bieter an ihr Angebot gebunden sein sollen (sog. Bindefrist), stellt § 10a EU Abs. 8 und 9 VOB/A mittlerweile maßgeblich darauf ab, wie viel Zeit dem öffentlichen Auftraggeber für die Prüfung und Wertung der eingegangenen Angebote zur Verfügung steht. Die unglückliche Begrifflichkeit „Zuschlagsfrist", unter der teilweise die Bindefrist verstanden worden ist, teilweise eine Frist, bis wann der Zuschlag (voraussichtlich) erteilt wird, wird nicht mehr verwendet. Die vom öffentlichen Auftraggeber festgesetzte Bindefrist beträgt regelmäßig 60 Kalendertage. Eine längere Bindefrist ist nur in Ausnahmefällen festzusetzen und in dem Vergabevermerk zu begründen.[2]

III. Rechtliche Vorgaben im EU-Recht

5   Die Regelungen in § 10a EU VOB/A können auf Bestimmungen der Allgemeinen Vergaberichtlinie 2014/24/EU (AVR) zurückgeführt werden.

6   Die Umsetzung lehnt sich weit überwiegend eng an den Richtlinientext an.[3] Für das OLG Düsseldorf bestanden Umsetzungsspielräume, so dass der Richtlinienbestimmung vor dem Inkrafttreten der Verordnung zur Modernisierung des Vergaberechts (VergRModVO) keine Vorwirkung zukam.[4]

– Mit § 10a EU Abs. 1 VOB/A hat der Normgeber vornehmlich Art. 27 Abs. 1 Unterabs. 2 AVR umgesetzt.

– § 10a EU Abs. 2 VOB/A setzt wesentlich Art. 27 Abs. 2 AVR um.

– Mit § 10a EU Abs. 3 VOB/A hat der Normgeber vornehmlich Art. 27 Abs. 3 AVR iVm Erwägungsgrund (46) umgesetzt.

– § 10a EU Abs. 4 VOB/A findet seine Grundlage vornehmlich in Art. 27 Abs. 4 AVR iVm Erwägungsgrund (80).

– § 10a EU Abs. 5 VOB/A wurde weit überwiegend aus Art. 53 Abs. 1 Unterabs. 2 und 3 AVR entwickelt.

– § 10a EU Abs. 6 VOB/A hat seinen Ursprung in Art. 47 Abs. 3 AVR iVm Erwägungsgrund (81).

7   Die Regelungen in § 10a EU Abs. 7 bis 9 VOB/A zur Bindefrist sind nicht auf die Vergaberichtlinie 2014/24/EU (AVR) zurückzuführen, sondern auf die §§ 145 bis 151 des Bürgerlichen Gesetzbuchs (BGB).

---

[1] Siehe zu dieser Auffassung auch den Einführungserlass zur Vergabe- und Vertragsordnung für Bauleistungen (VOB) 2016 vom Bundesministerium für Umwelt, Naturschutz, Bau und Reaktorsicherheit vom 7.4.2016; Az.: B I 7–81063.6/1; Seite 8 oben.

[2] Siehe zu dieser Auffassung auch den Einführungserlass zur Vergabe- und Vertragsordnung für Bauleistungen (VOB) 2016 vom Bundesministerium für Umwelt, Naturschutz, Bau und Reaktorsicherheit vom 7.4.2016; Az.: B I 7 – 81063.6/1; Seite 8 oben.

[3] Siehe den Einführungserlass zur Vergabe- und Vertragsordnung für Bauleistungen (VOB) 2016 vom Bundesministerium für Umwelt, Naturschutz, Bau und Reaktorsicherheit vom 7.4.2016; Az.: B I 7 – 81063.6/1; Seite 8 oben.

[4] OLG Düsseldorf 14.12.2016 – VII-Verg 20/16.

B. Systematische Stellung

§ 10a EU VOB/A sowie die weiteren Regelungen zu den Fristen gehen davon aus, dass **8** allen Bietern (und Bewerbern) die **gleichen Fristen** gesetzt werden.[5] Einheitliche Angebotsfristen (und sonstige Fristen) sind für den Wettbewerb und für die Wertung der Angebote unverzichtbar. Angebotsfristen (und sonstige Fristen) haben daher den Charakter von **Ausschlussfristen**.[6] Die Nichteinhaltung der Angebotsfrist führt zwingend zum Ausschluss des Angebots.[7] Eine inhaltliche Änderung von Angeboten nach Ablauf der Angebotsfrist ist ausgeschlossen. Angebotsfristen (und sonstige Fristen) sind strikt zu vollziehen und dürfen nicht nachträglich zu Gunsten einzelner Bieter (oder Bewerber) relativiert werden.[8] Deshalb ist eine **Wiedereinsetzung in den vorherigen Stand** abzulehnen.[9] Erkennt der öffentliche Auftraggeber im Nachhinein, dass Fristen versehentlich unangemessen kurz bemessen worden sind, muss er die Fristen für alle Bieter (und Bewerber) angemessen verlängern.[10]

Der öffentliche Auftraggeber hat die Fristen einzelfallbezogen festzulegen, wobei die **9** Festlegung insbesondere an der **Komplexität des Auftrages** und der **für die Angebotserstellung erforderlichen Zeit** auszurichten ist. Die für die Abwägung genannten Kriterien sind aus unionsrechtlicher Sicht nicht abschließend (→ § 10 EU VOB/A Rn. 10).[11] Zudem sind die Fristen angemessen zu verlängern im Falle von Ortsbesichtigungen, Zusatzinformationen oder nachträglichen wesentlichen Änderungen der Vergabeunterlagen (§ 10 EU Abs. 2 VOB/A; § 10a EU Abs. 6 VOB/A; Art. 47 Abs. 2 und 3 AVR).[12] Nach einer Entscheidung des Europäischen Gerichts Erster Instanz (EuG) zur Unterschwellenmitteilung stehen die Richtlinienvorgaben zu den Fristen in einem Zusammenhang mit dem **Grundsatz des freien Dienstleistungsverkehrs und des Diskriminierungsverbots**. Angemessene Fristen sollen der Gefahr einer Bevorzugung einheimischer Bieter (und Bewerber) bei der Auftragsvergabe durch öffentliche Auftraggeber entgegenwirken.[13] Die Pflicht zur Festlegung einer angemessenen Frist ist daher als **Bestandteil des Vergabeprimärrechts** (→ Einleitung Rn. 167 f.) anzusehen.[14] Die „Mitteilung zu Auslegungsfragen" der EU-Kommission vom 23.6.2006[15] äußert sich hierzu folgendermaßen:

---

[5] Der neue § 13 Abs. 2 UVgO bringt das explizit zum Ausdruck. Es ergibt sich bereits aus dem Gleichbehandlungsgrundsatz, Horn in Müller-Wrede, § 13 UVgO Rn. 30, 31.

[6] BGH 14.7.1997 – NotZ 48/96, NJW-RR 1998, 57 (58) – „Notarstelle"; VG Halle 10.9.2008 – 3 B 231/08, IBRRS 2008, 2711 – „Rettungsdienstleistungen"; HessVGH 27.5.1999 – 2 Q 4634/98, juris, Rn. 16 – „Bodenabfertigungsdienste"; Völlink in Völlink/Kehrberg § 18 Rn. 2; Weyand ibr-online-Kommentar Vergaberecht, Stand 26.11.2012, § 10 VOB/A Rn. 6; Lausen in jurisPK-VergabeR, 5. Aufl. 2016, § 10 EU Rn. 6; Wirner/Schubert in Willenbruch/Wieddekind, 2. Aufl. 2017, § 10 EU Rn. 7; Rechten in KKMPP § 20 VgV Rn. 11; Müller in Greb/Müller, 2. Aufl. 2017, § 16 SektVO Rn. 8.

[7] Ein Angebot, das nachweislich vor Ablauf der Angebotsfrist dem öffentlichen Auftraggeber zugegangen war, aber aus vom Bieter nicht zu vertretenden Gründen dem Verhandlungsleiter nicht vorgelegen hat, wird wie ein rechtzeitig vorliegendes Angebot behandelt (§ 14 EU Abs. 5 VOB/A iVm § 16 EU Nr. 1 VOB/A).

[8] Zu diesem Grundsatz BVerwG, 13.12.2012 – 3 C 32/11, NVwZ 2013, 507 Rn. 45 – „Bodenabfertigungsdienste".

[9] Rechten in KMPP § 10 Rn. 14.

[10] Zur Pflicht zur Ergreifung kompensatorischer Maßnahmen Egger Europäisches Vergaberecht Rn. 901. Zur Zulässigkeit der Fristverlängerung el-Barudi in HHKW § 10 VOB/A Rn. 6.

[11] Erwägungsgrund (80) Richtlinie 2014/24/EU („vor allem"). Das ist dennoch eine Akzentverschiebung gegenüber Art. 38 Abs. 1 Richtlinie 2004/18/EG der diese Gesichtspunkte ausdrücklich nur „insbesondere" aufführte.

[12] Bereits Art. 38 Abs. 7 Richtlinie 2004/18/EG. Nachweise zu den inhaltsgleichen Vorgängervorschriften (die auf Artt. 13 Abs. 2, 14 Abs. 4 Richtlinie 71/305/EWG zurückgehen) bei Prieß EurVergabeR-HdB, 3. Aufl. 2005, 236 in Fußn. 168.

[13] EuG (Fünfte Kammer) 20.5.2010 – T-258/06, NZBau 2010, 510 Rn. 122 f.

[14] Weyand ibr-online-Kommentar Vergaberecht, Stand 26.11.2012, § 10 VOL/A Rn. 12; zum Konzept des Vergabeprimärrechts statt vieler Burgi VergabeR § 3 Rn. 13 ff.

[15] ABl. 2000 C 173/6.

„Angemessene Fristen
Die Fristen für Interessensbekundungen und für die Angebotsabgabe müssen so lang sein, dass Unternehmen aus anderen Mitgliedstaaten eine fundierte Einschätzung vornehmen und ein Angebot erstellen können."

10   Fristen für Teilnahmeanträge und Angebote beginnen jeweils mit dem Tag der Absendung der EU-Bekanntmachung (bzw. der Aufforderung zur Angebotsabgabe) zu laufen. Die Fristen in den Vergaberichtlinien sind (bis auf wenige Ausnahmen) nach **Kalendertagen** bemessen. Samstag, Sonntage und gesetzliche Feiertage in den jeweiligen EU-Mitgliedsstaaten werden mitgezählt.[16] Fällt der letzte Tag der Frist auf einen Samstag, Sonntag oder Feiertag, endet die Frist mit Ablauf des nächsten Arbeitstages am Sitz der ausschreibenden Stelle.[17] Fällt die Frist beispielsweise auf einen Samstag, dann endet die Frist direkt an dem darauffolgenden Montag um 24:00 Uhr.[18]

C. Übliche Angebotsfrist (Abs. 1)

I. Regelungsinhalt

11   Abs. 1 regelt zum einen, dass die Angebotsfrist bei einem offenen Verfahren mindestens 35 Kalendertage beträgt. Zum anderen wird bestimmt, dass die Frist am Tag nach Absendung der EU-Auftragsbekanntmachung an das Amt für Veröffentlichungen der Europäischen Union beginnt.

II. Angemessene Angebotsfrist

12   Gemäß Abs. 1 hat die Angebotsfrist bei einem offenen Verfahren mindestens 35 Kalendertage zu betragen. Dabei darf der öffentliche Auftraggeber nicht den Fehler begehen, dass er unreflektiert immer bei einem offenen Verfahren eine Angebotsfrist von 35 Kalendertagen wählt. Bei der Festsetzung jeder Angebotsfrist muss der öffentliche Auftraggeber insbesondere die Komplexität des Auftrags und die Zeit, die für die Ausarbeitung der Angebote erforderlich ist, beachten (vgl. § 10 EU Abs. 1 VOB/A). Folglich hat der öffentliche Auftraggeber immer eine angemessen bemessene Angebotsfrist festzulegen unter Beachtung des **Verhältnismäßigkeitsgrundsatzes** (§ 2 EU Abs. 1 S. 2 VOB/A; § 97 Abs. 1 S. GWB). Der öffentliche Auftraggeber hat daher in jedem Einzelfall die Angebotsfrist angemessen festzulegen. Es handelt sich bei der genannten Angebotsfrist von „mindestens 35 Kalendertagen" ausdrücklich nicht um eine Regelfrist.[19]

13   Der öffentlichen Auftraggeber darf die Angebotsfrist mitunter an seinen **zeitlichen Bedarf an der ausgeschriebenen Leistung** ausrichten. Er darf dieses Interesse aber nicht gegenüber den Belangen der potentiellen Bieter übergewichten. Ihren Bedarf an den ausgeschriebenen Bauleistungen müssen öffentliche Auftraggeber vor allem dadurch Rechnung tragen, dass sie ihre internen Bearbeitungszeiten für die Prüfung und Bewertung der Angebote straffen.[20] Das Argument, der Gemeinderat würde nur an bestimmten Tagen seinen Sitzungstag abhalten, stellt keinen sachlichen Grund für eine Fristverkürzung dar. Hintergrund

---

[16] Vgl. OLG Saarbrücken 9.11.2005 – 1 Verg 4/05, NJOZ 2006, 621 (627).

[17] Art. 2 Abs. 2, Art. 3 Abs. 3 VO (EWG, Euraton) Nr. 1182/71 des Rates vom 3. Juni 1971 zur Festlegung der Regeln für die Fristen, Daten und Termine (ABl. L 124 vom 8.6.1971, S. 1). Siehe auch Erwägungsgrund 106 der Richtlinie 2014/24/EU (AVR). Zur Fristberechnung instruktiv Ferber 59 f.

[18] Soweit es sich nicht ausnahmsweise bei diesem Montag um einen Feiertag handelt (bspw. Ostermontag); ansonsten würde die Frist am darauffolgenden Arbeitstag, bspw. Dienstag um 24:00 Uhr ablaufen.

[19] Siehe zu dieser Auffassung auch den Einführungserlass zur Vergabe- und Vertragsordnung für Bauleistungen (VOB) 2016 vom Bundesministerium für Umwelt, Naturschutz, Bau und Reaktorsicherheit vom 7.4.2016; Az.: B I 7 – 81063.6/1; Seite 8 oben.

[20] Reidt in Beck VOB/A § 10 Rn. 12. Das ist für die Rechtsprechung eine allgemeine Anforderung an Fristverkürzungen wegen Dringlichkeit, vgl. etwa VK Lüneburg (o. Fußn. 35).

ist, das ein Gemeinderat auch als milderes Mittel vor Ablauf der Absendung der EU-Auftragsbekanntmachung einen Vorratsbeschluss fassen könnte, der es der Vergabestelle gestattet, den Zuschlag auf das zukünftige Bestangebot zu erteilen, soweit das Bestangebot das von dem Gemeinderat festzulegende und zu dokumentierende Budget nicht überschreitet.

III. Fristbeginn und Fristende

Abs. 1 regelt, dass die Frist am Tag nach der Absendung der EU-Auftragsbekannt- **14** machung an das Amt für Veröffentlichungen der Europäischen Union beginnt. Die Angebotsfrist endet nicht mehr mit der Öffnung des ersten Angebotes, sondern bereits mit dem Ablauf der Angebotsfrist.

Wird die EU-Auftragsbekanntmachung beispielsweise am 1. Juni versendet, dann ist der **15** Fristbeginn am 2. Juni um 0:00 Uhr. Damit endet die Frist von 35 Kalendertagen[21] am 6. Juli um 24:00 Uhr.[22] Soll die Frist zur Angebotsabgabe um 11:00 Uhr[23] erfolgen, darf nicht der 6. Juli – 11:00 Uhr gewählt werden, sondern der 7. Juli – 11:00 Uhr. Nur dann wird gewährleistet, dass den Bietern volle 35 Kalendertage zur Verfügung stehen. Im Falle der teilweise bis zum 17. Oktober 2018 noch erlaubten Zulassung von schriftlichen Angeboten ist auch bei der Festlegung einer angemessenen Frist mit in die Abwägung mit einzubeziehen, dass die Frist zur Angebotsabgabe in aller Regel nicht an einem Montag oder an einem Arbeitstag direkt im Anschluss an einen gesetzlichen Feiertag enden soll. Hintergrund ist, dass ansonsten ortsansässige Bieter bevorzugt werden. Diese können noch am Sonntag bzw. Feiertag ihr Angebot finalisieren, während andere Bieter, insbesondere aus anderen EU-Mitgliedstaaten, zuvor bereits ihr Angebot an einen Kurier übergeben müssen, und damit faktisch weniger Zeit für die Angebotserstellung haben als ein ortsansässiger Bieter.

D. Fristverkürzung durch Vorinformation
(Abs. 2)

I. Regelungsinhalt

Abs. 2 regelt die Möglichkeit und Voraussetzungen für eine Fristverkürzung durch eine **16** Vorinformation.

II. Möglichkeit der
Fristverkürzung auf 15 Kalendertage

Gemäß Abs. 2 S. 1 kann der öffentliche Auftraggeber die Angebotsfrist auf 15 Kalender- **17** tage verkürzen, wenn er
– die Voraussetzungen des Abs. 2 S. 2 und S. 3 beachtet;
– die Angebotsfrist angemessen im Sinne des § 10 EU Abs. 1 VOB/A unter Berücksichtigung des Verhältnismäßigkeitsgrundsatzes (§ 2 EU Abs. 1 S. 2 VOB/A; § 97 Abs. 1 Satz 2 GWB) festlegt; und

---

[21] Soweit diese Angebotsfrist von 35 Kalendertagen im Einzelfall angemessen sein sollte.

[22] Sollte der 6. Juli ein Samstag, Sonntag oder gesetzlicher Feiertag sein, endet die Frist am darauffolgenden Arbeitstag, bspw. am 7. Juli um 24:00 Uhr. In diesem Fall sollte als Angebotsfrist der übernächste Arbeitstag mit einer passenden Uhrzeit gewählt werden.

[23] Der Fristablauf sollte nicht auf 24:00 Uhr gelegt werden. Denn ausweislich § 14 EU Abs. 1 Satz 1 VOB/A muss die Öffnung der Angebote unverzüglich, damit ohne schuldhaftes Zögern, nach Ablauf der Angebotsfrist durchgeführt werden. Unverzüglich im Anschluss an die Öffnung hat der öffentliche Auftraggeber zudem diverse Informationen elektronisch den Bietern zur Verfügung zu stellen (vgl. § 14 EU Abs. 6 Satz 1, § 11a EU Abs. 2 VOB/A; § 11 Abs. 2 VgV iVm. § 2 VgV).

– die Gründe und das Ergebnis der Abwägung zwingend vorab dokumentiert (§ 8 Abs. 1 S. 1 VgV iVm § 2 VgV).

III. Zeitfenster der Vorinformation

18   Die Frist darf gemäß Abs. 2 S. 2 nur dann auf mindestens 15 Kalendertage verkürzt werden, wenn eine inhaltlich formgerechte[24] EU-Vorinformation an das Amt für Veröffentlichungen der Europäischen Union so rechtzeitig abgesandt worden ist, dass das gegenständliche Vergabeverfahren durch Absendung der EU-Auftragsbekanntmachung erst mindestens 35 Kalendertage jedoch maximal zwölf (12) Monate später eingeleitet wird.

19   Wurde beispielsweise eine inhaltlich formgerechte EU-Vorinformation an das Amt für Veröffentlichungen der Europäischen Union am 1. Juni versendet, dann darf die Absendung der EU-Auftragsbekanntmachung für das mit eine Fristverkürzung zu privilegierende gegenständliche Vergabeverfahren **frühestens** am 7. Juli[25] – 0:00 Uhr desselben Jahres und **spätestens** am 31. Mai – 24:00 Uhr des darauffolgenden Jahres erfolgen.

IV. Notwendiger Inhalt der Vorinformation

20   Ausweislich Abs. 2 S. 3 muss die EU-Vorinformation mindestens die im Muster einer *„Auftragsbekanntmachung"* nach Anhang V *„Teil C"* der Richtlinie 2014/24/EU für das offene Verfahren geforderten Angaben enthalten, soweit diese Informationen zum Zeitpunkt der Absendung der Vorinformation vorlagen. Bei dem Verweis auf ein Muster der *„Auftragsbekanntmachung"* des Anhang V *„Teil C"* der Richtlinie 2014/24/EU handelt es sich um einen Redaktionsfehler. Der Verweis muss auf die in der **Vorinformation** aufzuführenden Angaben des Anhangs V **Teil B** der Richtlinie 2014/24/EU erfolgen. Dies folgt sowohl aus Art. 27 Abs. 2 lit. a) der Richtlinie 2014/24/EU (AVR) als auch aus § 12 EU Abs. 1 Nr. 3 VOB/A, die beide auf diesen Anhang V **Teil B** der Richtlinie 2014/24/EU verweisen. Es bestehen keine Anhaltspunkte, dass der Normgeber durch einen Verweis auf ein Muster der *„Auftragsbekanntmachung"* des Anhangs V *„Teil C"* der Richtlinie 2014/24/EU strengere Vorgaben für die öffentlichen Auftraggeber einführen wollte. Ganz im Gegenteil hat sich der Normgeber für eine weitestgehende Eins-zu-Eins-Umsetzung der Vorgaben der EU-Richtlinie ausgesprochen.

21   Der öffentliche Auftraggeber muss daher zwingend in der Vorinformation mindestens folgende Angaben machen
   – Name, Identifikationsnummer (soweit nach nationalem Recht vorgesehen), Anschrift einschließlich NUTS-Code, Telefon- und Fax-Nummer, E-Mail- und Internet-Adresse des öffentlichen Auftraggebers und, falls abweichend, der Dienststelle, bei der weitere Informationen erhältlich sind.
   – E-Mail- oder Internet-Adresse, über die die Auftragsunterlagen unentgeltlich, uneingeschränkt, vollständig und unmittelbar abgerufen werden können.
   – Ist ein unentgeltlicher, uneingeschränkter, vollständiger und unmittelbarer Zugang nicht möglich, so ist darauf hinzuweisen, wie die Auftragsunterlagen abgerufen werden können.
   – Art und Haupttätigkeit des öffentlichen Auftraggebers.
   – Soweit einschlägig: Hinweis darauf, dass es sich bei dem öffentlichen Auftraggeber um eine zentrale Beschaffungsstelle handelt oder dass eine andere Form gemeinsamer Beschaffung vorgesehen ist oder vorgesehen werden kann.
   – CPV-Codes. Bei Unterteilung des Auftrags in mehrere Lose sind diese Informationen für jedes Los anzugeben.

---

[24] Nach dem vorgeschriebenen Muster gemäß § 12 EU Abs. 1 Nr. 3 VOB/A.
[25] Damit werden volle 35 Kalendertage abgewartet vom 2. Juni 0:00 Uhr bis 6. Juli 24:00 Uhr.

– NUTS-Code für den Haupterfüllungsort der Bauarbeiten bei Bauaufträgen beziehungsweise NUTS-Code für den Haupterfüllungsort für Lieferungen und Leistungen bei Lie-
  fer- und Dienstleistungsaufträgen. bei Unterteilung des Auftrags in mehrere Lose sind
  diese Informationen für jedes Los anzugeben.
– Kurzbeschreibung der Beschaffung: Art und Umfang der Bauarbeiten, Art und Menge
  beziehungsweise Wert der Lieferungen, Art und Umfang der Dienstleistungen.
– Wenn die Bekanntmachung nicht als Aufruf zum Wettbewerb dient, voraussichtlicher
  Zeitpunkt der Veröffentlichung der Auftragsbekanntmachung für den (die) in der Vorin-
  formation genannten Auftrag (Aufträge).
– Tag der Absendung der Bekanntmachung.
– Sonstige einschlägige Auskünfte.
– Hinweis darauf, ob der Auftrag unter das GPA fällt oder nicht.

Lediglich und ausschließlich wenn die Informationen aus objektiven Gründen zum **22**
Zeitpunkt der Absendung der EU-Vorinformation dem öffentlichen Auftraggeber nicht
rechtzeitig vorliegen und er dies auch nicht zu vertreten hat, darf der öffentliche Auftraggeber auf einzelne Angaben verzichten. Der öffentliche Auftraggeber hat die sachlichen
Gründe, warum einzelne Angaben ausnahmsweise nicht rechtzeitig vorliegen, zwingend
vorab und damit vor der Versendung der EU-Vorinformation zu dokumentieren (§ 8
Abs. 1 S. 1 VgV iVm § 2 VgV).

E. Fristverkürzung bei hinreichend begründeter Dringlichkeit
(Abs. 3)

I. Regelungsinhalt

Abs. 3 regelt die Möglichkeit und Voraussetzungen für eine Fristverkürzung im Falle ei- **23**
ner hinreichend begründeten Dringlichkeit.

II. Möglichkeit der
Fristverkürzung auf 15 Kalendertage

Gemäß Abs. 3 S. 1 kann der öffentliche Auftraggeber die Angebotsfrist auf 15 Kalender- **24**
tage verkürzen, wenn
– eine hinreichend begründete Dringlichkeit gegeben ist;
– diese hinreichend begründete Dringlichkeit kausal die Einhaltung einer angemessenen
  Angebotsfrist im Sinne des § 10a EU Abs. 1 VOB/A unmöglich macht;
– die Angebotsfrist angemessen im Sinne des § 10 EU Abs. 1 VOB/A unter Berücksichtigung des Verhältnismäßigkeitsgrundsatzes (§ 2 EU Abs. 1 S. 2 VOB/A; § 97 Abs. 1
  Satz 2 GWB) festgelegt wird; und
– die Gründe und das Ergebnis der Abwägung zwingend vorab dokumentiert werden (§ 8
  Abs. 1 S. 1 VgV iVm § 2 VgV).

Damit der öffentliche Auftraggeber in den Genuss dieser Fristprivilegierung gelangt, ist es **25**
nicht (mehr) erforderlich, dass es sich um eine extreme Dringlichkeit wegen unvorhersehbarer und vom öffentlichen Auftraggeber nicht zu verantwortender Ereignisse handelt. Dennoch
darf der öffentliche Auftraggeber nicht sehenden Auges in eine selbstverschuldete Zeitnot
geraten, um dann unter dem Deckmantel der hinreichend begründeten Dringlichkeit eine
Fristverkürzung vornehmen zu dürfen. Der öffentliche Auftraggeber hat sich vielmehr so
zu verhalten, wie dies von einem ordentlichen öffentlichen Auftraggeber erwartet werden
darf.

F. Fristverkürzung bei elektronischer Übermittlung
(Abs. 4)

I. Regelungsinhalt

26 Ausweislich Abs. 4 kann der öffentliche Auftraggeber die Angebotsfrist nach Abs. 1 um fünf (5) Kalendertage verkürzen, wenn er die elektronische Übermittlung der Angebote im Sinne des § 11 EU Abs. 4 VOB/A zulässt. Das bedeutet allerdings nicht, dass der öffentliche Auftraggeber im Falle der Zulassung elektronischer Angebote unreflektiert immer die Angebotsfrist auf 30 Kalendertage festlegen darf. Auch hier muss der öffentliche Auftraggeber bei der Festsetzung der Angebotsfrist insbesondere die Komplexität des Auftrags und die Zeit, die für die Ausarbeitung der Angebote erforderlich ist, beachten (vgl. § 10 EU Abs. 1 VOB/A). Folglich hat der öffentliche Auftraggeber eine angemessen bemessene Angebotsfrist festzulegen unter Beachtung des Verhältnismäßigkeitsgrundsatzes (§ 2 EU Abs. 1 S. 2 VOB/A; § 97 Abs. 1 S. GWB). Es handelt sich bei der Angebotsfrist von „mindestens 30 Kalendertagen" nicht um eine Regelfrist.[26]

II. Möglichkeit der Fristverkürzung um fünf Kalendertage

27 Gemäß Abs. 4 kann der öffentliche Auftraggeber die Angebotsfrist nach Abs. 1 um fünf (5) Kalendertage verkürzen (und damit auf mindestens 30 Kalendertage), wenn er
– die elektronische Übermittlung der Angebote im Sinne des § 11 EU Abs. 4 VOB/A akzeptiert hat;
– die gewählte Angebotsfrist angemessen im Sinne des § 10 EU Abs. 1 VOB/A unter Berücksichtigung des Verhältnismäßigkeitsgrundsatzes (§ 2 EU Abs. 1 S. 2 VOB/A; § 97 Abs. 1 Satz 2 GWB) festlegt; und
– die Gründe und das Ergebnis der Abwägung zwingend vorab dokumentiert (§ 8 Abs. 1 S. 1 VgV iVm § 2 VgV).

G. Fristverlängerung bei nicht vollständiger elektronischer
Zurverfügungstellung der Vergabeunterlagen (Abs. 5)

I. Regelungsinhalt

28 Kann der öffentliche Auftraggeber gemäß Abs. 5 einen unentgeltlichen, uneingeschränkten und vollständigen direkten Zugang aus den in § 11b EU VOB/A genannten Gründen zu einzelnen oder allen Vergabeunterlagen nicht anbieten, so hat der öffentliche Auftraggeber in der EU-Auftragsbekanntmachung anzugeben, dass die betreffenden Vergabeunterlagen im Einklang mit § 11b EU Abs. 1 VOB/A nicht elektronisch, sondern durch andere Mittel übermittelt werden, bzw. welche Maßnahmen zum Schutz der Vertraulichkeit der Informationen gefordert werden und wie auf die betreffenden Dokumente zugegriffen werden kann. In einem derartigen Fall muss der öffentliche Auftraggeber die Frist zur Angebotsabgabe um mindestens fünf (5) Kalendertage verlängern, außer im Falle einer hinreichend begründeten Dringlichkeit gemäß Abs. 3.

29 Eine Verlinkung in der EU-Bekanntmachung lediglich auf die Startseite einer **E-Vergabe-Plattform,** von der aus zuerst ein Weiterklicken auf die Suchmaske und dann die Eingabe eines genannten Suchwortes erforderlich ist, stellt keinen direkten Zugang zu den Vergabeun-

---

[26] Siehe zu dieser Auffassung auch den Einführungserlass zur Vergabe- und Vertragsordnung für Bauleistungen (VOB) 2016 vom Bundesministerium für Umwelt, Naturschutz, Bau und Reaktorsicherheit vom 7.4.2016; Az.: B I 7 – 81063.6/1; Seite 8 oben.

terlagen dar, ist nicht zulässig und rechtfertigt keinen indirekten Zugang.[27] Der öffentliche Auftraggeber kann sich insbesondere nicht mit Erfolg darauf berufen, dass sein **E-Vergabe-Portal** eine solche direkte Verlinkung (noch) nicht vorsieht. Der Anbieter dieses E-Vergabe-Portals agiert hierbei als Erfüllungsgehilfe des öffentlichen Auftraggebers im Sinne des § 278 BGB, dessen Verschulden sich der öffentliche Auftraggeber zurechnen lassen muss. Dem öffentlichen Auftraggeber können je nach Einzelfall hingegen Schadensersatzansprüche gegen den E-Vergabe-Portal-Anbieter zustehen.[28] In einem solchen Fall hat der öffentliche Auftraggeber sich – nicht nur aus Gründen einer Vermögensbetreuungspflicht – bei seinem E-Vergabe-Portal-Anbieter (bzw. bei dessen Versicherungsträger) schadlos zu halten.

II. Fristverlängerung um fünf Kalendertage

Gemäß Abs. 5 muss der öffentliche Auftraggeber die Angebotsfrist um fünf (5) Kalen-   **30** dertage verlängern, wenn er
– einen unentgeltlichen, uneingeschränkten und vollständigen direkten Zugang aus den in § 11b EU VOB/A genannten Gründen zu einzelnen oder allen Vergabeunterlagen nicht anbieten kann; und
– wenn keine Fall einer hinreichend begründeten Dringlichkeit gemäß Abs. 3 gegeben ist.

H. Fristverlängerung bei Zusatzinformationen (Abs. 6 S. 1 Nr. 1)

I. Regelungsinhalt

Der öffentliche Auftraggeber muss die Fristen für den Eingang der Angebote verlängern,   **31** sodass alle betroffenen Unternehmen Kenntnis aller Informationen haben können, die für die Erstellung des Angebots erforderlich sind, wenn **rechtzeitig** angeforderte Zusatzinformationen nicht spätestens **sechs Kalendertage** vor Ablauf der Angebotsfrist allen Unternehmen in gleicher Weise zur Verfügung gestellt werden können. Bei beschleunigten Verfahren (hinreichend begründete Dringlichkeit) im Sinne von Abs. 3 beträgt dieser Zeitraum **vier Kalendertage.**

Die Fristverlängerung muss in einem angemessenen Verhältnis zu der Bedeutung der In-   **32** formationen stehen. Wurden die Zusatzinformationen entweder **nicht rechtzeitig angefordert** oder ist ihre **Bedeutung für die Erstellung zulässiger Angebote unerheblich,** so ist der öffentlichen Auftraggeber nicht per se verpflichtet, die Fristen zu verlängern.

II. Angemessene Fristverlängerung

Gemäß § 10a EU Abs. 6 S. 1 Nr. 1 VOB/A muss der öffentliche Auftraggeber die An-   **33** gebotsfrist angemessen verlängern, wenn er
– rechtzeitig angeforderte Zusatzinformationen nicht spätestens **sechs Kalendertage** vor Ablauf der Angebotsfrist allen Unternehmen in gleicher Weise zur Verfügung stellt; oder
– im Falle einer hinreichend begründeten Dringlichkeit gemäß Abs. 3 rechtzeitig angeforderte Zusatzinformationen nicht spätestens **vier Kalendertage** vor Ablauf der Angebotsfrist allen Unternehmen in gleicher Weise zur Verfügung stellt.

Hat ein Bieter die Zusatzinformationen **nicht rechtzeitig angefordert,** ist der Tatbestand   **34** auf den ersten Blick bereits nicht erfüllt (vgl. auch Abs. 6 S. 3 Var. 1). Dennoch bleibt der öffentliche Auftraggeber auch in einem solchen Fall bei **unwesentlichen Zusatzinformatio-**

---

[27] Vgl. VK Südbayern Beschluss vom 2.1.2018 – Z3–3-3194-1-47-08/17.
[28] Beispielsweise wenn es durch das Verschulden des E-Vergabe-Portal-Anbieters kausal zu einer verzögerten Zuschlagserteilung, zu einem verzögerten Baubeginn, zu Behinderungsanzeigen anderer Auftragnehmer und dadurch kausal zu Nachträgen kommt.

nen berechtigt und ist bei **wesentlichen Zusatzinformationen** aus Gründen der Gleich-behandlung und Transparenz sogar verpflichtet, die Angebotsfrist angemessen zu verlängern. Denn wenn der öffentliche Auftraggeber erkannte Defizite oder Fehler korrigieren muss, hat er Klarstellungen für alle interessierten Unternehmen herbeizuführen, unabhängig davon, wie kurzfristig die Frage vor dem Ablauf der Angebotsfrist eingeht. Hierfür steht die Möglichkeit der Verlängerung der Angebotsfrist zur Verfügung, falls die Klarstellung/Korrektur bedingt, dass die Bieter mehr Zeit benötigen, um die Angebotserstellung auf die neuen Informationen auszurichten. Soweit § 10a EU Abs. 6 S. 1 Nr. 1, S. 3 VOB/A für die Pflicht zur Verlängerung der Angebotsfrist an die rechtzeitige Anforderung der Zusatzinformation anknüpft, steht das diesen Überlegungen nicht entgegen; der öffentliche Auftraggeber kann sich nicht darauf be-rufen, § 10a EU Abs. 6 S. 1 Nr. 1, S. 3 VOB/A verpflichte nur bei rechtzeitig gestellten Anfra-gen zur Verlängerung der Angebotsfrist. § 10a EU Abs. 6 S. 1 Nr. 1, S. 3 VOB/A gibt dem Auftraggeber hier keinen Dispens, weil die Verpflichtung zur Verlängerung der Angebotsfrist weniger dem Thema Bieterfragen, sondern vielmehr der Thematik „Korrektur von Vergabe-fehlern" zuzurechnen ist und hieraus eine Verlängerungspflicht folgen kann.[29]

35   Ein Bieter hat zwar gegenüber dem öffentlichen Auftraggeber eine vorvertraglich geschul-deten **Sorgfalts- und Rücksichtnahmepflicht,** Fragen unverzüglich beim Auftraggeber einzureichen, nachdem sie aufgekommen sind. Es besteht aber andererseits das Recht des Bie-ters, die Angebotsfrist auch vollständig auszuschöpfen und sich auch noch weniger als sechs Tage vor deren Ablauf intensiv mit den Vergabeunterlagen zu beschäftigen. Wenn erst kurz vor Ablauf der Angebotsfrist eine Unklarheit auftaucht, die berechtigterweise Defizite aufdeckt, so kann der öffentliche Auftraggeber die Beantwortung und die Veröffentlichung nicht mit dem Argument ablehnen, die Frage sei zu spät gestellt worden. Der öffentliche Auftraggeber muss in jedem Stadium des Vergabeverfahrens für dessen Rechtmäßigkeit sorgen und nicht Unklar-heiten, die durch eine Frage aufgedeckt werden, stehen lassen, nur weil die Frage nicht min-destens sechs Tage vor Ablauf der Angebotsfrist eingegangen ist. Die Möglichkeit zur Verlän-gerung der Angebotsfrist steht bei einer solchen Sachlage zur Verfügung und ist zu ergreifen.[30]

36   Ist eine Frage, unabhängig vom Zeitpunkt ihres Eingangs, aus Sicht des öffentlichen Auftraggebers nicht relevant, darf er dies dem Fragesteller gegenüber kommunizieren und gänzlich von einer Beantwortung absehen. Dem Bieter steht dann theoretisch die Mög-lichkeit offen, diese Verweigerung zu rügen und das Vorgehen des Auftraggebers im Ext-remfall mittels Nachprüfungsverfahren überprüfen zu lassen.[31]

37   Beantwortet der öffentliche Auftraggeber eine Bieterfrage, so hat er aus dem Vertrauen der Bieter auf Erhalt aller Informationen eine entsprechende Bieteröffentlichkeit herzustellen. Ist eine Antwort mit Zusatzinformation nach Auffassung des Auftraggebers unerheblich für die Angebotserstellung, so hat er diese zwar bekannt zu machen, muss aber die Angebotsfrist nicht verlängern. Davon geht § 10a EU Abs. 6 S. 3 VOB/A aus, der in diesem Fall keine Pflicht zur Fristverlängerung vorgibt, aber die Bekanntgabe impliziert, auch wenn zum Thema Herstel-lung von Bieteröffentlichkeit in dieser Vorschrift keine explizite Aussage getroffen wird. Die Bestimmung ist im Lichte des allgemeinen Transparenzgrundsatzes, § 97 Abs. 1 GWB, auszu-legen und dahingehend zu verstehen, dass eine Ausnahme von der Pflicht zur Verlängerung der Angebotsfrist möglich ist, wenn die Voraussetzungen der Norm vorliegen.[32]

38   Sind die Zusatzinformationen für die Erstellung zulässiger Angebote unerheblich, so ist der öffentlichen Auftraggeber nicht verpflichtet, die Fristen zu verlängern (vgl. auch Abs. 6 S. 3 Var. 2).

39   Die Fristverlängerung muss in einem angemessenen Verhältnis zu der Bedeutung der In-formationen stehen. Hierbei hat der öffentliche Auftraggeber insbesondere die Komplexität der neuen Information für den Auftrag und die Zeit, die für die Überarbeitung der Ange-

---

[29] Vgl. VK Bund 28.1.2017 – VK 2–129/16.
[30] Vgl. VK Bund a. a. O.
[31] Vgl. VK Bund a. a. O.
[32] Vgl. VK Bund a. a. O.

bote erforderlich ist, in den Blick zu nehmen. Folglich hat der öffentliche Auftraggeber die Frist angemessen zu verlängern unter Beachtung des Verhältnismäßigkeitsgrundsatzes (§ 2 EU Abs. 1 S. 2 VOB/A; § 97 Abs. 1 S. GWB). Die Gründe und das Ergebnis der Abwägung müssen zwingend vorab, vor der Festlegung der Fristverlängerung, dokumentiert werden (§ 8 Abs. 1 S. 1 VgV iVm § 2 VgV).

I. Fristverlängerung bei Änderung der Vergabeunterlagen (Abs. 6 S. 1 Nr. 2)

I. Regelungsinhalt

Der öffentliche Auftraggeber muss die Fristen für den Eingang der Angebote angemessen 40 verlängern, sodass alle betroffenen Unternehmen Kenntnis aller Informationen haben können, die für die Erstellung des Angebots erforderlich sind, wenn der öffentliche Auftraggeber an den Vergabeunterlagen **wesentliche Änderungen** vornimmt. Die Fristverlängerung muss in einem angemessenen Verhältnis zu der Bedeutung der Änderungen stehen.

II. Angemessene Fristverlängerung

Gemäß § 10a EU Abs. 6 S. 1 Nr. 2 VOB/A muss der öffentliche Auftraggeber die An- 41 gebotsfrist angemessen verlängern, wenn er an den Vergabeunterlagen **wesentliche Änderungen** vornimmt.

Ausweislich § 10a EU Abs. 6 S. 2 Var. 2 VOB/A muss die Fristverlängerung in einem ange- 42 messenen Verhältnis zu der Bedeutung der Änderungen stehen. Hierbei hat der öffentliche Auftraggeber insbesondere die Komplexität der Änderungen für den Auftrag und die Zeit, die für die Überarbeitung der Angebote erforderlich ist, angemessen zu berücksichtigen. Somit muss der öffentliche Auftraggeber die Frist angemessen unter Beachtung des Verhältnismäßigkeitsgrundsatzes (§ 2 EU Abs. 1 S. 2 VOB/A; § 97 Abs. 1 S. GWB) verlängern. Der öffentliche Auftraggeber hat die Gründe und das Ergebnis der Abwägung zwingend vorab, vor der Festlegung der Fristverlängerung, zu dokumentieren (§ 8 Abs. 1 S. 1 VgV iVm § 2 VgV).

J. Rücknahme der Angebote (Abs. 7)

I. Regelungsinhalt

§ 10a EU Abs. 7 VOB/A regelt die Möglichkeiten für einen Bieter, sein Angebot zu- 43 rückzuziehen.

II. Rücknahme in Textform

Ein Bieter kann sein Angebot, nachdem er es eingereicht hat, jederzeit bis zum Ablauf 44 der Angebotsfrist in Textform zurücknehmen. Hintergrund ist, dass ein Bieter solange an sein Angebot gebunden bleibt, solange eine wirksame Bindefrist läuft. Die Bindefrist beginnt in Vergabeverfahren ausweislich Abs. 9 erst mit Ablauf der Angebotsfrist.

Die Rücknahme muss in Textform dem öffentlichen Auftraggeber vor Ablauf der Ange- 45 botsfrist zugehen. Der Textform entspricht gemäß § 126b BGB jede lesbare, dauerhafte Erklärung, in der die Person des Erklärenden genannt ist und erkennbar ist, dass die Erklärung abgegeben worden ist. Bei der Textform ist keine eigenhändige Unterschrift erforderlich, im Gegensatz zur Schriftform (§ 126 BGB).

46   Da die Rücknahme dem öffentlichen Auftraggeber vor Ablauf der Angebotsfrist zugehen muss, ist es nicht ausreichend, wenn ein Bieter, nachdem er das Angebot bereits in ein **E-Vergabe-Portal** hochgeladen hat, sein Angebot dadurch versucht zurückzunehmen, indem er noch vor Ablauf der Angebotsfrist ein als Rücknahme deklariertes Schreiben mit in das elektronische Postfach zur Angebotsabgabe hoch lädt. Hintergrund ist, dass der öffentliche Auftraggeber erst nach Ablauf der Angebotsfrist Kenntnis von diesem Schreiben erhält, weil dieses in dem Postfach zur Angebotsabgabe abgelegt worden ist. Damit ist die Rücknahme dem öffentlichen Auftraggeber nicht rechtzeitig, und zwar vor Ablauf der Angebotsfrist, zugegangen.

47   Der Bieter muss vielmehr entweder über eine Funktion des E-Vergabe-Portals sein Angebot vor Ablauf der Angebotsfrist zurücknehmen, indem das Angebot aus dem Postfach zur Angebotsabgabe gelöscht wird. Dies geschieht dann zwar strenggenommen nicht in Textform, allerdings existiert dadurch zum Zeitpunkt der Angebotsabgabe kein Angebot mehr. Dieses Vorgehen ist insbesondere dann vorzugswürdig, wenn der Bieter das erste Angebot zurücknehmen und ein korrigiertes Angebot einreichen möchte. Alternativ kann der Bieter ein elektronisches Schreiben über das E-Vergabe-Portal direkt an den „normalen" Posteingang des öffentlichen Auftraggebers senden,[33] mittels dessen er die Rücknahme seines Angebots erklärt. Die Rücknahme per einfacher E-Mail ist nicht zulässig, da eine solche E-Mail nicht den strengen Formerfordernissen des § 11a EU Abs. 2 VOB/A; § 11 Abs. 2 VgV iVm. § 2 VgV genügt. Nur auf diese Weise lässt sich die Unversehrtheit, Vertraulichkeit und die Echtheit der Daten gewährleisten.

48   Die **Unversehrtheit der Daten** bezeichnet die Integrität und damit die Sicherstellung der Korrektheit. Damit wird ausgedrückt, dass die Daten vollständig und unverändert sind. Die Unversehrtheit der Daten wird gewährleistet, indem die Daten nicht unerlaubt verändert, Angaben zum Autor verfälscht oder Zeitangaben zur Erstellung manipuliert werden können.

49   Die **Vertraulichkeit der Daten** sichert den Schutz vor unbefugter Preisgabe von Informationen. Die Vertraulichkeit der Daten wird gewährleistet, indem diese ausschließlich Befugten in der zulässigen Weise zugänglich gemacht werden.

50   Unter **Echtheit der Daten** wird allgemein die Unverfälschtheit der Daten verstanden. Die Echtheit der Daten wird gewährleistet durch Sicherung und Überprüfung mittels asymmetrischen kryptographischen Verfahren.

51   Nach Ablauf der Angebotsfrist kann der Bieter sein Angebot nicht mehr zurücknehmen.

52   In aller Regel kann ein Bieter sich auch nicht dadurch seinem Angebot entziehen, indem er einen nicht erheblichen Kalkulationsfehler geltend macht und eine **Anfechtung** erklärt. Denn ein interner, einseitiger **nicht erheblicher Kalkulationsirrtum** berechtigt selbst dann nicht zu einer Anfechtung, wenn er vom Erklärungsempfänger, dem öffentlichen Auftraggeber, positiv erkannt wird oder der öffentliche Auftraggeber sich wegen treuwidriger Kenntnisvereitelung so stellen lassen muss.[34]

53   Anders kann dies jedoch bei einem **erheblichen Kalkulationsfehler** zu beurteilen sein. Denn die Annahme eines fehlerhaft berechneten Angebots durch den öffentlichen Auftraggeber mittels Erteilung des Zuschlags wird in absoluten Ausnahmefällen dann als mit den Grundsätzen von Treu und Glauben im Sinne des § 242 BGB unvereinbar angesehen, wenn die Vertragsdurchführung für den Bieter schlechthin unzumutbar ist, insbesondere wenn der Bieter dadurch in erhebliche wirtschaftliche Schwierigkeiten kommt. Denn es stellt eine unzulässige Rechtsausübung im Sinne des § 242 BGB dar, wenn der öffentliche Auftraggeber ein Angebot durch Erteilung des Zuschlags annimmt und auf die Durchführung des Vertrages besteht, obwohl er (spätestens zum Zeitpunkt der Erteilung des Zuschlags) erkannt hat oder

---

[33] Hierzu wird ein spezielles Postfach auf dem E-Vergabe-Portal für den öffentlichen Auftraggeber eingerichtet, auf das er jederzeit zugreifen kann und über das er auch Bewerber- und Bieterfragen erhält, um die strengen Anforderungen der § 11a EU Abs. 2 VOB/A; § 11 Abs. 2 VgV iVm. § 2 VgV zu erfüllen. Dieses Postfach unterscheidet sich von dem Postfach zur Angebotsabgabe, welches der öffentliche Auftraggeber erst nach Ablauf der Angebotsfrist öffnen kann.

[34] Vgl. BGH 7.7.1998, X ZR 17/97; OLG Celle 20.2.2014, 5 U 109/13.

sich treuwidrig der Erkenntnis verschloss, dass das Angebot auf einem erheblichen Kalkulationsirrtum des Bieters beruht.[35] In solchen absoluten Ausnahmefällen kann die Erteilung des Zuschlags durch den öffentlichen Auftraggeber eine **Verletzung der vorvertraglichen Rücksichtnahmepflicht** aus § 241 Abs. 2 BGB darstellen, die ein dauerhaftes Leistungsverweigerungsrecht des Auftragnehmers im Sinne des § 242 BGB begründet. Ein öffentlicher Auftraggeber, der erkannt hat oder wenigstens für den erkennbar ist, dass ein irrig kalkulierter Preis billigerweise nicht mehr als auch nur im Ansatz äquivalentes Entgelt für die erbrachte Leistung aufgefasst werden kann, verhält sich treuwidrig, wenn er den Zuschlag auf ein solches fehlerhaft kalkuliertes Angebot dennoch erteilt.[36] Hierbei kommt es entscheidend darauf an, ob der öffentlichen Auftraggeber den erheblichen Kalkulationsirrtum, durch den das Äquivalenzverhältnis zwischen gebotener Leistung und hierfür zu zahlendem Preis ganz erheblich gestört wird, im Zeitpunkt der Erteilung des Zuschlags erkannt hat oder wenigstens bei sorgfältiger Prüfung der Angemessenheit der Preise hätte erkennen können. Eine sorgfältige Prüfung erfordert insoweit nicht nur einen Vergleich der Angebotspreise der Bieter sondern auch ein Vergleich der von den Bietern angebotenen Einheitspreise mittels Preisspiegel.

K. Die Bindefrist (Abs. 8)

I. Regelungsinhalt

§ 10a EU Abs. 8 VOB/A macht Vorgaben an die Angemessenheit der Bindefrist unter **54** besonderer Berücksichtigung des Grundsatzes der Gleichbehandlung und des Transparenzgrundsatzes.

II. Angemessene Bindefrist

Ausweislich § 10a EU Abs. 8 VOB/A bestimmt der öffentliche Auftraggeber eine ange- **55** messene Frist, innerhalb der die Bieter an ihre Angebote gebunden sind (Bindefrist). Diese soll so kurz wie möglich und nicht länger bemessen werden, als der öffentliche Auftraggeber für eine zügige Prüfung und Wertung der Angebote (§§ 16 EU bis 16d EU VOB/A) benötigt. Die Bindefrist beträgt regelmäßig 60 Kalendertage. In begründeten und vorab zu dokumentierenden Fällen kann der öffentliche Auftraggeber ausnahmsweise eine längere Frist festlegen. Bei § 10a EU Abs. 8 VOB/A handelt es sich um eine bieterschützende Norm. Diese soll eine für die Bieter unzumutbar lange Bindung an deren Angebot verhindern. Bei der Festlegung der Bindefrist ist zu Gunsten der Bieter zu berücksichtigen, dass diese während der Bindefrist in ihren geschäftlichen Entschlüssen und Dispositionen erheblich eingeschränkt sind. Dies gilt insbesondere hinsichtlich der Bewerbung um andere Aufträge und der Finanzierung weiterer Aufträge. Ein Bieter kalkuliert bei Abgabe seines Angebots den finanziellen Aufwand unter Berücksichtigung der vorgesehenen Vertragslaufzeit. Er muss deshalb auch Gelegenheit haben, nach Überschreiten eines angemessenen Zeitraums von seinem Angebot wieder Abstand nehmen zu dürfen.[37] Außerdem ist die generelle Ausdehnung der Bindefrist bis zum rechtskräftigen Abschluss etwaiger Vergabenachprüfungsverfahren vergaberechtswidrig.[38] Letztlich stellt eine unzumutbar lange Bindefrist eine Beschränkung des Wettbewerbs dar. Denn es ist nicht auszuschließen, dass sich Unternehmen aufgrund dieser überlangen Bindefrist gar nicht erst am Verfahren beteiligen.[39]

---

[35] Vgl. BGH 7.7.1998, X ZR 17/97; 11.11.2014, X ZR 32/14; OLG Celle 20.2.2014, 5 U 109/13.
[36] Vgl. BGH 11.11.2014, X ZR 32/14.
[37] Vgl. VK Schleswig-Holstein 14.3.2012 – VK-SH 3/12.
[38] Vgl. VK Baden-Württemberg 7.11.2007 – 1 VK 43/07.
[39] Vgl. VK Schleswig-Holstein a. a. O.

III. Fristberechnung der Bindefrist

56   Das Ende der Bindefrist ist gemäß § 10a EU Abs. 8 S. 5 VOB/A durch Angabe des Kalendertages zu bezeichnen. Es ist somit nicht ausreichend, wenn der öffentliche Auftraggeber angibt, die Bindefrist endet 60 Kalendertage nach Angebotsabgabe. Hintergrund ist, dass die Fristberechnung oftmals schwierig ist und die Bieter ansonsten von einem unterschiedlichen Fristlauf ausgehen könnten. Endet die Angebotsfrist beispielsweise am 1. Juni – 11:00 Uhr, dann beginnt die Bindefrist ebenfalls am 1. Juni – 11:00 Uhr. Für die Berechnung des Ablaufs der Bindefrist wird allerdings ausweislich § 187 Abs. 1 BGB der 1. Juni nicht mitgerechnet, weil für den Anfang der Frist ein in den Lauf eines Tages fallender Zeitpunkt maßgebend ist (der Ablauf der Angebotsfrist um 11:00 Uhr). Somit beginnt die Bindefrist zwar am 1. Juni – 11:00 Uhr, die Frist zur Berechnung des Ablaufs der Bindefrist beginnt jedoch erst am 2. Juni – 0:00 Uhr. 60 Kalendertage später endet die Bindefrist dann am 31. Juli – 24:00 Uhr.

IV. Rechtfolgen bei Ablauf der Bindefrist

57   Gemäß § 10a EU Abs. 8 S. 1 VOB/A sind die Bieter nur während der Angebotsfrist an ihr Angebot gebunden. Der öffentliche Auftraggeber darf jedoch ein Angebot nicht mit der bloßen Begründung ausschließen, es sei erloschen. Es fehlt insoweit an einer Ermächtigungsgrundlage für den Ausschluss. Insbesondere führt ein unter zivilrechtlichen Gesichtspunkten erloschenes Angebot nicht dazu, dass das Angebot auch vergaberechtlich hinfällig ist. Der öffentliche Auftraggeber ist nicht daran gehindert und unter der Geltung des öffentlichen Haushaltsrechts im Einzelfall sogar dazu gehalten, den Zuschlag auf ein Angebot zu erteilen, obwohl die Bindefrist abgelaufen ist.[40] Wird der Zuschlag nach Ablauf der Bindefrist und damit verspätet erteilt, so ist der Bieter gemäß § 18 EU Abs. 2 Var. 2 VOB/A bei der Erteilung des Zuschlags aufzufordern, sich unverzüglich über die Annahme zu erklären. Denn die verspätete Annahme eines Angebots gilt ausweislich § 150 Abs. 1 BGB als neuer Antrag, den dann der Bieter annehmen kann, damit der Vertrag letztendlich doch noch wirksam zustande kommt. Der öffentliche Auftraggeber sollte dem Bieter hierzu eine angemessene kurze Frist setzen mit der Ankündigung, dass dieser Bieter nach Fristablauf den Antrag nicht mehr annehmen kann. Erst nach fruchtlosem Ablauf dieser Frist scheidet dieser Bieter für den Vertragsschluss aus. Der Bieter mit dem nächstplatzierten Angebot rückt nach und wird vom öffentlichen Auftraggeber entsprechend aufgefordert, innerhalb einer von diesem bestimmten angemessen kurzen Frist, den neuen Antrag anzunehmen.

L. Der Beginn der Bindefrist (Abs. 9)

I. Regelungsinhalt

58   § 10a EU Abs. 9 VOB/A regelt den Beginn der Bindefrist.

II. Angemessene Bindefrist

59   Die Bindefrist beginnt mit dem Ablauf der Angebotsfrist. Verlängert der öffentliche Auftraggeber die Angebotsfrist, verschiebt sich automatisch der Fristbeginn der Bindefrist auf den Ablauf der neuen Angebotsfrist.

---

[40] Vgl. OLG Düsseldorf 4.2.2009 – Verg 70/08.

§ 10b Fristen im nicht offenen Verfahren

(1) Beim nicht offenen Verfahren beträgt die Teilnahmefrist mindestens 30 Kalendertage, gerechnet vom Tag nach Absendung der Auftragsbekanntmachung oder der Aufforderung zur Interessensbestätigung.

(2) Die Angebotsfrist beträgt mindestens 30 Kalendertage, gerechnet vom Tag nach Absendung der Aufforderung zur Angebotsabgabe.

(3) Die Angebotsfrist nach Absatz 2 kann auf zehn Kalendertage, gerechnet vom Tag nach Absendung der Aufforderung zur Angebotsabgabe, verkürzt werden. ²Voraussetzung dafür ist, dass eine Vorinformation nach dem vorgeschriebenen Muster gemäß § 12 EU Absatz 1 Nummer 3 mindestens 35 Kalendertage, höchstens aber zwölf Monate vor dem Tag der Absendung der Auftragsbekanntmachung an das Amt für Veröffentlichungen der Europäischen Union abgesandt wurde. Diese Vorinformation muss mindestens die im Muster einer Auftragsbekanntmachung nach Anhang V Teil C der Richtlinie 2014/24/EU für das nicht offene Verfahren geforderten Angaben enthalten, soweit diese Informationen zum Zeitpunkt der Absendung der Vorinformation vorlagen.

(4) Die Angebotsfrist nach Absatz 2 kann um fünf Kalendertage verkürzt werden, wenn die elektronische Übermittlung der Angebote gemäß § 11 EU Absatz 4 akzeptiert wird.

(5) Aus Gründen der Dringlichkeit kann

1. die Teilnahmefrist auf mindestens 15 Kalendertage, gerechnet vom Tag nach Absendung der Auftragsbekanntmachung,
2. die Angebotsfrist auf mindestens zehn Kalendertage, gerechnet vom Tag nach Absendung der Aufforderung zur Angebotsabgabe

verkürzt werden.

(6) In den folgenden Fällen verlängert der öffentliche Auftraggeber die Angebotsfrist, sodass alle betroffenen Unternehmen Kenntnis aller Informationen haben können, die für die Erstellung des Angebots erforderlich sind:

1. wenn rechtzeitig angeforderte Zusatzinformationen nicht spätestens sechs Kalendertage vor Ablauf der Angebotsfrist allen Unternehmen in gleicher Weise zur Verfügung gestellt werden können. Bei beschleunigten Verfahren im Sinne von Absatz 5 beträgt dieser Zeitraum vier Kalendertage;
2. wenn an den Vergabeunterlagen wesentliche Änderungen vorgenommen werden.

²Die Fristverlängerung muss in einem angemessenen Verhältnis zur Bedeutung der Informationen oder Änderungen stehen. ³Wurden die Zusatzinformationen entweder nicht rechtzeitig angefordert oder ist ihre Bedeutung für die Erstellung zulässiger Angebote unerheblich, so ist der öffentliche Auftraggeber nicht verpflichtet, die Fristen zu verlängern.

(7) Bis zum Ablauf der Angebotsfrist können Angebote in Textform zurückgezogen werden.

(8) Der öffentliche Auftraggeber bestimmt eine angemessene Frist, innerhalb der die Bieter an ihre Angebote gebunden sind (Bindefrist). Diese soll so kurz wie möglich und nicht länger bemessen werden, als der öffentliche Auftraggeber für eine zügige Prüfung und Wertung der Angebote (§§ 16 EU bis 16d EU) benötigt. Die Bindefrist beträgt regelmäßig 60 Kalendertage. In begründeten Fällen kann der öffentliche Auftraggeber eine längere Frist festlegen. Das Ende der Bindefrist ist durch Angabe des Kalendertages zu bezeichnen.

(9) Die Bindefrist beginnt mit dem Ablauf der Angebotsfrist.

Übersicht

	Rn.		Rn.
A. Einführung	1	**G. Fristverlängerung bei hinreichend begründeter Dringlichkeit (Abs. 5)**	30
I. Literatur	1	I. Regelungsinhalt	30
II. Entstehungsgeschichte	2	II. Möglichkeit der Fristverkürzung auf	
III. Rechtliche Vorgaben im EU-Recht	5	15 Kalendertage	31
B. Systematische Stellung	8	**H. Fristverlängerung bei Zusatzinformationen (Abs. 6 S. 1 Nr. 1)**	33
C. Übliche Angebotsfrist (Abs. 1)	11	I. Regelungsinhalt	33
I. Regelungsinhalt	11	II. Angemessene Fristverlängerung	35
II. Angemessene Angebotsfrist	12	**I. Fristverlängerung bei Änderung der Vergabeunterlagen (Abs. 6 S. 1 Nr. 2)**	42
III. Fristbeginn und Fristende	14	I. Regelungsinhalt	42
D. Übliche Angebotsfrist (Abs. 2)	16	II. Angemessene Fristverlängerung	43
I. Regelungsinhalt	16	**J. Rücknahme der Angebote (Abs. 7)**	45
II. Angemessene Angebotsfrist	17	I. Regelungsinhalt	45
III. Fristbeginn und Fristende	19	II. Rücknahme in Textform	46
E. Fristverkürzung durch Vorinformation (Abs. 3)	21	**K. Die Bindefrist (Abs. 8)**	56
I. Regelungsinhalt	21	I. Regelungsinhalt	56
II. Möglichkeit der Fristverkürzung auf zehn Kalendertage	22	II. Angemessene Bindefrist	57
III. Zeitfenster der Vorinformation	23	III. Fristberechnung der Bindefrist	58
IV. Notwendiger Inhalt der Vorinformation	25	IV. Rechtsfolgen bei Ablauf der Bindefrist	59
F. Fristverkürzung bei elektronischer Übermittlung (Abs. 4)	28	**L. Der Beginn der Bindefrist (Abs. 9)**	60
I. Regelungsinhalt	28	I. Regelungsinhalt	60
II. Möglichkeit der Fristverkürzung um fünf Kalendertage	29	II. Angemessene Bindefrist	61

A. Einführung

I. Literatur

1 *Schelle/Erkelenz*, VOB/A. Alltagsfragen und Problemfälle zur Ausschreibung von Bauleistungen, 1983; Präsident des BFH als Bundesbeauftragter für Wirtschaftlichkeit in der Verwaltung (BWV), Gutachten zur Wirtschaftlichkeit der Billigstbieter, 2003; *Ax/Ottenströer*, Fristen im Offenen und Nichtoffenen Vergabeverfahren, IBR 2011, 1185 (nur online); *Ferber*, Fristen im Vergabeverfahren, 4. Aufl. 2017.

II. Entstehungsgeschichte

2   Die VOB Ausgabe 2016 hat die Regelungen zu den Fristen in einem nicht offenen Verfahren in eine selbständige Norm, den § 10b EU VOB/A gefasst. Die Regelungen zu den Fristen in einem nicht offenen Verfahren wurden zuvor in der globalen Fristenregelung für alle Vergabeverfahrensarten in einem Absatz mit mehreren Nummern gefasst, namentlich in § 10 EG Abs. 2 Nr. 1 bis Nr. 12 VOB/A. § 10b EU VOB/A enthält nunmehr wie § 16 VgV und § 15 SektVO, Regelungen zu den Fristen, die ausschließlich für das nicht offene Verfahren gelten.

3   § 10b EU VOB/A nimmt die verkürzten Mindestfristen für die Abgabe der Teilnahmeanträge und Angebote der Richtlinie 2014/24/EU (AVR) auf und sieht darüber hinaus weiterhin die bekannten Verkürzungsmöglichkeiten vor; bei rechtzeitiger Bekanntgabe einer Vorinformation oder im Falle einer hinreichend begründeten Dringlichkeit. Für die

Verkürzungsmöglichkeit wegen hinreichend begründeter Dringlichkeit ist es nicht (mehr) erforderlich, dass es sich um eine extreme Dringlichkeit wegen unvorhersehbarer und vom öffentlichen Auftraggeber nicht zu verantwortender Ereignisse handelt. Trotz der Möglichkeit der Verkürzung der Mindestfristen gilt gemäß § 10 EU Abs. 1 VOB/A in Umsetzung der Richtlinie 2014/24/EU (AVR): Bei der Festsetzung der Angebotsfrist muss der öffentliche Auftraggeber insbesondere die Komplexität des Auftrags und die Zeit, die für die Ausarbeitung der Angebote (aber auch der Teilnahmeanträge) erforderlich ist, beachten (vgl. § 10 EU Abs. 1 VOB/A). Folglich hat der öffentliche Auftraggeber immer eine angemessen bemessene Angebotsfrist festzulegen. Alle in § 10b EU VOB/A genannten Mindestfristen sind demnach immer (!) daraufhin zu überprüfen, ob sie im Einzelfall angemessen sind. Es handelt sich ausdrücklich nicht um Regelfristen.[1]

Die Angebotsfrist endet nicht mehr mit der Öffnung des ersten Angebotes, sondern bereits mit Ablauf der Angebotsfrist. Bei der Regelung der Frage, wie lange die Bieter an ihr Angebot gebunden sein sollen (sog. Bindefrist), stellt § 10b EU Abs. 8 und 9 VOB/A mittlerweile maßgeblich darauf ab, wie viel Zeit dem öffentlichen Auftraggeber für die Prüfung und Wertung der eingegangenen Angebote zur Verfügung steht. Die unglückliche Begrifflichkeit „Zuschlagsfrist", unter der teilweise die Bindefrist verstanden worden ist, teilweise eine Frist, bis wann der Zuschlag (voraussichtlich) erteilt wird, wird nicht mehr verwendet. Die vom öffentlichen Auftraggeber festgesetzte Bindefrist beträgt regelmäßig 60 Kalendertage. Eine längere Bindefrist ist nur in Ausnahmefällen festzusetzen und in dem Vergabevermerk zu begründen.[2] **4**

III. Rechtliche Vorgaben im EU-Recht

Die Regelungen in § 10b EU VOB/A können auf Bestimmungen der Allgemeinen Vergaberichtlinie 2014/24/EU (AVR) zurückgeführt werden. **5**

Die Umsetzung lehnt sich weit überwiegend eng an den Richtlinientext an.[3] Für das OLG Düsseldorf bestanden Umsetzungsspielräume, so dass der Richtlinienbestimmung vor dem Inkrafttreten der Verordnung zur Modernisierung des Vergaberechts (VergRModVO) keine Vorwirkung zukam.[4] **6**

– Mit § 10b EU Abs. 1 VOB/A hat der Normgeber vornehmlich Art. 28 Abs. 1 Unterabs. 2 AVR umgesetzt.
– § 10b EU Abs. 2 VOB/A setzt wesentlich Art. 28 Abs. 2 Unterabs. 2 AVR um.
– Mit § 10b EU Abs. 3 VOB/A hat der Normgeber vornehmlich Art. 28 Abs. 3 AVR iVm Erwägungsgrund (46) umgesetzt.
– Art. 28 Abs. 4 AVR, der den EU-Mitgliedstaaten freistellt, eine Regelung zu treffen, die es den öffentliche Auftraggebern ermöglicht, mit den ausgewählten Bewerber eine Angebotsfrist einvernehmlich zu vereinbaren, wurde im Gegensatz zur VgV (vgl. § 16 Abs. 6 VgV) nicht mit in die EU VOB/A aufgenommen.
– § 10b EU Abs. 4 VOB/A findet seine Grundlage vornehmlich in Art. 28 Abs. 5 AVR iVm Erwägungsgrund (80).
– § 10b EU Abs. 5 VOB/A wurde weit überwiegend aus Art. 28 Abs. 6 AVR entwickelt.

---

[1] Siehe zu dieser Auffassung auch den Einführungserlass zur Vergabe- und Vertragsordnung für Bauleistungen (VOB) 2016 vom Bundesministerium für Umwelt, Naturschutz, Bau und Reaktorsicherheit vom 7.4.2016; Az.: B I 7 -81063.6/1; Seite 8 oben.
[2] Siehe zu dieser Auffassung auch den Einführungserlass zur Vergabe- und Vertragsordnung für Bauleistungen (VOB) 2016 vom Bundesministerium für Umwelt, Naturschutz, Bau und Reaktorsicherheit vom 7.4.2016; Az.: B I 7 -81063.6/1; Seite 8 oben.
[3] Siehe den Einführungserlass zur Vergabe- und Vertragsordnung für Bauleistungen (VOB) 2016 vom Bundesministerium für Umwelt, Naturschutz, Bau und Reaktorsicherheit vom 7.4.2016; Az.: B I 7 - 81063.6/1; Seite 8 oben.
[4] OLG Düsseldorf 14.12.2016 – VII-Verg 20/16.

– § 10b EU Abs. 6 VOB/A hat seinen Ursprung in Art. 47 Abs. 3 AVR iVm Erwägungsgrund (81).

7 Die Regelungen in § 10b EU Abs. 7 bis 9 VOB/A zur Bindefrist sind nicht auf die Vergaberichtlinie 2014/24/EU (AVR) zurückzuführen, sondern auf die §§ 145 bis 151 des Bürgerlichen Gesetzbuchs (BGB).

B. Systematische Stellung

8 § 10b EU VOB/A sowie die weiteren Regelungen zu den Fristen gehen davon aus, dass allen Bewerbern und Bietern die **gleichen Fristen** gesetzt werden.[5] Einheitliche Teilnahme- und Angebotsfristen (sowie sonstige Fristen) sind für den Wettbewerb und für die Wertung der Teilnahmeanträge und Angebote unverzichtbar. Teilnahme- und Angebotsfristen (sowie sonstige Fristen) haben daher den Charakter von **Ausschlussfristen**.[6] Die Nichteinhaltung der Teilnahme- und Angebotsfrist führt zwingend zum Ausschluss des Teilnahmeantrags bzw. Angebots.[7] Eine inhaltliche Änderung von Teilnahmeanträgen nach Ablauf der Teilnahmefrist und Angeboten nach Ablauf der Angebotsfrist ist ausgeschlossen. Teilnahme- und Angebotsfristen (sowie sonstige Fristen) sind strikt zu vollziehen und dürfen nicht nachträglich zu Gunsten einzelner Bewerber und Bieter relativiert werden.[8] Deshalb ist eine **Wiedereinsetzung in den vorherigen Stand** abzulehnen.[9] Erkennt der öffentliche Auftraggeber im Nachhinein, dass Fristen versehentlich unangemessen kurz bemessen worden sind, muss er die Fristen für alle Bewerber und Bieter angemessen verlängern.[10]

9 Der öffentliche Auftraggeber hat die Fristen einzelfallbezogen festzulegen, wobei die Festlegung insbesondere an der **Komplexität des Auftrages** und der **für die Erstellung der Teilnahmeanträge sowie der für die Angebotserstellung erforderlichen Zeit** auszurichten ist. Die für die Abwägung genannten Kriterien sind aus unionsrechtlicher Sicht nicht abschließend (→ § 10 EU VOB/A Rn. 10).[11] Zudem sind die Fristen angemessen zu verlängern im Falle von Ortsbesichtigungen, Zusatzinformationen oder nachträglichen wesentlichen Änderungen der Vergabeunterlagen (§ 10 EU Abs. 2 VOB/A; § 10b EU Abs. 6 VOB/A; Art. 47 Abs. 2 und 3 AVR).[12]

10 Nach einer Entscheidung des Europäischen Gerichts Erster Instanz (EuG) zur Unterschwellenmitteilung stehen die Richtlinienvorgaben zu den Fristen in einem Zusammenhang mit dem **Grundsatz des freien Dienstleistungsverkehrs und des Diskriminierungsverbots.** Angemessene Fristen sollen der Gefahr einer Bevorzugung einheimischer Bewer-

---

[5] Der neue § 13 Abs. 2 UVgO bringt das explizit zum Ausdruck. Es ergibt sich bereits aus dem Gleichbehandlungsgrundsatz, Horn in Müller-Wrede, § 13 UVgO Rn. 30, 31.

[6] BGH 14.7.1997 – NotZ 48/96, NJW-RR 1998, 57 (58) – „Notarstelle"; VG Halle 10.9.2008 – 3 B 231/08, IBRRS 2008, 2711 – „Rettungsdienstleistungen"; HessVGH 27.5.1999 – 2 Q 4634/98, juris, Rn. 16 – „Bodenabfertigungsdienste"; Völlink in Völlink/Kehrberg § 18 Rn. 2; Weyand ibr-online-Kommentar Vergaberecht, Stand 26.11.2012, § 10 VOB/A Rn. 6; Lausen in jurisPK-VergabeR, 5. Aufl. 2016, § 10 EU Rn. 6; Wirner/Schubert in Willenbruch/Wieddekind, 2. Aufl. 2017, § 10 EU Rn. 7; Rechten in KKMPP § 20 VgV Rn. 11; Müller in Greb/Müller, 2. Aufl. 2017, § 16 SektVO Rn. 8.

[7] Ein Angebot, das nachweislich vor Ablauf der Angebotsfrist dem öffentlichen Auftraggeber zugegangen war, aber aus vom Bieter nicht zu vertretenden Gründen dem Verhandlungsleiter nicht vorgelegt hat, wird wie ein rechtzeitig vorliegendes Angebot behandelt (§ 14 EU Abs. 5 VOB/A iVm § 16 EU Nr. 1 VOB/A).

[8] Zu diesem Grundsatz BVerwG, 13.12.2012 – 3 C 32/11, NVwZ 2013, 507 Rn. 45 – „Bodenabfertigungsdienste".

[9] Rechten in KMPP § 10 Rn. 14.

[10] Zur Pflicht zur Ergreifung kompensatorischer Maßnahmen Egger Europäisches Vergaberecht Rn. 901. Zur Zulässigkeit der Fristverlängerung el-Barudi in HHKW § 10 VOB/A Rn. 6.

[11] Erwägungsgrund (80) Richtlinie 2014/24/EU („vor allem"). Das ist dennoch eine Akzentverschiebung gegenüber Art. 38 Abs. 1 Richtlinie 2004/18/EG der diese Gesichtspunkte ausdrücklich nur „insbesondere" aufführte.

[12] Bereits Art. 38 Abs. 7 Richtlinie 2004/18/EG. Nachweise zu den inhaltsgleichen Vorgängervorschriften (die auf Artt. 13 Abs. 2, 14 Abs. 4 Richtlinie 71/305/EWG zurückgehen) bei Prieß EurVergabeR-HdB, 3. Aufl. 2005, 236 in Fußn. 168.

ber und Bieter bei der Auftragsvergabe durch öffentliche Auftraggeber entgegenwirken.[13] Die Pflicht zur Festlegung einer angemessenen Frist ist daher als **Bestandteil des Vergabe-primärrechts** (→ Einleitung Rn. 167 f.) anzusehen.[14] Die „Mitteilung zu Auslegungsfragen" der EU-Kommission vom 23.6.2006[15] äußert sich hierzu wie folgt:

„Angemessene Fristen
Die Fristen für Interessensbekundungen und für die Angebotsabgabe müssen so lang sein, dass Unternehmen aus anderen Mitgliedstaaten eine fundierte Einschätzung vornehmen und ein Angebot erstellen können."

Fristen für Teilnahmeanträge und Angebote beginnen jeweils mit dem Tag der Absendung der Bekanntmachung (bzw. der Aufforderung zur Angebotsabgabe) zu laufen. Die Fristen in den Vergaberichtlinien sind (bis auf wenige Ausnahmen) nach **Kalendertagen** bemessen. Samstag, Sonntage und gesetzliche Feiertage in den jeweiligen EU-Mitglieds-staaten werden mitgezählt.[16] Fällt der letzte Tag der Frist auf einen Samstag, Sonntag oder Feiertag, endet die Frist mit Ablauf des nächsten Arbeitstages am Sitz der ausschreibenden Stelle.[17] Fällt die Frist beispielsweise auf einen Samstag, dann endet die Frist direkt an dem darauffolgenden Montag um 24:00 Uhr.[18]

C. Übliche Teilnahmefrist (Abs. 1)

I. Regelungsinhalt

Abs. 1 regelt zum einen, dass die Teilnahmefrist bei einem offenen Verfahren mindestens **11** 30 Kalendertage beträgt. Zum anderen wird bestimmt, dass die Frist beginnt
– am Tag nach Absendung der EU-Auftragsbekanntmachung an das Amt für Veröffentli-chungen der Europäischen Union oder
– am Tag nach Absendung der Aufforderung zur Interessensbestätigung.

II. Angemessene Teilnahmefrist

Gemäß Abs. 1 hat die Teilnahmefrist bei einem nicht offenen Verfahren mindestens **12** 30 Kalendertage zu betragen. Dabei darf der öffentliche Auftraggeber nicht den Fehler begehen, dass er unreflektiert immer bei einem nicht offenen Verfahren eine Teilnahmefrist von 30 Kalendertagen wählt. Bei der Festsetzung jeder Teilnahmefrist muss der öffentliche Auftraggeber insbesondere die Komplexität des Auftrags und die Zeit, die für die Ausarbei-tung der Teilnahmeanträge erforderlich ist, beachten (vgl. § 10 EU Abs. 1 VOB/A). Folg-lich hat der öffentliche Auftraggeber immer eine angemessen bemessene Teilnahmefrist festzulegen unter Beachtung des **Verhältnismäßigkeitsgrundsatzes** (§ 2 EU Abs. 1 S. 2 VOB/A; § 97 Abs. 1 S. GWB). Der öffentliche Auftraggeber hat daher in jedem Einzelfall die Teilnahmefrist angemessen festzulegen. Es handelt sich bei der genannten Teilnahmefrist von „mindestens 30 Kalendertagen" ausdrücklich nicht um eine Regelfrist.[19]

---

[13] EuG (Fünfte Kammer) 20.5.2010 – T-258/06, NZBau 2010, 510 Rn. 122 f.
[14] Weyand ibr-online-Kommentar Vergaberecht, Stand 26.11.2012, § 10 VOL/A Rn. 12; zum Konzept des Vergabeprimärrechts statt vieler Burgi VergabeR § 3 Rn. 13 ff.
[15] ABl. 2000 C 173/6.
[16] Vgl. OLG Saarbrücken 9.11.2005 – 1 Verg 4/05, NJOZ 2006, 621 (627).
[17] Art. 2 Abs. 2, Art. 3 Abs. 3 VO (EWG, Euratom) Nr. 1182/71 des Rates vom 3. Juni 1971 zur Festle-gung der Regeln für die Fristen, Daten und Termine (ABl. L 124 vom 8.6.1971, S. 1). Siehe auch Erwä-gungsgrund 106 der Richtlinie 2014/24/EU (AVR). Zur Fristberechnung instruktiv Ferber 59 f.
[18] Soweit es sich nicht ausnahmsweise bei diesem Montag um einen Feiertag handelt (bspw. Ostermon-tag); ansonsten würde die Frist am darauffolgenden Arbeitstag, bspw. Dienstag um 24:00 Uhr ablaufen.
[19] Siehe zu dieser Auffassung auch den Einführungserlass zur Vergabe- und Vertragsordnung für Bauleis-tungen (VOB) 2016 vom Bundesministerium für Umwelt, Naturschutz, Bau und Reaktorsicherheit vom 7.4.2016; Az.: B I 7 – 81063.6/1; Seite 8 oben.

13   Der öffentlichen Auftraggeber darf die Teilnahmefrist mitunter an seinen **zeitlichen Bedarf an der ausgeschriebenen Leistung** ausrichten. Er darf dieses Interesse aber nicht gegenüber den Belangen der potentiellen Bieter übergewichten. Ihren Bedarf an den ausgeschriebenen Bauleistungen müssen öffentliche Auftraggeber vor allem dadurch Rechnung tragen, dass sie ihre internen Bearbeitungszeiten für die Prüfung und Bewertung der Teilnahmeanträge straffen.[20]

III. Fristbeginn und Fristende

14   Abs. 1 regelt, dass die Frist am Tag nach der Absendung der EU-Auftragsbekanntmachung an das Amt für Veröffentlichungen der Europäischen Union beginnt. Die Teilnahmefrist endet mit deren Ablauf.

15   Wird die EU-Auftragsbekanntmachung beispielsweise am 1. Juni versendet, dann ist der Fristbeginn am 2. Juni um 0:00 Uhr. Damit endet die Frist von 30 Kalendertagen[21] am 1. Juli um 24:00 Uhr.[22] Soll die Frist zur Abgabe der Teilnahmeanträge um 11:00 Uhr erfolgen, darf nicht der 1. Juli – 11:00 Uhr gewählt werden, sondern der 2. Juli – 11:00 Uhr. Nur dann wird gewährleistet, dass den Bietern volle 30 Kalendertage zur Verfügung stehen. Im Falle der teilweise bis zum 17. Oktober 2018 noch erlaubten Zulassung von schriftlichen Teilnahmeanträgen ist auch bei der Festlegung einer angemessenen Frist mit in die Abwägung mit einzubeziehen, dass die Frist zur Abgabe der Teilnahmeanträge in aller Regel nicht an einem Montag oder an einem Arbeitstag direkt im Anschluss an einen gesetzlichen Feiertag enden soll. Hintergrund ist, dass ansonsten ortsansässige Bewerber bevorzugt werden. Diese können noch am Sonntag bzw. Feiertag ihren Teilnahmeantrag finalisieren, während andere Bewerber, insbesondere aus anderen EU-Mitgliedstaaten, zuvor bereits ihren Teilnahmeantrag an einen Kurier übergeben müssen, und damit faktisch weniger Zeit für die Erstellung der Teilnahmeanträge haben als ein ortsansässiger Bewerber.

D. Übliche Angebotsfrist (Abs. 2)

I. Regelungsinhalt

16   Abs. 2 regelt zum einen, dass die Angebotsfrist bei einem nicht offenen Verfahren mindestens 30 Kalendertage beträgt. Zum anderen wird bestimmt, dass die Frist am Tag nach Absendung der Aufforderung zur Angebotsabgabe beginnt.

II. Angemessene Angebotsfrist

17   Gemäß Abs. 2 hat die Angebotsfrist bei einem nicht offenen Verfahren mindestens 30 Kalendertage zu betragen. Dabei darf der öffentliche Auftraggeber auch hier nicht den Fehler begehen, dass er unreflektiert immer bei einem nicht offenen Verfahren eine Angebotsfrist von 30 Kalendertagen wählt. Bei der Festsetzung jeder Angebotsfrist muss der öffentliche Auftraggeber insbesondere die Komplexität des Auftrags und die Zeit, die für die Ausarbeitung der Angebote erforderlich ist, beachten (vgl. § 10 EU Abs. 1 VOB/A). Folglich hat der öffentliche Auftraggeber immer eine angemessen bemessene Angebotsfrist

---

[20] Reidt in Beck VOB/A § 10 Rn. 12. Das ist für die Rechtsprechung eine allgemeine Anforderung an Fristverkürzungen wegen Dringlichkeit, vgl. etwa VK Lüneburg (o. Fußn. 35).

[21] Soweit diese Teilnahmefrist von 30 Kalendertagen im Einzelfall angemessen sein sollte.

[22] Sollte der 1. Juli ein Samstag, Sonntag oder gesetzlicher Feiertag sein, endet die Frist am darauffolgenden Arbeitstag, bspw. am 2. Juli um 24:00 Uhr. In diesem Fall sollte als Teilnahmefrist der übernächste Arbeitstag mit einer passenden Uhrzeit gewählt werden.

festzulegen unter Beachtung des **Verhältnismäßigkeitsgrundsatzes** (§ 2 EU Abs. 1 S. 2 VOB/A; § 97 Abs. 1 S. 1 GWB). Der öffentliche Auftraggeber hat daher in jedem Einzelfall die Angebotsfrist angemessen festzulegen. Es handelt sich bei der genannten Angebotsfrist von „mindestens 30 Kalendertagen" ausdrücklich nicht um ein Regelfrist.[23]

Der öffentlichen Auftraggeber darf die Angebotsfrist mitunter an seinen **zeitlichen Bedarf** 18 **an der ausgeschriebenen Leistung** ausrichten. Er darf dieses Interesse aber nicht gegenüber den Belangen der potentiellen Bieter übergewichten. Ihren Bedarf an den ausgeschriebenen Bauleistungen müssen öffentliche Auftraggeber vor allem dadurch Rechnung tragen, dass sie ihre internen Bearbeitungszeiten für die Prüfung und Bewertung der Angebote straffen.[24] Das Argument, der Gemeinderat würde nur an bestimmten Tagen seinen Sitzungstag abhalten, stellt keinen sachlichen Grund für eine Fristverkürzung dar. Hintergrund ist, das ein Gemeinderat auch als milderes Mittel vor Ablauf der Absendung der EU-Auftragsbekanntmachung einen Vorratsbeschluss fassen könnte, der es der Vergabestelle gestattet, den Zuschlag auf das zukünftige Bestangebot zu erteilen, soweit das Bestangebot das von dem Gemeinderat festzulegende und zu dokumentierende Budget nicht überschreitet.

III. Fristbeginn und Fristende

Abs. 2 regelt, dass die Frist am Tag nach Absendung der Aufforderung zur Angebotsab- 19 gabe beginnt. Die Angebotsfrist endet nicht mehr mit der Öffnung des ersten Angebotes, sondern bereits mit dem Ablauf der Angebotsfrist.

Wird die Aufforderung zur Angebotsabgabe beispielsweise am 1. Juni versendet, dann ist 20 der Fristbeginn am 2. Juni um 0:00 Uhr. Damit endet die Frist von 30 Kalendertagen[25] am 1. Juli um 24:00 Uhr.[26] Soll die Frist zur Angebotsabgabe um 11:00 Uhr[27] erfolgen, darf nicht der 1. Juli – 11:00 Uhr gewählt werden, sondern der 2. Juli – 11:00 Uhr. Nur dann wird gewährleistet, dass den Bietern volle 30 Kalendertage zur Verfügung stehen. Im Falle der teilweise bis zum 17. Oktober 2018 noch erlaubten Zulassung von schriftlichen Angeboten ist auch bei der Festlegung einer angemessenen Frist mit in die Abwägung mit einzubeziehen, dass die Frist zur Angebotsabgabe in aller Regel nicht an einem Montag oder an einem Arbeitstag direkt im Anschluss an einen gesetzlichen Feiertag enden soll. Hintergrund ist, dass ansonsten ortsansässige Bieter bevorzugt werden. Diese können noch am Sonntag bzw. Feiertag ihr Angebot finalisieren, während andere Bieter, insbesondere aus anderen EU-Mitgliedstaaten, zuvor bereits ihr Angebot an einen Kurier übergeben müssen, und damit faktisch weniger Zeit für die Angebotserstellung haben als ein ortsansässiger Bieter.

---

[23] Siehe zu dieser Auffassung auch den Einführungserlass zur Vergabe- und Vertragsordnung für Bauleistungen (VOB) 2016 vom Bundesministerium für Umwelt, Naturschutz, Bau und Reaktorsicherheit vom 7.4.2016; Az.: B I 7 – 81063.6/1; Seite 8 oben.

[24] Reidt in Beck VOB/A § 10 Rn. 12. Das ist für die Rechtsprechung eine allgemeine Anforderung an Fristverkürzungen wegen Dringlichkeit, vgl. etwa VK Lüneburg (o. Fußn. 35).

[25] Soweit diese Angebotsfrist von 30 Kalendertagen im Einzelfall angemessen sein sollte.

[26] Sollte der 1. Juli ein Samstag, Sonntag oder gesetzlicher Feiertag sein, endet die Frist am darauffolgenden Arbeitstag, bspw. am 2. Juli um 24:00 Uhr. In diesem Fall sollte als Angebotsfrist der übernächste Arbeitstag mit einer passenden Uhrzeit gewählt werden.

[27] Der Fristablauf sollte nicht auf 24:00 Uhr gelegt werden. Denn ausweislich § 14 EU Abs. 1 Satz 1 VOB/A muss die Öffnung der Angebote unverzüglich, damit ohne schuldhaftes Zögern, nach Ablauf der Angebotsfrist durchgeführt werden. Unverzüglich im Anschluss an die Öffnung hat der öffentliche Auftraggeber zudem diverse Informationen elektronisch den Bietern zur Verfügung zu stellen (vgl. § 14 EU Abs. 6 Satz 1, § 11a EU Abs. 2 VOB/A; § 11 Abs. 2 VgV iVm. § 2 VgV).

E. Fristverkürzung durch Vorinformation (Abs. 3)

I. Regelungsinhalt

21   Abs. 3 regelt die Möglichkeit und Voraussetzungen für eine Fristverkürzung durch eine Vorinformation.

II. Möglichkeit der Fristverkürzung auf zehn Kalendertage

22   Gemäß Abs. 3 S. 1 kann der öffentliche Auftraggeber die Angebotsfrist auf zehn (10) Kalendertage verkürzen, wenn er
– die Voraussetzungen des Abs. 3 S. 2 und S. 3 beachtet;
– die Angebotsfrist angemessen im Sinne des § 10 EU Abs. 1 VOB/A unter Berücksichtigung des Verhältnismäßigkeitsgrundsatzes (§ 2 EU Abs. 1 S. 2 VOB/A; § 97 Abs. 1 Satz 2 GWB) festlegt; und
– die Gründe und das Ergebnis der Abwägung zwingend vorab dokumentiert (§ 8 Abs. 1 S. 1 VgV iVm § 2 VgV).

III. Zeitfenster der Vorinformation

23   Die Frist darf gemäß Abs. 3 S. 2 nur dann auf mindestens zehn (10) Kalendertage verkürzt werden, wenn eine inhaltlich formgerechte[28] EU-Vorinformation an das Amt für Veröffentlichungen der Europäischen Union so rechtzeitig abgesandt worden ist, dass das gegenständliche Vergabeverfahren durch Absendung der EU-Auftragsbekanntmachung erst mindestens 35 Kalendertage jedoch maximal zwölf (12) Monate später eingeleitet wird.

24   Wurde beispielsweise eine inhaltlich formgerechte EU-Vorinformation an das Amt für Veröffentlichungen der Europäischen Union am 1. Juni versendet, dann darf die Absendung der EU-Auftragsbekanntmachung für das mit eine Fristverkürzung zu privilegierende gegenständliche Vergabeverfahren **frühestens** am 7. Juli[29] – 0:00 Uhr desselben Jahres und **spätestens** am 31. Mai – 24:00 Uhr des darauffolgenden Jahres erfolgen.

IV. Notwendiger Inhalt der Vorinformation

25   Ausweislich Abs. 3 S. 3 muss die EU-Vorinformation mindestens die im Muster einer *„Auftragsbekanntmachung"* nach Anhang V *„Teil C"* der Richtlinie 2014/24/EU für das nicht offene Verfahren geforderten Angaben enthalten, soweit diese Informationen zum Zeitpunkt der Absendung der Vorinformation vorlagen. Bei dem Verweis auf ein Muster der *„Auftragsbekanntmachung"* des Anhang V *„Teil C"* der Richtlinie 2014/24/EU handelt es sich um einen **Redaktionsfehler**. Der Verweis muss auf die in der **Vorinformation** aufzuführenden Angaben des Anhangs V **Teil B** der Richtlinie 2014/24/EU erfolgen. Dies folgt sowohl aus Art. 28 Abs. 3 lit. a) der Richtlinie 2014/24/EU (AVR) als auch aus § 12 EU Abs. 1 Nr. 3 VOB/A, die beide auf diesen Anhang V **Teil B** der Richtlinie 2014/24/EU verweisen. Es bestehen keine Anhaltspunkte, dass der Normgeber durch einen Verweis auf ein Muster der *„Auftragsbekanntmachung"* des Anhangs V *„Teil C"* der Richtlinie 2014/24/EU strengere Vorgaben für die öffentlichen Auftraggeber einführen

---

[28] Nach dem vorgeschriebenen Muster gemäß § 12 EU Abs. 1 Nr. 3 VOB/A.
[29] Damit werden volle 35 Kalendertage abgewartet vom 2. Juni 0:00 Uhr bis 6. Juli 24:00 Uhr.

wollte. Ganz im Gegenteil hat sich der Normgeber für eine weitestgehende Eins-zu-Eins-Umsetzung der Vorgaben der EU-Richtlinie ausgesprochen.

Der öffentliche Auftraggeber muss daher zwingend in der Vorinformation mindestens **26** folgende Angaben machen

- Name, Identifikationsnummer (soweit nach nationalem Recht vorgesehen), Anschrift einschließlich NUTS-Code, Telefon- und Fax-Nummer, E-Mail- und Internet-Adresse des öffentlichen Auftraggebers und, falls abweichend, der Dienststelle, bei der weitere Informationen erhältlich sind.
- E-Mail- oder Internet-Adresse, über die die Auftragsunterlagen unentgeltlich, uneingeschränkt, vollständig und unmittelbar abgerufen werden können.
- Ist ein unentgeltlicher, uneingeschränkter, vollständiger und unmittelbarer Zugang nicht möglich, so ist darauf hinzuweisen, wie die Auftragsunterlagen abgerufen werden können.
- Art und Haupttätigkeit des öffentlichen Auftraggebers.
- Soweit einschlägig: Hinweis darauf, dass es sich bei dem öffentlichen Auftraggeber um eine zentrale Beschaffungsstelle handelt oder dass eine andere Form gemeinsamer Beschaffung vorgesehen ist oder vorgesehen werden kann.
- CPV-Codes. Bei Unterteilung des Auftrags in mehrere Lose sind diese Informationen für jedes Los anzugeben.
- NUTS-Code für den Haupterfüllungsort der Bauarbeiten bei Bauaufträgen beziehungsweise NUTS-Code für den Haupterfüllungsort für Lieferungen und Leistungen bei Liefer- und Dienstleistungsaufträgen. bei Unterteilung des Auftrags in mehrere Lose sind diese Informationen für jedes Los anzugeben.
- Kurzbeschreibung der Beschaffung: Art und Umfang der Bauarbeiten, Art und Menge beziehungsweise Wert der Lieferungen, Art und Umfang der Dienstleistungen.
- Wenn die Bekanntmachung nicht als Aufruf zum Wettbewerb dient, voraussichtlicher Zeitpunkt der Veröffentlichung der Auftragsbekanntmachung für den (die) in der Vorinformation genannten Auftrag (Aufträge).
- Tag der Absendung der Bekanntmachung.
- Sonstige einschlägige Auskünfte.
- Hinweis darauf, ob der Auftrag unter das GPA fällt oder nicht.

Lediglich und ausschließlich wenn die Informationen aus objektiven Gründen zum **27** Zeitpunkt der Absendung der EU-Vorinformation dem öffentlichen Auftraggeber nicht rechtzeitig vorliegen und er dies auch nicht zu vertreten hat, darf der öffentliche Auftraggeber auf einzelne Angaben verzichten. Der öffentliche Auftraggeber hat die sachlichen Gründe, warum einzelne Angaben ausnahmsweise nicht rechtzeitig vorliegen, zwingend vorab und damit vor der Versendung der EU-Vorinformation zu dokumentieren (§ 8 Abs. 1 S. 1 VgV iVm § 2 VgV).

F. Fristverkürzung bei elektronischer Übermittlung (Abs. 4)

I. Regelungsinhalt

Ausweislich Abs. 4 kann der öffentliche Auftraggeber die Angebotsfrist nach Abs. 2 um **28** fünf (5) Kalendertage verkürzen, wenn er die elektronische Übermittlung der Angebote im Sinne des § 11 EU Abs. 4 VOB/A zulässt. Das bedeutet allerdings nicht, dass der öffentliche Auftraggeber im Falle der Zulassung elektronischer Angebote unreflektiert immer die Angebotsfrist auf 25 Kalendertage festlegen darf. Auch hier muss der öffentliche Auftraggeber bei der Festsetzung der Angebotsfrist insbesondere die Komplexität des Auftrags und die Zeit, die für die Ausarbeitung der Angebote erforderlich ist, beachten (vgl. § 10 EU

Abs. 1 VOB/A). Folglich hat der öffentliche Auftraggeber eine angemessen bemessene Angebotsfrist festzulegen unter Beachtung des Verhältnismäßigkeitsgrundsatzes (§ 2 EU Abs. 1 S. 2 VOB/A; § 97 Abs. 1 S. GWB). Es handelt sich bei der Angebotsfrist von „mindestens 25 Kalendertagen" nicht um ein Regelfrist.[30]

II. Möglichkeit der Fristverkürzung um fünf Kalendertage

29   Gemäß Abs. 4 kann der öffentliche Auftraggeber die Angebotsfrist nach Abs. 1 um fünf (5) Kalendertage verkürzen (und damit auf mindestens 25 Kalendertage), wenn er
– die elektronische Übermittlung der Angebote im Sinne des § 11 EU Abs. 4 VOB/A akzeptiert hat;
– die gewählte Angebotsfrist angemessen im Sinne des § 10 EU Abs. 1 VOB/A unter Berücksichtigung des Verhältnismäßigkeitsgrundsatzes (§ 2 EU Abs. 1 S. 2 VOB/A; § 97 Abs. 1 Satz 2 GWB) festlegt; und
– die Gründe und das Ergebnis der Abwägung zwingend vorab dokumentiert (§ 8 Abs. 1 S. 1 VgV iVm § 2 VgV).

G. Fristverkürzung bei hinreichend begründeter Dringlichkeit (Abs. 5)

I. Regelungsinhalt

30   Abs. 5 regelt die Möglichkeit und Voraussetzungen für eine Fristverkürzung im Falle einer hinreichend begründeten Dringlichkeit.

II. Möglichkeit der Fristverkürzung auf 15 Kalendertage

31   Gemäß Abs. 5 S. 1 kann der öffentliche Auftraggeber die
– Teilnahmefrist auf mindestens 15 Kalendertage
und/oder die
– Angebotsfrist auf mindestens zehn (10) Kalendertage verkürzen, wenn
– eine hinreichend begründete Dringlichkeit gegeben ist;
– diese hinreichend begründete Dringlichkeit kausal die Einhaltung einer angemessenen Teilnahmefrist im Sinne des § 10b EU Abs. 1 VOB/A bzw. Angebotsfrist im Sinne des § 10b EU Abs. 2 VOB/A unmöglich macht;
– die Teilnahme- und Angebotsfrist angemessen im Sinne des § 10 EU Abs. 1 VOB/A unter Berücksichtigung des Verhältnismäßigkeitsgrundsatzes (§ 2 EU Abs. 1 S. 2 VOB/A; § 97 Abs. 1 Satz 2 GWB) festgelegt werden; und
– wenn die Gründe und das Ergebnis der Abwägung zwingend vorab dokumentiert werden (§ 8 Abs. 1 S. 1 VgV iVm § 2 VgV).

32   Damit der öffentliche Auftraggeber in den Genuss dieser Fristprivilegierung gelangt, ist es nicht (mehr) erforderlich, dass es sich um eine extreme Dringlichkeit wegen unvorhersehbarer und vom öffentlichen Auftraggeber nicht zu verantwortender Ereignisse handelt. Dennoch darf der öffentliche Auftraggeber nicht sehenden Auges in eine selbstverschuldete Zeitnot geraten, um dann unter dem Deckmantel der hinreichend begründeten Dringlich-

---

[30] Siehe zu dieser Auffassung auch den Einführungserlass zur Vergabe- und Vertragsordnung für Bauleistungen (VOB) 2016 vom Bundesministerium für Umwelt, Naturschutz, Bau und Reaktorsicherheit vom 7.4.2016; Az.: B I 7 – 81063.6/1; Seite 8 oben.

keit eine Fristverkürzung vornehmen zu dürfen. Der öffentliche Auftraggeber hat sich vielmehr so zu verhalten, wie dies von einem ordentlichen öffentlichen Auftraggeber erwartet werden darf.

H. Fristverlängerung bei Zusatzinformationen
(Abs. 6 S. 1 Nr. 1)

I. Regelungsinhalt

Der öffentliche Auftraggeber muss die Fristen für den Eingang der Angebote verlängern, **33** sodass alle betroffenen Unternehmen Kenntnis aller Informationen haben können, die für die Erstellung des Angebots erforderlich sind, wenn **rechtzeitig** angeforderte Zusatzinformationen nicht spätestens **sechs Kalendertage** vor Ablauf der Angebotsfrist allen Unternehmen in gleicher Weise zur Verfügung gestellt werden können. Bei beschleunigten Verfahren (hinreichend begründete Dringlichkeit) im Sinne von Abs. 5 beträgt dieser Zeitraum **vier Kalendertage.**

Die Fristverlängerung muss in einem angemessenen Verhältnis zu der Bedeutung der In- **34** formationen stehen. Wurden die Zusatzinformationen entweder **nicht rechtzeitig angefordert** oder ist ihre **Bedeutung für die Erstellung zulässiger Angebote unerheblich,** so ist der öffentlichen Auftraggeber nicht per se verpflichtet, die Fristen zu verlängern.

II. Angemessene Fristverlängerung

Gemäß § 10b EU Abs. 6 S. 1 Nr. 1 VOB/A muss der öffentliche Auftraggeber die An- **35** gebotsfrist angemessen verlängern, wenn er
– rechtzeitig angeforderte Zusatzinformationen nicht spätestens **sechs Kalendertage** vor Ablauf der Angebotsfrist allen Unternehmen in gleicher Weise zur Verfügung stellt; oder
– im Falle einer hinreichend begründeten Dringlichkeit gemäß Abs. 5 rechtzeitig angeforderte Zusatzinformationen nicht spätestens **vier Kalendertage** vor Ablauf der Angebotsfrist allen Unternehmen in gleicher Weise zur Verfügung stellt.

Hat ein Bieter die Zusatzinformationen **nicht rechtzeitig angefordert,** ist der Tatbe- **36** stand auf den ersten Blick bereits nicht erfüllt (vgl. auch Abs. 6 S. 3 Var. 1). Dennoch bleibt der öffentliche Auftraggeber auch in einem solchen Fall bei **unwesentlichen Zusatzinformationen** berechtigt und ist bei **wesentlichen Zusatzinformationen** aus Gründen der Gleichbehandlung und Transparenz sogar verpflichtet, die Angebotsfrist angemessen zu verlängern. Denn wenn der öffentliche Auftraggeber erkannte Defizite oder Fehler korrigieren muss, hat er Klarstellungen für alle interessierten Unternehmen herbeizuführen, unabhängig davon, wie kurzfristig die Frage vor dem Ablauf der Angebotsfrist eingeht. Hierfür steht die Möglichkeit der Verlängerung der Angebotsfrist zur Verfügung, falls die Klarstellung/Korrektur bedingt, dass die Bieter mehr Zeit benötigen, um die Angebotserstellung auf die neuen Informationen auszurichten. Soweit § 10b EU Abs. 6 S. 1 Nr. 1, S. 3 VOB/A für die Pflicht zur Verlängerung der Angebotsfrist an die rechtzeitige Anforderung der Zusatzinformation anknüpft, steht das diesen Überlegungen nicht entgegen; der öffentliche Auftraggeber kann sich nicht darauf berufen, § 10b EU Abs. 6 S. 1 Nr. 1, S. 3 VOB/A verpflichte nur bei rechtzeitig gestellten Anfragen zur Verlängerung der Angebotsfrist. § 10b EU Abs. 6 S. 1 Nr. 1, S. 3 VOB/A gibt dem Auftraggeber hier keinen Dispens, weil die Verpflichtung zur Verlängerung der Angebotsfrist weniger dem Thema Bieterfragen, sondern vielmehr der Thematik „Korrektur von Vergabefehlern" zuzurechnen ist und hieraus eine Verlängerungspflicht folgen kann.[31]

---

[31] Vgl. VK Bund 28.1.2017 – VK 2–129/16.

37   Ein Bieter hat zwar gegenüber dem öffentlichen Auftraggeber eine vorvertraglich geschuldeten **Sorgfalts- und Rücksichtnahmepflicht,** Fragen unverzüglich beim Auftraggeber einzureichen, nachdem sie aufgekommen sind. Es besteht aber andererseits das
Recht des Bieters, die Angebotsfrist auch vollständig auszuschöpfen und sich auch noch
weniger als sechs Tage vor deren Ablauf intensiv mit den Vergabeunterlagen zu beschäftigen. Wenn erst kurz vor Ablauf der Angebotsfrist eine Unklarheit auftaucht, die berechtigterweise Defizite aufdeckt, so kann der öffentliche Auftraggeber die Beantwortung und die
Veröffentlichung nicht mit dem Argument ablehnen, die Frage sei zu spät gestellt worden.
Der öffentliche Auftraggeber muss in jedem Stadium des Vergabeverfahrens für dessen
Rechtmäßigkeit sorgen und nicht Unklarheiten, die durch eine Frage aufgedeckt werden,
stehen lassen, nur weil die Frage nicht mindestens sechs Tage vor Ablauf der Angebotsfrist
eingegangen ist. Die Möglichkeit zur Verlängerung der Angebotsfrist steht bei einer solchen Sachlage zur Verfügung und ist zu ergreifen.[32]

38   Ist eine Frage, unabhängig vom Zeitpunkt ihres Eingangs, aus Sicht des öffentlichen
Auftraggebers nicht relevant, darf er dies dem Fragesteller gegenüber kommunizieren und
gänzlich von einer Beantwortung absehen. Dem Bieter steht dann theoretisch die Möglichkeit offen, diese Verweigerung zu rügen und das Vorgehen des Auftraggebers im Ext-
remfall mittels Nachprüfungsverfahren überprüfen zu lassen.[33]

39   Beantwortet der öffentliche Auftraggeber eine Bieterfrage, so hat er aus dem Vertrauen
der Bieter auf Erhalt aller Informationen eine entsprechende Bieteröffentlichkeit herzustellen. Ist eine Antwort mit Zusatzinformation nach Auffassung des Auftraggebers unerheblich für die Angebotserstellung, so hat er diese zwar bekannt zu machen, muss aber die
Angebotsfrist nicht verlängern. Davon geht § 10b EU Abs. 6 S. 3 VOB/A aus, der in diesem Fall keine Pflicht zur Fristverlängerung vorgibt, aber die Bekanntgabe impliziert, auch
wenn zum Thema Herstellung von Bieteröffentlichkeit in dieser Vorschrift keine explizite
Aussage getroffen wird. Die Bestimmung ist im Lichte des allgemeinen Transparenzgrundsatzes, § 97 Abs. 1 GWB, auszulegen und dahingehend zu verstehen, dass eine Ausnahme
von der Pflicht zur Verlängerung der Angebotsfrist möglich ist, wenn die Voraussetzungen
der Norm vorliegen.[34]

40   Sind die Zusatzinformationen für die Erstellung zulässiger Angebote unerheblich, so ist
der öffentlichen Auftraggeber nicht verpflichtet, die Fristen zu verlängern (vgl. auch Abs. 6
S. 3 Var. 2).

41   Die Fristverlängerung muss in einem angemessenen Verhältnis zu der Bedeutung der Informationen stehen. Hierbei hat der öffentliche Auftraggeber insbesondere die Komplexität
der neuen Information für den Auftrag und die Zeit, die für die Überarbeitung der Angebote erforderlich ist, in den Blick zu nehmen. Folglich hat der öffentliche Auftraggeber die
Frist angemessen zu verlängern unter Beachtung des Verhältnismäßigkeitsgrundsatzes (§ 2
EU Abs. 1 S. 2 VOB/A; § 97 Abs. 1 S. GWB). Die Gründe und das Ergebnis der Abwägung müssen zwingend vorab, vor der Festlegung der Fristverlängerung, dokumentiert
werden (§ 8 Abs. 1 S. 1 VgV iVm § 2 VgV).

I. Fristverlängerung bei Änderung der Vergabeunterlagen
(Abs. 6 S. 1 Nr. 2)

I. Regelungsinhalt

42   Der öffentliche Auftraggeber muss die Fristen für den Eingang der Angebote angemessen
verlängern, sodass alle betroffenen Unternehmen Kenntnis aller Informationen haben kön-

---

[32] Vgl. VK Bund a. a. O.
[33] Vgl. VK Bund a. a. O.
[34] Vgl. VK Bund a. a. O.

nen, die für die Erstellung des Angebots erforderlich sind, wenn der öffentliche Auftraggeber an den Vergabeunterlagen **wesentliche Änderungen** vornimmt. Die Fristverlängerung muss in einem angemessenen Verhältnis zu der Bedeutung der Änderungen stehen.

II. Angemessene Fristverlängerung

Gemäß § 10b EU Abs. 6 S. 1 Nr. 2 VOB/A muss der öffentliche Auftraggeber die An- **43** gebotsfrist angemessen verlängern, wenn er an den Vergabeunterlagen **wesentliche Änderungen** vornimmt.

Ausweislich § 10b EU Abs. 6 S. 2 Var. 2 VOB/A muss die Fristverlängerung in einem **44** angemessenen Verhältnis zu der Bedeutung der Änderungen stehen. Hierbei hat der öffentliche Auftraggeber insbesondere die Komplexität der Änderungen für den Auftrag und die Zeit, die für die Überarbeitung der Angebote erforderlich ist, angemessen zu berücksichtigen. Somit muss der öffentliche Auftraggeber die Frist angemessen unter Beachtung des Verhältnismäßigkeitsgrundsatzes (§ 2 EU Abs. 1 S. 2 VOB/A; § 97 Abs. 1 S. GWB) verlängern. Der öffentliche Auftraggeber hat die Gründe und das Ergebnis der Abwägung zwingend vorab, vor der Festlegung der Fristverlängerung, zu dokumentieren (§ 8 Abs. 1 S. 1 VgV iVm § 2 VgV).

J. Rücknahme der Angebote (Abs. 7)

I. Regelungsinhalt

§ 10b EU Abs. 7 VOB/A regelt die Möglichkeiten für einen Bieter, sein Angebot zu- **45** rückzuziehen.

II. Rücknahme in Textform

Ein Bieter kann sein Angebot, nachdem er es eingereicht hat, jederzeit bis zum Ablauf **46** der Angebotsfrist in Textform zurücknehmen. Hintergrund ist, dass ein Bieter solange an sein Angebot gebunden bleibt, solange eine wirksame Bindefrist läuft. Die Bindefrist beginnt in Vergabeverfahren ausweislich Abs. 9 erst mit Ablauf der Angebotsfrist.

Die Rücknahme muss in Textform dem öffentlichen Auftraggeber vor Ablauf der Ange- **47** botsfrist zugehen. Der Textform entspricht gemäß § 126b BGB jede lesbare, dauerhafte Erklärung, in der die Person des Erklärenden genannt ist und erkennbar ist, dass die Erklärung abgegeben worden ist. Bei der Textform ist keine eigenhändige Unterschrift erforderlich, im Gegensatz zur Schriftform (§ 126 BGB).

Da die Rücknahme dem öffentlichen Auftraggeber vor Ablauf der Angebotsfrist zuge- **48** hen muss, ist es nicht ausreichend, wenn ein Bieter, nachdem er das Angebot bereits in ein **E-Vergabe-Portal** hochgeladen hat, sein Angebot dadurch versucht zurückzunehmen, indem er noch vor Ablauf der Angebotsfrist ein als Rücknahme deklariertes Schreiben mit in das elektronische Postfach zur Angebotsabgabe hoch lädt. Hintergrund ist, dass der öffentliche Auftraggeber erst nach Ablauf der Angebotsfrist Kenntnis von diesem Schreiben erhält, weil dieses in dem Postfach zur Angebotsabgabe abgelegt worden ist. Damit ist die Rücknahme dem öffentlichen Auftraggeber nicht rechtzeitig, und zwar vor Ablauf der Angebotsfrist, zugegangen.

Der Bieter muss vielmehr entweder über eine Funktion des E-Vergabe-Portals sein An- **49** gebot vor Ablauf der Angebotsfrist zurücknehmen, indem das Angebot aus dem Postfach zur Angebotsabgabe gelöscht wird. Dies geschieht dann zwar strenggenommen nicht in Textform, allerdings existiert dadurch zum Zeitpunkt der Angebotsabgabe kein Angebot mehr. Dieses Vorgehen ist insbesondere dann vorzugswürdig, wenn der Bieter das erste

Angebot zurücknehmen und ein korrigiertes Angebot einreichen möchte. Alternativ kann der Bieter ein elektronisches Schreiben über das E-Vergabe-Portal direkt an den „normalen" Posteingang des öffentlichen Auftraggebers senden,[35] mittels dessen er die Rücknahme seines Angebots erklärt. Die Rücknahme per einfacher E-Mail ist nicht zulässig, da eine solche E-Mail nicht den strengen Formerfordernissen des § 11a EU Abs. 2 VOB/A; § 11 Abs. 2 VgV iVm. § 2 VgV genügt. Nur auf diese Weise lässt sich die Unversehrtheit, Vertraulichkeit und die Echtheit der Daten gewährleisten.

50   Die **Unversehrtheit der Daten** bezeichnet die Integrität und damit die Sicherstellung der Korrektheit. Damit wird ausgedrückt, dass die Daten vollständig und unverändert sind. Die Unversehrtheit der Daten wird gewährleistet, indem die Daten nicht unerlaubt verändert, Angaben zum Autor verfälscht oder Zeitangaben zur Erstellung manipuliert werden können.

51   Die **Vertraulichkeit der Daten** sichert den Schutz vor unbefugter Preisgabe von Informationen. Die Vertraulichkeit der Daten wird gewährleistet, indem diese ausschließlich Befugten in der zulässigen Weise zugänglich gemacht werden.

52   Unter **Echtheit der Daten** wird allgemein die Unverfälschtheit der Daten verstanden. Die Echtheit der Daten wird gewährleistet durch Sicherung und Überprüfung mittels asymmetrischen kryptographischen Verfahren.

53   Nach Ablauf der Angebotsfrist kann der Bieter sein Angebot nicht mehr zurücknehmen.

54   In aller Regel kann ein Bieter sich auch nicht dadurch seinem Angebot entziehen, indem er einen nicht erheblichen Kalkulationsfehler geltend macht und eine **Anfechtung** erklärt. Denn ein interner, einseitiger **nicht erheblicher Kalkulationsirrtum** berechtigt selbst dann nicht zu einer Anfechtung, wenn er vom Erklärungsempfänger, dem öffentlichen Auftraggeber, positiv erkannt wird oder der öffentliche Auftraggeber sich wegen treuwidriger Kenntnisvereitelung so stellen lassen muss.[36]

55   Anders kann dies jedoch bei einem **erheblichen Kalkulationsfehler** zu beurteilen sein. Denn die Annahme eines fehlerhaft berechneten Angebots durch den öffentlichen Auftraggeber mittels Erteilung des Zuschlags wird in absoluten Ausnahmefällen dann als mit den Grundsätzen von Treu und Glauben im Sinne des § 242 BGB unvereinbar angesehen, wenn die Vertragsdurchführung für den Bieter schlechthin unzumutbar ist, insbesondere wenn der Bieter dadurch in erhebliche wirtschaftliche Schwierigkeiten kommt. Denn es stellt eine unzulässige Rechtsausübung im Sinne des § 242 BGB dar, wenn der öffentliche Auftraggeber ein Angebot durch Erteilung des Zuschlags annimmt und auf die Durchführung des Vertrages besteht, obwohl er (spätestens zum Zeitpunkt der Erteilung des Zuschlags) erkannt hat oder sich treuwidrig der Erkenntnis verschloss, dass das Angebot auf einem erheblichen Kalkulationsirrtum des Bieters beruht.[37] In solchen absoluten Ausnahmefällen kann die Erteilung des Zuschlags durch den öffentlichen Auftraggeber eine **Verletzung der vorvertraglichen Rücksichtnahmepflicht** aus § 241 Abs. 2 BGB darstellen, die ein dauerhaftes Leistungsverweigerungsrecht des Auftragnehmers im Sinne des § 242 BGB begründet. Ein öffentlicher Auftraggeber, der erkannt hat oder wenigstens für den erkennbar ist, dass ein irrig kalkulierter Preis billigerweise nicht mehr als auch nur im Ansatz äquivalentes Entgelt für die erbrachte Leistung aufgefasst werden kann, verhält sich treuwidrig, wenn er den Zuschlag auf ein solches fehlerhaft kalkuliertes Angebot dennoch erteilt.[38] Hierbei kommt es entscheidend darauf an, ob der öffentlichen Auftraggeber den erheblichen Kalkulationsirrtum, durch den das Äquivalenzverhältnis zwischen

---

[35] Hierzu wird ein spezielles Postfach auf dem E-Vergabe-Portal für den öffentlichen Auftraggeber eingerichtet, auf das er jederzeit zugreifen kann und über das er auch Bewerber- und Bieterfragen erhält, um die strengen Anforderungen des § 11a EU Abs. 2 VOB/A; § 11 Abs. 2 VgV iVm. § 2 VgV zu erfüllen. Dieses Postfach unterscheidet sich von dem Postfach zur Angebotsabgabe, welches der öffentliche Auftraggeber erst nach Ablauf der Angebotsfrist öffnen kann.

[36] Vgl. BGH 7.7.1998, X ZR 17/97; OLG Celle 20.2.2014, 5 U 109/13.

[37] Vgl. BGH 7.7.1998, X ZR 17/97; 11.11.2014, X ZR 32/14; OLG Celle 20.2.2014, 5 U 109/13.

[38] Vgl. BGH 11.11.2014, X ZR 32/14.

gebotener Leistung und hierfür zu zahlendem Preis ganz erheblich gestört wird, im Zeitpunkt der Erteilung des Zuschlags erkannt hat oder wenigstens bei sorgfältiger Prüfung der Angemessenheit der Preise hätte erkennen können. Eine sorgfältige Prüfung erfordert insoweit nicht nur einen Vergleich der Angebotspreise der Bieter sondern auch ein Vergleich der von den Bietern angebotenen Einheitspreise mittels Preisspiegel.

K. Die Bindefrist
(Abs. 8)

I. Regelungsinhalt

§ 10b EU Abs. 8 VOB/A macht Vorgaben an die Angemessenheit der Bindefrist unter **56** besonderer Berücksichtigung des Grundsatzes der Gleichbehandlung und des Transparenzgrundsatzes.

II. Angemessene Bindefrist

Ausweislich § 10b EU Abs. 8 VOB/A bestimmt der öffentliche Auftraggeber eine ange- **57** messene Frist, innerhalb der die Bieter an ihre Angebote gebunden sind (Bindefrist). Diese soll so kurz wie möglich und nicht länger bemessen werden, als der öffentliche Auftraggeber für eine zügige Prüfung und Wertung der Angebote (§§ 16 EU bis 16d EU VOB/A) benötigt. Die Bindefrist beträgt regelmäßig 60 Kalendertage. In begründeten und vorab zu dokumentierenden Fällen kann der öffentliche Auftraggeber ausnahmsweise eine längere Frist festlegen. Bei § 10b EU Abs. 8 VOB/A handelt es sich um eine bieterschützende Norm. Diese soll eine für die Bieter unzumutbar lange Bindung an deren Angebot verhindern. Bei der Festlegung der Bindefrist ist zu Gunsten der Bieter zu berücksichtigen, dass diese während der Bindefrist in ihren geschäftlichen Entschlüssen und Dispositionen erheblich eingeschränkt sind. Dies gilt insbesondere hinsichtlich der Bewerbung um andere Aufträge und der Finanzierung weiterer Aufträge. Ein Bieter kalkuliert bei Abgabe seines Angebots den finanziellen Aufwand unter Berücksichtigung der vorgesehenen Vertragslaufzeit. Er muss deshalb auch Gelegenheit haben, nach Überschreiten eines angemessenen Zeitraums von seinem Angebot wieder Abstand nehmen zu dürfen.[39] Außerdem ist die generelle Ausdehnung der Bindefrist bis zum rechtskräftigen Abschluss etwaiger Vergabenachprüfungsverfahren vergaberechtswidrig.[40] Letztlich stellt eine unzumutbar lange Bindefrist eine Beschränkung des Wettbewerbs dar. Denn es ist nicht auszuschließen, dass sich Unternehmen aufgrund dieser überlangen Bindefrist gar nicht erst am Verfahren beteiligen.[41]

III. Fristberechnung der Bindefrist

Das Ende der Bindefrist ist gemäß § 10b EU Abs. 8 S. 5 VOB/A durch Angabe des Ka- **58** lendertages zu bezeichnen. Es ist somit nicht ausreichend, wenn der öffentliche Auftraggeber angibt, die Bindefrist endet 60 Kalendertage nach Angebotsabgabe. Hintergrund ist, dass die Fristberechnung oftmals schwierig ist und die Bieter ansonsten von einem unterschiedlichen Fristlauf ausgehen könnten. Endet die Angebotsfrist beispielsweise am 1. Juni – 11:00 Uhr, dann beginnt die Bindefrist ebenfalls am 1. Juni – 11:00 Uhr. Für die Be-

---

[39] Vgl. VK Schleswig-Holstein 14.3.2012 – VK-SH 3/12.
[40] Vgl. VK Baden-Württemberg 7.11.2007 – 1 VK 43/07.
[41] Vgl. VK Schleswig-Holstein a. a. O.

rechnung des Ablaufs der Bindefrist wird allerdings ausweislich § 187 Abs. 1 BGB der 1. Juni nicht mitgerechnet, weil für den Anfang der Frist ein in den Lauf eines Tages fallender Zeitpunkt maßgebend ist (der Ablauf der Angebotsfrist um 11:00 Uhr). Somit beginnt die Bindefrist zwar am 1 Juni − 11:00 Uhr, die Frist zur Berechnung des Ablaufs der Bindefrist beginnt jedoch erst am 2. Juni − 0:00 Uhr. 60 Kalendertage später endet die Bindefrist dann am 31. Juli − 24:00 Uhr.

IV. Rechtfolgen bei Ablauf der Bindefrist

59   Gemäß § 10b EU Abs. 8 S. 1 VOB/A sind die Bieter nur während der Angebotsfrist an ihr Angebot gebunden. Der öffentliche Auftraggeber darf jedoch ein Angebot nicht mit der bloßen Begründung ausschließen, es sei erloschen. Es fehlt insoweit an einer Ermächtigungsgrundlage für den Ausschluss. Insbesondere führt ein unter zivilrechtlichen Gesichtspunkten erloschenes Angebot nicht dazu, dass das Angebot auch vergaberechtlich hinfällig ist. Der öffentliche Auftraggeber ist nicht daran gehindert und unter der Geltung des öffentlichen Haushaltsrechts im Einzelfall sogar dazu gehalten, den Zuschlag auf ein Angebot zu erteilen, obwohl die Bindefrist abgelaufen ist.[42] Wird der Zuschlag nach Ablauf der Bindefrist und damit verspätet erteilt, so ist der Bieter gemäß § 18 EU Abs. 2 Var. 2 VOB/A bei der Erteilung des Zuschlags aufzufordern, sich unverzüglich über die Annahme zu erklären. Denn die verspätete Annahme eines Angebots gilt ausweislich § 150 Abs. 1 BGB als neuer Antrag, den dann der Bieter annehmen kann, damit der Vertrag letztendlich doch noch wirksam zustande kommt. Der öffentliche Auftraggeber sollte dem Bieter hierzu eine angemessene kurze Frist setzen mit der Ankündigung, dass dieser Bieter nach Fristablauf den Antrag nicht mehr annehmen kann. Erst nach fruchtlosem Ablauf dieser Frist scheidet dieser Bieter für den Vertragsschluss aus. Der Bieter mit dem nächstplatzierten Angebot rückt nach und wird vom öffentlichen Auftraggeber entsprechend aufgefordert, innerhalb einer von diesem bestimmten angemessen kurzen Frist, den neuen Antrag anzunehmen.

L. Der Beginn der Bindefrist (Abs. 9)

I. Regelungsinhalt

60   § 10b EU Abs. 9 VOB/A regelt den Beginn der Bindefrist.

II. Angemessene Bindefrist

61   Die Bindefrist beginnt mit dem Ablauf der Angebotsfrist. Verlängert der öffentliche Auftraggeber die Angebotsfrist, verschiebt sich automatisch der Fristbeginn der Bindefrist auf den Ablauf der neuen Angebotsfrist.

---

[42] Vgl. OLG Düsseldorf 4.2.2009 − Verg 70/08.

§ 10c Fristen im Verhandlungsverfahren

(1) **Beim Verhandlungsverfahren mit Teilnahmewettbewerb ist entsprechend § 10 EU und § 10b EU zu verfahren.**

(2) **Beim Verhandlungsverfahren ohne Teilnahmewettbewerb ist auch bei Dringlichkeit für die Bearbeitung und Einreichung der Angebote eine ausreichende Angebotsfrist nicht unter zehn Kalendertagen vorzusehen. Dabei ist insbesondere der zusätzliche Aufwand für die Besichtigung von Baustellen oder die Beschaffung von Unterlagen für die Angebotsbearbeitung zu berücksichtigen. Es ist entsprechend § 10b EU Absatz 7 bis 9 zu verfahren.**

Übersicht

	Rn.			Rn.
A. Einführung	1		I. Regelungsinhalt	30
I. Literatur	1		II. Möglichkeit der Fristverkürzung auf zehn bzw. 15 Kalendertage	31
II. Entstehungsgeschichte	2		III. Fristverkürzung beim Verhandlungsverfahren ohne Teilnahmewettbewerb	33
III. Rechtliche Vorgaben im EU-Recht	5			
B. Systematische Stellung	8		H. Fristverlängerung bei Zusatzinformationen (§ 10c EU Abs. 1 VOB/A iVm § 10b EU Abs. 6 S. 1 Nr. 1 VOB/A)	34
C. Übliche Teilnahmefrist (§ 10c EU Abs. 1 VOB/A iVm § 10b EU Abs. 1 VOB/A)	11		I. Regelungsinhalt	34
I. Regelungsinhalt	11		II. Angemessene Fristverlängerung	36
II. Angemessene Teilnahmefrist	12		I. Fristverlängerung bei Änderung der Vergabeunterlagen (§ 10c EU Abs. 1 VOB/A iVm § 10b EU Abs. 6 S. 1 Nr. 2 VOB/A)	43
III. Fristbeginn und Fristende	14		I. Regelungsinhalt	43
D. Übliche Angebotsfrist (§ 10c EU Abs. 1 VOB/A iVm § 10b EU Abs. 2 VOB/A)	16		II. Angemessene Fristverlängerung	44
I. Regelungsinhalt	16		J. Rücknahme der Angebote (§ 10c EU Abs. 1 VOB/A iVm § 10b EU Abs. 7 VOB/A)	46
II. Angemessene Angebotsfrist	17		I. Regelungsinhalt	46
III. Fristbeginn und Fristende	19		II. Rücknahme in Textform	47
E. Fristverkürzung durch Vorinformation (§ 10c EU Abs. 1 VOB/A iVm § 10b EU Abs. 3 VOB/A)	21		K. Die Bindefrist (§ 10c EU Abs. 1 VOB/A iVm § 10b EU Abs. 8 VOB/A)	57
I. Regelungsinhalt	21		I. Regelungsinhalt	57
II. Möglichkeit der Fristverkürzung auf zehn Kalendertage	22		II. Angemessene Bindefrist	58
III. Zeitfenster der Vorinformation	23		III. Fristberechnung der Bindefrist	59
IV. Notwendiger Inhalt der Vorinformation	25		IV. Rechtsfolgen bei Ablauf der Bindefrist	60
F. Fristverkürzung bei elektronischer Übermittlung (§ 10c EU Abs. 1 VOB/A iVm § 10b EU Abs. 4 VOB/A)	28		L. Der Beginn der Bindefrist (§ 10c EU Abs. 1 VOB/A iVm § 10b EU Abs. 9 VOB/A)	61
I. Regelungsinhalt	28		I. Regelungsinhalt	61
II. Möglichkeit der Fristverkürzung um fünf Kalendertage	29		II. Angemessene Bindefrist	62
G. Fristverlängerung bei hinreichend begründeter Dringlichkeit (§ 10c EU Abs. 1 VOB/A iVm § 10b EU Abs. 5 VOB/A)	30			

A. Einführung

I. Literatur

Schelle/Erkelenz, VOB/A. Alltagsfragen und Problemfälle zur Ausschreibung von Bauleistungen, 1983; Präsident des BFH als Bundesbeauftragter für Wirtschaftlichkeit in der Verwaltung (BWV), Gutachten zur

1

Wirtschaftlichkeit der Billigstbieter, 2003; *Ax/Ottenströer,* Fristen im Offenen und Nichtoffenen Vergabeverfahren, IBR 2011, 1185 (nur online); *Ferber,* Fristen im Vergabeverfahren, 4. Aufl. 2017.

II. Entstehungsgeschichte

2   Die VOB Ausgabe 2016 hat die Regelungen zu den Fristen in einem Verhandlungsverfahren in den § 10c EU VOB/A mit entsprechenden Verweisungen auf § 10 EU VOB/A
und § 10b EU VOB/A gefasst. Die Regelungen zu den Fristen in einem Verhandlungsverfahren wurden zuvor in der globalen Fristenregelung für alle Vergabeverfahrensarten in
einem Absatz mit mehreren Nummern gefasst, namentlich in § 10 EG Abs. 3 Nr. 1 iVm
diversen Regelungen in Abs. 2.

3   § 10c EU Abs. 1 VOB/A iVm § 10b EU VOB/A nimmt die verkürzten Mindestfristen
für die Abgabe der Teilnahmeanträge und Angebote der Richtlinie 2014/24/EU (AVR)
auf und sieht darüber hinaus weiterhin die bekannten Verkürzungsmöglichkeiten vor; bei
rechtzeitiger Bekanntgabe einer Vorinformation oder im Falle einer hinreichend begründeten Dringlichkeit. Für die Verkürzungsmöglichkeit wegen hinreichend begründeter
Dringlichkeit ist es nicht (mehr) erforderlich, dass es sich um eine extreme Dringlichkeit
wegen unvorhersehbarer und vom öffentlichen Auftraggeber nicht zu verantwortender
Ereignisse handelt. Trotz der Möglichkeit der Verkürzung der Mindestfristen gilt gemäß
§ 10c EU Abs. 1 VOB/A iVm § 10 EU Abs. 1 VOB/A in Umsetzung der Richtlinie
2014/24/EU (AVR): Bei der Festsetzung der Angebotsfrist muss der öffentliche Auftraggeber insbesondere die Komplexität des Auftrags und die Zeit, die für die Ausarbeitung der
Angebote (aber auch der Teilnahmeanträge) erforderlich ist, beachten (vgl. § 10 EU Abs. 1
VOB/A). Folglich hat der öffentliche Auftraggeber immer eine angemessen bemessene
Angebotsfrist festzulegen. Alle in § 10c EU Abs. 1 VOB/A iVm § 10b EU VOB/A genannten Mindestfristen sind demnach immer (!) daraufhin zu überprüfen, ob sie im Einzelfall angemessen sind. Es handelt sich ausdrücklich nicht um Regelfristen.[1]

4   Bei der Regelung der Frage, wie lange die Bieter an ihr Angebot gebunden sein sollen (sog.
Bindefrist), stellt § 10c EU Abs. 1 VOB/A iVm § 10b EU Abs. 8 und 9 VOB/A mittlerweile
maßgeblich darauf ab, wie viel Zeit dem öffentlichen Auftraggeber für die Prüfung und
Wertung der eingegangenen Angebote zur Verfügung steht. Die unglückliche Begrifflichkeit
„Zuschlagsfrist", unter der teilweise die Bindefrist verstanden worden ist, teilweise eine Frist,
bis wann der Zuschlag (voraussichtlich) erteilt wird, wird nicht mehr verwendet. Die vom
öffentlichen Auftraggeber festgesetzte Bindefrist beträgt regelmäßig 60 Kalendertage. Eine
längere Bindefrist ist nur in Ausnahmefällen festzusetzen und in dem Vergabevermerk zu
begründen.[2]

III. Rechtliche Vorgaben im EU-Recht

5   Die Regelungen in § 10c EU Abs. 1 VOB/A iVm § 10b EU VOB/A können auf Bestimmungen der Allgemeinen Vergaberichtlinie 2014/24/EU (AVR) zurückgeführt werden.

6   Die Umsetzung lehnt sich weit überwiegend eng an den Richtlinientext an.[3] Für das
OLG Düsseldorf bestanden Umsetzungsspielräume, so dass der Richtlinienbestimmung vor

---

[1] Siehe zu dieser Auffassung auch den Einführungserlass zur Vergabe- und Vertragsordnung für Bauleistungen (VOB) 2016 vom Bundesministerium für Umwelt, Naturschutz, Bau und Reaktorsicherheit vom
7.4.2016; Az.: B I 7 – 81063.6/1; Seite 8 oben.
[2] Siehe zu dieser Auffassung auch den Einführungserlass zur Vergabe- und Vertragsordnung für Bauleistungen (VOB) 2016 vom Bundesministerium für Umwelt, Naturschutz, Bau und Reaktorsicherheit vom
7.4.2016; Az.: B I 7 – 81063.6/1; Seite 8 oben.
[3] Siehe den Einführungserlass zur Vergabe- und Vertragsordnung für Bauleistungen (VOB) 2016 vom
Bundesministerium für Umwelt, Naturschutz, Bau und Reaktorsicherheit vom 7.4.2016; Az.: B I 7 –
81063.6/1; Seite 8 oben.

dem Inkrafttreten der Verordnung zur Modernisierung des Vergaberechts (VergRModVO) keine Vorwirkung zukam.[4]

– Mit § 10c EU Abs. 1 VOB/A iVm § 10b EU Abs. 1 VOB/A hat der Normgeber vornehmlich Art. 29 Abs. 1 Unterabs. 4 AVR umgesetzt.
– § 10c EU Abs. 1 VOB/A iVm § 10b EU Abs. 2 VOB/A setzt wesentlich Art. 29 Abs. 1 Unterabs. 4 AVR S. 2 um.
– Mit § 10c EU Abs. 1 VOB/A iVm § 10b EU Abs. 3 VOB/A hat der Normgeber vornehmlich Art. 29 Abs. 1 Unterabs. 4 AVR S. 3 iVm Art. 28 Abs. 3 AVR iVm Erwägungsgrund (46) umgesetzt.
– Art. 28 Abs. 4 AVR, der den EU-Mitgliedstaaten freistellt, eine Regelung zu treffen, die es den öffentliche Auftraggebern ermöglicht, mit den ausgewählten Bewerber eine Angebotsfrist einvernehmlich zu vereinbaren, wurde im Gegensatz zur VgV (vgl. § 17 Abs. 6 VgV) nicht mit in die EU VOB/A aufgenommen.
– § 10c EU Abs. 1 VOB/A iVm § 10b EU Abs. 4 VOB/A findet seine Grundlage vornehmlich in Art. 29 Abs. 1 Unterabs. 4 AVR S. 3 iVm Art. 28 Abs. 5 AVR iVm Erwägungsgrund (80).
– § 10c EU Abs. 1 VOB/A iVm § 10b EU Abs. 5 VOB/A wurde weit überwiegend aus Art. 29 Abs. 1 Unterabs. 4 AVR S. 3 iVm Art. 28 Abs. 6 AVR entwickelt.
– § 10c EU Abs. 1 VOB/A iVm § 10b EU Abs. 6 VOB/A hat seinen Ursprung in Art. 47 Abs. 3 AVR iVm Erwägungsgrund (81).

Die Regelungen in § 10c EU Abs. 1 VOB/A iVm § 10b EU **Abs. 7 bis 9** VOB/A zur **7** Bindefrist sind nicht auf die Vergaberichtlinie 2014/24/EU (AVR) zurückzuführen, sondern auf die §§ 145 bis 151 des Bürgerlichen Gesetzbuchs (BGB).

B. Systematische Stellung

§ 10c EU VOB/A sowie die weiteren Regelungen zu den Fristen gehen davon aus, dass allen Bewerbern und Bietern die **gleichen Fristen** gesetzt werden.[5] Einheitliche Teilnahme- und Angebotsfristen (sowie sonstige Fristen) sind für den Wettbewerb und für die Wertung der Teilnahmeanträge und Angebote unverzichtbar. Teilnahme- und Angebotsfristen (sowie sonstige Fristen) haben daher den Charakter von **Ausschlussfristen**.[6] Die Nichteinhaltung der Teilnahme- und Angebotsfrist führt zwingend zum Ausschluss des Teilnahmeantrags bzw. Angebots.[7] Eine inhaltliche Änderung von Teilnahmeanträgen nach Ablauf der Teilnahmefrist und von Angeboten nach Ablauf der Angebotsfrist ist ausgeschlossen. Teilnahme- und Angebotsfristen (sowie sonstige Fristen) sind strikt zu vollziehen und dürfen nicht nachträglich zu Gunsten einzelner Bewerber und Bieter relativiert werden.[8] Deshalb ist eine **Wiedereinsetzung in den vorherigen Stand** abzulehnen.[9] Erkennt der öffentliche Auf-

---

[4] OLG Düsseldorf 14.12.2016 – VII-Verg 20/16.
[5] Der neue § 13 Abs. 2 UVgO bringt das explizit zum Ausdruck. Es ergibt sich bereits aus dem Gleichbehandlungsgrundsatz, Horn in Müller-Wrede, § 13 UVgO Rn. 30, 31.
[6] BGH 14.7.1997 – NotZ 48/96, NJW-RR 1998, 57 (58) – „Notarstelle"; VG Halle 10.9.2008 – 3 B 231/08, IBRRS 2008, 2711 – „Rettungsdienstleistungen"; HessVGH 27.5.1999 – 2 Q 4634/98, juris, Rn. 16 – „Bodenabfertigungsdienste"; Völlink in Völlink/Kehrberg § 18 Rn. 2; Weyand ibr-online-Kommentar Vergaberecht, Stand 26.11.2012, § 10 EU Rn. 6; Lausen in jurisPK-VergabeR, 5. Aufl. 2016, § 10 EU Rn. 6; Wirner/Schubert in Willenbruch/Wieddekind, 4. Aufl. 2017, § 10 EU Rn. 7; Rechten in KKMPP § 20 VgV Rn. 11; Müller in Greb/Müller, 2. Aufl. 2017, § 16 SektVO Rn. 8.
[7] Ein Angebot, das nachweislich vor Ablauf der Angebotsfrist dem öffentlichen Auftraggeber zugegangen war, aber aus vom Bieter nicht zu vertretenden Gründen dem Verhandlungsleiter nicht vorgelegt hat, wird wie ein rechtzeitig vorliegendes Angebot behandelt (§ 14 EU Abs. 5 VOB/A iVm § 16 EU Nr. 1 VOB/A).
[8] Zu diesem Grundsatz BVerwG, 13.12.2012 – 3 C 32/11, NVwZ 2013, 507 Rn. 45 – „Bodenabfertigungsdienste".
[9] Rechten in KMPP § 10 Rn. 14.

traggeber im Nachhinein, dass Fristen versehentlich unangemessen kurz bemessen worden sind, muss er die Fristen für alle Bewerber und Bieter angemessen verlängern.[10]

9   Der öffentliche Auftraggeber hat die Fristen einzelfallbezogen festzulegen, wobei die Festlegung insbesondere an der **Komplexität des Auftrages** und der **für die Erstellung der Teilnahmeanträge sowie der für die Angebotserstellung erforderlichen Zeit** auszurichten ist. Die für die Abwägung genannten Kriterien sind aus unionsrechtlicher Sicht nicht abschließend (§ 10 EU VOB/A Rn. 10).[11] Zudem sind die Fristen angemessen zu verlängern im Falle von Ortsbesichtigungen, Zusatzinformationen oder nachträglichen wesentlichen Änderungen der Vergabeunterlagen (§ 10c EU Abs. 1 VOB/A iVm § 10 EU **Abs. 2** VOB/A, § 10b EU **Abs. 6** VOB/A; Art. 47 Abs. 2 und 3 AVR).[12]

10   Nach einer Entscheidung des Europäischen Gerichts Erster Instanz (EuG) zur Unterschwellenmitteilung stehen die Richtlinienvorgaben zu den Fristen in einem Zusammenhang mit dem **Grundsatz des freien Dienstleistungsverkehrs und des Diskriminierungsverbots.** Angemessene Fristen sollen der Gefahr einer Bevorzugung einheimischer Bewerber und Bieter bei der Auftragsvergabe durch öffentliche Auftraggeber entgegenwirken.[13] Die Pflicht zur Festlegung einer angemessenen Frist ist daher als **Bestandteil des Vergabeprimärrechts** (Einleitung Rn. 167 f.) anzusehen.[14] Die „Mitteilung zu Auslegungsfragen" der EU-Kommission vom 23.6.2006[15] äußert sich hierzu wie folgt:

„Angemessene Fristen
Die Fristen für Interessensbekundungen und für die Angebotsabgabe müssen so lang sein, dass Unternehmen aus anderen Mitgliedstaaten eine fundierte Einschätzung vornehmen und ein Angebot erstellen können."

Fristen für Teilnahmeanträge und Angebote beginnen jeweils mit dem Tag der Absendung der Bekanntmachung (bzw. der Aufforderung zur Angebotsabgabe) zu laufen. Die Fristen in den Vergaberichtlinien sind (bis auf wenige Ausnahmen) nach **Kalendertagen** bemessen. Samstag, Sonntage und gesetzliche Feiertage in den jeweiligen EU-Mitgliedsstaaten werden mitgezählt.[16] Fällt der letzte Tag der Frist auf einen Samstag, Sonntag oder Feiertag, endet die Frist mit Ablauf des nächsten Arbeitstages am Sitz der ausschreibenden Stelle.[17] Fällt die Frist beispielsweise auf einen Samstag, dann endet die Frist direkt an dem darauffolgenden Montag um 24:00 Uhr.[18]

---

[10] Zur Pflicht zur Ergreifung kompensatorischer Maßnahmen Egger Europäisches Vergaberecht Rn. 901. Zur Zulässigkeit der Fristverlängerung el-Barudi in HHKW § 10 VOB/A Rn. 6.

[11] Erwägungsgrund (80) Richtlinie 2014/24/EU („vor allem"). Das ist dennoch eine Akzentverschiebung gegenüber Art. 38 Abs. 1 Richtlinie 2004/18/EG der diese Gesichtspunkte ausdrücklich nur „insbesondere" aufführte.

[12] Bereits Art. 38 Abs. 7 Richtlinie 2004/18/EG. Nachweise zu den inhaltsgleichen Vorgängervorschriften (die auf Artt. 13 Abs. 2, 14 Abs. 4 Richtlinie 71/305/EWG zurückgehen) bei Prieß EurVergabeR-HdB, 3. Aufl. 2005, 236 in Fußn. 168.

[13] EuG (Fünfte Kammer) 20.5.2010 – T-258/06, NZBau 2010, 510 Rn. 122 f.

[14] Weyand ibr-online-Kommentar Vergaberecht, Stand 26.11.2012, § 10 VOL/A Rn. 12; zum Konzept des Vergabeprimärrechts statt vieler Burgi VergabeR § 3 Rn. 13 ff.

[15] ABl. 2000 C 173/6.

[16] Vgl. OLG Saarbrücken 9.11.2005 – 1 Verg 4/05, NJOZ 2006, 621 (627).

[17] Art. 2 Abs. 2, Art. 3 Abs. 3 VO (EWG, Euratom) Nr. 1182/71 des Rates vom 3. Juni 1971 zur Festlegung der Regeln für die Fristen, Daten und Termine (ABl. L 124 vom 8.6.1971, S. 1). Siehe auch Erwägungsgrund 106 der Richtlinie 2014/24/EU (AVR). Zur Fristberechnung instruktiv Ferber 59 f.

[18] Soweit es sich nicht ausnahmsweise bei diesem Montag um einen Feiertag handelt (bspw. Ostermontag); ansonsten würde die Frist am darauffolgenden Arbeitstag, bspw. Dienstag um 24:00 Uhr ablaufen.

C. Übliche Teilnahmefrist
(§ 10c EU Abs. 1 VOB/A iVm § 10b EU Abs. 1 VOB/A)

I. Regelungsinhalt

§ 10c EU Abs. 1 VOB/A iVm § 10b EU **Abs. 1** VOB/A regelt zum einen, dass die **11** Teilnahmefrist bei einem Verhandlungsverfahren mindestens 30 Kalendertage beträgt. Zum anderen wird bestimmt, dass die Frist beginnt
– am Tag nach Absendung der EU-Auftragsbekanntmachung an das Amt für Veröffentlichungen der Europäischen Union
oder
– am Tag nach Absendung der Aufforderung zur Interessenbestätigung.

II. Angemessene Teilnahmefrist

Gemäß § 10c EU Abs. 1 VOB/A iVm § 10b EU **Abs. 1** VOB/A hat die Teilnahmefrist **12** bei einem Verhandlungsverfahren mindestens 30 Kalendertage zu betragen. Dabei darf der öffentliche Auftraggeber nicht den Fehler begehen, dass er unreflektiert immer bei einem Verhandlungsverfahren eine Teilnahmefrist von 30 Kalendertagen wählt. Bei der Festsetzung jeder Teilnahmefrist muss der öffentliche Auftraggeber insbesondere die Komplexität des Auftrags und die Zeit, die für die Ausarbeitung der Teilnahmeanträge erforderlich ist, beachten (vgl. § 10c EU Abs. 1 VOB/A iVm § 10 EU **Abs. 1** VOB/A). Folglich hat der öffentliche Auftraggeber immer eine angemessen bemessene Teilnahmefrist festzulegen unter Beachtung des **Verhältnismäßigkeitsgrundsatzes** (§ 2 EU Abs. 1 S. 2 VOB/A; § 97 Abs. 1 S. GWB). Der öffentliche Auftraggeber hat daher in jedem Einzelfall die Teilnahmefrist angemessen festzulegen. Es handelt sich bei der genannten Teilnahmefrist von „mindestens 30 Kalendertagen" ausdrücklich nicht um eine Regelfrist.[19]

Der öffentlichen Auftraggeber darf die Teilnahmefrist mitunter an seinen **zeitlichen** **13** **Bedarf an der ausgeschriebenen Leistung** ausrichten. Er darf dieses Interesse aber nicht gegenüber den Belangen der potentiellen Bieter übergewichten. Ihren Bedarf an den ausgeschriebenen Bauleistungen müssen öffentliche Auftraggeber vor allem dadurch Rechnung tragen, dass sie ihre internen Bearbeitungszeiten für die Prüfung und Bewertung der Teilnahmeanträge straffen.[20]

III. Fristbeginn und Fristende

§ 10c EU Abs. 1 VOB/A iVm § 10b EU **Abs. 1** VOB/A regelt, dass die Frist am Tag **14** nach der Absendung der EU-Auftragsbekanntmachung an das Amt für Veröffentlichungen der Europäischen Union beginnt. Die Teilnahmefrist endet mit deren Ablauf.

Wird die EU-Auftragsbekanntmachung beispielsweise am 1. Juni versendet, dann ist der **15** Fristbeginn am 2. Juni um 0:00 Uhr. Damit endet die Frist von 30 Kalendertagen[21] am 1. Juli um 24:00 Uhr.[22] Soll die Frist zur Abgabe der Teilnahmeanträge um 11:00 Uhr er-

---

[19] Siehe zu dieser Auffassung auch den Einführungserlass zur Vergabe- und Vertragsordnung für Bauleistungen (VOB) 2016 vom Bundesministerium für Umwelt, Naturschutz, Bau und Reaktorsicherheit vom 7.4.2016; Az.: B I 7 -81063.6/1; Seite 8 oben.

[20] Reidt in Beck VOB/A § 10 Rn. 12. Das ist für die Rechtsprechung eine allgemeine Anforderung an Fristverkürzungen wegen Dringlichkeit, vgl. etwa VK Lüneburg (o. Fußn. 35).

[21] Soweit diese Teilnahmefrist von 30 Kalendertagen im Einzelfall angemessen sein sollte.

[22] Sollte der 1. Juli ein Samstag, Sonntag oder gesetzlicher Feiertag sein, endet die Frist am darauffolgenden Arbeitstag, bspw. am 2. Juli um 24:00 Uhr. In diesem Fall sollte als Teilnahmefrist der übernächste Arbeitstag mit einer passenden Uhrzeit gewählt werden.

folgen, darf nicht der 1. Juli – 11:00 Uhr gewählt werden, sondern der 2. Juli – 11:00 Uhr. Nur dann wird gewährleistet, dass den Bietern volle 30 Kalendertage zur Verfügung stehen. Im Falle der teilweise bis zum 17. Oktober 2018 noch erlaubten Zulassung von schriftlichen Teilnahmeanträgen ist auch bei der Festlegung einer angemessenen Frist mit in die Abwägung mit einzubeziehen, dass die Frist zur Abgabe der Teilnahmeanträge in aller Regel nicht an einem Montag oder an einem Arbeitstag direkt im Anschluss an einen gesetzlichen Feiertag enden soll. Hintergrund ist, dass ansonsten ortsansässige Bewerber bevorzugt werden. Diese können noch am Sonntag bzw. Feiertag ihren Teilnahmeantrag finalisieren, während andere Bewerber, insbesondere aus anderen EU-Mitgliedstaaten, zuvor bereits ihren Teilnahmeantrag an einen Kurier übergeben müssen, und damit faktisch weniger Zeit für die Erstellung der Teilnahmeanträge haben als ein ortsansässiger Bewerber.

D. Übliche Angebotsfrist
(§ 10c EU Abs. 1 VOB/A iVm § 10b EU Abs. 2 VOB/A)

I. Regelungsinhalt

16   § 10c EU Abs. 1 VOB/A iVm § 10b EU **Abs.** 2 VOB/A regelt zum einen, dass die Frist zur Abgabe der Erstangebote (Angebotsfrist) bei einem Verhandlungsverfahren mindestens 30 Kalendertage beträgt. Zum anderen wird bestimmt, dass die Frist am Tag nach Absendung der Aufforderung zur Angebotsabgabe beginnt.

II. Angemessene Angebotsfrist

17   Gemäß § 10c EU Abs. 1 VOB/A iVm § 10b EU **Abs.** 2 VOB/A hat die Angebotsfrist bei einem Verhandlungsverfahren mindestens 30 Kalendertage zu betragen. Dabei darf der öffentliche Auftraggeber auch hier nicht den Fehler begehen, dass er unreflektiert immer bei einem Verhandlungsverfahren eine Frist zur Abgabe der Erstangebote von 30 Kalendertagen wählt. Bei der Festsetzung jeder Angebotsfrist muss der öffentliche Auftraggeber insbesondere die Komplexität des Auftrags und die Zeit, die für die Ausarbeitung der Angebote erforderlich ist, beachten (vgl. § 10c EU Abs. 1 VOB/A iVm § 10 EU **Abs. 1** VOB/A). Folglich hat der öffentliche Auftraggeber immer eine angemessen bemessene Angebotsfrist festzulegen unter Beachtung des **Verhältnismäßigkeitsgrundsatzes** (§ 2 EU Abs. 1 S. 2 VOB/A; § 97 Abs. 1 S. GWB). Der öffentliche Auftraggeber hat daher in jedem Einzelfall die Angebotsfrist angemessen festzulegen. Es handelt sich bei der genannten Angebotsfrist von „mindestens 30 Kalendertagen" ausdrücklich nicht um eine Regelfrist.[23]

18   Der öffentlichen Auftraggeber darf die Frist zur Abgabe der Erstangebote mitunter an seinen **zeitlichen Bedarf an der ausgeschriebenen Leistung** ausrichten. Er darf dieses Interesse aber nicht gegenüber den Belangen der potentiellen Bieter übergewichten. Ihren Bedarf an den ausgeschriebenen Bauleistungen müssen öffentliche Auftraggeber vor allem dadurch Rechnung tragen, dass sie ihre internen Bearbeitungszeiten für die Prüfung und Bewertung der Angebote straffen.[24] Das Argument, der Gemeinderat würde nur an bestimmten Tagen seinen Sitzungstag abhalten, stellt keinen sachlichen Grund für eine Fristverkürzung dar. Hintergrund ist, das ein Gemeinderat auch als milderes Mittel vor Ablauf der Absendung der EU-Auftragsbekanntmachung einen Vorratsbeschluss fassen könnte, der es der Vergabestelle gestattet, den Zuschlag auf das zukünftige Bestangebot zu erteilen,

---

[23] Siehe zu dieser Auffassung auch den Einführungserlass zur Vergabe- und Vertragsordnung für Bauleistungen (VOB) 2016 vom Bundesministerium für Umwelt, Naturschutz, Bau und Reaktorsicherheit vom 7.4.2016; Az.: B I 7 – 81063.6/1; Seite 8 oben.
[24] Reidt in Beck VOB/A § 10 Rn. 12. Das ist für die Rechtsprechung eine allgemeine Anforderung an Fristverkürzungen wegen Dringlichkeit, vgl. etwa VK Lüneburg (o. Fußn. 35).

soweit das Bestangebot das von dem Gemeinderat vorab festzulegende und zu dokumentierende Budget nicht überschreitet.

III. Fristbeginn und Fristende

§ 10c EU Abs. 1 VOB/A iVm § 10b EU **Abs. 2** VOB/A regelt, dass die Frist am Tag 19 nach Absendung der Aufforderung zur Angebotsabgabe beginnt. Die Angebotsfrist endet nicht mehr mit der Öffnung des ersten Angebotes, sondern bereits mit dem Ablauf der Angebotsfrist.

Wird die Aufforderung zur Angebotsabgabe beispielsweise am 1. Juni versendet, dann ist 20 der Fristbeginn am 2. Juni um 0:00 Uhr. Damit endet die Frist von 30 Kalendertagen[25] am 1. Juli um 24:00 Uhr.[26] Soll die Frist zur Angebotsabgabe um 11:00 Uhr[27] erfolgen, darf nicht der 1. Juli – 11:00 Uhr gewählt werden, sondern der 2. Juli – 11:00 Uhr. Nur dann wird gewährleistet, dass den Bietern volle 30 Kalendertage zur Verfügung stehen. Im Falle der teilweise bis zum 17. Oktober 2018 noch erlaubten Zulassung von schriftlichen Angeboten ist auch bei der Festlegung einer angemessenen Frist in die Abwägung mit einzubeziehen, dass die Frist zur Angebotsabgabe in aller Regel nicht an einem Montag oder an einem Arbeitstag direkt im Anschluss an einen gesetzlichen Feiertag enden soll. Hintergrund ist, dass ansonsten ortsansässige Bieter bevorzugt werden. Diese können noch am Sonntag bzw. Feiertag ihr Angebot finalisieren, während andere Bieter, insbesondere aus anderen EU-Mitgliedstaaten, zuvor bereits ihr Angebot an einen Kurier übergeben müssen, und damit faktisch weniger Zeit für die Angebotserstellung haben als ein ortsansässiger Bieter.

E. Fristverkürzung durch Vorinformation
(§ 10c EU Abs. 1 VOB/A iVm § 10b EU Abs. 3 VOB/A)

I. Regelungsinhalt

§ 10c EU Abs. 1 VOB/A iVm § 10b EU **Abs. 3** VOB/A regelt die Möglichkeit und 21 Voraussetzungen für eine Fristverkürzung durch eine Vorinformation.

II. Möglichkeit der Fristverkürzung auf zehn Kalendertage

Gemäß § 10c EU Abs. 1 VOB/A iVm § 10b EU **Abs. 3 S. 1** VOB/A kann der öffent- 22 liche Auftraggeber die Angebotsfrist auf zehn (10) Kalendertage verkürzen, wenn er
– die Voraussetzungen des § 10b EU **Abs. 3 S. 2 und S. 3** beachtet;
– die Angebotsfrist angemessen im Sinne des § 10 EU **Abs. 1** VOB/A unter Berücksichtigung des Verhältnismäßigkeitsgrundsatzes (§ 2 EU Abs. 1 S. 2 VOB/A; § 97 Abs. 1 Satz 2 GWB) festlegt; und
– die Gründe und das Ergebnis der Abwägung zwingend vorab dokumentiert (§ 8 Abs. 1 S. 1 VgV iVm § 2 VgV).

---

[25] Soweit diese Angebotsfrist von 30 Kalendertagen im Einzelfall angemessen sein sollte.

[26] Sollte der 1. Juli ein Samstag, Sonntag oder gesetzlicher Feiertag sein, endet die Frist am darauffolgenden Arbeitstag, bspw. am 2. Juli um 24:00 Uhr. In diesem Fall sollte als Angebotsfrist der übernächste Arbeitstag mit einer passenden Uhrzeit gewählt werden.

[27] Der Fristablauf sollte nicht auf 24:00 Uhr gelegt werden. Denn ausweislich § 14 EU Abs. 1 Satz 1 VOB/A muss die Öffnung der Angebote unverzüglich, damit ohne schuldhaftes Zögern, nach Ablauf der Angebotsfrist durchgeführt werden. Unverzüglich im Anschluss an die Öffnung hat der öffentliche Auftraggeber zudem diverse Informationen elektronisch den Bietern zur Verfügung zu stellen (vgl. § 14 EU Abs. 6 Satz 1, § 11a EU Abs. 2 VOB/A; § 11 Abs. 2 VgV iVm. § 2 VgV).

III. Zeitfenster der Vorinformation

23   Die Frist darf gemäß § 10c EU Abs. 1 VOB/A iVm § 10b EU **Abs. 3 S. 2** VOB/A nur dann auf mindestens zehn (10) Kalendertage verkürzt werden, wenn eine inhaltlich formgerechte[28] EU-Vorinformation an das Amt für Veröffentlichungen der Europäischen Union so rechtzeitig abgesandt worden ist, dass das gegenständliche Vergabeverfahren durch Absendung der EU-Auftragsbekanntmachung erst mindestens 35 Kalendertage jedoch maximal zwölf (12) Monate später eingeleitet wird.

24   Wurde beispielsweise eine inhaltlich formgerechte EU-Vorinformation an das Amt für Veröffentlichungen der Europäischen Union am 1. Juni versendet, dann darf die Absendung der EU-Auftragsbekanntmachung für das mit eine Fristverkürzung zu privilegierende gegenständliche Vergabeverfahren **frühestens** am 7. Juli[29] – 0:00 Uhr desselben Jahres und **spätestens** am 31. Mai – 24:00 Uhr des darauffolgenden Jahres erfolgen.

IV. Notwendiger Inhalt der Vorinformation

25   Ausweislich § 10c EU Abs. 1 VOB/A iVm § 10b EU **Abs. 3 S. 3** VOB/A muss die EU-Vorinformation mindestens die im Muster einer „*Auftragsbekanntmachung*" nach Anhang V „*Teil C*" der Richtlinie 2014/24/EU für das nicht offene Verfahren geforderten Angaben enthalten, soweit diese Informationen zum Zeitpunkt der Absendung der Vorinformation vorlagen. Bei dem Verweis auf ein Muster der „*Auftragsbekanntmachung*" des Anhang V „*Teil C*" der Richtlinie 2014/24/EU handelt es sich um einen Redaktionsfehler. Der Verweis muss auf die in der **Vorinformation** aufzuführenden Angaben des Anhangs V **Teil B** der Richtlinie 2014/24/EU erfolgen. Dies folgt sowohl aus Art. 28 Abs. 3 lit. a) der Richtlinie 2014/24/EU (AVR) als auch aus § 12 EU Abs. 1 Nr. 3 VOB/A, die beide auf diesen Anhang V **Teil B** der Richtlinie 2014/24/EU verweisen. Es bestehen keine Anhaltspunkte, dass der Normgeber durch einen Verweis auf ein Muster der „*Auftragsbekanntmachung*" des Anhangs V „*Teil C*" der Richtlinie 2014/24/EU strengere Vorgaben für die öffentlichen Auftraggeber einführen wollte. Ganz im Gegenteil hat sich der Normgeber für eine weitestgehende Eins-zu-Eins-Umsetzung der Vorgaben der EU-Richtlinie ausgesprochen.

26   Der öffentliche Auftraggeber muss daher zwingend in der Vorinformation mindestens folgende Angaben machen
  – Name, Identifikationsnummer (soweit nach nationalem Recht vorgesehen), Anschrift einschließlich NUTS-Code, Telefon- und Fax-Nummer, E-Mail- und Internet-Adresse des öffentlichen Auftraggebers und, falls abweichend, der Dienststelle, bei der weitere Informationen erhältlich sind.
  – E-Mail- oder Internet-Adresse, über die die Auftragsunterlagen unentgeltlich, uneingeschränkt, vollständig und unmittelbar abgerufen werden können.
  – Ist ein unentgeltlicher, uneingeschränkter, vollständiger und unmittelbarer Zugang nicht möglich, so ist darauf hinzuweisen, wie die Auftragsunterlagen abgerufen werden können.
  – Art und Haupttätigkeit des öffentlichen Auftraggebers.
  – Soweit einschlägig: Hinweis darauf, dass es sich bei dem öffentlichen Auftraggeber um eine zentrale Beschaffungsstelle handelt oder dass eine andere Form gemeinsamer Beschaffung vorgesehen ist oder vorgesehen werden kann.
  – CPV-Codes. Bei Unterteilung des Auftrags in mehrere Lose sind diese Informationen für jedes Los anzugeben.
  – NUTS-Code für den Haupterfüllungsort der Bauarbeiten bei Bauaufträgen beziehungsweise NUTS-Code für den Haupterfüllungsort für Lieferungen und Leistungen bei Lie-

---

[28] Nach dem vorgeschriebenen Muster gemäß § 12 EU Abs. 1 Nr. 3 VOB/A.
[29] Damit werden volle 35 Kalendertage abgewartet vom 2. Juni 0:00 Uhr bis 6. Juli 24:00 Uhr.

fer- und Dienstleistungsaufträgen. bei Unterteilung des Auftrags in mehrere Lose sind diese Informationen für jedes Los anzugeben.

- Kurzbeschreibung der Beschaffung: Art und Umfang der Bauarbeiten, Art und Menge beziehungsweise Wert der Lieferungen, Art und Umfang der Dienstleistungen.
- Wenn die Bekanntmachung nicht als Aufruf zum Wettbewerb dient, voraussichtlicher Zeitpunkt der Veröffentlichung der Auftragsbekanntmachung für den (die) in der Vorinformation genannten Auftrag (Aufträge).
- Tag der Absendung der Bekanntmachung.
- Sonstige einschlägige Auskünfte.
- Hinweis darauf, ob der Auftrag unter das GPA fällt oder nicht.

Lediglich und ausschließlich wenn die Informationen aus objektiven Gründen zum **27** Zeitpunkt der Absendung der EU-Vorinformation dem öffentlichen Auftraggeber nicht rechtzeitig vorliegen und er dies auch nicht zu vertreten hat, darf der öffentliche Auftraggeber auf einzelne Angaben verzichten. Der öffentliche Auftraggeber hat die sachlichen Gründe, warum einzelne Angaben ausnahmsweise nicht rechtzeitig vorliegen, zwingend vorab und damit vor der Versendung der EU-Vorinformation zu dokumentieren (§ 8 Abs. 1 S. 1 VgV iVm § 2 VgV).

F. Fristverkürzung bei elektronischer Übermittlung (§ 10c EU Abs. 1 VOB/A iVm § 10b EU Abs. 4 VOB/A)

I. Regelungsinhalt

Ausweislich § 10c EU Abs. 1 VOB/A iVm § 10b EU **Abs. 4** VOB/A kann der öffentli- **28** che Auftraggeber die Angebotsfrist nach § 10b EU **Abs. 2** VOB/A um fünf (5) Kalendertage verkürzen, wenn er die elektronische Übermittlung der Angebote im Sinne des § 11 EU Abs. 4 VOB/A zulässt. Das bedeutet allerdings nicht, dass der öffentliche Auftraggeber im Falle der Zulassung elektronischer Angebote unreflektiert immer die Angebotsfrist auf 25 Kalendertage festlegen darf. Auch hier muss der öffentliche Auftraggeber bei der Festsetzung der Angebotsfrist insbesondere die Komplexität des Auftrags und die Zeit, die für die Ausarbeitung der Angebote erforderlich ist, beachten (vgl. § 10c EU Abs. 1 VOB/A iVm § 10 EU **Abs. 1** VOB/A). Folglich hat der öffentliche Auftraggeber eine angemessen bemessene Angebotsfrist festzulegen unter Beachtung des Verhältnismäßigkeitsgrundsatzes (§ 2 EU Abs. 1 S. 2 VOB/A; § 97 Abs. 1 S. GWB). Es handelt sich bei der Angebotsfrist von „mindestens 25 Kalendertagen" nicht um eine Regelfrist.[30]

II. Möglichkeit der Fristverkürzung um fünf Kalendertage

Gemäß § 10c EU Abs. 1 VOB/A iVm § 10b EU **Abs. 4** VOB/A kann der öffentliche **29** Auftraggeber die Angebotsfrist nach Abs. 1 um fünf (5) Kalendertage verkürzen (und damit auf mindestens 25 Kalendertage), wenn er
- die elektronische Übermittlung der Angebote im Sinne des § 11 EU Abs. 4 VOB/A akzeptiert hat;
- die gewählte Angebotsfrist angemessen im Sinne des § 10c EU Abs. 1 VOB/A iVm § 10 EU **Abs. 1** VOB/A unter Berücksichtigung des Verhältnismäßigkeitsgrundsatzes (§ 2 EU Abs. 1 S. 2 VOB/A; § 97 Abs. 1 Satz 2 GWB) festlegt; und
- die Gründe und das Ergebnis der Abwägung zwingend vorab dokumentiert (§ 8 Abs. 1 S. 1 VgV iVm § 2 VgV).

---

[30] Siehe zu dieser Auffassung auch den Einführungserlass zur Vergabe- und Vertragsordnung für Bauleistungen (VOB) 2016 vom Bundesministerium für Umwelt, Naturschutz, Bau und Reaktorsicherheit vom 7.4.2016; Az.: B I 7 – 81063.6/1; Seite 8 oben.

G. Fristverkürzung
bei hinreichend begründeter Dringlichkeit
(§ 10c EU Abs. 1 VOB/A iVm § 10b EU Abs. 5 VOB/A)

I. Regelungsinhalt

30   § 10c EU Abs. 1 VOB/A iVm § 10b EU **Abs. 5** VOB/A regelt die Möglichkeit und Voraussetzungen für eine Fristverkürzung im Falle einer hinreichend begründeten Dringlichkeit.

II. Möglichkeit der
Fristverkürzung auf zehn bzw. 15 Kalendertage

31   Gemäß § 10c EU Abs. 1 VOB/A iVm § 10b EU **Abs. 5** S. 1 VOB/A kann der öffentliche Auftraggeber die
– Teilnahmefrist auf mindestens 15 Kalendertage
  und/oder die
– Angebotsfrist auf mindestens zehn (10) Kalendertage verkürzen, wenn
– eine hinreichend begründete Dringlichkeit gegeben ist;
– diese hinreichend begründete Dringlichkeit kausal die Einhaltung einer angemessenen Teilnahmefrist im Sinne des § 10c EU Abs. 1 VOB/A iVm § 10b EU **Abs. 1** VOB/A bzw. Angebotsfrist im Sinne des § 10c EU Abs. 1 VOB/A iVm § 10b EU **Abs. 2** VOB/A unmöglich macht;
– die Teilnahme- und Angebotsfrist angemessen im Sinne des § 10c EU Abs. 1 VOB/A iVm § 10 EU **Abs. 1** VOB/A unter Berücksichtigung des Verhältnismäßigkeitsgrundsatzes (§ 2 EU Abs. 1 S. 2 VOB/A; § 97 Abs. 1 Satz 2 GWB) festgelegt werden; und
– wenn die Gründe und das Ergebnis der Abwägung zwingend vorab dokumentiert werden (§ 8 Abs. 1 S. 1 VgV iVm § 2 VgV).

32   Damit der öffentliche Auftraggeber in den Genuss dieser Fristprivilegierung gelangt, ist es nicht (mehr) erforderlich, dass es sich um eine extreme Dringlichkeit wegen unvorhersehbarer und vom öffentlichen Auftraggeber nicht zu verantwortender Ereignisse handelt. Dennoch darf der öffentliche Auftraggeber nicht sehenden Auges in eine selbstverschuldete Zeitnot geraten, um dann unter dem Deckmantel der hinreichend begründeten Dringlichkeit eine Fristverkürzung vornehmen zu dürfen. Der öffentliche Auftraggeber hat sich vielmehr so zu verhalten, wie dies von einem ordentlichen öffentlichen Auftraggeber erwartet werden darf.

III. Fristverkürzung beim
Verhandlungsverfahren ohne Teilnahmewettbewerb

33   Gemäß § 10c EU Abs. 2 Satz 1 VOB/A kann der öffentliche Auftraggeber die Angebotsfrist selbst bei einem **Verhandlungsverfahren ohne Teilnahmewettbewerb** nicht auf unter zehn (10) Kalendertage verkürzen. Der öffentliche Auftraggeber darf die Frist auf mindestens zehn (10) Kalendertage festlegen, wenn
– eine hinreichend begründete Dringlichkeit gegeben ist;
– diese hinreichend begründete Dringlichkeit kausal die Einhaltung einer angemessenen Angebotsfrist unmöglich macht;
– die Angebotsfrist dennoch angemessen im Sinne des § 10 EU **Abs. 1** VOB/A unter Berücksichtigung des Verhältnismäßigkeitsgrundsatzes (§ 2 EU Abs. 1 S. 2 VOB/A; § 97 Abs. 1 Satz 2 GWB) festgelegt wird; und
– die Gründe und das Ergebnis der Abwägung zwingend vorab dokumentiert werden (§ 8 Abs. 1 S. 1 VgV iVm § 2 VgV).

H. Fristverlängerung bei Zusatzinformationen
§ 10c EU Abs. 1 VOB/A iVm § 10b EU Abs. 6 S. 1 Nr. 1VOB/A)

I. Regelungsinhalt

Der öffentliche Auftraggeber muss die Fristen für den Eingang der Angebote verlängern, 34
sodass alle betroffenen Unternehmen Kenntnis aller Informationen haben können, die für
die Erstellung des Angebots erforderlich sind, wenn **rechtzeitig** angeforderte Zusatzinformationen nicht spätestens **sechs Kalendertage** vor Ablauf der Angebotsfrist allen Unternehmen in gleicher Weise zur Verfügung gestellt werden können. Bei beschleunigten
Verfahren (hinreichend begründete Dringlichkeit) im Sinne von § 10b EU **Abs. 5** beträgt
dieser Zeitraum **vier Kalendertage.**

Die Fristverlängerung muss in einem angemessenen Verhältnis zu der Bedeutung der In- 35
formationen stehen. Wurden die Zusatzinformationen entweder **nicht rechtzeitig angefordert** oder ist ihre **Bedeutung für die Erstellung zulässiger Angebote unerheblich,** so ist der öffentlichen Auftraggeber nicht per se verpflichtet, die Fristen zu verlängern.

II. Angemessene Fristverlängerung

Gemäß § 10c EU Abs. 1 VOB/A iVm § 10b EU **Abs. 6 S. 1 Nr. 1** VOB/A muss der 36
öffentliche Auftraggeber die Angebotsfrist angemessen verlängern, wenn er
– rechtzeitig angeforderte Zusatzinformationen nicht spätestens **sechs Kalendertage** vor
  Ablauf der Angebotsfrist allen Unternehmen in gleicher Weise zur Verfügung stellt; oder
– im Falle einer hinreichend begründeten Dringlichkeit gemäß § 10b EU **Abs. 5** rechtzeitig angeforderte Zusatzinformationen nicht spätestens **vier Kalendertage** vor Ablauf der
  Angebotsfrist allen Unternehmen in gleicher Weise zur Verfügung stellt.

Hat ein Bieter die Zusatzinformationen **nicht rechtzeitig angefordert,** ist der Tatbe- 37
stand auf den ersten Blick bereits nicht erfüllt (vgl. auch § 10b EU **Abs. 6 S. 3 Var. 1**).
Dennoch bleibt der öffentliche Auftraggeber auch in einem solchen Fall bei **unwesentlichen Zusatzinformationen** berechtigt und ist bei **wesentlichen Zusatzinformationen** aus Gründen der Gleichbehandlung und Transparenz sogar verpflichtet, die Angebotsfrist angemessen zu verlängern. Denn wenn der öffentliche Auftraggeber erkannte
Defizite oder Fehler korrigieren muss, hat er Klarstellungen für alle interessierten Unternehmen herbeizuführen, unabhängig davon, wie kurzfristig die Frage vor dem Ablauf der
Angebotsfrist eingeht. Hierfür steht die Möglichkeit der Verlängerung der Angebotsfrist zur
Verfügung, falls die Klarstellung/Korrektur bedingt, dass die Bieter mehr Zeit benötigen,
um die Angebotserstellung auf die neuen Informationen auszurichten. Soweit § 10b EU
Abs. 6 S. 1 Nr. 1, S. 3 VOB/A für die Pflicht zur Verlängerung der Angebotsfrist an die
rechtzeitige Anforderung der Zusatzinformation anknüpft, steht das diesen Überlegungen
nicht entgegen; der öffentliche Auftraggeber kann sich nicht darauf berufen, § 10b EU
Abs. 6 S. 1 Nr. 1, S. 3 VOB/A verpflichte nur bei rechtzeitig gestellten Anfragen zur
Verlängerung der Angebotspflicht. § 10b EU **Abs. 6 S. 1 Nr. 1, S. 3** VOB/A gibt dem
Auftraggeber hier keinen Dispens, weil die Verpflichtung zur Verlängerung der Angebots-
frist weniger dem Thema Bieterfragen, sondern vielmehr der Thematik „Korrektur von
Vergabefehlern" zuzurechnen ist und hieraus eine Verlängerungspflicht folgen kann.[31]

Ein Bieter hat zwar gegenüber dem öffentlichen Auftraggeber eine vorvertraglich ge- 38
schuldeten **Sorgfalts- und Rücksichtnahmepflicht,** Fragen unverzüglich beim Auftraggeber einzureichen, nachdem sie aufgekommen sind. Es besteht aber andererseits das Recht
des Bieters, die Angebotsfrist auch vollständig auszuschöpfen und sich auch noch weniger

---

[31] Vgl. VK Bund 28.1.2017 – VK 2–129/16.

als sechs Tage vor deren Ablauf intensiv mit den Vergabeunterlagen zu beschäftigen. Wenn erst kurz vor Ablauf der Angebotsfrist eine Unklarheit auftaucht, die berechtigterweise Defizite aufdeckt, so kann der öffentliche Auftraggeber die Beantwortung und die Veröffentlichung nicht mit dem Argument ablehnen, die Frage sei zu spät gestellt worden. Der öffentliche Auftraggeber muss in jedem Stadium des Vergabeverfahrens für dessen Rechtmäßigkeit sorgen und nicht Unklarheiten, die durch eine Frage aufgedeckt werden, stehen lassen, nur weil die Frage nicht mindestens sechs Tage vor Ablauf der Angebotsfrist eingegangen ist. Die Möglichkeit zur Verlängerung der Angebotsfrist steht bei einer solchen Sachlage zur Verfügung und ist zu ergreifen.[32]

39   Ist eine Frage, unabhängig vom Zeitpunkt ihres Eingangs, aus Sicht des öffentlichen Auftraggebers nicht relevant, darf er dies dem Fragesteller gegenüber kommunizieren und gänzlich von einer Beantwortung absehen. Dem Bieter steht dann theoretisch die Möglichkeit offen, diese Verweigerung zu rügen und das Vorgehen des Auftraggebers im Extremfall mittels Nachprüfungsverfahren überprüfen zu lassen.[33]

40   Beantwortet der öffentliche Auftraggeber eine Bieterfrage, so hat er aus dem Vertrauen der Bieter auf Erhalt aller Informationen eine entsprechende Bieteröffentlichkeit herzustellen. Ist eine Antwort mit Zusatzinformation nach Auffassung des Auftraggebers unerheblich für die Angebotserstellung, so hat er diese zwar bekannt zu machen, muss aber die Angebotsfrist nicht verlängern. Davon geht § 10b EU **Abs. 6 S. 3** VOB/A aus, der in diesem Fall keine Pflicht zur Fristverlängerung vorgibt, aber die Bekanntgabe impliziert, auch wenn zum Thema Herstellung von Bieteröffentlichkeit in dieser Vorschrift keine explizite Aussage getroffen wird. Die Bestimmung ist im Lichte des allgemeinen Transparenzgrundsatzes, § 97 Abs. 1 GWB, auszulegen und dahingehend zu verstehen, dass eine Ausnahme von der Pflicht zur Verlängerung der Angebotsfrist möglich ist, wenn die Voraussetzungen der Norm vorliegen.[34]

41   Sind die Zusatzinformationen für die Erstellung zulässiger Angebote unerheblich, so ist der öffentlichen Auftraggeber nicht verpflichtet, die Fristen zu verlängern (vgl. auch § 10b EU **Abs. 6 S. 3 Var. 2**).

42   Die Fristverlängerung muss in einem angemessenen Verhältnis zu der Bedeutung der Informationen stehen. Hierbei hat der öffentliche Auftraggeber insbesondere die Komplexität der neuen Information für den Auftrag und die Zeit, die für die Überarbeitung der Angebote erforderlich ist, in den Blick zu nehmen. Folglich hat der öffentliche Auftraggeber die Frist angemessen zu verlängern unter Beachtung des Verhältnismäßigkeitsgrundsatzes (§ 2 EU Abs. 1 S. 2 VOB/A; § 97 Abs. 1 S. GWB). Die Gründe und das Ergebnis der Abwägung müssen zwingend vorab, vor der Festlegung der Fristverlängerung, dokumentiert werden (§ 8 Abs. 1 S. 1 VgV iVm § 2 VgV).

I. Fristverlängerung
bei Änderung der Vergabeunterlagen
(§ 10c EU Abs. 1 VOB/A iVm § 10b EU Abs. 6 S. 1 Nr. 2 VOB/A)

I. Regelungsinhalt

43   Der öffentliche Auftraggeber muss die Fristen für den Eingang der Angebote angemessen verlängern, sodass alle betroffenen Unternehmen Kenntnis aller Informationen haben können, die für die Erstellung des Angebots erforderlich sind, wenn der öffentliche Auftraggeber an den Vergabeunterlagen **wesentliche Änderungen** vornimmt. Die Fristverlängerung muss in einem angemessenen Verhältnis zu der Bedeutung der Änderungen stehen.

---

[32] Vgl. VK Bund a. a. O.
[33] Vgl. VK Bund a. a. O.
[34] Vgl. VK Bund a. a. O.

II. Angemessene Fristverlängerung

Gemäß § 10c EU Abs. 1 VOB/A iVm § 10b EU **Abs. 6 S. 1 Nr. 2** VOB/A muss der 44
öffentliche Auftraggeber die Angebotsfrist angemessen verlängern, wenn er an den Vergabeunterlagen **wesentliche Änderungen** vornimmt.

Ausweislich § 10c EU Abs. 1 VOB/A iVm § 10b EU **Abs. 6 S. 2 Var. 2** VOB/A muss 45
die Fristverlängerung in einem angemessenen Verhältnis zu der Bedeutung der Änderungen stehen. Hierbei hat der öffentliche Auftraggeber insbesondere die Komplexität der Änderungen für den Auftrag und die Zeit, die für die Überarbeitung der Angebote erforderlich ist, angemessen zu berücksichtigen. Somit muss der öffentliche Auftraggeber die Frist angemessen unter Beachtung des Verhältnismäßigkeitsgrundsatzes (§ 2 EU Abs. 1 S. 2 VOB/A; § 97 Abs. 1 S. GWB) verlängern. Der öffentliche Auftraggeber hat die Gründe und das Ergebnis der Abwägung zwingend vorab, vor der Festlegung der Fristverlängerung, zu dokumentieren (§ 8 Abs. 1 S. 1 VgV iVm § 2 VgV).

J. Rücknahme der Angebote
(§ 10c EU Abs. 1 VOB/A iVm § 10b EU Abs. 7 VOB/A)

I. Regelungsinhalt

§ 10c EU Abs. 1 und Abs. 2 S. 3 VOB/A iVm § 10b EU **Abs. 7** VOB/A regelt die 46
Möglichkeiten für einen Bieter, sein Angebot zurückzuziehen.

II. Rücknahme in Textform

Ein Bieter kann sein Angebot, nachdem er es eingereicht hat, jederzeit bis zum Ablauf der 47
Angebotsfrist in Textform zurücknehmen. Hintergrund ist, dass ein Bieter solange an sein
Angebot gebunden bleibt, solange eine wirksame Bindefrist läuft. Die Bindefrist beginnt in
Vergabeverfahren ausweislich § 10b EU **Abs. 9** VOB/A erst mit Ablauf der Angebotsfrist.

Die Rücknahme muss in Textform dem öffentlichen Auftraggeber vor Ablauf der Ange- 48
botsfrist zugehen. Der Textform entspricht gemäß § 126b BGB jede lesbare, dauerhafte
Erklärung, in der die Person des Erklärenden genannt ist und erkennbar ist, dass die Erklärung abgegeben worden ist. Bei der Textform ist keine eigenhändige Unterschrift erforderlich, im Gegensatz zur Schriftform (§ 126 BGB).

Da die Rücknahme dem öffentlichen Auftraggeber vor Ablauf der Angebotsfrist zuge- 49
hen muss, ist es nicht ausreichend, wenn ein Bieter, nachdem er das Angebot bereits in ein
E-Vergabe-Portal hochgeladen hat, sein Angebot dadurch versucht zurückzunehmen,
indem er noch vor Ablauf der Angebotsfrist ein als Rücknahme deklariertes Schreiben mit
in das elektronische Postfach zur Angebotsabgabe hoch lädt. Hintergrund ist, dass der öffentliche Auftraggeber erst nach Ablauf der Angebotsfrist Kenntnis von diesem Schreiben
erhält, weil dieses in dem Postfach zur Angebotsabgabe abgelegt worden ist. Damit ist die
Rücknahme dem öffentlichen Auftraggeber nicht rechtzeitig, und zwar vor Ablauf der
Angebotsfrist, zugegangen.

Der Bieter muss vielmehr entweder über eine Funktion des E-Vergabe-Portals sein An- 50
gebot vor Ablauf der Angebotsfrist zurücknehmen, indem das Angebot aus dem Postfach
zur Angebotsabgabe gelöscht wird. Dies geschieht dann zwar strenggenommen nicht in
Textform, allerdings existiert dadurch zum Zeitpunkt der Angebotsabgabe kein Angebot
mehr. Dieses Vorgehen ist insbesondere dann vorzugswürdig, wenn der Bieter das erste
Angebot zurücknehmen und ein korrigiertes Angebot einreichen möchte. Alternativ kann

der Bieter ein elektronisches Schreiben über das E-Vergabe-Portal direkt an den „normalen" Posteingang des öffentlichen Auftraggebers senden,[35] mittels dessen er die Rücknahme seines Angebots erklärt. Die Rücknahme per einfacher E-Mail ist nicht zulässig, da eine solche E-Mail nicht den strengen Formerfordernissen des § 11a EU Abs. 2 VOB/A; § 11 Abs. 2 VgV iVm. § 2 VgV genügt. Nur auf diese Weise lässt sich die Unversehrtheit, Vertraulichkeit und die Echtheit der Daten gewährleisten.

51   Die **Unversehrtheit der Daten** bezeichnet die Integrität und damit die Sicherstellung der Korrektheit. Damit wird ausgedrückt, dass die Daten vollständig und unverändert sind. Die Unversehrtheit der Daten wird gewährleistet, indem die Daten nicht unerlaubt verändert, Angaben zum Autor verfälscht oder Zeitangaben zur Erstellung manipuliert werden können.

52   Die **Vertraulichkeit der Daten** sichert den Schutz vor unbefugter Preisgabe von Informationen. Die Vertraulichkeit der Daten wird gewährleistet, indem diese ausschließlich Befugten in der zulässigen Weise zugänglich gemacht werden.

53   Unter **Echtheit der Daten** wird allgemein die Unverfälschtheit der Daten verstanden. Die Echtheit der Daten wird gewährleistet durch Sicherung und Überprüfung mittels asymmetrischen kryptographischen Verfahren.

54   Nach Ablauf der Angebotsfrist kann der Bieter sein Angebot nicht mehr zurücknehmen.

55   In aller Regel kann ein Bieter sich auch nicht dadurch seinem Angebot entziehen, indem er einen nicht erheblichen Kalkulationsfehler geltend macht und eine **Anfechtung** erklärt. Denn ein interner, einseitiger **nicht erheblicher Kalkulationsirrtum** berechtigt selbst dann nicht zu einer Anfechtung, wenn er vom Erklärungsempfänger, dem öffentlichen Auftraggeber, positiv erkannt wird oder der öffentliche Auftraggeber sich wegen treuwidriger Kenntnisvereitelung so stellen lassen muss.[36]

56   Anders kann dies jedoch bei einem **erheblichen Kalkulationsfehler** zu beurteilen sein. Denn die Annahme eines fehlerhaft berechneten Angebots durch den öffentlichen Auftraggeber mittels Erteilung des Zuschlags wird in absoluten Ausnahmefällen dann als mit den Grundsätzen von Treu und Glauben im Sinne des § 242 BGB unvereinbar angesehen, wenn die Vertragsdurchführung für den Bieter schlechthin unzumutbar ist, insbesondere wenn der Bieter dadurch in erhebliche wirtschaftliche Schwierigkeiten kommt. Denn es stellt eine unzulässige Rechtsausübung im Sinne des § 242 BGB dar, wenn der öffentliche Auftraggeber ein Angebot durch Erteilung des Zuschlags annimmt und auf die Durchführung des Vertrages besteht, obwohl er (spätestens zum Zeitpunkt der Erteilung des Zuschlags) erkannt hat oder sich treuwidrig der Erkenntnis verschloss, dass das Angebot auf einem erheblichen Kalkulationsirrtum des Bieters beruht.[37] In solchen absoluten Ausnahmefällen kann die Erteilung des Zuschlags durch den öffentlichen Auftraggeber eine **Verletzung der vorvertraglichen Rücksichtnahmepflicht** aus § 241 Abs. 2 BGB darstellen, die ein dauerhaftes Leistungsverweigerungsrecht des Auftragnehmers im Sinne des § 242 BGB begründet. Ein öffentlicher Auftraggeber, der erkannt hat oder wenigstens für den erkennbar ist, dass ein irrig kalkulierter Preis billigerweise nicht mehr als auch nur im Ansatz äquivalentes Entgelt für die erbrachte Leistung aufgefasst werden kann, verhält sich treuwidrig, wenn er den Zuschlag auf ein solches fehlerhaft kalkuliertes Angebot dennoch erteilt.[38] Hierbei kommt es entscheidend darauf an, ob der öffentlichen Auftraggeber den erheblichen Kalkulationsirrtum, durch den das Äquivalenzverhältnis zwischen gebotener Leistung und hierfür zu zahlendem Preis ganz erheblich gestört wird, im Zeitpunkt der

---

[35] Hierzu wird ein spezielles Postfach auf dem E-Vergabe-Portal für den öffentlichen Auftraggeber eingerichtet, auf das er jederzeit zugreifen kann und über das er auch Bewerber- und Bieterfragen erhält, um die strengen Anforderungen des § 11a EU Abs. 2 VOB/A; § 11 Abs. 2 VgV iVm. § 2 VgV zu erfüllen. Dieses Postfach unterscheidet sich von dem Postfach zur Angebotsabgabe, welches der öffentliche Auftraggeber erst nach Ablauf der Angebotsfrist öffnen kann.

[36] Vgl. BGH 7.7.1998, X ZR 17/97; OLG Celle 20.2.2014, 5 U 109/13.

[37] Vgl. BGH 7.7.1998, X ZR 17/97; 11.11.2014, X ZR 32/14; OLG Celle 20.2.2014, 5 U 109/13.

[38] Vgl. BGH 11.11.2014, X ZR 32/14.

Erteilung des Zuschlags erkannt hat oder wenigstens bei sorgfältiger Prüfung der Angemessenheit der Preise hätte erkennen können. Eine sorgfältige Prüfung erfordert insoweit nicht nur einen Vergleich der Angebotspreise der Bieter sondern auch ein Vergleich der von den Bietern angebotenen Einheitspreise mittels Preisspiegel.

K. Die Bindefrist
(§ 10c EU Abs. 1 VOB/A iVm § 10b EU Abs. 8 VOB/A)

I. Regelungsinhalt

§ 10c EU Abs. 1 und Abs. 2 S. 3 VOB/A iVm § 10b EU **Abs. 8** VOB/A macht Vor- **57** gaben an die Angemessenheit der Bindefrist unter besonderer Berücksichtigung des Grundsatzes der Gleichbehandlung und des Transparenzgrundsatzes.

II. Angemessene Bindefrist

Ausweislich§ 10c EU Abs. 1 und Abs. 2 S. 3 VOB/A iVm § 10b EU **Abs. 8** VOB/A **58** bestimmt der öffentliche Auftraggeber eine angemessene Frist, innerhalb der die Bieter an ihre Angebote gebunden sind (Bindefrist). Diese soll so kurz wie möglich und nicht länger bemessen werden, als der öffentliche Auftraggeber für eine zügige Prüfung und Wertung der Angebote (§§ 16 EU bis 16d EU VOB/A) benötigt. Die Bindefrist beträgt regelmäßig 60 Kalendertage. In begründeten und vorab zu dokumentierenden Fällen kann der öffentliche Auftraggeber ausnahmsweise eine längere Frist festlegen. Bei § 10b EU Abs. 8 VOB/A handelt es sich um eine bieterschützende Norm. Diese soll eine für die Bieter unzumutbar lange Bindung an deren Angebot verhindern. Bei der Festlegung der Bindefrist ist zu Gunsten der Bieter zu berücksichtigen, dass diese während der Bindefrist in ihren geschäftlichen Entschlüssen und Dispositionen erheblich eingeschränkt sind. Dies gilt insbesondere hinsichtlich der Bewerbung um andere Aufträge und der Finanzierung weiterer Aufträge. Ein Bieter kalkuliert bei Abgabe seines Angebots den finanziellen Aufwand unter Berücksichtigung der vorgesehenen Vertragslaufzeit. Er muss deshalb auch Gelegenheit haben, nach Überschreiten eines angemessenen Zeitraums von seinem Angebot wieder Abstand nehmen zu dürfen.[39] Außerdem ist die generelle Ausdehnung der Bindefrist bis zum rechtskräftigen Abschluss etwaiger Vergabenachprüfungsverfahren vergaberechtswidrig.[40] Letztlich stellt eine unzumutbar lange Bindefrist eine Beschränkung des Wettbewerbs dar. Denn es ist nicht auszuschließen, dass sich Unternehmen aufgrund dieser überlangen Bindefrist gar nicht erst am Verfahren beteiligen.[41]

III. Fristberechnung der Bindefrist

Das Ende der Bindefrist ist gemäß § 10c EU Abs. 1 und Abs. 2 S. 3 VOB/A iVm § 10b EU **59** **Abs. 8 S. 5** VOB/A durch Angabe des Kalendertages zu bezeichnen. Es ist somit nicht ausreichend, wenn der öffentliche Auftraggeber angibt, die Bindefrist endet 60 Kalendertage nach Angebotsabgabe. Hintergrund ist, dass die Fristberechnung oftmals schwierig ist und die Bieter ansonsten von einem unterschiedlichen Fristlauf ausgehen könnten. Endet die Angebotsfrist beispielsweise am 1. Juni – 11:00 Uhr, dann beginnt die Bindefrist ebenfalls am 1. Juni –

---

[39] Vgl. VK Schleswig-Holstein 14.3.2012 – VK-SH 3/12.
[40] Vgl. VK Baden-Württemberg 7.11.2007 – 1 VK 43/07.
[41] Vgl. VK Schleswig-Holstein a. a. O.

11:00 Uhr. Für die Berechnung des Ablaufs der Bindefrist wird allerdings ausweislich § 187 Abs. 1 BGB der 1. Juni nicht mitgerechnet, weil für den Anfang der Frist ein in den Lauf eines Tages fallender Zeitpunkt maßgebend ist (der Ablauf der Angebotsfrist um 11:00 Uhr). Somit beginnt die Bindefrist zwar am 1. Juni – 11:00 Uhr, die Frist zur Berechnung des Ablaufs der Bindefrist beginnt jedoch erst am 2. Juni – 0:00 Uhr. 60 Kalendertage später endet die Bindefrist dann am 31. Juli – 24:00 Uhr.

IV. Rechtfolgen bei Ablauf der Bindefrist

60   Gemäß § 10c EU Abs. 1 und Abs. 2 S. 3 VOB/A iVm § 10b EU **Abs. 8 S. 1** VOB/A sind die Bieter nur während der Angebotsfrist an ihr Angebot gebunden. Der öffentliche Auftraggeber darf jedoch ein Angebot nicht mit der bloßen Begründung ausschließen, es sei erloschen. Es fehlt insoweit an einer Ermächtigungsgrundlage für den Ausschluss. Insbesondere führt ein unter zivilrechtlichen Gesichtspunkten erloschenes Angebot nicht dazu, dass das Angebot auch vergaberechtlich hinfällig ist. Der öffentliche Auftraggeber ist nicht daran gehindert und unter der Geltung des öffentlichen Haushaltsrechts im Einzelfall sogar dazu gehalten, den Zuschlag auf ein Angebot zu erteilen, obwohl die Bindefrist abgelaufen ist.[42] Wird der Zuschlag nach Ablauf der Bindefrist und damit verspätet erteilt, so ist der Bieter gemäß § 18 EU Abs. 2 Var. 2 VOB/A bei der Erteilung des Zuschlags aufzufordern, sich unverzüglich über die Annahme zu erklären. Denn die verspätete Annahme eines Angebots gilt ausweislich § 150 Abs. 1 BGB als neuer Antrag, den dann der Bieter annehmen kann, damit der Vertrag letztendlich doch noch wirksam zustande kommt. Der öffentliche Auftraggeber sollte dem Bieter hierzu eine angemessene kurze Frist setzen mit der Ankündigung, dass dieser Bieter nach Fristablauf den Antrag nicht mehr annehmen kann. Erst nach fruchtlosem Ablauf dieser Frist scheidet dieser Bieter für den Vertragsschluss aus. Der Bieter mit dem nächstplatzierten Angebot rückt nach und wird vom öffentlichen Auftraggeber entsprechend aufgefordert, innerhalb einer von diesem bestimmten angemessen kurzen Frist, den neuen Antrag anzunehmen.

L. Der Beginn der Bindefrist
(§ 10c EU Abs. 1 VOB/A iVm § 10b EU Abs. 9 VOB/A)

I. Regelungsinhalt

61   § 10c EU Abs. 1 und Abs. 2 S. 3 VOB/A iVm § 10b EU **Abs. 9** VOB/A regelt den Beginn der Bindefrist.

II. Angemessene Bindefrist

62   Die Bindefrist beginnt mit dem Ablauf der Angebotsfrist. Verlängert der öffentliche Auftraggeber die Angebotsfrist, verschiebt sich automatisch der Fristbeginn der Bindefrist auf den Ablauf der neuen Angebotsfrist.

---

[42] Vgl. OLG Düsseldorf 4.2.2009 – Verg 70/08.

§ 10d Fristen im
wettbewerblichen Dialog bei der Innovationspartnerschaft

[1]Beim wettbewerblichen Dialog und bei einer Innovationspartnerschaft beträgt die Teilnahmefrist mindestens 30 Kalendertage, gerechnet vom Tag nach Absendung der Auftragsbekanntmachung. [2]§ 10b EU Absatz 7 bis 9 gilt entsprechend.

Übersicht

	Rn.			Rn.
A. Einführung	1		H. Fristverlängerung bei Zusatzinformationen	25
I. Literatur	1			
II. Entstehungsgeschichte	2		I. Fristverlängerung bei Änderung der Vergabeunterlagen	30
III. Rechtliche Vorgaben im EU-Recht	5			
B. Systematische Stellung	9		J. Rücknahme der Angebote (§ 10d EU VOB/A iVm § 10b EU Abs. 7 VOB/A)	31
C. Teilnahmefrist (§ 10d EU VOB/A)	12			
I. Regelungsinhalt	12		I. Regelungsinhalt	31
II. Angemessene Teilnahmefrist	13		II. Rücknahme in Textform	32
III. Fristbeginn und Fristende	15		K. Die Bindefrist (§ 10d EU VOB/A iVm § 10b EU Abs. 8 VOB/A)	42
D. Übliche Angebotsfrist	17			
I. Regelungsinhalt	17		I. Regelungsinhalt	42
II. Angemessene Angebotsfrist	20		II. Angemessene Bindefrist	43
E. Keine Fristverkürzung durch Vorinformation	22		III. Fristberechnung der Bindefrist	44
			IV. Rechtsfolgen bei Ablauf der Bindefrist	45
F. Keine Fristverkürzung bei elektronischer Übermittlung	23		L. (§ 10d EU VO/A iVm § 10b EU Abs. 9 VOB/A)	46
G. Keine Fristverkürzung bei hinreichend begründeter Dringlichkeit	24		I. Regelungsinhalt	46
			II. Angemessene Bindefrist	47

A. Einführung

I. Literatur

Schelle/Erkelenz, VOB/A. Alltagsfragen und Problemfälle zur Ausschreibung von Bauleistungen, 1983; Präsident des BFH als Bundesbeauftragter für Wirtschaftlichkeit in der Verwaltung (BWV), Gutachten zur Wirtschaftlichkeit der Billigstbieter, 2003; *Ax/Ottenströer,* Fristen im Offenen und Nichtoffenen Vergabeverfahren, IBR 2011, 1185 (nur online); *Ferber,* Fristen im Vergabeverfahren, 4. Aufl. 2017. **1**

II. Entstehungsgeschichte

Die VOB Ausgabe 2016 hat die Regelungen zu den Fristen in einem wettbewerblichen **2** Dialog und bei der Innovationspartnerschaft in den § 10d EU VOB/A mit entsprechenden Verweisungen auf die Bindefrist des § 10b EU Abs. 7 bis 9 VOB/A gefasst. Die Regelungen zu den Fristen in einem wettbewerblichen Dialog fanden sich zuvor in der globalen Fristenregelung für alle Vergabeverfahrensarten in § 10 EG Abs. 4 iVm Abs. 2 Nr. 1, 2, 10 bis 12 VOB/A. Eine Innovationspartnerschaft sah das alte Vergaberecht noch nicht vor.

Obwohl § 10d EU VOB/A lediglich auf § 10b EU Abs. 7 bis 9 VOB/A verweist und nicht **3** wie insbesondere § 10c EU Abs. 1 VOB/A auch auf § 10 EU VOB/A, müssen die gesetzten Fristen angemessen sein. Dies folgt sowohl aus dem Grundsatz der Gleichbehandlung als auch aus dem Verhältnismäßigkeitsgrundsatz. Außerdem ist § 10 EU VOB/A als vor die Klammer gezogener Grundsatz für das Festsetzen von Fristen aufzufassen und gilt daher auch sowohl für den wettbewerblichen Dialog wie auch die Innovationspartnerschaft. Bei der Festsetzung der

Teilnahmefrist als auch der Angebotsfristen muss der öffentliche Auftraggeber daher insbesondere die Komplexität des Auftrags und die Zeit, die für die Ausarbeitung der Angebote (aber auch der Teilnahmeanträge) erforderlich ist, beachten (vgl. § 10 EU Abs. 1 VOB/A). Folglich hat der öffentliche Auftraggeber immer eine angemessen bemessene Teilnahmefrist sowie angemessene Angebotsfristen festzulegen. Die in § 10d EU VOB/A genannte Mindest-Teilnahmefrist von 30 Kalendertagen sowie die festzusetzenden Angebotsfristen sind demnach immer (!) daraufhin zu überprüfen, ob sie im Einzelfall angemessen sind. Bei der Teilnahmefrist des § 10d EU VOB/A handelt es sich ausdrücklich nicht um eine Regelfrist.[1]

4   Bei der Regelung der Frage, wie lange die Bieter an ihr Angebot gebunden sein sollen (sog. Bindefrist), stellt § 10d EU VOB/A iVm § 10b EU Abs. 8 und 9 VOB/A mittlerweile maßgeblich darauf ab, wie viel Zeit dem öffentlichen Auftraggeber für die Prüfung und Wertung der eingegangenen Angebote zur Verfügung steht. Die unglückliche Begrifflichkeit „Zuschlagsfrist", unter der teilweise die Bindefrist verstanden worden ist, teilweise eine Frist, bis wann der Zuschlag (voraussichtlich) erteilt wird, wird nicht mehr verwendet. Die vom öffentlichen Auftraggeber festgesetzte Bindefrist beträgt regelmäßig 60 Kalendertage. Eine längere Bindefrist ist nur in Ausnahmefällen festzusetzen und in dem Vergabevermerk zu begründen.[2]

III. Rechtliche Vorgaben im EU-Recht

5   Die Regelungen in § 10d EU VOB/A können auf Bestimmungen der Allgemeinen Vergaberichtlinie 2014/24/EU (AVR) zurückgeführt werden.

6   Die Umsetzung lehnt sich weit überwiegend eng an den Richtlinientext an.[3] Für das OLG Düsseldorf bestanden Umsetzungsspielräume, so dass der Richtlinienbestimmung vor dem Inkrafttreten der Verordnung zur Modernisierung des Vergaberechts (VergRModVO) keine Vorwirkung zukam.[4]

7   Mit § 10d EU VOB/A hat der Normgeber hinsichtlich des wettbewerblichen Dialogs Art. 30 Abs. 1 Unterabs. 2 AVR und mit Blick auf die Innovationspartnerschaft Art. 31 Abs. 1 Unterabs. 4 AVR umgesetzt.

8   Die Regelungen in § 10d EU VOB/A iVm § 10b EU **Abs. 7 bis 9** VOB/A zur Bindefrist sind nicht auf die Vergaberichtlinie 2014/24/EU (AVR) zurückzuführen, sondern auf die §§ 145 bis 151 des Bürgerlichen Gesetzbuchs (BGB).

B. Systematische Stellung

9   § 10d EU VOB/A sowie die weiteren Regelungen zu den Fristen gehen davon aus, dass allen Bewerbern und Bietern die **gleichen Fristen** gesetzt werden.[5] Einheitliche Teilnahme- und Angebotsfristen (sowie sonstige Fristen) sind für den Wettbewerb und für die Wertung der Teilnahmeanträge und Angebote unverzichtbar. Teilnahme- und Angebotsfristen (sowie sonstige Fristen) haben daher den Charakter von **Ausschlussfristen**.[6] Die Nicht-

---

[1] Siehe zu dieser Auffassung auch den Einführungserlass zur Vergabe- und Vertragsordnung für Bauleistungen (VOB) 2016 vom Bundesministerium für Umwelt, Naturschutz, Bau und Reaktorsicherheit vom 7.4.2016; Az.: B I 7 -81063.6/1; Seite 8 oben.

[2] Siehe zu dieser Auffassung auch den Einführungserlass zur Vergabe- und Vertragsordnung für Bauleistungen (VOB) 2016 vom Bundesministerium für Umwelt, Naturschutz, Bau und Reaktorsicherheit vom 7.4.2016; Az.: B I 7 -81063.6/1; Seite 8 oben.

[3] Siehe den Einführungserlass zur Vergabe- und Vertragsordnung für Bauleistungen (VOB) 2016 vom Bundesministerium für Umwelt, Naturschutz, Bau und Reaktorsicherheit vom 7.4.2016; Az.: B I 7 - 81063.6/1; Seite 8 oben.

[4] OLG Düsseldorf 14.12.2016 – VII-Verg 20/16.

[5] Der neue § 13 Abs. 2 UVgO bringt das explizit zum Ausdruck. Es ergibt sich bereits aus dem Gleichbehandlungsgrundsatz, Horn in Müller-Wrede, § 13 UVgO Rn. 30, 31.

[6] BGH 14.7.1997 – NotZ 48/96, NJW-RR 1998, 57 (58) – „Notarstelle"; VG Halle 10.9.2008 – 3 B 231/08, IBRRS 2008, 2711 – „Rettungsdienstleistungen"; HessVGH 27.5.1999 – 2 Q 4634/98, juris, Rn. 16 – „Bodenabfertigungsdienste"; Völlink in Völlink/Kehrberg § 18 Rn. 2; Weyand ibr-online-

einhaltung der Teilnahme- und Angebotsfrist führt zwingend zum Ausschluss des Teilnahmeantrags bzw. Angebots.[7] Eine inhaltliche Änderung von Teilnahmeanträgen nach Ablauf der Teilnahmefrist und von Angeboten nach Ablauf der Angebotsfrist ist ausgeschlossen. Teilnahme- und Angebotsfristen (sowie sonstige Fristen) sind strikt zu vollziehen und dürfen nicht nachträglich zu Gunsten einzelner Bewerber und Bieter relativiert werden.[8] Deshalb ist eine **Wiedereinsetzung in den vorherigen Stand** abzulehnen.[9] Erkennt der öffentliche Auftraggeber im Nachhinein, dass Fristen versehentlich unangemessen kurz bemessen worden sind, muss er die Fristen für alle Bewerber und Bieter angemessen verlängern.[10]

Der öffentliche Auftraggeber hat die Fristen einzelfallbezogen festzulegen, wobei die **10** Festlegung insbesondere an der **Komplexität des Auftrages** und der **für die Erstellung der Teilnahmeanträge sowie der für die Angebotserstellung erforderlichen Zeit** auszurichten ist. Die für die Abwägung genannten Kriterien sind aus unionsrechtlicher Sicht nicht abschließend (→ § 10 EU VOB/A Rn. 10).[11] Zudem sind die Fristen angemessen zu verlängern im Falle von Ortsbesichtigungen, Zusatzinformationen oder nachträglichen wesentlichen Änderungen der Vergabeunterlagen (§ 10 EU **Abs. 2** VOB/A; Art. 47 Abs. 2 und 3 AVR).[12]

Nach einer Entscheidung des Europäischen Gerichts Erster Instanz (EuG) zur Unter- **11** schwellenmitteilung stehen die Richtlinienvorgaben zu den Fristen in einem Zusammenhang mit dem **Grundsatz des freien Dienstleistungsverkehrs und des Diskriminierungsverbots.** Angemessene Fristen sollen der Gefahr einer Bevorzugung einheimischer Bewerber und Bieter bei der Auftragsvergabe durch öffentliche Auftraggeber entgegenwirken.[13] Die Pflicht zur Festlegung einer angemessenen Frist ist daher als **Bestandteil des Vergabeprimärrechts** (→ Einleitung Rn. 167 f.) anzusehen.[14] Die „Mitteilung zu Auslegungsfragen" der EU-Kommission vom 23.6.2006[15] äußert sich hierzu wie folgt:

„Angemessene Fristen
Die Fristen für Interessensbekundungen und für die Angebotsabgabe müssen so lang sein, dass Unternehmen aus anderen Mitgliedstaaten eine fundierte Einschätzung vornehmen und ein Angebot erstellen können."

Fristen für Teilnahmeanträge und Angebote beginnen jeweils mit dem Tag der Absendung der Bekanntmachung (bzw. der Aufforderung zur Angebotsabgabe) zu laufen. Die Fristen in den Vergaberichtlinien sind (bis auf wenige Ausnahmen) nach **Kalendertagen** bemessen. Samstag, Sonntage und gesetzliche Feiertage in den jeweiligen EU-Mitgliedsstaaten werden mitgezählt.[16] Fällt der letzte Tag der Frist auf einen Samstag, Sonntag oder Feiertag, endet die Frist mit Ablauf des nächsten Arbeitstages am Sitz der ausschreibenden

---

Kommentar Vergaberecht, Stand 26.11.2012, § 10 VOB/A Rn. 6; Lausen in jurisPK-VergabeR, 5. Aufl. 2016, § 10 EU Rn. 6; Wirner/Schubert in Willenbruch/Wieddekind, 2. Aufl. 2017, § 10 EU Rn. 7; Rechten in KKMPP § 20 VgV Rn. 11; Müller in Greb/Müller, 2. Aufl. 2017, § 16 SektVO Rn. 8.

[7] Ein Angebot, das nachweislich vor Ablauf der Angebotsfrist dem öffentlichen Auftraggeber zugegangen war, aber aus vom Bieter nicht zu vertretenden Gründen dem Verhandlungsleiter nicht vorgelegt hat, wird wie ein rechtzeitig vorliegendes Angebot behandelt (§ 14 EU Abs. 5 VOB/A iVm § 16 EU Nr. 1 VOB/A).

[8] Zu diesem Grundsatz BVerwG, 13.12.2012 – 3 C 32/11, NVwZ 2013, 507 Rn. 45 – „Bodenabfertigungsdienste".

[9] Rechten in KMPP § 10 Rn. 14.

[10] Zur Pflicht zur Ergreifung kompensatorischer Maßnahmen Egger Europäisches Vergaberecht Rn. 901. Zur Zulässigkeit der Fristverlängerung el-Barudi in HHKW § 10 VOB/A Rn. 6.

[11] Erwägungsgrund (80) Richtlinie 2014/24/EU („vor allem"). Das ist dennoch eine Akzentverschiebung gegenüber Art. 38 Abs. 1 Richtlinie 2004/18/EG der diese Gesichtspunkte ausdrücklich nur „insbesondere" aufführte.

[12] Bereits Art. 38 Abs. 7 Richtlinie 2004/18/EG. Nachweise zu den inhaltsgleichen Vorgängervorschriften (die auf Artt. 13 Abs. 2, 14 Abs. 4 Richtlinie 71/305/EWG zurückgehen) bei Prieß EurVergabeR-HdB, 3. Aufl. 2005, 236 in Fußn. 168.

[13] EuG (Fünfte Kammer) 20.5.2010 – T-258/06, NZBau 2010, 510 Rn. 122 f.

[14] Weyand ibr-online-Kommentar Vergaberecht, Stand 26.11.2012, § 10 VOL/A Rn. 12; zum Konzept des Vergabeprimärrechts statt vieler Burgi VergabeR § 3 Rn. 13 ff.

[15] ABl. 2000 C 173/6.

[16] Vgl. OLG Saarbrücken 9.11.2005 – 1 Verg 4/05, NJOZ 2006, 621 (627).

Stelle.[17] Fällt die Frist beispielsweise auf einen Samstag, dann endet die Frist direkt an dem darauffolgenden Montag um 24:00 Uhr.[18]

C. Teilnahmefrist (§ 10d EU VOB/A)

I. Regelungsinhalt

12 § 10d EU VOB/A regelt zum einen, dass die Teilnahmefrist bei einem wettbewerblichen Dialog als auch bei einer Innovationspartnerschaft mindestens 30 Kalendertage beträgt. Zum anderen wird bestimmt, dass die Frist am Tag nach Absendung der EU-Auftragsbekanntmachung an das Amt für Veröffentlichungen der Europäischen Union beginnt.

II. Angemessene Teilnahmefrist

13 Gemäß § 10d EU VOB/A hat die Teilnahmefrist bei einem wettbewerblichen Dialog als auch bei einer Innovationspartnerschaft mindestens 30 Kalendertage zu betragen. Dabei darf der öffentliche Auftraggeber nicht den Fehler begehen, dass er automatisch immer bei einem wettbewerblichen Dialog als auch bei einer Innovationspartnerschaft eine Teilnahmefrist von 30 Kalendertagen wählt. Bei der Festsetzung jeder Teilnahmefrist muss der öffentliche Auftraggeber insbesondere die Komplexität des Auftrags und die Zeit, die für die Ausarbeitung der Teilnahmeanträge erforderlich ist, beachten (vgl. § 10 EU Abs. 1 VOB/A). Folglich hat der öffentliche Auftraggeber immer eine angemessen bemessene Teilnahmefrist festzulegen unter Beachtung des **Verhältnismäßigkeitsgrundsatzes** (§ 2 EU Abs. 1 S. 2 VOB/A; § 97 Abs. 1 S. GWB). Der öffentliche Auftraggeber hat in jedem Einzelfall die Teilnahmefrist angemessen festzulegen. Es handelt sich bei der genannten Teilnahmefrist von „mindestens 30 Kalendertagen" ausdrücklich nicht um eine Regelfrist.[19]

14 Der öffentlichen Auftraggeber darf die Teilnahmefrist mitunter an seinen **zeitlichen Bedarf an der ausgeschriebenen Leistung** ausrichten. Er darf dieses Interesse aber nicht gegenüber den Belangen der potentiellen Bieter übergewichten. Ihren Bedarf an den ausgeschriebenen Bauleistungen müssen öffentliche Auftraggeber vor allem dadurch Rechnung tragen, dass sie ihre internen Bearbeitungszeiten für die Prüfung und Bewertung der Teilnahmeanträge straffen.[20]

III. Fristbeginn und Fristende

15 § 10d EU VOB/A VOB/A regelt, dass die Frist am Tag nach der Absendung der EU-Auftragsbekanntmachung an das Amt für Veröffentlichungen der Europäischen Union beginnt. Die Teilnahmefrist endet mit deren Ablauf.

16 Wird die EU-Auftragsbekanntmachung beispielsweise am 1. Juni versendet, dann ist der Fristbeginn am 2. Juni um 0:00 Uhr. Damit endet die Frist von 30 Kalendertagen[21] am 1. Juli um 24:00 Uhr.[22] Soll die Frist zur Abgabe der Teilnahmeanträge um 11:00 Uhr er-

---

[17] Art. 2 Abs. 2, Art. 3 Abs. 3 VO (EWG, Euraton) Nr. 1182/71 des Rates vom 3. Juni 1971 zur Festlegung der Regeln für die Fristen, Daten und Termine (ABl. L 124 vom 8.6.1971, S. 1). Siehe auch Erwägungsgrund 106 der Richtlinie 2014/24/EU (AVR). Zur Fristberechnung instruktiv Ferber 59 f.

[18] Soweit es sich nicht ausnahmsweise bei diesem Montag um einen Feiertag handelt (bspw. Ostermontag); ansonsten würde die Frist am darauffolgenden Arbeitstag, bspw. Dienstag um 24:00 Uhr ablaufen.

[19] Siehe zu dieser Auffassung auch den Einführungserlass zur Vergabe- und Vertragsordnung für Bauleistungen (VOB) 2016 vom Bundesministerium für Umwelt, Naturschutz, Bau und Reaktorsicherheit vom 7.4.2016; Az.: B I 7 – 81063.6/1; Seite 8 oben.

[20] Reidt in Beck VOB/A § 10 Rn. 12. Das ist für die Rechtsprechung eine allgemeine Anforderung an Fristverkürzungen wegen Dringlichkeit.

[21] Soweit diese Teilnahmefrist von 30 Kalendertagen im Einzelfall angemessen sein sollte.

[22] Sollte der 1. Juli ein Samstag, Sonntag oder gesetzlicher Feiertag sein, endet die Frist am darauffolgenden Arbeitstag, bspw. am 2. Juli um 24:00 Uhr. In diesem Fall sollte als Teilnahmefrist der übernächste Arbeitstag mit einer passenden Uhrzeit gewählt werden.

folgen, darf nicht der 1. Juli – 11:00 Uhr gewählt werden, sondern der 2. Juli – 11:00 Uhr. Nur dann wird gewährleistet, dass den Bewerbern volle 30 Kalendertage zur Verfügung stehen. Im Falle der teilweise bis zum 17.10.2018 noch erlaubten Zulassung von schriftlichen Teilnahmeanträgen ist auch bei der Festlegung einer angemessenen Frist mit in die Abwägung mit einzubeziehen, dass die Frist zur Abgabe der Teilnahmeanträge in aller Regel nicht an einem Montag oder an einem Arbeitstag direkt im Anschluss an einen gesetzlichen Feiertag enden soll. Hintergrund ist, dass ansonsten ortsansässige Bewerber bevorzugt werden. Diese können noch am Sonntag bzw. Feiertag ihren Teilnahmeantrag finalisieren, während andere Bewerber, insbesondere aus anderen EU-Mitgliedstaaten, zuvor bereits ihren Teilnahmeantrag an einen Kurier übergeben müssen, und damit faktisch weniger Zeit für die Erstellung der Teilnahmeanträge haben als ein ortsansässiger Bewerber.

D. Übliche Angebotsfrist

I. Regelungsinhalt

§ 10d EU VOB/A macht im Gegensatz zu §§ 10b und 10c EU VOB/A keine Vorga- **17** ben, wann die Angebotsfrist angemessen sein könnte.

Lediglich hinsichtlich des wettbewerblichen Dialogs wird in Art. 30 Abs. 2 S. 2 der Richtli- **18** nie 2014/24/EU (AVR) noch die Vorgabe gemacht, dass der öffentliche Auftraggeber in der EU-Bekanntmachung und/oder in der Beschreibung einen sogenannten *„indikativen Zeitrahmen"* festzulegen hat. Dabei hat das Adjektiv „indikativ" nicht die vergaberechtliche Bedeutung eines grammatikalischen Modus (Wirklichkeitsform). Der Begrifflichkeit wird vielmehr im Lichte der englischen Fassung *„indicative timeframe"* folgende Bedeutung beigemessen:
– Voraussichtlicher Zeitrahmen;
– ungefährer Zeitrahmen;
– unverbindlicher Zeitrahmen

Somit muss der öffentliche Auftraggeber bei einem wettbewerblichen Dialog spätestens in **19** der Beschreibung einen voraussichtlichen Zeitrahmen angeben. Die darin festzulegenden Fristen sind trotz der Unverbindlichkeit dieses Zeitplans von Anbeginn an angemessen zu wählen.

II. Angemessene Angebotsfrist

Bei der Festsetzung jeder Angebotsfrist muss der öffentliche Auftraggeber insbesondere **20** die Komplexität des Auftrags und die Zeit, die für die Ausarbeitung der Angebote erforderlich ist, beachten (vgl. § 10 EU Abs. 1 VOB/A). Folglich hat der öffentliche Auftraggeber in jedem Einzelfall eine angemessen bemessene Angebotsfrist festzulegen unter Beachtung des **Verhältnismäßigkeitsgrundsatzes** (§ 2 EU Abs. 1 S. 2 VOB/A; § 97 Abs. 1 S. 2 GWB).

Der öffentlichen Auftraggeber darf die Frist zur Abgabe der Angebote (Erstangebote, **21** Folgeangebote und endgültige Angebote) mitunter an seinen **zeitlichen Bedarf an der ausgeschriebenen Leistung** ausrichten. Er darf dieses Interesse aber nicht gegenüber den Belangen der potentiellen Bieter übergewichten. Ihren Bedarf an den ausgeschriebenen Bauleistungen müssen öffentliche Auftraggeber vor allem dadurch Rechnung tragen, dass sie ihre internen Bearbeitungszeiten für die Prüfung und Bewertung der Angebote straffen.[23] Das Argument, der Gemeinderat würde nur an bestimmten Tagen seinen Sitzungstag abhalten, stellt keinen sachlichen Grund für eine Fristverkürzung dar. Hintergrund ist, das ein Gemeinderat auch als milderes Mittel vor Ablauf der Absendung der EU-Auftragsbekanntmachung einen Vorratsbeschluss fassen könnte, der es der Vergabestelle gestattet, den

---

[23] Reidt in Beck VOB/A § 10 Rn. 12. Das ist für die Rechtsprechung eine allgemeine Anforderung an Fristverkürzungen wegen Dringlichkeit.

Zuschlag auf das zukünftige Bestangebot zu erteilen, soweit das Bestangebot das von dem Gemeinderat vorab festzulegende und zu dokumentierende Budget nicht überschreitet.

E. Keine Fristverkürzung durch Vorinformation

22   Das Vergaberecht sieht weder beim wettbewerblichen Dialog noch bei der Innovations-partnerschaft die Möglichkeit vor, die Fristen durch eine Vorinformation angemessen zu reduzieren. Der Wille des Normgebers ist insoweit zu respektieren.

F. Keine Fristverkürzung bei elektronischer Übermittlung

23   Das Vergaberecht sieht auch weder beim wettbewerblichen Dialog noch bei der Innova-tionspartnerschaft die Möglichkeit vor, die Fristen dadurch zu verkürzen, dass der öffent-liche Auftraggeber die elektronische Übermittlung der Angebote im Sinne des § 11 EU Abs. 4 VOB/A zulässt.

G. Keine Fristverkürzung
bei hinreichend begründeter Dringlichkeit

24   Das Vergaberecht ermöglicht es dem öffentlichen Auftraggeber darüber hinaus nicht, bei einem wettbewerblichen Dialog als auch bei der Innovationspartnerschaft, die Fristen im Falle einer hinreichend begründeten Dringlichkeit zu verkürzen.

H. Fristverlängerung bei Zusatzinformationen

25   Auch ohne explizite normative Regelung hat der öffentliche Auftraggeber die Fristen für den Eingang der Angebote zu verlängern, sodass alle betroffenen Unternehmen Kennt-nis aller Informationen haben können, die für die Erstellung des Angebots erforderlich sind, wenn **rechtzeitig** angeforderte Zusatzinformationen nicht rechtzeitig vor Ablauf der Angebotsfrist allen Unternehmen in gleicher Weise zur Verfügung gestellt werden können.

26   Die Fristverlängerung muss in einem angemessenen Verhältnis zu der Bedeutung der In-formationen stehen. Wurden die Zusatzinformationen entweder **nicht rechtzeitig ange-fordert** oder ist ihre **Bedeutung für die Erstellung zulässiger Angebote unerheblich**, so ist der öffentlichen Auftraggeber nicht per se verpflichtet, die Fristen zu verlängern.

27   Dennoch bleibt der öffentliche Auftraggeber auch in einem solchen Fall bei **unwesent-lichen Zusatzinformationen** berechtigt und ist bei **wesentlichen Zusatzinformatio-nen** aus Gründen der Gleichbehandlung und Transparenz sogar verpflichtet, die Angebots-frist angemessen zu verlängern. Die Verpflichtung zur Verlängerung der Angebotsfrist wird gestützt auf den Grundsatz der Gleichbehandlung als auch auf den Verhältnismäßigkeits-grundsatz.[24] Wenn der öffentliche Auftraggeber erkannte Defizite oder Fehler korrigieren muss, hat er Klarstellungen für alle interessierten Unternehmen herbeizuführen, unabhän-gig davon, wie kurzfristig die Frage vor dem Ablauf der Angebotsfrist eingeht. Hierfür steht die Möglichkeit der Verlängerung der Angebotsfrist zur Verfügung, falls mit der Klarstel-lung/Korrektur einhergeht, dass die Bieter mehr Zeit benötigen, um die neuen Informa-tionen bei der Erstellung der Angebote zu verwerten.

28   Ein Bieter hat zwar gegenüber dem öffentlichen Auftraggeber eine vorvertraglich ge-schuldeten **Sorgfalts- und Rücksichtnahmepflicht,** Fragen unverzüglich beim Auftrag-geber einzureichen, nachdem diese aufgekommen sind. Es besteht jedoch andererseits das Recht des Bieters, die Angebotsfrist auch vollständig auszuschöpfen und sich auch noch weniger als sechs Tage vor deren Ablauf intensiv mit den Vergabeunterlagen zu beschäfti-

---

[24] Vgl. VK Bund 28.1.2017 – VK 2–129/16.

gen. Wenn erst kurz vor Ablauf der Angebotsfrist eine Unklarheit auftaucht, die berechtigterweise Defizite aufdeckt, so kann der öffentliche Auftraggeber die Beantwortung und die Veröffentlichung nicht mit dem Argument ablehnen, die Frage sei zu spät gestellt worden. Der öffentliche Auftraggeber muss in jedem Stadium des Vergabeverfahrens für dessen Rechtmäßigkeit sorgen und nicht Unklarheiten, die durch eine Frage aufgedeckt werden, stehen lassen, nur weil die Frage nicht mindestens sechs Tage vor Ablauf der Angebotsfrist eingegangen ist. Die Möglichkeit zur Verlängerung der Angebotsfrist steht bei einer solchen Sachlage zur Verfügung und ist zu ergreifen.[25]

Die Fristverlängerung muss in einem angemessenen Verhältnis zu der Bedeutung der In- **29** formationen stehen. Hierbei hat der öffentliche Auftraggeber insbesondere die Komplexität der neuen Information für den Auftrag und die Zeit, die für die Überarbeitung der Angebote erforderlich ist, zu beachten. Folglich hat der öffentliche Auftraggeber die Frist angemessen unter Beachtung des Verhältnismäßigkeitsgrundsatzes (§ 2 EU Abs. 1 S. 2 VOB/A; § 97 Abs. 1 S. 2 GWB) zu verlängern. Die Gründe und das Ergebnis der Abwägung müssen zwingend vorab, vor der Festlegung der Fristverlängerung, dokumentiert werden (§ 8 Abs. 1 S. 1 VgV iVm § 2 VgV).

I. Fristverlängerung bei Änderung der Vergabeunterlagen

Der öffentliche Auftraggeber hat die Fristen für den Eingang der Angebote auch dann **30** angemessen zu verlängern, wenn der öffentliche Auftraggeber an den Vergabeunterlagen **wesentliche Änderungen** vornimmt, die eine Verlängerung der ursprünglichen Fristen für eine angemessene Erstellung der Angebote erforderlich machen. Die Fristverlängerung muss in einem angemessenen Verhältnis zu der Bedeutung der Änderungen stehen. Der öffentliche Auftraggeber hat die Frist angemessen unter Beachtung des Verhältnismäßigkeitsgrundsatzes (§ 2 EU Abs. 1 S. 2 VOB/A; § 97 Abs. 1 S. 2 GWB) zu verlängern. Der öffentliche Auftraggeber muss die Gründe und das Ergebnis der Abwägung zwingend vorab, vor der Festlegung der Fristverlängerung, dokumentieren (§ 8 Abs. 1 S. 1 VgV iVm § 2 VgV).

J. Rücknahme der Angebote
(§ 10d EU VOB/A iVm § 10b EU Abs. 7 VOB/A)

I. Regelungsinhalt

§ 10d EU VOB/A iVm § 10b EU **Abs. 7** VOB/A regelt die Möglichkeiten für einen **31** Bieter, sein Angebot zurückzuziehen.

II. Rücknahme in Textform

Ein Bieter kann sein Angebot, nachdem er es eingereicht hat, jederzeit bis zum Ablauf **32** der Angebotsfrist in Textform zurücknehmen. Hintergrund ist, dass ein Bieter solange an sein Angebot gebunden bleibt, solange eine wirksame Bindefrist läuft. Die Bindefrist beginnt in Vergabeverfahren ausweislich § 10b EU **Abs. 9** VOB/A erst mit Ablauf der jeweiligen Angebotsfrist.

Die Rücknahme muss in Textform dem öffentlichen Auftraggeber vor Ablauf der Ange- **33** botsfrist zugehen. Der Textform entspricht gemäß § 126b BGB jede lesbare, dauerhafte Erklärung, in der die Person des Erklärenden genannt ist und erkennbar ist, dass die Erklärung abgegeben worden ist. Bei der Textform ist keine eigenhändige Unterschrift erforderlich, im Gegensatz zu der Schriftform (§ 126 BGB).

---

[25] Vgl. VK Bund a. a. O.

34   Da die Rücknahme dem öffentlichen Auftraggeber vor Ablauf der Angebotsfrist zugehen muss, ist es nicht ausreichend, wenn ein Bieter, nachdem er das Angebot bereits in ein **E-Vergabe-Portal** hochgeladen hat, sein Angebot dadurch versucht zurückzunehmen, indem er noch vor Ablauf der Angebotsfrist ein als Rücknahme deklariertes Schreiben mit in das elektronische Postfach zur Angebotsabgabe hoch lädt. Hintergrund ist, dass der öffentliche Auftraggeber erst nach Ablauf der Angebotsfrist Kenntnis von diesem Schreiben erhält, weil dieses in dem Postfach zur Angebotsabgabe abgelegt worden ist. Damit ist die Rücknahme dem öffentlichen Auftraggeber nicht rechtzeitig, und zwar vor Ablauf der Angebotsfrist, zugegangen.

35   Der Bieter muss vielmehr entweder über eine Funktion des E-Vergabe-Portals sein Angebot vor Ablauf der Angebotsfrist zurücknehmen, indem das Angebot aus dem Postfach zur Angebotsabgabe gelöscht wird. Dies geschieht dann zwar strenggenommen nicht in Textform, allerdings existiert dadurch zum Zeitpunkt der Angebotsabgabe kein Angebot mehr. Dieses Vorgehen ist insbesondere dann vorzugswürdig, wenn der Bieter das erste Angebot zurücknehmen und ein korrigiertes Angebot einreichen möchte. Alternativ kann der Bieter ein elektronisches Schreiben über das E-Vergabe-Portal direkt an den „normalen" Posteingang des öffentlichen Auftraggebers senden,[26] mittels dessen er die Rücknahme seines Angebots erklärt. Die Rücknahme per einfacher E-Mail ist nicht zulässig, da eine solche E-Mail nicht den strengen Formerfordernissen des § 11a EU Abs. 2 VOB/A; § 11 Abs. 2 VgV iVm. § 2 VgV genügt. Nur auf diese Weise lässt sich die Unversehrtheit, Vertraulichkeit und die Echtheit der Daten gewährleisten.

36   Die **Unversehrtheit der Daten** bezeichnet die Integrität und damit die Sicherstellung der Korrektheit. Damit wird ausgedrückt, dass die Daten vollständig und unverändert sind. Die Unversehrtheit der Daten wird gewährleistet, indem die Daten nicht unerlaubt verändert, Angaben zum Autor verfälscht oder Zeitangaben zur Erstellung manipuliert werden können.

37   Die **Vertraulichkeit der Daten** sichert den Schutz vor unbefugter Preisgabe von Informationen. Die Vertraulichkeit der Daten wird gewährleistet, indem diese ausschließlich Befugten in der zulässigen Weise zugänglich gemacht werden.

38   Unter **Echtheit der Daten** wird allgemein die Unverfälschtheit der Daten verstanden. Die Echtheit der Daten wird gewährleistet durch Sicherung und Überprüfung mittels asymmetrischen kryptographischen Verfahren.

39   Nach Ablauf der Angebotsfrist kann der Bieter sein Angebot nicht mehr zurücknehmen.

40   In aller Regel kann ein Bieter sich auch nicht dadurch seinem Angebot entziehen, indem er einen nicht erheblichen Kalkulationsfehler geltend macht und eine **Anfechtung** erklärt. Denn ein interner, einseitiger **nicht erheblicher Kalkulationsirrtum** berechtigt selbst dann nicht zu einer Anfechtung, wenn er vom Erklärungsempfänger, dem öffentlichen Auftraggeber, positiv erkannt wird oder der öffentliche Auftraggeber sich wegen treuwidriger Kenntnisvereitelung so stellen lassen muss.[27]

41   Anders kann dies jedoch bei einem **erheblichen Kalkulationsfehler** zu beurteilen sein. Denn die Annahme eines fehlerhaft berechneten Angebots durch den öffentlichen Auftraggeber mittels Erteilung des Zuschlags wird in absoluten Ausnahmefällen dann als mit den Grundsätzen von Treu und Glauben im Sinne des § 242 BGB unvereinbar angesehen, wenn die Vertragsdurchführung für den Bieter schlechthin unzumutbar ist, insbesondere wenn der Bieter dadurch in erhebliche wirtschaftliche Schwierigkeiten kommt. Denn es stellt eine unzulässige Rechtsausübung im Sinne des § 242 BGB dar, wenn der öffentliche Auftraggeber ein Angebot durch Erteilung des Zuschlags annimmt und auf die Durchführung des Vertrages besteht, obwohl er (spätestens zum Zeitpunkt der Erteilung

---

[26] Hierzu wird ein spezielles Postfach auf dem E-Vergabe-Portal für den öffentlichen Auftraggeber eingerichtet, auf das er jederzeit zugreifen kann und über das er auch Bewerber- und Bieterfragen erhält, um die strengen Anforderungen der § 11a EU Abs. 2 VOB/A; § 11 Abs. 2 VgV iVm. § 2 VgV zu erfüllen. Dieses Postfach unterscheidet sich von dem Postfach zur Angebotsabgabe, welches der öffentliche Auftraggeber erst nach Ablauf der Angebotsfrist öffnen kann.

[27] Vgl. BGH 7.7.1998, X ZR 17/97; OLG Celle 20.2.2014, 5 U 109/13.

des Zuschlags) erkannt hat oder sich treuwidrig der Erkenntnis verschloss, dass das Angebot auf einem erheblichen Kalkulationsirrtum des Bieters beruht.[28] In solchen absoluten Ausnahmefällen kann die Erteilung des Zuschlags durch den öffentlichen Auftraggeber eine **Verletzung der vorvertraglichen Rücksichtnahmepflicht** aus § 241 Abs. 2 BGB darstellen, die ein dauerhaftes Leistungsverweigerungsrecht des Auftragnehmers im Sinne des § 242 BGB begründet. Ein öffentlicher Auftraggeber, der erkannt hat oder wenigstens für den erkennbar ist, dass ein irrig kalkulierter Preis billigerweise nicht mehr als auch nur im Ansatz äquivalentes Entgelt für die erbrachte Leistung aufgefasst werden kann, verhält sich treuwidrig, wenn er den Zuschlag auf ein solches fehlerhaft kalkuliertes Angebot dennoch erteilt.[29] Hierbei kommt es entscheidend darauf an, ob der öffentlichen Auftraggeber den erheblichen Kalkulationsirrtum, durch den das Äquivalenzverhältnis zwischen gebotener Leistung und hierfür zu zahlendem Preis ganz erheblich gestört wird, im Zeitpunkt der Erteilung des Zuschlags erkannt hat oder wenigstens bei sorgfältiger Prüfung der Angemessenheit der Preise hätte erkennen können. Eine sorgfältige Prüfung erfordert insoweit nicht nur einen Vergleich der Angebotspreise der Bieter sondern auch ein Vergleich der von den Bietern angebotenen Einheitspreise mittels Preisspiegel.

K. Die Bindefrist
(§ 10d EU VOB/A iVm § 10b EU Abs. 8 VOB/A)

I. Regelungsinhalt

§ 10d EU VOB/A iVm § 10b EU **Abs. 8** VOB/A macht Vorgaben an die Angemes   **42** senheit der Bindefrist unter besonderer Berücksichtigung des Grundsatzes der Gleichbehandlung und des Transparenzgrundsatzes.

II. Angemessene Bindefrist

Ausweislich § 10d EU VOB/A iVm § 10b EU **Abs. 8** VOB/A bestimmt der öffentliche   **43** Auftraggeber eine angemessene Frist, innerhalb der die Bieter an ihre Angebote gebunden sind (Bindefrist). Diese soll so kurz wie möglich und nicht länger bemessen werden, als der öffentliche Auftraggeber für eine zügige Prüfung und Wertung der Angebote (§§ 16 EU bis 16d EU VOB/A) benötigt. Die Bindefrist beträgt regelmäßig 60 Kalendertage. In begründeten und vorab zu dokumentierenden Fällen kann der öffentliche Auftraggeber ausnahmsweise eine längere Frist festlegen. § 10b EU Abs. 8 VOB/A ist eine bieterschützende Norm. Diese soll eine für die Bieter unzumutbar lange Bindung an deren Angebot verhindern. Bei der Festlegung der Bindefrist ist zu Gunsten der Bieter zu berücksichtigen, dass diese während der Bindefrist in ihren geschäftlichen Entschlüssen und Dispositionen erheblich eingeschränkt sind. Dies gilt insbesondere hinsichtlich der Bewerbung um andere Aufträge und der Finanzierung weiterer Aufträge. Ein Bieter kalkuliert bei Abgabe seines Angebots den finanziellen Aufwand unter Berücksichtigung der vorgesehenen Vertragslaufzeit. Er muss deshalb auch Gelegenheit haben, nach Überschreiten eines angemessenen Zeitraums von seinem Angebot wieder Abstand nehmen zu dürfen.[30] Unabhängig davon ist die generelle Ausdehnung der Bindefrist bis zum rechtskräftigen Abschluss etwaiger Vergabenachprüfungsverfahren vergaberechtswidrig.[31] Letztlich stellt eine unzumutbar lange Bindefrist eine Beschränkung des Wettbewerbs dar. Denn es ist nicht auszuschließen, dass sich Unternehmen aufgrund dieser überlangen Bindefrist gar nicht erst am Verfahren beteiligen.[32]

---

[28] Vgl. BGH 7.7.1998, X ZR 17/97; 11.11.2014, X ZR 32/14; OLG Celle 20.2.2014, 5 U 109/13.
[29] Vgl. BGH 11.11.2014, X ZR 32/14.
[30] Vgl. VK Schleswig-Holstein 14.3.2012 – VK-SH 3/12.
[31] Vgl. VK Baden-Württemberg 7.11.2007 – 1 VK 43/07.
[32] Vgl. VK Schleswig-Holstein a. a. O.

III. Fristberechnung der Bindefrist

44   Das Ende der Bindefrist ist gemäß § 10d EU VOB/A iVm § 10b EU **Abs. 8 S. 5** VOB/A durch Angabe des Kalendertages zu bezeichnen. Es ist somit nicht ausreichend, wenn der öffentliche Auftraggeber angibt, die Bindefrist endet 60 Kalendertage nach Angebotsabgabe. Hintergrund ist, dass die Fristberechnung oftmals schwierig ist und die Bieter ansonsten von einem unterschiedlichen Fristlauf ausgehen könnten. Endet die Angebotsfrist beispielsweise am 1. Juni – 11:00 Uhr, dann beginnt die Bindefrist ebenfalls am 1. Juni – 11:00 Uhr. Für die Berechnung des Ablaufs der Bindefrist wird allerdings ausweislich § 187 Abs. 1 BGB der 1. Juni nicht mitgerechnet, weil für den Anfang der Frist ein in den Lauf eines Tages fallender Zeitpunkt maßgebend ist (der Ablauf der Angebotsfrist um 11:00 Uhr). Somit beginnt die Bindefrist zwar am 1 Juni – 11:00 Uhr, die Frist zur Berechnung des Ablaufs der Bindefrist beginnt jedoch erst am 2. Juni – 0:00 Uhr. 60 Kalendertage später endet die Bindefrist dann am 31. Juli – 24:00 Uhr.

IV. Rechtfolgen bei Ablauf der Bindefrist

45   Gemäß § 10d EU VOB/A iVm § 10b EU **Abs. 8 S. 1** VOB/A sind die Bieter nur während der Angebotsfrist an ihr jeweiliges Angebot gebunden. Der öffentliche Auftraggeber darf jedoch ein Angebot nicht mit der bloßen Begründung ausschließen, es sei erloschen. Es fehlt insoweit an einer Ermächtigungsgrundlage für den Ausschluss. Insbesondere führt ein unter zivilrechtlichen Gesichtspunkten erloschenes Angebot nicht dazu, dass das Angebot auch vergaberechtlich hinfällig ist. Der öffentliche Auftraggeber ist nicht daran gehindert und unter der Geltung des öffentlichen Haushaltsrechts im Einzelfall sogar dazu gehalten, den Zuschlag auf ein Angebot zu erteilen, obwohl die Bindefrist abgelaufen ist.[33] Wird der Zuschlag nach Ablauf der Bindefrist und damit verspätet erteilt, so ist der Bieter gemäß § 18 EU Abs. 2 Var. 2 VOB/A bei der Erteilung des Zuschlags aufzufordern, sich unverzüglich über die Annahme zu erklären. Denn die verspätete Annahme eines Angebots gilt ausweislich § 150 Abs. 1 BGB als neuer Antrag, den dann der Bieter annehmen kann, damit der Vertrag letztendlich doch noch wirksam zustande kommt. Der öffentliche Auftraggeber sollte dem Bieter hierzu eine angemessene kurze Frist setzen mit der Ankündigung, dass dieser Bieter nach Fristablauf den Antrag nicht mehr annehmen kann. Erst nach fruchtlosem Ablauf dieser Frist scheidet dieser Bieter für den Vertragsschluss aus. Der Bieter mit dem nächstplatzierten Angebot rückt nach und wird vom öffentlichen Auftraggeber entsprechend aufgefordert, innerhalb einer von diesem bestimmten angemessen kurzen Frist, den neuen Antrag anzunehmen.

L. Der Beginn der Bindefrist
(§ 10d EU VO/A iVm § 10b EU Abs. 9 VOB/A)

I. Regelungsinhalt

46   § 10d EU VOB/A iVm § 10b EU **Abs. 9** VOB/A regelt den Beginn der Bindefrist.

II. Angemessene Bindefrist

47   Die Bindefrist beginnt mit dem Ablauf der Angebotsfrist. Verlängert der öffentliche Auftraggeber die Angebotsfrist, verschiebt sich automatisch der Fristbeginn der Bindefrist auf den Ablauf der neuen Angebotsfrist.

---

[33] Vgl. OLG Düsseldorf 4.2.2009 – Verg 70/08.

§ 11 Grundsätze der Informationsübermittlung

(1) **Für das Senden, Empfangen, Weiterleiten und Speichern von Daten in einem Vergabeverfahren verwenden der öffentliche Auftraggeber und die Unternehmen grundsätzlich Geräte und Programme für die elektronische Datenübermittlung (elektronische Mittel).**

(2) **Auftragsbekanntmachungen, Vorinformationen nach § 12 EU Absatz 1 oder Absatz 2, Vergabebekanntmachungen und Bekanntmachungen über Auftragsänderungen (Bekanntmachungen) sind dem Amt für Veröffentlichungen der Europäischen Union mit elektronischen Mitteln zu übermitteln. Der öffentliche Auftraggeber muss den Tag der Absendung nachweisen können.**

(3) **Der öffentliche Auftraggeber gibt in der Auftragsbekanntmachung oder der Aufforderung zur Interessensbestätigung eine elektronische Adresse an, unter der die Vergabeunterlagen unentgeltlich, uneingeschränkt, vollständig und direkt abgerufen werden können.**

(4) **Die Unternehmen übermitteln ihre Angebote, Teilnahmeanträge, Interessensbekundungen und Interessensbestätigungen in Textform mithilfe elektronischer Mittel.**

(5) **Der öffentliche Auftraggeber prüft im Einzelfall, ob zu übermittelnde Daten erhöhte Anforderungen an die Sicherheit stellen. Soweit es erforderlich ist, kann der öffentliche Auftraggeber verlangen, dass Angebote, Teilnahmeanträge, Interessensbestätigungen und Interessensbekundungen mit einer fortgeschrittenen elektronischen Signatur gemäß § 2 Nummer 2 des Gesetzes über Rahmenbedingungen für elektronische Signaturen oder mit einer qualifizierten elektronischen Signatur gemäß § 2 Nummer 3 des Gesetzes über Rahmenbedingungen für elektronische Signaturen versehen sind.**

(6) **Der öffentliche Auftraggeber kann von jedem Unternehmen die Angabe einer eindeutigen Unternehmensbezeichnung sowie einer elektronischen Adresse verlangen (Registrierung). Für den Zugang zur Auftragsbekanntmachung und zu den Vergabeunterlagen darf der öffentliche Auftraggeber keine Registrierung verlangen. Eine freiwillige Registrierung ist zulässig.**

(7) **Die Kommunikation in einem Vergabeverfahren kann mündlich erfolgen, wenn sie nicht die Vergabeunterlagen, die Teilnahmeanträge, die Interessensbestätigungen oder die Angebote betrifft und wenn sie ausreichend und in geeigneter Weise dokumentiert wird.**

Übersicht

	Rn.		Rn.
A. Einführung zu §§ 11, 11a und 11b VOB/A–EU	1, 2	IV. § 11 Abs. 4 VOB/A–EU	10
		V. § 11 Abs. 5 VOB/A–EU	11
B. Kommentierung	7	1. § 11 Abs. 5 S. 1 VOB/A–EU	11
I. § 11 Abs. 1 VOB/A–EU	7	2. § 11 Abs. 5 S. 2 VOB/A–EU	13
II. § 11 Abs. 2 VOB/A–EU	8	VI. § 11 Abs. 6 VOB/A–EU	17
III. § 11 Abs. 3 VOB/A–EU	9	VII. § 11 Abs. 7 VOB/A–EU	18

A. Einführung zu §§ 11, 11a und 11b VOB/A-EU

Laut den amtlichen Hinweisen für die VOB/A 2016 dient die Neufassung der VOB/A **1, 2** der Umsetzung der RL 2014/24/EU. Den Schwerpunkt der erfolgten Überarbeitung der VOB/A bildet der Abschnitt 2 VOB/A. Dort sind die Vorgaben des europäischen Rechts umgesetzt worden, soweit sie nicht auf gesetzlicher Ebene im 4. Teil des GWB oder in übergreifend geltenden Vorschriften der VgV geregelt sind. Welche Vorschriften der VgV übergreifend sind, ergibt sich aus § 2 VgV. Demnach sind für die Vergabe von Bauaufträgen Abschnitt 1 und Abschnitt 2, Unterabschnitt 2 der VgV anzuwenden, im Übrigen ist

Teil A Abschnitt 2 der VOB in der Fassung vom 19. Januar 2016 anzuwenden. Interessanterweise enthält Abschnitt 1, Unterabschnitt 2 der VgV mit §§ 9 ff. VgV die **wesentlichen Regelungen zur elektronischen Auftragsvergabe**. Diese gelten somit, worauf der Verordnungsgeber in der Begründung zu **§ 2 VgV** ausdrücklich hinweist,[1] ebenfalls für die Vergabe von Bauaufträgen. Nichtsdestotrotz beinhalten §§ 11 und 11a VOB/A-EU zahlreiche Bestimmungen, die den §§ 9 ff. VgV nachempfunden sind und ihnen, von unwesentlichen Abweichungen abgesehen, im Wortlaut gleichen. Einer gesonderten Kommentierung zu diesen Bestimmungen bedarf es somit nicht, vielmehr wird jeweils auf die einschlägige Kommentierung der korrespondierenden Vorschrift in der VgV verwiesen; ggf. vorhandene Abweichungen werden angesprochen.

3   Daneben enthalten §§ 11, 11a und 11b VOB/A-EU weitere Bestimmungen, die Regelungen in der VgV entsprechen. Diese korrespondierenden Regelungen in der VgV sind zwar **nicht von § 2 VgV umfasst,** gleichwohl wird auch in diesen Fällen jeweils auf die einschlägige Kommentierung in der VgV verwiesen; ggf. vorhandene Abweichungen werden angesprochen und, soweit erforderlich, ausreichend kommentiert.

4   In der amtlichen Begründung zur aktuellen VOB wird ausdrücklich darauf hingewiesen, dass der DVA grundsätzlich auf einen **Gleichlauf mit den in der VgV geregelten Vorschriften** zur Beschaffung von Liefer- und Dienstleistungen hingearbeitet habe und z. B. die Vorschriften zur elektronischen Vergabe einheitlich ausgestaltet worden seien. Auch dies erklärt, warum die Regelungen in §§ 11, 11a und 11b VOB/A-EU, die im Wesentlichen die elektronische Vergabe sowie Ausnahmen davon zum Gegenstand haben, nahezu wortgleich aus der VgV entnommen wurden.

5   Auch wenn die Inhalte der §§ 11, 11a und 11b VOB/A-EU der VgV entlehnt sind, weisen sie eine **gänzlich davon abweichende Struktur** auf: § 11 VOB/A-EU fasst Regelungen aus §§ 9, 40, 41 und 53 VgV als „Grundsätze der Informationsübermittlung" zusammen, § 11a VOB/A-EU gibt Vorgaben der §§ 10, 11 und 12 VgV als „Anforderungen an elektronische Mittel" wieder und § 11b VOB/A-EU vereint Bestimmungen aus §§ 41 und 53 VgV als „Ausnahmen von der Verwendung elektronischer Mittel".

6   **Dogmatisch betrachtet** ist bei §§ 11, 11a und 11b VOB/A-EU zu unterscheiden zwischen den Regelungen, deren korrespondierende VgV-Vorschriften von § 2 VgV umfasst sind, und denjenigen, die nicht durch § 2 VgV auf die Vergabe von Bauaufträge Anwendung finden. Im ersten Fall müssen Auslegung und Anwendung der Regelungen mit den originären Regelungen in der VgV konform gehen,[2] im zweiten Fall ist dies nicht zwingend. Aktuell gibt es jedoch keine Veranlassung dafür, im zweiten Fall eine von der VgV abweichende Auslegung und Anwendung der Regelungen konkret zu formulieren. Sollten sich jedoch in der Zukunft Besonderheiten bei der Vergabe von Bauaufträgen ergeben, die eine solche abweichende Auslegung und Anwendung der Regelungen erforderlich machen, dann ist dies zumindest dogmatisch nicht per se ausgeschlossen; dasselbe gilt für eine von der VgV abweichende Formulierung dieser Regelungen selbst.

B. Kommentierung

I. § 11 Abs. 1 VOB/A-EU

7   § 11 Abs. 1 VOB/A-EU entspricht wortgleich der Regelung in § 9 Abs. 1 VgV. Deshalb wird auf die einschlägige Kommentierung zu § 9 Abs. 1 VgV verwiesen. § 9 Abs. 1 VgV ist schon aufgrund von § 2 VgV direkt auf die Vergabe von Bauaufträgen anzuwenden.

---

[1] BT-Drucks. 18/7318, S. 147.
[2] Aus diesem Grund sind die Regelungen in der VOB/A-EU, deren korrespondierende VgV-Gegenstücke ohnehin schon direkt aufgrund von § 2 VgV auf die Vergabe von Bauaufträgen anzuwenden sind, letztendlich redundant.

II. § 11 Abs. 2 VOB/A-EU

§ 11 Abs. 2 VOB/A-EU entspricht nahezu wortgleich der Regelung in § 40 Abs. 1 **8**
VgV. Einziger Unterschied ist die Formulierung „nach § 12 EU Absatz 1 oder Absatz 2",
die im Text des § 40 Abs. 1 VgV fehlt. In der Sache bedeutet dies jedoch keinen inhaltlichen Unterschied, denn § 12 Abs. 1 und Abs. 2 VOB/A-EU enthält die maßgeblichen
Regelungen zur Vorinformation in der VOB/A-EU. Insoweit nehmen sowohl § 40 Abs. 1
VgV als auch § 11 Abs. 2 VOB/A-EU auf die jeweils einschlägigen Vorschriften zur Vorinformation Bezug. Im Übrigen wird auf die einschlägige Kommentierung zu § 40 Abs. 1
VgV verwiesen. § 40 Abs. 1 VgV ist nicht aufgrund von § 2 VgV direkt auf die Vergabe
von Bauaufträgen anzuwenden.

III. § 11 Abs. 3 VOB/A-EU

§ 11 Abs. 3 VOB/A-EU entspricht wortgleich der Regelung in § 41 Abs. 1 VgV. Des- **9**
halb wird auf die einschlägige Kommentierung zu § 41 Abs. 1 VgV verwiesen. § 41 Abs. 1
VgV ist nicht aufgrund von § 2 VgV direkt auf die Vergabe von Bauaufträgen anzuwenden.

IV. § 11 Abs. 4 VOB/A-EU

§ 11 Abs. 4 VOB/A-EU entspricht nahezu wortgleich der Regelung in § 53 Abs. 1 **10**
VgV. Unerheblich ist zunächst, dass die Worte „Angebote, Teilnahmeanträge, Interessensbekundungen und Interessensbestätigungen" abweichend vom Wortlaut des § 53 Abs. 1
VgV gruppiert wurden. Darüber hinaus wird in § 11 Abs. 4 VOB/A-EU in Abweichung
von § 53 Abs. 1 VgV im Zusammenhang mit der Textform nicht § 126b BGB erwähnt.
§ 11 Abs. 4 VOB/A-EU ist deshalb dahingehend ergänzend auszulegen, dass „Textform"
im Sinne des § 126b BGB zu verstehen ist. Schließlich fehlt bei den erwähnten elektronischen Mitteln ein Bezug zu einer konkreten Vorschrift; § 53 Abs. 1 VgV bezieht sich demgegenüber auf § 10 VgV. In der Sache macht dies jedoch keinen Unterschied, denn die in
§ 10 VgV enthaltenen Regelungen sind wortgleich in § 11a Abs. 4 und Abs. 5 VOB/A-
EU enthalten. Im Übrigen wird auf die einschlägige Kommentierung zu § 53 Abs. 1 VgV
verwiesen. § 53 Abs. 1 VgV ist nicht aufgrund von § 2 VgV direkt auf die Vergabe von
Bauaufträgen anzuwenden.

V. § 11 Abs. 5 VOB/A-EU

1. § 11 Abs. 5 S. 1 VOB/A-EU

§ 11 Abs. 5 S. 1 VOB/A-EU entspricht nahezu wortgleich der Regelung in § 53 Abs. 3 S. 1 **11**
VgV. Einziger Unterschied ist die Formulierung **„im Einzelfall"**, die in § 53 Abs. 3 S. 1 VgV
fehlt. Allerdings führt der Verordnungsgeber in der Begründung zu § 53 Abs. 3 S. 1 VgV ebenfalls aus, dass eine Festlegung des **erforderlichen Sicherheitsniveaus im Einzelfall** zu erfolgen habe.[3] Allerdings fordert neben § 53 Abs. 3 S. 1 VgV auch § 10 Abs. 1 S. 1 VgV die Festlegung eines Sicherheitsniveaus. Wie in der Kommentierung zu § 10 Abs. 1 S. 1 VgV
ausgeführt, hat § 10 Abs. 1 S. 1 VgV einen weiteren Anwendungsbereich als § 53 Abs. 3 VgV,
weshalb eine einheitliche Auslegung beider Normen erforderlich ist. Dies bedeutet insbesondere, dass bei der Festlegung des erforderlichen Sicherheitsniveaus nach § 53 Abs. 3 S. 1 VgV
die für § 10 Abs. 1 S. 1 VgV entwickelte Fallgruppenbildung möglich ist. Dasselbe gilt

---

[3] BT-Drucks. 18/7318, S. 190.

damit auch für § 11 Abs. 5 S. 1 VOB/A-EU. Die ausdrückliche Formulierung „im Einzelfall" ändert hieran nichts, denn die sich aus einer konsequenten Einzelfallprüfung ergebenden Probleme sind identisch mit denen, die bei der Kommentierung zu § 10 Abs. 1 S. 1 VgV diskutiert werden und die nur durch eine grundsätzlich mögliche Fallgruppenbildung gelöst werden können. Deshalb wird sowohl auf die Kommentierung zu § 10 Abs. 1 S. 1 VgV als auch auf die Kommentierung zu § 53 Abs. 1 S. 1 VgV verwiesen.

12   § 53 Abs. 3 S. 1 VgV ist nicht aufgrund von § 2 VgV direkt auf die Vergabe von Bauaufträgen anzuwenden.

2. § 11 Abs. 5 S. 2 VOB/A-EU

13   § 11 Abs. 5 S. 2 VOB/A-EU entspricht zwar nicht vom exakten Wortlaut, so doch vom Regelungsgehalt her der ursprünglichen Fassung von § 53 Abs. 3 S. 2 VgV a. F. Darin war ebenfalls geregelt, dass der öffentliche Auftraggeber, soweit es erforderlich ist, verlangen kann, dass Interessensbekundungen, Interessensbestätigungen, Teilnahmeanträge und Angebote mit einer fortgeschrittenen elektronischen Signatur oder mit einer qualifizierten elektronischen Signatur zu versehen sind. Auch der in § 11 Abs. 5 S. 2 VOB/A-EU enthaltene Verweis auf § 2 Nr. 2 und Nr. 3 Signaturgesetz (SigG) fand sich in § 53 Abs. 3 S. 2 VgV wieder.

14   Mit Art. 8 Nr. 3 des Gesetzes zur Durchführung der Verordnung (EU) Nr. 910/2014 des Europäischen Parlaments und des Rates vom 23. Juli 2014 über elektronische Identifizierung und Vertrauensdienste für elektronische Transaktionen im Binnenmarkt und zur Aufhebung der Richtlinie 1999/93/EG **(eIDAS-Durchführungsgesetz)** vom 18. Juli 2017 wurde § 53 Abs. 3 S. 2 VgV neu gefasst. Neben der fortgeschrittenen elektronischen Signatur und der qualifizierten elektronischen Signatur kann der öffentliche Auftraggeber, soweit es erforderlich ist, nunmehr auch verlangen, dass Interessensbekundungen, Interessensbestätigungen, Teilnahmeanträge und Angebote mit einem fortgeschrittenen elektronischen Siegel oder einem qualifizierten elektronischen Siegel versehen werden. Der Verweis auf das SigG ist komplett entfallen, weil das SigG durch das **Vertrauensdienstegesetz** (VDG), das ebenfalls mit dem eIDAS-Durchführungsgesetz geschaffen wurde, abgelöst wurde. Im Gegensatz zum SigG enthält das VDG keine Begriffsbestimmung zu elektronischen Signaturen, ebenfalls fehlen Definitionen zu elektronischen Siegeln; diese finden sich lediglich in der VO (EU) Nr. 910/2014 des europäischen Parlaments und des Rates vom 23. Juli 2014 **(eIDAS-Verordnung)**.

15   Obwohl die Verweise auf § 2 Nr. 2 und 3 SigG in § 11 Abs. 5 S. 2 VOB/A-EU nunmehr ins Leere laufen, bedeutet dies nicht, dass öffentliche Auftraggeber unter den dort genannten Voraussetzungen keine **fortgeschrittene elektronische Signatur bzw. qualifizierte elektronische Signatur** verlangen können. Denn diese wurden nicht durch das SigG geschaffen, sondern sind maßgeblich in der eIDAS-Verordnung geregelt, die, worauf der Gesetzgeber in der Begründung des eIDAS-Durchführungsgesetzes nochmals ausdrücklich hinweist,[4] unmittelbar geltendes Unionsrecht ist. Allein die Tatsache, dass in § 11 Abs. 5 S. 2 VOB/A-EU fortgeschrittene elektronische Signaturen bzw. qualifizierte elektronische Signaturen erwähnt werden, ist ausreichend, damit öffentliche Auftraggeber sie unter den dort genannten Voraussetzungen verlangen dürfen. Dies zeigt auch ein Blick auf die Formulierung des neuen § 53 Abs. 3 S. 2 VgV, der in den Nrn. 1 bis 4 die Signatur- bzw. Siegelvarianten lediglich erwähnt, ohne auf weitere rechtliche Regelungen wie etwa das VDG oder die eIDAS-Verordnung zu verweisen.

16   Darüber hinaus stellt sich die Frage, ob öffentliche Auftraggeber unter den Voraussetzungen des § 11 Abs. 5 S. 2 VOB/A-EU neben fortgeschrittenen elektronischen Signaturen und qualifizierten elektronischen Signaturen auch **fortgeschrittene elektronische Siegel und qualifizierte elektronische Siegel** verlangen dürfen. Da § 53 Abs. 3 S. 2

---

[4] BT-Drucks. 18/12494, S. 1.

VgV nicht unter den Anwendungsbereich des § 2 VgV fällt, ist er nicht auf die Vergabe von Bauaufträgen anzuwenden; und damit ebenfalls nicht die sich daraus ergebende Möglichkeit, elektronische Siegel zu verlangen. Auch der Wortlaut des § 11 Abs. 5 S. 2 VOB/A-EU hilft hier, anders als bei den elektronischen Signaturen, nicht weiter, weil elektronische Siegel darin nicht vorkommen. Allerdings gilt es hier das Verhältnis von § 10 Abs. 1 S. 1 VgV und § 53 Abs. 3 VgV zu berücksichtigen, § 10 Abs. 1 S. 1 VgV hat nämlich einen weiteren Anwendungsbereich als § 53 Abs. 3 VgV.[5] Dasselbe gilt aus dogmatischen Gründen für die korrespondierenden Normen der VOB/A-EU. § 10 Abs. 1 S. 1 VgV hat sein wortgleiches Gegenstück in § 11a Abs. 4 S. 1 VOB/A-EU, § 53 Abs. 3 VgV sein Gegenstück in § 11 Abs. 5 VOB/A-EU. § 11a Abs. 4 S. 1 VOB/A-EU hat damit einen weiteren Anwendungsbereich als § 11 Abs. 5 VOB/A-EU. Nun ist es den öffentlichen Auftraggebern nach § 10 Abs. 1 S. 1 VgV möglich, entsprechend den festgelegten Sicherheitsniveaus bei einer elektronischen Kommunikation sowohl elektronische Signaturen als auch elektronische Siegel zu verlangen.[6] Diese Möglichkeit eröffnet damit auch § 11a Abs. 4 S. 1 VOB/A-EU, der in Auslegung und Anwendung nicht von § 10 Abs. 1 S. 1 VgV abweichen darf, weil § 10 Abs. 1 S. 1 VgV über § 2 VgV direkt auf die Vergabe von Bauaufträgen anwendbar ist. **Öffentliche Auftraggeber können damit zwar nicht nach § 11 Abs. 5 S. 2 VOB/A-EU elektronische Siegel verlangen, wohl aber nach § 11a Abs. 4 S. 1 VOB/A-EU.**[7]

VI. § 11 Abs. 6 VOB/A-EU

§ 11 Abs. 6 VOB/A-EU entspricht wortgleich der Regelung in § 9 Abs. 3 VgV. Deshalb wird auf die einschlägige Kommentierung zu § 9 Abs. 3 VgV verwiesen. § 9 Abs. 3 VgV ist schon aufgrund von § 2 VgV direkt auf die Vergabe von Bauaufträgen anzuwenden. **17**

VII. § 11 Abs. 7 VOB/A-EU

§ 11 Abs. 7 VOB/A-EU entspricht wortgleich der Regelung in § 9 Abs. 2 VgV. Deshalb wird auf die einschlägige Kommentierung zu § 9 Abs. 2 VgV verwiesen. § 9 Abs. 2 VgV ist schon aufgrund von § 2 VgV direkt auf die Vergabe von Bauaufträgen anzuwenden. **18**

---

[5] Vgl. die Kommentierung zu § 10 VgV.
[6] Vgl. die Kommentierung zu § 10 VgV.
[7] Mit derselben Argumentation lässt sich im Übrigen auch begründen, dass öffentliche Auftraggeber **schon aufgrund von § 11a Abs. 4 S. 1 VOB/A-EU elektronische Signaturen verlangen können,** weshalb es des § 11 Abs. 5 S. 1 VOB/A-EU eigentlich nicht bedurft hätte. Da jedoch das Verhältnis § 10 Abs. 1 S. 1 VgV zu § 53 Abs. 3 VgV in der VOB/A-EU mit § 11a Abs. 4 S. 1 VOB/A-EU zu § 11 Abs. 5 VOB/A-EU abgebildet ist, waren die gemachten Ausführungen zu § 11 Abs. 5 S. 1 VOB/A-EU erforderlich.

§ 11a Anforderungen an elektronische Mittel

(1) Elektronische Mittel und deren technische Merkmale müssen allgemein verfügbar, nichtdiskriminierend und mit allgemein verbreiteten Geräten und Programmen der Informations- und Kommunikationstechnologie kompatibel sein. Sie dürfen den Zugang von Unternehmen zum Vergabeverfahren nicht einschränken. Der öffentliche Auftraggeber gewährleistet die barrierefreie Ausgestaltung der elektronischen Mittel nach den §§ 4 und 11 des Gesetzes zur Gleichstellung behinderter Menschen vom 27. April 2002 (BGBl. I S. 1467, 1468) in der jeweils geltenden Fassung.

(2) Der öffentliche Auftraggeber verwendet für das Senden, Empfangen, Weiterleiten und Speichern von Daten in einem Vergabeverfahren ausschließlich solche elektronischen Mittel, die die Unversehrtheit, die Vertraulichkeit und die Echtheit der Daten gewährleisten.

(3) Der öffentliche Auftraggeber muss den Unternehmen alle notwendigen Informationen zur Verfügung stellen über

1. die in einem Vergabeverfahren verwendeten elektronischen Mittel,
2. die technischen Parameter zur Einreichung von Teilnahmeanträgen, Angeboten und Interessensbestätigungen mithilfe elektronischer Mittel und
3. verwendete Verschlüsselungs- und Zeiterfassungsverfahren.

(4) Der öffentliche Auftraggeber legt das erforderliche Sicherheitsniveau für die elektronischen Mittel fest. Elektronische Mittel, die vom öffentlichen Auftraggeber für den Empfang von Angeboten, Teilnahmeanträgen und Interessensbestätigungen sowie von Plänen und Entwürfen für Planungswettbewerbe verwendet werden, müssen gewährleisten, dass

1. die Uhrzeit und der Tag des Datenempfanges genau zu bestimmen sind,
2. kein vorfristiger Zugriff auf die empfangenen Daten möglich ist,
3. der Termin für den erstmaligen Zugriff auf die empfangenen Daten nur von den Berechtigten festgelegt oder geändert werden kann,
4. nur die Berechtigten Zugriff auf die empfangenen Daten oder auf einen Teil derselben haben,
5. nur die Berechtigten nach dem festgesetzten Zeitpunkt Dritten Zugriff auf die empfangenen Daten oder auf einen Teil derselben einräumen dürfen,
6. empfangene Daten nicht an Unberechtigte übermittelt werden und
7. Verstöße oder versuchte Verstöße gegen die Anforderungen gemäß Nummern 1 bis 6 eindeutig festgestellt werden können.

(5) Die elektronischen Mittel, die von dem öffentlichen Auftraggeber für den Empfang von Angeboten, Teilnahmeanträgen und Interessensbestätigungen sowie von Plänen und Entwürfen für Planungswettbewerbe genutzt werden, müssen über eine einheitliche Datenaustauschschnittstelle verfügen. Es sind die jeweils geltenden Interoperabilitäts- und Sicherheitsstandards der Informationstechnik gemäß § 3 Absatz 1 des Vertrags über die Errichtung des IT-Planungsrats und über die Grundlagen der Zusammenarbeit beim Einsatz der Informationstechnologie in den Verwaltungen von Bund und Ländern vom 1. April 2010 zu verwenden.

(6) Der öffentliche Auftraggeber kann im Vergabeverfahren die Verwendung elektronischer Mittel, die nicht allgemein verfügbar sind (alternative elektronische Mittel), verlangen, wenn er

1. Unternehmen während des gesamten Vergabeverfahrens unter einer Internetadresse einen unentgeltlichen, uneingeschränkten, vollständigen und direkten Zugang zu diesen alternativen elektronischen Mitteln gewährt,
2. diese alternativen elektronischen Mittel selbst verwendet.

(7) Der öffentliche Auftraggeber kann für die Vergabe von Bauleistungen und für Wettbewerbe die Nutzung elektronischer Mittel im Rahmen der Bauwerksdatenmodellierung verlangen. Sofern die verlangten elektronischen Mittel für die Bauwerksdatenmodellierung nicht allgemein verfügbar sind, bietet der öffentliche Auftraggeber einen alternativen Zugang zu ihnen gemäß Absatz 6 an.

A. Einführung

Vgl. hierzu die Einführung zu §§ 11, 11a und 11b VOB/A-EU in der Kommentierung zu § 11 VOB/A-EU.

B. Kommentierung

I. § 11a Abs. 1 VOB/A-EU

§ 11a Abs. 1 VOB/A-EU entspricht nahezu wortgleich der Regelung in § 11 Abs. 1 **1** VgV. Einziger Unterschied ist, dass in § 11 Abs. 1 S. 3 VOB/A-EU auf § 11 BGG verwiesen wird, die aktuelle Fassung des § 11 Abs. 1 S. 3 VgV jedoch stattdessen § 12 BGG erwähnt. Dies ist dem Umstand geschuldet, dass mit dem Gesetz zur Weiterentwicklung des Behindertengleichstellungsrechts vom 19. Juli 2016 der bisherige § 11 BGG zu § 12 BGG wurde; der neue § 11 BGG betrifft nunmehr Verständlichkeit und Leichte Sprache. Dementsprechend wurde § 11 Abs. 1 S. 3 VgV durch Art. 8 Nr. 1 des Gesetzes zur Durchführung der Verordnung (EU) Nr. 910/2014 des Europäischen Parlaments und des Rates vom 23. Juli 2014 über elektronische Identifizierung und Vertrauensdienste für elektronische Transaktionen im Binnenmarkt und zur Aufhebung der Richtlinie 1999/93/EG (eIDAS-Durchführungsgesetz) vom 18. Juli 2017 geändert und verweist nun korrekt auf § 12 BGG. Weil § 11 Abs. 1 VgV schon aufgrund von § 2 VgV direkt für die Vergabe von Bauaufträgen anzuwenden ist, müssen Auslegung und Anwendung des § 11a Abs. 1 S. 3 VOB/A-EU mit § 11 Abs. 1 S. 3 VgV konform gehen, so dass der Verweis auf § 11 BGG als ein Verweis auf § 12 BGG auszulegen ist. Im Übrigen wird auf die einschlägige Kommentierung zu § 11 Abs. 1 VgV verwiesen.

II. § 11a Abs. 2 VOB/A-EU

§ 11a Abs. 2 VOB/A-EU entspricht wortgleich der Regelung in § 11 Abs. 2 VgV. Des- **2** halb wird auf die einschlägige Kommentierung zu § 11 Abs. 2 VgV verwiesen. § 11 Abs. 2 VgV ist schon aufgrund von § 2 VgV direkt auf die Vergabe von Bauaufträgen anzuwenden.

III. § 11a Abs. 3 VOB/A-EU

§ 11a Abs. 3 VOB/A-EU entspricht wortgleich der Regelung in § 11 Abs. 3 VgV. Des- **3** halb wird auf die einschlägige Kommentierung zu § 11 Abs. 3 VgV verwiesen. § 11 Abs. 3 VgV ist schon aufgrund von § 2 VgV direkt auf die Vergabe von Bauaufträgen anzuwenden.

IV. § 11a Abs. 4 VOB/A-EU

§ 11a Abs. 4 VOB/A-EU entspricht wortgleich der Regelung in § 10 Abs. 1 VgV. Des- **4** halb wird auf die einschlägige Kommentierung zu § 10 Abs. 1 VgV verwiesen. § 10 Abs. 1 VgV ist schon aufgrund von § 2 VgV direkt auf die Vergabe von Bauaufträgen anzuwenden.

V. § 11a Abs. 5 VOB/A-EU

5   § 11a Abs. 5 VOB/A-EU entspricht wortgleich der Regelung in § 10 Abs. 2 VgV. Deshalb wird auf die einschlägige Kommentierung zu § 10 Abs. 2 VgV verwiesen. § 10 Abs. 2 VgV ist schon aufgrund von § 2 VgV direkt auf die Vergabe von Bauaufträgen anzuwenden.

VI. § 11a Abs. 6 VOB/A-EU

6   § 11a Abs. 6 VOB/A-EU entspricht wortgleich der Regelung in § 12 Abs. 1 VgV. Deshalb wird auf die einschlägige Kommentierung zu § 12 Abs. 1 VgV verwiesen. § 12 Abs. 1 VgV ist schon aufgrund von § 2 VgV direkt auf die Vergabe von Bauaufträgen anzuwenden.

VII. § 11a Abs. 7 VOB/A-EU

7   § 11a Abs. 7 VOB/A-EU entspricht nahezu wortgleich und jedenfalls inhaltlich der Regelung in § 12 Abs. 2 VgV. Deshalb wird auf die einschlägige Kommentierung zu § 12 Abs. 2 VgV verwiesen. § 12 Abs. 2 VgV ist schon aufgrund von § 2 VgV direkt auf die Vergabe von Bauaufträgen anzuwenden.

§ 11b Ausnahmen von der Verwendung elektronischer Mittel

(1) **Der öffentliche Auftraggeber kann die Vergabeunterlagen auf einem anderen geeigneten Weg übermitteln, wenn die erforderlichen elektronischen Mittel zum Abruf der Vergabeunterlagen**

1. aufgrund der besonderen Art der Auftragsvergabe nicht mit allgemein verfügbaren oder verbreiteten Geräten und Programmen der Informations- und Kommunikationstechnologie kompatibel sind,

2. Dateiformate zur Beschreibung der Angebote verwenden, die nicht mit allgemein verfügbaren oder verbreiteten Programmen verarbeitet werden können oder die durch andere als kostenlose und allgemein verfügbare Lizenzen geschützt sind, oder

3. die Verwendung von Bürogeräten voraussetzen, die öffentlichen Auftraggebern nicht allgemein zur Verfügung stehen.

Die Angebotsfrist wird in diesen Fällen um fünf Kalendertage verlängert, sofern nicht ein Fall hinreichend begründeter Dringlichkeit gemäß § 10a EU Absatz 3 oder § 10b EU Absatz 5 vorliegt.

(2) **In den Fällen des § 5 Absatz 3 VgV gibt der öffentliche Auftraggeber in der Auftragsbekanntmachung oder in der Aufforderung zur Interessensbestätigung an, welche Maßnahmen zum Schutz der Vertraulichkeit von Informationen er anwendet und wie auf die Vergabeunterlagen zugegriffen werden kann. Die Angebotsfrist wird um fünf Kalendertage verlängert, sofern nicht ein Fall hinreichend begründeter Dringlichkeit gemäß § 10a EU Absatz 3 oder § 10b EU Absatz 5 vorliegt.**

(3) **Der öffentliche Auftraggeber ist nicht verpflichtet, die Einreichung von Angeboten mithilfe elektronischer Mittel zu verlangen, wenn auf die zur Einreichung erforderlichen elektronischen Mittel einer der in Absatz 1 Nummer 1 bis 3 genannten Gründe zutrifft oder wenn zugleich physische oder maßstabsgetreue Modelle einzureichen sind, die nicht elektronisch übermittelt werden können. In diesen Fällen erfolgt die Kommunikation auf dem Postweg oder auf einem anderen geeigneten Weg oder in Kombination von postalischem oder einem anderen geeigneten Weg und Verwendung elektronischer Mittel. Der öffentliche Auftraggeber gibt im Vergabevermerk die Gründe an, warum die Angebote mithilfe anderer als elektronischer Mittel eingereicht werden können.**

(4) **Der öffentliche Auftraggeber kann festlegen, dass Angebote mithilfe anderer als elektronischer Mittel einzureichen sind, wenn sie besonders schutzwürdige Daten enthalten, die bei Verwendung allgemein verfügbarer oder alternativer elektronischer Mittel nicht angemessen geschützt werden können, oder wenn die Sicherheit der elektronischen Mittel nicht gewährleistet werden kann. Der öffentliche Auftraggeber gibt im Vergabevermerk die Gründe an, warum er die Einreichung der Angebote mithilfe anderer als elektronischer Mittel für erforderlich hält.**

Übersicht

	Rn.		Rn.
A. Einführung	1	II. § 11b Abs. 2 VOB/A-EU	5
B. Kommentierung	3	III. § 11b Abs. 3 VOB/A-EU	6
I. § 11b Abs. 1 VOB/A-EU	4	IV. § 11b Abs. 4 VOB/A-EU	7

A. Einführung

Vgl. hierzu die Einführung zu §§ 11, 11a und 11b VOB/A-EU in der Kommentierung **1** zu § 11 VOB/A-EU.

B. Kommentierung

I. § 11b Abs. 1 VOB/A-EU

2–4   § 11b Abs. 1 VOB/A-EU entspricht nahezu wortgleich der Regelung in § 41 Abs. 2 VgV. Die Abweichungen betreffen die Verlängerungsmöglichkeit für die Angebotsfrist in § 11b Abs. 1 S. 2 VOB/A-EU. § 41 Abs. 2 S. 2 VgV spricht von Tagen, wohingegen § 11b Abs. 1 S. 2 VOB/A-EU von Kalendertagen spricht. In der Sache macht dies jedoch keinen Unterschied. Darüber hinaus verweist § 41 Abs. 2 S. 2 VgV im Zusammenhang mit der hinreichend begründeten Dringlichkeit, die eine Verlängerungsmöglichkeit ausschließt, auf §§ 15 Abs. 3, 16 Abs. 7 und 17 Abs. 8 VgV. § 11b Abs. 1 S. 2 VOB/A-EU verweist demgegenüber auf §§ 10a Abs. 3 und 10b Abs. 5 VOB/A-EU. Auch dies macht in der Sache keinen Unterschied: § 15 Abs. 3 VgV betrifft, wie auch § 10a Abs. 3 VOB/A-EU, die Dringlichkeit beim offenen Verfahren und § 16 Abs. 7 VgV, wie auch § 10b Abs. 5 VOB/A-EU die Dringlichkeit beim nicht offenen Verfahren. Einzig die in § 17 Abs. 8 VgV geregelte Dringlichkeit beim Verhandlungsverfahren ist nicht in § 11b Abs. 1 VOB/A-EU enthalten. Dies liegt daran, dass die Regelung zur Dringlichkeit im Verhandlungsverfahren in § 10c Abs. 2 VOB/A-EU weitergehende Bestimmungen als § 17 Abs. 8 VgV enthält, wohingegen letzterer den §§ 15 Abs. 3 und 16 Abs. 7 VgV gleicht. Damit geht § 11b Abs. 1 S. 2 VOB/A-EU inhaltlich mit § 41 Abs. 2 VgV konform. Deshalb wird auf die einschlägige Kommentierung zu § 41 Abs. 2 VgV verwiesen. § 41 Abs. 2 VgV ist nicht aufgrund von § 2 VgV direkt auf die Vergabe von Bauaufträgen anzuwenden.

II. § 11b Abs. 2 VOB/A-EU

5   § 11b Abs. 2 VOB/A-EU ist § 41 Abs. 3 VgV nachgebildet, weicht allerdings sprachlich in zwei Punkten von seinem Vorbild ab. § 41 Abs. 3 S. 1 VgV bestimmt, dass der öffentliche Auftraggeber in der Auftragsbekanntmachung oder in der Aufforderung zur Interessensbestätigung angibt, welche Maßnahmen er zum Schutz der Vertraulichkeit von Informationen anwendet und wie auf die Vergabeunterlagen zugegriffen werden kann. § 11b Abs. 2 S. 1 VOB/A-EU übernimmt diese Regelung und bringt sie in Verbindung mit den Fällen des § 5 Abs. 3 VgV. § 5 Abs. 3 S. 1 VgV ermöglicht es den öffentlichen Auftraggebern, den Unternehmen Anforderungen vorzuschreiben, die auf den Schutz der Vertraulichkeit der Informationen im Rahmen des Vergabeverfahrens abzielen; § 5 Abs. 3 S. 2 VgV nennt hierzu beispielhaft die Abgabe einer Verschwiegenheitserklärung und in der Verordnungsbegründung wird darauf hingewiesen, dass nach § 128 Abs. 2 S. 3 GWB auch die Ausführungsbedingungen des öffentlichen Auftraggebers Maßnahmen zum Schutz der Vertraulichkeit umfassen können.[1] § 5 Abs. 3 VgV betrifft damit Anforderungen, die der öffentliche Auftraggeber den Unternehmen vorschreibt, und somit Pflichten der Unternehmen zum Schutz der Vertraulichkeit, sofern diese vom öffentlichen Auftraggeber vorgegeben werden.[2] § 41 Abs. 3 S. 1 VgV betrifft Maßnahmen, die der öffentliche Auftraggeber zum Schutz der Vertraulichkeit anwendet. Diese Maßnahmen werden allerdings nicht nur vom öffentlichen Auftraggeber ergriffen, sondern, wie sich aus dem Wortlaut des Art. 53 Abs. 1 UA 3 RL 2014/24/EU, der § 41 Abs. 3 VgV zugrunde liegt, ergibt, auch von diesem gegenüber den Unternehmen gefordert. Der wesentliche Unterschied zwischen § 5 Abs. 3 VgV und § 41 Abs. 3 S. 1 VgV besteht nun darin, dass § 41 Abs. 3 S. 1 VgV auf die Fälle beschränkt ist, in denen zwar bei Verwendung allgemein verfügbarer elektronischer Mittel das erforderliche Datenschutz- oder Sicherheitsniveau nicht sicherge-

---

[1] BT-Drucks. 18/7318, S. 150.
[2] BT-Drucks. 18/7318, S. 150.

stellt werden, in denen jedoch die kombinierte Verwendung elektronischer, alternativer elektronischer und/oder anderer als elektronischer Mittel dieses sichern kann,[3] wohingegen § 5 Abs. 3 VgV sämtliche Maßnahmen zum Schutz der Vertraulichkeit der Informationen im Rahmen des Vergabeverfahrens meint. § 41 Abs. 3 S. 1 VgV hat damit einen engeren Anwendungsbereich als § 5 Abs. 3 VgV und nur für diesen engen Anwendungsbereich fordert § 41 Abs. 3 S. 1 VgV eine Angabe der Maßnahmen zum Schutz der Vertraulichkeit von Informationen in der Auftragsbekanntmachung oder in der Aufforderung zur Interessensbestätigung. Daraus folgt aber nun nicht, dass sich die in § 11b Abs. 2 VOB/A-EU niedergelegte Verpflichtung auf sämtliche Fälle des § 5 Abs. 3 VgV erstreckt, vielmehr ist die Vorschrift im Lichte des europäischen Rechts auszulegen: § 41 Abs. 3 VgV geht zurück auf Art. 53 Abs. 1 UA 3 RL 2014/24/EU, der auf die Fälle abstellt, in denen ein unentgeltlicher, uneingeschränkter und vollständiger direkter Zugang zu bestimmten Auftragsunterlagen **nicht angeboten werden kann, weil** öffentliche Auftraggeber beabsichtigen, Art. 21 Abs. 2 RL 2014/24/EU anzuwenden; in diesen Fällen haben die öffentlichen Auftraggeber in der Bekanntmachung oder der Aufforderung zur Interessensbestätigung anzugeben, welche Maßnahmen zum Schutz der Vertraulichkeit der Informationen sie fordern und wie auf die betreffenden Dokumente zugegriffen werden kann. Art. 21 Abs. 2 RL 2014/24/EU wiederum ist die Vorlage für § 5 Abs. 3 VgV und bestimmt, dass öffentliche Auftraggeber den Wirtschaftsteilnehmern Anforderungen vorschreiben können, die den Schutz der Vertraulichkeit von Informationen bezwecken, die diese Auftraggeber im Rahmen des Vergabeverfahrens zur Verfügung stellen. § 41 Abs. 3 VgV übernimmt, wie aus der Verordnungsbegründung ersichtlich, die Einschränkung des Art. 53 Abs. 1 UA 3 RL 2014/24/EU und ist auf die Fälle beschränkt, in denen zwar bei Verwendung allgemein verfügbarer elektronischer Mittel das erforderliche Datenschutz- oder Sicherheitsniveau nicht sichergestellt werden, in denen jedoch die kombinierte Verwendung elektronischer, alternativer elektronischer und/oder anderer als elektronischer Mittel dieses sichern kann.[4] Die Beschränkung auf diese Fälle ist somit auch § 11b Abs. 2 VOB/A-EU inhärent. Die Tatsache, dass § 5 Abs. 3 VgV ausdrücklich erwähnt wird, ändert daran nichts, vielmehr ähnelt § 11b Abs. 2 VOB/A-EU damit mehr dem Art. 53 Abs. 1 UA 3 RL 2014/24/EU als dem § 41 Abs. 3 VgV – in der Sache laufen alle drei Normen in dieselbe Richtung.

Die zweite Abweichung betrifft in § 11b Abs. 2 S. 2 VOB/A-EU die Möglichkeit der Verkürzung der Angebotsfrist, sofern nicht ein Fall hinreichend begründeter Dringlichkeit gemäß §§ 10a Abs. 3 oder 10b Abs. 5 VOB/A-EU vorliegt. Die Verweisungssituation auf die Fälle hinreichend begründeter Dringlichkeit ist dieselbe wie bei § 11b Abs. 1 VOB/A-EU, weshalb auf die dortigen Ausführungen verwiesen wird.

Im Übrigen wird auf die Kommentierung zu § 41 Abs. 3 VgV verwiesen.

III. § 11b Abs. 3 VOB/A-EU

§ 11b Abs. 3 VOB/A-EU entspricht nahezu wortgleich der Regelung in § 53 Abs. 2 **6** VgV. Einziger Unterschied ist der Verweis auf § 11b Abs. 1 Nr. 1 bis 3 VOB/A-EU, der jedoch dem Verweis auf § 41 Abs. 2 Nr. 1 bis 3 VgV in § 53 Abs. 2 VgV entspricht. Deshalb wird auf die einschlägige Kommentierung zu § 53 Abs. 2 verwiesen. § 53 Abs. 2 VgV ist nicht aufgrund von § 2 VgV direkt auf die Vergabe von Bauaufträgen anzuwenden.

---

[3] Vgl. BT-Drucks. 18/7318, S. 181.
[4] BT-Drucks. 18/7318, S. 181.

IV. § 11b Abs. 4 VOB/A-EU

7   § 11b Abs. 4 VOB/A-EU entspricht wortgleich der Regelung in § 53 Abs. 4 VgV. Deshalb wird auf die einschlägige Kommentierung zu § 53 Abs. 4 VgV verwiesen. § 53 Abs. 4 VgV ist nicht aufgrund von § 2 VgV direkt auf die Vergabe von Bauaufträgen anzuwenden.

§ 12 Vorinformation, Auftragsbekanntmachung

(1)

1. Die Absicht einer geplanten Auftragsvergabe kann mittels einer Vorinformation bekannt gegeben werden, die die wesentlichen Merkmale des beabsichtigten Bauauftrags enthält.
2. Eine Vorinformation ist nur dann verpflichtend, wenn der öffentliche Auftraggeber von der Möglichkeit einer Verkürzung der Angebotsfrist gemäß § 10a EU Absatz 2 oder § 10b EU Absatz 3 Gebrauch machen möchte.
3. Die Vorinformation ist nach den von der Europäischen Kommission festgelegten Standardformularen zu erstellen und enthält die Informationen nach Anhang V Teil B der Richtlinie 2014/24/EU.
4. Nach Genehmigung der Planung ist die Vorinformation sobald wie möglich dem Amt für Veröffentlichungen der Europäischen Union zu übermitteln oder im Beschafferprofil zu veröffentlichen; in diesem Fall ist dem Amt für Veröffentlichungen der Europäischen Union zuvor auf elektronischem Weg die Ankündigung dieser Veröffentlichung mit den von der Europäischen Kommission festgelegten Standardformularen zu melden. Dabei ist der Tag der Übermittlung anzugeben. Die Vorinformation kann außerdem in Tageszeitungen, amtlichen Veröffentlichungsblättern oder Internetportalen veröffentlicht werden.

(2)

1. Bei nicht offenen Verfahren und Verhandlungsverfahren kann ein subzentraler öffentlicher Auftraggeber eine Vorinformation als Aufruf zum Wettbewerb bekannt geben, sofern die Vorinformation sämtliche folgenden Bedingungen erfüllt:
   a) sie bezieht sich eigens auf den Gegenstand des zu vergebenden Auftrags;
   b) sie muss den Hinweis enthalten, dass dieser Auftrag im nicht offenen Verfahren oder im Verhandlungsverfahren ohne spätere Veröffentlichung eines Aufrufs zum Wettbewerb vergeben wird, sowie die Aufforderung an die interessierten Unternehmen, ihr Interesse mitzuteilen;
   c) sie muss darüber hinaus die Informationen nach Anhang V Teil B Abschnitt I und die Informationen Anhang V Teil B Abschnitt II der Richtlinie 2014/24/EU enthalten;
   d) sie muss spätestens 35 Kalendertage und frühestens zwölf Monate vor dem Zeitpunkt der Absendung der Aufforderung zur Interessensbestätigung an das Amt für Veröffentlichungen der Europäischen Union zur Veröffentlichung übermittelt worden sein.
   Derartige Vorinformationen werden nicht in einem Beschafferprofil veröffentlicht. Allerdings kann gegebenenfalls die zusätzliche Veröffentlichung auf nationaler Ebene gemäß Absatz 3 Nummer 5 in einem Beschafferprofil erfolgen.
2. Die Regelungen des Absatzes 3 Nummer 3 bis 5 gelten entsprechend.
3. Subzentrale öffentliche Auftraggeber sind alle öffentlichen Auftraggeber mit Ausnahme der obersten Bundesbehörden.

(3)

1. Die Unternehmen sind durch Auftragsbekanntmachung aufzufordern, am Wettbewerb teilzunehmen. Dies gilt für alle Arten der Vergabe nach § 3 EU, ausgenommen Verhandlungsverfahren ohne Teilnahmewettbewerb und Verfahren, bei denen eine Vorinformation als Aufruf zum Wettbewerb nach Absatz 2 durchgeführt wurde.
2. Die Auftragsbekanntmachung erfolgt mit den von der Europäischen Kommission festgelegten Standardformularen und enthält die Informationen nach Anhang V Teil C der Richtlinie 2014/24/EU. Dabei sind zu allen Nummern Angaben zu machen; die Texte des Formulars sind nicht zu wiederholen. Die Auftragsbekanntmachung ist dem Amt für Veröffentlichungen der Europäischen Union elektronisch zu übermitteln.
3. Die Auftragsbekanntmachung wird unentgeltlich fünf Kalendertage nach ihrer Übermittlung in der Originalsprache veröffentlicht. Eine Zusammenfassung der

wichtigsten Angaben wird in den übrigen Amtssprachen der Europäischen Union veröffentlicht; der Wortlaut der Originalsprache ist verbindlich.

4. Der öffentliche Auftraggeber muss den Tag der Absendung der Auftragsbekanntmachung nachweisen können. Das Amt für Veröffentlichungen der Europäischen Union stellt dem öffentlichen Auftraggeber eine Bestätigung des Erhalts der Auftragsbekanntmachung und der Veröffentlichung der übermittelten Informationen aus, in denen der Tag dieser Veröffentlichung angegeben ist. Diese Bestätigung dient als Nachweis der Veröffentlichung.

5. Die Auftragsbekanntmachung kann zusätzlich im Inland veröffentlicht werden, beispielsweise in Tageszeitungen, amtlichen Veröffentlichungsblättern oder Internetportalen; sie kann auch auf www.bund.de veröffentlicht werden. Sie darf nur die Angaben enthalten, die dem Amt für Veröffentlichungen der Europäischen Union übermittelt wurden und muss auf den Tag der Übermittlung hinweisen. Sie darf nicht vor der Veröffentlichung durch dieses Amt veröffentlicht werden. Die Veröffentlichung auf nationaler Ebene kann jedoch in jedem Fall erfolgen, wenn der öffentliche Auftraggeber nicht innerhalb von 48 Stunden nach Bestätigung des Eingangs der Auftragsbekanntmachung gemäß Nummer 4 über die Veröffentlichung unterrichtet wurde.

Übersicht

	Rn.		Rn.
A. Einleitung	1	II. Vorinformation als Aufruf zum Wettbewerb (Abs. 2)	20
I. Literatur	1	**D. Auftragsbekanntmachung (Abs. 3)**	22
II. Entstehungsgeschichte	2	1. Allgemeines (Abs. 3 Nr. 1 und 2)	22
III. Rechtliche Vorgaben im EU-Recht	5	2. Inhalt der Bekanntmachung; Standardformular (Abs. 3 Nr. 2)	23
B. Grundsätze der Bekanntmachung	12	3. Übermittlung und Veröffentlichung der Bekanntmachung (Abs. 3 Nr. 3)	25
C. Vorinformation (Abs. 1 und 2)	14	4. Nachweis der Übermittlung und Veröffentlichung (Abs. 3 Nr. 4)	28
I. Vorinformation zur Marktinformation und zur Fristverkürzung (Abs. 1)	15	5. Zusätzliche Veröffentlichung im Inland (Abs. 3 Nr. 5)	30
1. Allgemeines	15	**E. Freiwillige Bekanntmachung**	31
2. Veröffentlichung im Beschafferprofil	17		
3. Zusätzliche Veröffentlichung im Inland (Abs. 1 Nr. 4 Satz 3)	19		

A. Einleitung

I. Literatur

1 Siehe Literaturangaben zu § 37 VgV.

II. Entstehungsgeschichte

2 Die Regelungen des § 12 EU über die Vorinformation und die Auftragsbekanntmachung beruhen auf den Vorgaben der VRL (→ III.). Die allgemeinen Vorschriften über die Vorinformation in Abs. 1 entsprechen weitestgehend § 12 EG Abs. 1 VOB/A 2012. Eine geringfügige Änderung hat sich lediglich in Abs. 1 Nr. 1 ergeben, dessen Neufassung den freiwilligen Charakter der Vorinformation (der sich im Übrigen auch aus Abs. 1 Nr. 2 ergibt) deutlicher herausstellt. Daneben wurden lediglich die Verweise auf die Standardformular-Verordnung DVO (EU) Nr. 2015/1986 in Nr. 3 und Nr. 4 aktualisiert.

3 Die Regelung in Abs. 2 über die Veröffentlichung einer Vorinformation als Aufruf zum Wettbewerb wurde mit der Vergaberechtsmodernisierung 2016 neu eingeführt. Sie basiert auf der Neuregelung in Art. 48 Abs. 2 VRL. Im deutschen Recht gab es früher nur im Sektorenbereich eine ähnliche Regelung zur Veröffentlichung regelmäßiger nicht verbindlicher Bekanntmachungen als Aufruf zum Wettbewerb gemäß § 14 Abs. 1 Nr. 2 SektVO 2009.

Die Regelungen in Abs. 3 zur Auftragsbekanntmachung entsprechen im Wesentlichen **4**
§ 12 EG Abs. 2 und 3 VOB/A 2012. Bei der Neufassung wurde nur wenige Anpassungen
vorgenommen, die u. a. der Einführung der Innovationspartnerschaft als neue Verfahrensart
(in Nr. 1), dem neuen Grundsatz der elektronischen Kommunikation und der damit verbundenen Beschleunigung (in Nr. 2 und 3) und der Einführung neuer Standardformulare
(in Nr. 2) Rechnung tragen. Außerdem wurde Nr. 5 an die EU-rechtliche Neuregelung
der Fristen für Bekanntmachungen auf nationaler Ebene in Art. 52 Abs. 1 VRL angepasst.

III. Rechtliche Vorgaben im EU-Recht

Die Vorschriften in Abs. 1 und 2 zur Vorinformation setzen Art. 48 VRL um. Abs. 1 **5**
Nr. 1 und 3 beruhen direkt auf Art. 48 Abs. 1 VRL. Die Klarstellung in Abs. 1 Nr. 2, wonach eine Vorinformation nur verpflichtend ist, wenn der Auftraggeber die Angebotsfrist
verkürzen oder die Vorinformation als Aufruf zum Wettbewerb nutzen will, geht noch auf
Art. 35 Abs. 1 UAbs. 3 VKR zurück. Diese Regelung wurde zwar nicht in die in die VRL
übernommen, hatte aber ebenfalls nur klarstellenden Charakter.

Die Regelungen in Abs. 1 Nr. 4 Satz 1 zur Übermittlung der Vorinformation an das **6**
Amt für Veröffentlichungen oder zur Veröffentlichung im Beschafferprofil des Auftraggebers setzen Art. 48 Abs. 1 VRL um. In Nr. 4 Satz 1 Hs. 2 wurde dabei richtigerweise auch
die Vorgabe des Art. 52 Abs. 3 VRL aufgenommen, wonach die Veröffentlichung in einem
Beschafferprofil erst erfolgen darf, nachdem der Auftraggeber dem Amt für Veröffentlichungen der EU eine entsprechende Mitteilung gemacht hat. Die Umsetzung ist damit
treffgenauer als die Parallelvorschrift des § 38 Abs. 2 Satz 2 VgV (→ VgV § 38 Rn. 32).
Die Verpflichtung, die Vorinformation „sobald wie möglich nach Genehmigung der Planung" zu veröffentlichen, hat keine EU-rechtliche Grundlage, sondern wurde aus § 12 EG
Abs. 1 Nr. 4 VOB/A 2012 übernommen.

Die Regelung in Abs. 1 Nr. 4 Satz 3, wonach die Vorinformation außerdem in Tageszei- **7**
tungen, amtlichen Veröffentlichungsblättern oder Internetportalen veröffentlicht werden
kann, entspricht im Grundsatz Art. 52 VRL. Eine Umsetzung der Fristenregelung in
Art. 52 Abs. 1 VRL, wonach eine Veröffentlichung auf nationaler Ebene nicht vor der
EU-weiten Veröffentlichung bzw. frühestens 48 Stunden nach der Bestätigung des Amts für
Veröffentlichungen der EU über den Eingang der Bekanntmachung erfolgen darf, wurde
dabei aber versäumt (→ Rn. 19).

Die Regelungen in Abs. 2 Nr. 1 zur Veröffentlichung einer Vorinformation als Aufruf **8**
zum Wettbewerb basieren auf Art. 48 Abs. 2 VRL. Die Definition des „subzentralen öffentlichen Auftraggebers" in Abs. 2 Nr. 3 entspricht im Ausgangspunkt der Definition in
Art. 2 Abs. 1 Nr. 2 und 3 VRL. Die VOB/A-Regelung geht jedoch über die Richtliniendefinition hinaus. Denn Art. 2 Abs. 1 Nr. 2 VRL verweist in Bezug auf „zentrale Regierungsstellen" auf die Auflistung in Anhang I VRL, wo jedoch nur das Bundeskanzleramt
und die Bundesministerien aufgeführt sind. Abs. 2 Nr. 3 stellt demgegenüber klar, dass
auch andere oberste Bundesbehörden zentrale Regierungsstellen und dementsprechend
keine subzentralen öffentlichen Auftraggeber im Sinne von Abs. 2 Nr. 1 sind.

Die Vorgaben in Abs. 3 Nr. 1 und Nr. 2 Satz 1 zur Veröffentlichung einer Auftragsbe- **9**
kanntmachung und zum Mindestinhalt der Bekanntmachung beruhen direkt auf
Art. 49 VRL. Die Umsetzung ist dabei insofern präziser als die Parallelvorschrift in § 37
Abs. 2 VgV, als wegen des Mindestinhalts der Bekanntmachung richtigerweise auf Anhang
V Teil C VRL und nicht auf das Standardformular verwiesen wird (auch wenn sich daraus
praktisch kaum ein Unterschied ergibt; → VgV § 37 Rn. 7). Die Verpflichtung nach Nr. 2
Satz 1, für die Bekanntmachung das EU-Standardformular zu verwenden, basiert auf
Art. 51 Abs. 1 VRL. Die Vorgabe in Nr. 2 Satz 2, dass bei der Auftragsbekanntmachung zu
allen im Formular vorgesehenen Nummern Angaben zu machen sind, dient der Klarstellung. Die Regelung in Nr. 2 Satz 3 über die elektronische Übermittlung der Auftragsbe-

kanntmachung an das Amt für Veröffentlichungen der Union setzt Art. 51 Abs. 2 VRL um.

10   Die Regelungen in Abs. 3 Nr. 3 über die **Veröffentlichung** der Auftragsbekanntmachung im EU-Amtsblatt und den Zeitpunkt sowie die Sprache der Veröffentlichung beruhen auf Art. 51 Abs. 3 VRL. Die Umsetzung ist allerdings insoweit **unzutreffend,** als eine Veröffentlichung danach lediglich in *einer* Originalsprache erfolgt. Art. 51 Abs. 3 VRL gibt dem Auftraggeber ausdrücklich die Möglichkeit, die Bekanntmachung auch in **mehreren Originalsprachen** (bei denen es sich um Amtssprachen der EU handeln muss) abzufassen, in denen die Bekanntmachung auch vollständig veröffentlich wird. Diese Neuerung wurde auch in der VgV nicht umgesetzt (→ VgV § 37 Rn. 23).

11   Die Regelungen in Abs. 3 Nr. 4 zur Nachweispflicht des Auftraggebers für den Tag der Absendung der Bekanntmachung und zur Bestätigung des Eingangs der Bekanntmachung und der Veröffentlichung durch das EU-Amtsblatt basieren auf Art. 51 Abs. 5. Die Vorgaben in Abs. 3 Nr. 5 zur zusätzlichen Veröffentlichung der Auftragsbekanntmachung im Inland setzen Art. 52 Abs. 1 und 2 VRL um.

B. Grundsätze der Bekanntmachung

12   Die in § 12 EU geregelten Bekanntmachungen, insbesondere die Auftragsbekanntmachung nach Abs. 3, sind das Herzstück des EU-Vergaberechts. Die EU-weite Bekanntmachung beabsichtigter Auftragsvergaben ist das zentrale Instrument zur Herstellung europaweiter Transparenz und damit die wesentliche Grundlage eines EU-weiten Wettbewerbs um öffentliche Aufträge. In dieser Hinsicht gilt für Bauvergaben nach der VOB/A das Gleiche wie für Liefer- und Dienstleistungsaufträge nach der VgV (→ VgV § 37 Rn. 11 ff.).

13   Die Bekanntmachungsvorschriften der VOB/A entsprechen inhaltlich fast vollständig denen der VgV. Strukturell wurde bei der Umsetzung jedoch ein anderer Weg gewählt. § 12 EU VOB/A regelt – ebenso wie schon die VOB/A 2012 – zunächst die Vorinformation (Abs. 1 u. 2) und erst anschließend die Auftragsbekanntmachung (Abs. 3). Das entspricht der zeitlichen Abfolge. Demgegenüber wurde in der VgV die Auftragsbekanntmachung (§ 37 VgV) vorangestellt und erst danach die Vorinformation (§ 38 VgV) geregelt. Das entspricht der tatsächlichen Bedeutung der jeweiligen Bekanntmachungsart. Im Übrigen bestehen nur geringfügige, überwiegend redaktionelle Unterschiede.

C. Vorinformation (Abs. 1 und 2)

14   Die Regelungen in Abs. 1 und 2 zur Vorinformation entsprechen inhaltlich den Vorgaben des § 38 VgV. Abs 1 regelt die Vorinformation zur Marktinformation und zur Fristverkürzung; Abs. 2 regelt die – neu eingeführte – Vorinformation als Aufruf zum Wettbewerb.

I. Vorinformation zur
Marktinformation und zur Fristverkürzung (Abs. 1)

1. Allgemeines

15   Abs. 1 betrifft die die Vorinformation zur **freiwilligen Marktinformation** und zur **Fristverkürzung.** Die Neufassung von Abs. 1 Nr. 1 stellt den **grundsätzlich freiwilligen Charakter** der Vorinformation dabei deutlicher heraus als die Vorgängerregelung der VOB/A 2012. Inhaltlich entsprechen die Vorgaben fast vollständig denen aus § 38 Abs. 1 und 2 VgV. Daher ist zunächst auf die dortige Kommentierung zu verweisen (→ VgV § 38 Rn. 17 ff.).

16   Ein Unterschied zur VgV besteht insoweit, als die Vorinformation nach Abs. 1 Nr. 4 „sobald wie möglich nach Genehmigung der Planung" zu übermitteln bzw. veröffentlichen

ist. Diese Regelung dient dem Interesse der Bauwirtschaft an einer möglichst frühzeitigen Unterrichtung über bevorstehende Bauvorhaben zwecks besserer Planbarkeit der Ressourcen. Der Auftraggeber kann den Zeitpunkt der Veröffentlichung jedoch auch an eigenen Zweckmäßigkeitserwägungen ausrichten. Er kann eine Veröffentlichung insbesondere dann zurückstellen, wenn noch Änderungen am Projekt zu erwarten sind, die zu Berichtigungsbedarf bei der Vorinformation führen würden.

2. Veröffentlichung im Beschafferprofil

Die Regelung in Abs. 1 Nr. 4 Satz 1 und 2 zur Veröffentlichung von Vorinformationen **17** in einem Beschafferprofil des Auftraggebers entsprechen inhaltlich § 38 Abs. 2, auf dessen Kommentierung daher zunächst verwiesen wird (→ VgV § 38 Rn. 27 ff.).

Abs. 1 Nr. 4 Satz 1 Hs. 2 stellt klar, dass die Veröffentlichung einer Vorinformation in **18** einem Beschafferprofil des Auftraggebers nur zulässig ist, wenn der Auftraggeber dem Amt für Veröffentlichungen der Union zuvor eine Ankündigung der Veröffentlichung übermittelt hat. Diese Abfolge ergibt sich aus Art. 52 Abs. 3 VRL. Die VOB/A setzt die Richtlinie in diesem Punkt deutlich präziser um als § 38 Abs. 2 Satz 2 VgV, wo eine Regelung der Abfolge versäumt wurde (→ VgV § 38 Rn. 32).

3. Zusätzliche Veröffentlichung im Inland (Abs. 1 Nr. 4 Satz 3)

Abs. 1 Nr. 4 Satz 3 lässt eine zusätzliche Veröffentlichung der Vorinformation in Tages- **19** zeitungen, amtlichen Veröffentlichungsblättern oder Internetportalen zu. Diese Regelung ist missglückt. Zwar ist eine zusätzliche Veröffentlichung im Inland grundsätzlich zulässig. Der Auftraggeber muss in diesem Fall aber die von Art. 52 Abs. 1 VRL gesetzten Schranken beachten, die ausdrücklich auch für Vorinformationen gelten (außer im Fall einer Veröffentlichung im Beschafferprofil). Eine Veröffentlichung im Inland ist danach frühestens 48 Stunden nach der Übermittlung der Bekanntmachung an das Amt für Veröffentlichungen der EU bzw. erst nach der Veröffentlichung der Bekanntmachung zulässig; sie darf außerdem keine anderen Angaben enthalten als die EU-Veröffentlichung. Zwar enthält Abs. 3 Nr. 5 eine entsprechende Regelung; diese gilt aber nur für die Auftragsbekanntmachung nach Abs. 3. Bei richtlinienkonformer Anwendung sind die Schranken aus Abs. 3 Nr. 5 auch bei inländischer Veröffentlichung einer Vorinformation zu beachten.

II. Vorinformation als Aufruf zum Wettbewerb (Abs. 2)

Die Vorgaben in Abs. 2 zur Veröffentlichung einer Vorinformation als Aufruf zum Wett- **20** bewerb entsprechen inhaltlich § 38 Abs. 4 VgV. Auf die Kommentierung dieser Vorschrift kann daher verwiesen werden (→ VgV § 38 Rn. 45 ff.).

Abs. 3 Nr. 1 Satz 2 schreibt vor, dass Vorinformationen, die als Aufruf zum Wettbewerb **21** dienen, nicht (originär) in einem Beschafferprofil veröffentlicht werden dürfen, sondern allenfalls *zusätzlich* auch in einem solchen Profil veröffentlicht werden können. Die Regelung stellt dabei klar, dass eine solche Veröffentlichung nur unter Beachtung der allgemeinen Schranken für parallele Veröffentlichungen im Inland gem. Abs. 3 Nr. 5 zulässig ist. Die VOB/A setzt die EU-rechtlichen Vorgaben des Art. 48 Abs. 2 Unterabsatz 2 VRL in diesem Punkt präziser um als die Parallelvorschrift des § 38 Abs. 4 Satz 2 VgV (→ VgV § 38 Rn. 52).

D. Auftragsbekanntmachung (Abs. 3)

1. Allgemeines (Abs. 3 Nr. 1 und 2)

Die Regelungen in Abs. 3 Nr. 1 und 2 zur Pflicht zur Veröffentlichung einer Auftrags- **22** bekanntmachung und zum Inhalt der Bekanntmachung entsprechen § 37 Abs. 1 und 2

VgV. Daher ist zunächst auf die dortige Kommentierung zu verweisen (→ VgV § 37 Rn. 11 ff. und 20 ff.).

2. Inhalt der Bekanntmachung; Standardformular (Abs. 3 Nr. 2)

23   Die Bekanntmachung ist gem. Abs. 3 Nr. 2 anhand desselben Standardformulars zu erstellen, das auch für Lieferungen und Dienstleistungen zu verwenden ist (Formular „Auftragsbekanntmachung" gem. Anhang II DVO (EU) Nr. 2015/1986). Wegen der Einzelheiten kann daher auf die Kommentierung von § 37 Abs. 2 VgV verwiesen werden (→ VgV § 37 Rn. 20 ff. und 35 ff).

24   Abs. 3 Nr. 2 Satz 2 stellt klar, dass zu allen Abschnitten des Standardformulars, in denen Angaben des Auftraggebers vorgesehen sind, Angaben gemacht werden müssen. Durch diese Klarstellung, die im Zuge der Vergaberechtsmodernisierung 2016 neu eingeführt wurde, soll der Praxis entgegengewirkt werden, einzelne Felder des Bekanntmachungsformulars offen zu lassen und die vorgesehenen Informationen erst in den Vergabeunterlagen zu erteilen. Zwar hat die Frage, wie vollständig und detailliert die Angaben in der EU-Bekanntmachung sein müssen, aufgrund der nunmehr auch im Baubereich gem. § 12a EU Abs. 1 Nr. 1 geltenden Verpflichtung, die Vergabeunterlagen allen Interessenten ab dem Tag der Veröffentlichung der Auftragsbekanntmachung vollständig direkt elektronisch zugänglich zu machen, aus praktischer Sicht an Brisanz verloren. Die Regelung ist gleichwohl ein wichtiger Schritt zu größerer Transparenz.

3. Übermittlung und Veröffentlichung der Bekanntmachung (Abs. 3 Nr. 3)

25   Die Regelung in Abs. 3 Nr. 2 Satz 3, wonach die Auftragsbekanntmachung im Amt für Veröffentlichungen der EU elektronisch zu übermitteln ist, entspricht § 40 Abs. 1 Satz 1 VgV (→ VgV § 40 Rn. 8 ff.).

26   Nach Abs. 3 Nr. 3 wird die Auftragsbekanntmachung unentgeltlich fünf Kalendertage nach ihrer Übermittlung in der Originalsprache veröffentlicht. Diese Regelung entspricht im Kern § 40 Abs. 2 Satz 1 VgV (→ VgV § 40 Rn. 15 f.).

27   Die Regelung in Abs. 3 Nr. 3 Satz 1, dass die Veröffentlichung in „der Originalsprache" erfolgt, ist jedoch insoweit irreführend, als der Auftraggeber gemäß Art. 50 Abs. 3 VRL – anders als nach früherem Recht – die Bekanntmachung auch **in mehreren Originalsprachen** abfassen kann. Die Richtlinie stellt dabei klar, dass die Bekanntmachung in diesem Fall auch in allen diesen Sprachen vollständig veröffentlicht wird, und sämtliche Originalfassungen verbindlich sind. Die Möglichkeit, die Bekanntmachung parallel in mehreren Sprachen abzufassen und vollständig zu veröffentlichen, ist insbesondere dann relevant, wenn der Auftraggeber gezielt (auch) ausländische Bieter oder Bewerber ansprechen will. Daher ist es unter Wettbewerbsaspekten bedauerlich, dass diese durchaus praxisrelevante Neuerung bei der Umsetzung (ebenso wie in der VgV) weggelassen wurde.

4. Nachweis der Übermittlung und Veröffentlichung (Abs. 3 Nr. 4)

28   Die Regelungen in Abs. 3 Nr. 4, wonach der Auftraggeber den Tag der Absendung der Auftragsbekanntmachung nachweisen können muss, und das Amt für Veröffentlichungen der EU dem Auftraggeber eine Bestätigung über den Eingang der Bekanntmachung und die Veröffentlichung erteilt, die als Nachweis der Veröffentlichung dient, entsprechen § 40 Abs. 2 VgV (→ VgV § 40 Rn. 15).

29   Soweit der Wortlaut von Abs. 3 Nr. 4 nahelegt, dass das Amt für Veröffentlichungen dem Auftraggeber nur eine einzige Bestätigung erteilt, mit der sowohl die Übermittlung der Auftragsbekanntmachung als auch deren Veröffentlichung bestätigt und das Datum der Veröffentlichung mitgeteilt wird, entspricht das dem zugrundeliegenden Art. 50 Abs. 5 UAbs. 2 Satz 1 VRL. Tatsächlich erteilt das Amt für Veröffentlichungen der EU jedoch schon unmittelbar nach der Übermittlung der Bekanntmachung eine Eingangsbestätigung. Diese enthält indes – naturgemäß – weder schon das Datum der Veröffentli-

chung, noch dient sie als Nachweis der Veröffentlichung. Dieser Nachweis kann nur mit der (weiteren) Bestätigung der Veröffentlichung geführt werden. Der praktische Zweck des Nachweises ist ohnehin nur schwer erkennbar. Denn da die Veröffentlichungen öffentlich abrufbar sind, können Zweifel über eine etwaige Veröffentlichung im Regelfall auch durch direkte Abfrage über die TED-Plattform ausgeräumt werden.

5. Zusätzliche Veröffentlichung im Inland (Abs. 3 Nr. 5)

Die Regelungen in Abs. 3 Nr. 5 über die zusätzliche Veröffentlichung von Auftragsbe- **30** kanntmachungen im Inland und die dabei zu beachtenden Schranken decken sich inhaltlich mit §‌ 40 Abs. 3 VgV. Auf die Kommentierung dieser Parallelvorschrift kann daher verwiesen werden (→ VgV §‌ 40 Rn. 18 ff.). Die VOB/A-Regelung unterscheidet sich von der Parallelvorschrift nur darin, dass sie ausschließlich an eine vorherige Bekanntmachung im EU-Amtsblatt anknüpft, nicht dagegen auch an eine Veröffentlichung in einem Beschafferprofil. Das ist insofern folgerichtig, als sich Abs. 3 Nr. 5 ausschließlich auf Auftragsbekanntmachungen iSv Abs. 3 bezieht, bei denen eine originäre Veröffentlichung im Beschafferprofil ausgeschlossen ist. Wie erwähnt, werden die unionsrechtlichen Vorgaben damit freilich nur unvollständig umgesetzt; gemäß Art. 52 Abs. 1 und 2 VRL gelten die in Abs. 3 Nr. 5 geregelten Fristen und inhaltlichen Grenzen auch für zusätzliche inländische Veröffentlichungen von Vorinformationen iSv Abs. 1 (→ Rn. 19).

E. Freiwillige Bekanntmachung

Auftraggeber können die beabsichtigte Vergabe von Bauleistungen auch freiwillig be- **31** kanntmachen. Die VOB/A enthält im Gegensatz zu §‌ 40 Abs. 4 VgV zwar keine Vorschriften zur freiwilligen Veröffentlichung von Bekanntmachungen. Art. 50 Abs. 6 VRL, der die Möglichkeit freiwilliger Bekanntmachungen ausdrücklich vorsieht, wurde für den Baubereich nicht umgesetzt. Die Regelung gilt jedoch auch für Bauleistungen.

Eine freiwillige Bekanntmachung kommt insbesondere bei Aufträgen in Betracht, die **32** den EU-Schwellenwert nicht erreichen oder unter eine Ausnahme fallen, bei denen der Auftraggeber aber gleichwohl einen EU-weiten Wettbewerb herstellen will. Der Auftraggeber kann in diesem Fall sowohl eine freiwillige Auftragsbekanntmachung veröffentlichen, als auch – soweit zweckmäßig – eine freiwillige Vorinformation. Die Veröffentlichung erfolgt anhand derselben Standardformulare und auf demselben Weg wie eine Pflichtveröffentlichung. Allerdings empfiehlt es sich, in der Bekanntmachung im Abschnitt VI.3 („Zusätzliche Angaben") auf den freiwilligen Charakter der Bekanntmachung hinzuweisen. Wegen der Einzelheiten → VgV §‌ 40 Rn. 25 f.

§ 12a EU Versand der Vergabeunterlagen

(1)

1. Die Vergabeunterlagen werden ab dem Tag der Veröffentlichung einer Auftragsbekanntmachung gemäß § 12 EU Absatz 3 oder dem Tag der Aufforderung zur Interessensbestätigung gemäß Nummer 3 unentgeltlich mit uneingeschränktem und vollständigem direkten Zugang anhand elektronischer Mittel angeboten. Die Auftragsbekanntmachung oder die Aufforderung zur Interessensbestätigung muss die Internet-Adresse, über die diese Vergabeunterlagen abrufbar sind, enthalten.
2. Diese Verpflichtung entfällt in den in Fällen nach § 11b EU Absatz 1.
3. Bei nicht offenen Verfahren, Verhandlungsverfahren, wettbewerblichen Dialogen und Innovationspartnerschaften werden alle ausgewählten Bewerber gleichzeitig in Textform aufgefordert, am Wettbewerb teilzunehmen oder wenn eine Vorinformation als Aufruf zum Wettbewerb gemäß § 12 EU Absatz 2 genutzt wurde, zu einer Interessensbestätigung aufgefordert.

Die Aufforderungen enthalten einen Verweis auf die elektronische Adresse, über die die Vergabeunterlagen direkt elektronisch zur Verfügung gestellt werden.

Bei den in Nummer 2 genannten Gründen sind den Aufforderungen die Vergabeunterlagen beizufügen, soweit sie nicht bereits auf andere Art und Weise zur Verfügung gestellt wurden.

(2) Die Namen der Unternehmen, die Vergabeunterlagen erhalten oder eingesehen haben, sind geheim zu halten.

(3) Rechtzeitig beantragte Auskünfte über die Vergabeunterlagen sind spätestens sechs Kalendertage vor Ablauf der Angebotsfrist allen Unternehmen in gleicher Weise zu erteilen. Bei beschleunigten Verfahren nach § 10a EU Absatz 2, sowie § 10b EU Absatz 5 beträgt diese Frist vier Kalendertage.

Übersicht

	Rn.		Rn.
A. Einleitung	1	1. Aufforderung der im Teilnahmewettbewerb ausgewählten Bewerber	16
I. Literatur	1	2. Aufforderung zur Interessenbestätigung	15
II. Entstehungsgeschichte	2	C. Geheimhaltung der Bewerber	20
III. Unionsrechtliche Vorgaben	3	D. Zusätzliche Auskünfte über die Vergabeunterlagen	23
B. Grundsätze der Bekanntmachung	5	I. Hintergrund und Zweck	24
I. Grundsatz der direkten elektronischen Bereitstellung (Abs. 1 Nr. 1)	5	II. Fristen für Auskünfte	26
II. Ausnahmen vom Grundsatz	10	III. Rechtzeitige Anforderung	31
III. Aufforderung ausgewählter Bewerber und von Interessenten	11	IV. Form der Fragen und Auskünfte	33

A. Einleitung

I. Literatur

1   Siehe Literaturangaben zu § 41 VgV.

II. Entstehungsgeschichte

2   Der Grundsatz der direkten elektronischen Bereitstellung der Vergabeunterlagen in Abs. 1 wurde im Zuge der Vergaberechtsmodernisierung 2016 neu eingeführt. Die Rege-

lung entspricht inhaltlich § 41 VgV und beruht ebenso wie die Parallelvorschrift auf den Vorgaben der VRL (→ VgV § 41 Rn. 2). Die Pflicht zur direkten elektronischen Bereitstellung der Vergabeunterlagen ist auch im Baubereich neu. Zwar sah bereits § 12 EG Abs. 4 Nr. 1 VOB/A 2012 die Möglichkeit vor, die Unterlagen im offenen Verfahren frei zugänglich und vollständig elektronisch zur Verfügung zu stellen. Die nunmehr eingeführte Pflicht zu einer solchen direkten elektronischen Bereitstellung kehrt dieses Regel-Ausnahme-Verhältnis um. Die Neuregelung gilt zudem auch für zweistufige Verfahren; das ist im Baubereich ein echtes Novum. Die Regelung in Abs. 2, wonach die Namen der Unternehmen, die Vergabeunterlagen erhalten oder eingesehen haben, geheimzuhalten sind, geht auf § 12 EG Abs. 6 VOB/A 2012 zurück. Die Fristvorschrift in Abs. 3 für Auskünfte über die Vergabeunterlagen fand sich in ähnlicher Form bereits in § 12 EG Abs. 7 VOL/A 2012.

III. Unionsrechtliche Vorgaben

Der Grundsatz der direkten elektronischen Bereitstellung der Vergabeunterlagen in **3** Abs. 1 Nr. 1 dient der Umsetzung von Art. 53 Abs. 1 UAbs. 1 VRL. Die Vorschrift entspricht im Wesentlichen § 41 Abs. 1 VgV, auf dessen Kommentierung daher zunächst verwiesen werden kann (→ VgV § 41 Rn. 4 ff.). Die Umsetzung in Abs. 1 ist jedoch präziser als die Parallelvorschrift. Denn im Gegensatz zu § 41 Abs. 1 VgV (→ VgV § 41 Rn. 12) formuliert § 12a EU Abs. 1 den zentralen Inhalt der Vorschrift – nämlich die Pflicht des Auftraggebers, die Vergabeunterlagen bereits ab dem Tag der Veröffentlichung der Auftragsbekanntmachung oder der Aufforderung zur Interessensbestätigung uneingeschränkt und direkt elektronisch zugänglich zu machen, klar aus. Dass Art. 53 Abs. 1 UAbs. 1 VRL über die Verweiskette der Art. 51 und Art. 48 VRL eine direkte elektronische Bereitstellung der Unterlagen grundsätzlich auch schon ab Veröffentlichung einer Vorinformation nach § 12 EU Abs. 1 verlangt (→ VgV § 41 Rn. 39 ff.), bleibt allerdings auch in der VOB/A unberücksichtigt. Die Ausnahmeregelung in Abs. 1 Nr. 2 mit dem Verweis auf § 11 EU Abs. 1 basiert auf Art. 53 Abs. 1 UAbs. 2 iVm Art. 22 Abs. 1 UAbs. 2 VRL. Die Regelung in Abs. 1 Nr. 3 über die Aufforderung der ausgewählten Bewerber im zweistufigen Verfahren zur Angebotsabgabe bzw. Dialogteilnahme und die Aufforderung der Interessenten zur Interessenbestätigung beruht auf Art. 54 Abs. 1 und Abs. 2 Satz 1 und 2 VRL. Die Regelung in Art. 54 Abs. 2 Satz 3 VRL zu den weiteren Mindestinhalten der Aufforderungen wurde dabei nicht umgesetzt (→ Rn. 19).

Abs. 2 hat keine EU-rechtliche Grundlage, sondern gehört zum überkommenen Be- **4** stand der VOB/A. Die Regelung in Abs. 3 zur Erteilung weiterer Auskünfte zu den Vergabeunterlagen setzt Art. 53 Abs. 2 VRL um.

B. Bereitstellung der Vergabeunterlagen

I. Grundsatz der direkten elektronischen Bereitstellung (Abs. 1 Nr. 1)

Abs. 1 Nr. 1 verpflichtet den Auftraggeber, die Vergabeunterlagen ab Veröffentlichung der **5** Auftragsbekanntmachung oder der Aufforderung zur Interessensbestätigung unentgeltlich, uneingeschränkt und vollständig direkt elektronisch zugänglich zu machen. Der Auftraggeber hat in der Bekanntmachung oder der Aufforderung zur Interessensbestätigung eine Internetadresse anzugeben, über die die Unterlagen elektronisch abgerufen werden können.

Die Regelung entspricht im Kern § 41 Abs. 1 VgV, auf dessen Kommentierung daher **6** im Wesentlichen verwiesen werden kann (→ VgV § 41 Rn. 10 ff.). Anders als in der Parallelvorschrift ist in Abs. 1 Nr. 1 allerdings explizit ausformuliert, dass der Auftraggeber nicht nur eine elektronische Adresse veröffentlichen muss, unter der die Unterlagen abgerufen werden können, sondern dass er die Vergabeunterlagen ab dem Tag der Bekanntmachung bzw. der Aufforderung zur Interessenbestätigung unter der Adresse auch tatsächlich direkt elektronisch zur Verfügung stellen muss. Abs. 1 Nr. 1 setzt die zugrunde liegende Richtlinienbestimmung des Art. 53 Abs. 1 UAbs. 1 VRL damit in einem zentralen Punkt deutlich präziser um als die VgV.

7   Wegen der Einzelheiten der Vorschrift, insbesondere die Merkmale **elektronisch unentgeltlich, uneingeschränkt, vollständig und direkt,** kann auf die Kommentierung von § 41 Abs. 1 VgV verwiesen werden (→ VgV § 41 Rn. 13 ff.). Gleiches gilt für den **Umfang** der bereitzustellenden **Vergabeunterlagen** (→ VgV § 41 Rn. 26 ff.).

8   Die Pflicht zur direkten elektronischen Bereitstellung nach Abs. 1 Nr. 1 gilt insbesondere – ebenso wie § 41 Abs. 1 VgV – **auch im zweistufigen Verfahren**[1] (→ ausführlich VgV § 41 Rn. 28 ff.). Etwas anderes ergibt sich auch nicht aus Abs. 1 Nr. 3 Satz 2, dem zufolge die Aufforderungen an die im Teilnahmewettbewerb ausgewählten Bewerber die elektronische Adresse enthalten müssen, über die die Vergabeunterlagen direkt elektronisch abrufbar sind. Diese Regelung bedeutet nicht, dass diese Adresse im zweistufigen Verfahren überhaupt erst in der Aufforderung an die ausgewählten Bewerber anzugeben wäre und die Unterlagen demgemäß auch nur diesen Bewerbern zugänglich gemacht werden müssten.[2] Zwar benötigen die ausgewählten Bewerber die Angabe der Adresse in der Aufforderung zur Angebotsabgabe im Grunde nicht mehr, wenn die Vergabeunterlagen gem. Abs. 1 Nr. 1 allen Interessenten bereits zum Zeitpunkt der Bekanntmachung vollständig direkt zur Verfügung gestellt wurden. Die Verpflichtung nach Abs. 1 Nr. 3 Satz 2, den ausgewählten Bewerbern die elektronischen Adresse auch noch einmal in der Aufforderung zur Angebotsabgabe bzw. Teilnahme am Dialog mitzuteilen, folgt jedoch aus Art. 54 Abs. 2 VRL. Sie steht unabhängig neben der Verpflichtung nach Abs. 1 Nr. 1, die Unterlagen bereits ab dem Tag der Bekanntmachung jedermann frei zugänglich zu machen. Eine erneute Mitteilung der elektronischen Adresse ist insbesondere dann notwendig, wenn der Auftraggeber die Unterlagen den ausgewählten Verfahrensteilnehmen nach Abschluss des Teilnahmewettbewerbs unter einer anderen als der ursprünglich veröffentlichen Adresse zur Verfügung stellen will (zB auf der Vergabeplattform, über die er das weitere Verfahren abwickelt). Die Pflicht, die Vergabeunterlagen auch im zweistufigen Verfahren bereits ab dem Tag der Bekanntmachung vollständig frei elektronisch zugänglich zu machen, wird dadurch nicht berührt.

9   Auch wegen des **Zeitpunkts** und der **Dauer der Bereitstellung** kann auf die Kommentierung von § 41 Abs. 1 VgV verwiesen werden (→ VgV § 41 Rn. 38 ff.).

II. Ausnahmen vom Grundsatz

10   Abs. 1 Nr. 2 regelt **Ausnahmen** zum Grundsatz der direkten elektronischen Bereitstellung der Vergabeunterlagen. Allerdings werden die Ausnahmefälle in der Vorschrift nicht direkt benannt. Vielmehr verweist die Regelung auf → § 11b EU Abs. 1. Diese Vorschrift betrifft die Fälle, in denen die Vergabeunterlagen aus **technischen Gründen** nicht direkt elektronisch zur Verfügung gestellt werden können. Diese Ausnahmefälle entsprechen denen des § 41 Abs. 2 VgV (→ VgV § 41 Rn. 47 ff.). Eine Ausnahme vom Grundsatz der direkten elektronischen Bereitstellung besteht darüber hinaus auch in Fällen, in denen der Auftraggeber besondere **Maßnahmen zum Schutz der Vertraulichkeit** im Sinne von § 5 Abs. 3 VgV trifft. Dieser Fall ist in → § 11b EU Abs. 2 geregelt, der weitestgehend

---

[1] *Amelung* VergabeR 2017, 294 (297); *von Wiersheim* in Ingenstau/Korbion (20. Aufl. 2017) § 12a EU VOB/A Rn. 4; ebenso OLG München 31.3.2017 – Verg 15/16, unter II. 2.1, zum insoweit gleichlautenden § 41 Abs. 1 SektVO.

[2] So auch *von Wiersheim* in Ingenstau/Korbion (20. Aufl. 2017) § 12a EU VOB/A Rn. 16.

§ 41 Abs. 3 VgV entspricht (→ VgV § 41 Rn. 58 ff.).[3] Etwas seltsam ist allerdings, dass dieser Ausnahmefall in § 12a EU Abs. 1 Nr. 2 gänzlich unerwähnt bleibt, insbesondere auch kein Verweis auf § 11b EU Abs. 2 erfolgt. Das macht das Ausnahmeregime unnötig unübersichtlich.

III. Aufforderung ausgewählter Bewerber und von Interessenten

Abs. 1 Nr. 3 enthält Regelungen zur **Aufforderung** der im zweistufigen Verfahren im   **11**
Teilnahmewettbewerb **ausgewählten Bewerber** zur weiteren Verfahrensteilnahme
(1. Fall) sowie zur **Aufforderung der Interessenten,** die aufgrund einer Vorinformation
als Aufruf zum Wettbewerb ihr Interesse bekundet haben, zur Interessenbestätigung
(2. Fall). Die beiden Fälle haben nur gemeinsam, dass der Auftraggeber bestimmte Unternehmen zur Teilnahme an einem weiteren Verfahrensabschnitt auffordert; in der Sache
betreffen sie ganz unterschiedliche Verfahrensschritte. Dass beide Fälle zusammengefasst
geregelt werden, beruht auf dem zugrundeliegenden Art. 54 VRL, der ebenfalls beide Arten von Aufforderungen erfasst.

1. Aufforderung der im Teilnahmewettbewerb ausgewählten Bewerber

Der erste Fall betrifft die **Aufforderung der im zweistufigen Verfahren** – d.h. im   **12**
nicht offenen Verfahren, Verhandlungsverfahren, wettbewerblichen Dialog und der Innovationspartnerschaft – im Teilnahmewettbewerb **ausgewählten Bewerber** zur weiteren Verfahrensteilnahme, d.h. zur Angebotsabgabe bzw. zur Teilnahme am Dialog. Abs. 1 Nr. 3
schreibt vor, dass den ausgewählten Bewerbern diese Aufforderung **gleichzeitig und in
Textform** zu übermitteln ist. Durch die Gleichzeitigkeit soll die Gleichbehandlung sichergestellt werden; insbesondere darf nicht einzelnen Bietern durch eine Vorabunterrichtung
ein Vorsprung bei der Angebotsvorbereitung verschafft werden. Die Textform dient dabei
der Dokumentation, auch des Zeitpunkts der Unterrichtung. Damit soll insbesondere eine
telefonische Vorab-Unterrichtung einzelner Bewerber unterbunden werden. Die Regelung
macht andererseits deutlich, dass eine Signatur nicht nötig ist. In der Praxis bietet sich der
simultane Versand der Aufforderungen über eine elektronische Vergabeplattform an.

Satz 2 schreibt vor, dass die Aufforderungen einen Verweis auf die elektronische Adresse   **13**
enthalten müssen, unter der die Vergabeunterlagen direkt abrufbar sind. Wie erwähnt
(→ Rn. 8), ist dieser Verweis an sich unnötig, weil die Vergabeunterlagen gem. Abs. 1
Nr. 1 sämtlichen Interessenten bereits ab dem Tag der Bekanntmachung elektronisch zugänglich zu machen sind. Art. 54 Abs. 2 VRL schreibt eine erneute Mitteilung der Adresse
jedoch ausdrücklich vor. Zudem ist eine erneute Mitteilung jedenfalls dann erforderlich,
wenn der Auftraggeber die Vergabeunterlagen den ausgewählten Bewerbern in der zweiten
Verfahrensphase über eine andere elektronische Adresse zur Verfügung stellen will, etwa auf
der Vergabeplattform, über die er das weitere Verfahren abwickelt.

Nach Satz 3 muss ein Auftraggeber, der die Vergabeunterlagen aufgrund einer der in   **14**
Nr. 2 (d.h. § 11b EU Abs. 1) genannten Ausnahmen nicht schon ab dem Tag der Bekanntmachung uneingeschränkt direkt elektronisch zugänglich machen konnte und sie
auch noch nicht auf anderem Wege zur Verfügung gestellt hat, der Aufforderung die Vergabeunterlagen beifügen. Die Regelung basiert auf Art. 54 Abs. 2 Satz 2 VRL und soll
sicherstellen, dass die ausgewählten Bewerber die Unterlagen spätestens mit der Aufforde-

---

[3] § 11b EU Abs. 2 setzt die unionsrechtlichen Vorgaben des zugrundeliegenden Art. 53 Abs. 1 UAbs. 3
VRL allerdings präziser um als § 41 Abs. 3 VgV, da die Verpflichtung, die Angebotsfrist bei Inanspruchnahme der Ausnahme um fünf Tage zu verlängern, gem. § 11b EU Abs. 2 – entsprechend der unionsrechtlichen Vorgabe – uneingeschränkt gilt, dh anders als nach der (dem EU-Recht widersprechenden) Regelung
in § 41 Abs. 3 Satz 2 Hs. 2, 1. Var. VgV (→ dazu VgV § 41 Rn. 73 f.) auch dann, wenn die Schutzmaßnahme lediglich in der Einholung einer Vertraulichkeitserklärung besteht.

rung zur Angebotsabgabe bzw. weiteren Verfahrensteilnahme erhalten. Die Regelung lässt sich allerdings nur umsetzen, soweit die technischen Gründe, die der direkten elektronischen Bereitstellung nach Abs. 1 Nr. 1 entgegenstehen, nicht auch eine Übermittlung zusammen mit der Aufforderung unmöglich machen. Umfassen die Vergabeunterlagen zB großformatige Pläne, die aus technischen Gründen nicht elektronisch, sondern nur in Papierform zur Verfügung gestellt werden können, können diese Unterlagen auch einer elektronischen Aufforderung zur Angebotsabgabe nicht beigefügt werden. Sofern der Auftraggeber in solchen Fällen die Aufforderung nicht ebenfalls in Papierform übermittelt (was allerdings dem Grundsatz der elektronischen Kommunikation widerspricht und zu unerwünschten Verzögerungen führen kann), kann der Auftraggeber die Unterlagen auch parallel zur Angebotsaufforderung per Post oder Kurier übermitteln.

15   Art. 54 Abs. 2 Satz 3 VRL schreibt überdies vor, dass die Aufforderung zur Angebotsabgabe bzw. Teilnahme am Dialog mindestens die in Anhang IX Nr. 1 genannten Angaben enthalten muss. Diese Richtlinienbestimmung ist in der VOB/A allerdings nicht umgesetzt.[4] Zwar schreibt § 8 EU Abs. 1 iVm Abs. 2 Nr. 1 bestimmte Mindestinhalte der Angebotsaufforderung vor. Die Regelung verweist jedoch nur auf die in Anhang V Teil C VRL genannten Informationen, d. h. diejenigen, die an sich schon in der Auftragsbekanntmachung enthalten sein müssen, sofern sie noch nicht veröffentlicht wurden. Das deckt zwar einen Großteil der in Anhang IX Nr. 1 VRL genannten Inhalte ab, nicht aber beispielsweise die Angebotsfrist im nicht offenen Verfahren oder die Frist für die Erstangebote im Verhandlungsverfahren. Ein praktisches Problem ergibt sich daraus freilich dann nicht, wenn die Angaben in den elektronisch frei zugänglichen Vergabeunterlagen enthalten sind.

2. Aufforderung zur Interessenbestätigung

16   Der zweite Fall betrifft die Aufforderung der Unternehmen, die aufgrund einer **Vorinformation als Aufruf zum Wettbewerb** iSv § 12 EU Abs. 2 ihr Interesse am Vergabeverfahren bekundet haben, ihr Interesse zu bestätigen. Diese Aufforderung ist der Sache nach ein **Aufruf zum Teilnahmewettbewerb** und markiert dessen Beginn. Die Aufforderung zur Interessenbestätigung ist daher **nicht nur ausgewählten Unternehmen** zu übermitteln, sondern **sämtlichen Interessenten,** die aufgrund der Vorinformation fristgerecht ihr Interesse bekundet haben. Die Formulierung in Abs. 1 Nr. 3 Satz 1, wonach auch die Aufforderung zur Interessenbestätigung (nur) an „alle ausgewählten Bewerber" ergeht, ist insoweit unrichtig und irreführend.

17   Auch die Aufforderung zur Interessenbestätigung ist gem. Abs. 1 Nr. 3 Satz 1 den Interessenten **gleichzeitig** und **in Textform** zu übermitteln. Nach Satz 2 muss die Aufforderung ferner einen Verweis auf die **elektronische Adresse** enthalten, unter der die Vergabeunterlagen direkt elektronisch zur Verfügung gestellt werden. Anders als im Fall der Aufforderung zur Angebotsabgabe bzw. Teilnahme am Dialog handelt es sich dabei nicht nur um eine Wiederholung der Angabe aus der EU-Bekanntmachung. Vielmehr sieht Abs. 1 Nr. 1 ausdrücklich vor, dass der Auftraggeber die Vergabeunterlagen bei Veröffentlichung einer Vorinformation als Aufruf zum Wettbewerb erst ab der Aufforderung zur Interessenbestätigung direkt elektronisch zur Verfügung stellen muss und auch die Adresse erst in dieser Aufforderung anzugeben hat.[5]

18   Nach Abs. 1 Nr. 3 Satz 3 muss der Auftraggeber der Aufforderung zur Interessenbestätigung die Vergabeunterlagen beifügen, wenn diese aus einem der in Abs. 1 Nr. 2 bzw. § 11 EU Abs. 1 genannten technischen Gründe nicht direkt elektronisch zugänglich ge-

---

[4] Anders die VgV, die in § 52 Abs. 2 entsprechende Regelungen enthält.
[5] Freilich hätte es im Fall der Aufforderung zur Interessenbestätigung angesichts der Regelung in Abs. 1 Nr. 1 der nochmaligen Verpflichtung zur Angabe der elektronischen Adresse in Nr. 3 Satz 2 nicht bedurft. Die „Doppelung" der Vorschrift entspricht jedoch der Richtlinie; auch Art. 54 Abs. 2 Satz 1 VRL ist mit Blick auf Art. 53 Abs. 1 UAbs. 1 VRL in Bezug auf die Aufforderung zur Interessenbestätigung redundant.

macht werden können und auch nicht bereits auf anderem Wege zur Verfügung gestellt wurden. Insoweit gilt das gleiche wie bei einer Aufforderung zur Angebotsabgabe bzw. Dialogteilnahme (→ Rn. 14).

Gemäß. 54 Abs. 2 Satz 3 VRL muss die Aufforderung zur Interessenbestätigung überdies **19** die in Anhang IX Nr. 2 VRL aufgezählten Informationen enthalten. Das betrifft **insbesondere die Eignungsanforderungen** und die **Nachweise und Erklärungen,** die die Bewerber im Rahmen des Teilnahmewettbewerbs vorzulegen haben.[6] Überraschenderweise ist auch diese Regelung in der VOB/A nicht umgesetzt.[7] Das ist durchaus praxisrelevant. Denn ist die Aufforderung zur Interessenbestätigung lückenhaft, besteht die Gefahr von Missverständnissen auf Seiten der Bewerber. Das Risiko solcher Missverständnisse trägt der Auftraggeber: Legen Bewerber unvollständige Interessenbestätigungen vor, weil die von ihnen zu erfüllenden technischen und wirtschaftlichen Anforderungen bzw. vorzulegenden Nachweise und Erklärungen entgegen Art. 54 Abs. 2 Satz 3 iVm Anhang IX Nr. 2 lit. f VRL in der Aufforderung zur Interessenbestätigung nicht vollständig aufgeführt wurden, rechtfertigt das keinen Ausschluss der Bewerbung. Das Verfahren ist in diesem Fall vielmehr in den Stand vor der Aufforderung zur Interessenbestätigung zurückzuversetzen.

C. Geheimhaltung der Bewerber

Abs. 2 schreibt vor, dass die **Namen der Unternehmen,** die die Vergabeunterlagen erhalten oder eingesehen haben, **geheim zu halten** sind. Die Vorschrift fand sich bereits in § 12 EG Abs. 6 VOB/A 2012; es wurde lediglich der Begriff „Bewerber" durch „Unternehmen" ausgetauscht.

Aufgrund des nunmehr geltenden Grundsatzes der uneingeschränkten, direkten, elektronischen Bereitstellung der Vergabeunterlagen hat die Regelung allerdings an praktischer Bedeutung verloren. Denn die Vergabeunterlagen sind mittlerweile auch solchen Interessenten zugänglich zu machen, die sich beim Auftraggeber zuvor nicht registriert oder als Interessent bzw. potentieller Bieter zu erkennen gegeben haben. Der Auftraggeber weiß daher gar nicht unbedingt, wer die Vergabeunterlagen abgerufen hat. Die Vorschrift ist jedoch insoweit, wie sich Unternehmen vorab registriert haben und der Abruf der Unterlagen protokolliert wurde, nach wie vor relevant. Das gilt insbesondere, wenn die Unterlagen aus einem der in Abs. 1 Nr. 2 iVm § 11b EU Abs. 1 genannten Gründe oder zum Schutz der Vertraulichkeit gem. § 5 Abs. 3 VgV iVm § 11 EU Abs. 2 nicht uneingeschränkt direkt zur Verfügung gestellt wurden.

Die Vorschrift bezweckt die Wahrung eines ordnungsgemäßen Wettbewerbs.[8] Die Regelung soll in erster Linie verhindern oder zumindest erschweren, dass die am Auftrag interessierten Unternehmen vor der Angebotsabgabe **miteinander in Kontakt treten,** um **wettbewerbswidrige Absprachen** oder sonstige Vereinbarungen zu treffen, die die Vergabe beeinflussen könnten.[9] Die Regelung gilt nicht nur für die Einsichtnahme oder Abforderung der eigentlichen Vergabeunterlagen, sondern für alle Stadien des Vergabeverfahrens. Daher dürfen auch Ortstermine oder Informationsveranstaltungen für Bieter oder Bewerber nicht mit mehreren Bietern gleichzeitig abgehalten werden.[10]

20

21

22

---

[6] Anhang IX Nr. 2 lit. f VRL („alle wirtschaftlichen und technischen Anforderungen, finanziellen Sicherheiten und Angaben, die von den Wirtschaftsteilnehmern verlangt werden").

[7] Anders wiederum die VgV, die in § 52 Abs. 3 eine entsprechende Regelung enthält.

[8] *von Wietersheim* in Ingenstau/Korbion, 20. Aufl., § 12a EU VOB/A Rn. 17 sowie § 12a VOB/A Rn. 7.

[9] *von Wietersheim* aaO; ebenso für § 12 Abs. 4 VOL/A 2009 *Rechten* in Kulartz/Marx/Portz/Prieß, VOL/A 3. Aufl. § 12 Rn. 69.

[10] *von Wietersheim* in Ingenstau/Korbion, 20. Aufl., § 12a VOB/A Rn. 9 unter Verweis auf BVerwG 29.1.2014 – 8 B 29.13.

D. Zusätzliche Auskünfte über die Vergabeunterlagen

23   Abs. 3 verpflichtet den Auftraggeber, **Bieter- und Bewerberfragen** zu den Vergabeunterlagen spätestens **sechs Kalendertage vor Ablauf der Angebotsfrist zu beantworten.** Bei beschleunigten offenen Verfahren gemäß § 10a EU Abs. 2 oder beschleunigten
nicht offenen oder Verhandlungsverfahren gemäß § 10b EU Abs. 5 bzw. § 10c EU Abs. 1
iVm § 10b Abs. 5 verkürzt sich diese Frist auf vier Kalendertage.

I. Hintergrund und Zweck

24   Die Vorschrift basiert auf Art. 53 Abs. 3 VRL. Sie entspricht § 12 EG Abs. 7 VOB/A
2012 und § 12 EG Abs. 8 VOL/A. Die Neuregelung unterscheidet sich von den Vorgängerregelungen lediglich im Detail. So galt die verkürzte Frist von vier Tagen früher nie im
offenen Verfahren, dafür aber stets im offenen Verfahren; nur im Verhandlungsverfahren
war sie auf Fälle eines beschleunigten Verfahrens beschränkt. Nach der Neuregelung gilt
für alle Verfahren gleichermaßen grundsätzlich eine sechstägige Frist, die sich bei einem
beschleunigten Verfahren auf vier Tage verkürzt.

25   Die Regelung dient der **Transparenz und Gleichbehandlung** und einem ordnungsgemäßen Wettbewerb unter den Bietern. Sie soll die Bieter in die Lage zu versetzen, ihre
Angebote auf **gleicher, vollständig informierter Grundlage** abzugeben. Die Vorschrift
fußt auf dem gleichen Gedanken wir der Grundsatz der **eindeutigen und erschöpfenden Leistungsbeschreibung** gem. § 7 EU Abs. 1 Nr. 1: Nur wenn alle offenen Fragen
zum Verfahren und zum Inhalt der Vergabeunterlagen rechtzeitig vor Angebotsabgabe geklärt sind, ist ein fairer Wettbewerb zwischen den Bietern möglich und können ordnungsgemäße und wirtschaftliche Angebote erwartet werden. Die Fristenregelung soll dabei sicherstellen, dass die Bieter ausreichend Gelegenheit haben, die Auskünfte beim Angebot
noch zu berücksichtigen.[11]

II. Fristen für Auskünfte

26   Der Schlusstermin für die Erteilung von Auskünften (unter der Voraussetzung der rechtzeitigen Anfrage) ist **sechs Tage vor Ablauf der Angebotsfrist.** Die Frist ist analog
§§ 187 Abs. 1, 188 Abs. 1 BGB zu berechnen. Das bedeutet, dass dem Bieter nach Zugang
der Information mindestens noch 6 volle Tage für die Angebotseinreichung zur Verfügung
stehen müssen, wobei der Tag, an dem die Information dem Bieter zugeht, nicht mit-
zählt.[12] Im beschleunigten Verfahren wegen Dringlichkeit nach § 10a EU Abs. 2 (offenes
Verfahren), § 10b EU Abs. 5 (nicht offenes Verfahren) oder § 10c EU Abs. 1 iVm § 10b
Abs. 5 (Verhandlungsverfahren) verkürzt sich die Frist auf vier Tage.

27   Die Mindestfristen sind ein Kompromiss zwischen dem Interesse des Auftraggebers an
einem flexiblen Verfahren und dem Interesse der Bieter, ihre Angebote ordnungsgemäß
vorbereiten zu können. **Im Einzelfall** können sich die Fristen allerdings als **unpassend**
erweisen. Das gilt zum einen, wenn die Auskünfte derart grundlegende Aspekte betreffen,
dass die sechs- oder gar nur viertägige Frist für eine angemessene Berücksichtigung im Angebot nicht ausreicht. In diesem Fall muss der Auftraggeber die Auskünfte entweder früher
erteilen oder die Angebotsfrist angemessen verlängern. Das folgt aus dem allgemeinen
Grundsatz der Angemessenheit der Fristen gem. § 10 EU Abs. 1. Zum anderen können die
starren Mindestfristen im Einzelfall übermäßig streng sein, wenn die zusätzlichen Informa-

---

[11] *von Wietersheim* in Ingenstau/Korbion 20. Aufl. § 12a EU VOB/A Rn. 18.
[12] So auch *von Wietersheim* aaO Rn. 20.

tionen nur Punkte von untergeordneter Bedeutung betreffen, deren Einarbeitung in die Angebote keinen besonderen Aufwand verursacht. Ausnahmen für diesen Fall sind allerdings nicht vorgesehen.

Die Auskunft ist im Sinne der Vorschrift erteilt, **wenn sie den Bieter erreicht.** Bei 　**28** elektronischer Kommunikation ist damit im Regelfall kurz nach Absendung der Information zu rechnen. Das gilt auch dann, wenn die Information außerhalb der Geschäftszeiten übermittelt wird. Versendet der Auftraggeber beispielsweise eine Bieterinformation sieben Tage vor Ablauf der Angebotsfrist in den Abendstunden, beginnt die sechstägige Frist auch dann um 0:00 Uhr des Folgetages, wenn die Bieter die Information bei gewöhnlichem Verlauf an diesem Folgetag erst nach Geschäftsbeginn zur Kenntnis nehmen.

Verzögert sich der Zugang aus Gründen, die der Bieter zu vertreten hat (zB wegen 　**29** eines technischen Fehlers seiner Kommunikationssysteme), ist das für den Auftraggeber unschädlich. Verzögert sich die Übermittlung dagegen aus Gründen, die im Verantwortungsbereich des Auftraggebers liegen, oder übermittelt er die Informationen nicht elektronisch (zB auf dem Postweg), geht die Verzögerung zu Lasten des Auftraggebers. Die Auskunft ist in diesen Fällen erst dann erteilt, wenn sie dem Bieter zugegangen ist. Die Gegenansicht, dass es stets nur auf die Absendung der Information durch den Auftraggeber ankommt,[13] überzeugt nicht. Insbesondere besteht keine Parallele zur Vorinformation nicht berücksichtigter Bieter nach § 134 Abs. 1 GWB. Denn diese Regelung schreibt ausdrücklich vor, dass der Tag der Absendung und nicht der Zugang entscheidend ist. Das ist eine Besonderheit der Vorschrift. § 12a EU Abs. 3 enthält eine solche Regelung gerade nicht. Es bleibt daher grundsätzlich der Zeitpunkt des Zugangs maßgeblich.

Die Fristen knüpfen explizit an den Ablauf der **Angebotsfrist** an. Eine entsprechende Re- 　**30** gelung für den Ablauf der Bewerbungsfrist, d.h. die **Frist für Teilnahmeanträge** bzw. Interessenbestätigungen im zweistufigen Verfahren, gibt es nicht. Eine analoge Anwendung auf Bewerberanfragen im Rahmen des Teilnahmewettbewerbs ist auch nicht veranlasst. Zwar muss der Auftraggeber auch Bewerberfragen zum Teilnahmewettbewerb so rechtzeitig beantworten, dass die Interessenten in ihren Teilnahmeanträgen darauf noch angemessen reagieren können. Das folgt aus dem Grundsatz der Angemessenheit der Fristen (§ 10 EU Abs. 1), der ausdrücklich auch für Teilnahmeanträge gilt. Strikte Mindestfristen für Auskünfte sind in diesem Fall jedoch weder gesetzgeberisch gewollt noch notwendig. Denn Teilnahmeanträge sind typischerweise weniger aufwendig und komplex als Angebote. Daher ist eine starre Mindestfrist von 6 bzw. 4 Tagen vor Ablauf der Bewerbungsfrist nicht in jedem Fall erforderlich.

III. Rechtzeitige Anforderung

Die Pflicht zur fristgemäßen Erteilung von Auskünften besteht nur, wenn der Bieter die 　**31** Auskünfte „**rechtzeitig**" beantragt hat. Hierfür enthalten die Vergabevorschriften keine Vorgaben. Das ist folgerichtig, da es vom **Einzelfall** abhängt, wann eine Frage rechtzeitig gestellt ist, um eine fristgerechte Beantwortung zu ermöglichen.[14] Entscheidend sind **Umfang und Komplexität** der Frage. In einfach gelagerten Fällen muss der Auftraggeber auch Fragen, die erst kurz vor Ablauf des Schlusstermins für die Erteilung von Auskünften bei ihm eingehen, noch fristgemäß beantworten. Das gilt insbesondere, wenn die Fragen objektive Unklarheiten der Vergabeunterlagen betreffen, die in den Verantwortungsbereich des Auftraggebers fallen. Gelingt es dem Auftraggeber aufgrund des Umfangs oder auch der Zahl der Fragen nicht, die Antworten fristgerecht zu erteilen, muss er die Angebotsfrist entsprechend verlängern (§§ 10a EU Abs. 6, 10b EU Abs. 6).

Anders kann es dagegen liegen, wenn die Fragen so umfangreich oder komplex sind, 　**32** dass eine Beantwortung innerhalb der 6-Tages-Frist offensichtlich nicht oder nur mit un-

---

13 *von Wiersheim* in Ingenstau/Korbion 20. Aufl. § 12a EU VOB/A Rn. 21.
14 So auch *Rechten* in Kulartz/Marx/Portz/Prieß, VOL/A, § 12 EG Rn. 35.

zumutbarem Aufwand möglich ist, die aber ohne weiteres auch schon früher hätten gestellt werden können. In diesen Fällen kann der Auftraggeber die Frage **als nicht rechtzeitig zurückweisen.** Um Auseinandersetzungen über die Frage, wann eine Auskunft rechtzeitig beantragt wurde, zu vermeiden, ist zu empfehlen, in den Vergabeunterlagen **eine Frist vorzugeben,** bis zu der Bieterfragen gestellt sein müssen, um als „rechtzeitig" im Sinne der 6-Tages-Antwortfrist zu gelten.

IV. Form der Fragen und Auskünfte

33   Abs. 3 schreibt für weder für Bieterfragen noch für Auskünfte des Auftraggebers eine besondere Form vor. Allerdings gilt für alle Beteiligten der **Grundsatz der elektronischen Kommunikation** gemäß §§ 9 ff. VgV, §§ 11 EU ff. VOB/A. Mündliche Anfragen zu den Vergabeunterlagen wie auch mündliche Auskünfte sind daher gemäß § 9 Abs. 2 VgV, § 11 EU Abs. 7 VOB/A grundsätzlich unstatthaft. Unabhängig davon empfehlen sich sowohl Fragen als auch Antworten in Textform für alle Seiten schon aus Gründen der Dokumentation.

34   Auskünfte sind allen Bietern oder Bewerbern **in „gleicher Weise"** zu erteilen. Das bedeutet zunächst, dass die Auskünfte grundsätzlich **allen Bietern** und nicht nur dem Fragesteller zur Verfügung zu stellen sind. Eine Ausnahme kann allenfalls dann gelten, wenn eine Frage ganz spezielle Aspekte betrifft, die ausschließlich einen einzigen Bieter berühren und für die Wettbewerber unter keinem denkbaren Gesichtspunkt von Interesse sein können. Die Auskünfte sind zudem allen Unternehmen **gleichzeitig und in gleicher Form** zu übermitteln. In der Praxis bieten sich dafür einheitliche **Bieterrundschreiben** an, die allen Beteiligten gleichzeitig zugeleitet werden.

§ 13 Form und Inhalt der Angebote

(1)

1. Der öffentliche Auftraggeber legt unter Berücksichtigung von § 11 EU fest, in welcher Form die Angebote einzureichen sind. Schriftliche Angebote müssen unterzeichnet sein. Elektronisch übermittelte Angebote sind nach Wahl des Auftraggebers mit einer fortgeschrittenen elektronischen Signatur gemäß § 2 Nummer 2 SigG oder mit einer qualifizierten elektronischen Signatur gemäß § 2 Nummer 3 SigG zu versehen, sofern der öffentliche Auftraggeber dies in Einzelfällen entsprechend § 11 EU verlangt hat.

2. Der öffentliche Auftraggeber hat die Datenintegrität und die Vertraulichkeit der Angebote gemäß § 11a EU Absatz 2 zu gewährleisten.

   Per Post oder direkt übermittelte Angebote sind in einem verschlossenen Umschlag einzureichen, als solche zu kennzeichnen und bis zum Ablauf der für die Einreichung vorgesehenen Frist unter Verschluss zu halten. Bei elektronisch übermittelten Angeboten ist dies durch entsprechende technische Lösungen nach den Anforderungen des öffentlichen Auftraggebers und durch Verschlüsselung sicherzustellen. Die Verschlüsselung muss bis zur Öffnung des ersten Angebots aufrechterhalten bleiben.

3. Die Angebote müssen die geforderten Preise enthalten.

4. Die Angebote müssen die geforderten Erklärungen und Nachweise enthalten.

5. Das Angebot ist auf der Grundlage der Vergabeunterlagen zu erstellen. Änderungen an den Vergabeunterlagen sind unzulässig. Änderungen des Bieters an seinen Eintragungen müssen zweifelsfrei sein.

6. Bieter können für die Angebotsabgabe eine selbstgefertigte Abschrift oder Kurzfassung des Leistungsverzeichnisses benutzen, wenn sie den vom öffentlichen Auftraggeber verfassten Wortlaut des Leistungsverzeichnisses im Angebot als allein verbindlich anerkennen; Kurzfassungen müssen jedoch die Ordnungszahlen (Positionen) vollzählig, in der gleichen Reihenfolge und mit den gleichen Nummern wie in dem vom öffentlichen Auftraggeber verfassten Leistungsverzeichnis, wiedergeben.

7. Muster und Proben der Bieter müssen als zum Angebot gehörig gekennzeichnet sein.

(2) Eine Leistung, die von den vorgesehenen technischen Spezifikationen nach § 7a EU Absatz 1 Nummer 1 abweicht, kann angeboten werden, wenn sie mit dem geforderten Schutzniveau in Bezug auf Sicherheit, Gesundheit und Gebrauchstauglichkeit gleichwertig ist. Die Abweichung muss im Angebot eindeutig bezeichnet sein. Die Gleichwertigkeit ist mit dem Angebot nachzuweisen.

(3) Die Anzahl von Nebenangeboten ist an einer vom öffentlichen Auftraggeber in den Vergabeunterlagen bezeichneten Stelle aufzuführen. Etwaige Nebenangebote müssen auf besonderer Anlage erstellt und als solche deutlich gekennzeichnet werden.

(4) Soweit Preisnachlässe ohne Bedingungen gewährt werden, sind diese an einer vom öffentlichen Auftraggeber in den Vergabeunterlagen bezeichneten Stelle aufzuführen.

(5) Bietergemeinschaften haben die Mitglieder zu benennen sowie eines ihrer Mitglieder als bevollmächtigten Vertreter für den Abschluss und die Durchführung des Vertrags zu bezeichnen. Fehlt die Bezeichnung des bevollmächtigten Vertreters im Angebot, so ist sie vor der Zuschlagserteilung beizubringen.

(6) Der öffentliche Auftraggeber hat die Anforderungen an den Inhalt der Angebote nach den Absätzen 1 bis 5 in die Vergabeunterlagen aufzunehmen.

Übersicht

	Rn.		Rn.
A. Einführung		II. Entstehungsgeschichte	2
I. Literatur	1	III. Rechtliche Vorgaben im EU-Recht	5

Rn.   Rn.

B. Form der Angebote (Abs. 1 Nr. 1)

   I. Festlegung durch den Auftraggeber und
    Übergangsfristen 10

   II. Schriftliche Angebote 14

   III. Elektronische Angebote 19

**C. Gewährleistung der Datenintegrität und
der Vertraulichkeit der Angebote
(Abs. 1 Nr. 2)** 26

D. Geforderte Preise (Abs. 1 Nr. 3) 32

**E. Geforderte Erklärungen und Nachweise
(Abs. 1 Nr. 4)** 39

**F. Änderungen an den Vergabeunterlagen
und an den Eintragungen des Bieters
(Abs. 1 Nr. 5)**

   I. Unzulässige Änderungen an den Verga-
    beunterlagen 48

   II. Zweifelsfreie Änderungen des Bieters
    an seinen Eintragungen 57

**G. Selbstgefertigte Abschrift oder Kurzfas-
sung des Leistungsverzeichnisses (Abs. 1
Nr. 6)** 62

**H. Kennzeichnung von Mustern und Pro-
ben (Abs. 1 Nr. 7)** 66

**I. Abweichung der Leistung von den vor-
gesehenen technischen Spezifikationen
(Abs. 2)** 68

J. Nebenangebote (Abs. 3) 74

**K. Preisnachlässe ohne Bedingungen
(Abs. 4)** 78

**L. Angaben zu Bietergemeinschaften
(Abs. 5)** 81

**M. Aufnahme der Anforderungen an den
Inhalt der Angebote in den Vergabeun-
terlagen (Abs. 6)** 85

A. Einführung

I. Literatur

1 *Dähne,* Was sind „unzulässige Änderungen an den Verdingungsunterlagen" nach § 13 Nr. 1 Abs. 2 VOB/A?, VergabeR 2002, 224, *Köhler,* Rechtsfolgen fehlender oder fehlerhafter Preisangaben nach VOB/A und VOL/A, VergabeR 2002, 356, *Gröning,* Spielräume für den Auftraggeber bei der Wertung von Angeboten, NZBau 2003, 86, *Wiedemann,* Die Bietergemeinschaft im Vergaberecht, ZfBR 2003, 240, *Konrad,* Das Ende so genannter Spekulationsangebote bei öffentlichen Ausschreibungen nach der VOB/A, NZBau 2004, 524, *Kus,* Der Auftraggeber gibt die Spielregeln vor, NZBau 2004, 425, *Silbe,* Berücksichtigung der Nachlässe des Hauptauftrages bei den Grundlagen der Preisermittlung, ZfBR 2004, 440, *Stellmann/Isler,* Der Skontoabzug im Bauvertragswesen – Ein dogmatischer und praktischer Leitfaden, ZfBR 2004, 633, *Dreher,* Die Berücksichtigung mittelständischer Interessen bei der Vergabe öffentlicher Aufträge, NZBau 2005, 427, *Freise,* Mischkalkulationen bei öffentlichen Aufträgen: Der BGH hat entschieden – und nun?, NZBau 2005, 135, *Heinze,* Die elektronische Vergabe öffentlicher Aufträge, 2005, *Maier,* Der Ausschluss eines unvollständigen Angebots im Vergabeverfahren, NZBau 2005, 374, *Möllenkamp,* Ausschluss unvollständiger Angebote, NZBau 2005, 557, *Müller-Stoy,* Ist ein unvollständiges Angebot im Vergabeverfahren zwingend auszuschließen?, IBR 2005, 515, *Terstege,* „Geforderte" und „tatsächlich geforderte" Preise – Konzeptionelle Überlegungen zum Angebotsvergleich, ZfBR 2005, 237, *Burgi,* Ein gangbarer Weg zur elektronischen Vergabe: Die Angebotsabgabe in einer Kombinationslösung, VergabeR 2006, 149, *Kahlert,* Datensicherheit bei der elektronischen Auftragsvergabe, DuD 2006, 419, *Müller-Wrede,* Die Behandlung von Mischkalkulationen unter besonderer Berücksichtigung der Darlegungs- und Beweislast, NZBau 2006, 73, *Stemmer,* Vergabe und Vergütung bei misch- und auffällig hoch oder niedrig kalkulierten Einheitspreisen, ZfBR 2006, 128, *Heiermann,* Der vergaberechtliche Grundsatz der Unveränderlichkeit der Bietergemeinschaft im Lichte der neueren Rechtsprechung des Bundesgerichtshofes zur Rechtsfähigkeit der Gesellschaft bürgerlichen Rechts, ZfBR 2007, 759, *Roßnagel/Paul,* Die Form des Bieterangebots in der elektronischen Vergabe, NZBau 2007, 74, *Sachs/Prieß,* Irrungen, Wirrungen: Der vermeintliche Bieterwechsel – Warum entgegen OLG Düsseldorf (NZBau 2007, 254) im Falle einer Gesamtrechtsnachfolge die Bieteridentität regelmäßig fortbesteht, NZBau 2007, 763, *Graef,* Rechtsfragen zur Kommunikation und Informationsübermittlung im neuen Vergaberecht, NZBau 2008, 34, *Orthmann,* Bietergemeinschaften – Chancen und Risiken –, VergabeR 2008, 426, *Schindler,* Zulässigkeit der Beschränkung der Angebotsabgabe auf elektronische Form durch öffentliche Auftraggeber, NZBau 2008, 746, *Bode,* Zwingender Angebotsausschluss wegen fehlender Erklärungen und Angaben – Inhalte, Grenzen und Möglichkeiten zur Reduzierung der Ausschlussgründe, VergabeR 2009, 729, *Hölzl,* „Assitur": Die Wahrheit ist konkret!, NZBau 2009, 751, *Rohrmüller,* Reicht die Kalkulationsfreiheit bis zur Grenze der Sittenwidrigkeit?, IBR 2009, 1447, *Franzius,* Absenkung der Anforderungen an Angebote – großzügige Auslegung im Trend, NZBau 2011, 474, *Lausen,* Die Rechtsstellung von Bietergemeinschaften im Vergabeverfahren, 2011, *Röwekamp/Fandrey,* Die VOB/A 2009 schafft neue Möglichkeiten zur Manipulation von Vergabeverfahren, NZBau 2011, 436, *Baumann,* Anforderungen an die Unterschrift im Vergabeverfahren, AnwZert BauR 22/2013, Anm. 2, *Brieskorn/Stamm,* Die vergaberechtliche Wertung von Angeboten mit negativen Preisen, NZBau 2013, 347, *Pauly,* Skontoabreden im

Bauvertragsrecht, NZBau 2013, 198, *Tetzlaff,* Nachfordern von Erklärungen und Nachweisen – Ein Sommermärchen?, VR 2013, 41, *Voll/Schulte,* Das Bietergemeinschaftskartell im Vergaberecht – Drum prüfe, wer sich (ewig) bindet –, ZfBR 2013, 223, *Conrad,* Alte und neue Fragen zu Nebenangeboten, ZfBR 2014, 342, *Kirch,* Weg mit alten Zöpfen: Die Wertung von Nebenangeboten, NZBau 2014, 212, *Luber,* Das Aussterben der Nebenangebote bei der Bauvertragsvergabe und der daraus resultierende volkswirtschaftliche Schaden, ZfBR 2014, 448, *Roßnagel,* Neue Regeln für sichere elektronische Transaktionen – Die EU-Verordnung über elektronische Identifizierung und Vertrauensdienste, NJW 2014, 3686, *Städler,* Der Umgang mit anfechtbaren Angeboten und Praxisfragen der dritten Wertungsstufe, NZBau 2014, 472, *Zeiss,* eVergabe: Neue Pflichten für Auftraggeber und Bieter, VPR 2014, 53, *Zeiss,* eVergabe: Neue Wege zum rechtssicheren Zuschlag, VPR 2014, 107, *Hausmann/Queisner,* Die Zulässigkeit von Bietergemeinschaften im Vergabeverfahren, NZBau 2015, 402, *Probst/Winters,* eVergabe – ein Blick in die Zukunft des elektronischen Vergabewesens, CR 2015, 557, *Reichling/Scheumann,* Durchführung von Vergabeverfahren (Teil 1) – Entwicklung der Vergabeunterlagen als „Herzstück" der Ausschreibung, GewA 2015, 193, *Ruppelt,* Angebote in elektronischer Form einzureichen: Schriftliches Angebot ist auszuschließen!, IBR 2015, 321, *Schäfer,* Perspektiven der eVergabe, NZBau 2015, 131, *Byok,* Die Entwicklung des Vergaberechts seit 2015, NJW 2016, 1494, *Hänsel,* Nebenangebote bei der öffentlichen Ausschreibung von Bauleistungen, NJW-Spezial 2015, 620, *Mertens,* Smart Tender – Neue e-Vergabe in Deutschland, DSRITB 2016, 853, *Ott,* „Falsche" elektronische Signatur darf nicht nachgefordert werden!, IBR 2016, 478, *Pinkenburg,* eVergabe – Ein Überblick zu den gesetzlichen Vorgaben zur elektronischen Abwicklung von Vergabeverfahren, KommunalPraxis spezial 2016, 85, *Portz,* Das neue Vergaberecht: Eine Bewertung aus kommunaler Sicht, BWGZ 2016, 52, *Zeiss,* e-Vergabe: „Falsche elektronische Signatur – Auftraggeber muss nachfordern, IBR 2016, 28, *Byok,* Die Entwicklung des Vergaberechts seit 2016, NJW 2017, 1519, *Hermann,* Anmerkung zu einer Entscheidung des OLG Karlsruhe vom 17.3.2017 (15 Verg 2/17) – Zur Frage des Ausschlusses eines formwidrigen oder eines verspäteten elektronischen Angebots aus der vergaberechtlichen Wertung, VergabeR 2017, 522, *Mösinger/Juraschek,* Der Bieterwechsel im laufenden Vergabeverfahren, NZBau 2017, 76, *Siegel,* Elektronisierung des Vergabeverfahrens, LKV 2017, 385.

II. Entstehungsgeschichte

§ 13 EU gehört zu den **Kernvorschriften** in der VOB/A-EU. Die Regelungen über **2** die Form und den Inhalt der Angebote sind essenziell, **um die Grundprinzipien des Vergaberechts, fairer Wettbewerb, Gleichbehandlung und Transparenz, und die Vergleichbarkeit der Angebote sicherzustellen.** Dementsprechend gab es bereits in früheren Fassungen der VOB/A, auch vor Einführung eines Abschnitts 2 für EU-Vergabeverfahren, Vorläuferversionen des § 13 EU. In der VOB/A Fassung 1992 war die entsprechende Bestimmung, § 21, mit dem Titel „Inhalt der Angebote" versehen. Sie enthielt bereits wesentliche Elemente des aktuellen § 13 EU.

In der VOB/A 2002, in die ein auf der **Baukoordinierungsrichtlinie**[1] basierender Ab- **3** schnitt 2 aufgenommen worden war, lautete der Titel des auch in Abschnitt 1 enthaltenen **§ 21** „Form und Inhalt der Angebote". Die Struktur der Vorschrift war gegenüber den älteren Fassungen klarer gefasst. Dem Auftraggeber wurde die Möglichkeit eröffnet, neben schriftlichen, eigenhändig zu unterschreibenden Angeboten auch „digitale Angebote" zuzulassen, die nach dem Signaturgesetz zu signieren waren. In der Fassung der VOB/A 2006 wurde der Begriff „elektronisch übermittelte Angebote" eingeführt. Neu aufgenommen wurde, dass Auftraggeber die Integrität der Daten und die Vertraulichkeit der Angebote auf geeignete Weise zu gewährleisten haben.

Die aktuelle Fassung des § 13 EU entspricht weitgehend der Fassung des **§ 13 EG** **4** VOB/A 2012, der auf der **Vergaberichtlinie 2004/18/EG**[2] beruhte. Durch die neu aufgenommene Bezugnahme auf § 11 EU wird nunmehr jedoch die Wahlmöglichkeit hinsichtlich der Form der Angebote zugunsten der elektronischen Form – mit Übergangsfristen – eingeschränkt. Wesentlicher Inhalt des § 13 EU ist neben der Form der Angebote die Regelung, dass diese die geforderten Preise, Erklärungen und Nachweise enthalten müssen und Änderungen an den Vergabeunterlagen unzulässig sind. Daneben enthält § 13 EU Re-

---

[1] Richtlinie 93/37/EWG des Rates vom 14. Juni 1993 zur Koordinierung der Verfahren zur Vergabe öffentlicher Bauaufträge, ABl. L 199, 54.
[2] Richtlinie 2004/18/EG des Europäischen Parlaments und des Rates vom 31. März 2004 über die Koordinierung der Verfahren zur Vergabe öffentlicher Bauaufträge, Lieferaufträge und Dienstleistungsaufträge, ABl. L 134, 114.

gelungen über Bietergemeinschaften und über bestimmte Formalien hinsichtlich der Erstellung eines Angebots, um auf der Basis der so vergleichbaren Angebote eine einheitliche
und sachgerechte Prüfung und Wertung zu gewährleisten.

III. Rechtliche Vorgaben im EU-Recht

5   Grundlagen für die **Formvorgaben für Angebote** in § 13 EU Abs. 1 Nr. 1 sind Art. 2
Abs. 1 Nr. 5 (Aufträge werden als **„schriftlich geschlossene entgeltliche Verträge"**
über die Ausführung von Bauleistungen definiert) sowie Art. 22 RL 2014/24/EU, der
Vorschriften über die Kommunikation enthält. In Art. 22 Abs. 1, 2 und Abs. 6 Buchst. c
sind u. a. die **elektronische Angebotsübermittlung,** deren Ausnahmen sowie die Nutzung von elektronischen Signaturen geregelt. Die Sicherstellung der Integrität der Daten
und der **Vertraulichkeit der Angebote** gemäß § 13 EU Abs. 1 Nr. 2 basiert auf Art. 22
Abs. 3 RL 2014/24/EU.

6   Die Regelungen in § 13 EU Abs. 1 Nr. 3 bis 5 – wonach die **Angebote die geforderten Preise, Erklärungen und Nachweise enthalten müssen und Änderungen an
den Vergabeunterlagen unzulässig sind** – haben keine explizite Grundlage in der RL
2014/24/EU. Gleiches gilt für die formale Behandlung von angebotenen Preisnachlässen
nach § 13 EU Abs. 4. Die Regelungen stellen jedoch eine Ausgestaltung der Grundsätze
des Wettbewerbs, der Gleichbehandlung und der Transparenz dar. Bei den Bestimmungen
in § 13 EU Abs. 1 Nr. 6 und 7 handelt es sich um Formalien, die ebenfalls keine ausdrückliche Bezugsvorschrift in der RL 2014/24/EU haben, aber letztlich gleichermaßen den
Grundsätzen des Vergaberechts dienen. § 13 EU Abs. 2 bezieht sich auf **technische Spezifikationen** nach Art. 42 RL 2014/24/EU. In § 13 EU Abs. 2 sind lediglich die Formalien für den Fall einer Abweichung geregelt; eine explizite EU-rechtliche Grundlage besteht dafür nicht.

7   Entsprechendes gilt für die Behandlung von **Nebenangeboten** nach § 13 EU Abs. 3.
Nebenangebote sind in Art. 45 RL 2014/24/EU geregelt, jedoch nicht die konkreten
Formalien, die § 13 EU Abs. 3 fordert.

8   Art. 19 Abs. 2 RL 2014/24/EU enthält Grundlagen über den Umgang mit **Bieterge-
meinschaften** im Vergabeverfahren. Die Formalien, die Bietergemeinschaften nach § 13
EU Abs. 5 zu erfüllen haben, finden sich in dieser Form nicht in der Richtlinie, sind aber
Ausfluss des Gleichbehandlungsgrundsatzes.

9   Bei § 13 EU Abs. 6 handelt es sich um eine die Regelungen nach den Abs. 1 bis 5 konkretisierende Vorschrift, in der die Verpflichtungen des Auftraggebers in Bezug auf die
**Aufnahme der formalen und inhaltlichen Anforderungen in die Vergabeunterla-
gen** explizit festgelegt werden. Eine entsprechende Vorgabe in der RL 2014/24/EU besteht nicht.

B. Form der Angebote (Abs. 1 Nr. 1)

I. Festlegung durch den Auftraggeber und Übergangsfristen

10   Der **Auftraggeber legt** nach § 13 EU Abs. 1 Nr. 1 S. 1 unter Berücksichtigung des
§ 11 EU **fest, in welcher Form Angebote einzureichen sind.** Damit hat der Auftraggeber das Wahlrecht zu bestimmen, in welcher Form Bieter ihre Angebote erstellen und
übermitteln müssen. Dieses Wahlrecht wird durch die Bezugnahme auf **§ 11 EU** eingeschränkt: Nach § 11 Abs. 4 EU sind Angebote **grundsätzlich in Textform mithilfe
elektronischer Mittel** zu übermitteln.[3] Dabei ist von der Möglichkeit der **Übergangs-**

---

[3] Vgl. *Wanderwitz* § 11 EU VOB/A.

fristen nach Art. 90 Abs. 2 RL 2014/24/EU Gebrauch gemacht worden.[4] Die Verpflichtung, ausschließlich elektronisch übermittelte Angebote i. S. d. § 11 EU Abs. 4 zu verlangen, gilt für zentrale Beschaffungsstellen[5] ab dem 18.4.2017, für andere öffentliche Auftraggeber ab dem 18.10.2018. Das Wahlrecht des Auftraggebers kann demnach aktuell nur noch durch öffentliche Auftraggeber, die sich keiner zentralen Beschaffungsstellen bedienen, und nur noch bis zum 18.10.2018 ausgeübt werden.[6]

Wie sich aus der Amtlichen Anmerkung zu § 11 EU Abs. 4 ergibt, konnten bzw. kön- **11** nen Angebote bis zum Ablauf der Übergangsfristen **auf dem Postweg, auf anderem geeigneten Weg, durch Telefax oder die Kombination dieser Mittel** eingereicht werden. Auf dem Postweg übersandte Angebote werden durch kommerzielle Dienstleistungsunternehmen übermittelt. Ein anderer geeigneter Weg ist die direkte Übergabe an den Auftraggeber durch den Bieter selbst oder von ihm beauftragte Dritte. Die Übersendung durch Telefax hat in der Praxis kaum Bedeutung, da es insbesondere nicht unproblematisch ist, die Vertraulichkeit sicherzustellen. Der Auftraggeber muss in seiner Anforderung klar angeben, welches Kommunikationsmittel er vorschreibt und, falls er eine Kombination zulässt, welches Mittel für welche Angebotsteile gilt.

Der Auftraggeber kann in der **Auftragsbekanntmachung,** auch zusätzlich in den **Ver-** **12** **gabeunterlagen,** die Form der Angebote festlegen. Das Formular für die Auftragsbekanntmachung[7] enthält einen Abschnitt über die Kommunikation, in dem angekreuzt werden kann, ob Angebote elektronisch einzureichen sind. Lässt der Auftraggeber in der Übergangsfrist noch andere Formen zu, ist es sinnvoll, dies in den Vergabeunterlagen explizit anzugeben.

Den Vorgaben des Auftraggebers bezüglich der Form der Angebote ist zwingend zu ent- **13** sprechen. Soweit er ausschließlich elektronische Angebote zugelassen hat, sind schriftliche Angebote ohne weitere Prüfung nach § 16 EU Nr. 2 von der Wertung auszuschließen.[8]

II. Schriftliche Angebote

Nach § 13 EU Abs. 1 Nr. 1 S. 2 **müssen schriftliche Angebote unterzeichnet sein.** **14** Durch die eigenhändige Namensunterschrift wird bei dem Angebot die Schriftform nach § 126 Abs. 1 BGB gewahrt. Die Schriftform bei Angeboten in Vergabeverfahren dient dem Klarheits- und Beweissicherungsinteresse von Auftraggeber und Auftragnehmer, ggf. auch von Dritten.[9] Die Namensunterschrift hat eine Abschlussfunktion i. S. d. inhaltlichen Bestätigung der Erklärung sowie eine Zuordnungsfunktion, die darin besteht, dem Rechtsverkehr die Identität des Ausstellers zu vermitteln sowie die Echtheit des Inhalts zu bezeugen.[10] Eigenhändig ist die Unterschrift, wenn sie handschriftlich von dem Bieter geleistet wurde.[11] Die Eigenhändigkeit schließt jede Form der mechanischen Vervielfältigung der Unterschrift, z. B. durch Stempelaufdruck, Faksimile oder Drucker, aus.[12]

Angebote von **Bietergemeinschaften** können entweder gemeinsam von allen Mitglie- **15** dern oder von dem vertretungsberechtigten Mitglied unterschrieben werden. Bei einer Bietergemeinschaft handelt es sich im Regelfall um eine Gesellschaft bürgerlichen Rechts (GbR), so dass die Vertretungsregelungen nach §§ 709 Abs. 1, 714 BGB gelten. Soweit die

---

[4] Vgl. Amtliche Anmerkung zu § 11 EU Abs. 4.
[5] Vgl. zu dem Begriff „Zentrale Beschaffungsstelle" *Seidel,* § 120 Abs. 4 GWB.
[6] Unberührt davon bleiben die Ausnahmen von der elektronischen Übermittlung nach § 11b EU VOB/A, vgl. *Wanderwitz* § 11b EU VOB/A.
[7] Anhang II der Durchführungsverordnung (EU) 2015/1986 v. 11.11.2015 zur Einführung von Standardformularen für die Veröffentlichung von Vergabebekanntmachungen für öffentliche Aufträge und zur Aufhebung der Durchführungsverordnung (EU) Nr. 842/2011, ABl. L 296, 1.
[8] Vgl. VK Nordbayern 26.2.2015 – 21.VK-3194-42/14; *Ruppelt* IBR 2015, 321.
[9] Vgl. *Einsele* in SROL, MüKoBGB, 7. Aufl. 2015, § 126 Rn. 1.
[10] Vgl. *Einsele* in SROL, MüKoBGB, 7. Aufl. 2015, § 126 Rn. 10.
[11] Vgl. Wendtland in BRHP BeckOK BGB, 43. Aufl. 2017, § 126 Rn. 8.
[12] Vgl. *Einsele* in SROL, MüKoBGB, 7. Aufl. 2015, § 126 Rn. 14 mwN.

Praxis[13] mit dem Angebot eine Erklärung verlangt, dass „der bevollmächtigte Vertreter die Mitglieder gegenüber dem Auftraggeber rechtsverbindlich vertritt", ist dies zulässig, jedoch nicht unbedingt erforderlich.[14] Denn auch bei der Unterschrift eines Einzelunternehmers muss der Nachweis der Bevollmächtigung oder Vertretungsbefugnis nicht notwendig geführt werden. Dem steht auch nicht § 13 EU Abs. 5 S. 1 entgegen, da die Bezeichnung des bevollmächtigten Vertreters der Bietergemeinschaft noch bis zur Zuschlagserteilung nachgeholt werden kann, also nicht bei Einreichung des Angebots zwingend vorliegen muss.

16   Angebote mit **fehlender Unterschrift** sind nach § 16 EU Nr. 2 **zwingend von der Wertung** auszuschließen.[15] Eine fehlende Unterschrift unter einem Angebot kann weder von dem Auftraggeber nachgefordert noch von dem Bieter nachgeholt werden.[16]

17   Die Unterschrift muss sich auf den gesamten Inhalt des Angebots beziehen; sie muss, auch bei einem Angebot, das aus mehreren Schriftstücken besteht, **den gesamten Text abdecken.**[17] In der Praxis wird häufig das Formblatt „Angebotsschreiben" aus dem VHB[18] den Vergabeunterlagen beigefügt. Dieses ist an einer dafür vorgesehenen Stelle zu unterschreiben und mit dem Angebot zurückzugeben. Es wird darauf hingewiesen, dass Angebote, die nicht an der bezeichneten Stelle unterschrieben sind, von der Wertung ausgeschlossen werden. Die Unterschrift eines Bieters an der vom Auftraggeber vorgegebenen Stelle bezieht sich auf alle Teile des Angebots sowie auf die Nebenangebote, falls vorhanden.[19]

18   Das Erfordernis einer **„rechtsverbindlichen" Unterschrift** ist seit der VOB/A in der Fassung von 2000 **fallen gelassen worden.** Damit sollte klargestellt werden, dass für die Angebotsabgabe keine über die Formvorschriften des BGB hinausgehenden Anforderungen gelten.[20] Die Formvorschriften sind nicht nur bei eigenhändiger Unterschrift des Bieters erfüllt, sondern auch, wenn dieser sich rechtsgeschäftlich vertreten lässt.[21] Es genügt, wenn derjenige, der das Angebot unterschreibt, mit Vertretungsmacht handelt.[22] Neben spezialgesetzlichen Vorschriften, wie z B § 49 HGB (Prokura),[23] gelten die §§ 164 ff. BGB. Ein Nachweis der Vertretungsmacht muss nur auf besonderer Aufforderung des Auftraggebers innerhalb einer von ihm zu bestimmenden Frist vorgelegt werden.[24] Unterzeichnet das Angebot ein vollmachtsloser Vertreter, kann noch eine nachträgliche Genehmigung erfolgen, die jedoch spätestens bis zur Öffnung der Angebote vorliegen muss, um Manipulationen vorzubeugen.[25]

III. Elektronische Angebote

19   § 13 EU Abs. 1 Nr. 1 S. 3 regelt nicht die Grundsätze der elektronischen Übermittlung von Angeboten. Diesbezügliche Einzelheiten ergeben sich aus den §§ 11 EU, 11a EU und 11b EU.[26] Nach § 13 EU Abs. 1 Nr. 1 S. 3 sind elektronische Angebote nach Wahl des Auftraggebers mit einer **elektronischen Signatur nach dem SigG** zu versehen, sofern

---

[13] So die Formulare des Vergabe- und Vertragshandbuchs für die Baumaßnahmen des Bundes (VHB) 2017.
[14] A. A. *von Wietersheim* in Ingenstau/Korbion, VOB, 20. Aufl. 2017, § 13 Rn. 5.
[15] Vgl. *Opitz* § 16 EU.
[16] Vgl. OLG Düsseldorf 13.4.2016 – VII-Verg 52/15.
[17] Vgl. *Ellenberger* in Palandt, BGB, 77 Aufl. 2018, § 126 Rn. 13.
[18] Vergabe- und Vertragshandbuch für Baumaßnahmen des Bundes, Ausgabe 2017.
[19] Vgl. BGH 23.3.2011 – X ZR 92/09, VergabeR 2011, 709 (709 f.).
[20] Vgl. *von Wietersheim* in Ingenstau/Korbion, VOB, 20. Aufl. 2017, § 13 Rn. 4.
[21] Vgl. BGH 20.11.2012 – X ZR 108/10, NZBau 2013, 180 (181).
[22] Vgl. OLG München 17.12.2013 – Verg 15/13.
[23] Vgl. OLG München 8.5.2009 – Verg 6/09, ZfBR 2009, 494 (494) zur Befugnis von Prokuristen bei Großunternehmen.
[24] Vgl. OLG Naumburg 13.10.2008 – 1 Verg 10/08, NZBau 2008, 788 (789).
[25] Vgl. *Vavra* in Ziekow/Völlink, Vergaberecht, 2. Aufl. 2013, § 13 VOB/A Rn. 4.
[26] Vgl. *Wanderwitz* §§ 11 EU, 11a EU und 11b EU.

der Auftraggeber dies in den Einzelfällen des § 11 EU Abs. 5 verlangt hat. Voraussetzung für die Forderung nach einer elektronischen Signatur ist demnach eine vorherige Festlegung des Sicherheitsniveaus.[27] D. h. der Auftraggeber muss gemäß § 11 EU Abs. 5 im Einzelfall geprüft haben, ob zu übermittelnde Daten erhöhte Anforderungen an die Sicherheit stellen und deshalb eine elektronische Signatur erforderlich ist.[28]

§ 13 EU Abs. 1 Nr. 1 S. 3 lässt zu, dass der Auftraggeber zwei Arten von elektronischen **20** Signaturen fordern kann, nämlich entweder eine fortgeschrittene elektronische Signatur nach § 2 Nr. 2 SigG oder eine qualifizierte elektronische Signatur nach § 2 Nr. 3 SigG. Das SigG ist, ebenso wie die SigV, durch Art. 12 des **eIDAS-DG**[29] am 29.7.2017 außer Kraft getreten. **Die Verweisung auf das SigG ist demnach überholt;** bei der nächsten Änderung der VOB/A wird § 13 EU Abs. 1 insoweit zu aktualisieren sein.

Für elektronische Transaktionen im Binnenmarkt **gilt die VO (EU) Nr. 910/2014**[30] **21** **(eIDAS-Verordnung) unmittelbar.** Nach Art. 3 Nr. 11 eIDAS-VO muss eine **fortgeschrittene elektronische Signatur** die Anforderungen des Art. 26 erfüllen. Dabei handelt es sich um folgende Voraussetzungen:
– Sie ist eindeutig dem Unterzeichner zugeordnet,
– sie ermöglicht die Identifizierung des Unterzeichners,
– sie wird unter Verwendung elektronischer Signaturerstellungsdaten erstellt, die der Unterzeichner mit einem hohen Maß an Vertrauen unter seiner alleinigen Kontrolle verwenden kann, und
– sie ist so mit den auf diese Weise unterzeichneten Daten verbunden, dass eine nachträgliche Veränderung der Daten erkannt werden kann.

Die **Anforderungen an die fortgeschrittene elektronische Signatur** entsprechen **22** weitgehend dem in § 13 EU Abs. 1 Nr. 1 S. 3 in Bezug genommenen, außer Kraft getretenen § 2 Nr. 2 SigG. Neu ist nach der eIDAS-VO, dass die Signatur dem Unterzeichner nicht mehr „ausschließlich", sondern nur noch „eindeutig" zugeordnet sein muss. Ferner muss die Signatur nicht mehr mit Mitteln erstellt werden, die der Unterzeichner unter „seiner alleinigen Kontrolle halten" kann, sondern es reicht aus, dass er die Signaturerstellungsdaten „mit einem hohen Maß an Vertrauen unter seiner alleinigen Kontrolle verwenden kann".[31] Durch diese Herabsetzung des Sicherheitsniveaus soll es möglich werden, die Signaturerstellungseinheit der Obhut eines Dritten anzuvertrauen, der damit Fremdsignaturen erzeugen kann.[32]

Eine **qualifizierte elektronische Signatur** ist nach Art. 3 Nr. 12 eIDAS-Verordnung **23** eine fortgeschrittene elektronische Signatur, die von einer qualifizierten elektronischen Signaturerstellungseinheit erstellt wurde und auf einem qualifizierten Zertifikat für elektronische Signaturen beruht. Nach Art. 3 Nr. 23 eIDAS-Verordnung muss die **qualifizierte elektronische Signaturerstellungseinheit** den Anforderungen des Anhangs II entsprechen. Dieses sind Anforderungen an die Vertraulichkeit und Sicherheit der zum Erstellen der elektronischen Signatur verwendeten elektronischen Signaturerstellungsdaten. Ferner darf die Signaturerstellungseinheit die zu unterzeichnenden Daten nicht verändern. Schließlich darf das Erzeugen oder Verwalten von elektronischen Signaturerstellungsdaten im Namen eines Unterzeichners nur von einem qualifizierten Vertrauensdiensteanbieter durchgeführt werden; der Begriff des qualifizierten Vertrauensdiensteanbieters ist in Art. 3 Nr. 20 eIDAS-VO und der des Vertrauensdienstes in Art. 3 Nr. 16 eIDAS-VO definiert.

---

[27] Vgl. BR-Drs. 87/16, 207.
[28] Vgl. *Wanderwitz* § 11 EU.
[29] Gesetz zur Durchführung der Verordnung (EU) Nr. 910/2014 des Europäischen Parlaments und des Rates vom 23. Juli 2014 über elektronische Identifizierung und Vertrauensdienste für elektronische Transaktionen im Binnenmarkt und zur Aufhebung der Richtlinie 1999/93/EG v. 18.7.2017, BGBl. I S. 2745.
[30] Verordnung über elektronische Identifizierung und Vertrauensdienste für elektronische Transaktionen im Binnenmarkt und zur Aufhebung der Richtlinie 1999/93/EG v. 23.7.2014, ABl. L 257, 73.
[31] Vgl. *Roßnagel* NJW 2014, 3686 (3687).
[32] Vgl. ErwG 51, 55 eIDAS-VO.

Ein qualifiziertes Zertifikat für elektronische Signaturen ist gemäß Art. 3 Nr. 15 eIDAS-VO ein von einem qualifizierten Vertrauensdiensteanbieter ausgestelltes Zertifikat für elektronische Signaturen, das die Anforderungen des Anhangs I erfüllt. Anhang I legt bestimmte Inhalte fest, u. a. Daten zu dem qualifizierten Vertrauensdiensteanbieter, der die Zertifikate ausgestellt hat, den Namen des Unterzeichners und elektronische Signaturvalidierungsdaten.

24   Nach §§ 126 Abs. 3, 126a BGB ist nur die qualifizierte elektronische Signatur der **Schriftform gleichgestellt;** die gesetzlich vorgeschriebene schriftliche Form wird durch die elektronische Form ersetzt, wenn der Aussteller der Erklärung seinen Namen hinzufügt und das elektronische Dokument mit einer qualifizierten elektronischen Signatur versieht. Art. 25 Abs. 2 eIDAS-Verordnung regelt, dass eine qualifizierte elektronische Signatur die gleiche Rechtswirkung wie eine handschriftliche Unterschrift hat.

25   Elektronische Signaturen sind ausschließlich natürlichen Personen vorbehalten. Die eI-DAS-VO sieht für juristische Personen **elektronische Siegel** vor.[33] Als Pendant zu den Signaturen gibt es fortgeschrittene und qualifizierte elektronische Siegel, für die im Wesentlichen die gleichen Voraussetzungen gelten.

C. Gewährleistung der Datenintegrität und der Vertraulichkeit der Angebote (Abs. 1 Nr. 2)

26   § 13 EU Abs. 1 Nr. 2 S. 1 bestimmt, dass der Auftraggeber die **Datenintegrität und Vertraulichkeit der Angebote zu gewährleisten** hat und verweist deswegen auf § 11a EU Abs. 2. Diese Regelung enthält Anforderungen an die elektronischen Mittel, die der Auftraggeber für die Kommunikation im Vergabeverfahren verwendet.[34] Der Grundsatz gilt jedoch für alle Angebote, gleichgültig in welcher Form sie während der Übergangsfrist[35] eingereicht werden. § 13 EU Abs. 1 Nr. 2 S. 1 stellt eine konkrete Ausgestaltung des allgemeinen Vertraulichkeitsgrundsatzes nach § 2 EU Abs. 6 dar.[36] Damit soll der **ungestörte Wettbewerb sichergestellt und insbesondere Betriebs- und Geschäftsgeheimnisse der Bieter geschützt werden.**[37] Letztlich sollen durch die Gewährleistung des Geheimwettbewerbs[38] Absprachen sowie ggf. Korruption vermieden werden. Angebote, die den Voraussetzungen des § 13 EU Abs. 1 Nr. 2 nicht entsprechen, sind gemäß § 16 EU Nr. 2 von der Wertung auszuschließen.[39]

27   Die Maßnahmen zur Sicherstellung der Vertraulichkeit werden durch § 13 EU Abs. 1 Nr. 2 S. 2 in Bezug auf **schriftliche Angebote** konkretisiert. Per Post oder direkt übermittelte Angebote sind in einem verschlossenen Umschlag einzureichen, als solche zu kennzeichnen und bis zum Ablauf der für die Einreichung vorgesehenen Frist unter Verschluss zu halten. Der **verschlossene Umschlag** soll verhindern, dass Dritte und der Auftraggeber vor dem Öffnungstermin Kenntnis von dem Angebot erhalten oder sogar Manipulationen vornehmen können. Der Begriff „verschlossen" ist so auszulegen, dass Vorkehrungen bestehen müssen, die ein deutliches Hindernis für die Kenntnisnahme sind,[40] und dass sich Spuren der (vorzeitigen) Öffnung nachweisen lassen. Demnach reicht es nicht aus, wenn bei einem Umschlag lediglich die Lasche eingesteckt wurde; vielmehr muss er fest zugeklebt sein.[41] Muss das Angebot wegen seines Umfangs in einem größeren

---

[33] Vgl. *Roßnagel* NJW 2014, 3686 (3689).
[34] Vgl. *Wanderwitz* § 11a EU Abs. 2 EU.
[35] Vgl. Rn. 10.
[36] Vgl. *Osseforth* § 2 EU Abs. 6.
[37] Vgl. BR–Drs. 87/116, 160 f.
[38] Vgl. OLG Celle 21.1.2016 – 13 Verg 8/15, ZfBR 2016, 386 (390).
[39] Vgl. *Opitz* § 16 EU.
[40] Vgl. VK Rheinland-Pfalz 18.10.2010 – VK 2–32/10.
[41] Vgl. VK Rheinland-Pfalz 18.10.2010 – VK 2–32/10.

Behältnis, z.B. in einem Karton, verpackt werden, gilt Entsprechendes. Auch hier genügt es nicht, wenn der Deckel des Kartons lediglich ineinandergesteckt wird. Vielmehr muss geprüft werden können, ob der Karton geöffnet wurde, was beispielsweise geschehen kann, wenn zum Verschließen Klebeband benutzt wurde, was beim Abziehen Spuren hinterlässt.[42]

Es ist nicht klar ersichtlich, ob sich die **Kennzeichnungspflicht des Angebots** an den Bieter oder Auftraggeber richtet. Dass § 14 EU Abs. 1 den Auftraggeber verpflichtet, die elektronischen Angebote zu „kennzeichnen", während die per Post oder direkt zugegangenen Angebote auf dem ungeöffneten Umschlag „mit einem Eingangsvermerk zu versehen" sind, spricht dafür, dass § 13 EU Abs. 1 Nr. 2 S. 2 die Kennzeichnungspflicht des Bieters meint. In der Praxis werden Angebote regelmäßig mit einem roten Aufkleber auf dem Umschlag versehen. Diese Kennzeichnung dient dazu, die Angebote aus der Tagespost des Auftraggebers auszusortieren und sie nicht in den normalen Postgang zu geben, sondern sie sofort an die dafür vorgesehene Stelle weiterzuleiten. Ferner soll ihre vorzeitige Öffnung verhindert werden. 28

Der Auftraggeber muss innerhalb seiner Organisation sicherstellen, dass die Angebote bei einer dafür zuständigen Stelle bis zum Öffnungstermin gesammelt und **unter Verschluss gehalten werden.** Die Verantwortung dafür sollten idealerweise nur zwei Personen haben (Vier-Augen-Prinzip), die unabhängig von der Organisationseinheit sind, die den Vergabeprozess fachlich durchführt. Der Grund dafür besteht in der Vermeidung von der beabsichtigten oder zufälligen Kenntnisnahme der Inhalte der Angebote und in der Korruptionsvermeidung. 29

Bezüglich der **Übermittlung elektronischer Angebote** bestimmt § 13 EU Abs. 2 S. 3 und 4, dass die **Datenintegrität und Vertraulichkeit** durch entsprechende technische Lösungen nach den Anforderungen des Auftraggebers und durch Verschlüsselung sicherzustellen ist. Die Verschlüsselung muss bis zu der Öffnung des ersten Angebots aufrechterhalten bleiben. Einzelheiten zu den Anforderungen an elektronische Mittel enthält § 11a EU, wobei in Abs. 3 die Pflicht des Auftraggebers zur Information der Unternehmen über die verwendeten elektronischen Mittel und damit zusammenhängende Fragen sowie in Abs. 4 und 5 insbesondere Anforderungen für den Empfang von Angeboten geregelt sind.[43] Die in § 11a EU enthaltenen Voraussetzungen hat der Auftraggeber zu erfüllen, um adäquate Anforderungen an die technischen Lösungen zu stellen und somit die Datenintegrität und Vertraulichkeit der Angebote zu gewährleisten. 30

Die **Verschlüsselung** ist ein Sicherungsmechanismus[44] im Hinblick auf die Datensicherheit – Daten dürfen insbesondere während des Transports nicht inhaltlich verändert werden[45] – und die Geheimhaltung der Inhalte der Angebote.[46] Anders als bei den technischen Lösungen stellt der Auftraggeber keine Anforderungen an die Verschlüsselung. Die grammatikalische Auslegung des § 13 EU Nr. 2 und der Sinn und Zweck der Vorschrift ergeben, dass die Verschlüsselung der Angebote während der Übermittlung bis zum Eingang bei der Vergabestelle im Verantwortungsbereich des Bieters liegt, während die Aufrechterhaltung der Verschlüsselung vom Eingang bis zum Öffnungstermin dem Auftraggeber obliegt. Sinn der Regelung ist die lückenlose Sicherstellung, dass weder Dritte noch der Auftraggeber oder seine Vertreter vor dem Öffnungstermin Kenntnis von den Inhalten der Angebote erhalten dürfen. Ein von einem Bieter unverschlüsselt eingereichtes Angebot ist daher, ohne dass es darauf ankommt, ob es zu einer konkreten Wettbewerbsbeeinträchtigung gekommen ist oder nicht, nach § 16 EU Nr. 2 von der Wertung auszuschließen.[47] 31

---

[42] Vgl. VK Niedersachsen 20.8.2002 – 203-VgK-12/2012.
[43] Vgl. *Wanderwitz* § 11a EU.
[44] Vgl. *Schäfer* NZBau 2015, 131 (132).
[45] Vgl. *Graef* NZBau 2008, 34 (37).
[46] Vgl. OLG Karlsruhe 17.3.2017 – 15 Verg 2/1, VergabeR 2017, 512 (518).
[47] Vgl. OLG Karlsruhe 17.3.2017 – 15 Verg 2/1, VergabeR 2017, 512 (518).

D. Geforderte Preise (Abs. 1 Nr. 3)

32   Nach § 13 EU Abs. 1 Nr. 3 **müssen die Angebote die geforderten Preise enthalten.** Dabei handelt es sich um Preise, die der Auftraggeber ausdrücklich abfragt. Erfasst wird nicht nur der **Gesamtpreis,** sondern jeder, **in den einzelnen Positionen der Leistungsbeschreibung geforderte Preis.** Jeder vorgesehene Preis ist deshalb so wie vom Auftraggeber verlangt vollständig und mit dem Betrag anzugeben, der von dem Bieter für die betreffende Leistung beansprucht wird.[48] Verlangen kann der Auftraggeber, dass die Einheitspreise gemäß § 4 EU Abs. 1 Nr. 1 nach den jeweils zu liefernden Produktbestandteilen[49] oder nach Lohn und Materialanteilen[50] aufgegliedert werden. Bei Pauschalpreisen nach § 4 EU Abs. 1 Nr. 2 kann er fordern, dass die Gesamtpauschale und die Einzelpauschalen anzugeben sind.[51]

33   Zweck der Regelung des § 13 EU Abs. 1 Nr. 3 ist es, ein transparentes, auf Gleichbehandlung aller Bieter beruhendes Vergabeverfahren zu erreichen, indem in jeder sich aus den Vergabeunterlagen ergebenden Hinsicht **vergleichbare Angebote** abgegeben werden.[52] Angebote, die die geforderten Preise nicht enthalten, sind grundsätzlich nach § 16 EU Nr. 3 von der Wertung auszuschließen. Eine Ausnahme gilt, wenn lediglich eine unwesentliche Preisposition fehlt und dadurch weder der Wettbewerb noch die Wertungsreihenfolge beeinträchtigt wird.[53]

34   Der Auftraggeber ist nicht berechtigt, den Bietern konkrete Vorgaben in Bezug auf die **Kalkulation** als solche, insbesondere die Kalkulationsmethode, zu machen, wie z B Mindestpreise festzusetzen oder bestimmte Gewinnmargen vorzugeben.[54] Der Bieter hat eine **Kalkulationsfreiheit;** es ist seine Sache, welche Leistung er zu welchem Preis anbieten will.[55] Die Einhaltung des Wettbewerbsgrundsatzes setzt aber voraus, dass der Auftraggeber die tatsächlichen Grundlagen und Faktoren, die für die Kalkulation der Bieter relevant sind, eindeutig bekanntgibt.[56] In diesem Sinn kann der Auftraggeber z B verlangen, dass die Bieter bei dem Angebot bestimmter Dienstleistungen eine Funktionszulage zu berücksichtigen haben; er kann jedoch keine Vorgaben zu deren Höhe machen.[57] Ein Angebot, dass die Forderungen des Auftraggebers nicht berücksichtigt, enthält nicht die geforderten Preise.

35   Die Angabe von negativen Preisen ist zulässig.[58] **Negative Preise** können z.B. berechtigt sein, wenn der Auftragnehmer vermögenswerte Güter für seine Leistung erhält, wie das Recht auf die Verwertung von einzusammelndem Altpapier.[59] Auch sog. **„Nullpreise"** sind zulässig.[60] Nullpreise können z B entstehen, weil die vorgesehene Position Teil eines an anderer Stelle in der Leistungsbeschreibung ausgewiesenen Bauteils ist und daher kein gesonderter Preis genannt werden kann[61] oder tatsächlich kein Preis berechnet wird.[62] Ob eine Preisangabe von dem Marktpreis abweicht oder sogar unauskömmlich ist, ist für die Beurteilung des Vorhandenseins der geforderten Preise nach § 13 EU Abs. 1 Nr. 3 nicht

---

[48] Vgl. BGH 18.5.2004 – X ZB 7/04, VergabeR 2004, 473 (476 f.).
[49] Vgl. OLG Düsseldorf 23.3.2005 – VII-Verg 2/05.
[50] Vgl. OLG Celle 2.10.2008 – 13 Verg 4/08, VergabeR 2009, 77 (79).
[51] Vgl. *Planker* in Kapellmann/Messerschmidt, VOB, 6. Aufl. 2018, § 13 VOB/A Rn. 12.
[52] Vgl. BGH 7.1.2003 – X ZR 50/01, NZBau 2003, 406 (407).
[53] Vgl. *Opitz* § 16 EU, vgl. auch OLG München 7.11.2017 – Verg 8/17.
[54] Vgl. OLG Düsseldorf 22.12.2010 – VII-Verg 33/10, ZfBR 2011, 204 (205).
[55] Vgl. *Leinemann* in Leinemann/Kirch, VSVgV, 1. Aufl. 2013, § 15 Rn. 50.
[56] Vgl. dazu auch *Lampert* § 121 GWB Rn. 66 f.
[57] Vgl. OLG Frankfurt 11.10.2016 – 11 Verg 13/16, NZBau 2017, 245 (245 f.).
[58] Vgl. OLG Düsseldorf 8.2.2011 – VII-Verg 11/11.
[59] Vgl. OLG Düsseldorf 22.12.2010 – VII-Verg 33/10, ZfBR 2011, 204 (205), *Brieskorn/Stamm* NZBau 2013, 347 (349).
[60] Vgl. OLG Düsseldorf 7.11.2012 – VII-Verg 12/12, ZfBR 2013, 192 (193).
[61] Vgl. OLG München 6.12.2012 – Verg 25/12, VergabeR 2013, 492 (496).
[62] Vgl. OLG München 5.7.2005 – Verg 9/05, ZfBR 2005, 722 (724).

relevant.[63] Entscheidend ist vielmehr, dass der Preis angegeben wird, der auch tatsächlich berechnet werden soll.[64]

Dies ist nicht der Fall bei Preisen, die auf sog. **Mischkalkulationen** beruhen. Bei 36 Mischkalkulationen werden bestimmte Positionen „aufgepreist", während andere „abgepreist" werden, so dass die für die jeweiligen Leistungen geforderten tatsächlichen Preise weder vollständig noch zutreffend wiedergeben werden. Dadurch „versteckt" der Bieter die von ihm geforderten Angaben zu den Preisen der ausgeschriebenen Leistungen in der Gesamtheit seines Angebots.[65] Ein solches Angebot widerspricht dem in § 13 EU Abs. 1 Nr. 3 niedergelegten Grundsatz, weil es ungeeignet ist, einer transparenten und alle Bieter gleichbehandelnden Vergabeentscheidung zu Grunde gelegt zu werden.[66] Das Angebot ist nach § 16 EU Nr. 3 von der Wertung auszuschließen, weil der betreffende Bieter einen oder mehrere Preise in dem Angebot nicht, wie gefordert, vollständig und mit dem Betrag angegeben hat, den er nach seiner Kalkulation für die Leistung vom Auftraggeber tatsächlich beansprucht.[67] Des Nachweises einer Konnexität zwischen „abgepreisten" und „aufgepreisten" Preispositionen bedarf es nicht.[68]

In Fällen von Mischkalkulationen, die nicht auf den ersten Blick erkennbar sind, 37 stellt sich die Frage der **Nachweispflicht,** auch als „objektive Beweislast" oder „objektive Feststellungslast"[69] bezeichnet. Diese liegt beim **Auftraggeber[70]** Anlass für eine Überprüfung gibt im Regelfall die summarische Bewertung der Angemessenheit der Einheitspreise in einem Angebot. Weichen diese in einzelnen Positionen in besonders auffälliger Weise nach oben und nach unten ab, wobei als Vergleichsmaßstab die übrigen Bestandteile des Angebots, insbesondere die Preisgestaltung gleichartiger Leistungen,[71] sowie der Bieterpreisspiegel und schließlich, soweit vorhanden, ein Marktpreis in Betracht kommen können, kann das ein hinreichender Anlass für weitere Ermittlungen sein. Diese geschieht durch eine Aufklärung,[72] bei der der Auftraggeber den betreffenden Bieter zu einer Erläuterung der Kalkulation auffordert.[73] Ggf. erfolgt ein Vergleich mit der Urkalkulation.[74] Kann trotz Aufklärung nicht eindeutig festgestellt werden, dass eine Mischkalkulation vorliegt, kann das Angebot nicht wegen Verstoßes gegen § 13 EU Abs. 1 Nr. 3 ausgeschlossen werden.[75] Verbleibende Zweifel gehen daher – zu Recht – zu Lasten des Auftraggebers, da für den Ausschluss von Angeboten eindeutige Feststellungen vorliegen müssen.

Wenn die **Preisangaben eines Bieters nicht klar und eindeutig sind,** kann im en- 38 gen Rahmen eine Auslegung durch den Auftraggeber geboten sein.[76] Eine Auslegung kommt nur in Betracht, wenn das sachliche Versäumnis leicht aufzuklären ist, die auszulegende Angabe auf einem offenkundigen und unbedeutenden sachlichen Irrtum beruht und der korrekte Preis für eine bestimmte Position mit Sicherheit aus einem für eine andere Position derselben Leistungsbeschreibung angegebenen Preis abgeleitet werden

---

63 Vgl. OLG Rostock 8.3.2006 – 11 Verg 16/05, VergabeR 2005, 374 (376 ff.).
64 Vgl. BGH 18.5.2004 – X ZB 7/04, VergabeR 2004, 473 (477).
65 Vgl. BGH 18.5.2004 – X ZB 7/04, VergabeR 2004, 473 (477).
66 Vgl. BGH 7.6.2005 – X ZR 19/02, NZBau 2005, 709 (710).
67 Vgl. OLG Düsseldorf 21.12.2016 – VII Verg 5/16.
68 Vgl. OLG Koblenz 2.1.2006 – 1 Verg 6/05, VergabeR 2006, 233 (236).
69 Vgl. *Frister* in Kapellmann/Messerschmidt, 6. Aufl. 2018, § 16 VOB/A Rn. 28.
70 Vgl. KG 14.8.2012 – Verg 8/12, NZBau 2012, 717 (718), OLG Jena 23.1.2006 – 9 Verg 8/05, VergabeR 2006, 358 (361 f.), OLG Frankfurt 17.10.2005 – 11 Verg 8/05, VergabeR 2006, 126 (128), a. A. OLG Dresden 1.7.2005 – WVerg 7/05, ZfBR 2005, 720 (721).
71 Vgl. OLG Koblenz 4.1.2018 – Verg 3/17.
72 Vgl. *Lausen* § 15 EU.
73 Vgl. KG 14.8.2012 – Verg 8/12, NZBau 2012, 717 (718).
74 Vgl. OLG Jena 23.1.2006 – 9 Verg 8/05, VergabeR 2006, 358 /361).
75 Vgl. nur OLG Naumburg 22.9.2005 – 1 Verg 7/05, ZfBR 2005, 834 (837).
76 Vgl. EuG 10.12.2009 – T-195/08, Rn. 60 ff., *Frister* in Kapellmann/Messerschmidt, 6. Aufl. 2018, § 16 VOB/A Rn. 29; soweit eine Auslegung auch bei einem fehlenden Preis denkbar wäre, ist dies wegen der Regelung in § 16 EU, wonach ein Ausschluss lediglich bei unwesentlichen Preisangaben unter bestimmten Voraussetzungen nicht in Betracht kommt, abzulehnen.

kann.[77] Eine Korrektur der Preisangaben durch den Auftraggeber soll somit zulässig sein, wenn der Bieter erkennbar statt der geforderten Preise einschließlich Umsatzsteuer die Nettopreise angibt. In einem solchen Fall können die geforderten Preise durch eine eindeutige Rechenoperation ermittelt werden.[78] Entsprechendes soll gelten, wenn ein Angebot alle Einzelpreise, nicht jedoch den Gesamtpreis enthält; auch dieser kann durch eine Addition zweifelsfrei ermittelt werden. Wenn ein Preis offensichtlich falsch angegeben ist, zB aufgrund eines Kommafehlers (10.000 Euro statt 100,00 Euro) soll ebenfalls eine Korrektur möglich sein.[79] Bei derartigen Korrekturen ist eine restriktive Auslegung vorzunehmen, um die Grundsätze des Vergabeverfahrens nicht zu verletzen.

E. Geforderte Erklärungen und Nachweise (Abs. 1 Nr. 4)

39   Nach § 13 EU Abs. 1 Nr. 4 **müssen die Angebote die geforderten Erklärungen und Nachweise enthalten.** Auch die Preise sind unter den Begriff der „Erklärungen" zu subsumieren. Da diesbezüglich die spezielle Regelung des § 13 EU Abs. 1 Nr. 3 besteht, erfasst der Tatbestand des § 13 EU Abs. 1 Nr. 4 alle sonstigen Erklärungen und Nachweise. Dabei handelt es sich um die Erklärungen und Nachweise, die Bieter aufgrund der vom Auftraggeber **in der Auftragsbekanntmachung und/oder in den Vergabeunterlagen enthaltenen Vorgaben erbringen bzw. vorlegen müssen.** Diese Vorgaben müssen klar und eindeutig formuliert sein, damit sie für die Bieter zweifelsfrei und unmissverständlich sind.[80] Sie beziehen sich auf Art, Inhalt und Zeitpunkt der Vorlage der Erklärungen und Nachweise.[81] Hinsichtlich des Zeitpunkts kommt es darauf an, ob die Bieter die Erklärungen und Nachweise bereits mit dem Angebot oder erst auf Verlangen des Auftraggebers vorlegen müssen.[82] Sind die Vorgaben nicht eindeutig, sind sie auszulegen, wobei es auf den objektiven Empfängerhorizont der potenziellen Bieter, also eines abstrakt bestimmten Adressatenkreises, ankommt.[83] Verbleiben nach der Auslegung Zweifel, gehen Unklarheiten zu Lasten des Auftraggebers, so dass die Bieter im Ergebnis die geforderten Erklärungen und Nachweise nicht erbringen müssen.[84]

40   Enthalten Angebote nicht die geforderten Erklärungen oder Nachweise, **erfolgt nicht unmittelbar ein Ausschluss aus der Wertung.** Vielmehr kann der Auftraggeber Erklärungen oder Nachweise **nachfordern,** deren Vorlage er sich vorbehalten hat. Erst wenn die von dem Auftraggeber gesetzte angemessene Frist für die Nachreichung fruchtlos verstrichen ist, wird das betreffende Angebot nach § 16 EU Nr. 4 ausgeschlossen.[85] Der Ausschluss eines unvollständigen Angebots ist unabhängig von der Art und Wesentlichkeit der fehlenden Angaben und deren Wettbewerbsrelevanz.[86]

41   Die Verpflichtung zur Vorlage von Angeboten, die die geforderten Erklärungen und Nachweise enthalten, und der Ausschluss solcher Gebote, die diese Voraussetzungen nicht erfüllen, stellen den Gleichbehandlungs- und Transparenzgrundsatz sicher. Nur Angebote, die in jeder Hinsicht **vergleichbar** sind, können adäquat gewertet werden.[87] Im Übrigen

---

[77] Vgl. EuG 10.12.2009 – T-195/08, Rn. 60 ff.
[78] Vgl. OLG Düsseldorf 12.11.2012 – VII-Verg 38/12.
[79] Vgl *Vavra* in Ziekow/Völlink, Vergaberecht, 2. Aufl. 2013, § 13 VOB/A Rn. 7.
[80] Vgl. BGH 1.6.2008 – X ZR 78/07, VergabeR 2008, 782 (783); OLG Schleswig 15.4.2014- 1 Verg 4/13, VergabeR 2014, 717 (723).
[81] Vgl. OLG Düsseldorf 24.10.2007 – VII-Verg 32/07, VergabeR 2008, 252 (256).
[82] Vgl. OLG Düsseldorf 25.11.2009 – VII-Verg 34/09.
[83] Vgl. BGH 15.1.2013 – X ZR 155/10, NZBau 2013, 319 (319), 10.6.2008 – X ZR 78/07, VergabeR 2008, 782 (783); 11.11.1993 – VII ZR 47/93, NJW 1992, 850 (850); OLG München 21.4.2017 – Verg 2/17, VergabeR 2017, 525 (532).
[84] Vgl. OLG Dresden 16.3.2010 – WVerg 2/10; *Ohlerich* in Gabriel/Kohn/Neun, BeckHdB Vergaberecht, 2. Aufl. 2017, § 20 Rn. 71.
[85] Vgl. wegen der Einzelheiten *Opitz* § 16 EU.
[86] Vgl. BGH 24.5.2005 – X ZR 243/02, VergabeR 2005, 754 (755 f.).
[87] Vgl. BGH 7.6.2005 – X ZR 19/02, VergabeR 2005, 617 (619).

müssen die Angebote auch in zivilrechtlicher Hinsicht entsprechend den Vorgaben des Auftraggebers, der invitatio ad offerendum, so ausgestaltet sein, dass dieser sie i. S. d. §§ 145 ff. BGB ohne Erweiterungen, Einschränkungen oder sonstige Änderungen annehmen kann.[88]

Die Begriffe der „Erklärungen" und „Nachweise" sind weit zu verstehen. Die Bieter **42** sind verpflichtet, im Rahmen des Zumutbaren alles das anzugeben, zu erklären und vorzulegen, was der Auftraggeber gefordert und somit als Umstand ausgewiesen hat, der **für die Vergabeentscheidung relevant** sein soll.[89] Erklärungen und Nachweise können sowohl bieterbezogen sein,[90] also das Unternehmen betreffen, als auch leistungsbezogen sein, indem sie sich auf die angebotene Leistung in dem Angebot beziehen; es kann sich um Eigenerklärungen oder Erklärungen eines Dritten sowie um eigene Nachweise des Bieters oder Nachweise eines Dritten handeln.[91] Praktisch erfolgen Erklärungen in der Regel durch Ausfüllen oder Ergänzungen der Vergabeunterlagen; Nachweise werden den Vergabeunterlagen grundsätzlich beigefügt, so dass auf der Grundlage des Blanketts ein individuelles Angebot eines Unternehmens entsteht, das sich nach den Anforderungen des Auftraggebers richtet.

Erklärungen betreffen zunächst die ausgeschriebenen **Leistungspositionen**.[92] Zu den **43** Erklärungen gehören nach **höchstrichterlicher Rechtsprechung** auch Angaben in den **Formblättern aus dem VHB,**[93] die den Vergabeunterlagen beigefügt wurden, wie z B in den Formblättern zum Preis.[94] Diesbezüglich besteht kein Abgrenzungsproblem zu § 13 EU Abs. 1 Nr. 3, weil in die Formblätter nicht die Preise, sondern kalkulatorische Angaben zur Preisbildung einzutragen sind.[95] Ferner wird auch die **Vorlage von Mustern** unter den Begriff der „Erklärung" subsumiert.[96] Angaben darüber, welche Leistungen der Bieter nicht selbst erbringen, sondern durch Nachunternehmer ausführen lassen will, werden ebenfalls zu den Erklärungen nach § 13 EU Abs. 1 Nr. 4 gezählt.[97] Soweit der Auftraggeber eine entsprechende Forderung aufstellt, gehört zu den Erklärungen auch die Einreichung der **Urkalkulation**.[98] Die Benennung von **Herstellern, Fabrikaten oder Typen** wird ebenfalls als Erklärung nach § 13 EU Abs. 1 Nr. 4 qualifiziert.[99]

Angaben zu **Nebenangeboten** können geforderte Erklärungen sein. Das ist z.B. der **44** Fall, wenn der Auftraggeber bei der Abgabe eines Nebenangebots eine nachvollziehbare Erläuterung zu abweichenden Mengen gegenüber dem Leistungsverzeichnis verlangt.[100] **Eigenerklärungen über die Eignung** eines Unternehmens fallen auch unter den Tatbestand des § 13 EU Abs. 1 Nr. 4,[101] so z B über die Angabe einer Betriebsstätte.[102] Entsprechendes gilt für verlangte **Verpflichtungserklärungen zu Ausführungsbedingungen.**[103]

Unter **Nachweisen** sind Bestätigungen aller Art zu verstehen.[104] Es muss sich um Dokumente handeln, die dem Auftraggeber eine selbstständige Prüfung ermöglichen, ob die **45**

---

[88] Vgl. *Lausen* § 18 EU VOB/A.
[89] Vgl. *Vavra* in Ziekow/Völlink, Vergaberecht, 2. Aufl. 2013, § 13 VOB/A Rn. 9.
[90] Vgl. *Haupt* in Gabriel/Kohn/Neun, BeckHdB Vergaberecht, 2. Aufl. 2017, § 29 Rn. 44.
[91] Vgl. *Kirch* in Leinemann/Kirch, VSVgV, 1. Aufl. 2013, § 31 Rn. 17.
[92] Vgl. BGH 18.9.2007 – X ZR 89/04, VergabeR 2008, 69 (70).
[93] Vgl. Fn. 18.
[94] Vgl. BGH 7.6.2005 – X ZR 19/02, VergabeR 2005, 617 (618).
[95] Vgl. OLG Saarbrücken 16.12.2005 – 1 U 87/15; OLG Koblenz 19.1.2015 – Verg 6/14, VergabeR 2015, 452 (457).
[96] Vgl. BGH 26.9.2006 – X ZB 14/06, VergabeR 2007, 59 (67).
[97] Vgl. BGH 18.9.2007 – X ZR 89/04, VergabeR 2008, 69 (70).
[98] Vgl. OLG Karlsruhe 24.7.2007 – 17 Verg 6/07.
[99] Vgl. OLG Frankfurt 26.5.2009 – 11 Verg 2/09, NZBau 2010, 135 (135 f.).
[100] Vgl. OLG Naumburg 23.2.2012 – 2 Verg 15/11, VergabeR 2012, 732 (735).
[101] Vgl. OLG Düsseldorf 26.7.2017 – VII-Verg 11/17.
[102] Vgl. OLG Frankfurt 9.5.2017 – 11 Verg 5/17, VergabeR 2017, 656 (662), wobei in dem zu entscheidenden Fall die Auslegung ergab, dass die Erklärung nicht bereits mit dem Angebot vorzulegen war.
[103] Vgl. OLG Düsseldorf 29.1.2014 – VII-Verg 28/13, NZBau 2014, 314 (315 f.).
[104] Vgl. *Vavra* in Ziekow/Völlink, Vergaberecht, 2. Aufl. 2013, § 13 VOB/A Rn. 8.

gestellten Anforderungen erfüllt sind.[105] Bestätigungen sind in der Regel Unterlagen, die von Dritten stammen oder ausgestellt werden. Es kann sich aber auch um eine Bestätigung des Bieters selbst handeln, wobei die Abgrenzung zwischen Erklärung und Nachweis fließend ist und nicht immer trennscharf vorgenommen werden kann. Demnach sind Nachweise z.B. Zeugnisse, Führungszeugnisse, Bescheinigungen, die entweder die Leistung oder den Bieter betreffen, Referenzen,[106] Auszüge aus dem Gewerbezentralregister[107] oder Zertifizierungsnachweise.[108]

46   Wenn ein Auftraggeber objektiv unmögliche Erklärungen oder Nachweise verlangt, leidet das Vergabeverfahren an einem grundlegenden Mangel.[109] Für die Bieter besteht insoweit keine Verpflichtung zur Erbringung bzw. Vorlage; ein Angebotsausschluss kann nicht mit der fehlenden Erklärung bzw. dem fehlenden Nachweis begründet werden.

47   Es stellt sich die Frage, ob sich § 13 EU Abs. 1 Nr. 4 i.V.m. § 16 EU Nr. 4 auch auf Fälle bezieht, in denen geforderte Erklärungen und Nachweise zwar eingereicht wurden, diese aber **unvollständig oder falsch** sind. Entscheidend ist dies für die Möglichkeit der Nachforderung. Unzweifelhaft erfasst § 13 EU Abs. 1 Nr. 4 jedenfalls „körperlich" fehlende, also nicht vorgelegte Erklärungen und Nachweise, sowie solche, bei denen Wirksamkeitsmängel gegeben sind.[110] Bei inhaltlich unvollständigen Angeboten ist jedoch davon auszugehen, dass kein Fall der §§ 13 EU Abs. 1 Nr. 4 i.V.m. 16 EU Nr. 4 vorliegt.[111] Denn die Vorschriften des § 13 EU Abs. 1 Nr. 4 i.V.m. § 16 EU Nr. 4 sollen sicherstellen, dass Angebote ordnungsgemäß und vollständig einzureichen sind, dass aber nicht sofort ein Ausschluss droht, wenn (nur) ein formaler Mangel gegeben ist. Ist eine Erklärung oder ein Nachweis aber inhaltlich falsch, so darf keine Nachforderung und Nachbesserung möglich sein, weil dann ein Bieter die – gegen den Gleichbehandlungs- und Wettbewerbsgrundsatz verstoßende – Möglichkeit hätte, sein Angebot inhaltlich nachzubessern. In diesem Sinne ist entschieden worden, dass ein Angebot, bei dem sog. Arbeitskarten fehlten, deren Eintragungen zur Bestimmung der vertragsgegenständlichen Leistung essenziell waren, nicht als ein unvollständiges, sondern als nicht wirksames Angebot zu qualifizieren war.[112] Indes sind noch nicht alle Abgrenzungsprobleme geklärt.

F. Änderungen an den Vergabeunterlagen und an den Eintragungen des Bieters (Abs. 1 Nr. 5)

I. Unzulässige Änderungen an den Vergabeunterlagen

48   Nach § 13 EU Abs. 1 Nr. 5 S. 1 ist das Angebot auf der Grundlage der Vergabeunterlagen zu erstellen. Diese Regelung wurde in der VOB/A 2016 eingeführt und hat lediglich klarstellenden Charakter.[113] Die Vergabeunterlagen bilden die Grundlage für das – durch individuelle Eintragungen und Hinzufügung von Unterlagen – zu erstellende Angebot des Bieters. Damit wird sichergestellt, dass sich das Angebot an dem Bedarf und den diesbezüglichen Vorgaben des Auftraggebers orientiert.

49   Gemäß § 13 EU Abs. 1 Nr. 5 S. 2 sind Änderungen an den Vergabeunterlagen unzulässig. Die Besonderheit bei Vergabeverfahren, die strengen Formvorschriften unterliegen, besteht darin, dass der Auftraggeber durch die Vergabeunterlagen, insbesondere die Ver-

---

[105] Vgl. OLG Düsseldorf 13.7.2016 – VII-Verg 10/16.
[106] Vgl. OLG Frankfurt 18.7.2017 – 11 Verg 7/17, 16.2.2015 – 11 Verg 11/14, NZBau 2015, 319 (321).
[107] Vgl. OLG Schleswig 22.5.2006 – 1 Verg 5/06, NZBau 2007, 257 (259 ff.).
[108] Vgl. OLG München 21.4.2017 – Verg 2/17, VergabeR 2017, 525 (532).
[109] Vgl. BGH 26.9.2006 – X ZB 14/06, VergabeR 2007, 59 (62 f.).
[110] Vgl. OLG Düsseldorf 27.11.2013 – VII-Verg 20/13, NZBau 2014, 121 (123).
[111] Vgl. OLG Düsseldorf 27.11.2013 – VII-Verg 20/13, NZBau 2014, 121 (123), OLG Koblenz 30.3.2012 – 1 Verg 1/12, VergabeR 2012, 770 (772).
[112] Vgl. OLG Dresden 21.2.2012 – Verg 1/12, VergabeR 2012, 728 (730).
[113] Vgl. *von Wietersheim* in Ingenstau/Korbion, VOB, 20. Aufl. 2017, § 13 EU Rn. 3.

tragsunterlagen,[114] eine obligatorische Grundlage für das Angebot des jeweiligen Bieters zur Verfügung stellt, in der die Einzelheiten der Leistung und die Anforderungen an die Bieter dezidiert festgelegt sind. Nur innerhalb dieses Rahmens können die Unternehmen individuell ihre Leistung anbieten. Zweck der Vorschrift ist es, in vergaberechtlicher Hinsicht, vergleichbare Angebote zu erzielen,[115] was nur möglich ist, wenn diese den ausgeschriebenen Leistungen und den sonstigen Vorgaben des Auftraggebers entsprechen.[116] Damit wird den Grundsätzen des fairen Wettbewerbs, der Gleichbehandlung und der Transparenz entsprochen.[117] Darüber hinaus soll das Angebot in zivilrechtlicher Hinsicht ohne Erweiterungen, Einschränkungen oder Änderungen angenommen werden können, so dass durch den Zuschlag ein wirksamer Vertrag zustande kommt.[118] Hat ein Bieter Änderungen an den Vergabeunterlagen vorgenommen, ist das Angebot nach § 16 EU Nr. 2 von der Wertung auszuschließen.[119]

Die Feststellung einer Änderung setzt voraus, dass die Vorgaben in den Vergabe- **50** unterlagen klar und eindeutig sind, so dass der Leistungsgegenstand und der Inhalt des Vertrags unmissverständlich erkennbar sind und der Bieter sein Angebot danach ausrichten kann.[120] Sind die Vorgaben nicht eindeutig, ist eine Auslegung vorzunehmen, bei der ein objektiver Maßstab anzulegen und auf den Empfängerhorizont eines fachkundigen Bieters, der mit der Leistung vertraut ist, also auf einen abstrakt bestimmten Adressatenkreis, abzustellen ist.[121] Ergibt sich, dass eine Forderung des Auftraggebers objektiv nicht erfüllbar ist oder die Bieter unzumutbar belastet,[122] dürfen davon abweichende Angebote nicht ausgeschlossen werden. Bei der Beurteilung der Forderungen ist jedoch ein strenger Maßstab anzulegen, so dass im Ergebnis nur grob unbillige Anforderungen unbeachtlich sind.[123]

Eine Änderung liegt vor, wenn in einem Angebot etwas anderes offeriert wird, als in den **51** Vergabeunterlagen verlangt worden ist.[124] Durch einen Vergleich des Inhalts des Angebots mit den Vergabeunterlagen lässt sich feststellen, ob eine Änderung gegeben ist.[125] Nicht relevant ist, ob sich die Änderung auf die Leistung oder auf die rechtlichen Rahmenbedingungen, namentlich die Vertragskonditionen, bezieht.[126] Sie muss nicht nur an den ursprünglichen Vergabeunterlagen vorgenommen worden sein, sondern kann sich auch auf vom Auftraggeber im laufenden Verfahren nachgereichte bzw. korrigierte Unterlagen beziehen.[127] Entscheidend ist nicht, ob die Änderung eine wesentliche oder untergeordnete Vorgabe des Auftraggebers betrifft.[128] Ebenso wenig kommt es darauf an, ob und inwieweit die Änderung wettbewerbsrelevant ist.[129] Diesen durch die Rechtsprechung entwickelten Grundsätzen ist zuzustimmen, denn in Bezug auf die vergaberechtliche Vergleichbarkeit von Angeboten und die zivilrechtlichen Anforderungen an ein Vertragsangebot ist die Qualität der Änderung nicht von Bedeutung.

---

[114] Vgl. *Mehlitz* § 8 EU.
[115] Vgl. EuGH 7.10.2004 – C 247/02 – *Sintesi* – EuZW 2004, 722 (724).
[116] Vgl. BGH 20.1.2009 – X ZR 113/07, NZBau 2009, 262 (264).
[117] Vgl. OLG Frankfurt 5.3.2014 – 11 Verg 2/14.
[118] Vgl. OLG München 21.2.2008 – Verg 1/08, VergabeR 2008, 580 (582 f.).
[119] Vgl. *Opitz* § 16 EU.
[120] Vgl. BGH 20.3.2014 – X ZB 18/13, NZBau 2014, 310 (313), OLG Celle 19.2.2015 – 13 Verg 12/14, VergabeR 2015, 580 (588); *Dörr,* § 97 Abs. 1 Rn. 41.
[121] Vgl. BGH 15.1.2013 – X ZR 155/10, NZBau 2013, 319 (320).
[122] Vgl. BGH 7.6.2005 – X ZR 19/02, VergabeR 2005, 617 (619).
[123] Vgl. Bode VergabeR 2009, 729 (733).
[124] Vgl. BGH 1.8.2006 – X ZR 115/04, VergabeR 2007, 73 (74), OLG München 21.4.2017 – Verg 1/17, ZfBR 2017, 615 (618), OLG Düsseldorf 22.3.2017 – VII-Verg 54/16, NZBau, 684 (685).
[125] Vgl. OLG Frankfurt 26.9.2017 – 11 Verg 11/17, 14.10.2008 – 11 Verg 11/08, ZfBR 2009, 285 (286 f.).
[126] Vgl. OLG Celle 8.7.2016 – 13 Verg 2/16, NZBau 2016, 783 (786), *Voppel* in Voppel/Osenbrück/Bubert, VgV, 4. Aufl. 2018, § 53 Rn. 33.
[127] Vgl. OLG Celle 16.1.2016 – 13 Verg 8/15, ZfBR 2016, 386 (387).
[128] Vgl. OLG Celle 19.2.2015 – 13 Verg 12/14, VergabeR 2015, 580 (588).
[129] Vgl. OLG Frankfurt 3.7.2007 – 11 U 54/06, ZfBR 2007, 709 (711).

52   Der Begriff der „Änderungen" ist weit auszulegen.[130] Änderungen können durch Streichungen, Hinzufügungen, Abänderungen von Positionen oder Herausnahmen einzelner Seiten oder Teile der Vergabeunterlagen vorgenommen werden.[131] Eine Änderung ergibt sich demnach nicht nur, wenn der Bieter die Vergabeunterlagen als solche physisch verändert, sondern auch dann, wenn er sich mit seinem Angebot zu den Anforderungen in den Vergabeunterlagen im Widerspruch setzt, so beispielsweise etwas anderes anbietet als das vom Auftraggeber geforderte, etwa indem er den Umfang der Leistung erweitert oder einschränkt[132] oder von den Vorgaben für die Berechnung der Bauzeit abweicht.[133] Entsprechendes gilt, wenn der Bieter dem Angebot beizufügende Erklärungen oder Nachweise nicht korrekt abfasst oder verändert oder Formblätter nicht vollständig ausfüllt. Hält der Bieter einen Teil der Vergabeunterlagen, insbesondere die Leistungsbeschreibung, für fehlerhaft, ist er nicht befugt, eigenständig Änderungen vorzunehmen. Er ist vielmehr verpflichtet, den Auftraggeber darauf hinzuweisen,[134] so dass dieser in die Lage versetzt wird, evtl. Korrekturen vorzunehmen und sie allen bekannten Bewerbern mitzuteilen.

53   Eine Änderung der Vergabeunterlagen liegt regelmäßig auch dann vor, wenn ein Bieter in einem Begleitschreiben zu seinem Angebot Vorbehalte oder Einschränkungen macht oder sonstige Änderungen der sich aus den Vergabeunterlagen ergebenden Anforderungen vornimmt.[135] Ein Begleitschreiben ist grundsätzlich als Bestandteil des Angebots zu werten.[136] Bei angebotsrelevantem Inhalt des Schreibens, ist es eine Frage der Auslegung des Angebots, wie die im Begleitschreiben aufgeführten Inhalte sich in den Gesamtkontext des Angebots einfügen.[137] Ergibt sich ein Widerspruch, ist das Angebot wegen unzulässiger Änderungen der Vergabeunterlagen von der Wertung auszuschließen. Keine unzulässigen Änderungen sind dagegen in einem Begleitschreiben enthaltene Klarstellungen, Kalkulationsannahmen und Erklärungen des Bieters, die lediglich Hinweise auf die von ihm vorgenommene Preisermittlung geben.[138]

54   Eine unzulässige Änderung liegt demgegenüber vor, wenn der Bieter ein Begleitschreiben einreicht, auf dem seine eigenen Allgemeinen Geschäftsbedingungen (AGB) abgedruckt sind. Die Regelung in § 305 Abs. 2 BGB über die Einbeziehung der AGB findet nach § 310 Abs. 1 BGB auf AGB, die gegenüber einem Unternehmer, einer juristischen Person des öffentlichen Rechts oder einem öffentlich-rechtlichen Sondervermögen verwendet werden, keine Anwendung; ferner ist regelmäßig davon auszugehen, dass die Verwendung der AGB nicht auf einem Versehen beruht. Nach zutreffender Auffassung genügt in einem derartigen Fall die bloße formale Einbeziehung der AGB. [139]

55   Da der Auftraggeber in einem Verhandlungsverfahren grundsätzlich berechtigt ist, Änderungen der Anforderungen an dem zu beschaffenden Gegenstand vorzunehmen, kann ein indikatives Angebot, das den im Laufe des Verfahrens geänderten Vorgaben nicht gerecht wird, grundsätzlich nicht wegen einer Änderung der Vertragsunterlagen ausgeschlossen werden, weil die endgültigen Anforderungen an den zu beschaffenden Gegenstand noch nicht feststehen.[140] Entsprechendes muss bei wettbewerblichen Dialogen und Innovationspartnerschaften gelten.

56   Reicht ein Bieter nicht die geforderte Erklärung, sondern eine andere – ein aliud – ein, entsteht eine Abgrenzungsproblematik zwischen den Tatbeständen des § 13 EU Abs. 1

---

[130] Vgl. OLG Frankfurt 26.6.2012 – 11 Verg 12/11, ZfBR 2012, 706 (711).

[131] Vgl. OLG Jena 16.9.2013 – 9 Verg 3/13, VergabeR 2014, 38 (40), *von Wietersheim* in Ingenstau/Korbion, VOB, 20. Aufl. 2017, § 13 Rn. 12.

[132] Vgl. OLG Düsseldorf 17.11.2008 – VII-Verg 49/08.

[133] Vgl. OLG Frankfurt 21.2.2012 – 11 Verg 11/11.

[134] Vgl. *Vavra* in Ziekow/Völlink, Vergaberecht, 2. Aufl. 2013, § 13 VOB/A Rn. 13.

[135] Vgl. OLG Düsseldorf 2.8.2010 – VII Verg 32/10.

[136] Vgl. OLG Düsseldorf 13.8.2008 – VII-Verg 42/07.

[137] Vgl. OLG München 21.2.2008 – Verg 1/08, VergabeR 2008, 580 (581).

[138] Vgl. BGH 20.1.2009 – X ZR 113/07 – NZBau 2009, 262 (265).

[139] Vgl. OLG München 21.2.2008 – Verg 1/08, VergabeR 2008, 580 (582 f.).

[140] Vgl. OLG Schleswig 19.8.2016 – 54 Verg 7/16, VergabeR 2017, 63 (66).

Nr. 4 und Nr. 5 mit dem Ergebnis, dass in dem einen Fall ggf. eine Nachreichung in Betracht kommt, in dem anderen Fall jedoch nicht. In einem von dem OLG Düsseldorf entschiedenen Rechtsstreit hatte eine Bietergemeinschaft die geforderte Erklärung einer gesamtschuldnerischen Haftung nicht abgegeben, die Mitgliedsunternehmen hatten jedoch stattdessen Teilschuldnererklärungen eingereicht. Das Gericht ist hier von einer Änderung der Vergabeunterlagen ausgegangen.[141] Dies ist auch unter dem Aspekt, dass keine Möglichkeit der Nachbesserung inhaltlicher Angaben eröffnet werden soll, folgerichtig.[142]

II. Zweifelsfreie Änderungen des Bieters an seinen Eintragungen

Nach § 13 EU Abs. 1 Nr. 5 S. 3 müssen Änderungen des Bieters an seinen Eintragungen zweifelsfrei sein. Wie im Fall der Regelung des S. 2 gilt, dass ein Angebot einen eindeutigen, nicht widersprüchlichen Inhalt aufweisen muss, damit es mit den Angeboten der anderen Bieter **sachgerecht verglichen werden kann und annahmefähig ist**.[143] Die Vorschrift dient der Vorbeugung der Gefahr von Missverständnissen,[144] der Korruptionsprävention, indem Manipulationen am Angebotsinhalt ausgeschlossen werden sollen, und damit letztlich der Sicherstellung des fairen Wettbewerbs und der Chancengleichheit der Wettbewerbsteilnehmer. Angebote, bei denen Änderungen des Bieters an seinen Eintragungen nicht zweifelsfrei sind, werden nach § 16 EU Nr. 2 von der Wertung ausgeschlossen. Ihrem Sinngehalt nach eindeutige Änderungen an den Eintragungen sind dagegen möglich und führen nicht zum Ausschluss des betreffenden Angebots.[145]

Änderungen an den Eintragungen in den Angeboten sind bereits aus Gründen der Gleichbehandlung nur **bis zum Ablauf der Angebotsfrist** möglich.[146] Der **Begriff der „Änderungen"** ist weit zu verstehen und erfasst jegliche Berichtigung, Ergänzung oder sonstige Veränderung an allen inhaltlichen Bestandteilen des Angebots.[147] Der Überlegung, dass die Rechtsfolge des Angebotsausschlusses nur dann eintreten sollte, wenn „angebotswesentliche" Punkte geändert werden,[148] ist eine Absage zu erteilen: auf die Bedeutung oder Einordnung einer nicht zweifelsfreien Änderung kommt es nicht an, weil sie auf die mit der Regelung angestrebte Sicherstellung der Vergleichbarkeit von Angeboten keinen Einfluss hat.

Um Manipulationen auszuschließen, müssen die Änderungen als von dem Bieter stammend erkennbar sein.[149] Dafür empfiehlt sich zwar eine Unterschrift oder ein Signum des Bieters; unbedingt erforderliche Voraussetzung ist diese Kennzeichnung jedoch nicht, wenn sich auf anderem Weg, beispielsweise durch den Vergleich der Handschrift der Eintragungen und der Änderung, ergibt, dass der Bieter Urheber der Änderung ist.[150]

Änderungen sind jedenfalls dann zweifelsfrei, wenn eine Angabe deutlich durchgestrichen ist und die neue Angabe daneben aufgeführt wird.[151] Berichtigungen auf einem selbstklebenden Korrekturband mit dokumentenechtem Kugelschreiber wurden als zweifelsfrei anerkannt, weil sich das Korrekturband nicht von dem Papier lösen lässt, ohne sichtbare Spuren zu hinterlassen.[152] Ferner wurde eine Änderung mittels Korrektur-Roller für zweifelsfrei gehalten, weil sich der ursprünglich eingetragene und nicht korrigierte Ge-

57

58

59

60

---

141 Vgl. OLG Düsseldorf 29.3.2006 – VII Verg 77/05, VergabeR 2006, 509 (519 ff.).

142 Vgl. Rn. 47.

143 Vgl. *Haupt* in Gabriel/Kohn/Neun, BeckHdB Vergaberecht, 2. Aufl. 2017, § 29 Rn. 39.

144 Vgl. *von Wietersheim* in Ingenstau/Korbion, VOB, 20. Aufl. 2017, § 13 Rn. 13.

145 Vgl. BR-Drs. 87/16, 211.

146 Vgl. *Planker* in Kapellmann/Messerschmidt, VOB, 6. Aufl. 2018, § 13 VOB/A Rn. 22.

147 Vgl. OLG Düsseldorf 13.8.2008, IBRRS 2009, 2531.

148 Vgl. OLG Schleswig 11.8.2006 – 1 Verg 1/06, VergabeR 2006, 940 (941), das die Frage aufgegriffen hat, letztlich aber nicht darüber entscheiden musste.

149 Vgl. VK Schleswig-Holstein 15.1.2006 – VK-SH 31/05.

150 So aber VK Halle 22.10.2001 – VK Hal 08/00.

151 Vgl. VK Rheinland-Pfalz 3.2.2012 – 250–4002.20–5163/2010-014-J.

152 Vgl. OLG Schleswig 11.8.2006 – 1 Verg 1/06, VergabeR 2006, 940 (941).

samtpreis aus der Multiplikation der Menge mit dem korrigierten Einheitspreis ergab und Zugriffsmöglichkeiten durch Dritte auf das Angebot ausgeschlossen waren.[153] Verbleiben jedoch Zweifel an der Eindeutigkeit der Änderungen, ist das betreffende Angebot auszuschließen.

61   Die Vorgängerregelungen des § 13 EU Abs. 1 Nr. 5 S. 3 bezogen sich in der Vergangenheit auf schriftliche Angebote. Im Zuge der obligatorischen Einführung der elektronischen Angebotsübermittlung wird sich die Frage der zweifelsfreien Änderungen an den Eintragungen des Bieters voraussichtlich relativieren oder gar nicht mehr stellen. Obwohl theoretisch die Abgabe eines elektronischen Dokuments in einer Korrekturfassung möglich ist, ist dies lebensfremd; jedenfalls wären aber die Änderungen nachvollziehbar und dem Bieter als Urheber zurechenbar. Ersetzt der Bieter eine Fassung des Angebots innerhalb der Angebotsfrist, gilt die neue Fassung. Auch dann dürften Probleme in Bezug auf die Eindeutigkeit der Änderungen ausgeräumt sein. Änderungen könnten allerdings noch bei Unterlagen relevant sein, die dem Angebot beigefügt werden, z. B. eingesannte Dokumente, die im Original verändert wurden. Es bleibt aber letztlich abzuwarten, ob und inwieweit sich in Bezug auf elektronische Angebote Probleme im Zusammenhang mit Änderungen und deren Anerkennung bzw. Ablehnung ergeben.

G. Selbstgefertigte Abschrift oder Kurzfassung des Leistungsverzeichnisses (Abs. 1 Nr. 6)

62   Nach § 13 EU Abs. 1 Nr. 6 können Bieter für die Angebotsabgabe eine selbstgefertigte Abschrift oder Kurzfassung des Leistungsverzeichnisses benutzen, wenn sie den vom Auftraggeber verfassten Wortlaut des Leistungsverzeichnisses im Angebot als allein verbindlich anerkennen. Die Kurzfassungen müssen die Ordnungszahlen (Positionen) vollzählig, in der richtigen Reihenfolge und mit den gleichen Nummern wie in dem vom Auftraggeber verfassten Leistungsverzeichnis wiedergeben. Hinter der Regelung stehen **Zweckmäßig-keits- und Rationalisierungsgedanken.**[154] Es erscheint, insbesondere bei elektronischen Angeboten, nicht sinnvoll, die digital ermittelten Angebotspreise in die Urschrift des Leistungsverzeichnisses zu übertragen, zumal die Übertragung eine Fehlerquelle darstellt.[155] Einer ausdrücklichen Zulassung einer Abschrift oder einer Kurzfassung des Leistungsverzeichnisses durch den Auftraggeber bedarf es, anders als nach den Vorgängerfassungen der Vorschrift bis 2009, nicht mehr.

63   Der Bieter muss in seinem Angebot **das vom Auftraggeber verfasste Leistungsverzeichnis,** das Bestandteil der Vertragsunterlagen ist, **als verbindlich anerkennen,** denn nur so wird sichergestellt, dass das Angebot auf der Grundlage der Vergabeunterlagen nicht verändert wird und bezuschlagt werden kann. Ein Dissens soll vermieden werden, etwa wenn einem Bieter beim Abschreiben oder Kopieren unbewusst Fehler unterlaufen oder er bewusst Änderungen vornimmt, mit der Folge, dass das abgegebene Angebot in seinem Wortlaut von dem vorgegebenen Leistungsverzeichnis des Auftraggebers abweicht.[156] Die Anerkennung des Leistungsverzeichnisses des Aufraggebers als verbindlich erfolgt durch eine entsprechende Erklärung des Bieters. Eine schriftliche Erklärung[157] ist nur noch bei schriftlichen Angeboten erforderlich; bei elektronischen entspricht die Form der Erklärung der des Angebots gemäß den Vorgaben des Auftraggebers, d. h. entweder wird sie nur in Textform abgegeben oder sie wird von der elektronischen Signatur des Angebots miterfasst.

---

[153] Vgl. OLG München 23.6.2009 – Verg 8/09, VergabeR 2009, 942 (946).

[154] Vgl. BGH 15.1.2013 – X ZR 155/10, NZBau 2013, 319 (320).

[155] Vgl. *von Wiersheim* in Ingenstau/Korbion, VOB, 20. Aufl. 2017, § 13 Rn. 18.

[156] Vgl. LG Bonn 16.1.2013 – 1 O 300/11.

[157] Vgl. *Franke/Klein* in Franke/Kemper/Zanner/Grünhagen/Mertens, VOB, 6. Aufl. 2017, § 13 EU Rn. 96.

Primär um dem Auftraggeber die Prüfung und Wertung der Abschrift oder der Kurzfas- 64
sung des Leistungsverzeichnisses zu erleichtern, ist der Bieter verpflichtet, dessen **Aufbau,**
so wie vom Auftraggeber vorgegeben, **unverändert zu übernehmen,** d. h. die einzelnen
Ordnungszahlen (Positionen) vollständig sowie in der gleichen Reihenfolge und mit gleichen Nummern aufzuführen.[158] Es wird dem Auftraggeber somit nicht zugemutet, bei
Abweichungen aufwändige Vergleiche herzustellen und so die Deckungsgleichheit seiner
eigenen Vorgaben mit dem in der Abschrift oder der Kurzfassung enthaltenen Inhalt zu
überprüfen. Dem Auftraggeber ist es nicht verwehrt, weitergehende Anforderungen an das
Kurzleistungsverzeichnis zu stellen.[159] Enthält die Abschrift oder die Kurzfassung Fehler,
weil beispielsweise eine Fabrikatangabe nicht übernommen wurde und deshalb fehlt,[160]
oder diese Angabe an einer falschen Stelle steht,[161] gehen diese zu Lasten des Bieters, so
dass die Gefahr besteht, dass das Angebot nicht wertbar ist.

Legt der Auftraggeber den Vergabeunterlagen selbst ein Kurzleistungsverzeichnis bei, 65
darf der Bieter sich darauf verlassen, dass nur die in diesem Verzeichnis geforderten Angaben zu machen sind. Der Auftraggeber kann in einem solchen Fall den Ausschluss des Angebots nicht damit begründen, dass er an anderer Stelle in den Vergabeunterlagen verlangt
hat, dass die Bieter alle im Langtextleistungsverzeichnis geforderten Textergänzungen in das
Kurztextverzeichnis übertragen müssen.[162]

H. Kennzeichnung von Mustern und Proben
(Abs. 1 Nr. 7)

Nach § 13 EU Abs. 1 Nr. 7 **müssen Muster und Proben der Bieter als zum An-** 66
gebot gehörig gekennzeichnet sein. Die Regelung korrespondiert mit § 7b EU
Abs. 2, wonach die Leistung erforderlichenfalls u. a. auch durch Proben dargestellt werden
kann, wobei derartige Proben eindeutig zu kennzeichnen sind.[163] Die geforderte Kennzeichnung stellt sicher, dass die Proben und Muster dem jeweiligen Angebot, zu dem
sie gehören, zugeordnet werden können. Darüber hinaus muss durch die Kennzeichnung deutlich werden, auf welchen Teil des Angebots sich die Probe oder das Muster
bezieht. Die Kennzeichnung der Proben und Muster hat den Zweck, die angebotene Leistung deutlich, klar und erschöpfend sowie unter Ausschluss von Zweifelsfragen darzustellen.[164]

In § 16 EU ist kein eigener Ausschlusstatbestand für den Fall vorgesehen, dass Muster 67
und Proben nicht gekennzeichnet sind. Vom Auftraggeber verlangte Proben oder Muster
stellen jedoch Bietererklärungen dar, so dass ein Angebot, bei dem sie fehlen, wegen Unvollständigkeit nach § 16 EU Nr. 4 auszuschließen ist.[165]

I. Abweichung der Leistung von den
vorgesehenen technischen Spezifikationen (Abs. 2)

§ 13 EU Abs. 2 regelt, unter welchen inhaltlichen und formalen Voraussetzungen eine 68
Leistung, die von den vorgesehenen technischen Spezifikationen nach § 7a EU Abs. 1

---

[158] Vgl. auch OLG Köln 21.7.2010 – 11 U 212/09.
[159] Vgl. BGH 15.1.2013 – X ZR 155/10, NZBau 2013, 319 (320).
[160] Vgl. *Vavra* in Ziekow/Völlink, Vergaberecht, 2. Aufl. 2013, § 13 VOB/A Rn. 15.
[161] Vgl. OLG Brandenburg 10.8.2010 – Verg W 1/10.
[162] Vgl. BGH 15.1.2013 – X ZR 155/10, NZBau 2013, 319 (320 f.).
[163] Vgl. *Lampert* § 7b EU.
[164] Vgl. VK Südbayern 21.5.2010 – Z3–3–3194-1-21-04/10, *von Wietersheim* in Ingenstau/Korbion,
VOB, 20. Aufl. 2017,§ 13 Rn. 22.
[165] Vgl. *Planker* in Kapellmann/Messerschmidt, VOB, 6. Aufl. 2018, § 13 VOB/A Rn. 26.

Nr. 1[166] abweicht, angeboten werden kann. Technische Spezifikationen sind nach § 7a EU Abs. 1 Nr. 1 i.V.m. Anhang TS technische Regelwerke, Normen oder allgemeine Eigenschafts- oder Funktionsbeschreibungen.[167] § 7a EU Abs. 1 Nr. 2 bis 5 enthält die an den Inhalt und die Verwendung von technischen Spezifikationen durch den Auftraggeber gestellten Anforderungen; die Art und Weise, wie sie in den Vergabeunterlagen zu formulieren sind, ist in § 7a EU Abs. 2 festgelegt.[168] Diese Anforderungen stellen sicher, dass Angebote vergleichbar sind. § 13 EU Abs. 1 Nr. 7 gewährleistet, dass Angebote, die von den vom Auftraggeber vorgesehenen technischen Spezifikationen abweichen, mit denjenigen, die den Anforderungen entsprechen, ebenfalls vergleichbar werden. Die Regelung dient der Freiheit des Dienstleistungsverkehrs[169] und damit dem Wettbewerb, indem Bietern ermöglicht wird, abweichende technische Lösungsmöglichkeiten anzubieten. Alternative Lösungsmöglichkeiten sind ausdrücklich erwünscht.[170]

69   Eine von den technischen Spezifikationen abweichende Leistung muss mit dem geforderten Schutzniveau in Bezug auf Sicherheit, Gesundheit und Gebrauchstauglichkeit gleichwertig sein. Die Abweichung muss im Angebot eindeutig bezeichnet sein. Die Gleichwertigkeit muss der Bieter mit dem Angebot nachweisen. Der Auftraggeber ist nicht befugt, Angebote mit abweichenden technischen Spezifikationen in der Auftragsbekanntmachung oder in den Vergabeunterlagen auszuschließen, sondern muss diese nach § 16d EU Abs. 3[171] wie ein Hauptangebot werten, wobei er auch zu der Gleichwertigkeitsprüfung verpflichtet ist.[172]

70   Der Begriff des „Schutzniveaus" ist so zu verstehen, dass die in den vorgesehenen technischen Spezifikationen angeführten Mindesterfordernisse gewahrt sein müssen.[173] Der Auftraggeber muss die von den technischen Spezifikationen abweichenden Angebote dementsprechend inhaltlich prüfen. Das Schutzniveau ist ein Oberbegriff für die Komponenten Sicherheit, Gesundheit und Gebrauchstauglichkeit. Unter „Sicherheit" ist die technische Sicherheit im Hinblick auf Haltbarkeit, Standfestigkeit und Dauertauglichkeit nach aller technischen Erfahrung der einschlägigen Fachbereiche am Ort der Bauausführung zu verstehen, wie z.B. hinsichtlich Materialtauglichkeit oder Verfahrenstechnik. Der Begriff der „Gesundheit" bezieht sich nicht nur auf die Unversehrtheit durch Vermeidung jeglicher nachteiliger Einwirkungen, sondern auch auf die erforderliche Umweltverträglichkeit. Die „Gebrauchstauglichkeit" muss schließlich die vorgesehene Nutzung uneingeschränkt gewährleisten.[174]

71   Da die Abweichung im Angebot eindeutig bezeichnet werden muss, ist es erforderlich, dass der Bieter in der Position oder in den Positionen, den davon erfassten Positionsgruppen, dem jeweiligen Abschnitt oder u.U. im ganzen Angebot klar verständlich angibt, dass erstens eine Abweichung von den technischen Spezifikationen vorliegt und zweitens, worin sie genau liegt.[175] Es ist nicht Sache des Auftraggebers, die Abweichungen selbst zu ermitteln.

72   Der Bieter muss die Gleichwertigkeit der Abweichungen in vollem Umfang bereits mit dem Angebot nachweisen, wobei der Nachweis sich auf die Komponenten Sicherheit, Gesundheit und Gebrauchstauglichkeit des Schutzniveaus bezieht. § 7a EU Abs. 3 und 5 nennt als geeignete Mittel einen Prüfbericht oder eine Zertifizierung einer akkreditierten

---

[166] Vgl. *Lampert* § 7b EU.
[167] Vgl. auch OLG Brandenburg 30.1.2014 – Verg W 2/14 – NZBau 2014, 525 (526).
[168] Vgl. *Lampert* § 7a EU.
[169] Vgl. OLG Brandenburg 30.1.2014 – Verg W 2/14 – NZBau 2014, 525 (526).
[170] Vgl. OLG Frankfurt 26.9.2017 – 11 Verg 11/17.
[171] Vgl. *Opitz* § 16d EU.
[172] Vgl. *Franke/Klein* in Franke/Kemper/Zanner/Grünhagen/Mertens, VOB, 6. Aufl. 2017, § 13 EU Rn. 102.
[173] Vgl. OLG Koblenz 2.2.2011 – 1 Verg 1/11, NZBau 2011, 316 (317 f.), *Vavra* in Ziekow/Völlink, Vergaberecht, 2. Aufl. 2013, § 13 VOB/A Rn. 17.
[174] Vgl. *von Wietersheim* in Ingenstau/Korbion, VOB, 20. Aufl. 2017, § 13 Rn. 27.
[175] Vgl. OLG Koblenz 15.5.2003 – 1 Verg 3/03, VergabeR 2003, 567 (572).

Konformitätsbewertungsstelle.[176] Es kommen aber auch andere Mittel, so z B eine technische Unterlage des Herstellers oder Sachverständigengutachten, in Betracht.

Fehlen entweder die erforderliche Kennzeichnung oder die Gleichwertigkeitsnachweise, **73** fordert der Auftraggeber diese nach § 16 EU Nr. 4 nach. Ein endgültig unvollständiges Angebot ist von der Wertung auszuschließen.

J. Formale Anforderungen an Nebenangebote (Abs. 3)

§ 13 EU Abs. 3 enthält formale Anforderungen, die erfüllt sein müssen, wenn ein Bieter **74** Nebenangebote abgibt.[177] Die Anzahl von Nebenangeboten ist an einer vom Auftraggeber in den Vergabeunterlagen bezeichneten Stelle aufzuführen. Darüber hinaus müssen Nebenangebote auf gesonderter Anlage erstellt und als solche deutlich gekennzeichnet werden. Sowohl für die Bieter als für den Auftraggeber ist es essenziell, dass Hauptangebot und Nebenangebote deutlich unterschieden werden, da sich die Prüfung und Wertung von Nebenangeboten nach den materiellen Voraussetzungen des § 8 EU Abs. 2 Nr. 3[178] richtet. Bieter und Auftraggeber haben gleichermaßen ein Interesse daran, dass klar zwischen den eingereichten Haupt- und Nebenangeboten unterschieden werden kann. Dies dient der Transparenz.[179]

Die Notwendigkeit, die Anzahl der Nebenangebote an einer in den Vergabeunterlagen **75** bezeichneten Stelle anzugeben, zwingt den Bieter zu einer klaren Aussage, wie viele Nebenangebote er eingereicht hat und beugt einem Dissens vor. Dem Auftraggeber erleichtert diese Vorgabe, seiner Verpflichtung nach § 14 EU Abs. 3 Nr. 1d[180] nachzukommen, die Anzahl der Nebenangebote in der Anlage zur Niederschrift des Öffnungstermins aufzunehmen. In der Praxis ist die Anzahl der Nebenangebote regelmäßig an einer bestimmten Stelle im Angebotsschreiben anzugeben, soweit der Auftraggeber die Formblätter aus dem VHB[181] verwendet.

Die Vorgabe, dass Nebenangebote auf besonderer Anlage zu erstellen und als solche **76** deutlich gekennzeichnet werden müssen, erfordert die körperliche Trennung von Haupt- und Nebenangeboten und etwaigen Anlagen.[182] Zweck dieser Trennung ist die Vermeidung von Zweifeln über Tragweite und Umfang des Hauptangebots.[183] Die deutliche Kennzeichnung als Nebenangebot stellt sicher, dass der Auftraggeber das Nebenangebot sogleich als solches identifizieren kann. Dies bezieht sich auf das Angebot in seinem gesamten Umfang, so dass sich die Kennzeichnung auf alle Teile des Angebots erstrecken muss. Die Art der Kennzeichnung als solche ist nicht vorgeschrieben; sie muss klar und zweifelsfrei sein. Bei mehreren Nebenangeboten empfiehlt sich eine Kennzeichnung, aus der hervorgeht, um welches Nebenangebot es sich jeweils handelt.

Von der Wertung ausgeschlossen werden gemäß § 16 EU Nr. 6[184] Nebenangebote, die **77** nicht auf besonderer Anlage erstellt und als solche deutlich gekennzeichnet worden sind. Ist die Anzahl der Nebenangebote nicht an einer von dem öffentlichen Auftraggeber in den Vergabeunterlagen bezeichneten Stelle aufgeführt, kann daran nicht die Rechtsfolge des Angebotsausschlusses geknüpft werden; bei der Vorgabe handelt es sich lediglich um eine Ordnungsvorschrift.

---

[176] Vgl. *Lampert* § 7a EU.
[177] Wegen der materiellen Voraussetzungen zu Nebenangeboten vgl. *Mehlitz* § 8 EU Abs. 2 Nr. 3.
[178] Vgl. *Lampert* § 8 EU.
[179] Vgl. VK Bund 11.3.2010 – VK 3–18/10.
[180] Vgl. *Lausen,* § 14 EU.
[181] Vgl. Fn. 18.
[182] Vgl. OLG Düsseldorf 29.3.2006 – VII-Verg 77/05, VergabeR 2006, 509 (512).
[183] Vgl. *von Wietersheim* in Ingenstau/Korbion, VOB, 20. Aufl. 2017, § 13 Rn. 31.
[184] Vgl. *Opitz*, § 16 EU.

K. Preisnachlässe ohne Bedingungen (Abs. 4)

78   Nach § 13 EU Abs. 4 sind Preisnachlässe, die ohne Bedingungen gewährt werden, an einer von dem Auftraggeber in den Vergabeunterlagen bezeichneten Stelle aufzuführen. Die Vorschrift dient der Transparenz des Vergabeverfahrens, aber auch der Vorbeugung von Manipulationen in dem bedeutenden Bereich der Preise.[185] Preisnachlässe ohne Bedingungen sind nach § 14 EU Abs. 3 Nr. 1c[186] in eine der Niederschrift über den Eröffnungstermin hinzuzufügenden Aufstellung aufzunehmen. Sie sind gemäß § 16d EU Abs. 4 S. 1[187] nicht zu werten, wenn sie nicht an der von dem Auftraggeber in den Vergabeunterlagen – freilich eindeutig – bezeichneten Stelle aufgeführt sind. In diesem Fall wird also nicht das Angebot von der Wertung ausgeschlossen, sondern der Preisnachlass bleibt unberücksichtigt.[188] Eine Ausnahme kommt nicht in Betracht, wenn der Preisnachlass an einer anderen als an der vom Auftraggeber vorgesehenen Stelle aufgeführt ist, selbst wenn hierdurch die mit der Vorschrift erstrebte Transparenz und Manipulationssicherheit in gleicher, verlässlicher Weise erreicht wird. Abgesehen davon, dass an einer anderen Stelle aufgeführte Preisnachlässe bereits dem Wortlaut der §§ 13 EU Abs. 4 und 16d EU Abs. 4 S. 1 widersprechen, muss auch sichergestellt werden, dass die Angebote in jeder Hinsicht vergleichbar sind.[189]

79   Preisnachlässe ohne Bedingungen sind von keiner Gegenleistung des Auftraggebers oder von dem Eintritt objektiver oder subjektiver Faktoren abhängig, wie z.B. im Fall einer Skontogewährung. Es darf sich nicht um Preisnachlässe handeln, die bei den Einheitspreisen für einzelne Leistungspositionen im Rahmen der Kalkulation angeboten werden; vielmehr müssen sich die Preisnachlässe auf das Gesamtangebot, also auf den Gesamtbetrag beziehen.[190]

80   Preisnachlässe mit Bedingungen (Skonti) sind nicht von der Regelung des § 13 EU Abs. 4 erfasst. Sie dürfen gemäß § 16d Abs. 4 S. 2 bei der Wertung nicht berücksichtigt werden, wenn sie unaufgefordert angeboten werden.[191]

L. Angaben zu Bietergemeinschaften (Abs. 5)

81   § 13 EU Abs. 5 enthält formale Regelungen zu Bietergemeinschaften, die nach § 6 EU Abs. 3 Nr. 2 Einzelbietern gleichzusetzen sind.[192] Bietergemeinschaften sind eine Mehrzahl von Unternehmen, mindestens jedoch zwei, die in einem Vergabeverfahren gemeinschaftlich ein Angebot einreichen mit dem Ziel, den ausgeschriebenen Auftrag zu erhalten, um ihn nach dem Zuschlag als Arbeitsgemeinschaft auszuführen.[193] Sie haben die Mitglieder zu benennen sowie eines ihrer Mitglieder als bevollmächtigten Vertreter für den Abschluss und die Durchführung des Vertrags zu bezeichnen. Fehlt die Bezeichnung des bevollmächtigten Vertreters im Angebot, so ist sie vor Zuschlagserteilung beizubringen.

82   Soweit eine Bietergemeinschaft keine andere Rechtsform wählt, handelt es sich, jedenfalls in dem Stadium vor Auftragsvergabe, regelmäßig um eine Gesellschaft bürgerlichen Rechts (GbR) gemäß den §§ 705ff. BGB. Die Gesellschaft ist rechts- und parteifähig.[194]

---

[185] Vgl. *von Wietersheim* in Ingenstau/Korbion, VOB, 20. Aufl. 2017, § 13 Rn. 32.
[186] Vgl. *Lausen*, § 14 EU.
[187] Vgl. *Opitz*, § 16d EU.
[188] Vgl. OLG Düsseldorf 29.3.2006 – VII-Verg 77/05, VergabeR 2006, 509 (518), OLG Jena 24.2.2003 – 6 Verg 1/03, VergabeR 2003, 339 (341).
[189] Vgl. BGH 20.1.2009 – X ZR 113/07, NZBau 2009, 262 (263f.).
[190] Vgl. OLG München 24.5.2006 – Verg 10/06, ZfBR 2006, 611 (615).
[191] Vgl. wegen näherer Einzelheiten *Opitz* § 16d EU.
[192] Vgl. *Mager* § 6 EU.
[193] Vgl. *Lausen*, Die Rechtsstellung von Bietergemeinschaften im Vergabeverfahren, 59 mwN.
[194] Vgl. BGH 29.1.2001 – II ZR 33/00, BauR 2001, 775 (776).

Demnach wäre aus zivilrechtlicher Sicht die Benennung der Einzelmitglieder der Bietergemeinschaft nicht erforderlich. Unter vergaberechtlichen Aspekten ist die Angabe der Einzelmitglieder jedoch wesentlich. Der Auftraggeber muss die Identität des Bieters kennen. Dazu gehört bei Bietergemeinschaften die Angabe der einzelnen Mitglieder.[195] Bei Bietergemeinschaften kann ein Wechsel im Mitgliederbestand zu einer Veränderung der rechtlichen Identität führen. Das ist der Fall, wenn alle Mitglieder bis auf eins aus der Gemeinschaft austreten und somit an die Stelle der Bietergemeinschaft ein Einzelbieter tritt.[196] Ferner ist die Kenntnis aller Mitgliedsunternehmen einer Bietergemeinschaft auch für die Eignungsprüfung notwendig. Während bezüglich Fachkunde und Leistungsfähigkeit anerkannt ist, dass es ausreicht, wenn die jeweilige Komponente nur bei einem Mitglied der Bietergemeinschaft vorliegt,[197] muss die Zuverlässigkeit für jedes einzelne Unternehmen geprüft werden und im Ergebnis vorhanden sein, damit die Bietergemeinschaft als solche als zuverlässig eingestuft werden kann.[198] Auch bei einer Parallelbeteiligung im Vergabeverfahren, die vorliegt, wenn außer der Bietergemeinschaft ein daran beteiligtes Einzelunternehmen ein eigenes Angebot einreicht, ist zu prüfen, ob der Geheimwettbewerb verletzt ist und eine wettbewerbsbeschränkende Abrede gegeben ist.[199] Letztlich kann die Bildung einer Bietergemeinschaft eine unzulässige wettbewerbsbeschränkende Abrede und einen Verstoß gegen § 1 GWB darstellen.[200] Eine Bietergemeinschaft muss auf eine entsprechende gesonderte Aufforderung des Auftraggebers zur Erläuterung der Gründe für die Bildung der Gemeinschaft darlegen, dass der Zusammenschluss und die Angebotsabgabe nicht gegen § 1 GWB verstoßen.[201] Das ist der Fall, wenn die an der Bietergemeinschaft beteiligten Einzelunternehmen nicht im Wettbewerb stehen, d. h. eine selbstständige Teilnahme am Vergabeverfahren wirtschaftlich nicht zweckmäßig und kaufmännisch nicht vernünftig wäre.[202] Um die Darlegungen der Bietergemeinschaft prüfen zu können, benötigt der Auftraggeber die Angaben zu den einzelnen Mitgliedern der Bietergemeinschaft.

Die Benennung eines Mitglieds der Bietergemeinschaft als bevollmächtigten Vertreter **83** für den Abschluss und die Durchführung des Vertrags in dem Angebot – dabei handelt es sich um das sog. federführende Unternehmen – vereinfacht die Rechtsbeziehung zwischen Auftraggeber und der Bietergemeinschaft bzw. der nach Zuschlag entstehenden Arbeitsgemeinschaft.[203] Der Auftraggeber muss spätestens kurz vor dem Vertragsschluss wissen, welches Mitglied die Bietergemeinschaft rechtsgeschäftlich vertritt.[204] Nach der Regelung des § 709 BGB steht bei einer GbR grundsätzlich die Führung der Geschäfte allen Mitgliedern der Gesellschaft gemeinschaftlich zu; die Geschäftsführung und die Vertretungsmacht nach außen können gemäß §§ 710 i. V. m. 714 BGB im Gesellschaftsvertrag auch einem Unternehmen übertragen werden. Liegt eine derartige Regelung vor, ist das vertretungsbefugte Mitglied zu benennen. Fehlt es an einer solchen, ist es auch denkbar, dass die der Bietergemeinschaft angehörenden Unternehmen einen Partner als bevollmächtigten Vertreter allein für das Vergabeverfahren bestimmen, der dann im Angebot genannt wird. Dieses Mitglied ist Adressat für den Zuschlag und Ansprechpartner des Auftraggebers bei der Vertragsabwicklung.

Eine etwaige fehlende Bezeichnung des bevollmächtigten Vertreters im Angebot kann **84** noch vor Zuschlagserteilung nachgeholt werden. Dies ist insofern rechtzeitig, als dass der

---

[195] Vgl. OLG München 17.12.2013 – Verg 15/13.

[196] Vgl. OLG Hamburg 31.3.2014 – 1 Verg 4/13, NZBau 2014, 659 (663).

[197] Vgl. nur OLG Düsseldorf 20.10.2008 – VII-Verg 41/08, VergabeR 2009, 228 (231).

[198] Vgl. nur OLG Naumburg 30.4.2007 – 1 Verg 1/07, NZBau 2008, 73 (75).

[199] Vgl. EuGH 19.5.2009 C-538/07 – *Assitur* –, VergabeR 2009, 756, 23.12.2009 – C-376/08 – *Serrantoni* –, NZBau 2010, 261.

[200] Vgl. OLG Düsseldorf 8.6.2016 – VII-Verg 3/16, OLG Celle 8.7.2016 – 13 Verg 2/16, NZBau 2016, 787 (784).

[201] Vgl. OLG Saarbrücken 27.6.2016 – 1 Verg 2/16, VergabeR 2016, 657 (666).

[202] BGH 12.12.1983 – KRB 3/3, BauR 1984, 302 (302 f.).

[203] Vgl. *von Wietersheim* in Ingenstau/Korbion, VOB, 20. Aufl. 2017, § 13 Rn. 35.

[204] Vgl. OLG Karlsruhe 24.7.2007 – 17 Verg 6/07.

Auftraggeber dann dem federführenden Unternehmen den Zuschlag übermitteln kann. Bestehen jedoch zuvor Aufklärungsfragen, müssen diese mangels Kenntnis des Vertreters an alle der Bietergemeinschaft angehörenden Unternehmen gerichtet werden.

M. Aufnahme der Anforderungen an den Inhalt der Angebote in den Vergabeunterlagen (Abs. 6)

85   Gemäß § 13 EU Abs. 6 hat der Auftraggeber die Anforderungen an den Inhalt der Angebote nach den Abs. 1 bis 5 in die Vergabeunterlagen aufzunehmen. Diese Vorgabe dient der Transparenz des Vergabeverfahrens. Mit der Verpflichtung des Bieters, ein vollständiges und wertbares Angebot abzugeben, korrespondiert die Pflicht des Auftraggebers, die Anforderungen an die Angebote klar und deutlich in die Vergabeunterlagen aufzunehmen, zumal das endgültige Fehlen der verlangten Erklärungen und Nachweise mit der scharfen Sanktion des Ausschlusses eines Angebots belegt ist.[205] Für die Aufnahme der Anforderungen reicht eine bloße Verweisung auf die Vorschrift des § 13 EU bzw. ihrer Teile nicht aus; vielmehr sind die einschlägigen Bestimmungen in den Vergabeunterlagen wörtlich zu wiederholen.[206] Denn erst durch die Aufnahme der Anforderungen in die Vergabeunterlagen wird eine vorvertragliche Verpflichtung der Bieter begründet, da § 13 EU als Verwaltungsvorschrift ohne unmittelbare Rechtsverbindlichkeit nach außen die Unternehmen nicht direkt verpflichtet.[207]

86   Rechtsfolgen bei fehlender Aufnahme der Anforderungen in die Vergabeunterlagen durch den Auftraggeber sind in der VOB/A Abschnitt 2 nicht vorgesehen. Denkbar wäre ein Schadensersatzanspruch eines Bieters aus den §§ 280 Abs. 1, 241 Abs. 2 und 311 Abs. 2 BGB wegen einer Pflichtverletzung im vorvertraglichen Verhältnis; ein solcher dürfte jedoch in der Praxis kaum Relevanz haben, zumal ein Mitverschulden eines Bieters nach § 254 Abs. 1 BGB zu berücksichtigen wäre, wenn er den Verstoß erkannt hat oder dieser in den Vergabeunterlagen erkennbar war und der Bieter ihn nicht rechtzeitig i. S. d § 134 GWB gerügt hat.

---

[205] Vgl. *Vavra* in Ziekow/Völlink, Vergaberecht, 2. Aufl. 2013, § 13 VOB/A Rn. 25.
[206] Vgl. *Franke/Klein* in Franke/Kemper/Zanner/Grünhagen/Mertens, VOB, 6. Aufl. 2017, § 13 EU Rn. 134, *von Wietersheim* in Ingenstau/Korbion, VOB, 20. Aufl. 2017, § 13 Rn. 40.
[207] Vgl. *Planker* in Kapellmann/Messerschmidt, VOB, 6. Aufl. 2018, § 13 VOB/A Rn. 49.

§ 14 Öffnung der Angebote, Öffnungstermin

(1) Die Öffnung der Angebote wird von mindestens zwei Vertretern des öffentlichen Auftraggebers gemeinsam an einem Termin (Öffnungstermin) unverzüglich nach Ablauf der Angebotsfrist durchgeführt. Bis zu diesem Termin sind die elektronischen Angebote zu kennzeichnen und verschlüsselt aufzubewahren. Per Post oder direkt zugegangene Angebote sind auf dem ungeöffneten Umschlag mit Eingangsvermerk zu versehen und unter Verschluss zu halten.

(2)

1. Der Verhandlungsleiter stellt fest, ob der Verschluss der schriftlichen Angebote unversehrt ist und die elektronischen Angebote verschlüsselt sind.
2. Die Angebote werden geöffnet und in allen wesentlichen Teilen im Öffnungstermin gekennzeichnet.
3. Muster und Proben der Bieter müssen im Termin zur Stelle sein.

(3)

1. Über den Öffnungstermin ist eine Niederschrift in Schriftform oder in elektronischer Form zu fertigen. Der Niederschrift ist eine Aufstellung mit folgenden Angaben beizufügen:
   a) Name und Anschrift der Bieter,
   b) die Endbeträge der Angebote oder einzelner Lose,
   c) Preisnachlässe ohne Bedingungen,
   d) Anzahl der jeweiligen Nebenangebote.
2. Sie ist von den beiden Vertretern des öffentlichen Auftraggebers zu unterschreiben oder mit einer Signatur nach § 13 EU Absatz 1 Nummer 1 zu versehen.

(4) Angebote, die zum Ablauf der Angebotsfrist nicht vorgelegen haben, sind in der Niederschrift oder in einem Nachtrag besonders aufzuführen. Die Eingangszeiten und die etwa bekannten Gründe, aus denen die Angebote nicht vorgelegen haben, sind zu vermerken. Der Umschlag und andere Beweismittel sind aufzubewahren.

(5)

1. Ein Angebot, das nachweislich vor Ablauf der Angebotsfrist dem öffentlichen Auftraggeber zugegangen war, aber aus vom Bieter nicht zu vertretenden Gründen dem Verhandlungsleiter nicht vorgelegen hat, ist wie ein rechtzeitig vorliegendes Angebot zu behandeln.
2. Den Bietern ist dieser Sachverhalt unverzüglich in Textform mitzuteilen. In die Mitteilung sind die Feststellung, dass bei schriftlichen Angeboten der Verschluss unversehrt war oder bei elektronischen Angeboten diese verschlüsselt waren und die Angaben nach Absatz 3 Nummer 1 Buchstabe a bis d aufzunehmen.
3. Dieses Angebot ist mit allen Angaben in die Niederschrift oder in einen Nachtrag aufzunehmen. Im Übrigen gilt Absatz 4 Satz 2 und 3.

(6) In offenen und nicht offenen Verfahren stellt der öffentliche Auftraggeber den Bietern die in Absatz 3 Nummer 1 Buchstabe a bis d genannten Informationen unverzüglich elektronisch zur Verfügung. Den Bietern und ihren Bevollmächtigten ist die Einsicht in die Niederschrift und ihre Nachträge (Absätze 4 und 5 sowie § 16c EU Absatz 3) zu gestatten.

(7) Die Niederschrift darf nicht veröffentlicht werden.

(8) Die Angebote und ihre Anlagen sind sorgfältig zu verwahren und geheim zu halten.

Übersicht

	Rn.		Rn.
A. Einführung		**D. Angebote, die bis zum Ablauf der**	
I. Literatur	1	**Angebotsfrist nicht vorgelegen haben**	
II. Entstehungsgeschichte	2	**(Abs. 4)**	29
III. Rechtliche Vorgaben im EU-Recht	7	**E. Nachweislich vor Ablauf der Angebots-**	
B. Öffnung der Angebote (Abs. 1)		**frist zugegangene Angebote (Abs. 5)**	34
I. Begriff und Durchführung der Öffnung	8	**F. Information der Bieter und Einsicht**	
II. Behandlung der eingegangenen Angebote bis zur Öffnung	12	**in die Niederschrift (Abs. 6)**	42
C. Ablauf des Öffnungstermins (Abs. 2 und 3)		**G. Keine Veröffentlichung der Niederschrift (Abs. 7)**	46
I. Feststellungen des Verhandlungsleiters und Öffnung der Angebote	16	**H. Verwahrung und Geheimhaltung der Angebote (Abs. 8)**	48
II. Niederschrift	22		

A. Einführung

I. Literatur

1 *Brinkmann,* Der Zugang von Willenserklärungen, 1984, *John,* Grundsätzliches zum Wirksamwerden empfangsbedürftiger Willenserklärungen, AcP 184 (1984), 385, *Ax/Schneider,* Der Ablauf des Eröffnungstermins, BauR 2000, 1411, *Höfler,* Der Eröffnungstermin im Verfahren zur Vergabe öffentlicher Bauaufträge, ZfBR 2000, 75, *Wagner,* Einheitliche Angebotsfrist bei gestaffelten Eröffnungsterminen, VergabeR 2001, 133, *Mankowski,* Zum Nachweis des Zugangs bei elektronischen Erklärungen, NJW 2004, 1901, *Hentschke/ Geßner,* Vermeidung von Manipulationen bei der Vergabe öffentlicher Aufträge, LKV 2005, 425, *Graef,* Rechtsfragen zur Kommunikation und Informationsübermittlung im neuen Vergaberecht, NZBau 2008, 34, *Ax/Schneider,* Gefährdeter Geheimwettbewerb und seine Auswirkungen oder: Geheimhaltung tut Not, vr 2010, 84, *Birnfeld,* Compliance in der Vergaberechtspraxis, CCZ 2010, 133, *Ruff,* Vorschläge zur Verhinderung von Korruption bei der Ausschreibung von kommunalen Bauleistungen, KommJur 2012, 287, *Portz,* Das neue Vergaberecht: Eine Bewertung aus kommunaler Sicht, BWGZ 2016, 52.

II. Entstehungsgeschichte

2 **§ 14 EU regelt die formale Behandlung der Angebote nach Ablauf der Angebotsfrist.** Eine § 14 EU ähnliche Vorschrift, § 22, war bereits in Abschnitt 2 der VOB/A enthalten, der auf der Baukoordinierungsrichtlinie basierte.[1] Sie entsprach im Übrigen der gleichen Bestimmung in Abschnitt 1 der VOB/A. § 22 war mit der Überschrift „Eröffnungstermin" versehen.

3 Mit der VOB/A Fassung 2009 wurde die Regelung in § 14 VOB/A Abschnitt 2 überführt. Sie hatte die erweiterte Überschrift **„Öffnung der Angebote, Eröffnungstermin".** Inhaltlich bestanden keine bedeutenden Abweichungen zu der Vorgängerfassung. Im Wesentlichen wurde der zwischenzeitlich zugelassenen elektronischen Übermittlung von Angeboten Rechnung getragen.

4 In der Fassung der VOB/A 2016 Abschnitt 2 ist § 14 EU mit „Öffnung der Angebote, Öffnungstermin" überschrieben. Somit ist eine **Wandlung von dem Eröffnungstermin zu einem Öffnungstermin** vollzogen worden. Dabei handelt es sich nicht um eine bloße sprachliche Abweichung. Der Öffnungstermin stellt eine Anpassung an die Entwicklung dar, dass in Kürze elektronische Angebote die Regel darstellen werden. In dem Öffnungstermin wird die Bieteröffentlichkeit nicht mehr hergestellt.

---

[1] Richtlinie 97/37/EWG v. 14.6.1993, ABl. L 199, 54.

§ 14 EU regelt die Kennzeichnungspflicht und sichere Aufbewahrung von eingegange- **4a**
nen Angeboten, die gewährleistet, dass niemand vor der offiziellen Öffnung durch befugte
Vertreter des Auftraggebers Kenntnis von dem Inhalt der Angebote erlangen kann. Die
Vorschrift schreibt ferner vor, wie die Öffnung der Angebote vonstattengeht, und legt dezidiert die dabei zwingend zu beachtenden Formalien fest. Sie regelt des Weiteren die Dokumentationspflicht, also die im Zusammenhang mit der Niederschrift zu beachtenden
Formalien und Inhalte, und klärt, wie mit verspätet, d.h. nach Ablauf der Angebotsfrist
eingegangenen Angeboten umzugehen ist. Schließlich regelt sie die Aufbewahrung der
Angebote und deren Geheimhaltung.

§ 14 EU enthält somit für den Auftraggeber verbindlich zu beachtende formale Anwei- **5**
sungen über den Umgang mit den eingegangenen Angeboten nach Ablauf der Angebotsfrist und deren Öffnung. Daran schließt sich die inhaltliche Prüfung und Wertung der Angebote an. Die **strengen Formvorschriften** stellen den ordnungsgemäßen **Wettbewerb,**
insbesondere den **Geheimwettbewerb,** die **Transparenz** des Verfahrens und die
Gleichbehandlung der Bieter sicher.

III. Rechtliche Vorgaben im EU-Recht

Die in § 14 EU enthaltenen Regelungen haben, jedenfalls in ihrer Vollständigkeit, **keine 6**
expliziten Grundlagen in der Richtlinie 2014/24/EU. Art. 22 Abs. 3 gibt jedoch
einen Rahmen vor, weil dort bestimmt ist, dass die Auftraggeber bei der gesamten Kommunikation sowie beim Austausch und der Speicherung von Informationen sicherstellen,
dass die Integrität der Daten und die Vertraulichkeit der Angebote und der Teilnahmeanträge gewährleistet ist und sie den Inhalt der Angebote und der Teilnahmeanträge erst nach
Ablauf der Frist für ihre Einreichung prüfen. Damit wird insbesondere dem Vertraulichkeitsgrundsatz entsprochen.[2] In Art. 22 Abs. 6a RL 2014/24/EU ist darüber hinaus die
Verschlüsselung und Zeitstempelung der elektronischen Angebote erwähnt. Ferner verweist
Art. 49 der RL wegen des Inhalts von Auftragsbekanntmachungen auf Anhang V Teil C.
Nach Nr. 21 des Anhangs sind bei offenen Verfahren Einzelheiten, nämlich Ort, Datum
und Uhrzeit, der Öffnung der Angebote anzugeben. Damit enthält die RL 2014/24/EU
nur Fragmente der vielfältigen Einzelregelungen des § 14 EU, was vor dem Hintergrund,
dass eine ähnliche innerstaatliche Vorschrift bereits vor Inkrafttreten jeglicher Vergaberichtlinien in der VOB/A existierte, nicht verwundert.

Entscheidend ist, dass die Formvorschriften des § 14 EU die Einhaltung der vergabe- **7**
rechtlichen Grundsätze[3] sicherstellen; sie sind konkrete Ausprägungen dieser Grundsätze
und gewährleisten den ordnungsgemäßen und nachvollziehbaren Verlauf der öffentlichen
Auftragsvergabe, der von vornherein feststeht und für jeden Bieter transparent ist.[4]

B. Öffnung der Angebote (Abs. 1)

I. Begriff und Durchführung der Öffnung

§ 14 EU Abs. 1 S. 1 regelt die **Öffnung der Angebote.** Anders als in den Vorgänger- **8**
fassungen der VOB/A Abschnitt 2 wird nunmehr der Begriff der „Eröffnung" nicht mehr
verwendet. Entsprechendes gilt für § 14 VOB/A, der mit der Überschrift „Öffnung der
Angebote, Öffnungstermin bei ausschließlicher Zulassung elektronischer Angebote" versehen ist. In Abschnitt 1 der VOB/A existiert eine weitere Vorschrift, nämlich § 14a, über-

---

[2] Vgl. BR-Drs. 87/16, 208.
[3] Vgl. Rn. 5.
[4] Vgl. *Herrmann* in Ziekow/Völlink, Vergaberecht, 2. Aufl. 2013, § 14 VOB/A Rn. 4.

schrieben mit „Öffnung der Angebote, Eröffnungstermin bei Zulassung schriftlicher Angebote". Damit wird deutlich, dass der neue „Öffnungstermin" bei der nach einer Übergangsfrist (spätestens ab dem 18.10.2018) verbindlich werdenden elektronischen Angebotseinreichung[5] gilt. Ein Eröffnungstermin bezog bzw. bezieht sich noch im innerstaatlichen Bereich auf das Vorliegen von schriftlichen Angeboten. Bei dem Eröffnungstermin werden die Angebote geöffnet und verlesen. Bieter und/oder ihre Bevollmächtigten dürfen anwesend sein. Demgegenüber ist nunmehr in § 14 EU nicht mehr vorgesehen, dass Bieter und/oder ihre Bevollmächtigten an dem Öffnungstermin teilnehmen. Das Unionsrecht spricht nicht gegen diese Regelung,[6] die im Bereich der Vergabe von Liefer- und Dienstleistungen, im Gegensatz zu Bauleistungen, bereits durch die VOL/A Abschnitt 1 und 2 gegolten hat und nunmehr auch in der VgV aufrecht erhalten bleibt.

9   Die Öffnung der Angebote ist **unverzüglich nach Ablauf der Angebotsfrist** durchzuführen. Nach der Legaldefinition in § 121 Abs. 1 BGB bedeutet „unverzüglich" ohne schuldhaftes Zögern. Die Angebotsfrist richtet sich nach der jeweiligen Verfahrensart.[7] Die §§ 10 bis 10c EU sehen für die Fristen jeweils eine bestimmte Dauer nach Kalendertagen vor. In dem Standardformular II „Auftragsbekanntmachung" der Durchführungsverordnung (EU) 2015/1986[8] ist unter der Rubrik „IV.2.2) Schlusstermin für den Eingang der Angebote oder Teilnahmeanträge" vorgesehen, dass der Auftraggeber neben dem Tag auch die Uhrzeit eintragen kann. Solange ein Eröffnungstermin stattfand, war es üblich, die Eröffnung zu der angegebenen Uhrzeit, zu der sich auch die Bieter und ihre Bevollmächtigten bei dem Auftraggeber einfanden, durchzuführen, so dass die Unverzüglichkeit ohne Weiteres gegeben war. Der Auftraggeber ist, insbesondere wegen der Vorgaben in dem Bekanntmachungsformular, nicht gehindert, auch nach neuer Rechtslage neben dem Datum eine Uhrzeit für den Ablauf der Angebotsfrist anzugeben und die Öffnung um diese Uhrzeit vorzunehmen. Gibt er lediglich einen Kalendertag an, endet die Frist an diesem Tag um 24 Uhr. Dann muss die Öffnung, um unverzüglich zu sein, in der Regel am nächsten Tag erfolgen, es sei denn, es liegen außergewöhnliche Umstände vor, z. B. wenn dieser Tag ein Feiertag ist.

10   Dass die Öffnung der Angebote unverzüglich nach Ablauf der Angebotsfrist durchzuführen ist, ist damit zu erklären, dass nach § 10a EU Abs. 9[9] **mit dem Ablauf der Angebotsfrist die Bindefrist beginnt,** in der der Bieter sein Angebot nicht mehr zurücknehmen kann. Innerhalb der Bindefrist prüft und wertet der Auftraggeber die Angebote und erteilt schließlich den Zuschlag. Die Bindefrist soll einerseits dem Auftraggeber vollumfänglich für diese Aufgaben zur Verfügung stehen. Andererseits soll auch keine unnötige Verlängerung der Bindefrist erfolgen, damit die Bieter, deren Angebote nicht berücksichtigt wurden, über die für den Auftrag eingeplanten Personal- und Sachmittel sobald wie möglich wieder frei verfügen können und der erfolgreiche Bieter ebenfalls disponieren kann.

11   **Die Öffnung der Angebote wird von mindestens zwei Vertretern des Auftraggebers gemeinsam durchgeführt.** Die Wortwahl „mindestens" in § 14 EU Abs. 1 S. 1 lässt es zu, dass auch mehr als zwei Vertreter des Auftraggebers an dem Öffnungstermin teilnehmen können. Mit dieser expliziten Regelung wird das **Vier- bzw. Mehr-Augen-Prinzip** sichergestellt, das zum einen der Fehlervermeidung durch Kontrolle, zum anderen aber auch der **Verhinderung von Missbrauch und Manipulationen** dienen soll. Das

---

[5] Vgl. Fn 1 zu § 11 EU: „Zentrale Beschaffungsstellen können bis zum 18. April 2017, andere öffentliche Auftraggeber bis zum 18. Oktober 2018, abweichend die Übermittlung der Angebote, Teilnahmeanträge und Interessensbestätigungen auch auf dem Postweg, anderem geeigneten Weg, Telefax oder durch die Kombination dieser Mittel verlangen."

[6] Vgl. *von Wietersheim* in Gabriel/Krohn/Neun, BeckHdB Vergaberecht, 2. Aufl. 2017, § 27 Rn. 2.

[7] Vgl. *Osseforth* §§ 10 EU, 10a EU, 10b EU und 10c EU.

[8] Verordnung v. 11.11.2015 zur Einführung von Standardformularen für die Veröffentlichung von Vergabebekanntmachungen für öffentliche Aufträge und zur Aufhebung der Durchführungsverordnung (EU) Nr. 842/2011, ABl. L 296, 1.

[9] Vgl. *Osseforth* § 10a EU.

VHB[10] enthält dazu nähere Ausführungen. Danach ist der Öffnungstermin von einem Bediensteten des Auftraggebers zu leiten; er wird – so wie in § 14 EU Abs. 2 Nr. 1 – als Verhandlungsleiter bezeichnet. Die zweite Person übernimmt die Schriftführung und fertigt die nach § 14 EU Abs. 3 erforderliche Niederschrift an. Das VHB weist darauf hin, dass beide (bzw. alle) Vertreter des Auftraggebers weder an der Bearbeitung der Vergabeunterlagen noch an der Vergabe oder der Vertragsabwicklung beteiligt sein sollen. Damit soll die Neutralität der Vertreter des Auftraggebers sichergestellt werden, denn bei nicht mit der Vergabe vertrauten Personen ist die Gefahr von Missbrauch oder Verflechtungen mit den Bietern geringer als bei Personen, die die Einzelheiten des Vergabeverfahrens kennen bzw. für die Durchführung des Vertrags vorgesehen sind.

II. Behandlung der eingegangenen Angebote bis zur Öffnung

Bis zu dem Öffnungstermin eingegangene **elektronische Angebote sind** gemäß § 14   **12** EU Abs. 1 S. 2 **zu kennzeichnen und verschlüsselt aufzubewahren.** Die **Kennzeichnung** dient zum einen dem Erkennen, ob das Angebot noch innerhalb der Angebotsfrist eingegangen ist. Zum anderen stellt sie sicher, dass die Angebote von anderen Dateien getrennt und vor unbefugtem Zugriff geschützt werden. Die elektronischen Mittel, die der Auftraggeber verwendet, müssen nach § 11a EU Abs. 4 Nr. 1 u. a. gewährleisten, dass die Uhrzeit und der Tag des Datenempfangs genau zu bestimmen sind.[11] Mit Hilfe dieser Mittel werden die Angebote gewissermaßen mit einem elektronischen Eingangsvermerk versehen. Dementsprechend bestimmt das VHB,[12] dass die elektronischen Angebote einen Zeitstempel der e-Vergabeplattform aufweisen müssen. Ob der Auftraggeber weitere Daten in die Kennzeichnung aufnimmt, wie beispielsweise den Namen des jeweiligen Bieters,[13] bleibt ihm überlassen.

Die **verschlüsselte Aufbewahrung der Angebote** zwischen ihrem Eingang und dem   **13** Öffnungstermin soll ebenfalls wie die Kennzeichnung den Schutz vor dem Zugriff Unberechtigter sicherstellen und gewährleisten, dass weder der Auftraggeber noch Dritte zu diesem Zeitpunkt Kenntnis von dem Angebotsinhalt erhalten. Nur so wird dem **fairen Wettbewerb** entsprochen. Die verschlüsselte Aufbewahrung ist Sache des Auftraggebers, während die verschlüsselte Übermittlung der Angebote nach § 13 EU Abs. 1 Nr. 2[14] Angelegenheit des Bieters ist.[15] Die verschlüsselte Aufbewahrung setzt voraus, dass die elektronischen Mittel, die der Auftraggeber für den Empfang der Angebote nutzt, den Vorgaben des § 11a EU Abs. 2 und 4 VOB/A entsprechen,[16] insbesondere kein vorfristiger Zugriff auf die empfangenen Daten möglich ist (§ 11a EU Abs. 4 Nr. 2). Die Aufbewahrung setzt das Speichern der elektronischen Angebote voraus.[17] Vorgaben für die einzelnen Verschlüsselungsmethoden enthält § 14 EU Abs. 1 nicht. Deren Auswahl ist Sache des Auftraggebers, sofern § 11a EU Abs. 2 und 4 beachtet wird.

Per Post oder direkt zugegangene Angebote sind nach § 14 EU Abs. 1 S. 3 **auf**   **14** **dem ungeöffneten Umschlag mit Eingangsvermerk zu versehen und unter Verschluss zu halten.** Diese Regelung gilt für die Interimszeitspanne, in der noch schriftliche Angebote zugelassen sind. Der **Eingangsvermerk** auf dem Umschlag ist von einem Vertreter des Auftraggebers anzubringen, sobald das Angebot in dessen Geschäftsbereich ge-

---

[10] Richtlinien zu 313 des Vergabe- und Vertragshandbuchs für Baumaßnahmen des Bundes, Ausgabe 2017.

[11] Vgl. *Wanderwitz* § 11a EU.

[12] Richtlinien zu 313 des Vergabe- und Vertragshandbuchs für Baumaßnahmen des Bundes, Ausgabe 2017.

[13] Vgl. *Verführth*, KKMPP, VgV, 1. Aufl. 2017, § 54 Rn. 14.

[14] Vgl. *Lausen* § 13 EU.

[15] Vgl. *Grünhagen* in FKZGM, VOB, 6. Aufl. 2017, § 14 EU Rn. 14.

[16] Vgl. *Wanderwitz* § 11a EU.

[17] Vgl. *Schnelle* in Müller-Wrede, VgV/UVgO, 1. Aufl. 2017, § 54 VgV Rn. 16.

langt ist. Auch der schriftlich angebrachte Eingangsvermerk enthält Angaben zum Zeitpunkt des Eingangs des Angebots, also das Datum und die Uhrzeit. Sinnvoll, aber nicht unbedingt notwendig, ist es, wenn die Person, die den Eingangsvermerk anbringt, noch ihr Namenskürzel vermerkt, um sie ggf. bei späteren Unklarheiten befragen zu können, denn der Eingangsvermerk hat auch eine beweissichernde Funktion.[18] Ferner kann es, insbesondere bei mehreren parallel laufenden Vergabeverfahren, hilfreich sein, das Angebot so zu kennzeichnen, dass klar wird, zu welchem Vergabeverfahren es gehört.

15   Dass der Umschlag der Angebote nicht geöffnet werden darf und die Angebote darüber hinaus bis zum Öffnungstermin **unter Verschluss zu halten** sind, dient dem Schutz vor der unbefugten Kenntnisnahme von deren Inhalt. „Unter Verschluss halten" bedeutet, dass der Auftraggeber zunächst die Angebote von der Tagespost separiert und sie an einem bestimmten Platz aufbewahrt, der nicht frei zugänglich ist, also z B in einem verschlossenen Schrank oder Tresor. Nur zwei oder jedenfalls wenige Mitarbeiter sollten die Zugriffsmöglichkeit auf die Angebote,[19] also die Befugnis haben, das verschlossene Behältnis zu öffnen. Ferner sollten diese auch nicht fachlich in das Vergabeverfahren involviert sein. Dies verspricht einen höheren Schutz vor unbefugter Kenntniserlangung des Inhalts der Angebote und vor Manipulationen.

C. Ablauf des Öffnungstermins (Abs. 2 und 3)

I. Feststellungen des Verhandlungsleiters und Öffnung der Angebote

16   Nach § 14 EU Abs. 2 Nr. 1 stellt der **Verhandlungsleiter** in einem ersten Schritt fest, ob der Verschluss der schriftlichen Angebote unversehrt ist und die elektronischen Angebote verschlüsselt sind. Der Begriff des „Verhandlungsleiters" ist an dieser Stelle erstmals in der Vorschrift gewählt; in § 14 EU Abs. 1 S. 1 ist lediglich von mindestens zwei Bediensteten des Auftraggebers die Rede, die den Öffnungstermin durchführen.[20] Der Verhandlungsleiter ist verantwortlich für die Durchführung des Öffnungstermins. Er ist, anders als der Begriff zu implizieren vermag, nicht zu Verhandlungen befugt.[21] Vielmehr ist er derjenige, der den Termin verantwortlich durchführt. Zwar muss der Verhandlungsleiter mit den für Vergabeverfahren geltenden Regelungen vertraut sein, er sollte aber nach Möglichkeit insbesondere nicht an der Wertung der Angebote teilnehmen, um die notwendige Neutralität des Verfahrens zu sichern.[22]

17   Der Verhandlungsleiter **stellt zunächst die Unversehrtheit der schriftlichen Angebote und die Verschlüsselung der elektronischen Angebote fest.** Diese Feststellung liegt sowohl im Interesse des Auftraggebers als auch der Bieter, denn es soll klargestellt werden, dass der Auftraggeber seinen Pflichten zur ordnungsgemäßen Behandlung der in seinen Geschäftsbereich gelangten Angebote nachgekommen ist und dadurch die Kenntnisnahme durch Unbefugte vermieden wurde.[23] **Schriftliche Angebote** sind unversehrt, wenn der Umschlag oder die sonstige Verpackung, in der sie sich befinden, i. S. d. § 13 EU Abs. 1 Nr. 2 S. 2 intakt und die Kenntnisnahme des Inhalts des Angebots ausgeschlossen ist.[24] Bei **elektronischen Angeboten** überprüft der Verhandlungsleiter, ob die Verschlüs-

---

[18] Vgl. VK Thüringen v. 11.10.2010 – 250–4003.20–4299/2010-018-SM.

[19] Vgl. OLG Hamburg 21.1.2004 – 1 Verg 5/03, ZfBR 2004, 502 (503); VK Baden-Württemberg 4.9.2014 – 1 VK 40/14.

[20] Vgl. Rn. 11.

[21] Vgl. *Marx* in KMPP, VOB, 2. Aufl. 2014, § 14 Rn. 37.

[22] Vgl. Rn. 11.

[23] Vgl. *von Wietersheim* in Ingenstau/Korbion, VOB, 20. Aufl. 2017, § 14a Rn. 19.

[24] Wegen der Einzelheiten, wann ein Umschlag oder eine andere Verpackung als verschlossen gilt, wird auf die Kommentierung von *Lausen* zu § 13 EU verwiesen.

selung i. S. d. § 13 EU Abs. 1 Nr. 2 S. 3[25] und des § 14 EU Abs. 1 S. 2[26] noch besteht. Er prüft ferner, ob die Angebote mit der ggf. von dem Auftraggeber geforderten elektronischen Signatur versehen sind.

Soweit schriftliche Angebote nicht unversehrt bzw. elektronische Angebote nicht ver- **18** schlüsselt sind, wird dies in der nach § 14 EU Abs. 3 zu fertigenden **Niederschrift über den Öffnungstermin** festgehalten. Die Aufnahme der Tatsachen erfolgt detailliert und, soweit bekannt, unter Angabe der Gründe.[27] In dem Öffnungstermin wird lediglich die Protokollierung vorgenommen. Materielle Konsequenzen, im Regelfall der Ausschluss des betreffenden Angebots nach § 16 EU Nr. 2 oder sogar Ermittlungen, ob wettbewerbswidrige Absprachen vorliegen könnten, erfolgen erst im Rahmen der Wertungsphase.

In einem zweiten Schritt **werden die Angebote nach § 14 EU Abs. 2 Nr. 2 geöff-** **19** **net und in allen wesentlichen Teilen im Öffnungstermin gekennzeichnet.** Sinn der Regelung ist sicherzustellen, dass die bei der Prüfung und Wertung der Angebote zugrunde liegenden Unterlagen tatsächlich alle rechtzeitig und mit dem bei der Prüfung festgestellten Inhalt im Öffnungstermin vorgelegen haben;[28] damit sollen erneut Manipulationsmöglichkeiten vermieden werden. **Schriftliche Angebote** werden geöffnet, indem der Umschlag oder die sonstige Verpackung entfernt wird. Soweit die Kennzeichnung der wesentlichen Teile verlangt wird, sollen dazu die Angebotsbestandteile gehören, die die Preise, die geforderten Erklärungen sowie Unterschriften enthalten.[29] Jedenfalls müssen aber alle Vertragsunterlagen i. S. d. § 8 EU Abs. 1 Nr. 2 gekennzeichnet werden.[30] Da die Kennzeichnung in dem Öffnungstermin vorzunehmen ist und es regelmäßig schwieriger sein dürfte, in dem Termin sofort die wesentlichen Teile eines jeden Angebots zu identifizieren, bietet sich, jedenfalls im Zweifel, die Kennzeichnung des kompletten schriftlichen Angebots einschließlich Umschlag an. Die Art der Kennzeichnung bestimmt der Auftraggeber, da § 14 EU keine derartigen Vorschriften enthält. Die Kennzeichnung darf nicht mehr veränderbar und muss manipulationssicher sein, um eine Veränderung des Angebots nach Öffnung, z. B. durch Austausch von einzelnen Seiten, zu verhindern. Bewährt hat sich eine Lochstempelung, auch kombiniert mit einer Datierung.[31] Soweit der Verhandlungsleiter oder der Vertreter des Auftraggebers, der die Öffnung vornimmt, Handzeichen anbringt, ist ein dokumentenechter Kugelschreiber, keinesfalls ein Bleistift oder ein Tintenfüllhalter, zu verwenden, da in diesen Fällen die Schrift ohne Spuren zu hinterlassen, gelöscht werden kann.

Die Öffnung der **elektronischen Angebote,** die in naher Zukunft die Regel werden **20** wird, erfolgt durch die Öffnung der jeweils verschlüsselten und ggf. mit der vorgeschriebenen Signatur versehenen Dateien. Eine Kennzeichnung der wesentlichen Teile wie bei einem schriftlichen Angebot ist für elektronische Angebote nicht passend; insbesondere wird eine elektronische Datei nicht nur in Teilen gekennzeichnet werden. Vielmehr erfolgt die Kennzeichnung bei verschlüsselten Angeboten praktisch bereits durch die Öffnung, die nur von dem Berechtigten nach Ablauf der Angebotsfrist vorgenommen werden kann. Im Übrigen wird eine Sicherungskopie gespeichert, so dass bei Bedarf der Inhalt des Originalangebots mit dem Inhalt der Kopie verglichen werden kann. Nicht zuletzt, weil die Kennzeichnung elektronischer Angebote im herkömmlichen Sinn nicht mehr möglich ist, ist diese Voraussetzung in der Parallelvorschrift des § 55 VgV nicht enthalten.

---

[25] Wegen der Einzelheiten zu der Verschlüsselung wird auf die Kommentierung von *Lausen* zu § 13 EU verwiesen.

[26] Vgl. Rn. 13.

[27] Vgl. *Grünhagen* in FKZGM, VOB, 6. Aufl. 2017, § 14 EU Rn. 33.

[28] Vgl. OLG Naumburg 1.8.2013 – 2 U 151/12, VergabeR 2014, 85 (88 f.).

[29] Vgl. *Grünhagen* in FKZGM, VOB, 6. Aufl. 2017, § 14 EU Rn. 36.

[30] Wegen Einzelheiten vgl. *Rechten* § 8 EU.

[31] Vgl. *Marx* in KMPP, VOB, 2. Aufl. 2014, § 14 Rn. 43.

21   Nach § 14 EU Abs. 2 Nr. 3 müssen schließlich **Muster und Proben der Bieter im Termin zur Stelle sein.** Diese Muster und Proben, die nach § 13 EU Abs. 1 Nr. 7 vom Bieter als zum Angebot gehörig gekennzeichnet sein müssen, sind Bestandteil des Angebots. Als solches müssen sie in dem Öffnungstermin physisch vorliegen, damit das betreffende Angebot vollständig ist und protokolliert werden kann, dass es komplett vorgelegen hat. Ein Nachreichen würde dazu führen, dass das Angebot nicht vor Ablauf der Angebotsfrist eingegangen ist und dass die Gefahr von Manipulationen zur Beeinträchtigung des Wettbewerbs führt.

II. Niederschrift

22   Nach § 14 EU Abs. 3 Nr. 1 **ist über den Öffnungstermin eine Niederschrift in Schriftform oder in elektronischer Form zu fertigen.** Diese Niederschrift ist bereits in dem Öffnungstermin zu fertigen und mit Ausnahme von evtl. Nachträgen fertigzustellen. Sie gilt als **Beweismittel**[32] und dient somit sowohl den Interessen des Auftraggebers als auch der Bieter.[33] Die beiden Formen der Niederschrift – in Schriftform oder elektronisch – stehen gleichberechtigt nebeneinander. Insbesondere geht aus dem Wortlaut der Vorschrift nicht hervor, dass die Form der Niederschrift mit derjenigen der Angebote korrespondieren muss. Mit der Umstellung auf die elektronische Kommunikation[34] wird die elektronische Niederschrift die Regel werden. **In der Niederschrift sind alle wesentlichen Sachverhalte und Vorgänge aufzunehmen.**[35] Dazu gehören
– der Tag und die Uhrzeit des Beginns der Öffnungsverhandlung,
– die Namen der anwesenden Vertreter des Auftraggebers und ihre Funktion in dem Öffnungstermin,
– die erforderlichen Handlungen des Verhandlungsleiters nach § 14 EU Abs. 2 (Feststellung der Unversehrtheit bzw. Verschlüsselung der Angebote, Öffnung, Kennzeichnung, Feststellung, ob Muster und Proben vorliegen und einem konkreten Angebot zuzuordnen sind),
– die (sonstigen) Entscheidungen des Verhandlungsleiters,
– ggf. die Aufnahme der Daten zu Angeboten gemäß § 14 EU Abs. 4, die in dem Öffnungstermin nicht vorgelegen haben; diese Angaben sind entweder in der Niederschrift oder in einem Nachtrag zu machen,[36]
– die Uhrzeit des Endes des Öffnungstermins
– sowie die Unterschriften der Vertreter des Auftraggebers bzw. eine Signatur nach § 13 EU Abs. 1 Nr. 1.
Das VHB[37] enthält ein Muster über die Niederschrift (313), in dem die wesentlichen Punkte vorgegeben werden und auszufüllen sind.

23   Kommt der Auftraggeber der Verpflichtung zu der ihm obliegenden umfassenden Protokollierung nicht nach, liegt darin eine **Verletzung seiner vertraglichen Nebenpflichten,** die es ihm verwehrt, sich im Verhältnis zu den betroffenen Bietern auf die Unvollständigkeit des Protokolls zu berufen. Er muss sich diesen gegenüber jedenfalls bis zu dem ihm obliegenden Gegenbeweis vielmehr so behandeln lassen, als sei das Protokoll vollständig und inhaltlich richtig.[38]

24   Nach § 14 EU Abs. 3 Nr. 1 ist der Niederschrift explizit **eine Aufstellung mit bestimmten Angaben beizufügen.** Diese gesonderte Aufstellung, die den Bietern nach

---

[32] Höfler, ZfBR 2000,75 (78).
[33] Vgl. *von Wietersheim* in Ingenstau/Korbion, VOB, 20. Aufl. 2017, § 14a Rn. 30.
[34] Vgl. *Wandervitz* § 11 EU.
[35] Vgl. *Holz* in Heiermann/Riedl/Rusam, VOB, 14. Aufl. 2018, § 14 Rn. 39.
[36] Vgl. Rn. 29–33.
[37] Vergabe- und Vertragshandbuch für Baumaßnahmen des Bundes, Ausgabe 2017.
[38] Vgl. BGH 26.10.1999 – X ZR 30/98, NZBau 2000, 35 (38).

§ 14 EU Abs. 6 S. 1 unverzüglich elektronisch zur Verfügung zu stellen ist, ersetzt gewissermaßen die bisherige Verlesung der Niederschrift.[39] Bei den Angaben handelt es sich um:
– Namen und Anschriften der Bieter,
– die Endbeträge der Angebote oder einzelner Lose,
– Preisnachlässe ohne Bedingungen[40] und
– Anzahl der jeweiligen Nebenangebote.[41]

Bei den **Namen und den Anschriften der Bieter** sind die genaue Firmenbezeichnung und der Firmensitz anzugeben. Bei Bietergemeinschaften sind alle daran beteiligten Unternehmen mit deren Sitz, falls bereits bekannt auch das federführende Unternehmen, aufzunehmen.[42] **Die Endbeträge der Angebote** sind die jeweiligen Gesamtpreise,[43] wobei darauf zu achten ist, ob es sich um die Preise einschließlich oder ohne Umsatzsteuer handelt. Entsprechendes gilt für die **Endbeträge einzelner Lose.** Deren Aufnahme ist deshalb wichtig, weil im Hinblick auf den Mittelstandsschutz der Grundsatz der losweisen Vergabe nach § 97 Abs. 4 S. 2 GWB gilt und der Auftraggeber diese Vorgabe grundsätzlich in einem Vergabeverfahren umzusetzen hat. In Bezug auf **Preisnachlässe** ist zu beachten, dass gemäß § 13 EU Abs. 4 nur **Preisnachlässe ohne Bedingungen** wertbar sind und dass diese an einer bestimmten, vom Auftraggeber vorgegebenen Stelle in den Vergabeunterlagen aufzuführen sind. Der Verhandlungsleiter muss daher darauf achten, ob es sich um derartige Preisnachlässe handelt und ob sie formal richtig deklariert worden sind, bevor er sie in die Aufstellung zur Niederschrift aufnimmt. Schließlich ist die **Anzahl der Nebenangebote** zu vermerken. Sie ist nach § 13 EU Abs. 3 S. 1 an einer vom Auftraggeber in den Vergabeunterlagen bezeichneten Stelle anzugeben. Der Verhandlungsleiter prüft also auch, ob diese Voraussetzung erfüllt ist. Ist das nicht der Fall und ermittelt der Verhandlungsleiter die Anzahl der Nebenangebote selbst, ist dies ebenfalls in der Aufstellung zur Niederschrift aufzunehmen. Entsprechendes gilt für alle Auffälligkeiten, so z.B. wenn die Nebenangebote nicht nach § 13 EU Abs. 3 S. 2 auf gesonderter Anlage erstellt sind. Entsprechende Angaben werden zwar nicht explizit durch § 14 EU Abs. 3 Nr. 1 verlangt. Da die Niederschrift und somit auch ihre Anlage Beweiszwecken dient, ist es aber sinnvoll, die Auffälligkeiten zu den vorgeschriebenen Punkten mit zu erfassen, um eine adäquate Prüfung und Wertung der Angebote vorzubereiten.

Die Aufnahme der essenziellen Punkte in der gesonderten Aufstellung und deren spätere, an die Bieter gerichtete Bekanntmachung entsprechen dem Transparenzgebot. Dadurch und durch die Information nach § 134 GWB wird sichergestellt, dass die Zuschlagserteilung auf das Angebot eines Bieters für die Konkurrenten nachvollziehbar wird.[44]   **25**

Nach § 14 EU Abs. 3 Nr. 2 **ist die Niederschrift von beiden Vertretern des Auftraggebers zu unterschreiben oder mit einer Signatur nach § 13 EU Abs. 1 Nr. 1 zu versehen.** Soweit auf „beide" Vertreter des Auftraggebers Bezug genommen wird, entspricht dies wohl regelmäßig der Realität. Allerdings ist zu beachten, dass § 14 EU Abs. 1 S. 1 „mindestens" zwei Vertreter zulässt. Nehmen also tatsächlich mehr als zwei Vertreter an dem Öffnungstermin teil, sollten sie alle die Niederschrift unterzeichnen bzw. signieren. Dies entspricht dem Zweck der Beweissicherung des Protokolls.   **26**

Eine **Unterschrift ist bei schriftlichen Niederschriften erforderlich.** Bezüglich der Unterschrift gelten die gleichen Regelungen wie im Fall des § 13 EU Abs. 1 Nr. 1 S. 2.[45] Damit die beigefügte Aufstellung zur Niederschrift i.S.d. § 14 EU Abs. 3 Nr. 1 S. 2 auch von der Unterschrift erfasst wird, kann diese gesondert unterzeichnet werden. Zweckmäßiger ist es allerdings, in der eigentlichen Niederschrift zu vermerken, dass die Aufstellung als   **27**

---

[39] Vgl. *Grünhagen* in FKZGM, VOB, 6. Aufl. 2017, § 14 EU Rn. 36.
[40] Vgl. *Lausen* § 13 EU Abs. 4.
[41] Vgl. *Lausen* § 13 EU Abs. 3.
[42] Vgl. *Lausen* § 13 EU Abs. 5.
[43] Vgl. *von Wietersheim* in Ingenstau/Korbion, VOB, 20. Aufl. 2017, § 14a Rn. 24.
[44] Vgl. *Grünhagen* in FKZGM, VOB, 6. Aufl. 2017, § 14 EU Rn. 45.
[45] Vgl. *Lausen* § 13 EU Abs. 1.

Anlage Bestandteil der Niederschrift wird. Dann erfasst die Unterschrift unter die Niederschrift auch die Aufstellung.

28   Bei **elektronischen Angeboten** gilt bezüglich der **Signatur** sinngemäß auch das, was für die Unterschrift unter schriftliche Angebote maßgebend ist. Zu beachten ist hinsichtlich des Verweises auf § 13 EU Abs. 1 Nr. 1 wegen der elektronischen Signatur, dass das Signaturgesetz außer Kraft getreten und Rechtsgrundlage nunmehr die eIDAS-Verordnung ist.[46]

D. Angebote, die bis zum Ablauf der Angebotsfrist nicht vorgelegen haben (Abs. 4)

29   § 14 EU Abs. 4 enthält Regelungen über **den formalen Umgang mit Angeboten, die bis zum Ablauf der Angebotsfrist**[47] **nicht vorgelegen haben.** Die Formalien sind erforderlich, weil klar differenziert werden muss, ob ein Angebot tatsächlich nach Ablauf der Angebotsfrist, also verspätet, bei dem Auftraggeber eingegangen ist und deshalb nach § 16 EU Nr. 1[48] von der Wertung auszuschließen ist, oder ob das Angebot aus von dem Bieter nicht zu vertretenden Gründen nicht im Öffnungstermin vorlag, wohl aber rechtzeitig vor Ablauf der Angebotsfrist bei dem Auftraggeber eingegangen ist. In diesem Fall wird es gewertet. Da derartige Konstellationen, insbesondere in Bezug auf den evtl. von Mitbietern angestrebten Rechtsschutz, sehr sorgfältig zu behandeln und zu dokumentieren sind, bedarf es besonderer Regelungen.

30   Die bis zum Ablauf der Angebotsfrist nicht vorliegenden Angebote sind nach § 14 EU Abs. 4 S. 1 **in der Niederschrift oder in einem Nachtrag zu der Niederschrift besonders aufzunehmen.** Durch die alternativen Formen der Berücksichtigung wird klar, dass es sich zum einen um Angebote handeln kann, die zwar bei Ablauf der Angebotsfrist und dem Beginn des Öffnungstermins noch nicht vorgelegen haben, aber dem Verhandlungsleiter noch in dem laufenden Öffnungstermin zur Kenntnis gelangen. Zum anderen erfasst § 14 EU Abs. 4 S. 1 Angebote, die nicht bis zum Abschluss des Öffnungstermins, sondern erst später vorliegen. Dann ist eine Aufnahme in der Niederschrift, die im Öffnungstermin gefertigt und durch die Unterschriften bzw. die Signatur der Vertreter des Auftraggebers abgeschlossen wird, nicht mehr möglich, so dass ein Nachtrag zu der Niederschrift erforderlich ist (der gesondert zu unterschreiben bzw. zu signieren ist). Soweit die Angebote noch in der Niederschrift berücksichtigt werden können, sollten Sie aus Gründen der Übersichtlichkeit und des Vermeidens von Irrtümern getrennt von den anderen, vorher vorliegenden Angeboten aufgeführt werden.[49] Ferner geht, ungeachtet des S. 2, nicht aus § 14 EU Abs. 4 hervor, welche Einzelheiten bezüglich der Angebote protokolliert werden. Nach – zutreffender – Auffassung reicht es aus, wenn nach Öffnung der verspäteten Angebote die daraus ersichtlichen Namen und Anschriften der verspäteten Bieter vermerkt werden.[50] Die sonstigen Angaben nach § 14 EU Abs. 3 werden nicht aufgenommen, weil zu dem Zeitpunkt der Dokumentation noch nicht klar ist, ob das Angebot gewertet werden muss oder nicht zur Wertung zuzulassen ist. Da die übrigen Bieter unter den Voraussetzungen des § 14 EU Abs. 6 Kenntnis von der Niederschrift und ihrer Nachträge erhalten, sollen nicht etwa Angaben, insbesondere Preise, von nicht wertbaren Angeboten bekannt gegeben werden. § 14 EU Abs. 4 sagt auch nichts darüber aus, wer den Nachtrag zur Niederschrift ausfertigt. Zweckmäßigerweise sollten dies dieselben Vertreter des Auftraggebers tun, die bereits an dem Öffnungstermin teilgenommen und die ursprüngliche Niederschrift unterschrieben bzw. signiert haben.

---

[46] Vgl. wegen Einzelheiten zu elektronischen Signaturen *Lausen* § 13 EU Abs. 1.

[47] Wegen der Kommentierung des Tatbestandsmerkmals „Ablauf der Angebotsfrist" wird auf Rn. 9 f. verwiesen.

[48] Vgl. *Opitz* § 16 EU.

[49] Vgl. *von Wiersheim* in Ingenstau/Korbion, VOB, 20. Aufl. 2017, § 14a Rn. 36.

[50] Vgl. *von Wiersheim* in Ingenstau/Korbion, VOB, 20. Aufl. 2017, § 14a Rn. 38.

Zu vermerken sind nach § 14 EU Abs. 4 S. 2 **die Eingangszeiten** und die etwa be- 31
kannten Gründe, aus denen die Angebote nicht vorgelegen haben. Mit den „Eingangszeiten" sind diejenigen gemeint, zu denen die fraglichen Angebote bei dem Auftraggeber
eingegangen, also in seinen Geschäftsbereich gelangt sind. Die Einzelheiten dieses Eingangs, Datum und Uhrzeit, werden durch die Kennzeichnung nach § 14 EU Abs. 1 S. 2
und 3 vermerkt bzw. dokumentiert. Der Auftraggeber ist verpflichtet, auch nach Ablauf
der Angebotsfrist eingehende Angebote mit einem Eingangsvermerk zu versehen.[51] Wegen
der nicht eindeutigen Bedeutung des Begriffs „Eingangszeiten" sollte darüber hinaus festgehalten werden, zu welchem Datum und zu welcher Zeit das verspätete Angebot dem
Verhandlungsleiter in dem Öffnungstermin zugegangen ist bzw. nach dem Öffnungstermin
vorgelegen hat.

Die etwa bekannten Gründe, aus denen die Angebote nicht vorgelegen haben, 32
sind ebenfalls zu vermerken. Wie sich bereits aus dem Wortlaut ergibt, kann eine solche Angabe nur erfolgen, wenn bereits bei der Fertigung der Niederschrift bzw. ihres
Nachtrags bekannt ist, warum das Angebot verspätet eingegangen ist. Die Gründe sind
deshalb festzuhalten, weil sie entscheidend für die Beurteilung sind, ob der verspätete Eingang von dem Bieter oder von dem Auftraggeber zu vertreten ist, wonach sich entscheidet,
ob das Angebot gewertet wird oder nicht.

Schließlich sind gemäß § 14 EU Abs. 4 S. 3 der Umschlag des Angebots und andere 33
Beweismittel aufzubewahren. Auf dem Umschlag ist der Eingangsvermerk des Auftraggebers vorhanden, der Aufschluss über die tatsächliche Eingangszeit gibt. Andere Beweismittel sind beispielsweise Kopien von Empfangsbestätigungen oder Aussagen von Mitarbeitern, die zur Klärung beitragen können, ob das betreffende Angebot rechtzeitig vorgelegen
hat oder nicht, und wie es bei dem Auftraggeber behandelt bzw. weitergeleitet wurde.
Über elektronische Angebote ist in § 14 EU Abs. 4 S. 3 keine Regelung getroffen. Auch
diesbezüglich sind etwaige Beweismittel zu sichern.

E. Nachweislich vor Ablauf der Angebotsfrist zugegangene Angebote (Abs. 5)

§ 14 EU Abs. 5 trifft überwiegend materielle sowie im Übrigen formale Regelungen 34
über den **Umgang mit Angeboten, die** dem Auftraggeber nachweislich vor Ablauf der
Angebotsfrist zugegangen waren, **dem Verhandlungsleiter im Öffnungstermin aus**
von den Bietern nicht zu vertretenden Gründen aber nicht vorgelegen haben.
Solche Angebote sind nach § 14 EU Abs. 5 Nr. 1 wie ein rechtzeitig vorliegendes Angebot
zu behandeln.

Das Angebot ist zivilrechtlich eine Willenserklärung gegenüber Abwesenden i. S. d. 35
§ 130 BGB. Sie wird nach § 130 Abs. 1 BGB zu dem Zeitpunkt wirksam, in dem sie dem
Empfänger zugeht. Der Begriff des Zugangs setzt voraus, dass die Erklärung so in den
Machtbereich des Empfängers gelangt, dass dieser unter normalen Umständen die Möglichkeit der Kenntnisnahme hat.[52] Bezogen auf ein vergaberechtliches Angebot bedeutet
dies, dass es vor Ablauf der Angebotsfrist an der von dem Auftraggeber angegebenen Adresse bzw. konkreten Stelle eingegangen ist. Hat der Auftraggeber keine speziellen Angaben
gemacht, also zB ein bestimmten Bereich seines Geschäftssitzes oder eine genau bezeichnete Stelle in der Anschrift genannt, ist ein schriftliches Angebot regelmäßig dann
zugegangen, wenn es zur normalen Geschäftszeit in den Briefkasten des Auftraggebers ein-
gelegt wurde oder bei seiner Empfangs- bzw. Poststelle abgegeben wurde. Endet eine Angebotsfrist an einem Tag um 24 Uhr, muss der Auftraggeber entweder einen Fristenbrief-

---

[51] Vgl. *Grünhagen* in FKZGM, VOB, 6. Aufl. 2017, § 14 EU Rn. 70.
[52] Vgl. *Einsele* in SROL, MüKoBGB, 7. Aufl. 2015, § 130 Rn. 16; BGH v. 21.01.2004 – VII ZR 214/
00, NJW 2004, 1320 (1321).

kasten zur Verfügung stellen oder Angebote, die am nächsten Tag während der regulären Geschäftszeiten in dem Briefkasten vorhanden sind, als rechtzeitig zugegangen anerkennen. Hat ein Auftraggeber dagegen eine konkrete Stelle für den Empfang eines Angebotes benannt, muss dieses auch rechtzeitig bei dieser Stelle eingehen (z B in einem bestimmten Verwaltungsgebäude, wenn der Auftraggeber über mehrere Verwaltungsstellen an verschiedenen Orten verfügt).[53] Bezüglich elektronischer Angebote gilt, dass die von dem Auftraggeber eingesetzten elektronischen Mittel nach § 11a EU Abs. 4 Nr. 1 sicherstellen müssen, dass die Uhrzeit und der Tag des Datenempfangs genau zu bestimmen sind. Bei elektronischen Angeboten ist somit der Zugang klar feststellbar.

36   Dass ein Angebot wie ein rechtzeitig vorliegendes behandelt wird, setzt voraus, dass es **nachweislich** vor Ablauf der Angebotsfrist bei dem Auftraggeber eingegangen ist. D. h. es dürfen keine Zweifel an der Rechtzeitigkeit des Eingangs bestehen; dieser muss sowohl bei schriftlichen als auch bei elektronischen Angeboten durch Fakten beweisbar sein. Ist das nicht der Fall bzw. bestehen Restzweifel, darf das betreffende Angebot nicht gewertet werden.

37   Das vor Ablauf der Angebotsfrist eingegangene Angebot muss dem Verhandlungsleiter **aus vom Bieter nicht zu vertretenden Gründen** nicht vorgelegen haben. Wenn der Bieter für den rechtzeitigen Zugang in den Macht- bzw. Geschäftsbereich des Auftraggebers gesorgt hat, hat er keinen Einfluss mehr auf die weitere Behandlung des Angebots und dessen Vorlage bei dem Öffnungstermin. Durch ein internes Organisationsverschulden[54] kann es vorkommen, dass ein vor Ablauf der Angebotsfrist eingegangenes schriftliches Angebot von den zuständigen Mitarbeitern oder Beauftragten des Auftraggebers nicht rechtzeitig zu dem Öffnungstermin weitergeleitet wird, sei es, weil es im internen Geschäftsgang fehlgeleitet wird oder verloren geht, sie es, weil es übersehen wird. Bei elektronischen Angeboten sind technische Defekte oder organisatorische Fehler im Bereich der Vergabestelle denkbar, die dazu führen, dass das Angebot nicht in dem dafür vorgesehenen Öffnungstermin vorliegt. In diesen oder vergleichbaren Fällen hat der Bieter Gründe für die verspätete Vorlage nicht zu vertreten.

38   Nach § 14 EU Abs. 5 Nr. 2 S. 1 **ist den Bietern dieser Sachverhalt unverzüglich in Textform mitzuteilen.** Die Mitteilung dient, insbesondere auch im Hinblick auf Rechtsschutzmöglichkeiten der Konkurrenten, der Transparenz des Vergabeverfahrens. § 14 EU Abs. 5 Nr. 2 grenzt nicht ein, welchen Bietern der Sachverhalt mitzuteilen ist. Daher ist davon auszugehen, dass alle dem Auftraggeber bekannten Bieter informiert werden. Dies sind die Bieter, die ein Angebot abgegeben haben, das in dem Öffnungstermin geöffnet wurde, sowie ggf. auch diejenigen, deren Angebote verspätet vorlagen. Die Mitteilung des Auftraggebers muss unverzüglich, also ohne schuldhaftes Zögern, erfolgen. Sie knüpft an den Zeitpunkt an, zu dem die Voraussetzungen nach § 14 EU Abs. 5 Nr. 1 feststehen. Textform ist in § 126b BGB geregelt. Sie setzt die Abgabe einer lesbaren Erklärung auf einem dauerhaften Datenträger voraus.[55] Textform ist daher auch durch eine E-Mail gewahrt.

39   § 14 EU Abs. 5 Nr. 2 S. 2 regelt, dass darüber hinaus **in der Mitteilung** die Feststellung aufzunehmen ist, dass der **Verschluss bei schriftlichen Angeboten unversehrt war** bzw. die **Verschlüsselung bei elektronischen Angeboten** vorlag. Diese Informationen beugen der Annahme vor, dass die Angebote von Nichtbefugten eingesehen werden konnten und dass evtl. sogar Manipulationen vorgenommen wurden. Ferner muss die Mitteilung die Angaben nach § 14 EU Abs. 3 Nr. 1 Buchst. a bis d enthalten. Dieses sind die kompletten Feststellungen, die in Bezug auf die im Öffnungstermin vorliegenden Angebote die Niederschrift aufzunehmen sind. Damit wird deutlich, dass Angebote, die dem Auftraggeber nachweislich vor Ablauf der Angebotsfrist zugegangen sind und ohne Verschul-

---

[53] Vgl. *Marx* in KMPP, VOB, 2. Aufl. 2014, § 14 Rn. 32.
[54] Vgl. *Marx* in KMPP, VOB, 2. Aufl. 2014, § 14 Rn. 33.
[55] Vgl. *Einsele* in SROL, MüKoBGB, 7. Aufl. 2015, § 126b Rn. 4.

den des Bieters im Öffnungstermin nicht vorgelegen haben, den dort geöffneten Angeboten gleichgestellt werden.

Dementsprechend bestimmt § 14 EU Abs. 5 Nr. 3 S. 1, **dass das betreffende Ange- 40 bot mit allen Angaben in die Niederschrift oder in einen Nachtrag aufzunehmen ist.** Die Regelung ist so auszulegen, dass die Angaben in einem Nachtrag zur Niederschrift zu machen sind. Denn die Niederschrift wird im Öffnungstermin durch die Unterzeichnung bzw. elektronische Signierung abgeschlossen. Wenn ein Angebot nach § 14 EU Abs. 5 Nr. 1 dem Verhandlungsleiter nicht vorgelegt hat, kann es folglich nicht mehr in der eigentlichen Niederschrift, sondern nur noch in einem Nachtrag berücksichtigt werden.

Da § 14 EU Abs. 5 Nr. 3 S. 2 auf § 14 EU Abs. 4 S. 2 und 3 verweist, sind in dem Nach- 41 trag auch die Eingangszeit und die bekannten Gründe, aus denen das Angebot nicht vorgelegen hat, zu vermerken. Außerdem sind die Beweismittel und bei schriftlichen Angeboten der Umschlag aufzubewahren. Gerade in Fällen des Abs. 5, in denen ein verspätet eingegangenes Angebot wertbar ist, ist es wichtig, dass der Auftraggeber nachweisen kann, dass das Angebot rechtzeitig eingegangen und daher nicht von der Wertung auszuschließen ist.

F. Information der Bieter und Einsicht in die Niederschrift (Abs. 6)

§ 14 EU Abs. 6 S. 1 regelt, dass der Auftraggeber in offenen und nicht offenen Verfahren 42 den Bietern die in Abs. 3 Nr. 1 Buchst. a bis d genannten **Informationen unverzüglich elektronisch zur Verfügung stellt.** Bei diesen Informationen handelt es sich um die Angaben, die in einer der Niederschrift beizufügenden Aufstellung aufzunehmen sind.[56] Die Informationspflicht tritt an die Stelle der früher geregelten Verlesung der Angebote,[57] die möglich war, weil Bieter oder ihre Bevollmächtigten an dem Eröffnungstermin teilnehmen konnten. Nach alter Rechtslage diente der Eröffnungstermin den beteiligten Bietern insbesondere durch das Verlesen der Angebote als eine erste Orientierung, ihre eigene Wettbewerbsposition einschätzen zu können.[58] Nunmehr wird dieser Zweck durch die Information, die die Bieter erhalten, sichergestellt. Für die Information durch den Auftraggeber bedarf es keines Antrags der Bieter mehr; der Auftraggeber muss sie von sich aus zur Verfügung stellen. Hinsichtlich des Zeitpunkts gilt, dass sie unverzüglich, d.h. ohne schuldhaftes Zögern, erfolgt. Das bedeutet in der Praxis, dass sie unmittelbar nach der Fertigstellung der Niederschrift und der als Anlage hinzuzufügenden Aufstellung nach § 14 EU Abs. 3 Nr. 1 vorgenommen wird. Vorgeschrieben ist die elektronische Form. Da es sich um vertrauliche Inhalte handelt, die zwar dem Bieterkreis, nicht jedoch Dritten, bekannt gegeben werden können, ist eine verschlüsselte Übermittlung angemessen.[59]

Die Informationen müssen nur **in offenen und nicht offenen Verfahren** zur Verfü- 43 gung gestellt werden. Hintergrund ist, dass nur bei diesen förmlichen Ausschreibungsverfahren ein Öffnungstermin stattfindet. Bei den anderen Vergabeverfahren, wie z.B. Verhandlungsverfahren oder wettbewerblicher Dialog, wird das Verfahren regelmäßig so abgewickelt, dass – ggf. in verschiedenen Phasen – über die Angebote verhandelt wird und diese verändert werden. Insofern hat der DVA als Urheber der VOB/A einen formalen Öffnungstermin für nicht notwendig erachtet, obwohl keine Gründe für einen Verzicht auf den Öffnungstermin ersichtlich sind, wenn der Auftraggeber bei einem Verhandlungsverfahren ausnahmsweise einen Auftrag aufgrund der Erstangebote vergibt[60] oder die Schlussangebote vorliegen.

---

[56] Vgl. Rn. 22.
[57] Vgl. *Grünhagen* in FKZGM, VOB, 6. Aufl. 2017, § 14 EU Rn. 85.
[58] Vgl. Höfler, ZfBR 2000,75 (76).
[59] Vgl. *Planker* in Kapellmann/Messerschmidt, VOB, 6. Aufl. 2018, § 14a Rn. 32.
[60] Vgl. *Osseforth* § 3b EU Abs. 3 Nr. 7.

44   Ungeachtet der Informationen nach § 14 EU Abs. 6 S. 1 ist den Bietern und ihren Bevollmächtigten gemäß S. 2 die **Einsicht in die Niederschrift und ihre Nachträge** (Abs. 4 und 5 sowie § 16c Abs. 3) **zu gestatten.** Obwohl dies nicht explizit in der Vorschrift erwähnt ist, setzt die Einsichtnahme einen entsprechenden Antrag bzw. ein Ersuchen des Bieters oder seines Bevollmächtigten voraus. Es kann sich um einen formlosen Antrag handeln. Ratsam ist allerdings, aus Beweisgründen zumindest einen Antrag in Textform zu fordern. Der Auftraggeber muss diesem entsprechen; er hat insofern keinen Ermessensspielraum. Dem Bieter bzw. seinem Bevollmächtigten soll es ermöglicht werden, von den in § 14 EU Abs. 4 und 5 aufgeführten Inhalte über nicht oder verspätet im Öffnungstermin vorgelegene Angebote Kenntnis zu nehmen. Ferner sollen die Bieter auch die nach der Prüfung der Angebote festgestellten Angebotsendsummen, die gemäß § 16c Abs. 3 in der Niederschrift zu vermerken sind,[61] erfahren können. Aus dieser Tatsache ist zu folgern, dass die Einsichtnahme erst nach kompletter Fertigstellung der Niederschrift gewährt werden muss, es sei denn, die aufgrund der Prüfung festgestellten Angebotsendsummen werden in einem Nachtrag vermerkt. In einem solchen Fall ist es denkbar, zunächst Einsicht in die bereits vorhandenen Unterlagen und erst später in den Nachtrag zu gewähren. Soweit die Einsichtnahme durch einen Bevollmächtigten des Bieters erfolgt, muss dieser dem Auftraggeber seine Bevollmächtigung nachweisen.

45   Das **Einsichtsrecht** nach § 14 EU Abs. 6 S. 2 geht inhaltlich über das Informationsrecht nach S. 1 hinaus. Ein besonderes Interesse des Bieters muss nicht dargelegt werden. Er hat also Anspruch auf die erweiterten Informationen, ohne dass dafür ein besonderer Grund vorliegen muss. Damit soll die Transparenz des Verfahrens sichergestellt werden. Insbesondere in Bezug auf die Angaben über verspätet eingegangene Angebote, dient die erweiterte Einsichtnahme auch den Rechtsschutzmöglichkeiten von Konkurrenten.

G. Keine Veröffentlichung der Niederschrift (Abs. 7)

46   **Die Niederschrift darf** nach § 14 EU Abs. 7 **nicht veröffentlicht werden.** Ihr Inhalt ist zwar dem berechtigten Kreis der Bieter bekannt zu geben. Einer unbestimmten Anzahl von Dritten, die nicht am Verfahren beteiligt waren, ist sie jedoch nicht zugänglich zu machen. Das Verbot der Veröffentlichung betrifft nicht nur die Niederschrift selbst, sondern auch die ihr beizufügende Aufstellung nach § 14 EU Abs. 3 Nr. 1 sowie gegebenenfalls sonstige Anlagen und alle Nachträge. Sinn der Regelung ist der **Schutz des Geheimwettbewerbs** und die **Wahrung des Vertraulichkeitsgrundsatzes,** insbesondere in Bezug auf Betriebs- und Geschäftsgeheimnisse der Unternehmen. Darüber hinaus soll verhindert werden, dass die Angebote noch nachträglich verändert werden.[62] Die protokollierten Angebotsinhalte, insbesondere die Preise, sind sensible Daten, deren allgemeine Bekanntmachung – nicht zuletzt wegen Manipulationsgefahren und der Vorbeugung von wettbewerbswidrigen Verhaltensweisen – zu vermeiden ist.

47   Das Veröffentlichungsverbot gilt über das Ende des Vergabeverfahrens hinaus;[63] nur so kann der Zweck der Vorschrift effizient durchgesetzt werden. **Das Verbot richtet sich an den Auftraggeber,** seine Mitarbeiter, Vertreter oder Bevollmächtigten **und an den Kreis der Bieter** und deren Bevollmächtigte, die Kenntnis von der Niederschrift erlangt haben.

---

[61] Vgl. *Opitz*, § 16c Abs. 3.
[62] Vgl. OLG Karlsruhe v. 16.6.2010 – 15 Verg 4/10.
[63] Vgl. *von Wietersheim* in Ingenstau/Korbion, VOB, 20. Aufl. 2017, § 14a Rn. 51.

H. Verwahrung und Geheimhaltung der Angebote
(Abs. 8)

Die **Angebote und ihre Anlagen sind** gemäß § 14 EU Abs. 8 **sorgfältig zu ver- 48 wahren und geheim zu halten.** Die Vorschrift hat den gleichen Zweck wie diejenige über das Verbot der Veröffentlichung der Niederschrift. Es ist zum Schutz des Geheimwettbewerbs und des Vertraulichkeitsgrundsatzes in jedem Fall zu verhindern, dass Dritte, die nicht unmittelbar für den Auftraggeber an dem Vergabeverfahren beteiligt sind, Einsicht in die kompletten Angebote der Bieter erhalten. Daher sind die Angebote so zu verwahren, dass nur Befugte auf Seiten des Auftraggebers, Mitarbeiter, beauftragte Erfüllungsgehilfen, wie z.B. Architekten, und sonstige Berechtigte, etwa Sachverständige, Zugriff darauf haben. Schriftliche Angebote dürfen also nicht in einem offenen Archiv gelagert werden, sondern müssen entweder in einem Raum oder in einem Behältnis aufbewahrt werden, zu dem nur ein bestimmter, berechtigter Kreis von Personen Zugang hat. Elektronische Angebote müssen so gesichert sein, dass nur die Berechtigten nach § 11a EU Abs. 4 Nr. 4 und 5[64] Zugriff auf die Angebote haben und diese öffnen können. Ihr Inhalt muss geheim bleiben, was bedeutet, dass auch keine der Personen, die den Inhalt kennen, etwas davon bekannt geben darf.[65]

Die Vorschrift trifft keine Regelungen über den sachlichen Anwendungsbereich, d.h. 49 über die Unterlagen, die davon erfasst sind. Im Hinblick auf den Zweck ist das komplette Angebot erfasst. Wenn beispielsweise bei einem elektronischen Angebot noch physische Anlagen hereingereicht werden, wie Pläne oder Modelle, sind diese gesondert zu verwahren. Auch bezüglich der Dauer trifft § 14 EU Abs. 8 keine Regelung. Sie ergibt sich primär aus **Aktenaufbewahrungsvorschriften** der Verwaltung. Jedenfalls müssen die Angebote aber bis zum Ablauf sämtlicher Gewährleistungsfristen aufbewahrt werden,[66] denn sie dienen auch Beweiszwecken. Wegen des Fehlens einer näheren Bestimmung, welche Angebote von der Verwahrpflicht und Geheimhaltung erfasst sind, unterliegen **ausnahmslos alle beim Auftraggeber eingegangenen Angebote** § 14 EU Abs. 8. Es kommt nicht darauf an, ob es sich um wertbare oder nicht wertbare Angebote handelt. Dies ist für den Schutz des Geheimwettbewerbs nicht relevant.

Soweit bei einem Auftraggeber ein **Gremium,** beispielsweise der Magistrat einer Kom- 50 mune, die **Zuschlagsentscheidung** zu treffen hat, werden den Mitgliedern des Gremiums regelmäßig nicht die einzelnen Angebote vorgelegt, sondern es werden die relevanten Fakten für die Vergabeentscheidung dargelegt, auf deren Grundlage das Gremium seine Meinung bildet. Ausnahmsweise kann eine Einsichtnahme erfolgen. Die Einsichtnahme und die Entscheidung über den Zuschlag erfolgen in nicht öffentlicher Sitzung.[67] Die Geheimhaltungspflicht erfordert es, dass die Mitglieder des Gremiums die ihnen bekannt gewordenen Angebotsinhalte nicht weitergeben dürfen.

Aus dem Zweck der Vorschrift ergibt sich, dass § 14 EU Abs. 8 für alle Angebote gilt, 51 auch für solche, die nicht im Rahmen von förmlichen Vergabeverfahren eingegangen sind. Damit unterliegen auch Angebote, die in Verhandlungsverfahren, wettbewerblichen Dialogen oder Innovationspartnerschaften eingereicht worden sind, der Verwahrungs- und Geheimhaltungspflicht.

Wenn es zu einem **Nachprüfungsverfahren** kommt, müssen die Niederschrift über 52 den Öffnungstermin und die Angebote als Teile der Vergabeakten der Vergabekammer bzw. dem Vergabesenat bei dem OLG vorgelegt werden. Die Nachprüfungsinstanz entscheidet im Rahmen des Akteneinsichtsrechts nach § 165 GWB darüber, inwieweit die Einsicht in bestimmte Unterlagen wegen wichtiger Gründe, insbesondere wegen des Ge-

---

[64] Vgl. *Wanderwitz* § 11a EU.
[65] Vgl. *Grünhagen* in FKZGM, VOB, 6. Aufl. 2017, § 14 EU Rn. 100.
[66] Vgl. *Herrmann* in Ziekow/Völlink, Vergaberecht, 2. Aufl. 2013, § 14 VOB/A Rn. 31.
[67] Vgl. *von Wietersheim* in Ingenstau/Korbion, VOB, 20. Aufl. 2017, § 14a Rn. 53.

heimschutzes, nicht geboten ist; sie untersagt die Einsicht in diesem Umfang.[68] Die Entscheidung erfolgt gemäß § 175 Abs. 2 i.V.m. § 72 Abs. 2 GWB (analog im erstinstanzlichen Verfahren vor der Vergabekammer)[69] in einem sog. in-camera-Verfahren;[70] für die Frage, ob im Einzelnen das Geheimhaltungs- oder Offenlegungsinteresse überwiegt, wird eine Abwägung der beiderseitigen geschützten Interessen vorgenommen. Die Regelungen, die für ein Nachprüfungsverfahren gelten, überlagern insoweit § 14 EU Abs. 7 und 8. Dies ist gerechtfertigt, weil der Inhalt der Niederschrift und der Angebote nicht einem unbestimmten Kreis von Dritten zugänglich gemacht wird, sondern nur den Verfahrensbeteiligten, die ein berechtigtes Interesse daran haben.

---

[68] Vgl. *Vavra*, § 165 GWB.
[69] Vgl. BGH 31.1.2017 – X ZB 10/16 – NZBau 2017, 230 (233).
[70] *Hölzl*, NZBau 2018, 18 (20).

§ 15 Aufklärung des Angebotsinhalts

(1)

1. Im offenen und nicht offenen Verfahren darf der öffentliche Auftraggeber nach Öffnung der Angebote bis zur Zuschlagserteilung von einem Bieter nur Aufklärung verlangen, um sich über seine Eignung, insbesondere seine technische und wirtschaftliche Leistungsfähigkeit, das Angebot selbst, etwaige Nebenangebote, die geplante Art der Durchführung, etwaige Ursprungsorte oder Bezugsquellen von Stoffen oder Bauteilen und über die Angemessenheit der Preise, wenn nötig durch Einsicht in die vorzulegenden Preisermittlungen (Kalkulationen) zu unterrichten.
2. Die Ergebnisse solcher Aufklärungen sind geheim zu halten. Sie sollen in Textform niedergelegt werden.

(2) Verweigert ein Bieter die geforderten Aufklärungen und Angaben oder lässt er die ihm gesetzte angemessene Frist unbeantwortet verstreichen, so ist sein Angebot auszuschließen.

(3) Verhandlungen in offenen und nicht offenen Verfahren, besonders über Änderung der Angebote oder Preise, sind unstatthaft, außer, wenn sie bei Nebenangeboten oder Angeboten aufgrund eines Leistungsprogramms nötig sind, um unumgängliche technische Änderungen geringen Umfangs und daraus sich ergebende Änderungen der Preise zu vereinbaren.

(4) Der öffentliche Auftraggeber darf nach § 8c EU Absatz 3 übermittelte Informationen überprüfen und hierzu ergänzende Erläuterungen von den Bietern fordern.

Übersicht

	Rn.		Rn.
A. Einführung		3. Etwaige Nebenangebote	27
		4. Art der Durchführung	29
I. Literatur	1	5. Ursprungsorte oder Bezugsquellen	
II. Entstehungsgeschichte	2	von Stoffen oder Bauteilen	31
III. Rechtliche Vorgaben im EU-Recht	3	6. Angemessenheit der Preise	33
		VI. Geheimhaltung und Niederlegung in	
B. Aufklärung		Textform	41
I. Verhältnis zwischen der Auslegung		VII. Ausschluss des Angebots bei Verweigerung der Aufklärungen oder Angaben	46
des Angebots und der Aufklärung	5		
II. Sachlicher Anwendungsbereich	6	VIII. Grundsätzliches Nachverhandlungsverbot und Ausnahmen	51
III. Zeitraum und Form	8	1. Unstatthafte Nachverhandlungen	51
IV. Aufklärungsverlangen des Auftraggebers – Ermessen und Verpflichtung	10	2. Ausnahmen vom Nachverhandlungsverbot	56
V. Aufklärungstatbestände	17	IX. Informationen nach § 8c EU Abs. 3	60
1. Eignung, insbesondere technische und wirtschaftliche Leistungsfähigkeit	18		
2. Das Angebot selbst	24		

A. Einführung

I. Literatur

Kullack/Terner, Die vergaberechtliche Behandlung des Nachunternehmer-Einsatzes gemäß VOB/A – insbesondere im Bietergespräch, ZfBR 2003, 234, *Hausmann/Bultmann,* Der Ausschluss spekulativer Angebote, ZfBR 2004, 671, *Konrad,* Das Ende so genannter Spekulationsangebote bei öffentlichen Ausschreibungen nach der VOB/A, NZBau 2004, 524, *Kus,* Der Auftraggeber gibt die Spielregeln vor, NZBau 2004, 425, *Bartl,* Angebote von Generalübernehmern in Vergabeverfahren – EU-rechtswidrige nationale Praxis, NZBau 2005, 195, *Freise,* Mischkalkulationen nach öffentlichen Aufträgen: Der BGH hat entschieden – und nun?, NZBau 2005, 135, *Siegel/Ziekow,* Zulassung von Nachverhandlungen im Vergabeverfahren? – Rechtliche

1

Rahmenbedingungen und erste Zwischenergebnisse des Zweiten Modellversuchs des Landes Nordrhein-Westfalen, NZBau 2005, 22, *Wirner,* Nebenangebote und Änderungsvorschläge bei der Vergabe öffentlicher Bauaufträge in der Entscheidungspraxis der Vergabekammern und Oberlandesgerichte, ZfBR 2005, 152, *Müller-Wrede,* Die Behandlung von Mischkalkulationen unter besonderer Berücksichtigung der Darlegungs- und Beweislast, NZBau 2006, 73, *Stemmer,* Vergabe und Vergütung bei misch- und auffällig hoch oder niedrig kalkulierten Einheitspreisen, ZfBR 2006, 128, *Amelung,* Die VOL/A 2009 – Praxisrelevante Neuregelungen für die Vergabe von Liefer- und Dienstleistungen, NZBau 2010, 727, *Ax/Schneider,* Gefährdeter Geheimwettbewerb und seine Auswirkungen oder: Geheimhaltung tut Not, vr 2010, 84, *Birnfeld,* Compliance in der Vergaberechtspraxis, CCZ 2010, 133, *Franzius,* Absenkung der Anforderungen an Angebote – großzügige Auslegungen im Trend, NZBau 2011, 474, *Knauff,* Anmerkung zum Urteil des EuGH v. 29.3.2012 – C-599/10, EuZW 2012, 391, *Brieskorn/Stamm,* Die vergaberechtliche Wertung von Angeboten mit negativen Preisen, NZBau 2013, 347, *Csaki,* Die Auskömmlichkeitsprüfung nach § 19 VI VOL/A-EG, NZBau 2013, 342, *Seidenberg,* Vergaberecht: Wertung von Angeboten mit Mischkalkulation, AnwZert BauR 22/2013, Anm. 1, *Städler/Macht,* Brennende Fragen des Vergaberechts – Immer Ärger mit der Eignung, NZBau 2013,14, *Conrad,* Die Angebotsaufklärung gemäß § 15 VOB/A, AnwZert BauR 16/2014, Anm. 2, *Conrad,* Die vergaberechtliche Behandlung unauskömmlicher Angebote, AnwZert BauR 22/2014, Anm. 1, *Städler,* Der Umgang mit anfechtbaren Angeboten und Praxisfragen der dritten Wertungsstufe, NZBau 2014, 472, *Kenigstein,* Die Aufklärung des Angebotsinhalts, AnwZert BauR 2/2015, Anm. 1, *Popescu,* Zur Behandlung zwischen Angebots- und Zuschlagsfrist erkannter Kalkulationsirrtums, ZfBR 2015, 342, *Byok,* Die Entwicklung des Vergaberechts seit 2016, NJW 2017, 1519, *Conrad,* Der Anspruch des Bieters auf Ausschluss ungewöhnlich niedriger Konkurrenzangebote nach neuem Vergaberecht, ZfBR 2017, 40, *Hölzl,* Volle Überprüfbarkeit ungewöhnlich niedriger Angebote, NZBau 2018, 18.

II. Entstehungsgeschichte

2　Die Vorschrift über die Aufklärung des Angebotsinhalts war in der VOB/A Abschnitt 2 bis zur Ausgabe 2006 als **§ 24** enthalten. Ihr Inhalt war bereits in weiten Teilen identisch mit dem jetzt aktuellen. In der Ausgabe 2009 der VOB Abschnitt 2 wurde die Regelung in **§ 15 EG** überführt. In dieser Fassung wurden in § 15 EG Abs. 1 die Kompetenzen des Auftraggebers nach Öffnung der Angebote in offenen oder nicht offenen Verfahren nicht mehr durch das Wort „verhandeln", sondern durch „Aufklärung verlangen" umschrieben. In der Ausgabe 2016 der VOB/A Abschnitt 2 ist die Regelung als **§ 15 EU** aufgenommen worden. Die Vorschrift ist notwendig, um – in zulässigem Umfang – nach Öffnung der Angebote in den **förmlichen Vergabeverfahren** bestimmte Unklarheiten zu beseitigen. Keineswegs dürfen Verhandlungen stattfinden, so dass der Terminus **„Aufklärung des Angebotsinhalts" die Befugnisse des Auftraggebers sachgerecht umschreibt.**

2a　Gegenüber der Vorgängerfassung, die noch eine Ermessensregelung enthielt, ist nunmehr in § 15 EU Abs. 2 festlegt, dass das **Angebot eines Bieters ausgeschlossen werden muss, der die** vom Auftraggeber **geforderten Aufklärungen und Angaben verweigert** oder der die dafür gesetzte Frist unbeantwortet verstreichen lässt. Ferner ist ein neuer Abs. 4 aufgenommen worden, wonach der Auftraggeber nach § 8c EU Abs. 3 übermittelte Informationen überprüfen und hierzu ergänzende Erläuterungen von den Bietern fordern darf. Bei den Informationen nach § 8c EU Abs. 3 handelt es sich um Angaben zu energieverbrauchsrelevanten Waren, technischen Geräten oder Ausrüstungen.

III. Rechtliche Vorgaben im EU-Recht

3　Lediglich in **Art. 69 RL 2014/24/EU** findet sich ein Hinweis auf eine notwendige Aufklärung. Dort heißt es in Abs. 1, dass die Auftraggeber den Wirtschaftsteilnehmern „vorschreiben", die im Angebot enthaltenen Preise oder Kosten zu erläutern, wenn diese im Verhältnis zu den angebotenen Leistungen ungewöhnlich niedrig erscheinen. Nach Art. 69 Abs. 3 S. 1 bewertet der Auftraggeber die Informationen nach einer Rücksprache mit dem betreffenden Bieter. Er lehnt das Angebot gemäß Abs. 3 UA 2 ab, wenn festgestellt wurde, dass es ungewöhnlich niedrig ist, weil es nicht den Ausführungsbedingungen i.S.d. Art. 18 Abs. 2 der Richtlinie entspricht. Diese Vorgaben sind in der Vorschrift des

§ 16d EU Abs. 1 Nr. 3 umgesetzt worden. Dass darüber hinaus die allgemeine Regelung des § 15 EU modifiziert für weitere Tatbestände gilt, ist rechtmäßig, da der nationale Gesetzgeber die Regelung des EU-Rechts nicht einschränkt, sondern erweitert.

Die Grundsätze der Aufklärung waren bereits vor Inkrafttreten der RL 2014/24/EU in **4** § 15 EU enthalten. Die Aufklärung über den Inhalt des Angebots dient dem **Wettbewerb, der Transparenz des Verfahrens sowie der Gleichbehandlung** der Wettbewerbsteilnehmer.[1] Entscheidend ist, dass die Aufklärung tatsächlich ausschließlich der Ausräumung von Unklarheiten dient. Es dürfen keinesfalls Verhandlungen über den Inhalt des Angebots, und ganz besonders nicht über den Preis, geführt werden.

B. Aufklärung

I. Verhältnis zwischen der Auslegung des Angebots und der Aufklärung

Angebote dürfen bei förmlichen Vergabeverfahren nach Ablauf der Angebotsfrist nicht **5** verändert werden. Denn der zivilrechtliche Vertragsschluss kommt nach den §§ 145, 147 Abs. 2 und 150 Abs. 2 BGB nur bei dem Zuschlag des Auftraggebers auf ein unverändertes Angebot zustande. Vergaberechtlich darf schon allein aufgrund der Wahrung des fairen Wettbewerbs und der Gleichbehandlung[2] keine Veränderung der Angebote nach Ablauf der Angebotsfrist mehr stattfinden. Die Aufklärung kommt demnach nur in den – eng begrenzten – Fällen in Betracht, in denen eine Erklärung eines Bieters im Wege der Auslegung nicht zweifelsfrei zu ermitteln ist. Notwendige Voraussetzung dafür ist, dass eine objektive Widersprüchlichkeit der Erklärung des Bieters gegeben ist. Damit wird – im Interesse des Wettbewerbs und der Wirtschaftlichkeit[3] – der Grundsatz der Auslegung durch das Instrument der Aufklärung ergänzt. Grundsätzlich ist der Auftraggeber nämlich bei nicht klaren und eindeutigen Erklärungen zunächst nicht nur berechtigt, sondern auch verpflichtet, den wahren Willen des Bieters durch Auslegung zu ermitteln.[4] Da das Angebot den Regelungen für empfangsbedürftige Willenserklärungen gemäß §§ 133, 157 BGB unterliegt, kommt es darauf an, wie der Auftraggeber es als Erklärungsempfänger nach Treu und Glauben unter Berücksichtigung der Verkehrssitte verstehen musste;[5] dabei ist der objektive Empfängerhorizont maßgebend.[6] Führt die Auslegung zu einem klaren Ergebnis, ist für eine weitere Aufklärung kein Raum mehr. Diese setzt an dem Punkt an, an dem die Auslegung durch den Auftraggeber ihre Grenzen findet, weil es zur Klärung des Sachverhalts weiterer, ergänzender Informationen des Bieters bedarf. Demgegenüber kommt eine Aufklärung nicht in Betracht, wenn eine Erklärung zwar falsch, aber eindeutig ist.[7] Entsprechendes gilt, wenn sich das Vorliegen eines Kalkulationsirrtums aus dem Angebot des Bieters, aus dem Vergleich zu den weiteren Angeboten oder aus den dem Auftraggeber bekannten sonstigen Umständen aufdrängt.[8]

II. Sachlicher Anwendungsbereich

Nur bei den förmlichen Vergabeverfahren – offenes Verfahren und nicht offe- 6 nes Verfahren – ist die Vorschrift des § 15 EU anwendbar.[9] Verhandlungsverfahren,

---

[1] Vgl. EuGH 29.3.2012 – C-599/10, EuZW 2012, 387 (390).
[2] Vgl. OLG Düsseldorf 13.1.2010 – I-27 U 1/09, NZBau 2010, 328 (332).
[3] Vgl. *Ziekow/Siegel*, NZBau 2005, 22 (24).
[4] Vgl. OLG Düsseldorf 19.6.2013 – VII-Verg 8/13, ZfBR 2014, 85 (88).
[5] Vgl. OLG München 17.9.2007 – Verg 10/07, ZfBR 2007, 828 (829).
[6] Vgl. OLG Celle 19.2.2015 – 13 Verg 12/14, VergabeR 2015, 580 (582).
[7] Vgl. OLG Düsseldorf 2.8.2017 – VII-Verg 17/17.
[8] Vgl. OLG Celle 20.2.2014 – 5 U 109/13.
[9] Vgl wegen Ausnahmen Rn. 56.

wettbewerblicher Dialog und Innovationspartnerschaft sind dagegen gerade dadurch gekennzeichnet, dass über die Angebote von Bietern verhandelt wird und diese überarbeitet oder nachgebessert werden. Bei den förmlichen Verfahren sind dagegen die Regeln für die Einreichung eines Angebots und die darauffolgende Wertung strikt festgelegt. Verhandlungen setzen bereits nach dem Wortsinn eine Dispositionsbefugnis der Parteien über das Angebot voraus, die jedoch nach Abgabe des Angebots in förmlichen Vergabeverfahren nicht mehr zulässig ausgeübt werden kann.[10] Grundsätzlich findet nach Ablauf der Angebotsfrist keine Kontaktaufnahme zwischen Auftraggeber und Bieter statt, denn es soll insbesondere verhindert werden, dass ein Bieter sein Angebot durch eine unzulässige Nachverhandlung verbessern kann.[11]

7 **Verhandlungen bei förmlichen Vergabeverfahren sind daher strikt verboten.** Die Aufklärung, die im Gegensatz zu Verhandlungen lediglich in Erläuterungen des Bieters zu bereits im Angebot enthaltenen – unklaren oder zweifelhaften – Punkten besteht, bildet die Ausnahme, weil Angebote wegen des Wettbewerbsprinzips – grundsätzlich – so auszugestalten sind, dass sie ohne weitere Mitwirkung der Bieter geprüft und gewertet werden können.[12] Das Wettbewerbsgebot erfordert, dass das Vergabeverfahren nicht durch nachträgliche Zugeständnisse von Bietern verfälscht wird.[13] Das Aufklärungsverlangen des Auftraggebers ist daher auf die konkret in § 15 EU Abs. 1, 3 und 4 genannten Tatbestände beschränkt.

III. Zeitraum und Form

8 Die Aufklärung durch den Auftraggeber findet nach dem Wortlaut des § 15 EU Abs. 1 Nr. 1 in dem **Zeitraum nach Öffnung der Angebote bis zur Zuschlagserteilung statt.**[14] Da sie der Beseitigung von Unklarheiten über den Inhalt von Angeboten dient, ist die Angabe insoweit präzisierend auszulegen, dass sie regelmäßig vor bzw. während der Prüfung oder Wertung vorgenommen wird,[15] weil diese nur auf der Grundlage klarer und unmissverständlicher Angebote erfolgen kann. Vor Erteilung des Zuschlags muss der Inhalt der Angebote deutlich sein, d. h. nach Abschluss der Wertung ist kein Raum mehr für Aufklärungen.

9 Über die **Form** des Aufklärungsverlangens enthält § 15 EU keine Angaben. § 15 EU Abs. 1 Nr. 2 bestimmt lediglich, dass die Ergebnisse in Textform festgehalten werden sollen. Nach § 11 EU Abs. 1 S. 3 ist eine mündliche Kommunikation u. a. nur dann zulässig, wenn sie nicht die Teilnahmeanträge oder die Angebote betrifft. Da sich Aufklärungen jedoch gerade darauf beziehen, ist mindestens Textform zu verlangen. Dies hat den Vorteil, dass der Auftraggeber den Inhalt des Aufklärungsverlangens nachweisen kann.

IV. Aufklärungsverlangen des Auftraggebers
– Ermessen und Verpflichtung

10 Im Interesse beider Parteien muss der Auftraggeber seine **Aufklärungsfragen bzw. Aufforderungen klar formulieren,** damit der Bieter erkennen kann, was von ihm erwartet wird. Demnach ist er gehalten, seine Zweifel zu konkretisieren und die vom betroffenen Bieter abzugebenden Erklärungen und ggf. Nachweise unter dem Gesichtspunkt vergleichbarer Maßstäbe zu verbalisieren.[16] Dagegen ist der Auftraggeber weder verpflichtet noch berechtigt, konkrete Anforderungen für eine erfolgreiche Aufklärung anzugeben.[17]

---

[10] Vgl. *Horn* in: Heiermann/Zeiss/Summa, jurisPK Vergaberecht, 5. Aufl. 2016, § 15 EU Rn. 4.
[11] Vgl. *von Wietersheim* in Ingenstau/Korbion, VOB, 20. Aufl. 2017, § 15 Rn. 2.
[12] Vgl. auch *Planker* in Kapellmann/Messerschmidt, VOB, 6. Aufl. 2018, § 15 Rn. 2.
[13] Vgl. OLG München 15.3.2012 – Verg 2/12, NZBau 2012, 460 (463).
[14] Vgl. wegen Ausnahmen Rn. 23.
[15] Vgl. *Planker* in Kapellmann/Messerschmidt, VOB, 6. Aufl. 2018, § 15 Rn. 1.
[16] Vgl. VK Bund 18.12.2014 – VK 2 – 103/14.
[17] Vgl. OLG Düsseldorf 31.10.2012 – VII-Verg17/12, NZBau 2013, 333 (335).

Der Auftraggeber **darf** nach § 15 EU Abs. 1 Nr. 1 S. 1 **Aufklärung verlangen,** wenn 11
ein Angebot unklar oder zweifelhaft ist. Ihm steht daher bezüglich des Aufklärungsverlangens grundsätzlich ein **Ermessen** zu, das er unter den Gesichtspunkten der **Gleichbe**
handlung und Nichtdiskriminierung ausübt.[18] Ein Anspruch zugunsten des Bieters auf
Angebotsaufklärung wird durch die Vorschrift nicht geschaffen.[19]

Die Tendenz in der Rechtsprechung geht dahin, dass **sich das Ermessen des Auf-** 12
traggebers reduzieren und zu einer Verpflichtung verdichten kann. Das soll der
Fall sein, wenn sich durch geringfügige Nachfragen Zweifel an dem Angebot ausräumen
lassen.[20] Eine Aufklärung wird auch verlangt, wenn ein Angebot bei Vorliegen formaler
Mängel wegen widersprüchlicher oder unvollständiger Angaben „ausschlusswürdig" ist: In
diesem Fall muss dem Bieter durch ein Aufklärungsverlangen Gelegenheit gegeben werden, den Tatbestand der Widersprüchlichkeit oder Unvollständigkeit nachvollziehbar auszuräumen.[21] Damit wird das **rechtliche Gehör** vor einem drohenden Angebotsausschluss
sichergestellt.

Erscheint dem Auftraggeber **ein Preis unangemessen niedrig,** ist ebenfalls zwingend 13
eine Aufklärung vorzunehmen.[22] Dies gilt insbesondere auch dann, wenn sich der Verdacht
einer unzulässigen **Mischkalkulation** ergibt.[23] Die Aufklärung erfolgt nach **§ 16d EU**
Abs. 1 Nr. 1.[24] Diese Vorschrift ist für den Fall eines unangemessen niedrigen Preises lex
specialis gegenüber § 15 EU. Dort wird explizit geregelt, dass das Aufklärungsverlangen in
Textform zu erfolgen hat, dem Bieter ggf. eine Antwortfrist zu setzen ist und die Beurteilung der Angemessenheit in Rücksprache mit dem Bieter erfolgt. Nach neuer Rechtsprechung hat der BGH den Mitbietern bezüglich der Aufklärung eines unangemessen niedrigen Preises eines Angebots ein subjektives Recht auf Tätigwerden des Auftraggebers
zugestanden. Bei bezüglich der Höhe noch nicht völlig geklärten prozentualen Abweichungen (Aufgreifschwellen), die sich aus dem Abstand des fraglichen Angebots zu dem
nächsthöheren Angebot ergeben, besteht eine Verpflichtung des Auftraggebers zur Aufklärung, die die Konkurrenten im Rahmen eines Nachprüfungsverfahrens einfordern können.[25]

Ziel des Aufklärungsverlangens ist die **Erläuterung des Angebots in dem oder den** 14
unklaren bzw. zweifelhaften Punkten nach einer entsprechenden Informationseinholung durch den Auftraggeber. Die Aufklärung durch den Bieter zielt auf nachträgliche Erläuterungen zu seinem tatsächlichen Willen und zu seinem tatsächlichen Verständnis zum
Zeitpunkt der Abgabe des Angebots ab.[26] Jegliche Änderungen des Angebots in technischer
oder preislicher Hinsicht sind den Beteiligten grundsätzlich verwehrt, auch wenn der Bieter nur Versäumnisse nachholen oder Lücken im Angebot füllen möchte. In diesen Fällen
ist die Grenze zu einer vergaberechtlich unzulässigen Nachverhandlung überschritten.[27] Da
Aufklärungsgespräche oder ein diesbezüglicher schriftlicher Austausch zwischen Auftraggeber und Bieter nur zur Abklärung bestehender Zweifelsfragen führen dürfen, darf niemals
eine Abänderung des Angebotes damit einhergehen.[28]

---

[18] Vgl. EuGH 29.3.2012 – C-599/10, EuZW 2012, 387 (391).
[19] Vgl. *Horn* in Heiermann/Zeiss/Summa, jurisPK Vergaberecht, 5. Aufl. 2016, § 15 EU Rn. 5.
[20] Vgl. KG 7.8.2015 – Verg 1/15, NZBau 2015, 790 (792).
[21] Vgl. OLG Düsseldorf 11.5.2016 – VII-Verg 50/16, 21.10.2015 – VII-Verg 35/15, ZfBR 2016, 192
(194).
[22] Vgl. EuGH 29.3.2012 – C-599/10, EuZW 2012, 387 (391).
[23] Vgl. BGH 18.5.2004 – X ZB 7/04, NZBau 2004, 457 (460), vgl. dazu auch Rn. 39.
[24] Vgl. *Opitz* § 16d EU.
[25] Vgl. BGH 31.1.2017 – X ZB 10/16, NZBau 2017, 230 (231), vgl. auch EuGH 19.10.2017 – C-
198/16, EuZW 2018, 32 (37), *Opitz* § 16d EU.
[26] Vgl. dazu BGH 7.12.2006 – VII ZR 166/05, NZBau 2007, 241 (241), OLG Düsseldorf 12.3.2007 –
VII-Verg 53/06
[27] Vgl. OLG Frankfurt 16.6.2015 – 11 Verg 3/15, ZfBR 2016, 79 (80), OLG Celle 14.1.2014 – 13 Verg
11/13, VergabeR 2014, 592 (595).
[28] Vgl. OLG München 21.4.2017 – Verg 2/17, VergabeR 2017, 525 (535 f.), 15.3.2012 – Verg 2/12,
NZBau 2012, 460 (463).

15   Der **EuGH** hat entschieden, dass das Europarecht es nicht verbietet, dass Angebote ausnahmsweise in einzelnen Punkten berichtigt oder ergänzt werden können, insbesondere
wegen einer offensichtlich gebotenen bloßen Klarstellung oder zur Behebung offensichtlicher sachlicher Fehler – vorausgesetzt, dass erstens die jeweilige Änderung nicht darauf
hinausläuft, dass in Wirklichkeit ein neues Angebot eingereicht wird, zweitens eine solche
Aufforderung an alle Bieter gerichtet wird, die sich in derselben Situation befinden, und
drittens alle Bieter gleich und fair behandelt werden.[29] Diese Interpretation ist mit der Argumentation begrüßt worden, dass sie eine nachträgliche Beseitigung von geringfügigen
Fehlern in Angeboten im Interesse der Erhaltung einer ausreichenden Zahl wertungsfähi-
ger Angebote ermöglicht und damit der Wahrung der Intensität des Vergabewettbewerbs
dient.[30] Die vom EuGH unter engen Voraussetzungen zugelassene **Berichtigung oder
Ergänzung des Angebots** ist aber im Lichte der in allen Urteilen des EuGH wiederholten Klarstellung, dass **kein neues Angebot** entstehen darf, und vor dem Hintergrund,
dass es bei den zu beurteilenden Sachverhalten im Wesentlichen um solche handelte, bei
denen die (nach § 16a EU legitimierte) Nachforderung von Unterlagen von Bedeutung
waren, zu sehen. Zum einen sind die aufgestellten Bedingungen – das Vorliegen einer offensichtlich gebotenen bloßen Klarstellung oder offensichtliche sachliche Fehler – äußerst
restriktiv zu interpretieren. Zum anderen besteht ein Konkurrenzverhältnis zwischen der
Nachforderungsmöglichkeit und dem Aufklärungsverlangen. D. h. bei fehlenden Unterlagen ist von der Nachforderungsmöglichkeit des § 16a EU Gebrauch zu machen und der
Auftraggeber prüft, ob die nachgereichten Unterlagen, auch unter dem Aspekt einer möglichen unzulässigen nachträglichen Änderung des Angebots und der Preise, akzeptiert werden können. Ist das nicht der Fall oder legt der Bieter die Unterlagen nicht (fristgerecht)
vor, ist das Angebot auszuschließen; die fehlenden Angaben aus dem Nachweis können
nicht mehr Gegenstand einer Aufklärung nach § 15 EU sein.[31] Die Rechtsprechung des
EuGH erfasst also nicht nur Fälle der Angebotsaufklärung, sondern auch Fälle der unter
bestimmten Umständen zulässigen nachträglichen Vervollständigung der Angebote. Entscheidend ist, dass bei Aufklärungsbegehren der **Gleichbehandlungsgrundsatz** in der
Weise zu beachten ist, dass der Auftraggeber Aufklärungsmaßnahmen, die er für notwendig
erachtet, zur Vermeidung von Wettbewerbsnachteilen in gleichem Umfang auch allen anderen Bietern, bei deren Angeboten eine Aufklärung geboten ist, gewähren muss.

16   Die nationale Rechtsprechung hat ebenfalls die Tendenzen der Rechtsprechung des
EuGH aufgegriffen. So hat das KG entschieden, dass bei „offensichtlichen Eintragungsfehlern" (in einem Formular über die Frauenförderung des bietenden Unternehmens) nicht
nur eine Aufklärungspflicht besteht, sondern der Auftraggeber, soweit dies möglich ist,
befugt ist, die notwendigen Eintragungen selbst vornehmen.[32] Darüber hinaus soll der betroffene Bieter befugt sein, offensichtliche Unrichtigkeiten, die im Rahmen der Aufklärung
objektiv nachgewiesen werden können, zu korrigieren. Hier stellt sich die Frage, ob dadurch ein neues (dann erst zuschlagsfähiges) Angebot entstanden ist, was der Berichtigung
entgegenstehen könnte. Formal betrachtet ist das der Fall. Entscheidend dürfte aber sein,
dass das ursprünglich eingereichte Angebot tatsächlich nicht die einschlägigen Tatsachen
wiedergab, so dass die Berichtigung nicht zu einem „neuen Angebot" in dem Sinne geführt hat, das zuvor gar nicht enthaltene Inhalte hinzugekommen sind. An diesem Beispiel
zeigt sich allerdings, dass die Abgrenzung zwischen einer noch zulässigen Aufklärung und
einer inhaltlichen Änderung des Angebots problematisch ist. Unabhängig davon ist jedenfalls die Auffassung des Gerichts abzulehnen, dass ein Auftraggeber berechtigt sein soll, die
notwendigen Korrekturen selbst vorzunehmen. Wenn ein Angebot auslegungsfähig ist,
kann der Auftraggeber aufgrund der vorhandenen Anhaltspunkte auf das tatsächlich Ge-

---

[29] Vgl. EuGH 11.5.2017 – C-131/16, ZfBR 2017, 601 (605), 10.10.2013 – C-336/12, NZBau 2013,
783 (784 f.), 29.3.2012 – C-599/10, EuZW 2012, 387 (390).
[30] Vgl. *Knauff*, Anmerkung zum Urteil des EuGH v. 29.3.2012 – C-599/10, EuZW 2012, 391 (392).
[31] Vgl. *von Wietersheim* in Ingenstau/Korbion, VOB, 20. Aufl. 2017, § 15 Rn. 4.
[32] Vgl. KG 7.8.2015 – Verg 1/15, NZBau 2015, 790 (792).

wollte im Angebot schließen und mit einer entsprechenden Begründung seine vorgenommene Auslegung vertreten, ohne jedoch tatsächlich Änderungen im Angebot vorzunehmen. Ist das Angebot jedoch nicht mehr auslegungsfähig, wird die Aufklärung durchgeführt und bei dieser sind die Einlassungen des Bieters und seine Begründungen maßgeblich. Sie dürfen aber nicht dazu führen, dass der Auftraggeber auf ihrer Grundlage eigene Änderungen im Angebot einträgt.

V. Aufklärungstatbestände

§ 15 EU Abs. 1 Nr. 1 listet die einzelnen Sachverhalte auf, in denen eine Aufklärung **17** zulässig ist. Die Vorschrift ist eng auszulegen; bei den aufgeführten Varianten handelt es sich um eine abschließende Aufzählung.[33]

1. Eignung, insbesondere technische und wirtschaftliche Leistungsfähigkeit

Der Auftraggeber darf sich über die Eignung eines Bieters, insbesondere seine technische **18** und wirtschaftliche Leistungsfähigkeit, unterrichten. Der Bieter muss diesbezügliche, vom Auftraggeber festgelegte Eignungskriterien i. S. d. § 6 EU Abs. 2[34] erfüllen. Dazu bedarf es in der Regel Erklärungen und Nachweise. Liegen derartige geforderte Unterlagen dem Angebot nicht bei, ist ein Fall des § 16a EU gegeben, d. h. der Auftraggeber fordert sie nach. Für eine Aufklärung ist dann kein Raum.[35]

Sind die von dem Bieter vorgelegten Erklärungen und Nachweise dagegen unklar und **19** nicht zweifelsfrei, liegt ein Fall des § 15 EU Abs. 1 Nr. 1 vor. Eine Aufklärung wegen Restzweifeln an der Eignung eines Unternehmens stellt kein unzulässiges Nachverhandeln dar.[36] Gegenstand der Aufklärung ist die Feststellung der Eignung, namentlich der technischen und wirtschaftlichen Leistungsfähigkeit, in Bezug auf den konkret ausgeschriebenen Auftrag.[37] Die Grenzen der Aufklärung sind überschritten, wenn der Auftraggeber den Austausch eines Eignungsnachweises verlangt.[38]

Ein solcher unzulässiger Fall liegt auch vor, wenn ein Bieter zunächst Eigenleistungen **20** angeboten hat, sich im Rahmen der Aufklärung aber auf Fremdkapazitäten beruft und eine Eignungsleihe vornehmen möchte. Dabei handelt es sich um den nicht gestatteten Austausch des Inhalts des Angebots.[39] Etwas anderes gilt, wenn die Unterlagen über zu erbringende Leistungen des Bieters von Nachunternehmen widersprüchlich sind und zu klären ist, für welche konkreten Leistungen der Bieter einerseits und die Nachunternehmer andererseits verantwortlich sind.[40]

Bei der Entscheidung über die Eignung, insbesondere über die wirtschaftliche Leistungs- **21** fähigkeit, bedarf es einer Prognose des Auftraggebers.[41] Diese kann sich ändern, wenn sich nachträglich, also zwischen Öffnung der Angebote bis zur Aufklärung, Tatsachen ergeben haben oder Umstände eingetreten sind, die für die Prognose relevant sind.[42] Dabei kann es sich z. B. um ein Insolvenzverfahren über das Vermögen des Bieters oder die Umwandlung einer juristischen Person handeln. In einem solchen Fall darf die Auftraggeber seiner Prognose die neuen Tatsachen zugrunde legen, weil es auf die Leistungsfähigkeit zum Zeitpunkt der zukünftigen Vertragsausführung ankommt. Regelmäßig wird er darauf angewie-

---

[33] Vgl. *Vavra* in Ziekow/Völlink, Vergaberecht, 2. Aufl. 2013, § 15 VOB/A Rn. 4.
[34] Vgl. *Mager* § 6 EU.
[35] Vgl. Rn. 15.
[36] Vgl. OLG Saarbrücken 12.5.2004 – 1 Verg 4/04, ZfBR 2004, 714 (715 f.).
[37] Vgl. *Planker* in Kapellmann/Messerschmidt, VOB, 6. Aufl. 2018, § 15 Rn. 4, *von Wietersheim* in Ingenstau/Korbion, VOB, 20. Aufl. 2017, § 15 Rn. 4.
[38] Vgl. OLG München 21.8.2008 – Verg 13/08, VergabeR 2009, 65 (69).
[39] Vgl OLG München 21.4.2017 – Verg 2/17, VergabeR 2017, 525 (536 f.).
[40] Vgl. OLG Düsseldorf 21.10.2015 – VII-Verg 35/15, ZfBR 2016, 192 (194).
[41] Vgl. OLG Düsseldorf 6.5.2011 – VII-Verg 26/11.
[42] Vgl. *Grünhagen* in FKZGM, VOB, 6. Aufl. 2017, § 15 EU Rn. 27.

sen sein, von dem Bieter, der eine entsprechende Pflicht hat, über die relevanten Tatsachen informiert zu werden.[43] Unabhängig davon, ob eine solche Information erfolgt oder ob es in anderer Weise zu Zweifeln des Auftraggebers an der Eignung des Bieters kommt, ist jedenfalls eine Aufklärung möglich.

22   Zulässig ist es, durch Auskünfte von Dritten,[44] auch durch Sachverständigengutachten,[45] Aufklärung zu betreiben. Darüber soll der Auftraggeber den Bieter informieren müssen.[46] Eine Unterrichtung ist jedoch bei der Nachprüfung von Referenzen entbehrlich, weil die Bieter damit rechnen müssen, dass der Auftraggeber die Angaben durch Auskünfte verifiziert.[47]

23   Da bei zweistufigen Verfahren, nicht offene Verfahren, Verhandlungsverfahren und wettbewerblicher Dialog, die Eignungsprüfung bereits in der ersten Stufe vorgenommen wird, muss es hier, soweit erforderlich, schon vor Aufforderung der Bewerber zur Angebotsabgabe zu einer Aufklärung über die Eignung kommen. Insoweit besteht eine sachlich begründete Ausnahme, Aufklärungen außerhalb des in § 15 EU Abs. 1 Nr. 1 genannten Zeitrahmens durchzuführen.

2. Das Angebot selbst

24   Ein weiterer zulässiger Aufklärungsgegenstand ist „das Angebot selbst". Gerade wegen der fehlenden Eingrenzung dieses Begriffs ist klarzustellen, dass die Aufklärung auch in diesem Zusammenhang nicht zu einer Änderung des eindeutig formulierten Inhalts des Angebots führen darf.[48] Vielmehr geht es lediglich um die Aufklärung von Zweifelsfragen, die sich aus den Bietererklärungen im Angebot ergeben.[49] Ermittelt wird der tatsächliche Wille des Bieters zum Zeitpunkt der Abgabe des Angebots.[50] Nachträgliche Erläuterungen des Bieters darüber, wie er sein Angebot im Zeitpunkt seiner Abgabe verstanden wissen wollte, und welchen Inhalt er ihm tatsächlich beimaß, werden somit berücksichtigt, um Rückschlüsse auf seinen wahren Willen im Zeitpunkt der Angebotsabgabe zu ziehen.[51]

25   Zweifelsfragen zum Inhalt des Angebots ergeben sich typischerweise insbesondere bei der technischen und wirtschaftlichen Angebotsprüfung nach § 16c EU Abs. 1 VOB/A.[52] So wurde beispielsweise eine Aufklärung für zulässig erachtet, bei der der Auftraggeber bei einer produktneutralen Leistungsbeschreibung Informationen über das von dem Bieter vorgesehene Produkt eingeholt hatte.[53] Eine Aufklärung kann auch in Betracht kommen, wenn eine Leistung angeboten wird, die von den vorgesehenen technischen Spezifikationen nach § 7a EU Abs. 1 Nr. 1 abweicht.[54] Trotz der Pflicht des Bieters gemäß § 13 EU Abs. 2, im Angebot die Abweichung eindeutig zu bezeichnen und die Gleichwertigkeit nachzuweisen, sind Unklarheiten nicht ausgeschlossen. Soweit Preisfragen betroffen sind, hat der Auftraggeber ganz besonders sorgfältig zu prüfen, ob noch die Grenzen der zulässigen Aufklärung eingehalten werden. So wird es bei dem Angebot eines Skontos mit Frist und Prozentsatz als unzulässig erachtet, dass der Auftraggeber erfragt, ob es sich separat auf alle Abschlagszahlungen und die Schlusszahlung bezieht oder nur bei pünktlicher Zahlung

[43] Vgl. *Gnittke/Hattig*, VgV/UVgO, 1. Aufl. 2017, § 15 VgV Rn. 88.
[44] Vgl. *Horn* in Heiermann/Zeiss/Summa, jurisPK Vergaberecht, 5. Aufl. 2016, § 15 EU Rn. 22.
[45] Vgl. OLG München 22.11.2012 – Verg 24/12, IBRRS 2012, 4408.
[46] Vgl. *von Wietersheim* in Ingenstau/Korbion, VOB, 20. Aufl. 2017, § 15 Rn. 5.
[47] Vgl. *Horn* in Heiermann/Zeiss/Summa, jurisPK Vergaberecht, 5. Aufl. 2016, § 15 EU Rn. 22.
[48] Vgl. OLG Celle 22.5.2003 – 13 Verg 10/03.
[49] Vgl. *Planker* in Kapellmann/Messerschmidt, VOB, 6. Aufl. 2018, § 15 Rn. 6.
[50] Vgl. OLG Brandenburg 19.9.2003 – Verg W 4/03 – VergabeR 2004, 69 (75).
[51] Vgl. BGH 7.12.2006 – VII ZR 166/05, NZBau 2007, 241 (241), OLG Düsseldorf 12.3.2007 – VII-Verg 53/06.
[52] Vgl. *Holz* in Heiermann/Riedl/Rusam, VOB, 14. Aufl. 2018, § 15 Rn. 7.
[53] Vgl. OLG München 15.11.2007 – Verg 10/07, VergabeR 2008, 114 (116).
[54] Vgl. *Grünhagen* in FKZGM, VOB, 6. Aufl. 2017, § 15 EU Rn. 30.

aller Rechnungen gilt.[55] Grund dafür ist die mögliche nachträgliche Änderung des Angebotsinhalts durch den Bieter.

Allgemein besteht gerade bei Aufklärungen über das Angebot selbst die Gefahr von Manipulationen. Sind die Bieter nach Erhalt der Niederschrift über den Öffnungstermin über die Preise der Konkurrenzangebote informiert worden, könnten sie unklare Formulierungen in ihren Angeboten nutzen, um sie im Rahmen von Aufklärungen zu ihren Gunsten zu erläutern. **26**

3. Etwaige Nebenangebote

Nebenangebote sind in der Praxis ein häufiger Anlass für Aufklärungen. Der Grund dafür besteht darin, dass sie, soweit zugelassen oder vorgeschrieben, zu prüfen und zu werten sind, so dass der Auftraggeber ein besonderes Interesse daran hat, die mit einem Nebenangebot in Zusammenhang stehenden Zweifelsfragen zu klären. Ferner muss er klären können, ob die Nebenangebote wie sie vorliegen mit hinreichender Sicherheit geeignet sind, seinem Bestellerwillen in allen technischen und wirtschaftlichen Einzelheiten mit der gebotenen Sicherheit gerecht zu werden.[56] Da der Auftraggeber naturgemäß hinsichtlich etwaiger Nebenangebote keine detaillierten Vorgaben in den Vergabeunterlagen macht, sind oftmals technische Fragen zu klären.[57] Klärungsbedarf kann sich auch bei Zweifelsfragen über die Erfüllung der Mindestanforderungen an die Nebenangebote ergeben. Dabei kann allerdings keine Beschreibung nachgeholt werden; vielmehr kann sich die Aufklärung – wie in allen anderen Fällen auch – nur eng begrenzt auf Zweifel an den Erklärungen des Bieters auf die Nebenangebote beziehen. **27**

Da Nebenangebote sich punktuell weniger an den Formalien und Vorgaben der Vergabeunterlagen, insbesondere der Leistungsbeschreibung, orientieren als Hauptangebote, besteht ein Risiko, dass der Auftraggeber im Rahmen der Aufklärung versucht, auch inhaltliche Punkte zu klären. Die Grenze zu unzulässigen Verhandlungen, die zu echten Veränderungen des Inhalts der Nebenangebote führen können, ist somit nicht immer klar. Daher sollte der Auftraggeber Aufklärungen bei Nebenangeboten mit besonderer Sorgfalt führen. **28**

4. Art der Durchführung

Die Art der Durchführung als Gegenstand der Aufklärung ist nicht eng zu verstehen; außer den rein technischen Vorgängen bei der Durchführung einer Bauleistung umfasst sie auch die kaufmännische und wirtschaftliche Seite, wobei Fragen des Personal- und Geräteeinsatzes, der Zulieferung von Stoffen und Bauteilen, die Auswirkungen des Baustellenbetriebs, die Einhaltung der Bauzeit etc. eine Rolle spielen können.[58] Ein Aufklärungsinteresse des Auftraggebers kann sich insbesondere ergeben, weil er nach § 4 Abs. 1 Nr. 1 S. 1 VOB/B verpflichtet ist, das Zusammenwirken der verschiedenen Unternehmen zu regeln.[59] Der Auftraggeber benötigt danach Informationen über die geplante Art der Durchführung, insbesondere den Bauablauf, um seinen Koordinierungsaufgaben gerecht werden zu können. **29**

Zwar kann der Auftraggeber Rahmenbedingungen durch die Leistungsbeschreibung und die übrigen Vergabeunterlagen vorgeben. Jedoch ist es grundsätzlich Sache des Bieters, im Rahmen dieser Bedingungen, als Fachmann die technisch und wirtschaftlich günstigste Methode der Bauausführung zu suchen,[60] denn er schuldet in der Regel nur den „Erfolg", nicht aber eine konkrete Art der Ausführung. Soweit der Bieter also in der Wahl der Bau- **30**

[55] Vgl. *Planker* in Kapellmann/Messerschmidt, VOB, 6. Aufl. 2018, § 15 Rn. 6.
[56] Vgl. *von Wietersheim* in Ingenstau/Korbion, VOB, 20. Aufl. 2017, § 15 Rn. 8.
[57] Vgl. OLG Celle 21.8.2003 – 13 Verg 13/03.
[58] Vgl. *von Wietersheim* in Ingenstau/Korbion, VOB, 20. Aufl. 2017, § 15 Rn. 9.
[59] Vgl *Horn* in Heiermann/Zeiss/Summa, jurisPK Vergaberecht, 5. Aufl. 2016, § 15 EU Rn. 36.
[60] Vgl. *Holz* in Heiermann/Riedl/Rusam, VOB, 14. Aufl. 2018, § 15 Rn. 9.

ausführung nicht durch Vorgaben des Auftraggebers gebunden ist, kann er im Rahmen der Aufklärung die von ihm geplante Bauausführung erläutern, auch ohne dass sich Anhaltspunkte im Angebot dazu finden müssten; er soll sogar befugt sein, die Bauausführung zu ändern, solange er dadurch nicht gegen die Vergabegrundsätze verstößt, insbesondere den Wettbewerb nicht manipuliert. Unter diesen Aspekten ist aber jedenfalls eine grundlegende Änderung der Bauausführung, d. h. der Gesamtkonzeption, nicht statthaft.[61] Aufklärungen sind auch dann zulässig, wenn der Bieter eine wesentlich kürzere Ausführungszeit als vorgesehen anbietet und der Auftraggeber von ihm Erläuterungen fordert, wie er diese Verkürzung zustande bringen will.[62]

5. Ursprungsorte oder Bezugsquellen von Stoffen oder Bauteilen

31 Ein weiterer zulässiger Aufklärungsgegenstand sind die Ursprungsorte oder Bezugsquellen von Stoffen oder Bauteilen. Dem Auftraggeber soll es ermöglicht werden, sich für seine Vergabeentscheidung etwa erforderliche Informationen über **die Qualität des für die Bauleistung vorgesehenen Materials sowie die Zuverlässigkeit von Herstellern bzw. Lieferanten des Bieters** beschaffen zu können,[63] um festzustellen, ob sie für die Baumaßnahme geeignet sind.[64] Darüber hinaus kann der Auftraggeber durch verbindliche Vorschriften (z B Bauordnungen der Länder) verpflichtet sein, bestimmte Baustoffe oder Bauteile zu verwenden.[65] Auch dann hat er ein Interesse, sich über etwaige offene Fragen zu informieren. Aufklärungsmaßnahmen bezüglich der Ursprungsorte oder Bezugsquellen von Stoffen oder Bauteilen können ferner relevant sein, wenn der Auftraggeber – zulässigerweise – nach § 7 EU Abs. 2 in der Leistungsbeschreibung ausnahmsweise bestimmte Erzeugnisse oder Verfahren benennt, und der Bieter gleichwertige Produkte anbietet.[66] Zwar ist dieser verpflichtet, die Gleichwertigkeit nachzuweisen, aber etwaige noch vorhandene Zweifelsfragen kann der Auftraggeber gleichwohl aufklären. Des Weiteren kann der Auftraggeber bei der Verwendung von neuartigen Baustoffen bzw. Bauteilen oder Produkten unbekannten oder unklaren Ursprungs ein besonderes Interesse an der Aufklärung haben.[67] Eine Aufklärung des Auftraggebers soll auch möglich sein, wenn der Auftraggeber bereits schlechte Erfahrungen mit dem Stoff oder Bauteil gemacht hat.[68]

32 In allen Fällen der Aufklärung gilt das Prinzip, dass Erläuterungen des Bieters möglich sind, und zwar sowohl in mündlicher Form als auch, z B hinsichtlich des Nachweises der Ursprungsorte oder Bezugsquellen, durch Unterlagen. Die Erläuterungen müssen konkret sein; formelhafte und unsubstanzierte Einlassungen des Bieters genügen nicht.[69] Änderungen, insbesondere der Preise von Stoffen oder Bauteilen, sind im Rahmen der Aufklärung ausgeschlossen.

6. Angemessenheit der Preise

33 Auftraggeber können sich auch über die Angemessenheit der Preise, wenn nötig durch Einsicht in die vorzulegenden Preisermittlungen (Kalkulationen), unterrichten. Die Angemessenheit der Preise ist entscheidend für die Prognose, ob der Bieter in der Lage sein wird, die Leistung ordnungsgemäß und mängelfrei über die gesamte Dauer des Vertrags zu erbringen.[70] Da einerseits Preise der wesentliche Bestandteil eines Angebots sind und die Preisbil-

[61] Vgl. OLG Celle 5.9.2007 – 13 Verg 9/07, NZBau 2008, 663 (668).
[62] Vgl OLG Düsseldorf 6.5.2011 – VII-Verg 26/11.
[63] Vgl. OLG Schleswig 5.2.2004 – 6 U 23/03, NZBau 2004, 405 (406), *von Wietersheim* in Ingenstau/Korbion, VOB, 20. Aufl. 2017, § 15 Rn. 10.
[64] Vgl. *Grünhagen* in FKZGM, VOB, 6. Aufl. 2017, § 15 EU Rn. 42.
[65] Vgl. *Holz* in Heiermann/Riedl/Rusam, VOB, 14. Aufl. 2018, § 15 Rn. 9.
[66] Vgl. *Planker* in Kapellmann/Messerschmidt, VOB, 6. Aufl. 2018, § 15 Rn. 9.
[67] Vgl *Horn* in: Heiermann/Zeiss/Summa, jurisPK Vergaberecht, 5. Aufl. 2016, § 15 EU Rn. 40.
[68] Vgl. *von Wietersheim* in Ingenstau/Korbion, VOB, 20. Aufl. 2017, § 15 Rn. 10.
[69] Vgl. *Holz* in Heiermann/Riedl/Rusam, VOB, 14. Aufl. 2018, § 15 Rn. 10.
[70] Vgl. *Conrad*, ZfBR 2017, 40 (40) mwN.

dung wettbewerblichen Grundsätzen unterliegt, andererseits ein berechtigtes Interesse des Auftraggebers an einer Preisprüfung im Rahmen der gesetzlichen Vorschriften besteht, ist dies wohl der sensibelste Aufklärungsgegenstand. Hier muss der Auftraggeber besonders auf die Abgrenzung von zulässigen Aufklärungen und unzulässigen Verhandlungen achten.

Anlass für die Annahme, dass Preise nicht angemessen sein könnten, und für die Aufklä- **34** rung ist die Feststellung, dass sie von der Marktüblichkeit und der Erfahrung des Auftraggebers abweichen.[71] Dementsprechend wird die Prüfung der Angemessenheit der Preise nach Maßgabe des § 16d EU Abs. 1 Nr. 1 bis 3 im Rahmen der Wertung vorgenommen, denn der Zuschlag darf nach § 16d EU Abs. 1 Nr. 1 S. 1 nicht auf ein Angebot mit unangemessen hohen oder niedrigen Preis bzw. Kosten erteilt werden. Die Angemessenheit der Preise ist grundsätzlich in Bezug auf die Gesamtsumme zu beurteilen,[72] wobei erkennbar unangemessene Preise für Teilleistungen Zweifel an der sachgerechten Preisermittlung begründen können. Auch bei einem hinsichtlich des Gesamtpreises unauffälligen Angebot kann eine Aufklärung in Bezug auf Einzelpreise geboten sein, wenn erhebliche Abweichungen von eigenen Preisen des Bieters bei ähnlichen Positionen oder von Preisen der Konkurrenten gegeben sind und diese weder durch einen höheren Leistungsumfang noch durch Marktgegebenheiten oder -besonderheiten zu erklären sind.[73] Zwecks Beurteilung der Angemessenheit eines Preises erfolgt eine Aufklärung über die entsprechenden Preisangaben im Angebot. Der Auftraggeber kann nur Informationen verlangen, die auf die Kalkulationen des betreffenden Bieters im konkreten Fall beschränkt sind.[74] Es geht dabei aber nicht darum, mit dem Bieter den Sinn der Kalkulation als solche und die Kalkulationsmethode zu erörtern, denn diesbezüglich ist ein Unternehmen im Rahmen der gesetzlichen Vorschriften frei.[75] Vielmehr sind die Kalkulationsgrundlagen, -annahmen und -faktoren aufzuklären, so z. B. der Ansatz der Löhne, des Materials, der Kosten der Baustelle und der allgemeinen Geschäftskosten.[76] Dies geschieht, indem der Auftraggeber dem betreffenden Bieter Gelegenheit gibt, zu den aufklärungsbedürftigen Preisen und ggf. damit im Zusammenhang stehenden Fragen Stellung zu nehmen.

Wie bei allen Sachverhalten, in denen eine Aufklärung zulässig ist, darf es in ihrem **35** Rahmen nicht zu einer Änderung des Angebots, also zu einer Preisänderung kommen. Dazu gehört auch, dass der Bieter nicht befugt ist, fehlende Preise nachzutragen oder angegebene Preise zu ändern. Sonst hätte der jeweilige Bieter unkontrollierbare Möglichkeiten zur nachträglichen Manipulation der Angebotspreise und damit des Vergabewettbewerbs.[77] Demnach ist es auch unzulässig, Kalkulationsirrtümer des Bieters oder „Fehlkalkulationen" durch Änderung der Preise zu beseitigen.[78]

Nur wenn nötig erfolgt die Aufklärung durch Einsichtnahme in die von dem Bieter vor- **36** zulegenden Preisermittlungen (Kalkulationen). Die Einsichtnahme bildet somit eine Ausnahme bei der Aufklärung.[79] Sie kommt ausschließlich dann in Betracht, wenn die sonstigen Informationen des betreffenden Bieters nicht ausreichend sind, um auf deren Grundlage die Angemessenheit der Preise beurteilen zu können. Aus dem Zweck der Aufklärung ergibt sich, dass der Auftraggeber auch bei Einsichtnahme nicht befugt ist, die gesamte Kalkulation zu überprüfen; vielmehr hat er sich auf die konkrete, zu klärende Frage zu beschränken.

---

[71] Vgl. *Planker* in Kapellmann/Messerschmidt, VOB, 6. Aufl. 2018, § 15 Rn. 10.
[72] Vgl. BGH 21.10.1976 – VII ZR 327/74, BauR 1977, 52, vgl. auch OLG Düsseldorf 2.8.2017 – VII-Verg 17/17.
[73] Vgl. OLG Koblenz 4.1.2018 – Verg 3/17, Beck IBRRS 2018, 0166.
[74] Vgl. *von Wietersheim* in Ingenstau/Korbion, VOB, 20. Aufl. 2017, § 15 Rn. 12.
[75] Vgl. BGH 18.5.2004 – X ZB 7/04, VergabeR 2004, 473 (477).
[76] Vgl. *von Wietersheim* in Ingenstau/Korbion, VOB, 20. Aufl. 2017, § 15 Rn. 12.
[77] Vgl. VK Hessen 8.1.2014 – 69d VK – 48/2013.
[78] Vgl. OLG Düsseldorf 30.4.2002 – VII-Verg 3/02 VergabeR 2002, 528 (531), wegen der Unzulässigkeit, den Zuschlag auf ein durch einen Kalkulationsirrtum beeinflusstes Angebot zu erteilen, vgl. BGH 11.11.2014 – X ZR 32/14, NZBau 2015, 248.
[79] Vgl. VK Brandenburg 26.3.2002 – VK 4/02.

37   Bei den vorzulegenden Preisermittlungen kann es sich um die Urkalkulation handeln.[80] Darüber hinaus können für die Aufklärung auch die Formulare bezüglich des Preises[81] aus dem VHB[82] herangezogen werden. Der Auftraggeber ist bei einer Ausschreibung berechtigt, von den Bietern deren Ausfüllung zu verlangen.[83] Die darin enthaltenen Preise werden nicht Vertragsbestandteil, weil in dem Vertrag nur die Preise, nicht aber die Art ihres Zustandekommens und insbesondere nicht die einzelnen Preisbestandteile vereinbart werden.[84] Vielmehr sind die Formblätter als Kalkulationsabfrage zu bewerten, die z.B. bei einer späteren Anpassung des Preises herangezogen werden kann.[85] Das VHB enthält Maßstäbe über die Beurteilung des Preises, auch Maßstäbe, die bei Zweifeln über die Angemessenheit der Angebotspreise zu beachten sind.[86] Insbesondere ist darin dezidiert dargelegt, wie die Formblätter auszuwerten sind. Bei einem Angebot, das die im Einzelnen in den Formblättern dargelegten Anforderungen nicht erfüllt, ist die Vermutung begründet, dass der Bieter nicht in der Lage sein wird, seine Leistung vertragsgerecht zu erbringen, und dass die Vermutung nur durch einen Nachweis des Bieters widerlegt werden kann, wonach er aus objektbezogenen, sachlich gerechtfertigten Gründen die Ansätze günstiger als die übrigen Bieter kalkulieren konnte.[87]

38   Keine Einigkeit besteht über die Frage, ob sich Aufklärungsmaßnahmen über die Angemessenheit der Preise auch auf diejenigen von Nachunternehmen beziehen dürfen. Dies wird zum Teil bejaht.[88] Nach anderer – zutreffender – Auffassung wird die isolierte Überprüfung der Preise von Nachunternehmen abgelehnt, weil Angebote von Nachunternehmen Teil der Kalkulationsgrundlage des Bieters sind und es „keine Kalkulationsgrundlage der Kalkulationsgrundlage" gibt, die überprüfbar wäre.[89] Ferner steht zum Zeitpunkt der Aufklärung noch nicht fest, ob der Bieter beauftragt wird, so dass auch noch keine vertragliche Bindung des Bieters mit den Nachunternehmen besteht und auch noch nicht feststeht, ob es zu einer solchen kommt.[90] Für zulässig wird lediglich eine Unterrichtung durch den Bieter über die Zusammensetzung des Haupt- bzw. Generalunternehmerzuschlags gehalten.[91]

39   Ein Sonderfall liegt vor, wenn der Auftraggeber Zweifel daran hat, ob ein Angebot die tatsächlich geforderten Preise für die jeweiligen Leistungspositionen ausweist, weil sie unangemessen niedrig erscheinen. Dies ist insbesondere bei einer sog. Mischkalkulation der Fall.[92] Für die – verpflichtende – Aufklärung gelten die besonderen Regelungen des § 16d EU Abs. 1 Nr. 2. Wenn sich ergibt, dass die Preise für die jeweiligen Leistungen nicht gemäß § 13 EU Abs. 1 Nr. 3 VOB/A das für die Leistung verlangte Entgelt ausweisen, ist das

---

[80] Vgl. OLG Frankfurt 14.7.2017 – 11 Verg 14/16, ZfBR 2017, 515 (517 f.), OLG Naumburg 22.9.2005 – 1 Verg 8/05, VergabeR 2005, 789 (792), OLG Rostock 6.7.2005 – 17 Verg 8/05, NZBau2006, 261 (263).

[81] Die früheren Formulare „EFB-Preis" wurden zwischenzeitlich ersetzt bzw. umbenannt. Es gibt z B die Formblätter „Preisermittlung bei Zuschlagskalkulation – 221", „Preisermittlung bei Kalkulation über die Endsumme – 222", „Aufgliederung der Einheitspreise – 223".

[82] Vergabe- und Vertragshandbuch für die Baumaßnahmen des Bundes, Stand 2017.

[83] Vgl. BGH 7.6.2005 – X ZR 19/02 –, NZBau 2005, 709 (710).

[84] Vgl. VHB, Richtlinien zu 321, Ziff. 5.1.2.4.

[85] Vgl. VK Bund 17.2.2017 – VK 2 – 14/17.

[86] Vgl. VHB, Richtlinien zu 321, Ziff. 5.1.1.

[87] Vgl. VHB, Richtlinien zu 321, Ziff. 5.1.2.1.

[88] Vgl. *Grünhagen* in FKZGM, VOB, 6. Aufl. 2017, § 15 EU Rn. 55, *von Wietersheim* in Ingenstau/Korbion, VOB, 20. Aufl. 2017, § 15 Rn. 16.

[89] Vgl. OLG Brandenburg 13.9.2005 – Verg W 9/05, NZBau 2006, 126 (129), *Planker* in Kapellmann/Messerschmidt, VOB, 6. Aufl. 2018, § 15 Rn. 12, zustimmend *Horn* in: Heiermann/Zeiss/Summa, jurisPK Vergaberecht, 5. Aufl. 2016, § 15 EU Rn. 56, *Vavra* in Ziekow/Völlink, Vergaberecht, 2. Aufl. 2013, § 15 VOB/A Rn. 11.

[90] Vgl. OLG Brandenburg 13.9.2005 – Verg W 9/05, NZBau 2006, 126 (129), *Horn* in: Heiermann/Zeiss/Summa, jurisPK Vergaberecht, 5. Aufl. 2016, § 15 EU Rn. 56, *Planker* in Kapellmann/Messerschmidt, VOB, 6. Aufl. 2018, § 15 Rn. 12, *Vavra* in Ziekow/Völlink, Vergaberecht, 2. Aufl. 2013, § 15 VOB/A Rn. 11, vgl. auch OLG München 22.1.2009 – Verg 26/08, VergabeR 2009, 478 (482).

[91] Vgl. OLG Brandenburg 13.9.2005 – Verg W 9/05, NZBau 2006, 126 (129).

[92] Vgl. Rn. 13.

Angebot auszuschließen, ohne das weitere Aufklärungen darüber nötig sind, welche Preise wirklich gefordert werden.[93]

Aufklärungsmaßnahmen führt der Auftraggeber auch dann verpflichtend durch, wenn er **40** den Verdacht einer wettbewerbsbeschränkenden Abrede in Form einer unzulässigen Preis-absprache gegen einen oder mehrere Bieter hat. In diesem Fall gebietet der Wettbewerbs-grundsatz die Aufklärung. Vage Vermutungen oder geringe Verdachtsmomente reichen dafür nicht aus.[94] Der Verdacht muss vielmehr bei objektiver Betrachtung auf konkreten Anhaltspunkten beruhen. Sie können sich aus dem Angebot selbst, aus dem Vergleich mit anderen Angeboten[95] oder aus weiteren Tatsachen, wie z.B. dem Vergleich mit anderen Vergabeverfahren und den Angeboten des oder der betreffenden Bieter in diesen Verfahren, ergeben.

VI. Geheimhaltung und Niederlegung in Textform

Nach § 15 EU Abs. 1 Nr. 2 sind die Ergebnisse der Aufklärungen nach Nr. 1 geheim zu **41** halten. Die Geheimhaltungspflicht dient der Wahrung des **Geheimwettbewerbs,** der auch durch die Vorschriften des § 13 EU Abs. 1 Nr. 2 (die Angebote sind nach Eingang bei dem Auftraggeber bis zu ihrer Öffnung unter Verschluss zu halten), § 14 EU Abs. 7 (die Nie-derschrift über den Öffnungstermin darf nicht veröffentlicht werden) sowie § 14 EU Abs. 8 (der Auftraggeber muss die Angebote sorgfältig verwahren und geheim halten) geschützt wird. Der Wettbewerb wird nämlich in unzulässiger Weise verfälscht, wenn ein Bieter, auch nur teilweise, das Angebot eines anderen Bieters kennt.[96] Deshalb haben Auftraggeber die Pflicht zur Gewährleistung des Geheimwettbewerbs.[97] Primär werden dadurch die Inte-ressen der Bieter, namentlich Betriebs- und Geschäftsgeheimnisse, wie zB Kalkulations-grundlagen, geschützt.[98] Denn es ist offenkundig, dass Konkurrenten durch Kenntnis der Inhalte der Angebote anderer Bieter in die Lage versetzt würden, sich diese zunutze zu machen.[99] Ferner dient die Geheimhaltung aber auch dem Schutz der Interessen des Auf-traggebers, indem Manipulationsversuche ausgeschlossen werden sollen. Aus diesen Grün-den dürfen Aufklärungsgespräche mit Bietern nur als Einzelgespräche, nicht aber als Sam-melgespräche mit mehreren Bietern geführt werden.[100] Verstößt der Auftraggeber gegen das Geheimhaltungsgebot, können sich daraus Schadensersatzansprüche aus c. i. c. erge-ben.[101]

Die Geheimhaltungspflicht findet ihre **Grenzen,** wenn sich in der Aufklärung heraus- **42** stellt, dass der Bieter **gegen zwingende gesetzliche Vorschriften verstoßen hat.** Der betreffende Bieter ist dann nicht mehr schutzwürdig, so dass der Auftraggeber mögliche behördliche oder gerichtliche Maßnahmen einleiten kann (und im Regelfall sogar dazu verpflichtet ist).[102]

Die vertrauliche Behandlung der Ergebnisse der Aufklärung wird durch das **Aktenein-** **43** **sichtsrecht im Rahmen eines Nachprüfungsverfahrens** nach § 165 GWB einge-schränkt. Allerdings kann die Vergabekammer oder der Vergabesenat dieses Recht, insbe-sondere wegen des Geheimschutzes, wiederum einschränken, so dass bestimmte Unterlagen oder Teile der Akten nicht von den Beteiligten eingesehen werden dürfen.[103]

---

[93] Vgl. BGH 18.5.2004 – X ZB 7/04, NZBau 2004, 457 (460), OLG Frankfurt 16.8.2005 – 11 Verg 7/05, NZBau 2005, 259 (260), vgl. wegen weiterer Einzelheiten *Opitz* § 16d EU.
[94] Vgl. *Holz* in Heiermann/Riedl/Rusam, VOB, 14. Aufl. 2018, § 15 Rn. 12.
[95] Vgl. *von Wietersheim* in Ingenstau/Korbion, VOB, 20. Aufl. 2017, § 15 Rn. 15.
[96] Vgl. *Weiner* in Gabriel/Krohn/Neun, BeckHdB Vergaberecht, 2. Aufl. 2017, § 1 Rn. 26.
[97] Vgl. OLG Düsseldorf 16.9.2003 – VII-Verg 52/03, VergabeR 2003, 690 (691).
[98] Vgl. *Horn* in: Heiermann/Zeiss/Summa, jurisPK Vergaberecht, 5. Aufl. 2016, § 15 EU Rn. 62.
[99] Vgl. *Bauer* in Heiermann/Riedl/Rusam, VOB, 14. Aufl. 2018, § 15 Rn. 18.
[100] Vgl. *Planker* in Kapellmann/Messerschmidt, VOB, 6. Aufl. 2018, § 15 Rn. 14.
[101] Vgl. *von Wietersheim* in Ingenstau/Korbion, VOB, 20. Aufl. 2017, § 15 Rn. 17.
[102] Vgl. *Grünhagen* in FKZGM, VOB, 6. Aufl. 2017, § 15 EU Rn. 64.
[103] Vgl. wegen weiterer Einzelheiten *Lausen,* § 14 EU Rn. 52.

44 **Die Ergebnisse der Aufklärungen sollen** nach § 15 EU Abs. 1 Nr. 2 S. 2 **in Textform niedergelegt werden.** Die Regelung dient der **Dokumentation** und damit dem **Transparenzgebot.**[104] Die Soll-Vorschrift lässt eine Abweichung nur in atypischen Fällen zu. Nicht zuletzt aus Nachweisgründen ist dem Auftraggeber anzuraten, der Bestimmung in jedem Fall von Aufklärungen zu folgen. **Textform** bedeutet nach § 126b BGB, dass eine lesbare Erklärung, in der die Person des Erklärenden genannt ist, auf einem dauerhaften Datenträger abgegeben werden muss. Insoweit reicht also auch ein elektronischer Vermerk. Dieser ist zwingend der Vergabeakte beizufügen, weil die Aufklärungen wesentlicher Bestandteil des Ablaufs des Vergabeverfahrens bei dem Auftraggeber sind.

45 Die Wortwahl lässt es zu, dass sowohl ein Protokoll als auch ein Ergebnisvermerk angefertigt wird. Um ein abweichendes Verständnis zu vermeiden und um ggf. das Ergebnis von Aufklärungen in einem Nachprüfungsverfahren nachweisen zu können, bietet es sich an, das Protokoll oder den Vermerk von dem betreffenden Bieter gegenzeichnen zu lassen.[105] Dies gilt umso mehr, als dass der Inhalt des ggf. abzuschließenden Vertrags zwischen Auftraggeber und Unternehmen durch die Aufklärungen zumindest klargestellt wird. Aufzunehmen in den Text ist nicht nur der Sachverhalt, sondern auch die Schlussfolgerungen, die sich für den öffentlichen Auftraggeber ergeben.[106] Bei der Zuschlagserteilung, mit der der Vertrag zwischen Bieter und Auftraggeber zustande kommt, ist nicht nur auf das Angebot, sondern auch auf die Aufklärungsergebnisse in Form des Vermerks oder Protokolls Bezug zu nehmen.

VII. Ausschluss des Angebots bei
Verweigerung der Aufklärungen oder Angaben

46 Nach § 15 EU Abs. 2 ist das **Angebot** eines Bieters, der die geforderten **Aufklärungen oder Angaben verweigert** oder die ihm gesetzte angemessene Frist unbeantwortet verstreichen lässt, **auszuschließen.** Bis zur Fassung der VOB/A 2012 stand der Ausschluss des Angebots noch im Ermessen des Auftraggebers. Gerade im Hinblick auf die zwingende Rechtsfolge **muss** im Einzelfall sichergestellt sein, dass bei dem Angebot **ein objektiver Aufklärungsbedarf i. S. d. § 15 EU Abs. 1 Nr. 1 vorliegt**[107] Der Auftraggeber muss insoweit auf die vom Bieter nachgereichten Angaben oder Unterlagen angewiesen sein.[108] Das ist der Fall, wenn das Angebot inhaltlich bewertet wird und der Auftraggeber einem für die Vergabeentscheidung erheblichen Informationsbedürfnis folgt, die geforderten Angaben geeignet sind, dieses Informationsbedürfnis zu befriedigen, und wenn dem Auftraggeber die Erlangung dieser Informationen auf einfachere Weise nicht möglich ist.[109]

47 Eine **Verweigerung der Aufklärung oder Angaben** kann **ausdrücklich oder konkludent** erfolgen.[110] Sie liegt vor, wenn ein Bieter explizit in einem Aufklärungsgespräch oder in schriftlicher Form mitteilt, dass er nicht bereit ist, an der Aufklärung mitzuwirken bzw. die Fragen des Auftraggebers zu beantworten. Entsprechendes gilt, wenn er dem Auftraggeber Einzelangaben vorenthält, die für die Aufklärung nötig sind. Auch dann, wenn ein Bieter zwar Angaben macht, diese aber nicht verwertbar[111] oder unzureichend[112] sind, wird eine Verweigerung der Aufklärung angenommen. Dies wird – zu Recht – damit begründet, dass ein Bieter es sonst in der Hand hätte, die Rechtsfolge des § 15 EU Abs. 2 zu

---

[104] Vgl. *Vavra* in Ziekow/Völlink, Vergaberecht, 2. Aufl. 2013, § 15 VOB/A Rn. 13.

[105] Vgl. VK Lüneburg 30.1.2009 – VgK-54/08.

[106] Vgl. *Grünhagen* in FKZGM, VOB, 6. Aufl. 2017, § 15 EU Rn. 60.

[107] Vgl. *Horn* in: Heiermann/Zeiss/Summa, jurisPK Vergaberecht, 5. Aufl. 2016, § 15 EU Rn. 67.

[108] Vgl. OLG Jena 21.11.2002 – Verg 7/02, ZfBR 2003, 86 (86).

[109] Vgl. OLG Naumburg 2.9.2005 – 1 Verg 8/05, VergabeR 2005, 789 (792).

[110] Vgl. *Zeise* in KMPP, VOB/A, 2. Aufl. 2014, § 15 EG Rn. 29.

[111] Vgl. VK Lüneburg 3.11.2011 – VgK-47/2011.

[112] Vgl. VK Südbayern 4.10.2010 – Z3–3-3194-1-45-07/10.

umgehen und das Vergabeverfahren hinaus zu zögern.[113] Auch ein vollständiges Schweigen des Bieters, z B in einem Aufklärungsgespräch, stellt eine Verweigerung dar. Wenn ein Bieter ungerechtfertigte Ansprüche stellt, etwa wenn er seine Urkalkulation im Rahmen der Aufklärung nur unter einer unzulässigen Bedingung vorlegen möchte, ist sein Angebot von der Wertung auszuschließen.[114]

Schließlich liegt eine, ausdrücklich in § 15 EU Abs. 2 geregelte Form der **Verweige- 48 rung** vor, **wenn der Bieter eine angemessen Frist unbeantwortet verstreichen lässt.** Dabei muss es sich um eine von dem Auftraggeber gesetzte Frist handeln. Sie muss deutlich als Ausschlussfrist gekennzeichnet sein.[115] Bei der Bewertung, ob eine Frist angemessen ist, kommt keine schematische Festlegung in Betracht; vielmehr ist der Einzelfall, insbesondere der Umfang und die Bedeutung der Aufklärung, maßgebend. Einerseits muss der Bieter ausreichend Zeit haben, die Aufklärung adäquat herbeiführen zu können, wobei auch zu berücksichtigen ist, ob und in welchem Umfang er noch Informationen oder Unterlagen beschaffen muss, andererseits ist zu beachten, dass der Abschluss des Vergabeverfahrens wegen der Zuschlagsfrist unter einem gewissen Zeitdruck steht. Lässt ein Bieter die gesetzte Frist verstreichen und trägt erstmals in einem Nachprüfungsverfahren Erläuterungen vor, sind diese wegen Verstreichens der Frist unbeachtlich.[116]

Der Ausschluss eines Angebots erfolgt darüber hinaus auch dann, wenn **trotz Aufklä- 49 rung Zweifel an der Eignung des Bieters oder am Inhalt des Angebots verbleiben.** Voraussetzung ist, dass die Zweifel auf einer gesicherten, d.h. objektiv feststehenden Erkenntnisgrundlage des Auftraggebers beruhen.[117]

Obwohl § 15 EU Abs. 1 Nr. 2 sich dem Wortlaut nach auf Nr. 1 bezieht, gilt die Vor- 50 schrift auch für ausnahmsweise zulässige Verhandlungen nach Abs. 3. Da diese den Vertrag modifizieren, ist den formalen Anforderungen des Abs. 1 Nr. 2 erst recht zu entsprechen.

VIII. Grundsätzliches Nachverhandlungsverbot und Ausnahmen

1. Unstatthafte Nachverhandlungen

Gemäß § 15 EU Abs. 3 sind **Verhandlungen in offenen oder nicht offenen Ver- 51 fahren** – in förmlichen Verfahren –, besonders über Änderung der Angebote oder Preise, **grundsätzlich unstatthaft.** Bestimmte **Ausnahmen** werden explizit aufgeführt. Diese Bestimmung stellt klar, dass über zulässige Aufklärungen hinaus Verhandlungen nicht erlaubt sind. So wurde auch der in früheren Fassungen der VOB/A in § 15 EU Abs. 1 (bzw. zuvor § 15 EG Abs. 1) verwendete Begriff „verhandeln" in „Aufklärung verlangen" umgewandelt, um die Abgrenzung zwischen Aufklärungsmaßnahmen und Verhandlungen deutlich zu machen. Da Verhandlungen eine Dispositionsbefugnis der Parteien voraussetzen,[118] die bei förmlichen Vergabeverfahren nicht, erst recht nicht nach Ablauf der Angebotsfrist, besteht, sind Verhandlungen unzulässig. Deshalb kommt es auch nicht auf die Beweggründe für die Verhandlungen an, also beispielsweise darauf, ob das Angebot optimiert werden oder ob ein Irrtum des Bieters behoben werden soll.[119] Eine nachträgliche Änderung kann schließlich nicht einvernehmlich zwischen Auftraggeber und Bieter vorgenommen werden.[120]

Das Verhandlungsverbot in förmlichen Verfahren stellt sicher, dass der **ordnungsge- 52 mäße Wettbewerb** unter gleichen Bedingungen für alle Bieter aufrechterhalten wird und

---

113 Vgl. VK Bund 14.11.2003 – VK 1 – 109/03.
114 Vgl. OLG Düsseldorf 24.11.2010 – VII-Verg 16/10, NZBau 2011, 315 (316).
115 Vgl. *Planker* in Kapellmann/Messerschmidt, VOB, 6. Aufl. 2018, § 15 Rn. 17.
116 Vgl. OLG Koblenz 4.1.2018 – Verg 3/17, Beck IBRRS 2018, 0166.
117 Vgl. OLG Düsseldorf 15.8.2011 – VII-Verg 71/11, IBRRS 2011, 3679.
118 Vgl. Rn. 6.
119 Vgl. *Zeise* in KMPP, VOB/A, 2. Aufl. 2014, § 15 EG Rn. 30.
120 Vgl. OLG Düsseldorf 25.4.2012 – VII-Verg 61/11, ZfBR 2012, 613 (613).

nachträgliche Manipulationen durch das **Nachbessern einzelner Angebote verhindert werden.**[121] Eine derartige Verbesserung der Position eines Bieters ist unzulässig, weil sie gegen den Gleichbehandlungs- und Wirtschaftlichkeitsgrundsatz verstoßen würde.[122] Damit werden jegliche Änderungen des ursprünglichen Angebotsinhalts verboten. Dies gilt nicht nur in Bezug auf die in § 15 EU Abs. 3 explizit genannten Preise, sondern für alle Änderungen des Vertragsinhalts. Die Beachtung des Verhandlungsverbots ist bieterschützend.[123] Verletzungen des Verhandlungsverbotes können zu Schadensersatzpflichten nach c. i. c. führen.[124] Ein Angebot, bei dem eine unzulässige Nachverhandlung stattgefunden hat, ist nicht von der Wertung auszuschließen; vielmehr muss das Angebot in seinem Ursprungszustand, also ohne die Änderungen aufgrund der Verhandlungen, gewertet werden.[125]

53   Die in § 15 EU Abs. 3 erwähnten **Änderungen der Angebote** stellen im Wesentlichen auf die Änderung von Bedingungen für die Vergabeentscheidung ab. Diesbezügliche unstatthafte Verhandlungen können sich beispielsweise beziehen auf die Änderung der Rechtspersönlichkeit des Auftragnehmers, wie etwa bei der Veränderung einer Bietergemeinschaft, Änderungen der Leistungsbeschreibung, der Ausführungsbedingungen, der Termine, der Qualitätsanforderungen sowie der Erklärungen und Bescheinigungen.[126]

54   **Änderungen der Preise** liegen beispielsweise vor bei Änderungen der Einheitspreise, bei Ergänzungen fehlender Preisangaben, bei Pauschalierung eines auf Einheitspreisen beruhenden Angebotes, bei einer Berichtigung von „falschen" Preisen oder von Kalkulationsirrtümern, bei nachträglicher Einführung von Preisgleitklauseln, bei nachträglich vereinbarten Preisnachlässen und wenn der Auftraggeber versucht, einen Bieter auf den Preis des preislich günstigsten Bieters, der jedoch aus anderen Gründen nicht zum Zuge kommen kann, herunter zu handeln.[127]

55   Über den Wortlaut des § 15 EU Abs. 3 hinaus bestehen auf der Grundlage des Wettbewerbs-, Gleichbehandlungs- und Transparenzgrundsatzes auch bei **Verhandlungsverfahren,** wettbewerblichem Dialogen und Innovationspartnerschaften bezüglich der grundsätzlich zugelassenen Verhandlungen Einschränkungen. So darf ein Auftraggeber nicht mit einem oder mehreren Bietern mit dem ausschließlichen Ziel verhandeln, die Preise zu drücken.[128] Auch hier gilt das Gebot des fairen und des Geheimwettbewerbs.

2. Ausnahmen vom Nachverhandlungsverbot

56   § 15 EU Abs. 3 lässt Ausnahmen von dem Verhandlungsverbot zu. Verhandlungen sind zulässig, wenn sie
– bei Nebenangeboten
– oder Angeboten aufgrund eines Leistungsprogramms
nötig sind, um
– unumgängliche technische Anforderungen geringen Umfangs und
– daraus sich ergebende Änderungen der Preise
  zu vereinbaren.

Ausnahmen kommen demnach nur bei **Nebenangeboten**[129] **oder Angeboten aufgrund eines Leistungsprogramms**[130] in Betracht. Der Grund dafür ist, dass der Inhalt

[121] Vgl. *von Wietersheim* in Ingenstau/Korbion, VOB, 20. Aufl. 2017, § 15 Rn. 20.
[122] Vgl. BGH 7.1.2003 – X ZR 50/01, ZfBR 2003, 503 (504), *Holz* in Heiermann/Riedl/Rusam, VOB, 14. Aufl. 2018, § 15 Rn. 28.
[123] Vgl. *Horn* in: Heiermann/Zeiss/Summa, jurisPK Vergaberecht, 5. Aufl. 2016, § 15 EU Rn. 74.
[124] Vgl. BGH 8.9.1998 – X ZR 99/96, NJW 1998, 3640 (3641).
[125] Vgl. BGH 6.2.2002 – X ZR 185/99, NZBau 2002, 344 (346).
[126] Vgl. im Einzelnen die Beispiele bei *Grünhagen* in FKZGM, VOB, 6. Aufl. 2017, § 15 EU Rn. 81 und *Horn* in Heiermann/Zeiss/Summa, jurisPK Vergaberecht, 5. Aufl. 2016, § 15 EU Rn. 76 mwN.
[127] Vgl. im Einzelnen *Planker* in Kapellmann/Messerschmidt, VOB, 6. Aufl. 2018, § 15 Rn. 22 mwN, vgl. auch Rn. 33–40.
[128] Vgl. *von Wietersheim* in Ingenstau/Korbion, VOB, 20. Aufl. 2017, § 15 Rn. 2.
[129] Vgl. *Mehlitz* § 8 EU.
[130] Vgl. *Lampert* § 7c EU.

derartiger Angebote nicht so intensiv wie bei anderen Angeboten von den Vorgaben des Auftraggebers abhängt bzw. bestimmt wird, sondern die Bieter in diesen Fällen einen Gestaltungsspielraum haben, indem sie eigene Vorschläge machen, um die technisch, wirtschaftlich und gestalterisch beste sowie funktionsgerechteste Lösung der Bauaufgabe zu ermitteln. Daraus ergibt sich die Notwendigkeit der (ansonsten atypischen) Kommunikation zwischen Auftraggeber und Bieter. Ausgangspunkt sind auch hier immer auftretende Zweifelsfragen oder Unklarheiten bei dem Auftraggeber.[131] Damit im Zusammenhang steht oft eine erforderliche Anpassung an die vom Auftraggeber gestellte Bauaufgabe in beschreibungsmäßiger wie preislicher Sicht.[132] Voraussetzung dafür ist allerdings wiederum, dass die Angebote oder Nebenangebote in den sonstigen Punkten den Anforderungen der Vergabeunterlagen entsprechen;[133] sie dürfen also nicht durch die Verhandlungen erst zuschlagsfähig gemacht werden. Die Möglichkeit der Verhandlungen in den eng begrenzten Fällen soll auch unnötigerweise erforderliche Aufhebungen von Ausschreibungen vermeiden.[134]

Voraussetzung für Verhandlungen ist, dass **unumgängliche technische Anforderun-** 57 **gen geringen Umfangs** vereinbart werden müssen. Unumgängliche Änderungen sind gegeben, wenn ohne sie eine sachgerechte Durchführung des Bauvorhabens nicht möglich wäre.[135] Die technischen Änderungen haben einen **geringen Umfang,** wenn sie bezogen auf das konkrete Bauvorhaben sowie die bisher vorgesehene Ausführungsart und den vorgesehenen Ausführungsumfang eine nur unwesentliche Bedeutung haben.[136] Bei dieser Feststellung kommt es immer auf die Umstände des Einzelfalls an. Entscheidend ist dabei auch der Gesamtwert des Bauvorhabens. Danach ist es zB zulässig, im Rahmen von Aufklärungsgesprächen sachliche und preisliche Lücken bei einer funktionalen Ausschreibung einer Kläranlage nachzubessern.[137] Wesentliche Ergänzungen von Haupt- und Nebenangeboten, die wertmäßig keinen untergeordneten Teil ausmachen, sind dagegen nicht von der Möglichkeit zulässiger Nachverhandlungen gedeckt.

Erst wenn zwischen Auftraggeber und Bieter geklärt worden ist, dass und welche unum- 58 gänglichen technischen Anforderungen geringen Umfangs vorliegen, werden sich daraus ergebende **Änderungen der Preise** verhandelt. Zwischen den technischen Änderungen und den daraus resultierenden Änderungen der Preise muss also ein kausaler Zusammenhang bestehen. D. h. bei der Preisfestsetzung dürfen nur die durch die technische Änderung bedingten Mehr- bzw. Minderkosten berücksichtigt werden.[138] Es sind Fälle denkbar, in denen die technischen Änderungen nicht zu einer Preisänderung führen müssen.

Aus dem Sinn und Zweck der in engem Rahmen zulässigen Ausnahmen von Nachver- 59 handlungen lässt sich ableiten, dass jedenfalls **keine grundsätzliche Verpflichtung des Auftraggebers besteht, derartige Verhandlungen zu führen.** Entscheidet er sich aber dafür, muss er den Gleichbehandlungsgrundsatz einhalten. D. h. bei vergleichbaren Fällen muss er alle infrage kommenden Angebote bei seinen Verhandlungen berücksichtigen, damit die Bieter, die sich an der Ausschreibung beteiligt haben, die gleichen Chancen haben.

IX. Informationen nach § 8c EU Abs. 3

Nach § 15 EU Abs. 4 darf der Auftraggeber gemäß § 8c EU Abs. 3 übermittelte Infor- 60 mationen überprüfen und hierzu ergänzende Erläuterungen von den Bietern fordern. Bei

---

[131] Vgl. *von Wietersheim* in Ingenstau/Korbion, VOB, 20. Aufl. 2017, § 15 Rn. 22.

[132] Vgl. *Planker* in Kapellmann/Messerschmidt, VOB, 6. Aufl. 2018, § 25.

[133] Vgl. OLG Frankfurt 26.3.2002 – 11 Verg 3/01, NZBau 2002, 692 (693).

[134] Vgl. KG 3.11.1999 – Kart Verg 3/99, NZBau 2000, 209 (211).

[135] Vgl. OLG Celle 30.1.2003 – 13 Verg 13/02, *Holz* in Heiermann/Riedl/Rusam, VOB, 14. Aufl. 2018, § 15 Rn. 39.

[136] Vgl. VK Bund 26.8.1999 – VK 2 – 20/99, NZBau 2000, 398 (400).

[137] Vgl. OLG Saarbrücken 23.11.2005 – 1 Verg 3/05, NZBau 2006, 457 (459).

[138] Vgl. *Holz* in Heiermann/Riedl/Rusam, VOB, 14. Aufl. 2018, § 15 Rn. 41.

den Informationen handelt es sich um Angaben zum Energieverbrauch und zur Energieeffizienz von energieverbrauchsrelevanten Waren, technischen Geräten oder Ausrüstungen.[139] Diese Ausnahmeregelung soll wohl der herausragenden Bedeutung des Kriteriums der Energieeffizienz bei Vergaben entsprechen.

61   In der Praxis kann es bei den fachspezifischen Angaben innerhalb einer Spezialmaterie zu einem Erläuterungsbedarf des Auftraggebers kommen. Die von den Bietern nachgereichten Unterlagen dürfen dabei aber nur der Beurteilung des Energieverbrauchs und der Energieeffizienz dienen; andere Auswirkungen auf die Angebotsauswertung dürfen davon nicht ausgehen. Es darf sich ferner nur um ergänzende Erläuterungen handeln, was voraussetzt, dass die Unterlagen zuvor vollständig eingereicht wurden.[140]

---

[139] Vgl. *Rechten* § 8c EU.
[140] Vgl. *Horn* in Heiermann/Zeiss/Summa, jurisPK Vergaberecht, 5. Aufl. 2016, § 15 EU Rn. 90.

§ 16 Ausschluss von Angeboten

Auszuschließen sind

1. Angebote, die bei Ablauf der Angebotsfrist nicht vorgelegen haben, ausgenommen Angebote nach § 14 EU Absatz 5,
2. Angebote, die den Bestimmungen des § 13 EU Absatz 1 Nummer 1, 2 und 5 nicht entsprechen,
3. Angebote, die den Bestimmungen des § 13 EU Absatz 1 Nummer 3 nicht entsprechen;
   ausgenommen solche Angebote, bei denen lediglich in einer einzelnen unwesentlichen Position die Angabe des Preises fehlt und durch die Außerachtlassung dieser Position der Wettbewerb und die Wertungsreihenfolge, auch bei Wertung dieser Position mit dem jeweils höchsten Wettbewerbspreis, nicht beeinträchtigt werden,
4. Angebote, bei denen der Bieter Erklärungen oder Nachweise, deren Vorlage sich der öffentliche Auftraggeber vorbehalten hat, auf Anforderung nicht innerhalb einer angemessenen, nach dem Kalender bestimmten Frist vorgelegt hat. Satz 1 gilt für Teilnahmeanträge entsprechend,
5. nicht zugelassene Nebenangebote sowie Nebenangebote, die den Mindestanforderungen nicht entsprechen,
6. Nebenangebote, die dem § 13 EU Absatz 3 Satz 2 nicht entsprechen.

Übersicht

	Rn.
A. Einführung	1
I. Literatur	1
II. Entstehungsgeschichte	2
III. Rechtliche Vorgaben im EU-Recht	10
B. Grundsätzliches	13
I. Bedeutung der Vorschrift	13
II. Systematik der Vorschrift	16
III. Anwendung der Vorschrift im Verhandlungsverfahren, im Wettbewerblichen Dialog und in der Innovationspartnerschaft	20
IV. Nachweis des Ausschlussgrunds und Beweislast	24
V. Drittschützende Wirkung	26
C. Die Ausschlusstatbestände im Einzelnen	27
I. Verspätete Angebote (Nr. 1)	27
II. Angebote, die den Bestimmungen des § 13 EU Abs. 1 Nr. 1, 2 und 5 VOB/A nicht entsprechen (Nr. 2)	37
1. Formwidrige Angebote	37
a) Festlegung der Form durch den Auftraggeber	37
b) Schriftliche Angebote	39
c) Elektronische Angebote	48
d) Kombinationen	52

	Rn.
2. Unverschlossene oder unverschlüsselte Angebote	54
3. Abweichungen von den und Änderungen an den Vergabeunterlagen	57
a) Bedeutung des Ausschlusstatbestands	57
b) Voraussetzungen des Angebotsausschlusses	63
c) Ermittlung des Angebotsinhalts	67
d) Fallgruppen	72
aa) Leistungsinhalt	72
bb) Rechtliche und kaufmännische Bedingungen	79
cc) Preisangaben, Kalkulation und Spekulation	81
4. Änderungen des Bieters an eigenen Eintragungen	99
III. Angebote, die nicht die geforderten Preise enthalten (Nr. 3)	104
1. Angebotsausschluss als Regelfall	104
2. Bagatellklausel	112
IV. Fehlende vorbehaltene Erklärungen oder Nachweise (Nr. 4)	117
V. Nicht zugelassene Nebenangebote und Nebenangebote, die den Mindestanforderungen nicht entsprechen (Nr. 5)	122
1. Nicht zugelassene Nebenangebote	122
2. Nebenangebote, die den Mindestanforderungen nicht entsprechen	125
VI. Formwidrige Nebenangebote (Nr. 6)	128

A. Einführung

I. Literatur

1   *Biermann*, Die „kreative" Angebotskalkulation: Mengenspekulation und ihre Auswirkungen auf Nachträge, in Schulze-Hagen/Brößkamp (Hrsg.) Bauen, Planen, Recht – Aktuelle Beiträge zum privaten Baurecht, FS für Klaus Vygen zum 60. Geburtstag, 1999, S. 134; *Bode,* Zwingender Angebotsausschluss wegen fehlender Erklärungen und Angaben – Inhalte, Grenzen und Möglichkeiten zur Reduzierung der Ausschlussgründe VergabeR 2009, 729 ff.; *Brieskorn/Stamm,* Die vergaberechtliche Renaissance der Urkalkulation und deren Bedeutung für das Nachtragsmanagement NZBau 2008, 414 ff.; *Burgi,* Ein gangbarer Weg zur elektronischen Vergabe: Die Angebotsabgabe in einer Kombinationslösung, VergabeR 2006, 149 ff.; *Byok,* Das Verhandlungsverfahren, 2006; *Dähne,* Was sind „unzulässige Änderungen an den Verdingungsunterlagen" nach § 21 Nr. 1 Abs. 2 VOB/A VergabeR 2002, 224; *Dicks,* Nebenangebote – Erfordern Zulassung, Zulässigkeit, Mindestanforderungen und Gleichwertigkeit inzwischen einen Kompass? VergabeR 2012, 318 ff.; *Duve/ Richter* Mischkalkulation – Ein bauwirtschaftlicher Ansatz zur Begriffsdefinition BauR 2009, 1655 ff.; *Ebert,* Möglichkeiten und Grenzen im Verhandlungsverfahren, 2005; *Freese,* Mischkalkulationen bei öffentlichen Aufträgen: Der BGH hat entschieden – und nun? NZBau 2005, 135; *Gerlach/Manzke,* Auslegung und Schicksal des Bieterangebots im Vergabeverfahren, VergabeR 2017, 11 ff.; *Graef,* Rechtsfragen zur Kommunikation und Informationsübermittlung im neuen Vergaberecht, NZBau 2008, 34 ff.; *Gröning,* Die VOB/A 2009 – ein erster Überblick VergabeR 2009, 117 ff.; *Hausmann/Bultmann,* Der Ausschluss spekulativer Angebote ZfBR 2004, 671; *Heinze,* Die elektronische Vergabe öffentlicher Aufträge, Frankfurt am Main, 2005; *Hennemann,* Notwehrrechte bei der Vergabe von Bauleistungen nach der VOB/A? BauR 2001, 307; *Herig,* Mischkalkulation als Spekulation – Verwirrungen um Begriffe BauR 2005, 1385; *Herrmann* Notwendige Bieterangaben ohne Nachforderungsmöglichkeit VergabeR 2013, 315 ff.; *Kalinowsky* Der Anspruch der Bieter auf Einhaltung des Vergaberechts nach § 97 Abs. 7 GWB, Schrftenreihe forum vergaberecht e. V. 2000; *Kehrberg,* Wann ist ein Angebot unvollständig? – Formalismus oder Wertung, in Ganten/Groß/Englert (Hrsg.), Recht und Gerechtigkeit am Bau – Festschrift für Gerd Motzke zum 65. Geburtstag, 2006, S. 173 ff.; *Köhler,* Rechtsfolgen fehlender oder fehlerhafter Preisangaben nach VOB/A und VOL/A VergabeR 2002, 356; *Köster,* Die Zulässigkeit von Mischkalkulation und Niedrigpreisangeboten bei Ausschreibungen nach der VOB im Spiegel der neueren Rechtsprechung BauR 2004, 1374 ff.; *Konrad,* Das Ende sog. Spekulationsangebote bei öffentlichen Ausschreibungen nach der VOB/A NZBau 2004, 524; *Kus,* Der Auftraggeber gibt die Spielregeln vor NZBau 2004, 425 ff.; *Leinemann/Kirch,* Der Angriff auf Kalkulationsfreiheit VergabeR 2005, 563; *Luber,* Der formalistische Angebotsausschluss, das Wettbewerbsprinzip und der Grundsatz der sparsamen Mittelverwendung im Vergaberecht VergabeR 2009, 1 ff.; *Maier,* Der Ausschluss eines unvollständigen Angebots im Vergabeverfahren NZBau 2005, 374 ff.; *Michel/Braun,* Rechtsnatur und Anwendungsbereich von „Indikativen Angeboten" NZBau 2009, 688 ff.; *Möllenkamp,* Ausschluss unvollständiger Angebote NZBau 2005, 557; *Münchhausen v.,* Die Nachforderung von Unterlagen nach der VOB/A 2009 VergabeR 2010, 374 ff.; *Müller H.,* Die Container-Signatur zur Wahrung der Schriftform, NJW 2013, 3758 ff.; *Müller-Wrede,* Die Behandlung von Mischkalkulationen unter besonderer Berücksichtigung der Darlegungs- und Beweislast NZBau 2006, 73; *ders.,* Das Verhandlungsverfahren im Spannungsfeld zwischen Beurteilungsspielraum und Willkür VergabeR 2010, 754 ff.; *Putzier,* Der Pauschalpreisvertrag, 2. Aufl. 2005; *Rohrmüller,* Unzuverlässigkeit des Bieters durch bewusstes Ausnutzen von Fehlern des Leistungsverzeichnisses mittels spekulativer Preisgestaltungen VergabeR 2009, 327 ff.; *Roßnagel/Paul,* Die Form des Bieterangebots in der elektronischen Vergabe NZBau 2007, 74 ff.; *Schwabe,* Wettbewerblicher Dialog, Verhandlungsverfahren, Interessenbekundungsverfahren, 2009; *Schwabe/John,* Über die Nachforderungspflicht für fehlende Erklärungen oder Nachweise und einen Versuch des BMVBS, den Geist wieder in die Flasche zu bekommen, VergabeR 2012, 559 ff.; *Seidenberg,* Mischkalkulationen im Bauvergaberecht, 2011; *Stapelfeldt,* Aktuelle Entwicklungen im Vergaberecht – Die Neufassung von VOB/A und VOL/A KommJur 2010, 241 ff.; *Stemmer,* Vergabe und Vergütung bei misch- und auffällig hoch oder niedrig kalkulierten Einheitspreisen ZfBR 2006, 128; *Stemmer,* Mischkalkulationen sind unzulässig, sind spekulative Preisgestaltungen passé? VergabeR 2004, 549; *Stoye/Hoffmann* Nachunternehmerbenennung und Verpflichtungserklärung im Lichte der neuesten BGH-Rechtsprechung und der VOB/A 2009, VergabeR 2009, 569 ff.; *Sulk,* Der Preis im Vergaberecht, 2015; *Terstege,* „Geforderte" und „tatsächlich geforderte" Preise – Konzeptionelle Überlegungen zum Angebotsvergleich ZfBR 2005, 237; *Thormann,* Die Wertung von Spekulationsangeboten nach § 25 VOB/A BauR 2000, 953; *Weihrauch,* Unvollständige Angebote VergabeR 2007, 430; *Wirner,* Nebenangebote und Änderungsvorschläge bei der Vergabe öffentlicher Bauaufträge in der Entscheidungspraxis der Vergabekammern und Oberlandesgerichte ZfBR 2005, 152.

II. Entstehungsgeschichte

2   § 16 EU VOB/A betrifft den Angebotsausschluss wegen bestimmter formeller oder inhaltlicher Mängel der Angebote. Der Regelungsinhalt der Vorschrift fand sich **bislang in**

§ 16 EG Abs. 1 VOB/A 2012. Den mit der VOB/A 2009 eingeschlagenen Weg, möglichst sämtliche Bestimmungen zur Angebotswertung in einer einzigen – durch Zwischenüberschriften – gegliederten Vorschrift zusammenzufassen,[1] hat der Vergabe- und Vertragsausschuss für Bauleistungen mit der VOB/A 2016 jedoch wieder aufgegeben und § 16 EG VOB/A 2012 in fünf Einzelvorschriften (§ 16 EU–16d EU VOB/A 2016) aufgegliedert.

§ 16 EU VOB/A ist eine **eigenständige Regelung** zu dem Ausschluss von Angeboten **3** bei Auftragsvergaben oberhalb der EU-Schwellenwerte **im 2. Abschnitt der VOB/A.** Sie deckt sich zwar inhaltlich mit § 16 VS im dritten Abschnitt der VOB/A, jedoch nur zum Teil mit § 16 des ersten Abschnitts der VOB/A. Soweit nach wie vor Textgleichheit zwischen Vorschriften des 1. und des 2. Abschnitts der VOB/A besteht, stellt sich die grundsätzliche methodische Frage einer einheitlichen oder gespaltenen Auslegung des Normtextes.[2] Heute spricht einiges für die gespaltene Auslegung. Die Systematik der VOB/A bietet jedenfalls kein Argument mehr für eine einheitliche Interpretation. Die im Jahr 1990 eingeführte Struktur aus Basisparagraphen im ersten Abschnitt der VOB/A, die in Form der sog. a-Paragraphen im zweiten Abschnitt der VOB/A lediglich ergänzt wurden, soweit dies europarechtlich geboten war,[3] wurde bereits durch die VOB/A 2009 abgelöst. Im Fall des § 16 EU VOB/A dürfte die Frage nach einheitlicher oder gespaltener Auslegung allerdings kaum Auswirkungen haben. Der Inhalt von § 16 EU VOB/A wird nicht maßgeblich durch europäisches Richtlinienrecht bestimmt.[4] Die gebotene **Auslegung der Vorschrift im Lichte des europäischen Rechts**[5] knüpft daher an allgemeine Prinzipien des europäischen Vergaberechts an, die sich von den Prinzipien des nationalen Vergaberechts im Kern nicht unterscheiden.

Die in **§ 16 EU Nrn. 1 und 2 VOB/A** genannten Ausschlussgründe finden sich be- **4** reits in der ersten Nachkriegsfassung der VOB/A aus dem Jahr 1952.[6] Die Ausschlussgründe waren seinerzeit in § 25 Abs. 1 VOB/A 1952 geregelt. Damals hatte die Frage der Unvollständigkeit eines Angebots noch keine weitreichende Bedeutung. Zwar war in § 21 Abs. 1 VOB/A 1952 bestimmt, dass die Angebote *„nur die Preise und die in der Ausschreibung geforderten Erklärungen enthalten"* sollen, damit wurde jedoch lediglich der Grundsatz aufgestellt, dass der Bieter bei Angebotsabgabe keine von ihm stammende Erklärung abgibt.

Der heutige **§ 16 EU Nr. 3 VOB/A** geht auf die VOB/A 2009 zurück und stellt eine **5** Reaktion auf die strenge Rechtsprechung zum Angebotsausschluss wegen formeller Mängel dar, die der BGH in den Jahren 2002 und 2003 begründet hatte. Zusammen mit der Regelungen zur Nachforderung fehlender Erklärungen (heute § 16a EU VOB/A) hat sie das Ziel, im Interesse eines umfassenden Wettbewerbs den Ausschluss von Angeboten aus vielfach nur formalen Gründen zu verhindern und die Anzahl der am Wettbewerb teilnehmenden Angebote nicht unnötig zu reduzieren.[7] Der BGH hatte unter Geltung der alten VOB/A entschieden, dass jedes Angebot, das nicht die geforderten Preisangaben enthält, vom Wettbewerb auszuschließen ist.[8] Das galt, obwohl die seinerzeit geltende Vorgängervorschrift[9] von § 13 EU Abs. 1 Nr. 3 VOB/A noch als Sollvorschrift formuliert war, aus

---

[1] Zur Neufassung der VOB/A 2009 *Gröning* VergabeR 2009, 117 ff.
[2] Vgl. hierzu *Opitz* in Dreher/Motzke Beck'scher Vergaberechtskommentar 2. Aufl. 2013, § 16 VOB/A Rn. 26.
[3] Diese Systematik war im Jahre 1992 mit den sog. b-Paragraphen auch auf den seinerzeit für die „staatsnahen" Sektorenauftraggeber geltenden dritten Abschnitt der VOB/A ausgedehnt worden.
[4] → Rn. 10.
[5] Hierzu *Dreher* in Immenga/Mestmäcker, GWB, 5. Aufl. 2014, vor §§ 97 ff. Rn. 131 ff.
[6] Die Einschränkung „… ausgenommen Angebote nach § 14 EU Absatz 5" bei Nr. 1 geht auf die VOB/A 1992 zurück.
[7] Vgl. die Eingangshinweise des Vergabe- und Vertragsausschusses für Bauleistungen, BAnz 155a vom 15.10.2009 und Einführungserlass des BMVBS unter anderem zur Vergabe- und Vertragsordnung für Bauleistungen 2009 vom 10.6.2010 – B 15-8163.6/1 S. 7. Darauf verweisend BGH 29.11.2016 – X ZR 122/14.
[8] BGH 7.1.2003 – X ZR 50/01 VergabeR 2003, 558.
[9] § 21 Nr. 1 Satz 2 VOB/A 2003.

der zumindest nicht ausdrücklich hervorging, dass ein Angebot alle geforderten Preise und Erklärungen enthalten *muss*.[10] Der Bundesgerichtshof betonte, dass ein transparentes, auf Gleichbehandlung aller Bieter beruhendes Vergabeverfahren nur zu erreichen ist, wenn in jeder sich aus den Vergabeunterlagen ergebende Hinsicht und grundsätzlich ohne weiteres vergleichbare Angebote abgegeben werden.[11] Ein allzu strenger Maßstab für den Angebotsausschluss zwingt öffentliche Auftraggeber unter Umständen jedoch wirtschaftlich attraktive Angebote wegen geringer Fehler auszuschließen und wesentlich ungünstigere – aber fehlerfreie – Angebote anzunehmen. Ein solches Vorgehen trägt mehr dem Ordnungswettbewerb als dem Leistungswettbewerb Rechnung. Gerade bei umfangreichen und komplexen Ausschreibungen, bei denen oftmals keiner der Bieter alle geforderten Preise vollständig angibt, können strenge Ausschlussregeln zudem ein nicht unerhebliches Missbrauchspotenzial mit sich bringen, da der Auftraggeber so in die Lage versetzt wird, ggf. einen jeden Bieter unter Hinweis auf marginale Unvollständigkeiten von der Wertung auszuschließen.[12] Die **Auffassung,** wonach ein zum Ausschluss führender Verstoß gegen das Gebot vollständiger Preisangaben ausnahmsweise dann nicht in Betracht kommen sollte, wenn diese die Eindeutigkeit des Angebots nicht berühren, sie aufgrund ihrer Geringfügigkeit keine Auswirkung auf den Wettbewerb besitzen und Manipulationen seitens der Bieter ausgeschlossen sind,[13] war mit der Rechtsprechung des BGH kaum in Einklang zu bringen.

6   Als neuer Ausschlussgrund wurde in der Fassung 2016 der **VOB/A § 16 EU Nr. 4** eingeführt. Auch dies erfolgte als Reaktion auf die obergerichtliche Rechtsprechung, die die Bestimmungen zur Nachforderung fehlender Nachweise oder Erklärungen überwiegend nur auf solche Nachweise und Erklärungen anwenden will, die der Auftraggeber bereits mit dem Angebot gefordert hat.[14]

7   Der Ausschlussgrund für nicht zugelassene Nebenangebote in **§ 16 EU Nr. 5 VOB/A** wurde erstmals in die VOB/A 1992 implementiert. Der Ausschluss nach **§ 16 EU Nr. 6 VOB/A** war als fakultativer Ausschlussgrund mit der VOB/A 2000 eingeführt worden, seit der Fassung 2009 ist er zwingend.

8   Der ursprünglich in der VOB/A enthaltene zwingende Angebotsausschluss bei „unzulässigen Preisabreden" war zunächst mit der VOB/A 1973 auf alle Abreden erweitert worden, die eine unzulässige Wettbewerbsbeschränkung darstellen. Dieser Ausschlussgrund ist heute allerdings nur noch in § 16 Abs. 1 Nr. 4 VOB/A enthalten. In § 16 EU VOB/A 2016 ist er aufgrund der Regelung von § 124 Abs. 1 Nr. 4 GWB entfallen. Das gleiche gilt für den nur noch im ersten Abschnitt der VOB/A vorgesehenen zwingenden Ausschluss von Bietern, die im Vergabeverfahren vorsätzlich unzutreffende Erklärungen in Bezug auf ihre Fachkunde, Leistungsfähigkeit und Zuverlässigkeit abgegeben haben (§ 16 Abs. 1 Nr. 7 VOB/A). Für Auftragsvergaben nach dem zweiten Abschnitt der VOB/A ergibt sich insofern ein – nunmehr fakultativer – Ausschlussgrund nach § 124 Abs. 1 Nr. 8 GWB. Auch fakultative Ausschlussgründe, die an Mängel der Bietereignung anknüpfen, enthält § 16 EU VOB/A seit der Fassung 2016 nicht mehr.[15] Für die Auftragsvergaben oberhalb der

---

[10] Siehe BGH 26.9.2006 – X ZB 14/06 NZBau 2006, 800 = VergabeR 2007, 59, wonach die Formulierung als Sollvorschrift lediglich Ausdruck der Handlungsfreiheit ist, die Bieter bei der Angebotsabgabe grundsätzlich in Anspruch nehmen können. Vgl. ferner BGH 7.6.2005 – X ZR 19/02 VergabeR 2005, 617 = NZBau 2005, 709; BGH 18.5.2004 – X ZB 7/04 NZBau 2004, 457 = VergabeR 2004, 473 und schon BGH 8.9.1998 – X ZR 85/97 NJW 1998, 3634 = BauR 1998, 1249.

[11] BGH 24.5.2005 – X ZR 243/02 NZBau 2005, 594; BGH 18.5.2004 – X ZB 7/04 NZBau 2004, 457 = VergabeR 2004, 473; BGH 18.2.2003 – X ZB 43/02 NZBau 2003, 293 = VergabeR 2003, 313; BGH 7.1.2003 – X ZR 50/01 VergabeR 2003, 558; BGH 16.4.2002 – X ZR 67/00 NZBau 2002, 517 = VergabeR 2002, 463.

[12] Hierzu OLG Saarbrücken 29.5.2002 – 5 Verg 1/01 VergabeR 2002, 493.

[13] OLG Jena 8.4.2003 – 6 Verg 1/03 ZfBR 2003, 504; OLG Brandenburg 19.12.2002 – Verg 12/02; OLG Saarbrücken 29.5.2002 – 5 Verg 1/01 VergabeR 2002, 493. Ähnlich auch OLG Celle 2.10.2008 – 13 Verg 4/08 VergabeR 2009, 77 = NZBau 2009, 58 für den Fall, dass der Auftraggeber bei der Wertung der Angebote zu erkennen gibt, dass es ihm auf die geforderte Preisangabe nicht ankommt.

[14] → Rn. 119.

[15] Anders § 16 Abs. 2 VOB/A 2016.

EU-Schwellenwerte gelten hier insgesamt die in **§ 124 GWB** genannten Ausschlusstatbestände.

Das im Zuge der Vergaberechtsreform 2016 von der Bundesregierung abgegebene Versprechen der Vereinfachung und Harmonisierung des Vergaberechts[16] ist im Hinblick auf die Bestimmungen zum Angebotsausschluss und zur Nachforderung von Erklärungen und Nachweisen trotz deren erheblicher Praxisrelevanz nicht erfüllt worden. So weichen insbesondere die **§§ 56 und 57 VgV 2016 für die Vergabe** von Liefer- und Dienstleistungsaufträgen ohne ersichtlichen Grund von den für die Vergabe von Bauaufträgen geltenden §§ 16 EU Nr. 3 und 16a EU VOB/A 2016 ab. Im Gesetzgebungsverfahren konnte sich der Vorschlag, auch bei Auftragsvergaben nach dem 2. Abschnitt der VOB/A die Anwendung von § 56 Abs. 2–5 VgV durch Rechtsverordnung vorzuschreiben und damit die §§ 16 EU Nr. 3, 16a EU VOB/A zu überspielen, zwar nicht durchsetzen.[17] Der Bundesrat hat jedoch zusammen mit seiner Zustimmung zur Vergaberechtsmodernisierungsverordnung (VergRModVO) eine Entschließung gefasst, in der er die Bundesregierung zu einer weiteren Vereinheitlichung und Vereinfachung der komplexen Regelwerke zum Vergaberecht auffordert und insbesondere die divergierender Regelungen zur Nachforderung von Unterlagen beanstandet.[18] Diese **Vereinheitlichung** ist nicht nur eine Frage der politischen Zweckmäßigkeit. Sie ist auch **aus verfassungsrechtlichen Gründen geboten.** Der Gleichheitssatz des Art. 3 Abs. 1 GG verlangt, dass im Wesentlichen gleich gelagerte Sachverhalte nicht willkürlich ungleich behandelt werden. Zwar verwehrt Art. 3 Abs. 1 GG dem Gesetzgeber nicht jegliche Differenzierung und ist dem Gesetzgeber auch zuzugestehen, bei der Behandlung verschiedener Sachverhalte eine vereinfachende „typisierende" Einordnung vorzunehmen. Eine Regelung verstößt jedoch gegen Art. 3 Abs. 1 GG, wenn die Widersprüchlichkeit einer gesetzlichen Regelung nach dem Regelungsziel und ihrem normativen Umfeld weder durch Vernunft noch durch andere rechtliche Grundsatzwertungen zu rechtfertigen ist.[19] Dieser Maßstab gilt auch für den Verordnungsgeber, der dem 2. Abschnitt der VOB/A, der im Rahmen privater Rechtsetzung durch den Vergabe- und Vertragsausschuss für Bauleistungen (DVA) erarbeitet wird, durch einen Globalverweis Rechtsnormqualität verleiht.[20]

III. Rechtliche Vorgaben im EU-Recht

Die europäischen Vergaberichtlinien kannten bislang nur Ausschlussgründe, die sich auf die persönliche Eignung der Bewerber oder Bieter beziehen.[21] Diese sind abschließend und durch die Mitgliedsstaaten oder den einzelnen Auftraggeber nicht erweiterbar.[22] Daraus konnten allerdings schon bislang keine Rückschlüsse auf die Unzulässigkeit von Ausschlussgründen gezogen werden, die Mängel der Angebote betreffen.[23] Die **Befugnis der Mitgliedstaaten Ausschlussgründe,** die nicht an die persönliche Eignung der Bieter anknüpfen, **einzuführen oder aufrechtzuerhalten,** bleibt durch das europäische Vergaberecht vielmehr unberührt, soweit dabei die Grundsätze der Gleichbehandlung, der

9

10

---

16 Vgl. Eckpunkte zur Reform des Vergaberechts, Beschluss des Bundeskabinetts v. 7.1.2015 „Bislang sind vergleichbare Sachverhalte in vielen Fällen mehrfach und ohne ersichtlichen Grund unterschiedlich geregelt."

17 Vgl. Empfehlungen der Ausschüsse des Bundesrats v. 7.3.2016, BR-Drs. 87/1/16, Ziffer 1.

18 BR-Drs. 87/16 v. 18.3.2016.

19 Vgl. etwa P. Kirchhof in Issensee/Kirchhof, Handbuch des Staatsrechts, 3. Aufl., Bd. VIII, Rn. 210.

20 Vgl. hierzu etwa *Dreher* in Immenga/Messtmäcker, GWB, 5. Aufl. 2014, vor §§ 97 GWB, Rn. 73; *Ziekow/Völlink* Vergaberecht, 2. Aufl. 2013, Einleitung Rn. 20.

21 Heute Art. 57 RL 2014/24/EU sowie darauf verweisend Art. 80 Abs. 1 RL 2014/25/EU; Art. 38 Abs. 4–7 RL 2014/23/EU; Art. 39 RL 2009/81/EG.

22 Vgl. *Opitz* in Burgi/Dreher, Beck'scher Vergaberechtskommentar, 3. Aufl. Bd. 1 § 123 GWB Rn. 11 u. § 124 GWB Rn. 8 jew. mwN.

23 Vgl. OLG München 7.4.2006 – Verg 05/06 VergabeR 2006, 525.

Transparenz und der Verhältnismäßigkeit gewahrt bleiben.[24] An diesen Grundsätzen sind alle in § 16 EU VOB/A genannte Ausschlussgründe zu messen.

11   Von Bedeutung ist dabei insbesondere der Gleichbehandlungsgrundsatz.[25] Nach der Rechtsprechung des EuGH steht der **Gleichbehandlungsgrundsatz im Dienst des Wettbewerbs.** Er soll die Entwicklung eines gesunden und effektiven Wettbewerbs zwischen den sich um einen öffentlichen Auftrag bewerbenden Unternehmen fördern[26] und entspricht so dem Wesen der Unionsvorschriften über die Verfahren zur Vergabe öffentlicher Aufträge.[27]

12   Die Bietergleichbehandlung muss sowohl zu dem Zeitpunkt, zu dem die Bieter ihre Angebote vorbereiten, als auch zu dem Zeitpunkt, zu dem diese vom öffentlichen Auftraggeber beurteilt werden, sichergestellt sein.[28] Der **Gleichbehandlungsgrundsatz setzt** zunächst voraus, dass die Angebote aller Wettbewerber den gleichen Bedingungen unterworfen werden.[29] Diese Bedingungen müssen objektiver Natur und überprüfbar sein. Der Gleichbehandlungsgrundsatz gebietet sodann, dass sich die Beurteilung der Angebote, gerade auch im Hinblick auf Ausschlussgründe, in nachvollziehbarer Weise anhand der objektiven und überprüfbaren Bedingungen vollzieht und diese auf alle Angebote gleichermaßen angewendet werden. In Ausprägung des Gleichbehandlungsgebots bestimmt Art. 56 Abs. 1 lit. a) RL 2014/24/EU nunmehr, dass Aufträge (nur) vergeben werden, wenn der Auftraggeber überprüft hat, dass das Angebot *„die Anforderungen, Bedingungen und Kriterien, die in der Bekanntmachung oder der Aufforderung zur Interessenbestätigung und den Auftragsunterlagen genannt werden"* erfüllt.[30] Eine Regelung zur Nachforderung fehlender bzw. fehlerhafter Erklärungen findet sich in Art. 56 Abs. 3 RL 2014/24/EU.[31]

B. Grundsätzliches

I. Bedeutung der Vorschrift

13   **Bei der Prüfung und Wertung von Angeboten** können **vier Stufen** unterschieden werden,[32] an denen sich auch der Aufbau der VOB/A orientiert. Die Entscheidung über die Auftragsvergabe setzt voraus, dass der Auftraggeber zuvor geprüft hat, ob Angebote mit bestimmten formellen oder inhaltlichen Mängeln auszuschließen sind (sog. erste Wertungsstufe), ob die Eignung der Bieter gegeben ist und keine Ausschlussgründe, die an die persönliche Lage der Bieter anknüpfen, vorliegen (sog. zweite Wertungsstufe)[33] und ob ein Angebot unter Umständen als ungewöhnlich niedrig auszuschließen ist[34] (sog. dritte Wertungsstufe). Unter den Angeboten, die sodann noch in die engere Wahl kommen, ist

---

[24] EuGH 19.5.2009 – C-538/07 VergabeR 2009, 756 = NZBau 2009, 607 Rn. 21 – Assitur; EuGH 16.12.2008 – C-213/07 NZBau 2009, 133 Rn. 44 ff. – Mechaniki.

[25] Zu Einschränkungen § 16a EU Rn. 9.

[26] Vgl. etwa EuGH 11.5.2017 – C-131/16 Rn. 25 – Archus und Gama; EuGH 12.3.2015 – C-538/13 Rn. 33 – eVigilo; EuGH 29.4.2004 – C-496/99 P Rn. 110 – Kommission/CAS Succhi di Frutta.

[27] EuGH 11.5.2017 – C-131/16 Rn 25 – Archus und Gama; EuGH 18.10.2001 – C-19/00 Rn. 33 – SIAC Construction; EuGH 25.4.1996 – C-87/94 Rn. 51 – Kommission/Belgien; EuGH 22.6.1993 – C-243/89 Rn. 33 Kommission/Dänemark.

[28] EuGH 11.5.2017 – C-131/16 Rn. 25 – Archus und Gama; EuGH 24.5.2016 – C-396/14 Rn. 37 – MT Højgaard und Züblin; EuGH 16.12.2008 – C-213/07 Rn. 45 – Michaniki.

[29] EuGH 11.5.2017 – C-131/16 Rn 26 – Archus und Gama; EuGH 12.3.2015 – C-538/13 Rn. 33 – eVigilo; EuGH 12.12.2002 – C-470/99 Rn. 93 – Universale-Bau u. a.; EuGH 25.4.1996 – C-87/94 Rn. 54 – Kommission/Belgien.

[30] Ähnlich Art. 76 Abs. 5 RL 2014/25/EU und Art. 37 Abs. 1 lit. a RL 2014/23/EU.

[31] Dazu § 16a EU Rn. 8.

[32] *Opitz* in Burgi/Dreher, Beck'scher Vergaberechtskommentar, 3. Aufl. Bd. 1 § 127 GWB Rn. 17 f.

[33] → § 16b EU VOB/A.

[34] → § 16d EU Abs. 1 VOB/A. Die Prüfung der Angebote (§ 16c EU VOB/A) betrifft sowohl die dritte als auch die vierte Wertungsstufe.

schließlich das wirtschaftlichste Angebot für den Zuschlag auszuwählen (sog. vierte Wertungsstufe).[35] § 16 EU VOB/A betrifft die erste Wertungsstufe.[36]

Der **Zweck von § 16 EU VOB/A** besteht darin, die Vergleichbarkeit der Angebote, 14 die einer wirtschaftlichen Bewertung unterzogen werden, sicherzustellen und damit einen unverfälschten Wettbewerb zu gewährleisten. Hierzu unterwirft die VOB/A das Vergabeverfahren einer erheblichen Formstrenge.[37] § 16 EU VOB/A trägt aber auch praktischen Erwägungen, nämlich der Minimierung des Prüfungsaufwands für den Auftraggeber, Rechnung. Angebote, die an einem der in § 16 EU VOB/A genannten Mangel leiden, muss der Auftraggeber keinen weiteren Prüfungen oder Wertungen unterziehen. Jedenfalls ein Teil der in § 16 EU VOB/A genannten Ausschlussgründe ist zudem dazu bestimmt, den Auftraggeber vor wirtschaftlichen Risiken zu schützen, insbesondere der Angebotsausschluss wegen Mängeln der Form (§ 16 EU Nr. 1 VOB/A) oder wegen Änderungen an den Vergabeunterlagen (§ 16 EU Nr. 2 i. V. m. § 13 EU Abs. 1 Nr. 5 VOB/A).

Die in § 16 EU VOB/A aufgeführten Ausschlussgründe stehen nicht zur Disposition des 15 Auftraggebers. Das ergibt sich bereits aus der Formulierung „Auszuschließen sind". Der Bundesgerichtshof hat in Entscheidungen zur Vorgängerregelung (§ 25 Nr. 1 Abs. 1 VOB/A a. F.) mehrfach betont, dass der öffentliche Auftraggeber bei Vorliegen der Voraussetzungen des Angebotsausschlusses **kein Recht zu einer „wie auch immer gearteten großzügigen Handhabe"** hat, sondern gezwungen ist, das betreffende Angebot aus der Wertung zu nehmen.[38] Dies folgt aus dem Gleichbehandlungsgebot, dem der Auftraggeber unterworfen ist und demzufolge er alle Angebote nach den gleichen Grundsätzen und Maßstäben zu prüfen und zu bewerten hat. Wenn der Auftraggeber in den Vergabeunterlagen widersprüchliche Aussagen hinsichtlich der Rechtsfolgen eines der in § 16 EU VOB/A genannten Ausschlussgründe trifft und etwa angibt, bei Vorliegen der Ausschlussgründe „könne" ein Angebot ausgeschlossen werden, ist der Ausschluss ebenfalls zwingend. Der Auftraggeber darf die in § 16 EU VOB/A festgelegte Rechtsfolge des Ausschlusses nicht beseitigen oder durch eine Ermessensregelung ersetzen.[39] Auf eine **rechtswidrige Verwaltungspraxis, die von zwingenden Vorgaben des Vergaberechts abweicht,** kann der Bieter auch kein schutzwürdiges Vertrauen gründen.[40] Unerheblich ist auch, ob der Auftraggeber einen nach § 16 EU VOB/A gegebenen Ausschlustatbestand zunächst nicht erkannt oder unberücksichtigt gelassen hat. Das Gebot des zwingenden Angebotsausschlusses nach § 16 EU VOB/A gilt bis zum Abschluss des Vergabeverfahrens fort und wird nicht etwa durch den Eintritt in eine der folgenden Wertungsstufen überholt. Der Gedanke, dass der Auftraggeber an sein einmal ausgeübtes Ermessen gebunden sein kann, kommt bei dem Angebotsausschluss nach § 16 EU VOB/A nicht zum Tragen, da kein Ermessen des Auftraggebers besteht.

II. Systematik der Vorschrift

§ 16 EU VOB/A **knüpft mehrfach an § 13 EU VOB/A** an. Diese Vorschrift legt 16 Anforderungen an Form und Inhalt der Angebote fest ohne jedoch die Konsequenzen zu bestimmen, die eintreten, wenn Angebote diesen Anforderungen nicht genügen. § 16 EU VOB/A greift die ausschlussrelevanten Angebotsmängel auf. Der Begriff „Angebot" wird dabei als Oberbegriff für Haupt- und Nebenangebote verwendet.[41] Wegen der unmittelba-

---

[35] → § 16d EU Abs. 2 VOB/A.

[36] Die sachlogische Unterteilung in vier Wertungsstufen bedingt nicht zwangsläufig eine bestimmte Prüfungs- und Wertungsreihenfolge → § 16b EU Rn. 9.

[37] Vgl. OLG Frankfurt 8.2.2005 – 11 Verg 24/04 VergabeR 2005, 384.

[38] Vgl. nur BGH 18.2.2003 – X ZB 43/02 NZBau 2003, 293 = VergabeR 2003, 313; BGH 8.9.1998 – X ZR 85/97 NJW 1998, 3634 = BauR 1998, 1249.

[39] OLG Düsseldorf 8.12.2009 – VII-Verg 52/09; OLG Frankfurt 11.5.2004 – 11 Verg 8/04, 9/04 und 10/04 NZBau 2004, 567 = VergabeR 2004, 754.

[40] OLG Düsseldorf 12.4.2006 – VII-Verg 4/06 VergabeR 2006, 531.

[41] OLG Naumburg 23.2.2012 – 2 Verg 15/11.

ren Verweisung auf § 13 EU VOB/A hängt der Angebotsausschluss nicht davon ab, ob der Auftraggeber die in § 13 EU VOB/A genannten Anforderungen an die Form und den Inhalt der Angebote in die Vergabeunterlagen aufgenommen hat, wie dies § 13 EU Abs. 6 VOB/A vorsieht.

17 **Nicht alle Fälle mangelhafter Angebote führen nach § 16 EU VOB/A zum Ausschluss des Angebots.** Wie Angebote zu behandeln sind, die gem. § 13 EU Abs. 2 VOB/A von den vorgesehenen technischen Spezifikationen abweichen, ergibt sich aus § 16d EU Abs. 3 VOB/A. § 16d EU Abs. 4 Satz 1 VOB/A befasst sich mit Angeboten, die von § 13 EU Abs. 4 VOB/A abweichen. **Auch bleiben** einige Verstöße gegen die **in § 13 EU VOB/A genannten Anforderungen** nach der VOB/A **ohne Konsequenzen.** Entspricht ein Angebot nicht der in § 13 EU Abs. 1 Nrn. 6 VOB/A genannten formellen Anforderungen, indem ein Kurzleistungsverzeichnis verwendet wird, das anders als das Langtextverzeichnis gegliedert ist, ist dies daher nicht ausschlussrelevant. Das gleiche gilt, wenn der Bieter entgegen § 13 EU Abs. 1 Nr. 7 VOB/A Proben und Muster nicht als zum Angebot gehörig gekennzeichnet hat oder er entgegen § 13 EU Abs. 3 Satz 1 VOB/A die Anzahl seiner Nebenangebote nicht an der vom Auftraggeber dafür vorgesehenen Stelle (im Angebotsformblatt) angeführt hat.[42]

18 Die **Ausschlussgründe** des § 16 EU VOB/A **sind** zudem **restriktiv anzuwenden.** Sie erlauben keine erweiternde Auslegung oder eine entsprechende Anwendung auf – vermeintlich – gleich oder ähnlich gelagerte Fallgestaltungen.[43] Dem öffentlichen Auftraggeber ist es verwehrt, außerhalb der vergaberechtlich geregelten Ausschlusstatbestände weitere Ausschlussgründe festzulegen. Sein Handlungsspielraum beschränkt sich insoweit auf die Möglichkeit, in der Bekanntmachung oder den Vergabeunterlagen Obliegenheiten des Bieters festzulegen, die sich bei Nichterfüllung unter einen vergaberechtlich normierten Ausschlusstatbestand subsumieren lassen.[44] Wie weit der Handlungsspielraum des Auftraggebers im Einzelfall reicht, ist häufig Gegenstand vergaberechtlicher Streitfälle. Das betrifft etwa die Frage, ob der Auftraggeber ein Angebot ausschließen darf bzw. – wegen Selbstbindung an die eigenen Vorgaben – sogar ausschließen muss, wenn es nicht *an der von ihm geforderten Stelle* unterschrieben ist,[45] wenn es nicht die von ihm *zusätzlich* geforderten Unterschriften aufweist,[46] wenn es nicht wie von ihm gefordert „rechtsverbindlich" unterschrieben ist,[47] wenn es nicht wie von ihm vorgegeben mit einem Kennzettel gekennzeichnet ist.[48]

19 Auch Tendenzen, einen **Angebotsausschluss** außer auf die explizit formulierten Ausschlusstatbestände **auf allgemeine Vergabegrundsätze** wie den Wettbewerbsgrundsatz (§ 97 Abs. 1 GWB, § 2 EU Abs. 1 VOB/A) **zu stützen,** ist mit Zurückhaltung zu begegnen.[49] Der in § 97 Abs. 1 GWB zum Ausdruck kommenden Transparenzgrundsatz fordert, dass dem Bieter die Gründe, die zum Ausschluss seines Angebots führen können, vor Angebotsabgabe bekannt sind. Im Vergaberecht sollten daher nur subsumtionsfähige Ausschlusstatbestände anerkannt werden. Weil jeder Angebotsausschluss zu einer Reduzierung der Anzahl der Wettbewerber und damit zu einem „weniger an Wettbewerb" führt,[50] spricht auch der Wettbewerbsgrundsatz im Gegenteil für eine eher enge **Auslegung** der in

---

[42] Zu Mängeln nach § 13 EU Abs. 5 Satz 1 VOB/A (keine Benennung der Mitglieder einer Bietergemeinschaft) → Rn. 46 f.

[43] Vgl. OLG Frankfurt 24.7.2012 – 11 Verg 6712; OLG Düsseldorf 22.12.2010 – VII-Verg 33/10; VK Thüringen 15.1.2018 – 250-4003-9213, 2017 – E-022-EF; VK Bund 16.5.2012 – VK 1 37/12; VK Bund 27.12.2011 – VK 1-159/11; *Dittmann* in KMPP, VOB/A, 2. Aufl. § 16 VOB/A Rn. 6; *Frister* in Kapellmann/Messerschmidt, VOB, 6. Aufl. § 16 VOB/A Rn. 3.

[44] OLG Düsseldorf 22.12.2010 – VII-Verg 33/10; VK Bund 18.3.2008 – VK 3-35/8; VK Bund 18.1.2007 – VK 1-148/06.

[45] → Rn. 43.

[46] → Rn. 42.

[47] → Rn. 44.

[48] → Rn. 56.

[49] Vgl. hierzu etwa OLG Düsseldorf 14.10.2009 – VII-Verg 9/09.

[50] OLG Koblenz 26.10.2005 – Verg 4/05 VergabeR 2006, 392, 400.

§ 16 EU VOB/A genannten Tatbestände. Ein sorgloser Rückgriff auf Ausschlussgründe, der von dem Motiv getragen ist, den Aufwand der Angebotswertung durch eine Reduzierung der Zahl der Angebote zu mindern, widerspricht den Grundgedanken des Vergaberechts.

III. Anwendung der Vorschrift im Verhandlungsverfahren, im Wettbewerblichen Dialog und in der Innovationspartnerschaft

§ 16 EU VOB/A gilt seinem Wortlaut nach für alle Verfahrensarten. Unter Berücksichtigung des Zwecks der Vorschrift, die Vergleichbarkeit der Angebote sicherzustellen, bestehen in einem Verhandlungsverfahren, einem Wettbewerblichen Dialog und in einer Innovationspartnerschaft aber Besonderheiten. Aus der etwas versteckten Vorschrift des § 16d EU Abs. 5 S. 2 VOB/A ergibt sich, dass § 16 EU VOB/A **in diesen Verfahren nur entsprechend anzuwenden** ist. Sinn und Zweck dieser Verfahren ist es, dass der Angebotsinhalt im Rahmen von Verhandlungsrunden mit den Bietern fortentwickelt, konkretisiert und verbessert werden kann.[51] Soll die Angebotsauswahl jedoch erst nach dem Ergebnis von Verhandlungen und der Vorlage von Folgeangeboten erfolgen, besteht grundsätzlich die Möglichkeit, formelle oder inhaltliche Mangel der Angebote durch Folgeangebote, z B durch nachträgliche Ergänzung fehlender Preisangaben oder Anpassung der Angebote an die (Mindest-)Anforderungen der Vergabeunterlagen, zu heilen und so die Vergleichbarkeit der Angebote herzustellen. **20**

Welche rechtlichen Konsequenzen hieraus zu ziehen sind, wird allerdings uneinheitlich beurteilt. Der Bundesgerichtshof hatte entschieden, dass die Anforderungen der Ausschreibungsunterlagen an die Angebote auch im Verhandlungsverfahren verbindlich sind, solange sie nicht vom Auftraggeber transparent und diskriminierungsfrei gegenüber allen noch in die Verhandlungen einbezogenen Bietern aufgegeben oder geändert werden.[52] Folgt man dem, sind die Ausschlusstatbestände des Vergaberechts daher grundsätzlich bereits auf das **Erstangebot in einem Verhandlungsverfahren anzuwenden**[53] und erfordert die Nichtanwendung dieser Ausschlussgründe auf Erst- oder Zwischenangebote eine (ausdrückliche) Aufgabe der Anforderungen der Vergabeunterlagen durch den Auftraggeber. In diesem Sinne hat z B das OLG Düsseldorf den Einwand eines Bieters, Lücken seines Angebots hätten in Verhandlungsgesprächen noch geschlossen werden können, zurückgewiesen.[54] Andere Entscheidungen deuten auf ein umgekehrtes Verhältnis von Grundsatz und Ausnahme hin. Hierfür spricht vor allem der Verhältnismäßigkeitsgrundsatz nach § 97 Abs. 1 S. 2 GWB. So geht die Entscheidungspraxis mehrerer Obergerichte dahin, dass die in den Vergabeordnungen normierten Ausschlussgründe für fehlerhafte Angebote grundsätzlich **nur auf das letzte Angebot im Verhandlungsverfahren angewendet** werden.[55] Eine Vorverlegung der Ausschlussgründe auf Erst- oder Zwischenangebote kommt hiernach (nur) in Betracht, wenn der Auftraggeber für Erst- oder Zwischenangebote formelle Anforderungen definiert **21**

---

[51] OLG Naumburg 23.12.2014, 2 Verg 5/14; VK Bund 28.2.2017, VK 1-5/17 bestätigt durch OLG Düsseldorf 29.6.2017 – VII-Verg 7/17.

[52] BGH 1.8.2006 – X ZR 115/04 NZBau 2006, 797 = VergabeR 2007, 73. Zuvor schon Vgl. auch OLG Düsseldorf 18.7.2005 – VII-Verg 39/05; OLG Düsseldorf 28.4.2004 – VII-Verg 2/04.

[53] So *Müller-Wrede* VergabeR 2010, 754, 759 f.; *Ebert* Möglichkeiten und Grenzen im Verhandlungsverfahren, S. 102 ff.; unklar *Schwabe* Wettbewerblicher Dialog, Verhandlungsverfahren, Interessenbekundungsverfahren, S. 322, der von einer formellen Angebotsprüfung mit „verminderter Strenge" ausgeht.

[54] OLG Düsseldorf 3.3.2010 – VII-Verg 46/09.

[55] OLG Schleswig 19.8.2016 – 54 Verg 8/16,54 Verg 7/16; OLG Naumburg 23.12.2014 – 2 Verg 5/14; OLG Naumburg 13.10.2008 – 1 Verg 10/08; OLG Frankfurt 28.2.2006 – 11 Verg 16/05 VergabeR 2006, 382 mit dem Hinweis auf den Grundsatz der freien Verhandelbarkeit in Verhandlungsverfahren nach der früher geltenden Vergabe- und Vertragsordnung für freiberufliche Leistungen (VOF). Im Ergebnis auch OLG Düsseldorf 25.4.2012 – VII-Verg 9/12 für ein Verhandlungsverfahren nach der SektVO; VK Lüneburg 12.2.2014 – VgK 49/2013.

und den Bietern vor Angebotsabgabe bekannt gegeben hat.[56] Aufgrund der Bedeutung, die die Ausschlussgründe haben, ist allerdings eine ausdrückliche Formulierung derartiger Anforderungen zu verlangen. Dass „Mindestanforderungen" für Erst- und Folgeangebote durch Auslegung aus den Vergabeunterlagen zu ermitteln seien, überzeugt trotz des Hinweises, dass diese nicht zu unbestimmt oder unklar sein dürfen, nicht.[57]

22   Verlangt der Auftraggeber im Verhandlungsverfahren oder dem Wettbewerblichen Dialog zunächst nur **„indikative" Angebote,** scheidet eine Anwendung von § 16 EU Nr. 2–6 VOB/A aus.[58] Der Begriff des „indikativen" Angebots steht richtigerweise nicht für ein Erstangebot, dem noch Folgeangebote folgen sollen,[59] sondern für ein unverbindliches Erst- oder Folgeangebot.[60] Die Unverbindlichkeit des Angebots impliziert, dass (noch) keine Vergleichbarkeit der Angebote angestrebt wird, weshalb auch Fehler in Form und Inhalt der Angebote unschädlich sind.[61]

23   Andererseits ist zu berücksichtigen, dass eine Auftragsvergabe im Verhandlungsverfahren nicht unbedingt impliziert, dass auch Verhandlungen durchgeführt werden.[62] Wenn sich der Auftraggeber vorbehalten hat, **den Auftrag** auf der Grundlage der Erstangebote **ohne Verhandlungen zu vergeben,** sind bereits diese Erstangebote am Maßstab des § 16 EU VOB/A zu messen. § 16 EU VOB/A ist auch dann auf Erst- oder Zwischenangebote in einem Verhandlungsverfahren uneingeschränkt anzuwenden, wenn der Auftraggeber von der in § 3b EU Abs. 3 Nr. 8 bzw. Abs. 4 Nr. 5 VOB/A vorgesehenen Möglichkeit Gebrauch macht, die Zahl der Angebote anhand der vorgegebenen Zuschlagskriterien zu verringern. Auch in diesem Fall setzt die Auswahlentscheidung des Auftraggebers eine Vergleichbarkeit der Angebote voraus. Auf der Basis indikativer Angebote kann keine derartige Auswahlentscheidung erfolgen.

IV. Nachweis des Ausschlussgrunds und Beweislast

24   Schon im Lichte des Gleichbehandlungsgebots muss der Auftraggeber Ausschlussentscheidungen frei von Willkür und nach sachlichen Kriterien treffen. Der Ausschluss eines Angebots ist sachlich nur gerechtfertigt, wenn er auf einer **konkreten, einzelfallbezogenen Tatsachengrundlage** und nicht nur auf Vermutungen beruht. Wenn der Auftraggeber einen Angebotsausschluss nach Feststellung der Ausschlusstatsachen auf eine falsche Tatbestands*alternative* stützt, ist dies freilich unschädlich.[63]

25   Umstritten ist, wie im Falle der Nichterweislichkeit eines Ausschlusstatbestands zu verfahren ist. Das vergaberechtliche Nachprüfungsverfahren kennt im Grundsatz keine prozessuale Darlegungs- und Beweislast, weil dies nicht mit dem Untersuchungsgrundsatz des § 163 Abs. 1 GWB zu vereinbaren ist. Die **materielle Beweislast** oder – was gleichbedeutend ist – Feststellungslast kommt jedoch dann zum Tragen, wenn die Aufklärungsbemühungen der Vergabekammer mit keiner zureichenden Gewissheit zu tragfähigen Feststellungen gelangt.[64] Kann nicht geklärt werden, ob die tatsächlichen Voraussetzungen dafür vorliegen, ein Angebot auszuschließen, trägt jedenfalls im Ausgangspunkt derjenige die

---

[56] OLG Naumburg 13.10.2008 – 1 Verg 10/08; OLG Naumburg 23.12.2014 – 2 Verg 5/14 für Ausschlussfristen.

[57] So – anknüpfend an OLG Düsseldorf 3.3.2010 – VII-Verg 46/09 – OLG Düsseldorf 29.6.2017 – VII-Verg 7/17; OLG München 21.4.2017 – Verg 1/17; VK Baden-Württemberg 23.4.2013 – 1 VK 09/13.

[58] Freilich kann der Auftraggeber auch für indikative Angebote Ausschlussfristen festsetzen, weil andernfalls kein geordnetes Vergabeverfahren durchgeführt werden kann.

[59] So *Byok* Das Verhandlungsverfahren, S. 15. Ebenso wohl OLG Naumburg 13.10.2008, 1 Verg 10/08 und VK Bund 28.2.2017, VK 1-5/17.

[60] So OLG Düsseldorf 21.11.2007, VII – Verg 32/07; *Michel/Braun* „Indikative Angebote" NZBau 2009, 688, 689. In diesem Sinne auch OLG Düsseldorf Beschluss 25.4.2012 – VII-Verg 9/12.

[61] AA *Michel/Braun* „Indikative Angebote" NZBau 2009, 688, 691 f.

[62] Vgl. § 3b EU Abs. 3 Nr. 7 VOB/A.

[63] VK Bund 5.7.2006 – VK 2-47/06.

[64] Vgl. etwa VK Bund 3.2.2014 – VK 2-1/14.

Feststellungslast, der sich auf den Ausschlussgrund beruft.[65] Das ist der Auftraggeber oder der Mitbewerber. Nach der Gegenauffassung geht die Nichterweislichkeit zu Lasten desjenigen, in dessen „Verantwortungsbereich" der nicht ermittelte Umstand liegt.[66] Die Abgrenzung nach „Verantwortungsbereichen" überspielt jedoch leicht, dass Adressat des Vergaberechts die öffentlichen Auftraggeber und nicht die Bieterunternehmen sind. Vor allem hat es die Rechtsprechung bislang auch versäumt, Kriterien für die Abgrenzung von Verantwortungsbereichen im Vergabeverfahren zu entwickeln. So wirkt es nicht plausibel, wenn etwa der Auftraggeber die Feststellungslast für eine unzulässige Mischkalkulation tragen soll[67] oder eine wettbewerbsbeschränkende Verhaltensweise,[68] der Bieter jedoch die Feststellungslast dafür, dass ein Angebot vollständig eingereicht wurde und keine Unterlagen im Verantwortungsbereich des Auftraggebers verloren gegangen sind[69] und dafür, dass das Angebot zum Zeitpunkt des Eingangs verschlossen oder verschlüsselt war.[70]

V. Drittschützende Wirkung

Die Ausschlusstatbestände des § 16 EU Abs. 1 VOB/A haben – wie auch alle anderen **26** Ausschlussgründe des Vergaberechts – eine **„drittschützende Wirkung"**.[71] Das bedeutet, dass alle Bieter deren Einhaltung nach § 97 Abs. 6 GWB geltend machen können.[72] Ein Bieter kann also ggf. den Ausschluss eines Mitbieters verlangen, um die eigenen Zuschlagschancen zu verbessern. Für die Frage des Drittschutzes vergaberechtlicher Normen ist die Wirkung der Maßnahme ausschlaggebend.[73] Im Vergabewettbewerb besteht eine konkrete Konkurrenzsituation. Jede Entscheidung des Auftraggebers über den Ausschluss oder Nichtausschluss eines Angebots betrifft unmittelbar die Interessen der Mitbewerber. Auf die vom Gesetzgeber beabsichtigte Schutzrichtung der Norm ist nicht entscheidend abzustellen, weshalb Drittschutz auch bei Ausschlusstatbeständen besteht, die (alleine) dazu bestimmt sind, den Auftraggeber vor wirtschaftlichen Risiken zu schützen.[74]

C. Die Ausschlusstatbestände im Einzelnen

I. Verspätete Angebote (Nr. 1)

Nach § 16 EU Nr. 1 VOB/A werden Angebote, die bei Ablauf der Angebotsfrist nicht **27** vorgelegen haben, ausgeschlossen, ausgenommen Angebote nach § 14 EU Abs. 5 VOB/A. Der Ausschluss verspäteter Angebote ist zwingend.[75] Er erfolgt im Interesse der **Gleichbe-**

---

[65] OLG Jena 23.1.2006 – 9 Verg 8/05; OLG Naumburg 22.9.2005 – 1 Verg 7/05 VergabeR 2005, 779; OLG Karlsruhe 11.5.2005 – 6 W 31/05; VK Südbayern 27.5.2014 – Z 3-3-3194-1-10-03/14; VK Bund 3.2. 2014 – VK 2-1/14. Vgl. jedoch zum Ausschluss ungewöhnlich niedriger Angebote → § 16d EU Rn. 34 u. 49.

[66] OLG Celle 21.1.2016 – 13 Verg 8/15; OLG Düsseldorf 12.5.2011 – VII Verg 1/11; OLG Jena 29.8.2005 – 9 Verg 6/05; OLG Düsseldorf 19.11.2003 – VII-Verg 47/03 IBR 2004, 37; OLG Düsseldorf 7.3.2006 VergabeR 2006, 811; *Dittmann* in KMPP VOB/A, 2. Aufl. § 16 Rn. 7; offen gelassen OLG Celle 7.6.2007 – 13 Verg 5/07 VergabeR 2007, 650; einschränkend VK Bund 12.1.2012 – VK 1-165/11.

[67] → Rn. 98.

[68] OLG Naumburg 2.8.2012 – 2 Verg 3/12; OLG Düsseldorf 18.2.2008 – VII-Verg 2/08 VergabeR 2008, 865; OLG München 11.8.2008 – Verg 16/08, VergabeR 2009, 61.

[69] OLG Celle 21.1.2016 – 13 Verg 8/15; OLG Düsseldorf 19.11.2003 – VII-Verg 47/03.

[70] → Rn. 56.

[71] VK Düsseldorf 14.8.2006 – VK-32/2006-B; VK Hessen 17.4.2013 – 69d VK-11/2013 zur Vorgängervorschrift von Nr. 2.

[72] Generell kritisch gegenüber Schutzzweckerwägungen *Dreher* in Immenga/Mestmäcker, GWB, 5. Aufl. § 97 Rn. 380, 394, 402 ff.

[73] *Kalinowsky* Der Anspruch der Bieter auf Einhaltung des Vergaberechts nach § 97 Abs. 7 GWB S. 226.

[74] → § 16d EU Rn. 22.

[75] OLG Düsseldorf 11.1.2012, VII-Verg 57/11; OLG Brandenburg 19.1.2009 – Verg W 2/09; OLG Naumburg 29.4.2008 – 1 W 14/08; OLG Frankfurt 11.5.2004 – 11 Verg 8/04 VergabeR 2004, 754; OLG Düsseldorf 7.1.2002 – Verg 36/01 VergabeR 2002, 169; OLG Hamburg 4.11.1999 – 1 Verg 1/99.

handlung der Bieter. Ihnen soll jeweils der gleiche Zeitraum für die Erstellung ihrer Angebote zur Verfügung stehen. Außerdem wird so Manipulationsmöglichkeiten vorgebeugt, die bestünden, wenn eine Nachreichung von Angeboten zulässig wäre. Dann nämlich könnten unter Umständen Kenntnisse der (rechtzeitig) vorgelegten Angebote an Nachzügler weitergereicht werden. Diese Gefahr besteht aufgrund eines möglichen Zusammenwirkens der Vergabestelle mit dem Nachzügler bereits vor dem Zeitpunkt, in dem nach § 14 EU Abs. 6 VOB/A das Wettbewerbsergebnis einer beschränkten Öffentlichkeit zugänglich gemacht wird.

28   Dass § 16 EU Nr. 1 VOB/A nach wie vor auf den Zeitpunkt der **„Vorlage" des Angebots** und nicht auf seinen Zugang abstellt, erscheint unnötig und beruht wohl darauf, dass der Ablauf der Angebotsfrist früher mit der Öffnung des ersten Angebots im Eröffnungstermin zusammenfiel. Ein Angebot, das dem Verhandlungsleiter zu diesem Zeitpunkt nicht „vorlag", war verspätet. Da der Ablauf der Angebotsfrist nach der neuen VOB/A jedoch durch einen vom Auftraggeber festgesetzten Termin bestimmt wird und die Öffnung der Angebote erst nach Ablauf der Angebotsfrist erfolgt,[76] dürfte es nunmehr die Regel sein, dass die Angebote zum Ablauf der Angebotsfrist bei dem Verhandlungsleiter noch nicht „vorliegen". Die jetzige Regelung kann auch nicht so verstanden werden, dass das Angebot eine bestimmte Zeit vor dem Ablauf der Angebotsfrist bei dem Auftraggeber eingehen muss, damit es zum Zeitpunkt des Ablaufs der Angebotsfrist dann bei dem Verhandlungsleiter vorliegt,[77] denn das würde die Festlegung einer Angebotsfrist nach bestimmtem Datum bzw. Uhrzeit ad absurdum führen.

29   Für die Frage der Verspätung erlangt damit die Rückausnahme nach § 14 EU Abs. 5 VOB/A entscheidende Bedeutung.[78] Nach § 14 EU Abs. 5 Nr. 1 VOB/A gelten Angebote als rechtzeitig, die nachweislich vor Ablauf der Angebotsfrist dem öffentlichen Auftraggeber zugegangen sind, aber aus vom Bieter nicht zu vertretenden Gründen dem Verhandlungsleiter im Eröffnungstermin nicht vorgelegen haben. Der Begriff des Zugangs ist hiernach wie in § 130 BGB zu verstehen. Ein Zugang setzt nach § 130 BGB den Übergang in den Machtbereich des Empfängers und dessen Möglichkeit voraus, unter normalen Umständen Kenntnis von dem Angebot erlangen zu können.[79] Nach § 14 EU Abs. 5 Nr. 1 VOB/A **genügt** ein **Zugang bei „dem öffentlichen Auftraggeber".** Auf einen Zugang bei einer bestimmten Stelle, Abteilung oder Person kommt es nicht an.[80] Der Übergang in den Machtbereich des Auftraggebers erfolgt bei schriftlichen Angeboten nicht erst bei Eingang an der Hausanschrift, sondern bereits durch Einlegung der Sendung in ein Postfach, und zwar auch dann, wenn die Vergabeunterlagen vorsehen, dass die Angebote an die Hausanschrift der Vergabestelle zu adressieren sind.[81] Bei der Zugangsvermittlung durch Dritte (Pförtner, Wachen, Empfangspersonal) ist zu unterscheiden, ob diese zur Entgegennahme von Erklärungen bevollmächtigt sind (Empfangsvertreter) oder ob sie zur Entgegennahme von Erklärungen bestellt worden sind oder zumindest nach der Verkehrsanschauung als bestellt anzusehen sind (Empfangsboten).[82] Erklärungen an einen Empfangsboten gehen in dem Zeitpunkt zu, in dem nach dem regelmäßigen Verlauf der Dinge die Weiterleitung an den Adressaten zu erwarten war.[83] Dieser Zeitpunkt muss vor

---

[76] Vgl. § 14 EU Abs. 1 VOB/A.

[77] Zu diesem Erfordernis nach altem Recht OLG Karlsruhe 16.2.2010 – 15 U 106/09; OLG Koblenz 20.2.2009 – 1 Verg 1/09, LG Heilbronn 23.7.2015 – Si 8 o 197/15; *Vavra* in Ziekow/Völlink, Vergaberecht, 2. Aufl., § 16 VOB/A Rn. 4.

[78] Anders *Summa* in Juris-PK Vergaberecht, 5. Aufl., § 16 VOB/A Rn. 12 ff., der von vornherein nicht auf das Vorliegen beim Verhandlungsleiter, sondern das Vorliegen beim Auftraggeber (= Zugang) abstellt.

[79] OLG Celle 7.6.2007 – 13 Verg 5/07.

[80] Anders VK Brandenburg 11.11.2010 – VK 57/10; zu Unrecht differenzierend auch VK Sachsen 4.9.2014 – 1/SVK/026-14.

[81] Vgl. VK Sachsen-Anhalt 12.10.2017 – 3 VK LSA 81/17; VK Sachsen-Anhalt 2.8.2013 – 3 VK LSA 33/13; VK Bund 1.9.2006 – VK 3-105/06 zur VOL/A.

[82] Vgl. OLG Celle 7.6.2007 – 13 Verg 5/07 VergabeR 2007, 650; zu eng VK Brandenburg 26.1.2005 – VK 81/4.

[83] *Ellenberger* in Palandt BGB § 130 Rn. 9.

Ablauf der Angebotsfrist liegen, damit eine Berufung auf § 14 EU Abs. 5 Nr. 1 VOB/A noch in Betracht kommt.

Ein **nicht vom Bieter zu vertretender Grund für die Vorlage des Angebots** liegt **30** etwa vor, wenn der Auftraggeber den Hausbriefkasten oder das Postfach nicht rechtzeitig geleert hat,[84] wenn Angebote vom Auftraggeber irrtümlich fehlerhaft zu einem anderen Vergabeverfahren zugeordnet worden sind,[85] das Angebot nach Zugang beim Auftraggeber verlegt wurde oder an eine andere Stelle weitergeleitet wurde. Trifft den Bieter an einem solchen Vorgehen jedoch ein Mitverschulden, etwa durch missverständliche Adressierung des Angebots, scheidet eine Berufung auf § 14 EU Abs. 5 Nr. 1 VOB/A aus.[86] Wenn das Angebot aus einem von niemandem zu vertretenden Grund, zB bei Naturereignissen, verspätet vorgelegt wird, liegt kein Ausschlussgrund vor.

Dass die Angebotsunterlagen **rechtzeitig** bei der Vergabestelle **zugehen,** liegt hingegen **31** grundsätzlich in der Risikosphäre des jeweiligen Bieters. Das gilt nicht nur bei postalischer Versendung schriftlicher Angebote, sondern auch bei dem „Hochladen" elektronischer Angebote auf einer Plattform des Auftraggebers. Die für die Übermittlung des Angebots benötigte Zeit muss der Bieter ggf. vorab in Erfahrung bringen und bei der Angebotsabgabe einplanen. Setzt der Auftraggeber eine Angebotsfrist bis 10:00 Uhr fest, endet diese auch um 10:00:00 Uhr und nicht erst um 10:00:59 Uhr.[87] Erscheint ein Bietervertreter in der Poststelle des Auftraggebers mit einem einzureichenden Angebot, ist das Angebot dem Auftraggeber zugegangen, wenn es von dem Boten mit der Erklärung, es abgeben zu wollen, abgelegt wird.[88] Die bloße Anwesenheit in den Räumen des Auftraggebers genügt jedoch nicht. Ein Angebot, das dem Auftraggeber erst nach Ablauf der Angebotsfrist zugegangen ist, ist unabhängig davon, ob es im Eröffnungstermin vorgelegen hat oder nicht, von der Wertung auszuschließen. Das gilt nicht nur dann, wenn die Verspätung – wie häufig – auf dem Verschulden eines Beförderers (Post/Paketdienst) beruht, das sich der Bieter als das seines Erfüllungsgehilfen gem. §§ 276, 278 BGB zurechnen lassen muss,[89] sondern auch dann, wenn das Angebot aufgrund von höherer Gewalt nicht rechtzeitig beim Auftraggeber zugeht. Auf ein Verschulden des Bieters kommt es nicht an.[90]

Wird der rechtzeitige **Zugang** aus Gründen, die der Auftraggeber zu vertreten hat, **vereitelt,** muss der Auftraggeber sich nach Treu und Glauben (§ 242 BGB) unter Umständen so behandeln lassen, als sei die Erklärung rechtzeitig zugegangen.[91] So kann es sein, wenn in der Verantwortung des Auftraggebers liegende technische Hindernisse (zB eine Störung oder Downtime der bereitgestellten Vergabeplattform) es unmöglich machen, ein elektronisches Angebot in der vorgeschriebenen Form rechtzeitig abzugeben.[92]

Zwar genügt es zur Anwendung des § 242 BGB nach allgemeinen Grundsätzen nicht, **33** dass im Bereich des Empfängers ein objektives Zugangshindernis besteht, sondern müssen vielmehr zusätzliche Umstände hinzutreten, etwa eine bewusste Verhinderung oder Verzö-

---

[84] VK Bund 2.12.2009 – VK 1-206/09.

[85] VK Thüringen 3.3.2015, 250-4002-1396/2015-N-002 – IK; VK Sachsen-Anhalt 16.1.2001 – VK Hal 35/00.

[86] VK Köln 18.7.2002 – VK VOB 8/2002.

[87] VK Bund 26.10.2016, VK 1-92/16.

[88] VK Bund 26.10.2016, VK 1-92/16.

[89] OLG Frankfurt 11.5.2004 – 11 Verg 8/04, 11 Verg 9/04 und 11 Verg 10/04 NZBau 2004, 567 = VergabeR 2004, 754; VK Bund 15.8.2017 – VK 2-84/17; VK Brandenburg 16.6.2015 – VK 9/15; VK Köln 18.7.2002 – VK VOB 8/2002; vgl. auch VK Südbayern 7.7.2014 – Z 3-3-3194-1-24-05/14 für Teilnahmeanträge. Wenn das Unternehmen bei ordnungsgemäßer Vergabe den Zuschlag erhalten hätte, kommen allerdings Schadensersatzansprüche gegen das Postzustellungsunternehmen in Betracht, OLG Köln 31.1.2012 – 3 U 17/11; OLG Köln 24.5.2005 – 3 U 195/04; LG Bonn 5.8.2015 – 3 O 365/13.

[90] VK Nordbayern 15.4.2002 – 320.VK-3194-08/2. Anders VK Nordbayern 1.4.2008 – 21.VK-3194-09/08.

[91] AA OLG Koblenz 20.2.2009 – 1 Verg 1/09. Ebenso OLG Karlsruhe 17.3.2017 – 15 Verg 2/17, das die Bieter in diesem Fall auf die Rügeobliegenheit verweist.

[92] VK Baden-Württemberg 30.12.2016 – 1 VK 51/16. Unverständlich VK Nordbayern 26.2.2015 – 21. VK-3194 – 42/14, wonach diese Frage nur in einem späteren Schadensersatzprozess relevant ist.

gerung des Zugangs.[93] Im Vergaberecht ist jedoch zu berücksichtigen, dass die Vergabestelle gem. § 11a EU VOB/A die von ihr gewählten elektronischen Mittel zum Zugang zum Vergabeverfahren so vorzuhalten hat, dass sie eine Teilnahme am Verfahren in keiner Weise einschränken. Hierauf vertrauen die Bieter auch. Das Argument, das im Vergaberecht geltende Transparenz- und Gleichbehandlungsgebot lasse es nicht zu, dass ein nach § 242 BGB fiktiv zugegangenes Angebot u. U. für Stunden oder gar Tage unkontrollierbar in den Händen des Bieters bleibt, kann allenfalls eine Aufhebung des gesamten Vergabeverfahrens begründen. Ein Ausschluss eines Bieterangebots aufgrund von Umständen, die von der Vergabestelle zu vertreten sind, kommt aber nicht in Betracht.

34   Die **unvollständige Übermittlung** eines Angebots innerhalb der Angebotsfrist führt nach § 16 EU Nr. 1 VOB/A nicht zum zwingenden Ausschluss. Ein unvollständiges Angebot kann allerdings nach § 16 EU Nr. 3 oder – bei erfolgloser Nachforderung fehlender Erklärungen – nach § 16a EU S. 4 auszuschließen sein. Erlöschen alle Angebote wegen **Ablauf der Bindefrist**, scheitert die Wertung von danach inhaltsgleich neu eingereichter Angebote nicht wegen Verspätung.[94]

35   Wird ein Auftrag in Losen vergeben und ist für die einzelnen Teile des Auftrags jeweils eine gesonderte Angebotsfrist vorgesehen, ist von einem etwaigen Ausschluss nach § 16 EU Nr. 1 VOB/A nur der jeweilige Teil betroffen.[95] Werden bei einer Ausschreibung, bei der sowohl Generalunternehmerangebote als auch Angebote für einzelne Fachlose zugelassen sind, **gestaffelte Angebotsfristen und Eröffnungstermine** für das Generalunternehmerangebot und die Fachlosangebote festgesetzt,[96] kann sich ein Bieter trotz verspätetem Generalunternehmerangebot noch mit Einzelangeboten für die Fachlose an der Vergabe beteiligen.

36   Die **Feststellungslast** für einen Angebotsausschluss nach § 16 EU Nr. 1 VOB/A trägt nach hier vertretener Auffassung derjenige, der sich darauf beruft, also der Auftraggeber oder der Mitbewerber.[97] Das betrifft den verspäteten Zugang des Angebots bei dem Auftraggeber[98] oder, dass die verspätete „Vorlage" des Angebots bei dem Verhandlungsleiter des Eröffnungstermins von dem Bieter zu vertreten war. Anderes gilt, wenn nicht geklärt werden kann, ob überhaupt ein Angebot eingereicht wurde. Dies ist allerdings auch kein Fall von § 16 EU VOB/A.

II. Angebote, die den Bestimmungen des § 13 EU Abs. 1 Nr. 1, 2 und 5 VOB/A nicht entsprechen (Nr. 2)

1. Formwidrige Angebote

37   **a) Festlegung der Form durch den Auftraggeber.** Aus § 16 EU Nr. 2 VOB/A ergibt sich, dass Angebote, die den Formvorgaben des § 13 EU Abs. 1 Nr. 1 VOB/A nicht entsprechen, zwingend auszuschließen sind. Nach § 13 EU Abs. 1 Nr. 1 Satz 1 VOB/A legt der Auftraggeber fest, in welcher Form die Angebote einzureichen sind. Bei der **Festlegung der Form des Angebots** ist der Auftraggeber aber nicht frei. Er muss zunächst § 11 EU VOB/A berücksichtigen, wonach bei elektronisch übermittelten Angeboten entweder die Textform (§ 11 EU Abs. 4 VOB/A) oder die fortgeschrittene oder qualifizierte elektronischer Signatur (§ 11 EU Abs. 5 VOB/A) zu verlangen ist. Die Angebotsabgabe

---

[93] Vgl. *Ellenberger* in Palandt BGB § 130 Rn. 18.

[94] OLG Jena 30.10.2006 – 9 Verg 4/06 VergabeR 2007, 118; anders zuvor BayObLG 15.7.2002 – Verg 15/02, VergabeR 534, 538 = NZBau 2002, 689; OLG Dresden 8.11.2002 – WVerg 19/02 VergabeR 2003, 33.

[95] Anders der Fall bei OLG Hamburg 4.11.1999 – 1 Verg 1/99.

[96] Hierzu BayObLG 21.12.2000 – Verg 13/00 VergabeR 2001, 131. Zur Manipulationsgefahr bei der Staffelung von Eröffnungsterminen OLG Jena 21.9.2009 – 9 Verg 7/09 VergabeR 2010, 59.

[97] → oben Rn. 25.

[98] AA VK Bund 8.9.2008 – VK 3-116/08; VK Nordbayern 1.4.2008 – 21.VK-3194-09/08; VK Sachsen 29.2.2004 – 1/SVK/157-03.

mittels fortgeschrittenem oder qualifiziertem elektronischen Siegel gemäß Art. 3 Abs. 26 u. 27 e/DAS-Verordnung berücksichtigt die VOB/A noch nicht.[99] Wie sich aus § 13 EU Abs. 1 Nr. 1 Satz 2 VOB/A ergibt, darf der Auftraggeber nach wie vor auch Angebote in Schriftform fordern, dies allerdings uneingeschränkt nur noch bis längstens 18.10.2018.[100] Die Formenwahl wird ferner durch § 13 EU Abs. 1 Nr. 2 i. V. m. § 11a EU Abs. 2 VOB/A eingeschränkt. Hiernach ist eine Form zu wählen, die die Unversehrtheit (Integrität), Vertraulichkeit, und Echtheit (Authentizität) elektronischer Angebote gewährleistet. Auch § 11a EU Abs. 4 S. 2 VOB/A ist zu berücksichtigen, obwohl § 13 EU Abs. 1 Nr. 2 VOB/A hierauf nicht explizit verweist, denn diese Vorschrift konkretisiert die Anforderungen an die Vertraulichkeit.

Fordert der Auftraggeber eine bestimmte Form für die Angebotsabgabe, müssen auch **38** nachträgliche **Änderungen des Angebots** diese Form wahren.[101] Dies gilt allerdings nicht für Änderungen von Erst- oder Folgeangeboten in einem Verhandlungsverfahren, weil für die Modifizierung eines bereits vorliegenden Angebotes in einem Verhandlungsverfahren auch eine mündliche Erklärung in einem Verhandlungsgespräch unter Anwesenden genügt.[102]

b) Schriftliche Angebote. § 13 EU Abs. 1 Nr. 1 VOB/A beinhaltet **kein gesetzli- 39 ches Schriftformerfordernis** im Sinne von 126 BGB.[103] Dabei ist unerheblich, ob es sich bei der VOB/A um ein Gesetz im Sinne von § 126 BGB handelt, was aufgrund der Verweisungen durch das GWB und die VgV jedenfalls auf den 2. Abschnitt der VOB/A zutrifft. Die Schriftform wird nach § 13 EU Abs. 1 Nr. VOB/A nicht, wie von § 126 BGB vorausgesetzt, vorgeschrieben. Nach § 13 EU Abs. 1 Nr. 1 Satz 1 VOB/A legt vielmehr der Auftraggeber fest, in welcher Form die Angebote einzureichen sind. Auch § 126 Abs. 3 BGB, wonach die schriftliche Form durch die elektronische Form (§ 126a BGB) ersetzt werden kann, wenn sich nicht aus dem Gesetz anderes ergibt, ist folglich nicht anwendbar. Es gelten stattdessen die Regeln über die gewillkürte Form nach § 127 BGB.

Schriftliche Angebote müssen in einer Urkunde verkörpert sein. Das Material der Ur- **40** kunde ist gleichgültig, vorausgesetzt, es kann Schriftzeichen dauerhaft festhalten.[104] Die Urkunde muss nach § 13 EU Abs. 1 Nr. 1 Satz 2 VOB/A unterzeichnet sein. Unterzeichnet heißt, dass das Angebot mit einer **eigenhändigen Unterschrift** des Ausstellers versehen sein muss, um die Identität des Erklärenden erkennbar zu machen und die Echtheit der Urkunde zu gewährleisten.[105] Der Schriftform steht nach § 127 Abs. 1 BGB i. V. m. § 126 BGB die Unterzeichnung mittels eines notariell beglaubigten Handzeichens gleich. Namensstempel, elektronisch erzeugte Faksimile und dergleichen ersetzen nicht die eigenhändige Unterschrift.[106] Fehlt die Unterschrift, ist das Angebot auszuschließen.[107] Eine Möglichkeit, die fehlende Unterschrift nachzufordern besteht nicht.[108] Die Unterschrift muss nicht unbedingt leserlich sein.[109] Die Bieteridentität ist bei vorhandener Unterschrift gegebenenfalls durch Auslegung zu bestimmen.[110] Ob Zweifel über die Bieteridentität, z. B. ob

---

[99] Vgl. hierzu § 53 Abs. 3 S 2 VgV, § 44 Abs. 1 S. 2 SektVO, § 19 Abs. 5 S. 2 VSVgV und § 28 Abs. 3 S. 2 KonzVgV.

[100] Vgl. Amtl. Anm. 1–3 zu § 11 EU VOB/A.

[101] VK Sachsen-Anhalt 22.12.2011 – 1 VK LSA 32/11.

[102] OLG Naumburg 12.4.2012 – 2 Verg 1/12.

[103] AA VK Südbayern 21.5.2015 – Z 3-3-3194-1-08-02/15; VK Südbayern 17.4.2013 – Z 3-3-3194-1-07-03/13; VK Brandenburg 17.1.2012 – VK 55/11; VK Bund 27.4.2006 – VK 3-21/06; VK Hessen 25.7.2003 – 69d VK-31/2003.

[104] Vgl. *Ellenberger* in Palandt BGB § 126 Rn. 2.

[105] Der eigenhändigen Unterschrift werden außerdem die Abschlussfunktion und ein Perpetui-Funktion zugewiesen.

[106] VK Bund 17.10.2017 – VK 2-154/17 zu einer eingescannten Unterschrift.

[107] Z. B. OLG Koblenz 22.3.2001 – 1 Verg 9/00 VergabeR 2001, 47.

[108] → § 16a EU Rn. 35.

[109] LSG Rheinland Pfalz 26.7.2010 – L 2 R 158/10.

[110] Vgl. etwa OLG München 17.12.2013 – Verg 15/13 zu dem Angebot einer Einzelfirma ohne Nennung des Vornamens des Firmeninhabers.

das Angebot vom Unterzeichner als natürliche Person oder im Namen eines Unternehmens abgegeben wurde, aufklärungsfähig sind, wird unterschiedlich beurteilt.[111] Ist das ursprüngliche Vorhandensein einer Unterschrift auf dem Angebot streitig, so ist der Beweis von demjenigen zu führen, der sich auf das Nichtvorhandensein und damit den zwingenden Ausschlussgrund nach § 16 EU Nr. 2 VOB/A beruft.[112]

41   Ein unterzeichnetes **Telefax** erfüllt die Schriftlichkeitsvoraussetzung nur bei Versendung. Der Telefaxausdruck des Empfängers enthält jedoch eine fotokopierte Unterschrift. Das ist nicht ausreichend.[113] Zwar bestimmt § 127 Abs. 2 BGB, dass zur Wahrung der durch Rechtsgeschäft bestimmten schriftlichen Form die telekommunikative Übermittlung ausreicht, es also auf den Zugang der eigenhändigen Unterschrift nicht ankommt. § 127 Abs. 2 BGB gilt jedoch nur, „soweit nicht ein anderer Wille anzunehmen ist". Wenn der Auftraggeber in einem Vergabeverfahren nach der VOB/A schriftliche Angebote fordert, ist ein anderer Wille anzunehmen, denn bei der Übersendung per Telefax kann die von § 11a EU Abs. 2 VOB/A geforderte Vertraulichkeit nicht sichergestellt werden.[114] Ein per Telefax übermitteltes Angebot muss daher ausgeschlossen werden.[115]

42   § 13 EU Abs. 1 Nr. 1 Satz 2 VOB/A enthält keine Festlegung dazu, **in welcher Anzahl Unterschriften zu leisten sind.** Sinn und Zweck des Ausschreibungsverfahrens ist jedoch die Einholung verbindlicher Angebote, wann dies der Fall ist, richtet sich im Ausgangspunkt nach allgemeinen zivilrechtlichen Regeln. Bei einem schriftlichen Angebot genügt es, wenn es *eine Unterschrift* aufweist. Diese hat aber so zu erfolgen, dass der gesamte Angebotsinhalt mit abgedeckt wird.[116] Davon ist auszugehen, wenn der Bieter ein vom Auftraggeber vorgegebenes Angebotsformblatt unterzeichnet hat, das die einzelnen Teile des Angebots in Bezug nimmt.[117] Auch im Übrigen genügt jedoch eine Unterschrift am Ende des Angebotes oder auf einem – vom Bieter selbst erstellten – Anschreiben, das auf das beigefügte Angebot Bezug nimmt.[118] Nicht gesondert unterschriebene Nebenangebote sind von der Unterschrift auf dem Anschreiben oder unter den Vergabeunterlagen gedeckt, wenn sie an der vom Auftraggeber bezeichneten Stelle aufgeführt sind und zweifelsfrei erkennbar ist, dass die Unterschrift auch für die Nebenangebote gelten soll. Es besteht kein Anlass, am Bindungswillen eines Bieters auch hinsichtlich der Nebenangebote zu zweifeln (§ 145 BGB), die er mitsamt dem unterzeichneten Hauptangebot unterbreitet und in Bezug auf die er auch die übrigen, vom Auftraggeber festgelegten bzw. von den Vergabe- und Vertragsordnungen vorgesehenen Formvorschriften eingehalten hat.[119] Eine Regel, wonach durch ein Angebotsformblatt nicht in Bezug genommene Angebotsteile zwangsläufig gesondert unterschrieben sein müssen,[120] oder bei Fehlen des Angebotsformblatts gesonderte Unterschriftsleistungen des Bieters auf allen Angebotsteilen vorhanden sein müssen,[121] existiert nicht. **Fordert der Auftraggeber mehrere Unterschriften** auf unterschiedlichen Angebotsdokumenten (Angebotsformblatt, Leistungsverzeichnis, Preisblatt, Eigenerklärungen etc.), obwohl dies die VOB/A nicht vorsieht und hierfür regelmäßig auch kein Anlass besteht, ist eine fehlende Unterschrift unerheblich, wenn die o. g. Voraussetzungen gegeben sind, d. h. der gesamte Angebotsinhalt bereits durch eine vorhandene Unterschrift (auf dem

[111] Abl. VK Bund 18.2.2010 – VK 3-06/10; anders wohl OLG München 17.12.2013 – Verg 15/13.
[112] OLG Dresden 28.3.2006 – WVerg 4/06 VergabeR 2006, 793.
[113] *Roßnagel/Paul* NZBau 2007, 74, 75; *Vavra* in Ziekow/Völlink, Vergaberecht, 2. Aufl., § 13 VOB/A Rn. 2; *Dittmann* in KMPP, VOB/A, 2. Aufl. § 13 Rn. 14.
[114] → sogleich Rn. 54 ff.
[115] VK Baden-Württemberg 19.4.2005 – 1 VK 11/05; VK Hessen 12.2.2004 – 69d VK – 01/2004; aA VK Berlin 9.11.2004 – VK-B 1-59/04.
[116] OLG Düsseldorf 18.7.2005 – VII-Verg 39/05; OLG Celle 19.8.2003 – 13 Verg 20/03 WuW 2004, 346 = WuW/E Verg 910; vgl. auch OLG Jena 13.10.1999 – 6 Verg 1/99 BauR 2000, 388 = NZBau 2001, 39.
[117] OLG Düsseldorf 2.5.2007 – VII-Verg 1/07 NZBau 2007, 600.
[118] VK Düsseldorf 21.4.2006 – VK-16/2006-L; VK Lüneburg 28.7.2003 – 203-VgK-13/2003.
[119] BGH 23.3.2011 – X ZR 92/09.
[120] So aber VK Nordbayern 3.8.2001 – 320.VK-3194-23/01.
[121] So wohl VK Thüringen 14.2.2002 – 216-402.20-003/02-SON.

Angebotsformblatt, dem Anschreiben oder am Ende des Angebots) abgedeckt wird.[122] Das gilt auch dann, wenn der Auftraggeber angegeben hat, dass das Angebot ohne die gesonderte Unterschrift als „nicht abgegeben" gilt.[123] Die Gegenansicht, die den Grundsatz der Selbstbindung des Auftraggebers heranzieht,[124] verkennt, dass es der Auftraggeber durch Aufstellung zusätzlicher Formerfordernisse nicht in der Hand hat, über die formellen Ausschlussgründe der VOB/A zu disponieren.[125] Andererseits kann die fehlende Unterschrift unter einem Angebotsschreiben dadurch ersetzt werden, dass alle Bestandteile des Angebots separat unterschrieben sind.[126]

Wird ein Angebot **nicht an der** nach den Vergabeunterlagen **dafür vorgesehenen** 43 **Stelle unterschrieben,** sondern an einer anderen Stelle, ist ebenfalls durch Auslegung zu ermitteln, ob sich die Unterschrift auf das gesamte Angebot bezieht.[127] Die Forderung, bestimmte Angaben an bestimmter Stelle des Angebots vorzunehmen, soll den Prozess der Angebotsprüfung erleichtern. Wird dagegen verstoßen rechtfertigt dies für sich genommen jedoch – wie auch bei einem Verstoß gegen § 13 EU Abs. 3 S. 1 GWB – keinen Angebotsausschluss.[128] Die Gegenansicht, die den Grundsatz der Selbstbindung des Auftraggebers heranzieht,[129] lässt unberücksichtigt, dass es der Auftraggeber durch Aufstellung zusätzlicher Formerfordernisse nicht in der Hand hat, über die formellen Ausschlussgründe der VOB/A zu disponieren.[130] Auch kann es nicht als „Konkretisierung" oder „Subsumtion" der in der VOB/A enthaltenen Formvorschriften angesehen werden, wenn der Auftraggeber Ausschlussgründe dadurch schafft, dass er bestimmte Angaben an bestimmter Stelle fordert.[131] Der hier vertretenen Ansicht deckt sich mit der Spruchpraxis des OLG Düsseldorf zur Anbringung von Signaturen an dafür nicht vorgesehen Teilen eines elektronischen Angebots.[132]

§ 13 EU Abs. 1 Nr. 1 Satz 2 VOB/A bestimmt lediglich, dass schriftlich eingereichte 44 Angebote zu unterzeichnen sind. Eine „rechtsverbindliche" Unterschrift wird – anders als früher – nicht gefordert. Insofern gelten für die Angebotsabgabe im Vergabeverfahren keine über die Formvorschriften des BGB hinausgehenden Anforderungen mehr.[133] Bei Angeboten, die zwar unterschrieben sind, bei denen der Erklärende jedoch **ohne Vertretungsmacht** gehandelt hat, kommen grundsätzlich die Bestimmungen der §§ 177 ff. BGB über das Handeln eines Vertreters ohne Vertretungsmacht zur Anwendung.[134] Ihre Wirksamkeit hängt von einer – nach Aufforderung des anderen Teils befristet zu erklärenden – Genehmigung durch den Vertretenen ab (§ 177 Abs. 2, § 182 Abs. 1, § 184 Abs. 1 BGB). Dies birgt grundsätzlich die Gefahr, dass sich ein Bieter nach Angebotseröffnung der Verbindlichkeit seines Angebots durch Behauptung fehlender Vertretungsmacht entzieht. Diese

---

[122] Zutreffend VK Thüringen 12.9.2016 – 250-4002-6681/2016-N-015-SOK; VK Thüringen 18.3.2003 – 216-402.20-001/03-MHL.

[123] VK Nordbayern 17.8.2016 – 21.VK-3194-28/16.

[124] Z.B. VK Thüringen 5.9.2011 – 250-4003.20 – 3317/2011-E-005-HBN; VK Arnsberg 13.7.2010 – VK 11/10; VK Halle 12.7.2001 – AZ: VK Hal 09/01.

[125] → Rn. 18.

[126] VK Thüringen 6.1.2016 – 250-4002-7108/2015-N-009-ABG.

[127] So – wenngleich im Ergebnis ablehnend – VK Nordbayern 28.2.2001 – 320.VK-3194-25/00.

[128] Wie hier *Stolz* in Willenbruch/Wieddekind, Kompaktkommentar Vergaberecht, 4. Aufl., § 16 EU VOB/A Rn. 13; Vavra in Ziekow/Völlink, Vergaberecht, 2. Aufl., § 16 VOB/A Rn. 5; Summa in Juris-PK Vergaberecht, 5. Aufl., § 16 VOB/A Rn. 22

[129] ZB VK Thüringen 5.9.2011 – 250-4003.20 – 3317/2011-E-005 – HBN; VK Hessen 19.3.2009 – 69d VK-05/2009; VK Düsseldorf 21.4.2006 – VK-16/2006-L; VK Lüneburg 28.7.2003 – 203-VgK-13/2003.

[130] → Rn. 18.

[131] So jedoch OLG Düsseldorf 22.12.2010 – VII-Verg 33/10.

[132] → Rn. 51 aE.

[133] OLG Frankfurt 9.7.2010 – 11 Verg 5/10 und OLG Frankfurt 4.6.2010 – 11 Verg 4/103; OLG Frankfurt 20.7.2004 – 11 Verg 14/04; VK Sachsen-Anhalt 4.10.2013 – 3 VK LSA 39/13; VK Bund 29.6.2006 – VK 3-48/06; VK Lüneburg 28.7.2003 – 203-VgK-13/2003.

[134] OLG Frankfurt 4.6.2010 – 11 Verg 4/10; OLG Karlsruhe 24.7.2007 – 17 Verg 6/07 NZBau 2008, 544 (Ls.); OLG Düsseldorf 22.12.2004 – VII-Verg 81/04; OLG Frankfurt 20.7.2004 – 11 Verg 14/04.

Gefahr wird allerdings durch die Anwendung der Grundsätze der Duldungs- und Anscheinsvollmacht begrenzt.[135] Eine **Duldungsvollmacht** wird angenommen, wenn der Vertretene es wissentlich geschehen lässt, dass ein anderer für ihn auftritt, ohne dagegen einzuschreiten, obwohl ihm das möglich war. Der Geschäftspartner muss dieses Dulden kennen und nach Treu und Glauben dahingehend verstehen und verstehen dürfen, dass der Scheinvertreter vom Vertretenen bevollmächtigt ist. Eine **Anscheinsvollmacht** liegt vor, wenn der Vertretene das Handeln zwar nicht kennt, er es aber bei pflichtgemäßer Sorgfalt hätte erkennen und verhindern können und der Geschäftspartner annehmen durfte, der Vertretene dulde und billige das Handeln des Vertreters und er deswegen in seinem Vertrauen schutzwürdig ist. Dies setzt in der Regel ein wiederholtes Auftreten des Vertreters voraus.[136] Angebote, die unter einem Gremien- oder sonstigem Zustimmungsvorbehalt abgegeben werden, und durch die sich der Bieter folglich eine Möglichkeit eröffnet, sich ggf. noch innerhalb der Bindefrist von der Angebotsbindung zu befreien, sind jedoch unschlüssig und nicht wertungsfähig.[137] Etwas anderes gilt, wenn der Auftraggeber Angebote unter Vorbehalt ausdrücklich zugelassen hat,[138] oder im Verhandlungsverfahren (zunächst) keine zuschlagsfähigen Angebote verlangt werden.[139]

45   Nach herrschenden Ansicht und entgegen grundsätzlicher Erwägungen[140] ist der Auftraggeber nicht daran gehindert, strengere Anforderungen als nach § 13 EU Abs. 1 Nr. 1 Satz 2 VOB/A aufzustellen und eine „verbindliche" oder **„rechtsverbindliche" Unterschrift** zu fordern.[141] Es wird in diesem Zusammenhang zum Teil darauf hingewiesen, dass das Erfordernis einer „rechtsverbindlichen Unterschrift", das die VOB/A und die VOL/A bis zum Jahre 2000 enthielten, in erster Linie deshalb gestrichen wurde, um den öffentlichen Auftraggebern die Prüfung der Vertretungsmacht der Unterzeichner zu ersparen. Es sei jedoch zu respektieren, wenn der Auftraggeber unter Inkaufnahme derartiger Prüfungsobliegenheiten die Rechtsverbindlichkeit der Angebotserklärung fordere, um Erschwernisse zu vermeiden, die ggf. mit dem Handeln eines Vertreters ohne Vertretungsmacht einhergehen.[142] Wird eine „rechtsverbindliche" Unterschrift gefordert, muss die Unterschrift durch einen Vertreter mit Vertretungsmacht geleistet werden.[143] Eine nachträgliche Genehmigung eines vollmachtlosen Handelns kommt folglich nicht mehr in Betracht. Durch die Forderung einer „rechtsverbindlichen Unterschrift" wird vielmehr klargestellt, dass das Angebot als bürgerlich-rechtliche Willenserklärung des Bieters nur noch einer Annahmeerklärung des Auftraggebers bedarf, um einen wirksamen Vertragsschluss herbeizuführen und dass es den Auftraggeber von der Ungewissheit und den Verzögerungen freistellt, die mit der Angebotsunterzeichnung durch einen Vertreter ohne Vertretungsmacht verbunden sein können.[144] Fordern die Vergabeunterlagen eine rechtsverbindliche Unterzeichnung, so genügt die Unterschrift gesetzlich oder organschaftlich Bevollmächtigter[145] ebenso wie die eines gewillkürten Vertreters, der mit entsprechender Vertretungsmacht handelt. Dem Att-

---

[135] OLG Frankfurt 20.7.2004 – 11 Verg 14/04; VK Bund 29.6.2006 – VK 3-48/06; VK Sachsen 31.1.2005 – 1/SVK/144-04.
[136] Zum Vorliegen einer Anscheinsvollmacht VK Sachsen 31.1.2005 – 1/SVK/144-04; VK Hessen 27.2.2003 – 69d VK-70/2002.
[137] VK Lüneburg 4.12.2000 – 203-VgK-15/2000.
[138] VK Düsseldorf 24.8.2007 – VK-24/2007-L.
[139] OLG Brandenburg 3.8.1999 – 6 Verg 1/99 NZBau 2002, 39.
[140] → Rn. 18.
[141] OLG Frankfurt 9.7.2010 – 11 Verg 5/10 und OLG Frankfurt 4.6.2010 – 11 Verg 4/10; OLG Naumburg 29.1.2009 – 1 Verg 10/08; OLG Frankfurt 26.8.2008 – 11 Verg 8/08; OLG Karlsruhe 24.7.2007 – 17 Verg 6/07; OLG Düsseldorf 22.12.2004 – VII-Verg 81/04; *Stolz* in Willenbruch/Wieddekind, Kompaktkommentar Vergaberecht, 4. Aufl., § 16 EU VOB/A Rn. 15; *Frister* in Kapellmann/Messerschmidt, VOB, 6. Aufl., § 16 VOB/A Rn. 7.
[142] OLG Düsseldorf 22.12.2004 – VII-Verg 81/04.
[143] BGH 20.11.2012 – X ZR 108/10.
[144] OLG Düsseldorf 22.12.2004 – VII-Verg 81/04; OLG Naumburg 29.1.2009 – 1 Verg 10/08.
[145] Ist gesetzlich oder organschaftlich eine Gesamtvertretung angeordnet, führt das Fehlen einer der erforderlichen Unterschriften zum Angebotsausschluss, OLG Düsseldorf 22.12.2004 – Verg 81/04.

ribut „rechtsverbindlich" (unterschrieben) kann nach dem Empfängerhorizont indessen nicht der Erklärungsgehalt beigelegt werden, mit dem Angebot müsse die Bevollmächtigung des Unterzeichners nachgewiesen werden, wenn nicht die gesetzlichen Vertreter oder Prokuristen des bietenden Unternehmens unterschrieben haben.[146] Ein urkundlicher **Nachweis der Vertretungsmacht** ist daher auch bei „rechtsverbindlicher" Unterschrift nur nach Aufforderung des Auftraggebers – innerhalb der vom Auftraggeber hierfür gesetzten Frist – zu erbringen.[147] Ob ein rechtsverbindliches Angebot auch dann vorliegt, wenn die Voraussetzungen der Anscheins- oder Duldungsvollmacht gegeben sind, weil das Angebot dann anders als im Falle des Handeln eines Vertreters ohne Vertretungsmacht nicht mehr genehmigt werden muss, um Wirksamkeit zu erlangen, wird uneinheitlich beurteilt.[148]

Wird das **Angebot von einer Bietergemeinschaft** abgegeben, muss es erkennen lassen, dass es sich um eine Bietergemeinschaft handelt und welche Unternehmen daran beteiligt sind.[149] Es muss sodann von allen beteiligten Unternehmen oder durch eine erkennbar im Namen der beteiligten Unternehmen handelnde Person unterschrieben sein. Sind diese Voraussetzungen gegeben, ändert auch die „Ich-Form" des Angebotsschreibens nichts an der Wirksamkeit des Angebots und seiner Geltung für die Bietergemeinschaft.[150] Bei der Prüfung der Frage, ob es sich um das Angebot eines einzelnen Bieters oder einer Bietergemeinschaft handelt, ist auf den objektiven Empfängerhorizont abzustellen.[151] Zwar kann die Angabe des bevollmächtigten Vertreters der Bietergemeinschaft nach § 13 EU Abs. 5 Satz 2 VOBA auch noch nach Abgabe des Angebots nachgeholt werden. Auf die Erkennbarkeit des Willens, in fremdem Namen zu handeln (§ 164 Abs. 2 BGB) kann im Angebot einer Bietergemeinschaft jedoch nicht verzichtet werden. Ein Ausschluss soll auch dann geboten sein, wenn Zweifel darüber, ob das Angebot von einer Bietergemeinschaft oder von einem Einzelbieter (mit Nachunternehmereinsatz) abgegeben wurde, nicht im Wege der Auslegung geklärt werden können.[152] Nach der wohl herrschenden Ansicht sind Zweifel über die Identität des Bieters einer Angebotsaufklärung aber nicht zugänglich.[153]

Im Hinblick auf die Unterschrift durch einen vollmachtlos handelnden Vertreter sollten Bietergemeinschaften nicht anders als Einzelbieter behandelt werden.[154] Auch das schriftliche Angebot einer Bietergemeinschaft ist nach der VOB/A nur zu unterzeichnen und nicht „rechtsverbindlich" zu unterschreiben.[155] Zur Begründung dieses Ergebnisses bedarf es keines Rückgriffs auf **§ 13 EU Abs. 5 Satz 2 VOB/A**. Soweit Bietergemeinschaften nach § 13 EU Abs. 5 Satz 2 VOB/A spätestens bis zur Zuschlagserteilung eines ihrer Mitglieder als bevollmächtigten Vertreter für den Abschluss und die Durchführung des Vertrags bezeichnen müssen, wird damit vor allem bezweckt, dass der Auftraggeber die Annahme eines Angebots, das von allen Mitgliedern einer Bietergemeinschaft unterzeichnet wurde, nicht gegenüber allen Mitgliedern erklären muss, um einen wirksamen Zuschlag zu ertei-

---

[146] BGH 20.11.2012 – X ZR 108/10.
[147] OLG Naumburg 2.4.2009 – 1 Verg 10/08; OLG Naumburg 13.10.2008 – 1 Verg 10/08 NZBau 2008, 789; OLG Naumburg 26.10.2004 – 1 U 30/04 VergabeR 2005, 261.
[148] Befürwortend VK Düsseldorf 15.3.2002 – VK-2/2002-L; VK Düsseldorf 5.2.2001 – VK 26/2000-L; VK Düsseldorf 12.10.2000 – VK-20/2000-L; vgl. auch KG 7.11.2001 – KartVerg 8/01, VergabeR 2002, 95; abl. VK Hessen 13.3.2012 – 69d VK – 06/2012.
[149] OLG Hamburg 31.3.2014 – 1 Verg 4/13; BayObLG 20.8.2001 – Verg 11/01 VergabeR 2002, 77 = ZfBR 2002, 190.
[150] OLG Düsseldorf 11.4.2003 – Verg 9/03 VergabeR 2003, 465.
[151] OLG Hamburg 31.3.2014 – 1 Verg 4/13; OLG Frankfurt 15.7.2008 – 11 Verg 4/08; OLG Düsseldorf 3.1.2005 – Verg 82/04.
[152] VK Bund 4.10.2004 – VK 3 152/04.
[153] IdS OLG Düsseldorf 3.1.2005 – Verg 82/04; ferner BayObLG 20.8.2001 –1 Verg 11/01. einschränkend OLG Hamburg v. 31.3.2014 – 1 Verg 4/13; anders – aber nicht in Bezug auf Bietergemeinschaften – wohl auch OLG München, 17.12.2013 – Verg 15/13.
[154] IErg – nachträgliche Genehmigung des Vertreterhandelns – OLG Frankfurt 20.7.2004 – 11 Verg 14/04. Wie hier auch *Dittmann* in KMPP, VOB/A, 2. Aufl. § 13 Rn. 18.
[155] AA wohl *Frister* in Kapellmann/Messerschmidt, VOB, 6. Aufl., § 16 VOB/A Rn. 7.

len. Der Auftraggeber soll spätestens bis zur Zuschlagserteilung einen einzigen, zur Entgegennahme und Abgabe von rechtsgeschäftlichen Erklärungen befugten Ansprechpartner der Bietergemeinschaft erhalten.[156] Ob § 13 EU Abs. 5 VOB/A auf den Fall anzuwenden ist, dass der Auftraggeber ausdrücklich ein Angebot mit „rechtsverbindlicher" Unterschrift gefordert hat,[157] ist daher umstritten.[158] Auch in diesem Fall kann jedoch nicht mehr als die Unterzeichnung des Angebots durch einen bevollmächtigten Vertreter der Bietergemeinschaft gefordert werden. Die Beifügung einer entsprechenden Vollmachtsurkunde ist nicht erforderlich.[159]

48   **c) Elektronische Angebote.** Nach § 11a EU Abs. 2 VOB/A verwenden öffentliche Auftraggeber für das Empfangen und Speichern von Daten in einem Vergabeverfahren – und damit auch von Angeboten – ausschließlich elektronische Mittel, die Unversehrtheit (Schutz vor Datenverlust und Datenmanipulation – Integrität), Vertraulichkeit (Schutz vor Offenlegung und Ausspähung) und Echtheit (Zuordnung zu dem Sender – Authentizität) der Daten gewährleisten. Dies kann allerdings auf unterschiedlichem technischem Niveau geschehen. Die Anforderungen hierzu sind in den vergangenen Jahren abgesenkt worden, womit das Vergaberecht einer allgemeinen Entwicklung im Geschäftsverkehr folgt. Elektronische Angebote mussten schon seit der VOB/A 2006 nicht mehr zwingend mit einer **qualifizierten elektronischen Signatur** versehen sein, obwohl nur diese eine besondere Gewähr für die Authentizität der übermittelten Daten bietet, die gesetzliche Schriftform ersetzen kann (§ 126a BGB) und die Beweiskraft einer Urkunde hat.[160] Dieser Vorteil wird jedoch durch ein aufwändiges Verfahren erkauft, das neben dem Erwerb besonderer Software und eine vorherige persönlichen Registrierung bei einem Zertifizierungsdienstanbieter erfordert.[161] Die **fortgeschrittene elektronische Signatur,** die im Hinblick auf die Authentizität der durch sie signierten Daten eine geringere Gewähr als die qualifizierte elektronische Signatur bietet, aber ebenfalls die Verwendung einer speziellen Software mit persönlichem Signaturschlüssel voraussetzt, soll nach § 11 EU Abs. 5 Satz 2 VOB/A ebenfalls nur noch gefordert werden, wenn dies aus Gründen der Datensicherheit im Einzelfall „erforderlich" ist. Als Regelfall sieht § 11 EU Abs. 4 VOB/A die elektronische Kommunikation in **Textform** vor. Nach § 126b BGB entspricht jede lesbare, dauerhafte Erklärung, in der die Person des Erklärenden genannt ist und erkennbar ist, dass die Erklärung abgegeben wurde, der Textform.

49   § 16 EU Nr. 2 i.V.m. § 13 EU Abs. 1 Nr. 1 VOB/A ist einschlägig, wenn überhaupt **keine** Unterschrift bzw. **Signatur** vorhanden ist, aber auch dann, wenn die **geforderte Art der Signatur** fehlt.[162] Die Vorschrift ist – trotz eines fehlenden Verweises auf § 11 EU Abs. 4 VOB/A – auch anzuwenden, wenn der Auftraggeber keine qualifizierte oder fortgeschrittene Signatur verlangt, sondern er sich mit der Textform begnügt, das **Angebot** jedoch **nicht § 126b BGB entspricht,** insbesondere, weil die Person des Erklärenden nicht genannt wird.

50   Auch eine E-Mail erfüllt in der Regel die Textform nach § 126b BGB. Dennoch sind schlicht **per E-Mail eingereichte Angebote** (mit oder ohne eingescannter Unterschrift) nicht wertungsfähig und auszuschließen,[163] denn die Kommunikation per E-Mail genügt jedenfalls nicht den Anforderungen an Vertraulichkeit nach § 11a EU Absatz 2 VOB/A.

---

[156] Zutreffend Stolz in Willenbruch/Wieddekind, Kompaktkommentar Vergaberecht, 4. Aufl., § 16 EU VOB/A Rn. 82.

[157] → Rn. 45.

[158] Verneinend VK Hessen 13.3.2012 – 69d VK-06/2012; anders OLG Karlsruhe 24.7.2007 – 17 Verg 6/07 NZBau 2008, 544 (Ls.).

[159] → oben Rn. 45; anders VK Hessen 13.3.2012 – 69d VK-06/2012.

[160] § 371a Abs. 1 Satz 1 ZPO. Vgl. auch *Roßnagel/Paul* NZBau 2007, 74, 77 f. mit Kritik an der mangelnden Schriftformäquivalenz der fortgeschrittenen elektronischen Signatur.

[161] Die Forderung einer „qualifizierten Signatur" stellt keine ungewöhnliche Anforderung dar, vgl. VK Bund 21.4.2011 – VK 3-44/11.

[162] OLG Düsseldorf 9.5.2011 – VII-Verg 41/11.

[163] OLG Karlsruhe 17.3.2017 – 15 Verg 2/17; VK Baden-Württemberg 19.4.2005 – 1 VK 11/05.

Gerade die in § 11a EU Abs. 4 Nrn. 2–7 VOB/A genannten Anforderungen an elektronische Mittel werden von den üblichen E-Mail-Programmen nicht erfüllt. Gleiches gilt für Angebote, die „auf Diskette" oder „per CD-ROM" oder sonstigen Speichermedien eingereicht werden,[164] sofern der Datenträger nicht nur Anlage eines verschlossenen schriftlichen Angebots ist. Die elektronische Angebotsübermittlung in Textform ist im Vergabeverfahren daher nur unter Verwendung spezieller – vom Auftraggeber bereitzustellender – elektronischer Mittel möglich.

Die genauen Umstände der **elektronischen Angebotsabgabe,** insbesondere des Signiervorgangs, liegen **in der Risikosphäre des Bieters.**[165] Das betrifft zB Fehlbedienungen der Software oder die Eingabe einer falschen PIN. Problematisch ist allerdings, dass manche Softwarelösungen Fehler des Signiervorgangs nicht oder nicht deutlich genug anzeigen und so dem Bieter den Eindruck vermitteln, es sei ein ordnungsgemäß signiertes Angebot abgegeben worden. Der Bieter trägt auch das Risiko der Ungültigkeit und damit der Unwirksamkeit der Signatur. Grundsätzlich basieren sowohl die qualifizierte elektronische Signatur als auch die fortgeschrittene elektronische Signatur auf Zertifikaten, die durch Sperrung[166] oder durch Ablauf der Gültigkeitsdauer ungültig werden können. Da für das Wirksamwerden einer empfangsbedürftigen Willenserklärung der Zeitpunkt entscheidend ist, in dem diese beim Empfänger zugeht, ändert der nachträglich möglicherweise nachlassende Sicherheitswert einer elektronischen Signatur allerdings nichts an der zivilrechtlichen Wirksamkeit des mit der Signatur versehenen und zugegangenen Angebots.[167] Weil in dem – mittlerweile außer Kraft getretenen – Signaturgesetz (SigG) nur die Prüfung der qualifizierten, nicht jedoch der fortgeschrittenen Signatur gesetzlich verankert war, hat die Vergabekammer Südbayern entschieden, dass das Ergebnis einer Signaturprüfsoftware, die fortgeschrittene Signaturen nach dem (üblichen) „Schalenmodell" prüft, vom Auftraggeber nicht ohne Weiteres übernommen werden darf.[168] Zweifel hat die VK Südbayern außerdem daran angemeldet, ob eine Umdeutung einer unwirksamen qualifizierten digitalen Signatur gem. § 2 Nr. 3 SigG a. F. in eine formwirksame fortgeschrittene digitale Signatur gem. § 2 Nr. 2 SigG a. F. möglich ist.[169] Wird die **Signatur nicht an der vom Auftraggeber vorgesehene Stelle** angebracht, d. h. wird eine andere als die vom Auftraggeber vorgesehene Datei signiert, ist das unschädlich, wenn keine Zweifel daran bestehen, dass der Bieter den gesamten Angebotsinhalt rechtsverbindlich erklären wollte.[170] Nach der Rechtsprechung des BGH wird den Anforderungen einer qualifizierten elektronischen Signatur im Übrigen auch dann Rechnung getragen, wenn nicht jede Einzeldatei mit der geforderten Signatur versehen ist, sondern die Signatur der Nachricht insgesamt beigefügt wird (sog. Container-Signatur).[171]

d) Kombinationen. Wie sich aus Art. 22 Abs. 1 UAbs. 3 der Richtlinie 2014/24/EU ergibt, kann die Kommunikation in einem Vergabeverfahren auch aus einer Kombination per Post oder auf einem anderen Weg und elektronisch übermittelter Angebote erfolgen.[172] Eine solche Kombination aus schriftlicher und elektronischer Angebotsabgabe stellt das sog. **„Mantelbogenverfahren"** dar, das von einigen Vergabestellen praktiziert wird.[173] Bei diesem Verfahren werden die Angebotsunterlagen digital an die Vergabestelle übermittelt, jedoch ohne elektronische Signatur. Ein gesondertes Dokument, der Mantelbogen, wird elektronisch mit einer Prüfziffer erstellt und ausgedruckt. Die Prüfziffer ermöglicht die

---

[164] VK Bund 16.5.2002 – VK 1-21/02; VK Bund 6.2.2001 – VK 1-3/01.
[165] VK Südbayern 21.5.2015 – Z 3-3-3194-1-08-02/15; VK Südbayern 17.4.2013 – Z 3-3-3194-1-07-03/13.
[166] Hierzu VK Südbayern 21.5.2015 – Z 3-3-3194-1-08-02/15.
[167] VK Schleswig-Holstein 5.1.2006 – VK SH 31/05.
[168] VK Südbayern 17.4.2013 – Z 3-3-3194-1-07-03/13.
[169] VK Südbayern 21.5.2015 – Z 3-3-3194-1-08-02/15.
[170] OLG Düsseldorf 13.4.2016 – VII-Verg 52/15.
[171] BGH 14.5.2013 – VI ZB 7/13. Hierzu krit. H. Müller, NJW 2013, 3758 f.
[172] Vgl. insofern auch Amtl. Anm. Nr. 1 zu § 11 EU VOB/A.
[173] Siehe etwa VK Nordbayern 26.2.2015 – 21.VK-3194-42/14.

Zuordnung zu den elektronischen Angebotsunterlagen. Das ausgedruckte Dokument wird dann vom Bieter unterschrieben und an die Vergabestelle gesandt, weshalb formell die Anforderungen an die Schriftlichkeit erfüllt und die Authentifizierung sichergestellt ist. Die VOB/A sieht das Mantelbogenverfahren ausdrücklich nicht vor. Grundsätzliche Bedenken gegen das Mantelbogenverfahren bestehen jedoch nicht.[174] Ob das Mantelbogenverfahren die Anforderungen an Datenunversehrtheit und Vertraulichkeit erfüllt, hängt von der Ausgestaltung ab.

53   Eine weitere Art der Kombination besteht darin, **dass zusammen mit einem schriftlichen Angebot bestimmte Daten auf einem verkörperten Datenträger gefordert** werden. Genau genommen betrifft diese Art der Kombination die Form und nicht die Übermittlung des Angebots, denn ob ein Angebot elektronisch ist oder nicht, richtet sich nicht nach der Art der Übermittlung. Zwar muss ein Angebot, das elektronisch übermittelt wird, denknotwendig auch ein elektronisches Angebot sein, weil andernfalls die elektronische Übermittlung nicht möglich ist. Ein Angebot, das physisch beim Auftraggeber eingereicht wird, kann indessen aus Schriftstücken und/oder aus auf einem Datenträger verkörperten Daten bestehen.[175] Auch eine Kombination der Form des Angebots wird von der Rechtsprechung – zu Recht – gebilligt.[176] Hierfür sprechen bereits praktische Erwägungen. Auch bei physisch eingereichten Angeboten bzw. Angebotsteilen in elektronischer Form (DVD/CD-Rom/Datenstick) darf der Auftraggeber anstelle einer eigenhändigen Unterschrift eine elektronische Signatur verlangen.[177] Dies ist aber nicht zwingend. Es ist ausreichend, wenn durch ein unterzeichnetes Angebotsformblatt oder Anschreiben der Datenträger mit den übermittelten Daten in Bezug genommen wird.[178] Keine Angebotskombination liegt vor, wenn der Auftraggeber ein schriftliches Angebot verlangt und zusätzlich – zum Zweck der Arbeitserleichterung – einen Datenträger, der ein **Angebotsdoppel in elektronischer Form** enthält. In diesem Fall wird von vornherein nur ein schriftliches Angebot gefordert,[179] was zur Konsequenz hat, dass ein fehlendes Angebotsformblatt oder Preisblatt nicht durch die elektronische Angebotskopie ersetzt werden kann.[180]

2. Unverschlossene oder unverschlüsselte Angebote

54   Nach § 16 EU Nr. 2 VOB/A sind Angebote auszuschließen, die § 13 EU Abs. 1 Nr. 2 VOB/A nicht entsprechen. § 13 EU Abs. 1 Nr. 2 Satz 2 und 3 VOB/A bestimmt, dass per Post oder direkt übermittelte Angebote in einem **verschlossenen** Umschlag und als solche gekennzeichnet einzureichen sind. Elektronisch übermittelte Angebote sind nach den technischen Vorgaben des Auftraggebers **verschlüsselt** einzureichen. Der Verschluss bzw. die Verschlüsselung sind dann vom Auftraggeber bis zum Ablauf der für die Einreichung der Angebote festgelegten Frist aufrechtzuerhalten. Diese Vorgaben sollen verhindern, dass einzelne Bieter nachträglich ihr eigenes Angebot verändern, falls sie Einzelheiten von Angeboten ihrer Konkurrenz erfahren, was insbesondere im Zusammenwirken mit einem Mitarbeiter einer Vergabestelle bei unverschlossenen Angeboten möglich wäre.[181] Außerdem sollen die Angebote vor Verlust und Beschädigung geschützt werden.[182] § 13 EU Abs. 1 Nr. 2 VOB/A hat damit eine andere Zielsetzung als die Formvorschriften. Während jene die Frage der Ernsthaftigkeit und der Authentizität des Angebots betrifft, wird über

[174] Vgl. *Burgi* VergabeR 2006, 149 ff.
[175] IdS OLG Düsseldorf 9.5.2011 – VII-Verg 42/11; VII-Verg 41/11; VII-Verg 40/11.
[176] OLG Düsseldorf 9.5.2011 – VII-Verg 42/11, VII-Verg 41/11, VII-Verg 40/11.
[177] VK Bund 21.4.2011 – VK 3-38/11; 41/11 und 44/11 sowie iErg OLG Düsseldorf 9.5.2011 – VII-Verg 40/11; VII-Verg 42/11; VII-Verg 41/11.
[178] VK Münster 14.10.2011 – VK 14/11.
[179] VK Münster 14.10.2011 – VK 14/11.
[180] VK Brandenburg 4.2.2015 – VK 19/14.
[181] VK Bund 15.8.2017 – VK 2-84/17; VK Rheinland-Pfalz 18.10.2010 – VK 2-32/10; VK Thüringen 2.11.2010 – 250-403.20-4299/2010-018-SM; VK Lüneburg 20.8.2002 – 203-VgK-12/2002.
[182] VK Niedersachsen 4.10.2012 – VgK-38/2012.

die Regelung in § 13 EU Abs. 1 Nr. 2 VOB/A die **Unversehrtheit und die Vertrau-lichkeit** des Angebotsinhalts geregelt.[183] Bei elektronischen Angeboten kann beiden Erfordernissen freilich durch eine einheitliche technische Lösung Rechnung getragen werden. Das Erfordernis des Verschlusses bzw. der Verschlüsselung steht nicht zur Disposition des Auftraggebers.[184] Für den Ausschluss eines Angebots nach § 16 EU Nr. 2 VOB/A ist bei einer Verletzung der erforderlichen Datensicherheit auch nicht darauf abzustellen, ob sich die fehlende Verschlüsselung oder der fehlende Verschluss dergestalt im Verfahren niedergeschlagen haben, dass es zu einer Beeinflussung anderer Angebote oder auch nur zu einer solchen Möglichkeit gekommen ist.[185]

Ein Behältnis gilt dann als verschlossen, wenn es mit Vorkehrungen versehen ist, **55** die der Kenntnisnahme ein deutliches Hindernis bereiten. Ein bloßes Zusammenfalten oder Zusammenhalten reicht nicht aus.[186] Es geht zu Lasten eines Bieters, wenn er eine wenig professionelle Verpackungsart für ein schriftliches Angebot wählt, welche die unbefugte Einsichtnahme in sein Angebot möglich macht.[187] Gleiches gilt, wenn ein Angebot durch ein Verschulden der Post bei dem Auftraggeber geöffnet eingeht.[188] In Fällen, in denen ein schriftliches Angebot zu dick ist, um in einen herkömmlichen Umschlag im Wortsinne des § 13 EU Abs. 1 Nr. 2 VOB/A zu passen, ist eine andere Art der Verpackung zulässig. **Eine Verschlüsselung** im Sinne des § 13 EU Abs. 1 Nr. 2 Satz 3 VOB/A **liegt vor,** wenn das Öffnen der Datei aufgrund besonderer technischer Vorkehrungen nur dem berechtigten Adressaten möglich ist.[189] Über § 13 EU Abs. 1 Nr. 2 VOB/A hinausgehend obliegt es dem Bieter nicht, den Inhalt seines Angebots geheim zu halten. Wenn der Bieter ein Angebot ordnungsgemäß in einem verschlossen Umschlag einreicht und er den Inhalt seines Angebots – ggf. zum eigenen Nachteil – Dritten gegenüber preisgibt, bleibt dies ohne Folgen,[190] solange nicht der Tatbestand einer wettbewerbsbeschränkenden Abrede vorliegt.[191] Hat der Bieter ein unvollständiges Angebot ordnungsgemäß in einem verschlossenen Umschlag eingereicht und die fehlenden Erklärungen – aus welchen Gründen auch immer – einem an dem Vergabeverfahren nicht beteiligten Dritten offen übersandt, kann das Angebot ebenfalls nicht nach § 16 EU Nr. 2 VOB/A ausgeschlossen werden.[192]

Im Eröffnungstermin stellt der Verhandlungsleiter zunächst fest, ob der Verschluss der **56** schriftlichen Angebote unversehrt ist und die digitalen Angebote verschlüsselt sind (§ 14 EU Abs. 2 Nr. 1 VOB/A). Ist das nicht der Fall, darf das Angebot aber nicht ohne weiteres nach § 16 EU Nr. 2 VOB/A ausgeschlossen werden, denn das Angebot kann auch nach Eingang durch einen Mitarbeiter der Vergabestelle versehentlich oder absichtlich geöffnet worden sein. In diesem Fall scheidet ein Angebotsausschluss aus. Das gilt unabhängig davon, ob das im Verantwortungsbereich des Auftraggebers geöffnete Angebot vom Auftraggeber sogleich wieder verschlossen wurde oder nicht.[193] Grundsätzlich ist ein Angebotsausschluss nach § 16 EU Nr. 2 VOB/A nur dann gerechtfertigt, wenn der Ausschlussgrund dem Bieter zuzurechnen ist.[194] Ist **Öffnung des Angebots oder der Verschlüsselung** dem Auftraggeber zuzurechnen ist das Vergabeverfahren aufzuheben oder – als milderes Mittel – zurückzuversetzen und erneut zur Angebotsabgabe aufzufordern, wenn eine

---

[183] Ähnlich OLG Karlsruhe 17.3.2017 – 15 Verg 2/17.
[184] OLG Karlsruhe 17.3.2017 – 15 Verg 2/17.
[185] OLG Karlsruhe 17.3.2017 – 15 Verg 2/17.
[186] VK Lüneburg 20.8.2002 – 203-VgK-12/2002; VK Niedersachsen 23.3.2012 – VgK-06/2012; VK Rheinland-Pfalz 18.10.2010 – VK 2-32/10.
[187] VK Niedersachsen 23.3.2012 – VgK-06/2012; VK Bund 13.5.2003 – VK 1-31/03.
[188] VK Baden-Württemberg 4.9.2014 – 1 VK 40/14.
[189] OLG Karlsruhe 17.3.2017 – 15 Verg 2/17.
[190] IErg ebenso OLG Celle 21.1.2016 – 13 Verg 8/15.
[191] Vgl. speziell zum Fall offengelegter Angebotsinhalte *Opitz* in Burgi/Dreher, Beck'scher Vergaberechtskommentar, 3. Aufl. Bd 1 § 124 GWB Rn. 63 und 113.
[192] VK Niedersachsen 4.10.2012 – VgK-38/2012 jedoch einschränkend.
[193] AA VK Baden-Württemberg 4.9.2014 – 1 VK 40/14; *Summa* in Juris-PK Vergaberecht, 5. Aufl., § 16 VOB/A Rn. 34.
[194] *Dittmann* in KMPP, VOB/A, 2. Aufl. § 16 Rn. 24.

Wettbewerbsverfälschung anders nicht verhindert werden kann. Die Vergabekammer des Bundes hat allerdings entschieden, dass ein Angebot auszuschließen ist, wenn es vorzeitig geöffnet wird und der Bieter dies (mit)verursacht hat, zB weil er das Angebot nicht wie gefordert mit einem Angebotskennzettel in einen (weiteren) verschlossenen Umschlag eingereicht hat.[195] Bleibt das Angebot hingegen verschlossen, führt es nicht zu einem Angebotsausschluss nach § 16 EU Nr. 2 i. V. m. § 13 EU Abs. 1 Nr. 2 VOB/A wenn es nicht als solches gekennzeichnet ist, der Bieter nicht den vom Auftraggeber vorgegebenen Kennzettel verwendet hat oder er einen falschen Kennzettel auf dem Umschlag des Angebots angebracht hat.[196] Die Beweislast dafür, dass ein Angebot bereits zum Zeitpunkt des Eingangs unverschlossen oder unverschlüsselt war, trägt nach der hier vertretenen Ansicht der Auftraggeber.[197] Wird ein unverschlossenes oder unverschlüsseltes Angebot eingereicht, kann dieser Mangel nicht durch die Nachreichung eines gleichlautenden ordnungsgemäß verschlossenen oder verschlüsselten Angebots nach Ablauf der Angebotsfrist geheilt werden.[198]

3. Abweichungen von den und Änderungen an den Vergabeunterlagen

57   **a) Bedeutung des Ausschlusstatbestands.** § 16 EU Nr. 2 VOB/A ist von erheblicher praktischer Bedeutung, soweit hierdurch der Ausschluss von Angeboten angeordnet wird, die nicht § 13 EU Abs. 1 Nr. 5 S. 1 und 2 VOB/A entsprechen, d. h. von Angeboten, die **nicht auf der Grundlage der Vergabeunterlagen** erstellt wurden (S. 1) oder die **Änderungen an den Vergabeunterlagen** enthalten (S. 2). § 13 EU Abs. 1 Nr. 5 S. 1 VOB/A, der erst mit der Neufassung 2016 in die VOB/A eingefügt wurde, hat dabei nur klarstellenden Charakter. Bislang wurde der in S. 2 verwendete Begriff der „Änderung" aufgrund seines Regelungsgehalt und Schutzzwecks weit ausgelegt.[199] Nach herrschender Ansicht erfasst er nicht nur **physische Änderungen an den Dokumenten,** die vom Auftraggeber versendet werden und mit dem Angebot (ausgefüllt) wieder einzureichen sind, sondern auch **inhaltliche Abweichungen** von den verbindlichen fachlichen, kaufmännischen oder rechtlichen Vorgaben für das Angebot.[200] Nach der Gegenansicht war ein Ausschlusstatbestand für die Nichterfüllung von Anforderungen der Vergabeunterlagen bislang nicht ausdrücklich in der VOB/A verankert,[201] sollte ein Angebot, das den Vorgaben der Vergabeunterlagen widerspricht, allerdings wegen der sich nicht deckenden Willenserklärungen, die nicht zu dem beabsichtigten Vertragsschluss führen, auszuschließen sein.[202] Unabhängig von der dogmatischen Einordnung war die Rechtsfolge des zwingenden Ausschlusses nach beiden Ansichten gegeben.[203]

58   Mit dem zwingenden Ausschluss von Angeboten, die nicht auf der Grundlage der Vergabeunterlagen erstellt wurden oder die Änderungen an den Vergabeunterlagen enthalten, werden **mehrere Zwecke** verfolgt. Zunächst bestimmt der Auftraggeber eigenverantwort-

---

[195] VK Bund 2.12.2010 – VK 3-120/10.

[196] AA VK Sachsen 14.3.2007 – 1/SVK/006 – 7. Vgl. jedoch zu den Folgen einer möglichen Verspätung → Rn. 30.

[197] Vgl. hierzu auch → Rn. 25.

[198] Vgl. OLG Karlsruhe 17.3.2017 – 15 Verg 2/17.

[199] OLG Saarbrücken 24.2.2016 – 1 U 60/15; OLG Koblenz 6.6.2013 – 2 U 522/12; OLG Frankfurt 26.6.2012 – 11 Verg 12/11; OLG Frankfurt 21.2.2012 – 11 Verg 11/11; OLG Düsseldorf 9.6.2010, VII-Verg 5/10; OLG Frankfurt 26.5.2009 – 11 Verg 2/09; OLG Frankfurt 3.7.2007 – 11 U 54/06.

[200] Vgl. BGH 29.11.2016 – X ZR 122/14; BGH 26.9.2006, X ZB 14/06; BGH 1.8.2006 – X ZR 115/04; BGH 24.5.2005 – X ZR 243/02; BGH 18.2.2003 – X ZB 43/02; BGH 8.9.1998 – X ZR 85/97.

[201] OLG München 29.3.2007 – Verg 02/07; BayObLG 17.2.2005 – Verg 027/04; BayObLG 8.12.2004 – Verg 019/04; krit. schon *Dähne* VergabeR 2002, 225 f.

[202] OLG München 25.11.2013 – Verg 13/13; OLG München 29.3.2007 – Verg 02/07; BayObLG 8.12.2004 – Verg 19/04; vgl. auch OLG Frankfurt 2.12.2014 – 11 Verg 7/14.

[203] OLG Saarbrücken 15.6.2016 – 1 U 151/15; OLG München 10.4.2014 – Verg 1/14; OLG München 25.11.2013 – Verg 13/13; OLG Karlsruhe 20.5.2011 – 1 VK 17/11. Abweichend jedoch *Summa* in Juris-PK Vergaberecht, 5. Aufl., § 16 VOB/A Rn. 40 f., wonach die unzulässige Abweichung als – ggf. unzulässiges – Nebenangebot zu behandeln ist.

lich, zu welchen Bedingungen er den Vertrag abschließen möchte. § 13 EU Abs. 1 Nr. 5 VOB/A soll sicherstellen, dass das Angebot den ausgeschriebenen Leistungen und den sonstigen Vergabeunterlagen entspricht.[204] Darüber hinausgehend soll der Auftraggeber davor geschützt werden, den Zuschlag auf ein unbemerkt geändertes Angebot in der möglicherweise irrigen Annahme zu erteilen, dieses sei das wirtschaftlichste.[205] Den vorgenannten Aspekten würde u.U. allerdings auch ein fakultativer Ausschlussgrund ausreichend Rechnung tragen. Der zwingende Charakter des Ausschlussgrundes rechtfertigt sich dadurch, dass die übrigen Teilnehmer eines Vergabeverfahrens nicht durch Abweichungen oder Änderung, die ein Mitbieter vorgenommen hat, einen Wettbewerbsnachteil erlangen sollen. Der Ausschluss von Angeboten, die nicht auf der Grundlage der Vergabeunterlagen erstellt wurden oder die Änderungen an den Vergabeunterlagen enthalten, soll daher vor allem auch die Vergleichbarkeit der Angebote für den Wertungsvorgang gewährleisten.[206] Es würde dem Gleichbehandlungsgrundsatz widersprechen, wenn der Auftraggeber Anforderungen in der Leistungsbeschreibung nachträglich fallen lassen und damit Bieter, die sich an die Vorgaben gehalten haben, benachteiligt könnte.[207] Der Zweck der Vorschrift liegt indessen nicht darin, den Auftraggeber von einer umständlichen Nachprüfung der Vergabeunterlagen auf Übereinstimmung mit dem Angebot zu entbinden.[208] Im Gegenteil: die zwingende Vorgabe des § 16 EU Nr. 2 VOB/A macht es unentbehrlich, die angebotenen Produkte daraufhin zu überprüfen, ob sie den ausgeschriebenen Parametern entsprechen, auch wenn dies aufwändig ist.[209]

Ob das Angebot auf der Grundlage der Vergabeunterlagen erstellt wurde bzw. es Änderungen an den Vergabeunterlagen enthält, ist durch einen Vergleich des Inhalts des Angebots mit den Vergabeunterlagen festzustellen.[210] Dabei ist allerdings eine Einschränkung zu machen, die sich aus der Systematik der §§ 16 EU und 16a EU VOB/A ergibt. Hier wird zwischen dem **Ausschluss von Angeboten, die nicht den Vergabeunterlagen entsprechen** (uneingeschränkter Ausschluss ohne Nachforderungsmöglichkeit) **und** den **unvollständigen Angeboten** (eingeschränkter Ausschluss in § 16 EU Nr. 3 VOB/A und Nachforderungsmöglichkeit nach § 16a EU VOB/A) **differenziert,** obwohl auch die unvollständigen Angebote natürlich nicht die Forderungen der Vergabeunterlagen erfüllen. Wenn in einem Angebot also geforderte Preisangaben, Erklärungen oder Nachweise *fehlen*, betrifft dies die Vollständigkeit des Angebots und nicht etwa die Frage, ob der Bieter etwas anderes anbietet und deshalb wegen Änderungen an den Vergabeunterlagen auszuschließen wäre.[211] Die genannten Ausschlusstatbestände sind spezieller und insofern alternativ und nicht kumulativ anzuwenden. Auch eine Abgrenzung beider Ausschlusstatbestände danach, ob es sich bei dem Fehlen von geforderten Erklärungen um Angaben handelt, die die ver-

59

---

[204] OLG Karlsruhe 29.4.2016 – 15 Verg 1/16; OLG Koblenz 6.6.2013 – 2 U 522/12; OLG Frankfurt 26.5.2009 – 11 Verg 2/09.
[205] OLG Jena 16.9.2013 – 9 Verg 3/13; OLG Frankfurt 21.2.2012 – 11 Verg 11/11; OLG Frankfurt 26.5.2009 – 11 Verg 2/09; BayObLG 16.9.2002 – Verg 19/02.
[206] BGH 26.9.2006 – X ZB 14/06 NZBau 2006, 800 = VergabeR 2007, 59; BGH 16.4.2002 – X ZR 67/00 NZBau 2002, 517 = VergabeR 2002, 463; BGH 8.9.1998 – X ZR 85/97 NJW 1998, 3634 = BauR 1998, 1249; BGH 29.3.1990 – VII ZR 240/88 BauR 1990, 463 = NJW-RR 1990, 858; OLG Naumburg 12.9.2016 – 7 Verg 5/16; OLG Saarbrücken 15.6.2016 – 1 U 151/15 ; OLG Karlsruhe 29.4.2016 – 15 Verg 1/16; OLG Frankfurt 2.12.2014 – 11 Verg 7/14; OLG Koblenz 6.6.2013 – 2 U 522/12; OLG Jena 16.9.2013 – 9 Verg 3/13; OLG Köln 31.1.2012 – 3 U 17/11; OLG Karlsruhe 20.5.2011 – 1 VK 17/11; KG 20.4.2011 – Verg 2/11; OLG Frankfurt 8.2.2005 – 11 Verg 24/04.
[207] Vgl. VK Bund 9.4.2015 – VK 2-19/15; VK Bund 8.4.2015 – VK 2-21/15; VK Bund 11.3.2010 – VK 3-18/10.
[208] So jedoch VK Niedersachsen 12.2.2014 – VgK-49/2013; VK Rheinland-Pfalz 23.10.2013 – VK 2-18/13; VK Brandenburg 19.12.2013 – VK 25/13; VK Niedersachsen 22.11.2013 – VgK-37/2013; VK Mecklenburg-Vorpommern 2.12.2011 – 1 VK 06/11; VK Brandenburg 27.3.2008 – VK 5/08.
[209] Zutr. VK Südbayern 16.4.2014 – Z3-3-3194-1-05-02/14.
[210] BSG 22.4.2009 – B 3 KR 2/09 D; OLG Rostock 9.10.2013 – 17 Verg 6/13; OLG Koblenz 6.6.2013 – 2 U 522/12; OLG Frankfurt 26.6.2012 – 11 Verg 12/11; OLG Naumburg 29.1.2009 – 1 Verg 10/08; OLG Frankfurt 14.10.2008 – 11 Verg 11/2008; OLG Frankfurt 25.7.2008 – 11 Verg 10/08.
[211] Ebenso für die Rechtslage nach der VgV *Dittmann* in KKMPP, VgV, § 56 Rn. 14.

tragsgegenständlichen Leistungen bestimmen und die damit Vertragsbestandteil werden (dann soll § 16 EU Nr. 2 VOB/A eingreifen) oder sie den Inhalt des Vertragsangebotes lediglich belegen oder außerhalb des eigentlichen Vertragstextes stehende Umstände dokumentieren (dann soll § 16a EU VOB/A eingreifen) ist nicht angezeigt.[212] Sie ist in der VOB/A nicht angelegt. Diese Differenzierung würde § 16 EU Nr. 3 Hs. 2 VOB/A leerlaufen lassen und § 16a EU VOB/A entgegen der Intention des Verordnungsgebers[213] in seinem Kern aushöhlen.

60   Der **Begriff der Vergabeunterlagen** wird in § 8 EU Abs. 1 VOB/A erläutert. Die Vergabeunterlagen bestehen aus dem Anschreiben (Aufforderung zur Angebotsabgabe), ggf. Teilnahmebedingungen und den Vertragsunterlagen. Die Vertragsunterlagen bestehen nach § 8 EU Abs. 1 Nr. 2 VOB/A ihrerseits aus den Vertragsbedingungen und der Leistungsbeschreibung. § 16 EU Nr. 2 VOB/A erfasst seinem Wortlaut nach daher nicht nur Änderungen der Vertragsunterlagen,[214] sondern auch Abweichungen von der Aufforderung zur Angebotsabgabe und den Teilnahmebedingungen. Dies kann allerdings nur gelten, soweit es sich dabei um inhaltliche Vorgaben für die einzureichenden Angebote handelt, von denen der Bieter mit seinem Angebot abweicht. **Entscheidend ist, dass sich die Inhalte des Angebots und der Vergabeunterlagen nicht decken.**[215] Verstößt der Bieter gegen Verfahrensbedingungen (z. B. weil sein Angebot nicht die vorgeschriebene Form aufweist oder es verspätet eingeht), kann sein Angebot aus anderen Gründen auszuschließen sein, nicht jedoch wegen Änderungen an den Vergabeunterlagen.[216] Wollte man jeden Verstoß gegen die Teilnahmebedingungen des Auftraggebers nach § 13 EU Abs. 1 Nr. 5 Satz 1 i. V. m. § 16 EU Nr. 2 VOB/A sanktionieren, bestünde für die Anwendung der meisten anderen Ausschlusstatbestände des § 16 EU VOB/A kein Raum mehr. Auch ist zu berücksichtigen, dass der Auftraggeber durch Aufstellung eigener Verfahrensregeln nicht frei über die Ausschlussgründe der VOB/A disponieren kann.[217] Keine Änderung an den Vergabeunterlagen liegt daher vor, wenn ein Bieter Informationen der Vergabestelle zum Eröffnungstermin und zur Zuschlagsfrist in seinem Angebot weiß färbt,[218] wenn er von der vom Auftraggeber für das Angebot vorgegebenen Gliederung und Nummerierung abweicht,[219] anstatt der vom Auftraggeber vorgegebenen Angebotsformulare selbst verfasste, inhaltlich aber gleiche Formulare verwendet werden[220] oder dem Angebot zusätzliche Blankoformulare beigefügt werden.[221] Auch wenn Eintragungen im Angebot entgegen den Vorgaben der Vergabeunterlagen nicht „dokumentenecht" sind, liegt kein Ausschluss-

---

[212] So allerdings OLG Saarbrücken 24.2.2016 – 1 U 60/15; OLG Dresden 21.2.2012 – Verg 1/12 – ZfBR 2012, 504 f; im Ausgangspunkt zustimmend auch OLG Celle 14.1.2014 – 13 Verg 11/13; iErg auch OLG Düsseldorf 4.5.2009 – VII-Verg 68/8. Ebenso – wohl mit der Intention den seinerzeit nur fakultativen Ausschluss der VOL/A wegen unvollständiger Angebote zu beschneiden – früher OLG Düsseldorf 29.3.2006 – Verg 77/05 VergabeR 2006, 509 und OLG Naumburg 31.3.2004 – 1 Verg 1/04. Später – auf eine Ermessensreduzierung auf Null abstellend – OLG Düsseldorf 26.11.2007 – Verg 53/05; OLG Düsseldorf 19.3.2009 – Verg 8/09.
[213] Dazu § 16a EU VOB/A Rn. 4.
[214] So früher § 19 EG Abs. 3 lit. d und nach wie vor § 16 Abs. 3 lit. d VOL/A.
[215] OLG Düsseldorf 9.6.2010 – VII-Verg 5/10 sowie OLG Jena 16.9.2013, 9 Verg 3/13 – bestätigt durch BGH 7.1.2014 – X ZB 15/13.
[216] AA zB VK Hessen 11.8.2015 – 69d VK-41/2014; VK Bund 21.4.2011 – VK 3-44/11; VK 3-41/11; VK 3-38/11; *Stolz* in Willenbruch/Wieddekind, Kompaktkommentar Vergaberecht, 4. Aufl., § 16 EU VOB/A Rn. 18.
[217] → Rn. 18.
[218] OLG Düsseldorf 12.1.2011, VII-Verg 59/10 „weil es sich nicht um rechtsgeschäftliche Erklärungen des Bieters handelt". Anderes gilt bei Änderungen der Bindefrist vgl. OLG Düsseldorf 2.8.2010 – VII – Verg 32/10; VK Sachsen Anhalt 1.9.2017 – 2 VK LSA 67/17; VK Bund 3.4.2006 – VK 2 – 14/06.
[219] Vgl. OLG Düsseldorf 9.6.2010, VII-Verg 5/10. Das gilt in Ansehung von § 13 EU Abs. 1 Nr. 6 S. 2 VOB/A auch für Kurztextleistungsverzeichnisse, da § 16EU VOB/A einen Verstoß gegen diese Vorschrift nicht mit dem Angebotsausschluss belegt.
[220] OLG Düsseldorf 7.8.2013 – VII-Verg 15/13; OLG Schleswig 10.3.2006 – 1 (6) Verg 13/05 VergabeR 2006, 367; VK Bund 29.7.2010 – VK 1-67/10; vgl. auch VK Bund 2.10.2013 – VK 2-80/13 für selbst erstellte Tabellen.
[221] OLG Jena 16.9.2013 – 9 Verg 3/13.

grund vor.[222] Bringt ein Bieter auf dem verschlossenen Umschlag der Urkalkulation den Vorbehalt an, der Umschlag dürfe nur in seinem Beisein geöffnet werden, obwohl der Auftraggeber nach den Bewerbungsbedingungen vorbehaltlos und uneingeschränkt berechtigt sein soll, den Umschlag zu öffnen und die Urkalkulation einzusehen, ist dies dem Fall einer fehlenden Urkalkulation gleichzustellen.[223] Es liegt aber ebenfalls keine Änderung der Vergabeunterlagen vor.[224]

Gesondert zu behandeln sind zudem die **Abweichungen von den technischen Spe-** **61** **zifikationen,** die § 13 EU Nr. 2 VOB/A in engem Rahmen duldet. Zulässig sind nur Abweichungen die in Bezug auf Sicherheit, Gesundheit und Gebrauchstauglichkeit mit dem Schutzniveau der geforderten technischen Spezifikationen gleichwertig sind. Außerdem muss bereits mit dem Angebot nachgewiesen werden, dass das Angebot trotz der Abweichung gleichwertig ist (§ 13 EU Abs. 2 VOB/A).[225]

Ein zugelassenes Nebenangebot, welches ausdrücklich als solches eingereicht wird, kann **62** niemals eine unzulässige Änderung an den Vergabeunterlagen enthalten.[226] Umgekehrt ist eine Abweichung von den zwingenden Bedingungen des Auftrags immer als unzulässige Änderung der Vergabeunterlagen zu bewerten, wenn sie in einem Angebot enthalten ist, das ausdrücklich als Hauptangebot gekennzeichnet[227] oder ersichtlich als Hauptangebot zu verstehen ist.[228] Ob in den verbleibenden Fällen ein Angebot, das **Änderungen der** **Vergabeunterlagen** enthält, **als Nebenangebot gewertet werden kann,** war lange Zeit umstritten. Praktisch stellte sich diese Frage, wenn der Auftraggeber Nebenangebote auch ohne gleichzeitige Abgabe von (wertungsfähigen) Hauptangeboten zugelassen hatte.[229] Der BGH hatte eine solche Umdeutung nicht grundsätzlich ausgeschlossen.[230] Seit der Neufassung der VOB/A im Jahr 2009 hat sich dieser Streit jedoch erledigt.[231] Seitdem sind Nebenangebote, wenn sie nicht auf gesonderter Anlage erstellt und als solche gekennzeichnet sind, zwingend vom Vergabeverfahren auszuschließen (vgl. § 16 EU Nr. 6 i. V. m. § 13 EU Abs. 3 Satz 2 VOB/A). Ein wertungsfähiges Nebenangebot setzt daher voraus, dass aus einer Erklärung oder der äußeren Gestalt erkennbar ist, dass der Bieter ein Nebenangebot bzw. ein alternatives Angebot abgeben wollte.[232] Angebote mit versteckten oder versehentlichen Abweichungen von den Vergabeunterlagen können nicht mehr als Nebenangebote gewertet werden.

b) Voraussetzungen des Angebotsausschlusses. Es ist für einen Angebotsausschluss **63** nicht entscheidend, welche Teile der Vergabeunterlagen im Angebot geändert oder ergänzt werden, ob es sich um wichtige oder eher **weniger bedeutende Änderungen** handelt und ob die Abweichung irgendeinen Einfluss auf das Wettbewerbsergebnis haben konnte oder nicht.[233] § 132 Abs. 2 und 3 GWB kann nicht herangezogen werden und zwar man-

---

[222] IErg ebenso OLG Brandenburg 7.8.2012 – Verg W 5/12; aA VK Sachsen-Anhalt 16.3.2007 – 1 VK LVwA 03/07; VK Sachsen-Anhalt 24.3.2004 – 1 VK 11 LVwA 01/04; VK Sachsen-Anhalt 9.1.2003 – VK Hal 27/02; VK Sachsen-Anhalt 30.5.2002 – VK Hal 16/02.
[223] Vgl. § 16a EU Rn. 29.
[224] AA OLG Düsseldorf 15.3.2010 – VII-Verg 12/10; VK Bund 21.7.2010 – VK 1-64/10; VK Bund 3.2.2010 – VK 3-1/10.
[225] Vgl. iE § 16d EU Rn. 71 ff.
[226] *Dähne* VergabeR 2002, 227.
[227] VK Brandenburg 26.4.2004 – VK 7/04.
[228] BGH 16.4.2002 – X ZR 67/00 NZBau 2002, 517 = VergabeR 2002, 463.
[229] Vgl. OLG Brandenburg 14.9.2004 – Verg W 5/04.
[230] BGH 16.4.2002 – X ZR 67/00 NZBau 2002, 517 = VergabeR 2002, 463.
[231] Wie hier *Frister* in Kapellmann/Messerschmidt, VOB, 6. Aufl., § 16 VOB/A Rn. 15; überholt daher BayObLG 29.4.2002 – Verg 10/02 VergabeR 2002, 50; anders *Dittmann* in KMPP, VOB/A, 2. Aufl. § 13 Rn. 82.
[232] So schon zu der vor 2009 geltenden Rechtslage OLG Koblenz 15.7.2008 – 1 Verg 2/08; VK Brandenburg 26.4.2004 – VK 7/04. VK Bund 30.1.2004 – VK 1-141/03; VK Bund 19.4.2002 – VK 1-09/02; aA *Wirner* ZfBR 2005, 158.
[233] OLG München 21.4.2017 – Verg 1/17; OLG Karlsruhe 29.4.2016 – 15 Verg 1/16; OLG Celle 19.2.2015 – 13 Verg 12/14; OLG Frankfurt 26.6.2012 – 11 Verg 12/11; OLG Karlsruhe 20.5.2011 – 1 VK 17/11; OLG München 2.3.2009 – Verg 01/09; OLG Frankfurt 3.7.2007 – 11 U 54/06; OLG Düs-

gels vergleichbarer Interessenlage auch nicht analog. Eine Änderung an den Vertragsunterlagen liegt bereits dann vor, wenn das Angebot von einer einzigen Vorgabe der Leistungsbeschreibung inhaltlich abweicht.[234] Unbeachtlich ist auch, ob die Anforderung des Auftraggebers, von der abgewichen wird, fachlich richtig, zweckmäßig oder technisch sinnvoll
ist oder nicht[235] und ob die Änderung zur einer gleichwertigen oder zu einer objektiv höherwertigen Leistung führt.[236] Schließlich ist es unerheblich, ob die Änderung absichtlich
oder versehentlich erfolgte.[237]

64   Eine Ausnahme von der Regel, dass Angebote, die den Vorgaben der Vergabeunterlagen
widersprechen, ausgeschlossen werden, ist anzuerkennen, wenn eine **Auftragsbedingung**
für die Bieter objektiv **unerfüllbar** ist,[238] sei es in rechtlicher oder tatsächlicher Hinsicht,
oder wenn sie **unzulässig** ist. Bei einer derartigen Sachlage stellt sich allerdings die Frage,
ob vor der Abweichung zunächst erfolglos eine Rüge gegen die betreffende Bedingung
erhoben werden muss.[239] Bejaht man dies und weicht der Bieter ohne vorherige Rüge von
den Vergabeunterlagen ab, ist sein Angebot auszuschließen und bleibt dem Bieter nur der
letztlich aus dem Gleichbehandlungsgebot abgeleitete Anspruch, dass auch die anderen
Angebote – wenn diese ebenfalls den Vergabeunterlagen widersprechen – ausgeschlossen
werden und das Vergabeverfahren insgesamt aufgehoben wird.[240] Auch dann, wenn der
Verstoß gerügt wurde oder keine Rügeobliegenheit bestand, darf der Auftraggeber
die Abweichung von den Vergabeunterlagen durch einen einzelnen Bieter aber nicht einfach hinnehmen. Die objektive Unerfüllbarkeit einer Auftragsbedingung ist ein Vergaberechtsverstoß, dem der Auftraggeber in der Regel nur durch Aufhebung oder – als
milderes Mittel – Zurückversetzung des Vergabeverfahrens Rechnung tragen kann.[241]
Ob die vorstehenden Erwägungen auch dann gelten, wenn eine Auftragsbedingung
zwar nicht objektiv unmöglich ist, sie aber **für die Bieter unzumutbar** ist, hängt von
der grundsätzlichen Frage ab, inwieweit Auftragsbedingungen einer Zumutbarkeitsprüfung zu unterziehen sind.[242] Jedenfalls müssen an das Recht des Bieters, einseitig von
den Forderungen des Auftraggebers abzuweichen, hohe Anforderungen gestellt werden.
So berechtigt eine Verlängerung der Zuschlags- und Bindefrist den Bieter grundsätzlich
nicht, in seinem Angebot einseitig eine Verlängerung der Bauzeit in Anspruch zu neh-

---

seldorf 28.7.2005 – VII-Verg 45/05; OLG Frankfurt 8.2.2005 – 11 Verg 24/04 VergabeR 2005, 384;
OLG Düsseldorf 15.12.2004 – Verg 47/04 VergabeR 2005, 195; OLG Düsseldorf 14.3.2001 – Verg 32/00;
OLG Düsseldorf 29.1.2000 – Verg 21/00 VergabeR 2001, 38.

[234] OLG Karlsruhe 10.6.2011 – 15 Verg 7/11.

[235] OLG Celle 19.2.2015 – 13 Verg 12/14; OLG Schleswig 16.7.2009 – 1 Verg 2/09.

[236] Vgl. zB OLG Saarbrücken 15.6.2016 – 1 U 151/15; OLG Düsseldorf 12.3.2007 – VII-Verg 53/06;
OLG Frankfurt 3.7.2007 – 11 U 54/06; BayObLG 29.4.2002 – Verg 10/02 VergabeR 2002, 54. Einschrän-
kend *Summa* in Juris-PK Vergaberecht, 5. Aufl., § 16 VOB/A Rn. 45. Die zwingende Rechtsfolge
– Angebotsausschluss – erfasst das Angebot insgesamt und nicht nur den „überschießenden" Inhalt, vgl.
VK Bund 20.6.2007 – VK 3-55/07. Vgl. zum Angebot von zusätzlichen Leistungen → Rn. 72.

[237] VK Baden-Württemberg 20.5.2011 – 1 VK 17/11, vgl. jedoch zur Auslegung des Angebots bei offensichtlichen Verständnis- oder Eintragungsfehlern Rn. 69.

[238] BGH 26.9.2006 – X ZB 14/06 NZBau 2006, 800 = VergabeR 2007, 59; BGH 1.8.2006 – X
ZR 115/04 NZBau 2006, 797 = VergabeR 2007, 73 „technisch unmögliche Leistungen"; BSG 22.4.2009
– B 3 KR 2/09 D; OLG Düsseldorf 14.9.2016 – VII-Verg 13/16; KG 22.8.2001 – Kart Verg 9/01 Ver-
gabeR 2001, 392 = NZBau 2002, 42. Anders wohl OLG Düsseldorf 21.5.2008 – Verg 19/08 NZBau 2009,
68. Vorausgesetzt, es gehen in diesem Fall überhaupt Angebote ein, vgl. OLG Düsseldorf 14.9.2016
– VII-Verg 13/16.

[239] So OLG Brandenburg 10.1.2012 – Verg W 18/11; OLG Jena 31.8.2009 – 9 Verg 6/09; BayObLG
12.9.2000 Verg 4/00 VergabeR 2001, 292.

[240] Vgl. grundlegend zu dem Recht auf eine „zweite Chance" BGH 26.9.2006 – X ZB 14/06 NZBau
2006, 800 = VergabeR 2007, 59.

[241] OLG Rostock 6.3.2009 – 17 Verg 1/09; VK Westfalen 4.12.2017 – VK 1- 31/17. Einschränkend – für den Fall unzulässiger Anforderungen – OLG Düsseldorf 14.10.2009 – Verg 9/09 VergabeR 2010,
277.

[242] Bejahend BGH 10.6.2008 – X ZR 78/07 NZBau 2008, 592 = VergabeR 2008, 702; BGH 18.2.2003
– X ZB 43/02 NZBau 2003, 293 = VergabeR 2003, 313; OLG München 22.1.2009 – Verg 26/08, NZBau
2009, 470 = VergabeR 2009, 478; der Sache nach auch OLG Dresden 2.8.2011 – WVerg 4/11; offen gelassen bei OLG Düsseldorf 19.10.2011 – VII-Verg 54/11.

men.[243] Und auch der Umstand, dass eine Vertragsklausel gegen das Recht der Allgemeinen Geschäftsbedingungen (§§ 305 ff. BGB) verstößt oder die Vergabeunterlagen ein „ungewöhnliches Wagnis" im Sinne von § 7 EU Abs. 1 Nr. 3 VOB/A begründen, erlauben einem Bieter nicht, einseitig von den Vergabeunterlagen des Auftraggebers abzuweichen.[244] Im Ergebnis lassen sich unter dem Aspekt der Unzumutbarkeit daher allenfalls grob unbillige Forderungen der Vergabestelle eliminieren.[245] Stellt ein Bieterunternehmen bei Durchsicht der Vergabeunterlagen fest, dass bestimmte Vorgaben des Auftraggebers unwirtschaftlich oder unsinnig sind oder hat ein Bieter Zweifel an der rechtlichen oder auch fachlichen oder rechnerischen Richtigkeit der Vergabeunterlagen, obliegt es ihm grundsätzlich, diese vor Ablauf der Angebotsfrist dem Auftraggeber – z B im Wege einer Bieteranfrage – anzuzeigen.[246] Bei einem eigenmächtigen Abweichen von den Forderungen des Auftraggebers riskiert der Bieter, mit seinem Angebot ausgeschlossen zu werden.

§ 16 EU Nr. 2 VOB/A wird auch dann angewendet, wenn der Bieter das **Angebot** zulässigerweise **nachträglich ergänzt.** So ist es etwa, wenn fehlende formularmäßige Erklärungen (z. B. eine Verpflichtungserklärung) nachgefordert und nachgereicht werden, diese aber vom Bieter abgeändert werden. Ein weiterer Anwendungsfall liegt vor, wenn der Auftraggeber im Leistungsverzeichnis zunächst keine Fabrikats- oder Typangaben verlangt hat, der Bieter sich dann jedoch im Rahmen eines Bietergesprächs auf ein bestimmtes Produkt festlegt, welches nicht in allen Punkten den Anforderungen des Leistungsverzeichnisses entspricht.[247] In diesem Fall entspricht zwar das ursprünglich eingereichte Angebot den Anforderungen der Vergabeunterlagen, nicht jedoch das ergänzte und damit geänderte Angebot. Diese Fallgestaltung, die von reinen Aufklärungssachverhalten zu unterscheiden ist,[248] ist allerdings selten, denn gemäß § 15 EU Abs. 1 VOB/A darf der Auftraggeber nach Öffnung der Angebote grundsätzlich nur Aufklärung über bestimmte Gegenstände verlangen und sind nachträgliche Änderungen des Angebots ausgeschlossen.[249] Werden in einem nachträglich eingereichten Produktkatalog die allgemeinen Geschäftsbedingungen des Bieters abgedruckt, entspricht es nicht dem Willen des Bieters, diese nachträglich zum Inhalt seines Angebots zu machen.[250]

Voraussetzung für den Angebotsausschluss nach § 16 EU Nr. 2 VOB/A i. V. m. § 13 EU Abs. 1 Nr. 5 S. 1 oder 2 VOB/A ist in jedem Fall, dass der Auftraggeber die verbindlichen **Bedingungen des Auftrags eindeutig festgelegt** hat. **Gegebenenfalls sind die Vergabeunterlagen** anhand der für Willenserklärungen geltenden Grundsätze (§§ 133 und 157 BGB) nach dem objektiven Empfängerhorizont der potentiellen Bieter, also eines abstrakt bestimmten Adressatenkreises, **auszulegen.**[251] Maßgeblich ist die Sicht eines fach-

65

66

---

[243] Zu dieser Fallgestaltung, aber im Hinblick auf einen Angebotsausschluss wegen mangelnder Eignung BGH 15.4.2008 – X ZR 129/06 VergabeR 2008, 641.

[244] Vertragsbedingungen sind nicht bereits deswegen unzumutbar, weil ein ungewöhnliches Wagnis vorliegt OLG Düsseldorf, 19.10.2011 – VII-Verg 54/1; aA *Hennemann* BauR 2001, 307 ff.

[245] Zutr. *Bode* VergabeR 2009, 729, 733.

[246] Vgl. OLG Naumburg 12.9.2016 – 7 Verg 5/16 BayObLG 22.6.2004 – Verg 13/04 VergabeR 2004, 654; BayObLG 18.9.2003 – Verg 12/03 VergabeR 2004, 87 = ZfBR 2004, 95 = NZBau 2004, 294.

[247] OLG München 25.11.2013 – Verg 13/13; ebenso OLG Düsseldorf 5.10.2016 – Verg 24/16 für ein nachgereichtes Produktdatenblatt; aA OLG Düsseldorf 19.12.2012 – VII-Verg 37/12 wonach die Produktangabe nicht nachträglich ergänzend Angebotsbestandteil wird. Zustimmend *Dittmann* in KMPP, VOB/A, 2. Aufl. § 13 Rn. 78.

[248] → Rn. 71.

[249] Zur Zulässigkeit einer Produktabfrage nach Angebotsöffnung OLG München 2.9.2010 – Verg 17/10 und 29.10.2013 – Verg 11/13; OLG München 15.11.2007 – Verg 10/07.

[250] OLG Düsseldorf 27.9.2017 – VII – Verg 12/17.

[251] St. Rspr.: vgl. BGH 31.1.2017 – X ZR 93/15; BGH 7.1.2014 – X ZB 15/13; BGH 12.9.2013 – VII ZR 227/11 BGH 15.1.2013 – X ZR 155/10; BGH 20.11.2012 – X ZR 108/10; BGH 3.4.2012 – X ZR 130/10; BGH 22.12.2011 – VII ZR 67/11; BGH 10.6.2008 – X ZR 78/07 NZBau 2008, 592 = VergabeR 2008, 782; BGH 18.4.2002 – VII ZR 38/01 NZBau 2002, 500; BGH 23.6.1994 – VII ZR 163/93 BauR 1994, 625 = ZfBR 1994, 222; BGH 11.11.1993 – VII ZR 47/93 BGHZ 124, 64 = BauR 1994, 236 = ZfBR 1994, 115; BGH 22.4.1993 – VII ZR 118/92 BauR 1993, 595 = ZfBR 1993, 219.

kundigen und mit einschlägigen Aufträgen vertrauten Bieters.[252] Es darf nicht einfach zu Lasten des Bieters die strengste Auslegungsvariante herangezogen werden.[253] Bei der Beurteilung des Verständnisses der potentiellen Bieter müssen auch die das Vergaberecht beherrschenden Grundsätze, wie sie durch die Richtlinien zum Vergaberecht manifestiert sind, berücksichtigt werden. Denn es kann im Zweifel nicht angenommen werden, dass der öffentliche Auftraggeber gegen diese Grundsätze verstoßen will.[254] Die Auslegung erfolgt anhand sämtlicher Unterlagen, die Bestandteil der Vergabeunterlagen sind, d. h. neben der Leistungsbeschreibung auch Anlagen, wie Erläuterungen, etwaigen Datenblättern etc.[255] Allerdings sind nur solche Umstände zu berücksichtigen, die bei Zugang der Erklärung dem Empfänger bekannt oder für ihn erkennbar waren.[256] Intensive Auslegungsbemühungen, wie sie im Streitfall einem Gericht obliegen, sind von einem Bieterunternehmen, das sich an einem Vergabeverfahren beteiligen möchte, regelmäßig nicht zu erwarten.[257] Grundsätzlich kommt ein Ausschluss eines Angebots nur in Betracht, wenn aus den Vergabeunterlagen für den Bewerber oder Bieter eindeutig und unmissverständlich und insbesondere ohne zeitintensives „Herausfiltern von Informationen" hervorgeht, welche Erklärungen von ihm verlangt werden.[258] Problematisch ist daher, wenn im Rahmen einer funktionalen Leistungsbeschreibung zwingende Vorgaben an die Ausführung der Leistung (Musskriterien, K. O.-Kriterien, Ausschlusskriterien) nicht eindeutig von solchen Anforderungen abgegrenzt werden, bei denen Abweichungen von den Vorgaben des Auftraggebers lediglich eine positive oder negative Angebotswertung zur Folge haben. Eine Leistungsbeschreibung, bei der sich zwingende Anforderungen und nicht verbindliche Vorgaben lediglich danach ableiten, ob der Auftraggeber die Begriffe „muss" bzw. „ist/sind" oder „kann" bzw. „soll" verwendet, entspricht nicht den Anforderungen an ein transparentes Vergabeverfahren. Die einschneidende Rechtsfolge des zwingenden Angebotsausschlusses ist nur dort gerechtfertigt, wo sich, und sei es auch nur im Ergebnis einer Auslegung, klar und eindeutig erkennbar ist, wann jeweils die Grenze zu einer inhaltlichen Änderung der Leistungsanforderung des Auftraggebers überschritten ist.[259] Verstöße gegen interpretierbare oder missverständliche bzw. mehrdeutige Angaben rechtfertigen keinen Ausschluss. Verbleiben etwaige Unklarheiten, gehen diese zu Lasten des Auftraggebers.[260]

[252] OLG Naumburg 14.10.2016 – 7 Verg 4/16; OLG Karlsruhe 29.4.2016 – 15 Verg 1/16; OLG Saarbrücken 30.7.2007 – Verg 3/07; OLG München 11.8.2005 – Verg 12/05; OLG Düsseldorf 23.3.2005 – VII-Verg 2/05; BayObLG 17.2.2005 – Verg 27/04; OLG Düsseldorf 30.6.2004 – VII-Verg 22/04; OLG Düsseldorf 15.5.2002 – Verg 4/01.
[253] VK Brandenburg 19.1.2017 – VK 23/16.
[254] BGH 22.7.2010 – VII ZR 213/08.
[255] OLG Naumburg 12.9.2016 – 7 Verg 5/16; OLG Karlsruhe 29.4.2016 – 15 Verg 1/16.
[256] Vgl. etwa VK Bund 22.7.2015 – VK 2-61/15.
[257] OLG Schleswig 30.4.2015 – 1 Verg 7/14; OLG München 20.3.2014 – Verg 17/13; OLG Düsseldorf 7.3.2012 – Verg 82/11; OLG Celle 19.2.2015 – 13 Verg 12/14; OLG Saarbrücken 23.11.2005 – 1 Verg 3/05; OLG Koblenz 26.10.2005 – Verg 4/05; OLG Saarbrücken 29.9.2004 – 1 Verg 6/04; *Prieß/Simonis* in KKPP GWB-Vergaberecht 4. Aufl. § 121 Rn. 14; *Wirner* in Willenbruch, Wreddekind, Kompaktkommentar Vergaberecht 4. Aufl. § 121 GWB Rn. 9; *Lampert* in Burgi/Dreher Beck'sche Vergaberechtskommentar 3. Aufl. Bd. 1 § 121 GWB Rn. 75; a. A. OLG Düsseldorf 13.12.2017 – VII – Verg 19/17.
[258] OLG Düsseldorf 7.3.2012 – Verg 82/11.
[259] Vgl. OLG München 7.4.2011 – Verg 5/11; OLG München 10.12.2009 – Verg 16/09; OLG Düsseldorf 21.11.2007 – Verg 32/07; OLG Düsseldorf vom 20.5.2005 – Verg 19/5. Speziell zu „ca.-Angaben" in der Leistungsbeschreibung: OLG Düsseldorf 25.4.2012 – VII-Verg 61/11; VK Bund 16.3.2015 – VK 2-9/15; VK Bund 14.6.2011 – VK 1-57/11.
[260] BGH 15.1.2013 – X ZR 155/10; BGH 3.4.2012 – X ZR 130/10; OLG Naumburg 14.10.2016 – 7 Verg 3/16; OLG Naumburg 12.9.2016 – 7 Verg 5/16; OLG Frankfurt 12.7.2016 – 11 Verg 9/16; OLG Celle 12.5.2016 – 13 Verg 10/15; OLG Karlsruhe 29.4.2016 – 15 Verg 1/16, IBRRS 2016, 1506; KG Berlin 21.11.2014 – Verg 22/13; OLG Koblenz 29.1.2014 – 1 Verg 14/13; OLG Dresden 23.7.2013 – Verg 2/13; KG Berlin 21.11.2013 – Verg 22/13; OLG Düsseldorf 12.10.2011 – VII-Verg 46/11; OLG Düsseldorf 17.7.2011 – Verg 10/13; OLG Düsseldorf 22.6.2011 – Verg 15/11; OLG Düsseldorf 16.12.2009 – VII-Verg 32/09; OLG Düsseldorf 26.7.2005 – Verg 71/04; zu einer „gut vertretbaren" Auslegung durch den Bieter auch KG Berlin 22.8.2001 – KartVerg 03/01; zu einer „vertretbaren" Auslegung OLG Düsseldorf 8.6.2011 – VII-Verg 11/11.

c) Ermittlung des Angebotsinhalts. Der Ausschluss eines Angebots wegen eines in- 67
haltlichen Mangels setzt voraus, dass der Inhalt des Angebots ermittelt wurde. Auch das
Angebot des Bieters, das eine empfangsbedürftige Willenserklärung ist, ist dabei gegebenenfalls nach den §§ 133 und 157 BGB auszulegen. Die vergaberechtlichen Grundsätze der
Transparenz und Gleichbehandlung stehen einer Auslegung von Angeboten, die in Vergabeverfahren unterbreitet wurden, nicht entgegen.[261] Im Gegenteil: Die Vergabestellen sind
zur Auslegung des Angebots nicht nur berechtigt, sondern auch verpflichtet.[262] Die Auslegung vom Angebot geht deren Ausschluss vor. Erst wenn die Auslegung zu keinem zweifelsfreien Ergebnis führt und gegebenenfalls eine sich daran anschließende Aufklärung
scheitert, ist das Angebot zwingend auszuschließen.[263] Bei der **Auslegung des Angebots**
ist auf den objektiven Empfängerhorizont abzustellen. Entscheidend ist, wie ein mit den
Umständen des Einzelfalls vertrauter Dritter in der Lage der Vergabestelle das Angebot
nach Treu und Glauben mit Rücksicht auf die Verkehrssitte verstehen musste und durfte.[264]
Für Widersprüche bei Preisangaben enthält § 16c EU Abs. 2 VOB/A einige **spezielle
Auslegungsregeln,** die zu berücksichtigen sind.[265]

Bei der Auslegung sind **sämtliche Erläuterungen und Erklärungen** des Bieters, die 68
er seinem Angebot beigefügt hat, hinzuzuziehen.[266] Unerheblich ist, ob die Unterlagen
nach Zuschlagserteilung ggf. noch präzisiert oder geändert werden sollen.[267] Auch die Unterlagen der internen Preisbildung, wie zB Kalkulationsblätter oder eine Urkalkulation,
sind bei der Auslegung heranzuziehen,[268] soweit deren Inhalt zum Zeitpunkt des Ablaufs
der Angebotsfrist[269] für die Vergabestelle erkennbar ist, nicht also z.B. eine verschlossen
eingereichte Urkalkulation. Andererseits kann alleine aus **Kalkulationsannahmen,** etwa
zu Art, Umfang oder Zeitpunkt der Leistungserbringung, keine Änderung der Leistung
bewirkt werden,[270] denn die Kalkulation eines Bieters wird nicht Vertragsinhalt.[271] Auch
eine Auslegung dahingehend, dem Leistungsversprechen des Bieters aufgrund bestimmter

[261] Vgl. OLG Düsseldorf 9.6.2010 – VII-Verg 5/10 mit Verweis auf EuG 10.12.2009 – T-195/08 Rn. 57,
60, 63, 65; OLG Frankfurt 8.2.2005 – 11 Verg 24/04 VergabeR 2005, 384, das im Hinblick auf die strenge
Förmlichkeit der VOB/A allerdings hohe Anforderungen an die Eindeutigkeit des Auslegungsergebnisses
stellt.
[262] OLG Düsseldorf 19.6.2013 – VII-Verg 8/13; OLG Düsseldorf 12.11.2012 – VII-Verg 38/12; OLG
Düsseldorf 4.5.2009 – VII-Verg 68/08; OLG Düsseldorf 25.6.2008 – Verg 22/08 VergabeR 2009, 87; OLG
Düsseldorf 27.9.2006 – VII-Verg 36/06; OLG Düsseldorf 6.12.2004 – VII Verg 79/04 VergabeR 2005, 212.
[263] OLG Düsseldorf 16.3.2016 – VII – Verg 48/15; OLG Düsseldorf 19.6.2013 – VII – Verg 8/13; OLG
Düsseldorf 12.12.2012 – Verg 9/12; OLG Düsseldorf 27.9.2002 – VII – Verg 36/06; OLG Düsseldorf
6.12.2004 – VII – Verg 79/04.
[264] Vgl. zB OLG Saarbrücken 18.5.2016 – 1 Verg 1/16; OLG Celle 19.2.2015 – 13 Verg 12/14; OLG
Hamburg 31.3.2014 – 1 Verg 4/13; OLG München 17.12.2013 – Verg 15/13; OLG Rostock 9.10.2013 –
17 Verg 6/13; OLG Düsseldorf 12.12.2012 – VII – Verg 38/12; OLG Frankfurt 26.6.2012 – 11 Verg 12/11;
OLG Karlsruhe 20.5.2011 – 1 VK 17/11; OLG Düsseldorf 14.10.2009 – VII-Verg 9/09; OLG Düsseldorf
4.5.2009 – VII Verg 68/08 VergabeR 2009, 905; OLG München 24.11.2008 – Verg 23/08; OLG Frankfurt
14.10.2008 – 11 Verg 11/08; OLG Koblenz 15.7.2008 – 1 Verg 2/08; OLG Celle 5.9.2007 – 13 Verg 9/07;
OLG Düsseldorf 27.9.2006 – VII-Verg 36/06; OLG Düsseldorf 3.1.2005 – VII-Verg 82/04; BayObLG
27.7.2004 – Verg 14/04 VergabeR 2004, 736; OLG Naumburg 17.6.2003 – 1 Verg 9/03; OLG Jena
5.12.2001 – 6 Verg 4/01 VergabeR 2002, 256; BayObLG 20.8.2001 – Verg 11/01 VergabeR 2002, 77 =
ZfBR 2002, 190; OLG Naumburg 12.6.2001 – 1 Verg 1/01.
[265] Vgl. näher § 16c EU Rn. 15 ff.
[266] OLG Celle 19.2.2015 – 13 Verg 12/14.
[267] VK Bund 27.6.2013 – VK 2-34/13 für einen Bauzeitenplan.
[268] Wie hier – zu Lasten des Bieters – zB VK Sachsen 10.3.2010, 1/SVK/001 – 10; aA – ebenfalls zu
Lasten des Bietes – VK Westfalen 26.1.2015 – VK 24/14 und VK Lüneburg 10.7.2013 – VgK-20/2013.
[269] Siehe jedoch zu nachgereichten Unterlagen → Rn. 69.
[270] Siehe jedoch zu Abweichungen von Kalkulationsvorgaben → Rn. 85.
[271] BGH 20.1.2009 – X ZR 113/07; OLG Düsseldorf 11.5.2016 – VII-Verg 50/15; OLG Saarbrücken
16.12.2015 – 1 U 87/15; OLG Koblenz 19.1.2015 – Verg 6/14; OLG Düsseldorf 10.8.2011 – VII-Verg
66/11; OLG Naumburg 22.9.2005 – 1 Verg 7/05. Vgl. auch OLG Rostock 9.10.2013 – 17 Verg 6/13 mit
dem Hinweis auf die „völlig abwegige" Annahme, eine versteckte Bedingung in der Urkalkulation könne
nach Vertragsabschluss und im Fall des Nichteintretens der Bedingung die Geltung eines höheren Einheitspreises begründen. Ebenso *Summa* in Juris-PK Vergaberecht, 5. Aufl., § 16 VOB/A Rn. 68. Anders OLG
Düsseldorf 25.4.2007 – Verg 3/07.

Kalkulationsannahmen den Bindungswillen abzusprechen, kommt in der Regel nicht in Betracht. Kalkulationsannahmen sind Ausdruck des unternehmerischen Risikos des Bieters. Sie können bei Nichteintritt dazu führen, dass bei der Auftragsausführung Verluste entstehen, nicht jedoch, dass die Leistung anders als vereinbart zu erbringen ist.[272] Bei der Auslegung gilt im Übrigen das **Spezialitätsprinzip.** Eine allgemeine Erklärung, dass dem Angebot die in den Vergabeunterlagen beschriebenen Leistungen zugrunde liegen oder die Vertragsbedingungen des Auftraggebers anerkannt werden, vermag eine in einer einzelnen Anlage gemachte abweichende Erklärung nicht zu beseitigen.[273] Wegen des Vorrangs der Auslegung eröffnet der pauschale Hinweis der Anerkennung der Vergabebedingungen bei gleichzeitiger Abweichung davon an anderer Stelle auch nicht die Möglichkeit die Abweichung im Rahmen späterer Angebotsaufklärung wieder zu beseitigen. Dass die zur Abweichung führende Angabe oder Eintragung nicht „dokumentenecht" vorgenommen wurde, führt nicht per se zur Unbeachtlichkeit der Angabe.[274] Ob das Angebot die Vergabeunterlage ändert, wenn die Änderung auf einem Exemplar des Angebots vorgenommen wurde, ist ebenfalls durch Auslegung zu bestimmen.[275] Soweit **Zweitschriften, Kopien und Mehrfertigungen** des Angebots neben dem unterzeichneten Angebotsoriginal keinen eigenen Erklärungswert haben und der Auftraggeber sie nur als Arbeitshilfe fordert, kann davon nicht ausgegangen werden.[276] Es spricht nichts dagegen, wenn sich der Auftraggeber das Ergebnis einer Angebotsauslegung durch den Bieter bestätigen lässt.[277] Auf diese Weise wird vermieden, dass eine Auslegungsfrage in das Stadium der Vertragserfüllung verlagert wird. Freilich darf sich der Auftraggeber nicht neue, von den Vergabeunterlagen abweichende Vergaben „bestätigen" lassen.[278]

69   Uneinheitlich wurde in der Vergangenheit beurteilt, inwiefern **außerhalb des eigentlichen Erklärungsakts liegende Begleitumstände,** wie z B Entstehungsgeschichte, der mit dem Rechtsgeschäft verfolgte Zweck, die bestehende Interessenlage oder bei dem Auftraggeber bereits vorliegende Kenntnisse bei der Auslegung zu berücksichtigen sind. Das OLG Jena hatte entschieden, dass solche Umstände nur dann einzubeziehen sind, wenn sie für alle noch für die Auftragsvergabe in Betracht kommenden Bieter erkennbar waren. Dies hatte das OLG Jena aus dem Gebot eines transparenten Wettbewerbs unter Gleichbehandlung der Bieter gefolgert.[279] Diese Ansicht, die darauf hinauslief, im Hinblick auf Angebote, die in einem Vergabeverfahren abgegeben werden, andere Auslegungsgrundsätze anzuwenden als sonst für die Auslegung von Willenserklärungen, hat sich jedoch nicht durchgesetzt.[280] Als Umstände außerhalb des eigentlichen Erklärungsakts haben *andere Gerichte* zum Beispiel berücksichtigt, dass die Parteien im Zweifel vernünftige Ziele und redliche Absichten verfolgen und ein Bieter daher, um den Zuschlag für den ausgeschriebenen Auftrag zu erhalten, im Zweifel ein ausschreibungskonformes Angebot unterbreiten will.[281] Im Wege der Auslegung lassen sich daher gegebenenfalls auch Angebotslücken schließen[282]

---

[272] Vgl. OLG Rostock 9.10.2013 – 17 Verg 6/13; VK Bund 2.12.2010 – VK 1-115/10.

[273] OLG Karlsruhe 10.6.2011 – 15 Verg 7/11; iErg auch VK Bund 6.2.2014 – VK 1-125/13. Anders – und missbrauchsanfällig – OLG Düsseldorf 2.8.2017 – Verg 17/17.

[274] AA VK Sachsen-Anhalt 14.4.2011 – 2 VK LSA 45/10.

[275] Strenger VK Bund 3.4.2006 – VK 2-14/06, wonach das Verbot der Änderung an Vergabeunterlagen für jede Ausfertigung eines Angebots gilt.

[276] Zum Fehlen der Mehrfertigung od. Kopie → § 16a EU Rn. 26.

[277] OLG Düsseldorf 28.4.2008 – VII-Verg 55/07; *Sulk,* Der Preis im Vergaberecht S. 123. Einschränkend VK Lüneburg 18.1.2011 – VgK – 61/2010, wonach die Aufklärung „passiv" zu erfolgen hat.

[278] OLG Naumburg 29.3.2003 – 1 U 119/02; VK Münster 15.6.2008 – VK 3-68/08.

[279] OLG Jena 28.6.2000 – 6 Verg 2/00. Ähnlich OLG Düsseldorf 12.2.2013 – VII-Verg 1/13.

[280] Krit. schon *Opitz* in Dreher/Motzke, Beck'scher Vergaberechtskommentar 2. Aufl. 2013, § 16 VOB/A Rn. 47; offener gegenüber einer Angebotsauslegung anhand von außerhalb der Erklärung liegende Umständen z.B. OLG Koblenz 15.7.2008 – 1 Verg 2/08; OLG Celle 7.6.2007 – 13 Verg 5/07.

[281] OLG Rostock 9.10.2013 – 17 Verg 6/13; OLG Frankfurt 26.6.2012 – 11 Verg 12/11; OLG Düsseldorf 27.9.2006 – VII-Verg 36/06. Diesbezüglich strenger OLG Düsseldorf 22.3.2017 – Verg 54/16; OLG Schleswig 11.5.2016 – 54 Verg 3/16; OLG Koblenz 30.3.2012 – 1 Verg 1/12 „Es gibt keinen Erfahrungssatz dahin, dass der Bieter stets das vom Ausschreibenden Nachgefragte anbieten will".

[282] Dazu → Rn. 109 und § 16a EU Rn. 32.

oder Abweichungen eines Angebots von den Vergabeunterlagen korrigieren, wenn diese offensichtlich versehentlich erfolgt sind.[283] Das gilt zum Beispiel für das versehentliche Vertauschen von Nummerierungen,[284] offensichtliche Tippfehler,[285] offensichtlich fehlerhafte Ausdrucke eines Kurz‑Leistungsverzeichnisses,[286] die versehentliche Eintragung von Brutto‑ statt Nettopreisen,[287] die versehentliche Angabe eines Preises auf Basis einer falschen Maßeinheit[288] oder sonstige **offenkundige Verständnis‑ oder Eintragungsfehler**.[289]

Die Angebotsauslegung anhand von außerhalb der Erklärung liegenden Umständen betrifft auch **Äußerungen eines Bieters** zum Inhalt seines Angebots, die nach Angebotsabgabe, insbesondere **im Rahmen eines Bietergesprächs**, erfolgen. Bei der Auslegung ist grundsätzlich auf die Angebotsfassung abzustellen, die bei Ablauf der Angebotsfrist vorgelegen hat.[290] Und es dürfen auch nur solche Umstände berücksichtigt werden, die bei Zugang der Erklärung für den Empfänger erkennbar waren.[291] Das gilt unabhängig davon, wie der Bieter seine Erklärung verstanden wissen will. Entscheidend ist nicht der empirische Wille des Erklärenden, sondern der durch normative Auslegung zu ermittelnde objektive Erklärungswert seines Verhaltens.[292] Zwar ist es richtig, dass der übereinstimmende wirkliche Wille der Vertragsparteien Vorrang vor jeder Auslegung nach dem objektiven Empfängerhorizont genießt (sog. natürliche Auslegung)[293] und insofern auch nachträgliche Erklärungen der Parteien einen Rückschluss auf das maßgebliche Verständnis des Angebots zum Zeitpunkt der Angebotsabgabe geben können.[294] Allerdings müssen diese nachträglichen Erklärungen dann nicht nur einen Rückschluss auf den wahren Willen des Erklärenden zum Zeitpunkt der Angebotsabgabe, sondern auch auf das Verständnis des Empfängers des Angebots zu dem Zeitpunkt des Zugangs des Angebots zulassen.[295] An derartige Rückschlüsse auf einen vom objektiven Erklärungsgehalt abweichenden, übereinstimmenden Willen zwischen Auftraggeber und Bieter zum Zeitpunkt der Angebotsabgabe sind hohe Anforderungen zu stellen. Sie mögen im Einzelfall vorliegen, wenn die Angebotsaufklärung mit dem Ziel der Bestätigung des Verständnisses durchgeführt wird, das sich

70

[283] Zur Anfechtung des Angebots in derartigen Fällen siehe *Opitz* in Burgi/Dreher Beck'scher Vergaberechtskommentar, 3. Aufl. Bd. 1 § 127 Rn. 43 ff.
[284] OLG Düsseldorf 9.6.2010 – VII‑Verg 5/10.
[285] VK Nordbayern 10.3.2016 – 21.VK‑3194‑03116.
[286] OLG Celle 13.3.2002 – 13 Verg 4/02.
[287] OLG Düsseldorf 12.12.2012, VII‑Verg 38/12.
[288] OLG München 29.7.2010 – Verg 9/10.
[289] OLG Düsseldorf 16.11.2010 – Verg 50/10; OLG Düsseldorf 27.9.2006 – VII‑Verg 36/06; VK Bund 17.2.2017 – VK 2‑14/17; VK Arnsberg 29.1.2009 – VK 34/08. IErg abgelehnt bei OLG Düsseldorf 22.3.2017 – VII‑Verg 54/16 für einen behaupteten Eintragungsfehler; OLG Düsseldorf 16.3.2016 – VII‑Verg 48/15 für behauptete Verrutschen einer Kommastelle; OLG Jena 16.7.2003 – 6 Verg 3/03 VergabeR 2003, 600 für fehlerhaften Übertrag von Preisangaben; VK Bund 18.2.2016 – VK 1‑2/16 für behauptetes Vertauschen von Einheits‑ und Gesamtpreis.
[290] ZB OLG Celle 19.2.2015 – 13 Verg 12/14; OLG Düsseldorf 12.3.2007 – VII‑Verg 53/06; BayObLG 11.2.2004 – Verg 1/04; vgl. jedoch Rn. 65 zu nachgereichten Angebotsteilen.
[291] Etwa OLG Frankfurt 14.10.2008 – 11 Verg 11/2008; OLG Frankfurt 25.7.2008 – 11 Verg 10/08; OLG München 21.2.2008 – Verg 01/08.
[292] OLG Frankfurt 26.6.2012 – 11 Verg 12/11; OLG Köln 31.1.2012 – 3 U 17/11; OLG Düsseldorf 10.8.2011 – VII‑Verg 34/11; OLG Brandenburg 11.11.2010 – 1 Verg W 15/10; OLG Frankfurt 14.10.2008 – 11 Verg 11/2008; OLG Frankfurt 25.7.2008 – 11 Verg 10/08; OLG Koblenz 15.7.2008 – 1 Verg 2/08; OLG München 21.2.2008 – Verg 01/08; OLG Celle 5.9.2007 – 13 Verg 9/07; OLG Celle 7.6.2007 – 13 Verg 5/07; BayOLG 16.9.2002 – Verg 19/02; OLG Naumburg 12.6.2001 – 1 Verg 1/01.
[293] Darauf abstellend OLG Koblenz 26.2.2014 – 1 Verg 15/13.
[294] BGH 7.12.2001 – V ZR 65/01; BGH 8.12.1992 – X ZR 123/90; BGH 26.10.1983 – IV a ZR 80/82 NJW 1984, 721.
[295] BGH 7.12.2006 – VII‑ZR 166/05; BGH 6.7.2005 – VIII ZR 136/04. Aus der Vergaberechtsprechung OLG Karlsruhe 10.6.2011 – 15 Verg 7/11; OLG Karlsruhe 14.10.2009 – VII‑Verg 9/09, OLG München 21.2.2008 – Verg 01/08; ausführlich *Gerlach/Manzke* VergabeR 2017, 11, 16 ff. Dies überspielend und schlicht auf den „wahren Willen" des Bieters abstellend OLG Düsseldorf 2.5.2012 – VII‑Verg 104/11; OLG Düsseldorf 12.3.2007 – VII‑Verg 53/06; OLG Düsseldorf 29.11.2000 – Verg 21/00, VergabeR 2001, 38, 39.

der Auftraggeber von Beginn an von dem Angebot gemacht hat. Um zu vermeiden, dass Auftraggeber und/oder Bieter das Aufklärungsgespräch dazu missbrauchen, einen im ursprünglichen Angebot nicht geäußerten Willen zur Geltung zu bringen, muss dieses anfängliche Verständnis des Auftraggebers vor der Angebotsaufklärung aber bereits entsprechend dokumentiert sein. Nachträgliche Erklärungen eines Bieters dürfen keinesfalls dazu führen, einen objektiv zweifelsfrei festgestellten Angebotsinhalt zu Gunsten oder zu Lasten eines Bieters zu ändern.[296] Wenn das Angebot eines Bieters objektiv den Vergabeunterlagen entspricht, sich im Rahmen einer Angebotsaufklärung jedoch herausstellt, dass der Bieter die Leistungsbeschreibung oder die Vertragsbedingungen falsch verstanden und z.B. bestimmte Leistungen nicht kalkuliert hat, ist dies nach § 16 EU Nr. 2 VOB/A unerheblich.[297] Der Bieter bleibt an sein Angebot mit dessen objektivem Erklärungswert gebunden. Entspricht das Angebot objektiv den Vergabeunterlagen und stellt sich nach Angebotsabgabe heraus, dass der Bieter bereits bei Angebotsabgabe subjektiv nicht die Absicht hatte, die Leistung wie ausgeschrieben auszuführen,[298] kommt gegebenenfalls ein Angebotsausschluss nach § 124 Abs. 1 Nr. 9 lit. c GWB in Betracht,[299] nicht jedoch nach § 16 EU Nr. 2 VOB/A.[300]

71   Nur wenn nach dem Ergebnis der Auslegung noch Zweifel am Inhalt des Angebots verbleiben, wozu neben Uneindeutigkeiten auch Widersprüche zählen, stellt sich die Frage einer **Angebotsaufklärung.** Wie § 15 EU VOB/A zeigt, verschließt sich die VOB/A einer nachträglichen Aufklärung des Angebotsinhalts durch den Bieter nicht grundsätzlich. Dem Normgeber ist also durchaus bewusst, dass es dem Auftraggeber nicht immer möglich ist, das Angebot des Bieters durch ein einfaches „Ja" anzunehmen. Die Grenzen zulässiger Angebotsaufklärung sind aber umstritten.[301] Die **Spruchpraxis des Europäischen Gerichtshofs** ist ungefestigt und verliert sich – wie häufig – im Formelhaften. Der EuGH geht grundsätzlich von einem Aufklärungsermessen des Auftraggebers aus. Der Auftraggeber *könne* den Bieter dazu auffordern, sein Angebot zu erläutern.[302] Rechtsprechung des EuG, wonach sich das Aufklärungsermessen des Auftraggebers – insbesondere wenn sich eine Mehrdeutigkeit des Angebots wahrscheinlich einfach auflösen lässt und leicht beseitigt werden kann – aufgrund allgemeiner Rechtsgrundsätze zu einer Verpflichtung verdichten kann, Kontakt mit einem Bewerber aufzunehmen, anstatt dessen Angebot schlicht und einfach abzulehnen,[303] hat der EuGH bislang nicht aufgegriffen. Die Aufforderung zur Angebotsaufklärung muss – so der EuGH – in gleicher Weise an alle Unternehmen gerichtet werden, die sich in derselben Situation befinden, es sei denn, ein objektiv nachprüfbarer Grund rechtfertigt insoweit eine unterschiedliche Behandlung der Bieter, insbesondere, wenn das Angebot im Hinblick auf andere Gesichtspunkte ohnehin abzulehnen ist.[304] Außerdem hat sich die Aufforderung auf alle Punkte des Angebots zu erstrecken, die ungenau sind. Der öffentliche Auftraggeber darf das Angebot nicht wegen Unklarheit eines Punktes ablehnen, der nicht Gegenstand der Aufforderung gewesen ist.[305] Der Möglichkeit eines

---

[296] So auch *Gerlach/Manzke* VergabeR 2017, 11, 20f. Fragwürdig daher zB BayObLG 13.3.2001 – Verg 1/01 VergabeR 2001, 222; LG Göttingen 28.2.2008 – 8 O 184/06; VK Hessen 13.1.2016 – 69d VK-45/2015.
[297] Vgl. jedoch zu Kalkulationsvorgaben → Rn. 81 ff. und zur Frage eines ungewöhnlich niedrigen Angebots § 16d EU Rn. 32.
[298] Hierzu OLG München 15.11.2007 – Verg 10/07; VK Nordbayern 1.8.2013 – 21.VK-3194-23/13; vgl. auch OLG München 25.11.2013 – Verg 13/13.
[299] Hierzu *Opitz* in Burgi/Dreher Beck'scher Vergaberechtskommentar, 3. Aufl. Bd. 1 § 124 GWB Rn. 115.
[300] AA VK Südbayern 3.6.2014 – Z 3-3-3194-1-14-03/14.
[301] Vgl. hierzu die Kommentierung zu § 15 EU VOB/A.
[302] EuGH 29.3.2012 – C-599/10 Rn. 40f. – SAG ELV Slovensko ua; dazu im Widerspruch EuGH 10.10.2013 – C-336/12 Rn. 31 Satz 2 – Manova.
[303] EuG 10.12.2009 – T-195/08 Rn. 56ff. – Antwerpse Bouwwerken; EuG 27.9.2002 – T-211/02 Rn. 43 – Tideland Signal; EuGH 8.5.1996 – T-19/95 Rn. 45 – Adia interim.
[304] EuGH 11.5.2017 – C-131/16 Rn. 30 – Archus und Gama; EuGH 10.10.2013 – C-336/12 Rn. 34 – Manova; EuGH 29.3.2012 – C-599/10 Rn. 43 – SAG ELV Slovensko ua.
[305] EuGH 11.5.2017 – C-131/16 Rn. 30 – Archus und Gama; EuGH 10.10.2013 – C-336/12 Rn. 35 – Manova; EuGH 29.3.2012 – C-599/10 Rn. 44 – SAG ELV Slovensko ua.

Bieters, von sich aus Erläuterungen zu seinem Angebot nachzureichen (Nachbesserung) stellt der EuGH die Aussage entgegen, der Auftraggeber müsse bei der Ausübung des Aufklärungsermessens, über das er verfügt, die verschiedenen Bewerber gleich und fair behandelt, so dass nicht der Eindruck entstehen kann, dass die Aufforderung zur Erläuterung den oder die Bewerber, an den bzw. die sie gerichtet war, ungerechtfertigt begünstigt oder benachteiligt hätte.[306] Allerdings – so betont der EuGH – stünden der Grundsatz der Gleichbehandlung und das Transparenzgebot jeglicher Verhandlung zwischen dem öffentlichen Auftraggeber und einem Bewerber entgegen, was bedeutet, dass ein eingereichtes Angebot grundsätzlich nicht mehr geändert werden könne, weder auf Betreiben des öffentlichen Auftraggebers noch auf Betreiben des Bewerbers.[307] Freilich wird dieser Satz dadurch relativiert, dass der EuGH die Aufklärung eines unklaren Angebots der „Korrektur" eines (klaren) Angebots, das „nicht den in den Verdingungsunterlagen enthaltenen technischen Spezifikationen entspricht", gleichstellt.[308] Zu berücksichtigen ist auch, dass die vorstehende Rechtsprechung zu Auftragsvergaben im Anwendungsbereich der Richtlinien 2004/17/EG und 2004/18/EG ergangen ist. Für den Fall, dass die von den Unternehmen zu übermittelnden Informationen oder Unterlagen unvollständig oder fehlerhaft sind oder diese unvollständig oder fehlerhaft zu sein scheinen, lässt die Öffnungsklausel des Art. 56 Abs. 3 RL 2014/24/EU nunmehr zu, dass die öffentlichen Auftraggeber die betreffenden Unternehmen auffordern, die jeweiligen Informationen oder Unterlagen innerhalb einer angemessenen Frist zu übermitteln, zu ergänzen, *zu erläutern* oder zu vervollständigen, sofern in den nationalen Rechtsvorschriften zur Umsetzung der Richtlinie nichts anderes vorgesehen ist. Damit dürfte jedenfalls die Angebotsaufklärung nach § 15 EU VOB/A europarechtlich gedeckt sein. Die **Spruchpraxis der nationalen Nachprüfungsinstanzen** wird heute vor allem von der Frage der Aufklärungspflicht bestimmt. Während früher ein Aufklärungsanspruch des Bieters, der ein unklares Angebot abgegeben hatte, grundsätzlich verneint wurde, wird unter Hinweis auf das im Vergaberecht geltende Verhältnismäßigkeitsprinzip zunehmend betont, dass sich das pflichtgemäße Ermessen nach § 15 EU Abs. 1 VOB/A von einem Bieter Aufklärung zu verlangen, zu einer Aufklärungspflicht verdichtet, wenn dem Bieter in einer formularmäßigen Erklärung offensichtlich ein Eintragungsfehler unterlaufen ist[310] oder sich eine Mehrdeutigkeit voraussichtlich einfach und sicher auflösen bzw. beseitigen lässt.[311] Das Oberlandesgericht Düsseldorf geht noch einen Schritt weiter: Nach jüngeren Entscheidungen entspricht es der Intention der Vergabeordnungen, Angebotsausschlüsse aus lediglich formalen Gründen nach Möglichkeit zu vermeiden, weshalb der Auftraggeber, wenn Angaben eines Bieters unklar sind, erst nach einer Aufklärung des Angebotsinhalts zu einem Ausschluss berechtigt ist.[312] Die Anerkennung von Aufklärungspflichten birgt allerdings eine Missbrauchsgefahr. Sie liegt darin, dass ein Bieter bewusst mehrdeutige Angaben in der Absicht macht, die Vergabestelle werde diese im Vergabeverfahren übersehen. Wenn der Widerspruch im Vergabeverfahren aufgedeckt wird, fordert der Bieter dann die Mehrdeutigkeit im Wege der Aufklärung beseitigen zu können. Eine andere Frage ist, ob die Aufklärung grundsätzlich auch die Möglichkeit des Bieters beinhaltet, unter mehreren widersprüchlichen Angaben oder Auslegungsvarianten (zB zum Nach-

---

[306] EuGH 11.5.2017 – C-131/16 Rn. 28 u. 32 – Archus und Gama; EuGH 10.10.2013 – C-336/12 Rn. 41 – Manova; EuGH 29.3.2012 – C-599/10 Rn. 27 – SAG ELV Slovensko ua.

[307] EuGH 11.5.2017 – C-131/16 Rn. 27 – Archus und Gama; EuGH 10.10.2013 – C-336/12 Rn. 31 – Manova; EuGH 29.3.2012 – C-599/10 Rn. 36 – SAG ELV Slovensko ua.

[308] Vgl. zB EuGH 29.3.2012 – C-599/10 Rn. 35, 37, 39, 44 – SAG ELV Slovensko ua.; → § 16a EU Rn. 12.

[309] (nicht belegt)

[310] KG Berlin 7.8.2015 – Verg 1/15.

[311] OLG Schleswig 8.12.2010 – 1 Verg 12/10.

[312] OLG Düsseldorf 2.8.2017 – Verg 17/17; OLG Düsseldorf 16.3.2016 – VII-Verg 48/15; OLG Düsseldorf 11.5.2016 – VII-Verg 50/15; OLG Düsseldorf 21.10.2015 – VII-Verg 35/15. Wechselhaft hingegen VK Bund 14.3.2017 – VK 1-15/17 – Aufklärungspflicht nur bei offensichtlichen Fehlern; VK Bund 9.9.2016, VK 1-80/16 grundsätzliche Aufklärungspflicht.

unternehmereinsatz, den angebotenen Typen- und Fabrikaten, den von einer Position des Leistungsverzeichnisses erfassten Leistungen) die eine oder die andere zurückzuziehen.[313] Wenn die Aufklärung keine Formalie sein soll, ist dies zu bejahen und zwar nicht nur dann, wenn beide Varianten die Anforderungen der Vergabeunterlagen erfüllen.[314] Teleologische Erwägungen sprechen allerdings dafür, ein nachträgliches Votieren für die eine oder andere Auslegungsvariante nicht zuzulassen, wenn die widersprüchliche Angabe die Wirtschaftlichkeitsbewertung der Angebote betrifft.[315] Ein Ausschluss muss erfolgen, wenn die betreffenden Angaben auch nach der Angebotsaufklärung noch widersprüchlich sind.[316]

d) Fallgruppen

72   **aa) Leistungsinhalt.** Der Ausschlussgrund des § 16 EU Nr. 3 VOB/A ist immer dann gegeben, wenn der Bieter die zu erbringende Leistung abändert und eine andere als die ausgeschriebene Leistung anbietet.[317] Häufige Fälle sind Vorbehalte und Einschränkungen gegenüber den technischen oder fachlichen **Vorgaben des Leistungsverzeichnisses** oder Änderungen der verbindlich vorgesehenen **Ausführungstermine** oder -fristen. Bei einer funktionalen Ausschreibung tritt an die Stelle des Leistungsverzeichnisses das Leistungsprogramm,[318] wobei insofern nur auf die zwingenden Leistungsanforderungen abzustellen ist. Bietet ein Unternehmen sowohl die ausgeschriebene Leistung an als auch zusätzliche Leistungen, liegt keine Änderung an den Vergabeunterlagen vor.[319] Dieser Fall ist von dem Angebot einer geänderten, aber höherwertigen Leistung abzugrenzen,[320] was zuweilen schwer fällt.

73   Die Änderung an den Vergabeunterlagen muss nicht ausdrücklich erfolgen. Sie kann auch darin liegen, dass der Bieter in einem **Begleitschreiben zum Angebot** Vorbehalte, Einschränkungen oder Abweichungen gegenüber den vom Auftraggeber geforderten Leistungs- oder Vertragsbedingungen erklärt.[321] So ist es auch, wenn der Bieter in dem Begleitschreiben angibt, eine bestimmte Leistung sei „nicht realisierbar"[322] und auch dann, wenn er bestimmte Angaben in den Vergabeunterlagen mit einem – von der objektiven Bedeutung abweichenden – anderen Sinn unterlegt („wir haben die Unterlagen so verstanden, dass …").[323] Bei Ausführungen des Bieters im Begleitschreiben zum Angebot ist allerdings zu prüfen, ob diese vom rechtsgeschäftlichen Willen des Bieters umfasst sind oder es sich nur um unverbindliche Hinweise auf eine unzweckmäßige oder unerfüllbare Forderung der Vergabeunterlagen, um Informationen über denkbare Ausführungsvarianten oder schlicht um Fragen eines Bieters handelt.

74   Wenn der Bieter für eine bestimmte Angebotsposition keinen Preis angibt, ist zu prüfen, ob der Bieter die Notwendigkeit der Angebotsposition in Abrede stellt[324] oder die **Preis-**

---

[313] Dies verneinend zB VK Bund 11.4.2016 – VK 2-17; VK Bund 30.7.2015 – VK 1-66/15 sowie fast durchgängig die vor 2015 ergangene Rechtsprechung z.B. OLG Düsseldorf 9.6.2010 – VII-Verg 5/10; OLG Brandenburg 6.11.2007 – Verg W 12/07; BayObLG 11.2.2004 – Verg 01/04; OLG Frankfurt 27.6.2003 – 11 Verg 4/03; OLG Frankfurt 30.5.2003 – 11 Verg 3/03.
[314] So VK Bund 9.6.2010 – VK 2-38/10 und für den Fall der Doppelnennung von Typangaben VK Westfalen 25.10.2016 – VK 1-36/16; VK Nordbayern 25.6.2014 – 21. VK – 3194 – 15/14; a. A. VK Sachsen 2.4.2015 – 1/SVK/006-15.
[315] → Rn. 111 für widersprüchliche Preisangaben und iÜ → § 16a EU Rn. 11.
[316] Zu diesem Fall OLG Naumburg 7.5.2002 – 1. Verg 19/01.
[317] OLG Dresden 21.2.2012 – Verg 1/12; OLG Düsseldorf 20.5.2005 – VII-Verg 19/05; OLG Frankfurt 26.5.2009 – 11 Verg 2/09; OLG Koblenz 5.12.2007 – 1 Verg 7/07.
[318] BGH 1.8.2006 – X ZR 115/04 NZBau 2006, 797 = VergabeR 2007, 73.
[319] OLG Frankfurt 26.9.2017 – 11 Verg 11/17; OLG Düsseldorf 29.3.2006 – Verg 77/05 VergabeR 2006, 509, allerdings dürfen die zusätzlich angebotenen Leistungen nicht in die Angebotswertung einfließen.
[320] → Rn. 63.
[321] ZB OLG München 23.12.2010 – Verg 21/10; OLG Düsseldorf 2.8.2010 – VII-Verg 32/10; OLG Stuttgart 9.2.2010 – 10 U 76/09; OLG München 21.2.2008 – Verg 01/08 VergabeR 2008, 580; OLG Frankfurt 3.7.2007 – 11 U 54/06.
[322] OLG Köln 31.1.2012 – 3 U 17/11.
[323] Zu Kalkulationsannahmen → Rn. 85.
[324] So bei VK Bund 23.5.2014 – VK 1-30/14.

angabe versehentlich unterblieben ist. Das Unterlassen des Anbietens einer Leistungsposition steht dem Fehlen einer einzelnen Preisangabe nach § 16 EU Nr. 3 VOB/A nicht gleich, weil im Falle einer Zuschlagserteilung auf dieses Angebot die entsprechende Leistungsposition nicht Vertragsbestandteil wird.[325] Die Preisangabe 0,00 Euro kann nur unter Hinzutreten weiterer auslegungsrelevanter Umstände die Bedeutung haben, dass eine bestimmte Leistung nicht angeboten wird.[326] Ändert der Bieter die in einem Leistungsverzeichnis vorgegebenen Mengenvordersätze, handelt es sich um eine Änderung der Vergabeunterlagen.[327]

Praxisrelevant ist der Fall, dass der Bieter seinem Angebot eine **veraltete Version der** **Vergabeunterlagen** zu Grunde legt. Auch das ist ein Fall der unzulässigen Änderung der Vergabeunterlagen und führt zum zwingenden Angebotsausschluss.[328] Voraussetzung ist allerdings, dass dem Bieter der aktualisierte Text der Vergabeunterlagen übersandt wurde und ihm unmissverständlich mitgeteilt wird, dass die vorhandenen Seiten der Vergabeunterlagen gegen die geänderten ausgetauscht werden[329] bzw. die vorhandenen Passagen handschriftlich geändert werden sollen.   **75**

Fordert der Auftraggeber mit dem Angebot **Fabrikats- oder Typangaben,** ist zu prüfen, ob die angebotenen Produkte den Anforderungen der Leistungsbeschreibung entsprechen.[330] Wenn ein Bieter in seinem Angebot – etwa durch Beifügung von **Produktbroschüren oder Datenblättern** – zusätzliche, nicht verlangte Angaben macht, die mit den Vorgaben des Leistungsverzeichnisses nicht im Einklang stehen, ist jedoch zunächst durch Auslegung zu ermitteln, ob diese mit Erklärungsbewusstsein abgegeben wurden und sie Angebotsbestandteil sind.[331] Bei ausdrücklich vom Auftraggeber geforderten Produktbeschreibungen oder Datenblättern ist dies regelmäßig zu bejahen. Bei der Lieferung von individuell anzupassenden Geräten oder Materialien ergibt sich aus der **Produktbezeichnung** nicht automatisch eine Abweichung von den Vorgaben der Vergabeunterlagen.[332] Verstößt die Leistungsbeschreibung des Auftraggebers gegen das Gebot der produktneutralen Ausschreibung (§ 7 EU Abs. 2 VOB/A), darf ein Angebot, das von der Produktvorgabe abweicht, nicht ausgeschlossen werden.[333] Wie bei der Abweichung von unmöglichen oder unzumutbaren Anforderungen der Leistungsbeschreibung stellt sich allerdings auch hier die Frage, ob vor der Abweichung zunächst erfolglos eine Rüge gegen die betreffende Bedingung erhoben werden muss und ob das Vergabeverfahren nicht insgesamt zurückzuversetzen ist.[334]   **76**

Auch wenn der Bieter seinem Angebot **Muster oder Proben** beifügt, ist im Einzelfall zu bestimmen, ob das beigefügte Muster oder die Probe Teil des Angebots ist, d.h. die Leistung sowie bemustert ausgeführt werden soll, oder das Muster oder die Probe zumindest zum Nachweis bestimmter Produkteigenschaften oder Fähigkeiten dient. Das gilt unabhängig davon, ob das Muster oder die Probe gem. § 13 EU Abs. 1 Nr. 7 VOB/A ausdrücklich als „zum Angebot gehörig" gekennzeichnet ist oder nicht.[335] Ein Muster ist   **77**

[325] OLG Naumburg 23.12.2014 – 2 Verg 5/14.

[326] So bei VK Südbayern 3.5.2016 – Z 3-3-3194-1-61-12/15. Vgl. auch VK Schleswig-Holstein 26.5.2009 – VK-SH 04/09.

[327] VK Bund 6.7.2011 – VK 1-60/11; VK Schleswig-Holstein 20.10.2010 – VK-SH 16/10.

[328] OLG Düsseldorf 28.7.2005 – VII-Verg 45/05; VK Baden-Württemberg 30.4.2008 – 1 VK 12/08; VK Bund 8.2.2008 – VK 3-29/08; VK Bund 5.2.2008 – VK 3-17/08; VK Bund 28.7.2006 – VK 2-50/06.

[329] VK Baden-Württemberg 30.4.2008 – 1 VK 12/08; hierzu auch VK Südbayern 17.10.2016 – Z 3-3-3194-1-36-09/16.

[330] VK Sachsen 9.12.2014 – 1 SVK/038-14; zur Heranziehung von Datenblätter aus dem Angebot eines anderes Bieters VK Südbayern 23.6.2010 – Z3-3194-1-22-04/10.

[331] Abgelehnt für einen Fall nicht verlangter Preisangaben BGH 6.2.2002 – X ZR 185/99. Allgemein zum Beifügen nicht geforderter Unterlagen auch VK Münster 19.10.2011 – VK 15/11.

[332] VK Südbayern 19.5.2014 – Z 3-3-3194-1-08-03/14. Vgl. jedoch im Hinblick auf Systemmerkmale VK Sachsen 9.12.2014 – 1/SvK/038-14.

[333] OLG München 6.12.2012 – Verg 25/12; OLG München 5.11.2009 – Verg 13/09; OLG Düsseldorf 14.10.2009 – VII-Verg 9/09.

[334] → Rn. 64.

[335] Das Fehlen dieser Kennzeichnung führt nach § 16 EU VOB/A nicht zum Angebotsausschluss. Zum Fehlen geforderter Muster oder Proben im Angebot vgl. § 16a EU Rn. 14.

jedenfalls dann Angebotsbestandteil, wenn es vom Auftraggeber gefordert wurde und im Rahmen der Angebotswertung begutachtet werden soll. In diesem Fall muss das Muster etwaige Mindestforderungen der Leistungsbeschreibung erfüllen und muss es auch mit dem schriftlichen Angebot kongruent sein.[336]

78   Von dem Vorliegen eines zwingenden Ausschlussgrundes wird auch ausgegangen, wenn bei Verwendung von **Kurzfassungen des Leistungsverzeichnisses** die nach § 13 EU Abs. 1 Nr. 6 VOB/A vorgesehene Anerkenntniserklärung fehlt, wobei diese Erklärung jedoch zunächst gem. § 16a EU VOB/A nachgefordert werden muss.[337] Die Verwendung von Kurzfassungen liegt im Interesse des Bieters. Sie soll ihm eine rationale Alternative für die Angebotsabgabe eröffnen.[338] Bei verbindlich anerkannter Urschrift des Leistungsverzeichnisses beziehen sich die Preisangaben in der Kurzfassung auf den Wortlaut der Urschrift.[339] Überschüssige Eintragungen in der Kurzfassung haben keine Wirkung auf die Urschrift und sind unbeachtlich.[340] Das Gleiche soll bei Widersprüchen zwischen der Langfassung des Leistungsverzeichnisses und der Kurzfassung gelten.[341] Wenn die Anerkennung der Verbindlichkeit der Urschrift fehlt *und* die Kurzfassung Widersprüche zur Urschrift aufweist, die nicht durch Auslegung oder Aufklärung beseitigt werden können, ist das Angebot dagegen auszuschließen.[342] Legt der öffentliche Auftraggeber den Vergabeunterlagen ein Kurztextleistungsverzeichnis bei, darf der Bieter als Adressat dies so verstehen, bei dessen Verwendung zur Beschreibung der angebotenen Leistung nur die darin geforderten Angaben machen zu müssen. Der öffentliche Auftraggeber kann in diesem Fall den Ausschluss des Angebots nicht darauf stützen, er habe sich an anderer Stelle in den Vergabeunterlagen ausbedungen, dass bei Verwendung selbstgefertigter Abschriften oder Kurzfassungen alle im Langtextleistungsverzeichnis geforderten Textergänzungen in das Kurztextverzeichnis übertragen werden müssen.[343]

79   **bb) Rechtliche und kaufmännische Bedingungen.** Die Einbeziehung eigener Allgemeiner Geschäftsbedingungen durch einen Bieter führt in der Regel ebenfalls zum Angebotsausschluss nach § 16 EU Nr. 2 VOB/A. Das gilt grundsätzlich auch dann, wenn der Bieter in seinem Angebot zusätzlich die Allgemeinen, Besonderen und Zusätzlichen Vertragsbedingungen des Auftraggebers anerkennt. Voraussetzung ist allerdings, dass die **Allgemeinen Geschäftsbedingungen des Bieters** überhaupt rechtlich wirksam in das Angebot einbezogen wurden. Das ist durch Auslegung zu ermitteln[344] und jedenfalls dann zweifelhaft, wenn die AGB ohne weitere Kommentare lediglich auf der Rückseite des Begleitschreibens zum Angebot abgedruckt waren und damit offensichtlich versehentlich Bestandteil Angebots geworden sind.[345] Die Regelung über die Einbeziehung Allgemeiner Geschäftsbedingungen in § 305 Abs. 2 BGB findet gem. § 310 Abs. 1 BGB auf Allgemeine Geschäftsbedingungen, die gegenüber einem Unternehmer, einer juristischen Person des öffentlichen Rechts oder einem öffentlich-rechtlichen Sondervermögen verwendet wer-

[336] VK Sachsen 4.10.2011 – 1/SVK/037 – 11, vgl. hierzu auch VK Bund 5.8.2009 – VK 1-128/09; VK Baden-Württemberg 4.12.2003 – 1 VK 64/03.
[337] *Stolz* in Willenbruch/Wieddekind, Kompaktkommentar Vergaberecht, 4. Aufl., § 16 EU VOB/A Rn. 57.
[338] BGH 15.1.2013 – X ZR 155/10.
[339] BayObLG 18.9.2001 – Verg 10/01 VergabeR 2002, 182 = NZBau 2002, 581.
[340] VK Mecklenburg-Vorpommern 2.12.2003 – 2 VK 16/3.
[341] OLG Schleswig 8.12.2010 – 1 Verg 12/10; anders noch VK Bund 6.5.2008 – VK 53/08 für Zahlenänderungen.
[342] Vgl. VK Bund 28.7.2006 – VK 2-50/6.
[343] BGH 15.1.2013 – X ZR 155/10.
[344] Vgl. *Grüneberg* in Palandt, BGB § 305 Rn. 49.
[345] IErg wie hier OLG Celle 22.5.2008 – Verg 13/08; VK Hannover 6.9.2002 – 26045-VgK 11/2002; VK Brandenburg 24.8.2000 – 2 VK 48/00; *Summa* in Juris-PK Vergaberecht, 5. Aufl., § 16 VOB/A Rn. 46; AA OLG München 21.2.2008 – Verg 1/08; VK Thüringen 27.3.2014 – 250-4002-2356/2014-N-002-AP; VK Thüringen 11.2.2010 – 250-4002.20-253/2010-001 – EF; VK Lüneburg 11.3.2008 – VgK 5/08; VK Nordbayern 27.2.2007 – 21.VK-3194-04/07; VK Saarland 1.3.2005 – 1 VK 01/2005; VK Sachsen 14.1.2004 – 1 SVK/153-03.

den, allerdings keine Anwendung.[346] Ein Angebotsausschluss wegen Änderungen an den Vergabeunterlagen kommt bei wirksamer Einbeziehung der Geschäftsbedingungen des Bieters auch nur in Betracht, wenn die Bedingungen des Bieters von denen der Vergabestelle tatsächlich abweichen.[347] Dies wird allerdings regelmäßig der Fall sein. Auch die lediglich ergänzenden AGB eines Bieters weichen regelmäßig von den Vertragsunterlagen des Auftraggebers ab, denn wenn diese Unterlagen bestimmte Modalitäten des Auftrags nicht regeln, gelten ergänzend die allgemeinen Bestimmungen des BGB.[348] Eine Änderung an den Vergabeunterlagen durch eigene AGB des Bieters ist nicht angezeigt, wenn die Vertragsbedingungen des Auftraggebers eine AGB-rechtliche Abwehrklausel enthalten, ohne dass zugleich auch die Allgemeinen Geschäftsbedingungen des Bieters eine solche Abwehrklausel vorsehen.[349] Eine Abwehrklausel schließt nicht nur widersprechende, sondern auch ergänzende Klauseln des anderen Teils aus.[350] In diesem Fall bleiben die Vergabeunterlagen des Auftraggebers daher unverändert.

Durch den Hinweis auf **Rechtsfolgen,** die sich für die Ausführung der Leistung **aus** 80 **dem Gesetz** oder aus den vom Auftraggeber einbezogenen Allgemeinen Vertragsbedingungen für die Ausführung von Bauleistungen (VOB/B) ergeben, ändert der Bieter ebenfalls nicht die Vergabeunterlagen. Daher ist zB der Hinweis eines Bieters auf etwaige Preisänderungen nach $\S$ 2 VOB/B unschädlich. Gleiches gilt, wenn der Bieter in seinem Angebot von zwingendem Gesetzesrecht abweicht. Der Bieter kann nur das erklären, was er selbst in der Hand hat. So kann zB durch eine privatrechtliche Vereinbarung weder der Zeitpunkt der Entstehung des Steueranspruchs verschoben noch die rechtlich zutreffende Subsumtion unter den Steuertatbestand verändert werden, weshalb der Angebotszusatz „Für die Berechnung der Mehrwertsteuer gilt der am Tage der Abnahme gültige Mehrwertsteuersatz" irrelevant ist.[351] Anderes gilt für allgemeine Preis- oder Leistungsvorbehalte für den Fall, dass sich ein − grundsätzlich vom Bieter zu tragendes −[352] Risiko von Rechts- oder Gesetzesänderungen verwirklicht.[353]

    cc) Preisangaben, Kalkulation und Spekulation. Seit der grundlegenden Entschei- 81 dung des BGH zur „Mischkalkulation" im Jahre 2004 werden **Angebote, die nicht so wie vom Auftraggeber gefordert bepreist** sind, so behandelt wie Angebote, bei denen die vom Auftraggeber geforderten Preisangaben fehlen.[354] Einer solchen Gleichstellung bedarf es eigentlich nicht. Es liegt näher, Angebote mit sog. „unzutreffenden Preisangaben" unter den **Ausschlusstatbestand des $\S$ 16 EU Nr. 2 i. V. m. $\S$ 13EU Abs. 1 Nr. 5 VOB/A** zu subsumieren, weil sie abweichend von den Vorgaben der Vergabeunterlagen erstellt wurden.[355] Es stellt sich dann auch nicht die Frage, ob die Bagatellklausel des $\S$ 16 EU Nr. 3 Hs. 2 VOB/A auf derartige Angebote anzuwenden ist.[356]

---

[346] OLG München 21.2.2008 − Verg 1/08 VergabeR 2008, 580; missverständlich VK Bund 29.3.2006 − VK 2-11/6.

[347] AA OLG Düsseldorf 30.4.2014 − Verg 35/13; OLG München 21.2.2008 − Verg 1/08 VergabeR 2008, 580; OLG Jena 17.3.2003 − 6 Verg 2/03; *Vavra* in Ziekow/Völlink, Vergaberecht, 2. Aufl., $\S$ 16 VOB/A Rn. 6; jeweils unter Berufung auf ein anerkennenswertes Auftraggeberinteresse, von vornherein ein Streit über die Geltung von Vertragsbedingungen zu verhindern.

[348] VK Südbayern 24.11.2015 − Z 3-3-3194-1-51-09/15.

[349] Anders VK Thüringen 11.2.2010 − 250-402.20-253/2010-001-EF und VK Lüneburg 20.8.2004 − 203-VgK-41/2004.

[350] ZB BGH 24.10.2000 − X ZR 42/99 − NJW-RR 2001, 484.

[351] OLG Schleswig 22.5.2006 − 1 Verg 5/6. Anders zuvor VK Sachsen 16.9.2005 − 1/SVK/114 − 05; VK Thüringen 22.3.2005 − 360-402.20-002/05-MGN; VK Sachsen 12.2.2004, 1/SVK/164-03.

[352] Vgl. OLG Düsseldorf 5.2.2014 − VII-Verg 42/13; VK Bund 1.2.2011 − VK 3-126/10; VK Bund 9.9.2009 − VK 3-163/09.

[353] Vgl. VK Bund 9.4.2009 − VK 3-58/09.

[354] Vgl. BGH 18.5.2004 − X ZB 7/04; deutlich auch BGH 20.1.2009 − X ZR 113/07 VergabeR 2009, 448 = NZBau 2009, 262.

[355] IdS OLG Saarbrücken 9.11.2005 − 1 Verg 4/05; angedeutet bei VK Bund 20.12.2012 − VK 3-132/12, vgl. auch *Dittmann* in KMPP, VOB/A, 2. Aufl. $\S$ 13 Rn. 79 aE.

[356] Hierzu bereits *Opitz* in Dreher/Motzke, Beck'scher Vergaberechtskommentar 2. Aufl. 2013, $\S$ 16 VOB/A Rn. 92.

82   Dass der Auftraggeber den Bietern **Vorgaben für die Bepreisung** ihrer Angebote machen kann, ist unbestritten. Das Bestimmungsrecht des Auftraggebers umfasst nicht nur den Gegenstand der Beschaffung, sondern auch die Wahl der Vergütungsform, d.h. insbesondere die Bestimmung, welche Leistungen sich der Auftraggeber pauschal und für welche Leistungen er sich eine „gesonderte Vergütung" anbieten lässt.[357] Mit der **Aufstellung eines Leistungsverzeichnisses** bestimmt der Auftraggeber die Positionen, die der Bieter gesondert zu bepreisen hat.[358] Auch weitere Festlegungen bezüglich der **Art der geforderten Preise** darf der Auftraggeber in den Vergabeunterlagen vornehmen. Sie betreffen nicht etwa Formalien der Angebotserstellung, sondern ebenfalls den Inhalt der geforderten Angebote.[359] Auf Angebote, die von diesen Vorgaben abweichen, kann 16 EU Nr. 2 i.V.m. § 13 EU Abs. 1 Nr. 5 VOB/A unmittelbar angewendet werden. Eine unzutreffende Preisangabe liegt z B vor, wenn dem Angebot eine in den Vergabeunterlagen geforderte Währungsangabe fehlt und auch im Wege der Auslegung keine Zuordnung des Angebots zu einer bestimmten Währung möglich ist,[360] wenn gefordert ist, dass alle Preise in Euro und Bruchteile in vollen Cent anzugeben sind und ein Angebot mit drei oder mehr Kommastellen eingeht,[361] wenn die Parameter einer Preisgleitklausel geändert werden,[362] wenn eine andere Art von Rabatt angeboten wird als durch die Vergabeunterlagen zugelassen[363] oder wenn anstatt eine geforderten verbindlichen Gesamtpreises eine unverbindliche Aufwandsschätzung oder ein „Richtpreis" unterbreitet wird.[364]

83   Hat sich ein Bieter bei der Angabe eines Preises indessen **verschrieben oder vertippt** (z B vertauschte Kommastellen) liegt keine unzutreffende Preisangabe vor.[365] Selbst wenn ein solches Versehen offensichtlich ist, weil es zu einem unangemessen niedrigen oder hohen (Einheits-)Preis führt, ist die Preisangabe zutreffend.[366] Auch ist ein Angebot, das **Rechen- oder Übertragungsfehler** aufweist, nicht auszuschließen. Nach der Konzeption der VOB/A müssen derartige Fehler bei der rechnerischen Überprüfung beseitigt werden.[367]

84   Sofern der Auftraggeber mit der Aufstellung eines Leistungsverzeichnissees die Positionen bestimmt, die der Bieter gesondert zu bepreisen hat,[368] ist damit zugleich eine Kalkulationsvorgabe verbunden. Nach der Rechtsprechung des BGH sind **bei der Kalkulation einer Leistungsposition sämtliche Leistungen zu berücksichtigen, die zu der betreffenden Leistungsposition gehören** und andere Arbeiten bei den für sie zutreffenden Leistungspositionen zu kalkulieren.[369] Eine unzutreffende Preisangabe liegt daher vor, wenn der Bieter in den Preis für eine nach Umfang und Ausführungsart genau bestimmte Leistungsposition Kosten für Leistungen einbezieht, die nach den Vorgaben des Auftraggebers nicht oder nur an anderer Stelle angesetzt werden dürfen.[370] Das betrifft zum Beispiel die

---

[357] OLG Koblenz 4.2.2014 – 1 Verg 7/13; OLG Koblenz 18.9.2013 – 1 Verg 6/13 „einheitlicher Stundenverrechnungssatz" sowie – umgekehrt – VK Baden-Württemberg 13.9.2012 – 1 VK 32/12 differenzierter Lohnansatz. Nach § 16d EU Abs. 2 Nr. 4 VOB/A kann der Auftraggeber sogar Festpreise oder Festkosten für den zu vergebenden Auftrag vorgeben.
[358] OLG Koblenz 18.9.2013 – 1 Verg 6/13.
[359] Zur Differenzierung oben → Rn. 60.
[360] VK Südbayern 12.11.1999 – 16-10/99.
[361] VK Sachsen-Anhalt 4.12.2007 – VK 2 LVwA LSA 22/07.
[362] VK Baden-Württemberg 23.2.2004 – 1 VK 03/04; VK Südbayern 17.2.2004 – 03-01/04.
[363] OLG Dresden 8.11.2002 – WVerg 0018/2. Wird ein Rabatt eingeräumt, obwohl die Vergabeunterlagen zu Rabatten keine Aussage enthalten, mag dies zur Unbeachtlichkeit des Rabatts führen, nicht jedoch zu einer Änderung an den Vergabeunterlagen, anders KG Berlin 17.5.2013 – Verg 2/13.
[364] OLG Düsseldorf 3.1.2005 – VII-Verg 82/04; VK Thüringen 3.3.2006 – 360-402.20-004/06-ABG.
[365] So auch VK Hessen 18.3.2002 – 69 d-VK03/2002; anders *Köhler* VergabeR 2002, 358.
[366] Zur Auslegung und Korrektur von Preisangaben Rn. 109 u. 111 zur Irrtumsanfechtung *Opitz* in Burgi/Dreher, Beck'scher Vergaberechtskommentar, 3. Aufl. Bd. 1 § 127 Rn. 43 ff.
[367] Vgl. § 16c EU Rn. 15 ff.
[368] → vorstehend Rn. 82.
[369] Grundlegend BGH 18.5.2004 – X ZB 7/04.
[370] OLG München 3.12.2015 – Verg 9/15; OLG München 10.11.2010 – Verg 19/10; OLG Düsseldorf 9.2.2009 – VII-Verg 66/08; OLG Karlsruhe 16.3.2007 – 17 Verg 4/07; OLG Frankfurt 19.2.2007

Position der **Baustelleneinrichtung,** in die Kosten der **Bauleitung** nur einkalkuliert werden dürfen, wenn diese nach der Positionsbeschreibung auch die Kosten für das Vorhalten, Unterhalten und Betreiben der Geräte und Einrichtungen umfasst.[371]

Auch über die Positionsbildung und Positionsbeschreibung hinausgehend kann der Auftraggeber in den Vergabeunterlagen jedoch **Kalkulationsvorgaben** aufstellen, z.B. Faktoren zur Preisermittlung vorgeben oder die Struktur der Kalkulation bestimmen. Dies ist heute weitgehend anerkannt.[372] Derartige Vorgaben müssen allerdings hinreichend klar sein.[373] Zum Teil wird auch gefordert, dass sie die Bieter nicht unzumutbar belasten dürfen.[374] Formblätter zur Kalkulationsabfrage beinhalten als solche keine Kalkulationsvorgaben.[375] Kalkulationsvorgaben begrenzen Spekulationsmöglichkeiten der Bieter und fördern insoweit die Chancengleichheit bei der Bewerbung um den Auftrag.[376] Ein Interesse des Auftraggebers an Kalkulationsvorgaben ist bei Bauaufträgen schon deshalb anzuerkennen, weil die Ermittlung von Nachtragsvergütungen − jedenfalls nach dem derzeitigen § 2 Abs. 5 VOB/B − im Wege der sog. vorkalkulatorischen Preisfortschreibung erfolgt, d.h. in der Weise, dass − soweit wie möglich − an die Kostenelemente der Auftragskalkulation angeknüpft wird.[377] Obwohl die Auftragskalkulation normalerweise kein Vertragsbestandteil ist, kommt ihr so eine nicht unerhebliche rechtliche und wirtschaftliche Bedeutung zu. Daran wird sich aufgrund der Vermutungsregelung in § 650c Abs. 2 BGB n.F. auch in Zukunft nichts ändern. **85**

Zwar berührt die Auftragskalkulation den Kernbereich unternehmerischen Handelns und wird die grundsätzliche **Kalkulationsfreiheit** der Bieter auch vom Bundesgerichtshof anerkannt.[378] Diese Kalkulationsfreiheit besteht jedoch nur innerhalb des Rahmens, den der Auftraggeber für die Kalkulation der Angebote bestimmt hat.[379] So hat die Vergabekammer des Bundes in einem Fall, in dem der Auftraggeber eine differenzierte Kalkulation von einmaligen, mengenabhängigen, zeitabhängigen und umsatzbezogenen Kosten verlangt hatte, entschieden, dass die Kalkulationsfreiheit nicht das bewusste Offenhalten der genauen Aufteilung der Baustellengemeinkosten umfasst, um bei späteren Nachtragsverhandlungen entsprechend der angefallenen Änderung diese entweder vollständig dem Umsatz oder **86**

− 11 Verg 1/07; OLG München 24.5.2006 − Verg 10/06; OLG Koblenz 2.1.2006 − 1 Verg 6/05. Der umgekehrte Fall, dass bei einer Position objektiv erforderliche Leistungen nicht einkalkuliert wurden, führt nicht zwangsläufig zu einer „unzutreffenden Preisangabe", denn der Bieter kann bewusst darauf verzichten, bestimmte Leistungen einzukalkulieren, anders wohl OLG Düsseldorf − 28.10.2015 − VII-Verg 16/15.

[371] VK Südbayern 27.5.2014 − Z 3-3-3194-1-10-03/14; VK Bund 3.5.2007 − VK 2-27/07.

[372] Vgl. zB OLG Düsseldorf 14.11.2012 − VII-Verg 42/12 zur Vorgabe eines bestimmten Tariflohns; OLG Düsseldorf 31.10.2012 − VII-Verg 17/12 zur Vorgabe eine bestimmten Stundenverrechnungssatzes; zur Vergabe von Maximalpreisen *Sulk,* Der Preis im Vergaberecht, S. 71. Vgl. ferner auch VK Bund 3.5.2017 − VK 2-38/17; VK Bund 28.9.2016 − VK 2-91/16; VK Bund 5.10.2012 − VK 3-111/12; VK Rheinland-Pfalz 30.4.2014 − VK 1-3/14; VK Bund 6.6.2013 − VK 3-35/13; VK Mecklenburg-Vorpommern 2.12.2011 − 1 VK 06/01; VK Bund 3.5.2005 − VK 3-19/05; VK Bund 5.4.2004 − VK 3-38/04; VK Bund 14.10.2003 − VK 2-90/03. Anders noch OLG Düsseldorf 22.12.2010 − Verg 33/10 zum Verbot negativer Einheitspreise sowie KG? 15.3.2004 − 2 Verg 17/03 IBR 2004, 268.

[373] OLG Naumburg 14.10.2016 − 7 Verg 3/16; OLG Frankfurt a. M.11.10.2016 − 11 Verg 13/16.

[374] OLG Düsseldorf 28.6.2017 − Verg 24/17; OLG Frankfurt 11.10.2016 − 11 Verg 13/16.

[375] OLG Düsseldorf 11.5.2016 − Verg 50/15.

[376] OLG Düsseldorf 14.11.2012 − VII-Verg 42/12; OLG Düsseldorf 9.1.2013 − VII-Verg 26/12 auch zu einer etwaigen Verpflichtung des Auftraggebers zu Kalkulationsvorgaben, wenn nur mittels solcher Vorgaben die Bestimmtheit der Leistungsanforderungen und die Vergleichbarkeit der Angebote gewährleistet werden kann.

[377] Statt aller BGH 14.3.2013 − VII ZR 142/12; *Kapellmann* in Kapellmann/Messerschmidt, VOB, 6. Aufl., § 2 VOB/B Rn. 213; *Keldungs* in Ingenstau/Korbion, VOB Teile A und B, 20. Aufl., § 2 Abs. 5 Rn. 51.

[378] BGH 18.5.2004 − X ZB 7/04 NZBau 2004, 457 = VergabeR 2004, 473; ferner etwa OLG München 4.4.2013 − Verg 4/13; OLG Düsseldorf 22.12.2010 − Verg 33/10 ; KG 15.3.2004 − 2 Verg 17/03 IBR 2004, 268; KG 26.2.2004 − 2 Verg 16/03 NZBau 2004, 288 = ZfBR 2004, 406; OLG Celle 8.11.2001 − 13 Verg 12/01 VergabeR 2002, 176, 178 = NZBau 2002, 400; *Herig* BauR 2005, 1385, 1386f.; einschränkend schon *Freese* NZBau 2005, 135, 137.

[379] Zutreffend *Sulk,* Der Preis im Vergaberecht, S. 58 ff.

aber der Zeit zuordnen zu können.[380] Die Kalkulationsfreiheit kann sich im Vergabeverfahren daher darauf beschränken, dass der Bieter frei darüber entscheidet, ob er eine einzelne Leistung besonders günstig oder besonders teuer offerieren möchte.[381] Der Bieter ist insbesondere nicht gehindert, auch einzelne Leistungen unter Selbstkosten anzubieten, wenn er sich hierdurch Wettbewerbsvorteile verspricht.[382] Andererseits darf der Auftraggeber den Bietern in den Vergabeunterlagen aber auch eine Mischkalkulation grundsätzlich vorgeben.[383] Bei fehlender Vorgabe der Vergabestelle zur Berücksichtigung allgemeiner Geschäftskosten, Baustellengemeinkosten, Wagnis und Gewinn, können diese frei zugeordnet werden.[384] Ob ein unausgesprochener Grundsatz besteht, dass Baustellengemeinkosten – wenn sie nicht in die Position Baustelleneinrichtung einzurechnen sind –[385] als Umlage über die Einheitspreise zu kalkulieren sind,[386] ist zweifelhaft. Jedenfalls entspricht eine einheitliche Umlage über alle Einheitspreise nicht unbedingt den tatsächlichen Gegebenheiten.

87   Eine unzulässige Preisangabe liegt vor, wenn ein Bieter entgegen einer entsprechenden Bestimmung in den Vergabeunterlagen sog. **„Minuspreise" oder „Negativpreise"** angeboten hat. Die Abweichende Ansicht des OLG Düsseldorf[387] lässt sich nicht mit der Kalkulationsfreiheit der Bieter begründen.[388] Dass ein Ausschluss von „Negativpreisen" wirtschaftlich wenig Sinn macht, weil ein Bieter an anderer Stelle seiner Kalkulation, insbesondere durch Verzicht auf Gewinn, berücksichtigen kann, wenn er bei der Auftragsausführung vermögenswerte Güter erhält (zB Stahl bei Abbrucharbeiten, Holz bei der Freimachung von Grundstücken, Boden bei Aushubarbeiten) steht dem nicht entgegen. Dass „Preis" nach allgemeinem Verständnis (nur) das Entgelt bezeichnet, dass der Bieter im Auftragsfall vom Auftraggeber verlangen kann, nicht jedoch die Vergütung, die er an den Auftraggeber zu zahlen bereit hat, könnte dafür sprechen, Angebote mit Negativpreisen auch dann auszuschließen, wenn der Auftraggeber Negativpreise nicht ausdrücklich verboten hat.[389] Hiergegen spricht allerdings das Erfordernis der Klarheit von Kalkulationsvorgaben.

88   Bei der **Mischkalkulation** handelt es sich um eine **besondere Form der unzutreffenden Preisangabe**.[390] Unter einer Mischkalkulation wird allgemein eine Kalkulation verstanden, bei der der Preis für die jeweilige Leistungsposition gerade nicht exakt anhand der Kosten, die zu der betreffenden Leistungsposition gehören, gebildet wird.[391] Vielmehr erfolgen in einzelnen Positionen eines Angebots Abpreisungen, für die an anderer Stelle des Angebots kompensatorische Aufpreisungen vorgenommen werden. Hinter einer Mischkal-

---

[380] VK Bund 11.4.2016 – VK 2–17/16.

[381] BGH 18.5.2004 – X ZB 7/04; OLG Rostock 9.10.2013 – 17 Verg 6/13; OLG München 4.4.2013 – Verg 4/13; OLG Karlsruhe 11.11.2011 – 15 Verg 11/11; OLG Jena 23.1.2006 – 9 Verg 8/05; OLG Frankfurt 17.10.2005 – 11 Verg 8/05.

[382] OLG Rostock 9.10.2013 – 17 Verg 6/13; OLG München 4.4.2013 – Verg 4/13; OLG Karlsruhe 11.11.2011, 15 Verg 11/11; OLG Jena 23.1.2006 – 9 Verg 8/05.

[383] OLG Düsseldorf 30.4.2014 – VII-Verg 41/13; OLG Düsseldorf 7.3.2012 – VII-Verg 82/11; OLG Düsseldorf 9.2.2009 – VII-Verg 66/08.

[384] OLG München 24.5.2006 – Verg 10/06; OLG Rostock 8.3.2006 – 17 Verg 16/05.

[385] → Rn. 88.

[386] IdS OLG München 10.11.2010 – Verg 19/10 für die „Negativabgrenzung" der in die BE-Position einzupreisenden Kosten; OLG Karlsruhe 16.3.2007 – 17 Verg 4/07 IBR 2007, 637; vgl. auch VK Baden-Württemberg 21.5.2010 – 1 VK 21/10; VK Lüneburg 16.7.2007 – VgK 3/07.

[387] OLG Düsseldorf 22.12.2010 – VII-Verg 33/10 – VergabeR 2011, 200. Zust. *Frister* in Kapellmann/Messerschmidt, VOB, 6. Aufl., § 16 VOB/A Rn. 22.

[388] → Rn. 86, *Sulk,* Der Preis im Vergaberecht, S. 71. Nicht auf die grundsätzliche Kalkulationsfreiheit abstellend, sondern auf die fehlende Kalkulationsvorgabe im konkreten Fall OLG Düsseldorf 8.6.2011 – VII-Verg 11/11.

[389] So noch *Opitz* in Dreher/Motzke, Beck'scher Vergaberechtskommentar 2. Aufl. 2013, § 16 VOB/A Rn. 94. Dies abl. OLG Dresden 28.3.2006 – WVerg 4/06; VK Thüringen 11.1.2007 – 360-402.20-024/06-HIG.

[390] *Summa* in Juris-PK Vergaberecht, 5. Aufl., VOB/A Rn. 65.

[391] S. o. → Rn. 84.

kulation steht allgemein die Erwartung, dass die geringeren Gewinne oder gar Verluste, die mit den abgepreisten Positionen erzielt werden, durch entsprechend höhere Gewinne in anderen Positionen ausgeglichen werden können. In praxi ist die Mischkalkulation ein Phänomen des Einheitspreisvertrags, weil nur hier der Auftraggeber für technisch und wirtschaftlich einheitliche Teilleistungen Preise pro Leistungseinheit abfordert (vgl. § 4 Abs. 1 Nr. 1 VOB/A), die im Auftragsfall dann nach Menge, Maß, Gewicht oder Stückzahl abgerechnet werden.[392] Innerhalb einzelner Leistungspositionen kann keine Mischkalkulation auftreten.[393]

Nach der **vom BGH entwickelten Definition** liegt eine unzulässige **Mischkalku‑ 89 lation** vor, wenn ein Bieter durch Auf‑ oder Abpreisen bestimmter Leistungspositionen die tatsächlich für einzelne Leistungspositionen geforderten Einheitspreise auf verschiedene Einheitspreise anderer Leistungspositionen verteilt und somit die von ihm geforderten Preise in seinem Angebot „versteckt".[394] Derartige Angebote sind grundsätzlich von der Wertung auszuschließen.[395] Denn wenn einzelne Leistungen infolge einer „auf-" und „abpreisenden" Mischkalkulation unrichtig ausgewiesen und damit die in den Ausschreibungsunterlagen geforderten Preise teilweise oder insgesamt nicht wie geboten angegeben sind, ist es der Vergabestelle nicht möglich, die Wirtschaftlichkeit des Angebots im Vergleich zu anderen Angeboten zu bewerten.[396] Grundlegender Gedanke ist dabei, dass die Angebote der Bieter auch bei den im Rahmen der Auftragsabwicklung immer wieder erforderlichen Mengen- oder Leistungsänderungen vergleichbar bleiben. Ob die Mischkalkulation baubetrieblich anerkannt oder üblich ist, spielt dabei keine Rolle.[397] Weil auch das mischkalkulierte Angebot in der Regel vollständige Preisangaben enthält, die auch von einem entsprechenden Rechtsbindungswillen des betreffenden Bieters getragen werden, ist der vom BGH gewählte Begriff des „tatsächlich geforderten Einheitspreises" allerdings etwas irreführend.[398] Und es erscheint auch ungenau, wenn der BGH von einer Verteilung von „Preisen" spricht, denn die Mischkalkulation beinhaltet der Sache nach nur eine kalkulatorische Verlagerung von Kostenelementen. Deshalb ist die neuere **Definition des Kammergericht** zu bevorzugen, wonach eine Mischkalkulation vorliegt, wenn (1) der Bieter in seinem Angebot einen bestimmten Positionspreis niedriger angibt als dies nach seiner diesbezüglichen internen Kalkulation – d. h. der Summe aus im Wesentlichen den mutmaßlichen positionsbezogenen Kosten und dem angestrebten, positionsbezogenen Gewinn des Bieters – angemessen wäre, während (2) der Bieter einen anderen Positionspreis höher angibt als dies nach seiner internen Kalkulation angemessen wäre, und (3.) diese Auf- und Abpreisung in einem von dem Bieter beabsichtigen, kausalen Zusammenhang steht.[399] Angebotspositionen mit ungewöhnlich niedrigen Einheitspreisen (0,00 €, 0,01 € 1,00 €) genügen für sich genommen nicht, um einen Angebotsausschluss wegen unzulässiger Mischkalkulation zu begründen.[400] Gleiches gilt, soweit die Angabe „in Pos. enthalten" ausnahmsweise so zu verstehen ist, dass die Leistung tatsächlich kostenlos er‑

---

[392] Sogleich → Rn. 90.

[393] VK Bund 29.12.2011 – VK 2‑128/10.

[394] BGH 18.5.2004 – X ZB 7/04, ebenso OLG Koblenz 18.9.2013 – 1 Verg 6/13; OLG München 6.12.2012 Verg 25/12 „unwahre Preise"; OLG Dresden 28.7.2011 – WVerg 0005 /11; OLG Düsseldorf 8.2.2005 – VII Verg 100/04; ähnlich OLG Rostock 10.6.2005 – 17 Verg 9/05.

[395] BGH 18.5.2004 – X ZB 7/04 NZBau 2004, 457 = VergabeR 2004, 473. Zu dieser Entscheidung *Konrad* NZBau 2004, 524; *Kus* NZBau 2004, 425; *Stemmer* VergabeR 2004, 549 ff.; *Leinemann/Kirch* VergabeR 2005, 563.

[396] BGH 18.5.2004 – X ZB 7/04 NZBau 2004, 457 = VergabeR 2004, 473; aA zuvor KG 26.2.2004 – 2 Verg 16/03 NZBau 2004, 288; OLG Jena 27.2.2002 – 6 U 360/01 VergabeR 2002, 419, wonach ein Angebotsausschluss nicht in Betracht kommt, etwaige Nachtragsrisiken, die aus einer Mischkalkulation herrühren, bei der vergleichenden Wirtschaftlichkeitsbetrachtung der Angebote Berücksichtigung finden können. Später ebenso OLG Naumburg 22.9.2005 – 1 Verg 7/05 VergabeR 2006, 779.

[397] Darauf abstellend *Duve/Richter* BauR 2009, 1655, 1685 f.

[398] Zutr. *Hausmann/Bultmann* ZfBR 2004, 671; *Herig* BauR 2005, 1385 ff.

[399] KG 18.10.2012 – Verg 7/12; KG 14.8.2012 – Verg 8/12.

[400] Zur Bedeutung der Preisangabe 0,00 auch → Rn. 110 u. 74.

folgt. [401] Und selbst das Zusammentreffen außergewöhnlich niedriger und außergewöhnlich hoher Preise in einem Angebot erlaubt noch nicht den Schluss auf eine unzulässige Mischkalkulation, weil derartige Preise unverbunden nebeneinander zulässig sind. [402] Die Annahme einer Mischkalkulation setzt vielmehr auch eine **Konnexität** voraus, d. h. die Feststellung, dass ein besonders niedriger Preis deshalb angegeben wurde, weil ein höherer Preis an anderer Stelle gefordert wird. [403] Dass ein Bieter bei kostendeckenden Preisen für einzelne Teilleistungen unterschiedliche Gewinnaufschläge kalkuliert, begründet schon per se keinen Vorwurf einer unzulässigen Mischkalkulation. [404] Und unterschiedlich hohe Ansätze von Kostenfaktoren können jedenfalls sachlich begründet sein. [405] Auch Ausnutzen eines ungenauen Leistungsverzeichnisses ist keine Mischkalkulation. [406] Schließlich kommt ein Angebotsausschluss wegen unzulässiger Mischkalkulation generell nicht in Betracht, wenn die Forderung des Auftraggebers nach bestimmter Preisausweisung unklar oder unerfüllbar ist. [407]

90   Einer Mischkalkulation können unterschiedliche Motive zu Grunde liegen. Ein **Motiv der Mischkalkulation** kann sein, dass der Bieter – oder sein Vorlieferant oder Nachunternehmer[408] – eine Kalkulationssystematik mit geringerer Kalkulationstiefe als der Auftraggeber verfolgt und er – um sich **Kalkulationsaufwand zu ersparen** – für mehrere vom Auftraggeber vorgegebene Einzelpositionen einen Gesamtpreis bildet. Üblicherweise macht der Bieter in diesen Fällen nur bei einer von mehreren Positionen eine Preisangabe. Bei den übrigen Positionen trägt er einen Nullpreis ein oder den Verweis, dass die bei diesen Positionen geforderten Entgelte bereits in dem anderen Positionspreis enthalten sind. Ein weiteres Motiv kann sein, **Liquiditätsverbesserungen zu erzielen,** indem Leistungspositionen, die in einer frühen Phase der Bauausführung anfallen und abgerechnet werden (zB die Baustelleneinrichtung) aufgepreist und andere Positionen, die in einem späteren Stadium anfallen, abgepreist werden. [409] Im Auftragsfall kann der Bieter dann eine vergleichsweise hohe Forderung auf eine frühzeitige Abschlagszahlung nach § 16 Abs. 1 Nr. 1 VOB/B geltend machen. In vielen Fällen erfolgt die Mischkalkulation mit **Spekulationsabsicht,** d. h. der Bieter orientiert seine Preise nicht an den voraussichtlichen Kosten einer unverän-

---

[401] OLG München 6.12.2012 – Verg 25/12; OLG Frankfurt 28.2.2006 – 11 Verg 16/05 VergabeR 2006, 382, 386; OLG München 5.7.2005 – Verg 9/05 VergabeR 2005, 794. Üblicherweise wird die Erklärung „in Pos. enthalten" jedoch auf eine Verlagerung von Preisbestandteilen hindeuten und den Effekt haben, dass nicht mehr nachvollziehbar ist, welche Preise und Preisgrundlagen für eine einzelne Leistung gelten sollen, vgl. OLG Saarbrücken 9.11.2005 – 1 Verg 4/05 VergabeR 2006, 223, 230.

[402] KG Berlin 14.8.2012 – Verg 8/12; OLG Karlsruhe 11.11.2011 – 15 Verg 11/1; OLG Jena 23.1.2006 – 9 Verg 8/05 VergabeR 2006, 358.

[403] OLG München 6.12.2012 – Verg 25/12; KG 18.10.2012 – Verg 7/12; KG 14.8.2012 – Verg 8/12; OLG Karlsruhe 11.11.2011 – 15 Verg 11/11; OLG Bremen 26.6.2009 – Verg 3/2005 VergabeR 2009, 948; OLG Brandenburg 20.3.2007 – Verg W 12/06 VergabeR 2007, 787; OLG Dresden 18.3.2006 – 17 Verg 16/05 VergabeR 2006, 374; OLG Jena 23.1.2006 – 9 Verg 8/05 VergabeR 2006, 358, 360 f.; OLG Frankfurt 17.10.2005 – 11 Verg 8/05; OLG Brandenburg 13.9.2005 – Verg W 9/05 VergabeR 2005, 770 ff.; OLG Frankfurt 16.8.2005 – 11 Verg 7/05 NZBau 2006, 259; OLG München 5.7.2005 – Verg 9/05 VergabeR 2005, 794; OLG Dresden 1.7.2005 – W Verg 7/05; OLG Rostock 15.9.2004, 17 Verg 4/04. Allerdings ist die Mischkalkulation mit dem Erfordernis der Konnexität nicht die einzige Form einer unzutreffenden Preisangabe → Rn. 88.

[404] Vgl. *Leinemann/Kirch* VergabeR 2005, 563, 564.

[405] Vgl. *Dittmann* in KMPP, VOB/A, 2. Aufl. § 16 Rn. 67.

[406] OLG München 4.4.2013 – Verg 4/13; VK Baden-Württemberg 22.8.2013 – 1 VK 29/13; VK Lüneburg 2.4.2012 – VgK 8/12. Das Ausnutzen eines solchen Leistungsverzeichnisses begründet auch nicht den Vorwurf der Unzuverlässigkeit eines Bieters OLG München 4.4.2013 – Verg 4/13; OLG Brandenburg 13.9.2005 – Verg W 9/05; aA OLG Koblenz 21.01.2011 – 1 W 35/11; OLG Nürnberg 18.7.2007 – 1 U 970/07; OLG Brandenburg 13.9.2005 – Verg W 9/05; BayObLG 18.9.2003 – Verg 12/03; VK Rheinland-Pfalz 10.2.2011; *Rohrmüller* VergabeR 2009, 327 ff.; *Sulk,* Der Preis im Vergaberecht, S. 133. Für Hinweispflichten der Bieter bei ungenauen Leistungsverzeichnissen *Dittmann* in KMPP, VOB/A, 2. Aufl. § 13 Rn. 53. Grundsätzlich gegen solche Hinweispflichten KG 26.2.2004 2 Verg 16/03.

[407] So OLG München 5.7.2005 – Verg 9/05 VergabeR 2005, 794.

[408] OLG Düsseldorf 23.3.2005 – VII-Verg 02/05; iErg ebenso OLG Celle 2.10.2008 – 13 Verg 4/08.

[409] Zu dieser Situation OLG München 10.11.2010 – Verg 19/10 NZBau 2011, 253; OLG Karlsruhe 16.3.2007 – 17 Verg 4/07; *Terstege* ZfBR 2005, 237.

derten Leistungsbeschreibung, sondern an der Erwartung, dass sich aus von ihm angenommenen künftigen Änderungen des Leistungssolls bei der Durchführung der Aufgabe ein finanzieller Vorteil ergibt.[410] Hat der Auftraggeber die Mengen, die bei den einzelnen Positionen eines Leistungsverzeichnisses zur Ausführung kommen sollen, entgegen dem Gebot der eindeutig und erschöpfenden Leistungsbeschreibung (§ 7 EU Abs. 1 Nr. 1 VOB/A) nur vage geschätzt oder sieht der Bieter Möglichkeiten, die vom Auftraggeber angegebenen Mengen während der Bauausführung in seinem Sinne zu beeinflussen, besteht für den Bieter ein Interesse, Positionen, bei denen Mengenmehrungen zu erwarten sind, aufzupreisen. Im Auftragsfall erzielt er dann einen Abrechnungsvorteil, wenn seine Spekulation aufgeht.[411] Um den durch die Aufpreisung bewirkten Nachteil bei der Angebotswertung auszugleichen, werden zugleich andere Positionen des Angebots, bei denen keine Mengenmehrungen zu erwarten sind, abgepreist. Das Angebot weist dann auffällig hohe und zugleich auffällig niedrige Einheitspreise auf. Erfolgen die Auf- und Abpreisungen ausgewogen, bleiben sie wertungsneutral, denn bei der preislichen Bewertung der Angebote sind ausschließlich die vom Auftraggeber im Leistungsverzeichnis vorgegebenen Mengen maßgeblich. Die preisliche Bewertung der Angebote erfolgt auf der Grundlage der Angebotsendsumme. Die Angebotsendsumme ist die Summe der Positionspreise. Die Positionspreise ergeben sich aus der Multiplikation der angebotenen Einheitspreise mit den vom Auftraggeber vorgegebenen Mengen.[412] Auf die Motive des Bieters für eine Mischkalkulation kommt es nach der einschlägigen Rechtsprechung indessen nicht an, insbesondere soll es unerheblich sein, ob der Bieter mit oder ohne Spekulationsabsicht gehandelt hat.[413]

Folgt man dem, kann eine unzulässige Mischkalkulation z. B. auch dann vorliegen, wenn **91** der Bieter Kostenbestandteile aus einer abgepreisten Leistungsposition *gleichmäßig* auf alle anderen Positionen seines Angebots umlegt, obwohl in diesem Fall nichts darauf hindeutet, dass auf Mengenmehrungen in *bestimmten* Positionen spekuliert wird. Außerdem ist nach Vorstehendem ebenfalls von einer unzulässigen Mischkalkulation auszugehen, wenn eine **Preisverschiebung zwischen mengenunabhängigen Festpreispositionen,** bei denen es von vornherein nicht zu einer Mengenänderung kommen kann, vorgenommen wird,[414] oder wenn Kostenverlagerungen zwischen einer Position für eine Grundlaufzeit und einer Verlängerungsoption vorgenommen werden.[415] Ob ein Angebotsausschluss wegen unzulässiger Mischkalkulation ausscheidet, wenn die Preisverlagerung **unter keinem denkbaren Gesichtspunkt zu wirtschaftlichen Auswirkungen** und damit zu einer Wettbewerbsbeeinträchtigung führen kann,[416] ist indessen fraglich. Bei dem Ausschlussgrund des § 16 EU Nr. 2 i. V. m. § 13 EU Abs. 1 Nr. 5 VOB/A spielen wirtschaftliche Bedeutung und Wettbewerbserheblichkeit der Abweichung von den Vergabeunterlagen keine Rolle.[417]

Schließlich ist für den Tatbestand der unzulässigen Mischkalkulation unerheblich, ob die **92** Mischkalkulation offen oder verdeckt erfolgt. Eine **offene Mischkalkulation** liegt vor, wenn der Bieter durch erläuternde Zusätze im Angebot transparent gemacht hat, dass und

---

[410] *Thormann* BauR 2000, 953; *Biermann* FS Vygen, S. 134; *Rohrmüller* VergabeR 2009, 327, 334 ff. jew. mit Beispielen.

[411] Vgl. jedoch BGH 18.12.2008 – VII ZR 201/06 NJW 2009, 835 zur Sittenwidrigkeit einer spekulativ überhöhten Nachtragsposition.

[412] Vgl. *Opitz* in Burgi/Dreher, Beck'scher Vergaberechtskommentar, 3. Aufl. Bd. 1 § 127 GWB Rn. 38 f.

[413] BGH 18.5.2004 – X ZB 7/04 NZBau 2004, 457 = VergabeR 2004, 473; OLG München 10.11.2010 – Verg 19/1; OLG Koblenz 2.1.2006 – 1 Verg 6/05. Folglich muss auch nicht zwischen mischkalkulierten Angeboten und Spekulationsangeboten unterschieden werden, anders zB *Dittmann* in KMPP, VOB/A, 2. Aufl. § 16 Rn. 76 und *Summa* in Juris-PK Vergaberecht, 5. Aufl., § 16 VOB/A Rn. 88.

[414] Anders OLG Frankfurt 28.2.2006 – 11 Verg 16/05 VergabeR 2006, 382. Vgl. hierzu auch VK Bund 25.8.2016, VK 2-71/16.

[415] Eine Mischkalkulation in diesem Fall ablehnend VK Bund 7.9.2005 – VK 3-115/05.

[416] So VK Baden-Württemberg 18.4.2005 – 1 VK 10/05 NZBau 2005, 712.

[417] → oben Rn. 63.

wie er bestimmte Preise vermindert und andere damit korrespondierend erhöht hat. Zwar hat der BGH in der Grundsatzentscheidung vom 18.5.2004 ausgeführt, ein Bieter, der in seinem Angebot die von ihm tatsächlich für einzelne Leistungspositionen geforderten Einheitspreise auf verschiedene Einheitspreise anderer Leistungspositionen verteilt, „ohne dass aus dem Angebot der tatsächlich geforderte Preis für die Leistung etwa infolge *erläuternder Zusätze* ersichtlich wird", gebe die geforderten Preisangaben nicht vollständig ab. Und auch mehrere Oberlandesgerichte haben als notwendiges Merkmal der Mischkalkulation darauf abgestellt, ob der Bieter die von ihm geforderten Preise „versteckt" hat,[418] was allerdings bereits dann der Fall sein soll, wenn der Bieter im Angebot nur allgemein darauf hingewiesen hat, dass eine Preisverlagerung vorgenommen wurde,[419] oder eine Offenlegung erst nach Angebotsabgabe im Rahmen eines Aufklärungsgesprächs erfolgt.[420] In seinen Auswirkungen ändert sich der der Tatbestand der Mischkalkulation jedoch nicht dadurch, dass der Bieter Art und Umfang der Verlagerung im Angebot erläutert. Auch das offen mischkalkulierte Angebot ist hinsichtlich der wirtschaftlichen Auswirkungen der Preisverlagerung im Falle von Mengenänderungen mit den ordnungsgemäß kalkulierten Angeboten nicht vergleichbar und damit auszuschließen.

93   Für eine **Mischkalkulation** ist **bei Pauschalpreisangeboten** (vgl. § 4 EU Abs. 1 Nr. 2 VOB/A) mangels unterschiedlicher Angebotspositionen, zwischen denen kalkulatorische Verschiebungen vorgenommen werden könnten, kein Raum. Der Pauschalpreis ist zudem dadurch gekennzeichnet, dass die Vergütung unabhängig von etwaigen Mengenveränderungen feststeht.[421] Liegt dem Pauschalpreisvertrag ein Leistungsverzeichnis mit (kalkulatorischen) Einheitspreisen zu Grunde, auf deren Grundlage bei vom Auftraggeber verlangten Änderungen der Leistung oder zusätzlicher Beauftragung eine Preisanpassung berechnet wird,[422] ist zu differenzieren: eine unzulässige Mischkalkulation ist in diesem Fall denkbar, wenn der Auftraggeber das Kalkulationsschema (Leistungsverzeichnis, Kalkulationsblatt) für den Pauschalpreis vorgegeben hat. Sie scheidet aus, wenn der Bieter den Pauschalpreis nach eigener Systematik im Angebot aufgeschlüsselt hat. Gleiches gilt im Rahmen einer **funktionalen Ausschreibung,** wenn der Bieter in seinem Angebot selbst die Aufgliederung der Leistung in einzelne Teile bestimmt hat (vgl. § 7c EU Abs. 3 VOB/A). In diesem Fall wird vom Auftraggeber nicht für eine bestimmte Leistung ein bestimmter Preis gefordert. Die Risiken aus Mengenveränderungen bestimmen sich vielmehr danach, welche Teilleistungen der Bieter in einer von ihm bepreisten Leistungsposition zusammenfasst.

94   Die Mischkalkulation ist vom **Angebotsausschluss wegen eines unangemessen niedrigen Angebots** abzugrenzen. Dennoch besteht ein Zusammenhang zwischen beiden Ausschlussgründen. Enthält das Angebot eines Bieters nämlich nachgewiesen unauskömmliche Positionspreise und erklärt der Bieter – um den Angebotsausschluss wegen unzulässiger Mischkalkulation abzuwenden – er habe keine kompensatorischen Aufpreisungen an anderer Stelle des Angebots vorgenommen, wird es nicht fern liegen, dass das Angebot insgesamt unauskömmlich ist. In diesem Fall *kann* der Auftraggeber das Angebot als unangemessen niedrig gem. § 16d EU Abs. 1 Nr. 1 VOB/A ausschließen. Der Auftraggeber *muss* dies aber nicht tun, wenn er gleichwohl eine ordnungsgemäße Auftragsausführung erwarten kann.[423]

---

[418] Vgl. OLG Rostock 8.3.2006 – 17 Verg 16/05 VergabeR 2006, 374; OLG Frankfurt 28.2.2006 – 11 Verg 16/05 VergabeR 2006, 382; wohl auch OLG Koblenz 10.5.2005 – 1 Verg 3/05 VergabeR 2005, 643; BayObLG 20.9.2004 – Verg 21/04 VergabeR 2005, 121.

[419] OLG Rostock 10.6.2005 – 17 Verg 9/05.

[420] BayObLG 20.9.2004 – Verg 21/04 VergabeR 2005, 121 mit dem Hinweis, dass es der Vergabestelle bei offen gelegter Mischkalkulation kaum zumutbar sei, mehr oder minder umfangreiche Rechenoperationen im jeweiligen Angebot vornehmen zu müssen, um es mit den ordnungsgemäß kalkulierten Angeboten anderer Bieter vergleichbar zu machen.

[421] *Putzier* Der Pauschalpreisvertrag Rn. 348.

[422] *Putzier* Der Pauschalpreisvertrag Rn. 400 ff. mwN.

[423] Vgl. § 16d EU Rn. 37.

Die Frage, ob einem Bieter eine **Mischkalkulation seiner Nachunternehmer zuzu- 95 rechnen** ist, wird uneinheitlich beurteilt. Teilweise wird vertreten, dass ein Bieter damit, dass er Preise aus einem Nachunternehmerangebot in sein eigenes Angebot übernimmt, per se zutreffende Preise benennt, und zwar unabhängig davon, ob das Angebot des Nachunternehmers auf einer Mischkalkulation beruht oder nicht.[424] Hierfür mag sprechen, dass sich die individuellen Kosten, die der Bieter im Auftragsfall hat, tatsächlich nach dem Nachunternehmerangebot und nicht anders bestimmen. Nach anderer Ansicht soll dem Bieter, der Preise von Nachunternehmern übernimmt, eine Mischkalkulation des Nachunternehmers dann zurechenbar sein, wenn der Bieter die Mischkalkulation erkannt hat, er also bösgläubig war.[425] Dagegen spricht aber, dass es für den Tatbestand der Mischkalkulation auch sonst auf subjektive Elemente nicht ankommt. Auch würden auf diese Weise Bieter begünstigt werden, die Nachunternehmerpreise ungeprüft übernehmen. Nach der hier vertretenen Ansicht muss sich ein Bieter, der sich Preise von Nachunternehmern zu Eigen macht, auch deren Mischkalkulation wie eine eigene zurechnen lassen.[426] Es würde zu Wertungswidersprüchen mit anderen Fällen fehlender oder fehlerhafter Preisangaben führen, wenn sich der Bieter von der Obliegenheit, die Angebotspreise so auszuweisen, wie vom Auftraggeber gefordert, durch Einschaltung Dritter entledigen könnte. Das gilt ungeachtet etwaiger Nachweisschwierigkeiten, die dadurch entstehen können, dass der Bieter zur Kalkulation und Kostensituation seiner Nachunternehmer möglicherweise keine Auskunft geben kann. Insofern hat das OLG Brandenburg zwar entschieden, ein Bieter könne vom Auftraggeber im Rahmen der Preisaufklärung nicht dazu verpflichtet werden, eine Urkalkulation auch der Nachunternehmer vorzulegen. Hinsichtlich eines Auskunftsverlangens bezüglich der „Zusammensetzung" eines Nachunterangebots hat das Gericht aber keine Bedenken angemeldet.[427]

In der Vergabepraxis ist der Ausschluss von Angeboten aufgrund von unzulässiger **96** Mischkalkulation selten.[428] Das liegt daran, dass Bezugspunkt für die Feststellung einer unzulässigen Auf- und Abpreisung die (interne) tatsächliche Kalkulation des Bieters ist[429] und nicht der marktübliche Preis. Sofern sich der Bieter nicht zu einer Mischkalkulation bekennt,[430] ist der **Nachweis der Mischkalkulation** vom Auftraggeber nur schwer zu führen. Bloße Zweifel, ob eine Mischkalkulation vorliegt, genügen nicht, um ein Angebot auszuschließen.[431] Insbesondere begründen niedrige Einheitspreise oder auch das Zusammentreffen niedriger und hoher Einheitspreise noch nicht die Annahme einer unzulässigen Mischkalkulation.[432]

Im Rahmen der Angebotsprüfung kann die Vergabestelle gem. § 15 EU VOB/A vom **97** Bieter Auskunft über die Preisbildung verlangen. Ein Angebotsausschluss wegen unzulässiger Mischkalkulation kommt nicht in Betracht, wenn sich die Vergabestelle nicht um Aufklärung bemüht oder das Aufklärungsverlangen unklar ist.[433] Ergeben die Erklärungen des Bieters, dass die ausgewiesenen Preise die geforderten Leistungen vollständig wiederspiegeln, kann das Angebot nicht wegen unzulässiger Mischkalkulation ausgeschlossen wer-

---

[424] OLG Frankfurt 16.8.2005 – 11 Verg 7/05 NZBau 2006, 259.

[425] OLG Düsseldorf 16.5.2006 – VII-Verg 19/06 IBR 2007, 91; *Frister* in Kapellmann/Messerschmidt, VOB, 6. Aufl., § 16 VOB/A Rn. 29.

[426] So iErg auch OLG München 3.12.2015 – Verg 9/15.

[427] OLG Brandenburg 13.9.2005 – Verg W 9/05.

[428] KG 18.10.2012 – Verg 7/12; KG 14.8.2012 – Verg 8/12 „Ausnahmefall".

[429] → Rn. 89.

[430] So jedoch bei BGH 18.5.2004 – X ZB 7/04; OLG Frankfurt 16.8.2005 – 11 Verg 8/05; OLG Dresden 28.7.2011 – WVerg 0005/11. Ein solches Bekenntnis muss nicht ausdrücklich erfolgen, vgl. VK Sachsen 17.11.2011 – 1/SVK/042-11.

[431] OLG Frankfurt 17.10.2005 – 11 Verg 8/05 VergabeR 2006, 126; OLG Schleswig 10.3.2006 – 1 (6) Verg 13/05 VergabeR 2006, 367; OLG Rostock 15.9.2004 – 17 Verg 4/04 NZBau 2005, 172 = VergabeR 2004, 719.

[432] → Rn. 89.

[433] OLG Rostock 8.3.2006 – 17 Verg 16/05 VergabeR 2006, 374; OLG Frankfurt 17.10.2005 – 11 Verg 8/05 VergabeR 2006, 126. Vgl. allgemein zur Aufklärungspflicht → Rn. 71 f.

den.[434] Verweigert der Bieter die Mitwirkung, kann sein Angebot nach § 15 EU Abs. 2 VOB/A unberücksichtigt bleiben. Von sich aus muss der Bieter niedrige Preise im Angebot nicht erläutern.[435] Umstritten ist, wie umfangreich die **Mitwirkung des Bieters an der Angebotsaufklärung** sein muss und wie sich verbleibende Zweifel auswirken. Für eine Belastung des Bieters mit einer substantiierten Darlegungspflicht spricht die Beweisnot der Vergabestelle.[436] Die pauschale Erklärung eines Bieters, wonach die in den fraglichen Positionen abgegebenen Preise der tatsächlichen Kalkulation entsprechen und keine Preisverlagerungen stattgefunden haben, genügt daher nicht, um den Verdacht einer unzulässigen Mischkalkulation auszuschließen.[437] Der Auftraggeber kann vom Bieter eine nachvollziehbare, d. h. eine in sich schlüssige, und anhand darzulegender Fakten überprüfbare Auskünfte zu seiner Kalkulation verlangen.[438]

98   Aufschluss können die ebenfalls vom Bieter übersandten ‚**Unterlagen zur internen Preisermittlung**‘ (Kalkulation, Kalkulationsblätter) geben.[439] Diese haben allerdings nur Indizfunktion, denn auch die mit dem Angebot oder im Rahmen der Angebotsaufklärung vorgelegte (Angebots-)Kalkulation muss nicht der wirklichen (Ur-)Kalkulation des Bieters entsprechen. Nicht zu folgen ist daher dem OLG Rostock, das davon ausgeht, dass sich die Prüfung, ob eine Mischkalkulation vorliege, auf einen Vergleich der Einheitspreise mit der vorgelegten Kalkulation des Bieters beschränkt.[440] Vielmehr kann der Auftraggeber weitergehend verlangen, dass der Bieter auch objektiv nachprüfbare Tatsachengrundlagen (z. B. Nachunternehmerangebote/-verträge) für seine Preisbildung liefert, soweit er über solche verfügt.[441] Kann der Bieter auf diese Weise zur Überzeugung der Vergabestelle darlegen, dass ein ungewöhnlich niedriger Einheitspreis kostendeckend ist, weil in der betreffenden Position keine oder nur geringe Kosten entstehen, ist damit zugleich die Verdacht einer Aufpreisung an anderer Stelle entkräftet. Ungewöhnlich niedrige Einheitspreise können z B darauf beruhen, dass der Bieter bestimmte Investitionen bereits bei Vorgängeraufträgen getätigt hat, oder darauf, dass Synergieeffekte durch die Ausführung von Parallelaufträgen (gemeinsame Baustelleneinrichtung) oder Verwertung von Nebenprodukten (Wiederverwendung von Bodenaushub, Veräußerung von Holz bei Rodungsarbeiten etc.) entstehen.[442] Sie können auch wettbewerblich begründet sein, etwa weil es einem „Newcomer" (unter Inkaufnahme von Verlusten) darum geht, Referenzen zu erlangen oder weil es sich um eine besonders prestigeträchtige Bauaufgabe handelt, die zu positiven Marketingeffekten führt. Auch kann es einem Bieter, der mit ungewöhnlich niedrigen Einheitspreisen kalkuliert, darum gehen, bei schwacher Auftragslage und mangelnder Auslastung wenigstens einen Deckungsbeitrag zu – nicht auftragsbezogenen – Gemeinkosten zu erwirtschaften. Auch besondere – auf bestimmte Positionen bezogene Nachlässe werden als zulässige Gründe für einen auffällig niedrigen Preis angesehen.[443] Schließlich kann ein auffällig nied-

---

[434] BGH 18.5.2004 – X ZB 7/04 NZBau 2004, 457 = VergabeR 2004, 473.

[435] So jedoch angedeutet bei OLG Jena 23.1.2006 – 9 Verg 8/05 NZBau 2006, 263 = VergabeR 2006, 358.

[436] OLG Brandenburg 13.9.2005 – Verg W 9/05 VergabeR 2005, 770, 772; OLG Frankfurt 17.10.2005 – 11 Verg 8/05 VergabeR 2006, 126; *Müller-Wrede* NZBau 2006, 73, 76.

[437] OLG Karlsruhe 11.11.2011 – 15 Verg 11/11. Anders OLG Koblenz 10.5.2005 – 1 Verg 3/05 VergabeR 2005, 643, 644; OLG Düsseldorf 26.11.2003 – Verg 53/03 VergabeR 2004, 322, 324.

[438] OLG Koblenz 4.1.2018 – Verg 3/17; OLG Karlsruhe 11.11.2011 – 15 Verg 11/11.

[439] Nach einigen – verfehlten – landesrechtlichen Regelungen, wie z B § 16 Abs. 1 Hessisches Vergabe- und Tariftreuegesetzes (HVTG) darf die Urkalkulation im Vergabeverfahren nur zur Ermittlung der Abgemessenheit eines auffällig niedrigen Angebots, nicht jedoch zur Prüfung einer Mischkalkulation gefordert werden.

[440] OLG Rostock 8.3.2006 – 17 Verg 16/05 VergabeR 2006, 374. Nach der Rechtsprechung des OLG Jena 23.1.2006 – 9 Verg 8/05 NZBau 2006, 263 = VergabeR 2006, 358 gilt das Angebot in diesem Fall als „vorläufig mangelfrei".

[441] So OLG Dresden 1.7.2005 – WVerg 7/05 VergabeR 2005, 641; OLG Rostock 8.3.2006 – 17 Verg 16/05 VergabeR 2006, 374, 378.

[442] Vgl. zB OLG Rostock 15.9.2004 – 17 Verg 4/04 NZBau 2005, 172 = VergabeR 2004, 719.

[443] *Planker* in Kappellmann/Messerschmidt, VOB, 6. Aufl., § 13 VOB/A, Rn. 14 „Nachlass der Geschäftsleitung"; OLG Rostock 15.9.2004 – 17 Verg 4/04 „Gutschrift von Vorlieferanten"; *Vavra* in Ziekow/Völlink, Vergaberecht, 2. Aufl., § 16 VOB/A Rn. 12.

riger Einheitspreis auch schlicht auf einem Kalkulationsirrtum des Bieters beruhen.[444] Lässt sich ein Verdacht auf eine unzulässige Mischkalkulation trotz umfassender Aufklärung weder zweifelsfrei bestätigen noch ausräumen (non liquet Situation), ist eine Entscheidung nach der **materiellen Beweislast** zu treffen. Nach dem allgemeinen Grundsatz, dass derjenige, der sich auf einen Ausschlussgrund beruft, dessen tatbestandlichen Voraussetzungen zu beweisen hat,[445] trägt daher grundsätzlich die Vergabestelle die Beweislast einer unzulässigen Mischkalkulation.[446] Eine **Beweiserleichterung** wird man für den Fall annehmen können, dass erläuternde Angaben eines Bieters zu auffällig niedrigen Angebotspositionen von der Vergabestelle bereits als falsch widerlegt worden sind. In diesem Fall muss die Vergabestelle den Nachweis, dass Aufpreisungen anderer Positionen vorgenommen wurden, nicht mehr führen.[447] Darüber hinausgehend haben Gerichte vereinzelt auch eine widerlegbaren Vermutung für das Vorhandensein einer Mischkalkulation statuiert, wenn in einzelnen Positionen lediglich symbolische Preise (zB EUR 0,01) angeboten wurden.[448] Das bedeutet im Ergebnis aber eine **Umkehr der Beweislast,** was zu weit gehend erscheint. Insofern ist auch das Missbrauchspotential zu berücksichtigen, das in einer solchen Vermutung liegt. Das OLG München hat zutreffend darauf hingewiesen, dass die Diskussion einer Mischkalkulation für jede Minimalposition der Vergabestelle die Möglichkeit eröffnet, vermutlich jeden missliebigen Bieter auszuschalten, obwohl die große Wahrscheinlichkeit besteht, dass vergleichbare Unstimmigkeiten bei allen anderen Geboten ebenso bestehen. Dies kann der einzelne Bieter aber nicht überprüfen, während die Vergabestelle die Möglichkeit erhält, an beliebiger Stelle nach Plausibilitätslücken zu suchen.[449]

4. Änderungen des Bieters an eigenen Eintragungen

Nach § 16 EU Nr. 2 i. V. m. § 13 EU Abs. 1 Nr. 5 Satz 3 VOB/A sind Angebote, die **99** zweifelhafte Änderungen des Bieters an eigenen Eintragungen enthalten, auszuschließen. § 13 EU Abs. 1 Nr. 5 Satz 2 VOB/A zielt hauptsächlich darauf ab, Manipulationen der Angebote nach Angebotsöffnung auszuschließen oder jedenfalls zu erschweren. Außerdem soll verhindert werden, dass Bieter bewusst mehrdeutige Änderungen an ihren Eintragungen mit dem Ziel vornehmen, der Auftraggeber werde diese zu ihren Gunsten auslegen.[450] Der Ausschlussgrund betrifft nur zweifelhafte Änderungen der Angebotsdokumente und nicht inhaltliche Widersprüche oder Unklarheiten der Erklärungen des Bieters. Zweifel können vor allem bei dem **Durchstreichen, Ausradieren oder Löschen und Überschreiben** entstehen und zwar insbesondere bei **Preisen oder anderen Ziffernschriftzügen.**[451] Auf die Wesentlichkeit oder Wertungserheblichkeit der zweifelhaften Eintragung stellt die Vorschrift – anders als § 16 EU Nr. 3 Hs. 2 VOB/A – nicht ab.

---

[444] Vgl. OLG München 6.12.2012 – Verg 25/12; OLG Brandenburg 20.3.2007 – Verg W 12/06; OLG Rostock 6.7.2005 – 17 Verg 8/05.

[445] → Rn. 25.

[446] Wie hier *Leinemann/Kirch* VergabeR 2005, 569; *Vavra* in Ziekow/Völlink, Vergaberecht, 2. Aufl., § 16 VOB/A Rn. 12; *v. Wietersheim* in Ingenstau/Korbion, VOB, 20. Aufl. § 16 VOB/A Rn. 13; OLG Jena 23.1.2006 – 9 Verg 8/05 VergabeR 2006, 358 = NZBau 2006, 263; OLG Frankfurt 17.10.2005 – 11 Verg 8/05 VergabeR 2006, 126 = NZBau 2006, 259; OLG Naumburg 22.9.2005 – 1 Verg 7/05 VergabeR 2005, 779, = NZBau 2006, 129 (Ls.); OLG Rostock 6.7.2005 – 17 Verg 8/05. Offen gelassen OLG Schleswig, 10.3.2006 – 1 (6) Verg 13/05; OLG Dresden 1.7.2005 – WVerg 7/05 VergabeR 2005, 641.

[447] Angedeutet bei OLG Frankfurt 17.10.2005 – 11 Verg 8/05 VergabeR 2006, 126, 129. Ähnlich *Dittmann* in KMPP, VOB/A, 2. Aufl. § 16 Rn. 92.

[448] OLG Rostock 8.3.2006 – 17 Verg 16/05 VergabeR 2006, 374; OLG Dresden 1.7.2005 – WVerg 7/05 VergabeR 2005, 641; OLG Brandenburg 13.9.2005 – Verg W 9/05 NZBau 2006, 126 = VergabeR 2005, 770; OLG Brandenburg 30.11.2004 – Verg W 10/04 VergabeR 2005, 230 = NZBau 2005, 238; *Müller-Wrede* NZBau 2006, 73; *Stemmer* VergabeR 2004, 549, 552 auch *Frister* in Kapellmann/Messerschmidt, VOB, 6. Aufl., § 16 VOB/A Rn. 23 u. 28.

[449] OLG München 24.5.2006 – Verg 10/06.

[450] OLG Saarbrücken 9.11 2005 – 1 Verg 4/05 VergabeR 2006, 223.

[451] Bei Worteintragungen kann zusätzlich auf die Wortbedeutung abgestellt werden.

100   Eine **zweifelhafte Eintragung liegt vor,** wenn zwei unabhängige Betrachter zu einer
unterschiedlichen Sicht eines Ziffernschriftzuges kommen.[452] Am ehesten zweifelsfrei sind
Änderungen dann, wenn sie in der Weise erfolgen, dass die nicht mehr gültigen Eintragungen deutlich durchgestrichen werden und die verbindlichen neuen Eintragungen daneben
geschrieben werden.[453] Der Gebrauch von **Korrekturband oder Korrekturlack** führt für
sich genommen aber noch nicht zur Zweifelhaftigkeit der Eintragung. Es mag zwar sein,
dass sich der Korrekturlack ablösen kann und damit der überschriebene Einheitspreis zum
Vorschein kommt, was zu Lasten des Bieters Zweifel an der Eindeutigkeit der Änderungen
begründen kann. Deshalb sind Löschungen mit Korrekturlack und anschließende handschriftliche Überschreibungen aber nicht per se zweifelhaft.[454] Auch eine Durchstreichung
oder Überschreibung wird nicht schon dadurch zweifelhaft, dass „alte Zahlen" noch sicht-
bar sind.

101   Eine andere Frage ist, ob Änderungen auch als vom Bieter stammend erkennbar sein
müssen und deutlich sein muss, dass die Änderungen vor und nicht nach Angebotsabgabe
vorgenommen wurde. So wird vertreten, dass jede Änderungen des Bieters an seinen Eintragungen ohne **Namenszeichen und Datumsangabe** zweifelhaft sei.[455] Es besteht im
Lichte der Korruptionsprävention zwar ein anerkennenswertes Bedürfnis des öffentlichen
Auftraggebers, dass über die Frage, ob die vorgenommene Änderung schon vor Angebotsabgabe oder erst im Nachhinein vorgenommen wurde und ob sie vom Bieter oder von
einem Mitarbeiter der Vergabestelle stammt, kein Streit entsteht. Ohne einen Hinweis des
Auftraggebers, dass Änderungen mit Namenszeichen und Datumsangabe zu versehen sind
und eine dementsprechende Konkretisierung des Ausschlusstatbestands rechtfertigt das Fehlen derartiger Angaben aber keinen Angebotsausschluss.[456] Im Übrigen liegt es grundsätzlich in der Verantwortung des Auftraggebers, nachträgliche Manipulationen der Angebote
durch eigene Mitarbeiter zu verhindern. Auch bestehen hierfür wirksamere organisatorische Maßnahmen, wie zB das Einreichen eines verschlossenen Angebotsdoppels, als das
Namenszeichen und die Datumsangabe bei Änderungen der Eintragungen.

102   Mit dem Begriff der „Eintragung" haben die Verfasser der VOB/A den Fall einer Leistungsbeschreibung mit Leistungsverzeichnis vor Augen, bei dem die Bieter – handschriftlich – Preise in ein vom Auftraggeber **vorgegebenes Angebotsblankett** eintragen. Das
spricht jedoch nicht dagegen, die Vorschrift auch dort anzuwenden, wo der Bieter selbst
angefertigte Konzepte, Pläne oder Erklärungen mit seinem Angebot einreicht.

103   Von den Änderungen an eigenen Eintragungen sind **Änderungen des Angebots** eines
Bieters **nach Ablauf der Angebotsfrist** zu unterscheiden. Solche Änderungen können
zB den Leistungsgegenstand oder die kommerziellen Bedingungen des Angebots aber auch
die Person des Bieters betreffen (zB Auflösung, Austausch, Veräußerung, Change of
Control, Umstrukturierung etc. des Bieterunternehmens).[457] Außerhalb des Verhandlungsverfahrens und des Wettbewerblichen Dialogs verstoßen derartige Änderungen regelmäßig
gegen das Nachverhandlungsgebot des § 15EU Abs. 3 VOB/A, weshalb sie bei der Angebotswertung nicht berücksichtigt werden dürfen.[458] Diese Rechtsfolge ergibt sich aber auch
daraus, dass das neue, geänderte Angebot nach § 16 EU Nr. 1 VOB/A verspätet ist, das

---

[452] VK Thüringen 19.1.2011 – 250-402.20-5163/2010-014-J.
[453] VK Rheinland-Pfalz 3.2.2012 – VK 2-44/11.
[454] OLG München 23.6.2009 – Verg 8/09 VergabeR 2009, 942; OLG Schleswig 11.8.2006 –
1 Verg 1/06 VergabeR 2006, 940; VK Bund 29.6.2006 – VK 3-48/06; aA VK Südbayern 14.12 2004
– 69-10/04.
[455] Vgl. VK Kiel 5.1.2006 – VK-SH 31/05 zur VOL/A mwN sowie die Spruchpraxis der VK Halle, zB
VK Halle 7.5.2004 – 1 VK LVwA 14/04; VK Halle 13.11.2003 – VK Hal 31/3.
[456] OLG Schleswig 11.8.2006 – 1 Verg 1/06 VergabeR 2006.
[457] Vgl. zur Änderung der „Bieteridentität" etwa OLG Düsseldorf 3.8.2011 – VII-Verg 16/1; OLG Düsseldorf 11.10.2006 – VII Verg 34/06; OLG Düsseldorf 18.10.2006 – VII Verg 30/06 VergabeR 2007, 90
= NZBau 2007, 254; sowie für den Spezialfall einer Änderungen in der Zusammensetzung von Bietergemeinschaften OLG Celle 5.9.2007 – 13 Verg 9/07; OLG Düsseldorf 26.1.2005 – Verg 45/04 VergabeR
2005, 374 = NZBau 2005, 354; OLG Düsseldorf 24.5.2005 – Verg 28/05 NZBau 2005, 710.
[458] Siehe die Kommentierung zu § 15 EU VOB/A.

alte, unveränderte Angebot indessen keine Gültigkeit verliert und bis zum Ablauf der Bindefrist wertungsfähig bleibt.

III. Angebote, die nicht die geforderten Preise enthalten (Nr. 3)

1. Angebotsausschluss als Regelfall

Nach § 16 EU Nr. 3 Hs. 1 VOB/A sind Angebote, die nicht den Bestimmungen des **104** § 13 EU Abs. 1 Nr. 3 VOB/A entsprechen, also Angebote, die nicht die geforderten Preise enthalten, auszuschließen. In begrenztem Rahmen macht Hs. 2 (sog. Bagatellklausel) hiervon eine Ausnahme. Seinem Wortlaut nach erfasst der Ausschlusstatbestand des § 16 EU Nr. 3 VOB/A nicht **nur Angebote mit fehlenden Preisangaben,** sondern auch solche, die zwar alle Preisangaben vollständig enthalten, bei denen die Preise jedoch anders als nach den Vergabeunterlagen gefordert ausgewiesen sind. Insofern besteht eine Überschneidung mit dem Ausschlussgrund nach § 16 EU Nr. 2 VOB/A i. V. m. § 13 EU Abs. 1 Nr. 5 S. 1 und 2 VOB/A. Nach hier vertretener Auffassung sind Abweichungen von den Vergabeunterlagen, die die geforderte **Art der Preisangabe oder der Kalkulation** betreffen, von § 16 EU Nr. 2 VOB/A erfasst.[459] Das hat zur Konsequenz, dass die Bagatellklausel nach § 16 EU Nr. 3 Hs. 2 VOB/A von vornherein keine Anwendung findet. Verstöße gegen die geforderte **Form einer Preisangabe,** insbesondere dadurch, dass der Preis nicht exakt an der dafür vorgegebenen Stelle eines Preisblatts eingetragen ist, sind ohnehin unerheblich, solange der Erklärungsinhalt zweifelsfrei ist.[460]

Wenn die VOB/A für Angebote mit fehlenden Preisangaben – anders als nach § 16a EU **105** VOB/A für Angebote mit fehlenden sonstigen Erklärungen – **keine Möglichkeit der Nachforderung** vorsieht, trägt dies dem Umstand Rechnung, dass Preisangaben regelmäßig wertungsrelevant sind, d. h. durch sie die wirtschaftliche Bewertung der Angebote beeinflusst wird. Nur so erklärt sich auch die Bagatellklausel nach Hs. 2. Werden ausnahmsweise Preise abgefragt, die **nicht wertungsrelevant** sind, mag dies dafür sprechen, den Ausschlusstatbestand des § 16 EU Nr. 3 VOB/A teleologisch zu reduzieren und eine Nachforderung zuzulassen.[461] Für eine weitergehende teleologische Reduktion des Ausschlusstatbestands in Fällen, in denen Preisangaben zwar wertungs- aber **nicht wettbewerbsrelevant** ist, weil ihr Fehlen unter keinen denkbaren Gesichtspunkten zu einer Wettbewerbsbeeinträchtigung führen kann,[462] ist allerdings kein Raum mehr. Der Fall fehlender Wettbewerbsrelevanz wird seit der VOB/A 2009 von Hs. 2 erfasst.

§ 16 EU Nr. 3 VOB/A gilt für Hauptangebote ebenso wie für Nebenangebote. Die **106** Vorschrift kommt immer zur Anwendung, wenn in einem Angebot geforderte Preisangaben fehlen. Sie erfasst daher auch fehlende Preisangaben in einer Alternativposition[463] oder einer Eventualposition.[464] Voraussetzung ist, dass die **Forderung einer bestimmten Preisangabe hinreichend eindeutig** war.[465] Dies kann zweifelhaft sein, wenn die Vergabeunterlagen ein zu bepreisendes Leistungsverzeichnis enthalten, dieses aber unvollständig ist und darüber hinaus auch noch an anderer Stelle (zB in Anlagen zu einem Wartungsvertrag) Preisangaben gefordert werden. Nach einschlägiger Spruchpraxis ist in Ermangelung

---

[459] → Rn. 81.
[460] OLG Dresden 16.3.2010 – WVerg 0002/10.
[461] So VK Westfalen 29.7.2016 – VK 2-25/16 zu § 19 EG Abs. 2 S. 2 VOL/A aF Ähnlich zuvor OLG Celle 2.10.2008 – 13 Verg 4/08 und VK Baden-Württemberg 18.4.2005 – 1 VK 10/05.
[462] So zum Teil die ältere Rechtsprechung, vgl. OLG Celle 2.10.2008 – 13 Verg 4/08; OLG Düsseldorf 5.4.2006 – 7 Verg 3/06; Schleswig-Holsteinisches OLG 10.3.2006 – 1(6) Verg 13/05; OLG München 5.7.2005 – Verg 9/05; BayObLG 15.9.2004 – Verg 26/03 und auch OLG Frankfurt 21.2.2012 – 11 Verg 11/11.
[463] OLG Naumburg 5.5.2004 – 1 Verg 7/04.
[464] KG Berlin 13.5.2013 – Verg 10/12.
[465] Es gilt hier derselbe Maßstab für den Angebotsausschluss nach VOB/A → Rn. 66.

gegenteiliger Hinweise in den Vergabeunterlagen allerdings regelmäßig davon auszugehen, dass alle vorformulierten Formblätter, die ein Bieter seinem Angebot beizufügen hat, vollständig, also auch mit Preisen, auszufüllen sind.[466]

107   Preisangaben sind nur Angaben, die die Vergütung des Auftragnehmers betreffen und die bei Zuschlagserteilung verbindlicher Vertragsbestandteil werden. Unterlagen für die interne Preisermittlung (Kalkulationsblätter, Urkalkulation) werden nicht Vertragsbestandteil, weil im Vertrag nur die Preise, nicht aber deren einzelne Elemente oder die Art ihres Zustandekommens vereinbart werden.[467] Fehlen vom Auftraggeber geforderte **Angaben zur internen Preisbildung (Kalkulationsangaben)** handelt es sich um „Erklärungen" i. S. v. § 16a EU VOB/A.[468] Diese können nachgefordert werden. Übermittelt der Bieter Preisangaben oder Listenpreise von Nachunternehmern oder Zulieferern, muss unmissverständlich deutlich sein, dass der Bieter diese als eigene Preise anbietet.[469] Wird eine irrtümliche Preisangabe vom Bieter wirksam angefochten, ist seine Erklärung gem. § 142 Abs. 1 BGB als von Anfang an nichtig anzusehen. Auch in diesem Fall fehlen daher geforderte Preisangaben.[470]

108   Ist das Angebot auf Abschluss eines Einheitspreisvertrags (§ 4 EU Abs. 1 Nr. 1 VOB/A) gerichtet, kommt es nur darauf an, dass die Einheitspreise wie gefordert und vollständig eingetragen sind. Fehlende Positions- oder Endpreise sind unschädlich, wenn durch Addition der Einheitspreise der **fehlende Positions- oder Endpreis** ermittelt werden kann.[471] Die Positionspreise für die einzelnen in den Vergabeunterlagen angegebenen Leistungspositionen (Ordnungszahlen) werden durch Multiplikation von Mengensatz und Einheitspreis ermittelt (vgl. § 16c EU Abs. 2 VOB/A).[472] Aus der Summe der Positionspreise ergibt sich die Angebotsendsumme. Unter Umständen kommt auch der Umkehrschluss in Betracht, d. h. kann ein fehlender Einheits- oder Einzelpreis im Wege der Auslegung durch Division des Positionspreises oder Subtraktion von der Angebotsendsumme ermittelt werden.[473] Die Grenze einer solchen Auslegung ist allerdings dann erreicht, wenn kein eindeutiges Rechenergebnis zu erzielen ist. Insbesondere ist nicht der Rückschluss von der Angebotsendsumme auf Einheitspreise möglich, wenn mehrere Einheitspreise oder Positionspreise fehlend oder fehlerhaft sind.[474]

109   Auch in anderen Fällen hat die Rechtsprechung in der Vergangenheit gelegentlich die **Ergänzung fehlender Preisangaben im Wege der (lückenfüllenden) Auslegung** zugelassen.[475] So hat das Gericht der Europäischen Union eine fehlende Preisangabe als eine einfach auflösbare und leicht behebbare Mehrdeutigkeit angesehen, wenn in dem Angebot zugleich an anderer Stelle eine inhaltsgleiche Position vorhanden ist, die der Bieter bepreist hat.[476] Eine lückenfüllende Auslegung unter Heranziehung einer mit dem Angebot – verschlossen – eingereichten Urkalkulation hat das OLG Brandenburg abgelehnt.[477]

---

[466] KG Berlin 13.5.2013 – Verg 10/12; VK Sachsen-Anhalt 17.10.2014 – 3 VK LSA 81/14.

[467] BGH 20.1.2009 – X ZR 113/07; OLG Saarbrücken 16.12.2015 – 1 U 87/15; OLG; Koblenz 19.1.2015 Verg 6/14; OLG Rostock 9.10.2013 – 17 Verg 6/13; vgl. auch OLG Düsseldorf 11.5.2016 – VII-Verg 50/15 und OLG Düsseldorf 10.8.2011 – VII-Verg 66/11.

[468] VK Schleswig-Holstein 20.4.2010, VK – SH 03/10; VK Lüneburg 26.4.2007 – VgK-16/2007; AA LG Saarbrücken 29.6.2015 – 4 O 141/15.

[469] OLG Schleswig 31.3 2006 – 1 Verg 3/06.

[470] VK Nordbayern 12.12.2001 – 320.VK-3194-41/1.

[471] OLG Düsseldorf 22.12.1995 – 22 U 130/95 NJW-RR 1997, 1452 = IBR 1996, 142; *Köhler* VergabeR 2002, 356, 357.

[472] → § 16c EU Rn. 16.

[473] Vgl. OLG Dresden 12.11.2002 – Wverg 8/01 VergabeR 2002, 174. Vgl. auch VK Baden-Württemberg 23.4.2013 – 1 VK 09/13 für den Fall, dass der Gesamtpreis auf 0,00 € lautet.

[474] *Köhler* VergabeR 2002, 359.

[475] Zu den Grundsätzen der Angebotsauslegung → Rn. 67 ff.

[476] EuG 10.12.2009 – Rs. T-195/08. Gegen die Annahme, dass die Preise bei inhaltsgleichen Positionen auch zwingend gleich sein müssen VK Thüringen 19.1.2011 – 250-4002.20-5163/2010-014-J.

[477] OLG Brandenburg 1.11.2011 – Verg W 12/11; zust. *Frister* in Kapellmann/Messerschmidt, VOB, 6. Aufl., § 16 VOB/A Rn. 20 und *Summa* in Juris-PK Vergaberecht, 5. Aufl., § 16 VOB/A Rn. 58. Anders *Dittmann* in KMPP, VOB/A, 2. Aufl. § 16 Rn. 39.

Für die lückenfüllende Auslegung unter Heranziehung eines Angebotsdoppels kann anderes gelten.[478] Soweit eine lückenfüllende Auslegung möglich ist, ist § 16 EU Nr. 3 Hs. 1 VOB/A schon tatbestandlich nicht erfüllt.

Bei Einheitspreisen von 0,00 EUR, 1,00 EUR oder 0,01 EUR (sog. **Cent-Position**) **110** handelt es sich nicht um unvollständige Preisangaben.[479] Das gleiche gilt für Minuspreise (negative Einheitspreise). **Minuspreise** können allerdings „unzutreffende Preisangaben" darstellen.[480] Textliche Festsetzungen wie „ohne Berechnung" oder Zeichen wie etwa **Querstriche** können dahingehend auszulegen sein, dass die Leistung ohne Vergütung, d. h. zu einem Preis von 0,00 EUR, erbracht wird. Eine solche Auslegung verbietet sich aber, wenn der Bieter bei einer Position einen Schrägstrich und er in anderen Positionen des Leistungsverzeichnisses bei der Angabe des Einzel- und Gesamtpreises eine „0" einträgt.[481] Auch wenn weder eine numerische Angabe noch eine textliche Festsetzung oder ein Zeichen gemacht wurde, kann nicht davon ausgegangen werden, dass ein Preis von 0,00 EUR angeboten wurde.[482]

Nach wohl herrschender Auffassung sind Angebote mit zweifelhaften, d. h. **unklaren 111 oder widersprüchlichen Preisangaben,** Angeboten mit fehlenden Preisangaben gleichzusetzen.[483] Sie sind nach § 16 EU Nr. 3 Hs. 1 VOB/A auszuschließen, wenn nicht die Bagatellklausel nach Hs. 2 eingreift. Unter Hinweis auf die Gefahr nachträglicher Preismanipulationen wird überwiegend vertreten, dass unklare oder widersprüchliche Preisangaben auch nicht Gegenstand von Aufklärungsgesprächen nach § 15 EU VOB/A sein können.[484] Soweit der Angebotspreis die Wirtschaftlichkeitsbewertung der Angebote betrifft, was in der Regel der Fall ist, sprechen hierfür auch teleologische Erwägungen.[485] § 16 EU Nr. 2 i. V. m. § 13 EU Nr. 5 S. 3 VOB/A erfasst einen Spezialfall der zweifelhaften Preisangabe, nämlich die zweifelhafte Änderung an eigenen Eintragungen des Bieters. Abgesehen von diesem Fall können zweifelhafte Preisangaben z B entstehen durch Widersprüche zwischen einem Kurz- und einem ebenfalls ausgefüllten Langtext-LV,[486] durch unterschiedliche Preisangaben für dieselbe Leistung an unterschiedlichen Stellen des Angebots oder – wenn keine Vorrangregelung getroffen wurde – in unterschiedlichen Angebotsausfertigungen. Ein Angebot ist aber nicht deshalb zweifelhaft oder widersprüchlich, weil rundungsbedingte Differenzen bestehen.[487] Auch wenn sich die im Angebot ausgewiesenen Preise und die Unterlagen des Bieters zur internen Preisermittlung (Urkalkulation, Kalkulationsblätter) unterscheiden, liegt keine widersprüchliche Preisangabe vor, die zum Angebotsausschluss

[478] Abgelehnt bei VK Bund 6.2.2001 – VK 1-3/01; VK Bund 16.5.2002 – VK 1-21/02 für eine lückenfüllende Auslegung mittels beigefügte Disketten, die lediglich als Arbeitsmittel dienen sollte.

[479] BSG 22.4.2009 – B 3 KR 2/09 D; OLG München 23.12.2010 – Verg 21/10 VergabeR 2011, 525; OLG München 12.11.2010 – Verg 21/10; OLG Naumburg 2.4.2009 – 1 Verg 10/08; OLG Naumburg 29.1.2009 – 1 Verg 10/08 VergabeR 2009, 642; OLG Saarbrücken 24.6.2008 – 4 U 478/07 NZBau 2009, 265; leicht einschränkend OLG Düsseldorf 7.11.2012 – VII-Verg 12/12.

[480] → Rn. 87.

[481] VK Sachsen 16.12.2009 – 1/SVK/057-09; VK Nordbayern 9.9.2008 – 21.VK-3194-34/08.

[482] VK Südbayern 16.7.2003 – 25-06/03.

[483] OLG Frankfurt 26.6.2012 – 11 Verg 12/11; OLG Frankfurt 21.2.2012 – 11 Verg 11/11; OLG Naumburg 2.4.2009 – 1 Verg 10/08; OLG Brandenburg 6.11.2007 – Verg W 12/07; VK Bund 13.1.2012 – VK 3-179/11; VK Bund 13.1.2012 – VK 3-176/11; VK Bund 9.1.2007 – VK 2-152/06; VK Bund 13.7.2005 – VK 1-59/05. Anders zB *Dittmann* in KMPP, VOB/A, 2. Aufl. § 13 Rn. 86 f., die insofern § 16 EU Nr. 2 iVm § 13 EU Abs. 1 Nr. 5 Satz 3 VOB/A – über die Wortlautgrenze hinaus – anwenden will.

[484] VK Bund 14.3.2017 – VK 1-15/17; VK Sachsen 28.1.2013 – 1/SVK/042.12; VK Nordbayern 2.7.2010 – 21 VK-3194 – 21/10, VK Sachsen 16.12.2009 – 1/SVK/057-09; VK Brandenburg 22.2.2008 – VK 3/08; VK Lüneburg 6.6.2006 – VgK-11/2006; 3. VK Bund 21.7.2005 – VK 3-61/05; VK Bund 13.7.2005 – VK 1-59/05; VK Bund 1.6.2007 – VK 1-41/07; VK Bund 9.1.2007 – VK 2-152/06; VK Bund 21.7.2005 – VK 3-61/05. Anders – für offensichtliche Fehler – OLG München 29.7.2010 – Verg 9/10 VergabeR 2011, 130. Vgl. zum Umgang mit widersprüchlichen Angeboten im Allgemeinen → Rn. 71.

[485] Vgl. § 16a EU Rn. 11.

[486] VK Nordbayern 2.7.2010 – 21.VK-3194-21/10.

[487] OLG Düsseldorf 1.9.2010 – VII-Verg 37/10.

zwingt.[488] Dieser Fall kann nicht anders behandelt werden als der Fall, dass geforderte Angaben zur internen Preisbildung gänzlich fehlen.[489] Ebenso scheidet ein Angebotsausschluss aus, wenn sich lediglich Angaben in den Unterlagen der internen Preisermittlung untereinander widersprechen.[490]

2. Bagatellklausel

112   Wenn in einem Angebot lediglich in einer einzelnen unwesentlichen Position die Angabe des Preises fehlt und durch die Außerachtlassung dieser Position der Wettbewerb und die Wertungsreihenfolge, auch bei Wertung dieser Position mit dem höchsten Wettbewerbspreis, nicht beeinträchtigt wird, scheidet der Angebotsausschluss aus. Dies ergibt sich aus Hs. 2 von § 16 EU Nr. 3 VOB/A (sog. Bagatellklausel). Als Ausnahme von dem allgemeinen Grundsatz des Ausschlusses nach 16 EU Nr. 3 Hs. 1 VOB/A ist Hs. 2 eng auszulegen. Dem Auftraggeber steht in dem Ausnahmefall gleichwohl **kein Ermessen** hinsichtlich des Angebotsausschlusses zu. Hierfür spricht vor allem die Entstehungsgeschichte der VOB/A 2009. Nach den Beratungen des Vergabe- und Vertragsausschusses für Bauleistungen sollte es § 16 EU Abs. 1 Nr. 1 lit. c VOB/A zunächst heißen: „… Angebote, die den Bestimmungen des § 13 EU Abs. 1 Nr. 3 nicht entsprechen, können gewertet werden, wenn durch die Außerachtlassung …". Auf diese Formulierung wurde später jedoch verzichtet. Liegen daher die Voraussetzungen des Hs. 2 vor, darf der Auftraggeber das Angebot nicht ausschließen.

113   Erste Voraussetzung für die Anwendung der Bagatellklausel ist, dass in dem betreffenden Angebot **nur in einer einzelnen Position** die Angabe des Preises fehlt. § 16 EU Nr. 3 HS. 2 VOB/A erfasst damit vor allem den Fall, dass der Bieter beim Ausfüllen eines Leistungsverzeichnisses versehentlich eine Ordnungszahl überspringt. Der Begriff der Position ist allerdings nicht notwendig im Sinne von § 16c EU Abs. 2 Nr. 1 VOB/A mit „Ordnungszahl" gleichzusetzen. Auch wenn von dem Bieter kein nach Ordnungszahlen gegliedertes Leistungsverzeichnis auszufüllen ist, sondern andere Angebotsformen vorgesehen sind, ist bei Fehlen einer einzelnen Preisangabe und bei Vorliegen der weiteren Voraussetzungen der Ausnahme von einem Angebotsausschluss abzusehen. Für die Beschränkung des Anwendungsbereichs des § 16 EU Nr. 3 Hs. 2 VOB/A auf eine einzige fehlende Preisangabe fehlt eine überzeugende sachliche Begründung. Sie stellt wohl eine „tatbestandliche Übersicherung" dar,[491] die zudem zu willkürlichen Ergebnissen führen kann.[492] Maßgeblicher Geltungsgrund der Bagatellklausel ist die Unwesentlichkeit des Angebotsfehlers, der den Wettbewerb und die Wertungsreihenfolge nicht beeinträchtigt. Insofern macht es jedoch keinen Unterschied, ob ein einzelner, unwesentlicher Preis fehlt, oder mehrere (insgesamt) unwesentliche Preise fehlen. Angesichts des klaren Wortlauts der Vorschrift kann dennoch nicht davon ausgegangen werden, dass der Normgeber den Fall mehrerer unvollständiger Preispositionen übersehen hätte. Eine analoge Anwendung der Ausnahme auf Fälle mit mehreren oder mehreren wenigen unvollständigen Preispositionen[493] hat die Rechtsprechung daher abgelehnt.[494] Taucht die inhaltlich gleiche Position in dem Leis-

---

[488] OLG Düsseldorf 20.10.2008 – VII-Verg 41/08. Vgl. auch OLG Dresden 8.5.2013 – Verg 1/13 für einen Widerspruch zwischen den gemäß Preisblatt EFB 222 Ziffer 2.5 kalkulierten Nachunternehmerkosten und den im Angebot festgelegten und bepreisten Nachunternehmerleistungen. Anders wohl *Brieskorn/Stamm*, NZBau 2008, 414, 418.

[489] → § 16a EU Rn. 29.

[490] OLG Düsseldorf 20.10.2008 – VII-Verg 41/08 für Differenzen zwischen Preisblatt EFB-222 und Preisblatt EFB-223; AA VK Nordbayern 24.1.2008 – 21. VK-3194-52/07 für Differenzen zwischen den Preisblättern EFB-Preis 1a und EFB-Preis 2; AA *Brieskorn/Stamm* NZBau 2008, 414, 418.

[491] *Gröning* VergabeR 2009, 117, 125.

[492] *Summa* in Juris-PK Vergaberecht, 5. Aufl, § 16 VOB/A Rn. 110 f. Kritisch auch *Dittmann* in KMPP, VOB/A, 2. Aufl. § 16 Rn. 38; *Frister* in Kapellmann/Messerschmidt, VOB, 6. Aufl., § 16 VOB/A Rn. 31.

[493] So § 56 Abs. 3 Satz 2 VgV. Zur Widersprüchlichkeit der Vergabeordnungen oben Rn. 9.

[494] KG Berlin 13.5.2013 – Verg 10/12. Ebenso *Stolz* in Willenbruch/Wieddekind, Kompaktkommentar Vergaberecht, 4. Aufl., § 16 EU VOB/A Rn. 32.

tungsverzeichnis oder Preisblatt mehrfach auf und fehlt die Preisangabe mehrfach, kommt § 16 EU Nr. 3 Hs. 2 VOB/A ebenfalls nicht zur Anwendung.

§ 16 EU Nr. 3 Hs. 2 VOB/A setzt weiterhin voraus, dass durch die Außerachtlassung **114** der Position der **Wettbewerb und die Wertungsreihenfolge unbeeinträchtigt bleiben.** Das ist in einer (hypothetischen) Angebotswertung unter Zugrundelegung des höchsten Wettbewerbspreises, der bei der Position geboten wurde, zu ermitteln.[495] Bei der hypothetischen Angebotswertung ist nur auf die Wettbewerbspreise der wertungsfähigen anderen Angebote abzustellen.[496] Die abschließend festgestellte Wertungsrangfolge darf sich durch die fehlende Preisangabe nicht verändern. Handelt es sich bei dem Angebot mit der unvollständigen Preisangabe um das einzige oder das einzige wertungsfähige Angebot, ist eine Wettbewerbsbeeinträchtigung per se ausgeschlossen. Das gleiche gilt, wenn auch bei allen übrigen Angeboten in der betreffenden Position die Preisangabe fehlt. Die Angebotswertung unter Zugrundelegung des höchsten Wettbewerbspreises bei der betreffenden Position ist eine hypothetische Wertung. Wie mit dem lückenhaften Angebot im Falle der Zuschlagserteilung umzugehen ist, lässt § 16 EU Nr. 3 VOB/A offen. Bei Dienst- und Werkverträgen ist die Lücke nach Maßgabe der §§ 632 Abs. 2, 612 Abs. 2 BGB zu schließen.[497] Soweit hiernach die **ortsübliche Vergütung als vereinbart** gilt, kann zur Ermittlung dieser Vergütung allerdings auf das Wettbewerbsergebnis zurückgegriffen werden. Es spricht nichts dagegen, dass der Auftraggeber die ortsübliche Vergütung ermittelt und sich das Ermittlungsergebnis vom Bieter bestätigen lässt, bevor er den Zuschlag erteilt.[498]

Von einem Angebotsausschluss ist nach § 16 EU Nr. 3 Hs. 2 VOB/A auch nur dann ab- **115** zusehen, wenn die fehlende Preisangabe eine **unwesentliche Position** betrifft. Wann eine Position unwesentlich ist, definiert die VOB/A nicht. Aufgrund des Normzwecks von § 16 EU Nr. 3 VOB/A läge es nahe, eine Position dann als unwesentlich anzusehen, wenn der fehlende Positionspreis den Wettbewerb nicht beeinträchtigt. Dann wäre allerdings fraglich, ob dem Wesentlichkeitskriterium im Rahmen der Tatbestandsmerkmale des § 16 EU Nr. 3 VOB/A überhaupt noch eine eigenständige Bedeutung zukommt.[499] Überwiegend wird davon ausgegangen, dass es sich bei dem Merkmal der „Unwesentlichkeit" um eine eigenständige Tatbestandsvoraussetzung handelt.[500] Die Begründung hierfür, der Verordnungsgeber habe sicher keinen nichtssagenden Begriff verwenden wollen,[501] ist allerdings angreifbar. Die VOB/A ist nicht frei von Kodifikationsmängeln, was unter anderem daran liegt, dass die Beschlüsse des Vergabe- und Vertragsausschuss für Bauleistungen (DVA), dem Normgeber der VOB/A, nicht wie etwa Gesetze im formellen Sinne einer mehrfachen Prüfung im parlamentarischen Verfahren und einer fachkundigen Rechtsförmlichkeitsprüfung durch Justizministerien unterliegen.[502] Missbrauchsanfällig wäre es jedenfalls, die Unwesentlichkeit einer Preislücke in einer „kalkulatorischen Zusammenschau aller abgegebe-

---

[495] Vgl. Brandenburgisches OLG 1.11.2011 – Verg W 12/11 für die Regelung des § 16 VOL/A a. F.

[496] AA *Summa* in Juris-PK Vergaberecht, 5. Aufl. § 16 VOB/A Rn. 108.

[497] Ebenso Stolz in Willenbruch/Wieddekind, Kompaktkommentar Vergaberecht, 4. Aufl., § 16 EU VOB/A Rn. 35.

[498] Weitergehend *Vavra* in Ziekow/Völlink, Vergaberecht, 2. Aufl., § 16 VOB/A Rn. 13, die von einer Nachforderungsmöglichkeit für den fehlenden Preis ausgeht. Gegen eine Nachholung der Preisangabe im Vergabeverfahren *Dittmann* in KMPP, VOB/A, 2. Aufl. § 16 Rn. 38 und v. *Wietersheim* in Ingenstau/Korbion VOB, 20. Aufl, § 16 VOB/A Rn. 15.

[499] *Gröning* VergabeR 2009, 117, 125.

[500] OLG Düsseldorf 24.9.2014 – VII-Verg 19/14; Brandenburgisches OLG 1.11.2011 – Verg W 12/11; iErg ebenso VK Bund 23.5.2014 – VK 1-30/14; VK Baden-Württemberg 13.9.2012 – 1 VK 32/12. Vgl. auch OLG München 7.11.2017 – Verg 8/17 zu § 56 Abs. 3 S. 2 VgV. Ablehnend *Sulk*, Der Preis im Vergaberecht, S. 117 f.

[501] Brandenburgisches OLG 1.11.2011 – Verg W 12/11; VK Baden-Württemberg 13.9.2012 – 1 VK 32/12.

[502] Vgl. – in anderem Zusammenhang – VK Bund 21.4.2011 – VK 3-38/11. Da in dem DVA außerdem noch das Einstimmigkeitsprinzip herrscht, gehen die beschlossenen Regeln der VOB/A nicht selten auf sog. „Formelkompromisse" zurück.

nen Angebote" zu bestimmen.[503] Zum Teil wird bei der Frage der Unwesentlichkeit darauf abgestellt, welchen Wert die Position nominell hat,[504] wieweit sie vom Durchschnittspreis der abgegebenen Angebote abweicht, welchen Anteil sie am Gesamtauftragswert hat oder auf mehrere dieser Merkmale.[505] Zum Teil wird auch unabhängig von derartigen quantitativen Aspekten berücksichtigt, ob der Auftraggeber erkennbar Wert auf eine gesondert abzugebende Preisangabe gelegt hat[506] oder ob die Leistungsposition eine „Eigenständigkeit" aufweist.[507]

116   Nach hier vertretener Auffassung hat das Merkmal der „Unwesentlichkeit" **ausschließlich rechtsgeschäftliche Bedeutung.** Es verhindert, dass der Vertragsschluss zwischen öffentlichem Auftraggeber und Bieter an essentialia negotii oder einem offenen Dissens (§ 154 BGB) scheitert. Dies spricht dafür, die Frage der Wesentlichkeit entscheidend von dem **Anteil** abhängig zu machen, **den die Position an der Gesamtleistung hat.**[508] Wenn die Position nach der Kostenschätzung des Auftraggebers oder dem Mittelwert der wertungsfähigen Angebote weniger 1–2% der Angebotssumme ausmacht, wird man sie als unwesentlich ansehen können.[509] Nur in diesem Bereich wird es der Auftraggeber auch in Kauf nehmen können, dass bei der Position eine Preisbildung außerhalb des Wettbewerbs im Wege von Nachverhandlungen erfolgt. Bei der Beurteilung der Unwesentlichkeit steht dem Auftraggeber ein gewisser Beurteilungsspielraum zu.[510] Abzulehnen ist aber die Ansicht, dass der Auftraggeber in den Vergabeunterlagen frei festlegen kann, welche Preisangaben er als wesentlich ansieht,[511] denn die Bagatellklausel des § 16 EU Nr. 3 HS 2 VOB/A steht nicht zur Disposition des Auftraggebers.[512]

IV. Fehlende vorbehaltene Erklärungen oder Nachweise (Nr. 4)

117   Nach § 16 EU Nr. 4 S. 1 VOB/A sind Angebote auszuschließen, bei denen der Bieter **Erklärungen oder Nachweise, deren Vorlage sich der öffentliche Auftraggeber vorbehalten hat,** auf Anforderung nicht innerhalb einer angemessenen, nach dem Kalender bestimmten Frist vorgelegt hat. Eine weitere Nachforderung findet nicht mehr statt.[513] Nr. 4 Satz 2 ordnet Entsprechendes auch für Teilnahmeanträge an, was nach dem Regelungsgehalt von § 16 EU VOB/A und auch der Gesamtsystematik der §§ 13 EU ff. VOB/A allerdings fehlplatziert wirkt. **§ 16 EU Nr. 4 S. 1 VOB/A ist von § 15 EU Abs. 2 VOB/A abzugrenzen.** Während § 15 EU Abs. 2 VOB/A jegliche Erklärungen oder Unterlagen erfasst, die der Auftraggeber im Zuge einer Angebotsaufklärung von dem Bieter fordert, gilt der speziellere § 16 EU Nr. 4 S. 1 VOB/A nur für Erklärungen und

---

[503] So die ältere Rechtsprechung vor Einführung der Bagatellklausel OLG Oldenburg 21.3.1996 ZfBR 1997, 152 = NJW-RR 1997, 661; OLG Nürnberg 29.11.2000 – 4 U 3184/00 NZBau 2001, 339; OLG Jena 5.12.2001 – 6 Verg 4/01 VergabeR 2002, 256.

[504] VK Brandenburg 4.10.2011 – VK 37/11; VK Nordbayern 3.2.2011 – 21.VK-3194-50/10.

[505] Brandenburgisches OLG 1.11.2011 – Verg W 12/11; VK Baden-Württemberg 13.9.2012 – 1 VK 32/12.

[506] VK Brandenburg 30.5.2012 – VK 14/12.

[507] VK Bund 23.5.2014 – VK 1-30/14 sowie darauf folgend OLG Düsseldorf 24.9.2014 – VII-Verg 19/14. Für eine qualitative Betrachtung auch *Summa* in Juris-PK Vergaberecht, 5. Aufl., § 16 VOB/A Rn. 105.

[508] Ebenso Stolz in Willenbruch/Wieddekind, Kompaktkommentar Vergaberecht, 4. Aufl., § 16 EU VOB/A Rn. 33; Stapelfeldt KommJur 2010, 241, 244; VK Hessen 22.2.2016, 69d VK-47/2015.

[509] Strenger *Vavra* in Ziekow/Völlink, Vergaberecht, 2. Aufl., § 16 VOB/A Rn. 13 „unter 1%" im Verhältnis zum Gesamtangebotspreis; *v. Wietersheim* in Ingenstau/Korbion VOB, 20. Aufl, § 16 VOB/A Rn. 14 „höchstens 0,1 bis 1%".

[510] *Frister* in Kapellmann/Messerschmidt, VOB, 6. Aufl., § 16 VOB/A Rn. 31; *Vavra* in Ziekow/Völlink, Vergaberecht, 2. Aufl., § 16 VOB/A Rn. 13; *v. Wietersheim* in Ingenstau/Korbion VOB, 20. Aufl, § 16 VOB/A Rn. 14.

[511] IdS OLG Düsseldorf 24.9.2014 – VII-Verg 19/14; VK Nordbayern 3.2.2011 – 21.VK-3194-50/10.

[512] → Rn. 18.

[513] Vgl. sogleich Rn. 119.

Nachweise, deren Vorlage sich der Auftraggeber – in der Auftragsbekanntmachung oder den Vergabeunterlagen – ausdrücklich vorbehalten hatte. Das setzt eine hinreichende Konkretisierung der betreffenden Erklärung oder des betreffenden Nachweises voraus. Ein allgemeiner Vorbehalt der Anforderung „ergänzender Unterlagen" oder ein bloßer Verweis auf § 15 EU VOB/A genügt nicht.

Bei den Erklärungen oder Nachweisen, deren Vorlage nach Angebotsabgabe sich öffentliche Auftraggeber vorbehalten, handelt es sich regelmäßig um solche, deren Vorlage zum **118** Zeitpunkt der Angebotsabgabe unnötig erscheint oder deren Erstellung oder Beibringung für die Bieter zu diesem Zeitpunkt sogar unzumutbar wäre. Ein typischer Fall ist die **Benennung von Nachunternehmern und/oder die Vorlage von Verpflichtungserklärungen** i.S.v. § 6d EU Abs. 1 S. 2 VOB/A. Nach der Rechtsprechung des BGH kann eine Benennung von Nachunternehmern im Angebot für den Bieter – jedenfalls unter bestimmten Voraussetzungen – unzumutbar sein.[514] Auch die Anforderung von **Unterlagen über die interne Preisermittlung** (Urkalkulation, Kalkulationsblätter) behält sich der öffentliche Auftraggeber oftmals vor, weil diese Unterlagen im Vergabeverfahren nur anlassbezogen, nämlich bei dem Verdacht einer unzulässigen Mischkalkulation oder eines unangemessen niedrigen Angebots, benötigt werden. Soweit die Urkalkulation für die Vertragsausführung, nämlich die Nachtragsprüfung erforderlich ist, genügt es, dass sie von dem Bestbieter, der den Zuschlag erhalten soll, angefordert wird. Gleiches gilt für andere – nicht wertungserhebliche – **Erklärungen oder Nachweise, die erst im Rahmen der Auftragsausführung Bedeutung erlangen**, zB die Freistellungsbescheinigung nach § 48 EStG, Versicherungspolicen oder Bürgschaften. Die Praxis, bestimmte Erklärungen und Nachweise erst nach Angebotsabgabe zu fordern, hat außerdem durch den Vorrang der Eigenerklärung, der auf dem Verhältnismäßigkeitsgrundsatz beruht,[515] besondere Bedeutung erlangt. **Eigenerklärungen,** die als vorläufiger Nachweis der Eignung dienen, sind gemäß § 6b EU Abs. 1 Nr. 2 VOB/A (nur) von den Bietern, deren Angebote in die engere Wahl kommen, durch entsprechende Bescheinigungen der zuständigen Stellen zu **bestätigen.** Und bei Vorlage einer Einheitlichen Europäischen Eigenerklärung in einem offenen Verfahren ist sogar (nur) der Bieter, an den der Auftrag vergeben werden soll, aufzufordern, die einschlägigen Nachweise unverzüglich beizubringen (§ 6b EU Abs. 2 Nr. 2 VOB/A).

§ 16 EU Nr. 4 VOB/A ist erst mit VOB/A 2016 in den Katalog der Angebotsmängel, **119** die zum Ausschluss eines Angebots führen, aufgenommen worden. Hintergrund ist der zu § 19 EG Abs. 2 VOL/A a.F. und zu § 16 EG Abs. 1 Nr. 3 VOB/A a.F., der Vorgängerregelung von § 16a EU VOB/A, geführte Streit, ob die Nachforderungspflicht für fehlende Erklärungen und Nachweise auch für Unterlagen gilt, die nicht mit dem Angebot selbst, sondern erstmals zu einen späteren Zeitpunkt – auf gesondertes Verlangen des Auftraggebers – vorzulegen sind. Aus dem Wortlaut von § 16 EG Abs. 1 Nr. 3 VOB/A a.F.[516] ließ sich ableiten, dass die Nachforderungspflicht unmittelbar nur Erklärungen oder Nachweise betrifft, die mit dem Angebot vorzulegen sind. Ein Teil der obergerichtlichen Rechtsprechung hatte aber die unmittelbare oder jedenfalls die – analoge – Anwendung der Vorschrift befürwortet[517] und fand sich damit auch im Einklang mit der vergaberechtlichen Literatur.[518] Andere Gerichte hatten eine **analoge Anwendung der Vorschriften zur Nachforderung fehlender Erklärungen oder Nachweise** unter Hinweis auf nicht vergleichbare Sachverhalte abgelehnt,[519] dies allerdings mit unterschiedlichen Rechtsfolgen.

---

[514] Vgl. BGH 10.6.2008 – X ZR 78/07 VergabeR 2008, 782 und relativierend BGH 3.4.2012 – X ZR 130/10; zum Ganzen *Opitz* in Burgi/Dreher, Beck'scher Vergaberechtskommentar, 3. Aufl. Bd. 1 § 122 Rn. 44 f.

[515] Deutlich § 48 Abs. 2 VgV.

[516] Deutlicher allerdings der Wortlaut von § 19 EG Abs. 2 VOL/A aF.

[517] OLG Frankfurt 28.2.2012 – 11 Verg 11/11; OLG Celle 16.6.2011 – 13 Verg 3/11.

[518] *Herrmann* VergabeR 2013, 315, 316; *Stoye/Hoffmann* VergabeR 2009, 569, 581; *Schwabe/John* VergabeR 2012, 559, 564; *v. Münchhausen* VergabeR 2010, 374, 375.

[519] OLG Düsseldorf 17.2.2016 – Verg 37/14; OLG Düsseldorf 21.10.2015 – VII-Verg 35/15; OLG Naumburg 23.2.2012 – 2 Verg 15/11; OLG Koblenz 19.1.2015 – Verg 6/14; VK Bund 4.10.2011 – VK 1-120/11.

Während das OLG Koblenz vertreten hatte, dass für den Fall fehlender, gesondert angeforderter Erklärungen oder Nachweise im geltenden Recht ein geregelter Ausschlussgrund fehlte, sodass es dann im Ermessen des Auftraggebers liege, wie er – unter Beachtung vergaberechtlicher Grundprinzipien – weiter verfahre, wenn die Anforderung noch nicht mit einer Ausschlussandrohung verbunden war,[520] hatte das namentlich das OLG Düsseldorf einen solchen Ausschlussgrund ohne weiteres unterstellt.[521]

120   § 16 EU Nr. 4 S. 1 VOB/A ist der Rechtsprechung des OLG Düsseldorf nachgebildet und **rechtspolitisch** ebenso **fragwürdig** wie diese. Die Begründung des OLG Düsseldorf für die unterschiedliche Behandlung fehlender, mit dem Angebot geforderter, und fehlender, auf gesondertes Verlangen vorzulegender Unterlagen hakt schon im Ausgangspunkt. Anders als das OLG Düsseldorf meint, ist es in der Vergabepraxis keineswegs so, dass die Bieter bei der Angebotserstellung – für die gesetzliche Mindestfristen bestehen – unter höherem Zeitdruck stehen als bei der Vorlage ergänzender Erklärungen oder Nachweise zum Angebot. Ergänzende Unterlagen fordern die der Auftraggeber regelmäßig binnen kurzer Frist, meistens binnen weniger Tage.[522] Auch das Argument, die Bieter könnten sich unter Anwendung der gebotenen Sorgfalt auf die Bearbeitung des gesonderten Verlangens einstellen und konzentrieren,[523] überzeugt nicht. Verlangt man dies von den Bietern, wird die von dem Verhältnismäßigkeitsgrundsatz getragene Praxis, bestimmte Erklärungen und Nachweise erst nach Angebotsabgabe zu fordern, ihres Zwecks beraubt.

121   Im Hinblick auf den Begriff der „Erklärungen oder Nachweise" in § 16 EU Nr. 4 VOB/A kann auf die Kommentierung zu § 16a EU verwiesen werden.[524] Gleiches gilt für die Zulässigkeit und Eindeutigkeit des Vorbehalts, bestimmte Erklärungen oder Nachweise zu fordern.[525] Und auch für die „Anforderung" i. S. v. § 16 EU Nr. 4 VOB/A gelten keine anderen Voraussetzungen als für die „Nachforderung" i. S. v. § 16a EU VOB/A.[526] Unterschiede zwischen beiden Vorschriften bestehen allerdings bei der Vorlage- bzw. Antwortfrist. Während nach § 16a EU S. 2 VOB/A für die Vorlage nachgeforderter Nachweise oder Erklärung eine gesetzliche Frist von sechs Kalendertagen gilt, sind Erklärungen und Nachweise, die der Auftraggeber nach Angebotsabgabe erstmals anfordert, gem. § 16 EU Nr. 4 VOB/A **innerhalb einer angemessenen, nach dem Kalender bestimmten Frist vorzulegen.** Dies ist auch sachgerecht. Anders als im Fall des § 16a EU VOB/A, in dem der Bieter durch die Nachforderung lediglich eine letzte Möglichkeit zur Nachreichung erhält, wird er in Fällen des § 16 EU Nr. 4 VOB/A erstmals mit der Anforderung konfrontiert.[527] Für die Frage der Angemessenheit ist auf Bedeutung und den Umfang der Erklärungen oder Nachweise abzustellen, die der Auftraggeber erstmals nach Angebotsabgabe anfordert. Vor allem ist zu berücksichtigen, ob es sich um Erklärungen oder Nachweise handelt, die der mit der Nachweispflicht belastete Bieter von Dritten (Behörden, Nachunternehmern, Banken/Versicherungen, etc.) beschaffen muss. In diesem Fall hat der Auftraggeber die Beschaffungsdauer zu berücksichtigen.[528] Eine Obliegenheit (aller) Bieter, derartige Nachweise oder Erklärungen schon vor Angebotsabgabe – gewissermaßen vorsorglich – einzuholen und bereitzuhalten, besteht nicht,[529] denn eine solche Obliegenheit würde dem Zweck eines Erklärungsvorbehalts widersprechen.[530] Vor diesem Hintergrund

---

[520] OLG Koblenz 19.1.2015 – Verg 6/14; dem in der Sache folgend OLG Celle 14.12.2015 – 13 Verg 9/15.
[521] OLG Düsseldorf 17.2.2016 – Verg 37/14; OLG Düsseldorf 21.10.2015 – VII-Verg 35/15.
[522] So sieht zB das Formblatt 124 des Vergabehandbuchs des Bundes (VHB) vor, dass Eignungsnachweise auf gesondertes Verlangen des Auftraggebers binnen 6 Kalendertagen vorzulegen sind.
[523] OLG Düsseldorf 17.2.2016 – Verg 37/14; OLG Düsseldorf 21.10.2015 – VII-Verg 35/15.
[524] Vgl. § 16a EU Rn. 14 ff.
[525] Vgl. § 16a EU Rn. 18 ff.
[526] Vgl. § 16a EU Rn. 39 ff.
[527] OLG Celle 14.12.2015 – 13 Verg 9/15; VK Münster 21.7.2011 – VK 9/11.
[528] OLG Celle 14.12.2015 – 13 Verg 9/15.
[529] OLG Celle 14.12.2015 – 13 Verg 9/15; OLG München 21.8.2008 – 13 Verg 13/08.
[530] Siehe vorstehend → Rn. 120.

hat das Oberlandesgericht Celle entschieden, dass eine Frist von weniger als einer Woche in der Regel unzumutbar ist.[531] Eine unangemessen kurze Frist setzt auch nicht automatisch eine angemessene Frist in Gang. § 16 EU Nr. 4 VOB/A verlangt eine nach dem Kalender bestimmte Frist. Kündigt der Auftraggeber in den Vergabeunterlagen an, dass Bieter auf Nachfrage Nachweise innerhalb einer bestimmten Frist einreichen müssen, ist die Setzung einer kürzeren Frist unzulässig.[532]

V. Nicht zugelassene Nebenangebote und Nebenangebote, die den Mindestanforderungen nicht entsprechen (Nr. 5)

1. Nicht zugelassene Nebenangebote

Nach § 16 EU Nr. 5 Alt. 1 VOB/A sind nicht zugelassene Nebenangebote auszuschlie- **122** ßen. Der Auftraggeber muss bereits in der Auftragsbekanntmachung oder der Aufforderung zur Interessenbestätigung angeben, ob er Nebenangebote zulässt – oder sogar vorschreibt – oder nicht (§ 8 EU Abs. 2 Nr. 3 S. 1 VOB/A).[533] An diese Festlegung ist er im weiteren Vergabeverfahren gebunden. Hat der Auftraggeber keine Nebenangebote zugelassen, ist er zum **Ausschluss von Nebenangeboten auch dann verpflichtet,** wenn es sich um ein für die Vergabestelle wirtschaftlich vorteilhaftes Nebenangebot handelt oder wenn der Auftraggeber bei der Nichtzulassung von Nebenangeboten übersehen hat, dass es sinnvolle Alternativen zum Amtsvorschlag gibt.[534] Die Grundsätze der Transparenz und der Gleichbehandlung des Vergabeverfahrens schließen es aus, nachträglich von eindeutigen Forderungen in den Vergabeunterlagen oder der Vergabebekanntmachung abzuweichen. Der Ausschluss des Nebenangebots lässt ein gegebenenfalls parallel dazu eingereichtes Hauptangebot unberührt.

§ 16 EU Nr. 5 Alt. 1 VOB/A ist nicht nur dann anwendbar, wenn der Auftraggeber **123** Nebenangebote generell ausgeschlossen hat. Die Regelung greift auch ein, wenn der Auftraggeber Nebenangebote nur in Verbindung mit einem Hauptangebot zugelassen hat und dann zwar ein Nebenangebot, aber kein oder kein wertungsfähiges Hauptangebot eingeht.[535] Der Auftraggeber kann auch andere Bedingungen für die Zulassung von Nebenangeboten in den Vergabeunterlagen festlegen.[536] Eine **bedingte Zulassung von Nebenangeboten** kann etwa darin liegen, dass der Auftraggeber nur technische oder nur kaufmännische Nebenangebote wünscht oder nur Nebenangebote im Hinblick auf einzelne Teilleistungen des Auftrags. Wenn diese Bedingungen nicht erfüllt sind, ist das Nebenangebot ebenfalls nach § 16 EU Nr. 5 Alt. 1 VOB/A auszuschließen.[537] Auch eine Begrenzung der Anzahl möglicher Nebenangebote ist zulässig. Widerspricht ein Nebenangebote den formellen Voraussetzungen des § 13 EU Abs. 3 Satz 2 VOB/A, ergibt sich der zwingende Ausschluss des Nebenangebots allerdings aus § 16 EU Nr. 6 VOB/A.[538] Soweit in der Rechtsprechung Fallgestaltungen anerkannt sind, in denen **mehrere Hauptangebote zugelassen** sind, wenn sie sich inhaltlich – und nicht nur im Preis – unterscheiden und beide vollumfänglich im Rahmen der Vorgaben der Vergabeunterlagen

---

[531] OLG Celle 14.12.2015 – 13 Verg 9/15; offen gelassen OLG Düsseldorf 22.3.2017 – VII-Verg 54/16.

[532] OLG Dresden 27.5.2016 – Verg 2/16.

[533] Enthalten die Auftragsbekanntmachung und die Vergabeunterlagen unterschiedliche Angaben zur Zulässigkeit von Nebenangeboten, geht die Auftragsbekanntmachung vor, OLG München 12.11.2010 – Verg 21/10 VergabeR 2011, 212.

[534] OLG Düsseldorf 15.8.2003 – VII-Verg 31/03 IBR 2003, 619.

[535] Vgl. zB VK Lüneburg 26.1.2005 – 203-VgK-56/2004; *Frister* in Kapellmann/Messerschmidt, VOB, 6. Aufl., § 16 VOB/A Rn. 38.

[536] *Opitz* in Burgi/Dreher, Beck'scher Vergaberechtskommentar, 3. Aufl. Bd. 1 § 127 Rn. 138.

[537] Wie hier zB VK Thüringen 11.1.2007 – 360-402.20-024/06-HIG.

[538] Überholt VK Rheinland-Pfalz 7.6.2002 – VK 13/02.

liegen,[539] ist § 16 EU Nr. 5 Alt. 1 VOB/A nicht einschlägig. Ein Nebenangebot setzt per definitionem voraus, dass der Bieter in technischer oder kaufmännischer Hinsicht von den Forderungen des Auftraggebers abweicht.[540]

124   Enthält die Auftragsbekanntmachung bzw. die Aufforderung zur Interessenbestätigung **keine Angabe zur Zulassung von Nebenangeboten,** so sind Nebenangebote bei Auftragsvergaben oberhalb der EU-Schwellenwerte ebenfalls ausschließen. Das ergibt sich aus § 8 EU Abs. 2 Nr. 3 S. 2 VOB/A.[541] Hiernach steht die fehlende Angabe der Nichtzulassung von Nebenangeboten gleich.

2. Nebenangebote, die den Mindestanforderungen nicht entsprechen

125   **Nebenangebote, die den Mindestanforderungen nicht entsprechen,** sind nicht zuschlagsfähig und **müssen ausschlossen werden** (§ 16 EU Nr. 5 Alt. 2 VOB/A). Die Verpflichtung für Nebenangebote Mindestanforderungen festzulegen, ergibt sich für die Vergabe von Bauaufträgen oberhalb der EU-Schwellenwerte aus § 8 EU Abs. 3 S. 4 lit. b VOB/A. Es geht dabei um eine Verpflichtung zur Transparenz, die die Beachtung des Grundsatzes der Gleichbehandlung der Bieter gewährleisten soll.[542] An die vorab bekannt gegebenen Mindestanforderungen ist der Auftraggeber gebunden.[543] Kein Ausschlussgrund ist gegeben, wenn der Auftraggeber die Einhaltung bestimmter technischer Spezifikationen als Mindestanforderung für Nebenangebote verlangt hat und eine Abweichung von dieser Festlegung die Voraussetzungen des § 13 EU Abs. 2 VOB/A erfüllt. Das folgt aus § 16d EU Abs. 3 VOB/A. Als speziellere Norm genießt diese Vorschrift Vorrang vor § 16 EU Nr. 5 VOB/A.

126   Der Ausschlusstatbestand des § 16 EU Nr. 5 Alt. 2 VOB/A überschneidet sich mit dem – weitergehenden – Ausschlusstatbestand nach § 16 EU Nr. 2 i. V. m. § 13 EU Abs. 1 Nr. 5 VOB/A. **Ein Nebenangebot, das** den vom Auftraggeber für Nebenangebote aufgestellten **Mindestanforderungen nicht entspricht, weicht zugleich von den Festlegungen der Vergabeunterlagen ab.** Da der Auftraggeber Mindestanforderungen allerdings nur für die Bereiche aufzustellen hat, in denen durch Nebenangebote Abweichungen von den Vergabeunterlagen zugelassen bzw. möglich sind,[544] kann § 16 EU Nr. 2 VOB/A eigenständige Bedeutung erlangen, wenn ein Nebenangebot zwar die Mindestanforderungen erfüllt, aber von allgemeinen, für Haupt- und Nebenangebote geltenden Anforderungen der Vergabeunterlagen abweicht. Werden Mindestbedingungen in Form einer Negativabgrenzung, d. h. durch Ausnahmen von den für Hauptangebote geltenden Anforderungen, bestimmt, ist jede Abweichung von den übrigen Anforderungen zugleich eine Abweichung von der Mindestanforderung.

127   **Mindestanforderungen für Nebenangebote müssen** in den Vergabeunterlagen **hinreichend klar formuliert sein.** Es gilt insoweit nichts anderes als bei anderen Anforderungen der Vergabeunterlagen.[545]Zwar müssen Mindestanforderungen für Nebenangebote nicht ausdrücklich als solche bezeichnet werden, sie müssen sich aber aus der Sicht des sachkundigen Bieters gesondert auf Nebenangebote oder eindeutig *auch* auf Nebenangebote beziehen.[546] Dem wird nicht Genüge getan, wenn die Bieter lediglich darauf verwiesen werden, die Mindestanforderungen für Nebenangebote seien aus den Randbedingungen

---

[539] OLG München 25.11.2013 – Verg 13/13; OLG München 29.10.2013 – Verg 11/13; OLG München 6.12.2012 – Verg 25/12; OLG Düsseldorf 1.10.2012 – VII-Verg 34/12; OLG Düsseldorf 9.3.2011 – VII-Verg 52/10.

[540] *Opitz* in Burgi/Dreher, Beck'scher Vergaberechtskommentar, 3. Aufl. Bd. 1 § 127 Rn. 136 mwN.

[541] Anders bei Auftragsvergaben unterhalb der EU-Schwellenwerte gem. § 8 Abs. 2 Nr. 3 lit. a VOB/A.

[542] Vgl. zur Festlegung und zum Begriff der Mindestanforderung *Opitz* in Burgi/Dreher, Beck'scher Vergaberechtskommentar, 3. Aufl. Bd. 1 § 127 Rn. 140.

[543] EuGH 28.11.2002 – Rs. T-40/00 Rn. 76 f. – Scan Office Design.

[544] IdS OLG Jena 21.9.2009 – 9 Verg 7/09; OLG München 9.9.2010 – Verg 16/10; Schleswig-Holsteinisches OLG 5.4.2005 – 6 Verg 1/05.

[545] → oben Rn. 66.

[546] AA wohl *Freese* NZBau 2006, 548, 549 f.

der Leistungsbeschreibung oder dem Kontext der Vergabeunterlagen herauszulesen, denn die Leistungsbeschreibung enthält im Regelfall nur Anforderungen an Hauptangebote.[547] Inwieweit die Anforderungen der Leistungsbeschreibung auch für Nebenangebote gelten, muss eindeutig sein. Bleiben Zweifel, muss wegen der einschneidenden Konsequenz des Angebotsausschlusses eine restriktive Auslegung vorgenommen werden.[548] Umstritten ist, welche **Folgen** es hat, **wenn der Auftraggeber** zwar Nebenangebote zugelassen, er aber **keine oder** – was gleichzusetzen ist – **keine eindeutigen Mindestanforderungen festgelegt hat.** Der EuGH hatte im Jahr 2003 entschieden, dass Nebenangebote nur dann wertungsfähig sind, wenn der Auftraggeber in den Vergabeunterlagen hierfür hinreichend transparente Mindestanforderungen angegeben hat.[549] Bislang ist die Rechtsprechung daher davon ausgegangen, dass ein Nebenangebot bei unzureichender Festlegung von Mindestanforderungen nicht berücksichtigt werden kann.[550] Nach anderer Ansicht gehen Unklarheiten bei den festgesetzten Mindestanforderungen zu Lasten des Auftraggebers.[551] Das heißt, dass ein Nebenangebot in diesem Fall nicht ausgeschlossen werden darf, sondern der Auftraggeber das Vergabeverfahren zurückversetzen und die Bieter mit nachgebesserten Vergabeunterlagen erneut zur Angebotsabgabe auffordern muss. Wenn nicht ausgeschlossen werden kann, dass die Zulassung eines Nebenangebots auf die Erstellung des Hauptangebotes Einfluss ausgeübt hat, soll sich die erneute Angebotsaufforderung auf Haupt- und Nebenangebote beziehen.[552] Will ein Bieter ein Nebenangebot abgeben und erkennt er, dass der Auftraggeber Nebenangebote zwar zugelassen, aber keine oder keine klaren Mindestanforderungen formuliert hat, sollte er den Auftraggeber rechtzeitig vor Angebotsabgabe auf diesen Mangel hinweisen. Unterbleibt eine Rüge der fehlenden oder unklaren Mindestanforderungen, kann sich ein Bieter später nicht mehr auf die fehlende Wertungsfähigkeit von Nebenangeboten berufen.[553]

VI. Formwidrige Nebenangebote (Nr. 6)

Nach § 13 EU Abs. 3 Satz 2 VOB/A müssen Nebenangebote **auf besonderer Anlage** 128 erstellt und **als solche deutlich gekennzeichnet** werden. Hintergrund dieser Regelung ist zum einen § 14 EU Abs. 3 Nr. 1 lit. d VOB/A, wonach – um Manipulationen zu verhindern – bereits im Eröffnungstermin vermerkt wird, ob, von wem und in welcher Anzahl Nebenangebote eingereicht wurden.[554] Dies setzt voraus, dass die Nebenangebote bei Angebotsöffnung leicht zu erkennen sind. Sie sollen nicht „versteckt" eingereicht werden. Nur bei formaler Trennung von Haupt- und Nebenangeboten ist es dem Auftraggeber zudem möglich, zwischen unzulässigen Änderungen an den Vergabeunterlagen und zuge-

---

[547] Wie hier BayObLG 22.6.2004 – Verg 13/04 VergabeR 2004, 654 = NZBau 2004, 623; OLG Rostock 24.11.2004 – Verg 6/04; anders zB OLG Schleswig 15.2.2005 – 6 Verg 6/04 VergabeR 2005, 357; großzügig auch OLG Düsseldorf 7.1.2005 – VII Verg 106/04; VK Bund 4.6.2007 – VK 2-42/07; *Wirner* ZfBR 2005, 152, 157, verfehlt VK Baden-Württemberg 11.5.2004 – 1 VK 24/04.

[548] OLG Celle 3.6.2010 – 13 Verg 6/10 VergabeR 2010, 1014; OLG Brandenburg 5.1.2006 – Verg W 12/05 VergabeR 2006, 554.

[549] EuGH 16.10.2003 – Rs. C-421/01 Rn. 33 f. – Traunfellner VergabeR 2004, 50 mAnm. *Opitz.*

[550] OLG München 12.11.2010 – Verg 21/10 VergabeR 2011, 212; OLG Brandenburg 29.7.2008 – Verg W 10/08 VergabeR 2009, 222; OLG Brandenburg 20.3.2007 – Verg W 12/06 VergabeR 2007, 787; OLG Düsseldorf 29.3.2006 – Verg 77/05; OLG Koblenz 31.5.2006 – 1 Verg 3/06; OLG München 15.7.2005 – Verg 14/05; OLG München 5.7.2005 – Verg 9/05; OLG Rostock 24.11.2004 – 17 Verg 6/04; BayObLG 22.6.2004 – Verg 13/04.

[551] Zuletzt VK Südbayern 27.4.2017 – Z3-3-3194-1-12-03/17.

[552] So vor allem bei fehlerhaften Zuschlagskriterien für Nebenangebote, vgl. OLG Düsseldorf 28.1.2015 – VII-Verg 31/14; OLG Düsseldorf 2.11.2011 – VII-Verg 22/11; OLG Jena 16.9.2013 – 9 Verg 3/13; *Dicks* VergabeR 2012, 318, 323 f.. Krit. *Opitz* in Burgi/Dreher, Beck'scher Vergaberechtskommentar, 3. Aufl. Bd. 1 § 127 Rn. 159.

[553] OLG Celle 11.2.2010 – 13 Verg 16/09 VergabeR 2010, 669.

[554] OLG Saarbrücken 13.6.2012 – 1 U 357/11; VK Brandenburg 19.12.2013 – VK 25/13; VK Nordbayern 26.10.2001 – 320.VK-3194-37/01.

lassenen Nebenangeboten zu unterscheiden.[555] Nach der bis zum Jahr 2009 geltenden Fassung der VOB/A führte der Verstoß gegen das Gebot der Kenntlichmachung von Nebenangeboten auf besonderer Anlage nicht zwangsläufig zum Angebotsausschluss. Der Ausschluss des Nebenangebots stand vielmehr im Ermessen des Auftraggebers.[556] Heute bestimmt § 16 EU Nr. 6 VOB/A, dass Nebenangebote, die § 13 EU Abs. 3 Satz 2 VOB/A nicht entsprechen, zwingend auszuschließen ist. Das gilt unabhängig davon, ob in den Vergabeunterlagen auf den zwingenden Ausschluss für diesen Fall hingewiesen wurde.[557]

129   Für die von § 13 EU Abs. 3 Satz 2 VOB/A verlangte körperliche Trennung des Hauptangebots vom Nebenangebot ist es ausreichend, wenn ein Bieter Haupt- und Nebenangebot in den selben Aktenordner abgelegt und durch die Verwendung von Trennblättern sichergestellt hat, dass für den Auftraggeber zweifelsfrei erkennbar ist, welches das Nebenangebot ist.[558] Es ist auch nicht erforderlich, dass Anlagen zum Hauptangebot, die auch für das Nebenangebot gelten, ein zweites Mal mit dem Nebenangebot eingereicht werden, wenn sie dem Nebenangebot gedanklich und körperlich ohne weiteres zugeordnet werden können.[559] § 16 EU Nr. 6 VOB/A scheidet auch dann aus, wenn das betreffende Angebot ausdrücklich als Hauptangebot gekennzeichnet[560] oder ersichtlich so gemeint ist.[561]

130   Nebenangebote, die § 13 EU Abs. 3 Satz 2 VOB/A entsprechen, aber versehentlich im Eröffnungstermin nicht protokolliert wurden, sind nicht auszuschließen. Soweit § 13 EU Abs. 3 Satz 1 VOB/A verlangt, dass die **Anzahl von Nebenangeboten an einer vom Auftraggeber in den Vergabeunterlagen bezeichneten Stelle** aufzuführen sind, unterliegt ein Verstoß gegen diese Vorgaben ebenfalls nicht der Sanktion des § 16 EU Nr. 6 VOB/A.[562]

131   Ob der Auftraggeber insofern eine strengere Regelung in den Vergabeunterlagen festlegen kann,[563] ist zweifelhaft, weil dadurch zu Lasten des Bieters ein zusätzlicher, in der VOB/A nicht ausdrücklich vorgesehene Ausschlussgrund geschaffen würde.[564] Aus diesem Grund hat das OLG Düsseldorf auch **Bedenken gegen die analoge Anwendung des Ausschlusstatbestands** erhoben, wenn ein Hauptangebot fälschlicherweise als Nebenangebot bezeichnet wird.[565]

---

[555] → Rn. 62, ebenso VK Brandenburg 19.12.2013 – VK 25/13; VK Bund 14.1.2014 – VK 2-118/13; VK Bund 11.3.2010 – VK 3-18/10.
[556] OLG Düsseldorf 29.3.2006 – VII-Verg 77/06 VergabeR 2006, 509; BayObLG 29.4.2002 – Verg 10/02 VergabeR 2002, 504. Dies als systemfremd kritisierend VK Brandenburg 12.3.2003 – VK 7/03; VK Sachsen 9.5.2003 – 1/SVK/034-03.
[557] Überholt OLG München 11.8.2005 – Verg 12/05 VergabeR 2006, 124.
[558] VK Bund 14.1.2014 – VK 2-118/13.
[559] OLG Düsseldorf 29.3.2006 – Verg 77/05; VK Bund 14.1.2014 – VK 2–118/13.
[560] Vgl. VK Brandenburg 26.4.2004 – VK 7/04.
[561] BGH 16.4.2002 – X ZR 67/00 NZBau 2002, 517= VergabeR 2002, 463.
[562] Wie hier *Wirner* ZfBR 2005, 155; aA VK Magdeburg 20.7.2002 – VK-OFD LSA – 05/01 ZfBR 2002, 417 für ein Ausschlussermessen BayObLG 29.4.2002 – Verg 10/02; VK Hannover 15.11.2002 – VgK 15/2002.
[563] VK Rheinland-Pfalz 7.6.2002 – VK 13/02.
[564] Dazu → Rn. 18.
[565] OLG Düsseldorf 9.3.2011 – VII-Verg 52/10.

§ 16a Nachforderung von Unterlagen

Fehlen geforderte Erklärungen oder Nachweise und wird das Angebot nicht entsprechend § 16 EU Nummern 1 und 2 ausgeschlossen, verlangt der öffentliche Auftraggeber die fehlenden Erklärungen oder Nachweise nach. Diese sind spätestens innerhalb von sechs Kalendertagen nach Aufforderung durch den öffentlichen Auftraggeber vorzulegen. Die Frist beginnt am Tag nach der Absendung der Aufforderung durch den öffentlichen Auftraggeber. Werden die Erklärungen oder Nachweise nicht innerhalb der Frist vorgelegt, ist das Angebot auszuschließen.

Übersicht

	Rn.		Rn.
A. Einführung	1	II. Forderung der Erklärung oder des Nachweises	18
I. Literatur	1		
II. Entstehungsgeschichte	2	III. Fehlen der Erklärung oder des Nachweises	30
III. Rechtliche Vorgaben im EU-Recht	6		
		IV. Fehlerhafte Erklärungen oder Nachweise	33
B. Grundsätzliches	9		
C. Fehlen geforderter Erklärungen oder Nachweise	14	D. Nachforderung durch den Auftraggeber	39
I. Begriff der Erklärungen oder Nachweise	14	E. Ausschluss unvollständig gebliebener Angebote	46

A. Einführung

I. Literatur

Bode, Zwingender Angebotsausschluss wegen fehlender Erklärungen und Angaben – Inhalte, Grenzen und Möglichkeiten zur Reduzierung der Ausschlussgründe VergabeR 2009, 729 ff.; *Brieskorn/Stamm*, Die vergaberechtliche Renaissance der Urkalkulation und deren Bedeutung für das Nachtragsmanagement NZBau 2008, 414 ff.; *Dittmann*, Was tun mit unvollständigen Angeboten nach der neuen VOB/A und VOL/A? VergabeR 2012, 292 ff.; *Dittmann*, Nur keine Langeweile: Neues zum Nachfordern fehlender Unterlagen VergabeR 2017, 285 ff.; *Gröning*, Die VOB/A 2009 – ein erster Überblick VergabeR 2009, 117 ff.; *Herrmann*, Notwendige Bieterangaben ohne Nachforderungsmöglichkeit VergabeR 2013, 315 ff.; *Kehrberg*, Wann ist ein Angebot unvollständig? – Formalismus oder Wertung, in Ganten/Groß/Englert (Hrsg.), Recht und Gerechtigkeit am Bau – Festschrift für Gerd Motzke zum 65. Geburtstag, 2006, S. 173 ff.; *Gerlach/Manzke*, Auslegung und Schicksal des Bieterangebots im Vergabeverfahren VergabeR 2017, 11 ff.; *Luber*, Der formalistische Angebotsausschluss, das Wettbewerbsprinzip und der Grundsatz der sparsamen Mittelverwendung im Vergaberecht VergabeR 2009, 1 ff.; *Maier*, Der Ausschluss eines unvollständigen Angebots im Vergabeverfahren NZBau 2005, 374 ff.; *Mantler*, Zur (zweifelhaften) Europarechtskonformität der Nachforderungsregelungen in VOB/A, VOL/A, VOF und SektVO VergabeR 2013, 166 ff.; *Möllenkamp*, Ausschluss unvollständiger Angebote NZBau 2005, 557; *Münchhausen v.*, Die Nachforderung von Unterlagen nach der VOB/A 2009 VergabeR 2010, 374 ff.; *Röwekamp/Fandrey*, Ein Schritt vor, ein Schritt zurück – Die VOB/A 2009 schafft neue Möglichkeiten zur Manipulation von Vergabeverfahren NZBau 2011, 463 ff.; *Scharf/Schütte*, Fehlende Angebotsunterlagen im Bau- und Dienstleistungsbereich VergabeR 2005, 448; *Stoye/Hoffmann*, Nachunternehmerbenennung und Verpflichtungserklärung im Lichte der neuesten BGH-Rechtsprechung und der VOB/A 2009 VergabeR 2009, 569 ff.; *Schwabe/John*, Über die Nachforderungspflicht für fehlende Erklärungen oder Nachweise und einen Versuch des BMVBS, den Geist wieder in die Flasche zu bekommen VergabeR 2012, 559 ff.; *Völlink/Huber*, Die Nachforderung fehlender Erklärungen und Nachweise im Lichte der aktuellen Rechtsprechung, in Prieß/Lau/Kratzenberg (Hrsg.), Wettbewerb-Transparenz-Gleichbehandlung, Festschrift für Fridhelm Marx, 2013, S. 791 ff.; *Weihrauch*, Unvollständige Angebote VergabeR 2007, 430 ff.; *Zerwell*, Die Nachbesserung einzureichender Unterlagen im Vergabeverfahren NZBau 2017, 18 ff.

II. Entstehungsgeschichte

2   Es war lange Zeit üblich, dass Vergabestellen Erklärungen und Nachweise, die in den Angeboten der Bieter fehlten, nachforderten oder zumindest deren Nachreichung zuließen. Das geschah ohne rechtliche Grundlage, wenngleich die Bieter vielfach auf die Möglichkeit des Nachreichens vertrauten.[1] Etwa **ab dem Jahr 2003** hatte sich in der höchstrichterlichen Rechtsprechung jedoch die Auffassung durchgesetzt, dass das Vertrauen auf eine fortgesetzt rechtswidrige Vergabepraxis nicht schützenwert ist und Angebote mit fehlenden Erklärungen oder Nachweisen zwingend vom Vergabewettbewerb ausgeschlossen werden müssen. Der Bundesgerichtshofs betonte seitdem, ein transparentes, auf Gleichbehandlung aller Bieter beruhendes Vergabeverfahren erfordere es, dass **die Bieter alle Erklärungen abgeben, die ausweislich der Ausschreibungsunterlagen gefordert sind und die dadurch als Umstände ausgewiesen sind, die für die Vergabeentscheidung relevant sein sollen,** soweit deren Angabe die Bieter nicht ausnahmsweise unzumutbar belaste.[2] Die Auffassung, dass ein Angebotsausschluss bei Fehlen geforderter Erklärungen nur dann in Betracht komme, wenn sich das Angebot nicht mehr zu einer ordnungsgemäßen Wertung eignet,[3] wurde durch die Rechtsprechung des BGH überholt.[4] In der Folge konnte bei der Frage des Angebotsausschluss auch nicht mehr darauf abgestellt, ob die Nachreichung der fehlenden Erklärung aufgrund ihrer Geringfügigkeit ohne Auswirkungen auf das *Wettbewerbsergebnis* bleibt und Manipulationen seitens der Bieter ausgeschlossen sind,[5] nicht mehr darauf, ob das fehlende Dokument prüfungs- oder *wertungsrelevant* ist und folglich die Vergleichbarkeit der Angebote in Frage stellt[6] und auch nicht darauf, ob die fehlende Erklärung kalkulationserheblich ist und sie sich auf die Wettbewerbs*stellung* der Bieter auswirkt oder auswirken kann.[7]

3   Dieser **äußerst strenge Maßstab** führte dazu, dass schon kleinste Unachtsamkeiten bei der Erstellung der Angebote zum Angebotsausschluss führen konnten. Dies blieb nicht ohne Widerspruch,[8] denn mit jedem Angebotsausschluss verringert sich zugleich die Intensität des Wettbewerbes. Und auch der haushaltsrechtliche Grundsatz der sparsamen Mittelverwendung wird berührt, wenn der Auftraggeber gezwungen ist, wirtschaftlich günstige Angebote schon wegen kleinerer Formfehler auszuschließen und das Vergabeverfahren durch Erteilung des Zuschlags auf ein zwar formell ordnungsgemäßes, aber wirtschaftlich wesentlich ungünstigeres Angebot erteilen zu müssen. Einige OLG wiesen darauf hin, dass

---

[1] Vgl. OLG Düsseldorf 23.7.2003 – Verg 24/03 IBR 2003, 621; OLG Düsseldorf 28.5.2003 – Verg 8/03 VergabeR 2003, 461; gegen Vertrauensschutz der Bieter BayObLG 16.9.2002 – Verg 19/02 VergabeR 2002, 644 = NZBau 2002, 697.

[2] Vgl. nur BGH 18.9.2007 – X ZR 89/04 VergabeR 2008, 69 und BGH 16.3.2004 – X ZR 23/03 (zu Nachunternehmererklärungen); BGH 7.6.2005 – X ZR 19/02 VergabeR 2005, 617 = NZBau 2005, 709 (zu geforderten EFB-Formblättern); BGH 18.5.2004 – X ZB 7/04 NZBau 2004, 457 = VergabeR 2004, 473 und BGH 18.2.2003 – X ZB 43/02 NZBau 2003, 293 = VergabeR 2003, 313 (zu geforderten Typangaben).

[3] ZB OLG Jena 5.12.2001 – 6 Verg 4/01; OLG Bremen 20.7.2000 – Verg 1/00 BauR 2001, 94; BayObLG 28.12.1999 – Verg 7/99 NZBau 2000, 211.

[4] Deutlich OLG Karlsruhe 9.3.2007 – 17 Verg 3/07.

[5] So zB noch OLG Saarbrücken 23.11.2005 – 1 Verg 3/05 NZBau 2006, 457; OLG Saarbrücken 29.5.2002 – 5 Verg 1/01; OLG Jena 8.4.2003 – Verg 1/03; OLG Brandenburg 19.12.2002 – Verg 12/02.

[6] Darauf abstellend OLG Jena 11.1.2007 – 9 Verg 9/06, ebenso OLG Koblenz 9.6.2004 – 1 Verg 4/04; nur auf die Relevanz für die preisliche Bewertung abstellend VK Bund 3.2.2004 – VK 1-147/03; auf die Relevanz für die für die 4. Stufe der Angebotswertung abstellend *Maier* NZBau 2005, 373, 376. Anders OLG Hamburg 20.7.2000 – Verg 1/00 NZBau 2000, 486.

[7] So noch OLG Schleswig 10.3.2006 – 1 (6) Verg 13/05 VergabeR 2006, 367; OLG Koblenz 7.7.2004 – 1 Verg 1 u. 2/04 NZBau 2004, 571; BayObLG 15.4.2003 – Verg 5/03 VergabeR 2003, 457; OLG Jena 30.5.2002 – 6 Verg 3/02 NZBau 2003, 638; OLG Jena, 5.12.2001 – 6 Verg 4/01; OLG Düsseldorf 15.6.2001 – Verg 10/00; OLG Frankfurt 16.5.2000 – 11 Verg 1/99; ähnlich OLG Dresden 6.4.2004 – WVerg 1/04 VergabeR 2004, 609; OLG Saarbrücken 29.10.2003 – 1 Verg 2/03 NZBau 2004, 117.

[8] Krit. zur Ausschlussrechtsprechung des BGH zB *Maier* NZBau 2005, 374, 377 ff.; *Scharf/Schütte* VergabeR 2005, 448, 456 ff.; *Kehrberg* FS Motzke S. 173 ff.; *Luber* VergabeR 2009, 14, 24 ff.

es überspitzter, **dem Wettbewerb nicht dienlicher Formalismus** sei, wenn Angebote ausgeschlossen werden müssen, bei denen das Fehlen der geforderten Erklärungen unter keinem denkbaren Gesichtspunkt zu einer Wettbewerbsbeeinträchtigung führen kann.[9] Hinzu kam, dass durch den strengen Ausschlussmaßstab auch ein nicht unerhebliches Missbrauchsrisiko begründet wurde. Weil nicht selten alle eingereichten Angebote zumindest im Bagatellbereich unvollständige Erklärungen oder Nachweise enthalten, wurden die Vergabestelle vielfach in die Lage versetzt, jeden (beliebigen) Bieter in einem für den Betroffenen intransparenten Verfahren unter Hinweis auf marginale Unvollständigkeiten von der Wertung auszuschließen.[10] Derartige Missbräuche ließen sich zumeist nicht einmal im Vergabenachprüfungsverfahren durch die betroffenen Bieter aufdecken, denn eine Akteneinsicht in die Angebote der Mitbewerber gestatten die Nachprüfungsinstanzen in der Regel nicht.

Der heutige **§ 16a EU VOB/A,** der die Nachforderung fehlender Nachweise und Erklärungen anordnet, geht auf die VOB/A 2009 zurück. Die Vorschrift war bislang in § 16 EG Abs. 1 Nr. 3 VOB/A enthalten. Sie stellt eine **Reaktion auf die strenge Rechtsprechung** zum Angebotsausschluss bei unvollständigen Angeboten dar. Zusammen mit der Bagatellregelung zur Wertung von Angeboten mit einer unvollständigen Preisangabe (heute § 16 EU Nr. 3 Hs. 2 VOB/A) hat sie das Ziel, im Interesse eines umfassenden Wettbewerbs den Ausschluss von Angeboten aus vielfach nur formalen Gründen zu verhindern und die Anzahl der am Wettbewerb teilnehmenden Angebote nicht unnötig zu reduzieren.[11]

§ 16a EU VOB/A weicht von den Regelungen zum Nachfordern, zur Vervollständigung und zur Korrektur von Nachweisen und Erklärungen ab, die nach **§ 56 VgV 2016** für die Vergabe von Liefer- und Dienstleistungsaufträgen gelten. Sachliche Gründe für diese Unterschiede sind nicht ersichtlich. Der Bundesrat hat die Bundesregierung insofern zu einer weiteren Vereinheitlichung und Vereinfachung des Vergaberechts aufgefordert.[12]

III. Rechtliche Vorgaben im EU-Recht

Art. 56 Abs. 1 lit. a) RL 2014/24/EU bestimmt, dass Aufträge (nur) vergeben werden, wenn der Auftraggeber überprüft hat, dass das Angebot *„die Anforderungen, Bedingungen und Kriterien, die in der Bekanntmachung oder der Aufforderung zur Interessenbestätigung und den Auftragsunterlagen genannt werden"* erfüllt. Diese Überprüfung umfasst auch, ob das Angebot alle Nachweise und Erklärungen enthält, die der Auftraggeber gefordert hat. Art. 56 Abs. 1 lit. a) RL 2014/24/EU sagt jedoch selbst nichts zu der Möglichkeit oder gar der Pflicht des Auftraggebers, einen Bieter aufzufordern, fehlende Unterlagen zu ergänzen.

Die **Rechtsprechung des Europäischen Gerichtshofs** zur Nachforderung von Unterlagen, ist **ungefestigt.** Der EuGH hat bislang keine differenzierten Maßstäbe für die Nachforderung oder Nachreichung fehlender Unterlagen, zur Aufklärung vorhandener Unterlagen oder zur Korrektur solcher Unterlagen entwickelt.[13] Grundsätzlich geht der

---

[9] OLG Jena 20.6.2005 – 9 Verg 3/05 NZBau 2005, 476 = VergabeR 2005, 492; BayObLG 15.9.2004 – Verg 26/03 VergabeR 2005, 130; BayObLG 27.7.2004 – Verg 14/04 VergabeR 2004, 736; OLG Dresden 10.7.2003 – WVerg 15/02 NZBau 2003, 573 = VergabeR 2004, 92. Vgl. auch den Ansatz des OLG Düsseldorf, wonach fehlende Eignungsnachweise zumindest dann unerheblich sein sollten, wenn die Eignung bereits mit den vorgelegten Nachweisen belegt sei, OLG Düsseldorf 6.6.2007 – VII Verg 8/07 VergabeR 2008, 109.

[10] Hierzu OLG Saarbrücken 23.11.2005 – 1 Verg 3/05 NZBau 2006, 457; OLG Saarbrücken 29.5.2002 – 5 Verg 1/01; *Möllenkamp* NZBau 2005, 557, 561.

[11] Vgl. die Eingangshinweise des Vergabe- und Vertragsausschusses für Bauleistungen, BAnz. 155a vom 15.10.2009 und Einführungserlass des BMVBS unter anderem zur Vergabe- und Vertragsordnung für Bauleistungen 2009 vom 10.6.2010 – B 15-8163.6/1 S. 7. Darauf verweisend BGH 29.11.2016 – X ZR 122/14. Zu den Motiven des Normgebers auch OLG Düsseldorf 17.3.2011 – VII-Verg 56/10.

[12] → § 16 EU Rn. 9.

[13] Hierzu auch → § 16 EU Rn. 71.

EuGH von einem Nachforderungsermessen und nicht von einer Nachforderungsverpflichtung des Auftraggebers aus. Nach Aussagen des EuGH *kann* der Auftraggeber den Bieter dazu auffordern, sein Angebot in einzelnen Punkten zu berichtigen oder zu ergänzen.[14] Eine Nachforderung scheidet aus, wenn in den Verdingungsunterlagen ausdrücklich vorgeschrieben ist, dass die Bewerbung oder das Angebot ausgeschlossen wird, wenn bestimmte Unterlagen oder Angaben nicht übermittelt werden,[15] d. h. wenn sich der Auftraggeber im Hinblick auf sein Nachforderungsermessen vorab gebunden hat. Dieser Fall ist im Anwendungsbereich der VOB/A aber ausgeschlossen, denn § 16a EU VOB/A eröffnet dem Auftraggeber – anders als § 56 Abs. 2 VgV – kein Ermessen. Außerdem gilt nach Ansicht des EuGH, dass die Berichtigung oder Ergänzung nicht darauf hinauslaufen darf, dass „in Wirklichkeit ein neues Angebot eingereicht wird",[16] was bei rein rechtsgeschäftlicher Betrachtung allerdings bei fast jeder Berichtigung oder Ergänzung der Fall ist. Selbst wenn man die Voraussetzung, dass im Zuge der Nachforderung kein neues Angebot eingereicht werden darf, dahingehend versteht, dass nachträgliche *wesentliche* Angebotsänderungen ausgeschlossen sind,[17] bleibt in der bisherigen Spruchpraxis des EuGH unklar, ob die Wesentlichkeit am Umfang der Änderung oder an der Wertungserheblichkeit festzumachen ist. Fraglich ist auch, ob die Nachforderung auf sog. historische Unterlagen oder Angaben beschränkt ist. Die Entscheidungen Manova und Ciclat konnten so verstanden werden, dass die Möglichkeit der Berichtigung oder Ergänzung nur in Bezug auf Unterlagen gestattet ist, bei denen nachprüfbar ist, dass sie bereits vor Ablauf der Frist für die Einreichung der Unterlagen vorlagen (zB eine veröffentlichte Bilanz).[18] Soweit ersichtlich hat der EuGH in späteren Entscheidungen darauf aber nicht mehr abgestellt.[19] Schließlich ist ungewiss, ob eine Nachforderung nur bei *offensichtlich* fehlenden oder fehlerhaften Unterlagen oder Angaben möglich ist. Zunächst hatte der EuGH formuliert, eine Nachforderung komme *insbesondere* wegen einer offensichtlich gebotenen bloßen Klarstellung oder zur Behebung offensichtlicher sachlicher Fehler in Betracht.[20] Das nicht unbedeutende Wort „insbesondere" hatte er zuletzt jedoch kommentarlos fallen lassen.[21] Eine Beschränkung des Nachforderungsrechts auf unternehmensbezogene Unterlagen oder solche, die im Zuschlagsfall nicht Vertragsbestandteil werden, lässt sich der Spruchpraxis des EuGH nicht entnehmen.[22] Aus dem Gleichbehandlungsgebot folgert der EuGH, dass die Aufforderung zur Ergänzung, Aufklärung oder Korrektur von Unterlagen in gleicher Weise an alle Unternehmen gerichtet werden muss, die sich in derselben Situation befinden, es sei denn, ein objektiv nachprüfbarer Grund rechtfertigt insoweit eine unterschiedliche Behandlung der Bieter, insbesondere, wenn das Angebot im Hinblick auf andere Gesichtspunkte ohnehin abzulehnen ist.[23] Außerdem hat sich die Aufforderung auch auf alle Punkte des Angebots zu erstrecken, die ungenau sind oder nicht den in den Verdingungsunterlagen enthaltenen technischen

---

[14] EuGH 29.3.2012 – C-599/10 Rn. 40 – SAG ELV Slovensko ua; EuGH 10.10.2013 – C-336/12 Rn. 32 mit Widerspruch zu Rn. 31 Satz 2 – Manova.

[15] EuGH 13.7.2017 – C-35/17 Rn. 21 – Saferoad Grawil und Saferoad Kabex; EuGH 10.11.2016 – C-199/15 Rn. 30 – Ciclat; EuGH 2.6.2016 Rs. C-27/15 Rn. 49 – Pizzo; EuGH 6.11.2014 – C-42/13 Rn. 42 u. 46 – Cartiera dell'Adda; EuGH 10.10.2013 – C-336/12 Rn. 40 – Manova; idS wohl auch EuGH 11.5.2017 – C-131/16 Rn. 33 – Archus und Gama.

[16] EuGH 10.10.2013 – C-336/12 Rn. 36 – Manova; EuGH 29.3.2012 – C-599/10 Rn. 40 – SAG ELV Slovensko ua; eine solche Änderung bejahend EuGH 7.4.2016 – C-324/14 Rn. 68 – Apelski Dariusz.

[17] So EuGH 11.5.2017 – C-131/16 Rn. 30 und 37 – Archus und Gama.

[18] EuGH 10.11.2016 – C-199/15 Rn. 29 – Ciclat; EuGH 10.10.2013 – C-336/12 Rn. 34 – Manova; EuGH 29.3.2012 – C-599/10 Rn. 39. Zu historischen Unterlagen auch → Rn. 11 u. 15.

[19] So auch *Zerwell* NZBau 2017, 18, 21 zu EuGH 2.6.2016 – C-27/15 – Pizzo. Vgl. auch *Dittmann* VergabeR 2017, 285, 293, die diese Frage als ungeklärt ansieht.

[20] EuGH 10.10.2013 – C-336/12 Rn. 32 – Manova; EuGH 29.3.2012 – C-599/10 Rn. 40 – SAG ELV Slovensko ua.

[21] EuGH 11.5.2017 – C-131/16 Rn. 31 und 36 – Archus und Gama.

[22] Vgl. zB EuGH 29.3.2012 – C-599/10 Rn. 40 – SAG ELV Slovensko ua betreffend technische Spezifikationen.

[23] EuGH 11.5.2017 – C-131/16 Rn. 30 – Archus und Gama; EuGH 10.10.2013 – C-336/12 Rn. 34 – Manova; EuGH 29.3.2012 – C-599/10 Rn. 43 – SAG ELV Slovensko ua.

Spezifikationen entsprechen.[24] Nachreichungen oder Nachbesserungen auf Betreiben einzelner Bieter sind damit ausgeschlossen. Der Möglichkeit eines Bieters, von sich aus Erläuterungen zu seinem Angebot nachzureichen stellt der EuGH zudem die Aussage entgegen, der Auftraggeber müsse bei der Ausübung des Aufklärungsermessens, über das er verfügt, die verschiedenen Bewerber gleich und fair behandelt, so dass nicht der Eindruck entstehen kann, dass die Aufforderung zur Erläuterung den oder die Bewerber, an den bzw. die sie gerichtet war, ungerechtfertigt begünstigt oder benachteiligt hätte.[25]

Die vorstehende, bisherige Rechtsprechung des EuGH zur Nachforderung von Ange- **8** botsunterlagen ist sämtlich zu den Richtlinien 2004/17/EG und 2004/18/EG ergangen.[26] Art. 51 Richtlinie 2004/18/EG bestimmte bislang nur, dass der Auftraggeber den Bieter auffordern kann, unzureichende Erklärungen und Nachweise zu vervollständigen. **Art. 56 Abs. 3 RL 2014/24/EU,** der im Zuge der Modernisierung der Europäischen Vergaberichtlinien im Jahr 2014 **neu eingefügt** wurde, legt nunmehr fest: *„Sind von Wirtschaftsteilnehmern zu übermittelnde Informationen oder Unterlagen unvollständig oder fehlerhaft oder scheinen diese unvollständig oder fehlerhaft zu sein oder sind spezifische Unterlagen nicht vorhanden, so können die öffentlichen Auftraggeber, sofern in den nationalen Rechtsvorschriften zur Umsetzung dieser Richtlinie nichts anderes vorgesehen ist, die betreffenden Wirtschaftsteilnehmer auffordern, die jeweiligen Informationen oder Unterlagen innerhalb einer angemessenen Frist zu übermitteln, zu ergänzen, zu erläutern oder zu vervollständigen, sofern diese Aufforderungen unter voller Einhaltung der Grundsätze der Transparenz und der Gleichbehandlung erfolgen."* Außer der Bindung an die Grundsätze der Gleichheit und der Transparenz enthält Art. 56 Abs. 3 RL 2014/24/EU keine inhaltliche Einschränkung (historische Unterlagen, offenkundige Fehler, unwesentlicher Mangel, etc.) des Nachforderungsrechts des Auftraggeber, weshalb diesbezügliche Aussagen des EuGH in seiner bisherigen Spruchpraxis wohl überholt sind. Auch zeigt etwa die neu eingeführte Vorschrift des Art. 63 Abs. 1 UAbs. 2 RL 2014/24/EU, wonach ein Unternehmen, das im Rahmen einer Eignungsleihe ein einschlägiges Eignungskriterium nicht erfüllt oder bei dem zwingende Ausschlussgründe vorliegen, auch nach Angebotsabgabe noch ersetzt werden kann, dass die Richtlinie 2014/24/EU nicht jegliche nachträgliche – auch inhaltliche – Angebotsänderung ausschließt. Art. 56 Abs. 3 RL 2014/24/EU geht über § 16a EU VOB/A hinaus, indem die Vorschrift nicht nur das Nachreichen fehlender und das Ergänzen bzw. Vervollständigen unvollständiger Unterlagen oder Informationen erlaubt, sondern offenbar auch das Nachreichen oder Erläutern *fehlerhafter* Unterlagen und Informationen, also Korrekturen. Allerdings handelt es sich bei Art. 56 Abs. 3 RL 2014/24/EU nicht um zwingend umzusetzendes Richtlinienrecht. Nationale Rechtsvorschriften dürfen von Art. 56 Abs. 3 RL 2014/24/EU abweichen, weshalb unabhängig davon, wie eng oder weit § 16a EU VOB/A ausgelegt wird, keine Zweifel an der Vereinbarkeit der Vorschrift mit dem Richtlinienrecht bestehen.[27]

B. Grundsätzliches

§ 16a EU S. 1 VOB/A ordnet die Nachforderung fehlender Nachweise oder Erklärun- **9** gen durch den Auftraggeber an. Angebote, bei denen vom Auftraggeber geforderte Erklärungen oder Nachweise fehlen, sind also nicht sofort auszuschließen. Sie sind aber auch nicht ohne weiteres zu werten, und zwar selbst dann nicht, wenn die Unvollständigkeit ausnahmsweise nur eine Bagatelle betrifft und eine Wettbewerbsverzerrung nicht zu be-

---

[24] EuGH 11.5.2017 – C-131/16 Rn. 30 – Archus und Gama; EuGH 10.10.2013 – C-336/12 Rn. 35 – Manova; EuGH 29.3.2012 – C-599/10 Rn. 44 – SAG ELV Slovensko ua.

[25] EuGH 11.5.2017 – C-131/16 Rn. 28 u. 32 – Archus und Gama; EuGH 10.10.2013 – C-336/12 Rn. 41 – Manova; EuGH 29.3.2012 – C-599/10 Rn. 27 – SAG ELV Slovensko ua.

[26] Dies überspielend *Dittmann* VergabeR 2017, 285, 292.

[27] AA *Zerwell* NZBau 2017, 18, 21 wegen der mangelnden Korrekturmöglichkeit nach § 16a EU VOB/A und *Dittmann* VergabeR 2017, 285, 293 wegen der Verpflichtung zur Nachforderung in § 16a EU VOB/A.

fürchten ist. Vielmehr ermöglicht § 16a EU VOB/A die **nachträgliche Heilung von Angebotsmängeln.** Der Zweck der Vorschrift ist darauf gerichtet, einen breiten Wettbewerb zu erhalten und eine wirtschaftliche Beschaffung zu ermöglichen. Auch der Verhältnismäßigkeitsgrundsatz, seit der Neufassung im Jahr 2016 in § 97 Abs. 1 GWB verankert, stützt das Bestreben, den Ausschluss von Angeboten bei heilbaren Angebotsmängeln zu begrenzen. Das Vergaberecht duldet hierbei auch **Durchbrechungen des Grundsatzes der formellen Gleichbehandlung der Bieter.** Eher am Gedanken der formellen Gleichbehandlung orientiert hatte der Bundesgerichtshof früher betont, dass *„ein transparentes, auf Gleichbehandlung aller Bieter beruhendes Vergabeverfahren, wie es die VOB/A gewährleisten soll, nur zu erreichen ist, wenn in jeder sich aus den Vergabeunterlagen ergebender Hinsicht und grundsätzlich ohne weiteres vergleichbare Angebote abgegeben werden".*[28] An dem Erfordernis „ohne weiteres", d. h. ohne Zwischenschritte vergleichbarer Angebote kann heute nicht mehr festgehalten werden. Die VOB/A anerkennt vielmehr, dass es auch im Vergabeverfahren Situationen geben kann, in denen es nicht möglich und auch nicht geboten ist, ein Angebot durch ein einfaches „Ja" anzunehmen.

10   Nach wie vor bleibt es allerdings eine große Herausforderung bei der Frage des Nachforderns von Nachweisen und Erklärungen eine **praktische Konkordanz zwischen den Grundsätzen des Wettbewerbs, der Wirtschaftlichkeit und der Verhältnismäßigkeit einerseits und dem Grundsatz der Bietergleichbehandlung andererseits** herzustellen. Pauschale Verweise auf die Grundsätze der Transparenz und Gleichbehandlung sind dabei wenig hilfreich; eher schon informationsökonomische Erwägungen: Wird einem Bieter die Möglichkeit eingeräumt, einen Angebotsmangel nachträglich zu heilen, den der Bieter – wenn er sorgfältig gewesen wäre – ohne weiteres auch während der Angebotserstellung hätte entdecken und während der Angebotsfrist hätte beseitigen können, wird hierdurch zunächst (nur) eine Ungleichbehandlung der Bieter im Hinblick auf die für die Erstellung eines ordnungsgemäßen Angebots insgesamt zur Verfügung stehende Zeit bewirkt. Man mag in der Möglichkeit, erst während der Nachforderungsfrist ein zuschlagsfähiges Angebot herzustellen, schon eine nicht hinnehmbare Verletzung des Grundsatzes der Bietergleichbehandlung sehen.[29] Zwingend ist das jedoch nicht, wenn allen Bietern diese Möglichkeit zur Verfügung steht. Auch scheint nahezu jede sinnvolle Nachforderungsmöglichkeit ausgeschlossen, wenn für dessen Zulässigkeit alleine auf den Zeitfaktor abgestellt wird. Anders ist es zu beurteilen, **wenn ein Bieter in die Lage versetzt wird, sein Angebot in Ansehung bereits offengelegter Inhalte der Angebote von Mitbewerber nachträglich anzupassen.** Dann tritt zugleich einen Chancenungleichheit im Hinblick auf die für die Angebotsstellung zur Verfügung stehenden Informationen hinzu. Die vorstehend beschriebene Situation besteht insbesondere bei Bauvergaben im offenen und nicht offenen Verfahren, bei denen im Anschluss an den Eröffnungstermin den Preis betreffende Angaben der Angebote einer beschränkten Öffentlichkeit zugänglich gemacht werden.[30] Auch in anderen Fällen besteht aber jedenfalls die Gefahr, dass durch Indiskretionen des Auftraggebers Informationen zu Angeboten von Mitbewerbern preisgegeben werden, die im Rahmen einer nachträglichen Anpassung des Angebots verwendet werden können. Die Nutzung dieser Information beschränkt sich im einfachen Fall darauf, dass der Bieter in Kenntnis des Ergebnisses der Ausschreibung darauf verzichtet, sein Angebot durch Nachreichen der fehlenden Erklärung annahmefähig zu machen, z B wenn er feststellt, dass er ein Unterkostenangebot abgegeben hat.[31] Die Gefahr, dass ein Bieter von den Möglichkeiten der Nachreichung von Erklärungen selektiven Gebrauch macht und sich ggf. der Angebotsbindung entzieht, ist in § 16a EU VOB/A jedoch gleichsam imma-

---

[28] BGH 24.5.2005 – X ZR 243/02 NZBau 2005, 594 = VergabeR 2005, 754; BGH 18.5.2004 – X ZB 7/04 NZBau 2004, 457 = VergabeR 2004, 473; BGH 18.2.2003 – X ZB 43/02 NZBau 2003, 293; VergabeR 2003, 313; BGH 7.1.2003 – X ZR 50/01 VergabeR 2003, 558.

[29] So *Gerlach/Manzke* VergabeR 2017, 11, 23 f.

[30] Vgl. § 14 EU Abs. 6 VOB/A.

[31] Hierauf weisen zB hin *Röwekamp/Fandrey* NZBau 2011, 463, 464 f.; *Bode* VergabeR 2009, 729, 736.

nent[32] und scheint unter Berücksichtigung der Vorteile einer nachträglichen Heilung von Angebotsmängeln auch hinnehmbar, wenn der Bieter seine Wettbewerbsstellung dadurch nicht verbessern kann.[33] Auch sollten diese Vorteile nicht deswegen aufgegeben werden, weil die Nachforderung theoretisch die Möglichkeit eröffnet, dass ein im Submissionsspiegel erstplatzierter Bieter dem zweitplatzierten Bieter, der ein teureres Angebot abgegeben hat, zum Zuschlag verhilft, indem er auf die Nachreichung einer fehlenden Erklärung verzichtet.[34] Es stellt eine strafbare Submissionsabsprache dar, wenn der erst- und der zweitplatzierte Bieter ein solches Vorgehen mit dem Ziel vereinbaren, anschließend die Differenz beider Angebote zu teilen.

Schwerer wiegt es, **wenn ein Bieter in die Lage versetzt wird, durch Nachrei-** 11 **chung einer Erklärung in Ansehung des Ausschreibungsergebnisses einen Wertungsvorteil zu erzielen.**[35] Das ist der Fall, wenn die fehlenden Erklärungen oder Nachweise wertungsrelevant sind. Vor diesem Hintergrund erklärt es sich, dass § 16 EU Nr. 3 Hs. 1 VOB/A die Nachforderung fehlender Preisangaben (außer im Bagatellbereich nach § 16 EU Nr. 3 Hs. 2 VOB/A) ausschließt[36] und erscheint es auch nachvollziehbar, wenn § 56 Abs. 3 VgV darüber hinausgehend auch die Nachforderung von leistungsbezogenen Unterlagen, die die Wirtschaftlichkeitsbewertung anhand der Zuschlagskriterien betreffen, untersagt. Irrelevant erscheint es unter Berücksichtigung des Gleichbehandlungsgrundsatzes hingegen, ob es sich bei der nachgeforderten Unterlagen oder Angaben um solche handelt, die Vertragsbestandteil werden (zB Tariftreueerklärung) oder nicht (zB Referenzangabe). Auch die Frage, ob die Erklärung oder der Nachweis Tatsachen betrifft, die bereits vor Ablauf der Angebotsfrist objektiv vorlagen (sog „historische Unterlagen") und die im Nachgang durch den Bieter zu seinen Gunsten oder Ungunsten nicht mehr verändert werden können (so zB Bilanz, Eintragung im Handelsregister; nicht so zB Nachunternehmerbenennung, Kalkulationsblätter)[37] erscheint nicht entscheidend. Würde man dies Verlangen wären sämtliche Willenserklärungen eines Bieters per se von der Nachforderung oder Korrektur ausgeschlossen.

Wo durch die Nachforderung keine Informationsvorteile einzelner Bieter in Ansehung 12 des Ausschreibungsergebnisses zu befürchten sind, insbesondere also bei der Erfüllung – nicht wertungsrelevanter – Bedingungen der Vergabeunterlagen, stehen die Vergabegrundsätze einer **Gleichstellung des Nachreichens fehlender mit der Korrektur bereits abgegebener Erklärungen und Nachweise** nicht entgegen. Nicht unbedingt aus teleologischen Gründen, aber systematisch schließt § 16 EU Nr. 2 VOB/A freilich eine nachträgliche Korrektur des Angebotsinhalts (Leistung, Vertragsbedingungen, Preise) zur Vermeidung von Abweichungen von den Vergabeunterlagen aus.[38]

§ 16a EU S. 1 VOB/A unterscheidet sich hinsichtlich der Rechtsfolgen von § 16 EU 13 Nr. 3 VOB/A, der für Angebote mit fehlenden Preisangaben gilt. Das macht eine **Abgrenzung** beider Vorschriften erforderlich, zumal es sich auch bei Preisangaben um „Erklärungen" des Bieters handelt. **§ 16 EU Nr. 3 VOB/A** betrifft nur Erklärungen zu Preisen, soweit die Preisangabe Bestandteil des Angebots ist und bei Zuschlagserteilung verbindlicher Vertragsinhalt wird. In seinem Anwendungsbereich ist § 16 EU Nr. 3

---

[32] OLG Saarbrücken 16.12.2015 – 1 U 87/15; OLG Düsseldorf 9.3.2011 – VII-Verg 52/10.

[33] So iErg BGH 29.11.2016, X ZR 122/14; *Dittmann* VergabeR 2012, 292, 294. Anders noch BayObLG 19.3.2002 – Verg 2/02 VergabeR 2002, 252. Das Risiko kann durch die Forderung von Bietbürgschaften begrenzt werden, vgl. *Röwekamp/Fandrey* NZBau 2011, 463, 466 f. Zum Ausschluss der betroffenen Bieter wegen mangelnder Eignung *Vavra* in Ziekow/Völlink, Vergaberecht, 2. Aufl., § 16 VOB/A Rn. 30 und *Schwabe/John* VergabeR 2012, 559 ff.

[34] So auch *Röwekamp/Fandrey* NZBau 2011, 463, 465, die dieses Vorgehen als „eher unwahrscheinlich" betrachten.

[35] Differenzierend auch OLG Karlsruhe 23.3.2011 – 15 Verg 2/11.

[36] Das gilt jedenfalls, soweit der Preis Wettbewerbsparameter ist. Zu Ausnahmefällen → § 16 EU Rn. 103.

[37] Hierzu früher bereits VK Bund 29.12.2006 – VK 2-125/06; VK Münster 29.12.2004 – VK 31/04; VK Thüringen 15.1.2004 – 360-4003.20-030/03-GTH. Vgl. auch OLG Düsseldorf 9.6.2004 – VII-Verg 11/04.

[38] → Rn. 38.

VOB/A also spezieller als § 16 EU Nr. 3 VOB/A. Fehlen vom Auftraggeber geforderte, für die Angebotswertung nicht relevante, zusätzliche Angaben zur Preisbildung (Kalkulation), liegt ein Fall des § 16a EU VOB/A vor. Spezieller als § 16a EU VOB/A ist auch **§ 16 EU Nr. 4 VOB/A** zu. Zwar betrifft § 16a EU VOB/A seinem Wortlaut nach nicht nur Erklärungen oder Nachweise, die der Auftraggeber mit den Angeboten gefordert hat.[39] Der Fall, dass Bieter Erklärungen oder Nachweise, deren Vorlage sich der öffentliche Auftraggeber vorbehalten hat, auf Aufforderung nicht vorlegen, wird in der VOB/A 2016 nun jedoch ausdrücklich in § 16 EU Nr. 4 VOB/A gesondert geregelt.[40] Ungeregelt und ungeklärt ist, wie Teilnahmeanträge zu behandeln sind, bei denen geforderte Erklärungen oder Nachweise fehlen.[41] § 16 EU Nr. 4 S. 2 VOB/A betrifft wohl nur den Fall, dass sich der Auftraggeber vorbehalten hat, Erklärungen oder Nachweise nach Ablauf der Teilnahmefrist zu verlangen. Problematisch bleibt auch das Verhältnis von § 16a EU VOB/A zu dem Ausschlussgrund des **§ 16 EU Nr. 2 VOB/A** für Angebote, die von den Vergabeunterlagen abweichen. Erkennt man an, dass der Fall fehlender Nachweise und Erklärungen – wenn diese sich auf den Inhalt des Angebots beziehen – ein Sonderfall der Abweichung von den Vergabeunterlagen ist, führt dies aufgrund von Spezialität zur Anwendung von § 16a EU VOB/A. Nach hier vertretener Ansicht sind § 16a EU VOB/A und § 16 EU Nr. 2 VOB/A auch nicht kumulativ, sondern alternativ anzuwenden.[42] Andererseits setzt der Ausschlusstatbestand des § 16 EU Nr. 2 VOB/A einer entsprechenden Anwendung des § 16a EU VOB/A auf *fehlerhafte* Angebote Grenzen, wenn er seine Bedeutung im System der VOB/A nicht einbüßen soll.[43]

C. Fehlen geforderter Erklärungen oder Nachweise

I. Begriff der Erklärungen oder Nachweise

14   Soweit § 16a EU S. 1 VOB/A bestimmt, wie Angebote zu behandeln sind, bei denen „geforderte Erklärungen oder Nachweise" fehlen, wird damit an § 13 EU Abs. 1 Nr. 4 VOB/A angeknüpft, ohne dass auf diese Vorschrift allerdings unmittelbar verwiesen wird. Nach § 13 EU Abs. 1 Nr. 4 VOB/A müssen Angebote die geforderten Erklärungen und Nachweise enthalten. Der **Begriff der Erklärung** geht weiter als der – an anderer Stelle in der VOB/A verwendete – Begriff der „Eigenerklärung".[44] Er erfasst alle Arten von Stellungnahmen oder Bewertungen von natürlichen oder juristischen Personen, solche des Bieters selbst und solche von Dritten. Der **Begriff des Nachweises,** der auf das Vorhandensein oder Nichtvorhandensein bestimmter Tatsachen abhebt, geht vollständig in dem Begriff der Erklärung auf. Muster oder Proben, die mit dem Angebot zum Beleg bestimmter Produkteigenschaften oder Fähigkeiten gefordert werden (vgl. § 13 EU Abs. 1 Nr. 7 VOB) stellen nach der Rechtsprechung ebenfalls Bietererklärungen im Rechtssinne dar.[45]

15   Vor Einführung der Nachforderungspflicht – und damit korrespondierend des Nachforderungsrechts – für fehlende Erklärungen oder Nachweise wurden zum Teil Eingrenzungen der Begriffe Erklärungen und Nachweise vorgenommen, um die unbillig erscheinende Konsequenz eines Angebotsausschluss zu vermeiden. So wurde etwa vertreten, zu den von der Ausschlussvorschrift erfassten Erklärungen und Nachweisen zählten nur solche, die im

---

[39] So noch der der Entwurf der VOB/A 2009 vom 25.11.2008.
[40] Vgl. zum bisher geltenden Meinungsstand → § 16 EU Rn. 117 ff.
[41] Für eine analoge Anwendung von § 16a EU VOB/A Summa in juris-PK, VergR § 16a VOB/A Rn. 8.
[42] § 16 EU Rn. 59.
[43] → Rn. 38.
[44] Vgl. insbesondere § 6b EU Abs. 1 Nr. 2 und Abs. 2 VOB/A.
[45] BGH 26.9.2006, X ZB 14/06 VergabeR 2007, 59; OLG Düsseldorf 14.11.2007 – VII-Verg 23/07. Zum Angebotsausschluss wegen fehlender Muster auch VK Sachsen 4.10.2011 – 1/SVK/037-11; VK Südbayern 21.5.2010 – Z3-3-3194-1-21-04/10; VK Bund 5.8.2009 – VK 1-128/09.

Falle der Zuschlagserteilung Vertragsbestandteil werden (z. B. Fabrikatsangaben).[46] Derartige Eingrenzungen sind jedoch nicht (mehr) angezeigt. Umgekehrt sind von dem Begriff der „Erklärungen und Nachweise" aber auch nicht generell solche ausgenommen, die **„Kernbestandteil des Angebots"** sind bzw. im Falle der Zuschlagserteilung **„integraler Vertragsbestandteil"** werden, was nunmehr zum Teil vertreten wird, um die als unbillig (oder auch nur lästig) empfundene Konsequenz des Nachforderns zu vermeiden.[47] Hierfür bietet weder der Wortlaut noch die Systematik der Ausschlussgründe eine Grundlage.[48] Auch aus der Spruchpraxis des EuGH lässt sich dergleichen nicht entnehmen.[49] Zutreffend ist vielmehr, den **Begriff der „Erklärungen und Nachweise"** im Sinne der §§ 13 EU Abs. 1 Nr. 4; 16a EU S. 1 VOB/A **weit auszulegen**.[50] Er erfasst unternehmensbezogene Erklärungen, wie insbesondere die Eignungsnachweise,[51] ebenso wie leistungsbezogene Erklärungen;[52] kalkulationserhebliche Erklärungen ebenso wie kalkulationsunerhebliche Erklärungen;[53] Erklärungen über Tatsachen, die bereits vor Ablauf der Frist für die Einreichung vorlagen („historische Unterlagen"), ebenso wie Erklärungen über Tatsachen, die erst nach diesem Zeitpunkt aufgetreten oder bekannt geworden sind, sowie Willensäußerungen; Erklärungen, die für die Prüfung der Angebote relevant sind, ebenso wie Erklärungen, die nur unter bestimmten Umständen für die Prüfung der Angebote relevant werden (zB Angaben zu Preisermittlung zur Prüfung unangemessen niedrig erscheinender Angebote), die der Auftraggeber aber vorsorglich mit dem Angebot fordert, und auch solche, die für die Prüfung der Angebote gar keine Bedeutung haben, weil sie nur die Auftragsausführung im Zuschlagsfall betreffen (zB Bauzeitenplan, Bürgschaften, Angabe von Entsorgungsstellen).[54] Schließlich werden Erklärungen zu Hauptangeboten ebenso erfasst wie Erklärungen zu Nebenangeboten.[55]

Erklärungen im Sinne von §§ 13 EU Abs. 1 Nr. 4, 16a EU S. 1 VOB/A sind daher **16** **zum Beispiel:** Erklärungen zum Nachunternehmereinsatz,[56] Verfügbarkeitsnachweise nach § 6d EU Abs. 1 S. 2 VOB/A, Erklärungen über die Zusammensetzung und zur gesamtschuldnerischen Haftung von Bietergemeinschaften, Tariftreueerklärungen, Umsatzangaben, Bilanzen, Jahresabschlüsse, Referenzlisten und Referenzangaben, Zertifizierungen, Prüfzeugnisse, Produkt-, Typ- und Fabrikatsangaben,[57] Technische Datenblätter, Nachweise

---

[46] So zB OLG Schleswig 10.3.2006 – 1 (6) Verg 13/05 VergabeR 2006, 367.

[47] OLG Saarbrücken 24.2.2016 – 1 U 60/15; OLG Dresden 21.2.2012 – Verg 1/12; iErg ebenso OLG Frankfurt 6.6.2013 – 11 Verg 8/13; VK Thüringen 27.7.2016 – 250-4002-5385/2016-N-007-IK; VK Lüneburg 24.8.2015 – VgK-28/2015; VK Südbayern 15.5.2015 – Z 3-3-3194-1-05-01/15; VK Brandenburg 6.8.2013 – VK 11/13; VK Thüringen 12.4.2013 – 250-4002-2400/2013-E-008-SOK; VK Sachsen-Anhalt 17.10.2014 – 3 VK LSA 82/14; VK Sachsen-Anhalt 13.8.2014 – 3 VK LSA 75/14; VK Sachsen-Anhalt 9.7.2014 – 3 VK LSA 67/14; VK Südbayern 7.3.2014 – Z3-3-3194-1-02-01/14; *Mantler* VergabeR 2013 166, 173; *v. Wietersheim* in Ingenstau/Korbion § 16a EU VOB/A Rn. 55. Ebenso nun sogar gegen den eindeutigen Wortlaut von § 56 Abs. 2 S. 1 Hs. 2 VgV VK Westfalen 9.6.2017 – VK 1–12/17. Letztlich offen gelassen OLG Brandenburg 7.8.2012 – Verg W 5/12.

[48] Wie hier *Vavra* in Ziekow/Völlink, Vergaberecht, 2. Aufl., § 16 VOB/A Rn. 28 und *Dittmann* in KKMPP Kommentar zu VgV § 56 Rn. 1.

[49] → Rn. 7; wie hier *Dittmann* VergabeR 2017, 285, 293.

[50] OLG Celle 14.1.2014 – 13 Verg 11/13; OLG Naumburg 23.2.2012 – 2 Verg 15/11; *Dittmann* VergabeR 2017, 285, 289 f. mwN; *Dittmann* VergabeR 2012, 292, 300 f.; *Stolz* in Willenbruch/Wieddekind, Kompaktkommentar Vergaberecht, 4. Aufl. § 16a EU VOB/A Rn. 4; *Summa* in juris-PK, VergR § 16a VOB/A Rn. 10; *Frister* in Kapellmann/Messerschmidt, VOB, 6. Aufl. § 16a VOB/A Rn. 5; *Völlink/Huber* in FS Marx, S. 791, 794 f.; ebenso OLG Karlsruhe 23.03.2011 – 15 Verg 2/11 zum Begriff der „Erklärungen" in § 19 Abs. 3 lit. a VOL/A-EG 2009.

[51] Hierzu *Opitz* in Burgi/Dreher, Beck'scher Vergaberechtskommentar, 3. Aufl. Bd. 1 § 122 Rn. 28 ff.

[52] OLG Saarbrücken 24.2.2016 – 1 U 60/15; OLG Naumburg 23.2.2012 – Az.: 2 Verg 15/11; *Bode* VergabeR 2009, 729, 734.

[53] AA VK Sachsen-Anhalt 24.2.2014 – 3 VK LSA 02/14 zu Nachunternehmererklärungen.

[54] Zur Rechtmäßigkeit der Forderung → Rn. 27.

[55] OLG Naumburg 23.2.2012 – 2 Verg 15/11; OLG Düsseldorf 10.8.2011 – VII-Verg 66/11; OLG Koblenz 29.8.2003 – 1 Verg 7/03. *Summa* in juris-PK, VergR § 16a VOB/A Rn. 9.

[56] BGH 3.4.2012 – X ZR 130/10; BGH 10.6.2008 – X ZR 78/07; BGH 18.9.2007 – X ZR 89/04.

[57] BGH 7.6.2005 – X ZR 19/02; BGH 18.2.2003 – X ZB 43/02.

über das Qualitätsmanagement; Erklärungen über das für die Leitung und Aufsicht vorgesehene technische Personal, Darstellung des Personaleinsatzes, Gerätelisten und Kapazitätsnachweise für Maschinen, Konstruktionspläne und statische Vorbemessungen, Baustelleneinrichtungspläne, Bauzeitenpläne, Konzepte für den Bauablauf oder die Baulogistik; Entsorgungsnachweise, öffentlich-rechtliche Genehmigungen, Nachweise über die Teilnahme an Vorortbesichtigungen, Finanzierungsbestätigungen, vom Bieter zu erstellende Vertragsentwürfe, Eigenerklärung über das Nichtvorliegen von Ausschlussgründen; Nachweis einer Betriebshaftpflichtversicherung; Unbedenklichkeitsbescheinigung eines Sozialversicherungsträgers oder des Finanzamts; Nachweis der Anmeldung bei der Berufsgenossenschaft, Auszüge aus dem Handelsregister, Auskunft des Betroffenen aus dem Gewerbezentralregister gem. § 150 GewO, Auszug aus dem Bundeszentralregister (pol. Führungszeugnis), Formblätter EFB-Preis,[58] die Urkalkulation oder sonstige Kalkulationsunterlagen etc.

17   Dem Wortlaut nach werden von § 16a EU VOB/A – anders als nach § 56 Abs. 3 S. 1 VgV – auch leistungsbezogene Erklärungen erfasst, die die Wirtschaftlichkeitsbewertung anhand der Zuschlagskriterien betreffen (wertungsrelevante Erklärungen).[59] Gute Gründe sprechen allerdings dafür, die Vorschrift insoweit teleologisch zu reduzieren.[60] Es muss nämlich bezweifelt werden, dass der Zweck der Vorschrift, im Interesse eines umfassenden Wettbewerbs den Ausschluss von Angeboten aus vielfach nur formalen Gründen zu verhindern und die Anzahl der am Wettbewerb teilnehmenden Angebote nicht unnötig zu reduzieren, so weit reicht, auch Möglichkeiten der Einflussnahme auf die Bieterreihenfolge zu eröffnen.[61] Diese Möglichkeiten bestehen jedoch, wenn eine Nachforderung und Nachreichung wertungsrelevanter Erklärungen zugelassen wird.[62] Gegen die Möglichkeit des **Nachforderns und Nachreichens wertungsrelevanter Erklärungen** spricht vor allem aber auch die Systematik der Ausschlussgründe der VOB/A. Es würde zu Wertungswidersprüchen führen, wenn einerseits gem. § 16a EU VOB/A die Nachforderung wertungsrelevanter Angaben zu den qualitativen, umweltbezogenen oder sozialen Merkmalen des Angebots zugelassen würde, in § 16 EU Nr. 3 VOB/A die Nachforderung von – wertungsrelevanten –[63] Preisangaben jedoch ausgeschlossen wird.

II. Forderung der Erklärung oder des Nachweises

18   Genauer zu prüfen ist stets, ob die Erklärung oder der Nachweis vom tatsächlich „gefordert" war. Diese **Forderung muss eindeutig** sein.[64] Es gilt hier der gleiche Maßstab wie bei der Eindeutigkeit der Vergabeunterlagen i.S.v. § 16 EU Nr. 2 VOB/A.[65] Auch nach § 16a EU VOB/A folgt aus dem Fehlen von Erklärungen oder Nachweisen die schwerwiegende zwingende Rechtsfolge des Angebotsausschlusses bei verspäteter Vorlage trotz Nachforderung, sodass eine eindeutige Bestimmung der geforderten Erklärungen oder

---

[58] BGH 18.9.2007 – X ZR 89/04; BGH 7.6.2005 – X ZR 19/02.

[59] OLG Karlsruhe 23.3.2011 – 15 Verg 2/11; VK Baden-Württemberg 10.2.2014 – 1 VK 02/14; *Stolz* in Willenbruch/Wieddekind, Kompaktkommentar Vergaberecht, 4. Aufl. § 16a EU VOB/A Rn. 4; *Völlink/ Huber* FS Marx, 2013, S. 791, 794; *Dittmann* VergabeR 2012, 292, 301.

[60] So im Ergebnis auch *Summa* in juris-PK, VergR § 16a VOB/A Rn. 12, der zur Begründung anführt, das Fehlen wertungsrelevante Erklärungen habe nie den Ausschluss wegen Unvollständigkeit des Angebots zur Folge.

[61] Im Rahmen der Ermessensausübung nach § 19 Abs. 2 Satz VOL/A-EG 2009 daher auch einschränkend OLG Karlsruhe 23.3.2011 – 15 Verg 2/11.

[62] → Rn. 11.

[63] Zu nicht wertungsrelevanten Preisangaben § 16 EU Rn. 105.

[64] ZB BGH 3.4.2012 – X ZR 130/10; OLG Düsseldorf 28.11.2012 – Verg 8/12; OLG Düsseldorf 31.10.2012 – Verg 17/12; OLG Frankfurt 21.2.2012 – 11 Verg 11/11; vgl. auch *Opitz* in Burgi/Dreher, Beck'scher Vergaberechtskommentar, 3. Aufl. Bd. 1 § 122 Rn. 31 mwN.

[65] → § 16 EU Nr. 2 VOB/A Rn. 66.

Nachweise durch den Auftraggeber erforderlich ist.[66] Es muss zunächst eindeutig erkennbar sein, dass der öffentliche Auftraggeber für das konkrete Vergabeverfahren überhaupt bestimmte Unterlagen fordert. Ferner muss **der Inhalt der vorzulegenden Unterlagen** oder Erklärungen eindeutig und unmissverständlich aus der Auftragsbekanntmachung bzw. den Vergabeunterlagen hervorgehen.[67] So muss der Auftraggeber etwa genau angeben, wenn er neben Fabrikatsangaben auch Typenbezeichnungen wünscht,[68] wenn er bei Bereitstellung eines Kurztext-LV zusätzlich Fabrikatsangaben im Langtext-LV wünscht,[69] welche Eignungsnachweise auch von Nachunternehmern vorzulegen sind[70] oder welche „anderen Unternehmen" er in der Nachunternehmerliste erwartet.[71] Bei einer funktionalen Leistungsbeschreibung muss der Auftraggeber hinreichend deutlich machen, wenn dem Angebot eine eigene Entwurfsplanung des Bieters beizufügen ist.[72] Wie die Leistung selbst eindeutig und erschöpfend zu beschreiben ist, erfordert es das Prinzip der Gleichbehandlung auch, eine objektive Mehrdeutigkeit der Ausschreibungsunterlagen in den geforderten Belegen nicht zum Nachteil eines Bieters ausschlagen zu lassen. Unklarheiten dürfen nicht zu Lasten des Bieters gehen.[73]

Gleiches gilt für die **Form der geforderten Erklärung oder des Nachweises.** So **19** muss der Auftraggeber z.B. unmissverständlich bestimmen, wenn er bestimmte Erklärungen im Original verlangt[74] oder ausländische Erklärungen in beglaubigter Übersetzung (mit oder ohne Apostille). Die Forderung, dass das Angebot in all seinen Bestandteilen in deutscher Sprache einzureichen ist, schließt die Vorlage fremdsprachiger nicht von einer Übersetzung begleiteter Nachweise nicht von vornherein aus.[75] Verlangt der Auftraggeber als Eignungsnachweis schlicht eine Herstellerzertifizierung, so ist ein Nachweis in englischer Sprache nicht fehlerhaft, auch wenn das Angebot in deutscher Sprache vorzulegen ist.[76]

Eindeutig muss schließlich bestimmt sein, **zu welchem Zeitpunkt die Erklärung 20 oder der Nachweis vorzulegen** ist,[77] da § 16a EU VOB/A nur den Fall erfasst, dass Erklärungen und Nachweise mit dem Angebot gefordert werden.[78] Fehlen konkrete Angaben zum Vorlagezeitpunkt, kann daraus nicht automatisch geschlossen werden, dass die Eig-

---

[66] Vgl. OLG Naumburg 23.12.2014 – 2 U 74/14; OLG Celle 24.4.2014 – 13 Verg 2/14; Schleswig-Holsteinisches OLG 15.4.2014 – 1 Verg 4/13; OLG Koblenz 29.1.2014 – 1 Verg 14/13; OLG Düsseldorf 17.7.2013 – VII-Verg 10/13; OLG München 23.12.2010 – Verg 21/10; OLG München 12.11.2010 – Verg 21/10; OLG München 12.10.2012 – Verg 16/12.

[67] OLG Frankfurt 16.6.2015 – 11 Verg 3/15; OLG Naumburg 23.12.2014 – 2 U 74/14; OLG Celle 24.04.2014 – 13 Verg 2/14; OLG München 10.12.2009 – Verg 16/09.

[68] OLG München 23.12.2010 – Verg 21/10; OLG München 12.11.2010 – Verg 21/10; VK Bund 21.01.2011 – VK 2-146/10.

[69] BGH 15.1.2013 – X ZR 155/10.

[70] BGH 3.4.2012 – X ZR 130/10.

[71] OLG Düsseldorf 20.10.2008 – VII-Verg 41/08.

[72] OLG Brandenburg 19.9.2003 – Verg W 4/03.

[73] BGH 15.1.2013 – X ZR 155/10; BGH 3.4.2012 – X ZR 130/10; BGH 10.06.2008 – X ZR 78/07 → § 16 EU Rn. 71 mwN.

[74] Zu dem Fall, dass die Gültigkeit auf die Vorlage des Originals beschränkt ist OLG Naumburg 8.10.2009 – 1 Verg 9/09 VergabeR 2010, 219; OLG München 10.9.2009 – Verg 10/09 VergabeR 2010, 266; OLG Koblenz 4.7.2007 – 1 Verg 3/07 VergabeR 2007, 666; OLG Düsseldorf 16.1.2006 – VII Verg 92/05. Zu dem Fall, dass von einer Behörde keine Originale ausgestellt werden VK Sachsen-Anhalt 17.12.2015 – 3 VK LSA 73/15. Zu dem Fall, dass sich die Kopie von dem – vermeintlichen – Original unterscheidet VK Bund 2.2.2011 – VK 3-168/10.

[75] OLG Düsseldorf 30.11.2009 – VK Verg 41/09.

[76] OLG Düsseldorf 20.11.2008 – VII-Verg 37/08.

[77] OLG Naumburg 23.12.2014 – 2 U 74/14; OLG Schleswig 15.04.2014 – Verg 4/13; OLG München 10.12.2009 – Verg 16/09; OLG München 10.9.2009 – Verg 10/09 VergabeR 2010, 266; OLG Düsseldorf 9.12.2009 – VII-Verg 37/09; OLG München 21.8.2008 – Verg 13/2008 VergabeR 2009, 65; OLG Düsseldorf 7.4.2005 – VII-Verg 12/05. Ferner ist auch zu bestimmen, bis zu welchem Zeitpunkt eine im Vergabeverfahren nachzuweisende Handlung vorzunehmen ist EuGH 9.2.2006 – C-226/04, C-228/04, C-226/04, C-228/04 Rn. 29ff. – La Cascina. Zur Benennung von Nachunternehmern im Angebot *Opitz* in Burgi/Dreher, Beck'scher Vergaberechtskommentar, 3. Aufl. Bd. 1 § 122 Rn. 44.

[78] → Rn. 13.

nungsnachweise schon mit dem Angebot vorzulegen sind.[79] Andererseits ist auch nicht automatisch § 16 EU Nr. 4 VOB/A heranzuziehen, denn diese Vorschrift setzt voraus, dass die Vorlage bestimmter Nachweise oder Erklärungen zum einem Zeitpunkt nach Ablauf der Angebotsfrist ausdrücklich vorbehalten wurde. Aufgrund einer Unklarheit zum Zeitpunkt der Vorlage kann sich die Nichtvorlage oder fehlerhafte Vorlage von geforderten Belegen nicht zum Nachteil der Bieter z.B. in Form eines Ausschlusses aus dem Vergabeverfahren auswirken. Nach einschlägiger Spruchpraxis besteht eine Unklarheit bereits dann, wenn der Auftraggeber eine bestimmte Erklärung mit Angebotsabgabe fordert, sich diese Forderung allerdings an den „Auftragnehmer" richtet, weil bei Angebotsabgabe erst ein Bieterstatus, nicht dagegen bereits ein Auftragnehmerstatus besteht.[80]

21   In einem Fall der nicht eindeutigen Forderung von Nachweisen und Erklärungen kann der Auftraggeber im laufenden Vergabeverfahren dadurch reagieren, dass er in einem **transparenten und diskriminierungsfreien Verfahren den festgestellten Mangel behebt.** Dazu können z.B. nicht eindeutig benannte Nachweise konkretisiert werden und kann den Bietern eine angemessene Frist gesetzt werden, diese nachzureichen. Alternativ kann die Vergabestelle bislang nicht vorgelegte Nachweise auch direkt anfordern.[81] Reicht ein Bieter auf die sodann konkretisierte Forderung keine Erklärung ein, bestimmten sich die Folgen nach § 16a EU VOB/A und nicht nach § 16 EU Nr. 4 VOB/A. Diese Vorschrift gilt nur für Erklärungen oder Nachweise, deren Vorlage sich der Auftraggeber ausdrücklich „vorbehalten" hat.

22   Es ist die Frage aufgeworfen worden, ob die Nachforderungspflicht nach § 16a EU VOB/A auch solche **Erklärungen oder Nachweise** umfasst, die nicht – ausdrücklich – vom Auftraggeber gefordert worden sind, sondern **deren Vorlage vom Bieter bereits nach den Bestimmungen der VOB/A verlangt werden.** Das trifft etwa auf den Gleichwertigkeitsnachweis zu, der mit einem Angebot, das von den geforderten technischen Spezifikationen abweicht, vorzulegen ist (§ 13 EU Abs. 2 S. 2 VOB/A). Diese Frage ist zu bejahen.[82] Das ergibt sich schon nach dem Wortlaut von § 16a EU VOB/A, der weder eine Forderung „durch den Auftraggeber" noch eine Forderung „in der Auftragsbekanntmachung oder den Vergabeunterlagen" verlangt. Auch der Zweck der Vorschrift rechtfertigt keine andere Handhabung. Soweit die Rechtsprechung ungeschriebene Vorlagepflichten für bestimmte Erklärungen oder Nachweise statuiert, wie z.B. den Nachweis, dass Angebote konzernverbundener Unternehmen unter Wahrung der Grundsätze des Geheimwettbewerbs zustande gekommen sind,[83] kommt eine entsprechende Anwendung von § 16a EU VOB/A in Betracht.

23   Gibt die Vergabestelle Teile der **Vergabeunterlagen** vor, **die sich die Bieter in ihrem Angebot zu eigen machen,** in denen aber keine individuellen Eintragungen vorzunehmen sind, ist keine Rückgabe dieser Teile mit dem Angebot erforderlich.[84] Das gilt auch für die Teile der Leistungsbeschreibung, wie z.B. die allgemeinen Vorbemerkungen.

24   Fehlen im Angebot **Erklärungen, die nur unter bestimmten Voraussetzungen abzugeben sind,** greift § 16a EU VOB/A nur ein, wenn diese Voraussetzungen auch

---

[79] OLG München 10.9.2009 – Verg 10/09 VergabeR 2010, 266; OLG München 21.8.2008 – Verg 13/2008 VergabeR 2009, 65.

[80] VK Schleswig-Holstein 9.12.2011 – VK-SH 22/11; VK Niedersachsen 23.6.2011 – VgK-20/2011; VK Bund 10.6.2010 – VK 3-51/10; VK Bund 4.6.2010 – VK 3-48/10; VK Nordbayern 30.9.2004 – 320.VK-3194-39/04.

[81] OLG Düsseldorf 17.7.2013 – VII-Verg 10/13.

[82] *Summa* in juris-PK-VergR, § 16a VOB/A Rn. 25; *Dittmann* in KKPP, Kommentar zur VOB/A, § 16 VOB/A Rn. 283; aA wohl *Herrmann,* VergabeR 2013, 315, 316.

[83] *Opitz* in Burgi/Dreher, Beck'scher Vergaberechtskommentar, 3. Aufl. Bd. 1 § 124 Rn. 72.

[84] OLG Saarbrücken 18.5.2016 – 1 Verg 1/16; OLG Naumburg 23.2.2012 – 2 Verg 15/11; OLG Düsseldorf 25.6.2008 – Verg 22/08 NZBau 2009, 71 = VergabeR 2009, 87; OLG München 23.5.2007 – Verg 3/07; VK Thüringen 16.9.2015 – 250-4002-4826/2015-N-051–EF; VK Nordbayern 22.9.2010 – 21.VK-3194-34/10; VK Südbayern 5.2.2010 – Z3-3-3194-1-66-12/09; VK Nordbayern 28.1.2009 – 21.VK-3194-55/08; VK Bund 18.3.2008 – VK 3-35/08; VK Thüringen 22.3.2005 – 002/05 – MGN; VK Lüneburg 4.12.2000 – 203-VgK-15/2000.

vorliegen. Das gilt etwa für Hersteller- und Produktangaben, die nur für den Fall gefordert werden, dass der Bieter vom Leitfabrikat des Auftraggebers abweichen will[85] oder die Nachunternehmererklärung, die nur für den Fall gefordert wird, dass der Bieter beabsichtigt, Teilleistungen des Auftrags an Nachunternehmer zu vergeben.[86] Auch stehen die vielfach verwendeten EFB-Formblätter 221 und 222 des Vergabehandbuchs des Bundes in einem Alternativverhältnis, weil sie unterschiedliche Kalkulationsmethoden zum Gegenstand haben, weshalb nur jeweils eines dieser Blätter auszufüllen ist.[87]

Auch nach § 6b EU Abs. 3 VOB/A kann ein Bieter von Nachweispflichten entlastet **25** sein. Nach dieser Vorschrift müssen Unternehmen keine Nachweise vorlegen, sofern und soweit die Zuschlag erteilende Stelle diese direkt über eine gebührenfreie nationale Datenbank in einem Mitgliedstaat erhalten kann,[88] oder **wenn die Zuschlag erteilende Stelle bereits im Besitz dieser Nachweise** ist. § 6b EU Abs. 3 VOB/A betrifft Nachweise zur Eignung und Nachweise über das Nichtvorliegen von Ausschlussgründen. Durch den neu eingefügten § 6b EU Abs. 3 VOB/A ist ältere Rechtsprechung, wonach sich der Auftraggeber von einem Bieter nicht darauf verweisen lassen muss, dass ihm der Inhalt der fehlenden Erklärung bereits bekannt ist, zum Teil überholt.[89] Im Anwendungsbereich von § 6b EU Abs. 3 VOB/A muss der Auftraggeber das Vorliegen vorhandener Informationen gegebenenfalls im Wege eigener Nachforschungen prüfen und diese selbst zusammenzusuchen. Es ist auch nicht ausgeschlossen, dass der Auftraggeber Unternehmen, die ihm aufgrund früherer Vertragsbeziehungen bereits bekannt sind, durch entsprechenden Hinweis in der Vergabebekanntmachung oder in den Vergabeunterlagen ausdrücklich von einer Nachweispflicht befreit.[90]

Schließlich werden **Kopien, Zweitschriften oder Mehrfertigungen** eines Angebots, **26** die der Auftraggeber zur Vereinfachungs- oder Beweiszwecken wünscht, nicht als „geforderte Erklärungen" angesehen. Eine Kopie ist keine eigene oder fremde Erklärung, sondern lediglich die kopierte Form einer Erklärung.[91]

Ist eine **Forderung objektiv unerfüllbar**, weil z B bestimmte Nachweise Dritter ge- **27** fordert werden, die von diesen Dritten gar nicht ausgestellt werden, **oder unzulässig**, z B weil unzulässige Eignungsnachweise verlangt wurden,[92] darf der Bieter die Forderung nicht einfach ignorieren, sondern muss er sie zunächst im Wege einer Vergaberüge beanstanden.[93] Geht man davon aus, dass ein Vergabeverfahren bei einer unerfüllbaren oder unzulässigen Nachweisforderung an einem grundlegenden Mangel leidet, weshalb es nicht in Betracht kommt, überhaupt auf dieser Grundlage einen Auftrag für die nachgefragte Leistung zu erteilen, muss der grundlegende Mangel sodann durch eine transparente und diskriminierungsfreie Änderung der betreffenden Vorgabe behoben oder das gesamte Verga-

---

[85] VK Brandenburg 5.7.2006 – 1 VK 23/06; VK Düsseldorf 30.9.2003 – VK-25/2003-B; VK Saarland 15.3.2006 – 3 VK 02/2006; anders VK Thüringen 3.3.2006 – Az.: 360-4002.20-004/06-ABG.

[86] Vgl. etwa OLG Düsseldorf 21.7.2010 – VII-Verg 29/10. Zu dem Fall, dass Nachunternehmerangaben nur bei der Vergabe „wesentlicher Teilleistungen" gefordert werden OLG Naumburg 26.1.2005 – 1 Verg 21/04.

[87] VK Schleswig-Holstein 7.3.2008 – VK-SH 02/08; VK Lüneburg 26.4.2007 – VgK-16/2007; VK Lüneburg 22.3.2006 – VgK-05/2006.

[88] Das trifft auf die Nachweise zu, die von dem Bieter im Rahmen einer Präqualifikation nach § 6b EU Abs. 1 Nr. 1 VOB/A vorgelegt wurden. Überholt daher OLG Celle 16.6.2011 – 13 Verg 3/11 für die Nachforderung von Eignungsnachweisen, die auch durch eine Präqualifizierung ersetzt werden können.

[89] OLG Düsseldorf 21.12.2005 – VII-Verg 69/05.

[90] OLG Düsseldorf 25.11.2002 – Verg 56/02.

[91] VK Lüneburg 4.12.2015 – VgK-44/2015; VK Detmold 29.7.2008 – VK.2-04/08; VK Bund 3.7.2006 – VK 2-35/06; VK Kiel 21.2.2003 – VK-SH 03/03.

[92] Opitz in Burgi/Dreher, Beck'scher Vergaberechtskommentar, 3. Aufl. Bd. 1 § 122 Rn. 29.

[93] OLG Jena 9.3.2016 – 2 Verg 1/16; OLG Frankfurt 26.5.2009 – 11 Verg 2/09; Stoye/Hoffmann VergabeR 2009, 569, 580. Die Rechtsprechung hierzu ist nicht ganz einheitlich. Vgl. zur Parallelsituation bei unmöglichen, unzulässigen oder unzumutbaren Leistungsanforderungen § 16 EU Rn. 64 zu unzulässigen Zuschlagskriterien Opitz in Burgi/Dreher Beck'sche Vergaberechtskommentar 3. Aufl. Bd. 1 § 127 Rn. 150 u. 155.

beverfahren ggf. sogar aufgehoben werden.[94] Der Auftraggeber kann weder vor noch nach Ablauf der Angebotsfrist gegenüber einzelnen Bietern auf eine tatsächlich oder vermeintlich unmögliche Forderung verzichten.

28   Die vorstehenden Grundsätze gelten auch, wenn die Nachweisforderung des Auftraggebers **für die Bieter unzumutbar** ist, was allerdings von der grundsätzlichen Frage abhängt, inwieweit die vom Auftraggeber geforderten Erklärungen oder Nachweise einer Zumutbarkeitsprüfung zu unterziehen sind.[95] Die Frage des Auftraggebers, ob und in welchem Umfang die Bieter Leistungen an Nachunternehmer übertragen will, ist jedenfalls nicht unzumutbar.[96] Und eine Unzumutbarkeit ergibt sich auch nicht bereits daraus, dass eine Erklärung Geschäftsgeheimnisse enthält, denn die Angebote einschließlich aller Erklärungen sind vom öffentlichen Auftraggeber ohnehin vertraulich zu behandeln.[97] Werden Erklärungen von unabhängigen Dritten (Zertifikate, Testberichte, Prüfzeugnisse, etc.) oder Gütezeichen gefordert, die nur unter unverhältnismäßigen Schwierigkeiten beschafft werden können, sehen § 7a EU Abs. 5 Nr. 2 und Abs. 6 Nr. 4 VOB/A ohnehin bereits vereinfachte Nachweismöglichkeiten vor. Auf Zumutbarkeitserwägungen beruhen auch Art. 60 Abs. 3 UAbs. 2 RL 2014/24/EU, wonach Unternehmen ihre wirtschaftliche und finanzielle Leistungsfähigkeit aus berechtigten Gründen durch andere als die vom Auftraggeber geforderten Nachweise belegen können. Unzumutbar kann eine Nachweisforderung sein, die **unter keinem denkbaren Gesichtspunkt für den Auftrag von Bedeutung ist,** d. h. weder für die Angebotswertung noch für die spätere Auftragsausführung. In diesem Fall fehlt es an einem berechtigten Interesse des Auftraggebers die Erklärung zu fordern.[98]

29   Auch bei der Urkalkulation handelt es sich um eine Erklärung i. S. v. § 16a EU und § 13 EU Abs. 1 Nr. 4 VOB/A.[99] Die Forderung des Auftraggebers, mit dem Angebot die **Urkalkulation** vorzulegen, ist zumutbar. Fehlt die geforderte Urkalkulation, ist das Angebot unvollständig und muss die Kalkulation nachgefordert werden.[100] Die mangelnde „Wettbewerbsrelevanz" der Urkalkulation spielt keine Rolle.[101] Bei der Urkalkulation handelt es sich um eine Unterlage „über die Ermittlung der Preise oder Kosten" i. S. v. § 16d EU VOB/A, die im Vergabeverfahren – jedenfalls anlassbezogen – zur Aufklärung unangemes-

---

[94] BGH 26.09.2006 – X ZB 14/06; OLG Rostock 6.3.2009 – 17 Verg 1/09; OLG München 28.7.2008 – Verg 12/08; OLG Karlsruhe 6.2.2007 – 17 Verg 5/06; OLG Koblenz 4.7.2007 – 1 Verg 3/07; OLG Karlsruhe 6.2.2007 – 17 Verg 5/06; LG Frankfurt (Oder) 14.11.2007 – 13 O 360/07.

[95] So – jedenfalls im Einzelfall – BGH 3.4.2012 – X ZR 130/10; BGH 10.06.2008 – X ZR 78/07; BGH 7.6.2005 – X ZR 19/02 VergabeR 2005, 617, 619; BGH 18.2.2003 – X ZB 43/02 NZBau 2003, 293 = VergabeR 2003, 313; OLG Naumburg 30.09.2010 – 1 U 50/10; OLG München 22.1.2009 – Verg 26/08, NZBau 2009, 470 = VergabeR 2009, 478; BayObLG 27.7.2004 – Verg 14/04 VergabeR 2004, 736; der Sache nach auch OLG Dresden 2.8.2011 – WVerg 4/11; offen gelassen bei OLG Düsseldorf 19.10.2011 – VII-Verg 54/11; zu weit gehend OLG Düsseldorf 13.4.2006 – VII-Verg 10/06 NZBau 2006, 810.

[96] OLG Schleswig 10.3.2006 – 1 (6) Verg 13/05 VergabeR 2006, 367; OLG Koblenz 13.2.2006 – 1 Verg 1/06; OLG Düsseldorf 21.12.2005 – VII-Verg 69/05. Speziell zur Benennung von Nachunternehmern bereits im Angebot *Opitz* in Burgi/Dreher, Beck'scher Vergaberechtskommentar, 3. Aufl. Bd. 1 § 122 Rn. 44.

[97] OLG Düsseldorf 15.3.2010 – VII-Verg 12/10; *OLG München 29.11.2007 – Verg 13/07,* OLG Düsseldorf 21.6.2006 – VII-Verg 24/06; OLG Rostock 8.3.2006 – 17 Verg 16/05; OLG Düsseldorf 21.12.2005 – VII-Verg 69/05.

[98] Vgl. etwa OLG Düsseldorf 16.1.2006 – VII-Verg 92/05; OLG Düsseldorf 13.1.2006 – VII-Verg 85/05; BayObLG 15.9.2004 – Verg 26/03 VergabeR 2005, 130; BayObLG 28.5.2003 – Verg 6/03 ZfBR 2003, 717 = VergabeR 2003, 675. Strenger OLG Koblenz 19.1.2015 – Verg 6/14, das eine Relevanz für das Vergabeverfahren fordert und diese bei Freistellungsbescheinigungen nach § 48b EStG verneint.

[99] OLG Düsseldorf 24.11.2010 – VII-Verg 16/10 NZBau 2011, 315; OLG Düsseldorf 24.11.2010 – VII-Verg 36/10; OLG Düsseldorf 8.12.2009 – VII-Verg 52/09; OLG Karlsruhe 24.7.2007 – 17 Verg 6/07; OLG Karlsruhe 4.5.2007 – 17 Verg 5/07; *Brieskorn/Stamm* NZBau 2008, 414, 415; VK Bund 14.4.2016 – VK 2-17/1 6; VK Sachsen 11.11.2015, 1/SVK/035 – 15.

[100] VK Nordbayern 29.10.2015 – 21.VK-3194-35/15.

[101] OLG Karlsruhe 4.5.2007 – 17 Verg 5/07; OLG Karlsruhe 24.7.2007 – 17 Verg 6/07; überholt VK Bund 21.1.2004 – VK 2-126/03.

sen niedriger oder hoher Angebote[102] und zur Ermittlung, ob eine unzulässige Mischkalkulation vorliegt,[103] herangezogen werden darf. Daher darf der öffentliche Auftraggeber die Urkalkulation auch bereits im Vergabeverfahren verlangen.[104] Die Urkalkulation dient darüber hinaus im Rahmen der sog. „vorkalkulatorische Preisfortschreibung" als Preisermittlungsgrundlage bei Nachtragsleistungen. Der Bieter muss der Aufforderung zur Vorlage der Urkalkulation auch dann nachkommen, wenn er die Leistung im Wesentlichen durch Nachunternehmer erbringen möchte.[105] Ein Junktim zwischen der Benennung konkreter Nachunternehmer und der Erstellung der Urkalkulation besteht nicht. Der Auftraggeber kann die Urkalkulation vor der Benennung von Nachunternehmern fordern. In diesem Fall ist die Kalkulation nicht auf Basis endgültig mit den Nachunternehmern durchverhandelter Verträge, sondern auf der Basis von Kostenschätzungen zu erstellen.[106] Ob der Auftraggeber verpflichtet ist, eine Urkalkulation in verschlossenem Umschlag zu fordern, der nur anlassbezogen geöffnet wird, ist zweifelhaft. Das OLG Brandenburg hat zwar entschieden, die Einreichung einer Urkalkulation durch den Bieter ermächtige den Auftraggeber nicht, sie nach Belieben zu öffnen und von deren – vertraulichem – Inhalt Kenntnis zu nehmen.[107] Dies dürfte allerdings nicht der allgemeinen Meinung entsprechen, denn auch die EFB-Kalkulationsblätter werden regelmäßig offen gefordert und vorgelegt. Eine Differenzierung zwischen der (verschlossenen) Urkalkulation und der Forderung von (offenen) Kalkulationsblättern ist nicht angezeigt. Beide Unterlagen können sowohl der Preisprüfung wie auch der Preisermittlung im Fall von Nachträgen dienen und unterscheiden sich nur im Umfang bzw. Detaillierungsgrad.[108] Und nach dem EFB 223 des Vergabehandbuchs des Bundes (VHB) sind bei einer voraussichtlichen Angebotssumme von mehr als 100.000 € ohnehin die Einheitspreise *aller* Teilleistungen (Positionen) aufzugliedern, wodurch die Kalkulation vollständig offengelegt wird. Versieht ein Bieter eine Erklärung (z B einen Eignungsnachweis oder eine Kalkulationsunterlage), die sich in einem verschlossenen Umschlag befindet, mit dem Vorbehalt, diese dürfe nur in ihrem Beisein seines Vertreters oder nach Rücksprache mit dem Bieter geöffnet werden (sog. Sperrvermerk), ist ein solcher Vorbehalt vom Auftraggeber zwar zu beachten, die Erklärung gilt dann aber als nicht vorgelegt.[109] Sie ist folglich nach $\S$ 16a EU VOB/A nachzufordern.[110]

III. Fehlen der Erklärung oder des Nachweises

In dem – nachvollziehbaren – Bestreben, die nach $\S$ 16a EU VOB/A gestattete Nachreichung fehlender Erklärungen und Nachweise von einer unzulässigen Angebotsnachbesserung[111] abzugrenzen, haben die Nachprüfungsinstanzen bislang überwiegend auf ein **physisches Fehlen** abgestellt, d.h. ob die Erklärung oder der Nachweis bis zum Ablauf der **30**

---

[102] → $\S$ 16d EU Rn. 32.

[103] → $\S$ 16 EU Rn. 98. Dies lässt $\S$ 16 Hessisches Vergabe- und Tariftreuegesetz (HVTG) unberücksichtigt, wonach eine Öffnung der Urkalkulation nur zur Angemessenheit eines auffällig niedrigen Angebotspreis in Anwesenheit des Bieters und Auftragnehmers oder bei Nachtrag oder Mehrforderung zur Prüfung der Grundlage der Preise zulässig ist.

[104] Vgl. zB OLG Düsseldorf 8.12.2009 – VII-Verg 52/09; OLG Karlsruhe 24.7.2007 – 17 Verg 6/07; OLG Karlsruhe 4.5.2007 – 17 Verg 5/07.

[105] OLG Düsseldorf 8.12.2009 – VII-Verg 52/09.

[106] OLG Hamburg 9.7.2010 – 1 Verg 1/10; enger OLG Brandenburg 13.9.2005 – Verg W 9/05.

[107] OLG Brandenburg 1.11.2011 – Verg W 12/11.

[108] OLG Karlsruhe 24.7.2007 – 17 Verg 6/07; OLG Karlsruhe 4.5.2007 – 17 Verg 5/0; aA OLG Koblenz 19.1.2015 – Verg 6/14 wonach die Angaben in den Formblättern 221–223 VHB ein reines Instrument zur Preisprüfung sind, die mit Abschluss der Angebotswertung bedeutungslos werden.

[109] OLG Düsseldorf 24.11.2010 – VII-Verg 36/10 VergabeR 2011, 369; OLG Düsseldorf 13.1.2006 – VII-Verg 83/05. Ebenso OLG Düsseldorf 15.3.2010 – Verg 12/10 zu verschlossen eingereichten EFB-Kalkulationsblättern.

[110] OLG Oldenburg 25.4.2017 – 6 U 170/16.

[111] Dazu sogleich Rn. 38.

Angebotsfrist körperlich vorgelegt wurde oder nicht.[112] Die Nachforderungspflicht gem. § 16a EU VOB/A – und folglich auch ein Nachforderungsrecht – des Auftraggebers bestand hiernach nicht für körperlich zwar vorliegende Unterlagen, die jedoch unvollständig ausgefüllt waren. Diese Differenzierung lässt nicht nur die elektronische Angebotsabgabe unberücksichtigt. Sie wird auch weder vom Wortlaut noch vom Zweck von § 16a EU VOB/A getragen. Anders als § 56 Abs. 2 VgV betrifft § 16a EU VOB/A nicht geforderte *Unterlagen*, was begrifflich eine Unterscheidung zwischen fehlenden und unvollständigen Unterlagen zulassen würde. Die Vorschrift betrifft fehlende Erklärungen und Nachweise. Nach herkömmlicher Wortbedeutung fehlt eine Erklärung auch dann, wenn innerhalb einer physischen Unterlage ein Feld unausgefüllt oder eine geforderte Angabe unterblieben ist. Unabhängig davon wäre es auch nicht interessengerecht, einen Bieter, der versäumt hat, seinem Angebot ein von ihm auszufüllendes oder zu erstellendes Dokument beizufügen, im Hinblick auf die Möglichkeit einer Ergänzung besser zu behandeln als einen Bieter, der (nur) eine Einzelangabe unterlassen hat. Und schließlich führt die Ansicht, es komme bei § 16a EU VOB/A auf das physische Fehlen von Angebotsdokumenten an, zu einer nicht begründbaren Veränderung des sachlichen Anwendungsbereichs der Norm, je nachdem ob der Auftraggeber eine Vielzahl von Erklärungen jeweils in separaten Dokumenten verlangt oder die geforderten Erklärungen in einem oder wenigen Dokumenten zusammengefasst werden. Es ist daher richtig, § 16a EU VOB/A auch dann anzuwenden, wenn der Bieter seinem Angebot ein von ihm auszufüllendes Formblatt „blanko" beifügt[113] und **auch dann, wenn einzelne Angaben fehlen.**[114] Das entspricht im Übrigen auch der Rechtslage nach § 56 VgV.[115]

31   Unerheblich ist, warum die Angabe unterblieben ist.[116] Grundsätzlich kann jedoch davon ausgegangen werden, dass ein Bieter nicht absichtlich ein lückenhaftes Angebot einreicht, wenn er davon keinen Vorteil hat.[117] Einer körperlich fehlenden oder in Teilen nicht ausgefüllten Angebotsunterlage den Erklärungswert beizumessen, **der Bieter wolle die Erklärung nicht abgeben,** ist im Einzelfall denkbar,[118] bedarf jedoch weiterer Anhaltspunkte im Angebot. Das gleiche gilt für die Auslegung, wonach **der Bieter die Erklärung nicht abgeben kann,** soweit es sich bei der geforderten Erklärung um eine Tatsachenbestätigung handelt.

32   § 16a EU VOB/A ist schon tatbestandlich nicht erfüllt, wenn die fehlende Erklärung oder Angabe durch **lückenfüllende Auslegung** geschlossen werden kann.[119] So kann etwa bei der Gesamtvergabe eines Titels an einen Nachunternehmer auf die zusätzliche Bezeichnung sämtlicher einzelner Ordnungsziffern im Angebot verzichtet werden, sofern diese Absicht des Bieters nachvollziehbar ist[120] und genügt in einer Nachunternehmererklärung eine schlagwortartige Bezeichnung der Leistungsbereiche, wenn dadurch eine bestimmte Zuordnung zu den in der Leistungsbeschreibung aufgeführten Leistungen möglich

---

[112] KG 4.12.2015 – Verg 8/15; OLG Düsseldorf 21.10.2015, VII-Verg 35/15; OLG Koblenz 19.1.2015 – Verg 6/14; OLG Celle 24.4.2014 – 13 Verg 2/14; OLG Brandenburg 30.1.2014 – Verg W 2/14; OLG Celle 14.1.2014 – 13 Verg 11/13; OLG Düsseldorf 27.11.2013 – VII-Verg 20/13; OLG Düsseldorf 17.12.2012 – VII-Verg 47/12; OLG Düsseldorf 12.9.2012 – VII-Verg 108/11; OLG Koblenz 30.3.2012 – 1 Verg 1/12; OLG München 15.3.2012 – Verg 2/12; OLG Dresden, 21.2.2012 – Verg 1/12; OLG Düsseldorf 9.5.2011 – Verg 41/11; OLG Düsseldorf 17.3.2011 – VII-Verg 56/10. Zur Gleichsetzung formell fehlerhafter Erklärungen oder Nachweise sogleich Rn. 34.

[113] So zutr. OLG Saarbrücken 16.12.2015 – 1 U 87/15; aA VK Sachsen-Anhalt 25.3.2015 – 3 VK LSA 07/15.

[114] So OLG Dresden 17.1.2014 – Verg 7/13; VK Brandenburg 7.1.2016 – VK 24/15; VK Sachsen-Anhalt 20.5.2015 – 2 VK 02/15; VK Arnsberg 8.12.2014 – VK 21/14; VK Sachsen 23.5.2014 – 1/SVK/011-14; VK Sachsen 5.5.2014 – 1/SVK/010-14; VK Baden-Württemberg 10.2.2014 – 1 VK 2/14.

[115] *Dittmann* in KKMPP Kommentar zu VgV § 56 Rn. 31.

[116] Anders wohl *Frister* in Kapellmann/Messerschmidt, VOB, 6. Aufl. § 16a VOB/A Rn. 12.

[117] Vgl. VK Arnsberg 8.12.2014 – VK 21/14.

[118] OLG Saarbrücken 16.12.2015, 1 U 87/15; vgl. auch VK Bund 21.9.2009 – VK 2-126/09 sowie § 16 EU Rn. 74 zu fehlenden Preisangaben.

[119] Zu den Grundsätzen einer solchen Auslegung § 16 EU Rn. 69 und Rn. 109.

[120] OLG Dresden 11.4.2006 – WVerg 0006/06; VK Schleswig-Holstein 17.1.2006 – VK-SH 32/05.

ist.[121] In einem Fall, in dem in einem Angebot bei mehreren Leistungspositionen Herstellerangaben einzutragen waren, hat das OLG Jena eine lückenfüllende Auslegung unter Rückgriff auf die Herstellerangabe in einer anderen Position allerdings abgelehnt.[122]

IV. Fehlerhafte Erklärungen oder Nachweise

Sind in einem Angebot zwar bestimmte Erklärungen oder Nachweise vorhanden, diese **33** jedoch nicht so abgegeben worden wie vom Auftraggeber gefordert, kann man von **fehlerhaften Erklärungen** sprechen. Die Fehlerhaftigkeit kann theoretisch die Form der Erklärung betreffen oder deren Inhalt. Ob der Wortlaut von § 16a EU VOB/A auch fehlerhafte Erklärungen erfasst, ist zweifelhaft. Die Frage, ob fehlerhafte Erklärungen und Nachweise ebenso wie fehlende Erklärungen zu behandeln sind, d. h. der Auftraggeber zunächst eine ordnungsgemäße Erklärung nach Maßgabe seiner Anforderungen verlangen muss, bevor er ein Angebot ausschließt, kann jedoch nicht nur anhand des Wortlauts von § 16a EU VOB/A beantwortet werden. Sie muss auch systematische und teleologische Aspekte berücksichtigen.

Nach einschlägiger Spruchpraxis der Oberlandesgerichte stehen jedenfalls **formell feh-** **34** **lerhafte Erklärungen** fehlenden Erklärungen gleich.[123] Dahinter steht zum einen der Gedanke der Unbrauchbarkeit.[124] Eine Erklärung, die z. B. unleserlich ist, nicht die vorgeschriebene Beglaubigung oder Unterzeichnung aufweist, nicht in der geforderten Sprache oder in Kopie statt im Original vorgelegt wurde, kann vom Auftraggeber materiell ebenso wenig geprüft werden wie eine fehlende Erklärung. Gleiches gilt für Erklärungen, die aufgrund von Zeitablauf ungültig geworden sind.[125] Zum anderen lässt sich die Gleichstellung damit begründen, dass der formale Mangel der Erklärung ein „Minus" des Unterlassens der Erklärung ist, m. a. W. das Fehlen richtiger Angaben im Fehlen von Angaben inbegriffen ist. Verstößt ein Bieter gegen die geforderte Form einer Erklärung, so ist dies freilich unerheblich und der Anwendungsbereich von § 16a EU VOB/A schon tatbestandlich nicht erfüllt, soweit der Erklärungsinhalt im Wege der **Auslegung** vollständig und zweifelsfrei ermittelt werden kann.[126] Verbleibende Zweifel sind gegebenenfalls im Wege der **Aufklärung** zu beseitigen.[127]

§ 16a EU VOB/A ist andererseits kein allgemeiner Korrekturtatbestand für jegliche Art **35** formeller Fehler in Angeboten. § 16a EU VOB/A korrespondiert allein mit § 13 EU

---

[121] OLG Brandenburg 19.2.2008 – Verg W 22/07; OLG Schleswig 8.12.2005 – 6 Verg 12/05; OLG Dresden 11.4.2006 – WVerg 0006/06; OLG Koblenz 13.2.2006 – 1 Verg 1/06; OLG Naumburg 25.10.2005 – Az.: 1 Verg 5/05; OLG Naumburg 18.7.2005 – 1 Verg 5/05; BayObLG 27.7.2004 – Verg 14/04.

[122] OLG Jena 11.1.2007 – 9 Verg 9/06 VergabeR 2007, 271. Anders VK Nordbayern 8.5.2007 – 21.VK-3194-20/07; offen gelassen OLG Düsseldorf 21.4.2010 – VII-Verg 53/09.

[123] Vgl. nur OLG Celle 19.2.2015 – 13 Verg 12/14; OLG Koblenz 19.1.2015 – Verg 6/14; OLG Celle 24.4.2014 – Az.: 13 Verg 2/14; OLG Brandenburg 30.1.2014 – Verg W 2/14; OLG Celle 14.1.2014 – 13 Verg 11/13; OLG Düsseldorf 27.11.2013 – VII-Verg 20/13; OLG Düsseldorf 17.12.2012 – VII-Verg 47/12; OLG Düsseldorf 12.9.2012 – Verg 108/11; OLG Koblenz 30.3.2012 – 1 Verg 1/12; OLG München 15.3.2012 – Verg 2/12; OLG Düsseldorf 9.5.2011 – Az.: VII-Verg 42/11; OLG Düsseldorf 9.5.2011 – VII-Verg 41/11; OLG Düsseldorf 9.5.2011 – VII-Verg 40/11; OLG Düsseldorf 17.3.2011 – VII-Verg 56/10. Anders noch OLG Düsseldorf 16.1.2006 – VII-Verg 92/05 für die unleserliche Kopie eines Handelsregisterauszugs.

[124] *Summa* in juris-PK-VergR, § 16a VOB/A Rn. 27 f.

[125] OLG Brandenburg 7.8.2012 – Verg W 5/12; VK Bund 21.8.2013 – VK 1-67/13; aA VK Münster 17.1.2013 – VK 22/12.

[126] ZB für Eignungserklärungen an falscher Stelle OLG Düsseldorf 12.10.2007 – VII-Verg 28/07; VK Münster 30.4.2009 – VK 4/09; für eine vom Bieter erstellte Umsatzaufstellung OLG Düsseldorf 6.6.2007 – VII-Verg 8/07; für ein vom Bieter selbst erstelltes Kalkulationsblatt VK Lüneburg 26.4.2007 – VgK-16/2007; VK Sachsen 16.1.2008 – 1/SVK/084-07; für ein Nachunternehmerverzeichnis in anderer Form VK Bund 10.6.2010 – VK 3-51/10; VK Bund 4.6.2010 – VK 3-48/10.

[127] OLG Düsseldorf 11.5.2016 – VII-Verg 50/15 für kalkulationsrelevanten Angaben unter möglicherweise unrichtigen Ordnungsnummern.

Abs. 1 Nr. 4 VOB/A, nicht aber mit den übrigen Ausschlusstatbeständen des § 16 EU VOB/A. Eine **fehlende Unterschrift oder Signatur unter dem Angebot** darf daher nicht nachgefordert werden.[128]

36   Schwieriger ist der Umgang mit **inhaltlich fehlerhaften Erklärungen,** also Erklärungen, die einen anderen Aussagegehalt haben als vom Auftraggeber gefordert (einschließlich solcher, die den Anforderungen der Leistungsbeschreibung oder den Vertragsbedingungen widersprechen). Überwiegend wird betont, es sei dem Auftraggeber verwehrt, dem Bieter Gelegenheit zu geben, inhaltliche Mängel vorhandener Erklärungen zu korrigieren und sein Angebot nach der Submission nachzubessern.[129] Zum Teil wird die inhaltliche Korrektur von Erklärungen oder Nachweisen aber zugelassen, wenn offensichtliche Denkfehler vorliegen.[130] Auch setzt die Rechtsprechung bei inhaltlich unklaren oder widersprüchlichen Angaben an die Stelle der Nachforderungspflicht des Auftraggebers zum Teil eine Verpflichtung zur Angebotsaufklärung.[131] Dies kann damit begründet werden, dass auch Angebote mit mehrdeutigen Angaben ebenso unvollständig wie Angebote mit fehlenden Erklärungen und Nachweisen.[132]

37   Grundsätzlich kann jedoch der für formell fehlerhafte Erklärungen angeführte Gedanke der Unbrauchbarkeit auch bei inhaltlich fehlerhaften Erklärungen fruchtbar gemacht.[133] Und ebenso wie der formelle Mangel kann auch der inhaltliche Mangel der Erklärung als ein „Minus" des Unterlassens der Erklärung begriffen werden. Hinzu kommt, dass sich **inhaltlich fehlerhafte Erklärungen nicht immer deutlich von fehlenden Erklärungen** abgrenzen lassen, was Rechtsunsicherheit birgt. So ist es etwa, wenn der Auftraggeber Referenzen für die Jahre 2011 bis 2013 gefordert hat, der Bieter aber Referenzen für die Jahre 2009 bis 2011 eingereicht hat,[134] der Bieter eines Auszug aus dem Bundeszentralregister anstelle des geforderten Auszugs aus dem Gewerbezentralregister vorgelegt hat[135] oder er statt auf eine Eintragung in die Liste des Vereins für die Präqualifikation von Bauunternehmen e. V. auf eine Präqualifizierung durch eine Auftragsberatungsstelle verwiesen hat.[136]

38   Im Hinblick auf inhaltlich fehlerhafte Erklärungen ist freilich die Überschneidung von § 16a EU VOB/A mit dem Ausschlussgrund nach § 16 EU Nr. 2 VOB/A i. V. m. § 13 EU Abs. 1 Nr. 5 S. 1 und 2 VOB/A für Abweichungen von den Vergabeunterlagen zu berücksichtigen. Dieser Ausschlussgrund sieht **keine Möglichkeit der Heilung** vor, **wenn der Bieter** in seinem Angebot **von Vorgaben der Vergabeunterlagen,** also von verbindlichen Vorgaben, die den Inhalt des abzuschließenden Vertrags betreffen,[137] **abweicht.** Diese Wertung des Normgebers würde überspielt und die Systematik der VOB/A verletzt, wenn für die von § 16 EU Nr. 2 VOB/A erfassten Fälle eine Korrektur nach § 16a EU VOB/A ermöglicht würde.[138] Auch ist **keine Korrekturmöglichkeit von Erklärungen, die die wirtschaftliche Bewertung der Angebote anhand der Zuschlagskriterien betref-**

---

[128] OLG Düsseldorf 13.4.2016 – VII-Verg 52/15; OLG Düsseldorf 18.4.2012 – VII-Verg 9/12; VK Südbayern 21.5.2015 – Z 3-3-3194-1-08-02/153; VK Hessen 13.3.2012 – 69d VK-06/2012; VK Bund 21.4.2011 – VK 3-44/11; VK Bund 21.4.2011 – VK 3-41/11; VK Bund 21.4.2011 – VK 3-38/11.

[129] OLG Koblenz 19.1.2015 – Verg 6/14; OLG Dresden 17.1.2014 – Verg 7/13; OLG München 17.9.2015 – Verg 3/15; OLG Düsseldorf 12.9.2012 – 108/11; OLG München 15.3.2012 – Verg 2/12; *Vavra* in Ziekow/Völlink, Vergaberecht, 2. Aufl., § 16 VOB/A Rn. 28c; *Dittmann* VergabeR 2017, 285, 287; einschränkend *Völlink/Huber* FS Marx, S. 791, 795 für Erklärungen zur Eignung der Bieter.

[130] VK Nordbayern 25.6.2014 – 21.VK-3194-15/14; *Vavra* in Ziekow/Völlink, Vergaberecht, 2. Aufl., § 16 VOB/A Rn. 28c; vgl. auch OLG Dresden 17.1.2014 – Verg 7/13 „inhaltliche Unzulänglichkeiten, die in ihrer Qualität formellen Mängeln gleichkommen."

[131] → § 16 EU Rn. 71.

[132] OLG Koblenz 6.6.2013 – 2 U 522/12; OLG Frankfurt 9.7.2010 – 11 Verg 5/10; OLG Düsseldorf 9.6.2010 – VII-Verg 5/10; OLG Frankfurt 4.6.2010 – 11 Verg 4/10; BayObLG 27.7.2004 – Verg 014/04.

[133] So zB OLG Frankfurt 26.5.2009 – 11 Verg 2/09 für die Angabe einer vom Hersteller nicht verwendeten und damit nicht existierenden Typenbezeichnung.

[134] VK Sachsen-Anhalt 12.6.2014 – 3 VK LSA 37/14.

[135] VK Sachsen 6.12.2013 – 1/SVK/037-13

[136] VK Südbayern 5.12.2013 – Z3-3-3194-1-38-10/13.

[137] → § 16 EU Rn. 60.

[138] → oben Rn. 13.

fen, anzuerkennen. Hiergegen sprechen teleologische Gründe.[139] Es schiene zudem nicht plausibel, wenn die Korrektur fehlerhafter Preisangaben nach § 16 Nr. 3 EU VOB/A ausgeschlossen wäre,[140] die Korrektur fehlerhafter anderer wertungsrelevanter Erklärungen aber zugelassen würde. In den **verbleibenden Fällen** bleibt ohne Verletzung der Systematik der VOB/A und dem Zweck von § 16a EU VOB/A folgend Raum, um Erklärungen oder Nachweise, die (zwingenden) inhaltlichen Anforderungen des Auftraggebers (z. B. Mindestanforderungen der Eignung) nicht genügen oder sonst inhaltlich fehlerhaft sind, zu korrigieren.

D. Nachforderung durch den Auftraggeber

§ 16a EU VOB/A sieht vor, dass der Auftraggeber die geforderten Erklärungen oder **39** Nachweise nachfordert, wenn diese fehlen. Die **Nachforderung ist von der Angebotsaufklärung zu unterscheiden.**[141] § 16a EU VOB/A räumt dem Auftraggeber nicht die Befugnis ein, weitere – nicht geforderte – Erklärungen oder Nachweise zu verlangen. Dies ist nur in den Grenzen der Angebotsaufklärung möglich, die durch § 15 EU VOB/A bestimmt werden.

Eine **Nachforderung** ist dann **nicht erforderlich,** wenn das aufgrund einer fehlenden **40** Erklärung oder eines fehlenden Nachweises unvollständige Angebot an anderen Mängeln leidet, die zu einem Ausschluss des Angebots zwingen. Deshalb sieht § 16a EU VOB/A vor, dass der Auftraggeber die fehlenden Erklärungen und Nachweise nur dann nachfordert, wenn das Angebot nicht (ohnehin) entsprechend § 16 EU Nr. 1 oder 2 VOB/A ausgeschlossen wird. Nach Sinn und Zweck darf der Auftraggeber von der Nachforderung auch dann absehen, wenn jenseits des § 16 EU Nr. 1 oder 2 VOB/A andere zwingende Ausschlussgründe (etwa nach § 6e EU VOB/A) vorliegen.[142] Auch ist die Vorschrift so zu verstehen, dass sie den Auftraggeber dazu berechtigt, von der Nachforderung abzusehen, wenn andere Ausschlussgründe vorliegen, ihn jedoch nicht dazu verpflichtet, diese Gründe vor der Nachforderung sämtlich und abschließend zu prüfen.[143] Das dürfte schon deshalb nicht möglich sein, weil einige der Ausschlustatbestände erst geprüft werden können, wenn die dafür erforderlichen Erklärungen und Nachweise vorliegen.[144] Vor diesem Hintergrund kann ein Bieter auf die Nachforderung fehlender Erklärungen oder Nachweise durch den Auftraggeber auch kein Vertrauen gründen, es lägen bezüglich seines Angebots keine anderen Ausschlussgründe vor.

Soweit keine anderen Ausschlussgründe gegeben sind, muss der Auftraggeber fehlende **41** Nachweise oder Erklärungen vom Bieter nachfordern. Dem Auftraggeber steht also **kein Ermessen hinsichtlich der Nachforderung** zu.[145] Die Pflicht zur Nachforderung besteht auch bei dringlichen Auftragsvergaben. Fraglich ist allerdings, ob der Auftraggeber die Anwendung des § 16a EU VOB/A in den Vergabeunterlagen insgesamt ausschließen und anordnen kann, dass Angebote mit fehlenden Erklärungen oder Nachweisen ohne weiteres aus der Wertung genommen werden. Auch dies ist jedoch zu verneinen,[146] denn die Vorschrift wurde gerade deshalb in die VOB/A eingefügt, um die Bieter vor einem

---

[139] → Rn. 11.

[140] → § 16 EU VOB/A Rn. 81 ff.

[141] Zur Abgrenzung von Aufklärungs- und Nachforderungsverlangen OLG Karlsruhe 23.3.2011 – 15 Verg 2/11; OLG München 29.10.2013 – Verg 11/13; OLG Koblenz 4.1.2017 – Verg 7/16.

[142] *Summa* in juris-PK VergR, § 16 VOB/A Rn. 41 ff.

[143] Zur Prüfungsreihenfolge § 16b EU Rn. 7.

[144] → Zur Abweichung von den Vergabeunterlagen durch nachgereichte Unterlagen § 16 EU Rn. 65.

[145] OLG Brandenburg 29.5.2012 – Verg W 5/12; OLG Düsseldorf 17.3.2011 – VII-Verg 56/10; OLG München 23.12.2010 – Verg 21/10; OLG München 12.11.2010 – Verg 21/10; *v. Münchhausen* VergabeR 2010, 374, 377; *Bode* VergabeR 2009, 729, 736; *Stoye/Hoffmann* VergabeR 2009, 569, 580; anders wohl *Gröning* VergabeR 2009, 117, 126 und VK Saarland 8.3.2010 – 1 VK 03/2010.

[146] OLG Celle 16.6.2011 – 13 Verg 3/11; VK Bund 19.2.2015 – VK 2-1/15.

Angebotsausschluss bei fehlenden, aber nachholbaren Erklärungen zu schützen. Auch der Vergleich mit § 56 Abs. 2 S. 2 VgV zeigt, dass § 16a EU VOB/A nicht dispositiv ausgestaltet ist. Kündigt der Auftraggeber bereits in den Bewerbungsbedingungen an, entgegen § 16a EU VOB/A keine Unterlagen nachzufordern, sondern unvollständige Angebote „sofort" auszuschließen, muss ein Bieter dies als Vergaberechtsverstoß allerdings bis zum Ablauf der in der Bekanntmachung genannten Frist zur Angebotsabgabe rügen.[147]

42   Die **Nachforderung** selbst muss so gestalten sein, dass der Bieter tatsächlich in die Lage einer Nachbesserung gesetzt wird. Ein pauschaler Hinweis, dass die geforderten Unterlagen nachzureichen seien, reicht insoweit nicht aus. Es bedarf einer **präzisen und konkreten** Aufklärung darüber, woran es im Hinblick auf eine tatsächlich vorhandene Erklärung fehlt.[148]

43   § 16a EU VOB/A sieht eine kurze Frist für die Beibringung fehlender Erklärungen und Nachweise vor. Diese sind spätestens innerhalb von 6 Kalendertagen nach der Aufforderung durch den Auftraggeber vorzulegen. Die 6-Tagesfrist kann nicht zu Gunsten einzelner Bieter verlängert werden. Das würde zu einer Ungleichbehandlung führen. Eine Verlängerung zu Gunsten aller betroffenen Bieter ist aber denkbar,[149] da die **kurze Nachforderungsfrist** nur dem Interesse des Auftraggebers an der zügigen Abwicklung des Vergabeverfahrens dient. Eine Verkürzung der Frist ist – auch gegenüber allen Bietern – nicht möglich. Unterlässt der Auftraggeber die Fristsetzung, beginnt die Frist nicht zu laufen.[150]

44   Die **Frist beginnt** am Tag nach der Absendung der Aufforderung durch den Auftraggeber (Satz 3). Damit wird dem Auftraggeber das Risiko genommen, im Falle verspäteter Nachreichung den Zugang der Aufforderung beim Bieter nachweisen zu müssen. Nur die Absendung der Aufforderung muss der Auftraggeber im Streitfall belegen. Hier empfiehlt sich eine sorgfältige Dokumentation. Der **Ablauf der Frist** ist nach §§ 187 ff. BGB zu bestimmen. Fällt der letzte Tag der Frist auf einen Sonntag, einen am Erklärungs- oder Leistungsort staatlich anerkannten allgemeinen Feiertag oder einen Sonnabend, so tritt an die Stelle des letzten Tags der nächste Werktag (§ 193 BGB).[151] Hinsichtlich des Zeitpunkts des Fristablaufs gilt § 188 Abs. 1 BGB. Hiernach endet die Frist mit dem Ablauf des letzten Tages. Das ist allerdings unpraktikabel, denn öffentliche Auftraggeber verfügen normalerweise nicht über Nachtbriefkästen und können daher in der Regel auch nicht nachweisen, ob die nachgeforderte Erklärung am letzten Tag der Frist bis 24.00 Uhr eingegangen ist oder erst nach 24.00 Uhr und damit außerhalb der Frist.[152] Dem Auftraggeber ist daher zu empfehlen, in der Aufforderung zur Nachreichung von Erklärungen eine Uhrzeit (während der üblichen Dienst- und Geschäftszeiten) festzulegen, bis zu der die fehlenden Erklärungen oder Nachweise nachgereicht sein müssen. Dadurch darf die 6-Tagesfrist allerdings nicht verkürzt, sondern nur verlängert werden. Die nachgeforderte Erklärung ist rechtzeitig vorgelegt, wenn sie dem Auftraggeber innerhalb der Frist zugegangen ist. Der Begriff des Zugangs bestimmt sich wie in § 14 EU Abs. 5 Nr. 1 VOB/A.[153] Es ist nicht erforderlich, dass die nachgereichte Erklärung innerhalb der Frist bei einem bestimmten Mitarbeiter des Auftraggebers vorgelegt wird.

45   Erklärungen, die nachzufordern gewesen wären und auf deren Fehlen ein Ausschluss des Angebots ohne vorangegangene Nachforderung nicht gestützt werden kann, sind vom

---

[147] OLG Celle 16.6.2011 – 13 Verg 3/11.

[148] OLG Düsseldorf 17.3.2011 – VII-Verg 56/10; OLG Düsseldorf 22.12.2010 – VII-Verg 56/10.

[149] *v. Münchhausen* VergabeR 2010, 374, 377; aA VK Südbayern 15.5.2015 – Z3-3-3194-1-05-01/15; *Dittmann* VergabeR 2012, 292, 294; *Vavra* in Ziekow/Völlink, Vergaberecht, 2. Aufl., § 16 VOB/A Rn. 29; *Summa* in juris-PK VergR, § 16a VOB/A Rn. 50; *Völlink/Huber* FS Marx, S. 791, 797.

[150] *Vavra* in Ziekow/Völlink, Vergaberecht, 2. Aufl., § 16 VOB/A Rn. 29. Anders *Frister* in Kapellmann/Messerschmidt, VOB, 6. Aufl., § 16a VOB/A Rn. 16, wonach der Auftraggeber nicht verpflichtet ist, auf die Frist hinzuweisen.

[151] *Dittmann* VergabeR 2012, 292, 294.

[152] Praxisnäher daher § 56 Abs. 4 VgV. Zweifelhaft *Summa* in juris-PK VergR, § 16a VOB/A Rn. 53, wonach jeder Auftraggeber einen Nachtbriefkasten haben muss.

[153] → § 16 EU Rn. 29.

Auftraggeber auch dann zu würdigen, wenn der Bieter, nachdem er die Unvollständigkeit seines Angebots bemerkt hat, die geforderten **Erklärungen nachreicht, ohne dazu aufgefordert worden zu sein.** Damit kommt der Bieter nur dem ohnehin gebotenen Verhalten des Auftraggebers zuvor.[154] Die unaufgeforderte Ergänzung des Angebots durch einen Bieter befreit den Auftraggeber nicht von der Verpflichtung, fehlende Erklärungen oder Nachweise bei den Bietern, die die Unvollständigkeit ihrer Angebote nicht bemerkt haben, nachzufordern.

E. Ausschluss unvollständig gebliebener Angebote

Wird die fehlende Erklärung oder der fehlende Nachweis trotz Nachforderung des **46** Auftraggebers nicht oder nicht innerhalb der Nachforderungsfrist vorgelegt, wird das unvollständige Angebot ausgeschlossen. Der **Angebotsausschluss** ist in diesem Fall **zwingend.** Das ergibt sich aus § 16a EU Satz 4 VOB/A. Die Vorschrift hat drittschützende Wirkung.[155] Er bedarf auch keiner besonderen Androhung durch den Auftraggeber. Die Rechtsfolge des zwingenden Angebotsausschlusses ergibt sich bereits unmittelbar aus der VOB/A. Der Auftraggeber ist auch nicht befugt, einem säumigen Bieter eine weitere Nachfrist einzuräumen.[156] Die Konsequenz des zwingenden Ausschlusses tritt ungeachtet der wirtschaftlichen oder wettbewerblichen Bedeutung der fehlenden Erklärung oder des fehlenden Nachweises ein. Insofern gilt der strenge Maßstab, der vor Einführung der Nachforderungspflicht für fehlende Erklärungen und Nachweise in die VOB/A gegolten hat.[157]

Die nachgeforderten Nachweise oder Erklärungen müssen klar und eindeutig sein.[158] Im **47** Hinblick auf ihre Auslegung, eine mögliche Aufklärung ihres Inhalts oder Widersprüche gilt nichts anderes als für das Angebot selbst.[159] Unvollständig gebliebene Angebote dürfen nicht im Rahmen **weiterer Nachforderungen oder Nachverhandlungen** vervollständigt werden. Nachverhandlungen mit dem Ziel, einem infolge unvollständiger Erklärungen nicht annahmefähigen Angebot durch Ergänzung zur Annahmefähigkeit zu verhelfen, sind als Verhandlungen über Änderungen der Angebote nach § 15 EU Abs. 3 VOB/A unstatthaft.[160]

Die **Beweislast** für das Vorliegen eines unvollständigen Angebots trägt nach hier vertre- **48** tener Auffassung der Auftraggeber.[161] Ein Angebotsausschluss scheidet daher aus, wenn nicht festgestellt werden kann, dass die Erklärung ursprünglich gefehlt hat.

---

[154] OLG Düsseldorf 10.8.2011 – VII-Verg 66/11.
[155] VK Niedersachsen 16.4.2010 – VgK-10/2010.
[156] VK Bund 10.5.2013 – VK 1-27/13 zu § 19 Abs. 3 SektVO aF; VK Bund 29.4.2011 – VK 1-34/11 zu § 19 Abs. 2 VOL/A 2009.
[157] → oben Rn. 3.
[158] VK Sachsen 15.11.2012 – 1/SVK/033-12.
[159] → § 16 EU Rn. 65.
[160] BayObLG 15.4.2003 – Verg 5/03 VergabeR 2003, 457.
[161] → § 16 EU Rn. 65.

§ 16b Eignung

(1) **Beim offenen Verfahren ist die Eignung der Bieter zu prüfen. Dabei sind anhand der vorgelegten Nachweise die Angebote der Bieter auszuwählen, deren Eignung die für die Erfüllung der vertraglichen Verpflichtungen notwendigen Sicherheiten bietet; dies bedeutet, dass sie die erforderliche Fachkunde und Leistungsfähigkeit besitzen, keine Ausschlussgründe gemäß § 6e EU vorliegen und sie über ausreichende technische und wirtschaftliche Mittel verfügen.**

(2) **Abweichend von Absatz 1 können die Angebote zuerst geprüft werden, sofern sichergestellt ist, dass die anschließende Prüfung des Nichtvorliegens von Ausschlussgründen und der Einhaltung der Eignungsanforderungen unparteiisch und transparent erfolgt.**

(3) **Beim nicht offenen Verfahren, Verhandlungsverfahren, beim wettbewerblichen Dialog und bei einer Innovationspartnerschaft sind nur Umstände zu berücksichtigen, die nach Aufforderung zur Angebotsabgabe Zweifel an der Eignung des Bieters begründen (vgl. § 6b EU Absatz 2 Nummer 3).**

Übersicht

	Rn.		Rn.
A. Einführung	1	C. Eignungsprüfung im offenen Verfahren (Abs. 1 und 2)	7
I. Literatur	1	I. Grundsatz der Eignungsprüfung	7
II. Entstehungsgeschichte	2	II. Ausgestaltung des Prüfungsvorgangs	9
III. Rechtliche Vorgaben im EU-Recht	4	D. Eignungsprüfung in Verfahren mit vorgeschaltetem Teilnahmewettbewerb (Abs. 3)	13
B. Grundsätzliches	6		

A. Einführung

I. Literatur

1 *Einmahl*, Neue Vorgaben für die Eignungsprüfung in der VOB/A 2009 KommJur 2011, 121 ff.; *Figgen*, Die Eignungsprüfung – Fallstricke in der Praxis und aktuelle Rechtsprechung VergabeR 2009, 320 ff.; *Friton*, Die Festlegung und Erfüllung von Eignungsparametern nach den EU-Vergaberichtlinien und die Umsetzung im GWB-Vergaberecht, 2016; *Macht/Städler*, Brennende Fragen des Vergaberechts – Immer Ärger mit der Eignung, NZBau 2013, 14; *Wirner*, Die Eignung von Bewerbern und Bietern bei der Vergabe öffentlicher Bauaufträge ZfBR 2003, 545 ff.

II. Entstehungsgeschichte

2 § 16b EU VOB/A 2016 betrifft die Eignungsprüfung. Die Absätze 1 und 3 der Vorschrift fanden sich zuvor in § 16 EG Abs. 2 Nrn. 1 und 2 VOB/A 2012. Absatz 1 S. 2 greift die **frühere zentrale Regelung der VOB/A zur Eignungsprüfung** auf. In der ersten Nachkriegsfassung der VOB/A von 1952 war die Regelung in § 25 Nr. 2 S. 1 u. 2 VOB/A enthalten und lautete: *„Bei der Auswahl der Angebote, die für den Zuschlag in Betracht kommen, sind nur Bieter zu berücksichtigen, die für die Erfüllung der vertraglichen Verpflichtungen die notwendige Sicherheit bieten. Dazu gehört, dass sie die erforderliche Erfahrung, Sachkenntnis und Leistungsfähigkeit besitzen und über ausreichende technische und wirtschaftliche Mittel verfügen. "* Die Formulierung von Abs. 1 S. 2 ist heute allerdings überholt[1] und der Deutsche Vergabe- und Vertragsausschuss für Bauleistungen (DVA) sollte nicht aus bloßer „Traditionspflege" an ihr festhalten.

---

[1] → Sogleich Rn. 8.

Die Absätze 1 und 3 von § 16b EU VOB/A decken sich im Wortlaut fast mit § 16b im **3** ersten Abschnitt der VOB/A. Dennoch ist § 16b EU VOB/A eine völlig eigenständige Regelung. Das ergibt sich vor allem daraus, dass die **maßgeblichen Bestimmungen für die Prüfung der Eignung der Bieter** sowie der an die Person des Bieters anknüpfenden Ausschlussgründe im Oberschwellenvergaberecht seit dem In-Kraft-Treten des Vergaberechtsmodernisierungsgesetzes 2016 **im GWB geregelt** sind (§§ 122 bis 125 GWB).[2] Die Bestimmungen des GWB gehen den Vorschriften des 2. Abschnitts der VOB/A im Rang vor und sie sind auch bei ihrer Auslegung zu berücksichtigen. Dass dies zu unterschiedlichen Ergebnissen führen kann,[3] zeigt sich deutlich an den Begriffen der Fachkunde und Leistungsfähigkeit, die in § 16b EU VOB/A und in § 16b VOB/A scheinbar gleichbedeutend verwendet werden, aber (nur) im Oberschwellenvergaberecht inhaltlich durch § 122 Abs. 2 S. 2 GWB bzw. – wortlautgleich – § 6 EU Abs. 2 S. 2 VOB/A ausgefüllt werden.

III. Rechtliche Vorgaben im EU-Recht

Die europäische Vergaberichtlinie 2014/24/EU unterscheidet systematisch zwischen den **4** Bedingungen für die Teilnahme am Vergabeverfahren und den Bedingungen für die Vergabe des Auftrags.[4] Die Bedingungen für die Teilnahme am Vergabeverfahren werden durch die Eignungskriterien und die Ausschlussgründe bestimmt.[5] Ausschlussgründe und Eignungskriterien sind durch das Gemeinschaftsrecht harmonisiert. Die Harmonisierung dient dem Schutz der Bieterunternehmen vor Willkür und Ungleichbehandlung, und zwar insbesondere solcher aus anderen Mitgliedstaaten. Als **Eignungskriterien** nennt das Gemeinschaftsrecht die Befähigung zur Berufsausübung, die wirtschaftliche und finanzielle Leistungsfähigkeit und die technische und berufliche Leistungsfähigkeit.[6] Diese Kriterien sind abschließend.[7] Alle Eignungskriterien, die öffentliche Auftraggeber bei Oberschwellenvergaben an Bieterunternehmen stellen, müssen daher unter eine dieser drei Kategorien untergeordnet werden können.[8] Das gilt unabhängig davon, dass die VOB/A – und auch § 122 Abs. 1 GWB – an den im deutschen Vergaberecht tradierten, dem Gewerberecht entnommenen Kriterien der Fachkunde und der Leistungsfähigkeit festhält.[9] Alle Eignungsanforderungen müssen zudem mit dem Auftragsgegenstand in Verbindung und mit diesem in einem angemessenen Verhältnis stehen (Art. 58 Abs. 1 Satz 3 RL 2014/24/EU).[10] Die **Ausschlussgründe**, die in § 6e EU VOB/A – wortgleich zu § 123 und 124 GWB – genannt werden und auf die § 16b EU Abs. 1 VOB/A verweist, sind ebenfalls gemeinschaftsrechtlich determiniert. Die zwingenden Ausschlussgründe werden in Art. 57 Abs. 1–3 und die die fakultativen Ausschlussgründe des Gemeinschaftsrechts in Art. 57 Abs. 4 RL 2014/24/EU aufgeführt. Auch die zwingenden und fakultativen Ausschlussgründe sind abschließend und durch die Mitgliedstaaten oder den einzelnen Auftraggeber nicht erweiterbar.[11]

§ 16b EU Abs. 2 VOB/A 2016 beruht auf **Art. 56 Abs. 2 UAbs. 1 RL 2014/24/EU, 5** einer neuen Vorschrift im europäischen Richtlinienrecht. Hiernach können die öffentli-

---

[2] Zur neuen Begrifflichkeit und Systematik der Eignungsprüfung ausführlich *Opitz* in Burgi/Dreher, Beck'scher Vergaberechtskommentar, 3. Aufl. Bd. 1 § 122 Rn. 2 ff.

[3] Vgl. zur Frage der einheitlichen und gespaltenen Auslegung § 16 EU Rn. 3.

[4] Art. 56 Abs. 1 RL 2014/24/EU.

[5] Art. 57 und 58 RL 2014/24/EU.

[6] Art. 58 Abs. 1 RL 2014/24/EU.

[7] Grundlegend EuGH 20.9.1988 – Rs. 31/87 – Beentjes Slg. 1988, 463 Rn. 17 und hierzu *Dreher* in Immenga/Mestmäcker, GWB § 97 Rn. 248 mwN; aus jüngerer Zeit EuGH 10.05.2012 – C-368/10 – Max Havelaar Rn. 105.

[8] Begr. BT-Drs. 18/6281, S. 101.

[9] Dazu *Opitz* in Burgi/Dreher, Beck'scher Vergaberechtskommentar, 3. Aufl. Bd. 1 § 122 Rn. 15 f.

[10] Umgesetzt in § 122 Abs. 4 S. 1 GWB.

[11] Vgl. im Einzelnen *Opitz* in Burgi/Dreher, Beck'scher Vergaberechtskommentar, 3. Aufl. Bd. 1 § 123 Rn. 11 und § 124 Rn. 8.

chen Auftraggeber bei offenen Verfahren entscheiden, Angebote vor der Überprüfung des Nichtvorliegens von Ausschlussgründen und der Einhaltung der Eignungskriterien „zu prüfen", wobei die Richtlinie den **Begriff der Angebotsprüfung** im Übrigen nicht verwendet und sie insbesondere keine dem § 16c EU Abs. 1 S. 1 VOB/A vergleichbare Vorschrift enthält. Da es sich bei der in Art. 56 Abs. 2 RL 2014/24/EU erwähnten Prüfung offensichtlich nicht um die Überprüfung des Nichtvorliegens von Ausschlussgründen und der Einhaltung der Eignungskriterien handeln kann, kommen als weitere Prüfschritte nur die Prüfung ungewöhnlich niedriger Angebote gem. Art. 69 und die Prüfung der Angebote anhand der Zuschlagskriterien nach Art. 67 RL 2014/24/EU in Betracht. Schon zur alten Vergabekoordinierungsrichtlinie hatte der EUGH entschieden, dass eine „gleichzeitige" Prüfung von Eignung und Zuschlagskriterien möglich ist.[12] Von der nach Art. 56 Abs. 2 UAbs. 2 RL 2014/24/EU genannten Möglichkeit der Mitgliedstaaten, das Verfahren gemäß UAbs. 1 für bestimmte Formen der Beschaffung oder bestimmte Umstände ausschließen oder darauf beschränken, hat die Bundesrepublik Deutschland keinen Gebrauch gemacht.

B. Grundsätzliches

6   Die Überschrift „Eignung" legt nahe, dass in § 16b EU die Grundsätze der Eignungsprüfung bei Vergabeverfahren nach der VOB/A-EU festgeschrieben werden. Das ist aber nicht so. Die Eignungsprüfung und die Prüfung von Ausschlussgründen bei Auftragsvergaben oberhalb der EU-Schwellenwerte werden heute durch die §§ 122–125 GWB bestimmt. Diese Vorschriften hat die VOB/A wortgleich in die §§ 6 EU Abs. 1 und 2, 6e EU und 6f EU übernommen, was allerdings nur deklaratorischen Charakter hat, weil bei Ausschreibungen, die unter die VOB/A-EU fallen, vorrangig das GWB gilt.[13] Angesichts dieser Bestimmungen bräuchte es an sich keiner weiteren Regelung zur Eignungsprüfung, wie sie in §§ 16b EU Abs. 1 VOB/A enthalten ist, erst recht nicht, wenn diese im Wortlaut von § 122 Abs. 1 u. 2 GWB bzw. § 6 EU Abs. 1 und 2 VOB/A abweicht.[14] Erst aus der Historie der VOB/A und der systematischen Zusammenschau ergibt sich die eigentliche Bedeutung der Vorschrift. § 16 EG VOB/A 2012, vormals die herausgehobene Vorschrift der VOB/A zur „Prüfung und Wertung der Angebote", ist in der VOB/A 2016 in fünf Einzelvorschriften (§ 16 EU–16d EU VOB/A 2016) aufgeteilt worden. Auch **§ 16b EU VOB/A betrifft daher (nur) das Prüf- und Wertungsprogramm** *nach* **Angebotsabgabe.** Dieses unterscheidet sich im offenen Verfahren und in den Verfahren mit vorherigem Teilnahmewettbewerb. Im offenen Verfahren erlaubt es unterschiedliche Varianten im Hinblick auf die Reihenfolge der einzelnen Prüfungsschritte und damit den Zeitpunkt der Eignungsprüfung als einem dieser Prüfungsschritte (sog. zweite Wertungsstufe).

C. Eignungsprüfung im offenen Verfahren (Abs. 1 und 2)

I. Grundsatz der Eignungsprüfung

7   Nach **§ 16b EU Abs. 1 S. 1 VOB/A** ist beim offenen Verfahren die Eignung der Bieter zu prüfen. Diese Aussage irritiert etwas, denn selbstverständlich ist die Eignung auch bei dem nicht offenen Verfahren, dem Verhandlungsverfahren, dem wettbewerblichen Dialog und in einer Innovationspartnerschaft zu prüfen. Die Vorschrift betrifft allerdings nicht das

---

[12] EuGH 24.1.2008 – Rs. C-532/06 Rn. 26 – Lianakis; EuGH 16.9.2003 – Rs. C-315/01 Rn. 60 – GAT; EuGH 20.9.1988 – Rs. 31/87 Rn. 16 – Beentjes. Hierzu auch *Friton* Eignungsparameter, S. 513.
[13] → § 6f EU Rn. 2.
[14] → Sogleich Rn. 8.

„ob" der Eignungsprüfung, sondern den Ablauf des Prüf- und Wertungsprogramms nach
Eingang der Angebote. In § 16 EG Abs. 2 Nr. 1 S. 1 VOB/A 2012, der Vorgänger-
vorschrift, wurde dies durch die Formulierung: „Beim offenen Verfahren ist ‚zunächst' die
Eignung der Bieter zu prüfen." deutlich. Das Wort „zunächst" ist in § 16b EU Abs. 1 S. 1
VOB/A 2016 aber gestrichen worden. **Grundsätzlich** lassen sich aus den §§ 16 EU
bis 16d EU VOB/A **vier Stufen der Prüfung und Wertung von Angeboten** ableiten.
Das wirtschaftlichste Angebot kann nur bestimmt werden, wenn der Auftraggeber zuvor
geprüft hat, ob Angebote mit bestimmten formellen oder inhaltlichen Mängeln auszuschließen sind (sog. erste Wertungsstufe), ob die Eignung der Bieter gegeben ist und keine
Ausschlussgründe nach § 6e VOB/A (gleichlautend mit §§ 123 u. 124 GWB) vorliegen
(sog. zweite Wertungsstufe) und ob ein Angebot unter Umständen als ungewöhnlich niedrig
auszuschließen ist (sog. dritte Wertungsstufe). Unter den Angeboten, die sodann noch in die
engere Wahl kommen ist schließlich das wirtschaftlichste Angebot für den Zuschlag auszuwählen (sog. vierte Wertungsstufe). Die Bildung von Wertungsstufen dient der Rationalisierung und der Transparenz der Angebotswertung. Es bestehen aber auch methodische Unterschiede. Innerhalb der ersten drei Wertungsstufen betrachtet der Auftraggeber das einzelne
Angebot, um darüber zu befinden, ob es im Vergabeverfahren berücksichtigt wird oder
nicht. Eine vergleichende Bewertung findet grundsätzlich nicht statt.[15] Ziel der ersten drei
Wertungsstufen ist es, eine Vergleichbarkeit der Angebote im Hinblick auf die Wirtschaftlichkeitsbetrachtung sicherzustellen, die in der vierten Wertungsstufe erfolgt. Erst auf der
vierten Wertungsstufe findet dann eine Gegenüberstellung der Angebote im Wege eines Vergleichs statt. § 16b EU Abs. 1 S. 1 VOB/A ist in dem Sinne von „beim offenen Verfahren ist
nach Eingang der Angebote die Eignung der Bieter zu prüfen" oder „beim offenen Verfahren
ist die Eignung der Bieter zu prüfen, bevor die nicht ausgeschlossenen Angebote geprüft
werden" zu verstehen. Nur unter diesem Verständnis ergibt auch die einleitende Formulierung von § 16b EU Abs. 2 VOB/A („abweichend von Absatz 1 …") einen Sinn.

Nach **§ 16b EU Abs. 1 S. 2** VOB/A sind bei der Eignungsprüfung anhand der vorge-   **8**
legten Nachweise die Angebote der Bieter auszuwählen, deren Eignung die für die Erfüllung der vertraglichen Verpflichtungen notwendigen Sicherheiten bieten, wobei dies bedeutet, dass sie die erforderliche Fachkunde und Leistungsfähigkeit besitzen, keine
Ausschlussgründe gemäß § 6e EU VOB/A vorliegen und sie über ausreichende technische
und wirtschaftliche Mittel verfügen. Klarer formuliert § 122 Abs. 2 S. 1 GWB: *„Ein Unternehmen ist geeignet, wenn es die durch den öffentlichen Auftraggeber im Einzelnen zur ordnungsgemäßen Ausführung des öffentlichen Auftrags festgelegten Kriterien (Eignungskriterien) erfüllt."* Nicht
anders kann und darf § 16b EU Abs. 1 S. 2 VOB/A verstanden werden. Die Eignungsprüfung muss auch nicht zwangsläufig anhand der „vorgelegten Nachweise" erfolgen. Die
VOB/A spricht an anderer Stelle stets von „Erklärungen oder Nachweisen" (zB § 16a EU
S. 1, § 16 EU Nr. 4). Sie kann sich insbesondere auch auf Eigenerklärung der Bieter stützen, auf die vom öffentlichen Auftraggeber direkt abrufbare Eintragung in die allgemein
zugängliche Liste des Vereins zur Präqualifikation von Bauunternehmen e. V. (Präqualifikationsverzeichnis) oder auf eigene Erkenntnisse des Auftraggebers.[16] Die Kriterien der Fachkunde und Leistungsfähigkeit sind nur maßgeblich, soweit diese die (1) Befähigung und
Erlaubnis zur Berufsausübung, (2) wirtschaftliche und finanzielle Leistungsfähigkeit und
(3) technische und berufliche Leistungsfähigkeit betreffen (§ 122 Abs. 2 S. 2 GWB und § 6
EU Abs. 2 S. 2 VOB/A), was aus § 16b EU Abs. 1 S. 2 VOB/A aber nicht hervorgeht.
Und der Zusatz „und sie über ausreichende technische und wirtschaftliche Mittel verfügen" erübrigt sich, denn diese Aspekte sind Bestandteil der wirtschaftlichen und finanziel-
len bzw. technischen und beruflichen Leistungsfähigkeit. **Bei § 16b EU Abs. 1 S. 2
VOB/A handelt es sich** daher **insgesamt um eine missverständliche Norm.**

---

[15] Vgl. näher – auch zu den Einschränkungen dieses Prinzips – *Opitz* in Burgi/Dreher, Beck'scher Vergaberechtskommentar, 3. Aufl. Bd. 1 § 122 Rn. 21.
[16] *Opitz* in Burgi/Dreher, Beck'scher Vergaberechtskommentar, 3. Aufl. Bd. 1 § 122 Rn. 28 ff.

II. Ausgestaltung des Prüfungsvorgangs

9   Der Bildung von Wertungsstufen kommt eine Entlastungsfunktion zu. Der Auftraggeber
muss in einer Wertungsstufe nur die Angebote behandeln, die die vorherige(n) Wertungs-
stufe(n) erfolgreich durchlaufen haben. **§ 16b EU Abs. 2 VOB/A,** der auf dem neu eingefügten Art. 56 Abs. 2 UAbs. 1 RL 2014/24/EU beruht, stellt insofern klar, dass die Prüfung der Eignungsanforderungen und der Ausschlussgründe zunächst zurückgestellt werden
kann und die Angebote zuerst geprüft werden können. Aus den §§ 16 EU bis 16d EU
VOB/A lässt sich im Ergebnis daher **keine Folge der einzelnen Schritte der Prüfung
und Wertung der Angebote** ableiten, die zwingend einzuhalten ist.[17] Entscheidend ist
nur, dass die Wertungsstufen nicht inhaltlich vermischt werden und dass das Angebot, das
auf der vierten Wertungsstufe als das wirtschaftlichste ausgewählt wird, die Wertungsstufen
eins bis drei erfolgreich durchlaufen hat,[18] weil andernfalls eine wirtschaftliche Vergleichbarkeit nicht sichergestellt wäre. Mit „Prüfung" meint § 16b EU Abs. 2 VOB/A nicht
nur die rechnerische Prüfung, sondern auch die Prüfung, ob ein Angebotspreis unangemessen hoch oder niedrig ist (§ 16d EU Abs. 1 VOB/A) und welches Angebot das beste
Preis-Leistungsverhältnis (§ 16d EU Abs. 2 VOB/A) aufweist. Insbesondere dann, wenn
die Angebote nur nach dem niedrigsten Preis – oder nach anderen nominellen Zuschlagskriterien – bewertet werden, kann auf diese Weise zügig bestimmt werden, welche Angebote überhaupt für die Zuschlagserteilung in Betracht kommen. Die unter Umständen
ungleich aufwändigere Prüfung der Eignung kann sich dann auf diese Angebote beschränken. Der BGH hatte diesen „vereinfachten Wertungsvorgang" schon bislang ausdrücklich
gebilligt.[19] Dass bei einem solchen **„vereinfachten Wertungsvorgang"** sichergestellt sein
muss, dass die anschließende Prüfung des Nichtvorliegens von Ausschlussgründen und der
Einhaltung der Eignungsanforderungen unparteiisch und transparent erfolgt, ist selbstverständlich. Die Gefahr, dass der Auftraggeber die Bietereignung bei wirtschaftlich günstigen
Angeboten großzügig beurteilt und er sie bei wirtschaftlich nachteiligen Angeboten strenger handhabt, besteht allerdings unabhängig von der Prüfungsreihenfolge. Diese Gefahr
ließe sich nur durch das sog. Zwei-Umschlagverfahren ausschließen, das das Vergaberecht
aber nicht vorschreibt. In diesem Verfahren werden die Erklärungen und Nachweise zur
Eignung und das kommerzielle Angebot in getrennten Umschlägen eingereicht. Der Umschlag mit dem kommerziellen Angebot darf erst geöffnet werden, wenn die Eignung des
Bieters positiv festgestellt worden ist.

10   Man könnte aus der Unterteilung des Prüfungs- und Wertungsvorgangs in verschiedene
Wertungsstufen auch schließen, dass der Auftraggeber in die nächste Wertungsstufe erst
dann eintreten darf, wenn die vorhergehende Wertungsstufe vollständig abgeschlossen ist.
Auch das lässt sich aus der VOB/A aber nicht ableiten. Es ist nicht zu beanstanden, wenn
der Auftraggeber **parallele Prüfungen** vornimmt. Die Notwendigkeit eines parallelen
Vorgehens wird sich im Interesse eines beschleunigten Prüfungsablaufs oft schon deshalb
ergeben, weil die Prüfung und Wertung der einzelnen Angebote auf den verschiedenen
Wertungsstufen unterschiedlich lange Zeit in Anspruch nehmen kann. Es spricht auch
nichts dagegen, wenn der Auftraggeber die Prüfung und Wertung der Angebote auf den
einzelnen Wertungsstufen zeitlich parallel durch unterschiedliche Personen wahrnehmen

---

[17] So jedoch im Ausgangspunkt BGH 15.4.2008 – X ZR 129/06 VergabeR 2008, 641. An einer zwingenden Abfolge zweifelnd schon BayObLG 16.9.2002 – Verg 19/02 VergabeR 2002, 644 = NZBau 2002,
697 und dem folgend OLG München 25.11.2013 – Verg 13/13.
[18] VK Bund 2.4.2014 – VK 1-14/14; VK Rheinland-Pfalz 23.5.2012 – VK 2-11/12; VK Südbayern
30.7.2010 – Z3-3-3194-1-38-06/10; VK Bund 5.8.2009 – VK 1-128/09; VK Mecklenburg-Vorpommern
7.1.2008 – 2 VK 5/07; VK Düsseldorf 11.1.2006 – VK-50/2005 – L. Noch weitgehend OLG Jena
13.10.1999 – 6 Verg 1/99 BauR 2000, 388 = NZBau 2001, 39, wonach der Ablauf von Ausschluss und
Wertung eines Angebots ein Internum der Vergabestelle ist, das sich auf die Rechtmäßigkeit einer Vergabeentscheidung nicht auswirken kann.
[19] Vgl. BGH 15.4.2008 – X ZR 129/06 VergabeR 2008, 641.

lässt. Nur der Inhalt der einzelnen Prüfungen darf nicht miteinander vermischt werden. Insbesondere ist die Eignungsprüfung sorgfältig von der Bewertung der Angebote zu trennen.[20]

Ob der Auftraggeber das Angebot eines Bieters als wertungsfähig behandelt und einer **11** Wirtschaftlichkeitsprüfung unterzogen hat, ist unerheblich, wenn das Angebot in einer anderen Wertungsstufe zwingend hätte ausgeschlossen werden müssen. Dem Bieter steht kein schützenswertes Vertrauen dahingehend zu, dass ein **zwingender Ausschlussgrund** ignoriert wird.[21]

Eine andere Frage ist, ob der Auftraggeber an die **einmal getroffene Wertungsent-** **12** **scheidung gebunden** ist, oder er – auch bei unverändertem Sachverhalt – im Verlauf des Vergabeverfahrens hiervon wieder abweichen kann. Die ältere Rechtsprechung ging davon aus, dass die Vergabestelle nach dem aus § 242 BGB abgeleiteten Verbot des widersprüchlichen Verhaltens von einer einmal zugunsten des Beters getroffene Beurteilung der Eignung nicht mehr abweichen darf.[22] Hiergegen ließ sich allerdings einwenden, dass die Rechtsordnung es grundsätzlich zulässt, dass die Parteien ihre Ansichten ändern. Widersprüchliches Verhalten ist erst dann im Sinne von § 242 BGB treuwidrig, wenn für den anderen Teil ein Vertrauenstatbestand geschaffen worden ist oder wenn andere besondere Umstände die Rechtsausübung als treuwidrig erscheinen lassen.[23] Diese Sicht hat auch der BGH in einem Beschluss vom 7.1.2014 eingenommen und daraus den Schluss gezogen, dass der Auftraggeber im offenen Verfahren *nicht* an seine erste Beurteilung der Eignung eines Bieters gebunden ist.[24] Allerdings kann die ursprüngliche Bejahung der Eignung durch den Auftraggeber Aufschluss darüber geben kann, ob eine nachträgliche Verneinung der Eignung sachfremd motiviert sein kann.[25] Dient die erneute Beurteilung der Eignung der eigenen Fehlerkorrektur des Auftraggebers, liegt kein sachfremder Grund vor.

D. Eignungsprüfung in Verfahren mit vorgeschaltetem Teilnahmewettbewerb (Abs. 3)

In Verfahren mit vorgeschaltetem Teilnahmewettbewerb ist die **Eignungsprüfung Be-** **13** **standteil des Teilnahmewettbewerbs.** Im nicht offenen Verfahren, im Verhandlungsverfahren mit Teilnahmewettbewerb, im Wettbewerblichen Dialog und bei der Innovationspartnerschaft werden von vornherein nur geeignete Bewerber zur Angebotsabgabe aufgefordert. Das bedeutet, dass die Eignungsprüfung zwangsläufig vor der Prüfung und Wertung der Angebote erfolgt.

Allerdings sind Umstände, die Zweifel an der Eignung des Bieters begründen, grund- **14** sätzlich **bis zum Abschluss des Vergabeverfahrens,** d. h. bis zur (rechtswirksamen) Zuschlagserteilung, berücksichtigungsfähig.[26] Besonders bei zeitlich lang dauernden Vergabe-

---

[20] Ausführlich *Opitz* in Burgi/Dreher, Beck'scher Vergaberechtskommentar, 3. Aufl. Bd. 1 § 122 Rn. 20 ff.

[21] BGH 18.2.2003 – X ZB 43/03 = NZBau 2003, 293, VergabeR 2003, 313; BGH 8.9.1998 – X ZR 85/97 NJW 1998, 3634 = BauR 1998, 1249.

[22] OLG Jena 13.10.1999 – 6 Verg 1/99 BauR 2000, 388 = NZBau 2001, 39; OLG Frankfurt 20.12.2000 – 11 Verg 1/00 VergabeR 2001, 243; KG 18.7.2002 – 2 KartVerg 04/02 VergabeR 2002, 78; OLG Düsseldorf 4.12.2002 – Verg 45/01; OLG Frankfurt 20.7.2004 – 11 Verg 6/04, VergabeR 2004, 642. OLG Düsseldorf 14.7.2003 – Verg 11/03; OLG Düsseldorf 28.5.2003 – Verg 16/03 VergabeR 2003, 586.

[23] Krit. zu dieser Rspr. schon *Opitz* in Dreher/Motzke, Beck'scher Vergaberechtskommentar 2. Aufl. 2013, § 16 VOB/A Rn. 17.

[24] BGH 7.1.2014 – X ZB 15/13.

[25] So der Hinweis in BGH 7.1.2014 – X ZB 15/13. Aus der Praxis VK Bund 16.2.2015 – VK-135/15.

[26] Vgl. OLG Naumburg 22.9.2014 – 2 Verg 2/13; OLG München 22.11.2012 – Verg 22/12; OLG Frankfurt 10.2.2009 – 11 Verg 16/08; OVG Magdeburg 2.2.2009 – 3 M 555/08 NZBau 2009, 206; OLG Düsseldorf 15.12.2008 – I-27 U 1/07 – VergabeR 2009, 501; OLG Düsseldorf 26.11.2008 – VII-Verg 54/08; OLG München 21.8.2008 – Verg 13/08 – VergabeR 2009, 65; OLG Brandenburg 14.12.2007 – Verg W 21/07 NZBau 2008, 277; OLG Düsseldorf 5.7.2006 – Verg 25/06 – NZBau 2007, 461; OLG Düsseldorf 21.2.2005 – VII-Verg 91/04 – NZBau 2006, 266; OLG Düsseldorf 15.12.2004 – VII-Verg

verfahren kann die Situation eintreten, dass nach der im Teilnahmewettbewerb abgeschlossenen Eignungsprüfung und der Aufforderung zur Angebotsabgabe die Eignung des Bieters wieder entfällt. Wenn nach Aufforderung zur Angebotsabgabe **neue Tatsachen auftreten oder bekannt werden,** die Zweifel an der Eignung eines Bieters begründen, ist die Vergabestelle daher nicht gehindert, sondern sogar verpflichtet, erneut in die Prüfung der Eignung einzutreten.²⁷ Selbst in einem laufenden Vergabenachprüfungsverfahren ist eine erneute Eignungsprognose unter Berücksichtigung neuer Umstände möglich.²⁸ Fraglich ist allerdings, ob ein Bewerber oder Bieter verpflichtet ist, von sich aus Umstände mitzuteilen, die Zweifel an dem Bestehen seiner Eignung begründen.²⁹ Dies sollte nur gelten, wenn vom Auftraggeber geforderte und bereits eingereichte Eignungsnachweise durch nachträglich eingetretene Umstände unrichtig geworden sind.³⁰ Der Wiedereintritt in die Eignungsprüfung kommt grundsätzlich auch dann in Betracht, wenn neue Tatsachen auftreten oder bekannt werden, die *für* die Eignung eines Unternehmens sprechen. Eine Nachbesserung von Eignungsnachweisen nach Ablauf der Frist für deren Einreichung ist jedoch ausgeschlossen.³¹

15   § 16b EU Abs. 3 VOB/A stellt klar, dass sich die erneute Eignungsprüfung auf Umstände, die nach Aufforderung zur Angebotsabgabe Zweifel an der Eignung des Bieters begründen, beschränkt. Bei **unveränderter Tatsachenlage** darf der Auftraggeber die Eignung eines Bieterunternehmens nicht erneut prüfen und – im Ergebnis ablehnend – bewerten. Anders als im offenen Verfahren besteht in den zweistufigen Verfahren eine Bindung des Auftraggebers an die im Teilnahmewettbewerb getroffene Eignungsprognose.³² Der Grund für die strengere Handhabung in zweistufigen Verfahren besteht darin, dass der Auftraggeber durch die Aufforderung eines Unternehmens zur Angebotsabgabe und dessen Einbeziehung in den Wettbewerb einen Vertrauenstatbestand begründet, so dass das Unternehmen nicht damit rechnen muss, der ihnen durch die Erstellung der Angebote und Teilnahme am Wettbewerb entstandene Aufwand könnte dadurch nachträglich nutzlos werden.³³

16   Eine **erneute Beurteilung der Eignung zur eigenen Fehlerkorrektur** des Auftraggebers ist in jedem Stadium des Vergabeverfahrens möglich³⁴ und wird auch durch § 16b EU Abs. 3 VOB/A nicht ausgeschlossen. Ein anderes Ergebnis wäre nicht mit der in § 160 Abs. 3 GWB normierten Rügepflicht vereinbar, die gerade der Möglichkeit der Selbstkorrektur durch die Vergabestelle eröffnen soll.³⁵ Wenn der Auftraggeber die Eignung z.B. trotz des Fehlens geforderter Eignungsnachweise im Teilnahmewettbewerb zu Unrecht bejaht hat, darf er diesen Fehler auch in der Angebotsphase noch beheben. Ein rechtlich schützenswertes Vertrauen des betreffenden Bieters, sein Angebot werde nicht von der Wertung ausgeschlossen werden, kann in diesem Fall nicht entstehen. Allerdings kann ein

48/04 VergabeR 2005, 207; BayObLG 18.9.2003 – Verg 12/03 VergabeR 2004, 87 = NZBau 2004, 294; OLG Düsseldorf 19.9.2002 – Verg 41/02; OLG Düsseldorf 24.6.2002 – Verg 26/02; OLG Düsseldorf 21.1.2002 – Verg 45/01 – VergabeR 2002, 282; *Wirner* ZfBR 2003, 545, 547.
²⁷ OLG Naumburg 22.9.2014 – 2 Verg 2/13; OLG München 25.11.2013 – Verg 13/13; OLG Düsseldorf 4.2.2013 – VII-Verg 52/12; OLG Düsseldorf 25.4.2012 –VII Verg 61/11; OLG Frankfurt 24.2.2009 – 11 Verg 19/08; OLG München 15.11.2007 – Verg 10/07; BayObLG 18.9.2003 – Verg 12/03 VergabeR 2004, 87 = NZBau 2004, 294; OLG Düsseldorf 28.5.2003 – Verg 16/03; OLG Düsseldorf 18.7.2001 – Verg 16/01 VergabeR 2001, 419; aA OLG Hamm 12.9.2012, I-12 U 50/12.
²⁸ Vgl. etwa OLG Naumburg 22.9.2014 – 2 Verg 2/13; OLG München 22.11.2012 – Verg 22/12; OLG Celle 2.12.2010 – 13 Verg 12/10; OLG Düsseldorf 2.12.2009 – Verg 39/09 NZBau 2010, 333 = VergabeR 2010, 487; OLG Düsseldorf 26.11.2008 – VII-Verg 54/08; BayObLG 18.9.2003 –Verg 12/03; OLG Düsseldorf 18.7.2001 – Verg 16/01 VergabeR 2001, 419.
²⁹ So OLG Düsseldorf 26.1.2005 – Verg 45/05 VergabeR 2005, 374 = NZBau 2005, 354.
³⁰ Vgl. *Opitz* in Burgi/Dreher, Beck'scher Vergaberechtskommentar, 3. Aufl. Bd. 1 § 124 GWB Rn. 102.
³¹ OLG München 17.9.2015 – Verg 3/15; OLG München 15.3.2005 – Verg 02/05; OLG Düsseldorf 25.2.2004 – VII Verg 77/03 – VergabeR 2004, 537.
³² BGH 7.1.2014 – X ZB 15/13.
³³ BGH 7.1.2014 – X ZB 15/13.
³⁴ Vgl. BGH 15.4.2008 – X ZR 129/06.
³⁵ Vgl. BayObLG 16.9.2002 – Verg 19/02 VergabeR 2002, 644 = NZBau 2002, 697.

verspäteter Angebotsausschluss wegen mangelnder Eignung Schadensersatzpflichten des Auftraggebers im Hinblick auf vermeidbare Kosten für die weitere Teilnahme am Vergabeverfahren auslösen.[36]

---

[36] OLG Düsseldorf 4.9.2002 – Verg 37/02.

§ 16c Prüfung

(1) **Die nicht ausgeschlossenen Angebote geeigneter Bieter sind auf die Einhaltung der gestellten Anforderungen, insbesondere in rechnerischer, technischer und wirtschaftlicher Hinsicht zu prüfen.** Als Nachweis für die Erfüllung spezifischer umweltbezogener, sozialer oder sonstiger Merkmale der zu vergebenden Leistung sind Bescheinigungen, insbesondere Gütezeichen, Testberichte, Konformitätserklärungen und Zertifizierungen, welche die in § 7a EU genannten Bedingungen erfüllen, zugelassen.

(2)

1. **Entspricht der Gesamtbetrag einer Ordnungszahl (Position) nicht dem Ergebnis der Multiplikation von Mengenansatz und Einheitspreis, so ist der Einheitspreis maßgebend.**
2. **Bei Vergabe für eine Pauschalsumme gilt diese ohne Rücksicht auf etwa angegebene Einzelpreise.**

(3) **Die aufgrund der Prüfung festgestellten Angebotsendsummen sind in der Niederschrift über den Öffnungstermin zu vermerken.**

Übersicht

	Rn.			Rn.
A. Einführung	1		I. Grundsatz der Angebotsprüfung (Abs. 1 S. 1)	8
I. Literatur	1		II. Bescheinigungen unabhängiger Stellen, Gütezeichen (Abs. 1 S. 2)	11
II. Entstehungsgeschichte	2		III. Einzelheiten der rechnerischen Prüfung (Abs. 2 und 3)	15
III. Rechtliche Vorgaben im EU-Recht	4			
B. Bedeutung der Vorschrift	6			
C. Rechnerische, technische und wirtschaftliche Angebotsprüfung	8			

A. Einführung

I. Literatur

1 *Baumann,* Zertifikate und Gütezeichen im Vergabeverfahren VergabeR 2015, 367 ff.; *Halstenberg/Klein,* Neues zu den Anforderungen bei Verwendung von Normen, Zertifikaten und Gütezeichen in Vergabeverfahren NZBau 2017, 469 ff.; *Knauff,* die Verwendbarkeit von (Umwelt-)Gütezeichen in Vergabeverfahren VergabeR 2017, 553 ff.; *Köhler,* Rechtsfolgen fehlender oder fehlerhafter Preisangaben nach VOB/A und VOL/A VergabeR 2002, 356; *Ringe,* Die rechnerische Prüfung der Angebote nach § 23 Nr. 3 VOB/A BauR 1994, 321 ff.; *Sulk* Der Preis im Vergaberecht, 2015.

II. Entstehungsgeschichte

2 Der Regelungsgehalt von § 16c EU Abs. 1 S. 1 und Abs. 2 und 3 VOB/A 2016 fand sich in der **VOB/A 2012 in § 16 EG Abs. 3 bis 5.** Im Wortlaut weicht § 16c EU Abs. 1 S. 1 VOB/A 2016 *(„Die nicht ausgeschlossenen Angebote geeigneter Bieter sind …“)* etwas von § 16 EG Abs. 3 VOB/A 2012 *(„Die übrigen Angebote sind …“)* ab, was wohl verdeutlichen soll, dass die VOB/A keine bestimmte Prüfungsrangfolge vorgibt.[1] Bis zum Jahr 2009 waren die Regelungen zur rechnerischen Prüfung der Angebote in § 23 Nr. 3 VOB/A (2006) enthalten. Mit der VOB/A 2009 ist die Bestimmung, wonach der in Worten angegebene Einheitspreis Vorrang gegenüber dem in Zahlen angegebenen Einheitspreis genießt, aufgrund mangelnder praktischer Bedeutung gestrichen worden. Da bei Preisangaben in Worten Fehler unwahrscheinlicher sind als bei Preisangaben in Zahlen (z. B. aufgrund von Zahlendrehern oder verschobenen Kommata), kann dann, wenn ausnahmsweise Preisangaben

---

[1] → § 16b EU Rn. 9.

in Worten gefordert werden, im Rahmen der Angebotsauslegung durchaus noch auf die
alte Korrekturregelung zurückgegriffen werden.[2]

§ 16c EU Abs. 1 S. 2 VOB/A hat keine Vorgängerregelung in der VOB/A 2012. **3**
Dieser Satz wurde aufgrund europarechtlicher Vorgaben **neu** in den Text der Vorschrift
aufgenommen.

III. Rechtliche Vorgaben im EU-Recht

Die RL 2014/24/EU enthält keine dem § 16c EU Abs. 1 S. 1 VOB/A vergleichbare **4**
Vorschrift und verwendet auch den Begriff der „Prüfung" von Angeboten nur in Art. 56
Abs. 2 UAbs. 1 RL 2014/24/EU.[3] **Art. 67 Abs. 4 S. 2 RL 2014/24/EU** bestimmt zwar,
dass die Zuschlagskriterien die Möglichkeit eines wirksamen Wettbewerbs gewährleisten
und mit Spezifikationen einhergehen müssen, „die eine wirksame Überprüfung der von
den Bietern übermittelten Informationen gestatten, damit bewertet werden kann, wie gut
die Angebote die Zuschlagskriterien erfüllen". Diese Überprüfung der Angebote anhand
der Zuschlagskriterien stellt allerdings nur einen Teilausschnitt der von § 16c EU VOB/A
geforderten Prüfungen dar.

§ 16c EU Abs. 1 S. 2 VOB/A beruht auf **Art. 43 Abs. 1 RL 2014/24/EU** soweit die **5**
Vorschrift „Gütezeichen" anspricht **und auf Art. 44 Abs. 1 RL 2014/24/EU** soweit sie
Testberichte, Konformitätserklärungen und Zertifizierungen erwähnt. Nach den genannten
Richtlinienbestimmungen kann der öffentliche Auftraggeber Gütezeichen und andere
Bescheinigungen Dritter nicht nur als Nachweis dafür verlangen, dass die angebotenen
Leistungen den (zwingenden) technischen Spezifikationen oder Ausführungsbedingungen
entsprechen, sondern auch als Nachweis dafür, inwieweit sie die vom Auftraggeber benannten Zuschlagskriterien erfüllen. Die Art. 43 und 44 RL 2014/24/EU stellen **bestimmte Anforderungen an die Verwendung von Gütezeichen und Bescheinigungen Dritter,** die in § 7a EU VOB/A umgesetzt sind. Sie sollen verhindern, dass
Gütezeichen, Zertifikate Prüfbescheinigungen etc., insbesondere solche, die von heimischen Hersteller- oder Händlerverbänden erteilt werden, zum Schutz vor unliebsamer
Konkurrenz eingesetzt werden. Es soll vielmehr sichergestellt sein, dass jeder in- und
ausländische Anbieter die gleichen rechtlichen und tatsächlichen Möglichkeit hat, ein
bestimmtes Gütezeichen oder Zertifikat zu erlangen,[4] was auch gewisse institutionelle Sicherungen (Neutralität der Stelle, die das Gütezeichen oder die Bescheinigung erteilt,
Neutralität des Prozesses der Festlegung der Erteilungskriterien) beinhaltet. Außerdem
müssen auch gleichwertige (ausländische) Gütezeichen, Bescheinigungen oder Nachweise
durch den (inländischen) Auftraggeber anerkannt werden.[5] Soweit bei einer Prüfung am
Maßstab der Warenverkehrsfreiheit die Frage auftritt, inwieweit die Forderung eines bestimmten Gütezeichens oder einer bestimmten Bescheinigung Dritter eine noch verhältnismäßige (mittelbare) Beschränkung des freien Handelsverkehrs darstellt, ist zu berücksichtigen, ob das Gütezeichen oder die Bescheinigung Dritter im Vergabeverfahren zum
Nachweis von verbindlichen Leistungsanforderungen verlangt wird oder ob es zum Nachweis der Erfüllung von Zuschlagskriterien gefordert wird. Im letztgenannten Fall ist die
Beschränkung grundsätzlich geringer, da auch Angebote in die Wertung einbezogen werden, die das Zuschlagskriterium nicht erfüllen können.[6]

[2] Vgl. *Verfürth* in KMPP, VOB/A, 2. Aufl.; § 16 Rn. 217.
[3] → § 16b EU Rn. 5.
[4] Dies schließt nicht aus, dass bei der Erteilung von Umweltgütezeichen auch Transportwege berücksichtigt werden, hierzu *Knauff* VergabeR 2017, 553, 555 u. 558.
[5] So bereits EuGH 22.9.1988 – Rs. 45/87 Kommission/Irland Slg. 1988, 4929; ferner EuGH 1.3.2012
– C-484/10. Schon durch das Risiko, dass ein ausländisches Gütezeichen oder eine ausländische Bescheinigung nicht als gleichwertig anerkannt wird, können Bieter aus anderen Mitgliedstaaten abgeschreckt werden, vgl. OLG Düsseldorf 14.12.2016 – VII-Verg 20/16.
[6] *Opitz* in Burgi/Dreher, Beck'scher Vergaberechtskommentar, 3. Aufl. Bd. 1 § 97 Abs. 3 GWB Rn. 21.

B. Bedeutung der Vorschrift

6   § 16c EU Abs. 1 S. 1 und Abs. 2 u. 3 VOB/A behandeln die rechnerische, technische und wirtschaftliche Prüfung der Angebote. Die Angebotsprüfung stellt im System der VOB/A einen **Zwischenschritt im Rahmen des Prüfungs- und Wertungsvorgangs** dar, der der Vorbereitung der Angemessenheitsprüfung nach § 16d EU Abs. 1 VOB/A und der wirtschaftlichen Bewertung der Angebote nach § 16d EU Abs. 2 VOB/A dient. Zu prüfen sind Angebote, die nicht bereits nach § 16 EU bzw. § 16a EU VOB/A ausgeschlossen sind und die von Bietern eingereicht wurden, die die Eignungsprüfung erfolgreich bestanden haben. Wie sich aus § 16b EU Abs. 2 VOB/A ergibt, besteht allerdings keine zwingende Abfolge der einzelnen Prüfungsschritte.[7] Aus dem Umstand, dass ein Angebot geprüft wurde, kann auch nicht abgeleitet werden, es dürfe nicht ausgeschlossen werden, wenn sich später herausstellt, dass ein Ausschlussgrund vorliegt.[8] § 16c EU VOB/A lässt zudem unberücksichtigt, dass eine Angebotsprüfung auch schon erfolgen muss, um festzustellen, ob einer der in § 16 EU VOB/A genannten Ausschlussgründe vorliegt. Hier, insbesondere bei der Feststellung etwaiger Abweichungen von den Vergabeunterlagen gem. § 16 EU Nr. 2 i.V.m. § 13 EU Nr. 5 S. 1 und 2 VOB/A, liegt in der Praxis sogar der Schwerpunkt der Angebotsprüfung.[9] Die Verordnung über die Vergabe öffentlicher Aufträge (VgV) verzichtet daher auch auf eine § 16c EU VOB/A vergleichbare Vorschrift und spricht in § 56 Abs. 1 VgV im Sinne einer Querschnittsaufgabe nur allgemein davon, dass Interessenbestätigungen, Teilnahmeanträge und Angebote auf „fachliche Richtigkeit" und Angebote zudem auf „rechnerische Richtigkeit" zu prüfen sind.

7   § 16c EU Abs. 1 S. 2 VOB/A betrifft nicht den Vorgang der Angebotsprüfung, sondern die Frage, welche **Bescheinigungen von Dritten der Auftraggeber zum Nachweise für die Erfüllung der Zuschlagskriterien** fordern darf. Systematisch gehört die Vorschrift eher zu § 16d EU Abs. 2 VOB/A.

C. Rechnerische, technische und wirtschaftliche Angebotsprüfung

I. Grundsatz der Angebotsprüfung (Abs. 1 S. 1)

8   § 16c EU Abs. 1 S. 1 VOB/A verlangt eine Angebotsprüfung in rechnerischer, technischer und wirtschaftlicher Hinsicht. Die **rechnerische Prüfung** der Angebote endet mit der Feststellung der Angebotsendsumme, die in der Niederschrift über den Eröffnungstermin zu vermerken ist (Abs. 3) und die bei der weiteren Bewertung der Angebote heranzuziehen ist. Tauchen rechnerische Fehler bei der Überprüfung eines Angebots auf, geht die VOB/A also grundsätzlich nicht davon aus, dass ein solches Angebot von der weiteren Wertung auszuschließen ist.[10] Im Rahmen der rechnerischen Prüfung sind Rechenfehler vielmehr zu korrigieren,[11] was dann auch zu einer Änderung der Bieterreihenfolge führen kann. Die Korrekturregeln des § 16c EU Abs. 2 VOB/A sind dabei nicht abschließend. Insbesondere ist auch der Gesamtpreis, d.h. die Addition der jeweiligen Positionspreise und Titelsummen, zu prüfen. Nicht die vom Bieter im Angebot errechneten Endbeträge, sondern erst die auf Grund der rechnerischen Prüfung des Auftraggebers festgestellten Ange-

---

[7] → § 16b Rn. 9.

[8] Vgl. BGH 18.2.2003 – X ZB 43/03 = NZBau 2003, 293, VergabeR 2003, 313; BGH 8.9.1998 – X ZR 85/97 NJW 1998, 3634 = BauR 1998, 1249.

[9] Im System der VOB/A erscheint ein eigener Schritt für die Prüfung der Angebote daher auch nicht zwingend, vgl. *Sulk*, Der Preis im Vergaberecht, S. 45.

[10] OLG Saarbrücken 27.5.2009 – 1 Verg 2/09; VK Sachsen-Anhalt 17.10.2014 – 3 VK LSA 82/14; VK Bund 4.6.2007 – VK 1-44/07; VK Bund 24.5.2005 – VK 2-52/05; VK Sachsen 31.3.2000 – 1/SVK/22 – 00.

[11] → § 16 EU Rn. 83.

botsendsummen sind für die Wertung der Angebote maßgebend.[12] Aus § 16c EU Abs. 1 S. 1 VOB/A folgt auch, dass sich der Auftraggeber nicht auf die Richtigkeit des Rechenwerks der Bieter verlassen darf. Ein vom Auftraggeber nicht erkannter Rechenfehler im Angebot eines Bieters, der den Auftraggeber dazu veranlasst, diesem Bieter als dem vermeintlich günstigstem den Auftrag zu erteilen, begründet daher auch keinen Schadensersatzanspruch des Auftraggebers gegen diesen Bieter aus Verschulden bei Vertragsschluss.[13] Umgekehrt kann der Auftraggeber zum Schadensersatz verpflichtet sein, wenn er den Zuschlag nicht dem tatsächlich wirtschaftlichsten Bieter erteilt, sondern dem Bieter, der aufgrund unterbliebener oder fehlerhafter rechnerischer Prüfung das vermeintlich wirtschaftlichste Angebot abgegeben hat.[14]

Eine **technische Prüfung** ist erforderlich, soweit die Angebote nach nichtmonetären **9** Zuschlagskriterien einer technisch-fachlichen Bewertung unterzogen werden sollen. In diesem Fall muss sich der Auftraggeber Klarheit über die Art und den Umfang der angebotenen Leistung und der vorgesehenen Erzeugnissen und Verfahren verschaffen, Bieterangaben auf Plausibilität prüfen und etwaige offene Fragen in dem durch § 15 EU VOB/A vorgegebenen Rahmen einer Angebotsaufklärung zuzuführen. Das gleiche gilt, wenn (zulässige) technische Nebenangebote vorliegen. Im Rahmen der technischen Prüfung kann es außerdem darum gehen, ob eine zulässige Abweichung von den technischen Spezifikationen nach Maßgabe des § 13 EU Abs. 2 VOB/A gegeben ist. Außerdem können technische Prüfungen bei der Bewertung der Angemessenheit eines Angebotspreises nach § 16d EU Abs. 1 Nr. 2 VOB/A erforderlich werden.[15] Gegebenenfalls muss der Auftraggeber bei der technischen Prüfung Sachverständige hinzuziehen.

§ 16c EU Abs. 1 VOB/A erwähnt auch die **wirtschaftliche Prüfung** der Angebote. **10** Bei der wirtschaftlichen Prüfung geht es allerdings nur darum, neben der festgestellten Angebotsendsumme und den technisch-fachlichen Aspekten etwaige andere **wertungsrelevante Gesichtspunkte** der einzelnen Angebote **festzustellen** und zu vermerken, z.B. Betriebs-, Folge- oder Lebenszykluskosten, die Auswirkungen von Preisgleitklauseln, die Qualifikation des eingesetzten Personals in Fällen des § 16d EU Abs. 2 Nr. 2 lit. b VOB/A, umweltbezogene Eigenschaften, soziale Aspekte oder Vertragsbestimmungen. Neben der Prüfung der Angemessenheit der Angebotspreise (16d EU Abs. 1 VOB/A) und der wirtschaftlichen Bewertung der Angebote (16d EU Abs. 2 VOB/A) findet keine weitere oder andere wirtschaftliche Prüfung statt. Insbesondere darf der Auftraggeber die Wirtschaftlichkeit eines Angebots nicht anders als nach den von ihm bekanntgemachten Zuschlagskriterien bestimmen (§ 16d EU Abs. 2 Nr. 1 S. 2 VOB/A). Es besteht auch kein Bedarf und § 16c EU Abs. 1 VOB/A gibt auch keine Rechtsgrundlage für eine „zunächst überschlägige" Beurteilung der Angemessenheit der Angebote oder eine Beurteilung der Lauterkeit der Bieter.[16]

II. Bescheinigungen unabhängiger Stellen, Gütezeichen (Abs. 1 S. 2)

Nach § 127 Abs. 4 S. 1 GWB und – wortgleich – § 16d EU Abs. 2 Nr. 3 VOB/A müs- **11** sen die Zuschlagskriterien so festgelegt sein, dass eine wirksame Überprüfung möglich ist, ob und inwieweit die Angebote die Kriterien erfüllen.[17] Die Forderung der Überprüfbar-

---

[12] So schon BGH 22.2.1973 – VII ZR 119/71 BGHZ 60, 362 = BauR 1973, 186 = NJW 1973, 752; ferner etwa OLG München 10.12.2009 – Verg 16/09; OLG 16.7.2003 – 6 Verg 3/03 VergabeR 2003, 600 sowie OLG Bamberg 7.8.1998 – 6 U 31/98 BauR 2000, 1749 ff. zur Addition – anstatt Subtraktion – eines Rabatts.
[13] BGH 22.2.1973 – VII ZR 119/71 BGHZ 60, 362 = BauR 1973, 186 = NJW 1973, 752.
[14] *Verfürth* in KMPP VOB/A, 2. Aufl., § 16 Rn. 233.
[15] → § 16d EU Rn. 30.
[16] So allerdings *v. Wietersheim* in Ingenstau/Korbion, VOB, 20. Aufl., § 16c VOB/A Rn. 15.
[17] Hierzu *Opitz* in Burgi/Dreher, Beck'scher Vergaberechtskommentar, 3. Aufl. Bd. 1 § 127 GWB Rn. 115 ff.

keit der Zuschlagskriterien trägt dem Glaubwürdigkeitsproblem Rechnung, das entstehen kann, wenn die Bieter im Hinblick auf die Erfüllung nichtmonetärer Zuschlagskriterien in ihren Angeboten bestimmte Leistungsversprechen eingehen.[18] Ebenso wie der Auftraggeber zum Beleg dafür, dass das Angebot eines Bieters bestimmten, in der Leistungsbeschreibung geforderten Merkmalen entspricht, die Vorlage von Gütezeichen, Testberichten, Konformitätserklärungen und Zertifizierungen kann,[19] also Bescheinigungen von Dritten, kann er entsprechende **Nachweise für die Erfüllung von Zuschlagskriterien** fordern. Dies wird durch § 16c EU Abs. 1 S. 2 VOB/A klargestellt, womit zugleich der Parallelität von nichtmonetären Zuschlagskriterien und Leistungsbeschreibung Rechnung getragen wird.[20] § 16c EU Abs. 1 S. 2 VOB/A ist im Hinblick auf die Überprüfung der Erfüllung nichtmonetärer Zuschlagskriterien allerdings nicht abschließend. Eine andere Möglichkeiten zur Verifizierung von Angaben, die die Bieter in ihren schriftlichen Angaben gemacht haben, sind zB **Beprobungen, Bemusterungen und Präsentationen,** die während eines Vergabeverfahrens durchgeführt werden.[21]

12   Generell gilt, dass der **Auftraggeber nicht verpflichtet** ist, die **wertungsrelevanten Angaben** eines Bieters in dessen Angebot **anhand von Bescheinigungen Dritter zu verifizieren.** Er darf das Leistungsversprechen eines Bieters ungeprüft akzeptieren, soweit nicht konkrete Tatsachen vorliegen, die den Rückschluss auf die beabsichtigte zukünftige Nichteinhaltung der mit Angebotsabgabe eingegangener Verpflichtungen zulassen.[22] Nach Art. 67 Abs. 4 S. 3 RL 2014/24/EU nehmen die öffentlichen Auftraggeber nur „im Zweifelsfall" eine wirksame Überprüfung der Richtigkeit der von den Bietern beigebrachten Informationen und Nachweise vor. Auch § 127 Abs. 4 Satz 1 GWB und § 16d EU Abs. 2 Nr. 3 VOB/A sprechen nur von der „Möglichkeit" einer Überprüfung. Unabhängig davon bedarf die Frage der Erfüllung nichtmonetärer Zuschlagskriterien häufig **Prognosebetrachtungen**[23] und scheidet eine Überprüfung mit naturwissenschaftlicher Genauigkeit aus. Das gilt vor allem, wenn die Angebote Leistungsgegenstände beinhalten, die individuell hergestellt werden oder sogar erst noch zu entwickeln sind.

13   § 16c EU Abs. 1 S. 2 VOB/A verlangt, dass die Gütezeichen und Bescheinigungen Dritter (Testberichte, Konformitätserklärungen und Zertifizierungen), die der Auftraggeber zum Nachweis der Erfüllung von Zuschlagskriterien fordert, die in § 7a EU VOB/A genannten Bedingungen erfüllen müssen. Diese beruhen wiederum auf den europäischen Vorgaben der Art. 43 und 44 RL 2014/24/EU. Nicht anders als bei der Eignungsprüfung, bei der der Auftraggeber zum Nachweis dafür, dass das Bieterunternehmen bestimmte Normen des Qualitätsmanagements erfüllt, nur Bescheinigungen von akkreditierten Stellen verlangen darf,[24] darf er auch zum Nachweis dafür, dass die vom Bieter angebotene Leistung bestimmte Qualitätsmerkmale erfüllt, nur **Bescheinigungen von akkreditierten Stellen** fordern.[25] Die Akkreditierung stellt die Unabhängigkeit und Kompetenz der bescheinigenden Stelle sicher. In Deutschland erfolgt die Akkreditierung bei der Deutschen Akkreditierungsstelle (DAkkS), die auf der Grundlage des Akkreditierungsstellengesetzes (AkkStelleG) beliehen ist, um gemäß Verordnung (EG) Nr. 765/2008 Akkreditierungen vorzunehmen. Fordert der Auftraggeber als Nachweis der Erfüllung bestimmter umweltbezogener, sozialer oder sonstiger Merkmale Gütezeichen, muss es sich zwar nicht zwangs-

---

[18] *Opitz* in Burgi/Dreher, Beck'scher Kommentar, 3. Aufl. Bd. 1 § 127 GWB Rn. 75.
[19] § 7a EU Abs. 5 u. 6 VOB/A.
[20] Vgl. dazu § 16d EU Rn. 60.
[21] Vgl. *Opitz* in Burgi/Dreher, Beck'scher Vergaberechtskommentar, 3. Aufl. Bd. 1 § 127 GWB Rn. 116.
[22] OLG Düsseldorf 15.7.2015 – VII-Verg 11/15; KG 21.11.2014 – Verg 22/13; ähnlich VK Südbayern 14.2.2014 – Z3-3-3194-1-43-12/13.
[23] OLG München 11.5.2007 – Verg 04/07; VK Bund 14.4.2004 – VK 3 41/04.
[24] Vgl. § 6c EU Abs. 1 VOB/A. Vgl. auch *Opitz* in Burgi/Dreher, Beck'scher Vergaberechtskommentar, 3. Aufl. Bd. 1 § 122 Rn. 81 ff. und – noch zur alten Rechtslage nach der VOL/A – OLG Düsseldorf 14.12.2016 – VII-Verg 20/16.
[25] § 7a EU Abs. 5 VOB/A spricht – anders als § 6c EU Abs. 1 VOB/A – von Konformitätsbewertungsstellen, was aber gleichbedeutend ist.

läufig um solche handeln, die von akkreditierten Stellen vergeben werden. Wie sich aus Art. 44 RL 2014/24/EU und – dem folgend – § 7a EU Abs. 5 VOB/A ergibt, dürfen aber auch Gütezeichen nur gefordert werden, wenn diese durch unabhängige Stellen (z.B. Nichtregierungsorganisationen) in einem offenen und transparenten Verfahren nach objektiven Kriterien vergeben werden. Daneben ist zu beachten, dass der Auftraggeber auch gleichwertige Gütezeichen und Bescheinigungen Dritter und ggf. auch sonstige Nachweise akzeptieren muss. Im Einzelnen wird auf die Kommentierung zu § 7a EU Abs. 5 u. 6 VOB/A verwiesen.

Der Begriff des „Gütezeichens" wird in Art. 2 Abs. 1 Nr. 23 RL 2014/24/EU definiert **14** als „ein Dokument, ein Zeugnis oder eine Bescheinigung, mit dem beziehungsweise der bestätigt wird, dass ein bestimmtes Bauwerk, eine bestimmte Ware, eine bestimmte Dienstleistung, ein bestimmter Prozess oder ein bestimmtes Verfahren bestimmte Anforderungen erfüllt." **Zu unterscheiden ist zwischen dem Gütezeichen** als Bestätigung bestimmter Leistungsmerkmale **und** der Festlegung der Leistungsmerkmale, **den sog. Gütezeichen-Anforderungen,**[26] als solchen. Anders als noch von dem EuGH in der Entscheidung „Max Havelaar" auf der Grundlage von Art. 23 Abs. 6 UAbs. 1 der Richtlinie 2014/18/EG gefordert,[27] müssen die einzelnen Gütezeichen-Anforderungen nach neuem Recht nicht mehr explizit in der Leistungsbeschreibung aufgeführt werden.[28] Dies ist nach Art. 43 Abs. 2 RL 2014/24/EU bzw. § 7a EU Abs. 6 Nr. 2 VOB/A nur noch erforderlich, wenn die Leistung nicht allen Gütezeichen-Anforderungen entsprechen muss.[29] Auch wenn die Erfüllung sämtlicher Anforderungen eines Gütezeichens nicht in der Leistungsbeschreibung, sondern als Zuschlagskriterium festgelegt ist, kann daher auf das Gütezeichen als solches verwiesen werden.[30] Ist eine abgestufte Bewertung nach verschiedenen Erfüllungsgraden vorgesehen, müssen die einzelnen Gütezeichen-Anforderungen in den Zuschlagskriterien angegeben werden.

III. Einzelheiten der rechnerischen Prüfung (Abs. 2 und 3)

Bei der rechnerischen Prüfung der Angebote ist der Auftraggeber an die Vorgaben des **15** § 16c Abs. 2 Nr. 1 und 2 VOB/A gebunden. Diese Vorgaben sind als spezielle **Auslegungsregeln** zu qualifizieren.[31] Zwar kann § 16c EU Abs. 2 VOB/A aufgrund der insoweit fehlenden Regelungskompetenz des Normgebers nur als Vergabenorm und nicht als Spezialvorschrift zu § 133 BGB verstanden werden. Die § 16c Abs. 2 Nr. 1 und 2 VOB/A geben jedoch Hinweise auf den Verständnishorizont des Auftraggebers und haben daher nicht nur Auswirkungen auf die preisliche Bewertung der Angebote im Vergabeverfahren, sondern – im Rahmen der Angebotsauslegung nach § 133 BGB – auch auf das später zustande kommende Vertragsverhältnis.

Abs. 2 Nr. 1 betrifft das **Auseinanderfallen von Einheitspreis und Positionspreis 16** bei der Vergabe zu Einheitspreisen. Die Vorschrift ordnet an, dass der Einheitspreis maßgebend ist, wenn der Gesamtbetrag einer Ordnungszahl (Position) des Leistungsverzeichnisses nicht dem Ergebnis der Multiplikation von Mengenansatz und Einheitspreis entspricht. Hintergrund ist, dass die Angabe des Positionspreises beim Einheitspreisvertrag lediglich

---

[26] Art. 2 Abs. 1 Nr. 24 RL 2014/24/EU.

[27] EuGH 10.5.2012 – Rs. C-368/10 Rn. 63 ff. – Max Havelaar.

[28] Zutreffend *Knauff* VergabeR 2017, 553, 554; ungenau hingegen *Halstenberg/Klein* NZBau 2017, 469, 469.

[29] Insbesondere dann, wenn diese nicht sämtlich mit dem Auftragsgegenstand in Verbindung stehen.

[30] Anders – aber überholt – *Baumann* VergabeR 2015, 367, 370.

[31] OLG Saarbrücken 27.5.2009 – 1 Verg 2/09; *Frister* in Kapellmann/Messerschmidt VOB, 6. Aufl., § 16c VOB/A Rn. 8 auch zum Verhältnis zu § 133 BGB; *Vavra* in Ziekow/Völlink, Vergaberecht, 2. Aufl. 2015, § 16 VOB/A Rn. 39; *v. Wietersheim* in Ingenstau/Korbion VOB, 20. Aufl., § 16c VOB/A Rn. 3; *Stolz* in Willenbruch/Wieddekind, 4. Aufl. § 16c Rn. 4; aA *Ringe* BauR 1994, 321, 324 „Fiktion der Willenserklärung".

dazu dient, die voraussichtlichen Kosten der Teilleistung anhand der vorgegebenen Mengen zu ermitteln. Der abzurechnende Preis wird aufgrund der tatsächlich ausgeführten Leistung nach Aufmaß gebildet. Ein rechnerisch vom Einheitspreis abweichender Positionspreis ist vom Auftraggeber daher entsprechend zu korrigieren. Das gilt auch, wenn der Einheitspreis ungewöhnlich hoch oder niedrig ist. Bei Verwendung einer selbst gefertigten fehlerhaften Kurzfassung eines Leistungsverzeichnisses sind zur Multiplikation die Faktoren des schriftlich anerkannten Langtext-LV und nicht die fehlerhaft durch den Bieter in die Kurzfassung eingetragene Mengen bzw. Einheitsangaben zu verwenden.[32] Die Regel des Abs. 2 Nr. 1 kann auch angewendet werden, wenn der Positionspreis gänzlich fehlt.[33]

17   Bei fehlenden Einheits- oder Einzelpreisen kommt unter Umständen ein **Umkehrschluss** in Betracht, d.h. kann der **fehlende Einheitspreis** im Wege der Auslegung durch Division des Positionspreises oder Subtraktion von der Angebotsendsumme ermittelt werden.[34] Die Grenze einer solchen Auslegung ist allerdings dann erreicht, wenn kein eindeutiges Rechenergebnis zu erzielen ist. Insbesondere ist nicht der Rückschluss von der Angebotsendsumme auf Einheitspreise möglich, wenn mehrere Einheitspreise oder Positionspreise fehlen oder fehlerhaft sind.[35]

18   Die **Korrektur von Einheitspreisen** aufgrund von Positions- oder Endpreisen scheidet regelmäßig aus.[36] Einheitspreise dürfen nach Angebotsabgabe und Öffnung der Angebote nicht mehr verändert werden. Nach herrschender Auffassung gilt dies auch dann, wenn der Einheitspreis offensichtlich falsch ist.[37] Allerdings lassen allgemeine Grundsätze der Angebotsauslegung[38] es durchaus zu, einen offensichtlich falschen Einheitspreis zu korrigieren, wenn aus den Umständen eindeutig und zweifelfrei zu schließen ist, welchen anderen, ganz bestimmten Einheitspreis der Bieter anbieten wollte.[39] Hierfür spricht auch, dass eine Anfechtung der Preisangabe ausscheidet, wenn der Auftraggeber den wirklichen Willen des Bieters erkannt hat.[40] Ist eine solche zweifelsfreie Feststellung eines anderen Preises nicht möglich,[41] bleibt der Bieter an den offensichtlich falschen Einheitspreis gebunden und ist das Angebot auch nicht wegen einer „unzutreffenden Preisangabe" auszuschließen.[42] Beruht der falsche Einheitspreis auf einem Eintragungsfehler (Verschreiben, falsche Kommasetzung) kann der Bieter ihn nach § 119 Abs. 1 (Fall 2) BGB anfechten, womit das Ange-

---

[32] VK Sachsen 21.4.2008 – 1/SVK/021-08 und 1/SVK/021-08-G.

[33] OLG Düsseldorf 22.12.1995 – 22 U 130/95 NJW-RR 1997, 1452 = IBR 1996, 142; *Summa* in juris-PK VergR, § 16c VOB/A Rdn. 22; *Köhler* VergabeR 2002, 356, 357.

[34] Vgl. OLG Dresden 12.11.2001 – Wverg 8/01 VergabeR 2002, 174 und VK Baden-Württemberg 23.4.2013 – 1 VK 09/13 für den Fall, dass der Gesamtpreis auf 0,00 € lautet. AA *Summa* in juris-PK VergR, § 16c VOB/A Rdn. 23. Die grundsätzliche Zulässigkeit eines Rückschlusses auf Einheitspreise ergab sich früher aus § 23 Nr. 3 Abs. 1 Satz 2 VOB/A a. F.

[35] *Köhler* VergabeR 2002, 359.

[36] Vgl. etwa OLG München 10.12.2009 – Verg 16/09; VK Bund 18.2.2016 – VK 1-2/16; VK Bund 13.2.2012 – VK 2-124/11; VK Bund 4.7.2011 – VK 3-74/11; VK Bund 13.8.2007 – VK 1 86/07; VK Sachsen 3.7.2003 – 1/SVK/067-03; VK Sachsen-Anhalt 17.4.2000 – 33-32571/07 VK 07/00 MD.

[37] OLG Saarbrücken 27.5.2009 – 1 Verg 2/09; LG Köln 23.2.2005 – 28 O (Kart) 561/04; VK Thüringen 4.10.2016 – 250-4002-7017/2016-N-010-GRZ; VK Bund 13.8.2007 – VK 1-86/07; VK Bund 31.7.2007 – VK 1-65/07; VK Nordbayern 30.11.2001 – 320.VK-3194-40/01; VK Sachsen-Anhalt 17.4.2000 – 33-32571/07 VK 07/00 MD; VK Sachsen 3.7.2003 – 1/SVK/067-03; VK Sachsen 29.7.2002 – 1/SVK/069-02.

[38] → § 16 EU Rn. 67 ff.

[39] OLG Düsseldorf 16.3.2016 – VII-Verg 48/15; OLG München 29.7.2010 – Verg 9/10; VK Bund 24.5.2005 – VK 2-42/05; *Summa* in juris-PK, VergR § 16c VOB/A Rn. 16; *v. Wietersheim* in Ingenstau/Korbion, VOB, 20. Aufl., § 16c VOB/A Rn. 4; großzügig auch *Vavra* in Ziekow/Völlink, Vergaberecht, 2. Aufl. 2015, § 16 VOB/A Rn. 39. AA OLG Saarbrücken 27.5.2009 – 1 Verg 2/09; *Verfürth* in KMPP, VOB/A, 2. Aufl.; § 16 Rn. 226 ff., der vor allem auf die mit der Auslegung verbundenen Rechtsunsicherheiten verweist; *Frister* in Kapellmann/Messerschmidt, VOB, 6. Aufl., § 16c VOB/A Rn. 11; *Bauer* in Heiermann/Riedl/Rusam, VOB, 13. Aufl., § 16 VOB/A Rn. 121.

[40] *Ellenberger* in Palandt, 76. Aufl., § 119 BGB Rn. 7.

[41] So im Fall OLG Düsseldorf 16.3.2016 – VII-Verg 48/15 für behauptetes Verrutschen einer Kommastelle und bei VK Bund 18.2.2016 – VK 1-2/16 für behauptetes Vertauschen von Einheits- und Gesamtpreis.

[42] OLG Saarbrücken 27.5.2009 – 1 Verg 2/09; anders OLG Düsseldorf 16.3.2016 – VII-Verg 48/15.

bot erlischt.[43] Dass alleine die Anfechtbarkeit wegen eines Erklärungsirrtums zum zwingenden Angebotsausschluss führt, ist hingegen zweifelhaft.[44] Beruht der fehlerhafte Einheitspreis auf einer fehlerhaften Kalkulation des Bieters (fehlerhafte Kalkulationsansätze oder Berechnung), scheidet eine Anfechtung aus. Das gilt grundsätzlich auch dann, wenn der Auftraggeber den Kalkulationsirrtum erkannt hat.[45]

Wird eine Leistung zu einem Pauschalpreis angeboten, ist es häufig so, dass der Pauschal- **19** preis ebenfalls auf der Grundlage von Einheitspreisen und Mengenansätzen des Auftraggebers oder des Bieters gebildet wurde (sog. Detailpauschalpreis). Wenn in einem solchen Fall **Einheitspreise und Pauschalsumme auseinanderfallen,** greift Abs. 2 Nr. 2 ein. Hiernach gilt bei einer Vergabe für eine Pauschalsumme die im Angebot ausgewiesene Pauschalsumme ohne Rücksicht auf etwa angegebene Einzelpreise. Hintergrund ist, dass bei Pauschalpreisverträgen mit einer Änderung der Mengen und Massen nicht zu rechnen ist bzw. der Auftragnehmer das Risiko einer Änderung der Mengen und Massen ausdrücklich übernimmt. Daher hat die Angabe des Einheitspreises beim Pauschalpreisvertrag lediglich kalkulatorische Bedeutung. Das schließt allerdings nicht aus, dass sich der Auftraggeber über die Kalkulation informiert.[46]

Für die Korrektur rechnerischer Mängel bestehen keine „Schwellenwerte". Auch eine **20** **Vielzahl von Additions-, Multiplikations- oder Übertragungsfehler** sind ggf. zu korrigieren.[47] Eine Häufung von Rechenfehlern im Angebot lässt auch nicht den Schluss zu, dass sich der betreffende Bieter bei der Auftragsausführung unzuverlässig verhalten wird.[48] Eine Handhabe, einen Bieter wegen Rechenfehlern vom Vergabeverfahren auszuschließen, kann insofern allenfalls § 124 Abs. 1 Nr. 9 lit. a GWB bieten. Dieser Ausschlustatbestand kann zur Anwendung kommen, wenn ein Bieter bei der Bepreisung eines Leistungsverzeichnisses vorsätzlich Rechen- oder Übertragungsfehler einschmuggelt, um eine günstigere Wertungssumme vorzutäuschen als sich bei richtiger Rechnung ergeben würde.[49]

Die aufgrund der rechnerischen Angebotsprüfung festgestellten Angebotsendsummen **21** sind **nachträglich in der Niederschrift über den Öffnungstermin zu vermerken**. Das ergibt sich aus § 16c EU Abs. 3 VOB/A. Zur Nachvollziehbarkeit muss die nachträgliche Eintragung der festgestellten Angebotsendsumme getrennt von der ursprünglichen Eintragung der Angebotsendsumme erfolgen. Wird der Vermerk unterlassen oder fehlerhaft ausgeführt, kann alleine hierauf aber kein Nachprüfungsantrag gestützt werden, denn die mangelhafte Dokumentation führt nicht automatisch auch zu einer fehlerhaften Wertung.[50] Der Begriff der festgestellten Angebotsendsumme ist im Übrigen nicht gleichbedeutend mit dem des Gesamtpreises bzw. dem der Wertungssumme. Um diese zu ermitteln, sind gegebenenfalls weitere Rechenoperationen durchzuführen, z.B. Preisnachlässe in Abzug zu bringen oder Betriebs- u. Folgekosten hinzuzusetzen. Den Bietern ist auf Antrag Einsicht nicht nur in die Niederschrift des Öffnungstermins sondern auch in deren Nachträge zu gestatten (§ 14 EU Abs. 6 S. 2 VOB/A).

---

[43] Hierzu *Opitz* in Burgi/Dreher, Beck'scher Vergaberechtskommentar, 3. Aufl. Bd. 1 § 127 GWB Rn. 43.
[44] So OLG Karlsruhe 11.11.2011 – 15 Verg 11/11; zust. *v. Wietersheim* in Ingenstau/Korbion, VOB, 20. Aufl., § 16c VOB/A Rn. 8; offen gelassen OLG Düsseldorf 16.3.2016 – VII-Verg 48/15.
[45] Vgl. ausführlich *Opitz* in Burgi/Dreher, Beck'scher Vergaberechtskommentar, 3. Aufl. Bd. 1 § 127 Rn. 45f.
[46] IErg anders VK Bund 25.8.2016 – VK 2-71/16.
[47] VK Bund 4.7.2011 – VK 3-74/11.
[48] IdS aber VK Sachsen 24.7.2002 – 1/SVK/063-02 und – mit bloßen Zumutbarkeitserwägungen – *v. Wietersheim* in Ingenstau/Korbion, VOB, 20. Aufl., § 16c VOB/A Rn. 11. Wie hier OLG Celle 13.3.2002 – 13 Verg 4/02; OLG Düsseldorf 22.12.1995 – 22 U 130/95; *Summa* in Juris PK, § 16 VOB/A Rn. 50.
[49] BGH 6.2.2002 – X ZR 185/99 NZBau 2002, 344 = ZfBR 2002, 509; BGH 14.10.1993 – VII ZR 96/92 BauR 1994, 98 = ZfBR 1994, 69. Anderes gilt bei Rechen- oder Kalkulationsfehlern zu Ungunsten des Bieters vgl. OLG Brandenburg 13.9.2005 – Verg W 9/05 VergabeR 2005, 770 = NZBau 2006, 126; zurückhaltend auch OLG Düsseldorf 22.12.1995 – 22 U 130/95 – NJW-RR 1997, 1452.
[50] *Vavra* in Ziekow/Völlink, Vergaberecht, 2. Aufl. 2015, § 16 VOB/A Rn. 40.

§ 16d Wertung

(1)

1. Auf ein Angebot mit einem unangemessen hohen oder niedrigen Preis oder mit unangemessen hohen oder niedrigen Kosten darf der Zuschlag nicht erteilt werden. Insbesondere lehnt der öffentliche Auftraggeber ein Angebot ab, das unangemessen niedrig ist, weil es den geltenden umwelt-, sozial- und arbeitsrechtlichen Anforderungen nicht genügt.
2. Erscheint ein Angebotspreis unangemessen niedrig und ist anhand vorliegender Unterlagen über die Preisermittlung die Angemessenheit nicht zu beurteilen, ist vor Ablehnung des Angebots vom Bieter in Textform Aufklärung über die Ermittlung der Preise oder Kosten für die Gesamtleistung oder für Teilleistungen zu verlangen, gegebenenfalls unter Festlegung einer zumutbaren Antwortfrist. Bei der Beurteilung der Angemessenheit prüft der öffentliche Auftraggeber – in Rücksprache mit dem Bieter – die betreffende Zusammensetzung und berücksichtigt dabei die gelieferten Nachweise.
3. Sind Angebote auf Grund einer staatlichen Beihilfe ungewöhnlich niedrig, ist dies nur dann ein Grund sie zurückzuweisen, wenn der Bieter nicht nachweisen kann, dass die betreffende Beihilfe rechtmäßig gewährt wurde. Für diesen Nachweis hat der öffentliche Auftraggeber dem Bieter eine ausreichende Frist zu gewähren. Öffentliche Auftraggeber, die trotz entsprechender Nachweise des Bieters ein Angebot zurückweisen, müssen die Kommission der Europäischen Union darüber unterrichten.
4. In die engere Wahl kommen nur solche Angebote, die unter Berücksichtigung rationellen Baubetriebs und sparsamer Wirtschaftsführung eine einwandfreie Ausführung einschließlich Haftung für Mängelansprüche erwarten lassen.

(2)

1. Der Zuschlag wird auf das wirtschaftlichste Angebot erteilt. Grundlage dafür ist eine Bewertung des öffentlichen Auftraggebers, ob und inwieweit das Angebot die vorgegebenen Zuschlagskriterien erfüllt. Das wirtschaftlichste Angebot bestimmt sich nach dem besten Preis-Leistungs-Verhältnis. Zu dessen Ermittlung können neben dem Preis oder den Kosten auch qualitative, umweltbezogene oder soziale Aspekte berücksichtigt werden.
2. Es dürfen nur Zuschlagskriterien und deren Gewichtung berücksichtigt werden, die in der Auftragsbekanntmachung oder in den Vergabeunterlagen genannt sind. Zuschlagskriterien können insbesondere sein:
   a) Qualität einschließlich technischer Wert, Ästhetik, Zweckmäßigkeit, Zugänglichkeit, Design für alle, soziale, umweltbezogene und innovative Eigenschaften;
   b) Organisation, Qualifikation und Erfahrung des mit der Ausführung des Auftrags betrauten Personals, wenn die Qualität des eingesetzten Personals erheblichen Einfluss auf das Niveau der Auftragsausführung haben kann, oder
   c) Kundendienst und technische Hilfe sowie Ausführungsfrist.

   Die Zuschlagskriterien müssen mit dem Auftragsgegenstand in Verbindung stehen. Zuschlagskriterien stehen mit dem Auftragsgegenstand in Verbindung, wenn sie sich in irgendeiner Hinsicht und in irgendeinem Lebenszyklus-Stadium auf diesen beziehen, auch wenn derartige Faktoren sich nicht auf die materiellen Eigenschaften des Auftragsgegenstandes auswirken.
3. Die Zuschlagskriterien müssen so festgelegt und bestimmt sein, dass die Möglichkeit eines wirksamen Wettbewerbs gewährleistet wird, der Zuschlag nicht willkürlich erteilt werden kann und eine wirksame Überprüfung möglich ist, ob und inwieweit die Angebote die Zuschlagskriterien erfüllen.
4. Es können auch Festpreise oder Festkosten vorgegeben werden, sodass der Wettbewerb nur über die Qualität stattfindet.
5. Die Lebenszykluskostenrechnung umfasst die folgenden Kosten ganz oder teilweise:

a) von dem öffentlichen Auftraggeber oder anderen Nutzern getragene Kosten, insbesondere Anschaffungskosten, Nutzungskosten, Wartungskosten, sowie Kosten am Ende der Nutzungsdauer (wie Abholungs- und Recyclingkosten);

b) Kosten, die durch die externen Effekte der Umweltbelastung entstehen, die mit der Leistung während ihres Lebenszyklus in Verbindung stehen, sofern ihr Geldwert bestimmt und geprüft werden kann; solche Kosten können Kosten der Emission von Treibhausgasen und anderen Schadstoffen sowie sonstige Kosten für die Eindämmung des Klimawandels umfassen.

6. Bewertet der öffentliche Auftraggeber den Lebenszykluskostenansatz, hat er in der Auftragsbekanntmachung oder in den Vergabeunterlagen die vom Unternehmer bereitzustellenden Daten und die Methode zur Ermittlung der Lebenszykluskosten zu benennen. Die Methode zur Bewertung der externen Umweltkosten muss

a) auf objektiv nachprüfbaren und nichtdiskriminierenden Kriterien beruhen,

b) für alle interessierten Parteien zugänglich sein und

c) gewährleisten, dass sich die geforderten Daten von den Unternehmen mit vertretbarem Aufwand bereitstellen lassen.

7. Für den Fall, dass eine gemeinsame Methode zur Berechnung der Lebenszykluskosten durch einen Rechtsakt der Europäischen Union verbindlich vorgeschrieben wird, findet diese gemeinsame Methode bei der Bewertung der Lebenszykluskosten Anwendung.

(3) Ein Angebot nach § 13 EU Absatz 2 ist wie ein Hauptangebot zu werten.

(4) Preisnachlässe ohne Bedingung sind nicht zu werten, wenn sie nicht an der vom öffentlichen Auftraggeber nach § 13 EU Absatz 4 bezeichneten Stelle aufgeführt sind. Unaufgefordert angebotene Preisnachlässe mit Bedingungen für die Zahlungsfrist (Skonti) werden bei der Wertung der Angebote nicht berücksichtigt.

(5) Die Bestimmungen der Absätze 1 und 2 sowie der §§ 16b EU, 16c EU Absatz 2 gelten auch bei Verhandlungsverfahren, wettbewerblichen Dialogen und Innovationspartnerschaften. Die Absätze 3 und 4 sowie §§ 16 EU, 16c EU Absatz 1 sind entsprechend auch bei Verhandlungsverfahren, wettbewerblichen Dialogen und Innovationspartnerschaften anzuwenden.

Übersicht

	Rn.		Rn.
A. Einführung	1	D. Die Wirtschaftliche Bewertung der Angebote (Abs. 2)	54
I. Literatur	1	I. Grundsätze der wirtschaftlichen Bewertung	54
II. Entstehungsgeschichte	2	II. Die Zuschlagkriterien im Allgemeinen	58
III. Rechtliche Vorgaben im EU-Recht	5	III. Das Zuschlagkriterium „Lebenszykluskosten" im Besonderen	64
B. Grundsätzliches	13		
C. Angebote mit unangemessen niedrigem oder hohem Preis (Abs. 1)	16	E. Angebote mit abweichenden technischen Spezifikationen (Abs. 3)	71
I. Normzweck und Drittschutz	16	F. Bewertung von Preisnachlässen (Abs. 4)	77
II. Prüfung und Beurteilung der Angemessenheit	23	I. Wertung von Preisnachlässen ohne Bedingung	77
1. Prüfungsgegenstand	23	II. Wertung von Preisnachlässen mit Bedingung	82
2. Prüfungspflicht	24		
3. Verfahren der Angebotsaufklärung	30	G. Anwendbarkeit in Verhandlungsverfahren, wettbewerblichen Dialogen und Innovationspartnerschaften (Abs. 5)	88
4. Beurteilung der Angemessenheit	35		
5. Unangemessen hohe Angebote	42		
III. Der Bieter als Beihilfenempfänger	46		

A. Einführung

I. Literatur

1 *Appelhagen,* Neuerungen in der Verdingungsordnung für Bauleistungen BB 1974, 343; *Bechtolsheim v./ Fichtner,* Stolperstein Angemessenheitsprüfung VergabeR 2005, 574; *Conrad,* Der Anspruch des Bieters auf den Ausschluss ungewöhnlich niedriger Konkurrenzangebote nach neuem Vergaberecht, ZfBR 2017, 40 ff.; *Csaki,* Die Auskömmlichkeitsprüfung nach § 19 VI VOL/A-EG, NZBau 2013, 342 ff.; *Cuypers,* Leistungsbeschreibung, Ausschreibung und Bauvertrag BauR 1997, 27; *Fischer,* Öffentliche Aufträge im Spannungsfeld zwischen Vergaberecht und europäischem Beihilferecht VergabeR 2004, 1 ff.; *Gabriel,* Die vergaberechtliche Preisprüfung auf dritter Angebotswertungsstufe und die (Un-)Zulässigkeit von sog. Unterkostenangeboten, VergabeR 2011, 300 ff.; *Hölzl,* Volle Überprüfbarkeit ungewöhnlich niedriger Angebote NZBau 2018, 18 ff.; *Kainz,* Zur Wertung von Skontoangeboten bei öffentlichen Aufträgen BauR 1998, 219; *Koenig/Hentschel,* Beihilfeempfänger als Bieter im Vergabeverfahren NZBau 2006, 289 ff.; *Koenig/Hentschel,* Der maßgebliche Zeitpunkt der Berücksichtigung rechtswidriger Beihilfen im Vergabeverfahren ZfBR 2006, 758 ff.; *Maas,* Rechtsgeschichte: Wurzeln unseres Verdingungsrechts, in: Kniffka/Quack/Vogel/Wagner (Hrsg.) FS für Reinhold Thode zum 65. Geburtstag, 2005, S. 371 ff.; *Müller-Wrede,* Die Wertung von Unterpreisangeboten – Das Ende einer Legende VergabeR 2011, 46 ff.; *Opitz,* Marktmacht und Bieterwettbewerb, 2003; *Pünder,* Die Vergabe öffentlicher Aufträge unter den Vorgaben des europäischen Beihilferechts NZBau, 2003, 530 ff.; *Schubert,* Zur Entstehung der VOB (Teile A und B) von 1926, in: Pastor (Hrsg.) FS für Hermann Korbion zum 60. Geburtstag, 1986, S. 389 ff.; *Stemmer,* Vergabe und Vergütung bei misch- und auffällig hoch oder niedrig kalkulierten Einheitspreisen ZfBR 2006, 128 ff.; *Stolz,* Die Behandlung von Niedrigpreisangeboten unter Berücksichtigung gemeinschaftsrechtlicher Vorgaben VergabeR 2002, 219; *Stolz,* Die Behandlung von Angeboten, die von den ausgeschriebenen Leistungspflichten abweichen, VergabeR 2008, 322; *Sulk,* Der Preis im Vergaberecht, 2015; *Tietjen,* Europäische Beihilfenkontrolle im Vergaberecht und bei der Privatisierung, Bern 2004; *Thormann,* Die Wertung von Spekulationsangeboten nach § 25 VOB/A BauR 2000, 953; *Tolksdorf,* Ruinöser Wettbewerb: Ein Beitrag zur Phänomenologie und wettbewerbspolitischen Behandlung einer marktwirtschaftlichen Fehlentwicklung, 1971; *Weyand,* Die Skontovereinbarung in einem der VOB unterliegenden Bauvertrag unter besonderer Berücksichtigung der VOB/A BauR 1988, 58 ff.; *Wirner,* Nebenangebote und Änderungsvorschläge bei der Vergabe öffentlicher Bauaufträge in der Entscheidungspraxis der Vergabekammern und Oberlandes-gerichte ZfBR 2005, 152 ff. **Für die Kommentierung von § 16d EU Abs. 2 VOB/A wird auf die Literatur zu § 127 GWB und zu § 97 Abs. 3 GWB verwiesen.**[1]

II. Entstehungsgeschichte

2 Einige Formulierungen des § 16d EU VOB/A lassen sich bis auf den Erlass des preußischen Arbeitsministeriums vom 17.7.1885 über die „Allgemeinbestimmungen betreffend die Vergebung von Leistungen und Lieferungen" zurückführen, der in den Jahren 1921–1925 Eingang in die Beratungen des Reichsverdingungsausschusses fand und dessen Regelungen vielfach Vorbild für die Erstfassung der VOB Teil A vom 6.5.1926 waren.[2] So findet sich dort bereits die Bestimmung, dass der Zuschlag nicht an die niedrigste Geldforderung gebunden ist und Angebote, die in einem „offenbaren Missverhältnis" zu der geforderten Leistung stehen, von der Berücksichtigung auszuschließen sind. **§ 16d EU Abs. 1 VOB/A** knüpft im Kern also nicht an europäisches Richtlinienrecht an, sondern an tradierte Grundsätze des deutschen Verdingungswesens. Die an der VOB 1952 kritisierte Regelung, nach der der Auftraggeber nur solche Angebote in die engere Wahl zieht, deren Preise für die Bieter „auskömmlich" erscheinen, wurde 1973 aufgegeben. Stattdessen wurde fortan darauf abgestellt, ob die Angebote eine einwandfreie Ausführung und Gewährleistung erwarten lassen[3] (heute § 16d EU Abs. 1 Nr. 4 VOB/A). Allerdings wurde das Verfahren zur Prüfung und Beurteilung der Angemessenheit der Angebote durch die europäischen Vergaberichtlinien näher ausgestaltet und mit der VOB/A 1992 daher auch der Zusatz „ggfs. unter Festlegung einer zumutbaren Antwortfrist" ergänzt (heute in § 16d EU

---

[1] *Opitz* in Burgi/Dreher, Beck'scher Vergaberechtskommentar, 3. Aufl. Bd. 1 § 127 GWB Rn. 1 und § 97 Abs. 3 GWB Rn. 1.
[2] Vgl. *Schubert* FS Korbion S. 405; *Maas* FS Thode S. 383.
[3] Vgl. *Appelhagen* BB 1974, 344.

Abs. 1 Nr. 2 VOB/A). Auch die besonderen Bestimmungen zu Angeboten, die aufgrund einer staatlichen Beihilfe ungewöhnlich niedrig sind (heute § 16d EU Abs. 1 Nr. 3 VOB/A), beruhen auf Vorgaben des europäischen Rechts. Sie wurden im Jahre 2006 durch eine Sondervorschrift in den 2. Abschnitt der VOB/A eingefügt. Ihr Wortlaut wurde mit der VOB/A 2012 angepasst. Die ursprüngliche Formulierung „*Angebote, die aufgrund einer staatlichen Beihilfe ungewöhnlich niedrig sind, können allein aus diesem Grund....*" deutete noch auf eine Ermessensregelung hin.

§ 16d EU Abs. 2 VOB/A geht auf § 25a VOB/A a. F. zurück. In ihrer Ursprungsfas-　**3** sung aus dem Jahr 1992 enthielt diese Vorschrift nur einen einzigen Absatz. Er lautete: „*Bei der Wertung der Angebote dürfen nur Kriterien berücksichtigt werden, die in der Bekanntmachung oder in den Vergabeunterlagen genannt sind.*" Für die europaweiten Vergabeverfahren nach dem 2. Abschnitt der VOB/A ergänzte § 25a VOB/A a. F. so punktuell die Bestimmungen zur Prüfung und Wertung der Angebote im 1. Abschnitt der VOB/A.[4] Mit der VOB/A 2006 erfolgte eine Erweiterung der Vorschrift, die sich aus der Notwendigkeit ergab, die Bestimmungen zur wirtschaftlichen Bewertung der Angebote aus der Vergabekoordinierungsrichtlinie 2004/18/EG (VKR) umzusetzen. Unter anderem wurde ein Katalog möglicher Zuschlagskriterien eingeführt, der erstmals auch den Aspekt „Umwelteigenschaften" enthielt. Im Zuge der Neufassung der VOB/A im Jahre 2009 wurde hinter dem Wort „Kriterien" noch der Zusatz „und deren Gewichtung" eingefügt. Seit dem Jahr 1952 sah die VOB/A eine Zuschlagserteilung auf das „annehmbarste Angebot" vor. Dieser Begriff wurde im Jahr 2000 durch den des „wirtschaftlichsten Angebots" ersetzt.[5]

Eine Regelung zu Angeboten mit abweichenden technischen Spezifikationen (heute　**4** **§ 16d EU Abs. 3 VOB/A**) wurde aufgrund von Vorgaben des Richtlinienrechts erstmals 1992 in die VOB/A aufgenommen. Der heutige **§ 16d EU Abs. 4 S. 2 VOB/A** zu unaufgefordert angebotenen Skonti geht auf die VOB/A 2009 zurück. Vorbild des **§ 16d EU Abs. 5 VOB/A** ist der für „Freihändige Vergaben" geltende § 16 Abs. 5 im 1. Abschnitt der VOB/A.

III. Rechtliche Vorgaben im EU-Recht

Europarechtliche Grundlage von § 16d EU Abs. 1 VOB/A bildet **Art. 69 RL 2014/**　**5** **24/EU**. Diese Vorschrift **bestimmt den Umgang mit „ungewöhnlich niedrigen" Angeboten**. Inhaltlich wird Art. 69 RL 2014/24/EU von dem Gedanken bestimmt, den Bieter, dessen Angebot ungewöhnlich niedrig erscheint, vor einem vorschnellen Angebotsausschluss durch Auftraggeber zu schützen. Erscheint ein Angebot ungewöhnlich niedrig, ist der Auftraggeber zunächst verpflichtet, von dem betreffenden Bieter eine Erläuterung der im Angebot vorgeschlagenen Preise oder Kosten einzuholen (Art. 69 Abs. 1 RL 2014/24/EU). Vorher darf das Angebot nicht ausgeschlossen werden. Durch diese Regelung soll Willkür des öffentlichen Auftraggebers verhindert und ein gesunder Wettbewerb zwischen den Unternehmen gewährleistet werden.[6] Im **Vergleich zur Vorgängerregelung** in Art. 55 RL 2004/18/EG bestimmt Art. 69 Abs. 3 UAbs. 1 RL 2014/24/EU nunmehr allerdings ausdrücklich, dass der Auftraggeber das Angebot ablehnen darf, wenn die vom Bieter beigebrachten Nachweise das niedrige Niveau des vorgeschlagenen Preises beziehungsweise der vorgeschlagenen Kosten nicht zufriedenstellend erklären. Außerdem

---

[4] Diese Regelungssystematik wurde im Jahr 2009 aufgegeben → § 16 EU VOB/A Rn. 3.
[5] Hierzu *Opitz* in Burgi/Dreher, Beck'scher Vergaberechtskommentar, 3. Aufl. Bd. 1 § 127 GWB Rn. 3.
[6] EuGH 29.3.2012 – Rs. C-599/10 Rn. 29 – SAG ELV Slovensko ua; EuGH 27.11.2001 – vb. Rs. C-285/99 u. C-286/99 Rn. 57 – Impresa Lombardini. Es ist umstritten, welche Bedeutung diese Formulierung für die Frage des Drittschutzes (s. Rn. 16 ff.) des Ausschlusstatbestands hat, vgl. einerseits VK Westfalen 22.4.2015 – VK 1-10/15 und *Csaki* NZBau 2013, 342, 345 f.; andererseits VK Bund 19.8.2016 – VK 2-75/16; VK Bund 20.5.2016 – VK 1-24/16 und *Conrad* ZfBR 2017, 40, 41 f. Offengelassen OLG Düsseldorf 8.6.2016 – VII-Verg 57/15.

wird der Auftraggeber nach Art. 69 Abs. 3 UAbs. 2 RL 2014/24/EU nun *verpflichtet*, das Angebot abzulehnen, wenn er festgestellt hat, dass das Angebot ungewöhnlich niedrig ist, weil es den geltenden Anforderungen gemäß Artikel 18 Absatz 2, d. h. den geltenden umwelt-, sozial- und arbeitsrechtlichen Verpflichtungen, nicht genügt. Beide Neuerungen bleiben nicht ohne Auswirkungen auf die Auslegung des nationalen Vergaberechts. So ergibt sich aus Art. 69 Abs. 3 UAbs. 1 RL 2014/24/EU für den Ausschluss eines ungewöhnlich niedrig erscheinenden Angebots eine Beweislastumkehr zu Lasten des Bieters. Aus Art. 69 Abs. 3 UAbs. 2 RL 2014/24/EU lässt sich ableiten, dass der Auftraggeber ein Angebot, dass aus anderen Gründen als der Missachtung geltender umwelt-, sozial- und arbeitsrechtlichen Verpflichtungen ungewöhnlich niedrig ist, nicht ausschließen muss, sondern gegebenenfalls nur ausschließen darf.

6   Im Zuge der Neufassung der allgemeinen Vergaberichtlinie hatte die EU-Kommission vorgeschlagen, dass ein jedes Angebot überprüft wird, bei dem die folgenden drei Voraussetzungen kumulativ vorliegen: (a) der berechnete Preis bzw. die berechneten Kosten liegen mehr als 50% unter dem Durchschnittspreis oder den Durchschnittskosten der übrigen Angebote; (b) der berechnete Preis bzw. die berechneten Kosten liegen mehr als 20% unter dem Preis oder den Kosten des zweitniedrigsten Angebots; (c) es wurden mindestens fünf Angebote eingereicht.[7] Dieser Vorschlag wurde **im europäischen Gesetzgebungsverfahren** allerdings verworfen. Unterschiedliche Positionen bestanden auf europäischer Ebene auch bezüglich der Aspekte, die bei der Rechtfertigung ungewöhnlich niedriger Angebote insbesondere zu berücksichtigen sind. Hier konnte sich der Vorschlag des Europäischen Parlament, wonach nicht nur auf die Einhaltung europäischer und internationaler Vorschriften des Arbeits-, Sozial und Umweltrechts abgestellt wird, sondern auch auf die Einhaltung von nationalem – mit dem europäischen Recht vereinbarem – Recht ebenso durchsetzen wie die Einbeziehung von Nachunternehmern.[8] Maßgeblich sind – wie allerdings schon zuvor[9] – jeweils die am Ort der Auftragsausführung geltenden Bestimmungen des Arbeits- Sozial- und Umweltrechts.[10]

7   Eine Regelung zum **Ausschluss von Angeboten, die wegen unrechtmäßig erhaltener staatlicher Beihilfen ungewöhnlich niedrig sind** (§ 16d EU Abs. 1 Nr. 3 VOB/A), war bereits in der alten Sektorenkoordinierungsrichtlinie 93/38/EWG[11] enthalten und im Jahre 2004 auch in die Vergabekoordinierungsrichtlinie 2004/18/EG aufgenommen worden. Der heutige Art. 69 Abs. 4 RL 2014/24/EU lehnt sich hieran an. Aus dem Wortlaut von Art. 69 Abs. 4 RL 2014/24/EU geht deutlich hervor, dass der Frage der Rechtmäßigkeit einer staatlichen Beihilfe im Vergabeverfahren nur nachzugehen ist, wenn ein – auf der Beihilfe beruhendes – ungewöhnlich niedriges Angebot vorliegt (*„Stellt der öffentliche Auftraggeber fest, dass ein Angebot ungewöhnlich niedrig ist, weil der Bieter eine staatliche Beihilfe erhalten hat, so darf er …"*). Den Beihilfenbegriff übernimmt 69 Abs. 4 RL 2014/24/EU aus dem EU-Primärrecht (Art. 107 Abs. 1 AEUV). Dieser Beihilfenbegriff ist auch § 16d EU Abs. 1 Nr. 3 VOB/A zu Grunde zu legen.

8   **§ 16d EU Abs. 1 VOB/A weicht von Art. 69 RL 2014/24/EU ab**, und zwar zunächst begrifflich („unangemessen niedrig" anstelle „ungewöhnlich niedrig") und auch dadurch, dass das Zuschlagsverbot in Abs. 1 Nr. 1 zugleich unangemessen hohe Angebote erfasst. Außerdem ist der Angebotsausschluss bei festgestellter Unangemessenheit des Preises oder der Kosten nach § 16d EU Abs. 1 VOB/A zwingend, und zwar generell und nicht nur dann, wenn die Unangemessenheit auf der Missachtung geltender umwelt-, sozial- und

[7] Art. 69 Abs. 1 des Vorschlags für eine Richtlinie des Europäischen Parlaments und des Rates über die öffentliche Auftragsvergabe v. 20.12.2011, KOM(2011) 896 endg.

[8] Art. 69 Abs. 2 lit. d iVm Art. 18 Abs. 2 und Art. 69 Abs. 2 lit. e iVm Art. 71 RL 2014/24/EU.

[9] Art 55 Abs. 1 S. 2 lit. d RL 2004/18/EG.

[10] Vgl. Erwägungsgrund 37 und Art. 27 Abs. 2 UAbs. 1 RL 2014/24/EU. Zum Ganzen *Opitz* in Burgi/ Dreher, Beck'scher Vergaberechtskommentar, 3. Aufl. Bd. 1, § 128 GWB Rn. 9.

[11] RL 93/38/EWG v. 14.6.1993 (ABl. Nr. L 199), geändert durch Richtlinie 98/4 vom 16.2.1998 (ABl.EG Nr. L 101).

arbeitsrechtlichen Verpflichtungen beruht.[12] Die **Vereinbarkeit des zwingenden Angebotsausschlusses mit dem Europäischen Richtlinienrecht** ist schon unter Geltung der Richtlinie 2004/18/EG in Frage gestellt worden.[13] Die Frage der Richtlinienkonformität entschärft sich allerdings, wenn man berücksichtigt, dass im Europäischen Recht nicht scharf zwischen dem Beurteilungsspielraum des Auftraggebers auf der Tatbestandsseite einer Norm und dem Ermessensspielraum auf der Rechtsfolgenseite differenziert wird. Nach der vom EuGH verwendeten Formulierung verbieten die EU-Vergaberichtlinien schlicht den „automatischen Ausschluss" ungewöhnlich niedriger Angebote.[14] Aufgrund des Beurteilungsspielraums des Auftraggebers bei der Feststellung der „Unangemessenheit" besteht trotz des von § 16d EU Abs. 1 Nr. 1 VOB/A zwingend angeordneten Ausschlusses kein solcher Ausschlussautomatismus.[15] Hinzu kommt, dass auch die Verwendung des Verbs „dürfen" in Art. 69 Abs. 3 UAbs. 1 RL 2014/24/EU wohl nicht so zu verstehen ist, dass es im Belieben des Auftraggebers stünde, den Auftrag trotz weiterbestehender Ungereimtheiten doch an den betreffenden Bieter zu vergeben.[16]

§ 16d EU Abs. 2 Nr. 1–4 VOB/A beruhen auf Art. 67 RL 2014/24/EU. Hierzu, 9 insbesondere zur Entwicklung des Wirtschaftlichkeitsbegriffs im Europäischen Vergaberecht, wird auf die Kommentierung zu § 127 GWB verwiesen.[17]

Die **Lebenszykluskostenrechnung** (§ 16d EU Abs. 2 Nr. 5–7 VOB/A) ist **in der** 10 **RL 2014/14/EU in Artikel 68 geregelt.** Deutlicher als in § 16a EU Abs. 2 VOB/A geht aus Art. 68 Abs. 1 RL 2014/14/EU hervor, dass die Bewertung der Angebote anhand von Lebenszykluskosten nicht verpflichtend ist, sondern die maßgeblichen Bestimmungen nur angewendet werden, soweit dies relevant ist. Bei den unter Art. 68 Abs. 1 lit. b RL 2014/14/EU genannten externen Kosten (vgl. § 16d EU Abs. 2 Nr. 5 lit. b VOB/A) wollte die EU-Kommission ursprünglich – enger – nur solche berücksichtigt wissen, die *direkt* mit dem Lebenszyklus in Verbindung stehen, das Europäische Parlament wollte – weiter –, dass auch soziale Kosten einbezogen werden.[18] Beides findet sich in der letztlich verabschiedeten Fassung der RL 2014/24/EU aber nicht wieder. Die Zumutbarkeitsregelung in Art. 68 Abs. 2 S. 2 lit. c) bzw. § 16d EU Abs. 2 Nr. 6 lit. c) VOB/A geht auf eine Initiative des Europäischen Parlaments zurück, die Klarstellung, dass nur einschlägige *verbindliche* Rechtsakte der Europäischen Union bei der Berechnung von Lebenszykluskosten heranzuziehen sind (Art. 68 Abs. 3 bzw. § 16d EU Abs. 2 Nr. 7) auf eine Initiative des Rats.

§ 16d EU Abs. 3 VOB/A setzt zusammen mit § 13 EU Abs. 2 VOB/A **Art. 42 Abs. 5** 11 **der RL 2014/24/EU** um. Probleme bereitet nach wie vor der **Begriff der „Technischen Spezifikationen".** Er wird in der Richtlinie 2014/24/EU in Art. 42 Abs. 1 und Anhang VII Nummer 1 zunächst in einem weiten Sinne verwendet. Hiernach wird unter Technischen Spezifikationen bei öffentlichen Bauaufträgen *„die Gesamtheit der insbesondere in den Auftragsunterlagen enthaltenen technischen Beschreibungen ..."* verstanden. Sodann differenziert Art. 42 Abs. 3 RL 2014/24/EU allerdings zwischen den Technischen Spezifikationen, die in Form von Leistungs- und Funktionsanforderungen formuliert werden (lit. a) und solchen, die *„unter Bezugnahme auf technische Spezifikationen"*[19] und – in dieser Rangfolge – *„nationale Normen, mit denen europäische Normen umgesetzt werden, europäische technische Bewertungen, gemeinsame technische Spezifikationen, internationale Normen und andere technische Bezugs-*

---

[12] → Rn. 40.

[13] Vgl. *Müller-Wrede* VergabeR 2011, 46, 50. AA *Conrad* ZfBR 2017, 40, 43 und *Stolz* VergabeR 2002, 219, 220 f. nach denen das Gemeinschaftsrecht es den Mitgliedstaaten anheimstellt, den Auftraggeber zum Ausschluss ungewöhnlich niedriger Angebote zu verpflichten.

[14] → Rn. 28.

[15] → Rn. 36.

[16] In diesem Sinne zur Umsetzungsvorschrift des § 60 Abs. 3 VgV BGH 31.1.2017 – X ZB 10/16.

[17] *Opitz* in Burgi/Dreher, Beck'scher Vergaberechtskommentar, 3. Aufl. Bd. 1 § 127 GWB Rn. 4 ff.

[18] Ob eine gemeinsame Methode zur Ermittlung von Sozialkosten entlang des Lebenszyklus festgelegt werden kann, bleibt einer zukünftigen Prüfung vorbehalten, vgl. Erwägungsgrund 96 RL 2014/24/EU.

[19] Anders als Art. 23 Abs. 3 lit. a der Vorgängerrichtlinie 2004/18/EG erfolgt in Art. 42 Abs. 3 lit. b RL 2014/24/EU kein Rückverweis mehr auf die im Anhang definierten Technischen Spezifikationen.

systeme, die von den europäischen Normungsgremien erarbeitet wurden oder — falls solche Normen und Spezifikationen fehlen — unter Bezugnahme auf nationale Normen, nationale technische Zulassungen oder nationale technische Spezifikationen für die Planung, Berechnung und Ausführung von Bauleistungen und den Einsatz von Lieferungen" formuliert werden (lit. b). Art. 42 Abs. 5 RL 2014/24/EU bezieht sich nur auf die Letztgenannten Spezifikationen.

12   Bei den die Absätzen 4 und 5 von § 16d EU VOB/A handelt es sich nicht um umgesetztes Richtlinienrecht.

B. Grundsätzliches

13   In der Systematik der VOB/A **behandelt § 16d EU VOB/A die beiden letzten Stufen der Prüfung und Wertung der Angebote.** Das wirtschaftlichste Angebot kann nur bestimmt werden, wenn der Auftraggeber zuvor geprüft hat, ob Angebote mit bestimmten formellen oder inhaltlichen Mängeln auszuschließen sind (sog. erste Wertungsstufe), was in den §§ 16 EU und 16a EU VOB/A geregelt ist, ob die Eignung der Bieter gem. § 122 GWB gegeben ist und keine Ausschlussgründe nach den §§ 123 u. 124 GWB vorliegen (sog. zweite Wertungsstufe), was in § 16b EU VOB/A angesprochen wird, und ob ein Angebot unter Umständen als ungewöhnlich niedrig auszuschließen ist (sog. dritte Wertungsstufe). Dies ist Gegenstand von § 16d EU Abs. 1 VOB/A. Unter den Angeboten, die sodann noch in die engere Wahl kommen ist schließlich das wirtschaftlichste Angebot für den Zuschlag auszuwählen. § 16d EU Abs. 2 VOB/A betrifft diese wirtschaftliche Bewertung der Angebote (sog. vierte Wertungsstufe).[20] Die Absätze 3 und 4 von § 16d EU VOB/A behandeln Einzelfragen hierzu.

14   Die Bestimmungen des **§ 16d EU Abs. 2 VOB/A** haben **größtenteils nur deklaratorische Bedeutung.** Die maßgeblichen Vorgaben für die wirtschaftliche Bewertung der Angebote bei europaweiten Vergabeverfahren finden sich seit dem seit dem In-Kraft-Treten des Vergaberechtsmodernisierungsgesetzes 2016 in § 127 GWB. Mit § 16d EU Abs. 2 Nr. 1 VOB/A wurde der Vorschriftentext von § 127 Abs. 1 GWB unverändert in die VOB/A übernommen. § 16d EU Abs. 2 Nr. 2 Satz 1 VOB/A entspricht § 127 Abs. 5 GWB und § 16d EU Abs. 2 Nr. 2 Sätze 3 und 4 VOB/A entsprechen — jedenfalls inhaltlich — § 127 Abs. 3 GWB. Auch § 16d EU Abs. 2 Nr. 3 VOB/A gibt lediglich den Wortlaut von § 127 Abs. 4 S. 1 GWB wieder. Die Bestimmungen des GWB sind von den öffentlichen Auftraggebern unmittelbar anzuwenden und gehen den Vorschriften des 2. Abschnitts der VOB/A im Rang vor.[21] Eigenständige Bedeutung hat nur der — allerdings ohnehin beispielhafte — Katalog der Zuschlagskriterien in § 16d EU Abs. 2 Nr. 2 S. 2 VOB/A sowie die Nrn. 4–7 von Abs. 2. Hierauf beschränkt sich auch die vorliegende Kommentierung von § 16d EU Abs. 2 VOB/A.

15   **§ 16d EU VOB/A weicht in mehrfacher Hinsicht von § 16d VOB/A im ersten Abschnitt der VOB/A** ab, sowohl strukturell als auch inhaltlich. Wesentlicher inhaltlicher Unterschied ist, dass der Auftraggeber bei der Vergabe von Bauaufträge im Unterschwellenbereich nicht verpflichtet ist, in jedem Fall vorab Zuschlagskriterien und deren Gewichtung festzulegen und zu publizieren, und sich die wirtschaftliche Bewertung folglich auch nicht darin erschöpft zu prüfen, ob und inwieweit das jeweilige Angebot diese Zuschlagskriterien erfüllt. Es besteht auch kein Automatismus dahingehend, dass ohne Benennung weiterer Zuschlagskriterien nur eine Auftragsvergabe nach dem niedrigsten Preis in Betracht kommt.[22] Und schließlich ist § 16d Abs. 1 Nr. 3 Satz 2 VOB/A 2016 im Sinne eines allgemeinen „Prüfprogramms" für die wirtschaftliche Bewertung der Angebote bei

---

[20] Zur Systematik der Wertungsstufen → Opitz in Burgi/Dreher, Beck'scher Vergaberechtskommentar, 3. Aufl. Bd. 1 § 127 GWB Rn. 16 ff. und → § 16b EU Rn. 7.

[21] → § 6f EU Rn. 2 f. mit Kritik an dieser Regelungskonzeption.

[22] In diesem Sinne konnte noch BGH 15.4.2008 – X ZR 129/06 verstanden werden. Ebenso VK Sachsen-Anhalt 17.10.2014 – 3 VK LSA 82/14.

Ausschreibungen nach dem ersten Abschnitt der VOB/A verstanden werden kann, weil die hier aufgeführten Gesichtspunkte für die Angebotswertung nicht abschließend und auch nicht sämtlich dafür gedacht sind, in jedem in Betracht kommenden Fall angewendet zu werden.[23] Der BGH betont zwar, dass es dem Auftraggeber nicht gestattet ist, bei der Angebotswertung im Unterschwellenbereich die relevanten Gesichtspunkte frei zu bestimmen, weil dann die Gefahr einer willkürlichen Bieterauswahl bestünde.[24] Auch daraus ist jedoch nicht abzuleiten, dass es außerhalb des Geltungsbereichs des Vierten Teils des Gesetzes gegen Wettbewerbsbeschränkungen in jedem Fall der Festlegung bzw. Bekanntgabe von Kriterien zur Ermittlung des wirtschaftlichsten Angebots bedarf. Nach Ansicht des BGH lässt sich vielfach objektiv nach den gesamten Umständen insbesondere nach Art des Beschaffungsgegenstands bestimmen, welche der in § 16d Abs. 1 Nr. 3 Satz 2 VOB/A 2016 aufgeführten Wertungskriterien in Betracht kommen.[25] Etwas anderes kann gelten, wenn nach Lage der Dinge ohne ausdrücklich formulierte Wertungskriterien das wirtschaftlichste Angebot nicht nach transparenten und willkürfreien Gesichtspunkten bestimmt werden kann. Es hängt daher von den Umständen des Einzelfalles, insbesondere vom Gegenstand des ausgeschriebenen Auftrags und der Detailliertheit des Leistungsverzeichnisses ab, ob und inwieweit es im ersten Abschnitt der VOB/A hiernach der vorherigen Festsetzung von Wertungskriterien bedarf, die dann aus Transparenzgründen aber auch bekanntzumachen sind.[26]

C. Angebote mit unangemessen niedrigem oder hohem Preis (Abs. 1)

I. Normzweck und Drittschutz

Bei § 16d EU Abs. 1 VOB/A handelt es sich um eine schwierig handhabbare Vorschrift. **16** Nach § 16d EU Abs. 1 Nr. 1 S. 1 VOB/A darf auf ein Angebot mit einem unangemessen hohen oder niedrigen Preis oder unangemessen hohen Kosten der Zuschlag nicht erteilt werden. § 16d EU Abs. 1 Nr. 2 VOB/A regelt die Angemessenheitsprüfung. Einen **Maßstab für die Angemessenheitsprüfung** gibt jedoch weder Nr. 1 noch Nr. 2. Er wird auch nicht in Art. 69 Abs. 2 RL 2014/24/EU vorgegeben, der in § 16d EU VOB/A nicht umgesetzt wurde. Hier werden lediglich einzelne Aspekte aufgezählt, die bei der Rechtfertigung und daher auch Beurteilung der Angemessenheit eines ungewöhnlich niedrig erscheinenden Angebotspreises relevant sein können. Nach der Rechtsprechung des EuGH ist es Sache der Mitgliedstaaten und insbesondere der öffentlichen Auftraggeber diesen Maßstab festzulegen.[27] Er ist anhand des Zwecks der Vorschrift zu entwickeln:

Historisch betrachtet lässt sich das Gebot, im Vergabewettbewerb unangemessen niedrige **17** Angebote auszuschließen, auf **verschiedene politische Entwicklungslinien** zurückführen. Zusammen mit der Forderung, im Vergabeverfahren den Bestbietenden nicht ausschließlich nach dem niedrigsten Preis zu bestimmen, wird der Ausschluss von unangemessen niedrigen Angeboten seit jeher mit dem Schutz des Auftraggebers vor unsoliden Bietern und qualitativ schlechter Leistung verbunden.[28] Hinzu kommen wettbewerbsschützende Erwägungen, wie die Forderung, den Vergabewettbewerb von Verdrängungspraktiken freizuhalten, die als unlauter empfunden werden. Daneben wird der Ausschluss unan-

---

[23] BGH 10.5.2016 – X ZR 66/15.
[24] BGH 10.5.2016 – X ZR 66/15; BGH 8.9.1998 – X ZR 109/96 BGHZ 139, 273, 278.
[25] BGH 10.5.2016 – X ZR 66/15.
[26] BGH 10.5.2016 – X ZR 66/15 mit Verweis auf BGH 8.9.1998 – X ZR 109/96 BGHZ 139, 273, 278.
[27] EuGH 19.10.2017 C-198/16 P Rn. 55 Agriconsulting; EuGH 18.12.2014 – C-568/13 Rn. 49 – Data Medical Service.
[28] Vgl. hierzu Opitz in Burgi/Dreher, Beck'scher Vergaberechtskommentar, 3. Aufl. Bd. 1 § 97 Abs. 3 GWB Rn. 12 ff.

gemessen niedriger Angebote mit sozialpolitisch begründeten Erwägungen der Preis- und Lohngerechtigkeit und dem marktstrukturpolitischen Motiv, statt eines „ruinösen" einen „gesunden" Wettbewerb durch die Existenz möglichst vieler, insbesondere auch mittelständischer Gewerbe- und Handwerksbetriebe sicherzustellen. Vor allem die zuletzt genannten Erwägungen bilden heute die Grundlage für zahlreiche Spezialregelungen zum Ausschluss unangemessen niedriger Angebote in den Vergabegesetzen der Länder.[29]

18 Dass § 16d EU Abs. 1 Nr. 1 VOB/A dazu dient, dem Auftragnehmer auskömmliche Preise zu garantieren, kann ausgeschlossen werden.[30] Auch wirkt es verfehlt, dem einzelnen Auftraggeber bei seiner Vergabeentscheidung eine Marktstrukturverantwortung aufzubürden.[31] Die Aufrechterhaltung eines funktionstüchtigen Wettbewerbs geschieht in erster Linie durch die Schaffung, Weiterentwicklung und Anwendung der Regeln des Kartellrechts. Auch muss es als ein Wesensmerkmal des funktionstüchtigen Wettbewerbs angesehen werden, dass weniger effiziente Unternehmen aus dem Markt austreten. Negativ zu beurteilender „Verdrängungswettbewerb" entsteht erst, wenn einzelne Unternehmen durch bewusste Manipulation der Marktverhältnisse gezielt die Beseitigung von Mitbewerbern anstreben.[32] Das setzt in der Regel eine gewisse Marktstärke voraus. Das UWG und das GWB versuchen, Verdrängungswettbewerb zu unterbinden. Die gezielte Kampfpreisunterbietung in Vernichtungs- oder Disziplinierungsabsicht kann nach § 4 Nr. 4 UWG wettbewerbswidrig sein und eine unbillige Behinderung nach den §§ 19 Abs. 2 Nr. 1, 20 Abs. 3 GWB darstellen. Im Wettbewerb um öffentliche Aufträge ist die gezielte Verdrängung von Mitbewerbern indessen schwierig. Eine Verdrängungsstrategie mit „Dumpingpreisen" verlangt nach einem Ausgleich der vorangegangenen Verluste. Dieser ist nur gesichert, wenn nach der Verdrängung der Markt vor neuer Konkurrenz abgeschottet werden kann. Gerade das ist jedoch im Wettbewerb um öffentliche Aufträge, in dem das Vergaberecht den freien Marktzutritt sichert, in der Regel nicht möglich. Auch vermindert der Geheimwettbewerb die Steuerbarkeit des Bewerbungserfolgs und damit die Durchführung gezielter Verdrängungsstrategien. Aus diesem Grund wäre es auch nicht richtig, Niedrigpreisangebote bei Ausschreibungen stets als Ausdruck von Verdrängungsstrategien zu begreifen.

19 Die Gerichte haben wiederholt hervorgehoben, der Zweck des Ausschlusses unangemessen niedriger Angebote in *erster Linie* darin liegt, **den Auftraggeber vor der Eingehung eines wirtschaftlichen Risikos zu bewahren.** Der Auftraggeber laufe bei der Zuschlagserteilung auf ein ungewöhnlich niedriges Angebot Gefahr, dass der Auftragnehmer in wirtschaftliche Schwierigkeiten gerät und den Auftrag nicht oder nicht ordnungsgemäß, insbesondere nicht mangelfrei zu Ende führt.[33] Das heißt freilich nicht, dass bei dem besser vergüteten Zuschlagsempfänger das Risiko der Schlecht- oder Nichtleistung von vorneherein ausgeschlossen wäre. § 16d EU Abs. 1 Nr. 1 VOB/A ergänzt insofern aber andere Instrumente des Vergaberechts, die die ordnungsgemäße Auftragsausführung sicherstellen sollen, insbesondere die Eignungsprüfung. Dass das Richtlinienrecht nunmehr einen zwingenden Ausschluss von Angeboten anordnet, die ungewöhnlich niedrig sind, weil geltende

---

[29] Hierzu VK Düsseldorf 9.1.2013 – VK-29/2012.

[30] Vgl. OLG Düsseldorf 17.6.2002 – Verg 18/02 VergabeR 2002, 471 = NZBau 2002, 626.

[31] Für eine Marktstrukturverantwortung öffentlicher Auftraggeber *Cuypers* BauR 1997, 27; dagegen *Opitz* Marktmacht und Bieterwettbewerb S. 142 m. w. Nachw.

[32] Dazu ausführlicher *Opitz* Marktmacht und Bieterwettbewerb S. 137 ff.; *Tölksdorf* Ruinöser Wettbewerb, S. 86 ff.

[33] Vgl. BGH 31.1.2017 – X ZB 10/16; BGH 11.11.2014 – X ZR 32/14; BGH 4.10.1979 – VII ZR 11/79 NJW 1980, 180 = BauR 1980, 63; OLG Düsseldorf 28.9.2006 – VII-Verg 49/06; OLG Naumburg 22.11.2004 – 1 U 56/04 WuW 2005; OLG Frankfurt 30.3.2004 – 11 Verg 4/04, 11 Verg 5/04; BayObLG 1.3.2004 – Verg 2/04; OLG Schleswig 5.2.2004 – 6 U 23/03 NZBau 2004, 405; 706; BayObLG 18.9.2003 – Verg 12/03; BayObLG 3.7.2002 – Verg 13/02 13/bo VergabeR 2002, 637 = NZBau 2003, 105; OLG Düsseldorf 17.6.2002 – Verg 18/02 VergabeR 2002, 471 = NZBau 2002, 626; KG 7.11.2001 – Kart-Verg 8/01 VergabeR 2002, 95 = WuW/E Verg 550, 553; OLG Düsseldorf 19.12.2000 – Verg 28/00 VergabeR 2001, 128 = NZBau 2002, 112; OLG Köln 25.11.1982 NJW 1985, 1475. Dies betonen auch *Vavra* in Ziekow/Völlink, Vergaberecht, 2. Aufl., § 16 VOB/A Rn. 46; *Dicks* in KMPP, VOB/A, 2. Aufl. § 16 VOB/A Rn. 238 u. 254; *Frister* in Kapellmann/Messerschmidt, VOB, 6. Aufl. § 16d VOB/A Rn. 2.

Anforderungen des Umwelt-, Sozial- oder Arbeitsrechts missachtet werden,[34] spricht andererseits dafür, dass der Normzweck von § 16d EU Abs. 1 Nr. 1 VOB/A nicht ausschließlich durch Auftraggeberinteressen bestimmt wird.[35] Zudem trägt der Ausschluss unangemessen niedriger Angebote zugleich zu einer effizienten Bieterauswahl bei. Diese verlangt
nämlich, dass der Zuschlag auf das Angebot mit der besten Leistung erteilt wird und nicht
einfach an denjenigen, der sich hinsichtlich der mit der Auftragsausführung verbundenen
Kosten am meisten zu seinen Ungunsten verkalkuliert hat.[36]

Die Frage nach dem Sinn und Zweck des Ausschlusses unangemessen niedriger Angebo-   **20**
te ist mit der Frage verknüpft worden, ob bzw. inwieweit § 16d EU Abs. 1 Nr. 1 VOB/A
und dessen Vorgängervorschriften eine **bieterschützende Wirkung** haben und ein Bieter
in Vergabeverfahren oberhalb der EU-Schwellenwerte gem. § 97 Abs. 6 GWB daher ihre
Einhaltung verlangen kann.[37] Fest steht, dass derjenige, dessen Angebot nach § 16d EU
Abs. 1 Nr. 1 VOB/A ausgeschlossen wurde, die Anwendung der Norm überprüfen lassen
kann. Dieser Bieter kann, dem Grundsatz des rechtlichen Gehörs vergleichbar, verlangen,
dass sein Angebot nicht ohne den Versuch der vorherigen Aufklärung der aufgekommen
Fragen und Ausräumung entstandener Bedenken aus der Wertung genommen wird.[38]
Konsens besteht weiterhin darin, dass sich ein Bieter, der ein Unterkostenangebot abgegeben hat, nicht nachträglich darauf berufen kann, sein Angebot habe ausgeschlossen werden
müssen.[39] Um zu diesem Ergebnis zu kommen, bedarf es allerdings nicht des Rückgriffs auf
Schutzzweckerwägungen. Wer zunächst durch Abgabe eines Angebots sein Interesse an
einem Auftrag bekundet und sich während bestimmter Frist an sein Angebot bindet, kann
bereits aufgrund des Verbots widersprüchlichen Verhaltens (§ 242 BGB) kein Ausschluss
des eigenen Angebots fordern.

Schwieriger ist die **Frage des Drittschutzes** zu beantworten, also ob der ordnungsge-   **21**
mäß kalkulierende Bieter verlangen kann, dass ein Mitbewerber wegen eines unangemessen niedrigen Angebots vom Vergabeverfahren auszuschließen ist. Vor allem das Oberlandesgericht Düsseldorf hatte – durchaus auch im Interesse der Verfahrensökonomie – die
Ansicht geprägt, dass Drittschutz nur dann besteht, wenn es für den Auftraggeber geboten ist, Angebote wegen wettbewerbsbeschränkenden und unlauteren Verhaltensweis-
sen auszuschließen. Das sei nur ausnahmsweise der Fall, wenn Unterkostenangebote in
der zielgerichteten Absicht abgegeben werden oder zumindest die Gefahr begründen, dass
ein oder mehrere bestimmte Mitbewerber vom Markt ganz (also nicht nur aus einer einzelnen Auftragsvergabe) verdrängt werden.[40] Gleiches sollte für Unterkostenangebote gel-

---

[34] → Rn. 40.
[35] Die insoweit noch in der Vorauflage vertretene Ansicht wird aufgegeben.
[36] Dieses Allokationsproblem wird in der Auktionstheorie als „Fluch des Gewinners" (winner's curse) bezeichnet, vgl. hierzu *Opitz* in Burgi/Dreher, Beck'scher Vergaberechtskommentar, 3. Aufl. Bd. 1 § 97
Abs. 3 GWB Rn. 15.
[37] Generell kritisch gegenüber Schutzzweckerwägungen bei der Auslegung *Dreher* in Immenga/Mestäcker,
GWB 5. Aufl. § 97 Rn. 380, 394, 402 ff.
[38] → Rn. 30 zur Rechtsprechung des EuGH; BGH 31.1.2017 – X ZB 10/16.
[39] BGH 31.8.1994 – 2 StR 256/94 NJW 1995, 737; BGH 8.1.1992 – 2 StR 102/91 BauR 1992, 383,
385; BGH 4.10.1979 – VII ZR 11/79 NJW 1980, 180 = BauR 1980, 63; OLG Naumburg 22.11.2004 –
1 U 56/04 WuW 2005, 706; BayObLG 1.3.2004 – Verg 2/04; OLG Düsseldorf 19.12.2000 – Verg 28/00
VergabeR 2001, 128.
[40] OLG Düsseldorf 31.10.2012 – VII-Verg 17/12; OLG Brandenburg 16.2.2012 – Verg W 1/12; OLG
Karlsruhe 22.7.2011 – 15 Verg 8/11; KG 23.6.2011 – 2 Verg 7/10; OLG Düsseldorf 9.5.2011 – VII-Verg
45/11; OLG Brandenburg 19.10.2010 – Verg W 13/10; OLG München 21.5.2010 – Verg 02/10; OLG
Koblenz 15.10.2009 – 1 Verg 9/09; OLG Düsseldorf 14.10.2009 – VII-Verg 40/09; OLG Jena 5.6.2009 –
9 Verg 5/09; OLG Naumburg 2.4.2009, 1 Verg 10/08; OLG Düsseldorf 25.2.2009 – VII Verg 6/09; OLG
Düsseldorf 29.9.2008 – Verg 50/08; OLG Düsseldorf 10.9.2008 – Verg 50/08; OLG Düsseldorf 28.4.
2008 – VII-Verg 55/07; OLG Düsseldorf 22.8.2007 – VII-Verg 27/07; OLG Brandenburg 16.1.2007 –
Verg W 7/06 VergabeR 2007, 235; OLG Düsseldorf 28.9.2006 – VII-Verg 49/06; OLG Koblenz 26.10.2005
– Verg 4/05 VergabeR 2006, 392; OLG Düsseldorf 17.6.2002 – Verg 18/02 VergabeR 2002, 471 = NZBau
2002, 626; OLG Düsseldorf 19.12.2000 – Verg. 28/00 VergabeR 2001, 128 = NZBau 2002, 112. Kritisch zu
dieser Spruchpraxis *Müller-Wrede* VergabeR 2011, 46, 50 ff.

ten, die im konkreten Einzelfall den Bieter selbst in wirtschaftliche Schwierigkeiten bringen, so dass er den Auftrag nicht vertragsgerecht durchführen kann. Die Wettbewerbswidrigkeit eines solchen, ohne Rücksicht auf die Konsequenzen abgegebenen Angebots, sollte in diesem Fall darin liegen, dass es für die anderen, höher und kostendeckend anbietenden Mitbewerber die schädigende Folge haben kann, dass sie in einem Zeitpunkt, in dem sie den Auftrag gut hätten annehmen und durchführen können, den Auftrag nicht erhalten, zu einem späteren Zeitpunkt aber den Auftrag (nachdem der erste Auftragnehmer wegen seines Unterangebots gescheitert ist) wegen der weiteren Entwicklung der geschäftlichen Verhältnisse – aus welchen Gründen auch immer – nicht mehr übernehmen können.[41]

22   Die Ansicht des eingeschränkten Drittschutzes war jedoch nicht unumstritten.[42] Im Vergabewettbewerb trifft jede Entscheidung des Auftraggebers über den Ausschluss oder Nichtausschluss eines Angebots die Interessen der Mitbewerber. Schon im Lichte des Gleichbehandlungsgebots muss der Auftraggeber Ausschlussentscheidungen frei von Willkür und nach sachlichen Kriterien treffen. Deshalb ist **allen Ausschlusstatbeständen der VOB/A eine drittschützende Wirkung zuzuweisen.** Bei der Angemessenheitsprüfung gilt insofern nichts anderes als bei der Eignungsprüfung, deren drittschützende Wirkung unbestritten ist, und die ebenfalls darauf gerichtet ist, den Auftraggeber vor wirtschaftliche Risiken zu schützen. Allerdings besteht bei der Angemessenheitsprüfung – ebenso wie bei der Eignungsprüfung – ein weiter Beurteilungsspielraum des Auftraggebers, der nur einer eingeschränkten Kontrolle durch die Nachprüfungsinstanzen unterliegt. In einem von dem Mitbewerber eingeleiteten Nachprüfungsverfahren kann daher nur geprüft werden, ob der Auftraggeber das vorgeschriebene Verfahren eingehalten hat, d.h. er insbesondere seiner Pflicht, ein auf erste Sicht ungewöhnlich niedrig erscheinendes Angebot zu überprüfen, nachgekommen ist, und die von der Vergabestelle getroffenen Sachverhaltsermittlungen und Feststellungen oder die Anwendung vergaberechtlicher Rechtsbegriffe nicht auf willkürlichen und sachwidrigen Erwägungen beruhen.[43] Dieser, bereits in der Vorauflage vertretenen Rechtsansicht hat sich auch der Bundesgerichtshof mittlerweile angeschlossen und festgestellt, dass sich nicht nur der vom Ausschluss betroffene Bieter, sondern grundsätzlich auch die anderen Teilnehmer am Vergabeverfahren darauf berufen können, dass der Auftraggeber die in § 16d EU Abs. 1 VOB/A 2016 vorgesehene Angemessenheitsprüfung vornimmt.[44]

---

[41] Vgl. nur OLG Düsseldorf 31.10.2012 – Verg 17/12, VergabeR 2013, 243, 248; OLG Brandenburg 9.5.2011 – Verg 45/11, VergabeR 2011, 884f.; OLG München 21.5.2010 – Verg 2/10 VergabeR 2010, 992, 1008; OLG Jena 5.6.2009 – 9 Verg 5/09, VergabeR 2009, 809, 812ff.; OLG Düsseldorf 28.4.2008 – VII-Verg 55/07; OLG Koblenz 26.10.2005 – Verg 4/05; OLG Düsseldorf 17.6.2002 – Verg 18/02 VergabeR 2002, 471 = NZBau 2002, 626.
[42] Von einem uneingeschränkten Drittschutz ausgehend: OLG Celle 18.12.2003 – 13 Verg 22/03 VergabeR 2004, 397, 405; OLG Saarbrücken 29.10.2003 – 1 Verg 2/03 NZBau 2004, 117; OLG Celle 30.4.1999 – 13 Verg 1/99 NZBau 2000, 105; OLG Jena 22.12.1999 – 6 Verg 3/99 NZBau 2000, 349 (aufgegeben); *Vavra* in Ziekow/Völlink, Vergaberecht, 2. Aufl., § 16 VOB/A Rn. 46; *Dicks* in KMPP, VOB/A, § 16 Rn. 255; *Csaki* NZBau 2013, 342, 345. Den Drittschutz generell ablehnend BayObLG 12.9.2000 – Verg 4/00 VergabeR 2001, 65 (aufgegeben); OLG Rostock 10.5.2000 – 17 W 3/00 NZBau 2001, 286. Offengelassen bei OLG Dresden 7.5.2010 – WVerg 06/10 VergabeR 2010, 666; OLG Jena 5.6.2009 – 9 Verg 5/09 VergabeR 2009, 809; OLG München 11.5.2007 – Verg 04/07 VergabeR 2007, 536; OLG Bremen 24.5.2006 – Verg 1/2006; BayObLG 2.8.2004 – Verg 15/04 VergabeR 2004, 743; BayObLG 3.7.2002 – Verg 13/02 NZBau 2003, 105; *Frister* in Kapellmann/Messerschmidt, VOB, 6. Aufl. § 16d VOB/A Rn. 12f.
[43] So im Hinblick auf die Prüfungspflicht bereits OLG Düsseldorf 22.8.2007 – VII-Verg 27/07; OLG Düsseldorf 23.11.2005 – VII Verg 66/05; OLG Bremen 24.5.2006 – Verg 1/2006.
[44] BGH 31.1.2017 – X ZB 10/16; dem folgend OLG Frankfurt 9.5.2017 – 11 Verg 5/17. Zustimmend *Hölzl* NZBau 2018, 18ff.

II. Prüfung und Beurteilung der Angemessenheit

1. Prüfungsgegenstand

Bei der Frage der Angemessenheit eines Angebots ist auf dessen **Gesamtpreis** abzustel- **23** len und nicht auf einzelne Preispositionen.[45] Die Unangemessenheit einzelner Positionen trägt regelmäßig nicht die Besorgnis einer nicht einwandfreien Ausführung der ausgeschriebenen Leistungen.[46] Der Ausschlusstatbestand des § 16d EU Abs. 1 Nr. 1 VOB/A ist deshalb auch nicht gegeben, wenn ein Bieter für nur eine bestimmte Einzelleistung keinen oder einen auffallend niedrigen Preis eingesetzt hat.[47] Auch ist ein Preisspiegel wesentlicher Einheitspreise ist kein taugliches Hilfsmittel zur Beurteilung der Angemessenheit des Angebots. Einzelne, offensichtlich zu niedrig kalkulierte Einzelpositionen können durch die Preisgestaltung bei anderen Einzelpositionen ausgeglichen werden, und zwar auch dann, wenn es sich um „gewichtige" Einzelpositionen handelt. Ob ein Ausgleich durch andere Positionen erfolgt, spiegelt sich nur im Gesamtpreis wider. Davon zu trennen ist die Frage, ob eine unzulässige Mischkalkulation vorliegt.[48]

2. Prüfungspflicht

§ 16d Abs. 1 Nr. 2 VOB/A beinhaltet eine **Pflicht zur Angemessenheitsprüfung,** **24** **wenn ein Angebot unangemessen niedrig erscheint.** Bei einem niedrig erscheinenden Angebot verfügt die Vergabestelle über keinerlei Ermessen, ob sie eine Überprüfung durchführt oder davon absieht.[49] Ohne vorherige Überprüfung darf auch kein Angebot nach § 16d EU Abs. 1 Nr. 1 VOB/A ausgeschlossen werden.[50] Eine nähere Überprüfung muss durchgeführt werden. Ein unangemessen niedrig erscheinendes Angebot kann sich bei der näheren Überprüfung dann als tatsächlich unangemessen niedrig herausstellen oder als tatsächlich angemessen.

Die Aufklärungspflicht setzt ein, sobald die Vergabestelle objektive Anhaltspunkte für **25** einen unangemessen niedrigen Angebotspreis hat.[51] Anhaltspunkte sind Marktdaten und

---

[45] BGH 18.5.2004 – X ZB 7/04 NZBau 2004, 457 = VergabeR 2004, 473; BGH 21.10.1976 – VII ZR 327/74 BauR 1977, 52 = WM 1976, 1355; OLG München 25.9.2014 – Verg 10/14; OLG Karlsruhe 7.5.2014 – 15 Verg 4/13; OLG Karlsruhe 27.9.2013 – 15 Verg 3/13; OLG München 6.12.2012 – Verg 29/12; OLG Bremen 9.10.2012 – Verg 1/12; OLG Karlsruhe 22.7.2011 – 15 Verg 8/11; OLG München 21.5.2010 – Verg 02/10; OLG Naumburg 23.4.2009 – Verg 7/08 VergabeR 2009, 93; OLG Düsseldorf 9.2.2009 – VII-Verg 66/08; OLG Düsseldorf 10.12.2008 – VII-Verg 51/08; OLG Schleswig 26.7.2007 – 1 Verg 3/07; OLG Brandenburg 20.3.2007 – Verg W 12/06; OLG Rostock 17.6.2005 – 17 Verg 8/05; OLG Rostock 6.7.2005 – 17 Verg 8/05; BayObLG 1.3.2004 – Verg 2/04 IBR 2004, 267; OLG Dresden 6.6.2002 – WVerg 05/02 WuW/E Verg 711; BayObLG 12.9.2000 Verg 4/00 VergabeR 2001, 65; OLG Rostock 10.5.2000 – 17 W 4/00 NZBau 2001, 285; OLG Jena 22.12.1999 – 6 Verg 3/99 NZBau 2000, 349 = BauR 2000, 399; *Stolz* VergabeR 2002, 222; *Thormann* BauR 2000, 359.
[46] Einschränkend zum Teil noch die ältere Rechtsprechung: BayObLG 1.3.2004 – Verg 02/04 IBR 2004, 267; BayObLG – Verg 12/03 VergabeR 2004, 87 = NZBau 2004, 294; OLG Naumburg 7.5.2002 – 1 Verg 19/01; OLG Celle 8.11.2001 – 13 Verg 12/01 VergabeR 2002, 176 = NZBau 2002, 400.
[47] KG 15.3.2004 – 2 Verg 17/03 IBR 2004, 268; KG 26.2.2004 – 2 Verg 16/03 NZBau 2004, 288 = ZfBR 2004, 406; BayObLG 18.9.2003 – Verg 12/03 VergabeR 2004, 87 = NZBau 2004, 294; OLG Celle 22.5.2003 – 13 Verg 10/03; OLG Dresden 6.6.2002 – WVerg 5/02 VergabeR 2003, 64. Vgl. zu ungewöhnlich niedrigen Einzelpreisen → § 16 EU VOB/A Rn. 89 u. 110.
[48] BGH 18.5.2004 – X ZB 7/04 NZBau 2004, 457 = VergabeR 2004, 473. Allerdings besteht ein tatsächlicher Zusammenhang → § 16 EU VOB/A Rn. 94.
[49] OLG Karlsruhe 6.8.2014 – 15 Verg 7/14; OLG Frankfurt 6.3.2013 – 11 Verg 7/12; OLG Celle 30.9.2010 – 13 Verg 10/10.
[50] OLG Düsseldorf 30.4.2014 – VII-Verg 41/13; OLG Frankfurt 6.3.2013 – 11 Verg 7/12; OLG Celle 30.9.2010 – 13 Verg 10/10 NZBau 2011, 189 = VergabeR 2011, 103; OLG München 21.5.2010 – Verg 02/10; OLG Jena 29.8.2008 – 9 Verg 5/08; OLG Schleswig-Holstein 26.7.2007 – 1 Verg 3/07; OLG Celle 18.12.2003 – Az.: 13 Verg 22/03.
[51] Die bloßen Erwartungen der Vergabestelle sind nicht maßgeblich OLG München 7.3.2013 – Verg 36/12. Für eine rein subjektive Betrachtung wohl EuGH 6.7.2005 – Rs. T-148/04 Rn. 50 – Travel Solutions.

Erfahrungswerte aus anderen Beschaffungsvorgängen, die üblicherweise bereits zu Beginn des Vergabeverfahrens in die Kostenschätzung des Auftraggebers eingehen,[52] sowie die Angebote der anderen Bieter. In Rechtsprechung und Literatur wird mittlerweile überwiegend vertreten, dass bei einer **preislichen Abweichung von mehr als 20% zum nächst höheren Angebot** eine kritische Grenze überschritten wird, die eine Aufklärungs- bzw. Nachfragepflicht des Auftraggebers auslöst **(Aufgreifschwelle).**[53] Auch der Bundesgerichtshof erkennt diese Aufgreifschwelle an, wenngleich er offen gelassen hat, ob eine Schwelle von 20% als unverrückbare Untergrenze anzusehen ist oder besondere Umstände im Einzelfall Aufklärungsbedarf auch bei geringeren Abständen indizieren können.[54] Unterschiedliche betriebsindividuelle Verhältnisse,[55] die Tatsache, dass sich – auch im Bausektor – eingesetzte Verfahren, Techniken und Betriebsabläufe dynamisch ändern, so dass sich oftmals keine festen Marktpreise herausbilden[56] und auch der Umstand, dass jeder Angebotspreis einen Anteil Gewinn und Wagnis beinhaltet, der vom Bieter frei kalkuliert wird,[57] sprechen dagegen, die Aufgreifschwelle generell schon bei einem Preisabstand von 10% zum nächstfolgenden Angebot anzusetzen.[58] Es besteht auch keine Veranlassung, im Verhandlungsverfahren von einer niedrigeren Aufgreifschwelle als in offenen Verfahren auszugehen[59] oder im Baubereich generell eine niedrigere Schwelle als im Liefer- oder Dienstleistungsbereich anzusetzen.[60] Insbesondere bestehen wohl bei der Lieferung von Standardprodukten nicht grundsätzlich größere betriebsindividuelle Rationalisierungspotentiale als bei Bautätigkeiten. Um dem Einzelfall, insbesondere dem Auftragsgegenstand und der Marktsituation, Rechnung tragen zu können, billigt die Rechtsprechung dem Auftraggeber bei Festsetzung der unteren Grenze der Aufgreifschwelle einen Beurteilungsspielraum zu.[61] Auch andere Aufgreifkriterien als den Preisabstand der Endangebote, z B den Unterschied bei Stundenverrechnungssätzen, sind als Aufgreifschwellen gebilligt worden.[62] Dem steht allerdings die Ansicht entgegen, dass bei Abweichungen des Gesamtpreises von weniger als 10% keine Prüfung der Angemessenheit veranlasst und zulässig ist,[63] und in diesem Fall daher auch der Ausschluss eines Angebots nicht auf die unzureichende Mitwirkung des Bieters bei der Aufklärung des Angebotspreises gestützt werden kann.[64]

26   Es spricht nichts dagegen, wenn der Auftraggeber im Vorfeld einer konkreten Auftragsvergabe oder allgemein für eine Vielzahl von Auftragsvergaben eine **Aufgreifschwelle**

[52] Zur Kostenschätzung des Auftraggebers als Vergleichsmaßstab EuGH 19.10.2017 C-198/167 – Agr. Consulting, BGH 20.11.2010 – X ZR 108/10, OLG Düsseldorf 13.12.2017 – VII – Verg 33/17; OLG Celle 10.3.2016 – 13 Verg 5/15; OLG Düsseldorf 8.6.2011 – VK Verg 55/10. Zur Anpassung der Kostenschätzung im Vergabeverfahren OLG Düsseldorf 6.6.2007 – VII-Verg 8/07. Zur Abänderung der Kostenschätzung im Nachprüfungsverfahren OLG München 7.3.2013 – Verg 36/12.
[53] OLG Frankfurt 9.5.2017 – 11 Verg 5/17; OLG Celle 10.3.2016 – 13 Verg 5/15; OLG Düsseldorf 25.4.2012 – Verg 61/11; OLG Celle 17.11.2011 – 13 Verg 6/11; OLG Düsseldorf 23.1.2008 – VII-Verg 36/07; OLG Düsseldorf 23.3.2005 – VII-Verg 77/04; OLG Frankfurt 30.3.2004 – 11 Verg 4/04 IBR 2004, 452; *Dicks* in KMPP, § 16 VOL/A Rdn. 243; Frister in Kapellmann/Messerschmidt, 6. Aufl. § 16d VOB/A Rn. 9.
[54] BGH 31.1.2017 – X ZB 10/16.
[55] Vgl. OLG Koblenz 23.12.2003 – 1 Verg 8/03 VergabeR 2004, 244.
[56] Vgl. OLG Celle 18.12.2003 – 13 Verg 22/03 VergabeR 2004, 397.
[57] VK Baden-Württemberg 18.7.2003 – 1 VK 30/03.
[58] Wie hier *Dicks* in KMPP, § 16 VOL/A Rdn. 243. Anders OLG Celle 8.11.2001 – 13 Verg 12/01 VergabeR 2002, 176 = NZBau 2002, 400; OLG München 2.6.2006 – Verg 12/06 und auch OLG Karlsruhe 27.9.2009 – 15 Verg 3/09. Von der 10%-Schwelle das Vergabehandbuch des Bundes in den Richtlinien zu Formblatt 321 und einige landesgesetzliche Regelungen.
[59] Zutr. VK Südbayern 25.11.2013 – Z3-3-3194-1-33-09/13.
[60] Unzutreffend VK Südbayern 31.5.2011 – Z3-3-3194-1-11-03/11.
[61] OLG Düsseldorf 30.4.2014 – VII-Verg 41/13; OLG Brandenburg 23.3.2011 – VergW 18/10; OLG Düsseldorf 23.11.2005 – VII-Verg 66/05; *Vavra* in Ziekow/Völlink, Vergaberecht, 2. Aufl., § 16 VOB/A Rn. 47; *Frister* in Kapellmann/Messerschmidt, VOB, 6. Aufl. § 16d VOB/A Rn. 9.
[62] OLG Frankfurt 29.5.2012 – 11 Verg 5/12; VK Bund 27.12.2011 – VK 1-159/11.
[63] OLG Karlsruhe 6.8.2014 – 15 Verg 7/14; *Stolz* in Willenbruch/Wieddekind, Kompaktkommentar Vergaberecht, 4. Aufl., § 16d EU VOB/A Rn. 7.
[64] OLG Karlsruhe 6.8.2014 – 15 Verg 7/14; OLG Koblenz 19.1.2015 – Verg 6/14.

festlegt, bei deren Unterschreiten eine Angebotsaufklärung nach § 16d EU Abs. 1 Nr. 2 VOB/A durchgeführt wird,[65] solange hierdurch keine endgültige Bindung in der Frage eintritt, ob und unter welchen Voraussetzungen ein Angebot preislich unangemessen ist. Eine solche Festlegung kann ein Internum der Vergabestelle bleiben und muss nicht unbedingt vorab bekannt gemacht werden.[66] Soweit die **Vergabegesetze der Länder** zum Teil Aufgreifschwellen für die Prüfung unangemessen niedrig erscheinende Angebote festschreiben, sind diese Regelungen – im Bereich der Auftragsvergaben oberhalb der EU-Schwellenwerte – nicht von der Länderkompetenz nach § 129 GWB gedeckt.[67]

Da auch das zweithöchste Angebot bereits unangemessen niedrig sein kann,[68] ist es unter **27** Umständen zuverlässiger als Vergleichsgröße nicht das nächst höhere Angebot, sondern den Mittelpreis aller eingegangenen Angebote oder den **Mittelpreis** einer Angebotsgruppe (Angebote, die eng beieinander liegen) heranzuziehen.[69] Als Vergleichsmaßstab nur bedingt geeignet ist das Angebot des zweitplatzierten Bieters auch dann, wenn es sich um das Angebot des einzigen Mitbewerbers handelt[70] oder um ein Nebenangebot.[71] Auch dann, wenn neben dem Preis nichtmonetäre Zuschlagskriterien zur Anwendung kommen, hat der Preisabstand zum nächsthöheren Angebot nur bedingte Aussagekraft. Das Angebot eines Bieters, der mehr Gewicht auf die Leistungsseite legt, wird preislich in der Regel teurer sein als das eines Bieters, der sich darauf beschränkt, die Mindestanforderungen der Leistung zu erfüllen. Ob bei dem Preisvergleich Angebote, die zwingend ausgeschlossen werden müssen, zu berücksichtigen sind, ist im Einzelfall anhand der Kalkulationserheblichkeit des Ausschlussgrundes zu entscheiden.[72]

Die Abweichung des Preises des niedrigsten Angebots zu dem nächst höheren Angebot **28** oder zu einem Mittelpreis rechtfertigt für sich genommen nicht den Angebotsausschluss nach § 16d EU Abs. 1 Nr. 1 VOB/A.[73] Der Preisabstand zum nächstfolgenden Angebot ist schon deshalb kein hinreichendes Kriterium für den Angebotsausschluss, weil nie ausgeschlossen werden kann, dass alle Angebote – etwa aufgrund einer Preisabsprache – überhöht sind. Die **Überschreitung der Aufgreifschwelle darf daher nicht automatisch den Ausschluss eines Angebots nach sich ziehen,** weil so einem „unterschossenen Kartell" zum Erfolg verholfen werden könnte.[74] Auch das Unionsrecht verlangt, dass ein ungewöhnlich niedriges Angebot „im Verhältnis zur Leistung" beurteilt wird.[75] Der EuGH hat deutlich gemacht, dass eine rein mathematische, an den übrigen Angeboten bemessene Feststellung der als unangemessen niedrig geltenden Angebote (insbesondere das sog. Mittelpreisverfahren) mit den EU-Vergaberichtlinien unvereinbar ist. Sie nimmt dem betroffenen Bieter die Möglichkeit, nachzuweisen, dass das Angebot seriös kalkuliert

---

[65] Vgl. OLG Frankfurt 29.5.2012 – 11 Verg 5/12; OLG Düsseldorf 23.11.2005 – Verg 66/05. Eine Verpflichtung dazu besteht in der Regel jedoch nicht, vgl. VK Bund 1.2.2010 – VK 3-126/10 und 3-135/10.

[66] OLG Düsseldorf 5.12.2012 – VII-Verg 29/12; OLG Düsseldorf 14.11.2012 – VII-Verg 42/12; VK Bund 15.10.2014 – VK 2-83/14; VK Bund 5.10.2012 – VK 3-111/12; VK Bund 10.6.2011 – VK 3-56/11; *Sulk,* Der Preis im Vergaberecht, S. 172; aA wohl VK Bund 10.2.2011 – VK 3-162/10.

[67] Vgl. im Einzelnen *Opitz* in Burgi/Dreher, Beck'scher Vergaberechtskommentar, 3. Aufl. Bd. 1 § 129 GWB Rn. 27. Kritisch auch *Csaki* NZBau 2013, 342, 346.

[68] OLG München 2.6.2006 – Verg 12/06 VergabeR 2006, 802.

[69] Vgl. VK Thüringen 6.7.2001 – 216-4002.20-020/01-NDH. Gegen die Heranziehung des Mittelpreises für einzelne Leistungstitel VK Berlin 2.6.2009 – VK B 2-12/09.

[70] OLG Düsseldorf 23.3.2005 – Verg 68/04.

[71] Vgl. BayObLG 2.8.2004 – Verg 16/04 VergabeR 2004, 743.

[72] OLG Karlsruhe 6.8.2014 – 15 Verg 7/14; OLG München 2.6.2006 – Verg 12/06 VergabeR 2006, 802; *Dicks* in KMPP, VOB/A, 2. Aufl. § 16 VOB/A Rn. 241. Gegen eine Berücksichtigung ausgeschlossener Angebote OLG Koblenz 23.12.2003 – 1 Verg 8/03 VergabeR 2004, 244.

[73] ZB OLG Düsseldorf 30.4.2014 – VII-Verg 41/13 OLG Karlsruhe 22.7.2011 – 15 Verg 8/11; OLG Karlsruhe 16.6.2010 – 15 Verg 4/10; OLG München 21.5.2010 – Verg 02/10; OLG Jena 29.8.2008 – 9 Verg 5/08; OLG Schleswig 26.7.2007 – 1 Verg 3/07. Überholt BayObLG 18.9.2003 – Verg 12/03 VergabeR 2004, 87 = NZBau 2004, 294.

[74] VK Baden-Württemberg 30.4.2002 – 1 VK 17/02.

[75] EuGH 18.12.2014 – C-568/13 Rn. 50 – Data Medical Service; EuGH 29.3.2012 – Rs. C-599/10 Rn. 29 f. – SAG ELV Slovensko ua.

ist.[76] Dem Auftraggeber ist es nur erlaubt, die Aufgreifschwelle für eine Überprüfung der Kalkulationsgrundlagen eines Bieters mathematisch anhand des Mittels der im Rahmen der Ausschreibung abgegebenen Angebote festzusetzen.[77] Missverständlich ist es, wenn die Rechtsprechung zum Teil darauf abstellt, ob die Unangemessenheit des Angebotspreises „sofort ins Auge fällt und der angebotene Gesamtpreis derart eklatant von dem an sich angemessenen Preis abweicht, dass eine genaue Überprüfung nicht im Einzelnen erforderlich ist".[78] Wie § 16d EU Abs. 1 Nr. 2 VOB/A zeigt, geht der Normgeber davon aus, dass die Unangemessenheit des Angebotspreises nicht auf Anhieb zu erkennen ist, sondern erst nach Aufklärung über die Ermittlung der Preise für die Gesamtleistung oder für Teilleistungen.

29   Der öffentliche Auftraggeber kann sich **von seiner Prüfpflicht nach § 16d Abs. 1 Nr. 2 VOB/A nicht** mit dem Hinweis darauf **freizeichnen,** dass er fachlich zu einer Prüfung der Angemessenheit des Angebotspreises, insbesondere in Bezug auf eine zur korrekten Auftragsausführung ausreichenden Kalkulation, nicht in der Lage oder diese Prüfung für ihn zu aufwändig ist. Es erscheint aber nicht ausgeschlossen, dass eine unterbliebene Aufklärung noch während eines Nachprüfungsverfahrens nachgeholt wird.[79]

3. Verfahren der Angebotsaufklärung

30   Das Verfahren der Angemessenheitsprüfung wird in § 16d EU Abs. 1 Nr. 2 VOB/A beschrieben. Der Sinn und Zweck dieser Vorschrift besteht darin, den Bieter vor willkürlichen Entscheidungen des Auftraggebers zu schützen.[80] Nach der Rechtsprechung des EuGH darf ein Angebot ohne eine „kontradiktorische Überprüfung" nicht als ungewöhnlich niedrig ausgeschlossen werden.[81] Eine kontradiktorische Überprüfung setzt voraus, dass dem betroffenen Bieter im Wege eines Aufklärungsverlangens Gelegenheit gegeben wird, die Seriosität seiner Kalkulation zu erläutern. Nach Art. 69 Abs. 2 RL 2014/24/EU können sich diese Erläuterungen insbesondere auf Folgendes beziehen: a) die Wirtschaftlichkeit des Bauverfahrens; b) die gewählten technischen Lösungen oder alle außergewöhnlich günstigen Bedingungen, über die der Bieter bei der Durchführung der Bauleistungen verfügt; c) die Originalität der Bauleistungen; d) die Einhaltung der anwendbaren Vorschriften des Arbeits-, Sozial- und Umweltrechts; e) die Einhaltung der anwendbaren Vorschriften des Arbeits-, Sozial- und Umweltrechts durch Nachunternehmer; f) die Möglichkeit für den Bieter, staatliche Hilfe zu erhalten. Die Prüfungstiefe bestimmt grundsätzlich der Auftraggeber. Zur Prüfung der Preise für Teilleistungen ist der Auftraggeber berechtigt, aber nicht verpflichtet.[82]

---

[76] EuGH 16.10.1997 – Rs. C-304/96 Rn. 16 – Hera SpA Slg. 1997, I-5685 = WuW/E Verg 1; EuGH 18.6.1991 – Rs. 103/88– Donà Alfonso Slg. 1991, I-2967; EuGH 22.6.1989 – Rs. 103/88 Rn. 18 – Fratelli Costanzo Slg. 1989, 1839 = NJW 1990, 3071. Zu Praktiken, das Mittel der Angebote durch taktische Angebotsabgaben zu verfälschen vgl. EuGH 27.11.2001 – vb. Rs. C-285/99 u. C-286/99 Rn. 71 f. – Impresa Lombardini Slg. 2001, I-923 = NZBau 2002, 101 = VergabeR 2002, 131. Zu Auftragsvergaben unterhalb der EU-Schwellenwerte EuGH 15.5.2008 – C 147/06 und C 148/06 Rn. 26 ff. – SECAP und Santoroso. Zu einem rein mathematischen Ausschlussmechanismus auch VK Bund vom 11.6.2010 – VK 3-57/10.

[77] EuGH 27.11.2001 – vb. Rs. C-285/99 u. C-286/99 Rn. 68 ff. – Impresa Lombardini Slg. 2001, I-923 = NZBau 2002, 101 = VergabeR 2002, 131.

[78] So OLG Bremen 9.10.2012 – Verg 1/12; OLG Brandenburg 16.2.2012 – Verg W 1/12; OLG Karlsruhe 16.6.2010 – 15 Verg 4/10; OLG München 25.1.2010 – Verg 02/10; OLG Koblenz 28.10.2009 – 1 Verg 8/09; OLG Jena 5.6.2009 – 9 Verg 5/09 VergabeR 2009, 809; OLG Düsseldorf 9.2.2009 – VII-Verg 66/08; OLG Düsseldorf 19.11.2003 – Verg 22/03 ZfBR 2004, 98 = VergabeR 2004, 248 und auch schon BGH vom 21.10.1976 – VII ZR 327/74 BauR 1977, 52.

[79] VK Südbayern 14.8.2015 – Z3-3-3194-1-34-05/15; VK Südbayern 10.2.2014 – Z3-3-3194-1-42-11/13.

[80] → oben Rn. 5.

[81] EuGH 18.12.2014 – Rs. C-568/13 Rn. 48 – Data Medical Services; EuGH 29.3.2012 – Rs. C-599/10 Rn. 29 – SAG ELV Slovensko ua; EuGH 27.11.2001 – vb. Rs. C-285/99 u. C-286/99 Rn. 53 ff. – Impresa Lombardini Slg. 2001, I-923 = NZBau 2002, 101 = VergabeR 2002, 131.

[82] Vgl. BayObLG 1.3.2004 – Verg 2/04 VergabeR 2004, 343; BayObLG 18.9.2003 – Verg 12/03 VergabeR 2004, 87 = NZBau 2004, 294; OLG Naumburg 7.5.2002 – 1 Verg 19/01 VergabeR 2002, 520; VK Südbayern 14.2.2014 – Z3-3-3194-1-43-12/13; VK Münster 1.10.2013 – VK 12/13.

Der Auftraggeber hat seine **Zweifel konkret zu benennen,** damit der Bieter daraufhin **31**
zweckgerichtet erwidern kann.[83] Das bedeutet allerdings nicht, dass der Auftraggeber ver-
pflichtet wäre, den Bietern Anforderungen für eine erfolgreiche Aufklärung vorzugeben.[84]
Für die Erwiderung ist dem Bieter eine **angemessene Frist** einzuräumen.[85] Mit der
VOB/A 2006 ist das Erfordernis der Schriftlichkeit des Aufklärungsverlangens durch das
Erfordernis der Textform ersetzt worden, weshalb ein Aufklärungsverlangen z.B. auch per
E-Mail zulässig ist. Es reicht allerdings nicht, wenn bei Aufklärungsgesprächen ein Hinweis
auf Zweifel an der Angemessenheit der Preise erfolgt. Spätestens nach Abschluss des Aufklärungsgesprächs muss der Auftraggeber von dem Bieter eine Aufklärung **in Textform**
verlangen.[86] Erklärungen, die ein Bieter ohne vorheriges textliches Aufklärungsverlangen
im Rahmen eines Bietergespräches spontan oder auf Vorhalt des Auftraggebers macht, sind
unbeachtlich.

§ 16d EU Abs. 1 Nr. 2 S. 1 VOB/A ist so zu verstehen, dass es keiner kontradiktori- **32**
schen Angebotsaufklärung bedarf, wenn der Auftraggeber die Angemessenheit des Angebotspreises bereits **anhand vorliegender Unterlagen über die Preisermittlung** beurteilen kann, insbesondere also anhand einer mit dem Angebot geforderten Urkalkulation
oder mit dem Angebot geforderter EFB-Kalkulationsblätter.[87] Dies gilt allerdings nur, soweit der Auftraggeber anhand der vorliegenden Unterlagen zu einem positiven Prüfergeb-
nis gelangt. Vor der Ablehnung eines Angebots als unangemessen niedrig muss der Auftraggeber dem betroffenen Bieter in jedem Fall die Möglichkeit einräumen, zu seiner
Kalkulation Stellung zu nehmen, auch dann, wenn dem Auftraggeber schon Unterlagen
zur Preisermittlung vorliegen.[88] Nur dann erscheint auch die weitere, nach § 16d EU
Abs. 1 Nr. 2 S. 2 VOB/A geforderte Rücksprache mit dem Bieter erforderlich.

Im Rahmen seiner Prüfung, ob ein Angebot unangemessen niedrig ist, muss der Auf- **33**
traggeber **alle vom Bieter vorgebrachten Erläuterungen zu berücksichtigen.**[89] Die
Erläuterung ist nicht auf die in Art. 69 Abs. 2 RL 2014/24/EU genannten Umstände beschränkt.[90] Der Auftraggeber muss sich nicht mit pauschalen Erklärungen des Bieters zufrieden geben, sondern kann er zum Nachweis behaupteter Tatsachen auch beim Bieter
vorhandene Belege und Nachweise (zB Nachunternehmerangebote) verlangen.[91] Andererseits kann er sich für eine i.S.v. Art. 69 Abs. 3 UAbs. 1 RL 2014/24/EU zufriedenstellende Erklärung durchaus mit Eigenerklärungen begnügen.[92] Verweigert der betroffene Bieter
an der Angebotsaufklärung mitzuwirken, so kann sein Angebot unberücksichtigt bleiben
(§ 15 EU Abs. 2 VOB/A). Der **Aufklärungsverweigerung** steht es gleich, wenn der Bieter lediglich nebulöse oder formelhafte Erklärungen abgibt.[93]

---

[83] EuGH 29.3.2012 – Rs. C-599/10 Rn. 31 – SAG ELV Slovensko ua.
[84] OLG Düsseldorf 31.10.2012 – VII-Verg 17/12; VK Bund 18.12.2014 – VK 2-103/14; VK Bund
15.10.2014 – VK 2-83/14; VK Baden-Württemberg 3.6.2014 – 1 VK 19/14.
[85] OLG Celle 30.9.2010 – 13 Verg 10/10.
[86] OLG Celle 30.9.2010 – 13 Verg 10/10; OLG Jena 29.8.2008 – 9 Verg 5/08; BayObLG 18.9.2003 –
Verg 12/03 VergabeR 2004, 87 = NZBau 2004, 294; OLG Naumburg 7.5.2002 – 1 Verg 19/01 VergabeR
2002, 520 = ZfBR 2002, 618.
[87] Vgl. BGH 31.1.2017 – X ZB 10/16 „Reicht dies nicht aus, um die Angemessenheit befriedigend beurteilen zu können, …" sowie OLG Düsseldorf 20.12.2017 – VK-Verg 8/17.
[88] EuGH 27.11.2001 – vb. Rs. C-285/99 u. C-286/99 Rn. 52 Slg. 2001, I-923 = NZBau 2002, 101 =
VergabeR 2002, 131 – Impresa Lombardini; OLG Dresden 6.6.2002 – Wverg 5/02; *Stolz* in Willenbruch/
Wieddekind, Kompaktkommentar Vergaberecht, 4. Aufl., § 16d EU VOB/A Rn. 9.
[89] *Stolz* VergabeR 2002, 221.
[90] So EuGH 18.12.2014 – Rs. C-568/13 Rn 50 – Data Medical Services zu Art. 37 Abs. 2 RL 92/
50/EG.
[91] Vgl. etwa OLG Frankfurt 6.3.2013 – 11 Verg 7/12; VK Sachsen-Anhalt 20.1.2016 – 3 VK LSA 75/15;
VK Bund 18.12.2014 – VK 2-103/14; VK Bund 18.11.2013 – VK 1-99/13; VK Thüringen 11.2.2010
– Az.: 250-4002.20-253/2010-001-EF.
[92] VK Bund 22.11.2017 – VK 1-129/17 zur Rechtfertigung des Angebotspreises mit „akquisitorischen
Nachlässen".
[93] OLG Düsseldorf 30.4.2014 – VII-Verg 41/13; OLG Brandenburg 22.3.2011 – Verg W 18/10; OLG
Naumburg 6.4.2004 – 1 Verg 3/04 IBR 2004, 453.

34   An der bislang zum Teil vertretenen Auffassung, der Auftraggeber müsse gestützt auf Tatsachen, schlüssig darlegen, dass der betreffende Bieter zum angebotenen Preis voraussichtlich nicht zuverlässig und vertragsgerecht wird leisten können, wobei ihm ein Wertungsspielraum zukomme,[94] bestehen indessen Zweifel. Art. 69 Abs. 3 UAbs. 1 RL 2014/24/EU, wonach der Auftraggeber das Angebot ablehnen darf, wenn die vom Bieter beigebrachten Nachweise das niedrige Niveau des vorgeschlagenen Preises beziehungsweise der vorgeschlagenen Kosten nicht zufriedenstellend erklären, bestätigt die schon bislang vertretene Ansicht,[95] dass es **Sache des Bieters** ist, bei Vorliegen der Aufgreifkriterien die dem Anschein nach berechtigten **Bedenken der Vergabestelle zu entkräften.**

4. Beurteilung der Angemessenheit

35   Nach durchgeführter Angebotsaufklärung entscheidet der Auftraggeber über die Angemessenheit des Angebots. Zeitlicher Bezugspunkt für diese Entscheidung ist dabei das Datum der Angebotsabgabe beziehungsweise der Zeitpunkt des Ablaufs der Angebotsfrist.[96] Ausgehend vom Normzweck[97] ist **bei der Frage der Angemessenheit entscheidend, ob der betreffende Bieter zum angebotenen Preis voraussichtlich ordnungsgemäß und vertragsgerecht wird leisten können.** Der Bundesgerichtshof hat betont, dass der mit dem Ausschlusstatbestand verfolgte Schutz der öffentlichen Interessen nicht erst einsetzt, wenn zu erwarten ist, dass der Auftragnehmer infolge der zu geringen Vergütung in wirtschaftliche Schwierigkeiten geraten und den Auftrag deshalb nicht vollständig ausführen kann. Öffentliche Interessen sind in schützenswerter Weise auch dadurch gefährdet, dass der betreffende Anbieter in Anbetracht des zu niedrigen Preises versuchen könnte, sich des Auftrags so unaufwändig wie möglich und insoweit auch nicht vertragsgerecht zu entledigen, durch möglichst viele Nachträge Kompensation zu erhalten oder die Ressourcen seines Unternehmens auf besser bezahlte Aufträge zu verlagern, sobald sich die Möglichkeit dazu bietet.[98] Ob das neue Bauvertragsrecht dazu beiträgt, diese Praxis zu verändern, bleibt abzuwarten. Für Nachträge aufgrund von zusätzlichen oder geänderten Leistungen (nicht reine Mengenmehrungen beim Einheitspreisvertrag) sieht § 650c Abs. 1 S. 1 BGB nunmehr vor, dass die Nachtragsvergütung nach den tatsächlich erforderlichen Kosten ermittelt wird, wobei nach § 650 Abs. 2 S. 2 BGB eine widerlegbare Vermutung besteht, dass die kalkulierten Preise den tatsächlich erforderlichen Kosten entsprechen. Dass der Bieter nach § 650c BGB nun davor geschützt wird, dass ein niedriges Vertragspreisniveau auch im Nachtragsfall fortgeschrieben wird, könnte auf den ersten Blick zusätzliche Anreize für die Auftragsakquisition über „Dumpingangebote" bieten. Andererseits ist die Neuregelung des § 650c BGB dazu geeignet, der Spekulation auf Nachtragsvergütungen zu überhöhten Einheitspreisen[99] und damit auf Kompensation eines ursprünglich untersetzten Angebots Einhalt zu gebieten.

36   Ob der betreffende Bieter zum angebotenen Preis voraussichtlich ordnungsgemäß und vertragsgerecht leisten wird, ist eine Prognoseentscheidung, bei der der Auftraggeber über einen **Beurteilungsspielraum** verfügt, der einer nur eingeschränkten Nachprüfbarkeit durch die Nachprüfungsbehörden und Gerichte unterliegt.[100] Es ist freilich zu konstatieren,

---

[94] OLG Düsseldorf 30.4.2014 – VII-Verg 41/13; OLG Koblenz 25.9.2012 – 1 Verg 5/12; vgl. auch *Dicks* in KMPP, VOB/A, 2. Aufl. § 16 VOB/A Rn. 252.

[95] So OLG Brandenburg 22.3.2011 – Verg W 18/10; VK Schleswig-Holstein 6.4.2011 – VK-SH 05/11; VK Niedersachsen 14.12.2012 – VgK-48/2012; VK Berlin 10.1.2012 – VK – B 1 – 35/11; VK Bund 20.4.2005 – VK 1-23/05; *Csaki* NZBau 2013, 342, 344; *Gabriel* VergabeR 2013, 300, 303; unklar *Summa* in Juris-PK Vergaberecht, 5. Aufl., § 16 VOB/A Rn. 33 und 38.

[96] OLG Jena 5.6.2009 – 9 Verg 5/09 VergabeR 2009, 809; VK Bund 17.1.2011 – VK 1-139/10; VK Bund vom 10.12.2009 – VK 3-211/09.

[97] → Rn. 16 ff.

[98] BGH 31.1.2017 – X ZB 10/16.

[99] Vgl. zur sog. Mischkalkulation § 16 EU Rn. 55 ff.

[100] OLG Frankfurt 6.3.2013 – 11 Verg 7/12; Brandenburgisches OLG 22.3.2011 – Verg W 18/10; OLG Jena 5.6.2009 – 9 Verg 5/09 VergabeR 2009, 809; OLG München 2.6.2006 – Verg 12/06 VergabeR 2006, 802; OLG Naumburg 7.5.2002 – 1 Verg 19/01; vgl. auch OLG Karlsruhe 27.9.2013 – 15 Verg 3/13.

dass der Ausschlusstatbestand für unangemessen niedrige Angebote gerade wegen dieses Beurteilungsspielraums des Auftraggebers in der Vergabepraxis nur geringe Bedeutung hat. Auf der Seite der Auftraggeber ist die psychologische Hemmschwelle, den Bestbieter vom Vergabeverfahren auszuschließen, hoch. Und auch die Rechnungsprüfungsbehörden und Revisionsstellen, die einen hohen Rechtfertigungsdruck für einen solchen Ausschluss aufbauen, tragen dazu bei, dass der Angebotsausschluss wegen eines unangemessen niedrigen Preises eher eine Ausnahmeerscheinung ist. Es kommt hinzu, dass der Auftraggeber vor dem Risiko, dass Bieterunternehmer Aufträge mit (zu) knapp kalkulierten Angeboten akquirieren, um diese später über Nachträge in die Wirtschaftlichkeit zu heben, durch geschickte Wahl der Zuschlagskriterien[101] möglicherweise besser geschützt wird als durch § 16d EU Abs. 1 Nr. 1 VOB/A.

Ein Angebot, das innerhalb der ordnungsgemäßen Kostenschätzung des Auftraggebers **37** liegt, wird in der Regel nicht unangemessen sein.[102] Und auch bei einem tatsächlich auskömmlichen Angebot wird die Gefahr der nicht ordnungsgemäßen oder nicht vertragsgerechten Leistung regelmäßig zu verneinen sein.[103] Andererseits handelt der Auftraggeber innerhalb des ihm zugestandenen Beurteilungsspielraums, wenn er ein nachweislich **unauskömmliches Angebot** als unangemessen beurteilt und vom Vergabeverfahren ausschließt. Dass ein solches Angebot nicht von vornherein unzulässig ist,[104] ändert nichts an den hiermit verbundenen Gefahren.[105] Die VOB/A selbst verwendet den Begriff der Unauskömmlichkeit nicht mehr.[106] Unauskömmlich sind Angebote, die die individuellen Kosten des Auftragnehmers nicht decken und die bei Zuschlagserteilung nach gewöhnlichem Lauf der Dinge daher zu einem Verlust des Bieters führen.[107] Bei der Frage der Auskömmlichkeit sind individuelle Einsparpotenziale (günstige Bezugsquellen, regionale Preisschwankungen, abgeschriebene Maschinen und Geräte, Kostenvorteile durch Ortsansässigkeit) ebenso zu berücksichtigen wie etwa die Tatsache, dass der Bieter über staatliche Fördermittel verfügt. Weil Einzel- und Gemeinkosten nicht bei allen Betrieben gleich abgegrenzt werden und etwaige Kostenunterschiede auf unterschiedlichen Organisationsstrukturen, Arbeitsverfahren und Ausführungsarten beruhen können, darf nicht vorschnell auf eine Unauskömmlichkeit geschlossen werden. Letzteres gilt in besonderem Maße bei der Beurteilung von Nebenangeboten und Angeboten, denen eine funktionale Leistungsbeschreibung zugrunde liegt. Schließlich können Mängel in den Ausschreibungsunterlagen dazu führen, dass die Bieter ihre Preise unter unterschiedlichen Kalkulationsansätzen bilden, was zu erheblichen Preisabweichungen führen kann. Wirtschaftsprüfertestate sind geeignet, den Nachweis der Auskömmlichkeit eines Angebotes zu führen.[108] Ob dem betroffenen Bieter bei Durchführung des Auftrags zum Angebotspreis in absehbarer Zeit Insolvenz oder vergleichbar prekäre wirtschaftliche Schwierigkeiten drohen, ist indessen unerheblich.[109] Im Falle eines unauskömmlichen Angebots ist ein **Widereintritt in die Eignungsprüfung** zur Beurteilung der Angemessenheit des Angebots **weder erforderlich noch hinreichend**,[110] denn die Gefahr der nicht ordnungsgemäßen oder nicht vertragsgerechten Leistung im Falle eines Unterkostenangebots besteht auch bei einem grund-

---

[101] → Rn. 24.

[102] OLG Koblenz 23.12.2003 – 1 Verg 8/03 VergabeR 2004, 244.

[103] OLG Düsseldorf 30.4.2014 – VII-Verg 41/13.

[104] → sogleich Rn. 38.

[105] BGH 31.1.2017 – X ZB 10/16.

[106] → Rn. 2.

[107] Vgl. *von Bechtolsheim/Fichtner* VergabeR 2005, 575. Die Selbstkosten eines Unternehmens können durchaus deutlich unter dem herkömmlichen Niveau liegen, vgl. zB OLG Naumburg 22.9.2005 – 1 Verg 7/05 VergabeR 2005, 779; BayObLG 2.8.2004 – Verg 16/04 VergabeR 2004, 743; OLG Düsseldorf 4.9.2002 – Verg 37/02.

[108] OLG Düsseldorf 17.2.2016 – VII-Verg 28/15.

[109] BGH 11.11.2014 – X ZR 32/14. Mit anderer Tendenz noch BGH 7.7.1998 – X ZR 17/97 NJW 1998, 3192.

[110] AA OLG Düsseldorf 8.6.2016 – VII-Verg 57/15; OLG Düsseldorf 30.4.2014 – VII-Verg 41/13; sowie *Gabriel* VergabeR 2013, 300, 304 ff.; offengelassen OLG München 25.9.2014 – Verg 10/14.

sätzlich geeigneten Bieter. Sie wird auch nicht dadurch ausgeschlossen, dass der betreffende Bieter erklärt, nicht in Marktverdrängungsabsicht zu handeln[111] oder er nur über einen geringen Marktanteil verfügt und deswegen nicht damit zu rechnen ist, dass er andere Wettbewerber vom Markt verdrängen wird.[112]

38 Dennoch zwingen die Vergabeordnungen nicht zum Ausschluss unauskömmlicher Angebote.[113] Hierfür spricht, dass es grundsätzlich Sache des Unternehmers ist, wie er den Preis eines Bauvertrags kalkuliert.[114] Er trägt allgemein das Risiko einer auskömmlichen Kalkulation.[115] Der **Auftraggeber kann daher Unterkostenpreise akzeptieren,** wenn seine Prognose ergibt, dass der Bieter zu diesen Preisen zuverlässig leisten wird.[116] Deswegen ist auch die Spruchpraxis der Vergabekammer Sachsen abzulehnen, wonach glaubwürdige Einsparpotenziale fiktiv zum ungewöhnlich niedrig erscheinenden Angebotspreis hinzuzurechnen sind und von einem unangemessenen Preis ausgegangen werden muss, wenn der abschließend **fiktive Angebotspreis** unterhalb von 10% zum nächst folgenden Bieter liegt.[117] Im Einzelfall können viele Gründe für die Abgabe eines auskömmlichen Angebots sprechen. Ein Unterkostenangebot kann betriebswirtschaftlich vertretbar sein, wenn es neben den variablen Kosten des Auftrags zumindest einen Teil der Gemeinkosten deckt, die bei dem Unternehmen unabhängig davon anfallen, ob ein Auftrag angenommen wird oder nicht.[118] Auch mag ein Newcomer beim Markteintritt (insbesondere um Referenzen nachweisen zu können) bewusst Verluste in Kauf nehmen, ohne dass damit wirtschaftliche Risiken für den Auftraggeber verbunden sind.[119]Aus der Einreichung eines Unterkostenangebots folgt auch nicht zwangsläufig, ein Bieter werde gegen arbeits- oder sozialrechtliche Vorgaben verstoßen.[120]

39 Auch ein **Kalkulationsirrtum** kann Ursache eines unauskömmlichen Angebots sein,[121] ohne dass dadurch die ordnungsgemäße Auftragsausführung zwangsläufig in Gefahr gerät. Der Auftraggeber ist daher nicht verpflichtet, ein Angebot, das aufgrund eines vom Bieter

---

[111] So allerdings *Gabriel* VergabeR 2013, 300, 306.

[112] So allerdings VK Bund 9.12.2015 – VK 2-107/15.

[113] BGH 31.8.1994 – 2 StR 256/94 NJW 1995, 737; BGH 11.7.2001 – 1 StR 576/00 NJW 2001, 3718; BSG 22.4.2009 – B 3 KR 2/09 D; BGH 31.1.2017 – X ZB 10/16 „nicht von vornherein unzulässig". Vgl. ferner: OLG Karlsruhe 6.8.2014 15 Verg 7/14; OLG Düsseldorf 30.4.2014 – VII-Verg 41/13; OLG Karlsruhe 11.11.2011 – 15 Verg 11/11; OLG Karlsruhe 22.7.2011 – 15 Verg 8/11; OLG Düsseldorf 9.5.2011 – VII-Verg 45/11 OLG München 21.5.2010 – Verg 02/10; OLG Dresden 7.5.2010 – WVerg 6/10; OLG Düsseldorf 12.10.2005 – VII-Verg 37/05; OLG Koblenz 26.10.2005 – 1 Verg 4/05; OLG Dresden 1.7.2005 – WVerg 0007/05; OLG Düsseldorf 17.6.2002 – Verg 18/02. Es ist eine hypothetische Frage, ob ein solcher Zwang gegen das europäische Richtlinienrecht verstoßen würde, in diesem Sinne OLG Düsseldorf 17.6.2002 – Verg 18/02; VK Baden-Württemberg 12.6.2014 – 1 VK 24/14; VK Nordbayern 6.2.2014 – 21.VK – 3194 – 60; VK Baden-Württemberg 21.8.2009 – 1 VK 40/09; VK Baden-Württemberg 17.1.2008 – 1 VK 52/07; VK Südbayern 14.9.2007 – Z3-3-3194-1-33-07/07.

[114] Zu Kalkulationsvorgaben → § 16 EU VOB/A Rn. 85 f.

[115] BGH 30.6.2011 – VII ZR 13 / 10; BGH 10.9.2009 – VII ZR 152 / 08; BGH 10.9.2009 – VII ZR 82/08; BGH 7.7.1998 – X ZR 17/97 BGHZ 139, 177, 180 f.; BGH 25.6.1987 – VII ZR 107/86, BauR 1987, 683, 684 = ZfBR 1987, 237, 238; BGH 4.10.1979 – VII ZR 11/79, BauR 1980, 63, 65; BGH 28.9.1964 – VII ZR 47/63, WM 1964, 1253, 1254.

[116] OLG Düsseldorf 9.5.2011 – VII-Verg 45/11; OLG München 21.5.2010 – Verg 02/10; OLG Naumburg 23.4.2009 – Verg 7/08 VergabeR 2009, 93; OLG Schleswig 26.7.2007 – 1 Verg 3/07; OLG Koblenz 26.10.2005 – 1 Verg 4/05 VergabeR 2006, 392; OLG Düsseldorf 12.10.2005 – Verg 37/05; OLG Dresden 1.7.2005 – WVerg 7/05 VergabeR 2005, 641; OLG Celle 18.12.2003 – 13 Verg 22/03 VergabeR 2004, 397; OLG Celle 24.4.2003 – 13 Verg 4/03; BayObLG 18.9.2003 – Verg 12/03 VergabeR 2004, 87 = NZBau 2004, 294; OLG Düsseldorf 17.6 2002 – Verg 18/02 VergabeR 2002, 471 = NZBau 2002, 626; KG 7.11.2001 – KartVerg 8/01 VergabeR 2002, 95.

[117] Vgl. zB VK Sachsen 8.7.2004 – 1/SVK/044-04; VK Sachsen 17.6.2004 – 1/SVK/038-04, 1/SVK/038-04G; VK Sachsen 1.10.2002 – 1/SVK/084-02.

[118] Vgl. OLG Karlsruhe 22.7.2011 – 15 Verg 8/11; OLG Dresden 7.5.2010 – WVerg 6/10;VK Bund 8.1.2004 – VK 2-124/03.

[119] Vgl. OLG Düsseldorf 21.5.2012 – VII-Verg 3/12; OLG Karlsruhe 22.7.2011 – 15 Verg 8/11; OLG Dresden 7.5.2010 – WVerg 6/10; OLG Düsseldorf 12.10.2005 – Verg 37/05; OLG Brandenburg 13.9.2005 – Verg W 9/05; OLG Düsseldorf 17.6.2002 – Verg 18/02.

[120] OLG Koblenz 18.9.2013 – 1 Verg 6/13.

[121] OLG Rostock 6.7.2005 – 17 Verg 8/05 NZBau 2006, 261.

behaupteten oder sogar vom Auftraggeber erkannten Kalkulationsirrtums ungewöhnlich niedrig ist, auszuschließen. Das Risiko einer Fehlkalkulation trägt grundsätzlich der Bieter. Der Auftraggeber kann den Bieter grundsätzlich auch an fehlkalkulierten Angebotspreisen festhalten. Ob das sinnvoll ist, muss der Auftraggeber abwägen. Ausnahmweise kann ein solches Festhalten am Angebot bei einem vom Auftraggeber erkannten[122] oder ohne weiteres erkennbaren[123] Kalkulationsirrtum, der zu einem so niedrigen Angebotspreis geführt hat, dass bei Zuschlagserteilung von einer „schlechthin unzumutbaren" Vertragsdurchführung ausgegangen werden muss, rechtsmissbräuchlich sein, weshalb die Zuschlagserteilung dann gegen § 241 Abs. 2 BGB verstößt.[124] Weigert sich ein Bieter in einem solchen Fall, den Auftrag nach Zuschlagserteilung auszuführen, scheiden Schadensersatzansprüche des Auftraggebers aus.[125] Die Schwelle zum Pflichtverstoß durch Erteilung des Zuschlags zu einem kalkulationsirrtumsbehafteten Preis ist aber erst dann überschritten, wenn dem Bieter aus Sicht eines verständigen öffentlichen Auftraggebers bei wirtschaftlicher Betrachtung schlechterdings nicht mehr angesonnen werden kann, sich mit dem irrig kalkulierten Preis als einer auch nur annähernd äquivalenten Gegenleistung für die zu erbringende Bau-, Liefer- oder Dienstleistung zu begnügen.[126] Dabei ist nach zutreffender Sicht alleine auf dem Gesamtpreis abzustellen, denn ein fehlkalkulierter Preis in einzelnen Positionen kann durch – auskömmlich kalkulierte – andere Positionen der Angebote wieder ausgeglichen werden.[127]

Noch ungeklärt ist die Bedeutung von Satz 2 von § 16d EU Abs. 1 Nr. 1 VOB/A, wo- **40** nach der öffentliche Auftraggeber ein Angebot insbesondere dann ablehnt, **wenn es unangemessen niedrig ist, weil es den geltenden umwelt-, sozial- und arbeitsrechtlichen Anforderungen nicht genügt.** Da der Auftraggeber nach § 16d EU Abs. 1 Nr. 1 Satz 1 VOB/A ohnehin jedes unangemessen niedrige Angebot ausschließen muss, erscheint Satz 2 auf den ersten Blick überflüssig. Es liegt allerdings der Gedanke nahe, dass ein Verstoß gegen geltende umwelt-, sozial- und arbeitsrechtliche Anforderungen die Frage der Unangemessenheit mitbestimmt. Ist das Angebot ungewöhnlich niedrig, weil mit Verstößen gegen Rechtsvorschriften kalkuliert worden ist, kommt eine kaufmännische Rechtfertigung des Angebotspreises nicht in Betracht[128] und wird der Spielraum des Auftraggebers, das Angebot gleichwohl als angemessen zu beurteilen und zu bezuschlagen eingeschränkt.[129] Gleichwohl dürfte Satz 2 nur geringe Bedeutung haben, denn der öffentliche Auftraggeber wird bei der Prüfung der Angemessenheit des Angebots einen bei der Auftragsabwicklung zu erwartenden Verstoß gegen geltende umwelt-, sozial- und arbeitsrechtliche Anforderungen nur selten prognostizieren können. Noch seltener wird eine Kausalität zwischen Rechtsverstoß und dem ungewöhnlich niedrigen Angebotspreis feststellbar sein.

Der Auftraggeber muss das Ergebnis der Angemessenheitsprüfung einschließlich der Er- **41** wägungen, die zum Ausschluss eines unangemessenen niedrigen Angebots haben, **dokumentieren.**[130] Dies folgt bereits aus den §§ 2, 8 Abs. 2 Nr. 4 VgV. Er wird bei einem un-

---

[122] BGH 11.11.2014 – X ZR 32/14.

[123] BGH 7.7.1998 – X ZR 17/97 NJW 1998, 3192; OLG Koblenz 15.7.2015 – 5 U 140/15; OLG Nürnberg 30.5.1996 – 13 U 3675/95 IBR 1998, 284; LG Bonn 7.8.2009 – 1 O 91/09 NZBau 2010, 463. Zu den Indizien BGH 11.11.2014 – X ZR 32/14. Zu Unglaubwürdigkeit der Behauptung eines Kalkulationsirrtums BGH 19.12.1985 – VII ZR 188/84.

[124] BGH 11.11.2014 – X ZR 32/14; OLG Brandenburg 17.3.2016 – 12 U 76/15.

[125] BGH 11.11.2014 – X ZR 32/14. Vgl. bereits BGH 4.10.1979 – VII ZR 11/79 NJW 1980, 180 = BauR 1980, 63; ferner OLG Frankfurt 3.7.1997 – 1 U 157/95 IBR 1998, 144.

[126] BGH 11.11.2014 – X ZR 32/14.

[127] Vgl. OLG Brandenburg 25.11.2015 – 4 U 7/14. Außerdem haben im Vergabeverfahren weder der Auftraggeber noch der Bieter eine Handhabe, einen fehlkalkulierten Einzelpreis zu ändern.

[128] *Summa* in Juris-PK Vergaberecht, 5. Aufl., § 16d EU VOB/A Rn. 6.

[129] In diesem Sinne wohl auch *Stolz* in Willenbruch/Wieddekind, Kompaktkommentar Vergaberecht, 4. Aufl., § 16d EU Rn. 17 „zwingender Ausschluss".

[130] Hierzu VK Rheinland-Pfalz 6.4.2005 – VK 9/05 bestätigt durch OLG Koblenz 10.5.2005 – 1 Verg 3/05 VergabeR 2005, 643.

angemessen niedrig erscheinenden Angebot aber auch die Gründe, die zum Verbleib des dieses Angebots in Wertung geführt haben, dokumentieren müssen, weil andernfalls keine Nachprüfung erfolgen kann, ob der Auftraggeber seinen Beurteilungsspielraum ordnungs-gemäß ausgeübt hat.[131]

5. Unangemessen hohe Angebote

42   Nach § 16d EU Abs. 1 Nr. 1 VOB/A darf der Zuschlag auch nicht auf ein unangemes-sen hohes Angebot erteilt werden. Eine solche Zuschlagserteilung würde die wirtschaftli-che und sparsame Verwendung der Investitionsmittel vereiteln. Dass der Zuschlag nicht auf ein unangemessen hohes Angebot erteilt wird, wird unter Wettbewerbsverhältnissen in der Regel schon dadurch sichergestellt, dass der **Zuschlag auf das wirtschaftlichste Ange-bot** erteilt werden muss (§ 127 Abs. 1 S. 1 GWB, § 16d EU Abs. 2 Nr. 1 S. 1 VOB/A). Der Anwendungsbereich des § 16d EU Abs. 1 Nr. 1 VOB/A in der Variante des unange-messen hohen Angebots ist daher vor allem auf die Situation zugeschnitten, dass alle einge-gangenen Angebote überhöht erscheinen. Eine Prüfung kann auch dann veranlasst sein, wenn das überhöhte Angebot das einzige Angebot darstellt.[132] Der Ausschluss eines An-gebots und die Aufhebung eines Verfahrens wegen eines unangemessen hohen Preises ist nach dem Gemeinschaftsrecht grundsätzlich zulässig.[133]

43   Ob ein unangemessen hohes Angebot vorliegt, wird maßgeblich durch die **interne Kostenschätzung** des Auftraggebers bestimmt, vorausgesetzt, diese ist auf tragfähiger Grundlage erstellt worden.[134] Es können aber auch die Ergebnisse vergleichbarer Aus-schreibungen und übliche Marktpreise herangezogen werden.[135] Insbesondere die Preise, die in einem Verhandlungsverfahren erzielt werden, das im Anschluss an ein offenes Ver-fahren durchgeführt wird, das wegen angenommener unangemessen hoher Preise aufgeho-ben wurde, dürften in aller Regel die tatsächlichen Marktpreise widerspiegeln.[136]

44   Fraglich ist andererseits, ob die **Preisabstände zu Mitbewerbern** bzw. die für die Indi-zierung von ungewöhnlich niedrigen Angeboten von der Rechtsprechung entwickelten Aufgreifschwellen als Beurteilungskriterium für die Frage unangemessen hoher Angebote herangezogen werden können.[137] Dies erscheint vor allem in Fällen **problematisch,** in denen ein Bieter, der ein preislich niedriges Angebot abgegeben hat, das vom Auftraggeber – z.B. aus formellen Gründen – vom Vergabeverfahren ausgeschlossen wurde, den Ein-wand erhebt, alle übrigen verbliebenen Angebote seien unangemessen hoch und dürften deshalb nicht bezuschlagt werden. Das OLG Düsseldorf hat entschieden, dass in einem solchen Fall selbst ein Preisabstand in einer Größenordnung zwischen 66% und 100% zu den Mitbewerbern nicht auf ein offenbares Missverhältnis zwischen Preis und Leistung schließen lässt.[138] Dies ist zutreffend, weil andernfalls Wertungswidersprüche zu § 17 EU Abs. 1 Nr. 3 VOB/A entstehen. Nach § 17 EU Abs. 1 Nr. 3 VOB/A *kann* der Auftragge-ber eine Ausschreibung, die zu keinem wirtschaftlichen Ergebnis geführt hat, aufheben. Es besteht insoweit also ein Aufhebungsermessen des Auftraggebers. Für die Frage, ob eine

---

[131] → oben Rn. 36.

[132] VK Bund 13.2.2012 – VK 2-124/11.

[133] Vgl. OLG Karlsruhe 27.7.2009 – 15 Verg 3/09 VergabeR 2010, 96. Offen gelassen OLG Düsseldorf 6.6.2007 – Verg 8/07.

[134] Vgl. OLG Düsseldorf 6.6.2007 – VII Verg 8/07 VergabeR 2008, 105.

[135] OLG München 2.6.2006 – Verg 12/06.

[136] OLG Karlsruhe 27.9.2013 – 15 Verg 3/13; VK Südbayern 10.2.2014 – Z3-3-3194-1-42-11/13.

[137] So OLG München 7.3.2013 – Verg 36/12; OLG München 2.6.2006 – Verg 12/06. Vgl. auch OLG Karlsruhe 27.7.2009 – 15 Verg 3/09; OLG Frankfurt 28.6.2005 – 11 Verg 21/04; *Vavra* in Ziekow/Völlink, Vergaberecht, 2. Aufl., § 16 VOB/A Rn. 45; *Frister* in Kapellmann/Messerschmidt, VOB, 6. Aufl. § 16d VOB/A Rn. 4.

[138] OLG Düsseldorf 19.11.2003 – Verg 22/03 ZfBR 2004, 98 = VergabeR 2004, 248. Später hat das OLG Düsseldorf entschieden, dass ein Kampfpreisangebot nicht zum Angebotsvergleich herangezogen wer-den darf, was aber die Frage aufwirft, wie ein Kampfpreisangebot zu identifizieren ist, vgl. OLG Düsseldorf 6.6.2007 – VII-Verg 8/07.

Aufhebung sanktionslos möglich ist, stellt die Rechtsprechung darauf ab, ob die eingegangenen Angebote, den vom Auftraggeber vertretbar geschätzten Auftragswert deutlich übersteigen, wobei die Frage, wann der Auftragswert so „deutlich" überschritten ist, dass eine sanktionslose Aufhebung der Ausschreibung gerechtfertigt ist, nicht durch allgemeinverbindliche Werte nach Höhe oder Prozentsätzen beantwortet werden kann, sondern vielmehr eine alle Umstände des Einzelfalls einbeziehende Interessenabwägung vorzunehmen ist.[139] Weder die zu **§ 17 EU Abs. 1 Nr. 3 VOB/A** entwickelten Wertungsmaßstäbe noch die gemäß § 17 EU Abs. 1 Nr. 3 VOB/A den Auftraggebern gewährte Freiheit, im Einzelfall darüber zu entscheiden, ob die Ausschreibung bei unwirtschaftlichem Ergebnis aufgehoben wird oder dennoch das wirtschaftlichste der eingegangenen Angebote den Zuschlag erhält, darf durch § 16d EU Abs. 1 Nr. 1 VOB/A überspielt werden. Dies gilt unter dem Gesichtspunkt der wirtschaftlichen und sparsamen Mittelverwendung auch deshalb, weil die Durchführung eines neuen Vergabeverfahrens nach erfolgter Aufhebung ihrerseits mit erheblichen (Transaktions-)Kosten verbunden sein kann. Dementsprechend lässt sich die Frage, ob ein Preis noch als angemessen oder schon als unangemessen hoch anzusehen ist, nur unter Abwägung der konkreten Umstände des jeweiligen Vergabeverfahrens entscheiden.[140]

Bevor der Auftraggeber ein unangemessen hohes Angebot nach 16d EU Abs. 1 Nr. 1 **45** VOB/A ausschließt, muss dem betroffenen Bieter *nicht* die Möglichkeit eingeräumt werden, sein ungewöhnlich erscheinendes Angebot zu begründen oder zu rechtfertigen. § 16d EU Abs. 1 Nr. 2 VOB/A kann mangels vergleichbarer Interessenlage nicht analog angewendet werden.[141]

III. Der Bieter als Beihilfenempfänger

§ 16d EU Abs. 1 Nr. 3 VOB/A behandelt ein **Spezialproblem,** dessen praktische Be- **46** deutung zumindest im Baubereich eher gering ist. Die Vorschrift bestimmt, dass Angebote, die aufgrund einer staatlichen Beihilfe ungewöhnlich niedrig sind, allein aus diesem Grund nur dann zurückgewiesen werden können, wenn der Bieter innerhalb einer vom Auftraggeber festzulegenden, ausreichenden Frist nicht nachweisen kann, dass die betreffende Beihilfe rechtmäßig gewährt wurde. Im Falle der Zurückweisung eines aufgrund einer Beihilfe ungewöhnlich niedrigen Angebots muss der Auftraggeber die Kommission der Europäischen Union darüber unterrichten (Nr. 3 Satz 2). Die EU-Kommission wird so in die Lage versetzt, von Amts wegen eine Prüfung der Rechtmäßigkeit der Beihilfe einzuleiten. Der Sinn und Zweck von § 16d EU Abs. 1 Nr. 3 VOB/A besteht in erster Linie darin, **Bieter, die rechtmäßig staatliche Beihilfen erhalten, vor einem Angebotsausschluss wegen eines ungewöhnlich niedrigen Preises zu schützen.** Es besteht Einigkeit darüber, dass kein Unternehmen im Vergabeverfahren benachteiligt werden darf, weil es eine Beihilfe empfangen hat, die in Übereinstimmung mit dem Europäischen Recht gewährt wurde.[142] Es wäre widersprüchlich, zunächst ein Unternehmen rechtmäßig zu subventionieren und ihm gleichzeitig die Möglichkeit zu nehmen, mit den empfangenen staatlichen Mitteln zu wirtschaften und diese im Wettbewerb einzusetzen.[143] Wenn das betroffene Unternehmen aufgrund der rechtmäßig gewährten Beihilfe ein ungewöhnlich niedriges Angebot vorlegt, scheidet daher ein Ausschluss dieses Angebots als ungewöhnlich niedrig aus. Bei

---

[139] Vgl. nur BGH 20.11.2012 – X ZR 108/10

[140] OLG Karlsruhe 27.9.2013 – Az.: 15 Verg 3/13.

[141] *Dicks* in KMPP, VOB/A, 2. Aufl. § 16 VOB/A Rn. 250; *Frister* in Kapellmann/Messerschmidt, VOB, 6. Aufl. § 16d VOB/A Rn. 5; *v. Wietersheim* in Ingenstau/Korbion, VOB, 20. Aufl., § 16d VOB/A Rn. 8; offen gelassen bei OLG Düsseldorf 6.6.2007 – VII Verg 8/07 VergabeR 2008, 105 AA VK Bund 4.7.2012 – VK 1-64/12.

[142] EuGH 7.12.2000 – Rs. C-94/99 Rn. 32 – ARGE Gewässerschutz Slg. 2000, I-11066 = NZBau 2001, 99 = VergabeR 2001, 28; *Fischer* VergabeR 2004, 1, 11; *Koenig/Hentschel* NZBau 2006, 289, 290.

[143] *Koenig/Hentschel* NZBau 2006, 289, 290.

dem Bieter, der durch rechtmäßige Beihilfengewährung Finanzmittel erhalten hat, besteht regelmäßig auch nicht die Gefahr einer mangelhaften Leistung oder des Ausweichens in Nachträge, wie dies bei unterkalkulierten Angeboten der Fall ist.[144]

47   Nach Art. 107 Abs. 1 AEUV sind staatliche oder aus staatlichen Mitteln gewährte Beihilfen gleich welcher Art, die durch die Begünstigung bestimmter Unternehmen oder Produktionszweige den Wettbewerb verfälschen oder zu verfälschen drohen, mit dem Gemeinsamen Markt unvereinbar, soweit sie den Handel zwischen den Mitgliedstaaten beeinträchtigen. **Der Begriff der staatlichen Beihilfe** ist dabei weit auszulegen. Er umfasst direkte und indirekte Leistungsgewährungen (z. B. verlorene Zuschüsse, zinsgünstigen Darlehen, öffentlichen Bürgschaften, sonstigen verbilligten Leistungen der öffentlichen Hand) als auch Belastungsverminderungen (z. B. Erlass und Stundung von Forderungen der öffentlichen Hand, Befreiung von Steuern und Abgaben). Entscheidend ist nicht die Form oder Zielsetzung der Maßnahme, sondern ihre begünstigende Wirkung.[145] Das Beihilfenverbot gilt allerdings nicht uneingeschränkt. Art. 107 AEUV enthält in Abs. 2 und 3 **Legalausnahmen und Freistellungstatbestände.**[146] Nach Art. 108 AEUV entscheidet die Kommission der Europäischen Union über die Vereinbarkeit von Beihilfen mit dem Gemeinsamen Markt. Um der Kommission die **Beihilfenkontrolle** zu ermöglichen, sind die Mitgliedstaaten gem. Art. 108 Abs. 3 AEUV verpflichtet, jede beabsichtigte neue Beihilfe bei der Kommission zu notifizieren. Solange die Kommission keine abschließende Entscheidung getroffen hat, darf das Beihilfevorhaben nicht durchgeführt werden (Art. 108 Abs. 3 Satz 3 AEUV).

48   § 16d EU Abs. 1 Nr. 3 VOB/A setzt – entgegen dem Wortlaut – zunächst voraus, dass ein ungewöhnlich **„niedrig erscheinendes"** Angebot i. S. v. § 16d EU Abs. 1 Nr. 2 VOB/A vorliegt. Ist das nicht der Fall, spielt es keine Rolle, ob ein Bieter Beihilfen erhalten hat und ob deren Rechtmäßigkeit nachgewiesen ist.[147] Des Weiteren muss feststehen, dass der Bieter, der das fragliche Angebot abgegeben hat, **überhaupt eine staatliche Beihilfe erhalten hat.** So fehlt es etwa bei Zahlungen, die die öffentliche Hand einem Unternehmen zur Kompensation für die Erfüllung von Dienstleistungen von allgemeinem wirtschaftlichen Interesse leistet, an dem Tatbestandsmerkmal der Begünstigung und damit schon begrifflich an einer staatlichen Beihilfe i. S. d. Art. 107 Abs. 1 AEUV, wenn die sog. Altmark-Kriterien kumulativ erfüllt sind.[148] Schließlich setzt § 16d EU Abs. 1 Nr. 3 VOB/A voraus, dass das Angebot des betreffenden Bieters gerade aufgrund der staatlichen Beihilfe so ungewöhnlich niedrig ist. Es muss also eine **Kausalität zwischen Beihilfengewährung und ungewöhnlich niedrigem Angebotspreis** bestehen. An der Kausalität fehlt es, wenn sich früher erhaltene Beihilfen aktuell nicht mehr auswirken, insbesondere, weil sie bereits verbraucht sind. Außerdem muss ein Bezug zum konkreten Angebot des Bieters bestehen, z. B. dadurch, dass der Bieter durch die Beihilfe aktuell geförderte Investitionsgüter für die Erbringung der ausgeschriebenen Leistungen einsetzen will. Für die vorstehenden drei Voraussetzungen ist der Auftraggeber beweispflichtig. Der Bieter trägt nur die Beweislast für die Rechtmäßigkeit der Beihilfengewährung.

49   Der **Nachweis der Rechtmäßigkeit einer Beihilfe** ist weder vom Auftraggeber noch von den Nachprüfungsbehörden zu führen.[149] Vielmehr ist dem betroffenen Bieter aufzugeben, die Rechtmäßigkeit der Beihilfengewährung binnen angemessener Frist nachzuweisen und damit den Vorwurf unseriöser Kalkulation zu entkräften. Besondere Formen für

---

[144] → oben Rn. 35 f.

[145] Vgl zum Begriff der staatlichen Beihilfe „Bekanntmachung der Kommission zum Begriff der staatlichen Beihilfe im Sinne des Artikels 107 Absatz 1 des Vertrags über die Arbeitsweise der Europäischen Union ABl.EU Nr. C 262/1 v. 19.7.2016.

[146] Daneben bestehen nach dem AEUV noch spezielle Ausnahmetatbestände und Sonderregeln für einzelne Sektoren.

[147] Vgl. OLG München 29.3.2007 – Verg 2/07; VK Bund 16.7.2013 – VK 3-47/13; VK Bund 24.4.2013 – VK 3-20/13; *Prieß* Europäisches Vergaberecht, 2005, S. 295.

[148] Grundlegend EuGH 24.7.2003 – Rs. C-280/00 Rn. 88 ff. – Altmark Trans Slg. 2003, I-7747.

[149] OLG Koblenz 28.10.2009 – 1 Verg 8/09 VergabeR 2010, 284.

das Prüfverfahren und die Übermittlung des Nachweises sieht § 16d EU Abs. 2 Nr. 3 VOB/A nicht vor. Kann der Bieter nachweisen, dass die Beihilfe rechtmäßig gewährt wurde, darf sein Angebot nicht ausgeschlossen werden. Dem dürfte auch der Fall gleichzustellen sein, dass die gewährte **Beihilfe bei der Kommission schon notifiziert** wurde, eine Entscheidung über die Rechtmäßigkeit der Beihilfe aber noch aussteht.[150] Hierfür spricht, dass sich die Kalkulation eines Bieters an der Erwartung einer rechtmäßigen Beihilfengewährung ausrichten kann. Nach Anmeldung einer Beihilfe fällt in der Regel auch binnen kurzer Zeit eine Entscheidung über die Vereinbarkeit der Beihilfe mit dem europäischen Recht oder tritt die Genehmigungsfiktion nach Art. 4 Abs. 6 VO (EU) 2015/1589 ein. Problematisch bleibt der Fall, dass eine **Beihilfe bei der Kommission (noch) nicht notifiziert** wurde, obwohl deren materielle Rechtmäßigkeit wahrscheinlich ist. Dass von der – mangels Notifizierung formell rechtswidrigen – Beihilfe[151] keine Wettbewerbsschädigung ausgeht, kann der Bieter regelmäßig selbst nicht nachweisen, da die EU-Kommission über diese Frage das Entscheidungsmonopol hat. Hinzu kommt, dass nicht der Beihilfenempfänger, sondern der Beihilfengewährende zur Notifizierung verpflichtet ist, so dass fraglich ist, ob etwaige Versäumnisse des Beihilfengebers dem Bieterunternehmen im Vergabeverfahren angelastet werden können.[152] Zum Teil wird daher vertreten, der Auftraggeber müsse im Rahmen der Ausschlussentscheidung berücksichtigen, dass bei einer nur formell rechtswidrigen Beihilfe noch keine wettbewerbsschädigende Wirkung feststeht.[153] Das konterkariert freilich die in § 16d EU Abs. 1 Nr. 3 VOB7A vorgesehene Verteilung der materiellen Beweislast für die Rechtmäßigkeit der Beihilfengewährung. Ein Mitbewerber soll allerdings nicht verlangen können, dass das Angebot eines Bieters nach § 16d EU Abs. 1 Nr. 3 VOB/A i. V. m. Art. 107, 108 Abs. 3 Satz 3 EG aufgrund des bloßen Mangels der Notifizierung ausgeschlossen wird, da sich aus dem Durchführungsverbot keine unmittelbar im nationalen Recht auswirkenden Rechtsbeziehungen zwischen privaten Rechtsträgern ergeben.[154] **Misslingt der Nachweis der Rechtmäßigkeit der Beihilfengewährung** durch den Bieter oder lässt der Bieter die angemessene Nachweisfrist erfolglos verstreichen, soll dies nach einer – allerdings umstrittenen – Ansicht, nicht zwangsläufig zum Angebotsausschluss. Auch dann soll noch ein Spielraum des Auftraggebers, das Angebot als Angemessen i. S. v. § 16d EU Abs. 1 Nr. 1 VOB/A zu beurteilen, erhalten bleiben.[155]

Der Auftraggeber, der ein Angebot nach § 16d EU Abs. 1 Nr. 1 i. V. m. Nr. 3 VOB/A **50** ausgeschlossen hat, muss die Kommission der Europäischen Union darüber unterrichten. Das kann formlos geschehen. Die **Unterrichtung hat einen doppelten Zweck.** Sie ermöglicht der Kommission zum einen eine Nachprüfung, ob die Voraussetzungen des Ausschlusses nach Art. 69 Abs. 4 RL 2014/24/EU vorlagen. Außerdem kann die Kommission die Nichterweislichkeit der Rechtmäßigkeit einer Beihilfengewährung zum Anlass für eigene Maßnahmen der Beihilfenkontrolle nehmen. Der öffentliche Auftraggeber ist insofern jedoch nicht „verlängerter Arm" der Kommission. Er ist weder berechtigt noch verpflichtet, bei dem betreffenden Bieter nähere Informationen zu Art oder Umfang der Beihilfe oder den Umständen der Beihilfengewährung einzuholen oder solche Informatio-

---

[150] *V. Wietersheim* in Ingenstau/Korbion, VOB, 20. Aufl., § 16d EU VOB/A Rdn. 9; *Fischer* VergabeR 2004, 1, 15; aA *Pünder* NZBau 2003, 530, 539.

[151] Der EuGH hat in der Rechtssache „ARGE Gewässerschutz" keine Differenzierung zwischen formeller und materieller Rechtswidrigkeit der Beihilfe vorgenommen.

[152] In ähnlichen Fallgestaltungen hat der EuGH die Wirkungen des Durchführungsverbots gem. Art. 108 Abs. 3 Satz 3 AEUV in der Vergangenheit relativiert, vgl. EuGH 12.2.2008 – C-199/06 – CELF; EuGH 18.12.2008 – Rs. C-348/07 – Wienstrom.

[153] So *Koenig/Hentschel* NZBau 2006, 289, 294, die hierbei von einem Ermessensspielraum des Auftraggebers ausgehen, was jedoch überholt ist (Rn. 2).

[154] OLG Schlesweg 25.11.2008 – 6 Kart U 14/07.

[155] IdS VK Bund 20.8.2008 – VK 1-111/08 sowie *Koenig/Hentschel* NZBau 2006, 289, 294; aA *v. Wietersheim* in Ingenstau/Korbion, VOB, 20. Aufl. § 16d EU VOB/A Rn. 9; und wohl auch *Stolz* in Willenbruch/Wieddekind, Kompaktkommentar Vergaberecht, 4. Aufl., § 16d EU VOB/A Rn. 17 „zwingender Ausschluss".

nen an die Kommission weiterzureichen. Die Unterrichtung beschränkt sich auf die Tatsache des Angebotsausschlusses.

51   Weder das nationale Recht noch das Unionsrecht sehen andere Mechanismen der Beihilfenkontrolle im Vergabeverfahren vor als die der Prüfung und mögliche Ablehnung ungewöhnlich niedriger Angebote.[156] Eine **„Neutralisierung" der Beihilfe** durch Herausrechnen des ungerechtfertigten Vorteils und Anhebung des Angebotspreises durch den Auftraggeber kommt daher nicht in Betracht,[157] und zwar auch nicht die rein fiktive Anhebung des Angebotspreises zu Zwecken der Angebotswertung. Eine eigenständige Veränderung des Angebotes durch den Auftraggeber widerspricht dem Grundprinzip des Vergaberechts, dass der Anbieter ein Angebot unterbreitet und der Auftraggeber darüber entscheidet, ob er es annehmen oder ablehnen will.[158]

52   Allerdings lässt § 16d EU Abs. 1 Nr. 3 VOB/A mögliche andere Ausschlussgründe unberührt. So kann die Tatsache, dass ein Unternehmen eine rechtswidrige Beihilfe erhalten hat, **Zweifel an der Eignung** des Unternehmens begründen.[159] Nach Art. 16 VO (EU) 2015/1589 ist die Europäische Kommission nämlich verpflichtet, rechtswidrige Beihilfen zurückzufordern bzw. den betreffenden Mitgliedstaat aufzufordern, alle notwendigen Maßnahmen zu ergreifen, um die Beihilfe zurückzufordern. Besteht somit die begründete **Gefahr der Rückforderung einer Beihilfe,** kann dies unter Umständen zu einer Unsicherheit bezüglich der finanziellen Leistungsfähigkeit des Bieters führen.[160] Dass ein Unternehmen eine rechtswidrige Beihilfe erhalten hat, begründet allerdings nicht den Vorwurf der Unzuverlässigkeit oder mangelnde Gesetzestreue. Verstöße gegen Art. 107 Abs. 1 AEUV sind nicht dem Beihilfeempfänger anzulasten, sondern der staatlichen Einrichtung, die die Beihilfen gewährt.

53   Der **bloße Vorwurf rechtswidriger Beihilfengewährung** ist vergaberechtlich irrelevant. Die Rechtsprechung hat es abgelehnt, die zwingende Rechtsfolge des Angebotsausschlusses aufgrund der Gewährung rechtswidriger Beihilfen aus dem vergaberechtlichen Wettbewerbsgrundsatz abzuleiten.[161] Auch der Vergaberechtsschutz ist nicht für den bloßen Vorwurf rechtswidriger Beihilfengewährung eröffnet. Das Beihilfenrecht beinhaltet keine „Bestimmungen über das Vergabeverfahren" i.S.d. § 97 Abs. 6 GWB, die im Vergabenachprüfungsverfahren beanstandet werden könnten.[162]

D. Die Wirtschaftliche Bewertung der Angebote (Abs. 2)

I. Grundsätze der wirtschaftlichen Bewertung

54   In § 16d EU Abs. 2 VOB/A enthält die wesentlichen die Grundsätze der wirtschaftlichen Bewertung von Angeboten. Diese übernimmt § 16a EU Abs. 2 VOB/A größtenteils wortgleich aus § 127 GWB.[163] So legt bereits § 127 Abs. 1 GWB für die Vergabe von Bau-, Liefer- und Dienstleistungen einheitlich fest, dass der Zuschlag auf das wirtschaft-

---

[156] EuGH 18.12.2014 – C-568/13 Rn 41 – Data Medical Service. Vgl. jedoch zur fehlenden Eignung sogleich Rn. 52.

[157] Zutr. OLG Düsseldorf 26.7.2002 – Verg 22/02 NZBau 2002, 634 = VergabeR 2002, 607. Nicht überzeugend hingegen *Koenig/Hentschel* NZBau 2006, 289, 295.

[158] OLG Düsseldorf 26.7.2002 – Verg 22/02 NZBau 2002, 634 = VergabeR 2002, 607; *Pünder* NZBau 2003, 530, 537.

[159] EuGH 7.12.2000 – Rs. C-94/99 Rn. 30 – ARGE Gewässerschutz Slg. 2000, I-11066 = NZBau 2001, 99 = VergabeR 2001, 28; *Fischer* VergabeR 2004, 1, 13.

[160] *Koenig/Hentschel* NZBau 2006, 289, 292; *Pünder* NZBau 2003, 530, 538.

[161] OLG Koblenz 10.8.2009 – 1 Verg 8/09 – NZBau 2009, 671; OLG Düsseldorf 26.7.2002 – Verg 22/02 NZBau 2002, 634 = VergabeR 2002, 607; VK Bund 16.7.2013 – VK 3-47/13; VK Bund 24.4.2013 – Az.: VK 3-20/13.

[162] OLG Düsseldorf 26.7.2002 – Verg 22/02 NZBau 2002, 634 = VergabeR 2002, 607.

[163] → Rn. 14.

lichste Angebot erteilt wird, Grundlage dafür eine Bewertung des öffentlichen Auftraggebers ist, ob und inwieweit das Angebot die vorgegebenen Zuschlagskriterien erfüllt und sich das wirtschaftlichste Angebot nach dem besten Preis-Leistungs-Verhältnis bestimmt, zu dessen Ermittlung neben dem Preis oder den Kosten auch qualitative, umweltbezogene oder soziale Aspekte berücksichtigt werden können. Zu den Grundsätzen und Einzelheiten der **Angebotswertung anhand monetärer und nichtmonetärer Zuschlagskriterien,** auch zur Bedeutung des Preises bei der Angebotswertung, wird daher auf die Kommentierung zu § 127 GWB verwiesen.[164]

Der Regelungsinhalt von § 16d EU Abs. 2 Nr. 2 Satz 1 VOB/A, wonach nur Zu- **55** schlagskriterien und deren Gewichtung berücksichtigt werden dürfen, die in der Auftragsbekanntmachung oder in den Vergabeunterlagen genannt sind, folgt bereits aus § 127 Abs. 5 GWB. Zur **Transparenz der Zuschlagskriterien** und zur **Selbstbindung des Auftraggebers** an die publizierten Zuschlagskriterien kann daher ebenfalls auf die Kommentierung zu § 127 GWB verwiesen werden.[165]

Auch die **Anforderungen an die Zuschlagskriterien** werden durch § 127 GWB be- **56** stimmt.[166] § 16d EU Abs. 2 Nr. 2 Satz 3 VOB/A, wonach die Zuschlagskriterien mit dem Auftragsgegenstand in Verbindung stehen müssen, entspricht § 127 Abs. 3 S. 1 GWB und die Klarstellung, dass Zuschlagskriterien (auch) mit dem Auftragsgegenstand in Verbindung stehen, wenn sie sich in irgendeiner Hinsicht und in irgendeinem Lebenszyklus-Stadium auf diesen beziehen, auch wenn derartige Faktoren sich nicht auf die materiellen Eigenschaften des Auftragsgegenstandes auswirken, ergibt sich aus § 127 Abs. 3 S. 2 GWB. Auch § 16d EU Abs. 2 Nr. 3 VOB/A gibt lediglich den Wortlaut von § 127 Abs. 4 S. 1 GWB wieder. Hiernach müssen die Zuschlagskriterien so festgelegt und bestimmt sein, dass die Möglichkeit eines wirksamen Wettbewerbs gewährleistet wird, der Zuschlag nicht willkürlich erteilt werden kann und eine wirksame Überprüfung möglich ist, ob und inwieweit die Angebote die Zuschlagskriterien erfüllen.

Überholt und jedenfalls im 2. Abschnitt der VOB/A **bedeutungslos ist § 16d EU** **57** **Abs. 1 Nr. 4 VOB/A.** Alle Angebote, die die drei ersten Wertungsstufen durchlaufen haben, d.h. die nicht nach den §§ 16 EU, 16a EU ausgeschlossen wurden, die von geeigneten Bietern eingereicht wurden und ohne dass ein Ausschlussgrund nach den §§ 123 u. 124 GWB vorliegt, und die auch nicht als unangemessen gem. § 16d EU Abs. 1 Nr. 1 abgelehnt wurden, sind in die wirtschaftliche Bewertung einzubeziehen. Eine weitere Auswahl oder Vorauswahl („In die engere Wahl kommen nur …") findet nicht statt. Das gilt unabhängig davon, dass § 16d EU Abs. 1 Nr. 4 VOB/A völlig offen lässt, was unter „rationellem Baubetrieb und sparsamer Wirtschaftsführung" und „einwandfreier Ausführung einschließlich Haftung für Mängelansprüche" zu verstehen ist. Weil der Auftraggeber die Bauausführung, die der Auftragnehmer schuldet, die Terminvorgaben und auch die Vertragsbedingungen einschließlich der Haftungsregelungen in den Vergabeunterlagen festlegt und er verbleibende Unterschiede in den Angeboten der Bieter nur bewerten darf, soweit er dafür ein Zuschlagskriterium festgelegt und publiziert hat, verleitet § 16d EU Abs. 1 Nr. 4 VOB/A zu dem Missverständnis, der Auftraggeber könnte aus dem Kreis der geeigneten Bieter eine weitere unternehmensbezogene Auswahlentscheidung anhand eines „Mehr an Eignung"[167] oder vielleicht sogar nach Gutdünken treffen. Die Vorschrift sollte daher gestrichen werden.

---

[164] Vgl. ausf. *Opitz* in Burgi/Dreher, Beck'scher Vergaberechtskommentar, 3. Aufl. Bd. 1 § 127 GWB Rn. 21 bis 89 sowie zu Wertungssystemen Rn. 118 ff.

[165] Ausf. *Opitz* in Burgi/Dreher, Beck'scher Vergaberechtskommentar, 3. Aufl. Bd. 1 § 127 GWB Rn. 78 ff. und 146 ff.

[166] Vgl. ausf. zu den Anforderungen an die Zuschlagskriterien *Opitz* in Burgi/Dreher, Beck'scher Vergaberechtskommentar, 3. Aufl. Bd. 1 § 127 GWB Rn. 93–117.

[167] Dazu *Opitz* in Burgi/Dreher, Beck'scher Vergaberechtskommentar, 3. Aufl. Bd. 1 § 122 GWB Rn. 20 ff.

II. Die Zuschlagskriterien im Allgemeinen

58   § 16d EU Abs. 2 Nr. 2 S. 2 VOB/A enthält einen **Katalog möglicher Zuschlagskriterien.** Er hat nur beispielhaften Charakter, was durch die Einleitung „können insbesondere sein:" bestätigt wird. Der Katalog beruht auf der – ebenfalls beispielhaften – Aufzählung in Art. 67 Abs. 2 UAbs. 1 S. 2 RL 2014/24/EU.[168] Die konkrete Wahl der Zuschlagskriterien ist ebenso wie die Wahl ihrer Gewichtung dem Auftraggeber überlassen.[169] Ihm steht nicht nur bei dem Wertungsvorgang, d.h. der Anwendung der Zuschlagskriterien, ein Beurteilungsspielraum zu, sondern bereits bei der Wahl der Zuschlagskriterien und deren Gewichtung.[170]

59   Bei den in § 16d EU Abs. 2 Nr. 2 S. 2 VOB/A genannten Zuschlagskriterien handelt es sich ausschließlich um nichtmonetäre Kriterien,[171] die neben dem Preis oder den Kosten (monetären Kriterien)[172] berücksichtigt werden können, was sich bereits aus § 16d EU Abs. 2 Nr. 1 S.S. 3 VOB/A ergibt. Für die einzelnen genannten Kriterien besteht kein einheitliches Begriffsverständnis. Sie sind auch nicht überschneidungsfrei und unterliegen keiner dogmatischen Ordnung. Neben Kriterien, die sich auf die **materiellen Eigenschaften** des Auftragsgegenstands beziehen (zB technischer Wert),[173] kann es sich um Kriterien handeln, die **immaterielle Eigenschaften** des Auftragsgegenstands widerspiegeln (zB Funktionalität, Ästhetik) und auch solche, die speziell den **Prozess der Leistungserstellung** betreffen (zB Projektorganisation, Baulogistik). Auch kann – zB bei PPP-Projekten – die spätere Nutzung oder Vermarktung des Auftragsgegenstands für die wirtschaftliche Bewertung der Angebote entscheidend sein. Wenn „Kundendienst und technische Hilfe" genannt werden, verdeutlicht dies, dass auch Art und Umfang ergänzender Dienstleistungen mit in die Angebotswertung einbezogen werden dürfen, wenn der Auftraggeber ein entsprechendes Zuschlagskriterium gebildet hat. Wie das beispielhafte Zuschlagskriterium „Lieferbedingungen" zeigt, können schließlich auch **vertragsrechtliche Aspekte** Gegenstand der Angebotswertung sein.[174] Bei den sozialen und umweltbezogenen Eigenschaften handelt es sich um **politische Aspekte,** deren Erfüllung nicht dem Auftraggeber, sondern der Allgemeinheit zu Gute kommt. Dass auch soziale Eigenschaften als Zuschlagskriterium berücksichtigt werden können, war bislang umstritten, ist in den neuen Europäischen Vergaberichtlinien nun aber klargestellt worden.[175] Entscheidend ist, dass eine Verbindung mit dem Auftragsgegenstand besteht.[176] Mit dem Zuschlagskriterium „innovative Eigenschaften" kann der Auftraggeber bestimmte – über den Marktstandard hinausgehende – Vorteile eines Angebots bewerten,[177] die den Wettbewerb beschränken

---

[168] Zum nicht abschließenden Charakter des Katalogs Erwägungsgrund 92 RL 2014/24/EU sowie zur Vorgängerrichtlinie EuGH 19.6.2003 – Rs. C-315/01 – GAT Slg. 2003, I-6351 Rn. 64.

[169] EuGH 4.12.2003 – Rs. C-448/01 Rn. 39 – Wienstrom VergabeR 2004, 36 = NZBau 2004, 105; EuGH 28.3.1995 – Rs. C-324/93 Rn. 42f – Home Department Slg. I-1995, 563 = EuZW 1995, 369.; EuGH 20.9.1988 – Rs. 31/87 Rn. 19 – Beentjes Slg. 1988, 4635. Zu den Einschränkungen *Opitz* in Burgi/Dreher, Beck'scher Vergaberechtskommentar, 3. Aufl. Bd. 1 § 127 GWB Rn. 33 ff.

[170] OLG Düsseldorf 21.5.2012 – VII Verg 3/12; OLG Schleswig 2.7.2010 – 1 Verg 1/10; OLG Düsseldorf 14.1.2009 – VII Verg 59/08 VergabeR 2009, 619; OLG Düsseldorf 18.10.2006 – VII-Verg 37/06; OLG München 27.1.2006 – Verg 1/06 VergabeR 2006, 537.

[171] Hierzu *Opitz* in Burgi/Dreher, Beck'scher Vergaberechtskommentar, 3. Aufl. Bd. 1 § 127 GWB Rn. 70 ff.

[172] Vgl. hierzu *Opitz* in Burgi/Dreher, Beck'scher Vergaberechtskommentar, 3. Aufl. Bd. 1 § 127 GWB Rn. 38 ff., auch zu Einzelfragen wie der Wertung von Wahl- und Bedarfspositionen, angehängten Stundenlohnarbeiten und Preis und Lohngleitklauseln. Zu Preisnachlässen → Rn. 77 ff.

[173] Anders zB das OLG Karlsruhe, das dem Kriterium „technischer Wert" den Gesichtspunkt des Bauablaufs zuordnet, OLG Karlsruhe 9.3.2007 – 17 Verg 3/7.

[174] Vgl. etwa OLG Düsseldorf 9.1.2013 VII-Verg 26/12; OLG Düsseldorf 30.6.2004 – VII-Verg 22/04.

[175] S. *Opitz* in Burgi/Dreher, Beck'scher Vergaberechtskommentar, 3. Aufl. Bd. 1 § 127 GWB Rn. 10 und 101.

[176] S. *Opitz* in Burgi/Dreher, Beck'scher Vergaberechtskommentar, 3. Aufl. Bd. 1 § 127 GWB Rn. 102.

[177] Hierzu *Opitz* in Burgi/Dreher, Beck'scher Vergaberechtskommentar, 3. Aufl. Bd. 1 § 97 Abs. 3 GWB Rn. 16 ff.

würden, wenn sie zu zwingenden Anforderungen für die Auftragsausführung erhoben würden. Die eigentliche Bedeutung des Kriteriums liegt jedoch darin, einen Anreiz für Innovationen zu geben, die vom Auftraggeber vorab noch gar nicht beschrieben werden können.[178] Im Rahmen der Angebotswertung kann dann z.B. der Innovationsgrad eines Konzepts der Leistungserbringung gewürdigt werden.

Oft wird übersehen, dass die im Vergabeverfahren eingereichten Angebote einer nicht-monetären Bewertung nur insoweit zugänglich sind, als sie Unterschiede aufweisen. Es besteht daher ein **enger Zusammenhang zwischen den verbindlichen Leistungsan-forderungen** (einschließlich etwaiger besonderer Bedingungen für die Auftragsausführung i.S.v. § 128 Abs. 2 GWB), die in den Vertragsunterlagen festgeschrieben sind **und den Zuschlagskriterien.** Hat der Auftraggeber beispielsweise den Ausführungszeitraum des Auftrags in der Leistungsbeschreibung verbindlich festgelegt, erübrigt sich eine Angebots-wertung nach dem Kriterium „Ausführungsfrist", denn die Angebote, die auf den verbind-lichen Vorgaben der Leistungsbeschreibung beruhen, werden sich in diesem Punkt nicht unterscheiden. Schafft der Auftraggeber durch eine entsprechende Gestaltung der Leis-tungsbeschreibung hingegen Differenzierungspotential für die Angebotswertung, kann er hierdurch Leistungswettbewerb stimulieren. Eine übliche Praxis ist, in der verbindlichen Leistungsbeschreibung Mindestanforderungen zu definieren und im Rahmen der Ange-botswertung dann deren Übererfüllung bewerten. Hat der Auftraggeber zB eine Höchst-dauer für die Auftragsausführung festgelegt, kann abgestuft bewertet werden, inwieweit die Bieter diese Dauer unterschreiten.[179] Eine entsprechende Möglichkeit der Bewertung von Bauzeitverkürzungen sieht z.B. auch das Handbuch für die Vergabe und Ausführung von Bauleistungen im Straßen- und Brückenbau (HVA B-StB) vor. **60**

Auch bei Bauaufträgen, die mittels konstruktiver Leistungsbeschreibung vergeben werden und bei denen der Auftraggeber nicht nur die Funktionsziele, sondern durch eine eigene Ausführungsplanung auch die Umsetzung detailliert vorgibt, **kommen neben dem Preiskriterium andere – nichtmonetäre – Zuschlagskriterien in Betracht.** So zum Beispiel der technische Wert der eingesetzten Bauprodukte, das Risikomanage-mentkonzept des Bauunternehmens für den Fall von Bauablaufstörungen, die Termin-planung des Bauunternehmens vor allem im Hinblick auf zur Verfügung stehende Kapa-zitäts- und Zeitpuffer oder Optimierungsvorschläge zur Projektumsetzung. Auch das Nachtragsrisiko kann als Zuschlagskriterium berücksichtigt werden. Unter diesem Aspekt hat es die Rechtsprechung beispielsweise gebilligt, bei der Wertung Mengenänderungen zu berücksichtigen, die (erst) zum Zeitpunkt der Angebotswertung prognostizierbar sind.[180] Allerdings muss der Gesichtspunkt des „Nachtragsrisikos" dann als gesondertes Zuschlags-kriterium bekannt gemacht und die Prognoseentscheidung außerdem nachvollziehbar be-gründet sein,[181] denn die Wertung mit fiktiven Mengen begründet eine besondere Gefahr für Manipulationen. Nach der hier vertretenen Auffassung können unter dem **Zuschlags-kriterium „Nachtragsrisiko"** auch weitere Umstände berücksichtigt werden, insbeson-dere Anzahl und Ausmaß vergleichsweise überhöhter Preise bei zeitabhängigen Positionen des Leistungsverzeichnisses, Anzahl und Ausmaß vergleichsweise überhöhter Preise bei Positionen mit erhöhtem Mengenänderungsrisiko, die im Angebot angegebenen Zu-schlags- oder Umlagesätze für Gemeinkosten und Wagnis/Gewinn, sofern diese im Nach-tragsfall den Einzelkosten der Teilleistungen (EKT) zugeschlagen werden oder die Höhe der Lohnkosten (Mittellohn). Dabei sollte das Zuschlagskriterium „Nachtragsrisiko" ent-sprechend dem Nachtragsrisiko vergleichbarer Bauprojekte gewichtet werden. Wenig prak-tikabel erscheint demgegenüber der Vorschlag, das Aufdecken von Fehlern, Lücken und Widersprüchen in den Vergabeunterlagen des Auftraggebers durch einen Bieter als Zu- **61**

---

[178] *Opitz* in Burgi/Dreher, Beck'scher Vergaberechtskommentar, 3. Aufl. Bd. 1 § 128 GWB Rn. 27.
[179] Vgl. zB OLG Bremen 6.1.2012 – Verg 5/11 zur Bauzeitverkürzung als Zuschlagskriterium.
[180] KG 15.3.2005 – 2 Verg 17/03 VergabeR 2004, 350; OLG Jena 27.2.2002 – 6 U 360/01 VergabeR 2002, 419; vgl. auch *Thormann* BauR 2000, 959 sowie *Stemmer* ZfBR 2006, 134 f.
[181] Dazu OLG Naumburg 13.10.2006 – 1 Verg 7/06.

schlagskriterium zu benennen.[182] Die dann erforderliche Korrektur müsste mit einer erneuten Angebotsaufforderung verbunden werden, die jedenfalls im offenen und im nicht offenen Verfahren grundsätzlich nicht vorgesehen ist.

62   In Übereinstimmung mit Art. 67 Abs. 2 RL 2014/24/EU sieht § 16d EU Abs. 2 Nr. 2 S. 2 lit. c EU VOB/A darüber hinaus vor, dass auch bei Bauvergaben zusätzlich die **„Organisation, Qualifikation und Erfahrung des mit der Ausführung des Auftrags betrauten Personals"** als Zuschlagskriterium verwendet werden darf, wenn die Qualität des eingesetzten Personals erheblichen Einfluss auf das Niveau der Auftragsausführung haben kann. Durch diese Bestimmung wird das grundsätzliche Gebot der Trennung der unternehmensbezogenen Eignungskriterien und der auftragsbezogenen Zuschlagskriterien punktuell aufgeweicht.[183] Dieses Zuschlagskriterium kommt etwa zur Beurteilung des vom Bieter vorgesehenen Bauleiters in Betracht oder – bei funktionaler Leistungsbeschreibung – auch zur Beurteilung der vom Bieter vorgesehenen Planer. Voraussetzung ist in jedem Fall, dass eine Leistungszusage zum Einsatz bestimmter personeller Ressourcen oder zu einem bestimmten Vorgehen bei der Auftragsausführung Bestandteil des Angebots ist und bei Zuschlagserteilung damit auch Vertragsgegenstand wird.[184] Für die Abgrenzung zwischen einem – zulässigen – Zuschlagskriterium zur Beurteilung einer auftragsbezogenen Leistungszusage und einem – unzulässigen – unternehmensbezogenen Zuschlagskriterien ist darauf abzustellen, ob sich das Kriterium im Kern auf Angaben stützen soll, die nur für den konkreten Auftrag Bedeutung erlangen oder auf generelle Fähigkeiten und Fertigkeiten des Unternehmens.[185]

63   Wie aus § 16d EU Abs. 2 Nr. 4 VOB/A in Umsetzung von Art. 67 Abs. 2 UAbs. 2 RL 2014/24/EU folgt, darf der Auftraggeber auch Festpreise oder Festkosten vorgeben, so dass das wirtschaftlichste Angebot ausschließlich nach Art und Umfang der angebotenen Leistung zu bestimmen ist. Dieses Vorgehen dürfte im Baubereich allerdings nur bei funktionaler Leistungsbeschreibung in Betracht kommen. Dass die Möglichkeit der Auftragsvergabe zu Festpreisen nicht auf Dienstleistungsaufträge beschränkt ist, sondern auch für Bauaufträge gilt, zeigt andererseits, dass die Regelung nicht auf Fälle beschränkt ist, in denen Preiswettbewerb durch gesetzliche Gebühren- oder Honorarordnungen ausgeschlossen ist.[186] Das ist im Baubereich nämlich nicht der Fall. Aus § 16d EU Abs. 2 Nr. 4 VOB/A folgt auch, dass **der Preis kein notwendiges Kriterium der Auftragsvergabe ist,** das im Rahmen der Zuschlagskriterien **mit einer Mindestgewichtung** zu berücksichtigen ist.[187] In der Vergangenheit war zum Teil gefordert worden, der Auftraggeber müsse die Angebote jedenfalls (auch) preislich bewerten, und der Angebotspreis dürfe nicht nur „am Rande der Bewertung" stehen.[188]

---

[182] Bundesministerium für Verkehr und digitale Infrastruktur, Endbericht Reformkommission Bau von Großprojekten, 06/2015, S. 43.

[183] Vgl. *Opitz* in Burgi/Dreher, Beck'scher Vergaberechtskommentar, 3. Aufl. Bd. 1 § 127 GWB Rn. 95 ff.

[184] Vgl. *Opitz* in Burgi/Dreher, Beck'scher Vergaberechtskommentar, 3. Aufl. Bd. 1 § 127 GWB Rn. 73.

[185] OLG Frankfurt 28.5.2013 – 11 Verg 6/13; OLG Naumburg 14.3.2013 – 2 Verg 8/12; OLG Naumburg 12.4.2012 – 2 Verg 1/12; OLG Düsseldorf 7.11.2012 – VII-Verg 24/12; iE ebenso OLG Celle 12.1.2012 – 13 Verg 8/11.

[186] So allerdings *Burgi* in Pünder/Prieß (Hrsg.), Vergaberecht im Umbruch II, S. 57, 60 m.Verw. auf EG 90 und 93 RL 2014/24/EU.

[187] So allerdings Begr. 18/6281, 111 „Preis oder Kosten müssen bei der Angebotsbewertung zwingend berücksichtigt werden." und auch *Wiedemann* in KKPP, Kommentar zum GWB-Vergaberecht, § 127 Rn. 27.

[188] So OLG Celle 11.6.2015 – 13 Verg 4/15; OLG Düsseldorf 27.11.2013 – VII-Verg 20/13, zuvor OLG Düsseldorf 25.5.2005 – VII-Verg 08/05; OLG Stuttgart 28.11.2002 – 2 Verg 14/02; OLG Düsseldorf 29.12.2001 – vorher Verg 22/01 VergabeR 2002, 267 = NZBau 2002, 578. Noch weitergehend OLG Dresden 5.1.2001 – WVerg 11/00 und WVerg 12/00 VergabeR 2001, 41 = NZBau 2001, 459, wonach der Preis regelmäßig mit einem „Mindestgewicht" von 30 % in die Wertung einfließen muss. Einschränkend für den Fall, dass aufgrund der HOAI eine Preisbindung besteht, OLG München 25.7.2013 – Verg 7/13; OLG Düsseldorf 23.7.2003 – Verg 27/03; BayObLG 20.8.2001 – Verg 9/01. Dagegen *Sulk,* Der Preis im Vergaberecht, S. 214.

III. Das Zuschlagskriterium „Lebenszykluskosten" im Besonderen

Der niedrigste Preis steht nicht zwangsläufig für die niedrigsten Kosten, die bei dem **64** Auftraggeber durch die Annahme eines Angebots anfallen.[189] Der EuGH hat schon früh entschieden, dass sich ein Zuschlagskriterium durchaus auf die Kosten beziehen kann, die aus der Annahme eines Angebots resultieren, auch wenn diese erst zu einem Zeitpunkt nach der Auftragsvergabe genau bekannt sein werden und sie zum Vergabezeitpunkt nur prognostiziert werden können.[190] Wenn § 127 Abs. 1 S. 4 GWB und § 16d EU Abs. 2 Nr. 1 S. 4 VOB/A die „Kosten" ausdrücklich als möglichen Aspekt für die wirtschaftliche Bewertung der Angebote nennen, werden hiervon zunächst **Betriebs- und Folgekosten** erfasst,[191] **die bei dem Auftraggeber** bei Beauftragung eines bestimmten Angebots **entstehen,**[192] ggf. auch solche über den gesamten Lebenszyklus des Auftragsgegenstands.[193]

Das Konzept der Lebenszykluskostenberechnung, das der Richtlinie 2014/24/EU zu **65** Grunde liegt[194] und das sich in § 16d EU Abs. 2 Nr. 5–7 VOB/A widerspiegelt, geht darüber aber hinaus. Bezugspunkt der Lebenszykluskosten ist hiernach nicht der Auftraggeber, sondern ausschließlich der Auftragsgegenstand. Wie sich aus § 16d EU Abs. 2 Nr. 5 lit. a VOB/A ergibt, können die Lebenszykluskosten nicht nur Kosten umfassen, die bei dem öffentlichen Auftraggeber (während seiner Nutzung des Auftragsgegenstands) anfallen, sondern **auch Kosten von anderen Nutzern des Auftragsgegenstands** (zB der Bürger bei Nutzung von öffentlichen Gebäuden oder eines neuen Eigentümers nach Weiterveräußerung eines Gebäudes). Es ist eine Konsequenz der Abkehr von einem engen Wirtschaftlichkeitsbegriff des Vergaberechts,[195] dass Kosten, die während des Lebenszyklus des Auftragsgegenstands nicht beim Auftraggeber selbst eintreten, sondern bei Dritten entstehen, ebenfalls in die wirtschaftliche Bewertung der Angebotswertung einfließen dürfen.[196] Folglich definiert Art. 2 Abs. 1 Nr. 20 der RL 2014/24/EU den **Begriff des Lebenszyklus** äußerst weit als „*alle aufeinander folgenden und/oder miteinander verbundenen Stadien, einschließlich der durchzuführenden Forschung und Entwicklung, der Produktion, des Handels und der damit verbundenen Bedingungen, des Transports, der Nutzung und Wartung, während der Lebensdauer einer Ware oder eines Bauwerks oder während der Erbringung einer Dienstleistung, angefangen von der Beschaffung der Rohstoffe oder Erzeugung von Ressourcen bis hin zu Entsorgung, Aufräumarbeiten und Beendigung der Dienstleistung oder Nutzung*"

Die Lebenszykluskosten können auch externe Effekte beinhalten, die mit der Bauleis- **66** tung oder dem Bauwerk während seines Lebenszyklus in Verbindung stehen, d.h. auch **Kosten, die die Allgemeinheit zu tragen hat.** § 16d EU Abs. 2 Nr. 5 lit. b VOB/A lässt insoweit allerdings nur die Berücksichtigung externer Effekte aus Umweltbelastungen zu (zB Kosten der Emission von Treibhausgasen und anderen Schadstoffen oder sonstige Kosten für die Eindämmung des Klimawandels) und auch das nur, sofern ihr Geldwert bestimmt und geprüft werden kann.[197]

Der öffentliche **Auftraggeber ist nicht verpflichtet, das wirtschaftlichste Ange-** **67** **bot unter Betrachtung der Lebenszykluskosten zu bestimmen.**[198] Sinnvoll ist dies in

---

[189] *Opitz* NZBau 2001, 12, 13.

[190] EuGH 18.10.2001 – Rs. C-19/00 – SIAC.

[191] Dazu *Opitz* in Burgi/Dreher, Beck'scher Vergaberechtskommentar, 3. Aufl. Bd 1 § 127 Rn. 48 f. auch zu dem Problem, dass sich diese Kosten normalerweise nicht den Angeboten entnehmen lassen.

[192] Diese werden in § 8c EU Abs. 3 Nr. 2 lit. a VOB/A als „minimierte Lebenszykluskosten" bezeichnet.

[193] Vgl. zur Angebotswertung auf der Grundlage von Lebenszykluskosten aus der bisherigen Rechtsprechung etwa OLG Saarbrücken 9.11.2005 – 1 Verg 4/05 und OLG Naumburg 29.1.2009 – 1 Verg 10/8.

[194] Art. 68 RL 2014/24/EU

[195] Siehe *Opitz* in Burgi/Dreher, Beck'scher Vergaberechtskommentar, 3. Aufl. Bd. 1 § 127 GWB Rn. 8 und 29.

[196] Überholt daher BayObLG 3.7.2002 – Verg 13/02 VergabeR 2002, 637 = NZBau 2003, 15.

[197] → Rn. 10.

[198] *Burgi* in Pünder/Prieß (Hrsg.), Vergaberecht im Umbruch II, S. 57, 61; *Wiedner/Spiegel* in FS Marx, S. 819, 831 mit dem Hinweis, dass sich die Europäische Kommission dem vielfach vorgebrachten Forde-

der Regel nur, wenn ein wesentlicher Teil der Kosten nicht bereits im Anschaffungspreis liegt, sondern sich erst später während der Nutzungs- oder Entsorgungsphase entsteht. Wenn der Auftraggeber Lebenszykluskosten bei der Angebotswertung berücksichtigt, steht es ihm außerdem frei, externe Effekte aus Umweltbelastungen einzubeziehen oder nicht. Das ergibt sich aus der Formulierung „soweit relevant" in Art. 68 Abs. 1 RL 2014/24/EU[199] und „ganz oder teilweise" in § 16d EU Abs. 2 Nr. 5 S. 1 VOB/A.

68 Das Gemeinschaftsrecht zielt darauf ab, dass zur Lebenszyklusberechnung Methoden angewendet werden, die für eine Vielzahl von Fällen entwickelt wurden und die daher – vergleichbar mit den „anerkannten Regeln der Technik" – praxisbewährt und theoretisch richtig sind. Bei auftragsindividuell entwickelten Methoden besteht die Gefahr, dass diese diskriminierend eingesetzt werden.[200] Um diesem Eindruck von vornherein entgegenzuwirken, empfiehlt sich eine Orientierung an den zahlreiche Leitfäden und Arbeitshilfen, die auf europäischer oder nationaler Ebene für die Berechnung von Lebenszykluskosten entwickelt und veröffentlicht worden sind.[201] Wenn externe Kosten aus Umweltbelastungen bei der Angebotswertung berücksichtigt werden sollen, muss die Methode zur Berechnung der Kosten die in § 16d EU Abs. 2 Nr. 6 S. 2 VOB/A genannten Bedingungen erfüllen. Sofern eine **Methode zur Berechnung der Lebenszykluskosten** durch einen Rechtsakt der Europäischen Union verbindlich vorgeschrieben worden ist, hat der öffentliche Auftraggeber diese Methode vorzugeben (§ 16d EU Abs. 2 Nr. 7 VOB/A). Die Europäische Kommission setzt diesbezüglich auf eine sektorspezifische Rechtsetzung.[202] Im Baubereich besteht bislang keine derartige verbindliche Berechnungsmethode.

69 Beabsichtigt der Auftraggeber Lebenszykluskosten in die Wirtschaftlichkeitsbetrachtung einzubeziehen, muss er dies durch Formulierung eines eigenen Wertungskriteriums transparent machen. Wird in der Vergabebekanntmachung oder den Vergabeunterlagen nur der Preis **als Zuschlagskriterium bestimmt,** dürfen keine Kosten in die Wirtschaftlichkeitsbetrachtung einbezogen werden.[203] Es ist möglich, für das Zuschlagskriterium „Preis" und das Zuschlagskriterium „Kosten" unterschiedliche Gewichtungen festzulegen, um dem Umstand Rechnung zu tragen, dass die Kosten ein prognostisches Element beinhalten. Das Ergebnis der Kostenbewertung kann aber auch ohne gesonderte Gewichtung mit dem Angebotspreis zu einer Wertungssumme saldiert werden.[204] Die Bekanntmachungspflicht umfasst auch die Methode zur Berechnung der Lebenszykluskosten und die zur Berechnung vom Unternehmen zu übermittelnden Daten (§ 16d EU Abs. 2 Nr. 6 S. 1 VOB/A). Bei diesen Informationen kann es sich zB um Daten zur Energieeffizienz, Schadstoffausstoß, Recyclebarkeit oder Instandhaltungsintervallen handeln.

70 Ein Auftraggeber, der nicht zum unehrlichen Bieten verleiten will, muss die Bieter an die mit dem Angebot unterbreiteten, wettbewerbserheblichen Angaben zu Lebenszykluskosten vertraglich binden. Das gelingt – aufgrund begrenzter Verjährungsfristen für die Mängelhaftung – zivilrechtlich allerdings nur über **Haltbarkeits- und Beschaffenheitsgarantien (§ 443 BGB).** Diese lassen sich in formularmäßigen Vertragsbedingungen jedoch nicht vereinbaren.[205] Zwar bestünde theoretisch die Möglichkeit eine entsprechende Regelung in der VOB/B zu verankern und diese so der AGB-Kontrolle zu entziehen.[206] Die oft beschworene konzeptionelle Einheitlichkeit der Teile A und B der VOB/A lässt

rung, den Lebenszykluskostenansatz obligatorisch zu machen, widersetzt hat. Ebenso *Wagner* in Juris-PK Vergaberecht, 5. Aufl., § 59 VgV Rn. 1.
[199] → Rn. 10.
[200] Vgl. Erwägungsgrund 96 und Art. 68 Abs. 2 S. 4 RL 2014/24/EU.
[201] Einen Überblick gibt *Wiedemann* in KKMPP, Kommentar zur VgV, § 59 Rn. 26.
[202] Vgl. Erwägungsgrund 95 RL 2014/24/EU.
[203] VK Baden-Württemberg 20.6.2006 – 1 VK 25-30/6; VK Südbayern 21.4.2004 – 24-04/04; VK Südbayern 16.4.2003 – 12-03/03.
[204] OLG Düsseldorf 3.4.2008 – VII-Verg 54/07.
[205] Statt aller *Christensen* in Ulmer/Brandner/Hensen, AGB-Recht, 12. Aufl. 2016, Teil 2, § 17 Rn. 5 mwN.
[206] Vgl. § 310 Abs. 1 S. 3 BGB.

sich jedenfalls in diesem Punkt aber nicht erkennen. Das europäische Konzept der Life-cyclecosts droht in praxi daher schnell an den Niederungen des deutschen AGB-Rechts zu scheitern. Unabhängig davon besteht das Problem des Vertragscontrolling bei vereinbarten Eigenschaften, die auf die Lebensdauer bezogen sind.

E. Angebote mit
abweichenden technischen Spezifikationen (Abs. 3)

§ 16d EU Abs. 3 VOB/A betrifft die Wertung von Angeboten mit abweichenden tech-   **71** nischen Spezifikationen. Aus § 13 EU Abs. 2 Satz 1 VOB/A ergibt sich, dass Leistungen angeboten werden dürfen, die von den vom Auftraggeber vorgesehenen technischen Spezifikationen abweichen, wenn sie mit dem geforderten Schutzniveau in Bezug auf Sicherheit, Gesundheit und Gebrauchstauglichkeit gleichwertig sind. Derartige **Angebote sind nicht als Nebenangebote zu werten, sondern gem. § 16d EU Abs. 3 VOB/A wie Hauptangebote.** Der Sinn und Zweck der §§ 13 EU Abs. 2 Satz 1 und 16d EU Abs. 3 VOB/A, die auf das europäische Richtlinienrecht zurückgehen,[207] besteht darin, gewisse Abweichungen von den Leistungsanforderungen des Auftraggebers auch dann zuzulassen, wenn der Auftraggeber Nebenangebote ausgeschlossen oder eingeschränkt hat. Genau betrachtet enthält § 16d EU Abs. 3 VOB/A allerdings eine unvollständige Regelung. Angebote, die von den vom Auftraggeber herangezogenen technischen Spezifikationen in anderer Weise als in Bezug auf Sicherheit, Gesundheit und Gebrauchstauglichkeit abweichen, sind bei Gleichwertigkeit nämlich ebenfalls wie Hauptangebote zu werten. Das folgt aus § 7a EU Abs. 3 VOB/A.

Es ist zu beachten, dass Angebote gem. § 13 EU Abs. 2 VOB/A nur von vorgesehenen   **72** „technischen Spezifikationen" in gleichwertiger Art abweichen dürfen. Als **Technische Spezifikationen sind allgemeine technische Regelwerke** und gegebenenfalls auch allgemeine standardisierte technische Vorgaben zu verstehen, nicht jedoch individuelle, auf das konkrete Bauvorhaben bezogene Funktions- oder Leistungsanforderungen.[208] Eine Abweichung von einer solchen technischen Spezifikationen kann nur dann vorliegen, wenn die Vorschrift selbst eine bestimmte Ausführung zwingend vorschreibt.[209] Die Beschränkung des Begriffs der Technischen Spezifikation auf allgemeine technische Regelwerke ergibt sich zunächst aus Art. 42 Abs. 5 RL 2014/24/EU, der durch § 13 EU Abs. 2 VOB/A umgesetzt wird. Art. 42 Abs. 5 RL 2014/24/EU referenziert nicht auf den in der Richtlinie 2014/24/EU im Übrigen verwendeten weiten Begriff der Technischen Spezifikation, der auch Nr. 1 des Anhangs TS der VOB/A zu Grunde liegt[210] und der jegliche – auch individuelle – technische Anforderungen der Leistungsbeschreibung als „technische Spezifikation" erfasst, sondern auf den engeren Begriff der „Technischen Spezifikation", wie er in Art. 42 Abs. 3 lit. b RL 2014/24/EU beschrieben wird.[211] Es würde zudem dem Regelungszweck des § 13 EU Abs. 2 VOB/A zuwiderlaufen, wenn § 16d EU Abs. 3 VOB/A auch Abweichungen von individuellen technische Vorgaben erfassen würde.[212]

---

[207] → Rn. 5 f.
[208] OLG Brandenburg 30.1.2014 – Verg W 2/14; OLG München 28.7.2008 – Verg 10/08 VergabeR 2008, 965; OLG München 11.8.2005 – Verg 12/05 VergabeR 2006, 119; OLG Düsseldorf 6.10.2004 – VII Verg 56/04 NZBau 2005, 169; VergabeR 2005, 188. Offen gelassen bei OLG Koblenz 15.5.2003 – 1 Verg 3/03 VergabeR 2003, 567 und OLG Brandenburg 20.8.2002 – Verg W 6/02 NZBau 2002, 694. AA *Stolz* in Willenbruch/Wieddekind, Kompaktkommentar Vergaberecht, 4. Aufl., § 16d EU VOB/A Rn. 61; *Stolz* VergabeR 2008, 322, 327 ff.
[209] OLG München 7.4.2011 – Verg 5/11.
[210] Hierzu OLG Brandenburg 30.1.2014 – Verg W 2/14; OLG Brandenburg 20.8.2002 – Verg W 6/02; OLG Koblenz 15.5.2003 – 1 Verg. 3/03.
[211] → oben Rn. 11. Lediglich auf die weite Definition verweisend hingegen *Stolz* in Willenbruch/ Wieddekind, Kompaktkommentar Vergaberecht, 4. Aufl., § 16d EU VOB/A Rn. 60.
[212] VK Sachsen 17.8.2012 – 1/SVK/021-12; VK Rheinland-Pfalz 26.1.2012 – VK 1-43/11; VK Bund 21.1.2011 – VK 2-146/10.

Dann würde nämlich das Recht des Auftraggebers zur Zulassung von Nebenangeboten ausgehöhlt. Der Auftraggeber müsste bei entsprechendem Gleichwertigkeitsnachweis jede Alternative zu den von ihm vorgegebenen technischen Leistungsanforderungen akzeptieren. Dies sieht auch die Richtlinie 2014/24/EU, die dem Auftraggeber in Art. 45 Abs. 1 ausdrücklich das Recht zubilligt, Nebenangebote („Varianten") auszuschließen, nicht vor.

73   Sind Nebenangebote zugelassen, darf der Bieter auch in einem Nebenangebot von technischen Spezifikationen des Auftraggebers abweichen und so das Risiko minimieren, wegen nicht nachgewiesener Gleichwertigkeit der Abweichung von der Spezifikation mit dem Hauptangebot ausgeschlossen zu werden. **Ein Hauptangebot, das gegen § 13 EU Abs. 2 VOB/A verstößt, kann allerdings nicht als Nebenangebot gewertet werden.** Es gelten insofern die gleichen Grundsätze wie für die Umdeutung von Änderungen der Vergabeunterlagen in Nebenangebote.[213]

74   Weicht das Angebot ohne Berufung auf § 13 EU Abs. 2 VOB/A von verpflichtenden Leistungsanforderungen des Auftraggebers ab, liegt eine unzulässige Änderung an den Vergabeunterlagen i.S.v. § 16 EU Nr. 2 VOB/A vor.[214] Die Anforderung an die Bezeichnung hat daher zunächst eine formelle Bedeutung. Für die Berufung auf die §§ 13 EU Abs. 2 und 16d EU Abs. 3 VOB/A ist es auch nicht ausreichend, wenn der Bieter nur darlegt, *dass* er von den vom Auftraggeber vorgesehenen Spezifikationen abweicht. Er muss auch die **Abweichung genau bezeichnen** (§ 13 EU Abs. 2 Satz 2 VOB/A). In den betreffenden Angebotspositionen, den davon erfassten Positionsgruppen, dem jeweiligen Abschnitt oder unter Umständen im ganzen Angebot, ist eindeutig und klar verständlich darzustellen, dass eine Abweichung von den technischen Spezifikationen vorliegt und worin sie liegt.[215] Da § 16 EU an den Verstoß gegen § 13 EU Abs. 2 S. 2 VOB/A keinen Ausschlusstatbestand knüpft, ist allerdings fraglich, ob das Angebot unmittelbar auszuschließen ist, wenn die Abweichung nicht eindeutig bezeichnet ist.[216]

75   Außerdem **muss der Bieter bereits in seinem Angebot die Gleichwertigkeit der Abweichung** von technischen Spezifikationen in Bezug auf Sicherheit, Gesundheit und Gebrauchstauglichkeit **nachweisen**. Das ergibt sich aus § 13 EU Abs. 2 Satz 3 VOB/A.[217] Nach Ansicht des OLG Rostock kann der Nachweis mit allen dem Bieter zur Verfügung stehenden Nachweismitteln erfolgen.[218] Wie sich aus Erwägungsgrund 74 der RL 2014/24/EU ergibt, dürften Eigenerklärungen jedoch nicht genügen, sondern ist die Bestätigung eines Dritten erforderlich.[219] § 7a EU Abs. 5 VOB/A findet Anwendung. Da ein objektiver Nachweis der Gleichwertigkeit nur in seltenen Fällen möglich ist, erschöpft sich die Nachweispflicht in Angaben und Belegen, anhand der der Auftraggeber die Gleichwertigkeit prüfen kann. Fehlen im Angebot Erklärungen oder Nachweise zur Gleichwertigkeit sind diese nach § 16a EU VOB/A nachzufordern.[220] Ob sie auch durch eine sachverständige Prüfung des Auftraggebers ersetzt[221] oder in einem Bietergespräch nachgeholt[222] werden können, ist indessen fraglich.

76   Angebote, die nach der Beurteilung des Auftraggebers gleichwertig sind, werden nach § 16d EU Abs. 3 VOB/A wie Hauptangebote gewertet. Bei der Beurteilung steht dem Auftraggeber ein Spielraum zu, der in einem Vergabenachprüfungsverfahren nur einer ein-

---

[213] → § 16 EU VOB/A Rn. 62 u. 128.
[214] → § 16 EU VOB/A Rn. 57 ff.
[215] OLG Saarbrücken 27.4.2011 – 1 Verg 5/10; OLG Koblenz 15.5.2003 – 1 Verg 3/03 VergabeR 2003, 567.
[216] So OLG Brandenburg 12.11.2002 – Verg W 16/02 wegen Unvollständigkeit.
[217] Einschränkend BayObLG 21.11.2001 – Verg 17/01.
[218] Vgl. OLG Rostock 20.8.2003 – 17 Verg 9/03.
[219] So auch OLG Saarbrücken 27.4.2011 – 1 Verg 5/10, wonach unter dem Wort „Nachweis" schon begrifflich mehr zu verstehen ist als eine eigene Beschreibung des Produkts.
[220] OLG Saarbrücken 27.4.2011 – 1 Verg 5/10; *Dittmann* in KMPP, VOB/A, 2. Aufl. § 16 VOB/A Rn. 408.
[221] OLG Schleswig 15.12.2005 – 6 Verg 6/04 VergabeR 2005, 357; OLG Düsseldorf 4.7.2001 – Verg 20/01; zweifelnd OLG Saarbrücken 27.4.2011 – 1 Verg 5/10; abl. OLG Koblenz 2.2.2011 – 1 Verg 1/11.
[222] *Frister* in Kapellmann/Messerschmidt, VOB, 6. Aufl. § 16d VOB/A Rn. 47.

geschränkten Kontrolle zugänglich ist. Ein Auftraggeber, der im Vergabeverfahren in Ausübung seines **Beurteilungsspielraums** die Gleichwertigkeit des Angebots nach § 13 EU Abs. 2 VOB/A bejaht hat, ist daran gebunden, soweit nicht neue Tatsachen auftreten, die eine andere Bewertung rechtfertigen.[223]

F. Bewertung von Preisnachlässen
(Abs. 4)

I. Wertung von Preisnachlässen ohne Bedingung

Als Preisnachlass oder Rabatt bezeichnet man einen im Angebot ausgewiesenen prozen-   **77**
tualen oder nominell angebotenen **Abzug von der Angebots- oder Abrechnungs-summe.**[224] Derartige Preisnachlässe sind von nicht kostendeckend oder besonders günstig kalkulierten Einheitspreisen im Rahmen der Kalkulation zu unterscheiden.[225] Ein Preisnachlass ist beim Zuschlagskriterium „Preis" zu werten.[226]

Nach § 16d EU Abs. 4 S. 1 VOB/A setzt die Wertung eines unbedingten Preisnachlasses   **78**
voraus, dass der Preisnachlass an der vom öffentlichen Auftraggeber bezeichneten Stelle im Angebot aufgeführt ist.[227] Diese Regelung dient dem Interesse an einer transparenten Vergabe. Es soll verhindert werden, dass Preisnachlässe in die Angebotswertung Eingang finden können, deren Herkunft und deren inhaltliches und zeitliches Zustandekommen nachträglich nicht mehr eindeutig nachvollziehbar sind.[228] § 16d EU Abs. 4 S. 1 VOB/A versperrt im Interesse der Chancengleichheit der Bieter damit zugleich den Weg für eine Wertung **unaufgefordert angebotener unbedingter Preisnachlässe.** Bezeichnet der Auftraggeber im Angebot keine entsprechende Stelle, ist für die Wertung von (Initiativ-)Rabatten einzelner Bieter kein Raum.

Ein Verstoß gegen § 13 EU Abs. 4 VOB/A führt zwar **nicht zum Ausschluss des ge-**   **79**
samten Angebots, aber zur Nichtberücksichtigung des Preisnachlasses.[229] Ein nicht zu wertender Preisnachlass (gefordert oder nicht gefordert) bleibt allerdings verbindlicher Inhalt des Angebots und wird im Falle der Auftragserteilung auch Vertragsinhalt.

Ob § 16 EU Abs. 4 Satz 1 VOBA teleologisch reduziert werden kann, so dass   **80**
Preisnachlässe ohne Bedingung auch dann zu werten sind, wenn sie zwar nicht an der vom Auftraggeber vorgeschriebenen Stelle aufgeführt sind, aber gleichwohl nach der Gestaltung des Angebots weder die Preistransparenz beeinträchtigt ist noch Manipulationsmöglichkeiten bestehen, wurde bislang uneinheitlich beurteilt.[230] Der Bundesgerichtshof hat eine teleologische Reduktion unter Verweis auf den klaren Wortlaut und die Entstehungsgeschichte der Vorschrift abgelehnt.[231] Hierfür mag auch sprechen, dass im Eröffnungstermin nicht nur die Endbeträge der Angebote, sondern auch die Preisnachlässe ohne Bedingungen protokolliert werden.[232] Dies setzt voraus, dass sie an leicht auffindbarer Stelle im Angebot aufgeführt sind.

---

[223] Ähnlich OLG Celle 5.8.2003 – 13 Verg 13/03.
[224] VK Brandenburg 21.10.2002 – VK 55/02.
[225] Vgl. OLG Saarbrücken 13.6.2012 – 1 U 357/11; OLG München 24.5.2006 – Verg 10/06 VergabeR 2006, 933.
[226] VK Münster 14.10.2011 – VK 14/11.
[227] Hierzu BGH 20.1.2009 – X ZR 113/07; OLG Schleswig 16.10.2001 – 6 Verg 4/1. Zur Auslegung der Vergabeunterlagen OLG Saarbrücken 13.6.2012 – 1 U 357/11–107.
[228] OLG Saarbrücken 13.6.2012 – 1 U 357/11; VK Baden-Württemberg 4.4.2002 – 1 VK 8/02; VK Sachsen 13.5.2002 – 1/SVK/043-02.
[229] OLG Düsseldorf 29.3.2006 – VII-Verg 77/05 VergabeR 2006, 509; OLG Jena 24.2.2003 – 6 Verg 1/03 VergabeR 339, 341; OLG Schleswig 16.10.2001 – 6 Verg 4/01 VergabeR 2002, 188.
[230] Für eine teleologische Reduktion OLG Schleswig 16.10.2001 – 6 Verg 4/01 VergabeR 2002, 188.
[231] BGH 20.1.2009 – X ZR 113/07 VergabeR 2009, 448 = NZBau 2009, 262. IE anders OLG Saarbrücken 13.6.2012 – 1 U 357/11.
[232] Vgl. § 14 EU Abs. 3 Nr. 1 Satz 2 lit. c VOB/A.

81   In **analoger Anwendung des § 16d EU Abs. 4 Satz 1 VOB/A** ist ein Preisnachlass, der nicht so angeboten wurden, wie vom Auftraggeber gefordert (zB absoluter statt prozentualer Preisnachlass[233] oder prozentualer Preisnachlass auf einzelne Titel des LV anstatt prozentualer Preisnachlass auf die gesamte Abrechnungssumme[234]) ebenfalls nicht zu werten.[235] Das Gleiche gilt, wenn Zweifel im Hinblick auf die Geltung oder die Reichweite des Preisnachlasses bestehen, die nicht durch Auslegung beseitigt werden können. Es muss vor allem klar sein, ob sich der Preisnachlass auf die Angebots- oder die Abrechnungssumme bezieht. Eine Auslegungsregel, nach der der angebotene Nachlass im Zweifel von der Abrechnungssumme zu berechnen ist, besteht nicht.[236] Aus den gleichen Gründen, die gegen eine Aufklärung fehlerhafter Preisangaben sprechen,[237] ist auch eine Aufklärung fehlerhaft angebotener Preisnachlässe abzulehnen.

II. Wertung von Preisnachlässen mit Bedingung

82   Auch Angebote mit bedingten Preisnachlässen sind in der Praxis üblich und dürfen vom Auftraggeber gefordert bzw. zugelassen werden. Ein **bedingter Preisnachlass liegt etwa vor,** wenn der Preisnachlass davon abhängen soll, dass der Auftrag innerhalb bestimmter Frist erteilt wird, oder wenn er von einer gemeinsamen Beauftragung mehrerer Lose einer Ausschreibung abhängen soll.[238] Bei der Skontoabrede handelt es sich um einen (aufschiebend) bedingten Teilerlass der Forderung für den Fall fristgerechter Zahlung,[239] und damit um einen Fall des bedingten Preisnachlasses.[240] Fordert der Auftraggeber bedingte Preisnachlässe ist er zur Wahrung der Transparenz und zur Vermeidung von Manipulationen verpflichtet, die Voraussetzungen für die Berücksichtigung des Preisnachlasses klar und eindeutig zu umschreiben.[241] Preisnachlässe, die die vom Auftraggeber festgelegten – und aus seiner Sicht erfüllbaren – Bedingungen entsprechen, sind dann zu werten.[242] Hierfür ist nicht erforderlich, dass der Auftraggeber ein gesondertes Zuschlagskriterium festgelegt hat.[243]

83   Hat der Auftraggeber eine entsprechende Stelle in den Vergabeunterlagen zur Eintragung des bedingten Preisnachlasses (etwa Skonto) festgelegt, sind die **§§ 13 EU Abs. 4 und 16 EU Abs. 4 Satz 1 VOBA entsprechend anzuwenden.** Im Hinblick auf die Eindeutigkeit des bedingten Preisnachlasses gelten die gleichen Grundsätze wie für bedingte Preisnachlässe.[244] Ist etwa die in den Vergabeunterlagen anzugebende Zeile, auf welche Zahlung sich das Skonto erstreckt, nicht ausgefüllt und auch keine anderslautende Erklärung abgegeben, ist das Skontoangebot nicht zweifelsfrei und kann nicht gewertet wer-

---

[233] Zu dieser Fallgestaltung VK Thüringen 15.6.2006 – 024/06-J-S.

[234] Zu dieser Fallgestaltung VK Thüringen 10.10.2014 – 250 – 4002 – 6505/2014 – N – 006 – AP.

[235] Ebenso *Summa* in Juris-PK Vergaberecht, 5. Aufl., § 16 VOB/A Rn. 137.

[236] Vgl. *Weyand* BauR 1988, 59 für die Skontoabrede. Anders offenbar VK Schleswig-Holstein 1.4.2004 – VK-SH 05/04.

[237] → § 16 EU Rn. 111.

[238] So zB bei OLG München 12.11.2012 – Verg 23/12; VK Sachsen-Anhalt 19.10.2011 – 2 VK LSA – 05/11; VK Baden-Württemberg 20.5.2011 – 1 VK 17/11; VK Lüneburg 25.2.2011, VgK – 70-72/2010; VK Baden-Württemberg 22.6.2004 – 1 VK 32/4.

[239] BGH 11.2.1998 – VIII ZR 287/97 NJW 1998, 1302; OLG Frankfurt 24.7.2012 – 11 Verg 6/12 NZBau 2012, 726; BayObLG 9.9.2004, Verg 18/04; OLG Köln 8.10.2002 – 22 U 48/02; vgl. auch *Kainz* BauR 1998, 226.

[240] Anders VK Baden-Württemberg 22.6.2004 – 1 VK 32/04, die von einem Aliud ausgeht.

[241] BGH 11.3.2008 – X ZR 134/05 NZBau 2008, 459 = VergabeR 2008, 646. Nach dieser Entscheidung ist die bloße Aufforderung, Skontoabzüge anzubieten, in der Regel dahingehend auszulegen, dass die Bedingungen, namentlich die Fristen, für die Gewährung des Skontoabzugs so beschaffen sein müssen, dass der Ausschreibende sie realistischerweise erfüllen kann.

[242] OLG Düsseldorf 1.10.2003 – II Verg 45/03; vage hingegen BGH 11.3.2008 – X ZR 134/05 NZBau 2008, 459 = VergabeR 2008, 646 „können bei der Wertung berücksichtigt werden".

[243] Zweifelnd BayObLG 9.9.2004 – Verg 18/04 VergabeR 2005, 126.

[244] → Vorstehend Rn. 81.

den.[245] Eine Wertung scheidet auch dann aus, wenn sich ein angebotenes Skonto nur auf die Schlusszahlung bezieht, da deren Höhe bei Angebotswertung in der Regel noch unbekannt ist.

§ 16d EU Abs. 4 S. 2 VOB/A stellt klar, dass **unaufgefordert angebotene Preisnach-** **84** **lässe mit Bedingungen** für die Zahlungsfrist (Skonti) nicht zu werten sind.[246] Ungeklärt bleibt damit, wie unaufgefordert bedingte Preisnachlässen zu behandeln sind, die nicht die Zahlungsfrist betreffen. Auch § 16d EU Abs. 4 S. 1 VOB/A hilft insofern nicht weiter, denn diese Vorschrift findet auf bedingte Preisnachlässe keine Anwendung. Hat der Bieter einen Preisnachlass unaufgefordert unter einer von ihm formulierten Bedingung angeboten, ist zunächst zu prüfen, ob es sich hierbei um ein Nebenangebot handelt, das vom Auftraggeber dann auch als solches zu behandeln ist.[247] Es ist auszuschließen, wenn der Auftraggeber keine Nebenangebote zugelassen hat. Ein **Nebenangebot** setzt in formeller Hinsicht voraus, dass aus einer Erklärung oder der äußeren Gestalt erkennbar ist, dass der Bieter ein Nebenangebot bzw. ein alternatives Angebot abgeben wollte.[248] In materieller Hinsicht liegt ein Nebenangebot nur vor, wenn der Preisnachlass von einer Abweichung von den technischen oder kaufmännischen Vorgaben der Vergabeunterlagen (z.B. Preisnachlass unter der Bedingung einer Veränderung der Bauzeit, abweichender Haftungsbestimmung, der Gewährung einer Vorauszahlung, abweichender technischer Ausführung) abhängen soll.[249]

Bei einem Preisnachlass für die gemeinsame Beauftragung mehrerer Lose ist dies nicht **85** der Fall.[250] Dasselbe gilt für Preisnachlässe, die an die Zuschlagserteilung bis zu einem bestimmten Termin vor Ablauf der Zuschlagsfrist gebunden sind. Auch das Skontoangebot beinhaltet in der Regel keine Abweichung von den rechtlichen Rahmenbedingungen der auszuführenden Leistung.[251]

Sofern kein Nebenangebot vorliegt, ist nach der hier vertretenen Ansicht die für Skonti **86** geltende Regel des § 16d EU Abs. 4 S. 2 VOB/A für sonstige unaufgefordert bedingte Preisnachlässe entsprechend anzuwenden. Das gebieten die Grundsätze der Transparenz und des Wettbewerbs bei vergleichbarer Interessenlage. Die Rechtsprechung ist jedoch zum Teil großzügiger und fragt zunächst danach, ob der Eintritt der **vom Bieter festgelegten** **Bedingung** im Einflussbereich des Bieters oder im Einflussbereich des Auftraggebers liegt. Ein Nachlass, der unter Bedingungen steht, die der Nachlassgewährende bestimmen oder beeinflussen kann, wird aus Gründen der Wettbewerbsverfälschung nicht hingenommen.[252] Bei Preisnachlässen im Einflussbereich des Auftraggebers soll es darauf ankommen, ob die Bedingungen realistischerweise eintreten werden.[253] So soll etwa der für die Auftragserteilung bis zu einem bestimmten Stichtag in Aussicht gestellte Preisnachlass bei einem Preisvergleich außer Betracht bleiben, wenn die Vergabestelle nach der Lage der Dinge zum

---

[245] VK Thüringen 6.7.2001 – 216-4002. 20-020/01 NDH; *Weyand* BauR 1988 60. Eine Skontoabrede nach der das vereinbarte Skonto von jedem Abschlags- und Schlussrechnungsbeitrag abgezogen wird, für den die geforderten Zahlungsfristen eingehalten werden, ist eindeutig.
[246] Dies war vor Klarstellung in der VOB/A besonders umstritten: BGH 26.10.1999 – X ZR 30/98 BauR 2000, 254 = NZBau 2000, 35; OLG Düsseldorf 1.10.2003 – II Verg 45/03; OLG Köln 8.10.2002 – 22 U 46/02 NZBau 2003, 377; OLG Jena 13.10.1999 – 6 Verg 1/99 BauR 2000, 388 = NZBau 2001, 39. *Kainz* BauR 1998, 223 f.
[247] Weitergehend VK Niedersachsen 5.11.2010 – VgK-54/2010, wonach Preisnachlässe mit Bedingungen können nur als (kaufmännisches) Nebenangebot angeboten werden können.
[248] → § 16 EU VOB/A Rn. 128.
[249] Vgl. zur Abgrenzung OLG Düsseldorf 2.11.2011 – VII-Verg 22/11 und die Vorinstanz VK Bund 10.2.2011 – VK 3-8/11.
[250] OLG Brandenburg 20.3.2007 – Verg W 12/06; OLG Jena 21.9.2009 – 9 Verg 7/09 VergabeR 2010, 509.
[251] Vgl. OLG Köln 8.10.2002 – 22 U 46/02 NZBau 2003, 377; VK Baden-Württemberg 22.6.2004 – 1 VK 32/04.
[252] VK Baden-Württemberg 7.3.2003 – 1 VK 6/03 u. 11/03; VK Baden-Württemberg 31.10.2001 – 1 VK 36/01.
[253] OLG Brandenburg 14.12.2010 – 11 U 37/10 und – überholt – für Skontobedingungen OLG Naumburg 11.7.2000 – 1 Verg/00; OLG Jena 13.10.1999 – 6 Verg 1/99 BauR 2000, 388 = NZBau 2001, 39.

Zeitpunkt der Angebotswertung davon ausgehen muss, dass bis zum Stichtag der Zuschlag nicht erteilt wird.[254]

87 Stets unzulässig sind **Koppelungsangebote.** Ein Koppelungsangebot liegt vor, wenn ein Preisnachlass für den Fall angeboten wird, dass der Zuschlag auch auf ein im Rahmen einer anderen Ausschreibung abgegebenes Angebot erteilt wird.[255] Dies ergibt sich schon daraus, dass der Umfang der Angebotswertung durch den Gegenstand des Auftrags begrenzt wird. Ob gleiches auch gilt, wenn ein (unaufgeforderter) Preisnachlass von der Beauftragung eines anderen Loses derselben Ausschreibung abhängig gemacht wird, ist umstritten.[256] Mit dem Wettbewerbsprinzip unvereinbar sind derartige Rabatte jedenfalls dann, wenn sie sich auf ein Einzellos beziehen, das bereits eröffnet ist und von dem bekannt ist, welchen Rang der Bieter einnimmt.[257] Unzulässig, weil mit dem vergaberechtlichen Wettbewerbsprinzip unvereinbar, soll auch ein Preisnachlass sein, der unter der Bedingung gewährt wird, dass der Bieter nicht ohnehin, d.h. ohne Berücksichtigung des Nachlasses, zum Zuge kommt.[258]

G. Anwendbarkeit in Verhandlungsverfahren, wettbewerblichen Dialogen und Innovationspartnerschaften (Abs. 5)

88 Einzelne Bestimmungen der §§ 16 EU ff. VOB/A scheinen auf Verhandlungsverfahren, wettbewerbliche Dialoge und Innovationspartnerschaften nicht vollumfänglich zu passen. Dem versucht § 16d EU Abs. 5 VOB/A Rechnung zu tragen. **Systematisch fragwürdig** ist allerdings, dass eine Regelung, die die Anwendung (auch) der §§ 16 EU, 16b EU und 16c EU VOB/A betrifft, in einem Absatz von § 16d EU VOB/A versteckt ist. **Missverständlich** ist **außerdem,** dass § 16d EU Abs. 5 S. 2 VOB/A die „entsprechende Anwendung" von Vorschriften der Angebotsprüfung und Angebotswertung auf Verhandlungsverfahren, wettbewerbliche Dialoge und Innovationspartnerschaften anordnet, obwohl diese Vorschriften ihrem Wortlaut nach gar nicht auf Auftragsvergaben nach bestimmten Vergabearten beschränkt sind.

89 **§ 16d EU Abs. 5 S. 1 VOB/A** ordnet zunächst an, dass die Absätze 1 und 2 von § 16d EU VOB/A, also die Bestimmungen über den Ausschluss unangemessen niedriger oder hoher Angebote **(3. Wertungsstufe)** und über die wirtschaftliche Bewertung der Angebote **(4. Wertungsstufe)** auch bei Verhandlungsverfahren, wettbewerbliche Dialogen und Innovationspartnerschaften unmittelbar gelten.[259] Die unmittelbare Geltung von Abs. 2 wirkt bei Verhandlungsverfahren ohne Teilnahmewettbewerb, in denen nur ein einziges Unternehmen beteiligt ist,[260] verfehlt. Andererseits ist nicht erkennbar, warum die Abs. 3 und 4 von § 16d EU VOB/A bei Verhandlungsverfahren, wettbewerbliche Dialogen und Innovationspartnerschaften nicht unmittelbar, sondern nur entsprechend angewendet werden sollen, was § 16d EU Abs. 5 S. 2 VOB/A anordnet.

90 Weiterhin bestimmt § 16d EU Abs. 5 S. 1 VOB/A, dass § 16b EU VOB/A mit den Festlegungen zur Eignungsprüfung **(2. Wertungsstufe)** und § 16c EU Abs. 2 VOB/A mit den Auslegungsregeln für die Preisprüfung bei Verhandlungsverfahren, wettbewerbliche

---

[254] OLG Jena 13.10.1999 – 6 Verg 1/99 BauR 2000, 388 = NZBau 2001, 39.

[255] OLG Saarbrücken 24.11.1999 – 5 Verg 1/99 ZVgR 2000, 181; VK Brandenburg 7.5.2002 – VK 14/02.

[256] Verneinend OLG Jena 21.9.2009 – 9 Verg 7/09; LG Bad Kreuznach 24.10.2008 – 2 O 326/08; VK Nordbayern 30.9.2010 – 21.VK-3194-33/10; VK Baden-Württemberg 22.6.2004 – 1 VK 32/04; iE auch VK Sachsen-Anhalt 19.10.2011 – 2 VK LSA – 05/11; anders wohl VK Bund 6.2.2001 – VK 1-3/01 und *Wirner* ZfBR 2005, 164.

[257] Vgl. OLG Jena 21.9.2009 – 9 Verg 7/09; VK Nordbayern 30.9.2010 – 21.VK-3194- 33/10.

[258] BayObLG 21.8.2002 – Verg 21/02.

[259] In Bezug auf § 16d EU Abs. 1 Nr. 3 VOB/A einschränkend – jedoch konstruiert – *Koenig/Hentschel* ZfBR 2006, 758 ff.

[260] Vgl. § 3a EU Abs. 3 Nr. 3 und 5 VOB/A.

Dialogen und Innovationspartnerschaften unmittelbar gelten. Auch insofern ist allerdings fraglich, warum in diesen Verfahrensarten nicht auch § 16c EU Abs. 1 VOB/A unmittelbar, sondern nur entsprechend gelten soll (§ 16d EU Abs. 5 S. 2 VOB/A).

Nach § 16d EU Abs. 5 S. 2 VOB/A sind auch die Ausschlussgründe des § 16 EU **91** VOB/A (**1. Wertungsstufe**) auf Verhandlungsverfahren, wettbewerbliche Dialoge und Innovationspartnerschaften nur „entsprechend" anzuwenden. Versteht man hierunter, dass sie modifiziert, d.h. die Besonderheiten der wiederholten Angebotsabgabe berücksichtigend, anzuwenden sind,[261] wird das Reglungsanliegen nachvollziehbar. Die Regelung zum Nachfordern fehlender Erklärungen oder Nachweise in § 16a EU VOB/A, der in engem Zusammenhang mit § 16 EU VOB/A steht, wird in § 16d EU Abs. 5 VOB/A allerdings gar nicht erwähnt, obwohl ein solches Nachfordern auch bei Verhandlungsverfahren, wettbewerbliche Dialogen und Innovationspartnerschaften – ungeachtet der Verhandlungsmöglichkeiten – relevant werden kann. Bei Verhandlungsverfahren ohne Teilnahmewettbewerb, in denen nur ein einziges Unternehmen beteiligt ist, kann auf die Anwendung der Ausschlussgründe des § 16 EU ganz verzichtet werden, soweit diese nur im Interesse der Bietergleichbehandlung bestehen. Das geht aus 16d EU Abs. 5 VOB/A aber nicht hervor.

---

[261] → § 16 EU VOB/A Rn. 20 ff.

§ 17 Aufhebung der Ausschreibung

(1) Die Ausschreibung kann aufgehoben werden, wenn
1. kein Angebot eingegangen ist, das den Ausschreibungsbedingungen entspricht,
2. die Vergabeunterlagen grundlegend geändert werden müssen,
3. andere schwerwiegende Gründe bestehen.

(2)
1. Die Bewerber und Bieter sind von der Aufhebung der Ausschreibung unter Angabe der Gründe, gegebenenfalls über die Absicht, ein neues Vergabeverfahren einzuleiten, unverzüglich in Textform zu unterrichten.
2. Dabei kann der öffentliche Auftraggeber bestimmte Informationen zurückhalten, wenn die Weitergabe
   a) den Gesetzesvollzug behindern,
   b) dem öffentlichen Interesse zuwiderlaufen,
   c) die berechtigten geschäftlichen Interessen von öffentlichen oder privaten Unternehmen schädigen oder
   d) den fairen Wettbewerb beeinträchtigen würde.

Übersicht

	Rn.		Rn.
A. Einführung	1	1. Anwendungsbereich	7
I. Literatur	2	2. Aufhebungsgründe	8
II. Entstehungsgeschichte	3	3. Teilweise Aufhebung	12
III. Rechtliche Vorgaben im EU-Recht	4	4. Keine Verpflichtung zur Zuschlagserteilung	13
B. Regelungsgehalt	6	II. Unterrichtungspflicht (Abs. 2)	14
I. Aufhebung (Abs. 1)	6		

A. Einführung

1   § 17 EU VOB/A regelt die **Aufhebung** von Vergabeverfahren sowie die **Mitteilung** an die Bewerber und Bieter über die Gründe der Aufhebung.

I. Literatur

2   Siehe die Literaturhinweise zu § 63 VgV.[1]

II. Entstehungsgeschichte

3   § 17 EU VOB/A stimmt mit der **Vorgängervorschrift** des § 17 EG VOB/A überein.

III. Rechtliche Vorgaben im EU-Recht

4   Die VRL beinhaltet **keine ausdrücklichen Vorgaben für eine Aufhebung.** Lediglich die Regelung des § 17 EU Abs. 2 Nr. 2 VOB/A findet sich in Art. 55 Abs. 1, 3 VRL wieder.

5   Hinsichtlich **allgemeiner Vorgaben im EU-Recht** zur Aufhebung kann auf die Kommentierung zu § 63 VgV verwiesen werden.[2]

---

[1] → VgV § 63 Rn. 2.

B. Regelungsgehalt

I. Aufhebung (Abs. 1)

§ 17 EU Abs. 1 VOB/A **beinhaltet** Teile der Regelung des § 63 Abs. 1 S. 1 VgV. **6**

1. Anwendungsbereich

Zunächst spricht § 17 EU VOB/A lediglich von „**Ausschreibung**", während § 63 **7** VgV die Aufhebung von Vergabeverfahren regelt. Es ist umstritten, ob die VOB/A-Regelungen zur Aufhebung **nur die streng formbedürftigen Verfahren** (offenes und nicht offenes Verfahren) und nicht das Verhandlungsverfahren und den wettbewerblichen Dialog erfassen.[3] Angesichts des Wortlauts kommt **weder eine unmittelbare noch eine analoge Anwendung** des § 19 EU VOB/A in Betracht, zumal die VOB/A in Kenntnis der langjährigen Diskussionen bei der grundlegenden Überarbeitung der Vergabeordnung an der Formulierung festhält, so dass auch keine unbewusste Regelungslücke anzunehmen ist. Es gilt daher letztlich, dass in § 19 EU VOB/A **keine konkreten Aufhebungsgründe für Verhandlungsverfahren und auch wettbewerbliche Dialoge** benannt sind. Das ist legitim, zumal auch die zu Grunde liegende VRL ohnehin keine Voraussetzungen für eine Aufhebung aufstellt. Damit sind bei der Aufhebung von Verhandlungsverfahren und wettbewerblichen Dialogen nur die aus dem Primärrecht und den Richtlinien folgenden allgemeinen Grundsätze zu beachten.[4] Im Ergebnis gelten in diesen Verfahrensarten weniger strenge Anforderungen an eine Aufhebung als in offenen und nicht offenen Verfahren. Auch § 57 SektVO hat sich bei vergleichbarer Richtliniengrundlage gegen eine Formulierung einzelner Aufhebungsgründe entschieden. Für die Anforderungen an Aufhebungen von Verhandlungsverfahren und wettbewerblichen Dialogen sei daher auf die dortige Kommentierung verwiesen.[5]

2. Aufhebungsgründe

Für offene und nicht offene Verfahren benennt § 17 EU Abs. 1 VOB/A **drei Aufhe-** **8** **bungsgründe**, während § 63 Abs. 1 S. 1 VgV vier Aufhebungsgründe definiert.

Nach § 17 EU VOB/A kann die Ausschreibung **aufgehoben werden, wenn** 1. kein **9** Angebot eingegangen ist, das den Ausschreibungsbedingungen entspricht, 2. die Vergabeunterlagen grundlegend geändert werden müssen oder 3. andere schwerwiegende Gründe vorliegen. Diese Gründe stimmen mit den in § 63 Abs. 1 S. 1 Nr. 1, 2 und 4 VgV genannten Gründen überein; die geringen Unterschiede in der Formulierung wirken sich inhaltlich nicht aus.

Nicht in § 17 EU Abs. 1 VOB/A genannt wird der Aufhebungsgrund gem. § 63 Abs. 1 **10** S. 1 Nr. 3 VgV, dass **kein wirtschaftliches Ergebnis** erzielt wurde. Jedoch erfasst § 17 EU Abs. 1 **Nr. 3** VOB/A auch diesen Aufhebungsgrund.[6]

Bezüglich der **Aufhebungsgründe im Einzelnen** wird daher auf die Kommentierung **11** zu § 63 VgV verwiesen.[7]

---

[2] → VgV § 63 Rn. 9 ff.
[3] Dafür: OLG Düsseldorf 8.6.2011 – Verg 55/10, ZfBR 2013, 193 mwN, OLG Celle 13.1.2011 – 13 Verg 15/10, IBRRS 2011, 133; differenzierend *Portz* in KKMPP, § 63, Rn. 9; *Noch* Kap. B Rn. 2155; *Conrad* in Gabriel/Krohn/Neun, Kap. 7 Rn 18 m. w. N.
[4] So grundsätzlich auch die Gesetzesbegründung, BT-Drs. 18/7318 v. 20.1.2016, S. 198 f.
[5] → SektVO § 57 Rn. 5 ff.
[6] So auch *Noch* Kap. B Rn. 2164; wohl auch *Herrmann* in Ziekow/Völlink, VOB/A § 17 Rn. 13; differenzierend *Ruhland* in Pünder/Schellenberg, VOB/A § 17 Rn. 16.
[7] → VgV § 63 Rn. 20 ff.

3. Teilweise Aufhebung

12   Dem Wortlaut nach kann gem. § 17 EU VOB/A nur eine vollständige Aufhebung erfolgen, wohingegen § 63 Abs. 1 VgV klarstellt, dass auch die **teilweise Aufhebung** erfasst
ist. Als **milderes Mittel** fällt die teilweise Aufhebung jedoch ebenfalls unter § 17 EU
VOB/A.[8] Sie kann beispielsweise für einzelne Lose bei einer losweisen Vergabe erfolgen.

4. Keine Verpflichtung zur Zuschlagserteilung

13   Die in § 63 Abs. 1 S. 2 VgV enthaltene Feststellung, wonach der öffentliche Auftraggeber grundsätzlich nicht zur Zuschlagserteilung verpflichtet ist, fehlt in § 17 EU VOB/A.
Dennoch besteht auch im Anwendungsbereich der VOB/A-EU **keine Verpflichtung
zur Zuschlagserteilung**. Wie in der Kommentierung zu § 63 VgV[9] dargelegt, betont
auch der deutsche Gesetzgeber in der Gesetzesbegründung zu § 63 VgV, dass die neu in
§ 63 Abs. 1 S. 2 VgV aufgenommene Klarstellung keine Änderung der Rechtslage bedeutet, sondern lediglich aus Gründen der Rechtsklarheit die zu dieser Frage ergangene
Rechtsprechung aufgegriffen und kodifiziert werden soll.[10]

II. Unterrichtungspflicht (Abs. 2)

14   § 17 EU Abs. 2 Nr. 1 VOB/A regelt, dass die Bieter/Bewerber unverzüglich über die
Aufhebung des Vergabeverfahrens zu **informieren** sind, legt jedoch die Textform bereits
fest, wohingegen § 63 Abs. 2 S. 2 VgV regelt, dass die Textform nur auf Antrag einzuhalten ist. § 63 Abs. 2 S. 2 VgV konkretisiert die Vorgabe der Textform durch Verweis auf
§ 126b BGB. Aus systematischen Erwägungen sowie dem Grundsatz der Einheit der
Rechtsordnung dürfte auch in § 17 EU VOB/A die Textform gem. **§ 126b BGB** gemeint
sein.

15   Nach § 17 EU Abs. 2 Nr. 1 VOB/A genügt es, wenn die **Absicht einer erneuten
Verfahrenseinleitung mitgeteilt** wird. Nach § 63 Abs. 2 VgV sind die Bieter/Bewerber
darüber hinaus auch über die Gründe für die Entscheidung zur erneuten Einleitung des
Vergabeverfahrens zu unterrichten. § 17 EU Abs. 2 Nr. 2 VOB/A regelt außerdem anders
als § 63 VgV unmittelbar Ausnahmen von der Informationspflicht. Dieselben Ausnahmen
gelten jedoch über § 62 VgV auch für die Unterrichtung über die Aufhebung des Vergabeverfahrens nach der VgV. Dort heißt es in § 62 Abs. 1 S. 2 VgV, dass der öffentliche Auftraggeber den Bietern und Bewerbern unverzüglich seine Entscheidung über die Aufhebung des Vergabeverfahrens mitzuteilen hat.

16   § 63 Abs. 3 VgV verweist wiederum auf § 39 Abs. 6 VgV, der die **Ausnahmen von
der Unterrichtungspflicht** vorsieht, die auch in § 17 EU VOB/A enthalten sind.
Schließlich definiert § 63 Abs. 2 VgV eine zeitliche Komponente für die Unterrichtung
der Bieter/Bewerber. Sie muss demzufolge „nach Aufhebung des Vergabeverfahrens" erfolgen. In § 17 EU VOB/A fehlt eine solche Regelung.

---

[8] *Portz* in KKMPP, 2017 § 63 Rn. 9.
[9] → VgV § 63 Rn. 5.
[10] Gesetzesbegründung, BT-Drs. 18/7318 v. 20.1.2016, S. 199.

§ 18 Zuschlag

(1) Der Zuschlag ist möglichst bald, mindestens aber so rechtzeitig zu erteilen, dass dem Bieter die Erklärung noch vor Ablauf der Bindefrist zugeht.

(2) Werden Erweiterungen, Einschränkungen oder Änderungen vorgenommen oder wird der Zuschlag verspätet erteilt, so ist der Bieter bei Erteilung des Zuschlags aufzufordern, sich unverzüglich über die Annahme zu erklären.

(3)

1. Die Erteilung eines Bauauftrages ist bekannt zu machen.
2. Die Vergabebekanntmachung erfolgt mit den von der Europäischen Kommission festgelegten Standardformularen und enthält die Informationen nach Anhang V Teil D der Richtlinie 2014/24/EU.
3. Aufgrund einer Rahmenvereinbarung vergebene Einzelaufträge werden nicht bekannt gemacht.
4. Erfolgte eine Vorinformation als Aufruf zum Wettbewerb nach § 12 EU Absatz 2 und soll keine weitere Auftragsvergabe während des Zeitraums, der von der Vorinformation abgedeckt ist, vorgenommen werden, so enthält die Vergabebekanntmachung einen entsprechenden Hinweis.
5. Nicht in die Vergabebekanntmachung aufzunehmen sind Angaben, deren Veröffentlichung
    a) den Gesetzesvollzug behindern,
    b) dem öffentlichen Interesse zuwiderlaufen,
    c) die berechtigten geschäftlichen Interessen öffentlicher oder privater Unternehmen schädigen oder
    d) den fairen Wettbewerb beeinträchtigen würden.

(4) Die Vergabebekanntmachung ist dem Amt für Veröffentlichungen der Europäischen Union in kürzester Frist – spätestens 30 Kalendertage nach Auftragserteilung – elektronisch zu übermitteln.

Übersicht

	Rn.			Rn.
A. Einführung	1		3. Nr. 3: Aufgrund einer Rahmenvereinbarung erteilte Einzelaufträge	11
I. Literatur	1		4. Nr. 4: Berücksichtigung einer Vorinformation	12
II. Entstehungsgeschichte	2		5. Nr. 5: Nicht in die Vergabebekanntmachung aufzunehmende Angaben	13
III. Rechtliche Vorgaben im EU-Recht	3		a) Behinderung des Gesetzesvollzugs	14
B. Zuschlag	4		b) Widerspruch zu dem öffentlichen Interesse	15
I. Abs. 1: Zeitpunkt des Zuschlags	4		c) Schädigung von berechtigten geschäftlichen Interessen öffentlicher oder privater Unternehmen	16
II. Abs. 2: Verspäteter oder abändernder Zuschlag	6		d) Beeinträchtigung des fairen Wettbewerbs	17
III. Abs. 3: Bekanntmachung des Bauauftrags	8		IV. Abs. 4: Übermittlung der Vergabebekanntmachung	19
1. Nr. 1: Vergabebekanntmachung	8			
2. Nr. 2: Standardformulare – Inhalt der Bekanntmachung	10			

A. Einführung

I. Literatur

Es wird **auf die Literaturliste zu § 58 VgV (A. I.) verwiesen.**

1

II. Entstehungsgeschichte

2   Wegen der Entstehungsgeschichte wird **auf die Kommentierung zu § 58 VgV (A. II.) Bezug genommen.**

III. Rechtliche Vorgaben im EU-Recht

3   Die rechtlichen Vorgaben entsprechen denjenigen, die für **§ 58 VgV gelten, so dass auf die dortige Kommentierung (A. III.) verwiesen wird.**

B. Zuschlag und Zuschlagskriterien

I. Abs. 1: Zeitpunkt des Zuschlags

4   Bezüglich des Zuschlags und seiner Wirkung als Vertragsschluss wird **auf die Kommentierung zu § 58 VgV (B. I. 1. Randnr. 11–15) verwiesen.**

5   § 18 Abs. 1 bestimmt, dass **der Zuschlag möglichst bald, mindestens aber so rechtzeitig zu erteilen ist, dass dem Bieter der Erklärung noch vor Ablauf der Bindefrist zugeht.** §§ 10a EU Abs. 8 Satz 1 VOB/A, 10b EU Abs. 8 Satz 1 VOB/A **regeln ausdrücklich, dass der Auftraggeber (im offenen und nicht offenen Verfahren) eine Bindefrist zu bestimmen hat;** sie beginnt nach § 10a EU Abs. 9 VOB/A mit Ablauf der Angebotsfrist. Der Zuschlag muss vor Ablauf der Bindefrist zugehen, damit ein wirksamer Vertrag zustande kommt. Nach der Regelung des § 18 EU Abs. 1 VOB/A ist die Bindefrist nach Möglichkeit nicht auszunutzen, vielmehr ist der Zuschlag möglichst bald, d. h. in dem Zeitraum zwischen Ablauf der Angebotsfrist und Ablauf der Bindefrist, zu erteilen. Dieser Zeitraum ist für die Prüfung und Wertung der eingegangenen Angebote vorgesehen. Die Regelung, dass der Auftraggeber den Zeitraum grundsätzlich nicht ausnutzen, sondern den Zuschlag möglichst bald erteilen soll, dient dem **Beschleunigungsgrundsatz,** der im gesamten Vergaberecht gilt. Primär soll mit der Regelung den **Interessen der nicht erfolgreichen Bieter entsprochen werden**, die möglichst bald Klarheit über die Nichtberücksichtigung ihrer Angebote erhalten sollen und damit **die personellen und sachlichen Ressourcen anderweitig einplanen können.** Der erfolgreiche Bieter wiederum soll möglichst frühzeitig mit den Planungen für die Ausführung des Vertrags beginnen können.[1] Die Bestimmung kommt aber auch den Auftraggeberinteressen entgegen, da verhindert werden soll, den Zuschlag auf ein Angebot zu erteilen, an das der Bieter nicht mehr gebunden ist.[2]

II. Abs. 2: Verspäteter oder abändernder Zuschlag

6   Hinsichtlich des verspäteten oder abändernden Zuschlags **wird auf die Kommentierung zu § 58 VgV (B. I. 1. Randnr. 11–15) verwiesen.**

7   § 18 EU Abs. 2 VOB/A enthält, anders als die VgV, eine ausdrückliche Regelung über den verspäteten Zuschlag bzw. über den Zuschlag, der das Angebot des Bieters abändert. Ein **Zuschlag, der unter Erweiterungen, Einschränkungen oder Änderungen des eingereichten Angebots oder verspätet erteilt wird,** gilt als erneuter **Antrag zum Vertragsschluss** nach § 150 BGB; er hebt die Bindung des Bieters an dessen Angebot

---

[1] Vgl. *Reichling/von Wietersheim* in Ingenstau/Korbion, VOB, § 18 VOB/A Rn. 11.
[2] Vgl. *Stickler* in Kapellmann/Messerschmidt, VOB, § 18 VOB/A Rn. 13.

nach § 146 BGB auf. Im Hinblick darauf bestimmt § 18 EU Abs. 2 VOB/A, **dass der Bieter bei der Erteilung des Zuschlags aufzufordern ist, sich unverzüglich über die Annahme zu erklären.** „Unverzüglich" bedeutet nach § 121 Abs. 1 BGB „ohne schuldhaftes Zögern". Die Regelung konkretisiert § 147 Abs. 2 BGB (Annahmefrist) und stellt sicher, dass der Bieter, der durch die Möglichkeit der Annahmeerklärung gewissermaßen die Disposition über den Vertragsschluss erhält, nicht ungebührlich lange mit seiner Erklärung wartet, damit den Beschleunigungsinteressen[3] Rechnung getragen wird.

III. Abs. 3: Bekanntmachung des Bauauftrags

1. Nr. 1: Vergabebekanntmachung

Nach § 18 EU Abs. 3 Nr. 1 VOB/A ist die **Erteilung eines Bauauftrags** – im Amts- **8** blatt der Europäischen Union – **bekannt zu machen.** Mit der sog. Vergabebekanntmachung soll die **ex-post-Transparenz** sichergestellt werden und eine Marktbeobachtung[4] erfolgen. Der Inhalt des § 18 EU Abs. 3 VOB/A basiert weitgehend auf **Art. 50 der Richtlinie 2014/24/EU.**

Voraussetzung für die Verpflichtung zu der Bekanntgabe ist, dass **ein Bauauftrag i. S. d.** **9** **§ 103 Abs. 3 GWB iVm § 1 EU Abs. 1 VOB/A vergeben wurde,** unabhängig davon, welche Verfahrensart stattgefunden hat. Auch die Vergabe einer Rahmenvereinbarung ist bekannt zu machen, wie sich aus Art. 50 Abs. 2 Unterabs. 2 der Richtlinie 2014/24/EU sowie aus der Auslegung des § 18 EU Abs. 3 Nr. 3 VOB/A ergibt. Entsprechendes gilt für eine Vergabe, die im Wege eines Verhandlungsverfahrens ohne Teilnahmewettbewerb[5] durchgeführt wurde, sowie für Einzelaufträge, die mittels eines dynamischen Beschaffungssystems vergeben wurden.[6] Die Beendigung eines Vergabeverfahrens durch Aufhebung unterliegt dagegen nicht der Bekanntmachungspflicht.[7]

2. Nr. 2: Standardformulare – Inhalt der Bekanntmachung

§ 18 EU Abs. 3 Nr. 2 VOB/A regelt, dass die Vergabebekanntmachung mit den von **10** der EU-Kommission festgelegten Standardformularen erfolgt und die Informationen nach Anhang V Teil D der Richtlinie 2014/24/EU enthält. Das einschlägige **Standardformular findet sich in Anhang III** „Bekanntmachung vergebener Aufträge – Ergebnisse des Vergabeverfahrens" **der Durchführungsverordnung Nr. 2015/1986**[8] der EU, die unmittelbare Geltung entfaltet. In dieses Standardformular sind die notwendigen Vorgaben, die sich aus Anhang V Teil D der Richtlinie 2014/24/EU ergeben, übertragen worden. Das Standardformular enthält Rubriken, die von dem öffentlichen Auftraggeber mit Angaben, die den konkreten Auftrag betreffen, auszufüllen sind. Die Angaben betreffen Folgendes:

- den öffentlichen Auftraggeber,
- den Beschaffungsgegenstand einschließlich Losbildung und Zuschlagskriterien,
- das Verfahren, insbesondere die gewählte Vergabeart,
- die Auftragsvergabe, insbesondere Name des erfolgreichen Bieters und Vertragsdatum, sowie
- das Nachprüfungsverfahren.

---

[3] Vgl. Rn. 5.
[4] BR-Drs. 87/16, 193.
[5] Vgl. *Stickler* in Kapellmann/Messerschmidt, VOB, § 18 VOB/A-EG Rn. 6.
[6] Vgl. *Reichling/von Wietersheim* in Ingenstau/Korbion, § 18 VOB/A-EU Rn. 9.
[7] Vgl. *Völlink* in Ziekow/Völlink, Vergaberecht, § 18 VOB/A-EG Rn. 3.
[8] Durchführungsverordnung der Kommission (EU) Nr. 2015/1986 vom 11.11.2015 zur Einführung von Standardformularen für die Veröffentlichung von Vergabebekanntmachungen für öffentliche Aufträge und zur Aufhebung der Durchführungsverordnung (EU) Nr. 842/2011, ABl. L 296 vom 12.11.2015, 1, Anhang II, Ziff. IV 2.6.

3. Nr. 3: Aufgrund einer Rahmenvereinbarung erteilte Einzelaufträge

11   Nach § 18 EU Abs. 3 Nr. 3 VOB/A werden **aufgrund einer Rahmenvereinbarung erteilte Einzelaufträge nicht bekannt gemacht.** Es handelt sich dabei um Einzelaufträge i.S.d. § 4a EU Abs. 2 VOB/A. Grund ist, dass der ex-post-Transparenz ausreichend entsprochen wird, wenn eine Rahmenvereinbarung bekannt gegeben wird, da diese Art, Umfang und Konditionen der Einzelaufträge umfasst bzw. bestimmt. Nach Art. 50 Abs. 2 Unterabs. 2 der Richtlinie 2014/24/EU können die Mitgliedstaaten vorsehen, dass öffentliche Auftraggeber Vergabebekanntmachungen mit den Ergebnissen des Vergabeverfahrens vierteljährlich auf der Grundlage der Rahmenvereinbarung gebündelt veröffentlichen. Von der Übertragung dieser Möglichkeit in das nationale Recht hat der nationale Gesetzgeber keinen Gebrauch gemacht; der DVA hat diese Regelung ebenfalls nicht in die VOB/A-EU übernommen.

4. Nr. 4: Berücksichtigung einer Vorinformation

12   Unter den **Voraussetzungen, dass eine Vorinformation als Aufruf zum Wettbewerb nach § 12 EU Abs. 2 VOB/A erfolgt ist und keine weitere Auftragsvergabe** während des (zwölfmonatigen) Zeitraums, der von der Vorinformation abgedeckt ist, **vorgenommen werden soll,** enthält die Vergabebekanntmachung nach § 18 EU Abs. 3 Nr. 4 VOB/A einen entsprechenden Hinweis. Eine Vorinformation als Wettbewerbsaufruf kann ein „subzentraler" öffentlicher Auftraggeber bei nicht offenen Verfahren und Verhandlungsverfahren bekannt machen (§ 12 EU Abs. 2 Nr. 1 VOB/A); subzentrale öffentliche Auftraggeber sind alle Auftraggeber mit Ausnahme der obersten Bundesbehörden (§ 12 EU Abs. 2 Nr. 3 VOB/A). Für eine wirksame Vorinformation müssen alle Voraussetzungen des § 12 EU Abs. 2 Nr. 1 a–d VOB/A erfüllt sein.[9] Die Regelung ist Ausfluss des Transparenzgrundsatzes und soll die Planungssicherheit bei interessierten Unternehmen erhöhen.[10]

5. Nr. 5: Nicht in die Vergabebekanntmachung aufzunehmende Angaben

13   § 18 EU Abs. 3 Nr. 5 enthält vier Ausnahmetatbestände, bei deren Vorliegen bestimmte Angaben nicht veröffentlich werden müssen. Diese Ausnahmetatbestände dienen dazu, im Einzelfall einen sinnvollen **Ausgleich zwischen dem Informationsinteresse der Beteiligten (Publizitätsgrundsatz) und dem Schutz berechtigter Geheimhaltungsinteressen der betroffenen Unternehmen zu ermöglichen.**[11] Die grundsätzliche Pflicht zur Bekanntmachung der anderen Angaben wird dadurch nicht berührt. Es ist Aufgabe des öffentlichen Auftraggebers, im Wege einer sorgfältigen Abwägung vor der Veröffentlichung der Vergabebekanntmachung zu prüfen, ob bestimmte Angaben wegen Eingreifens eines Ausnahmetatbestands nach § 20 EU Abs. 3 Nr. 5 VOB/A aus der Veröffentlichung herauszunehmen sind.[12] Die Gründe sind zu dokumentieren,[13] wobei keine allgemeinen Umschreibungen ausreichen, sondern anhand der konkreten Umstände des Einzelfalls nachvollziehbar darzulegen ist, warum welcher Ausnahmetatbestand vorliegt.

14   **a) Behinderung des Gesetzesvollzugs.** Angaben, die den Gesetzesvollzug behindern, sind nach § 18 EU Abs. 3 Nr. 5 Buchst. a VOB/A nicht in die Vergabebekanntmachung aufzunehmen. Erfasst werden nur solche **Gesetze, die eine Weitergabe von Informationen verbieten.**[14] Derartige Gesetze können entweder dem Schutz des Wettbewerbs oder des einzelnen Bieters dienen, wie z.B. das Gesetz gegen den unlauteren Wettbewerb

---

[9] Wegen Einzelheiten → *Krohn,* § 12 VOB/A-EU.
[10] Vgl. BR 87/16, 193.
[11] Vgl. *Mertens* in FKZGM, VOB, § 18 EU VOB/A Rn. 26.
[12] Vgl. *Reichling/von Wietersheim* in Ingenstau/Korbion, VOB, § 18 VOB/A EU Rn. 20.
[13] Vgl. OLG Brandenburg 3.8.1999 – 6 Verg 1/99, NVwZ 1999, 1142 (1148).
[14] *Vgl. Conrad/Müller-Wrede* in Müller-Wrede, VOL/A, § 23 VOL/A-EG Rn. 23; *Rechten* in KMPP, VOL/A, § 23 VOL/A-EG Rn. 27.

(UWG, insbesondere § 17 UWG) und das Gesetz über Urheberrecht und verwandte Schutzrechte (UrhG), oder auf den Schutz der Allgemeinheit gerichtet sein, wie z.B. Datenschutzgesetze.[15]

b) Widerspruch zu dem öffentlichen Interesse. Informationen dürfen nach § 18 **15** EU Abs. 3 Nr. 5 Buchst. b VOB/A auch dann nicht bekannt gegeben werden, wenn sie dem öffentlichen Interesse zuwiderlaufen. Hier treten Überschneidungen zu dem Tatbestand nach § 18 EU Abs. 5 Buchst. a VOB/A auf, weil eine Behinderung des Gesetzesvollzugs grundsätzlich auch immer dem öffentlichen Interesse zuwiderläuft. Der zweite Ausnahmetatbestand geht aber deutlich über den ersten hinaus: **In Betracht kommen hierbei Angaben über Auftraggeber und Auftragnehmer in sensiblen Bereichen, die etwa die die öffentliche Sicherheit und Ordnung betreffen,** beispielsweise bei Bauleistungen für die Polizei.[16]

c) Schädigung von berechtigten geschäftlichen Interessen öffentlicher oder **16** **privater Unternehmen.** Nach § 18 EU Abs. 3 Nr. 5 Buchst. c VOL/A **haben Angaben in der Vergabebekanntmachung zu unterbleiben, die die berechtigten geschäftlichen Interessen öffentlicher oder privater Unternehmen schädigen.** Dieser Ausnahmetatbestand schützt Unternehmensinteressen und damit den Wettbewerb. Er soll dem **Geheimwettbewerb** Rechnung tragen. Geheimnisse im Kontext des Geheimwettbewerbs sind diejenigen Tatsachen, die ein Unternehmen geheim halten will, die nicht offenkundig sind und deren Offenlegung zu einer nicht unerheblichen Schädigung des Unternehmens führen würde bzw. an deren Geheimhaltung das Unternehmen ein sonstiges berechtigtes Interesse hat.[17] Regelmäßig sind **Betriebs- und Geschäftsgeheimnisse** vor der Möglichkeit der Kenntnisnahme durch Dritte, d.h. auch durch Mitbewerber, zu schützen.[18] Vermieden werden muss insbesondere eine Information über die internen Verfahrensabläufe und die Kalkulation sowie die Marktstrategie des Auftragnehmers,[19] damit es in der Folge nicht zu Wettbewerbsbeeinträchtigungen kommt. Daher kann z.B. die Nennung des Preises unzulässig sein, weil dies Schlüsse auf die Kalkulation zulassen könnte.[20]

d) Beeinträchtigung des fairen Wettbewerbs. Schließlich sind **Angaben, deren** **17** **Veröffentlichung den fairen Wettbewerb beeinträchtigen würden, nach § 18 EU Abs. 3 Nr. 5 Buchst. d VOL/A in der Vergabebekanntmachung zu unterlassen.** Die Vorschrift korrespondiert mit § 2 EU Abs. 1 Satz 1 und 3 VOB/A-EU.[21] Dieser Tatbestand dürfte den größten praktischen Bezug haben. Im Interesse eines fairen Wettbewerbs darf der Auftraggeber somit solche Informationen nicht bekannt machen, deren Veröffentlichung einzelnen Unternehmen bei künftigen Vergabeverfahren unzulässige Wettbewerbsvorteile verschaffen und damit zu einer negativen Wettbewerbsbeeinflussung führen würde.[22] Aufgrund der Wortwahl „beeinträchtigen würde" muss der öffentliche Auftraggeber eine Prognoseentscheidung auf der Grundlage der Umstände des Einzelfalls treffen. Diese Entscheidung ist zu dokumentieren.

Es dürfen demnach keine Angaben in der Vergabebekanntmachung gemacht werden, die **18** geeignet sind, die jeweilige Wettbewerbslage in dem betroffenen Markt zu beeinflussen.[23] Dabei kann es sich beispielsweise um die Angaben handeln, die die Merkmale und Vorteile des erfolgreichen Angebotes betreffen, aber auch um den Namen des Auftragnehmers.[24]

---

15 Vgl. *Reichling/von Wietersheim* in Ingenstau/Korbion, § 18 VOB/A-EU Rn. 22.
16 Vgl. *Rechten* in KMPP, VOB/A, § 18 VOB/A-EG Rn. 24.
17 Vgl. *Dreher* in Immenga/Mestmäcker, GWB, Wettbewerbsrecht, Band 2, GWB/Teil 2, § 111 Rn. 24.
18 Vgl. OLG Jena 16.12.2002 – 6 Verg 10/02, VergabeR 2003, 248.
19 Vgl. *Rechten* in KMPP, VOB/A, § 18 VOB/A-EG Rn. 25.
20 Vgl. *Reichling/von Wietersheim* in Ingenstau/Korbion, VOB, § 18 VOB/A EU Rn. 24.
21 Vgl. wegen Einzelheiten → *Osseforth* § 2 VOB/A-EU.
22 Vgl. *Reichling/von Wietersheim* in Ingenstau/Korbion, VOB, § 18 VOB/A EU Rn. 25.
23 Vgl. *Reichling/von Wietersheim* in Ingenstau/Korbion, VOB, § 18 VOB/A EU Rn. 26.
24 *Vgl. Conrad/Müller-Wrede* in Müller-Wrede, VOL/A, § 23 VOL/A-EG Rn. 30.

Bei dem Verzicht auf die Angaben kommt es entscheidend darauf an, wie sich die spezifische Marktlage und das konkrete Vergabeverfahren gestalten. Handelt es sich z.B. um einen „sensiblen" Markt, bei dem Preisabsprachen zu befürchten sind, so kann es auch geboten sein, in der Vergabebekanntmachung keine Preise zu nennen.

IV. Abs. 4: Übermittlung der Vergabebekanntmachung

19   Nach § 18 EU Abs. 4 VOB/A ist die Vergabebekanntmachung dem Amt für Veröffentlichungen der EU in kürzester Frist, spätestens 30 Kalendertage nach Auftragserteilung, elektronisch zu übermitteln. Die noch nach der VOB/A – Ausgabe 2012 – vorgesehene **Frist** von 48 Kalendertagen **ist auf 30 Kalendertage gekürzt worden.** Hierbei ist allerdings zu berücksichtigen, dass nunmehr die Übermittlung **in elektronischer Form erfolgen muss.** Die Frist beginnt an dem Tag nach der Auftragserteilung.[25] Wann das Fristende eintritt, geht aus der Regelung nicht hervor; es ist nicht klar, ob die Bekanntmachung innerhalb der 30 Tage nur abgesandt oder eingegangen sein muss. Da der Auftraggeber einerseits keinen Einfluss auf den Prozess der elektronischen Übermittlung hat sowie die Absendung zuverlässiger nachweisen kann als den Eingang, und es andererseits im Vergabeverfahren regelmäßig um Beschleunigung geht, ist davon auszugehen, dass es ausreicht, wenn der Auftraggeber innerhalb der 30 Kalendertage die Vergabebekanntmachung versendet. Dafür spricht auch die amtliche Begründung für die Parallelvorschrift in § 40 VgV (Veröffentlichung der Bekanntmachungen). Danach müssen die verwendeten elektronischen Mittel über eine Funktion verfügen, die es öffentlichen Auftraggebern erlaubt, das Datum der Übersendung eines Bekanntmachungsformulars an das Amt für Veröffentlichungen der EU zu ermitteln und zu speichern, sodass es ggf. im späteren Verlauf eines Vergabeverfahrens, beispielsweise wenn dessen Rechtmäßigkeit angegriffen wird, nachgewiesen werden kann.[26] Nach dem Wortlaut des § 18 EU Abs. 4 ist der Auftraggeber verpflichtet, die Frist von 30 Kalendertagen nicht auszunutzen, sondern **die Vergabebekanntmachung in kürzest möglicher Frist nach erfolgtem Zuschlag abzusenden.** Nach Art. 51 Abs. 2 der Richtlinie 2014/24/EU werden die Bekanntmachungen spätestens fünf Tage nach ihrer Übermittlung veröffentlicht. Die Kosten dafür trägt die EU.

---

[25] Vgl. Richtlinie 2024/14/EU, ErwG 106, der für die Berechnung der Fristen auf die Verordnung (EWG, Euratom) Nr. 1182/71 des Rates vom 3.6.1971 zur Festlegung der Regeln für die Fristen, Daten und Termine, ABl. L 124 v. 8.6.1971, 1, verweist.
[26] BR-Drs. 87/16, 193.

§ 19 Nicht berücksichtigte Bewerbungen und Angebote

(1) Bewerber, deren Bewerbung abgelehnt wurde, sowie Bieter, deren Angebote ausgeschlossen worden sind (§ 16 EU), und solche, deren Angebote nicht in die engere Wahl kommen, sollen unverzüglich unterrichtet werden.

(2) Der öffentliche Auftraggeber hat die betroffenen Bieter, deren Angebote nicht berücksichtigt werden sollen,

1. über den Namen des Unternehmens, dessen Angebot angenommen werden soll,
2. über die Gründe der vorgesehenen Nichtberücksichtigung ihres Angebots und
3. über den frühesten Zeitpunkt des Vertragsschlusses unverzüglich in Textform zu informieren. Dies gilt auch für Bewerber, denen keine Information nach Absatz 1 über die Ablehnung ihrer Bewerbung zur Verfügung gestellt wurde, bevor die Mitteilung über die Zuschlagsentscheidung an die betroffenen Bieter ergangen ist. Ein Vertrag darf erst 15 Kalendertage nach Absendung der Information nach den Sätzen 1 und 2 geschlossen werden. Wird die Information per Telefax oder auf elektronischem Weg versendet, verkürzt sich die Frist auf zehn Kalendertage. Die Frist beginnt am Tag nach Absendung der Information durch den öffentlichen Auftraggeber; auf den Tag des Zugangs beim betroffenen Bewerber oder Bieter kommt es nicht an.

(3) Die Informationspflicht nach Absatz 2 entfällt in den Fällen, in denen das Verhandlungsverfahren ohne Teilnahmewettbewerb wegen besonderer Dringlichkeit gerechtfertigt ist.

(4) Auf Verlangen des Bewerbers oder Bieters unterrichtet der öffentliche Auftraggeber in Textform so schnell wie möglich, spätestens jedoch innerhalb einer Frist von 15 Kalendertagen nach Eingang des Antrags,

1. jeden nicht erfolgreichen Bewerber über die Gründe für die Ablehnung seines Teilnahmeantrags;
2. jeden Bieter, der ein ordnungsgemäßes Angebot eingereicht hat, über die Merkmale und relativen Vorteile des ausgewählten Angebots sowie über den Namen des erfolgreichen Bieters oder der Parteien der Rahmenvereinbarung;
3. jeden Bieter, der ein ordnungsgemäßes Angebot eingereicht hat, über den Verlauf und die Fortschritte der Verhandlungen und des Dialogs mit den Bietern.

§ 17 EU Absatz 2 Nummer 2 gilt entsprechend.

(5) Nicht berücksichtigte Angebote und Ausarbeitungen der Bieter dürfen nicht für eine neue Vergabe oder für andere Zwecke benutzt werden.

(6) Entwürfe, Ausarbeitungen, Muster und Proben zu nicht berücksichtigten Angeboten sind zurückzugeben, wenn dies im Angebot oder innerhalb von 30 Kalendertagen nach Ablehnung des Angebots verlangt wird.

Übersicht

	Rn.		Rn.
A. Einführung	1	I. Information ausgeschiedener Verfahrensteilnehmer (Abs. 1)	9
I. Literatur	2	II. Vorabinformationspflicht (Abs. 2 und 3)	14
II. Entstehungsgeschichte	3	III. Unterrichtung auf Verlangen (Abs. 4)	15
III. Rechtliche Vorgaben im EU-Recht	5	IV. Verwendung der Angebote (Abs. 5)	21
B. Regelungsgehalt	9	V. Rückgabe der Angebote (Abs. 6)	22

A. Einführung

§ 19 EU VOB/A regelt **Informationspflichten** des öffentlichen Auftraggebers gegenüber den Bewerbern und Bietern.   **1**

I. Literatur

2 Siehe die Literaturnachweise zu § 62 VgV.[1]

II. Entstehungsgeschichte

3 § 19 EU VOB/A setzt die **Vorgängerregelung** des § 19 EG VOB/A **nahezu unverändert fort**. Lediglich in Abs. 4 hat eine Anpassung der Vorschrift an Art. 55 Abs. 2 VRL bzw. § 62 Abs. 2 VgV stattgefunden.

4 Die Regelungen in § 19 EU Abs. 2 und 3 VOB/A sind zudem **inhaltsgleich** mit § 134 Abs. 1, Abs. 2 und Abs. 3 S. 1 GWB.

III. Rechtliche Vorgaben im EU-Recht

5 § 19 EU Abs. 1 VOB/A hat in der VRL keine Grundlage.

6 Die Regelung in § 19 EU Abs. 2 und 3 VOB/A setzt Artt. 2a Abs. 2, 2d Abs. 1 lit. a RMR/S-RMR[2] um, wobei es sich **angesichts des § 134 GWB lediglich um eine klarstellende Wiederholung** handelt.

7 Mit § 19 EU Abs. 4 VOB/A wird Art. 55 Abs. 2 und 3 VRL in nationales Recht **übertragen**.

8 Die Regelungen in § 19 EU Abs. 5 und 6 VOB/A finden sich **nicht in der VRL**.

B. Regelungsgehalt

I. Information ausgeschiedener Verfahrensteilnehmer (Abs. 1)

9 § 19 EU Abs. 1 VOB/A verpflichtet den öffentlichen Auftraggeber, **ausgeschiedene Verfahrensteilnehmer unverzüglich zu unterrichten**. Konkret sind dies die Bewerber, deren **Bewerbungen abgelehnt** wurden, die Bieter, deren Angebote gem. § 16 EU VOB/A **ausgeschlossen** worden sind sowie die Bieter, die mit ihren Angeboten **nicht in die engere Wahl** kommen.

10 Über was genau die Bieter und Bewerber zu informieren sind, benennt die Vorschrift nicht explizit. Da es in den folgenden Absätzen jedoch darum geht, welche Informationen den Bewerbern und Bietern hinsichtlich der Ablehnung ihrer Angebote sowie des erfolgreichen Angebots zu übermitteln sind, dürfte es sich um die **Mitteilung über die Nichtberücksichtigung** handeln. In § 19 EU Abs. 2 S. 2 VOB/A spricht die Vorschrift auch von der „Information nach Absatz 1 über die Ablehnung". Es geht somit in § 19 EU Abs. 1 VOB/A nicht um die Mitteilung über den Zuschlag.

11 Der öffentliche Auftraggeber hat die Unterrichtung **initiativ** von sich aus vorzunehmen. Einer diesbezüglichen Nachfrage der Bewerber oder Bieter bedarf es bei der Information nach § 19 EU Abs. 1 VOB/A nicht.

---

[1] → VgV § 62 Rn. 2.

[2] Richtlinie (89/665/EWG) zur Koordinierung der Rechts- und Verwaltungsvorschriften für die Anwendung der Nachprüfungsverfahren im Rahmen der Vergabe öffentlicher Liefer- und Bauaufträge, ABl. 1989 L 395, S. 33 und Richtlinie (92/13/EWG) zur Koordinierung der Rechts- und Verwaltungsvorschriften für die Anwendung der Gemeinschaftsvorschriften über die Auftragsvergabe durch Auftraggeber im Bereich der Wasser-, Energie- und Verkehrsversorgung sowie im Telekommunikationssektor, ABl. 1992 L 76, S. 14, geändert durch Richtlinie 2007/66/EG zur Änderung der Richtlinien 89/665/EWG und 92/13/EWG des Rates im Hinblick auf die Verbesserung der Wirksamkeit der Nachprüfungsverfahren bezüglich der Vergabe öffentlicher Aufträge ABl. 2007 L 335, S. 31.

Die Unterrichtung hat **unverzüglich**, d.h. ohne schuldhaftes Zögern[3] (vgl. § 121 **12** Abs. 1 S. 1 BGB), zu erfolgen. Der öffentliche Auftraggeber muss seine Entscheidung also unmittelbar nachdem er sie getroffen hat kommunizieren. Für die Länge der Frist sind stets die Umstände des Einzelfalls zu beachten.

Eine **Begründung** hat der öffentliche Auftraggeber der Unterrichtung nach § 19 EU **13** Abs. 1 VOB/A **nicht beizufügen**. Wann eine Begründung mitzuteilen ist, bestimmt sich nach § 19 EU Abs. 2–4 VOB/A.

II. Vorabinformationspflicht (Abs. 2 und 3)

Die Regelung des § 19 EU Abs. 2 VOB/A **entspricht** § 134 Abs. 1 und 2 GWB, und **14** § 19 EU Abs. 3 VOB/A entspricht § 134 Abs. 3 S. 1 GWB. Auf die dortige Kommentierung sei daher verwiesen.[4]

III. Unterrichtung auf Verlangen (Abs. 4)

§ 19 EU Abs. 4 VOB/A findet seine Entsprechung weitestgehend in § 62 Abs. 2 und 3 **15** VgV. Dabei hält sich die Vorschrift teilweise genauer an den **Wortlaut** der zu Grunde liegenden Richtliniennorm in Art. 55 Abs. 2 und 3 VRL als die Regelung der VgV.

Zunächst setzt § 19 EU Abs. 4 VOB/A ein **Verlangen** des Bieters oder Bewerbers **16** sowie eine **Unterrichtung in Textform** spätestens innerhalb von **15 Kalendertagen** nach Eingang des Antrags voraus. Gegenüber § 62 Abs. 2 VgV fehlt es lediglich an der Klarstellung, wonach die Textform sich nach **§ 126b BGB** richtet. Insoweit kann daher auf die Kommentierung des § 62 VgV verwiesen werden.[5]

Nach § 19 EU Abs. 4 S. 1 Nr. 1 VOB/A ist jeder nicht erfolgreiche Bewerber über die **17** **Gründe für die Ablehnung seines Teilnahmeantrags** zu unterrichten. Die Regelung entspricht § 62 Abs. 2 Nr. 1 VgV, so dass auf die dortige Kommentierung zu verweisen ist.[6]

§ 19 EU Abs. 4 S. 1 Nr. 2 VOB/A bestimmt, dass jeder Bieter, der ein ordnungsge- **18** mäßes Angebot eingereicht hat, über die **Merkmale und relativen Vorteile des ausgewählten Angebots** sowie über den **Namen des erfolgreichen Bieters** oder der Parteien der Rahmenvereinbarung zu unterrichten ist. Diese Vorschrift setzt Art. 55 Abs. 2 lit. c) VRL wortwörtlich um, während die Parallelvorschrift des § 62 Abs. 2 Nr. 3 VgV hier die in der Kommentierung aufgezeigten Abweichungen zur VRL enthält.[7] Damit lösen sich die dort aufgezeigten Fragestellungen auf: Zum einen ist klar, dass die „relativen" **Vorteile des ausgewählten Angebots** aufzuzeigen sind, indem je Wertungskriterium ein Bezug vom erfolgreichen Angebot zum Angebot des antragstellenden Bieters herzustellen ist. Zum anderen sind zweifelsohne **nur Bieter antragsberechtigt, die ein ordnungsgemäßes Angebot abgegeben haben,** also ein **wertbares Angebot, für das kein Ausschlussgrund besteht.** Bieter, die kein wertbares Angebot abgegeben haben, haben keinen Anspruch auf eine Unterrichtung nach § 19 EU Abs. 4 S. 1 Nr. 2 VOB/A.

Schließlich regelt § 19 EU Abs. 4 S. 1 Nr. 3 VOB/A, dass **jeder Bieter, der ein ord- 19 nungsgemäßes Angebot eingereicht hat, über den Verlauf und die Fortschritte der Verhandlungen und des Dialogs mit den Bietern** zu unterrichten ist. Die Vorschrift setzt Art. 55 Abs. 2 lit. d) VRL wortwörtlich um. Die Parallelvorschrift des § 62 Abs. 2 Nr. 4 VgV verzichtet demgegenüber auf den Zusatz, dass der Bieter ein ordnungs-

---

[3] Diese Definition aus dem BGB gilt für alle Rechtsbereiche, vgl. *Wendtland* in BeckOK, BGB § 121 Rn. 6 mwN.
[4] → GWB § 134.
[5] → VgV § 62 Rn. 48 ff.
[6] → VgV § 62 Rn. 58 ff.
[7] → VgV § 62 Rn. 67 ff.

gemäßes Angebot abgegeben haben muss. Auch bei § 19 EU Abs. 4 S. 1 Nr. 3 VOB/A besteht daher nicht die Unsicherheit, wie mit Bietern umzugehen ist, die kein ordnungsgemäßes Angebot abgegeben haben. Im Übrigen kann auf die Kommentierung zu § 62 VgV verwiesen werden.[8]

20   Die Vorschrift des § 19 EU Abs. 4 S. 2 VOB/A schließlich verweist auf § 17 EU Abs. 2 Nr. 2 VOB/A, wonach **Informationen aus bestimmten Gründen zurückgehalten** werden können. Dies entspricht der Regelung des § 56 Abs. 3 iVm § 38 Abs. 6 SektVO, weshalb auf die Kommentierung verwiesen wird.[9]

IV. Verwendung der Angebote (Abs. 5)

21   Angebote, die nicht berücksichtigt wurden, sowie anderweitige Ausarbeitungen der Bieter dürfen gem. § 19 EU Abs. 5 VOB/A nicht für ein neues Vergabeverfahren oder für andere Zwecke **verwendet werden**. Natürlich ist eine solche Verwendung mit **Einverständnis** des Bieters zulässig.

V. Rückgabe der Angebote (Abs. 6)

22   Aus § 19 EU Abs. 5 VOB/A[10] folgt nicht automatisch – wie sich an § 19 EU Abs. 6 VOB/A zeigt –, dass die Angebote und Ausarbeitungen der Bieter vom öffentlichen Auftraggeber zurückgeschickt werden müssen. Die Bieter können jedoch **beantragen,** dass der öffentliche Auftraggeber die Entwürfe, die Ausarbeitungen, Muster und Proben, die sie ihm im Rahmen des Vergabeverfahrens zugeschickt haben, wieder zurückgibt. Dies können Bieter sogleich im Angebot beantragen oder aber innerhalb einer **Frist von 30 Kalendertagen** nach Ablehnung ihrer Angebote.

23   Fraglich ist, was nach Verstreichen der Frist gilt. In der Regel haben die Bieter **auch danach noch einen Anspruch auf Herausgabe** der Unterlagen aus Eigentum (§ 985 BGB), Verwahrung (§ 695 S. 1 BGB) oder Urheberrecht.[11] Aus dem Verstreichenlassen der Frist folgt außerdem nicht, dass nunmehr eine Verwendung der Ausarbeitungen, Muster und Proben i. S. d. § 19 EU Abs. 5 VOB/A stattfinden kann, weil es dafür einer ausdrücklichen Einwilligung bedarf.[12]

---

[8] → VgV § 62 Rn. 72 ff.
[9] → SektVO § 56 Rn. 11, SektVO § 38 Rn. 18.
[10] → Rn. 21.
[11] So *Stickler* in Kapellmann/Messerschmidt, § 19 VOB/A Rn. 28; *Ziekow/Völlink* § 19 VOB/A Rn. 17.
[12] *Stickler* in Kapellmann/Messerschmidt, § 19 VOB/A Rn. 28.

§ 20 Dokumentation

Das Vergabeverfahren ist gemäß § 8 VgV zu dokumentieren.

Übersicht

	Rn.
A. Literatur	1
B. Regelungsinhalt	2

A. Literatur

Pauka/Kemper, Eignung und Datenschutz im Vergaberecht, NZBau 2017, 71; *Glahs* Akteneinsichts- und **1** Informationsfreiheitsansprüche im Vergabe- und Nachprüfungsverfahren, NZBau 2014, 75; *Nelskamp/ Dahmen* Dokumentation im Vergabeverfahren, KommJur 2010, 208.

B. Regelungsinhalt

§ 20 EU VOB/A verweist auf § 8 VgV (→ **Langenbach VgV § 8)** und hat im Übri- **2** gen keinen eigenen Regelungsinhalt.

Zu beachten ist im Rahmen der geforderten Dokumentation gemäß § 8 Abs. 2 Nr. 9 **3** VgV, dass der Auftraggeber gemäß § 13 Abs. 1 S. 1 EU VOB/A im Bereich der VOB/A EU nach wie vor **Papierangebote** zulassen kann. Werden Papierangebote zugelassen, reicht es aus, auf die Vorschrift zu verweisen. Eine ausführliche weitere Begründung im Rahmen des Vergabevermerks ist nicht erforderlich.

§ 21 Nachprüfungsbehörden

In der Bekanntmachung und den Vergabeunterlagen ist die Nachprüfungsbehörde mit Anschrift anzugeben, an die sich der Bewerber oder Bieter zur Nachprüfung behaupteter Verstöße gegen die Vergabebestimmungen wenden kann.

Übersicht

	Rn.			Rn.
A. Einführung	1	I. Arten von Verstößen		13
I. Literatur	1	1. Angabe einer unzuständigen Nach-		
II. Entstehungsgeschichte	2	prüfungsbehörde		14
III. Rechtliche Vorgaben im EU-Recht	5	2. Fehlende Angabe einer Nachprü-		
		fungsbehörde		18
B. Erforderliche Angaben	7	3. Unvollständige Angabe einer Nach-		
I. Anforderungen an die Veröffentlichung	7	prüfungsbehörde		19
II. Inhalt der Angaben	9	II. Folgen eines Verstoßes		20
		III. Schadensersatz		21
C. Verstöße gegen die Pflicht zur Angabe				
der Nachprüfungsbehörde	13			

A. Einführung

I. Literatur

1 *Dicks*, Verfahrensrechtliche Entscheidungen der Vergabesenate im Jahre 2009 – Teil I, ZfBR 2010, 235 ff.; *Jaeger*, Neuerungen zur Rügeobliegenheit (§ 107 III GWB) durch das Vergaberechtsmodernisierungsgesetz, NZBau 2009, 558 ff.; *Reichling/Portz* in Ingenstau/Korbion, VOB-Kommentar, 20. Aufl. 2017, § 21 EU VOB/A.

II. Entstehungsgeschichte

2 § 21 EU VOB/A verlangt die Angabe der Nachprüfungsbehörde mit Anschrift, an die sich Bewerber oder Bieter zur Nachprüfung behaupteter Verstöße gegen die Vergabebestimmungen wenden können. Die Angabe muss in der (Auftrags-)Bekanntmachung und in den Vergabeunterlagen erfolgen. Vergleichbare Regelungen finden sich in § 37 Abs. 3 VgV und § 35 Abs. 3 SektVO.

3 Die Vorschrift dient der Gewährleistung eines **effektiven Rechtsschutzes.** Bewerber und Bieter sollen Klarheit darüber haben, bei welcher Stelle sie Rechtsschutz beantragen können. Regelungshintergrund ist der im Vergabenachprüfungsverfahren herrschende **Beschleunigungsgrundsatz.** Bewerbern und Bietern bleibt regelmäßig nur sehr wenig Zeit, um einen Nachprüfungsantrag einzureichen. Denn auch ein vergaberechtswidrig erteilter Zuschlag kann grundsätzlich im Nachprüfungsverfahren nicht mehr aufgehoben werden (§ 168 Abs. 2 S. 1 GWB). Die Zuschlagserteilung muss daher durch rechtzeitige Anrufung der Vergabekammer verhindert werden, um die eigenen Rechte zu wahren. Durch die Nennung der zuständigen Stelle in der Bekanntmachung und den Vergabeunterlagen soll einer langwierigen Recherche oder gar der Anrufung einer unzuständigen Stelle vorgebeugt werden. Das Nachprüfungsverfahren selbst ist in den §§ 155 ff. GWB geregelt.

4 Die Pflicht zur Bezeichnung der Nachprüfungsbehörde findet sich seit 2000 in der VOB/A, zuletzt als § 21 VOB/A-EG.[1] Mit der Reform des Jahres 2016 wurde sie in die

---

[1] Vergabe- und Vertragsordnung für Bauleistungen. Teil A: Allgemeine Bestimmungen für die Vergabe von Bauleistungen, Abschnitt 2 – Vergabebestimmungen im Anwendungsbereich der Richtlinie 2004/18/EG (VOB/A-EG), Fassung 2012, Bekanntmachung vom 24.10.2011 (BAnz. Nr. 182a v. 2.12.2011; BAnz AT 7.5.2012 B1), in Anwendung seit dem 19.7.2012 gem. § 6 Vergabeverordnung in der Fassung

VOB/A-EU überführt und statuiert weiterhin die Pflicht zur Mitteilung der zuständigen Nachprüfungsbehörde in der Auftragsbekanntmachung zu Beginn des Vergabeverfahrens. Es wäre zu begrüßen, wenn der Vergabe- und Vertragsausschuss für Bauleistungen (DVA) die Terminologie auch dahingehend an VgV und SektVO anpassen würde, dass § 21 EU VOB/A anstatt von der Nachprüfungsbehörde von der **Vergabekammer** sprechen würde.[2] Die derzeitige Terminologie suggeriert, es gebe noch andere Stellen, bei denen Nachprüfungsanträge eingereicht werden können. Dies ist aber nicht der Fall (§ 156 Abs. 1 GWB).

III. Rechtliche Vorgaben im EU-Recht

Nach Art. 1 Abs. 1 UAbs. 4 der Richtlinie 89/665/EWG[3] ergreifen die Mitgliedstaaten **5** die erforderlichen Maßnahmen, um sicherzustellen, dass hinsichtlich der in den Anwendungsbereich der Richtlinie 2014/24/EU beziehungsweise der Richtlinie 2014/23/EU fallende Aufträge oder Konzessionen die Entscheidungen der öffentlichen Auftraggeber wirksam und vor allem möglichst rasch nach Maßgabe der Art. 2 bis 2f dieser Richtlinie auf Verstöße gegen das Unionsrecht im Bereich des öffentlichen Auftragswesens oder gegen die nationalen Vorschriften, die dieses Recht umsetzen, überprüft werden können. Art. 49 der Richtlinie 2014/24/EU verweist für den Inhalt der Auftragsbekanntmachung auf Anhang V Teil C der Richtlinie, nach dessen Ziff. 25 folgende Angaben in der Auftragsbekanntmachung aufzuführen sind:

„Name und Anschrift der für Nachprüfungen und gegebenenfalls für Mediationsverfahren zuständigen Stelle; genaue Angaben zu den Fristen für Nachprüfungsverfahren beziehungsweise gegebenenfalls Name, Anschrift, Telefon- und Faxnummer und E-Mail-Adresse der Stelle, bei der diese Informationen erhältlich sind."

Dementsprechend sieht das Muster für die Auftragsbekanntmachung nach Anhang II der **6** Durchführungsverordnung (EU) 2015/1986[4] unter Ziff. VI.4.1) die Angabe der zuständigen Stelle für Rechtsbehelfs-/Nachprüfungsverfahren als Pflichtangabe vor.

B. Erforderliche Angaben

I. Anforderungen an die Veröffentlichung

Die Angabe der Nachprüfungsbehörde nur in der **Auftragsbekanntmachung** nach **7** Anhang II der Durchführungsverordnung (EU) 2015/1986 genügt nicht. Vielmehr muss die Angabe nach dem eindeutigen Wortlaut des § 21 EU VOB/A zusätzlich (*„und"*) in den **Vergabeunterlagen** erfolgen. Die Vergabeunterlagen müssen ab dem Tag der Veröffentlichung einer Auftragsbekanntmachung unentgeltlich mit uneingeschränktem und vollständigem direkten Zugang anhand elektronischer Mittel angeboten werden, § 12a EU Abs. 1

---

aufgrund der Änderungsverordnung vom 12.7.2012 (BGBl. 2012 I 1508), nicht mehr anzuwenden seit dem 18.4.2016.

[2] Kritisch zu dieser Terminologie auch *Reichling/Portz* in Ingenstau/Korbion, VOB-Kommentar, § 21 EU VOB/A Rn. 1.

[3] Richtlinie des Rates vom 21.12.1989 zur Koordinierung der Rechts- und Verwaltungsvorschriften für die Anwendung der Nachprüfungsverfahren im Rahmen der Vergabe öffentlicher Liefer- und Bauaufträge (ABl. 1989 L 395, 33) in der Fassung der Richtlinie 2007/66/EG des Europäischen Parlaments und des Rates vom 11.12.2007 zur Änderung der Richtlinien 89/665/EWG und 92/13/EWG des Rates im Hinblick auf die Verbesserung der Wirksamkeit der Nachprüfungsverfahren bezüglich der Vergabe öffentlicher Aufträge (ABl. 2007 L 335, 31).

[4] Durchführungsverordnung (EU) 2015/1986 der Kommission vom 11.11.2015 zur Einführung von Standardformularen für die Veröffentlichung von Vergabebekanntmachungen für öffentliche Aufträge und zur Aufhebung der Durchführungsverordnung (EU) Nr. 842/2011 (ABl. 2015 L 296, 1).

S. 1 Nr. 1 VOB/A. Sie bestehen nach § 8 EU Abs. 1 VOB/A aus dem Anschreiben (Aufforderung zur Angebotsabgabe), gegebenenfalls Teilnahmebedingungen (Absatz 2) und den Vertragsunterlagen (§ 8a EU und §§ 7 EU bis 7c EU). Nach § 8 EU Abs. 2 Nr. 1 VOB/A muss das Anschreiben die nach Anhang V Teil C der Richtlinie 2014/24/EU geforderten Informationen enthalten, die außer den Vertragsunterlagen für den Entschluss zur Abgabe eines Angebotes notwendig sind, sofern sie nicht bereits veröffentlicht wurden.

8   Durch den Hinweis auf eine bereits erfolgte Veröffentlichung in § 8 EU Abs. 2 Nr. 1 VOB/A bleibt unklar, ob die Angabe der Nachprüfungsbehörde in den Vergabeunterlagen nicht unterbleiben kann, da sie im Zeitpunkt der Bereitstellung der Vergabeunterlagen bereits in der Auftragsbekanntmachung veröffentlicht worden ist.[5] Dies wird man angesichts des eindeutigen Wortlauts des § 21 EU VOB/A, der bezüglich dieser Angabe als lex specialis anzusehen sein dürfte, verneinen müssen (zu den Rechtsfolgen einer unvollständigen Angabe vgl. unten → Rn. 19).

II. Inhalt der Angaben

9   Anzugeben ist die Nachprüfungsbehörde mit Anschrift. Die Standardformulare der Durchführungsverordnung (EU) 2015/1986 sehen zudem Angaben zu E-Mail, Telefon, Internet-Adresse (URL) und Fax vor.[6] Des Weiteren werden genaue Angaben zu den Fristen für die Einlegung von Rechtsbehelfen und gegebenenfalls Name, Anschrift, Telefon- und Faxnummer und E-Mail-Adresse der Stelle, bei der diese Informationen erhältlich sind, verlangt.[7] Dies entspricht den Vorgaben in Ziffer 25 des Anhang V Teil C der Richtlinie 2014/24/EU hinsichtlich der in der Auftragsbekanntmachung aufzuführende Angaben und wird umgesetzt in § 12 EU Abs. 3 Nr. 2 VOB/A. Die Beschränkung des § 21 EU VOB/A darf nicht darüber hinwegtäuschen, dass weitergehende Angaben erforderlich sind.

10   Als Angabe der **Frist** für die Einlegung von Rechtsbehelfen ist ein Verweis auf § 160 Abs. 3 S. 1 Nr. 4 GWB in die Auftragsbekanntmachung aufzunehmen, wonach ein Nachprüfungsantrag unzulässig ist, soweit mehr als 15 Kalendertage nach Eingang der Mitteilung des Auftraggebers, einer Rüge nicht abhelfen zu wollen, vergangen sind. Zwar ist § 160 Abs. 3 S. 1 Nr. 4 GWB zunächst nur als materielle **Präklusionsvorschrift** ausgestaltet, so dass bei isolierter Betrachtung ein Nachprüfungsantrag an sich weiterhin fristgebunden eingereicht werden kann und lediglich die Berufung auf den einen, der Rüge zugrundeliegenden Sachverhalt präkludiert ist. Allerdings muss im Regelfall dem Nachprüfungsantrag eine **Rüge** hinsichtlich des unterstellten Vergaberechtsverstoßes vorausgehen. Ebenso wird auch im Regelfall dieser Rüge nicht abgeholfen worden sein. Daher ist die in § 160 Abs. 3 S. 1 Nr. 4 GWB vorgesehene Frist, innerhalb der ein Nachprüfungsantrag zu stellen ist, eine Rechtsbehelfsfrist.[8] Ist der gebotene Hinweis in der Vergabebekanntmachung unterblieben, führt ein Verstoß gegen § 160 Abs. 3 S. 1 Nr. 4 GWB nicht zur Unzulässigkeit des Nachprüfungsantrags.[9]

11   Zuständig für die Überprüfung von Vergaberechtsverstößen oberhalb der Schwellenwerte sind die **Vergabekammern** (§ 155 GWB). Deren Zuständigkeit ist ausschließlich (§ 156 Abs. 2 GWB). Es existieren Vergabekammern des Bundes und der Länder (§ 156 Abs. 1 GWB). Der Bund hat drei Vergabekammern beim Bundeskartellamt in Bonn einge-

---

[5] Vgl. hierzu schon für die alte Rechtslage *Stickler* in Beck Vergaberecht, VOB/A § 21a Rn. 6.

[6] Vgl. beispielhaft Abschnitt VI.4.1) Zuständige Stelle für Rechtsbehelfs-/Nachprüfungsverfahren des Anhangs II (Auftragsbekanntmachung) der Durchführungsverordnung (EU) 2015/1986.

[7] Siehe Abschnitt VI.4.3) und VI.4.4) des Anhangs II (Auftragsbekanntmachung) der Durchführungsverordnung (EU) 2015/1986.

[8] OLG Celle 4.3.2010 – 13 Verg 1/10, NZBau 2010, 333 (334 f.); VK Bund 30.10.2009 – VK 2-180/09, VPRRS 2013, 1207. So auch *Jaeger* NZBau 2009, 558 (562).

[9] *Dicks* ZfBR 2010, 235 (242).

richtet. Die Vergabekammern der Länder wurden in der Regel in Ministerien oder Mittel-
behörden installiert.[10] Die örtliche Zuständigkeit der Vergabekammern wird in § 159
GWB festgelegt. Das Verfahren vor den Vergabekammern ist in §§ 160 bis 170 GWB geregelt. Gegen die Entscheidung einer Vergabekammer ist die sofortige Beschwerde zum
Oberlandesgericht statthaft (§ 171 Abs. 1 S. 1 iVm Abs. 3 S. 1 GWB). Bei den Oberlan-
desgerichten sind Vergabesenate gebildet worden (§ 171 Abs. 3 S. 2 GWB). Regelungen
über das Beschwerdeverfahren finden sich in §§ 171 bis 178 GWB. Unter Umständen ist
das Beschwerdegericht zur Vorlage an den Bundesgerichtshof verpflichtet (§ 179 Abs. 2
GWB).

In der Bekanntmachung und den Vergabeunterlagen ist lediglich die zuständige Verga- **12**
bekammer anzugeben. Ein Hinweis auf das Oberlandesgericht, welches für eine sofortige
Beschwerde zuständig wäre, ist nicht erforderlich. Allerdings muss die Vergabekammer in
ihrer Entscheidung über das zulässige Rechtsmittel und das zuständige Gericht belehren
(§ 168 Abs. 3 S. 3 iVm § 61 Abs. 1 S. 1 GWB).

C. Verstöße gegen die
Pflicht zur Angabe der Nachprüfungsbehörde

Ein Unterlassen der nach § 21 EU VOB/A geforderten Angabe der Nachprüfungsbe- **13**
hörde verletzt die **Transparenzanforderungen** des Vergaberechts für den grenzüberschreitenden Wettbewerb. Die Vorschrift hat bieterschützenden Charakter, Unternehmen
haben einen Anspruch auf Einhaltung des § 21 EU VOB/A nach § 97 Abs. 6 GWB. Ein
Verstoß kann daher das Vergabeverfahren insgesamt rechtsfehlerhaft machen.

I. Arten von Verstößen

1. Angabe einer unzuständigen Nachprüfungsbehörde

Die Angabe einer unzuständigen Nachprüfungsbehörde durch den öffentlichen Auftrag- **14**
geber begründet nicht deren **Zuständigkeit.** Denn die Vergabenachprüfungsinstanzen
können weder durch eine Angabe in der Bekanntmachung noch durch Parteivereinbarung
sachlich zuständig werden.[11] Dies gilt sowohl für die Angabe einer unzuständigen Vergabekammer als auch für die Angabe eines gänzlich für Nachprüfungsverfahren unzuständigen
Organs wie eines Land- oder Verwaltungsgerichts. Hinsichtlich der Folgen ist allerdings zu
unterscheiden.

Geht die Vergabekammer zunächst von ihrer Zuständigkeit aus und übermittelt sie den **15**
Nachprüfungsantrag an den öffentlichen Auftraggeber, so löst dies unabhängig von der
fehlenden Zuständigkeit das **Zuschlagsverbot** gem. § 169 Abs. 1 GWB aus. Der öffentliche Auftraggeber darf den Zuschlag nicht vor einer Entscheidung der Vergabekammer und
dem Ablauf der Beschwerdefrist nach § 172 Abs. 1 GWB erteilen. Stellt die Vergabekammer im weiteren Lauf des Verfahrens ihre Unzuständigkeit fest, verweist sie das Verfahren
an die zuständige Vergabekammer. Das Zuschlagsverbot bleibt bestehen.

---

[10] So sind etwa in Nordrhein-Westfalen für die Regierungsbezirke Arnsberg, Detmold und Münster die
Vergabekammer Westfalen mit Sitz in Münster und für die Regierungsbezirke Köln und Düsseldorf die
Vergabekammer Rheinland mit Sitz in Köln mit mindestens je einem Spruchkörper in Köln und in Düsseldorf eingerichtet worden. Die haupt- und ehrenamtlichen Mitglieder der Vergabekammern werden durch
die jeweilige Regierungspräsidentin oder den jeweiligen Regierungspräsidenten ernannt. Dies ist geregelt in
der Verordnung über Einrichtung und Zuständigkeit der Vergabekammern NRW (Zuständigkeitsverordnung
Vergabekammern NRW – VK ZuStV NRW) vom 2.12.2014 (GV NRW 2014, 872), zuletzt geändert durch
Verordnung vom 29.11.2016 (GV NRW 2016, 1039).
[11] OLG Naumburg 17.6.2016 – 7 Verg 2/16, IBRRS 2016, 2590; OLG Düsseldorf 31.3.2004 – VII-Verg
74/03, IBRRS 2004, 2879.

16   Erkennt die Vergabekammer hingegen sogleich, dass sie für den gestellten Nachprüfungsantrag nicht zuständig ist, hat die Übermittlung des Nachprüfungsantrags an den öffentlichen Auftraggeber zu unterbleiben. Denn nach § 163 Abs. 2 S. 3 GWB unterbleibt eine Übermittlung im Falle der offensichtlichen Unzulässigkeit des Antrags (→ *Horn/ Hofmann*, in GWB § 163 Rn. 20). Folglich wird auch das Zuschlagsverbot des § 169 Abs. 1 GWB nicht ausgelöst. Die Vergabekammer hat den Antragsteller hierüber zu informieren. Sofern dieser noch in der Lage ist, rechtzeitig vor Ablauf der Wartefrist des § 134 Abs. 2 GWB (vgl. → *Dreher/Hoffmann*, in GWB § 134 Rn. 72 ff.) die zuständige Vergabekammer anzurufen, kann er den wirksamen Zuschlag verhindern. Gelingt ihm dies nicht, kann er nach wirksamer Erteilung des Zuschlags keinen **Primärrechtsschutz** vor der Vergabekammer mehr begehren. Sein Antrag ist dann unzulässig.[12] Da das Nichtwirksamwerden des Zuschlagsverbots auf einem Verschulden des öffentlichen Auftraggebers beruht, kann eine **Schadensersatzpflicht** gem. §§ 311 Abs. 2 iVm 241 Abs. 2 und 282 BGB bestehen (vgl. auch unten → Rn. 21).

17   Hat der öffentliche Auftraggeber in der Bekanntmachung und/oder den Vergabeunterlagen ein **unzuständiges Organ,** etwa ein Verwaltungsgericht angegeben, und reicht der Bieter seinen Nachprüfungsantrag dort ein, kommt mangels einer zur analogen Anwendung des § 17a Abs. 2 S. 1 GVG berechtigenden Regelungslücke keine Verweisung an die nach § 156 Abs. 2 GWB ausschließlich zuständige Vergabekammer in Betracht.[13] Gelingt es dem Bieter nicht, noch rechtzeitig einen Nachprüfungsantrag durch eine Vergabekammer übermitteln zu lassen, kann der öffentliche Auftraggeber den Zuschlag wirksam erteilen. Auch hier ist aber an eine Schadensersatzpflicht zu denken (vgl. unten → Rn. 21).

2. Fehlende Angabe einer Nachprüfungsbehörde

18   Unterlässt der öffentliche Auftraggeber in der Bekanntmachung und/oder den Vergabeunterlagen die Angabe der zuständigen Nachprüfungsbehörde gänzlich, ist dies für die Eröffnung des Rechtsweges und die Zulässigkeit eines Nachprüfungsantrags ohne Belang.[14] Hierfür gelten ausschließlich die §§ 160 ff. GWB. Erkennt der Bewerber oder Bieter aus der Bekanntmachung oder den Vergabeunterlagen, dass der öffentliche Auftraggeber zu Unrecht davon ausgeht, kein Vergabeverfahren nach den Vorgaben der §§ 97 ff. GWB durchführen zu müssen,[15] rügt er dies aber nicht rechtzeitig nach § 160 Abs. 3 GWB, so ist er zwar mit diesem Vorbringen präkludiert, verliert aber nicht die Möglichkeit, wegen anderer Vergaberechtsverstöße, die nach Ablauf der Frist zur Angebotsabgabe eintreten, die Vergabekammer anzurufen.[16]

3. Unvollständige Angabe einer Nachprüfungsbehörde

19   Die Angabe der zuständigen Nachprüfungsbehörde hat nach § 21 EU VOB/A in der Bekanntmachung und in den Vergabeunterlagen zu erfolgen. Fehlt sie in der einen oder der anderen Publikation, bleibt dies in der Regel mangels eines Nachteils für die Bewerber oder Bieter folgenlos. Nur in den aufgrund der Pflicht zur unentgeltlichen, vollständigen und uneingeschränkten direkten elektronischen Bereitstellung der Vergabeunterlagen (§ 12a EU Abs. 1 S. 1 Nr. 1 VOB/A) noch selteneren Fällen, in denen die Bewerber oder Bieter die Vergabeunterlagen nicht erhalten, entstehen ihnen ausnahmsweise Nachteile, die einen Nachprüfungsantrag begründen können.

---

[12] BGH 19.12.2000 – X ZB 14/00, NJW 2001, 1492.

[13] ThürOVG 18.11.2004 – 2 EO 1329/04, NZBau 2005, 166.

[14] VK Sachsen 22.2.2007 – 1/SVK/110-06-I, IBRRS 2007, 2435.

[15] Etwa, weil er davon ausgeht, kein Auftraggeber iSd § 98 GWB zu sein, oder weil er zu Unrecht einen Auftragswert unterhalb der Schwellenwerte nach § 106 GWB annimmt.

[16] EuGH 11.10.2007 – C-241/06, Slg. 2007, I-8439 = NZBau 2007, 798 Rn. 60 ff. – *Lämmerzahl.*

II. Folgen eines Verstoßes

Ein Verstoß gegen § 21 EU VOB/A kann Ausgangspunkt für ein vergaberechtliches **20** Nachprüfungsverfahren nach §§ 155 ff. GWB werden. Voraussetzungen sind aber unter anderem, dass der Bewerber oder Bieter den bereits im Vergabeverfahren erkannten oder aufgrund der Bekanntmachung bzw. aus den Vergabeunterlagen erkennbaren Verstoß innerhalb einer Frist von zehn Kalendertagen bzw. bis zum Ablauf der in der Bekanntmachung benannten Frist zur Bewerbung oder zur Angebotsabgabe (§ 160 Abs. 3 Nr. 1, 2 und 3 GWB) gegenüber dem öffentlichen Auftraggeber gerügt hat. Des Weiteren hat das Unternehmen darzulegen, dass ihm durch die behauptete Verletzung der Vergabevorschriften ein Schaden entstanden ist oder zu entstehen droht, § 160 Abs. 2 S. 2 GWB. Ein Verstoß gegen § 21 EU VOB/A führt aber nur dann zu einem Schaden, wenn dem Bewerber oder Bieter eine Rechtsschutzmöglichkeit genommen wird. Er muss durch die fehlende Angabe daran gehindert worden sein, erfolgreich die zuständige Vergabekammer anzurufen. Bleibt der Verstoß hingegen ohne Folgen, ist ein hierauf gestützter Nachprüfungsantrag unzulässig.[17]

III. Schadensersatz

Grundsätzlich kann eine Verletzung von § 21 EU VOB/A eine Haftung des öffentlichen **21** Auftraggebers nach den Grundsätzen der **culpa in contrahendo** (§§ 241 Abs. 2, 311 Abs. 2, 280 Abs. 1 BGB) sowie nach § 181 GWB auslösen. Danach ist dem Bewerber oder Bieter das negative Interesse zu ersetzen, mithin die Kosten der Angebotsvorbereitung und der Verfahrensteilnahme.[18] Besondere Schwierigkeiten dürfte aber auch hier der Nachweis eines kausalen Schadens bereiten.

---

[17] *Reichling/Portz* in Ingenstau/Korbion, VOB-Kommentar, § 21 EU VOB/A Rn. 8.
[18] *Reichling/Portz* in Ingenstau/Korbion, VOB-Kommentar, § 21 EU VOB/A Rn. 9.

§ 22 Auftragsänderungen während der Vertragslaufzeit

(1) Wesentliche Änderungen eines öffentlichen Auftrags während der Vertragslaufzeit erfordern ein neues Vergabeverfahren. Wesentlich sind Änderungen, die dazu führen, dass sich der öffentliche Auftrag erheblich von dem ursprünglich vergebenen öffentlichen Auftrag unterscheidet. Eine wesentliche Änderung liegt insbesondere vor, wenn

1. mit der Änderung Bedingungen eingeführt werden, die, wenn sie für das ursprüngliche Vergabeverfahren gegolten hätten,
   a) die Zulassung anderer Bewerber oder Bieter ermöglicht hätten,
   b) die Annahme eines anderen Angebots ermöglicht hätten oder
   c) das Interesse weiterer Teilnehmer am Vergabeverfahren geweckt hätten,
2. mit der Änderung das wirtschaftliche Gleichgewicht des öffentlichen Auftrags zu Gunsten des Auftragnehmers in einer Weise verschoben wird, die im ursprünglichen Auftrag nicht vorgesehen war,
3. mit der Änderung der Umfang des öffentlichen Auftrags erheblich ausgeweitet wird oder
4. ein neuer Auftragnehmer den Auftragnehmer in anderen als den in Absatz 2 Satz 1 Nummer 4 vorgesehenen Fällen ersetzt.

(2) Unbeschadet des Absatzes 1 ist die Änderung eines öffentlichen Auftrags ohne Durchführung eines neuen Vergabeverfahrens zulässig, wenn

1. in den ursprünglichen Vergabeunterlagen klare, genaue und eindeutig formulierte Überprüfungsklauseln oder Optionen vorgesehen sind, die Angaben zu Art, Umfang und Voraussetzungen möglicher Auftragsänderungen enthalten, und sich aufgrund der Änderung der Gesamtcharakter des Auftrags nicht verändert,
2. zusätzliche Liefer-, Bau- oder Dienstleistungen erforderlich geworden sind, die nicht in den ursprünglichen Vergabeunterlagen vorgesehen waren, und ein Wechsel des Auftragnehmers
   a) aus wirtschaftlichen oder technischen Gründen nicht erfolgen kann und
   b) mit erheblichen Schwierigkeiten oder beträchtlichen Zusatzkosten für den öffentlichen Auftraggeber verbunden wäre,
3. die Änderung aufgrund von Umständen erforderlich geworden ist, die der öffentliche Auftraggeber im Rahmen seiner Sorgfaltspflicht nicht vorhersehen konnte, und sich aufgrund der Änderung der Gesamtcharakter des Auftrags nicht verändert oder
4. ein neuer Auftragnehmer den bisherigen Auftragnehmer ersetzt
   a) aufgrund einer Überprüfungsklausel im Sinne von Nummer 1,
   b) aufgrund der Tatsache, dass ein anderes Unternehmen, das die ursprünglich festgelegten Änderungen an die Eignung erfüllt, im Zuge einer Unternehmensumstrukturierung, wie zum Beispiel durch Übernahme, Zusammenschluss, Erwerb oder Insolvenz, ganz oder teilweise an die Stelle des ursprünglichen Auftragnehmers tritt, sofern dies keine weiteren wesentlichen Änderungen im Sinne des Absatzes 1 zur Folge hat, oder
   c) aufgrund der Tatsache, dass der öffentliche Auftraggeber selbst die Verpflichtungen des Hauptauftragnehmers gegenüber seinen Unterauftragnehmern übernimmt.

In den Fällen des Satzes 1 Nummer 2 und 3 darf der Preis um nicht mehr als 50 Prozent des Wertes des ursprünglichen Auftrags erhöht werden. Bei mehreren aufeinander folgenden Änderungen des Auftrags gilt diese Beschränkung für den Wert jeder einzelnen Änderung, sofern die Änderungen nicht mit dem Ziel vorgenommen werden, die Vorschriften dieses Teils zu umgehen.

(3) Die Änderung eines öffentlichen Auftrags ohne Durchführung eines neuen Vergabeverfahrens ist ferner zulässig, wenn sich der Gesamtcharakter des Auftrags nicht ändert und der Wert der Änderung

1. die jeweiligen Schwellenwerte nach § 106 nicht übersteigt und
2. bei Liefer- und Dienstleistungsaufträgen nicht mehr als 10 Prozent und bei Bauaufträgen nicht mehr als 15 Prozent des ursprünglichen Auftragswertes beträgt.

Bei mehreren aufeinander folgenden Änderungen ist der Gesamtwert der Änderungen maßgeblich.

(4) Enthält der Vertrag eine Indexierungsklausel, wird für die Wertberechnung gemäß Absatz 2 Satz 2 und 3 sowie gemäß Absatz 3 der höhere Preis als Referenzwert herangezogen.

(5) Änderungen nach Absatz 2 Satz 1 Nummer 2 und 3 sind im Amtsblatt der Europäischen Union bekannt zu machen.

Übersicht

	Rn.		Rn.
A. Einführung	1	II. Auftragsänderungen ohne neues Vergabeverfahren (§ 22 EU Abs. 2)...	19
I. Literatur	1	1. Überprüfungsklauseln oder Optionen (§ 22 EU Abs. 2 S. 1 Nr. 1)	20
II. Entstehungsgeschichte	2		
III. Rechtliche Vorgaben im EU-Recht..	3		
		2. Zusätzliche Liefer-, Bau- oder Dienstleistungen (§ 22 EU Abs. 2 S. 1 Nr. 2)	25
B. Rechtslage vor dem Vergaberechtsmodernisierungsgesetz	4		
		3. Unvorhersehbare Änderungen (§ 22 EU Abs. 2 S. 1 Nr. 3)	29
C. Rechtslage nach dem Vergaberechtsmodernisierungsgesetz	5	4. Auftragnehmerwechsel (§ 22 EU Abs. 2 S. 1 Nr. 4)	35
I. Wesentliche Auftragsänderungen (§ 22 EU Abs. 1)	5	5. Wertgrenze bei zusätzlichen Leistungen und unvorhersehbaren Änderungen (§ 22 EU Abs. 2 S. 2 und 3)	45
1. Neues Vergabeverfahren bei wesentlichen Änderungen (§ 22 EU Abs. 1 S. 1)	6		
2. Wesentlichkeit (§ 22 EU Abs. 1 S. 2)	7	6. Bekanntmachungspflicht von Änderungen (§ 22 EU Abs. 5)....	47
3. Regelbeispiele wesentlicher Änderungen (§ 22 EU Abs. 1 S. 3 Nr. 1 bis 4)	10	III. Auftragsänderungen ohne neues Vergabeverfahren bei Einhaltung von Wertgrenzen (§ 22 EU Abs. 3)	49
a) Änderung vergabeverfahrensrelevanter Bedingungen	11	1. Liefer- und Dienstleistungsaufträge (§ 22 EU Abs. 3 S. 1 Nr. 2)	51
b) Änderungen des wirtschaftlichen Gleichgewichts zu Gunsten des Auftragnehmers..	15	2. Bauaufträge (§ 22 EU Abs. 3 S. 1 Nr. 2)	53
c) Erhebliche Ausweitung des Umfangs des öffentlichen Auftrags	17	3. Erheblichkeit des Gesamtwerts der Änderungen (§ 22 EU Abs. 3 S. 2)	55
d) Neuer Auftragnehmer	18	IV. Indexierungsklauseln (§ 22 EU Abs. 4)	56

A. Einführung

I. Literatur

Marx, Verlängerung bestehender Verträge und Vergaberecht, NZBau 2002, 311 ff.; *Ziekow* Ausschreibungspflicht bei Auftragnehmerwechsel, VergabeR 2004, 430 ff.; *Gruneberg* Vergaberechtliche Relevanz von Vertragsänderungen und -verlängerungen in der Abfallwirtschaft, VergabeR 2005, 171 ff.; *Braun* Ausschreibungspflicht bei automatischer Vertragsverlängerung! – Erwiderung zu Gruneberg, VergabeR 2005, 171, VergabeR 2005. 586 ff.; *Rittwage* Einzel- und Gesamtsrechtsnachfolge bei öffentlichen Aufträgen, VergabeR 2006, 327 ff.; *Knauff* Vertragsverlängerungen und Vergaberecht, NZBau 2007, 347 ff.; *Jaeger* Vertragsänderungen und Vergaberecht, EuZW 2008, 492 ff.; *Krohn* Vertragsänderungen und Vergaberecht – Wann besteht eine Pflicht zur Neuausschreibung?, NZBau 2008, 619 ff.; *Kulartz/Duikers* Ausschreibpflicht bei Vertragsänderungen, VergabeR 2008, 728 ff.; *Niestedt/Hölzl* Um Kleinigkeiten kümmert sich der Prätor nicht! Relevanz und Konsequenz der Änderung laufender Verträge im Lichte des Vergaberechts, NJW 2008, 3321 ff.; *Scharen* Vertragslaufzeit und Vertragsverlängerung als vergaberechtliche Herausforderung?, NZBau 2009, 679 ff.; *Sommer,* Neue Entwicklungen für Ausschreibpflichten bei Vertragsänderungen, VergabeR 2010, 568 ff.; *Prieß/Hölzl,* Auftragnehmer, wechsel Dich! Vorliegen, Konsequenzen und Handhabung eines

1

vergabe- oder primärrechtlich relevanten Auftragnehmerwechsels, NZBau 2011, 513 ff; *Stoye/Brugger* Vertrag bleibt Vertrag: Anordnungen des Auftraggebers nach VOB/B grundsätzlich ausschreibungsfrei!, VergabeR 2011, 803 ff.; *Wagner-Cardenal/Scharf/Dierks* Kommunale Außenwerberechtsverträge und nachträgliche Vertragsanpassungen ohne Neuvergabe, NVwZ 2011, 1297 ff.; *Polster* Die Änderung bestehender öffentlicher Aufträge bei Eintritt außergewöhnlicher Ereignisse, VergabeR 2012, 282 ff.; *Wagner/Jürschik* Die Vergaberechtswidrigkeit von Verträgen wegen wesentlicher Vertragsänderung und deren Folgen, VergabeR 2012, 401 ff.; *Greb/Stenzel* Die nachträgliche Vertragsanpassung als vergaberechtsrelevanter Vorgang, NZBau 2012, 404 ff.; *Heuvels*, Bedeutung und Rechtsfolgen des Nachunternehmeraustauschs bei der Vergabe von Dienstleistungskonzessionen, NZBau 2013, 485 ff.; *Malmendier/Wild,* Vertragsänderungen versus Vergaberecht, VergabeR 2014, 12 ff.; *Rosenkötter/Fritz* Vertragsänderungen nach den neuen Richtlinien, VergabeR 2014, 290 ff. *Prieß/Stein* Die neue EU-Sektorenrichtlinie, NZBau 2014, 323 ff.; *Gröning* Die neue Richtlinie für die öffentliche Auftragsvergabe – Ein Überblick, VergabeR 2014, 339 ff.; *Opitz* Was bringt die neue Sektorenvergaberichtlinie?, VergabeR 2014, 369 ff.; Stellungnahme des Deutschen Anwaltsvereins durch den Ausschuss Vergaberecht, VergabeR 2014, 384 ff.; *Knauff/Badenhausen* Die neue Richtlinie über die Konzessionsvergabe, NZBau 2014, 395 ff.; *Prieß/Stein* Die neue EU-Konzessionsvergaberichtlinie, VergabeR 2014, 499 ff.; *Kunde* Nennung von Vertragsanpassungsklauseln in Auftragsbekanntmachung, NZBau 2014, 550 ff.; *Wagner/Pfohl* Die neue Richtlinie 2014/23/EU über die Konzessionsvergabe: Anwendungsbereich, Ausnahmevorschriften und materielle Regelungen, ZfBR 2014, 745, 749; *Brüning/Pfannkuch* Neuausschreibungspflicht bei Vertragsänderung, VergabeR 2015, 144 ff.; *Summa* Die Umsetzung der neuen Vergaberichtlinien; ein erster Eindruck, NZBau 2015, 329 bis 330; *Müller* Nach dem Zuschlag ist vor dem Zuschlag! Auftragsänderungen nach Zuschlag als vergaberechtlicher Dauerbrenner in der Praxis – Eine erste Analyse der Richtlinie 2014/24/EU und des Regierungsentwurfs, VergabeR 2015, 652 ff.; *Gröning* Anwendbarkeit und Ausnahmebestimmungen im künftigen Vergaberecht, NZBau 2015, 690 bis 693; *Summa* Fehler im neuen Vierten Teil des GWB, VPR 2016, 1 ff.; *Ziekow* Auftragsänderungen nach der Auftragsvergabe, VergabeR 2016, 278 ff.; *Hausmann/Queisner* Auftragsänderungen während der Vertragslaufzeit, NZBau 2016, 619 ff.; *Frenz* Ausschreibungspflicht wesentlicher Vertragsverlängerungen und -änderungen, VergabeR 2017, 323 f.

II. Entstehungsgeschichte

2   § 22 EU VOB/A ist wortlautgleich mit § 132 GWB.[1] Eine Notwendigkeit für die Wiederholung der gesetzlichen Regelung in § 22 EU VOB/A bestand nicht.[2] In den Hinweisen für die VOB/A 2016 begründet der Deutsche Vergabe- und Vertragsausschuss für Bauleistungen die Wiederholung des § 132 GWB damit, dass es sich um eine besonders wichtige Vorschrift handele. Der DVA könne zwar ohnehin keine andere Regelung treffen. Wegen der zentralen Bedeutung der Vorschrift solle sie aber in der VOB/A erscheinen.[3] Der Ausschuss Vergaberecht des Deutschen Anwaltvereins[4] hat im Interesse der Rechtssicherheit empfohlen, klarzustellen, dass von der Pflicht zur Neuvergabe auch Änderungen von öffentlichen Aufträgen erfasst werden, deren Auftragswert in maßgeblichen Schwellenwert erst unter Berücksichtigung des Geldwertes der Änderung erreicht.[5] Erste Stimmen in der Literatur bejahen die Anwendbarkeit des § 132 GWB/§ 22 EU VOB/A soweit der Schwellenwert erst nach einer Addition des ursprünglichen Auftragswertes und der Vertragsänderung erreicht wird.[6] § 22 EU VOB/A ist unabhängig von der Frage des Vertragsabschlusses auf alle laufenden Verträge anwendbar. Es fallen damit auch Änderungen von vor dem 18.4.2016 abgeschlossenen Verträgen in den Anwendungsbereich der Vorschrift.[7] § 132 GWB/§ 22 EU VOB/A stellt nicht darauf ab, ob der öffentliche Auftrag entsprechend den vergaberechtlichen Vorschriften beschafft, insbesondere ausgeschrieben wurde. § 22 EU VOB/A ist auch auf öffentliche Aufträge anwendbar, die nicht ausgeschrieben wurden.[8]

---

[1] Vgl. die Kommentierung des § 132 GWB in Band 1.
[2] Vgl. *Hausmann/Queisner,* NZBau 2016, 619, 620.
[3] Eine eigenständige Regelung für Auftragsänderungen unterhalb der Schwellenwerte findet sich im Abschnitt 1 der VOB/A in § 22 VOB/A und in § 47 Unterschwellenvergabeordnung vom 2.2.2017.
[4] VegabeR 2014, 384, 391.
[5] Vgl. Band 1, § 132 GWB Rn. 4.
[6] Vgl. *Stolz* in Ingenstau/Korbion, VOB, 20. Aufl., § 22 EU VOB/A Rn. 5.
[7] Vgl. *Fandrey* in Kulartz/Kus/Portz/Prieß, GWB, 4. Aufl., § 186 Rn. 17; *Stolz* in Ingenstau/Korbion, VOB, § 22 EU VOB/A Rn. 4.
[8] *Fandrey* in KKPP, GWB, 4. Aufl., § 186 Rn. 17.

III. Rechtliche Vorgaben im EU-Recht

Auf die Kommentierung des § 132 GWB Rn. 5 f. wird verwiesen.   **3**

B. Rechtslage vor dem Vergaberechtsmodernisierungsgesetz

Auf die Kommentierung in Band 1 zu § 132 GWB im Hinblick auf Vertragsverlän-   **4**
gerungen,[9] Vertragsänderungen,[10] Vertragsübernahme/Auftragnehmerwechsel[11] und zum
Auftraggeberwechsel[12] wird verwiesen.

C. Rechtslage nach dem Vergaberechtsmodernisierungsgesetz

I. Wesentliche Auftragsänderungen (§ 22 EU Abs. 1)

Der Rechtsanwender prüft § 22 EU VOB/A in Anlehnung an die Prüfungsreihenfolge   **5**
des Art. 72 RL 2014/24/EU[13] in umgekehrter Reihenfolge.
- Zuerst ist zu prüfen, ob der Wert der Änderung die in § 132 Abs. 3 GWB definierten
  Wertgrenzen für Liefer- und Dienstleistungsaufträge und für Bauaufträge nicht überschreitet.
- Ist dies zu verneinen, prüft der Rechtsanwender die Einschlägigkeit der nicht abschließend zu verstehenden Regelbeispiele des § 22 EU Abs. 2 S. 1 Nr. 1 bis 4 VOB/A. Liegt
  ein Regelbeispiel vor, ist eine Änderung des Auftrags ohne neues Ausschreibungsverfahren selbst dann zulässig, wenn die Änderung gemäß § 22 EU Abs. 1 VOB/A wesentlich
  wäre.
- Ist eine Auftragsänderung weder gemäß § 22 EU Abs. 3 VOB/A noch nach § 22 EU
  Abs. 2 VOB/A zulässig, kann der Auftraggeber eine Neuausschreibung nur bei einer
  nicht wesentlichen Änderung gemäß § 22 EU Abs. 1 VOB/A verhindern. In den gemäß
  § 22 EU Abs. 1 S. 3 Nr. 1 bis 4 VOB/A genannten Fällen liegt immer eine wesentliche
  Änderung des öffentlichen Auftrags vor. Erst wenn die nicht abschließenden[14] Regelbeispiele nicht eingreifen, erschließt sich noch eine Wesentlichkeitsprüfung gemäß § 22 EU
  Abs. 1 S. 2 VOB/A an.

1. Neues Vergabeverfahren bei wesentlichen Änderungen (§ 22 EU Abs. 1 S. 1)

§ 22 EU Abs. 1 S. 1 VOB/A stellt klar, dass wesentliche Änderungen eines öffentlichen   **6**
Auftrags während der Vertragslaufzeit ein neues Vergabeverfahren erfordern. Dies entspricht
der Rechtslage vor dem Vergaberechtsmodernisierungsgesetz.[15]

2. Wesentlichkeit (§ 22 EU Abs. 1 S. 2)

§ 22 EU Abs. 1 S. 2 VOB/A definiert in Anlehnung an Art. 72 Abs. 4 S. 1 RL   **7**
2014/24/EU die Wesentlichkeit von Änderungen. Wesentlich sind Änderungen, die dazu
führen, dass sich der öffentliche Auftrag erheblich von dem ursprünglich vergebenen öffentlichen Auftrag unterscheidet.

---

[9] § 132 GWB Rn. 13 f.
[10] § 132 GWB Rn. 17 f.
[11] § 132 GWB Rn. 26 f.
[12] § 132 GWB Rn. 30.
[13] Vgl. § 132 GWB, Fußnote 5.
[14] Vgl. *Ziekow* VergabeR 2016, 278, 280.
[15] Vgl. Rn. 17 ff.

8   Dies betrifft insbesondere Änderungen, die den Umfang und die inhaltliche Ausgestaltung der gegenseitigen Rechte und Pflichten der Parteien einschließlich der Zuweisung der Rechte des geistigen Eigentums betreffen.[16]

9   Wie vor dem Vergaberechtsmodernisierungsgesetz erfordert die Beurteilung der Wesentlichkeit einer Vertragsänderung eine vergleichende Wertung unter Berücksichtigung des Transparenz- und Gleichbehandlungsgrundsatzes.[17] Änderungen, die den Umfang und die inhaltliche Ausgestaltung der gegenseitigen Rechte und Pflichten der Parteien betreffen, sind Ausdruck der Absicht der Parteien, wesentliche Bedingungen des betreffenden Auftrags neu zu verhandeln.[18] Im Ergebnis können für die Beurteilung der Wesentlichkeit einer Vertragsänderung die Grundsätze der Rechtsprechung des EuGH und der deutschen Nachprüfungsinstanzen weiterhin herangezogen werden.[19] Hinsichtlich der Rechtsprechung zu zulässigen Änderungen der Laufzeit von Aufträgen[20] und zur Änderung wesentlicher Vertragsbedingungen[21] kann auf die Kommentierung der Rechtslage vor dem Vergaberechtsmodernisierungsgesetz verwiesen werden.[22]

3. Regelbeispiele wesentlicher Änderungen (§ 22 EU Abs. 1 S. 3 Nr. 1 bis 4)

10   § 22 EU Abs. 1 S. 3 Nr. 1 bis 4 VOB/A zählt Regelbeispiele wesentlicher Änderungen auf.[23] Die beispielhafte Aufzählung wesentlicher Änderungen erfolgt in Anlehnung an die Rechtsprechung des EuGH in den Rechtssachen *„Pressetext"* und *„Wall"*.[24]

11   **a) Änderung vergabeverfahrensrelevanter Bedingungen.** Eine wesentliche Änderung liegt vor, wenn mit der Änderung Bedingungen eingeführt werden, die, wenn sie für das ursprüngliche Vergabeverfahren gegolten hätten,
– die Zulassung anderer Bewerber oder Bieter ermöglicht hätten,
– die Annahme eines anderen Angebots ermöglicht hätten oder
– das Interesse weiterer Teilnehmer am Vergabeverfahren geweckt hätten (§ 22 EU Abs. 1 S. 3 Nr. 1 VOB/A).

12   Die Änderung von Bedingungen, die, wenn sie für das ursprüngliche Vergabeverfahren gegolten hätten, die Zulassung anderer Bewerber oder Bieter ermöglicht hätten, kann in einer nachträglichen Änderung der Eignungsanforderungen[25] oder in der nachträglichen Änderung von Leistungspflichten gesehen werden. Eine erhebliche Auftragsreduzierung – auch im Rahmen einer Vergleichsvereinbarung – kann dazu führen, dass ein anderer Bieter hätte zugelassen werden können, wenn sie in den Unterlagen des ursprünglichen Vergabeverfahrens enthalten gewesen wäre.[26] Entscheidend ist, nicht die bloße hypothetische Möglichkeit einer Veränderung des Kreises zugelassener Bewerber oder Bieter, sondern ob sich am ursprünglichen Vergabeverfahren Bewerber oder Bieter beteiligt haben, die nicht zugelassen worden waren, aber aufgrund der Änderung hätten zugelassen werden können.[27]

---

[16] Begründung BT-Drucks. 18/6281 v. 8.10.2015 S. 147.

[17] Vgl. Rn. 17.

[18] Begründung BT-Drucks. 18/6281 v. 8.10.2015 S. 147; vgl. auch Rn. 17.

[19] Vgl. *Müller* VergabeR 2015, 652, 654 f.; *Ziekow,* VergabeR 2016, 278, 279; *Stolz* in Ingenstau/Korbion, VOB, 20. Aufl., § 22 EU Rn. 11.

[20] Insbesondere der Nichtausspruch einer Kündigung bei unbefristet geschlossenen Verträgen und die Verlängerung von Verträgen mit befristeter Laufzeit.

[21] Insbesondere Preisänderungen.

[22] Vgl. Band 1 § 132, Rn. 13 ff.

[23] Vgl. Begründung BT-Drucks. 18/6281 v. 8.10.2015 S. 147.

[24] Vgl. → Rn. 17 ff.

[25] *Stolz* in Ingenstau/Korbion, VOB, 20. Aufl., § 22 EU VOB/A nennt als Beispiel die nachträgliche Zulassung von Nachunternehmern, die die im ursprünglichen Vergabeverfahren vorgegebenen Eignungskriterien nicht erfüllen.

[26] Vgl. EuGH, 7.9.2016 – C-549/14, NZBau 2016, 649 Rn. 28 und 29.

[27] *Ziekow* VergabeR 2016, 278, 280; *Stolz* in: Ingenstau/Korbion, VOB, 20. Aufl., § 22 EU VOB/A Rn. 13 begründet die Notwendigkeit einer Feststellung, dass das ursprüngliche Verfahren tatsächlich beeinflusst worden ist daneben mit Erwägungsgrund 107 der RL 2014/24/EU.

Werden mit der Änderung Bedingungen eingeführt, die die Annahme eines anderen **13** Angebots ermöglicht hätten (§ 22 EU Abs. 1 S. 3 Nr. 1b) VOB/A), so stellt auch dieser Umstand eine wesentliche Änderung des öffentlichen Auftrags dar. Es ist zu prüfen, ob nicht zum Zuge gekommene Bieter bei Berücksichtigung der Änderung den Zuschlag hätten erhalten können.[28] Darunter fallen auch nachträgliche Erweiterungen ursprünglich nicht zugelassener Produkte oder Produktgruppen, das nachträgliche Aufweichen strenger Bemusterungsverfahren[29] und die Ersetzung eines vom Auftragnehmer in seinem Angebot benannten Nachunternehmers, wenn dieser für die Auftragserteilung an den Auftragnehmer ausschlaggebend war.[30]

Schließlich können durch die Änderung Bedingungen eingeführt worden sein, die das **14** Interesse weiterer Teilnehmer am Vergabeverfahren geweckt hätten (§ 22 EU Abs. 1 S. 3 Nr. 1c) VOB/A). Obwohl sich im ursprünglichen Vergabeverfahren keine Entscheidung verändert haben muss, ist die hypothetische Möglichkeit, dass durch die Änderung das Interesse weiterer Teilnehmer am Vergabeverfahren hätte geweckt werden können, nicht ausreichend.[31] Jedenfalls ist zu prüfen, welche Unternehmen durch die Bedingungen der ursprünglichen Ausschreibung typischerweise angesprochen wurden und ob durch die veränderten Bedingungen typischerweise (auch) andere Unternehmen angesprochen worden wären,[32] was bei einer nachträglichen Reduzierung des Auftragsvolumens und damit Ansprache eines anderen Kreises von Unternehmen (z. B. KMU)[33] zu bejahen ist oder wenn nachträglich durch die Änderung erstmalig der Schwellenwert überschritten wird.[34]

b) Änderungen des wirtschaftlichen Gleichgewichts zu Gunsten des Auftrag- **15** **nehmers.** Das Regelbeispiel in § 22 EU Abs. 1 S. 3 Nr. 2 VOB/A dient der Umsetzung von Art. 72 Abs. 4 S. 2b) RL 2014/24/EU. Danach liegt eine wesentliche Änderung auch vor, wenn mit der Änderung das wirtschaftliche Gleichgewicht des öffentlichen Auftrags zu Gunsten des Auftragnehmers in einer Weise verschoben wird, die im ursprünglichen Auftrag nicht vorgesehen war.[35]

Nur Änderungen zu Gunsten des Auftragnehmers sind relevant. Dies ist bei der Verein- **16** barung eines höheren Preises bei gleichbleibenden vertraglichen Leistungspflichten und bei einer Reduzierung der vertraglichen Leistungspflichten bei gleichbleibender Vergütung der Fall.[36] Indexierungsklauseln, die den Preis nachträglich erhöhen, fallen nicht unter § 22 EU Abs. 1 S. 3 Nr. 2 VOB/A, soweit sie die Voraussetzung an eine klare, genaue und eindeutig formulierte Überprüfungsklausel gemäß § 22 EU Abs. 2 S. 1 Nr. 1 VOB/A erfüllen. Ebenso wenig wird die Verlängerung der Laufzeit einer Rahmenvereinbarung unter dieses Regelbeispiel fallen, weil das wirtschaftliche Gleichgewicht aufgrund der verlängerten Leistungspflicht des Auftragnehmers wohl unverändert bleibt.[37] Als weitere Beispiele werden die Verlängerung von Ausführungsfristen[38] und der Verzicht auf sonstige vertragliche Rechte, wie Kündigungsrechte, genannt.[39] Die Anpassung der Bauzeit und ggf. der Vergü-

---

[28] Vgl. *Ziekow,* VergabeR 2016, 278, 280; *Stolz* in Ingenstau/Korbion, VOB, 20. Aufl., § 22 EU VOB/A Rn. 14.

[29] *Eschenbruch* in KKPP GWB, 4. Aufl., § 132 Rn. 40.

[30] *Stolz* in Ingenstau/Korbion, VOB, 20. Aufl., § 22 EU VOB/A Rn. 15.

[31] *Eschenbruch* in KKPP, GWB, 4. Aufl., § 132 Rn. 42.

[32] *Ziekow* VergabeR 2016, 278, 281.

[33] *Ziekow* VergabeR 2016, 278, 281.

[34] *Stolz* in Ingenstau/Korbion, VOB, 20. Aufl., § 22 EU VOB/A Rn. 16.

[35] EuGH, Urt. vom 19.6.2008 – C-454/06 „*Pressetext*" NZBau 2008, 518 = VergabeR 2008, 758 Rn. 37.

[36] Vgl. *Stolz* in Ingenstau/Korbion, VOB, 20. Aufl., § 22 EU VOB/A Rn. 17; *Ziekow,* VergabeR 2016. 278, 281.

[37] *Stolz* in Ingenstau/Korbion, VOB, 20. Aufl., § 22 EU VOB/A Rn. 17.

[38] Vgl. *Eschenbruch* in: KKPP, GWB, 4. Aufl., § 132 Rn. 46 unter Ausnahme der Anpassung von Bauverträgen in Reaktion auf geänderte tatsächliche oder rechtliche Rahmenbedingungen, wie z. B. Behinderungen. Vergaberelevant soll die Gewährung einer Ausführungszeitverlängerung sein, soweit der Auftragnehmer die Verzögerung selbst verantwortet hat.

[39] *Stolz* in Ingenstau/Korbion, VOB, 20. Aufl., § 22 EU VOB/A Rn. 17.

tung aufgrund der Verzögerung des Vergabeverfahrens durch ein Nachprüfungsverfahren stellt keine nachträgliche Vertragsänderung dar.[40]

17   **c) Erhebliche Ausweitung des Umfangs des öffentlichen Auftrags.** Das dritte Regelbeispiel in § 22 EU Abs. 1 S. 3 Nr. 3 VOB/A dient der Umsetzung von Art. 72 Abs. 4 S. 2c) RL 2014/24/EU. Wird mit der Änderung der Umfang des öffentlichen Auftrags erheblich ausgeweitet, liegt ebenso eine wesentliche Änderung vor.[41] Im Umkehrschluss zu § 22 EU Abs. 3 Nr. 1 und 2 VOB/A könnte von einer erheblichen Ausweitung des Umfangs ausgegangen werden, soweit der Schwellenwert für die jeweilige Leistungserweiterung überschritten wird oder der Wert der Änderung bei Bauaufträgen mehr als 15 % des ursprünglichen Auftragswertes beträgt.[42] Erfasst werden inhaltliche Leistungserweiterungen und Vertragsverlängerungen.[43] Erfasst werden nur Leistungserweiterungen von im Vertrag bereits vorgesehenen Leistungen.[44] *Eschenbruch* geht zu Recht von einer notwendigen einzelfallbezogenen Feststellung einer erheblichen Auftragsausweitung aus. Als Indikationen wird eine Schwellenwertüberschreitung der ergänzend übertragenen Leistungen, eine Leistungserweiterung von 10 % bei Liefer- und Dienstleistungen bzw. 15 % bei Bauaufträgen sowie die Prüfung der Frage, ob sich der Gesamtcharakter des Vertrages sich durch die Leistungserweiterung geändert hat, genannt.[45] Eine wesentliche Auftragserweiterung liege jedenfalls vor, wenn sie 20 % des ursprünglichen Auftragsvolumens erfasst oder der maßgebliche Schwellenwert überschritten wird.[46] Auch *Ziekow* hält eine Gesamtbetrachtung für erforderlich, verneint jedoch die Einschlägigkeit des Regelbeispiels unter Verweis auf Erwägungsgrund 107 Abs. 2 RL 2014/24/EU bei bloßer Überschreitung der De-minimis-Werte gemäß § 22 EU Abs. 1 S. 3 Nr. 3 VOB/A oder bei Schwellenwertüberschreitung durch die Änderung. Jedenfalls die Verdoppelung des Auftragsvolumens stelle eine erhebliche Ausweitung des Umfangs dar.[47] *Stolz* sieht eine absolute Grenze hingegen bereits bei einer Überschreitung des ursprünglichen Auftragswerts um mehr als 50 %. Im Bereich von Auftragsänderungen, die zu einer Änderung des ursprünglichen Auftragswertes zwischen 10 % bei Liefer- und Dienstleistungen bzw. 15 % bei Bauaufträgen und 50 % führen, verbiete sich die Festlegung einer fixen Grenze. Bei Abänderung des ursprünglichen Auftragswertes von mehr als 20 % sei eine erhebliche Ausweitung zu vermuten und der öffentliche Auftraggeber verpflichtet, besondere Gründe dafür anzuführen, warum trotz der Ausweitung des ursprünglichen Auftragswertes um mehr als 20 % von einer nur unerheblichen Ausweitung ausgegangen werden könne.[48]

18   **d) Neuer Auftragnehmer.** Schließlich dient die Einfügung des § 22 EU Abs. 1 S. 3 Nr. 4 VOB/A der Umsetzung des Art. 72 Abs. 4 S. 2d) RL 2014/24/EU. Im Grundsatz wird in Anlehnung an die Entscheidung des EuGH in der Rechtssache *„Pressetext"*[49] der Auftragnehmerwechsel zu einer wesentlichen Änderung des Auftrags und damit zur Verpflichtung des Auftraggebers ein neues Vergabeverfahren durchzuführen. Keine wesentliche Änderung liegt vor bei einem Auftragnehmerwechsel auf Grundlage einer Überprüfungsklausel (§ 22 EU Abs. 2 S. 1 Nr. 4a) VOB/A) oder bei Maßnahmen der internen Neuorganisation des Auftragnehmers gemäß § 22 EU Abs. 2 S. 1 Nr. 4b) VOB/A. Eine gesellschaftsrechtliche Umstrukturierung, die die Identität einer juristischen Person als Auftragnehmer

---

[40] *Eschenbruch* in KKPP, GWB, 4. Aufl., § 132 Rn. 46 unter Verweis auf BGH Beschl. v. 10.1.2013, VII ZR 37/11, NZBau 2013, 190.
[41] EuGH Urt. v. 19.6.2008 – C-454/06 *„Pressetext"* NZBau 2008, 518 = VergabeR 2008, 758 Rn. 36.
[42] Vgl. § 132 GWB Fn. 30 zur Entscheidung und zur Rechtslage vor dem Vergaberechtsmodernisierungsgesetz.
[43] *Eschenbruch* in KKPP, GWB, 4. Aufl., § 132 Rn. 58.
[44] Vgl. *Ziekow* VergabeR 2016, 278, 282; a.A. *Stolz* in Ingenstau/Korbion, VOB, § 22 EU VOB/A Rn. 18, der auch zusätzliche, bisher nicht im Vertrag vorgesehene Leistungen als erfasst ansieht.
[45] *Eschenbruch* in KKPP, GWB, 4. Aufl., § 132 Rn. 59.
[46] *Eschenbruch* in KKPP, GWB, 4. Aufl., § 132 Rn. 60.
[47] *Ziekow* VergabeR 2016, 278, 282.
[48] *Stolz* in Ingenstau/Korbion, VOB, 20. Aufl., § 22 EU VOB/A Rn. 18.
[49] EuGH Urt. v. 19.6.2008 – C-454/06 *„Pressetext"* NZBau 2008, 518 = VergabeR 2008, 758 Rn. 40.

unberührt lässt – wie eine gesellschaftsrechtliche Umwandlung nach § 4 Umwandlungsgesetz – wird von § 22 EU Abs. 2 S. 1 Nr. 4b) VOB/A erfasst sein und damit nicht unter das vierte Regelbeispiel fallen.[50] Ebenso wie unternehmensinterne Neuorganisationen werden Änderungen der Mitgliederzusammensetzung juristischer Personen als nicht vom Regelbeispiel erfasst angesehen.[51] Ein Wechsel im Mitgliederbestand einer Gesellschaft bürgerlichen Rechts stelle aufgrund der gesamtschuldnerischen Haftung sämtlicher Gesellschafter neben der GbR gegenüber dem Auftraggeber einen Wechsel auf Auftragnehmerseite gemäß § 22 EU Abs. 1 S. 3 Nr. 4 VOB/A dar.[52] Ein Nachunternehmerwechsel fällt nicht unter das vierte Regelbeispiel, sondern höchstens unter das erste Regelbeispiel.[53]

II. Auftragsänderungen ohne neues Vergabeverfahren (§ 22 EU Abs. 2)

§ 22 EU Abs. 2 VOB/A zählt abschließend die Fälle auf, in denen eine Änderung des 19 ursprünglichen Vertrags zulässig ist und zwar unabhängig davon, ob es sich um eine wesentliche Änderung im Sinne des Abs. 1 handelt oder nicht.[54] § 22 EU Abs. 2 VOB/A dient der Umsetzung von Art. 72 Abs. 1 RL 2014/24/EU.

1. Überprüfungsklauseln oder Optionen (§ 22 EU Abs. 2 S. 1 Nr. 1)

§ 22 EU Abs. 2 S. 1 Nr. 1 VOB/A setzt Art. 72 Abs. 1a) RL 2014/24/EU in nationales 20 Recht um. Die Änderung eines öffentlichen Auftrags ohne Durchführung eines neuen Vergabeverfahrens ist zulässig, wenn in den ursprünglichen Vergabeunterlagen[55] klare, genaue und eindeutig formulierte Überprüfungsklauseln oder Optionen vorgesehen sind, die Angaben zu Art, Umfang und Voraussetzungen möglicher Auftragsänderungen enthalten, und sich aufgrund der Änderung der Gesamtcharakter des Auftrags nicht verändert.

Erwägungsgrund 111 RL 2014/24/EU stellt klar, dass Überprüfungsklauseln oder Op- 21 tionen dem Auftraggeber keinen unbegrenzten Ermessensspielraum einräumen sollen. Die Überprüfungsklauseln oder Optionen müssen deshalb in den Vergabeunterlagen[56] klar, genau und eindeutig formuliert sein. Erwägungsgrund 111 RL 2014/24/EU nennt beispielhaft Preisindexierungen oder die Sicherstellung der Funktionsfähigkeit von Kommunikationsgeräten, die während eines bestimmten Zeitraums zu liefern sind auch im Fall veränderter Kommunikationsprotokolle oder anderer technischer Änderungen. Weiterhin soll auf Grundlage von Erwägungsgrund 111 mittels hinlänglich klarer Klauseln eine Vertragsanpassung zulässig sein, die aufgrund technischer Schwierigkeiten, die während des Be-

---

[50] Vgl. *Eschenbruch* in KKPP, GWB, 4. Aufl., § 132 Rn. 68; *Stolz* in Ingenstau/Korbion, VOB, § 22 EU VOB/A Rn. 19.

[51] *Eschenbruch* in KKPP, GWB, 4. Aufl., § 132 Rn. 70.

[52] *Stolz* in Ingenstau/Korbion, VOB, 20. Aufl., § 22 EU VOB/A Rn. 19.

[53] Vgl. *Stolz* in Ingenstau/Korbion, VOB, 20. Aufl., § 22 EU VOB/A Rn. 20.

[54] Vgl. Begründung BT-Drucks. 18/6281 v. 8.10.2015 S. 147.

[55] OLG Düsseldorf Beschl. vom 12.2.2014 – VII-Verg 32/13, NZBau 2014, 454 ff. – *„AMD-IVTT-Vertrag"* geht zur alten Rechtslage von der Notwendigkeit einer Nennung von Vertragsanpassungsklauseln bereits in der Auftragsbekanntmachung aus; kritisch dazu *Kunde* NZBau 2014, 550 ff.; vgl. auch OLG Schleswig, Beschluss vom 28.8.2015 – 1 Verg 1/15, NZBau 2015, 718 ff. = VergabeR 2015, 768 ff. – *„Kreis Schleswig-Flensburg II"* für die einseitige Ausübung eines in den ursprünglichen Auftragsunterlagen eingeräumten und seinem Umfang nach bestimmbaren Leistungsbestimmungsrechts, die als Vertragsänderung nur dann zu keiner Ausschreibungspflicht führt, wenn sie die Grenzen des Vorabvereinbarten wahrt. Der Umstand, dass der Wert der Aufstockung der Vertragsleistungen den Schwellenwert im Hinblick auf die unbefristete Vertragslaufzeit deutlich übersteigt, indiziere die Wesentlichkeit der Vertragsänderung, zumal dieses Ergebnis auch der neuen EU-Vergaberichtlinie 2014/24/EU entspreche, die in Art. 72 Abs. 2 Satz 1 (i) eine Vertragsänderung, deren Wert die maßgeblichen Schwellenwerte übersteigt, nicht von einer Ausschreibungspflicht freistellt.

[56] Eine europaweite Bekanntmachung der Überprüfungsklauseln oder Optionen ist nach dem Wortlaut nicht erforderlich.

triebs oder der Instandhaltung auftreten, erforderlich werden. Schließlich sollen Aufträge beispielsweise sowohl laufende Wartungsmaßnahmen beinhalten als auch außerordentliche Instandhaltungsarbeiten vorsehen können, die erforderlich werden könnten, um die Kontinuität einer öffentlichen Dienstleistung zu gewährleisten.

22   Überprüfungsklauseln sind alle vertraglichen Regelungen, die nach Vertragsabschluss eine Änderung der Vertragsbedingungen ermöglichen.[57] Überprüfungsklauseln eröffnen in einem ersten Schritt nur die Prüfung, ob eine Änderung des Auftrags angezeigt ist, eine Vertragsänderung muss nicht zwingend erfolgen. Optionen berechtigen hingegen den öffentlichen Auftraggeber einseitig unter den vertraglich festgelegten Voraussetzungen die im Vorhinein festgelegte Änderung des Vertrages zu verlangen.[58] Überprüfungsklauseln und Optionen können sich auf alle Auftragselemente beziehen, wie Laufzeit, Auftragsgegenstand, Leistungsmodalitäten und den Preis.[59]

23   Streitig ist, ob Leistungsänderungsrechte gemäß § 1 Abs. 3 und Abs. 4 S. 1 und S. 2 VOB/B den Anforderungen des § 22 EU Abs. 2 S. 1 Nr. 1 VOB/A genügen. *Eschenbruch* hält bauvertragliche Leistungsänderungsrechte grundsätzlich für zulässig, weil diese im Ursprungsvertrag angelegt seien und deren Ausübung die Wettbewerbslage nicht verändere. Es sei auch unerheblich, ob sich die Änderung auf eine Leistungsänderung oder zusätzliche Leistung bezieht.[60] *Stolz* hingegen hält aufgrund des abstrakten Charakters der bauvertraglichen Anordnungsrechte und aufgrund eines Umkehrschlusses zur Regelung von Auftragsänderungen unterhalb der Schwellenwerte im 1. Abschnitt der VOB/A § 1 Abs. 3 und 4 VOB/B den Anforderungen des § 22 EU Abs. 2 S. 1 Nr. 1 VOB/A nicht genügend.[61] Unbedenklich sind hingegen Mengenabweichungen im Einheitspreisvertrag gemäß § 2 Abs. 3 VOB/B[62] und optionale stufen-/abschnittsweise Beauftragungen in Planerverträgen.[63] Vertragsanpassungen aufgrund einer Störung der Geschäftsgrundlage gemäß § 313 BGB werden von § 22 EU Abs. 2 S. 1 Nr. 1 VOB/A nicht erfasst.[64] Die Voraussetzungen einer zulässigen Änderung gemäß § 22 EU Abs. 1 VOB/A sind dann zu prüfen. Überprüfungsklauseln und Optionen bleiben bis zur Grenze der bewussten Gesetzesumgehung auch dann wirksam, wenn der Altvertrag nicht ordnungsgemäß ausgeschrieben wurde.[65]

24   Die Möglichkeit einer Änderung des Auftrags auf Grundlage von klar definierten Anpassungsklauseln und Optionen war bereits nach der alten Rechtslage möglich.[66] Die klar, genau und eindeutig formulierten Überprüfungsklauseln oder Optionen müssen Angaben zu Art, Umfang und Voraussetzungen möglicher Auftragsänderungen enthalten und dürfen nicht zu einer Änderung des Gesamtcharakters des Auftrags führen. Anders als bei § 22 EU Abs. 2 S. 1 Nr. 2 und 3 VOB/A ist es unerheblich, ob sich der ursprüngliche Auftragswert um mehr als 50% ändert.[67] Änderungen des ursprünglichen Auftragswerts um mehr als 50% verpflichten jedoch den öffentlichen Auftraggeber zur Prüfung, ob eine solche Änderung den Gesamtcharakter des Auftrags noch unberührt lässt.[68] Die Prüfung der Verände-

---

[57] *Eschenbruch* in KKPP, GWB, 4. Aufl., § 132 Rn. 82.

[58] *Ziekow* VergabeR 2016, 278, 284.

[59] Vgl. *Stolz* in Ingenstau/Korbion, VOB, 20. Aufl., § 22 EU VOB/A Rn. 24; *Ziekow* VergabeR 2016, 278, 284.

[60] *Eschenbruch* in KKPP, GWB, 4. Aufl., § 132 Rn. 89.

[61] *Stolz* in Ingenstau/Korbion, VOB, 20. Aufl., § 22 EU VOB/A Rn. 27; zur Rechtslage vor dem Vergaberechtsmodernisierungsgesetz vgl. § 132 GWB Rn. 23.

[62] *Stolz* in Ingenstau/Korbion, VOB, 20. Aufl., § 22 EU VOB/A Rn. 28.

[63] *Eschenbruch* in KKPP, GWB, 4. Aufl., § 132 Rn. 90.

[64] *Eschenbruch* in KKPP, GWB, 4. Aufl., § 132 Rn. 92.

[65] *Eschenbruch* in KKPP, GWB, 4. Aufl., § 132 Rn. 100 unter Verweis auf OLG Schleswig, Beschl. v. 4.11.2014, 1 Verg 1/14.

[66] EuGH, Urt. vom 19.6.2008 – C-454/06 „*Pressetext*" NZBau 2008, 518 = VergabeR 2008, 758 Rn. 34 unter Verweis auf das Urt. v. 5.10.2000 – C-337/98 „*Kommission/Frankreich*" Slg. 2000, I-8377, Rn. 44 und 46 NZBau 2001, 272; vgl. oben Rn. 19.

[67] Vgl. Begründung BT-Drucks. 18/6281 v. 8.10.2015 S. 147.

[68] Vgl. *Eschenbruch* in KKPP, GWB, 4. Aufl., § 132 Rn. 99; *Stolz* in Ingenstau/Korbion, VOB, 20. Aufl., § 22 EU VOB/A Rn. 30.

rung des Gesamtcharakters des Auftrages ist nicht identisch mit der des Vorliegens einer wesentlichen Vertragsänderung.[69] Im Rahmen der notwendigen Prüfung des Einzelfalles wird jedenfalls die Veränderung der Hauptleistungspflichten des Vertrages zu einer Veränderung des Gesamtcharakters führen.[70] *Stolz* verlangt entsprechend der Grenzen der Verhandlungsmöglichkeiten in einem Verhandlungsverfahren, dass auch nach der Ausübung der Option die Identität des Auftragsgegenstandes gewahrt ist.[71]

2. Zusätzliche Liefer-, Bau- oder Dienstleistungen (§ 22 EU Abs. 2 S. 1 Nr. 2)

§ 22 EU Abs. 2 S. 1 Nr. 2 VOB/A setzt Art. 72 Abs. 1b) RL 2014/24/EU in nationales **25** Recht um. Eine Änderung eines öffentlichen Auftrags ohne Durchführung eines neuen Vergabeverfahrens ist zulässig, wenn zusätzliche Liefer-, Bau- oder Dienstleistungen erforderlich geworden sind, die nicht in den ursprünglichen Vergabeunterlagen vorgesehen waren, und ein Wechsel des Auftragnehmers

– aus wirtschaftlichen oder technischen Gründen nicht erfolgen kann und
– mit erheblichen Schwierigkeiten oder beträchtlichen Zusatzkosten für den öffentlichen Auftraggeber verbunden wäre.

In der Literatur[72] wird die kumulative Verknüpfung des Tatbestandes einer objektiven **26** Unmöglichkeit in § 22 EU Abs. 2 S. 1 Nr. 2a) VOB/A mit dem Tatbestand subjektiver Unzumutbarkeit in § 22 EU Abs. 2 S. 1 Nr. 2b) VOB/A als sinnwidrig kritisiert. § 22 EU Abs. 2 S. 1 Nr. 2 VOB/A soll zwei selbstständige Alternativen beinhalten, was sich auch aus der 50%-Klausel in § 22 EU Abs. 2 S. 2 VOB/A ergäbe.[73] Die Gesetzesbegründung verweist zur Erläuterung – ohne ausdrücklichen Bezug – auf Erwägungsgrund 108 RL 2014/24/EU. Danach kann eine Änderung des ursprünglichen Auftrags ohne neues Vergabeverfahren gerechtfertigt sein, wenn die zusätzlichen Lieferungen entweder als Teilersatz oder zur Erweiterung bestehender Dienstleistungen, Lieferungen oder Einrichtungen bestimmt sind und ein Wechsel des Lieferanten dazu führen würde, dass der öffentliche Auftraggeber Material, Bau- oder Dienstleistungen mit unterschiedlichen technischen Merkmalen erwerben müsste und dies eine Unvereinbarkeit oder unverhältnismäßige technische Schwierigkeiten bei Gebrauch und Instandhaltung mit sich bringen würde. Verneint man die Anwendbarkeit des § 22 EU Abs. 2 S. 1 Nr. 1 VOB/A auf vertragliche Leistungsänderungsrechte gemäß § 1 Abs. 3 und Abs. 4 VOB/B, so kann sich eine zulässige Auftragsänderung unter den Voraussetzungen des § 22 EU Abs. 2 S. 1 Nr. 2 VOB/A ergeben.[74] Als mögliche wirtschaftliche oder technische Gründe werden technische Schnittstellen, Gewährleistungsschnittstellen und ein mit der Beauftragung mehrerer Unternehmen verbundener erhöhter Koordinierungs- und Abwicklungsaufwand genannt.[75] Können notwendige zusätzliche Leistungen aufgrund des niedrigen Preisgefüges des ursprünglichen Angebots des Auftragnehmers bei diesem wesentlich günstiger bezogen werden, als dies im Rahmen einer Neuausschreibung zu erwarten ist – was anhand der Ergebnisse vergleichbarer Aus-

---

[69] Vgl. *Rosenkötter/Fritz* VergabeR 2014, 290, 293; *Ziekow,* VergabeR 2014, 278, 285.

[70] Vgl. *Stolz* in Ingenstau/Korbion, VOB, 20. Aufl., § 22 EU VOB/A Rn. 31 unter Verweis auf Erwägungsgrund 109 RL 2014/24/EU.

[71] *Stolz* in Ingenstau/Korbion, VOB, 20. Aufl., § 22 EU VOB/A Rn. 32.

[72] *Summa* NZBau 2015, 329 und VBR 2016, 1 f.; ebenso *Stolz* in Ingenstau/Korbion, VOB, 20. Aufl., § 22 EU VOB/A Rn. 33; *Eschenbruch* in KKPP, GWB, 4. Aufl., § 132 Rn. 106 hilft den Auslegungsschwierigkeiten mit einer „weiten" Auslegung des Begriffs „nicht erfolgen kann" ab. Danach reicht eine objektive Unzweckmäßigkeit in technischer und wirtschaftlicher Hinsicht aus.

[73] *Summa* NZBau 2015, 329 und VPR 2016, 1 f.; objektiv unmögliches sei unabhängig vom Wert nicht machbar, daran könne auch der Gesetzgeber nichts ändern. Aus dem in Erwägungsgrund 108 RL 2014/24/EU aufgeführten Beispiels ergäbe sich was tatsächlich gewollt gewesen sei: Der Auftraggeber soll nicht zur Durchführung eines Vergabeverfahrens verpflichtet sein, wenn ein Wechsel des Vertragspartners Unvereinbarkeit mit dem Vorhandenen oder unverhältnismäßige technische Schwierigkeiten mit sich brächte.

[74] Vgl. *Stolz* in Ingenstau/Korbion, VOB, 20. Aufl., § 22 EU VOB/A Rn. 33.

[75] *Stolz* in Ingenstau/Korbion, VOB, 20. Aufl., § 22 EU VOB/A Rn. 34; *Ziekow* VergabeR 2016, 278, 286.

schreibungen zu belegen wäre – kann dies einen Fall beträchtlicher Zusatzkosten darstellen.[76] Streitig ist, ob die Erforderlichkeit der zusätzlichen Leistungen nach Abschluss des ursprünglichen Vertrages entstanden sein muss[77] oder ob auch zusätzliche Leistungen, die von vornherein erforderlich gewesen wären, die aber in den ursprünglichen Vertragsunterlagen vergessen wurden, von der Vorschrift erfasst werden.[78]

27   Durch zusätzliche Liefer-, Bau- oder Dienstleistungen darf sich der Preis gemäß § 22 EU Abs. 2 S. 2 VOB/A um nicht mehr als 50% des Wertes des ursprünglichen Auftrags erhöhen. Als Wert des ursprünglichen Auftrags soll stets auf den Gesamtauftragswert einschließlich sämtlicher bis dahin bereits erfolgter Auftragserweiterungen abgestellt werden können.[79]

28   Zulässige Vertragsänderungen gemäß § 22 EU Abs. 2 S. 1 Nr. 2 VOB/A sind gemäß § 22 EU Abs. 5 VOB/A anhand des Bekanntmachungsformulars nach Anhang XVII der Durchführungsverordnung 2015/1986/EU im Amtsblatt der Europäischen Union bekannt zu machen.

3. Unvorhersehbare Änderungen (§ 22 EU Abs. 2 S. 1 Nr. 3)

29   § 22 EU Abs. 2 S. 1 Nr. 3 VOB/A dient der Umsetzung von Art. 72 Abs. 1c) RL 2014/24/EU. Die Änderung eines öffentlichen Auftrags ist ohne Durchführung eines neuen Vergabeverfahrens zulässig, wenn die Änderung aufgrund von Umständen erforderlich geworden ist, die der öffentliche Auftraggeber im Rahmen seiner Sorgfaltspflicht nicht vorhersehen konnte und sich aufgrund der Änderung der Gesamtcharakter des Auftrags nichts verändert. In der Rechtsprechung des EuGH hat dieser Ausnahmetatbestand bisher keinen Niederschlag gefunden.

30   Die Gesetzesbegründung[80] nimmt inhaltlich ohne ausdrücklichen Hinweis auf Erwägungsgrund 109 RL 2014/24/EU Bezug. Erwägungsgrund 109 stellt klar, dass sich öffentliche Auftraggeber mit externen Umständen konfrontiert sehen können, die sie zum Zeitpunkt der Zuschlagserteilung nicht absehen konnten, insbesondere wenn sich die Ausführung des Auftrags über einen längeren Zeitraum erstreckt. In diesem Fall ist ein gewisses Maß an Flexibilität erforderlich, um den Auftrag an diese Gegebenheiten anzupassen, ohne ein neues Vergabeverfahren einleiten zu müssen.

31   „Unvorhersehbare Umstände" sind Umstände, die auch bei einer nach vernünftigem Ermessen sorgfältigen Vorbereitung der ursprünglichen Zuschlagserteilung durch den öffentlichen Auftraggeber unter Berücksichtigung der zur Verfügung stehenden Mittel, der Art und Merkmale des spezifischen Projekts, der bewährten Praxis im betreffenden Bereich und der Notwendigkeit, ein angemessenes Verhältnis zwischen den bei der Vorbereitung der Zuschlagserteilung eingesetzten Ressourcen und dem absehbaren Nutzen zu gewährleisten, nicht hätten vorausgesagt werden können.[81] Die Dringlichkeit der Auftragsänderung ist keine Voraussetzung.[82]

32   Der Gesamtcharakter des Auftrags darf sich nicht verändern. Dies ist beispielsweise bei der Ersetzung zu beschaffender Liefer-, Bau- oder Dienstleistungen durch andersartige Leistungen der Fall oder indem sich die Art der Beschaffung grundlegend ändert. In einer derartigen Situation kann ein hypothetischer Einfluss auf das Ergebnis unterstellt werden.[83]

---

[76] Vgl. *Stolz* in Ingenstau/Korbion, VOB, 20. Aufl., § 22 EU VOB/A Rn. 34.

[77] So *Stolz* in Ingenstau/Korbion, VOB, 20. Aufl., § 22 EU VOB/A Rn. 35 unter Verweis auf den übereinstimmenden Wortlaut von Art. 72 Abs. 1b) RL 2014/24/EU und § 22 EU Abs. 2 S. 1 Nr. 2 VOB/A („erforderlich geworden sind") und auf die Wertung der nachfolgenden Regelung in § 22 EU Abs. 2 S. 1 Nr. 3 VOB/A.

[78] So *Ziekow* VergabeR 2016, 278, 286.

[79] Vgl. *Müller* VergabeR 2015, 652, 659; *Stolz* in: Ingenstau/Korbion, VOB, 20. Aufl., § 22 EU VOB/A Rn. 36.

[80] Begründung BT-Drucks. 18/6281 v. 8.10.2015 S. 148.

[81] So auch Begründung BT-Drucks. 18/6281 v. 8.10.2015 S. 148.

[82] *Stolz* in Ingenstau/Korbion, VOB, 20. Aufl., § 22 EU VOB/A Rn. 40; *Ziekow* VergabeR 2016, 278, 287.

[83] Erwägungsgrund 109 RL 2014/24/EU.

Wie bei dem Ausnahmetatbestand des § 22 EU Abs. 2 S. 1 Nr. 2 VOB/A gilt auch in **33** den Fällen von unvorhersehbaren Änderungen gemäß § 22 EU Abs. 2 S. 2 VOB/A eine pauschale Obergrenze. Der Wert der Änderung darf nicht mehr als 50% des ursprünglichen Auftragswerts betragen.

Bei mehreren aufeinanderfolgenden Änderungen des Auftrags gilt die pauschale Ober- **34** grenze von 50% für den Wert jeder einzelnen Änderung, sofern die Änderungen nicht mit dem Ziel vorgenommen werden, die Vorschriften des 4. Teils des GWB zu umgehen (§ 22 EU Abs. 2 S. 3 VOB/A).

4. Auftragnehmerwechsel (§ 22 EU Abs. 2 S. 1 Nr. 4)

§ 22 EU Abs. 2 S. 1 Nr. 4 VOB/A setzt Art. 72 Abs. 1d) RL 2014/24/EU in nationales **35** Recht um.

§ 22 EU Abs. 2 S. 1 Nr. 4 VOB/A regelt drei Varianten. Liegen die Voraussetzungen der **36** Varianten vor, ist ein Auftragnehmerwechsel ohne neues Vergabeverfahren zulässig.

Ein neuer Auftragnehmer darf den bisherigen Auftragnehmer ohne neues Vergabe- **37** verfahren ersetzen, soweit dies aufgrund einer Überprüfungsklausel im Sinne von § 22 EU Abs. 2 S. 1 Nr. 1 VOB/A vorgesehen ist (§ 22 EU Abs. 2 S. 1 Nr. 4a) VOB/A). Der Austausch des bisherigen Auftragnehmers aufgrund einer Option ist ebenfalls möglich.[84]

Vor dem Erlass des Vergaberechtsmodernisierungsgesetzes waren nach der Entscheidung **38** des EuGH in der Rechtssache „Wall" die Grenzen einer „weitblickenden Vertragsgestaltung" unbestimmt.[85] Durch § 22 EU Abs. 2 S. 1 Nr. 4a) VOB/A ist nunmehr klargestellt, dass ein Auftragnehmerwechsel aufgrund einer klaren, genau und eindeutig formulierten Überprüfungsklausel, die Angaben zu Art, Umfang und Voraussetzungen des Auftragnehmerwechsels enthält, zulässig ist. Erst recht wird dies für ein Wechsel des Nachunternehmers zu gelten haben.

Erfolgt ein Auftragnehmerwechsel aufgrund einer Unternehmensumstrukturierung, ist **39** ein neues Vergabeverfahren gemäß § 22 EU Abs. 2 S. 1 Nr. 4b) VOB/A nicht erforderlich. Ein Wechsel des Auftragnehmers auf ein anderes Unternehmen, das die ursprünglich festgelegten Anforderungen an die Eignung erfüllt, ist im Zuge einer Unternehmensumstrukturierung, wie zB durch Übernahme, Zusammenschluss, Erwerb oder Insolvenz, ganz oder teilweise zulässig, sofern dies keine weiteren wesentlichen Änderungen gemäß § 22 EU Abs. 1 VOB/A zur Folge hat.

In der Rechtssache „Pressetext"[86] hat der EuGH entschieden, dass die Übertragung des **40** Auftrags auf eine 100%-ige Tochtergesellschaft, der gegenüber ein Weisungsrecht des ursprünglichen Auftragnehmers besteht und zwischen beiden ein Gewinn- und Verlustabführungsvertrag abgeschlossen wurde, als zulässige interne Neuorganisation anzusehen ist.[87] Umstrukturierungen des Konzerns, dem der Auftragnehmer angehört, sind ebenfalls erfasst.[88] Das Ausscheiden oder Hinzukommen eines Gesellschafters einer Gesellschaft bürgerlichen Rechts ist eine Unternehmensumstrukturierung. Anders als bei einer GmbH oder Aktiengesellschaft handelt es sich nicht um eine grundsätzlich unbeachtliche Änderung im Gesellschafterbestand.[89] Ob die Veränderung des Gesellschafterbestandes einer Gesellschaft bürgerlichen Rechts zu einer Neuausschreibungspflicht führt, hängt gemäß § 22 EU Abs. 2 S. 1 Nr. 4b) VOB/A davon ab, ob die GbR nach der Veränderung des Gesellschafterbestandes die vom Auftraggeber festgelegten Anforderungen an die Eignung

---

[84] *Ziekow* VergabeR 2016, 278, 288 spricht von einem Redaktionsversehen.

[85] Vgl. oben Rn. 21 f.

[86] EuGH, Urt. vom 19.6.2008 – C-454/06 „Pressetext" NZBau 2008, 518 = VergabeR 2008, 758 Rn. 43–45.

[87] Vgl. oben Rn. 27.

[88] *Stolz* in Ingenstau/Korbion, VOB, 20. Aufl., § 22 EU VOB/A Rn. 44; *Ziekow* VergabeR 2016, 278, 289.

[89] *Stolz* in Ingenstau/Korbion, VOB, 20. Aufl., § 22 EU VOB/A Rn. 45.

erfüllt. Ist dies der Fall, kann der Vertrag mit den neuen Gesellschaftern und sogar mit dem einzig verbliebenen Mitglied der ursprünglichen Bietergemeinschaft fortgesetzt werden.[90]

41   In Abgrenzung zu internen strukturellen Veränderungen stellt Erwägungsgrund 110 RL 2014/24/EU klar, dass im Falle der Beendigung eines Auftrags aufgrund von Mängeln bei der Ausführung durch Kündigung der Auftragnehmer im Einklang mit den Grundsätzen der Gleichbehandlung und Transparenz nicht durch einen anderen Wirtschaftsteilnehmer ersetzt werden darf, ohne dass der Auftrag erneut ausgeschrieben wird.[91] Ebenso ist eine Verschiebung des Auftrags innerhalb unterschiedlicher Konzerngesellschaften nur noch während des Zeitraums der Auftragsausführung zulässig. Dies gilt auch dann, wenn der Auftragnehmer die betreffende Konzerngesellschaft im Wege der Eignungsleihe in sein Angebot eingebunden hatte.[92]

42   Alle Unternehmensumstrukturierungen setzen eine Eignungsprüfung des Auftraggebers anhand der ursprünglich geforderten Mindestanforderungen und Eignungsnachweise durchzuführen. Ausschlussgründe nach § 6e EU VOB/A sind zu prüfen. Eine Eignungsleihe nach § 6d EU VOB/A bleibt zulässig.[93] Weiterhin darf die Unternehmensumstrukturierung nicht zu einer wesentlichen Änderung gemäß § 22 EU Abs. 1 VOB/A führen. Eine Überprüfung der Unternehmensstrukturierung am Maßstab des § 22 EU Abs. 1 VOB/A ist zwar nicht erforderlich, schädlich sind lediglich inhaltliche Auftragsänderungen, die „bei Gelegenheit" des Auftragnehmerwechsels vorgenommen werden.[94]

43   Schließlich ist ein Auftragnehmerwechsel ohne neues Vergabeverfahren aufgrund der Tatsache zulässig, dass der öffentliche Auftraggeber selbst die Verpflichtungen des Hauptauftragnehmers gegenüber seinen Unterauftragnehmern übernimmt (§ 22 EU Abs. 2 S. 1 Nr. 4c) VOB/A). Der Ausnahmetatbestand setzt Art. 72 Abs. 1d) iii) in Verbindung mit Art. 71 Abs. 3 RL 2014/24/EU in nationales Recht um.

44   Eine Direktzahlung des Auftraggebers an Gläubiger des Auftragnehmers ist im nationalen Recht in § 16 Abs. 6 VOB/B 2016[95] geregelt. *Stolz* geht aufgrund einer europarechtskonformen Auslegung davon aus, dass ein Austausch des Auftragnehmers durch einen Nachunternehmer nicht gemäß § 22 EU Abs. 2 S. 1 Nr. 4c) VOB/A von einer neuen Ausschreibungspflicht befreit ist. Dies dürfte nur bei einer „Eintrittsklausel" im Sinne § 22 EU Abs. 2 S. 1 Nr. 4a) VOB/A der Fall sein.[96]

5. Wertgrenze bei zusätzlichen Leistungen und unvorhersehbaren Änderungen (§ 22 EU Abs. 2 S. 2 und 3)

45   § 22 EU Abs. 2 S. 2 VOB/A sieht für zusätzliche Liefer-, Bau- oder Dienstleistungen gemäß § 22 EU Abs. 2 S. 1 Nr. 2 VOB/A und für unvorhersehbare Änderungen gemäß § 22 EU Abs. 2 S. 1 Nr. 3 VOB/A eine pauschale Wertobergrenze vor. In diesen Fällen darf der Preis nicht mehr als 50 % des Wertes des ursprünglichen Auftrags erhöht werden.

46   Bei mehreren aufeinanderfolgenden Änderungen des Auftrags gilt diese Beschränkung für den Wert jeder einzelnen Änderung, sofern die Änderungen nicht mit dem Ziel vorgenommen werden, die Vorschriften dieses Teils zu umgehen. Die Missbrauchsgefahr liegt auf der Hand. Im Interesse der Transparenz sieht der Gesetzgeber in § 22 EU Abs. 5

---

[90] EuGH, Urt. v. 24.5.2016 – C-396/14; *Stolz* in Ingenstau/Korbion, VOB, 20. Aufl., § 22 VOB/A Rn. 45.

[91] Eine Vergabe im Verhandlungsverfahren ohne Teilnahmewettbewerb gemäß § 3a EU Abs. 3 Nr. 4 VOB/A aufgrund Dringlichkeit kommt dann in Betracht.

[92] *Ziekow* VergabeR 2016, 278, 290; *Stolz* in Ingenstau/Korbion, VOB, 20. Aufl., § 22 VOB/A Rn. 44.

[93] *Stolz* in Ingenstau/Korbion, VOB, 20. Aufl., § 22 EU VOB/A Rn. 48.

[94] *Ziekow* VergabeR 2016, 278, 290; *Stolz* in Ingenstau/Korbion, VOB, 20. Aufl., § 22 VOB/A Rn. 49.

[95] BAnz AT 19.1.2016 S. 71.

[96] *Stolz* in Ingenstau/Korbion, VOB, 20. Aufl., § 22 EU VOB/A Rn. 50; a.A.: *Eschenbruch* in KKPP, GWB, 4. Aufl., § 132 Rn. 121 f.

VOB/A vor, dass Änderungen nach Abs. 2 S. 1 Nr. 2 und 3 im Amtsblatt der Europäischen Union bekannt zu machen sind.

6. Bekanntmachungspflicht von Änderungen (§ 22 EU Abs. 5)

Der allgemeine Grundsatz der ex-post-Transparenz gebietet die Bekanntmachung der **47** weitreichend zulässigen Auftragsänderungen auf Grundlage zusätzlicher Liefer-, Bau- oder Dienstleistungen (§ 22 EU Abs. 2 S. 1 Nr. 2 VOB/A) und von unvorhersehbaren Änderungen (§ 22 EU Abs. 2 S. 1 Nr. 3 VOB/A) im Amtsblatt der Europäischen Union.

§ 39 Abs. 5 VgV[97] sieht eine Bekanntmachung von Auftragsänderungen gemäß § 22 EU **48** Abs. 2 S. 1 Nr. 2 und 3 VOB/A unter Verwendung des Musters gemäß Anhang XVII der Durchführungsverordnung (EU) 2015/1986 vor.

III. Auftragsänderungen ohne neues Vergabeverfahren bei Einhaltung von Wertgrenzen (§ 22 EU Abs. 3)

§ 22 EU Abs. 3 VOB/A setzt Vorgaben des Uniongesetzgebers aus Art. 72 Abs. 2 RL **49** 2014/24/EU in nationales Recht um.

§ 22 EU Abs. 3 VOB/A führt eine „de-minimis-Grenze" für Auftragsänderungen wäh- **50** rend der Vertragslaufzeit ein, wonach geringfügige Änderungen des Auftragswerts bis zu einer bestimmten Höhe grundsätzlich zulässig sind, ohne dass ein neues Vergabeverfahren durchgeführt werden muss.[98]

1. Liefer- und Dienstleistungsaufträge (§ 22 EU Abs. 3 S. 1 Nr. 2)

Die „de-minimis-Grenze" für Auftragsänderungen kann nur fruchtbar gemacht werden, **51** soweit drei Voraussetzungen kumulativ vorliegen:
– Die Änderung eines öffentlichen Auftrags darf den Gesamtcharakter des Auftrags nicht ändern und
– die Änderung darf den Schwellenwert nach § 106 Abs. 2 Nr. 1 GWB für Liefer- und Dienstleistungsaufträge nicht übersteigen (§ 22 EU Abs. 3 S. 1 Nr. 1 VOB/A) und
– die Änderung darf bei Liefer- und Dienstleistungsaufträgen nicht mehr als 10% des ursprünglichen Auftragswerts betragen (§ 22 EU Abs. 3 S. 1 Nr. 2 VOB/A).

Ändert sich der Gesamtcharakter des Auftrags und/oder werden die Wertgrenzen über- **52** stiegen, ist eine Änderung ohne erneutes Vergabeverfahren nur zulässig, wenn die übrigen Voraussetzungen des § 22 EU VOB/A erfüllt sind.[99]

2. Bauaufträge (§ 22 EU Abs. 3 S. 1 Nr. 2)

Bei Bauaufträgen gelten die drei notwendigerweise kumulativ vorliegenden Vorausset- **53** zungen für zulässige Änderungen eines öffentlichen Auftrags ohne Durchführung eines neuen Vergabeverfahrens, entsprechend. Lediglich ist in § 22 EU Abs. 3 S. 1 Nr. 2 VOB/A eine Wertgrenze von 15% des ursprünglichen Auftragswerts vorgesehen. Fraglich ist, ob die „de-minimis-Grenze" auch dann fruchtbar gemacht werden kann, wenn der Wert der Änderung selbst den Schwellenwert nach § 106 GWB nicht erreicht, der Schwellenwert für Bauaufträge in Folge der Änderung jedoch erstmalig überschritten wird.[100] Im Rahmen der Wertgrenze ist nur der Wert der Änderung als solche und nicht die Summe des ursprünglichen Auftragswertes und dessen Erhöhung durch die Änderung heranzuziehen.[101]

---

[97] Art. 1 der Vergaberechtsmodernisierungsverordnung, BGBl. I, 2016 S. 624 ff.
[98] Begründung BT-Drucks. 18/6281 v. 8.10.2015 S. 148.
[99] Begründung BT-Drucks. 18/6281 v. 8.10.2015 S. 148.
[100] So *Stolz* in Ingenstau/Korbion, VOB, 20. Aufl., § 22 EU VOB/A Rn. 52.
[101] *Ziekow* VergabeR 2016, 278, 287; *Stolz* in Ingenstau/Korbion, VOB, 20. Aufl., § 22 EU VOB/A Rn. 53.

54   Ändert sich der Gesamtcharakter des Auftrags und/oder werden die Wertgrenzen gemäß § 22 EU Abs. 3 S. 1 Nr. 1 und 2 VOB/A überschritten, ist eine Änderung ohne erneutes Vergabeverfahren nur zulässig, wenn die übrigen Voraussetzungen des § 22 EU VOB/A erfüllt sind.

3. Erheblichkeit des Gesamtwerts der Änderungen (§ 22 EU Abs. 3 S. 2)

55   Bei mehreren aufeinanderfolgenden Änderungen ist der Gesamtwert der Änderungen maßgeblich. Anders als § 22 EU Abs. 2 S. 3 VOB/A sieht § 22 EU Abs. 3 S. 2 VOB/A eine Addition des Wertes der Änderungen vor. Streitig ist, ob aufeinanderfolgende Änderungen in einem „Konnex" stehen müssen bzw. einen inhaltlichen oder zeitlichen Zusammenhang aufweisen müssen.[102]

IV. Indexierungsklauseln (§ 22 Abs. 4)

56   § 22 EU Abs. 4 VOB/A dient der Umsetzung von Art. 72 Abs. 3 RL 2014/24/EU.[103] Enthält der Vertrag eine Indexierungsklausel, wird für die Wertberechnung gemäß § 22 EU Abs. 2 S. 2 und 3 sowie gemäß Abs. 3 VOB/A der höhere Preis als Referenzwert herangezogen. Art. 43 Abs. 3 RL 2014/23/EU sieht anders als Art. 72 Abs. 3 RL 2014/24/EU und Art. 89 Abs. 3 RL 2014/25/EU für den Fall des Fehlens einer Indexierungsklausel vor, dass der aktualisierte Wert unter Berücksichtigung der durchschnittlichen Inflationsrate im Mitgliedstaat des öffentlichen Auftraggebers oder des Auftraggebers berechnet wird. Der nationale Gesetzgeber hat diese Ausweitung zulässiger Vertragsänderungen[104] für Konzessionen nicht übernommen.

---

[102] So *Ziekow* VergabeR 2016, 278, 287 f.; a. A.: *Stolz* in Ingenstau/Korbion, VOB, 20. Aufl., § 22 EU VOB/A Rn. 54. unter Verweis auf den klaren Wortlaut.

[103] Begründung BT-Drucks. 18/6281 v. 8.10.2015 S. 148.

[104] In der Regel wird der indexierte Preis höher sein als der Ausgangspreis.

§ 23 Übergangsregelung

Zentrale Beschaffungsstellen können bis zum 18. April 2017, andere öffentliche Auftraggeber bis zum 18. Oktober 2018, abweichend von § 11 EU Absatz 4 die Übermittlung der Angebote, Teilnahmeanträge und Interessensbestätigungen auch auf dem Postweg, anderem geeigneten Weg, Telefax oder durch die Kombination dieser Mittel verlangen. Dasselbe gilt für sonstige Kommunikation im Sinne von § 11 EU Absatz 1, soweit sie nicht die Übermittlung von Bekanntmachungen und die Bereitstellung der Vergabeunterlagen betrifft.

Übersicht

	Rn.		Rn.
A. Einführung	1	III. Rechtliche Vorgaben im EU-Recht	3
I. Literatur	1	B. Kommentierung	4
II. Entstehungsgeschichte	2		

A. Einführung

I. Literatur

Vgl. die Literaturhinweise zu § 97 Abs. 5 GWB und § 81 VgV. **1**

II. Entstehungsgeschichte

§ 23 hat keine Vorgängerregelung im alten Recht. **2**

III. Rechtliche Vorgaben im EU-Recht

§ 23 beruht auf der Vorgabe für Übergangsfristen nach Art. 90 Abs. 2 der RL 2014/ **3** 24/EU.

B. Kommentierung

§ 23 regelt Übergangsfristen von der Wahlfreiheit des Mittels der Informationsübermitt- **4** lung im Rahmen des Vergabeverfahrens (vgl. so noch § 11 EG VOB/A 2012) bis zur verpflichtenden e-Vergabe gem. § 11 EU VOB/A iVm §§ 9 ff. VgV, § 97 Abs. 5 GWB.[1] Sie ist die inhaltsgleiche Parallelregelung zu § 81 VgV, § 64 SektVO und § 34 KonzVgV, sodass auf die Kommentierung zu § 81 VgV[2] verwiesen werden kann; zu den Hintergründen der Einführung der ausschließlichen e-Vergabe[3] und die Notwendigkeit einer Übergangsregelung[4] auch die Kommentierung zu § 97 Abs. 5 GWB.

---

[1] Bündig zur e-Vergabe *Burgi*, § 13 Rn. 31 ff.
[2] *Schneider* in Burgi/Dreher, VgV § 81; vgl. zu dem *Hilmann* in Juris-PK, VOB/A § 23 EU.
[3] → GWB § 97 Abs. 5 Rn. 3 ff.
[4] → GWB § 97 Abs. 5 Rn. 15 f.

Anhang EU TS Technische Spezifikationen

1. „Technische Spezifikation" hat eine der folgenden Bedeutungen:

   a) bei öffentlichen Bauaufträgen die Gesamtheit der insbesondere in den Vergabeunterlagen enthaltenen technischen Beschreibungen, in denen die erforderlichen Eigenschaften eines Werkstoffs, eines Produkts oder einer Lieferung definiert sind, damit dieser/diese den vom Auftraggeber beabsichtigten Zweck
   erfüllt; zu diesen Eigenschaften gehören Umwelt- und Klimaleistungsstufen,
   „Design für alle" (einschließlich des Zugangs von Menschen mit Behinderungen) und Konformitätsbewertung, Leistung, Vorgaben für Gebrauchstauglichkeit, Sicherheit oder Abmessungen, einschließlich der Qualitätssicherungsverfahren, der Terminologie, der Symbole, der Versuchs- und Prüfmethoden, der
   Verpackung, der Kennzeichnung und Beschriftung, der Gebrauchsanleitungen
   sowie der Produktionsprozesse und -methoden in jeder Phase des Lebenszyklus
   der Bauleistungen; außerdem gehören dazu auch die Vorschriften für die Planung und die Kostenrechnung, die Bedingungen für die Prüfung, Inspektion
   und Abnahme von Bauwerken, die Konstruktionsmethoden oder -verfahren
   und alle anderen technischen Anforderungen, die der Auftraggeber für fertige
   Bauwerke oder dazu notwendige Materialien oder Teile durch allgemeine und
   spezielle Vorschriften anzugeben in der Lage ist;

   b) bei öffentlichen Dienstleistungs- oder Lieferaufträgen eine Spezifikation, die in
   einem Schriftstück enthalten ist, das Merkmale für ein Produkt oder eine
   Dienstleistung vorschreibt, wie Qualitätsstufen, Umwelt- und Klimaleistungsstufen, „Design für alle" (einschließlich des Zugangs von Menschen mit Behinderungen) und Konformitätsbewertung, Leistung, Vorgaben für Gebrauchstauglichkeit, Sicherheit oder Abmessungen des Produkts, einschließlich der
   Vorschriften über Verkaufsbezeichnung, Terminologie, Symbole, Prüfungen
   und Prüfverfahren, Verpackung, Kennzeichnung und Beschriftung, Gebrauchsanleitungen, Produktionsprozesse und -methoden in jeder Phase des Lebenszyklus der Lieferung oder der Dienstleistung sowie über Konformitätsbewertungsverfahren;

2. „Norm" bezeichnet eine technische Spezifikation, die von einer anerkannten
   Normungsorganisation zur wiederholten oder ständigen Anwendung angenommen wurde, deren Einhaltung nicht zwingend ist und die unter eine der nachstehenden Kategorien fällt:

   a) internationale Norm: Norm, die von einer internationalen Normungsorganisation angenommen wurde und der Öffentlichkeit zugänglich ist;

   b) europäische Norm: Norm, die von einer europäischen Normungsorganisation
   angenommen wurde und der Öffentlichkeit zugänglich ist;

   c) nationale Norm: Norm, die von einer nationalen Normungsorganisation angenommen wurde und der Öffentlichkeit zugänglich ist;

3. „Europäische technische Bewertung" bezeichnet eine dokumentierte Bewertung
   der Leistung eines Bauprodukts in Bezug auf seine wesentlichen Merkmale im
   Einklang mit dem betreffenden Europäischen Bewertungsdokument gemäß der
   Begriffsbestimmung in Artikel 2 Nummer 12 der Verordnung (EU) Nr. 305/2011
   des Europäischen Parlaments und des Rates;

4. „gemeinsame technische Spezifikationen" sind technische Spezifikationen im
   IKT-Bereich, die gemäß den Artikeln 13 und 14 der Verordnung (EU) Nr. 1025/
   2012 festgelegt wurden;

5. „technische Bezugsgröße" bezeichnet jeden Bezugsrahmen, der keine europäische
   Norm ist und von den europäischen Normungsorganisationen nach den an die
   Bedürfnisse des Marktes angepassten Verfahren erarbeitet wurde.

Übersicht

	Rn.		Rn.
A. Einführung	1	D. Norm (Nr. 2)	8
I. Literatur	1	E. Europäische technische Bewertung (Nr. 3)	9
II. Entstehungsgeschichte	2	F. Gemeinsame technische Spezifikationen (Nr. 4)	10
III. Rechtliche Vorgaben im EU-Recht	3		
B. Systematische Bedeutung	5	G. Technische Bezugsgröße	11
C. Technische Spezifikation (Nr. 1)	6		

A. Einführung

I. Literatur

Kilian, Veränderungen zum anerkannten Stand der Technik bezogen auf die Betonherstellung, BauR 1993, **1** 664; *Reim/Kamphausen*, Nochmals: DIN-Normen, bauaufsichtsrechtliche Zulassungsbescheide, allgemein anerkannte Regeln der (Bau-) Technik und Haftungsrisiko, BauR 1987, 629; *Krohn*, Öffentliche Auftragsvergabe und Umweltschutz, 2003; *Goede*, Anmerkung zu OLG München, Beschl. v. 28.7.2008 – Verg 10/08, VergabeR 2008, 969; *Stolz*, Die Behandlung von Angeboten, die von den ausgeschriebenen Leistungspflichten abweichen, VergabeR 2008, 322; *Huerkamp*, Technische Spezifikationen und die Grenzen des § 97 Abs. 4 S. 2 GWB, NZBau 2009, 755; *Althaus/Heindl*, Der öffentliche Bauauftrag, 2. Aufl. 2013; *Dicks*, Nebenangebote – Erfordern Zulassung, Zulässigkeit, Mindestanforderungen und Gleichwertigkeit inzwischen einen Kompass?, VergabeR 2012, 318; *ders.*, Nebenangebote nach der Vergabemodernisierung 2016, VergabeR 2016, 309; *Ministerium für ländliche Entwicklung, Umwelt und Landwirtschaft des Landes Brandenburg (MLUL)* (Hrsg.), Steigerung der Ressourceneffizienz des Recyclings von mineralischen Bau- und Abbruchabfällen, 2017 (abrufbar unter https://www.sbb-mbh.de/fileadmin/media/publikationen/merkblaetter/brandenburg/leitfaden_selek-tiver_rueckbau.pdf, zuletzt abgerufen am 24.7.2017)

II. Entstehungsgeschichte

Der Anhang TS wurde mit der VOB/A Ausgabe 2016 neu gefasst und entspricht jetzt **2** wörtlich dem Anhang VII der Richtlinie 2014/24/EU. Dadurch ergeben sich redaktionelle Unterschiede gegenüber der Vorgängerbestimmung. Der DVA hat sich erfreulicherweise nicht an Anlage 1 der Vergabeverordnung orientiert, der die Richtlinienvorgaben missverständlich umsetzt (→ Anlage 1 VgV Rn. 8). Gegenüber dem Diskussionsentwurf vom 9.10.2015 ist die Vorschrift unverändert geblieben.

III. Rechtliche Vorgaben im EU-Recht

Die Aufnahme eines Anhangs mit einer Regelung dazu, was bei öffentlichen Bauauf- **3** trägen zur zulässigen Beschreibung zählt, geht auf die Baukoordinierungsrichtlinie 71/305/EWG zurück.[1] Dieser Anhang bezog sich ursprünglich nur auf technische Spezifikationen im heutigen Sinne (damals „Beschreibung technischer Merkmale" in Abgrenzung zu Prüf-, Kontroll- und Abnahmemethoden). Die Begriffsbestimmungen zu „Normen", „Europäische Normen", Europäische Zulassungen" wurden im Zuge der Umsetzung der Bauprodukterichtlinie 89/106/EWG[2] ergänzt.[3]

---

[1] Anhang II Richtlinie 71/305/EWG des Rates vom 26.7.1971 über die Koordinierung der Verfahren zur Vergabe öffentlicher Bauaufträge, ABl. EG Nr. I 185, 5 vom 16.8.1971. Ähnlich Art. 7 Abs. 1 iVm. Anhang II Richtlinie 77/62/EWG des Rates vom 21.12.1976 über die Koordinierung der Verfahren zur Vergabe öffentlicher Lieferaufträge, ABl. EG Nr. L 13, 1 v. 15.1.1977.

[2] Richtlinie 89/106/EWG des Rates vom 21.12.1988 zur Angleichung der Rechts- und Verwaltungsvorschriften der Mitgliedstaaten über Bauprodukte, ABl. Nr. L 40/12 v. 11.2.1989. Seit 1.7.2013 abgelöst durch Verordnung (EU) Nr. 305/2011 des Europäischen Parlaments und des Rates vom 9.3.2011 zur Festlegung harmonisierter Bedingungen für die Vermarktung von Bauprodukten und zur Aufhebung der Richtlinie 89/106/EWG, ABl. Nr. L 88/5 vom 4.4.2011.

[3] Anhang TS VOB/A 1992; seither im Wesentlichen inhaltsgleich.

4   „Technische Spezifikationen" ist der Grundbegriff. Die Vergaberichtlinien meinen damit
die geforderten Merkmale der Bauleistung (Art. 42 Abs. 1 UA 1 S. 2 AVR, Art. 60 Abs. 1
UA 1 S. 2 SVR), einschließlich technischer Beschreibungen, in denen die Eigenschaften
eines Werkstoffs, Produkts oder einer Lieferung definiert werden, damit dieser/diese den
vom Auftraggeber beabsichtigten Zweck erfüllt (Anhang VII Nr. 1 Buchst. a) AVR). Das
wird sodann anhand einzelner Merkmale, wie Qualitätsstufen, Umwelt- und Klimaleistungsstufen, „Design für Alle", Konformitätsbewertung, Prüfmethoden usw. beispielhaft
erläutert.[4] Diesem Konzept folgte schon der vorherige Anhang VI der Vorgängerrichtlinie 2004/18/EG. Die Richtlinie 2014/24/EU hat „Klimaleistungsstufen" als zulässige
Leistungsmerkmale ergänzt. Parallel zu Art. 42 Abs. 1 UA 2 AVR können Spezifikationen
zu Produktionsprozessen und -methoden ausdrücklich „in jeder Phase des Lebenszyklus
der Bauleistungen" gestellt werden, was allerdings schon vorher anerkannt war und nur
klarstellende Bedeutung hat (→ § 31 VgV Rn. 10).

B. Systematische Bedeutung

5   Der Anhang TS stellt die Definitionen für die zentralen Grundbegriffe „Technische
Spezifikation" in §§ 7a EU, 13 EU Abs. 2 VOB/A, sowie „internationale Norm", „europäische Norm" und „nationale Norm" in § 7a EU VOB/A bereit. Die Rangfolge der Beschreibungsarten ergibt sich nicht aus Anhang TS, sondern folgt aus § 7a EU Abs. 2
VOB/A.

C. Technische Spezifikation (Nr. 1)

6   Technische Spezifikationen sind bei öffentlichen Bauaufträgen als die Gesamtheit der
insbesondere in den Vergabeunterlagen enthaltenen technischen Beschreibungen, in denen
die Eigenschaften eines Materials, eines Erzeugnisses oder einer Lieferung definiert sind,
so dass der vom Auftraggeber festgelegte Verwendungszweck erreicht wird. Das ist trotz
abweichender Formulierung in der Sache keine inhaltliche Änderung gegenüber der bisherigen Definition, die darunter sämtliche „technischen Anforderungen ... an eine Bauleistung, das Material, das Erzeugnis oder die Lieferung" fasste (Anhang TS Nr. 1 VOB/A
2012).[5] Das ergibt sich aus Art. 42 Abs. 1 UA 1 S. 2 AVR, wonach in den technischen
Spezifikationen die „für die Bauleistungen ... geforderten Merkmale" beschrieben werden
und ist daher beim Anhang TS mitzulesen.

Auch die beispielhafte Aufzählung in Nr. 1 ist inhaltlich unverändert geblieben. Zu den
technischen Anforderungen zählen insbesondere:
– Umwelt- und Klimaleistungsstufen;
– „Design für alle" (einschließlich des Zugangs von Menschen mit Behinderungen);
– Konformitätsbewertung;
– Leistung (zB „drahtlose Kommunikation 2,45 GHz");[6]
– Vorgaben für Gebrauchstauglichkeit,
– Sicherheit oder Abmessungen, einschließlich der Qualitätssicherungsverfahren, der Ter-
  minologie, der Symbole, der Versuchs- und Prüfmethoden (sog. Prüfspezifikationen), der
  Verpackung, der Kennzeichnung und Beschriftung, der Gebrauchsanleitungen;
– Produktionsprozesse und -methoden in jeder Phase des Lebenszyklus der Bauleistungen;
– Vorschriften für die Planung und die Kostenrechnung, die Bedingungen für die Prüfung,
  Inspektion und Abnahme von Bauwerken;
– die Konstruktionsmethoden oder -verfahren.

---

[4] *Egger* Europäisches Vergaberecht Rn. 1067.
[5] Anhang VI Nr. 1 Buchst. a) Richtlinie 2004/18/EG.
[6] Vgl. OLG Düsseldorf 5.10.2016 – Verg 24/16, VergabeR 2017, 90 (92) – Siegelbaustein.

Im Anschluss an diesen Beispielkatalog wird, wie in den Vorgängerbestimmungen, im Wege einer Auffangbestimmung klargestellt, dass auch „alle anderen technischen Anforderungen" dazu zählen, die der Auftraggeber für fertige Bauwerke oder dazu notwendige Materialien oder Teile durch „allgemeine und spezielle Vorschriften" anzugeben in der Lage ist. Das ist eine Beschränkung, mit der verhindert werden soll, dass der Markt durch künstlich erfundene und an sich baufremde Sondervorgaben beschränkt wird. Nicht erforderlich ist, dass die Anforderungen das fertige Bauwerk in bautechnischer Hinsicht beeinflussen.[7]

Mit den Vorschriften über technische Spezifikationen strebt der Richtliniengeber die **7** Öffnung der nationalen Beschaffungsmärkte an. Es soll verhindert werden, dass die Auftraggeber durch technische Spezifikationen den Wettbewerb verengen (→ § 7a EU Rn. 9). In der Systematik der Vergaberichtlinien umschreiben die technischen Spezifikationen die Merkmale des Auftragsgegenstandes (Art. 42 Abs. 1 UA 1 S. 2 AVR, 60 Abs. 1 UA 1 S. 2 SVR). Das spricht dafür, den Begriff der „technischen Spezifikation" **weit zu verstehen**[8] und nicht auf Bauprodukte, Baustoffe und Bauarten oder Erzeugnisse und Lieferungen zu verengen.[9] Technische Spezifikation ist daher der Oberbegriff für sämtliche technische Anforderungen, die der Auftraggeber an die beschaffte Bauleistung stellt, einschließlich der vorgesehenen Prüf-, Kontroll- und Abnahmemethoden (sog. Prüfspezifikationen). In welcher Beschreibungsart sie ausformuliert sind, ob als Leistungs- und Funktionsanforderungen, unter Verweis auf Normen, Gütezeichen oder sonstige Regelwerke (zB RAS-Ew) oder als individuelle Festlegungen spielt richtigerweise keine Rolle. Eine technische Spezifikation muss insbesondere nicht notwendig eine Norm oder ein Standard sein.[10] Das ergibt sich an sich bereits daraus, dass eine technische Spezifikation auch die Eigenschaften eines Werkstoffs beschreiben kann (zB Einsatz von Recyclingmaterial)[11] und nach § 7a EU Abs. 2 Nr. 2 VOB/A als individuelle Leistungs- oder Funktionsanforderung gefasst werden kann. Damit eine technische Spezifikation den Charakter einer Norm erhält, müssen daher weitere Voraussetzungen erfüllt sein (→ Anlage 1 VgV Rn. 9, 17). Das kommt in der VOB nicht immer eindeutig zum Ausdruck (zB in Abschn. 0 Abs. 3 ATV DIN 18299). „Technische Spezifikation" kann daher im jeweiligen Regelungszusammenhang auch eine eingeschränkte Bedeutung haben.

D. Norm (Nr. 2)

Als „Norm" bezeichnet Anhang TS eine technische Spezifikation, die von einer aner- **8** kannten Normungsorganisation zur wiederholten oder ständigen Anwendung angenommen wurde, deren Einhaltung nicht zwingend vorgeschrieben ist. Das ist nicht mit einer „Regel der Technik" zu verwechseln (→ Anlage 1 VgV Rn. 19).[12] **Anerkannte Regeln der Technik** sind im Baubereich nach einer bekannten Definition u. a. des OLG Bamberg „diejenigen technischen Regeln für den Entwurf und die Ausführung baulicher Anlagen, die in der technischen Wissenschaft als theoretisch richtig erkannt sind und feststehen sowie insbesondere in den Kreisen der für die Anwendung der betreffenden Regeln maßgeblichen, nach dem neuesten Erkenntnisstand vorgebildeten Techniker durchweg bekannt und aufgrund fortdauernder praktischer Erfahrung als technisch geeignet, angemessen und notwendig anerkannt sind".[13] Sie müssen daher wissenschaftlich gesichert sein und sich in

---

[7] *Krohn* Öffentliche Auftragsvergabe und Umweltschutz 199.
[8] *Dicks* VergabeR 2012, 318 (330); *Stolz/Heindl* in Althaus/Heindl, 2. Aufl. 2013, Teil 2 Rn. 228.
[9] In diese Richtung aber *Herig* VOB, 5. Aufl. 2013, § 7 Rn. 26.
[10] Wie hier bereits *Stolz* VergabeR 2008, 322 (327/328, 332); *Stolz/Heindl* in Althaus/Heindl, 2. Aufl. 2013, Teil 2 Rn. 228 ff.; *Goede* VergabeR 2008, 969 (971); *Dicks* VergabeR 2012, 318 (330); *ders.* VergabeR 2016, 309 (310). Für Nachweise zur überwiegenden Gegenansicht → Anlage 1 VgV Rn. 9.
[11] MLUL (Hrsg.), Steigerung der Ressourceneffizienz des Recyclings von mineralischen Bau- und Abbruchabfällen 44.
[12] *Leinemann* in Leinemann, 6. Aufl. 2016, VOB/B § 4 Rn. 59.
[13] OLG Bamberg 20.11.1998 – 6 U 19/98, NJW-RR 1999, 962 (963).

der Praxis durchgesetzt haben.[14] Keine Normen iSd Nr. 2 sind ferner **Normentwürfe,** zB
sog. Gelbdrucke von DIN-Normen, sowie Werknormen und Industriestandards (→ Anlage 1 VgV Rn. 21).

E. Europäische technische Bewertung (Nr. 3)

9   Die Europäische Technische Bewertung wurde durch die Bauprodukte-Verordnung
(EU) Nr. 305/2011[15] eingeführt. Sie hat die frühere „Europäische technische Zulassung"
abgelöst (→ Anlage 1 VgV Rn. 29), die noch in der VOB Ausgabe 2012 enthalten war. Sie
bezieht sich auf bestimmte Produkte oder Materialien, nicht aber auf Bauleistungen als
solche.[16]

F. Gemeinsame technische Spezifikationen (Nr. 4)

10   Gemeinsame technische Spezifikation (GTS) sind nach heutigem Verständnis nur noch
technische ITK-Spezifikationen (→ Anlage 1 VgV Rn. 30).

G. Technische Bezugsgröße

11   Technische Bezugsgröße ist keine Norm sondern ein Bezugsrahmen, der von den europäischen Normungsorganisationen CEN, Cenelec bzw. ETSI in einem bestimmten Verfahren erarbeitet wurde. Sie ist einer internationalen Norm im Rang gleichgestellt.

---

[14] OLG Brandenburg 11.1.2000 – 11 U 197/98, BeckRS 2000 30089869; *Kilian* BauR 1993, 664 (666);
Reim/Kamphausen BauR 1987, 629; *Leinemann* (o. Fn. 12).

[15] Art. 2 Nr. 13 iVm Art. 26 Verordnung (EU) Nr. 305/2011 des Europäischen Parlaments und des Rates
vom 9.3.2011 zur Festlegung harmonisierter Bedingungen für die Vermarktung von Bauprodukten und zur
Aufhebung der Richtlinie 89/106/EWG, ABl. Nr. L 88/5 vom 4.4.2011.

[16] *Hertwig/Slawinski* in Beck VOB/A, § 7 Rn. 93.

5. Vergabeverordnung für die Bereiche Verteidigung und Sicherheit zur Umsetzung der Richtlinie 2009/81/EG des Europäischen Parlaments und des Rates vom 13. Juli 2009 über die Koordinierung der Verfahren zur Vergabe bestimmte Bau-, Liefer- und Dienstleistungsaufträge in den Bereichen Verteidigung und Sicherheit und zur Änderung der Richtlinien 2004/17/EG und 2004/18/EG (Vergabeverordnung Verteidigung und Sicherheit – VSVgV)

Vom 12. Juli 2012

(BGBl. I S. 1509)

Teil 1. Allgemeine Bestimmungen

§ 1 Anwendungsbereich

Diese Verordnung gilt für die Vergabe von verteidigungs- oder sicherheitsspezifischen öffentlichen Aufträgen im Sinne des § 104 Absatz 1 des Gesetzes gegen Wettbewerbsbeschränkungen, die dem Teil 4 des Gesetzes gegen Wettbewerbsbeschränkungen unterfallen und durch öffentliche Auftraggeber im Sinne des § 99 und Sektorenauftraggeber im Sinne des § 100 des Gesetzes gegen Wettbewerbsbeschränkungen vergeben werden.

Übersicht

	Rn.		Rn.
A. Einführung	1	B. Allgemeines	7
I. Literatur	1	I. Sachlicher Anwendungsbereich	8
II. Entstehungsgeschichte	2	II. Persönlicher Anwendungsbereich	9
III. Rechtliche Vorgaben im EU-Recht	6		

A. Einführung

I. Literatur

Byok, Reformierter Regelungsrahmen für Beschaffungen im Sicherheits- und Verteidigungssektor, NVwZ 2012, 70; *Eßig,* Beschaffungsstrategien der öffentlichen Hand in den Bereichen Verteidigung und Sicherheit am Beispiel der Bundeswehr, ZfBR 2016, 33; *Gabriel,* Defence Procurement: Auftragsvergaben im Bereich staatlicher Verteidigung und Sicherheit nach dem „Defence Package" der Europäischen Kommission, VergabeR 2009, 380; *Haak/Koch,* Geheimvergabe im Lichte der Vergaberechtsreform, NZBau 2016, 204; *Hertel/Schöning,* Der neue Rechtsrahmen für die Auftragsvergabe im Rüstungssektor, NZBau 2009, 684; *Höfler,* Beschaffung und Betrieb von Waffensystemen im Spannungsfeld von Vergabe- und Beihilfenrecht, NZBau 2015, 736; *Hölzl,* Neu: Der Konkurrent im Sicherheits- und Verteidigungsbereich – Zu den praktischen Auswirkungen des „Gesetzes zur Änderung des Vergaberechts für die Bereiche Verteidigung und Sicherheit", VergabeR 2012, 141; *Horstkotte/Hünemörder,* Vergabe von Aufträgen im Verteidigungs- und Sicherheitsbereich, LKV 2015, 541; *Otting,* Die Umsetzung der Richtlinie 2009/81/EG in das deutsche Recht: Systematik und erste praktische Erfahrungen, in: Prieß/Lau/Kratzenberg (Hrsg.), Wettbewerb – Transparenz **1**

– Gleichbehandlung, Festschrift für Fridhelm Marx, 2013, S. 527; *Prieß/Hölzl*, Ausnahmen bleiben die Ausnahme! Zu den Voraussetzungen der Rüstungs-, Sicherheits- und Geheimhaltungsausnahme sowie eines Verhandlungsverfahrens ohne Vergabebekanntmachung, NZBau 2008, 563; *Rosenkötter*, Die Verteidigungsrichtlinie 2009/81/EG und ihre Umsetzung, VergabeR 2012, 267; *Scherer-Leydecker*, Verteidigungs- und sicherheitsrelevante Aufträge – Eine neue Auftragskategorie im Vergaberecht, NZBau 2012, 533; *Voll*, Der novellierte Regelungsrahmen zur Vergabe verteidigungs- und sicherheitsrelevanter öffentlicher Aufträge, NVwZ 2013, 120; *Wagner/Bauer*, Grundzüge des zukünftigen Vergaberegimes in den Bereichen Verteidigung und Sicherheit, NZBau 2009, 856.

II. Entstehungsgeschichte

2   Mit der Vergabeverordnung für die Bereiche Verteidigung und Sicherheit (VSVgV) werden die Verfahrensvorschriften der Richtlinie 2009/81/EG des Europäischen Parlaments und des Rates über die Koordinierung der Verfahren bestimmter Bau-, Liefer- und Dienstleistungsaufträge in den Bereichen Verteidigung und Sicherheit und zur Änderung der Richtlinien 2004/17/EG und 2004/18/EG[1] umgesetzt. Die Richtlinie 2009/81/EG war gemäß Art. 72 der Richtlinie bis zum 21. August 2011 in nationales Recht umzusetzen. Die VSVgV ist am 19. Juli 2012 in Kraft getreten.[2]

3   Sie hat die Zielsetzung, eine bessere Koordinierung der Vergabeverfahren zu erreichen, wobei den besonderen Anforderungen an die Versorgungs- und Informationssicherheit der Mitgliedstaaten besondere Beachtung zukommen soll. Nach der Verordnungsbegründung sollte sich die Umsetzung der Vorgaben der Richtlinie 2009/81/EG in der VSVgV aufgrund der weitgehenden Übereinstimmung dieser Richtlinie mit der Richtlinie 2004/18/EG (Vergabekoordinierungs-Richtlinie), soweit wie möglich, an der bereits erfolgten Umsetzung der Vergabekoordinierungs-Richtlinie in der Vergabe- und Vertragsordnung für Leistungen, Teil A (VOL/A) orientieren.[3] Dabei wurden auch vereinzelt solche Vorschriften aus der VOL/A in die VSVgV aufgenommen, für die es keine Vorgaben aus der Richtlinie 2009/81/EG gab und die damit nicht aus ausdrücklichem Umsetzungsbedarf dieser Richtlinie folgten.[4] Diese Ergänzungen erfolgten mit dem Ziel, den Ablauf des gesamten Vergabeverfahrens abzubilden.[5]

4   Da die Richtlinie 2009/81/EG nicht durch das im Jahre 2014 in Kraft getretene Richtlinienpaket reformiert wurde, bedurfte es im Zuge der Umsetzung dieser Richtlinien zum April 2016 nur punktueller Änderungen der VSVgV, die durch Art. 5 der Vergaberechtsmodernisierungsverordnung[6] erfolgten. Wie bereits § 1 VSVgV a. F. legt die Vorschrift den Anwendungsbereich der Verordnung fest. Im Zuge der Vergaberechtsreform 2016 bedurfte es einer Anpassung an die neuen Vorschriften des GWB.[7] Zur Bestimmung des Anwendungsbereichs nimmt § 1 VSVgV Bezug auf die Legaldefinition verteidigungs- und sicherheitsspezifischer Aufträge des § 104 Abs. 1 GWB (vormals: verteidigungs- und sicherheits*relevante* Aufträge, § 99 Abs. 7 GWB a. F.). Daneben erfolgten Anpassungen im Hinblick auf die Begriffsbestimmungen der öffentlichen Auftraggeber und Sektorenauftraggeber in §§ 99 und 100 GWB.

5   Ersatzlos entfallen ist der in § 1 Abs. 2 VSVgV a. F. geregelte Verweis auf Art. 8 der RL 2009/81/EG und die dort ausgewiesenen Schwellenwerte. § 106 Abs. 2 Nr. 3 GWB sieht nun auf Gesetzesebene eine dynamische Verweisung auf die Festsetzung der Höhe der Schwellenwerte durch die Europäische Kommission im Wege der delegierten Rechts-

---

[1] ABl. EU L 216 v. 20.8.2009, S. 76.
[2] BGBl. I S. 1509.
[3] BR-Drs. 321/12, 34 f.
[4] BR-Drs. 321/12, 35.
[5] BR-Drs. 321/12, 35.
[6] BGBl. I S. 624.
[7] BR-Drs. 87/16, 308.

setzung durch Verordnung[8] vor, sodass es eines Verweises auf die RL 2009/81/EG nicht mehr bedarf.[9]

III. Rechtliche Vorgaben im EU-Recht

Die Vorschrift dient der Umsetzung des Art. 2 RL 2009/81/EG,[10] welcher den Leis- **6** tungsgegenstand von Aufträgen in den Bereichen Verteidigung und Sicherheit definiert.

B. Allgemeines

§ 1 VSVgV bestimmt den persönlichen und sachlichen Anwendungsbereich der VSVgV. **7** Ist der Anwendungsbereich eröffnet, unterliegt die öffentliche Auftragsvergabe den Regelungen der VSVgV.

I. Sachlicher Anwendungsbereich

Der sachliche Anwendungsbereich ist eröffnet, wenn verteidigungs- oder sicherheitsspe- **8** zifische öffentliche Aufträge im Sinne des § 104 Abs. 1 GWB vergeben werden sollen. Ein verteidigungs- oder sicherheitsspezifischer öffentlicher Auftrag im Sinne des § 104 Abs. 1 GWB liegt vor, wenn der Auftragsgegenstand mindestens eine der folgenden Leistungen umfasst:
- Lieferung von Militärausrüstung, einschließlich dazugehöriger Teile, Bauteile oder Bausätze (§ 104 Abs. 1 Nr. 1 GWB);
- Lieferung von Ausrüstung, die im Rahmen eines Verschlusssachenauftrages vergeben wird, einschließlich dazugehöriger Teile, Bauteile oder Bausätze (§ 104 Abs. 1 Nr. 2 GWB);
- Liefer-, Bau und Dienstleistungen in unmittelbarem Zusammenhang mit der in § 104 Nr. 1 und Nr. 2 GWB genannten Ausrüstung in allen Phasen des Lebenszyklus der Ausrüstung (§ 104 Abs. 1 Nr. 3 GWB);
- Bau- und Dienstleistungen speziell für militärische Zwecke oder Bau- und Dienstleistungen, die im Rahmen eines Verschlusssachenauftrags vergeben werden (§ 104 Abs. 1 Nr. 4 GWB).
Für die Einzelheiten wird auf die Kommentierung zu § 104 Abs. 1 GWB verwiesen.[11]

II. Persönlicher Anwendungsbereich

In persönlicher Hinsicht nimmt § 1 VSVgV auf den Begriff des öffentlichen Auftragge- **9** bers i. S. d. § 99 GWB und den des Sektorenauftraggebers i. S. d. § 100 GWB Bezug. Zu

---

[8] Verordnung (EU) 2017/2367 der Kommission vom 18. Dezember 2017 zur Änderung der Richtlinie 2009/81/EG des Europäischen Parlaments und des Rates im Hinblick auf die Schwellenwerte für Auftragsvergabeverfahren, ABl. 2017 L 337, S. 22.
[9] BT-Drs. 18/6281, 77; BR-Drs. 87/16, 308.
[10] Richtlinie 2009/81/EG v. 13.7.2009 über die Koordinierung der Verfahren zur Vergabe bestimmter Bau-, Liefer- und Dienstleistungsaufträge in den Bereichen Verteidigung und Sicherheit und zur Änderung der Richtlinien 2004/17/EG und 2004/18/EG.
[11] → GWB § 104 Rn. 10 ff.

den Begriffen des öffentlichen Auftraggebers wird auf § 99 GWB,[12] zum Begriff des Sektorenauftraggebers auf § 100 GWB sowie jeweils auf die entsprechenden Kommentierungen verwiesen.[13]

---

[12] → GWB § 99 Rn. 6 ff.
[13] → GWB § 100 Rn. 16 ff.

§ 2 Anzuwendende Vorschriften
für Liefer-, Dienstleistungs- und Bauaufträge

(1) **Für die Vergabe von verteidigungs- oder sicherheitsspezifischen Liefer- und Dienstleistungsaufträgen sind die Vorschriften dieser Verordnung anzuwenden.**

(2) **Für die Vergabe von verteidigungs- oder sicherheitsspezifischen Bauaufträgen sind die §§ 1 bis 4, 6 bis 9 und 38 bis 42 sowie 44 und 45 anzuwenden. Im Übrigen ist Abschnitt 3 der Vergabe- und Vertragsordnung für Bauleistungen (VOB/A) in der Fassung der Bekanntmachung vom 19. Januar 2016 (BAnz AT 19.01.2016 B3) anzuwenden.**

Übersicht

	Rn.		Rn.
A. Einführung	1	B. Allgemeines	4
I. Literatur	1	I. Liefer- und Dienstleistungsaufträge (Abs. 1)	6
II. Entstehungsgeschichte	2	II. Bauaufträge (Abs. 2)	8
III. Rechtliche Vorgaben im EU-Recht	3		

A. Einführung

I. Literatur

Hölzl, Neu: der Konkurrent im Sicherheits- und Verteidigungsbereich – zu den praktischen Auswirkungen des „Gesetzes zur Änderung des Vergaberechts für die Bereiche Verteidigung und Sicherheit", VergabeR 2012, 141; *Rosenkötter,* Die Verteidigungsrichtlinie 2009/81/EG und ihre Umsetzung, VergabeR 2012, 267. **1**

II. Entstehungsgeschichte

§ 2 VSVgV bleibt durch die Änderungen im Zuge der Vergaberechtsreform 2016 inhaltlich unberührt. Es erfolgte lediglich eine Anpassung im Hinblick auf die nunmehr maßgebliche Bezeichnung als verteidigungs- und sicherheitsspezifische Aufträge im Sinne des § 104 Abs. 1 GWB. Der Verweis auf die geltende Fassung der VOB/A wurde aktualisiert. **2**

III. Rechtliche Vorgaben im EU-Recht

Anders als die nationalen Vorschriften unterscheidet die für verteidigungs- und sicherheitsspezifische Bau-, Liefer- und Dienstleistungsaufträge maßgebliche Richtlinie 2009/81/EG hinsichtlich der einzuhaltenden Vorgaben nicht zwischen Bauaufträgen einerseits und Liefer- und Dienstleistungsaufträgen andererseits. Vielmehr enthält die Richtlinie einheitliche Vorgaben. Eine Aufspaltung der verfahrensrechtlichen Regelungen in unterschiedliche Regelwerke für Bauaufträge einerseits, Liefer- und Dienstleistungsaufträge andererseits ist daher europarechtlich nicht geboten. Diese Systematik ist der Tradition des deutschen Rechts geschuldet, das mit der VOB/A ein in sich geschlossenes Regelwerk für die Vergabe von Bauaufträgen bereitstellt. **3**

B. Allgemeines

Die VSVgV regelt als Sondervergaberecht die Vergabe von verteidigungs- und sicherheitsspezifischen Aufträgen. Die von der VSVgV erfassten öffentlichen Aufträge sind von **4**

der Anwendbarkeit der VgV und der SektVO ausgenommen, vgl. § 1 Abs. 2 Nr. 2 VgV
und § 1 Abs. 2 SektVO.

5   § 2 VSVgV regelt, wie auch schon § 2 VSVgV a. F., welche Vorschriften bei der Vergabe
von verteidigungs- und sicherheitsspezifischen Liefer-, Dienstleitungs- und Bauaufträgen
zu beachten sind.

I. Liefer- und Dienstleistungsaufträge (Abs. 1)

6   Für die Vergabe von verteidigungs- und sicherheitsspezifischen Liefer- und Dienstleistungsaufträgen i. S. d. § 104 Abs. 1 GWB stellen die Sonderregelungen der VSVgV das
abschließende Vergaberegime dar. Insoweit legt § 2 Abs. 1 VSVgV fest, dass die VSVgV auf
diesen Bereich der Auftragsvergabe uneingeschränkt Anwendung findet.

7   Wann ein solcher Liefer- bzw. Dienstleistungsauftrag vorliegt, ergibt sich aus den Be-
griffsdefinitionen des § 103 Abs. 2 und 4 GWB i. V. m. § 104 Abs. 1 GWB, auf deren
Kommentierung verwiesen wird.[1]

II. Bauaufträge (Abs. 2)

8   § 2 Abs. 2 VSVgV bestimmt die Regelungen, die bei der Vergabe von verteidigungs-
oder sicherheitsspezifischen Bauaufträgen Anwendung finden. Die Definition des Bauauftrags findet sich in § 103 Abs. 3 GWB, auf dessen Kommentierung verwiesen wird.[2]

9   Anders als die Vergabe verteidigungs- und sicherheitsspezifischer Liefer- und Dienstleistungsaufträge erfolgt die Vergabe von Bauaufträgen in diesem Bereich nur teilweise auf
Grundlage der Sonderregelungen der VSVgV. Es sind nur die dort aufgeführten Regelungen der §§ 1 bis 4, 6 bis 9 und 38 bis 42 sowie 44 und 45 VSVgV im Baubereich anwendbar.

10   Nach § 2 Abs. 2 Satz 2 VSVgV sind ergänzend die Regelungen des 3. Abschnitts der
VOB/A anzuwenden. Durch diese statische Verweisung werden die Vorgaben der Richtlinie 2009/81/EG für die Vergabe verteidigungs- und sicherheitsspezifischer Bauaufträge
umgesetzt.[3] Erst aufgrund dieser Verweisung wird den Regelungen des 3. Abschnitts der
VOB/A als Voraussetzung für die Umsetzung des EU-Rechts die Außenwirkung verliehen[4] und die Geltung der VS-Paragraphen der VOB/A verbindlich.[5]

---

[1] → GWB § 103 Abs. 1–4 Rn. 118 ff., → GWB § 103 Abs. 1–4 Rn. 155 ff., → GWB § 104 Rn. 10 ff.
[2] → GWB § 103 Abs. 1–4 Rn. 124 ff.
[3] Vgl. auch BR-Drs. 321/12, 37.
[4] BR-Drs. 321/12, 37.
[5] *Zeiss* in Dippel/Sterner/Zeiss, Praxiskommentar, VSVgV § 2 Rn. 7; *Wieddekind* in Willenbruch/
Wieddekind, Vergaberecht Kompaktkommentar, VSVgV § 2 Rn. 1.

§ 3 Schätzung des Auftragswertes

(1) Bei der Schätzung des Auftragswertes ist von der voraussichtlichen Gesamtvergütung ohne Umsatzsteuer für die vorgesehene Leistung einschließlich etwaiger Prämien oder Zahlungen an Bewerber oder Bieter auszugehen. Dabei sind alle Optionen und etwaige Vertragsverlängerungen zu berücksichtigen.

(2) Der Wert eines beabsichtigten Auftrags darf nicht in der Absicht geschätzt oder aufgeteilt werden, den Auftrag der Anwendung dieser Verordnung zu entziehen.

(3) Bei regelmäßig wiederkehrenden Aufträgen oder Daueraufträgen über Liefer- oder Dienstleistungen ist der Auftragswert zu schätzen

1. entweder auf der Grundlage des tatsächlichen Gesamtwertes entsprechender aufeinanderfolgender Aufträge aus dem vorangegangenen Haushaltsjahr; dabei sind voraussichtliche Änderungen bei Mengen oder Kosten möglichst zu berücksichtigen, die während der zwölf Monate zu erwarten sind, die auf den ursprünglichen Auftrag folgen, oder

2. auf der Grundlage des geschätzten Gesamtwertes aufeinanderfolgender Aufträge, die während der auf die erste Lieferung folgenden zwölf Monate oder während des auf die erste Lieferung folgenden Haushaltsjahres, wenn dieses länger als zwölf Monate ist, vergeben werden.

(4) Bei Aufträgen über Liefer- oder Dienstleistungen, für die kein Gesamtpreis angegeben wird, ist Berechnungsgrundlage für den geschätzten Auftragswert

1. bei zeitlich begrenzten Aufträgen mit einer Laufzeit von bis zu 48 Monaten der Gesamtwert für die Laufzeit dieser Aufträge;

2. bei Aufträgen mit unbestimmter Laufzeit oder mit einer Laufzeit von mehr als 48 Monaten der 48-fache Monatswert.

(5) Bei Bauleistungen ist neben dem Auftragswert der Bauaufträge der geschätzte Wert aller Lieferleistungen zu berücksichtigen, die für die Ausführungen der Bauleistungen erforderlich sind und von Auftraggebern zur Verfügung gestellt werden.

(6) Der Wert einer Rahmenvereinbarung wird auf der Grundlage des geschätzten Gesamtwertes aller Einzelaufträge berechnet, die während deren Laufzeit geplant sind.

(7) Besteht die beabsichtigte Beschaffung aus mehreren Losen, für die jeweils ein gesonderter Auftrag vergeben wird, ist bei der Schätzung der Wert aller Lose zugrunde zu legen. Bei Lieferaufträgen gilt dies nur für Lose über gleichartige Lieferungen. Bei Planungsleistungen gilt dies nur für Lose über gleichartige Leistungen. Erreicht oder überschreitet der Gesamtwert den maßgeblichen EU-Schwellenwert, gilt diese Verordnung für die Vergabe jedes Loses. Dies gilt nicht bis zu einer Summe der Werte dieser Lose von 20 Prozent des Gesamtwertes ohne Umsatzsteuer für

1. Liefer- oder Dienstleistungsaufträge mit einem Wert unter 80 000 Euro und

2. Bauaufträge mit einem Wert unter 1 000 000 Euro.

(8) Maßgeblicher Zeitpunkt für die Schätzung des Auftragswertes ist der Tag, an dem die Bekanntmachung der beabsichtigten Auftragsvergabe abgesendet oder das Vergabeverfahren auf andere Weise eingeleitet wird.

Übersicht

	Rn.		Rn.
A. Einführung	1	II. Umgehungsverbot (Abs. 2)	7
I. Literatur	1	III. Regelungen zur Schätzung (Abs. 3 bis 7)	9
II. Entstehungsgeschichte	2	IV. Maßgeblicher Zeitpunkt (Abs. 8)	15
III. Rechtliche Vorgaben im EU-Recht	3		
B. Allgemeines	4		
I. Schätzung der voraussichtlichen Gesamtvergütung (Abs. 1)	5		

A. Einführung

I. Literatur

1 *Greb,* Die Berechnung des Auftragswertes, VergabeR 2013, 308; *Greb,* Schwellenwert – eine kritische Betrachtung, in: Prieß/Lau/Kratzenberg (Hrsg.), Festschrift für Fridhelm Marx, 2013, 193; *Übelacker,* Die Berechnung des Auftragswertes, BWGZ 2017, 475.

II. Entstehungsgeschichte

2   Die Vorschrift des § 3 VSVgV, welche Regelungen zur Schätzung des Auftragswertes beinhaltet, blieb im Zuge der Vergaberechtsnovelle 2016 inhaltlich weitgehend unverändert. Es wurde lediglich § 3 Abs. 7 Satz 3 VSVgV an § 3 Abs. 7 Satz 2 VgV angepasst und das Gebot der Losaddition bei Planungsleistungen auf gleichartige Leistungen beschränkt. Die in der früheren Fassung enthaltene Regelung für freiberufliche Leistungen i. S. d. § 5 VgV a. F. ist entfallen.[1]

III. Rechtliche Vorgaben im EU-Recht

3   Die Vorschrift dient der Umsetzung der unionsrechtlichen Vorgaben zur Berechnung des geschätzten Wertes von Aufträgen und Rahmenvereinbarungen nach Art. 9 Richtlinie 2009/81/EG.

B. Allgemeines

4   Die §§ 97 ff. GWB sowie die Vorschriften der VSVgV (vgl. § 1 Abs. 2 VSVgV) finden ausschließlich dann Anwendung, wenn der zu vergebende Auftrag den maßgeblichen Schwellenwert erreicht oder überschreitet, § 106 Abs. 2 GWB. Da der Wert eines Auftrages in der Regel zu Beginn des Vergabeverfahrens nicht feststeht, bedarf es einer sorgfältigen Schätzung des Auftragswertes.[2] Der Auftraggeber muss eine ernsthafte Prognose über den voraussichtlichen Auftragswert anstellen oder anstellen lassen. § 3 VSVgV regelt die Anforderungen an eine ordnungsgemäße Auftragswertschätzung durch den Auftraggeber. Die Vorschrift entspricht im Wesentlichen § 3 VgV.

I. Schätzung der voraussichtlichen Gesamtvergütung
(Abs. 1)

5   Nach § 3 Abs. 1 VSVgV ist bei der Schätzung des Auftragswertes von der voraussichtlichen Gesamtvergütung ohne Umsatzsteuer, jedoch einschließlich etwaiger Prämien oder Zahlungen an die Bewerber oder Bieter auszugehen. Optionen oder Vertragsverlängerungen sind in die Schätzung miteinzubeziehen. Dem Auftraggeber steht bei der Schätzung ein weiter Beurteilungsspielraum zu, der im Nachprüfungsverfahren nur eingeschränkt überprüfbar ist.[3]

---

[1] BR-Drs. 321/12, 37.

[2] *Alexander* in Pünder/Schellenberg, Vergaberecht, VSVgV § 3 Rn. 2; *Rechten* in Dippel/Sterner/Zeiss, Praxiskommentar Beschaffung im Verteidigungs- und Sicherheitsbereich, § 3 VSVgV Rn. 12.

[3] OLG München Beschl. v. 11.4.2013 – Verg 03/13, VergabeR 2013, 807; *Alexander* in Pünder/Schellenberg, Vergaberecht, VSVgV § 3 Rn. 9.

Für die Begriffsbestimmungen und Einzelheiten wird auf die Kommentierung zu § 3 **6**
Abs. 1 VgV verwiesen.[4]

II. Umgehungsverbot (Abs. 2)

§ 3 Abs. 2 VSVgV konstituiert das Verbot der missbräuchlichen Schätzung. Die Rege- **7**
lung untersagt, den Auftragswert in der Absicht zu schätzen, den Auftrag dem Anwendungsbereich der VSVgV und dem 4. Teil des GWB zu entziehen. Die Vorschrift erfasst
alle Arten der Manipulation von Aufträgen oder Auftragswerten.[5]
Für die Einzelheiten wird auf die Kommentierung zu § 3 Abs. 2 VgV verwiesen.[6] **8**

III. Regelungen zur Schätzung (Abs. 3 bis 7)

Die in § 3 Abs. 3 bis 7 VSVgV geregelten Einzelheiten zur Durchführung der Schätzung **9**
entsprechen im Wesentlichen inhaltlich den Vorgaben in § 3 VgV, sodass grundsätzlich auf
die Kommentierung hierzu verwiesen werden kann. Im Einzelnen ergeben sich folgende
Parallelen bzw. Abweichungen:
Die Vorschrift des § 3 Abs. 3 VSVgV entspricht inhaltlich weitgehend der Regelung des **10**
§ 3 Abs. 10 VgV. § 3 Abs. 4 VSVgV ist wortgleich mit § 3 Abs. 11 VgV.
Die Vorschrift des § 3 Abs. 5 VSVgV entspricht inhaltlich im Wesentlichen den Vorga- **11**
ben in § 3 Abs. 6 Satz 1 VgV, wobei nach den Vorgaben in der VSVgV, im Gegensatz zu
denen in der VgV, in der Gesamtwertbetrachtung nicht auch die für die Ausführung der
Bauleistungen erforderliche Dienstleistungen zu berücksichtigen sind. Außerdem ist in § 3
Abs. 5 VSVgV keine dem § 3 Abs. 6 Satz 2 VgV entsprechende Regelung vorhanden. Inhaltlich dürfte sich aber kein Unterschiede ergeben, der Wortlaut des § 3 Abs. 6 VgV gibt
zu dem – unzutreffenden – Missverständnis Anlass, vom Auftraggeber bereitgestellte Planungsleistungen müssten in den Schwellenwert des Bauauftrags eingestellt werden, das aber
ist nicht intendiert. Der Wortlaut des § 3 Abs. 6 VSVgV ist hier klarer. Auch im Bereich
der VSVgV müssen indessen Planungsleistungen, die zusammen mit dem Bauauftrag vergeben werden, in den Schwellenwert einberechnet werden. Aus den Regelungen über
gemischte Aufträge (§§ 110 ff. GWB) folgt, dass es sich dann insgesamt um einen Bauauftrag handelt.
Absatz 6 des § 3 VSVgV ähnelt inhaltlich der Vorschrift des § 3 Abs. 4 VgV, bis auf den **12**
Umstand, dass in der VgV auch vorgegeben wird, wie sich der Wert eines dynamischen
Beschaffenheitssystems berechnet, während sich in der VSVgV lediglich Vorgaben für die
Berechnung des Wertes einer Rahmenvereinbarung finden. Das folgt daraus, dass dynami-
sche Beschaffungssysteme in der VSVgV nicht vorgesehen sind.
Inhaltliche Entsprechungen finden sich im Wesentlichen auch in § 3 Abs. 7 VSVgV im **13**
Vergleich zu den Bestimmungen in § 3 Abs. 7 bis 9 VgV. Neu aufgenommen wurde hier
entsprechend § 3 Abs. 7 Satz 2 VgV auch die europarechtlich umstrittene Einschränkung
der Zusammenrechnung verschiedener Lose bei Planungsleistungen in § 3 Abs. 7 Satz 3
VSVgV. Ebenso wie in der VgV wird man die Gleichartigkeit sehr zurückhaltend als Einschränkung der grundsätzlich gebotenen Zusammenrechnung funktional zusammenhän-
gender Planungsleistungen verstehen dürfen.[7] Gegen eine Sichtweise, die die „Gleichartigkeit" bei unterschiedlichen Leistungsbildern (Objektplanung, Tragwerksplanung, TGA-
Planung) ablehnt, spricht (i) die amtliche Begründung des § 3 Abs. 7 S. 2 VgV, wonach bei
der Bewertung der Gleichartigkeit von Planungsleistungen ein funktionaler Zusammen-

---

[4] → VgV § 3 Rn. 11 ff.
[5] *Alexander* in Pünder/Schellenberg, Vergaberecht, VSVgV § 3 Rn. 13.
[6] → VgV § 3 Rn. 31 ff.
[7] Vgl. OLG München, Beschl. v. 13.3.2017 – Verg 15/16 –, NZBau 2017, 371.

hang entscheidend ist,[8] (ii) die Rechtsprechung des EuGH in der Sache Autalhalle Niedernhausen,[9] wonach die Addition unterschiedlicher Planungsleistungen dann angezeigt sei, wenn die Leistungen vorhabenbezogen in einem funktionalen Zusammenhang stehen, also eine innere Kohärenz zueinander aufweisen sowie außerdem (iii) das Verständnis der EU-Kommission im Rahmen des inzwischen eingestellten Vertragsverletzungsverfahrens gegen Deutschland in der Sache Freibad Stadt Elze, wonach Planungsleistungen auch dann zu addieren seien, wenn die jeweiligen Leistungen eine unterschiedliche Spezialisierung erfordern und unterschiedlichen Preisregeln unterliegen.[10]

14   Schließlich findet sich eine der Vorschrift des § 3 Abs. 8 VSVgV entsprechende Regelung in § 3 Abs. 3 VgV.

IV. Maßgeblicher Zeitpunkt (Abs. 8)

15   Wegen der Bedeutung des Auftragswerts für das anzuwendende Vergaberegime hat die Schätzung des Auftragswertes vor Beginn des Vergabeverfahrens zu erfolgen.

16   Maßgeblicher Zeitpunkt für die Schätzung ist gemäß § 3 Abs. 8 VSVgV der Tag, an dem die Bekanntmachung der beabsichtigten Auftragsvergabe abgesendet wird oder das Vergabeverfahren anderweitig eingeleitet wird. Die Einleitung des Verfahrens „auf andere Weise" ist nur dann maßgeblich, wenn es nicht zu einer Auftragsbekanntmachung kommt. Eine Bekanntmachung ist entbehrlich bei der Vergabe von Aufträgen im Verhandlungsverfahren ohne Teilnahmewettbewerb nach § 12 VSVgV oder bei nicht prioritären Dienstleistungen gemäß § 5 Abs. 2 VSVgV. Zudem erfasst die Regelung auch die Fälle, in denen kein förmliches Vergabeverfahren durchgeführt wird, obwohl der öffentliche Auftraggeber dazu verpflichtet gewesen wäre.[11]

17   Da die Vorschrift der Regelung in § 3 Abs. 3 VgV entspricht, wird wegen der Einzelheiten auf die dortige Kommentierung verwiesen.[12]

---

[8] Vgl. BT-Drs. 18/7318, S. 148: „*Satz 2 stellt deklaratorisch fest, dass nur die Werte solcher Planungsleistungen zusammenzurechnen sind, die gleichartig sind. Bei der Bewertung, ob Planungsleistungen gleichartig sind, ist die wirtschaftliche oder technische Funktion der Leistungen zu berücksichtigen.*"
[9] EuGH, Urt. v. 15.3.2012 – C-574/10 –, „Autalhalle Niedernhausen".
[10] Vgl. auch die Besprechungen der Entscheidung des OLG München vom 13.3.2017 von *Greb* VergabeR 2017, 482 sowie *Portz* NZBau 2017, 408.
[11] So auch *Büdenbender* in Leinemann/Kirch, VSVgV § 4 Rn. 30.
[12] → VgV § 3 Rn. 41 ff.

§ 4 Begriffsbestimmungen

(1) **Krise ist jede Situation in einem Mitgliedstaat der Europäischen Union oder einem Drittland, in der ein Schadensereignis eingetreten ist, das deutlich über die Ausmaße von Schadensereignissen des täglichen Lebens hinausgeht und**

1. **dabei Leben und Gesundheit zahlreicher Menschen erheblich gefährdet oder einschränkt,**
2. **eine erhebliche Auswirkung auf Sachwerte hat oder**
3. **lebensnotwendige Versorgungsmaßnahmen für die Bevölkerung erforderlich macht.**

Eine Krise liegt auch vor, wenn konkrete Umstände dafür vorliegen, dass ein solches Schadensereignis unmittelbar bevorsteht. Bewaffnete Konflikte und Kriege sind Krisen im Sinne dieser Verordnung.

(2) **Unterauftrag ist ein zwischen einem erfolgreichen Bieter und einem oder mehreren Unternehmen geschlossener entgeltlicher Vertrag über die Ausführung des betreffenden Auftrags oder von Teilen des Auftrags.**

(3) **Forschung und Entwicklung sind alle Tätigkeiten, die Grundlagenforschung, angewandte Forschung und experimentelle Entwicklung umfassen, wobei letztere die Herstellung von technologischen Demonstrationssystemen einschließen kann. Technologische Demonstrationssysteme sind Vorrichtungen zur Demonstration der Leistungen eines neuen Konzepts oder einer neuen Technologie in einem relevanten oder repräsentativen Umfeld.**

Übersicht

	Rn.		Rn.
A. Einführung	1	III. Rechtliche Vorgaben im EU-Recht	4
I. Literatur	2		
II. Entstehungsgeschichte	3	**B. Allgemeines**	5

A. Einführung 1

I. Literatur

Zu § 4 VSVgV existiert, soweit ersichtlich, jenseits der einschlägigen Kommentierungen keine spezifische **2** Literatur.

II. Entstehungsgeschichte

Während § 4 VSVgV a. F. in Abs. 2 noch den Begriff der Rahmenvereinbarung und in **3** Abs. 4 den Begriff des verbundenen Unternehmens legal definierte, sind diese Legaldefinitionen in § 4 VSVgV n. F. nicht mehr vorhanden. Im Zuge der Vergaberechtsreform 2016 wurde in § 103 Abs. 5 Satz 1 GWB erstmals eine Definition der Rahmenvereinbarung in das GWB aufgenommen.[1] Aufgrund der Verweisung des § 14 VSVgV auf § 103 Abs. 5 GWB bedurfte es einer Begriffsbestimmung in der VSVgV nicht mehr. Dasselbe gilt für die Begriffsbestimmung des verbundenen Unternehmens. § 138 Abs. 2 GWB definiert, was unter einem verbundenen Unternehmen zu verstehen ist.[2] Durch den Wegfall der Absätze 2 und 4 in § 4 VSVgV wurde die Nummerierung der übrigen Absätze lediglich redaktionell angepasst, inhaltliche Änderungen erfolgten im Übrigen jedoch nicht.

---

[1] Für Einzelheiten wird auf die Kommentierung in → GWB § 103 Abs. 5 und 6 Rn. 1 ff. verwiesen.
[2] Für Einzelheiten wird auf die Kommentierung in → GWB § 138 Rn. 8 ff. verwiesen.

III. Rechtliche Vorgaben im EU-Recht

4   Die Vorschrift basiert auf Art. 1 der Richtlinie 2009/81/EG. § 4 VSVgV übernimmt einige, jedoch nicht alle Begriffsbestimmungen aus Art. 1 der Richtlinie 2009/81/EG. Die von § 4 VSVgV nicht aufgenommenen Begriffe werden an anderer Stelle innerhalb der VSVgV legal definiert.

B. Allgemeines

5   § 4 VSVgV enthält Legaldefinitionen einzelner Begriffe, die für die VSVgV von wesentlicher Bedeutung sind. Die Begriffe werden an verschiedenen Stellen in der VSVgV aufgenommen.[3]

I. Krise (Abs. 1)

6   Die Begriffsbestimmung der Krise in § 4 Abs. 1 S. 1 VSVgV entspricht wortgleich der Bestimmung des Art. 1 Nr. 10 der Richtlinie 2009/81/EG. Eine Krise ist danach jede Situation in einem Mitgliedstaat der Europäischen Union oder einem Drittland, in der ein Schadensereignis eingetreten ist, das deutlich über die Ausmaße von Schadensereignissen des täglichen Lebens hinausgeht und dabei Leben und Gesundheit zahlreicher Menschen erheblich gefährdet oder einschränkt (Nr. 1), eine erhebliche Auswirkung auf Sachwerte hat (Nr. 2), oder lebensnotwendige Versorgungsmaßnahmen für die Bevölkerung erforderlich macht (Nr. 3). Unter Schaden wird dabei allgemein jede unfreiwillige Einbuße verstanden, die jemand an seinen rechtlich geschützten Gütern erleidet.[4] Lediglich immaterielle Schäden werden nicht erfasst. Die Verwendung der Begriffe „deutlich" sowie „erheblich" verdeutlichen, dass es sich um einen ernsthaften Zwischenfall handeln muss.

7   Nach § 4 Abs. 1 S. 2 VSVgV ist das Merkmal der Krise auch dann erfüllt, wenn konkrete Umstände dafür vorliegen, dass ein solches Schadensereignis unmittelbar bevorsteht. Die Situation muss folglich noch nicht eingetreten sein. Der Vergabestelle wird hinsichtlich der Einstufung einer Situation ein Beurteilungsspielraum eingeräumt.[5] Bloße Vermutungen genügen für die Annahme einer Krise nicht. Vielmehr sind konkrete und belegbare Anhaltspunkte für das Bevorstehen einer Krise erforderlich.[6] § 4 Abs. 1 Satz 3 VSVgV stellt klar, dass bewaffnete Konflikte und Kriege zu Krisen i. S. d. Vorschrift zählen.

8   Örtlicher Bezugspunkt ist neben den Mitgliedstaaten der Europäischen Union „ein Drittland", vom Wortlaut her also jedes Land auf der Welt. Eine Krise i. S. d. § 4 an einem beliebigen Ort der Welt kann also, wenn sie Auswirkungen auf den Beschaffungsbedarf eines Auftraggebers hat, zu den an dieses Tatbestandsmerkmal anknüpfenden vergaberechtlichen Konsequenzen führen.

9   Bedeutung erlangt der Begriff der Krise bei der Zulässigkeit eines Verhandlungsverfahrens ohne Teilnahmewettbewerb nach § 12 Abs. 1 Nr. 1 lit. b) aa) VSVgV. Weiter wird der Begriff der Krise in §§ 27 Abs. 1 Satz 2 Nr. 1 lit. i) und 27 Abs. 1 Satz 2 Nr. 2 lit. i) VSVgV aufgegriffen.

II. Unterauftrag (Abs. 2)

10   Ein Unterauftrag ist nach § 4 Abs. 2 VSVgV ein zwischen einem erfolgreichen Bieter und einem oder mehreren Unternehmen geschlossener entgeltlicher Vertrag über die Aus-

---

[3] Vgl. dazu BR-Drs. 321/12, 37.
[4] Vgl. *Büdenbender* in Leinemann/Kirch, VSVgV § 4 Rn. 3.
[5] *Schellenberg* in Pünder/Schellenberg, Vergaberecht, VSVgV § 4 Rn. 2.
[6] *Wieddekind* in Willenbruch/Wieddekind, Vergaberecht, VSVgV § 4 Rn. 3.

führung des entsprechenden Auftrags oder von Teilen des Auftrags. Ein solches Unterauftragnehmerverhältnis liegt mithin vor, wenn sich der erfolgreiche Bieter zur Auftragsdurchführung Drittunternehmen bedient.

Der Begriff des Unterauftrages wird in der VSVgV in den §§ 6, 7, 9, 18 und 38ff. aufgegriffen. **11**

III. Forschung und Entwicklung (Abs. 3)

§ 4 Abs. 3 VSVgV enthält eine Definition von Forschungs- und Entwicklungsleistungen. Davon erfasst sind alle Tätigkeiten, die Grundlagenforschung, angewandte Forschung und experimentelle Entwicklung umfassen. Die experimentelle Entwicklung kann auch die Herstellung von technologischen Demonstrationssystemen einschließen. Dabei handelt es sich um Vorrichtungen zur Demonstration der Leistungen eines neuen Konzepts oder einen neuen Technologie in einem relevanten oder repräsentativen Umfeld. **12**

Aufträge, die Forschungs- und Entwicklungsleistungen zum Gegenstand haben, dürfen nach § 12 Abs. 1 Nr. 1 lit. d) VSVgV im Verhandlungsverfahren ohne Teilnahmewettbewerb vergeben werden. Außerdem wird die Begrifflichkeit „Forschung und Entwicklung" in der VSVgV in § 12 Abs. 1 Nr. 1 lit. e) aufgegriffen. In diesem Zusammenhang sollte zunächst geprüft werden, ob die Vergabe des Auftrages nicht ohnehin nach § 145 Nr. 6 GWB vom Vergaberecht dispensiert ist. Auf die dortige Kommentierung wird ergänzend verwiesen.[7] Erst wenn feststeht, dass keine Freistellung vom Vergaberecht nach dieser Vorschrift erfolgen kann – etwa weil die Forschungsergebnisse in das Eigentum des Auftraggebers übergehen und von diesem vergütet werden –, werden die an den Begriff der Forschung und Entwicklung anknüpfenden verfahrensrechtlichen Privilegierungen der VSVgV relevant. **13**

---

[7] → GWB § 145 Rn. 6–10.

§ 5 Dienstleistungsaufträge

(1) **Aufträge über Dienstleistungen gemäß Anhang I der Richtlinie 2009/81/EG unterliegen den Vorschriften dieser Verordnung.**

(2) **Aufträge über Dienstleistungen gemäß Anhang II der Richtlinie 2009/81/EG unterliegen ausschließlich den §§ 15 und 35.**

(3) **Aufträge, die sowohl Dienstleistungen gemäß Anhang I als auch solche des Anhangs II der Richtlinie 2009/81/EG umfassen, unterliegen den Vorschriften dieser Verordnung, wenn der Wert der Dienstleistungen nach Anhang I der Richtlinie 2009/ 81/EG überwiegt. Überwiegt der Wert der Dienstleistungen nach Anhang II der Richtlinie 2009/81/EG, unterliegen diese Aufträge ausschließlich den §§ 15 und 35.**

Übersicht

	Rn.			Rn.
A. Einführung	1	B. Allgemeines		4
I. Literatur	1	I. Prioritäre und nicht-prioritäre		
II. Entstehungsgeschichte	2	Dienstleistungen (Abs. 1 und 2)	.	7
III. Rechtliche Vorgaben im EU-Recht	3	II. Gemischte Aufträge (Abs. 3)		9
		III. Rechtsschutz		10

A. Einführung

I. Literatur

1 *Neun/Otting,* Die EU-Vergabrechtsreform EuZW 2014, 446.

II. Entstehungsgeschichte

2 Die Vorschrift des § 5 VSVgV ist auch nach der Vergaberechtsmodernisierungsreform im Jahre 2016 wortgleich geblieben.

III. Rechtliche Vorgaben im EU-Recht

3 § 5 Abs. 1 VSVgV setzt Art. 15 der Richtlinie 2009/81/EG um. Die Vorschrift des § 5 Abs. 2 VSVgV spiegelt die Vorgaben in Art. 16 dieser Richtlinie wieder und Absatz 3 des § 5 VSVgV dient der Umsetzung von Art. 17 dieser Richtlinie.

B. Allgemeines

4 Die Absätze 1 bis 3 des § 5 VSVgV entsprechen vollständig den ehemaligen Bestimmungen in § 4 Abs. 2 Nr. 1 bis 3 VgV a. F. Während im allgemeinen Vergaberecht durch die Neufassung der Richtlinien und der entsprechenden Umsetzung ins deutsche Recht die Unterscheidung zwischen prioritären und nicht-prioritären Dienstleistungen aufgegeben wurde,[1] gilt diese Differenzierung im Anwendungsbereich der VSVgV nach wie vor fort. Die VSVgV ist daher das einzige verbleibende rechtliche Reservat, in dem diese Unterscheidung noch Relevanz hat.

---

[1] Siehe dazu *Neun/Otting* EuZW 2014, 446 (447).

Von der Differenzierung ist der Grad der Bindung an das besondere Vergaberecht des **5** VSVgV abhängig. Bei der Vergabe prioritärer (sog. vorrangiger) Dienstleistungen ist der Auftraggeber in vollem Umfang an die Verfahrensregelungen der VSVgV gebunden, während für die Vergabe nicht-prioritärer (sog. nachrangiger) Dienstleistungen nur ausgewählte Bestimmungen der VSVgV anzuwenden sind. Für nicht-prioritäre Dienstleistungen gilt nur eine eingeschränkte Pflicht zur Anwendung vergaberechtlicher Vorschriften.

Eine Auflistung der prioritären Dienstleistungen findet sich in Anhang I, nicht- **6** prioritärer Dienstleistungen in Anhang II der Richtlinie 2009/81/EG. Zur Klassifizierung der betreffenden Dienstleistung ist die Nomenklatur aus der CPV-Verordnung[2] heranzuziehen. Die in dieser Verordnung beschriebenen CPV-Codes legen EU-weit ein einheitliches Vokabular für öffentliche Aufträge fest ("Common Procurement Vocabulary – CPV). Der Grund für die Privilegierung nicht-prioritärer Dienstleistungen ist die seinerzeitige (2014 aufgegebene) Annahme des Normgebers, dass ein europaweiter Wettbewerb wegen der nationalen Regulierung dieser Dienstleistungen noch nicht sinnvoll ist.

I. Prioritäre und nicht-prioritäre Dienstleistungen (Abs. 1 und 2)

Bei der Beschaffung von prioritären Dienstleistungen i.S.d. Anhangs I zur Richtlinie **7** 2009/81/EG haben öffentliche Auftraggeber die Verfahrensbestimmungen der VSVgV in vollem Umfang anzuwenden, § 5 Abs. 1 VSVgV.

Für die Vergabe von Aufträgen über nicht-prioritäre Dienstleistungen finden nach § 5 **8** Abs. 2 VSVgV hingegen ausschließlich die Regelungen über die Leistungsbeschreibung und technischen Anforderungen gemäß § 15 VSVgV sowie die Pflicht zur Bekanntmachung über die erfolgte Auftragserteilung (ex post – Transparenz) nach § 35 VSVgV. Vor allem muss also keine Transparenz vorab durch eine Bekanntmachung (ex ante – Transparenz) hergestellt werden.

II. Gemischte Aufträge (Abs. 3)

Bei gemischten Aufträgen, die sowohl vorrangige als auch nachrangige Dienstleistungen **9** zum Gegenstand haben, entscheidet nach § 5 Abs. 3 VSVgV der finanzielle Schwerpunkt (der Wert) der Leistung über die anzuwendenden Vorschriften. Überwiegt der Wert der Dienstleistungen nach Anhang I, ist die VSVgV in ihrer Gesamtheit anzuwenden. Überwiegt hingegen der Wert der nachrangigen Dienstleistungen nach Anhang II, finden lediglich die §§ 15, 35 VSVgV Anwendung. Anders als bei Aufträgen, die sowohl ausschreibungsfreie wie ausschreibungspflichtige Teile enthalten (vgl. § 111 Abs. 3 Nr. 5 GWB) ist also nicht stets das strenge Verfahrensregime anzuwenden, sondern nur wenn der entsprechende Wert überwiegt.

III. Rechtsschutz

Auch bei der Vergabe von nachrangigen Dienstleistungsaufträgen im Sinne des § 5 **10** Abs. 2 VSVgV bzw. § 4 Abs. 2 VgV a.F. ist der Rechtsschutz vor den Vergabekammern

---

[2] Verordnung (EG) Nr. 213/2008 der Kommission vom 28. November 2007 zur Änderung der Verordnung (EG) Nr. 2195/2002 des Europäischen Parlaments und des Rates über das Gemeinsame Vokabular für öffentliche Aufträge (CPV) und der Vergaberichtlinien des Europäischen Parlaments und des Rates 2004/17/EG und 2004/18/EG im Hinblick auf die Überarbeitung des Vokabulars, ABl. v. 15.3.2008, L 74 S. 1.

nach den Vorschriften der §§ 160 ff. GWB eröffnet.[3] Dies wird damit begründet, dass das GWB unabhängig von der Art der Dienstleistung gilt – soweit nur der jeweils einschlägige Schwellenwert erreicht ist – und von seinem Anwendungsbereich lediglich die Aufträge ausgenommen sind, die in den Ausnahmebestimmungen des GWB[4] bezeichnet sind.[5] Der Ausnahmekatalog des GWB ist dabei grundsätzlich als abschließend anzusehen.[6]

---

[3] OLG Düsseldorf, Beschl. v. 1.6.2016 – Verg 6/16, VergabeR 2016, 751–761; BKartA Bonn, Beschl. v. 30.5.2016 – VK 2 – 31/16; OLG Düsseldorf, Beschl. v. 21.7.2010 – VII-Verg 19/10, VergabeR 2010, 955, 958, 961, bestätigt durch BGH, Beschl. v. 8.2.2011 – X ZB 4/10, BGHZ 188, 200–233; OLG Düsseldorf, Beschl. v. 2.1.2012 – VII-Verg 70/11; OLG Dresden, Beschl. v. 24.1.2008 – WVerg 10/07, WVerg 0010/07, VergabeR 2008, 567; 809; OLG Saarbrücken, Beschl. v. 20.9.2006 – 1 Verg 3/06, VergabeR 2007, 110.

[4] Diese finden sich nunmehr in §§ 107 bis 109 sowie 145 ff. GWB.

[5] Vgl. BGH, Beschl. v. 8.2.2011 – X ZB 4/10, BGHZ 188, 200–233 noch zu den Ausnahmevorschriften in § 100 Abs. 2 GWB a. F. sowie zu nachrangigen Dienstleistungen im Sinne des § 4 Abs. 2 VgV a. F.

[6] BGH, Beschl. v. 8.2.2011 – X ZB 4/10, BGHZ 188, 200–233.

§ 6 Wahrung der Vertraulichkeit

(1) **Auftraggeber, Bewerber, Bieter und Auftragnehmer wahren gegenseitig die Vertraulichkeit aller Angaben und Unterlagen. Für die Anforderungen an den Schutz von Verschlusssachen einschließlich ihrer Weitergabe an Unterauftragnehmer gilt § 7.**

(2) **Sofern in dieser Verordnung nichts anderes bestimmt ist, dürfen Auftraggeber nach anderen Rechtsvorschriften vorbehaltlich vertraglich erworbener Rechte keine von den Bewerbern, Bietern und Auftragnehmern übermittelte und von diesen als vertraulich eingestufte Information weitergeben. Dies gilt insbesondere für technische Geheimnisse und Betriebsgeheimnisse.**

(3) **Bewerber, Bieter und Auftragnehmer dürfen keine von den Auftraggebern als vertraulich eingestufte Information an Dritte weitergeben. Dies gilt nicht für die Unterauftragsvergabe, wenn die Weitergabe der als vertraulich eingestuften Information für den Teilnahmeantrag, das Angebot oder die Auftragsausführung erforderlich ist. Bewerber, Bieter und Auftragnehmer müssen die Wahrung der Vertraulichkeit mit den in Aussicht genommenen Unterauftragnehmern vereinbaren. Auftraggeber können an Bewerber, Bieter und Auftragnehmer weitere Anforderungen zur Wahrung der Vertraulichkeit stellen, die mit dem Auftragsgegenstand im sachlichen Zusammenhang stehen und durch ihn gerechtfertigt sind.**

Übersicht

	Rn.		Rn.
A. Einführung	1	II. Verpflichtung zur Vertraulichkeit	10
I. Literatur	1	III. Keine Weitergabe durch Auftraggeber	12
II. Entstehungsgeschichte	2	IV. Weitergabe an Unterauftragnehmer	13
III. Rechtliche Vorgaben im EU-Recht	3		
B. Allgemeines	5		
I. Adressatenkreis	9		

A. Einführung

I. Literatur

Glahs, Akteneinsichts- und Informationsfreiheitsansprüche im Vergabe- und Nachprüfungsverfahren, **1** NZBau 2014, 75–80; *Krohn,* Informationssicherheit bei Verteidigungs – und Sicherheitsvergaben, in: von Wietersheim, Vergabe im Bereich Verteidigung und Sicherheit 2013.

II. Entstehungsgeschichte

Die Bestimmungen zur Informationssicherheit wurden als Verfahrensregeln in das Ver- **2** teidigungs- und Sicherheitsvergaberecht eingeführt.[1] § 6 VSVgV hat im Rahmen der Vergaberechtsreform 2016 keine Änderungen mehr erfahren.

III. Rechtliche Vorgaben im EU-Recht

Die Vorschrift dient der Umsetzung von Art. 6 der Richtlinie 2009/81/EG, welcher **3** jedoch hinsichtlich des Adressatenkreises enger gefasst ist. Art. 6 der Richtlinie 2009/81/EG normiert ausdrücklich keine allgemeine gegenseitige Pflicht zur Wahrung der Ver-

---

[1] *Krohn* in von Wietersheim, Vergabe im Bereich Verteidigung und Sicherheit 2013 S. 139.

traulichkeit. Sie gibt vor, lediglich der Auftraggeber solle dazu verpflichtet werden, keine ihm von den Wirtschaftsteilnehmern übermittelten und von diesen als vertraulich eingestuften Informationen weiterzugeben. § 6 VSVgV normiert hingegen eine beiderseitige Vertraulichkeitspflicht. Es sollen danach nicht nur die Auftraggeber, sondern auch die Bewerber bzw. Bieter und Auftragnehmer einschränkungslos zur Vertraulichkeit verpflichtet sein.

4   § 6 ist eine allgemeine Vorschrift zum Schutz der Vertraulichkeit. Für den Schutz von Verschlusssachen gilt in Umsetzung Art. 7 und 20 der Richtlinie 2009/81/EG die spezielle Vorschrift des § 7 (vgl. § 6 Abs. 1 Satz 2 VSVgV i. V. m. § 7 VSVgV). Da in Art. 6 der Richtlinie 2009/81/EG zugunsten von Bewerbern und Bietern der Schutz technischer Geheimnisse und Betriebsgeheimnisse als Unterfall vertraulich eingestufter Informationen geregelt ist, hat es der Verordnungsgeber für sachgerecht erachtet, in § 6 Abs. 1 VSVgV auch zugunsten der Auftraggeber und Auftragnehmer die gegenseitige Vertraulichkeitsverpflichtung vorzuschreiben.[2]

B. Allgemeines

5   Das Gebot der Vertraulichkeit gilt grundsätzlich in allen Bereichen des Vergaberechts. Aufträge im Verteidigungs- und Sicherheitsbereich erfordern jedoch umso mehr den sicheren Umgang mit geheimen oder geschützten Informationen, da diese staatliche Sicherheitsinteressen berühren.[3]

6   § 6 VSVgV regelt die allgemeinen Anforderungen zur Wahrung der Vertraulichkeit, während sich § 7 VSVgV mit den speziellen Verpflichtungen zum Schutze von Verschlusssachen befasst (§ 6 Abs. 1 Satz 2 VSVgV).

7   § 6 Abs. 2 VSVgV regelt das Verbot der Weitergabe von vertraulichen Informationen durch den Auftraggeber.

8   § 6 Abs. 3 VSVgV bezieht sich auf die Weitergabe an Dritte durch den Bewerber, Bieter und Auftragnehmer.

I. Adressatenkreis

9   Zur gegenseitigen Wahrung der Vertraulichkeit aller Angaben und Unterlagen sind Auftraggeber, Bewerber, Bieter und Auftragnehmer verpflichtet. Der Adressatenkreis geht insoweit weiter als von Art. 6 der Richtlinie 2009/81/EG vorgegeben.

II. Verpflichtung zur Vertraulichkeit

10   Die Pflicht zur Vertraulichkeit bezieht sich auf alle Angaben und Unterlagen, die in das Vergabeverfahren eingebracht worden sind.[4]

11   Der Begriff der Vertraulichkeit wird in § 6 VSVgV nicht legal definiert. Allgemein zugängliche Informationen können aber begriffsnotwendig schon nicht vertraulich sein.[5] § 6 Abs. 2 VSVgV stellt klar, dass vertrauliche Informationen jedenfalls vorliegen, wenn diese als vertraulich eingestuft worden sind. Insbesondere ist über technische Geheimnisse und Betriebsgeheimnisse die Vertraulichkeit zu wahren (§ 6 Abs. 2 S. 1 VSVgV).

---

[2] BR-Drs. 321/12, 38.
[3] *Krohn* in von Wietersheim, Vergabe im Bereich Verteidigung und Sicherheit 2013 S. 138.
[4] *Schubert* in Willenbruch/Wieddekind, Vergaberecht Kompaktkommentar, VSVgV § 6 Rn. 1.
[5] *Schellenberg* in Pünder/Schellenberg, Vergaberecht, VSVgV § 6 Rn. 5.

III. Keine Weitergabe durch Auftraggeber

§ 6 Abs. 2 VSVgV beinhaltet ein explizites Verbot der Weitergabe von als vertraulich **12** eingestuften Informationen durch den Auftraggeber, wenn dies durch Rechtsvorschriften vorgesehen ist. Zu diesen Rechtsvorschriften gehört z. B. das Urheberrechtsgesetz (UrhG).[6] Der Schutz des Urheberrechts reicht hingegen nur soweit, wie urheberrechtliche Verhältnisse vorliegen.[7] Das Verbot der Weitergabe gilt nach § 6 Abs. 2 S. 2 VSVgV insbesondere für technische Geheimnisse und Betriebsgeheimnisse. Als Betriebs- und Geschäftsgeheimnisse werden alle auf ein Unternehmen bezogene Tatsachen, Umstände und Vorgänge verstanden, die nicht offenkundig, sondern nur einem begrenzten Personenkreis zugänglich sind und an deren Nichtverbreitung der Rechtsträger ein berechtigtes Interesse hat.[8] Zu derartigen Geheimnissen werden etwa Umsätze, Ertragslagen, Geschäftsbücher, Kundenlisten, Bezugsquellen, Konditionen, Marktstrategien, Unterlagen zur Kreditwürdigkeit, Kalkulationsunterlagen, Patentanmeldungen und sonstige Entwicklungs- und Forschungsprojekte gezählt, durch welche die wirtschaftlichen Verhältnisse eines Betriebs maßgeblich bestimmt werden können.[9]

IV. Weitergabe an Unterauftragnehmer

Nach § 6 Abs. 3 Satz 1 VSVgV dürfen Bewerber, Bieter und Auftragnehmer keine von **13** den Auftraggebern als vertraulich eingestufte Informationen an Dritte weitergeben. Eine Ausnahme gilt für eine Weitergabe an den Unterauftragnehmer, wenn die Weitergabe der Informationen für den Teilnahmeantrag, das Angebot oder die Auftragsausführung erforderlich ist (§ 6 Abs. 3 Satz 2 VSVgV). Mit den Unterauftragsnehmern ist insoweit eine Vereinbarung über die Wahrung der Vertraulichkeit der Information, bereits vor Auftragserteilung,[10] zu schließen (§ 6 Abs. 3 Satz 3 VSVgV). Nach § 6 Abs. 3 Satz 4 VSVgV und in Übereinstimmung mit Art. 22 der Richtlinie 2009/81/EG ist die Aufstellung weitergehender Anforderungen an die Vertraulichkeit für Bieter, Bewerber und Auftragnehmer durch den Auftraggeber möglich. Ähnlich den Eignungsanforderungen gemäß § 21 Abs. 2 Satz 2 VSVgV müssen diese mit dem Auftragsgegenstand in sachlichem Zusammenhang stehen und durch ihn gerechtfertigt sein.[11] Wegen der Einzelheiten wird daher auf die Kommentierung von § 21 VSVgV verwiesen.

Hinsichtlich des Umfangs weitergehender Anforderungen soll dem Auftraggeber ein **14** Beurteilungsspielraum eingeräumt werden, der vergaberechtlich nur eingeschränkt überprüfbar ist.[12] Eignungsanforderungen sind bereits in der Vergabebekanntmachung aufzuführen. Eine inhaltliche Konkretisierung dieser Anforderungen darf jedoch nachträglich in den Vergabeunterlagen erfolgen.[13]

---

[6] *Schubert* in Willenbruch/Wieddekind, Vergaberecht Kompaktkommentar, VSVgV § 6 Rn. 4.

[7] OLG München Beschl. v. 4.8.2005 – 8 U 1540/05, VergabeR 2006, 423; *Schubert* in Willenbruch/Wieddekind, Vergaberecht Kompaktkommentar, VSVgV § 6 Rn. 4.

[8] Vgl. BVerfG Beschl. v. 14.3.2006 – 1 BvR 2087/03, WM 2006, 880 (881).

[9] Vgl. BVerfG Beschl. v. 14.3.2006 – 1 BvR 2087/03, WM 2006, 880 (881) m. w. N.

[10] *Kaminsky* in Leinemann/Kirch, VSVgV § 6 Rn. 12.

[11] BR-Drs. 321/12, 38.

[12] Vgl. OLG Düsseldorf Beschl. v. 21.12.2011 – VII-Verg 74/11, NZBau 2012, 321 (322).

[13] Vgl. VK Bund Beschl. v. 15.3.2012 – VK 1 – 10/12, ZfBR 2012, 728 (Ls.).

§ 7 Anforderungen an den Schutz
von Verschlusssachen durch Unternehmen

(1) Im Falle eines Verschlusssachenauftrags im Sinne des § 104 Absatz 3 des Gesetzes gegen Wettbewerbsbeschränkungen müssen Auftraggeber in der Bekanntmachung oder den Vergabeunterlagen die erforderlichen Maßnahmen, Anforderungen und Auflagen benennen, die ein Unternehmen als Bewerber, Bieter oder Auftragnehmer sicherstellen oder erfüllen muss, um den Schutz von Verschlusssachen entsprechend dem jeweiligen Geheimhaltungsgrad zu gewährleisten. Auftraggeber müssen in der Bekanntmachung oder den Vergabeunterlagen auch die erforderlichen Maßnahmen, Anforderungen und Auflagen benennen, die Unterauftragnehmer sicherstellen müssen, um den Schutz von Verschlusssachen entsprechend dem jeweiligen Geheimhaltungsgrad zu gewährleisten, und deren Einhaltung der Bewerber, Bieter oder Auftragnehmer mit dem Unterauftragnehmer vereinbaren muss.

(2) Auftraggeber müssen insbesondere verlangen, dass der Teilnahmeantrag oder das Angebot folgende Angaben enthält:
1. Wenn der Auftrag Verschlusssachen des Geheimhaltungsgrades „VS-VERTRAU-LICH" oder höher umfasst, Erklärungen des Bewerbers oder Bieters und der bereits in Aussicht genommenen Unterauftragnehmer,
   a) ob und in welchem Umfang für diese Sicherheitsbescheide des Bundesministeriums für Wirtschaft und Energie oder entsprechender Landesbehörden bestehen oder
   b) dass sie bereit sind, alle notwendigen Maßnahmen und Anforderungen zu erfüllen, die zum Erhalt eines Sicherheitsbescheids zum Zeitpunkt der Auftragsausführung vorausgesetzt werden;
2. Verpflichtungserklärungen
   a) des Bewerbers oder Bieters und
   b) der bereits in Aussicht genommenen Unterauftragnehmer
   während der gesamten Vertragsdauer sowie nach Kündigung, Auflösung oder Ablauf des Vertrags den Schutz aller in ihrem Besitz befindlichen oder ihnen zur Kenntnis gelangter Verschlusssachen gemäß den einschlägigen Rechts- und Verwaltungsvorschriften zu gewährleisten;
3. Verpflichtungserklärungen des Bewerbers oder Bieters, von Unterauftragnehmern, an die er im Zuge der Auftragsausführung Unteraufträge vergibt, Erklärungen und Verpflichtungserklärungen gemäß den Nummern 1 und 2 einzuholen und vor der Vergabe des Unterauftrags den Auftraggebern vorzulegen.

(3) Muss einem Bewerber, Bieter oder bereits in Aussicht genommenen Unterauftragnehmern für den Teilnahmeantrag oder das Erstellen eines Angebots der Zugang zu Verschlusssachen des Geheimhaltungsgrades „VS-VERTRAULICH" oder höher gewährt werden, verlangen Auftraggeber bereits vor Gewährung dieses Zugangs einen Sicherheitsbescheid vom Bundesministerium für Wirtschaft und Energie oder von entsprechenden Landesbehörden und die Verpflichtungserklärungen nach Absatz 2 Nummer 2 und 3. Kann zu diesem Zeitpunkt noch kein Sicherheitsbescheid durch das Bundesministerium für Wirtschaft und Energie oder durch entsprechende Landesbehörden ausgestellt werden und machen Auftraggeber von der Möglichkeit Gebrauch, Zugang zu diesen Verschlusssachen zu gewähren, müssen Auftraggeber die zum Einsatz kommenden Mitarbeiter des Unternehmens überprüfen und ermächtigen, bevor diesen Zugang gewährt wird.

(4) Muss einem Bewerber, Bieter oder bereits in Aussicht genommenen Unterauftragnehmern für den Teilnahmeantrag oder das Erstellen eines Angebots der Zugang zu Verschlusssachen des Geheimhaltungsgrades „VS-NUR FÜR DEN DIENSTGE-BRAUCH" gewährt werden, verlangen Auftraggeber bereits vor Gewährung dieses Zugangs die Verpflichtungserklärungen nach Absatz 2 Nummer 2 und 3.

(5) Kommt der Bewerber oder Bieter dem Verlangen des Auftraggebers nach den Absätzen 3 und 4 nicht nach, die Verpflichtungserklärungen vorzulegen, oder können auch im weiteren Verfahren weder ein Sicherheitsbescheid vom Bundesministe-

rium für Wirtschaft und Energie oder von entsprechenden Landesbehörden ausgestellt noch Mitarbeiter zum Zugang ermächtigt werden, müssen Auftraggeber den Bewerber oder Bieter von der Teilnahme am Vergabeverfahren ausschließen.

(6) Auftraggeber können Bewerbern, Bietern oder bereits in Aussicht genommenen Unterauftragnehmern, die noch nicht in der Geheimschutzbetreuung des Bundesministeriums für Wirtschaft und Energie oder entsprechender Landesbehörden sind oder deren Personal noch nicht überprüft und ermächtigt ist, zusätzliche Zeit gewähren, um diese Anforderungen zu erfüllen. In diesem Fall müssen Auftraggeber diese Möglichkeit und die Frist in der Bekanntmachung mitteilen.

(7) Das Bundesministerium für Wirtschaft und Energie erkennt Sicherheitsbescheide und Ermächtigungen anderer Mitgliedstaaten an, wenn diese den nach den Bestimmungen des Sicherheitsüberprüfungsgesetzes und des § 21 Absatz 4 und 6 der Allgemeinen Verwaltungsvorschrift des Bundesministeriums des Innern zum materiellen und organisatorischen Schutz von Verschlusssachen[1] erforderlichen Sicherheitsbescheiden und Ermächtigungen gleichwertig sind. Auf begründetes Ersuchen der auftraggebenden Behörde hat das Bundesministerium für Wirtschaft und Energie weitere Untersuchungen zur Sicherstellung des Schutzes von Verschlusssachen zu veranlassen und deren Ergebnisse zu berücksichtigen. Das Bundesministerium für Wirtschaft und Energie kann im Einvernehmen mit der Nationalen Sicherheitsbehörde für den Geheimschutz von weiteren Ermittlungen absehen.

(8) Das Bundesministerium für Wirtschaft und Energie kann die Nationale Sicherheitsbehörde des Landes, in dem der Bewerber oder Bieter oder bereits in Aussicht genommene Unterauftragnehmer ansässig ist, oder die Designierte Sicherheitsbehörde dieses Landes ersuchen, zu überprüfen, ob die voraussichtlich genutzten Räumlichkeiten und Einrichtungen, die vorgesehenen Produktions- und Verwaltungsverfahren, die Verfahren zur Behandlung von Informationen oder die persönliche Lage des im Rahmen des Auftrags voraussichtlich eingesetzten Personals den einzuhaltenden Sicherheitsvorschriften entsprechen.

Übersicht

	Rn.			Rn.
A. Einführung	1		V. Gewährung zusätzlicher Zeit zur Erfüllung der Anforderungen zum Schutz von Verschlusssachen, § 7 Abs. 6 VSVgV	18
I. Literatur	1			
II. Entstehungsgeschichte	2			
III. Rechtliche Vorgaben im EU-Recht	3		VI. Anerkennung Sicherheitsbescheide und Ermächtigungen aus anderen Mitgliedsstaaten, § 7 Abs. 7 VSVgV	21
B. Allgemeines	4			
I. Benennung der Anforderungen, § 7 Abs. 1 VSVgV	8		VII. Ermächtigung des Bundesministeriums für Wirtschaft und Energie zur weiteren Überprüfung durch die Designierte Sicherheitsbehörde des Landes, § 7 Abs. 8 VSVgV	26
II. Besondere Anforderungen, § 7 Abs. 2 VSVgV	10			
III. Zugang zu Verschlusssachen nach § 7 Abs. 3 und Abs. 4 VSVgV	13			
IV. Ausschluss von der Teilnahme am Vergabeverfahren, § 7 Abs. 5 VSVgV	17			

A. Einführung

I. Literatur

Krohn, Informationssicherheit bei Verteidigungs- und Sicherheitsvergaben, in: von Wietersheim, Vergabe im 1 Bereich Verteidigung und Sicherheit 2013.

---

[1] Amtl. Anm.: VS-Anweisung – VSA vom 31. März 2006 in der Fassung vom 26. April 2010 (GMBl 2010 S. 846).

II. Entstehungsgeschichte

2   Die Bestimmungen zur Informationssicherheit wurden als Verfahrensregeln in das Vertei-
digungs- und Sicherheitsvergaberecht eingeführt. § 7 VSVgV hat im Rahmen der Vergaberechtsreform 2016 keine inhaltlichen Änderungen erfahren. Die redaktionelle Änderung in
§ 7 Abs. 1 Satz 1 VSVgV dient lediglich der Anpassung des Verweises auf den Begriff des
Verschlusssachenauftrages, welcher nunmehr in § 104 Abs. 3 GWB definiert wird.

III. Rechtliche Vorgaben im EU-Recht

3   Die unionsrechtlichen Vorgaben des § 7 VSVgV finden sich in Art. 7 und Art. 22 der
Richtlinie 2009/81/EG. Auch die Erwägungsgründe 42, 43 und 67 der Richtlinie 2009/
81/EG haben durch die Vorschrift Eingang in deutsches Recht erfahren. Aus den einzelnen EU-rechtlichen Vorschriften ergibt sich, dass die Mitgliedstaaten grundsätzlich auf die
nationalen Standards der Sicherheitsüberprüfung zurückgreifen sollen.[2] Erwägungsgrund
42 der Richtlinie 2009/81/EG betont, dass die Anforderungen der Auftraggeber an die
Informations- und die Versorgungssicherheit angesichts der Sensibilität der unter diese
Richtlinie fallenden Ausrüstungsgegenstände von besonders großer Bedeutung sind und
die gesamte Lieferkette betreffen. Darüber hinaus stellt Erwägungsgrund 43 der Richtlinie
heraus, dass Auftraggeber zur Gewährleistung der Informationssicherheit insbesondere verlangen können, dass sich Auftragnehmer und Unterauftragnehmer verpflichten, Verschlusssachen vor nicht autorisiertem Zugriff zu schützen, und dass sie ausreichende Informationen zu ihrer Fähigkeit liefern, dies umzusetzen. Die Richtlinie sollte angesichts der
herausragenden Bedeutung von Aufträgen im Bereich Verteidigung und Sicherheit einen
Auftraggeber nicht daran hindern, einen Wirtschaftsteilnehmer jederzeit im Laufe eines
Vergabeverfahrens auszuschließen, wenn er Kenntnis davon erhält, dass die Vergabe des
gesamten oder eines Teils des Auftrages an diesen Wirtschaftsteilnehmer wesentliche Sicherheitsinteressen des betreffenden Mitgliedstaats gefährden könnte (vgl. Erwägungsgrund
67 der Richtlinie 2009/81/EG). Dementsprechend ist in Art. 39 Abs. 2 lit. e) der Richtlinie 2009/81/EG geregelt, dass jeder Wirtschaftsteilnehmer von der Teilnahme am Vergabeverfahren ausgeschlossen werden kann, wenn er nicht die erforderliche Vertrauenswürdigkeit aufweist, um Risiken für die Sicherheit des Mitgliedstaats auszuschließen und dies
nachgewiesen wurde.
     Die Umsetzung der Art. 7 und 21 der Richtlinie 2009/81/EG in nationales Recht be-
schränkt sich auf den Schutz von Verschlusssachen zum Zwecke des Geheimschutzes, wohingegen sonstige Aspekte der Informationssicherheit zugunsten der Auftraggeber bereits
in § 6 VSVgV geregelt werden.

B. Allgemeines

4   Die Vorschrift des § 7 VSVgV enthält spezielle Modalitäten für die Ausschreibung von
Aufträgen im Verteidigungs- und Sicherheitsbereich. Sie richtet sich neben Bietern, Bewerbern und Auftragnehmern außerdem an Unterauftragnehmer.

5   § 7 Abs. 1 und Abs. 2 VSVgV regeln die besonderen Anforderungen an die Ausschreibung von Verschlusssachenaufträgen zum Zwecke des Geheimschutzes.[3] Die Definition des
Verschlusssachenauftrages in § 104 Abs. 3 GWB erfolgt unter Verweis auf § 4 Sicherheitsüberprüfungsgesetzes (SÜG) und die entsprechenden Vorschriften der Länder. Wegen der
Einzelheiten wird auf die Kommentierung von § 104 Abs. 3 GWB verwiesen.[4]

---

[2] *Krohn* in von Wietersheim, Vergabe im Bereich Verteidigung und Sicherheit 2013 S. 144.
[3] BR–Drs. 321/12, 38.
[4] → GWB § 104 Rn. 51–59.

Verschlusssachen sind nach § 4 SÜG im öffentlichen Interesse geheimhaltungsbedürftige **6** Tatsachen, Gegenstände oder Erkenntnisse, unabhängig von ihrer Darstellungsform. Mit Blick auf den Bereich Verteidigung und Sicherheit geht es um den Schutz von Informationen, deren Bekanntwerden die staatliche Sicherheit gefährden würde.[5]

§ 7 Abs. 2 VSVgV regelt die Voraussetzungen für die Gewährung des Zugangs zu Ver- **7** schlusssachen während der Auftragsausführung. Die Bestimmungen in § 7 Abs. 3 und Abs. 4 VSVgV enthalten die Voraussetzungen für die Gewährung des Zugangs im Vergabeverfahren. Absatz 5 regelt den Ausschluss des Bewerbers oder Bieters von der Teilnahme am Vergabeverfahren, wohingegen Abs. 6 die Möglichkeit zur Gewährung zusätzlicher Zeit zur Erfüllung der Anforderungen zum Schutz von Verschlusssachen vorsieht. Die Vorschrift des § 7 Abs. 7 VSVgV enthält eine Regelung zur Anerkennung von Sicherheitsbescheinigungen und Ermächtigungen anderer Mitgliedstaaten. Daneben sieht Absatz 8 eine Ermächtigung des Bundesministeriums für Wirtschaft und Energie zur weiteren Überprüfung der Einhaltung der Anforderungen an den Schutz von Verschlusssachen durch die Nationale Sicherheitsbehörde des Landes vor.

I. Benennung der Anforderungen, § 7 Abs. 1 VSVgV

Auftraggeber müssen in der Bekanntmachung oder in den Vergabeunterlagen die er- **8** forderlichen Maßnahmen, Anforderungen und Auflagen benennen, die ein Unternehmen als Bewerber, Bieter oder Auftragnehmer sicherstellen oder erfüllen muss, um den Schutz von Verschlusssachen entsprechend dem jeweiligen Geheimhaltungsgrad zu gewährleisten. Die Anforderungen an den Unterauftragnehmer müssen nach § 7 Abs. 1 S. 2 VSVgV ebenfalls benannt werden. Damit soll die erforderliche Transparenz im Hinblick auf die zum Schutze der Verschlusssachen erforderlichen Maßgaben des Auftraggebers gewährleistet werden.[6]

Welche Anforderungen der Auftraggeber im Einzelnen an den Teilnahmeantrag oder das **9** Angebot zu stellen hat, ergibt sich aus der nicht abschließenden Aufzählung in § 7 Abs. 2 bis 4 VSVgV.

II. Besondere Anforderungen, § 7 Abs. 2 VSVgV

§ 7 Abs. 2 VSVgV regelt, welche Angaben Bewerber, Bieter, Auftragnehmer und Un- **10** terauftragnehmer bereits im Teilnahmeantrag oder im Angebot gegenüber dem Auftraggeber machen müssen, um die Eignung zum Umgang mit diesen Verschlusssachen nachzuweisen. Die erforderlichen Angaben richten sich nach dem jeweiligen Geheimhaltungsgrad der Verschlusssache.[7] § 4 Abs. 2 SÜG unterscheidet dabei zwischen vier Stufen von geheimhaltungsbedürftigem Material: STRENG GEHEIM; GEHEIM, VS-VERTRAULICH und VS – NUR FÜR DEN DIENSTGEBRAUCH.

Für Verschlusssachen des Geheimhaltungsgrades „VS-VERTRAULICH" oder höher **11** müssen die Bewerber die Angaben sowohl nach § 7 Abs. 2 Nr. 1 als auch Nr. 2 VSVgV machen.[8] Der Auftraggeber muss von den Bietern bzw. Bewerbern Angaben fordern, ob und in welchem Umfang bereits ein Sicherheitsbescheid des Bundeswirtschaftsministeriums für Wirtschaft und Energie oder entsprechender Landesbehörden vorliegt oder ersatzweise, dass der Bewerber bzw. Bieter bereit ist, alle Anforderungen zu erfüllen, die zum Erhalt eines Sicherheitsbescheids notwendig sind. Die Notwendigkeit eines Sicherheitsbescheides

---

[5] *Krohn* in von Wietersheim, Vergabe im Bereich Verteidigung und Sicherheit 2013 S. 139.

[6] BR-Drs. 321/12, 39; *Kaminsky* in Leinemann/Kirch, VSVgV Vor § 7; *Krohn* in von Wietersheim, Vergabe im Bereich Verteidigung und Sicherheit 2013 S. 139.

[7] BR-Drs. 321/12, 39.

[8] *Kaminsky* in Leinemann/Kirch, VSVgV § 7 Rn. 16.

ergibt sich aus § 21 der sog. VS – Anweisung,[9] wonach Verschlusssachen der Stufe VS – VERTRAULICH oder höher nur dann an Unternehmen weitergegeben werden dürfen, wenn zuvor Sicherheitsbescheide über die beteiligten Unternehmen angefordert wurden.[10] Zusätzlich dazu muss der Bieter bzw. Bewerber eine Verpflichtungserklärung nach § 7 Abs. 2 Nr. 2 VSVgV abgeben.

12   Für Verschlusssachen des Geheimhaltungsgrades „VS-NUR FÜR DEN DIENSTGE-BRAUCH" haben die Bewerber lediglich eine Verpflichtungserklärung darüber abzugeben, dass sie sowohl während des Vertrages, als auch nach Vertragsende den Schutz aller in ihrem Besitz befindlichen oder ihnen zur Kenntnis gelangter Verschlusssachen gewährleisten (§ 7 Abs. 2 Nr. 2 VSVgV).

III. Zugang zu Verschlusssachen nach § 7 Abs. 3 und Abs. 4 VSVgV

13   Auch die Voraussetzungen der Gewährung des Zugangs zu Verschlusssachen zur Erstellung eines Teilnahmeantrags oder eines Angebots unterscheiden sich je nach Geheimhaltungsgrad der Verschlusssache.

14   Zugang zu Verschlusssachen des Geheimhaltungsgrades „VS-VERTRAULICH" oder höher wird grundsätzlich erst nach Vorlage eines Sicherheitsbescheids vom Bundesministerium für Wirtschaft und Technologie oder von entsprechenden Landesbehörden und der Verpflichtungserklärung nach § 7 Abs. 2 Nr. 2 und Nr. 3 VSVgV gewährt (§ 7 Abs. 3 VSVgV). Kann der erforderliche Sicherheitsbescheid nicht rechtzeitig beigebracht werden, werden stattdessen die zum Einsatz kommenden Mitarbeiter des Unternehmens überprüft und ermächtigt, bevor diesen Zugang gewährt wird (§ 7 Abs. 3 S. 2 VSVgV). Der Bewerber bzw. Bieter ist folglich nicht gleich vom Verfahren ausgeschlossen.[11]

15   Zudem steht es dem Auftraggeber nach § 7 Abs. 6 VSVgV frei, den Bewerbern, Bietern und bereits in Aussicht gestellten Unterauftragnehmern zusätzlich Zeit zu gewähren, diese Anforderungen zu erfüllen. Hat der Auftraggeber die Absicht von dieser Möglichkeit Gebrauch zu machen, hat er dies mit Angabe der vorgesehen Fristverlängerung bereits bei der Bekanntmachung mitzuteilen. Unabhängig von der gewährten Fristverlängerung wird der Zugang zu den Verschlusssachen jedoch weiterhin erst dann gewährt, wenn der Sicherheitsbescheid vorliegt.[12] Die Fristverlängerung bedeutet insoweit eine Verlängerung des Verfahrens insgesamt.[13]

16   Für den Zugang zu Verschlusssachen des Geheimhaltungsgrads „VS-NUR FÜR DEN DIENSTGEBRAUCH" ist es ausreichend, eine Verpflichtungserklärung nach § 7 Abs. 2 Nr. 2 und Nr. 3 VSVgV vorzulegen.

IV. Ausschluss von der Teilnahme am Vergabeverfahren, § 7 Abs. 5 VSVgV

17   Kann aufgrund fehlender Voraussetzungen des § 7 Abs. 3 und 4 VSVgV kein Zugang zu den Verschlusssachen gewährt werden, ist der Bewerber, Bieter oder Auftragnehmer vom Vergabeverfahren auszuschließen (§ 7 Abs. 5 VSVgV). Ein Ausschluss vom Vergabeverfahren soll nach Erwägungsgrund 67 der Richtlinie 2009/81/EG auch jederzeit möglich sein, wenn der Auftraggeber Kenntnis davon erhält, dass die Vergabe des gesamten oder eines

---

⁹ Allgemeine Verwaltungsvorschrift des BMI zum materiellen und organisatorischen Schutz von Verschlusssachen vom 31. März 2006 i. d. F. vom 26.4.2010 (GMBl. 2010, 846).
¹⁰ *Krohn* in von Wietersheim, Vergabe im Bereich Verteidigung und Sicherheit 2013 S. 152.
¹¹ *Krohn* in von Wietersheim, Vergabe im Bereich Verteidigung und Sicherheit 2013 S. 153.
¹² *Krohn* in von Wietersheim, Vergabe im Bereich Verteidigung und Sicherheit 2013 S. 154.
¹³ *Krohn* in von Wietersheim, Vergabe im Bereich Verteidigung und Sicherheit 2013 S. 154.

Teils des Auftrags an dieses Unternehmen wesentliche Geheimschutzinteressen des betreffenden Mitgliedsstaates gefährden könnte.[14]

V. Gewährung zusätzlicher Zeit zur Erfüllung der Anforderungen zum Schutz von Verschlusssachen, § 7 Abs. 6 VSVgV

Im Sachzusammenhang mit der Regelung der Eignungsanforderungen in § 21 VSVgV **18** i. V. m. §§ 122 ff. GWB setzt § 7 Abs. 6 VSVgV Art. 42 Abs. 1 lit. j) UAbs. 3 der Richtlinie 2009/81/EG um. Dem Auftraggeber wird das Ermessen[15] eingeräumt, Bewerbern, Bietern oder in Aussicht genommenen Unterauftragnehmern zusätzliche Zeit zu gewähren, um in die Geheimschutzbetreuung des Bundesministeriums für Wirtschaft und Energie oder entsprechender Landesbehörden aufgenommen zu werden bzw. deren Personal zu überprüfen oder zu ermächtigen. Im Rahmen der Ermessensausübung haben die Auftraggeber das objektive Interesse an einem wettbewerblichen Verfahren und die Dringlichkeit der Beschaffung im Einzelfall abzuwägen.[16] Überwiegt dabei im konkreten Einzelfall die Dringlichkeit der Beschaffung das objektive Interesse an einem wettbewerblichen Verfahren, wird die Teilnahme der noch nicht das Sicherheitsüberprüfungsverfahren absolvierten Bewerber oder Bieter am Vergabeverfahren regelmäßig ausgeschlossen sein, da ein zusätzlicher Zeitrahmen für die oftmals aufwendige und viel Zeit in Anspruch nehmende Sicherheitsüberprüfung in dringenden Beschaffungsfällen wohl nicht zur Verfügung stehen wird.[17]

Wenn der Bewerber oder Bieter, dem zusätzliche Zeit gewährt wurde, den Anforderun- **19** gen nicht fristgemäß nachkommt oder die Voraussetzungen nicht erfüllen kann, so darf ihm kein Zugang zu Verschlusssachen gewährt werden.[18]

Gemäß § 7 Abs. 6 Satz 2 VSVgV muss der Auftraggeber die Möglichkeit der Gewäh- **20** rung zusätzlicher Zeit sowie die Frist in der Auftragsbekanntmachung mitteilen. Dies kann unter Ziff. III.1.5 des Standardformulars 17 des Anhangs XIV der Verordnung (EG) 2015/1986 eingetragen werden. Dort ist das vom Auftraggeber zu benennende Datum einzutragen, bis zu welchem Bewerber, die noch keine Sicherheitsüberprüfung absolviert haben, eine Sicherheitsbescheinigung erlangen können.

VI. Anerkennung der Sicherheitsbescheide und Ermächtigungen aus anderen Mitgliedstaaten, § 7 Abs. 7 VSVgV

Das Bundesministerium für Wirtschaft und Technologie erkennt Sicherheitsbescheide **21** und Ermächtigungen anderer Mitgliedstaaten an, wenn diese den nach § 7 Abs. 3 VSVgV erforderlichen Sicherheitsbescheiden und Ermächtigungen gleichwertig sind. Gleichwertig im Sinne der Vorschrift sind ausländische Sicherheitsbescheide dann, wenn sie den Anforderungen des SÜG und des § 21 Abs. 4 und 6 der VS – Anweisung des Bundesinnenministeriums entsprechen.[19]

Die Überprüfung der Gleichwertigkeit erfolgt durch den jeweiligen Mitgliedstaat, der **22** somit selbst darüber entscheiden kann, ob er ausländische Sicherheitsbescheide anerkennen möchte oder nicht.[20] Es wird geprüft, ob die Grundsätze der Nichtdiskriminierung, der Gleichbehandlung und der Verhältnismäßigkeit eingehalten sind.[21]

---

14 Erwägungsgrund 67 der Richtlinie 2009/81/EG.
15 Vgl. BR-Drs. 321/12, 41.
16 Vgl. BR-Drs. 321/12, 41.
17 So auch *Kaminsky* in Leinemann/Kirch, VSVgV § 7 Rn. 22.
18 BR-Drs. 321/12, 41.
19 *Krohn* in von Wiersheim, Vergabe im Bereich Verteidigung und Sicherheit 2013 S. 155.
20 *Krohn* in von Wiersheim, Vergabe im Bereich Verteidigung und Sicherheit 2013 S. 145.
21 Erwägungsgrund 68 der Richtlinie 2009/81/EG.

23   Eine Überprüfung der Gleichwertigkeit wird in der Regel bei Sicherheitsbescheiden und Ermächtigungen von Mitgliedstaaten, mit denen die Bundesrepublik Deutschland ein bilaterales Geheimschutzabkommen abgeschlossen hat, nicht erforderlich sein,[22] ist aber nach den soeben erläuterten Grundsätzen durchaus möglich.

24   Soweit zwischen der Bundesrepublik Deutschland und anderen Mitgliedstaaten kein solches Abkommen besteht, müssen Sicherheitsbescheide aus diesen Mitgliedstaaten durch das Bundesministerium für Wirtschaft und Technologie auf ihre Gleichwertigkeit untersucht werden.

25   Unabhängig von der Anerkennung kann das Bundesministerium für Wirtschaft und Technologie jedoch weitere eigene Untersuchungen durchführen und berücksichtigen, falls sie diese für notwendig erachtet.[23] Dies entspricht dem Ansatz der Richtlinie 2009/81/EG, dass die Mitgliedstaaten grundsätzlich auf die nationalen Standards der Sicherheitsprüfung zurückgreifen sollen.

VII. Ermächtigung des Bundesministeriums für Wirtschaft und Energie zur weiteren Überprüfung durch die Designierte Sicherheitsbehörde des Landes, § 7 Abs. 8 VSVgV

26   Absatz 8 des § 7 VSVgV übernimmt die Vorgaben in Art. 42 Abs. 1 lit. j) UAbs. 4 der Richtlinie 2009/81/EG. Die Vorschrift eröffnet dem Bundesministerium für Wirtschaft und Energie die Möglichkeit, die Nationale oder Designierte Sicherheitsbehörde eines anderen Mitgliedstaates zu beauftragen, eine „Vor-Ort-Kontrolle" bei einem Unternehmen durchzuführen, um die tatsächlichen Voraussetzungen zur Ausführung eines Verschlusssachenauftrags zu überprüfen.[24] Aufgrund der bilateralen Geheimschutzabkommen mit den meisten Mitgliedstaaten in der EU besteht ein solches Erfordernis in rechtlicher und tatsächlicher Hinsicht allerdings nicht für den Regelfall.[25]

---

[22] BR-Drs. 321/12, 41.
[23] Vgl. dazu Art. 22 der Richtlinie 2009/81/EG.
[24] BR-Drs. 321/12, 42.
[25] BR-Drs. 321/12, 42.

§ 8 Versorgungssicherheit

(1) Auftraggeber legen in der Bekanntmachung oder den Vergabeunterlagen ihre Anforderungen an die Versorgungssicherheit fest.

(2) Auftraggeber können insbesondere verlangen, dass der Teilnahmeantrag oder das Angebot folgende Angaben enthält:

1. eine Bescheinigung oder Unterlagen, die belegen, dass der Bewerber oder Bieter in Bezug auf Güterausfuhr, -verbringung und -durchfuhr die mit der Auftragsausführung verbundenen Verpflichtungen erfüllen kann, wozu auch unterstützende Unterlagen der zuständigen Behörden des oder der betreffenden Mitgliedstaaten zählen;
2. die Information über alle für den Auftraggeber aufgrund von Ausfuhrkontroll- oder Sicherheitsbeschränkungen geltenden Einschränkungen bezüglich der Angabepflicht, Verbringung oder Verwendung der Güter und Dienstleistungen oder über Festlegungen zu diesen Gütern und Dienstleistungen;
3. eine Bescheinigung oder Unterlagen, die belegen, dass Organisation und Standort der Lieferkette des Bewerbers oder Bieters ihm erlauben, die vom Auftraggeber in der Bekanntmachung oder den Vergabeunterlagen genannten Anforderungen an die Versorgungssicherheit zu erfüllen, und die Zusage des Bewerbers oder Bieters, sicherzustellen, dass mögliche Änderungen in seiner Lieferkette während der Auftragsausführung die Erfüllung dieser Anforderungen nicht beeinträchtigen werden;
4. die Zusage des Bewerbers oder Bieters, die zur Deckung möglicher Bedarfssteigerungen des Auftraggebers infolge einer Krise erforderlichen Kapazitäten unter zu vereinbarenden Bedingungen zu schaffen oder beizubehalten;
5. unterstützende Unterlagen bezüglich der Deckung des zusätzlichen Bedarfs des Auftraggebers infolge einer Krise, die durch die für den Bewerber oder Bieter zuständige nationale Behörde ausgestellt worden sind;
6. die Zusage des Bewerbers oder Bieters, für Wartung, Modernisierung oder Anpassung der im Rahmen des Auftrags gelieferten Güter zu sorgen;
7. die Zusage des Bewerbers oder Bieters, den Auftraggeber rechtzeitig über jede Änderung seiner Organisation, Lieferkette oder Unternehmensstrategie zu unterrichten, die seine Verpflichtungen dem Auftraggeber gegenüber berühren könnte;
8. die Zusage des Bewerbers oder Bieters, dem Auftraggeber unter zu vereinbarenden Bedingungen alle speziellen Mittel zur Verfügung zu stellen, die für die Herstellung von Ersatzteilen, Bauteilen, Bausätzen und speziellen Testgeräten erforderlich sind, einschließlich technischer Zeichnungen, Lizenzen und Bedienungsanleitungen, sofern er nicht mehr in der Lage sein sollte, diese Güter zu liefern.

(3) Von einem Bieter darf nicht verlangt werden, eine Zusage eines Mitgliedstaats einzuholen, welche die Freiheit dieses Mitgliedstaats einschränken würde, im Einklang mit internationalen Verträgen und europarechtlichen Rechtsvorschriften seine eigenen Kriterien für die Erteilung einer Ausfuhr-, Verbringungs- oder Durchfuhrgenehmigung unter den zum Zeitpunkt der Genehmigungsentscheidung geltenden Bedingungen anzuwenden.

Übersicht

	Rn.		Rn.
A. Einführung	1	B. Allgemeines	4
I. Literatur	1	I. Aufstellung der Anforderungen § 8 Abs. 1 VSVgV	6
II. Entstehungsgeschichte	2	II. Katalogbeispiele § 8 Abs. 2 VSVgV	8
III. Rechtliche Vorgaben im EU-Recht	3	III. Beschränkung von Anforderungsrechten des Auftraggebers § 8 Abs. 3 VSVgV	11

A. Einführung

I. Literatur

1 *Freise,* Berücksichtigung von Eignungsmerkmalen bei der Ermittlung des wirtschaftlichsten Angebots?, NZBau 2009, 225; *Hölzl, Friton,* Entweder – Oder: Eignungs- sind keine Zuschlagskriterien, NZBau 2008, 307; *Roth/Lamm,* Die Umsetzung der Verteidigungsgüter-Beschaffungsrichtlinie in Deutschland, NZBau 2012, 609.

II. Entstehungsgeschichte

2   § 8 VSVgV bleibt nach der Vergaberechtsreform 2016 inhaltlich unverändert.

III. Rechtliche Vorgaben im EU-Recht

3   § 8 VSVgV setzt Art. 23 der Richtlinie 2009/81/EG um, welcher Anforderungen an die Versorgungssicherheit stellt. Erwägungsgrund 42 der Richtlinie 2009/81/EG betont die Sensibilität der unter die Richtlinie fallenden Auftragsgegenstände und die besonders große Bedeutung der für die Vergabe dieser Auftragsgegenstände erforderlichen Anforderungen im Hinblick auf die Versorgungssicherheit. Aufgrund dessen sollten die Anforderungen für die Versorgungssicherheit für die gesamte Lieferkette gelten.[1] Art. 23 lit. a) der Richtlinie 2009/81/EG enthält einen beispielhaften Katalog von Angaben bzw. Nachweisen, die der Auftraggeber zum Zwecke der Sicherstellung seiner Versorgungssicherheit in dem Angebot des Bieters verlangen kann. In diesem Zusammenhang legt Art. 47 Abs. 1 lit. a) der Richtlinie 2009/81/EG fest, dass die Frage der Sicherstellung der Versorgungssicherheit durch den potentiellen Auftragnehmer als Zuschlagskriterium angewendet werden kann.

B. Allgemeines

4   § 8 VSVgV befasst sich mit den Anforderungen bei sicherheitsrelevanten Aufträgen, die erforderlich sind, um im Krisenfall zuverlässig die entsprechenden Leistungen zu erhalten.[2] Dabei enthält § 8 Abs. 2 VSVgV eine Aufzählung an Nachweisen oder Zusagen, die der Auftraggeber von einem (potentiellen) Bieter verlangen kann.

5   Fraglich ist, ob die in dem Katalog des § 8 Abs. 2 VSVgV beispielhaft aufgezählten Anforderungen den Zuschlags- oder den Eignungskriterien oder Mindestanforderungen an die Leistung zuzurechnen sind. Im Einzelfall soll es eine Frage der Verhältnismäßigkeit sein, ob der öffentliche Auftraggeber die Anforderungen an die Versorgungssicherheit als Eignungskriterium heranziehen darf oder die Wertung als Zuschlagskriterium ausreichend ist.[3] Die Unterscheidung anhand der Verhältnismäßigkeit wird teilweise als verfehlt kritisiert.[4] Eignung und Wertung seien zwei unterschiedliche, strikt zu trennende Vorgänge, die unterschiedlichen Regelungen unterliegen.[5] Entscheidend sei vielmehr die inhaltliche Ausgestaltung als an die Person des Bieters geknüpfte Anforderung oder als leistungsbezogenes

---

[1] Erwägungsgrund 42 der Richtlinie 2009/81/EG.
[2] *Schellenberg* in Pünder/Schellenberg, Vergaberecht, VSVgV § 8 Rn. 2.
[3] BR-Drs. 321/12, 42.
[4] *Roth/Lamm* NZBau 2012, 609 (613); zustimmend *Willenbruch* in Willenbruch/Wieddekind, Vergaberecht Kompaktkommentar, VSVgV § 8 Rn. 1.
[5] EuGH Urt. v. 12.11.2009 – C- 199/07 – NZBau 2010, 120 (124).

Kriterium.[6] Da die Vorschrift es ermöglicht, Angaben bereits im Teilnahmeantrag zu allen genannten Kriterien zu verlangen, spricht viel dafür, dass es sich im Regelfall um spezifische Anforderungen an die Leistungsfähigkeit handelt, deren Nichterfüllung zum Ausschluss des Bieters führt. Die Versorgungssicherheit ist bei der Beschaffung im Bereich Verteidigung und Sicherheit von überragender Bedeutung, es handelt sich daher in aller Regel nicht um Aspekte, deren graduelle Nichterfüllung durch andere Kriterien – etwa einen günstigeren Preis – aufgewogen werden kann.

I. Aufstellung der Anforderungen § 8 Abs. 1 VSVgV

§ 8 Abs. 1 VSVgV legt fest, dass der Auftraggeber Anforderungen an die Versorgungssi- **6** cherheit festlegen kann. Diese sind dann in der Bekanntmachung oder den Vergabeunterlagen auszustellen. Die Vorschrift entspricht vollständig dem Wortlaut von Art. 23 Abs. 1 der Richtlinie 2009/81/EG sowie dem Transparenzgebot.

Die Nichteinhaltung der Anforderungen an die Versorgungssicherheit kann nach § 24 **7** Abs. 1 Satz 1 VSVgV i.V.m. §§ 147 Satz 1, 124 Abs. 1 GWB, welcher Art. 39 Abs. 2 lit. e) der Richtlinie 2009/81/EG umsetzt, zum Ausschluss von der Teilnahme am Vergabeverfahren führen.

II. Katalogbeispiele § 8 Abs. 2 VSVgV

§ 8 Abs. 2 VSVgV legt fest, welche Unterlagen der Auftraggeber insbesondere verlangen **8** kann. Dabei übernimmt § 8 Abs. 2 VSVgV die Auflistung in Art. 23 UAbs. 2 der Richtlinie 2009/81/EG. Insoweit sind auch die Erwägungsgründe 44 und 45 der Richtlinie 2009/81/EG zu berücksichtigen. Nach Erwägungsgrund 44 können die Anforderungen zur Gewährleistung der Versorgungssicherheit sehr unterschiedlich sein und beispielsweise die internen Grundsätze, nach denen zwischen Tochter- und Muttergesellschaft in Bezug auf gewerbliche Schutzrechte verfahren wird, oder das Vorhandensein kritischer Wartungs-, Instandhaltungs- und Überholungskapazitäten zur Gewährleistung der Unterstützung während des Lebenszyklus einer angeschafften Ausrüstung einschließen.

Auf jeden Fall aber dürfen in diesem Zusammenhang die Bedingungen für die Auf- **9** tragsausführung nur die Ausführung des Auftrags selbst betreffen, vgl. Erwägungsgrund 45.

Die Auflistung ist weitestgehend selbsterklärend.[7] Es wird zwischen bieterseitig vorzu- **10** legenden Unterlagen und Bieterzusagen unterschieden.[8] Zu letzteren zählen nicht nur Bescheinigungen, mit denen (potentielle) Bieter belegen können, dass sie die vertraglichen Vorgaben einhalten können, sondern auch konkrete „Zusagen, etwa im Hinblick auf die Unterrichtung des Auftraggebers über Änderungen in Bezug auf die Organisation, die Unternehmensstrategie oder die Lieferkette des (potentiellen) Bieters sowie Wartungs-, Modernisierungs- oder auch Bedarfssteigerungszusagen.[9]

III. Beschränkung von Anforderungsrechten des Auftraggebers § 8 Abs. 3 VSVgV

Nach § 8 Abs. 3 VSVgV, der den Vorgaben in Art. 23 Abs. 3 der Richtlinie 2009/ **11** 81/EG entspricht, finden die vom Auftraggeber aufgestellten Anforderungen an die Ver-

---

6 *Willenbruch* in Willenbruch/Wieddekind, Vergaberecht Kompaktkommentar, VSVgV § 8 Rn. 1.
7 *Kaminsky* in Leinemann/Kirch, VSVgV § 8 Rn. 2.
8 *Willenbruch* in Willenbruch/Wieddekind, Vergaberecht Kompaktkommentar, VSVgV § 8 Rn. 2.
9 *Kaminsky* in Leinemann/Kirch, VSVgV Kommentar, 2013, § 8 VSVgV Rn. 3.

sorgungssicherheit ihre Grenze, wenn das Recht eines Mitgliedsstaates seine eigenen Kriterien für die Erteilung einer Ausfuhr-, Verbringungs-, oder Durchfuhrgenehmigung aufzustellen, beschränkt wird. Eine entsprechende Zusage darf vom Bieter nicht verlangt werden.

12   Durch diese Vorschrift soll die Freiheit der Mitgliedstaaten, im Rahmen der geltenden Bestimmungen Bedingungen für die erforderlichen Genehmigungen aufzustellen, gewährleistet werden und es sollen aufwendige Genehmigungsverfahren während eines zeitlich begrenzten Vergabeverfahrens verhindert werden.[10] Eine Ausfuhrgenehmigung ist daher erst nach dem Zuschlag erforderlich.[11] Insoweit ist jedoch zu beachten, dass das Vergabeverfahren möglicherweise wiederholt werden muss, wenn die entsprechende Ausfuhrgenehmigung nicht erteilt wird.

---

[10] BR-Drs. 321/12, 43.
[11] *Schellenberg* in Pünder/Schellenberg, Vergaberecht, VSVgV § 8 Rn. 7.

§ 9 Unteraufträge

(1) **Auftraggeber können den Bieter auffordern, in seinem Angebot den Teil des Auftrags, den er im Wege von Unteraufträgen an Dritte zu vergeben beabsichtigt, und die bereits vorgeschlagenen Unterauftragnehmer sowie den Gegenstand der Unteraufträge bekannt zu geben. Sie können außerdem verlangen, dass der Auftragnehmer ihnen jede im Zuge der Ausführung des Auftrags eintretende Änderung auf Ebene der Unterauftragnehmer mitteilt.**

(2) **Auftragnehmer dürfen ihre Unterauftragnehmer für alle Unteraufträge frei wählen, soweit Auftraggeber keine Anforderungen an die Erteilung der Unteraufträge im wettbewerblichen Verfahren gemäß Absatz 3 Nummer 1 und 2 stellen. Von Auftragnehmern darf insbesondere nicht verlangt werden, potenzielle Unterauftragnehmer anderer EU-Mitgliedstaaten aus Gründen der Staatsangehörigkeit zu diskriminieren.**

(3) **Folgende Anforderungen können Auftraggeber an die Erteilung von Unteraufträgen im wettbewerblichen Verfahren stellen:**

1. **Auftraggeber können Auftragnehmer verpflichten, einen Teil des Auftrags an Dritte weiter zu vergeben. Dazu benennen Auftraggeber eine Wertspanne unter Einschluss eines Mindest- und Höchstprozentsatzes. Der Höchstprozentsatz darf 30 Prozent des Auftragswerts nicht übersteigen. Diese Spanne muss im angemessenen Verhältnis zum Gegenstand und zum Wert des Auftrags und zur Art des betroffenen Industriesektors stehen, einschließlich des auf diesem Markt herrschenden Wettbewerbsniveaus und der einschlägigen technischen Fähigkeiten der industriellen Basis. Jeder Prozentsatz der Unterauftragsvergabe, der in die angegebene Wertspanne fällt, gilt als Erfüllung der Verpflichtung zur Vergabe von Unteraufträgen. Auftragnehmer vergeben die Unteraufträge gemäß den §§ 38 bis 41. In ihrem Angebot geben die Bieter an, welchen Teil oder welche Teile ihres Angebots sie durch Unteraufträge zu vergeben beabsichtigen, um die Wertspanne zu erfüllen. Auftraggeber können die Bieter auffordern, den oder die Teile ihres Angebots, den sie über den geforderten Prozentsatz hinaus durch Unteraufträge zu vergeben beabsichtigen, sowie die bereits in Aussicht genommenen Unterauftragnehmer offenzulegen.**

2. **Auftraggeber können verlangen, dass Auftragnehmer die Bestimmungen der §§ 38 bis 41 auf alle oder bestimmte Unteraufträge anwenden, die diese an Dritte zu vergeben beabsichtigen.**

(4) **Die in den Absätzen 1 und 3 genannten Anforderungen geben die Auftraggeber in der Bekanntmachung oder den Vergabeunterlagen an.**

(5) **Auftraggeber dürfen einen vom Bieter oder Auftragnehmer ausgewählten Unterauftragnehmer nur auf Grundlage der Kriterien ablehnen, die für den Hauptauftrag gelten und in der Bekanntmachung oder den Vergabeunterlagen angegeben wurden. Lehnen Auftraggeber einen Unterauftragnehmer ab, müssen sie dies gegenüber dem betroffenen Bieter oder dem Auftragnehmer in Textform nach § 126b des Bürgerlichen Gesetzbuchs begründen und darlegen, warum der Unterauftragnehmer ihres Erachtens die für den Hauptauftrag vorgegebenen Kriterien nicht erfüllt.**

(6) **Die Haftung des Auftragnehmers gegenüber dem Auftraggeber bleibt von den Vorschriften dieser Verordnung zur Unterauftragsvergabe unberührt.**

Übersicht

	Rn.			Rn.
A. Einführung	1	B. Allgemeines		6
I. Literatur	1	I. Vorgaben für eine Unterauftrags-		
II. Entstehungsgeschichte	2	vergabe, § 9 Abs. 1, Abs. 2		
III. Rechtliche Vorgaben im EU-Recht	4	VSVgV		9

Rn.   Rn.

II. Die Anforderungen an Unterauftragnehmer im Einzelnen, § 9
   Abs. 3 VSVgV 11
   1. Anforderungen im Falle der
      Festlegung des Umfangs der
      Unterauftragsvergabe durch
      den Auftraggeber, § 9 Abs. 3
      Nr. 1 VSVgV 13
   2. Anforderungen im Falle der
      freiwilligen Unterauftragsver-

   gabe, § 9 Abs. 3 Nr. 2
   VSVgV 16
III. Der Umgang mit sog. Kompen-
   sationsgeschäften („Offsets") 20
IV. Ablehnung von Unterauftrags-
   nehmern, § 9 Abs. 5 VSVgV 24
V. Haftung des Auftragnehmers, § 9
   Abs. 6 VSVgV 26

A. Einführung

I. Literatur

1   *Gabriel/Weiner,* Wettbewerb nach Innen – Abschottung nach Außen? Die europäische Verteidigungsbeschaffung im Spannungsfeld einer verstärkten Integration europäischer KMUs und einer reziprozitätsbedingten Exklusion von Bietern aus Drittstaaten, in: von Wietersheim, Vergabe im Bereich Verteidigung und Sicherheit 2013; *Hertel/Schöning,* NZBau 2009, 684; *Roth/Lamm,* Die Umsetzung der Verteidigungsgüter-Beschaffungsrichtlinie in Deutschland, NZBau 2012, 609; *Scherer-Leydecker,* Verteidigungs- und sicherheitsrelevante Aufträge – Eine neue Auftragskategorie im Vergaberecht, NZBau 2012, 533.

II. Entstehungsgeschichte

2   Aufgrund der Bestimmungen der Richtlinie 2009/81/EG hat die Unterauftragsvergabe mit §§ 9, 38 bis 41 VSVgV eine umfassende Regelung in der VSVgV erhalten.[1]

3   § 9 VSVgV hat, trotz Kritik an der Systematik,[2] im Zuge der Vergaberechtsmodernisierung im Jahr 2016 keine Änderungen erfahren. Die Regelung zur Unterauftragsvergabe in § 9 Abs. 3 Nr. 2 VSVgV wurde beibehalten.[3]

III. Rechtliche Vorgaben im EU-Recht

4   § 9 VSVgV dient der Umsetzung von Art. 21 der Richtlinie 2009/81/EG. Auch die Zielsetzung in Erwägungsgrund 3 der Richtlinie 2009/81/EG ist in diesem Zusammenhang von Bedeutung, wonach die Mitgliedstaaten auch dazu beitragen sollten, die Diversifizierung der europäischen Zuliefererbasis im Verteidigungsbereich vertikal auszubauen, indem sie insbesondere die Beteiligung kleiner und mittlerer Unternehmen und nicht traditioneller Lieferanten an der europäischen rüstungstechnologischen und - industriellen Basis unterstützen, die industrielle Zusammenarbeit verbessern und effiziente und flexible Unterauftragnehmer fördern. Insoweit stellt auch die Europäische Kommission in ihrem Leitfaden „Unterauftragsvergabe" fest, dass die Richtlinie den Marktzugang mittelständischer Unternehmen in ganz Europa durch Wettbewerb in der Zulieferkette fördere.[4]

5   Art. 21 der Richtlinie 2009/81/EG gibt den Auftraggebern verschiedene Instrumente zur Vergabe von Unteraufträgen an die Hand, welche dazu dienen, das Verfahren der Unterauftragsvergabe zu steuern (Art. 21 Abs. 2 und Abs. 3 der Richtlinie 2009/81/EG), dem

---

[1] *Gabriel/Weiner* in von Wietersheim, Vergabe im Bereich Verteidigung und Sicherheit S. 122.
[2] Vgl. zu den Einzelheiten *Kaminsky* in Leinemann/Kirch, VSVgV § 9 Rn. 1
[3] Vgl. auch hier zu den Einzelheiten *Kaminsky* in Leinemann/Kirch, VSVgV § 9 Rn. 14.
[4] Directive 2009/81/EC on the award of contracts in the fields of defence and security – Guidance Note – Subcontracting of the Directorate General Internal Market and Services of the Commission of the European Communities, Ref. Ares(2016)765116 – 12/02/2016, S. 1 Rn. 2 und 3.

Auftragnehmer eine bestimmte prozentuale Vorgabe in Form einer Wertspanne zum Volumen der Unterauftragsvergabe zu machen (Art 21 Abs. 4 der Richtlinie 2009/81/EG) oder schließlich dem Auftraggeber zu ermöglichen, Unterauftragnehmer unter bestimmten Voraussetzungen ablehnen zu können (Art. 21 Abs. 5 der Richtlinie 2009/81/EG). Von der Ermächtigung in Art. 21 Abs. 4 der Richtlinie 2009/81/EG, dass der Auftraggeber verpflichtet werden kann, die Bieter zu verpflichten, einen Anteil von bis zu 30 % des Gesamtauftrags an Unterauftragnehmer weiter zu vergeben, hat die Bundesrepublik Deutschland keinen Gebrauch gemacht. Insoweit eröffnet § 9 VSVgV für den Auftraggeber vielmehr Ermessen und sieht keine Verpflichtung des Auftraggebers zur Anordnung der Unterauftragsvergabe an einen Dritten vor.[5]

B. Allgemeines

§ 9 VSVgV enthält eine im allgemeinen Teil des VSVgV verortete detaillierte Regelung **6** zur Untervertragsvergabe, während sich die Anforderungen an die Unterauftragsvergabe selbst in Teil 3 der VSVgV (§§ 38 bis 41 VSVgV) befinden. Während die Regelungen zur Unterauftragsvergabe vorsehen, dass der Auftraggeber Einfluss auf die Lieferkette nehmen und damit die freie Wahl des Unterauftragnehmers einschränken kann, wird es sonst nach den klassischen vergaberechtlichen Bestimmungen grundsätzlich dem Auftragnehmer überlassen, wie er den Subunternehmer auswählt.

Eine Definition zur Unterauftragsvergabe findet sich in § 4 Abs. 2 VSVgV, wonach diese **7** als zwischen einem erfolgreichen Bieter und einem oder mehreren Unternehmen geschlossener entgeltlicher Vertrag über die Ausführung des betreffenden Auftrags oder von Teilen des Auftrags zu verstehen ist.

Die Vorschrift des § 9 VSVgV soll der Öffnung und Stärkung des Wettbewerbs in der **8** Lieferkette von großen Hauptauftragnehmern zugunsten wehrtechnisch ausgerichteter, kleiner und mittelständischer Unternehmen dienen.[6]

I. Vorgaben für eine Unterauftragsvergabe, § 9 Abs. 1 und Abs. 2 VSVgV

§ 9 Abs. 1 VSVgV ermöglicht den Auftragnehmern hinsichtlich des ihnen erteilten Auf- **9** trags Unteraufträge zu vergeben. Beabsichtigt ein Auftragnehmer eine Unterauftragsvergabe, kann er den Umfang, den Unterauftragsnehmer und das Verfahren der Unterauftragsvergabe frei wählen (§ 9 Abs. 2 VSVgV).

Nach § 9 Abs. 1 VSVgV können die Auftraggeber den Bieter in diesem Fall jedoch auf- **10** fordern, in seinem Angebot den Teil des Auftrags, den er im Wege von Unteraufträgen an Dritte zu vergeben beabsichtigt und die bereits vorgeschlagenen Unterauftragnehmer, sowie den Gegenstand der Unteraufträge bekannt zu geben. Die Auftraggeber können darüber hinaus verlangen, dass ihnen entsprechende Änderungen im Zuge der Auftragsausführung mitgeteilt werden, vgl. § 9 Abs. 1 S. 2 VSVgV. Weder aus dem Gesetzestext noch aus der amtlichen Verordnungsbegründung geht jedoch hervor, welche „im Zuge der Ausführung des Auftrages eintretende Änderungen auf Ebene des Unterauftragnehmers" konkret von § 9 Abs. 1 Satz 2 VSVgV erfasst werden. Jedenfalls aber werden darunter Änderungen in der Identität des Unterauftragnehmers gefasst.[7] Zu weit erscheint jedoch darüber hinaus

---

[5] *Kaminsky* in Leinemann/Kirch, VSVgV § 9 Rn. 6.

[6] BR-Drs. 321/12, 43; *Kaminsky* in Leinemann/Kirch, VSVgV § 9 Rn. 2; *Gabriel/Weiner* in von Wietersheim, Vergabe im Bereich Verteidigung und Sicherheit S. 121.

[7] So auch *Kaminsky* in Leinemann/Kirch, VSVgV, § 9 Rn. 8; *Wieddekind* in: Willenbruch/Wieddekind, Vergaberecht Kompaktkommentar, VSVgV, § 9 Rn. 5.

jedwede Änderung auch innerhalb des Unterauftragnehmers, wie z. B. ein Geschäftsführerwechsel, zu fassen.[8]

II. Die Anforderungen an Unterauftragnehmer im Einzelnen, § 9 Abs. 3 VSVgV

11   § 9 Abs. 3 VSVgV eröffnet dem Auftraggeber die Möglichkeit dem Auftragnehmer aufzugeben, die Vergabe der Unteraufträge in einem wettbewerblichen Verfahren durchzuführen. Die nach § 9 Abs. 2 VSVgV bestehende Entscheidungsfreiheit des Auftragnehmers wird dadurch eingeschränkt.[9]

Wenn der Auftraggeber von der Möglichkeit nach § 9 Abs. 3 VSVgV, den erfolgreichen Bieter zur Unterauftragsweitervergabe zu verpflichten, keinen Gebrauch macht, so ist der erfolgreiche Bieter gemäß § 9 Abs. 2 VSVgV frei in der Wahl der Unterauftragnehmer sowie den Anforderungen an diese.

12   Die Anforderungen in § 9 Abs. 1 bis 3 VSVgV sind in der Bekanntmachung oder den Vergabeunterlagen anzugeben (§ 9 Abs. 4 VSVgV).

1. Anforderungen im Falle der Festlegung des Umfangs der Unterauftragsvergabe durch den Auftraggeber, § 9 Abs. 3 Nr. 1 VSVgV

13   In Art. 21 Abs. 1 der Richtlinie 2009/81/EG wird klargestellt, dass die grundsätzlich freie Wahl des Unterauftragnehmers etwa dadurch eingeschränkt werden kann, dass der Auftraggeber gemäß Art. 21 Abs. 4 der Richtlinie 2009/81/EG den erfolgreichen Bieter auffordern kann, einen Teil des Auftrags an Dritte weiter zu vergeben. Die Bestimmungen in § 9 Abs. 3 Nr. 1 Sätze 1 bis 4 VSVgV setzen daher Art. 21 Abs. 4 UAbs. 1 der Richtlinie 2009/81/EG um. Nach § 9 Abs. 3 Nr. 1 VSVgV kann der Auftraggeber den Auftragnehmer verpflichten, einen Teil des Auftrags an Dritte weiter zu vergeben. Dabei darf die Wertspanne 30 % des Auftragswertes nicht überschreiten. Die Spanne muss in einem angemessen Verhältnis zum Gegenstand und zum Wert des Auftrags und zur Art des betroffenen Industriesektors stehen, einschließlich des auf diesem Markt herrschenden Wettbewerbsniveaus und der einschlägigen technischen Fähigkeiten der industriellen Basis. Die Entscheidung darüber, welcher Teil des Auftrags der Unterauftragsvergabe unterliegt, bleibt beim Auftragnehmer.[10] Die entsprechende Entscheidung haben die Bieter dem Auftraggeber bereits in ihrem Angebot mitzuteilen. Zur der Höhe des Prozentsatzes enthält Erwägungsgrund 40 der Richtlinie 2009/81/EG folgende Vorgaben: „Darüber hinaus erscheint es angebracht, das Recht des Bieters auf Vergabe von Unteraufträgen durch die dem Mitgliedstaat eingeräumte Möglichkeit zu ergänzen, seinen Auftraggebern zu erlauben oder sie zu verpflichten zu verlangen, dass Unteraufträge, die einem bestimmten Mindestanteil des Auftragswerts entsprechen, an Dritte vergeben werden, wobei verbundene Unternehmen nicht als Dritte gelten. Wird ein derartiger Anteil verlangt, sollte der erfolgreiche Bieter Unteraufträge im Anschluss an einen transparenten und nicht diskriminierenden Wettbewerb vergeben, damit alle interessierten Unternehmen dieselben Chancen haben, die Vorteile der Untervergabe zu nutzen. Gleichzeitig sollte das ordnungsgemäße Funktionieren der Lieferkette des erfolgreichen Bieters nicht beeinträchtigt werden. Daher sollte der Prozentsatz, der auf Antrag des Auftraggebers durch Untervergabe an Dritte vergeben werden kann, den Gegenstand und den Wert des Auftrags angemessen widerspiegeln." Hat der Auftraggeber den Auftragnehmer zur Unterauftragsvergabe verpflichtet, so muss diese anhand der §§ 38 bis 41 VSVgV durchgeführt werden.

---

[8] Insoweit ablehnend auch *Kaminsky* in Leinemann/Kirch, VSVgV § 9 Rn. 8.
[9] *Gabriel/Weiner* in von Wietersheim, Vergabe im Bereich Verteidigung und Sicherheit S. 123.
[10] *Gabriel/Weiner* in von Wietersheim, Vergabe im Bereich Verteidigung und Sicherheit S. 124.

Zu beachten ist jedoch, dass der Auftraggeber zwar den Prozentsatz vorgeben kann, den **14** die Unterverträge im Verhältnis zum Gesamtauftragswert ausmachen müssen. Er darf hingegen nicht bestimmen, welche spezifischen Teile des Auftrags weiter vergeben werden müssen.[11]

Gemäß Art. 21 Abs. 4 UAbs. 3 der Richtlinie 2009/81/EG können Bieter auch selbst **15** vorschlagen, einen den vom Auftraggeber geforderte Wertspanne überschreitenden Anteil vom Gesamtwert des Auftrags als Unteraufträge zu vergeben. Diese Vorgaben wurden vom Verordnungsgeber lediglich als klarstellend verstanden und daher nicht in die VSVgV übernommen.[12] Nach dem Willen des Verordnungsgebers können Auftraggeber auch in diesem Fall verlangen, dass diese Unteraufträge gemäß § 9 Abs. 3 Nr. 2 VSVgV nach den Bestimmungen der §§ 38 bis 41 VSVgV vergeben werden.[13] Ein Automatismus, wie in § 9 Abs. 3 Nr. 1 Satz 6 VSVgV für den Fall der vom Auftraggeber verlangten Quote vorgesehen, greift für zusätzlich zur Erfüllung der Quote vergebene Unteraufträge jedoch nicht.

2. Anforderungen im Falle der freiwilligen Unterauftragsvergabe, § 9 Abs. 3 Nr. 2 VSVgV

Nach § 9 Abs. 3 Nr. 2 VSVgV können Auftraggeber aber auch verlangen, dass Auftrag- **16** nehmer die Bestimmungen der §§ 38 bis 41 VSVgV auf alle oder bestimmte Unteraufträge anwenden, die diese an Dritte zu vergeben beabsichtigen, d. h. unabhängig davon, ob der Auftraggeber zur Unterauftragsvergabe verpflichtet hat oder nicht.

Die Entscheidung des Auftraggebers, ob und in welchem Umfang er die Anwendung **17** der §§ 38 bis 41 VSVgV verlangt, muss vor Abgabe der letztverbindlichen Angebote der Bieter vorliegen.[14]

Die in § 9 Abs. 3 VSVgV vorgesehenen Verpflichtungen, die der Auftraggeber dem **18** Auftragnehmer auferlegen können, haben zur Konsequenz, dass der Auftragnehmer sich bezüglich des Teils, für den die Unterauftragsvergabe vorgesehen ist, nicht auf die Eignung von Unterauftragnehmern berufen kann, um seine Eignung nachzuweisen. Dies schränkt den Anwendungsbereich des § 26 Abs. 3 VSVgV ein (Art. 42 Abs. 2 der Richtlinie 2009/81/EG), wonach sich Bewerber zum Nachweis der Leistungsfähigkeit auf andere Unternehmen berufen können.[15] Der Auftraggeber hat es somit in der Hand, dem Auftragnehmer den Nachweis seiner Leistungsfähigkeit zu erschweren.

Aus § 38 VSVgV ergibt sich zudem, dass ein „vorgelagertes" Vergabeverfahren zur Aus- **19** wahl der Nachunternehmer nicht möglich ist, denn § 38 VSVgV spricht von Verfahren, die von Auftragnehmern, also erst nach Zuschlagserteilung, durchzuführen sind.

III. Der Umgang mit sog. Kompensationsgeschäften („Offsets")

Im Zusammenhang mit § 9 VSVgV wird in der Literatur[16] immer wieder die Frage der **20** Vereinbarkeit von sog. direkten und indirekten Kompensationsgeschäften (oder auch direkte oder indirekte „Offsets" genannt) mit EU-rechtlichen Vorgaben diskutiert.

Offsets sind Geschäfte, bei denen ein Mitgliedstaat Leistungen von einem nicht in einem **21** Mitgliedstaat ansässigen Unternehmen einkauft, die Auftragserteilung jedoch zugleich von

---

[11] Directive 2009/81/EC on the award of contracts in the fields of defence and security – Guidance Note – Subcontracting of the Directorate General Internal Market and Services of the Commission of the European Communities, Ref. Ares(2016)765116 – 12/02/2016, S. 5 Rn. 17 und 19.

[12] BR-Drs. 321/12, 44.

[13] BR-Drs. 321/12, 44.

[14] *Gabriel/Weiner* in von Wiethersheim, Vergabe im Bereich Verteidigung und Sicherheit S. 123.

[15] *Kaminsky* in Leinemann/Kirch, VSVgV § 9 Rn. 13.

[16] Vgl. *Wieddekind* in Willenbruch/Wieddekind, Vergaberecht Kompaktkommentar, VSVgV, § 9 Rn. 19 f.; *Kaminsky* in: Leinemann/Kirch, VSVgV § 9 VSVgV Rn. 3 ff.; *Roth/Lamm* NZBau 2012, 609 ff.; *Hertel/Schöning*, NZBau 2009, 684 ff.

einer Kompensation (Offset) abhängig macht.[17] Direkter Natur ist ein Offset etwa im Falle einer direkten Beteiligung inländischer Unternehmen an der Auftragsdurchführung. Von einem indirekten Offset wird hingegen etwa dann gesprochen, wenn das beauftragte Unternehmen zusagt, der inländischen Wirtschaft des Auftraggeberstaates unabhängig von dem konkreten Beschaffungsvorgang Aufträge zu erteilen.[18] Offsets sind regelmäßig industriepolitisch begründet.[19] Die Europäische Verteidigungsagentur EDA hat in diesem Zusammenhang einen „Code of Conduct"[20] herausgegeben, der (unverbindliche) Verfahrenshinweise zum Umgang mit Offsets enthält. Danach sollen Kompensationsforderungen insbesondere dazu dienen, die industriellen Fähigkeiten für eine gemeinsame europäische verteidigungstechnologische und industrielle Basis in allen Mitgliedstaaten zu entwickeln.[21]

22   Soweit ersichtlich, wird in der Literatur wohl einhellig angenommen, dass indirekte Offsets unzulässig sind. Zwar konnte in der Richtlinie 2009/81/EG kein ausdrückliches Verbot derartiger Kompensationsgeschäfte durchgesetzt werden.[22] Auch die VSVgV enthält diesbezüglich kein ausdrückliches Verbot. Allerdings wird unter Rückgriff auf Erwägungsgrund 45 der Richtlinie 2009/81/EG ein Verbot indirekter Offsets angenommen.[23] Danach dürfen die Bedingungen für die Auftragsausführung in jedem Fall ausschließlich die Ausführung des Auftrags selbst betreffen. Darüber hinaus wird die Unzulässigkeit indirekter Offsets auf die in §§ 38 ff. VSVgV enthaltenen Regelungen zur diskriminierungsfreien Weitergabe von Leistungen gestützt.[24] Außerdem wird die Unzulässigkeit teilweise mit Art XVI Revised Agreement on Government Procurement (GPA) der WTO begründet, der sich mit der Transparenz von Informationen bei der öffentlichen Auftragsvergabe beschäftigt.[25]

23   Direkte Offsets sollen hingegen unter der Geltung der Richtlinie 2009/81/EG und der VSVgV als zulässig erachtet werden.[26] Voraussetzung sei jedoch, dass diese transparent gestaltet sind.[27] Die Forderung direkter Offsets steht jedoch in Widerspruch zu der Vorschrift des § 9 Abs. 2 Satz 2 VSVgV. Danach ist öffentlichen Auftraggebern untersagt, von den Auftragnehmern zu verlangen, potenzielle Unterauftragnehmer aus anderen Mitgliedstaaten aus Gründen der Staatsangehörigkeit zu diskriminieren. Das Gebot, bestimmte Teile des Auftrags für inländische Subunternehmer zu reservieren, ist nichts anderes als die schärfste Form einer solchen Diskriminierung. Demnach sind auch direkte Offsets unzulässig.[28]

IV. Ablehnung von Unterauftragsnehmern, § 9 Abs. 5 VSVgV

24   Die Vorschrift des § 9 Abs. 5 VSVgV setzt Art. 21 Abs. 5 und Abs. 6 der Richtlinie 2009/81/EG um und nennt die materiellen Voraussetzungen für die Ablehnung eines ausgewählten Unterauftragnehmers sowie das für die Ablehnung anzuwendende Verfahren.

---

[17] *Wieddekind* in Willenbruch/Wieddekind, Vergaberecht Kompaktkommentar, VSVgV § 9 Rn. 19; *Kaminsky* in Leinemann/Kirch, VSVgV § 9 Rn. 3.
[18] Vgl. auch *Hertel/Schöning* NZBau 2009, 684, 687.
[19] *Roth/Lamm* NZBau 2012, 609, 613.
[20] EDA Code of Conduct for Offsets vom 24. Oktober 2008.
[21] EDA Code of Conduct for Offsets vom 24. Oktober 2008, S. 3; *Hertel/Schöning* NZBau 2009, 684, 687.
[22] Vgl. dazu näher *Hertel/Schöning* NZBau 2009, 684, 687.
[23] Vgl. *Wieddekind* in Willenbruch/Wieddekind, Vergaberecht Kompaktkommentar, § 9 Rn. 20; *Kaminsky* in Leinemann/Kirch, VSVgV § 9 Rn. 4; *Roth/Lamm* NZBau 2012, 609, 613; *Hertel/Schöning*, NZBau 2009, 684, 687.
[24] So *Wieddekind* in Willenbruch/Wieddekind, Vergaberecht Kompaktkommentar, VSVgV § 9 Rn. 20.
[25] Vgl. *Hertel/Schöning* NZBau 2009, 684, 613 m. w. N..
[26] Vgl. *Wieddekind* in Willenbruch/Wieddekind, Vergaberecht Kompaktkommentar, VSVgV § 9 Rn. 20; *Kaminsky* in Leinemann/Kirch, VSVgV § 9 Rn. 5; *Roth/Lamm* NZBau 2012, 609, 613; *Hertel/Schöning* NZBau 2009, 684, 687.
[27] *Kaminsky* in Leinemann/Kirch, VSVgV § 9 Rn. 5.
[28] So auch *Gabriel* in Dippel/Sterner/Zeiss, Praxiskommentar, § 9 Rn. 32.

Auftraggeber dürfen einen vom Bieter oder Auftragnehmer ausgewählten Unterauftrag- **25** nehmer nur auf Grundlage der Kriterien ablehnen, die für den Hauptauftrag gelten und in der Bekanntmachung oder den Vergabeunterlagen angegeben wurden.[29] Bei Ablehnung eines Unterauftragnehmers eines Bieters muss der Auftraggeber gegenüber dem Bieter oder Auftragnehmer schriftlich begründen und darlegen, warum der Unterauftragnehmer die für den Hauptauftrag vorgegeben Kriterien nicht erfüllt ($\S$ 9 Abs. 5 S. 2 VSVgV). Die Vorschrift knüpft an die allgemeinen Grundsätze der Eignungsprüfung von Bietern an.[30] Der Unterauftragsnehmer muss sich den gleichen Eignungskriterien und entsprechenden Nachweisverpflichtungen stellen, wie der Auftragnehmer selbst.[31] Ein Eignungsmangel schlägt insoweit nicht auf den Auftragnehmer durch. Dieser muss einen neuen geeigneten Unterauftragsnehmer auswählen.[32]

V. Haftung des Auftragnehmers, $\S$ 9 Abs. 6 VSVgV

Aus $\S$ 9 Abs. 6 VSVgV, welcher inhaltlich den Art. 21 Abs. 7 der Richtlinie 2009/ **26** 81/EG übernimmt, ergibt sich, dass die Haftung des Auftragnehmers gegenüber des Auftraggebers von den Vorschriften der Unterauftragsvergabe, mithin $\S\S$ 9, 38 bis 41 VSVgV unberührt bleibt. Der Auftragnehmer kann sich seiner Verantwortung gegenüber dem Auftraggeber nicht entziehen, indem er einen Teil des Auftrags an einen Unterauftragnehmer vergibt.

---

[29] Vgl. zu den allgemeinen Eignungskriterien die Kommentierung von $\S\S$ 21 bis 28 VSVgV.
[30] *Gabriel/Weiner* in von Wietersheim, Vergabe im Bereich Verteidigung und Sicherheit S. 130.
[31] *Gabriel/Weiner* in von Wietersheim, Vergabe im Bereich Verteidigung und Sicherheit S. 131.
[32] *Gabriel/Weiner* in von Wietersheim, Vergabe im Bereich Verteidigung und Sicherheit S. 131.

Teil 2. Vergabeverfahren

§ 10 Grundsätze des Vergabeverfahrens

(1) Für die Berücksichtigung mittelständischer Interessen gilt § 97 Abs. 4 des Gesetzes gegen Wettbewerbsbeschränkungen. Mehrere Teil- oder Fachlose dürfen gemäß § 97 Abs. 4 Satz 3 des Gesetzes gegen Wettbewerbsbeschränkungen zusammen vergeben werden, wenn wirtschaftliche oder technische Gründe dies erfordern, insbesondere weil die Leistungsbeschreibung die Systemfähigkeit der Leistung verlangt und dies durch den Auftragsgegenstand gerechtfertigt ist.

(2) Hat ein Bieter oder Bewerber vor Einleitung des Vergabeverfahrens den Auftraggeber beraten oder sonst unterstützt, so hat der Auftraggeber sicherzustellen, dass der Wettbewerb durch die Teilnahme des Bieters oder Bewerbers nicht verfälscht wird.

(3) Die allgemeinen Vertragsbedingungen für die Ausführung von Leistungen (VOL/B) sind grundsätzlich zum Vertragsgegenstand zu machen.

(4) Die Durchführung von Vergabeverfahren zur Markterkundung und zum Zwecke der Ertragsberechnung ist unzulässig.

(5) Bei der Vergabe sind die Vorschriften über die Preise bei öffentlichen Aufträgen zu beachten.

Übersicht

	Rn.			Rn.
A. Einführung	1		E. Unzulässigkeit einer Markterkundung gem. § 10 Abs. 4 VSVgV ...	43
I. Literatur	1			
II. Entstehungsgeschichte	2		F. Verweisung auf das öffentliche Preisrecht gem. § 10 Abs. 5 VSVgV	44
III. Rechtliche Vorgaben im EU-Recht	9			
B. Anforderungen und die Losbildung gem. § 10 Abs. 1 VSVgV ...	19		1. Persönlicher und sachlicher Anwendungsbereich	49
C. Sicherstellung des Wettbewerbs gem. § 10 Abs. 2 VSVgV	34		2. Zum bieterschützenden Charakter des § 10 Abs. 5 VSVgV	58
D. Vorgaben zu Vertragsinhalten gem. § 10 Abs. 3 VSVgV	39		G. Zur Dokumentationspflicht	63

A. Einführung

I. Literatur

1 Vgl. Literatur zu § 97 Abs. 4 GWB; Burgi, S. 67 ff.; *Burgi*, NZBau 2008, 29 ff.; *Trybus*, Chapter 7; *Ebisch/Gottschalk/Hoffjan/Müller/Waldmann*, Preise und Preisprüfungen, 8. Auflage, 2010; *Drömann-Niestedt*, NZBau 2014, 390; *ders.*, ZfBR 2012, 642; *Paucker/Chrobot*, VergR 2011, 405; Gutachten *Dörr/Hoffjan*, Die Bedeutung der Verordnung, PR-Nr. 30/53 über die Preise bei öffentlichen Aufträgen, Projekt IC 4 – 08/13, März 2015; *Müller*, NZBau 2011, 720; *Berstermann/Petersen*, ZfBR 2007, 767; *Roth*, NZBau 2015, 209; *Hölzel*, VergR 2012, 1412; *Wagner/Bauer*, VergR 2009, 856; von *Wietersheim*, Vergaben im Bereich Verteidigung und Sicherheit, Bundesanzeiger Verlag, forum vergabe, Band 41, 2013.

II. Entstehungsgeschichte

2 Die Regelung des § 10 VSVgV bildet einen Bestandteil der nationalen Regelung zur Umsetzung der Richtlinie 2009/81/EG, die am 21. August 2009 in Kraft trat. Ziel der Regelung ist es, die wesentlichen Grundsätze zu definieren, um im Bereich Verteidigung und Sicherheit wettbewerbliche Verfahren einzuführen.

§ 10 VSVgV normiert für den Anwendungsbereich der VSVgV wichtige Verfahrens- **3** grundsätze zur Losbildung, Grenzen zulässiger Vorbefassung, die grundsätzliche Einbeziehung der VOL/B in die Vertragsregelungen, das Verbot, ein Vergabeverfahren zu Markterkundungszwecken durchzuführen und den Verweis auf die Geltung preisrechtlicher Normen.

Die amtliche Begründung zum Entwurf der VSVgV[1] erläutert die Grundsätze des Ver- **4** fahrens in § 10 VSVgV dahingehend, dass der vierte Abschnitt des GWB uneingeschränkt Anwendung finde. Dies gälte insbesondere für § 97 GWB. § 10 VSVgV gäbe für die Beschaffung von verteidigungs- und sicherheitsrelevanten öffentlichen Dienstleistungsaufträgen nur ausgewählte Grundsätze gemäß GWB und der – seinerzeit noch geltenden – VOL/A 2. Abschnitt, wieder. In der Begründung wird auf die seinerzeit ergangene Rechtsprechung zu den Regelungen des GWB verwiesen.

Das Erfordernis einer Konkretisierung stelle sich in Bezug auf die Frage, unter welchen **5** Voraussetzungen für verteidigungs- und sicherheitsrelevante Aufträge eine Losaufteilung unter Berücksichtigung mittelständischer Interessen gemäß § 97 Abs. 3 GWB a.F. nach Prüfung im konkreten Einzelfall entfallen darf. Die amtliche Begründung weist darauf hin, dass ein wörtlicher Umsetzungsbedarf aufgrund der Richtlinie 2009/81/EG nicht bestehe.

§ 10 Abs. 1 S. 2 VSVgV wird in der amtlichen Begründung als Konkretisierung des § 97 **6** Abs. 3 GWB a.F. eingeordnet. Die amtliche Begründung verweist auf die Rechtsprechung des OLG Düsseldorf zur Losaufteilung. Die Tatbestandsmerkmale des § 10 Abs. 1 S. 2 VSVgV sind in der amtlichen Begründung dahin erläutert, dass Systemfähigkeit der Leistung bedeute, dass der Auftragnehmer sicherzustellen habe, dass Subsysteme und Geräte verschiedener Technologien sowie unterschiedlicher Hersteller (Unterauftragnehmer), Anlagen, Personal und Material zu einer funktionierenden Einheit zusammengeführt werden können. Hingewiesen wird auf die Dokumentationspflicht nach Maßgabe des § 97 Abs. 3 S. 3 GWB a.F.

Auch hinsichtlich der übrigen Absätze verweist die amtliche Begründung auf die ent- **7** sprechenden Regelungen der VOL/A 2. Abschnitt, die seinerzeit noch wirksam waren. Der Verweis auf § 2 EG VOL/A in § 10 Abs. 5 VSVgV stelle einen deklaratorischen Verweis dar und trage dem Umstand Rechnung, dass das Preisrecht bei der Vergabe von Rüstungsaufträgen besondere Bedeutung habe, weil viele Rüstungsaufträge zu Selbstkostenpreisen vergeben werden und das Bundesamt für Wehrtechnik und Beschaffung aus diesem Grunde Preisprüfungen durchführe.

Die Bundeswehr hat für ihre internen Abläufe Verfahrensbestimmungen für die Bedarfs- **8** ermittlung, Bedarfsdeckung und Nutzung in der Bundeswehr entwickelt, sogenannte Customer Product Management (CPM), Az.: BMVg AIN I 1 Az. 79 – 01 – 01 vom 12. November 2012.[2] Das CPM ist in die Analysephase, die Realisierungsphase und die Nutzungsphase gegliedert und unter Berücksichtigung der vergaberechtlichen Bestimmungen umzusetzen. Es bezieht sich insbesondere auf die internen Abstimmungs- und Entscheidungsprozesse bzw. Zuständigkeiten.

III. Rechtliche Vorgaben im EU-Recht

Die Regelungen des § 10 VSVgV finden kein Pendant in der Richtlinie 2009/81/EG. **9** Sie bilden eine Zusammenstellung verschiedener zentraler Grundsätze des Vergabeverfahrens im Anwendungsbereich der §§ 97 ff. GWB, die auch im Anwendungsbereich der Richtlinie 2009/81/EG einzuhalten sind.

---

[1] BR-Drucksache 321/12 vom 25.5.2012, Entwurf des BMWI-IB6 – Az.: 260004.
[2] Das CPM ist abrufbar mit dem Link: *https://www.google.de/search?q=CPM+2012+Customer+Product+Management&ie=utf-8&oe=utf-8&client=firefox-b&gfe_rd=cr&ei=GeqTWZD1D5TZ8Af16K_4Cw.*

10   Die unionsrechtlichen Rahmenbedingungen für die Verfahrensregelungen sind in der Richtlinie 2009/81/EG definiert. Diese rechtlichen Rahmenbedingungen werden durch die Standardformulare ergänzt, deren Verwendung die Durchführungsverordnung Nr. 842/2011 der Europäischen Kommission vom 19. August 2011 zur Einführung von Standardformularen für die Veröffentlichung von Vergabebekanntmachungen auf dem Gebiet der öffentlichen Aufträge und zur Aufhebung der Verordnung (EG) Nr. 1564/2005 vorgibt.

11   § 10 VSVgV normiert insbesondere die Grundsätze für die Vergabe von Aufträgen gemäß Artikel 4 der Richtlinie 2009/81/EG, der die öffentlichen Auftraggeber verpflichtet, alle Wirtschaftsteilnehmer gleich und nicht diskriminierend zu behandeln und den Grundsatz der Transparenz zu beachten.

12   Daneben erfasst die Norm des § 10 VSVgV Ziele der Richtlinie 2009/81/EG, die in den Erwägungsgründen erläutert sind, nach denen auch im Bereich des Marktes für Verteidigungsgüter den Wettbewerb zu eröffnen und dabei zugleich den Besonderheiten der öffentlichen Aufträge in dem Bereich „Verteidigung und Sicherheit" Rechnung zu tragen. Explizit hervorgehoben seien dabei

– in Erwägungsgrund 5 die Sicherheitsinteressen, auf die besondere Rücksicht zu nehmen ist,

– in Erwägungsgrund 9 die Berücksichtigung der besonderen Anforderungen an die Versorgungs- und Informationssicherheit bestehen.

– Erwägungsgrund 15, der über den Anwendungsbereich der Richtlinie 2009/81/EG hinaus wiederholt, dass die Koordinierungsrichtlinien oberhalb der Schwellenwerte die Öffnung eines transparenten, diskriminierungsfreien Wettbewerbs sicherstellen, die Mitgliedstaaten jedoch auch unterhalb der Schwellenwerte für die Umsetzung des Primärrechts zu sorgen haben. Dabei sollen die Koordinierungsbestimmungen der Richtlinie 2009/81/EG nach Maßgabe des Unionsprimärrechts und wohl auch unter Berücksichtigung der klassischen Koordinierungsrichtlinien ausgelegt werden. Dort heißt es: *„Folglich sollen diese Koordinierungsbestimmungen nach Maßgabe der genannten Regeln und Grundsätze sowie gemäß den anderen Bestimmungen des Vertrages ausgelegt werden."*

– Erwägungsgrund 49, der klarstellt, dass die Auftraggeber vor Einleitung eines Vergabeverfahrens einen technischen Dialog mit Anbietern führen dürfen und dazu insbesondere auch eine Stellungnahme einholen dürfen, die *„bei der Erstellung der Verdingungsunterlagen verwendet werden kann, vorausgesetzt, dass diese Stellungnahme den Wettbewerb nicht ausschaltet."* Diese Regelung ist bei der Anwendung der allgemeinen Grundsätze zur Vorbefassung zu beachten.

13   Von der Öffnung des Wettbewerbs und der vergaberechtlichen Grundprinzipien „soll" gem. Erwägungsgrund 16 und 17 nur dann und nur insoweit abgesehen werden, wie es zum Schutz der wesentlichen Sicherheitsinteressen eines Mitgliedstaates erforderlich und aus Gründen der öffentlichen Sicherheit gerechtfertigt ist.

14   Die Aspekte der Sicherheit und Geheimhaltung rechtfertigen somit nicht per se Abweichung von den allgemeinen vergaberechtlichen Grundsätzen und den Verfahrensvorschriften. Stattdessen sind die Voraussetzungen, unter denen von den allgemeinen Verfahrensvorgaben abgewichen werden darf, explizit normiert. Bezogen auf die Verfahrensregelungen bedeutet dies, dass der Wettbewerbliche Dialog nur bei Erfüllung der in Art. 27 der Richtlinie 2009/81/EG genannten Voraussetzungen zulässig ist und die Verfahrensregelungen der Art. 25 ff. Richtlinie 2009/81/EG einzuhalten sind. Dies bedeutet insbesondere, dass der öffentliche Auftraggeber, der sich auf Ausnahmetatbestände berufen möchte, für das Vorliegen der Voraussetzungen die Darlegungs- und Beweislast trägt und diese zu dokumentieren hat.[3]

15   Die Richtlinie 2009/81/EG blieb durch die Vergaberechtsmodernisierung unberührt. Der nationale Gesetzgeber hat die bisher geltenden Normen der VSVgV nicht geändert und nur Verweise korrigiert. Diskussionsfähig ist, ob und inwieweit die Neuregelungen

---

[3] Vgl. OLG Düsseldorf NZBau, 2016, 659; → VSVgV § 43.

aufgrund der Vergaberechtsmodernisierung und das Inkrafttreten der Richtlinien 2014/
24/EU und 2014/25/EU auch zu Änderungen bei der Auslegung der Normen im Anwendungsbereich der Richtlinie 2009/81/EG bzw. der §§ 144 ff. GWB und der VSVgV bzw. des dritten Abschnitt der VOB/A, der VOB/A-VS führen. Die Vergaberechtsmodernisierung erfasst ausschließlich die Normen zur Umsetzung der Richtlinien 2014/24/EU und 2014/25/EU. Das unionsrechtliche Sekundärrecht basiert auf eigenständigen Rechtsquellen, die gerade nicht aufeinander verweisen, so dass die Regelungen der Richtlinie 2014/24/EU und 2014/25/EU für sich und unabhängig neben der Richtlinie 2009/81/EG gelten. Entsprechendes gilt auch für die nationalen Umsetzungsnormen. Somit entfaltet die Vergaberechtsmodernisierung keine Rechtswirkungen im Anwendungsbereich der VSVgV und der VOB/A-VS, wenn und soweit Regelungen inhaltlich geändert wurden. Anwendbar ist und bleibt jedoch die Rechtsprechung zu den Normen, die inhaltlich unverändert blieben und durch die Rechtsprechung fortentwickelt werden.

Die nationale Umsetzung der Richtlinie 2009/81/EG ist in den §§ 144 ff. GWB[4] er- **16** folgt, ergänzend zu diesen Regelungen gelten die Regelungen der VSVgV sowie der VOB/A-VS. Gemäß § 2 VSVgV sind für die Vergabe von verteidigungs- und sicherheitsspezifischen Liefer- und Dienstleistungsaufträgen die Vorschriften der VSVgV neben den Normen des GWB anzuwenden. Gemäß § 2 Abs. 2 VSVgV sind für die Vergabe von verteidigungs- und sicherheitsspezifischen Bauaufträgen nur die §§ 1–4, 6–9 und 38–42 sowie 44 und 45 VSVgV anzuwenden. Im Übrigen ist Abschnitt 3 der Vergabe- und Vertragsordnung für Bauleistungen (VOB/A) in der Fassung der Bekanntmachung vom 19. Januar 2016 (Bundesanzeiger AT 19.01.2016 B3) anzuwenden. Dementsprechend gelten die Regelungen des § 10 VSVgV im Anwendungsbereich der Vergabe von verteidigungs- oder sicherheitsspezifischen Bauaufträgen nicht.

Aus dem Unionsrecht und insbesondere den Erwägungsgründen der Richtlinie 2009/81/EG ist das Gebot einer Abwägung zwischen Sicherheitsschutz und Wettbewerbsöffnung **17** abzuleiten. Die Auslegung der verschiedenen Tatbestandsmerkmale, die zu Wettbewerbsbeschränkungen führen, müssen stets dem Gebot der Verhältnismäßigkeit standhalten und im Hinblick auf die verfolgten Ziele angemessen sein. Stets ist die Gestaltungsoption zu wählen, die den freien Warenverkehr und den Dienstleistungsverkehr am wenigsten behindert.

§ 10 Abs. 1 VSVgV stellt somit einerseits klar, dass die Grundsätze, von denen innerhalb **18** der VSVgV zweifelhaft sein könnte, ob diese aufgrund der Besonderheiten der Vergabe von Aufträgen im Bereich von Verteidigung und Sicherheit von vornherein nicht anwendbar sind, anzuwenden sind. Dies gilt einerseits für mittelständische Interessen und andererseits für die Vorbefasstheit von Bietern. Dies gilt jedoch auch für die weiteren Grundsätze der §§ 97 ff. GWB, die nicht gesetzlich normiert sind, wie etwa das Vertraulichkeitsgebot, der Grundsatz von Treu und Glauben und die Gebote der Verfahrensfairness, des Vertrauensschutzes und der Selbstbindung der Verwaltung im Rahmen der VSVgV anzuwenden sind.[5]

B. Anforderungen an die Losbildung
gem. § 10 Abs. 1 VSVgV

Entsprechend der gesetzlichen Regelungssystematik stellt die VSVgV eine Verordnung **19** dar, die den Ermächtigungsrahmen der §§ 144 ff. GWB ausfüllt. Es handelt sich bei diesen Aufträgen um öffentliche Aufträge, auf die die Grundsätze des §§ 97 GWB anzuwenden sind. § 10 Abs. 1 S. 1 VSVgV ist insoweit als Klarstellung zu verstehen, dass die allgemeinen Grundsätze auch im Rahmen der Vergabe von öffentlichen Aufträgen im Bereich Verteidigung und Sicherheit gelten.

---

[4] → GWB §§ 144 ff.
[5] → GWB Vor § 97 Rn. 6; VK Bund 17.3.2014 – VK 1–12/14; vgl. auch *Burgi* NZBau 2008, 29.

20   § 10 Abs. 1 VSVgV stellt zunächst die Verpflichtung der öffentlichen Auftraggeber klar, im Anwendungsbereich der VSVgV mittelständische Interessen zu berücksichtigen. Mittelständische Interessen sind durch Bildung sachgerechter Teil- und Fachlose zu berücksichtigen. § 10 Absatz 1 Satz 2, 2. Halbsatz VSVgV normiert sodann die Sachverhaltsmerkmale, die dazu führen können, dass aufgrund von wirtschaftlichen oder technischen Gründen eine Ausnahme von dem Grundsatz der Losbildung vertretbar erscheint. Mehrere Teil- oder Fachlose dürfen gemäß § 97 Abs. 4 S. 3 GWB zusammen vergeben werden, wenn wirtschaftliche oder technische Gründe dies erfordern, insbesondere weil die Leistungsbeschreibung die Systemfähigkeit der Leistung verlangt und dies durch den Auftragsgegenstand gerechtfertigt ist.[6]

21   Konkret bedeutet dies, dass wirtschaftliche oder technische Gründe eine Ausnahme der Losbildung rechtfertigen können. Ein Ausnahmetatbestand kann „insbesondere" vorliegen, weil die Leistungsbeschreibung die Systemfähigkeit der Leistung verlangt und das Absehen von der Losbildung durch den Auftragsgegenstand gerechtfertigt ist.

22   Eine Einordnung innerhalb des § 10 Abs. 1 VSVgV dazu, ob es sich bei diesem besonderen Ausnahmetatbestand um einen wirtschaftlichen oder einen technischen Grund handelt, der ein Absehen von der Losbildung erfordert, fehlt. Dementsprechend ist die Subsumption durch den Auftraggeber vorzunehmen.

23   Aus dem Normtext des § 10 Abs. 1 S. 2 VSVgV folgt, dass mehrere Teil- oder Fachlose nur dann zusammen vergeben werden dürfen, wenn wirtschaftliche oder technische Gründe dies erfordern. Ein wirtschaftlicher und/oder technischer Grund kann insbesondere vorliegen, wenn die Leistungsbeschreibung die Systemfähigkeit der Leistung verlangt, die Splittung der Leistung in mehrere Teil- und/oder Fachlose dem entgegensteht und das Absehen von der Losbildung durch den Auftragsgegenstand gerechtfertigt ist.

24   Es genügt somit nicht, dass der Auftraggeber innerhalb der Leistungsbeschreibung schlicht ausführt, dass die Systemfähigkeit des Systems ein Absehen von der Losbildung verlangt, vielmehr ist die Notwendigkeit des Absehens von der Losbildung inhaltlich technisch bzw. wirtschaftlich zu begründen und muss durch den Auftragsgegenstand gerechtfertigt sein.

25   Hilfsweise kann auf die Verordnungsbegründung zurückgegriffen werden. Dort wird auf die Rechtsprechung des Oberlandesgerichts Düsseldorf verwiesen, nach der wirtschaftliche oder technische Gründe, die für ein Absehen einer Losbildung sprechen, in einem besonderen Umfang oder in einer besonderen Komplexität liegen kann. Eine solche besondere Komplexität könne vorliegen, weil die Leistungsbeschreibung die Systemfähigkeit des Systems verlange und dies durch den Auftragsgegenstand gerechtfertigt sei. Der Begriff der Systemfähigkeit der Leistung wird in der Verordnungsbegründung dahin erläutert, dass sie vorliege, wenn der Auftragnehmer sicherzustellen habe, dass Subsysteme und Geräte verschiedener Technologien sowie unterschiedlicher Hersteller (Unterauftragnehmer), Anlagen, Personal und Material zu einer funktionierenden Einheit zusammengeführt werden „können".

26   Das Absehen von einer Losaufteilung ist nicht bereits dann gerechtfertigt, wenn der Auftraggeber darlegt und dokumentiert, dass die Vergabe an einen Auftragnehmer für ihn zu Kostenersparnissen führt und mit weniger Koordinationsaufwand verbunden ist. Dies sind Vorteile, die die typischerweise mit einer Zusammenfassung verschiedener Einzellose in eine Gesamtlosvergabe verknüpft sind und somit keine besonderen Sachverhaltsaspekte darstellen, die eine Ausnahme von dem Gebot der Losaufteilung rechtfertigen. Das Oberlandesgericht Düsseldorf hat betont, dass in einer Vermeidung des mit der Fach- oder Teillosvergabe typischerweise verbundenen Mehraufwands in Gestalt eines Ausschreibungsaufwandes, Prüfungsaufwandes, Koordinierungsmehraufwandes sowie ein höherer Aufwand bei der Durchsetzung von Gewährleistungsansprüchen eine Rechtfertigung für eine Gesamtvergabe noch nicht dargelegt ist.[7] Vielmehr müssen weitergehende Gründe vorlie-

---

[6] → GWB § 97 Abs. 4; *Burgi* NZBau 2006, 606 und 693; *Faßbender* NZBau 2010, 529.
[7] OLG Düsseldorf 25.11.2009 VII- Verg 27/09.

gen, die aus wirtschaftlicher Sicht oder aus technischer Sicht ein Absehen von einer Losaufteilung rechtfertigen. Dabei ist eine Gesamtabwägung vorzunehmen.[8]

Eine Gesamtlosvergabe ist etwa dann gerechtfertigt, wenn eine Aufteilung in Lose zu einer Zersplitterung einer zwingend einheitlichen Leistung führen würde und die Leistung durch die Losaufteilung ihren Charakter verliert.[9] Somit liegt ein Ausnahmetatbestand umso eher vor, als eine besondere Komplexität einer herzustellenden Gesamtleistung festzustellen ist, die aus Teilkomponenten besteht und eine Gesamtfunktionalität gefordert ist. Ist in der Vergabedokumentation die Gefahr dargelegt, dass bei einer Aufsplittung in Fach- und/oder Teillose die Systemfähigkeit einer Leistung infrage gestellt ist oder bestehen im Fall von Störungen an dem Gesamtsystem hohe Risiken, etwa für die Versorgungssicherheit der Bevölkerung oder in anderen Fällen, in den höchstpersönliche Rechtsgüter oder aber überwiegende Allgemeinwohlinteressen berührt sind, liegt eine Rechtfertigung von dem Gebot der Losaufteilung nahe. **27**

In der Regel werden technische Gründe ein Absehen von der Losbildung erfordern, wenn die Systemfähigkeit der Leistung durch eine Aufbietung in Lose infrage gestellt wird. Es erscheint jedoch nicht ausgeschlossen, dass auch in diesem Kontext wirtschaftliche Aspekte eine Rolle spielen, etwa unter dem Gesichtspunkt der Wirtschaftlichkeit einer einheitlichen Systemlösung, die das OLG Düsseldorf unter bestimmten Umständen für gerechtfertigt hält. **28**

Das Oberlandesgericht Düsseldorf entschied, dass eine Markenstrategie als bedarfsspezifische Vorgabe vergaberechtlich zulässig ist, wenn sich sachliche Gründe dafür ergeben. Solche sachlichen Gründe sind nach der Rechtsprechung des OLG Düsseldorf insbesondere eine Vereinheitlichung zur Vermeidung von Prozessrisiken infolge von Schnittstellen in sensiblen Bereichen, Verzögerungen in den Geschäftsprozessen aufgrund unklarer Produktverantwortlichkeiten und die Nutzung von Synergien zur Kosteneinsparung.[10] **29**

Denkbar ist somit eine Addition technischer und wirtschaftlicher Aspekte, die insgesamt ein Absehen von einer Losbildung rechtfertigen. Wenn einerseits das Risiko der Versorgungssicherheit durch eine Splitting eines Leistungsgegenstandes aufgrund von Losbildung dargelegt werden kann und eine Splitting mit dem dadurch verursachten Erfassungs- und Reportingaufwand zu erheblichem wirtschaftlichem Mehraufwand führt, kann eine Addition wirtschaftlicher und technischer Gründe entscheidend für die dann zu rechtfertigende Abweichung vom Grundsatz der losweisen Vergabe sein. **30**

Im Übrigen wird auf die Kommentierung zu § 97 Abs. 4 GWB verwiesen. Ein Absehen von der Losaufteilung ist gem. § 43 VSVgV zu dokumentieren.[11] **31**

Die Regelungen der VSVgV sehen keine Umkehr der Beweislast zu Gunsten des öffentlichen Auftraggebers vor, dementsprechend obliegt es dem öffentlichen Auftraggeber, die Gründe für ein Absehen von der Losentscheidung darzulegen und die Gründe im Streitfall zu beweisen. Dies gilt insbesondere auch dann, wenn die Begründung mit Sicherheits- und Geheimhaltungsinteressen verknüpft ist. In diesem Fall kommt ein so genanntes In-Camera-Verfahren in Betracht.[12] **32**

Der Bundesgerichtshof hat entschieden, dass eine Vergabekammer bei der Sachentscheidung Umstände berücksichtigen darf, deren Offenlegung sie mit Rücksicht auf ein Geheimhaltungsinteresse abgelehnt hat, das nach Abwägung aller Umstände das Interesse der Beteiligten auf rechtliches Gehör auch unter Beachtung des Rechts auf effektiven Rechtsschutz überwiegt. Streitgegenständlich war ein Ausschreibungsverfahren, in dem die Auskömmlichkeit eines Angebots in Streit stand. Der BGH betonte, dass in diesem Fall zwei gleichwertige Rechtsgüter, die dem unmittelbaren Grundrechtsschutz unterliegen, berührt **33**

---

[8] OLG Düsseldorf 25.11.2009 VII-Verg 27/09; VK Bund 9.5.2014 – VK 1–26/14.
[9] Vgl. OLG Celle 26.4.2010 – 13 Verg 4/10 NZBau 2010, 715.
[10] Vgl. OLG Düsseldorf NZBau 2016, 659; VK Bund 9.5.2017 – VK 2–34/17.
[11] Vgl. OLG Düsseldorf 17.3.2004 Verg 1/04; → VSVgV § 43.
[12] Vgl. BGH NZBau 2017, 230.

sind und in diesem Fall eine Entscheidung auf Sachverhaltsaspekte gestützt werden darf, die der Offenlegung der Akten im Nachprüfungsverfahren nicht unterlagen. [13]

C. Sicherstellung des Wettbewerbs gem. § 10 Abs. 2 VSVgV

34   § 10 Abs. 2 VSVgV regelt den Umgang des Auftraggebers mit Wettbewerbsvorsprüngen von Bietern oder Bewerbern. Hat ein Bieter oder Bewerber vor Einleitung des Vergabeverfahrens den Auftraggeber beraten oder sonst unterstützt, so hat der Auftraggeber sicherzustellen, dass der Wettbewerb durch die Teilnahme des Bieters oder Bewerbers nicht verfälscht wird.

35   Die Regelung fasst die ausführlichere Norm des § 7 VgV zusammen und stellt sicher, dass etwaige Kenntnis- oder Wettbewerbsvorsprünge durch den Auftraggeber auszugleichen sind. Die Pflicht zur Sicherstellung des Wettbewerbs trifft den Auftraggeber.

36   Der Wettbewerb ist auch dann sichergestellt, wenn sich Wettbewerbsteilnehmer um den Auftrag bewerben, die bisher Auftragnehmer waren und aufgrund dieser früheren Auftragnehmerstellung Wettbewerbsvorteile genießen. Die Vergabekammer des Bundes hatte sich etwa mit einer Beschaffungssituation auseinanderzusetzen, in der ein IT-System bereitzustellen war. Bestandteil des Leistungsumfangs war auch eine Migration. Ein Wettbewerbsteilnehmer wandte sich gegen die geplante Vergabeentscheidung und trug vor, dass die Berücksichtigung von Migrationskosten bei der Angebotswertung gegen den Wettbewerbsgrundsatz verstoße. Diese Kostenposition sorge dafür, dass der bisherige Dienstleister bei der Angebotserstellung bessergestellt werde als die übrigen Bieter. Denn letztere hätten Wettbewerbsnachteile aufgrund der dem Vor-Auftragnehmer nicht erneut anfallenden bzw. sehr geringen Migrationskosten. Diese Konstellation sei mit der Projektantenproblematik des § 10 Abs. 2 VSVgV vergleichbar. Auch dort werde der Wettbewerb durch Vorkenntnisse und Erfahrungen des Projektanten verfälscht, da er ein Angebot einreichen könne, welches so von den Wettbewerbern mangels entsprechender Vorkenntnisse nicht zu erstellen sei. Der Auftraggeber müsse daher den Wettbewerbsnachteil ausgleichen oder ihn vor Auftragnehmer als Projektanten als ultima ratio ausschließen.

37   Die Vergabekammer des Bundes folgte dieser Argumentation nicht. Die Vergabestelle habe in zulässiger Weise alle anfallenden Preise, die mit der Bedarfsdeckung verbunden sein, in die Preiswertung eingestellt. Der Auftraggeber handele entsprechend dem Haushaltsrecht, wenn er sämtliche Mittel, die mit einer Bedarfsdeckung verbunden sind, ausweisen lässt und in die Wertung mit einbezieht. Der Anbieter, der früherer Auftragnehmer sei, habe seine Position im Wettbewerb erlangt. Er sei gerade kein Projektant und die Regelung des § 10 Abs. 2 VSVgV weder unmittelbar noch mittelbar anwendbar. [14]

38   Hervorzuheben ist auch insoweit, dass die Norm des § 10 Abs. 2 VSVgV keine Sonderregelungen für den Bereich der Vergabe von öffentlichen Aufträgen im Bereich Verteidigung und Sicherheit enthält, sondern die allgemeinen Grundsätze verkürzt wiedergegeben werden. Auf die Kommentierung zu § 7 VgV wird daher verwiesen.

D. Vorgaben zu Vertragsinhalten gem. § 10 Abs. 3 VSVgV

39   Ebenso wie im nationalen Kartellvergaberecht für Liefer- und Dienstleistungen verpflichtet § 10 Abs. 2 VSVgV den öffentlichen Auftraggeber, die allgemeinen Vertragsbedingungen für die Ausführung von Leistungen (VOL/B) grundsätzlich zum Vertragsgegenstand zu machen.

---

[13] Vgl. BGH NZBau 2017, 230.
[14] VK Bund 10.3.2017 VK 2–19/17.

§ 29 Abs. 2 S. 1 VgV normiert jedoch strenger als § 10 Abs. 2 VSVgV, dass die VOL/B **40**
in der Regel in den Vertrag einzubeziehen ist. Die Pflicht zur lediglich grundsätzlichen
Einbeziehung erscheint offener, da von Grundsätzen in Ausnahmesituationen abgewichen
werden kann und Ausnahmesituationen bei komplexen und sensiblen Auftragsvergaben
eher naheliegend erscheinten.

Eine lediglich grundsätzliche Einbeziehung ermöglicht auch die Einbeziehung weiterer **41**
Vertrags- und Ausführungsbedingungen. Verpflichtend anzuwenden ist das Haushaltsrecht
mitsamt des § 55 Abs. 2 BHO. Die Einbeziehung der VOL/B stellt einen einheitlichen
Vertragsstandard der öffentlichen Hand sicher und entspricht somit der Anforderung des
§ 55 Abs. 2 BHO.[15]

Die Normen außerhalb des Vergaberechtes, insbesondere die §§ 305 ff. BGB, bleiben **42**
unberührt, da die VSVgV nur die Verfahrensvorschriften zur Vergabe öffentlicher Aufträge
enthält, die gesetzlichen Regelungen des Vertragsrechts aus sich heraus gelten. Auf die
Kommentierung zu § 29 Abs. 2 Satz 1 VgV wird ergänzend verwiesen.

E. Unzulässigkeit einer
Markterkundung gem. § 10 Abs. 4 VSVgV

Auch im Anwendungsbereich der VSVgV ist die Durchführung eines Ausschreibungs- **43**
verfahrens zum Zwecke der Markterkundung unzulässig. Ziel eines Ausschreibungsverfahrens muss ebenso wie bei der Vergabe sonstiger öffentlicher Aufträge die Vergabe eines
öffentlichen Auftrags im Bereich Verteidigung und Sicherheit sein.[16] Unzulässig ist es daher
etwa, parallel unterschiedliche Finanzierungsarten zur Beschaffung von Lieferleistungen
auszuschreiben, da eine Vergleichbarkeit der dann eingehenden Angebote nicht sichergestellt werden kann.[17]

F. Verweisung auf das
öffentliche Preisrecht gem. § 10 Abs. 5 VSVgV

Die Vorschriften über die Preise bei öffentlichen Aufträgen sind in der Verordnung PR- **44**
Nr. 30/53 über die Preise bei öffentlichen Aufträgen geregelt[18] Zu der Verordnung sind
Ausführungserlasse bzw. Rundschreiben ergangen, die die Preisverordnung konkretisieren.[19]

---

[15] So wohl auch *Sterner* in Dippel/Sterner/Zeiss, § 10 VSVgV, Rn. 15.
[16] → GWB Vor § 97 Rn. 16 f.; GWB § 97 Abs. 6 Rn. 34.
[17] KG VergabeR 2001, 392, 395; Kirch in: Leinemann/Kirch, § 10 VSVgV Rn. 46 ff.; VK Lüneburg,
23.5.2005, 203 – VgK – 19/05; *Prieß* VergabeR 2001, 400 ff.
[18] Verordnung vom 21. November 1953 (Bundesanzeiger Nr. 244), zuletzt geändert durch Verordnung
PR-Nr. 1/89 vom 13. Juni 1989 (BGBL I Seite 1094).
[19] Erster Runderlass betreffend Durchführung der Verordnung PR-Nr. 30/53 über die Preise bei öffentlichen Aufträgen vom 21. November 1953 (Ministerialblatt BMWE 1953, Seite 515); Durchführungsbestim-
mungen zur VO PR-Nr. 30/53 in Gestalt des ersten Runderlasses sowie in Gestalt der Richtlinien für öffentliche Auftraggeber vom 1. Juli 1955 in der Fassung vom 6. März 1061, geändert am 18. Juli 1962;
Übereinkommen BMVG/BMWI betreffend Preisprüfung vom 14. Juli 1966 mit den Ressortvereinbarun-
gen zwischen BMVG und BMWI in der Fassung vom 15. September 2001, vom 22. Mai 2005 und vom
1. Februar 2010 sowie die Erläuterungen des BMWI zur Ressortvereinbarung zwischen BMVG und BMWI
vom 21. Februar 2006 sowie das Rundschreiben des BMWF betreffend Grundsätze zur Anwendung von
Preisvorbehalten bei öffentlichen Aufträgen vom 2. Mai 1972 sowie das Rundschreiben des BMWF zur
Erläuterung der Grundsätze für die Vereinbarung von Preisvorbehalten am 23. Juni 1972, der Verordnung
PR-Nr. 4/72 über die Bemessung des kalkulatorischen Zinssatzes vom 17. April 1972 sowie die von den
Wirtschaftsressourcen des Bundes und der Länder entwickelten Vorschriften der Preisprüfungen nach der
Verordnung PR-Nr. 30/53, verschiedener weiterer Verordnungen und insbesondere des Erlasses des BMVG
zur Bemessung des kalkulatorischen Gewinns in Verträgen des Verteidigungsressorts zu Selbstkostenpreisen
(Bonner Formel vom 27. Juni 1989) sowie der Erlass des BMVG zur Ermittlung und Verrechnung von
kostenfreier und gebundener Entwicklungen Aufträgen des Verteidigungsressource zu Selbstkostenpreisen
vom 27. Juni 1989.

45 In der Begründung der Verordnung heißt es zu § 10 Abs. 5 VSVgV, dass es sich um einen deklaratorischen Verweis des § 2 EG VOL/A auf das materielle Preisrecht bei öffentlichen Aufträgen handele. Dies trage dem Umstand Rechnung, dass dem Preisrecht bei der Vergabe von Rüstungsaufträgen besondere Bedeutung zu zukomme, weil viele Rüstungsaufträge zu Selbstkostenpreisen vergeben würden und das Bundesamt für Wehrtechnik und Beschaffung aus diesem Grunde Preisprüfungen durchführe.

46 Unstreitig ist, dass es sich bei dem Preisrecht um ein eigenes Rechtsgebiet handelt, das neben dem Vergaberecht Anwendung findet.[20] Unstreitig findet das öffentliche Preisrecht nur für die klassischen öffentlichen Auftraggeber im Sinne des §§ 99 Nr. 1 GWB Anwendung. Es gilt somit aus sich heraus nicht für die privatrechtlichen Unternehmen der öffentlichen Hand.[21]

47 Die frühere Regelung in § 2 EG VOL/A wurde im Rahmen der Vergaberechtsmodernisierung nicht in die Vergabeverordnung übernommen. Auch wird das öffentliche Preisrecht im Anwendungsbereich des GWB an anderer Stelle nicht erwähnt. Ein Verweis findet sich lediglich in § 10 Abs. 5 VSVgV, dass bei „der Vergabe [...] die Vorschriften über die Preise bei öffentlichen Aufträgen zu beachten" sind.

48 Das öffentliche Preisrecht gilt nicht im Bereich der Bauvergaben, die seinerzeit geltende Baupreisverordnung VO PR-Nr. 1/72 wurde durch Verordnung vom 16. Juni 1999 BGBL I Seite 1419 aufgehoben. Konsequent wird das öffentliche Preisrecht daher auch nur in § 10 Abs. 5 VSVgV und nicht in der VOB/A-VS als geltendes Recht hervorgehoben.

1. Persönlicher und sachlicher Anwendungsbereich

49 Der Anwendungsbereich des öffentlichen Preisrechts ist gem. § 1 Abs. 1 und Abs. 3 VO PR-Nr. 30/53 eröffnet bei der Vergabe von Leistungen aufgrund von öffentlichen Aufträgen. Öffentliche Aufträge im Sinne der Verordnung VO PR-Nr. 30/53 sind die Aufträge des Bundes, der Länder, der Gemeinden und Gemeindeverbände und der sonstigen juristischen Personen des öffentlichen Rechts, vgl. § 2 Abs. 1 VO PR-Nr. 30/53.

50 Die Normen der VO PR-Nr. 30/53 sind in den langen Jahren der Geltung der Preisverordnung nicht angepasst worden. Festzustellen sind daher Begriffsdifferenzen zwischen dem Rechtsbegriff des öffentlichen Auftrags bzw. des öffentlichen Auftraggebers des öffentlichen Preisrechts und den im GWB definierten Rechtsbegriffen und dem vergaberechtlichen funktionale Begriffsverständnis der öffentlichen Auftraggebereigenschaft.[22]

51 Der persönliche Anwendungsbereich erstreckt sich auf die in § 2 Abs. 1 VO PR-Nr. 30/53 aufgeführten Rechtsträger, nicht jedoch auf juristische Personen des Privatrechts, auch wenn sie von öffentlichen Auftraggebern überwiegend oder allein finanziert und beherrscht werden.[23]

52 Streitig diskutiert wird in Bezug auf den sachlichen Anwendungsbereich insbesondere, ob die Auftragsvergaben gem. § 108 GWB – ehem. sog. Inhouse- Vergaben – öffentliche Aufträge im Sinne des Preisrechts darstellen.

53 Einigkeit besteht darüber, dass das öffentliche Preisrecht nur dann Anwendung findet, wenn zwei Rechtspersonen beteiligt sind. In Bezug auf die Rechtsfigur der Inhouse-Vergabe wurde vor der Vergaberechtsmodernisierung vertreten, dass die sog. Inhouse-Vergabe nach der Rechtsprechung des EuGH gerade kein öffentlicher Auftrag sein, sondern vergaberechtlich als verwaltungsinterne Leistungsbeziehung eingeordnet werde.[24] Die wohl

---

[20] → GWB Einl. Rn. 135 ff.

[21] → GWB Einl. Rn. 135 ff.; *Ebisch/Gottschalk/Hoffjan/Müller/Waldmann* Preise und Preisprüfungen bei öffentlichen Aufträgen, 2010, § 1 Rn. 29 und § 2 Rn. 5; *Berstermann* in Pünder/Schellenberg, ÖffAuftrPrV, Rn. 5; *Greiffenhagen* VergabeR 2013, 415, 417.

[22] → GWB § 99 Rn. 5 und 15 m. w. N.

[23] *Ebisch/Gottschalt/Hoffjan/Müller/Waldmann* Preise und Preisprüfungen bei öffentlichen Aufträgen, § 2 Rdn. 10 und 11.

[24] EuGH Slg. 1999, I-8121 (Teckal); vgl. hierzu ausführlich: *Ziekow* in Ziekow/Völlink, § 99 Rn. 92 ff.; *Frenz* in Willenbruch/Wieddekind, § 108 Rn. 1; *Prieß*, S. 111 f.

überwiegende preisrechtliche Literatur vertrat jedoch die Rechtsauffassung, dass das öffentliche Preisrecht unabhängig von den vergaberechtlichen Regelungen auszulegen sei und insbesondere sog. Inhouse-Vergaben nicht vom Anwendungsbereich des öffentlichen Preisrechtes ausgenommen seien.[25]

Die Änderungen der Normtexte sowohl auf der Ebene des Unionsrechts als auch auf der **54** nationalen Ebene des Kartellvergaberechts des GWB dürfte die Rechtsauffassung der Vertreter stärken, die auch für Inhouse-Vergaben den Anwendungsbereich des öffentlichen Preisrechts eröffnet sehen.

Sinnvoll und erforderlich erscheint dies jedoch nicht, da Inhouse-Vergaben nur insoweit **55** zugelassen sind, dass sie den Wettbewerb nicht wesentlich negativ beeinträchtigen. Die Ausschreibungsfreiheit nach Maßgabe des § 108 GWB setzt zwingend eine unwesentliche Markttätigkeit[26] voraus, so dass die Steuerung der Preisgestaltung sichergestellt werden kann und der Normierung durch das öffentliche Preisrecht nicht erforderlich ist, um den Wettbewerb zu schützen. Die Zielsetzung des öffentlichen Preisrechts besteht ausschließlich darin, die Marktpreise zu schützen.[27] Der Markt wird jedoch definitionsgemäß nicht wesentlich tangiert, wenn eine Inhouse-Vergabe gem. § 108 GWB erfolgt. Somit ist eine teleologische Reduktion des sachlichen Anwendungsbereichs vorzunehmen.

Eine besondere Bedeutung besitzt das öffentliche Preisrecht nach wie vor im Bereich der **56** Rüstungsaufträge.[28]

Es handelt sich bei der Regelung des § 10 Abs. 5 VSVgV um einen Rechtsgrundverweis **57** und nicht um einen Rechtsfolgenverweis, da vom Wortlaut wie auch von den Gesetzesmaterialien und der gesetzlichen Zielsetzung lediglich auf geltendes Recht hingewiesen wird.[29]

2. Zum bieterschützenden Charakter des § 10 Abs. 5 VSVgV

Diskussionsfähig ist weiter die juristische Einordnung hinsichtlich des Bieterrechtsschutz- **58** zes. Fraglich ist, ob es sich bei den Regelungen des öffentlichen Preisrechtes um Normen handelt, die ausschließlich den Staat bzw. die staatlichen Finanzmittel schützen und auf die sich Wirtschaftsteilnehmer nicht berufen können.[30]

Es handelt sich nicht um Normen, die das Verfahren zur Vergabe von öffentlichen Auf- **59** trägen regeln, sondern um rechtliche Rahmenbedingungen zur Preisgestaltung im Auftragsfall. Ziel der VO PR-Nr. 30/53 ist es, durch Ermittlung des preisrechtlich zulässigen Höchstpreises marktwirtschaftliche Grundsätze auf dem Gebiet des öffentlichen Auftragswesens durchzusetzen und damit den Wettbewerb auch bei öffentlichen Aufträgen zu stärken.[31] Somit ist dem öffentlichen Preisrecht ein bieterschützender Charakter zuzusprechen.[32]

Die preisrechtlichen Bestimmungen der VO PR-Nr. 30/53 normieren kein abschlie- **60** ßendes Sonderrecht für Preise bei öffentlichen Aufträgen. Insoweit stellt § 3 VO PR-

[25] Vgl. *Ebisch/Gottschal,* § 2 VO PR-Nr. 30/53, Rn. 11 und 15 ff.; *Müller* NZBau 2011, 720; *Gerstermann/Petersen* ZFBR 2007, 767; *Roth* NZBau 2015, 209; *Paucker/Chrobot* VergabeR 2011, 405.

[26] → GWB § 108 GWB Rn. 14 ff.

[27] Ähnlich wohl auch *Hoffjan/Hövelborn/Strickmann* ZöGU 2013, 3; *Dörr/Hoffjan* Die Bedeutung der Verordnung PR Nr. 30/53 über die Preise bei öffentlichen Aufträgen, Projekt I C 4–08/13, März 2015, S. 86 f.

[28] Vgl. *Ebisch/Gottschalt/Hoffjan,* Preise und Preisprüfungen, Einführung Rn. 9.

[29] Ebenso für das Recht vor Inkrafttreten der Vergaberechtsmodernisierung *Dörr/Hoffjan* Die Bedeutung der Verordnung PR Nr. 30/53 über die Preise bei öffentlichen Aufträgen, Projekt I C 4–08/13, März 2015, S. 81.

[30] So auch die mittlerweile überholte überwiegende Rechtsprechung zu den vergaberechtlichen Normen der Auskömmlichkeitsprüfung, vgl. etwa VK Bund 31.7.2015 – VK 1–59/15 m. w. N., allerdings veraltet seit BGH NZBau 2017, 230; vgl. dazu auch OLG Frankfurt 9.5.2017 – 11 Verg 5/17.

[31] *Völlink* in Ziekow/Völlink § 2 VOL/A Rn. 14; *Berstermann/Pettersen* ZfBR 2007, Seite 767, 770.

[32] So auch *Paucker/Chrobot* VergabeR 2011, 405; *Dörr/Hoffjan* Die Bedeutung der Verordnung PR Nr. 30/53 über die Preise bei öffentlichen Aufträgen, Projekt I C 4–08/13, März 2015, S. 83 f.

Nr. 30/53 klar, dass öffentliche Aufträge den allgemeinen und besonderen Preisvorschriften unterliegen. Sofern somit durch allgemeine oder besondere Preisvorschriften bestimmte Fest-, Höchst- oder Mindestpreise festgesetzt sind, sind diese Preise gegenüber den Vorgaben der VO PR-NR. 30/53 vorrangig.

61   Als wesentlicher Preisbildungsgrundsatz besagt der Marktpreisvorrang, dass bei der Vereinbarung von Preisen für Leistungen aufgrund öffentlicher Aufträge grundsätzlich Marktpreisen gem. § 4 VO PR-Nr. 30/53 vor Selbstkostenpreisen gem. den §§ 5 – 8 VO PR-Nr. 30/53 der Vorzug zu geben ist. Der Vorrang marktwirtschaftlicher Preisbildung bedeutet, dass soweit wie möglich auf Preise zurückgegriffen werden muss, die sich in einem funktionierenden Wettbewerb herausgebildet haben. Damit wird Preisen, die sich im Wettbewerb gebildet haben, die höhere Priorität eingeräumt.

62   Kann ein Marktpreis gebildet werden, ist ein Rückgriff auf Selbstkostenpreise deshalb ausgeschlossen. Selbstkostenpreise können nur dann vereinbart werden, wenn sie aufgrund der Marktstrukturen keinen Marktpreis bilden können. Sie dürfen von daher nur ausnahmsweise unter den Voraussetzungen des § 5 Abs. 1 VO PR-Nr. 30/53 vereinbart werden. Werden Selbstkostenpreise vereinbart, unterliegen Auftragnehmer erhöhten Nachweispflichten gegenüber den für die Preisbildung und Preisüberwachung zuständigen Behörden.

G. Zur Dokumentationspflicht

63   Die Vergabeentscheidungen im Verfahrensablauf sind ordnungsgemäß zu dokumentieren. Hinsichtlich der Dokumentationspflicht wird auf die Kommentierung zu § 43 VS VgV verwiesen.

Die Vergabekammer des Bundes hat in ihrer Rechtsprechung mehrfach betont, dass ein Nachschieben vom Gründen in der Vergabedokumentation auch nach der Vergabeentscheidung noch zulässig ist, dies gilt auch für den Bereich der VSVgV.[33] Somit können Erlaubnistatbestände für bestimmte Vergabeentscheidungen auch im Nachhinein noch dargelegt und dokumentiert werden.[34]

---

[33] OLG Düsseldorf NZBau 2016, 659.
[34] Vgl. OLG Düsseldorf NZBau 2016, 659.

§ 11 Arten der Vergabe von Liefer- und Dienstleistungsaufträgen

(1) Die Vergabe von Liefer- und Dienstleistungsaufträgen erfolgt im nicht offenen Verfahren oder im Verhandlungsverfahren mit Teilnahmewettbewerb. In begründeten Ausnahmefällen ist ein Verhandlungsverfahren ohne Teilnahmewettbewerb oder ein wettbewerblicher Dialog zulässig.

(2) Verhandlungen im nicht offenen Verfahren sind unzulässig.

(3) Auftraggeber können vorsehen, dass das Verhandlungsverfahren mit Teilnahmewettbewerb in verschiedenen aufeinanderfolgenden Phasen abgewickelt wird, um so die Zahl der Angebote, über die verhandelt wird, anhand der in der Bekanntmachung oder den Vergabeunterlagen anzugebenden Zuschlagskriterien zu verringern. Wenn Auftraggeber dies vorsehen, gehen sie dies in der Bekanntmachung oder den Vergabeunterlagen an. In der Schlussphase des Verfahrens müssen so viele Angebote vorliegen, dass ein echter Wettbewerb gewährleistet ist, sofern eine ausreichende Anzahl geeigneter Bewerber vorhanden ist.

Übersicht

		Rn.			Rn.
A.	Einführung	1	1.	Zu den zulässigen Verfahren gem. § 11 Abs. 1 VSVgV	13
	I. Literatur	2	2.	Zum Verhandlungsverbot gem. § 11 Abs. 2 VSVgV	19
	II. Entstehungsgeschichte	3	3.	Zur Beschränkung des Teilnehmerfeldes gem. § 11 Abs. 3 VSVgV	20
	III. Rechtliche Vorgaben im EU-Recht	3			
B.	Zulässige Verfahrensarten	9	4.	Zur Darlegungs- und Beweislast bzw. Dokumentationspflicht	23
	I. Zur Grundstruktur der Verfahrensarten	10			

A. Einführung

I. Literatur

Spezielle Literatur zu § 11 VSVgV existiert nicht.   **1**

II. Entstehungsgeschichte

Die Vergaberechtsreform hat zu keinen Änderungen der Regelung geführt.   **2**

III. Rechtliche Vorgaben im EU-Recht

§ 146 GWB und § 11 VSVgV setzen Art. 25 und Art. 26 Abs. 3 der Richtlinie **3** 2009/81/EG in nationales Recht um. Dabei übernimmt § 11 Abs. 1 VSVgV den Inhalt des Art. 25 Unterabsatz 2, 3 sowie 4 der Richtlinie 2009/81/EG und führt das Regel-Ausnahme-Verhältnis, das bereits in § 146 GWB normiert ist, fort.

Die Verordnungsbegründung verweist auf die Gesetzesbegründung der Bundestags- **4** drucksache 17/7276 vom 5.10.2011 zu Art. 1 Ziffer 4 und lautet:

„Die Ergänzung in § 101 Abs. 7 GWB dient der Umsetzung von Art. 25 der Richtlinie 2009/81/EG. Aufgrund der Sensibilität dieser Bereich ist für die Vergabe verteidigungs- und sicherheitsrelevante Aufträge kein offenes Verfahren vorgesehen. Nicht offenes Verfahren und Verhandlungsverfahren mit Veröffentlichung einer Bekanntmachung stehen gleichberechtigt nebeneinander. Die Wahl

eines Verhandlungsverfahrens ohne vorherige europaweite Bekanntmachung ist nur unter den Voraussetzungen, die in § 12 VS VgV normiert sind, zulässig. Bei komplexen Vergaben kann auch der wettbewerbliche Dialog gewählt werden. "

5   In § 11 Abs. 2 VSVgV wurde das Verhandlungsverbot der früheren Vorschrift des § 18 S. 2 EG VOL/A – § 6 VgV – für das nicht offene Verfahren übernommen.

6   In Bezug auf Abs. 3 heißt die Gesetzesbegründung:

> *„§ 11 Abs. 4 VSVgV übernimmt Art. 26 Abs. 3 der Richtlinie 2009/81/EG, nämlich die Möglichkeit zur Abwicklung des Verhandlungsverfahrens im Teilnahmewettbewerb in aufeinanderfolgenden Phasen. Erforderlich ist, dass den Bietern in der Bekanntmachung die für den Ausschluss Ihres Angebotes maßgeblichen Zuschlagskriterien zur Kenntnis gegeben wurden. Dies dient der Wahrung des Wettbewerbsgrundsatzes und des Transparenzgebots. § 11 Abs. 4 S. 3 VSVgV dient der Umsetzung von Art. 39 Abs. 5 S. 2 der Richtlinie 2009/81/EG. "*

7   Die nationale Umsetzung der Richtlinie 2009/81/EG ist in den §§ 144 ff. GWB[1] erfolgt, ergänzend zu diesen Regelungen gelten die Regelungen der VSVgV sowie der VOB/A-VS.

8   Gemäß § 2 VSVgV sind für die Vergabe von verteidigungs- und sicherheitsspezifischen Liefer- und Dienstleistungsaufträgen die Vorschriften der VSVgV neben den Normen des GWB anzuwenden. Gemäß § 2 Abs. 2 VSVgV sind für die Vergabe von verteidigungs- und sicherheitsspezifischen Bauaufträgen nur die §§ 1–4, 6–9 und 38–42 sowie 44 und 45 VSVgV anzuwenden. Im Übrigen ist Abschnitt 3 der Vergabe- und Vertragsordnung für Bauleistungen (VOB/A) in der Fassung der Bekanntmachung vom 19. Januar 2016 (Bundesanzeiger AT 19.01.2016 B3) anzuwenden. Dementsprechend gelten die Regelungen des § 11 VSVgV im Anwendungsbereich der Vergabe von verteidigungs- oder sicherheitsspezifischen Bauaufträgen nicht.

B. Zulässige Verfahrensarten

I. Zur Grundstruktur der Verfahrensarten

9, 10   Stets zulässige Verfahrensarten sind das nicht offene Verfahren oder das Verhandlungsverfahren mit vorheriger Veröffentlichung einer Vergabebekanntmachung und einem Teilnahmewettbewerb.

11   Anders als in der klassischen Koordinierungsrichtlinie und den allgemeinen Verfahrensregeln für klassische Auftraggeber ist das Standardverfahren des offenen Verfahrens unzulässig und steht den Auftraggebern im Anwendungsbereich nicht zur Verfügung.[2]

12   § 11 VSVgV hat durch die Vergaberechtsmodernisierung keine Änderung erfahren. Die Regelung ist auf die Richtlinie 2009/81/EG zurückzuführen, die das offene Verfahren im Anwendungsbereich der Richtlinie untersagt. Auch ist die Innovationspartnerschaft kein zugelassenes Verfahren.

1. Zu den zulässigen Verfahren gem. § 11 Abs. 1 VSVgV

13   § 11 Abs. 1 VSVgV zählt die zulässigen Vergabearten zusammen und regelt, dass in – nicht näher konkretisierten „begründeten Ausnahmefällen" das Verhandlungsverfahren ohne Teilnahmewettbewerb und der wettbewerbliche Dialog zur Verfügung stehen.[3]

14   Das offene Verfahren ist somit im Anwendungsbereich der VSVgV unzulässig. Demgegenüber gibt es keinen Vorrang für das nicht offene Verfahren gegenüber dem Verhand-

---

[1] → GWB §§ 144 ff. GWB.
[2] Vgl. zur historischen Entwicklung *Trybus* Buying defence and security in Europe, p. 312 ff.
[3] Zu den Verfahrensarten → GWB § 119 Rn. 22 ff., 24 ff. und 27 ff.

lungsverfahren. Die Wahl des Verhandlungsverfahrens mit Teilnahmewettbewerb kann ebenso wie das nicht offene Verfahren gewählt werden.[4] Der öffentlichen Auftraggeber muss dann, wenn er die beiden stets zulässigen Verfahren wählt, nicht gem. § 43 VSVgV begründen und dokumentieren. Der Dokumentationspflicht unterliegt nur die Wahl eines Verhandlungsverfahrens ohne Teilnahmewettbewerb, vgl. § 43 Abs. 2 VSVgV.

§ 11 Abs. 1 VS VgV weicht ab von dem Wortlaut des § 146 GWB. Dort heißt es: **15**

*„Das Verhandlungsverfahren ohne Teilnahmewettbewerb und der wettbewerbliche Dialog stehen nur zur Verfügung, soweit dies **aufgrund dieses Gesetzes** gestattet ist."*

Fraglich ist somit, § 11 Abs. 1 VSVgV die Ausnahmetatbestände, die gemäß § 146 S. 2 **16** GWB auf die gesetzlich geregelten Ausnahmetatbestände begrenzt sind, erweitert und andere „begründete Ausnahmefälle" denkbar sind. Dies ist abzulehnen, da die Regelung des § 11 VSVgV nicht über den Regelungsrahmen des § 146 GWB als übergeordnetes Recht hinausgehen kann. Somit stehen nur die gesetzlich normierten Ausnahmetatbestände, die in § 12 VS VgV aufgeführt sind, zur Verfügung.[5]

Wie ausgeführt erfasst die Vergaberechtsmodernisierung mit der Aufhebung und Neu- **17** fassung der Richtlinien 2004/18/EG und 2004/17/EG nicht die Richtlinie 2009/81/EG. Dementsprechend sind auch die Regelungsinhalte der Richtlinie 2014/24/EU und 2014/25/EU vom 26.2.2014 mit den geänderten Regelungen und Anforderungen an ein Verhandlungsverfahren auf den Anwendungsbereich der VSVgV nicht übertragbar.

Insbesondere bedeutet dies, dass die neuen Regelungen zur Fixierung von Mindestanfor- **18** derungen und der Unveränderlichkeit von Zuschlagskriterien gem. § 17 Abs. 10 und 13 VgV nicht anzuwenden sind.[6] Auf die Kommentierung zu §§ 12 ff. VSVgV wird verwiesen.

2. Zum Verhandlungsverbot gem. § 11 Abs. 2 VSVgV

§ 11 Abs. 2 VSVgV normiert das Verhandlungsverbot. Der Grundsatz, dass im offenen **19** Verfahren, das im Anwendungsbereich der VSVgV jedoch nicht zugelassen ist, sowie im nicht offenen Verfahren nur Aufklärungen möglich und Verhandlungen unzulässig sind, ist explizit auch in § 11 Abs. 2 VSVgV normiert. Es handelt sich dabei um einen verfahrens-rechtlichen Grundsatz, der im Anwendungsbereich der VSVgV keinen eigenständigen Regelungsgehalt entfaltet. Auf die Kommentierung zu § 15 Abs. 5 und § 16 Abs. 9 VgV kann somit verwiesen werden.

3. Zur Beschränkung des Teilnehmerfeldes gem. § 11 Abs. 3 VSVgV

Danach können Auftraggeber vorsehen, dass das Verhandlungsverfahren mit Teilnahme- **20** wettbewerb in verschiedenen aufeinanderfolgenden Phasen abgewickelt wird, umso die Zahl der Angebote, über die verhandelt wird, anhand der in der Bekanntmachung oder den Vergabeunterlagen angegebenen Zuschlagskriterien zu verringern. Wenn der Auftraggeber dies vorsieht, ist dies in der Bekanntmachung oder den Vergabeunterlagen anzugeben.[7] In der Schlussphase des Verfahrens müssen so viele Angebote vorliegen, dass ein echter Wettbewerb gewährleistet ist, sofern eine ausreichende Anzahl geeigneter Bieter vorhanden ist.

Somit ist auch im Anwendungsbereich der VSVgV klargestellt, dass eine Verhandlung **21** nur mit dem Bestbieter („prefered bidder) ausgeschlossen ist.[8] Vielmehr sind die Verhand-

---

[4] VK Bund 3.6.2013 – VK 2–31/13.

[5] So auch die st. Rspr. vgl. VK Bund 3.9.2015 – VK 2–79/15.

[6] A. A. wohl *Jasper*, die es wohl auch vor Inkrafttreten der Vergaberechtsmodernisierung für unzulässig hielt, Mindestanforderungen und Zuschlagskriterien zu ändern, vgl. → GWB § 119 GWB, Rn. 25. Diese Vorgabe gab es so jedoch nicht, nicht änderbar war der Beschaffungsgegenstand. Die Änderung von Mindestanforderungen und Zuschlagskriterien war unter Beachtung des Wettbewerbsgebots, des Diskriminierungsverbots durchaus zulässig.

[7] Vgl. VK Bund 20.11.2014 – VK 1–92/14.

[8] Vgl. VK Bund 31.7.2015 – VK 1–59/15; VK Bund 20.11.2014 – VK 1–92/14.

lungen mit einem Teilnehmerkreis zu führen, der einen hinreichenden Wettbewerb sicherstellt. Die Voraussetzung einer sukzessiven Reduzierung der Angebote, über die verhandelt wird, ist zwingend in der Auftragsbekanntmachung oder in den Vergabeunterlagen anzugeben. Der Grad des Wettbewerbs richtet sich danach, wie viele Bieter geeignet sind. Konkret bedeutet dies, dass etwa dann, wenn nur zwei geeignete Bieterangebote abgegeben haben, eine Reduzierung ausscheidet. Anders gestaltet sich dies, wenn ein großer Anbieterkreis existiert.

22   Diese Regelung ist der Kernregelung des § 17 Abs. 12 VgV nachgebildet und stellt keine wesentlich andere Regelung als im klassischen Anwendungsbereich der Vergabeverordnung dar. Auf die Kommentierung zu § 17 Abs. 12 VgV kann daher verwiesen werden.

4. Zur Darlegungs- und Beweislast bzw. Dokumentationspflicht

23   Die Beweis und Darlegungslast für das Vorliegen von Ausnahmetatbeständen trägt auch im Anwendungsbereich der VSVgV der öffentliche Auftraggeber.[9]

24   Die Tatbestandsvoraussetzungen für die Wahl von Verfahrensarten mit einem eingeschränkten Wettbewerb sind entsprechend darzulegen. So genügt es etwa für die Darlegung eines Verhandlungsverfahrens ohne vorgeschalteten Teilnahmewettbewerb nicht, wenn eine Krise nachgewiesen wird. Darzulegen ist weiter, dass aufgrund der Krisensituation die Durchführung eines ordnungsgemäßen Verfahrens mit Teilnahmewettbewerb nicht möglich bzw. nicht vertretbar umsetzbar war. Die Dringlichkeit und die Unmöglichkeit, vorgeschriebene Fristen einzuhalten, müssen ursächlich miteinander verknüpft sein.[10]

25   Das OLG Düsseldorf hatte sich etwa mit einer Beschaffungssituation auseinanderzusetzen, in der Fahrzeuge mit einem besonderen seitlichen Aufprall- und Minenschutz ausgestattet werden sollten und diese die Schutzklasse VR9 zu erfüllen hatten. Diese Anforderungen wurden unmittelbar vor der streitgegenständlichen Beschaffung festgelegt.

26   Konkrete Sachverhaltsinformationen zu einer besonderen Gefahrenlage waren der Vergabeakte offensichtlich nicht zu entnehmen.

27   Der Vergabesenat entschied, dass das Absehen von einem Vergabeverfahren vergaberechtswidrig war. Er führte aus, dass die Rechtfertigung für ein Verhandlungsverfahren ohne vorgeschalteten Teilnahmewettbewerb nicht vorlagen und es der Darlegung bedurft hätte, welcher Art die bisherigen Angriffe auf zivile Bedienstete in den konkret betroffenen Ländern waren und dass die Intensität dieser Angriffe hinsichtlich der eingesetzten Waffen und Sprengstoffs aktuell deutlich zugenommen hatte oder konkrete Umstände auf eine solche unmittelbar bevorstehende Intensivierung hindeuteten. Anschläge auf Fahrzeuge niedrigerer Schutzklassen in Jemen und Saudi-Arabien, die zu teilweise schweren Verletzungen der Insassen geführt hätten, seien nicht geeignet, die Dringlichkeit der Beschaffung von Fahrzeugen für Afrika und Afghanistan zu begründen. Welche Krisen und Gefährdungslage im Jemen und in Saudi-Arabien vorherrschen und welche Aussagekraft die genannten Anschläge für die konkreten Situationen Afghanistan, Nigeria und dem statt im Mai/Juni 2015 hatten, sei nicht zu erkennen. Der verständliche und sachlich nachvollziehbare Grund, den Bediensteten das optimale Schutzniveau zu gewährleisten, rechtfertige allein nicht den Rückgriff auf die besondere Verfahrensvorschrift mit dem Erlaubnistatbestand einer Ausschreibung im Verhandlungsverfahren ohne vorgeschalteten Teilnahmewettbewerb.[11]

---

[9] OLG Düsseldorf 13.4.2016 – VII-Verg 46/15; OLG Düsseldorf 21.10.2015 – VII-Verg 28/14; VK Bund 3.9.2015 – VK 2–79/15.
[10] Vgl. OLG Düsseldorf 13.4.2016 – VII-Verg 46/15; OLG Düsseldorf VergabeR 2015, 664.
[11] OLG Düsseldorf 13.4.2016 – VII-Verg 46/15.

§ 12 Verhandlungsverfahren ohne Teilnahmewettbewerb

(1) Ein Verhandlungsverfahren ohne Teilnahmewettbewerb ist zulässig
1. bei Liefer- und Dienstleistungsaufträgen,
   a) wenn in einem nicht offenen Verfahren, in einem Verhandlungsverfahren mit Teilnahmewettbewerb oder in einem wettbewerblichen Dialog
      aa) keine oder keine geeigneten Angebote oder keine Bewerbungen abgegeben worden sind, sofern die ursprünglichen Bedingungen des Auftrags nicht grundlegend geändert werden;
      bb) keine ordnungsgemäßen Angebote oder nur Angebote abgegeben worden sind, die nach dem geltenden Vergaberecht oder nach den im Vergabeverfahren zu beachtenden Rechtsvorschriften unannehmbar sind, sofern die ursprünglichen Bedingungen des Auftrags nicht grundlegend geändert werden und wenn alle und nur die Bieter einbezogen werden, die die Eignungskriterien erfüllen und im Verlauf des vorangegangenen Vergabeverfahrens Angebote eingereicht haben, die den formalen Voraussetzungen für das Vergabeverfahren entsprechen;
   b) wenn die Fristen, auch die verkürzten Fristen gemäß § 20 Absatz 2 Satz 2 und Absatz 3 Satz 2, die für das nicht offene Verfahren und das Verhandlungsverfahren mit Teilnahmewettbewerb vorgeschrieben sind, nicht eingehalten werden können, weil
      aa) dringliche Gründe im Zusammenhang mit einer Krise es nicht zulassen oder
      bb) dringliche, zwingende Gründe im Zusammenhang mit Ereignissen, die die Auftraggeber nicht voraussehen konnten, dies nicht zulassen. Umstände, die die zwingende Dringlichkeit begründen, dürfen nicht dem Verhalten der Auftraggeber zuzuschreiben sein;
   c) wenn der Auftrag wegen seiner technischen Besonderheiten oder aufgrund des Schutzes von Ausschließlichkeitsrechten wie zum Beispiel des Patent- oder Urheberrechts nur von einem bestimmten Unternehmen durchgeführt werden kann;
   d) wenn es sich um Forschungs- und Entwicklungsleistungen handelt;
   e) wenn es sich um Güter handelt, die ausschließlich zum Zwecke von Forschung und Entwicklung hergestellt werden; dies gilt nicht für Serienfertigungen zum Nachweis der Marktfähigkeit oder zur Deckung der Forschungs- und Entwicklungskosten;
2. bei Lieferaufträgen
   a) über zusätzliche Lieferungen eines Auftragnehmers, die entweder zur teilweisen Erneuerung von gelieferten marktüblichen Gütern oder zur Erweiterung von Lieferungen oder bestehenden Einrichtungen bestimmt sind, wenn ein Wechsel des Unternehmers dazu führen würde, dass der Auftraggeber Güter mit unterschiedlichen technischen Merkmalen kaufen müsste und dies zu einer technischen Unvereinbarkeit oder unverhältnismäßigen technischen Schwierigkeiten bei Gebrauch und Wartung führen würde. Die Laufzeit solcher Aufträge oder Daueraufträge darf fünf Jahre nicht überschreiten, abgesehen von Ausnahmefällen, die unter Berücksichtigung der zu erwartenden Nutzungsdauer gelieferter Güter, Anlagen oder Systeme und den durch einen Wechsel des Unternehmens entstehenden technischen Schwierigkeiten bestimmt werden;
   b) bei auf einer Warenbörse notierten und gekauften Ware;
   c) wenn Güter zu besonders günstigen Bedingungen bei Lieferanten, die ihre Geschäftstätigkeit endgültig einstellen, oder bei Insolvenzverwaltern im Rahmen eines Insolvenzverfahrens oder eines in den Vorschriften eines anderen Mitgliedstaats vorgesehenen gleichartigen Verfahrens erworben werden;
3. bei Dienstleistungsaufträgen
   a) für zusätzliche Dienstleistungen, die weder in dem der Vergabe zugrunde liegenden Entwurf noch im ursprünglich geschlossenen Vertrag vorgesehen sind, die aber wegen eines unvorhergesehenen Ereignisses zur Ausführung der darin

beschriebenen Dienstleistung erforderlich sind, sofern der Auftrag an den Unternehmer vergeben wird, der diese Dienstleistung erbringt, wenn der Gesamtwert der Aufträge für die zusätzlichen Dienstleistungen 50 Prozent des Wertes des ursprünglichen Auftrags nicht überschreitet und

aa) sich diese zusätzlichen Dienstleistungen in technischer und wirtschaftlicher Hinsicht nicht ohne wesentlichen Nachteil für den Auftraggeber vom ursprünglichen Auftrag trennen lassen oder

bb) diese Dienstleistungen zwar von der Ausführung des ursprünglichen Auftrags getrennt werden können, aber für dessen Vollendung unbedingt erforderlich sind;

b) bei neuen Dienstleistungsaufträgen, welche Dienstleistungen wiederholen, die durch denselben Auftraggeber an denselben Auftragnehmer vergeben wurden, sofern sie einem Grundentwurf entsprechen und dieser Entwurf Gegenstand des ursprünglichen Auftrags war, der in einem nicht offenen Verfahren, einem Verhandlungsverfahren mit Teilnahmewettbewerb oder im wettbewerblichen Dialog vergeben wurde. Der Auftraggeber muss die Möglichkeit der Anwendung dieses Verfahrens bereits beim Aufruf zum Wettbewerb für das erste Vorhaben angeben; der für die Fortführung der Dienstleistungen in Aussicht genommene Gesamtauftragswert wird vom Auftraggeber bei der Anwendung des § 106 Absatz 2 Nummer 3 des Gesetzes gegen Wettbewerbsbeschränkungen berücksichtigt. Dieses Verfahren darf nur binnen fünf Jahren nach Abschluss des ursprünglichen Auftrags angewandt werden, abgesehen von Ausnahmefällen, die durch die Berücksichtigung der zu erwartenden Nutzungsdauer gelieferter Güter, Anlagen oder Systeme und den durch einen Wechsel des Unternehmens entstehenden technischen Schwierigkeiten bestimmt werden;

4. für Aufträge im Zusammenhang mit der Bereitstellung von Luft- und Seeverkehrsdienstleistungen für die Streit- oder Sicherheitskräfte, die im Ausland eingesetzt werden oder eingesetzt werden sollen, wenn der Auftraggeber diese Dienste bei Unternehmen beschaffen muss, die die Gültigkeit ihrer Angebote nur für so kurze Zeit garantieren, dass auch die verkürzte Frist für das nicht offene Verfahren oder das Verhandlungsverfahren mit Teilnahmewettbewerb einschließlich der verkürzten Fristen gemäß § 20 Absatz 2 Satz 2 und Absatz 3 Satz 2 nicht eingehalten werden kann.

(2) **Die Auftraggeber müssen die Anwendung des Verhandlungsverfahrens ohne Teilnahmewettbewerb in der Bekanntmachung gemäß § 35 begründen.**

Übersicht

	Rn.			Rn.
A. Einführung	1		b) Dringliche zwingende Gründe, § 12 Abs. 1 lit. b) bb) VSVgV	21
I. Literatur	1			
II. Entstehungsgeschichte	2		3. Durchführung nur von einem Unternehmen möglich, § 12 Abs. 1 Nr. 1 lit. c) VSVgV	26
III. Rechtliche Vorgaben im EU-Recht	3			
			4. Forschungs- und Entwicklungsleistungen, § 12 Abs. 1 Nr. 1 lit. d) und e) VSVgV	32
B. Allgemeines	5			
I. Liefer- und Dienstleistungsaufträge, § 12 Abs. 1 Nr. 1 VSVgV	11		II. Lieferaufträge, § 12 Abs. 1 Nr. 2 VSVgV	36
1. Kein geeignetes oder ordnungsgemäßes Angebot, § 12 Abs. 1 Nr. 1 lit. a) VSVgV	12		III. Dienstleistungsaufträge, § 12 Abs. 1 Nr. 3 VSVgV	39
2. Dringlichkeit, § 12 Abs. 1 Nr. 1 lit. b) VSVgV	17		IV. Luft- und Seeverkehrsdienstleistungen, § 12 Abs. 1 Nr. 4 VSVgV	41
a) Dringliche Gründe im Zusammenhang mit einer Krise, § 12 Abs. 1 Nr. 1 lit. b) aa) VSVgV	18		V. Begründungserfordernis, § 12 Abs. 2 VSVgV	42

A. Einführung

I. Literatur

Soweit ersichtlich, existiert zu der Vorschrift des § 12 VSVgV, abgesehen von den einschlägigen Kommentierungen, keine spezifische Literatur. **1**

II. Entstehungsgeschichte

Die Vorschrift des § 12 VSVgV hat durch die Vergaberechtsmodernisierung im Jahre **2** 2016 keine inhaltlichen Änderungen erfahren. Die lediglich redaktionelle Änderung in § 12 Abs. 1 Nr. 3 lit. b) Satz 2 VSVgV betrifft die Anpassung an § 106 Abs. 2 Nr. 3 GWB für die Höhe der Schwellenwerte, in dem nunmehr eine dynamische Verweisung auf die Festsetzung der Schwellenwerthöhe durch die Europäische Kommission im Wege delegierter Rechtssetzung durch Verordnung enthalten ist.[1]

III. Rechtliche Vorgaben im EU-Recht

Die Vorschrift des § 12 VSVgV dient der Umsetzung von Art. 28 der Richtli- **3** nie 2009/81/EG. In diesem Zusammenhang sind auch die Erwägungsgründe 50 und 51 der Richtlinie 2009/81/EG zu berücksichtigen. So ist in Erwägungsgrund 50 niedergelegt, dass unter bestimmten außergewöhnlichen Umständen die Anwendung eines Verfahrens mit Veröffentlichung einer Bekanntmachung unmöglich oder völlig unangemessen sein kann. Weiter heißt es: „Die Auftraggeber sollten also in bestimmten Fällen und unter bestimmten Umständen die Möglichkeit haben, auf das Verhandlungsverfahren ohne vorherige Veröffentlichung einer Bekanntmachung zurückzugreifen." In Erwägungsgrund 51 heißt es dazu weiter: „In diesem Zusammenhang ist insbesondere der Tatsache Rechnung zu tragen, dass Verteidigungs- und Sicherheitsgüter in vielen Fällen technisch komplex sind. Diese Komplexität und die damit verbundenen Anforderungen an Interoperabilität und Standardisierung sollten etwa bei der Beurteilung der Frage zugrunde gelegt werden, ob bei Aufträgen über zusätzliche Lieferungen das Verhandlungsverfahren ohne vorherige Veröffentlichung einer Bekanntmachung zulässig ist, um Inkompatibilitäten oder unverhältnismäßigen technischen Schwierigkeiten bei Nutzung und Wartung zu vermeiden. Dies ist beispielsweise bei der Integration neuer Bauteile in bestehende Systeme oder bei der Modernisierung solcher Systeme der Fall."

Inhaltlich weicht § 12 VSVgV insoweit von den Vorgaben des Art. 28 der Richtlinie **4** 2009/81/EG ab, dass § 12 VSVgV lediglich Regelungen für Liefer- und Dienstleistungsaufträge bereit hält und, anders als Art. 28 der Richtlinie 2009/81/EG, nicht Bauaufträge betrifft, vgl. § 2 Abs. 2 Satz 2 VSVgV, der nicht auf § 12 VSVgV verweist.

B. Allgemeines

Für die Vergabe verteidigungs- und sicherheitsspezifischer Liefer- und Dienstleistungs- **5** aufträge sind das nicht offene Verfahren und das Verhandlungsverfahren mit Teilnahmewettbewerb die zulässigen Regelverfahren. In begründeten Ausnahmefällen ist ein Verhandlungsverfahren ohne Teilnahmewettbewerb gestattet, § 11 Abs. 1 Satz 2 VSVgV. Insoweit regelt § 12 VSVgV, unter welchen Voraussetzungen dies gestattet ist.

---

[1] Vgl. dazu bereits die Kommentierung zu → VSVgV § 1 Rn. 5.

6   § 12 VSVgV enthält die Ausnahmetatbestände, bei deren Vorliegen ausnahmsweise ein Verhandlungsverfahren ohne Teilnahmewettbewerb durchgeführt werden darf. Diese Verfahrensart unterscheidet sich vom Verhandlungsverfahren mit Teilnahmewettbewerb dadurch, dass eine vorherige öffentliche Bekanntmachung und ein vorheriger Teilnahmewettbewerb nicht stattfinden. Vielmehr fordert der Auftraggeber einzelne von ihm ausgewählte Unternehmen unmittelbar zur Angebotsabgabe auf und verhandelt sodann nur mit diesen über die unterbreiteten Angebote.[2] Insoweit ist es gemäß § 119 Abs. 5 GWB im Hinblick auf die Anzahl der zu beteiligenden Bieter ausreichend, wenn der Auftraggeber mit einem oder mehreren Unternehmen verhandelt. Zur Angebotsabgabe aufgefordert werden nur die vom Auftraggeber ausgewählten Unternehmen, wobei es sich auch lediglich um ein Unternehmen handeln kann.[3] Dabei haben einzelne Unternehmen keinen Anspruch darauf, dass sie seitens des Auftraggebers zur Angebotsabgabe aufgefordert werden.[4]

7   Das Verhandlungsverfahren ohne Teilnahmewettbewerb führt zu einer eingeschränkten Transparenz sowie zur Einschränkung des Wettbewerbs.[5] Deshalb ist das Verhandlungsverfahren ohne Teilnahmewettbewerb nur in ausdrücklich normierten spezifischen Einzelfällen zulässig und die Aufzählung der Ausnahmetatbestände in § 12 VSVgV abschließend. Diese Ausnahmetatbestände sind eng auszulegen.[6] Die Darlegungs- und Beweislast für das Vorliegen der tatbestandlichen Voraussetzungen trägt der Auftraggeber.

8   Zu beachten ist, dass das Nichtvorliegen eines Ausnahmetatbestandes des § 12 Abs. 1 VSVgV nicht dadurch kompensiert werden kann, dass der Auftraggeber zusätzlich einen weiteren Ausnahmetatbestand des § 12 Abs. 1 VSVgV heranzieht, welcher an sich auch nicht gegeben ist.[7] Eine derartige Vermischung der Ausnahmetatbestände ist aufgrund ihres abschließenden Charakters unzulässig.

9   Die in § 12 Abs. 1 Nr. 1 bis 3 VSVgV aufgelisteten Ausnahmetatbestände sind, trotz des abweichenden Wortlauts, inhaltlich weitgehend vergleichbar mit den Ausnahmetatbeständen in der Parallelvorschrift des § 14 Abs. 4 VgV, wobei letztere Vorschrift wesentlich enger gefasst ist.

10   Die Gliederung der Ausnahmetatbestände orientiert sich im Wesentlichen an derjenigen in Art. 28 der Richtlinie 2009/81/EG. Sie richtet sich nach den Auftragskategorien und enthält vier Fallgruppen, nämlich Liefer- und Dienstleistungsaufträge, nur bestimmte Lieferaufträge, nur bestimmte Dienstleistungsaufträge sowie Luft- und Seeverkehrsdienstleistungen.

I. Liefer- und Dienstleistungsaufträge, § 12 Abs. 1 Nr. 1 VSVgV

11   Die Durchführung eines Verhandlungsverfahrens ohne Teilnahmewettbewerb ist im Falle der Beschaffung von Liefer- und Dienstleistungsaufträgen nach § 12 Abs. 1 Nr. 1 VSVgV

---

[2] Vgl. zum Verhandlungsverfahren auch Art. 1 Nr. 20 der RL 2009/81/EG sowie § 119 Abs. 5 GWB.

[3] Vgl. auch *Haak/Koch/Sang* in Willenbruch/Wieddekind, Vergaberecht Kompaktkommentar, GWB § 119 Rn. 20.

[4] *Sterner* in Dippel/Sterner/Zeiss, Praxiskommentar Beschaffung im Verteidigungs- und Sicherheitsbereich, VSVgV § 12 Rn. 2.

[5] *Kirch* in Leinemann/Kirch, VSVgV § 12 Rn. 1

[6] EuGH 15.10.2009 – C 275/08 (Kommission ./. Deutschland), NZBau 2010, 63 (67); Erwägungsgrund 15 der RL 2009/81/EG; *Kirch* in Leinemann/Kirch, VSVgV § 12 Rn. 1; *Pünder* in Pünder/Schellenberg, Vergaberecht VSVgV § 12 Rn. 1; für den Bereich Verteidigung und Sicherheit bestätigt durch VK Bund Beschl. v. 15.5.2017 – VK 1 41/17, vgl. hierzu die Pressemitteilung des Bundeskartellamts vom 18.5.2017.

[7] Vgl. VK Bund, Beschl. v. 15.5.2017 – VK 1 – 41/17, Pressemitteilung des Bundeskartellamts vom 18.5.2017. In dem dort entschiedenen Fall hat der Auftraggeber die Auftragsvergabe an ein Unternehmen, welches bereits in der Vergangenheit einen Auftrag ausgeführt hatte, im Verhandlungsverfahren ohne die Beteiligung anderer Unternehmen damit zu begründen versucht, dass das beauftragte Unternehmen aufgrund der besonderen Vorkenntnisse und Erfahrungen in der Lage sei, den Auftrag innerhalb des einzuhaltenden Zeitrahmens auszuführen. Die erste Vergabekammer des Bundes hat diese Vermischung der Ausnahmetatbestände des § 12 Abs. 1 Nr. 1 lit. b) VSVgV mit § 12 Abs. 1 Nr. 1 lit. c) VSVgV als zur Gestattung des Verhandlungsverfahrens ohne Teilnahmewettbewerb nicht ausreichend erachtet.

in vier Fallgruppen möglich. Zulässig ist danach das Verhandlungsverfahren ohne Teilnahmewettbewerb, wenn kein geeignetes oder ordnungsgemäßes Angebot vorliegt (§ 12 Abs. 1 Nr. 1 lit. a) VSVgV), im Falle der Dringlichkeit (§ 12 Abs. 1 Nr. 1 lit. b) VSVgV), wenn der Auftrag wegen der im Gesetz genannten Gründe nur von einem Unternehmen durchgeführt werden kann (§ 12 Abs. 1 Nr. 1 lit. c) VSVgV) und bei Forschungs- und Entwicklungsleistungen (§ 12 Abs. 1 Nr. 1 lit. d) und e) VSVgV).

1. Kein geeignetes oder ordnungsgemäßes Angebot, § 12 Abs. 1 Nr. 1 lit. a) VSVgV

Nach § 12 Abs. 1 Nr. 1 lit. a) aa) VSVgV ist ein Verhandlungsverfahren ohne Teilnah- **12** mewettbewerb bei Liefer- und Dienstleistungsverträgen zulässig, wenn in einem vorangegangenen nicht offenen Verfahren, in einem Verhandlungsverfahren mit Teilnahmewettbewerb oder in einem wettbewerblichen Dialog entweder keine oder keine geeigneten Angebote oder keine Bewerbungen abgegeben worden sind, sofern die ursprünglichen Bedingungen des Auftrags nicht grundlegend geändert werden.

Ein ungeeignetes Angebot liegt vor, wenn es inhaltlich zur Befriedigung des Beschaf- **13** fungsbedarfs des Auftraggebers untauglich ist, also etwas anderes als ausgeschrieben angeboten wird.[8]

Nach § 12 Abs. 1 Nr. 1 lit a) bb) VSVgV ist ein Verhandlungsverfahren ohne Teilnah- **14** mewettbewerb auch dann zulässig, wenn in dem bereits durchgeführten Vergabeverfahren (nicht offenes Verfahren, Verhandlungsverfahren mit Teilnahmewettbewerb oder wettbewerblicher Dialog) keine ordnungsgemäßen Angebote oder nur Angebote abgegeben worden sind, die nach geltendem Vergaberecht oder nach den im Vergaberecht zu beachtenden Rechtsvorschriften (§§ 9, 21 bis 28 und 32 VSVgV) unannehmbar sind.

Keine ordnungsgemäßen Angebote liegen vor, wenn alle Angebote nach § 31 Abs. 2 **15** VSVgV ausgeschlossen werden mussten.[9] Im Übrigen findet sich in § 14 Abs. 3 Nr. 5 2. Hs. VgV eine Definition der nicht ordnungsgemäßen Angebote. Insoweit wird auf die dortige Kommentierung verwiesen.[10] Hinsichtlich der in das Verhandlungsverfahren ohne Teilnahmewettbewerb einzubeziehenden Bieter regelt § 12 Abs. 1 Nr. 1 lit. a) bb) VSVgV, dass alle Bieter einzubeziehen sind, die im vorangegangenen Verfahren formal ordnungsgemäße Angebote abgegeben haben und die Eignungskriterien erfüllen.

Bevor der Auftraggeber das Verhandlungsverfahren ohne Teilnahmewettbewerb beginnt, **16** muss er das vorangegangene Verfahren aufheben.[11]

2. Dringlichkeit, § 12 Abs. 1 Nr. 1 lit. b) VSVgV

Das Verhandlungsverfahren ohne Teilnahmewettbewerb ist auch im Falle einer Krise **17** oder unvorhersehbarer Ereignisse zulässig. Derartige Ausnahmetatbestände aufgrund von Dringlichkeit finden sich auch in § 14 Abs. 4 Nr. 3 VgV sowie in § 3a EU Abs. 3 Nr. 4 VOB/A und § 3a VS Abs. 2 Nr. 4 VOB/A.

a) Dringliche Gründe im Zusammenhang mit einer Krise, § 12 Abs. 1 Nr. 1 **18** **lit. b) aa) VSVgV.** § 12 Abs. 1 Nr. 1 lit. b) aa) VSVgV regelt, dass das Verhandlungsverfahren ohne Teilnahmewettbewerb gestattet ist, wenn aufgrund dringlicher Gründe im

---

[8] *Kirch* in Leinemann/Kirch, VSVgV § 12 Rn. 4; *Haak* in Willenbruch/Wieddekind, Vergaberecht Kompaktkommentar, VSVgV, § 12 Rn. 7; a. A. wohl *Pünder* in Pünder/Schellenberg, Vergaberecht VSVgV § 12 Rn. 4, demzufolge ein Angebot dann ungeeignet ist, wenn der Bieter die Eignungskriterien nach § 122 GWB n. F. nicht erfüllt.

[9] *Kirch* in Leinemann/Kirch, VSVgV § 12 Rn. 5; *Pünder* in Pünder/Schellenberg, Vergaberecht VSVgV § 12 Rn. 5; *Dippel* in Dippel/Sterner/Zeiss, Praxiskommentar Verteidigung und Sicherheit, § 12 VSVgV Rn. 6.

[10] → VgV § 14 Rn. 31.

[11] Vgl. Europäische Kommission, Leitfaden zu den Gemeinschaftsvorschriften über öffentliche Dienstleistungsaufträge.

Zusammenhang mit einer Krise die Einhaltung auch der verkürzten Fristen in § 20 Abs. 2 S. 2 und Abs. 3 S. 2 VSVgV nicht eingehalten werden können.[12]

19   Eine Definition des Begriffs Krise findet sich in § 4 Abs. 1 VSVgV.[13] Danach ist eine Krise jede Situation in einem Mitgliedstaat der Europäischen Union oder einem Drittland, in der ein Schadensereignis eingetreten ist, das deutlich über die Ausmaße von Schadensereignissen des täglichen Lebens hinausgeht und (Satz 1 Nr. 1) dabei Leben und Gesundheit zahlreicher Menschen erheblich gefährdet oder einschränkt, (Satz 1 Nr. 2) eine erhebliche Auswirkung auf Sachwerte hat oder (Satz 1 Nr. 3) lebensnotwendige Versorgungsmaßnahmen für die Bevölkerung erforderlich macht. Nach § 4 Abs. 1 Satz 2 VSVgV liegt eine Krise auch dann vor, wenn konkrete Umstände dafür vorliegen, dass ein solches Schadensereignis unmittelbar bevorsteht. Außerdem sind bewaffnete Konflikte und Kriege Krisen im Sinne der VSVgV (§ 4 Abs. 1 Satz 3 VSVgV). Eine Krise im Sinne dieser Definition besteht beispielsweise aufgrund der seit 2001 andauernden bewaffneten Konflikte in Afghanistan.[14] Bei der akuten oder jedenfalls möglicherweise bevorstehenden Gefährdung von Menschen und der Abwehr bevorstehender terroristischer Angriffe handelt es sich regelmäßig um Umstände, bei denen ein Abwarten des Auftraggebers geradezu nicht erlaubt ist, sodass das Verhandlungsverfahren ohne Teilnahmewettbewerb bei vorliegen derartiger Umstände regelmäßig zulässig ist.[15] Hinsichtlich der Dringlichkeit kann sich der Auftraggeber – anders als bei § 12 Abs. 1 Nr. 1 lit. b) bb) VSVgV – auch dann auf diese berufen, wenn er diese selbst herbeigeführt hat.[16] Dies wird mit der Schutzrichtung von § 12 Abs. 1 Nr. 1 lit. b) aa) VSVgV begründet. Schutzrichtung der Norm ist, dass formalrechtliche Anforderungen wie eine Vorhersehbarkeit oder ein Verschulden zurückzustehen haben, wenn durch eine Krise bedeutende Rechtsgüter wie das Leben oder die körperliche Integrität von Menschen bedroht sind.[17]

20   Neben den Tatbestandsmerkmalen der Krise und der Dringlichkeit ist für die Zulässigkeit des Verhandlungsverfahrens ohne Teilnahmewettbewerb nach dem Ausnahmetatbestand des § 12 Abs. 1 Nr. 1 lit. b) aa) VSVgV erforderlich, dass ein Zusammenhang zwischen diesen beiden Tatbestandsmerkmalen besteht. Ein Zusammenhang zwischen beiden Tatbestandsmerkmalen ist gegeben, wenn die Dringlichkeit des ausgeschriebenen Bedarfs gerade auf der Krise und den mit ihr einhergehenden Gefahren beruht, wobei die hinsichtlich der Dringlichkeit vorgebrachten Gründe objektiv nachvollziehbar sein müssen.[18] Darüber hinaus wird von der Rechtsprechung verlangt, dass zwischen den die Dringlichkeit begründenden Umständen und der Unmöglichkeit der Nichteinhaltung der vorgeschriebenen Fristen ein Ursachenzusammenhang besteht.[19] Schließlich hat der Auftraggeber bei der Auswahl des in Betracht kommenden Vergabeverfahrens und bei der Entscheidung über die Dringlichkeit den Grundsatz der Verhältnismäßigkeit zu beachten.[20]

21   **b) Dringliche zwingende Gründe, § 12 Abs. 1 Nr. 1 lit. b) bb) VSVgV.** Zulässig ist das Verhandlungsverfahren ohne Teilnahmewettbewerb außerdem, wenn aufgrund dringlicher, zwingender Gründe im Zusammenhang mit nicht vorhersehbaren Ereignissen auch die verkürzten Fristen des beschleunigten Verfahrens nicht eingehalten werden können, § 12 Abs. 1 Nr. 1 lit. b) bb) VSVgV.

22   Was unter dringlichen, zwingenden Gründen zu verstehen ist, ist gesetzlich nicht geregelt. Anerkanntermaßen fallen darunter jedoch nur akute Gefahrensituationen und höhere

---

12 BR-Drs. 321/12, 47.
13 Für die Einzelheiten wird auf die dortige Kommentierung verwiesen, → VSVgV § 4 Rn. 6 ff.
14 OLG Düsseldorf Beschl. v. 13.4.2016 – VII-Verg 46/15, NZBau 2016, 659–664.
15 Vgl. VK Bund Beschl. v. 3.9.2015 – VK 2 – 79/15.
16 VK Bund Beschl. v. 3.9.2015 – VK 2 – 79/15.
17 VK Bund Beschl. v. 3.9.2015 – VK 2 – 79/15.
18 OLG Düsseldorf Beschl. v. 13.4.2016 – VII-Verg 46/15, NZBau 2016, 659–664.
19 OLG Düsseldorf Beschl. v. 10.6.2015 – Verg 39/14, VergabeR 2015, 664 ff. (Feldlager); OLG Düsseldorf Beschl. v. 13.4.2016 – VII-Verg 46/15, NZBau 2016, 659–664.
20 OLG Düsseldorf Beschl. v. 13.4.2016 – VII-Verg 46/15, NZBau 2016, 659–664.

Gewalt, die zur Vermeidung von Schäden von Leben und Gesundheit oder zur Abwehr akuter Gefahren für die Sicherheit ein sofortiges, die Einhaltung von Fristen ausschließendes Handeln erfordern.[21]

Eine Legaldefinition des Begriffs des unvorhersehbaren Ereignisses existiert nicht. Da der **23** Ausnahmetatbestand des § 12 Abs. 1 Nr. 1 lit. b) bb) VSVgV im Wesentlichen dem Ausnahmetatbestand in § 14 Abs. 4 Nr. 3 VgV entspricht, wird für die weiteren Einzelheiten auf die dortige Kommentierung verwiesen.[22] Im Gegensatz zu § 12 Abs. 1 Nr. 1 lit. b) bb) VSVgV wird nach § 14 Abs. 4 Nr. 3 VgV jedoch eine „äußerste" Dringlichkeit verlangt, sodass an den Ausnahmetatbestand des § 12 Abs. 1 Nr. 1 lit. b) bb) VSVgV restriktivere Anforderungen zu stellen sind.[23]

Eine Grenze für die Anwendung des § 12 Abs. 1 Nr. 1 lit. b) bb) VSVgV findet sich – **24** anders als bei § 12 Abs. 1 Nr. 1 lit. b) bb) VSVgV – jedoch dort, wo der Auftraggeber die dringliche Lage selbst herbeigeführt hat. In diesem Fall kann er sich nicht auf die Dringlichkeit berufen.[24]

Genau wie bei dem Ausnahmetatbestand des § 12 Abs. 1 Nr. 1 lit. b) aa) VSVgV muss **25** auch bei § 12 Abs. 1 Nr. 1 lit. b) bb) VSVgV ein Kausalzusammenhang zwischen dem unvorhersehbaren Ereignis und den sich daraus ergebenden dringlichen, zwingenden Gründen gegeben sein.[25]

3. Durchführung nur von einem Unternehmen möglich, § 12 Abs. 1 Nr. 1 lit. c) VSVgV

Nach § 12 Abs. 1 lit. c) VSVgV ist ein Verhandlungsverfahren ohne Teilnahmewettbe- **26** werb auch dann zulässig, wenn der Auftrag wegen seiner technischen Besonderheiten oder aufgrund des Schutzes von Ausschließlichkeitsrechten, wie zum Beispiel des Patent- und Urheberrechtes, nur von einem bestimmten Unternehmen durchgeführt werden kann. Gemeint ist damit, dass der Auftrag nur von einem einzigen Unternehmen ausgeführt werden kann.[26]

Erwägungsgrund 52 der Richtlinie 2009/81/EG beschreibt die technischen Gründe, **27** aufgrund derer der Auftrag nur von einem Unternehmen ausgeführt werden kann, wie folgt: „*Hierzu zählen beispielsweise der Umstand, dass es einem anderen Bewerber als dem ausgewählten Wirtschaftsteilnehmer eindeutig technisch unmöglich ist, die geforderten Ziele zu erreichen, oder die Notwendigkeit, spezielles Know-how, Spezialwerkzeug oder spezielle Instrumente einzusetzen, die nur einem einzigen Wirtschaftsteilnehmer zur Verfügung stehen. Dies kann beispielsweise bei der Änderung oder Nachrüstung einer besonders komplexen Ausrüstung der Fall sein. Technische Gründe können auch bei speziellen Anforderungen an die Interoperabilität oder speziellen Sicherheitsanforderungen vorliegen, die zur Gewährleistung des Funktionierens der Streitkräfte oder der Sicherheitskräfte erfüllt sein müssen.*"

Ein Verhandlungsverfahren ohne Teilnahmewettbewerb aufgrund von technischen Be- **28** sonderheiten, die die Durchführung des Auftrages nur von einem bestimmten Unternehmen gebieten, ist gemäß § 12 Abs. 1 lit. c) Alt. 1 VSVgV auch zulässig, wenn die zugunsten des Auftragnehmers getroffene Beschaffungsentscheidung vergaberechtlich nicht zu beanstanden ist, weil der Auftraggeber die Grenzen seines ihm zustehenden Leistungsbestimmungsrechts nicht überschritten hat.[27] Ist dies der Fall, dann kann der Auftrag wegen seiner technischen Besonderheiten nur von diesem Unternehmen durchgeführt werden.

---

[21] *Sterner* in Dippel/Sterner/Zeiss, Praxiskommentar Beschaffung im Verteidigungs- und Sicherheitsbereich, 2013, VSVgV § 12 Rn. 9; *Kirch* in Leinemann/Kirch, VSVgV § 12 Rn. 10.
[22] → VgV § 14 Rn. 45 ff.
[23] So auch *Haak/Koch* in Willenbruch/Wieddekind, Vergaberecht Kompaktkommentar, VSVgV § 12 Rn. 17.
[24] VK Bund Beschl. v. 3.9.2015 – VK 2 – 79/15.
[25] EuGH Urt. v. 15.10.2009 – C-275/08, EuZW 2009, 858 (862).
[26] *Pünder* in Pünder/Schellenberg, Vergaberecht VSVgV § 12 Rn. 7.
[27] OLG Düsseldorf Beschl. v. 31.5.2017 – VII-Verg 36/16.

Die Entscheidung des öffentlichen Auftraggebers für die Beschaffung eines bestimmten Produkts aus technischen Gründen ist sachlich gerechtfertigt, wenn hierdurch im Interesse der Systemsicherheit und Funktion eine wesentliche Verringerung von Risikopotentialen (z.B. Risiko von Fehlfunktionen, Kompatibilitätsproblemen, höherem Umstellungsaufwand) bewirkt wird.[28] Der öffentliche Auftraggeber darf in diesem Fall jedwede Risikopotentiale ausschließen und den sichersten Weg wählen.[29]

29   Die technischen Gründe hat der Auftraggeber konkret zu benennen und im Einzelfall nachzuweisen.[30] Er muss, etwa mithilfe einer durchgeführten Marktanalyse, belegen, dass kein anderer Hersteller, sei es auch erst während des laufenden Vergabeverfahrens, gegebenenfalls durch eine Kooperation mit anderen Unternehmen als Bietergemeinschaft oder durch Unteraufträge entsprechende Zertifizierungen hätte erlangen und dem Beschaffungsbedarf entsprechen können.[31]

30   Neben technischen Besonderheiten im Sinne des § 12 Abs. 1 lit. c) Alt. 1 VSVgV kann auch der Schutz von Ausschließlichkeitsrechten erfordern, dass der Auftrag nur von einem Unternehmen durchgeführt werden kann, § 12 Abs. 1 lit. c) Alt. 2 VSVgV. Als Ausschließlichkeitsrechte werden nur beispielhaft Patent- und Urheberrechte genannt. Daneben ist anerkannt, dass auch das Eigentum und eigentumsähnliche Recht zu den Ausschließlichkeitsrechten gehören.[32]

31   Für das erfolgreiche Berufen auf den Ausnahmetatbestand des § 12 Abs. 1 lit. c) Alt. 2 VSVgV ist es jedoch erforderlich, dass der Beschaffungsgegenstand dem Schutzbereich des tangierten Ausschließlichkeitsrechts unterfällt, da andernfalls auch andere Unternehmen zur Auftragsdurchführung in Betracht kämen.[33]

4. Forschungs- und Entwicklungsleistungen, § 12 Abs. 1 Nr. 1 lit. d) und e) VSVgV

32   § 12 Abs. 1 Nr. 1 lit. d) und lit. e) VSVgV erlauben ein Verhandlungsverfahren ohne Teilnahmewettbewerb, wenn es sich um Forschungs- und Entwicklungsleistungen einerseits und Güter, die ausschließlich zum Zwecke der von Forschung und Entwicklung hergestellt werden andererseits, handelt.

33   Der Ausnahmetatbestand kommt erst in Betracht, wenn die Forschungs- und Entwicklungsleistungen nicht ohnehin bereits von dem Anwendungsbereich der VSVgV ausgenommen sind.[34] Art. 13 lit c) der Richtlinie 2009/81/EG normiert, dass diese Richtlinie (und damit die VSVgV) keine Anwendung findet, bei Aufträgen, die im Rahmen eines Kooperationsprogrammes vergeben werden, das auf Forschung und Entwicklung beruht und von mindestens zwei Mitgliedstaaten für die Entwicklung eines neuen Produkts und gegebenenfalls die späteren Phasen des gesamten oder eines Teils des Lebenszyklus dieses Produktes durchgeführt wird. Art. 13 lit. j) der Richtlinie 2009/81/EG schließt Forschungs- und Entwicklungsdienstleistungen vom Anwendungsbereich aus, es sei denn es handelt sich um solche Dienstleistungen, deren Ergebnisse ausschließlich Eigentum des Auftraggebers für seinen Gebrauch bei der Ausübung seiner eigenen Tätigkeit sind, sofern die Dienstleistung vollständig durch den Arbeitgeber vergütet werden. Die in Art. 13 lit. c) und j) der Richtlinie 2009/81/EG vorgesehenen Ausnahmen wurden in § 116 Abs. 1 Nr. 2 GWB aufgenommen, sodass Forschungs- und Entwicklungsleistungen, die unter diesen Ausnahmetatbestand fallen, ohnehin vom Anwendungsbereich des Vergaberechts ausgeschlossen sind.

---

[28] OLG Düsseldorf Beschl. v. 31.5.2017 – VII-Verg 36/16.
[29] OLG Düsseldorf Beschl. v. 31.5.2017 – VII-Verg 36/16.
[30] Erwägungsgrund 52 der RL 2009/81/EG.
[31] Vgl. OLG Düsseldorf Beschl. v. 13.4.2016 – VII-Verg 46/15, NZBau 2016, 659–664.
[32] *Kirch* in Leinemann/Kirch, VSVgV § 12 Rn. 13.
[33] Vgl. *Kirch* in Leinemann/Kirch, VSVgV § 12 Rn. 13.
[34] BR-Drs. 321/12, 47.

Soll also ein Forschungs- und Entwicklungsauftrag vergeben werden, ist in einem ersten **34** Schritt zu prüfen, ob dieser überhaupt nach den Vorschriften der VSVgV zu vergeben ist. Erst in einem zweiten Schritt ist dann zu prüfen, ob ein Verhandlungsverfahren ohne Teilnahmewettbewerb zulässig ist.

Was unter Forschungs- und Entwicklungsleistungen zu verstehen ist, ist in § 4 Abs. 3 **35** VSVgV legaldefiniert. Darunter fallen alle Tätigkeiten, die Grundlagenforschung, angewandte Forschung und experimentelle Entwicklung umfassen. Nach Erwägungsgrund 55 der Richtlinie 2009/81/EG sollten Forschungs- und Entwicklungsaufträge „nur Tätigkeiten bis zu der Stufe umfassen, auf der die Ausgereiftheit neuer Technologien in angemessener Weise beurteilt und deren Risikolosigkeit festgestellt werden kann".

II. Lieferaufträge, § 12 Abs. 1 Nr. 2 VSVgV

Bei ausschließlichen Lieferaufträgen ist ein Verhandlungsverfahren ohne Teilnahmewett- **36** bewerb zulässig, wenn es einerseits um zusätzliche Lieferungen eines Auftragnehmers geht, die entweder zur teilweisen Erneuerung von gelieferten marktüblichen Gütern oder zur Erweiterung von Lieferungen oder bestehenden Einrichtungen bestimmt sind. Andererseits ist ein Verhandlungsverfahren ohne Teilnahmewettbewerb zulässig, wenn ein Wechsel des Unternehmens dazu führen würde, dass der Auftraggeber Güter mit unterschiedlichen technischen Merkmalen kaufen müsste und dies zu einer technischen Unvereinbarkeit oder unverhältnismäßigen technischen Schwierigkeiten bei Gebrauch und Wartung führen würde (§ 12 Abs. 1 Nr. 2 lit. a) VSVgV).

Die Voraussetzungen des § 12 Abs. 1 Nr. 2 VSVgV müssen kumulativ vorliegen.[35] Der **37** Auftragnehmer des ursprünglichen Auftrags und der Auftragnehmer des zusätzlichen Auftrags müssen identisch sein.[36] Eine zusätzliche Lieferung liegt vor, wenn es sich um das gleiche Produkt und den gleichen Auftraggeber handelt.[37] Eine Erneuerung wiederum setzt voraus, dass die ursprüngliche Lieferung auf den neuesten Stand der Technik gebracht werden soll oder ein Austausch von Teilen vorgenommen wird. Nicht erfasst sind Zusatzbeschaffungen, die die ursprüngliche Lieferung lediglich in erheblichem Umfang abändern.[38] Eine Erweiterung hingegen liegt vor, wenn der ursprüngliche Lieferauftrag bzw. die Stückzahl erhöht wird, wobei zu beachten ist, dass die Stückzahl nicht so weit erhöht wird, dass es sich um eine komplette Neubeschaffung handelt.[39] Dies ist bei einer Verdopplung zu bejahen.[40] Weitere Voraussetzung ist die Inkompatibilität der zusätzlichen Lieferung mit der ursprünglichen Lieferung. Diese liegen unter anderem vor, wenn der Gebrauchszweck durch abweichende technische Merkmale letztlich vereitelt würde oder technische Schwierigkeiten bei Gebrauch und Wartung entstehen könnten.[41] Eine solche Situation ist nicht gegeben, wenn ein anderes Unternehmen von vornherein rechtlich und tatsächlich in der Lage ist die zusätzliche Ware zu liefern, die mit der ursprünglichen Lieferung identisch ist.[42]

Ein Verhandlungsverfahren ohne Teilnahmewettbewerb ist auch bei auf einer Warenbör- **38** se notierten und gekauften Ware möglich (§ 12 Abs. 1 Nr. 2 lit. b) VSVgV), oder wenn Güter zu besonders günstigen Bedingungen bei Lieferanten, die ihre Geschäftstätigkeit endgültig einstellen, oder bei Insolvenzverwaltern im Rahmen eines Insolvenzverfahrens erworben werden (§ 12 Abs. 1 Nr. 2 lit. c) VSVgV).

---

[35] *Kirch* in Leinemann/Kirch, VSVgV § 12 Rn. 16
[36] VK Hessen, Beschl. v. 27.4.2007, 69d-VK-11/2007; *Kirch* in Leinemann/Kirch, VSVgV § 12 Rn. 17.
[37] VK Bund, Beschl. v. 11.4.2003, VK-2–10/03, BeckRS 2005, 01502; *Kirch* in Leinemann/Kirch, VSVgV § 12 Rn. 17.
[38] VK Hessen, Beschl. v. 27.4.2007, 69d-VK-11/2007; *Kirch* in Leinemann/Kirch, VSVgV § 12 Rn. 17.
[39] *Kirch* in Leinemann/Kirch, VSVgV § 12 Rn. 17.
[40] VK Hessen, 27.4.2007, 69d-VK-11/2007.
[41] OLG Frankfurt, Beschl. v. 10.7.2007 – Verg 5/07, ZfBR 2008, 88.
[42] OLG Düsseldorf, Beschl. v. 25.8.2003 – Verg 10/03, NZBau 2004, 175.

III. Dienstleistungsaufträge, § 12 Abs. 1 Nr. 3 VSVgV

39   Für zusätzliche Dienstleistungen, die weder in dem der Vergabe zugrunde liegenden Entwurf, noch im ursprünglich geschlossenen Vertrag vorgesehen sind, ist ein Verhandlungsverfahren ohne Teilnahmewettbewerb zulässig, wenn diese wegen eines unvorhergesehen Ereignisses zur Ausführung der darin beschriebenen Dienstleistung erforderlich sind, sofern der Auftrag an den Unternehmer vergeben wird, der diese Dienstleistung erbringt und der Gesamtwert der Aufträge für die zusätzliche Dienstleistung 50 Prozent des Wertes des ursprünglichen Auftrags nicht überschreitet (§ 12 Abs. 1 Nr. 3 lit. a) VSVgV). Weiter darf sich die zusätzliche Dienstleistung in technischer und wirtschaftlicher Hinsicht nicht ohne wesentlichen Nachteil für den Auftraggeber vom ursprünglichen Auftrag trennen lassen (§ 12 Abs. 1 Nr. 3 lit. a) aa) VSVgV) oder die Dienstleistungen zwar von der Ausführung des ursprünglichen Auftrags getrennt werden können, aber für dessen Vollendung unbedingt erforderlich sein (§ 12 Abs. 1 Nr. 3 lit. a) bb) VSVgV).

40   Ein Verhandlungsverfahren ohne Teilnahmewettbewerb ist ebenfalls zulässig, bei neuen Dienstleistungsaufträgen, welche Dienstleistungen wiederholen (§ 12 Abs. 1 Nr. 3 lit. b) VSVgV). Diese müssen durch denselben Auftraggeber an denselben Auftragnehmer vergeben worden sein, sofern sie dem Grundentwurf entsprechen und dieser Entwurf Gegenstand des ursprünglichen Auftrags war. Eine Identität der zu wiederholenden Arbeit ist dabei nicht erforderlich.[43] Eine Vergabe ohne Teilnahmewettbewerb ist ausgeschlossen, wenn der Auftraggeber auf die Möglichkeit der wiederholenden Dienstleistung nicht bereits beim Aufruf zum Wettbewerb für die bereits beauftragten Leistungen hingewiesen hat.[44]

IV. Luft- und Seeverkehrsdienstleistungen, § 12 Abs. 1 Nr. 4 VSVgV

41   § 12 Abs. 1 Nr. 4 VSVgV erlaubt das Verhandlungsverfahren ohne Teilnahmewettbewerb für Aufträge im Zusammenhang mit der Bereitstellung von Luft- und Seeverkehrsdienstleistungen für die Streit- und Sicherheitskräfte, die im Ausland eingesetzt werden sollen, wenn der Auftraggeber diese Dienste bei Unternehmen beschaffen muss, die die Gültigkeit ihrer Angebote nur für so kurze Zeit garantieren, dass auch die verkürzte Frist für das nicht offene Verfahren oder das Verfahren mit Teilnahmewettbewerb einschließlich der verkürzten Frist gemäß § 20 Abs. 2 S. 2 und Abs. 3 S. 2 VSVgV nicht eingehalten werden kann. Dies ist vor allem bei Speditions- und Logistikdienstleistungen, die von den Dienstleistungsanbietern stets nur kurzfristig angeboten und erbracht werden können.[45]

V. Begründungserfordernis, § 12 Abs. 2 VSVgV

42   § 12 Abs. 2 VSVgV verpflichtet den Auftraggeber, die Wahl des Verhandlungsverfahrens ohne Teilnahmewettbewerb in der Bekanntmachung über die Auftragserteilung (§ 35 VSVgV) zu begründen.

---

[43] *Kirch* in Leinemann/Kirch, VSVgV § 12 Rn. 27.
[44] *Kirch* in Leinemann/Kirch, VSVgV § 12 Rn. 28.
[45] *Kirch* in Leinemann/Kirch, VSVgV § 12 Rn. 30.

§ 13 Wettbewerblicher Dialog

(1) Auftraggeber können einen wettbewerblichen Dialog gemäß § 119 Absatz 6 Satz 1 des Gesetzes gegen Wettbewerbsbeschränkungen zur Vergabe besonders komplexer Aufträge durchführen, sofern sie objektiv nicht in der Lage sind,

1. die technischen Mittel anzugeben, mit denen ihre Bedürfnisse und Ziele erfüllt werden können, oder
2. die rechtlichen oder finanziellen Bedingungen des Vorhabens anzugeben.

(2) Im wettbewerblichen Dialog eröffnen Auftraggeber gemäß § 119 Absatz 6 Satz 2 des Gesetzes gegen Wettbewerbsbeschränkungen nach einem Teilnahmewettbewerb mit den ausgewählten Unternehmen einen Dialog zur Erörterung aller Aspekte der Angebotsabgabe. Im Einzelnen gehen die Auftraggeber wie folgt vor:

1. Die Auftraggeber müssen ihre Bedürfnisse und Anforderungen bekannt machen und erläutern. Die Erläuterung erfolgt in der Bekanntmachung oder der Leistungsbeschreibung.
2. Mit den nach §§ 6, 7, 8 und 21 bis 28 ausgewählten geeigneten Unternehmen eröffnen die Auftraggeber einen Dialog, in dem sie ermitteln und festlegen, wie ihre Bedürfnisse am besten erfüllt werden können. Dabei können sie mit den ausgewählten Unternehmen alle Einzelheiten des Auftrags erörtern. Die Auftraggeber müssen alle Unternehmen bei dem Dialog gleich behandeln. Insbesondere enthalten sie sich jeder diskriminierenden Weitergabe von Informationen, durch die bestimmte Bieter gegenüber anderen begünstigt werden können. Der Auftraggeber darf Lösungsvorschläge oder vertrauliche Informationen eines Unternehmens nicht ohne dessen Zustimmung an die anderen Unternehmen weitergeben.
3. Die Auftraggeber können vorsehen, dass der Dialog in verschiedenen aufeinanderfolgenden Phasen abgewickelt wird, um die Zahl der in der Dialogphase zu erörternden Lösungsvorschläge anhand der in der Bekanntmachung oder in den Vergabeunterlagen angegebenen Zuschlagskriterien zu verringern. In der Bekanntmachung oder in der Leistungsbeschreibung ist anzugeben, ob diese Möglichkeit in Anspruch genommen wird. In der Schlussphase müssen noch so viele Angebote vorliegen, dass ein echter Wettbewerb gewährleistet ist, sofern eine ausreichende Zahl von Lösungen vorhanden ist. Die Unternehmen, deren Lösungen nicht für die nächstfolgende Dialogphase vorgesehen sind, werden darüber informiert.
4. Die Auftraggeber erklären den Dialog für abgeschlossen, wenn eine oder mehrere Lösungen gefunden worden sind, die ihre Bedürfnisse erfüllen oder erkennbar ist, dass keine Lösung gefunden werden kann. Im Falle der ersten Alternative fordern sie die Unternehmen auf, auf der Grundlage der eingereichten und in der Dialogphase näher ausgeführten Lösungen ihr endgültiges Angebot vorzulegen, das alle zur Ausführung des Projekts erforderlichen Einzelheiten enthalten muss. Die Auftraggeber können verlangen, dass Präzisierungen, Klarstellungen und Ergänzungen zu diesen Angeboten gemacht werden. Diese Präzisierungen, Klarstellungen oder Ergänzungen dürfen jedoch keine Änderung der grundlegenden Elemente des Angebots oder der Ausschreibung zur Folge haben, die den Wettbewerb verfälschen oder diskriminierend wirken könnte.
5. Die Auftraggeber müssen die Angebote aufgrund der in der Bekanntmachung oder in den Vergabeunterlagen festgelegten Zuschlagskriterien bewerten. Der Zuschlag darf ausschließlich auf das wirtschaftlichste Angebot erfolgen. Auftraggeber dürfen das Unternehmen, dessen Angebot als das wirtschaftlichste ermittelt wurde, auffordern, bestimmte Einzelheiten des Angebots näher zu erläutern oder im Angebot enthaltene Zusagen zu bestätigen. Dies darf nicht dazu führen, dass wesentliche Aspekte des Angebots oder der Ausschreibung geändert werden, und dass der Wettbewerb verzerrt wird oder andere am Verfahren beteiligte Unternehmen diskriminiert werden.
6. Verlangen die Auftraggeber, dass die am wettbewerblichen Dialog teilnehmenden Unternehmen Entwürfe, Pläne, Zeichnungen, Berechnungen oder andere Unterlagen ausarbeiten, müssen sie einheitlich für alle Unternehmen, die die geforderte

Unterlage rechtzeitig vorgelegt haben, eine angemessene Kostenerstattung hierfür gewähren.

Übersicht

	Rn.		Rn.
A. Einführung	1	1. Technische Komplexität	10
I. Literatur	1	2. Rechtliche oder finanzielle	
II. Entstehungsgeschichte	2	Komplexität	11
III. Rechtliche Vorgaben im EU-Recht	3	II. Ablauf des wettbewerblichen Dialogs, § 13 Abs. 2 VSVgV	13
B. Allgemeines	6	1. Parallelen zu der Vorschrift des § 18 VgV	16
I. Anwendungsvoraussetzungen, § 13 Abs. 1 VSVgV	8	2. Abweichungen gegenüber der Vorschrift des § 18 VgV	17

A. Einführung

I. Literatur

1 Neben den einschlägigen Kommentierungen existiert, soweit ersichtlich, keine weitere spezifische Literatur zu der Vorschrift des § 13 VSVgV.

II. Entstehungsgeschichte

2   Die Änderungen in der Vorschrift des § 13 VSVgV gegenüber dessen Vorgängervorschrift dienen der Anpassung an die im Zuge der Vergaberechtsreform im Jahre 2016 geänderten Vorschriften des GWB. Anders als noch § 13 Abs. 1 VSVgV a. F., der lediglich Auftraggebern im Sinne von § 98 Nr. 1 bis 3 GWB a. F. (entspricht § 99 GWB n. F.) die Durchführung eines wettbewerblichen Dialogs erlaubte, findet sich eine solche Einschränkung in § 13 Abs. 1 VSVgV n. F. nicht mehr. Denn gemäß § 146 S. 1 und 2 GWB sollen nunmehr auch Sektorenauftraggeber in dem Bereich Verteidigung und Sicherheit einen wettbewerblichen Dialog durchführen können.

    Ferner wurde der Wortlaut des § 13 Abs. 2 S. 1 VSVgV an die Regelung in § 119 Abs. 6 S. 2 GWB angepasst.

III. Rechtliche Vorgaben im EU-Recht

3   § 13 VSVgV folgt den Vorgaben aus Art. 27 der Richtlinie 2009/81/EG. Dieser enthält für die Mitgliedstaaten eine Ermächtigung, es den Auftraggebern zu ermöglichen, einen wettbewerblichen Dialog für besonders komplexe Aufträge, die nach Ansicht des Auftraggebers im nichtoffenen Verfahren oder im Verhandlungsverfahren mit Veröffentlichung einer Bekanntgabe nicht möglich sind, durchzuführen und gibt Anforderungen an diese Verfahrensart vor.

4   In Erwägungsgrund 48 der Richtlinie 2009/81/EG heißt es, dass für derartige Aufträge „ein flexibles Verfahren vorgesehen werden soll, das sowohl den Wettbewerb zwischen den Wirtschaftsteilnehmern aufrechterhält als auch die Verpflichtung der Auftraggeber, mit den einzelnen Bewerbern alle Aspekte des Auftrags zu erörtern." Weiter heißt es jedoch, dass dieses Verfahren allerdings nicht in einer Weise angewandt werden darf, „die den Wettbewerb insbesondere dadurch einschränkt oder verfälscht, dass grundlegende Elemente der Angebote geändert oder dem ausgewählten Bieter neue wesentliche Elemente vorgeschrieben werden oder andere Bieter als der mit dem wirtschaftlich günstigsten Angebot einbezogen werden."[1]

Die Öffnung der Verfahrensart des wettbewerblichen Dialogs auch für Sektorenauftrag- **5** geber beruht auf Art. 48 der Richtlinie 2014/25/EU.[2]

B. Allgemeines

§ 13 VSVgV stellt klar, dass die besondere Vergabeverfahrensart des wettbewerblichen **6** Dialogs auch bei verteidigungs- und sicherheitsrelevanten Aufträgen in Betracht zu ziehen ist.[3] Eine Legaldefinition des wettbewerblichen Dialogs beinhaltet § 119 Abs. 6 GWB, auf den § 13 Abs. 1 VSVgV verweist. Diesbezüglich kann deshalb auf die entsprechende Kommentierung zu § 119 Abs. 6 GWB verwiesen werden.

In Absatz 1 des § 13 VSVgV sind die Anwendungsvoraussetzungen des wettbewerbli- **7** chen Dialogs geregelt, während die Bestimmungen zu den einzelnen Verfahrensschritten in Absatz 2 enthalten sind.

I. Anwendungsvoraussetzungen, § 13 Abs. 1 VSVgV

Auftraggeber können einen wettbewerblichen Dialog nach § 13 Abs. 1 VSVgV zur Ver- **8** gabe besonders komplexer Aufträge durchführen, sofern sie objektiv nicht in der Lage sind, die technischen Mittel anzugeben, mit denen ihre Bedürfnisse und Ziele erfüllt werden können (§ 13 Abs. 1 Nr. 1 VSVgV) oder die rechtlichen oder finanziellen Bedingungen des Vorhabens anzugeben (§ 13 Abs. 1 Nr. 2 VSVgV).

Die Vorschrift entspricht wortgleich Art. 1 Nr. 21 der Richtlinie 2009/81/EG, der bestimmt, dass ein Auftrag als „besonders komplex" gilt, wenn der Auftraggeber objektiv nicht in der Lage ist, die technischen Mittel gemäß Art. 18 Abs. 3 lit. b), c), oder d) der Richtlinie 2009/81/EG anzugeben, mit denen seine Bedürfnisse und seine Ziele erfüllt werden können und/oder die rechtlichen und/oder finanziellen Konditionen eines Vorhabens anzugeben.

Hinsichtlich der Komplexität des Auftrags kommt es insoweit auf eine objektive Be- **9** trachtungsweise an.[4] Maßgeblich ist, dass es dem Auftraggeber aufgrund fehlendem hinreichend konkretem Beschaffenheitsgegenstand objektiv unmöglich ist, seinen Beschaffenheitsaufwand derart zu konkretisieren, dass er auf ein nichtoffenes Verfahren zugreifen könnte.[5] Nach Erwägungsgrund 48 der Richtlinie 2009/81/EG kann dies „insbesondere bei der Durchführung von Projekten der Fall sein, die die Integration oder Kombination vielfältiger technologischer oder operativer Fähigkeiten erfordern, oder die auf einer komplexen strukturierten Finanzierung basieren, deren finanzielle und rechtliche Konstruktion nicht im Voraus vorgeschrieben werden kann". Die objektive Unmöglichkeit darf dem Auftraggeber nicht anzulasten sein.[6] Denn dem Auftraggeber obliegt eine Sorgfaltspflicht, die es erfordert, nicht auf den wettbewerblichen Dialog zurückzugreifen, wenn der Auftraggeber mit zumutbarem Aufwand in der Lage wäre, die erforderlichen technischen Mittel bzw. die rechtliche/finanzielle Konstruktion festzulegen.[7]

---

[1] Erwägungsgrund 48 der Richtlinie 2009/81/EG.
[2] BR-Drs. 87/16, 309.
[3] *Kirch* in Leinemann/Kirch, VSVgV § 13 Rn. 1.
[4] *Kirch* in Leinemann/Kirch, VSVgV § 13 Rn. 3.
[5] *Kirch* in Leinemann/Kirch, VSVgV § 13 Rn. 3.
[6] So jedenfalls Erwägungsgrund 31 der Richtlinie 2004/18/EG. Insoweit dürfte sich jedoch auch unter Geltung der die Richtlinie 2004/18/EG ersetzenden Richtlinie 2014/24/EU keine andere Bewertung ergeben. Vgl. außerdem Europäische Kommission, Erläuterungen – Wettbewerblicher Dialog – Klassische Richtlinie, S. 2.
[7] Europäische Kommission, Erläuterungen – Wettbewerblicher Dialog – Klassische Richtlinie, S. 2.

1. Technische Komplexität

10   Von technischer Komplexität kann dann ausgegangen werden, wenn der Auftraggeber nicht in der Lage ist, „die Mittel zu bestimmen, die ihren Bedürfnissen gerecht werden können".[8] Technisch komplex können beispielsweise die Durchführung bedeutender integrierter Verkehrsinfrastrukturprojekte oder die Schaffung großer Computernetzwerke sein.[9] Diese Vorhaben können jedoch auch gleichzeitig rechtlich bzw. finanziell komplex sein.

     Insoweit ist denkbar, dass der Auftraggeber nicht in der Lage ist, die technischen Mittel zu spezifizieren, die zur Erreichung des vorgeschriebenen Ziels zu verwenden sind oder dass er nicht in der Lage ist, zu bestimmen, welche der verschiedenen in Betracht kommenden Lösungen seinen Bedürfnissen am besten gerecht wird.[10]

2. Rechtliche oder finanzielle Komplexität

11   Rechtliche oder finanzielle Komplexität kann insbesondere bei „Vorhaben mit einer komplexen und strukturierten Finanzierung" gegeben sein, „deren finanzielle und rechtliche Konstruktion nicht im Voraus festgeschrieben werden kann".[11] Häufig wird dies wohl bei öffentlich-privaten Partnerschaften der Fall sein, wobei die Voraussetzungen im jeweiligen Einzelfall geprüft werden, müssen.[12]

12   Für das Vorliegen von rechtlich oder finanziell komplexen Vorhaben werden in den „Erläuterungen – Wettbewerblicher Dialog – Klassische Richtlinie" der Europäischen Kommission beispielhaft zwei Situationen genannt. Dort heißt es: „Rechtlich oder finanziell komplex wäre beispielsweise eine Situation, in der der öffentliche Auftraggeber nicht vorhersehen kann, ob die Wirtschaftsteilnehmer bereit sind, ein wirtschaftliches Risiko zu tragen, d. h. wenn nicht festgelegt werden kann, ob der Auftrag in eine Konzession oder in einen „traditionellen" öffentlichen Auftrag mündet. Ist der öffentliche Auftraggeber davon ausgegangen, dass der Auftrag höchstwahrscheinlich in eine Konzession mündet und hat daher ein anderes Verfahren als das für die Vergabe öffentlicher Aufträge angewendet, sieht er sich vor eine schwierige Wahl gestellt, wenn sich am Ende des Verfahrens herausstellt, dass der Auftrag doch auf einen „normalen" öffentlichen Auftrag und nicht auf eine Konzession hinausläuft. Entweder vergibt er den Auftrag und verstößt damit gegen Gemeinschaftsrecht und nimmt mögliche Beschwerde- und Vertragsverletzungsverfahren in Kauf, oder er erklärt das Verfahren für ungültig und beginnt von neuem, diesmal unter Anwendung eines der für die Vergabe öffentlicher Aufträge vorgesehenen Verfahren. In solchen Fällen kann der wettbewerbliche Dialog die geschilderten Probleme vermeiden helfen: die verfahrenstechnischen Auflagen wären nämlich immer erfüllt, unabhängig davon, ob der Auftrag in einen öffentlichen Auftrag oder in eine Konzession mündet."[13] Als weiteres Beispiel für rechtliche oder finanzielle Komplexität, das den wettbewerblichen Dialog rechtfertigt, wird nach der Verwaltungspraxis der Kommission der Umbau einer Schule genannt, bei welchem der Auftraggeber die Kosten auf ein Minimum begrenzen wollte und er es den Wirtschaftsteilnehmern überließ, unterschiedliche Formen der Bezahlung vorzuschlagen, beispielsweise die Nutzung von Grundstücken des Auftraggebers für unterschiedliche Zwecke (Bau von Wohnungen, Sportanlagen usw.) wahlweise ergänzt durch Geldzahlungen, wobei es um die Vergabe von Bauleistungen und nicht um eine

---

[8] Erwägungsgrund 31 der Richtlinie 2004/18/EG; Europäische Kommission, Erläuterungen – Wettbewerblicher Dialog – Klassische Richtlinie, S. 2.

[9] Erwägungsgrund 31 der Richtlinie 2004/18/EG; Europäische Kommission, Erläuterungen – Wettbewerblicher Dialog – Klassische Richtlinie, S. 3.

[10] Europäische Kommission, Erläuterungen – Wettbewerblicher Dialog – Klassische Richtlinie, S. 3.

[11] Erwägungsgrund 31 der Richtlinie 2004/18/EG; Europäische Kommission, Erläuterungen – Wettbewerblicher Dialog – Klassische Richtlinie, S. 3.

[12] Europäische Kommission, Erläuterungen – Wettbewerblicher Dialog – Klassische Richtlinie, S. 3.

[13] Europäische Kommission, Erläuterungen – Wettbewerblicher Dialog – Klassische Richtlinie, S. 3 f.

Konzession ging.[14] Weiter werden beispielhaft Vorhaben angeführt, „bei denen der öffentliche Auftraggeber eine Einrichtung, z.B. eine Schule, ein Krankenhaus oder ein Gefängnis, von einem Wirtschaftsteilnehmer finanzieren, bauen und häufig über einen längeren Zeitraum verwalten lassen möchte, d.h. letzterer kümmert sich um die Lagerhaltung, die Instandhaltung und -setzung, den Sicherheitsdienst, die Kantine usw.", da bei solchen Vorhaben sich am Anfang etwa nicht festlegen lässt, ob der Auftrag auf einen „traditionellen" Auftrag oder eine Konzession hinausläuft.[15]

II. Ablauf des wettbewerblichen Dialogs, § 13 Abs. 2 VSVgV

§ 13 Abs. 2 VSVgV legt fest, dass der wettbewerbliche Dialog nur nach vorheriger **13** Durchführung eines Teilnahmewettbewerbs mit den ausgewählten Unternehmen stattfinden darf.[16]

Das Verfahren des wettbewerblichen Dialogs stellt demzufolge ein zweistufiges Verfahren **14** dar. Zunächst erfolgt die Aufforderung zur Teilnahme und im Anschluss sodann die Verhandlung über den Auftrag.[17]

Die einzelnen Verfahrensabschnitte des wettbewerblichen Dialogs für verteidigungs- und **15** sicherheitsrelevante Aufträge sind im Einzelnen in § 13 Abs. 2 VSVgV aufgezählt. Die dortigen Bestimmungen ähneln weitgehend den Bestimmungen der Parallelvorschrift des § 18 Abs. 1 bis 10 VgV, weshalb grundsätzlich auf die dortige Kommentierung verwiesen wird.[18]

1. Parallelen zu der Vorschrift des § 18 VgV

So entspricht die Verpflichtung des Auftraggebers aus § 13 Abs. 2 S. 2 Nr. 1 VSVgV, sei- **16** ne Bedürfnisse und Anforderungen bekannt zu machen und in der Bekanntmachung bzw. der Leistungsbeschreibung zu erläutern, den Vorgaben in § 18 Abs. 1 S. 1 VgV.

§ 13 Abs. 2 S. 2 Nr. 2 und 3 VSVgV entsprechen inhaltlich § 18 Abs. 5 und 6 VgV. § 13 Abs. 2 S. 2 Nr. 4 VSVgV entspricht inhaltlich den Bestimmungen in § 18 Abs. 7 und 8 VgV. Ferner entspricht § 13 Abs. 2 S. 2 Nr. 5 VSVgV inhaltlich der Parallelvorschrift in § 18 Abs. 9 VgV. Nach beiden Vorschriften erteilt der Auftraggeber den Zuschlag auf das wirtschaftlichste Angebot. Dies ergibt sich zwar nicht unmittelbar aus dem Wortlaut des § 18 Abs. 9 VgV. Jedoch ist diese Vorgabe in § 127 Abs. 1 S. 1 GWB enthalten. Für die Einzelheiten dahingehend, was unter dem wirtschaftlichsten Angebot zu verstehen ist wird auf die Kommentierung zu § 127 Abs. 1 GWB verwiesen.[19]

2. Abweichungen gegenüber der Vorschrift des § 18 VgV

Anders als § 18 Abs. 1 S. 2 VgV enthält § 13 Abs. 2 VSVgV keine ausdrückliche Ver- **17** pflichtung zur Benennung und Erläuterung der Zuschlagskriterien (diese folgt aber aus § 127 Abs. 5 i.V.m. § 147 GWB) sowie die Festlegung des vorläufigen Zeitraums für den Dialog.

Auch enthält § 13 Abs. 2 S. 2 Nr. 2 VSVgV anders als § 18 Abs. 5 S. 4 und 5 VgV keine **18** weitergehenden Vorgaben hinsichtlich der Art der Zustimmung der Bewerber in die Weitergabe vertraulicher Informationen und Lösungsvorschläge der Bewerber sowie hinsichtlich der Verwendung der Informationen.

---

[14] Europäische Kommission, Erläuterungen – Wettbewerblicher Dialog – Klassische Richtlinie, S. 4.
[15] Europäische Kommission, Erläuterungen – Wettbewerblicher Dialog – Klassische Richtlinie, S. 4.
[16] Hinsichtlich der Einzelheiten zum Verhandlungsverfahren mit Teilnahmewettbewerb wird auf die Kommentierung zu → § 11 Abs. 1 VSVgV verwiesen.
[17] BR-Drs. 321/12, 48 f.
[18] → VgV § 18 Rn. 8 ff.
[19] → GWB § 127 Rn. 21 ff.

19   Eine weitere Abweichung besteht im Hinblick auf die Kostenerstattung. Während § 13 Abs. 2 S. 2 Nr. 6 VSVgV für den Bieter gegenüber dem Auftraggeber einen Anspruch auf angemessene Kostenerstattung vorsieht, räumt § 18 Abs. 10 VgV dem Auftraggeber lediglich die Möglichkeit auf Zahlungen und Prämien an die Dialogteilnehmer ein.

20   Bei der Beurteilung der Angemessenheit der zu erstattenden Kosten ist der Preis für die von den Interessenten erbrachten Leistungen zu berücksichtigen.[20] Erstattungsfähig sind allein Kosten, außer Vervielfältigungskosten, und kein Gewinnanteil.[21]

---

[20] *Kirch* in Leinemann/Kirch, VSVgV § 13 Rn. 14.
[21] *Kirch* in Leinemann/Kirch, VSVgV § 13 Rn. 14.

§ 14 Rahmenvereinbarungen

(1) Für den Abschluss einer Rahmenvereinbarung im Sinne des § 103 Absatz 5 Satz 1 des Gesetzes gegen Wettbewerbsbeschränkungen befolgen die Auftraggeber die Verfahrensvorschriften dieser Verordnung. Für die Auswahl des Auftragnehmers gelten die Zuschlagskriterien gemäß § 34. Auftraggeber dürfen das Instrument einer Rahmenvereinbarung nicht missbräuchlich oder in einer Weise anwenden, durch die der Wettbewerb behindert, eingeschränkt oder verfälscht wird.

(2) Auftraggeber vergeben Einzelaufträge nach dem in den Absätzen 3 bis 5 vorgesehenen Verfahren. Die Vergabe darf nur erfolgen durch Auftraggeber, die ihren voraussichtlichen Bedarf für das Vergabeverfahren gemeldet haben, an Unternehmen, mit denen die Rahmenvereinbarungen abgeschlossen wurden. Bei der Vergabe der Einzelaufträge dürfen die Parteien keine wesentlichen Änderungen an den Bedingungen dieser Rahmenvereinbarung vornehmen. Dies gilt insbesondere für den Fall, dass die Rahmenvereinbarung mit einem einzigen Unternehmen geschlossen wurde.

(3) Wird eine Rahmenvereinbarung mit einem einzigen Unternehmen geschlossen, so werden die auf dieser Rahmenvereinbarung beruhenden Einzelaufträge entsprechend den Bedingungen der Rahmenvereinbarung vergeben. Vor der Vergabe der Einzelaufträge können die Auftraggeber das an der Rahmenvereinbarung beteiligte Unternehmen in Textform nach § 126b des Bürgerlichen Gesetzbuchs befragen und dabei auffordern, sein Angebot erforderlichenfalls zu vervollständigen.

(4) Wird eine Rahmenvereinbarung mit mehreren Unternehmen geschlossen, so müssen mindestens drei Unternehmen beteiligt sein, sofern eine ausreichend große Zahl von Unternehmen die Eignungskriterien oder eine ausreichend große Zahl von zulässigen Angeboten die Zuschlagskriterien erfüllt.

(5) Die Vergabe von Einzelaufträgen, die auf einer mit mehreren Unternehmen geschlossenen Rahmenvereinbarung beruhen, erfolgt, sofern

1. alle Bedingungen festgelegt sind, nach den Bedingungen der Rahmenvereinbarung ohne erneuten Aufruf zum Wettbewerb oder
2. nicht alle Bedingungen in der Rahmenvereinbarung festgelegt sind, nach erneutem Aufruf der Parteien zum Wettbewerb zu denselben Bedingungen, die erforderlichenfalls zu präzisieren sind, oder nach anderen in den Vergabeunterlagen zur Rahmenvereinbarung genannten Bedingungen. Dabei ist folgendes Verfahren einzuhalten:
   a) Vor Vergabe jedes Einzelauftrags konsultieren die Auftraggeber die Unternehmen, die in der Lage sind, den Einzelauftrag auszuführen.
   b) Auftraggeber setzen eine angemessene Frist für die Abgabe der Angebote für jeden Einzelauftrag; dabei berücksichtigen sie insbesondere die Komplexität des Auftragsgegenstands und die für die Übermittlung der Angebote erforderliche Zeit.
   c) Auftraggeber geben an, in welcher Form die Angebote einzureichen sind, der Inhalt der Angebote ist bis zum Ablauf der Angebotsfrist geheim zu halten.
   d) Die Auftraggeber vergeben die einzelnen Aufträge an das Unternehmen, das auf der Grundlage der in der Rahmenvereinbarung aufgestellten Zuschlagskriterien das wirtschaftlichste Angebot abgegeben hat.

(6) Die Laufzeit einer Rahmenvereinbarung darf sieben Jahre nicht überschreiten. Dies gilt nicht in Sonderfällen, in denen aufgrund der zu erwartenden Nutzungsdauer gelieferter Güter, Anlagen oder Systeme und der durch einen Wechsel des Unternehmens entstehenden technischen Schwierigkeiten eine längere Laufzeit gerechtfertigt ist. Die Auftraggeber begründen die längere Laufzeit in der Bekanntmachung gemäß § 35.

Übersicht

	Rn.		Rn.
A. Einführung	1	II. Vergabe von Einzelaufträgen, § 14 Abs. 2 bis 5 VSVgV	25
I. Literatur	1	1. Rahmenvereinbarung mit einem Unternehmen, § 14 Abs. 3 VSVgV	27
II. Entstehungsgeschichte	2		
III. Rechtliche Vorgaben im EU-Recht	3	2. Rahmenvereinbarung mit mehreren Unternehmen, § 14 Abs. 4, 5 VSVgV	28
B. Allgemeines	4		
I. Abschluss der Rahmenvereinbarung, § 14 Abs. 1 VSVgV	10	III. Vertragslaufzeit, § 14 Abs. 6 VSVgV	29
1. Mindestanforderungen an Inhalt und Leistungsbeschreibung	14	IV. Rechtsschutz	33
2. Missbrauchsverbot, § 14 Abs. 1 S. 3 VSVgV	21	V. Liefer- bzw. Abnahmeverpflichtung	34

A. Einführung

I. Literatur

1 *Knauff,* Neues europäisches Vergabeverfahrensrecht: Rahmenvereinbarungen, VergabeR 2006, 24; *Haak/ Degen,* „Rahmenvereinbarung nach dem neuen Vergaberecht" – Zur Umsetzung der Regelungen über Rahmenvereinbarungen der Richtlinien 2004/17/EG und 2004/18/EG durch die geplante Verordnung über die Vergabe öffentlicher Aufträge, VergabeR 2005, 164; *Rosenkötter,* Rahmenvereinbarungen mit Miniwettbewerb – Zwischenbilanz eines neuen Instruments, VergabeR 2010, 368; *Rosenkötter/Seidler,* Praxisprobleme bei Rahmenvereinbarungen, NZBau 2007, 684; *Portz,* Flexible Vergaben durch Rahmenvereinbarungen: Klarstellung durch die EU-Vergaberichtlinien 2014, VergabeR 2014, 523.

II. Entstehungsgeschichte

2   Die Vergaberechtsmodernisierung im Jahre 2016 hat für die Vorschrift des § 14 VSVgV nur wenige Änderungen zur Folge gehabt. § 14 Abs. 1 S. 1 VSVgV n. F. verweist nun auf § 103 Abs. 5 S. 1 GWB, der erstmalig unmittelbar im GWB den Begriff der Rahmenvereinbarung auf Gesetzesebene legal definiert.[1] Der Verweis auf § 4 Abs. 2 VSVgV a. F. ist aufgrund der Legaldefinition in § 103 Abs. 5 S. 1 GWB n. F. und dem Wegfall der Begriffsbestimmung in § 4 Abs. 2 VSVgV a. F. obsolet geworden.

Nach Maßgabe des § 103 Abs. 5 S. 2 GWB sind die Einzelheiten für die Vergabe von Rahmenvereinbarungen nach wie vor in § 14 Abs. 1 bis 6 VSVgV geregelt.

§ 14 Abs. 1 S. 4 VSVgV a. F., wonach Auftraggeber für dieselbe Leistung nicht mehrere Rahmenvereinbarungen abschließen durften, wurde wie in § 21 Abs. 1 VgV aufgehoben. Inhaltliche Änderungen sind damit wegen der Fortgeltung des Missbrauchsverbots nicht verbunden.

III. Rechtliche Vorgaben im EU-Recht

3   § 14 VSVgV dient der Umsetzung des Art. 29 der Richtlinie 2009/81/EG. Dieser stimmt weitestgehend mit Art. 32 der Richtlinie 2004/18/EG überein. Erwägungsgrund 21 der Richtlinie 2009/81/EG erläutert den Hintergrund der Rahmenvereinbarungen: „Die Auf-

---

[1] Vgl. dazu die Kommentierung in → GWB § 103 Abs. 5 und 6 Rn. 1 ff.

traggeber sollten auf Rahmenvereinbarungen zurückgreifen dürfen, und es ist daher erforderlich, die Begriffe Rahmenvereinbarung und spezifische Vorschriften zu definieren. Nach diesen Vorschriften kann ein Auftraggeber, wenn er eine Rahmenvereinbarung gemäß den Vorschriften dieser Richtlinie insbesondere über Veröffentlichung, Fristen und Bedingungen für die Abgabe von Angeboten abschließt, während der Laufzeit der Rahmenvereinbarung Aufträge auf der Grundlage dieser Rahmenvereinbarung entweder durch Anwendung der in der Rahmenvereinbarung enthaltenen Bedingungen oder, falls nicht alle Bedingungen im Voraus in dieser Vereinbarung festgelegt wurden, durch erneute Eröffnung des Wettbewerbs zwischen den Parteien der Rahmenvereinbarung in Bezug auf die nicht festgelegten Bedingungen vergeben."

B. Allgemeines

Für die Begriffsbestimmung der Rahmenvereinbarung verweist § 14 Abs. 1 S. 1 VSVgV **4** auf § 103 Abs. 5 GWB. Danach sind Rahmenvereinbarungen „Vereinbarungen zwischen einem oder mehreren öffentlichen Auftraggebern oder Sektorenauftraggebern und einem oder mehreren Unternehmen, die dazu dienen, die Bedingungen für die öffentlichen Aufträge, die während eines bestimmten Zeitraums vergeben werden sollen, festzulegen, insbesondere in Bezug auf den Preis", § 103 Abs. 5 S. 1 GWB. Für die Einzelheiten hinsichtlich der Begriffsbestimmung sowie den möglichen Inhalt von Rahmenvereinbarungen wird auf die Kommentierung zu § 103 Abs. 5 GWB verwiesen.[2]

Bei dem Abschluss einer Rahmenvereinbarung hat der Auftraggeber nach § 14 Abs. 1 **5** S. 1 VSVgV die Verfahrensvorschriften der VSVgV zu befolgen. Es findet ein zweistufiges Verfahren statt. Auf der ersten Stufe ist die Rahmenvereinbarung in einem förmlichen Vergabeverfahren zu vergeben. Erst auf der zweiten Stufe werden die Einzelbeschaffungen auf der Grundlage der Rahmenvereinbarung vorgenommen.

Auf den beiden Stufen sind jeweils unterschiedliche vergaberechtliche Anforderungen zu **6** beachten. Der Abschluss einer Rahmenvereinbarung auf der ersten Stufe folgt den Regeln über die Vergabe eines entsprechenden öffentlichen Auftrags, weshalb nach § 14 Abs. 1 S. 1 VSVgV die allgemeinen vergaberechtlichen Regeln, die auch für die übrigen öffentlichen Aufträge gelten, zu beachten sind. Das folgt ohnehin bereits aus § 103 Abs. 5 S. 2 GWB. Das Verfahren für die Vergabe von Einzelaufträgen auf der zweiten Stufe richtet sich gemäß § 14 Abs. 2 S. 1 VSVgV nach dem speziellen in den Absätzen 3 bis 5 des § 14 VSVgV geregelten Verfahren. Die im Einzelnen zu beachtenden Verfahrensvorschriften bestimmen sich danach, ob alle Bedingungen für den Einzelauftrag bereits in der Rahmenvereinbarung festgelegt sind oder nicht und danach, ob die Rahmenvereinbarung mit mehreren Unternehmen oder nur mit einem einzigen Unternehmen geschlossen wurde.

Gemäß § 14 Abs. 1 S. 2 VSVgV ist der Zuschlag nach § 34 VSVgV zu erteilen. Daraus **7** ergibt sich, dass es sich bei der Vergabe von Rahmenvereinbarungen nicht etwa um eine eigene Verfahrensart handelt, sondern um ein besonderes vergaberechtliches Instrument bzw. um einen besonderen Vertragstypus.[3]

Parallelvorschriften finden sich für die Bauvertragsvergabe in § 4a EU VOB/A, in dem **8** Bereich Sektorentätigkeiten in § 19 SektVO sowie in § 21 VgV.

Da § 14 VSVgV inhaltlich im Wesentlichen § 21 VgV entspricht, wird ergänzend auf die **9** dortige Kommentierung verwiesen.[4]

---

[2] Vgl. dazu die Kommentierung in → GWB § 103 Abs. 5 und 6 Rn. 8 ff.
[3] *Knauff* VergabeR 2006, 24 (25).
[4] → VgV § 21 Rn. 5 ff.

I. Abschluss der Rahmenvereinbarung, § 14 Abs. 1 VSVgV

10   § 14 Abs. 1 VSVgV betrifft die Vergabe der Rahmenvereinbarung auf der ersten Stufe des zweistufig ablaufenden Verfahrens.

11   Nur die Rahmenvereinbarung ist wie ein öffentlicher Auftrag auszuschreiben, nicht hingegen auch die auf ihr beruhenden Einzelverträge.

12   Aus dem in § 14 Abs. 1 S. 1 VSVgV enthaltenen Anwendungsbefehl der allgemeinen vergaberechtlichen Regelungen, die auch für die übrigen öffentlichen Aufträge gelten, folgt, dass für die Vergabe von Rahmenvereinbarungen kein bestimmtes Verfahren festgeschrieben ist, etwa dergestalt, dass sie im Verhandlungsverfahren vergeben werden müssten, etwa weil die vertraglichen Spezifikationen nicht hinreichend genau festgelegt werden können.[5]

13   Rahmenvereinbarungen stellen eine Sonderform des Beschaffungsvertrages dar, bei welchem das in Aussicht genommene Auftragsvolumen so genau wie möglich ermittelt und bekanntgegeben wird, der Rahmen des Vertragsinhaltes inklusive des Preises feststeht (Art. 32 Abs. 4 der Richtlinie 2004/18/EG bzw. Art. 29 der Richtlinie 2009/81/EG, bzw. in dem einst verbindlich geltenden § 4 EG Abs. 3 Satz 1 VOL/A), der Leistungsabruf jedoch ungewiss ist.[6]

1. Mindestanforderungen an Inhalt und Leistungsbeschreibung

14   Die Rahmenvereinbarung selbst muss nicht die Merkmale eines öffentlichen Auftrages im Sinne des Art. 1 Abs. 2 lit. a) der Richtlinie 2004/18/EG bzw. Art. 1 Nr. 2 der Richtlinie 2009/81/EG erfüllen.[7] Vielmehr genügt es, wenn die Einzelverträge, die durch die Rahmenvereinbarungen inhaltlich festgelegt sind, als öffentlicher Auftrag anzusehen sind.[8] Diese Betrachtungsweise lässt sich auch mit der Definition der Rahmenvereinbarung in Art. 1 Nr. 11 der Richtlinie 2009/81/EG begründen, die bestimmt, dass eine Rahmenvereinbarung „zum Ziel hat, die Bedingungen für die Aufträge … festzulegen …". Daher ist es auch nicht notwendig, dass bereits die Rahmenvereinbarung und nicht erst der darauf beruhende Einzelauftrag, entgeltlich ist.[9] Art. 29 Richtlinie 2009/81/EG sieht ein derartiges Merkmal nicht vor, sondern unterstellt in Abs. 2 allgemein Rahmenvereinbarungen dem Vergaberecht.

15   Auch bei Rahmenvereinbarungen ist das in § 15 Abs. 2 S. 1 VSVgV wie auch in § 121 Abs. 1 GWB verankerte Gebot der eindeutigen und erschöpfenden Leistungsbeschreibung zu berücksichtigen. Die Bieter sollen durch möglichst genaue Angaben des Auftraggebers in die Lage versetzt werden, zuschlagsfähige Angebote unterbreiten zu können.[10] Daher sind auch ohne ausdrückliche Vorgaben in § 14 Abs. 1 VSVgV die wesentlichen Vertragsbedingungen in der Rahmenvereinbarung festzulegen. Im Einzelnen müssen bei Abschluss der Rahmenvereinbarung grundsätzlich der Gegenstand der Leistung, die Vertragslaufzeit sowie grundsätzlich auch Anhaltspunkte zum Preis feststehen.[11]

16   Ausnahmsweise kann es jedoch auch zulässig sein, den Auftragsgegenstand erst bei der Vergabe der Einzelaufträge auf der zweiten Stufe im Einzelnen näher festzulegen. Dies kann etwa dann erforderlich sein, wenn der konkret zu beschaffende Auftragsgegenstand von äußeren Faktoren abhängt, beispielsweise gegen welchen Erreger das zu beschaffende Medikament wirken soll.[12]

---

[5] *Hillmann* in Heiermann/Zeiss/Summa, jurisPK-Vergaberecht, VgV § 21 Rn. 11.
[6] VK Thüringen Beschl. v. 10.6.2011 – 250–4003.20–2151/2011-E-003-EF.
[7] OLG Düsseldorf Beschl. v. 11.1.2012 – VII-Verg 67/11.
[8] OLG Düsseldorf Beschl. v. 11.1.2012 – VII-Verg 67/11.
[9] OLG Düsseldorf Beschl. v. 11.1.2012 – VII-Verg 67/11.
[10] *Kirch* in Leinemann/Kirch, VSVgV § 14 Rn. 10.
[11] *Kirch* in Leinemann/Kirch, VSVgV § 14 Rn. 10.
[12] *Zeiss* in Dippel/Sterner/Zeiss, Praxiskommentar Beschaffung im Verteidigungs- und Sicherheitsbereich, 2013, VSVgV § 14 Rn. 12; *Kirch* in Leinemann/Kirch, VSVgV § 14 Rn. 11.

Für die Festlegung des Preises gelten ebenfalls besondere Bestimmungen. Denn gemäß **17** § 103 Abs. 5 GWB werden in einer Rahmenvereinbarung lediglich die Bedingungen für Einzelverträge festgelegt, was insbesondere auch Angaben zum Preis umfasst. Daraus folgt, dass es im Einzelfall auch ausreichend ist, für die Preisermittlung lediglich die entsprechenden Berechnungsgrundlagen offenzulegen, wohingegen die Festlegung des Preises für die Einzelleistungen auch noch im Rahmen der Vergabe der Einzelaufträge erfolgen kann.[13]

Auch bei einer Rahmenvereinbarung ist das Transparenzgebot als zentraler Vergabe- **18** grundsatz zu beachten. Dazu gehört, wie es in dem einst geltenden § 4 EG Abs. 1 S. 2 VOL/A geregelt ist, dass das in Aussicht genommene Auftragsvolumen „so genau wie möglich" zu ermitteln und den Bietern bekannt zu geben ist.[14] Dies ist erforderlich, um das Mengenrisiko der Bieter zu begrenzen.[15] Es kann daher erforderlich sein, beispielsweise die Mindestabnahmemenge sowie die maximale Abnahmemenge zu bestimmen sowie regelmäßig Staffelpreise abzufragen.[16]

Ausnahmsweise wird es jedoch auch als ausreichend erachtet, Erfahrungswerte aus einem **19** Referenzzeitraum gegenüber den Bietern offenzulegen, wenn der Beschaffungsbedarf von externen Faktoren abhängt, auf die der Auftraggeber keinen Einfluss hat.[17] So ist es beispielsweise ausreichend, Bietern bei der Vergabe eines Rahmenvertrages über die Belieferung von Medikamenten die Verbrauchswerte der letzten Grippesaisons zugänglich zu machen, statt bestimmte Mindest- und Maximalabnahmemengen anzugeben.[18] Entsprechendes wurde für die Beschaffung von Enteisungsmittel für Fluggeräte entschieden.[19] Mit Blick auf die Offenlegung von Erfahrungswerten aus einem Referenzzeitraum müssen den Bietern in derartigen Fällen jedoch möglichst präzise Daten aus der Vergangenheit zugänglich gemacht werden, damit diese selbst den Umfang der in der Zukunft erfolgenden Einzelaufträge hinreichend sicher prognostizieren können.[20]

Im Hinblick auf die Anforderungen an Inhalt und Leistungsbeschreibung sind Rahmen- **20** vereinbarungen naturgemäß mit Ungewissheiten für den Auftragnehmer verbunden, weil dieser nicht wissen kann, ob, wann und in welchem Umfang die Einzelleistungen von dem Auftraggeber abgerufen werden.[21] Diese Unwägbarkeiten haben die interessierten Bieter grundsätzlich hinzunehmen.[22] Daraus folgt auch, dass die Bieter grundsätzlich die typischen Kalkulationsrisiken, insbesondere in Bezug auf die Abnahmemengen zu tragen hat.[23]

2. Missbrauchsverbot, § 14 Abs. 1 S. 3 VSVgV

Auftraggeber dürfen das Instrument der Rahmenvereinbarung nicht missbräuchlich oder **21** in einer Weise anwenden, durch die der Wettbewerb behindert, eingeschränkt oder verfälscht wird.

Aus diesem Verbot folgt unter anderem auch, dass der Auftraggeber Bietern auch im **22** Anwendungsbereich der VSVgV, um eine wettbewerbskonforme Auftragsvergabe zu gewährleisten, hinsichtlich des Auftragsumfangs diejenigen Angaben zu machen hat, die ihm, um einen Eingang wettbewerblich vergleichbarer Angebote zu sichern, verfügbar oder die

---

[13] *Zeiss* in Dippel/Sterner/Zeiss, Praxiskommentar Beschaffung im Verteidigungs- und Sicherheitsbereich, 2013, VSVgV § 14 Rn. 12; *Kirch* in Leinemann/Kirch, VSVgV § 14 Rn. 10.

[14] *Zeiss* in Dippel/Sterner/Zeiss, Praxiskommentar Beschaffung im Verteidigungs- und Sicherheitsbereich, 2013, VSVgV § 14 Rn. 8.

[15] VK Bund Beschl. v. 24.5.2011, VK 1–48/11.

[16] *Zeiss* in Dippel/Sterner/Zeiss, Praxiskommentar Beschaffung im Verteidigungs- und Sicherheitsbereich, 2013, VSVgV § 14 Rn. 8.

[17] *Zeiss* in Dippel/Sterner/Zeiss, Praxiskommentar Beschaffung im Verteidigungs- und Sicherheitsbereich, 2013, VSVgV § 14 Rn. 9.

[18] LSG Nordrhein-Westfalen Beschl. v. 12.2.2010 – L 21 SF 38/10 Verg.

[19] VK Thüringen Beschl. v. 10.6.2011 – 250–4003.20–2151/2011-E-003-EF.

[20] *Hillmann* in Heiermann/Zeiss/Summa, jurisPK-Vergaberecht, VgV § 21 Rn. 16.

[21] OLG Düsseldorf Beschl. v. 30.11.2009 – VII-Verg 43/09.

[22] OLG Düsseldorf Beschl. v. 30.11.2009 – VII-Verg 43/09.

[23] *Hillmann* in Heiermann/Zeiss/Summa, jurisPK-Vergaberecht, VgV § 21 Rn. 16.

in zumutbarer Weise zu beschaffen sind und welche die Bieter für eine seriöse Kalkulation der Angebote benötigen, ohne auf mehr oder minder willkürliche Schätzungen angewiesen zu sein.[24]

23   Aus dem Wegfall des § 14 Abs. 1 S. 4 VSVgV a. F., der es den Auftraggebern ausdrücklich untersagte, für dieselbe Leistung mehrere Rahmenvereinbarungen abzuschließen, kann nicht gefolgert werden, dass dieses Verbot nunmehr keine Geltung beansprucht. Vielmehr hat der Verordnungsgeber bereits bei der Schaffung des § 14 Abs. 1 S. 4 VSVgV a. F. klargestellt, dass es sich bei diesem Verbot lediglich um einen Unterfall des in § 14 Abs. 1 S. 3 VSVgV geregelten allgemeinen Missbrauchsverbots handelt.[25] Daher gilt das Verbot der Mehrfachvergabe gemäß § 14 Abs. 1 S. 3 VSVgV nach wie vor fort.[26]

24   Hinsichtlich der weiteren Einzelheiten des Missbrauchsverbots wird auf die Kommentierung zu § 103 Abs. 5 GWB und § 21 Abs. 1 S. 3 VgV verwiesen.[27]

II. Vergabe von Einzelaufträgen, § 14 Abs. 2 bis 5 VSVgV

25   Die Vergabe der Einzelaufträge auf der zweiten Stufe darf nach § 14 Abs. 2 S. 2 VSVgV nur an Unternehmen erfolgen, mit denen auf der ersten Stufe die Rahmenvereinbarung geschlossen wurde.[28] Die einzelnen Einzelaufträge, die auf der Grundlage der Rahmenvereinbarung abgerufen werden, können vergaberechtsfrei an den oder die in der ersten Stufe ausgewählten Vertragspartner vergeben werden.

26   Für die Vergabe an ein einziges Unternehmen gilt § 14 Abs. 3 VSVgV. Bei der Vergabe an mehrere Unternehmen ist § 14 Abs. 4, 5 VSVgV einschlägig.

1. Rahmenvereinbarung mit einem Unternehmen, § 14 Abs. 3 VSVgV

27   Wird eine Rahmenvereinbarung mit einem einzigen Unternehmen geschlossen, so werden die auf dieser Rahmenvereinbarung beruhenden Einzelaufträge entsprechend den Bedingungen der Rahmenvereinbarung vergeben (§ 14 Abs. 3 S. 1 VSVgV). Vor der Vergabe der Einzelaufträge können die Auftraggeber das an der Rahmenvereinbarung beteiligte Unternehmen schriftlich befragen und dabei auffodern, sein Angebot, falls erforderlich, zu vervollständigen (§ 14 Abs. 3 S. 2 VSVgV). Die Grenze ist aber dort zu ziehen, wo die Rahmenvereinbarung durch die Vervollständigung Leistungen erfasst, die vor der Vervollständigung noch nicht erfasst fahren.[29] Die Vorschrift entspricht im Wesentlichen § 21 Abs. 3 VgV, so dass auf die Kommentierung hierzu verwiesen werden kann. Zu beachten ist jedoch, dass die Möglichkeit der Befragung in § 21 Abs. 3 VgV nicht normiert ist. Die in § 21 Abs. 3 VgV normierte Textform nach § 126b BGB ist in § 14 VSVgV nicht ausdrücklich enthalten. Eine solche erscheint jedoch auch im Rahmen des § 14 VSVgV sinnvoll.

2. Rahmenvereinbarung mit mehreren Unternehmen, § 14 Abs. 4, 5 VSVgV

28   Wird eine Rahmenvereinbarung mit mehreren Unternehmen geschlossen, so müssen mindestens drei Unternehmen beteiligt sein. Voraussetzung ist, dass eine ausreichend große

---

[24] OLG Düsseldorf Beschl. v. 21.10.2015 – VII-Verg 28/14.
[25] BR-Drs. 321/12, 50.
[26] *Hillmann* in Heiermann/Zeiss/Summa, jurisPK-Vergaberecht, VgV § 21 Rn. 20; *Haak/Koch* in Willenbruch/Wieddekind, Vergaberecht Kompaktkommentar, VgV § 21 Rn. 26 jeweils zu der Rechtslage bei § 21 VgV; insoweit dürften sich jedoch keine Unterschiede zu der Rechtslage bei § 14 VSVgV ergeben.
[27] Vgl. dazu die Kommentierung von → GWB § 103 Abs. 5 und 6 Rn. 19 ff.; → VgV § 21 Rn. 23 ff.
[28] Siehe auch die Kommentierung von → VgV § 21 Rn. 28 ff.
[29] *Kirch* in Leinemann/Kirch, VSVgV § 14 Rn. 13.

Zahl von Unternehmen die Eignungskriterien oder eine ausreichend große Zahl von zulässigen Angeboten die Zuschlagskriterien erfüllt (§ 14 Abs. 4 S. 1 VSVgV). Die Vergabe von Einzelaufträgen erfolgt dann nach § 14 Abs. 5 VSVgV. Sind alle Bedingungen in der Rahmenvereinbarung festgelegt, erfolgt die Vergabe nach diesen Bedingungen (§ 14 Abs. 5 Nr. 1 VSVgV). Die Vorschrift entspricht trotz anderem Wortlaut inhaltlich § 21 Abs. 4 Nr. 1 VSVgV, sodass auf dessen Kommentierung verwiesen werden kann. Sind nicht alle Bedingungen in der Rahmenvereinbarung festgelegt, erfolgt die Vergabe nach erneutem Aufruf der Parteien zum Wettbewerb zu denselben Bedingungen, die erforderlichenfalls zu präzisieren sind, oder nach anderen in den Vergabeunterlagen zur Rahmenvereinbarung genannten Bedingungen (§ 14 Abs. 5 Nr. 2 VSVgV). Es folgt dann eine Aufzählung der Anforderungen an das Verfahren im Einzelnen. Dies entspricht, trotz einzelner Änderungen im Wortlaut, die jedoch auf den Inhalt keine Auswirkungen haben, der Vorschrift des § 21 Abs. 5 VgV. Wegen der Einzelheiten des Verfahrens wird daher auf die Kommentierung dieser Vorschrift verwiesen.

III. Vertragslaufzeit, § 14 Abs. 6 VSVgV

Anders als in § 21 Abs. 6 VgV vorgesehen bestimmt § 14 Abs. 6 VSVgV, dass die Laufzeit einer Rahmenvereinbarung sieben Jahre nicht überschreiten soll. Dies stellt eine deutliche Abweichung von den sonstigen vergaberechtlichen Regelungen dar, die für Rahmenverträge eine Laufzeitgrenze von in der Regel bis zu vier Jahren festlegen (so z. B. § 21 Abs. 6 VgV, § 4 Abs. 1 S. 4 VOL/A, § 4 EG Abs. 7 VOL/A bzw. sechs Jahre gemäß § 15 Abs. 4 UVgO). **29**

Die längere Laufzeit erklärt sich bei Rahmenvereinbarungen in dem Bereich Verteidigung und Sicherheit mit der Vorgabe in Art. 29 Abs. 2 UAbs. 4 und 5 der Richtlinie 2009/81/EG. **30**

Die Festlegung einer Laufzeitgrenze zielt darauf ab, die aufgrund einer Rahmenvereinbarung zu vergebenden Einzelaufträge nur für einen begrenzten Zeitraum dem Wettbewerb zu entziehen.[30] Daher stellt sich die Laufzeitbegrenzung lediglich als Ausdruck des allgemeinen Wettbewerbsgrundsatzes dar.[31] **31**

Genau wie nach § 21 Abs. 6 VgV kann auch nach § 14 Abs. 6 S. 2 VSVgV unter bestimmten Voraussetzungen eine längere Laufzeit vorgesehen werden, die dann jedoch gemäß § 14 Abs. 6 S. 3 VSVgV vom Auftraggeber in der Bekanntmachung nach § 35 VSVgV begründet werden muss. Die an eine längere Laufzeit zu stellenden Voraussetzungen sind in § 14 Abs. 6 S. 2 VSVgV im Vergleich zu § 21 Abs. 6 S. 2 VgV bestimmter formuliert. Eine längere Laufzeit kann beispielsweise durch die Erforderlichkeit erheblicher Aufwendungen bei der Entwicklung des Vertragsgegenstandes gerechtfertigt werden, wenn dem Auftragnehmer mit Rücksicht darauf eine Amortisation zugestanden werden soll.[32] **32**

Obwohl für die Rechtfertigung einer längeren Vertragsdauer prognostische Beurteilungen bedeutsam sein können, ist dem Auftraggeber kein nur auf die Einhaltung seiner Grenzen kontrollierbarer Beurteilungsspielraum eingeräumt, so dass die Rechtfertigung einer längeren als der geregelten Vertragsdauer im Nachprüfungsverfahren in vollem Umfang überprüft werden kann.[33] Die Überprüfung erfolgt anhand der Gründe, die der Auftraggeber im Vergabevermerk nachvollziehbar zu dokumentieren hat.[34]

---

[30] *Kirch* in Leinemann/Kirch, VSVgV § 14 Rn. 19.
[31] OLG Düsseldorf Beschl. v. 11.4.2012 – VII-Verg 95/11.
[32] OLG Düsseldorf Beschl. v. 11.4.2012 – VII-Verg 95/11.
[33] OLG Düsseldorf Beschl. v. 11.4.2012 – VII-Verg 95/11.
[34] OLG Düsseldorf Beschl. v. 11.4.2012 – VII-Verg 95/11.

IV. Rechtsschutz

33   Da sich nach § 14 Abs. 1 S. 1 VSVgV die Vergabe von Rahmenvereinbarungen nach
den Verfahrensvorschriften der VSVgV richtet, können Bieter auch etwaige Verstöße gegen
die Vorschriften für die Vergabe von Rahmenvereinbarungen im Rahmen in § 14 Abs. 1
bis 6 VSVgV im Rahmen eines Nachprüfungsverfahrens nach Maßgabe der §§ 160 ff.
GWB rügen. Für die weiteren Einzelheiten hierzu wird auf die Kommentierung zu § 21
VgV verwiesen.[35]

V. Liefer- bzw. Abnahmeverpflichtung

34   Für die Einzelheiten zu Gestaltungsmöglichkeiten im Hinblick auf die rechtliche Bindung der Vertragsparteien, insbesondere zu Liefer- bzw. Abnahmeverpflichtungen, wird auf
die Kommentierung zu § 103 GWB verwiesen.[36]

---

[35] → VgV § 21 Rn. 41 f.
[36] → GWB § 103 Abs. 5 und 6 Rn. 9 ff.

§ 15 Leistungsbeschreibung und technische Anforderungen

(1) Die Auftraggeber stellen sicher, dass die Leistungsbeschreibung allen Bewerbern und Bietern gleichermaßen zugänglich ist und die Öffnung des nationalen Beschaffungsmarktes für den Wettbewerb durch Anbieter aus anderen EU-Mitgliedstaaten nicht in ungerechtfertigter Weise behindert wird.

(2) Die Leistung ist eindeutig und vollständig zu beschreiben, sodass die Vergleichbarkeit der Angebote gewährleistet ist. Technische Anforderungen im Sinne des Anhangs III Nummer 1 Buchstabe b der Richtlinie 2009/81/EG sind zum Gegenstand der Bekanntmachung oder der Vergabeunterlagen zu machen.

(3) Unbeschadet zwingender technischer Vorschriften einschließlich solcher zur Produktsicherheit und technischer Anforderungen, die laut internationaler Standardisierungsvereinbarungen zur Gewährleistung der in diesen Vereinbarungen geforderten Interoperabilität zu erfüllen sind, sind technische Anforderungen in der Leistungsbeschreibung wie folgt festzulegen:

1. unter Bezugnahme auf die in Anhang III der Richtlinie 2009/81/EG definierten technischen Anforderungen in folgender Rangfolge, wobei jede dieser Bezugnahmen mit dem Zusatz „oder gleichwertig" zu versehen ist:
   a) zivile Normen, mit denen europäische Normen umgesetzt werden,
   b) europäische technische Zulassungen,
   c) gemeinsame zivile technische Spezifikationen,
   d) zivile Normen, mit denen internationale Normen umgesetzt werden,
   e) andere internationale zivile Normen,
   f) andere technische Bezugssysteme, die von den europäischen Normungsgremien erarbeitet wurden, oder, falls solche Normen und Spezifikationen fehlen, andere nationale zivile Normen, nationale technische Zulassungen oder nationale technische Spezifikationen für die Planung und Berechnung und Ausführungen von Erzeugnissen sowie den Einsatz von Produkten,
   g) zivile technische Spezifikationen, die von der Industrie entwickelt wurden und von ihr allgemein anerkannt werden, oder
   h) wehrtechnische Normen im Sinne des Anhangs III Nummer 3 der Richtlinie 2009/81/EG und Spezifikationen für Verteidigungsgüter, die diesen Normen entsprechen,
2. oder in Form von Leistungs- oder Funktionsanforderungen, die auch Umwelteigenschaften umfassen können. Diese Anforderungen müssen so klar formuliert werden, dass sie den Bewerbern und Bietern den Auftragsgegenstand eindeutig und abschließend erläutern und den Auftraggebern die Erteilung des Zuschlags ermöglichen,
3. oder als Kombination der Nummern 1 und 2,
   a) entweder in Form von Leistungs- oder Funktionsanforderungen gemäß Nummer 2 unter Bezugnahme auf die in Anhang III der Richtlinie 2009/81/EG definierten technischen Anforderungen gemäß Nummer 1 als Mittel zur Vermutung der Konformität mit diesen Leistungs- und Funktionsanforderungen oder
   b) hinsichtlich bestimmter Merkmale unter Bezugnahme auf die in Anhang III der Richtlinie 2009/81/EG definierten technischen Anforderungen gemäß Nummer 1 und hinsichtlich anderer Merkmale unter Bezugnahme auf die Leistungs- und Funktionsanforderungen gemäß Nummer 2.

(4) Verweisen die Auftraggeber auf die in Absatz 3 Nummer 1 genannten technischen Anforderungen, dürfen sie ein Angebot nicht mit der Begründung ablehnen, die angebotenen Güter und Dienstleistungen entsprächen nicht den von ihnen herangezogenen Anforderungen, sofern die Unternehmen in ihrem Angebot den Auftraggebern mit geeigneten Mitteln nachweisen, dass die von ihnen vorgeschlagenen Lösungen den technischen Anforderungen, auf die Bezug genommen wurde, gleichermaßen entsprechen. Als geeignetes Mittel gelten insbesondere eine technische Beschreibung des Herstellers oder ein Prüfbericht einer anerkannten Stelle.

(5) Legt der Auftraggeber die technischen Anforderungen nach Absatz 3 Nummer 2 in Form von Leistungs- oder Funktionsanforderungen fest, so darf er ein Angebot, das einer Norm, mit der eine europäische Norm umgesetzt wird, oder einer europäischen technischen Zulassung, einer gemeinsamen technischen Spezifikation, einer internationalen Norm oder einem technischen Bezugssystem, das von den europäischen Normungsgremien erarbeitet wurde, entspricht, nicht zurückweisen, wenn diese Spezifikationen die von ihm geforderten Leistungs-oder Funktionsanforderungen betreffen. Die Bieter müssen in ihren Angeboten dem Auftraggeber mit allen geeigneten Mitteln nachweisen, dass die der Norm entsprechende jeweilige Ware oder Dienstleistung den Leistungs- oder Funktionsanforderungen des Auftraggebers entspricht. Als geeignetes Mittel kann eine technische Beschreibung des Herstellers oder ein Prüfbericht einer anerkannten Stelle gelten.

(6) Schreiben die Auftraggeber Umwelteigenschaften in Form von Leistungs- oder Funktionsanforderungen gemäß Absatz 3 Nummer 2 vor, so können sie ganz oder teilweise die Spezifikationen verwenden, die in europäischen, multinationalen, nationalen oder anderen Umweltzeichen definiert sind, wenn

1. diese sich zur Definition der Merkmale der Güter oder Dienstleistungen eignen, die Gegenstand des Auftrags sind,
2. die Anforderungen an das Umweltzeichen auf der Grundlage von wissenschaftlich abgesicherten Informationen ausgearbeitet werden,
3. die Umweltzeichen im Rahmen eines Verfahrens erlassen werden, an dem interessierte Kreise teilnehmen können und
4. das Umweltzeichen für alle Betroffenen zugänglich und verfügbar ist.

Die Auftraggeber können in der Leistungsbeschreibung angeben, dass bei Gütern oder Dienstleistungen, die mit einem Umweltzeichen ausgestattet sind, vermutet wird, dass diese den in der Leistungsbeschreibung festgelegten technischen Anforderungen genügen. Die Auftraggeber müssen jedes andere geeignete Beweismittel wie technische Unterlagen des Herstellers oder Prüfberichte anerkannter Stellen zulassen.

(7) Anerkannte Stellen sind die Prüf- und Kalibrierlaboratorien sowie die Inspektions- und Zertifizierungsstellen, die den Anforderungen der jeweils anwendbaren europäischen Normen entsprechen. Die Auftraggeber erkennen Bescheinigungen von in anderen Mitgliedstaaten ansässigen anerkannten Stellen an.

(8) Soweit es nicht durch den Auftragsgegenstand gerechtfertigt ist, darf in der Leistungsbeschreibung nicht auf eine bestimmte Produktion oder Herkunft oder ein besonderes Verfahren oder auf Marken, Patente, Typen, einen bestimmten Ursprung oder eine bestimmte Produktion verwiesen werden, wenn dadurch bestimmte Unternehmen oder bestimmte Güter begünstigt oder ausgeschlossen werden. Solche Verweise sind jedoch ausnahmsweise zulässig, wenn der Auftragsgegenstand nach den Absätzen 2 und 3 nicht eindeutig und vollständig beschrieben werden kann; solche Verweise sind mit dem Zusatz „oder gleichwertig" zu versehen.

Übersicht

	Rn.		Rn.
A. Einführung	1	wertiger Lösungen der Bieter,	
I. Literatur	1	§ 15 Abs. 3 bis 5 VSVgV	7
II. Entstehungsgeschichte	2	II. Umwelteigenschaften, § 15	
III. Rechtliche Vorgaben im EU-		Abs. 6 VSVgV	14
Recht	3	III. Anerkannte Stellen für Prüfbe-	
B. Allgemeines	4	richte, § 15 Abs. 7 VSVgV	15
I. Arten der Leistungsbeschreibung		IV. Produktneutrale Leistungsbe-	
und Berücksichtigung gleich-		schreibung, § 15 Abs. 8 VSVgV	16

A. Einführung

I. Literatur

Jenseits der einschlägigen Kommentierungen existiert, soweit ersichtlich, keine weitergehende spezifische **1**
Literatur zu § 15 VSVgV.

II. Entstehungsgeschichte

§ 15 VSVgV hat durch die Vergaberechtsmodernisierung 2016 keine inhaltlichen Ände- **2**
rungen erfahren. Die Änderung in § 15 Abs. 6 VSVgV stellt lediglich eine redaktionelle
Korrektur dar.

III. Rechtliche Vorgaben im EU-Recht

§ 15 VSVgV dient der Umsetzung von Art. 18 der Richtlinie 2009/81/EG. Dieser ent- **3**
hält Vorgaben für die Leistungsbeschreibung. Wegen der weitgehenden Überschneidungen
des Art. 18 der Richtlinie 2009/81/EG mit der Vorschrift des Art. 23 der Richtlinie 2004/18/EG wurde die Umsetzung von § 15 VSVgV an dem nach Maßgabe der letztgenannten Richtlinie umgesetzten seinerzeitigen § 8 EG VOL/A ausgerichtet.[1]
Der Begriff der „technischen Anforderungen" in § 15 Abs. 1 VSVgV entspricht dem in
Art. 18 der Richtlinie 2009/81/EG verwendeten Begriff der „technischen Spezifikationen". Darunter werden sowohl technische Anforderungen im Sinne des Anhangs III Nr. 1
lit. b) der RL 2009/81/EG als auch technische Anforderungen, die durch Leistungs- und
Funktionsanforderungen beschrieben werden, verstanden.[2]

B. Allgemeines

§ 15 VSVgV normiert die Anforderungen an die Beschreibung der zu beschaffenden **4**
Leistung. Die Leistungsbeschreibung ist Grundlage für den späteren Vertragsinhalt.[3]
Die Auftraggeber haben sicherzustellen, dass die Leistungsbeschreibung allen Bewerbern
und Bietern gleichermaßen zugänglich ist und die Öffnung des nationalen Beschaffungsmarktes für den Wettbewerb durch Anbieter aus anderen EU-Mitgliedstaaten nicht in ungerechtfertigter Weise behindert ist (§ 15 Abs. 1 VSVgV). Die Vorschrift entspricht inhaltlich der Vorschrift des § 31 Abs. 1 VgV, nach der der öffentliche Auftraggeber die
Leistungsbeschreibung in einer Weise fasst, dass sie allen Unternehmen den gleichen Zugang zum Vergabeverfahren gewährt und die Öffnung des nationalen Beschaffungsmarktes
für den Wettbewerb nicht in ungerechtfertigter Weise behindert. Die Abweichungen im
Wortlaut sind dabei für den Inhalt ohne Bedeutung.[4] Es kann daher insoweit auf die
Kommentierung zu § 31 Abs. 1 VgV verwiesen werden.[5]
Die Leistung ist so eindeutig und vollständig zu beschreiben, dass die Vergleichbarkeit **5**
der Angebote gewährleistet ist (§ 15 Abs. 2 VSVgV). § 121 Abs. 1 GWB enthält eine in-

---

[1] BR–Drs. 321/12, 50.
[2] BR–Drs. 321/12, 50.
[3] *Leinemann* in Leinemann/Kirch, VSVgV § 15 Rn. 34; für Einzelheiten zur Leistungsbeschreibung siehe
die Kommentierung von GWB § 121.
[4] *Wirner* in Willenbruch/Wieddekind, Vergaberecht Kompaktkommentar, VSVgV, § 15 Rn. 2; *Ritzek-
Seidl* in Pünder/Schellenberg, Vergaberecht, VSVgV § 15 Rn. 1.
[5] → VgV § 31 Rn. 16 ff.

haltlich dem § 15 Abs. 2 S. 1 VSVgV entsprechende Regelung, sodass insoweit auf die dortige Kommentierung verwiesen wird.[6]

6   § 15 Abs. 2 VSVgV legt zudem fest, dass technische Anforderungen im Sinne des Anhang III Nummer 1b) der Richtlinie 2009/81/EG[7] zum Gegenstand der Bekanntmachung oder der Vergabeunterlagen zu machen sind. Dort werden technische Spezifikationen definiert als „Spezifikationen, die in einem Schriftstück enthalten sind, das Merkmale für ein Erzeugnis oder eine Dienstleistung vorschreibt, wie Qualitätsstufen, Umweltleistungsstufen, die Konzeption für alle Verwendungsarten („Design for all") (einschließlich des Zugangs von Menschen mit Behinderungen) sowie Konformitätsbewertung, Vorgaben für Gebrauchstauglichkeit, Verwendung, Sicherheit oder Abmessungen des Erzeugnisses, einschließlich der Vorschriften über Verkaufsbezeichnung, Terminologie, Symbole, Prüfungen und Prüfverfahren, Verpackung, Kennzeichnung und Beschriftung, Gebrauchsanleitung, Produktionsprozesse und -methoden sowie über Konformitätsbewertungsverfahren".

I. Arten der Leistungsbeschreibung und Berücksichtigung gleichwertiger Lösungen der Bieter, § 15 Abs. 3 bis 5 VSVgV

7   § 15 Abs. 3 VSVgV bestimmt, wie technische Anforderungen in der Leistungsbeschreibung festzulegen sind. Dazu stehen dem Auftraggeber drei Optionen zur Verfügung. Er kann die technischen Spezifikationen entweder unter Bezugnahme auf die im Anhang TS definierten Spezifikationen formulieren (§ 15 Abs. 3 Nr. 1 VSVgV), oder in Form von Leistungs- oder Funktionsanforderungen (§ 15 Abs. 3 Nr. 2 VSVgV) bzw. in Kombination der beiden vorgenannten Möglichkeiten (§ 15 Abs. 3 Nr. 3 VSVgV).

8   § 15 Abs. 3 Nr. 1 VSVgV gibt die Reihenfolge vor, in der die technischen Anforderungen, unter Bezugnahme auf die in Anhang III der Richtlinie 2009/81/EG enthaltenen Definitionen, festzulegen sind. Jede Bezugnahme ist mit dem Zusatz „oder gleichwertig" zu versehen.

9   Die in § 15 Abs. 3 Nr. 1 VSVgV aufgelisteten Spezifikationen sowie deren Reihenfolge entsprechen weitestgehend den Vorgaben des § 31 Abs. 2 S. 1 Nr. 2 VgV, sodass auf die dortige Kommentierung verwiesen wird.[8] § 15 Abs. 3 Nr. 1 VSVgV enthält lediglich abweichende Formulierungen der aufgelisteten technischen Spezifikationen im Wortlaut, die jedoch nur teilweise inhaltliche Abweichungen darstellen. Die Abweichungen gegenüber den in § 31 Abs. 2 S. 1 Nr. 2 VgV aufgelisteten Spezifikationen beruht auf den Vorgaben in Art. 18 Abs. 3 lit. a) der Richtlinie 2009/81/EG, die wortgleich in § 15 Abs. 3 Nr. 1 VSVgV übernommen wurden.

10   Verweisen die Auftraggeber auf diese technischen Anforderungen, dürfen sie ein Angebot nicht mit der Begründung ablehnen, dass die angebotenen Güter und Dienstleistungen nicht den von ihnen herangezogenen Anforderungen entsprechen, sofern die Unternehmen in ihrem Angebot mit geeigneten Mitteln nachweisen, dass die von ihnen vorgeschlagenen Lösungen den technischen Anforderungen, auf die Bezug genommen wurde, entsprechen (§ 15 Abs. 4 S. 1 VSVgV). Ein geeignetes Mittel ist insbesondere eine technische Beschreibung des Herstellers oder ein Prüfbericht einer anerkannten Stelle (§ 15 Abs. 4 S 2 VSVgV). Diese Möglichkeit der Berücksichtigung gleichwertiger Lösungen der Bieter ist ebenfalls in § 32 Abs. 1 VgV festgelegt, sodass wegen Einzelheiten auf dessen Kommentierung verwiesen wird.[9]

---

[6] Kommentierung von → GWB § 121 Rn. 123 ff.
[7] Hinsichtlich des Begriff der technischen Anforderungen wird auf die Kommentierung von → VgV §§ 31, 32 verwiesen.
[8] → VgV § 31 Rn. 44 ff.
[9] → VgV § 32 Rn. 8 ff.

§ 15 Abs. 3 Nr. 2 VSVgV sieht eine weitere Möglichkeit der Formulierung technischer **11** Anforderungen in der Leistungsbeschreibung vor. Danach können technische Anforderungen in Form von Leistungs- oder Funktionsanforderungen, die auch Umwelteigenschaften umfassen, festgelegt werden. Der Auftraggeber kann demnach anstelle der Bezugnahme auf Normen oder Zulassungen im Sinne des § 15 Abs. 3 Nr. 1 VSVgV eigene Anforderungen festlegen, mittels derer er die Beschaffung im Erfolgsfalle als erfüllt ansieht.[10] Dabei müssen die Anforderungen so klar formuliert sein, dass sie den Bewerbern und Bietern den Auftragsgegenstand eindeutig und abschließend erläutern und den Auftraggebern die Erteilung des Zuschlags ermöglichen. Für die weiteren Einzelheiten wird auf die Kommentierung der entsprechen Vorschrift des § 31 Abs. 2 S. 1 Nr. 1 VgV verwiesen.

Legt der Auftraggeber die technischen Anforderungen nach § 15 Abs. 2 Nr. 2 VSVgV **12** fest, so darf er ein Angebot, welches einer Norm im Sinne des § 15 Abs. 3 Nr. 1 lit. a) bis h) VSVgV entspricht, nicht zurückweisen, wenn die Spezifikation die von ihm geforderten Leistungs- oder Funktionsanforderungen betreffen. Diese Rechtsfolge regelt auch § 32 Abs. 2 VgV, sodass wegen Einzelheiten auf dessen Kommentierung verwiesen wird.[11]

Nach § 15 Abs 3 Nr. 3 VSVgV kann die Leistungsbeschreibung auch als Kombination **13** von Bezugnahme auf die in Anhang III der Richtlinie 2009/81/EG enthaltenen Definitionen nach § 15 Abs. 3 Nr. 1 VSVgV und der Festlegung von Leistungs- oder Funktionsanforderungen nach § 15 Abs. 3 Nr. 2 VSVgV festgelegt werden. Es wird insoweit auf die Kommentierung von § 31 Abs. 2 Nr. 3 VgV verwiesen, da diese Vorschrift eine entsprechende Regelung enthält.

II. Umwelteigenschaften, § 15 Abs. 6 VSVgV

§ 15 Abs. 6 VSVgV legt fest, welche Spezifikationen der Auftraggeber verwenden kann, **14** wenn er Umwelteigenschaften in Form von Leistungs- oder Funktionsanforderungen vorschreibt. Die Auftraggeber können solche Spezifikationen verwenden, die in europäischen, multinationalen, nationalen oder andere Umweltzeichen definiert sind, wenn sie die in § 15 Abs. 6 Nr. 1 bis 4 VSVgV normierten Voraussetzungen erfüllen. Als technische Spezifikation hat die Europäische Kommission unter anderem Merkmale der Produktleistung, des Materials, des Produktionsablaufs, der Rücknahme und der Wiederverwertung angesehen.[12] Nicht zulässig ist jedoch die zwingende Vorlage eines bestimmten Umweltgütezeichens, da dem Bieter die Möglichkeit bleiben muss, die Einhaltung der in Umweltzeichen definierte Merkmale auch durch andere Mittel nachzuweisen.[13] Daher normiert § 15 Abs. 6 S. 3 VSVgV, dass Auftraggeber jedes andere geeignete Beweismittel, wie technische Unterlagen des Herstellers oder Prüfberichte anerkannter Stellen, zulassen müssen.

III. Anerkannte Stellen für Prüfberichte, § 15 Abs. 7 VSVgV

§ 15 Abs. 7 VSVgV enthält eine Beschreibung dazu, was anerkannte Prüfstelle im Sinne **15** des § 15 Abs. 6 VSVgV sind.

IV. Produktneutrale Leistungsbeschreibung, § 15 Abs. 8 VSVgV

Bei der Beschaffungsentscheidung für ein bestimmtes Produkt, eine Herkunft, ein Ver- **16** fahren oder dergleichen ist der öffentliche Auftraggeber grundsätzlich im rechtlichen An-

---

[10] *Leinemann* in Leinemann/Kirch, VSVgV § 15 Rn. 80.
[11] → VgV § 32 Rn. 19 ff.
[12] Interpretierende Mitteilung der Kommission, ABl. EG C 333 vom 28.11.2001, 12, 16.
[13] EuGH Urt. v. 10.5.2012, C–368/10, ZfBR 2012, 489.

satz ungebunden, da die diesbezügliche Entscheidung erfahrungsgemäß von zahlreichen Faktoren beeinflusst wird, unter anderem von technischen, wirtschaftlichen, gestalterischen oder solchen der sozialen, ökologischen oder ökonomischen Nachhaltigkeit.[14] Die Wahl unterliegt aufgrund der Vertragsfreiheit der Bestimmungsfreiheit des Auftraggebers, deren Ausübung dem Vergabeverfahren vorgelagert ist, weshalb es einer besonderen vergaberechtlichen Ermächtigungsgrundlage für die Bestimmung des Auftragsgegenstands durch den Auftraggeber nicht bedarf.[15] Das vom Auftraggeber im konkreten Fall ausgeübte Leistungsbestimmungsrecht ist von den Vergabenachprüfungsinstanzen grundsätzlich nicht zu kontrollieren.[16] Das Vergaberecht regelt demnach nicht, was der öffentliche Auftraggeber beschafft, sondern nur die Art und Weise der Beschaffung.[17]

17   Trotz des zuvor Gesagten unterliegt die Bestimmungsfreiheit des Auftraggebers beim Beschaffungsgegenstand bestimmten durch das Vergaberecht gezogenen Grenzen.[18]

18   Nach § 15 Abs. 8 VSVgV darf daher in der Leistungsbeschreibung nicht auf eine bestimmte Produktion oder Herkunft oder ein besonderes Verfahren oder ein besonderes Verfahren oder auf Marken, Patente, Typen, einen bestimmten Ursprung oder eine bestimmte Produktion verwiesen werden, wenn dadurch bestimmte Unternehmen oder bestimmte Güter begünstigt oder ausgeschlossen würden. Diese genannten Vorgaben beschreiben abschließend die für die Bestimmungsfreiheit bestehenden Beschränkungen.[19] Die Grenzen des Leistungsbestimmungsrechts des Auftraggebers sind eingehalten, wenn folgende Voraussetzungen erfüllt sind: (1) die Bestimmung durch den Auftragsgegenstand ist sachlich gerechtfertigt, (2) wenn vom Auftraggeber dafür nachvollziehbare objektive und auftragsbezogene Gründe angegeben worden sind und die Bestimmung folglich willkürfrei getroffen worden ist, (3) solche Gründe tatsächlich vorhanden (festzustellen und notfalls erwiesen) sind und (4) und die Bestimmung andere Wirtschaftsteilnehmer nicht diskriminiert.[20]

19   Von der sachlich gerechtfertigten Bestimmung eines bestimmten Leistungsgegenstands ist die Beschreibung der Leistung durch den Verweis auf einen Produkt- oder Fabrikatsnamen zu unterscheiden. Ausnahmsweise sind solche Verweise zulässig, wenn der Auftragsgegenstand nach § 15 Abs. 2 und Abs. 3 VSVgV nicht eindeutig und vollständig beschrieben werden kann (§ 15 Abs. 8 S. 2 VSVgV).

20   § 15 Abs. 8 VSVgV entspricht inhaltlich § 31 Abs. 6 VgV. Auf die dortige Kommentierung wird im Übrigen verwiesen.[21]

---

[14] OLG Düsseldorf Beschl. v. 31.5.2017 – VII-Verg 36/16.
[15] OLG Düsseldorf Beschl. v. 31.5.2017 – VII-Verg 36/16.
[16] OLG Düsseldorf Beschl. v. 31.5.2017 – VII-Verg 36/16.
[17] OLG Düsseldorf Beschl. v. 31.5.2017 – VII-Verg 36/16.
[18] OLG Düsseldorf Beschl. v. 31.5.2017 – VII-Verg 36/16.
[19] OLG Düsseldorf Beschl. v. 31.5.2017 – VII-Verg 36/16.
[20] OLG Düsseldorf Beschl. v. 31.5.2017 – VII-Verg 36/16.
[21] → VgV § 31 Rn. 92 ff.

§ 16 Vergabeunterlagen

(1) **Die Vergabeunterlagen umfassen alle Angaben, die erforderlich sind, um eine Entscheidung zur Teilnahme am Vergabeverfahren oder zur Angebotsabgabe zu ermöglichen. Sie bestehen in der Regel aus**

1. **dem Anschreiben (Aufforderung zur Teilnahme oder Angebotsabgabe oder Begleitschreiben für die Abgabe der angeforderten Unterlagen),**
2. **der Beschreibung der Einzelheiten der Durchführung des Verfahrens (Bewerbungsbedingungen), einschließlich der Angabe der Zuschlagskriterien und deren Gewichtung oder der absteigenden Reihenfolge der diesen Kriterien zuerkannten Bedeutung, sofern nicht in der Bekanntmachung bereits genannt,**
3. **den Vertragsunterlagen, die aus Leistungsbeschreibung und Vertragsbedingungen bestehen, und**
4. **Name und Anschrift der Vergabekammer, die für die Nachprüfung zuständig ist.**

(2) **Sofern die Auftraggeber Nachweise verlangen, haben sie diese in einer abschließenden Liste zusammenzustellen.**

Übersicht

	Rn.			Rn.
A. Einführung	1	B. Allgemeines		6
I. Literatur	1	I. Begriff und Inhalt der Vergabeunterlagen, § 16 Abs. 1 VSVgV		9
II. Entstehungsgeschichte	2			
III. Rechtliche Vorgaben im EU-Recht	3	II. Liste der Nachweise, § 16 Abs. 2 VSVgV		14

A. Einführung

I. Literatur

Es ist nicht ersichtlich, dass – abgesehen von den einschlägigen Kommentierungen – weitergehende Literatur zu § 16 VSVgV existiert. **1**

II. Entstehungsgeschichte

Die Vorschrift des § 16 VSVgV ist auch nach der Vergaberechtsmodernisierung im Jahre 2016 unverändert geblieben. Bei der Ausgestaltung dieser Vorschrift hat sich der Verordnungsgeber aus Gründen der Klarstellung und zur Konkretisierung der Vergabeunterlagen an den Regelungen der § 9 EG Abs. 1 und Abs. 4 VOL/A und § 14 Abs. 1 VgV a. F. orientiert.[1] **2**

III. Rechtliche Vorgaben im EU-Recht

Erwägungsgrund 58 der Richtlinie 2009/81/EG fordert, dass die Wirtschaftsteilnehmer anhand der Angaben in den Bekanntmachungen beurteilen können sollen, ob die vorgeschlagenen Aufträge für sie von Interesse sind. Zu diesem Zweck sollten die Angaben über den Auftragsgegenstand und die Auftragsbedingungen informieren. Dadurch soll eine bessere Publizität gewährleistet werden. Diesen Zweck verfolgt auch § 16 Abs. 1 VSVgV. **3**

---

[1] BR-Drs. 321/12, 51.

4   Dem Inhalt der Vorschrift des § 16 Abs. 1 VSVgV entsprechende Vorgaben sind im Übrigen in der Richtlinie 2009/81/EG nicht enthalten. Auch die Richtlinie 2014/24/EU kennt den Begriff der „Vergabeunterlagen" nicht. Sie definiert lediglich in Art. 2 Abs. 1 Nr. 13 den Begriff der Auftragsunterlagen als „sämtliche Unterlagen, die vom öffentlichen Auftraggeber erstellt werden oder auf die er sich bezieht, um Bestandteile der Auftragsvergabe oder des Verfahrens zu beschreiben oder festzulegen; dazu zählen die Bekanntmachung, die Vorinformationen, sofern sie als Aufruf zum Wettbewerb dienen, die technischen Spezifikationen, die Beschreibung, die vorgeschlagenen Auftragsbedingungen, Formate für die Einreichung von Unterlagen seitens der Bewerber und Bieter, Informationen über allgemeingültige Verpflichtungen sowie sonstige zusätzliche Unterlagen". Anders als diese Definition zu Auftragsunterlagen, zählt § 16 Abs. 1 VSVgV die Auftragsbekanntmachung nicht zu den Vergabeunterlagen.

5   Die von § 16 Abs. 1 S. 2 Nr. 2 VSVgV erforderliche Angabe der Zuschlagskriterien sowie deren Gewichtung bzw. der diesen Kriterien zuerkannte Bedeutung, sofern dies nicht bereits in der Bekanntmachung genannt wurde, setzt EU-Recht nach Art. 34 Abs. 5 lit. e) und Art. 47 Abs. 2 der Richtlinie 2009/81/EG um. Das Erfordernis der Angabe der Zuschlagskriterien und deren Gewichtung basiert weiter auf den Vorgaben in Erwägungsgrund 70 der Richtlinie 2009/81/EG. Dort heißt es hierzu: „Um bei der Zuschlagserteilung die Einhaltung des Gleichbehandlungsgrundsatzes sicherzustellen, ist die – in der Rechtsprechung anerkannte – Verpflichtung zur Sicherstellung der erforderlichen Transparenz vorzusehen, damit sich jeder Bieter angemessen über die Kriterien und Modalitäten unterrichten kann, anhand deren das wirtschaftlich günstigste Angebot ermittelt wird. Die Auftraggeber haben daher die Zuschlagskriterien und deren jeweilige Gewichtung anzugeben, und zwar so rechtzeitig dass diese Angaben den Bewerbern bei der Erstellung ihrer Angebote bekannt sind. Die Auftraggeber können in begründeten Ausnahmefällen, die zu rechtfertigen sie in der Lage sein sollten, auf die Angabe der Gewichtung der Zuschlagskriterien verzichten, wenn diese Gewichtung insbesondere aufgrund der Komplexität des Auftrags nicht im Vorhinein vorgenommen werden kann. In diesen Fällen sollten sie diese Kriterien in der absteigenden Reihenfolge ihrer Bedeutung angeben".

B. Allgemeines

6   Der Geltungsbereich von § 16 VSVgV umfasst die Vergabe von sicherheits- und verteidigungsspezifischen Liefer- und Dienstleistungsaufträgen. Für die Vergabe von Bauaufträgen in diesem Bereich ist in § 8 VS VOB/A eine eigene Regelung zu den Vergabeunterlagen enthalten.

7   § 16 VSVgV bezweckt die Gewährleistung der im Vergabeverfahren erforderlichen Transparenz. Hierzu definiert § 16 Abs. 1 S. 1 VSVgV die allgemeinen Anforderungen an die Vergabeunterlagen. In § 16 Abs. 1 S. 2 VSVgV sind die einzelnen Regelbestandteile der Vergabeunterlagen aufgeführt. Dem Wortlaut „in der Regel" ist zu entnehmen, dass die Auflistung keinen abschließenden Charakter hat, sondern unter bestimmten Voraussetzungen Abweichungen und Ergänzungen zulässt. Insoweit sind jedoch stets die allgemeinen Anforderungen an die Vergabeunterlagen in § 16 Abs. 1 S. 1 VSVgV zu beachten.[2]

8   Mit § 16 Abs. 2 VSVgV wurde die Regelung des früheren § 9 EG Abs. 4 VOL/A übernommen.

---

[2] Vgl. *Prell* in Dippel/Sterner/Zeiss, Praxiskommentar Beschaffungen im Verteidigungs- und Sicherheitsbereich, 2013, VSVgV § 16 Rn. 8.

I. Begriff und Inhalt der Vergabeunterlagen, § 16 Abs. 1 VSVgV

§ 16 Abs. 1 VSVgV entspricht inhaltlich in weiten Teilen der Parallelvorschrift des § 29 **9** Abs. 1 VgV, weshalb grundsätzlich auf die dortige Kommentierung verwiesen wird.[3]

Inhaltliche Abweichungen gegenüber der Parallelvorschrift des § 29 Abs. 1 VgV beste- **10** hen lediglich in § 16 Abs. 1 S. 2 Nr. 2, Nr. 4 und Abs. 2 VSVgV.

Gemäß § 16 Abs. 1 S. 2 Nr. 2 VSVgV sind, im Unterschied zu der Regelung in § 29 **11** Abs. 1 S. 2 Nr. 2 VgV, lediglich die Zuschlagskriterien, nicht auch die Eignungskriterien in den Vergabeunterlagen anzugeben. Dies ist dem Umstand geschuldet, dass in dem Bereich Verteidigung und Sicherheit gemäß § 18 Abs. 3 Nr. 1 VSVgV bereits die Auftragsbekanntmachung zwingend die Eignungskriterien enthalten muss.

Abweichend von § 29 Abs. 1 VgV sind in den Vergabeunterlagen nach der VSVgV auch **12** Name und Anschrift der Vergabekammer, die für die Nachprüfung zuständig ist, anzugeben, § 16 Abs. 1 S. 2 Nr. 4 VSVgV. Diese Angabe hat gemäß § 18 Abs. 3 Nr. 4 VSVgV auch bereits in der Bekanntmachung zu erfolgen. Im Rahmen der VgV ist hingegen lediglich die Angabe in der Auftragsbekanntmachung zwingend (§ 37 Abs. 3 VgV), in den Vergabeunterlagen ist sie jedoch nicht als Regelbestandteil vorgesehen.

Die Zuständigkeit der einzelnen Vergabekammern richtet sich nach § 158 GWB n. F.[4] Es **13** bleibt bei den gesetzlichen Zuständigkeitsregelungen, wenn der Auftraggeber in den Vergabeunterlagen die unzuständige Vergabekammer angibt.[5]

II. Liste der Nachweise, § 16 Abs. 2 VSVgV

Nach § 16 Abs. 2 VSVgV hat der Auftraggeber die Nachweise, die er verlangt, in einer **14** abschließenden Liste zusammenzustellen. Sie muss spätestens mit den Vergabeunterlagen bekannt gegeben werden.[6]

Diese Vorschrift dient der Klarstellung der Anforderungen an die Bieter.[7] Sie dient nicht **15** dazu, den Auftraggeber zur Abforderung eines Mindestmaßes an Eignungsnachweisen abzufordern, sondern überzogene Nachweisforderungen der Auftraggeber einzudämmen.[8]

Die Vorschrift ist bieterschützend. Diese sollen anhand der abschließenden Liste erkennen können, welche Nachweise vorzulegen sind.[9]

Der öffentliche Auftraggeber ist in den Grenzen der pflichtgemäßen Ermessensausübung **16** frei darin, die Nachweise abzufordern, die er in Bezug auf den konkreten Auftragsgegenstand für erforderlich hält, um die Leistungsfähigkeit der Bieter hinreichend zuverlässig, aber nicht unverhältnismäßig aufwendig bestimmen zu können.[10] Eine Grenze ist dann erreicht, wenn von den Bietern ein Übermaß an Leistungsnachweisen abgefordert wird oder der öffentliche Auftraggeber einem Bieter den Zuschlag erteilen will, der konkret nicht hinreichend leistungsfähig ist.[11]

---

[3] → VgV § 29 Rn. 13 ff.

[4] Für Einzelheiten wird auf die Kommentierung zu → GWB § 158 Rn. 9 ff und insbesondere die im Anhang befindliche Geschäftsordnung der Vergabekammern des Bundes in der Fassung vom 15.7.2005 (Bundesanzeiger Nr. 151 vom 12.8.2005, S. 12296 (Anhang 1) und die Adressen und Kontaktdaten der Vergabekammern des Bundes und der Länder sowie Vergabesenate (Anhang 2) verwiesen.

[5] VK Bund, Beschl. v. 21.10.1999 – VK 2- 26/99, NZBau 2000, 108; *Leinemann* in Leinemann/Kirch, VSVgV § 16 Rn. 39.

[6] OLG Düsseldorf, 26.3.2012 VII Verg. 4/12, ZfBR 2012, 624 (Ls.); *Leinemann* in Leinemann/Kirch, VSVgV § 16 Rn. 39; *Ritzek-Seidl* in Pünder/Schellenberg, Vergaberecht VSVgV § 16 Rn. 13.

[7] *Ritzek-Seidl* in Pünder/Schellenberg, Vergaberecht VSVgV § 16 Rn. 13.

[8] VK Lüneburg Beschl. v. 31.1.2012 – VgK-58/2011.

[9] VK Bund Beschl. v. 21.8.2014 – VK 2 – 59/14.

[10] VK Beschl. v. 31.1.2012 – VgK-58/2011.

[11] VK Beschl. v. 31.1.2012 – VgK-58/2011.

17   Verlangt der Auftraggeber Nachweise, hat er die Pflicht, sämtliche verlangten Nachweise in einer den Vergabeunterlagen beizufügenden und für die Bieter als Überblick (gewissermaßen als „Checkliste") verwendbaren, verlässlichen Aufstellung ungeachtet dessen, dass solche Nachweise bereits aus den übrigen Vergabeunterlagen hervorgehen, nochmals gesondert in einer zusammenfassenden Liste aufzuführen und diese spätestens mit den Vergabeunterlagen bekannt zu geben hat.[12]

18   Gegen diese Pflicht wird verstoßen, wenn nicht alle geforderten Nachweise aufgeführt worden sind.[13] Da die Bieter gemäß § 97 Abs. 6 GWB einen Anspruch darauf haben, dass die Bestimmungen über das Vergabeverfahren eingehalten werden, kann ein Verstoß gegen die Anforderungen an die Nachweisliste im Nachprüfungsverfahren geltend gemacht werden.

19   Allerdings existieren keine Regelungen hinsichtlich der rechtlichen Konsequenzen im Falle eines derartigen Verstoßes. Jedenfalls ist der öffentliche Auftraggeber daran gehindert, nachträglich Eignungsnachweise anzufordern, die er nicht in einer abschließenden Liste erwähnt hat.[14]

20   Im Übrigen besteht Uneinigkeit über die weiteren Rechtsfolgen eines Verstoßes gegen die Mitteilung einer „abschließenden Liste" der Nachweise. Zum Teil wird vertreten, dass in einem solchen Fall angesichts des Vertrauenstatbestandes beim Bieter die Nachweise nicht wirksam gefordert worden seien, diese vom Bieter also nicht beachtet werden müssen, und deshalb ein Ausschluss von Angeboten nicht in Betracht komme.[15] Nach einer Entscheidung des OLG Düsseldorf hingegen, sei die Vorlage der Nachweise auch im Falle einer fehlenden abschließenden Liste wirksam gefordert.[16] Allerdings dürfe der Auftraggeber in einem solchen Fall Angebote wegen Fehlens solcher Nachweise erst ausschließen, nachdem er den betreffenden Bietern die Möglichkeit gegeben hat, diese Nachweise nachzureichen, sie aber nicht vorgelegt worden sind; hierdurch seien die von einem Ausschluss ihres Angebots bedrohten Bieter ausreichend geschützt.[17]

[12] OLG Düsseldorf Beschl. v. 3.8.2011 – VII-Verg 30/11 zu der Parallelvorschrift des § 9 EG Abs. 4 VOL/A, mit der Begründung, dass sich diese Deutung aus dem Wortlaut sowie aus dem Sinn und Zweck der Vorschrift ergebe.
[13] VK Bund Beschl. v. 21.8.2014 – VK 2 – 59/14.
[14] OLG Düsseldorf Beschl. v. 3.8.2011- VII Verg 30/11 zu der Parallelvorschrift des § 9 EG Abs. 4 VOL/A.
[15] *Leinemann* in Leinemann/Kirch, VSVgV § 16 Rn. 39; OLG Düsseldorf Beschl. v. 26.3.2012 – VII-Verg 4/12 und OLG Düsseldorf Beschl. v. 3.8.2011 – VII-Verg 30/11, jeweils zu der Parallelvorschrift des § 9 EG Abs. 4 VOL/A.
[16] OLG Düsseldorf Beschl. v. 17.7.2013 – VII-Verg 10/13 zu der Parallelvorschrift des § 9 EG Abs. 4 VOL/A.
[17] OLG Düsseldorf Beschl. v. 17.7.2013 – VII-Verg 10/13 zu der Parallelvorschrift des § 9 EG Abs. 4 VOL/A.

§ 17 Vorinformation

(1) **Auftraggeber können durch Vorinformation, die von der Europäischen Kommission oder von ihnen selbst in ihrem Beschafferprofil veröffentlicht wird, den geschätzten Gesamtwert der Aufträge oder der Rahmenvereinbarungen mitteilen, die sie in den kommenden zwölf Monaten zu vergeben oder abzuschließen beabsichtigen.**

1. Lieferaufträge sind nach Warengruppen unter Bezugnahme auf das Gemeinsame Vokabular für öffentliche Aufträge gemäß der Verordnung (EG) Nr. 213/2008 der Europäischen Kommission vom 28. November 2007 zur Änderung der Verordnung (EG) Nr. 2195/2002 des Europäischen Parlaments und des Rates über das Gemeinsame Vokabular für öffentliche Aufträge (CPV) und der Vergaberichtlinien des Europäischen Parlaments und des Rates 2004/17/EG und 2004/18/EG im Hinblick auf die Überarbeitung des Vokabulars (ABl. L 74 vom 15.3.2008, S. 1) in der jeweils geltenden Fassung,
2. Dienstleistungsaufträge sind nach den in Anhang I der Richtlinie 2009/81/EG genannten Kategorien

aufzuschlüsseln.

(2) **Die Mitteilungen nach Absatz 1 werden unverzüglich nach der Entscheidung über die Genehmigung des Projekts, für das die Auftraggeber beabsichtigen, Aufträge zu erteilen oder Rahmenvereinbarungen abzuschließen, an die Europäische Kommission übermittelt oder im Beschafferprofil veröffentlicht. Die Bekanntmachung der Vorinformation wird nach dem Muster gemäß Anhang XIII der Durchführungsverordnung (EU) 2015/1986 der Kommission vom 11. November 2015 zur Einführung von Standardformularen für die Veröffentlichung von Vergabebekanntmachungen für öffentliche Aufträge und zur Aufhebung der Durchführungsverordnung (EU) Nr. 842/2011 (ABl. L 296 vom 12.11.2015, S. 1) in der jeweils geltenden Fassung erstellt. Veröffentlicht ein Auftraggeber eine Vorinformation in seinem Beschafferprofil, so meldet er dies dem Amt für Veröffentlichungen der Europäischen Union unter Verwendung des Musters gemäß Anhang VIII der Durchführungsverordnung (EU) 2015/1986. Die Vorinformationen dürfen nicht in einem Beschafferprofil veröffentlicht werden, bevor die Ankündigung dieser Veröffentlichung an die Europäische Kommission abgesendet wurde. Das Datum der Absendung muss im Beschafferprofil angegeben werden.**

(3) **Auftraggeber sind zur Veröffentlichung verpflichtet, wenn sie beabsichtigen, von der Möglichkeit einer Verkürzung der Fristen für den Eingang der Angebote gemäß § 20 Absatz 3 Satz 3 und 4 Gebrauch zu machen.**

(4) **Die Absätze 1, 2 und 3 gelten nicht für das Verhandlungsverfahren ohne Teilnahmewettbewerb.**

Übersicht

	Rn.		Rn.
A. Einführung	1	I. Gegenstand der Vorinformation .	10
I. Literatur	1	II. Inhalt der Vorinformation; Standardformular	12
II. Entstehungsgeschichte	2		
III. Unionsrechtliche Vorgaben	3	III. Übermittlung und Veröffentlichung der Vorinformation	17
B. Allgemeines	6	IV. Vorinformation zur Fristverkürzung (Abs. 3)	21
C. Einzelheiten der Vorinformation .	10		

A. Einführung

I. Literatur

Siehe die Literaturangaben zu § 37 VgV.

1

II. Entstehungsgeschichte

2   § 17 geht auf die Vorgaben der RL 2009/81/EG zurück. Die Vorschrift folgt eng dem Richtlinientext. Sie weicht daher in der Struktur sowohl von § 38 VgV ab, als auch von den an die allgemeinen Bauvergabevorschriften der VOB/A-EU angelehnten Regelungen in § 12 VS Abs. 1 VOB/A. Inhaltlich entspricht § 17 jedoch weitgehend den Parallelvorschriften.

III. Unionsrechtliche Vorgaben

3   § 17 setzt Art. 30 Abs. 1 sowie Art. 32 Abs. 1 und 5 RL 2009/81/EG um. Die Umsetzung folgt eng dem Richtlinientext. Soweit Art. 32 Abs. 1 der Richtlinie bezüglich der Mindestinhalte der Bekanntmachung auf Anhang IV der Richtlinie verweist, wurde die dortige Auflistung allerdings nicht umgesetzt; § 17 Abs. 2 Satz 2 verweist vielmehr direkt auf das Standardformular gem. Anhang XIII der DVO (EU) Nr. 2015/1986. Das entspricht dem Umsetzungskonzept der Parallelvorschriften der VgV, SektVO und VOB/A (→ VgV § 37 Rn. 7).

4   Die Regelungen in Art. 32 Abs. 2 der Richtlinie zur den Modalitäten der Übermittlung der Bekanntmachung an die Europäische Kommission, die auch für Vorinformationen gelten, wurden in § 17 nicht umgesetzt. Soweit diese Regelungen eine Übermittlung auch auf anderem als elektronischem Wege vorsehen, sind sie durch Art. 6 der DVO (EU) Nr. 2015/1986 überholt; danach ist nur noch eine elektronische Übermittlung über das eNOTICES-Portal oder die TED-eSender Funktion möglich. Auch die in Art. 32 Abs. 6 RL 2009/81/EG geregelte Umfangbeschränkung für Bekanntmachungen, die nicht elektronisch übermittelt werden, ist dadurch gegenstandslos.

5   Art. 32 Abs. 3 und 4 der Richtlinie enthalten Näheres zur Veröffentlichung der Bekanntmachungen durch die Europäische Kommission, wie etwa die Frist, in der die Veröffentlichung erfolgt, und andere Einzelheiten. Diese Bestimmungen wurden ebenfalls nicht umgesetzt; → näher § 18 Rn. 7.

B. Allgemeines

6   Der Auftraggeber kann gem. § 17 beabsichtigte Auftragsvergaben im Bereich Verteidigung und Sicherheit **mittels einer Vorinformation** bekannt machen. Die Vorinformation wird entweder im **EU-Amtsblatt** oder in einem **Beschafferprofil** des Auftraggebers veröffentlicht,. Die Regelung entspricht inhaltlich **weitestgehend § 38 Abs. 1 bis 3 VgV.** Daher ist zunächst auf die dortige Kommentierung zu verweisen (→ VgV 38 Rn. 17 ff. und 33 ff.).

7   Die Vorinformation ist auch im Bereich Verteidigung und Sicherheit **grundsätzlich freiwillig;** Abs. 3 stellt das klar.

8   Der wichtigste Unterschied zur Vorinformation nach § 38 VgV liegt darin, dass Vorinformationen im Bereich Verteidigung und Sicherheit **nur** zur freiwilligen **Marktinformation** und zur **Verkürzung der Angebotsfristen** möglich sind. Vorinformationen als **Aufruf zum Wettbewerb** analog § 38 Abs. 4 VgV sind **nicht vorgesehen.**

9   Vorinformationen sind gem. Abs. 4 nur für **Verfahren mit EU-weiter Bekanntmachung** vorgesehen, nicht auch für Verhandlungsverfahren ohne Teilnahmewettbewerb iSv § 12. Das versteht sich im Grunde von selbst, weil beim Verhandlungsverfahren ohne Teilnahmewettbewerb gerade kein EU-weiter Aufruf zum Wettbewerb erfolgt, so dass auch kein Anlass für eine Vorinformation besteht.

C. Einzelheiten der Vorinformation

I. Gegenstand der Vorinformation

Gemäß Abs. 1 kann der Auftraggeber **Liefer- und Dienstleistungsaufträge** im Be- 10
reich Verteidigung und Sicherheit, deren Vergabe er in den folgenden 12 Monaten plant,
durch eine Vorinformation bekannt machen. Die Vorinformation entspricht im Kern
derjenigen nach § 38 Abs. 1 bis 3 VgV. Soweit es in Abs. 1 Satz 1 heißt, dass der „Gesamtwert der Aufträge" anzugeben ist, bedeutet das nicht, dass nur der (zusammengerechnete)
Gesamtwert aller für den Zeitraum geplanten Aufträge anzugeben wäre. Vorinformationen
beziehen sich vielmehr auch im Bereich Verteidigung und Sicherheit jeweils auf einzelne
Aufträge.[1]

Abs. 1 Satz 2 sieht vor, dass die Beschaffungen bei Lieferungen und Dienstleistungen ge- 11
sondert nach Warengruppen auf Basis des CPV bzw. nach Dienstleistungskategorien
gem. Anhang I der Richtlinie 2009/81/EG aufzuschlüsseln sind. Diese Aufschlüsselung hat
keine eigenständige Bedeutung, da die Beschaffungsgegenstände im Bekanntmachungsformular (Abschnitt II.5) ohnehin mittels des bzw. der CPV-Code(s) zu bezeichnen sind. Eine
weitergehende Zuordnung zu Warengruppen oder Dienstleistungskategorien ist weder
notwendig noch im Standardformular vorgesehen.

II. Inhalt der Vorinformation; Standardformular

Der **Mindestinhalt** der Vorinformation ergibt sich EU-rechtlich aus Art. 32 Abs. 1 iVm 12
Anhang IV der Richtlinie 2009/81/EG Abs. 2 Satz 2 verweist demgegenüber direkt auf
das zu verwendende **Standardformular.** Inhaltlich ergeben sich daraus keine relevanten
Unterschiede.[2]

Die Vorinformation ist gem. Abs. 2 Satz 2 anhand des **Standardformulars aus An-** 13
hang XIII der DVO (EU) Nr. 2015/1986 zu erstellen. Dieses Formular ähnelt dem Standardformular für die Vorinformation nach § 38 Abs. 2 VgV. Daher kann zunächst auf die
dortige Kommentierung verwiesen werden (→ VgV § 38 Rn. 19 ff. und 35 ff.). Allerdings
gibt es auch eine Reihe von Unterschieden.

Der auffälligste **Unterschied** zwischen den Formularen liegt darin, dass das Formular für 14
Vorinformationen im Bereich Verteidigung und Sicherheit noch dem **alten Muster der**
Vorgänger-DVO (EU) 2011/842 entspricht, das etwas **anders aufgebaut und geglie-**
dert ist als die aktuellen Formulare für Vergaben nach der VgV. Hintergrund ist, dass die
Richtlinie 2009/81 im Rahmen des Richtlinienpakets von 2014 nicht geändert wurde.
Daher wurden auch die Standardformulare für den Bereich Verteidigung und Sicherheit
in der DVO (EU) Nr. 2015/1986 nicht angepasst. So enthält das Formular für Angaben
zu etwaigen Einzellosen noch den früher allgemein verwendeten Anhang B. Auch die einzelnen Gliederungsziffern entsprechen nicht denen der Formulare für die anderen Bereiche.

---

[1] Das ergibt sich u. a. aus Artikel 32 Abs. 1 iVm Anhang IV, Abschnitt „Bekanntmachungen einer Vorinformation" Nr. 3, wonach bei Dienstleistungen der „Gesamtwert einer jeden Beschaffung" anzugeben ist.
Auch das Standardformular in Anhang XIII der DVO (EU) Nr. 2015/1986 bezieht sich auf einzelne Aufträge. Im Ergebnis ebenso *Rechten* in Dippel/Sterner/Zeiss (Hrsg.), Praxiskommentar Beschaffung im Ver-
teidigungs- und Sicherheitsbereich § 17 Rn. 10.
[2] Gewisse Unterschiede ergeben sich daraus, dass die Vorgaben des Standardformulars punktuell etwas
umfassender und detaillierter sind als die Auflistung in Anhang IV der Richtlinie. So ist zB die Anforderung
unter VI.3 (Angaben zum allgemeinen Rechtsrahmen) im Formular weiter gefasst als nach Anhang IV der
Richtlinie (→ Rn. 16). Ferner sieht das Formular in Abschnitt III.1.1 bei Bauaufträgen (für die allerdings
§ 12 VS Abs. 1 VOB/A gilt) eine Angabe der „wesentlichen Finanzierungs- und Zahlungsbedingungen"
vor, soweit diese bekannt sind; in Anhang IV der Richtlinie taucht dieser Punkt nicht auf.

15   **Inhaltlich unterscheidet** sich die Vorinformation für den Bereich Verteidigung und Sicherheit von einer Vorinformation nach § 38 VgV vor allem dadurch, dass sie auch dann, wenn sie zur Verkürzung der Angebotsfristen veröffentlicht wird, noch **keine Angaben zu den Eignungskriterien** und den **Zuschlagskriterien** enthalten muss. Auch die Angaben zum Beschaffungsgegenstand in Abschnitt II sind deutlich knapper; so sind beispielsweise keine Angaben zu Optionen und der Zulassung von Nebenangeboten vorgesehen. Die Vorinformation enthält auch **keine Angaben zum Rechtsschutz.**

16   Das Standardformular enthält andererseits einen **zusätzlichen Punkt.** In Abschnitt VI.3 sind **Angaben zum „allgemeinen Rechtsrahmen"** zu machen. Dabei sind „einschlägige behördliche Internetseiten" anzugeben, unter denen Informationen zu dem am Leistungsort geltenden Rechtsrahmen für Steuern, Umweltschutz und Arbeitsschutz und Arbeitsbedingungen abrufbar sind. Das Formular geht in diesem Punkt ein Stück weit über die Vorgaben der Richtlinie 2009/81/EG hinaus, da Anhang IV der Richtlinie die Angaben nur für Bau- und Dienstleistungsaufträge fordert, nicht dagegen für Lieferaufträge. Aus der Formulierung „allgemeiner Rechtsrahmen" wird allerdings deutlich, dass die Internetseiten, auf die verwiesen wird, nur allgemeine Informationen und keine Detailangaben aller zu beachtenden Vorschriften enthalten müssen.

III. Übermittlung und Veröffentlichung der Vorinformation

17   Die Vorinformation wird gemäß Abs. 2 Satz 1 entweder **im EU-Amtsblatt** oder **in einem Beschafferprofil** des Auftraggebers veröffentlicht. Die Regelung entspricht inhaltlich weitestgehend **§ 38 Abs. 2 Satz 1 VgV.** Daher ist auf die dortige Kommentierung zu verweisen (→ VgV 38 Rn. 25 ff.).

18   Bei **Veröffentlichung im EU-Amtsblatt** ist die Vorinformation dem Amt für Veröffentlichungen der EU zu übermitteln. Die **Übermittlung und Veröffentlichung** erfolgt auf gleiche Weise wie die Übermittlung und Veröffentlichung der Auftragsbekanntmachung nach § 18 (→ § 18 Rn. 18 ff.).

19   Alternativ kann der Auftraggeber die Vorinformation in einem eigenen **Beschafferprofil im Internet veröffentlichen.** Die Regelung entspricht inhaltlich § 38 Abs. 2 VgV (→ VgV § 38 Rn. 27 ff.). Der Auftraggeber muss in diesem Fall das Amt für Veröffentlichungen der EU vorab über die Veröffentlichung unterrichten (Abs. 2 Satz 3 und 4). Hierfür ist dasselbe Standardformular aus Anhang VIII der DVO (EU) Nr. 2015/1986 zu verwenden wie für die entsprechenden Mitteilungen nach § 38 Abs. 2 Satz 3 VgV (→ VgV § 38 Rn. 28 ff.). Abs. 2 Satz 4 stellt dabei klar, dass die Veröffentlichung im Beschafferprofil erst erfolgen darf, *nachdem* der Auftraggeber die Mitteilung über die Veröffentlichung an das EU-Amtsblatt abgesandt hat. Gemäß Abs. 2 Satz 5 ist das Datum der Absendung der Mitteilung im Beschafferprofil anzugeben.

20   Die Vorinformation soll gem. Abs. 2 Satz 1 **„unverzüglich"** nach der Entscheidung über die Genehmigung des Projekts dem EU-Amtsblatt übermittelt oder im Beschafferprofil veröffentlicht werden. Angesichts des grundsätzlich freiwilligen Charakters der Vorinformation kommt dieser Vorgabe **nur Appellcharakter** zu. Eine möglichst frühzeitige Vorinformation soll den Interessenten eine rechtzeitige Ressourcenplanung ermöglichen und so den Wettbewerb fördern. Der Auftraggeber kann den Zeitpunkt der Übermittlung bzw. Veröffentlichung aber letztlich nach Zweckmäßigkeit festlegen.

VI. Vorinformation zur Fristverkürzung (Abs. 3)

21   Hat ein Auftraggeber eine Vorinformation nach § 17 veröffentlicht, kann er unter bestimmten Voraussetzungen die **Mindest-Angebotsfrist für die Angebote** im nicht offenen Verfahren gem. § 20 Abs. 3 **verkürzen.** Voraussetzung ist, dass die **Vorinformation**

vollständig ist, dh alle im Standardformular vorgesehenen Mindestangaben enthält, soweit diese zum Zeitpunkt der Vorinformation bereits bekannt waren, und frühestens 12 Monate und spätestens 52 Tage vor der Absendung der Auftragsbekanntmachung zur Veröffentlichung übermittelt wurde. Die Einzelheiten ergeben sich aus § 20 Abs. 3 (→ § 20 Rn. 19). Die Vorgaben entsprechen mit Ausnahme der längeren Mindestfrist, die vor dem Versand der Auftragsbekanntmachung einzuhalten ist, im wesentlichen § 38 Abs. 3 VgV (→ § 38 Rn. 33 ff.). § 17 Abs. 3 stellt klar, dass eine Vorinformation in diesem Fall verpflichtend ist.

§ 18 Bekanntmachung von Vergabeverfahren

(1) Auftraggeber, die einen Auftrag oder eine Rahmenvereinbarung im Wege eines nicht offenen Verfahrens, eines Verhandlungsverfahrens mit Teilnahmewettbewerb oder eines wettbewerblichen Dialogs zu vergeben beabsichtigen, müssen dies durch eine Bekanntmachung mitteilen.

(2) Die Bekanntmachung muss zumindest die in Anhang IV der Richtlinie 2009/81/EG aufgeführten Informationen enthalten. Sie wird nach dem Muster gemäß Anhang XIV der Durchführungsverordnung (EU) 2015/1986 erstellt.

(3) Auftraggeber müssen in der Bekanntmachung insbesondere angeben:
1. bei der Vergabe im nicht offenen Verfahren oder Verhandlungsverfahren mit Teilnahmewettbewerb, welche Eignungsanforderungen gelten und welche Eignungsnachweise vorzulegen sind,
2. gemäß § 9 Absatz 4, ob gemäß § 9 Absatz 1 oder 3 Anforderungen an die Vergabe von Unteraufträgen gestellt werden und welchen Inhalt diese haben,
3. ob beabsichtigt ist, ein Verhandlungsverfahren mit Teilnahmewettbewerb oder einen wettbewerblichen Dialog in verschiedenen Phasen abzuwickeln, um die Zahl der Angebote zu verringern, und
4. Namen und Anschrift der Vergabekammer, die für die Nachprüfung zuständig ist.

(4) Die Bekanntmachung ist unter Beachtung der Muster und Modalitäten für die elektronische Übermittlung von Bekanntmachungen nach Anhang VI Nummer 3 der Richtlinie 2009/81/EG oder auf anderem Wege unverzüglich dem Amt für amtliche Veröffentlichungen der Europäischen Union zu übermitteln. Im beschleunigten Verfahren nach § 20 Absatz 2 Satz 2 und Absatz 3 Satz 2 muss die Bekanntmachung unter Beachtung der Muster und Modalitäten für die elektronische Übermittlung von Bekanntmachungen nach Anhang VI Nummer 3 der Richtlinie 2009/81/EG mittels Telefax oder auf elektronischem Weg übermittelt werden. Die Auftraggeber müssen den Tag der Absendung nachweisen können.

(5) Die Bekanntmachung und ihr Inhalt dürfen auf nationaler Ebene oder in einem Beschafferprofil nicht vor dem Tag der Absendung an das Amt für amtliche Veröffentlichungen der Europäischen Union veröffentlicht werden. Die Veröffentlichung auf nationaler Ebene darf keine anderen Angaben enthalten als die Bekanntmachung an das Amt für amtliche Veröffentlichungen der Europäischen Union oder die Veröffentlichung im Beschafferprofil. Auf das Datum der Absendung der europaweiten Bekanntmachung an das Amt für amtliche Veröffentlichungen der Europäischen Union oder der Veröffentlichung im Beschafferprofil ist in der nationalen Bekanntmachung hinzuweisen.

Übersicht

	Rn.			Rn.
A. Einführung	1		II. Inhalt der Auftragsbekanntmachung; Standardformular (Abs. 2 und 3)	13
I. Literatur	1			
II. Entstehungsgeschichte	2		1. Mindestinhalt der Bekanntmachung	13
III. Unionsrechtliche Vorgaben	3		2. Vorgaben des Standardformulars	15
B. Allgemeines zur Auftragsbekanntmachung	9			
			III. Übermittlung und Veröffentlichung der Bekanntmachung (Abs. 4)	18
C. Einzelheiten der Auftragsbekanntmachung	11		IV. Zusätzliche Veröffentlichung im Inland (Abs. 3)	21
I. Pflicht zur Bekanntmachung (Abs. 1)	11		D. Freiwillige Bekanntmachung	26

Krohn

A. Einführung

I. Literatur

Siehe die Literaturangaben zu § 37 VgV. **1**

II. Entstehungsgeschichte

§ 18 geht auf die Vorgaben der RL 2009/81/EG zurück. Die Umsetzung folgt in **2** Abs. 1, 2, 4 und 5 recht eng dem Richtlinientext. Sie weicht daher in ihrer Struktur sowohl von der Parallelvorschrift des § 37 VgV ab, als auch von den an die allgemeinen Bauvergabevorschriften der VOB/A-EU angelehnten Regelungen in § 12 VS Abs. 2 VOB/A. Inhaltlich entspricht § 18 jedoch weitgehend den Parallelvorschriften.

III. Unionsrechtliche Vorgaben

§ 18 Abs. 1, der die grundsätzliche Verpflichtung zur Veröffentlichung einer Auftragsbe- **3** kanntmachung über beabsichtigte Auftragsvergaben enthält, setzt Art. 30 Abs. 2 RL 2009/ 81/EG um.

Die Regelung in § 18 Abs. 2 über die Mindestinhalte der Bekanntmachung setzt Art. 32 **4** Abs. 1 der Richtlinie um. Die Umsetzung verweist dabei in Satz 1 – im Gegensatz zu den Parallelvorschriften des § 37 Abs. 2 VgV und des § 12 VS Abs. 2 Nr. 2 VOB/A – korrekterweise primär auf die Auflistung in Anhang IV der Richtlinie. In Satz 2 wird erst in zweiter Linie auf die Vorgaben des Standardformulars gem. Anhang XIV der DVU (EU) Nr. 2015/1986 verwiesen. Abs. 3 enthält eine Auswahl der wesentlichen Bekanntmachungsinhalte aus Anhang IV der Richtlinie.

Abs. 4 zur Übermittlung der Bekanntmachung an das Amt für Veröffentlichungen der **5** EU setzt Art. 32 Abs. 2 der RL 2009/81/EG um. Soweit Abs. 4 eine Übermittlung auch auf anderem als elektronischem Wege vorsieht, ist die Regelung allerdings überholt, da eine Übermittlung gem. Art. 6 der DVO (EU) Nr. 2015/1986 nur noch auf elektronischem Weg über das eNOTICES-Portal oder die TED-eSender Funktion möglich ist.

Die Regelungen in Abs. 5 über parallele Veröffentlichungen im Inland setzen Art. 32 **6** Abs. 5 der RL 2009/81/EG um.

Art. 32 Abs. 3 und 4 der Richtlinie enthalten Näheres zur Veröffentlichung der Be- **7** kanntmachungen durch die Europäische Kommission, wie etwa die Frist, in der die Veröffentlichung erfolgt, und andere Einzelheiten. Diese Bestimmungen wurden in der VSVgV nicht umgesetzt. Das ist zwar systematisch konsequent, da die Modalitäten der Veröffentlichung durch die EU-Behörden nicht der Regelungskompetenz des deutschen Verordnungsgebers unterliegen (→ § 40 VgV, Rn. 16). Eine Regelung in der VSVgV wäre jedoch zumindest zur Klarstellung wünschenswert gewesen. Das gilt insbesondere für die Regelung in Art. 32 Abs. 4 Satz 1 der Richtlinie, wonach nur die Veröffentlichung in der vom Auftraggeber gewählten Originalsprache verbindlich ist.

Art. 31 RL 2009/81/EG sieht auch die Möglichkeit **freiwilliger Bekanntmachungen 8** vor. Diese Regelung wurde in der VSVgV ebenfalls nicht umgesetzt.

B. Allgemeines zur Auftragsbekanntmachung

Die in § 18 geregelte Auftragsbekanntmachung ist das Herzstück des EU-weiten Wett- **9** bewerbs um öffentliche Aufträge im Bereich Verteidigung und Sicherheit. Die Auftragsbekanntmachung ist das zentrale Instrument zur Herstellung europaweiter Transparenz und damit die wesentliche Grundlage eines EU-weiten Wettbewerbs. Die Bekanntmachungen sollen die Entstehung eines echten gemeinschaftsweiten Wettbewerbs fördern, indem sie sicherstellen, dass Interessenten aus anderen Mitgliedstaaten sich auf Aufträge unter vergleichbaren Bedingungen wie nationale Bieter bewerben können; zu diesem Zweck sollen alle potentiellen Bieter rechtzeitig über die wesentlichen Auftragsinhalte unterrichtet werden.[1] In dieser Hinsicht gilt für Aufträge nach der VSVgV das Gleiche wie für Aufträge nach der VgV (→ VgV § 37 Rn. 11 ff.).

10   Die Regelungen in § 18 entsprechen inhaltlich fast vollständig § 37 Abs. 1 bis 3 sowie § 40 Abs. 1 und 3 VgV. Daher kann zunächst auf die dortigen Kommentierungen verwiesen werden (→ VgV § 37 Rn. 11 ff. und 20 ff. sowie § 40 Rn. 8 ff. und 18 ff.). Strukturell unterscheidet sich die Umsetzung jedoch teilweise von den Parallelvorschriften. Grund ist, dass die Regelungen noch auf der Richtlinie 2009/81/EG beruhen und aus dem Jahr 2012 stammen. Da die Richtlinie 2009/81/EG im Rahmen des Richtlinienpakets von 2014 nicht geändert wurde, wurden im Zuge der Vergaberechtsmodernisierung 2016 auch die Regelungen der VSVgV nur punktuell angepasst. Sie spiegeln daher weitestgehend noch den alten Stand vor der Vergaberechtsmodernisierung wider.

C. Einzelheiten der Auftragsbekanntmachung

I. Pflicht zur Bekanntmachung (Abs. 1)

11   Gemäß Abs. 1 muss der Auftraggeber beabsichtigte **Liefer- und Dienstleistungsaufträge** im Bereich Verteidigung und Sicherheit durch Veröffentlichung einer Auftragsbekanntmachung EU-weit bekanntmachen. Die Bekanntmachungspflicht gilt ausnahmslos für alle Aufträge, die den Schwellenwert nach § 106 Abs. 2 Nr. 3 GWB erreichen oder übersteigen und nicht unter eine gesetzliche Ausnahme, insbesondere nach § 107 Abs. 2 oder § 145 GWB fallen. Die in § 37 Abs. 1 Satz 2 iVm § 38 Abs. 4 VgV vorgesehene Möglichkeit, eine Vorinformation als Aufruf zum Wettbewerb zu veröffentlichen und in diesem Fall auf eine gesonderte Auftragsbekanntmachung zu verzichten, besteht im Bereich Verteidigung und Sicherheit nicht. Die Regelung entspricht inhaltlich im Übrigen § 37 Abs. 1 VgV (→ VgV § 37 Rn. 11 ff.).

12   Auftragsbekanntmachungen sind nur für **Verfahrensarten mit Teilnahmewettbewerb** vorgesehen, dh für nicht offene Verfahren, Verhandlungsverfahren mit Teilnahmewettbewerb und wettbewerblichen Dialog. Das versteht sich im Grunde von selbst, weil beim Verhandlungsverfahren ohne Teilnahmewettbewerb iSv § 12 gerade kein EU-weiter Aufruf zum Wettbewerb erfolgt.

II. Inhalt der Auftragsbekanntmachung; Standardformular (Abs. 2 und 3)

1. Mindestinhalt der Bekanntmachung

13   Der **Mindestinhalt** der Auftragsbekanntmachung ergibt sich EU-rechtlich aus Art. 32 Abs. 1 iVm Anhang IV der Richtlinie 2009/81/EG, gemäß dem von der EU-Kommission festgelegten Bekanntmachungsmuster. Abs. 2 Satz 1 verweist dementsprechend primär auf die Vorgaben des Richtlinien-Anhangs; Satz 2 verweist sodann auf die Verwendung des **Standardformulars.**

---

[1] So bereits EuGH 26.9.2000, C-225/98 „Nord-Pas-de-Calais", Rn. 34 f. (zu den Bekanntmachungsvorschriften der früheren Bau-Koordinierungsrichtlinie 93/37/EWG).

Abs. 3 enthält eine Auflistung einiger **wesentlicher Inhalte** der Bekanntmachung. Die 14
Aufzählung hat allerdings keine eigenständige Bedeutung. Sie enthält nur ausgewählte
Punkte, wie auch die Formulierung „insbesondere" verdeutlicht. Maßgeblich für den
Mindestinhalt der Bekanntmachung sind der vollständige, deutlich längere Katalog in An-
hang IV der Richtlinie und die Vorgaben des Standardformulars.

2. Vorgaben des Standardformulars

Die Auftragsbekanntmachung ist gem. Abs. 2 Satz 2 anhand des **Standardformulars** 15
aus Anhang XIV der DVO (EU) Nr. 2015/1986 zu erstellen. Dieses Formular ähnelt
dem Standardformular für die Auftragsbekanntmachung nach § 37 Abs. 2 VgV. Wegen
der Einzelheiten kann daher zunächst auf die dortige Kommentierung verwiesen werden
(→ VgV § 37 Rn. 20 ff.).

Allerdings gibt es auch **einige Unterschiede** zum Formular für Vergaben im „klassi- 16
schen" Bereich. Der auffälligste Unterschied liegt darin, dass das Formular für Auftragsbekanntmachungen im Bereich Verteidigung und Sicherheit noch dem **alten Muster der
Vorläufer-DVO (EU) 2011/842** entspricht, das etwas **anders aufgebaut und gegliedert** ist als die aktuellen Formulare für Vergaben nach der VgV. Hintergrund ist, dass die
Richtlinie 2009/81 im Rahmen des Richtlinienpakets von 2014 nicht geändert wurde.
Daher wurden auch die Standardformulare für den Bereich Verteidigung und Sicherheit in
der DVO (EU) Nr. 2015/1986 nicht angepasst. So enthält das Formular für Angaben zu
etwaigen Einzellosen noch den früher allgemein verwendeten Anhang B. Auch die einzelnen Gliederungsziffern entsprechen nicht denen der Formulare für die anderen Bereiche.
Insbesondere sind die **Zuschlagskriterien** nicht in Abschnitt II.2 (Gegenstand / Beschreibung) anzugeben, sondern in Abschnitt IV.2 (Verfahren/Zuschlagskriterien).

Inhaltlich unterscheidet sich die Auftragsbekanntmachung für den Bereich Verteidi- 17
gung und Sicherheit von einer allgemeinen Bekanntmachung nach § 37 VgV (→ VgV
§ 37 Rn. 25 ff.) vor allem in folgenden Punkten:
– In Abschnitt I muss **keine Internetadresse** für den **direkten elektronischen Abruf**
der Vergabeunterlagen angegeben werden. Das beruht darauf, dass ein solcher direkter
elektronischer Abruf für Vergaben im Bereich Verteidigung und Sicherheit nicht vorgeschrieben ist.
– Unter II.1.7 sind detaillierte **Angaben zur Vergabe von Unteraufträgen** zu machen.
Das Formularfeld knüpft an § 9 Abs. 1 und 3 an, dem zufolge der Auftraggeber spezielle
Vorgaben für die Vergabe von Unteraufträgen machen kann. Macht der Auftraggeber
solche Vorgaben, sind diese unter II.1.7 anzugeben. Nach § 9 Abs. 4 können diese Angaben zwar alternativ in den Vergabeunterlagen gemacht werden; diese Regelung widerspricht jedoch Art. 21 Abs. 6 RL 2009/81/EG, wonach die betreffenden Vorgaben in
der Bekanntmachung angegeben werden müssen.
– Die Angaben in Abschnitt III.1 (Bedingungen für den Auftrag) sind deutlich detaillierter
als bei Vergaben nach der VgV. Insbesondere sind unter III.1.1 bis III.1.3 Angaben zu
Kautionen und Sicherheiten, zu wesentlichen **Finanzierungs- und Zahlungsbedingungen** und zur Rechtsform etwaiger Bietergemeinschaften zu machen.
– In Unterabschnitten III.1.4 und III.1.5 sind ferner **bereichsspezifische Angaben** zu
Anforderungen bezüglich der **Versorgungs- und Informationssicherheit** (III.1.4)
und zur **Sicherheitsüberprüfung** (III.1.5) zu machen.
– In Abschnitt III.2 (Teilnahmebedingungen) sind etwaige gesonderte Anforderungen an
die persönliche Lage und **Eignungskriterien bzw. Nachweise für Unterauftragnehmer** mitzuteilen, einschließlich etwaiger Mindestanforderungen.
– In Abschnitt IV.3.6 (Sprache(n), in der (denen) Angebote oder Teilnahmeanträge abgefasst werden können) ist ausdrücklich die Möglichkeit vorgesehen, Angebote bzw. Teilnahmeanträge in **sämtlichen EU-Amtssprachen** zuzulassen. Darüber hinaus können
auch **sonstige Sprachen** zugelassen werden. Die Zulassung verschiedener Sprachen

kann insbesondere dann förderlich sein, wenn der Auftraggeber gezielt (auch) ausländische Bieter ansprechen will.

III. Übermittlung und Veröffentlichung der Bekanntmachung (Abs. 4)

18   Die Auftragsbekanntmachung wird vom Amt für Veröffentlichungen der EU **im EU-Amtsblatt veröffentlicht.** Zu diesem Zweck muss der Auftraggeber die Bekanntmachung dem **Amt für Veröffentlichungen übermitteln.** Abs. 4 regelt die Modalitäten der Übermittlung. Die Regelung entspricht inhaltlich weitgehend § **40 Abs. 1 VgV.** Daher ist auf die dortige Kommentierung zu verweisen (→ VgV 40 Rn. 8 ff.).

19   Abs. 4 sieht vor, dass die **Übermittlung** auf elektronischem Wege oder auf andere Weise zu erfolgen hat. Das Amt für Veröffentlichungen der EU nimmt Bekanntmachungen seit einiger Zeit jedoch **nur noch auf elektronischem Wege** entgegen; in Art. 6 der DVO (EU) Nr. 2015/1986 ist das ausdrücklich geregelt. Die Übermittlung hat danach entweder online über das eNOTICES-Portal oder die TED-eSender-Funktion zu erfolgen. Die Regelungen zur Übermittlung der Bekanntmachung auf anderem Weg in Abs. 4 Satz 1 und 2, insbesondere auch im beschleunigten Verfahren, sind damit überholt. Da das eNOTICES-Portal bzw. die TED-e-Sender-Funktion auch die Modalitäten der Übermittlung bestimmen, ist auch die Regelung in Abs. 4 Satz 1 zu den bei der elektronischen Übermittlung einzuhaltenden Mustern und Modalitäten gegenstandslos.

20   Die **Veröffentlichung im EU-Amtsblatt** erfolgt gemäß Art. 32 Abs. 3 und 4 der RL 2009/81/EG innerhalb von fünf Tagen nach der Übermittlung unentgeltlich und vollständig in der vom Auftraggeber gewählten Originalsprache; in den übrigen Amtssprachen wird eine Zusammenfassung der wichtigsten Angaben veröffentlicht. Dabei ist nur die Veröffentlichung in der Originalsprache verbindlich. Eine Veröffentlichung in mehreren Originalsprachen ist im Bereich Verteidigung und Sicherheit – anders als für Bekanntmachungen nach der VgV, der SektVO und der KonzVgV (→ VgV § 37 Rn. 23) – (noch) nicht vorgesehen.

IV. Zusätzliche Veröffentlichung im Inland (Abs. 5)

21   Die Regelungen in Abs. 5 über die zusätzliche Veröffentlichung von Auftragsbekanntmachungen im Inland (ggf. auch in einem Beschafferprofil) und die dabei zu beachtenden Schranken entsprechen inhaltlich weitgehend § 40 Abs. 3 VgV. Auf die Kommentierung dieser Parallelvorschrift kann daher verwiesen werden (→ VgV § 40 Rn. 18 ff.).

22   Die Regelung in Abs. 5 unterscheidet sich von der Parallelvorschrift lediglich darin, dass die Frist, die vor der Veröffentlichung im Inland abzuwarten ist, kürzer ist. Im Bereich Verteidigung und Sicherheit darf eine Veröffentlichung auf nationaler Ebene bereits ab dem Zeitpunkt erfolgen, zu dem der Auftraggeber die EU-Bekanntmachung an das Amt für Veröffentlichung abgesandt hat. Die in § 40 Abs. 3 VgV vorgesehene 48-Stunden-Frist gilt nicht.

D. Freiwillige Bekanntmachungen

23   Auftraggeber können beabsichtigte Vergaben von verteidigungs- und sicherheitsspezifischen Aufträgen auch freiwillig bekanntmachen. Die VSVgV enthält im Gegensatz zu § 40 Abs. 4 VgV zwar keine Vorschriften zu freiwilligen Veröffentlichung von Bekanntmachungen. Art. 31 RL 2009/81/EG sieht diese Möglichkeit aber ausdrücklich vor.

24   Eine freiwillige Bekanntmachung kommt insbesondere bei Aufträgen in Betracht, die den Schwellenwert nach § 106 Abs. 2 Nr. 3 GWB nicht erreichen oder unter eine Aus-

nahme fallen, bei denen der Auftraggeber aber gleichwohl einen EU-weiten Wettbewerb herstellen will. Der Auftraggeber kann in dem Fall sowohl eine freiwillige Auftragsbekanntmachung veröffentlichen, als auch – soweit zweckmäßig – eine freiwillige Vorinformation. Die Veröffentlichung erfolgt anhand derselben Standardformulare und auf demselben Weg wie eine Pflichtveröffentlichung. Allerdings empfiehlt es sich, in der Bekanntmachung im Abschnitt VI.3 („Zusätzliche Angaben") auf den freiwilligen Charakter der Bekanntmachung hinzuweisen. Wegen der Einzelheiten → VgV § 40 Rn. 25 f.

Der Auftraggeber kann auch eine freiwillige Ex-ante-Transparenzbekanntmachung im **25** Sinne von § 135 Abs. 3 GWB veröffentlichen. Das Standardformular gemäß Anhang XII DVO (EU) Nr. 2015/1986 sieht derartige Veröffentlichungen ausdrücklich auch im Bereich der Richtlinie 2009/81/EG vor, u. a. auch in dem Fall, dass der Auftrag nach Auffassung des Auftraggebers nicht unter die Richtlinie bzw. die GWB-Vergabevorschriften fällt (siehe Anhang D3 Nr. 2 des Standardformulars). Wegen der Einzelheiten → VgV § 40 Rn. 28 ff.

§ 19 Informationsübermittlung

(1) Die Auftraggeber geben in der Bekanntmachung oder den Vergabeunterlagen an, ob Informationen auf dem Postweg, mittels Telefax, elektronisch, telefonisch oder durch eine Kombination dieser Kommunikationsmittel zu übermitteln sind.

(2) Das gewählte Kommunikationsmittel muss allgemein verfügbar sein und darf den Zugang der Unternehmen zu dem Vergabeverfahren nicht beschränken.

(3) Die Auftraggeber haben bei der Mitteilung oder Übermittlung und Speicherung von Informationen die Unversehrtheit der Daten und die Vertraulichkeit der Angebote und Teilnahmeanträge zu gewährleisten. Auftraggeber dürfen vom Inhalt der Angebote und Teilnahmeanträge erst nach Ablauf der Frist für ihre Einreichung Kenntnis nehmen. Auf dem Postweg oder direkt zu übermittelnde Angebote sind in einem verschlossenen Umschlag einzureichen, als solche zu kennzeichnen und bis zum Ablauf der Angebotsfrist unter Verschluss zu halten. Bei elektronisch zu übermittelnden Angeboten ist die Unversehrtheit durch entsprechende organisatorische und technische Lösungen nach den Anforderungen des Auftraggebers und die Vertraulichkeit durch Verschlüsselung sicherzustellen. Die Verschlüsselung muss bis zum Ablauf der Angebotsfrist aufrechterhalten bleiben.

(4) Bei elektronischen Kommunikationsmitteln müssen die technischen Merkmale allgemein zugänglich, kompatibel mit den allgemein verbreiteten Geräten der Informations- und Kommunikationstechnologie und nicht diskriminierend sein. Die Auftraggeber haben dafür Sorge zu tragen, dass den interessierten Unternehmen die Informationen über die Spezifikationen, die für die elektronische Übermittlung der Anträge auf Teilnahme und der Angebote erforderlich sind, einschließlich der Verschlüsselung, zugänglich sind. Außerdem muss gewährleistet sein, dass die Vorrichtungen für den elektronischen Eingang der Angebote und Teilnahmeanträge den Anforderungen des Anhangs VIII der Richtlinie 2009/81/EG genügen.

(5) Neben den Hinweisen nach Absatz 1 geben die Auftraggeber in der Bekanntmachung an, in welcher Form Anträge auf Teilnahme am Vergabeverfahren oder Angebote einzureichen sind. Insbesondere können sie festlegen, dass die Teilnahmeanträge im Falle der elektronischen Übermittlung zu versehen sind mit

1. einer fortgeschrittenen elektronischen Signatur,
2. einer qualifizierten elektronischen Signatur,
3. einem fortgeschrittenen elektronischen Siegel oder
4. einem qualifizierten elektronischen Siegel.

Anträge auf Teilnahme am Vergabeverfahren können schriftlich oder telefonisch gestellt werden. Wird ein solcher Antrag telefonisch gestellt, ist dieser vor Ablauf der Frist für den Eingang der Anträge in Schriftform zu bestätigen. Die Auftraggeber können verlangen, dass per Telefax gestellte Anträge in Schriftform oder elektronischer Form bestätigt werden, sofern dies für das Vorliegen eines gesetzlich gültigen Nachweises erforderlich ist. In diesem Fall geben die Auftraggeber in der Bekanntmachung diese Anforderung zusammen mit der Frist für die Übermittlung der Bestätigung an.

Übersicht

	Rn.		Rn.
A. Einführung	1	II. Wahl des Kommunikationsmittels (Abs. 1)	4
I. Literatur	1		
II. Entstehungsgeschichte	1a	III. Anforderungen an das Kommunikationsmittel (Abs. 2 und 4)	7
III. Rechtliche Vorgaben im EU-Recht	2	1. Verfügbarkeit des Kommunikationsmittels (Abs. 2)	7
B. Regelungsinhalt der Vorschrift	3	2. Technische Anforderungen an elektronische Kommunikationsmittel (Abs. 4)	8
I. Anwendungsbereich	3		

	Rn.			Rn.
IV. Unversehrtheit der Daten, Kenntnisnahme, Vertraulichkeit der Angebote und Teilnahmeanträge (Abs. 3)	12	2. Teilnahmeanträge (S. 2–6) a) Elektronische Übermittlung (S. 2)		20 21
V. Form von Angeboten und Teilnahmeanträgen (Abs. 5)	18	b) Telefonische Teilnahmeanträge (S. 3 und 4)		22
1. Freie Formvorgabe (S. 1)	19	c) Übermittlung per Telefax (S. 5 und 6)		23

A. Einführung

I. Literatur

Dippel/Sterner/Zeiss (Hrsg.), Praxiskommentar Beschaffung im Verteidigungs- und Sicherheitsbereich, **1** 2013; *Gabriel/Krohn/Neun* (Hrsg.), Handbuch Vergaberecht, 2. Aufl. 2017; *Goede/Stoye/Stolz* (Hrsg.), Handbuch des Fachanwalts Vergaberecht, 2017; *Graef,* Rechtsfragen zur Kommunikation und Informationsübermittlung im neuen Vergaberecht, NZBau 2008, 34 ff.; *Leinemann/Kirch* (Hrsg.), VSVgV, 2013; *Mösinger/Thomas,* Verteidigungs- und Sicherheitsvergaben, 2014; *Pünder/Schellenberg* (Hrsg.), Vergaberecht, 2. Aufl. 2015; *von Wietersheim* (Hrsg.), Vergaben im Bereich Verteidigung und Sicherheit, 2013; *Ziekow/Völlink* (Hrsg.), Vergaberecht, 3. Aufl. 2018.

II. Entstehungsgeschichte

§ 19 VSVgV dient der Umsetzung von Art. 36 der Richtlinie 2009/81/EG und regelt **1a** die Kommunikation im Vergabeverfahren, insbesondere welche Kommunikationsmittel in welchen Fällen und unter welchen Bedingungen zu nutzen sind. Er blieb seit Inkrafttreten der VSVgV im Jahre 2012 bis auf eine geringfügige Anpassung im Jahre 2017[1] unverändert.

§ 19 VSVgV orientierte sich an den alten §§ 13, 14, 16, 17 EG VOL/A.[2] Bis 2014 hatten diese Vorschriften einen fast gleichlaufenden Regelungsinhalt, da die ihnen zugrundeliegenden Richtlinienvorschriften Art. 36 RL 2009/81/EG und Art. 42 RL 2004/18/EG nahezu wortlautidentisch waren.[3] Im Rahmen der Modernisierung der EU-Vergaberichtlinien 2014 hat sich der europäische Gesetzgeber gegen eine Neufassung der RL 2009/81/EG und damit gegen einen Gleichlauf der Regelungen im Verteidigungs- und Sicherheitsbereich mit den übrigen Richtlinien entschieden. Das hatte zur Folge, dass mit der deutschen Umsetzung der Vergaberichtlinien 2016 die elektronische Kommunikation als Standard in der öffentlichen Auftragsvergabe im Anwendungsbereich der VgV eingeführt wurde, während die Vergabe im Verteidigungs- und Sicherheitsbereich bezüglich der Informationsübermittlung inhaltsgleich blieb.

III. Rechtliche Vorgaben im EU-Recht

Die unionsrechtliche Grundlage von § 19 VSVgV bildet Art. 36 RL 2009/81/EG. Mit **2** ihr sollten elektronische Kommunikationsmittel den klassischen gleichgestellt und für technische Kompatibilität in den Mitgliedstaaten gesorgt werden.[4] Insbesondere für die elektronische Kommunikation enthält Art. 36 RL 2009/81/EG daher gesonderte Regelungen.

Die Vorgaben aus Art. 36 RL 2009/81/EG sind bis auf zwei Regelungen in dessen Abs. 5 zwingend. Zum einen können Mitgliedstaaten laut Art. 36 Abs. 5 lit. b RL 2009/

---

[1] → Rn. 21.
[2] BR-DrS. 321/12, 53.
[3] *Roggenkamp/Albrecht* in Dippel/Sterner/Zeiss VSVgV § 19 Rn. 3.
[4] Erwägungsgrund 57 der RL 2009/81/EG.

81/EG verlangen, dass elektronisch übermittelte Angebote mit einer fortgeschrittenen elektronischen Signatur zu versehen sind. Dies hat der deutsche Verordnungsgeber in § 19 Abs. 5 S. 2 VSVgV umgesetzt. Zum anderen können Mitgliedstaaten nach Art. 36 Abs. 5 lit. c RL 2009/81/EG sogenannte Systeme freiwilliger Akkreditierung einführen. Von dieser Möglichkeit hat der deutsche Verordnungsgeber keinen Gebrauch gemacht.[5]

Die Inhalte der zwingenden Vorschriften aus Art. 36 RL 2009/81/EG übernimmt § 19 VSVgV und ergänzt sie in seinem Abs. 3 durch einige Regelungen aus der EG VOL/A.[6]

B. Regelungsinhalt der Vorschrift

I. Anwendungsbereich

3   § 19 VSVgV findet gemäß § 2 Abs. 1 VSVgV nur für die Vergabe von sicherheits- und verteidigungsspezifischen Liefer- und Dienstleistungsaufträgen Anwendung. Für die Informationsübermittlung bei der Vergabe verteidigungs- und sicherheitsspezifischer Bauaufträge gelten hingegen §§ 11, 11a VS VOB/A (→ VOB/A § 11 VS Rn. 1 ff., → VOB/A § 11a VS Rn. 1 ff.).

II. Wahl des Kommunikationsmittels (Abs. 1)

4   § 19 Abs. 1 VSVgV setzt Abs. 1 von Art. 36 RL 2009/81/EG um. Er regelt die im Vergabeverfahren verwendete Kommunikationsart. Auftraggeber geben in der Bekanntmachung oder den Vergabeunterlagen bekannt, ob Informationen auf dem Postweg, mittels Telefax, elektronisch, telefonisch[7] oder durch eine Kombination dieser Kommunikationsmittel zu übermitteln sind. Die Informationsübermittlung im Sinne des § 19 VSVgV umfasst die gesamte Korrespondenz zwischen Auftraggeber und interessierten Unternehmen.

4a   Im Gegensatz zu den Vorschriften in den verschiedenen Vergabeverordnungen (§ 9 Abs. 1 VgV, § 11 EU Abs. 1 VOB/A, § 9 Abs. 1 SektVO und § 7 Abs. 1 KonzVgV) überlässt § 19 Abs. 1 VSVgV dem Auftraggeber die Wahl eines oder mehrerer Kommunikationsmittel. Allerdings ist dieser auch verpflichtet, eine Wahl zu treffen: Er muss in der Bekanntmachung oder den Vergabeunterlagen angeben, ob Informationen auf dem Postweg, mittels Telefax, elektronisch, telefonisch oder durch eine Kombination dieser Kommunikationsmittel zu übermitteln sind.

5   Abs. 1 nennt nicht die Möglichkeit der direkten Übergabe von Dokumenten, das heißt der Übergabe in persona, obwohl § 19 Abs. 3 S. 3 VSVgV sowie § 30 VSVgV diese Möglichkeit kennen. Da es keine relevanten Unterschiede zwischen der direkten Übermittlung und dem Postweg gibt und die direkte Übergabe von Dokumenten zu den grundlegendsten Kommunikationsformen zählt, muss die direkte Übermittlung auch ein von § 19 Abs. 1 VSVgV erfasstes Kommunikationsmittel sein.

6   Warum bezüglich der Kommunikationsart kein Gleichlauf zwischen den Vergabeverfahren im Verteidigungs- und Sicherheitsbereich mit den anderen Vergaberichtlinien geschaffen wurde, lässt sich mit den Besonderheiten dieses Sektors erklären. Auftraggeber können hier ein besonderes Bedürfnis auf Gewährleistung der Sicherheit der übermittelten Information haben, dem die VSVgV insgesamt Rechnung trägt.[8] Dementsprechend ist es Auf-

---

[5] BR-Drs. 321/12, 53.

[6] §§ 16 EG Abs. 2 S. 2–4 VOL/A, siehe BR-Drs. 321/12, 53.

[7] In Art. 36 Abs. 1 RL 2009/81/EG ist die telefonische Kommunikation auf Teilnahmeanträge beschränkt und steht unter der Bedingung schriftlicher Bestätigung. Siehe hierzu: *Franzius* in Pünder/Schellenberg VSVgV § 19 Rn. 2.

[8] Siehe §§ 6–7 VSVgV.

traggebern grundsätzlich gestattet, auf andere Kommunikationsmittel als die elektronische Übermittlung zurückzugreifen.

III. Anforderungen an das Kommunikationsmittel (Abs. 2 und 4)

1. Verfügbarkeit des Kommunikationsmittels (Abs. 2)

Nach § 19 Abs. 2 VSVgV darf der Auftraggeber den Bietern/Bewerbern nur solche **7** Kommunikationsmittel vorgeben, die allgemein verfügbar sind und den Zugang zum Verfahren nicht beschränken. Die Regelung entspricht ihrem Inhalt nach den Anforderungen an den Einsatz elektronischer Kommunikationsmittel in § 11 Abs. 1 S. 1–2 VgV und § 11a EU Abs. 1 S. 1–2 VOB/A, sodass auf die Kommentierungen hierzu verwiesen wird. → VgV § 11 Rn. 4 ff. → VOB/A § 11a EU Rn. 1.

2. Technische Anforderungen an elektronische Kommunikationsmittel (Abs. 4)

Abs. 4 setzt Art. 36 Abs. 4 und 5 RL 2009/81/EG um[9] und enthält technische Konkre- **8** tisierungen zur elektronischen Kommunikation, die inhaltlich nahezu identisch zu den in der VgV und der EU VOB/A verstreut geregelten Vorgaben sind.

Abs. 4 S. 1 regelt, dass die technischen Merkmale allgemein zugänglich, kompatibel mit allgemein verbreiteten Geräten und nicht diskriminierend sein müssen. Der Wortlaut ist nahezu identisch mit § 11 Abs. 1 S. 1 VgV (sowie § 11a EU Abs. 1 S. 1 VOB/A), wobei diese anstelle von zugänglich von verfügbar sprechen und neben den in § 19 Abs. 4 S. 1 VSVgV erwähnten Geräten auch Programme umfassen. Der Regelungsgehalt der Vorschriften wird durch diese Abweichungen jedoch nicht verändert, sodass auf die Kommentierung zu § 11 VgV verwiesen wird. → VgV § 11 Rn. 5 ff.

Nach Abs. 4 S. 2 hat der Auftraggeber dafür Sorge zu tragen, dass interessierte Unter- **9** nehmen Zugang zu den erforderlichen technischen Spezifikationen zur elektronischen Übermittlung, einschließlich der Verschlüsselung haben. Vergleichbar dazu verpflichten auch § 11 Abs. 3 VgV (sowie § 11a EU Abs. 3 VOB/A) den Auftraggeber, Unternehmen alle notwendigen Informationen über die verwendeten elektronischen Mittel, die technischen Parameter zur elektronischen Einreichung von Angeboten und Teilnahmeanträgen sowie die verwendeten Verschlüsselungs- und Zeiterfassungsverfahren zur Verfügung zu stellen. Zwar sind § 11 Abs. 3 VgV (und § 11a EU Abs. 3 VOB/A) damit detaillierter, die technischen Spezifikationen in § 19 Abs. 4 S. 2 VSVgV umfassen jedoch als Oberbegriff alle in den Parallelvorschriften enthaltenen Details. Somit kann auf die Kommentierung zu § 11 Abs. 3 VgV verwiesen werden. → VgV § 11 Rn. 40 ff.

Außerdem muss gemäß Abs. 4 S. 3 durch den Auftraggeber gewährleistet sein, dass **10** die Vorrichtungen für den elektronischen Eingang von Angeboten und Teilnahmeanträgen den Anforderungen in Anhang VIII der RL 2009/81/EG genügen. Die Regelungen dieses Anhangs entsprechen weitgehend dem Inhalt des Anhangs IV der RL 2014/24/EU, dessen Umsetzung sich in § 10 Abs. 1 S. 2 VgV (sowie § 11a EU Abs. 4 S. 2 VOB/A) findet.

Anhang VIII der RL 2009/81/EG verweist in seiner lit. a auf die Anforderungen der **11** RL 1999/93/EG, die mittlerweile durch die Verordnung (EU) Nr. 910/2014 aufgehoben wurde. Der Verweis geht damit zwar ins Leere, gleichwohl sind die Vorgaben der neuen Verordnung zu beachten.[10]

– Lit. b regelt, dass Uhrzeit und Tag des Eingangs von Angeboten und Anträgen durch die Geräte genau bestimmbar sein müssen. Dies entspricht § 10 Abs. 1 S. 2 Nr. 1 VgV, sodass auf die entsprechende Kommentierung verwiesen wird. → VgV § 10 Rn. 14.

---

[9] BR-Drs. 321/12, 53.
[10] eIDAS-Durchführungsgesetz vom 18. Juli 2017.

– Lit. c verlangt von den Geräten, dass es als sicher gelten muss, dass niemand vor dem Öffnungstermin Zugang zu den übermittelten Daten haben kann. Diese Vorschrift ist wortlautidentisch zu der § 10 Abs. 1 S. 2 Nr. 2 VgV zugrundeliegenden Regelung in Anhang IV der RL 2014/24/EU, weshalb sie inhaltlich der Regelung in § 10 Abs. 1 S. 2 Nr. 2 VgV entspricht. Es wird daher auf die entsprechende Kommentierung verwiesen. → VgV § 10 Rn. 15.

– Lit. d normiert, dass es als sicher gelten muss, dass wenn jemand vor dem festgesetzten Termin Zugang zu den übermittelten Daten hat, sich dies eindeutig aufdecken lässt. Diese Regelung bezieht sich lediglich auf den verfrühten Zugang und nicht auch auf Eingriffe von Unberechtigten wie es § 10 Abs. 1 S. 2 Nr. 7 VgV tut. Bezüglich des zeitlichen Aspekts in § 10 Abs. 1 S. 2 Nr. 7 iVm Nr. 5 VgV wird daher auf die entsprechende Kommentierung verwiesen. → VgV § 10 Rn. 18, 20.

– Nach lit. e darf der Zeitpunkt der Öffnung nur von den ermächtigten Personen festgelegt oder geändert werden. Dies ist fast wortgleich zu der Regelung in § 10 Abs. 1 S. 2 Nr. 3 VgV, sodass auf die dazugehörige Kommentierung verwiesen wird. → VgV § 10 Rn. 16.

– Lit. f erklärt, dass der Zugang zu den vorgelegten Daten – und auch nur Teilen von ihnen – in allen Phasen des Vergabeverfahrens nur möglich ist, wenn die ermächtigten Personen gleichzeitig tätig werden. Der Wortlaut von lit. f schreibt damit im Ergebnis vor, dass nur zwei dazu vom Auftraggeber betraute Personen (und nicht eine allein) gemeinsam die übermittelten Daten öffnen dürfen. Ob diese Vorgabe in der Praxis stets konsequent beachtet wird, ist aufgrund ihrer eingeschränkten Praktikabilität zu bezweifeln.

– Lit. g ergänzt lit. f dahingehend, dass der Zugang – gemeinsam durch zwei dazu betraute Personen (siehe zuvor) – erst nach dem festgesetzten Zeitpunkt möglich sein darf. Dies ist eine Klarstellung zu lit. c, der bereits festlegt, dass es als sicher gelten muss, dass niemand vor dem festgesetzten Zeitpunkt Zugang haben kann. Selbst einem Zugangsermächtigten darf also erst nach dem festgesetzten Zeitpunkt und nur gemeinsam mit einem anderen Zugangsermächtigtem (s. lit. f) ein Zugang zu den Daten möglich sein. Eine ähnliche Hervorhebung des festgesetzten Zeitpunkts findet sich parallel in § 10 Abs. 1 S. 2 Nr. 5 VgV. → VgV § 10 Rn. 18.

– Lit. h setzt fest, dass die übermittelten und den Anforderungen gemäß geöffneten Angaben ausschließlich zur Kenntnisnahme der ermächtigten Personen zugänglich bleiben. Das bedeutet, dass selbst nach der Öffnung kein Unberechtigter Zugang haben darf. § 10 Abs. 1 S. 2 Nr. 6 VgV setzt generell fest, dass empfangene Daten nicht an Unberechtigte übermittelt werden und verfolgt damit das gleiche Ziel. → VgV § 10 Rn. 19.

IV. Unversehrtheit der Daten, Kenntnisnahme, Vertraulichkeit der Angebote und Teilnahmeanträge (Abs. 3)

12 § 19 Abs. 3 VSVgV setzt Art. 36 Abs. 3 RL 2009/81/EG um und enthält in den Sätzen 3–5 aus Klarstellungsgründen zusätzlich die Regelungen des inzwischen aufgehobenen § 16 EG Abs. 2 S. 2–4 VOL/A zur Unversehrtheit und Vertraulichkeit der Daten.[11] Der Wortlaut des § 19 Abs. 3 VSVgV umfasst Angebote sowie Teilnahmeanträge, aber an keiner Stelle werden Interessensbekundungen oder –bestätigungen genannt, da im Anwendungsbereich der RL 2009/81/EG keine Interessensbekundungsverfahren vorgesehen sind.

13 Nach Abs. 3 S. 1 haben die Auftraggeber die Unversehrtheit der Daten und die Vertraulichkeit der Angebote und Teilnahmeanträge zu gewährleisten. Er entspricht seinem Wortlaut nach § 11 Abs. 2 VgV (als auch § 11a EU Abs. 2 VOB/A) mit zwei Einschränkungen:

---

[11] BR-Drs. 321/12, 53; § 16 EG VOL/A in der Fassung vom 20.11.2009 (BAnz. Nr. 196a vom 29. Dezember 2009).

Die Vorschrift in der VSVgV bezieht sich auf alle nach § 19 Abs. 1 VSVgV möglichen Kommunikationsmittel, während sich die Vorschrift in der VgV lediglich auf elektronische Mittel bezieht. Des Weiteren nennt die VgV-Vorschrift neben der Unversehrtheit und der Vertraulichkeit auch die Echtheit der Daten. Diese Unterschiede im Wortlaut sind jedoch auf die unterschiedlichen Kommunikationsmittel zurückzuführen, während es in beiden Vorschriften dem Inhalt nach darauf ankommt, dass der Auftraggeber die Unversehrtheit und Vertraulichkeit von Daten gewährleistet. Es wird daher auf die entsprechende Kommentierung zu § 11 VgV verwiesen. → VgV § 11 Rn. 24, 28 ff.

Der in Abs. 3 S. 2 niedergelegte Grundsatz, dass der öffentliche Auftraggeber erst nach Ab- **14** lauf der jeweiligen Frist vom Inhalt von Angeboten und Teilnahmeanträgen Kenntnis nehmen darf, ist auch in § 55 Abs. 1 VgV wiederzufinden. Daher wird auf die Kommentierung hierzu verwiesen. → VgV § 55 Rn. 7–8.

Sätze 3–5 erläutern, wie die Unversehrtheit und Vertraulichkeit der Daten zu gewähr- **15** leisten ist. Der Verordnungsgeber hat sie aus dem inzwischen aufgehobenen § 16 EG Abs. 2 S. 2–4 VOL/A übernommen.[12] Die Sätze 3–5 konkretisieren dementsprechend die Anforderungen an die Vertraulichkeit und das Verbot der frühzeitigen Kenntnisnahme aus den Sätzen 1–2. So wie § 16 EG Abs. 2 S. 2–4 VOL/A sich lediglich auf Angebote bezog, umfasst auch der Wortlaut der Sätze 3–5 von § 19 Abs. 3 VSVgV jedoch lediglich Angebote und keine Teilnahmeanträge.

Es ist demnach unklar, ob die Regelungen der Sätze 3–5 auch auf Teilnahmeanträge anzuwenden sind. Einiges spricht dafür, denn alles andere erschiene inkonsequent: Der in den Sätzen 1–2 enthaltene Grundsatz der Vertraulichkeit und das Verbot der frühzeitigen Kenntnisnahme gilt nämlich auch für Teilnahmeanträge. Es ist folglich kein sachlicher Grund ersichtlich, weshalb nicht auch die in den Sätzen 3–5 enthaltene Konkretisierung für sie gelten sollte. Auch die Verordnungsbegründung geht folgerichtig davon aus, dass die Regelungen in Absatz 3 den Regelungen der damals noch geltenden § 14 EG Abs. 2 und 3, § 16 EG Abs. 2 S. 1 und § 7 EG VOL/A entsprechen,[13] die gleichlaufende Regelungen für Angebote und Teilnahmeanträge enthielten. Das macht deutlich, dass der nationale Verordnungsgeber davon ausgeht, eine gleichlaufende Regelung für Angebot und Teilnahmeantrag geschaffen zu haben. In der Praxis ist jedenfalls anzuraten, auch Teilnahmeanträge entsprechend dieser Vorgaben einzureichen.

Nach S. 3 bedürfen auf dem Postweg und direkt zu übermittelnde Angebote und Teil- **16** nahmeanträge eines verschlossenen Umschlags sowie einer entsprechenden Kennzeichnung und müssen bis zum Ablauf der Angebotsfrist unter Verschluss gehalten werden. Satz 3 selbst enthält keine Rechtsfolgenregelung im Fall eines Verstoßes gegen seine Vorgaben. Nach § 31 Abs. 2 Nr. 5 VSVgV werden nicht formgerecht eingegangene Angebote allerdings ausgeschlossen.

Der formale Umgang mit auf dem Postweg oder direkt zu übermittelnden Angeboten und Teilnahmeanträgen findet sich inhaltsgleich in § 53 Abs. 5 VgV und § 54 S. 2 VgV. Es wird daher auf die entsprechende Kommentierung verwiesen. → VgV § 53 Rn. 33 ff. → VgV § 54 Rn. 9 ff.

Die Sätze 4–5 schreiben vor, wie die Unversehrtheit und Vertraulichkeit elektronisch zu **17** übermittelnder Angebote und Teilnahmeanträge sicherzustellen ist. Übermittelnde Unternehmen haben die Unversehrtheit der Daten durch organisatorische und technische Lösungen nach den Anforderungen des Auftraggebers zu gewährleisten. Das Angebot soll im Interesse des Unternehmens in der Form beim Auftraggeber ankommen, in der es vom Unternehmen abgesendet wurde.

Des Weiteren haben Unternehmen die Vertraulichkeit der Daten durch Verschlüsselung sicherzustellen. Auch dies geschieht vor allem im Interesse des Unternehmens selbst. Die

---

[12] BR-Drs. 321/12, 53; § 16 EG VOL/A in der Fassung vom 20.11.2009 (BAnz. Nr. 196a vom 29. Dezember 2009.
[13] BR-Drs. 321/12, 53.

Verschlüsselung muss sinnvollerweise bis zum Fristablauf für die Einreichung von Angeboten bzw. Teilnahmeanträgen fortbestehen.

Die Sätze 4–5 enthalten keine Rechtsfolgenregelung im Fall eines Verstoßes. Nach § 31 Abs. 2 Nr. 5 VSVgV werden nicht formgerecht eingegangene Angebote allerdings ausgeschlossen.

Über die technischen Spezifikationen einer solchen Übermittlung müssen sich die interessierten Unternehmen nicht eigenständig erkundigen, da der Auftraggeber nach § 19 Abs. 4 S. 2 VSVgV dafür Sorge trägt, dass interessierte Unternehmen Zugang zu den erforderlichen technischen Spezifikationen wie der Verschlüsselung haben. → Rn. 9.

Wie der Auftraggeber mit übermittelten Angeboten und Teilnahmeanträgen umzugehen hat, regelt § 30 VSVgV. → § 30 Rn. 1 ff.

V. Form von Angeboten und Teilnahmeanträgen (Abs. 5)

18   Abs. 5 setzt Art. 36 Abs. 5 und 6 RL 2009/81/EG um und regelt die Form der Einreichung von Angeboten und Teilnahmeanträgen.

1. Freie Formvorgabe (S. 1)

19   Nach Abs. 5 S. 1 muss der Auftraggeber in der Bekanntmachung angeben, in welcher Form Teilnahmeanträge oder Angebote einzureichen sind. Wie auch bei den allgemeinen Kommunikationsmitteln nach Abs. 1 verfügt der Auftraggeber dabei über Ermessen, welche Form er konkret wählt. Wie in Abs. 1 steht das Wahlrecht bezüglich der Form der Teilnahmeanträge und Angebote im Gegensatz zu den entsprechenden Regelungen in § 53 Abs. 1 VgV als auch § 11 EU Abs. 4 VOB/A.[14]

2. Teilnahmeanträge (S. 2–6)

20   Die Sätze 2–6 setzen Art. 36 Abs. 5 lit. b und Abs. 6 RL 2009/81/EG um. Teilnahmeanträge können nach Abs. 5 S. 3 schriftlich oder telefonisch gestellt werden.

21   **a) Elektronische Übermittlung (S. 2).** Als einzige Regelung in § 19 VSVgV hat Abs. 5 S. 2 am 29.7.2017 eine Änderung dahingehend erfahren, dass kein Verweis mehr auf das Signaturgesetz (SigG) erfolgt, sondern die möglichen Signatur- und Siegelerfordernisse unmittelbar genannt werden.[15]

Der Auftraggeber kann nach S. 2 insbesondere festlegen, dass elektronisch zu übermittelnde Teilnahmeanträge mit bestimmten Signaturen bzw. Siegeln versehen werden. Es ist nicht ersichtlich, warum der Wortlaut des S. 2 lediglich Teilnahmeanträge und keine Angebote umfasst, während sich § 53 Abs. 1 VgV und auch der zugrundeliegende Art. 36 Abs. 5 lit. b RL 2009/81/EG ausdrücklich auf Angebote beziehen. Die Verwendung des *„insbesondere"* lässt somit darauf schließen, dass der Auftraggeber auch bezüglich Angeboten konkretere Vorgaben wie die in S. 2 enthaltenen machen darf. Hierfür spricht des Weiteren § 31 Abs. 2 Nr. 2 VSVgV, nach dem ein elektronisch übermitteltes Angebot auszuschließen ist, wenn es nicht mindestens eine fortgeschrittene elektronische Signatur oder ein fortgeschrittenes elektronisches Siegel enthält.

S. 2 entspricht inhaltlich § 53 Abs. 3 S. 2 VgV, sodass auf die entsprechende Kommentierung verwiesen werden kann. → VgV § 53 Rn. 18 ff.

22   **b) Telefonische Teilnahmeanträge (S. 3 und 4).** Im klaren Gegensatz zu § 9 Abs. 2 VgV sowie § 53 VgV ist bei Vergaben im Verteidigungs- und Sicherheitsbereich (immer

---

[14] Zur Frage, warum die Regelungen im Verteidigungs- und Sicherheitsbereich nicht auch geändert wurden, Rn. 6.
[15] Änderung durch Art. 7 des Gesetzes zur Durchführung der Verordnung (EU) Nr. 910/2014 (eIDAS-Durchführungsgesetz).

noch) eine mündliche bzw. telefonische Stellung von Teilnahmeanträgen möglich. Allerdings ist ein solcher Antrag nach S. 4 innerhalb der Abgabefrist für Teilnahmeanträge in Schriftform zu bestätigen. Der Wortlaut lässt vermuten, dass hierfür eine eigenhändige Unterschrift erforderlich ist. Nach der Richtlinie kann das dort verwendete Wort „schriftlich" allerdings auch elektronisch übermittelte Informationen umfassen. Der Sinn und Zweck der Vorschrift, die Einreichung von Teilnahmeanträgen durch die telefonische Übermittlung zu erleichtern, spricht ebenfalls dafür, dem auf telefonischem Wege Einreichenden keine höheren Hürden zu stellen als dem auf elektronischem Wege Einreichenden. Von der Möglichkeit der telefonischen Stellung von Teilnahmeanträgen ist in der Praxis jedoch abzuraten, da es dem Gebot der Vertraulichkeit der Daten widerspricht.

c) Übermittlung per Telefax (S. 5 und 6). Bei per Telefax gestellten Anträgen auf **23** Teilnahme kann der Auftraggeber verlangen, dass diese in Schriftform oder elektronischer Form bestätigt werden, sofern dies für das Vorliegen eines gesetzlich gültigen Nachweises erforderlich ist. Eine solche Anforderung ist vom Auftraggeber in der Bekanntmachung zusammen mit einer entsprechenden Frist für die Übermittlung der Bestätigung anzugeben.

Auch von dieser Möglichkeit der Stellung von Teilnahmeanträgen per Telefax ist in der Praxis abzuraten, da es dem Gebot der Vertraulichkeit der Daten widerspricht.

§ 20 Fristen für den
Eingang von Anträgen auf Teilnahme und Eingang der Angebote

(1) Bei der Festsetzung der Fristen für den Eingang der Angebote und der Anträge auf Teilnahme berücksichtigen die Auftraggeber unbeschadet der nachstehend festgelegten Mindestfristen insbesondere die Komplexität des Auftrags und die Zeit, die für die Ausarbeitung der Angebote erforderlich ist.

(2) Beim nicht offenen Verfahren, im Verhandlungsverfahren mit Teilnahmewettbewerb und im wettbewerblichen Dialog beträgt die von den Auftraggebern festzusetzende Frist für den Eingang der Anträge auf Teilnahme mindestens 37 Tage ab dem Tag der Absendung der Bekanntmachung. In Fällen besonderer Dringlichkeit (beschleunigtes Verfahren) beim nicht offenen Verfahren und Verhandlungsverfahren mit Teilnahmewettbewerb beträgt diese Frist mindestens 15 Tage oder mindestens zehn Tage bei elektronischer Übermittlung), jeweils gerechnet vom Tag der Absendung der Bekanntmachung an.

(3) Die von den Auftraggebern festzusetzende Angebotsfrist beim nicht offenen Verfahren beträgt mindestens 40 Tage, gerechnet vom Tag der Absendung der Aufforderung zur Angebotsabgabe an. Im beschleunigten Verfahren beträgt die Frist mindestens zehn Tage, gerechnet vom Tag der Absendung der Aufforderung zur Angebotsabgabe an. Haben die Auftraggeber eine Vorinformation gemäß § 17 veröffentlicht, können sie die Frist für den Eingang der Angebote in der Regel auf 36 Tage ab dem Tag der Absendung der Aufforderung zur Angebotsabgabe, jedoch keinesfalls weniger als 22 Tage festsetzen. Diese verkürzte Frist ist zulässig, sofern die Vorinformation alle die für die Bekanntmachung nach Anhang IV der Richtlinie 2009/81/EG geforderten Informationen – soweit diese zum Zeitpunkt der Veröffentlichung der Bekanntmachung vorlagen – enthielt und die Vorinformation spätestens 52 Tage und frühestens zwölf Monate vor dem Tag der Absendung der Bekanntmachung zur Veröffentlichung übermittelt wurde.

(4) Bei elektronisch erstellten und übermittelten Bekanntmachungen können die Auftraggeber die Frist nach Absatz 2 Satz 1 um sieben Tage verkürzen. Die Auftraggeber können die Frist für den Eingang der Angebote nach Absatz 3 Satz 1 um weitere fünf Tage verkürzen, wenn sie ab der Veröffentlichung der Bekanntmachung die Vergabeunterlagen und unterstützende Unterlagen entsprechend der Angaben in Anhang VI der Richtlinie 2009/81/EG elektronisch frei, direkt und vollständig verfügbar machen; in der Bekanntmachung ist die Internetadresse anzugeben, unter der diese Unterlagen abrufbar sind. Diese Verkürzung nach Satz 2 kann mit der in Satz 1 genannten Verkürzung verbunden werden.

(5) Die Auftraggeber müssen rechtzeitig angeforderte zusätzliche Informationen über die Vergabeunterlagen, die Beschreibung oder die unterstützenden Unterlagen im Falle des nicht offenen Verfahrens spätestens sechs Tage oder im Falle des beschleunigten Verhandlungsverfahrens spätestens vier Tage vor Ablauf der für die Einreichung von Angeboten festgelegten Frist übermitteln.

(6) Können die Angebote nur nach einer Ortsbesichtigung oder Einsichtnahme in nicht übersandte Vergabeunterlagen erstellt werden oder konnten die Fristen nach Absatz 5 nicht eingehalten werden, so sind die Angebotsfristen entsprechend zu verlängern, und zwar so, dass alle betroffenen Unternehmen von allen Informationen, die für die Erstellung des Angebots notwendig sind, Kenntnis nehmen können.

(7) Bis zum Ablauf der Angebotsfrist können Bieter ihre Angebote zurückziehen. Dabei sind die für die Einreichung der Angebote maßgeblichen Formerfordernisse zu beachten.

Übersicht

	Rn.			Rn.
A. Einführung	1		IV. Angebotsfrist	16
I. Literatur	1		1. Regelangebotsfrist (Abs. 3 S. 1)	17
II. Entstehungsgeschichte	1a		2. Fristverkürzungen	18
III. Rechtliche Vorgaben im EU-Recht	4		a) Fristverkürzung bei Dringlichkeit (Abs. 3 S. 2)	18
B. Regelungsinhalt der Vorschrift	5		b) Fristverkürzung bei Vorinformation (Abs. 3 S. 3–4)	19
I. Anwendungsbereich	5		c) Keine Möglichkeit einvernehmlicher Fristverkürzung	20
II. Grundsatz der Angemessenheit (Abs. 1)	6		d) Fristverkürzung bei Verfügbarkeit der Vergabeunterlagen im Internet (Abs. 4 S. 2–3)	21
III. Teilnahmefrist	9		3. Übermittlung von zusätzlichen Informationen (Abs. 5)	23
1. Regelteilnahmefrist (Abs. 2 S. 1)	10		4. Fristverlängerung (Abs. 6)	24
2. Fristverkürzungen	11		V. Rücknahme von Angeboten (Abs. 7)	26
a) Fristverkürzung bei Dringlichkeit (Abs. 2 S. 2)	11			
b) Fristverkürzung bei elektronischer Bekanntmachung (Abs. 4 S. 1)	15			

A. Einführung

I. Literatur

Dippel/Sterner/Zeiss (Hrsg.), Praxiskommentar Beschaffung im Verteidigungs- und Sicherheitsbereich, **1** 2013; *Ferber*, Fristen im Vergabeverfahren, 2017; Gabriel/Krohn/Neun (Hrsg.), Handbuch Vergaberecht, 2. Aufl. 2017; Leinemann/Kirch (Hrsg.), VSVgV, 2013; *Mösinger/Thomas*, Verteidigungs- und Sicherheitsvergaben, 2014; Pünder/Schellenberg (Hrsg.), Vergaberecht, 2. Aufl, 2015; von Wietersheim (Hrsg.), Vergaben im Bereich Verteidigung und Sicherheit, 2013; Ziekow/Völlink (Hrsg.), Vergaberecht, 3. Aufl. 2018.

II. Entstehungsgeschichte

§ 20 VSVgV regelt die Festsetzung der Fristen für Teilnahmeanträge und Angebote **1a** durch den Auftraggeber. Insbesondere enthält die Vorschrift das Erfordernis einer im Einzelfall angemessen Fristsetzung (Abs. 1). Ferner werden Mindestfristen vorgegeben (Abs. 2 und 3) und Regelungen zur Fristverkürzung (Abs. 4) und Fristverlängerung (Abs. 6) getroffen. Schließlich enthält die Vorschrift Vorgaben zur fristgemäßen Informationserteilung durch den Auftraggeber (Abs. 5) und zur Rücknahme der Angebote durch den Auftragnehmer (Abs. 7). § 20 VSVgV hat seit Inkrafttreten keine Änderung erfahren.

Inhaltlich ist § 20 VSVgV am früheren, bis zum 18.4.2016 geltenden § 12 EG VOL/A **2** angelehnt. Vergleichbare Vorgaben bestehen auch in der VgV. Seit der Vergaberechtsreform 2016 gibt es keine einheitliche Regelung mehr. So sind einzelne allgemeine Regelungen zur Fristfestsetzung und -verlängerung in § 20 VgV enthalten. Weitere Regelungen, insbesondere die verfahrensspezifischen Mindestfristen sind jedoch an anderer Stelle, nämlich direkt bei der jeweils einschlägigen Verfahrensart, verortet. Schließlich findet sich die dem § 20 Abs. 3 S. 3 VSVgV entsprechende Vorschrift zur Fristverkürzung bei Erteilung einer Vorinformation systematisch nicht bei den Fristenregelungen in den §§ 16 ff. VgV sondern in § 38 Abs. 3 VgV.

Zur neuen Systematik in der VgV im Detail → VgV § 20 Rn. 2 f.

3 Neben dem unterschiedlichen systematischen Aufbau, entspricht auch die Länge der Fristen in § 20 VSVgV nicht denjenigen in der VgV. Dies folgt aus der Tatsache, dass die VSVgV auf der Richtlinie 2009/81/EG beruht, während die VgV die neuere RL 2014/24/EU umsetzt. Die Mehrzahl der Fristen wurde verkürzt, da in der neueren Richtlinie die zeitsparende e-Vergabe der Regelfall ist.[1]

III. Rechtliche Vorgaben im EU-Recht

4 § 20 VSVgV setzt mit lediglich geringfügigen sprachlichen Angleichungen Art. 33 RL 2009/81/EG um. Daneben ist in § 20 Abs. 5 VSVgV die in Art. 34 Abs. 4 RL 2009/81/EG enthaltene Pflicht zur rechtzeitigen Übermittlung von Informationen durch den Auftraggeber umgesetzt.

B. Regelungsinhalt der Vorschrift

I. Anwendungsbereich

5 § 20 VSVgV findet gemäß § 2 Abs. 1 VSVgV nur für die Vergabe von verteidigungs- und sicherheitsspezifischen Liefer- und Dienstleistungsaufträgen Anwendung. Für die Fristsetzung bei der Vergabe verteidigungs- oder sicherheitsspezifischer Bauaufträge gelten hingegen die §§ 10–10d VS VOB/A.

II. Grundsatz der Angemessenheit (Abs. 1)

6 § 20 Abs. 1 VSVgV enthält zunächst allgemeine Vorgaben für die Festsetzung der Angebots- und Teilnahmefristen. Er entspricht inhaltlich im Wesentlichen § 20 Abs. 1 VgV (→ VgV § 20 Rn. 5 ff.) und regelt die Pflicht des Auftraggebers, im Rahmen seiner Ermessensausübung die Komplexität des Auftrags und die Zeit, die für die Ausarbeitung der Angebote erforderlich ist, zu berücksichtigen.

7 Zwar wird hier – anders als im inhaltlich vergleichbaren § 20 Abs. 1 VgV – das Erfordernis einer „angemessenen" Berücksichtigung der Umstände nicht ausdrücklich erwähnt. Gleichwohl gilt der **Grundsatz der Setzung angemessener Fristen** auch in Vergabeverfahren nach der VSVgV.[2] Dass die Angebotsfrist auch hier angemessen sein soll, ergibt sich bereits daraus, dass die jeweiligen Besonderheiten des Einzelfalls zu berücksichtigen sind. Zudem galt der Grundsatz der Angemessenheit bereits für Fristen nach § 12 EG VOL/A.[3] Dieser enthielt ebenso wenig einen ausdrücklichen Hinweis. Insofern hat der Zusatz in § 20 Abs. 1 VgV lediglich klarstellende Bedeutung und keinen eigenständigen Regelungsgehalt, der über das, was auch im Rahmen des § 20 VSVgV gefordert wird, hinausgeht. Ausführlich zum Angemessenheitsgrundsatz, insbesondere zu den vom Auftraggeber bei der Fristsetzung zu berücksichtigenden Umständen, unter → VgV § 20 Rn. 5 ff.

8 Darüber hinaus unterstreicht schon § 20 Abs. 1 VSVgV ausdrücklich, dass es sich bei den in den jeweils folgenden Absätzen genannten Fristen jeweils um **Mindestfristen** handelt, sodass die Festsetzung einer kürzeren Frist ausscheidet. Zur Bedeutung der Mindestfrist auch → VgV § 20 Rn. 6.

---

[1] *Rosenkötter* in Ziekow/Völlink VSVgV § 20 Rn. 1.
[2] Vgl. *Kirch* in Leinemann/Kirch § 20 Rn. 2.
[3] *Dierkes* in Dieckmann/Scharf/Wagner-Cardenal VOL/A § 12 EG Rn. 11 ff.; *Völlink* in Ziekow/Völlink VOL/A § 12 EG Rn. 3.

III. Teilnahmefrist

Abs. 2 regelt die Fristen für den Eingang von Teilnahmeanträgen. Die Fristen werden in 9
Tagen angegeben, wobei damit im zugrundeliegenden Art. 33 RL 2009/81/EG Kalendertage gemeint sind.[4] Die Berechnung der Fristen erfolgt wie in den entsprechenden Regelungen der VgV. Zur Berechnung → VgV § 15 Rn. 18.

1. Regelteilnahmefrist (Abs. 2 S. 1)

Die Regelfrist für den Eingang der Teilnahmeanträge im nicht offenen Verfahren, im 10
Verhandlungsverfahren mit Teilnahmewettbewerb und im wettbewerblichen Dialog beträgt
in Umsetzung von Art. 33 Abs. 2 RL 2009/81/EG mindestens 37 Tage ab dem Tag der
Absendung der Bekanntmachung.

2. Fristverkürzungen

a) Fristverkürzung bei Dringlichkeit (Abs. 2 S. 2). Beim nicht offenen Verfahren 11
und Verhandlungsverfahren mit Teilnahmewettbewerb beträgt die Frist für die Einsendung
der Teilnahmeanträge in Einklang mit Art. 33 Abs. 7 erster Gedankenstrich RL 2009/
81/EG in Fällen **besonderer Dringlichkeit** mindestens 15 Tage bzw. zehn Tage bei
elektronischer Übermittlung. Fälle besonderer Dringlichkeit werden in § 20 Abs. 2 S. 2
VSVgV als **beschleunigtes Verfahren** definiert. Ein Hinweis darauf, wann ein solcher
Fall besonderer Dringlichkeit vorliegt, fehlt jedoch.

Anders als der Wortlaut der Absätze 3 der §§ 15–17 VgV setzt § 20 Abs. 2 S. 2 VSVgV 12
für das Bestehen der besonderen Dringlichkeit nicht die Unmöglichkeit der Einhaltung
der jeweiligen Frist voraus. Allerdings wird in dem zugrundeliegenden Art. 33 RL 2009/
81/EG auf die Unmöglichkeit der Fristwahrung abgestellt, sodass § 20 Abs. 2 S. 2 VSVgV
ebenso hohe Anforderungen an die besondere Dringlichkeit stellt wie §§ 15–17 VgV. Es
wird daher auf die ausführliche Kommentierung zum Dringlichkeitsbegriff in § 15 Abs. 3
VgV verwiesen. → VgV § 15 Rn. 22.

Eine weitere Kürzung etwa um sieben Tage nach § 20 Abs. 4 S. 1 VSVgV ist ausge- 13
schlossen. Eine mögliche Verbindung von Kürzungen ist ausdrücklich in § 20 Abs. 4 S. 3
VSVgV geregelt. Danach darf die Kürzung nach § 20 Abs. 4 S. 2 VSVgV mit einer Kürzung nach § 20 Abs. 4 S. 1 VSVgV verbunden werden. Im Umkehrschluss bedeutet dies,
dass weitere kumulierte Kürzungen ausgeschlossen sind. Folglich kann die Mindestfrist
nach § 20 Abs. 2 S. 1 VSVgV grundsätzlich nicht weiter reduziert werden, es handelt sich
insoweit um eine **absolute Mindestfrist**.[5]

In besonderen Fällen, in denen es dem Auftraggeber aus bestimmten Gründen nicht zu- 14
zumuten ist, die Fristenregelungen (inklusive der verkürzten Fristen) **einzuhalten**, ist jedoch nach § 12 Abs. 1 Nr. 1 lit. b VSVgV ein Verhandlungsverfahren ohne Teilnahmewettbewerb zulässig (dazu → § 12 Rn. 17 ff.). Diese Ausnahme ist eng auszulegen.[6]

b) Fristverkürzung bei elektronischer Bekanntmachung (Abs. 4 S. 1). Abs. 4 15
S. 1 dient der Umsetzung von Art. 33 Abs. 4 RL 2009/81/EG. Hiernach kann der Auftraggeber die 37-Tage-Frist zum Eingang von Teilnahmeanträgen im nicht offenen Verfahren, im Verhandlungsverfahren mit Teilnahmewettbewerb und im wettbewerblichen Dialog um sieben Tage verkürzen, wenn er die diesbezüglichen Bekanntmachungen elektronisch erstellt und übermittelt hat. Die Verkürzungsmöglichkeit dient der Anpassung an
die durch die Digitalisierung von Vergabeverfahren verkürzten Übermittlungszeiten. Aus

---

[4] Nach Art. 3 Abs. 3 VO (EWG, Euratom) 1182/71 zur Festlegung der Regeln für Fristen, Daten und
Termine.
[5] *Schneevogl/Müller* in BeckOK VergabeR VgV § 16 Rn. 13.
[6] Vgl. OLG Düsseldorf Beschl. v. 13.4.2016 – VII-Verg 46/15, BeckRS 2016, 12813.

diesem Grund findet sich auch keine vergleichbare Regelung in den Parallelvorschriften, die auf den Richtlinien aus 2014 beruhen. Nach dem Wortlaut der Norm hat der Auftraggeber jedoch Ermessen, ob er die Teilnahmefrist verkürzt.

IV. Angebotsfrist

16   Die Absätze 3 bis 6 regeln die Fristen für den Eingang von Angeboten. Die Fristen werden in Tagen angegeben, wobei damit mit Blick auf den zugrundeliegenden Art. 33 RL 2009/81/EG Kalendertage gemeint sind.[7] Die Berechnung der Fristen erfolgt wie in den entsprechenden Regelungen der VgV. → VgV § 15 Rn. 18.

1. Regelangebotsfrist (Abs. 3 S. 1)

17   Die Regelangebotsfrist beim nicht offenen Verfahren beträgt gemäß § 20 Abs. 3 S. 1 VSVgV in Umsetzung von Art. 33 Abs. 2 UAbs. 2 RL 2009/81/EG mindestens 40 Tage ab dem Tag der Absendung der Aufforderung zur Angebotsabgabe.

2. Fristverkürzungen

18   **a) Fristverkürzung bei Dringlichkeit (Abs. 3 S. 2).** § 20 Abs. 3 S. 2 VSVgV setzt Art. 33 Abs. 7 zweiter Gedankenstrich RL 2009/81/EG um und eröffnet die Möglichkeit, die Angebotsfrist im beschleunigten Verfahren auf mindestens zehn Tage zu kürzen. Hinsichtlich der Voraussetzungen gilt der gleiche Maßstab wie bei § 20 Abs. 2 S. 2 VSVgV im Rahmen der Teilnahmefrist (→ Rn. 11 ff.).

19   **b) Fristverkürzung bei Vorinformation (Abs. 3 S. 3–4).** Die in Art. 33 Abs. 3 RL 2009/81/EG enthaltene Möglichkeit der Fristverkürzung für den Fall, dass der Auftraggeber eine **Vorinformation** veröffentlich hat, wurde in § 20 Abs. 3 S. 3 VSVgV umgesetzt. Die Angebotsfrist kann hiernach regelmäßig auf 36 Tage verkürzt werden und darf jedenfalls 22 Tage nicht unterschreiten. Voraussetzung für die Kürzung der Frist ist zunächst, dass der Auftraggeber eine Vorinformation im Sinne des § 17 VSVgV veröffentlicht hat. Die Kürzung ist nach § 20 Abs. 3 S. 4 VSVgV jedoch nur zulässig, wenn die Vorinformation alle die für die Bekanntmachung nach Anhang IV der Richtlinie 2009/81/EG geforderten Informationen enthielt und spätestens 52 Tage und frühestens zwölf Monate vor dem Tag der Absendung der Bekanntmachung zur Veröffentlichung übermittelt wurde. Die Möglichkeit der Verkürzung lässt sich damit begründen, dass die Unternehmen noch vor der Auftragsbekanntmachung Informationen erhalten, die ihnen erste Vorbereitungen ermöglichen.[8] Die Fristverkürzung bei Vorinformation im klassischen Vergabeverfahren ist parallel in § 38 Abs. 3 VgV geregelt. Abgesehen von abweichenden, da mittlerweile verkürzten, Fristen und der Verwendung des Standardformulars aus der Durchführungsverordnung 2015/1986 (das Formular für Verfahren nach der Richtlinie 2009/81/EG ist weiterhin verfügbar) entsprechen die Regelungen denen in § 20 Abs. 3 S. 3–4 VSVgV. → VgV § 38.

20   **c) Keine Möglichkeit einvernehmlicher Fristverkürzung.** In § 16 Abs. 6 S. 1 VgV sowie § 17 Abs. 7 S. 1 VgV wird dem Auftraggeber erstmalig die Möglichkeit eingeräumt, im nicht offenen Verfahren und im Verhandlungsverfahren auch eine kürzere Angebotsfrist als die Mindestfrist von 30 Tagen im **Einvernehmen** mit den Bewerbern festzulegen (→ VgV § 16 Rn. 34 ff.). Eine solche Fristverkürzung kennt die Richtlinie 2009/81/EG (noch) nicht, weshalb im Anwendungsbereich der VSVgV keine einvernehmliche Fristverkürzung möglich ist.

---

[7] Nach Art. 3 Abs. 3 VO (EWG, Euratom) 1182/71 zur Festlegung der Regeln für Fristen, Daten und Termine.
[8] Zur entsprechenden Kürzungsmöglichkeit in der VgV: *Schneevogl* in BeckOK VergabeR VgV § 38 Rn. 7.

d) Fristverkürzung bei Verfügbarkeit der Vergabeunterlagen im Internet 21
(Abs. 4 S. 2–3). Abs. 4 S. 2–3 setzen Art. 33 Abs. 5 RL 2009/81/EG um. Der Auftraggeber kann nach S. 2 die Angebotsfrist um weitere fünf Tage verkürzen, wenn er die Vergabeunterlagen ab der Veröffentlichung der Bekanntmachung auf einer frei zugänglichen Internetseite vollständig verfügbar macht. In der Bekanntmachung hat der Auftraggeber die jeweilige Internetadresse anzugeben, die die Vergabeunterlagen und unterstützende Unterlagen entsprechend der Angaben in Anhang VI der Richtlinie 2009/81/EG frei verfügbar, direkt und vollständig enthält. Zu der noch nicht endgültig beantworteten Frage, welche Anforderungen an die Bereitstellung im Internet genau zu stellen sind, vgl. die Kommentierung zu der entsprechenden Regelung in § 41 Abs. 1 VgV. → VgV § 41 Rn. 10 ff.

Vergleichbar zur Verkürzung der Frist für Teilnahmeanträge in Abs. 4 S. 1 passt Abs. 4 S. 2 die Angebotsfrist an die sofortige elektronische Verfügbarkeit der Vergabeunterlagen sowie weiterer unterstützender Unterlagen an. Auch hier wird dem Auftraggeber Ermessen eingeräumt.

Der Auftraggeber kann die Verkürzung der Angebotsfrist nach Abs. 4 S. 2 auch dann 22 nutzen, wenn er zuvor bereits die Frist für Teilnahmeanträge gemäß Abs. 4 S. 1 verkürzt hatte. Dies ist selbstverständlich, wenn man beachtet, dass beide Fristverkürzungen deshalb möglich sind, weil die Informationen die interessierten Unternehmen im Vergleich zu herkömmlichen Übermittlungswegen wesentlich schneller erreichen.

3. Übermittlung von zusätzlichen Informationen (Abs. 5)

Absatz 5 setzt Art. 34 Abs. 4 RL 2009/81/EG um[9] und regelt im Wesentlichen den 23 Umgang mit Bieterfragen. Der Auftraggeber muss rechtzeitig angeforderte zusätzliche Informationen über die Vergabeunterlagen, die Beschreibung oder die unterstützenden Unterlagen verfahrensabhängig sechs bzw. vier Tage vor Ablauf der Angebotsfrist übermitteln. Die sechs Tage gelten explizit nur im nicht offenen Verfahren und die vier Tage explizit nur für das beschleunigte Verhandlungsverfahren. Die Vorschrift regelt die Mindestfristen sämtlicher anderer Verfahrensarten nicht explizit. Es spricht einiges dafür, dass auch in diesen Fällen die Mindestfrist bei sechs Tagen liegt. Denn der § 20 Abs. 5 VSVgV zugrundeliegende Art. 34 Abs. 4 RL 2009/81/EG sieht als Regel eine Frist von mindestens sechs Tagen und nur für das nicht offene Verfahren und das beschleunigte Verhandlungsverfahren als Ausnahme davon eine Frist von mindestens vier Tagen vor. Bezüglich des nicht offenen Verfahrens weicht der Verordnungsgeber somit zwar von der Richtlinie ab. Dem begegnen jedoch keine Bedenken, da er lediglich eine strengere und damit zulässige Regelung geschaffen hat.

Zur Rechtzeitigkeit von Anforderungen zusätzlicher Informationen wird auf die Ausführungen zu § 20 Abs. 3 Nr. 1 VgV verwiesen. → VgV § 20 Rn. 29 ff.

Hält der Auftraggeber die ihm in § 20 Abs. 5 VSVgV gesetzten Fristen zur Übermittlung von zusätzlichen Informationen nicht ein, ist er nach § 20 Abs. 6 VSVgV verpflichtet, die Frist zu verlängern (dazu sogleich → Rn. 24 f.).

4. Fristverlängerung (Abs. 6)

§ 20 Abs. 6 VSVgV setzt Art. 33 Abs. 6 RL 2009/81/EG um.[10] Er regelt die Pflicht des 24 Auftraggebers, die durch ihn festzusetzenden Angebotsfristen unter bestimmten Umständen zu verlängern. Die Parallelvorschrift in der VgV findet sich in § 20 Abs. 2, Abs. 3 S. 1 Nr. 1 VgV.

In drei Fallkonstellationen ist der Auftraggeber zur Verlängerung der durch ihn festzusetzenden Angebotsfristen verpflichtet:

---

[9] BR-DrS. 321/12, 54.
[10] BR-DrS. 321/12, 54.

– Angebote können erst nach einer **Ortsbesichtigung** erstellt werden (§ 20 Abs. 6 Var. 1 VSVgV). Diese Regelung soll zum einen sicherstellen, dass alle interessierten Unternehmen Kenntnis der notwendigen Faktoren haben, und zum anderen eine sachgerechte Vorbereitung und Erstellung der Angebote gewährleisten.[11]

– Angebote können erst nach Einsichtnahme in vom Auftraggeber **nicht übersandte Vergabeunterlagen** erstellt werden (§ 20 Abs. 6 Var. 2 VSVgV).

– Der Auftraggeber hat die ihm in § 20 Abs. 5 VSVgV gesetzten Fristen zur **Übermittlung von rechtzeitig angeforderten Informationen** nicht eingehalten (§ 20 Abs. 6 Var. 3 VSVgV).

25   Eine Pflicht zur Verlängerung der Frist in Fällen, in denen der öffentliche Auftraggeber wesentliche Änderungen an den Vergabeunterlagen vornimmt, wie sie in der Parallelvorschrift § 20 Abs. 3 S. 1 Nr. 2 VgV vorgesehen ist, enthält § 20 Abs. 6 VSVgV hingegen nicht. Gleichwohl hat der Auftraggeber nach der grundsätzlichen Regelung zur Festsetzung von Fristen in § 20 Abs. 1 VSVgV die Zeit, die für die Ausarbeitung eines Angebots erforderlich ist, zu berücksichtigen. Bei einer wesentlichen Änderung von Vergabeunterlagen – deren Zulässigkeit vorausgesetzt[12] – ist zusätzliche Zeit für die Ausarbeitung eines Angebots erforderlich. Überdies ist der Auftraggeber an den Angemessenheitsgrundsatz gebunden (→ Rn. 7).

V. Rücknahme von Angeboten (Abs. 7)

26   In Abs. 7 übernimmt der Verordnungsgeber aus Gründen der Klarstellung den Inhalt des § 12 EG Abs. 10 VOL/A.[13] Hiernach dürfen Bieter ihre Angebote bis zum Ablauf der Angebotsfrist zurückziehen. Dabei sind die Formerfordernisse zu beachten, die für die Einreichung der Angebote gelten. Bezüglich der Form der Rücknahme eines Angebots wird daher auf die Ausführungen zu § 19 VSVgV verwiesen. → § 19 Rn. 19.

In den Parallelvorschriften der VgV findet sich diese Möglichkeit nicht mehr. Allerdings ist die Vorschrift auch in § 20 Abs. 7 VSVgV nur deklaratorisch. Dass ein Angebot bis zur Angebotsfrist zurückgenommen werden kann, folgt schon aus zivilrechtlichen Grundsätzen zum Vertragsschluss.[14]

---

[11] Vgl. *Dörn* in Beck VergabeR VgV § 20 → VgV § 20 Rn. 25 f.

[12] Siehe dazu *Friton*, Die Festlegung und Erfüllung von Eignungsparametern nach den EU-Vergaberichtlinien und die Umsetzung im GWB-Vergaberecht, 2016, S. 321 ff.

[13] BR-DrS. 321/12, 54.

[14] *Kirch* in Leinemann/Kirch § 20 Rn. 11.

§ 21 Eignung und Auswahl der Bewerber

(1) Aufträge werden unter Wahrung der Eignungsanforderungen des § 122 Absatz 1 des Gesetzes gegen Wettbewerbsbeschränkungen vergeben.

(2) Auftraggeber können Mindestanforderungen an die Eignung stellen, denen die Bewerber genügen müssen. Diese Mindestanforderungen müssen mit dem Auftragsgegenstand im sachlichen Zusammenhang stehen und durch ihn gerechtfertigt sein. Die Mindestanforderungen werden in der Bekanntmachung oder den Vergabeunterlagen angegeben.

(3) Im nicht offenen Verfahren, Verhandlungsverfahren mit Teilnahmewettbewerb und im wettbewerblichen Dialog dürfen Auftraggeber die Zahl der geeigneten Bewerber begrenzen, die zur Abgabe eines Angebots aufgefordert werden. Dazu geben die Auftraggeber in der Bekanntmachung die von ihnen vorgesehenen objektiven und nicht diskriminierenden Anforderungen sowie die vorgesehene Mindestzahl und gegebenenfalls auch die Höchstzahl an Bewerbern an. Die Mindestzahl der Bewerber darf nicht niedriger als drei sein.

1. Sofern geeignete Bewerber in ausreichender Zahl zur Verfügung stehen, wird das Verfahren mit der Anzahl von Bewerbern fortgeführt, die der festgelegten Mindestzahl an Bewerbern entspricht.
2. Sofern die Zahl geeigneter Bewerber unter der Mindestanzahl liegt, kann der Auftraggeber das Verfahren fortführen. Ist der Auftraggeber der Auffassung, dass die Zahl der geeigneten Bewerber zu gering ist, um einen echten Wettbewerb zu gewährleisten, so kann er das Verfahren aussetzen und die erste Bekanntmachung gemäß § 18 zur Festsetzung einer neuen Frist für die Einreichung von Anträgen auf Teilnahme erneut veröffentlichen. In diesem Fall wird das Verfahren mit den nach der ersten sowie mit den nach der zweiten Bekanntmachung ausgewählten Bewerbern gemäß § 29 fortgeführt. Die Möglichkeit, das laufende Vergabeverfahren einzustellen und ein neues Verfahren einzuleiten, bleibt unberührt.

(4) Bewerber oder Bieter, die gemäß den Rechtsvorschriften des EU-Mitgliedstaats, in dem sie ihre Niederlassung haben, zur Erbringung der betreffenden Leistung berechtigt sind, dürfen nicht allein deshalb zurückgewiesen werden, weil sie gemäß den einschlägigen deutschen Rechtsvorschriften eine natürliche oder juristische Person sein müssten. Im Falle zusätzlicher Dienstleistungen bei Lieferaufträgen und im Falle von Dienstleistungsaufträgen können juristische Personen verpflichtet werden, in ihrem Antrag auf Teilnahme oder Angebot die Namen und die berufliche Qualifikationen der Personen anzugeben, die für die Durchführung des Auftrags als verantwortlich vorgesehen sind.

(5) Bewerber- und Bietergemeinschaften sind wie Einzelbewerber und -bieter zu behandeln. Auftraggeber dürfen nicht verlangen, dass nur Gruppen von Unternehmen, die eine bestimmte Rechtsform haben, einen Teilnahmeantrag stellen oder ein Angebot abgeben dürfen. Für den Fall der Auftragserteilung können die Auftraggeber verlangen, dass eine Bietergemeinschaft eine bestimmte Rechtsform annimmt, sofern dies für die ordnungsgemäße Durchführung des Auftrags notwendig ist.

Übersicht

	Rn.		Rn.
A. Einführung	1	III. Mindestanforderungen	16
I. Literatur	1	1. Möglichkeit der Festsetzung	16
II. Entstehungsgeschichte	2	2. Bezug zum Auftragsgegenstand	17
		3. Bekanntmachung	18
III. Rechtliche Vorgaben im EU-Recht	3	IV. Begrenzung der Bieterzahl	21
		1. Festsetzung der Mindestzahl	21
B. Bedeutung der §§ 21–28 VSVgV	4	2. Auswahl	23
		3. Zu geringe Anzahl geeigneter Bieter	24
C. Eignung und Auswahl der Bieter	8		
I. Eignungsleihe	9	V. Verlangen einer Rechtsform	28
II. Anwendung des GWB	12	VI. Bietergemeinschaften	29

A. Einführung

I. Literatur

1   Zu § 21 VSVgV existiert, soweit ersichtlich, jenseits der einschlägigen Kommentierungen keine spezifische Literatur.

II. Entstehungsgeschichte

2   § 21 VSVgV wurde im Vergleich zu der Fassung 2012 nur in einem Punkt geändert. In Anpassung an die Neufassung des GWB wurde lediglich der Bezug in § 21 Abs. VSVgV geändert. Die alte Fassung verwies auf § 97 Abs. 4 Satz 1 GWB, die Fassung 2016 enthält eine Verweisung auf § 122 Abs. 1 GWB. Im Hinblick auf die geänderte Systematik der Eignungsprüfung bedeutet dies mehr als nur die Korrektur eines Verweises, sondern auch die Übernahme der im GWB verwendeten Systematik der Trennung von Eignungsprüfung und der Prüfung, ob ein Ausschlussgrund vorliegt.

III. Rechtliche Vorgaben im EU-Recht

3   Europarechtliche Grundlage der Vorschrift ist Art. 38 RL 2009/81/EG, soweit die Auswahl der Unternehmen, die zur Angebotsabgabe aufgefordert werden sollen, betroffen ist. Art. 38 Abs. 5 RL 2009/81/EG mit der Möglichkeit, in Vergabeverfahren die Anzahl der Lösungen oder Angebote zu verringern, ist hingegen für Verhandlungsverfahren mit Teilnahmewettbewerb in § 11 Abs. 3 VSVgV und für wettbewerbliche Dialoge in § 13 Abs. 2 Nr. 3 VSVgV umgesetzt.

B. Bedeutung der §§ 21–28 VSVgV

4   §§ 21–28 VSVgV regeln umfassend, welche Anforderungen an Bieter und Bewerber gestellt werden dürfen und wie die Erfüllung dieser Anforderungen nachzuweisen ist. Ausgangspunkt ist die gesetzliche Forderung des § 122 Abs. 1 GWB, wonach öffentliche Aufträge an fachkundige und leistungsfähige Unternehmen zu vergeben sind, sofern diese nicht aufgrund bestimmter Umstände vom Verfahren ausgeschlossen werden.

5   Die Prüfung der Fachkunde und der Leistungsfähigkeit der Unternehmen erfolgt maßgeblich im Eigeninteresse des Auftraggebers. Die Durchführung von Vergabeverfahren ist kein Selbstzweck. Sie dient der Deckung eines Beschaffungsbedarfes in einer bestimmten Qualität und Quantität. Entscheidender Faktor für die Auswahl eines Auftragnehmers muss daher zwangsläufig die prognostische Prüfung sein, ob ein Unternehmen diese Qualität und Quantität voraussichtlich liefern wird.

6   Die Ausschlussgründe der §§ 23, 24 VSVgV bzw. der §§ 123, 124 GWB hingegen haben zumindest teilweise einen generalpräventiven Ansatz. Die Prüfung einer etwaigen früheren Schlechterfüllung eines öffentlichen Auftrages kann einen sinnvollen Teil einer Prognose-Entscheidung über eine zukünftige Vertragserfüllung darstellen (vgl. § 124 Abs. 1 Nr. 7 GWB). Insbesondere die zwingenden Ausschlussgründe des § 123 GWB knüpfen an Taten ohne direkten Bezug zur Ausführung öffentlicher Aufträge an und stellen einen Katalog allgemeinen Wohlverhaltens auf. Es ist jedoch aus Sicht der öffentlichen Hand nachvollziehbar, keine „schwarzen Schafe" beauftragen zu wollen und auf diese Weise auch noch zu fördern, gewissermaßen als eine Art öffentlicher „Reputation" jenseits konkreter wirtschaftlicher Aspekte.

Die Vorgaben für die Vorschriften §§ 21–28 VSVgV sind zu großen Teilen im GWB zu 7 finden, so sind insbesondere die zulässigen Anforderungen an Bieter sowie die Ausschlussgründe nebst der Möglichkeit der Selbstreinigung dort zu finden. Weitere Grundlagen finden sich in den europäischen Vorgaben, die bei der wichtigen Frage der Bieterauswahl eine erhebliche Regelungstiefe erreichen. Insgesamt stand dem deutschen Regelgeber daher nur ein sehr eingeschränkter Spielraum zur Verfügung.

C. Eignung und Auswahl der Bieter

Regelungsgegenstand des § 21 VSVgV ist die Frage, anhand welcher Kriterien und in 8 welcher Weise (z.B. durch Verringerung der beteiligten Unternehmen) der Auftraggeber die Bieter aussucht, die er am Vergabeverfahren beteiligt.

I. Eignungsleihe

Anders als in § 6d VS VOB/A ist das Institut der Eignungsleihe in der VSVgV nicht 9 ausdrücklich geregelt, obwohl die Möglichkeit, sich beim Eignungsnachweise auf die Kapazitäten anderer Unternehmen zu stützen, in Art. 41 Abs. 2, 3 RL 2009/81/EG vorgesehen ist.

In der VSVgV ist der Einsatz von anderen Unternehmen aber an zahlreichen Stellen 10 vorgesehen, nicht zuletzt in §§ 9, 38 ff. VSVgV. Auch in der Verordnungsermächtigung § 113 Nr. 2, 7 GWB sind die Vergabe von Unteraufträgen und insbesondere die hierfür aus den verteidigungs- oder sicherheitsspezifischen Anforderungen resultierenden Besonderheiten angesprochen.

Das OLG Düsseldorf hat die Eignungsleihe in einem Beschluss vom 30.6.2010 bereits 11 vor Geltung ausdrücklicher Regelungen auf der Grundlage der europarechtlichen Vorgaben für zulässig und anwendbar erklärt.[1] Schon 2008 hatte das OLG die Vorgaben der damals maßgeblichen europarechtlichen Vorschriften herangezogen, um die Unzulässigkeit eines Selbstausführungsgebotes zu begründen.[2] Auf der Grundlage dieser Rechtsprechung ist davon auszugehen, dass auch im Anwendungsbereich der VSVgV die Möglichkeit besteht, sich zum Nachweis der Eignung auf Kapazitäten anderer Bieter zu berufen. In diesem Fall muss der Bewerber die geforderten Nachweise auch für das Drittunternehmen vorlegen und nachweisen, dass er tatsächlich Zugriff auf diese Kapazitäten hat.

II. Anwendung des GWB

§ 21 Abs. 1 VSVgV sieht vor, dass Aufträge unter Wahrung der Eignungsanforderungen 12 des § 122 Abs. 1 GWB vergeben werden. Diese Regelung ist als solche deklaratorisch, da bereits nach höherrangigen § 147 Satz 1 GWB die Vorschrift des § 122 GWB für die Vergabe von verteidigungs- oder sicherheitsspezifischen öffentlichen Aufträgen entsprechend anzuwenden ist.

Die Funktion dieser Regelung ist eine doppelte. Zum Einen müssen Bieter die Anforde- 13 rungen des § 122 Abs. 1 GWB und, soweit vorhanden, die vom Auftraggeber aufgestellten Eignungsanforderungen erfüllen, damit der Auftraggeber sie zur Abgabe eines Angebotes auffordern und ggf. beauftragen kann. Zum Anderen ist klargestellt, dass Bieter, bei denen diese Voraussetzungen nicht vorliegen, nicht weiter am Vergabeverfahren beteiligt werden dürfen. Diese zweite, abwehrende Funktion spricht die RL 2009/81/EG explizit in Art. 38

---

[1] OLG Düsseldorf v. 30.6.2010, VII-Verg 13/10.
[2] OLG Düsseldorf v. 22.10.2008, VII-Verg 48/08.

Abs. 4 RL 2009/81/EG an. Ausdrücklich wird diese negative Abgrenzung im deutschen Text nicht umgesetzt, sie ergibt sich aber aus der positiv geforderten Beachtung der Eignungskriterien.

14   Mit dem Verweis auf § 122 Abs. 1 GWB übernimmt die VSVgV auch die dort vorgegebene Systematik der Bewerberauswahl. Bei der Auswahl der Unternehmen, die zur Abgabe eines Angebotes aufgefordert werden sollen, muss der Auftraggeber zum Einen positiv feststellen, ob ein Bieter fachkundig und leistungsfähig ist, zum Anderen muss das Nichtvorliegen von Ausschlussgründen festgestellt werden bzw. es muss eine Ermessensentscheidung über den Ausschluss eines Unternehmens getroffen werden. Die Ausschlussgründe sind in §§ 23, 24 VSVgV unter Verweisung auf das GWB geregelt.

15   Die VSVgV folgt auch bei der Trennung der Auswahl der geeigneten Bewerber und der späteren Angebotswertung der Systematik des GWB und der anderen Vergabeordnungen. So gelten z.B. die Grundsätze des Verbotes der Doppelverwertung und eines „Mehr an Eignung" wie in der VgV. Es wird daher hinsichtlich der Systematik der Eignungsprüfung und der Zuschlagswertung auf die Kommentierung zu § 42 VgV verwiesen. Die § 21 Abs. 1 VSVgV entsprechende Vorschrift ist im Wesentlichen § 42 Abs. 1 Satz 1 GWB.

III. Mindestanforderungen

1. Möglichkeit der Festsetzung

16   Nach § 21 Abs. 2 Satz 1 VSVgV können Auftraggeber Mindestanforderungen an die Eignung stellen. Diese Formulierung stellt klar, dass Auftraggeber nicht gezwungen sind, Eignungskriterien aufzustellen. Theoretisch könnten sie also unter Verzicht auf Mindestanforderungen den Wettbewerb bereits bei der Auswahl der Bewerber sehr weit öffnen. Dies würde aber dem Wesen der verteidigungs- und sicherheitsspezifischen Verträge nicht gerecht. In der Praxis werden daher stets Mindestanforderungen vorgegeben.

Der in der VSVgV verwendete Begriff der „Mindestanforderungen", entspricht nicht der Wortwahl der VgV, ohne dass dies materielle Unterschiede zur Folge hat.

2. Bezug zum Auftragsgegenstand

17   Der in § 21 Abs. 2 Satz 2 VSVgV geforderte Bezug zum Auftragsgegenstand entspricht der Vorgabe des § 122 Abs. 4 Satz 1 GWB. Da die Regelung des § 122 GWB nach § 147 GWB für die Festlegung sicherheits- und verteidigungsspezifischer Verträge entsprechend anwendbar ist, handelt es sich lediglich um eine deklaratorische Wiederholung. Inhaltlich kommt es bei der Vorgabe der Mindestanforderungen darauf an, ob diese den Vorgaben des § 122 Abs. 4 Satz 1 GWB entsprechen. Das in § 122 Abs. 4 GWB geforderte, angemessene Verhältnis zum Auftragsgegenstand muss auch bei Vergaben im Bereich der VSVgV beachtet werden, auch wenn § 21 Abs. 2 Satz 1 VSVgV insoweit in der Formulierung abweichend eine Rechtfertigung der Mindestanforderungen durch den Auftragsgegenstand verlangt.

3. Bekanntmachung

18   Abs. 2 Satz 3 verlangt vom Auftraggeber, die Mindestanforderungen an die Bewerber in der Vergabebekanntmachung oder in den Vergabeunterlagen anzugeben. Die Angabe erst in den Vergabeunterlagen ist weder in Art. 38 Abs. 1 UAbs. 3 RL 2009/81/EG vorgesehen noch gibt es eine Entsprechung in der VgV.

19   Die frühzeitige Angabe in der Bekanntmachung entspricht § 122 Abs. 4 GWB und § 48 Abs. 1 Satz 2 VgV. Dies soll der Transparenz des Vergabeverfahrens dienen. Unternehmen sollen frühzeitig erkennen können, auf welche Kriterien sich der Auftraggeber stützen will. So können sie ihrerseits überlegen, ob sie diese Anforderungen erfüllen und die erforderli-

chen Nachweise vorlegen können. Aufgrund der eindeutigen europarechtlichen Vorgabe ist diese Art der Bekanntgabe als Regelfall anzusehen und immer dann vorzunehmen, wenn eine Bekanntmachung erfolgt.

Die Angabe erst in den versandten Vergabeunterlagen ist nur bei Vergabeverfahren ohne **20** vorherige Bekanntmachung zulässig. Diese Möglichkeit der späten Mitteilung der angesetzten Mindestanforderungen ist eine Besonderheit der VSVgV und soll eine Eignungsprüfung auch bei Vergabeverfahren ohne Teilnahmewettbewerb ermöglichen. Weil das offene Verfahren in der VSVgV nicht vorgesehen ist, betrifft diese Möglichkeit das Verhandlungsverfahren ohne Teilnahmewettbewerb. So kann es z.B. sinnvoll sein, bei einem Verhandlungsverfahren zur Vergabe von Forschungs- und Entwicklungsleistungen den Bewerbern Mindestanforderungen an die Eignung vorzugeben und hierfür Nachweise zu verlangen. Die Regelung ist vergleichbar mit § § 11 Abs. 2 Satz 2 UVgO. Nutzt der Auftraggeber diese Handlungsmöglichkeit nicht, wird er letztlich immer nur auf bereits bekannte Unternehmen zurückgreifen können. Daher führt diese Vorgehensweise zu einem Wettbewerb auf breiterer Basis und dient so den allgemeinen Zielen des Vergaberechts.

IV. Begrenzung der Bieterzahl

1. Festsetzung der Mindestzahl

Die Regelungen in Satz 1–3 eröffnen dem Auftraggeber die Möglichkeit, im nicht offe- **21** nen Verfahren, im Verhandlungsverfahren mit Teilnahmewettbewerb und im wettbewerblichen Dialog die Zahl der Unternehmen zu begrenzen, die, nachdem sie ihre Eignung nachgewiesen haben, zur Abgabe eines Angebotes aufgefordert werden sollen. Letztlich ist dies die primäre Funktion des Teilnahmewettbewerbs, nicht mit allen geeigneten Unternehmen das Vergabeverfahren weiterführen zu müssen. Im Geltungsbereich der VSVgV hat die weitere Funktion des Teilnahmewettbewerbs, nämlich sicherzustellen, dass nur geeignete Unternehmen die Vergabeunterlagen erhalten, eine besonders herausgehobene Bedeutung.

Nach Abs. 3 Satz 3 soll der Auftraggeber mindestens drei Bewerber zur Abgabe eines **22** Angebotes auffordern. Die Regelung der VSVgV unterscheidet sich insoweit leicht von § 51 VgV, wo für nicht offene Verfahren eine höhere Mindestzahl von 5 Bewerbern gefordert wird und nur bei den anderen Vergabeverfahren eine Mindestzahl von 3 Bewerbern zugelassen wird, § 51 Abs. 2 VgV. Die Forderung nach Angabe der objektiven und nicht-diskriminierenden Kriterien für die Auswahl der Bewerber in der Bekanntmachung entspricht § 51 Abs. 1 Satz 2 VgV. Es fehlt in der VSVgV der in § 51 Abs. 2 Satz 2 VgV enthaltene Zusatz, dass auch bei einer Reduzierung der Bewerberzahl Wettbewerb gewährleistet sein muss. Dies gilt aber als Ausfluss des Wettbewerbsgrundsatzes auch bei der VSVgV, wie etwa auch die Regelung in Abs. 3 Nr. 2 zeigt, bei der es um die Sicherstellung eines „echten Wettbewerbes" geht. Im Bereich der VSVgV ist aber der Bieterkreis in der Regel gegenüber „normalen" Vergaben nach der VgV deutlich eingeschränkter, so dass sich die zahlenmäßige Beschränkung der beteiligten Unternehmen durch den Auftraggeber faktisch weniger stark auswirkt.

2. Auswahl

Die Regelung in Abs. 3 Nr. 1 entspricht § 51 Abs. 3 Satz 1 VgV, es wird insoweit auf **23** die Erläuterungen zu dieser Vorschrift verwiesen.

3. Zu geringe Anzahl geeigneter Bieter

Abs. 3 Nr. 2 eröffnet dem Auftraggeber die Möglichkeit, im laufenden Vergabeverfahren **24** weitere Unternehmen einzubeziehen. Voraussetzung ist, dass die Zahl der geeigneten Bewerber unter der vom Auftraggeber angegebenen Mindestzahl von Unternehmen liegt, die er zur Abgabe eines Angebotes auffordern will. Ist der Auftraggeber der Auffassung, dass deswegen kein echter Wettbewerb gewährleistet ist, kann er das Vergabeverfahren aussetzen und die erste Bekanntmachung noch einmal veröffentlichen. Dabei muss er eine neue Frist für das Einreichen von Teilnahmeanträgen setzen, da die ursprünglich veröffentlichte Frist zu diesem Zeitpunkt zwangsläufig bereits abgelaufen ist, weil der Auftraggeber ansonsten noch gar nicht die Auswahlentscheidung getroffen haben dürfen.

25   Für diese Feststellung muss der Auftraggeber Ermessenserwägungen anstellen und diese dokumentieren. Mögliche Gesichtspunkte können bei dieser Abwägung beispielsweise einerseits die erhöhte Wettbewerbsintensität bei Hinzuziehung weiterer Unternehmen und andererseits die Verzögerung des Vergabeverfahrens sein.

26   Diese Möglichkeit der erneuten Veröffentlichung mit der Einbeziehung weiterer Unternehmen sieht der ansonsten vom Regelungsgehalt vergleichbare § 51 Abs. 3 VgV nicht vor.

27   Auch der ausdrückliche Hinweis auf die mögliche Einstellung ist in § 51 VgV nicht enthalten. Nach § 51 Abs. 3 Satz 2 VgV kann der Auftraggeber das Verfahren mit den geeigneten Bietern durchführen, auch wenn deren Zahl die von ihm festgesetzte Mindestzahl nicht erreicht.

V. Verlangen einer Rechtsform

28   In § 21 Abs. 4 VSVgV geht es um die Frage, ob ein Bewerber oder Bieter allein deswegen zurückgewiesen werden darf, weil die deutschen Rechtsvorschriften verlangen, dass es sich um eine natürliche oder juristische Person handeln müsste, dies aber nicht erfüllt ist. Für diese Frage wird das Heimatrecht des Bewerbers bzw. Bieters für maßgeblich erklärt. Darf er nach diesem Heimatrecht die Leistung ausführen, muss dies in Deutschland anerkannt werden. Die Regelung entspricht § 43 Abs. 1 VgV, auf dessen Erläuterung an dieser Stelle verwiesen wird.

VI. Bietergemeinschaften

29   Regelungsgegenstand des § 21 Abs. 4 VgV ist die Behandlung von Bewerber- und Bietergemeinschaften. Die Regelungen entsprechend § 43 Abs. 2 Satz 1, 2 und Abs. 3 VgV.

§ 22 Allgemeine Vorgaben zum Nachweis der Eignung und des Nichtvorliegens von Ausschlussgründen

(1) Auftraggeber müssen in der Bekanntmachung oder im Verhandlungsverfahren ohne Teilnahmewettbewerb in den Vergabeunterlagen angeben, mit welchen Nachweisen gemäß den §§ 6, 7, 8 und 23 bis 28 Unternehmen ihre Eignung und das Nichtvorliegen von Ausschlussgründen nachzuweisen haben. Auftraggeber dürfen von den Bewerbern oder Bietern zum Nachweis ihrer Eignung und für das Nichtvorliegen von Ausschlussgründen nur Unterlagen und Angaben fordern, die durch den Gegenstand des Auftrags gerechtfertigt sind.

(2) Soweit mit den vom Auftragsgegenstand betroffenen Verteidigungs- und Sicherheitsinteressen vereinbar, können Auftraggeber zulassen, dass Bewerber oder Bieter ihre Eignung durch die Vorlage einer Erklärung belegen, dass sie die vom Auftraggeber verlangten Eignungskriterien erfüllen und die festgelegten Nachweise auf Aufforderung unverzüglich beibringen können (Eigenerklärung).

(3) Erbringen Bewerber oder Bieter den Nachweis für die an die Eignung gestellten Mindestanforderungen nicht, werden sie im Rahmen eines nicht offenen Verfahrens, Verhandlungsverfahrens mit Teilnahmewettbewerb oder wettbewerblichen Dialogs nicht zur Abgabe eines Angebots aufgefordert. Wenn Bewerber oder Bieter im Verhandlungsverfahren ohne Teilnahmewettbewerb ein Angebot abgegeben haben, wird dieses nicht gewertet.

(4) Unternehmen sind verpflichtet, die geforderten Nachweise

1. beim nicht offenen Verfahren und Verhandlungsverfahren mit Teilnahmewettbewerb vor Ablauf der Teilnahmefrist,
2. beim Verhandlungsverfahren ohne Teilnahmewettbewerb vor Ablauf der Angebotsfrist,
3. bei einer Rahmenvereinbarung entsprechend der gewählten Verfahrensart gemäß den Nummern 1 und 2,
4. beim wettbewerblichen Dialog vor Ablauf der Teilnahmefrist

vorzulegen, es sei denn, der jeweilige Nachweis ist elektronisch verfügbar.

(5) Im nicht offenen Verfahren und Verhandlungsverfahren mit Teilnahmewettbewerb dürfen die Vergabeunterlagen nur an geeignete Unternehmen übersandt werden. Im Verhandlungsverfahren ohne Teilnahmewettbewerb dürfen die Vergabeunterlagen an die Unternehmen übermittelt werden, die vom Auftraggeber unter Beachtung der §§ 6 und 7 ausgewählt wurden.

(6) Erklärungen und sonstige Unterlagen, die als Nachweis im Teilnahmewettbewerb oder mit dem Angebot einzureichen sind und auf Anforderung der Auftraggeber nicht bis zum Ablauf der maßgeblichen Frist vorgelegt wurden, können bis zum Ablauf einer zu bestimmenden Nachfrist nachgefordert werden. Werden die Nachweise und sonstigen Unterlagen nicht innerhalb der Nachfrist vorgelegt, ist der Bewerber oder Bieter auszuschließen.

Übersicht

	Rn.			Rn.
A. Einführung	1		1. Bekanntmachung oder Vergabeunterlagen	4
I. Literatur	1		2. Rechtfertigung durch den Auftragsgegenstand	8
II. Entstehungsgeschichte	2			
III. Rechtliche Vorgaben im EU-Recht	3		II. Eigenerklärungen	9
			III. Fehlender Nachweis	12
B. Nachweis der Eignung und des Nichtvorliegens von Ausschlussgründen	4		1. Verfahren mit Teilnahmewettbewerb	12
			2. Verhandlungsverfahren ohne Teilnahmewettbewerb	13
I. Bekanntmachung der geforderten Nachweise	4		III. Vorlagefrist	14

	Rn.		Rn.
IV. Eignung als Voraussetzung zur Teilnahme	16	2. Verhandlungsverfahren ohne Teilnahmewettbewerb	17
1. Verfahren mit Teilnahmewettbewerb	16	V. Nachforderung im Teilnahmewettbewerb	18

A. Einführung

I. Literatur

1 Zu § 22 VSVgV existiert, soweit ersichtlich, jenseits der einschlägigen Kommentierungen keine spezifische Literatur.

II. Entstehungsgeschichte

2 In § 22 VSVgV geht es im weitesten Sinne um den Nachweis der Eignung und des Nichtvorliegens von Ausschlussgründen. In der Vorgängerfassung hatte § 22 VSVgV allein den Nachweis der Eignung angesprochen. Mit der Neufassung wurde in der Überschrift und zweimal in Abs. 1 die Formulierung ergänzt, dass es auch um das Nichtvorliegen von Ausschlussgründen geht. Auf diese Weise wird deutlich gemacht, dass auch die VSVgV der Systematik des § 122 GWB folgt, in dem zwischen Eignung im engeren Sinne (Fachkunde und Leistungsfähigkeit) und der Prüfung, ob ein Ausschlussgrund vorliegt, unterschieden wird.

III. Rechtliche Vorgaben im EU-Recht

3 Diese Systematik des Eignungsnachweises ist in der RL 2009/81/EG angelegt. Nach Art. 38 Abs. 1 RL 2009/81/EG erfolgt die Auftragsvergabe „nachdem der Auftraggeber die Eignung der Wirtschaftsteilnehmer, die nicht aufgrund von Artikel 39 oder 40 ausgeschlossen wurden, geprüft hat". Seit der Reform des Vergaberechts 2016 folgen damit alle Vergabeverordnungen der Systematik des § 122 Abs. 1 GWB.

B. Nachweis der Eignung und des Nichtvorliegens von Ausschlussgründen

I. Bekanntmachung der geforderten Nachweise

1. Bekanntmachung oder Vergabeunterlagen

4 In § 22 Abs. 1 Satz 1 VSVgV wird vom Auftraggeber verlangt, den Unternehmen mitzuteilen, mit welchen Nachweisen sie ihre Eignung und das Nichtvorliegen von Ausschlussgründen nachzuweisen haben. Diese Mitteilung müssen die Auftraggeber in der Bekanntmachung oder im Verhandlungsverfahren ohne Teilnahmewettbewerb in den Vergabeunterlagen machen.

5 Die Vorschrift entspricht vom Regelungsgehalt her § 48 Abs. 1 VgV. Inhaltlich unterscheiden sich die Vorschriften nur dadurch, dass in § 22 Abs. 1 Satz 1 VSVgV für das Verhandlungsverfahren ohne Teilnahmewettbewerb eine Sonderregelung vorgesehen ist, wonach der Auftraggeber die von ihm geforderten Nachweise in den Vergabeunterlagen benennt.

Diese Forderung in den Vergabeunterlagen ist nur dann sinnvoll, wenn sie auch zu einer **6** Prüfung und ggf. zu einem Ausschluss eines Unternehmens führen kann. Dies setzt voraus, dass in der VSVgV die Aufforderung zur Abgabe eines Angebotes mit Übersendung der Angebotsunterlagen nicht so zu verstehen ist, dass der Auftraggeber die Eignung des Bieters positiv festgestellt hat und an diese Feststellung gebunden ist.

Aus Abs. 3 Satz 3 ergibt sich, dass im Verhandlungsverfahren nur die Angebote von Bietern, die ihre Eignung nachgewiesen haben, gewertet werden. Damit ist in der VSVgV **7** dem Auftraggeber die Möglichkeit eröffnet, auch bei Verhandlungsverfahren ohne Teilnahmewettbewerb die Eignung der Bieter zu prüfen. Dies entspricht der gesetzlichen Wertung in § 122 Abs. 1 GWB, wonach nur geeignete Bieter, die nicht ausgeschlossen werden, beauftragt werden sollen.

2. Rechtfertigung durch den Auftragsgegenstand

In Abs. 1 Satz 2 wird den Auftraggebern vorgegeben, dass sie von Bewerbern oder Bie- **8** tern im Rahmen der Eignungsprüfung nur Unterlagen und Angaben fordern dürfen, die durch den Gegenstand des Auftrags gerechtfertigt sind. Die Regelung deckt sich weitgehend mit der Vorgabe des § 21 Abs. 2 Satz 2 VSVgV, dass die Mindestanforderungen an die Eignung mit dem Auftragsgegenstand im sachlichen Zusammenhang stehen müssen. Eine direkte europarechtliche Grundlage hierfür besteht nicht. Die Regelung ist aber Ausfluss des allgemeinen Verhältnismäßigkeitsgrundsatzes und entspricht inhaltlich der Vorgabe des § 122 Abs. 4 GWB, dass Eignungskriterien mit dem Auftragsgegenstand in Verbindung und zu diesem in einem angemessenen Verhältnis stehen müssen. Es wird daher insoweit auf die Erläuterungen zu § 122 Abs. 4 GWB verwiesen.

II. Eigenerklärungen

In der VgV ist in § 48 Abs. 2 Satz 1 VgV vorgesehen, dass der Auftraggeber von den **9** Bietern und Bewerbern grundsätzlich die Vorlage von Eigenerklärungen verlangen soll. Dies soll Unternehmen die Beteiligung an Vergabeverfahren erleichtern und so für möglichst viel Wettbewerb sorgen. In § 21 Abs. 2 VSVgV ist das Regel-Ausnahme-Verhältnis umgekehrt; nur im Ausnahmefall können Auftraggeber den Nachweis der Eignung durch eine Eigenerklärung zulassen. Sie können dies zulassen, soweit dies mit den vom Auftragsgegenstand betroffenen Verteidigungs- und Sicherheitsinteressen vereinbar ist.

Dies entspricht der Besonderheit der von der VSVgV betroffenen Aufträge. Bei der Ein- **10** schätzung, ob eine solche Vereinbarkeit besteht, haben, besteht eine einzelfallbezogene Entscheidungsprärogative des Auftraggebers. Der dabei bestehende Spielraum kann von den Nachprüfungsinstanzen nur beschränkt überprüft werden, insbesondere auf Fälle, die einem Ermessensnichtgebrauch entsprechen würden. Insoweit empfiehlt sich daher eine kurze Dokumentation der für die Entscheidung maßgeblichen Gesichtspunkte.

Die Vorlage von Eigenerklärungen kann auch bezogen auf einzelne Eignungskriterien **11** zugelassen oder beschränkt werden.

III. Fehlender Nachweis

1. Verfahren mit Teilnahmewettbewerb

In § 22 Abs. 3 Satz 1 VSVgV ist geregelt, dass Bieter, die ihre Eignung nicht nachwei- **12** sen, nicht zur Abgabe eines Angebotes aufgefordert werden dürfen. Dies ist eine vergaberechtliche Selbstverständlichkeit und findet sich ähnlich in § 42 Abs. 2 Satz 2 VgV. Die Vorschrift entspricht der gesetzlichen Vorgabe in § 122 Abs. 1 GWB.

2. Verhandlungsverfahren ohne Teilnahmewettbewerb

13   Bei Verhandlungsverfahren ohne Teilnahmewettbewerb gibt der Auftraggeber die Kriterien für Eignungsprüfung erst in den Vergabeunterlagen vor und kann daher auch erst mit Vorlage des Angebotes die Eignungsprüfung vornehmen. Auch für diesen Fall wird in § 22 Abs. 3 Satz 2 VSVgV vorsehen, dass die Angebote von Bietern, die ihre Eignung nicht nachweisen können, nicht gewertet werden dürfen. Die Vorgaben für die Eignungsprüfung macht der Auftraggeber nach § 21 Abs. 3 Satz 3 VSVgV bei dieser Vergabeart in den Vergabeunterlagen.

III. Vorlagefrist

14   In § 22 Abs. 4 VSVgV wird der Zeitpunkt festgelegt, zu dem die Bieter die gemäß § 22 Abs. 1 VSVgV geforderten Nachweise und Erklärungen zum Nachweis der Eignung und zum Nichtvorliegen von Ausschlussgründen vorlegen müssen. Die Regelung differenziert nach den Verfahrensarten. Zusammenfassend kann gesagt werden, dass jeweils für Teilnahmewettbewerbe die Teilnahmefrist maßgeblich ist und bei Verhandlungsverfahren ohne Teilnahmewettbewerb die Angebotsfrist.

    Soweit § 22 Abs. 4 VSVgV zwischen Rahmenvereinbarungen und anderen Verträgen differenziert, ist dies angesichts der Regelung des § 103 Abs. 5 GWB keine zwingend erforderliche Regelung, da bereits nach § 103 Abs. 5 GWB für die Vergabe von Rahmenvereinbarungen die gleichen Vorschriften wie für die Vergabe öffentlicher Aufträge gelten, soweit nichts Anderes bestimmt ist.

15   Nach § 22 Abs. 4 Nr. 1 VSVgV sind bei nicht offenen Verfahren und Verhandlungsverfahren mit Teilnahmewettbewerb die Nachweise vor Ablauf der Teilnahmefrist vorzulegen. Nach § 22 Abs. 4 Nr. 2 VSVgV ist bei Verhandlungsverfahren ohne Teilnahmewettbewerb der maßgebliche einzuhaltende Zeitpunkt der Ablauf der Angebotsfrist. Auch diese Regelung entspricht der Besonderheit der VSVgV, dass auch Verhandlungsverfahren ohne Teilnahmewettbewerb eine Eignungsprüfung stattfindet, aber erst nach Öffnung der Angebote. Für die Vergabe von Rahmenvereinbarungen kommt es für den einzuhaltenden Zeitpunkt ebenfalls auf die Art des Vergabeverfahrens an, § 22 Abs. 4 Nr. 3 VSVgV. Zuletzt ist bei der Durchführung eines wettbewerblichen Dialogs wieder die Einhaltung Teilnahmefrist für die Rechtzeitigkeit der Nachweise maßgeblich, § 22 Abs. 4 Nr. 4 VSVgV.

IV. Eignung als Voraussetzung zur Teilnahme

1. Verfahren mit Teilnahmewettbewerb

16   Die Regelung in § 22 Abs. 5 Satz 1 VSVgV, dass nur geeignete Unternehmen die Vergabeunterlagen erhalten dürfen, entspricht inhaltlich der Vorgabe in § 22 Abs. 3 VSVgV, dass nur geeignete Unternehmen zur Abgabe eines Angebotes zugelassen werden dürfen. Soweit dies auch auf die Übersendung der Vergabeunterlagen ausgedehnt wird, ist das nur konsequent und logisch. Es erscheint allerdings fraglich, ob ein Auftraggeber einem ungeeigneten Unternehmen die Vergabeunterlagen zusendet, ohne es zur Abgabe eines Angebotes aufzufordern. Es scheint sich eher um eine Vorschrift zu handeln, die dem Auftraggeber Schutz vor einer entsprechenden Forderung von Unternehmen geben soll.

2. Verhandlungsverfahren ohne Teilnahmewettbewerb

17   Für Verhandlungsverfahren ohne Teilnahmewettbewerb sieht § 22 Abs. 5 Satz 2 VSVgV vor, dass die Vergabeunterlagen nur an Unternehme übermittelt werden dürfen, die vom Auftraggeber unter Beachtung der §§ 6, 7 VSVgV ausgewählt wurden. Diese Vorschriften

regeln die Wahrung der Vertraulichkeit (§ 6 VSVgV) und Anforderungen an den Schutz von Verschlusssachen (§ 7 VSVgV). Die Regelung in § 22 Abs. 5 Satz 2 VSVgV stellt klar, dass insoweit die §§ 6, 7 VSVgV Mindestvoraussetzungen für die Bietereignung enthalten. Allerdings geltend diese Mindestanforderungen auch für die anderen Verfahrensarten. Außerdem kann der Auftraggeber, wie § 22 Abs. 1 VSVgV klarstellt, auch in diesen Verfahren über §§ 6, 7 VSVgV hinausgehende Eignungskriterien aufstellen. Auch diese weitergehenden Eignungskriterien müssen dann von den Bietern eingehalten werden und sie müssen die vom Auftraggeber geforderten Nachweise vorlegen.

V. Nachforderung im Teilnahmewettbewerb

Speziell für die Eignungsprüfung sieht § 22 Abs. 6 vor, dass „im Teilnahmewettbewerb 18 oder mit dem Angebot" nicht vorgelegte, fehlende Erklärungen und Nachweise nachgefordert werden „können". Die Nachforderung steht dabei im Ermessen des Auftraggebers. Insoweit kann auf die Ausführungen zur Ermessensausübung in den Erläuterungen zu § 56 Abs. 2 VgV.

Die Korrekturmöglichkeiten sind in § 22 Abs. 6 VSVgV gegenüber § 56 Abs. 2 VgV 19 aber deutlich eingeschränkt. § 56 Abs. 2 VgV erlaubt es, „fehlende, unvollständige oder fehlerhafte unternehmensbezogene Unterlagen […] nachzureichen, zu vervollständigen oder zu korrigieren". Demgegenüber wird in § 22 Abs. 6 VSVgV nur das Nachreichen erlaubt. Es ist daher wie bei § 16 EU Nr. 4 VOB/A zu prüfen, ob eine Unterlage „fehlt" (oder in einer Weise fehlerhaft ist, die einem Fehlen gleichkommt) und ob leistungsbestimmende Erklärungen und Nachweise der Nachforderungsmöglichkeit unterliegen.

Bei fruchtlosem Fristablauf ordnet Satz 2 den Ausschluss des betroffenen Bieters an, was 20 lediglich als konsequente Fortsetzung der in Abs. 3 vorgesehenen Nichtberücksichtigung anzusehen ist.

Wie mit fehlenden Preisen umzugehen ist, ergibt sich aus § 31 Abs. 2 Nr. 8 VSVgV. Es 21 wird insoweit auf die dortigen Erläuterungen verwiesen.

§ 23 Zwingender Ausschluss

(1) Der Auftraggeber schließt ein Unternehmen zu jedem Zeitpunkt des Vergabeverfahrens von der Teilnahme aus, wenn ein zwingender Ausschlussgrund nach § 147 in Verbindung mit § 123 des Gesetzes gegen Wettbewerbsbeschränkungen vorliegt. § 147 in Verbindung mit § 125 des Gesetzes gegen Wettbewerbsbeschränkungen bleibt unberührt.

(2) Zur Anwendung des Absatzes 1 kann der öffentliche Auftraggeber die erforderlichen Informationen über die persönliche Lage der Bewerber oder Bieter bei den zuständigen Behörden einholen, wenn er Bedenken in Bezug auf das Nichtvorliegen von Ausschlussgründen hat. Betreffen die Informationen einen Bewerber oder Bieter, der in einem anderen Mitgliedstaat als der Auftraggeber ansässig ist, so kann dieser die zuständigen Behörden um Mitarbeit ersuchen. Nach Maßgabe des nationalen Rechts des Mitgliedstaats, in dem der Bewerber oder Bieter ansässig ist, betreffen diese Ersuchen juristische und natürliche Personen, gegebenenfalls auch die jeweiligen Unternehmensleiter oder jede andere Person, die befugt ist, den Bewerber oder Bieter zu vertreten, in seinem Namen Entscheidungen zu treffen oder ihn zu kontrollieren.

(3) Als ausreichenden Nachweis dafür, dass die in § 147 in Verbindung mit § 123 Absatz 1 bis 3 des Gesetzes gegen Wettbewerbsbeschränkungen genannten Ausschlussgründe auf den Bewerber oder Bieter nicht zutreffen, erkennt der Auftraggeber einen Auszug aus einem einschlägigen Register, insbesondere ein Führungszeugnis aus dem Bundeszentralregister oder, in Ermangelung eines solchen, eine gleichwertige Bescheinigung einer zuständigen Gerichts- oder Verwaltungsbehörde des Herkunftslandes oder des Niederlassungsstaates des Bewerbers oder Bieters an.

(4) Als ausreichenden Nachweis dafür, dass die in § 147 in Verbindung mit § 123 Absatz 4 des Gesetzes gegen Wettbewerbsbeschränkungen genannten Ausschlussgründe auf den Bewerber oder Bieter nicht zutreffen, erkennt der öffentliche Auftraggeber eine von der zuständigen Behörde des Herkunftslandes oder des Niederlassungsstaates des Bewerbers oder Bieters ausgestellte Bescheinigung an.

(5) Wird eine Urkunde oder Bescheinigung von dem Herkunftsland des Bewerbers oder Bieters nicht ausgestellt oder werden darin nicht alle vorgesehenen Fälle erwähnt, so kann sie durch eine Versicherung an Eides statt ersetzt werden. In den Staaten, in denen es keine Versicherung an Eides statt gibt, darf die Versicherung an Eides statt durch eine förmliche Erklärung ersetzt werden, die ein Vertreter des betreffenden Unternehmens vor einer zuständigen Gerichts- oder Verwaltungsbehörde, einem Notar oder einer dafür qualifizierten Berufsorganisation des Herkunftslands abgibt.

Übersicht

	Rn.		Rn.
A. Einführung	1	II. Prüfung von Ausschlussgründen	
I. Literatur	1	1. Information bei Behörden	7
II. Entstehungsgeschichte	2	2. Unternehmen aus anderen Mitgliedstaaten	10
III. Rechtliche Vorgaben im EU-Recht	4	3. Vertreter des Unternehmens	12
B. Ausschlussgründe	5	III. Vorlage von Registerauszügen	15
I. Zwingende Ausschlussgründe	5	IV. Ausländische Unternehmen	17
		V. Versicherung an Eides statt	18

A. Einführung

I. Literatur

1 Zu § 23 VSVgV existiert, soweit ersichtlich, jenseits der einschlägigen Kommentierungen keine spezifische Literatur.

II. Entstehungsgeschichte

Regelungsgegenstand des § 23 VSVgV ist, wann ein Unternehmen von einem Vergabe- **2**
verfahren ausgeschlossen werden kann bzw. muss und wie das Vorliegen oder Nicht-
Vorliegen von Ausschlussgründen nachzuweisen ist.

Anstelle der in Abs. 1 der Vorgängerfassung zu findenden Aufzählung von Ausschlusstat- **3**
beständen wird auf die Regelungen des GWB verwiesen. Gegenüber der Vorgängerfassung
wurden deren Absätze 2, 3 und 4 gestrichen. Der geltende Abs. 2 entspricht weitgehend
– bis auf die Anpassung an die neue Systematik der Eignungsprüfung – Abs. 6 der Vorgängerfassung. Abs. 3 und 4 der geltenden Fassung sind neu eingefügt. Abs. 5 der geltenden
Fassung entspricht Abs. 8 der Vorgängerfassung.

III. Rechtliche Vorgaben im EU-Recht

Grundlage der Vorschrift ist Art. 39 RL 2009/81/EG. **4**

B. Ausschlussgründe

I. Zwingende Ausschlussgründe

In Abs. 1 ist angeordnet, dass ein Unternehmen bei Vorliegen eines zwingenden Aus- **5**
schlussgrundes nach §§ 147, 123 GWB auszuschließen ist und dass den Unternehmen nach
§§ 147, 125 GWB die Möglichkeit einer Selbstreinigung offen steht. Einen über diesen
Hinweis auf die gesetzlichen Vorschriften hinausgehenden eigenständigen Regelungsgehalt
hat die Vorschrift nicht. Einen eigenständigen Katalog von Ausschlusstatbeständen enthält
die geltende Fassung, anders als die Vorgängerfassung, nicht. Gestrichen wurden mit der
Fassung 2016 auch die Vorschriften zur Zurechnung von Verhalten einer natürlichen Person (§ 22 Abs. 4 VSVgV a. F.) und die in § 22 Abs. 5 VSVgV a. F. vorgesehene Möglichkeit, in bestimmten Ausnahmefällen von einem Ausschluss abzusehen. Diese Sachverhalte
sind jetzt in § 123 Abs. 3, 5 GWB geregelt.

Das GWB und in seiner Folge die VSVgV enthalten keine über § 123 GWB hinausge- **6**
hende Ausschlussgründe.

II. Prüfung von Ausschlussgründen

1. Information bei Behörden

Als Besonderheit des VSVgV wird dem Auftraggeber in Abs. 2 Satz 1 die Möglichkeit **7**
eröffnet, bei den zuständigen Behörden Informationen einzuholen.

Voraussetzung ist, dass der Auftraggeber Bedenken in Bezug auf das Nichtvorliegen von **8**
Ausschlussgründen hat. An diese Bedenken dürfen angesichts des besonderen Charakters
der betroffenen Aufträge keine allzu hohen Ansprüche gestellt werden. Ausreichend ist
jeder sachbezogene Grund, der dem Auftraggeber Anlass gibt, sich des Nichtvorliegens von
Ausschlussgründen zu vergewissern.

Diese Informationen sollen sich auf die persönliche Lage der Bewerber oder Bieter be- **9**
ziehen, wobei durch die Bezugnahme auf Absatz 1 klargestellt ist, dass es um die in § 123
GWB angesprochenen Ausschlussgründe gehen muss. Da sich die in Abs. 1 ebenfalls in
Bezug genommene Vorschrift des § 123 Abs. 3 GWB mit der Zurechnung des Handelns
einer natürlichen Person befasst, ist über den umfassenden Verweis in Abs. 2 Satz 1 auch

insoweit dem Auftraggeber die Möglichkeit eröffnet, möglichen Verstößen natürlicher Personen und ihren Auswirkungen auf den möglichen Ausschluss des Unternehmens nachzugehen.

2. Unternehmen aus anderen Mitgliedstaaten

10   Ist ein Bewerber oder Bieter in einem anderen Mitgliedstaat der Europäischen Union als der Auftraggeber ansässig, so kann der Auftraggeber auch die zuständigen Behörden des Herkunftstaates um Mitarbeit ersuchen. Damit soll sichergestellt sein, dass auch bei einer grenzüberschreitenden Beauftragung die wirksame Kontrolle, ob ein Ausschlussgrund vorliegt oder nicht, sichergestellt ist.

11   Europarechtliche Grundlage für die Mitwirkungspflicht der Behörden des Herkunftsstaates ist Art. 39 Abs. 1 UAbs. 4 RL 2009/81/EG.

3. Vertreter des Unternehmens

12   Im Umsetzung von Art. 39 Abs. 1 UAbs. 1 RL 2009/81/EG wird die Möglichkeit des Ersuchens auch auf juristische oder natürliche Personen ausgedehnt, soweit diese entweder befugt sind, den Bewerber oder Bieter zu vertreten, in seinem Namen Entscheidungen treffen zu können oder den Bewerber oder Bieter zu kontrollieren.

13   Hintergrund der Ausdehnung auch auf kontrollierende juristische oder natürliche Personen sind die Überlegungen in Erwägungsgrund 65 RL 2009/81/EG, wonach es möglich sein soll, Wirtschaftsteilnehmer auszuschließen, wenn dem Auftraggeber (gegebenenfalls auch aus geschützten Quellen stammende) Informationen vorliegen, dass ein Wirtschaftsteilnehmer nicht die erforderliche Vertrauenswürdigkeit aufweist, um Risiken für die Sicherheit des Mitgliedstaats auszuschließen. Ausdrücklich spricht der Erwägungsgrund an, dass diese Risiken mit bestimmten Merkmalen der vom Bewerber gelieferten Produkte oder mit der Gesellschaftsstruktur des Bewerbers zusammenhängen können. Es ist daher nur konsequent, die Informationseinholung auch auf diese Personen auszudehnen.

14   Ein Ausschluss auf Grundlage eines zwingenden Ausschlussgrundes kann erfolgen, wenn die Voraussetzungen einer Zurechnung nach § 123 Abs. 3 GWB erfüllt sind. Ist dies nicht der Fall, ist an den fakultativen Ausschluss wegen Risiken für die nationale Sicherheit nach § 147 GWB zu denken.

III. Vorlage von Registerauszügen

15   Anders als die VgV sieht die VSVgV nicht vor, dass Unternehmen sich beim Nachweis der Eignung und des Nichtvorliegens von Ausschlussgründen auch auf Eigenerklärungen stützen können bzw. diese vorrangig vom Auftraggeber verlangt werden sollen. Gerechtfertigt durch den besonderen Charakter der betroffenen Verträge ist vielmehr ein Katalog von anzuerkennenden Nachweisen amtlichen Charakters vorgesehen.

Als Nachweis dafür, dass die in §§ 147 i.V.m. 123 Abs. 1 bis 3 GWB vorgesehenen Ausschlussgründe – nach § 123 Abs. 3 GWB auch bezogenen auf bestimmte natürliche Personen – nicht vorliegen, soll der Auftraggeber auf einen Auszug aus dem einschlägigen Register anerkennen. Für deutsche Unternehmen wird ausdrücklich das Führungszeugnis aus dem Bundeszentralregister genannt. Bei anderen Unternehmen, insbesondere bei im Ausland ansässigen, wird auf eine gleichwertige Bescheinigung eines zuständigen Gerichts oder Verwaltungsbehörde des Herkunftslandes bzw. des Niederlassungsstaates verwiesen.

16   Aus der Formulierung des Abs. 3 ergibt sich, dass der Auftraggeber verpflichtet ist, diese Unterlagen zu verlangen und einzusehen. Ein Absehen von dieser Forderung wäre verfahrensfehlerhaft.

IV. Ausländische Unternehmen

Die Vorschrift des Abs. 4 entspricht fast wörtlich § 48 Abs. 5 VgV. Die einzige Abwei- **17** chung ist, das in § 48 Abs. 5 VgV auch auf den Ausschluss nach § 124 Abs. 1 Nr. 2 GWB verwiesen wird, den die VSVgV in § 24 Abs. 2 VSVgV eigenständig regelt.

V. Versicherung an Eides statt

Abs. 5 entspricht in seinem Regelungsgehalt § 48 Abs. 6 VgV und enthält keine inhalt- **18** lich abweichende oder zusätzliche Regelung.

§ 24 Fakultativer Ausschluss

(1) **Der Auftraggeber kann unter Berücksichtigung des Grundsatzes der Verhältnismäßigkeit ein Unternehmen zu jedem Zeitpunkt des Vergabeverfahrens von der Teilnahme an einem Vergabeverfahren ausschließen, wenn ein fakultativer Ausschlussgrund nach § 147 in Verbindung mit § 124 des Gesetzes gegen Wettbewerbsbeschränkungen vorliegt. § 147 in Verbindung mit § 125 des Gesetzes gegen Wettbewerbsbeschränkungen bleibt unberührt.**

(2) **Als ausreichenden Nachweis dafür, dass die in § 147 in Verbindung mit § 124 Absatz 1 Nummer 2 des Gesetzes gegen Wettbewerbsbeschränkungen genannten Fälle auf das Unternehmen nicht zutreffen, erkennt der öffentliche Auftraggeber eine von der zuständigen Behörde des Herkunftslandes oder des Niederlassungsstaates des Bewerbers oder Bieters ausgestellte Bescheinigung an.**

(3) **Wird eine in Absatz 2 genannte Bescheinigung im Herkunftsland des Unternehmens nicht ausgestellt oder werden darin nicht alle in § 147 in Verbindung mit § 124 Absatz 1 Nummer 2 des Gesetzes gegen Wettbewerbsbeschränkungen vorgesehenen Fälle erwähnt, so kann sie durch eine Versicherung an Eides statt ersetzt werden. In den Mitgliedstaaten, in denen es keine Versicherung an Eides statt gibt, gilt § 23 Absatz 5 Satz 2 entsprechend.**

Übersicht

	Rn.			Rn.
A. Einführung	1	B. Fakultativer Ausschluss		6
I. Literatur	1	I. Ausschlussgründe		6
II. Entstehungsgeschichte	2	1. Anwendung des GWB		6
III. Rechtliche Vorgaben im EU-Recht	5	2. Selbstreinigung		8
		II. Nachweismöglichkeiten		9
		III. Hilfsweise Nachweismöglichkeiten		11

A. Einführung

I. Literatur

1 Zu § 24 VSVgV existiert, soweit ersichtlich, jenseits der einschlägigen Kommentierungen keine spezifische Literatur.

II. Entstehungsgeschichte

2   Abs. 1 der Vorgängerfassung wurde vollständig gestrichen. Abs. 1 und 2 der geltenden Fassung wurde neu formuliert, während Abs. 3 der geltenden Fassung bis auf den Verweis auf §§ 147 i. V. m. 124 GWB der Vorgängerfassung entspricht.

3   In § 24 VSVgV ist geregelt, unter welchen Umständen der Auftraggeber ein Unternehmen von der Teilnahme an einem Vergabeverfahren ausschließen kann, wenn kein zwingender Ausschlussgrund i. S. d. § 23 VSVgV vorliegt. Anders als für die Anwendung der zwingenden Ausschlussgründe muss der Auftraggeber vor einem Ausschluss nach § 24 VSVgV eine Ermessensentscheidung vornehmen. Der in Bezug genommene § 124 GWB spricht daher auch von fakultativen Ausschlussgründen.

4   Die VSVgV bezieht sich in weitem Umfang auf die Vorschriften des GWB und enthält gegenüber dem GWB sowie der VgV nur wenig eigenständige Inhalte.

III. Rechtliche Vorgaben im EU-Recht

Grundlage der Vorschrift ist Art. 39 RL 2009/81/EG. Soweit die aufgezählten Aus- **5** schlussgründe über die Vorgaben der RL 2009/81/EG hinausgehen, wird dies in den Erläuterungen näher dargestellt.

B. Fakultativer Ausschluss

I. Ausschlussgründe

1. Anwendung des GWB

Die Regelung in Abs. 1 Satz 1 verweist auf die Ausschlussgründe des § 124 Abs. 1 **6** GWB und enthält gegenüber der gesetzlichen Vorschrift keine abweichenden oder zusätzlichen Regelungen. Es kann daher auf die Erläuterungen zu § 124 GWB verwiesen werden. Der in § 147 GWB vorgesehene weitere fakultative Ausschlussgrund, wenn das Unternehmen nicht die erforderliche Vertrauenswürdigkeit besitzt, um Risiken für die nationale Sicherheit auszuschließen, wird in der VSVgV nicht ausdrücklich angesprochen. Insoweit wird auf die Erläuterungen zu § 147 GWB verwiesen.

Hinzuweisen ist darauf, dass in der VSVgV der in Art. 38 Abs. 2d) RL 2009/81/EG er- **7** laubte Ausschluss bei Verstößen gegen Pflichten zur Gewährleistung der Informations- oder Versorgungssicherheit nicht ausdrücklich geregelt ist, anders als in § 6e VS Abs. 6 Nr. 3 VOB/A. Es besteht jedoch angesichts der bei der Vergabe von verteidigungs- und sicherheitsspezifischen Aufträgen überragenden Bedeutung der Informations- und Versorgungssicherheit kein Anlass, dem Auftraggeber die Möglichkeit des Ausschlusses zu verweigern, wenn ein Unternehmen insoweit gegen seine Pflichten verstoßen hat.

2. Selbstreinigung

§ 24 Abs. 1 Satz 2 VSVgV enthält nur einen Hinweis auf die nach § 147 GWB anwend- **8** bare Regelung des § 125 GWB. Danach kann ein Unternehmen durch Maßnahmen der Selbstreinigung die Wiederzulassung zu Vergabeverfahren erreichen. Gegenüber den §§ 147, 125 GWB enthält die VSVgV insoweit keine eigenständigen Regeln.

II. Nachweismöglichkeiten

In § 24 Abs. 2 VSVgV geht es um die Frage, wie ein Unternehmen nachweist, ob ein **9** Ausschlussgrund nach § 124 Abs. 1 Nr. 2 GWB vorliegt.

Die Regelung des § 24 beruht auf Art. 39 Abs. 3 RL 2009/81/EG und entspricht prak- **10** tisch wörtlich § 48 Abs. 5 VgV. Der einzige Unterschied zwischen den beiden Vorschriften ist, dass § 48 Abs. 5 VgV auch den Ausschluss nach § 123 Abs. 4 GWB anspricht und insoweit den Unternehmen die gleiche Nachweismöglichkeit eröffnet.

Es kann daher auf die Erläuterungen zu § 48 Abs. 5 VgV verwiesen werden.

III. Hilfsweise Nachweismöglichkeiten

Regelungsgegenstand des § 24 Abs. 3 VSVgV ist in Anschluss an Abs. 2 die Frage, wel- **11** che Nachweismöglichkeiten bestehen, wenn eine Bescheinigung i. S. d. Abs. 2 nicht ausgestellt wird oder in einer Bescheinigung nicht alle Ausschlussgründe angesprochen sind. In diesem Fall gibt es die Möglichkeit, dass ein Unternehmen eine Versicherung an Eides statt einreicht. Wenn es im betroffenen Mitgliedstaat keine Versicherung an Eides statt gibt, greifen die Nachweismöglichkeiten des § 23 Abs. 5 Satz 2 VSVgV in entsprechender Anwendung.

12   § 24 Abs. 3 VSVgV entspricht § 48 Abs. 6 VgV mit dem bereits bei § 24 Abs. 2 VSVgV angesprochenen Unterschied, dass die VgV an dieser Stelle auch für Ausschlussgründe nach § 123 Abs. 1 bis 4 GWB anwendbar ist. Es wird an dieser Stelle auf die Kommentierung des § 48 Abs. 6 VgV verwiesen.

§ 25 Nachweis der Erlaubnis zur Berufsausübung

(1) Die Auftraggeber können die Bewerber oder Bieter auffordern, als Nachweis für die Erlaubnis zur Berufsausübung

1. den Auszug eines Berufs- oder Handelsregisters gemäß der unverbindlichen Liste des Anhangs VII Teil B und C der Richtlinie 2009/81/EG vorzulegen, wenn die Eintragung gemäß den Vorschriften des Mitgliedstaats ihrer Herkunft oder Niederlassung Voraussetzung für die Berufsausübung ist,
2. darüber eine Erklärung unter Eid abzugeben oder
3. eine sonstige Bescheinigung vorzulegen.

(2) Müssen Bewerber oder Bieter eine bestimmte Berechtigung besitzen oder Mitglied einer bestimmten Organisation sein, um eine Dienstleistung in ihrem Herkunftsmitgliedstaat erbringen zu können, können Auftraggeber Bewerber oder Bieter auffordern, darüber den Nachweis zu erbringen.

Übersicht

	Rn.		Rn.
A. Einführung	1	I. Nachweis der Erlaubnis zur Berufsausübung, § 25 Abs. 1 VSVgV	6
I. Literatur	1		
II. Entstehungsgeschichte	2	II. Bestimmte Berechtigungen, § 25 Abs. 2 VSVgV	9
III. Rechtliche Vorgaben im EU-Recht	3		
B. Allgemeines	4		

A. Einführung

I. Literatur

Zu der Vorschrift des § 25 VSVgV existiert, soweit ersichtlich, neben den einschlägigen Kommentierungen **1** keine spezifische Literatur.

II. Entstehungsgeschichte

Die Vorschrift des § 25 VSVgV hat durch das Vergaberechtsmodernisierungsgesetz vom **2** 17. Februar 2016 keinerlei Änderungen erfahren.

III. Rechtliche Vorgaben im EU-Recht

§ 25 VSVgV dient der Umsetzung von Art. 40 der Richtlinie 2009/81/EG. Insoweit ist **3** auch Art. 38 Abs. 1 der Richtlinie 2009/81/EG zu beachten. Danach wird neben der persönlichen Lage auch die Erlaubnis zur Berufsausübung der Bewerber bzw. Bieter zugleich mit der wirtschaftlichen und finanziellen sowie der beruflichen und technischen Leistungsfähigkeit überprüft.

B. Allgemeines

Nach § 122 Abs. 2 GWB umfassen die Eignungskriterien neben der wirtschaftlichen **4** und finanziellen und der technischen und beruflichen Leistungsfähigkeit die Befähigung und Erlaubnis zur Berufsausübung. §§ 25 bis 27 VSVgV sprechen alle drei Aspekte der Eignung nacheinander an. Daraus ergibt sich, welche Anforderungen der Auftraggeber in materieller Hinsicht stellen darf. Die formelle Seite der Nachweisführung zur Erfüllung der Eignungskriterien sowie zum Nichtvorliegen von Ausschlussgründen ist in § 22 VSVgV geregelt. Insoweit wird auf die dortige Kommentierung verwiesen.[1]

5   § 25 VSVgV ermächtigt den Auftraggeber, die Bewerber oder Bieter aufzufordern, einen Nachweis für die Erlaubnis zur Berufsausübung oder Berechtigung zur Erbringung einer Dienstleistung vorzulegen. Die Vorschrift regelt, welche Nachweise der Auftraggeber im Einzelnen verlangen kann. Nach dem Wortlaut von § 25 Abs. 1 und Abs. 2 VSVgV ist die Vorschrift als Ermessensnorm ausgestaltet. Da aber Aufträge nur Bieter vergeben werden dürfen, die die Erlaubnis zur Berufsausübung haben (§ 122 Abs. 2 Nr. 1 GWB), werden die Auftraggeber diese Anforderung nicht fallen lassen dürfen. Lediglich die Art und Weise der Nachweisführung ist in ihr Ermessen gestellt.[2] Auftraggeber müssen aber in jedem Fall prüfen, ob die Erlaubnis zur Berufsausübung vorliegt, wenn die Berechtigung zur Berufsausübung bzw. zur Leistungserbringung konstitutive Voraussetzung für die Ausführung des Auftrags ist.[3]

I. Nachweis der Erlaubnis zur Berufsausübung, § 25 Abs. 1 VSVgV

6   Die Parallelvorschrift zu § 25 Abs. 1 VSVgV in der VgV findet sich inhaltlich weitgehend übereinstimmend in dessen § 44 Abs. 1. Für die Einzelheiten wird daher auch auf die dortige Kommentierung verwiesen.[4] Im Rahmen des § 44 Abs. 1 VgV ist jedoch, anders als nach § 25 Abs. 1 VSVgV, die Möglichkeit des Nachweises in Form einer Eigenerklärung des Bewerbers oder Bieters unter Eid nicht vorgesehen. Im Übrigen beruhen die Unterschiede im Hinblick auf die Verweise für die Berufs- und Handelsregistereinträge auf den unterschiedlichen Vorgaben der Richtlinien 2014/24/EU, dessen Vorgaben unter anderem in der VgV umgesetzt wurden und denjenigen in der Richtlinie 2009/81/EG, deren Vorgaben in der VSVgV umgesetzt wurden.

7   Der Nachweis der Erlaubnis zur Berufsausübung kann zum einen durch den Auszug eines Berufs- oder Handelsregisters geführt werden (Nr. 1). Was unter Berufs- oder Handelsregister zu verstehen ist, ergibt sich aus der unverbindlichen Liste des Anhangs VII Teil B und C der Richtlinie 2009/81/EG.[5] Für die Bundesrepublik Deutschland werden in dieser Liste das „Handelsregister", die „Handwerksrolle", das „Vereinsregister", das „Partnerschaftsregister" und die „Mitgliederverzeichnisse der Berufskammern der Länder" benannt.[6]

8   Zum anderen kann der Nachweis durch eine Erklärung unter Eid (Nr. 2) oder eine sonstige Bescheinigung (Nr. 3) erbracht werden.

II. Bestimmte Berechtigungen, § 25 Abs. 2 VSVgV

9   Müssen Bewerber oder Bieter eine bestimme Berechtigung besitzen oder Mitglied einer bestimmten Organisation sein, um eine Dienstleistung in ihren Herkunftsmitgliedstaat

---

[1] → VSVgV § 22 Rn. 4 ff.

[2] Vgl. die amtl. Begründung, die von einer „Muss-Regelung" spricht, obwohl der Wortlaut als „kann" ausgestaltet ist, BR-Drs. 321/12, 58.

[3] So wohl auch *Wagner* in Dippel/Sterner/Zeiss, Praxiskommentar Beschaffung im Verteidigungs- und Sicherheitsbereich, 2013, VSVgV § 25 Rn. 4; *Rechten* in Willenbruch/Wieddekind, Vergaberecht Kompaktkommentar, VSVgV § 25 Rn. 2.

[4] → VgV § 44 Rn. 11 ff.

[5] Art. 40 der Richtlinie 2009/81/EG.

[6] Vgl. Anhang VII Teil B und C der Richtlinie 2009/81/EG.

erbringen zu können, können Auftraggeber Bewerber oder Bieter auffordern, darüber den Nachweis zu erbringen (§ 25 Abs. 2 VSVgV). In Betracht kommen gewerberechtliche Genehmigungen oder eine Waffenherstellungs- oder Waffenhandelserlaubnis.[7]

Da die Vorschrift mit der Parallelvorschrift in § 44 Abs. 2 VgV inhaltlich übereinstimmt, **10** wird für die weiteren Einzelheiten auf die dortige Kommentierung verwiesen.[8]

---

[7] *Büdenbender* in Leinemann/Kirch, VSVgV § 16 Rn. 39.
[8] → VgV § 44 Rn. 21 ff.

§ 26 Nachweis der wirtschaftlichen und finanziellen Leistungsfähigkeit

(1) Auftraggeber können je nach Art, Verwendungszweck und Menge der zu liefernden Güter oder dem Umfang der zu erbringenden Dienstleistungen angemessene Nachweise der finanziellen und wirtschaftlichen Leistungsfähigkeit der Bewerber oder Bieter verlangen, insbesondere die Vorlage

1. entsprechender Bankerklärungen oder des Nachweises einer entsprechenden Berufshaftpflichtversicherung,
2. von Bilanzen oder Bilanzauszügen, falls deren Veröffentlichung in dem Land, in dem der Bewerber oder Bieter ansässig ist, gesetzlich vorgeschrieben ist,
3. einer Erklärung über den Gesamtumsatz und den Umsatz für den durch den Auftragsgegenstand vorausgesetzten Tätigkeitsbereich, jedoch höchstens für die letzten drei Geschäftsjahre, entsprechend dem Gründungsdatum oder dem Datum der Tätigkeitsaufnahme des Unternehmens, sofern entsprechende Angaben verfügbar sind.

(2) Können Bewerber oder Bieter aus einem berechtigten Grund die geforderten Nachweise nicht beibringen, so kann der Auftraggeber die Vorlage jedes anderen geeigneten Nachweises zulassen.

(3) Bewerber oder Bieter können sich für einen bestimmten Auftrag auf die Leistungsfähigkeit anderer Unternehmen berufen, wenn sie nachweisen, dass ihnen dadurch die erforderlichen Mittel zur Verfügung stehen. Dies gilt auch für Bewerber- oder Bietergemeinschaften.

Übersicht

	Rn.		Rn.
A. Einführung	1	B. Allgemeines	4
I. Literatur	1	I. Einzelne Nachweise, § 26 Abs. 1 VSVgV	5
II. Entstehungsgeschichte	2	II. Andere, subsidiäre Nachweise, § 26 Abs. 2 VSVgV	9
III. Rechtliche Vorgaben im EU-Recht	3	III. Eignungsleihe, § 26 Abs. 3 VSVgV	17

A. Einführung

I. Literatur

1 *Bonhage/Ritzenhoff,* Mindestanforderungen an die finanzielle Leistungsfähigkeit in Vergabeverfahren, NZBau 2013, 151; *Freise,* Berücksichtigung von Eignungsmerkmalen bei der Ermittlung des wirtschaftlichen Angebots, NZBau 2009, 225; *Otting,* Eignungs- und Zuschlagskriterien im neuen Vergaberecht, VergabeR 2016, 316.

II. Entstehungsgeschichte

2 Die Bestimmung des § 26 VSVgV hat im Zuge der Vergaberechtsmodernisierungsreform im Jahre 2016 keine Änderungen erfahren.

III. Rechtliche Vorgaben im EU-Recht

3 § 26 VSVgV dient der Umsetzung von Art. 41 Abs. 1, 2 und 5 der Richtlinie 2009/81/EG. Art. 41 Abs. 1 der Richtlinie 2009/81/EG normiert, welche Mittel zum

Nachweis der wirtschaftlichen und finanziellen Leistungsfähigkeit der Bewerber bzw. Bieter „in der Regel"[1] ausreichen.

B. Allgemeines

§ 26 VSVgV bestimmt die Anforderungen, die der Auftraggeber den Bewerbern oder **4** Bietern zum Nachweis der nach § 122 Abs. 2 Nr. 2 GWB erforderlichen wirtschaftlichen und finanziellen Leistungsfähigkeit auferlegen kann. Maßstab für den Umfang der geforderten Nachweise sind Art, Verwendungszweck und Menge der zu liefernden Güter oder der Umfang der zu erbringenden Dienstleistungen.[2] Der Katalog ist nicht exemplarisch und nicht abschließend, wie sich aus dem Wörtchen „insbesondere" ergibt[3]. Weitere Nachweise können daher verlangt werden, wenn dies im Einzelfall sachgerecht und verhältnismäßig erscheint.

I. Einzelne Nachweise, § 26 Abs. 1 VSVgV

Als Nachweis kann der Auftraggeber insbesondere die Vorlage entsprechender Banker- **5** klärungen oder einer entsprechenden Berufshaftpflichtversicherung fordern (§ 26 Abs. 1 Nr. 1 VSVgV). Dadurch soll einerseits der Nachweis der Kreditwürdigkeit und andererseits der Nachweis der Absicherung gegen etwaige Schäden sichergestellt werden.[4]

Weiter kann der Auftraggeber die Vorlage von Bilanzen oder Bilanzauszügen verlangen, **6** falls deren Veröffentlichung gesetzlich vorgeschrieben ist (§ 26 Abs. 1 Nr. 2 VSVgV). Hat der Bewerber in der Bundesrepublik Deutschland seinen Geschäftssitz, richtet sich die Pflicht zur Veröffentlichung nach §§ 325 ff. HGB.[5]

Als Nachweis dient auch eine Erklärung über den Gesamtumsatz und den Umsatz für **7** den durch den Auftragsgegenstand vorausgesetzten Tätigkeitsbereich (§ 26 Abs. 2 Nr. 3 VSVgV). Die Erklärung ist jedoch auf die letzten drei Geschäftsjahre begrenzt. Es steht dem Auftraggeber frei, auch weniger als drei Geschäftsjahre als Referenzzeitraum zuzulassen.[6] Anders als § 45 Abs. 1 Satz 2 Nr. 1 VgV enthält die VSVgV keine ausdrückliche Ermächtigung, einen bestimmten Mindestjahresumsatz zu verlangen; dementsprechend fehlt hier auch die aus § 45 Abs. 2 VgV folgende Begrenzung, diesen im Interesse des Mittelstandsschutzes in der Regel auf das Zweifache des Auftragswertes zu begrenzen. Da aus der Verwendung des Begriffs „insbesondere" folgt, dass die genannten keine abschließende Aufzählung geeigneter Nachweise sind[7], dürfte es vertretbar sein, über die bloße Angabe des Umsatzes hinaus auch Mindestanforderungen an dessen Größenordnung zu stellen. Damit präzisiert der Auftraggeber nur, worauf es ihm mit Blick auf die finanzielle Leistungsfähigkeit materiell ankommt. Die Begrenzung auf das Zweifache des Auftragswertes ist dabei keine relevante Bezugsgröße, da im Verteidigungs- und Sicherheitsbereich stets „spezielle Risiken" bestehen, die selbst im Anwendungsbereich des § 45 Abs. 2 VgV eine Überschreitung dieser Grenze zulassen.

Da die Vorschrift inhaltlich im Übrigen im Wesentlichen den Bestimmungen des § 45 **8** Abs. 4 VgV entspricht, wird für die weiteren Einzelheiten auf die dortige Kommentierung verwiesen. Eine inhaltliche Abweichung von § 45 Abs. 4 VgV besteht lediglich in § 26

---

[1] BR-Drs. 321/12, 58.
[2] *Tomerius* in Pünder/Schellenberg, Vergaberecht VSVgV § 26 Rn. 2; *Büdenbender* in Leinemann/Kirch, VSVgV § 26 Rn. 3.
[3] BR-Drs. 321/12, 58.
[4] *Büdenbender* in Leinemann/Kirch, VSVgV § 26 Rn. 4, 5.
[5] *Büdenbender* in Leinemann/Kirch, VSVgV § 26 Rn. 6.
[6] *Büdenbender* in Leinemann/Kirch, VSVgV § 26 Rn. 8.
[7] BR-Drs. 321/12, 58.

Abs. 1 Nr. 1 VSVgV. Anders als in § 45 Abs. 4 Nr. 2 VgV ist dort der Nachweis mittels einer *Betriebs*haftpflichtversicherung nicht vorgesehen. Da die Aufzählung geeigneter Nachweise jedoch nicht abschließend ist, kommt der Nachweis mittels einer Betriebshaftpflichtversicherung auch in dem Bereich Verteidigung und Sicherheit in Betracht kommen.

II. Andere, subsidiäre Nachweise, § 26 Abs. 2 VSVgV

9   Können der Bewerber oder Bieter aus einem berechtigten Grund die geforderten Nachweise nicht beibringen, so kann der Auftraggeber die Vorlage jedes anderen geeigneten Nachweises zulassen (§ 26 Abs. 2 VSVgV).

10   Dabei sind der berechtigte Grund und die Vorlage eines anderen geeigneten Nachweises kumulative Voraussetzungen dafür, dass die Eignung anders als mit den geforderten Nachweisen belegt werden darf.[8] Sie ermöglichen lediglich ein anderes Mittel für den Nachweis, erlauben es dagegen nicht, den Nachweis erst zu einem späteren Zeitpunkt zu erbringen.[9]

11   Ein berechtigter Grund liegt nur dann vor, wenn der Bewerber oder Bieter die Unmöglichkeit des Nachweises nicht selbst verursacht hat.[10]

12   Der Begriff des anderen geeigneten Nachweises wird in § 26 VSVgV nicht legal definiert. Es ist davon auszugehen, dass jeder Nachweis geeignet ist, solange die Mindestanforderungen des § 26 Abs. 1 VSVgV nicht unterlaufen werden.[11] Insoweit hat der Auftraggeber das Gleichbehandlungsgebot zu beachten.[12]

13   Der Bewerber oder Bieter hat den berechtigten Grund für das Nichtbeibringen der geforderten Nachweise glaubhaft zu machen.[13] Die Grundsätze des Vergaberechts, insbesondere das Transparenz- und Gleichbehandlungsgebot, gebieten jedoch, dass der Bewerber oder Bieter diesen Grund innerhalb der Vorlagefrist darlegt und zugleich geeignete Belege hierfür beifügt.[14] Tut er dies nicht, ist sein Teilnahmeantrag bzw. sein Angebot wegen des fehlenden Nachweises der Eignung vom weiteren Verfahren auszuschließen.[15]

14   § 26 Abs. 2 VSVgV ist als Ermessensvorschrift ausgestaltet („kann"). Das Ermessen des Auftraggebers ist jedoch auf Null reduziert, wenn der Aussagegehalt des alternativen Nachweises gleichwertig zu dem geforderten Nachweis ist.[16]

15   Die Versagung nicht geeigneter sowie die Zulassung geeigneter Alternativnachweise unterliegen der Kontrolle durch die Nachprüfungsinstanzen und können im Nachprüfungsverfahren durch die betroffenen Bewerber bzw. Bieter sowie deren Wettbewerber gerügt werden.[17]

16   Die Vorschrift entspricht den Vorgaben der Parallelvorschrift des § 45 Abs. 5 VgV, sodass für die weiteren Einzelheiten auf die dortige Kommentierung verwiesen wird.[18]

III. Eignungsleihe, § 26 Abs. 3 VSVgV

17   Nach § 26 Abs. 3 VSVgV können sich Bewerber oder Bieter für einen bestimmten Auftrag auf die Leistungsfähigkeit anderer Unternehmen berufen, wenn sie nachweisen, dass

---

[8] VK Bund Beschl. v. 13.6.2007 – VK 2–51/07 zu der Vorschrift des § 8a Nr. 7 VOB/A 2007, welche eine inhaltlich entsprechende Regelung enthält.

[9] VK Bund Beschl. v. 13.6.2007 – VK 2–51/07.

[10] VK Bund Beschl. v. 13.6.2007 – VK 2–51/07.

[11] *Büdenbender* in Leinemann/Kirch, VSVgV § 26 Rn. 13.

[12] BR-Drs. 321/12, 58.

[13] BR-Drs. 321/12, 58.

[14] OLG Koblenz Beschl. v. 4.7.2007 – 1 Verg 3/07, VergabeR 2007, 666–673 (Leitsatz und Gründe).

[15] OLG Koblenz Beschl. v. 4.7.2007 – 1 Verg 3/07, VergabeR 2007, 666–673 (Leitsatz und Gründe).

[16] *Wagner* in Dippel/Sterner/Zeiss, Praxiskommentar Beschaffung im Verteidigungs- und Sicherheitsbereich, 2013, VSVgV § 26 Rn. 14.

[17] BR-Drs. 321/12, 58.

[18] → VgV § 45 Rn. 35 ff.

ihnen die erforderlichen Mittel zur Verfügung stehen. Der Bewerber muss nachweisen, dass ihm tatsächlich die finanziellen Mittel zur Verfügung stehen, auf die er sich beruft.[19] Dieser Nachweis kann zum Beispiel durch eine Verpflichtungserklärung des Unternehmens erbracht werden, auf das der Bewerber sich zur Begründung seiner Leistungsfähigkeit beruft.[20] Die Vorschrift entspricht inhaltlich § 47 Abs. 1 Satz 1 und Abs. 4 VgV, sodass wegen der Einzelheiten der Eignungsleihe auf die Kommentierung dieser Vorschrift verwiesen werden kann.[21]

Anders als nach der Systematik der VgV findet sich in der VSVgV keine eigene Vor- **18** schrift zur Eignungsleihe, sondern diese ist in § 26 Abs. 3 VSVgV für die finanzielle und wirtschaftliche sowie in § 27 Abs. 4 VSVgV für die technische und berufliche Leistungsfähigkeit zu finden.

Es fehlt auch die aus den Richtlinien des Jahres 2014 resultierende Möglichkeit, die Be- **19** rufungsmöglichkeit auf die Eignung Dritter dadurch einzuschränken, dass „bestimmte kritische Aufgaben" nicht von Dritten, sondern vom Bieter selbst auszuführen sind (§ 47 Abs. 5 VgV). Die VSVgV steht damit dem Generalübernehmermodell grundsätzlich offener gegenüber als die neuen Vergaberichtlinien. Die Eignungsleihe kann nicht nur für Teile, sondern für „einen bestimmten Auftrag" in Anspruch genommen. Statt vorzuschreiben, dass bestimmte Teile des Auftrags vom Bieter selbst auszuführen sind, ermöglicht die VSVgV umgekehrt, einen Nachunternehmervergabe zu erzwingen (§ 9 Abs. 3 Nr. 1 VSVgV).

---

[19] EuGH Urt. v. 18.12.1997 – C-5/97; 2.12.1999 – C-176/98; OLG Frankfurt Beschl. v. 27.6.2003 – 11 Verg 4/03, VergabeR 2003, 581; *Büdenbender* in Leinemann/Kirch, VSVgV § 26 Rn. 14.
[20] *Büdenbender* in Leinemann/Kirch, VSVgV § 26 Rn. 13.
[21] → VgV § 47 Rn. 8 ff., 38 ff.

§ 27 Nachweis der technischen und beruflichen Leistungsfähigkeit

(1) Auftraggeber können je nach Art, Verwendungszweck und Menge der zu liefernden Güter oder dem Umfang der zu erbringenden Dienstleistungen angemessene Nachweise der technischen und beruflichen Leistungsfähigkeit verlangen. Insbesondere können die Auftraggeber verlangen:

1. bei Lieferaufträgen
   a) eine Liste der wesentlichen in den letzten fünf Jahren erbrachten Lieferungen;
   b) Muster, Beschreibungen oder Fotografien der zu liefernden Güter, deren Echtheit nach Aufforderung durch den Auftraggeber nachzuweisen ist;
   c) Bescheinigungen, die von zuständigen Instituten oder amtlichen Stellen für Qualitätskontrolle ausgestellt wurden, mit denen bestätigt wird, dass die durch entsprechende Bezugnahmen genau bezeichneten Güter bestimmten Spezifikationen oder Normen entsprechen;
   d) die Angabe der technischen Fachkräfte oder der technischen Stellen, unabhängig davon, ob diese dem Unternehmen angeschlossen sind oder nicht, und zwar insbesondere derjenigen, die mit der Qualitätskontrolle beauftragt sind;
   e) eine Beschreibung der technischen Ausrüstung, der Maßnahmen des Unternehmens zur Qualitätssicherung und der Untersuchungs- und Forschungsmöglichkeiten des Unternehmens sowie der internen Vorschriften in Bezug auf gewerbliche Schutzrechte;
   f) bei komplexer Art der zu liefernden Güter oder solchen, die ausnahmsweise einem besonderen Zweck dienen, eine Kontrolle, die vom Auftraggeber oder in dessen Namen von einer zuständigen amtlichen Stelle im Herkunftsland des Unternehmens durchgeführt wird. Diese Kontrolle betrifft Produktionskapazitäten und erforderlichenfalls die Untersuchungs- und Forschungsmöglichkeiten des Unternehmens sowie die von diesem für die Qualitätskontrolle getroffenen Vorkehrungen;
   g) im Falle zusätzlicher Dienst- oder Bauleistungen die Studien- und Ausbildungsnachweise sowie Bescheinigungen darüber, dass das Unternehmen die Erlaubnis zur Berufsausübung sowie die Führungskräfte des Unternehmens und insbesondere die für die Erbringung der Dienst- oder Bauleistung verantwortlichen Personen die erforderliche berufliche Befähigung besitzen;
   h) eine Erklärung, aus der die durchschnittliche jährliche Beschäftigtenzahl des Unternehmens und die Zahl seiner Führungskräfte in den letzten drei Jahren ersichtlich ist;
   i) eine Beschreibung der Ausstattung, der Geräte, der technischen Ausrüstung sowie die Angabe der Anzahl der Mitarbeiter und ihrer Kenntnisse sowie die Angabe der Zulieferer, auf die das Unternehmen zurückgreifen kann, um den Auftrag auszuführen und einen etwaigen steigenden Bedarf des Auftraggebers infolge einer Krise zu decken oder die Wartung, Modernisierung oder Anpassung der im Rahmen des Auftrags gelieferten Güter sicherzustellen. Zur Angabe der Zulieferer gehört die Angabe des geografischen Standortes, falls diese Zulieferer außerhalb der Europäischen Union ansässig sind;
2. bei Dienstleistungsaufträgen
   a) eine Liste der wesentlichen in den letzten fünf Jahren erbrachten Dienstleistungen;
   b) Muster, Beschreibungen oder Fotografien der zu erbringenden Dienstleistungen, deren Echtheit nach Aufforderung durch den Auftraggeber nachzuweisen ist;
   c) Studien- und Ausbildungsnachweise sowie Bescheinigungen darüber, dass das Unternehmen die Erlaubnis zur Berufsausübung sowie die Führungskräfte des Unternehmens und insbesondere die für die Erbringung der Dienstleistung verantwortlichen Personen die erforderliche berufliche Befähigung besitzen;
   d) die Angabe der technischen Fachkräfte oder der technischen Stellen, unabhängig davon, ob diese dem Unternehmen angeschlossen sind oder nicht, und zwar insbesondere derjenigen, die mit der Qualitätskontrolle beauftragt sind;

e) bei Dienstleistungen komplexer Art oder solchen, die ausnahmsweise einem besonderen Zweck dienen, eine Kontrolle, die vom Auftraggeber oder in dessen Namen von einer zuständigen amtlichen Stelle im Herkunftsland des Unternehmens durchgeführt wird. Diese Kontrolle betrifft die technische Leistungsfähigkeit und erforderlichenfalls die Untersuchungs- und Forschungsmöglichkeiten des Unternehmens sowie die von diesem für die Qualitätskontrolle getroffenen Vorkehrungen;

f) im Falle zusätzlicher Bauleistungen die Studien- und Ausbildungsnachweise sowie Bescheinigungen darüber, dass das Unternehmen die Erlaubnis zur Berufsausübung sowie die Führungskräfte des Unternehmens und insbesondere die für die Ausführung der Bauleistung verantwortlichen Personen die erforderliche berufliche Befähigung besitzen;

g) die Angabe der durch den Auftragsgegenstand erforderlichen Umweltmanagementmaßnahmen;

h) eine Erklärung, aus der die durchschnittliche jährliche Beschäftigtenzahl des Unternehmens und die Zahl seiner Führungskräfte in den letzten drei Jahren ersichtlich ist;

i) eine Beschreibung der Ausstattung, der Geräte, der technischen Ausrüstung sowie die Angabe der Anzahl der Mitarbeiter und ihrer Kenntnisse sowie die Angabe der Zulieferer, auf die das Unternehmen zurückgreifen kann, um den Auftrag auszuführen und einen etwaigen steigenden Bedarf des Auftraggebers infolge einer Krise zu decken. Zur Angabe der Zulieferer gehört die Angabe ihres geografischen Standortes, falls diese Zulieferer außerhalb der Europäischen Union ansässig sind.

(2) Verlangt der Auftraggeber Angaben zu erbrachten Liefer- und Dienstleistungen im Sinne des Absatzes 1 Nummer 1 Buchstabe a und Nummer 2 Buchstabe a über erbrachte Leistungen, so sind diese zu erbringen

1. bei Leistungen an öffentliche Auftraggeber durch eine von der zuständigen Behörde ausgestellte Bescheinigung, die beglaubigt werden kann, oder

2. bei Leistungen an private Auftraggeber durch eine von diesen ausgestellte Bescheinigung oder, falls eine solche Bescheinigung nicht erhältlich ist, durch einfache Erklärung.

(3) Auskünfte im Sinne des Absatzes 2 enthalten mindestens die folgenden Angaben:

1. Name der Auskunftsperson;
2. Wert der Leistung;
3. Zeit der Leistungserbringung;
4. Angabe, ob die Lieferleistung sachmangelfrei und ordnungsgemäß oder die Dienstleistung fachgerecht und ordnungsgemäß ausgeführt wurde.

(4) Bewerber oder Bieter können sich für einen bestimmten Auftrag auf die Leistungsfähigkeit anderer Unternehmen berufen, wenn sie nachweisen, dass diese ihnen die für die Auftragsausführung erforderlichen Mittel zur Verfügung stellen. Dies gilt auch für Bewerber- oder Bietergemeinschaften. Der Nachweis kann auch durch Zusage der Unternehmen erfolgen, die dem Bewerber oder Bieter die für die Auftragsausführung erforderlichen Mittel zur Verfügung stellen. Die Zusage muss in Schriftform oder elektronisch mindestens mittels einer fortgeschrittenen elektronischen oder mindestens mittels eines fortgeschritten elektronischen Siegels erfolgen.

(5) Können Bewerber oder Bieter aus einem berechtigten Grund die geforderten Nachweise ihrer technischen und beruflichen Leistungsfähigkeit nicht beibringen, so kann der Auftraggeber die Vorlage jedes anderen geeigneten Nachweises zulassen.

Übersicht

	Rn.		Rn.
A. Einführung	1	II. Art und Weise der Erteilung von Referenzen, § 27 Abs. 2 VSVgV	15
I. Literatur	1		
II. Entstehungsgeschichte	2	III. Inhaltliche Angaben, § 27 Abs. 3 VSVgV	18
III. Rechtliche Vorgaben im EU-Recht	3	IV. Eignungsleihe, § 27 Abs. 4 VSVgV	20
B. Allgemeines	4		
I. Nachweise der fachlichen und technischen Leistungsfähigkeit, § 27 Abs. 1 VSVgV	8	V. Andere, subsidiäre Nachweise, § 27 Abs. 5 VSVgV	23

A. Einführung

I. Literatur

1 *Otting*, Eignungs- und Zuschlagskriterien im neuen Vergaberecht, VergabeR 2016, 316.

II. Entstehungsgeschichte

2 Die Vorschrift des § 27 VSVgV hat im Zuge der Vergaberechtsmodernisierung im Jahre 2016 keine inhaltlichen Änderungen erfahren. Es wurden lediglich sprachliche Anpassungen im Hinblick auf den Begriff der technischen und beruflichen Leistungsfähigkeit in § 122 Abs. 2 S. 2 Nr. 3 GWB vorgenommen. So wurden die Begriffe „fachlich und technisch" durch „technisch und beruflich" ersetzt.

III. Rechtliche Vorgaben im EU-Recht

3 § 27 VSVgV dient der Umsetzung von Art. 42 der Richtlinie 2009/81/EG. Die speziellen Vorgaben in Art. 42 Abs. 1 lit. j) der Richtlinie 2009/81/EG zum Nachweis der Eignung bei Durchführung von Verschlusssachenaufträgen haben jedoch eine eigenständige Regelung in § 7 Abs. 6 bis 8 VSVgV erfahren.

B. Allgemeines

4 Neben der Möglichkeit des Nachweises der wirtschaftlichen und finanziellen Leistungsfähigkeit in § 26 VSVgV kann der Auftraggeber nach § 27 VSVgV Nachweise der nach § 122 Abs. 2 Nr. 3 GWB n. F. erforderlichen technischen und beruflichen Leistungsfähigkeit verlangen.

5 § 27 Abs. 1 VSVgV enthält eine Aufzählung der Nachweise bei Lieferaufträgen einerseits (§ 27 Abs. 1 Nr. 1 VSVgV) und bei Dienstleistungsaufträgen andererseits (§ 27 Abs. 1 Nr. 2 VSVgV). Diese beiden Auftragsarten wurden der Übersichtlichkeit halber jeweils getrennt geregelt.[1]

6 § 27 VSVgV ähnelt inhaltlich der Vorschrift des § 46 Abs. 3 VgV, die normiert, welche Unterlagen dem Auftraggeber als Beleg für die technische und berufliche Leistungsfähigkeit des Bewerbers oder Bieters vorzulegen sind. § 46 Abs. 3 VgV unterscheidet jedoch

---

[1] BR-Drs. 321/12, 58.

– bis auf in Nummer 11 – nicht explizit zwischen Lieferaufträgen einerseits und Dienstleistungsaufträgen andererseits.

Aufgrund der Parallelität der beiden Vorschriften wird für die weiteren Einzelheiten auf **7** die Kommentierung von § 46 Abs. 3 VgV verwiesen.[2] Es gibt jedoch einen wichtigen Unterschied: Anders als in der VgV ist die Auflistung der Nachweise auch der technischen und beruflichen Leistungsfähigkeit in § 27 VSVgV nicht abschließend, denn auch hier wird sie durch das Wörtchen „insbesondere" eingeleitet, während die Liste nach § 46 Abs. 3 VgV „ausschließlich" ist.

I. Nachweise der technischen und beruflichen Leistungsfähigkeit, § 27 Abs. 1 VSVgV

Öffentliche Auftraggeber dürfen nach § 27 Abs. 1 S. 1 VSVgV Nachweise der techni- **8** schen und beruflichen Leistungsfähigkeit nur verlangen, soweit diese nach Art, Verwendungszweck und Menge der zu liefernden Güter oder dem Umfang der zu erbringenden Leistung angemessen sind. Die Aufforderung zum Nachweis muss durch den Gegenstand des Auftrags gerechtfertigt sein.[3]

Die Aufzählung der möglichen Nachweise ist nach dem Wortlaut des § 27 Abs. 1 S. 2 **9** VSVgV („insbesondere") beispielhaft und nicht abschließend.[4]

a) Nachweise bei Lieferaufträgen (§ 27 Abs. 1 Nr. 1 VSVgV) **10**
Handelt es sich bei dem Auftrag um einen Lieferauftrag, kann der Auftraggeber die in § 27 Abs. 1 Nr. 1 VSVgV aufgezählten Nachweise verlangen. Der Begriff des Lieferauftrags ergibt sich aus § 103 Abs. 2 GWB. Im Gegensatz zu § 46 Abs. 3 Nr. 1 VgV, der die Vorlage einer Liste der in den letzten höchsten drei Jahren erbrachten wesentlichen Liefer- oder Dienstleistungen ermöglicht, eröffnet § 27 Abs. 1 Nr. 1 lit. a) VSVgV die Möglichkeit des Nachweises durch eine Liste der wesentlichen in den letzten fünf Jahren erbrachten Lieferungen. § 27 VSVgV eröffnet wegen der Besonderheiten der Beschaffungsgegenstände im Verteidigungs- und Sicherheitsbereich damit die Möglichkeit, auch auf ältere Referenzen zurückzugreifen.

Im Rahmen des § 27 Abs. 1 Nr. 1 lit. d) VSVgV ist bei der Ermessensausübung zu be- **11** rücksichtigen, dass die Angabe des Namens der technischen Fachkräfte nur unter besonderen Umständen des Einzelfalls erforderlich ist, wobei der Auftraggeber beachten muss, ob die Mitteilung der Anzahl der Fachkräfte sowie ihrer Berufsqualifikation ausreichend ist, um sein Informationsinteresse hinsichtlich der Qualitätssicherung zu decken.[5]

Die übrigen Nachweise entsprechen denen des § 46 Abs. 3 Nr. 2, 3, 6, 8, 9 und 11 **12** VgV, sodass insoweit auf die Kommentierung hierzu verwiesen werden kann.[6]

b) Nachweise bei Dienstleistungsaufträgen (§ 27 Abs. 1 Nr. 2 VSVgV) **13**
Für den Nachweis der technischen und beruflichen Leistungsfähigkeit für einen Dienstleistungsauftrag gelten dieselben Anforderungen, wie für einen Lieferauftrag nach § 27 Abs. 1 Nr. 1 VSVgV. Insbesondere hat auch hier, wie im Rahmen des § 27 Abs. 1 Nr. 1 lit. d) VSVgV, der Auftraggeber bei der Ermessensausübung zu berücksichtigen, dass die Angabe des Namens der technischen Fachkräfte nur unter besonderen Umständen des Einzelfalls erforderlich ist, wobei jedoch gleichzeitig das Informationsinteresse im Hinblick auf die Qualitätssicherung dazu führen kann, dass die bloße Mitteilung der Anzahl der Fachkräfte sowie deren Berufsqualifikation nicht ausreichend ist.

---

[2] → VgV § 46 Rn. 12 ff.
[3] VK Düsseldorf Beschl. v. 23.5.2008, VK – 7/2008 – L.
[4] BR-Drs. 321/12, 58.
[5] BR-Drs. 321/12, 59.
[6] → VgV § 46 Rn. 24 f.; 26 f.; 31 ff.; 36 f.; 38; 42 ff.

14 Zusätzlich kann nach § 27 Abs. 1 Nr. 2 lit. g) VSVgV die Angabe der durch den Auftragsgegenstand erforderlichen Umweltmanagementmaßnahmen verlangt werden.
Die Vorschrift entspricht § 46 Abs. 3 Nr. 1 VgV, sodass auf deren Kommentierung verwiesen wird.[7]

II. Art und Weise der Erbringung von Referenzen, § 27 Abs. 2 VSVgV

15 § 27 Abs. 2 VSVgV enthält Vorgaben, wie die Bieter bzw. Bewerber Referenzleistungen nach § 27 Abs. 1 Nr. 1 lit. a) VSVgV und § 27 Abs. 1 Nr. 2 lit. a) VSVgV nachzuweisen haben, wobei zwischen erbrachten Referenzleistungen an öffentliche Auftraggeber (Nr. 1) und an private Auftraggeber (Nr. 2) differenziert wird.
Bei Leistungen an öffentliche Auftraggeber ist die Referenz durch eine von der zuständigen Behörde ausgestellte Bescheinigung, die beglaubigt werden kann, nachzuweisen (§ 27 Abs. 2 Nr. 1 VSVgV).

16 Kann ein Bieter oder Bewerber diesen Nachweis nicht erbringen, ist der Auftraggeber berechtigt, die Vorlage jedes anderen Nachweises zuzulassen (§ 27 Abs. 5 VSVgV). Insoweit steht ihm ein Ermessensspielraum zu. Das Ermessen kann jedoch auf Null reduziert sein, wenn die zuständige Behörde dem Bieter oder Bewerber die benötigte Bescheinigung nicht oder nicht rechtzeitig ausstellt. Da dies dem Bieter bzw. Bewerber nicht zum Nachteil gereichen kann, hat der Auftraggeber die Vorlage eines alternativen Nachweises jedoch regelmäßig zuzulassen.[8] Dem Bieter selbst zuzurechnende Umstände stellen hingegen regelmäßig keinen berechtigten Grund dar. [9]

17 Bei Leistungen an private Auftraggeber ist es ausreichend, dass die Referenz durch eine von diesen ausgestellte Bescheinigung oder eine einfache Erklärung nachgewiesen wird (§ 27 Abs. 2 Nr. 2 VSVgV). Die Bescheinigung bzw. die einfache Erklärung müssen die Angaben nach § 27 Abs. 3 VSVgV enthalten.

III. Inhaltliche Angaben, § 27 Abs. 3 VSVgV

18 § 27 Abs. 3 VSVgV stellt die inhaltlichen Mindestanforderungen an die Auskünfte nach § 27 Abs. 2 VSVgV. Diese sollen mindestens den Namen der Auskunftsperson (§ 27 Abs. 3 Nr. 1 VSVgV), den Wert der Leistung (§ 27 Abs. 3 Nr. 2 VSVgV), die Zeit der Leistungserbringung (§ 27 Abs. 3 Nr. 3 VSVgV) und die Angabe, ob die Lieferleistung sachmangelfrei und ordnungsgemäß oder die Dienstleistung fachgerecht und ordnungsgemäß ausgeführt wurde (§ 27 Abs. 3 Nr. 4 VSVgV) enthalten. Da es sich um Mindestangaben handelt, ist der Auftraggeber im Einzelfall berechtigt, darüberhinausgehende Angaben zu den Referenzleistungen zu verlangen. So wird es etwa für zulässig erachtet, dass der Auftraggeber die Kontaktdaten des Ausstellers des Referenzleistungsnachweises verlangt, um bei diesem weitere Informationen in Bezug auf die Leistungsfähigkeit des Bieters bzw. Bewerbers oder auch die Vergleichbarkeit der Referenzleistung einzuholen.[10]

19 Mit der Anforderung an die Dokumentation der Referenz in der Regel durch eine Fremderklärung des (öffentlichen oder privaten) Auftraggebers und durch die geforderte Angabe zur Mangelfreiheit und Ordnungsmäßigkeit der Ausführung geht die VSVgV über

---

[7] → VgV § 46 Rn. 14 ff.
[8] So auch *Sterner* in Dippel/Sterner/Zeiss, Praxiskommentar Beschaffung im Verteidigungs- und Sicherheitsbereich, 2013, VSVgV § 27 Rn. 8.
[9] VK Bund Beschl. v. 13.6.2007 – VK 2–51/07 zur Vorschrift des § 8a Nr. 7 VOB/A 2007, welche eine inhaltlich entsprechende Regelung enthält; vgl. hierzu auch die Kommentierung zu → VSVgV § 26 Rn. 11.
[10] *Sterner* in Dippel/Sterner/Zeiss, Praxiskommentar Beschaffung im Verteidigungs- und Sicherheitsbereich, 2013, VSVgV § 27 Rn. 9.

den Regelnachweis der VgV hinaus. Nach § 48 Abs. 2 VgV soll grundsätzlich (nur) eine Eigenerklärung des Bieters oder Bewerbers gefordert werden. In den strengeren Anforderungen an Form und Inhalt der Referenzen kommt das besondere Interesse zum Ausdruck, das im Verteidigungs- und Sicherheitsbereich dem zweifelsfreien Nachweis der hinreichenden Leistungsfähigkeit gilt.

IV. Eignungsleihe, § 27 Abs. 4 VSVgV

§ 27 Abs. 4 VSVgV ermöglicht den Bewerbern oder Bietern, sich für einen bestimmten 20 Auftrag auf die Leistungsfähigkeit anderer Unternehmen zu berufen, wenn sie nachweisen, dass diese ihnen die für die Auftragsausführung erforderlichen Mittel zur Verfügung stellen.

Die Vorschrift entspricht inhaltlich § 47 VgV, sodass wegen der Einzelheiten auf die 21 Kommentierung dieser Vorschrift verwiesen werden kann.[11] Anders als in § 47 Abs. 1 S. 3 VgV fehlt hier aber die ausdrückliche Einschränkung, dass der Bieter sich auf die Kapazitäten Dritter nur berufen darf, wenn diese tatsächlich die Leistung erbringen, für die diese Kapazitäten benötigt werden. Jedoch heißt es auch hier, dass die Dritten „die für die Auftragsausführung erforderlichen Mittel zur Verfügung stellen" müssen. Eine Eignungsleihe nur „auf dem Papier" ist damit bei der technischen und beruflichen Leistungsfähigkeit ausgeschlossen. Wie der EuGH entschieden hat, kann der Auftraggeber stets verlangen, dass der Eignungsleiher nicht nur beratend tätig, sondern in die Ausführung des Auftrags eingebunden ist.[12]

Ergänzend sieht § 27 Abs. 4 Satz 3 VSVgV vor, dass der Nachweis darüber, dass dem 22 Bieter die für die Auftragsdurchführung erforderlichen Mittel eines Dritten zur Verfügung gestellt werden, über eine Zusage des Dritten geführt werden kann. Die Zusage muss § 27 Abs. 4 Satz 4 VSVgV in Schriftform, mittels fortgeschrittener Signatur oder mittels fortgeschritten elektronischen Siegels[13] erfolgen.

V. Andere, subsidiäre Nachweise,
§ 27 Abs. 5 VSVgV

Kann der Bewerber oder Bieter aus einem berechtigten Grund die geforderten Nach- 23 weise nicht beibringen, so kann der Auftraggeber die Vorlage jedes anderen geeigneten Nachweises zulassen (§ 27 Abs. 5 VSVgV). Der Begriff des anderen geeigneten Nachweises wird in § 27 VSVgV nicht legal definiert. Es ist davon auszugehen, dass jeder Nachweis geeignet ist, solange die Mindestanforderungen des § 27 Abs. 1 VSVgV nicht unterlaufen werden. Da § 27 Abs. 5 VSVgV den Regelungen in § 26 Abs. 2 VSVgV sowie § 45 Abs. 5 VgV entspricht, wird für die weiteren Einzelheiten auf die dortigen Kommentierungen verwiesen.[14]

Genau wie §§ 26 Abs. 2 VSVgV, 45 Abs. 5 VgV ist auch § 27 Abs. 5 VSVgV als Er- 24 messensvorschrift ausgestaltet („kann"). Zur Möglichkeit der Ermessensreduzierung auf Null vergleiche oben Rn. 16 sowie die Kommentierung zu § 26 Abs. 2 VSVgV.[15]

---

[11] → VgV § 47 Rn. 8 ff.

[12] EuGH, Urt. v. 7.4.2016 – C-324/14.

[13] Die Möglichkeit des fortgeschritten elektronischen Siegels wurde eingefügt durch das Gesetz zur Durchführung der Verordnung (EU) Nr. 910/2014 des Europäischen Parlaments und des Rates vom 23. Juni 2014 über elektronische Identifizierung und Vertrauensdienste für elektronische Transaktionen im Binnenmarkt und zur Aufhebung der Richtlinie 1999/93/EG (eIDAS-Durchführungsgesetz) vom 18. Juli 2017, BGBl. I S. 2745.

[14] → VSVgV § 26 Rn. 9 ff.; → VgV § 45 Rn. 35 ff.

[15] → VSVgV § 26 Rn. 14.

§ 28 Nachweis für die Einhaltung von
Normen des Qualitäts- und Umweltmanagements

(1) Verlangen Auftraggeber zum Nachweis dafür, dass Bewerber oder Bieter bestimmte Normen des Qualitätsmanagements erfüllen, die Vorlage von Bescheinigungen unabhängiger und akkreditierter Stellen, so beziehen sich Auftraggeber auf Qualitätsmanagementsysteme, die

1. den einschlägigen europäischen Normen genügen und
2. von unabhängigen akkreditierten Stellen zertifiziert sind, die den europäischen Normen für die Akkreditierung und Zertifizierung entsprechen.

Auftraggeber erkennen gleichwertige Bescheinigungen von unabhängigen akkreditierten Stellen aus anderen Mitgliedstaaten und andere Nachweise für gleichwertige Qualitätsmanagementsysteme an.

(2) Verlangen Auftraggeber bei der Vergabe von Dienstleistungsaufträgen als Nachweis der technischen Leistungsfähigkeit, dass Bewerber oder Bieter bestimmte Normen für das Umweltmanagement erfüllen, die Vorlage von Bescheinigungen unabhängiger Stellen, so beziehen sich Auftraggeber

1. entweder auf das Gemeinschaftssystem für das Umweltmanagement und die Umweltbetriebsprüfung (EMAS) oder
2. auf Normen für das Umweltmanagement, die auf den einschlägigen europäischen oder internationalen Normen beruhen und von entsprechenden Stellen zertifiziert sind, die dem Gemeinschaftsrecht oder europäischen oder internationalen Zertifizierungsnormen entsprechen.

Gleichwertige Bescheinigungen von Stellen in anderen Mitgliedstaaten sind anzuerkennen. Auftraggeber erkennen auch andere Nachweise für gleichwertige Umweltmanagementmaßnahmen an, die von Bewerbern oder Bietern vorgelegt werden.

Übersicht

	Rn.		Rn.
A. Einführung	1	III. Rechtliche Vorgaben im EU-Recht	3
I. Literatur	1	B. Allgemeines	4
II. Entstehungsgeschichte	2		

A. Einführung

I. Literatur

1 *Fischer/Barth*, Europäisches Vergaberecht und Umweltschutz, Zur Berücksichtigung von Umweltbelangen bei der Vergabe öffentlicher Aufträge, NVwZ 2002, 1184; *Huber/Wollenschläger*, EMAS und Vergaberecht – Berücksichtigung ökologischer Belange bei öffentlichen Aufträgen, WiVerw 2005, 212.

II. Entstehungsgeschichte

2 Die Vorschrift des § 28 VSVgV hat durch das Vergaberechtsmodernisierungsgesetz 2016 keinerlei Änderungen erfahren.

III. Rechtliche Vorgaben im EU-Recht

3 § 28 Abs. 1 VSVgV dient der Umsetzung von Art. 43 der Richtlinie 2009/81/EG und berücksichtigt damit die Änderungen gegenüber den Vorgaben in dem ehemaligen Art. 49

der Richtlinie 2004/18/EG. Absatz 2 des § 28 VSVgV übernimmt den Inhalt von Art. 44 der Richtlinie 2009/81/EG.

B. Allgemeines

§ 28 VSVgV regelt, in welchem Umfang der Auftraggeber Nachweise der Unternehmen **4** über ihr Qualitäts- und Umweltmanagement anfordern und in der Eignungsprüfung berücksichtigen darf.

Die Regelung dient der Harmonisierung der Qualitäts- und Umweltmanagementsyste- **5** me im Rahmen europäischer Vergaberechtsverfahren.[1] § 49 VgV enthält eine weitgehend identische Regelung zu § 28 VSVgV. Auf die Kommentierung dieser Vorschrift wird daher verwiesen.

---

[1] *Büdenbender* in Leinemann/Kirch, VSVgV § 28 Rn. 1; *Tomerius* in Pünder/Schellenberg, Vergaberecht VSVgV § 28 Rn. 1.

§ 29 Aufforderung zur Abgabe eines Angebots

(1) **Beim nicht offenen Verfahren, Verhandlungsverfahren mit Teilnahmewettbewerb und wettbewerblichen Dialog fordern Auftraggeber die Bewerber mit der Benachrichtigung über die Auswahl auf, ihre Angebote einzureichen oder zu verhandeln oder – im Falle des wettbewerblichen Dialogs – am Dialog teilzunehmen.**

(2) **Die Aufforderung enthält die Vergabeunterlagen und alle unterstützenden Unterlagen oder die Angabe, wie darauf gemäß § 20 Absatz 4 Satz 2 elektronisch zugegriffen werden kann.**

(3) **Hält eine andere Stelle als der für das Vergabeverfahren zuständige Auftraggeber die Unterlagen bereit, gibt der Auftraggeber in der Aufforderung die Anschrift dieser Stelle an und den Zeitpunkt, bis zu dem die Unterlagen angefordert werden können. Darüber hinaus sind der Betrag, der für den Erhalt der Unterlagen zu entrichten ist, und die Zahlungsbedingungen anzugeben. Die Unternehmen erhalten die Unterlagen unverzüglich nach Zugang der Anforderung.**

(4) **Veröffentlicht der Auftraggeber zusätzliche Informationen über die Vergabeunterlagen und sonstige ergänzende Unterlagen, so gilt § 20 Absatz 5.**

(5) **Die Aufforderung enthält über die in den Absätzen 2, 3 und 4 genannten Angaben mindestens:**

1. **den Hinweis auf die veröffentlichte Bekanntmachung;**
2. **den Tag, bis zu dem die Angebote eingehen müssen, die Anschrift der Stelle, bei der sie einzureichen sind, sowie die Sprache, in der sie abzufassen sind. Im Falle eines wettbewerblichen Dialogs ist diese Information nicht in der Aufforderung zur Teilnahme am Dialog, sondern in der Aufforderung zur Angebotsabgabe aufzuführen;**
3. **beim wettbewerblichen Dialog den Termin und den Ort des Beginns der Konsultationsphase sowie die verwendeten Sprachen;**
4. **die Liste der beizufügenden Eignungsnachweise im Falle des Verhandlungsverfahrens ohne Teilnahmewettbewerb;**
5. **die Gewichtung der Zuschlagskriterien oder die absteigende Reihenfolge der diesen Kriterien zuerkannten Bedeutung, anhand derer das wirtschaftlichste Angebot bestimmt wird, wenn diese nicht bereits in der Bekanntmachung enthalten sind.**

(6) **Auftraggeber können verlangen, dass Bieter im Angebot angeben, ob für den Gegenstand des Angebots gewerbliche Schutzrechte bestehen oder von den Bietern oder Dritten beantragt sind. Bieter haben stets anzugeben, ob sie erwägen, Angaben aus ihrem Angebot für die Anmeldung eines gewerblichen Schutzrechtes zu verwerten.**

(7) **Bietergemeinschaften haben im Angebot jeweils die Mitglieder sowie eines ihrer Mitglieder als bevollmächtigen Vertreter für den Abschluss und die Durchführung des Vertrags zu benennen. Fehlt eine dieser Angaben im Angebot, so ist sie vor der Zuschlagserteilung beizubringen. § 22 Absatz 6 gilt entsprechend.**

Übersicht

	Rn.		Rn.
A. Einführung	1	III. Zurverfügungstellung der Vergabeunterlagen und aller unterstützenden Unterlagen durch Dritte, § 29 Abs. 3 VSVgV	13
I. Literatur	1		
II. Entstehungsgeschichte	2		
III. Rechtliche Vorgaben im EU-Recht	3	IV. Mindestinhalt der Aufforderung zur Angebotsabgabe, § 29 Abs. 5 VSVgV	15
B. Allgemeines	4		
I. Aufforderung zur Angebotsabgabe/Verhandlung, Teilnahme am Dialog, § 29 Abs. 1 VSVgV	8	V. Gewerbliche Schutzrechte, § 29 Abs. 6 VSVgV	17
II. Vergabeunterlagen, § 29 Abs. 2 VSVgV	11	VI. Bietergemeinschaften, § 29 Abs. 7 VSVgV	19

A. Einführung

I. Literatur

Jenseits der einschlägigen Kommentierungen existiert, soweit ersichtlich, keine spezifische Literatur zu § 29 **1**
VSVgV.

II. Entstehungsgeschichte

§ 29 VSVgV wurde im Zuge der Vergaberechtsmodernisierung 2016 nicht verändert **2**
und besteht daher in seiner ursprünglichen Fassung aus dem Jahre 2012 fort.
Absatz 6 wurde 2012 der seinerzeitigen Regelung in § 16 EG Abs. 5 VOL/A und Absatz 7 hinsichtlich der formalen Anforderungen an Angebote von Bietergemeinschaften der
Regelung in § 16 EG Abs. 6 VOL/A entnommen.[1]

III. Rechtliche Vorgaben im EU-Recht

§ 29 VSVgV dient der Umsetzung von Art. 34 der Richtlinie 2009/81/EG. **3**

B. Allgemeines

§ 29 VSVgV dient der Einhaltung des Transparenz- und des Gleichbehandlungsgebots. **4**
In §§ 42 SektVO, 52 VgV finden sich vergleichbare Regelungen.
Die Vorschrift des § 29 VSVgV legt fest, dass öffentliche Auftraggeber die Bewerber **5**
beim nichtoffenen Verfahren, Verhandlungsverfahren mit Teilnahmewettbewerb und wettbewerblichen Dialog schriftlich aufzufordern haben, ihre Angebote einzureichen oder zu
verhandeln oder am wettbewerblichen Dialog teilzunehmen (§ 29 Abs. 1 VSVgV).
§ 29 Abs. 2 bis 5 VSVgV geben vor, welchen Inhalt die Aufforderung haben muss und **6**
welche Anforderungen die Auftraggeber zu erfüllen haben bzw. welche Unterlagen diese
den Bewerbern mit der Aufforderung zur Verfügung zu stellen haben.
Die Absätze 6 und 7 betreffen die erforderlichen Angaben im Falle von etwaigen
Schutzrechten der Bieter bzw. im Falle von Bietergemeinschaften.
Anders als nach den Richtlinien des Jahres 2014, die in § 41 VgV umgesetzt wurden, **7**
gibt es im Verteidigungs- und Sicherheitsbereich nicht die Verpflichtung, im – hier allein
anwendbaren – zweistufigen Verfahren bereits mit der Veröffentlichung der Bekanntmachung der Vergabeunterlagen zu jedermanns Verfügung barrierefrei im Netz zu veröffentlichen. Die Angebotsaufforderung und die damit verbundenen Vergabeunterlagen erhalten
nur die ausgewählten Bewerber.

I. Aufforderung zur Angebotsabgabe/Verhandlung, Teilnahme am Dialog, § 29 Abs. 1 VSVgV

§ 29 Abs. 1 VSVgV definiert den Anwendungsbereich der Norm für die dort genannten **8**
Verfahren. Das sind die Regelverfahren der VSVgV, ein offenes Verfahren findet in der
VSVgV nicht statt.

---

[1] BR-Drs. 321/12, 60.

9   Inhaltlich entspricht § 29 Abs. 1 VSVgV der Vorschrift des § 52 Abs. 1 VgV, welche ebenfalls festlegt, dass der öffentliche Auftraggeber die Bewerber dazu auffordert, ein Angebot einzureichen bzw. am Dialog teilzunehmen. Da es sich hierbei um den nächsten Verfahrensschritt handelt, fordert der Auftraggeber lediglich die im Teilnahmewettbewerb ausgewählten Bewerber auf. Weitere Unternehmen dürfen hingegen nicht aufgefordert werden.[2] Sagt ein Bewerber, der aufgefordert wurde, ab oder wird dieser ausgeschlossen, ist der Auftraggeber berechtigt, nachträglich andere nachrangig platzierte Bewerber aufzufordern,[3] wobei hierauf jedoch kein Anspruch besteht.[4]

10   Der Auftraggeber hat die Bewerber zeitgleich aufzufordern.[5] Zwar ist diese Vorgabe wie in § 52 Abs. 1 VgV, in § 29 Abs. 1 VSVgV nicht ausdrücklich geregelt. Für den Bereich Verteidigung und Sicherheit ergibt sich diese Vorgabe jedoch aus Art. 34 Abs. 1 der Richtlinie 2009/81/EG, welcher das Gleichzeitigkeitsgebot ausdrücklich vorschreibt. Im Rahmen des § 52 Abs. 1 VgV ergibt sich dieses aus Art. 54 Abs. 1 der Richtlinie 2014/24/EU. Im Übrigen ist der Auftraggeber hierzu auch aufgrund des Gleichbehandlungsgebotes angehalten.[6] Für den Sektorenbereich war diese Vorgabe in § 25 Abs. 1 SektVO a.F., der die entsprechende Vorgabe des Art. 47 Abs. 1 der Richtlinie 2004/17/EG umsetzte, ausdrücklich vorgesehen. Der nunmehr geltende § 42 Abs. 1 SektVO enthält das Gleichzeitigkeitsgebot jedoch ebenfalls nicht mehr, obwohl Art. 74 Abs. 1 der Richtlinie 2014/25/EU[7] dieses nach wie vor verlangt. Es ist daher nicht davon auszugehen, dass der Verordnungsgeber von den Mindestvorgaben von Art. 34 Abs. 1 der Richtlinie 2009/81/EG, von Art. 54 Abs. 1 der Richtlinie 2014/24/EU und von Art. 74 Abs. 1 der Richtlinie 2014/25/EU abweichen wollte. Diesbezügliche Angaben enthält auch die Begründung der Verordnung zur Modernisierung des Vergaberechts[8] nicht. Das Gleichzeitigkeitserfordernis wird als erfüllt angesehen, wenn der Auftraggeber den Bewerbern die Aufforderung noch am selben Tag übermittelt.[9]

§ 29 Abs. 1 VSVgV schreibt im Vergleich zu § 52 VgV zusätzlich vor, dass die Aufforderung schriftlich (§ 126 BGB) zu erfolgen hat.

Wegen der weiteren Einzelheiten wird auf die Kommentierung zu § 52 VgV verwiesen.[10]

II. Vergabeunterlagen, § 29 Abs. 2 VSVgV

11   Der Auftraggeber muss den Bewerbern nach § 29 Abs. 2 VSVgV die Vergabeunterlagen und alle unterstützenden Unterlagen, die diese für die Angebotserstellung bzw. die Verhandlungen oder den Dialog benötigen, zur Verfügung stellen. Alternativ ist die Angabe, wie darauf gemäß § 20 Abs. 4 Satz 2 VSVgV elektronisch zugegriffen werden kann, möglich. Eine Definition des Begriffs der Vergabeunterlagen findet sich in § 16 VSVgV, der wiederum der Vorschrift des § 29 VgV entspricht. Auf die Kommentierung von § 29 VgV wird daher verwiesen.[11] Unterstützende Unterlagen im Sinne des § 29 Abs. 2 VSVgV sind

[2] *Albrecht* in Dippel/Sterner/Zeiss, Praxiskommentar Beschaffung im Verteidigungs- und Sicherheitsbereich, 2013, VSVgV § 29 Rn. 5.
[3] Vgl. zu der Parallelvorschrift des § 52 VgV: *Stolz* in Willenbruch/Wieddekind, Vergaberecht Kompaktkommentar, VgV § 52 Rn. 3.
[4] Vgl. OLG München Beschl. v. 19.12.2013 – Verg 12/13 zur Parallelvorschrift des § 52 VgV.
[5] *Kues* in Leinemann/Kirch,VSVgV § 29 Rn. 7; *Ritzek-Seidl* in Pünder/Schellenberg, Vergaberecht, VSVgV § 29 Rn. 2.
[6] *Kues* in Leinemann/Kirch,VSVgV § 29 Rn. 7; *Ritzek-Seidl* in Pünder/Schellenberg, Vergaberecht, VSVgV § 29 Rn. 2.
[7] Durch diese Richtlinie wurde die zuvor geltende Richtlinie 2004/17/EG aufgehoben.
[8] BT-Drs. 18/7318.
[9] *Ritzek-Seidl* in Pünder/Schellenberg, Vergaberecht, VSVgV § 29 Rn. 2.
[10] → VgV § 52 Rn. 7ff.
[11] → VgV § 29 Rn. 19ff.

vom Bewerber zu bearbeitende Formblätter, wie Angebotsvordrucke, für die Angebotsangabe zu verwendende Umschläge und Kennzettel oder ähnliches.[12]

Für die Veröffentlichung zusätzlicher Informationen über die Vergabeunterlagen verweist **12** § 29 Abs. 4 VSVgV auf § 20 Abs. 5 VSVgV. Für Einzelheiten hierzu wird auf die Kommentierung von § 20 Abs. 5 VSVgV verwiesen.[13]

III. Zurverfügungstellung der Vergabeunterlagen und aller unterstützenden Unterlagen durch Dritte, § 29 Abs. 3 VSVgV

Der öffentliche Auftraggeber kann auch einen Dritten mit der Durchführung eines Ver- **13** gabeverfahrens beauftragen. § 29 Abs. 3 VSVgV regelt den Fall, dass eine andere Stelle als der für das Vergabeverfahren zuständige Auftraggeber, die Unterlagen bereithält, um sie dem Bewerber zur Verfügung zu stellen. In einem solchen Fall hat der Auftraggeber in seiner Aufforderung zur Angebotsabgabe die Anschrift dieser Stelle, sowie den Zeitpunkt, bis zu dem die Unterlagen angefordert werden können, anzugeben (§ 29 Abs. 3 S. 1 VSVgV). Auch der Betrag, der für den Erhalt der Unterlagen zu entrichten ist und die Zahlungsbedingungen sind anzugeben (§ 29 Abs. 3 S. 2 VSVgV). Anders als im Anwendungsbereich der VgV sind die Unterlagen also nicht in jedem Fall kostenfrei zur Verfügung zu stellen.

Der Dritte ist dazu verpflichtet, die Unterlagen unverzüglich nach dem Zugang der An- **14** forderung zu übermitteln (§ 29 Abs. 3 S. 3 VSVgV). Im Hinblick auf die Definition der Unverzüglichkeit kann auf § 121 Abs. 1 BGB zurückgegriffen werden, der darunter „ohne schuldhaftes Zögern" versteht.

IV. Mindestinhalt der Aufforderung zur Angebotsangabe, § 29 Abs. 5 VSVgV

§ 29 Abs. 5 VSVgV legt in einem nichtabschließenden Katalog („mindestens") die An- **15** gaben fest, die die Aufforderung enthalten soll.

Die Angaben entsprechen im Wesentlichen denen des § 52 Abs. 2 S. 1 VgV, sodass für die Einzelheiten auf die dortige Kommentierung verwiesen wird.[14]

§ 29 Abs. 5 Nr. 4 VSVgV enthält jedoch eine Sonderregelung für das Verhandlungsver- **16** fahren ohne Teilnahmewettbewerb. Im Falle der Durchführung dieses Vergabeverfahrens wird gefordert, dass die Aufforderung die Liste der dem Angebot beizufügenden Eignungsnachweise enthalten muss. Bei Vergaben im nicht offenen Verfahren und beim Verhandlungsverfahren mit Teilnahmewettbewerb müssen die Eignungsanforderungen sowie die Angabe, welche Nachweise hierzu vorzulegen sind bereits in der Auftragsbekanntmachung angegeben werden, vgl. § 18 Abs. 3 Nr. 1 VSVgV. Im Verhandlungsverfahren ohne vorherigen Teilnahmewettbewerb ist hingegen die Eignungsprüfung mit der Angebotsprüfung durchzuführen, sie ist noch nicht vorab erfolgt.[15]

V. Gewerbliche Schutzrechte, § 29 Abs. 6 VSVgV

Sollten für den Gegenstand des Angebots gewerbliche Schutzrechte bestehen oder bean- **17** tragt sein, so kann der Auftraggeber verlangen, dass diese vom Bewerber bzw. Bieter im

---

[12] *Kues* in Leinemann/Kirch, VSVgV § 29 Rn. 12.
[13] → VSVgV § 20 Rn. 23.
[14] → VgV § 52 Rn. 10 ff.
[15] Vgl. auch *Haak/Koch/Stolz* in Willenbruch/Wieddekind, Vergaberecht Kompaktkommentar, VSVgV § 29 Rn. 8.

Angebot angegeben werden (§ 29 Abs. 6 S. 1 VSVgV). Die Bieter haben nach § 29 Abs. 6 S. 2 VSVgV stets anzugeben, ob sie erwägen, Angaben aus ihrem Angebot für die Anmeldung eines gewerblichen Schutzrechtes zu verwerten.

18   Die Vorschrift entspricht inhaltlich weitgehend der Regelung in § 53 Abs. 8 VgV. Auf die dortige Kommentierung wird daher verwiesen.[16] Anders als ihre Parallelvorschrift § 53 Abs. 8 VgV ist § 29 Abs. 6 S. 1 VSVgV jedoch als Ermessensvorschrift („kann") ausgestaltet. Damit ist der Auftraggeber im Bereich der VSVgV nicht dazu verpflichtet, Informationen über etwaige gewerbliche Schutzrechte der Bieter oder Dritter einzuholen.

VI. Bietergemeinschaften, § 29 Abs. 7 VSVgV

19   § 29 Abs. 7 VSVgV enthält besondere Anforderungen für die Angebotsabgabe durch eine Bietergemeinschaft. Eine weitgehend vergleichbare Vorschrift findet sich in § 53 Abs. 9 VgV. Auf die dortige Kommentierung wird daher verwiesen.[17]

Über den Verweis in § 29 Abs. 7 S. 3 VSVgV auf § 22 Abs. 6 VSVgV wird es den Auftraggebern ermöglicht, fehlende Angaben, Erklärungen oder Unterlagen, die grundsätzlich mit dem Angebot einzureichen sind, bis zum Ablauf einer zu bestimmenden Nachfrist nachzufordern.[18]

---

[16] → VgV § 53 Rn. 56 ff.
[17] → VgV § 53 Rn. 59 ff.
[18] BR-Drs. 321/12, 60.

§ 30 Öffnung der Angebote

(1) **Auf dem Postweg und direkt übermittelte Angebote sind ungeöffnet zu lassen, mit Eingangsvermerk zu versehen und bis zum Zeitpunkt der Öffnung unter Verschluss zu halten. Elektronische Angebote sind auf geeignete Weise zu kennzeichnen und verschlüsselt aufzubewahren. Mittels Telefax eingereichte Angebote sind ebenfalls entsprechend zu kennzeichnen und auf geeignete Weise unter Verschluss zu halten.**

(2) **Die Öffnung der Angebote wird von mindestens zwei Vertretern des Auftraggebers gemeinsam durchgeführt und dokumentiert. Bieter sind nicht zugelassen. Dabei wird mindestens festgehalten:**

1. Name und Anschrift der Bieter,
2. die Endbeträge ihrer Angebote und andere den Preis betreffenden Angaben,
3. ob und von wem Nebenangebote eingereicht worden sind.

(3) **Die Angebote und ihre Anlagen sowie die Dokumentation über die Angebotsöffnung sind auch nach Abschluss des Vergabeverfahrens sorgfältig zu verwahren und vertraulich zu behandeln.**

Übersicht

	Rn.			Rn.
A. Einführung	1		II. Verbot frühzeitiger Kenntnisnahme	4
I. Literatur	1		III. Kennzeichnung und Aufbewahrung (Abs. 1)	5
II. Entstehungsgeschichte	1a		IV. Öffnung der Angebote (Abs. 2) .	7
III. Rechtliche Vorgaben im EU-Recht	2		V. Verwahrung und Vertraulichkeit (Abs. 3)	10
B. Regelungsinhalt der Vorschrift	3			
I. Anwendungsbereich	3			

A. Einführung

I. Literatur

Graef, Rechtsfragen zur Kommunikation und Informationsübermittlung im neuen Vergaberecht, NZBau **1** 2008, 34 ff.; *Höfler,* Der Eröffnungstermin im Verfahren zur Vergabe öffentlicher Bauaufträge, ZfBR 2000, 75; *Klapdor,* VK Westfalen – Vergabefehler nur bei subjektiver Rechtsverletzung des Antragstellers erheblich!, VPR 2017, 120; Leinemann/Kirch (Hrsg.), VSVgV, 2013; *Mösinger/Thomas,* Verteidigungs- und Sicherheitsvergaben, 2014; *Noch,* Eröffnungstermin aber richtig – welche Fehler sollte man vermeiden, Vergabe Navigator Februar 2009, 29; von Wiedersheim (Hrsg.), Vergaben im Bereich Verteidigung und Sicherheit, 2013.

II. Entstehungsgeschichte

§ 30 VSVgV entspricht inhaltlich dem früheren § 17 EG VOL/A.[1] Da sich auch § 54 **1a** VgV sowie § 55 VgV teilweise an den früheren § 17 EG VOL/A anlehnen, bestehen dort vergleichbare Vorgaben. Im Vergleich zu § 17 EG VOL/A wurde § 55 Abs. 2 VgV inhaltlich gekürzt. Da § 30 VSVgV nicht im Rahmen der jüngsten Vergaberechtsnovelle entsprechend geändert wurde, ist die Vorschrift gegenüber der VgV detaillierter. So enthält § 30 Abs. 2 VSVgV im Unterschied zum neuen § 55 Abs. 2 VgV eine Auflistung der im Submissionsprotokoll festzuhaltenden Mindestangaben.

---

[1] BR-Drs. 321/12, 60.

III. Rechtliche Vorgaben im EU-Recht

2   Die Richtlinie 2009/81/EG enthält keine besonderen Regelungen zur Öffnung der Angebote. Insbesondere die in § 30 Abs. 2 VSVgV enthaltenen Vorschriften zum konkreten
Ablauf des Submissionstermins beruhen somit nicht auf unionsrechtlichen Vorgaben. Genauso wie § 19 Abs. 3 VSVgV (zum Verhältnis der beiden Vorschriften → Rn. 6) trägt
§ 30 VSVgV allerdings Art. 36 Abs. 3 RL 2009/81/EG Rechnung, wonach bei der Mitteilung bzw. Übermittlung und Speicherung von Informationen die Integrität der Daten
und die Vertraulichkeit der Angebote zu gewährleisten sind und die öffentlichen Auftraggeber erst nach Ablauf der Frist für ihre Einreichung Kenntnis über den Inhalt der Angebote erhalten dürfen.

B. Regelungsgehalt der Vorschrift

I. Anwendungsbereich

3   § 30 VSVgV findet gemäß § 2 Abs. 1 VSVgV nur für die Vergabe von verteidigungs-
und sicherheitsspezifischen Liefer- und Dienstleistungsaufträgen Anwendung. Die Angebotsöffnung im Rahmen der Vergabe verteidigungs- oder sicherheitsspezifischer Bauaufträge ist hingegen in § 14 VS VOB/A geregelt.

II. Verbot frühzeitiger Kenntnisnahme

4   Anders als in der Parallelvorschrift des § 55 VgV ist das Verbot der Kenntnisnahme vom
Inhalt der Bewerbungsunterlagen vor Ablauf der Angebotsfrist in § 30 VSVgV nicht
ausdrücklich geregelt. Dass die Kenntnisnahme von ihrem Inhalt erst nach Ablauf der
Frist erfolgen darf, ergibt sich jedoch aus § 19 Abs. 3 S. 2 VSVgV (in Einklang mit
Art. 36 Abs. 3 RL 2009/81/EG), der wiederum § 55 Abs. 1 VgV entspricht. → VgV § 55
Rn. 7–8. § 30 VSVgV wiederholt dieses Kenntnisnahmeverbot im Zusammenhang mit der
Öffnung der Angebote nicht, setzt es aber implizit voraus.

III. Kennzeichnung und Aufbewahrung (Abs. 1)

5   Die in § 30 Abs. 1 VSVgV enthaltenen Vorgaben zur Kennzeichnung und Aufbewahrung der Unterlagen entsprechen im Wesentlichen denjenigen des § 54 VgV. Im
Unterschied zu § 54 VgV regelt § 30 Abs. 1 VSVgV jedoch lediglich den Umgang mit
Angeboten, nicht aber mit Interessensbekundungen, Interessensbestätigungen und Teilnahmeanträgen. Die Anforderungen an die Vertraulichkeit sowie das Verbot der frühzeitigen Kenntnisnahme (zum Kenntnisnahmeverbot → Rn. 4) sind allerdings nicht nur für
Angebote, sondern auch für Teilnahmeanträge gleichermaßen zu beachten.[2] Dementsprechend sollten die Vorgaben zur Kennzeichnung und Aufbewahrung der Unterlagen nach
§ 30 Abs. 1 VSVgV zumindest auch für Teilnahmeanträge gelten, obgleich sie dem Wortlaut nach nicht umfasst sind. Auf diese Weise lässt sich nämlich sicherstellen, dass die gebotene Vertraulichkeit und das Verbot der Kenntnisnahme gewahrt werden. Ein Interessensbekundungsverfahren, wie es sich in § 38 Abs. 4 und 5 VgV findet, ist weder in der
VSVgV noch in der zugrundeliegenden RL 2009/81/EG vorgesehen. Folglich besteht
auch kein Bedarf, den Umgang mit Interessensbekundungen und Interessensbestätigungen
zu regeln.

---

[2] *Kues* in Leinemann/Kirch § 30 Rn. 9.

Im Übrigen wird auf die Kommentierung zu § 54 VgV verwiesen. → VgV § 54 Rn. 1 ff.

§ 19 Abs. 3 S. 3–5 VSVgV enthält bereits Vorgaben zur Übermittlung von Angeboten. **6** Der Regelungsgehalt überschneidet sich zum Teil mit dem von § 30 Abs. 1 VSVgV. Während § 19 Abs. 3 S. 3–5 VSVgV sich jedoch überwiegend auf die Anforderungen zur Einreichung von Angeboten sowie Teilnahmeanträgen bezieht (→ § 19 Rn. 15 ff.), regelt § 30 Abs. 1 VSVgV den Umgang mit den eingereichten Angeboten und Teilnahmeanträgen.

IV. Öffnung der Angebote (Abs. 2)

§ 30 Abs. 2 VSVgV regelt den Vorgang der Angebotsöffnung. Wie schon in Absatz 1, **7** werden auch hier Teilnahmeanträge nicht explizit genannt. Aus den gleichen Gründen wie dort (→ Rn. 5) spricht jedoch einiges dafür, die Vorschrift über ihren Wortlaut hinaus auch auf Teilnahmeanträge anzuwenden. In der Praxis ist jedenfalls anzuraten, das Verfahren bei der Öffnung von Teilnahmeanträgen zumindest ähnlich auszugestalten.

Im Vergleich zu seiner Parallelvorschrift führt § 30 Abs. 2 VSVgV aus, was bei der Öffnung der Angebote (und Teilnahmeanträge) mindestens festgehalten werden muss: Name und Anschrift der Bieter, die Endbeträge ihrer Angebote und andere den Preis betreffende Angaben als auch ob und von wem Nebenangebote eingereicht worden sind. Bis auf diese Ergänzungen ist der Regelungsgehalt des § 30 Abs. 2 VSVgV in § 55 Abs. 2 VgV enthalten, sodass auf die umfassende Kommentierung hierzu verwiesen werden kann. → VgV § 55 Rn. 9 ff.

Anders als in § 55 Abs. 2 VgV, enthält § 30 Abs. 2 VSVgV jedoch keine zeitlichen Vorgaben. Der Submissionstermin muss daher nicht unverzüglich nach Ablauf der Angebotsfrist stattfinden. In der Praxis wird das freilich regelmäßig der Fall sein. **8**

Der Auftraggeber hat die Angebotsöffnung (und die Öffnung der Teilnahmeanträge) zu **9** dokumentieren. Der Mindestinhalt des Submissionsprotokolls ist (im Gegensatz zu § 55 Abs. 2 VgV) in § 30 Abs. 2 S. 3 VSVgV ausdrücklich normiert: Name und Anschrift der Bieter, die Endbeträge der Angebote und andere den Preis betreffende Angaben sowie Nebenangebote der Bieter. Andere den Preis betreffende Angaben sind zum Beispiel Preise für einzelne Lose.[3]

Die in § 30 Abs. 2 VSVgV aufgezählten Angaben sind nicht abschließend („wird mindestens festgehalten"). Zum Inhalt des Submissionsprotokolls wird ferner auch auf die entsprechende Kommentierung zur VgV verwiesen. → VgV § 55 Rn. 20 f.

V. Verwahrung und Vertraulichkeit (Abs. 3)

Die Regelungen des § 30 Abs. 3 VSVgV zur Verwahrung und vertraulichen Behandlung **10** der Angebote und der Dokumentation über die Angebotsöffnung entsprechen denen des § 5 Abs. 2 S. 2 VgV. Jedoch bezieht sich § 5 Abs. 2 S. 2 VgV auch auf Teilnahmeanträge, Interessensbekundungen sowie Interessensbestätigungen, die in § 30 Abs. 3 VSVgV hingegen nicht erfasst sind. Dass Interessensbekundungen und Interessensbestätigungen in § 30 Abs. 3 VSVgV nicht genannt werden, resultiert daraus, dass im Anwendungsbereich der zugrundeliegenden Richtlinie 2009/81/EG kein Interessensbekundungsverfahren vorgesehen ist. Aus denselben Gründen wie im Rahmen der Absätze 1 und 2 (→ Rn. 5) spricht demgegenüber einiges dafür, Absatz 3 auch auf Teilnahmeanträge zu erstrecken. Für die Praxis ist anzuraten, jedenfalls ähnlich zu verfahren.

---

[3] *Kues* in Leinemann/Kirch § 30 Rn. 20.

Im Übrigen regelt § 43 VSVgV die Dokumentations- und Aufbewahrungspflichten des Auftraggebers. → § 43 Rn. 1 ff.

Auf die Ausführungen zur Verwahrung und vertraulichen Behandlung der Dokumente nach § 5 Abs. 2 S. 2 VgV wird verwiesen. → § 5 Rn. 39.

§ 31 Prüfung der Angebote

(1) **Die Angebote sind auf Vollständigkeit sowie auf fachliche und rechnerische Richtigkeit zu prüfen.**

(2) **Ausgeschlossen werden:**
1. Angebote, die nicht die geforderten oder nachgeforderten Erklärungen und Nachweise enthalten;
2. Angebote, die nicht unterschrieben oder nicht mindestens versehen sind mit einer fortgeschrittenen elektronischen Signatur oder mit einem fortgeschrittenen elektronischen Siegel;
3. Angebote, in denen Änderungen des Bieters an seinen Eintragungen nicht zweifelsfrei sind;
4. Angebote, bei denen Änderungen oder Ergänzungen an den Vergabeunterlagen vorgenommen worden sind;
5. Angebote, die nicht form- oder fristgerecht eingegangen sind, es sei denn, der Bieter hat dies nicht zu vertreten;
6. Angebote von Bietern, die in Bezug auf die Vergabe eine unzulässige, wettbewerbsbeschränkende Abrede getroffen haben;
7. Angebote von Bietern, die auch als Bewerber gemäß § 24 von der Teilnahme am Wettbewerb hätten ausgeschlossen werden können;
8. Angebote, die nicht die erforderlichen Preisangaben enthalten, es sei denn, es handelt sich um unwesentliche Einzelpositionen, deren Einzelpreise den Gesamtpreis nicht verändern oder die Wertungsreihenfolge und den Wettbewerb nicht beeinträchtigen.

Übersicht

	Rn.			Rn.
A. Einführung	1		2. Keine Unterschrift/fortgeschrittene elektronische Signatur/fortgeschrittenes elektronisches Siegel	17
I. Literatur	1			
II. Entstehungsgeschichte	2			
III. Rechtliche Vorgaben im EU-Recht	4		3. Nicht zweifelsfreie Änderungen	19
B. Materiell-rechtlich vergleichbare Vorschriften	6		4. Änderungen oder Ergänzungen	20
			5. Nicht form- oder fristgerecht	21
C. Formalprüfung der Angebote	9		6. Wettbewerbsbeschränkende Abrede	23
D. Ausschlussgründe	13		7. Fehlende Eignung	24
I. Gebundene Entscheidung	15		8. Fehlende Preisangaben	26
II. Ausschlussgründe im Einzelnen	16		E. Drittschutz der Norm	27
1. Fehlende Nachweise/Erklärungen	16			

A. Einführung

I. Literatur

Ziekow, Öffentliches Wirtschaftsrecht, 4. Auflage, 2016.   **1**

II. Entstehungsgeschichte

Mit § 31 VSVgV unterstellt der Verordnungsgeber die eingegangenen Angebote einer **2** **Formalprüfung**. Ein Angebot durchläuft im Laufe des Vergabeverfahrens vier Wertungsstufen, bevor darauf ein Zuschlag erteilt werden kann. Die Wertungsstufen 1 (Formalprüfung), 3 (Preisangemessenheit) und 4 (Wirtschaftlichkeit anhand der Zuschlagskriterien;

sog. Wertung im engeren Sinne) sind in allen Vergabeverfahren identisch. Für das im verteidigungs- und sicherheitsspezifischen Bereich typische zweistufige Vergabeverfahren ist die 2. Wertungsstufe – die Eignungsprüfung – im Rahmen des durchzuführenden Teilnahmewettbewerbs den übrigen Prüfungsstufen vorangestellt.[1] § 31 VSVgV beschreibt zum einen in Absatz 1 die Pflicht des Auftraggebers, die eingereichten Angebote auf ihre **fachliche und rechnerische Richtigkeit** zu überprüfen und nennt zum anderen in Absatz 2 Gründe, nach denen **Angebote auszuschließen** sind.

3   Seit dem Erlass der Verordnung über die Vergabe von Aufträgen im Bereich Sicherheit und Verteidigung (Vergabeverordnung Verteidigung und Sicherheit – VSVgV)[2] am 12. Juli 2012 ist der Wortlaut des § 31 VSVgV nahezu unverändert. Zuletzt wurde der Wortlaut des § 31 Abs. 2 Nr. 2 VSVgV lediglich um das „fortgeschrittene elektronische Siegel" ergänzt.[3] Mit der Vorschrift wurden die **Inhalte des § 19 EG VOL/A aF.** aufgenommen, die zuvor an keiner anderen Stelle der Verordnung verortet sind.[4] Hierbei fällt auf, dass § 19 EG VOL/A aF. alle Wertungsstufen in einer Bestimmung zusammenfasste, während die VSVgV für jeden Prüfungsschritt einen eigenständigen Paragraphen vorsieht. Eine fest einzuhaltende Prüfungs- und Wertungsreihenfolge ergibt sich aus der systematischen Anordnung der Vorschriften nicht.[5] Denklogisch bauen die Prüfungsschritte dennoch aufeinander auf, sodass die vom Verordnungsgeber gewählte Reihenfolge regelmäßig eingehalten werden wird. So bildet die Feststellung der rechnerischen Richtigkeit der Preisberechnung erst die Grundlage für eine sich anschließende Überprüfung des Angebots auf Einhaltung des Wirtschaftlichkeitserfordernisses.[6] Auch die Formalprüfung zu Beginn der Prüfung dient einer **effizienten und ökonomischen Durchführung des Vergabeverfahrens**, da an dieser Stelle Angebote aussortiert werden, die bereits rein formal nicht mit den anderen Angeboten vergleichbar sind. Würde die Überprüfung auf formale Richtigkeit erst im späteren Wertungsprozess vollzogen, so bestünde die Gefahr, dass formal nicht vergleichbare Angebote einer zeit- und kostenintensiven inhaltlichen Überprüfung unterzogen würden, um letztlich wegen formeller Mängel, die vergleichsweise einfach zu ermitteln sind, doch auszuscheiden. Dieses Vorgehen würde jedenfalls nicht dem Grundsatz entsprechen, dass der öffentliche Auftraggeber sparsam und ökonomisch in Bezug auf seine Haushaltsgelder zu handeln hat.[7] Die Ansicht, dass diese Abweichung zur Vorschrift des § 19 EG VOL/A aF. auf einer verteidigungs- und sicherheitsspezifischen Besonderheit beruht,[8] vermag mit Blick darauf, dass nunmehr auch die im Zuge der Vergaberechtsmodernisierung im Jahr 2016 neu geschaffene VgV eine systematische Trennung der Prüf- und Wertungsschritte im klassischen Auftragsvergabebereich vorsieht, nicht zu überzeugen.

III. Rechtliche Vorgaben im EU-Recht

4   Die VSVgV trägt als Umsetzung der europäischen Richtlinie 2009/81/EG[9] den bereichsspezifischen Besonderheiten der Vergabe von Dienst- und Lieferverträgen im Oberschwellenbereich Rechnung.

---

[1] Vgl. *Leinemann* Die Vergabe öffentlicher Aufträge, 6. Aufl. 2016, Rn. 1961.

[2] BGBl. I S. 1509.

[3] Zuletzt geändert durch Art. 7 Nr. 4 des eIDAS-Durchführungsgesetzes vom 18.7.2017 (BGBl. I 2745, 2752).

[4] Siehe amtliche Begründung zu § 31 VSVgV, BR-Drs. 321/12, 61.

[5] Vgl. OLG Düsseldorf 4.12.2002 – Verg 45/01, juris; OLG Jena 13.10.1999 – 6 Verg 1/99, NZBau 2001, 39 (40).

[6] Vgl. *Kirch* in Leinemann/Kirch VSVgV § 31 VSVgV Rn. 2.

[7] Vgl. *Ziekow* Öffentliches Wirtschaftsrecht 4. Aufl. 2016, S. 161.

[8] So etwa *Kirch* in Leinemann/Kirch VSVgV § 31 VSVgV Rn. 2.

[9] Richtlinie 2009/81/EG des Europäischen Parlaments und des Rates vom 13. Juli 2009 über die Koordinierung der Verfahren zur Vergabe bestimmter Bau-, Liefer- und Dienstverträge in den Bereichen Verteidigung und Sicherheit und zur Änderung der Richtlinien 2004/17/EG und 2004/17/EG, ABl. EU 2009l 216 S. 76 ff. (im Weiteren: „Verteidigungsrichtlinie").

Anders als die Prüfung der Eignung,[10] Wirtschaftlichkeit[11] und Preisangemessenheit[12] ist **5** die Formalprüfung als solche an keiner Stelle der europarechtlichen Vergaberichtlinien verankert. Die Richtlinien weisen allerdings insoweit keinen abschließenden Charakter auf und stehen damit der **Formalprüfung als Eigenheit des nationalen Vergaberechts** nicht entgegen.[13] Vielmehr ergibt sich die Notwendigkeit einer Überprüfung der formalen Anforderungen an die Angebote bereits aus den allgemeinen vergaberechtlichen Grundsätzen. So kann eine transparente und nicht diskriminierende Vergabe allein dann gesichert sein, wenn nur in jeglicher Hinsicht den Vergabeunterlagen entsprechende und damit vergleichbare Angebote in die Wertung einbezogen werden und somit für den Zuschlag in Betracht kommen.[14]

B. Materiell-rechtlich vergleichbare Vorschriften

Die nationalen vergaberechtlichen Vorschriften haben mit der Vergaberechtsnovelle 2016 **6** eine umfassende Überarbeitung erfahren. Grundlage dafür war die zuvor erfolgte Reform des Vergaberechts auf europäischer Ebene.[15] Die gemeinschaftsrechtliche Verteidigungsrichtlinie wurde hingegen nicht reformiert und war damit folgerichtig auch nicht Gegenstand der umfassenden und grundlegenden nationalen Vergaberechtsreform 2016. Aus diesem Umstand resultieren **zahlreiche Abweichungen** zwischen den Regelungen im Bereich der allgemeinen Auftragsvergabe und dem der sicherheits- und verteidigungsrelevanten Aufträge. Diese Abweichungen sind dabei **teils redaktioneller, teils inhaltlicher Natur**. Die teilweise unterschiedliche Rechtslage ist daher häufig der (bislang) **fehlenden Harmonisierung der betreffenden „Sektoren"** geschuldet und beruht folglich in zahlreichen Fällen nicht auf den Spezifika des Verteidigungs- und Sicherheitsbereichs. Diese Situation sollte mit der im Sinne einer Harmonisierung der Regelungsregime für die Zukunft wünschenswerten Überarbeitung der Verteidigungsrichtlinie behoben werden.

Die folgende Kommentierung beschränkt sich auf die Abweichungen zur VgV und da- **7** bei insbesondere auf die verteidigungs- und sicherheitsrelevanten Besonderheiten der Bestimmung. Im Übrigen wird auf die Kommentierung zu der entsprechenden Vorschrift der VgV im allgemeinen Auftragsbereich verwiesen.

§ 31 VSVgV entspricht inhaltlich im Wesentlichen den §§ 56 Abs. 1 und § 57 Abs. 1 **8** VgV,[16] sodass insbesondere hinsichtlich der Begriffe der Vollständigkeit der Angebote sowie der rechnerischen und fachlichen Richtigkeit auf die Kommentierung zur entsprechenden VgV-Vorschrift verwiesen werden kann. Materiell-rechtlich vergleichbare Vorschriften finden sich im Übrigen in den §§ 16 VS, 16c VS Abs. 1 VOB/A. Weder die SektVO noch die KonzVgV sehen eine entsprechend ausformulierte Regelung zur Formalprüfung vor.

---

[10] Art. 38 ff. RL 2009/18/EG.

[11] Art. 47 RL 2009/18/EG.

[12] Art. 49 RL 2009/18/EG.

[13] Vgl. *Dittmann* in KMPP Kommentar zur VOL/A 2. Aufl. 2014 § 19 EG Rn. 2; *Müller-Wrede/Horn/Roth* in Müller-Wrede VOL/A 3. Aufl. 2010 § 19 EG Rn. 6 f.

[14] Vgl. BGH 18.5.2004 – X ZB 7/04 (KG), NJW-RR 2004, 1626; *Kirch* in Leinemann/Kirch VSVgV § 31 VSVgV Rn. 3.

[15] Gegenstand der Reform waren die Vergaberichtlinien für den Bereich der allgemeinen Auftragsvergabe (RL 2014/24/EU), die Sektorenrichtlinie (RL 2014/25/EU) sowie die Konzessionsrichtlinie (RL 2014/23/EU). Diese finden national ihre Umsetzung im GWB, in der VgV, der KonzVgV, der SektVO und der neuen EU-VOB/A.

[16] Vgl. *Haak/Hogeweg* in Burgi/Dreher Vergaberecht § 56 Rn. 20, 23, 25.

C. Formalprüfung der Angebote

9   Nach § 31 Abs. 1 VSVgV sind die eingegangenen **Angebote** im Vorfeld der inhaltlichen Angebotswertung auf Vollständigkeit sowie auf fachliche und rechnerische Richtigkeit zu überprüfen. Die Vorschrift entspricht inhaltlich im Wesentlichen § 56 Abs. 1 VgV.

10   Dem Wortlaut nach umfasst die Vorschrift des § 31 Abs. 1 VSVgV jedoch nur Angebote.

11   Nach hier vertretener Ansicht gilt die Bestimmung in Bezug auf die Aspekte Vollständigkeit sowie Prüfung der fachlichen Richtigkeit in analoger Anwendung auch für **Teilnahmeanträge**. Denn auch insoweit besteht aus Wettbewerbs- und Gleichbehandlungsgründen ein Bedürfnis nach einer Vollständigkeits- und technischen Richtigkeitsprüfung, mithin eine Regelungslücke und vergleichbare Interessenlage als Voraussetzung für eine **Analogiebildung**. Dies zeigt auch die im allgemeinen Vergabebereich durch die Vergaberechtsnovelle 2016 bereits durchgeführte (deklaratorische) Ergänzung des Wortlauts des § 56 Abs. 1 VgV um die Teilnahmeanträge.[17]

12   Grundsätzlich kann sich auch für eine Formalprüfung von **Nebenangeboten** nichts Anderes ergeben. Die Zulässigkeit von Nebenangeboten ergibt sich im VS-Bereich aus § 32 VSVgV, wonach diese eingereicht werden dürfen, wenn die Vergabestelle dies zuvor in der Bekanntmachung zugelassen hat. Sie müssen allerdings stets die im Vorfeld bekanntgegebenen Mindestanforderungen erfüllen. Zwar ist die Regelung über die Zulässigkeit von Nebenangeboten damit systematisch nach der Bestimmung zur Formalprüfung verstandortet. Es sind aber keine Gründe ersichtlich, die hinsichtlich des **Wettbewerbs- und Gleichbehandlungsgrundsatzes als Leitgedanke der Formalprüfung** eine andere Beurteilung zulassen. Folglich ist auch im verteidigungs- und sicherheitsrelevanten Bereich von der Erforderlichkeit einer Formalprüfung für Nebenangebote auszugehen.

D. Ausschlussgründe

13   Der Überprüfung der Vollständigkeit und fachlichen sowie rechnerischen Richtigkeit schließt sich eine Prüfung der Ausschlussgründe an, die ebenfalls als Bestandteil einer formalen Prüfung einzuordnen ist und die ebenso noch der ersten Wertungsstufe zuzuordnen ist.[18]

14   Absatz 2 der Vorschrift benennt abschließend acht verschiedene **Ausschlusstatbestände:**

I. Gebundene Entscheidung

15   Der Wortlaut des § 31 Abs. 2 VSVgV – „ausgeschlossen werden" – regelt ausdrücklich eine **gebundene Entscheidung** bei Vorliegen eines Ausschlusstatbestandes.[19] Für eine gebundene Entscheidung spricht ebenfalls, dass auch in Bezug auf den insoweit wortlautgleichen § 19 EG Abs. 3 VOL/A Abs. 3 VOL/A aF. („Ausgeschlossen werden ..."), dessen Inhalt der Verordnungsgeber der VSVgV übernehmen wollte,[20] das Vorliegen einer gebundenen Entscheidung anerkannt gewesen ist.[21]

---

[17] So schon *Horn* in Müller-Wrede VgV § 56 Rn. 5 zur entsprechenden Vorschrift in der VgV.

[18] Vgl. *Wagner* in Summa jurisPK-VergabeR 4. Aufl. 2013 § 16 VOL/A 2009 Rn. 55.

[19] A. A. *Kirch* in Leinemann/Kirch VSVgV § 31 VSVgV Rn. 13 ff., der auf die grundsätzliche Einordnung einzelner Ausschlusstatbestände als fakultative Ausschlussgründe abstellt und entgegen dem eindeutigen Wortlaut des § 31 VSVgV im Einzelfall (Nachforderung von Unterlagen und Eignung) von einer Ermessensentscheidung ausgeht.

[20] Vgl. amtliche Begründung zu § 31 VSVgV, BR-Drs. 321/12, 60.

[21] Vgl. OLG Düsseldorf 12.9.2016 – 7 Verg 5/16; so schon *Horn* in Müller-Wrede VOL/A 3. Aufl. § 19 EG Abs. 79; *Verfürth/Dittmann* in KMPP VOL/A 2. Aufl. § 19 EG Rn. 20; *Stolz* in Willenbruch/Wieddekind Vergaberecht § 19 VOL/A EG Rn. 22.

II. Ausschlussgründe im Einzelnen

1. Fehlende Nachweise/Erklärungen

Nach § 31 Abs. 2 Nr. 1 VSVgV sind Angebote auszuschließen, die nicht die geforderten **16** oder nachgeforderten Erklärungen oder Nachweise enthalten. Die VSVgV regelt die Möglichkeit der Nachforderung von Nachweisen und Erklärungen in § 22 Abs. 6 VSVgV. Die Vorschrift entspricht inhaltlich § 57 Abs. 2 Nr. 2 VgV.

2. Keine Unterschrift/fortgeschrittene elektronische Signatur/fortgeschrittenes elektronisches Siegel

Angebote, die nicht unterschrieben oder mit fortgeschrittener elektronischer Signatur im **17** Sinne des Signaturgesetzes nach § 2 Nr. 2 SigG oder fortgeschrittenem elektronischen Siegel versehen sind, werden nach § 31 Abs. 2 Nr. 2 VSVgV ausgeschlossen. Die Vorschrift entspricht inhaltlich § 57 Abs. 1 i. V. m. § 53 Abs. 3 und 6 VgV.

Im VS-Bereich gilt nach § 19 Abs. 1 VSVgV die Wahlfreiheit des Auftraggebers bezüg- **18** lich der Kommunikationsmittel. Ob eine Unterschrift, eine fortgeschrittene Signatur oder das fortgeschrittene elektronische Siegel zur eindeutigen Identifikation des Bieters erforderlich ist, hängt demnach von der in der Bekanntmachung oder den Vergabeunterlagen vorgeschriebenen Form der Angebotseinreichung ab.

3. Nicht zweifelsfreie Änderungen

Nach § 31 Abs. 2 Nr. 3 VSVgV werden Angebote ausgeschlossen, in denen Änderun- **19** gen oder Ergänzungen an den Vergabeunterlagen nicht zweifelsfrei sind. Die Vorschrift entspricht wörtlich § 57 Abs. 1 Nr. 3 VgV.

4. Änderungen oder Ergänzungen

Nach Nr. 4 der Vorschrift werden auch Angebote ausgeschlossen, bei denen Änderun- **20** gen oder Ergänzungen an den Vergabeunterlagen vorgenommen worden sind. Diese Normierung entspricht wörtlich § 57 Abs. 1 Nr. 4 VgV.

5. Nicht form- oder fristgerecht

Angebote sind nach § 31 Abs. 2 Nr. 5 VSVgV auszuschließen, wenn sie nicht form- **21** oder fristgerecht eingereicht worden sind und der Bieter dies nicht zu vertreten hat. Diese Vorschrift entspricht § 57 Abs. 1 Nr. 1 VgV.

Eine Besonderheit der VS-Vergabe liegt darin, dass hier anders als in den im Zuge der **22** Vergaberechtsnovelle 2016 novellierten Auftragsbereichen nicht der Grundsatz der elektronischen Kommunikation gilt. Damit bestimmt der Auftraggeber gemäß § 19 Abs. 1 VSVgV nach wie vor ohne weitere Restriktionen die Form der Angebotseinreichung in der Bekanntmachung oder den Vergabeunterlagen.

6. Wettbewerbsbeschränkende Abrede

Ferner sind nach § 31 Abs. 2 Nr. 6 Angebote von Bietern auszuschließen, die in Bezug **23** auf die Vergabe eine unzulässige, wettbewerbsbeschränkende Abrede getroffen haben. Ein entsprechender Ausschlussgrund findet sich im höherrangigen und damit auch für den VS-Bereich geltenden § 124 Abs. 1 Nr. 4 GWB.[22]

---

[22] Vgl. *Opitz* in Burgi/Dreher Vergaberecht § 124 GWB Rn. 49 ff.

7. Fehlende Eignung

24   Angebote sind gemäß § 31 Abs. 2 Nr. 7 VSVgV zwingend vom Vergabeverfahren auszuschließen, wenn der betreffende Bieter auch als Bewerber nach § 24 VSVgV von der Teilnahme am Wettbewerb hätte ausgeschlossen werden können. Nach § 24 Abs. 1 S. 1
VSVgV kann ein Unternehmen zu jedem Zeitpunkt des Verfahrens von der Teilnahme
ausgeschlossen werden, wenn ein fakultativer Ausschlussgrund des § 147 i.V.m. § 124
GWB vorliegt. Die Möglichkeit der Selbstreinigung nach § 147 i.V.m. § 125 GWB bleibt
gemäß § 24 Abs. 1 S. 2 VSVgV unberührt. Gemäß § 147 GWB gelten dabei die fakultativen Ausschlussgründe des § 124 GWB, welche gemeinhin **Zweifel an der Zuverlässigkeit** des Unternehmens begründen,[23] für verteidigungs- und sicherheitsspezifische Aufträge
mit der Maßgabe entsprechend, dass ein Unternehmen unter Wahrung der Verhältnismäßigkeit auch dann vom Verfahren ausgeschlossen werden kann, wenn es nicht die erforderliche **Vertrauenswürdigkeit** aufweist, um Risiken für die nationale Sicherheit auszuschließen. Zu der Auslegung der einzelnen Ausschlusstatbestände wird auf die entsprechenden Vorschriften der §§ 124 und 147 GWB verwiesen.

25   Im Lichte dieser Verordnungssystematik, insbesondere dem Verhältnis zu § 24 VSVgV,
wirft die verteidigungs- und sicherheitsspezifische Regelung Fragen auf. Denn während.
§ 24 VSVgV nur die Möglichkeit zum Ausschluss eines Unternehmens gewährt (fakultativer Ausschluss), erhebt § 31 Abs. 2 Nr. 7 VSVgV die gleichen Gegebenheiten zu **zwingenden** Ausschlussgründen. Nach Wortlaut der Normen und der Verordnungssystematik
ist dieser auf den ersten Blick bestehende Widerspruch über die Anwendbarkeit der Regelungen in zeitlicher Hinsicht aufzulösen: § 24 VSVgV lässt den fakultativen Ausschluss zu
jedem Zeitpunkt des Vergabeverfahrens zu, wohingegen § 31 Abs. 2 Nr. 7 VSVgV erst ab
der Angebotsphase eines Vergabeverfahrens gilt und insoweit gegenüber § 24 VSVgV als
eine **lex specialis** Regelung zu erachten ist. Das heißt, dass für den Fall des Eintritts neuer
Umstände, die an der materiellen Eignung des Bieters (erst) in der Angebotsphase Zweifel
aufkommen lassen, ein strengerer Maßstab an die Eignung des Bieters dadurch angelegt
wird, dass fakultative zu zwingenden Ausschlussgründen stilisiert werden. Diese spezifische
Ausdifferenzierung seitens des Normgebers könnte auf der typischerweise gegebenen ver-
teidigungs- und sicherheitsspezifischen Sensibilität eines VS-Auftrags beruhen, da insoweit
die Zuverlässigkeit und Vertrauenswürdigkeit des Auftragnehmers von hervorgehobener
Bedeutung ist. Diese mögliche Intention berücksichtigend, bleibt allerdings fraglich, inwieweit die von dem jeweiligen Verfahrensstadium abhängende unterschiedliche Behandlung eine auftragsschützende Wirkung tatsächlich auszulösen vermag. Denn es dürfte
sich nicht ohne Weiteres begründen lassen, weshalb beispielsweise Zweifel an der Solvenz
(§ 124 Nr. 2 GWB) oder der Vertrauenswürdigkeit (§ 147 S. 1 GWB) eines Wettbewerbsteilnehmers zum Zeitpunkt des Teilnahmewettbewerbs weniger auftragsgefährdend
sein soll als nach Angebotseinreichung. Der Wortlaut des § 31 Abs. 2 Nr. 7 VSVgV ist jedenfalls bezüglich des zwingenden Ausschlusses eindeutig.[24] Jedoch bleiben Zweifel dahingehend, ob der zwingende Ausschluss wegen in Bezug auf den Teilnahmewettbewerb fakultativer Ausschlussgründe in der Phase nach Angebotseinreichung tatsächlich auch vom
Normgeber so beabsichtigt gewesen ist.

---

[23] Vgl. *Opitz* in Burgi/Dreher Vergaberecht § 124 GWB Rn. 9.
[24] A.A. *Leinemann* in Leinemann/Kirch VSVgV § 31 VSVgV Rn. 90ff., der den Ausschlussgrund des
§ 31 Abs. 2 Nr. 7 VSVgV entgegen dem Wortlaut als fakultativ bewertet. Dies wird damit begründet, dass
der Normgeber ausweislich der amtlichen Begründung zur VSVgV die Inhalte des § 19 EG VOL/A aF.,
welcher zwischen zwingenden und fakultativen Ausschlussgründen unterscheidet, übernehmen wollte. Eine
„unreflektierte Übernahme" der Regelungen habe schließlich im Rahmen eines redaktionellen Versehens
zur jetzigen Regelung des § 31 Abs. 2 Nr. 7 VSVgV geführt.

8. Fehlende Preisangaben

Zuletzt sind gemäß § 31 Abs. 2 Nr. 8 VSVgV zwingend auch Angebote auszuschließen, **26** die nicht die erforderlichen Preisangaben enthalten, es sei denn, es handelt sich um unwesentliche Einzelpositionen, deren Einzelpreise den Gesamtpreis nicht verändern oder die Wertungsreihenfolge und den Wettbewerb nicht beeinträchtigen. Die Vorschrift entspricht wörtlich § 57 Abs. 1 Nr. 5 VgV.

W. Drittschutz der Norm

Zur drittschützenden Wirkung der Norm wird auf die entsprechenden §§ 56 Abs. 1, 57 **27** Abs. 1 VgV verwiesen.

§ 32 Nebenangebote

(1) **Auftraggeber können Nebenangebote in der Bekanntmachung zulassen. In diesem Fall geben Auftraggeber in den Vergabeunterlagen an, welche Mindestanforderungen für Nebenangebote gelten und in welcher Art und Weise Nebenangebote einzureichen sind. Auftraggeber berücksichtigen nur Nebenangebote, die den in den Vergabeunterlagen festgelegten Mindestanforderungen entsprechen. Nebenangebote sind auszuschließen, wenn sie in der Bekanntmachung nicht ausdrücklich zugelassen sind.**

(2) **Auftraggeber dürfen ein Nebenangebot nicht deshalb zurückweisen, weil es im Falle des Zuschlags zu einem Dienstleistungsauftrag anstelle eines Lieferauftrags oder zu einem Lieferauftrag anstelle eines Dienstleistungsauftrags führen würde.**

Übersicht

	Rn.		Rn.
A. Einführung	1	B. Materiell-rechtlich vergleichbare Vorschriften	5
I. Literatur	1		
II. Entstehungsgeschichte	2	C. Zulassen von Nebenangeboten	8
III. Rechtliche Vorgaben im EU-Recht	4	D. Änderung der Vertragsart	12
		E. Drittschutz der Norm	13

A. Einführung

I. Literatur

1 Zu § 32 VSVgV existiert, soweit ersichtlich, jenseits der einschlägigen Kommentierungen keine spezifische Literatur.

II. Entstehungsgeschichte

2 § 32 VSVgV beschreibt die Möglichkeit der Vergabestelle, Nebenangebote zuzulassen. Entscheidet sich der Auftraggeber hierzu, so hat er dies bekanntzumachen sowie Mindestanforderungen und weitere Formalia festzulegen, anhand derer das Nebenangebot im Verfahren zu bewerten sein soll. Mit dieser Möglichkeit trägt der Verordnungsgeber dem Bedürfnis des Auftraggebers Rechnung, die besondere Sachkenntnis der Unternehmen in der Privatwirtschaft zu nutzen,[1] indem diese im Rahmen von Nebenangeboten **innovative Lösungen** anbieten, die dem Auftraggeber selbst nicht bekannt waren und er daher so auch nicht ausschreiben konnte.[2]

3 Seit dem Inkrafttreten der Vergabeverordnung Verteidigung und Sicherheit (VSVgV)[3] am 13. Juli 2012 ist der Wortlaut des § 32 VSVgV unverändert.

III. Rechtliche Vorgaben im EU-Recht

4 Mit § 32 VSVgV setzt der Verordnungsgeber Art. 19 der RL 2009/81/EG[4] inhaltlich vollständig in nationales Recht um. Das Nebenangebot findet in den europäischen Regelungen seine begriffliche Entsprechung in der sog. **Variante.**[5]

---

[1] Vgl. VK Lüneburg 22.8.2016 – VgK 32/2016, juris.
[2] Vgl. BGH 7.1.2014 – X ZB 15/13, NZBau 2014, 185; BR-Drs. 522/09, S. 45 zur entsprechenden Vorschrift in der SektVO; OLG Koblenz 31.5.2006 – 1 Verg 3/06, ZfBR 2006, 813.
[3] BGBl. I S. 1509.

B. Materiell-rechtlich vergleichbare Vorschriften

Die nationalen vergaberechtlichen Vorschriften haben mit der Vergaberechtsreform 2016 **5** eine umfassende Überarbeitung erfahren. Grundlage dafür war die zuvor erfolgte Reform des Vergaberechts auf europäischer Ebene.[6] Die gemeinschaftsrechtliche Verteidigungsrichtlinie wurde hingegen nicht reformiert und war damit folgerichtig auch nicht Gegenstand der umfassenden und grundlegenden nationalen Vergaberechtsreform 2016. Aus diesem Umstand resultieren **zahlreiche Abweichungen** zwischen den Regelungen im Bereich der allgemeinen Auftragsvergabe und dem der sicherheits- und verteidigungsrelevanten Aufträge. Diese Abweichungen sind dabei **teils redaktioneller, teils inhaltlicher Natur**. Die teilweise unterschiedliche Rechtslage ist daher häufig der (bislang) **fehlenden Harmonisierung der betreffenden „Sektoren"** geschuldet und beruht folglich in zahlreichen Fällen nicht auf den Spezifika des Verteidigungs- und Sicherheitsbereichs. Diese Situation sollte mit der im Sinne einer Harmonisierung der Regelungsbereiche für die Zukunft wünschenswerten Überarbeitung der Verteidigungsrichtlinie behoben werden.

Die folgende Kommentierung beschränkt sich auf die Abweichungen zur VgV und da- **6** bei insbesondere auf die verteidigungs- und sicherheitsrelevanten Besonderheiten der Bestimmung. Im Übrigen wird auf die Kommentierung zu der entsprechenden Vorschrift der VgV im allgemeinen Auftragsbereich verwiesen.

§ 32 VSVgV entspricht inhaltlich im Wesentlichen § 35 VgV,[7] sodass insbesondere hin- **7** sichtlich der vergaberechtlichen Einordung von Nebenangeboten, des Verhältnisses zum Amtsvorschlag, der Anforderungen an die Mindestanforderungen und Zuschlagskriterien sowie der Problematik einer Gleichwertigkeitsprüfung auf die entsprechende Kommentierung des § 32 VgV verwiesen wird. Eine auf die fehlende Normen-Harmonisierung (vgl. Rn. 4) zurückzuführende Abweichung ergibt sich dahingehend, dass die VgV-Vorschrift nunmehr ausdrücklich erlaubt, dass der Auftraggeber Nebenangebote vorschreibt. Materiell-rechtlich vergleichbare Vorschriften finden sich im Übrigen in § 33 SektVO sowie in § 16 EU Nr. 5 VOB/A und § 16 VS Nr. 5 VOB/A. Im Konzessionsbereich existiert keine entsprechende Bestimmung.

C. Zulassen von Nebenangeboten

Gemäß § 32 Abs. 1 S. 1 VSVgV darf der Auftraggeber Nebenangebote in der Bekannt- **8** machung zulassen. Insoweit ergibt sich eine abweichende Rechtslage zu § 35 Abs. 1 S. 1 VgV, welcher nunmehr seit der Vergaberechtsnovelle 2016 neben dem Zulassen auch das auftraggeberseitige **Vorschreiben** von Nebenangeboten erlaubt. Die VgV-Vorschrift gibt dem Auftraggeber zudem das Recht, Nebenangebote in der Auftragsbekanntmachung oder auch „in der Aufforderung zur Interessensbestätigung" zuzulassen oder vorzuschreiben. Diese Abweichung zur VSVgV-Regelung ist ebenfalls darauf zurückzuführen, dass weder die Verteidigungsrichtlinie noch die nationalen Regelungen das neue Instrument der Interessensbestätigung kennen (vgl. Rn. 4). Die Regelung entspricht im Übrigen inhaltlich § 35 Abs. 1 S. 1 VgV.

---

[4] Richtlinie 2009/81/EG des Europäischen Parlaments und des Rates vom 13. Juli 2009 über die Koordinierung der Verfahren zur Vergabe bestimmter Bau-, Liefer- und Dienstleistungsaufträge in den Bereichen Verteidigung und Sicherheit und zur Änderung der Richtlinien 2004/17/EG und 2004/18/EG, ABl. EU 2009 L 216 S. 76 ff., (im Weiteren: „Verteidigungsrichtlinie").

[5] Vgl. beispielsweise Art. 19 RL 2009/81/EG.

[6] Gegenstand der Reform waren die Vergaberichtlinien für den Bereich der allgemeinen Auftragsvergabe (RL 2014/24/EU), die Sektorenrichtlinie (RL 2014/25/EU) sowie die Konzessionsrichtlinie (RL 2014/23/EU). Diese finden national ihre Umsetzung im GWB, in der VgV, der KonzVgV, der SektVO und der neuen EU-VOB/A.

[7] Vgl. *Liebschwager* in Burgi/Dreher Vergaberecht § 35 VgV Rn. 25.

9 Der Auftraggeber gibt gemäß § 32 Abs. 1 S. 2 VSVgV in den Vergabeunterlagen die **Mindestanforderungen** und die Art und Weise der Einreichung der Nebenangebote – zur Gewährleistung des allgemeinen Gleichbehandlungsgrundsatzes[8] – bekannt. Die Regelung ist inhaltsgleich mit § 35 Abs. 2 S. 1 VgV. Hinsichtlich der Zuschlagskriterien macht § 32 VSVgV selbst keine Vorgaben. Der Umstand, dass **Zuschlagskriterien** bei Zulassen von Nebenangeboten jedoch so zu bestimmen sind, dass sie sowohl auf das Haupt- als auch auf das Nebenangebot anwendbar sind, ergibt sich bereits aus § 127 Abs. 4 S. 2 GWB.[9] Vom Wortlaut der VSVgV-Vorschrift abweichend, regelt § 35 Abs. 2 S. 3 VgV, dass Nebenangebote auch dann zugelassen werden können, wenn der Preis (oder die Kosten) das alleinige Zuschlagskriterium sind. In Bezug auf die auch für § 32 VSVgV relevante Frage, ob Nebenangebote im Lichte des § 127 Abs. 1 GWB sowie der hierzu ergangenen höchstrichterlichen Rechtsprechung[10] auch dann vergaberechtlich zulässig sind, wenn der Preis als einziges Zuschlagskriterium festgelegt ist, wird auf die entsprechende Kommentierung zu § 35 VgV verwiesen.

10 Gemäß § 32 Abs. 1 S. 4 VSVgV berücksichtigt der Auftraggeber – inhaltsgleich zu § 35 Abs. 3 S. 1 VgV – nur Angebote, die den in den Vergabeunterlagen festgelegten Mindestanforderungen entsprechen.

11 Nach § 32 Abs. 1 S. 4 VSVgV sind nicht ausdrücklich zugelassene Nebenangebote zwingend auszuschließen. Diese Regelung ergänzt den Katalog der zwingenden Ausschlussgründe der – grundsätzlich auch auf Nebenangebote anzuwendenden[11] – Formalprüfung nach § 31 Abs. 2 VSVgV für die Wertung von Nebenangeboten um einen weiteren Ausschlussgrund. Diese Regelung entspricht ihrem Inhalt nach § 35 Abs. 1 S. 2 VgV sowie dem Ausschlussgrund nach § 57 Abs. 1 Nr. 6 VgV.

D. Änderung der Vertragsart

12 Nach Absatz 2 der Vorschrift wird ein Nebenangebot nicht deshalb ausgeschlossen, weil sich durch Zuschlag auf dieses Nebenangebot die Vertragsart von einem Dienstleistungsauftrag zu einem Lieferauftrag oder umgekehrt ändern würde. Die Vorschrift ist mit Ausnahme geringfügiger rein sprachlicher Abweichungen inhaltsidentisch mit § 35 Abs. 3 S. 2 VgV.

E. Drittschutz der Norm

13 Zur drittschützenden Wirkung der Norm wird auf den entsprechenden § 35 VgV verwiesen.

---

[8] Vgl. *Kirch* in Leinemann/Kirch VSVgV § 32 VSVgV Rn. 18.
[9] Vgl. hierzu auch Kommentierung zu § 35 Abs. 2 S. 2 VgV in *Liebschwager* in Burgi/Dreher Vergaberecht § 35 VgV.
[10] Vgl. BGH 7.1.2014 – X ZB 15/13, ZfBR 2014, 278.
[11] Siehe dazu *Horn/Hofmann* in Burgi/Dreher Vergaberecht § 31 VSVgV Rn. 12.

§ 33 Ungewöhnlich niedrige Angebote

(1) Erscheint ein Angebot im Verhältnis zu der zu erbringenden Leistung ungewöhnlich niedrig, verlangen die Auftraggeber vor Ablehnung dieses Angebots vom Bieter Aufklärung über dessen Einzelpositionen. Auf Angebote, deren Preise in offenbarem Missverhältnis zur Leistung stehen, darf der Zuschlag nicht erteilt werden.

(2) Auftraggeber prüfen die Zusammensetzung des Angebots und berücksichtigen die gelieferten Nachweise. Sie können Bieter zur Aufklärung betreffend der Einzelpositionen des Angebots auffordern.

(3) Angebote, die aufgrund einer staatlichen Beihilfe im Sinne des Artikels 107 des Vertrags über die Arbeitsweise der Europäischen Union ungewöhnlich niedrig sind, dürfen aus diesem Grund nur abgelehnt werden, wenn das Unternehmen nach Aufforderung innerhalb einer von den Auftraggebern festzulegenden ausreichenden Frist nicht nachweisen kann, dass die betreffende Beihilfe rechtmäßig gewährt wurde. Auftraggeber, die unter diesen Umständen ein Angebot ablehnen, müssen dies der Europäischen Kommission mitteilen.

Übersicht

	Rn.		Rn.
A. Einführung	1	C. Aufklärungsverlangen bei Verdacht auf Unterkostenangebot	10
I. Literatur	1		
II. Entstehungsgeschichte	2	D. Prüfung der Preisangemessenheit	11
III. Rechtliche Vorgaben im EU-Recht	4	E. Ergebnis der Aufklärung	12
B. Materiell-rechtlich vergleichbare Vorschriften	7	F. Berücksichtigung von Beihilfen	14
		G. Drittschutz der Norm	15

A. Einführung

I. Literatur

Zu 33 VSVgV existiert, soweit ersichtlich, jenseits der einschlägigen Kommentierungen keine spezifische **1** Literatur.

II. Entstehungsgeschichte

§ 33 VSVgV stellt mit der sogenannten **Auskömmlichkeitsprüfung** den dritten Prü- **2** fungsschritt bei der Wertung der zu berücksichtigenden Angebote dar. In diesem Prüfungsschritt wird die **Preisangemessenheit** beurteilt. Hintergrund dieser Prüfung ist es, zu gewährleisten, dass der Bieter den ausgeschriebenen Auftrag bei Zuschlag auch ordnungsgemäß wird ausführen können.[1] Dies dient vorbereitend dem vierten und letzten Prüfungsschritt, der Ermittlung des wirtschaftlichsten Angebots anhand der Zuschlagkriterien. Diese sog. Wertung im engeren Sinne ist nämlich nur dann möglich, wenn ausschließlich ernsthaft kalkulierte Angebote miteinander konkurrieren.[2]

Seit dem Inkrafttreten der Verordnung über die Vergabe von Aufträgen im Bereich Si- **3** cherheit und Verteidigung (Vergabeverordnung Verteidigung und Sicherheit – VSVgV)[3] am 13. Juli 2012 ist der Wortlaut der Vorschrift nahezu unverändert geblieben. Die aktuelle

---

[1] Vgl. *Dick* in KKMPP VgV § 60 Rn. 1.
[2] Vgl. VK Lüneburg 23.3.2012 – VgK 6/12; *Horn* in Müller-Wrede VOL/A 3. Aufl. § 19 EG Rn. 172.
[3] BGBl. I S. 712.

Fassung des § 33 Abs. 1 S. 1 VSVgV verzichtet nunmehr auf die Vorgabe, das Aufklärungsverlangen schriftlich mitzuteilen.

III. Rechtliche Vorgaben im EU-Recht

4   Mit § 33 VSVgV setzt der Verordnungsgeber ausweislich der amtlichen Begründung Art. 49 der Verteidigungsrichtlinie in nationales Recht um.[4]

5   Art. 49 der Verteidigungsrichtlinie gibt dem Auftraggeber mit Abs. 1 lit. a) bis e) einen beispielhaften Katalog an die Hand, indem er Aspekte der Preisbildung benennt, die Gegenstand der Offenlegungspflicht des Bieters sein können. Diese sind insbesondere
– die Wirtschaftlichkeit des Bauverfahrens, des Fertigungsverfahrens oder der Erbringung der Dienstleistung,
– die gewählten technischen Lösungen und/oder alle außergewöhnlich günstigen Bedingungen, über die der Bieter bei der Durchführung der Bauleistungen bzw. der Lieferung der Waren oder der Erbringung der Dienstleistung verfügt,
– die Originalität der Bauleistungen, der Lieferungen oder der Dienstleistungen, wie vom Bieter angeboten,
– die Einhaltung der Vorschriften über Arbeitsschutz und Arbeitsbedingungen, die am Ort der Leistungserbringung gelten sowie
– eine etwaige Gewährung einer staatlichen Beihilfe an den Bieter.

6   Eine entsprechende Konkretisierung der Offenlegungspflicht sieht die nationale Vorschrift jedoch nicht vor. Zudem sieht Art. 49 Abs. 1 S. 1 der Verteidigungsrichtlinie vor, dass der Auftraggeber in schriftlicher Form Aufklärung zu verlangen hat, wenn ein Verdacht auf eine Preisunangemessenheit besteht. Auch dieses Schriftlichkeitsgebot findet sich in Art. 33 Abs. 1 S. 1 VSVgV nicht wieder.

B. Materiell-rechtlich vergleichbare Vorschriften

7   Die nationalen vergaberechtlichen Vorschriften haben mit der Vergaberechtsnovelle 2016 eine umfassende Überarbeitung erfahren. Grundlage dafür war die zuvor erfolgte Reform des Vergaberechts auf europäischer Ebene.[5] Die gemeinschaftsrechtliche Verteidigungsrichtlinie wurde hingegen nicht reformiert und war damit folgerichtig auch nicht Gegenstand der umfassenden und grundlegenden nationalen Vergaberechtsreform 2016. Aus diesem Umstand resultieren **zahlreiche Abweichungen** zwischen den Regelungen im Bereich der allgemeinen Auftragsvergabe und dem der sicherheits- und verteidigungsrelevanten Aufträge. Diese Abweichungen sind dabei **teils redaktioneller, teils inhaltlicher Natur.** Die teilweise unterschiedliche Rechtslage ist daher häufig der (bislang) **fehlenden Harmonisierung der betreffenden „Sektoren"** geschuldet und beruht folglich in zahlreichen Fällen nicht auf den Spezifika des Verteidigungs- und Sicherheitsbereichs. Diese Situation sollte mit der im Sinne einer Harmonisierung der Regelungsregime für die Zukunft wünschenswerten Überarbeitung der Verteidigungsrichtlinie behoben werden.

8   Die folgende Kommentierung beschränkt sich auf die Abweichungen zur VgV und dabei insbesondere auf die verteidigungs- und sicherheitsrelevanten Besonderheiten der Bestimmung. Im Übrigen wird auf die Kommentierung zu der entsprechenden Vorschrift der VgV im allgemeinen Auftragsbereich verwiesen.

---

[4] Vgl. BT-Drs. 321/12, S. 60.
[5] Gegenstand der Reform waren die Vergaberichtlinien für den Bereich der allgemeinen Auftragsvergabe (RL 2014/24/EU), die Sektorenrichtlinie (RL 2014/25/EU) sowie die Konzessionsrichtlinie (RL 2014/23/EU). Diese finden national ihre Umsetzung im GWB, in der VgV, der KonzVgV, der SektVO und der neuen EU-VOB/A.

§ 33 VSVgV entspricht inhaltlich im Wesentlichen § 60 VgV.[6] Es werden dabei weitest- **9** gehend die Inhalte des § 19 EG Abs. 6 und 7 VOL/A 2012 aF. übernommen. Eine durch vorbenannte Ausführungen begründete Abweichung (vgl. Rn. 7) ergibt sich hinsichtlich der Aufnahme der „Kosten" als Anknüpfungspunkt für die Prüfung der Preisangemessenheit. Insbesondere bezüglich der sog. Aufgreifschwelle, des konkreten Bezugspunkts der Aufklärungspflicht, der Mitwirkungsobliegenheiten des Bieters und der Behandlung des Überkostenangebots kann auf die Kommentierung zu § 60 VgV verwiesen werden. Materiell-rechtlich vergleichbare Vorschriften finden sich im Übrigen in den §§ 16d EU Abs. 1 und 16d VS Abs. 1 VOB/A sowie in § 54 SektVO. Die KonzVgV sieht keine entsprechende Bestimmung vor.

C. Aufklärungsverlangen bei Verdacht auf Unterkostenangebot

Gemäß § 33 Abs. 1 S. 1 VSVgV i. V.m. § 33 Abs. 2 S. 2 VSVgV verlangt der Auftragge- **10** ber vor einem etwaig nach § 33 Abs. 1 S. 2 VSVgV in Betracht kommenden Ausschluss des Bieters Aufklärung über die Einzelpositionen dessen Angebots, wenn der Verdacht auf ein **Unterkostenangebot** aufkommt. Die Regelung entspricht inhaltlich im Wesentlichen § 60 Abs. 1 VgV. Ein Unterschied zwischen den Regelungen besteht darin, dass die VSVgV-Vorschrift als Bezugspunkt des Preis-Leistungs-Vergleichs das „Angebot" des Bieters bezeichnet, wohingegen die VgV-Bestimmung insoweit von „Preis oder den Kosten" spricht. Diese Unterscheidung ist darauf zurückzuführen, dass lediglich die VgV-Normen im Rahmen der Vergaberechtsnovelle 2016 angepasst worden sind, also „Preis oder Kosten" insoweit gemäß § 127 Abs. 1 S. 3 GWB die „neue Terminologie" darstellt. Im Übrigen nennt § 33 Abs. 1 S. 1 VSVgV als Bezugspunkt der Aufklärung im Gegensatz zur VgV-Regelung die jeweiligen Einzelpositionen des Angebots. Ungeachtet dessen ist maßgeblicher **Bezugspunkt der Angemessenheitsprüfung der Gesamtpreis** des Angebots.[7]

D. Prüfung der Preisangemessenheit

Die Preisangemessenheit wird gemäß § 33 Abs. 2 S. 1 VSVgV anhand der Zusammen- **11** setzung des Angebots unter Berücksichtigung der gelieferten Nachweise beurteilt. Die Vorschrift entspricht § 60 Abs. 2 S. 1 VgV. Denkbare Gegenstände der Preisangemessenheitsprüfung bzw. des auftraggeberseitigen Aufklärungsverlangens nach § 33 Abs. 1 S. 1 VSVgV i. V.m. § 33 Abs. 2 S. 2 VSVgV können dabei etwa die in Art. 49 Abs. 1 lit. a) bis e) der Verteidigungsrichtlinie beispielhaft niedergelegten Aspekte sein, welche im Wege einer richtlinienkonformen Auslegung auch im Rahmen des § 33 VSVgV zur Anwendung kommen dürften. Im VgV-Bereich sind diese Aspekte unter § 60 Abs. 2 S. 2 VgV nunmehr ausdrücklich aufgegriffen und geregelt.

E. Ergebnis der Aufklärung

§ 33 Abs. 1 S. 2 VSVgV regelt ein **echtes Zuschlagsverbot** für den Fall, dass der Auf- **12** traggeber ein offenbares Missverhältnis zwischen Leistung und Preis erforderlichenfalls nach erfolgter Aufklärung feststellt. Insoweit besteht ein Unterschied zu den in § 60 Abs. 3 VgV

---

[6] Vgl. *Lausen* in Burgi/Dreher Vergaberecht § 60 VgV.
[7] Vgl. BGH 21.10.1976 – VII ZR 327/74, BauR 1977, 52; OLG Dresden 6.6.2002 – WVerg 5/02, VergR 2003, 64; *Wagner* in Summa jurisPK-VergabeR 5. Aufl. 2016 § 60 VgV Rn. 10 ff. zur vergleichbaren VgV-Vorschrift.

vorgesehenen Rechtsfolgen. § 60 Abs. 3 VgV regelt zum einen in Satz 1, dass der Auftraggeber bei nicht zufriedenstellender Aufklärung („non liquet") das Angebot ausschließen „darf" und zum anderen in Satz 2, dass das Angebot zwingend auszuschließen ist, wenn sich die Preisunangemessenheit daraus ergibt, dass das Unternehmen gegen seine Verpflichtung aus § 128 Abs. 1 GWB – insbesondere umwelt-, sozial- und arbeitsrechtliche Vorschriften – verstoßen hat.

13   § 33 VSVgV trifft jedoch keine Aussage dazu, welche Wirkung ein **nicht eindeutiges Aufklärungsergebnis** hat. Es bleibt offen, ob in diesem Fall das Angebot ausgeschlossen werden kann oder gar muss. Lässt der Auftraggeber ein unangemessen niedriges Angebot zu, läuft er Gefahr, dass sein Auftrag nicht ordnungsgemäß erfüllt werden kann. Die Vorschrift des § 33 Abs. 1 VSVgV dient in erster Linie dem Schutz des Auftraggebers.[8] Grundsätzlich ist es damit gerechtfertigt, Zweifel zu Lasten der Bieter auszulegen und den Ausschluss bei nicht sicher festgestellter Preisunangemessenheit zuzulassen. Auch die sprachliche Auslegung der Vorschrift lässt im Kontext mit Satz 2, wonach ein Zuschlagsverbot nur für ein „offenbares" Missverhältnis ausdrücklich formuliert wird, auf eine Ermessensentscheidung bei Nichtaufklärbarkeit schließen. Für diese Ansicht spricht auch ein Vergleich zu § 33 Abs. 3 VSVgV, der regelt, dass der Auftraggeber den Bieter bei nicht nachgewiesener bzw. aufgeklärter Rechtmäßigkeit der Beihilfe ausschließen „darf".

F. Berücksichtigung von Beihilfen

14   Nach § 33 Abs. 3 VSVgV dürfen Angebote, deren niedriger Preis und die damit einhergehende wettbewerbsbeschränkende Wirkung auf einer staatlichen Beihilfe beruht, allein aufgrund dieser Beihilfe nur abgelehnt werden, wenn der Bieter nicht fristgemäß ihre Rechtmäßigkeit nachweisen kann. Die betreffende Ablehnung ist dann der Europäischen Kommission mitzuteilen. Die Regelung entspricht inhaltlich § 60 Abs. 4 VgV, sodass auf die dortige Kommentierung verwiesen wird.

G. Drittschutz der Norm

15   Zur drittschützenden Wirkung der Norm wird auf den entsprechenden § 60 VgV verwiesen.

---

[8] Vgl. BKartA Bonn 9.12.2015 – VK2 107/15; OLG Frankfurt 14.2.2017 – 11 Verg 14/16, ZfBR 2017, 515.

§ 34 Zuschlag

(1) Die Annahme eines Angebots (Zuschlag) erfolgt in Schriftform oder elektronisch mindestens mittels einer fortgeschrittenen elektronischen Signatur oder mindestens mittels eines fortgeschrittenen elektronischen Siegels. Bei Übermittlung durch Telefax genügt die Unterschrift auf der Textvorlage.

(2) Zur Ermittlung des wirtschaftlichsten Angebots wendet der Auftraggeber die in der Bekanntmachung oder den Vergabeunterlagen angegebenen Zuschlagskriterien in der festgelegten Gewichtung oder in der absteigenden Reihenfolge der ihnen zuerkannten Bedeutung an. Diese Zuschlagskriterien müssen sachlich durch den Auftragsgegenstand gerechtfertigt sein. Insbesondere können folgende Kriterien erfasst sein:

1. Qualität,
2. Preis,
3. Zweckmäßigkeit,
4. technischer Wert, Kundendienst und technische Hilfe,
5. Betriebskosten, Rentabilität, Lebenszykluskosten,
6. Interoperabilität und Eigenschaften beim Einsatz,
7. Umwelteigenschaften,
8. Lieferfrist oder Ausführungsdauer und
9. Versorgungssicherheit.

Übersicht

	Rn.			Rn.
A. Einführung	1	E. Wertung im engeren Sinne/Zuschlagskriterien		15
I. Literatur	1	I. Angabe der Gewichtung der Zuschlagskriterien		16
II. Entstehungsgeschichte	2	II. Zuschlagskriterien im Einzelnen		18
III. Rechtliche Vorgaben im EU-Recht	5	1. Versorgungssicherheit		21
B. Materiell-rechtlich vergleichbare Vorschriften	6	2. Interoperabilität		23
C. Legaldefinition des Zuschlags	9	3. Eigenschaften beim Einsatz		26
D. Form des Zuschlags	10	F. Drittschutz der Norm		27
I. Gleichrang der Kommunikationsmittel des § 34 Abs. 1 VSVgV	11			
II. Besondere Formvorschriften	14			

A. Einführung

I. Literatur

Enders, Zur Interoperabilität von Streitkräften, Internationale Politik 2002, S. 51 ff.; Kaelble, Anspruch auf **1** Zuschlag und Kontrahierungszwang im Vergabeverfahren, ZfBR 2003, 657 ff.; *Ludwig/Lange*, Die Kompetenz der Länder zum Erlaß kommunalrechtlicher Formvorschriften für Verpflichtungserklärungen, NVwZ 1999, 136 ff.; *Roth/Lamm*, Die Umsetzung der Verteidigungsgüter-Beschaffungsrichtlinie in Deutschland, NZBau 2012, S. 609 ff.

II. Entstehungsgeschichte

Mit § 34 VSVgV legt der Verordnungsgeber zum einen die Form der Zuschlagserteilung **2** fest. Zum anderen beschreibt er den letzten Wertungsschritt der Angebotsprüfung (sog. **Wertung im engeren Sinne**), indem Vorgaben zur Erstellung der Vergabeunterlagen in

Bezug auf die zu verwendenden Zuschlagskriterien und die Angabe ihrer Gewichtung gemacht werden. Zudem gibt die Regelung dem öffentlichen Auftraggeber einen beispielhaften Katalog denkbarer Zuschlagskriterien an die Hand. Die Vorschrift orientiert sich an den
§§ 21 EG und 19 EG Abs. 8 und 9 VOL/A 2009 aF.

3   § 34 VSVgV hat sich seit Inkrafttreten der Verordnung über die Vergabe von Aufträgen
im Bereich Sicherheit und Verteidigung (Vergabeverordnung Verteidigung und Sicherheit
– VSVgV)[1] am 13.7.2012 inhaltlich nicht verändert. Zuletzt wurde der Wortlaut lediglich
dahingehend ergänzt, dass nach § 34 Abs. 1 S. 1 VSVgV der Zuschlag auf elektronischem
Wege nebst fortgeschrittener elektronischer Signatur nunmehr auch mittels eines fortgeschrittenen elektronischen Siegels erfolgen kann.[2]

4   Mit der Vergaberechtsnovelle 2016 hat der Verordnungsgeber den § 34 Abs. 2 VSVgV
2012 aF. gestrichen, wonach der Zuschlag auf das wirtschaftlichste Angebot zu erteilen war.
Diese Vorschrift war allerdings ohnehin nur deklaratorischer Natur. Das Gebot der Zuschlagserteilung auf das wirtschaftlichste Angebot ergibt sich zum einen aus § 34 Abs. 2
S. 1 VSVgV nF. selbst und geht zum anderen bereits aus § 127 Abs. 1 S. 1 GWB ausdrücklich hervor, sodass auch heute innerhalb der VSVgV nichts Anderes gelten kann.

III. Rechtliche Vorgaben im EU-Recht

5   Mit § 34 VSVgV setzt der Verordnungsgeber Art. 47 der RL 2009/81/EG[3] unter Ergänzung der Formvorschriften des § 21 EG VOL/A aF. in nationales Recht um.[4]

B. Materiell-rechtlich vergleichbare Vorschriften

6   Die nationalen vergaberechtlichen Vorschriften haben mit der Vergaberechtsnovelle
2016 eine umfassende Überarbeitung erfahren. Grundlage dafür war die zuvor erfolgte
Reform des Vergaberechts auf europäischer Ebene.[5] Die gemeinschaftsrechtliche Verteidigungsrichtlinie wurde hingegen nicht reformiert und war damit folgerichtig auch nicht
Gegenstand der umfassenden und grundlegenden nationalen Vergaberechtsreform 2016.
Aus diesem Umstand resultieren **zahlreiche Abweichungen** zwischen den Regelungen im Bereich der allgemeinen Auftragsvergabe und dem der sicherheits- und verteidigungsrelevanten Aufträge. Diese Abweichungen sind dabei **teils redaktioneller, teils
inhaltlicher Natur**. Die teilweise unterschiedliche Rechtslage ist daher häufig der (bislang) **fehlenden Harmonisierung der betreffenden „Sektoren"** geschuldet und beruht folglich in zahlreichen Fällen nicht auf den Spezifika des Verteidigungs- und Sicherheitsbereichs. Diese Situation sollte mit der im Sinne einer Harmonisierung der
Regelungsregime für die Zukunft wünschenswerten Überarbeitung der Verteidigungsrichtlinie behoben werden.

7   Die folgende Kommentierung beschränkt sich auf die Abweichungen zur VgV und dabei insbesondere auf die verteidigungs- und sicherheitsrelevanten Besonderheiten der Be-

---

[1] BGBl. I S. 1509.
[2] Zuletzt geändert durch Art. 7 Nr. 4 des eIDAS-Durchführungsgesetzes vom 18.7.2017 (BGBl. I 2745,
2752).
[3] Richtlinie 2009/81/EG des Europäischen Parlaments und des Rates vom 13. Juli 2009 über die Koordinierung der Verfahren zur Vergabe bestimmter Bau-, Liefer- und Dienstleistungsaufträge in den Bereichen
Verteidigung und Sicherheit und zur Änderung der Richtlinien 2004/17/EG und 2004/18/EG, ABl. EU
2009 L 216 S. 76 ff., (im Weiteren: „Verteidigungsrichtlinie").
[4] Vgl. amtliche Begründung zu § 34 VSVgV, BR-Drs. 321/12, 61.
[5] Gegenstand der Reform waren die Vergaberichtlinien für den Bereich der allgemeinen Auftragsvergabe
(RL 2014/24/EU), die Sektorenrichtlinie (RL 2014/25/EU) sowie die Konzessionsrichtlinie (RL
2014/23/EU). Diese finden national ihre Umsetzung im GWB, in der VgV, der KonzVgV, der SektVO und
der neuen EU-VOB/A.

stimmung. Im Übrigen wird auf die Kommentierung zu der entsprechenden Vorschrift der VgV im allgemeinen Auftragsbereich verwiesen.

§ 34 VSVgV entspricht inhaltlich im Wesentlichen § 58 VgV.[6] Abweichend von der **8** VgV-Vorschrift sieht § 34 VSVgV sowohl eine Legaldefinition des Zuschlags sowie eine ausdrückliche Formvorgabe für die Zuschlagserteilung vor und nimmt zudem verteidigungs- und sicherheitsspezifische Wertungsgesichtspunkte in den beispielhaften Katalog von Zuschlagskriterien auf. Materiell-rechtlich vergleichbare Vorschriften finden sich im Übrigen in § 52 SektVO, §§ 16d EU Abs. 2, 16d VS Abs. 2 VOB/A sowie § 31 Abs. 1 KonzVgV i. V. m. § 152 Abs. 3 GWB.

C. Legaldefinition des Zuschlags

In § 34 Abs. 1 S. 1 VSVgV legaldefiniert der Verordnungsgeber den Zuschlag als An- **9** nahme eines Angebots. Eine solche ausdrückliche Definition geht weder aus dem GWB noch aus der VgV hervor. Der Zuschlag ist damit (deklaratorisch) als **zivilrechtliche Willenserklärung** i. S. d. §§ 145 ff. BGB zu charakterisieren,[7] die im Wege der Annahme des Angebots des Bestbieters auf einen Vertragsschluss mit diesem Bieter gerichtet ist. Der zivilrechtliche Charakter des Zuschlags ist dabei auch mit dem in § 168 Abs. 2 S. 1 GWB beschriebenen Grundsatz der Vertragsbindung – pacta sunt servanda – festgestellt und ausdrücklich betont.[8] Die Zuschlagserteilung stellt neben der Aufhebungsmöglichkeit des § 37 VSVgV den typischen Abschluss des Vergabeverfahrens dar.

D. Form des Zuschlags

§ 34 Abs. 1 VSVgV sieht zudem eine ausdrückliche Regelung zur Form der Zuschlags- **10** erteilung vor. Hiernach hat die Annahme des Angebots in Schriftform oder elektronisch mindestens mittels einer fortgeschrittenen Signatur i. S. d. § 2 Nr. 2 des Signaturgesetzes[9] zu erfolgen (Satz 1). Zusätzlich ist die Möglichkeit der Übermittlung durch Telefax vorgesehen, bei welcher die Unterschrift auf der Telefaxvorlage genügt (Satz 2).

I. Gleichrang der Kommunikationsmittel des § 34 Abs. 1 VSVgV

Der Verordnungsgeber stellt seinem Wortlaut nach die Schriftform und die elektronische **11** Form gleichrangig nebeneinander. Für die elektronische Form lässt er dabei die fortgeschrittene elektronische Signatur ausreichen. Zur Wahrung der **Gleichrangigkeit** der Schriftform nach § 126 BGB müsste danach die elektronische Form nach § 126a BGB gefordert werden, wonach zur Ersetzung der Schriftform durch die elektronische Form die qualifizierte elektronische Signatur notwendig ist. Dieses besondere Instrument zur Identitätssicherung wird jedoch gerade nicht verlangt. Im Umkehrschluss bedeutet dies, dass der Verordnungsgeber den Begriff der „Schriftform" in § 34 Abs. 1 S. 1 VSVgV in einem untechnischen Sinne verwendet und tatsächlich die **Textform nach § 126b BGB als ausreichend anzusehen** ist.[10]

---

[6] Vgl. *Haak/Hogeweg* in Burgi/Dreher Vergaberecht § 56, 57 VgV.

[7] Vgl. BGH 9.2.2004 – X ZB 44/03, NJW 2004, 2092; OLG Naumburg 16.10.2007 – 1 Verg 6/07, ZfBR 2008, 83; *Bulla* in beck-online.GROSSKOMMENTAR Stand 1.2.2017 § 631 Rn. 2483.

[8] Vgl. *Kaelble* ZfBR 2003, 657 (659).

[9] Gesetz über Rahmenbedingungen für elektronische Signaturen (Signaturgesetz – SigG), BGBl. 2001 I S. 876.

[10] Vgl. *Kues* in Leinemann/Kirch VSVgV § 34 VSVgV Rn. 11.

12   Der Verordnungsgeber gewährt der Vergabestelle mit der Bestimmung des § 34 Abs. 1
        VSVgV im Bereich der Zuschlagserteilung eine Freiheit bei der Wahl des Kommunika-
        tionsmittels. Die Wahlfreiheit ist jedoch auf die **abschließend formulierte Aufzählung
        der Kommunikationsmittel** beschränkt.[11] Der Weg der mündlichen Zuschlagserteilung
        bleibt dem Auftraggeber damit versperrt.[12] Eine solche mündliche Zuschlagserteilung hat
        im Hinblick auf den Transparenzgrundsatz und seine damit verbundenen Beweis- und Do-
        kumentationspflichten in der Praxis jedoch ohnehin nahezu keine praktische Bedeutung
        und wird regelmäßig auch mit kommunalrechtlichen Vorschriften nicht vereinbar sein. Die
        Gleichrangigkeit zulässiger Kommunikationsmittel wurde bereits im Legislativpaket der
        Kommission im Jahr 2004 festgestellt.[13] Das **Prinzip der Wahlfreiheit** ist keine Besonder-
        heit des Zuschlags, sie stellt vielmehr einen **allgemeinen Grundsatz im Bereich der
        verteidigungs- und sicherheitsrelevanten Auftragsvergabe** dar, wie auch § 19 Abs. 1
        VSVgV zeigt, welcher für die Informationsübermittlung ebenso grundsätzlich eine Wahl
        zwischen Postweg, Telefax, elektronisch, telefonisch oder eine Kombination dieser Mittel
        zulässt.

13   Für die praktische Anwendung der Norm gilt allerdings mit Blick auf die dem Auftrag-
        geber obliegende Beweislast die Empfehlung, diejenige Übermittlungsform zu wählen, die
        dem erfolgreichen Bieter auch zugänglich ist.[14]

II. Besondere Formvorschriften

14   Im Übrigen ist zu beachten, dass aus der Charakterisierung des Zuschlags als zivilrechtli-
        che Willenserklärung folgt, dass **besondere Formerfordernisse zu Vertragsschlüssen
        stets zu berücksichtigen** sind. Dies ist insbesondere im Baubereich sowie bei Verträgen
        auf kommunaler Ebene von Bedeutung.[15] So sind besondere Formvorschriften wie etwa
        die notarielle Beurkundung nach § 311b BGB zu beachten. Die Missachtung führt zur
        Nichtigkeit des Vertrages nach § 125 BGB.[16] Besondere Bedeutung erlangen in diesem
        Zusammenhang auch die kommunalrechtlichen Formregelungen zur Verpflichtungserklä-
        rung der Gemeinde (vgl. bspw. § 71 Abs. 2 S. 1 HGO). Nach h.M. sind diese nicht als
        echte Formvorschriften, sondern als Vertretungsregelungen zu qualifizieren, da dem Lan-
        desgesetzgeber schon die Kompetenz zum Erlass zivilrechtlicher Formvorschriften gemäß
        Art. 55 EGBGB fehle.[17] Der Verstoß gegen entsprechende kommunalrechtliche Vorschrif-
        ten führt damit nicht per se zur Unwirksamkeit des Vertrages. Wird ein Verstoß gegen die
        Vorschrift festgestellt, so ist der Vertrag zunächst nach § 177 Abs. 1 BGB schwebend un-
        wirksam und kann durch eine nachträgliche Erfüllung der Vorgaben gemäß § 184 Abs. 1
        BGB geheilt werden, sodass der Zuschlag letztlich doch erteilt bleibt.[18]

E. Wertung im engeren Sinne/Zuschlagskriterien

15   Gemäß § 34 Abs. 2 S. 1 VSVgV gibt der Auftraggeber die Zuschlagskriterien und deren
        Gewichtung, die er zur **Ermittlung des wirtschaftlichsten Angebots** heranziehen will,

---

[11] Vgl. *Kues* in Leinemann/Kirch VSVgV § 34 VSVgV Rn. 8.
[12] Vgl. *Kues* in Leinemann/Kirch VSVgV § 34 VSVgV Rn. 8; *Fett* in Willenbruch/Wieddekind Vergaberecht 2. Aufl. 2011 § 18 VOL/A Rn. 10.
[13] Vgl. *Müller* in KKMPP VgV § 9 Rn. 12.
[14] Vgl. *Homann* in Leinemann/Kirch VSVgV § 19 VSVgV Rn. 13 ff.
[15] Vgl. *Fett* in Willenbruch/Wieddekind Vergaberecht 2. Aufl. 2011 § 18 VOL/A Rn. 11 zur materiell-
rechtlich vergleichbaren Vorschrift im Unterschwellenbereich.
[16] Vgl. OLG Düsseldorf 11.3.2002 – Verg 43/01, NZBau 2003, 55; VK Bund 18.10.1999 – VK1 25/99;
IBRRS 2013, 3317.
[17] Vgl. BGH 16.11.1987 – III ZR 81/77, NJW 1980, 117; *Ludwig/Lange* NVwZ 1999, 136 (137).
[18] Vgl. *Fett* in Willenbruch/Wieddekind Vergaberecht 2. Aufl. 2011 § 18 VOL/A Rn. 11; *Wendtland* in
BeckOK Stand 1.2.2017 § 125 BGB Rn. 29.

nach Maßgabe des § 127 Abs. 1 S. 1, Abs. 5 GWB in der Bekanntmachung oder den Vergabeunterlagen bekannt. Insbesondere hinsichtlich der Ermittlung des wirtschaftlichsten Angebots und dem damit verbunden Beurteilungsspielraum des Auftraggebers, den Zuschlagskriterien, den Maßstäben ihrer Auswahl, der erforderlichen Abgrenzung zu Eignungskriterien und der Behandlung von Unterkriterien wird auf die inhaltsgleiche Regelung des § 58 Abs. 3 S. 1 VgV verwiesen.

I. Angabe der Gewichtung der Zuschlagskriterien

Nach § 34 Abs. 2 S. 1 VSVgV ist entweder die jeweilige **(prozentuale) Gewichtung** **16** der Zuschlagskriterien anzugeben oder die Zuschlagskriterien sind absteigend nach der ihnen zuerkannten Bedeutung zu benennen. Insoweit besteht ein Unterschied zur vergleichbaren Vorschrift des § 58 Abs. 3 S. 1 und 3 VgV, welche bestimmt, dass auf die Gewichtungsangabe nur verzichtet werden kann, wenn die Angabe ausnahmsweise aus objektiven Gründen nicht möglich ist. § 34 Abs. 2 S. 1 VSVgV ist hingegen nach dem eindeutigen Wortlaut der Vorschrift („oder") so gefasst, dass dem Auftraggeber insoweit ein **Auswahlermessen** zusteht. Diese Wortlautauslegung begegnet angesichts des Sinn und Zwecks der Bestimmung erheblichen Bedenken. Denn die Angabe der prozentualen Gewichtung dient insbesondere dem Transparenzgebot und lässt die auftraggeberseitigen Präferenzen präzise erkennen, was wiederum eine optimale Ausrichtung der Angebote an den Leistungsbedarf der öffentlichen Hand ermöglicht.[19]

Vor diesem Hintergrund ist zweifelhaft, ob der Verordnungsgeber ein **Alternativver- 17 hältnis** zwischen der Angabe der Gewichtung und dem Benennen der Zuschlagskriterien **absteigend in der ihnen zuerkannten Bedeutung** tatsächlich beabsichtigt hat. Ein solches (freies) Alternativverhältnis ist auch mit Blick auf Art. 47 Abs. 2 UAbs. 3 der Verteidigungsrichtlinie als kritisch zu erachten, wonach die Angabe in absteigender Rangfolge nur dann zulässig ist, wenn die Angabe der Gewichtung ausnahmsweise aus nachvollziehbaren Gründen nicht erfolgen kann. Unter Zugrundelegung dieser Maßgaben ist von einer richtlinienkonformen Auslegung der Norm dahingehend auszugehen, dass von einer prozentualen Gewichtung der Zuschlagskriterien – wie auch in den anderen Bereichen – nur dann in vergaberechtlich zulässiger Weise abgesehen werden kann, wenn hierfür ein sachlich gerechtfertigter Grund nachgewiesen werden kann. Dies wird praktisch auch im Verteidigungs- und Sicherheitsbereich in nur seltenen Ausnahmekonstellationen der Fall sein. Denkbar wäre insoweit etwa, dass eine prozentuale Gewichtung der Zuschlagskriterien im frühen Stadium eines komplexen Vergabeverfahrens, etwa in der Dialogphase eines Wettbewerblichen Dialogs, noch nicht angegeben werden kann.

II. Zuschlagskriterien im Einzelnen

Neben den Vorgaben zur Art der Veröffentlichung der Kriterien gemäß § 34 Abs. 2 S. 1 **18** VSVgV müssen die Zuschlagskriterien als weitere Voraussetzung gemäß § 34 Abs. 2 S. 2 VSVgV sachlich durch den Auftragsgegenstand gerechtfertigt sein. Dieses Erfordernis ist inhaltsgleich mit § 127 Abs. 3 S. 1 GWB.[20]

In § 34 Abs. 2 S. 3 VSVgV findet sich zudem eine **beispielhafte Aufzählung denkba- 19 rer Zuschlagskriterien**, die zur Ermittlung des besten Preis-Leistungs-Verhältnisses herangezogen werden können. Diese Aufzählung entspricht mit den Kriterien Qualität, Preis, technischer Wert, Ästhetik, Zweckmäßigkeit, Umwelteigenschaften, Betriebs- und Folgekosten, Rentabilität, Kundendienst, technische Hilfe und Ausführungsfrist inhaltlich im

---

[19] In diesem Sinne siehe entsprechende VgV-Vorschrift *Wiedemann* in KKMPP VgV § 58 Rn. 56.
[20] Vgl. *Opitz* in Burgi/Dreher Vergaberecht § 127 GWB Rn. 93 ff.

Wesentlichen der Aufzählung in § 58 Abs. 2 S. 2 VgV. Die VSVgV-Vorschrift benennt in ihrem beispielhaften Katalog unter Nrn. 6 und 8 darüber hinaus noch VS-spezifisch die Kriterien der Interoperabilität, Eigenschaft beim Einsatz und Versorgungssicherheit. Diese Kriterien können zwar grundsätzlich bei jeder Beschaffung der öffentlichen Hand für die Bewertung eines Angebots relevant sein, da bei sämtlichen Beschaffungsvorgängen typischerweise auch eine **zuverlässige, bedarfsdeckende Versorgung** erwünscht ist.[21] Sie sind aber gerade im verteidigungs- und sicherheitsrelevanten Sektor von besonders hervorgehobener Bedeutung:[22]

20   Wie sich bereits dem Erwägungsgrund 8 der Verteidigungsrichtlinie entnehmen lässt, sind öffentliche Aufträge im Verteidigungs- und Sicherheitssektor aufgrund der zentralen Bedeutung der Verteidigungs- und Sicherheitsausrüstung sowohl für die Sicherheit und Souveränität der Mitgliedstaaten als auch für die Autonomie der Union häufig sensibel, was ausweislich des nachfolgenden Erwägungsgrundes 9 der Verteidigungsrichtlinie **besondere Anforderungen vor allem an die Versorgungs- und Informationssicherheit** mit sich bringt. Diesen sektorspezifischen Anforderungen entspricht die Aufnahme der in § 34 Abs. 2 S. 3 VSVgV genannten Kriterien der „Versorgungssicherheit" und „Interoperabilität und Eigenschaften beim Einsatz". Hiermit wird im Übrigen die Vorgabe des § 47 Abs. 1 lit. a) der Verteidigungsrichtlinie umgesetzt, der die vorgenannten Kriterien für die Wertung von Angeboten beispielhaft aufzählt. Ein Auftrag im VS-Bereich kann sowohl die äußere als auch die innere Sicherheit des Staates betreffen.[23] Ein sicherheits- und verteidigungsrelevanter Auftrag ist damit regelmäßig in erhöhtem Maße **gemeinwohlrelevant**. Er ist somit häufig dazu geeignet, Auswirkungen auf eine breite Bevölkerungsschicht zu entfalten. Daraus folgt die Notwendigkeit eines in besonderem Maße sensiblen Umgangs mit solchen Aufträgen. Der VS-Auftrag ist darüber hinaus regelmäßig durch **spontan eintretende Situationen** geprägt, die eine erhebliche Gefahr für die Allgemeinheit darstellen können. Hier ist vor allem an Krisensituationen und Notfälle zu denken, die etwa durch Naturereignisse, Unfälle oder politische Spannungen eintreten, aber auch beispielsweise durch einzelne Personen oder Personenvereinigungen verursacht sein können (z. B. Abwehr von Terrorgefahren). Diese Situationen erfordern ein gut organisiertes, zuverlässiges und schnelles staatliches Handeln, um die (potentielle) Gefahrenlage möglichst effektiv zu bekämpfen. Vor diesem Hintergrund ist es von besonders großer Bedeutung, dass sich der Auftraggeber auf die ordnungsgemäße und zuverlässige Umsetzung seines Beschaffungsbedarfs verlassen kann.

1. Versorgungssicherheit

21   Die Vorschrift des § 34 Abs. 2 S. 3 Nr. 9 VSVgV benennt als denkbares Zuschlagskriterium die Versorgungssicherheit. Im Bereich der verteidigungs- und sicherheitsrelevanten Aufträge kommt diesem Auswahlkriterium typischerweise eine bedeutende Rolle zu. Eine Definition dieses Begriffs erfolgt dabei weder durch die nationalen noch die europarechtlichen Vergabevorschriften. Der nationale Normgeber zeigt die Bedeutung der Versorgungssicherheit damit auf, dass er für den VS-Bereich mit § 8 VSVgV eine eigene Norm für dieses Zuschlagskriterium geschaffen hat, nach der der Auftraggeber in der Bekanntmachung oder den Vergabeunterlagen die Anforderungen an die Versorgungssicherheit festlegen muss (vgl. § 8 Abs. 1 VSVgV). Unter § 8 Abs. 2 VSVgV gibt der Verordnungsgeber eine beispielhafte Liste denkbarer Angaben zum Nachweis der Versorgungssicherheit vor.[24] Mögliche Angaben zur Beurteilung der Versorgungssicherheit können nach der VSVgV-

---

[21] Vgl. *Conrad* in Gabriel/Krohn/Neun Handbuch des Vergaberechts S. 1394.
[22] Vgl. zu den besonderen verteidigungs- und sicherheitsrelevanten Zuschlagskriterien bereits *Horn/Hofmann* in Burgi/Dreher Vergaberecht § 34 VSVgV Rn. 19 ff.
[23] Vgl. OLG Düsseldorf 30.4.2003 – Verg 61/02; juris.
[24] Vgl. zu den einzelnen möglichen Unterlagen zum Nachweis der Versorgungssicherheit *Otting* in Burgi/Dreher Vergaberecht § 8 VSVgV Rn. 10.

Vorschrift etwa sein: Unterlagen zum Beleg der Im- und Exportfähigkeit, Angaben zur Organisation der Lieferkette und Unternehmensstrategie, Kapazitäten bei Bedarfssteigerung, Wartung, Modernisierung, Anpassung sowie die Zusicherung der Unterlagen bzw. Berechtigungen, die Grundlage dafür sind, den Auftrag notfalls auch ohne den Auftragnehmer weiterführen zu können (z.B. Lizenzen, Bauzeichnungen). Insoweit wird der Auftraggeber in der Vergabebekanntmachung oder den Vergabeunterlagen näher zu spezifizieren haben, welche Erklärungen und/oder Belege zum Nachweis bzw. zur Prüfung der Versorgungssicherheit auf der Grundlage der insoweit auftraggeberseitig vorgegebenen Bewertungsmatrix für erforderlich erachtet werden. Aus dem Kontext der in § 8 Abs. 2 VSVgV genannten Angaben ergibt sich, dass die Versorgungssicherheit eine effiziente, günstige, nachhaltige und zeitnahe Erfüllung der Leistung gewährleisten soll,[25] die vor allem den **Bestand der Leistung auch für die Zukunft** kontinuierlich sichert. Dies ist anzunehmen, wenn der Beschaffungsgegenstand selbst oder zumindest seine wesentlichen Bestandteile auch in Zukunft auf dem Markt verfügbar sein werden. Das wiederum heißt, dass eine gesicherte Lieferkette nachzuweisen sein sollte.[26] Diese darf auch im Falle etwaiger – möglicherweise extern begründeter – Hindernisse oder sonstiger Änderungen der Sachlage nicht beeinträchtigt sein.[27] Ein solches Hindernis kann beispielsweise ein durch eine Krisensituation notwendig werdender erhöhter Bedarf darstellen. Ein anderes Hindernis kann etwa die unerwartete Leistungsunfähigkeit des ausführenden Unternehmens sein. Auch für diesen Fall soll der Auftraggeber tatsächlich und rechtlich durch den Auftragnehmer in die Lage versetzt werden, die Tätigkeit weiterführen zu können.[28] Die Versorgungssicherheit ist folglich als staatliches Sicherheitsinteresse einzuordnen, da das Gelingen des häufig komplexen und gefährlichen Einsatzes wesentlich von einem reibungslos funktionierenden Nachschub abhängt.[29] Dies gilt umso mehr bei großen geographischen Entfernungen des Einsatzortes von den Versorgungsquellen.[30]

Ausweislich der amtlichen Begründung hat die Einordnung der Versorgungssicherheit **22** nach dem Grundsatz der Verhältnismäßigkeit als Eignungs- oder Zuschlagskriterium zu erfolgen.[31] Diese Aussage der amtlichen Begründung fügt sich nicht ohne Weiteres in die insoweit geltenden vergaberechtlichen Grundsätze ein. Zwar ist es richtig, dass ein Kriterium dem Grunde nach sowohl **Eignungs- als auch Zuschlagskriterium** sein kann. Für die Einordnung des Kriteriums als Zuschlagskriterium ist jedoch entsprechend der Rechtsprechung des EuGH entscheidend, ob das Kriterium im Wesentlichen leistungsbezogen ist, also der Ermittlung des wirtschaftlichsten Angebots dient oder als unternehmensbezogenes Kriterium für die Beurteilung der Eignung maßgeblich ist.[32] Ausschlaggebend ist folglich, ob die Versorgungssicherheit im konkreten Einzelfall an die Person des Bieters oder an die Leistungserbringung anknüpft.[33] Die Versorgungssicherheit kann grundsätzlich der Ermittlung des wirtschaftlichsten Angebots dienen, wenn sie die auftragsbezogene Umsetzung der Leistung betrifft[34] und einen spezifischen Bezug zur Auftragsausführung aufweist.[35] Die Versorgungssicherheit ist dabei regelmäßig **wertbildender Natur**. Dies beruht schon darauf, dass der VS-Beschaffungsgegenstand häufig vergleichsweise teuer in seiner Anschaffung, dafür aber auf eine lange Lebensdauer ausgelegt ist[36] und sich über die Le-

---

[25] Vgl. *Vavra/Herrmann* in Ziekow/Völlink VOB/A-VS 2. Aufl. 2013 § 16 Rn. 4.

[26] Vgl. Erwägungsgrund 42 zur RL 2009/81/EG.

[27] Vgl. *Vavra/Herrmann* in Ziekow/Völlink VOB/A-VS 2. Aufl. 2013 § 16 Rn. 4.

[28] Vgl. *Conrad* in Gabriel/Krohn/Neun Handbuch des Vergaberechts S. 1397.

[29] Vgl. OLG Düsseldorf 30.4.2003 – Verg 61/02; juris.

[30] Vgl. OLG Düsseldorf 30.4.2003 – Verg 61/02; juris.

[31] Vgl. amtliche Begründung zu § 34 VSVgV, BR-Drs. 321/12, 41.

[32] Vgl. EuGH 26.3.2015 – C 601/13 „Ambisig", NZBau 2015, 312; EuGH 12.11.2009 – C 199/09 „ERGA OSE", NZBau 2010, 120; EuGH 24.1.2008 – C 532/06 „Lianakis", NZBau 2008, 262.

[33] Vgl. *Roth/Lamm* NZBau 2012, 609 (613).

[34] Vgl. OLG Düsseldorf 17.1.2013 – VII Verg 35/12, NZBau 2013, 329; OLG Celle 12.1.2012 – 13 Verg 9/11, NZBau 2012, 198.

[35] Vgl. *Herrmann* in Ziekow/Völlink VOB/A-VS 2. Aufl. 2013 § 16 Rn. 4.

[36] Vgl. KOM (2004) 608 endg. S. 6.

bensdauer des Beschaffungsgegenstandes auch amortisieren kann. Unabhängig davon, ob der Auftraggeber die Versorgungssicherheit als Eignungs- oder Zuschlagskriterium einordnet, gilt, dass er das Kriterium nur einmal in die Wertung einbeziehen darf. Danach ist das Kriterium als verbraucht anzusehen.[37]

2. Interoperabilität

23   § 34 Abs. 2 S. 3 Nr. 6 erster Teil VSVgV benennt weiterhin als denkbares Zuschlagskriterium die Interoperabilität. Weder in der Verteidigungsrichtlinie noch in einer der nationalen Vergabevorschriften findet sich eine Definition dieses Begriffs. Die sprachliche Herleitung (lat. „inter" = zwischen, unter und „opera" = Arbeit) lässt darauf schließen, dass der Begriff die Fähigkeit zur Zusammenarbeit beschreibt. Abstrakt ist daher unter Interoperabilität die Fähigkeit voneinander unabhängiger Techniken, Systeme, Organisationen und anderer Arbeitsweisen zur **möglichst nahtlosen und effizienten Zusammenarbeit** zu verstehen.[38] Die kooperative Zusammenarbeit bei der Beschaffung, Planung und dem Einsatz (militärischer) Mittel soll dabei die Kapazitäten bündeln und so die Effizienz erheblich verbessern.[39] Im VS-Bereich geht es hierbei insbesondere um Zusammenarbeit im internationalen Rahmen.[40] Der VS-Auftrag ist typischerweise geprägt durch komplexe Bedrohungen, multilaterale Einsätze sowie hohe technologische Ansprüche, die regelmäßig eine enge, häufig auch interdisziplinäre Kooperation auf nationaler und supranationaler Ebene erfordern.[41] Mit der fortschreitenden Digitalisierung erlangt die Interoperabilität insbesondere im IT-Bereich eine besondere Bedeutung.[42] Die jüngere Vergangenheit hat zudem vor allem im Zusammenhang mit der Terrorismusbekämpfung gezeigt, wie wichtig eine gut funktionierende Zusammenarbeit zwischen den einzelnen Staaten ist. Gerade Aufträge im VS-Bereich basieren gehäuft auf digitalen Programmen, wie beispielsweise Aufträge im Zusammenhang mit der Luftüberwachung sowie mit Kommunikations- und Satellitensystemen. Der IT-spezifische Auftragsteil ist dabei oftmals als tragende Säule zu bewerten, mit der die Umsetzung des gesamten Auftrages „steht und fällt". Daher ist von immenser Bedeutung, dass insoweit eine reibungslose Zusammenarbeit gewährleistet ist. Für diese Zusammenarbeit muss eine möglichst große **Kompatibilität der Systeme** der Kooperationspartner gegeben sein. Die unüberschaubare Vielzahl potentieller (internationaler) Teilnehmer, ihrer verschiedenen Jurisdiktionen, der Programme und möglicher Arbeitstechniken sind dabei als Faktoren anzusehen, welche eine reibungslose Auftragsausführung erschweren können, sodass es im Interesse aller am Beschaffungsvorhaben Beteiligter liegt, die Kompatibilität der Ressourcen für die spätere Auftragsausführung zu sichern.

24   Konkrete auftraggeberseitige Vorgaben an die spezifischen Anforderungen der Interoperabilität sind die Voraussetzung dafür, dass die Bieter eine auch insoweit qualitativ hochwertige Leistung überhaupt erst anbieten können. Sie sind zudem unerlässlich dafür, dass der Auftraggeber seiner Verpflichtung nachkommt, den festgelegten Bewertungs- und Prüfungsmaßstab transparent abzubilden. Diese Vorgaben sollten zudem einen Anknüpfungspunkt benennen, an dem die Bieter ihre Angebote ausrichten können. Dieser Anknüpfungspunkt wird dabei entweder einen **Standard** (z.B. DIN Normen) aufzeigen oder kann alternativ auch ein konkretes **Bezugsobjekt** sein.[43] Das Bezugsobjekt kann sich zum einen

---

[37] Vgl. OLG Frankfurt 28.6.2006 – 11 Verg 15, 16/05, NJOZ 2007, 249; *Hölzl/Friton* NZBau 2008, 307 (309).

[38] Vgl. u. a. *Herrmann* in Ziekow/Völlink Vergaberecht 2. Aufl. 2013 § 16 VOB/A-VS Rn. 5.

[39] Vgl. Domecq auf http://derstandard.at/2000054029996/Gemeinsamer-Angriff-als-bessere-Verteidigung, zuletzt abgerufen am 27.7.2017.

[40] Vgl. *Herrmann* in Ziekow/Völlink Vergaberecht 2. Aufl. 2013 § 16 VOB/A-VS Rn. 5.

[41] Vgl. *Enders* Internationale Politik 2002, S. 51.

[42] Vgl. Der Begriff der Interoperabilität wird häufig im Zusammenhang mit eGovernment-Diensten behandelt, siehe dazu Arbeitspapier der Europäischen Kommission: Europa verbinden: Die Bedeutung der Interoperabilität für elektronische Behördendienste (eGovernment-Dienste).

[43] Vgl. *Kues* in Leinemann/Kirch VSVgV § 34 VSVgV Rn. 54 zur vergleichbaren Vorschrift in der VSVgV.

über ein System / einen Gegenstand definieren, welches/n der Auftraggeber selbst schon besitzt, oder zum anderen über ein solches, welches/n er bereits zuvor verwendet hat und woran er nun anknüpfen möchte. Beispiele für solche Bezugsobjekte können bestimmte Prozessorenarchitekturen oder verwendete Programmiersprachen sein.

Die hervorgehobene Bedeutung der Interoperabilität für den VS-Bereich wird auch da- **25** durch bestätigt, dass der Begriff im Zusammenhang mit der Erstellung der technischen Leistungsbeschreibung in § 15 Abs. 3 VSVgV Erwähnung findet, wo der Normgeber einen Verweis auf Standardisierungsvereinbarungen zur Umsetzung der Vorgaben an die Operabilität vornimmt.[44]

3. Eigenschaften beim Einsatz

Zudem wird in § 34 Abs. 2 S. 3 Nr. 6 zweiter Teil VSVgV weiterhin als denkbares Zu- **26** schlagskriterium „Eigenschaften beim Einsatz" genannt. Die Eigenschaften des Beschaffungsgegenstandes bei seiner Verwendung können von erheblicher Bedeutung für die Beurteilung einer zuverlässigen Auftragsausführung sein. Zu solchen Eigenschaften gehören etwa der Energieverbrauch, bzw. die damit verbundene Akkukapazität, das Verhalten des Materials bei verschiedenen Witterungen und Temperaturen, die Wiederverwertbarkeit oder auch die Transporteigenschaften.[45] Die Kenntnis und Optimierung dieser Eigenschaften spielt erneut insbesondere im militärischen Auftragsbereich eine hervorgehobene Rolle, da hier der Beschaffungsgegenstand oftmals mit länger andauernden Aufenthalten in Gebieten / Bereichen verbunden ist, die orts-, wetter-, technisch- oder anderweitig bedingt besondere Anforderungen an den Beschaffungsgegenstand stellen können. Beispiel hierfür sind Auslandseinsätze, bei denen die infrastrukturelle Versorgung stark limitiert ist. In diesem Fall kann z. B. die Akkukapazität des Beschaffungsgegenstandes von erheblicher Bedeutung sein. Diese Aspekte bieten sich in besonderem Maße dafür an, in die auftraggeberseitige Angebotswertung im Sinne des § 127 Abs. 1 GWB einbezogen zu werden. Insoweit sind die „Eigenschaften beim Einsatz" vom Auftraggeber auftragsbezogen zu konkretisieren und dabei über die Festlegung konkreter Beurteilungsmaßstäbe/Prüfungskriterien im Rahmen der Angebotswertung näher zu spezifizieren.

F. Drittschutz der Norm

Zur drittschützenden Wirkung der Vorschrift wird auf den entsprechenden § 58 VgV **27** verwiesen.

---

[44] Vgl. hierzu *Otting* in Burgi/Dreher Vergaberecht § 8 VSVgV Rn. 11.
[45] Vgl. *Kues/Leinemann* in Leinemann/Kirch VSVgV § 34 VSVgV Rn. 58.

§ 35 Bekanntmachung über die Auftragserteilung

(1) **Die Auftraggeber sind verpflichtet, die Vergabe eines Auftrags oder den Abschluss einer Rahmenvereinbarung innerhalb von 48 Tagen bekanntzumachen. Die Bekanntmachung über die Auftragserteilung wird nach dem Muster gemäß Anhang XV der Durchführungsverordnung (EU) 2015/1986 erstellt. Diese Pflicht besteht nicht für die Vergabe von Einzelaufträgen, die aufgrund einer Rahmenvereinbarung erfolgen.**

(2) **Die Auftraggeber müssen eine Auftragsvergabe oder den Abschluss einer Rahmenvereinbarung nicht bekannt geben, soweit deren Offenlegung den Gesetzesvollzug behindern, dies dem öffentlichen Interesse, insbesondere Verteidigungs- und Sicherheitsinteressen, zuwiderlaufen, die berechtigten geschäftlichen Interessen öffentlicher oder privater Unternehmen schädigen oder den lauteren Wettbewerb zwischen ihnen beeinträchtigen könnte.**

Übersicht

	Rn.			Rn.
A. Einführung	1		**D. Form der Bekanntmachung**	11
I. Literatur	1		**E. Ausnahmen von der Bekanntmachungspflicht**	14
II. Entstehungsgeschichte	2		
III. Rechtliche Vorgaben im EU-Recht	4		I. Ausnahmetatbestände	15
B. Materiell-rechtlich vergleichbare Vorschriften	6		II. Insbesondere: Verteidigungs- und Sicherheitsinteressen	16
			F. Drittschutz der Norm	17
C. Bekanntmachungspflicht	9			

A. Einführung

I. Literatur

1 Zu § 35 VSVgV existiert, soweit ersichtlich, jenseits der einschlägigen Kommentierungen keine spezifische Literatur.

II. Entstehungsgeschichte

2 Mit der Vorschrift des § 35 VSVgV bestimmt der Verordnungsgeber eine nachträgliche **Vergabebekanntmachungspflicht** des Auftraggebers. Zum Zwecke der **ex-post Transparenz** hat dieser die Entscheidung über den Abschluss eines Auftrags oder einer Rahmenvereinbarung zu publizieren. Für diese Bekanntmachung sieht der Normgeber die Einreichung eines vom Auftraggeber bezogen auf die konkrete Beschaffungsmaßnahme individualisierten Standardformulars in elektronischer Form beim Amtsblatt der EU innerhalb von 48 Tagen vor. Die betreffenden Angaben können jedoch auch zur Wahrung berechtigter schutzbedürftiger Belange ausnahmsweise entfallen.

3 Seit dem Inkrafttreten der Verordnung über die Vergabe von Aufträgen im Bereich Sicherheit und Verteidigung (Vergabeverordnung Verteidigung und Sicherheit – VSVgV)[1] am 13. Juli 2012 ist der materielle Inhalt der Vorschrift des § 35 VSVgV unverändert. Im Zuge der Vergaberechtsreform 2016 ist lediglich eine redaktionelle **Anpassung** hinsichtlich des für die Bekanntmachung zu verwendenden Standardformulars erfolgt. Dieses ist nunmehr

---

[1] BGBl. I S. 1509.

in der Durchführungsverordnung (EU) 2015/1986[2] als Anhang XV zu finden. Die Umsetzung der Vorschrift orientiert sich an § 23 EG Abs. 1 VOL/A aF.[3]

III. Rechtliche Vorgaben im EU-Recht

Die VSVgV trägt als Umsetzung der RL 2009/81/EG[4] den bereichsspezifischen Besonderheiten der Vergabe von Dienst- und Lieferverträgen im Oberschwellenbereich Rechnung. Die Vorgaben zu den Bekanntmachungspflichten sind im Kapitel VI über die Veröffentlichung und Transparenz verortet. Art. 30 der Verteidigungsrichtlinie regelt die Vorgehensweise für die Fälle, dass eine Bekanntmachungspflicht überhaupt besteht. Dies gilt zum einen hinsichtlich einer Bekanntmachungspflicht, die im Vorfeld des Vergabeverfahrens besteht (sog. ex-ante Transparenz, Absätze 1 und 2), zum anderen hinsichtlich der Pflicht zur nachträglichen Bekanntgabe der getroffenen Wettbewerbsentscheidung nach Absatz 3 (sog. ex-post Transparenz). Dieser allgemeine Rahmen wird mit Art. 32 der Verteidigungsrichtlinie bezüglich der Abfassung und der Modalitäten der Bekanntmachung konkretisiert. **4**

Mit § 35 Abs. 1 VSVgV setzt der Verordnungsgeber Art. 30 Abs. 3 UAbs. 1 und 2 der Verteidigungsrichtlinie fast wortgleich in nationales Recht um. § 35 Abs. 2 VSVgV dient der Umsetzung des Art. 30 Abs. 3 UAbs. 3 der Verteidigungsrichtlinie.[5] **5**

B. Materiell-rechtlich vergleichbare Vorschriften

Die nationalen vergaberechtlichen Vorschriften haben mit der Vergaberechtsnovelle 2016 eine umfassende Überarbeitung erfahren. Grundlage dafür war die zuvor erfolgte Reform des Vergaberechts auf europäischer Ebene.[6] Die gemeinschaftsrechtliche Verteidigungsrichtlinie wurde hingegen nicht reformiert und war damit folgerichtig auch nicht Gegenstand der umfassenden und grundlegenden nationalen Vergaberechtsreform 2016. Aus diesem Umstand resultieren **zahlreiche Abweichungen** zwischen den Regelungen im Bereich der allgemeinen Auftragsvergabe und dem der sicherheits- und verteidigungsrelevanten Aufträge. Diese Abweichungen sind dabei **teils redaktioneller, teils inhaltlicher Natur.** Die teilweise unterschiedliche Rechtslage ist daher häufig der (bislang) **fehlenden Harmonisierung der betreffenden „Sektoren"** geschuldet und beruht folglich in zahlreichen Fällen nicht auf dem Spezifika des Verteidigungs- und Sicherheitsbereichs. Diese Situation sollte mit der im Sinne einer Harmonisierung der Regelungsregime für die Zukunft wünschenswerten Überarbeitung der Verteidigungsrichtlinie behoben werden. **6**

Die folgende Kommentierung beschränkt sich auf die Abweichungen zur VgV und dabei insbesondere auf die verteidigungs- und sicherheitsrelevanten Besonderheiten der Bestimmung. Im Übrigen wird auf die Kommentierung zu der entsprechenden Vorschrift der VgV im allgemeinen Auftragsbereich verwiesen. **7**

---

[2] Durchführungsverordnung (EU) Nr. 2015/1986 der Kommission vom 11. November 2015 zur Einführung von Standardformularen für die Veröffentlichung von Vergabebekanntmachungen für öffentliche Aufträge und zur Aufhebung der Durchführungsverordnung (EU) Nr. 842/2011, ABl. EU 2015 L 296 S. 1 ff.

[3] Vgl. amtliche Begründung zu § 35 VSVgV, BR-Drs. 321/12, 61.

[4] RL 2009/81/EG des Europäischen Parlaments und des Rates vom 13. Juli 2009 über die Koordinierung der Verfahren zur Vergabe bestimmter Bau-, Liefer- und Dienstleistungsaufträge in den Bereichen Verteidigung und Sicherheit und zur Änderung der Richtlinien 2004/17/EG und 2004/18/EG, ABl. EU L 216 S. 76 ff., (im Weiteren: „Verteidigungsrichtlinie").

[5] Vgl. amtliche Begründung zu § 35 VSVgV, BR-Drs. 321/12, 62.

[6] Gegenstand der Reform waren die Vergaberichtlinien für den Bereich der allgemeinen Auftragsvergabe (RL 2014/24/EU), die Sektorenrichtlinie (RL 2014/25/EU) sowie die Konzessionsrichtlinie (RL 2014/23/EU). Diese finden national ihre Umsetzung im GWB, in der VgV, der KonzVgV, der SektVO und der neuen EU-VOB/A.

8   § 35 VSVgV entspricht inhaltlich im Wesentlichen § 39 VgV.[7] Eine auf die fehlende Harmonisierung der Richtlinien (vgl. Rn. 5) zurückzuführende Abweichung ergibt sich hinsichtlich der Bekanntmachungsfrist. Materiell-rechtlich vergleichbare Vorschriften finden sich im Übrigen in § 38 SektVO, §§ 16d EU Abs. 2, 16d VS Abs. 2 VOB/A sowie § 21 KonzVgV.

C. Bekanntmachungspflicht

9   Der Auftraggeber ist nach § 35 Abs. 1 S. 1 VSVgV verpflichtet, die Vergabe eines Auftrags oder den Abschluss einer Rahmenvereinbarung innerhalb von 48 Tagen bekanntzugeben. Diese nachträgliche **ex-post-Transparenz** dient der allgemeinen Transparenzpflicht und Marktbeobachtung.[8] Die Vorschrift entspricht in weiten Teilen § 39 Abs. 1 VgV, wobei die VgV-Vorschrift im Unterschied zur VSVgV-Regelung lediglich eine 30-Tages-Bekanntmachungsfrist festlegt (vgl. Rn. 5).

10   Gemäß § 35 Abs. 1 S. 3 VSVgV gilt die Bekanntmachungspflicht nicht für die Vergabe von Einzelverträgen, die auf Grundlage einer Rahmenvereinbarung vereinbart werden. Die Regelung entspricht inhaltlich § 39 Abs. 4 S. 1 VgV.

D. Form der Bekanntmachung

11   Die Vergabebekanntmachung ist nach § 35 Abs. 1 S. 2 VSVgV zwingend nach dem Muster gemäß **Anhang XV der Durchführungsverordnung (EU) 2015/1986** zu erstellen. Die Vorschrift entspricht – das bezeichnete Formular ausgenommen – § 39 Abs. 2 VgV, sodass insbesondere hinsichtlich der Verfügbarkeit der Formulare und der Problematik der statischen Bezugnahme auf die entsprechende Kommentierung verwiesen wird.

12   In dem bezeichneten Standardformular („Bekanntmachung vergebener Aufträge in den Bereichen Verteidigung und Sicherheit") haben insbesondere Angaben zum Auftraggeber, dem Auftragsgegenstand, dem Verfahren und der Vergabe zu erfolgen. In Ergänzung dazu ist erforderlichenfalls ein umfassendes Formular zur Begründung der Auftragsvergabe ohne vorherige Bekanntmachung auszufüllen (Anhang D3).

13   Eine Wortlautabweichung besteht darin, dass § 39 Abs. 1 VgV ausdrücklich die Übermittlung der Bekanntmachung an das **Amt für Veröffentlichungen der Europäischen Union** fordert. Dieses Erfordernis ist jedoch rein deklaratorischer Art und ergibt sich bereits aus der Vorgabe, das Standardformular der VO 2015/1986 zu verwenden, da nach Art. 6 der VO 2015/1986 alle Formulare der Verordnung elektronisch mittels der durch das Amt für Veröffentlichungen der Europäischen Union zur Verfügung gestellten Online-Anwendungen **eNOTICES** oder **TED-eSender** an dieses Amt zu übermitteln sind. Damit ist hierin keine inhaltliche Abweichung zur VgV-Vorschrift zu sehen. Mit der Vorgabe, die Information nunmehr **zwingend elektronisch** zu übermitteln, schreibt der nationale Verordnungsgeber allerdings strengere Anforderungen als die der betreffenden europarechtlichen Regelung des Art. 32 Abs. 2 der Verteidigungsrichtlinie vor. Art. 32 Abs. 2 der Verteidigungsrichtlinie verweist allgemein auf „Standardformulare" und hält die Möglichkeit offen, die Bekanntmachung auch auf anderem als elektronischem Wege zu übermitteln. Diese Möglichkeit entfällt nunmehr mit dem Verweis auf die neue Durchführungsverordnung.

---

[7] Vgl. *Krohn* in Burgi/Dreher Vergaberecht § 39 VgV.
[8] Vgl. *Dreher* in Immenga/Mestmäcker Wettbewerbsrecht 5. Aufl. 2014 § 97 GWB Rn. 50 f.

E. Ausnahmen von der Bekanntmachungspflicht

Die Vorschrift des § 35 Abs. 2 VSVgV dient dazu, das Spannungsverhältnis zwischen **14**
Transparenzgebot und dem Bedürfnis nach einem vertraulichen Umgang mit sensiblen
Informationen aufzulösen.[9]

I. Ausnahmetatbestände

Nach § 35 Abs. 2 VSVgV müssen eine Auftragsvergabe oder der Abschluss einer Rah- **15**
menvereinbarung nicht bekannt gegeben werden, soweit deren Offenlegung den Gesetzesvollzug behindern, dies dem öffentlichen Interesse, **insbesondere Verteidigungs- und
Sicherheitsinteressen**, zuwiderlaufen, die berechtigten geschäftlichen Interessen öffentlicher oder privater Unternehmen schädigen oder den lauteren Wettbewerb zwischen ihnen
beeinträchtigen könnte, mithin also berechtigte Geheiminteressen berührt sind. Die Regelung entspricht dem Inhalt des § 39 Abs. 6 VgV.

II. Insbesondere: Verteidigungs- und Sicherheitsinteressen

Die sektorenspezifische Ausnahme von der Weitergabe von Informationen, begründet **16**
durch die Beeinträchtigung „öffentlicher Interessen, insbesondere Verteidigungs- und Sicherheitsinteressen" aus § 35 Abs. 2 VSVgV findet sich inhaltsgleich im Rahmen der Vor-
informationspflichten in § 134 Abs. 3 S. 2 GWB wieder, sodass auf die dortige Kommentierung verwiesen wird.

F. Drittschutz der Norm

Zur drittschützenden Wirkung der Norm wird auf den entsprechenden § 39 VgV ver- **17**
wiesen.

---

[9] Vgl. *Krohn* in Gabriel/Krohn/Neun Handbuch des Vergaberechts S. 1377.

§ 36 Unterrichtung der Bewerber oder Bieter

(1) Unbeschadet des § 147 in Verbindung mit § 134 des Gesetzes gegen Wettbewerbsbeschränkungen unterrichten die Auftraggeber alle Bewerber oder Bieter unverzüglich über die Gründe für die Entscheidung, einen Auftrag oder eine Rahmenvereinbarung, für die eine Bekanntmachung veröffentlicht wurde, nicht zu vergeben oder das Verfahren neu einzuleiten. Diese Information wird auf Verlangen der Bewerber oder Bieter schriftlich erteilt.

(2) Unbeschadet des § 147 in Verbindung mit § 134 des Gesetzes gegen Wettbewerbsbeschränkungen unterrichten die Auftraggeber auf Verlangen des Betroffenen unverzüglich, spätestens 15 Tage nach Eingang eines entsprechenden Antrags in Textform nach § 126b des Bürgerlichen Gesetzbuchs,

1. jeden nicht erfolgreichen Bewerber über die Gründe für die Ablehnung der Bewerbung;
2. jeden nicht berücksichtigten Bieter über die Gründe für die Ablehnung des Angebots, insbesondere die Gründe dafür, dass keine Gleichwertigkeit im Sinne des § 15 Absatz 4 und 5 dieser Verordnung vorliegt oder dass die Lieferungen oder Dienstleistungen nicht den Leistungs- oder Funktionsanforderungen entsprechen, und in den Fällen der §§ 7 und 8 die Gründe dafür, dass keine Gleichwertigkeit bezüglich der Anforderungen an den Schutz von Verschlusssachen oder an die Versorgungssicherheit durch Unternehmen vorliegt;
3. jeden Bieter, der ein ordnungsgemäßes Angebot eingereicht hat, das jedoch abgelehnt worden ist, über die Merkmale und Vorteile des ausgewählten Angebots sowie über den Namen des Zuschlagsempfängers oder der Vertragspartner der Rahmenvereinbarung.

Übersicht

	Rn.			Rn.
A. Einführung	1	D. Umfang des individuellen Informationsanspruchs		13
I. Literatur	1			
II. Entstehungsgeschichte	2	I. Nicht erfolgreicher Bewerber		14
III. Rechtliche Vorgaben im EU-Recht	5	II. Nicht berücksichtigter Bieter		15
B. Materiell-rechtlich vergleichbare Vorschriften	8	III. nicht erfolgreicher Bieter mit ordnungsgemäßem Angebot		17
C. Unterrichtung über Aufhebung oder Neueinleitung des Verfahrens	11	E. Drittschutz der Norm		18

A. Einführung

I. Literatur

1 Zu § 36 VSVgV existiert, soweit ersichtlich, jenseits der einschlägigen Kommentierungen keine spezifische Literatur.

II. Entstehungsgeschichte

2 Bereits die am 13. Juli 2012 in Kraft getretene Erstfassung der Verordnung von Aufträgen im Bereich Sicherheit und Verteidigung (Vergabeverordnung Verteidigung und Sicherheit – VSVgV)[1] sah eine **individuelle Unterrichtung der erfolglosen Teilnehmer**

---

[1] BGBl. 2012 I S. 1509.

nach erfolgreichem Abschluss des Verfahrens vor (ex-post Transparenz). Für den Fall der Verfahrensaufhebung griff § 37 Abs. 2 VSVgV, der ebenso eine individuelle Unterrichtungspflicht von Wettbewerbsteilnehmern bei Aufhebung und Einstellung des Vergabeverfahrens vorsieht. Mit der Vergaberechtsnovelle 2016 wurde dem ursprünglichen § 36 VSVgV 2012 ein neuer Absatz 1 vorangestellt, der (ebenfalls) eine Unterrichtung für den Fall der Verfahrensaufhebung bzw. -einstellung konstituiert. § 37 Abs. 2 VSVgV dürfte dabei gegenüber § 36 Abs. 1 VSVgV als speziellere Vorschrift zu erachten sein, wobei offen bleibt, welchen praktischen Anwendungsbereich der Verordnungsgeber – über § 37 Abs. 2 VSVgV hinaus – für den neuen § 36 Abs. 1 VSVgV vorgesehen hat.

Die alte Fassung der Vorschrift sah zudem einen Absatz 3 vor, welcher dem Auftraggeber **3** die Möglichkeit des Verzichts auf die Informationserteilung eröffnete, wenn entsprechend der Ausnahmeregelung im Rahmen der Bekanntmachungspflicht nach § 35 VSVgV die Mitteilung den Gesetzesvollzug behindern, dies dem öffentlichen Interesse, insbesondere Verteidigungs- und Sicherheitsinteressen, zuwiderlaufen, die berechtigten geschäftlichen Interessen öffentlicher oder privater Unternehmen schädigen oder den lauteren Wettbewerb zwischen ihnen beeinträchtigen könnte. Die aktuelle Fassung sieht dies ihrem Wortlaut nach nicht (mehr) vor.

Zuletzt hat § 36 Abs. 2 VSVgV eine Änderung im Wortlaut erfahren,[2] indem der Ver **4** ordnungsgeber die Schriftlichkeit des einzureichenden Antrags auf Informationserteilung dahingehend konkretisiert, dass die Textform nach § 126b BGB ausreicht.

III. Rechtliche Vorgaben im EU-Recht

Die VSVgV trägt als Umsetzung der Verteidigungsrichtlinie den bereichsspezifischen Be **5** sonderheiten der Vergabe von Dienst- und Lieferverträgen im Oberschwellenbereich Rechnung. Ausweislich der Verordnungsbegründung dient § 36 VSVgV der Umsetzung von Art. 35 der Verteidigungsrichtlinie, welcher seinerseits Art. 55 der RL 2014/24/EU für den Bereich der allgemeinen Vergabe entspricht.[3]

Die Verteidigungsrichtlinie sieht in Art. 35 ebenso die Unterrichtung über die Nicht **6** vergabe des Auftrags vor. Dort wird die Unterrichtungspflicht allerdings auch auf den erfolgreichen Abschluss des Vergabeverfahrens erstreckt. Eine individuelle Benachrichtigung über den erfolgreichen Abschluss des Verfahrens sieht die VSVgV nicht vor. Diese Information erfolgt zum einen im Wege auftraggeberseitiger Vorabinformationspflicht nach § 134 GWB und zum anderen nachträglich auch über die Bekanntmachungspflicht nach § 35 Abs. 1 VSVgV.

Art. 35 Abs. 3 der Verteidigungsrichtlinie sieht zudem die Möglichkeit des Verzichts **7** auf die Informationserteilung vor, wenn dadurch bestimmte Interessen beeinträchtigt würden.

B. Materiell-rechtlich vergleichbare Vorschriften

Die nationalen vergaberechtlichen Vorschriften haben mit der Vergaberechtsnovelle 2016 **8** eine umfassende Überarbeitung erfahren. Grundlage dafür war die zuvor erfolgte Reform des Vergaberechts auf europäischer Ebene.[4] Die gemeinschaftsrechtliche Verteidigungsrichtlinie wurde hingegen nicht reformiert und war damit folgerichtig auch nicht

---

[2] BGBl. 2016 I S. 626.

[3] Vgl. amtliche Begründung zu § 36 VSVgV, BR-Drs. 321/12, 62.

[4] Gegenstand der Reform waren die Vergaberichtlinien für den Bereich der allgemeinen Auftragsvergabe (RL 2014/24/EU), die Sektorenrichtlinie (RL 2014/25/EU) sowie die Konzessionsrichtlinie (RL 2014/23/EU). Diese finden national ihre Umsetzung im GWB, in der VgV, der KonzVgV, der SektVO und der neuen EU-VOB/A.

Gegenstand der umfassenden und grundlegenden nationalen Vergaberechtsreform 2016. Aus diesem Umstand resultieren **zahlreiche Abweichungen** zwischen den Regelungen im Bereich der allgemeinen Auftragsvergabe und dem der sicherheits- und verteidigungsrelevanten Aufträge. Diese Abweichungen sind dabei **teils redaktioneller, teils inhaltlicher Natur**. Die teilweise unterschiedliche Rechtslage ist daher häufig der (bislang) **fehlenden Harmonisierung der betreffenden „Sektoren"** geschuldet und beruht folglich in zahlreichen Fällen nicht auf den Spezifika des Verteidigungs- und Sicherheitsbereichs. Diese Situation sollte mit der im Sinne einer Harmonisierung der Regelungsregime für die Zukunft wünschenswerten Überarbeitung der Verteidigungsrichtlinie behoben werden.

9   Die folgende Kommentierung beschränkt sich auf die Abweichungen zur VgV und dabei insbesondere auf die verteidigungs- und sicherheitsrelevanten Besonderheiten der Bestimmung. Im Übrigen wird auf die Kommentierung zu der entsprechenden Vorschrift der VgV im allgemeinen Auftragsbereich verwiesen.

10   § 36 VSVgV entspricht inhaltlich im Wesentlichen § 62 VgV, sodass insbesondere hinsichtlich des Anwendungsbereichs und des Verhältnisses der Norm zu der Vorabinformationspflicht nach § 134 GWB und der allgemeinen Vergabebekanntmachungspflicht nach § 35 Abs. 1 S. 1 VSVgV sowie bezüglich der Frist für das Informationsverlangen auf § 62 VgV verwiesen werden kann.[5] Materiell-rechtlich vergleichbare Vorschriften finden sich im Übrigen in § 56 SektVO, §§ 19 EU Abs. 4, 19 VS Abs. 4 VOB/A sowie § 30 KonzVgV.

C. Unterrichtung über
Aufhebung oder Neueinleitung des Verfahrens

11   Nach § 36 Abs. 1 S. 1 VSVgV unterrichtet der Auftraggeber alle Bewerber und Bieter über die Entscheidung und die Gründe dafür, einen Auftrag nicht zu vergeben oder das Verfahren neu einzuleiten. Die Vorschrift entspricht inhaltlich § 62 Abs. 1 S. 2 VgV i. V. m. § 62 Abs. 1 S. 1 VgV.

12   Gemäß § 36 Abs. 1 S. 2 VSVgV muss die Information in **schriftlicher Form** erfolgen, wenn der Bewerber dies verlangt. Insoweit besteht eine Abweichung zur VgV, welche keine entsprechenden Formvorgaben macht. Dieser Unterschied dürfte für die praktische Anwendung der Norm keine Rolle spielen, da dem Auftraggeber schon aus Beweiszwecken anzuraten ist, entsprechende Informationen in schriftlicher Form mitzuteilen.

D. Umfang des individuellen Informationsanspruchs

13   Nach Absatz 2 der Vorschrift erteilt der Auftraggeber spätestens innerhalb von 15 Tagen nach Eingang eines entsprechenden, in Textform nach § 126b BGB eingegangenen **Antrags** – abhängig vom Status des Betroffenen – weitere verfahrensbezogene Informationen. Die Vorschrift entspricht inhaltlich im Wesentlichen § 62 Abs. 2 VgV.

I. Nicht erfolgreicher Bewerber

14   Jeder nicht erfolgreiche Bewerber ist auf Antrag nach § 36 Abs. 2 Nr. 1 VSVgV über die Gründe für die Ablehnung seiner Bewerbung zu informieren. Die Regelung ist inhaltsgleich zu § 62 Abs. 2 Nr. 1 VgV.

---

[5] Vgl. *Mehlitz* in Burgi/Dreher Vergaberecht § 62 VgV Rn. 59.

II. Nicht berücksichtigter Bieter

Gemäß § 36 Abs. 2 Nr. 2 VSVgV ist jeder nicht berücksichtigte Bieter über die Gründe **15** für die Ablehnung seines Angebots zu informieren. Die Regelung entspricht inhaltlich § 62 Abs. 2 Nr. 2 VgV.

Die Bestimmung des § 36 Abs. 2 Nr. 2 VSVgV betont zudem verteidigungs- und si- **16** cherheitsspezifisch durch eine Konkretisierung („insbesondere"), dass über die Gründe für die Annahme einer **fehlenden Gleichwertigkeit** bezüglich der **technischen Anforderungen** (i. S. d. § 15 Abs. 4 und 5 VSVgV) oder einer nicht den festgelegten **Leistungs- und Funktionsanforderungen** entsprechenden Leistung, informiert werden muss. Gleiches gilt für die fehlende Gleichwertigkeit hinsichtlich der Anforderungen an den Schutz von **Verschlusssachen** oder an die **Versorgungssicherheit.** Für die Bestimmung und Konkretisierung der einzelnen Anforderungen wird auf die entsprechenden Kommentierungen zu den §§ 7, 8, 15 VSVgV verwiesen. Diese Spezifizierung der Informationsanforderungen im Rahmen des § 36 Abs. 2 Nr. 2 VSVgV ist dem Umstand geschuldet, dass wegen der typischerweise gegebenen Sensibilität des Auftrags verstärkt besondere Anforderungen an die potentiellen Leistungserbringer gestellt werden. Die Vergabeunterlagen sind häufig von komplexen und umfangreichen rechtlichen sowie technischen Vorgaben zum Schutz des Auftrags geprägt und stellen insoweit regelmäßig eine besondere Herausforderung für die Verfahrensteilnehmer dar. Dies führt in nicht wenigen Fällen dazu, dass gerade Newcomer im Verteidigungs- und Sicherheitssektor bereits in einem frühen Verfahrensstadium wegen Nichterfüllung der hohen Anforderungen aus dem Wettbewerb auszuschließen sind. Scheidet der Bieter gerade wegen dieser spezifischen Anforderungen aus, kann eine transparente Begründung helfen, für die Zukunft ein besseres Verständnis für die Vorgaben zu entwickeln um dann erfolgreich an nächsten Verfahren teilnehmen zu können.[6]

III. Nicht erfolgreicher Bieter mit ordnungsgemäßem Angebot

Jeder Bieter, der ein ordnungsgemäßes Angebot eingereicht hat, das jedoch abgelehnt **17** worden ist, muss auf sein Verlangen über die Merkmale und Vorteile des ausgewählten Angebots sowie über den Namen des Zuschlagsempfängers oder der Vertragspartner der Rahmenvereinbarung gemäß § 36 Abs. 2 Nr. 3 VSVgV informiert werden. Die Vorschrift entspricht inhaltlich § 62 Abs. 2 Nr. 3 VgV.

E. Drittschutz der Norm

Zur drittschützenden Wirkung der Norm wird auf den entsprechenden § 62 VgV ver- **18** wiesen.

---

[6] Vgl. zur vergleichbaren Vorschrift des § 19 VS-VOB/A *Kaminsky* in Leinemann/Kirch VSVgV § 19 VS-VOB/A Rn. 19.

§ 37 Aufhebung und Einstellung des Vergabeverfahrens

(1) Die Vergabeverfahren können ganz oder bei Vergabe nach Losen auch teilweise aufgehoben werden, wenn

1. kein Angebot eingegangen ist, das den Bewerbungsbedingungen entspricht,
2. sich die Grundlagen der Vergabeverfahren wesentlich geändert haben,
3. sie kein wirtschaftliches Ergebnis gehabt haben oder
4. andere schwerwiegende Gründe bestehen.

(2) Die Auftraggeber teilen den Bewerbern oder Bietern nach Aufhebung des Vergabeverfahrens mindestens in Textform im Sinne des § 126b des Bürgerlichen Gesetzbuchs unverzüglich die Gründe für ihre Entscheidung mit, auf die Vergabe eines bekannt gemachten Auftrags zu verzichten oder das Vergabeverfahren erneut einzuleiten.

Übersicht

	Rn.			Rn.
A. Einführung	1	B. Materiell-rechtlich vergleichbare Vorschriften		5
I. Literatur	1			
II. Entstehungsgeschichte	2	C. Aufhebungsmöglichkeit		8
III. Rechtliche Vorgaben im EU-Recht	3	D. Kein Kontrahierungszwang		9
		E. Unterrichtungspflicht		11
		F. Drittschutz der Norm		12

A. Einführung

I. Literatur

1 Zu § 37 VSVgV existiert, soweit ersichtlich, jenseits der einschlägigen Kommentierungen keine spezifische Literatur.

II. Entstehungsgeschichte

2 § 37 VSVgV regelt den Ausnahmefall, dass das Vergabeverfahren nicht durch Zuschlagserteilung, sondern durch seine Aufhebung beendet wird. Die Aufhebung kann als Vollaufhebung oder bei losweiser Vergabe auch als Teilaufhebung erfolgen. Die Vorschrift benennt Gründe, bei deren Vorliegen eine rechtmäßige Aufhebung anzunehmen ist, und regelt zudem die mit der Aufhebung verbundenen Mitteilungspflichten des Auftraggebers.

3 Seit dem Inkrafttreten der Verordnung über die Vergabe von Aufträgen im Bereich Sicherheit und Verteidigung (Vergabeverordnung Verteidigung und Sicherheit – VSVgV)[1] am 13. Juli 2012 ist der Wortlaut des § 37 VSVgV unverändert. Die Vorschrift übernimmt den Inhalt des § 20 EG VOL/A 2009.[2]

---

[1] BGBl. I S. 1509.
[2] Vgl. amtliche Begründung zu § 37 VSVgV, BR-Drs. 321/12, 62.

III. Rechtliche Vorgaben im EU-Recht

Weder in der RL 2009/81/EG,[3] noch in der Richtlinie zur allgemeinen Auftragsvergabe 4
(RL 2014/24/EU)[4] finden sich detaillierte Vorgaben zur Aufhebung eines Vergabeverfahrens. Die Möglichkeit einer Aufhebung bzw. einer anders als durch Zuschlag erfolgenden Beendigung des Vergabeverfahrens wird allerdings in Art. 35 Abs. 1 der Verteidigungsrichtlinie vorausgesetzt. Dort ist im Zusammenhang mit den nachträglichen Unterrichtungspflichten in Absatz 1 geregelt, dass der Auftraggeber den Bietern auch die Entscheidung über den Verzicht oder die Neueinleitung des Verfahrens mitzuteilen hat.

B. Materiell-rechtlich vergleichbare Vorschriften

Die nationalen vergaberechtlichen Vorschriften haben mit der Vergaberechtsnovelle 2016 5
eine umfassende Überarbeitung erfahren. Grundlage dafür war die zuvor erfolgte Reform des Vergaberechts auf europäischer Ebene.[5] Die gemeinschaftsrechtliche Verteidigungsrichtlinie wurde hingegen nicht reformiert und war damit folgerichtig auch nicht Gegenstand der umfassenden und grundlegenden nationalen Vergaberechtsreform 2016. Aus diesem Umstand resultieren **zahlreiche Abweichungen** zwischen den Regelungen im Bereich der allgemeinen Auftragsvergabe und dem der sicherheits- und verteidigungsrelevanten Aufträge. Diese Abweichungen sind dabei **teils redaktioneller, teils inhaltlicher Natur.** Die teilweise unterschiedliche Rechtslage ist daher häufig der (bislang) **fehlenden Harmonisierung der betreffenden „Sektoren"** geschuldet und beruht folglich in zahlreichen Fällen nicht auf den Spezifika des Verteidigungs- und Sicherheitsbereichs. Diese Situation sollte mit der im Sinne einer Harmonisierung der Regelungsregime für die Zukunft wünschenswerten Überarbeitung der Verteidigungsrichtlinie behoben werden.

Die folgende Kommentierung beschränkt sich auf die Abweichungen zur VgV und dabei 6
insbesondere auf die verteidigungs- und sicherheitsrelevanten Besonderheiten der Bestimmung. Im Übrigen wird auf die Kommentierung zu der entsprechenden Vorschrift der VgV im allgemeinen Auftragsbereich verwiesen.

§ 37 VSVgV entspricht inhaltlich im Wesentlichen **§ 63 VgV,** sodass insbesondere hin- 7
sichtlich der einzelnen Aufhebungsgründe und der mit der Aufhebung verbundenen Rechtsfolgen auf die entsprechende Kommentierung des § 63 VgV verwiesen wird.[6] Geringfügige Abweichungen ergeben sich im Wortlaut der beiden Vorschriften. Zudem besteht eine abweichende Rechtslage zur Formvorschrift der Mitteilungsverpflichtung nach § 37 Abs. 2 VSVgV. Materiell-rechtlich vergleichbare Vorschriften finden sich im Übrigen in den §§ 17 EU, 17 VS VOB/A, § 57 SektVO sowie § 32 KonzVgV.

C. Aufhebungsmöglichkeit

Gemäß § 37 Abs. 1 VSVgV kann die Vergabestelle das Verfahren ganz oder bei Vergabe 8
nach Losen auch teilweise aufheben, wenn kein Angebot eingegangen ist, das den Bewer-

---

[3] Richtlinie 2009/81/EG des Europäischen Parlaments und des Rates vom 13. Juli 2009 über die Koordinierung der Verfahren zur Vergabe bestimmter Bau-, Liefer- und Dienstleistungsaufträge in den Bereichen Verteidigung und Sicherheit und zur Änderung der Richtlinien 2004/17/EG und 2004/18/EG, ABl. EU 2009 L 216 S. 76 ff., (im Weiteren: „Verteidigungsrichtlinie").
[4] Richtlinie 2014/24/EU des Europäischen Parlaments und des Rates vom 26. Februar 2014 über die öffentliche Auftragsvergabe und zur Aufhebung der Richtlinie 2004/18/EG, ABl. 2014 EU 2014 L 94 S. 65 ff.
[5] Gegenstand der Reform waren die Vergaberichtlinien für den Bereich der allgemeinen Auftragsvergabe (RL 2014/24/EU), die Sektorenrichtlinie (RL 2014/25/EU) sowie die Konzessionsrichtlinie (RL 2014/23/EU). Diese finden national ihre Umsetzung im GWB, in der VgV, der KonzVgV, der SektVO und der neuen EU-VOB/A.
[6] Vgl. *Mehlitz* in Burgi/Dreher Vergaberecht § 63 VgV.

bungsbedingungen entspricht, sich die Grundlagen des Vergabeverfahrens wesentlich geändert haben, kein wirtschaftliches Ergebnis zustande kam oder andere schwerwiegende Gründe bestehen. Die Regelung entspricht inhaltlich § 63 Abs. 1 S. 1 VgV. Ein Unterschied zwischen den Vorschriften besteht darin, dass die VSVgV-Bestimmung die Möglichkeit einer **Teilaufhebung** durch die Worte „bei Vergabe nach Losen" konkretisiert. Hieraus ergibt sich jedoch keine inhaltliche Abweichung der Vorschriften. Bei der Aufhebung soll das Vertrauen der Bieter auf eine Fortsetzung des Vergabeverfahrens bei Vorliegen eines sachlich gerechtfertigten Grundes für die Verfahrensbeendigung nur soweit wie nötig enttäuscht werden.[7] Die Teilaufhebung stellt im Rahmen des Verhältnismäßigkeitsgrundsatzes damit grundsätzlich das **mildere Mittel zur Vollaufhebung** dar.[8] Diese setzt begrifflich schon eine Abgrenzbarkeit des Aufhebungsobjektes voraus, auf das verzichtet werden soll.[9] § 37 Abs. 1 VSVgV betont dabei zu Recht, dass das Fach- oder Teillos regelmäßig die kleinste abgrenzbare Einheit ist, durch dessen Einstellung die übrige Ausschreibung unberührt bleibt. Folgerichtig ist in der vergaberechtlichen Rechtsprechung anerkannt, dass die Aufhebung einzelner Positionen eines Gesamtloses zu einer unzulässigen Änderung der Ausschreibungsunterlagen führen kann.[10] Die Ergänzung des Wortlauts des § 37 Abs. 1 VSVgV um die Formulierung „bei Vergabe nach Losen" ist folglich lediglich deklaratorischer Natur und bedeutet mithin keine inhaltliche Abweichung zur Regelung der VgV.

D. Kein Kontrahierungszwang

9 § 37 Abs. 1 VSVgV gibt abschließend Tatbestände vor, bei deren Vorliegen der Auftraggeber das Vergabeverfahren aufheben kann. Folgt man streng dem Wortlaut der Norm, würde der Auftrag im Umkehrschluss bei Nichtvorliegen der angegebenen Gründe erteilt werden müssen. Dem deutschen Zivilrecht liegt allerdings der **Grundsatz der Privatautonomie** zugrunde, wonach jeder frei entscheiden kann, ob er einen Vertrag abschließen will.[11] Auch das Unionsrecht kennt keinen Kontrahierungszwang. Eine Verpflichtung des Auftraggebers bei begonnenem Vergabeverfahren dieses auch durch Zuschlagserteilung zu beenden, widerspricht damit sowohl den europarechtlichen als auch den nationalen Rechtsgrundlagen. Auch die hierzu ergangene Judikatur bestätigt, dass für öffentliche Verträge nichts Anderes gelten kann.[12] Diese sieht weder ein fehlendes Verschulden noch besondere Gründe als Voraussetzung für eine vorzeitige Beendigung des Verfahrens vor.[13] Die Entscheidung zur Beschaffung selbst unterliegt ebenso wie die Entscheidung über die Modalitäten des Auftrags der **Beschaffungsfreiheit** des Auftraggebers.[14] Für diese Ansicht spricht auch, dass der Verordnungsgeber im Zuge der Vergaberechtsnovelle 2016 die ergangene Rechtsprechung zum Kontrahierungszwang mit § 63 Abs. 1 S. 2 VgV entsprechend deklaratorisch kodifiziert hat.[15]

---

[7] Vgl. *Portz* in KKMPP VgV § 63 Rn. 61.

[8] Vgl. *Portz* in KKMPP VgV § 63 Rn. 61.

[9] Vgl. *Fett* in Willenbruch/Wieddekind Vergaberecht 2. Aufl. 2011 8. Los § 17 VOL/A Rn. 19 zur materiell vergleichbaren Vorschrift.

[10] Vgl. VK Sachsen 29.7.2002 – 1/SVK/069/02 (VOB/A), IBRRS 2002, 1035; *Fett* in Willenbruch/Wieddekind Vergaberecht 2. Aufl. 2011 8. Los § 17 VOL/A Rn. 19 zur materiell vergleichbaren Vorschrift; *Weyand* Vergaberecht 17. Aktualisierung 2015 § 17 VOB/A Rn. 42.

[11] Vgl. OLG Bremen 29.1.2016 – 2 Verg 3/15, juris; OLG Düsseldorf 16.10.2013 – VII Verg 16/13, BeckRS 2016, 15868; VK Bund 4.3.2014 – VK2 7/14, ZfBR 2014, 601.

[12] Vgl. beispielsweise EuGH 18.6.2002 – Rs. C 92/00, ZfBR 2002, 04; OLG Bremen 29.1.2016 – 2 Verg 3/15, juris; OLG Düsseldorf 16.10.2013 – VII Verg 16/13, BeckRS 2016, 15868; VK Bund 4.3.2014 – VK2 7/14, ZfBR 2014, 601; VK Münster 5.8.2014 – VK 10/14; OLG Köln 23.7.2014 – 11 U 104/13, ZfBR 2015, 101.

[13] Vgl. *Portz* in KKMPP VgV § 63 Rn. 18 zur entsprechenden VgV-Vorschrift.

[14] Vgl. *Hüttinger* in Burgi/Dreher Vergaberecht § 103 GWB Rn. 47.

[15] Vgl. EuGH 18.6.2002 – Rs. C 92/00, ZfBR 2002, 604; BGH 20.3.2014 – X ZB 18/13, NZBau 2014, 310; OLG Celle 10.3.2016 – 13 Verg 5/15, NZBau 2016, 385; OLG Brandenburg 12.1.2016 – Verg W 4/15.

Die Aufhebungsgründe des § 63 Abs. 1 Nrn. 1 bis 4 VSVgV sind jedoch für die sich an- **10** schließenden sekundärrechtlichen Ansprüche der Bieter relevant. Bei Vorliegen eines positiv-rechtlich geregelten Aufhebungsgrundes ist von einer **rechtmäßigen Beendigung des Verfahrens** auszugehen. Beendet der öffentliche Auftraggeber das Vergabeverfahren dagegen aus anderem Grund vorzeitig, kann der Bieter gegebenenfalls **Schadensersatz aus vorvertraglichem Schuldverhältnis** für seine nutzlos aufgebrachten Ressourcen im Zusammenhang mit der Angebotserstellung fordern.[16]

E. Unterrichtungspflicht

Nach § 37 Abs. 2 VSVgV muss der Auftraggeber die Bewerber oder Bieter nach Aufhe- **11** bung des Vergabeverfahrens unverzüglich über die Gründe für die Aufhebung oder eine Neueinleitung des Vergabeverfahrens informieren. Die Vorschrift entspricht im Wesentlichen dem Inhalt des § 63 Abs. 2 VgV. Ein Unterschied zur VgV-Bestimmung besteht darin, dass § 37 Abs. 2 VSVgV – auch über die europarechtlichen Vorgaben des Art. 35 Abs. 1, 2. Hs. der Verteidigungsrichtlinie hinausgehend – aus Gründen der Transparenz und Nachvollziehbarkeit[17] die Mitteilung mindestens in Textform nach § 126b BGB fordert. Textform nach § 126b BGB bedeutet dabei, dass die Erklärung auf einem dauerhaften Datenträger abgegeben werden und die Person des Erklärenden erkennen lassen muss. § 63 Abs. 2 S. 2 VgV sieht hingegen die Textform nur auf Antrag vor. Für die praktische Anwendung der Norm wird diese abweichende Rechtslage jedoch nur von geringer Relevanz sein, da dem Auftraggeber schon zu Beweiszwecken anzuraten ist, seinen Mitteilungsverpflichtungen stets schriftlich nachzukommen.

F. Drittschutz der Norm

Zur drittschützenden Wirkung der Norm wird auf den entsprechenden § 63 VgV ver- **12** wiesen.

---

[16] Vgl. BGH 8.9.1998 – X ZR 48/97, NJW 1998, 3636; *Kirch* in Leinemann/Kirch VSVgV § 37 VSVgV Rn. 14.
[17] Vgl. amtliche Begründung zu § 37 Abs. 2, BT-Drs. 321/12, S. 62.

Teil 3. Unterauftragsvergabe

§ 38 Allgemeine Vorgaben zur Unterauftragsvergabe

(1) In den Fällen des § 9 Absatz 3 Nummer 1 und 2 vergeben Auftragnehmer, die keine öffentlichen Auftraggeber im Sinne des § 99 oder Sektorenauftraggeber im Sinne des § 100 des Gesetzes gegen Wettbewerbsbeschränkungen oder vergleichbarer Normen anderer Mitgliedstaaten der Europäischen Union sind, Unteraufträge an Dritte nach den Vorschriften dieses Teils. Die Auftragnehmer vergeben Unteraufträge im Wege transparenter Verfahren und behandeln sämtliche potenzielle Unterauftragnehmer gleich und in nicht diskriminierender Weise.

(2) Für die Zwecke von Absatz 1 gelten Bietergemeinschaften oder mit dem Auftragnehmer verbundene Unternehmen nicht als Unterauftragnehmer im Sinne dieses Teils. Der Bieter fügt dem Angebot eine vollständige Liste dieser Unternehmen bei. Ergeben sich Änderungen in den Beziehungen zwischen den Unternehmen, ist dem Auftraggeber darüber eine aktualisierte Liste zur Verfügung zu stellen.

(3) Auftragnehmer, die öffentliche Auftraggeber sind, halten bei der Unterauftragsvergabe die Vorschriften dieser Verordnung über die Vergabe von Hauptaufträgen ein.

(4) Für die Schätzung des Wertes von Unteraufträgen gilt § 3 entsprechend.

Übersicht

	Rn.		Rn.
A. Einführung	1	II. Ausnahme für Bietergemeinschaften, § 38 Abs. 2 VSVgV	10
I. Literatur	1		
II. Entstehungsgeschichte	2	III. Öffentliche Auftraggeber, § 38 Abs. 3 VSVgV	11
III. Rechtliche Vorgaben im EU-Recht	3	IV. Schätzung des Auftragswerts, § 38 Abs. 4 VSVgV	12
B. Allgemeines	4		
I. Allgemeine Grundsätze, § 38 Abs. 1 VSVgV	7		

A. Einführung

I. Literatur

1 *Gabriel/Weiner,* Wettbewerb nach Innen – Abschottung nach Außen? Die europäische Verteidigungsbeschaffung im Spannungsfeld einer verstärkten Integration europäischer KMUs und einer reziprozitätsbedingten Exklusion von Bietern aus Drittstaaten, in: von Wietersheim, Vergaben im Bereich Verteidigung und Sicherheit 2013.

II. Entstehungsgeschichte

2 Die Vorschrift des § 38 VSVgV hat gegenüber ihrer ursprünglichen Fassung im Jahre 2012 im Zuge der Vergaberechtsmodernisierung 2016 keine inhaltlichen Änderungen erfahren. Die Änderung des Verweises auf die Vorschriften des GWB in § 38 Abs. 1 S. 1 VSVgV betrifft lediglich die Anpassung an die Neuregelungen des GWB. Inhaltliche Änderungen gehen damit nicht einher.

III. Rechtliche Vorgaben im EU-Recht

Die Vorschriften zur Unterauftragsvergabe sind den Art. 50, 51 und 54 der Richtlinie **3**
2009/81/EG entnommen. Dabei übernimmt § 38 VSVgV die Systematik des Titels III der
Richtlinie 2009/81/EG, der zu den spezifischen verfahrensrechtlichen Anforderungen in
Kapitel I und II zwischen Auftragnehmern unterscheidet, die keine öffentlichen Auftraggeber sind und solchen, die öffentliche Auftraggeber sind.[1]

Der Verordnungsgeber hat auf die Übernahme einer der Vorschrift des Art. 52 der
Richtlinie 2009/81/EG entsprechenden Regelung, wonach der Auftragnehmer bei der
Vergabe von Unteraufträgen zur Einhaltung der primärrechtlichen Grundsätze der Transparenz und des Wettbewerbs des AEUV verpflichtet ist, in die VSVgV nicht vorgenommen,
da die Grundsätze des AEUV ohnehin gelten.[2] § 38 Abs. 1 Satz 2 VSVgV enthält gleichwohl einen generellen Verweis auf das Transparenzgebot und das Diskriminierungsverbot.

B. Allgemeines

Die Vorschriften der §§ 38 ff. VSVgV enthalten die Anforderungen an die Unterauf- **4**
tragsvergabe durch Auftragnehmer. Sie ergänzen damit § 9 VSVgV, der die Möglichkeit zur
Unterauftragsvergabe im Allgemeinen eröffnet. Die Vorschriften gelten aber nur, wenn der
Auftraggeber die Auftragnehmer zur Anwendung verpflichtet, entweder wenn er die Unterauftragsvergabe für einen Teil des Auftrags für obligatorisch erklärt (§ 9 Abs. 3 Nr. 1)
oder im Übrigen die Anwendung der §§ 38 ff. vorschreibt (§ 9 Abs. 3 Nr. 2). Sonstige Unteraufträge, für die es keine Vorgaben des Auftraggebers gibt, können weiterhin ohne Beachtung dieser Regeln vergeben werden.

Dabei legt § 38 VSVgV den Anwendungsbereich für die in den §§ 39 bis 41 VSVgV geregelten speziellen Regelungen zur Unterauftragsvergabe fest.

Vorgaben zur Unterauftragsvergabe durch Auftragnehmer sind eine Besonderheit der **5**
VSVgV. Vergleichbare Vorschriften enthält die VgV nicht.

Die Vorschriften zur Unterauftragsvergabe in den §§ 38 bis 41 VSVgV gelten nicht nur **6**
für verteidigungs- und sicherheitsspezifische Liefer- und Dienstleistungsaufträge, sondern
gemäß der ausdrücklichen Vorgaben in § 2 Abs. 2 S. 1 VSVgV auch für Bauaufträge
in diesem Bereich. Damit ergänzen sie hinsichtlich der Unterauftragsvergabe bei verteidi-
gungs- und sicherheitsspezifischen Bauaufträgen die Vorschriften des 3. Abschnitts der
VOB/A.

I. Allgemeine Grundsätze, § 38 Abs. 1 VSVgV

Wird ein Auftrag im Wege eines Unterauftrags nach § 9 VSVgV vergeben, so hat der **7**
Auftraggeber dies im Wege transparenter Verfahren zu tun, vgl. § 38 Abs. 1 S. 2 VSVgV.
Dabei müssen sämtliche potenzielle Unterauftragnehmer gleich und nicht in diskrimini-
render Weise behandelt werden (§ 38 Abs. 1 S. 2 VSVgV). Die allgemeinen Grundsätze
der Transparenz und Gleichbehandlung aus §§ 97 Abs. 1 und 2 GWB gelten damit auch
im Verhältnis Auftragnehmer und Unterauftragnehmer.

Der Anwendungsbereich der §§ 38 bis 41 VSVgV ist gemäß § 38 Abs. 1 S. 1 VSVgV **8**
nur in den Fällen des § 9 Abs. 3 Nr. 1 und 2 VSVgV eröffnet, d. h. wenn der Auftraggeber
Anforderungen an die Erteilung der Unteraufträge im wettbewerblichen Verfahren stellt,
entweder indem er die Unterauftragsvergabe eines Teils des Auftrags verpflichtend vorsieht

---

[1] BR-Drs. 321/12, 62.
[2] BR-Drs. 321/12, 62.

(§ 9 Abs. 3 Nr. 1 VSVgV) oder indem er die Einhaltung der §§ 38 bis 41 VSVgV für alle oder bestimmte Unterauftragsvergaben verlangt (§ 9 Abs. 3 Nr. 2 VSVgV). Auftragnehmer, die keine öffentlichen Auftraggeber sind, sind nur in diesen Fällen an die Vorschriften der §§ 39 bis 41 VSVgV gebunden. Wann Auftragnehmer keine öffentlichen Auftraggeber in dem in § 38 Abs. 1 S. 1 VSVgV genannten Sinne sind, bestimmt sich nach den §§ 99, 100 GWB. Insoweit wird auf die dortigen Kommentierungen verwiesen.

9   Das in den §§ 39 bis 41 VSVgV geregelte Verfahren ist den Vergabeverfahren nach der VSVgV angenähert.[3]

II. Ausnahme für Bietergemeinschaften, § 38 Abs. 2 VSVgV

10   § 38 Abs. 2 VSVgV stellt klar, dass Bietergemeinschaften oder mit dem Auftragnehmer verbundene Unternehmen[4] nicht als Unterauftragnehmer anzusehen sind.

So ist eine individuelle Leistungsaufteilung unter den Unternehmen möglich, ohne dass eine Unterauftragsvergabe notwendig wird.[5] Hierzu hat der Bieter dem Angebot eine vollständige Liste dieser Unternehmen beizufügen (§ 38 Abs. 2 S. 2 VSVgV), die bei nachträglichen Veränderungen stets zu aktualisieren ist (§ 38 Abs. 2 S. 3 VSVgV).

III. Öffentliche Auftraggeber, § 38 Abs. 3 VSVgV

11   § 38 Abs. 3 VSVgV stellt klar, dass Auftragnehmer, die öffentliche Auftraggeber[6] sind, für die Vergabe der Unteraufträge die Vorschriften über die Vergabe von Hauptaufträgen einzuhalten haben. Die Unterauftragsvergabe richtet sich dann nicht nach §§ 38 bis 41 VSVgV.[7]

IV. Schätzung des Auftragswerts, § 38 Abs. 4 VSVgV

12   Für die Schätzung des Wertes von Unteraufträgen gilt § 3 VSVgV entsprechend. Auf die dortige Kommentierung wird verwiesen.

Aus dieser Verweisung wird gefolgert, dass Unterauftragsvergaben nur dann nach den Vorgaben der VSVgV durchzuführen sind, wenn der Unterauftrag mindestens die Größenordnung eines ausschreibungspflichtigen Teilloses innerhalb eines Gesamtauftrages erreicht.[8]

---

[3] *Weyand* Vergaberecht Praxiskommentar, 4. Aufl. 2013, VSVgV § 38 Rn. 4.

[4] Vgl. für die Definition der verbundenen Unternehmen die Kommentierung von → § 138 Abs. 2 GWB Rn. 8 ff.

[5] *Gabriel/Weiner* in von Wietersheim, Vergabe im Bereich Verteidigung und Sicherheit S. 127.

[6] Vgl. für die Erläuterung des öffentlichen Auftraggebers die Kommentierung von § 99 GWB Rn. 6 ff.

[7] *Gabriel/Weiner* in von Wietersheim, Vergabe im Bereich Verteidigung und Sicherheit S. 126.

[8] *Wieddekind* in Willenbruch/Wieddekind, Vergaberecht Kompaktkommentar, VSVgV § 38 Rn. 4; *Leinemann* in Leinemann/Kirch, VSVgV § 38 Rn. 6; *Schellenberg* in Pünder/Schellenberg, Vergaberecht VSVgV § 38 Rn. 6.

§ 39 Bekanntmachung

(1) **Der Auftragnehmer veröffentlicht seine Absicht, einen Unterauftrag zu verge-ben, in Form einer Bekanntmachung. Die Bekanntmachung enthält zumindest die in Anhang V der Richtlinie 2009/81/EG aufgeführten Informationen sowie die Aus-wahlkriterien des § 40 Absatz 1. Für die Bekanntmachung ist die Einwilligung des Auftraggebers einzuholen. Die Bekanntmachung wird nach dem Muster gemäß An-hang XVI der Durchführungsverordnung (EU) 2015/1986 erstellt und wird gemäß § 18 Absatz 4 und 5 veröffentlicht.**

(2) **Eine Bekanntmachung über Unteraufträge ist nicht erforderlich, wenn in ent-sprechender Anwendung des § 12 eine Bekanntmachung verzichtbar ist, weil ein Verhandlungsverfahren ohne Teilnahmewettbewerb zulässig wäre.**

Übersicht

	Rn.		Rn.
A. Einführung	1	B. Allgemeines	4
I. Literatur	1	I. Anforderungen an die Bekannt-machung, § 39 Abs. 1 VSVgV	5
II. Entstehungsgeschichte	2		
III. Rechtliche Vorgaben im EU-Recht	3	II. Entbehrlichkeit der Bekanntma-chung, § 39 Abs. 2 VSVgV	9

A. Einführung

I. Literatur

Soweit ersichtlich, ist jenseits der einschlägigen Kommentierungen keine spezielle Literatur zu § 39 VSVgV vorhanden. **1**

II. Entstehungsgeschichte

Gegenüber ihrer ursprünglichen Fassung aus dem Jahre 2012 wurde die Vorschrift des **2** § 39 VSVgV im Zuge der Vergaberechtsmodernisierung nicht wesentlich geändert. Die Änderung in § 39 Abs. 1 S. 2 VSVgV erfolgte aufgrund der Richtigstellung einer Bezug-nahme in Art. 52 Abs. 2 UAbs. 1 der Richtlinie 2009/81/EG auf den Anhang V der Richtlinie 2009/81/EG.[1] Mit der Änderung in § 39 Abs. 1 S. 4 VSVgV wurde lediglich die Neufassung der Standardformulare der Europäischen Kommission berücksichtigt.[2]

III. Rechtliche Vorgaben im EU-Recht

§ 39 VSVgV setzt Art. 52 der Richtlinie 2009/81/EG um. **3**

B. Allgemeines

§ 39 VSVgV legt die Voraussetzungen für die Bekanntmachung der Absicht einer Un- **4** terauftragsvergabe seitens des Auftragnehmers fest. Das Erfordernis der Bekanntmachung dient der Einhaltung des Wettbewerbsgrundsatzes, da hierdurch interessierte Unterauftrag-nehmer von der Unterauftragsvergabe Kenntnis erlangen.

---

[1] BR-Drs. 87/16, 311.
[2] BR-Drs. 87/16, 311.

I. Anforderungen an die Bekanntmachung, § 39 Abs. 1 VSVgV

5   Die Bekanntmachung hat die in Anhang V der Richtlinie 2009/81/EG aufgeführten Informationen sowie die Auswahlkriterien des § 40 Abs. 1 VSVgV zu enthalten (§ 39 Abs. 1 S. 1 VSVgV). Mit letztgenannter Anforderung ist der Verordnungsgeber über die Vorgaben in Art. 52 Abs. 2 der Richtlinie 2009/81/EG hinausgegangen, indem zusätzlich auf die gemäß Art. 53 Abs. 1 der Richtlinie 2009/81/EG bekanntzumachenden Auswahlkriterien verweist.[3] Zu den einzelnen Auswahlkriterien vergleiche die Kommentierung zu § 40 VSVgV.

6   Aufgrund des Verweises in § 39 Abs. 1 S. 2 VSVgV für die bekanntzumachenden Informationen auf den Anhang V der Richtlinie 2009/81/EG entspricht der einzuhaltende Mindestinhalt der Bekanntmachung demjenigen nach § 18 Abs. 2 S. 1 VSVgV. Insoweit wird für die weiteren Einzelheiten auf die dortige Kommentierung verwiesen.[4]

7   Die Bekanntmachung setzt eine Einwilligung des Auftraggebers voraus (§ 39 Abs. 1 S. 3 VSVgV). Eine derartige Vorgabe ist in Art. 52 der Richtlinie 2009/81/EG nicht enthalten. Vielmehr sieht dieser in Absatz 2 vor, dass Angaben in der Bekanntmachung der Unterauftragsvergabe von der Zustimmung des Auftraggebers abhängen können. Die überschießende Umsetzung dieser Vorgabe soll es dem Auftraggeber ermöglichen, den Inhalt der Bekanntmachung dahingehend kontrollieren zu können, ob diese seine schutzwürdigen Interessen wahren, die insbesondere die Wahrung der Vertraulichkeit oder den Schutz von Verschlusssachen betreffen können.[5]

Die Einwilligung darf vom Auftraggeber nur unter Beachtung des Verhältnismäßigkeitsgrundsatzes versagt werden.[6]

8   Die Bekanntmachung ist nach einem besonderen Muster der Europäischen Kommission für Standardformulare abzufassen (Anhang XVI) und wird gemäß § 18 Abs. 4 und 5 VSVgV veröffentlicht.

II. Entbehrlichkeit der Bekanntmachung, § 39 Abs. 2 VSVgV

9   Die Bekanntmachung über Unteraufträge ist nicht erforderlich, wenn eine Bekanntmachung verzichtbar ist, weil ein Verhandlungsverfahren ohne Teilnahmewettbewerb nach § 12 VSVgV zulässig wäre. Gleichwohl können Auftragnehmer entsprechend § 18 VSVgV bekanntmachen. Für die Einzelheiten wird auf die Kommentierung von § 12 VSVgV verwiesen.

---

[3] BR-Drs. 321/12, 63.
[4] → VSVgV § 18 Rn. 13 ff.
[5] BR-Drs. 321/12, 63.
[6] BR-Drs. 321/12, 63.

§ 40 Kriterien zur Auswahl der Unterauftragsnehmer

(1) In der Bekanntmachung für den Unterauftrag gibt der Auftragnehmer die vom Auftraggeber festgelegten Eignungskriterien sowie alle anderen Kriterien an, die er für die Auswahl der Unterauftragnehmer anwenden wird. Diese Kriterien müssen objektiv und nicht diskriminierend sein und im Einklang mit den Kriterien stehen, die der Auftraggeber für die Auswahl der Bieter für den Hauptauftrag angewandt hat. Die geforderte Leistungsfähigkeit muss in unmittelbarem Zusammenhang mit dem Gegenstand des Unterauftrags stehen und das Niveau der geforderten Fähigkeiten muss dem Gegenstand des Unterauftrags angemessen sein.

(2) Der Auftraggeber darf vom Auftragnehmer nicht verlangen, einen Unterauftrag zu vergeben, wenn dieser nachweist, dass keiner der Unterauftragnehmer, die an dem Wettbewerb teilnehmen, oder keines der eingereichten Angebote die in der Bekanntmachung über den Unterauftrag genannten Kriterien erfüllt und es daher dem erfolgreichen Bieter unmöglich wäre, die Anforderungen des Hauptauftrags zu erfüllen.

Übersicht

	Rn.		Rn.
A. Einführung	1	B. Allgemeines	4
I. Literatur	1	I. Eignungs- und Auswahlkriterien, § 40 Abs. 1 VSVgV	5
II. Entstehungsgeschichte	2		
III. Rechtliche Vorgaben im EU-Recht	3	II. Keine Unterauftragsvergabe bei Unmöglichkeit, § 40 Abs. 2 VSVgV	8

A. Einführung

I. Literatur

Gabriel/Weiner, Wettbewerb nach Innen – Abschottung nach Außen? Die europäische Verteidigungsbeschaffung im Spannungsfeld einer verstärkten Integration europäischer KMUs und einer reziprozitätsbedingten Exklusion von Bietern aus Drittstaaten, in: von Wietersheim, Vergabe im Bereich Verteidigung und Sicherheit 2013; *Weiner,* Das Ende einer Ära? – Die Auswirkungen der Richtlinie 2009/81/EG auf die Vergabe von Aufträgen im Verteidigungsbereich und insbesondere Offsets, EWS 2011, 401–406. **1**

II. Entstehungsgeschichte

Die ursprüngliche Fassung des § 40 VSVgV aus dem Jahre 2012 ist durch die Vergaberechtsmodernisierung 2016 unberührt geblieben. **2**

III. Rechtliche Vorgaben im EU-Recht

§ 40 VSVgV setzt Art. 53 Abs. 1 und Abs. 2 der Richtlinie 2009/81/EG um. **3**

B. Allgemeines

§ 40 VSVgV legt die Kriterien fest, die bei der Auswahl des Unterauftragnehmers zu beachten sind. Die anzuwendenden Kriterien sind in der Bekanntmachung anzugeben (§ 40 Abs. 1 S. 1 VSVgV). **4**

I. Eignungs- und Auswahlkriterien, § 40 Abs. 1 VSVgV

5   Der Auftragnehmer ist verpflichtet, in der Bekanntmachung des Unterauftrags sowohl die vom Auftraggeber festgelegten Eignungskriterien als auch alle anderen Kriterien anzugeben, die er für die Auswahl der Unterauftragnehmer anwenden wird (sog. Auswahlkriterien), vgl. § 40 Abs. 1 S. 1 VSVgV.

6   Aus dieser Vorschrift ergibt sich, dass der Auftragnehmer zusätzlich zu den vom Auftraggeber aufgestellten Eignungskriterien selbst berechtigt ist, eigene Kriterien aufzustellen, die er bei der Auswahl des Unterauftragnehmers berücksichtigen möchte. Diese müssen objektiv und nicht diskriminierend sein sowie im Einklang mit den durch den Auftraggeber festgelegten Kriterien des Hauptauftrages stehen (§ 40 Abs. 1 S. 2 VSVgV). Daraus folgt, dass diese den allgemeinen vergaberechtlichen Grundsätzen entsprechen müssen und nicht den Eignungskriterien des Auftraggebers widersprechen[1] dürfen. Dass sie nicht über diese hinausgehen dürfen,[2] also nicht strenger sein dürfen, erscheint dagegen nicht ausgeschlossen. Aufgrund des festgelegten Bezuges zu den Eignungskriterien des Auftraggebers können für die Auswahlkriterien die Grundsätze des § 21 Abs. 1 VSVgV herangezogen werden, welcher wiederum die Eignungsanforderungen in § 122 Abs. 1 GWB in Bezug nimmt.[3] Die Nachunternehmer müssen daher leistungsfähig und fachkundig und es dürfen keine Ausschlussgründe nach den §§ 123, 124 GWB vorliegen. Der Auftragnehmer darf bei der Festlegung der Auswahlkriterien keine überzogenen Anforderungen an die Unterauftragnehmer stellen, da er sich andernfalls seiner Pflicht zur Unterauftragsvergabe über § 40 Abs. 2 VSVgV entziehen könnte, wenn sich aufgrund überzogener Anforderungen keine geeigneten Bieter finden ließen.[4]

Aus der Forderung nach Objektivität und Nichtdiskriminierung der Auswahlkriterien in § 40 Abs. 1 S. 2 VSVgV wird teilweise gefolgt, dass damit sog. Offsets[5] ausgeschlossen sind.[6]

7   Die vom Auftragnehmer geforderte Leistungsfähigkeit muss in unmittelbarem Zusammenhang mit dem Gegenstand des Unterauftrags stehen und das Niveau der geforderten Fähigkeiten muss dem Gegenstand des Unterauftrags angemessen sein (§ 40 Abs. 1 S. 3 VSVgV). Wann dies der Fall ist, muss anhand der Besonderheiten des Einzelfalles beurteilt werden.[7]

---

[1] *Büdenbender/Leinemann* in Leinemann/Kirch, VSVgV § 40 Rn. 3.

[2] So *Schellenberg* in Pünder/Schellenberg, Vergaberecht VSVgV § 40 Rn. 4.

[3] Diese Betrachtungsweise stimmt auch mit dem Verständnis der Objektivität der Kriterien in § 46 Abs. 1 SektVO überein. Auch hier wird wohl einhellig davon ausgegangen, dass es sich bei den objektiven Kriterien im Sinne dieser Vorschrift um die in § 122 Abs. 1 GWB definierten Kriterien der Leistungsfähigkeit und der Fachkunde bzw. das Nichtvorliegen von Ausschlussgründen gemäß §§ 123, 124 GWB handelt. Vgl. hierzu die Kommentierung zu → SektVO § 46 Rn. 5 ff.]; *Weyand*, Vergaberecht Praxiskommentar, SektVO § 20 Rn. 8 zu § 20 SektVO a. F., welchem nunmehr § 46 Abs. 1 SektVO entspricht; *Harr* in Willenbruch/Wieddekind, Vergaberecht Kompaktkommentar, SektVO § 46 Rn. 3.

[4] *Schellenberg* in Pünder/Schellenberg, Vergaberecht VSVgV § 40 Rn. 4; *Büdenbender/Leinemann* in Leinemann/Kirch, VSVgV § 40 Rn. 3, *Gabriel/Weiner* in: von Wietersheim, Vergabe im Bereich Verteidigung und Sicherheit S. 129.

[5] Vgl. zum Begriff Offset die Definition in Art. 1 lit. l des Government procurement Agreement (GPA) der WTO in der Fassung vom 30. März 2012. Diese lautet wie folgt: "offset means any condition or undertaking that encourages local development or improves a Party's balance-of-payments accounts, such as the use of domestic content, the licensing of technology, investment, counter-trade and similar action or requirement". Vgl. außerdem zur Zulässigkeit von Offsets *Weiner*, EWS 2011, 401–406.

[6] *Gabriel/Weiner* in Dippel/Sterner/Zeiss, Praxiskommentar Beschaffung im Verteidigungs- und Sicherheitsbereich, 2013, VSVgV § 40 Rn. 3, 11; *Wieddekind* in Willenbruch/Wieddekind, Vergaberecht Kompaktkommentar, VSVgV § 40 Rn. 5; *Weiner*, EWS 2011, 401.

[7] *Büdenbender/Leinemann* in Leinemann/Kirch, VSVgV § 40 Rn. 4.

II. Keine Unterauftragsvergabe bei Unmöglichkeit, § 40 Abs. 2 VSVgV

Kann der Auftragnehmer nachweisen, dass keiner der Unterauftragnehmer, die an dem **8** Wettbewerb teilnehmen, oder keines der eingereichten Angebote die genannten Eignungskriterien erfüllt, darf der Auftraggeber vom Auftragnehmer nicht verlangen, einen Unterauftrag zu vergeben, § 40 Abs. 2 VSVgV. Die Untauglichkeit des Auftragnehmers muss so gravierend sein, dass die Erfüllung des Hauptauftrags insgesamt unmöglich wird. Dies ist zu verneinen, bei Ungeeignetheit bzw. Mängeln, die ohne unverhältnismäßigen Aufwand wieder ausgeglichen werden können.[8]

Findet sich kein geeigneter Unterauftragnehmer darf der Auftraggeber die Vergabe eines Unterauftrags nicht verlangen. Der Auftragnehmer darf dann selbst ausführen.

---

[8] *Gabriel/Weiner* in von Wietersheim, Vergabe im Bereich Verteidigung und Sicherheit S. 130.

§ 41 Unteraufträge aufgrund einer Rahmenvereinbarung

(1) **Der Auftragnehmer kann die Anforderungen an die Vergabe von Unteraufträgen im Sinne des § 9 Absatz 3 Nummer 1 und 2 erfüllen, indem er Unteraufträge auf der Grundlage einer Rahmenvereinbarung vergibt, die unter Einhaltung des § 38 Absatz 1 Satz 2, der §§ 39 und 40 geschlossen wurde. Unteraufträge auf der Grundlage einer solchen Rahmenvereinbarung werden gemäß den Bedingungen der Rahmenvereinbarung vergeben. Sie dürfen nur an Unternehmen vergeben werden, die von Anfang an Parteien der Rahmenvereinbarung waren.**

(2) **Für die durch den Auftragnehmer geschlossene Rahmenvereinbarung gilt § 14 Absatz 1 Satz 2 und Absatz 6 Satz 1 und 2 entsprechend.**

Übersicht

	Rn.		Rn.
A. Einführung	1	III. Rechtliche Vorgaben im EU-Recht	3
I. Literatur	1		
II. Entstehungsgeschichte	2	B. Allgemeines	4

A. Einführung

I. Literatur

1 Über die einschlägigen Kommentierungen hinaus ist, soweit ersichtlich, keine spezifische Literatur zu § 41 VSVgV vorhanden.

II. Entstehungsgeschichte

2 Die ursprüngliche Fassung des § 41 VSVgV aus dem Jahre 2012 ist durch die Vergaberechtsmodernisierung 2016 unberührt geblieben.

III. Rechtliche Vorgaben im EU-Recht

3 § 41 VSVgV dient der Umsetzung von Art. 52 Abs. 6 UAbs. 1 und UAbs. 2 S. 1 und 2 der Richtlinie 2009/81/EG.

B. Allgemeines

4 § 41 VSVgV regelt den Sonderfall der Unterauftragsvergabe aufgrund einer Rahmenvereinbarung, für den teilweise Vorschriften der Unterauftragsvergabe, teilweise Vorschriften der Rahmenvereinbarung[1] zur Anwendung kommen.

5 Die Rahmenvereinbarung muss den einzelnen Vorschriften über die Unterauftragsvergabe (§§ 38 Abs. 1 S. 2, 39 und 40 VSVgV) genügen, nicht aber den Anforderungen, die § 14 VSVgV an Rahmenvereinbarungen stellt.[2] Die Unteraufträge auf der Grundlage der Rahmenvereinbarung werden in dem Verfahren vergeben, das die Bedingungen der Rahmenvereinbarung vorsehen.[3]

---

[1] Für die Einzelheiten zur Rahmenvereinbarung wird auf die Kommentierung zu → § 14 VSVgV verwiesen.

[2] BR-Drs. 321/12, 63.

[3] BR-Drs. 321/12, 63.

Durch die eingeschränkte Verweisung in § 41 Abs. 2 VSVgV auf § 14 Abs. 1 S. 2 und **6** Abs. 6 S. 1 und 2 VSVgV ergibt sich eine gewisse Erleichterung für die Unterauftragsvergabe. Danach gelten lediglich die Regelungen in § 14 Abs. 1 S. 2 VSVgV, nach welcher der Auftragnehmer den Unterauftragnehmer anhand der Zuschlagskriterien des § 34 VSVgV auswählen muss sowie in § 14 Abs. 6 S. 1 und 2 VSVgV, der festlegt, dass die Regellaufzeit einer Rahmenvereinbarung von sieben Jahren grundsätzlich nicht überschritten werden darf, entsprechend. Für die weiteren Einzelheiten wird auf die Kommentierung zu § 14 Abs. 1 S. 1 und Abs. 6 S. 1 und 2 VSVgV verwiesen.[4] Ohne den Verweis in § 41 Abs. 2 VSVgV würden diese Bestimmungen für den Auftragnehmer nicht unmittelbar gelten.

Aus Art. 52 Abs. 6 UAbs. 2 S. 3 der Richtlinie 2009/81/EG folgt, dass die Parteien bei **7** der Unterauftragsvergabe dazu verpflichtet sind, dafür Sorge zu tragen, dass die Vertragsbedingungen bei der Unterauftragsvergabe auch inhaltlich denen der Rahmenvereinbarung genügen („Bei der Vergabe von Aufträgen schlagen die Parteien in jedem Fall Bedingungen vor, die denen der Rahmenvereinbarung entsprechen"). Das wird in § 41 Abs. 1 Satz 2 VSVgV aufgenommen, wonach Unteraufträge, die aufgrund einer Rahmenvereinbarung zustande kommen, deren Bedingungen entsprechen müssen[5]

§ 41 Abs. 1 S. 3 VSVgV legt außerdem fest, dass Unteraufträge auf der Grundlage einer **8** Rahmenvereinbarung nur an Unternehmen vergeben werden dürfen, die von Anfang an Partei der Rahmenvereinbarung waren. Damit entspricht diese Bestimmung der Regelung in § 14 Abs. 2 S. 2 VSVgV. Für die weiteren Einzelheiten wird auf die dortige Kommentierung verwiesen.[6]

---

[4] → VSVgV § 14 Rn. 10 ff.; 29 ff.
[5] BR-Drs. 321/12, 63, 64.
[6] → VSVgV § 14 Rn. 25.

Teil 4. Besondere Bestimmungen

§ 42 Ausgeschlossene Personen

(1) **Als Organmitglied oder Mitarbeiter eines Auftraggebers oder als Beauftragter oder als Mitarbeiter eines Beauftragten eines Auftraggebers dürfen bei Entscheidungen in einem Vergabeverfahren für einen Auftraggeber als voreingenommen geltende natürliche Personen nicht mitwirken, soweit sie in diesem Verfahren**

1. **Bieter oder Bewerber sind,**
2. **einen Bieter oder Bewerber beraten oder sonst unterstützen oder als gesetzlicher Vertreter oder nur in dem Vergabeverfahren vertreten,**
3. **beschäftigt oder tätig sind**
   a) **bei einem Bieter oder Bewerber gegen Entgelt oder bei ihm als Mitglied des Vorstandes, Aufsichtsrates oder gleichartigen Organs,**
   b) **für ein in das Vergabeverfahren eingeschaltetes Unternehmen, wenn dieses Unternehmen zugleich geschäftliche Beziehungen zum Auftraggeber und zum Bieter oder Bewerber hat,**

es sei denn, dass daraus kein Interessenkonflikt für die Person entsteht oder sich die Tätigkeiten nicht auf die Entscheidungen in dem Vergabeverfahren auswirken.

(2) **Als voreingenommen gelten auch die Personen, deren Angehörige die Voraussetzungen nach Absatz 1 Nummer 1 bis 3 erfüllen. Angehörige sind der Verlobte, der Ehegatte, Lebenspartner, Verwandte und Verschwägerte gerader Linie, Geschwister, Kinder der Geschwister, Ehegatten und Lebenspartner der Geschwister und Geschwister der Ehegatten und Lebenspartner, Geschwister der Eltern sowie Pflegeeltern und Pflegekinder.**

Übersicht

	Rn.		Rn.
A. Einführung	1	B. Allgemeines	4
I. Literatur	1	I. Ausgeschlossene Personen, § 42 Abs. 1 und Abs. 2 VSVgV	8
II. Entstehungsgeschichte	2		
III. Rechtliche Vorgaben im EU-Recht	3	II. Mitwirkungsverbot, § 42 Abs. 1 HS. 1 VSVgV	12

A. Einführung

I. Literatur

1 *Danckwerts,* Widerlegbarkeit der Befangenheitsvermutung: Hat der Bundesrat bei der letzten Änderung des § 16 VgV die Lehren aus der „Flughafen Berlin-Schönefeld"-Entscheidung des OLG Brandenburg schon wieder vergessen?, NZBau 2001, 242 ff.; *Dreher,* Der Entwurf einer Vergabeverordnung, NZBau 2000, 178 f.

II. Entstehungsgeschichte

2 Die Vorschrift des § 42 VSVgV entsprach § 16 VgV a. F. Durch die Vergaberechtsmodernisierung 2016 hat die Vorschrift des § 42 VSVgV gegenüber ihrer Ursprungsfassung aus dem Jahre 2012 keine Änderungen erfahren. § 42 VSVgV hat die Regelung in § 16 VgV a. F. übernommen.[1] Bis auf wenige Abweichungen waren diese beiden Vorschriften

---

[1] BR-Drs. 321/12, 64.

inhaltlich deckungsgleich. Im Zuge der Vergaberechtsmodernisierungsreform wurde § 16 VgV a. F. von der nunmehr geltenden Regelung in § 6 VgV n. F. abgelöst. Dabei wurde nicht nur die Überschrift der alten Fassung „Ausgeschlossene Personen" in nunmehr „Vermeidung von Interessenskonflikten" geändert. Auch inhaltlich und strukturell weicht die neue Fassung von der alten Fassung ab. Für die weiteren Einzelheiten vgl. hierzu die Kommentierung zu § 6 VgV.[2]

III. Rechtliche Vorgaben im EU-Recht

Die Vorschrift des § 42 VSVgV folgt nicht aus einer speziellen Regelung in der für Ver- **3** gabeverfahren in dem Bereich Verteidigung und Sicherheit geltenden Richtlinie 2009/ 81/EG. Vielmehr basiert sie auf den allgemeinen vergaberechtlichen Grundsätzen der Gleichbehandlung sowie des Neutralitätsgebotes. Der Verordnungsgeber wollte eine den Regelungen der VgV entsprechende Vorschrift schaffen.[3]

B. Allgemeines

§ 42 VSVgV schließt als voreingenommen geltende Personen von der Mitwirkung im **4** Vergabeverfahren aus. Diese Bestimmung regelt die Neutralitätspflicht des Auftraggebers bei der Durchführung von Vergabeverfahren.[4] Auf Seiten des Auftraggebers dürfen daher grundsätzlich keine natürlichen Personen beteiligt sein, die sowohl die Interessen des Auftraggebers als auch die Interessen eines oder mehrerer Bieter oder Bewerber vertreten, da dies einen Interessenkonflikt begründet.

Von einem Interessenkonflikt ist auszugehen, wenn Personen Einfluss auf das Vergabe- **5** verfahren haben, die ein Interesse finanzieller, wirtschaftlicher oder persönlicher Natur verfolgen oder die zugleich Beziehungen zum öffentlichen Auftraggeber haben.[5] Das Vorliegen eines Interessenkonflikts ist im Wege der Gesamtschau aller in Betracht kommenden Umstände zu ermitteln. Zu berücksichtigen ist dabei unter anderem die Intensität des eigenen wirtschaftlichen Interesses am unternehmerischen Wohlergehen des Bieters/Bewerbers und das Maß, nach dem die Person dem Bieter/Bewerber verpflichtet ist.[6] Ist ein Interessenkonflikt nicht ausgeschlossen, kann die Vermutung der Voreingenommenheit nur durch den Nachweis widerlegt werden, dass sich die Tätigkeit für den Bieter oder Bewerber nicht auf die Entscheidungen im Vergabeverfahren ausgewirkt hat.[7]

Eine entsprechende Vorschrift findet sich indes in § 6 VgV n. F., der sich mit der Vermei- **6** dung einer Interessenkollision im Vergabeverfahren befasst.

Aufgrund der Verweisung in § 2 Abs. 2 S. 1 VSVgV gilt § 42 VSVgV auch für vertei- **7** digungs- und sicherheitsspezifische Bauaufträge, so dass der dritte Abschnitt der VOB/A insoweit ergänzt wird.

I. Ausgeschlossene Personen, § 42 Abs. 1 und Abs. 2 VSVgV

§ 42 Abs. 1 benennt Gruppen von Personen, die aufgrund ihrer persönlichen Stellung, **8** etwa als Organmitglied oder als Mitarbeiter des Auftraggebers, als voreingenommen gelten. Dabei muss es sich ausweislich des Wortlauts um natürliche Personen handeln. Für juristische Personen gilt die Vorschrift hingegen nicht.

---

[2] → VgV § 6 Rn. 6 f.
[3] BR-Drs. 321/12, 64.
[4] VK Bund Beschl. v. 6.6.2005 – VK 2–33/05.
[5] OLG Schleswig Beschl. v. 28.6.2016 – 54 Verg 2/16, zu § 16 VgV a. F.
[6] VK Lüneburg Beschl. v. 2.3.2016 – VgK-01/2016, zu § 16 VgV a. F.
[7] VK Lüneburg Beschl. v. 2.3.2016 – VgK-01/2016, zu § 16 VgV a. F.

9   Die persönliche Stellung der Bieter bzw. Bewerber allein führt jedoch nicht dazu, dass diese nicht bei Entscheidungen an einem Vergabeverfahren mitwirken dürfen. Hierzu bedarf es vielmehr weiterer Voraussetzungen, die eine bestimmte Verknüpfung bzw. Stellung auf Bieterseite betreffen und in §§ 42 Abs. 1 Nr. 1 bis 3 VSVgV und § 42 Abs. 2 VSVgV aufgezählt sind.

10   Während nach § 42 Abs. 1 Nr. 1 und 2 VSVgV Sachverhalte erfasst werden, bei denen die Interessenkollision unterstellt wird und der betroffene Bieter bzw. Bewerber als voreingenommen gilt, kann sich der betroffene Bieter bzw. Bewerber in den Fallkonstellationen nach § 42 Abs. 1 Nr. 3 lit. a) und b) VSVgV entlasten, wenn er belegt, dass aus seiner Tätigkeit keine Interessenskollision resultiert bzw. sich diese nicht auf das Vergabeverfahren ausgewirkt hat.

11   Diese Aufzählung entspricht der in § 6 Abs. 3 und 4 VgV geregelten Aufzählung von Funktionen, in denen ein Interessenkonflikt vermutet wird. Auf dessen Kommentierung wird daher verwiesen.[8]

II. Mitwirkungsverbot, § 42 Abs. 1 HS. 1 VSVgV

12   Unterfällt ein auf Seiten des Auftraggebers Beteiligter einem der Tatbestände des § 42 Abs. 1 und Abs. 2 VSVgV, so gilt er als voreingenommen und darf bei der Entscheidung im diesem Vergabeverfahren nicht mitwirken. Zu beachten ist jedoch, dass die voreingenommenen Personen nur von der Mitwirkung bei Entscheidungen auf Seiten des Auftraggebers ausgeschlossen sind. § 42 VSVgV stellt hingegen keine Rechtsgrundlage für den Ausschluss der betroffenen Bieter bzw. Bewerber aus dem Vergabeverfahren dar.[9] Allerdings ermöglicht § 124 Abs. 1 Nr. 5 GWB bei einem Interessenkonflikt als ultima ratio auch den Ausschluss, wenn er durch weniger einschneidende Maßnahmen nicht beseitigt werden kann.

13   Die Rechtsfolge des § 42 VSVgV entspricht der des § 6 Abs. 1 VgV, sodass auf dessen Kommentierung vollumfänglich verwiesen werden kann.[10]

---

[8] → VgV § 6 Rn. 34 ff.; 53 ff.
[9] VK Baden-Württemberg Beschl. v. 28.12.2009 – 1 VK 61/09.
[10] → VgV § 6 Rn. 63 ff.

§ 43 Dokumentations- und Aufbewahrungspflichten

(1) Das Vergabeverfahren ist von Beginn an in einem Vergabevermerk fortlaufend zu dokumentieren, um die einzelnen Stufen des Verfahrens, die einzelnen Maßnahmen sowie die Begründung der einzelnen Entscheidungen festzuhalten.

(2) Der Vergabevermerk umfasst zumindest:
1. den Namen und die Anschrift des öffentlichen Auftraggebers, Gegenstand und Wert des Auftrags oder der Rahmenvereinbarung,
2. die Namen der berücksichtigten Bewerber oder Bieter und die Gründe für ihre Auswahl,
3. die Namen der nicht berücksichtigten Bewerber oder Bieter und die Gründe für ihre Ablehnung,
4. die Gründe für die Ablehnung von ungewöhnlich niedrigen Angeboten,
5. den Namen des erfolgreichen Bieters und die Gründe für die Auswahl seines Angebots sowie, falls bekannt, den Anteil am Auftrag oder an der Rahmenvereinbarung, den der Zuschlagsempfänger an Dritte weiterzugeben beabsichtigt oder verpflichtet ist weiterzugeben,
6. beim Verhandlungsverfahren ohne Teilnahmewettbewerb und wettbewerblichen Dialog die in dieser Verordnung jeweils genannten Umstände oder Gründe, die die Anwendung dieser Verfahren rechtfertigen; gegebenenfalls die Begründung für die Überschreitung der Fristen gemäß § 12 Absatz 1 Nummer 2 Buchstabe a Satz 2 und Nummer 3 Buchstabe b Satz 3 sowie für die Überschreitung der Schwelle von 50 Prozent gemäß § 12 Absatz 1 Nummer 3 Buchstabe a,
7. gegebenenfalls die Gründe, aus denen die Auftraggeber auf die Vergabe eines Auftrags oder den Abschluss einer Rahmenvereinbarung verzichtet haben,
8. die Gründe, aufgrund derer mehrere Teil- oder Fachlose zusammen vergeben werden sollen,
9. die Gründe, warum der Gegenstand des Auftrags die Vorlage von Eigenerklärungen oder von Eignungsnachweisen erfordert,
10. die Gründe der Nichtangabe der Gewichtung der Zuschlagskriterien,
11. gegebenenfalls die Gründe, die eine über sieben Jahre hinausgehende Laufzeit einer Rahmenvereinbarung rechtfertigen, und
12. die Gründe für die Ablehnung von Angeboten.

(3) Die Auftraggeber müssen geeignete Maßnahmen treffen, um den Ablauf der mit elektronischen Mitteln durchgeführten Vergabeverfahren zu dokumentieren.

(4) Auf Ersuchen der Europäischen Kommission müssen die Auftraggeber den Vermerk in Kopie übermitteln oder dessen wesentlichen Inhalt mitteilen.

Übersicht

	Rn.			Rn.
A. Einführung	1		II. Mindestinhalt der Dokumentation, § 43 Abs. 2 VSVgV	9
I. Literatur	1		III. Heilung einer mangelhaften Dokumentation	13
II. Entstehungsgeschichte	2		IV. Elektronisches Vergabeverfahren, § 43 Abs. 3 VSVgV	15
III. Rechtliche Vorgaben im EU-Recht	3		V. Mitteilung an Europäische Kommission, § 43 Abs. 4 VSVgV	16
B. Allgemeines	4			
I. Allgemeine Anforderungen an die Dokumentation, § 43 Abs. 1 VSVgV	6			

A. Einführung

I. Literatur

1   Jenseits der einschlägigen Kommentierungen zu § 43 VSVgV existiert, soweit ersichtlich, keine weitere spezifische Literatur zu dieser Vorschrift.

II. Entstehungsgeschichte

2   Die Vorschrift des § 43 VSVgV hat durch die Vergaberechtsmodernisierung im Jahre 2016 keine Änderungen erfahren. Sie befindet sich daher noch in ihrer ursprünglichen Fassung aus dem Jahre 2012.

III. Rechtliche Vorgaben im EU-Recht

3   § 43 VSVgV dient der Umsetzung des Art. 37 der Richtlinie 2009/81/EG, der den Inhalt der Vergabevermerke festlegt. Die Umsetzung dieser Vorgaben orientierte sich an § 24 EG VOL/A sowie § 32 SektVO a. F.[1]

B. Allgemeines

4   Nach § 43 VSVgV ist das Vergabeverfahren von Beginn an fortlaufend in einem Vergabevermerk zu dokumentieren. Damit dient diese Vorschrift der Transparenz des Vergabeverfahrens gemäß § 97 Abs. 1 GWB.[2] Zudem soll die Dokumentation zur Gleichbehandlung aller Teilnehmer beitragen.[3]

5   In weiten Teilen entspricht die Vorschrift der Dokumentationspflicht gemäß § 8 VgV. Verstöße gegen die Dokumentationspflicht können den Bieter in seinen Rechten aus § 97 Abs. 1 und 2 GWB verletzen, was der betroffene Bieter im Nachprüfungsverfahren überprüfen lassen kann.[4]

I. Allgemeine Anforderungen an die Dokumentation, § 43 Abs. 1 VSVgV

6   Gemäß § 43 Abs. 1 VSVgV sind die einzelnen Stufen des Verfahrens, die einzelnen Maßnahmen sowie die Begründung der einzelnen Entscheidungen festzuhalten. Anders als § 8 Abs. 1 S. 1 Abs. 2 S. 1 VgV, welche für die Dokumentation und den Vergabevermerk die Textform (§ 126b BGB) vorschreiben, enthält § 43 VSVgV keine Formvorgaben. Der Vergabevermerk wird dem Zweck der Transparenz und Gleichbehandlung jedoch nur gerecht werden können, wenn er schriftlich fixiert[5] oder jedenfalls in beweisgeeigneter Form erstellt worden ist.[6] Dazu gehört auch die Ergänzung der erstellten Dokumentation mit

---

[1] BR-Drs. 321/12, 64.

[2] Art. 37 Abs. 1 der Richtlinie 2009/81/EG.

[3] Art. 37 Abs. 1 der Richtlinie 2009/81/EG.

[4] *Kues* in Leinemann/Kirch, VSVgV § 43 Rn. 32; für Einzelheiten siehe OLG Düsseldorf 17.3.2004, VIII – Verg 1/04, VergabeR 2004, 513; BayOLG, 1.10.2001, Verg 6/01, VergabeR 2002, 64.

[5] *Kues* in Leinemann/Kirch, VSVgV § 43 Rn. 5.

[6] *Schubert* in Willenbruch/Wieddekind, Vergaberecht Kompaktkommentar, VSVgV § 43 Rn. 6.

Datum und Unterschrift.[7] Eine zusammenhängende Dokumentation wird wohl hingegen nicht verlangt.[8] Vielmehr wird es in Anbetracht des Sinn und Zwecks der Dokumentationspflicht als ausreichend erachtet, dass die einzelnen Schriftstücke den förmlichen Verfahrensablauf, die einzelnen Maßnahmen sowie die Begründung der einzelnen relevanten Entscheidung in einer durchgängigen Dokumentation wiedergeben, wobei die Dokumentation auch aus mehreren Teilen bestehen kann.[9]

Für eine zeitnahe Dokumentation darf der Vergabevermerk nicht so spät abgefasst werden, dass dieser den Verlauf des Entscheidungsprozesses nicht mehr widerspiegelt.[10] Eine Nachholung der Dokumentation im Vergabeverfahren ist jedoch möglich.[11] **7**

Für eine fortlaufende Dokumentation ist eine Chronologie im Vergabevermerk erforderlich. Die zu dokumentierenden Schritte sind unter dem jeweiligen Datum anzugeben.[12] **8**

II. Mindestinhalt der Dokumentation, § 43 Abs. 2 VSVgV

§ 43 Abs. 2 VSVgV enthält eine enumerative Aufzählung der Mindestanforderungen an den Vergabevermerk. Die Auflistung entspricht weitestgehend der Aufzählung in der Parallelvorschrift des § 8 Abs. 2 S. 2 VgV n. F., sodass für die weiteren Einzelheiten auf die dortige Kommentierung verwiesen wird.[13] Im Folgenden werden lediglich die darüberhinausgehenden Mindestinhalte erläutert. **9**

§ 43 Abs. 2 Nr. 9 VSVgV setzt voraus, dass die Gründe, weshalb der Gegenstand des Auftrags die Vorlage von Eigenerklärungen oder von Eignungsnachweisen erfordert, anzugeben sind. Die Vorschrift ist der Pflicht des Auftraggebers geschuldet, entsprechende Eignungsnachweise, die der Auftragnehmer vorzulegen hat, in der Bekanntmachung anzugeben (§ 22 Abs. 1 VSVgV).[14] **10**

Nach § 43 Abs. 2 Nr. 11 VSVgV sind gegebenenfalls die Gründe anzugeben, die eine über sieben Jahre hinausgehende Laufzeit einer Rahmenvereinbarung rechtfertigen. Hintergrund dieser Dokumentationspflicht ist § 14 Abs. 6 S. 2 VSVgV, der von der grundsätzlichen Laufzeit von höchstens sieben Jahren in Sonderfällen Ausnahmen zulässt.[15] Das Vorliegen eines solchen Ausnahmefalles muss im Vergabevermerk begründet werden. **11**

§ 43 Abs. 2 Nr. 12 VSVgV sieht die Angabe der Gründe für die Ablehnung vor. Damit enthält § 43 Abs. 2 VSVgV zusätzlich zu Nr. 3 und Nr. 4 insgesamt drei Nummern mit der Dokumentationspflicht der Gründe für die Nichtberücksichtigung von Bietern. Die Doppelung von Nr. 4 und Nr. 12 erscheint nicht nachvollziehbar.[16] **12**

III. Heilung einer mangelhaften Dokumentation

Die nachträgliche Erstellung einer Dokumentation ist unzulässig. In der Rechtsprechung wurde früher vertreten, dass sich eine mangelhafte Dokumentation grundsätzlich nicht in **13**

---

[7] OLG München, 15.07.2005, Verg 14/05, VergabeR 2005, 799. ; *Kues* in Leinemann/Kirch, VSVgV § 43 Rn. 5.

[8] *Kues* in Leinemann/Kirch, VSVgV § 43 Rn. 5; *Schubert* in Willenbruch/Wieddekind Vergaberecht Kompaktkommentar, 4. Aufl. 2017, VSVgV § 43 Rn. 6.

[9] *Kues* in Leinemann/Kirch, VSVgV § 43 Rn. 5; *Schubert* in Willenbruch/Wieddekind, Vergaberecht Kompaktkommentar, 4. Aufl. 2017, VSVgV § 43 Rn. 6.

[10] *Kues* in Leinemann/Kirch, VSVgV § 43 Rn. 8.

[11] VK Bund Beschl. v. 11.11.2003 – VK 1 – 101/03 und 24.9.2003, VK 2 – 76/03.

[12] *Kues* in Leinemann/Kirch, VSVgV § 43 Rn. 8.

[13] → VgV § 8 Rn. 17 ff.

[14] Einzelheiten zu dieser Vorschrift sind der Kommentierung von → VSVgV § 22 Rn. 4 ff. zu entnehmen.

[15] Siehe hierzu die Kommentierung von → VSVgV § 14 Rn. 29 ff.

[16] *Kues* in Leinemann/Kirch, VSVgV § 43 Rn. 29; *Fett* in Willenbruch/Wieddekind, Vergaberecht Kompaktkommentar, VSVgV, § 43 Rn. 19.

einem Nachprüfungsverfahren nachholen lässt.[17] Sei der öffentliche Auftraggeber seiner Dokumentationspflicht nicht ordnungsgemäß und zeitnah nachgekommen, so sei deren spätere Erstellung ohne Wiederholung des nicht dokumentierten Vorgangs im Vergabeverfahren regelmäßig nicht möglich.[18] Dies führte im Grundsatz dazu, dass das Vergabeverfahren ab dem Zeitpunkt, in dem die Dokumentation unzureichend ist, fehlerbehaftet und in diesem Umfang zu wiederholen ist.[19]

14   Der Bundesgerichtshof folgt jedoch einer differenzierten Betrachtungsweise. Danach ist mit Blick auf die Dokumentationspflichten im Allgemeinen zu unterscheiden zwischen dem, was im Vergabevermerk mindestens niederzulegen ist, und Umständen oder Gesichtspunkten, mit denen die sachliche Richtigkeit einer angefochtenen Vergabeentscheidung außerdem nachträglich verteidigt werden soll.[20] Hierzu führt der BGH in seiner Entscheidung[21] weiter aus: „Solche vorgetragenen Überlegungen auf ihre Stichhaltigkeit hin zu überprüfen, kann der Vergabestelle schwerlich generell unter dem Gesichtspunkt fehlender Dokumentation verwehrt werden. Der Auftraggeber kann im Nachprüfungsverfahren nicht kategorisch mit allen Aspekten und Argumenten präkludiert werden, die nicht im Vergabevermerk zeitnah niedergelegt worden sind. Vielmehr ist, soweit es die Frage der möglichen Heilung von Dokumentationsmängeln im Vergabevermerk betrifft, einerseits zu berücksichtigen, dass insbesondere die zeitnahe Führung des Vergabevermerks die Transparenz des Vergabeverfahrens schützen und Manipulationsmöglichkeiten entgegenwirken soll.[22] Andererseits gibt das Gesetz der Vergabekammer – was für die Beschwerdeinstanz entsprechend zu gelten hat – vor, bei ihrer gesamten Tätigkeit darauf zu achten, dass der Ablauf des Vergabeverfahrens nicht unangemessen beeinträchtigt wird (§ 110 Abs. 1 Satz 4 GWB). Mit dieser dem vergaberechtlichen Beschleunigungsgrundsatz verpflichteten Regelung wäre es, wofür ersichtlich auch das vorlegende Oberlandesgericht hält,[23] nicht vereinbar, bei Mängeln der Dokumentation im Vergabevermerk generell und unabhängig von deren Gewicht und Stellenwert von einer Berücksichtigung im Nachprüfungsverfahren abzusehen und stattdessen eine Wiederholung der betroffenen Abschnitte des Vergabeverfahrens anzuordnen. Dieser Schritt sollte vielmehr Fällen vorbehalten bleiben, in denen zu besorgen ist, dass die Berücksichtigung der nachgeschobenen Dokumentation lediglich im Nachprüfungsverfahren nicht ausreichen könnte, um eine wettbewerbskonforme Auftragserteilung zu gewährleisten".

Für die weiteren Einzelheiten zu dieser Problematik wird auf die Kommentierung zu § 8 VgV verwiesen.[24]

IV. Elektronisches Vergabeverfahren, § 43 Abs. 3 VSVgV

15   Nach § 43 Abs. 3 VSVgV müssen die Auftraggeber geeignete Maßnahmen treffen, um den Ablauf der mit elektronischen Mitteln durchgeführten Vergabeverfahren zu dokumentieren. Hintergrund dieser Vorschrift ist § 30 VSVgV,[25] wonach der Auftraggeber elektronisch abgegebene Angebote auf geeignete Weise zu kennzeichnen und verschlüsselt aufzubewahren hat.

---

[17] OLG Celle Beschl. v. 11.2.2010 – 13 Verg 16/09; OLG Düsseldorf Beschl. v. 17.3.2004 – Verg 1/04.
[18] OLG Celle Beschl. v. 11.2.2010 – 13 Verg 16/09.
[19] OLG Celle Beschl. v. 11.2.2010 – 13 Verg 16/09.
[20] BGH Beschl. v. 8.2.2011 – X ZB 4/10, BGHZ 188, 200–233.
[21] BGH Beschl. v. 8.2.2011 – X ZB 4/10, BGHZ 188, 200–233.
[22] Vgl. Thüringer OLG, VergabeR 2010, 96, 100.
[23] In diese Richtung auch OLG München, VergabeR 2010, 992, 1006.
[24] → VgV § 8 Rn. 9 ff.
[25] *Kues* in Leinemann/Kirch, VSVgV § 43 Rn. 30.

V. Mitteilung an Europäische Kommission, § 43 Abs. 4 VSVgV

§ 43 Abs. 4 VSVgV sieht vor, dass der Auftraggeber auf Ersuchen der Europäischen **16** Kommission dieser den Vermerk in Kopie übermitteln oder dessen wesentliche Inhalte mitteilen muss. Die Vorschrift stellt das Untersuchungsrecht der Kommission sicher.[26]

---

[26] *Kues* in Leinemann/Kirch, VSVgV § 43 Rn. 31.

Teil 5. Übergangs- und Schlussbestimmung

§ 44 Übergangsbestimmung

Vergabeverfahren, die vor dem Inkrafttreten der Verordnung begonnen haben, werden einschließlich der sich an diese anschließenden Nachprüfungsverfahren nach dem Recht zu Ende geführt, das zum Zeitpunkt der Einleitung des Verfahrens galt.

Übersicht

	Rn.		Rn.
A. Einführung	1	III. Rechtliche Vorgaben im EU-Recht	3
I. Literatur	1		
II. Entstehungsgeschichte	2	**B. Allgemeines**	4

A. Einführung

I. Literatur

1 Es ist nicht ersichtlich, dass zu § 44 VSVgV über die einschlägigen Kommentierungen weitere spezifische Literatur vorhanden ist.

II. Entstehungsgeschichte

2 An die Stelle des § 44 VSVgV a. F., der Regelungen zu den Melde- und Berichtspflichten enthielt, ist mit der Vergaberechtsreform 2016 die Übergangsbestimmung in § 44 n. F. getreten. Die Aufhebung des § 44 VSVgV a. F. diente der Neufassung des § 114 Abs. 2 S. 1 GWB in Verbindung mit der aufgrund des § 114 Abs. 2 S. 2 GWB erlassenen Vergabestatistikverordnung, woraus sich nunmehr unmittelbar die Statistikpflichten des Auftraggebers ergeben.[1]

III. Rechtliche Vorgaben im EU-Recht

3 Rechtliche Vorgaben im EU-Recht existieren insoweit nicht.

B. Allgemeines

4 Die Übergangsbestimmung in § 44 VSVgV regelt das anzuwendende Recht für Vergabe- oder Nachprüfungsverfahren, die zum Zeitpunkt des Inkrafttretens der Verordnung bereits begonnen haben.[2]

5 Gemäß § 44 VSVgV werden Vergabeverfahren, die vor dem Inkrafttreten der Verordnung begonnen haben, einschließlich der sich an diese anschließenden Nachprüfungsverfahren nach dem Recht zu Ende geführt, das zum Zeitpunkt der Einleitung des Verfahrens galt. Damit begrenzt die Vorschrift den Anwendungsbereich der Verordnung in zeitlicher Hinsicht auf Vergabeverfahren, die nach dem Zeitpunkt des Inkrafttretens der Verordnung am 19. Juli 2012 um 0:00 Uhr begonnen wurden.[3]

---

[1] BR-Drs. 87/16, 311.
[2] BR-Drs. 321/12, 64.
[3] VK Bund Beschl. v. 23.7.2012 – VK 3–81/12.

Wann ein Vergabeverfahren im Sinne dieser Vorschrift beginnt, ist in den anwendbaren **6** vergaberechtlichen Regelungen nicht festgelegt. In Rechtsprechung und Literatur besteht wohl Einigkeit darüber, dass sogenannte Vorbereitungshandlungen, wie Markterkundung etc., nicht den Anfang eines Ausschreibungsverfahrens begründen können.[4] Ein Verfahren beginnt jedenfalls dann, wenn sich der Auftraggeber zur Beschaffung entschlossen hat und mit organisatorischen und planenden Maßnahmen begonnen hat, um einen Vertragsschluss zu erreichen[5] bzw. dann, wenn die Vergabestelle nach außen erkennbar den ersten Schritt zur Durchführung desjenigen Verfahrens in die Wege leitet, welches zu einem konkreten Vertragsabschluss führen soll.[6] Bei europaweiten Vergaben ist dies grundsätzlich die Absendung der Vergabebekanntmachung an das EU-Amtsblatt.[7]

Für die Vorschriften der Vergaberechtsmodernisierung einschließlich der Nachprüfungs- **7** verfahren enthält $\S$ 186 Abs. 2 GWB die maßgebliche intertemporale Übergangsvorschrift. Verfahren, die vor Inkrafttreten der Änderungen des GWB am 18. April 2016 bereits begonnen haben, werden nach bisherigem Recht zu Ende geführt. Für die weiteren Einzelheiten hierzu wird auf die Kommentierung zu $\S$ 186 GWB verwiesen.[8]

---

[4] OLG München Beschl. v. 12.11.2010 – Verg 21/10.
[5] OLG Düsseldorf Beschl. v. 8.5.2002 – VII-Verg 8–15/01, zu der Vorschrift des $\S$ 113 Abs. 1 GWB a.F.; OLG München Beschl. v. 12.11.2010 – Verg 21/10.
[6] OLG München Beschl. v. 12.11.2010 – Verg 21/10.
[7] OLG München Beschl. v. 12.11.2010 – Verg 21/10.
[8] → GWB $\S$ 186 Rn. 5 ff.

§ 45 Inkrafttreten

Diese Verordnung tritt am Tag nach der Verkündung in Kraft.

Übersicht

	Rn.		Rn.
A. Einführung	1	III. Rechtliche Vorgaben im EU-	
I. Literatur	1	Recht	3
II. Entstehungsgeschichte	2	B. Allgemeines	4

A. Einführung

I. Literatur

1   Zu § 45 VSVgV ist, soweit ersichtlich, keine über die einschlägigen Kommentierungen hinausgehende spezielle Literatur vorhanden.

II. Entstehungsgeschichte

2   Die Regelung zum Inkrafttreten der Verordnung war ursprünglich in § 46 VSVgV a. F. enthalten. Aufgrund der Aufhebung der Regelung zu den Melde- und Berichtspflichten in § 44 VSVgV a. F. wurde die Bestimmung zum Inkrafttreten lediglich nach vorne gezogen.

III. Rechtliche Vorgaben im EU-Recht

3   Gemäß Art. 72 der Richtlinie 2009/81/EG war diese bis zum 21. August 2011 in nationales Recht umzusetzen.

B. Allgemeines

4   Die Vorschrift des § 45 VSVgV regelt das Inkrafttreten der Verordnung. Die VSVgV ist im Bundesgesetzblatt Jahrgang 2012 Teil I Nr. 33 vom 18. Juli 2012 verkündet worden. Damit ist sie am 19.7.2012 in Kraft getreten.

Otting

6. Vergabebestimmungen im Anwendungsbereich der Richtlinie 2009/81/EG (VOB/A-VS)

§ 1 Anwendungsbereich

(1) Bauaufträge sind Verträge über die Ausführung oder die gleichzeitige Planung und Ausführung

1. eines Bauvorhabens oder eines Bauwerks für den Auftraggeber, das
   a) Ergebnis von Tief- oder Hochbauarbeiten ist und
   b) eine wirtschaftliche oder technische Funktion erfüllen soll, oder
2. einer dem Auftraggeber unmittelbar wirtschaftlich zugutekommenden Bauleistung durch Dritte gemäß den vom Auftraggeber genannten Erfordernissen.

Im Bereich Verteidigung und Sicherheit haben Bauaufträge Bauleistungen zum Gegenstand, die in allen Phasen ihres Lebenszyklus im unmittelbaren Zusammenhang mit den in § 104 Absatz 1 GWB genannten Ausrüstungen stehen, sowie Bauleistungen speziell für militärische Zwecke oder Bauleistungen im Rahmen eines Verschlusssachenauftrages. Bauleistungen im Rahmen eines Verschlusssachenauftrages sind Bauleistungen, bei deren Erbringung Verschlusssachen nach § 4 des Gesetzes über die Voraussetzungen und das Verfahren von Sicherheitsüberprüfungen des Bundes oder nach den entsprechenden Bestimmungen der Länder verwendet werden oder die solche Verschlusssachen erfordern oder beinhalten.

(2)

1. Die Bestimmungen dieses Abschnitts sind von Auftraggebern im Sinne von § 99 GWB und Sektorenauftraggebern im Sinne von § 100 GWB für Bauaufträge nach Absatz 1 anzuwenden, bei denen der geschätzte Gesamtauftragswert der Baumaßnahme oder des Bauwerkes (alle Bauaufträge für eine bauliche Anlage) mindestens dem sich aus § 106 Absatz 2 Nummer 3 GWB ergebenden Schwellenwert ohne Umsatzsteuer entspricht.
2. Die Schätzung des Auftragswerts richtet sich nach § 3 der Vergabeverordnung Verteidigung und Sicherheit (VSVgV).

(3) Ist bei einem Bauauftrag ein Teil der Leistung verteidigungs- oder sicherheitsspezifisch, gelten die Bestimmungen des § 111 GWB.

Übersicht

	Rn.		Rn.
A. Einführung	1–14	II. Anwendungsbereich (Abs. 2)	23
I. Literatur	1	1. Sachlicher Anwendungsbereich	24
II. Entstehungsgeschichte	2	2. Persönlicher Anwendungsbereich	28
III. Rechtliche Vorgaben im EU-Recht	12	III. Abgrenzung bei teilweise verteidigungs- oder sicherheitsspezifischen	
B. Allgemeines	15	Leistungen in Bauaufträgen (Abs. 3)	30
I. Bauaufträge (Abs. 1)	19		

A. Einführung

I. Literatur

Zu der Vorschrift des § 1 VS VOB/A ist, soweit ersichtlich, über die einschlägigen Kommentierungen **1** hinaus keine spezifische Literatur vorhanden.

II. Entstehungsgeschichte

2   Der dritte Abschnitt der VOB/A, die VS VOB/A, deren Vorschriften auch als „VS Paragraphen" bezeichnet werden, ist im Zuge der Überarbeitung der VOB/A im Jahre 2012
entstanden. Dies erfolgte aufgrund der notwendigen Umsetzung der Richtlinie 2009/81/
EG des Europäischen Parlaments und des Rates über die Koordinierung der Verfahren zur
Vergabe bestimmter Bau-, Liefer- und Dienstleistungsaufträge in den Bereichen Verteidigung und Sicherheit und zur Änderung der Richtlinien 2004/17/EG und 2004/18/EG in
nationales Recht. Die Richtlinien 2004/17/EG und 2004/18/EG wurden durch die
Richtlinien 2014/23/EU, 2014/24/EU und 2014/25/EU ersetzt.

3   Ausschließlich für den Bereich der Verteidigung und Sicherheit ergänzt die Richtlinie
2009/81/EG die Richtlinie 2014/24/EU (vgl. dort die Ausnahmen in Art. 15 bis 17), die
Richtlinie 2014/25/EU (vgl. dort die Ausnahmen in Art. 24 bis 27) und die Richtlinie
2014/23/EU (vgl. dort die Ausnahmen in Art. 10 Abs. 5 und 6).

4   Inhaltlich wurden im 3. Abschnitt der VOB/A auf der Basis des 2. Abschnittes der
VOB/A die Vergabebestimmungen zur Umsetzung der Richtlinie 2009/81/EG ergänzt.
Eine wichtige Abweichung gegenüber den Bestimmungen des 2. Abschnittes der VOB/A
besteht darin, dass entsprechend der Vorgaben des Art. 25 der Richtlinie 2009/81/EG, das
offene Verfahren in dem Bereich Verteidigung und Sicherheit nicht in Betracht kommt.

5   Vor dem Hintergrund der jüngsten Vergaberechtsreform 2016, durch die die Richtlinien
2014/23/EU, 2014/24/EU und 2014/25/EU in nationales Recht umgesetzt wurden,
wurden auch die Vorschriften der VOB/A von dem Deutschen Vergabe- und Vertragsausschuss für Bauleistungen (DVA) im Jahre 2016 überarbeitet. Dabei dient die Neufassung
der VOB/A der Umsetzung der Richtlinie 2014/24/EU des Europäischen Parlaments und
des Rates vom 26. Februar 2014 über die öffentliche Auftragsvergabe und zur Aufhebung
der Richtlinie 2004/18/EG. Die Neufassung berücksichtigt außerdem die Änderungen des
GWB sowie der VSVgV.

6   Die Überarbeitung der VOB/A brachte für die VS Paragraphen nur sehr wenige inhaltliche Änderungen.[1] Den Schwerpunkt der Überarbeitung bildet vielmehr der 2. Abschnitt
der VOB/A. Um den Gleichlauf innerhalb der VOB/A zu erhalten, wurde die neue
Struktur des 2. Abschnittes auch auf den 1. und 3. Abschnitt übertragen. Die Anzahl der
VS-Paragraphen erfuhr eine deutliche Erweiterung, indem die VOB/A – VS 2016 im Vergleich zur VOB/A – VS 2012 statt 21 Paragraphen nunmehr 48 Paragraphen enthält. Diese
Erweiterung ist dem Umstand geschuldet, dass die bisherigen Zwischenüberschriften bzw.
einige Absätze einzelner Vorschriften als eigene Paragraphen ausgestaltet wurden, um die
VOB/A übersichtlicher zu gestalten. Um jedoch das Grundgerüst der bisherigen Paragraphen beizubehalten, wurden sie lediglich mit den Zusätzen a, b, usw. versehen.[2] Im Übrigen sind die Änderungen der VS-Paragraphen überwiegend lediglich redaktioneller und
struktureller Art.

7   Auch die Vorschrift des § 1 VS VOB/A wurde nur sehr moderat überarbeitet. Wesentliche inhaltliche Änderungen sind nicht erfolgt. Vielmehr wurden hauptsächlich redaktionelle und strukturelle Änderungen vorgenommen.

8   Die in den Absätzen 1 und 2 enthaltenen Verweise auf das GWB sowie die VSVgV
wurden entsprechend der Änderungen der Vorschriften des GWB und der VSVgV notwendigerweise redaktionell angepasst.

9   Dies betrifft unter anderem den persönlichen Anwendungsbereich des 3. Abschnittes der
VOB/A. Anders als nach § 1 VS Absatz 2 Nr. 1 Satz 1 VOB/A a. F. enthält die neue Fassung des § 1 VS Absatz 2 Nr. 1 VOB/A eine ausdrückliche Bezugnahme auf Sektorenauftraggeber im Sinne von § 100 GWB. Dies hängt mit den Änderungen des § 98 Nr. 1 bis 4

---

[1] Vgl. die Hinweise für die VOB/A 2016, BAnz AT 19.1.2016 B3, S. 3; *Leinemann/Büdenbender/*
Offermann in Leinemann, Die Vergabe öffentlicher Aufträge, Rn. 1066.
[2] Vgl. die Hinweise für die VOB/A 2016, BAnz AT 19.1.2016 B3, S. 3.

GWB a. F. zusammen. Danach waren Sektorenauftraggeber nach § 98 Nr. 4 GWB a. F. zu bestimmen, während sich für diese nunmehr in § 100 GWB eine eigenständige Regelung findet. Auch der Verweis in § 1 VS Absatz 2 Nr. 1 VOB/A für die Schwellenwerte auf die Vorschrift des § 106 Absatz 2 Nr. 3 GWB, statt wie bisher auf § 1 Absatz 2 VSVgV, bringt keine inhaltlichen Änderungen mit sich, sondern ist lediglich den Änderungen des GWB und der VSVgV geschuldet.

In § 1 VS Absatz 2 Nr. 1 VOB/A ist Satz 2 a. F. weggefallen. Eine inhaltlich entsprechende Regelung findet sich jedoch nunmehr in § 3 Absatz 5 VSVgV,[3] auf den der neue § 1 VS Absatz 2 Nr. 2 VOB/A unter anderem verweist. Der neue Verweis erfasst auch die Regelungen zu den Schwellenwerten für die Losvergabe in § 3 Absatz 7 VSVgV. Entsprechende Bestimmungen enthielt bisher § 1 VS Absatz 2 Nr. 2 VOB/A a. F., welcher im Zuge der Überarbeitung weggefallen ist. **10**

Ferner sind die bisherigen Regelungen zum maßgeblichen Zeitpunkt für die Schätzung des Auftragswertes in § 1 VS Absatz 3 VOB/A a. F. sowie zum Umgehungsverbot in § 1 VS Absatz 4 VOB/A a. F. weggefallen. Sie finden sich nunmehr in § 3 Absatz 2 und 8 VSVgV, auf die der neue § 1 VS Absatz 2 Nr. 2 VOB/A ausdrücklich verweist. Schließlich ist die Regelung des § 1 VS Absatz 2 Nr. 3 VOB/A a. F. nunmehr in dem neuen § 1 VS Absatz 3 VOB/A enthalten. **11**

III. Rechtliche Vorgaben im EU-Recht

Der dritte Abschnitt der VS VOB/A regelt die Vergabebestimmungen im Anwendungsbereich der Richtlinie 2009/81/EG, die spezielle Vorgaben ausschließlich für das Verfahren der Vergabe öffentlicher Aufträge in dem Bereich Verteidigung und Sicherheit enthält. Da Verteidigungs- und Sicherheitsausrüstungen für die Sicherheit und Souveränität der Mitgliedstaaten wie auch für die Autonomie der Europäischen Union von zentraler Bedeutung sind, sind öffentliche Aufträge in dem Bereich der Verteidigung und Sicherheit häufig besonders sensibel.[4] Dies erfordert besondere Anforderungen insbesondere an das gesamte Vergabeverfahren wie auch an die Versorgungs- und Informationssicherheit.[5] Diese Anforderungen werden in der Richtlinie 2009/81/EG näher bestimmt. **12**

Die Vorgaben zum Anwendungsbereich der nach dieser Richtlinie geltenden Spezialregelungen sind in deren Art. 2 und 8 festgelegt. Nach Art. 2 der Richtlinie 2009/81/EG gilt diese vorbehaltlich der Art. 36, 51, 52, 62 und 346 des Vertrages über die Arbeitsweise der Europäischen Union (AEUV) für Aufträge in den Bereichen der Verteidigung und Sicherheit, die Lieferung von Militärausrüstung, einschließlich dazugehöriger Teile, Bauteile und/oder Bausätze, die Lieferung sensibler Ausrüstung, einschließlich dazugehöriger Teile, Bauteile und/oder Bausätze zum Gegenstand haben. Darüber hinaus gilt sie für hiermit in einem unmittelbaren Zusammenhang stehende, militärischen Zwecken dienende oder sonst sensible Bauleistungen, Lieferungen und Dienstleistungen. Diese Vorgaben wurden in § 1 VSVgV in nationales Recht umgesetzt. Weitere Anwendungsvoraussetzung ist nach Art. 8 der Richtlinie 2009/81/EG, dass die dort genannten Schwellenwerte erreicht werden. Art. 8 der Richtlinie 2009/81/EG wurde aufgrund der Verordnung (EU) 2017/2367 der Kommission vom 18. Dezember 2017 zur Änderung der Richtlinie 2009/81/EG des Europäischen Parlaments und des Rates im Hinblick auf die Schwellenwerte für Auftragsvergabeverfahren geändert. Damit wurde die Höhe der in der Richtlinie 2009/81/EG festgelegten Schwellenwerte im Interesse der Kohärenz den geänderten Schwellenwerten in Art. 16 der Richtlinie 2004/17/EG angepasst.[6] **13**

---

[3] Vgl. hierzu die Kommentierung zu → VSVgV § 3 Rn. 11.
[4] Vgl. Erwägungsgrund 8 der Richtlinie 2009/81/EG vom 13. Juli 2009.
[5] Vgl. Erwägungsgrund 9 der Richtlinie 2009/81/EG vom 13. Juli 2009.
[6] Erwägungsgrund 3 der Verordnung (EU) 2017/2367.

14   In § 1 VS VOB/A sind die Vorgaben der Art. 2 und 8 der Richtlinie 2009/81/EG für den Bereich der verteidigungs- und sicherheitsspezifischen Bauaufträge – teilweise direkt, teilweise mittels Verweisungen auf die entsprechenden Vorschriften des GWB und der VSVgV – enthalten. Für den Bereich der verteidigungs- und sicherheitsspezifischen Liefer- und Dienstleistungsaufträge bleibt es hingegen bei der Anwendung der VSVgV (vgl. § 2 Absatz 1 VSVgV), welche für diesen Bereich abschließende Regelungen enthält.[7]

B. Allgemeines

15   Während die Richtlinie 2009/81/EG grundsätzlich einheitliche Vorgaben für verteidigungs- und sicherheitsspezifische Bauaufträge einerseits und für Liefer- und Dienstleistungsaufträge im Verteidigungs- und Sicherheitsbereich andererseits vorsieht, unterscheiden die nationalen Regelungen zwischen diesen beiden Auftragsarten. Im Gegensatz zu der Vergabe von Liefer- und Dienstleistungsaufträgen in dem Bereich Verteidigung und Sicherheit[8] sind die Vergabebestimmungen verteidigungs- und sicherheitsspezifischer Bauaufträge nicht vollständig in der VSVgV geregelt. Vielmehr ordnet § 2 Absatz 2 Satz 1 VSVgV insoweit lediglich die Anwendbarkeit der §§ 1 bis 4, 6 bis 9, 38 bis 42 sowie 44 und 45 VSVgV an. Im Übrigen werden für den Bereich der verteidigungs- und sicherheitsspezifischen Bauaufträge die Bestimmungen des 3. Abschnitts der VOB/A für anwendbar erklärt, § 2 Absatz 2 Satz 2 VSVgV. Soweit sich hierdurch Abweichungen hinsichtlich der rechtlichen Vorgaben in diesen beiden Bereichen ergeben, wird darauf in den entsprechenden Erläuterungen eingegangen.

16   Durch den Anwendungsbefehl in § 2 Absatz 2 Satz 2 VSVgV wird die Anwendbarkeit der VS-Paragraphen verbindlich.[9]

17   Die VSVgV ist als Rechtsverordnung gegenüber der VS VOB/A höherrangiges Recht, so dass soweit letztere den Bestimmungen der VSVgV widerspricht bzw. lediglich deren Regelungen wiederholt, diese von den Bestimmungen der VSVgV verdrängt wird.

18   § 1 VS VOB/A enthält in Absatz 1 eine Definition des Begriffs der Bauaufträge und bestimmt in Absatz 2 Nr. 1 den Anwendungsbereich des 3. Abschnittes der VOB/A. Darüber hinaus enthält Absatz 3 eine Regelung für teilweise verteidigungs- oder sicherheitsspezifische Leistungen in Bauaufträgen.

I. Bauaufträge (Abs. 1)

19   Die Vorschrift des § 1 VS Absatz 1 VOB/A enthält in Satz 1 eine Definition für Bauaufträge im Allgemeinen und in Satz 2 eine Definition für verteidigungs- und sicherheitsspezifische Bauaufträge.

20   Die Definition der Bauaufträge im Allgemeinen im Sinne des § 1 VS Absatz 1 Satz 1 VOB/A entspricht im Wesentlichen derjenigen in § 1 EU Absatz 1 VOB/A. Daher kann insoweit auf die dortige Kommentierung verwiesen werden.[10]

21   § 1 VS Absatz 1 Satz 2 VOB/A definiert den verteidigungs- und sicherheitsspezifischen Bauauftrag. Dieser hat Bauleistungen zum Gegenstand, die in allen Phasen ihres Lebenszyklus im unmittelbaren Zusammenhang mit den in § 104 Absatz 1 GWB genannten Aus-

---

[7] Vgl. auch *Willenbruch/Wieddekind* in Willenbruch/Wieddekind, Vergaberecht Kompaktkommentar, VSVgV § 2 Rn. 1.

[8] Vgl. für den Begriff des verteidigungs- oder sicherheitsspezifischen Bereiches den Gesetzeswortlaut sowie die Kommentierung zu → GWB § 104 Abs. 1 Rn. 10 ff. und für den Begriff der Bauaufträge den Gesetzeswortlaut sowie die Kommentierung zu → GWB § 103 Abs. 3 Rn. 124 ff.

[9] Vgl. insoweit bereits die Kommentierung zu → VSVgV § 2 Abs. 2 Rn. 8 ff. mwN.

[10] → VOB/A § 1 EU Rn. 6 ff.

rüstungen stehen, sowie Bauleistungen speziell für militärische Zwecke oder Bauleistungen im Rahmen eines Verschlusssachenauftrages.[11]

Da für die Begrifflichkeiten der Bauaufträge im Allgemeinen sowie für Bauaufträge im 22 Verteidigungs- und Sicherheitsbereich jeweils höherrangige Definitionen in § 103 Absatz 3 GWB und in § 104 Absatz 1 GWB existieren, hat die Regelung des § 1 VS Absatz 1 VOB/A insoweit keine eigenständige Bedeutung.[12]

II. Anwendungsbereich (Abs. 2)

§ 1 VS Absatz 2 Nr. 1 VOB/A bezieht sich auf den sachlichen und persönlichen An- 23 wendungsbereich des 3. Abschnittes der VOB/A.

1. Sachlicher Anwendungsbereich

Nach § 1 VS Absatz 2 Nr. 1 VOB/A ist die VS VOB/A für Bauaufträge im Sinne des 24 § 1 VS Absatz 1 VOB/A anzuwenden, bei denen der geschätzte Gesamtauftragswert der Leistung mindestens dem sich aus § 106 Absatz 2 Nr. 3 GWB ergebenden Schwellenwert ohne Umsatzsteuer entspricht.

Es muss sich daher zunächst um verteidigungs- und sicherheitsspezifische Bauaufträge 25 handeln.[13]

Darüber hinaus wird angeordnet, dass der Gesamtauftragswert mindestens den EU- 26 Schwellenwert erreichen muss. Insoweit wird für den geforderten Schwellenwert auf § 106 Absatz 2 Nr. 3 GWB verwiesen, welcher wiederum auf Art. 8 der Richtlinie 2009/81/EG in der jeweils geltenden Fassung verweist.[14] Dieser sieht für Bauaufträge eine Schwellenwerthöhe von 5.548.000 € vor, Art. 8 lit. b) der Richtlinie 2009/81/EG, geändert durch Art. 1 der Verordnung (EU) 2017/2367. Für die weiteren Einzelheiten wird auf die Kommentierung zu § 106 Absatz 2 Nr. 3 GWB verwiesen.[15]

Für die Schätzung des Gesamtauftragswertes verweist § 1 VS Absatz 2 Nr. 2 VOB/A auf 27 § 3 VSVgV, welcher auch für den Bereich verteidigungs- und sicherheitsspezifischer Liefer- und Dienstleistungsaufträge gilt. Hinsichtlich der Einzelheiten für die Schätzung des Gesamtauftragswertes wird auf die Kommentierung zu § 3 VSVgV verwiesen.

2. Persönlicher Anwendungsbereich

§ 1 VS Absatz 2 Nr. 1 VOB/A bestimmt den persönlichen Anwendungsbereich des 28 3. Abschnittes der VOB/A. Danach sind zur Anwendung der Vorschriften der VS VOB/A verpflichtet, öffentliche Auftraggeber im Sinne von § 99 GWB sowie Sektorenauftraggeber im Sinne von § 100 GWB. Für die Einzelheiten zu den genannten Auftraggebern wird auf die Erläuterungen zu § 99 GWB sowie § 100 GWB verwiesen.

3. Höherrangiger Anwendungsbefehl

Teilweise wird in der Literatur angenommen, dass sich die Voraussetzungen für die An- 29 wendbarkeit des 3. Abschnittes der VOB/A aus § 1 VS VOB/A ergeben.[16] Da sich der

---

[11] Für die Einzelheiten dieser Begrifflichkeiten wird auf die Kommentierung zu → GWB § 104 Abs. 1 Rn. 10 ff. verwiesen.

[12] *Winnes* in Pünder/Schellenberg, Vergaberecht, § 1 VS VOB/A Rn. 4 (noch zu der alten Fassung des § 1 VS VOB/A; insoweit hat sich jedoch hinsichtlich der Rechtslage nichts geändert, da sich die Definitionen nunmehr lediglich an anderer Stelle im GWB befinden).

[13] Vgl. hierzu bereits → Rn. 21.

[14] § 106 Absatz 2 Nr. 3 GWB sieht eine dynamische Verweisung auf die Festsetzung der Schwellenwerthöhe im Wege der delegierten Rechtssetzung durch Verordnung vor; vgl. hierzu bereits die Kommentierung zu → VSVgV § 1 Rn. 5 sowie BR-Drs. 87/16, 308.

[15] → GWB § 106 Rn. 42.

[16] Vgl. *Korbion* in Ingenstau/Korbion, VOB Teile A und B Kommentar, § 1 EU VOB/A Rn. 1, zwar zum Anwendungsbereich des 2. Abschnittes der VOB/A; aus § 2 Satz 2 VgV, als gegenüber der VOB/A höherrangiger Regelung, ergibt sich jedoch ein entsprechender Anwendungsbefehl der EU VOB/A.

Anwendungsbefehl des 3. Abschnittes der VOB/A jedoch bereits verbindlich aus der Regelung des § 2 Absatz 2 Satz 2 VSVgV als der VOB/A übergeordnete Rechtsverordnung ergibt, haben die Bestimmungen zum Anwendungsbereich in § 1 VS VOB/A lediglich deklaratorische Wirkung.[17]

III. Abgrenzung bei teilweise verteidigungs- oder sicherheitsspezifischen Leistungen in Bauaufträgen (Abs. 3)

30   Für den Fall, dass bei einem Bauauftrag ein Teil der Leistung verteidigungs- oder sicherheitsspezifisch[18] ist, verweist Absatz 3 auf die Abgrenzungsregelung des § 111 GWB.

31   Nach § 111 Absatz 1 und Absatz 3 Nr. 2 GWB besteht für einen Auftraggeber die Möglichkeit, einen Gesamtauftrag nach den Vorschriften über die Vergabe von verteidigungs- oder sicherheitsspezifischen Aufträgen zu vergeben, wenn ein Teil des Auftrages diesen Vorschriften unterliegt und die Vergabe eines Gesamtauftrages aus objektiven Gründen gerechtfertigt ist.[19]

32   Für die Einzelheiten im Zusammenhang mit den Bestimmungen des § 111 GWB wird auf die dortige Kommentierung verwiesen.

---

[17] Vgl. auch *Marx* in KMPP, VOB/A Kommentar, § 1 VS Rn. 1.

[18] Vgl. für den Begriff der verteidigungs- oder sicherheitsspezifischen öffentlichen Aufträge den Gesetzeswortlaut sowie die Kommentierung zu → § 104 Absatz 1 GWB Rn. 10 ff.

[19] Vgl. die Kommentierung zu GWB → § 111 Rn. 31.

§ 2 Grundsätze

(1) Öffentliche Aufträge werden im Wettbewerb und im Wege transparenter Verfahren vergeben. Dabei werden die Grundsätze der Wirtschaftlichkeit und der Verhältnismäßigkeit gewahrt. Wettbewerbsbeschränkende und unlautere Verhaltensweisen sind zu bekämpfen.

(2) Die Teilnehmer an einem Vergabeverfahren sind gleich zu behandeln, es sei denn, eine Ungleichbehandlung ist aufgrund des GWB ausdrücklich geboten oder gestattet.

(3) Öffentliche Aufträge werden an fachkundige und leistungsfähige (geeignete) Unternehmen vergeben, die nicht nach § 6e VS ausgeschlossen worden sind.

(4) Die Regelungen darüber, wann natürliche Personen bei Entscheidungen in einem Vergabeverfahren für einen Auftraggeber als voreingenommen gelten und an einem Vergabeverfahren nicht mitwirken dürfen, richten sich nach § 6 VSVgV.

(5) Auftraggeber, Bewerber, Bieter und Auftragnehmer wahren die Vertraulichkeit aller Informationen und Unterlagen nach Maßgabe dieser Vergabeverordnung oder anderer Rechtsvorschriften.

(6) Vor der Einleitung eines Vergabeverfahrens kann der Auftraggeber Marktkonsultationen zur Vorbereitung der Auftragsvergabe und zur Unterrichtung der Unternehmer über seine Pläne zur Auftragsvergabe und die Anforderungen an den Auftrag durchführen. Die Durchführung von Vergabeverfahren zum Zwecke der Markterkundung ist unzulässig.

(7) Der Auftraggeber kann Bewerbern und Bietern Auflagen zum Schutz von Verschlusssachen machen, die sie diesen im Zuge des Verfahrens zur Vergabe eines Auftrags übermitteln. Er kann von diesen Bewerbern und Bietern verlangen, die Einhaltung dieser Auflagen durch ihre Unterauftragnehmer sicherzustellen.

Übersicht

	Rn.		Rn.
A. Einführung	1–4	IV. Zur Vorbefasstheit gemäß § 2 Abs. 4 VOB/A-VS	12, 13
I. Literatur	1	V. Vertraulichkeitsgebot gemäß § 2 Abs. 5 VOB/A-VS	14
II. Entstehungsgeschichte	2, 3	VI. Marktkonsultationen und Verbot der Ausschreibung zu Zwecken der Markterkundung gemäß § 2 Abs. 6 VOB/A-VS	15, 16
III. Rechtliche Vorgaben im EU-Recht	4		
B. Kommentierung	5–17		
I. Das Wettbewerbsgebot gem. § 2 Abs. 1 VOB/A-VS	5–8	VII. Zulässigkeit von Auflagen zum Schitz von Verschlusssachen gemäß § 2 Abs. 6 VOB/A-VS	17
II. Der Gleichbehandlungsgrundsatz gem. § 2 Abs. 2 VOB/A-VS	9		
III. Vorgabe der Auftragvergabe an geeignete Wirschaftsteilnemer gem. § 2 Abs. 3 VOB/A-VS	10, 11		

A. Einführung

I. Literatur

Spezielle Literatur zu § 2 VOB/A-VS existiert nicht.   **1**

II. Entstehungsgeschichte

Die Vergaberechtsmodernisierung hat zu einer Neuregelung des § 2 VOB/A-VS geführt. § 2 VOB/A-VS greift allgemeine vergaberechtliche Grundsätze auf, die insbesondere   **2**

in § 97 GWB normiert sind, und bildet somit für die Vergabe der öffentlichen Bauaufträge
das Pendant zu § 10 VSVgV. Die Regelungen des § 2 VOB/A-VS sind ausführlicher
gehalten als die des § 10 VSVgV.

3   Die Neufassung des § 2 VOB/A-VS enthält weitestgehend die Regelungsgehalte des § 2
VOB/A-VS a. F. Anders als in § 2 Abs. 3 VOB/A-VS a. F. findet sich jedoch in der Neufassung des aktuellen § 2 VOB/A-VS nicht mehr das Gebot, anzustreben, die Aufträge so zu
erteilen, dass die ganzjährige Bautätigkeit gefördert wird. Dieser Satz, der lediglich „Appellcharakter" besaß und in der Vergabepraxis kaum Relevanz enthalten hat, ist gestrichen
worden. Gestrichen wurde auch die Regelung des § 2 Abs. 5 VOB/A-VS. Danach war der
Auftraggeber gehalten, erst dann auszuschreiben, wenn alle Vergabeunterlagen fertiggestellt
waren und wenn innerhalb der angegebenen Frist mit der Ausführung begonnen werden
konnte. Die Anforderungen spiegeln vergaberechtliche Grundprinzipien wieder und gelten
auch nach der Streichung fort.

III. Rechtliche Vorgaben im EU-Recht

4   § 2 VOB/A-VS wiederholt für den Bereich der Vergabe öffentlicher Bauaufträge allgemeine vergaberechtliche Grundprinzipien, die in den Erwägungsgründen der Richtlinie
2009/81/EG hervorgehoben werden und keine konkreten Artikel der Richtlinie 2009/
81/EG umsetzen.

B. Kommentierung

I. Das Wettbewerbsgebot gem. § 2 Abs. 1 VOB/A-VS

5   Während § 2 Abs. 1 Nr. 1 und 2 der VOB/A-VS a. F. eine eigene Regelung mit der
Pflicht zur Wahrung der vergaberechtlichen Grundsätze zur Vergabe von Bauaufträgen
enthielt, übernimmt § 2 Abs. 1 VOB/A-VS den Wortlaut des § 97 Abs. 1 GWB. Gemäß
§ 2 Abs. 1 S. 1 VOB/A-VS sind öffentliche Aufträge im Wettbewerb und im Wege transparenter Verfahren zu vergeben. Der Normtext ist identisch zu § 97 Abs. 1 Satz 1 GWB.
Auf die entsprechende Kommentierung zu § 97 Abs. 1 GWB kann vollumfänglich verwiesen werden.

6   Ein besonders relevanter Teilbereich des Wettbewerbsgebots ist in § 6 Abs. 3 Nr. 1
VOB/A-VS gesondert erfasst. Danach darf der Wettbewerb nicht auf Unternehmen beschränkt werden, die in bestimmten Regionen oder Orten ansässig sind. Dieses Verbot
spiegelt den allgemeinen Gleichbehandlungsgrundsatz und das Wettbewerbsverbot wieder,
das insbesondere dann verletzt wird, wenn lokale Anbieter bevorzugt werden.

7   Eine wortgleiche Übernahme des Gesetzestextes des GWB erfolgte auch für § 2 Abs. 1
S. 2 VOB/A-VS. Danach sind die Grundsätze der Wirtschaftlichkeit und der Verhältnismäßigkeit zu wahren. Dieser Satz findet sich wortgleich in § 97 Abs. 1 S. 2 GWB. Auf die
entsprechende Kommentierung zu § 97 Abs. 1 Satz 2 GWB wird verwiesen.

8   § 2 Abs. 1 S. 3 VOB/A-VS normiert, dass wettbewerbsbeschränkende und unlautere
Verhaltensweisen zu bekämpfen sind. Dieser Grundsatz findet sich wörtlich so in § 97
GWB nicht, spiegelt jedoch einen vergaberechtlichen Grundsatz der klassischen Vergabekoordinierungsrichtlinie und der nationalen Umsetzungsnormen in den §§ 97 ff. GWB
wieder. § 2 Abs. 1 S. 3 VOB/A-VS enthält die Anforderung, wettbewerbsbeschränkende
und unlautere Verhaltensweisen zu bekämpfen. Das Vergaberecht setzt einen funktionierenden Wettbewerb voraus und kann ihn innerhalb von Vergabeverfahren nur im Rahmen
der vergaberechtlichen Instrumente erhalten und beleben. Dies bedeutet, dass eine kartellrechtlich relevante Absprache ebenso wie Wettbewerbsbeschränkungen zwischen den
Wirtschaftsteilnehmern und/oder unlautere Verhaltensweisen nur dadurch bekämpft wer-

den können, dass im Vergabeverfahren etwaigen Verdachtsmomenten auf das Vorliegen entsprechender Tatbestand nachgegangen wird, diese aufgeklärt werden und Angebote, die den Wettbewerbsgrundsätzen nicht genügen, von Wettbewerb ausgeschlossen werden.[1] Auf die Kommentierung zu § 97 Abs. 1 GWB wird verwiesen.[2]

II. Der Gleichbehandlungsgrundsatz gem. § 2 Abs. 2 VOB/A-VS

Auch der Gleichbehandlungsgrundsatz gemäß § 2 Abs. 2 VOB/A-VS ist textidentisch **9** zu § 97 Abs. 2 GWB. Gemäß § 2 Abs. 2 VOB/A-VS sind die Teilnehmer an einem Vergabeverfahren gleich zu behandeln, es sei denn, eine Ungleichbehandlung ist aufgrund des GWB ausdrücklich geboten oder gestattet. Verwiesen wird auch an dieser Stelle auf die Kommentierung zu § 97 Abs. 2 GWB. Wie die VK Bund entschied, kann eine Ungleichbehandlung gerade Ausfluss und Konsequenz des Wettbewerbs sein, etwa dann, wenn ein Anbieter früherer Auftragnehmer ist und dadurch Wettbewerbsvorteile generieren kann.[3] § 2 Abs. 3 VOB/A-VS entspricht inhaltlich dem § 2 Abs. 1 Nr. 2 VOB/A-VS a. F.

III. Vorgabe der Auftragsvergabe an geeignete Wirtschaftsteilnehmer gem. § 2 Abs. 3 VOB/A-VS

§ 2 Abs. 3 VOB/A-VS normiert den vergaberechtlichen Grundsatz, dass Aufträge nur **10** an geeignete Unternehmen vergeben werden. Auch § 2 Abs. 3 VOB/A-VS entfaltet keinen eigenständigen Charakter, sondern gibt die vergaberechtlichen Grundsätze wieder, die insbesondere in den §§ 122 ff. GWB normiert sind. Die Anforderung, dass öffentliche Aufträge nur an geeignete Unternehmen vergeben werden, spiegelt einen wesentlichen Bestandteil des Gleichbehandlungsgrundsatzes wieder. Hinsichtlich der Details wird auf § 6 VOB/A-VS verwiesen, der die Anforderungen der §§ 122 ff. GWB für den Bereich der Bauaufträge übernimmt.

Bedeutsam ist diese Regelung insbesondere für Sachverhalte, in denen es kein Vergabe- **11** verfahren gibt. Auch dann ist die Eignung zu prüfen. Auf die Kommentierung zu § 6 VOB/A-VS wird verwiesen.

IV. Zur Vorbefasstheit gemäß § 2 Abs. 4 VOB/A-VS

§ 2 Abs. 4 VOB/A-VS verweist bezüglich der Regelungen darüber, wann natürliche **12** Personen bei Entscheidungen in einem Vergabeverfahren für einen Auftraggeber als voreingenommen gelten und an einem Vergabeverfahren nicht mitwirken dürfen, § 6 VSVgV. Besonderheiten für den Bereich der Bauaufträge im Bereich Verteidigung und Sicherheit sollen explizit nicht normiert werden. Allerdings erscheint der Verweis auf § 6 VSVgV fragwürdig, da § 6 VSVgV die Wahrung der Vertraulichkeit und des Geheimhaltungsverbotes regelt, nicht aber die Vermeidung von Interessenskonflikten, die in § 2 Abs. 4 VOB/A-VS angesprochen sind. Hierzu existieren einzig Regelungen in § 6 VgV.

Zu entnehmen ist der Regelung in § 2 Abs. 4 VOB/A-VS, dass für den Bereich der **13** Vergabe von Bauaufträgen im Bereich der Verteidigung und Sicherheit keine Sonderregelungen gelten sollen und somit die Grundsätze des klassischen Vergaberechts gelten. Einerseits sind dies die Grundsätze zur Vertraulichkeit gemäß § 6 VSVgV sowie auch die Grundsätze zur Vermeidung von Interessenskonflikten, die als Ausfluss des Wettbewerbsge-

---

[1] Vgl. *Burgi*, S. 74 ff.; *Burgi* NZBau 2008, 29, 30; → GWB § 97 Abs. 1 Rn. 23 ff.
[2] → GWB § 97 Abs. 1.
[3] VK Bund 10.3.2017 – VK 2–19/17.

botes zugleich Bestandteil der §§ 97 GWB sind und in § 6 VSVgV normiert sind. Auf die Kommentierung zu § 6 VgV und 6 VSVgV wird somit verwiesen.

V. Vertraulichkeitsgebot gemäß § 2 Abs. 5 VOB/A-VS

14   Das Vertraulichkeitsgebot gemäß § 2 Abs. 5 VOB/A-VS spiegelt gleichermaßen einen vergaberechtlichen Grundsatz wieder. Zwingend einzuhalten ist die Vertraulichkeit von Informationen und Unterlagen, insbesondere von Geschäftsgeheimnissen.[4] Auch insoweit existierenden Bereich von Bauaufträgen keine Besonderheiten. Dementsprechend wird auf die Kommentierungen zu § 6 VSVgV verwiesen.

VI. Marktkonsultationen und Verbot der Ausschreibung zu Zwecken der Markterkundung gemäß § 2 Abs. 6 VOB/A-VS

15   § 2 Abs. 6 VOB/A-VS normiert explizit entsprechend auch der früheren Regelung des § 2 Abs. 4 VOB/A-VS a. F. und der Parallelregelung für Liefer- und Dienstleistungsaufträge in § 10 Abs. 4 VSVgV, dass Marktkonsultationen zur Vorbereitung der Auftragsvergabe zulässig und die Durchführung von Vergabeverfahren zum Zwecke der Markterkundung unzulässig sind.

16   Ein Ausschreibungsverfahren darf somit auch wie bisher nur zu dem Zweck durchgeführt werden, einen bestehenden Beschaffungsbedarf zu decken und einen entsprechenden Auftrag zu erteilen. Damit verknüpft ist die Anforderung, dass der Finanzierungsbedarf für die jeweilige Beschaffung gesichert ist und die Anforderungen des öffentlichen Auftraggebers angegeben werden können.[5]

VII. Zulässigkeit von Auflagen zum Schutz von Verschlusssachen gemäß § 2 Abs. 6 VOB/A-VS

17   Die Regelung des §§ 2 Abs. 6 VOB/A-VS entspricht der früheren Regelung des §§ 2 Abs. 6 VOB/A-VS a. F. Es handelt sich um eine spezielle Sonderregelung im Anwendungsbereich der Richtlinie 2009/81/EG. Zur Sicherstellung der Geheimhaltung und des Geheimnisschutzes ist es öffentlichen Auftraggebern erlaubt, Auflagen zum Schutz von Verschlusssachen zu definieren und von den Bewerbern und Bietern zu verlangen, dass sie diese Auflagen auch an ihre Unterauftragnehmer weiterreichen.

18   Gem. § 7 VSVgV hat der öffentliche Auftraggeber zu definieren, welche Maßnahmen, Anforderungen und Auflagen von dem jeweiligen Bewerber/Bieter und deren Unterauftragnehmern zu erfüllen sind. Auf die entsprechende Kommentierung des § 7 VSVgV wird verwiesen. § 2 Abs. 6 VOB/A-VS stellt sicher, dass die in § 7 VSVgV definierten Anforderungen und Vorgaben auch als Auflage der Vergabeunterlagen definiert werden und an die Unterauftragnehmer weitergereicht werden können.

19   Besondere Anforderungen können im Bereich der Vergabe von verteidigungs- und sicherheitsrelevanten Aufträgen auch an die Darlegung und Offenlegung von Unterauftragnehmern stellen, vgl. § 9 VSVgV.

---

[4] → GWB § 97 Abs. 1 Rn. 25.
[5] → GWB Vor§ 97 Rn. 16 f.; § 97 Abs. 6 Rn. 34; vgl. dazu auch *Kirch* in Leinemann/Kirch, § 2 VOB/A-VS Rn. 9 ff.

§ 3 Arten der Vergabe

Bauaufträge im Sinn von § 1 VS werden von öffentlichen Auftraggebern nach § 99 GWB und Sektorenauftraggebern im Sinne von § 100 GWB vergeben:

1. im nicht offenen Verfahren; bei einem nicht offenen Verfahren wird öffentlich zur Teilnahme, aus dem Bewerberkreis sodann eine beschränkte Anzahl von Unternehmen zur Angebotsabgabe aufgefordert,

2. im Verhandlungsverfahren; beim Verhandlungsverfahren mit oder ohne Teilnahmewettbewerb wendet sich der Auftraggeber an ausgewählte Unternehmen und verhandelt mit einem oder mehreren dieser Unternehmen über die von diesen unterbreiteten Angebote, um diese entsprechend den in der Auftragsbekanntmachung, den Vergabeunterlagen oder etwaigen sonstigen Unterlagen angegebenen Anforderungen anzupassen,

3. im wettbewerblichen Dialog; ein wettbewerblicher Dialog ist ein Verfahren zur Vergabe öffentlicher Aufträge mit dem Ziel der Ermittlung und Festlegung der Mittel, mit denen die Bedürfnisse des öffentlichen Auftraggebers am besten erfüllt werden können.

Übersicht

	Rn.		Rn.
A. Einführung	1–5	III. Rechtliche Vorgaben im EU-Recht	4, 5
I. Literatur	1		
II. Entstehungsgeschichte	2, 3	**B. Kommentierung**	6–8

A. Einführung

I. Literatur

Trybus, Buying Defence and Security in Europe, Chapter 7; allgemein zu den Verfahrensarten *Burgi,* Vergaberecht, 2016, S. 151 ff. **1**

II. Entstehungsgeschichte

§ 3 VOB/A-VS wurde im Zuge der Vergaberechtsmodernisierung in drei Paragraphen **2** aufgeteilt. Inhaltliche Änderungen wurden nicht vorgenommen. § 3 VS entspricht § 3 Abs. 1 VOB/A-VS a. F.

Gemäß § 2 Abs. 2 VSVgV sind für die Vergabe von verteidigungs- und sicherheitsspezi- **3** fischen Bauaufträgen nur die §§ 1–4, 6–9 und 38–42 sowie 44 und 45 VSVgV anzuwenden. Im Übrigen ist Abschnitt 3 der Vergabe- und Vertragsordnung für Bauleistungen (VOB/A) in der Fassung der Bekanntmachung vom 19. Januar 2016 (Bundesanzeiger AT 19.1.2016 B3) anzuwenden. Dementsprechend gelten die Regelungen des § 11 VSVgV im Anwendungsbereich der Vergabe von verteidigungs- oder sicherheitsspezifischen Bauaufträgen nicht. Für die Vergabe von Bauleistungen gilt stattdessen § 3 VOB/A-VS.

III. Rechtliche Vorgaben im EU-Recht

Die Verfahrensarten, die im Anwendungsbereich der Richtlinie 2009/81/EG zulässig **4** sind, sind in Art. 25 der Richtlinie 2009/81/EG geregelt. § 3 VOB/A-VS normiert für den nationalen Bereich der öffentlichen Bauaufträge die zulässigen Verfahrensarten. Im

Anwendungsbereich der Richtlinie 2009/81/EG wird auf die Verfahrensarten der klassischen Koordinierungsrichtlinie 2014/24/EU zurückgegriffen.

5   Die Erwägungsgründe 40 Abs. 3 und 42 ff. der Richtlinie 2009/81/EG betonen, dass Besonderheiten in verfahrensrechtlicher Hinsicht in der Richtlinie 2009/81/EG explizit hervorgehoben sind. So betont Erwägungsgrund 51 der Richtlinie 2009/81/EG, dass einige der Ausnahmetatbestände mit denen der (seinerzeit noch geltenden) Richtlinie 2004/18/EG identisch sind. In diesem Zusammenhang sei insbesondere der Tatsache Rechnung zu tragen, dass die Beschaffung von Verteidigungs- und Sicherheitsgütern in vielen Fällen technisch komplex sind. Die Verfahrensarten sind jedoch hinsichtlich ihrer Struktur identisch zu denen der klassischen Koordinierungsrichtlinie.

B. Kommentierung

6   § 3 VOB/A–VS entspricht § 3 Abs. 1 VOB/A–VS a. F. Angepasst wurde lediglich die Verweisungsnorm, inhaltliche Änderungen erfolgten nicht. § 3 VOB/A–VS zählt die zulässigen Verfahrensarten auf. Nicht erwähnt ist das offene Verfahren, das im Anwendungsbereich der Richtlinie 2009/81/EG nicht zulässig ist.[1]

7   Erwägungsgrund 47 der Richtlinie 2009/81/EG verweist darauf, dass die unter die Richtlinie 2009/81/EG fallenden Aufträge durch besondere Anforderungen an Komplexität, Informationssicherheit und Versorgungssicherheit gekennzeichnet sind. Deren Erfüllung erfordere oftmals eingehende Verhandlungen bei der Auftragsvergabe. Aus diesem Grund können die Auftraggeber bei den unter die Richtlinie 2009/81/EG fallenden Aufträgen neben dem nicht offenen Verfahren auch das Verhandlungsverfahren mit Veröffentlichung einer Bekanntmachung nutzen. Beide Verfahrensarten stehen gleichrangig zur Verfügung. Gehindert sind die öffentlichen Auftraggeber im Anwendungsbereich der Richtlinie 2009/81/EG jedoch, das offene Verfahren zu wählen. Die mit einem offenen Verfahren verbundene Transparenz steht im Widerspruch zu den Grundsätzen der Richtlinie 2009/81/EG.

8   Ebenso wie in der klassischen Koordinierungsrichtlinie wird das nicht offene Verfahren generell definiert als Verfahren mit vorgeschaltetem Teilnahmewettbewerb. Lediglich im Verhandlungsverfahren besteht die Möglichkeit, auf ein Teilnahmewettbewerb zu verzichten. Die Tatbestände, die ein Verhandlungsverfahren ohne Teilnahmewettbewerb ermöglichen, sind dem § 3a VOB/A–VS normiert. § 3b VOB/A–VS normiert die rechtlichen Rahmenbedingungen, die Anzahl der Bieter und die Vorgehensweise bezüglich der Bieterauswahl und der Verhandlungsführung.

---

[1] Vgl. *Trybus* Buying Defence and Security in Europe, Chapter 7.

§ 3a Zulässigkeitsvoraussetzungen

(1) **Die Vergabe von Aufträgen erfolgt im nicht offenen Verfahren oder im Verhandlungsverfahren mit Teilnahmewettbewerb. In begründeten Ausnahmefällen ist ein Verhandlungsverfahren ohne Teilnahmewettbewerb oder ein wettbewerblicher Dialog zulässig.**

(2) **Das Verhandlungsverfahren ohne Teilnahmewettbewerbes zulässig, wenn**

1. bei einem nicht offenen Verfahren, einem Verhandlungsverfahren mit Teilnahmewettbewerb oder einem wettbewerblichen Dialog
   a) keine wirtschaftlichen Angebote abgegeben worden sind und
   b) die ursprünglichen Vertragsunterlagen nicht grundlegend geändert werden und
   c) in das Verhandlungsverfahren alle Bieter aus dem vorausgegangenen Verfahren einbezogen werden, die fachkundig und leistungsfähig (geeignet) sind und die nicht nach § 6e VS ausgeschlossen worden sind,
2. wenn bei einem nicht offenen Verfahren, einem Verhandlungsverfahren mit Teilnahmewettbewerb oder einem wettbewerblichen Dialog
   a) keine Angebote oder keine Bewerbungen abgegeben worden sind oder
   b) nur solche Angebote abgegeben worden sind, die nach § 16 VS auszuschließen sind, und die ursprünglichen Vertragsunterlagen nicht grundlegend geändert werden.
3. wenn die Arbeiten aus technischen Gründen oder aufgrund des Schutzes von Ausschließlichkeitsrechten nur von einem bestimmten Unternehmen ausgeführt werden können,
4. wenn wegen der Dringlichkeit der Leistung aus zwingenden Gründen infolge von Ereignissen, die der Auftraggeber nicht verursacht hat und nicht voraussehen konnte oder wegen dringlicher Gründe in Krisensituationen die in §§ 10b VS bis 10d VS vorgeschriebenen Fristen nicht eingehalten werden können,
5. wenn gleichartige Bauleistungen wiederholt werden, die durch denselben Auftraggeber an den Auftragnehmer vergeben werden, der den ursprünglichen Auftrag erhalten hat, und wenn sie einem Grundentwurf entsprechen und dieser Gegenstand des ursprünglichen Auftrags war, der nach einem nicht offenen Verfahren, einem Verhandlungsverfahren mit Teilnahmewettbewerb oder im wettbewerblichen Dialog vergeben wurde. Die Möglichkeit, dieses Verfahren anzuwenden, muss bereits bei der Auftragsbekanntmachung für das erste Vorhaben angegeben werden; der für die Fortsetzung der Bauarbeiten in Aussicht gestellte Gesamtauftragswert wird vom Auftraggeber bei der Anwendung von § 1 VS berücksichtigt. Dieses Verfahren darf nur darf jedoch nur innerhalb von 5 Jahren nach Abschluss des ersten Auftrags angewendet werden.

(3) **Der wettbewerbliche Dialog ist zulässig, wenn der Auftraggeber objektiv nicht in der Lage ist,**

1. die technischen Mittel anzugeben, mit denen seine Bedürfnisse und Anforderungen erfüllt werden können, oder
2. die rechtlichen oder finanziellen Bedingungen des Vorhabens anzugeben.

Übersicht

	Rn.		Rn.
A. Einführung	1–19	II. Zulässigkeit des Verhandlungsverfahrens ohne Teilnahmewettbewerb	23–53
I. Literatur	1	1. Zulässigkeit des Verhandlungsverfahrens ohne Teilnahmewettbewerb gem. § 3a Abs. 2 Nr. 1 VOB/A-VS	27–32
II. Entstehungsgeschichte	2–4		
III. Rechtliche Vorgaben im EU-Recht	5–19		
B. Kommentierung	20–58	2. Zulässigkeit des Verhandlungsverfahrens ohne Teilnahmewettbewerb gem. § 3a Abs. 2 Nr. 2 VOB/A-VS	33–37
I. Regelverfahren gem. § 3a VOB/A-VS	21, 22		

	Rn.		Rn.
3. Zulässigkeit des Verhandlungsverfahrens ohne Teilnahmeettbewerb gem. § 3a Abs. 2 Nr. 3 VOB/A-VS	38–41	5. Zulässigkeit des Verhandlungsverfahrens ohne Teilnahmeettbewerb gem. § 3a Abs. 2 Nr. 5 VOB/A-VS	50–53
4. Zulässigkeit des Verhandlungsverfahrens ohne Teilnahmeettbewerb gem. § 3a Abs. 2 Nr. 4 VOB/A-VS	42–49	III. Zulässigkeit des wettbewerblichen Dialogs	54–58

A. Einführung

I. Literatur

1 Allgemein zum Verhandlungsverfahren *Ebert,* Möglichkeiten und Grenzen im Verhandlungsverfahren, 2005; zum wettbewerblichen Dialog *Heiermann* ZfBR 2005, 766; *Knauff* NZBau 2005, 249.

II. Entstehungsgeschichte

2 § 3a VOB/A-VS entspricht § 3 Abs. 2 und Abs. 3 VOB/A-VS a. F.

3 § 3a VOB/A-VS enthält mit Ausnahme eines Ausnahmetatbestandes, der in § 3 Abs. 3 Nr. 5 VOB/A-VS normiert war, die identischen Regelungen der Altregelung. Gestrichen wurde ein Sondertatbestand zur Vergabe zusätzlicher Leistungen ohne vorheriges Ausschreibungsverfahren. § 3 Abs. 3 Nr. 5 VOB/A-VS a. F. sah vor, dass zusätzliche Leistungen an einen Auftragnehmer vergeben werden soll durften, die weder in dem der Vergabe zugrunde liegenden Entwurf noch im ursprünglich geschlossene Vertrag vorgesehen waren, die aber wegen eines unvorhergesehenen Ereignisses zur Ausführung der darin beschriebenen Leistungen erforderlich wurden, sofern diese Leistungen
a) sich entweder aus technischen oder wirtschaftlichen Gründen nicht ohne wesentliche Nachteile für den Auftraggeber vom ursprünglichen Auftrag trennen liessen oder
b) für die Vollendung der im ursprünglichen Auftrag beschriebenen Leistung unbedingt erforderlich sind, auch wenn sie getrennt vergeben werden konnten.

4 Weitere Voraussetzung war, dass der geschätzte Gesamtwert der Aufträge für die zusätzlichen Bauleistungen die Hälfte des Wertes des ursprünglichen Auftrags nicht überschritt.

III. Rechtliche Vorgaben im EU-Recht

5 § 3a VOB/A-VS normiert die Voraussetzungen, unter denen ein Verhandlungsverfahren ohne Teilnahmewettbewerb sowie ein wettbewerblicher Dialog zulässig sind. § 3a VOB/A-VS dient zur Umsetzung des Art. 28 der Richtlinie 2009/81/EG. Art. 28 der Richtlinie 2009/81/EG normiert in Nummer 1 die Voraussetzungen, unter denen ein Verhandlungsverfahren ohne vorgeschalteten Teilnahmewettbewerb und ohne vorherige Bekanntmachung zur Vergabe von Bau-, Liefer- und Dienstleistungen zulässig sind. Art. 28 Nummer 4 der Richtlinie 2009/81/EG normiert zusätzliche Erlaubnistatbestände für Bau- und Dienstleistungen, die ein Verhandlungsverfahren ohne vorherige Bekanntmachung und somit ohne vorgeschalteten Teilnahmewettbewerb ermöglichen.

6 Art. 28 Nummer 1 Buchstabe a der Richtlinie 2009/81/EG lässt ein Verhandlungsverfahren ohne vorherige Bekanntmachung dann zu, wenn im Rahmen eines nicht offenen Verfahrens, eines Verhandlungsverfahrens mit Veröffentlichung einer Bekanntmachung oder im wettbewerblichen Dialog keine oder keine geeigneten Angebote oder keine Bewerbungen abgegeben gegeben worden sind, sofern die ursprünglichen Auftragsbedingungen nicht grundlegend geändert werden.

Art. 28 Nummer 1 Buchstabe b der Richtlinie 2009/81/EG lässt ein Verhandlungsverfahren ohne vorherige Bekanntmachung dann zu, wenn keine ordnungsgemäßen Angebote eingereicht wurden oder nur solche, die nicht wertbar sind. **7**

Art. 28 Nummer 1 Buchstabe c der Richtlinie 2009/81/EG lässt ein Verhandlungsverfahren ohne vorherige Bekanntmachung dann zu, wenn dringliche Gründe aufgrund von **Krisensituationen** bestehen, die es nicht zulassen, die Fristen, auch nicht die verkürzten Fristen gemäß Art. 33 Abs. 7 der Richtlinie 2009/81/EG einzuhalten, die für die nicht offenen Verfahren und die Verhandlungsverfahren mit Veröffentlichung einer Bekanntmachung vorgeschrieben sind. **8**

Art. 28 Nummer 1 Buchstabe d der Richtlinie 2009/81/EG lässt ein Verhandlungsverfahren ohne vorherige Bekanntmachung in **Dringlichkeitsfällen** zu. Ein Verhandlungsverfahren ohne Bekanntmachung ist danach zulässig, wenn **dringliche, zwingende** Gründe im Zusammenhang mit Ereignissen, die der betreffende Auftraggeber nicht voraussehen konnte, es nicht zulassen, die Fristen, auch nicht die verkürzten gemäß Art. 33 Abs. 7 der Richtlinie 2009/81/EG einzuhalten, die für das nicht offene Verfahren oder das Verhandlungsverfahren mit Veröffentlichung einer Bekanntmachung vorgeschrieben sind. **Die angeführten Umstände zur Begründung der zwingenden Dringlichkeit dürfen dem Auftraggeber nicht zuzuordnen sein.** **9**

Ein weiterer Ausnahmetatbestand ist in Art. 28 Nummer 1 Buchstabe i der Richtlinie 2009/81/EG für den Fall normiert, dass der Auftrag aus technischen Gründen oder aufgrund des Schutzes von Ausschließlichkeitsrechten nur von einem bestimmten Wirtschaftsteilnehmer ausgeführt werden kann. **10**

Die Voraussetzungen für einen wettbewerblichen Dialog sind in Art. 27 der Richtlinie 2009/81/EG normiert. § 3a Abs. 3 VOB/A-VS setzt diese Norm um. **11**

Zwei weitere Ausnahmetatbestände für ein Verhandlungsverfahren ohne vorherige Bekanntmachung sind in Art. 28 Nummer 4 der Richtlinie 2009/81/EG normiert. **12**

§ 3a VOB/A-VS greift jedoch nur einen der beiden normierten Tatbestände auf und hat den Ausnahmetatbestand zur Vergabe von **zusätzlichen** Bauleistungen, die weder in dem der Vergabe zugrunde liegenden Entwurf noch in dem ursprünglich vorgesehenen Vertrag vorgesehen sind, die aber wegen eines unvorhergesehenen Ereignisses zur Ausführung der darin beschriebenen Bauleistungen erforderlich sind, nicht umgesetzt. **13**

Dieser Ausnahmetatbestand fand sich allerdings noch in der Fassung des § 3 Abs. 3 Nummer 5 VOB/A-VS a. F. Die Streichung wird in der Literatur damit begründet, dass es nunmehr eine übergreifende Regelung für zusätzliche Leistungen in § 132 GWB gäbe.[1] **14**

Diese Begründung überzeugt nicht, da die Tatbestände des § 132 GWB normieren, wann eine Vertragsänderung unwesentlich ist und nicht neu die Ausschreibungspflicht auslöst. **15**

Demgegenüber normiert Art. 28 Nummer 4 lit. a) der Richtlinie 2009/81/EG, unter welchen Voraussetzungen an sich ausschreibungspflichtige zusätzliche Leistungen nicht erneut ausgeschrieben werden müssen, sondern an den bisherigen Auftragnehmer vergeben werden dürfen. **16**

Die Voraussetzungen des Art. 28 Nummer 4 lit. a) der Richtlinie 2009/81/EG sind auch nicht identisch mit denen des § 132 GWB. Zusätzliche Leistungen dürfen auf Grundlage des Art. 28 Nummer 4 lit. a) der Richtlinie 2009/81/EG vergeben werden, die wegen eines unvorhergesehenen Ereignisses erforderlich werden und wenn sich diese zusätzlichen Leistungen in technischer und wirtschaftlicher Hinsicht nicht ohne wesentliche Nachteile für den Auftraggeber von dem ursprünglichen Auftrag trennen lassen oder aber für die Vollendung des Auftrags unbedingt erforderlich sind. Diese Voraussetzungen sind nicht **17**

---

[1] Vgl. *Rosenkötter* in Ziekow/Völlink, 3. Aufl. 2017, § 12 VSVgV Rn. 22.

identisch mit denen, die gem. § 132 Abs. 2 Nr. 2, Nr. 4 GWB oder gemäß § 132 Abs. 3 GWB zulässig wären.

18   Die Richtlinie 2009/81/EG blieb unberührt von der Vergaberechtsmodernisierung auf Unionsebene und bildet ein eigenes Rechtregime.

19   Art. 28 Nummer 4 lit. a) der Richtlinie 2009/81/EG bildet zwingendes Recht, das umzusetzen ist. Dementsprechend muss § 132 GWB im Anwendungsbereich der Richtlinie 2009/81/EG unionrechtskonform[2] dahin ausgelegt werden, dass dann, wenn nach Maßgabe des Art. 28 Nummer 4a der Richtlinie 2009/81/EG zusätzliche Leistungen vergeben werden dürfen, dies auch unter Berücksichtigung der Tatbestände des §§ 132 GWB zulässig sein muss.

B. Kommentierung

20   § 3a VOB/A–VS entspricht im Wesentlichen § 3 Abs. 1 VOB/A–VS a. F. Zu den einzelnen Tatbeständen:

I. Regelverfahren gem. § 3a VOB/A–VS

21   Erwägungsgrund 47 der Richtlinie 2009/81/EG betont, dass die unter die Richtlinie 2009/81/EG fallenden Aufträge durch besondere Anforderungen an Komplexität, Informationssicherheit und Versorgungssicherheit gekennzeichnet sind. Deren Erfüllung erfordere oftmals eingehende Verhandlungen bei der Auftragsvergabe. Aus diesem Grund können die Auftraggeber bei den unter diese Richtlinie fallenden Aufträgen neben dem nicht offenen Verfahren auch das Verhandlungsverfahren mit Veröffentlichung einer Bekanntmachung nutzen.

22   Regelmäßig zulässig sind daher stets das nicht offene Verfahren oder das Verhandlungsverfahren mit Teilnahmewettbewerb.

II. Zulässigkeit des Verhandlungsverfahrens ohne Teilnahmewettbewerb

23   Das Verhandlungsverfahren ohne Teilnahmewettbewerb ist nur unter den Voraussetzungen des § 3a Abs. 2 VOB/A–VS zulässig.

24   Die Erwägungsgründe der Richtlinie 2009/81/EG verdeutlichen, dass nur unter den in der Richtlinie normierten Voraussetzungen der Wettbewerb eingeschränkt werden kann. Gleichzeitig wird betont, dass die Regelungen der Richtlinie hinreichend flexibel sind und dementsprechend ausgelegt werden müssen, um außergewöhnlichen Umständen Rechnung zu tragen.

25   So besagt Erwägungsgrund 50:

> *„Unter bestimmten außergewöhnlichen Umständen kann die Anwendung eines Verfahrens mit Veröffentlichung einer Bekanntmachung unmöglich oder völlig unangemessen sein. Die Auftraggeber sollten also in bestimmten Fällen und unter bestimmten Umständen die Möglichkeit haben, auf das Verhandlungsverfahren ohne vorherige Veröffentlichung einer Bekanntmachung zurückzugreifen.“*

26   Das Tatbestandsmerkmal des § 3a Abs. 2 Nr. 4 VOB/A–VS ist ein Sondertatbestand innerhalb des Anwendungsbereiches der Richtlinie 2009/81/EG und findet sich so im Anwendungsbereich der klassischen Koordinierungsrichtlinie nicht. Der Sondertatbestand erlaubt die Durchführung eines Verhandlungsverfahrens ohne Teilnahmewettbewerb im Krisenfall. Insoweit betont Erwägungsgrund 53:

---

[2] → GWB Einl. Rn. 179 ff.; *Burgi* S. 26 ff.

„Die besonderen Merkmale der unter diese Richtlinie fallenden Aufträge zeigen zudem die Notwendigkeit, neue Fälle vorzusehen, speziell in den von ihr abgedeckten Bereichen auftreten können. "

1. Zulässigkeit des Verhandlungsverfahrens ohne Teilnahmewettbewerb gem. § 3a Abs. 2 Nr. 1 VOB/A-VS

Das Verhandlungsverfahren ohne Teilnahmewettbewerb ist zulässig, wenn bei einem **27** nicht offenen Verfahren, einem Verhandlungsverfahren mit Teilnahmewettbewerb oder einem wettbewerblichen Dialog
– keine wirtschaftlichen Angebote abgegeben worden sind und
– die ursprünglichen Vertragsunterlagen nicht grundlegend geändert werden und
– in das Verhandlungsverfahren alle geeigneten Bieter aus dem vorausgegangenen Verfahren einbezogen werden, die nicht nach § 6e VS ausgeschlossen worden sind.

Der Tatbestand entspricht dem Tatbestand des § 3a Abs. 3 Nr. 1 VOB/A EU und setzt **28** kumulativ das Vorliegen der drei Tatbestandsvoraussetzungen voraus.

Ein wirtschaftliches Angebot liegt dann nicht vor, wenn es einen unangemessen hohen **29** Angebotspreis enthält.[3]

Eine grundlegende Änderung der Vertragsunterlagen wird stets anzunehmen sein, wenn **30** Mindestanforderungen aufgegeben werden oder wenn wesentliche Kalkulationsgrundlagen geändert werden. Dementsprechend liegt eine grundlegende Änderung der Vertragsunterlagen nicht vor, wenn die Leistungsbeschreibung und die vertraglich vorgegebenen Regelungen übernommen oder nur geringfügig modifiziert werden. Entscheidend wird dabei sein, ob sich die Kalkulationsgrundlagen wesentlich ändern. Eine grundlegende Änderung liegt immer dann vor, wenn Regelungen geändert werden, die der Grund dafür waren, dass keine wertbaren bzw. wirtschaftlichen Angebote eingegangen sind. Eine grundlegende Änderung ist ferner stets dann anzunehmen, wenn sich der Beschaffungsgegenstand ändert.

Einzubeziehen sind alle geeigneten Bieter aus dem vorausgegangenen und aufgehobenen **31** Verfahren. Erforderlich ist verfahrenstechnisch die Aufhebung des vorangegangenen Verfahrens und die entsprechende Dokumentation nach Maßgabe des § 20 VOB/A-VS.

Auf die Kommentierung zu § 3a Abs. 3 Nr. 1 VOB/A EU wird ergänzend verwiesen. **32**

2. Zulässigkeit des Verhandlungsverfahrens ohne Teilnahmewettbewerb gem. § 3a Abs. 2 Nr. 2 VOB/A-VS

Ein Verhandlungsverfahren ohne Teilnahmewettbewerb ist gemäß § 3a VOB/A-VS auch **33** dann zulässig, wenn bei einem nicht offenen Verfahren, einem Verhandlungsverfahren mit Teilnahmewettbewerb oder einem wettbewerblichen Dialog keine Angebote oder keine Bewerbung abgegeben worden sind oder nur solche Angebote abgegeben worden sind, die nach § 16 VOB/A-VS auszuschließen sind und die ursprünglichen Vertragsunterlagen nicht grundlegend geändert werden.

Ein Verhandlungsverfahren ohne Teilnahmewettbewerb ist somit nach Aufhebung des **34** vorangegangenen erfolglosen Verfahrens auch dann zulässig, wenn gar keine Angebote oder keine Bewerbungen eingereicht worden sind oder solche, die nicht wertbar waren. Diese Voraussetzung liegt vor, wenn ein Ausschlussgrund gem. § 16 VOB/A-VS vorliegt.

Auch insoweit gilt, dass keine grundlegenden Änderungen an den Vertragsunterlagen **35** vorgenommen werden dürfen.

Im Rahmen dieses Tatbestandes fehlt die Vorgabe, dass nur die geeigneten Bieter einbe- **36** zogen werden dürfen. Diese Voraussetzung gilt somit im Anwendungsbereich des § 3 Abs. 2 Nummer 2 VOB/A-VS nicht.

Der Tatbestand entspricht dem Tatbestand des § 3a Abs. 3 Nr. 2 VOB/A EU. Auf die **37** Kommentierung zu § 3a Abs. 3 Nr. 2 VOB/A EU wird ergänzend verwiesen.

---

[3] Vgl. *Kirch* in Leinemann/Kirch, § 3 VOB/A-VS Rn. 25 ff.; *Sterner* in Dippel/Sterner/Zeiss, § 12 VSVgV Rn. 4 ff.

3. Zulässigkeit des Verhandlungsverfahrens ohne Teilnahmewettbewerb gem. § 3a Abs. 2 Nr. 3 VOB/A-VS

38 Ein Verhandlungsverfahren ohne Teilnahmewettbewerb ist gemäß § 3a Abs. 2 Nr. 3 VOB/A-VS zulässig, wenn die Arbeiten aus technischen Gründen oder aufgrund des Schutzes von Ausschließlichkeitsrechten nur von einem bestimmten Unternehmen ausgeführt werden können.

39 Es handelt sich um einen Ausnahmetatbestand im Fall einer objektiv nachgewiesenen Monopolstellung des Auftragnehmers, dem der Auftrag erteilt werden soll. Wie auch im Anwendungsbereich der klassischen Koordinierungsrichtlinie trägt der Auftraggeber die Beweis- und Darlegungslast dafür, dass die Voraussetzungen tatsächlich objektiv vorliegen und entsprechend umfassende Markterkundungen durchgeführt wurden, die diesen Schluss zulassen.

40 Der Auftraggeber hat dabei insbesondere auch zu prüfen, ob nur ein Teil der Leistung mit einem Ausschließlichkeitsrecht belegt ist und eine Losaufteilung zur Eröffnung des Wettbewerbs vorgenommen werden muss.[4]

41 Dieser Tatbestand entspricht § 14 Abs. 4 Nr. 2 lit. b und c VgV sowie § 3a Abs. 3 Nr. 3 lit. g) und h) VOB/A EU. Auf die entsprechende Kommentierung wird verwiesen.

4. Zulässigkeit des Verhandlungsverfahrens ohne Teilnahmewettbewerb gem. § 3a Abs. 2 Nr. 4 VOB/A-VS

42 Ein Verhandlungsverfahren ohne Teilnahmewettbewerb ist gemäß § 3a Abs. 2 Nr. 4 VOB/A-VS auch dann zulässig, wenn wegen der Dringlichkeit der Leistung aus zwingenden Gründen infolge von Ereignissen, die der Auftraggeber nicht verursacht hat und nicht voraussehen konnte, oder wegen dringlicher Gründe in Krisensituation die in §§ 10b VOB/A-VS bis 10d VOB/A-VS vorgeschriebenen Fristen nicht eingehalten werden können.

43 Das Tatbestandsmerkmal enthält 2 Tatbestandsalternativen: Ein Tatbestand liegt in der Dringlichkeit der Leistung, die vorliegen und zwingend dazu führen muss, dass die in § 10 VOB/A-VS vorgegebenen Fristen nicht eingehalten werden können. Diese Dringlichkeit darf durch den Auftraggeber nicht verursacht sein, auch dürfen diese nicht vorhersehbar gewesen sein. Die Gründe, die eine zwingende Dringlichkeit begründen, dürfen dementsprechend der Sphäre des Auftraggebers nicht zuzurechnen sein. War ein Ereignis, das nun zur Dringlichkeit führt, vorhersehbar, scheidet der Ausnahmetatbestand aus.

44 § 3a Abs. 2 Nr. 4 VOB/A-VS normiert nicht, welche Rechtsgüter betroffen sein müssen. Dementsprechend überzeugt es nicht, akute Gefährdungssituation nur dann anzuerkennen, die zur Vermeidung von Schäden für Leib und Leben der Allgemeinheit oder einzelner ein sofortiges, die Einhaltung von Fristen ausschließendes Handeln erfordern.[5]

45 Dieses Tatbestandsmerkmal ist begrifflich identisch mit § 14 Abs. 4 Nr. 3 VgV. Somit kann ergänzend auf die Kommentierung zu § 14 Abs. 4 Nr. 3 VgV verwiesen werden.

46 Alternativ dazu kann ein dringlicher Grund durch eine Krisensituation verursacht sein. Auch in diesem Fall, dass eine Krisensituation vorliegt, müssen dringliche Gründe vorliegen, die die Beachtung der vorgeschriebenen Fristen ausschließen. In diesem Fall ist es nicht erforderlich, dass der Auftraggeber diese Situation nicht vorhersehen konnte, auch dafür sie durchaus mitverursacht haben.

47 Der Begriff der Krise ist in Art. 6 Nr. 10 der Richtlinie 2009/81/EG legal definiert. Krise ist danach jede Situation in einem Mitgliedstaat oder in einem Drittland, in der ein Schadensereignis eingetreten ist, welches deutlich über die Ausmaße von Schadensereignis des täglichen Lebens hinausgeht und dabei Leben und Gesundheit zahlreicher Menschen erheblich gefährdet oder einschränkt, eine erhebliche Auswirkung auf Sachwerte hat oder

---

[4] Vgl. etwa VK Bund 9.5.2017 – VK 2–34/17.
[5] So aber *Kirch* in Leinemann/Kirch, § 3 VOB/A-VS, Rn. 32.

lebensnotwendige Versorgungsmaßnahmen für die Bevölkerung erforderlich macht; eine Krise liegt auch vor, wenn das Eintreten eines solchen Schadensereignisses als unmittelbar vorstehend angesehen wird; bewaffnete Konflikte und Kriege sind Krisen im Sinne dieser Richtlinie.

Dieses Tatbestandsmerkmal ist ein Sondertatbestand innerhalb des Anwendungsbereiches **48** der Richtlinie 2009/81/EG und findet sich so im Anwendungsbereich der klassischen Koordinierungsrichtlinien nicht.

Die Erwägungsgründe betonen, dass dieser Tatbestand offen auszulegen ist und es den **49** Mitgliedstaaten ermöglichen soll, auf Krisensituation jeglicher Art zu reagieren. Insbesondere kommt dieses Tatbestandsmerkmal in Betracht, wenn zur Vermeidung terroristischer Angriffe kurzfristige Beschaffungen zu realisieren sind. Erwägungsgrund 54 lautet:

„So kann es sein, dass die Streitkräfte der Mitgliedstaaten bei einer Krise im Ausland, beispielsweise im Rahmen von friedensichernden Maßnahmen, eingreifen müssen. Zu Beginn oder im Lauf einer solchen Intervention kann die Sicherheit der Mitgliedstaaten und ihrer Streitkräfte eine so rasche Vergabe bestimmter Aufträge erfordern, dass die bei der bei den Vergabeverfahren gemäß dieser Richtlinie normalerweise geltenden Fristen nicht eingehalten werden können. Ein solcher Notfall könnte auch bei nichtmilitärischen Sicherheitskräften eintreten, beispielsweise bei terroristischen Angriffen auf dem Gebiet der Europäischen Union."

5. Zulässigkeit des Verhandlungsverfahrens ohne Teilnahmewettbewerb gem. § 3a Abs. 2 Nr. 5 VOB/A-VS

§ 3 Abs. 2 Nr. 5 VOB/A-VS normiert einen Tatbestand, der ein Verhandlungsverfahren **50** ohne Teilnahmewettbewerb ermöglicht, wenn gleichartige Bauleistungen wiederholt werden.

Voraussetzung ist, dass die Leistungen in einem ursprünglichen Auftrag enthalten waren **51** und einem Grundentwurf entsprechen, der Gegenstand dieses ursprünglichen Auftrags war. Dieser Auftrag muss in einem nicht offenen Verfahren oder einem Verhandlungsverfahren mit Teilnahmewettbewerb oder im wettbewerblichen Dialog vergeben worden sein.

Voraussetzung der Anwendbarkeit dieses Ausnahmetatbestandes ist, dass die Möglichkeit, **52** dieses Verfahren anzuwenden, bereits bei der Auftragsbekanntmachung für das ursprüngliche Vorhaben angegeben wurde. Der zusätzliche Auftragswert muss dabei bereits bei dem Gesamtauftragswert der ursprünglichen Auftragsvergabe berücksichtigt worden sein. Gleichartige Bauleistungen dürfen dann im Verhandlungsverfahren ohne Teilnahmewettbewerb nur innerhalb von 5 Jahren nach Abschluss des ursprünglichen Auftrags vergeben werden.

Diese Tatbestand ist weitgehend identisch mit § 3a Abs. 3 Nr. 5 VOB/A-VS mit der Be- **53** sonderheit, dass im Anwendungsbereich des § 3a Abs. 2 Nr. 5 VOB/A-VS innerhalb von 5 Jahren der Folgeauftrag über vergleichbare Bauleistungen vergeben werden muss, im Anwendungsbereich des § 3a Abs. 3 Nr. 5 VOB/A EU jedoch binnen drei Jahren. Somit kann ergänzend auf die Kommentierung zu § 3a Abs. 3 Nr. 5 VOB/A EU verwiesen werden.

III. Zulässigkeit des wettbewerblichen Dialogs

Der wettbewerbliche Dialog ist unter den Voraussetzungen des § 3a Abs. 3 VOB/A-VS **54** zulässig. Der wettbewerbliche Dialog ist nur dann zulässig, wenn der Auftraggeber objektiv nicht in der Lage ist, die technischen Mittel anzugeben, mit denen seine Bedürfnisse und Anforderungen erfüllt werden können oder die rechtlichen und finanziellen Bedingungen des Vorhabens anzugeben.

Diese Voraussetzungen werden umso eher vorliegen, wenn es sich um ein komplexes **55** Projekt handelt. Der Auftraggeber ist dabei verpflichtet, das ihm Mögliche zu unternehmen, um die technischen Mittel zu klären, mit denen seine Bedürfnisse und Anforderungen erfüllt werden können. Erst wenn dies nicht möglich ist, kann der wettbewerbliche Dialog in zulässiger Weise gewählt werden.

56   Auch ist der öffentliche Auftraggeber stets gehalten, die Vergabereife seines Beschaffungsvorhabens durchzuführen. Dies gilt insbesondere auch vor dem Hintergrund des Haushaltsrechts. Handelt es sich jedoch um ein innovatives Vorhaben, das hinsichtlich der technischen Anforderungen durch den Auftraggeber nicht definiert werden kann und ist er gleichzeitig in der Lage, seine Ziele konkret anzugeben, kommt ein wettbewerblicher Dialog als zulässiges Verfahren in Betracht.

57   Erwägungsgrund 48 besagt hierzu:

> *„Für Auftraggeber, die besonders komplexe Vorhaben durchführen, kann es – ohne dass ihnen dies anzulasten wäre – objektiv unmöglich sein, die Mittel zu bestimmen, die ihren Bedürfnissen gerecht werden können, oder zu beurteilen, was der Markt der technischen bzw. finanziellen oder rechtlichen Lösungen bieten kann. Dies kann insbesondere bei der Durchführung von Projekten der Fall sein, die die Integration oder Kombination vielfältiger technologischer oder operativer Fähigkeiten erfordern, oder die auf einer komplexen strukturierten Finanzierung basieren, deren finanzielle und rechtliche Konstruktion nicht im Voraus vorgeschrieben werden kann. Da ein solcher Auftrag nicht präzise genug festgelegt werden kann, um den Bietern die Erstellung ihre Angebote zu ermöglichen, wäre die Anwendung des nicht offenen Verfahrens oder des Verhandlungsverfahrens mit Veröffentlichung einer Bekanntmachung nicht praktikabel. Es sollte deshalb ein flexibles Verfahren vorgesehen werden, dass sowohl den Wettbewerb zwischen den Wirtschaftsteilnehmern aufrechterhält als auch die Verpflichtung der Auftraggeber, mit diesen einzelnen Bewerbern alle Aspekte des Auftrags zu erteilen. Dieses Verfahren darf allerdings nicht in einer Weise angewandt werden, die den Wettbewerb insbesondere dadurch einschränkt oder verfälscht, das grundlegende Elemente der Angebote geändert oder dem ausgewählten Bieter neue wesentliche Elemente vorgeschrieben werden oder andere Bieter als der mit dem wirtschaftlich günstigsten Angebot einbezogen werden.“*

58   Zum Ablauf und den rechtlichen Rahmenbedingungen des wettbewerblichen Dialogs wird auf die Regelung des § 13 VSVgV und die entsprechende Kommentierung verwiesen.

§ 3b Ablauf der Verfahren

(1) Beim nicht offenen Verfahren müssen mindestens 3 geeignete Bewerber aufgefordert werden. Auf jeden Fall muss die Zahl der aufgeforderten Bewerber einen echten Wettbewerb sicherstellen. Die Eignung ist anhand der mit dem Teilnahmeantrag vorgelegten Nachweise zu prüfen.

(2)

1. Beim Verhandlungsverfahren mit Teilnahmewettbewerb und beim wettbewerblichen Dialog müssen bei einer hinreichenden Anzahl geeigneter Bewerber mindestens 3 Bewerber zu Verhandlungen oder zum Dialog aufgefordert werden.

2. Will der Auftraggeber die Zahl der Teilnehmer im Verhandlungsverfahren mit Teilnahmewettbewerb oder im wettbewerblichen Dialog begrenzen, so gibt der in Auftragsbekanntmachung folgendes an:

   a) die von ihm vorgesehenen objektiven, nicht diskriminierenden und auftragsbezogene Kriterien und

   b) die vorgesehene Mindestzahl und gegebenenfalls auch die Höchstzahl der einzuladenden Bewerber.

   Sofern die Zahl von Bewerbern, die die Eignungskriterien und die Mindestanforderungen an die Leistungsfähigkeit erfüllen, unter der Mindestanzahl liegt, kann der Auftraggeber das Verfahren fortführen, indem er den oder die Bewerber einlädt, die über die geforderte Leistungsfähigkeit verfügen.

   Ist der Auftraggeber der Auffassung, dass die Zahl der geeigneten Bewerber zu gering ist, um einen echten Wettbewerb zu gewährleisten, so kann er das Verfahren aussetzen und die erste Auftragsbekanntmachung gemäß § 12 VS Abs. 2 zur Festsetzung einer neuen Frist für die Einreichung von Anträgen auf Teilnahme erneut veröffentlichen. In diesem Fall werden die nach der ersten sowie die nach der zweiten Veröffentlichung ausgewählten Bewerber eingeladen. Diese Möglichkeit besteht unbeschadet des Rechts des Auftraggebers, das laufende Vergabeverfahren einzustellen und ein neues Verfahren auszuschreiben.

3. Der Auftraggeber trägt dafür Sorge, dass alle Bieter bei den Verhandlungen gleichbehandelt werden. Insbesondere enthält er sich jeder diskriminierenden Weitergabe von Informationen, durch die bestimmte Bieter gegenüber anderen Bietern begünstigt werden könnten.

4. Der Auftraggeber kann vorsehen, dass das Verhandlungsverfahren in verschiedenen aufeinanderfolgenden Phasen durchgeführt wird. In jeder Verhandlungsphase kann die Zahl der Angebote, über die verhandelt wird, auf der Grundlage der in der Auftragsbekanntmachung oder in den Vertragsunterlagen angegebenen Zuschlagskriterien verringert werden. In der Schlussphase müssen noch so viele Angebote vorliegen, dass ein Wettbewerb sichergestellt gewährleistet ist.

(3)

1. Beim wettbewerblichen Dialog hat der Auftraggeber seine Bedürfnisse und Anforderungen bekanntzumachen; die Erläuterung dieser Anforderungen erfolgt in der Auftragsbekanntmachung oder in einer Beschreibung.

2. Mit den Unternehmen, die ausgewählt wurden, ist ein Dialog zu eröffnen. In dem Dialog legte Auftraggeber fest, wie seine Bedürfnisse am besten erfüllt werden können; er kann mit den ausgewählten Unternehmen alle Einzelheiten des Auftrags erörtern.

3. Der Auftraggeber dafür zu sorgen, dass alle Unternehmen bei dem Dialog gleichbehandelt werden; insbesondere darf Information nicht so weitergeben, dass bestimmte Unternehmen begünstigt werden könnten. Der Auftraggeber darf Lösungsvorschläge oder vertrauliche Information eines Unternehmens

   a) nicht ohne dessen Zustimmung an die anderen Unternehmen weitergeben und

   b) nur im Rahmen des Vergabeverfahrens verwenden.

4. Der Auftraggeber kann vorsehen, dass der Dialog in verschiedenen aufeinanderfolgenden Phasen geführt wird. In jeder Dialogphase kann die Zahl der zu erörternden Lösungen auf Grundlage der in Auftragsbekanntmachung oder in den
Vergabeunterlagen angegebenen Zuschlagskriterien verringert werden. Der Auftraggeber hatte die Unternehmen zu informieren, während deren Lösungen nicht
für die nächste folgende Dialogphase vorgesehen sind. In der Schlussphase müssen
noch so viele Angebote vorliegen, dass ein Wettbewerb gewährleistet ist.

5. Der Auftraggeber den Dialog für abgeschlossen zu erklären, wenn

a) eine Lösung gefunden worden ist, die seine Bedürfnisse und Anforderungen
erfüllt, oder

b) erkennbar ist, dass keine Lösung gefunden werden kann.

Der Auftraggeber die Unternehmen über den Abschluss des Dialogs zu informieren.

6. Im Fall von Nummer 5 Buchstabe a hat der Auftraggeber die Unternehmen aufzufordern, auf der Grundlage der eingereichten und in der Dialogphase näher ausgeführten Lösungen ihr endgültiges Angebot vorzulegen. Die Angebote müssen alle
Einzelheiten enthalten, die zur Ausführung des Projekts erforderlich sind. Der Auftraggeber kann verlangen, dass Präzisierungen, Klarstellungen und Ergänzungen
zu diesen Angeboten gemacht werden. Diese Präzisierungen, Klarstellungen oder
Ergänzung dürfen jedoch nicht dazu führen, dass grundlegende Elemente des Angebots oder der Ausschreibung geändert werden, dass der Wettbewerb verzerrt
wird oder andere am Verfahren beteiligte Unternehmen diskriminiert werden.

7. Der Auftraggeber hat die Angebote aufgrund der in Auftragsbekanntmachung
oder in den Vergabeunterlagen festgelegten Zuschlagskriterien zu bewerten und
das wirtschaftlichste Angebot auszuwählen. Der Auftraggeber darf das Unternehmen, dessen Angebot als das wirtschaftlichste ermittelt wurde, auffordern, bestimmte Einzelheiten des Angebots näher zu erläutern oder im Angebot enthaltenen Zusagen zu bestätigen. Dies darf nicht dazu führen, dass wesentliche Aspekte
des Angebots oder der Ausschreibung geändert werden, und dass der Wettbewerb
verzerrt wird oder andere am Verfahren beteiligte Unternehmen diskriminiert
werden.

8. Verlangt der Auftraggeber, dass die am wettbewerblichen Dialog teilnehmenden
Unternehmen Entwürfe, Pläne, Zeichnungen, Berechnungen oder andere Unterlagen ausarbeiten, muss er einheitlich allen Unternehmen, die die geforderten Unterlagen rechtzeitig vorgelegt haben, eine angemessene Kostenerstattung gewähren.

Übersicht

	Rn.			Rn.
A. Einführung	1–3		II. Verfahrensablauf im Verhandlungsver-	
I. Literatur	1		fahren mit Teilnahmewettbewerb und	
II. Entstehungsgeschichte	2		im wettbewerblichen Dialog gem.	
III. Rechtliche Vorgaben im EU-Recht	3		§ 3b Abs. 2 VOB/A-VS	7–13
B. Kommentierung	4–14		III. Besonderheiten des Verfahrensablauf	
I. Verfahrensablauf im nicht offenen			im wettbewerbichen Dialog gem.	
Verfahren gem. § 3b Abs. 1 VOB/A-			§ 3b Abs. 3 VOB/A-VS	14
VS	4–6			

A. Einführung

I. Literatur

1 Spezielle Literatur zu § 3b VOB/A-VS existiert nicht. Allgemein zum Verhandlungsverfahren *Ebert*, Möglichkeiten und Grenzen im Verhandlungsverfahren, 2005; zum wettbewerblichen Dialog *Heiermann* ZfBR
2005, 766; *Knauff* NZBau 2005, 249.

II. Entstehungsgeschichte

§ 3b VOB/A-VS normiert die bisher in § 3 Abs. 4 VOB/A-VS und wurde im Rahmen **2** der Vergaberechtsmodernisierung modifiziert.

III. Rechtliche Vorgaben im EU-Recht

§ 3b VOB/A-VS normiert die Verfahrensregelungen eines nicht offenen Verfahrens und **3** eines Verhandlungsverfahren mit Teilnahmewettbewerb sowie des wettbewerblichen Dialogs. § 3a VOB/A-VS dient der Umsetzung der Art. 26, 27 und 38 der Richtlinie 2009/81/EG.

B. Kommentierung

I. Verfahrensablauf im nicht offenen Verfahren gem. § 3b Abs. 1 VOB/A-VS

Anders als im Anwendungsbereich der klassischen Koordinierungsrichtlinie und der na- **4** tionalen Umsetzung gemäß § 16 Abs. 4 i. V. m. § 51 Abs. 2 VgV müssen nur mindestens 3 geeignete Bewerber aufgefordert werden. § 3b VOB/A-VS betont nochmals, dass ein echter Wettbewerb sicherzustellen ist.

Gefordert ist die Angebotsaufforderung von mindestens 3 geeigneten Bewerbern, dies **5** bedeutet nicht, dass alle 3 geeigneten Bewerber zwingend auch ein Angebot einzureichen haben, um das Verfahren fortführen zu können. Auf die Kommentierung zu § 3b VOB/A EU und zu § 16 VgV wird verwiesen.

Die Eignung ist wie im Anwendungsbereich der klassischen Koordinierungsrichtlinie **6** und der nationalen Umsetzungsnorm des § 42 VgV anhand der geforderten Eignungsnachweise zu prüfen. Auf die Kommentierung zu § 42 VgV kann entsprechend verwiesen werden.

II. Verfahrensablauf im Verhandlungsverfahren mit Teilnahmewettbewerb und im wettbewerblichen Dialog gem. § 3b Abs. 2 VOB/A-VS

Ebenso wie im Anwendungsbereich der klassischen Koordinierungsrichtlinie und der **7** nationalen Umsetzungsnorm sind die Kriterien, die zur Auswahl der Teilnehmer angewandt werden, die zur Angebotsabgabe aufgefordert werden, objektiv diskriminierungsfrei und auftragsbezogen zu definieren.

Einen wichtigen Unterschied zu der entsprechenden Regelung der klassischen Koordi- **8** nierungsrichtlinie und den nationalen Umsetzungsnormen innerhalb des GWB und der VgV enthält § 3b Abs. 2 Nr. 2 Unterabsatz 3 VOB/A-VS. Danach ist der Auftraggeber befugt, in Fällen, in denen er der Auffassung ist, dass die Zahl der geeigneten Bewerber aufgrund einer Auftragsbekanntmachung zu gering ist, um einen echten Wettbewerb zu gewährleisten, das Verfahren aussetzen kann und die erste Auftragsbekanntmachung gemäß § 12 Abs. 2 VOB/A-VS zur Festsetzung einer neuen Frist für die Einreichung von Anträgen auf Teilnahme erneut veröffentlichen kann. In diesem Fall werden die nach der 1. sowie die nach der 2. Veröffentlichung ausgewählten Bewerber eingeladen. Diese Möglichkeit besteht unbeschadet des Rechts des Auftraggebers, das laufende Vergabeverfahren einzustellen und ein neues Verfahren einzuleiten.

9   Der öffentliche Auftraggeber kann in dem Anwendungsbereich der Richtlinie 2009/81/EG somit einen zweiten Teilnahmewettbewerb initiieren. In beiden Verfahren müssen die Auswahlkriterien in vergaberechtlich zulässiger Weise definiert worden sein. Ist der Teilnahmewettbewerb in dem ersten Verfahren vergaberechtswidrig erfolgt und wird dies erst in dem weiteren, zweiten Teilnahmewettbewerb gerügt, kann dies durch die Wettbewerbsteilnehmer des zweiten Auswahlverfahren dann noch erfolgreich gerügt werden, wenn sie durch das vergaberechtswidrige erste Auswahlergebnis in ihrer Chance, den Zuschlag zu erhalten, beeinträchtigt werden.

10   Vorteilhaft wird die Initiierung eines zweiten Teilnahmewettbewerbs für den öffentlichen Auftraggeber in den Fällen sein, wenn der Auftraggeber befürchtet, dass die Teilnehmer des ersten Verfahrens möglicherweise abspringen und sich an einem neuen Verfahren nicht erneut beteiligen würden.

11   Ebenso wie in dem Anwendungsbereich der klassischen Koordinierungsrichtlinien dürfen nur die Wettbewerbsteilnehmer zur Abgabe eines Angebots aufgefordert werden, die sich im Teilnahmewettbewerb als geeignet erwiesen und den Auswahlprozess erfolgreich bewältigt haben.[1] Auf die Kommentierung zu § 51 VgV wird daher verwiesen.

12   § 3b Abs. 2 Nummer 3 VOB/A-VS wiederholt nochmals das Gebot der Gleichbehandlung, das keinen eigenen Regelungscharakter innerhalb dieser Norm entfaltet. Insoweit gelten die allgemeinen Grundsätze entsprechend.

13   § 3b Abs. 2 Nummer 4 VOB/A-VS regelt, dass der Auftraggeber vorsehen kann, dass Verhandlungsverfahren in verschiedenen aufeinanderfolgenden Phasen durchzuführen. Diese Möglichkeit besitzt der öffentliche Auftraggeber auch im Anwendungsbereich der klassischen Richtlinie, sodass auf die Kommentierung zu § 3b Abs. 3 Nummer 8 VOB/A EU und die entsprechende Kommentierung verwiesen werden kann.

III. Besonderheiten des Verfahrensablauf im wettbewerblichen Dialog gem. § 3b Abs. 3 VOB/A-VS

14   Die Regelungen in § 3b Abs. 3 VOB/A-VS zum wettbewerblichen Dialog entsprechen § 3b Abs. 4 VOB/A EU. Auch insoweit wird auf die entsprechende Kommentierung verwiesen.

---

[1] Ebenso *Kirch* in Leinemann/Kirch, § 3 VOB/A-VS Rn 6.

§ 4 Vertragsarten

(1) Bauaufträge sind so zu vergeben, dass die Vergütung nach Leistung bemessen wird (Leistungsvertrag), und zwar:

1. in der Regel zu Einheitspreisen für technisch und wirtschaftlich einheitliche Teilleistungen, deren Menge nach Maß, Gewicht oder Stückzahl vom Auftraggeber in den Vertragsunterlagen anzugeben ist (Einheitspreisvertrag),

2. in geeigneten Fällen für eine Pauschalsumme, wenn die Leistung nach Ausführungsart und Umfang genau bestimmt ist und mit einer Änderung bei der Ausführung nicht zu rechnen ist (Pauschalvertrag).

(2) Abweichend von Absatz 1 können Bauaufträge geringeren Umfangs, die überwiegend Lohnkosten verursachen, im Stundenlohn vergeben werden (Stundenlohnvertrag).

(3) Das Angebotsverfahren ist darauf abzustellen, dass der Bieter die Preise, die er für seine Leistungen fordert, in die Leistungsbeschreibung einzusetzen oder in anderer Weise im Angebot anzugeben hat.

(4) Das Auf- und Abgebotsverfahren, bei dem vom Auftraggeber angegebene Preise dem Auf- und Abgebot der Bieter unterstellt werden, soll nur ausnahmsweise bei regelmäßig wiederkehrenden Unterhaltungsarbeiten, deren Umfang möglichst zu umgrenzen ist, angewandt werden.

Übersicht

	Rn.		Rn.
A. Einführung	1	III. Rechtliche Vorgaben im EU-Recht	3
I. Literatur	1	**B. Allgemeines**	4
II. Entstehungsgeschichte	2		

A. Einführung

I. Literatur

Zu der Vorschrift des § 4 VS VOB/A ist, soweit ersichtlich, über die einschlägigen Kommentierungen hinaus keine spezifische Literatur vorhanden. **1**

II. Entstehungsgeschichte

Auch § 4 VS VOB/A ist, wie der gesamte 3. Abschnitt der VOB/A, im Zuge der Überarbeitung der VOB/A im Jahre 2012 entstanden. Für die Einzelheiten zur Entstehungsgeschichte des 3. Abschnittes der VOB/A wird auf die Kommentierung zu § 1 VS VOB/A verwiesen.[1] **2**

Die Vorschrift des § 4 VS VOB/A ist nach der jüngsten Überarbeitung der VOB/A im Jahre 2016 inhaltsgleich geblieben.

III. Rechtliche Vorgaben im EU-Recht

In der für den Verteidigungs- und Sicherheitsbereich geltenden Richtlinie 2009/81/EG **3** existieren hinsichtlich der Preisgestaltung sowie den zu verwendenden Vertragstypen keinerlei inhaltliche Vorgaben. Vielmehr betreffen die Vorgaben dieser Richtlinie die beson-

---

[1] Vgl. Kommentierung zu → VOB/A § 1 VS Rn. 2 ff.

deren Anforderungen an das Verfahren sowie an die Bewerber und Bieter im Vergabeverfahren zur Gewährleistung der Informations- und Versorgungssicherheit.

Der nationale Gesetzgeber hat daher für die Vergabe verteidigungs- und sicherheitsspezifische Bauaufträge die Vorgaben der Richtlinien insoweit überschießend umgesetzt.

B. Allgemeines

4   Die Vorschrift des § 4 VS VOB/A trifft Bestimmungen für mögliche Vertragsarten sowie die Preisgestaltung bei der Vergabe verteidigungs- und sicherheitsspezifischer Bauaufträge.

5   Für die Vergabe verteidigungs- und sicherheitsspezifischer Liefer- und Dienstleistungsaufträge existieren hingegen keine den Bestimmungen des § 4 VS VOB/A entsprechende Vorgaben. Zwar differenziert die Richtlinie 2009/81/EG hinsichtlich der Anforderungen an die Vergabeverfahren grundsätzlich nicht zwischen verteidigungs- und sicherheitsspezifischen Bauaufträgen einerseits und Liefer- und Dienstleistungsaufträgen in diesem Bereich andererseits.[2] Wie jedoch bereits in Rn. 3 beschrieben, hat der nationale Gesetzgeber durch den Verweis in § 2 Absatz 2 Satz 2 VSVgV auf § 4 VS VOB/A die Vorgaben der Richtlinie lediglich für die Vergabe verteidigungs- und sicherheitsspezifischer Bauaufträge überschießend umgesetzt, während es für die Vergabe von Liefer- und Dienstleistungsaufträgen im Verteidigungs- und Sicherheitsbereich bei den insoweit abschließenden[3] Bestimmungen der VSVgV bleibt, die keine dem § 4 VS VOB/A entsprechenden Vorgaben vorsieht.

6   Die Bestimmung des § 4 entspricht tradiertem deutschem Bauvertragsrecht und findet sich entsprechend auch in den ersten beiden Abschnitten. Verteidigungs- und sicherheitsspezifische Regelungen enthält die Vorschrift nicht.

7   In den Absätzen 1 und 2 des § 4 VS VOB/A sind Regelungen hinsichtlich der Möglichkeiten der Preisgestaltung bei Bauaufträgen enthalten. Danach sind im Einzelnen zu unterscheiden der Einheitspreis-, der Pauschal- und der Stundenlohnvertrag.

8   Die Absätze 3 und 4 enthalten Regelungen zum Angebotsverfahren sowie zum Auf- und Abgebotsverfahren.

9   § 4 VS VOB/A entspricht, bis auf die unterschiedliche Begrifflichkeit „Auftraggeber" statt „öffentlicher Auftraggeber", exakt den Regelungen der Parallelvorschrift des § 4 EU VOB/A. Aus der Verwendung der abweichenden Begrifflichkeiten ergeben sich jedoch keine inhaltlichen Unterschiede. Daher wird für die Einzelheiten auf die Kommentierung zu § 4 EU VOB/A verwiesen.

---

[2] Vgl. hierzu bereits die Kommentierung zu → VOB/A § 1 VS Rn. 12 ff.
[3] Vgl. hierzu bereits die Kommentierung zu → VOB/A § 1 VS Rn. 10 mwN.

§ 5 Einheitliche Vergabe, Vergabe nach Losen

1. Bauaufträge sollen so vergeben werden, dass eine einheitliche Ausführung und zweifelsfreie umfassende Haftung für Mängelansprüche erreicht wird; sie sollen daher in der Regel mit den zur Leistung übrigen Lieferungen vergeben werden.

2. Mittelständische Interessen sind bei der Vergabe öffentlicher Aufträge vornehmlich zu berücksichtigen. Leistungen sind in der Menge aufgeteilt (Teillose) und getrennt nach Art oder Fachgebiet (Fachlose) zu vergeben. Mehrere Teil oder Fachlose dürfen zusammen vergeben werden, wenn wirtschaftliche oder technische Gründe dies erfordern. Wird ein Unternehmen, das nicht öffentliche Auftraggeber ist, mit der Wahrnehmung oder Durchführung einer öffentlichen Aufgabe betraut, verpflichtet der Auftragnehmer das der Auftraggeber das Unternehmen, sofern es Unteraufträge an Dritte vergibt, nach den S. 1–3 zu verfahren.

Übersicht

	Rn.		Rn.
A. Einführung	1–3	III. Rechtliche Vorgaben im EU-Recht	3
I. Literatur	1		
II. Entstehungsgeschichte	2	**B. Kommentierung**	4–6

A. Einführung

I. Literatur

Spezielle Literatur zu § 5 VOB/A-VS existiert nicht.   **1**

II. Entstehungsgeschichte

§ 5 VOB/A-VS ist unverändert beibehalten worden.   **2**

III. Rechtliche Vorgaben im EU-Recht

Die Richtlinie 2009/81/EG enthält keine Anforderung zur Losaufteilung. Es handelt **3** sich um die rein nationale Umsetzung der Vorgabe in § 97 Abs. 4 GWB.

B. Kommentierung

§ 5 Abs. 1 VOB/A-VS normiert die Empfehlung an die Auftraggeber, die Bauaufträge **4** so zu vergeben, dass eine einheitliche Ausführung und zweifelsfrei umfassende Haftung für Mängelansprüche erreicht wird. Es handelt sich um eine Regelung mit reinem Appellcharakter.

§ 5 Abs. 2 VOB/A-VS wiederholt den Grundsatz der losweisen Vergabe des § 97 Abs. 4 **5** GWB ohne eigenen Regelungsgehalt. Denkbar wäre es, zu vertreten, dass ein Absehen von einer Losaufteilung vor dem Hintergrund der Regelung in § 5 Abs. 1 VOB/A-VS in leichterem Maße vorgesehen werden kann. Dies widerspräche jedoch dem Vorrang der nationalen Umsetzungsnorm des § 97 GWB. Die konkretisierende Rechtsverordnung der VOB/A-VS hat sich im Rahmen der gesetzlichen Regelung des GWB zu halten und kann nicht darüber hinaus Ausnahmetatbestände festsetzen. § 5 Abs. 2 VOB/A-VS ist dementsprechend so auszulegen, dass die Grundsätze zur losweisen Vergabe gemäß § 97 Abs. 4

GWB einzuhalten sind. § 5 Abs. 1 VOB/A-VS stellt kein Generaltatbestand dar, der eine
Generallosvergabe rechtfertigen kann.[1]

6   Zu § 5 Abs. 2 VOB/A-VS wird auf die Kommentierung zu § 97 Abs. 4 GWB verwiesen.

[1] Ebenso *Kirch* in Leinemann/Kirch, § 5 VOB/A VS Rn. 1.

§ 6 Teilnehmer am Wettbewerb

(1) Öffentliche Aufträge werden an fachkundige und leistungsfähige (geeignete) Unternehmen vergeben, die nicht nach § 6e VS ausgeschlossen worden sind.

(2) Ein Unternehmen ist geeignet, wenn es die durch den Auftraggeber im Einzelnen zur ordnungsgemäßen Ausführung des Auftrags festgelegten Kriterien (Eignungskriterien) erfüllt. Die Eignungskriterien dürfen ausschließlich Folgendes betreffen:

1. Befähigung und Erlaubnis zur Berufsausübung,

2. wirtschaftliche und finanzielle Leistungsfähigkeit,

3. technische und berufliche Leistungsfähigkeit.

Die Eignungskriterien müssen mit dem Auftragsgegenstand in Verbindung und zu diesem in einem angemessenen Verhältnis stehen.

(3)

1. Der Wettbewerb darf nicht auf Unternehmen beschränkt werden, die in bestimmten Regionen oder Orten ansässig sind.

2. Bietergemeinschaften sind Einzelbietern gleichzusetzen. Der Auftraggeber kann von Bietergemeinschaften die Annahme einer bestimmten Rechtsform verlangen, wenn dies für die ordnungsgemäße Durchführung des Auftrages notwendig ist. Die Annahme dieser Rechtsform kann von der Bietergemeinschaft nur verlangt werden, wenn ihr der Auftrag erteilt wird.

3. Hat ein Bewerber oder Bieter vor Einleitung des Vergabeverfahrens den Auftraggeber beraten oder sonst unterstützt, so hat der Auftraggeber sicherzustellen, dass der Wettbewerb durch die Teilnahme dieses Bewerbers oder Bieters nicht verfälscht wird.

Übersicht

	Rn.		Rn.
A. Einführung	1–4	C. Eignungsprüfung	9–16
I. Literatur	1	I. Vorschriften der VOB/A-EU und	
II. Entstehungsgeschichte	2–4	Systematik der Eignungsprüfung	9, 10
III. Rechtliche Vorgaben im EU-Recht	4	II. Eignung im engeren Sinn	11, 12
B. Zu §§ 6–6f VS VOB/A	5–8	III. Behandlung der Unternehmen	13–16

A. Einführung

I. Literatur

Zu § 6 VS VOB/A existiert, soweit ersichtlich, jenseits der einschlägigen Kommentierungen keine spezifische Literatur. **1**

II. Entstehungsgeschichte

Die geltende Fassung des § 6 VS VOB/A unterscheidet sich deutlich von der Vorgängernorm der VOB/A 2012. **2**

§ 6 VS Abs. 1, 2 VOB/A entspricht vom Regelungsgehalt her § 122 Abs. 1, 2 GWB **3** sowie § 6 EU Abs. 1, 2 VOB/A. § 6 VS Abs. 3 VOB entspricht weitgehend § 6 EU Abs. 3 VOB/A. Es wird daher an dieser Stelle zur Entstehungsgeschichte auf die ausführliche Erläuterung dieser Vorschriften verwiesen. Die VOB/A-VS hat bei der Eignungsprüfung insbesondere auch eine neue Systematik der Eignungsprüfung eingeführt, nämlich die

Trennung von Eignung im engeren Sinne (Fachkunde, Leistungsfähigkeit) und dem Vorliegen von Ausschlussgründen.

III. Rechtliche Vorgaben im EU-Recht

4   Der Regelungsgeber hat sich natürlich nach den Vorgaben der RL 2009/81/EG gerichtet. Soweit möglich, wurde aber bei den Formulierungen ein Gleichlauf der Formulierungen gewählt. Es waren bei der Formulierung der VOB/A-VS außer den bei §§ 122 GWB, 6 EU VOB/A zugrundeliegenden Vorschriften der allgemeinen Vergaberichtlinie RL 2014/24/EU auch die spezielleren Vorschriften der Art. 39 ff. RL 2009/81/EG zu beachten.

B. Zu §§ 6–6f VS VOB/A

5   §§ 6–6f VS VOB/A regeln umfassend, welche Anforderungen an Bieter und Bewerber gestellt werden dürfen und wie die Erfüllung dieser Anforderungen nachzuweisen ist. Ausgangspunkt ist die gesetzliche Forderung des § 122 Abs. 1 GWB, wonach öffentliche Aufträge an fachkundige und leistungsfähige Unternehmen zu vergeben sind, sofern diese nicht aufgrund bestimmter Umstände vom Verfahren ausgeschlossen werden.

6   Die Prüfung der Fachkunde und der Leistungsfähigkeit der Unternehmen erfolgt maßgeblich im Eigeninteresse des Auftraggebers. Die Durchführung von Vergabeverfahren ist kein Selbstzweck. Sie dient der Deckung eines Beschaffungsbedarfes in einer bestimmten Qualität und Quantität. Entscheidender Faktor für die Auswahl eines Auftragnehmers muss daher zwangsläufig die prognostische Prüfung sein, ob ein Unternehmen diese Qualität und Quantität voraussichtlich liefern wird.

7   Die Ausschlussgründe der §§ 123, 124 GWB bzw. des § 6e VS VOB/A hingegen haben zumindest teilweise einen generalpräventiven Ansatz. Die Prüfung einer etwaigen früheren Schlechterfüllung eines öffentlichen Auftrages kann einen sinnvollen Teil einer Prognose-Entscheidung über eine zukünftige Vertragserfüllung darstellen (vgl. § 6e VS Abs. 6 Nr. 7 VOB/A). Insbesondere die zwingenden Ausschlussgründe des § 6e VS Abs. 1, Abs. 2 VOB/A knüpfen an Taten ohne direkten Bezug zur Ausführung öffentlicher Aufträge an und stellen einen Katalog allgemeinen Wohlverhaltens auf. Es ist jedoch aus Sicht der öffentlichen Hand nachvollziehbar, keine „schwarzen Schafe" beauftragen zu wollen und auf diese Weise auch noch zu fördern, gewissermaßen als eine Art öffentlicher „Reputation"[1] jenseits konkreter wirtschaftlicher Aspekte.

8   Die Vorgaben für die Vorschriften §§ 6–6f VS VOB/A sind zu großen Teilen im GWB zu finden, so sind insbesondere die zulässigen Anforderungen an Bieter sowie die Ausschlussgründe nebst der Möglichkeit der Selbstreinigung dort geregelt. Weitere Grundlagen finden sich in den europäischen Vorgaben, die bei der wichtigen Frage der Bieterauswahl eine erhebliche Regelungstiefe erreichen. Insgesamt stand dem deutschen Regelgeber daher nur ein sehr eingeschränkter Spielraum zur Verfügung.

Regelungstechnisch hat sich der DVA dafür entschieden, den Nutzern soweit möglich ein durchgeschriebenes Werk nach Art eines Handbuches zur Verfügung zu stellen. Durch die Wiederholung der bereits im GWB enthaltenen Vorschriften wird (natürlich) durch die untergesetzliche Vorschrift der VOB/A kein neues oder vom GWB abweichendes Recht geschaffen. Diese Regelungstechnik dient nicht zuletzt dazu, dass die Nutzer nicht fortlaufend drei Regelwerke nutzen müssen (GWB, VSVgV und VOB/A-VS), sondern in der Praxis überwiegend mit nur einem Regelwerk arbeiten können.

---

[1] Vgl. zur Bedeutung der „Reputation" und „Good Governance" im Vergaberecht allgemein *Steiner* forum vergabe Gespräche 2016, S. 171, www.forum-vergabe.de

C. Eignungsprüfung

I. Vorschriften der VOB/A-EU und Systematik der Eignungsprüfung

§ 6 VS Abs. 1 entspricht bis auf lediglich redaktionelle Unterschiede §§ 122 Abs. 1, 6 **9** EU Abs. 1 VOB/A. Anstelle des in den genannten Vorschriften gewählten Begriffs der „öffentlichen Auftraggeber" wird nur allgemein der Begriff „Auftraggeber" verwendet. Außerdem verweist die Vorschrift hinsichtlich der Ausschlussgründe auf § 6e VS VOB/A. In der Sache macht das keinen Unterschied. Inhaltlich entspricht § 6e VS VOB/A der Vorschrift des § 21 Abs. 1 VSVgV. Es kann daher an dieser Stelle auf die Erläuterungen zu §§ 122 Abs. 1, 21 Abs. 1 VSVgV, 6 EU Abs. 1 VOB/A verwiesen werden.

Europarechtliche Grundlage für die Vorschrift ist Art. 38 Abs. 1 RL 2009/81/EG. Dort **10** ist auch die Systematik der Eignungsprüfung mit der getrennten Prüfung von Ausschlussgründen und von Fachkunde und Leistungsfähigkeit vorgegeben. Die VOB/A-VS 2012 hatte sich, wie auch die VSVgV 2012, dieser Systematik noch nicht angeschlossen. Mit der Reform 2016 folgt nun das gesamte Oberschwellen-Vergaberecht dieser Systematik.

II. Eignung im engeren Sinn

§ 6 VS Abs. 2 entspricht praktisch wörtlich den §§ 122 Abs. 2 GWB, 6 EU Abs. 2 **11** VOB/A. Es kann daher auf die Kommentierung dieser Vorschriften verwiesen werden. Anstelle des in den genannten Vorschriften gewählten Begriffs der „öffentlichen Auftraggeber" wird nur allgemein der Begriff „Auftraggeber" verwendet.

Er entspricht teilweise nicht genau dem Wortlaut der RL 2009/81/EG, greift aber die **12** entscheidenden inhaltlichen Punkte auf.

III. Behandlung der Unternehmen

1. Keine Diskriminierung aus regionalen Gründen

Die Regelung des Abs. 3 Nr. 1 entspricht § 6 EU Abs. 3 Nr. 1 VOB/A und beruht für **13** die verteidigungs- und sicherheitsspezifischen Aufträge auf Art. 40 RL 2009/81/EG „Eignung zur Berufsausübung".

2. Bietergemeinschaften

Inhaltlich entspricht diese Regelung des § 6 EU Abs. 3 Nr. 2, 3 VOB/A. Die etwas an- **14** dere Formulierung führt nicht zu inhaltlichen Unterschieden. Die Regelung beruht auf Art. 41 RL 2009/81/EG.

3. Projektanten

Abs. 3 Nr. 1 entspricht von seinem Regelungsgehalt her § 6 EU Abs. 3 Nr. 4 UAbs. 1 **15** VOB/A. Die Regelung der VOB/A-EU geht insoweit über die VSVgV hinaus, als dort auch Tätigkeiten eines mit dem Bewerber oder Bieter in Verbindung stehenden Unternehmens ausreichen, um eine Handlungspflicht des Auftraggebers auszulösen. Soweit § 6 EU Abs. 3 Nr. 4 UAbs. 1 VOB/A vom Auftraggeber „angemessene Maßnahmen" verlangt, macht dies in der Sache keinen Unterschied, da auch im Geltungsbereich der VSVgV der allgemeine Verhältnismäßigkeitsgrundsatz zu beachten ist und daher die Angemessenheit einer Maßnahme zu prüfen ist.

16   Anders als in der VOB/A-EU finden sich keine weiteren Regelungen dazu, dass der Ausschluss als ultima ratio nur unter bestimmten Umständen vorzunehmen ist (§ 6 EU Abs. 3 Nr. 4 UAbs. 2 VOB/A) und dem Unternehmen Gelegenheit zur Stellungnahme zu geben ist (§ 6 EU Abs. 3 Nr. 4 UAbs. 1 VOB/A). Ersteres entspricht jedoch dem allgemeinen Verhältnismäßigkeitsgrundsatz und muss daher nicht ausdrücklich wiederholt werden. Ob der Auftraggeber dem Bewerber oder Bieter Gelegenheit zur Stellungnahme gibt, ist im Einzelfall zu entscheiden. Im Zweifel sollte der Auftraggeber dem Unternehmen diese Möglichkeit eröffnen, und sei es nur, um Missverständnisse zu vermeiden und das Verständnis des Unternehmens für die Maßnahme zu erhöhen. Der Auftraggeber kann sich aber auch entscheiden – insbesondere natürlich bei Verwendung von Informationen aus geschützten Quellen – hiervon abzusehen.

§ 6a Eignungsnachweise

(1) **Zum Nachweis ist die Eignung (Fachkunde und Leistungsfähigkeit) sowie das Nichtvorliegen von Ausschlussgründen gemäß § 6e VS der Bewerber oder Bieter zu prüfen.**

(2)

1. **Der Nachweis umfasst die folgenden Angaben:**

   a) **den Umsatz des Unternehmens jeweils bezogen auf die letzten drei abgeschlossenen Geschäftsjahre, soweit er Bauleistungen und andere Leistungen betrifft, die mit der zu vergebenden Leistung vergleichbar sind, unter Einschluss des Anteils bei gemeinsam mit anderen Unternehmen ausgeführten Aufträgen,**

   b) **die Ausführung von Leistungen in den letzten fünf abgeschlossenen Geschäftsjahren, die mit der zu vergebenden Leistung vergleichbar sind,**

   c) **die Zahl der in den letzten drei abgeschlossenen Geschäftsjahren jahresdurchschnittlich beschäftigten Arbeitskräfte, gegliedert nach Lohngruppen mit gesondert ausgewiesenem technischem Leitungspersonal,**

   d) **die Eintragung in das Berufsregister ihres Sitzes oder Wohnsitzes und**

   e) **die Anmeldung des Unternehmens bei der Berufsgenossenschaft.**

2. **Andere, auf den konkreten Auftrag bezogene zusätzliche geeignete Angaben können verlangt werden, insbesondere Angaben und Nachweise, die für den Umgang mit Verschlusssachen erforderlich sind oder die Versorgungssicherheit gewährleisten sollen, sowie Angaben, die für die Prüfung der Fachkunde geeignet sind.**

3. **Der Auftraggeber wird andere ihm geeignet erscheinende Nachweise der wirtschaftlichen und finanziellen Leistungsfähigkeit zulassen, wenn er feststellt, dass stichhaltige Gründe dafür bestehen.**

4. **Kann ein Unternehmen aus einem berechtigten Grund die geforderten Nachweise nicht beibringen, kann es den Nachweis seiner Eignung durch Vorlage anderer Belege erbringen, die der Auftraggeber für geeignet hält.**

Übersicht

	Rn.		Rn.
A. Einführung	1–3	B. Eignungsnachweise	4–17
I. Literatur	1	I. Pflicht zur Eignungsprüfung	4
II. Entstehungsgeschichte	2	II. Angaben der Bieter und Bewerber	5–17
III. Rechtliche Vorgaben im EU-Recht	3		

A. Einführung

I. Literatur

Zu § 6a VS VOB/A existiert, soweit ersichtlich, jenseits der einschlägigen Kommentierungen keine spezifische Literatur. **1**

II. Entstehungsgeschichte

Regelungsgegenstand des § 6a VS VOB/A ist, wie Unternehmen ihre Eignung nach **2** Maßgabe der vom Auftraggeber aufgestellten Anforderungen und das Nichtvorliegen von Ausschlussgründen nachweisen. Der Text entspricht in Abs. 1 sowie Abs. 2 Nr. 1 teilweise § 6 VS Abs. 3 VOB/A 2012.

III. Rechtliche Vorgaben im EU-Recht

3   Europarechtliche Grundlage sind Art. 39 ff. RL 2009/81/EG.

B. Eignungsnachweise

I. Pflicht zur Eignungsprüfung

4   § 6a VS Abs. 1 VOB/A legt fest, dass eine Prüfung der Eignung und des Nichtvorliegens von Ausschlussgründen vorzunehmen ist. Gegenüber § 6 VS Abs. 1 VOB/A ist dies
keine zusätzliche oder inhaltlich andere Anforderung, sondern nur ein ausdrücklicher
Hinweis auf diese zwingend vorzunehmende Prüfung.

II. Angaben der Bieter und Bewerber

5   In Abs. 2 sind mögliche von Bewerbern und Bietern abzufragende Informationen zusammengestellt. Wie sich aus Abs. 2 Nr. 3 ergibt, der es dem Auftraggeber erlaubt, andere,
auf den konkreten Auftrag bezogene Angaben zu verlangen, ist die Aufzählung des Abs. 2
nur abschließend für die allgemeine Eignung des Bieters.
     In § 6a VS Abs. 2 Nr. 1 VOB/A sind Nachweise angesprochen, die in § 6a EU Nr. 2, 3
VOB/A teils zum Nachweis der wirtschaftlichen und finanziellen Leistungsfähigkeit vorgesehen sind, teils dem Nachweis der beruflichen und technischen Leistungsfähigkeit dienen
sollen.

6   Nach § 6a VS Abs. 2 Nr. 1a) VOB/A darf der Auftraggeber abfragen, welche Umsätze
das Unternehmen in den vergangenen drei Jahren mit vergleichbaren Leistungen erzielt
hat. Die Regelung entspricht wortgleich § 6a EU Nr. 2c) UAbs. 1 VOB/A. Anders als die
VOB/A-EU in § 6a EU Nr. 2c) UAbs. 2 VOB/A sieht die VOB/A-VS nicht vor, dass der
Auftraggeber nur einen bestimmten Mindestumsatz fordern darf, der im Regelfall das
Zweifache des geschätzten Auftragswertes nicht übersteigen soll.

7   Die Festlegung eines Mindestumsatzes muss dem Auftraggeber allerdings gestattet sein,
da ansonsten auch ein völlig unerfahrenes Unternehmen als geeignet anzusehen wäre. Erst
in der Kombination von nachgewiesenem Umsatz und vorgegebenem Mindestumsatz ergibt sich eine Anforderung an die Eignung des Unternehmens. Stellt der Auftraggeber
keine solchen Mindestanforderungen auf, kann er aus der richtigen Angabe, ein Bieter
habe keine Umsätze erzielt, keine Konsequenzen zu Lasten dieses Unternehmers ziehen.

8   Die in § 6a EU Nr. 2c) UAbs. 2 VOB/A vorgesehene Deckelung des zu fordernden
Umsatzes auf das Doppelte des geschätzten Auftragswertes ist ein Ausdruck des allgemeinen
Verhältnismäßigkeitsgrundsatzes. Ohne ausdrückliche Regelung ist der Auftraggeber hieran
nicht gebunden. Es bietet sich aber an, die Eignungsanforderung insoweit an der Vorgabe
der VOB/A-EU zu orientieren, zumal auf diese Weise ein ausreichender Bezug zum konkreten Auftragsvolumen sichergestellt ist.

9   Es kann daher im Übrigen auf die Erläuterungen zu § 6a EU Nr. 2c) VOB/A verwiesen
werden.

10   § 6a VS Abs. 2 Nr. 1b) VOB/A betrifft die Möglichkeit, dass der Auftraggeber Angaben
darüber fordert, welche vergleichbaren Leistungen das Unternehmen ausgeführt hat. Wie
in § 6a EU Nr. 3a) VOB/A ist der Nachweis auf die letzten fünf Jahre begrenzt. Es wird
im Übrigen auf die Erläuterungen zu § 6a EU Nr. 3a) VOB/A verwiesen.

11   In § 6a VS Abs. 2 Nr. 1c) VOB/A geht es um den Nachweis der beschäftigten Arbeitskräfte. Diese Regelung entspricht § 6a EU Nr. 3g) VOB/A, auf dessen Erläuterung verwiesen wird.

Die Forderung nach einer Eintragung in das Berufsregister entspricht § 6a EU Nr. 1 **12** VOB/A, die Forderung nach einer Eintragung bei der Berufsgenossenschaft § 6a Abs. 2 Nr. 9 VOB/A.

Nach § 6a VS Abs. 2 Nr. 2 VOB/A darf der Auftraggeber auch andere Angaben for- **13** dern, wenn diese sich auf den konkreten Auftrag beziehen und entweder für den Umgang mit Verschlusssachen erforderlich sind oder die Versorgungssicherheit gewährleisten sollen. Außerdem dürfen weitere Angaben gefordert werden, die für die Prüfung der Fachkunde geeignet sind. Es handelt sich trotz der Zusammenfassung in einem Satz letztlich um drei unterschiedliche Anforderungen, denen gemeinsam ist, dass sie an einen Bezug an den konkreten Auftrag gebunden sind.

Der Auftraggeber hat dabei einen Beurteilungsspielraum, welche Angaben er fordert. **14** Während bei dem Umgang mit Verschlusssachen regelmäßig z.B. bestimmte Zulassungen ausreichen dürften, sind bei der Gewährleistung der Versorgungssicherheit und den Anforderungen an die Prüfung der Fachkunde hingegen auftragsbezogen bestimmte Angaben zu fordern. Insoweit ist der Katalog des § 6a EU Nr. 3 VOB/A als Vergleich hilfreich.

In § 6a VS Abs. 2 Nr. 3 VOB/A geht es darum, dass der Auftraggeber andere Nach- **15** weise der wirtschaftlichen und finanziellen Leistungsfähigkeit zulassen darf. Diese Öffnung macht zum Einen deutlich, dass die Aufzählung in Abs. 2 im Übrigen nicht abschließend ist. Zum Anderen ist diese Zulassung an stichhaltige Gründe geknüpft.

Stichhaltige Gründe können z.B. sein, dass es Unternehmen objektiv nicht möglich ist, **16** bestimmte Nachweise zu bringen. In diesem Fall wird dem Auftraggeber die Möglichkeit eröffnet, zur Sicherung eines möglichst breiten Wettbewerbs andere Nachweise zuzulassen. Diese Zulassung kann von Anfang an erfolgen, aber auch während des Verfahrens. Bei einer späteren Zulassung ist allerdings eine Ergänzung einer erfolgten Bekanntmachung unabdingbar.

Nach § 6a VS Abs. 2 Nr. 4 VOB/A kann ein Unternehmen auch andere Nachweise **17** vorlegen, wenn es die geforderten Nachweise aus einem berechtigten Grund nicht beibringen kann. Der Auftraggeber hat dann zu prüfen, ob er die Nachweise für geeignet hält oder nicht. Dies kann auch im Vorfeld der Vorlage mit dem Unternehmen abgestimmt werden, d.h. es kann die Art der anderen Nachweise vorab besprochen werden. Die Vorlage kann aber auch ohne vorherige Abstimmung erfolgen. Das Unternehmen trägt dabei die Nachweislast dafür, dass ein berechtigter Grund vorliegt. Dies kann z.B. sein, dass bestimmte Nachweise objektiv nicht oder zumindest nicht innerhalb der Fristen des Vergabeverfahrens zugänglich sind. Die Formulierung ist etwas unglücklich, weil sie nicht klar wiedergibt, dass der Auftraggeber eine Prüfung vorzunehmen hat und dies nach Erhalt der vom Unternehmen vorgelegten Unterlagen.

§ 6b Mittel der Nachweisführung, Verfahren

(1) Der Nachweis, auch über das Nichtvorliegen von Ausschlussgründen nach § 6e VS, kann mit der vom Auftraggeber direkt abrufbaren Eintragung in die allgemein zugängliche Liste des Vereins für die Präqualifikation von Bauunternehmen e. V. (Präqualifikationsverzeichnis) erfolgen.
Die Eintragung in ein gleichwertiges Verzeichnis anderer Mitgliedstaaten ist als Nachweis zugelassen.

(2) Die Angaben können die Bewerber oder Bieter auch durch Einzelnachweise erbringen. Der Auftraggeber kann dabei vorsehen, dass für einzelne Angaben Eigenerklärungen ausreichend sind, soweit es mit Verteidigungs- und Sicherheitsinteressen vereinbar ist. Eigenerklärungen, die als vorläufiger Nachweis dienen, sind von den Bietern, deren Angebote in die engere Wahl kommen, durch entsprechende Bescheinigungen der zuständigen Stellen zu bestätigen.

(3) Der Auftraggeber verlangt, dass die Nachweise bereits mit dem Teilnahmeantrag vorgelegt werden.

(4) Vor der Aufforderung zur Angebotsabgabe ist die Eignung der Unternehmen zu prüfen. 2Dabei sind die Unternehmen auszuwählen, deren Eignung die für die Erfüllung der vertraglichen Verpflichtungen notwendige Sicherheit bietet.

(5) Muss einem Bewerber für das Erstellen eines Angebotes der Zugang zu Verschlusssachen des Grades „VS-VERTRAULICH" oder höher gewährt werden, muss der Bewerber bereits vor Gewährung des Zugangs die geforderten Angaben und Nachweise vorlegen. Kommt der Bewerber dem nicht nach, schließt der Auftraggeber ihn von der Teilnahme am Vergabeverfahren aus.

Übersicht

	Rn.		Rn.
A. Einführung	1–3	II. Präqualifikation	5
I. Literatur	1	III. Eigenerklärungen	6, 7
II. Entstehungsgeschichte	2	IV. Zeitpunkt der Vorlage	8
III. Rechtliche Vorgaben im EU-Recht	3	V. Prüfung der Eignung	9
B. Nachweismöglichkeiten und Verfahren	4–10	VI. Vorlage von Zugangsberechtigungen	10
I. Einheitliche Europäische Eigenerklärung	4		

A. Einführung

I. Literatur

1   Zu § 6b VS VOB/A existiert, soweit ersichtlich, jenseits der einschlägigen Kommentierungen keine spezifische Literatur.

II. Entstehungsgeschichte

2   In § 6b VS VOB/A geht es um die Mittel, mit denen der Bewerber und Bieter seine Eignung und das Nichtvorliegen von Ausschlussgründen nachweisen soll. Die Vorschrift entspricht in weiten Teilen § 6b EU VOB/A. Gegenüber der Fassung in der VOB/A 2012 wurde Abs. 1 völlig neu gefasst. Der in Abs. 2 ausgedrückte Grundsatz des Eignungsnachweises durch Einzelnachweise entspricht § 6 VS Abs. 3 Satz 2 VOB/A 2012. Auch Abs. 4 und 5 entsprechen weitgehend der Vorgängerfassung in § 6 Abs. 3 Nr. 6, 7 VOB/A 2012.

III. Rechtliche Vorgaben im EU-Recht

Europarechtliche Grundlage sind Art. 39 ff. RL 2009/81/EG. 3

B. Nachweismöglichkeiten und Verfahren

I. Einheitliche Europäische Eigenerklärung

Anders als in § 6b EU VOB/A ist in der VOB/A-VS nicht die Möglichkeit vorgesehen, 4 dass Unternehmen die Einheitliche Europäische Eigenerklärung (EEE) vorlegen dürfen bzw. dass diese vom Auftraggeber akzeptiert werden muss. Im Hinblick auf die Besonderheit der verteidigungs- und sicherheitsspezifische Aufträge ist dies nachvollziehbar, da insoweit die Vorlage von Eigennachweisen regelmäßig allein nicht ausreichen wird.

II. Präqualifikation

Wie in § 6b EU Abs. 1 Nr. 1 VOB/A ist als Eignungsnachweis vorrangig die Eintragung 5 in die allgemein zugängliche Liste des Vereins für die Präqualifikation von Bauunternehmen e. V. genannt. Ebenfalls wie in § 6b EU Abs. 1 Nr. 1 Satz 2 VOB/A ist als Nachweis auch die Eintragung in ein gleichwertiges Verzeichnis anderer Mitgliedsstaaten zugelassen.

III. Eigenerklärungen

Ähnlich wie in § 6b EU Abs. 1 Nr. 2 VOB/A sind auch in der VOB/A-VS Eigenerklä- 6 rungen als Eignungsnachweis zulässig. Während die VOB/A-EU diese jedoch grundsätzlich für ausreichend erklärt und diese sogar vorrangig vorsieht, ist die VOB/A-VS zurückhaltender. Zwar wird diese Art des Eignungsnachweises erlaubt, allerdings unter dem Vorbehalt, dass auf diese Art des Nachweises mit Verteidigungs- und Sicherheitsinteressen vereinbar ist. Dies einzuschätzen steht im Ermessen des Auftraggebers und ist nur bedingt überprüfbar. Die Formulierung von § 6b VS Abs. 2 Satz 2 VOB/A macht deutlich, dass es sich bei dieser Form des Nachweises um einen Ausnahmefall handelt.

Zur Verfahrenserleichterung kann der Auftraggeber vorläufig den Nachweis durch Ei- 7 generklärungen erlauben. Dies bietet sich aber nur an, wenn es nicht zu unwiderruflichen Folgen kommen kann (z. B. Übersendung von „geheimen" Unterlagen an ein Unternehmen, dass sich letztlich als unzuverlässig erweist).

IV. Zeitpunkt der Vorlage

Der Auftraggeber hat nach § 6b VS Abs. 3 VOB/A die Vorlage der Nachweise mit dem 8 Teilnahmeantrag zu verlangen.

V. Prüfung der Eignung

In § 6b VS Abs. 4 VOB/A ist ausdrücklich vorgesehen, dass der Auftraggeber die Eig- 9 nung vor der Aufforderung zur Angebotsabgabe prüft. Dies dient dazu, die Wahrung der für verteidigungs- und sicherheitsspezifische Aufträge typischen Verteidigungs- und Sicherheitsinteressen sicherstellen zu können, indem nur geeignete und nicht auszuschließende Unternehmen die Vergabeunterlagen mit der Leistungsbeschreibung erhalten.

VI. Vorlage von Zugangsberechtigungen

10   Konsequenterweise fordert daher § 6b VS Abs. 5 VOB/A, dass ein Bieter auch frühzeitig seine Berechtigung zum Zugang zu Verschlusssachen vorlegen muss, soweit für das Erstellen des Angebotes der Zugang zu Verschlusssachen des Grades „VS-Vertraulich" oder höher erforderlich ist.

§ 6c Qualitätssicherung und Umweltmanagement

(1) Der Auftraggeber kann zusätzlich Angaben über Umweltmanagementverfahren verlangen, die der Bewerber oder Bieter bei der Ausführung des Auftrags gegebenenfalls anwenden will. In diesem Fall kann der Auftraggeber zum Nachweis dafür, dass der Bewerber oder Bieter bestimmte Normen für das Umweltmanagement erfüllt, die Vorlage von Bescheinigungen unabhängiger Stellen verlangen. Der Auftraggeber nimmt dabei Bezug auf

1. das Gemeinschaftssystem für das Umweltmanagement und die Umweltbetriebsprüfung (EMAS) oder

2. Normen für das Umweltmanagement, die

    a) auf den einschlägigen europäischen oder internationalen Normen beruhen und

    b) von entsprechenden Stellen zertifiziert sind, die dem Gemeinschaftsrecht oder einschlägigen europäischen oder internationalen Zertifizierungsnormen entsprechen.

Gleichwertige Bescheinigungen von Stellen in anderen Mitgliedstaaten sind anzuerkennen. Der Auftraggeber erkennt auch andere Nachweise für gleichwertige Umweltmanagement-Maßnahmen an, die von Bewerbern oder Bietern vorgelegt werden.

(2) Auftraggeber können zum Nachweis dafür, dass der Bewerber oder Bieter bestimmte Qualitätssicherungsnormen erfüllt, die Vorlage von Bescheinigungen unabhängiger Stellen verlangen. Der Auftraggeber nimmt dabei auf Qualitätssicherungsverfahren Bezug, die

1. den einschlägigen europäischen Normen genügen und

2. von entsprechenden Stellen zertifiziert sind, die den europäischen Zertifizierungsnormen entsprechen.

Gleichwertige Bescheinigungen von Stellen aus anderen Mitgliedstaaten sind anzuerkennen. Der Auftraggeber erkennt auch andere gleichwertige Nachweise für Qualitätssicherungsmaßnahmen an.

Übersicht

	Rn.		Rn.
A. Einführung	1–3	B. Nachweis von Maßnahmen zur Qualitätssicherung und des Umweltmanagement	4–6
I. Literatur	1		
II. Entstehungsgeschichte	2		
III. Rechtliche Vorgaben im EU-Recht	3		

A. Einführung

I. Literatur

Zu § 6c VS VOB/A existiert, soweit ersichtlich, jenseits der einschlägigen Kommentierungen keine spezifische Literatur. **1**

II. Entstehungsgeschichte

Regelungsgegenstand des § 6c VS VOB/A ist der Nachweis von Maßnahmen zur Qualitätssicherung und des Umweltmanagements. Die Vorschrift entspricht in ihrem Regelungsgehalt und den wesentlichen Formulierungen § 6 VS Abs. 9 VOB/A 2012. **2**

III. Rechtliche Vorgaben im EU-Recht

Die Vorschrift dient der Umsetzung von Art. 42 Abs. 1 f), 44 RL 2009/81/EG. **3**

B. Nachweis von Maßnahmen zur
Qualitätssicherung und des Umweltmanagements

4   Die Vorschrift des § 6c VS VOB/A entspricht weitgehend § 6c EU VOB/A. Es wird daher auf die Kommentierung zu dieser Vorschrift hingewiesen, soweit nachstehend keine Abweichungen dargestellt sind.

5   Dabei entspricht § 6c VS Abs. 1 VOB/A betreffend Maßnahmen des Umweltmanagements § 6c EU Abs. 2 VOB/A; § 6c VS Abs. 2 VOB/A betreffend Qualitätssicherungsverfahren entspricht § 6c EU Abs. 1 VOB/A.

6   Bei der Zulassung anderer gleichwertiger Nachweise ist die Regelung in § 6c VS VOB/A nach erstem Anschein großzügiger als in § 6c EU VOB/A. Während die VOB/A-EU in § 6 EU Abs. 2 Satz 2 ff. VOB/A in einer gewissen Stufung unterschiedliche Nachweisformen anspricht, erlaubt die VOB/A-VS allgemein andere gleichwertige Nachweise. In der Sache bestehen jedoch keine Unterschiede, weswegen die in der VOB/A-EU genannten Nachweismöglichkeiten auch bei Anwendung der VOB/A-VS heranzuziehen sind.

§ 6d Kapazitäten anderer Unternehmen

Ein Bewerber oder Bieter kann sich, gegebenenfalls auch als Mitglied einer Bietergemeinschaft, zur Erfüllung eines Auftrags der Fähigkeiten anderer Unternehmen bedienen. Dabei kommt es nicht auf den rechtlichen Charakter der Verbindung zwischen ihm und diesen Unternehmen an. In diesem Fall fordert der Auftraggeber von den in der engeren Wahl befindlichen Bewerbern oder Bietern den Nachweis darüber, dass ihnen die erforderlichen Mittel zur Verfügung stehen. Als Nachweise können beispielsweise entsprechende Verpflichtungserklärungen dieser Unternehmen vorgelegt werden.

Übersicht

	Rn.			Rn.
A. Einführung	1		III. Rechtliche Vorgaben im EU-Recht	3
I. Literatur	1			
II. Enstehungsgeschichte	2		B. Eignungsleihe	4

A. Einführung

I. Literatur

Zu § 6d VS VOB/A existiert, soweit ersichtlich, jenseits der einschlägigen Kommentierungen keine spezifische Literatur. **1**

II. Entstehungsgeschichte

In der VSVgV findet sich keine vergleichbare Vorschrift. **2**
Regelungsgegenstand des § 6d VS VOB/A ist der Eignungsnachweis durch Verweis auf Fähigkeiten anderer Unternehmen. Diese Art des Eignungsnachweises wird in § 47 VgV auch als Eignungsleihe bezeichnet. Auch ohne ausdrückliche Verwendung dieses Begriffes geht es um die gleiche Methode des Eignungsnachweises.
In der VOB/A-VS 2012 findet sich keine entsprechende Vorschrift

III. Rechtliche Vorgaben im EU-Recht

Die Regelung ist gedeckt von § 113 Nr. 7 GWB, wonach der Verordnungsgeber insbesondere die besonderen Regelungen für die Vergabe von Unteraufträgen regeln darf und dient der Umsetzung von Art. 41 Abs. 2, 3 RL 2009/81/EG. **3**

B. Eignungsleihe

Die Vorschrift des § 6d VS entspricht § 6d EU Abs. 1 UAbs. 1, 2 VOB/A. Es wird daher auf die Kommentierung dieser Vorschrift verwiesen. **4**

§ 6e Ausschlussgründe

(1) Der Auftraggeber schließt ein Unternehmen zu jedem Zeitpunkt des Vergabeverfahrens von der Teilnahme aus, wenn er Kenntnis davon hat, dass eine Person, deren Verhalten nach Absatz 3 dem Unternehmen zuzurechnen ist, rechtskräftig verurteilt worden ist nach:

1. § 129 StGB (Bildung krimineller Vereinigungen), § 129a StGB (Bildung terroristischer Vereinigungen) oder § 129b StGB (kriminelle und terroristische Vereinigungen im Ausland),

2. § 89c StGB (Terrorismusfinanzierung) oder wegen der Teilnahme an einer solchen Tat oder wegen der Bereitstellung oder Sammlung finanzieller Mittel in Kenntnis dessen, dass diese finanziellen Mittel ganz oder teilweise dazu verwendet werden oder verwendet werden sollen, eine Tat nach § 89a Absatz 2 Nummer 2 StGB zu begehen,

3. § 261 StGB (Geldwäsche; Verschleierung unrechtmäßig erlangter Vermögenswerte),

4. § 263 StGB (Betrug), soweit sich die Straftat gegen den Haushalt der Europäischen Union oder gegen Haushalte richtet, die von der Europäischen Union oder in ihrem Auftrag verwaltet werden,

5. § 264 StGB (Subventionsbetrug), soweit sich die Straftat gegen den Haushalt der Europäischen Union oder gegen Haushalte richtet, die von der Europäischen Union oder in ihrem Auftrag verwaltet werden,

6. § 299 StGB (Bestechlichkeit und Bestechung im geschäftlichen Verkehr),

7. § 108e StGB (Bestechlichkeit und Bestechung von Mandatsträgern),

8. den §§ 333 und 334 StGB (Vorteilsgewährung und Bestechung), jeweils auch in Verbindung mit § 335a StGB (Ausländische und internationale Bedienstete),

9. Artikel 2 § 2 des Gesetzes zur Bekämpfung internationaler Bestechung (Bestechung ausländischer Abgeordneter im Zusammenhang mit internationalem Geschäftsverkehr),

10. den §§ 232 und 233 StGB (Menschenhandel) oder § 233a StGB (Förderung des Menschenhandels).

(2) Einer Verurteilung nach diesen Vorschriften oder der Festsetzung einer Geldbuße im Sinne des Absatzes 1 stehen eine Verurteilung oder die Festsetzung einer Geldbuße nach den vergleichbaren Vorschriften anderer Staaten gleich.

(3) Das Verhalten einer rechtskräftig verurteilten Person ist einem Unternehmen zuzurechnen, wenn diese Person als für die Leitung des Unternehmens Verantwortlicher gehandelt hat; dazu gehört auch die Überwachung der Geschäftsführung oder die sonstige Ausübung von Kontrollbefugnissen in leitender Stellung.

(4) Der Auftraggeber schließt ein Unternehmen von der Teilnahme an einem Vergabeverfahren aus, wenn

1. das Unternehmen seinen Verpflichtungen zur Zahlung von Steuern, Abgaben und Beiträgen zur Sozialversicherung nicht nachgekommen ist und dies durch eine rechtskräftige Gerichts- oder bestandskräftige Verwaltungsentscheidung festgestellt wurde, oder

2. der Auftraggeber auf sonstige geeignete Weise die Verletzung einer Verpflichtung nach Nummer 1 nachweisen kann.

Satz 1 findet keine Anwendung, wenn das Unternehmen seinen Verpflichtungen dadurch nachgekommen ist, dass es die Zahlung vorgenommen oder sich zur Zahlung der Steuern, Abgaben und Beiträge zur Sozialversicherung einschließlich Zinsen, Säumnis- und Strafzuschlägen verpflichtet hat.

(5) Von einem Ausschluss nach Absatz 1 kann abgesehen werden, wenn dies aus zwingenden Gründen des öffentlichen Interesses geboten ist. Von einem Ausschluss nach Absatz 4 Satz 1 kann abgesehen werden, wenn dies aus zwingenden Gründen

des öffentlichen Interesses geboten ist oder ein Ausschluss offensichtlich unverhältnismäßig wäre. § 6f VS Absatz 1 und 2 bleiben unberührt.

(6) Der Auftraggeber kann unter Berücksichtigung des Grundsatzes der Verhältnismäßigkeit ein Unternehmen zu jedem Zeitpunkt des Vergabeverfahrens von der Teilnahme an einem Vergabeverfahren ausschließen, wenn

1. das Unternehmen bei der Ausführung öffentlicher Aufträge nachweislich gegen geltende umwelt-, sozial- und arbeitsrechtliche Verpflichtungen verstoßen hat,

2. das Unternehmen zahlungsunfähig ist, über das Vermögen des Unternehmens ein Insolvenzverfahren oder ein vergleichbares Verfahren beantragt oder eröffnet worden ist, die Eröffnung eines solchen Verfahrens mangels Masse abgelehnt worden ist, sich das Unternehmen im Verfahren der Liquidation befindet oder seine Tätigkeit eingestellt hat,

3. das Unternehmen im Rahmen der beruflichen Tätigkeit nachweislich eine schwere Verfehlung begangen hat, durch die die Integrität des Unternehmens infrage gestellt wird insbesondere im Rahmen seiner beruflichen Tätigkeit seine Pflicht zur Gewährleistung der Informations- oder Versorgungssicherheit bei einem früheren Auftrag verletzt hat; Absatz 3 ist entsprechend anzuwenden,

4. der Auftraggeber über hinreichende Anhaltspunkte dafür verfügt, dass das Unternehmen Vereinbarungen mit anderen Unternehmen getroffen hat, die eine Verhinderung, Einschränkung oder Verfälschung des Wettbewerbs bezwecken oder bewirken,

5. ein Interessenkonflikt bei der Durchführung des Vergabeverfahrens besteht, der die Unparteilichkeit und Unabhängigkeit einer für den Auftraggeber tätigen Person bei der Durchführung des Vergabeverfahrens beeinträchtigen könnte und der durch andere, weniger einschneidende Maßnahmen nicht wirksam beseitigt werden kann,

6. eine Wettbewerbsverzerrung daraus resultiert, dass das Unternehmen bereits in die Vorbereitung des Vergabeverfahrens einbezogen war, und diese Wettbewerbsverzerrung nicht durch andere, weniger einschneidende Maßnahmen beseitigt werden kann,

7 das Unternehmen eine wesentliche Anforderung bei der Ausführung eines früheren öffentlichen Auftrags erheblich oder fortdauernd mangelhaft erfüllt hat und dies zu einer vorzeitigen Beendigung, zu Schadensersatz oder zu einer vergleichbaren Rechtsfolge geführt hat,

8. das Unternehmen in Bezug auf Ausschlussgründe oder Eignungskriterien eine schwerwiegende Täuschung begangen, Auskünfte zurückgehalten hat oder nicht in der Lage ist, die erforderlichen Nachweise zu übermitteln oder

9. das Unternehmen

   a) versucht hat, die Entscheidungsfindung des Auftraggebers in unzulässiger Weise zu beeinflussen,

   b) versucht hat, vertrauliche Informationen zu erhalten, durch die es unzulässige Vorteile beim Vergabeverfahren erlangen könnte,

   c) fahrlässig oder vorsätzlich irreführende Informationen übermittelt hat, die die Vergabeentscheidung des Auftraggebers erheblich beeinflussen könnten oder versucht hat, solche Informationen zu übermitteln, oder

10. das Unternehmen nachweislich nicht die erforderliche Vertrauenswürdigkeit aufweist, um Risiken für die nationale Sicherheit auszuschließen; als Beweismittel kommen auch geschützte Datenquellen in Betracht.

Übersicht

	Rn.		Rn.
A. Einführung	1–4	III. Rechtliche Vorgaben im EU-Recht	4
I. Literatur	1		
II. Entstehungsgeschichte	2, 3	B. Kommentierung der von § 6e EU VOB/A abweichenden Regelungen	5–7

A. Einführung

I. Literatur

1 Zu § 6e VS VOB/A existiert, soweit ersichtlich, jenseits der einschlägigen Kommentierungen keine spezifische Literatur.

II. Entstehungsgeschichte

2 In § 6e VS VOB/A sind die zwingenden und die fakultativen Ausschlussgründe geregelt. Eine vergleichbare Regelung fand sich bisher im § 6 VS Abs. 4 VOB/A 2012, allerdings mit einer kürzeren Aufzählung von Ausschlusstatbeständen. In der Vorgängervorschrift fanden sich insbesondere nicht die fakultativen Ausschlussgründe des § 6 VS Abs. 6 VOB/A bzw. § 124 GWB.

3 Die Regelung wiederholt im Wesentlichen die Regelungen der §§ 123, 124 GWB und entspricht damit inhaltlich insoweit auch den Vorgaben in §§ 23f. VSVgV. Der Text des § 6e VS VOB/A entspricht bis auf wenige Abweichungen dem des § 6e EU VOB/A. Es kann daher auf die Kommentierungen zu diesen Vorschriften verwiesen werden, soweit nicht unten auf einige Abweichungen eingegangen wird.

III. Rechtliche Vorgaben im EU-Recht

4 Grundlage der Vorschrift ist Art. 39 RL 2009/81/EG. Soweit die ausgezählten Ausschlussgründe über die Vorgaben der RL 2009/81/EG hinausgehen, wird dies in den Erläuterungen der §§ 23f. VSVgV näher erläutert.

B. Kommentierung der von § 6e EU VOB/A abweichenden Regelungen

5 In Abs. 2 findet sich der Einschub, dass einer Verurteilung „nach diesen Vorschriften" eine Verurteilung nach vergleichbaren Vorschriften anderer Staaten gleichsteht. Dieser Einschub ist in § 6e EU Abs. 2 VOB/A nicht zu finden. Es handelt sich jedoch lediglich um eine redaktionelle Vertiefung des Verweises auf die Tatbestände des Abs. 1.

6 In Abs. 6 Nr. 3 ist gegenüber § 6e EU Abs. 6 Nr. 3 VOB/A ergänzend vorgesehen, dass schwere Verfehlungen eines Unternehmens berücksichtigt werden können, wenn es „insbesondere im Rahmen seiner beruflichen Tätigkeit seine Pflicht zur Gewährleistung der Informations- oder Versorgungssicherheit bei einem früheren Auftrag verletzt hat". Dies beruht auf der besonderen Bedeutung der Informations- und Versorgungssicherheit bei den verteidigungs- und sicherheitsspezifischen Aufträgen. Die Möglichkeit eines Ausschlusses aus diesen Gründen wird in Erwägungsgrund 67 angesprochen und sie ist in Art. 38 Abs. 2d) RL 2009/81/EG bei den fakultativen Ausschlussgründen näher ausgestaltet. Auch § 24 Abs. 1 Nr. 4 VSVgV a. F. sah diese Regelung vor. Die Regelung ist gedeckt von § 113 Nr. 7 GWB, wonach der Verordnungsgeber insbesondere die verteidigungs- oder sicherheitsspezifischen Anforderungen im Hinblick auf den Geheimschutz und die Versorgungssicherheit regeln darf.

7 Als Verstoß gegen die Pflicht zur Gewährleistung der Informationssicherheit sind insbesondere Verstöße gegen die in § 7 VSVgV zusammengefassten Verpflichtungen anzusehen. § 7 VSVgV ist nach § 1 Abs. 2 VSVgV für die Vergabe von verteidigungs- und sicherheitsspezifischen Bauaufträgen unmittelbar anwendbar.

In Abs. 6 Nr. 10 wird über die Regelungen in § 6e EU VOB/A hinaus ausdrücklich die Vorgabe des § 147 GWB übernommen, dass ein Unternehmen von einem Vergabeverfahren ausgeschlossen werden kann, wenn es „nicht die erforderliche Vertrauenswürdigkeit aufweist, um Risiken für die nationale Sicherheit auszuschließen, als Beweismittel kommen auch geschützte Datenquellen in Betracht". Insoweit wird auf die dieser Regelung zugrundeliegende, inhaltsgleiche Vorschrift des § 147 GWB verwiesen.

§ 6f Selbstreinigung

(1) Der Auftraggeber schließt ein Unternehmen, bei dem ein Ausschlussgrund nach § 6e VS vorliegt, nicht von der Teilnahme an dem Vergabeverfahren aus, wenn das Unternehmen nachgewiesen hat, dass es

1. für jeden durch eine Straftat oder ein Fehlverhalten verursachten Schaden einen Ausgleich gezahlt oder sich zur Zahlung eines Ausgleichs verpflichtet hat,

2. die Tatsachen und Umstände, die mit der Straftat oder dem Fehlverhalten und dem dadurch verursachten Schaden in Zusammenhang stehen, durch eine aktive Zusammenarbeit mit den Ermittlungsbehörden und dem öffentlichen Auftraggeber umfassend geklärt hat und

3. konkrete technische, organisatorische und personelle Maßnahmen ergriffen hat, die geeignet sind, weitere Straftaten oder weiteres Fehlverhalten zu vermeiden.

§ 6e VS Absatz 4 Satz 2 bleibt unberührt.

(2) Der Auftraggeber bewertet die von dem Unternehmen ergriffenen Selbstreinigungsmaßnahmen im Hinblick auf ihre Bedeutung für den zu vergebenden öffentlichen Auftrag; dabei berücksichtigt er die Schwere und die besonderen Umstände der Straftat oder des Fehlverhaltens. Erachtet der Auftraggeber die Selbstreinigungsmaßnahmen des Unternehmens als unzureichend, so begründet er diese Entscheidung gegenüber dem Unternehmen.

(3) Wenn ein Unternehmen, bei dem ein Ausschlussgrund vorliegt, keine oder keine ausreichenden Selbstreinigungsmaßnahmen nach Absatz 1 ergreift, darf es

1. bei Vorliegen eines Ausschlussgrundes nach § 6e VS Absatz 1 bis 4 höchstens für einen Zeitraum von fünf Jahren ab dem Tag der rechtskräftigen Verurteilung von der Teilnahme an Vergabeverfahren ausgeschlossen werden,

2. bei Vorliegen eines Ausschlussgrundes nach § 6e VS Absatz 6 höchstens für einen Zeitraum von drei Jahren ab dem betreffenden Ereignis von der Teilnahme an Vergabeverfahren ausgeschlossen werden.

Übersicht

	Rn.			Rn.
A. Einführung	1–3		III. Rechtliche Vorgaben des EU-Rechts	3
I. Literatur	1			
II. Entstehungsgeschichte	2		B. Wortgleichheit in § 6f VOB/A, § 125 GWB	4

A. Einführung

I. Literatur

1 Zu § 6f VS VOB/A existiert, soweit ersichtlich, jenseits der einschlägigen Kommentierungen keine spezifische Literatur.

II. Entstehungsgeschichte

2 Eine vergleichbare Vorschrift zur Selbstreinigung sah die VOB/A 2012 nicht vor.

§ 6f VS VOB/A regelt, welche Anforderungen an eine Selbstreinigung zu stellen sind. Die erfolgreiche Durchführung einer Selbstreinigung durch ein Unternehmen führt dazu, dass der Auftraggeber trotz Vorliegen eines zwingenden Ausschlussgrundes i. S. d. §§ 62 VS VOB/A, 123 GWB nicht vom Vergabeverfahren ausschließen darf.

von Wietersheim

Grundlage im nationalen Recht ist die in § 147 GWB vorgesehene Anwendbarkeit des § 125 GWB, in dem die Selbstreinigung gesetzlich geregelt ist. In § 23 Abs. 1 Satz 2 VSVgV wird ausdrücklich auf diese gesetzlichen Regelungen verwiesen.

III. Rechtliche Vorgaben des EU-Rechts

In der RL 2009/81/EG ist die Möglichkeit einer Selbstreinigung nicht ausdrücklich an- **3** gesprochen. In Art. 39 Abs. 1 UAbs. 3 RL 2009/81/EG ist lediglich vorgesehen, dass die Mitgliedstaaten für den Beschluss von Unternehmen Ausnahmen aus zwingenden Gründen des Allgemeinwohls vorsehen können. Der Grundsatz, dass ein Unternehmen durch Selbstreinigungsmaßnahmen seine Wiederzulassung zu Vergabeverfahren erreichen kann, war schon vor Formulierung und Inkrafttreten der Vergaberichtlinien 2014 als ungeschriebene Regel anerkannt.

Es ist daher im Ergebnis nur konsequent, die erstmals in den Vergaberichtlinien 2014 und in ihrer Umsetzung im GWB formulierten Voraussetzungen einer zu beachtenden Selbstreinigung auch für Vergaben von verteidigungs- oder sicherheitsspezifischen Aufträgen für anwendbar zu erklären.

B. Wortgleichheit mit § 6f EU VOB/A, § 125 GWB

Es wird angesichts der Wortgleichheit der Regelungen auf die Kommentierungen zu **4** § 6f EU VOB/A und § 125 GWB verwiesen.

§ 7 Leistungsbeschreibung

(1)

1. Die Leistung ist eindeutig und so erschöpfend zu beschreiben, dass alle Unternehmen die Beschreibung im gleichen Sinne verstehen müssen und ihre Preise sicher und ohne umfangreiche Vorarbeiten berechnen können.

2. Um eine einwandfreie Preisermittlung zu ermöglichen, sind alle sie beeinflussenden Umstände festzustellen und in den Vergabeunterlagen anzugeben.

3. Dem Auftragnehmer darf kein ungewöhnliches Wagnis aufgebürdet werden für Umstände und Ereignisse, auf die er keinen Einfluss hat und deren Einwirkung auf die Preise und Fristen er nicht im Voraus schätzen kann.

4. Bedarfspositionen sind grundsätzlich nicht in die Leistungsbeschreibung aufzunehmen. Angehängte Stundenlohnarbeiten dürfen nur in dem unbedingt erforderlichen Umfang in die Leistungsbeschreibung aufgenommen werden.

5. Erforderlichenfalls sind auch der Zweck und die vorgesehene Beanspruchung der fertigen Leistung anzugeben.

6. Die für die Ausführung der Leistung wesentlichen Verhältnisse der Baustelle, z. B. Boden- und Wasserverhältnisse, sind so zu beschreiben, dass das Unternehmen ihre Auswirkungen auf die bauliche Anlage und die Bauausführung hinreichend beurteilen kann.

7. Die „Hinweise für das Aufstellen der Leistungsbeschreibung" in Abschnitt 0 der Allgemeinen Technischen Vertragsbedingungen für Bauleistungen, DIN 18299 ff., sind zu beachten.

(2) Soweit es nicht durch den Auftragsgegenstand gerechtfertigt ist, darf in technischen Spezifikationen nicht auf eine bestimmte Produktion oder Herkunft oder ein besonderes Verfahren, das die von einem bestimmten Unternehmen bereitgestellten Produkte charakterisiert, oder auf Marken, Patente, Typen oder einen bestimmten Ursprung oder eine bestimmte Produktion verwiesen werden, wenn dadurch bestimmte Unternehmen oder bestimmte Produkte begünstigt oder ausgeschlossen werden. Solche Verweise sind jedoch ausnahmsweise zulässig, wenn der Auftragsgegenstand nicht hinreichend genau und allgemein verständlich beschrieben werden kann; solche Verweise sind mit dem Zusatz „oder gleichwertig" zu versehen.

(3) Bei der Beschreibung der Leistung sind die verkehrsüblichen Bezeichnungen zu beachten.

Übersicht

	Rn.			Rn.
A. Einführung	1		III. Rechtliche Vorgaben im EU-Recht	6
I. Literatur	1			
II. Entstehungsgeschichte	2		B. Allgemeines	8

A. Einführung

I. Literatur

1 Soweit ersichtlich, ist zu § 7 VS VOB/A über die einschlägigen Kommentierungen hinaus keine spezifische Literatur vorhanden.

II. Entstehungsgeschichte

2 § 7 VS VOB/A wurde, wie der gesamte 3. Abschnitt der VOB/A, im Zuge der VOB/A Novelle im Jahre 2012 eingefügt.

Die Vorschrift des § 7 VS VOB/A wurde vor dem Hintergrund der Vergaberechtsre- 3
form 2016 überarbeitet und umstrukturiert, blieb jedoch inhaltlich unangetastet.[1]

In § 7 VS Absatz 1 Nr. 1 und 6 VOB/A ist nunmehr die Rede von „Unternehmen" 4
statt wie bisher vom „Bewerber". Die bisherigen Zwischenüberschriften des § 7 VS
VOB/A „Technische Spezifikationen", „Leistungsbeschreibung mit Leistungsverzeichnis"
sowie „Leistungsbeschreibung mit Leistungsprogramm" wurden als eigenständige Paragraphen ausgestaltet und bilden nunmehr die Überschriften der neuen §§ 7a, 7b und 7c VS
VOB/A, wobei inhaltliche Änderungen nicht vorgenommen wurden.

Die bisherige Regelung in § 7 VS Absatz 8 VOB/A a. F., die sich unter der Zwischen- 5
überschrift „Technische Spezifikationen" befand, findet sich nunmehr inhaltsgleich in § 7
VS Absatz 2 VOB/A. Der vorherige Absatz 2 wurde daher redaktionell nunmehr in Absatz 3 geändert.

III. Rechtliche Vorgaben im EU-Recht

Vergleichbar detaillierte Regelungen zu den Anforderungen an eine Leistungsbeschrei- 6
bung wie in § 7 VS Absatz 1 VOB/A finden sich in den EU-rechtlichen Vorschriften, insbesondere in der für verteidigungs- und sicherheitsspezifische Aufträge geltenden Richtlinie 2009/81/EG, nicht. Insoweit hat der nationale Gesetzgeber aufgrund des Verweises in
§ 2 Absatz 2 Satz 2 VSVgV überschießende Regelungen getroffen.

Mit der Regelung in § 7 VS Absatz 2 VOB/A werden die Vorgaben in Art. 18 der 7
Richtlinie 2009/81/EG umgesetzt. Insoweit wurde exakt der Wortlaut dieser Vorschrift
übernommen.

B. Allgemeines

§ 7 VS VOB/A regelt detailliert die Anforderungen an eine Leistungsbeschreibung bei 8
der Vergabe verteidigungs- und sicherheitsspezifischer Bauaufträge.

Die Vorschrift ist, bis auf die in Absatz 1 Nummer 1 verwendete Begrifflichkeit „Unter- 9
nehmen" statt „Bewerber" wortgleich mit der Parallelvorschrift des § 7 EU VOB/A. Aus
der Verwendung der unterschiedlichen Begrifflichkeiten ergeben sich jedoch keine inhaltlichen Abweichungen, weshalb für die weiteren Einzelheiten auf die Kommentierung zu § 7
EU VOB/A verwiesen werden kann.

Für die Vergabe von Liefer- und Dienstleistungsaufträgen enthält § 15 VSVgV die zent- 10
rale Bestimmung sowohl für die allgemeinen Anforderungen an eine Leistungsbeschreibung
als auch für technische Spezifikationen. Die Regelung in § 7 VS Absatz 2 VOB/A entspricht inhaltlich den Bestimmungen in § 15 Absatz 8 VSVgV. Im Übrigen sind die in § 7
VS VOB/A für Bauaufträge geregelten allgemeinen Anforderungen an eine Leistungsbeschreibung detaillierter als die in § 15 Absatz 1 und Absatz 2 Satz 1 VSVgV geregelten allgemeinen Anforderungen an eine Leistungsbeschreibung bei Liefer- und Dienstleistungsaufträgen. Beiden Regelungen ist jedoch gemein, dass die jeweilige Leistung eindeutig und
vollständig zu beschreiben ist, vgl. § 15 Absatz 2 Satz 1 VSVgV, § 7 VS Absatz 1 Nr. 1
VOB/A.

---

[1] Vgl. für die Einzelheiten zu der Überarbeitung der VOB/A – VS die Erläuterungen zu → VOB/A § 1
VS Rn. 2 ff.

§ 7a Technische Spezifikationen

(1) Die technischen Anforderungen (Spezifikationen – siehe Anhang TS Nummer 1) an den Auftragsgegenstand müssen allen Unternehmen gleichermaßen zugänglich sein.

(2) Die technischen Spezifikationen sind in den Vergabeunterlagen zu formulieren:

1. entweder unter Bezugnahme auf die in Anhang TS definierten technischen Spezifikationen in der Rangfolge

a) nationale zivile Normen, mit denen europäische Normen umgesetzt werden,

b) europäische technische Zulassungen,

c) gemeinsame zivile technische Spezifikationen,

d) nationale zivile Normen, mit denen internationale Normen umgesetzt werden,

e) andere internationale zivile Normen,

f) andere technische Bezugssysteme, die von den europäischen Normungsgremien erarbeitet wurden oder, falls solche Normen und Spezifikationen fehlen, nationale Normen, nationale technische Zulassungen oder nationale technische Spezifikationen für die Planung, Berechnung und Ausführung von Bauwerken und den Einsatz von Produkten,

g) zivile technische Spezifikationen, die von der Industrie entwickelt wurden und von ihr allgemein anerkannt werden oder

h) die in Anhang III Nummer 3 der Richtlinie 2009/81/EG definierten nationalen „Verteidigungsnormen" und Spezifikationen für Verteidigungsgüter, die diesen Normen entsprechen.

Jede Bezugnahme ist mit dem Zusatz „oder gleichwertig" zu versehen;

2. oder in Form von Leistungs- oder Funktionsanforderungen, die so genau zu fassen sind, dass sie den Unternehmen ein klares Bild vom Auftragsgegenstand vermitteln und dem Auftraggeber die Erteilung des Zuschlags ermöglichen;

3. oder in Kombination von Nummer 1 und 2, das heißt

a) in Form von Leistungs- oder Funktionsanforderungen unter Bezugnahme auf die Spezifikationen gemäß Nummer 1 als Mittel zur Vermutung der Konformität mit diesen Leistungs- oder Funktionsanforderungen;

b) oder mit Bezugnahme auf die Spezifikationen gemäß Nummer 1 hinsichtlich bestimmter Merkmale und mit Bezugnahme auf die Leistungs- oder Funktionsanforderungen gemäß Nummer 2 hinsichtlich anderer Merkmale.

(3) Verweist der Auftraggeber in der Leistungsbeschreibung auf die in Absatz 2 Nummer 1 genannten Spezifikationen, so darf er ein Angebot nicht mit der Begründung ablehnen, die angebotene Leistung entspräche nicht den herangezogenen Spezifikationen, sofern der Bieter in seinem Angebot dem Auftraggeber nachweist, dass die von ihm vorgeschlagenen Lösungen den Anforderungen der technischen Spezifikation, auf die Bezug genommen wurde, gleichermaßen entsprechen. Als geeignetes Mittel kann eine technische Beschreibung des Herstellers oder ein Prüfbericht einer anerkannten Stelle gelten.

(4) Legt der Auftraggeber die technischen Spezifikationen in Form von Leistungs- oder Funktionsanforderungen fest, so darf er ein Angebot, das einer nationalen Norm entspricht, mit der eine europäische Norm umgesetzt wird, oder einer europäischen technischen Zulassung, einer gemeinsamen technischen Spezifikation, einer internationalen Norm oder einem technischen Bezugssystem, das von den europäischen Normungsgremien erarbeitet wurde, entspricht, nicht zurückweisen, wenn diese Spezifikationen die geforderten Leistungs- oder Funktionsanforderungen betreffen. Der Bieter muss in seinem Angebot mit geeigneten Mitteln dem Auftraggeber nachweisen, dass die der Norm entsprechende jeweilige Leistung den Leistungs- oder Funktionsanforderungen des Auftraggebers entspricht. Als geeignetes Mittel kann eine technische Beschreibung des Herstellers oder ein Prüfbericht einer anerkannten Stelle gelten.

(5) Schreibt der Auftraggeber Umwelteigenschaften in Form von Leistungs- oder Funktionsanforderungen vor, so kann er die Spezifikationen verwenden, die in europäischen, multinationalen oder anderen Umweltzeichen definiert sind, wenn

1. sie sich zur Definition der Merkmale des Auftragsgegenstands eignen,

2. die Anforderungen des Umweltzeichens auf Grundlage von wissenschaftlich abgesicherten Informationen ausgearbeitet werden,

3. die Umweltzeichen im Rahmen eines Verfahrens erlassen werden, an dem interessierte Kreise – wie z.B. staatliche Stellen, Verbraucher, Hersteller, Händler und Umweltorganisationen – teilnehmen können, und

4. wenn das Umweltzeichen für alle Betroffenen zugänglich und verfügbar ist.

Der Auftraggeber kann in den Vergabeunterlagen angeben, dass bei Leistungen, die mit einem Umweltzeichen ausgestattet sind, vermutet wird, dass sie den in der Leistungsbeschreibung festgelegten technischen Spezifikationen genügen. Der Auftraggeber muss jedoch auch jedes andere geeignete Beweismittel, wie technische Unterlagen des Herstellers oder Prüfberichte anerkannter Stellen, akzeptieren. Anerkannte Stellen sind die Prüf- und Eichlaboratorien sowie die Inspektions- und Zertifizierungsstellen, die mit den anwendbaren europäischen Normen übereinstimmen. Der Auftraggeber erkennt Bescheinigungen von in anderen Mitgliedstaaten ansässigen anerkannten Stellen an.

Übersicht

	Rn.			Rn.
A. Einführung	1		B. Allgemeines	7
I. Literatur	1		I. Parallelen zu § 7a EU VOB/A	14
II. Entstehungsgeschichte	2		II. Abweichungen von § 7a EU VOB/A	15
III. Rechtliche Vorgaben im EU-Recht	4			

A. Einführung

I. Literatur

Soweit ersichtlich, ist zu § 7a VS VOB/A über die einschlägigen Kommentierungen hinaus keine spezifische **1** Literatur vorhanden.

II. Entstehungsgeschichte

§ 7a VS VOB/A wurde im Zuge der Umstrukturierung des § 7 VS VOB/A im Rah- **2** men der Überarbeitung der VOB/A im Jahre 2016 als eigenständiger Paragraph aus den Absätzen 3 bis 7 unter der Zwischenüberschrift „Technische Spezifikationen" des § 7 VS VOB/A a. F. gebildet.

Wesentliche inhaltliche Änderungen haben die Regelungen des § 7a VS VOB/A durch **3** die Überarbeitung jedoch nicht erfahren. Es wurden redaktionelle Anpassungen vorgenommen.

III. Rechtliche Vorgaben im EU-Recht

Die Vorschrift des § 7a VS Absatz 1 VOB/A setzt die Bestimmungen des Art. 18 Ab- **4** satz 2 der Richtlinie 2009/81/EG um. Die Regelungen in § 7a VS Absatz 2 Nr. 1 bis 3 VOB/A entsprechen den Bestimmungen in Art. 18 Abs. 3 lit. a) bis d) der Richtlinie 2009/81/EG. § 7a VS Absatz 3 bis 5 VOB/A wurde nahezu wortgleich dem Art. 18 Absatz 4 bis 6 der Richtlinie 2009/81/EG entnommen.

5   Die Richtlinie 2009/81/EG enthält spezielle EU-rechtliche Vorgaben für Verfahren zur
Vergabe bestimmter Bau-, Liefer- und Dienstleistungsaufträge in den Bereichen Verteidigung und Sicherheit.[1]

6   Weitere Vorgaben für technische Spezifikationen enthalten die Art. 42 bis 44 der Richtlinie 2014/24/EU, welche für alle Arten von Beschaffungsvorgängen gelten.

B. Allgemeines

7   § 7a VS VOB/A enthält Regelungen zur Festlegung technischer Anforderungen (Spezifikationen) in Leistungsbeschreibungen. Der Begriff der „Technischen Spezifikationen" bei
Bauaufträgen wird in Nr. 1 lit. a) des Anhangs TS definiert.

8   Absatz 1 schreibt vor, dass die technischen Anforderungen an den Auftragsgegenstand allen Unternehmen gleichermaßen zugänglich gemacht werden müssen.

9   Wie in § 7a EU VOB/A können öffentliche Auftraggeber auch bei der Vergabe öffentlicher Aufträge im Bereich Verteidigung und Sicherheit nach Maßgabe des § 7a VS Absatz 2
VOB/A die technischen Anforderungen in der Leistungsbeschreibung auf drei verschiedene Arten festlegen: entweder unter Bezugnahme auf die in Anhang TS definierten technischen Spezifikationen in der vorgegebenen Reihenfolge (Nr. 1), oder in Form von
Leistungs- oder Funktionsanforderungen (Nr. 2) oder schließlich im Wege einer Kombination von Nummer 1 und Nummer 2 (Nr. 3).

10   Die Absätze 3 und 4 beziehen sich auf die Berücksichtigung gleichwertiger Lösungen
des Bieters hinsichtlich der technischen Spezifikationen. Entspricht das Angebot eines Bieters nicht den vom Auftraggeber in der Leistungsbeschreibung nach § 7a VS Absatz 2 Nr. 1
VOB/A festgelegten Spezifikationen, so darf der Auftraggeber das Angebot nicht einfach
ablehnen, sondern der Bieter kann mit geeigneten Mitteln nachweisen, dass die von ihm
vorgeschlagenen Lösungen den Anforderungen der in Bezug genommenen Spezifikationen
entsprechen (§ 7a VS Absatz 3 Satz 1 VOB/A). Gleiches gilt nach § 7a VS Absatz 4
VOB/A für den Fall, dass der Auftraggeber Leistungs- oder Funktionsanforderungen ohne
Bezugnahme auf technische Spezifikationen nach § 7a VA Absatz 2 Nr. 1 VOB/A festgelegt hat, das Angebot des Bieters aber gerade solchen Spezifikationen entspricht. In diesem
Fall ist der Bieter dazu verpflichtet dem Auftraggeber mit geeigneten Mitteln nachzuweisen, dass die der Spezifikation entsprechende Leistung den Leistungs- und Funktionsanforderungen des Auftraggebers entspricht (§ 7a VS Absatz 4 Satz 2 VOB/A).

11   Absatz 5 enthält eine Sonderregelung für den Auftraggeber, wenn er bei der Leistungsbeschreibung Umwelteigenschaften in Form von Leistungs- oder Funktionsanforderungen
vorschreiben möchte. Dies kann er unter Beachtung der Anforderungen in Absatz 5 Nr. 1
bis 4 durch die Verwendung auf in Umweltzeichen definierte Spezifikationen umsetzen.
Anders als nach § 7a EU Absatz 6 VOB/A kann der Auftraggeber aber nicht ein bestimmtes Gütezeichen als Nachweis verlangen, sondern es dient als Beweiserleichterung, es wird
vermutet, dass die abstrakt definierten Produkteigenschaften erfüllt sind, wenn ein entsprechendes Gütezeichen vorhanden ist, § 7a VS Absatz 5 Satz 2 VOB/A.

12   Für die Vergabe von Liefer- und Dienstleistungsaufträgen in dem Bereich Verteidigung
und Sicherheit enthält § 7a VS VOB/A den Bestimmungen des § 15 VSVgV ähnliche
Vorschriften für technische Spezifikationen. So entsprechen die Regelungen in § 7a VS
Absatz 1 und 2 VOB/A inhaltlich weitgehend den Vorgaben in § 15 Abs. 1, 2 und 3
VSVgV. Auch in § 15 Absätze 4 bis 7 VSVgV sind den Vorgaben in § 7a VS Abs. 3 bis 5
VOB/A inhaltlich entsprechende Regelungen enthalten.

13   Obwohl die Richtlinie 2009/81/EG zwar grundsätzlich einheitliche Vorgaben sowohl für Bauaufträge als auch für Liefer- und Dienstleistungsaufträge enthält, sind
die Vorschriften im nationalen Recht jedoch auch teilweise unterschiedlich ausgestal-

---

[1] Vgl. für weitere Einzelheiten bereits die Kommentierung zu → VOB/A § 1 VS Rn. 12 ff.

tet.[2] Unterschiede zwischen den Vorgaben für technische Anforderungen bei verteidigungs- und sicherheitsspezifischen Bauaufträgen einerseits und solchen bei verteidigungs- und sicherheitsspezifischen Liefer- und Dienstleistungsaufträgen andererseits ergeben sich insbesondere im Hinblick auf die verwendeten Begrifflichkeiten für die technischen Spezifikationen in § 15 Absatz 3 Nr. 1 lit. a) und d) VSVgV und § 7a VS Absatz 2 Nr. 1 lit. a) und d) VOB/A. Während in § 7a VS Absatz 2 Nr. 1 lit. a) und d) VOB/A jeweils von „nationalen zivilen Normen" die Rede ist, nimmt § 15 Absatz 3 Nr. 1 lit. a) und d) jeweils Bezug auf „zivile Normen". Unter einer „nationalen Norm" ist ausweislich der Nr. 2 lit. c) des Anhangs TS zur VS VOB/A[3] eine Norm zu verstehen, die von einer nationalen Normungsorganisation angenommen wurde und der Öffentlichkeit zugänglich ist.

Inhaltliche Unterschiede lassen sich aus der Verwendung der unterschiedlichen Begrifflichkeiten jedoch nicht ableiten. In der Verordnungsbegründung zu § 15 Absatz 3 VSVgV heißt es, dass § 15 Absatz 3 VSVgV den Inhalt von Art. 18 Absatz 3 der Richtlinie 2009/81/EG übernimmt,[4] in welchem es „nationale zivile Normen" heißt. Es kann daher davon ausgegangen werden, dass § 15 Absatz 3 Nr. 1 lit. a) VSVgV, genau wie § 7a VS Absatz 2 Nr. 1 lit. a) VOB/A „nationale zivile Normen" meint.

Damit wurde für Bauaufträge in § 7a VS VOB/A der Wortlaut von Art. 18 Absatz 3 lit. a) der Richtlinie 2009/81/EG übernommen.

I. Parallelen zu § 7a EU VOB/A

Absatz 2 Nr. 1 lit. b) Nr. 2 und 3 sowie die Absätze 3 bis 5 der § 7a VS VOB/A sind **14** wortgleich mit § 7a EU VOB/A. Die Regelung des § 7 VS Abs. 1 VOB/A findet sich – mit gleichem Wortlaut – in § 7 EU Abs. 1 Nr. 1 VOB/A. Daher kann für die Einzelheiten insoweit auf die Kommentierung zu § 7a EU VOB/A verwiesen werden.

II. Abweichungen von § 7a EU VOB/A

Abweichungen von der Vorschrift des § 7a EU VOB/A bestehen in § 7a VS Absatz 2 **15** Nr. 1 lit. a) und c) bis h) VOB/A. Die Abweichungen betreffen die in den Vergabeunterlagen möglichen zu verwendenden technischen Spezifikationen sowie ihre einzuhaltende Rangfolge. Sie sind auf die Vorgaben in Art. 18 der Richtlinie 2009/81/EG zurückzuführen. Die in § 7a VS Absatz 2 Nr. 1 VOB/A aufgelisteten Spezifikationen wurden wortgleich aus der Auflistung der technischen Spezifikationen in Art. 18 Absatz 3 lit. a) der Richtlinie 2009/81/EG übernommen. Diese EU-rechtlichen Vorgaben beanspruchen ausschließlich für den speziellen Bereich der Vergabe von öffentlichen Aufträgen in dem Verteidigungs- und Sicherheitsbereich Geltung, sodass sich die in nationales Recht umgesetzten entsprechenden Regelungen über den Verweis in § 2 Absatz 2 Satz 2 VSVgV auch nur in dem 3. Abschnitt der VOB/A wiederfinden.

---

[2] Vgl. hierzu bereits die Erläuterungen zu → VOB/A § 1 VS Rn. 15.
[3] Der Anhang TS zur VS VOB/A ist identisch mit dem Anhang III zur Richtlinie 2009/81/EG.
[4] BR-Drs. 321/12, 51.

§ 7b Leistungsbeschreibung mit Leistungsverzeichnis

(1) Die Leistung ist in der Regel durch eine allgemeine Darstellung der Bauaufgabe (Baubeschreibung) und ein in Teilleistungen gegliedertes Leistungsverzeichnis zu beschreiben.

(2) Erforderlichenfalls ist die Leistung auch zeichnerisch oder durch Probestücke darzustellen oder anders zu erklären, z. B. durch Hinweise auf ähnliche Leistungen, durch Mengen- oder statische Berechnungen. Zeichnungen und Proben, die für die Ausführung maßgebend sein sollen, sind eindeutig zu bezeichnen.

(3) Leistungen, die nach den Vertragsbedingungen, den Technischen Vertragsbedingungen oder der gewerblichen Verkehrssitte zu der geforderten Leistung gehören (§ 2 Absatz 1 VOB/B), brauchen nicht besonders aufgeführt zu werden.

(4) Im Leistungsverzeichnis ist die Leistung derart aufzugliedern, dass unter einer Ordnungszahl (Position) nur solche Leistungen aufgenommen werden, die nach ihrer technischen Beschaffenheit und für die Preisbildung als in sich gleichartig anzusehen sind. Ungleichartige Leistungen sollen unter einer Ordnungszahl (Sammelposition) nur zusammengefasst werden, wenn eine Teilleistung gegenüber einer anderen für die Bildung eines Durchschnittspreises ohne nennenswerten Einfluss ist.

Übersicht

	Rn.			Rn.
A. Einführung	1	III.	Rechtliche Vorgaben im EU-Recht	3
I. Literatur	1			
II. Entstehungsgeschichte	2	**B. Allgemeines**		4

A. Einführung

I. Literatur

1 Zu § 7b VS VOB/A existiert, soweit ersichtlich, über die einschlägigen Kommentierungen hinaus keine spezifische Literatur.

II. Entstehungsgeschichte

2 Die Vorschrift des § 7b VS VOB/A wurde im Zuge der Umstrukturierung des § 7 VS VOB/A im Jahre 2016 als eigenständiger Paragraph aus den Absätzen 9 bis 12 unter der Zwischenüberschrift „Leistungsbeschreibung mit Leistungsverzeichnis" des § 7 VS VOB/A a. F. gebildet.

Die Regelungen des § 7b VS VOB/A sind auch nach der Überarbeitung der VOB/A unverändert geblieben.

III. Rechtliche Vorgaben im EU-Recht

3 Der Vorschrift des § 7b VS VOB/A entsprechende Bestimmungen sind in der für Vergaben von Aufträgen in dem Bereich Verteidigung und Sicherheit anwendbaren Richtlinie 2009/81/EG nicht enthalten.

B. Allgemeines

4 § 7b VS VOB/A enthält besondere Bestimmungen für die Leistungsbeschreibung mit Leistungsverzeichnis bei der Vergabe verteidigungs- und sicherheitsspezifischer Bauaufträge. Dieser Typ der Leistungsbeschreibung stellt den Regelfall im Bereich der VOB/A dar.

Da diese Vorschrift identisch mit § 7b EU VOB/A ist, wird für die Einzelheiten auf die dortige Kommentierung verwiesen.

Für den Bereich verteidigungs- und sicherheitsspezifischer Liefer- und Dienstleistungs- **5** aufträge enthalten die insoweit abschließend geltenden Bestimmungen der VSVgV hingegen keine den Bestimmungen des § 7b VS VOB/A entsprechende Vorgaben. Dies ist dem Umstand geschuldet, dass die Richtlinie 2009/81/EG hinsichtlich des Typs der Leistungsbeschreibung keinerlei Vorgaben trifft und die Vorgaben der Richtlinie 2009/81/EG lediglich für verteidigungs- und sicherheitsspezifische Bauaufträge überschießend in nationales Recht umgesetzt wurden.

§ 7c Leistungsbeschreibung mit Leistungsprogramm

(1) Wenn es nach Abwägen aller Umstände zweckmäßig ist, abweichend von § 7b Absatz 1 zusammen mit der Bauausführung auch den Entwurf für die Leistung dem Wettbewerb zu unterstellen, um die technisch, wirtschaftlich und gestalterisch beste sowie funktionsgerechteste Lösung der Bauaufgabe zu ermitteln, kann die Leistung durch ein Leistungsprogramm dargestellt werden.

(2)

1. Das Leistungsprogramm umfasst eine Beschreibung der Bauaufgabe, aus der die Unternehmen alle für die Entwurfsbearbeitung und ihr Angebot maßgebenden Bedingungen und Umstände erkennen können und in der sowohl der Zweck der fertigen Leistung als auch die an sie gestellten technischen, wirtschaftlichen, gestalterischen und funktionsbedingten Anforderungen angegeben sind, sowie gegebenenfalls ein Musterleistungsverzeichnis, in dem die Mengenangaben ganz oder teilweise offengelassen sind.

2. § 7b Absätze 2 bis 4 gilt sinngemäß.

(3) Von dem Bieter ist ein Angebot zu verlangen, das außer der Ausführung der Leistung den Entwurf nebst eingehender Erläuterung und eine Darstellung der Bauausführung sowie eine eingehende und zweckmäßig gegliederte Beschreibung der Leistung – gegebenenfalls mit Mengen- und Preisangaben für Teile der Leistung – umfasst. Bei Beschreibung der Leistung mit Mengen- und Preisangaben ist vom Bieter zu verlangen, dass er

1. die Vollständigkeit seiner Angaben, insbesondere die von ihm selbst ermittelten Mengen, entweder ohne Einschränkung oder im Rahmen einer in den Vergabeunterlagen anzugebenden Mengentoleranz vertritt, und

2. etwaige Annahmen, zu denen er in besonderen Fällen gezwungen ist, weil zum Zeitpunkt der Angebotsabgabe einzelne Teilleistungen nach Art und Menge noch nicht bestimmt werden können (z.B. Aushub-, Abbruch- oder Wasserhaltungsarbeiten) – erforderlichenfalls anhand von Plänen und Mengenermittlungen – begründet.

Übersicht

	Rn.		Rn.
A. Einführung	1	III. Rechtliche Vorgaben im EU-Recht	4
I. Literatur	1	B. Allgemeines	5
II. Entstehungsgeschichte	2		

A. Einführung

I. Literatur

1   Soweit ersichtlich, ist zu § 7c VS VOB/A über die einschlägigen Kommentierungen hinaus keine spezifische Literatur vorhanden.

II. Entstehungsgeschichte

2   Die Vorschrift des § 7c VS VOB/A wurde im Zuge der Umstrukturierung des § 7 VS VOB/A im Jahre 2016 als eigenständiger Paragraph aus den Absätzen 13 bis 15 unter der Zwischenüberschrift „Leistungsbeschreibung mit Leistungsprogramm" des § 7 VS VOB/A a. F. gebildet.

3   Die Regelungen des § 7c VS VOB/A sind auch nach der Überarbeitung der VOB/A inhaltlich unverändert geblieben. Es wurden lediglich redaktionelle Anpassungen vorgenommen.

III. Rechtliche Vorgaben im EU-Recht

Wie die Vorschrift des § 7b VS VOB/A spiegelt auch § 7c VS VOB/A keine Vorgaben **4** der einschlägigen Richtlinien 2009/81/EG und 2014/24/EU wider.

B. Allgemeines

§ 7c VS VOB/A enthält besondere Bestimmungen für Leistungsbeschreibungen mit **5** Leistungsprogramm, wobei dieser Typ der Leistungsbeschreibung im Vergleich zur Leistungsbeschreibung mit Leistungsverzeichnis (§ 7b VS VOB/A) die Ausnahme darstellt, die nur „nach Abwägen aller Umstände zweckmäßig" sein kann.

Die Regelungen des § 7c VS VOB/A sind inhaltsgleich mit den Bestimmungen des § 7c **6** EU VOB/A, weshalb hinsichtlich der Einzelheiten auf die dortige Kommentierung verwiesen wird.

Für den Bereich verteidigungs- und sicherheitsspezifischer Liefer- und Dienstleistungsaufträge enthalten die insoweit abschließend geltenden Bestimmungen der VSVgV hingegen keine den Bestimmungen des § 7c VS VOB/A entsprechende Vorgaben. Dies kann damit begründet werden, dass die Richtlinie 2009/81/EG hinsichtlich des Typs der Leistungsbeschreibung keinerlei Vorgaben trifft und die Vorgaben der Richtlinie 2009/81/EG lediglich für verteidigungs- und sicherheitsspezifische Bauaufträge überschießend in nationales Recht umgesetzt wurden.[1]

---

[1] Vgl. auch bereits die Erläuterungen zu →VOB/A § 7b VS Rn. 5.

§ 8 Vergabeunterlagen

(1) Die Vergabeunterlagen bestehen aus

1. dem Anschreiben (Aufforderung zur Angebotsabgabe), gegebenenfalls Teilnahmebedingungen (Absatz 2) und

2. den Vertragsunterlagen (Absatz 3 und §§ 7 VS bis 7c VS, § 8a VS Absatz 1 bis 3).

(2)

1. Das Anschreiben muss die in Anhang XV der Durchführungsverordnung (EU) Nr. 2015/1986 geforderten Informationen enthalten, die außer den Vertragsunterlagen für den Entschluss zur Abgabe eines Angebots notwendig sind, sofern sie nicht bereits veröffentlicht wurden.

2. Der Auftraggeber kann die Bieter auffordern, in ihrem Angebot die Leistungen anzugeben, die sie an Nachunternehmen zu vergeben beabsichtigen.

3. Hat der Auftraggeber in der Auftragsbekanntmachung Nebenangebote zugelassen, hat er anzugeben:

   a) ob er Nebenangebote ausnahmsweise nur in Verbindung mit einem Hauptangebot zulässt,

   b) die Mindestanforderungen für Nebenangebote.

   Von Bietern, die eine Leistung anbieten, deren Ausführung nicht in Allgemeinen Technischen Vertragsbedingungen oder in den Vergabeunterlagen geregelt ist, sind im Angebot entsprechende Angaben über Ausführung und Beschaffenheit dieser Leistung zu verlangen.

4. Auftraggeber, die ständig Bauaufträge vergeben, sollen die Erfordernisse, die die Unternehmen bei der Bearbeitung ihrer Angebote beachten müssen, in den Teilnahmebedingungen zusammenfassen und dem Anschreiben beifügen.

(3) Bei der Vergabe von Verschlusssachenaufträgen und Aufträgen, die Anforderungen an die Versorgungssicherheit beinhalten, benennt der Auftraggeber in der Auftragsbekanntmachung oder den Vergabeunterlagen alle Maßnahmen und Anforderungen, die erforderlich sind, um den Schutz solcher Verschlusssachen entsprechend der jeweiligen Sicherheitsstufe zu gewährleisten bzw. um die Versorgungssicherheit zu gewährleisten.

Übersicht

	Rn.		Rn.
A. Einführung	1	II. Abweichungen von § 8 VOB/A	13
I. Literatur	1	1. Absatz 2 Nr. 1	14
II. Entstehungsgeschichte	2	2. Absatz 2 Nr. 3	15
III. Rechtliche Vorgaben im EU-Recht	5	3. Absatz 3	18
B. Allgemeines	7		
I. Parallelen zu § 8 VOB/A	12		

A. Einführung

I. Literatur

1 Zu der Vorschrift des § 8 VS VOB/A existiert, soweit ersichtlich, keine über die einschlägigen Kommentierungen hinausgehende spezifische Literatur.

II. Entstehungsgeschichte

2 § 8 VS VOB/A ist, wie der gesamte 3. Abschnitt der VOB/A, im Zuge der VOB/A Novelle im Jahre 2012 entstanden. Daher wird für die Einzelheiten auf die Entstehungsgeschichte des gesamten 3. Abschnittes der VOB/A in der Kommentierung zu §1 VS VOB/A verwiesen.

Wie §7 VS VOB/A wurde die bisherige Fassung des §8 VS VOB/A im Rahmen der **3** Überarbeitung der VOB/A im Jahre 2016 der besseren Übersichtlichkeit halber umstrukturiert und aus den ehemals zehn Absätzen drei eigenständige Paragraphen gebildet, die mit dem Zusatz §8a und §8b versehen wurden, um das Paragraphengerüst in seiner Grundform zu erhalten.[1]

Inhaltlich hat der neustrukturierte §8 VS VOB/A keine wesentlichen Änderungen erfahren. **4** Lediglich hinsichtlich der der Aufforderung zur Angebotsabgabe (Anschreiben) beizufügenden Informationen wird in §8 VS Absatz 2 Nr. 1 VOB/A nunmehr auf Anhang XV der Durchführungsverordnung (EU) Nr. 2015/1986 verwiesen und damit die Aufhebung der Durchführungsverordnung (EU) Nr. 842/2011, auf die §8 VS Absatz 2 Nr. 1 VOB/A a. F. verwiesen hat, berücksichtigt. Im Übrigen handelt es sich bei den Änderungen dieser Vorschrift lediglich um solche redaktioneller Art.

III. Rechtliche Vorgaben im EU-Recht

Anhang XV der Durchführungsverordnung (EU) Nr. 2015/1986, auf welchen §8 VS **5** Absatz 2 Nr. 1 VOB/A hinsichtlich der in dem Anschreiben erforderlichen Informationen verweist, entspricht den Vorgaben der Richtlinie 2009/81/EG und enthält alle Angaben, die für den Entschluss zur Abgabe eines Angebotes notwendig sind. Die Informationen sollen den potentiellen Bietern in die Lage versetzen, zu beurteilen, ob die vorgeschlagenen Aufträge für sie von Interesse sind. Daher sollten sie jedenfalls über den Auftragsgegenstand und die Auftragsbedingungen informiert werden.[2]

In §8 VS Absatz 3 VOB/A werden die Vorgaben der Art. 22, 23 der Richtli- **6** nie 2009/81/EG umgesetzt.

B. Allgemeines

Aufgrund des fehlenden Verweises in §2 Absatz 2 Satz 1 VSVgV auf die Regelungen **7** des §16 VSVgV und stattdessen des Verweises in §2 Absatz 2 Satz 2 VSVgV auf die Bestimmungen des 3. Abschnittes der VOB/A, gilt für die Vergabeunterlagen bei Bauaufträgen in dem Bereich der Verteidigung und Sicherheit die Vorschrift des §8 VS VOB/A. §8 VS VOB/A enthält insbesondere eine Definition der Vergabeunterlagen (Absatz 1) sowie die Anforderungen an den Inhalt des Anschreibens bzw. der Aufforderung zur Angebotsabgabe (Absätze 2 und 3).

Für den Inhalt und die Anforderungen an die Vergabeunterlagen sowie die Aufforderung **8** zur Angebotsabgabe (Anschreiben) bei der Vergabe verteidigungs- und sicherheitsspezifischer Liefer- und Dienstleistungsaufträge enthalten die Vorschriften der §§16 und 29 VSVgV insoweit abschließende Bestimmungen. Die Vorgaben für den erforderlichen Inhalt des Anschreibens in §29 VSVgV decken sich nicht mit denen nach §8 VS VOB/A. So verweist etwa §8 VS Absatz 2 Nr. 1 VOB/A für die Informationen, die in dem Anschreiben enthalten sein müssen auf den Anhang XV der Durchführungsverordnung (EU) Nr. 2015/1986, wohingegen §29 VSVgV, insbesondere in dessen Absatz 5 andere Vorgaben enthält.

§32 VSVgV enthält Vorgaben für Nebenangebote, wenn der Auftraggeber bei der Ver- **9** gabe verteidigungs- und sicherheitsspezifischer Liefer- und Dienstleistungsaufträge solche zugelassen hat. Wie auch nach §8 VS Absatz 2 Nr. 3 Satz 1 lit. b) VOB/A wird gemäß

---

[1] Vgl. Hinweise für die VOB/A 2016, BAnz AT 19.1.2016 B3, S. 3.
[2] Vgl. Erwägungsgrund 58 der Richtlinie 2009/81/EG.

§ 32 Absatz 1 Satz 2 VSVgV verlangt, dass der Auftraggeber in den Vergabeunterlagen bzw. dem Anschreiben die Mindestanforderungen für die Nebenangebote anzugeben hat. Im Übrigen weichen die beiden Parallelvorschriften für Nebenangebote jedoch voneinander ab. Anders als in § 32 VSVgV bestimmt, hat der Auftraggeber nach § 8 VS Absatz 2 Nr. 3 lit. a) VOB/A außerdem anzugeben, ob er Nebenangebote nur in Verbindung mit einem Hauptangebot zulässt. Vergleichbare Bestimmungen wie die in § 32 Absatz 1 Sätze 3 und 4 VSVgV enthaltenen Vorgaben dahingehend, wann Nebenangebote nur zu berücksichtigen sind, wann sie auszuschließen und wann sie nicht einfach zurückgewiesen werden dürfen, sind in § 8 VS VOB/A nicht vorhanden.

10   Für die Anforderungen an den Schutz von Verschlusssachen für das Vergabeverfahren verteidigungs- und sicherheitsspezifischer Liefer- und Dienstleistungsaufträge enthält § 6 Absatz 1 Satz 2 VSVgV i. V. m. § 7 Absatz 1 VSVgV eine dem § 8 VS Absatz 3 VOB/A inhaltlich entsprechende Regelung. Jedoch gelten auch für verteidigungs- und sicherheitsspezifische Bauaufträge die Regelungen in § 6 Absatz 1 Satz 2 VSVgV i. V. m. § 7 VSVgV, sodass sich für die Anforderungen, die an den Schutz von Verschlusssachen zu stellen sind, keine Unterschiede zwischen verteidigungs- und sicherheitsspezifischen Bauaufträgen und Liefer- und Dienstleistungsaufträgen ergeben.[3] Gleiches gilt für Aufträge, die Anforderungen an die Versorgungssicherheit stellen i. S. d. § 8 VS Absatz 3 VOB/A, für die § 8 VSVgV besondere Regelungen enthält. Auch § 8 VSVgV gilt sowohl für verteidigungs- und sicherheitsspezifische Liefer- und Dienstleistungsaufträge als auch für Bauaufträge in diesem Bereich, vgl. § 2 Absatz 2 Satz 2 VSVgV.

11   Eine der Vorschrift des § 8 VS Absatz 2 Nr. 2 VOB/A inhaltlich entsprechende Regelung findet sich für verteidigungs- und sicherheitsspezifische Liefer- und Dienstleistungsaufträge in § 9 Absatz 1 VSVgV, wonach Auftraggeber die Bieter dazu auffordern können, in ihrem Angebot die Leistungen anzugeben, die sie an deinen Dritte zu vergeben beabsichtigen.

I. Parallelen zu § 8 EU VOB/A

12   Die Bestimmungen des § 8 VS VOB/A sind weitestgehend inhaltsgleich mit denen des § 8 EU VOB/A, sodass insoweit grundsätzlich auf die dortige Kommentierung verwiesen werden kann. Im Folgenden wird daher lediglich auf die Abweichungen bzw. Ergänzungen gegenüber § 8 EU VOB/A eingegangen.

II. Abweichungen von § 8 EU VOB/A

13   Abweichungen bzw. Ergänzungen im Vergleich zu den Bestimmungen des § 8 EU VOB/A enthalten Absätze 2 Nr. 1 und 3 sowie Absatz 3.

1. Absatz 2 Nr. 1

14   Die neue Fassung des § 8 VS VOB/A verweist hinsichtlich der dem Anschreiben beizufügenden Informationen – anders als § 8 EU Absatz 2 Nr. 1 VOB/A, der auf Anhang V der Richtlinie 2014/24/EU Bezug nimmt – bei verteidigungs- und sicherheitsspezifischen

---

[3] Die Richtlinie 2009/81/EG differenziert hinsichtlich der einzuhaltenden Vorgaben grundsätzlich nicht zwischen verteidigungs- und sicherheitsspezifischen Bauaufträgen und Liefer- und Dienstleistungsaufträgen in dem Bereich Verteidigung und Sicherheit; in Art. 22, 23 dieser Richtlinie sind einheitliche Vorgaben für den Schutz von Verschlusssachen enthalten. Dennoch hat der nationale Gesetzgeber über den Verweis in § 2 Abs. 2 S. 2 VSVgV auf den 3. Abschn. der VOB/A, der nur für die Vergabe von Bauaufträgen gilt, für diese Vergaben die EU-rechtlichen Vorgaben teilweise überschießend umgesetzt, vgl. insoweit bereits die Erläuterungen zu → VOB/A § 4 VS Rn. 5, → VOB/A § 7 VS Rn. 6, → VOB/A § 7b VS Rn. 5 und → VOB/A § 7c VS Rn. 6.

Bauaufträgen auf den Anhang XV der Durchführungsverordnung (EU) Nr. 2015/1986. Anhang XV der Durchführungsverordnung (EU) Nr. 2015/1986 enthält das Standardformular für die Bekanntmachung vergebener Aufträge in den Bereichen Verteidigung und Sicherheit.

2. Absatz 2 Nr. 3

Im Hinblick auf die Angaben, die zu Nebenangeboten gemacht werden müssen, enthält 15 Absatz 2 Nr. 3 im Vergleich zu der Parallelvorschrift des § 8 EU Abs. 2 Nr. 3 VOB/A nur marginale inhaltliche Abweichungen.

Soweit sich diese beiden Vorschriften inhaltlich decken, kann daher hinsichtlich der Einzelheiten in Bezug auf Nebenangebote, auf die Kommentierung zu § 8 EU Abs. 2 Nr. 3 VOB/A verwiesen werden.[4] Dies gilt insbesondere dahingehend, was unter einem Nebenangebot zu verstehen ist sowie hinsichtlich der Regelungen in § 8 VS Abs. 2 Nr. 3 lit. a) und Satz 3 VOB/A, die inhaltsgleich mit den Bestimmungen der Parallelvorschrift des § 8 EU Absatz 2 Nr. 3 Satz 1 lit. b) und Satz 3 VOB/A sind.

Die inhaltlichen Unterschiede beider Parallelvorschriften betreffen die Frage, welche 16 Konsequenzen die Angaben des Auftraggebers zu Nebenangeboten haben. Anders als in § 8 EU Abs. 2 Nr. 3 lit. a) VOB/A sieht § 8 VS Abs. 2 Nr. 3 Satz 1 VOB/A keine Verpflichtung des Auftraggebers vor anzugeben, in welcher Art und Weise Nebenangebote einzureichen sind. Zudem fehlt auch der ausdrückliche Hinweis, dass Nebenangebote nicht zugelassen sind, wenn es an einer entsprechenden Angabe in der Auftragsbekanntmachung fehlt. Gleichwohl ist der Formulierung „hat der Auftraggeber (…) Nebenangebote zugelassen" zu entnehmen, dass Nebenangebote auch im Anwendungsbereich der VOB/A – VS nur bei einem ausdrücklichen Hinweis des Auftraggebers zugelassen sind.

Ferner ist, anders als in § 8a EU Abs. 2 Nr. 3 Satz 6 VOB/A, in § 8 VS Abs. 2 Nr. 3 17 VOB/A keine Regelung enthalten, die es ausdrücklich zulässt, dass bei Nebenangeboten der Preis das einzige Zuschlagskriterium ist. Das ist dem Umstand geschuldet, dass die Richtlinie 2009/81/EG anders als die Richtlinien des Jahres 2014 dazu keine Aussagen macht. Man wird aber davon ausgehen dürfen, dass entgegen der früheren Rechtsprechung[5] nunmehr auch im Bereich der VOB/A – VS Nebenangebote zugelassen sind, wenn nur der Preis Zuschlagskriterium ist.[6]

3. Absatz 3

Anders als in der Parallelvorschrift des § 8 EU VOB/A enthält § 8 VS VOB/A einen zu- 18 sätzlichen Absatz 3, der die in den Vergabeunterlagen zu berücksichtigenden Besonderheiten bei der Vergabe von Verschlusssachenaufträgen[7] und Aufträgen, die Anforderungen an die Versorgungssicherheit[8] beinhalten, regelt. Bei der Vergabe derartiger Aufträge hat der Auftraggeber bereits in der Bekanntmachung oder spätestens in den Vergabeunterlagen sämtliche erforderliche Schutzmaßnahmen und Anforderungen zu benennen. Dadurch soll sichergestellt werden, dass potentielle Bieter von Anfang an einschätzen können, ob sie für die Durchführung des Auftrages geeignet und in der Lage sind, ein angemessenes Angebot zu unterbreiten.[9]

---

[4] → VOB/A § 8 EU Rn. 29 f.
[5] BGH, Beschl. v. 7.1.2014 – X ZB 15/13.
[6] Vgl. zur Unterschwellenvergabe BGH, Beschl. v. 10.5.2016 – X ZR 66/15.
[7] Vgl. für die Definition eines Verschlusssachenauftrags § 104 Abs. 3 GWB; für die weiteren Einzelheiten wird auf die Kommentierung in → GWB § 104 verwiesen. Eine Definition für Verschlusssachen enthält auch § 4 Abs. 1 Sicherheitsüberprüfungsgesetz (SÜG).
[8] Unter Versorgungssicherheit wird die langfristige, stetige Sicherung der Grundbedürfnisse der Menschen verstanden, worunter insbesondere die Versorgung mit Wasser und Energie, aber auch die Luftreinhaltung, Alterssicherung, Grundeinkommenssicherung und die Aufrechterhaltung eines funktionierenden Gesundheitswesens gefasst werden, vgl. *Verfürth* in KMPP, Kommentar zu VOB/A, § 8 VS Rn. 9.
[9] So auch *Leinemann* in Leinemann/Kirch, VSVgV Kommentar, VS VOB/A § 8 Rn. 13.

19   Welche Maßnahmen und Anforderungen konkret erforderlich sind, regelt Absatz 3 jedoch nicht. Aufgrund des für Bauaufträge in dem Bereich Verteidigung und Sicherheit geltenden Verweises in § 2 Abs. 2 Satz 1 VSVgV auf die §§ 7 und 8 VSVgV sind die dort geregelten materiell-rechtlichen Vorgaben zu den erforderlichen Angaben zu beachten. Für die weiteren Einzelheiten wird auf die dortigen Kommentierungen verwiesen.

20   Wichtige Hinweise hierzu ergeben sich schließlich auch aus den Formblättern und Richtlinien des VHB,[10] insbesondere der Richtlinie 123 VS und dem entsprechenden Formblatt.

---

[10] Das Vergabehandbuch (VHB) setzt die Vergabe- und Vertragsordnung für Bauleistungen (VOB) Teile A und B um. Mit Erlass des Bundesministeriums für Verkehr, Bau und Stadtentwicklung vom 2. Juni 2008 zum 1. Juli 2008 für den Bundeshochbau eingeführt, hat es seither mehrere Aktualisierungen erfahren, zuletzt im Jahre 2017 vor dem Hintergrund der Umsetzung der Richtlinie 2014/24 EU. Das VHB enthält zahlreiche Richtlinien und Formblätter, welche nunmehr die Änderungen von GWB, VgV, VSVgV und VOB/A berücksichtigen.

§ 8a Allgemeine, Besondere und
Zusätzliche Vertragsbedingungen

(1) In den Vergabeunterlagen ist vorzuschreiben, dass die Allgemeinen Vertragsbedingungen für die Ausführung von Bauleistungen (VOB/B) und die Allgemeinen Technischen Vertragsbedingungen für Bauleistungen (VOB/C) Bestandteile des Vertrags werden. Das gilt auch für etwaige Zusätzliche Vertragsbedingungen und etwaige Zusätzliche Technische Vertragsbedingungen, soweit sie Bestandteil des Vertrags werden sollen.

(2)

1. Die Allgemeinen Vertragsbedingungen bleiben grundsätzlich unverändert. Sie können von Auftraggebern, die ständig Bauaufträge vergeben, für die bei ihnen allgemein gegebenen Verhältnisse durch Zusätzliche Vertragsbedingungen ergänzt werden. Diese dürfen den Allgemeinen Vertragsbedingungen nicht widersprechen.

2. Für die Erfordernisse des Einzelfalles sind die Allgemeinen Vertragsbedingungen und etwaige Zusätzliche Vertragsbedingungen durch Besondere Vertragsbedingungen zu ergänzen. In diesen sollen sich Abweichungen von den Allgemeinen Vertragsbedingungen auf die Fälle beschränken, in denen dort besondere Vereinbarungen ausdrücklich vorgesehen sind und auch nur soweit es die Eigenart der Leistung und ihre Ausführung erfordern.

(3) Die Allgemeinen Technischen Vertragsbedingungen bleiben grundsätzlich unverändert. Sie können von Auftraggebern, die ständig Bauleistungen vergeben, für die bei ihnen allgemein gegebenen Verhältnisse durch Zusätzliche Technische Vertragsbedingungen ergänzt werden. Für die Erfordernisse des Einzelfalles sind Ergänzungen und Änderungen in der Leistungsbeschreibung festzulegen.

(4)

1. In den Zusätzlichen Vertragsbedingungen oder in den Besonderen Vertragsbedingungen sollen, soweit erforderlich, folgende Punkte geregelt werden:
   a) Unterlagen (§ 8b VS Absatz 3 ; § 3 Absatz 5 und 6 VOB/B),
   b) Benutzung von Lager- und Arbeitsplätzen, Zufahrtswegen, Anschlussgleisen, Wasser- und Energieanschlüssen (§ 4 Absatz 4 VOB/B),
   c) Weitervergabe an Nachunternehmen (§ 4 Absatz 8 VOB/B),
   d) Ausführungsfristen (§ 9 VS; § 5 VOB/B),
   e) Haftung (§ 10 Absatz 2 VOB/B),
   f) Vertragsstrafen und Beschleunigungsvergütungen (§§ 9a VS; 11 VOB/B),
   g) Abnahme (§ 12 VOB/B),
   h) Vertragsart (§ 4 VS), Abrechnung (§ 14 VOB/B),
   i) Stundenlohnarbeiten (§ 15 VOB/B),
   j) Zahlungen, Vorauszahlungen (§ 16 VOB/B),
   k) Sicherheitsleistung (§§ 9c VS; 17 VOB/B),
   l) Gerichtsstand (§ 18 Absatz 1 VOB/B),
   m) Lohn- und Gehaltsnebenkosten,
   n) Änderung der Vertragspreise (§ 9d VS).

2. Im Einzelfall erforderliche besondere Vereinbarungen über die Mängelansprüche sowie deren Verjährung (§§ 9b VS; 13 Absatz 1, 4 und 7 VOB/B) und über die Verteilung der Gefahr bei Schäden, die durch Hochwasser, Sturmfluten, Grundwasser, Wind, Schnee, Eis und dergleichen entstehen können (§ 7 VOB/B), sind in den Besonderen Vertragsbedingungen zu treffen. Sind für bestimmte Bauleistungen gleichgelagerte Voraussetzungen im Sinne von § 9b VS gegeben, so dürfen die besonderen Vereinbarungen auch in Zusätzlichen Technischen Vertragsbedingungen vorgesehen werden.

Übersicht

	Rn.			Rn.
A. Einführung	1	III. Rechtliche Vorgaben im EU-		
I. Literatur	1	Recht		4
II. Entstehungsgeschichte	2	**B. Allgemeines**		5

A. Einführung

I. Literatur

1   Zu der Vorschrift des § 8a VS VOB/A existiert, soweit ersichtlich, keine über die einschlägigen Kommentare hinausgehende spezifische Literatur.

II. Entstehungsgeschichte

2   § 8a VS VOB/A wurde im Zuge der Umstrukturierung des § 8 VS VOB/A im Rahmen der Überarbeitung der VOB/A im Jahre 2016 als eigenständiger Paragraph aus den ehemaligen Absätzen 4 bis 7 des § 8 VS VOB/A gebildet. Einzelheiten zu der Entstehungsgeschichte des § 8 VS VOB/A sind der Kommentierung des § 8 VS VOB/A zu entnehmen.

3   Inhaltliche Änderungen haben die Regelungen des § 8a VS VOB/A durch die Überarbeitung jedoch nicht erfahren. Es wurden lediglich redaktionelle Anpassungen vorgenommen.

III. Rechtliche Vorgaben im EU-Recht

4   In der für Vergaben von Aufträgen in dem Bereich Verteidigung und Sicherheit anwendbaren Richtlinie 2009/81/EG sind keine den Bestimmungen der Vorschrift des § 8a VS VOB/A entsprechende Vorgaben enthalten.

B. Allgemeines

5   § 8a VS VOB/A regelt für den Bereich der verteidigungs- und sicherheitsspezifischen Bauauftragsvergaben Einzelheiten zu den Vertragsbedingungen, die in den Vergabeunterlagen festzuhalten sind. Die Vorschrift nimmt Bezug auf die VOB/B sowie die VOB/C und bestimmt die Anforderungen, wenn Zusätzliche Vertragsbedingungen und Zusätzliche Technische Vertragsbedingungen Vertragsbestandteil werden sollen.

6   Da § 8a VS VOB/A, bis auf wenige redaktionelle Anpassungen, inhaltsgleich mit der Parallelvorschrift des § 8a EU VOB/A ist, wird für die Einzelheiten auf die dortige Kommentierung verwiesen.

7   Eine der Vorschrift des § 8a VS VOB/A entsprechende Regelung ist für die Vergabe verteidigungs- und sicherheitsspezifischer Liefer- und Dienstleistungsaufträge in der für Vergaben in diesem Bereich geltenden VSVgV nicht enthalten. Wie bereits in den Erläuterungen[1] zu § 8 VS VOB/A beschrieben, gelten für die Vergabeunterlagen in diesem Bereich lediglich die Vorschriften der §§ 16, 29 und 32 VSVgV, die – anders als § 8a VS VOB/A – eine Pflicht zur Inkorporation der VOB/B und VOB/C als Vertragsbestandteil nicht vorsehen und auch sonst keine Regelungen zu Zusätzlichen und Besonderen Ver-

---

[1] → VOB/A § 8 VS Rn. 7 ff.

tragsbedingungen enthalten. § 10 Absatz 3 VSVgV bestimmt für verteidigungs- und sicherheitsspezifische Liefer- und Dienstleistungsaufträge, dass die Allgemeinen Vergabebedingungen für die Ausführung von Leistungen (VOL/B) grundsätzlich zum Vertragsgegenstand zu machen sind. Anders als § 8a VS Absatz 1 VOB/A besteht hier jedoch nur eine
grundsätzliche Verpflichtung.[2] Durch die Verwendung des Wortes „grundsätzlich" wird
deutlich, dass vielmehr Ausnahmen zulässig sind.

---

[2] Vgl. hierzu BR-Drs. 321/12, 46; vgl. auch die Kommentierung in → VSVgV § 10 Rn. 39 ff.

§ 8b Kosten- und Vertrauensregelung, Schiedsverfahren

(1) Beim nicht offenen Verfahren, beim Verhandlungsverfahren und beim wettbewerblichen Dialog sind alle Unterlagen unentgeltlich abzugeben.

(2)

1. Für die Bearbeitung des Angebotes wird keine Entschädigung gewährt. Verlangt jedoch der Auftraggeber, dass der Bieter Entwürfe, Pläne, Zeichnungen, statische Berechnungen, Mengenberechnungen oder andere Unterlagen ausarbeitet, insbesondere in den Fällen des § 7c VS, so ist einheitlich für alle Bieter in der Ausschreibung eine angemessene Entschädigung festzusetzen. Diese Entschädigung steht jedem Bieter zu, der ein der Ausschreibung entsprechendes Angebot mit den geforderten Unterlagen rechtzeitig eingereicht hat.

2. Diese Grundsätze gelten für Verhandlungsverfahren und wettbewerblichen Dialog entsprechend.

(3) Der Auftraggeber darf Angebotsunterlagen und die in den Angeboten enthaltenen eigenen Vorschläge eines Bieters nur für die Prüfung und Wertung der Angebote (§§ 16c VS und 16d VS) verwenden. Eine darüber hinausgehende Verwendung bedarf der vorherigen schriftlichen Vereinbarung.

(4) Sollen Streitigkeiten aus dem Vertrag unter Ausschluss des ordentlichen Rechtsweges im schiedsrichterlichen Verfahren ausgetragen werden, so ist es in besonderer, nur das Schiedsverfahren betreffender Urkunde zu vereinbaren, soweit nicht § 1031 Absatz 2 ZPO auch eine andere Form der Vereinbarung zulässt.

Übersicht

	Rn.		Rn.
A. Einführung	1	B. Allgemeines	5
I. Literatur	1	I. Parallelen zu § 8b VOB/A	7
II. Entstehungsgeschichte	2	II. Abweichungen von § 8b VOB/A	8
III. Rechtliche Vorgaben im EU-Recht .	4		

A. Einführung

I. Literatur

1 Soweit ersichtlich, ist zu § 8b VS VOB/A über die einschlägigen Kommentierungen hinaus keine spezifische Literatur vorhanden.

II. Entstehungsgeschichte

2 § 8b VS VOB/A wurde im Zuge der Umstrukturierung des § 8 VS VOB/A im Rahmen der Überarbeitung der VOB/A im Jahre 2016 als eigenständiger Paragraph aus den ehemaligen Absätzen 8 bis 11 des § 8 VS VOB/A gebildet. Einzelheiten zu der Entstehungsgeschichte des § 8 VS VOB/A sind der Kommentierung des § 8 VS VOB/A zu entnehmen.[1]

3 Inhaltliche Änderungen haben die Regelungen des § 8b VS VOB/A durch die Überarbeitung jedoch nicht erfahren. Es wurden lediglich redaktionelle Anpassungen vorgenommen.

III. Rechtliche Vorgaben im EU-Recht

4 In der für Vergaben von Aufträgen in dem Bereich Verteidigung und Sicherheit anwendbaren Richtlinie 2009/81/EG sind keine den Bestimmungen der Vorschrift des § 8b VS VOB/A entsprechende Vorgaben enthalten.

---

[1] → VOB/A § 8 VS Rn. 2 ff.

B. Allgemeines

§ 8b VS VOB/A enthält in den Absätzen 1 und 2 für die Vergabe verteidigungs- und si- **5** cherheitsspezifischer Bauaufträge Kosten- bzw. Entschädigungsregelungen, in Absatz 3 eine Vertrauensregelung hinsichtlich der Verwendung der Angebotsunterlagen durch den Auftraggeber und in Absatz 4 eine besondere Formvorschrift für Schiedsgerichtsvereinbarungen.

Für Liefer- und Dienstleistungsaufträge in dem Bereich Verteidigung und Sicherheit **6** enthalten die für die Vergabeunterlagen geltenden Regelungen der §§ 16, 29 und 32 VSVgV keine der Vorschrift des § 8b VS VOB/A entsprechende Bestimmungen. Allerdings wird die Grundregel, dass die Vergabeunterlagen kostenlos abzugeben sind, in § 29 Absatz 3 Satz 2 VSVgV durchbrochen, während sie nach § 8b VS Absatz 1 ausnahmelos gilt.

I. Parallelen zu § 8b EU VOB/A

Die Vorschrift des § 8b VS VOB/A ist hinsichtlich ihrer Absätze 2 bis 4, bis auf wenige **7** redaktionelle Abweichungen, mit der Parallelvorschrift des § 8b EU Abs. 1 bis 4 VOB/A inhaltsgleich, weshalb für die weiteren Einzelheiten insoweit auf die dortige Kommentierung verwiesen werden kann.[2]

II. Abweichungen von § 8b EU VOB/A

Abweichungen ergeben sich lediglich im Hinblick auf § 8b VS Abs. 1 VOB/A, der in **8** Abschnitt 2 der VOB/A keine Entsprechung findet.

Nach § 8b VS Abs. 1 VOB/A sind in allen nach der VOB/A – VS zugelassenen Verfah- **9** rensarten – sprich dem nicht offenen Verfahren, dem Verhandlungsverfahren und dem wettbewerblichen Dialog, § 3a VS Abs. 1 VOB/A – den Bietern sämtliche Vergabeunterlagen unentgeltlich zur Verfügung zu stellen. Diese Regelung erscheint sachgerecht, denn anders als im offenen Verfahren, in dem der Auftraggeber unter Umstanden mit einer Flut von Anfragen konfrontiert wird, legt der Auftraggeber hier den Kreis der geeigneten Bewerber selbst fest und kann auf diese Weise die Kosten für die Vervielfältigung und des Versands der Vergabeunterlagen selbst steuern und kalkulieren.

Die Auflistung der Verfahrensarten ist indes deklaratorischer Natur, da im Anwendungs- **10** bereich der VOB/A – VS über die in § 8b VS Abs. 1 VOB/A genannten keine weitere Verfahrensarten – wie etwa das offene Verfahren – zulässig sind.

---

[2] → VOB/A § 8b EU Rn. 7 ff.

§ 9 Einzelne Vertragsbedingungen, Ausführungsfristen

(1)

1. Die Ausführungsfristen sind ausreichend zu bemessen; Jahreszeit, Arbeitsbedingungen und etwaige besondere Schwierigkeiten sind zu berücksichtigen. Für die Bauvorbereitung ist dem Auftragnehmer genügend Zeit zu gewähren.

2. Außergewöhnlich kurze Fristen sind nur bei besonderer Dringlichkeit vorzusehen.

3. Soll vereinbart werden, dass mit der Ausführung erst nach Aufforderung zu beginnen ist (§ 5 Absatz 2 VOB/B), so muss die Frist, innerhalb derer die Aufforderung ausgesprochen werden kann, unter billiger Berücksichtigung der für die Ausführung maßgebenden Verhältnisse zumutbar sein; sie ist in den Vergabeunterlagen festzulegen.

(2)

1. Wenn es ein erhebliches Interesse des Auftraggebers erfordert, sind Einzelfristen für in sich abgeschlossene Teile der Leistung zu bestimmen.

2. Wird ein Bauzeitenplan aufgestellt, damit die Leistungen aller Unternehmen sicher ineinandergreifen, so sollen nur die für den Fortgang der Gesamtarbeit besonders wichtigen Einzelfristen als vertraglich verbindliche Fristen (Vertragsfristen) bezeichnet werden.

(3) Ist für die Einhaltung von Ausführungsfristen die Übergabe von Zeichnungen oder anderen Unterlagen wichtig, so soll hierfür ebenfalls eine Frist festgelegt werden.

(4) Der Auftraggeber darf in den Vertragsunterlagen eine Pauschalierung des Verzugsschadens (§ 5 Absatz 4 VOB/B) vorsehen; sie soll fünf Prozent der Auftragssumme nicht überschreiten. Der Nachweis eines geringeren Schadens ist zuzulassen.

Übersicht

	Rn.		Rn.
A. Einführung	1	III. Rechtliche Vorgaben im EU-	
I. Literatur	1	Recht	4
II. Entstehungsgeschichte	2	**B. Allgemeines**	5

A. Einführung

I. Literatur

1 Zu § 9 VS VOB/A existiert, soweit ersichtlich, jenseits der einschlägigen Kommentierungen keine spezifische Literatur.

II. Entstehungsgeschichte

2 § 9 VS VOB/A wurde, wie der gesamte 3. Abschnitt der VOB/A, im Zuge der VOB/A Novelle eingefügt.

3 Genau wie §§ 7 und 8 VS VOB/A wurde die bisherige Fassung des § 9 VS VOB/A im Rahmen der Überarbeitung der VOB/A im Jahre 2016 der besseren Übersichtlichkeit halber umstrukturiert und die bisherigen Zwischenüberschriften „Ausführungsfristen", „Vertragsstrafen, Beschleunigungsvergütung", „Verjährung der Mängelansprüche", „Sicherheitsleistung" und „Änderung der Vergütung" als fünf eigenständige Paragraphen ausgestaltet. Die Regelungen unter den bisherigen Zwischenunterschriften sind nunmehr mit den Zusätzen § 9a, § 9b, § 9c und § 9d versehen sind, um das Paragraphengerüst in seiner Grundform zu erhalten.

§ 9 VS VOB/A, der nunmehr die Regelungen unter der bisherigen Zwischenüberschrift „Ausführungsfristen" umfasst, ist auch nach der Überarbeitung der VOB/A wortgleich geblieben.

III. Rechtliche Vorgaben im EU-Recht

EU-rechtlichen Vorgaben für die Bemessung der Ausführungsfristen, wie sie in § 9 VS **4** Absatz 1 bis 3 VOB/A geregelt sind, existieren nicht. Auch fehlen im Europarecht vergleichbare Vorschriften zu der Regelung in § 9 VS Absatz 4 VOB/A über die Möglichkeit der Pauschalierung des Verzugsschadensersatzanspruchs.

B. Allgemeines

§ 9 VOB/A enthält in den Absätzen 1 bis 3 Regelungen zu Ausführungsfristen. Absatz 4 **5** eröffnet dem Auftraggeber die Möglichkeit, in den Vertragsunterlagen eine Pauschalierung des Verzugsschadens vorzusehen und bestimmt die Anforderungen hieran.

Da § 9 VS VOB/A mit den Vorschriften des § 9 EU VOB/A inhaltsgleich ist, kann auf **6** die dortige Kommentierung verwiesen werden.

§ 9 VS VOB/A gilt, wie der gesamte 3. Abschnitt der VOB/A, nur für verteidigungs- **7** und sicherheitsspezifische Bauaufträge. Für verteidigungs- und sicherheitsspezifische Liefer- und Dienstleistungsaufträge gibt es keine den Bestimmungen in § 9 VS VOB/A entsprechende Regelungen.

§ 9a Vertragsstrafen, Beschleunigungsvergütung

Vertragsstrafen für die Überschreitung von Vertragsfristen sind nur zu vereinbaren, wenn die Überschreitung erhebliche Nachteile verursachen kann. Die Strafe ist in angemessenen Grenzen zu halten. Beschleunigungsvergütungen (Prämien) sind nur vorzusehen, wenn die Fertigstellung vor Ablauf der Vertragsfristen erhebliche Vorteile bringt.

Übersicht

	Rn.		Rn.
A. Einführung	1	III. Rechtliche Vorgaben im EU-Recht	4
I. Literatur	1	**B. Allgemeines**	5
II. Entstehungsgeschichte	2		

A. Einführung

I. Literaturliste

1 Soweit ersichtlich, ist zu § 9a VS VOB/A neben den einschlägigen Kommentierungen keine spezifische Literatur vorhanden.

II. Entstehungsgeschichte

2 Die Regelung des § 9 VS Absatz 5 VOB/A a. F., der sich unter der bisherigen Zwischenüberschrift „Vertragsstrafen, Beschleunigungsvergütung" befand, ist im Zuge der Umstrukturierung des § 9 VS VOB/A im Rahmen der Überarbeitung der VOB/A im Jahre 2016 als eigenständiger Paragraph § 9a VS VOB/A ausgestaltet worden. Einzelheiten zu der Entstehungsgeschichte des § 9 VS VOB/A sind der Kommentierung des § 9 VS VOB/A zu entnehmen.[1]

3 Die Regelungen des § 9a VS VOB/A sind auch nach der Überarbeitung der VOB/A unverändert geblieben.

III. Rechtliche Vorgaben im EU-Recht

4 In der für die Vergaben von Aufträgen in den Bereichen Verteidigung und Sicherheit geltenden Richtlinie 2009/81/EG finden sich keine Vorgaben zu Vertragsstrafen sowie zur Beschleunigungsvergütung, wie sie in § 9a VS VOB/A geregelt sind.

B. Allgemeines

5 Entsprechend ihrer Überschrift trifft die Vorschrift des § 9a VS VOB/A Regelungen zu Vertragsstrafen und Beschleunigungsvergütungen (Prämien).

6 § 9a VS VOB/A entspricht den Regelungen des § 9a EU VOB/A. Daher wird hinsichtlich der Einzelheiten auf die dortigen Erläuterungen verwiesen.

7 Da es für verteidigungs- und sicherheitsspezifische Liefer- und Dienstleistungsaufträge bereits keine Regelungen in der VSVgV zu Vertragsfristen gibt, existiert für diesen Bereich auch keine der Vorschrift des § 9a VS VOB/A entsprechende Regelung in der VSVgV.

---

[1] → VOB/A § 9 VS Rn. 2 f.

§ 9b Verjährung der Mängelansprüche

Andere Verjährungsfristen als nach § 13 Absatz 4 VOB/B sollen nur vorgesehen werden, wenn dies wegen der Eigenart der Leistung erforderlich ist. In solchen Fällen sind alle Umstände gegeneinander abzuwägen, insbesondere, wann etwaige Mängel wahrscheinlich erkennbar werden und wieweit die Mängelursachen noch nachgewiesen werden können, aber auch die Wirkung auf die Preise und die Notwendigkeit einer billigen Bemessung der Verjährungsfristen für Mängelansprüche.

Übersicht

	Rn.			Rn.
A. Einführung	1	III. Rechtliche Vorgaben im EU-Recht		4
I. Literatur	1			
II. Entstehungsgeschichte	2	B. Allgemeines		5

A. Einführung

I. Literatur

Soweit ersichtlich, ist zu § 9b VS VOB/A über die einschlägigen Kommentierungen hinaus keine spezifische Literatur vorhanden. **1**

II. Entstehungsgeschichte

§ 9b VS VOB/A wurde infolge der Umstrukturierung[1] des § 9 VS VOB/A im Jahre **2** 2016 aus der Regelung des § 9 VS Absatz 6 VOB/A a. F. als eigenständiger Paragraph gebildet. Die Überschrift des § 9b VS VOB/A „Verjährung von Mängelansprüchen" entspricht der Zwischenüberschrift des § 9 VS Absatz 6 VOB/A a. F.

Die Regelungen des § 9b VS VOB/A sind auch nach der Überarbeitung der VOB/A **3** inhaltlich unverändert geblieben.

III. Rechtliche Vorgaben im EU-Recht

Im Europarecht fehlen vergleichbare Regelungen zur Verjährung der Mängelansprüche, **4** wie sie in § 9b VS VOB/A vorgesehen sind.

B. Allgemeines

§ 9b VS VOB/A regelt die Voraussetzungen dafür, wann von den in § 13 Abs. 4 **5** VOB/B vorgesehenen Verjährungsfristen ausnahmsweise abgewichen werden darf.

Die Vorschrift entspricht vollständig den Regelungen in § 9b EU VOB/A, weshalb für **6** die weiteren Einzelheiten auf die dortige Kommentierung verwiesen werden kann.

Eine vergleichbare Vorschrift findet sich für Liefer- und Dienstleistungsaufträge in dem **7** Bereich Verteidigung und Sicherheit in der insoweit geltenden VSVgV nicht.

---

[1] Vgl. hierzu bereits die Kommentierung zur Entstehungsgeschichte des → VOB/A § 9 VS Rn. 2 f.

§ 9c Sicherheitsleistung

(1) Auf Sicherheitsleistung soll ganz oder teilweise verzichtet werden, wenn Mängel der Leistung voraussichtlich nicht eintreten. Unterschreitet die Auftragssumme 250.000 Euro ohne Umsatzsteuer, ist auf Sicherheitsleistung für die Vertragserfüllung und in der Regel auf Sicherheitsleistung für die Mängelansprüche zu verzichten. Bei nicht offenen Verfahren sowie bei Verhandlungsverfahren und wettbewerblichem Dialog sollen Sicherheitsleistungen in der Regel nicht verlangt werden.

(2) Die Sicherheit soll nicht höher bemessen und ihre Rückgabe nicht für einen späteren Zeitpunkt vorgesehen werden, als nötig ist, um den Auftraggeber vor Schaden zu bewahren. Die Sicherheit für die Erfüllung sämtlicher Verpflichtungen aus dem Vertrag soll fünf Prozent der Auftragssumme nicht überschreiten. Die Sicherheit für Mängelansprüche soll drei Prozent der Abrechnungssumme nicht überschreiten.

Übersicht

	Rn.		Rn.
A. Einführung	1	III. Rechtliche Vorgaben im EU-Recht	4
I. Literatur	1		
II. Entstehungsgeschichte	2	B. Allgemeines	5

A. Einführung

I. Literatur

1 Jenseits der einschlägigen Kommentierungen existiert, soweit ersichtlich, zu der Vorschrift des § 9c VS VOB/A keine spezifische Literatur.

II. Entstehungsgeschichte

2 § 9c VS VOB/A wurde im Zuge der Umstrukturierung des § 9 VS VOB/A im Rahmen der Überarbeitung der VOB/A im Jahre 2016 als eigenständiger Paragraph aus den ehemaligen Absätzen 7 und 8 des § 9 VS VOB/A gebildet. Einzelheiten zu der Entstehungsgeschichte des § 9 VS VOB/A sind der Kommentierung des § 9 VS VOB/A zu entnehmen.[1]

3 Die Regelungen des § 9c VS VOB/A sind auch nach der Überarbeitung der VOB/A unverändert geblieben.

III. Rechtliche Vorgaben im EU-Recht

4 Vergleichbare Vorgaben existieren im EU-Recht nicht.

B. Allgemeines

5 § 9c VS VOB/A bestimmt, wann eine Sicherheitsleistung nicht verlangt werden soll (Absatz 1 Sätze 1 und 3) bzw. darf (Absatz 1 Satz 2) und trifft in Absatz 2 Regelungen zur angemessenen Höhe der Sicherheitsleistung.

---

[1] → VOB/A § 9 VS Rn. 2f.

Die Vorschrift ist inhaltsgleich mit § 9c EU VOB/A. Daher wird für die Einzelheiten **6** auf die dortige Kommentierung verwiesen.

§ 9c VS VOB/A gilt, wie der gesamte 3. Abschnitt der VOB/A nur für Bauaufträge im **7** Bereich Verteidigung und Sicherheit. Für verteidigungs- und sicherheitsspezifische Liefer- und Dienstleistungsaufträge existieren in der insoweit geltenden VSVgV keine vergleichbaren Regelungen.

§ 9d Änderung der Vergütung

Sind wesentliche Änderungen der Preisermittlungsgrundlagen zu erwarten, deren Eintritt oder Ausmaß ungewiss ist, so kann eine angemessene Änderung der Vergütung in den Vertragsunterlagen vorgesehen werden. Die Einzelheiten der Preisänderungen sind festzulegen.

Übersicht

	Rn.			Rn.
A. Einführung	1	III. Rechtliche Vorgaben im EU-Recht		4
I. Literatur	1			
II. Entstehungsgeschichte	2	B. Allgemeines		5

A. Einführung

I. Literatur

1   Zu der Vorschrift des § 9d VS VOB/A existiert, soweit ersichtlich, neben den einschlägigen Kommentierungen keine spezifische Literatur.

II. Entstehungsgeschichte

2   § 9d VS VOB/A wurde infolge der Umstrukturierung[1] des § 9 VS VOB/A im Jahre 2016 aus der Regelung des § 9 VS Absatz 9 VOB/A a. F. als eigenständiger Paragraph gebildet. Die Überschrift des § 9d VS VOB/A „Änderung der Vergütung" entspricht der Zwischenüberschrift des § 9 VS Absatz 6 VOB/A a. F.

3   Die Regelungen des § 9d VS VOB/A sind auch nach der Überarbeitung der VOB/A unverändert geblieben.

III. Rechtliche Vorgaben im EU-Recht

4   Im EU-Recht existieren keine vergleichbaren Vorgaben.

B. Allgemeines

5   § 9d VS VOB/A betrifft die Möglichkeit der Vergütungsanpassung in Fällen erwarteter, jedoch hinsichtlich ihres Zeitpunktes oder Ausmaßes ungewisser Änderungen der Preisermittlungsgrundlagen.

6   Die Vorschrift entspricht vollständig den Regelungen des § 9d EU VOB/A, weshalb für die weiteren Einzelheiten auf die dortige Kommentierung verwiesen werden kann.

7   Wie der gesamte 3. Abschnitt der VOB/A, gilt auch § 9d VS VOB/A nur für verteidigungs- und sicherheitsspezifische Bauaufträge. Für Liefer- und Dienstleistungsaufträge in dem Bereich Verteidigung und Sicherheit existieren hingegen keine entsprechenden Regelungen in der insoweit geltenden VSVgV.

---

[1] Vgl. hierzu bereits die Kommentierung zur Entstehungsgeschichte des → VOB/A § 9 Rn. VS 2 f.

§ 10 Fristen

Falls die Angebote nur nach einer Ortsbesichtigung oder Einsichtnahme in nicht übersandte Unterlagen erstellt werden können, sind längere Fristen als die Mindestfristen festzulegen, damit alle Unternehmen von allen Informationen, die für die Erstellung des Angebotes erforderlich sind, Kenntnis nehmen können.

Übersicht

	Rn.			Rn.
A. Einführung	1	B. Regelungsinhalt der Vorschrift		3
I. Literatur	1	I. Anwendungsbereich		3
II. Entstehungsgeschichte	1a	II. Fristverlängerung wegen Ortsbesichtigung oder Unterlageneinsichtnahme		4
III. Rechtliche Vorgaben im EU-Recht	2			

A. Einführung

I. Literatur

Dippel/Sterner/Zeiss (Hrsg.), Praxiskommentar Beschaffung im Verteidigungs- und Sicherheitsbereich, 2013; **1** *Ferber,* Fristen im Vergabeverfahren, 2017; Gabriel/Krohn/Neun (Hrsg.), Handbuch Vergaberecht, 2. Aufl. 2017; Leinemann/Kirch (Hrsg.), VSVgV, 2013; *Mösinger/Thomas,* Verteidigungs- und Sicherheitsvergaben, 2014; Pünder/Schellenberg (Hrsg.), Vergaberecht, 2. Aufl. 2015; von Wietersheim (Hrsg.), Vergaben im Bereich Verteidigung und Sicherheit, 2013; Ziekow/Völlink (Hrsg.), Vergaberecht, 3. Aufl. 2018.

II. Entstehungsgeschichte

§ 10 VS VOB/A regelt die Pflicht zur Verlängerung der Mindestfristen unter bestimm- **1a** ten Voraussetzungen. Vor der Vergaberechtsreform 2016 war die Regelung bereits ihrem Inhalt nach in § 10 VS Abs. 1 Nr. 7 VOB/A enthalten.

III. Rechtliche Vorgaben im EU-Recht

Die Regelung des § 10 VS VOB/A beruht auf Art. 33 Abs. 6 RL 2009/81/EG. Art. 33 **2** Abs. 6 RL 2009/81/EG regelt über den Inhalt von § 10 VS VOB/A hinaus, dass die Mindestfrist zu verlängern ist, wenn der Auftraggeber trotz rechtzeitiger Anforderung nicht alle Unterlagen innerhalb der in § 12a VS Abs. 4 VOB/A bestimmten Fristen zugesandt oder Auskünfte erteilt hat.

B. Regelungsinhalt der Vorschrift

I. Anwendungsbereich

§ 10 VS VOB/A findet gemäß § 2 Abs. 2 VSVgV nur für die Vergabe von verteidi- **3** gungs- und sicherheitsspezifischen Bauaufträgen Anwendung. Für die Fristenregelungen bei der Vergabe verteidigungs- und sicherheitsspezifischer Liefer- und Dienstleistungsaufträge gilt hingegen § 20 VSVgV (→ VSVgV § 20 Rn. 1 ff.).

II. Fristverlängerung wegen Ortsbesichtigung

4   § 10 VS VOB/A regelt, dass längere als die Mindestfristen festzusetzen sind, wenn eine Ortsbesichtigung oder die Einsichtnahme in Unterlagen für die Angebotserstellung erforderlich sind. In richtlinienkonformer Auslegung muss das analog auch für den nicht vom Wortlaut erfassten Fall gelten, dass der Auftraggeber trotz rechtzeitiger Anforderung nicht alle Unterlagen innerhalb der in § 12a VS Abs. 4 VOB/A festgelegten Fristen zugesandt oder Auskünfte erteilt hat.

Der Wortlaut der Regelung ist identisch mit § 10 EU Abs. 2 VOB/A, sodass auf die dazugehörige Kommentierung verwiesen wird. → VOB/A § 10 EU Rn. 22 ff.

§ 10a frei

Keine Belegung des § 10a VS VOB/A

Der Paragraf ist nicht belegt, da die Parallelvorschrift im zweiten Abschnitt der VOB/A die Fristen zur Abgabe von Angeboten im offenen Verfahren regelt. § 3 VS VOB/A zählt jedoch abschließend die Vergabearten für den Anwendungsbereich der VS VOB/A auf: das nicht offene Verfahren, das Verhandlungsverfahren und der wettbewerbliche Dialog. Somit gibt es im Anwendungsbereich der VSVgV kein offenes Verfahren und daher auch keine entsprechende Fristenregelung in § 10a VS VOB/A. Da die Vorschriften im zweiten und dritten Abschnitt der VOB/A parallel besetzt sein sollten, ist § 10a VS VOB/A freigeblieben.

Zu den möglichen Vergabearten → VS VOB/A § 3 VS Rn. 1 ff., → § 3b VS R. 1 ff.

§ 10b Fristen im nicht offenen Verfahren

(1) Beim nicht offenen Verfahren beträgt die Frist für den Eingang der Anträge auf Teilnahme (Bewerbungsfrist) mindestens 37 Kalendertage, gerechnet vom Tag nach Absendung der Auftragsbekanntmachung.

(2) Die Bewerbungsfrist kann bei Auftragsbekanntmachungen, die über das Internetportal des Amtes für Veröffentlichungen der Europäischen Union auf elektronischem Weg erstellt und übermittelt werden (elektronischen Auftragsbekanntmachungen), um sieben Kalendertage verkürzt werden.

(3) Die Angebotsfrist beträgt mindestens 40 Kalendertage, gerechnet vom Tag nach Absendung der Aufforderung zur Angebotsabgabe.

(4) Die Angebotsfrist kann auf 36 Kalendertage, gerechnet vom Tag nach Absendung der Aufforderung zur Angebotsabgabe, verkürzt werden; sie darf 22 Kalendertage nicht unterschreiten. Voraussetzung dafür ist, dass eine Vorinformation nach dem vorgeschriebenen Muster gemäß § 12 VS Absatz 1 Nummer 3 mindestens 52 Kalendertage, höchstens aber zwölf Monate vor Absendung der Auftragsbekanntmachung des Auftrages an das Amt für Veröffentlichungen der Europäischen Union abgesandt wurde. Diese Vorinformation muss mindestens die im Muster einer Auftragsbekanntmachung nach § 12 VS Absatz 2 Nummer 2 für das nicht offene Verfahren geforderten Angaben enthalten, soweit diese Informationen zum Zeitpunkt der Absendung der Vorinformation vorlagen.

(5) Die Angebotsfrist kann um weitere fünf Kalendertage verkürzt werden, wenn ab der Veröffentlichung der Auftragsbekanntmachung die Vertragsunterlagen und alle zusätzlichen Unterlagen auf elektronischem Weg frei zugänglich, direkt und vollständig zur Verfügung gestellt werden; in der Auftragsbekanntmachung ist die Internetadresse anzugeben, unter der diese Unterlagen abgerufen werden können.

(6) Aus Gründen der Dringlichkeit kann

1. die Bewerbungsfrist auf mindestens 15 Kalendertage oder mindestens zehn Kalendertage bei elektronischer Auftragsbekanntmachung, wenn ab der Veröffentlichung der Auftragsbekanntmachung die Vertragsunterlagen und alle zusätzlichen Unterlagen auf elektronischem Weg frei zugänglich, direkt und vollständig zur Verfügung gestellt werden; in der Auftragsbekanntmachung ist die Internetadresse anzugeben, unter der diese Unterlagen abgerufen werden können,
2. die Angebotsfrist auf mindestens zehn Kalendertage

verkürzt werden.

(7) Bis zum Ablauf der Angebotsfrist können Angebote in Textform zurückgezogen werden.

(8) Der Auftraggeber bestimmt eine angemessene Frist, innerhalb der die Bieter an ihre Angebote gebunden sind (Bindefrist). Diese soll so kurz wie möglich und nicht länger bemessen werden, als der Auftraggeber für eine zügige Prüfung und Wertung der Angebote (§§ 16 VS bis 16d VS) benötigt. Eine längere Bindefrist als 30 Kalendertage soll nur in begründeten Fällen festgelegt werden. Das Ende der Bindefrist ist durch Angabe des Kalendertages zu bezeichnen.

(9) Die Bindefrist beginnt mit dem Ablauf der Angebotsfrist.

Übersicht

	Rn.		Rn.
A. Einführung	1	II. Frist zur Einreichung von Teilnahmeanträgen	4
I. Literatur	1	1. Regelfrist (Abs. 1)	5
II. Entstehungsgeschichte	1a	2. Fristverkürzungen	6
III. Rechtliche Vorgaben im EU-Recht	2	a) Fristverkürzung bei elektronischer Auftragsbekanntmachung (Abs. 2)	6
B. Regelungsinhalt der Vorschrift	3		
I. Anwendungsbereich	3		

	Rn.		Rn.
b) Fristverkürzung bei Dringlichkeit und Verfügbarkeit der Vertragsunterlagen im Internet (Abs. 6 Nr. 1)	7	b) Fristverkürzung bei Verfügbarkeit der Vertragsunterlagen im Internet (Abs. 5)	10
III. Frist zur Einreichung von Angeboten	8	c) Fristverkürzung bei Dringlichkeit (Abs. 6 Nr. 2)	11
1. Regelfrist (Abs. 3)	8	IV. Rücknahme von Angeboten (Abs. 7)	12
2. Fristverkürzungen	9	V. Bindefrist (Abs. 8–9)	13
a) Verkürzung bei Vorinformation (Abs. 4)	9		

A. Einführung

I. Literatur

Dippel/Sterner/Zeiss (Hrsg.), Praxiskommentar Beschaffung im Verteidigungs- und Sicherheitsbereich, **1**
2013; *Ferber,* Fristen im Vergabeverfahren, 2017; Gabriel/Krohn/Neun (Hrsg.), Handbuch Vergaberecht,
2. Aufl. 2017; Leinemann/Kirch (Hrsg.), VSVgV, 2013; *Mösinger/Thomas,* Verteidigungs- und Sicherheitsvergaben, 2014; Pünder/Schellenberg (Hrsg.), Vergaberecht, 2. Aufl. 2015; von Wietersheim (Hrsg.), Vergaben im Bereich Verteidigung und Sicherheit, 2013; Ziekow/Völlink (Hrsg.), Vergaberecht, 3. Aufl. 2018.

II. Entstehungsgeschichte

§ 10b VS VOB/A regelt die Fristen für die Einreichung von Teilnahmeanträgen und **1a**
Angeboten im nicht offenen Verfahren und löste im Rahmen der Vergaberechtsreform
2016 die Regelungen des früheren § 10 VS Abs. 1 VOB/A ab. Die Vorschrift gibt insbesondere Mindestfristen vor (Abs. 1, 3) und regelt die Möglichkeit von Fristverkürzungen
(Abs. 2, 4–6). Daneben enthält § 10b VS VOB/A Vorgaben zur Rücknahme von Angeboten (Abs. 7) und zur Bindefrist von Angeboten (Abs. 8–9).

III. Rechtliche Vorgaben im EU-Recht

§ 10b VS VOB/A setzt Art. 33 RL 2009/81/EG für das nicht offene Verfahren um. **2**
Die RL 2009/81/EG legt im Vergleich zu den neueren Richtlinien (2014/23/EU,
2014/24/EU und 2014/25/EU) in der Regel längere Fristen fest. Die Verkürzung der
Fristen in den Richtlinien aus 2014 liegt daran, dass dort die elektronische Kommunikation
als Standard eingeführt wurde. Da die RL 2009/81/EG und damit die Vergaben im Vertei-
digungs- und Sicherheitsbereich keine entsprechende Neuerung erfahren haben, bleibt es
dort bei den längeren Abgabefristen. Mit den verkürzten Fristen der Richtlinien aus 2014
sind jedoch die verkürzten Fristen der RL 2009/81/EG aufgrund elektronischer Kommunikation vergleichbar (→ Rn. 6, 8, 10).

B. Regelungsinhalt der Vorschrift

I. Anwendungsbereich

§ 10b VS VOB/A findet gemäß § 2 Abs. 2 VSVgV nur für die Vergabe von verteidi- **3**
gungs- und sicherheitsspezifischen Bauaufträgen Anwendung. Für die Fristen bei der Vergabe verteidigungs- und sicherheitsspezifischer Liefer- und Dienstleistungsaufträge gilt hingegen § 20 VSVgV (→ VSVgV § 20 Rn. 1 ff.).

II. Frist zur Einreichung von Teilnahmeanträgen

4   Die Fristen zur Einreichung von Teilnahmeanträgen – in der VS VOB/A Bewerbungsfristen genannt – sind in § 10b VS Abs. 1, 2 und 6 VOB/A geregelt. Die Berechnung der Fristen erfolgt wie in den entsprechenden Regelungen der EU VOB/A. → VOB/A § 10b EU Rn. 14 f.

1. Regelfrist (Abs. 1)

5   Die Regelfrist für die Einreichung von Teilnahmeanträgen im nicht offenen Verfahren beträgt in Umsetzung von Art. 33 Abs. 2 RL 2009/81/EG mindestens 37 Kalendertage ab dem Tag der Absendung der Bekanntmachung. Der Unterschied zur Regelfrist von 30 Tagen nach der Parallelvorschrift in § 10b EU Abs. 1 VOB/A resultiert daraus, dass die EU VOB/A die elektronische Kommunikation bereits als Standard eingeführt hat und die VS VOB/A (noch) nicht.[1] Wird im Rahmen des § 10b VS VOB/A elektronisch übermittelt, so liegen beide Mindestfristen einheitlich bei 30 Tagen (→ Rn. 6).

2. Fristverkürzungen

6   **a) Fristverkürzungen bei elektronischer Auftragsbekanntmachung (Abs. 2).** Die Regelung zur möglichen Fristverkürzung um sieben Tage bei über das Internetportal des Amtes für Veröffentlichungen der EU elektronisch erstellten sowie übermittelten Auftragsbekanntmachungen setzt Art. 33 Abs. 4 RL 2009/81/EG um und entspricht der Regelung in § 20 Abs. 4 S. 1 VSVgV. Es wird daher auf die dazugehörige Kommentierung verwiesen. → VSVgV § 20 Rn. 15

7   **b) Fristverkürzungen bei Dringlichkeit und Verfügbarkeit der Vertragsunterlagen im Internet (Abs. 6 Nr. 1).** In Umsetzung von Art. 33 Abs. 7 erster Gedankenstrich RL 2009/81/EG legt § 10b VS Abs. 6 Nr. 1 VOB/A fest, dass Auftraggeber die Bewerbungsfrist aus Gründen der Dringlichkeit auf 15 Tage verkürzen können. Darüber hinaus ist eine weitere Verkürzung um fünf Tage möglich, sofern ab der Veröffentlichung der Auftragsbekanntmachung alle zusätzlichen Unterlagen elektronisch frei, direkt und vollständig zur Verfügung stehen und die entsprechende Internetadresse in der Auftragsbekanntmachung bekannt gegeben wurde.

Bezüglich der ersten Verkürzung auf mindestens 15 Tage entspricht die Regelung jener in § 20 Abs. 2 S. 2 VSVgV, sodass auf die dazugehörige Kommentierung verwiesen wird. → VSVgV § 20 Rn. 11 ff.

Die zweite Möglichkeit der Fristverkürzung der Bewerbungsfrist auf mindestens zehn Tage aufgrund der Veröffentlichung der Vertragsunterlagen im Internet ist identisch zu der Fristverkürzung der Angebotsfrist um fünf Tage nach Abs. 5 (→ Rn. 10).

III. Frist zur Einreichung von Angeboten

1. Regelfrist (Abs. 3)

8   § 10b VS Abs. 3 VOB/A setzt Art. 33 Abs. 2 UAbs. 2 RL 2009/81/EG um. Die Regelfrist für die Einreichung von Angeboten beträgt 40 Tage ab der Absendung der Aufforderung zur Angebotsabgabe. Damit besteht ein Gleichlauf mit der Angebotsfrist in § 20 Abs. 3 S. 1 VSVgV für die Vergabe von verteidigungs- und sicherheitsspezifischen Liefer- und Dienstleistungsaufträgen (→ VSVgV § 20 Rn. 17). Der Unterschied zu der Regelfrist von 30 Tagen in der Parallelvorschrift § 10b EU Abs. 2 VOB/A resultiert daraus, dass die EU VOB/A die elektronische Kommunikation bereits als Standard eingeführt hat und die

---

[1] → Rn. 2.

VS VOB/A (noch) nicht. Bei elektronischer Kommunikation im Rahmen des § 10b VS VOB/A verkürzt sich die Mindestfrist dementsprechend (→ Rn. 10).

2. Fristverkürzungen

a) Fristverkürzung bei Vorinformation (Abs. 4). Abs. 4 setzt Art. 33 Abs. 3 **9** RL 2009/81/EG um und ermöglicht dem Auftraggeber eine Fristverkürzung auf im Allgemeinen 36 Kalendertage; die Frist darf 22 Kalendertage aber in keinem Fall unterschreiten. Voraussetzung für die Fristverkürzung ist, dass der Auftraggeber eine Vorinformation im Sinne des § 12 VS Abs. 1 Nr. 3 VOB/A (→ § 12 VS Rn. 13) an das Amt für Veröffentlichungen der Europäischen Union abgesandt hat.[2] Die Übermittlung dieser Vorinformation muss mindestens 52 Kalendertage und höchstens 12 Monate vor Absendung der Auftragsbekanntmachung stattgefunden haben und muss die in § 12 VS Abs. 2 Nr. 2 VOB/A (→ § 12 VS Rn. 17 f.) geforderten Informationen enthalten, sofern diese zum Zeitpunkt der Übermittlung bereits vorlagen.

Die Vorschrift ermöglicht dem Auftraggeber, die Frist aufgrund der Vorinformation zu kürzen, da die Unternehmen durch die Vorinformation bereits vor der Auftragsbekanntmachung in der Lage sind, erste Vorbereitungen für ein späteres Angebot zu treffen.[3] Die Fristverkürzung bei einer Vorinformation ist parallel in § 10b EU Abs. 3 VOB/A geregelt. Im Vergleich zu dieser Vorschrift sind die Fristen in § 10b VS Abs. 4 VOB/A länger[4] und es wird innerhalb der Durchführungsverordnung (EU) 2015/1986 die Verwendung anderer Standardformulare vorgeschrieben. Abgesehen von den abweichenden Fristen und Standardformularen im Bereich Verteidigung und Sicherheit, finden sich die entsprechenden Regelungen in § 10b EU Abs. 3 VOB/A. → VOB/A § 10b EU Rn. 21 ff.

b) Fristverkürzung bei Verfügbarkeit der Vertragsunterlagen im Internet 10 (Abs. 5). Abs. 5 setzt Art. 33 Abs. 5 RL 2009/81/EG um und ermöglicht dem Auftraggeber eine Fristverkürzung um fünf Kalendertage, wenn ab der Veröffentlichung der Auftragsbekanntmachung die Vertragsunterlagen und alle zusätzlichen Unterlagen im Internet frei zugänglich, direkt und vollständig verfügbar gemacht werden. Die Angebotsfrist wird damit an den zeitlichen Vorteil angepasst, der aus der sofortigen elektronischen Verfügbarkeit der erforderlichen Unterlagen folgt.

Zur noch nicht endgültig beantworteten Frage, welche Anforderungen an die Bereitstellung im Internet genau zu stellen sind, vgl. die Kommentierung zu der entsprechenden Regelung in § 41 Abs. 1 VgV. → VgV § 41 Rn. 10 ff.

c) Fristverkürzung bei Dringlichkeit (Abs. 6 Nr. 2). Abs. 6 Nr. 2 setzt Art. 33 **11** Abs. 7 zweiter Gedankenstrich RL 2009/81/EG um und eröffnet die Möglichkeit, die Angebotsfrist auf mindestens zehn Kalendertage zu verkürzen. Auch hier wird dem Auftraggeber Ermessen eingeräumt. Hinsichtlich der Voraussetzungen für das Vorliegen von Dringlichkeit gilt der gleiche Maßstab wie bei § 20 Abs. 2 und 3 VSVgV (→ VSVgV § 20 Rn. 11 ff.), da sie auf derselben unionsrechtlichen Grundlage beruhen. Es wird daher auf die Kommentierung zum wiederum gleichen Maßstab in § 15 Abs. 3 VgV verwiesen. → VgV § 15 Rn. 21 ff.

IV. Rücknahme von Angeboten (Abs. 7)

Nach Abs. 7 kann ein Angebot bis zum Ablauf der Angebotsfrist in Textform zurückge- **12** zogen werden. Die Regelung ist identisch zu der Parallelvorschrift in § 10b EU Abs. 7

---

[2] Standardformular gemäß Anhang XIII der Durchführungsverordnung (EU) 2015/1986.
[3] Zur entsprechenden Kürzungsmöglichkeit in der VgV: *Schneevogl* in BeckOK VergabeR VgV § 38 Rn. 7.
[4] Vgl. schon → Rn. 2, 5, 8.

VOB/A, sodass auf die dazugehörige Kommentierung verwiesen wird. → VOB/A § 10b
EU Rn. 45 ff.

V. Bindefrist (Abs. 8–9)

13   Nach Abs. 8 und 9 legt der Auftraggeber fest, wie lang ein Bieter an sein Angebot ab
dem Ablauf der Angebotsfrist gebunden ist. Diese sogenannte Bindefrist soll nicht die Zeit
überschreiten, die ein Auftraggeber für eine gründliche Prüfung und Wertung der Angebote benötigt. Das Ende der Frist ist durch die Angabe eines Kalendertages zu bestimmen.

14   Dem Wortlaut der Vorschrift nach „soll" eine längere Frist als 30 Tage nur in begründeten Fällen festgesetzt werden. Dies ist – wie auch in den Parallelvorschriften § 10 Abs. 4
VOB/A und § 10b EU Abs. 2 VOB/A – jedoch nicht als Soll-Vorschrift, sondern als
zwingende Vorgabe zu verstehen.[5] Der Auftraggeber **darf** also nur in begründeten Fällen
eine Verlängerung über 30 Tage bestimmen. Eine solche Verlängerung hat er im Vergabevermerk gesondert zu begründen.[6]

15   Die Regelungen zur Bindefrist entsprechen größtenteils denen in der Parallelvorschrift
§ 10b EU Abs. 8–9 VOB/A. Der einzige Unterschied besteht darin, dass § 10b EU Abs. 8
S. 3 VOB/A eine Regelfrist von 60 Tagen festlegt, die der Auftraggeber nur in begründeten Fällen überschreiten kann. § 10b VS Abs. 8 VOB/A legt hingegen fest, dass eine längere Bindefrist als 30 Kalendertage nur in begründeten Fällen festgesetzt werden darf. Damit
existiert bei der Vergabe nach der VS VOB/A eine wesentlich kürzere Bindefrist als nach
der EU VOB/A. Dies rührt daher, dass die Bindefrist im Rahmen der Vergaberechtsreform 2016 zwar in der EU VOB/A von 30 Tagen auf 60 Tage verlängert wurde. Die VS
VOB/A war jedoch nicht Teil der Vergaberechtsreform 2016 und hat an dieser Stelle auch
keine Folgeänderung erfahren.

16   Im Übrigen wird aufgrund der Identität der Regelungen mit Ausnahme der Höhe der
Regelbindefrist auf die Kommentierung zu § 10b EU VOB/A verwiesen. → VOB/A
§ 10b EU Rn. 56 ff.

---

[5] Vgl. zu Parallel- bzw. Vorgängervorschriften BGH Urt. v. 21.11.1991 – VII ZR 203/90, NJW 1992,
827; OLG Düsseldorf Urt. v. 9.7.1999 – 12 U 91/98, BeckRS 1999, 11746 Rn. 21; VK Südbayern Beschl.
v. 28.5.2002 – 15-04/02; *Planker* in Kapellmann/Messerschmidt § 10 VOB/A Rn. 20 f.
[6] Siehe ausdrücklich zu § 19 Nr. 2 S. 2 VOB/A a. F.: BGH Urt. v. 21.11.1991 – VII ZR 203/90, NJW
1992, 827; VK Südbayern Beschl. v. 28.5.2002 – 15-04/02.

§ 10c Fristen im Verhandlungsverfahren

(1) **Beim Verhandlungsverfahren mit Teilnahmewettbewerb ist entsprechend §§ 10 VS und 10b VS Absatz 1, 2, 6 Nummer 1 und Absatz 8 bis 9 zu verfahren.**

(2) **Beim Verhandlungsverfahren ohne Teilnahmewettbewerb ist auch bei Dringlichkeit für die Bearbeitung und Einreichung der Angebote eine ausreichende Angebotsfrist nicht unter zehn Kalendertagen vorzusehen. Dabei ist insbesondere der zusätzliche Aufwand für die Besichtigung von Baustellen oder die Beschaffung von Unterlagen für die Angebotsbearbeitung zu berücksichtigen. Es ist entsprechend § 10b VS Absatz 8 und 9 zu verfahren.**

Übersicht

	Rn.		Rn.
A. Einführung	1	I. Anwendungsbereich	3
I. Literatur	1	II. Verhandlungsverfahren mit Teilnahmewettbewerb (Abs. 1)	4
II. Entstehungsgeschichte	1a		
III. Rechtliche Vorgaben im EU-Recht	2	III. Verhandlungsverfahren ohne Teilnahmewettbewerb (Abs. 2)	5
B. Regelungsinhalt der Vorschrift	3		

A. Einführung

I. Literatur

Dippel/Sterner/Zeiss (Hrsg.), Praxiskommentar Beschaffung im Verteidigungs- und Sicherheitsbereich, **1** 2013; *Ferber,* Fristen im Vergabeverfahren, 2017; *Gabriel/Krohn/Neun* (Hrsg.), Handbuch Vergaberecht, 2. Aufl. 2017; *Leinemann/Kirch* (Hrsg.), VSVgV, 2013; *Mösinger/Thomas,* Verteidigungs- und Sicherheitsvergaben, 2014; *Pünder/Schellenberg* (Hrsg.), Vergaberecht, 2. Aufl. 2015; *von Wietersheim* (Hrsg.), Vergaben im Bereich Verteidigung und Sicherheit, 2013; *Ziekow/Völlink* (Hrsg.), Vergaberecht, 3. Aufl. 2018.

II. Entstehungsgeschichte

§ 10c VS VOB/A regelt die Fristen zur Einreichung von Teilnahmeanträgen und Ange- **1a** boten im Verhandlungsverfahren. Er löste in der Vergaberechtsreform 2016 die Regelungen aus dem früheren § 10 VS Abs. 2 VOB/A ab.

III. Rechtliche Vorgaben im EU-Recht

§ 10c VS VOB/A setzt Art. 33 RL 2009/81/EG für das Verhandlungsverfahren um. Für **2** weitere Erläuterungen zur unionsrechtlichen Grundlage → § 10b VS Rn. 2.

B. Regelungsinhalt der Vorschrift

I. Anwendungsbereich

§ 10c VS VOB/A findet gemäß § 2 Abs. 2 VSVgV nur für die Vergabe von verteidi- **3** gungs- und sicherheitsspezifischen Bauaufträgen Anwendung. Für die Fristen zur Einreichung von Teilnahmeanträgen und Angeboten im Verhandlungsverfahren bei der Vergabe verteidigungs- und sicherheitsspezifischer Liefer- und Dienstleistungsaufträge gilt hingegen § 20 VSVgV (→ VSVgV § 20 Rn. 1 ff.).

II. Verhandlungsverfahren mit Teilnahmewettbewerb (Abs. 1)

4   § 10c VS Abs. 1 VOB/A regelt die Frist zur Einreichung von Teilnahmeanträgen im Verhandlungsverfahren mit Teilnahmewettbewerb. Die Vorschrift setzt keine konkreten Mindestfristen für die Einreichung von Angeboten fest, schreibt diesbezüglich allerdings vor, dass eine erforderliche Ortsbesichtigung oder Einsichtnahme in Unterlagen bei der Fristsetzung zu berücksichtigen sind. Darüber hinaus regelt Abs. 1 die für Angebote geltende Bindefrist.

Hierfür verweist die Vorschrift auf die entsprechenden Regelungen zur Fristverlängerung in § 10 VS VOB/A (→ § 10 VS Rn. 1 ff.), zur Frist für Teilnahmeanträge in § 10b VS Abs. 1, 2, 6 Nr. 1 VOB/A (→ § 10b VS Rn. 5 ff.) und zur Bindefrist in § 10b VS Abs. 8–9 VOB/A (→ § 10b VS Rn. 13).

Die Regelung entspricht ihrem Inhalt nach ihrer Parallelvorschrift § 10c EU Abs. 1 VOB/A. → VOB/A § 10c EU Rn. 11 ff.

III. Verhandlungsverfahren ohne Teilnahmewettbewerb (Abs. 2)

5   § 10b VS Abs. 2 VOB/A regelt die Angebotsfrist im Verhandlungsverfahren ohne Teilnahmewettbewerb. Auch bei Dringlichkeit ist hiernach eine ausreichende Angebotsfrist von nicht weniger als zehn Kalendertagen vorzusehen und der zusätzliche Aufwand durch die Besichtigung von Baustellen oder Beschaffung von Unterlagen zu berücksichtigen. Bezüglich der Bindefrist wird wie in Abs. 1 auf § 10b VS Abs. 8–9 VOB/A verwiesen. → § 10b VS Rn. 13.

Die Regelung entspricht ihrem Inhalt nach ihrer Parallelvorschrift § 10c EU Abs. 2 VOB/A. → VOB/A § 10c EU Rn. 33.

§ 10d Fristen im wettbewerblichen Dialog

Beim wettbewerblichen Dialog ist entsprechend §§ 10 VS und 10b VS Absatz 1, 2 und 8 bis 9 zu verfahren.

Übersicht

	Rn.		Rn.
A. Einführung	1	B.Regelungsinhalt der Vorschrift	3
I. Literatur	1	I. Anwendungsbereich	3
II. Entstehungsgeschichte	1a	II. Fristen im wettbewerblichen Dialog .	4
III. Rechtliche Vorgaben im EU-Recht .	2		

A. Einführung

I. Literatur

Dippel/Sterner/Zeiss (Hrsg.), Praxiskommentar Beschaffung im Verteidigungs- und Sicherheitsbereich, **1** 2013; *Ferber,* Fristen im Vergabeverfahren, 2017; Gabriel/Krohn/Neun (Hrsg.), Handbuch Vergaberecht, 2. Aufl. 2017; Leinemann/Kirch (Hrsg.), VSVgV, 2013; *Mösinger/Thomas,* Verteidigungs- und Sicherheitsvergaben, 2014; Pünder/Schellenberg (Hrsg.), Vergaberecht, 2. Aufl. 2015; von Wietersheim (Hrsg.), Vergaben im Bereich Verteidigung und Sicherheit, 2013; Ziekow/Völlink (Hrsg.), Vergaberecht, 3. Aufl. 2018.

II. Entstehungsgeschichte

§ 10d VS VOB/A regelt die Fristen zur Einreichung von Teilnahmeanträgen und Ange- **1a** boten im wettbewerblichen Dialog. Er löste in der Vergaberechtsreform 2016 die Regelungen aus dem früheren § 10 VS Abs. 3 VOB/A ab.

III. Rechtliche Vorgaben im EU-Recht

§ 10c VS VOB/A setzt Art. 33 RL 2009/81/EG für den wettbewerblichen Dialog um. **2** Für weitere Erläuterungen zur unionsrechtlichen Grundlage → § 10b VS Rn. 2.

B. Regelungsinhalt der Vorschrift

I. Anwendungsbereich

§ 10d VS VOB/A findet gemäß § 2 Abs. 2 VSVgV nur für die Vergabe von verteidi- **3** gungs- und sicherheitsspezifischen Bauaufträgen Anwendung. Für die Fristen zur Einreichung von Teilnahmeanträgen und Angeboten im wettbewerblichen Dialog bei der Vergabe verteidigungs- und sicherheitsspezifischer Liefer- und Dienstleistungsaufträge gilt hingegen § 20 VSVgV (→ § VSVgV § 20 Rn. 1 ff.).

II. Fristen im wettbewerblichen Dialog

§ 10d VS VOB/A regelt für den wettbewerblichen Dialog die Frist zur Einreichung von **4** Teilnahmeanträgen. Bezüglich der Angebotsfrist macht die Vorschrift keine konkreten zeitlichen Vorgaben, verlangt aber die Berücksichtigung einer gegebenenfalls erforderlichen

Ortsbesichtigung oder Einsichtnahme in Unterlagen bei der Festlegung der Angebotsfrist. Des Weiteren regelt die Norm die Bindefrist nach der Abgabe eines Angebots.

5   Hierfür schreibt § 10d VS VOB/A eine entsprechende Anwendung der folgenden Regelungen für den wettbewerblichen Dialog vor:
– bzgl. der Verlängerung von Angebotsfristen § 10 VS VOB/A (→ § 10 VS Rn. 1 ff.),
– bzgl. der Frist für Teilnahmeanträge § 10b VS Abs. 1 VOB/A (→ § 10b VS Rn. 5),
– bzgl. der Verkürzung der Frist für Teilnahmeanträge bei elektronischer Kommunikation § 10b VS Abs. 2 VOB/A (→ § 10b VS Rn. 6) und
– bzgl. der Bindefrist nach Abgabe eines Angebots § 10b VS Abs. 8–9 VOB/A (→ § 10b VS Rn. 13).

§ 11 Grundsätze der Informationsübermittlung

(1)
1. Der Auftraggeber gibt in der Auftragsbekanntmachung oder den Vergabeunterlagen an, ob Informationen per Post, Telefax, direkt, elektronisch oder durch eine Kombination dieser Kommunikationsmittel übermittelt werden.
2. Das für die elektronische Übermittlung gewählte Netz muss allgemein verfügbar sein und darf den Zugang der Bewerber und Bieter zu den Vergabeverfahren nicht beschränken. Die dafür zu verwendenden Programme und ihre technischen Merkmale müssen allgemein zugänglich, mit allgemein verbreiteten Erzeugnissen der Informations- und Kommunikationstechnologie kompatibel und nicht diskriminierend sein.
3. Der Auftraggeber hat dafür Sorge zu tragen, dass den interessierten Unternehmen die Informationen über die Spezifikationen der Geräte, die für die elektronische Übermittlung der Anträge auf Teilnahme und der Angebote erforderlich sind, einschließlich Verschlüsselung zugänglich sind. Außerdem muss gewährleistet sein, dass die in § 11a VS genannten Anforderungen erfüllt sind.

(2) Der Auftraggeber kann im Internet ein Beschafferprofil einrichten, in dem allgemeine Informationen wie Kontaktstelle, Telefon- und Telefaxnummer, Postanschrift und E-Mail-Adresse sowie Angaben über Ausschreibungen, geplante und vergebene Aufträge oder aufgehobene Verfahren veröffentlicht werden können.

(3) Der Auftraggeber hat die Datenintegrität und die Vertraulichkeit der übermittelten Anträge auf Teilnahme am Vergabeverfahren auf geeignete Weise zu gewährleisten. Per Post oder direkt übermittelte Anträge sind
1. in einem verschlossenen Umschlag einzureichen,
2. als Anträge auf Teilnahme auf dem Umschlag zu kennzeichnen und
3. bis zum Ablauf der vorgesehenen Frist unter Verschluss zu halten.

Bei elektronisch übermittelten Teilnahmeanträgen sind Datenintegrität und Vertraulichkeit durch entsprechende organisatorische und technische Lösungen nach den Anforderungen des Auftraggebers und durch Verschlüsselung sicherzustellen. Die Verschlüsselung muss bis zum Ablauf der Frist, die für die Einreichung der Anträge bestimmt ist, aufrechterhalten bleiben.

(4) Anträge auf Teilnahme am Vergabeverfahren können auch per Telefax oder telefonisch gestellt werden, müssen dann aber vom Unternehmen bis zum Ablauf der Frist für die Abgabe der Teilnahmeanträge durch Übermittlung per Post, direkt oder elektronisch bestätigt werden.

Übersicht

	Rn.			Rn.
A. Einführung	1		2. Verfügbarkeit und Zugänglichkeit der elektronischen Kommunikationsmittel (Abs. 1 Nr. 2)	6
I. Literatur	1			
II. Entstehungsgeschichte	1a		3. Zugänglichkeit der technischen Informationen bei elektronischer Übermittlung (Abs. 1 Nr. 3)	7
III. Rechtliche Vorgaben im EU-Recht	2			
B. Regelungsinhalt der Vorschrift	3		III. Beschafferprofil im Internet (Abs. 2)	8
I. Anwendungsbereich	3		IV. Datenintegrität und Vertraulichkeit der Anträge (Abs. 3)	9
II. Grundsätze der Informationsübermittlung (Abs. 1)	4			
1. Wahl des Kommunikationsmittels (Abs. 1 Nr. 1)	5		V. Teilnahmeanträge per Telefax oder telefonisch (Abs. 4)	13

A. Einführung

I. Literatur

1 Dippel/Sterner/Zeiss (Hrsg.), Praxiskommentar Beschaffung im Verteidigungs- und Sicherheitsbereich, 2013; Gabriel/Krohn/Neun (Hrsg.), Handbuch Vergaberecht, 2. Aufl. 2017; Goede/Stoye/Stolz (Hrsg.), Handbuch des Fachanwalts Vergaberecht, 2017; *Graef,* Rechtsfragen zur Kommunikation und Informationsübermittlung im neuen Vergaberecht, NZBau 2008, 34 ff.; Leinemann/Kirch (Hrsg.), VSVgV, 2013; *Mösinger/Thomas,* Verteidigungs- und Sicherheitsvergaben, 2014; Pünder/Schellenberg (Hrsg.), Vergaberecht, 2. Aufl. 2015; von Wietersheim (Hrsg.), Vergaben im Bereich Verteidigung und Sicherheit, 2013; Ziekow/Völlink (Hrsg.), Vergaberecht, 3. Aufl. 2018.

II. Entstehungsgeschichte

1a § 11 VS VOB/A hat im Zuge der Vergabemodernisierung 2016 gegenüber seiner vorherigen Fassung[1] lediglich redaktionelle Änderungen erfahren. Während in der EU VOB/A die elektronische Kommunikation als Standard eingeführt wurde, blieb es bei der Vergabe von Bauaufträgen im Verteidigungs- und Sicherheitsbereich bei der Wahlmöglichkeit des Auftraggebers.

III. Rechtliche Vorgaben im EU-Recht

2 § 11 VS VOB/A setzt Art. 36 RL 2009/81/EG für den Bereich der Bauaufträge um. Nach Erwägungsgrund 57 der RL 2009/81/EG sollten elektronische Kommunikationsmittel klassischen gleichgestellt und es sollte für technische Kompatibilität in den Mitgliedstaaten gesorgt werden. Insbesondere für die elektronische Kommunikation enthält Art. 36 RL 2009/81/EG daher besondere Vorgaben.

B. Regelungsinhalt der Vorschrift

I. Anwendungsbereich

3 § 11 VS VOB/A findet gemäß § 2 Abs. 2 VSVgV nur für die Vergabe von verteidigungs- und sicherheitsspezifischen Bauaufträgen Anwendung. Für die Informationsübermittlung bei der Vergabe verteidigungs- und sicherheitsspezifischer Liefer- und Dienstleistungsaufträge gilt hingegen § 19 VSVgV.

II. Grundsätze der Informationsübermittlung (Abs. 1)

4 Abs. 1 enthält Grundsätze für die Kommunikation im Vergabeverfahren.

1. Wahl des Kommunikationsmittels (Abs. 1 Nr. 1)

5 § 11 VS Abs. 1 Nr. 1 VOB/A setzt Art. 36 Abs. 1 RL 2009/81/EG um. Der dort niedergelegte Grundsatz gibt dem Auftraggeber auf, die Kommunikationsmittel im Vergabeverfahren zu wählen und seine Wahl in der Auftragsbekanntmachung oder den Vergabeunterlagen anzugeben. Abs. 1 Nr. 1 zählt als mögliche (kombinierbare) Kommunikationsmittel Post, Telefax, direkte und elektronische Übermittlung auf.

---

[1] § 11 VS VOB/A vom 24.10.2011 (BAnz. Nr. 182a vom 2. Dezember 2011, BAnz. AT 7.5.2012 B1).

Die Regelung ist nahezu wortlautidentisch zu § 19 Abs. 1 VSVgV. § 11 VS Abs. 1 Nr. 1 VOB/A enthält zwar die direkte, nicht aber die telefonische Übermittlung, § 19 Abs. 1 VSVgV enthält hingegen zwar die telefonische, nicht aber die direkte Übermittlung. Dies ist jedoch wie in § 19 Abs. 1 VSVgV unerheblich, da § 11 VS Abs. 4 VOB/A die telefonische Übermittlung erlaubt, so wie nach § 19 Abs. 3 VSVgV auch die direkte Übermittlung zulässig ist. Im Übrigen wird daher auf die Kommentierung zu § 19 Abs. 1 VSVgV verwiesen. → VSVgV § 19 Rn. 3–4.

2. Verfügbarkeit und Zugänglichkeit der elektronischen Kommunikationsmittel (Abs. 1 Nr. 2)

Abs. 1 Nr. 2 legt in Umsetzung von Art. 36 Abs. 2 und 4 RL 2009/81/EG fest, dass das **6** verwendete Kommunikationsnetz allgemein verfügbar sein muss und den Zugang der Unternehmen nicht beschränken darf. Die verwendeten Programme müssen allgemein zugänglich, kompatibel mit allgemein verbreiteten Erzeugnissen sowie nicht diskriminierend sein. Auch wenn der Wortlaut der Vorschrift von § 11a EU Abs. 1 S. 1–2 VOB/A abweicht, entspricht er diesem inhaltlich. In beiden Fällen muss der Auftraggeber durch seine Wahl der elektronischen Kommunikationsmittel gewährleisten, dass die allgemeine Verfügbarkeit, Zugänglichkeit und Kompatibilität der Mittel gegeben ist. Des Weiteren darf der Zugang für Unternehmen nicht beschränkt und damit einhergehend kein Unternehmen diskriminiert werden. Es wird daher auf die Kommentierung zu § 11a EU Abs. 1 S. 1–2 VOB/A und die ausführliche Kommentierung zu § 11 S. 1–2 VgV verwiesen. → VOB/A § 11a EU Rn. 1, → VgV § 11 Rn. 4 ff.

3. Zugänglichkeit der technischen Informationen bei elektronischer Übermittlung (Abs. 1 Nr. 3)

Der aus Art. 36 Abs. 5 lit. a S. 1 RL 2009/81/EG stammende Grundsatz in Abs. 1 Nr. 3 **7** S. 1 sorgt dafür, dass die technischen Informationen über die zu benutzenden Geräte für die elektronische Übermittlung potenziellen Interessenten frei zugänglich sein müssen. Vergleichbar dazu verpflichten die Parallelvorschriften § 11 Abs. 3 VgV und § 11a EU Abs. 3 VOB/A den Auftraggeber dazu, interessierten Unternehmen alle notwendigen Informationen über die verwendeten elektronischen Mittel, die technischen Parameter zur elektronischen Einreichung von Angeboten und Teilnahmeanträgen sowie die verwendeten Verschlüsselungs- und Zeiterfassungsverfahren zur Verfügung zu stellen. Zwar sind § 11 Abs. 3 VgV und § 11a EU Abs. 3 VOB/A damit detaillierter. Jedoch umfassen die in § 11 VS Abs. 1 Nr. 3 S. 1 VOB/A genannten technischen Spezifikationen der Geräte als Oberbegriff die in den Parallelvorschriften enthaltenen Details. Somit kann auf die Kommentierung zu § 11 Abs. 3 VgV verwiesen werden. → VgV § 11 Rn. 40 ff. S. 2 verweist auf die in § 11a VS VOB/A genannten Anforderungen, sodass auf die Kommentierung hierzu verwiesen wird. → § 11a VS Rn. 1 ff.

III. Beschafferprofil im Internet (Abs. 2)

Der Auftraggeber kann zur Veröffentlichung von Informationen ein Beschafferprofil im **8** Internet einrichten, in dem er Kontaktdaten sowie Angaben zu Aufträgen einträgt. Die Möglichkeit eines solchen Profils wird auch in RL 2009/81/EG Anhang VI Nr. 2 erwähnt.

Die Vorschrift entspricht den ehemaligen § 11 EG Abs. 2 VOB/A und § 11 Abs. 2 VOB/A[2] sowie ihrem Inhalt nach – wenn auch vom Wortlaut leicht abweichend – § 37

---

[2] In der Fassung 2012, Bekanntmachung vom 24.10.2011 (BAnz. Nr. 182a vom 2. Dezember 2011, BAnz. AT 7.5.2012 B1), vgl. dazu *Niedergöker* in Beck VOB/A, 2. Aufl. 2013, § 11, Rn. 13.

Abs. 4 VgV. Es wird daher auf die Kommentierung zu § 37 Abs. 4 VgV verwiesen. → VgV § 37 Rn. 93 ff.

IV. Datenintegrität und Vertraulichkeit der Anträge (Abs. 3)

9   Abs. 3 setzt Art. 36 Abs. 3 RL 2009/81/EG um. Hiernach werden zum einen Anforderungen an den Auftraggeber zum Umgang mit Daten aus übermittelten Teilnahmeanträgen gestellt sowie zum anderen dem übermittelnden Unternehmen Vorgaben zur Übermittlung von Teilnahmeanträgen gemacht. Abs. 3 bezieht sich durchgehend nur auf Teilnahmeanträge und nicht auf Angebote, da deren Einreichung separat in § 13 VS VOB/A geregelt ist.

10   Nach Abs. 3 S. 1 hat der Auftraggeber die Integrität und die Vertraulichkeit der Daten aus übermittelten Teilnahmeanträgen zu gewährleisten, das heißt, dass die Daten nicht abänderbar oder manipulierbar sein dürfen und kein Dritter Kenntnis von ihnen nehmen können darf. Zu den Begriffen der Integrität und der Vertraulichkeit der Daten siehe die Kommentierung zu dem sich lediglich auf elektronische Datenübermittlung beziehenden § 11 Abs. 2 VgV. → VgV § 11 Rn. 28 ff.

11   Abs. 3 S. 2 regelt die Übermittlung von Teilnahmeanträgen per Post und direkt, das heißt in persona. Diese sind in einem verschlossenen Umschlag einzureichen, als Teilnahmeanträge zu kennzeichnen und bis zum Fristablauf unter Verschluss zu halten. Diese Regelungen finden sich sowohl bezüglich Teilnahmeanträgen als auch Interessensbekundungen, Interessensbestätigungen und Angeboten inhaltsgleich in § 53 Abs. 5 VgV und § 54 S. 2 VgV. Dass sich § 11 VS Abs. 3 VOB/A lediglich auf Teilnahmeanträge bezieht, resultiert daraus, dass es im Anwendungsbereich der RL 2009/81/EG kein Interessensbekundungsverfahren gibt und § 13 VS VOB/A die Übermittlung von Angeboten regelt. Es wird daher auf die Kommentierung zu § 53 Abs. 5 VgV und § 54 S. 2 VgV verwiesen. → VgV § 53 Rn. 33 ff., → VgV § 54 Rn. 9 ff.

12   Abs. 3 S. 3–4 regelt die elektronische Übermittlung von Teilnahmeanträgen. Bezogen auf Angebote und Teilnahmeanträge enthalten § 19 Abs. 3 S. 4–5 VSVgV nahezu wortlautidentische, aber jedenfalls inhaltsgleiche Regelungen. Dass sich § 11 VS Abs. 3 S. 3–4 VOB/A nur auf Teilnahmeanträge beziehen, resultiert daraus, dass § 13 VS VOB/A die Übermittlung von Angeboten regelt. Es wird daher auf die Kommentierung zu § 19 Abs. 3 S. 4–5 VSVgV verwiesen. → VSVgV § 19 Rn. 17.

V. Teilnahmeanträge per Telefax oder telefonisch (Abs. 4)

13   Anträge auf Teilnahme am Vergabeverfahren können auch per Telefax oder telefonisch gestellt werden. Abs. 4 bezieht sich damit ausschließlich auf Teilnahmeanträge und nicht auch Angebote, da sich die eindeutigen Vorgaben aus Art. 36 Abs. 6 RL 2009/81/EG[3] nur auf Anträge auf Teilnahme am Vergabeverfahren und nicht auf Angebote beziehen.

Per Telefax oder telefonisch eingereichte Teilnahmeanträge müssen aber stets durch Übermittlung per Post, direkt oder elektronisch bestätigt werden. Die Parallelvorschrift in § 19 Abs. 5 S. 5–6 VSVgV fordert dagegen nur bei telefonisch übermittelten Anträgen zwingend eine Bestätigung, während bei der Übermittlung per Telefax der Auftraggeber eine Bestätigung nur im Ausnahmefall verlangen kann. Obwohl § 11 VS Abs. 4 VOB/A und § 19 Abs. 5 S. 5–6 VSVgV beide auf Art. 36 Abs. 6 RL 2009/81/EG beruhen, ist die Regelung der VS VOB/A damit etwas strenger als jene der VSVgV. Beide Umsetzungen befinden sich jedoch im von RL 2009/81/EG vorgegebenen Rahmen, da Art. 36 Abs. 6

---

[3] Art. 36 Abs. 6 S. 1 RL 2009/81/EG: „Die nachfolgenden Bestimmungen gelten für die Übermittlungen der Anträge auf Teilnahme".

lit. c es den Mitgliedstaaten freistellt, ob per Fax eingereichte Teilnahmeanträge bestätigt werden müssen. Hinsichtlich telefonisch gestellter Teilnahmeanträge besteht ein solcher Umsetzungsspielraum nach Art. 36 Abs. 6 lit. b) nicht.

§ 11a Anforderungen an elektronische Mittel

Die Geräte müssen gewährleisten, dass

1. für die Angebote eine elektronische Signatur verwendet werden kann,
2. Tag und Uhrzeit des Eingangs der Teilnahmeanträge oder Angebote genau bestimmbar sind,
3. ein Zugang zu den Daten nicht vor Ablauf des hierfür festgesetzten Termins erfolgt,
4. bei einem Verstoß gegen das Zugangsverbot der Verstoß sicher festgestellt werden kann,
5. ausschließlich die hierfür bestimmten Personen den Zeitpunkt der Öffnung der Daten festlegen oder ändern können,
6. der Zugang zu den übermittelten Daten nur möglich ist, wenn die hierfür bestimmten Personen gleichzeitig und erst nach dem festgesetzten Zeitpunkt tätig werden und
7. die übermittelten Daten ausschließlich den zur Kenntnisnahme bestimmten Personen zugänglich bleiben.

Übersicht

	Rn.		Rn.
A. Einführung	1	B. Regelungsinhalt der Vorschrift	3
I. Literatur	1	I. Anwendungsbereich	3
II. Entstehungsgeschichte	1a	II. Allgemeines	4
III. Rechtliche Vorgaben im EU-Recht .	2	III. Die einzelnen Anforderungen an die Geräte	7

A. Einführung

I. Literatur

1 Dippel/Sterner/Zeiss (Hrsg.), Praxiskommentar Beschaffung im Verteidigungs- und Sicherheitsbereich, 2013; Gabriel/Krohn/Neun (Hrsg.), Handbuch Vergaberecht, 2. Aufl. 2017; Goede/Stoye/Stolz (Hrsg.), Handbuch des Fachanwalts Vergaberecht, 2017; *Graef,* Rechtsfragen zur Kommunikation und Informationsübermittlung im neuen Vergaberecht, NZBau 2008, 34 ff.; Leinemann/Kirch (Hrsg.), VSVgV, 2013; *Mösinger/Thomas,* Verteidigungs- und Sicherheitsvergaben, 2014; Pünder/Schellenberg (Hrsg.), Vergaberecht, 2. Aufl. 2015; von Wietersheim (Hrsg.), Vergaben im Bereich Verteidigung und Sicherheit, 2013; Ziekow/Völlink (Hrsg.), Vergaberecht, 3. Aufl. 2018.

II. Entstehungsgeschichte

1a § 11a VS VOB/A wurde im Zuge der Vergaberechtsmodernisierung 2016 eingefügt, um die ehemalige Anlage I[1] zu ersetzen.

III. Rechtliche Vorgaben im EU-Recht

2 Die in § 11a VS VOB/A aufgestellten Anforderungen setzen Anhang VIII der RL 2009/81/EG um, auf die Art. 36 Abs. 5 lit. a RL 2009/81/EG verweist.

---

[1] Anlage I VOB/A-VS vom 24.10.2011 (BAnz. Nr. 182a vom 2. Dezember 2011, BAnz. AT 7.5.2012 B1).

B. Regelungsinhalt der Vorschrift

I. Anwendungsbereich

§ 11a VS VOB/A findet gemäß § 2 Abs. 2 VSVgV nur für die Vergabe von verteidi- **3**
gungs- und sicherheitsspezifischen Bauaufträgen Anwendung. Für die Anforderungen an
die elektronischen Mittel bei der Vergabe verteidigungs- und sicherheitsspezifischer Liefer-
und Dienstleistungsaufträge gilt hingegen § 19 Abs. 4 VSVgV (→ VSVgV § 19 Rn. 8 ff.).

II. Allgemeines

§ 11a VS VOB/A legt die Anforderungen an elektronische Kommunikationsmittel fest. **4**
Die Erfüllung dieser Anforderungen muss laut der verweisenden Norm § 11 VS Abs. 1
Nr. 3 S. 2 VOB/A gewährleistet werden.

Die knappe Eingangsformulierung *„Die Geräte müssen gewährleisten, dass"* bezieht sich im **5**
Sinne des Anhangs VIII der RL 2009/81/EG auf die Geräte der Auftraggeber für die
elektronische Entgegennahme von Angeboten und Teilnahmeanträgen. Aufgrund der
Knappheit dieser Formulierung, des ebenfalls knappen Verweises und des systematischen
Zusammenhangs mit § 11 VS Abs. 1 Nr. 3 S. 1 VOB/A könnte fälschlicherweise angenommen werden, dass es die Geräte betreffen soll, die ein Unternehmen zur Übermittlung
von Angeboten und Teilnahmeanträgen braucht.

Die Parallelnormen zu § 11a VS VOB/A in der VgV und der EU VOB/A sind § 10 **6**
Abs. 1 S. 2 VgV und mit diesem wortlautidentisch § 11a EU Abs. 4 S. 2 VOB/A. § 10
VgV und § 11a EU VOB/A beziehen sich auf Geräte, die für den Empfang von Angeboten, Teilnahmeanträgen und Interessensbestätigungen verwendet werden. § 11a VS VOB/A
bezieht sich dagegen auf Geräte, die nur für den Empfang von Angeboten und Teilnahmeanträgen, aber nicht von Interessensbestätigungen verwendet werden, da es im Anwendungsbereich der RL 2009/81/EG kein Interessensbekundungsverfahren und demnach
auch keine Interessensbestätigungen gibt.

III. Die einzelnen Anforderungen

§ 11a VS Nr. 1 VOB/A schreibt vor, dass die Geräte gewährleisten müssen, dass für die **7**
Angebote eine elektronische Signatur verwendet werden kann. Dies bezieht sich berechtigterweise ausschließlich auf Angebote, da deren elektronische Übermittlung gemäß § 13 VS
Abs. 1 Nr. 1 S. 3 VOB/A eine Signatur erfordert. Bei Teilnahmeanträgen ist dies dagegen
laut § 11 VS Abs. 3 S. 3–4 VOB/A nicht erforderlich.

Nr. 2 regelt, dass die Geräte Tag und Uhrzeit des Eingangs der Teilnahmeanträge bzw. **8**
Angebote genau bestimmen können. Dies ist notwendig, um eine Fristwahrung sicher feststellen zu können. Obwohl § 10 Abs. 1 S. 2 Nr. 1 VgV und § 11a EU Abs. 4 S. 2 Nr. 1
VOB/A allgemein von Datenempfang sprechen, beziehen sie sich auf den Empfang von
Angeboten, Teilnahmeanträgen und Interessensbestätigungen. Die Regelung in Nr. 2 entspricht damit inhaltlich § 10 Abs. 1 S. 2 Nr. 1 VgV, sodass auf die entsprechende Kommentierung verwiesen wird. → VgV § 10 Rn. 14.

Nr. 3 setzt fest, dass die Geräte gewährleisten müssen, dass ein Zugang zu den Daten **9**
nicht vor dem dafür festgesetzten Termin erfolgt. Vergleichbar dazu regeln § 10 Abs. 1 S. 2
Nr. 2 VgV und § 11a EU Abs. 1 S. 2 Nr. 2 VOB/A, dass kein vorfristiger Zugang auf die
empfangenen Daten möglich sein darf. Obwohl die Formulierungen voneinander abweichen, bezwecken beide Vorschriften das Gleiche. Auch sind die zugrundeliegenden Regelungen in Anhang VIII lit. c RL 2009/81/EG und Anhang IV lit. b RL 2014/24/EU

wortlautidentisch. Daher wird auf die Kommentierung zu § 10 Abs. 1 S. 2 Nr. 2 VgV verwiesen. → VgV § 10 Rn. 15.

10   Nr. 4 normiert, dass die Geräte gewährleisten müssen, dass ein Verstoß gegen das Zugangsverbot sicher festgestellt werden kann. Diese Regelung dient vor allem dem Bedürfnis im Zweifelsfall nachweisen zu können, dass kein verfrühter Zugang stattgefunden hat. Dieses Bedürfnis decken in den Parallelvorschriften § 10 Abs. 1 S. 2 Nr. 7 VgV und § 11a EU Abs. 4 S. 2 Nr. 7 VOB/A ab und schließen dabei nicht nur den rein zeitlichen Aspekt ein, sondern darüber hinausgehend auch alle anderen Formen des unrechtmäßigen Zugangs. Beschränkt auf den Fall des vorzeitigen Zugangs wird daher auf die Kommentierung zu § 10 Abs. 1 S. 2 Nr. 7 VgV verwiesen. → VgV § 10 Rn. 20.

11   Nach Nr. 5 müssen die Geräte garantieren, dass nur hierfür bestimmte Personen den Zeitpunkt der Öffnung der Daten festlegen oder ändern können. Der „Zeitpunkt der Öffnung" entspricht dem „Termin für den erstmaligen Zugriff" in § 10 Abs. 1 S. 2 Nr. 3 VgV sowie § 11a EU Abs. 4 S. 2 Nr. 3 VOB/A während die „hierfür bestimmten Personen" den „Berechtigten" in § 10 Abs. 1 S. 2 Nr. 3 VgV sowie § 11a EU Abs. 4 S. 2 Nr. 3 VOB/A gleichstehen. Inhaltlich regeln § 11a VS Nr. 5 VOB/A und § 10 Abs. 1 S. 2 Nr. 3 VgV sowie § 11a EU Abs. 4 S. 2 Nr. 3 VOB/A somit das Gleiche, sodass auf die entsprechende Kommentierung verwiesen wird. → VgV § 10 Rn. 16.

12   Nr. 6 legt fest, dass der Zugang zu den übermittelten Daten nur möglich sein darf, wenn die hierfür bestimmten Personen gleichzeitig und erst nach dem festgesetzten Zeitpunkt tätig werden. Das gleichzeitige Tätigwerden der ermächtigten Personen beschreibt im Grundsatz, dass die Zugangsmöglichkeit stets nur bei ihnen liegen darf. Darüber hinaus stellt Nr. 6 noch einmal klar, dass selbst ermächtigte Personen die Daten nicht vor dem festgesetzten Zeitpunkt öffnen dürfen. Damit fasst § 11a VS Nr. 6 VOB/A die Vorschriften § 10 Abs. 1 S. 2 Nr. 4 und 5 VgV bzw. § 11a EU Abs. 4 S. 2 Nr. 4 und 5 VOB/A zusammen, die regeln, dass stets nur Berechtigte nach dem festgesetzten Zeitpunkt Zugang haben bzw. einräumen dürfen. Es wird daher auf die dazugehörige Kommentierung verwiesen. → VgV § 10 Rn. 17f.

13   Nr. 7 regelt, dass die Geräte gewährleisten müssen, dass die übermittelten Daten ausschließlich den zur Kenntnisnahme bestimmten Personen zugänglich bleiben. Das heißt, dass selbst nach dem Zeitpunkt der Öffnung keine Nichtberechtigten Zugang zu den Daten haben dürfen. Wenn auch der Wortlaut von § 10 Abs. 1 S. 2 Nr. 6 VgV (sowie § 11a EU Abs. 4 S. 2 Nr. 6 VOB/A) so formuliert ist, dass die Daten nicht an Unberechtigte übermittelt werden dürfen, so verfolgen beide Vorschriften den Zweck, dass die Daten nicht zu unberechtigten Personen gelangen. Es wird daher auf die Kommentierung zu § 10 Abs. 1 S. 2 Nr. 6 VgV verwiesen. → VgV § 10 Rn. 19.

§ 12 Vorinformation, Auftragsbekanntmachung

(1)

1. Als Vorinformation sind die wesentlichen Merkmale der beabsichtigten Bauaufträge mit mindestens einem geschätzten Gesamtauftragswert für Bauleistungen nach § 106 Absatz 2 Nummer 3 GWB ohne Umsatzsteuer bekannt zu machen.

2. Eine Vorinformation ist nur dann verpflichtend, wenn der Auftraggeber von der Möglichkeit einer Verkürzung der Angebotsfrist gemäß § 10b VS Absatz 4 Gebrauch machen möchte.

3. Die Vorinformation ist nach dem Muster gemäß Anhang XIII der Durchführungsverordnung (EU) Nr. 2015/1986 zu erstellen.

4. Nach Genehmigung der Planung ist die Vorinformation sobald wie möglich dem Amt für Veröffentlichungen der Europäischen Union zu übermitteln oder im Beschafferprofil nach § 11 VS Absatz 2 zu veröffentlichen; in diesem Fall ist dem Amt für Veröffentlichungen der Europäischen Union zuvor auf elektronischem Weg die Veröffentlichung mit dem Muster gemäß Anhang VIII der Durchführungsverordnung (EU) Nr. 2015/1986 zu melden, Anhang VI der Richtlinie 2009/81/EG ist zu beachten. Die Vorinformation kann außerdem in Tageszeitungen, amtlichen Veröffentlichungsblättern oder Internetportalen veröffentlicht werden.

(2)

1. Die Unternehmen sind durch Auftragsbekanntmachungen aufzufordern, ihre Teilnahme am Wettbewerb zu beantragen, wenn Bauaufträge im Sinne von § 1 VS in einem nicht offenen Verfahren, in einem Verhandlungsverfahren mit Teilnahmewettbewerb oder in einem wettbewerblichen Dialog vergeben werden.

2. Die Auftragsbekanntmachungen müssen die in Anhang XV der Durchführungsverordnung (EU) Nr. 2015/1986 geforderten Informationen enthalten und sollen nicht mehr als 650 Wörter umfassen, wenn der Inhalt der Auftragsbekanntmachung nicht auf elektronischem Weg gemäß dem Muster und unter Beachtung der Verfahren bei der Übermittlung nach Anhang VI Nummer 3 der Richtlinie 2009/81/EG abgesendet wird. Auftragsbekanntmachungen sind im Amtsblatt der Europäischen Union zu veröffentlichen und dem Amt für Veröffentlichungen der Europäischen Union unverzüglich, in Fällen des beschleunigten Verfahrens per Telefax oder elektronisch zu übermitteln.

3. Der Auftraggeber muss nachweisen können, an welchem Tag die Auftragsbekanntmachung an das Amt für Veröffentlichungen der Europäischen Union abgesendet wurde.

4. Die Auftragsbekanntmachung wird unentgeltlich, spätestens zwölf Kalendertage nach der Absendung im Supplement zum Amtsblatt der Europäischen Union in der Originalsprache veröffentlicht. Eine Zusammenfassung der wichtigsten Angaben wird in den übrigen Amtssprachen der Europäischen Union veröffentlicht; der Wortlaut der Originalsprache ist verbindlich.

5. Auftragsbekanntmachungen, die über das Internetportal des Amtes für Veröffentlichungen der Europäischen Union auf elektronischem Weg erstellt und übermittelt wurden, werden abweichend von Nummer 4 spätestens fünf Kalendertage nach ihrer Absendung veröffentlicht.

6. Die Auftragsbekanntmachungen können zusätzlich im Inland veröffentlicht werden, beispielsweise in Tageszeitungen, amtlichen Veröffentlichungsblättern oder Internetportalen; sie können auch auf www.bund.de veröffentlicht werden. Sie dürfen nur die Angaben enthalten, die dem Amt für Veröffentlichungen der Europäischen Union übermittelt wurden, und dürfen nicht vor Absendung an dieses Amt veröffentlicht werden.

(3)

1. Die Auftragsbekanntmachung ist beim nicht offenen Verfahren, Verhandlungsverfahren und wettbewerblichen Dialog nach dem Muster gemäß Anhang XV der Durchführungsverordnung (EU) Nr. 2015/1986 zu erstellen.

2. Dabei sind zu allen Nummern Angaben zu machen; die Texte des Musters sind nicht zu wiederholen.

Übersicht

	Rn.		Rn.
A. Einleitung	1	**C. Vorinformation**	11
I. Literatur	1	**D. Auftragsbekanntmachungen**	14
II. Entstehungsgeschichte	2	I. Allgemeines	14
III. Unionsrechtliche Vorgaben	3	II. Einzelheiten	15
B. Allgemeines	9	**E. Freiwillige Bekanntmachungen**	21

A. Einleitung

I. Literatur

1   Siehe die Literaturangaben zu § 37 VgV, sowie *Conrad,* Vergabearten und sonstige Besonderheiten des Verfahrens in den Bereichen Verteidigung und Sicherheit, in Gabriel/Krohn/Neun (Hrsg.) Handbuch Vergaberecht, 2. Aufl. (2017) § 58, 1463 ff.

II. Entstehungsgeschichte

2   Die Regelungen in § 12 VS zur Veröffentlichung von Vorinformationen und Auftragsbekanntmachungen beruhen auf den Vorgaben der RL 2009/81/EG (→ III.). Die Umsetzung entspricht weitestgehend der Vorgängerregelung in § 12 VS Abs. 1 bis 3 VOB/A 2012. Diese war sowohl von der Struktur her als auch in den Einzelheiten weitgehend an die Parallelvorschrift des § 12 EG VOB/A 2012 angelehnt.

III. Unionsrechtliche Vorgaben

3   § 12 VS setzt Art. 30 und 32 RL 2009/81/EG um. Die allgemeine Regelung zur Vorinformation in Abs. 1 Nr. 1 beruht auf Art. 30 Abs. 1 UAbs. 1 der Richtlinie. Soweit die Umsetzung durch die Formulierung „sind ... bekannt zu machen" eine Pflicht zur Vorinformation suggeriert, hat das keine EU-rechtliche Grundlage; in Art. 30 Abs. 1 UAbs. 1 heißt es vielmehr unmissverständlich „können ... mitteilen". Die Regelung in Abs. 1 Nr. 2, wonach eine Vorinformation nur verpflichtend ist, wenn der Auftraggeber von der Möglichkeit einer Verkürzung der Angebotsfristen Gebrauch machen will, die auf Art. 30 Abs. 1 UAbs. 4 zurückgeht, stellt den grundsätzlich freiwilligen Charakter der Vorinformation aber auch im Rahmen der Umsetzung klar.

4   Abs. 1 Nr. 3, der auf die Verwendung des Standardformulars gemäß Anhang XIII der DVO (EU) Nr. 2015/1986 verweist, basiert auf Art. 32 Abs. 1 der Richtlinie.

5   Die Regelungen in Abs. 1 Nr. 4 Satz 1 über die Übermittlung der Bekanntmachung an das EU-Amtsblatt und eine eventuelle Veröffentlichung in einem Beschafferprofil setzen Art. 30 Abs. 1 UAbs. 2 und 3 sowie Art. 32 Abs. 5 UAbs. 3 der Richtlinie um. Die Regelung in Abs. 1 Nr. 4 Satz 2, der eine zusätzliche Veröffentlichung der Vorinformation in Tageszeitungen, amtlichen Veröffentlichungsblättern oder Internetportalen gestattet, hat keine unmittelbare unionsrechtliche Grundlage. Die Regelung entspricht auch nicht vollständig den Vorgaben des Art. 32 Abs. 5 UAbs. 1 und 2 RL 2009/81/EG, wonach Bekanntmachungen auf nationaler Ebene nicht vor dem Tag ihrer Absendung an das EU-Amtsblatt veröffentlicht werden und keine anderen Angaben als die EU-Bekanntmachung enthalten dürfen. Diese Richtlinienbestimmung gilt auch für Vorinformationen; die Umsetzung in Abs. 1 Nr. 4 Satz 2 ist insoweit lückenhaft.

Abs. 2 Nr. 1, der die zentrale Pflicht zur Veröffentlichung einer Auftragsbekanntma- 6
chung für beabsichtigte Auftragsvergaben enthält setzt Art. 30 Abs. 2 der Richtlinie 2009/
81/EG um.

Die Regelungen in Abs. 2 Nr. 2 bis 5 über den Inhalt der Auftragsbekanntmachung, 7
ihre Übermittlung an das Amt für Veröffentlichungen der EU und die Veröffentlichung
durch das Amt basieren auf Art. 32 Abs. 1 bis 4 RL 2009/81/EG. Die Regelungen
in Abs. 2 Nr. 2 zur Übermittlung auf anderem Weg als über das Internetportal des Amts
für Veröffentlichungen sind allerdings durch Art. 6 der DVO (EU) Nr. 2015/1986 (Stan-
dardmuster-Verordnung) überholt; danach können Bekanntmachungen nur noch online
über das eNotices-Portal oder die TED-eSender-Funktion übermittelt werden. Abs. 2
Nr. 6 Satz 1, der eine parallele Veröffentlichung im Inland gestattet, hat keine unmittelbare
unionsrechtliche Grundlage. Die Regelung in Abs. 2 Nr. 6 Satz 2, wonach solche Veröffentlichungen keine anderen Angaben als die EU-Bekanntmachung enthalten und nicht
vor deren Übermittlung an das EU-Amtsblatt erfolgen dürfen, setzt Art. 32 Abs. 5 UAbs. 1
und 2 der Richtlinie um.

Die Vorgabe in Abs. 3 Nr. 1, dass für die Bekanntmachung das Standardformular gem. 8
Anhang XV der DVO (EU) Nr. 2015/1986 zu verwenden ist, basiert auf Art. 32 Abs. 1
der Richtlinie. Die Regelung in Abs. 3 Nr. 2, wonach bei der Auftragsbekanntmachung zu
allen Nummern des Standardformulars Angaben zu machen sind, hat lediglich klarstellenden Charakter (→ § 12 EU Rn. 9).

B. Allgemeines

Die Regelungen über Vorinformationen und Auftragsbekanntmachungen in § 12 VS 9
entsprechen sowohl ihrer Struktur nach als auch inhaltlich weitgehend den Parallelregelun-
gen in § 12 EU Abs. 1 und Abs. 3. Da sie auf der RL 2009/81/EG beruhen, die im Rahmen des Richtlinienpakets von 2014 nicht geändert wurde, spiegeln sie in mehrerer Hinsicht allerdings noch den früheren Stand aus der Zeit vor der Vergaberechtsmodernisierung
2016 wieder. Zudem gibt es einige (wenige) bereichsspezifische Besonderheiten.

Der wichtigste Unterschied zu § 12 EU liegt darin, dass § 12 VS – entsprechend den 10
Vorgaben der RL 2009/81/EG – noch keine Möglichkeit vorsieht, eine Vorinformation als
Aufruf zum Wettbewerb zu veröffentlichen. Die Regelungen in § 12 EU Abs. 2 haben
daher in § 12 VS keine Entsprechung.

C. Vorinformation

Gemäß Abs. 1 kann der Auftraggeber beabsichtigte Bauvergaben im Bereich Verteidi- 11
gung und Sicherheit mittels einer Vorinformation bekannt machen. Die Regelung entspricht weitestgehend § 12 EU Abs. 1. Auf die dortige Kommentierung kann daher verwiesen werden (→ 12 EU Rn. 15 ff.).

Trotz der missverständlichen Formulierung in Abs. 1 Nr. 1 („sind ... bekannt zu ma- 12
chen") ist eine Vorinformation auch im Bereich Verteidigung und Sicherheit **grundsätzlich freiwillig;** Abs. 1 Nr. 2 stellt das klar. Soweit die Regelung gleichwohl einen gewissen **Appellcharakter** zu entfalten scheint, dient dieser dem Interesse der Bauwirtschaft an
einer möglichst frühzeitigen Unterrichtung über beabsichtigte Bauvorhaben zwecks besserer Ressourcenplanung.

Für Vorinformationen im Bereich Verteidigung und Sicherheit ist ein **eigenes Stan-** 13
dardformular zu verwenden; dieses findet sich in Anhang XIII DVO (EU)
Nr. 2015/1986 ("Vorinformation über Aufträge in den Bereichen Verteidigung und Sicherheit"). Es handelt sich um dasselbe Formular wie für Vorinformationen nach § 17

VSVgV; wegen der Einzelheiten ist daher auf die dortige Kommentierung zu verweisen (→ VSVgV § 17 Rn. 12 ff.).

D. Auftragsbekanntmachungen

I. Allgemeines

14   Abs. 2 und 3 regeln die Auftragsbekanntmachung. Abs. 2 Nr. 1 schreibt vor, dass Auftraggeber, die die Vergabe eines Bauauftrags im Bereich Verteidigung und Sicherheit beabsichtigen, eine Auftragsbekanntmachung veröffentlichen müssen, mit der sie Unternehmen auffordern, ihre Wettbewerbsteilnahme zu beantragen. Diese Bekanntmachungspflicht ist das zentrale Element zur Herstellung eines europaweiten Wettbewerbs um Bauaufträge im Verteidigungs- und Sicherheitsbereich. Insoweit das gleiche wie für die Auftragsbekanntmachung nach § 18 VSVgV (→ VSVgV § 18 Rn. 9).

II. Einzelheiten

15   Abs. 2 Nr. 2 bis 6 und Abs. 3 Nr. 1 und 3 regeln die Einzelheiten der Auftragsbekanntmachung. Diese Vorschriften **entsprechen inhaltlich weitgehend § 12 EU Abs. 3 Nr. 2 bis 5.** Daher kann zunächst auf die dortige Kommentierung verwiesen werden (→ § 12 EU Rn. 22 ff.).

16   Gewisse **Unterschiede zu § 12 EU** ergeben sich daraus, dass die Vergabevorschriften für den Verteidigungs- und Sicherheitsbereich noch auf den Vorgaben der Richtlinie 2009/81/EG beruhen, die im Rahmen des Richtlinienpakets von 2014 und folglich bei der Vergaberechtsmodernisierung 2016 nicht geändert wurden. Die Regelungen spiegeln daher teilweise noch den früheren Stand der VOB/A 2012 wider.

17   Für die Auftragsinformation im Bereich Verteidigung und Sicherheit ist ein **eigenes Standardformular** zu verwenden; dieses findet sich in **Anhang XIV** DVO (EU) Nr. 2015/1986 („Auftragsbekanntmachung – Verteidigung und Sicherheit"). Soweit der offizielle Text der VOB/A auf Anhang XV der DVO verweist, handelt es sich um ein Redaktionsversehen. Bei dem Formular handelt es sich um dasselbe wie für **Auftragsbekanntmachungen nach § 18 VSVgV.** Dieses Formular weicht sowohl vom Aufbau her als auch in mehreren inhaltlichen Punkten vom Formular für Auftragsbekanntmachungen nach der VOB/A-EU ab. Die Einzelheiten sind in der Kommentierung zu § 18 VSVgV dargestellt (→ VSVgV § 18 Rn. 15 ff.).

18   Die Regelung in Abs. 2 Nr. 2 Satz 1 zur Umfangsbegrenzung der Bekanntmachung auf 650 Wörter bei Übermittlung auf anderem als elektronischem Wege ist mittlerweile gegenstandslos, da Bekanntmachungen gemäß Artikel 6 DVO (EU) 2015/1986 heute nur noch elektronisch (und zwar online über das eNotices-Portal oder über die TED-eSender-Funktion) übermittelt werden können. Gleiches gilt für die 12-tägige Veröffentlichungsfrist nach Abs. 2 Nr. 4 Satz 1; aufgrund der zwingenden elektronischen Übermittlung gilt mittlerweile nur noch die 5-tägige Frist gem. Abs. 2 Nr. 5.

19   Ein weiterer Unterschied besteht bei der **Fristenregelung** in Abs. 2 Nr. 6 für **parallele Veröffentlichungen in Inland.** § 12 VS gestattet solche Veröffentlichungen – im Einklang mit Art. 32 Abs. 5 RL 2009/81/EG – bereits ab dem Tag der Absendung der Auftragsbekanntmachung an das Amt für Veröffentlichungen der EU. Im „klassischen" Bereich muss der Auftraggeber dagegen nach der Neuregelung in § 12 EU Abs. 3 Nr. 5 – die auf Art. 52 Abs. 1 Satz 2 VRL beruht – eine Frist von mindestens 48 Stunden nach der Eingangsbestätigung abwarten (oder die Veröffentlichung selbst, sofern diese früher erfolgt).

20   Die Regelungen in Abs. 3 Nr. 1 und 2 zur Verwendung des Standardformulars und den dort zu machenden Angaben entsprechen im Kern § 12 EU Abs. 3 Nr. 2 Satz 1 und 2.

(→ § 12 EU Rn. 23 f.) bzw. § 18 Abs. 2 VSVgV (→ VSVgV § 18 Rn. 13). Soweit die Regelung auf das besondere Standardformular für den Bereich Verteidigung und Sicherheit verweist, handelt es sich auch hier richtigerweise um das Formular gem. **Anhang XIV** der DVO (EU) Nr. 2015/1986 (und nicht Anhang XV). Abs. 3 Nr. 2 ist eine unnötige Doppelung zu Abs. 2 Nr. 2 Satz 1.

E. Freiwillige Bekanntmachungen

Auch im Bereich Verteidigung und Sicherheit kann der Auftraggeber beabsichtigte Bau- **21** vergaben **freiwillig bekannt machen.** Das ergibt sich aus Art. 31 RL 2009/81/EG. Diese Vorschrift wurde in der VOB/A-VS nicht umgesetzt. Sie gilt jedoch – ebenso wie die Parallelvorschrift in Art. 51 Abs. 6 VRL für klassische Auftragsvergaben – auch für Bauvergaben. Auftraggeber können dementsprechend auch Bauaufträge im Bereich Verteidigung und Sicherheit mittels freiwilliger **Vorinformationen** und insbesondere **Auftragsbekanntmachungen** ankündigen. Das gilt vor allem für Aufträge, die keiner förmlichen Bekanntmachungspflicht unterliegen, weil der Schwellenwert nicht erreicht ist. Die Veröffentlichung erfolgt in diesem Fall genauso wie eine Pflichtveröffentlichung. Insbesondere sind die gleichen Formulare zu verwenden. Dabei ist zu empfehlen, im Abschnitt VI.3 („Zusätzliche Angaben") auf den freiwilligen Charakter der Bekanntmachung hinzuweisen.

Der Auftraggeber kann auch eine **freiwillige Ex-ante-Transparenzbekanntmach-** **22** **ung** im Sinne von § 135 Abs. 3 GWB veröffentlichen. Das Standardformular gemäß Anhang XII DVO (EU) Nr. 2015/1986 sieht derartige Veröffentlichungen ausdrücklich auch im Bereich der Richtlinie 2009/81/EG vor, u.a. auch in dem Fall, dass der Auftrag nach Auffassung des Auftraggebers nicht unter die Richtlinie bzw. die GWB-Vergabevorschriften fällt (siehe Anhang D.1 Nr. 2 des Standardformulars); näher → VGV § 40 Rn. 28 ff.).

§ 12a VS Versand der Vergabeunterlagen

(1)

1. Die Vergabeunterlagen sind den Unternehmen unverzüglich in geeigneter Weise zu übermitteln.

2. Die Vergabeunterlagen sind bei nicht offenen Verfahren sowie bei Verhandlungsverfahren und wettbewerblichem Dialog an alle ausgewählten Bewerber am selben Tag abzusenden.

(2) Wenn von den für die Preisermittlung wesentlichen Unterlagen keine Vervielfältigungen abgegeben werden können, sind diese in ausreichender Weise zur Einsicht auszulegen.

(3) Die Namen der Unternehmen, die Vergabeunterlagen erhalten oder eingesehen haben, sind geheim zu halten.

(4) Rechtzeitig beantragte Auskünfte über die Vergabeunterlagen sind spätestens sechs Kalendertage vor Ablauf der Angebotsfrist allen Unternehmen in gleicher Weise zu erteilen. Bei nicht offenen Verfahren und beschleunigten Verhandlungsverfahren nach § 10b VS Absatz 6 beträgt diese Frist vier Kalendertage.

Übersicht

	Rn.		Rn.
A. Einführung	1	II. Form und Zeitpunkt der Übermittlung	5
I. Literatur	1		
II. Entstehungsgeschichte	2	III. Auslegung der Unterlagen zur Einsicht	9
III. Unionsrechtliche Vorgaben	3		
B. Übermittlung der Vergabeunterlagen	4	C. Geheimhaltung der Bewerber	11
I. Allgemeines	4	D. Rechtzeitige Erteilung von Auskünften	12

A. Einführung

I. Literatur

1 Siehe die Literaturangaben zu § 41 VgV, sowie *Krohn*, Informationssicherheit bei Verteidigungs- und Sicherheitsvergaben, in von Wietersheim (Hrsg.), Vergaben im Bereich Verteidigung und Sicherheit (2013), 137.

II. Entstehungsgeschichte

2 § 12a VS entspricht fast wörtlich § 12 VS Abs. 4–7 VOB/A 2012. Da sich die EU-rechtlichen Grundlagen für Vergaben im Verteidigungs- und Sicherheitsbereich seit der Richtlinie 2009/81/EG nicht geändert haben und daher die Vorschriften für diesen Bereich bei der Vergaberechtsmodernisierung 2016 weitgehend unangetastet blieben, war diese Fortschreibung folgerichtig. Die Vorgängerregelung war ihrerseits eng an die Paralellvorschrift in § 12 EU Abs. 4–7 VOB/A 2012 angelehnt.

III. Unionsrechtliche Vorgaben

3 **Abs. 1 Nr. 1,** der den Auftraggeber verpflichtet, die Vergabeunterlagen den Unternehmen unverzüglich auf geeignete Weise zu übermitteln, hat keine unionsrechtliche

Grundlage, sondern gehört zum überkommenen Bestand der VOB/A. Die Vorschrift steht in Bezug auf die Art der Übermittlung jedoch in Einklang mit Art. 36 Abs. 1 RL 2009/21/EG, der dem Auftraggeber bei der Festlegung des Kommunikationswegs ein Wahlrecht einräumt. Sowohl Abs. 1 Nr. 1 als auch **Abs. 1 Nr. 2,** der einen taggleichen Versand der Vergabeunterlagen an alle ausgewählten Bewerber vorschreibt, sind vor dem Hintergrund von **Art. 34 Abs. 1 und 2 RL 2009/81/EG** zu lesen. Diese Richtlinienbestimmungen regeln die Aufforderung zur Angebotsabgabe bzw. Dialogteilnahme und den damit verbundenen Versand der Vergabeunterlagen; Abs. 1 Nr. 1 und 2 setzen diese Bestimmung allerdings nur unvollständig um (→ Rn. 6 f.). Die Sonderregelung in Art. 34 Abs. 3 RL 2009/81/EG zur Abgabe der Vergabeunterlagen durch vom Auftraggeber eingeschaltete externe Einrichtungen hat in der VOB/A-VS keine Umsetzung erfahren. **Abs. 2 und 3** haben keine unionsrechtliche Grundlage. Abs. 2, der in bestimmten Fällen anstelle eines Versands der Unterlagen die Auslegung zur Einsicht gestattet, ist von der RL 2009/81/EG auch nicht gedeckt (→ Rn. 9). Die Regelung in **Abs. 4** zu den Fristen für zusätzliche Auskünfte beruht auf Art. 34 Abs. 4 RL 81/2009/EG

B. Übermittlung der Vergabeunterlagen

I. Allgemeines

Im Verteidigungs- und Sicherheitsbereich ist der Auftraggeber nicht verpflichtet, die **4** Vergabeunterlagen uneingeschränkt und vollständig direkt elektronisch zum Abruf bereitzustellen. Hierin liegt ein wichtiger Unterschied zur VgV, SektVO, KonzVgV und VOB/A-EU. Zwar gilt der Grundsatz der elektronischen Kommunikation gem. § 97 Abs. 5 GWB als solcher auch im Verteidigungs- und Sicherheitsbereich. Die VSVgV, die den Grundsatz für den Bereich näher ausgestaltet, wie auch die VOB/A-VS ordnen die elektronische Kommunikation jedoch nicht verpflichtend an. Das gilt gerade auch für die direkte elektronische Bereitstellung der Vergabeunterlagen. Zwar sieht § 10b VS Abs. 5 im nicht offenen Verfahren die *Möglichkeit* einer direkten Bereitstellung ausdrücklich vor (verbunden mit einer Verkürzung der Angebotsfrist um fünf Tage). Jedoch stehen der Eröffnung eines freien, direkten elektronischen Zugangs im Verteidigungs- und Sicherheitsbereich oftmals Sicherheitsinteressen entgegen. Denn die Vergabeunterlagen enthalten häufig vertrauliche oder sogar amtlich geheim zu haltende Informationen. Eine öffentliche Bereitstellung scheidet dann aus. Das gilt insbesondere, wenn die Vergabeunterlagen Verschlusssachen der Stufe „VS-Vertraulich" oder höher enthalten und daher zunächst zu prüfen ist, ob die Bewerbern über einen Sicherheitsbescheid iSv § 7 Abs. 2 und 3 VSVgV verfügen oder ein solcher Bescheid zunächst eingeholt werden muss.[1] § 12a VS Abs. 1 enthält dementsprechend nur Grundanforderungen, die ein ordnungsgemäßes Verfahren und insbesondere die Wahrung der Gleichbehandlung der Unternehmen sicherstellen sollen.

II. Form und Zeitpunkt der Übermittlung

Nach Abs. 1 Nr. 1 sind die Vergabeunterlagen den Unternehmen **„in geeigneter** **5** **Weise"** zu übermitteln. Die konkrete Form der Übermittlung steht im **Ermessen** des Auftraggebers.[2] Das entspricht im Kern Art. 36 Abs. 1 RL 2009/81/EG (umgesetzt in → § 11 VS Abs. 1), der dem Auftraggeber ein Wahlrecht einräumt, ob er die Kommunikation per Post, per Fax, elektronisch oder durch eine Kombination dieser Mittel führen

---

[1] → näher *Krohn* in Gabriel/Krohn/Neun, Handbuch Vergaberecht (2. Aufl. 2017) § 59 Rn. 15; *ders.* in von Wietersheim (Hrsg.) Vergaben im Bereich Verteidigung und Sicherheit, 137 (152).
[2] *von Wietersheim* in Ingenstau/Korbion 20. Aufl. § 12a VOB/A Rn. 3 zur insoweit gleichlautenden Parallelvorschrift für den Unterschwellenbereich.

will. Sofern keine Sicherheitsinteressen entgegenstehen, sollte die elektronische Übermittlung jedoch der Standardfall sein.[3] Soweit die vertrauliche Natur der Unterlagen oder sogar zwingende Geheimschutzvorgaben es erfordern, sind dabei allerdings entsprechende Sicherheitsvorkehrungen zu treffen, wie etwa eine Verschlüsselung der Unterlagen mit Passwortschutz, die Nutzung besonders gesicherter Kommunikationskanäle oder ähnliche technische Schutzmaßnahmen. Auch die Möglichkeit, die Unterlagen nur per Kurier zu übermitteln oder direkt von Hand zu Hand zu übergeben, kommt in Betracht. Die Vergabebevorschriften zwingen den Auftraggeber hier nicht zu einem bestimmten Prozedere.

6   Die Vergabeunterlagen sind den Unternehmen ferner **„unverzüglich"** zur Verfügung zu stellen. Der Zweck dieser Regelung, die aus dem 1. Abschnitt der VOB/A bzw. den früheren Fassungen der VOB/A-EU übernommen wurde, ist unklar. Denn die Regelung ist an sich für die öffentliche Ausschreibung bzw. das offene Verfahren konzipiert.[4] Im Verteidigungs- und Sicherheitsbereich werden jedoch ausschließlich zweistufige Verfahren geführt (wenn nicht ausnahmsweise ein Verhandlungsverfahren ohne Teilnahmewettbewerb zulässig ist). Bei diesen Verfahren müssen die Vergabeunterlagen gem. Art. 34 Abs. 2 RL 2009/81/EG – der in der VOB/A-VS insoweit nicht umgesetzt ist – **mit der Aufforderung zur Angebotsabgabe übermittelt** werden, sofern sie nicht gemäß Art. 33 Abs. 5 RL 2009/81/EG (bzw. § 10b VS Abs. 5) bereits direkt elektronisch zum Abruf bereit gestellt wurden. Der Zeitpunkt der Übermittlung der Vergabeunterlagen steht damit fest: Entweder werden die Unterlagen ab Veröffentlichung der Bekanntmachung direkt elektronisch bereitgestellt, oder sie sind in der Angebotsaufforderung enthalten. Ein Spielraum, innerhalb dessen der Auftraggeber den Versand der Unterlagen verzögern könnte, besteht also nicht. Die Vorschrift kann damit allenfalls als Appell verstanden werden, die Angebotsaufforderung nach der Auswahl der Bewerber nicht unnötig hinauszuzögern.[5] Über den Zeitpunkt der Angebotsaufforderung kann der Auftraggeber jedoch grundsätzlich frei und nach Zweckmäßigkeit entscheiden.

7   Gemäß Abs. 1 Nr. 2 müssen die Vergabeunterlagen an alle ausgewählten Bewerber **„am selben Tag"** abgesendet werden. Diese Regelung dient der Gleichbehandlung. Sie soll sicherstellen, dass allen Bietern gleich viel Zeit für die Angebotserstellung zur Verfügung steht. Etwaige Verzögerungen beim Zugang, die sich z.B. beim Versand per Kurier oder per Post durch unterschiedliche Postlaufzeiten ergeben können, werden dabei hingenommen. Die Regelung setzt die unionsrechtlichen Vorgaben allerdings nur unvollständig um. Denn Art. 34 Abs. 1 RL 2009/81/EG verlangt nicht nur einen *taggleichen* Versand der Angebotsaufforderungen, sondern eine **gleichzeitige** Aufforderung. Bei elektronischer Kommunikation kann das einen erheblichen Unterschied machen. Abs. 1 Nr. 2 ist daher richtlinienkonform so zu verstehen, dass die Angebotsaufforderungen bzw. Vergabeunterlagen **gleichzeitig zu versenden** sind.

8   Die Regelung des Abs. 1 Nr. 2 gilt für alle Verfahrensarten.[6] Sie geht damit über Art. 34 Abs. 1 RL 2009/81/EG hinaus, der für Verhandlungsverfahren ohne Teilnahmewettbewerb ausdrücklich nicht gilt. Die damit verbundene Einengung des Spielraums, den die Richtlinie dem Auftraggeber bei dieser Verfahrensart belässt, ist unionsrechtlich zwar zulässig, aber nicht unbedingt sachgerecht. So ist es zB in Fällen äußerster Dringlichkeit iSv § 3a VS Abs. 2 Nr. 4 denkbar, dass der Auftraggeber zur Beschleunigung nacheinander mehrere Unternehmen anspricht, denen die Vergabeunterlagen sukzessive (und damit nicht gleichzeitig) zur Verfügung gestellt werden. Wenn dieses Vorgehen durch die Dringlichkeit geboten ist und der Auftraggeber nicht diskriminierend vorgeht, ist das sinnvoll und unter Wett-

---

[3] Vgl. Erwägungsgründe 57 und 60 RL 2009/81/EG, die die mit dem Einsatz elektronischer Kommunikation verbundenen Erleichterungen und Zeitersparnis betonen.
[4] *von Wietersheim* in Ingenstau/Korbion 20. Aufl. § 12a VOB/A Rn. 3.
[5] In diesem Sinne *Homann* in Leinemann/Kirch, VSVgV, § 12 VOB/A-VS Rn. 35.
[6] Die Vorschrift nennt ausdrücklich das nicht offene Verfahren, das Verhandlungsverfahren und den wettbewerblichen Dialog; das sind jedoch sämtliche Verfahrensarten, die im Verteidigungs- und Sicherheitsbereich überhaupt in Betracht kommen.

bewerbsgesichtspunkten nicht zu beanstanden; Abs. 1 Nr. 2 würde ein solches Prozedere jedoch ausschließen.

III. Auslegung der Unterlagen zur Einsicht

Abs. 2 regelt den Fall, dass von den Vergabeunterlagen ganz oder teilweise **keine Ver-** 9 **vielfältigungen abgegeben** werden können. In dem Fall sind die Unterlagen in ausreichender Weise **zur Einsicht auszulegen.** Anders als der Verteidigungs- und Sicherheitskontext suggeriert, dient die Regelung nicht speziell bereichsspezifischen Sicherheits- und Geheimhaltungsinteressen.[7] Die Regelung gehört vielmehr zum tradierten Bestand der Bauvergabevorschriften und wurde aus dem 1. Abschnitt der VOB/A bzw. den früheren Fassungen der VOB/A-EU übernommen. Sie ist für **großformatige Pläne, umfangreiche Gutachten oder andere Unterlagen** konzipiert, die aus technischen oder praktischen Gründen nur schlecht kopiert werden können.[8] Der Vorschrift fehlt insoweit allerdings eine unionsrechtliche Grundlage. Art. 34 Abs. 1 und 2 RL 2009/81/EG verlangt eine Übermittlung der Unterlagen an die Bewerber (wenn keine direkte elektronische Bereitstellung erfolgt ist). Eine bloße Auslegung der Unterlagen – die für ortsferne Bieter auch nachteilig ist – **verstößt daher gegen das EU-Recht.** Die Regelung ist angesichts moderner elektronischer Dokumentenmanagement- und Kommunikationstechnik auch nicht mehr zeitgemäß.

Will der Auftraggeber den Bietern die Vergabeunterlagen aus **Sicherheitsgründen,** 10 insbesondere **zum Schutz der Vertraulichkeit** nicht aushändigen, sondern nur zur Einsicht zur Verfügung stellen, bleibt ihm das unbenommen. Grundlage ist dann allerdings nicht Abs. 2, sondern § 6 Abs. 3 Satz 2 VSVgV bzw. – soweit es um den Schutz von Verschlusssachen geht – § 7 VSVgV.[9] Diese Vorschriften, die auch für Bauvergaben gelten, gestatten dem Auftraggeber, die notwendigen Anforderungen an Bewerber, Bieter und Auftragnehmer zum Schutz der Vertraulichkeit von Informationen bzw. von Verschlusssachen zu stellen. Dazu kann auch gehören, dass besonders sensible Teile der Vergabeunterlagen den Bietern nicht in Kopie ausgehändigt, sondern nur zur Einsicht gegeben werden. Ob die Unterlagen in diesem Fall zur Einsichtnahme ausgelegt oder zB über einen Datenraum zur Verfügung gestellt werden, der ausschließlich einen Lesezugriff ermöglicht, ist vom Auftraggeber nach den Erfordernissen des Einzelfalls zu entscheiden.

C. Geheimhaltung der Bewerber

Abs. 3 schreibt vor, dass die Namen der Unternehmen, die die Vergabeunterlagen erhal- 11 ten oder eingesehen haben, geheim zu halten sind. Die Regelung entspricht § 12a EU Abs. 2, auf dessen Kommentierung daher verwiesen kann (→ § 12 EU Rn. 20 ff.).

D. Rechtzeitige Erteilung von Auskünften

Abs. 4 verpflichtet den Auftraggeber, rechtzeitig beantragte Auskünfte über die Vergabe- 12 unterlagen spätestens sechs Kalendertage vor Ablauf der Angebotsfrist allen Unternehmen in gleicher Weise zu erteilen. Bei nicht offenen und beschleunigten Verhandlungsverfahren nach § 10b VS Abs. 6 verkürzt sich diese Frist auf vier Kalendertage. Die Vorschrift basiert

---

[7] Anders allerdings *Homann* in Leinemann/Kirch, VSVgV, § 12 VOB/A-VS Rn. 37.

[8] *von Wietersheim* in Ingenstau/Korbion 20. Aufl. § 12a VOB/A Rn. 6 zur insoweit gleichlautenden Parallelvorschrift für den Unterschwellenbereich.

[9] → näher *Krohn* in Gabriel/Krohn/Neun, Handbuch Vergaberecht (2. Aufl. 2017) § 59 Rn. 10 ff.

auf Art. 34 Abs. 4 RL 2009/81/EG. Sie entspricht im Wesentlichen § 12a EU Abs. 3, auf dessen Kommentierung daher verwiesen werden kann (→ § 12 EU Rn. 23 ff.). Ein Unterschied liegt lediglich darin, dass nach § 12a VS Abs. 4 im **nicht offenen Verfahren stets die kürzere viertägige Frist** gilt, d. h. nicht nur bei beschleunigten Verfahren. Beim Verhandlungsverfahren ergeben sich keine Unterschiede zur Parallelvorschrift.

§ 13 Form und Inhalt der Angebote

(1)

1. Der Auftraggeber legt fest, in welcher Form die Angebote einzureichen sind. Sie müssen unterzeichnet sein. Elektronisch übermittelte Angebote sind nach Wahl des Auftraggebers mit einer fortgeschrittenen elektronischen Signatur nach dem SigG und den Anforderungen des Auftraggebers oder mit einer qualifizierten elektronischen Signatur nach dem SigG zu versehen.
2. Der Auftraggeber hat die Datenintegrität und die Vertraulichkeit der Angebote gemäß § 11a EU Absatz 2 zu gewährleisten. Per Post oder direkt übermittelte Angebote sind in einem verschlossenen Umschlag einzureichen, als solche zu kennzeichnen und bis zum Ablauf der für die Einreichung vorgesehenen Frist unter Verschluss zu halten. Bei elektronisch übermittelten Angeboten ist dies durch entsprechende technische Lösungen nach den Anforderungen des Auftraggebers und durch Verschlüsselung sicherzustellen. Die Verschlüsselung muss bis zur Öffnung des ersten Angebots aufrechterhalten bleiben.
3. Die Angebote müssen die geforderten Preise enthalten.
4. Die Angebote müssen die geforderten Erklärungen und Nachweise enthalten.
5. Änderungen an den Vergabeunterlagen sind unzulässig. Änderungen des Bieters an seinen Eintragungen müssen zweifelsfrei sein.
6. Bieter können für die Angebotsabgabe eine selbstgefertigte Abschrift oder Kurzfassung des Leistungsverzeichnisses benutzen, wenn sie den vom öffentlichen Auftraggeber verfassten Wortlaut des Leistungsverzeichnisses im Angebot als allein verbindlich anerkennen; Kurzfassungen müssen jedoch die Ordnungszahlen (Positionen) vollzählig, in der gleichen Reihenfolge und mit den gleichen Nummern wie in dem vom öffentlichen Auftraggeber verfassten Leistungsverzeichnis, wiedergeben.
7. Muster und Proben der Bieter müssen als zum Angebot gehörig gekennzeichnet sein.

(2) Eine Leistung, die von den vorgesehenen technischen Spezifikationen nach § 7a VS Absatz 1 abweicht, kann angeboten werden, wenn sie mit dem geforderten Schutzniveau in Bezug auf Sicherheit, Gesundheit und Gebrauchstauglichkeit gleichwertig ist. Die Abweichung muss im Angebot eindeutig bezeichnet sein. Die Gleichwertigkeit ist mit dem Angebot nachzuweisen.

(3) Die Anzahl von Nebenangeboten ist an einer vom Auftraggeber in den Vergabeunterlagen bezeichneten Stelle aufzuführen. Etwaige Nebenangebote müssen auf besonderer Anlage erstellt und als solche deutlich gekennzeichnet werden.

(4) Soweit Preisnachlässe ohne Bedingungen gewährt werden, sind diese an einer vom Auftraggeber in den Vergabeunterlagen bezeichneten Stelle aufzuführen.

(5) Bietergemeinschaften haben die Mitglieder zu benennen sowie eines ihrer Mitglieder als bevollmächtigten Vertreter für den Abschluss und die Durchführung des Vertrags zu bezeichnen. Fehlt die Bezeichnung des bevollmächtigten Vertreters im Angebot, so ist sie vor der Zuschlagserteilung beizubringen.

(6) Der öffentliche Auftraggeber hat die Anforderungen an den Inhalt der Angebote nach den Absätzen 1 bis 5 in die Vergabeunterlagen aufzunehmen.

Übersicht

	Rn.			Rn.
A. Einführung		D. Änderungen an den Vergabeunterlagen und an den Eintragungen des Bieters (Abs. 1 Nr. 5)		12
I. Literatur	1			
II. Entstehungsgeschichte	1a	E. Abweichung der Leistung von den vorgesehenen technischen Spezifikationen (Abs. 2)		13
III. Rechtliche Vorgaben im EU-Recht	2			
B. Übereinstimmung mit § 13 EU	8			
C. Form der Angebote (Abs. 1 Nr. 1)	9			

A. Einführung

I. Literatur

Wegen der Literaturliste wird auf die Kommentierung zu § 13 EU verwiesen.[1]

II. Entstehungsgeschichte

1   § 13 VS gehört zu den **Kernvorschriften** in der VOB/A-VS.[2] Der auf der Richtlinie 2009/81/EG[3] basierende Abschnitt 3 „Vergabebestimmungen im Anwendungsbereich der Richtlinie 2009/81/EG" (VOB/A-VS) wurde erstmals in der VOB/A Fassung 2012 aufgenommen. Der Wortlaut der jetzigen Fassung des § 13 VS ist nahezu identisch mit der Ursprungsfassung.

III. Rechtliche Vorgaben im EU-Recht

2   Grundlagen für die **Formvorgaben für Angebote** in § 13 VS Abs. 1 Nr. 1 sind Art. 1 Nr. 2 (Aufträge werden als **„schriftlich geschlossene entgeltliche Verträge"** definiert) sowie Art. 36 RL 2009/81/EG, der Vorschriften über die Kommunikation enthält. In Art. 36 Abs. 4 und 5 sind die **elektronische Angebotsübermittlung** sowie die Nutzung von elektronischen Signaturen geregelt. Die Sicherstellung der Integrität der Daten und der **Vertraulichkeit der Angebote** gemäß § 13 VS Abs. 1 Nr. 2 basiert auf Art. 36 Abs. 3 RL 2009/81/EG.

3   Die Regelungen in § 13 VS Abs. 1 Nr. 3 bis 5 – wonach die **Angebote die geforderten Preise, Erklärungen und Nachweise enthalten müssen und Änderungen an den Vergabeunterlagen unzulässig sind** – haben keine explizite Grundlage in der RL 2009/81/EG. Gleiches gilt für die formale Behandlung von angebotenen Preisnachlässen nach § 13 VS Abs. 4. Die Regelungen stellen jedoch eine Ausgestaltung der Grundsätze des Wettbewerbs, der Gleichbehandlung und der Transparenz dar. Bei § 13 VS Abs. 1 Nr. 6 und 7 handelt es sich um Formalien, die ebenfalls keine ausdrückliche Bezugsvorschrift in der RL 2009/81/EG haben, aber letztlich auch den Grundsätzen des Vergaberechts entsprechen.

4   § 13 VS Abs. 2 bezieht sich auf **technische Spezifikationen** nach Art. 18 RL 2009/81/EG. In § 13 VS Abs. 2 sind lediglich die Formalien für den Fall einer Abweichung geregelt; eine explizite EU-rechtliche Grundlage besteht dafür nicht.

5   Entsprechendes gilt für die Behandlung von **Nebenangeboten** nach § 13 VS Abs. 3. Nebenangebote sind in Art. 19 RL 2009/81/EG geregelt, jedoch nicht die konkreten Formalien, die § 13 VS Abs. 3 fordert.

6   Art. 5 Abs. 2 RL 2009/81/EG enthält Grundlagen über den Umgang mit **Bietergemeinschaften** im Vergabeverfahren. Die Formalien, die Bietergemeinschaften nach § 13 VS Abs. 5 zu erfüllen haben, finden sich in dieser konkreten Form nicht in der Richtlinie, sind aber Ausfluss des Gleichbehandlungsgrundsatzes.

7   Bei § 13 VS Abs. 6 handelt es sich um eine die Regelungen nach den Abs. 1 bis 5 konkretisierende Vorschrift, in der die Verpflichtungen des Auftraggebers in Bezug auf die **Aufnahme der formalen und inhaltlichen Anforderungen in den Vergabeunterla-**

---

[1] Vgl. *Lausen* § 13 EU.
[2] Zunächst wird auf die Kommentierung von *Lausen* zu → § 13 EU verwiesen.
[3] Vom 13.7.2009 über die Koordinierung der Verfahren zur Vergabe bestimmter Bau-, Liefer- und Dienstleistungsaufträge in den Bereichen Verteidigung und Sicherheit und zur Änderung der Richtlinien 2004/17/EG und 2004/18/EG, ABl. L 216,76.

gen explizit festgelegt werden. Eine entsprechende Vorgabe in der RL 2009/81/EG besteht nicht.

B. Übereinstimmung mit § 13 EU

§ 13 VS ist nahezu textgleich mit § 13 EU, so dass zunächst auf die Kommentierung **8** zu § 13 EU verwiesen wird.[4] Im Folgenden werden lediglich die Abweichungen behandelt.

C. Form der Angebote
(Abs. 1 Nr. 1)

§ 13 VS Abs. 1 entspricht weitgehend § 13 EU Abs. 1. Anders als in § 13 EU Abs. 1 er- **9** folgt jedoch **keine Verweisung auf § 11 VS**,[5] der Parallelvorschrift zu § 11 EU. Während § 11 EU die Grundsätze der Informationsübermittlung auch hinsichtlich der elektronischen Übermittlung von Angeboten regelt, bezieht § 11 VS sich nicht auf die elektronische Versendung von Angeboten. Dass diese zugelassen ist, ergibt sich nur aus § 13 VS Abs. 1 Nr. 1 und § 11a VS Abs. 4 und 5. Es fehlt im Abschnitt 3 der VOB/A an einer Regelung, wonach Angebote nach einer Übergangsfrist nur noch in elektronischer Form einzureichen sind. Dies ist damit zu erklären, dass die RL 2009/81/EG nicht wie die RLen 2004/17/EG und 2004/18/EG überarbeitet worden ist und somit keine fristgebundene verbindliche Ablösung der noch zulässigen anderen Formen der Angebotseinreichung, insbesondere der schriftlichen, durch die elektronische Form vorsieht.

§ 97 Abs. 5 GWB[6] bestimmt, dass die Kommunikation in einem Vergabeverfahren **10** grundsätzlich elektronisch nach Maßgabe der aufgrund des § 113 GWB erlassenen Verordnungen zu erfolgen hat. Erfasst davon ist auch die elektronische Angebotsabgabe.[7] Deshalb stellt sich die Frage, ob wegen des Vorrangs des Gesetzes die elektronische Angebotsübermittlung bei Vergaben nach Abschnitt 3 der VOB/A trotz dort fehlender Regelungen grundsätzlich verbindlich ist bzw. werden wird. Die Gesetzesbegründung führt dazu aus, dass die Umstellung auf die elektronische Kommunikation, unabhängig von dem Liefer- oder Leistungsgegenstand der Vergabe, zwingend ist; Ausnahmen, wie z.B. nach der RL 2009/81/EG, seien wegen der Wortwahl „grundsätzlich" in § 97 Abs. 5 GWB zulässig.[8] Da die RL 2009/81/EG die verschiedenen Angebotsformen weiterhin nebeneinander zulässt und nicht den Vorrang der elektronischen Form (auch nicht ab einem bestimmten Zeitpunkt) statuiert, liegt streng genommen keine Ausnahmeregelung vor. Die Vorschriften der VOB/A Abschnitt 3 stimmen dagegen wiederum mit denen der RL 2009/81/EG überein.[9] Die Auslegung des § 97 Abs. 5 führt unter Einbeziehung aller dieser Aspekte dazu, dass bei sicherheits- und verteidigungsrelevanten Bauaufträgen die elektronische Angebotsübermittlung (noch) nicht verpflichtend ist bzw. zu einem bereits feststehenden Zeitpunkt obligatorisch werden wird; vielmehr hat der Auftraggeber noch die Wahl, welche Form er bei der Einreichung von Angeboten verlangt.

Ebenso wie § 13 EU Abs. 1 nimmt § 13 VS Abs. 1 Bezug auf die fortgeschrittene elekt- **11** ronische Signatur und die qualifizierte elektronische Signatur nach dem Signaturgesetz, ohne allerdings die betreffenden Paragrafen zu nennen. Darauf kommt es insoweit nicht an, als dass zwischenzeitlich das Signaturgesetz außer Kraft getreten ist und die **VO (EU)**

---

[4] Vgl. *Lausen* § 13 EU.
[5] Vgl. *Krohn* § 11 VS.
[6] Vgl. *Koch* § 97 Abs. 5 GWB.
[7] Vgl. BT-Drs. 18/6281, 68.
[8] Vgl. BT-Drs. 18/6281, 68.
[9] So im Übrigen auch die Parallelvorschriften in der VSVgV.

Nr. 910/2014[10] **(eIDAS-Verordnung)** mit ihren Regelungen über die fortgeschrittene und qualifizierte elektronische Signatur unmittelbar gilt.[11]

D. Unzulässige Änderungen an den Vergabeunterlagen (Abs. 1 Nr. 5)

12   § 13 VS Abs. 1 Nr. 5 ist nahezu identisch mit § 13 Abs. 1 Nr. 5 EU. Es fehlt lediglich der in § 13 EU enthaltene S. 1.[12]

E. Abweichung der Leistung von den vorgesehenen technischen Spezifikationen (Abs. 2)

13   Wegen der technischen Spezifikationen verweist § 13 VS Abs. 2 S. 1 auf § 7a VS Abs. 1.[13] Diese Vorschrift ist wortgleich mit § 7a EU Abs. 1 Nr. 1, auf die § 13 EU Abs. 2 S. 1 Bezug nimmt.[14]

---

[10] Verordnung über elektronische Identifizierung und Vertrauensdienste für elektronische Transaktionen im Binnenmarkt und zur Aufhebung der Richtlinie 1999/93/EG v. 23.7.2014, ABl. L 257, 73.

[11] Wegen weiterer Einzelheiten wird auf die Kommentierung von → *Lausen* zu § 13 EU verwiesen.

[12] Diesbezüglich wird auf die Kommentierung von → *Lausen* zu § 13 EU verwiesen.

[13] Vgl. die Kommentierung → *Otting* § 7a VS.

[14] Vgl. wegen weiterer Einzelheiten die Kommentierung von → *Lausen* zu § 13 EU.

§ 14 Öffnung der Angebote, Öffnungstermin

(1) Die Öffnung der Angebote wird von mindestens zwei Vertretern des Auftraggebers gemeinsam an einem Termin (Öffnungstermin) unverzüglich nach Ablauf der Angebotsfrist durchgeführt. Bis zu diesem Termin sind die elektronischen Angebote zu kennzeichnen und verschlüsselt aufzubewahren. Per Post oder direkt zugegangene Angebote sind auf dem ungeöffneten Umschlag mit Eingangsvermerk zu versehen und unter Verschluss zu halten.

(2)
1. Der Verhandlungsleiter stellt fest, ob der Verschluss der schriftlichen Angebote unversehrt ist und die elektronischen Angebote verschlüsselt sind.
2. Die Angebote werden geöffnet und in allen wesentlichen Teilen im Öffnungstermin gekennzeichnet.
3. Muster und Proben der Bieter müssen im Termin zur Stelle sein.

(3)
1. Über den Öffnungstermin ist eine Niederschrift in Schriftform oder in elektronischer Form zu fertigen. Der Niederschrift ist eine Aufstellung mit folgenden Angaben beizufügen:
   a) Name und Anschrift der Bieter,
   b) die Endbeträge der Angebote oder einzelner Lose,
   c) Preisnachlässe ohne Bedingungen,
   d) Anzahl der jeweiligen Nebenangebote.
2. Sie ist von den beiden Vertretern des Auftraggebers zu unterschreiben oder mit einer Signatur nach § 13 VS Absatz 1 Nummer 1 zu versehen.

(4) Angebote, die zum Ablauf der Angebotsfrist nicht vorgelegen haben, sind in der Niederschrift oder in einem Nachtrag besonders aufzuführen. Die Eingangszeiten und die etwa bekannten Gründe, aus denen die Angebote nicht vorgelegen haben, sind zu vermerken. Der Umschlag und andere Beweismittel sind aufzubewahren.

(5)
1. Ein Angebot, das nachweislich vor Ablauf der Angebotsfrist dem Auftraggeber zugegangen war, aber aus vom Bieter nicht zu vertretenden Gründen dem Verhandlungsleiter nicht vorgelegen hat, ist wie ein rechtzeitig vorliegendes Angebot zu behandeln.
2. Den Bietern ist dieser Sachverhalt unverzüglich in Textform mitzuteilen. In die Mitteilung sind die Feststellung,* dass der Verschluss unversehrt war und die Angaben nach Absatz 3 Nummer 1 Buchstabe a bis d aufzunehmen.
3. Dieses Angebot ist mit allen Angaben in die Niederschrift oder in einen Nachtrag aufzunehmen. Im Übrigen gilt Absatz 5 Satz 2 und 3.

(6) In nicht offenen Verfahren stellt der Auftraggeber den Bietern die in Absatz 3 Nummer 1 Buchstabe a bis d genannten Informationen unverzüglich elektronisch zur Verfügung. Den Bietern und ihren Bevollmächtigten ist die Einsicht in die Niederschrift und ihre Nachträge (Absätze 4 und 5 sowie § 16c VS Absatz 3) zu gestatten.

(7) Die Niederschrift darf nicht veröffentlicht werden.

(8) Die Angebote und ihre Anlagen sind sorgfältig zu verwahren und geheim zu halten.

★ So der amtliche Text. M. E. muss es „Feststellungen" heißen.

Übersicht

	Rn.		Rn.
A. Einführung		**C. Nachweislich vor Ablauf der Angebotsfrist zugegangene Angebote (Abs. 5)**	6
I. Literaturliste			
II. Entstehungsgeschichte	1		
III. Rechtliche Vorgaben im EU-Recht	3	**D. Information der Bieter (Abs. 6)**	8
B. Übereinstimmung mit § 14 EU	5		

A. Einführung

I. Literatur

Wegen der Literaturliste wird auf die Kommentierung von § 14 EU verwiesen.[1]

II. Entstehungsgeschichte

1   **§ 14 EU regelt die formale Behandlung der Angebote nach Ablauf der Angebotsfrist.** In Abschnitt 3 der VOB/A in der Fassung von 2012 waren Vergabebestimmungen im Anwendungsbereich der Richtlinie 2009/81/EG[2] aufgenommen worden. Der dort enthaltene § 14 VS („Öffnung der Angebote, Eröffnungstermin") glich bereits in wesentlichen Teilen der jetzt aktuellen Vorschrift.

2   In der Fassung der VOB/A 2016 Abschnitt 3 ist § 14 VS mit „Öffnung der Angebote, Öffnungstermin" überschrieben. Somit ist eine **Wandlung von dem Eröffnungstermin zu einem Öffnungstermin** vollzogen und der Gleichklang mit § 14 EU hergestellt worden. Der Öffnungstermin stellt eine Anpassung an die Entwicklung dar, dass Angebote elektronisch versendet werden.[3] In dem Öffnungstermin wird die Bieteröffentlichkeit nicht mehr hergestellt.[4]

III. Rechtliche Vorgaben im EU-Recht

3   Die in § 14 VS enthaltenen Regelungen haben, jedenfalls in ihrer Vollständigkeit, **keine explizite Grundlage in der Richtlinie 2009/81/EG.** Art. 36 Abs. 3 der Richtlinie gibt jedoch einen Rahmen vor, weil dort bestimmt ist, dass bei der Mitteilung bzw. Übermittlung und Speicherung von Informationen die Integrität der Daten und die Vertraulichkeit der Anträge auf Teilnahme und der Angebote zu gewährleisten sind; der Auftraggeber darf vom Inhalt der Anträge auf Teilnahme und der Angebote erst nach Ablauf der Frist für ihre Einreichung Kenntnis erhalten.

4   Entscheidend ist, dass die Formvorschriften des § 14 VS die Einhaltung der vergaberechtlichen Grundsätze fairer Wettbewerb, Gleichbehandlung und Transparenz des Verfahrens, sicherstellen. Sie sind konkrete Ausprägungen dieser Grundsätze und gewährleisten den ordnungsgemäßen und nachvollziehbaren Verlauf der öffentlichen Auftragsvergabe, der von vornherein feststeht und für jeden Bieter transparent ist.[5]

B. Übereinstimmung mit § 14 EU

5   § 14 VS entspricht weitgehend § 14 EU.[6] Es gibt lediglich marginale Abweichungen. Im Folgenden werden lediglich diese Abweichungen behandelt.

---

[1] Vgl. *Lausen* § 14 EU.

[2] Richtlinie über die Koordinierung der Verfahren zur Vergabe bestimmter Bau-, Liefer- und Dienstleistungsaufträge in den Bereichen Verteidigung und Sicherheit und zur Änderung der Richtlinien 2004/17/EG und 2004/18/EG v. 13.7.2009, ABl. L 216, 76.

[3] Wegen der elektronischen Angebotsübermittlung und ihres Verhältnisses zu anderen Formen der Angebotseinreichung im Bereich der VOB Abschnitt 3 vgl. *Lausen* § 13 VS Rn. 9–11.

[4] Wegen der weiteren Einzelheiten zu der Entstehungsgeschichte wird auf → *Lausen* § 14 EU Rn. 4 und 5 verwiesen; die dortigen Ausführungen gelten entsprechend für § 14 VS.

[5] Vgl. *Herrmann* in Ziekow/Völlink, Vergaberecht, 2. Aufl. 2013, § 14 VOB/A Rn. 4.

[6] Wegen der Einzelheiten wird auf die Kommentierung → *Lausen* § 14 EU verwiesen.

C. Nachweislich vor Ablauf der
Angebotsfrist zugegangene Angebote (Abs. 5)

In der **Information der Bieter nach § 14 VS Abs. 5 Nr.** 2 über ein Angebot, das   **6**
dem Auftraggeber nachweislich vor Ablauf der Angebotsfrist zugegangen war, dem Verhandlungsleiter aber aus von dem Bieter nicht zu vertretenden Gründen nicht vorgelegen hatte, ist auch aufzunehmen, dass bei schriftlichen Angeboten der Verschluss unversehrt war. Die zusätzliche Variante gemäß § 14 EU Abs. 5 Nr. 2, wonach mitzuteilen ist, **dass ein elektronisches Angebot verschlüsselt war, fehlt in § 14 VS Abs. 5.** Dies ist damit zu erklären, dass die elektronische Übermittlung von Angeboten nicht wie bei den Vorschriften, die die Richtlinien 2014/24/EU und 2014/25/EU umsetzen, zu einem bestimmten Zeitpunkt verpflichtend eingeführt wird. Dennoch sollte der Auftraggeber zu Zwecken der Klarstellung mitteilen, dass das elektronische Angebot – soweit ein solches betroffen ist – verschlüsselt war.

In § 14 VS Abs. 5 Nr. 3 ist geregelt, dass ein verspätet eingegangenes Angebot, dessen   **7**
Verspätung der Bieter nicht zu vertreten hat, mit allen Angaben in der Niederschrift über den Öffnungstermin oder in einem Nachtrag aufzunehmen ist. Im Übrigen soll Abs. 5 S. 2 und 3 gelten. Dabei handelt es sich vermutlich um einen Druckfehler. Es müsste – genauso wie in § 14 EU Abs. 5 Nr. 3 – **auf Abs. 4 S. 2 und 3 verwiesen werden.**

D. Information der Bieter (Abs. 6)

§ 14 VS Abs. 6 regelt, dass der Auftraggeber Bietern unverzüglich die Informationen   **8**
nach Abs. 3 Nr. 1 Buchst. a bis d zur Verfügung stellt. Während § 14 EU Abs. 6 diese Verpflichtung nur bei offenen und nicht offenen Verfahren begründet, bezieht sich § 14 VS Abs. 6 lediglich auf nicht offene Verfahren. Der Grund dafür besteht darin, dass die Verfahrensart des offenen Verfahrens bei Vergaben nach der VOB/A Abschnitt 3 nicht vorgesehen ist.

§ 15 Aufklärung des Angebotsinhalts

(1)

1. Im nicht offenen Verfahren darf der Auftraggeber nach Öffnung der Angebote bis zur Zuschlagserteilung von einem Bieter nur Aufklärung verlangen, um sich über seine Eignung, insbesondere seine technische und wirtschaftliche Leistungsfähigkeit, das Angebot selbst, etwaige Nebenangebote, die geplante Art der Durchführung, etwaige Ursprungsorte oder Bezugsquellen von Stoffen oder Bauteilen und über die Angemessenheit der Preise, wenn nötig durch Einsicht in die vorzulegenden Preisermittlungen (Kalkulationen) zu unterrichten.

2. Die Ergebnisse solcher Aufklärungen sind geheim zu halten. Sie sollen in Textform niedergelegt werden.

(2) Verweigert ein Bieter die geforderten Aufklärungen und Angaben oder lässt er die ihm gesetzte angemessene Frist unbeantwortet verstreichen, so ist sein Angebot auszuschließen.

(3) Verhandlungen in nicht offenen Verfahren, besonders über Änderung der Angebote oder Preise, sind unstatthaft, außer, wenn sie bei Nebenangeboten oder Angeboten aufgrund eines Leistungsprogramms nötig sind, um unumgängliche technische Änderungen geringen Umfangs und daraus sich ergebende Änderungen der Preise zu vereinbaren.

Übersicht

	Rn.		Rn.
A. Einführung	1	C. Aufklärung des Angebotsinhalts	8
I. Literatur	1	D. Rechtsfolgen einer Aufklärungsverweigerung	9
II. Entstehungsgeschichte	2		
III. Rechtliche Vorgaben im EU-Recht	4	E. Verhandlungsverbot	10
B. Materiell-rechtlich vergleichbare Vorschriften	5	F. Drittschutz der Norm	11

A. Einführung

I. Literatur

1   Zu § 15 VS VOB/A existiert, soweit ersichtlich, jenseits der einschlägigen Kommentierungen keine spezifische Literatur.

II. Entstehungsgeschichte

2   Das im Bereich der verteidigungs- und sicherheitsrelevanten öffentlichen Aufträge als eines der Regelverfahrensarten geltende nicht offene Verfahren erlaubt keine Verhandlung mit dem Bieter über das eingereichte Angebot. Um zu vermeiden, dass womöglich wirtschaftlich ansprechende Angebote wegen etwaiger **Unklarheiten** ausgeschlossen werden müssen und so beidseitig unnötig Ressourcen verschwendet werden, wird dem Auftraggeber das Instrument der Aufklärung zur Hand gegeben. Damit die Grenze zur in dieser Vergabeverfahrensart nicht statthaften Nachverhandlung nicht überschritten wird, erfährt die Aufklärung mit § 15 VS VOB/A eine Konkretisierung hinsichtlich ihrer Umsetzung.

3   § 15 des 3. Abschnitts der Vergabe- und Vertragsordnung für Bauleistungen (VOB/A)[1] ist in seinem Wortlaut seit Inkrafttreten am 19.7.2012 weitgehend unverändert. Eine Ände-

---

[1] Vergabe- und Vertragsordnung für Bauleistungen Teil A in der Fassung 2016, Bekanntmachung vom 1. Juli 2016 (BAnz AT 1.7.2016 B4), Abschnitt 3 ist gemäß § 2 Vergabeverordnung Verteidigung und Sicherheit vom 12. Juli 2012 (BGBl. I S. 1509) in der Fassung der Änderung durch Art. 5 der Verordnung vom 12. April 2016 (BGBl. I S. 624) seit dem 18. April 2016 anzuwenden.

rung hat § 15 Abs. 2 VS VOB/A erfahren. Der frühere § 15 Abs. 2 VS VOB/A 2012 aF.
sah vor, dass ein Bieter, der die geforderte Aufklärung oder Angaben verweigert oder die
ihm gesetzte angemessene Frist unbeantwortet verstreichen lässt, fakultativ von dem Vergabeverfahren ausgeschlossen werden konnte. Die heute geltende Fassung erachtet dieses bie-
terseitige Verhalten mit dem Wortlaut „ist ... auszuschließen" als zwingenden Ausschlussgrund.

III. Rechtliche Vorgaben im EU-Recht

Die Regelung findet in der ihr zugrunde liegenden RL 2009/81/EG[2] keine derart de- **4**
taillierte Entsprechung bezüglich des Umgangs mit dem Aufklärungsverlangen. Die Verteidigungsrichtlinie spricht lediglich von Nachweisen zur Eignung, die der Auftraggeber in
seinen Ausschreibungsunterlagen zur Angebotserstellung fordern kann. Die Möglichkeit
der nachträglichen Aufklärung bei Unklarheiten wird dabei nicht beschrieben. Dennoch
geht zumindest aus Art. 49 der Verteidigungsrichtlinie hervor, dass der Auftraggeber bei
Preisauffälligkeiten Aufklärung vor Ablehnung eines Angebots zu verlangen hat.

B. Materiell-rechtlich vergleichbare Vorschriften

Die nationalen vergaberechtlichen Vorschriften haben mit der Vergaberechtsnovelle 2016 **5**
eine umfassende Überarbeitung erfahren. Grundlage dafür war die zuvor erfolgte Reform
des Vergaberechts auf europäischer Ebene.[3] Die gemeinschaftsrechtliche Verteidigungsrichtlinie wurde hingegen nicht reformiert und war damit folgerichtig auch nicht Gegenstand
der umfassenden und grundlegenden nationalen Vergaberechtsreform 2016. Aus diesem
Umstand resultieren zahlreiche Abweichungen zwischen den Regelungen im Bereich der
allgemeinen Auftragsvergabe und dem der sicherheits- und verteidigungsrelevanten Aufträge. Diese **Abweichungen** sind dabei **teils redaktioneller, teils inhaltlicher Natur**. Die
teilweise unterschiedliche Rechtslage ist daher häufig der (bislang) **fehlenden Harmonisierung der betreffenden „Sektoren"** geschuldet und beruht in zahlreichen Fällen
nicht auf den Spezifika des Verteidigungs- und Sicherheitsbereichs. Diese Situation sollte
mit der im Sinne einer Harmonisierung der Regelungsregime für die Zukunft wünschenswerten Überarbeitung der Verteidigungsrichtlinie behoben werden.

Die folgende Kommentierung beschränkt sich auf die Abweichungen zur VOB/A-EU **6**
und dabei insbesondere auf die verteidigungs- und sicherheitsrelevanten Besonderheiten
der Bestimmung. Im Übrigen wird auf die Kommentierung zu der entsprechenden Vorschrift der EU-VOB/A im allgemeinen Auftragsbereich verwiesen.

§ 15 VS VOB/A entspricht nahezu wörtlich § 15 EU VOB/A, sodass insbesondere hin- **7**
sichtlich der Aufklärungsgegenstände, des Aufklärungsbedarfs, der Aufklärungsgründe und
der Mitwirkungspflichten des Bieters auf die entsprechende Kommentierung zur EU-
VOB/A Kommentierung verwiesen werden kann.[4] Materiell-rechtlich vergleichbare Vorschriften finden sich im Übrigen in den §§ 15 Abs. 5, 60 Abs. 1 VgV und § 54 SektVO. Im
Konzessionsbereich existiert keine entsprechende Bestimmung.

---

[2] Richtlinie 2009/81/EG des Europäischen Parlaments und des Rates vom 13. Juli 2009 über die Koordinierung der Verfahren zur Vergabe bestimmter Bau-, Liefer- und Dienstleistungsaufträge in den Bereichen
Verteidigung und Sicherheit und zur Änderung der Richtlinien 2004/17/EG und 2004/18/EG, ABl. EU
2009 L 216 S. 76 ff., (im Weiteren: „Verteidigungsrichtlinie").
[3] Gegenstand der Reform waren die Vergaberichtlinien für den Bereich der allgemeinen Auftragsvergabe
(RL 2014/24/EU), die Sektorenrichtlinie (RL 2014/25/EU) sowie die Konzessionsrichtlinie (RL
2014/23/EU). Diese finden national ihre Umsetzung im GWB, in der VgV, der KonzVgV, der SektVO und
der neuen EU-VOB/A.
[4] Vgl. *Lausen* in Burgi/Dreher, Vergaberecht § 15 EU VOB/A Rn. 5 ff.

C. Aufklärung des Angebotsinhalts

8   § 15 Abs. 1 Nr. 1 VS VOB/A regelt, dass der Auftraggeber im nicht offenen Verfahren nur Aufklärung über die Eignung, das Angebot, etwaige Nebenangebote, die geplante Auftragsdurchführung, Bezugsquellen, Ursprungsorte und die Preisangemessenheit verlangen kann. Nach Nr. 2 der Vorschrift sind die Ergebnisse der Aufklärung geheim zu halten und sollen in Textform niedergelegt werden. Die Vorschrift entspricht fast wörtlich § 15 Abs. 2 Nrn. 1 und 2 EU VOB/A. Die einzige Abweichung besteht darin, dass sich der Regelungsgehalt der EU-VOB/A-Vorschrift auch auf das offene Verfahren erstreckt. Dieser Unterschied ist auf den Umstand zurückzuführen, dass das offene Verfahren im Regelungsbereich der VS-VOB/A nicht als Vergabeverfahrensart vorgesehen ist (vgl. § 3 VS VOB/A).

D. Rechtsfolgen einer Aufklärungsverweigerung

9   Die Verweigerung der Aufklärung führt gemäß § 15 Abs. 2 VS VOB/A zwingend zum Ausschluss des Angebots. Dies entspricht wörtlich § 15 Abs. 2 EU VOB/A.

E. Verhandlungsverbot

10   Absatz 3 der Vorschrift konstatiert wortlautidentisch mit § 15 Abs. 3 EU VOB/A ein Verhandlungsverbot im nicht offenen Verfahren.

F. Drittschutz der Norm

11   Zur drittschützenden Wirkung der Norm wird auf den entsprechenden § 15 EU VOB/A verwiesen.

§ 16 Ausschluss von Angeboten

Auszuschließen sind:

1. Angebote, die bei Ablauf der Angebotsfrist nicht vorgelegen haben, ausgenommen Angebote nach § 14 VS Absatz 5,

2. Angebote, die den Bestimmungen des § 13 VS Absatz 1 Nummer 1, 2 und 5 nicht entsprechen,

3. Angebote die den Bestimmungen des § 13 VS Absatz 1 Nummer 3 nicht entsprechen; ausgenommen solche Angebote, bei denen lediglich in einer einzelnen unwesentlichen Position die Angabe des Preises fehlt und durch die Außerachtlassung dieser Position der Wettbewerb und die Wertungsreihenfolge, auch bei Wertung dieser Position mit dem höchsten Wettbewerbspreis, nicht beeinträchtigt werden,

4. Angebote, bei denen der Bieter Erklärungen oder Nachweise, deren Vorlage sich der öffentliche Auftraggeber vorbehalten hat, auf Anforderung nicht innerhalb einer angemessenen, nach dem Kalendertag bestimmten Frist vorgelegt hat. Satz 1 gilt für Teilnahmeanträge entsprechend,

5. nicht zugelassene Nebenangebote sowie Nebenangebote, die den Mindestanforderungen nicht entsprechen,

6. Nebenangebote, die dem § 13 VS Absatz 3 Satz 2 nicht entsprechen.

Übersicht

	Rn.			Rn.
A. Einführung	1	B. Materiell-rechtlich vergleichbare Vorschriften		5
I. Literatur	1	C. Zwingende Ausschlussgründe		8
II. Entstehungsgeschichte	2	D. Drittschutz der Norm		9
III. Rechtliche Vorgaben im EU-Recht	4			

A. Einführung

I. Literatur

Zu § 15 VS VOB/A existiert, soweit ersichtlich, jenseits der einschlägigen Kommentierungen keine spezifische Literatur. **1**

II. Entstehungsgeschichte

§ 16 VS VOB/A aF enthielt neben den in § 16 VS Nr. 1–6 VOB/A nF aufgezählten **2** **formal-inhaltlichen, zwingenden Ausschlussgründen** auch fakultative Ausschlussgründe (§ 16 VS Abs. 1 Nr. 2 VOB/A aF). Nachdem diese im Zuge der Vergaberechtsreform 2016 jedoch in § 124 GWB aufgenommen worden sind, haben sie aus § 16 VS VOB/A gestrichen werden können, finden allerdings über das GWB weiter Anwendung. § 16 VS VOB/A nF sieht somit nur noch zwingende Ausschlussgründe vor.

§ 16 VS VOB/A wurde im Gleichlauf mit § 16 EU VOB/A im Zuge der Vergabe- **3** rechtsreform 2016 strukturell verändert, indem nicht nur die fakultativen Ausschlussgründe gestrichen, sondern auch die bisherigen Zwischenüberschriften dieser Vorschrift als **eigenständige Paragraphen** gestaltet worden sind. Diese Ausgliederung unter der Einfügung der Unterparagraphen a bis d erfolgt dabei entsprechend dem ersten und zweiten Abschnitt der VOB/A und dient der Erhaltung der aus § 16 VS VOB/A 2012 bekannten Paragraphenstruktur.[1]

---

[1] Vgl. Begründung zur VOB/A durch das Bundesministerium für Umwelt, Naturschutz, Bau und Reaktorsicherheit, BAnz AT 19.1.2016 B3, S. 3.

III. Rechtliche Vorgaben im EU-Recht

4   Die der VS VOB/A zugrunde liegende RL 2009/81/EG[2] enthält keine konkreten Vorgaben zu den in § 16 VS VOB/A aufgeführten zwingenden Ausschlussgründen, welche formale Mängel sanktionieren (sog. Formalprüfung der Angebote). Da die Verteidigungsrichtlinie allerdings nur hinsichtlich der beruflichen Eignung der Bieter abschließende Ausschlussgründe enthält,[3] sind die Mitgliedstaaten nicht gehindert, weitere Ausschlusstatbestände vorzusehen, sofern diese gewährleisten sollen, dass der Grundsatz der Gleichbehandlung der Bieter und der Grundsatz der Transparenz beachtet werden.[4] So stellt sich die **Formalprüfung zwar zunächst als eine Besonderheit des nationalen Vergaberechts** dar.[5] Indem diese aber einen transparenten, die Gleichbehandlung der Bieter gewährleistenden Vergabewettbewerb sicherstellen soll, ist sie Ausdruck zweier fundamentaler Grundsätze des europäischen Vergaberechts[6] und somit auch ohne ausdrückliche Vorgabe in der Verteidigungsrichtlinie europarechtskonform.

B. Materiell-vergleichbare Vorschriften

5   Die nationalen vergaberechtlichen Vorschriften haben mit der Vergaberechtsnovelle 2016 eine umfassende Überarbeitung erfahren. Grundlage dafür war die zuvor erfolgte Reform des Vergaberechts auf europäischer Ebene.[7] Die gemeinschaftsrechtliche Verteidigungsrichtlinie wurde hingegen nicht reformiert und war damit folgerichtig auch nicht Gegenstand der umfassenden und grundlegenden nationalen Vergaberechtsreform 2016. Aus diesem Umstand resultieren zahlreiche Abweichungen zwischen den Regelungen im Bereich der allgemeinen Auftragsvergabe und dem der sicherheits- und verteidigungsrelevanten Aufträge. Diese **Abweichungen** sind dabei **teils redaktioneller, teils inhaltlicher Natur**. Die teilweise unterschiedliche Rechtslage ist daher häufig der (bislang) **fehlenden Harmonisierung der betreffenden „Sektoren"** geschuldet und beruht in zahlreichen Fällen nicht auf den Spezifika des Verteidigungs- und Sicherheitsbereichs. Diese Situation sollte mit der im Sinne einer Harmonisierung der Regelungsregime für die Zukunft wünschenswerten Überarbeitung der Verteidigungsrichtlinie behoben werden.

6   Die folgende Kommentierung beschränkt sich auf die Abweichungen zur VOB/A-EU und dabei insbesondere auf die verteidigungs- und sicherheitsrelevanten Besonderheiten der Bestimmung. Im Übrigen wird auf die Kommentierung zu der entsprechenden Vorschrift der EU-VOB/A im allgemeinen Auftragsbereich verwiesen.

7   § 16 VS VOB/A entspricht vollumfänglich dem Inhalt des § 16 EU VOB/A.[8] Eine materiell-rechtlich vergleichbare Vorschrift findet sich im Übrigen in § 57 Abs. 1 VgV. In der SektVO und der KonzVgV fehlen demgegenüber vergleichbare Bestimmungen über entsprechende Ausschlussgründe.

---

[2] Richtlinie 2009/81/EG des Europäischen Parlaments und des Rates vom 13. Juli 2009 über die Koordinierung der Verfahren zur Vergabe bestimmter Bau-, Liefer- und Dienstleistungsaufträge in den Bereichen Verteidigung und Sicherheit und zur Änderung der Richtlinien 2004/17/EG und 2004/18/EG, ABl. EU 2009 L 216 S. 76 ff., (im Weiteren: „Verteidigungsrichtlinie").

[3] Vgl. EuGH 16.12.2008 – C-213/07 – „Michaniki AE", NZBau 2009, 133.

[4] Vgl. EuGH 16.12.2008 – C-213/07, juris; EuGH 19.5.2009 – C-538/07 – „Assitur", NZBau 2009, 609; OLG München 7.4.2006 – Verg. 5/06, BeckRS 2006, 05049, Rn. 31; *Dittmann* in KMPP, Kommentar zur VOL/A 3. Aufl. 2014 § 19 EG Rn. 2; *Müller-Wrede/Horn/Roth* in Müller-Wrede, VOL/A 4. Aufl. 2013 § 19 EG, Rn. 6 f.

[5] Vgl. *Kirch* in Leinemann/Kirch, VSVgV § 16 VOB/A-VS Rn. 3.

[6] Vgl. Art. 4 RL 2009/81/EG.

[7] Gegenstand der Reform waren die Vergaberichtlinien für den Bereich der allgemeinen Auftragsvergabe (RL 2014/24/EU), die Sektorenrichtlinie (RL 2014/25/EU) sowie die Konzessionsrichtlinie (RL 2014/23/EU). Diese finden national ihre Umsetzung im GWB, in der VgV, der KonzVgV, der SektVO und der neuen EU-VOB/A.

[8] Vgl. *Opitz* in Burgi/Dreher Vergaberecht § 16 EU VOB/A.

C. Zwingende Ausschlussgründe

Angebote sind zwingend auszuschließen, wenn sie nicht rechtzeitig eingereicht wurden, **8** es sei denn, der Bieter hat dies nicht verschuldet (Nr. 1), sie nicht formgerecht eingereicht wurden oder unzulässige Änderungen der Vergabeunterlagen aufweisen (Nr. 2), sie nicht die erforderlichen Preisangaben enthalten (Nr. 3), die nachgeforderten Unterlagen nicht innerhalb einer bestimmten Frist vorgelegt werden (Nr. 4), unzulässige Nebenangebote eingereicht wurden (Nr. 5) oder die Nebenangebote nicht den Kennzeichnungsvorgaben entsprechen (Nr. 6). § 16 VS VOB/A ist inhalts- und wortgleich mit § 16 EU VOB/A.

D. Drittschutz der Norm

Zur drittschützenden Wirkung der Norm wird auf den entsprechenden § 16 EU **9** VOB/A verwiesen.

§ 16a Nachfordern von Unterlagen

Fehlen geforderte Erklärungen oder Nachweise und wird das Angebot nicht entsprechend § 16 VS ausgeschlossen, verlangt der Auftraggeber die fehlenden Erklärungen oder Nachweise nach. Diese sind spätestens innerhalb von sechs Kalendertagen nach Aufforderung durch den Auftraggeber vorzulegen. Die Frist beginnt am Tag nach der Absendung der Aufforderung durch den Auftraggeber. Werden die Erklärungen oder Nachweise nicht innerhalb der Frist vorgelegt, ist das Angebot auszuschließen.

Übersicht

	Rn.		Rn.
A. Einführung	1	B. Materiell-rechtlich vergleichbare Vorschriften	4
I. Literatur	1		
II. Entstehungsgeschichte	2	C. Nachforderung von Unterlagen	7
III. Rechtliche Vorgaben im EU-Recht	3	D. Drittschutz der Norm	10

A. Einführung

I. Literatur

1 Zu § 16a VS VOB/A existiert, soweit ersichtlich, jenseits der einschlägigen Kommentierungen keine spezifische Literatur.

II. Entstehungsgeschichte

2 Die Möglichkeit des Nachforderns von Unterlagen wurde bereits im Jahr 2009 für die VOB/A vor dem Hintergrund eingeführt, den gelegentlich als unbillig empfundenen[1] endgültigen Ausschluss aus dem Wettbewerb von Bietern wegen zwar vermeidbarer, aber häufig nur ganz geringfügiger formaler Fehler zu vermeiden.[2] Die Notwendigkeit einer solchen Nachforderung als Recht eines Wettbewerbsteilnehmers auf eine **„zweite Chance"** besteht auch für den Bereich Verteidigung und Sicherheit, sodass diese bei der Konzeption des dritten Abschnitts der VOB/A im Jahr 2012 in § 16 VS Abs. 1 Nr. 3 VOB/A aF. übernommen wurde. Im Zuge der im Rahmen der Vergaberechtsreform 2016 vorgenommenen Umstrukturierung des § 16 VS VOB/A ist § 16 VS Abs. 1 Nr. 3 VOB/A aF. als eigenständiger § 16a VS VOB/A ausgegliedert worden.[3]

III. Rechtliche Vorgaben im EU-Recht

3 § 16a VS VOB/A findet in der der VS VOB/A zugrunde liegenden RL 2009/81/EG[4] keine direkte Entsprechung. Die Vorschrift stellt sich vielmehr – wie die Parallelvorschrif-

---

[1] Vgl. BayObLG, 13.8.2001 – Verg 10/01, NZBau 2001, 643 (644); 8.11.2002 – Verg 27/02, NJOZ 2003, 214 (217); OLG Saarbrücken 29.10.2003 – 1 Verg 2/03, NZBau 2004, 117.

[2] Vgl. Frister in Kapellmann/Messerschmidt, VOB-Kommentar Teil A/B 5. Aufl. 2015 § 16 Rn. 44.

[3] Vgl. Begründung zur VOB/A durch das Bundesministerium für Umwelt, Naturschutz, Bau und Reaktorsicherheit, BAnz AT 19.1.2016 B3, S. 3.

[4] Richtlinie 2009/81/EG des Europäischen Parlaments und des Rates vom 13. Juli 2009 über die Koordinierung der Verfahren zur Vergabe bestimmter Bau-, Liefer- und Dienstleistungsaufträge in den Bereichen Verteidigung und Sicherheit und zur Änderung der Richtlinien 2004/17/EG und 2004/18/EG, ABl. EU 2009 L 216 S. 76 ff., (im Weiteren: „Verteidigungsrichtlinie").

ten in §§ 16a EU VOB/A, 16a VOB/A – als Reaktion des Normgebers auf die strenge vergaberechtliche Spruchpraxis der nationalen Nachprüfungsorgane[5] zum Ausschluss von unvollständigen Angeboten nach der VOB/A 2006 dar. Mit § 16a VS VOB/A wird – wie schon vorher mit § 16 VS Abs. 1 Nr. 3 VOB/A aF. – klargestellt, dass das Fehlen geforderter Erklärungen und Nachweise nicht zwingend zum Ausschluss eines – ggf. wirtschaftlichen – Angebotes führt, was implizit auch dem EU-vergaberechtlichen Grundsatz Rechnung trägt, von mehreren Angeboten das wirtschaftlichste anzunehmen.[6]

B. Materiell-rechtlich vergleichbare Vorschriften

Die nationalen vergaberechtlichen Vorschriften haben mit der Vergaberechtsnovelle 2016 **4** eine umfassende Überarbeitung erfahren. Grundlage dafür war die zuvor erfolgte Reform des Vergaberechts auf europäischer Ebene.[7] Die gemeinschaftsrechtliche Verteidigungsrichtlinie wurde hingegen nicht reformiert und war damit folgerichtig auch nicht Gegenstand der umfassenden und grundlegenden nationalen Vergaberechtsreform 2016. Aus diesem Umstand resultieren **zahlreiche Abweichungen** zwischen den Regelungen im Bereich der allgemeinen Auftragsvergabe und dem der sicherheits- und verteidigungsrelevanten Aufträge. Diese Abweichungen sind dabei **teils redaktioneller, teils inhaltlicher Natur**. Die teilweise unterschiedliche Rechtslage ist daher häufig der (bislang) **fehlenden Harmonisierung der betreffenden „Sektoren"** geschuldet und beruht in zahlreichen Fällen nicht auf den Spezifika des Verteidigungs- und Sicherheitsbereichs. Diese Situation sollte mit der im Sinne einer Harmonisierung der Regelungsregime für die Zukunft wünschenswerten Überarbeitung der Verteidigungsrichtlinie behoben werden.

Die folgende Kommentierung beschränkt sich auf die Abweichungen zur VOB/A-EU **5** und dabei insbesondere auf die verteidigungs- und sicherheitsrelevanten Besonderheiten der Bestimmung. Im Übrigen wird auf die Kommentierung zu der entsprechenden Vorschrift der EU-VOB/A im allgemeinen Auftragsbereich verwiesen.

§ 16a VS VOB/A entspricht nahezu wörtlich § 16a EU VOB/A, sodass insbesondere **6** bezüglich des Gegenstandes sowie des Umfangs einer Nachforderung und der Rechtsfolgen einer nicht (fristgerecht) erfolgten Nachreichung fehlender Unterlagen auf die entsprechende EU-VOB/A Kommentierung verwiesen wird.[8] Materiell-rechtlich vergleichbare Vorschriften finden sich im Übrigen in den § 56 Abs. 2 VgV, § 22 Abs. 6 VSVgV und § 51 Abs. 2 SektVO. Im Konzessionsbereich existiert keine entsprechende Bestimmung.

C. Nachforderung von Unterlagen

§ 16a VS VOB/A ist im Gleichlauf mit § 16a EU VOB/A als eigenständiger Paragraph **7** in die VOB/A-VS eingefügt worden. Die Bestimmung entspricht im Wesentlichen der Vorschrift des § 16a EU VOB/A.

§ 16a S. 1 VS VOB/A verpflichtet den Auftraggeber zum Nachfordern von Unterlagen, **8** wenn das Angebot nicht bereits entsprechend eines der in § 16 VS Nr. 1–6 VOB/A aufge-

---

[5] Vgl. BGH 18.2.2003 – X ZB 43/02, BeckRS 2003, 02527: „Der Wortlaut von § 25 Nr. 1 Abs. 1 VOB/A („ausgeschlossen werden") weist aus, dass der öffentliche Auftraggeber bei Vorliegen der dort aufgestellten Voraussetzungen kein Recht zu einer wie auch immer gearteten großzügigen Handhabe hat, sondern gezwungen ist, das betreffende Angebot aus der Wertung zu nehmen."

[6] Vgl. Art. 27 Abs. 1 S. 2, 47 Abs. 1 RL 2009/81/EG; Erwägungsgründe 40, 49, 50, 51 zur RL 2009/81/EG.

[7] Gegenstand der Reform waren die Vergaberichtlinien für den Bereich der allgemeinen Auftragsvergabe (RL 2014/24/EU), die Sektorenrichtlinie (RL 2014/25/EU) sowie die Konzessionsrichtlinie (RL 2014/23/EU). Diese finden national ihre Umsetzung im GWB, in der VgV, der KonzVgV, der SektVO und der neuen EU-VOB/A.

[8] Vgl. *Opitz* in Burgi/Dreher Vergaberecht § 16a EU VOB/A.

listeten Ausschlussgründe ausgeschlossen worden ist. Hinsichtlich der einzelnen Ausschlusstatbestände wird auf die Kommentierung zu § 16 VSVgV verwiesen. Im Unterschied zur
VSVgV-Vorschrift verlangt § 16a EU VOB/A insoweit lediglich, dass ein Angebot nicht
bereits entsprechend der in § 16 EU Nr. 1 und 2 VOB/A aufgelisteten Ausschlussgründe
ausgeschlossen worden ist. Während § 16a VS VOB/A also richtigerweise klarstellt, dass in
keinem der in § 16 VS Nr. 1–6 VOB/A niedergelegten (mit § 16 EU Nr. 1–6 VOB/A
gleichlautenden) Fälle Unterlagen nachzufordern sind, gilt dies im klassischen VOB/A-
Bereich jedenfalls nach dem Wortlaut des § 16a EU S. 1 VOB/A für die Fälle der § 16 EU
Nr. 3–6 VOB/A nicht.

9   Die Regelung zur Fristbestimmung gemäß der Sätze 2–4 ist wort- und inhaltsgleich zu
§ 16a EU S. 2–4 VOB/A.

D. Drittschutz der Norm

10   Zur drittschützenden Wirkung der Norm wird auf den entsprechenden § 16a EU
VOB/A verwiesen.

§ 16b Eignung

Beim nicht offenen Verfahren, Verhandlungsverfahren und beim wettbewerblichen Dialog sind nur Umstände zu berücksichtigen, die nach Aufforderung zur Angebotsabgabe Zweifel an der Eignung des Bieters begründen (vgl. § 6b VS Absatz 4).

Übersicht

	Rn.		Rn.
A. Einführung	1	B. Materiell-rechtlich vergleichbare Vorschriften	4
I. Literatur	1	C. Eignungsprüfung nach Aufforderung zur Angebotsabgabe	7
II. Entstehungsgeschichte	2		
III. Rechtliche Vorgaben im EU-Recht	3	D. Drittschutz der Norm	8

A. Einführung

I. Literatur

Zu § 16b VS VOB/A existiert, soweit ersichtlich, jenseits der einschlägigen Kommentierungen keine spezifische Literatur. **1**

II. Entstehungsgeschichte

Die vor der Vergaberechtsreform 2016 in § 16 VS Abs. 2 VOB/A aF. geregelte Vorgabe, **2** dass im Rahmen zweistufiger Vergabeverfahren bei der Eignungsprüfung eines Bieters nach Angebotsabgabe lediglich solche Umstände berücksichtigt werden dürfen, die auch erst nach Aufforderung zur Angebotsabgabe entstanden oder dem Auftraggeber zur Kenntnis gekommen sind, ist nun in den eigenständigen § 16a VS VOB/A ausgegliedert worden.[1] § 16b VS VOB/A ist eng verzahnt mit § 6b VS Abs. 4 VOB/A, in dem eine Eignungsprüfung der Bewerber vor der Aufforderung zur Angebotsabgabe vorgeschrieben wird. Die Systematik der Eignungskriterien vor Angebotsabgabe (§§ 6 VS ff. VOB/A), welche letztlich aber auch in der zweiten Prüfungsstufe nach Angebotsabgabe Anwendung findet, hat sich mit der Vergaberechtsreform 2016 geändert. Auf die entsprechenden Ausführungen zu den §§ 6 VS ff. VOB/A wird daher an dieser Stelle verwiesen. Hintergrund für die Regelung des § 16b VS VOB/A ist der Umstand, dass beim nicht offenen Verfahren, beim Verhandlungsverfahren und beim wettbewerblichen Dialog bereits vor der Aufforderung zur Angebotsabgabe eine Bewerberauswahl anhand der vom Auftraggeber vorgegebenen Eignungskriterien vorgenommen wird (vgl. § 6b VS Abs. 4 VOB/A).[2]

III. Rechtliche Vorgaben im EU-Recht

Die der VS VOB/A zugrunde liegende RL 2009/81/EG[3] regelt die Anforderungen an **3** die Eignung eines Bewerbers in Art. 38, welcher für die Voraussetzungen im Einzelnen auf

---

[1] Vgl. Begründung zur VOB/A durch das Bundesministerium für Umwelt, Naturschutz, Bau und Reaktorsicherheit, BAnz AT 19.1.2016 B3, S. 3.

[2] Vgl. *v. Wietersheim* in Ingenstau/Korbion, VOB Teile A u. B Kommentar 20. Aufl. 2017 § 16b EU VOB/A Rn. 5; OLG Celle 5.9.2007, ZfBR 2007, 830 (833).

[3] Richtlinie 2009/81/EG des Europäischen Parlaments und des Rates vom 13. Juli 2009 über die Koordinierung der Verfahren zur Vergabe bestimmter Bau-, Liefer- und Dienstleistungsaufträge in den Bereichen Verteidigung und Sicherheit und zur Änderung der Richtlinien 2004/17/EG und 2004/18/EG, ABl. EU 2009 L 216 S. 76 ff., (im Weiteren: „Verteidigungsrichtlinie").

Art. 41–46 der Verteidigungsrichtlinie verweist. Die Verteidigungsrichtlinie sieht aufgrund der besonderen Anforderungen dieses Bereiches an Komplexität, Informationssicherheit und Versorgungssicherheit der Aufträge allein **zweistufige Verfahren** im Bereich Verteidigung und Sicherheit vor.[4] Die zeitliche Aufspaltung in eine Eignungsprüfung vor Aufforderung zur Angebotsabgabe und eine solche nach Aufforderung zur Angebotsabgabe findet sich in der Verteidigungsrichtlinie jedoch nicht wieder. Die in den Art. 41–46 der Verteidigungsrichtlinie im Einzelnen aufgeführten Eignungskriterien gelten vielmehr über eine entsprechende Auflistung in § 6 VS VOB/A auch für die Eignungsprüfung nach Angebotsabgabe. Insoweit wird auf die entsprechende Kommentierung zu § 6 VS VOB/A verwiesen.[5]

B. Materiell-rechtlich vergleichbare Vorschriften

4   Die nationalen vergaberechtlichen Vorschriften haben mit der Vergaberechtsnovelle 2016 eine umfassende Überarbeitung erfahren. Grundlage dafür war die zuvor erfolgte Reform des Vergaberechts auf europäischer Ebene.[6] Die gemeinschaftsrechtliche Verteidigungsrichtlinie wurde hingegen nicht reformiert und war damit folgerichtig auch nicht Gegenstand der umfassenden und grundlegenden nationalen Vergaberechtsreform 2016. Aus diesem Umstand resultieren **zahlreiche Abweichungen** zwischen den Regelungen im Bereich der allgemeinen Auftragsvergabe und dem der sicherheits- und verteidigungsrelevanten Aufträge. Diese Abweichungen sind dabei **teils redaktioneller, teils inhaltlicher Natur**. Die teilweise unterschiedliche Rechtslage ist daher häufig der (bislang) **fehlenden Harmonisierung der betreffenden „Sektoren"** geschuldet und beruht folglich in zahlreichen Fällen nicht auf den Spezifika des Verteidigungs- und Sicherheitsbereichs. Diese Situation sollte mit der im Sinne einer Harmonisierung der Regelungsregime für die Zukunft wünschenswerten Überarbeitung der Verteidigungsrichtlinie behoben werden.

5   Die folgende Kommentierung beschränkt sich auf die Abweichungen zur VOB/A-EU und dabei insbesondere auf die verteidigungs- und sicherheitsrelevanten Besonderheiten der Bestimmung. Im Übrigen wird auf die Kommentierung zu der entsprechenden Vorschrift der EU-VOB/A im allgemeinen Auftragsbereich verwiesen.

6   § 16b VS VOB/A entspricht seinem Inhalt nach § 16b EU Abs. 3 VOB/A.[7] Die Vorschrift wurde im Gleichlauf zu § 16b EU VOB/A als eigenständiger Paragraph in die VOB/A-VS eingefügt. Eine auf die fehlende Harmonisierung der gemeinschaftsrechtlichen Richtlinien zurückzuführende Abweichung (vgl. Rn. 3) ist darin zu sehen, dass nur in der VOB/A-Vorschrift die Innovationspartnerschaft als mit Vergaberechtsnovelle 2016 neu eingeführte Vergabeverfahrensart enthalten ist. Materiell-rechtlich vergleichbare Vorschriften finden sich im Übrigen in § 42 Abs. 2 VgV und § 22 VSVgV. Weder im Konzessionsbereich noch in der Sektorenverordnung existiert eine entsprechende Bestimmung.

C. Eignungsprüfung nach Aufforderung zur Angebotsabgabe

7   Nach § 16b VS VOB/A sind beim nicht offenen Verfahren, Verhandlungsverfahren und beim wettbewerblichen Dialog nur Umstände zu berücksichtigen, die nach Aufforderung

---

[4] Vgl. 47. Erwägungsgrund zur RL 2009/81/EG.

[5] Vgl. *von Wietersheim* in Burgi/Dreher, Vergaberecht § 6 VS VOB/A.

[6] Gegenstand der Reform waren die Vergaberichtlinien für den Bereich der allgemeinen Auftragsvergabe (RL 2014/24/EU), die Sektorenrichtlinie (RL 2014/25/EU) sowie die Konzessionsrichtlinie (RL 2014/23/EU). Diese finden national ihre Umsetzung im GWB, in der VgV, der KonzVgV, der SektVO und der neuen EU-VOB/A.

[7] Vgl. *Opitz* in Burgi/Dreher, Vergaberecht § 16b EU VOB/A.

zur Angebotsabgabe Zweifel an der Eignung des Bieters begründen. Auf die Kommentierung zur inhaltsgleichen Vorschrift des § 16b EU Abs. 3 VOB/A wird verwiesen.

D. Drittschutz der Norm

Zur drittschützenden Wirkung der Norm wird auf den entsprechenden § 16b EU **8** VOB/A verwiesen.

§ 16c Prüfung

(1) **Die nicht ausgeschlossenen Angebote geeigneter Bieter sind auf die Einhaltung der gestellten Anforderungen, insbesondere in rechnerischer, technischer und wirtschaftlicher Hinsicht zu prüfen.**

1. **Entspricht der Gesamtbetrag einer Ordnungszahl (Position) nicht dem Ergebnis der Multiplikation von Mengenansatz und Einheitspreis, so ist der Einheitspreis maßgebend.**

2. **Bei Vergabe für eine Pauschalsumme gilt diese ohne Rücksicht auf etwa angegebene Einzelpreise.**

(2) **Die aufgrund der Prüfung festgestellten Angebotsendsummen sind in der Niederschrift über den Eröffnungstermin zu vermerken.**

Übersicht

	Rn.			Rn.
A. Einführung	1	B. Materiell-rechtlich vergleichbare Vorschriften		5
I. Literatur	1			
II. Entstehungsgeschichte	2	C. Rechnerische, technische und wirtschaftliche Prüfung		8
III. Rechtliche Vorgaben im EU-Recht	4	D. Drittschutz der Norm		10

A. Einführung

I. Literatur

1 Zu § 16c VS VOB/A existiert, soweit ersichtlich, jenseits der einschlägigen Kommentierungen keine spezifische Literatur.

II. Entstehungsgeschichte

2 Die vor der Vergaberechtsreform 2016 in § 16 VS Abs. 3 VOB/A aF. geregelte Prüfung ist nunmehr in den eigenständigen § 16c VS VOB/A **ausgegliedert** worden[1] und ordnet die Prüfung der Angebote auf Einhaltung der Vorgaben des Auftraggebers in rechnerischer, technischer und wirtschaftlicher Hinsicht an.

3 Die Vorschrift hat gegenüber ihrer Vorgängervorschrift § 16c VS VOB/A 2012 eine strukturelle Überarbeitung erfahren. Die zuvor in dem § 16c VS Abs. 2 VOB/A aF. dargestellten Regelungen sind nunmehr systematisch in den Absatz 1 der Vorschrift angefügt. Danach ist der Einheitspreis maßgebend, wenn der Gesamtbetrag einer Ordnungszahl nicht dem Ergebnis der Multiplikation von Mengenansatz und Einheitspreis entspricht (Abs. 1 Nr. 1). Bei Vergaben für eine Pauschalsumme gilt diese ohne Rücksicht auf etwa angegebene Einzelpreise (Abs. 1 Nr. 2).

III. Rechtliche Vorgaben im EU-Recht

4 Die Bestimmung des § 16c VS VOB/A hat in der RL 2009/81/EG[2] keine direkte Vorgabe, folgt allerdings aus dem an mehreren Stellen[3] in der Richtlinie auftauchenden Gebot,

---

[1] Vgl. Begründung zur VOB/A durch das Bundesministerium für Umwelt, Naturschutz, Bau und Reaktorsicherheit, BAnz AT 19.1.2016 B3, S. 3.

[2] Richtlinie 2009/81/EG des Europäischen Parlaments und des Rates vom 13. Juli 2009 über die Koordinierung der Verfahren zur Vergabe bestimmter Bau-, Liefer- und Dienstleistungsaufträge in den Bereichen Verteidigung und Sicherheit und zur Änderung der Richtlinien 2004/17/EG und 2004/18/EG, ABl. EU 2009 L 216 S. 76 ff., (im Weiteren: „Verteidigungsrichtlinie").

stets das wirtschaftlichste aller Angebote zu bezuschlagen. Indem eine **rechnerische Prüfung** angeordnet wird, können etwaige Rechen- und Übertragungsfehler im Angebot aufgedeckt und im Falle ihrer Korrigierbarkeit im Wege der Auslegung (§ 133 BGB) beseitigt werden,[4] sofern Manipulationen objektiv ausgeschlossen werden können.[5] Mit der **technischen Prüfung** wird im Wege der Untersuchung, ob das Angebot den technischen Erfordernissen entspricht, sichergestellt , dass es den ausgeschriebenen Zweck erfüllen kann[6] und die **wirtschaftliche Prüfung** dient einer ersten überschlägigen Beurteilung der Angemessenheit einzelner Angebote.[7] Dies bewirkt, dass nur korrekt berechnete, den technischen Anforderungen und Wirtschaftlichkeitsanforderungen entsprechende Angebote im Rahmen der Wertung im engeren Sinne nach § 16d VS VOB/A miteinander verglichen werden und ermöglicht so die Ermittlung des tatsächlich wirtschaftlichsten Angebots.

B. Materiell-rechtlich vergleichbare Vorschriften

Die nationalen vergaberechtlichen Vorschriften haben mit der Vergaberechtsnovelle 5
2016 eine umfassende Überarbeitung erfahren. Grundlage dafür war die zuvor erfolgte Reform des Vergaberechts auf europäischer Ebene.[8] Die gemeinschaftsrechtliche Verteidigungsrichtlinie wurde hingegen nicht reformiert und war damit folgerichtig auch nicht Gegenstand der umfassenden und grundlegenden nationalen Vergaberechtsreform 2016. Aus diesem Umstand resultieren **zahlreiche Abweichungen** zwischen den Regelungen im Bereich der allgemeinen Auftragsvergabe und dem der sicherheits- und verteidigungsrelevanten Aufträge. Diese Abweichungen sind dabei teils redaktioneller, **teils inhaltlicher Natur**. Die teilweise unterschiedliche Rechtslage ist daher häufig der (bislang) **fehlenden Harmonisierung der betreffenden „Sektoren"** geschuldet und beruht in zahlreichen Fällen nicht auf den Spezifika des Verteidigungs- und Sicherheitsbereichs. Diese Situation sollte mit der im Sinne einer Harmonisierung der Regelungsregime für die Zukunft wünschenswerten Überarbeitung der Verteidigungsrichtlinie behoben werden.

Die folgende Kommentierung beschränkt sich auf die Abweichungen zur VOB/A-EU 6
und dabei insbesondere auf die verteidigungs- und sicherheitsrelevanten Besonderheiten der Bestimmung. Im Übrigen wird auf die Kommentierung zu der entsprechenden Vorschrift der EU-VOB/A im allgemeinen Auftragsbereich verwiesen.

§ 16c VS VOB/A entspricht im Wesentlichen inhaltlich § 16c EU VOB/A.[9] Eine Ab- 7
weichung im oben genannten Sinne (vgl. Rn. 4) ergibt sich dahingehend, dass der Wortlaut des § 16c EU Abs. 1 S. 2 VOB/A nunmehr die Zulässigkeit einer Nachweiserbringung durch Gütezeichen, Testberichte, Konformitätserklärungen und Zertifizierungen regelt. Materiell-rechtlich vergleichbare Vorschriften finden sich im Übrigen in den § 56 Abs. 1 VgV und § 31 Abs. 1 VSVgV. Weder im Bereich der SektVO noch in dem der KonzVgV findet sich eine vergleichbar detaillierte Regelung zur Prüfung des Angebots. Die Regelwerke konstituieren mit § 51 Abs. 1 SektVO und § 29 KonzVgV lediglich eine allgemeine Pflicht zur Prüfung der Angebote vor Zuschlagserteilung.

---

3 Vgl. Art. 19 Abs. 1, 27 Abs. 2 S. 2, 34 Abs. 5 lit. e), 47 Abs. 1 lit. a), 48 Abs. 2 RL 2009/81/EG.

4 *Vgl. Korbion* in Ingenstau/Korbion, VOB Teile A und B Kommentar, 20. Aufl. 2017 VOB/A-VS Rn. 16, 18 iVm *v. Wietersheim* in Ingenstau/Korbion, VOB Teile A u. B Kommentar 20. Aufl. 2017 § 16c VOB/A Rn. 2f.

5 Vgl. *Leinemann* Die Vergabe öffentlicher Aufträge, 6. Aufl. 2016 Rn. 1472.

6 Vgl. *Leinemann* Die Vergabe öffentlicher Aufträge, 6. Aufl. 2016 Rn. 1480.

7 Vgl. *Leinemann* Die Vergabe öffentlicher Aufträge, 6. Aufl. 2016 Rn. 1484.

8 Gegenstand der Reform waren die Vergaberichtlinien für den Bereich der allgemeinen Auftragsvergabe (RL 2014/24/EU), die Sektorenrichtlinie (RL 2014/25/EU) sowie die Konzessionsrichtlinie (RL 2014/23/EU). Diese finden national ihre Umsetzung im GWB, in der VgV, der KonzVgV, der SektVO und der neuen EU-VOB/A.

9 Vgl. *Opitz* in Burgi/Dreher, Vergaberecht § 16c EU VOB/A.

C. Rechnerische, technische und wirtschaftliche Prüfung

8   Die nicht ausgeschlossenen Angebote sind rechnerisch, technisch und wirtschaftlich zu überprüfen (Abs. 1). Hinsichtlich der rechnerischen Überprüfung gilt, dass der Einheitspreis maßgebend ist, wenn der Gesamtbetrag einer Ordnungszahl nicht dem Ergebnis der Multiplikation von Mengenansatz und Einheitspreis entspricht (Abs. 1 Nr. 1). Bei der Vergabe auf ein Pauschalangebot gilt diese ohne Rücksicht auf etwa angegebene Einzelpreise (Abs. 1 Nr. 2). Die Regelung entspricht wörtlich § 16c EU Abs. 1 S. 1 und Abs. 2 VOB/A.

9   Die aufgrund der Prüfung festgestellten Angebotsendsummen sind – inhalts- und wortidentisch mit § 16c EU Abs. 3 VOB/A – in der Niederschrift über den Eröffnungstermin zu vermerken (Abs. 2).

D. Drittschutz der Norm

10   Zur drittschützenden Wirkung der Norm wird auf den entsprechenden § 16c VS VOB/A verwiesen.

§ 16d Wertung

(1)

1. Auf ein Angebot mit einem unangemessen hohen oder niedrigen Preis darf der Zuschlag nicht erteilt werden.

2. Erscheint ein Angebotspreis unangemessen niedrig und ist anhand vorliegender Unterlagen über die Preisermittlung die Angemessenheit nicht zu beurteilen, ist vor Ablehnung des Angebots vom Bieter in Textform Aufklärung über die Ermittlung der Preise für die Gesamtleistung oder für die Teilleistungen zu verlangen, gegebenenfalls unter Festlegung einer zumutbaren Antwortfrist. Bei der Beurteilung der Angemessenheit prüft der Auftraggeber – in Rücksprache mit dem Bieter – die betreffende Zusammensetzung und berücksichtigt dabei die gelieferten Nachweise.

3. In die engere Wahl kommen nur solche Angebote, die unter Berücksichtigung rationellen Baubetriebs und sparsamer Wirtschaftsführung eine einwandfreie Ausführung einschließlich Haftung für Mängelansprüche erwarten lassen.

(2) Bei der Wertung der Angebote dürfen nur Zuschlagskriterien und deren Gewichtung berücksichtigt werden, die in der Auftragsbekanntmachung oder in den Vergabeunterlagen genannt sind. Die Zuschlagskriterien müssen mit dem Auftragsgegenstand zusammenhängen und können beispielsweise sein: Qualität, Preis, technischer Wert, Ästhetik, Zweckmäßigkeit, Umwelteigenschaften, Betriebs- und Folgekosten, Rentabilität, Kundendienst, Versorgungssicherheit, Interoperabilität und Eigenschaft beim Einsatz und technische Hilfe oder Ausführungsfrist.

(3) Sind Angebote auf Grund einer staatlichen Beihilfe ungewöhnlich niedrig, ist dies nur dann ein Grund sie zurückzuweisen, wenn der Bieter nicht nachweisen kann, dass die betreffende Beihilfe rechtmäßig gewährt wurde. Für diesen Nachweis hat der Auftraggeber dem Bieter eine ausreichende Frist zu gewähren. Auftraggeber, die trotz entsprechender Nachweise des Bieters ein Angebot zurückweisen, müssen die Kommission der Europäischen Union darüber unterrichten.

(4) Ein Angebot nach § 13 VS Absatz 2 ist wie ein Hauptangebot zu werten.

(5) Preisnachlässe ohne Bedingung sind nicht zu werten, wenn sie nicht an der vom Auftraggeber nach § 13 VS Absatz 4 bezeichneten Stelle aufgeführt sind. Unaufgefordert angebotene Preisnachlässe mit Bedingungen für die Zahlungsfrist (Skonti) werden bei der Wertung der Angebote nicht berücksichtigt.

(6) Die Bestimmungen der Absätze 1 bis 3, § 16b VS, § 16c VS Absatz 2 gelten auch bei Verhandlungsverfahren und wettbewerblichem Dialog. Die Absätze 4 und 5, § 16 VS sowie § 16c VS Absatz 1 sind entsprechend auch bei Verhandlungsverfahren und wettbewerblichem Dialog anzuwenden.

Übersicht

	Rn.		Rn.
A. Einführung	1	II. Interoperabilität	15
I. Literatur	1	III. Eigenschaften beim Einsatz	17
II. Entstehungsgeschichte	2	E. Beihilfen	18
III. Rechtliche Vorgaben im EU-Recht	3	F. Abweichen von technischen Spezifikationen	19
B. Materiell-rechtliche Vorgaben im EU-Recht	4	G. Preisnachlässe	20
C. Prüfung der Preisangemessenheit	7	H. Erweiterung des Anwendungsbereichs	21
D. Wertung im engeren Sinne/Zuschlagskriterien	10	I. Drittschutz der Norm	22
I. Versorgungssicherheit	13		

A. Einführung

I. Literatur

1   *Enders*, Zur Interoperabilität von Streitkräften, Internationale Politik 2002, Heft 7, S. 51 ff.; *Hölzl/Friton*, Entweder – Oder: Eignungs- sind keine Zuschlagskriterien, NZBau 2008, S. 307 ff.; *Roth/Lamm*, Die Umsetzung der Verteidigungsgüter- Beschaffungsrichtlinie in Deutschland, NZBau 2012, S. 609 ff.

II. Entstehungsgeschichte

2   Die vor der Vergaberechtsreform 2016 in § 16 VS Abs. 6–11 VOB/A aF. angeordnete Wertung der Angebote ist nunmehr in den eigenständigen § 16d VS VOB/A **ausgegliedert** worden.[1] Hintergrund der Vorschrift ist die Ermittlung des wirtschaftlichsten Angebots, indem eine **Angemessenheitsprüfung für die Preise** und eine Wertung der Angebote anhand der Zuschlagskriterien (**Wertung im engeren Sinn**) vorgesehen ist.

III. Rechtliche Vorgaben im EU-Recht

3   Die der VOB/A-VS zugrunde liegende RL 2009/81/EG[2] enthält in Art. 47, 49 Vorgaben für die Wertung eines Angebots. § 16d VS Abs. 1 Nrn. 1–3 VOB/A finden ihre EU-rechtliche Grundlage in Art. 49 Abs. 1 und 2 der Verteidigungsrichtlinie. § 16d VS Abs. 2 S. 1 VOB/A entspricht im Wesentlichen der Vorgabe des Art. 47 Abs. 2 der Verteidigungsrichtlinie. Art. 47 Abs. 1 lit. a) der Verteidigungsrichtlinie zählt die einzelnen Zuschlagskriterien auf, welche sich bis auf den Lieferzeitpunkt bzw. die Lieferfrist sämtlich auch in dem beispielhaften Katalog des § 16d VS Abs. 2 S. 2 VOB/A wiederfinden. § 16d VS Abs. 3 VOB/A stützt sich wiederum auf den wortgleichen Art. 49 Abs. 3 der Verteidigungsrichtlinie.

B. Materiell-rechtlich vergleichbare Vorschriften

4   Die nationalen vergaberechtlichen Vorschriften haben mit der Vergaberechtsnovelle 2016 eine umfassende Überarbeitung erfahren. Grundlage dafür war die zuvor erfolgte Reform des Vergaberechts auf europäischer Ebene.[3] Die gemeinschaftsrechtliche Verteidigungsrichtlinie wurde hingegen nicht reformiert und war damit folgerichtig auch nicht Gegenstand der umfassenden und grundlegenden nationalen Vergaberechtsreform 2016. Aus diesem Umstand resultieren **zahlreiche Abweichungen** zwischen den Regelungen im Bereich der allgemeinen Auftragsvergabe und dem der sicherheits- und verteidigungsrelevanten Aufträge. Diese Abweichungen sind dabei **teils redaktioneller, teils inhaltlicher Natur**. Die teilweise unterschiedliche Rechtslage ist daher häufig der (bislang) **fehlenden Harmonisierung der betreffenden „Sektoren"** geschuldet und beruht folglich in zahlreichen Fällen nicht auf den Spezifika des Verteidigungs- und Sicherheitsbereichs. Diese Situ-

---

[1] Vgl. Begründung zur VOB/A durch das Bundesministerium für Umwelt, Naturschutz, Bau- und Reaktorsicherheit, BAnz AT 19.1.2016 B3, S. 3.

[2] Richtlinie 2009/81/EG des Europäischen Parlaments und des Rates vom 1.7.2009 über die Koordinierung der Verfahren zur Vergabe bestimmter Bau-, Liefer- und Dienstleistungsaufträge in den Bereichen Verteidigung und Sicherheit und zur Änderung der Richtlinien 2004/17/EG und 2004/18/EG, ABl. EU 2009 L 216 S. 76 ff., (im Weiteren: „Verteidigungsrichtlinie").

[3] Gegenstand der Reform waren die Vergaberichtlinien für den Bereich der allgemeinen Auftragsvergabe (RL 2014/24/EU), die Sektorenrichtlinie (RL 2014/25/EU) sowie die Konzessionsrichtlinie (RL 2014/23/EU). Diese finden national ihre Umsetzung im GWB, in der VgV, der KonzVgV, der SektVO und der neuen EU-VOB/A.

ation sollte mit der im Sinne einer Harmonisierung der Regelungsregime für die Zukunft wünschenswerten Überarbeitung der Verteidigungsrichtlinie behoben werden.

Die folgende Kommentierung beschränkt sich auf die Abweichungen zur EU VOB/A **5** und dabei insbesondere auf die verteidigungs- und sicherheitsrelevanten Besonderheiten der Bestimmung. Im Übrigen wird auf die Kommentierung zu der entsprechenden Vorschrift der VOB/A-EU-Vorschrift im allgemeinen Auftragsbereich verwiesen.

§ 16d VS VOB/A entspricht inhaltlich in weiten Teilen § 16d EU VOB/A.[4] Insbeson- **6** dere hinsichtlich der Prüfung der Angemessenheit der Preise (Unter-/Überkostenangebote) und der damit in Verbindung stehenden sog. Aufgreifschwelle im Bezug auf vom Auftraggeber insoweit durchzuführende Aufklärungsmaßnahmen sowie der Durchführung der Wirtschaftlichkeitsprüfung kann auf die Kommentierung zur EU-VOB/A-Vorschrift verwiesen werden. Materiell-rechtlich vergleichbare Vorschriften finden sich im Übrigen in den §§ 58 Abs. 2, 60 VgV, den §§ 52 Abs. 2, 54 SektVO, den §§ 33, 34 Abs. 2 VSVgV sowie für den Umgang mit Zuschlagskriterien in § 31 KonzVgV i. V. m. § 152 Abs. 3 GWB.

C. Prüfung der Preisangemessenheit

Nach § 16d VS Abs. 1 Nr. 1 VOB/A darf auf ein Unterkostenangebot der Zuschlag **7** nicht erteilt werden. Die Vorschrift findet ihre inhaltliche Entsprechung in § 16d EU Abs. 1 Nr. 1 S. 1 VOB/A.

§ 16d VS Abs. 1 Nr. 2 VOB/A, der eine auftraggeberseitige Aufklärungspflicht bei Ver- **8** dacht auf einen unangemessen niedrigen Angebotspreis vorsieht, ist wortlautidentisch mit § 16d EU Abs. 1 Nr. 2 VOB/A.

§ 16d VS Abs. 1 Nr. 3 VOB/A, wonach nur solche Angebote in die engere Auswahl **9** kommen, die eine einwandfreie Ausführung erwarten lassen, ist wortgleich mit § 16d EU Abs. 1 Nr. 4 VOB/A.

D. Wertung im engeren Sinne/Zuschlagskriterien

Nach § 16d VS Abs. 2 S. 1 VOB/A dürfen nur Zuschlagskriterien und deren Gewich- **10** tung in die Angebotswertung miteinbezogen werden, die zuvor entweder in der Bekanntmachung oder den Vergabeunterlagen veröffentlicht wurden. Die Vorschrift entspricht wörtlich § 16d EU Abs. 2 Nr. 2 S. 1 VOB/A. Die Zuschlagskriterien müssen zudem gemäß § 16d VS Abs. 2 S. 2 VOB/A mit dem Auftragsgegenstand in Verbindung stehen. Dieses Erfordernis ist inhaltsgleich mit § 16d EU Abs. 2 Nr. 2 S. 3 VOB/A und geht auch bereits aus § 127 Abs. 3 S. 2 GWB hervor.

In § 16d VS Abs. 2 S. 2 VOB/A findet sich zudem eine **beispielhafte Aufzählung 11 denkbarer Zuschlagskriterien**, die zur Ermittlung des besten Preis-Leistungs-Verhältnisses herangezogen werden können. Diese Aufzählung entspricht mit den Kriterien Qualität, Preis, technischer Wert, Ästhetik, Zweckmäßigkeit, Umwelteigenschaften, Betriebs- und Folgekosten, Rentabilität, Kundendienst, technische Hilfe und Ausführungsfrist inhaltlich im Wesentlichen der Aufzählung in § 16d EU Abs. 2 Nr. 2 VOB/A. Die VS VOB/A-Vorschrift benennt in ihrem beispielhaften Katalog darüber hinaus noch VS-spezifisch die Kriterien der Interoperabilität, Eigenschaft beim Einsatz und Versorgungssicherheit. Diese Kriterien können zwar grundsätzlich bei jeder Beschaffung der öffentlichen Hand für die Bewertung eines Angebots relevant sein, da bei sämtlichen Beschaffungsvorgängen typischerweise auch eine **zuverlässige, bedarfsdeckende Versorgung** erwünscht

---

[4] Vgl. *Opitz* in Burgi/Dreher, Vergaberecht § 16d EU VOB/A.

ist.[5] Sie sind aber gerade im verteidigungs- und sicherheitsrelevanten Sektor von besonders hervorgehobener Bedeutung:[6]

12   Wie sich bereits dem Erwägungsgrund 8 der Verteidigungsrichtlinie entnehmen lässt, sind öffentliche Aufträge im Verteidigungs- und Sicherheitssektor aufgrund der zentralen Bedeutung der Verteidigungs- und Sicherheitsausrüstung sowohl für die Sicherheit und Souveränität der Mitgliedstaaten als auch für die Autonomie der Union häufig sensibel, was ausweislich des nachfolgenden Erwägungsgrundes 9 der Verteidigungsrichtlinie **besondere Anforderungen vor allem an die Versorgungs- und Informationssicherheit** mit sich bringt. Diesen sektorspezifischen Anforderungen entspricht die Aufnahme der in § 16d VS Abs. 2 S. 2 VOB/A genannten Kriterien der „Versorgungssicherheit, Interoperabilität und Eigenschaften beim Einsatz". Hiermit wird im Übrigen die Vorgabe des § 47 Abs. 1 lit. a) der Verteidigungsrichtlinie umgesetzt, welcher diese Kriterien für die Wertung von Angeboten beispielhaft aufzählt. Ein Auftrag im VS-Bereich kann sowohl die äußere als auch die innere Sicherheit des Staates betreffen. Ein sicherheits- und verteidigungsrelevanter Auftrag ist damit in erhöhtem Maße **gemeinwohlrelevant**. Er ist somit häufig dazu geeignet, Auswirkungen auf eine breite Bevölkerungsschicht zu entfalten. Daraus folgt die Notwendigkeit eines in besonderem Maße sensiblen Umgangs mit solchen Aufträgen. Der VS-Auftrag ist darüber hinaus regelmäßig durch **spontan eintretende Situationen** (Krisensituationen, Notfälle) geprägt, die eine erhebliche Gefahr für die Allgemeinheit darstellen können. Hier ist vor allem an Krisensituationen und Notfälle zu denken, die etwa durch Naturereignisse, Unfälle oder politische Spannungen eintreten, aber auch beispielsweise durch einzelne Personen oder Personenvereinigungen verursacht sein können (z.B. Abwehr von Terrorgefahren). Diese Situationen erfordern ein gut organisiertes, zuverlässiges und schnelles staatliches Handeln, um die (potentielle) Gefahrenlage möglichst effektiv zu bekämpfen. Vor diesem Hintergrund ist es von besonders großer Bedeutung, dass sich der Auftraggeber auf die ordnungsgemäße und zuverlässige Umsetzung seines Beschaffungsbedarfs verlassen kann.

I. Versorgungssicherheit

13   Die Vorschrift des § 16d VS Abs. 2 S. 2 VOB/A benennt als denkbares Zuschlagskriterium die Versorgungssicherheit. Im Bereich der verteidigungs- und sicherheitsrelevanten Aufträge kommt diesem Auswahlkriterium typischerweise eine besonders bedeutende Rolle zu. Eine Definition dieses Begriffs erfolgt dabei weder durch die nationalen noch die europarechtlichen Vergabevorschriften. Der nationale Normgeber zeigt die Bedeutung der Versorgungssicherheit damit auf, dass er für den VS-Bereich mit § 8 VSVgV eine eigene Norm für dieses Zuschlagskriterium geschaffen hat, nach der der Auftraggeber in der Bekanntmachung oder den Vergabeunterlagen die Anforderungen an die Versorgungssicherheit festlegen muss (vgl. § 8 Abs. 1 VSVgV). Unter § 8 Abs. 2 VSVgV gibt der Verordnungsgeber eine beispielhafte Liste denkbarer Angaben zum Nachweis der Versorgungssicherheit vor.[7] Mögliche Angaben zur Beurteilung der Versorgungssicherheit können nach der VSVgV-Vorschrift etwa sein: Unterlagen zum Beleg der Im- und Exportfähigkeit, Angaben zur Organisation der Lieferkette und Unternehmensstrategie, Kapazitäten bei Bedarfssteigerung, Wartung, Modernisierung, Anpassung sowie die Zusicherung der Unterlagen bzw. Berechtigungen, die Grundlage dafür sind, den Auftrag notfalls auch ohne den Auftragnehmer weiterführen zu können (z.B. Lizenzen, Bauzeichnungen). Insoweit wird der Auftraggeber in der Vergabebekanntmachung oder den Vergabeunterlagen näher zu

---

[5] Vgl. *Conrad* in Gabriel/Krohn/Neun, Handbuch des Vergaberechts S. 1394.
[6] Vgl. zu den besonderen verteidigungs- und sicherheitsrelevanten Zuschlagskriterien bereits *Horn/Hofmann* in Burgi/Dreher, Vergaberecht § 34 VSVgV Rn. 18 ff.
[7] Vgl. zu den einzelnen möglichen Unterlagen zum Nachweis der Versorgungssicherheit *Otting* in Burgi/Dreher, Vergaberecht § 8 VSVgV Rn. 11.

spezifizieren haben, welche Erklärungen und/oder Belege zum Nachweis bzw. zur Prüfung der Versorgungssicherheit auf der Grundlage der insoweit auftraggeberseitig vorgegebenen Bewertungsmatrix für erforderlich erachtet werden. Aus dem Kontext der in § 8 Abs. 2 VSVgV genannten Angaben ergibt sich, dass die Versorgungssicherheit eine effiziente, günstige, nachhaltige und zeitnahe Erfüllung der Leistung gewährleisten soll,[8] die vor allem den **Bestand der Leistung auch für die Zukunft** kontinuierlich sichert. Dies ist anzunehmen, wenn der Beschaffungsgegenstand selbst oder zumindest seine wesentlichen Bestandteile auch in Zukunft auf dem Markt verfügbar sein werden. Das wiederum heißt, dass eine gesicherte Lieferkette nachzuweisen sein sollte.[9] Diese darf auch im Falle etwaiger – möglicherweise extern begründeter – Hindernisse oder sonstiger Änderungen der Sachlage nicht beeinträchtigt sein.[10] Ein solches Hindernis kann beispielsweise ein durch eine Krisensituation notwendig werdender erhöhter Bedarf darstellen. Ein anderes Hindernis kann etwa die unerwartete Leistungsunfähigkeit des ausführenden Unternehmens sein. Auch für diesen Fall soll der Auftraggeber tatsächlich und rechtlich durch den Auftragnehmer in die Lage versetzt werden, die Tätigkeit weiterführen zu können.[11] Die Versorgungssicherheit ist folglich als **staatliches Sicherheitsinteresse** einzuordnen, da das Gelingen des häufig komplexen und gefährlichen Einsatzes wesentlich von einem reibungslos funktionierenden Nachschub abhängt.[12] Dies gilt umso mehr bei großen geographischen Entfernungen des Einsatzortes von den Versorgungsquellen.[13]

Ausweislich der amtlichen Begründung zur Parallelvorschrift des § 34 VSVgV hat die **14** Einordnung der Versorgungssicherheit nach dem Grundsatz der Verhältnismäßigkeit als Eignungs- oder Zuschlagskriterium zu erfolgen.[14] Diese Aussage der amtlichen Begründung fügt sich nicht ohne Weiteres in die insoweit geltenden vergaberechtlichen Grundsätze ein. Zwar ist es richtig, dass ein Kriterium dem Grunde nach sowohl **Eignungs- als auch Zuschlagskriterium** sein kann. Für die Einordnung des Kriteriums als Zuschlagskriterium ist jedoch entsprechend der Rechtsprechung des EuGH entscheidend, ob das Kriterium im Wesentlichen leistungsbezogen ist, also der Ermittlung des wirtschaftlichsten Angebots dient oder als unternehmensbezogenes Kriterium für die Beurteilung der Eignung maßgeblich ist.[15] Ausschlaggebend ist folglich, ob die Versorgungssicherheit im konkreten Einzelfall an die Person des Bieters oder an die Leistungserbringung anknüpft.[16] Die Versorgungssicherheit kann grundsätzlich der Ermittlung des wirtschaftlichsten Angebots dienen, wenn sie die auftragsbezogene Umsetzung der Leistung betrifft[17] und einen spezifischen Bezug zur Auftragsausführung aufweist.[18] Die Versorgungssicherheit ist dabei regelmäßig **wertbildender Natur**. Dies beruht schon darauf, dass der VS-Beschaffungsgegenstand zwar häufig vergleichsweise teuer in seiner Anschaffung, dafür aber auf eine lange Lebensdauer ausgelegt ist[19] und sich über die Lebensdauer des Beschaffungsgegenstandes auch amortisieren kann. Unabhängig davon, ob der Auftraggeber die Versorgungssicherheit als Eignungs- oder Zuschlagskriterium einordnet, gilt, dass er das Kriterium nur einmal in die Wertung einbeziehen darf. Danach ist das Kriterium als verbraucht anzusehen.[20]

---

[8] Vgl. *Vavra/Herrmann* in Ziekow/Völlink, VOB/A-VS, 2. Aufl. 2013 § 16 Rn. 4.

[9] Vgl. Erwägungsgrund 42 zur RL 2009/81/EG.

[10] Vgl. *Vavra/Herrmann* in Ziekow/Völlink, VOB/A-VS, 2. Aufl. 2013 § 16 Rn. 4.

[11] Vgl. *Conrad* in Gabriel/Krohn/Neun, Handbuch des Vergaberechts S. 1397.

[12] Vgl. OLG Düsseldorf 30.4.2003 – Verg 61/02; juris.

[13] Vgl. OLG Düsseldorf 30.4.2003 – Verg 61/02; juris.

[14] Vgl. amtliche Begründung zu § 34 VSVgV, BR-Drs. 321/12, 41.

[15] Vgl. EuGH 26.3.2015 – C 601/13 „Ambisig", NZBau 2015, 312; EuGH 12.11.2009 – C 199/09 „ERGA OSE", NZBau 2010, 120; EuGH 24.1.2008 – C 532/06 „Lianakis", NZBau 2008, 262.

[16] Vgl. *Roth/Lamm* NZBau 2012, 609 (613).

[17] Vgl. OLG Düsseldorf 17.1.2013 – VII Verg 35/12, NZBau 2013, 329; OLG Celle 12.1.2012 – 13 Verg 9/11, NZBau 2012, 198.

[18] Vgl. *Herrmann* in Ziekow/Völlink, VOB/A-VS, 2. Aufl. 2013 § 16 Rn. 4.

[19] Vgl. KOM (2004) 608 endg. S. 6.

[20] Vgl. OLG Frankfurt 28.6.2006 – 11 Verg 15, 16/05, NJOZ 2007, 249; *Hölzl/Friton* NZBau 2008, 307 (309).

II. Interoperabilität

15   § 16d VS Abs. 2 S. 2 VOB/A benennt weiterhin als denkbares Zuschlagskriterium die
Interoperabilität. Weder in der Verteidigungsrichtlinie noch in einer der nationalen Verga-
bevorschriften findet sich eine Definition dieses Begriffs. Die sprachliche Herleitung (lat.
„inter" = zwischen, unter und „opera" = Arbeit) lässt darauf schließen, dass der Begriff die
Fähigkeit zur Zusammenarbeit beschreibt. Abstrakt ist daher unter Interoperabilität die
Fähigkeit voneinander unabhängiger Techniken, Systeme, Organisationen und anderer
Arbeitsweisen zur **möglichst nahtlosen und effizienten Zusammenarbeit** zu verstehen.[21] Die kooperative Zusammenarbeit bei der Beschaffung, Planung und dem Einsatz
(militärischer) Mittel soll dabei die Kapazitäten bündeln und so die Effizienz erheblich verbessern.[22] Im VS-Bereich geht es hierbei insbesondere um Zusammenarbeit im internationalen Rahmen.[23] Der VS-Auftrag ist typischerweise geprägt durch komplexe Bedrohungen, multilaterale Einsätze sowie hohe technologische Ansprüche, die regelmäßig
eine enge, häufig auch interdisziplinäre Kooperation auf nationaler und supranationaler
Ebene erfordern.[24] Mit der fortschreitenden Digitalisierung erlangt die Interoperabilität
insbesondere im IT-Bereich eine besondere Bedeutung.[25] Die jüngere Vergangenheit hat
zudem vor allem im Zusammenhang mit der Terrorismusbekämpfung gezeigt, wie wichtig
eine gut funktionierende Zusammenarbeit zwischen den einzelnen Staaten ist. Gerade Aufträge im VS-Bereich basieren gehäuft auf digitalen Programmen, wie beispielsweise Aufträge im Zusammenhang mit der Luftüberwachung sowie mit Kommunikations- und
Satellitensystemen. Der IT-spezifische Auftragsteil ist dabei oftmals als tragende Säule zu
bewerten, mit der die Umsetzung des gesamten Auftrags „steht und fällt". Daher ist von
immenser Bedeutung, dass insoweit eine reibungslose Zusammenarbeit gewährleistet ist.
Für diese Zusammenarbeit muss eine möglichst große **Kompatibilität der Systeme** der
Kooperationspartner gegeben sein. Die unüberschaubare Vielzahl potentieller (internationaler) Teilnehmer, ihrer verschiedenen Jurisdiktionen, der Programme und möglicher
Arbeitstechniken sind dabei als Faktoren anzusehen, welche eine reibungslose Auftragsausführung erschweren können, sodass es im Interesse aller am Beschaffungsvorhaben Beteiligter liegt, die Kompatibilität der Ressourcen für die spätere Auftragsausführung zu sichern.

16   Konkrete auftraggeberseitige Vorgaben an die spezifischen Anforderungen der Interoperabilität sind die Voraussetzung dafür, dass die Bieter eine auch insoweit qualitativ hochwertige Leistung überhaupt erst anbieten können. Sie sind zudem unerlässlich dafür, dass
der Auftraggeber seiner Verpflichtung nachkommt, den festgelegten Bewertungs- und Prüfungsmaßstab transparent abzubilden. Diese Vorgaben sollen zudem einen Anknüpfungspunkt benennen, an dem die Bieter ihre Angebote ausrichten können. Dieser Anknüpfungspunkt wird dabei entweder einen **Standard** (z.B. DIN Normen) aufzeigen oder kann
alternativ auch ein konkretes **Bezugsobjekt** sein.[26] Das Bezugsobjekt kann sich zum einen
über ein System/einen Gegenstand definieren, welches/n der Auftraggeber selbst schon
besitzt, oder zum anderen über ein solches, welches/n er bereits zuvor verwendet hat und
woran er nun anknüpfen möchte. Beispiele für solche Bezugsobjekte können bestimmte
Prozessorenarchitekturen oder verwendete Programmiersprachen sein.

---

[21] Vgl. ua *Herrmann* in Ziekow/Völlink, Vergaberecht, 2. Aufl. 2013 § 16 VOB/A-VS Rn. 5.
[22] Vgl. Domecq auf http://derstandard.at/2000054029996/Gemeinsamer-Angriff-als-bessere-Verteidi-
gung, zuletzt abgerufen am 27.7.2017.
[23] Vgl. *Herrmann* in Ziekow/Völlink, Vergaberecht, 2. Aufl. 2013 § 16 VOB/A-VS Rn. 5.
[24] Vgl. *Enders* Internationale Politik 2002, S. 51.
[25] Vgl. Der Begriff der Interoperabilität wird häufig im Zusammenhang mit eGovernment-Diensten behandelt, siehe dazu Arbeitspapier der Europäischen Kommission: Europa verbinden: Die Bedeutung der
Interoperabilität für elektronische Behördendienste (eGovernment-Dienste).
[26] Vgl. *Kues* in Leinemann/Kirch, VSVgV § 34 VSVgV Rn. 54 zur vergleichbaren Vorschrift in der
VSVgV.

III. Eigenschaften beim Einsatz

Zudem wird in § 16d VS Abs. 2 S. 2 VOB/A weiterhin als denkbares Zuschlagskriterium „Eigenschaften beim Einsatz" genannt. Die Eigenschaften des Beschaffungsgegenstandes bei seiner Verwendung können von erheblicher Bedeutung für die Beurteilung einer zuverlässigen Auftragsausführung sein. Zu solchen Eigenschaften gehören etwa der Energieverbrauch, bzw. die damit verbundene Akkukapazität, das Verhalten des Materials bei verschiedenen Witterungen und Temperaturen, die Wiederverwertbarkeit oder auch die Transporteigenschaften.[27] Die Kenntnis und Optimierung dieser Eigenschaften spielt erneut insbesondere im militärischen Auftragsbereich eine hervorgehobene Rolle, da hier der Beschaffungsgegenstand oftmals mit länger andauernden Aufenthalten in Gebieten / Bereichen verbunden ist, die orts-, wetter-, technisch- oder anderweitig bedingt besondere Anforderungen an den Beschaffungsgegenstand stellen können. Beispiel hierfür sind Auslandseinsätze, bei denen die infrastrukturelle Versorgung stark limitiert ist. In diesem Fall kann z.B. die Akkukapazität des Beschaffungsgegenstandes von erheblicher Bedeutung sein. Diese Aspekte bieten sich in besonderem Maße dafür an, in die auftraggeberseitige Angebotswertung im Sinne des § 127 Abs. 1 GWB einbezogen zu werden. Insoweit sind die „Eigenschaften beim Einsatz" vom Auftraggeber auftragsbezogen zu konkretisieren und dabei über die Festlegung konkreter Beurteilungsmaßstäbe/Prüfungskriterien im Rahmen der Angebotswertung näher zu spezifizieren. **17**

E. Beihilfen

Nach § 16d VS Abs. 3 S. 1 VOB/A dürfen Angebote, die aufgrund einer staatlichen Beihilfe unangemessen niedrig erscheinen, nur zurückgewiesen werden, wenn der Bieter die Rechtmäßigkeit der Beihilfe nicht innerhalb einer ausreichenden Frist (S. 2) nachweisen kann. Nach S. 3 der Vorschrift ist die Zurückweisung trotz eingereichter Nachweise an die Kommission der Europäischen Union mitzuteilen. Die Vorschrift, welche systematisch der Prüfung der preislichen Angemessenheit nach § 16d VS Abs. 1 S. 1 VOB/A zuzuordnen ist, entspricht wörtlich § 16d EU Abs. 1 Nr. 3 VOB/A. **18**

F. Abweichen von technischen Spezifikationen

Gemäß § 16d VS Abs. 4 VOB/A ist ein Angebot nach § 13 VS Absatz 2 VOB/A wie ein Hauptangebot zu werten. Ein Angebot nach § 13 VS Abs. 2 VOB/A liegt vor, wenn die technischen Spezifikationen nach § 7a VS Abs. 1 VOB/A zwar von den Vorgaben der Ausschreibung abweichen, das Angebot mit seinem Schutzniveau aber einem Amtsvorschlag in Bezug auf Sicherheit, Gesundheit und Gebrauchstauglichkeit entspricht (§ 13 VS Abs. 2 S. 1 VOB/A), die Abweichung eindeutig im Angebot bezeichnet ist (§ 13 VS Abs. 2 S. 2 VOB/A) und die Gleichwertigkeit nachgewiesen wurde (§ 13 VS Abs. 2 S. 3 VOB/A). § 16d VS VS Abs. 4 VOB/A ist wortgleich mit § 16d EU Abs. 3 VOB/A. **19**

G. Preisnachlässe

§ 16d VS Abs. 5 S. 1 VOB/A regelt, dass Preisnachlässe ohne Bedingungen grundsätzlich zulässig sind, wenn sie an der vom Auftraggeber bezeichneten Stelle angegeben werden. Gemäß Absatz 5 Satz 2 dürfen hingegen unaufgefordert angebotene Preisnachlässe mit **20**

[27] Vgl. *Kues/Leinemann* in Leinemann/Kirch, VSVgV § 34 VSVgV Rn. 58.

Bedingungen für die Zahlungsfrist keine Berücksichtigung finden. Die Regelung entspricht wörtlich § 16d EU Abs. 4 VOB/A.

H. Erweiterung des Anwendungsbereichs

21   § 16d VS Abs. 6 VOB/A erweitert durch Verweisungen den Anwendungsbereich der Vorschriften zur Angebotsprüfung auch auf das Verhandlungsverfahren und den wettbewerblichen Dialog. Die Vorschrift dürfte rein deklaratorischer Natur sein, da an keiner Stelle der VS-VOB/A bestimmt wird, dass die einzelnen Schritte der Angebotsprüfung nur auf eine bestimmte Vergabeverfahrensart anzuwenden sind. Die Vorschrift entspricht ihrem materiellen Inhalt nach § 16d EU Abs. 5 VOB/A.

I. Drittschutz der Norm

22   Zur drittschützenden Wirkung der Norm wird auf den entsprechenden § 16d EU VOB/A verwiesen.

§ 17 Aufhebung der Ausschreibung

(1) Die Ausschreibung kann aufgehoben werden, wenn:

1. kein Angebot eingegangen ist, das den Ausschreibungsbedingungen entspricht,
2. die Vergabeunterlagen grundlegend geändert werden müssen,
3. andere schwerwiegende Gründe bestehen.

(2)

1. Die Bewerber und Bieter sind von der Aufhebung der Ausschreibung unter Angabe der Gründe, gegebenenfalls über die Absicht, ein neues Vergabeverfahren einzuleiten, unverzüglich in Textform zu unterrichten.
2. Dabei kann der Auftraggeber bestimmte Informationen zurückhalten, wenn die Weitergabe
   a) den Gesetzesvollzug behindern,
   b) dem öffentlichen Interesse zuwiderlaufen,
   c) die berechtigten geschäftlichen Interessen von öffentlichen oder privaten Unternehmen schädigen oder
   d) den fairen Wettbewerb beeinträchtigen würde.

Übersicht

	Rn.		Rn.
A. Einführung	1	B. Materiell-rechtlich vergleichbare Vorschriften	5
I. Literatur	1	C. Aufhebung der Ausschreibung	8
II. Entstehungsgeschichte	2	D. Drittschutz der Norm	9
III. Rechtliche Vorgaben im EU-Recht	4		

A. Einführung

I. Literatur

Zu § 17 VS VOB/A existiert, soweit ersichtlich, jenseits der einschlägigen Kommentierungen keine spezifi- **1** sche Literatur.

II. Entstehungsgeschichte

§ 17 VS Abs. 1 VOB/A regelt die Möglichkeit der Aufhebung eines Vergabeverfahrens. **2** Zwar trifft den Auftraggeber im Vergaberecht **kein Kontrahierungszwang**.[1] Er verletzt aber dennoch eine Pflicht aus dem **vorvertraglichen Schuldverhältnis**, wenn er das Verfahren aus anderen als den in § 17 VS VOB/A genannten Gründen aufhebt und macht sich gegebenenfalls schadensersatzpflichtig (vgl. § 311 Abs. 2 i. V. m. §§ 241 Abs. 2, 280 ff. BGB).[2] Einzig unter den Voraussetzungen des § 17 VS VOB/A kann der Auftraggeber das Vergabeverfahren **rechtmäßig aufheben**.

Seit dem Inkrafttreten der Vergabeverordnung Verteidigung und Sicherheit (VSVgV)[3] **3** am 13. Juli 2012 ist der Wortlaut des § 17 VS VOB/A unverändert.

---

[1] Vgl. BGH 8.9.1998 – X ZR 48–97 = NJW 1998, 3636, 3639; BGH 16.12.2003 – X ZR 282/02, WM 2004 Heft 39, 1938; OLG Koblenz 15.1.2007 – 12 U 1016/05, IBRRS 2007, 2644; VK Südbayern 29.6.2015 – Z3–3-3194-1-22-03/15.
[2] Vgl. *Portz* in Ingenstau/Korbion, VOB Teile A und B Kommentar, 20. Aufl. 2017 § 17 VOB/A Rn. 4.
[3] BGBl. I S. 1509.

III. Rechtliche Vorgaben im EU-Recht

4   Die in § 17 VS Abs. 1 VOB/A geregelten Gründe für die Aufhebung der Ausschreibung sind in der der VOB/A-VS zugrunde liegenden RL 2009/81/EG[4] nicht vorgesehen.[5] Der Umstand, dass ein Vergabeverfahren auch durch Aufhebung statt durch Zuschlag beendet werden kann, lässt sich allerdings Art. 35 Abs. 1 der Verteidigungsrichtlinie entnehmen. Diese Bestimmung sieht Regelungen für den Fall vor, dass auf die Vergabe des Auftrags verzichtet wird. Eine § 17 VS Abs. 2 Nr. 1 VOB/A entsprechende Regelung, Bieter von der Aufhebung der Ausschreibung unter Angabe der Gründe sowie gegebenenfalls über die Absicht, ein neues Vergabeverfahren einzuleiten, unverzüglich in Textform zu unterrichten, kann Art. 35 Abs. 1 der Verteidigungsrichtlinie entnommen werden.[6] § 17 VS Abs. 2 Nr. 2 VOB/A setzt Art. 35 Abs. 3 RL 2009/81/EG um, welcher die in Art. 35 Abs. 1 der Verteidigungsrichtlinie angeordnete Mitteilungspflicht unter Rücksichtnahme auf das öffentliche Interesse, **insbesondere das Verteidigungs- und Sicherheitsinteresse,**[7] aber auch auf berechtigte geschäftliche Interessen öffentlicher oder privater Wirtschaftsteilnehmer, begrenzt.

B. Materiell-rechtlich vergleichbare Vorschriften

5   Die nationalen vergaberechtlichen Vorschriften haben mit der Vergaberechtsnovelle 2016 eine umfassende Überarbeitung erfahren. Grundlage dafür war die zuvor erfolgte Reform des Vergaberechts auf europäischer Ebene.[8] Die gemeinschaftsrechtliche Verteidigungsrichtlinie wurde hingegen nicht reformiert und war damit folgerichtig auch nicht Gegenstand der umfassenden und grundlegenden nationalen Vergaberechtsreform 2016. Aus diesem Umstand resultieren **zahlreiche Abweichungen** zwischen den Regelungen im Bereich der allgemeinen Auftragsvergabe und dem der sicherheits- und verteidigungsrelevanten Aufträge. Diese Abweichungen sind dabei **teils redaktioneller, teils inhaltlicher Natur**. Die teilweise unterschiedliche Rechtslage ist daher häufig der (bislang) **fehlenden Harmonisierung der betreffenden „Sektoren"** geschuldet und beruht in zahlreichen Fällen nicht auf den Spezifika des Verteidigungs- und Sicherheitsbereichs. Diese Situation sollte mit der im Sinne einer Harmonisierung der Regelungsregime für die Zukunft wünschenswerten Überarbeitung der Verteidigungsrichtlinie behoben werden.

6   Die folgende Kommentierung beschränkt sich auf die Abweichungen zur VOB/A-EU und dabei insbesondere auf die verteidigungs- und sicherheitsrelevanten Besonderheiten der Bestimmung. Im Übrigen wird auf die Kommentierung zu der entsprechenden Vorschrift der EU-VOB/A im allgemeinen Auftragsbereich verwiesen.

7   § 17 VS VOB/A entspricht wörtlich § 17 EU VOB/A, sodass vollumfänglich auf die Kommentierung zur VgV-Vorschrift verwiesen werden kann.[9] Materiell-rechtlich vergleichbare Vorschriften finden sich im Übrigen in § 63 VgV, § 32 KonzVgV, § 57 SektVO sowie § 37 VSVgV.

---

[4] Richtlinie 2009/81/EG des Europäischen Parlaments und des Rates vom 13. Juli 2009 über die Koordinierung der Verfahren zur Vergabe bestimmter Bau-, Liefer- und Dienstleistungsaufträge in den Bereichen Verteidigung und Sicherheit und zur Änderung der Richtlinien 2004/17/EG und 2004/18/EG, ABl. EU 2009 L 216 S. 76 ff., (im Weiteren: „Verteidigungsrichtlinie").

[5] Vgl. *Homann* in Leinemann/Kirch VSVgV § 17 VOB/A-VS Rn. 1.

[6] Vgl. Art. 35 Abs. 1 RL 2009/81/EG.

[7] Vgl. hierzu die Kommentierung zur entsprechenden Ausnahmevorschrift von *Horn/Hofmann* in Burgi/Dreher, Vergaberecht § 35 VSVgV.

[8] Gegenstand der Reform waren die Vergaberichtlinien für den Bereich der allgemeinen Auftragsvergabe (RL 2014/24/EU), die Sektorenrichtlinie (RL 2014/25/EU) sowie die Konzessionsrichtlinie (RL 2014/23/EU). Diese finden national ihre Umsetzung im GWB, in der VgV, der KonzVgV, der SektVO und der neuen EU-VOB/A.

[9] Vgl. *Mehlitz* in Burgi/Dreher, Vergaberecht § 17 EU VOB/A.

C. Aufhebung der Ausschreibung

§ 17 VS Abs. 1 VOB/A benennt drei Tatbestände, die zu einer rechtmäßigen Aufhe- **8** bung des Vergabeverfahrens führen. § 17 VS Abs. 2 VOB/A regelt die damit verbundenen Mitteilungspflichten. Die Regelung ist wort- und inhaltsgleich mit § 17 EU VOB/A.

D. Drittschutz der Norm

Zur drittschützenden Wirkung der Norm wird auf den entsprechenden § 17 EU **9** VOB/A verwiesen.

§ 18 Zuschlag

(1) Der Zuschlag ist möglichst bald, mindestens aber so rechtzeitig zu erteilen, dass dem Bieter die Erklärung noch vor Ablauf der Bindefrist zugeht.

(2) Werden Erweiterungen, Einschränkungen oder Änderungen vorgenommen oder wird der Zuschlag verspätet erteilt, so ist der Bieter bei Erteilung des Zuschlags aufzufordern, sich unverzüglich über die Annahme zu erklären.

(3)

1. Die Erteilung eines Bauauftrags ist bekannt zu machen.

2. Die Bekanntmachung ist nach dem Muster gemäß Anhang XIV der Durchführungsverordnung (EU) Nr. 2015/1986 zu erstellen. Beim Verhandlungsverfahren ohne Teilnahmewettbewerb hat der Auftraggeber die Gründe, die die Wahl dieses Verfahrens rechtfertigen, in der Vergabebekanntmachung mitzuteilen.

3. Nicht in die Vergabebekanntmachung aufzunehmen sind Angaben, deren Veröffentlichung

   a) den Gesetzesvollzug behindern,

   b) dem öffentlichen Interesse, insbesondere Verteidigungs- und Sicherheitsinteressen, zuwiderlaufen,

   c) die berechtigten geschäftlichen Interessen öffentlicher oder privater Unternehmen schädigen oder

   d) den fairen Wettbewerb beeinträchtigen würde.

(4) Die Vergabebekanntmachung ist dem Amt für Veröffentlichungen der Europäischen Union in kürzester Frist – spätestens 48 Kalendertage nach Auftragserteilung – zu übermitteln.

Übersicht

	Rn.		Rn.
A. Einführung	1	D. Ex-post Bekanntmachung	12
I. Literatur	1	I. Bekanntmachungsform	13
II. Entstehungsgeschichte	2	II. Ausnahmen von der Mitteilungspflicht	15
III. Rechtliche Vorgaben im EU-Recht	5	III. Bekanntmachungsfrist	17
B. Materiell-rechtlich vergleichbare Vorschriften	7	E. Drittschutz der Norm	18
C. Zuschlag	10		

A. Einführung

I. Literatur

1 Zu § 18 VS VOB/A existiert, soweit ersichtlich, jenseits der einschlägigen Kommentierungen keine spezifische Literatur.

II. Entstehungsgeschichte

2 § 18 VS Abs. 1 VOB/A verpflichtet den Auftraggeber dazu, den Zuschlag zügig zu erteilen. Diese der **Beschleunigungsmaxime** dienende Vorschrift schützt den Bieter vor einer unverhältnismäßigen Einschränkung seiner Dispositionsfreiheit, in welche er dadurch gerät, dass er seine Ressourcen nach Abgabe des Angebots für eine bestimmte Zeit unabhängig von dem Ergebnis des Vergabeverfahrens bindet. § 18 VS Abs. 2 VOB/A ist als deklaratorischer Hinweis auf die geltende zivilrechtliche Rechtslage zu erachten.[1] Schließlich beschreibt § 18 VS Abs. 3 und 4 VOB/A die von dem Transparenzgrundsatz geprägte Pflicht zur nachträglichen Bekanntgabe des Wettbewerbsergebnisses (sog. **ex-post Transparenz**).

Seit dem Inkrafttreten des 3. Abschnitts der Vergabe- und Vertragsordnung für Bauleistungen (VS VOB/A)[2] am 19.7.2012 ist die Vorschrift des § 18 VS VOB/A nahezu unverändert. Eine Änderung im Wortlaut ergab sich mit dem § 18 VS Abs. 1 VOB/A, welcher nunmehr, anders als die Vorgängernorm § 18 VS Abs. 1 VOB/A 2012 aF., statt von einer Zuschlagsfrist von der Bindefrist spricht. Die Vorschrift in ihrer aktuellen Fassung stellt damit nicht mehr auf die an den Auftraggeber gerichtete Zuschlagsfrist, sondern auf die auf das Angebot der Bieter bezogene Bindefrist ab. Die Bindefrist dient dazu, den Bieter vor unnötig langer Bindung an sein Angebot – und damit seine **Planungs- und Dispositionsfreiheit** – zu schützen.[3] Die Bindefrist ist dabei der Zeitraum, in welchem der Bieter nach Abgabe seines Angebotes an dieses gebunden ist, sodass der Auftraggeber ohne weiteres Zutun des Bieters einen Vertrag durch **Zuschlag als zivilrechtliche Annahmeerklärung** schließen kann, §§ 145, 148 BGB.[4] Die Zuschlagsfrist dagegen ist der Zeitpunkt, bis zu dem die Vergabestelle den Zuschlag spätestens zu erteilen hat.[5] Regelmäßig entspricht die Bindefrist der Zuschlagsfrist.[6] In Einzelfällen, wie z.B. bei Verzögerungen im Wertungsprozess oder bei eingeleitetem Nachprüfungsverfahren, wird der Auftraggeber die Zuschlagsfrist verlängern[7] und zugleich das Bieterfeld um eine Verlängerung der Bindefrist ersuchen.

Des Weiteren wurde als Reaktion auf die Überarbeitung der Durchführungsverordnung (EG) Nr. 842/2011[8] zu Nr. 2015/1986[9] der Verweis auf das für die Bekanntmachung zu verwendende Musterformular angepasst. **4**

III. Rechtliche Vorgaben im EU-Recht

§ 18 VS VOB/A setzt Art. 30 Abs. 3 der Richtlinie 2009/81/EG[10] in nationales Recht **5** um. Die Vorschriften sind im Wesentlichen inhaltsgleich. Anders als in § 30 Abs. 3 UAbs. 2 der Verteidigungsrichtlinie fehlt jedoch in § 18 VS VOB/A der ausdrückliche Hinweis, dass bei Aufträgen auf Grundlage einer Rahmenvereinbarung nicht jeder Einzelauftrag unter der Rahmenvereinbarung bekanntgegeben werden muss. Ungeachtet dessen, hat dieser Grundsatz auch im Rahmen des § 18 VS VOB/A zu gelten. Denn mit der Bekanntgabe über den Abschluss einer Rahmenvereinbarung liegt bereits hinreichende Transparenz

---

[1] Vgl. *Mentzinis* in Pünder/Schellenberg, Vergaberecht, 2. Aufl. 2015 § 18 EG VOB/A Rn. 1.

[2] Vergabe- und Vertragsordnung für Bauleistungen Teil A in der Fassung 2016, Bekanntmachung vom 1. Juli 2016 (BAnz AT 1.7.2016 B4), Abschnitt 3 ist gemäß § 2 Vergabeverordnung Verteidigung und Sicherheit vom 12. Juli 2012 (BGBl. I S. 1509) in der Fassung der Änderung durch Art. 5 der Verordnung vom 12. April 2016 (BGBl. I S. 624) seit dem 18. April 2016 anzuwenden.

[3] Vgl. *Stickler* in Kapellmann/Messerschmidt, VOB, 4. Aufl. 2013 § 18 VOB/A Rn. 12.

[4] Vgl. OLG München 23.6.2009 – Verg 08/09, juris; *Weyand* Vergaberecht 17. Aktualisierung 2015 § 10 VOB/A Rn. 51.

[5] Vgl. *Planker* in Kapellmann/Messerschmidt, VOB-Kommentar Teil A/B, 5. Aufl. 2015 § 10 VOB/A, Rn. 17.

[6] Vgl. VK Südbayern 28.5.2002 – 15-04/02; *Kues* in Leinemann/Kirch, VSVgV § 18 VOB/A-VS Rn. 16.

[7] Vgl. *Reidt* in Dreher/Motzke, Beck'scher Vergaberechtskommentar, 2. Aufl. 2013 § 10 VOB/A Rn. 95.

[8] Durchführungsverordnung (EU) Nr. 842/2011 der Kommission vom 19. August 2011 zur Einführung von Standardformularen für die Veröffentlichung von Vergabebekanntmachungen auf dem Gebiet der öffentlichen Aufträge und zur Aufhebung der Verordnung (EG) Nr. 1564/2005, ABl. EU L 2011 222 S. 1 ff.

[9] Durchführungsverordnung (EU) Nr. 2015/1986 der Kommission vom 11. November 2015 zur Einführung von Standardformularen für die Veröffentlichung von Vergabebekanntmachungen für öffentliche Aufträge und zur Aufhebung der Verordnung (EG) Nr. 842/2011, ABl. EU 2015 L 296 S. 1 ff.

[10] Richtlinie 2009/81/EG des Europäischen Parlaments und des Rates vom 13. Juli 2009 über die Koordinierung der Verfahren zur Vergabe bestimmter Bau-, Liefer- und Dienstleistungsaufträge in den Bereichen Verteidigung und Sicherheit und zur Änderung der Richtlinien 2004/17/EG und 2004/18/EG, ABl. EU 2009 L 216 S. 76 ff., (im Weiteren: „Verteidigungsrichtlinie").

vor. Die Teilnehmer können sowohl zumindest zahlenmäßig die potentiellen Vertragspartner[11] als auch den möglichen Umfang und Inhalt der Einzelaufträge ersehen.[12] Eine Bekanntmachungspflicht für jeden sich anschließenden Einzelauftrag würde für die Vergabestelle einen unverhältnismäßig hohen Aufwand bedeuten, dessen Mehrwert gegenüber der Bekanntgabe der Rahmenvereinbarung nicht ersichtlich ist.

6   Systematisch sind die europäischen Regelungen in Abschnitt 1 des Kapitels VI zu den Vorschriften über die Veröffentlichung und die Transparenz verstandortet. Art. 30 der Verteidigungsrichtlinie regelt zunächst die Bekanntmachungspflichten bezüglich der Vergabeabsicht (ex-ante Transparenz) und beschreibt dann mit Absatz 3 die nachträgliche (ex-post) Bekanntmachungspflicht. Art. 31 erlaubt dem Auftraggeber, über die festgelegte Bekanntmachungspflicht freiwillig hinauszugehen und Art. 32 der Verteidigungsrichtlinie regelt schließlich die Modalitäten für die Veröffentlichung der Bekanntmachungen.

B. Materiell-rechtlich vergleichbare Vorschriften

7   Die nationalen vergaberechtlichen Vorschriften haben mit der Vergaberechtsnovelle 2016 eine umfassende Überarbeitung erfahren. Grundlage dafür war die zuvor erfolgte Reform des Vergaberechts auf europäischer Ebene.[13] Die gemeinschaftsrechtliche Verteidigungsrichtlinie wurde hingegen nicht reformiert und war damit folgerichtig auch nicht Gegenstand der umfassenden und grundlegenden nationalen Vergaberechtsreform 2016. Aus diesem Umstand resultieren **zahlreiche Abweichungen** zwischen den Regelungen im Bereich der allgemeinen Auftragsvergabe und dem der sicherheits- und verteidigungsrelevanten Aufträge. Diese Abweichungen sind dabei **teils redaktioneller, teils inhaltlicher Natur**. Die teilweise unterschiedliche Rechtslage ist daher häufig der (bislang) **fehlenden Harmonisierung der betreffenden „Sektoren"** geschuldet und beruht folglich in zahlreichen Fällen nicht auf den Spezifika des Verteidigungs- und Sicherheitsbereichs. Diese Situation sollte mit der im Sinne einer Harmonisierung der Regelungsregime für die Zukunft wünschenswerten Überarbeitung der Verteidigungsrichtlinie behoben werden.

8   Die folgende Kommentierung beschränkt sich auf die Abweichungen zur VOB/A-EU und dabei insbesondere auf die verteidigungs- und sicherheitsrelevanten Besonderheiten der Bestimmung. Im Übrigen wird auf die Kommentierung zu der entsprechenden Vorschrift der EU-VOB/A im allgemeinen Auftragsbereich verwiesen.

9   § 18 VS VOB/A entspricht inhaltlich im Wesentlichen § 18 EU VOB/A.[14] Eine auf die fehlende Harmonisierung der Richtlinien zurückzuführende Abweichung (vgl. Rn. 6) ergibt sich in vorliegender Vorschrift hinsichtlich der Bekanntmachungsfrist. Diese weicht mit 48 Tagen von der 30-Tages-Frist der bereits novellierten Vergabebereiche ab. Materiell-rechtlich vergleichbare Vorschriften zur Vergabebekanntmachung finden sich im Übrigen in den § 39 Abs. 1, 2, 6 VgV, § 38 Abs. 1, 2, 6 SektVO, § 21 Abs. 1 KonzVgV sowie § 35 VSVgV.

C. Zuschlag

10   § 18 VS Abs. 1 VOB/A legt als verfahrensrechtliche Bestimmung fest, dass der Zuschlag möglichst bald, mindestens aber so rechtzeitig zu erteilen ist, dass dem Bieter die Erklärung

---

[11] *Vgl. Schrotz* in Pünder/Schellenberg, Vergaberecht, 2. Aufl. 2015 Rn. 105.
[12] *Vgl. OLG Düsseldorf 24.11.2011 – Verg 62/11; Schrotz* in Pünder/Schellenberg, Vergaberecht, 2. Aufl. 2015 Rn. 99.
[13] Gegenstand der Reform waren die Vergaberichtlinien für den Bereich der allgemeinen Auftragsvergabe (RL 2014/24/EU), die Sektorenrichtlinie (RL 2014/25/EU) sowie die Konzessionsrichtlinie (RL 2014/23/EU). Diese finden national ihre Umsetzung im GWB, in der VgV, der KonzVgV, der SektVO und der neuen EU-VOB/A.
[14] Vgl. *Lausen* in Burgi/Dreher, Vergaberecht § 18 EU VOB/A.

noch vor Ablauf der Bindefrist zugeht. Die Regelung entspricht wörtlich § 18 EU Abs. 1 VOB/A.

Gemäß § 18 VS Abs. 2 VOB/A fordert der Auftraggeber den Bieter dazu auf, sich un- **11** verzüglich über die Annahme zu erklären, wenn er Erweiterungen, Einschränkungen oder Änderungen vorgenommen hat oder beabsichtigt den Zuschlag verspätet zu erteilen. Die Vorschrift ist wortgleich mit § 18 EU Abs. 2 VOB/A.

D. Ex-post Bekanntmachung

§ 18 VS Abs. 3 VOB/A regelt **verfahrensrechtliche Vorgaben** für die Umsetzung der **12** Bekanntmachungspflicht des Auftraggebers nach Erteilung des Zuschlags für einen Bauauf-trag. Diese auftraggeberseitige Verpflichtung dient dem **öffentlichen Interesse an einer transparenten Vergabe** öffentlicher Aufträge auf dem europäischen Binnenmarkt (ex-post Transparenz). § 18 VS Abs. 3 Nr. 1 VOB/A regelt wortgleich zu § 18 EU Abs. 3 Nr. 1 VOB/A, dass die Erteilung eines Bauauftrags bekannt zu machen ist.

I. Bekanntmachungsform

Nach § 18 VS Abs. 3 Nr. 2 S. 1 VOB/A ist die Vergabebekanntmachung nach dem **13** Muster gemäß Anhang XIV der **Durchführungsverordnung (EU) Nr. 2015/1986** zu erstellen. Nach Artikel 6 dieser Verordnung sind die Formulare vom Auftraggeber **elektronisch mittels der Online-Anwendungen eNOTICES oder mittels TED-e-Sender** an das Amtsblatt der EU zu übermitteln. Insoweit wird die im VS-Bereich grund-sätzlich gemäß § 11 VS Abs. 1 Nr. 1 VOB/A geltende auftraggeberseitige Wahlfreiheit hinsichtlich der Kommunikationsmittel beschränkt. Hieran wird deutlich, dass die im Ver-gleich zur allgemeinen Auftragsvergabe fehlende Übernahme des Grundsatzes der elektro-nischen Kommunikation nicht auf verteidigungs- und sicherheitsspezifischen Besonderhei-ten beruht, sondern darauf zurückzuführen ist, dass dieser Grundsatz (noch) keinen Eingang in die Verteidigungsrichtlinie gefunden hat. Im Ergebnis wäre die Ergänzung des Wortlauts des § 18 VS Abs. 3 Nr. 2 S. 1 VOB/A um das Wort „elektronisch" jedenfalls rein deklaratorisch.

Beim **Verhandlungsverfahren ohne Teilnahmewettbewerb** hat der Auftraggeber **14** gemäß § 18 VS Abs. 3 Nr. 2 S. 2 VOB/A die Gründe, die die Wahl dieses Verfahrens rechtfertigen, in der ex-post Vergabebekanntmachung mitzuteilen. Mit dieser Regelung setzt der Vergabe- und Vertragsausschuss Art. 28 i.V.m. Art 30 Abs. 3 der Verteidigungs-richtlinie um, wonach Aufträge im Verhandlungsverfahren ohne vorherige Bekannt-machung zwar grundsätzlich bei Vorliegen der eng auszulegenden Ausnahmevorschriften des § 3a VS Abs. 2 VOB/A vergeben werden dürfen, diese Entscheidung aber nachträglich in der Vergabebekanntmachung zu begründen ist. Im Übrigen kann hierzu auf den entspre-chenden § 18 EU Abs. 3 Nr. 2 VOB/A verwiesen werden. Dieser sieht zwar in seinem Wortlaut selbst keine solch ausdrückliche Anforderung vor, legt allerdings fest, dass die Vergabebekanntmachung die Informationen nach Anhang V Teil D der RL 2014/24/EU enthalten muss. Der Anhang sieht in Nr. 7 vor, dass die Wahl des Verhandlungsverfahrens ohne vorherige Bekanntmachung in der Vergabebekanntmachung zu begründen ist, sodass keine inhaltliche Abweichung vorliegt.

II. Ausnahmen von der Mitteilungspflicht

Die Vergabestelle muss Angaben gemäß § 18 VS Abs. 3 Nr. 3 VOB/A nicht in die Ver- **15** gabebekanntmachung aufnehmen, wenn diese den Gesetzesvollzug behindern, die berechtigten geschäftlichen Interessen öffentlicher oder privater Unternehmen schädigen, den fairen Wettbewerb beeinträchtigen oder dem öffentlichen Interesse zuwiderlaufen würden.

16   Diese abschließende Auflistung der grundsätzlich eng auszulegenden Ausnahmen von der Veröffentlichungspflicht entspricht derjenigen für den allgemeinen Oberschwellenvergabebereich in § 18 EU Abs. 3 Nr. 5 VOB/A.[15] Lediglich für die Ausnahme des öffentlichen Interesses hat der Vergabe- und Vertragsausschuss eine Konkretisierung getroffen, indem unter § 18 VS Abs. 3 Nr. 3 lit. b) VOB/A **insbesondere Verteidigungs- und Sicherheitsinteressen** hervorgehoben werden. Die Begriffe „Verteidigungs- und Sicherheitsinteressen" entsprechen denen in § 134 Abs. 3 S. 2 GWB, welcher diese Ausnahme von der Mitteilungspflicht im verteidigungs- und sicherheitsspezifischen Bereich bereits im Rahmen der auftraggeberseitigen Vorinformationspflicht nach § 134 GWB beschreibt, sodass auf die entsprechenden Ausführungen zur GWB-Vorschrift verwiesen werden kann.

III. Bekanntmachungsfrist

17   Die Bekanntmachung über den Zuschlag ist nach Absatz 4 der Vorschrift in kürzester Frist – spätestens jedoch 48 Kalendertage nach Auftragserteilung – an das Amt für Amtliche Veröffentlichungen der Europäischen Union zu übermitteln. Die Vorschrift entspricht – abgesehen von der festgelegten 48-Tage-Frist (vgl. bereits erörtert in Rn. 8) – inhaltlich § 18 EU Abs. 4 VOB/A.

E. Drittschutz der Norm

18   Zur drittschützenden Wirkung der Norm wird auf den entsprechenden § 18 EU VOB/A verwiesen.

---

[15] Vergabe- und Vertragsordnung für Bauleistungen Teil A in der Fassung 2015, Bekanntmachung vom 1. Juli 2016 (BAnz AT 1.7.2016 B4, zu Abschn. 2: Richtlinie 2014/24/EU des Europäischen Parlaments und des Rates vom 26. Februar 2014 über die öffentliche Auftragsvergabe und zur Aufhebung der Richtlinie 2004/18/EG (ABl. L 94 v. 28.3.2014, S. 65), Abschn. 2 ist gem. § 2 Vergabeverordnung, erlassen durch Art. 1 der Verordnung vom 12.4.2016 (BGBl. I S. 624) seit dem 18.4.2016 anzuwenden.

§ 19 Nicht berücksichtigte Bewerbungen und Angebote

(1) Bewerber, deren Bewerbung abgelehnt wurde, sowie Bieter, deren Angebote ausgeschlossen worden sind (§ 16 VS), und solche, deren Angebote nicht in die engere Wahl kommen, sollen unverzüglich unterrichtet werden.

(2) Der Auftraggeber hat die betroffenen Bieter, deren Angebote nicht berücksichtigt werden sollen,

1. über den Namen des Unternehmens, dessen Angebot angenommen werden soll,

2. über die Gründe der vorgesehenen Nichtberücksichtigung ihres Angebots und

3. über den frühesten Zeitpunkt des Vertragsschlusses

unverzüglich in Textform zu informieren. Dies gilt auch für Bewerber, denen keine Information über die Ablehnung ihrer Bewerbung zur Verfügung gestellt wurde, bevor die Mitteilung über die Zuschlagserteilung an die betroffenen Bieter ergangen ist. Ein Vertrag darf erst 15 Kalendertage nach Absendung der Information nach den Sätzen 1 und 2 geschlossen werden. Wird die Information per Telefax oder auf elektronischem Weg versendet, verkürzt sich die Frist auf zehn Kalendertage. Die Frist beginnt am Tag nach Absendung der Information durch den Auftraggeber; auf den Tag des Zugangs beim betroffenen Bewerber oder Bieter kommt es nicht an.

(3) Die Informationspflicht nach Absatz 2 entfällt in den Fällen, in denen das Verhandlungsverfahren ohne Teilnahmewettbewerb wegen besonderer Dringlichkeit gerechtfertigt ist.

(4) Auf Verlangen ist den nicht berücksichtigten Bewerbern unverzüglich, spätestens jedoch innerhalb einer Frist von 15 Kalendertagen nach Eingang ihres schriftlichen Antrags Folgendes mitzuteilen:

1. die Entscheidung über die Zuschlagserteilung sowie

2. die Gründe für die Ablehnung ihrer Bewerbung, einschließlich der nicht ausreichenden Erfüllung der Anforderungen in Bezug auf die Informations- und Versorgungssicherheit.

Auf Verlangen sind den Bietern, die ein ordnungsgemäßes Angebot eingereicht haben, die Merkmale und Vorteile des Angebots des erfolgreichen Bieters schriftlich mitzuteilen. Sofern keine Gleichwertigkeit insbesondere in Bezug auf die erforderliche Informations- und Versorgungssicherheit vorliegt, teilt der Auftraggeber dem Bieter dies mit. § 17 VS Absatz 2 Nummer 2 gilt entsprechend.

(5) Nicht berücksichtigte Angebote und Ausarbeitungen der Bieter dürfen nicht für eine neue Vergabe oder für andere Zwecke benutzt werden.

(6) Entwürfe, Ausarbeitungen, Muster und Proben zu nicht berücksichtigten Angeboten sind zurückzugeben, wenn dies im Angebot oder innerhalb von 30 Kalendertagen nach Ablehnung des Angebots verlangt wird.

Übersicht

	Rn.		Rn.
A. Einführung	1	II. Ausnahme von der Informationsverpflichtung	11
I. Literatur	1		
II. Entstehungsgeschichte	2	E. Erweiterte Informationspflicht auf Verlangen	12
III. Rechtliche Vorgaben im EU-Recht	3		
B. Materiell-rechtlich vergleichbare Vorschriften	4	I. Nicht berücksichtigte Bewerber	13
		II. Nicht berücksichtigte Bieter	17
C. Information über Nichtberücksichtigung im Vergabeverfahren	7	III. Ausnahmen von der Informationsverpflichtung	20
D. Vorabinformation der unterlegenen Verfahrensteilnehmer	8	F. Verbot der Weiterverwendung und Rückgabe der Unterlagen	21
I. Wartefrist	10	G. Drittschutz der Norm	24

A. Einführung

I. Literatur

1   *Höfler/Petersen*, Erstreckung des Binnenmarkts auf die Verteidigungs- und Sicherheitsmärkte? – Die Beschaffungsrichtlinie 2009/81/EG, EuZW 2011, S. 336 ff.; *Roth/Lamm*, Die Umsetzung der Verteidigungsgüter-Beschaffungsrichtlinie in Deutschland, NZBau 2012, S. 609 ff.

II. Entstehungsgeschichte

2   § 19 VS VOB/A statuiert eine Mitteilungs- und Benachrichtigungspflicht des Auftraggebers gegenüber denjenigen Bietern und Bewerbern, deren Angebote keine Berücksichtigung finden sollen und ist somit Ausdruck des vergaberechtlichen Transparenzgebots.[1] Die Absatz 2 angeordnete Vorabinformation (ex-ante Transparenz) sowie auch die Informationserteilung nach Absatz 1 sind als Garant effektiven (Primär-)Rechtsschutzes wesentlicher Bestandteil des vergaberechtlichen Rechtsschutzsystems, indem durch sie verhindert wird, dass einem Bieter durch Zuschlagserteilung die Möglichkeit genommen wird, die auftraggeberseitige Vergabeentscheidung überprüfen zu lassen, weil er von dem betreffenden Vertragsschluss nichts mitbekommen hat.[2] § 19 VS VOB/A aF. wurde ursprünglich durch die Regelung des § 101a GWB aF. ergänzt.[3] In seiner jetzigen Fassung entspricht § 19 VS Abs. 2 und Abs. 3 VOB/A nunmehr der in § 134 GWB nF. geregelten Informations- und Wartepflicht, die im Falle ihrer Nichtbeachtung eine zwingende Unwirksamkeit des Vertrages gemäß § 135 GWB nach sich zieht. Absatz 2 ist damit lediglich deklaratorischer Natur. Die in § 19 VS Abs. 4 VOB/A geregelte Informationspflicht des Auftraggebers bezieht sich dagegen auf einen entsprechenden Antrag der unterlegenen Bewerber und Bieter, der – typischerweise wegen mangelnder Kenntnis – erst nach der Auftragsvergabe (Zuschlag) gestellt wird und damit im Falle der Missachtung dieser Pflicht die Wirksamkeit des Vertragsschlusses unberührt lässt.

III. Rechtliche Vorgaben im EU-Recht

3   § 19 VS VOB/A setzt Art. 35 Abs. 2 RL 2009/81/EG[4] um. Die in dieser Normierung angeordnete strenge (Vorab-)Informationspflicht ist geprägt von der Alcatel-Entscheidung des EuGH vom 28.10.1999,[5] in welcher der EuGH verlangt hat, dass die dem eigentlichen Vertragsschluss vorangehende Entscheidung des Auftraggebers darüber, mit welchem Bieter eines Vergabeverfahrens er den Vertrag schließt, in jedem Fall einem Nachprüfungsverfahren zugänglich zu machen ist. In diesem soll der Antragsteller, unabhängig von der Möglichkeit nach erfolgtem Vertragsschluss Schadensersatz zu beanspruchen, die Aufhebung der Vergabeentscheidung im Wege des Primärrechtsschutzes erwirken können, soweit sich diese im Rahmen der Nachprüfung als vergaberechtswidrig herausstellen sollte.[6] Indem Art. 19 VS Abs. 4 S. 3 VOB/A ausdrücklich auf die Informations- und Versorgungssicher-

---

[1] Vgl. *Kaminsky* in Leinemann/Kirch, VSVgV § 19 VOB/A-VS Rn. 1.

[2] Vgl. *Portz* in KMPP, Kommentar zum Vergaberecht, 3. Aufl. 2014 § 19 VOL/A Rn. 13; *Kaminsky* in Leinemann/Kirch, VSVgV § 19 VOB/A-VS Rn. 3.

[3] Vgl. *Kaminsky* in Leinemann/Kirch, VSVgV § 19 VOB/A-VS Rn. 1.

[4] Richtlinie 2009/81/EG des Europäischen Parlamentes und des Rates vom 1.7.2009 über die Koordinierung der Verfahren zur Vergabe bestimmter Bau-, Liefer- und Dienstleistungsaufträge in den Bereichen Verteidigung und Sicherheit und zur Änderung der Richtlinien 2004/17/EG und 2004/18/EG, ABl. EU 2009 L 216, S. 76 ff, (im Weiteren: Verteidigungsrichtlinie).

[5] Vgl. EuGH – Rs. C-81/98, BeckRS 9998, 155656 = NZBau, 2000, 33 ff.

[6] Vgl. EuGH – Rs. C-81/98, BeckRS 9998, 155656, Rn. 40 = NZBau, 2000, 33, 35, Rn. 43.

heit als Merkmal der fehlenden Gleichwertigkeit eingeht, setzt er die Vorgabe des Art. 35 Abs. 2 Buchstabe b) der Verteidigungsrichtlinie um, welcher dieses formale Kriterium für die Nichtberücksichtigung eines Bewerbers oder Bieters ausreichen lässt.[7] Hintergrund dieser Regelung ist die ausdrückliche Einbeziehung sensibler Aufträge in den Anwendungsbereich der Beschaffungsrichtlinie, um eine Erstreckung des Binnenmarkts auf die Verteidigungs- und Sicherheitsmärkte zu erreichen und die damit entstandene Notwendigkeit besonderer Bestimmungen zum Schutz der Informationssicherheit.[8]

B. Materiell-rechtlich vergleichbare Vorschriften

Die nationalen vergaberechtlichen Vorschriften haben mit der Vergaberechtsnovelle 2016 **4** eine umfassende Überarbeitung erfahren. Grundlage dafür war die zuvor erfolgte Reform des Vergaberechts auf europäischer Ebene.[9] Die gemeinschaftsrechtliche Verteidigungsrichtlinie wurde hingegen nicht reformiert und war damit folgerichtig auch nicht Gegenstand der umfassenden und grundlegenden nationalen Vergaberechtsreform 2016. Aus diesem Umstand resultieren **zahlreiche Abweichungen** zwischen den Regelungen im Bereich der allgemeinen Auftragsvergabe und dem der sicherheits- und verteidigungsrelevanten Aufträge. Diese Abweichungen sind dabei **teils redaktioneller, teils inhaltlicher Natur**. Die teilweise unterschiedliche Rechtslage ist daher häufig der (bislang) **fehlenden Harmonisierung der betreffenden „Sektoren"** geschuldet und beruht in zahlreichen Fällen nicht auf den Spezifika des Verteidigungs- und Sicherheitsbereichs. Diese Situation sollte mit der im Sinne einer Harmonisierung der Regelungsregime für die Zukunft wünschenswerten Überarbeitung der Verteidigungsrichtlinie behoben werden.

Die folgende Kommentierung beschränkt sich auf die Abweichungen zur VOB/A-EU **5** und dabei insbesondere auf die verteidigungs- und sicherheitsrelevanten Besonderheiten der Bestimmung. Im Übrigen wird auf die Kommentierung zu der entsprechenden Vorschrift der EU-VOB/A im allgemeinen Auftragsbereich verwiesen.

§ 19 VS VOB/A entspricht inhaltlich im Wesentlichen § 19 EU VOB/A, sodass insbe- **6** sondere hinsichtlich des Verhältnisses zur höherrangigen Vorschrift des § 134 Abs. 1 GWB und zur allgemeinen Vergabebekanntmachung sowie bezüglich der Frage nach der erforderlichen Begründungstiefe der auftraggeberseitigen Information und der einzuhaltenden Fristen auf die entsprechende Kommentierung zu § 19 EU VOB/A verwiesen wird.[10] Materiell-rechtlich vergleichbare Vorschriften finden sich im Übrigen in § 62 Abs. 2 VgV, § 56 Abs. 2 SektVO, § 30 KonzVgV sowie in § 36 Abs. 2 VSVgV.

C. Information über Nichtberücksichtigung im Vergabeverfahren

Mit der **Soll-Vorschrift** des § 19 VS Abs. 1 VOB/A regelt der Normgeber, dass unter- **7** legene Wettbewerbsteilnehmer umgehend über ihre Nichtberücksichtigung informiert werden sollen. So sollen nach dieser Vorschrift Bewerber, deren Bewerbung abgelehnt wurde, sowie Bieter, deren Angebote ausgeschlossen wurden, und solche, deren Angebote nicht in die engere Wahl für die Zuschlagserteilung kommen, unverzüglich unterrichtet werden. Geregelt ist damit ein auftraggeberseitiges sog. **intendiertes Ermessen** in Bezug

---

[7] Vgl. *Korbion* in Ingenstau/Korbion VOB Teile A und B Kommentar, 20. Aufl. 2017 VOB/A-VS Rn. 38.

[8] Vgl. *Höfler/Petersen* EuZW 2011, 336 (337).

[9] Gegenstand der Reform waren die Vergaberichtlinien für den Bereich der allgemeinen Auftragsvergabe (RL 2014/24/EU), die Sektorenrichtlinie (RL 2014/25/EU) sowie die Konzessionsrichtlinie (RL 2014/23/EU). Diese finden national ihre Umsetzung im GWB, in der VgV, der KonzVgV, der SektVO und der neuen EU-VOB/A.

[10] Vgl. *Mehlitz* in Burgi/Dreher, Vergaberecht § 19 EU VOB/A.

auf die Mitteilung der Nichtberücksichtigung und zwar unabhängig davon, in welchem Verfahrensstadium bzw. zu welchem Zeitpunkt des Vergabeverfahrens der Wettbewerbsteilnehmer aus dem Verfahren – unabhängig von dessen Kenntnis – genommen wird. Hierin besteht der Unterschied zur Vorschrift des § 19 VS Abs. 4 VOB/A, welche einen Antrag des betreffenden Unternehmens, mithin regelmäßig eine Kenntnis des Wettbewerbsteilnehmers von seiner Nichtberücksichtigung, voraussetzt. Ein intendiertes Ermessen bedeutet dabei, dass die unverzügliche Unterrichtung des nichtberücksichtigten Wettbewerbsteilnehmers im Grundsatz zu erfolgen hat, ein Verzicht auf diese Unterrichtung allerdings in begründeten und im Einzelnen im Vergabevermerk zu dokumentierenden Ausnahmefällen zulässt.[11] Die Regelung ist wortlaut- und damit inhaltsidentisch zu § 19 EU Abs. 1 VOB/A.

D. Vorabinformation der unterlegenen Verfahrensteilnehmer

8   Nach § 19 VS Abs. 2 S. 1 VS VOB/A steht den unterlegenen Bietern ein **Vorabinformationsanspruch** zu. Diese Bieter sind über den Namen des Unternehmens, dessen Angebot angenommen werden soll, über die Gründe der vorgesehenen Nichtberücksichtigung und über den frühesten Zeitpunkt des Vertragsschlusses unverzüglich in Textform zu informieren. Die Regelung ist wortgleich mit § 19 EU Abs. 2 S. 1 VOB/A und § 134 Abs. 1 S. 1 GWB. Gleiches gilt gemäß Absatz 2 Satz 2 wortlautgleich zu § 19 EU Abs. 2 S. 1 VOB/A und § 134 Abs. 1 S. 2 GWB auch für die Bewerber, denen entgegen der „Soll-Vorschrift" des § 19 VS Abs. 1 VOB/A vor Zuschlagserteilung keine Begründung ihrer Ablehnung in einem früheren Verfahrensstadium zugegangen ist.

9   Dieses Instrument der **ex-ante Transparenz** dient der Sicherung des vergaberechtlichen Primärrechtsschutzes der Wettbewerbsteilnehmer nach Maßgabe der §§ 155 ff. GWB. Denn eine entsprechende Information versetzt sie in die Lage, eine Überprüfung der internen Vergabeentscheidung im Vorfeld der Zuschlagserteilung einleiten zu können und gewährt so die Möglichkeit, die Umsetzung einer vergaberechtswidrig zustande gekommenen Zuschlagsentscheidung durch Bezuschlagung eines anderen Unternehmens zu verhindern.

I. Wartefrist

10   Die Sätze 3–5 des § 19 VS Abs. 2 bestimmen, dass mit der Absendung der Vorinformation eine 15-tägige Wartefrist in Gang gesetzt wird (Satz 3), die sich bei Übermittlung der Information per Telefax oder auf elektronischem Weg auf 10 Tage verkürzt (Satz 4). Unabhängig von dem Zugang der Vorinformation beim betroffenen Verfahrensteilnehmer (Satz 5, 2. Halbsatz), beginnt die Frist am Tag nach Absendung der Information durch den Auftraggeber zu laufen (Satz 5, 1. Halbsatz). Die Regelungen entsprechen § 19 EU Abs. 2 S. 3–5 VOB/A und § 134 Abs. 2 GWB wörtlich.

II. Ausnahme von der Informationsverpflichtung

11   Gemäß § 19 VS Abs. 3 VOB/A entfällt die Vorinformationspflicht nach Absatz 2 in den Fällen, in denen das Verhandlungsverfahren ohne Teilnahme wegen besonderer Dringlichkeit gerechtfertigt ist. Diese Ausnahme entspricht § 19 EU Abs. 3 VOB/A sowie § 134 Abs. 3 S. 1 GWB und weist daher im Hinblick auf die höherrangige Vorschrift des § 134

---

[11] Vgl. BVerwG 5.7.1985 – 8 C 22/83, NJW 1986, 738 (740); *Aschke* in BeckOK, VwVfG 36. Edition Stand 1.4.2017 § 40 Rn. 40.

Abs. 1 GWB lediglich deklaratorischen Charakter auf. § 19 VS Abs. 3 VOB/A wird wiederum ergänzt durch § 134 Abs. 3 S. 2 GWB. Diese Vorschrift sieht den Verzicht auf die Mitteilung einzelner Informationen im Verteidigungs- und Sicherheitssektor vor, soweit die Offenlegung den Gesetzesvollzug behindert, dem öffentlichen Interesse – insbesondere Verteidigungs- und Sicherheitsinteressen – zuwiderläuft, berechtigte geschäftliche Interessen von Unternehmen schädigt oder den lauteren Wettbewerb zwischen ihnen beeinträchtigen könnte. Auf die entsprechende Kommentierung zu § 134 Abs. 3 S. 2 GWB wird verwiesen.[12]

E. Erweiterte Informationspflicht auf Verlangen

§ 19 VS Abs. 4 VOB/A regelt in Ergänzung zu Absatz 1 und 2 eine ihrem Inhalt nach **12** (teilweise) erweiterte Informationspflicht des Auftraggebers auf einen entsprechenden **Antrag** der ausgeschlossenen bzw. unterlegenen Bewerber und Bieter. Die Vorschrift entspricht ihrem Inhalt nach weitgehend § 19 EU Abs. 4 S. 1 VOB/A.

I. Nicht berücksichtigte Bewerber

Auf **Verlangen** des nicht berücksichtigten Bewerbers ist diesem unverzüglich, spätestens **13** jedoch innerhalb einer Frist von 15 Kalendertagen nach Eingang seines **schriftlichen** Antrags, die Entscheidung über die Zuschlagserteilung mitzuteilen. Die Mitteilung muss dabei zumindest die Identität des erfolgreichen Bieters erkennen lassen.[13]

Zudem können nicht berücksichtigte Bewerber gemäß § 19 VS Abs. 4 S. 1 Nr. 2 **14** VOB/A schriftlich verlangen, dass ihnen die Gründe für die Ablehnung ihrer Bewerbung, einschließlich der nicht ausreichenden Erfüllung der Anforderungen in Bezug auf die **Informations- und Versorgungssicherheit** unverzüglich, spätestens aber innerhalb von 15 Kalendertagen, mitgeteilt werden. Die Vorschrift entspricht inhaltlich § 19 EU Abs. 4 S. 1 Nr. 1 VOB/A.

Die Gründe für die Ablehnung der Bewerber können dabei insbesondere in der fehlen- **15** den formellen und / oder materiellen Eignung des Bewerbers liegen oder die Nichterfüllung von auftraggeberseitig aufgestellten Mindestanforderungen im Zusammenhang mit der Eignungsprüfung betreffen. Für den Fall, dass der Auftraggeber etwa Aspekte der Versorgungs- und Informationssicherheit im Rahmen der Eignungsprüfung abgefragt hat, regelt der Normgeber, dass die Begründung der Ablehnung einschließlich der nicht ausreichenden Erfüllung der Anforderungen in Bezug auf die Informations- und Versorgungssicherheit zu erfolgen hat. Diese besonderen Begründungserfordernisse dienen auch dazu, der regelmäßig gegebenen besonderen Komplexität des VS-Auftrags Rechnung zu tragen. So hat die Informations- und Versorgungssicherheit im VS-Bereich mit den §§ 6 bis 8 VSVgV[14] eine umfangreiche Regulierung erfahren, die häufig für Wettbewerbsteilnehmer mit erheblichen Schwierigkeiten verbunden sein kann. Die Wahrung dieser Bestimmungen ist gemäß § 2 Abs. 2 VSVgV auch bei Bauvorhaben im VS-Bereich angeordnet. Die **Komplexität der Regelungen** führt mitunter dazu, dass gerade Newcomer im VS-Bereich die hohe **Markteintrittsbarriere** mangels Erfahrung nicht überwinden können und bereits in einem frühen Verfahrensstadium wegen Nichterfüllung der hohen Anforderungen aus dem Wettbewerb auszuschließen sind.[15] Der diesbezüglich erweiterte Informationsanspruch dient damit auch der perspektivischen Verbesserungsmöglichkeit von Un-

---

12 Vgl. *Dreher/Hoffmann* in Burgi/Dreher, Vergaberecht § 134 GWB Rn. 67 ff.
13 Vgl. zur vergleichbaren Vorschrift des § 62 Abs. 1 S. 1 VgV *Marx* in KKMPP, VgV § 62 Rn. 6.
14 Vgl. *Otting* in Burgi/Dreher, Vergaberecht §§ 6, 7, 8 VSVgV.
15 Vgl. *Kaminsky* in Leinemann/Kirch, VSVgV § 19 VOB/A-VS Rn. 19.

ternehmen, indem durch Transparenz das Verständnis für die verteidigungs- und sicherheitsspezifischen Besonderheiten der Vergabeunterlagen gefördert wird und so die Chancen
auf erfolgreiche Teilnahme in zukünftigen Vergabeverfahren erhöht werden.[16]

16   Die Informations- und Versorgungssicherheit kann dem Grunde nach **sowohl
Eignungs- als auch Zuschlagskriterium** sein.[17] Für die Einordnung des Kriteriums ist
die Schwerpunktsetzung bedeutend. Ist das Kriterium im Wesentlichen leistungsbezogen,
und dient es damit der Ermittlung des wirtschaftlichsten Angebots, so ist es entsprechend
der Rechtsprechung des EuGH als Zuschlagskriterium einzuordnen. Ist das Kriterium dagegen als unternehmensbezogenes Kriterium für die Beurteilung der Eignung maßgeblich,
so ist es als Eignungskriterium einzuordnen.[18] Ausschlaggebend ist folglich, ob die Informa-
tions- und Versorgungssicherheit im konkreten Einzelfall an die Person des Bieters oder an
die Leistungserbringung anknüpft.[19]

II. Nicht berücksichtigte Bieter

17   Gemäß § 19 VS Abs. 4 S. 2 VOB/A können nicht berücksichtigte Bieter, die ein ordnungsgemäßes Angebot eingereicht haben, verlangen, dass ihnen die Merkmale und Vorteile des Angebots des erfolgreichen Bieters schriftlich mitgeteilt werden. Ordnungsgemäße
Angebote sind dabei solche, die den formalen und inhaltlichen Anforderungen nach § 13
VS VOB/A entsprechen und damit wertungsfähig sind.[20] Die Vorschrift entspricht inhaltlich im Wesentlichen § 19 EU Abs. 4 S. 1 Nr. 2 VOB/A.

18   Verteidigungs- und sicherheitsspezifisch teilt der Auftraggeber dem erfolglosen Bieter
nach § 19 VS Abs. 4 S. 3 VOB/A mit, wenn keine Gleichwertigkeit in Bezug auf die erforderliche Informations- und Versorgungssicherheit vorliegt. Diese Vorgabe entspricht
ihrem Sinn und Zweck nach der gleichlautenden Konkretisierung in § 19 VS Abs. 4 S. 1
Nr. 2 VOB/A und dient damit mit Blick auf potentielle zukünftige Verfahrensteilnahmen
der gesteigerten Transparenz hinsichtlich der komplexen verteidigungs- und sicherheitsspezifischen Anforderungen an den VS-Auftrag (vgl. dazu bereits Rn. 15).

19   Nach dem Wortlaut des § 19 VS Abs. 4 S. 2 VOB/A besteht – anders als bei der Informationsverpflichtung gegenüber den nichtberücksichtigten Bewerbern nach § 19 VS
Abs. 4 S. 1 VOB/A – weder eine Frist, innerhalb derer der Auftraggeber die Information
erteilen muss, noch fordert die Bestimmung die Schriftlichkeit des Antrags auf Erteilung
der Information. Damit weicht die Vorschrift inhaltlich von der entsprechenden europarechtlichen Vorgabe des Art. 35 Abs. 2 der Verteidigungsrichtlinie ab, welche – wie auch
§ 19 EU Abs. 4 VOB/A – für die Schriftlichkeit des Antrags und die Frist keine Unterscheidung zwischen Bewerbern und Bietern trifft. Zumindest die auf nationaler Ebene
fehlende Vorgabe einer Frist ermöglicht es dem Auftraggeber, die Unterrichtung der Bieter
zu verzögern, was zumindest mittelbar wettbewerbsbeschränkende Auswirkungen nach sich
ziehen kann. Vor diesem Hintergrund erscheint insoweit eine richtlinienkonforme Auslegung der nationalen Bestimmung angebracht.

III. Ausnahme von der Informationsverpflichtung

20   § 19 VS Abs. 4 S. 4 VOB/A verweist auf die Ausnahmebestimmung des § 17 VS Abs. 2
Nr. 2 VOB/A, welche die Zurückhaltung bestimmter Informationen durch den Auftrag-

---

[16] Vgl. *Kaminsky* in Leinemann/Kirch, VSVgV § 19 VOB/A-VS Rn. 19.
[17] Vgl. zur Einordnung der Versorgungssicherheit als Zuschlags- oder Eignungskriterium bereits *Horn/
Hofmann* in Burgi/Dreher, Vergaberecht § 34 VSVgV Rn. 22.
[18] Vgl. EuGH 26.3.2015 – C 601/13 „Ambisig", NZBau 2015, 312; EuGH 12.11.2009 – C 199/09
„ERGA OSE", NZBau 2010, 120; EuGH 24.1.2008 – C 532/06 „Lianakis", NZBau 2008, 262.
[19] Vgl. *Roth/Lamm* NZBau 2012, 609 (613).
[20] Vgl. zur vergleichbaren Vorschrift des § 19 EU Abs. 4 S. 1 Nrn. 2 und 3 VOB/A *Reichling/Portz* in In-
genstau/Korbion, VOB, 20. Aufl. 2017 § 19 EU VOB/A Rn. 41.

geber erlaubt, wenn die Weitergabe dieser Informationen den Gesetzesvollzug behindern, dem öffentlichen Interesse zuwiderlaufen, die berechtigten geschäftlichen Interessen von öffentlichen oder privaten Unternehmen schädigen oder den fairen Wettbewerb beeinträchtigen würde.[21] Auf die entsprechende Kommentierung zu § 17 VS Abs. 2 Nr. 2 VOB/A wird verwiesen.

F. Verbot der Weiterverwendung und Rückgabe der Unterlagen

Gemäß § 19 VS Abs. 5 VOB/A dürfen auch im VS-Bereich nicht berücksichtigte Angebote und Ausarbeitungen der Bieter nicht für eine neue Vergabe oder für andere Zwecke benutzt werden. **21**

Nach Absatz 6 der Vorschrift sind Entwürfe, Ausarbeitungen, Muster und Proben zu nicht berücksichtigten Angeboten zurückzugeben, wenn dies im Angebot oder innerhalb von 30 Kalendertagen nach Ablehnung des Angebots verlangt wird. **22**

Die Vorschriften entsprechen den Absätzen 5 und 6 des § 19 EU VOB/A. **23**

G. Drittschutz der Norm

Zur drittschützenden Wirkung der Norm wird auf den entsprechenden § 19 EU VOB/A verwiesen. **24**

---

[21] Vgl. *Krohn* in Burgi/Dreher, Vergaberecht § 17 Abs. 2 VS VOB/A.

§ 20 Dokumentation

(1) Das Vergabeverfahren ist zeitnah so zu dokumentieren, dass die einzelnen Stufen des Verfahrens, die einzelnen Maßnahmen, die maßgebenden Feststellungen sowie die Begründung der einzelnen Entscheidungen in Textform festgehalten werden. Diese Dokumentation muss mindestens enthalten:

1. Name und Anschrift des Auftraggebers,
2. Art und Umfang der Leistung,
3. Wert des Auftrages,
4. Namen der berücksichtigten Bewerber oder Bieter und Gründe für ihre Auswahl,
5. Namen der nicht berücksichtigten Bewerber oder Bieter und die Gründe für die Ablehnung,
6. Gründe für die Ablehnung von ungewöhnlich niedrigen Angeboten,
7. Name des Auftragnehmers und Gründe für die Erteilung des Zuschlags auf sein Angebot,
8. Anteil der beabsichtigten Weitergabe an Nachunternehmen, soweit bekannt,
9. bei nicht offenen Verfahren, Verhandlungsverfahren und wettbewerblichem Dialog Gründe für die Wahl des jeweiligen Verfahrens sowie die Gründe für das Überschreiten der Fünfjahresfrist in § 3a VS Absatz 2 Nummer 5,
10. gegebenenfalls die Gründe, aus denen der Auftraggeber auf die Vergabe eines Auftrags verzichtet hat.

Der Auftraggeber trifft geeignete Maßnahmen, um den Ablauf der mit elektronischen Mitteln durchgeführten Vergabeverfahren zu dokumentieren.

(2) Wird auf die Vorlage zusätzlich zum Angebot verlangter Unterlagen und Nachweise verzichtet, ist dies in der Dokumentation zu begründen.

Übersicht

	Rn.		Rn.
A. Einführung	1	B. Allgemeines	5
I. Literatur	1	I. Parallelen zu § 20 VOB/A	7
II. Entstehungsgeschichte	2	II. Abweichungen von § 20 VOB/A	9
III. Rechtliche Vorgaben im EU-Recht	4		

A. Einführung

I. Literatur

1 Soweit ersichtlich, ist zu § 20 VS VOB/A keine über die entsprechenden Kommentare hinausgehende spezifische Literatur vorhanden.

II. Entstehungsgeschichte

2 § 20 VS VOB/A ist, wie der gesamte 3. Abschnitt der VOB/A, im Jahre 2012 entstanden. Die Bestimmungen des § 20 VS VOB/A haben im Zuge der Überarbeitung der VOB/A vor dem Hintergrund der letzten Vergaberechtsreform keine inhaltlichen Änderungen erfahren.

3 Einzelheiten zu der Entstehung des gesamten 3. Abschnittes der VOB/A finden sich in der Kommentierung zu § 1 VS VOB/A.

III. Rechtliche Vorgaben im EU-Recht

§ 20 VS VOB/A folgt aus den Bestimmungen des Art. 84 der Richtlinie 2014/24/EU. **4** Die Regelung in § 20 Absatz 1 Satz 2 Nr. 9 VOB/A folgt aus Art. 28 Nr. 4 und Art. 37 Abs. 1 lit. d) der Richtlinie 2009/81/EG. Im Übrigen konkretisieren die Regelungen des § 20 VS VOB/A das aus den Grundfreiheiten abgeleitete allgemeine Transparenzgebot,[1] welches in § 97 Absatz 1 GWB kodifiziert ist.

B. Allgemeines

§ 20 VS VOB/A enthält Regelungen zur Dokumentationspflicht des Vergabeverfahrens **5** für Auftraggeber und bestimmt Mindestanforderungen an die Art und den Umfang der Dokumentation.

Bei der Dokumentation ist bzw. sind gegebenenfalls § 4 Sicherheitsüberprüfungsgesetz **6** (SÜG) sowie die Sicherheitsüberprüfungsgesetze der Länder zu berücksichtigen, sofern die Vergabeakte oder Teile hiervon als Verschlusssachen zu behandeln sind.[2]

I. Parallelen zu § 8 VgV und § 43 VSVgV

Die Regelungen in § 20 VS VOB/A entspricht im Wesentlichen den Vorgaben zur Do- **7** kumentation des Vergabeverfahrens nach § 8 VgV, welche über die Verweisvorschrift des § 20 EU VOB/A auch im 2. Abschnitt der VOB/A anzuwenden sind. Für die Einzelheiten wird daher grundsätzlich auf die dortige Kommentierung verwiesen.

Die Regelungen zur Dokumentationspflicht in § 20 VS VOB/A gelten, wie der gesamte **8** 3. Abschnitt der VOB/A, lediglich für verteidigungs- und sicherheitsspezifische Bauaufträge, nicht hingegen für verteidigungs- und sicherheitsspezifische Liefer- und Dienstleistungsaufträge. Für letztere Auftragsart existieren jedoch in § 43 VSVgV im Wesentlichen inhaltlich ähnliche Regelungen zur Dokumentationspflicht und zu dem Umfang der Dokumentation. Die Mindestangaben, die in dem Vergabevermerk enthalten sein müssen, decken sich im Wesentlichen mit den Vorgaben in § 20 VS Absatz 1 Satz 2 Nr. 1 bis 10 VOB/A.

II. Abweichungen von § 8 VgV und § 43 VSVgV

Eine inhaltliche Abweichung von den Bestimmungen in § 8 VgV und § 43 VSVgV be- **9** steht in § 20 VS Absatz 1 Satz 2 Nr. 9 VOB/A.

Gemäß § 20 VS Absatz 1 Satz 2 Nr. 9 VOB/A sind im Rahmen der Dokumentation bei **10** nicht offenen Verfahren, Verhandlungsverfahren und wettbewerblichem Dialog die Gründe für die Wahl des jeweiligen Verfahrens und die Gründe für die Überschreitung der 5-Jahresfrist nach § 3a VS Absatz 2 Nr. 5 VOB/A anzugeben.

Entgegen dem ausdrücklichen Wortlaut erscheint eine gesonderte Begründung der Wahl **11** des nicht offenen Verfahrens und des Verhandlungsverfahrens mit Teilnahmewettbewerb nicht zwingend erforderlich. Denn nach § 3a VS Abs. 1 Satz 1 VOB/A handelt es sich bei dem nicht offenen Verfahren und dem Verhandlungsverfahren mit Teilnahmewettbewerb um die Regelverfahren im Anwendungsbereich der VS VOB/A. Der öffentliche Auftraggeber hat ein Wahlrecht zwischen diesen beiden Verfahrensarten. Das offene Verfahren ist

---

[1] Vgl u. a. Erwägungsgrund 45 der Richtlinie 2014/24/EU.
[2] Vgl. *Schubert* in Willenbruch/Wieddekind, Vergaberecht Kompaktkommentar, VOB/A § 20 VS Rn. 2.

für Ausschreibungen von Bauleistungen im Verteidigungs- und Sicherheitsbereich nicht vorgesehen, da es aus Gründen der Vertraulichkeit ungeeignet ist.[3] Einzelheiten zu den Verfahrensarten sind den Kommentierungen zu §§ 3 und 3a VS VOB/A zu entnehmen.

12   Zudem sind nach § 20 VS Absatz 1 Satz 2 Nr. 9 VOB/A die Gründe für die Überschreitung der 5-Jahresfrist nach § 3a VS Absatz 2 Nr. 5 VOB/A zu dokumentieren. Danach ist das Verhandlungsverfahren ohne Teilnahmewettbewerb auch dann zulässig, wenn gleichartige Bauleistungen wiederholt werden, die durch denselben Auftraggeber an den Auftragnehmer vergeben werden, der den ursprünglichen Auftrag erhalten hat. Dieses Verfahren darf jedoch nur innerhalb von fünf Jahren nach Abschluss des ersten Auftrages angewandt werden. Entscheidet sich der öffentliche Auftraggeber für ein Verhandlungsverfahren ohne Teilnahmewettbewerb unter Berufung auf § 3a VS Absatz 2 Nr. 5 VOB/A, obwohl die dort vorgesehene Frist bereits überschritten ist, bedarf es hierzu einer gesonderten Begründung im Vergabevermerk.

---

[3] *Hölzl* VergabeR 2012, 141 (145).

§ 21 Nachprüfungsstellen

In der Bekanntmachung und den Vergabeunterlagen sind die Nachprüfungsstellen mit Anschrift anzugeben, an die sich der Bewerber oder Bieter zur Nachprüfung behaupteter Verstöße gegen die Vergabebestimmungen wenden kann.

Übersicht

	Rn.			Rn.
A. Einführung	1		III. Rechtliche Vorgaben im EU-Recht	4
I. Literatur	1			
II. Entstehungsgeschichte	2		B. Allgemeines	5

A. Einführung

I. Literatur

Neben den einschlägigen Kommentierungen ist, soweit ersichtlich, zu der Vorschrift des § 21 VS VOB/A **1** keine spezifische Literatur vorhanden.

II. Entstehungsgeschichte

Auch § 21 VS VOB/A wurde, wie der gesamte 3. Abschnitt der VOB/A, erstmals im **2** Jahre 2012 eingefügt. Die Vorschrift des § 21 VS VOB/A hat im Zuge der Überarbeitung der VOB/A anlässlich der Vergaberechtsreform 2016 keine inhaltlichen Änderungen erfahren.

Für die Einzelheiten zur Entstehung des gesamten 3. Abschnittes der VOB/A vergleiche **3** die Kommentierung zu § 1 VS VOB/A.

III. Rechtliche Vorgaben im EU-Recht

Die Bekanntmachungspflicht der zuständigen Nachprüfungsstelle gemäß § 21 VS **4** VOB/A folgt für nichtoffene Verfahren und Verhandlungsverfahren aus der Bestimmung des Art. 48 Absatz 2 lit c) i.V.m. dem Anhang V Teil B Ziff. II 13 der Richtlinie 2014/24/EU vom 26. Februar 2014. Die Richtlinie 2009/81/EG enthält keine derartige spezielle Verpflichtung für den Bereich Verteidigung und Sicherheit, weshalb in der VSVgV keine eigenständige Regelung einer Dokumentationspflicht zu finden ist.[1]

B. Allgemeines

Im Interesse eines effektiven Rechtsschutzes enthält § 21 VS VOB/A die Verpflichtung **5** der Auftraggeber zur Angabe der zuständigen Nachprüfungsbehörden in der Vergabebekanntmachung und in den Vergabeunterlagen.

Der Wortlaut dieser Vorschrift ist identisch mit demjenigen des § 21 EU VOB/A. Daher **6** wird für die Einzelheiten auf die dortigen Kommentierungen verwiesen.

§ 21 VS VOB/A gilt jedoch, wie der gesamte 3. Abschnitt der VOB/A lediglich für **7** verteidigungs- und sicherheitsspezifische Bauaufträge, nicht hingegen für Liefer- und

---

[1] Vgl. auch *Korbion* in Leupertz/v. Wiersheim, VOB Teile A und B Kommentar, VOB/A-VS Rn. 40.

Dienstleistungsaufträge. Für verteidigungs- und sicherheitsspezifische Liefer- und Dienstleistungsaufträge finden sich entsprechende Regelungen in §§ 16 Absatz 1 Nr. 4, 18 Absatz 3 Nr. 4 VSVgV.

§ 22 Auftragsänderungen während der Vertragslaufzeit

(1) Wesentliche Änderungen eines öffentlichen Auftrags während der Vertragslaufzeit erfordern ein neues Vergabeverfahren. Wesentlich sind Änderungen, die dazu führen, dass sich der öffentliche Auftrag erheblich von dem ursprünglich vergebenen öffentlichen Auftrag unterscheidet. Eine wesentliche Änderung liegt insbesondere vor, wenn

1. mit der Änderung Bedingungen eingeführt werden, die, wenn sie für das ursprüngliche Vergabeverfahren gegolten hätten,

   a) die Zulassung anderer Bewerber oder Bieter ermöglicht hätten,

   b) die Annahme eines anderen Angebots ermöglicht hätten oder

   c) das Interesse weiterer Teilnehmer am Vergabeverfahren geweckt hätten,

2. mit der Änderung das wirtschaftliche Gleichgewicht des öffentlichen Auftrags zu Gunsten des Auftragnehmers in einer Weise verschoben wird, die im ursprünglichen Auftrag nicht vorgesehen war,

3. mit der Änderung der Umfang des öffentlichen Auftrags erheblich ausgeweitet wird oder

4. ein neuer Auftragnehmer den Auftragnehmer in anderen als den in Absatz 2 Satz 1 Nummer 4 vorgesehenen Fällen ersetzt.

(2) Unbeschadet des Absatzes 1 ist die Änderung eines öffentlichen Auftrags ohne Durchführung eines neuen Vergabeverfahrens zulässig, wenn

1. in den ursprünglichen Vergabeunterlagen klare, genaue und eindeutig formulierte Überprüfungsklauseln oder Optionen vorgesehen sind, die Angaben zu Art, Umfang und Voraussetzungen möglicher Auftragsänderungen enthalten, und sich aufgrund der Änderung der Gesamtcharakter des Auftrags nicht verändert,

2. zusätzliche Liefer-, Bau- oder Dienstleistungen erforderlich geworden sind, die nicht in den ursprünglichen Vergabeunterlagen vorgesehen waren, und ein Wechsel des Auftragnehmers

   a) aus wirtschaftlichen oder technischen Gründen nicht erfolgen kann und

   b) mit erheblichen Schwierigkeiten oder beträchtlichen Zusatzkosten für den öffentlichen Auftraggeber verbunden wäre,

3. die Änderung aufgrund von Umständen erforderlich geworden ist, die der öffentliche Auftraggeber im Rahmen seiner Sorgfaltspflicht nicht vorhersehen konnte, und sich aufgrund der Änderung der Gesamtcharakter des Auftrags nicht verändert oder

4. ein neuer Auftragnehmer den bisherigen Auftragnehmer ersetzt
   a) aufgrund einer Überprüfungsklausel im Sinne von Nummer 1,

   b) aufgrund der Tatsache, dass ein anderes Unternehmen, das die ursprünglich festgelegten Änderungen an die Eignung erfüllt, im Zuge einer Unternehmensumstrukturierung, wie zum Beispiel durch Übernahme, Zusammenschluss, Erwerb oder Insolvenz, ganz oder teilweise an die Stelle des ursprünglichen Auftragnehmers tritt, sofern dies keine weiteren wesentlichen Änderungen im Sinne des Absatzes 1 zur Folge hat, oder

   c) aufgrund der Tatsache, dass der öffentliche Auftraggeber selbst die Verpflichtungen des Hauptauftragnehmers gegenüber seinen Unterauftragnehmern übernimmt.

In den Fällen des Satzes 1 Nummer 2 und 3 darf der Preis um nicht mehr als 50 Prozent des Wertes des ursprünglichen Auftrags erhöht werden. Bei mehreren aufeinander folgenden Änderungen des Auftrags gilt diese Beschränkung für den Wert jeder einzelnen Änderung, sofern die Änderungen nicht mit dem Ziel vorgenommen werden, die Vorschriften dieses Teils zu umgehen.

(3) Die Änderung eines öffentlichen Auftrags ohne Durchführung eines neuen Vergabeverfahrens ist ferner zulässig, wenn sich der Gesamtcharakter des Auftrags nicht ändert und der Wert der Änderung

1. die jeweiligen Schwellenwerte nach § 106 nicht übersteigt und

2. bei Liefer- und Dienstleistungsaufträgen nicht mehr als 10 Prozent und bei Bauaufträgen nicht mehr als 15 Prozent des ursprünglichen Auftragswertes beträgt.

Bei mehreren aufeinander folgenden Änderungen ist der Gesamtwert der Änderungen maßgeblich.

(4) Enthält der Vertrag eine Indexierungsklausel, wird für die Wertberechnung gemäß Absatz 2 Satz 2 und 3 sowie gemäß Absatz 3 der höhere Preis als Referenzwert herangezogen.

(5) Änderungen nach Absatz 2 Satz 1 Nummer 2 und 3 sind im Amtsblatt der Europäischen Union bekannt zu machen.

Auf die Kommentierung von *Hüttinger* zu § 132 GWB in Band 1 und § 22 EU VOB/A wird verwiesen.

Sachverzeichnis

Die Ziffern in fett bezeichnen die Paragraphen;
die Ziffern in mager die Randnummern.

48-facher Monatswert VgV 3 65 f., 68
80/20-Regel VgV 3 59 f.

Abrechnungssumme VOB/A 4 EU 34, 64,
115 f., 126, 127, 131, 133, 219
Absolute Bewertung VOB/A 3b EU 58
Abweichung
– der Leistung von den technischen Spezifikationen
  VOB/A 13 EU 68; **VOB/A 13 VS** 13
Änderung
– an eigenen Eintragungen **VOB/A 16 EU** 99 ff.
– der Preisermittlungsgrundlagen
  VOB/A 9d VS 5
– Vergabeunterlagen **VOB/A 10a EU** 40 ff.;
  VOB/A 10b EU 42 ff.; **VOB/A 10c EU** 43 ff.;
  VOB/A 10d EU 30
– an den Vergabeunterlagen **VOB/A 16 EU** 57 ff.;
  VOB/A 16a EU 13
– zweifelsfreie des Bieters an seinen Eintragungen
  VOB/A 13 EU 57
Akkreditierte Stellen VgV 61 6;
  VOB/A 16c EU 11 ff.
Akkreditierung VgV 49 10
Aktien VgV 6 33
Aktienkurs VgV 6 33
Aktualisierungsermächtigung SektVO 48 16 ff.
Alternative elektronische Mittel
– Bekanntmachung **VgV 37** 33
– direkter Zugang **VgV 12** 12 ff.
– Legaldefinition und Begriff **VgV 12** 4 ff.
– potenzielle Erreichbarkeit **VgV 12** 14
– uneingeschränkter Zugang **VgV 12** 12 ff.
– unentgeltlicher Zugang **VgV 12** 10 f.
– Verbot der Forderung einer Registrierung
  VgV 12 15
– vollständiger Zugang **VgV 12** 16
– Zugang **VgV 12** 8 ff.
– Zugang mittels provisorischer Token **VgV 12** 17
Alternativnachweise VgV 45 35
Alternativposition VOB/A 4 EU 87, 89, 102 ff.,
117, 161, 182
Altverträge VOB/A 22 EU 2
Amortisierung
– Amortisationsdauer **KonzVgV 3** 9, 34, 39
– Amortisierungsinteresse **KonzVgV 3** 3 ff., 18,
22, 26, 27 f., 32, 33, 44
– Einschätzungsprärogative **KonzVgV 3** 28, 34 ff.
**Amt für Veröffentlichungen der Europäischen
Union VgV 37** 14; **VgV 40** 15 ff.; **Sekt-
VO 38** 13, 25; **SektVO 39** 14; **SektVO 40** 9, 12
Anerkennungen VgV 79 52 ff.
– Höhe **VgV 79** 69 ff.
– Nachrücken **VgV 79** 190
– Wettbewerbssumme **VgV 78** 149; **VgV 79** 25,
55, 62 ff.
Anfechtung VOB/A 10a EU 52 ff.;
  VOB/A 10b EU 54 ff.; **VOB/A 10c EU** 55 ff.;
  VOB/A 10d EU 40 ff.

Anforderungen VOB/A 6a EU 4
Angebot
– Ablauf der Angebotsfrist **VOB/A 14 EU** 29
– mit abweichenden technischen Spezifikationen
  VOB/A 16 EU 61; **VOB/A 16d EU** 71 ff.
– Anforderungen **VgV 53** 36 f.
– Aufbewahrung **VSVgV 30** 5 ff., 10
– Aufbewahrung der Angebote/Anlagen
  VgV 55 23
– Aufbewahrung/Kennzeichnung ungeöffneter
  Angebote **VgV 54** 9 ff., 14 ff.; **KonzVgV 29** 2,
  10, 13
– Aufforderung zur Angebotsabgabe **VgV 52** 7 ff.
– Aufklärung **VOB/A 15 EU** 5;
  VOB/A 16 EU 71 ff.
– Auslegung **VOB/A 15 EU** 5;
  VOB/A 16 EU 67 ff.; **VOB/A 16a EU** 32;
  VOB/A 16c EU 15
– Begleitschreiben zum **VOB/A 16 EU** 73
– Behandlung der eingegangenen bis zur Öffnung
  VOB/A 14 EU 12
– Bieter-/Bewerbergemeinschaften **VgV 53** 57 f.
– einer Bietergemeinschaft **VgV 43** 31
– Bindefrist **VOB/A 10b VS** 13
– Eingangsvermerk **VgV 54** 11
– Einreichung **VSVgV 19** 16 f., 18 f.
– elektronische **VOB/A 13 EU** 19;
  VOB/A 16 EU 48 ff.; **VOB/A 13 VS** 9
– elektronische Bewertung bei elektronischen Auk-
  tionen **VgV 25** 30 ff.
– elektronische Signatur **VOB/A 13 EU** 19
– E-Mail **VOB/A 16 EU** 50
– Form **VOB/A 13 EU** 10; **VOB/A 13 VS** 9
– formwidriges **VOB/A 16 EU** 37 ff.
– Frist zur Einreichung **VSVgV 20** 16 ff.;
  VOB/A 10b VS 8 ff.
– Geheimhaltung **VgV 5** 33 f., 40 f.;
  VOB/A 14 EU 48
– indikatives **VOB/A 16 EU** 22
– Kennzeichnungspflicht **VOB/A 13 EU** 27
– Kopie **VOB/A 16 EU** 68; **VOB/A 16a EU** 26
– Korrektur **VOB/A 16a EU** 7 f., 33 ff.
– Nachreichen/Vervollständigung **VgV 53** 49
– nachträgliche Ergänzung **VOB/A 16 EU** 65
– Öffnung **VgV 55** 10 ff., 15 f.; **VSVgV 30** 1 f., 4,
  7 ff.
– rechnerische Prüfung **VOB/A 16c EU** 8, 15 ff.
– Rücknahme **VSVgV 20** 26;
  VOB/A 10b VS 12
– schriftliche **VOB/A 13 EU** 14;
  VOB/A 16 EU 39 ff.
– Submissionstermin **VgV 55** 10 ff., 15 f.
– technische Prüfung **VOB/A 16c EU** 9
– Telefax **VOB/A 16 EU** 41
– Übermittlung **VgV 53** 8 f.
– unangemessen hohes **VOB/A 16d EU** 42 ff.
– unangemessen niedriges **VOB/A 16 EU** 94;
  VOB/A 16d EU 5 ff., 23 ff.

Sachverzeichnis

- unauskömmliches **VOB/A 16d EU** 2, 37
- uneindeutiges **VOB/A 16 EU** 71
- Unterschrift **VOB/A 13 EU** 14
- unverschlossenes **VOB/A 16 EU** 54 ff.
- unverschlüsseltes **VOB/A 16 EU** 54 ff.
- Unversehrtheit **VgV 53** 31
- unvollständiges **VOB/A 16 EU** 59;
  VOB/A 16a EU 46 ff.
- verschlüsselte Speicherung **VgV 5** 34;
  VgV 54 7; **KonzVgV 29** 11
- verspätetes **VOB/A 16 EU** 27 ff.
- Vertraulichkeit/Datenintegrität **VgV 5** 33 f.,
  40 f.; **KonzVgV 29** 5; **VOB/A 13 EU** 26
- Verwahrung **VOB/A 14 EU** 48
- Vollständigkeit **VgV 53** 47
- widersprüchliches **VOB/A 16 EU** 71
- wirtschaftliche Bewertung
  VOB/A 16d EU 54 ff.
- Zugang nachweislich vor Ablauf der Angebots-
  frist **VOB/A 14 EU** 34; **VOB/A 14 VS** 6
- **Angebotsaufforderung VSVgV 29** 7
- Gleichzeitigkeitsgebot **VSVgV 29** 10
- Mindestinhalt **VSVgV 29** 15 f.
- Schriftlichkeit **VSVgV 29** 5, 10
- siehe auch: Aufforderung zur Angebotsabgabe
- **Angebotsaufklärung VOB/A 16 EU** 67 ff., 97;
  VOB/A 16d EU 30 ff.
- **Angebotsendsumme VOB/A 4 EU** 8, 41, 64,
  88, 122 f., 125, 126
- **Angebotsfrist SektVO 40** 11; **SektVO 41** 32, 36;
  SektVO 42 14; **VOB/A 10 EU** 13;
  VOB/A 10a EU 11 ff.; **VOB/A 10b EU** 16 ff.;
  VOB/A 10c EU 16 ff.; **VOB/A 10d EU** 17 ff.
- Bekanntmachung **VgV 37** 72
- Verkürzung nach Vorinformation **VgV 38** 43 f.
- Verlängerung bei alternativer Bereitstellung der
  Vergabeunterlagen **VgV 41** 67 ff.
- **Angebotslimitierung VgV 30** 14;
  VOB/A 5 EU 14
- Bekanntmachungspflicht **VgV 30** 33
- **Angebotspreis VOB/A 4 EU** 8, 64, 97, 122 ff.,
  126, 210, 227
- **Angebotsschreiben VgV 52** 10 f.
- **Angebotssumme VOB/A 4 EU** 8, 97, 115,
  123 f., 124, 126, 131
- **Angebotsunterlagen**
- Verwendung **VOB/A 8b EU** 22 ff.
- **Angebotsverfahren VOB/A 4 EU** 1, 121, 225 f.,
  227 ff., 257; **VOB/A 4 VS** 8
- **Angebotswertung VOB/A 16d EU** 54 ff.
- **Angehörige VgV 6** 53 f.
- **Angemessener Wettbewerb SektVO 45** 23
- **Angemessenheit (Frist) VgV 38** 44;
  VgV 41 67 ff.
- **Anonymität des Wettbewerbs VgV 72** 21
- **Anschreiben VgV 29** 20 ff.; **VgV 41** 26;
  VOB/A 8 EU 17 ff.
- **Anteilsrechte VgV 6** 29, 33, 41
- **Antragsbescheidung SektVO 48** 35
- **Anwendungsbereich der KonzVgV**
  KonzVgV 1 2 f., 4, 5 f.
- **Anwendungsbereich der VgV VgV 1** 12 ff.
- gemischte Aufträge/Konzessionen **VgV 1** 21 ff.
- GWB-Ausnahmeregelungen **VgV 1** 15
- GWB-Schwellenwerte **VgV 1** 16 f.
- Historie **VgV 1** 12

- nicht erfasste Beschaffungsmaßnahmen
  VgV 1 18 ff.
- persönlicher Anwendungsbereich **VgV 1** 13
- Rahmenvereinbarungen **VgV 1** 14
- sachlicher Anwendungsbereich **VgV 1** 13
- **Anwendungsbereich der VSVgV VSVgV 1** 4,
  7, 8, 9
- dynamische Verweisung **VSVgV 1** 5
- persönlicher Anwendungsbereich **VSVgV 1** 9
- sachlicher Anwendungsbereich **VSVgV 1** 8
- **Architekten- und Ingenieurleistungen**
- anwendbare Vorschriften **VgV 73** 52 ff.
- Anwendungsvoraussetzung
  - geforderte Qualifikation **VgV 73** 30 ff.
  - HOAI-Leistungen **VgV 73** 16 ff.
  - nicht beschreibbare Lösung **VgV 73** 38 ff.
  - Qualifikation des Architekts **VgV 73** 26 ff.
  - Qualifikation des Ingenieurs **VgV 73** 29
- Begriff **VgV 73** 15 ff.
  - geforderte Qualifikation **VgV 73** 30 ff.
  - HOAI-Leistungen **VgV 73** 16 ff.
  - Legaldefinition **VgV 73** 15
  - Planen und Bauen im Paket **VgV 73** 24, 58
  - Qualifikation des Architekts **VgV 73** 26 ff.
  - Qualifikation des Ingenieurs **VgV 73** 29
- Eignung
  - Architekt, Beruf des **VgV 75** 34 ff.
  - Architektenkammer, Mitglied **VgV 75** 24, 35 ff.
  - ausländische Bewerber **VgV 75** 47
  - Bauvorlageberechtigung **VgV 75** 20 f.
  - beratender Ingenieur **VgV 75** 43
  - Berufsanfänger **VgV 75** 80 ff.
  - Berufsausübung, Erlaubnis zu **VgV 75** 67
  - Berufshaftpflichtversicherung **VgV 75** 68 f.
  - Berufsqualifikation **VgV 75** 17 ff.
  - Bieterschutz **VgV 75** 117 ff.
  - Eigenerklärung **VgV 75** 79
  - Eignungskriterien **VgV 75** 63 ff.
  - Ermessen **VgV 75** 22, 24, 106
  - Honorarzone **VgV 75** 101 ff.
  - Ingenieur **VgV 75** 39 ff.
  - Ingenieurkammer, Mitglied **VgV 75** 24
  - Jahresumsatz **VgV 75** 55
  - juristische Personen **VgV 75** 56 ff.
  - kleine Büroorganisation **VgV 75** 80 ff.
  - Losentscheid **VgV 75** 113
  - Nachweis **VgV 75** 31 ff.
  - Nutzungsart **VgV 75** 111
  - Präsentation **VgV 75** 86 ff.
  - Referenzen **VgV 75** 76 ff., 85 ff.
  - Trennungsgebot **VgV 75** 92
  - Vergleichbarkeit von Referenzen
    VgV 75 100 ff.
  - Zeitpunkt **VgV 75** 29
  - Zuschlagskriterien **VgV 75** 92
- Honorarordnung
  - Änderung der **VgV 76** 33
  - Angaben des AG **VgV 76** 24
  - Einhaltung **VgV 76** 22, 27 f.
  - Prüfpflicht des AG **VgV 76** 28
  - Zuschlagskriterium **VgV 76** 19 ff.
- Kostenerstattung **VgV 76** 9, 46
  - Angebotsunterlagen **VgV 77** 17
  - Aufwandserstattung **VgV 77** 21
  - Bearbeitungsgebühr **VgV 77** 23
  - Bewerbungsunterlagen **VgV 77** 15

– Ermächtigungsgrundlage **VgV 77** 10
– freiwillige Erstattung **VgV 77** 22
– Nebenangebot **VgV 77** 20
– Leistungswettbewerb **VgV 76** 2, 11 ff.
– Lösungsvorschlag **VgV 76** 41 ff.
  – Akquisemaßnahme **VgV 77** 30
  – Begriff **VgV 76** 42
  – Kostenerstattung **VgV 76** 9, 46
  – unaufgeforderter Lösungsvorschlag **VgV 76** 47 ff.
  – Verfahrensart **VgV 76** 43
  – Vergütung **VgV 76** 9, 46; **VgV 78** 161; **VgV 80** 52
  – Verlangen **VgV 77** 31
  – Vertrag **VgV 77** 30
– Nichtbeschreibbarkeit der Lösung **VgV 73** 38 ff.
– Totalunternehmer **VgV 73** 24, 58
– Urheberrechtsschutz **VgV 77** 90 ff.
– Verfahrensart **VgV 74** 2 ff., 14 ff.
  – Wahlrecht des AG **VgV 74** 9 f., 15 ff.
  – zulässige Verfahren **VgV 74** 14
– Vergütung **VgV 76** 9, 46
  – Angemessenheit **VgV 77** 48 ff.
  – Anspruchsberechtigter **VgV 77** 25 ff.
  – Bewerber **VgV 77** 25
  – Bieter **VgV 77** 51 f.
  – Bieterschutz **VgV 77** 77 ff.
  – Gleichbehandlung **VgV 77** 27
  – Höhe **VgV 77** 55 ff.
  – Lösungsvorschlag **VgV 77** 31 ff., 38 ff., 67 ff.
  – Mängel **VgV 77** 70
  – mehrere Lösungsvorschläge **VgV 77** 36 ff.
  – Pauschalsumme **VgV 77** 64
  – Qualität des Lösungsvorschlags **VgV 77** 38 ff.
  – Überarbeitung von Lösungsvorschlägen **VgV 77** 37, 50
  – Umsatzsteuer **VgV 77** 63
  – verlangte Unterlagen **VgV 77** 35
  – wertbares Angebot **VgV 77** 72
  – Zeitpunkt **VgV 77** 54
  – Zuschlagsempfänger **VgV 77** 53
– Verhandlungsverfahren mit Teilnahmewettbewerb **VgV 74** 22 ff.
  – Ausarbeitung von Entwürfen **VgV 74** 25
  – Beschaffungsgegenstand **VgV 74** 28
  – Honorarangebot **VgV 74** 24
  – Überarbeitung von Entwürfen **VgV 74** 26
  – Verhandlungen **VgV 74** 29
– Verhandlungsverfahren ohne Teilnahmewettbewerb **VgV 74** 31
– wettbewerblicher Dialog **VgV 74** 32
– Zuschlagskriterien
  – Auftragsgegenstand **VgV 76** 14
  – Ausbildungsnachweis **VgV 76** 38
  – HOAI **VgV 76** 19 ff.
  – Kosten **VgV 76** 16
  – Personal **VgV 76** 36 ff.
  – Preis **VgV 76** 15, 17 ff.
  – Qualität **VgV 76** 13, 34 ff.
  – Referenzen **VgV 76** 39
  – Studiennachweis **VgV 76** 38
Auf- und Abgebotsverfahren VOB/A 4 EU 225 ff., 243 ff., 257 f.
Aufforderung zur Angebotsabgabe VgV 41 26; **VOB/A 12a EU** 12 ff.
– Form **SektVO 42** 11

– Gegenstand **SektVO 42** 8
– Gleichzeitigkeit **SektVO 42** 10; **VOB/A 12a EU** 12
– Mindestinhalt **SektVO 42** 3, 12 ff.
Aufforderung zur Interessensbestätigung VgV 38 58 ff.; **VOB/A 12a EU** 16 ff.
– Adressatenkreis **VgV 38** 52; **VOB/A 12a EU** 16
– Angabe von Maßnahmen zum Schutz der Vertraulichkeit **VgV 41** 65; **VOB/A 11b EU** 3
– bei elektronischen Auktionen **VgV 26** 5 ff.
– bei elektronischen Katalogen **VgV 27** 13 f.
– Form **VgV 38** 60; **VOB/A 12a EU** 17
– Inhalt **VgV 38** 60; **VOB/A 12a EU** 18 f.
Aufforderungsfrist VOB/A 9 EU 32 ff.
Aufgreifschwelle VOB/A 16d EU 25 ff.
Aufhebung VgV 63 1 ff.; **SektVO 57** 1 ff.; **KonzVgV 32** 1 ff.; **VOB/A 3a EU** 28 ff.; **VOB/A 17 EU** 1 ff.
– Anspruch auf **VgV 63** 64
– Anwendungsbereich **VOB/A 17 EU** 7
– Aufhebung der **VgV 63** 83 f.
– Aufhebungsgründe **VgV 63** 22 ff.; **SektVO 57** 6 ff.; **VOB/A 17 EU** 8 ff.
– Bekanntmachung **VgV 39** 17 f.
– Ermessensentscheidung **VgV 63** 52 ff.
– formelle Anforderungen **VgV 63** 58
– nicht verschuldete **VgV 63** 25
– rechtmäßige und rechtswidrige **VgV 63** 24
– Rechtsfolgen **VgV 63** 71 ff.
– Schadensersatz **VgV 63** 87 ff.; **VSVgV 37** 9
– teilweise **VgV 63** 56; **VOB/A 17 EU** 12
– Unterrichtung **VgV 63** 60 ff.; **SektVO 57** 11; **VOB/A 17 EU** 14 ff.
– des Vergabeverfahrens **VgV 6** 65, 68
– weiteres Vorgehen **VgV 63** 66
Aufklärung VgV 15 6, 12, 28 ff., 31 ff., 39
– Angebotsform **VOB/A 15 EU** 8
– Angebotszeitraum **VOB/A 15 EU** 8
– Geheimhaltung **VOB/A 15 EU** 41
– Informationen nach § 8c EU Abs. 3 **VOB/A 15 EU** 60
– Preisangemessenheit **VSVgV 33** 1 ff.
– Textform **VOB/A 15 EU** 41
– Unaufklärbarkeit **VSVgV 33** 13
– Verweigerung **VOB/A 15 EU** 46
Aufklärungstatbestände VOB/A 15 EU 17
– das Angebot selbst **VOB/A 15 EU** 24
– Angemessenheit der Preise **VOB/A 15 EU** 33
– Art der Durchführung **VOB/A 15 EU** 29
– Bezugsquellen von Stoffen oder Bauteilen **VOB/A 15 EU** 31
– Eignung **VOB/A 15 EU** 18
– Nebenangebote **VOB/A 15 EU** 27
– Ursprungsorte von Stoffen oder Bauteilen **VOB/A 15 EU** 31
Aufklärungsverlangen
– des Auftraggebers **VOB/A 15 EU** 10
Aufspaltung der verfahrensrechtlichen Regelwerke VSVgV 2 3
Aufträge mit Anforderungen an die Versorgungssicherheit VOB/A 8 VS 10
Auftragsänderung(en) SektVO 38 3, 8, 17; **VOB/A 22 EU** 5
– Bekanntmachung siehe: Bekanntmachung von Auftragsänderungen

Sachverzeichnis

– Bekanntmachungspflicht **VOB/A 22 EU** 47
– Regelbeispiele wesentlicher Änderungen **VOB/A 22 EU** 10
– Störung der Geschäftsgrundlage **VOB/A 22 EU** 23
– Unvorhersehbare Änderungen **VOB/A 22 EU** 29
– wesentliche **VOB/A 22 EU** 5
– zusätzliche Liefer-, Bau- oder Dienstleistungen **VOB/A 22 EU** 25
Auftragsbekanntmachung VgV 37 1 ff.; **VgV 48** 19; **SektVO 35** 2, 5; **SektVO 36** 2, 3, 5, 6, 7, 8, 9, 10; **SektVO 37** 2, 3, 4, 5; **SektVO 39** 11; **KonzVgV 19** 1 ff.; **VOB/A 12 EU** 22 ff.; **VOB/A 21 EU** 7; **VSVgV 18** 1 ff.; **VOB/A 12 VS** 14 ff.
– Angabe von Maßnahmen zum Schutz der Vertraulichkeit **VgV 5** 47; **VgV 37** 32; **VgV 41** 65 f.; **VOB/A 11b EU** 3; **VSVgV 18** 17
– Auslegung **VgV 37** 16
– Bekanntmachungspflicht **VgV 37** 11 ff.; **SektVO 35** 2; **VOB/A 12 EU** 12 f.; **VSVgV 18** 9 ff.; **VOB/A 12 VS** 14
– Berichtigung **VgV 37** 89 ff.
– Bindungswirkung **VgV 37** 17
– Dauer der Veröffentlichung bei dynamischen Beschaffungssystemen **VgV 23** 8
– bei dynamischen Beschaffungssystemen **VgV 23** 5 ff.
– bei elektronischen Auktionen **VgV 26** 5 ff.
– bei elektronischen Katalogen **VgV 27** 13 f.
– Form **VgV 37** 20 ff.; **VOB/A 12 EU** 23; **VSVgV 18** 15 f.; **VOB/A 12 VS** 17
– freiwillige **VgV 40** 24 ff.; **VOB/A 12 EU** 31 f.; **VSVgV 18** 23 f.; **VOB/A 12 VS** 21
– Inhalt **VgV 37** 25 ff.; **VOB/A 12 EU** 23 f.; **VSVgV 18** 13 ff.; **VOB/A 12 VS** 15 ff.
– Innovationspartnerschaft **VgV 19** 5
– kategorienbezogene Eignungskriterien bei dynamischen Beschaffungssystemen **VgV 23** 24
– Konzessionen siehe: Konzessionsbekanntmachung
– nationale **VgV 37** 93 ff.; **VgV 40** 18 ff.; **KonzVgV 23** 10; **VOB/A 12 EU** 30; **VSVgV 18** 21 f.; **VOB/A 12 VS** 19
– regelmäßige nicht verbindliche **SektVO 36** 2, 3, 5, 6, 7, 8, 9, 10
– Sprache **VgV 37** 22 ff.; **VOB/A 12 EU** 26 f.; **VSVgV 18** 20
– Standardformular **VgV 37** 20 ff.; **VOB/A 12 EU** 23 f.; **VSVgV 18** 15 ff.; **VOB/A 12 VS** 17, 20
– Übermittlung **VgV 40** 8 ff.; **VOB/A 12 EU** 25; **VOB/A 12 VS** 18
– Veröffentlichung **VgV 40** 15 ff.; **VOB/A 12 EU** 26 f.
– Verzicht **SektVO 36** 8
– Zeitpunkt **VgV 37** 15; **VgV 40** 16; **VOB/A 12 EU** 12; **VSVgV 18** 11; **VOB/A 12 VS** 14
– Zeitpunkt der **VgV 3** 40, 42, 44
– siehe auch: Bekanntmachungen
Auftragsbezug SektVO 46 6; **VOB/A 6 EU** 15
Auftragsreduzierung VOB/A 22 EU 12

Auftragsunterlagen VgV 29 11; **VOB/A 8 EU** 12; siehe: Vergabeunterlagen
Auftragswert VgV 3 1 ff.
– Bekanntmachung **VgV 37** 39, 45; **VgV 39** 21, 58
Auftragswertschätzung
– bei dynamischen Beschaffungssystemen **VgV 22** 16
Aufwandsentschädigung VgV 79 27, 57
– HOAI **VgV 79** 75
Aufwandsvertrag VOB/A 4 EU 5, 199, 214
Ausführungsbedingungen VgV 61 1 ff.
– Bekanntmachung **VgV 37** 64
– Nachweise **SektVO 52** 5 f.
Ausführungsfristen VOB/A 9 EU 15 ff.; **VOB/A 9 VS** 3, 4, 5
– Bedeutung **VOB/A 9 EU** 4 ff.
– Verzögerung durch Nachprüfungsverfahren **VOB/A 9 EU** 29 ff.
Ausfuhrgenehmigung VSVgV 8 12
Ausgeschlossene Personen VSVgV 42 1 ff.
– Ausschluss vom Vergabeverfahren **VSVgV 42** 12
– Begriff des Interessenkonflikts **VSVgV 42** 4, 5
– Entlastungsmöglichkeit des Bieters bzw. Bewerbers **VSVgV 42** 10
– juristische Personen **VSVgV 42** 8
– Mitwirkungsverbot **VSVgV 42** 12 f.
– natürliche Personen **VSVgV 42** 8
– Neutralitätspflicht des Auftraggebers **VSVgV 42** 4
– persönliche Stellung der Bieter bzw. Bewerber **VSVgV 42** 9
Auslegung
– Angebot **VOB/A 16 EU** 67 ff., 109
– Vergabeunterlagen **VOB/A 16 EU** 66
Auslegung der Bekanntmachung
– siehe: Bekanntmachungen
Auslobungsunterlagen VgV 79 29, 33
Ausnahme von der Nachweispflicht VOB/A 6b EU 30
Ausschließlichkeitsrecht VOB/A 3a EU 75 ff.
Ausschluss VgV 7 19; **VgV 50** 39
– fehlende Vertrauenswürdigkeit **VOB/A 6e VS** 7
– Informationen aus geschützten Quellen **VSVgV 23** 12
– Informationen bei zuständigen Behörden **VSVgV 23** 6
– Informations- und Versorgungssicherheit **VSVgV 24** 5
– Ultima ratio **VOB/A 6 VS** 13
– Unternehmen aus anderen Mitgliedsstaaten **VSVgV 23** 9
– Verstoß gegen Informationssicherheit **VOB/A 6e VS** 6
Ausschluss eines Bieters
– Interessenkonflikte **VgV 6** 57, 69
Ausschluss von Teilnahmeanträgen und Angeboten
– Änderung Vergabeunterlagen **VgV 57** 9
– Allgemeine Geschäftsbedingungen **VgV 57** 9
– Bieterwille **VgV 57** 9
– Ergänzung Vergabeunterlagen **VgV 57** 9
– fehlende Preisangaben **VgV 57** 10
– formgerechte Angebote **VgV 57** 5
– fristgerechte Angebote **VgV 57** 6
– Klarstellungen **VgV 57** 9

– Mischkalkulation **VgV 57** 9
– Spekulationspreis **VgV 57** 9
– unvollständige Angebote **VgV 57** 7
– unvollständige Interessenbestätigungen
  VgV 57 7
– unvollständige Teilnahmeanträge **VgV 57** 7
– unzulässige Nebenangebote **VgV 57** 11 ff.
– zweifelsfreie Eintragung **VgV 57** 8
Ausschlussgründe VgV 48 37;
  SektVO 47 9 ff.
– bei elektronischen Auktionen **VgV 25** 17
– fakultative **VSVgV 24** 4; **VOB/A 6e VS** 1
– fehlende Eignung **VSVgV 31** 24 ff.
– Nichtvorliegen **VSVgV 22** 3
– zwingende **VSVgV 23** 4; **VSVgV 31** 15 ff.;
  VOB/A 6e VS 1
Ausschlusstatbestand VgV 42 11
Auswahlentscheidung VgV 51 25
Auswahlkriterien VOB/A 3b EU 22, 31, 33, 40,
  57, 59, 77, 95
Autalhalle Niederhausen VgV 3 4, 22
Authentizität von Daten
– siehe: Echtheit von Daten

Bankerklärung VgV 45 23; **VOB/A 6a EU** 11
Barrierefreiheit VgV 31 90; **SektVO 28** 18
– von elektronischen Mitteln **VgV 11** 15 ff.;
  VOB/A 11a EU 2
**Bauaufträge im Bereich Verteidigung und
  Sicherheit VOB/A 1 VS** 2, 3, 4, 12
– Anwendungsbefehl **VOB/A 1 VS** 16, 29
– Begriff des Bauauftrages **VOB/A 1 VS** 18, 22
– persönlicher Anwendungsbereich
  VOB/A 1 VS 28
– sachlicher Anwendungsbereich
  VOB/A 1 VS 24 ff.
– teilweise verteidigungs- und sicherheitsspezifische
  Leistungen in Bauaufträgen **VOB/A 1 VS** 14,
  15, 18, 19, 21, 25, 27, 30 ff.
Bauauftrag VOB/A 1 EU 6 ff.;
  VOB/A 1 VS 14, 15 ff., 19 ff., 24 ff., 30 ff.
Baukonzession KonzVgV 3 15, 18, 19 f., 23
Bauleistungen VgV 3 50 ff., 59
Baustellenbesichtigung VOB/A 10 EU 25
Bauvertrag VOB/A 4 EU 3 ff., 11, 13, 16, 18,
  25 ff., 32 ff., 43 f., 196, 213 f., 224, 231, 232 ff.
Bauvertragsarten VOB/A 4 EU 3 ff., 11, 13, 16,
  18, 25 ff., 32 ff., 43 f., 196, 213 f., 224, 231,
  232 ff.
Bauvertragstypen VOB/A 4 EU 3 ff., 11, 13, 16,
  18, 25 ff., 32 ff., 43 f., 196, 213 f., 224, 231,
  232 ff.
Bauvorhaben VOB/A 1 EU 7
Bauwerk VOB/A 1 EU 7, 11
Bauzeitenverschiebungen VOB/A 22 EU 16
Bedarfsanalyse VgV 28 13
Bedarfsposition VgV 3 27; **VOB/A 4 EU** 87,
  89 ff., 102, 104, 117, 161, 182
Befähigung VgV 44 11
**Befähigung und Erlaubnis zur Berufsaus-
  übung VOB/A 6 EU** 9
**Befähigung zur Berufsausübung
  VOB/A 6a EU** 6
Befristungserfordernis
– Anforderung des EU-Primärrechts
  KonzVgV 3 8 f.

– Begriffsmerkmal **KonzVgV 3** 15, 18, 19, 21
– Konzessionen **KonzVgV 3** 4 f., 15 f., 18, 21, 22
– Rechtmäßigkeitsanforderung **KonzVgV 3** 20
**Begründung der Wahl des Verfahrens
  VSVgV 12** 42
– Bekanntmachung bei Vergabe ohne EU-weiten
  Wettbewerb **VgV 39** 24
**Behindertenwerkstätten und Sozialunter-
  nehmen VOB/A 6 EU** 24
Beibringungsaufforderung VgV 50 32
**Beihilfengewährung (an Bieterunternehmen)
  VOB/A 16d EU** 46 ff.
Bekanntmachung VgV 51 16; **SektVO 46** 8;
  SektVO 48 24
– Begriff **SektVO 40** 3
– Eignungsanforderung **VgV 74** 28
– Form **VOB/A 18 VS** 12
– freiwillige **SektVO 40** 19
– Frist **VOB/A 18 VS** 16
– nationale **SektVO 40** 14
– Planungswettbewerb **VgV 79** 28
– Veröffentlichung **SektVO 40** 12
**Bekanntmachung der Wettbewerbsergebnisse
  VgV 70** 13
**Bekanntmachung über bestehende
  Qualifizierungssysteme SektVO 39** 11
**Bekanntmachung von Auftragsänderungen
  VgV 39** 34 ff.; **KonzVgV 21** 19 f.
– Ausnahmen von der Bekanntmachungspflicht
  VgV 39 48 ff.
– Bekanntmachungspflicht **VgV 39** 34 f.;
  KonzVgV 21 19 f.
– Folgen des Unterbleibens **VgV 39** 44 f.
– Form **VgV 39** 36
– freiwillige **VgV 40** 33 ff.
– Frist **VgV 39** 43
– Inhalt **VgV 39** 36 ff.; **KonzVgV 21** 20
– Konzessionen **KonzVgV 21** 19 f.
– Sprache **VgV 40** 14
– Standardformulare **VgV 39** 36;
  KonzVgV 21 20
– Übermittlung **VgV 39** 42 f.
– Veröffentlichung **VgV 40** 15 ff.
Bekanntmachungen
– Auftragsänderungen siehe: Bekanntmachung von
  Auftragsänderungen
– Auslegung **VgV 37** 16
– Bekanntmachungspflicht **VgV 37** 11;
  VgV 38 11 ff.; **VgV 39** 10 ff., 34 f.;
  KonzVgV 19 4 f.; **VOB/A 12 EU** 12;
  VSVgV 18 9 ff.; **VOB/A 12 VS** 14
– Berichtigung **VgV 37** 89 ff.
– Form **VgV 37** 20 ff.; **KonzVgV 19** 7 ff.;
  VOB/A 12 EU 15, 23; **VSVgV 17** 13 f.;
  VSVgV 18 15 f.; **VOB/A 12 VS** 13, 17
– freiwillige **VgV 38** 17 ff.; **VgV 40** 24 ff.;
  KonzVgV 19 25; **KonzVgV 21** 18;
  KonzVgV 23 11; **VOB/A 12 EU** 15 f., 31 f.;
  VSVgV 18 23 ff.; **VOB/A 12 VS** 13, 21 f.
– Funktion **VgV 37** 11 ff.; **VgV 38** 9 ff.;
  VgV 39 10 ff., 35; **KonzVgV 19** 4 f.;
  KonzVgV 20 5; **VOB/A 12 EU** 12 f.;
  VSVgV 18 5; **VOB/A 12 VS** 9 f.
– in Beschafferprofil **VgV 38** 27 ff.; **VgV 40** 21 f.;
  VOB/A 12 EU 17 f., 30; **VSVgV 17** 19;
  VOB/A 12 VS 11

Sachverzeichnis

– Inhalt **VgV 37** 25 ff.; **VgV 38** 14;
  VgV 39 14 ff., 36 ff.; **KonzVgV 19** 7 ff.;
  VOB/A 12 EU 15, 28 f.; **VSVgV 17** 12 ff.;
  VSVgV 18 13 ff.; **VOB/A 12 VS** 13, 15 ff.
– Konzessionen siehe: Konzessionsbekannt-
  machung
– Konzessionsänderungen siehe: Bekanntmachung
  von Auftragsänderungen
– nationale **VgV 37** 93 ff.; **VgV 38** 27 ff.;
  VgV 40 18 ff.; **KonzVgV 23** 10;
  VOB/A 12 EU 19, 30; **VSVgV 18** 21 f.;
  VOB/A 12 VS 11, 19
– Sprache **VgV 37** 22 ff.; **VgV 40** 17;
  KonzVgV 19 24; **KonzVgV 23** 4;
  VOB/A 12 EU 26 f.; **VSVgV 18** 20
– Standardformulare **VgV 37** 20 ff.; **VgV 38** 19 ff.;
  VgV 39 14 ff., 36 ff.; **KonzVgV 19** 7 ff.;
  KonzVgV 21 5 ff.; **KonzVgV 22** 20;
  KonzVgV 23 5 ff.; **VOB/A 12 EU** 23 f.;
  VSVgV 17 13 f.; **VSVgV 18** 15 f.;
  VOB/A 12 VS 13, 17, 20
– Übermittlung **VgV 40** 8 ff.; **VOB/A 12 EU** 25;
  VSVgV 17 17 f.; **VSVgV 18** 18 f.;
  VOB/A 12 VS 18
– Veröffentlichung **VgV 40** 15 ff.;
  VOB/A 12 EU 26 f.; **VSVgV 17** 18 f.;
  VSVgV 18 20
– Zeitpunkt **VgV 37** 15; **VgV 38** 42, 53;
  VgV 40 16; **VOB/A 12 EU** 12, 16;
  VSVgV 17 20 f.; **VSVgV 18** 11;
  VOB/A 12 VS 12
– siehe auch: Auftragsbekanntmachung;
  Konzessionsbekanntmachung; Vorinformation;
  Vergabebekanntmachung; Bekanntmachung
  von Auftragsänderungen
Bekanntmachungspflicht SektVO 38 11; **Sekt-
VO 39** 8; siehe: Bekanntmachungen
Benennungszeitpunkt VgV 47 12
Beratung
– des öffentlichen Auftraggebers **VgV 6** 38 ff., 48
Berechnung des Auftragswerts VgV 3 5, 6, 27,
  35, 65
**Berücksichtigungsfähiger Investitionsaufwand
KonzVgV 3** 4 ff., 11 f., 27 f., 29 f.
Berufliche Leistungsfähigkeit VgV 46 5
– Bekanntmachung **VgV 37** 59
**Berufs- oder Handelsregistereintragung
VgV 44** 12
**Berufs- und Betriebshaftpflichtversicherung
VgV 45** 26; **VOB/A 6a EU** 13
Beschäftigtenzahl VgV 46 36;
  VOB/A 6a EU 41
Beschafferprofil VgV 37 93 ff.; **SektVO 35** 2, 3,
  8; **SektVO 36** 6, 8; **KonzVgV 23** 10;
  VOB/A 12 EU 6, 30; **VSVgV 17** 19;
  VSVgV 18 21; **VOB/A 11 VS** 8
– Veröffentlichung **VgV 37** 96 ff.
– Vorinformation **VgV 37** 98 f.; **VgV 38** 27 ff.;
  VOB/A 12 EU 6; **VSVgV 17** 19
Beschaffungsbedarf VgV 14 27, 28, 46, 67
Beschaffungsdienstleister VgV 6 24, 25 ff.
Beschaffungssysteme
– dynamische **VgV 3** 45 f.
Beschleunigungsvergütung VOB/A 9a EU 4,
  17 ff.
– Prämien **VOB/A 9a VS** 2, 4, 5

Beschränkungskriterien VgV 51 12
Besondere Vertragsbedingungen VgV 29 51
Bestandswechsel VgV 43 26
**Bestimmung des Beschaffungsgegenstands
VgV 28** 17
Betriebsgeheimnisse
– siehe: Geschäftsgeheimnisse
Beurteilungsspielraum VgV 3 18;
  VOB/A 2 EU 29 ff.
Beweislast
– siehe: Feststellungslast
Bewerber
– Begriff **VgV 6** 37
Bewerberauswahl SektVO 45 7
Bewerberbegrenzung VgV 51 7;
  SektVO 45 13
Bewerberfragen VOB/A 10a EU 31 ff.;
  VOB/A 10b EU 33 ff.; **VOB/A 12a EU** 23 ff.;
  VOB/A 12a VS 12
– Bereitstellung als Teil der Vergabeunterlagen
  VgV 41 37
– siehe auch: Bieterfragen
Bewerbungsbedingungen VgV 29 28 ff.
Bewerbungsfrist VOB/A 10 EU 14
– Bekanntmachung **VgV 37** 72
– Verkürzung **VgV 38** 43
– Verlängerung bei alternativer Bereitstellung der
  Vergabeunterlagen **VgV 41** 68
Bewerbungsunterlagen
– Verbot frühzeitiger Kenntnisnahme **VgV 55** 7 f.
Bewertungsparameter/Wertbildende Faktoren
– bereitgestellte Lieferungen/Dienstleistungen
  KonzVgV 2 3, 8, 28, 36
– finanzielle Vorteile seitens des Konzessionsgebers
  KonzVgV 2 8, 28, 32 f.
– Optionen und Vertragsverlängerungen
  KonzVgV 2 3, 8, 28, 29
– Prämien/Zahlungen an Bewerber/Bieter
  KonzVgV 2 3, 8, 28, 37
– Refinanzierungsmöglichkeiten bei den Nutzern
  KonzVgV 2 28, 30
– Veräußerungserlöse **KonzVgV 2** 28, 35
– Zahlungen durch Konzessionsgeber
  KonzVgV 2 8, 28, 31 f.
– Zahlungen/finanzielle Vorteile durch Dritte
  KonzVgV 2 3, 8, 28, 34
Bieter
– Ausschluss **VOB/A 6e VS** 1
– Auswahl **VSVgV 21** 3
– Begriff **VgV 6** 37
– Bieteridentität **VgV 52** 7
– Mindestzahl **VSVgV 21** 21
– Rechtsform **VSVgV 21** 28
– Selbstreinigung **VOB/A 6f VS** 1
– Systematik **VSVgV 21** 13
Bieterfragen VOB/A 10a EU 31 ff.;
  VOB/A 10b EU 33 ff.; **VOB/A 12a EU** 23 ff.
– Beantwortung, Form **VOB/A 12a EU** 34;
  VOB/A 12a VS 12
– Beantwortung, Frist **VOB/A 12a EU** 26 ff.;
  VOB/A 12a VS 12
– Beantwortung, Grundsätze **VOB/A 12a EU** 25,
  34; **VOB/A 12a VS** 12
– Bereitstellung als Teil der Vergabeunterlagen
  VgV 41 37
– Form **VOB/A 12a EU** 33; **VOB/A 12a VS** 12

– Rechtzeitigkeit **VOB/A 12a EU** 31 f.; **VOB/A 12a VS** 12
– Schlusstermin **VgV 37** 73; **VOB/A 12a EU** 31
Bietergemeinschaft(en) VgV 43 10; **VgV 47** 41; **VgV 53** 57 f.; **VOB/A 6 EU** 20; **VOB/A 16 EU** 46 f.; **VSVgV 29** 2, 6, 19
– Angaben **VOB/A 13 EU** 81
– Identität **VgV 53** 59
Bieterschutz VgV 6 64
– bei dynamischen Beschaffungssystemen **VgV 23** 28
– bei elektronischer Kommunikation **VgV 9** 33 ff.
Bilanz VgV 45 15
Bindefrist VgV 20 21 ff.; **VOB/A 10a EU** 54 ff.; **VOB/A 10b EU** 56 ff.; **VOB/A 10c EU** 57 ff.; **VOB/A 10d EU** 42 ff.; **VOB/A 18 VS** 2
– Bekanntmachung **VgV 37** 76
Binnenmarkt VgV 3 5
Budgetobergrenze VOB/A 3a EU 29 ff.
Budgetüberschreitung VgV 63 44
Building Information Modeling (BIM) VgV 79 11

Centpreis
– siehe: (ungewöhnlich niedrige) Preisangabe
Chancengleichheit VgV 6 8
Chinese walls VgV 6 52
CPV-Code SektVO 39 9 f.
– Begriff **VgV 37** 14
– Bekanntmachung **VgV 37** 37

Datenintegrität VgV 5 36 ff.; **SektVO 5** 6; **KonzVgV 4** 8
– Begriff **VgV 5** 36
– Gewährleistung **VOB/A 13 EU** 26
– Schutz **VgV 5** 37
– Schutzmaßnahmen **VgV 5** 38
Datenschutz
– Integrität der Daten **VSVgV 19** 10 f., 12 ff.; **VSVgV 30** 2, 7 ff.; **VOB/A 11 VS** 9 ff.; **VOB/A 11a VS** 9 ff.; siehe: Datenintegrität
– Unversehrtheit der Daten **VSVgV 19** 10 f., 12 ff.
– Vertraulichkeit der Daten **VSVgV 19** 10 f., 12 ff.; **VSVgV 30** 2, 5, 7 ff., 10; **VOB/A 11 VS** 9 ff.; **VOB/A 11a VS** 9 ff.; siehe: Vertraulichkeit von Daten
– siehe auch: Personenbezogene Daten
De-facto-Vergabe
– freiwillige Ex-ante-Transparenzbekanntmachung **VgV 40** 28 ff.
– freiwillige Ex-post-Transparenzbekanntmachung **VgV 39** 26; **VgV 40** 33
De-minimis-Grenze VOB/A 22 EU 51
Design für Alle VgV 31 90; **SektVO 28** 18
Deutscher Vergabe- und Vertragsausschuss für Bauleistungen (DVA) VOB/A 6f EU 3; **VOB/A 16 EU** 9, 115; **VOB/A 16b EU** 2
Development-Plus-Purchase Arrangements VgV 19 2
Dienstleistungen
– nachrangige **SektVO 39** 3
– soziale und andere besondere **SektVO 39** 8 ff.
– vorrangige **SektVO 39** 3
Dienstleistungen, soziale
– siehe: Soziale Dienstleistungen

Dienstleistungskonzessionen KonzVgV 3 6, 21, 23
Direktvergabe VgV 53 56
Diskriminierungsverbot VgV 6 9
Dogmatisches Verhältnis VgV und VOB/A-EU 11 VOB/A 11 EU 1 ff.
Dokumentation SektVO 8 4 ff., 10, 11 ff.; **KonzVgV 6** 4 f.; **VOB/A 20 EU** 3
– Akteneinsichtsrecht **VgV 8** 38
– Auftragswert **VgV 8** 19, 29, 33
– Interessenkonflikt **VgV 8** 26
– Mindestaufbewahrungsfrist **VgV 8** 33
– Transparenzgebot **VgV 8** 6, 8, 18
– Vergabeakte **VgV 8** 7, 10, 12, 13, 15, 16
– Vergabevermerk **VgV 8** 2, 7, 12, 16, 17 f., 21, 22, 24, 28, 29, 32, 33, 39
– Vertraulichkeit **VgV 8** 34, 40
Dokumentationspflicht VgV 3 19 f.; **VgV 6** 71; **VgV 8** 2, 6, 12 ff., 36; **KonzVgV 2** 12, 16, 20, 43 f.; **KonzVgV 5** 4; **VOB/A 2 EU** 14, 16, 53; **VOB/A 3 EU** 21, 22, 24, 27, 29; **VOB/A 3a EU** 11, 15, 37 ff.; **VOB/A 3b EU** 21 f., 39 f., 76 f., 94 f.
Dokumentationspflicht des Auftraggebers VOB/A 20 VS 5, 8
– Begründung der Wahl der Verfahrensart **VOB/A 20 VS** 11
– Mindestanforderungen an Art und Umfang der Dokumentation **VOB/A 20 VS** 5
– Sicherheitsüberprüfungsgesetz **VOB/A 20 VS** 6
– Überschreitung der Fünf-Jahres-Frist **VOB/A 20 VS** 10, 12
– Verschlusssachen **VOB/A 20 VS** 6
Doppelausschreibungen VgV 28 37
Doppelberatung VgV 6 45
Doppelmandat VgV 6 42
Dringlichkeit VOB/A 3a EU 85 ff.; **VOB/A 10a EU** 23 ff.; **VOB/A 10b EU** 30 ff.; **VOB/A 10c EU** 30 ff.; **VOB/A 10d EU** 24
Drittländer SektVO 55 5 f., 7, 8
Drittschützende Wirkung VOB/A 16 EU 26; **VOB/A 16d EU** 20 ff.
Durchschnittsbetrachtung KonzVgV 3 13, 26, 42 f., 44
Dynamische Beschaffungssysteme
– Ablauf bei Einrichtung **VgV 24** 8
– Angebotsfrist **VgV 24** 15 f.
– Anwendung der Regelungen zum nicht offenen Verfahren **VgV 22** 11 ff.; **VgV 24** 4
– Aufforderung zur Angebotsabgabe **VgV 22** 13; **VgV 23** 25 ff.; **VgV 24** 5, 8 f., 13, 17 ff.
– Auftragsbekanntmachung **VgV 23** 5 ff.
– keine Begrenzung des Bieterkreises **VgV 22** 13; **VgV 23** 26
– Betrieb mit elektronischen Mitteln **VgV 22** 21 ff.
– Bewertungsfrist für Teilnahmeanträge **VgV 24** 10 ff.
– Bieterschutz bei unterlassener Aufforderung zur Angebotsabgabe **VgV 23** 28
– Dauer der Bereitstellung der Vergabeunterlagen **VgV 23** 8
– Dauer der Veröffentlichung der Auftragsbekanntmachung **VgV 23** 8
– Eignungsprüfung **VgV 22** 12 f.; **VgV 24** 8, 10 ff.
– Einheitliche Europäische Eigenerklärung **VgV 24** 12, 17 ff.

– und elektronische Auktionen **VgV 25** 28
– und elektronische Kataloge **VgV 27** 23 f.
– erforderliche Daten **VgV 23** 16
– historische Entwicklung **VgV 22** 2 f., 6
– Informierung der Europäischen Kommission über Änderung Gültigkeitsdauer **VgV 23** 10 ff.
– Kategorienbildung **VgV 23** 19 ff.
– kostenloser Zugang **VgV 22** 28 ff.
– marktübliche Leistungen **VgV 22** 9 f.
– Mindestangaben in den Vergabeunterlagen **VgV 23** 13 ff.
– Offenheit **VgV 22** 25 ff.
– Präzisierung der Zuschlagskriterien in der Aufforderung zur Angebotsabgabe **VgV 23** 29
– quantitative und qualitative Kategorien **VgV 23** 20
– Teilnahmefrist bei Einrichtung **VgV 24** 5 ff.
– Untergliederung in Kategorien von Leistungen **VgV 23** 19 ff.; **VgV 24** 9, 11
– Vergabeunterlagen **VgV 23** 6 ff., 13 ff.
– kein Vergabeverfahren *sui generis* **VgV 22** 11
– Zeitpunkt der Bereitstellung der Vergabeunterlagen **VgV 23** 6 f.
– Zeitraum **VgV 23** 9
– Zulassung der Teilnehmer **VgV 24** 14
Dynamisches elektronisches Verfahren
– siehe: Dynamische Beschaffungssysteme

e-Certis VgV 37 60; **VgV 48** 33; **VOB/A 6b EU** 27
Echtheit von Daten VgV 10 5 f.
– Begriff **VgV 11** 37
– De-Mail **VgV 11** 41
– elektronische Signaturen und Siegel **VgV 11** 38 ff.
Effet utile VgV 6 7, 16
Egalisierungsmaßnahmen VgV 7 8
Eigenerklärungen
– Eignungsnachweis **VSVgV 22** 8
Eigenschaften beim Einsatz VSVgV 34 25; **VOB/A 16d VS** 17
Eignung VOB/A 2 EU 27 ff.
– Angaben der Bieter **VOB/A 6a VS** 4
– Ausschlussgründe **VOB/A 6 VS** 5
– Bezug zum Auftragsgegenstand **VSVgV 21** 17
– Eigenerklärungen **VOB/A 6b VS** 5
– Eignungsleihe **VSVgV 21** 8
– Fachkunde und Leistungsfähigkeit **VOB/A 6 VS** 3
– Innovationspartnerschaft **VgV 19** 5 f.
– Mindestanforderungen **VSVgV 21** 15
– Mindestumsatz **VOB/A 6a VS** 6
– Nachweis **VSVgV 22** 3; **VOB/A 6b VS** 3
– Präqualifikation **VOB/A 6b VS** 4
– Prognose-Entscheidung **VOB/A 6 VS** 5
– Qualitätssicherung **VOB/A 6c VS** 3
– Selbstreinigung **VOB/A 6d VS** 1
– Systematik **VSVgV 21** 13; **VOB/A 6 VS** 7
– Umweltmanagement **VOB/A 6c VS** 3
– vergleichbare Leistungen **VOB/A 6a VS** 8
– siehe auch: Eignungsanforderungen
Eignungsanforderungen
– Bekanntmachung **VgV 37** 55 ff.; **VSVgV 18** 17
– Bekanntmachung von Mindestanforderungen **VgV 37** 56; **VSVgV 18** 17
– Nachunternehmer **VSVgV 18** 17

Eignungsbegriff VOB/A 6 EU 4
Eignungskriterien VgV 51 13
– bei Untergliederung eines dynamischen Beschaffungssystems in Kategorien von Leistungen **VgV 23** 23 f.; **VgV 24** 11
Eignungskriterium VOB/A 19 VS 16
Eignungsleihe VgV 47 9; **SektVO 48** 27; **VSVgV 26** 17 ff.; **VSVgV 27** 20 ff.
– keine Eignungsleihe „nur auf dem Papier" **VSVgV 27** 20 ff.
– Form der Zusage des Dritten **VSVgV 27** 22
Eignungsnachweise VgV 45 22; **VgV 46** 12
– Korrektur **VSVgV 22** 20
– Nachforderung **VSVgV 22** 19
Eignungsprüfung VgV 42 8; **VgV 43** 30; **VgV 47** 33; **SektVO 37** 2; **VSVgV 31** 15 ff.
– bei dynamischen Beschaffungssystemen **VgV 22** 12 f.; **VgV 24** 8, 10 ff.
– bei elektronischen Auktionen **VgV 25** 11 ff.
– Grundsatz **VOB/A 16b EU** 7 f.
– Prüfungsvorgang **VOB/A 16b EU** 9 ff.
– Wiedereintritt in die **VOB/A 16b EU** 14 ff.; **VOB/A 16c EU** 37
Einflussnahme VgV 6 33
Einheitliche Datenaustauschschnittstelle VgV 10 23 ff.
Einheitliche Europäische Eigenerklärung VgV 48 36; **VgV 50** 4 ff.; **VOB/A 6b EU** 16 ff.
– verteidigungs- und sicherheitsspezifische Aufträge **VOB/A 6b VS** 3
Einheitspreis
– siehe: Preisangabe
Einheitspreisvertrag VOB/A 4 EU 5 ff., 45 ff., 64 ff., 115 ff., 132 ff., 172, 177 ff., 232, 255 f.
Einleitung des Vergabeverfahrens VgV 6 16
Einrede der anderweitigen Verfügbarkeit VgV 50 43
Einstellung von Vergabeverfahren SektVO 57 1 ff.
Einzelaufträgen
– Summe von **VgV 3** 45 f.
Einzelauftrag
– Bekanntmachung **VgV 39** 28; **VOB/A 18 VS** 4
Einzelauftragsvergabe
– Rahmenvereinbarungen **VgV 21** 28 ff.; **SektVO 19** 17 ff.
Einzelfristen VOB/A 9 EU 36 ff.
Einzelnachweise VgV 50 31; **VOB/A 6b EU** 11
Elektronische Auktionen
– Abschluss **VgV 26** 40 f.
– Angebotskomponenten **VgV 25** 37; **VgV 26** 9
– Anwendbarkeit des allgemeinen Vergaberechts **VgV 25** 10 ff.
– Aufforderung zur Interessensbestätigung **VgV 26** 5 ff.
– Aufforderung zur Teilnahme **VgV 26** 18 ff.
– Auftragsbekanntmachung **VgV 26** 5 ff.
– Ausschlussgründe **VgV 25** 17
– automatische Bewertungsmethoden **VgV 25** 30 ff.
– automatische Rangfolgen der Angebote **VgV 25** 30 ff.
– Bekanntmachung **VgV 37** 69
– Beschreibung der Angebotskomponenten **VgV 25** 37
– Charakter **VgV 25** 8 f.

– bei dynamischen Beschaffungssystemen **VgV 25** 28
– kein eigenständiges Vergabeverfahren **VgV 25** 8
– Eignungsprüfung **VgV 25** 11 ff.
– erste Bewertung der Angebote **VgV 25** 25 ff.
– Flipping-Effekt **VgV 25** 36
– frühestmöglicher Beginn **VgV 26** 31
– geistig-schöpferische Leistungen **VgV 25** 20 ff.
– hinreichend präzis beschriebene Vergabe-unterlagen **VgV 25** 18 f.
– historische Entwicklung **VgV 25** 2 ff.
– mathematische Formel zur Angebotswertung **VgV 25** 30 ff.
– Mindestabstände von Preisen und Werten **VgV 26** 15 ff.
– Mindestangaben in den Vergabeunterlagen **VgV 26** 8 ff.
– Mitteilungen während der elektronischen Auktion **VgV 26** 32 ff.
– Niedrigpreisangebote **VgV 25** 14 ff.
– Obergrenzen von Angebotskomponenten **VgV 26** 10
– Phasen **VgV 25** 29
– Quantifizierung und Qualifizierung **VgV 25** 20 ff.
– bei Rahmenvereinbarungen **VgV 25** 28
– relevante Daten zum Ablauf **VgV 26** 13 f.
– Vergabeunterlagen **VgV 26** 8 ff.
– währenddessen zur Verfügung gestellte Daten **VgV 26** 11 f.
– Zuschlagserteilung **VgV 26** 42 ff.
Elektronische Bereitstellung der Vergabeun-terlagen
– Ausnahmen **SektVO 41** 26 ff.
Elektronische Datenübermittlung
VOB/A 10a EU 26 ff.; **VOB/A 10b EU** 28 ff.;
VOB/A 10c EU 28 ff.; **VOB/A 10d EU** 23
Elektronische Kataloge
– angebotsergänzende Unterlagen **VgV 27** 10
– angebotsersetzende Unterlagen **VgV 27** 10
– Aufforderung zur Interessensbestätigung **VgV 27** 13 f.
– Auftragsbekanntmachung **VgV 27** 13 f.
– Begriffsbestimmung **VgV 27** 4 ff.
– Beifügung weiterer Unterlagen **VgV 27** 9 f.
– und dynamische Beschaffungssysteme **VgV 27** 23 f.
– fakultative elektronische Kataloge **VgV 27** 11 f.
– Formate **VgV 27** 7 f.
– historische Entwicklung **VgV 27** 2
– inhaltliche Beschränkung **VgV 27** 6, 22
– und Rahmenvereinbarungen **VgV 27** 16 ff.
– Spezifikationen **VgV 27** 7 f.
– Verbot allgemeiner Produktkataloge **VgV 27** 15
– zwingende elektronische Kataloge **VgV 27** 11 f.
Elektronische Kommunikation VgV 81 9
– Grundsatz **VgV 41** 2, 10; **VgV 53** 5, 13;
VSVgV 18 17; **VOB/A 12a VS** 4
– Übergangsfristen **VgV 81** 9
– Verwendung anderer als elektronischer Mittel **VgV 41** 46 ff.; **VgV 53** 28 f.;
KonzVgV 28 11 ff.
– siehe: Elektronische Mittel
Elektronische Kommunikationsmittel
– siehe: Elektronische Mittel

Elektronische Mittel VgV 53 10;
VgV 97 Abs. 5 1 ff.; **SektVO 40** 10;
SektVO 42 15, 30
– allgemein verfügbar **VgV 11** 6 ff.; **VgV 12** 4;
VgV 41 17
– allgemeine Verwaltungsvorschriften **VgV 13** 3 f.
– Anforderungen an den Einsatz **VgV 11** 4 ff.
– Anforderungen an verwendete elektronische Mittel **VgV 10** 13 ff.
– und Archivierung von Daten **VgV 9** 19
– Ausnahmen von der Pflicht zur Verwendung **VgV 9** 20 ff.; **VgV 41** 46 ff.
– Barrierefreiheit **VgV 11** 15 ff.
– Basisdienste für die elektronische Auftragsvergabe **VgV 13** 3
– für die Bauwerksdatenmodellierung **VgV 12** 19 ff.
– besondere Anforderungen **VgV 41** 49 ff.
– besondere Anforderungen für den Empfang von Angeboten, Teilnahmeanträgen und Interessens-bestätigungen sowie von Plänen und Entwürfen für Planungswettbewerbe **VgV 10** 9, 13 ff.
– Bieterschutz und elektronische Kommunikation **VgV 9** 33 ff.
– BITV 2.0 **VgV 11** 21 ff.
– diskriminierungsfreier Zugang zur elektronischen Kommunikation **VgV 9** 35 f.
– bei dynamischen Beschaffungssystemen **VgV 22** 21 ff.; **VgV 23** 13, 17
– einheitliche Datenaustauschschnittstelle **VgV 10** 23 ff.; **VgV 13** 4
– elektronische Signaturen und Siegel **VgV 10** 4
– Fallgruppenbildung bei Festlegung des erforderlichen Sicherheitsniveaus **VgV 10** 8;
VOB/A 11 EU 10
– Festlegung des erforderlichen Sicherheitsniveaus **VgV 10** 5 f.
– historische Entwicklung **VgV 9** 2 ff.
– und interne Abläufe **VgV 9** 19
– IT-Planungsrat **VgV 10** 23 ff.
– Kompatibilität mit allgemein verbreiteten Geräten und Programmen der IKT **VgV 11** 12
– Kontinuum an Sicherheitsniveaus **VgV 11** 29
– Legaldefinition **VgV 9** 23
– monetäre allgemeine Verfügbarkeit **VgV 11** 8
– nicht allgemein verfügbar **VgV 10** 11;
VgV 11 10; **VgV 41** 49 ff.; siehe auch:
(alternative) Elektronische Mittel
– nichtdiskriminierend **VgV 11** 11
– notwendige Informationen **VgV 11** 42 ff.
– persönlicher Anwendungsbereich **VgV 9** 16 f.
– personale allgemeine Verfügbarkeit **VgV 11** 7
– Pflicht zur Verwendung elektronischer Mittel **VgV 9** 17, 18 f.
– Primat elektronischer Mittel **VgV 9** 2, 7, 17, 34
– sachlicher Anwendungsbereich **VgV 9** 18 f.
– Senden, Empfangen, Weiterleiten und Speichern von Daten **VgV 9** 18 f.
– Sicherheit der elektronischen Kommunikation **VgV 9** 37
– Verbot der Zugangseinschränkung für Unternehmen **VgV 11** 13 f.
– und Vergabemanagementsysteme **VgV 9** 19, 23
– Verhältnis zwischen § 10 Abs. 1 S. 1 VgV und
§ 11 Abs. 2 VgV **VgV 10** 12; **VgV 11** 27 ff.

– Verhältnis zwischen § 10 Abs. 1 S. 1 VgV und
  § 53 Abs. 3 VgV **VgV 10** 4
– Verschlüsselungsverfahren **VgV 11** 45
– Vertrag zur Ausführung von Art. 91c GG
  VgV 10 24 ff.
– XVergabe **VgV 10** 28 ff.; **VgV 13** 4
– Zeiterfassungsverfahren **VgV 11** 46
– zeitliche allgemeine Verfügbarkeit **VgV 11** 8
– Zugangseröffnung für alle Unternehmen
  VgV 9 35 f.; **VgV 41** 19
– Zwecke der Regeln zur elektronischen
  Kommunikation **VgV 9** 33 ff.; **VgV 11** 5
Elektronische Signaturen und Siegel
  VgV 10 4; **VgV 11** 38 ff.; **SektVO 43** 12;
  SektVO 44 6, 8
– bei Bauvergaben **VOB/A 11 EU** 12 ff.
Elektronische Übermittlung SektVO 38 25;
  SektVO 39 14; **SektVO 40** 10
Elektronische Übermittlung von Angeboten
  SektVO 43 4, 11 ff.; **SektVO 44** 2 ff.
– Ausnahmegründe **SektVO 44** 13 ff.
– Ausnahmen **SektVO 43** 20 ff.
– Dokumentation **SektVO 43** 27 ff.;
  SektVO 44 16
– Rechtsschutz **SektVO 43** 30 f.
– Textform **SektVO 43** 12 f.
– Übergangsfrist **SektVO 43** 16 ff.; **SektVO 44** 12
Elektronische Vergabe
– siehe: Elektronische Mittel
Elektronisches Siegel SektVO 44 6, 8
EMAS VgV 49 17
Energieeffizienz
– fakultative Anforderungen **VOB/A 8c EU** 12 ff.
– höchste Energieeffizienzklasse
  VOB/A 8c EU 18 f.
– höchstes Leistungsniveau **VOB/A 8c EU** 15 ff.
– obligatorische Anforderungen
  VOB/A 8c EU 20 ff.
– Zuschlagskriterium **VOB/A 8c EU** 29 f.
Energieverbrauch
– Angaben **VOB/A 8c EU** 22 ff.
Energieverbrauchsrelevante Leistungen
– Begriff **VgV 67** 8 ff.; **SektVO 58** 11 ff.
– Informationsbeschaffungspflicht **VgV 67** 17 f.;
  SektVO 58 14 ff.
– Informationsprüfung **VgV 67** 21; **Sekt-
  VO 58** 18
– Mindestanforderungen **VgV 67** 11 ff.;
  SektVO 58 13
– Wesentlichkeit bei Dienstleistungen **VgV 67** 10
**Energieverbrauchsrelevante Waren, technische
  Geräte oder Ausrüstungen**
– energieverbrauchsrelevantes Produkt
  VOB/A 8c EU 9 f.
– wesentlicher Bestandteil einer Bauleistung
  VOB/A 8c EU 11
eNotices VgV 37 21; **VgV 40** 11 ff.;
  VSVgV 18 19
Entgeltliche Beschäftigung VgV 6 43
Entschädigung
– Allgemeines **VOB/A 8b EU** 4
– Anspruch auf Entschädigung
  VOB/A 8b EU 5 ff., 10 ff.
– Bearbeitung des Angebots **VOB/A 8b EU** 5
– entschädigungsfähige Leistungen
  VOB/A 8b EU 8 f.

– Festsetzung **VOB/A 8b EU** 12 ff.
– Rechtfertigung **VOB/A 8b EU** 7
– Teilnahmeaufwendungen **VOB/A 8b EU** 6
– Verstoß gegen angemessene Festsetzung
  VOB/A 8b EU 15 ff.
– Voraussetzungen **VOB/A 8b EU** 10 ff.
Entstehungsgeschichte KonzVgV 1 2 f.;
  KonzVgV 2 2 ff.; **KonzVgV 3** 2 ff.
Entziehung SektVO 48 39 ff.
Erforderlichkeit SektVO 45 15 ff.
**Ergänzende Vertragsbedingungen V
  gV 29** 51
Erheblichkeit
– der Interessenkollision **VgV 6** 33
Erklärungen oder Nachweise
– fehlende **VOB/A 16a EU** 14 ff.
– fehlerhafte **VOB/A 16a EU** 33 ff.
– geforderte **VOB/A 13 EU** 39
– vorbehaltene **VOB/A 16 EU** 117, 119;
  VOB/A 16a EU 13
Erläuterung VgV 48 48
Erlaubnis VgV 44 11
Ermessen
– intendiertes **VOB/A 19 VS** 7
Eröffnungstermin VOB/A 16 EU 28, 35, 56;
  siehe: Öffnungstermin
EU-Recht
– Innovationspartnerschaft **VgV 19** 3
Europäische Norm VgV Anlage 1 23
**Europäische Technische Bewertung
  VgV Anlage 1** 29
EU-Strategie 2020 VgV 3 47
E-Vergabe SektVO 40 9; **SektVO 41** 3; **Sekt-
  VO 43** 3 ff.; **VOB/A 23 EU** 4
– Übergangsregelung **VOB/A 23 EU** 4
E-Vergabe-Portal VOB/A 10a EU 29, 46 ff.;
  VOB/A 10b EU 48 ff.; **VOB/A 10c EU** 49 ff.;
  VOB/A 10d EU 34 ff.
Ex-ante-Prognose VgV 3 12
Ex-post-Transparenz VSVgV 35 1 ff.
Externe Dienstleister VgV 28 34

F & E-Dienstleistungen SektVO 38 21 ff.
– Begriff **SektVO 38** 22
– Vergabe mit vorheriger Auftragsbekanntmachung
  SektVO 38 24
– Vergabe ohne vorherige Auftragsbekannt-
  machung **SektVO 38** 23
Fehlende Angaben VgV 48 25
Festkosten VgV 58 87 ff.
Festpreise VgV 58 87 ff.
Festpreisvertrag VOB/A 4 EU 11, 40 f.
– Selbstkostenfestpreisvertrag **VOB/A 4 EU** 214,
  219
Feststellungslast VOB/A 16 EU 25, 36, 98;
  VOB/A 16a EU 48
Form VgV 50 10
– eines Angebots **VSVgV 19** 16 f., 18 f.
– eines Teilnahmeantrags **VSVgV 19** 16 f., 18 f.,
  20 ff.; **VOB/A 11 VS** 7, 9 ff., 13
**Form und Übermittlung der Teilnahme-
  anträge und Angebote**
– Anforderungen an die Angebote **VgV 53** 36 f.
– Dokumentation **KonzVgV 28** 14, 16
– elektronische Signatur **VgV 53** 18 ff., 23;
  KonzVgV 28 16 f.

– Grundsatz der elektronischen Übermittlung **VgV 53** 36 f.; **KonzVgV 28** 3 f., 6 ff.
– Telefax **VgV 54** 15 ff.
– Textformerfordernis **VgV 53** 8, 9; **KonzVgV 28** 7
– Verwendung anderer als elektronischer Mittel **VgV 53** 28 f.; **KonzVgV 28** 11 ff.
Formale Prüfung
– Dokumentation Nachforderung **VgV 56** 9 ff., 16; **SektVO 51** 3 ff., 12
– fehlende Unterlagen **VgV 56** 9; **SektVO 51** 5
– Korrektur von Unterlagen **VgV 56** 3, 10; **SektVO 51** 6
– Nachreichen von Unterlagen **VgV 56** 9, 15; **SektVO 51** 4
– rechnerische Richtigkeit **VgV 56** 7; **SektVO 51** 4
– unwesentliche Einzelpositionen **VgV 56** 13; **SektVO 51** 9
– Vervollständigen von Unterlagen **VgV 56** 9; **SektVO 51** 5
– Vollständigkeit **VgV 56** 6; **SektVO 51** 4
Formalprüfung VSVgV 31 2 ff.
– Nebenangebote **VSVgV 31** 12
– Teilnahmeanträge **VSVgV 31** 11
Formblätter und Richtlinien des VHB VOB/A 8 VS 20
Formen koordinierter Beschaffung VgV 4 7
Forschung und Entwicklung VSVgV 4 12 f.
Forschungs- und Entwicklungstätigkeiten VgV 3 47–49
Forschungsprojekt VOB/A 3b EU 89, 92, 103 ff.
Freier Beruf VgV 6 27, 39
Freistellung von der SektVO
– siehe: Freistellungsverfahren
Freistellungsverfahren
– Antragsberechtigte **SektVO 3** 5–7
– Antragsinhalt **SektVO 3** 8–9, 15–16
– Bekanntmachungen **SektVO 3** 25, 29–30
– Beteiligung der Bundesnetzagentur **SektVO 3** 19
– Beteiligung des Bundeskartellamts **SektVO 3** 10, 14–22
– Verfahrensrecht der EU-Kommission **SektVO 3** 3, 24–30
– Verhältnis zum Wettbewerbsrecht **SektVO 3** 12, 15–17, 20
Freiwillige Ex-Ante-Transparenzbekanntmachung VgV 40 28 ff.; **KonzVgV 20** 20
Freiwillige Ex-Post-Transparenzbekanntmachung VgV 40 33 ff.; **KonzVgV 21** 18
Fremderklärungen VgV 48 45
Fristberechnung VOB/A 3a EU 87 ff.; **VOB/A 10a EU** 14 ff., 56 ff.; **VOB/A 10b EU** 14 ff., 19 f., 58 ff.; **VOB/A 10c EU** 14 ff., 19 ff., 59 ff.; **VOB/A 10d EU** 15 ff., 44 ff.
Fristen
– Angebotsfrist **VOB/A 21 EU** 9 ff.; **VSVgV 20** 6 ff., 16 ff.; **VOB/A 10b VS** 8 ff.
– Angemessenheit **VgV 20** 2 ff., 8, 9, 12, 15, 25, 34 ff.; **SektVO 16** 3, 4, 5; **VOB/A 10 EU** 15
– Aufforderungsfrist **VOB/A 9 EU** 32 ff.
– Ausführungsfristen **VOB/A 9 EU** 15 ff.
– außergewöhnlich kurze Fristen **VOB/A 9 EU** 22 ff.

– Bauzeitenplan **VOB/A 9 EU** 38
– Berechnung **VOB/A 9 EU** 8 ff.
– bei dynamischen Beschaffungssystemen **VgV 24** 1 ff.
– Einbeziehung **VOB/A 9 EU** 12 ff.
– Einzelfristen **VOB/A 9 EU** 36 ff.
– Fristbeginn **VgV 82** 11
– Fristdauer **VgV 82** 16
– Fristenberechnung **VgV 82** 11 ff.
– Fristende **VgV 82** 14
– Kooperationsfristen **VOB/A 9 EU** 41 f.
– nicht offene Verfahren **VgV 16** 2, 4, 9, 10, 13, 28; **SektVO 15** 2, 3, 10, 13
– offene Verfahren **VgV 15** 2, 11, 15, 28; **SektVO 14** 2, 5, 11
– Teilnahme-/Bewerbungsfrist **VSVgV 20** 6 ff., 9 ff.; **VOB/A 10b VS** 4 ff.
– Verhandlungsverfahren **VgV 17** 5 ff., 12 ff., 14; **SektVO 13** 9 ff., 33 f.; **SektVO 15** 2, 3, 8, 10, 13, 16, 17; **VOB/A 10c VS** 1 ff.
– Verkürzung **VSVgV 20** 11 ff., 17 ff.; **VOB/A 10b VS** 6 f., 9 ff.
– Verlängerung **VgV 20** 2, 15, 24, 25, 27 f., 29 ff., 33, 34 f.; **SektVO 16** 11 f.; **VSVgV 20** 24 f.; **VOB/A 10 VS** 1 ff.
– Vertragsfristen **VOB/A 9 EU** 40
– wettbewerblicher Dialog **VgV 18** 15; **SektVO 17** 1 ff.; **VOB/A 10d VS** 1 ff.
– siehe auch: Angebotsfrist
Fristen für den Eingang von Teilnahmeanträgen und Angeboten
– Angemessenheit der Fristsetzung **KonzVgV 27** 4
– Frist für den Eingang von Teilnahmeanträgen **KonzVgV 27** 2 ff.
– Fristen bei mehrstufigen Vergabeverfahren **KonzVgV 27** 11 f.
– Fristlauf **KonzVgV 27** 10
– Mindestfristen **KonzVgV 27** 9
– Regeln über die Fristsetzung **KonzVgV 27** 5, 6
Fristverlängerung VSVgV 7 15
– Auftragsbekanntmachung **VSVgV 7** 20
– Ermessen **VSVgV 7** 18
Funktionelle Betrachtungsweise VgV 3 4, 22 f., 35, 37, 56, 60 f.
Funktionsweise SektVO 48 13

Ganzjährige Bautätigkeit VOB/A 2 EU 64 ff.
Gebot der Vertraulichkeit VSVgV 6 5
– Adressatenkreis **VSVgV 6** 3, 9
– technische Geheimnisse und Betriebsgeheimnisse **VSVgV 6** 11
– Weitergabe vertraulicher Informationen an Unterauftragnehmer **VSVgV 6** 7, 8, 12, 13
– siehe auch: Vertraulichkeit
Gebührenerhebung SektVO 48 34
Gegenleistung
– Nutzungsrecht des Bauwerks **KonzVgV 2** 30
– Refinanzierungsmöglichkeiten **KonzVgV 2** 28, 30
– Verwertungsrecht der Dienstleistung **KonzVgV 2** 30
Geheimhaltungsinteresse VgV 5 13, 43 f.; **SektVO 5** 8; **SektVO 38** 18, 28
Geheimwettbewerb VgV 5 6; **SektVO 43** 14; **VOB/A 12a EU** 20 ff.; **VOB/A 12a VS** 11

Sachverzeichnis

Gelegentliche gemeinsame Auftragsvergabe
- Begriff **VgV 4** 11 ff.
- Begründung **VgV 4** 12
- bestimmter öffentlicher Auftrag **VgV 4** 11, 13
- Datenschutz **VgV 4** 18
- und dynamische Beschaffungssysteme **VgV 4** 18
- Formen **VgV 4** 12
- historische Entwicklung **VgV 4** 4
- Kollision nationaler Rechtsvorschriften **VgV 4** 4, 21
- und Losbildung **VgV 4** 18
- durch öffentliche Auftraggeber aus verschiedenen Mitgliedstaaten der EU **VgV 4** 4, 19 ff.
- und Rahmenverträge **VgV 4** 18
- Szenarien gemeinsamer Durchführung **VgV 4** 16
- teilweise alleinige gelegentliche gemeinsame Auftragsvergabe **VgV 4** 16
- teilweise gelegentliche gemeinsame Auftragsvergabe **VgV 4** 16
- Umfang der Verantwortlichkeiten **VgV 4** 17 f.
- unvollständige gelegentliche gemeinsame Auftragsvergabe **VgV 4** 16
- Verantwortlichkeit teilnehmender öffentlicher Auftraggeber **VgV 4** 14 ff.
- Verfahrensteile **VgV 4** 18
- vollständige gelegentliche gemeinsame Auftragsvergabe **VgV 4** 16

Gemeinsame Auftragsvergabe
VOB/A 2 EU 32 ff.
Gemeinsame Technische Spezifikation
VgV Anlage 1 30
Gemischte Aufträge/Konzessionen
VSVgV 5 9
- Anwendbarkeit der VgV **VgV 1** 21 ff.
- Bauaufträge **VgV 2** 11 ff.

General Procurement Agreement
- Angabe in Bekanntmachung **VgV 37** 70; **KonzVgV 19** 19
Generalklausel
- bei Interessenkonflikten **VgV 6** 29 ff.
Gerichtliche Kontrolle KonzVgV 3 36
Gesamtpreis VgV 3 15, 44, 65 ff.
Gesamtvergütung VgV 3 4
Gesamtwert VgV 3 21, 45, 48, 51, 59 f., 63, 65, 67
- geschätzter **VgV 3** 54, 57 f., 60, 64
- tatsächlicher **VgV 3** 64
Gesamtwertermittlung
- schätzweise **VgV 3** 21, 22, 29, 30, 48, 54, 60
Geschäftliche Beziehung VgV 6 47 f., 52
Geschäftsgeheimnisse
- Begriff **VgV 5** 13 ff.
- des Auftraggebers **VgV 5** 42 ff.; **VgV 41** 61; **SektVO 5** 8; **KonzVgV 4** 9
- Schutz **VgV 5** 11 ff, 30 ff.; **SektVO 5** 6 ff.; **KonzVgV 4** 6 ff.
- Vergabeunterlagen **VgV 5** 44; **VgV 41** 61
Gesellschafterwechsel VOB/A 22 EU 40
Gesellschaftsrechtliche Beteiligungsverhältnisse VgV 6 48
Gewand eines Verhandlungsverfahrens
VOB/A 3b EU 45
Gewerbliche Schutzrechte VSVgV 29 17 f.
Gleichartige Bauleistung VOB/A 3a EU 92 ff.
Gleichbehandlung VgV 43 9; **SektVO 41** 23; **SektVO 45** 8; **SektVO 46** 5

Gleichbehandlungsgrundsatz VgV 6 5, 8, 63; **SektVO 6** 1; **KonzVgV 5** 1; **VOB/A 2 EU** 22 ff.; **VOB/A 16 EU** 11 f.; **VOB/A 16a EU** 9 ff.
Gleichwertigkeit VSVgV 36 15
GMP-Vertrag VOB/A 4 EU 42
GPA
- siehe: General Procurement Agreement
Grundposition VOB/A 4 EU 87 f., 102 ff., 117
Grundsätze der Kommunikation VgV 9
Grundsatz der elektronischen Kommunikation VgV 41 2, 10; **SektVO 40** 3, 6; siehe auch: Elektronische Kommunikation
Gütezeichen VgV 34 13; **VgV 61** 4, 7; **VOB/A 7a EU** 47; **VOB/A 16c EU** 5, 11 ff.; **VOB/A 7a VS** 11
Gütezeichenanforderungen VgV 34 3
Gutachterverfahren VgV 79 77

Haftung VgV 47 38
Harmonisierte Norm VgV Anlage 1 25
Hauptangebote VOB/A 3b EU 9
Heilung
- bei Interessenkonflikten **VgV 6** 66 f.
Herkunft der Ware SektVO 55 8
Herkunftsstaat VgV 44 24
Honorarordnung
- Änderung der **VgV 76** 33
- Angaben des AG **VgV 76** 24
- Einhaltung **VgV 76** 22, 27 f.
- Prüfpflicht des AG **VgV 76** 28
- Zuschlagskriterium **VgV 76** 19 ff.
Horizontale Bietergemeinschaft VgV 43 13

Ideenwettbewerb VgV 78 39, 44 ff., 91
Identität
- von Bewerbern und öffentlichen Auftraggebern **VgV 6** 36 f.
- von Bietern und öffentlichen Auftraggebern **VgV 6** 36 f.
Indexierungsklausel VOB/A 22 EU 16, 56
Informationsbedürfnis VgV 44 13
Informationsfreiheitsgesetze VgV 5 28; **KonzVgV 4** 7
Informationspflichten VgV 62 1 ff.; **VOB/A 19 EU** 1 ff.
- Adressat **VgV 62** 24 ff.
- Antrag **VgV 62** 53 ff.
- Ausnahmen **VgV 62** 80 ff.
- Frist **VgV 62** 40 ff., 59
- Inhalt **VgV 62** 34 ff., 61 ff.
- Verweis auf § 134 GWB **VgV 62** 49 ff.
Informationsschreiben SektVO 42 9
Informationssicherheit VOB/A 19 VS 15
- Bekanntmachung der Anforderungen **VSVgV 18** 17
Informationsvorsprung VgV 6 66
Inhalt VgV 50 13
Inkrafttreten VSVgV 45 2, 4
Innovationspartnerschaft VOB/A 3 EU 29 ff.; **VOB/A 3a EU** 97 f.; **VOB/A 3b EU** 89 ff.
- Aufforderung zur Teilnahme **VgV 52** 8
Innovationspartnerschaften VgV 3 47 ff.
Integrierter Planungswettbewerb VgV 74 35; **VgV 78** 49 f.

Integrität der Daten
– siehe: Datenintegrität
– siehe: Datenschutz (Unversehrtheit der Daten)
Interesse
– finanzielles **VgV 6** 29, 32 ff., 33
– persönliches **VgV 6** 29, 32 ff.
– wirtschaftliches **VgV 6** 29, 32 ff., 33
Interessenbekundung
– Aufbewahrung und Kennzeichnung ungeöffneter
    Interessenbekundungen **VgV 5** 33; **VgV 54** 9 ff.,
    14 ff.
– Form und Übermittlung **VgV 38** 57;
    VgV 53 8 f.
Interessenbekundungsverfahren
    VOB/A 3b EU 25, 28 ff., 54 ff.
Interessenbestätigung
– Anforderungen **VgV 53** 36 f.
– Aufbewahrung und Kennzeichnung ungeöffneter
    Interessenbestätigungen **VgV 54** 9 ff., 14 ff.
– Aufforderung zur Interessenbestätigung
    VgV 38 58 ff.; **VgV 52** 13 f.
– Form und Übermittlung **VgV 53** 8 f.
– Geheimhaltung **VgV 5** 33 ff.
– Öffnung/Submission **VgV 55** 11
– Vertraulichkeit **VgV 5** 33 ff.
Interessenkollision
– siehe: Interessenkonflikt
Interessenkonflikt VgV 6 8; **VgV 46** 9;
    SektVO 6 1; **KonzVgV 5** 1; **KonzVgV 6** 11;
    VOB/A 2 EU 38 ff.
– von Angehörigen **VgV 6** 53 f.
– betroffene Personen **VgV 6** 17 ff.
– Feststellung **VgV 6** 29 ff.
– Folgen **VgV 6** 6, 58 ff., 63 ff.
– von Projektanten **VgV 6** 55 ff.; **SektVO 6** 4;
    KonzVgV 5 3
– Vermutung **VgV 6** 34 ff.
Interimsvergabe VgV 14 51
Interoperabilität VSVgV 34 22 ff.;
    VOB/A 16d VS 15 ff.

Jahresabschluss VgV 45 28;
    VOB/A 6a EU 15 ff.

Kalkulationsannahmen VOB/A 16 EU 68
Kalkulationsblätter VOB/A 16 EU 68, 98,
    107, 118; **VOB/A 16a EU** 29;
    VOB/A 16d EU 32
Kalkulationsfehler VOB/A 10a EU 52 ff.;
    VOB/A 10b EU 54 ff.; **VOB/A 10c EU** 55 ff.;
    VOB/A 10d EU 40 ff.
Kalkulationsfreiheit VOB/A 16 EU 86
Kalkulationsirrtum VOB/A 16d EU 39
Kalkulationsvorgaben VOB/A 16 EU 85
Kartellrecht
– „FENIN“-Entscheidung **VgV 4** 9
– kartellrechtliche Grenzen gemeinsamer
    Beschaffung **VgV 4** 8 ff.
– kartellrechtlicher Unternehmensbegriff
    VgV 4 9 f.
– Nachfragemacht öffentlicher Auftraggeber
    VgV 4 8
Kennzeichnung
– von Mustern und Proben **VOB/A 13 EU** 66
Kommunikation
– allgemein **VSVgV 19** 1 ff.; **VOB/A 11 VS** 1 ff.

– direkte **VSVgV 19** 4 f., 16; **VOB/A 11 VS** 5,
    11, 13
– elektronische **VSVgV 19** 1, 2, 4 ff., 8 ff., 17, 21;
    VSVgV 20 15, 21 f.; **VOB/A 10b VS** 6, 10;
    VOB/A 11 VS 1, 2, 4 ff., 8, 9 ff.;
    VOB/A 11a VS 1 ff.
– Kommunikationsmittel **VSVgV 19** 4 ff.;
    VOB/A 11 VS 4 f.
– per Post **VgV 41** 57, 66 f.; **VSVgV 19** 4, 16;
    VOB/A 11 VS 5, 11, 13; **VOB/A 12a VS** 5
– per Telefax **VSVgV 19** 4, 23; **VOB/A 11 VS** 5,
    13
– telefonische **VSVgV 19** 4, 22;
    VOB/A 11 VS 5, 13
Komplettklausel VOB/A 4 EU 37, 39, 147, 195
Komplexe Leistungen VgV 46 29
Kontrahierungszwang VSVgV 37 8
Kontrollierte Personen
– siehe: Kontrollierte Unternehmen
Kontrollierte Unternehmen VgV 6 41, 44
Kontrollorgan VgV 6 42 ff., 51
Konzessionen
– Befristung **KonzVgV 3** 3, 5, 8 f., 11, 14, 15, 18,
    19 ff., 22, 41
– Bekanntmachung **KonzVgV 19** 4 ff.
– Laufzeit **KonzVgV 3** 3 ff., 8 f., 11, 14, 17, 18,
    23 ff., 26 ff., 40 ff.
– unbefristet **KonzVgV 3** 9, 22
– Zahlungspflichten des Konzessionsnehmers
    KonzVgV 3 32
Konzessionsbekanntmachung
    KonzVgV 19 1 ff.
– Ausnahmen von der Bekanntmachungspflicht
    KonzVgV 20 1 ff.
– Bekanntmachungspflicht **KonzVgV 19** 4 ff.
– Eignungsanforderungen **KonzVgV 19** 16
– freiwillige **KonzVgV 19** 25
– Gegenstand der Konzession
    KonzVgV 19 10 ff.
– Inhalt **KonzVgV 19** 7 ff.
– nationale **KonzVgV 23** 10
– soziale und andere besondere Dienstleistungen
    KonzVgV 22 1 ff.
– Sprache **KonzVgV 19** 24; **KonzVgV 23** 4
– Standardformular **KonzVgV 19** 7 ff.
– Standardformular für soziale und andere
    besondere Dienstleistungen **KonzVgV 22** 5 ff.
– Übermittlung **KonzVgV 23** 6
– Vergabebekanntmachung **KonzVgV 22** 1 ff.;
    siehe auch: Vergabebekanntmachung
– Veröffentlichung **KonzVgV 23** 7
– Vorinformation **KonzVgV 19** 6;
    KonzVgV 22 5 ff.
– Zuschlagskriterien **KonzVgV 19** 12
– siehe auch: Bekanntmachungen
Konzessionsvergabe
– Strukturierung **KonzVgV 1** 8
– Umgehungsverbot **KonzVgV 14**
Konzessionsvergabeverfahren
– allgemeine Grundsätze **KonzVgV 12**
– Angebote
    – Begrenzung **KonzVgV 13** 18 ff.
    – Ausschlussgründe **KonzVgV 13** 12;
        KonzVgV 26
        – Nachweise für Nichtvorliegen
            KonzVgV 26 5

Sachverzeichnis

– Bekanntmachung **KonzVgV 13** 13, 14, 15;
  KonzVgV 19 18; **KonzVgV 31** 7
– Diskriminierungsverbot
  – gesamtschuldnerische Haftung
    KonzVgV 24 24
  – Rechtsform des Bieters **KonzVgV 24** 23
– Eignungskriterien **KonzVgV 13** 8 f.
  – Anforderungen **KonzVgV 25** 27
  – Befähigung und Erlaubnis zur Berufsausübung
    KonzVgV 24 16; **KonzVgV 25** 17
  – berufliche Qualifikation **KonzVgV 24** 7
  – berufliche und fachliche Befähigung
    KonzVgV 24 7, 18; **KonzVgV 25** 19
  – Bietergemeinschaft **KonzVgV 24** 24
  – Festlegung **KonzVgV 25** 24
  – Nachweise **KonzVgV 26** 6
  – Referenzen **KonzVgV 26** 7
  – technische und berufliche Leistungsfähigkeit
    KonzVgV 24 10; **KonzVgV 25** 19
  – Teilnahmebedingungen, Abgrenzung
    KonzVgV 25 5
  – wirtschaftliche und finanzielle Leistungsfähig-
    keit **KonzVgV 24** 16; **KonzVgV 25** 22
– Eignungsleihe **KonzVgV 25** 32
  – Konzessionsdurchführung durch Eignungs-
    eihgeber **KonzVgV 25** 34
  – Konzessionsdurchführung zusammen mit
    Eignungsleihgeber **KonzVgV 25** 34
  – Verfügung über Kapazitäten **KonzVgV 26** 19
– elektronische Kommunikation
  – Auslandsdienststellen **KonzVgV 35** 6
  – Bundeswehr **KonzVgV 35** 8
  – Grundsatz **KonzVgV 7** 8
  – bei Interessensbestätigungen **KonzVgV 7** 12;
    KonzVgV 34 8
  – Übergangsbestimmung **KonzVgV 34** 6
– elektronische Mittel
  – alternative; fehlender Zugang
    KonzVgV 10 10
  – Anforderungen **KonzVgV 8** 5
  – Ausschreibungsplattformen, Standards
    KonzVgV 11 8
  – Bauwerksdatenmodellierung **KonzVgV 10** 8
  – Definition **KonzVgV 7** 9
  – Funktionsstörungen **KonzVgV 9** 10
  – Interessensbestätigungen **KonzVgV 8** 6;
    KonzVgV 9 19
  – IT-Planungsrat **KonzVgV 11** 9
  – Planungswettbewerbe **KonzVgV 8** 6;
    KonzVgV 10 9
  – Verwaltungsvorschriften **KonzVgV 11** 8
  – Zugangseinschränkung **KonzVgV 9** 8
– Fristberechnung **KonzVgV 36**
– Gleichbehandlungsgrundsatz **KonzVgV 12** 13;
  KonzVgV 14 6; **KonzVgV 15** 9;
  KonzVgV 31 17
– Grundsatz der freien Verfahrensgestaltung
  KonzVgV 12 6 ff.
– Leistungsbeschreibung **KonzVgV 13** 14;
  KonzVgV 15
  – gleichwertige Angebote **KonzVgV 13** 15
  – Grundsatz der hersteller- und produktneutra-
    len Leistungsbeschreibung **KonzVgV 13** 13 f.
  – Nebenangebote **KonzVgV 13** 16 ff.
– Pflicht zur transparenten Verfahrensgestaltung
  KonzVgV 13 16

– Teilnahmebedingungen **KonzVgV 13** 10, 14;
  KonzVgV 25
  – Befähigung und Erlaubnis zur Berufsausübung
    KonzVgV 24 16
  – Eignungskriterien, Abgrenzung
    KonzVgV 25 5
  – geschützte Werkstatt **KonzVgV 25** 43
  – Teilnahmebedingungsleihe **KonzVgV 25** 42;
    KonzVgV 26 26
– Transparenzgrundsatz **KonzVgV 12** 13
– Verfahrensgarantien **KonzVgV 13;**
  KonzVgV 19 5
– Verhältnismäßigkeitsprinzip **KonzVgV 15** 12
– Wettbewerbsgrundsatz **KonzVgV 15** 9
– Zuschlagskriterien **KonzVgV 13** 11, 15;
  KonzVgV 31
  – Änderung der Reihenfolge
    KonzVgV 31 12 ff.
  – Angabe in absteigender Rangfolge
    KonzVgV 31 6 ff.
  – Gewichtung **KonzVgV 31** 9 ff.
  – Prüfungspflicht **KonzVgV 31** 18
Konzessionsvergabeverordnung
– Anwendungsbereich **KonzVgV 1** 2 f., 4, 5 f.
– Gegenstand **KonzVgV 1** 2, 4, 7
– Schwellenwert **KonzVgV 1** 5 f.;
  KonzVgV 2 11 f., 14, 20 f., 22, 39, 41, 43 f.
Konzessionsvertrag
– Durchführung
  – Selbstausführung **KonzVgV 24** 12
  – Verantwortliche **KonzVgV 24** 5
Kooperation öffentlicher Auftraggeber
– Abstufungen koordinierter Beschaffung
  VgV 4 7
– gelegentliche gemeinsame Auftragsvergabe
  VgV 4 2
Kooperationsfristen VOB/A 9 EU 41 f.
Kosten- und Entschädigungsregelung
  VOB/A 8b VS 5
Kostensteigerung VgV 3 17
Krise VSVgV 4 6 ff.
– Beurteilungsspielraum der Vergabestelle
  VSVgV 4 7
– ernsthafter Zwischenfall **VSVgV 4** 6
– örtlicher Bezugspunkt **VSVgV 4** 8
– Schadensereignis **VSVgV 4** 6, 7
Kritische Infrastruktur
– Vertraulichkeit von Vergabeunterlagen
  VgV 5 44; **VgV 41** 60
Kündigungsverzichtsklausel VOB/A 22 EU 16
Künstlerische Leistung VOB/A 3a EU 63 ff.

Laufzeit SektVO 48 15
– Amortisationsdauer **KonzVgV 3** 9
– Angemessenheit **KonzVgV 3** 9
– Befristung **KonzVgV 3** 3, 15, 18, 19 f., 22, 24
– Befristungserfordernis **KonzVgV 3** 4 f., 15 f., 18,
  21, 22
– Durchschnittsbetrachtung **KonzVgV 3** 13, 26,
  42 f., 44
– Einschätzungsprärogative **KonzVgV 3** 23 ff., 34
– Höchstlaufzeit **KonzVgV 3** 27, 39, 40, 41
– Konzession **KonzVgV 3** 3 ff., 8 f., 11, 14, 17,
  18, 23 ff., 26 ff., 40 ff.
– Rahmenvereinbarungen **VgV 21** 39 ff.;
  SektVO 19 21 ff.

– Schätzung **KonzVgV 3** 3 ff., 8 f., 11, 14, 17, 18, 23 ff., 26 ff., 40 ff.
– unbefristet **KonzVgV 3** 9, 22
– variable Höchstlaufzeit **KonzVgV 3** 27
– Zuschlagskriterium **KonzVgV 3** 14, 39, 41
Lebenszykluskosten
– Analyse minimierter **VOB/A 8c EU** 25 ff.
– Bekanntgabe der Berechnungsmethode **VgV 59** 10 ff.
– Berechnung **VgV 59** 5 ff.; **SektVO 53** 2
– Berechnungsmethode **VgV 59** 10 ff.
– Berechnungsmethode für externe Effekte **VgV 59** 17 ff.
– von der Berechnungsmethode umfasste Positionen **VgV 59** 15 ff.
– verpflichtende Vorgabe der Berechnungsmethode **VgV 59** 21 f.
Lebenszykluskostenrechnung
VOB/A 16d EU 10, 68
Legaldefinition VOB/A 6 EU 6
Leistungsänderungsrechte VOB/A 22 EU 23, 26
Leistungsbeschreibung VgV 29 37 ff.;
VSVgV 15 4 ff., 16 ff.
– Allgemeine Geschäftsbedingungen **VgV 31** 14; **VOB/A 7 EU** 35
– anerkannte Prüfstelle **VSVgV 15** 15
– Arten **VgV 31** 33
– Aufgabenbeschreibung **VgV 31** 42
– Ausführungsbeschreibung **VgV 31** 13
– Ausschreibungsreife **VgV 31** 33; **VOB/A 7c EU** 17
– Baubeschreibung **VOB/A 7b EU** 12 ff.
– Baugrundrisiko **VOB/A 7 EU** 39, 40, 60
– Baustellenverhältnisse **VOB/A 7 EU** 59 f., 66
– Bedarfspositionen **VOB/A 7 EU** 52 f.; **VOB/A 7b EU** 25
– Beschaffungsentscheidung **VgV 31** 3, 9; **VOB/A 7a EU** 11
– besondere Leistungen **VOB/A 7 EU** 70
– Bestimmungsfreiheit des Auftraggebers **VSVgV 15** 17
– CE-Kennzeichnung **VgV 31** 26; **VgV 33** 13
– Dokumentation **VgV 31** 107
– eindeutige **VgV 31** 11, 38; **VOB/A 7 EU** 14
– Energieverbrauch **VgV 31** 58, 71
– energieverbrauchsrelevante Leistungen **VgV 67** 11 ff.; **SektVO 58** 8 ff.
– Ergänzungsleistungsverzeichnis **VOB/A 7 EU** 13
– Ermittlungspflicht **VOB/A 7 EU** 26 f.
– erschöpfende **VOB/A 7 EU** 15, 23, 30, 57
– Feinspezifikation **VgV 31** 93; **VgV Anlage 1** 12
– funktionale **VgV 31** 33, 40; **VOB/A 7b EU** 4; **VOB/A 7c EU** 4
– Funktionsanforderungen **VgV 31** 40; **VOB/A 7b EU** 6
– Gleichwertigkeitszusatz **VgV 31** 51, 110, 114; **VgV 34** 21
– Gliederung **VgV 31** 13; **VOB/A 7b EU** 24
– Grenzen des Leistungsbestimmungsrechts **VSVgV 15** 18
– Grundpositionen **VgV 31** 13; **VOB/A 7 EU** 50; **VOB/A 7b EU** 25
– Hinweispflichten der Bieter **SektVO 28** 11; **VOB/A 7 EU** 7, 43

– Innovationsförderung **VgV 31** 32, 65; **VOB/A 7 EU** 50
– Innovationspartnerschaft **VgV 19** 5
– Kalkulationsvorgaben **VgV 31** 4, 68; **VOB/A 7 EU** 20
– konstruktive **VgV 31** 33; **VOB/A 7b EU** 5
– konventionelle **VOB/A 7b EU** 32
– Korrektur **VOB/A 7 EU** 13
– Kurzfassung **VOB/A 7b EU** 5
– Lastenheft **VgV 31** 4
– Leistungs- oder Funktionsanforderungen **VSVgV 15** 7, 11 ff.
– Leistungsanforderungen **VgV 31** 13, 37
– Leistungsbestimmungsrecht **VgV 31** 3; **SektVO 28** 6
– Leistungsprogramm **VOB/A 7c EU** 18 f.
– Leistungsverzeichnis **VgV 31** 13; **VOB/A 7b EU** 15 f.
– Leitfabrikat **VgV 31** 119
– Markterkundung **VgV 31** 28, 105
– Mehrdeutigkeit **VgV 31** 20
– Mindestkonformitätskriterien **VgV 31** 4, 20; **SektVO 28** 6
– Mitwirkungsleistungen **VgV 31** 13
– Möglichkeiten der **VSVgV 15** 7
– Mussanforderungen **VgV 31** 4, 20
– Nebenleistungen **VOB/A 7 EU** 69; **VOB/A 7b EU** 23
– Normalposition **VgV 31** 13
– Normen **VgV 31** 44; **VgV Anlage 1** 17 ff.
– Ortsbesichtigung **VOB/A 7 EU** 15, 18, 19
– Pflichtenheft **VgV 31** 41
– Pläne **VgV 31** 13; **VOB/A 7b EU** 19
– Probestücke **VOB/A 7b EU** 19
– Produkt- und Herstellerangaben **VgV 31** 23, 27, 30, 93, 109; **SektVO 28** 19
– Produktneutralität **VSVgV 15** 16 ff.
– Rechtsvorschriften **VgV 31** 6
– Regeln der Technik **VgV 31** 21; **VgV Anlage 1** 19
– Sammelposition **VOB/A 7b EU** 26
– Sollanforderungen **VgV 31** 13, 20
– soziale Aspekte **VgV 31** 67
– Standortvorgaben **VgV 31** 24
– Straßenfahrzeuge **VgV 68** 15 ff.; **SektVO 59** 9
– strategische Ziele **VgV 31** 9, 10, 60 f.
– technische Anforderungen **VSVgV 15** 3, 6, 7, 11
– technische Spezifikationen **VgV 31** 4, 14, 31; **VgV Anlage 1** 8 ff.; **SektVO 28** 10; **VOB/A 7a EU** 13; **VSVgV 15** 6; **Anhang TS** 7
– teilfunktionale Beschreibung **VgV 31** 56
– Umwelteigenschaften **VSVgV 15** 11, 14
– Umweltleistungsstufen **VgV 31** 70
– Umweltmerkmale **VgV 31** 69
– ungewöhnliches Wagnis **VgV 31** 2; **SektVO 28** 3; **VOB/A 7 EU** 30, 33 ff.
– Urheberrechtsschutz **VOB/A 7 EU** 32
– Verbotsgesetz **VOB/A 7 EU** 8, 36, 39
– verkehrsübliche Bezeichnungen **VgV 31** 20, 32; **VOB/A 7 EU** 18, 74 f.
– Verwendungsrisiko **VOB/A 7 EU** 40
– Vollständigkeit **VOB/A 7 EU** 15
– Vorbemerkungen **VOB/A 7b EU** 17
– Vorbereitung **VgV 31** 25

– Wahlpositionen **VgV 31** 13; **VOB/A 7 EU** 50; **VOB/A 7b EU** 25
Leistungsbeschreibung bei verteidigungs- und sicherheitsspezifischen Bauaufträgen **VOB/A 7 VS** 6
Leistungsbeschreibung mit Leistungsprogramm **VOB/A 7c VS** 1 ff.
Leistungsbeschreibung mit Leistungsverzeichnis **VOB/A 7b VS** 4
Leistungsbestimmungsrecht **VOB/A 3a EU** 14 ff.
Leistungsvertrag **VOB/A 4 EU** 5, 9, 22, 33 f., 45, 48, 148, 203, 206, 209, 214 f.
Leistungsverzeichnis
– Kurzfassung **VOB/A 13 EU** 62
– selbstgefertigte Abschrift **VOB/A 13 EU** 62
Leitungsorgan **VgV 6** 42 ff., 51
Liefer- und Dienstleistung **VgV 3** 50–53, 59
Lieferinteressen **VgV 73** 56 ff.
Lieferkettenmanagement **VgV 46** 28
Lieferkettenüberwachungssystem **VOB/A 6a EU** 36
Lineare Interpolation **VOB/A 3b EU** 32, 58
Liste der Nachweise **VSVgV 16** 14 ff.
Losentscheid **VOB/A 3b EU** 22, 40, 77, 95
Loskombination **VgV 30** 29 ff.; **VgV 37** 40; **SektVO 27** 11; **VOB/A 5 EU** 16 ff.
Loslimitierung **VgV 30** 12 ff.
– Bekanntmachungspflicht **VgV 30** 33; **VgV 37** 40
Losvergabe **VgV 30** 1 ff.; **VgV 45** 20; **SektVO 27** 1 ff.; **VOB/A 5 EU** 1 ff.
– Ausnahme bei geringwertigen Teillosen **KonzVgV 2** 6
– Bekanntmachung **VgV 37** 40
– Dokumentationspflicht **VOB/A 5 EU** 12
– einheitliche Vergabe **VOB/A 5 EU** 7 ff.
– Losaufteilung **VOB/A 5 EU** 11
– Maßgeblichkeit des Gesamtwerts **KonzVgV 2** 3, 8, 16, 41 f.
– Schwellenwert **KonzVgV 2** 41 f.
Losweise Vergabe **VgV 3** 30 f., 54, 58

Mängelansprüche
– Verjährung **VOB/A 9b EU** 4 ff., 9 ff.
Mantelbogenverfahren **VOB/A 16 EU** 52
Markterkundungen **VgV 28** 1 ff.; **SektVO 26** 1 ff.; **VOB/A 2 EU** 50 ff.
– konkrete Vergabeabsicht **VgV 28** 29
– Methode **VgV 28** 23 ff.
– Vergabegespräch **VgV 28** 32
– Vertragsverhandlungen **VgV 28** 32
Marktkonsultationen **VgV 28** 5; **SektVO 26** 7; **VOB/A 2 EU** 50 ff.
Marktpreis **VgV 3** 41
Marktübliche Leistungen
– Begriffsbestimmung **VgV 22** 9 f.
– als Gegenstand dynamischer Beschaffungssysteme **VgV 22** 9 f.
Marktzugangschancen **KonzVgV 3** 9
Messebesuch **VgV 28** 25
Militärausrüstung **VSVgV 1** 8
Mindestanforderungen **VgV 45** 9; **VOB/A 3b EU** 23, 31, 41, 43 f., 48 ff., 57, 63 ff., 67 ff., 89, 96 ff.
Mindestanzahl Bewerber **VgV 51** 19

Mindestaufbewahrungsfrist **SektVO 8** 23; **KonzVgV 6** 12
Mindestfrist **VOB/A 10 EU** 3
Mindestjahresumsatz **VgV 45** 12
Mischkalkulation **VOB/A 16 EU** 88 ff.
Missbrauchs- und Umgehungsgefahr **VgV 3** 29, 31
Missbrauchsverbot **VgV 21** 23 ff.; **SektVO 19** 16
Mitarbeiter
– Begriff **VgV 6** 20, 23 f.
Mittelpreis **VOB/A 16d EU** 27
Mittelstandsförderung (§ 97 Abs. 4 GWB) **VgV 3** 29, 31
Mitwirkungsverbot **VgV 6** 5, 58 ff., 63 f.
Monatswert **VgV 3** 65, 68
Mündliche Kommunikation
– Dokumentationspflicht **VgV 9** 25
– Möglichkeit mündlicher Kommunikation **VgV 9** 24 ff.
– Verhältnis von § 9 Abs. 2 VgV zu speziellen Verfahrensregelungen **VgV 9** 26
– wesentliche Bestandteile des Vergabeverfahrens **VgV 9** 24
Muster und Proben **VOB/A 16 EU** 77; **VOB/A 16c EU** 11

Nachforderung
– Eignungsnachweise **VSVgV 22** 19
– Erklärungen und Nachweise **VOB/A 16a EU** 14 ff.
– Frist **VOB/A 16a EU** 43 f.
– Kalkulationsangaben **VOB/A 16 EU** 107
– Preisangaben **VOB/A 16 EU** 105; **VOB/A 16a EU** 13
– Unterlagen **VOB/A 16a EU** 1 ff.
– Verpflichtung zur **VOB/A 16a EU** 7, 41
– vorbehaltener Erklärungen oder Nachweise **VOB/A 16 EU** 117, 119
Nachforderung von Unterlagen **SektVO 42** 17
Nachholung
– bei Beteiligung voreingenommener Personen **VgV 6** 66
Nachprüfungsantrag **VgV 43** 34
Nachprüfungsstellen **VOB/A 21 VS** 1 ff.
Nachprüfungsverfahren **VgV 3** 3, 16, 18 f.; **KonzVgV 2** 45; **VOB/A 21 EU** 20
Nachrücken im Wettbewerb **VgV 79** 185
Nachunternehmer **VOB/A 8 EU** 28; siehe: Unterauftragnehmer
Nachunternehmerwechsel **VOB/A 22 EU** 13, 18, 38, 44
Nachverhandlungsverbot **VOB/A 15 EU** 51
– Ausnahmen **VOB/A 15 EU** 56
Nachweis
– Eigenerklärungen **VSVgV 22** 8
– geforderter **VOB/A 13 EU** 39
– Rechtfertigung durch Auftragsgegenstand **VSVgV 22** 7
Nachweis der beruflichen und technischen Leistungsfähigkeit **VOB/A 6a EU** 26
Nachweis der Erlaubnis zur Berufsausübung **VSVgV 25** 6 ff.
– gewerberechtliche Genehmigungen **VSVgV 25** 9
– Waffenherstellungs- oder Waffenhandelserlaubnis **VSVgV 25** 9

Nachweis der technischen und beruflichen Leistungsfähigkeit VSVgV 27 13
– Art und Weise der Erbringung der Nachweise **VSVgV 27** 8 ff., 15 ff., 18, 23 f.
– Begriff des anderen geeigneten Nachweises **VSVgV 27** 23
– Ermessensausübung **VSVgV 27** 11, 13
– Ermessensreduzierung auf Null **VSVgV 27** 24
– Rechtfertigung durch Auftragsgegenstand **VSVgV 27** 14
Nachweis der wirtschaftlichen und finanziellen Leistungsfähigkeit VOB/A 6a EU 8; **VSVgV 26** 3
– Begriff des anderen geeigneten Nachweises **VSVgV 26** 12
– Ermessensreduzierung auf Null **VSVgV 26** 14
– Glaubhaftmachung **VSVgV 26** 13
– Maßstab des Umfangs der geforderten Nachweise **VSVgV 26** 4, 9, 10, 13
– Mindestanforderungen an die Größenordnung des Umsatzes **VSVgV 26** 7, 12
– Nachweis mittels einer Betriebshaftpflichtversicherung **VSVgV 26** 8
Nachweisform VgV 44 18
Nachweisführung VOB/A 6b EU 24
Näheverhältnis VgV 6 4, 9, 39
Nebenangebote[n] VgV 53 50 ff.; **VOB/A 8 EU** 29; **VOB/A 8 VS** 9, 15, 16, 17
– Abgrenzung zu Preisnachlässen **VOB/A 16d EU** 84
– Abgrenzung zu unzulässigen Änderungen an den Vergabeunterlagen **VOB/A 16 EU** 62
– Angaben durch den Auftraggeber **VgV 35** 20 ff.; **SektVO 33** 20 ff.
– Auskunftsverlangen **VgV 36** 11
– Ausschluss **VgV 36** 24 f.
– Austausch des Unterauftragnehmers **VgV 36** 16 f.
– Bindungswirkung **VgV 35** 10; **SektVO 33** 10
– Definition **VgV 35** 7; **VgV 36** 6; **SektVO 33** 7
– Doppelbeteiligung **VgV 36** 18 f.
– Eignung **VgV 36** 13
– Ermessen **VgV 35** 9; **SektVO 33** 9
– formale Anforderungen **VOB/A 13 EU** 74
– formale Vorgaben **VgV 35** 22 f.; **SektVO 33** 22 f.
– formwidrige **VOB/A 16 EU** 128 ff.
– Gleichwertigkeitsprüfung **VgV 35** 21; **SektVO 33** 21
– Haftung **VgV 36** 19
– Kennzeichnung **VgV 53** 50
– Mindestanforderungen **VgV 35** 17 ff.; **SektVO 33** 17 ff.
– Mitteilungspflichten **VgV 36** 20 f.
– nachträgliche Zulassung **VgV 35** 11 f.; **SektVO 33** 11 f.
– nicht den Mindestanforderungen entsprechende **VOB/A 16 EU** 125 ff.
– nicht zugelassene **VOB/A 16 EU** 122 ff.
– Preis als einziges Zuschlagkriterium **VgV 35** 25 ff., 38; **SektVO 33** 24 ff., 37
– Rechtsschutz **VgV 35** 36 ff.; **VgV 36** 27; **SektVO 33** 35 ff.
– Selbstausführungsgebot/Fremdausführungsverbot **VgV 36** 8

– Verbindung mit dem Auftragsgegenstand **VgV 35** 15
– Vorschreiben von **VgV 35** 13, 14; **SektVO 35** 13 f.
– Zulässigkeit **VSVgV 32** 15 ff.
Nebenbeschaffungstätigkeit
– siehe: Beschaffungsdienstleister
Netto-Auftragswert VgV 3 24
Neutralitätsgebot VgV 6 5, 36, 63; **SektVO 6** 1; **KonzVgV 5** 1
Nicht offenes Verfahren VgV 14 8, 10, 31, 48, 66; **VgV 16** 2, 4, 9, 10, 13, 28; **SektVO 15** 2, 3, 10, 13; **SektVO 36** 9; **VOB/A 3 EU** 17 ff.; **VOB/A 3b EU** 14 ff.
– Ablauf **VgV 16** 8 f., 18, 26, 37, 41; **SektVO 15** 8 ff., 15
– Fristen **VgV 16** 3, 4, 28, 29, 33, 36, 38, 39; **SektVO 15** 16
– als Grundlage dynamischer Beschaffungssysteme **VgV 22** 11 ff.; **VgV 24** 4
– modifiziert bei dynamischen Beschaffungssystemen **VgV 22** 11 ff.; **VgV 24** 4
Nichtbeschreibbarkeit der Lösung VgV 73 38 ff.
– Auslegung **VgV 73** 38 f., 40
– Beurteilungsmaßstab **VgV 74** 42
– Beurteilungszeitpunkt **VgV 73** 41
– Dienstvertrag **VgV 73** 49
– Leistungsbeschreibung **VgV 73** 47
– mehrere Lösungen **VgV 73** 46
– Nichtbeschreibbarkeit der Leistung **VgV 73** 43
– Werkvertrag **VgV 73** 49
Nichtoffener Wettbewerb
– Auswahlentscheidung **VgV 78** 101 ff.
– Auswahlkriterien **VgV 78** 103
– Eignungsprüfung **VgV 78** 102 f.
– Losentscheid **VgV 78** 106
– Nachfordern von Unterlagen **VgV 79** 156
– Vorauswahl von Teilnehmern **VgV 78** 105; **VgV 79** 20
– Zulässigkeit **VgV 78** 92 ff.
Nicht-prioritäre (nachrangige) Dienstleistungen VSVgV 5 5, 7 f.
– eingeschränkte Anwendung vergaberechtlicher Vorschriften **VSVgV 5** 5, 9
– Rechtsschutz **VSVgV 5** 10
Niedrigpreisangebote
– und elektronische Auktionen **VgV 25** 14 ff.
Normalposition VOB/A 4 EU 87, 88, 100, 117
Normen des Qualitäts- und Umweltmanagements VSVgV 28 1 ff.
Nullpreis
– siehe: (ungewöhnlich niedrige) Preisangabe

Oberlandesgericht VOB/A 21 EU 11
Objektive Eignungskriterien SektVO 48 11
Objektive Kriterien SektVO 45 19; **SektVO 46** 4
Öffnung
– der Angebote **VOB/A 14 EU** 8, 16
Öffnungstermin VOB/A 14 EU 16
– Bekanntmachung **VgV 37** 77
– Einsicht der Bieter in die Niederschrift **VOB/A 14 EU** 42
– Information der Bieter **VOB/A 14 EU** 42; **VOB/A 14 VS** 8

Sachverzeichnis

– Niederschrift **VOB/A 14 EU** 22
– keine Veröffentlichung der Niederschrift **VOB/A 14 EU** 46
ÖPP-Projekt VOB/A 3a EU 23
Offener Wettbewerb VgV 78 96
Offenes Verfahren VgV 14 8, 10, 13, 31, 48, 49, 66, 72; **VgV 15** 5, 24; **SektVO 14** 2, 5, 11; **VOB/A 3 EU** 14 ff.; **VOB/A 3b EU** 9 ff.
– Ablauf **VgV 15** 10 ff., 18, 19, 22, 27; **Sekt-VO 14** 6, 7, 9 ff., 14
– Fristen **VgV 15** 2, 3, 4, 5, 10, 17, 18, 24, 27, 35; **SektVO 14** 2, 3, 4, 5, 13, 14, 17, 19
– Verhandlungsverbot **VgV 15** 6, 28 ff., 39 f.; **SektVO 14** 6
Offsets, direkte und indirekte VSVgV 9 20 ff.
– Code of Conduct **VSVgV 9** 20 ff.
– Zulässigkeit **VSVgV 9** 22
Option VgV 3 25–27, 29, 45, 62; **VOB/A 22 EU** 20
Organ VgV 6 20
– Begriff **VgV 6** 21 f.
Organisationseinheit
– eigenständige **VgV 3** 35, 38
Organisatorische Maßnahmen
– zur Vermeidung von Interessenkonflikten **VgV 6** 52
Ortsbesichtigung VgV 20 9, 25 f.; **VOB/A 10 EU** 25

Parallelausschreibungen VgV 28 38
Parteilichkeit VgV 6 5, 32 f.
Pauschalierung des Verzugsschadens VOB/A 9 VS 4, 5
Pauschalierungswille VOB/A 4 EU 39, 134, 137 ff.
Pauschalvertrag VOB/A 4 EU 5, 9 ff., 62, 132 ff.
– Detailpauschalvertrag **VOB/A 4 EU** 10, 14, 34, 55, 57 f., 134, 140 ff., 256
– Globalpauschalvertrag **VOB/A 4 EU** 10, 34, 55, 58, 134, 140, 144 ff., 255
Personenbezogene Daten
– Vergabeunterlagen **VgV 5** 44; **VgV 41** 61
Pflicht zur VOB/A 21 EU 16 f., 21
Planervertrag VOB/A 22 EU 23
Planungsleistungen VgV 3 52, 53, 55
Planungswettbewerb VgV 3 69 ff.
– Ablauf **VgV 79** 12 ff., 46
– Anerkennungen **VgV 79** 52 ff.
– Anonymität **VgV 78** 156; **VgV 79** 45
– Anwendungsbereich **VgV 78** 32 ff.
– anzuwendende Vorschriften **VgV 78** 175 ff.
– Architektenkammer **VgV 78** 170; **VgV 79** 31
– Aufwandsentschädigung **VgV 79** 27, 57
– ausgeschlossene Personen **VgV 79** 82 ff.
– Auslobung **VgV 78** 115; **VgV 79** 29
– Auslobungsverfahren **VgV 78** 18
– Auswahlkriterien **VgV 78** 99 ff.; **VgV 79** 19
– Auswahlprüfung **VgV 78** 103
– Bearbeitungshonorar **VgV 79** 27, 57
– Beendigung **VgV 79** 44
– Begriff **VgV 78** 15 ff., 36 f.
– Beurteilungskriterien **VgV 79** 23, 113 ff.
– Bewerbergemeinschaft **VgV 78** 111, 160
– Bieterschutz **VgV 79** 79
– Bindung an Wettbewerbsergebnis **VgV 80** 12
– Dialog **VgV 79** 43

– Eignungsprüfung **VgV 78** 62, 80, 102
– Entscheidungskriterien **VgV 79** 23
– Fristen **VgV 79** 21
– Ideenwettbewerb **VgV 78** 39, 44 ff., 91
– Information der Teilnehmer **VgV 79** 175
– integrierter Planungswettbewerb **VgV 74** 35; **VgV 78** 49 f.
– Kolloquium **VgV 79** 43
– Nachrücken **VgV 79** 185 ff.
– Neuauslobung **VgV 78** 24, 80, 158 f.
– Neutralität **VgV 78** 163
– nichtoffener Wettbewerb **VgV 78** 99 ff.
– offener Wettbewerb **VgV 78** 96
– Planungsauftrag **VgV 78** 158 ff.
  – Gewinner **VgV 78** 158
  – Preisträger **VgV 78** 158
– Preise **VgV 78** 146 f.; **VgV 79** 48 ff.
– Preisgericht **VgV 78** 85, 121 ff.
– Programmsätze **VgV 78** 28 ff.
– Projektant **VgV 79** 82
– Realisierung des Wettbewerbsergebnisses **VgV 80** 19 ff.
– Realisierungswettbewerb **VgV 78** 47 ff., 90; **VgV 80** 2
– Rechtsschutz **VgV 80** 78 ff.
  – nach Abschluss des Planungswettbewerbs **VgV 80** 98
  – während des Planungswettbewerbs **VgV 80** 89
  – Primärrechtsschutz **VgV 80** 79
  – Sekundärrechtsschutz **VgV 80** 87
– Registrierung **VgV 79** 31
– Richtlinien für Planungswettbewerbe (RPW) **VgV 78** 77 ff.
– Sonderpreis **VgV 79** 56
– Teilnahmebedingungen **VgV 78** 110; **VgV 79** 18, 44
– Teilnahmewettbewerb **VgV 78** 101
– Termine **VgV 79** 21
– Überarbeitungsphase **VgV 78** 137
– Verfahrensarten **VgV 78** 92 ff.
– Vergabeverfahren **VgV 78** 23
– Vergütung **VgV 78** 161; **VgV 80** 52
– Verhandlungsverfahren **VgV 78** 23 f.; **VgV 80** 59 ff.
– veröffentlichte einheitliche Richtlinien **VgV 78** 40 ff., 51 ff.
  – Anwendungspflicht **VgV 78** 51
  – Bekanntmachung **VgV 78** 71
  – Bieterschutz **VgV 78** 58 ff.
  – eigene Richtlinie des AG **VgV 78** 65
  – einheitliche Richtlinie **VgV 78** 67
  – Ermächtigungsgrundlage **VgV 78** 56
  – Richtlinien für Planungswettbewerbe (RPW) **VgV 78** 77 ff.
  – Unveränderlichkeit **VgV 78** 74 f.
  – veröffentlichte Richtlinie **VgV 78** 69
– Veröffentlichung der Ergebnisse **VgV 79** 179
– vorgeschalteter Planungswettbewerb **VgV 74** 34
– Vorprüfung **VgV 79** 34
– Vorrang vor Vergabeverfahren **VgV 78** 174
– wettbewerblicher Dialog **VgV 78** 26
– Wettbewerbsaufgabe **VgV 79** 16
– Wettbewerbsbeitrag **VgV 78** 118
– Wettbewerbsbekanntmachung **VgV 78** 21; **VgV 79** 28
– Wettbewerbsregeln **VgV 78** 19 ff.

– Wettbewerbssumme **VgV 78** 149; **VgV 79** 25, 55, 62 ff.
– Wettbewerbsteilnehmer **VgV 78** 84
– Wettbewerbsverfahren **VgV 78** 92 ff.; **VgV 79** 17
– zweiphasiger Wettbewerb **VgV 78** 107 ff.
Planungswettbewerbe VgV 69 2
– Bekanntgabe der Auswahlkriterien **VgV 71** 17
– Durchführungsregeln **VgV 71** 5
– Eignungskriterien **VgV 70** 10
– Gewährleistung des Wettbewerbs **VgV 71** 19
– Mindestteilnehmerzahl **VgV 71** 21
– Planungswettbewerbe für Architekten- und Ingenieurleistungen **VgV 69** 24
– Verhältnis zum Vergabeverfahren **VgV 69** 21
– Zulassung von Teilnehmern **VgV 71** 15
Präklusion VOB/A 21 EU 10
Prämien VgV 3 28, 29, 69
Präqualifizierung VgV 48 53 ff.
Präqualifizierungsverzeichnis VOB/A 6b EU 6
Präsentation VOB/A 3b EU 45
Präsentation Referenzobjekte VgV 74 86 ff.
Preisänderungsklausel
– Änderungen der Preisermittlungsgrundlagen **VOB/A 9d EU** 10 ff.
– Vergabeunterlagen **VOB/A 9d EU** 14
– Voraussetzungen **VOB/A 9d EU** 8 ff.
Preisangabe[n]
– fehlende **VOB/A 16 EU** 74, 104 ff.; **VOB/A 16a EU** 13
– Korrektur von **VOB/A 16c EU** 18
– negative **VOB/A 16 EU** 87, 110
– ungewöhnlich niedrige **VOB/A 16 EU** 74, 89, 98, 110; **VOB/A 16d EU** 23
– unklare **VOB/A 16 EU** 111
– unwesentliche **VOB/A 16 EU** 115 f.
– unzutreffende **VOB/A 16 EU** 81
– widersprüchliche **VOB/A 16 EU** 111
Preise VgV 78 146 f.; **VgV 79** 48 ff.
– Abrechnung **VgV 79** 78
– Angemessenheit **VgV 79** 58
– Bekanntmachung **VgV 78** 21; **VgV 79** 28
– geforderte **VOB/A 13 EU** 32
– Mischkalkulation **VOB/A 13 EU** 36
– Nachrücken **VgV 79** 185 ff.
– Wettbewerbssumme **VgV 78** 149; **VgV 79** 25, 55, 62 ff.
Preiserhöhung VOB/A 22 EU 16
Preisgelder VgV 3 69, 70
Preisgericht VgV 6 27; **VgV 72** 17
– Anonymität **VgV 78** 127; **VgV 79** 116
– Arbeitsweise **VgV 78** 127
– Beurteilungskriterien **VgV 79** 23, 113 ff.
– Bieterschutz **VgV 79** 108
– bindende Vorgaben **VgV 79** 22, 122
– Dialog mit Wettbewerbsteilnehmer **VgV 79** 43
– Dokumentation
  – Berichtspflichten **VgV 78** 155; **VgV 79** 166
  – Dokumentationspflichten des Preisgerichts **VgV 72** 25
– Einstimmigkeit **VgV 78** 135
– Empfehlungen **VgV 78** 133, 137 ff.
– engere Wahl **VgV 78** 132
– Entscheidung **VgV 78** 135; **VgV 79** 41, 111 ff., 160 ff.

– Entscheidungskriterien **VgV 79** 23, 113 ff.
– Grundsatzberatung **VgV 79** 37
– interdisziplinärer Wettbewerb **VgV 79** 106
– Kolloquium **VgV 79** 43
– Konstituierung **VgV 79** 36
– Nachfordern von Unterlagen **VgV 79** 156
– Preisrichter **VgV 79** 106
– Prüfung Zulassungsbeschränkung **VgV 78** 130; **VgV 79** 38, 119
– Rundgänge **VgV 79** 39, 42
– Sitzung **VgV 79** 36
– Unabhängigkeit des Preisgerichts in Entscheidungen und Stellungnahmen **VgV 72** 17
– Zusammensetzung **VgV 78** 122 ff.
– Zuschlagsentscheidung **VgV 80** 47
Preisgerichtsentscheidung VgV 72 19
Preisgestaltung VOB/A 4 VS 3, 4, 7
Preisgruppen VgV 79 51
Preisindex VOB/A 22 EU 21
Preis-Leistungs-Verhältnis
– bestes **VgV 58** 19 ff.
Preisnachlässe
– ohne Bedingungen **VOB/A 13 EU** 78
Preisnachlass
– Abgrenzung zum Nebenangebot **VOB/A 16d EU** 84
– bedingter **VOB/A 16d EU** 82 ff.
– unaufgeforderter **VOB/A 16d EU** 78, 84 ff.
– unbedingter **VOB/A 16d EU** 77 ff.
Preisrichter VgV 72 8
– Anwesenheit **VgV 78** 128
– ausländischer **VgV 79** 100
– Auslobungsunterlagen **VgV 79** 29
– Auswahl **VgV 79** 24
– Fachpreisrichter **VgV 78** 124; **VgV 79** 24, 106
– Neutralität **VgV 78** 122
– Qualifikation **VgV 72** 13; **VgV 78** 122 ff.; **VgV 79** 98 ff.
– Sachpreisrichter **VgV 78** 125; **VgV 79** 24, 106
– Unabhängigkeit **VgV 78** 126; **VgV 79** 103
Preisrichtervorbesprechung VgV 79 30
Preisträger
– Beauftragung **VgV 80** 27 ff., 37 ff.
Primärrechtsschutz VOB/A 21 EU 16
Prioritäre (vorrangige) Dienstleistungen VSVgV 5 5, 7 f.
Privilegierungszwang SektVO 55 9, 10, 11
Produktangabe VOB/A 16 EU 76
Produktneutrale Vergabe VgV 28 18
Prognose VgV 3 12, 13, 63
Prognoseentscheidung VgV 42 17; **VOB/A 2 EU** 29 ff.
Projektant VgV 6 55 ff.; **SektVO 6** 4; **KonzVgV 5** 3
– Mitwirkungsverbot **VgV 6** 57; **VOB/A 6 EU** 25 ff.
Prüfungsreihenfolge VgV 42 19
Publizität SektVO 40 8

Qualifizierungssystem SektVO 37 2, 3, 4, 5; **SektVO 41** 25; **SektVO 48** 5 ff.
Qualifizierungsverzeichnis SektVO 48 30
Qualitätssicherung VgV 49 9; **VOB/A 6a EU** 33
Qualitätssicherungssystem VgV 49 12

Rabatt
– siehe: Preisnachlass
Rahmenvereinbarung(en) VgV 3 45 ff.;
　VgV 21 2 ff.; **SektVO 19** 2 ff.; **SektVO 38** 7,
　15 f.; **VOB/A 4a EU** 2 ff.; **VSVgV 14** 4 ff., 27,
　28
– Ausschreibung nur der Rahmenvereinbarung
　VSVgV 14 27, 28
– Begriff **VSVgV 14** 2 ff.
– und elektronische Auktionen **VgV 25** 28
– und elektronische Kataloge **VgV 27** 16 ff.
– Festlegung des Auftragsvolumens **VSVgV 14** 13,
　18
– Festlegung des Preises **VSVgV 14** 17
– Laufzeit **VSVgV 14** 3, 15, 29 ff.
– mit mehreren Unternehmen **VSVgV 14** 4, 6, 28
– Missbrauchsverbot **VSVgV 14** 2, 21 ff.
– Rechtsschutz **VSVgV 14** 33
– Vergabe von Einzelaufträgen **VSVgV 14** 6, 25 f.,
　28
– zweistufiges Verfahren **VSVgV 14** 5
Rahmenvertrag VOB/A 4 EU 4, 90, 221 ff.
Ratsmitglied VgV 6 31
Realisierungswettbewerb VgV 78 47 ff., 90;
　VgV 80 2
– Selbstbindung **VgV 80** 10
Rechenfehler VOB/A 16 EU 83
Rechtliche Vorgaben im EU-Recht
　KonzVgV 1 4; **KonzVgV 2** 8 ff.;
　KonzVgV 3 8 ff.
Rechtsform VgV 43 36
Rechtsschutz SektVO 38 2; **SektVO 48** 46 ff.
– Beschleunigungsgrundsatz **VOB/A 21 EU** 3
– Beurteilungsspielraum **SektVO 38** 28;
　KonzVgV 2 17, 21, 45
– Nachprüfungsverfahren **KonzVgV 2** 45
– nachträgliche Korrekturpflicht **KonzVgV 2** 17,
　39 f., 45
– Schadensersatz **SektVO 38** 29
– subjektives Recht **SektVO 38** 27
– Unterlassungsanspruch **SektVO 38** 28
Referenzen VgV 46 14 ff.; **VOB/A 6a EU** 27
– Honorarzone **VgV 74** 101 ff.
– Nutzungsart **VgV 74** 111
– Präsentation **VgV 74** 86 ff.
– Vergleichbarkeit **VgV 74** 100
Regelmäßige nicht verbindliche Bekannt-
　machung SektVO 38 3, 6, 14; **SektVO 39** 11,
　13; **SektVO 42** 23 ff.
– Änderung der Anforderungen **SektVO 42** 26
– Interessensbekundung **SektVO 42** 24
– Interessensbestätigung **SektVO 42** 24 ff.
– Optionen **SektVO 42** 28 f.
Regionales Beschränkungsverbot
　VOB/A 6 EU 19
Registrierung
– und alternative elektronische Mittel **VgV 9** 30
– freiwillige **VgV 9** 31 f.; **VgV 41** 20 f.
– Legaldefinition und Inhalt **VgV 9** 27 f.
– Möglichkeit der Forderung durch öffentlichen
　Auftraggeber **VgV 9** 27
– Pflichten des öffentlichen Auftraggebers gegen-
　über registrierten Unternehmen **VgV 9** 32;
　VgV 41 37
– Verbot der Forderung durch öffentlichen Auf-
　traggeber **VgV 9** 29 f.

Relative Bewertung VOB/A 3b EU 59
Rendite KonzVgV 3 3 f., 6, 11, 14, 27 f., 29, 39,
　42
– Angemessenheit **KonzVgV 3** 31, 38
– Renditeerwartung **KonzVgV 3** 28
– Renditeinteresse **KonzVgV 3** 3 ff., 18, 22, 26,
　28, 32, 33, 44
– Renditevorstellungen **KonzVgV 3** 39
– Schätzung **KonzVgV 3** 14, 38
Richtlinie für Planungswettbewerbe (RPW)
　VgV 78 77 ff.
– Anerkennung **VgV 78** 146, 148
– Architektenkammer **VgV 78** 86
– Auslober **VgV 78** 83
– Auslobung **VgV 78** 114
– Auslobungsunterlagen **VgV 79** 29
– Grundsätze **VgV 78** 79 ff.
– Ingenieurkammer **VgV 78** 86
– Prämierung **VgV 78** 146 ff.
– Preise **VgV 78** 146 f.; **VgV 79** 48 ff.
– Preisgericht **VgV 78** 85, 121 ff.
– Preisrichter **VgV 79** 106
– Sachverständige **VgV 78** 88
– Überarbeitungsphase **VgV 78** 137
– Wettbewerbsbeitrag **VgV 78** 118
– Wettbewerbsbetreuer **VgV 78** 87; **VgV 79** 35
– Wettbewerbssumme **VgV 78** 149; **VgV 79** 25
– Wettbewerbsteilnehmer **VgV 78** 84
– Ziele **VgV 78** 79 ff.
Rückgabe der Angebote VOB/A 19 EU 22
Rücknahme des Angebots
　VOB/A 10a EU 43 ff.; **VOB/A 10b EU** 45 ff.;
　VOB/A 10c EU 46 ff.; **VOB/A 10d EU** 31 ff.
Rücksichtnahmepflicht VOB/A 10a EU 35,
　53; **VOB/A 10b EU** 37, 55;
　VOB/A 10c EU 38, 56; **VOB/A 10d EU** 28,
　41
Rüge VOB/A 21 EU 10
Rügepflicht VgV 43 32

Sammelposition VOB/A 4 EU 66 f., 72 ff., 125
Schadensersatz
– culpa in contrahendo **VOB/A 21 EU** 21
Schätzung VgV 3 1 ff.
– Zeitpunkt der **VgV 3** 40 ff., 66
Schätzung des Auftragswertes
　VOB/A 1 EU 12
Schätzung des Auftragswertes bei verteidi-
　gungs- und sicherheitsspezifischen öffent-
　lichen Aufträgen VSVgV 3 2, 4, 5, 15
– Addition von Planungsleistungen **VSVgV 3** 2,
　13
– Beurteilungsspielraum **VSVgV 3** 5
– Gesamtwertbetrachtung **VSVgV 3** 11
– Losvergabe **VSVgV 3** 2, 13
– maßgeblicher Zeitpunkt **VSVgV 3** 15 ff.
– Verbot der missbräuchlichen Schätzung
　VSVgV 3 7
Schätzung des Vertragswerts
– Berechnungszeitraum **KonzVgV 2** 3, 5, 8, 24,
　25 f., 29
– Beurteilungsspielraum des Konzessionsgebers
　KonzVgV 2 17, 21, 45
– Bewertungsparameter/wertbildende Faktoren
　KonzVgV 2 3, 8, 28, 29, 30
– funktionelle Betrachtungsweise **KonzVgV 2** 26

– Gebot einer objektiven Berechnung
KonzVgV 2 3, 8, 14, 16, 17, 18 f.
– Kostensteigerungen **KonzVgV 2** 17, 26, 39
– maßgeblicher Zeitpunkt **KonzVgV 2** 3, 8, 16,
38 ff.
– Maßgeblichkeit des Netto-Gesamtumsatzes
KonzVgV 2 8, 10, 16, 25 ff.
– Objektivitäts- und Transparenzgebot
KonzVgV 2 14, 16, 17, 18 ff.
– Transparenzpflicht **KonzVgV 2** 14, 16, 17, 18,
20
Schätzungen
– Amortisierungsdauer **KonzVgV 3** 34
– angemessene Rendite **KonzVgV 3** 14, 38
– Einschätzungsprärogative des Konzessionsgebers
KonzVgV 3 25, 38
– Einschätzungsspielraum des Konzessionsgebers
KonzVgV 3 28, 34
– Investitionsaufwendungen bei Bauwerken
KonzVgV 3 12, 14
– Laufzeit **KonzVgV 3** 4, 11, 13, 23 ff., 28, 34 ff.
– maßgeblicher Zeitpunkt **KonzVgV 3** 40
– Zahlungspflicht des Konzessionsnehmers
KonzVgV 3 32
Schiedsgerichtsvereinbarung VOB/A 8b VS 5
Schiedsverfahren VOB/A 8b EU 30 ff.
Schlüsselfertigvertrag VOB/A 4 EU 32 f., 37 ff.
Schutz besonders schutzwürdiger Daten
SektVO 41 35; **SektVO 44** 7; siehe auch: Ver-
traulichkeit; Geschäftsgeheimnisse; personenbe-
zogene Daten; kritische Infrastruktur
Schutz von Verschlusssachen VOB/A 8 VS 10;
siehe auch: Verschlusssachen
Schutzrechte VgV 53 54 f.; **KonzVgV 20** 7
– Kennzeichnung gewerblicher Schutzrechte
VgV 53 54 f.
– Patentrecht **VgV 53** 55; **KonzVgV 20** 7
Schwellenwert VgV 3 2 f., 5, 8–11, 13, 19, 24 f.,
30, 41, 45 f., 48 f., 57, 60, 72 f.; **KonzVgV 1** 5 f.;
VOB/A 1 EU 11 f.
– Kommissionsvorschlag KOM(2011) 897 endg.
KonzVgV 2 3
– Konzessionsvergabeverordnung
KonzVgV 2 11 f., 14, 20 f., 22, 39, 41, 43 f.
– Richtlinie 2014/23/EU **KonzVgV 2** 4 f., 8, 10
Selbstausführung VgV 47 45
Selbstkostenerstattungsvertrag
VOB/A 4 EU 1, 5, 34, 199, 214 ff., 260
Selbstreinigung VOB/A 6f EU 1 ff.
– verteidigungs- und sicherheitsspezifische Aufträge
VSVgV 24 6
– Voraussetzungen **VOB/A 6d VS** 1
Sicherheitsbescheid VSVgV 7 21 ff.
– Anerkennung **VSVgV 7** 7, 21 ff.
– Gleichwertigkeit bei solchen aus anderen
Mitgliedstaaten **VSVgV 7** 22 ff.
Sicherheitsleistung VOB/A 9c VS 5
– Allgemeines **VOB/A 9c EU** 4 ff.
– Anforderungen **VOB/A 9c EU** 8 f., 10 ff.
– angemessene Höhe **VOB/A 9c VS** 5
– Art **VOB/A 9c EU** 12
– Höhe **VOB/A 9c EU** 13 ff.
– Rückgabe **VOB/A 9c EU** 23
– Sicherheitsleistung **VOB/A 9c EU** 11 ff.
– Sicherungsgegenstand **VOB/A 9c EU** 10
– Vereinbarung **VOB/A 9c EU** 8 f.

– Verzicht **VOB/A 9c EU** 17 f.
– Voraussetzungen **VOB/A 9c VS** 5
Sicherheitsüberprüfung
– Angaben in der Bekanntmachung **VSVgV 18** 17
Sicherstellung als Zuschlagskriterium
VSVgV 8 3
Signatur, elektronische VOB/A 16 EU 48 ff.
Skonto VOB/A 16d EU 83 f.
Sonderpreis VgV 79 56
Sondervergaberecht SektVO 3 4
Sorgfaltspflicht VOB/A 10a EU 35, 53;
VOB/A 10b EU 37, 55; **VOB/A 10c EU** 38,
56; **VOB/A 10d EU** 28, 41
Soziale Dienstleistungen
– Arbeitsförderung (SGB III) **VgV 65** 11
– Auftragsbekanntmachung **VgV 66** 4 ff.
– Besonderheit **VgV 64** 5; **VgV 65** 12
– Bildungsleistungen **VgV 65** 10 ff.
– Grundsicherung für Arbeitsuchende (SGB II)
VgV 65 11
– Mitteilung von Ergebnissen des
Vergabeverfahrens **VgV 66** 6
– Muster für Bekanntmachungen **VgV 66** 7
– Rahmenvereinbarung **VgV 64** 1 ff.; **VgV 65** 6 f.
– Verfahren **VgV 65** 4 ff.
– Zuschlagskriterien **VgV 64** 10 ff.
Sphäre des öffentlichen Auftraggebers
VgV 6 17 f., 19 f., 30 f.
Sprache SektVO 42 16
Sprache der Bekanntmachung
– siehe: Bekanntmachungen
Staat VgV 44 15
Standardformular/e VgV 50 14 ff.; **VgV 51** 18;
SektVO 40 8, 10; siehe: Bekanntmachungen
Störung der Geschäftsgrundlage
VOB/A 22 EU 23
Straßenfahrzeugbeschaffung
– Begriff **VgV 68** 8 f.
– Berücksichtigungspflicht, Energieverbrauch und
Umweltauswirkungen **VgV 68** 10, 13 ff.;
SektVO 59 6
– Einsatzfahrzeuge **VgV 68** 27 ff.
– finanzielle Bewertung **VgV 68** 22 ff.
Strategische Beschaffung VgV 3 33, 47
– Innovationspartnerschaft **VgV 19** 2
Studien- und Ausbildungsnachweise
VgV 46 31; **VOB/A 6a EU** 37
Stundenlohnarbeiten VOB/A 4 EU 48, 200 ff.;
VOB/A 7 EU 55
– angehängte Stundenlohnarbeiten
VOB/A 4 EU 200 f., 205, 209 ff.
– selbständige Stundenlohnarbeiten
VOB/A 4 EU 200 f., 205, 206 ff.
Stundenlohnvertrag VOB/A 4 EU 5, 9, 11 f.,
15 f., 33 f., 43, 48, 54, 199 ff.
Subjektives Recht VgV 3 9
Submission VgV 54 9 ff., 14 ff.
– Dokumentation **VgV 54** 18
– Submissionstermin **VgV 54** 9 f., 14 ff.

Technische Ausrüstung VgV 46 26
Technische Bezugsgröße VgV Anlage 1 31
Technische Fachkräfte VgV 46 24;
VOB/A 6a EU 32
Technische Leistungsfähigkeit VgV 46 5
Technische Stellen VgV 46 24

Sachverzeichnis

Technische und berufliche Leistungsfähigkeit
VOB/A 6 EU 14
Technische(n) Spezifikationen
VOB/A 3 EU 24 ff.; **VOB/A 7a VS** 7, 9, 10, 13, 15
– Angebote mit abweichenden
VOB/A 16 EU 61; **VOB/A 16d EU** 71 ff.
– Begriff **VOB/A 16d EU** 11, 72;
VOB/A 7a VS 7
– Berücksichtigung gleichwertiger Lösungen des Bieters **VOB/A 7a VS** 10
– Festlegung der technischen Spezifikationen in der Leistungsbeschreibung **VOB/A 7a VS** 7, 9, 10, 11
Technisch-inhaltlicher Zusammenhang
VgV 3 23
TED VgV 37 14; **VgV 40** 15
TED-eSender VgV 37 21; **VgV 40** 11 ff.;
VSVgV 18 19
Teilaufhebung VSVgV 37 7
Teilaufträge VgV 3 37, 39
Teilleistungsposition VOB/A 4 EU 64 f., 66 ff., 87 f., 99, 112 ff., 181
Teilnahmeantrag/-anträge
– Aufbewahrung **VSVgV 30** 5
– Aufbewahrung/Kennzeichnung ungeöffneter Teilnahmeanträge **VgV 54** 9 ff., 14 ff.;
KonzVgV 29 2, 10, 13
– Einreichung des Teilnahmeantrags **VSVgV 19** 9, 16 f., 18 f., 20 ff.; **VOB/A 11 VS** 7, 9 ff., 13
– Form und Übermittlung **VgV 53** 8 f.
– Geheimhaltung **VgV 5** 33 ff.
– Innovationspartnerschaft **VgV 19** 5
– Teilnahme-/Bewerbungsfrist
VOB/A 10b VS 4 ff.
– verschlüsselte Speicherung **VgV 5** 33 ff.;
KonzVgV 29 11
– Vertraulichkeit/Datenintegrität **VgV 5** 33 ff.;
KonzVgV 29 5
Teilnahmebedingungen VOB/A 8 EU 19 ff.
Teilnahmefrist VOB/A 10 EU 14;
VOB/A 10b EU 11 ff.; **VOB/A 10c EU** 11 ff.;
VOB/A 10d EU 12 ff.
Teilnahmewettbewerb SektVO 35 2; **Sekt-VO 36** 9
– Innovationspartnerschaft **VgV 19** 5 f.
– modifiziert bei dynamischen Beschaffungssystemen **VgV 22** 12; **VgV 24** 7
Teilnehmerkreis VOB/A 6 EU 18
Teilpauschale VOB/A 4 EU 59, 131, 148, 171, 192 ff.
Textform VOB/A 10a EU 45;
VOB/A 10b EU 47; **VOB/A 10c EU** 48;
VOB/A 10d EU 33
Transparenzbekanntmachung VgV 40 27 ff.
– freiwillige Ex-ante- siehe: Freiwillige Ex-Ante-Transparenzbekanntmachung
– freiwillige Ex-post- siehe: Freiwillige Ex-Post-Transparenzbekanntmachung
– siehe auch: Bekanntmachungen, freiwillige
Transparenzgebot SektVO 8 4
Transparenzgrundsatz SektVO 38 2, 10, 14;
SektVO 39 15; **SektVO 40** 2, 6; **Sekt-VO 41** 21, 23; **VOB/A 21 EU** 13
Transparenzprinzip VgV 6 8; **SektVO 6** 1;
KonzVgV 5 1

Übergangsbestimmungen VSVgV 44 2, 4
– Beginn des Vergabeverfahrens **VSVgV 44** 6
– Zeitliche Begrenzung des Anwendungsbereichs
VSVgV 44 5
Überhöhte Preise VgV 63 38 ff.
Übernahme eines Unternehmens
VOB/A 22 EU 39
Überprüfungsklausel VOB/A 22 EU 16, 20
Umfang VgV 48 20
Umgehungsverbot VgV 3 21, 29 ff., 39;
KonzVgV 2 3, 8, 16, 17, 22 ff., 37
Umsatzangaben VOB/A 6a EU 19
Umsatzsteuer VgV 3 24
Umwelt- und sozialpolitische Aspekte
– Energieverbrauch **VgV 67** 8 ff.; **SektVO 58** 8 ff.
– Straßenfahrzeuge **VgV 68** 7 ff.; **SektVO 59** 6 ff.
Umwelteigenschaften VOB/A 7a VS 11
Umweltmanagement VgV 46 35; **VgV 49** 15;
VOB/A 6a EU 40
Umweltzeichen VgV 34 14
Unabhängige Stellen
– siehe: Akkreditierte Stellen
Unabhängigkeit VgV 72 10
Unabhängigkeit der Preisrichter von den Teilnehmern VgV 72 8
Unangemessen hohes Angebot
VOB/A 3a EU 29 ff.
Ungewöhnlich niedrige Angebote VgV 60 6 ff.;
SektVO 54 2
– Angemessenheitsprüfung **VgV 60** 6 ff.
– Aufgreifschwelle **VgV 60** 9 ff.
– Aufklärung **VgV 60** 12 ff.
– Bieterrechtsschutz **VgV 60** 17 f., 39
– Mitteilung an die EU-Kommission **VgV 60** 38
– Prüfung durch den öffentlichen Auftraggeber
VgV 60 19 ff.
– Rechtsfolgen **VgV 60** 26 ff.
– staatliche Beihilfe **VgV 60** 31 ff.
Unlautere Verhaltensweise
VOB/A 2 EU 15 ff.
Unparteilichkeit
– siehe: Parteilichkeit
Unteraufträge VgV 46 39; **VOB/A 6a EU** 44;
VSVgV 9 5, 9, 10, 11, 13, 15, 16
– Ablehnung von Unterauftragnehmern
VSVgV 9 24 f.
– Änderungen auf Ebene des Unterauftragnehmers
VSVgV 9 10
– freie Wahl des Unterauftragnehmers
VSVgV 9 6, 13
– keine Pflicht zur Anordnung der Unterauftragsvergabe **VSVgV 9** 5, 11, 13, 16, 18
– siehe auch: Unterauftragsvergabe
Unterauftrag VSVgV 4 10 f.
Unterauftragnehmer VSVgV 40 4, 5, 6, 8
– Aufstellung eigener Kriterien durch Auftragnehmer **VSVgV 40** 5 ff.
– Bekanntmachung **VSVgV 18** 17; **VSVgV 40** 4, 5
– Objektivität und Nichtdiskriminierung der Auswahlkriterien **VSVgV 40** 6
– Offsets **VSVgV 40** 6
– keine Pflicht zur Unterauftragsvergabe bei Unmöglichkeit **VSVgV 40** 5 ff.
– Untauglichkeit der Unterauftragnehmer
VSVgV 40 8

Unterauftragsvergabe VSVgV 38 3, 4 ff., 8, 10, 11, 12; **VSVgV 39** 4, 7
– Anwendungsbereich **VSVgV 38** 4, 8
– aufgrund einer Rahmenvereinbarung **VSVgV 41** 4
– Bekanntmachung **VSVgV 18** 17
– Bekanntmachung über Unteraufträge **VSVgV 39** 9
– Bietergemeinschaften **VSVgV 38** 10
– Einwilligung des Auftraggebers **VSVgV 39** 7
– Grundsatz der Transparenz und der Gleichbehandlung **VSVgV 38** 3, 7
– Mindestinhalt der Bekanntmachung **VSVgV 39** 6
– Muster der Europäischen Kommission für Standardformulare (Anhang XVI) **VSVgV 39** 8
– Schätzung des Auftragswertes **VSVgV 38** 12
Unterbeauftragung VgV 47 29
Unterhaltungsarbeiten VOB/A 4 EU 225, 244 ff.
Unterkriterien
– Bekanntgabe **VgV 58** 100 ff.
– Gewichtung **VgV 58** 100 ff.
Unterlagen VgV 50 36
Unterlagen über die interne Preisermittlung
– siehe: Kalkulationsblätter
Unternehmen
– Begriff **VgV 6** 46
Unternehmensumstrukturierung VOB/A 22 EU 39, 40
Unterrichtung
– auf Verlangen **VOB/A 19 VS** 12 ff.
Unterrichtung der Bewerber und Bieter VgV 62 1 ff.
– Adressat **VgV 62** 24 ff.
– Antrag **VgV 62** 53 ff.
– Ausnahmen **VgV 62** 80 ff.
– Frist **VgV 62** 40 ff., 59
– Inhalt **VgV 62** 34 ff., 61 ff.
– Verweis auf § 134 GWB **VgV 62** 49 ff.
Unterschrift(en)
– Anzahl der **VOB/A 16 EU** 42
– eigenhändige **VOB/A 16 EU** 40
– Nachforderung **VOB/A 16a EU** 35
– rechtsverbindliche **VOB/A 16 EU** 44 f.
– Stelle für **VOB/A 16 EU** 43
Unterstützende Unterlagen VSVgV 29 11
Unterstützungshandlung VgV 6 39
Unterteilung eines Auftrags VgV 3 21, 35, 38
Unversehrtheit von Daten VgV 10 5 f.; **VgV 11** 26, 30 f.; siehe: Datenintegrität
Unzulässigkeit VgV 43 14 ff.
Urheberrecht VOB/A 3a EU 75 ff.
Urkalkulation VOB/A 16 EU 68, 98, 107, 118; **VOB/A 16a EU** 29; **VOB/A 16d EU** 32

Verbindliche Außenwirkung des 3. Abschnitts der VOB/A VSVgV 2 10
Verbot von Änderungen an den Vergabeunterlagen VgV 53 41 ff.
Verbundene Personen
– siehe: Verbundene Unternehmen
Verbundene Unternehmen VgV 6 41, 46
Verbundklausel VgV 6 46
Verfahren
– Innovationspartnerschaft **VgV 19** 5 ff.

Verfahrensarten SektVO 35 2; **SektVO 36** 2, 9
– Innovationspartnerschaft **VgV 19** 1 ff.
– nicht offene **SektVO 36** 9
– Verhandlungsverfahren **SektVO 35** 2; **SektVO 36** 2, 9
Verfahrensbeginn VgV 37 15; **VgV 38** 59; **SektVO 40** 9
Verfahrensbezogene Tätigkeit VgV 6 30
Verfahrensinformationen VgV 29 29
Verfahrenswahl SektVO 42 2
Verfügbarkeit technischer Ausstattung VgV 41 53; **VgV 46** 38; **VOB/A 6a EU** 43
Verfügbarkeitsnachweis VgV 47 10
Vergabe von Bauaufträgen nach § 2 VgV
– anzuwendende Regelungen **VgV 2** 4, 18 ff.
– Energieeffizienz als Kriterium **VgV 2** 22 f.
– gemischte Aufträge/Konzessionen **VgV 2** 11 ff.
– persönlicher Anwendungsbereich **VgV 2** 8
– sachlicher Anwendungsbereich **VgV 2** 9
– sicherheitsspezifische Bauaufträge **VgV 2** 9
– unionale Vorgaben **VgV 2** 5 f.
– zeitlicher Anwendungsbereich **VgV 2** 10
Vergabebedingungen
– uneindeutige **VOB/A 16 EU** 66; **VOB/A 16a EU** 18
– unerfüllbare **VOB/A 16 EU** 64; **VOB/A 16a EU** 27
– unzulässige **VOB/A 16 EU** 64; **VOB/A 16a EU** 27
– unzumutbare **VOB/A 16 EU** 64; **VOB/A 16a EU** 27
Vergabebekanntmachung VgV 39 10 ff.; **SektVO 39** 15; **KonzVgV 21** 1 ff.; **KonzVgV 22** 9 f.
– Ausnahmen von der Pflicht zur Veröffentlichung einzelner Angaben **VgV 39** 46 ff.
– des Bauauftrags **VOB/A 18 EU** 5 f.
– Beeinträchtigung des fairen Wettbewerbs **VOB/A 18 EU** 14 f.
– Behinderung des Gesetzesvollzugs **VgV 39** 52; **KonzVgV 21** 17; **VOB/A 18 EU** 11
– Bekanntmachungspflicht **VgV 39** 10 ff.; **KonzVgV 21** 4 ff.
– Berücksichtigung einer Vorinformation **VgV 39** 31; **VOB/A 18 EU** 9
– Besonderheiten bei dynamischen Beschaffungssystemen **VgV 22** 19; **VgV 23** 12
– dynamische Beschaffungssysteme **VgV 39** 30
– Einzelaufträge einer Rahmenvereinbarung **VgV 39** 28; **VOB/A 18 EU** 8
– Form **VgV 39** 14
– freiwillige **VgV 40** 33 ff.; **KonzVgV 21** 18
– Inhalt **VgV 39** 14 ff.; **KonzVgV 21** 6 ff.; **VOB/A 18 EU** 7
– Konzessionen **KonzVgV 21** 4 ff.; **KonzVgV 22** 9 f.
– Rahmenvereinbarungen **VgV 39** 28 f.
– Schädigung von berechtigten geschäftlichen Interessen öffentlicher oder privater Unternehmen **VOB/A 18 EU** 13
– Schutz des öffentlichen Interesses **VgV 39** 56
– Schutz des Wettbewerbs **VgV 39** 59
– Schutz geschäftlicher Interessen **VgV 39** 57 ff.
– Übermittlung **VgV 39** 32 f.; **VOB/A 18 EU** 16
– Veröffentlichung **VgV 40** 15 ff.

– VS-Auftrag **VSVgV 35** 1 ff.
– Widerspruch zu dem öffentlichen Interesse **VOB/A 18 EU** 12
Vergabekammer VOB/A 21 EU 4, 11
– Angabe in der Bekanntmachung **VgV 37** 82, 86 ff.; **KonzVgV 19** 21, 23
Vergabeplattform SektVO 43 7, 15
– freiwillige Registrierung **SektVO 41** 24
– Zugriff **SektVO 41** 18
Vergaberechtsmodernisierung 2016 Ziele VgV 1 3; **VgV 2** 3
Vergabereife VgV 28 14; **VOB/A 2 EU** 55 ff.
Vergabeunterlagen VgV 29 1 ff.; **KonzVgV 16** 7 ff.; **VOB/A 8 EU** 1 ff., 27; **VOB/A 21 EU** 7, 8, 12, 18; **VSVgV 16** 9 ff.; **VOB/A 8 VS** 7, 8, 9, 18
– Änderungen **VgV 41** 37
– Änderungen an den **VOB/A 16 EU** 57 ff.; **VOB/A 16a EU** 13
– alternative Bereitstellung aus technischen Gründen **VgV 41** 47 ff.; **VOB/A 12a EU** 10
– alternative Bereitstellung zum Schutz der Vertraulichkeit **VgV 41** 58 ff.; **VOB/A 12a EU** 10
– Angabe nur der Zuschlags- nicht auch der Eignungskriterien **VSVgV 16** 3, 5, 12
– Aufforderung zur Interessensbestätigung **VgV 41** 40
– Aufnahme der Anforderungen an den Inhalt der Angebote **VOB/A 13 EU** 85
– Auftragsunterlagen **VSVgV 16** 4
– Auskunftserteilung, Frist **KonzVgV 18** 12 ff.
– Auslegung zur Einsicht **VOB/A 12a VS** 9 f.
– Ausnahmen von der direkten Bereitstellung **VgV 41** 46 ff.
– Begriff **VgV 41** 26 f.; **SektVO 41** 10 ff.; **VOB/A 12a EU** 7; **VSVgV 16** 4, 9 ff.
– Bereitstellung im zweistufigen Verfahren **VgV 41** 28 ff.; **VOB/A 12a EU** 8; **VOB/A 12a VS** 6
– Bewerber und Bieterinformationen **VgV 29** 57
– Bewertungsmatrix **VgV 29** 56
– Dauer der Bereitstellung bei dynamischen Beschaffungssystemen **VgV 23** 8
– Definition **VOB/A 8 VS** 7
– Dokumentation **SektVO 41** 22
– Einheitliche Europäische Eigenerklärung **VgV 29** 53
– elektronische Adresse **VgV 37** 31; **VgV 41** 25; **VOB/A 12a EU** 5 f.; **VSVgV 18** 17
– elektronische Bereitstellung **VgV 41** 12, 13 ff., 25; **SektVO 41** 3; **KonzVgV 17** 5 ff.; **VOB/A 12a EU** 5 ff.; **VOB/A 12a VS** 4
– bei elektronischen Auktionen **VgV 25** 18 f.; **VgV 26** 8 ff.
– Ergänzungen **VgV 41** 37; **VOB/A 12a EU** 6 f., 23 ff.
– Formblätter **VgV 29** 54
– Fristverlängerung bei alternativer Bereitstellung **VgV 41** 67 ff.; **VOB/A 12a EU** 10
– Fristverlängerung bei Vertraulichkeitserklärung **VgV 41** 72 f.; **VOB/A 12a EU** 10
– Geschäftsgeheimnisse **VgV 5** 44; **VgV 41** 61; **VOB/A 12a EU** 10
– gleichzeitige Übermittlung **VOB/A 12a EU** 12; **VOB/A 12a VS** 7

– Information über Auftragsbedingungen und Auftragsgegenstand **VOB/A 8 VS** 5
– Informationen über allgemeingültige Verpflichtung **KonzVgV 16** 9
– Inhalt **VOB/A 8 VS** 4, 7, 8, 10, 11, 12, 15, 16, 18
– Internetadresse **VgV 37** 31; **VgV 41** 25; **VOB/A 12a EU** 5 f.; **VSVgV 18** 17
– kritische Infrastruktur **VgV 5** 44; **VgV 41** 60
– Leistungsbeschreibung **SektVO 41** 12
– Mindestangaben bei dynamischen Beschaffungssystemen **VgV 23** 13 ff.
– Mindestangaben bei elektronischen Auktionen **VgV 26** 8 ff.
– personenbezogene Daten **VgV 5** 44; **VgV 41** 61
– Protokolle **VgV 29** 58
– rechtzeitig beantragte Auskünfte **KonzVgV 18** 9 ff.
– Registrierung **VgV 41** 19 ff.; **VOB/A 12a EU** 7
– Schlusstermin für Abruf **VgV 41** 45; **VOB/A 12a EU** 9
– Schutz der Vertraulichkeit **VgV 5** 42 ff.; **VgV 41** 58 ff.; **VOB/A 12a EU** 10; **VOB/A 12a VS** 5, 10
– Stand der Unterlagen **VgV 29** 60
– Standardformular in Anhang XV der Durchführungsverordnung (EU) Nr. 2015/1986 **VOB/A 8 VS** 4, 5, 8, 14
– Transparenz **VgV 29** 64
– Übermittlung auf anderem Weg **VgV 41** 46 ff.; **KonzVgV 17** 9 ff.; **VOB/A 12a EU** 7; **VOB/A 12a VS** 5
– Übermittlung auf einem anderen geeigneten Weg **VgV 41** 46 ff., 57; **VOB/A 11b EU** 3; **VOB/A 12a EU** 7; **VOB/A 12a VS** 5
– uneingeschränkte und direkte Bereitstellung **VgV 41** 12, 19 ff.; **SektVO 41** 15 ff.; **VOB/A 12a EU** 7; **VOB/A 12a VS** 4
– unentgeltliche Bereitstellung **VgV 41** 16 ff.; **SektVO 41** 14; **VOB/A 12a EU** 7; **VOB/A 12a VS** 4
– unklare **VOB/A 16 EU** 66; **VOB/A 16a EU** 18
– unverzügliche Bereitstellung **VOB/A 12a VS** 6
– unzulässige Änderungen **VOB/A 13 EU** 48; **VOB/A 13 VS** 12
– veraltete **VOB/A 16 EU** 75
– Verschlüsselung **VgV 41** 22; **VOB/A 12a VS** 5
– Verschlusssachen **VgV 5** 43; **VgV 41** 59; **VOB/A 12a EU** 10; **VOB/A 12a VS** 10
– Vertragsbedingungen **KonzVgV 16** 9 ff.
– Vertraulichkeit **SektVO 41** 33 ff.
– vollständige Bereitstellung **VgV 41** 23 f.; **SektVO 41** 19 ff.; **VOB/A 12a EU** 7; **VOB/A 12a VS** 5
– Vorinformation **VgV 38** 21, 37; **VgV 41** 39 f.; **VOB/A 12 EU** 15
– Vorlagen für die Einreichung von Unterlagen **KonzVgV 16** 14
– Zeitpunkt der Bereitstellung **VgV 41** 28 ff., 38 ff.; **VOB/A 12a EU** 6 f.; **VOB/A 12a VS** 6 f.
– Zeitpunkt der Bereitstellung bei dynamischen Beschaffungssystemen **VgV 23** 6 f.
– zusätzliche Auskünfte **KonzVgV 18** 7 f.

Vergabeverfahren
- Begriff **VgV 6** 14 ff.
- formelles Begriffsverständnis **VgV 6** 15, 30 f., 55 ff., 61
- materielles Begriffsverständnis **VgV 6** 16, 30 f., 55 ff., 61; **KonzVgV 5** 3
Vergabeverfahrensarten VOB/A 3 EU 11 ff.
Vergabevermerk SektVO 8 2, 5 ff., 17, 22; **KonzVgV 6** 6 ff.; **VOB/A 20 EU** 3; **VSVgV 43** 3, 4, 6, 7, 8, 9, 11, 14
- Aktenvermerk **VgV 3** 15, 19
- beweisgeeignete Form **VSVgV 43** 6
- Chronologie **VSVgV 43** 8
- elektronische Vergabeverfahren **VSVgV 43** 15
- Heilung einer mangelhaften Dokumentation **VSVgV 43** 13 f.
- Mindestinhalt **VSVgV 43** 9 ff.
- Mindestinhalt bei dynamischen Beschaffungssystemen **VgV 22** 17
- Mitteilung an Europäische Kommission **VSVgV 43** 16
- Nachholung der Dokumentation im Vergabeverfahren **VSVgV 43** 7
- Transparenz- und Gleichbehandlungsgebot **VSVgV 43** 4, 6, 14
Vergabeverordnung für freiberufliche Leistungen (VOF) VgV 73 1 ff.
Vergleichsvereinbarung VOB/A 22 EU 12
Vergütung
- Änderung **VOB/A 9d EU** 4 ff.
- Vereinbarung von Preisänderungsklauseln **VOB/A 9d EU** 8 ff.
Vergütungsanpassung VOB/A 9d VS 5
Vergütungssumme VOB/A 4 EU 131, 134, 197
Verhältnis der Konzessionsvergabeverordnung
- zum GWB **KonzVgV 2** 11; **KonzVgV 3** 15 ff.
- zur VgV **KonzVgV 2** 13; **KonzVgV 3** 18
Verhältnismäßigkeit SektVO 45 10
Verhältnismäßigkeitsgrundsatz
  VOB/A 2 EU 7 ff.; **VOB/A 10a EU** 12; **VOB/A 10b EU** 12, 17
Verhältnismäßigkeitsprüfung
- bei der Festlegung des erforderlichen Sicherheitsniveaus elektronischer Mittel **VgV 10** 5 ff.
Verhandlung
- Innovationspartnerschaft **VgV 19** 7 f.
Verhandlungsverfahren VgV 14 24 ff., 32 ff., 65 ff.; **VgV 17** 5 ff., 12 ff., 14; **SektVO 13** 9 ff., 33 f.; **SektVO 15** 2, 3, 8, 10, 13, 16, 17; **SektVO 35** 2; **SektVO 36** 9; **VOB/A 3 EU** 19 ff.; **VOB/A 3a EU** 11 ff.; **VOB/A 3b EU** 34 ff.; **VOB/A 16 EU** 20 ff.; **VOB/A 16d EU** 88 ff.
- Ablauf **VgV 17** 2, 5 ff.; **SektVO 15** 8 ff., 15
- Aufforderung zur Verhandlungsteilnahme **VgV 52** 7 f.
- Fristen **VgV 17** 3, 10, 15, 17; **SektVO 13** 2, 3, 22; **SektVO 15** 16; **VOB/A 10c VS** 1 ff.
Verhandlungsverfahren ohne Teilnahmewettbewerb KonzVgV 20 1 ff.; **VSVgV 12** 5 ff., 12 ff., 17 ff., 21, 26, 28, 34, 36, 38 ff.
- kein Anspruch auf Aufforderung zur Angebotsabgabe **VSVgV 12** 6
- Ausnahmecharakter des Verfahrens **KonzVgV 20** 5 f.; **VSVgV 12** 5 ff., 17, 20, 23 ff., 31 ff.
- Ausnahmetatbestände **KonzVgV 20** 7 ff.; **VSVgV 12** 6 ff., 17
- Begriff der Forschungs- und Entwicklungsleistungen **VSVgV 12** 32 ff.
- Begriff der Krise **VSVgV 12** 19
- Luft- und Seeverkehrsdienstleistungen **VSVgV 12** 41
- nicht ordnungsgemäßes Angebot **VSVgV 12** 11, 12 ff.
- Schutz von Ausschließlichkeitsrechten **VSVgV 12** 30
- technische Besonderheiten des Auftrages **VSVgV 12** 26, 28, 30
- ungeeignetes Angebot **VSVgV 12** 13
- Ursachenzusammenhang **VSVgV 12** 20
- Ausnahmetatbestände, Dringlichkeit **KonzVgV 20** 16
- Ausnahmetatbestände, nicht ordnungsgemäßes Angebot **KonzVgV 20** 10 ff.
- Ausnahmetatbestände, Schutz von Ausschließlichkeitsrechten **KonzVgV 20** 7 f.
- Ausnahmetatbestände, technische Besonderheiten des Auftrages **KonzVgV 20** 7 f.
- Ausnahmetatbestände, ungeeignetes Angebot **KonzVgV 20** 10 f.
- Darlegungs- und Beweislast **VSVgV 12** 7
- Nachweise für Eignungsnachweis **VSVgV 22** 4
- keine Vermutung der Ausnahmetatbestände **VSVgV 12** 8
- Zeitpunkt des Eignungsnachweises **VSVgV 22** 13
Verhandlungsverfahren ohne vorherigen Teilnahmewettbewerb SektVO 39 12
Verjährung der Mängelansprüche VOB/A 9b VS 1 ff.
Verjährungsfristen
- abweichende **VOB/A 9b EU** 9 ff.
- billige Bemessung **VOB/A 9b EU** 13
- Mängelansprüche **VOB/A 9b EU** 4 ff.
Vermutungstatbestand VgV 6 34 ff.
Verpflichtungserklärung VSVgV 7 11, 12, 14, 16
Verschlusssachen VSVgV 7 13 ff., 18 ff.
- Begriff **VSVgV 7** 2
- Geheimhaltungsgrad **VSVgV 7** 8, 10, 11, 12, 13, 16
- gesamte Lieferkette **VSVgV 7** 3
- Vergabeunterlagen **VgV 5** 43; **VgV 41** 59; **VOB/A 12a VS** 4
Verschlusssachenauftrag VSVgV 1 8
Verschwiegenheitserklärung VgV 5 45; **VgV 41** 72 ff.; **SektVO 5** 6; **SektVO 41** 36; **KonzVgV 4** 6
Versicherung an Eides statt VgV 48 47
Versorgungssicherheit VSVgV 8 3, 5 ff.; **VSVgV 34** 20 f.; **VSVgV 36** 15; **VOB/A 16d VS** 13 ff.; **VOB/A 19 VS** 15
- Bekanntmachung **VSVgV 8** 6
- Bekanntmachung der Anforderungen **VSVgV 18** 17
- gesamte Lieferkette **VSVgV 8** 3
- Grenze der vom Auftraggeber aufgestellten Anforderungen an die Versorgungssicherheit **VSVgV 8** 12
- Versorgungssicherheit als Eignungskriterium **VSVgV 8** 5

Verteidigungs- oder sicherheitsspezifischer
öffentlicher Auftrag VSVgV 1 8
Verteidigungs- und Sicherheitsinteressen
VOB/A 18 VS 15
Vertikale Bietergemeinschaft VgV 43 13
Vertragsanpassungsklausel VOB/A 22 EU 21
Vertragsarten VOB/A 4 EU 1, 7, 42, 52, 213,
231, 260
– Einheitspreis-, Pauschal- und Stundenlohnvertrag
VOB/A 4 VS 7
– Preisgestaltung VOB/A 4 VS 3, 4, 7
Vertragsbedingungen
– allgemeine VOB/A 8a EU 8 f., 12 ff., 16 ff.
– allgemeine technische VOB/A 8a EU 10 f.,
12 ff., 16 ff.
– besondere VOB/A 8a EU 25 ff.
– Bestandteil der Vertragsunterlagen
VOB/A 8a EU 6 ff.
– fakultative VOB/A 8a EU 19
– obligatorische VOB/A 8a EU 16 ff.
– Transparenzgebot VOB/A 8a EU 5
– zusätzliche VOB/A 8a EU 22 ff.
– zusätzliche technische VOB/A 8a EU 33 f.
Vertragsfristen VOB/A 9 EU 40
Vertragspreis(e) VOB/A 4 EU 8, 11, 33, 40, 47,
61, 64, 115, 121 ff., 199
Vertragsstrafe VOB/A 9a VS 2, 4, 5
– Allgemeines VOB/A 9a EU 4 ff.
– Anspruchsvoraussetzungen
VOB/A 9a EU 9 ff.
– Höhe VOB/A 9a EU 14 ff.
Vertragsübernahme VOB/A 22 EU 4
Vertragsunterlagen VgV 29 35 ff.;
VOB/A 8 EU 27; VOB/A 8a EU 6 ff.
Vertragsverlängerungen VgV 3 25 f., 45, 68;
VOB/A 22 EU 4
Vertragswert VgV 3 3; KonzVgV 6 7
– Bekanntmachung VgV 39 21 f.
– Gesamtwert bei der Losvergabe KonzVgV 2 3,
8, 16, 41 f.
– Schätzung KonzVgV 2 3, 8, 12 f., 16, 17, 19,
36, 39, 45
– voraussichtlicher Netto-Gesamtumsatz
KonzVgV 2 8, 10, 16, 25 ff.
Vertraulichkeit SektVO 44 2, 4;
VOB/A 2 EU 44 ff.
– der Angebote VgV 5 31 ff.; SektVO 5 6 f.;
KonzVgV 4 8
– der Teilnahmeanträge VgV 5 31 ff.; Sekt-
VO 5 6 f.; KonzVgV 4 8
– der Wertungsdokumentation VgV 5 39;
SektVO 5 6 f.; KonzVgV 4 8
– siehe auch: Vertraulichkeit von Daten
Vertraulichkeit von Daten VgV 10 6
– Begriff VgV 5 12 ff.; VgV 11 32
– Datenbesitz VgV 11 36
– Grenzen VgV 5 23 ff.
– Informationsfreiheitsgesetze VgV 5 28
– schadhafte Daten VgV 11 35
– Schutz VgV 5 11 ff., 30 ff.; VgV 41 58 ff.;
SektVO 5 6; KonzVgV 4 6 ff.
– Schutzmaßnahmen VgV 5 32 ff., 45 ff.;
VgV 41 58 ff.; VOB/A 12a VS 10
– Verschlüsselung VgV 5 34; VgV 11 33 f.
Vertreter
– öffentlicher Auftraggeber VgV 6 40

Verwendung der Angebote
VOB/A 19 EU 21
– Vertraulichkeit VgV 5 18 ff.
Verwendungspflicht VgV 50 7
Verwendungszweck
– gleichartiger VgV 3 58
Verzugsschaden
– pauschalierter VOB/A 9 EU 43 ff.
VgV VgV 1 2 ff.
– Anwendungsbereich VgV 1 12 ff.
– Gesetzgebungsprozess VgV 1 2
– Rechtsgrundlage VgV 1 2, 9
– Reform 2006 VgV 1 7
– Reform 2009 VgV 1 7
– Scharnierfunktion VgV 1 5; VgV 2 2, 7
– Struktur VgV 1 4 f., 10; VgV 2 2
– unionale Vorgaben VgV 1 6 ff.; VgV 2 5
– Vergabe von Bauaufträgen siehe: Vergabe von
Bauaufträgen nach § 2 VgV
– VgV 1994 VgV 1 6
– VgV 2001 VgV 1 7
– zeitlicher Anwendungsbereich VgV 1 27
– Zweck VgV 1 11
VOB/A-EU
– Struktur VgV 2 19 f.
– unionale Vorgaben VgV 2 5, 20
VOB/B VOB/A 8a VS 5, 7
VOB/C VOB/A 8a VS 5, 7
VOL/B VgV 29 47 ff.
Vorabinformation VOB/A 19 VS 8 ff.
Vorabinformationspflicht VOB/A 19 EU 14
Vorbefasstes Unternehmen VgV 7 4; siehe:
Projektant
Vorbehaltene Erklärungen
VOB/A 16 EU 117 ff.; VOB/A 16a EU 13
Vorbereitung des Vergabeverfahrens
VgV 6 16
Vordersatz VOB/A 4 EU 64, 88, 99, 112, 123,
125, 127, 141
Voreingenommenheit VgV 6 24, 29
Voreingenommenheitsvermutung VgV 6 34 ff.
– Erstreckung auf Angehörige VgV 6 53 f.
– Widerlegbarkeit VgV 6 49 ff.
Vorinformation VgV 38 1 ff.;
VOB/A 10a EU 16 ff.; VOB/A 10b EU 21 ff.;
VOB/A 10c EU 21 ff.; VOB/A 10d EU 22;
VOB/A 12 EU 14 ff.; VSVgV 17 1 ff.;
VOB/A 12 VS 11 ff.
– als Aufruf zum Wettbewerb VgV 38 45 ff.;
VOB/A 12 EU 20 f.; VSVgV 17 8;
VOB/A 12 VS 10
– Bekanntmachungspflicht VgV 38 11 ff.;
VOB/A 12 EU 15; VSVgV 17 7;
VOB/A 12 VS 12
– Form VgV 38 14; VOB/A 12 EU 15;
VSVgV 17 13 ff.; VOB/A 12 VS 13
– freiwillige VgV 38 17 ff.; VOB/A 12 EU 15 f.;
VSVgV 17 7; VSVgV 18 24;
VOB/A 12 VS 12, 21
– Funktion VgV 38 9 ff.; VOB/A 12 EU 15, 20;
VSVgV 17 8; VOB/A 12 VS 11 ff.
– Geltungszeitraum VgV 38 62 ff.
– Inhalt VgV 38 19 ff., 35 ff., 49 ff.;
VOB/A 12 EU 15; VSVgV 17 12 ff.;
VOB/A 12 VS 13
– Interessenbekundung VgV 38 57

Sachverzeichnis

– Interessenbestätigung **VgV 38** 58 ff.
– Konzessionen **KonzVgV 19** 6;
  KonzVgV 22 4 ff.
– nationale **VgV 38** 27 ff., 52; **VgV 40** 18 ff.;
  VOB/A 12 EU 19; **VSVgV 17** 19;
  VOB/A 12 VS 11
– Sprache **VgV 40** 14
– Standardformular **VgV 38** 19 ff., 35 ff., 50 f.;
  VOB/A 12 EU 15; **VSVgV 17** 13;
  VOB/A 12 VS 13
– Übermittlung **VgV 40** 8 ff.; **VOB/A 12 EU** 16;
  VSVgV 17 18; **VOB/A 12 VS** 12
– Veröffentlichung **VgV 38** 16, 25 ff., 52;
  VgV 40 15; **VOB/A 12 EU** 17 f.;
  VSVgV 17 18 f.
– Veröffentlichung im Beschafferprofil **VgV 38** 16,
  27 ff., 52; **VOB/A 12 EU** 17 f.; **VSVgV 17** 19;
  VOB/A 12 VS 11
– Zeitpunkt **VgV 38** 42, 53 f.;
  VOB/A 12 EU 16; **VSVgV 17** 20 f.;
  VOB/A 12 VS 12
– zur Fristverkürzung **VgV 38** 33 ff.;
  VOB/A 12 EU 15 ff.; **VSVgV 17** 21;
  VOB/A 12 VS 11
– zur Marktinformation **VgV 38** 17 ff.;
  VOB/A 12 EU 15 ff.; **VSVgV 17** 8;
  VOB/A 12 VS 11 ff.
Vorlagefrist VgV 50 37
Vor-Ort-Kontrolle VSVgV 7 26
Vorprüfung VgV 79 34
Vorrang der Eigenerklärung VgV 48 28

Wahlfreiheit VgV 14 4, 7, 11 ff., 18 ff.
Wahlposition VOB/A 4 EU 87, 89, 102 ff., 117,
  161, 182
Wechsel des Nachunternehmers
  VOB/A 22 EU 38
Weisungsgebundenheit VgV 6 24, 41, 43
Werknorm VgV Anlage 1 24
Wertabschlag
– angemessener **VgV 3** 26 f.
Wertgrenze VOB/A 22 EU 5, 45
Wertungsmatrix
– Bekanntgabe **VgV 58** 103 ff.
Wertungsstufen VOB/A 16 EU 13;
  VOB/A 16b EU 7, 9 ff.; **VOB/A 16c EU** 6;
  VOB/A 16d EU 13, 57
Wettbewerbe VgV 69 7
Wettbewerblicher Dialog VgV 3 47; **VgV 14** 8,
  10, 13, 24 ff.; **VgV 18** 15; **SektVO 17** 1 ff.;
  VOB/A 3 EU 26 ff.; **VOB/A 3a EU** 96;
  VOB/A 3b EU 72 ff.; **VOB/A 16 EU** 20 ff.;
  VOB/A 16d EU 88 ff.; **VSVgV 13** 1 ff., 12
– Ablauf **VgV 18** 2, 8 ff.; **SektVO 17** 2;
  VSVgV 13 13 ff.
– Aufforderung zur Teilnahme am Dialog
  VgV 52 7 f.
– Erstattungsfähigkeit der Kosten des Bieters
  VSVgV 13 19 f.
– Fristen **VgV 18** 5, 23; **VOB/A 10d VS** 1 ff.
– rechtliche oder finanzielle Komplexität
  VSVgV 13 11 f.
– technische Komplexität **VSVgV 13** 10
Wettbewerbsarten VgV 69 12
– beschränkter Wettbewerb **VgV 69** 13
– offener Wettbewerb **VgV 69** 13

Wettbewerbsbeitrag
– Anonymität **VgV 78** 156, 164
– Beauftragung **VgV 78** 158
– nicht zugelassene Teilleistungen **VgV 79** 147
– Nutzung **VgV 78** 165
– Optimierung **VgV 79** 130, 163, 170
– Rückversand **VgV 78** 168
– Überarbeitung **VgV 79** 130, 163, 164, 170
– überschießende Teilleistungen **VgV 79** 141
– Verfassererklärung **VgV 78** 120
– Veröffentlichung **VgV 78** 164; **VgV 79** 179
– Weiterentwicklung **VgV 79** 130, 163, 170
Wettbewerbsbekanntmachung VgV 70 8;
  VgV 79 28
– Anerkennungen **VgV 79** 26
– Auftragsunterlagen **VgV 79** 28
– Aufwandsentschädigung **VgV 79** 26
– bindende Vorgaben **VgV 79** 122 ff.
– Eigentumsübergang **VgV 79** 27
– Eignungskriterien **VgV 79** 124
– Kostenerstattung **VgV 79** 26
– Preise **VgV 79** 26
– Teilnahmebedingungen **VgV 78** 110
– Urheberrecht **VgV 79** 27
– veröffentlichte einheitliche Richtlinie
  VgV 78 71
– Veröffentlichung **VgV 79** 32
– Wettbewerbssumme **VgV 78** 149;
  VgV 79 25
Wettbewerbsergebnis
– Bindung an Wettbewerbsergebnis **VgV 80** 12
– Gewichtung im Verhandlungsverfahren
  VgV 80 65
– Nutzung **VgV 80** 66 ff.
– Realisierung des Wettbewerbsergebnisses
  VgV 80 19 ff.
– Realisierung durch Dritte **VgV 80** 13
Wettbewerbsprinzip VgV 6 8; **SektVO 6** 1;
  KonzVgV 5 1
Wettbewerbssumme VgV 78 149; **VgV 79** 25,
  55, 62 ff.
– Anerkennung **VgV 79** 70 f.
– Preis **VgV 79** 70
– Verteilung **VgV 79** 69 ff.
– Vorplanung **VgV 79** 62
Wettbewerbsteilnehmer VgV 78 84
– Architektenkammer **VgV 78** 86
– Auslober **VgV 78** 83
– fachkundiger **VgV 79** 20
– Grundsätze **VgV 78** 79 ff.
– Ingenieurkammer **VgV 78** 86
– Preisgericht **VgV 78** 85
– Sachverständige **VgV 78** 88
– vorausgewählte **VgV 78** 105; **VgV 79** 20
– Wettbewerbsbetreuer **VgV 78** 87
– Ziele **VgV 78** 79 ff.
Wettbewerbsverfälschung VgV 6 56, 66
Wettbewerbsverzerrung VgV 6 6, 20
Wettbewerbsvorsprung VgV 6 56
Wettbewerbsvorteil VgV 7 5
Wiederverwendung VgV 50 30
Willensbildungsorgan VgV 6 21, 44
Wirtschaftliche und finanzielle Leistungs-
  fähigkeit VgV 45 6; **VOB/A 6 EU** 12
WTO-Beschaffungsübereinkommen
– siehe: General Procurement Agreement

Sachverzeichnis

Zahlungen VgV 3 28 f., 69 f.
Zahlungsbedingungen
– Bekanntmachung **VSVgV 18** 17
Zeitpunkt
– Abweichung (Zeitpunkt des Zuschlags) **KonzVgV 2** 8, 17, 39
– Regelfall (Einleitung des Vergabeverfahrens) **KonzVgV 2** 3, 8, 38
Zeitvertrag VOB/A 4 EU 221, 222 ff., 246 ff.
Zeitvertragsarbeiten VOB/A 4 EU 221, 222 ff., 246 ff.
Zentrale Beschaffung
– Bekanntmachung **VgV 37** 30
– zentrale Beschaffungsstellen **VgV 4** 3, 6 f., 11, 22 ff.
Zentrale Beschaffungsstelle SektVO 43 18
Zivilrechtliche Folgen
– bei Interessenkonflikten **VgV 6** 68
Zollwert SektVO 55 7
Zulassung SektVO 48 8
Zurückweisungsverbot VgV 43 6
Zurverfügungstellung der Vergabeunterlagen durch Dritte VSVgV 29 13 f., 18
Zusätzliche Allgemeine Vertragsbedingungen VgV 29 51
Zusätzliche Technische Vertragsbedingungen VOB/A 8a VS 5
Zusätzliche Vertragsbedingungen VOB/A 8a VS 5
Zusammenschluss von Unternehmen VOB/A 22 EU 39
Zuschlag VgV 58 10 ff.; **SektVO 52** 3 f.
– abändernder **VOB/A 18 EU** 3 f.
– Bekanntmachung **VgV 39** 10 ff.
– einzuhaltende Bestimmungen **VgV 58** 17
– Entscheidung über den **VgV 58** 108 ff.
– Form **VSVgV 34** 9
– Innovationspartnerschaft **VgV 19** 9
– Nichtoffenlegung von Informationen **KonzVgV 30** 13
– Unterrichtung der Bieter **KonzVgV 30** 6 ff.
– verspäteter **VOB/A 18 EU** 3 f.
– auf das wirtschaftlichste Angebot **VgV 58** 15 ff.
– Zeitpunkt **VOB/A 18 EU** 1 f.
– zivilrechtliche Willenserklärung **VSVgV 34** 8, 13
Zuschlagskriterien VgV 58 24 ff.; **SektVO 42** 18 ff.; **SektVO 52** 3 f.; **KonzVgV 3** 14, 32, 39, 41, 44; **VOB/A 3b EU** 43, 45, 47 f., 63, 66 f., 97 ff.; **VSVgV 34** 14 ff.; **VOB/A 16d VS** 10 ff.
– Abgrenzung **VgV 58** 33 ff.
– Ästhetik **VgV 58** 47 f.
– Anforderungen an die **VOB/A 16d EU** 56
– Angabe der Gewichtung in der Auftragsbekanntmachung oder in den Vergabeunterlagen **VgV 58** 98 f.
– Bekanntmachung **VgV 37** 44

– Design für Alle **VgV 58** 55 f.
– Energieeffizienz **VgV 58** 66 f.; **VgV 67** 22 f.; **SektVO 58** 20
– Energieverbrauch **VgV 58** 66 f.; **SektVO 58** 19 ff.
– Gewichtung **VgV 58** 91 ff.; **SektVO 42** 20; **VSVgV 34** 15 ff.
– Gewichtungskoeffizient **VgV 58** 95 ff.
– Handelsbedingungen **VgV 58** 73 f.
– Innovationspartnerschaft **VgV 19** 5, 9
– innovative Eigenschaften **VgV 58** 70 ff.
– Katalog der **VOB/A 16d EU** 58 f.
– Kosten **VgV 58** 24 ff.
– Lebenszykluskosten als **VOB/A 16d EU** 64 ff.
– Lieferbedingungen **VgV 58** 85 f.
– monetäre **VOB/A 16d EU** 54
– Nachweise **VgV 58** 107
– nichtmonetäre **VOB/A 16d EU** 54, 61
– Organisation, Qualifikation und Erfahrung des Personals **VgV 58** 75 ff.
– personenbezogene **VOB/A 16d EU** 62
– Präzisierung in der Aufforderung zur Angebotsabgabe bei dynamischen Beschaffungssystemen **VgV 23** 29
– Preis **VgV 58** 24 ff.
– Preis als notwendiges Zuschlagskriterium **VOB/A 16d EU** 63
– Qualität **VgV 58** 39 ff.
– qualitative **VgV 58** 27 ff.
– Ressourcenschonung **VgV 58** 68 f.
– Selbstbindung an die **VOB/A 16d EU** 55
– soziale **VgV 58** 27 ff.
– soziale Eigenschaften **VgV 58** 57 ff.
– Straßenfahrzeuge **VgV 68** 19 ff.; **SektVO 59** 9 f.
– technischer Wert **VgV 58** 44 ff.
– umweltbezogene **VgV 58** 27 ff.
– umweltbezogene Eigenschaften **VgV 58** 62 ff.
– Umweltverträglichkeit **VgV 58** 68 f.
– Verfügbarkeit von Kundendienst und technischer Hilfe **VgV 58** 83 f.
– Vertriebsbedingungen **VgV 58** 73 f.
– Zugänglichkeit der Leistung insbesondere für Menschen mit Behinderungen **VgV 58** 51 ff.
– Zusammenhang mit der Leistungsbeschreibung **VOB/A 16d EU** 60
– Zweckmäßigkeit **VgV 58** 49 f.
Zuschlagslimitierung VgV 30 20; **VOB/A 5 EU** 15
– Bekanntmachungspflicht **VgV 30** 33; **VgV 37** 40
– Lospriorisierung **VgV 30** 21
Zuschlagsposition VOB/A 4 EU 87, 109 ff.
Zuschlagsverbot VOB/A 21 EU 15
Zuständigkeit VOB/A 21 EU 14 f.
Zweifelsfreier Nachweis der Leistungsfähigkeit im Verteidigungs- und Sicherheitsbereich VSVgV 27 10, 19
Zwingende Ausschlussgründe SektVO 46 9